D1336844

GEIRIADUR
PRIFYSGOL CYMRU

GEIRIADUR PRIFYSGOL CYMRU

A DICTIONARY OF THE
WELSH LANGUAGE

CYFROL IV

S—ZWINGLÏAIDD

Cyhoeddwyd ar ran
Bwrdd Gwybodau Celtaidd
Prifysgol Cymru

CAERDYDD
GWASG PRIFYSGOL CYMRU
1999–2002

Adargraffwyd 2005

Reprinted 2005

ISBN: 0-7083-1804-5 (Cyfrol IV / *Volume IV*)

ISBN: 0-7083-1806-1 (Set o bedair cyfrol / *Set of four volumes*)

CYSODWYD YN ABERYSTWYTH GAN STAFF Y GEIRIADUR

ADARGRAFFWYD YNG NGHAER-GRAWNT GAN CAMBRIDGE PRINTING

TYPESET IN ABERYSTWYTH BY THE DICTIONARY STAFF

REPRINTED BY CAMBRIDGE PRINTING, CAMBRIDGE

GEIRIADUR PRIFYSGOL CYMRU

Llyfrgell Genedlaethol Cymru / National Library of Wales, Aberystwyth, Ceredigion, SY23 3HH

Ffôn/Tel: (01970) 627513   *Ffacs/Fax*: (01970) 627066   geiriadur@cymru.ac.uk   www.cymru.ac.uk/geiriadur

BYRFODDAU TERMAU A GEIRIAU*

a.: ansoddair, ansoddeiriol
a.: ante
abl.: abladol
abs.: absoliwt
ac.: acen(iad, -nog)
Adar.: Adareg
adarg.: adargraffiad
adf.: adferf
adfl.: adferfol
adff.: adffurfiad
afr.: afreolaidd
aff.: affeithiad, affeithiol,
   affeithiedig
Alm.: Almaeneg
Amaeth.: Amaethyddiaeth
amh.: amheus
amhd.: amhendant
amhff.: amherffaith
amhrs.: amhersonol
amr.: amrywiad(au), amrywiol
ams.: amser
anarf.: anarferedig
anh.: anhysbys
anhr.: anhreigladwy, anhreigl-
   edig
annib.: annibynnol
annorm.: annormal
ans.: ansicr
ansathr.: ansathredig
ansill.: ansillafog
Ap.: Apocryffa
Arab.: Arabeg
Aram.: Aramaeg
Arch.: Archaeoleg
ardd.: arddodiad, arddodiaid
arddl.: arddodiadol
arf.: arfer(ol, -iadol)
arg.: argraffiad
Arg.: Argraffyddiaeth
At.: Atodiad
atbl.: atblygol
Athr.: Athroniaeth

b.: benywaidd (ac weithiau berf)
ba.: berf anghyflawn
bach.: bachigyn, bachigion,
   bachigol
ban.: bannod
be.: berfenw (-au, -ol)
Beibl.: Beiblaidd
bf.: berf(au)
bfl.: berfol
bg.: berf gyflawn
bg.a.: berf gyflawn ac ang-
   hyflawn
Biol.: Bioleg
bl.: blaen(orol)
bnth.: benthyg, benthyciad
Bot.: Botaneg(ol)
br.: brawddeg(au)
Brdd.: Barddoniaeth
brf.: byrfodd(au)
Brth.: Brythoneg, Brythonig
Brych.: Brycheiniog

c.: canrif, ceiniog
c.: circa
C: Celsius

C.: Canol
C.C.: cyn Crist
c.d.: Cerdd Dafod
Caerf.: Caerfyrddin
Caern.: Caernarfon
camdrdd.: camdarddiad
cdr.: cydradd
cdrn.: cadarnhaol
Cem.: Cemeg
cen.: cenedl
Cered.: Ceredigion
cf.: cymharer
cfdds.: cyfaddasiad
cfl.: cyflwr
cfln.: cyflwynol
cfn.: cyfuniad(au)
cfns.: cyfansawdd, cyfansoddair
cfr.: cyfeiriad, cyfeiriol
cfrch.: cyfarchol
cfrt.: cyfartal, (gradd) gyfartal
cfst.: cyfystyr
cft.: yn cyfateb, cyfatebol
cil.: cilyddol
cld.: calediad
Clt.: Celteg, Celtaidd
cm: centimetr
cmhl.: cymhleth
cmhr.: cymhariaeth, cymharol,
   (gradd) gymharol
cmth.: cymathiad
coegddysg.: coegddysgedig
col.: colofn
cpl.: cyplad
Crdd.: Cerddoriaeth
Crf.: Crefydd
Crn.: Cernyweg, Cernywaidd
cs.: cynnwys
csf.: cysefin
cst.: cystrawen, -nau
ctn.: cytundeb
ctr.: cytras(au)
cts.: cytsain, cytseiniaid, cyt-
   seiniol
cyd.: cydweddiad
cyf.: cyfieithiad
Cyfr.: Cyfraith
cyff.: cyffredin(ol)
cym.: cymal
Cym.: Cymraeg, Cymreig
Cyn.: Cynnar
cynr.: (yn) cynrychioli
cynt.: cyntefig
cys.: cysylltair, cysylltiad
cyw.: cywasgiad

Chwedl.: Chwedloniaeth
Chwef.: Chwefror

d.d.: dalen deitl
d.dd.: di-ddyddiad
d.g.: dan y gair
dadf.: dadfathiad
Daearydd.: Daearyddiaeth
dbl.: dyblyg
dchr.: dechrau, dechreuol
Derwydd.: Derwyddiaeth
deu.: deuol
deus.: deusill

dfn.: dyfynedig, dyfyniad
diar.: diarhebion
dib.: dibynnol
difr.: difrïol
diff.: diffiniad
digr.: digrif
dihar.: dihareb
dil.: dilynol
Dinb.: Dinbych
dir.: diriaeth(ol)
dirm.: dirmygus
disg.: disgynedig
disgr.: disgrifiadol
diw.: diwedd(ar)
Diwin.: Diwinyddiaeth
diwyg.: diwygier, diwygiedig
dll.: deilliad
dng.: dangosol
drb.: derbyniol
Drg.: Daeareg
drll.: darllener, darlleniad
dsn.: deusain, deuseiniaid, deu-
   seiniol
dtb.: datblygiad
dych.: dychweliad
dyf.: dyfodol
dyl.: dylanwad
dysg.: dysgedig

e.: enw(au)
e.c.: enw cyffredin
e.e.: er enghraifft
e.ll.: enw lluosog
e.p.: enw priod
e.tf.: enw torfol
eb.: enw benywaidd
ebd.: ebychiad
eg.: enw gwrywaidd
Egl.: Eglwysig
engh.: enghraifft (ac weithiau
   enghreifftiau)
enghrau.: enghreifftiau
Eid.: Eidaleg
eidd.: eiddunol
eith.: (gradd) eithaf
elf.: elfen(nau)
enc.: enclitig
enw.: enwol, enwedig
ep.: epenthetig
er.: erthygl
esg.: esgynedig
est.: estyniad, estynedig
et al.: et alii

f.: ferf
F: Fahrenheit
fl.: floruit

ff.: ffurf, -iau
ffd.: ffurfiad
ffdro.: ffurfdro
ffig.: ffigurol
Ffis.: Ffiseg
Ffl.: Fflint
Ffr.: Ffrangeg
Ffren.: Ffrenoleg

g.: ganrif, geiniog, gwrywaidd

g.b.: geirfâu'r beirdd
Gael.: Gaeleg
Gal.: Galeg
Gardd.: Garddwriaeth
geir.: geiriadur (-on, -ol)
geird.: geirdarddiad, geir-
   darddol
gen.: genidol
Germ.: Germaneg
gl.: glos ar
gn.: geiryn(nol)
godd.: goddefol
goddr.: goddrych(ol)
Goed.: Goedeleg
gof.: gofynnol
gogl.: gogledd
gol.: golygydd, golygwyd gan
Gorff.: Gorffennaf
Gors.: Gorseddol
Goth.: Gotheg
gr.: gradd
Gr.: Groeg
Gram.: Gramadeg
grb.: gorberffaith
grch.: gorchmynnol
grff.: gorffennol
grm.: gormodiaith
gthg.: gwrthgyferbynier, gwrth-
   gyferbyniol
gw.: gweler
Gwleid.: Gwleidyddiaeth
gwr.: gwreiddiol, gwreiddyn
gwrth.: gwrthrych(ol)
gwthr.: gweithredol, gweithred-
   ydd
Gwydd.: Gwyddeleg, Gwyddel-
   ig
Gwyddon.: Gwyddoniaeth
gwyr.: gwyriad

H.: Hen
h.y.: hynny yw
han.: haniaeth(ol)
HD: Hen Destament
Heb.: Hebraeg
Her.: Herodraeth
Hyd.: Hydref

i.e.: id est
ib.: ibidem
id.: idem
IE: Indo-Ewropeg, Indo-
   Ewropaidd
Ieith.: Ieitheg, Ieithyddiaeth
IM.: gair a luniwyd neu a god-
   wyd oddi ar lafar gan Iolo
   Morganwg
Ion.: Ionawr
Iseld.: Iseldireg
isr.: isradd(ol)

kg: cilogram
kHz: ciloherts
km: cilometr

l.c.: loco citato

ll.: lluosog, llinell(au)

Llad.: Lladin
llaf.: llafariad, llafariaid, llafarog
llgr.: llygriad, llygredig
Llong.: Llongwriaeth
llr.: llafar
lls.: llaes
llsgr.: llawysgrif llsgrau.: llawysgrifau
lluos.: lluosillafog
Llyd.: Llydaweg
llythr.: llythyren, llythrennol

m: metr
m.: mewn(ol)
Maesd.: Maesyfed
Math.: Mathemateg
medd.: meddiannol
Meddyg.: Meddygaeth
Meh.: Mehefin
Meir.: Meirionnydd
MHz: megaherts
Milfeddyg.: Milfeddygaeth
ml.: meddal
mm: milimetr
Moes.: Moeseg
Morg.: Morgannwg
Mwyn.: Mwynyddiaeth
myn.: mynegol
Myn.: Mynwy

n.: nodyn

nat.: naturiol
neg.: negydd(ol)
Nor.: Norwyeg, Norseg
norm.: normal

O.C.: o oed Crist
offer.: offerynnol
Og.: Ogam
oldd.: olddodiad, olddodiaid
olff.: ôl-ffurfiad
org.: orgraff

p.: priod
p.: *post*
Parch.: Parchedig
Peir.: Peirianneg
pen.: penodol
Penf.: Penfro
Pensaer.: Pensaernïaeth
Pers.: Perseg
pl.: plwyf
pr.: prosthetig
pres.: presennol
prff.: perffaith
prifl.: priflythyren
proc.: proclitig
prs.: person(ol)
prth.: perthynas
pth.: perthynol
Pysg.: Pysgyddiaeth

q.v.: *quod vide*

rh.: rhagenw(ol)
rhag.: rhagymadrodd
Rhag.: Rhagfyr
rhang.: rhangymeriad(ol)
rhed.: rhediad(ol), rhedadwy
rheol.: rheolaidd
Rhes.: Rhesymeg
Rhet.: Rhetoreg
rhgdd.: rhagddodiad, rhagddodiaid
rhgfl.: rhagflaenydd
Rhif.: Rhifyddeg
rhif.: rhifol(ion), rhifyn
rhydd.: rhyddiaith

s.: swllt
S.: Saesneg
Sacs.: Sacsoneg
Sans.: Sansgrit
sathr.: sathredig
Sb.: Sbaeneg
Seic.: Seicoleg
Sein.: Seineg
Ser.: Seryddiaeth
Serdd.: Sêr-ddewiniaeth
sfn.: safon(ol)
Sgand.: Sgandinafeg
sill.: sillaf(au), sillafiad, sillafog
Swol.: Swoleg

Tach.: Tachwedd
taf.: tafodiaith, tafodieithol

talf.: talfyriad, talfyredig
td.: tudalen
teb.: tebyg
techn.: technegol
tf.: torfol
Tiwt.: Tiwtoneg
TN: Testament Newydd
tr.: treiglad(wy)
traeth.: traethiad(ol), traethawd
trdd.: tarddiad
Trefn: Trefaldwyn
trf.: terfyniad(au)
tris.: trisill
tros.: trosiad(ol)
trsd.: trawsosodiad
trsl.: trawslythreniad
tt.: tudalennau
tyb.: tybiedig
tyw.: tywyll

UDA: Unol Daleithiau America
un.: unigol
uns.: unsill

yng.: ynganiad
ym.: ymyl
ymad.: ymadrodd(ion)
ysg.: ysgrifen(edig)
yst.: ystad

*Treiglir byrfoddau yn ôl yr angen; cyfeiria enwau'r siroedd at y ffiniau cyn 1974.

ARWYDDION A NODAU

> yn rhoi.

< yn tarddu o.

* yn dynodi ffurf dybiedig nad oes enghraifft ohoni, ond sy'n debygol yn ôl deddfau sain. Hefyd ar ôl person cyntaf presennol mynegol berfau diffygiol, e.e. *adanaf**: *adeni*, i ddynodi mai ffurf dybiedig ydyw.

= yn cyfateb i.

≡ i'w ynganu fel.

? i ddynodi ffurf, dyddiad, ystyr, neu darddiad amheus.

† i ddynodi bod ffurf yn amlwg yn ansathredig, e.e. o flaen rhai o'r glosau, e.e. †*amnawbod*, neu fod orgraff y dangosair yn hynafol, e.e. †*diguormechis*.

( ) i ddynodi blwyddyn cyhoeddi'r argraffiad a ddarllenwyd oni ddarllenwyd yr argraffiad cyntaf, e.e. **1659 (1751)** *GIA*, sef *Galwad Ir Annychweledig.*

[ ] i gynnwys elfennau gair neu ymdriniaeth â'i darddiad; i ddynodi bod tudalen heb ei rifnodi; bod blwyddyn cyhoeddi'r llyfr heb ei nodi; i egluro'r cyd-destun; i ddynodi mai treigledig yw'r gytsain yn y gair; i lenwi bwlch mewn llawysgrif neu lyfr, ac i rai dibenion amlwg eraill.

WELSH ABBREVIATIONS*

a.: adjective, adjectival
a.: ante
abl.: ablative
abs.: absolute
ac.: accent, accentuation, accented
Adar.: Ornithology
adarg.: reprint
adf.: adverb
adff.: re-formation
adfl.: adverbial
aff.: vowel affection, affected
afr.: irregular
Alm.: German
Amaeth.: Agriculture
amh.: doubtful, dubious
amhd.: indefinite
amhff.: imperfect
amhrs.: impersonal
amr.: variant(s), various
ams.: tense
anarf.: obsolete
anh.: unknown
anhr.: not mutable, not mutated
annib.: independent
annorm.: abnormal
ans.: uncertain
ansathr.: obsolete
ansill.: non-syllabic
Ap.: Apocrypha
Arab.: Arabic
Aram.: Aramaic
Arch.: Archaeology
ardd.: preposition(s)
arddl.: prepositional
arf.: use, usage, usual, consuetudinal
arg.: edition
Arg.: Typography, Printing
At.: Supplement
atbl.: reflexive
Athr.: Philosophy

b.: feminine (sometimes verb)
ba.: transitive verb
bach.: diminutive(s)
ban.: article
be.: verb-noun
Beibl.: Biblical
bf.: verb(s)
bfl.: verbal
bg.: intransitive verb
bg.a.: intransitive and transitive verb
Biol.: Biology
bl.: prefixed, preceding
bnth.: borrowed, loanword
Bot.: Botany, Botanical
br.: sentence(s)
Brdd.: Poetry, Bardism
brf.: abbreviation(s)
Brth.: Brittonic, British
Brych.: Brecknock(shire)

c.: century, penny, pence
c.: circa
C: Celsius
C.: Medieval, Middle

C.C.: B.C.
c.d.: Bardic Prosody
Caerf.: Carmarthenshire
Caern.: Caernarvonshire
camdrdd.: false etymology
cdr.: coordinate
cdrn.: affirmative, positive, intensive
Cem.: Chemistry
cen.: gender
Cered.: Cardiganshire
cf.: compare
cfdds.: adaptation
cfl.: case
cfln.: introductory
cfn.: combination(s)
cfns.: compound(s)
cfr.: allusion, reference, allusive
cfrch.: vocative
cfrt.: equative (degree)
cfst.: synonym(ous)
cft.: corresponding
Chwedl.: Mythology
Chwef.: February
cil.: reciprocal
cld.: provection
Clt.: Celtic
cm: centimetre
cmhl.: complex
cmhr.: comparison, comparative (degree)
cmth.: assimilation
coegddysg.: pseudo-learned
col.: column
cpl.: copula
Crdd.: Music
Crf.: Religion
Crn.: Cornish
cs.: contents
csf.: positive, radical
cst.: syntax, construction
ctn.: agreement
ctr.: cognate(s)
cts.: consonant(s), consonantal
cyd.: analogy
cyf.: translation
Cyfr.: Law
cyff.: common, general
cym.: clause
Cym.: Welsh
Cyn.: Early
cynr.: representing
cynt.: primitive, original
cys.: conjunction
cyw.: contraction

d.d.: title-page
d.dd.: undated
d.g.: under the word, *s.v.*
dadf.: dissimilation
Daearydd.: Geography
dbl.: duplicate
dchr.: beginning, initial
Derwydd.: Druidism
deu.: dual
deus.: bisyllabic
dfn.: quoted, quotation, citation

diar.: proverbs
dib.: dependent, subjunctive
difr.: derogatory
diff.: definition
digr.: humorous, facetious
dihar.: proverb
dil.: following
Dinb.: Denbighshire
dir.: concrete
dirm.: contemptuous
disg.: grave, falling, unaccented
disgr.: descriptive
diw.: end, late, modern
Diwin.: Theology
diwyg.: emend(ed)
dll.: derivative
dng.: demonstrative
drb.: dative
Drg.: Geology
drll.: read(ing), version
dsn.: diphthong(s), diphthongal
dtb.: development
dych.: reversion
dyf.: future
dyl.: influence
dysg.: learned

e.: noun(s), name(s)
e.c.: common noun
e.e.: for example, *e.g.*
e.ll.: plural noun
e.p.: proper noun
e.tf.: collective noun
eb.: feminine noun
ebd.: interjection
eg.: masculine noun
Egl.: Ecclesiastical
Eid.: Italian
eidd.: optative
eith.: superlative (degree)
elf.: element(s)
enc.: enclitic
engh.: example (sometimes examples)
enghrau.: examples
enw.: nominal, special, especially
ep.: epenthetic
er.: article
esg.: acute, rising, accented
est.: extension, extended
et al.: *et alii*

f.: verb
F: Fahrenheit
ff.: form(s)
ffd.: formation
ffdro.: inflexion
ffig.: figurative
Ffis.: Physics
Ffl.: Flintshire
Ffr.: French
Ffren.: Phrenology
fl.: floruit

g.: century, penny, pence, masculine
g.b.: bardic vocabularies

Gael.: Gaelic
Gal.: Gaulish
Gardd.: Horticulture
geir.: dictionary, dictionaries, lexicographical
geird.: etymology, etymological
gen.: genitive
Germ.: Germanic
gl.: gloss on
gn.: particle
godd.: passive
goddr.: subject, nominative, subjective
Goed.: Goidelic
gof.: interrogative
gogl.: north
gol.: editor, edited by
Gorff.: July
Gors.: pertaining to bardic Gorsedd
Goth.: Gothic
gr.: degree
Gr.: Greek
Gram.: Grammar
grb.: pluperfect
grch.: imperative
grff.: past
grm.: hyperbole
gthg.: contrast(ing), antithesis, antithetical
gw.: see
Gwleid.: Politics
gwr.: original, root, base
gwrth.: object, accusative, objective
gwthr.: active, agent
Gwydd.: Irish
Gwyddon.: Science
gwyr.: vowel mutation

H.: Old
h.y.: that is, *i.e.*
han.: abstraction, abstract
HD: Old Testament
Heb.: Hebrew
Her.: Heraldry
Hyd.: October

i.e.: *id est*
ib.: *ibidem*
id.: *idem*
IE.: Indo-European
Ieith.: Philology, Linguistics
IM.: word formed or noted by Iolo Morganwg
Ion.: January
Iseld.: Dutch, Netherlandish
isr.: subordinate

kg: kilogram
kHz: kilohertz
km: kilometre

l.c.: *loco citato*
ll.: plural, line(s)
Llad.: Latin
llaf.: vowel(s), vocalic

llgr.: corrupt(ion)
Llong.: Seamanship
llr.: colloquial
lls.: spirant, aspirate
llsgr.: manuscript
llsgrau.: manuscripts
lluos.: polysyllabic
Llyd.: Breton
llythr.: letter, literal

m: metre
m.: infixed
Maesd.: Radnor(shire)
Math.: Mathematics
medd.: possessive
Meddyg.: Medicine
Meh.: June
Meir.: Merionethshire
MHz: megahertz
Milfeddyg.: Veterinary Science
ml.: (with) lenition, soft
mm: millimetre
Moes.: Ethics
Morg.: Glamorgan(shire)
Mwyn.: Mineralogy
myn.: indicative
Myn.: Monmouthshire

n.: note
nat.: natural
neg.: negative
Nor.: Norwegian, Norse

norm.: normal
O.C.: A.D.
offer.: instrumental
Og.: Ogham
oldd.: suffix(es)
olff.: back-formation
org.: orthography

p.: proper
p.: *post*
Parch.: Reverend
Peir.: Engineering
pen.: definite, specific
Penf.: Pembrokeshire
Pensaer.: Architecture
Pers.: Persian
pl.: parish
pr.: prosthetic
pres.: present
prff.: perfect
prifl.: capital letter
proc.: proclitic
prs.: person(al)
prth.: relation, affinity
pth.: relative
Pysg.: Ichthyology

q.v.: *quod vide*

rh.: pronoun, pronominal
rhag.: introduction
Rhag.: December

rhang.: participle, participial
rhed.: conjugation, conjugated
rheol.: governed by, regular
Rhes.: Logic
Rhet.: Rhetoric
rhgdd.: prefix(es)
rhgfl.: antecedent
Rhif.: Arithmetic
rhif.: numeral(s), number
rhydd.: prose

s.: shilling
S.: English
Sacs.: Saxon
Sans.: Sanskrit
sathr.: common, vulgar
Sb.: Spanish
Seic.: Psychology
Sein.: Phonetics
Ser.: Astronomy
Serdd.: Astrology
sfn.: standard
Sgand.: Scandinavian
sill.: syllable(s), syllabic, spelling
Swol.: Zoology

Tach.: November
taf.: dialect(al)
talf.: abbreviation, abbreviated
td.: page

teb.: similar, probable, likely
techn.: technical
tf.: collective, mass
Tiwt.: Teutonic
TN: New Testament
tr.: mutation, mutable
traeth.: predicate, predicative, treatise
trdd.: etymology
Trefn.: Montgomery(shire)
trf.: inflexion(s), termination(s)
tris.: trisyllabic
tros.: transferred (sense), metaphor(ical)
trsd.: metathesis
trsl.: transliteration
tt.: pages
tyb.: conjectural
tyw.: obscure

UDA: United States of America
un.: singular
uns.: monosyllabic

yng.: pronunciation
ym.: margin
ymad.: phrase(s)
ysg.: writing, written
yst.: state

*Abbreviations may be mutated; county names refer to the pre-1974 boundaries.

MARKS AND SYMBOLS

> giving.

< derived from.

* indicating an unattested hypothetical form. Also, following the first person present indicative of defective verbs, e.g. *adanaf**: *adeni*, to indicate that it is a hypothetical form.

= corresponding to.

≡ is to be pronounced as.

? to indicate a doubtful form, date, meaning, or etymology.

† to indicate that a form is evidently obsolete, e.g. before some of the glosses, e.g. †*amnawbod*, or that the orthography of the headword is archaic, e.g. †*diguormechis*.

( ) to indicate the year of publication of the edition read if the first edition has not been read. e.g. **1659 (1751)** *GIA*, namely *Galwad Ir Annychweledig*.

[ ] enclosing the elements of a word or a discussion of its etymology; to indicate an unpaginated page; that the book bears no date of publication; to elucidate the context; to indicate that the consonant in a word is mutated; to supply a deficiency in a manuscript or book; and for some other self-evident purposes.

ENGLISH ABBREVIATIONS*

a.: *ante*
A.D.: Anno Domini
a.m.: before noon
abbr.: abbreviation, &c.
abbrs.: abbreviations
abl.: ablative
acc.: accusative
act.: active(ly)
adj.: adjective, &c.
adjs.: adjectives
adv.: adverb, &c.
advs.: adverbs
Agl.: Anglesey
anal.: analogy, &c.
Ap.: Apocrypha
app.: apparently
approx.: approximate(ly)
Arab.: Arabic
Aram.: Aramaic
archaeol.: archaeology, &c.
arith.: arithmetic, &c.
art.: article
assim.: assimilation, &c.
astrol.: astrology, &c.
astron.: astronomy, &c.

B.C.: Before Christ
back-form.: back-formation
Bel & Dr.: Bel and the Dragon
  (Ap.)
bibl.: biblical
biol.: biology, &c.
bot.: botany, &c.
Bre.: Brecknock(shire)
Bret.: Breton
Brit.: British

c. : century, *circa*
C: Celsius
Celt.: Celtic
cf.: compare
chem.: chemistry, &c.
Chr.: Chronicles (OT)
cm: centimetre
cogn.: cognate
Col.: Colossians (NT)
collect.: collective(ly)
colloq.: colloquial(ly)
com.: common(ly)
comb.: combination,
  combining
combs.: combinations
comp.: comparative
compd.: compound
confus.: confusion, &c.
conj.: conjunction
conjs.: conjunctions
cons.: consonant, &c.
conss.: consonants
contr.: contraction, &c.
Cor.: Corinthians (NT)
Corn.: Cornish
corresp.: corresponding, &c.
corrupt.: corruption
Crd.: Cardiganshire
Crm.: Carmarthenshire
Crn.: Caernarvonshire

d.: (old) penny, pence
Dan.: Daniel (OT)
dat.: dative
def.: definite
dem.: demonstrative
Den.: Denbighshire
derog.: derogatory, &c.
Deut.: Deuteronomy (OT)
dial.: dialect, &c.
dict.: dictionary
dim.: diminutive, &c.
dims.: diminutives
dissim.: dissimilation, &c.
Du.: Dutch

E.: English
e.g.: for example
eccl.: ecclesiastical, &c.
Eccles.: Ecclesiastes (OT)
Ecclus.: Ecclesiasticus (Ap.)
electr.: electricity, &c.
engin.: engineering, &c.
Engl.: England, English
Eph.: Ephesians (NT)
equat.: equative
erron.: erroneous(ly)
Esd.: Esdras (Ap.)
esp.: especial(ly)
et al.: *at alii*
etym.: etymology, &c.
ex.: example
excl.: exclamation, &c., exclu-
  sive, &c.
Exod.: Exodus (OT)
exx.: examples
Ezek.: Ezekiel (OT)

F: Fahrenheit
facet.: facetious, &c.
fem.: feminine
fig.: figurative(ly)
fl.: floruit
Fli.: Flintshire
Fr.: French
fut.: future

Gael.: (Scottish) Gaelic
Gal.: Galatians (NT)
Gaul.: Gaulish
gen.: general, &c.
Gen.: Genesis (OT)
genit.: genitive
geog.: geography, &c.
geol.: geology, &c.
Ger.: German
Gk: Greek
Gla.: Glamorgan
Goed.: Goedelic
Goth.: Gothic
gram.: grammar, &c.

Hab.: Habakkuk (OT)
Hag.: Haggai (OT)
Heb.: Hebrew, Hebrews (NT)
her.: heraldry, &c.
hist.: historical, history
hort.: horticulture, &c.
Hos.: Hosea (OT)

i.e.: *id est*
ib.: *ibidem*
id.: *idem*
IE.: Indo-European
imper.: imperative
imperf.: imperfect
impers.: impersonal
ind.: indirect
indef.: indefinite
indic.: indicative
infl.: influence, &c.
int.: interjection
interrog.: interrogative(ly)
intr.: intransitive
ints.: interjections
Ir.: Irish
irreg.: irregular(ly)
Isa.: Isaiah (OT)
It.: Italian

Jas.: James (NT)
Jer.: Jeremiah (OT)
Josh.: Joshua (OT)
Judg.: Judges (OT)

kg: kilogram
Kgs.: Kings (OT)
kHz: kilohertz
km: kilometre

L.: Late (to denote a period in
  the development of a lan-
  guage)
l.c.: *loco citato*
Lam.: Lamentations (OT)
Lat.: Latin
Lev.: Leviticus (OT)
lit.: literal(ly)

m: metre
M: Medieval, Middle (to
  denote a period in the devel-
  opment of a language)
Macc.: Maccabees (Ap.)
Mal.: Malachi (OT)
masc.: masculine
math.: mathematics, &c.
Matt.: Matthew (NT)
med.: medicine, &c.
Mer.: Merionethshire
MHz: megahertz
Mic.: Micah (OT)
min.: mineralogy, mining, &c.
mistransl.: mistranslation
mm: millimetre
mod.: modern
Mod.: Modern (to denote a
  period in the development of
  a language)
Mon.: Monmouthshire
Mtg.: Montgomery(shire)
mus.: music, &c.
mut.: mutation, mutable
myth.: mythology, &c.

n.: noun
neg.: negative
Neh.: Nehemiah (OT)

nom.: nominative
Nor.: Norwegian, Norse
ns.: nouns
NT: New Testament
Num.: Numbers (OT)
num.: numeral

O: Old (to denote a period in
  the development of a lan-
  guage)
Obad.: Obadiah (OT)
obj.: object, objective
obs.: obsolete
occas.: occasional(ly)
opp.: (as) opposed (to), opposite
orig.: origin, original(ly)
ornith.: ornithology, &c.
OT: Old Testament

p.: *post*
p.m.: after noon
part.: participle
pass.: passive(ly)
Pem.: Pembrokeshire
perh.: perhaps
pers.: person(al)
Pers.: Persian
Pet.: Peter (NT)
Phil.: Philippians (NT)
Philem.: Philemon (NT)
philol.: philology, &c.
philos.: philosophy, &c.
phonet.: phonetics, &c.
phr.: phrase
phrs.: phrases
pl.: plural
plup.: pluperfect
pos.: positive
poss.: possessive
Pr. of Man.: The Prayer of
  Manasseh (Ap.)
pred.: predicate, predica-
  tive(ly)
pref.: prefix
prep.: preposition
preps.: prepositions
pres.: present (tense)
print.: printing
prob.: probable, &c.
pron.: pronoun, &c.
prop.: proper(ly)
pros.: prosody, &c.
prov.: proverb, &c.
Prov.: Proverbs (OT)
prs.: person(al)
prt.: particle
Ps.: Psalms (OT)
psych.: psychology, &c.

q.v.: *quod vide*

Rad.: Radnor(shire)
ref.: reference
refl.: reflexive(ly)
rel.: relative
Rest of Esth.: Additions to
  Esther (Ap.)
Rev.: Revelation (NT)

Rom.: Romans (NT)

s.: shilling(s)
S. of III Ch.: The Song of the
   Three Young Men (Ap.)
S. of S.: Song of Solomon (OT)
Sam.: Samuel (OT)
Scand.: Scandinavia(n)
sent.: sentence
sing.: singular
Skr.: Sanskrit
Sp.: Spanish

spec.: special(ly)
St.: Saint [xii]
subj.: subjunctive
suf.: suffix
superl.: superlative
Sus.: Susanna (Ap.)
syl.: syllable, &c.
syn.: synonym, &c.

theol.: theology, &c.
Thess.: Thessalonians (NT)
Tim.: Timothy (NT)

tr.: transitive
transf.: in transferred sense
transl.: translation, &c.
translit.: transliteration, &c.
typogr.: typography, &c.

unkn.: unknown
USA: United States of America
usu.: usual(ly)

var.: variant
vars.: variants

vb.: verb
vbl: verbal
vbs.: verbs
vn.: verb-noun
voc.: vocative
W.: Welsh
Wisd.: The Wisdom of Solo-
   mon (Ap.)

Zech.: Zechariah (OT)
Zeph.: Zephaniah (OT)

*Abbreviations may be mutated; county names refer to the pre-1974 boundaries.

S

s, cytsain, a'r drydedd lythyren ar hugain yn yr wyddor Gymraeg. O flaen y llaf. *i*, mae *s* weithiau'n cynrychioli sain orfannol-daflodol (= S. *sh*), e.e. *sinsir*; defnyddir *si* o flaen llaf. eraill i ddynodi'r un sain, e.e. *siars, siop*, a'r deugraff *sh* weithiau i osgoi amwysedd, e.e. *brwsh*.
Gw. hefyd es^{2}.

-s^{1} [Crn. C. *-s* (3 un. b. a 3 ll.), H. Lyd. a Llyd. C *-s(-)* (3 un. b.), H. Wydd. *-s(-)* (3 un. b. a 3 ll.; hefyd 3 un. g. mewn Gwydd. C.): o'r gwr. IE. *so- 'hwn, hwnnw'] *rh. m. gwrth. a dadiol* 3 un. a ll.

1. (gwrth.) Ef, hi, hwy: *him, her, it, them.*

(*a*) (enghrau. anafforig ar ôl y neg. *ni^{2}*, *na^{1}*: *anaphoric exx. following the neg. 'ni^{2}', 'na^{1}'*).

9g. (*LlSC*) *LL* xliii, tir telih . . . grefiat guetig nis minn tutbulc . . . in ois oisou. 9g. (*Juv*) *B* vi. 206, dicones pater harimed presen / isabruid icinimer / nisacup nis arcup leder. 12–13g. *GLlLl* 26, Keneis dy uolyant mal nas ryganant. 13g. *C* 68. 14–15, Piev y bet in llethir. y brin. llauer nys guir ae gowin. 13g. *B* x. 23, wynt a geissyassant eu clochyd. a guedy nas cavssant wynt a doethant er avon. 1346 *LlA* 161, Ac eidaỽ nys aruollassant. c. 1400 *R* 1054. 18–19, cỽd a nos racdyd. pan daỽ nas[g]welyd. c. 1400 *ChO* 2, A wely di yr awr honn yr hynn nys gweleist eiryoet. c. 1400 *B* ii. 20, Ar neb a vo beius ac nas gwypo neb namyn ef e hun. 15g. *GLGC* 301, A oes man o Is Mynydd / nas cerddo cyn darffo'r dydd? 1588 *Lef* xi. 47, I wneuthur gwahan rhwng . . . yr anifail a fwytteir, a'r anifail yr hwn nis bwytteir. 1588 *Math* xxiv. 44, canys yn yr awr ni's tybioch y daw Mâb y dŷn. 1629 R. Llwyd: *P* 44, Ymmaith oddi ymma y mae yn rhaid i bawb fyned, pa cyn gynted nis gŵyr neb. 1703 E. Wynne: *BC* 71, hwy a gânt yno uniondeb er nas gwnaethant. 1753 G. Owen: *L* 72, yr Ysgottyn brwnt . . .'n methu cael Curate. Byth nas caffo! Cf. Dewi Wyn: *BA* 271, A theithiaf uwch Porthaethwy, / Safnau 'r môr nis ofnir mwy.

(*b*) (enghrau. proleptig ar ôl y neg. *ni^{2}*, *na^{1}*: *proleptic exx. following the neg. 'ni^{2}', 'na^{1}'*).

12–13g. *GLlLl* 78, Nys dwc lleidyr uy llaỽrgert odid. *id.* 252, Nys kelaf, honnaf, hỽnn yỽ Beli—Hir. 13g. *C* 27. 4–6, Nis rydraeth ryuetev kyvoeth ruytev douit. 13g. *BD* 116, cany chlywssei ef yn y oes ac nys guelsei a dywetei y ryw doethinab hvnnv. 14g. *T* 28. 5–7, ryfedaf yn llyfreu nas gỽdant yn diheu. eneit pỽy y hadneu pỽy pryt y haelodeu. *id.* 61. 6–7, nys gyrr neges ygeissaton. 14g. *WM* 258. 30–2, Ac nys myn-naỽd owein. namyn dyuot racdaỽ yr dol ydoed Lunet yndi. *id.* 504. 4–5, nys ymlityafi ef bellach. *id.* 507. 2–3, Om bod i nys kaffut ti hi vyth. 1588 *Job* xxiii. 3, Oh nas adwaenwn, ac nas cawn ef. 1592 S. D. Rhys: *Inst* [xiv], Cytbôet yn wîr . . . na's medrom y ganbhed rann o'r dhieithriaith a gymhersam arnam ei gwybod. 1632 J. Davies: *LlR* [iv], o herwydd nas gall na myfi na neb arall o'm galwedigaeth, ond eich dysgu chwi a'ch annog, a'ch cynghori. 1703 E. Wynne: *BC* 64, nis gwn i ddim o'u storiâu. 1730 (1755) E. Wynne: *PAC* 54, nis gwn pa wedd y geill un dyn a wnelo yr fath Adduned ac Addewid atteb i Dduw neu iw gydwybod ei hun. 1768 W. Williams: *HTS* 9, Afaritius a anfonodd o ddautu ei holl gymmydogion, ei ddeiliaid, a phendefigion y wlad, na's rhoddent un hatling fenthyg i Honestus.

(*c*) (enghrau. ar ôl y cys. a'r geirynnau *neu^{2}*, *o^{3}*, *oni^{1,2}*, *pe* (*pei^{1}*, &c.), *poni^{1}*, *rhy^{2}*, a'r rhgdd. *dy-^{1}*: *exx. following the conjunctions and particles 'neu^{2}', 'o^{3}', 'oni^{1,2}', 'pe' ('pei^{1}', &c.), 'poni^{1}', 'rhy^{2}', and the pref. 'dy-^{1}'*).

Dchr. 12g. *GMB* 30, Rec ry-s-iolaw, rec a archaw, ruymav iurchen! 12g. *id.* 240, Dy-s-gỽrtheb gỽrthraỽd gỽrthrod y honni / Hỽnnw yw Rodri rwyt aroloet! *id.* 241, Dy-s-gỽedỽn! Gỽelssant ar gant kelein / Am draeth Edrywy adiyvet brein. 12–13g. *GLlLl* 53, Kynna hỽnn, neus gỽnn nas gỽeles. *id.* 78, Ac onys gyrry-di, gyrraf wrid / Y'th deurut y'th dewrwarth ganlid. *id.* 111, Hael Gruffut, dilut dilaỽch—teyrnet, / Teyrnueirt, neus gỽtaỽch. 13g. *GDB* 137, Ac ny uarn o dir y daered—y ddyn / Onys ryddylyn o ddylyed. 13g. *C* 70. 1–2, Cantreghis wiguisc amhoen. oamryues neus adwaen. *id.* 94. 4–5, ym ty ny doi. onysguaredi. c. 1300 *B* ii. 33, rac dyuot drwc oc eu dywedut neu gewilyd. Kanys os dywedy ereill ath gappla. 14g. *id.* v. 202, A Mab Duv heuyt a uu . . . hep annyan dyn beis mynnei. 14g. *WM* 20. 19–22, Och heb y riannon paham y rody di attep y uelly. neus rodes y uelly argloydes yggỽyd gỽyrda heb ef. *id.* 62. 24–6, Eged-ymdeithas oreu a allỽyf i y ti y byd os mynny. 14g. *GDG^{3}* 318, Digrif, peis gatai'r dagrau / A red, oedd glywed yn glau / Dyrain mawr ederyn Mai. ?14g. *OBWV* 268, Ni pheidiaf â Morfudd, hoff adain—serchog, / Pes archai Bab Rhufain (?Dafydd ap Gwilym). c. 1400 *YSG* i. 158–9, ot ewch y lys yr amerawdyr Arthur, annerchwch ef y gennyf i . . . a Lawnslot vyn tat, os gwelwch. c. 1400 (*SG*) *HMSS* i. 248, Pony·gwdost di heb ynteu. Dchr. 15g. *B* vii. 377, Ny dylyir govyn namyn o bell os gwnaeth. 15–16g. *GIF* 44, Bwrw wnaut ti naw barwn teg, / Pes mynnud, mewn bys maneg. 1567 *TN* 245a, yr hwn ddoethinep ny's adnabu neb o dywysogion y byt hwn: can ys pe's adwaenesent, ny chrogesont wy Arglwydd y gogoniant. 1588 2 *Br* v. 13, pe dywedase y prophwyd beth mawr wrthit ti onis gwnelsit. 1607 *Rhyddiaith Gymraeg* i. 139, vy mod ynghylch y gorchwyl tramawr hwnn dros gymeint a chyhyt o amser, cyt bawn er ys pedeir blynedh yn scriuennu heb na thorh na thrai hyt onys gorphenais yn berfeithgwbl. 1653 *MLl* i. 159, Pa fodd y profi di hynny? Onis gwnei ni byddaf bodlon i ti. 1672 R. Prichard: *Gw* 86, Derbyn Grist, pan y cynnico, / Onis gwnei ti fyddu [*sic*] hebddo. 1759 T. Thomas: *WWDd* 292, y maent yn meddwl y cant fyned i Uffern, oni's cant fyned i'r Nefoedd. 1778 *W*, Oni ddywedi (oni's dywedi) wrthyf? d.g. *Not* [*interrogatively used*] . . . *Wilt thou not tell me?*

2. (dadiol) Iddo, iddi, iddynt, weithiau mewn cst. yn dynodi meddiant: *to or for him, her, or them, sometimes in a construction denoting possession.*

12g. *GMB* 74–5, Hyd nas gỽnel pechaỽd pell eilywed / . . . / Kenif . . . / Marỽnad mur teỽdor uor dylyed. *id.* 276, Ac nys oes gochel gochwerỽ drwyted, / Gỽely agklaear daear duted. 14g. *T* 13. 23–4, ef gyrhaỽt allmyn y alltuded. nys arhaedỽy neb nys dioes dayar. *id.* 16. 2–3, nys gỽnaho medut meddaỽt genhyn. *id.* 17. 17–18, rytreghis eu hoes nys dioes eluyd. *id.* 18. 2–3, deu arth nys gỽna gỽarth kyfarth beunyd.

Gw. hefyd **as^{1,2}, canys^{2,3}, na^{1}** (At.)—**nas^{2}, ni^{1}—nis^{2}, pe—pes^{2}, ys^{2,3}.**

-s^{2} [bnth. S. *-s*] *trf. ll. e.*, e.e. *pregethwrs, tomatos.*

sa, &c., gw. **o^{1}** adran 4(*d*) (hefyd At.).

sabaoth^{1} [bnth. Llad. Diw. (Fwlgat) *Sabaōth*] *e.ll.* Lluoedd, byddinoedd: *hosts, armies.*

Dchr. 15g. *GM* 9, Sant, Sant, Sant, Arglwyd, Sabaoth Culwyd.

Amr.: **sabath^{1}** [drwy gymysgu â *sabath^{2}*]. 1620 *Rhuf* ix. 29, Oni buasei i Arglwydd y *Sabbath* (1567 *TN* 350a, byddinoedd; 1588 *Rhuf* ix. 29, lluoedd) adel i ni hâd. **saboth^{2}** [drwy gymysgu â *saboth^{1}*]. 1621 E. Prys: *Ps* [v], Sanct, Sanct, Sanct, Arglwydd *Saboth* glan, / fal hyn y galwant arnat.

sabaoth^{2}, sabarlachaf: sabarlachu, gw. **saboth^{1}, siwblachaf: siwblachu.**

Sabatariad [cfdds. o'r S. *Sabbatar(ian)* + *-iad^{3}*] *eg.* ll. *-iaid.* Sabathydd: *a Sabbatarian.*

c. 1730 *Thos. Lloyd D* (LlGC) 205b, *Sabbatariaid.* Sabbatharians.

Gw. hefyd **Sabathariaid.**

Sabatariaeth [cfdds. o'r S. *Sabbatar(ianism)* + *-iaeth*] *eb.* Sabathyddiaeth: *Sabbatarianism.*

1915.

sabath^{1,2}, sabathaidd, gw. **sabaoth^{1}, saboth^{1}, sabothaidd.**

Sabathariaid [cfdds. o'r S. *Sabbathar(ian)* + *-iaid^{1}*] *e.ll.* Sabathyddion: *Sabbatarians.*

1732 *BP* 7–8, Y sawl na chaniattânt ddim iw arferid ymlhith [*sic*] Crist'nogion, ond sy a Gorchymyn llythrennol am dano, ni allant fyth brofi Newidiad y Sabboth, o'r Dydd olaf i'r Dydd cyntaf o'r wythnos; Yr hyn y debygwn i yw 'r achos fod mwy o *Sabathariaid* ymmysgc Gwrth'nebwyr Bedydd Plant, nag un Enw arall o Grist'nogion. 1799 M. Williams: *HHG* 107, *Sabbathariaid* yw corph o grist'nogion ag sy'n cadw'r seithfed dydd fel yn sabbath. *id.* 110, Y Bobl hyn, a elwir *Sabbathariaid* Calfinistaidd, ydynt o sect y Bedyddwyr.

Gw. hefyd **Sabatariad.**

sabathol, gw. **sabothol.**

Sabathydd [*sabath^{2}* + *-ydd^{3}*] *eg.* ll. *-ion, Sabathwyr.* Cristion sy'n cadw'r Saboth (yn gaeth); Cristion sy'n cadw'r Saboth ar ddydd Sadwrn; Iddew sy'n cadw Saboth yr Iddewon (yn gaeth): *a Sabbatarian.*

[1783] *W*, *Sabathyddion* (sing. *sabbathydd*) d.g. *Sabbatarians* [*such as observe the sabbath of the creation instead of that of the resurrection*].

Sabathyddiaeth [*Sabathydd* + *-iaeth*] *eb.* Credoau'r Sabathyddion, cadwraeth (gaeth) y Saboth: *Sabbatarianism, (strict) Sabbath observance.*

1868.

Sabathyddol [*Sabathydd* + *-ol*] *a.* Yn arddel credoau'r Sabathyddion, yn perthyn i gadwraeth (gaeth) y Saboth: *Sabbatarian.*

1858.

Sabeaid [cfdds. o'r Llad. Diw. (Fwlgat) *Sabæ(ī)* neu'r Gr. *Σαβαῖ(οι)* + *-aid^{3}*] *e.ll.*

(*a*) Trigolion yr Yemen gynt: *Sabæans (ancient inhabitants of Yemen).*

1588 *Job* i. 15, Y *Sabeaid* a ruthrasant, ac ai dugasant ymmaith. 1588 *Joel* iii. 8, hwythau ai gwerthant i'r *Sabeaid* i genhedlaeth bell.

(*b*) Aelodau o lwyth anhysbys o Ddwyrain Affrica: *Sabæans (members of an unidentified tribe of East Africa).*

1588 *Eseia* xlv. 14, llafur yr Aipht, a marsandiaeth Ethiopia, a'r *Sabeaid* hirion a ddeuant attat ti.

Sabelaidd [yr e. prs. *Sabell(ius)* + *-aidd*] *a. Diwin.* Yn perthyn i'r Sabeliaid neu Sabeliaeth: *Sabellian (in theol.).*

1850.

Sabeliad [yr e. prs. *Sabell(ius)* + *-iad^{3}*] *eg.* ll. *-iaid. Diwin.* Un sy'n arddel Sabeliaeth: *a Sabellian (in theol.).*

1791 *Dialogous* 7, Y rhai ag oedd yn dal yr opiniwnau mwyaf gwrthwynebol i'w gilydd, ydoedd y *Sabeliaid* a'r Sociniaid. *id.* 8–9, hwy a ryfygant alw *Sabeliaid* cyfeiliornus ar rai o'r gwyr mwyaf Duwiol . . . yng Nghymru a Lloeger.

Sabeliaeth [yr e. prs. *Sabell(ius)* + *-iaeth*] *eb. Diwin.* Athrawiaeth Sabellius, diwinydd Affricanaidd o'r 3g. O.C., a ddaliai nad yw tri pherson y Drindod ond yn agweddau neu foddau ar y Bod Dwyfol: *Sabellianism (in theol.).*

1778 N. Williams: *D* 7, Onid *Sabeliaeth* yw gwadi Drindod o Bersonau? . . . Os hynny'r wyt ti'n ei alw yn *Sabeliaeth*, mae'r Bibl hefyd yn Sabelian. oblegid nid oes son am Ddrindod o Bersonau yng air Duw o ddechreu Genesis hyd ddiwedd Datguddiad. 1791 *Dialogous* 7, y pellafoedd . . . hyn; Sef, *Sabeliaeth* a Sociniaeth. *id.* 8, [c]lywed y gwyr pregethiadol yn gwaeddi, *Sabeliaeth, Sabeliaeth,* athrawiaeth ddamiol [*sic*]. *ib.* yn condemnio *Sabeliaeth,* ac yn ei phregethu ar yr un anadl. 1791 J. Thomas: *CFf* 5, wrth ein credo . . . gellir deall p'un a ydym . . . dros neu yn erbyn . . . *Sabeliaeth.* 1793 B. Jones: *AD* 69, wrth ddwyn tystiolaeth yn erbyn Sociniaid wedi rhedeg i *Sabeliaeth.*

Sabelian [bnth. S. *Sabellian*] *eg.* a hefyd fel *a. Diwin.* Sabeliad; Sabelaidd: (*a*) *Sabellian (in theol.).*

1778 N. Williams: *D* 6, yr wyt ti yn *Sabelian* yn ddiai [*sic*]. *id.* 7, Onid Sabeliaeth yw gwadi Drindod o Bersonau? . . . Os hynny'r wyt ti'n ei alw yn Sabeliaeth, mae'r Bibl hefyd yn *Sabelian*, oblegid nid oes son am Ddrindod o Bersonau yng air Duw o ddechreu Genesis hyd ddiwedd Datguddiad.

Sabiad [cfdds. o'r S. *Sab(ian)* + *-iad^{3}*] *eg.* ll. *-iaid. Diwin.* Aelod o sect ddwyreiniol a ddosberthir yn y Corân, ynghyd â Mwslimiaid, Iddewon, a Christnogion, fel credinwyr yn yr un gwir Dduw; sêr-addolwr: *a Sabian (in theol.); a Sabian (star-worshipper).*

c. 1762–79 W. Williams: *P* 180, daeth tyb gref fod gan ddynion da wedi marw allu . . . gyda Duw i gyfryngu ac eiriol trostunt; darfu iddunt dduwio amryw o rhai [*sic*] hynny . . . Fe ddechreuodd y grefydd hon yn gyntaf ym mhlith y Caldeaid, eu gwybodaeth mewn Astronomyddiaeth a'u cynnorthwyodd i'w harwain iddi . . . hi dannodd ei hun tros holl yr [*sic*] Ddwyrain-dir, lle cafodd y Proffeswyr o honi yr enw *Sabiaid.* . . . Y mae gweddill o'r Sect hon fyth yn parhau yn y Dwyrain tan yr enw *Sabiaid*; yr hyn y maent yn gymmeryd [*sic*] arnunt i'w dderbyn oddi wrth Sabias mab Seth.

Sabiaidd [cfdds. o'r S. *Sab(ian)* + *-iaidd*]

a. Diwin. Yn perthyn i'r Sabiaid: *Sabian* (*in theol.*).
1856.

Sabinaidd [bnth. S. *Sabine*+*-aidd*] *a.* Yn perthyn i'r Sabiniaid neu i'w hiaith: *Sabine.*
1894.

Sabiniad [bnth. S. *Sabine*+*-iad*[3]] *eg.* ll. *-iaid.* Aelod o lwyth Eidalaidd a drigai gynt yng nghanolbarth yr Eidal i'r gogledd-ddwyrain o Rufain: *a Sabine.*
1844.

sabl[1] [bnth. S. C. *sable*, neu'n uniongyrchol o'r H. Ffr.] *a.* a hefyd fel *e?g.* Du (yn enw. mewn her.), hefyd yn *ffig.*: *sable, black* (*esp. in her.*), *also fig.*
14g. *GIG* 7, Myn Beuno, mae'n ei benwn / Tri fflŵr-dy-lis, oris erw, / Yn y *sabl*, nid ansyberw. **15g.** *OBWV* 104, Diliau yw ei haeliau hi / Dail *sabl*, fel dwyael Sibli. **15g.** *GGl*[2] 200, Sidan a phupur, os adwaen, / Y *sabl* oll y sy o'u blaen. **16g.** *GGH* 245, Tri phen baedd *sabl*, parabl parch, / Un lliw â thair brân Llywarch. **16g.** *Med H* 76, Mae'n dwyn aur, kroes engraelyd o *sabl*, gida bordr llyfn o gowls. *id.* 78, tair gwennol o *sabl* a bend o gowls. **1575** W. MIDLETON: *B* 56, rhodder llew hanner, henwant o *sabl*, / a geul yn y dabl glan a dybiant. *Diw.* **16g.** *Gwyn* 3, 197, lliw *sabl* a wna lles hebof / llydan dad lloi duon dof [Huw Dafi o Wynedd i ofyn tarw du]. **16–17g.** *GST* i. 267, Siriol ydyw, sir loywdeg, / *Sabl* i'n tir sy blaned deg. **16–17g.** *Cylchg LlGC* vi. 41, meini *sabl*, mynnais wybod, / mannau o inc sy mewn ôd [Richard Cynwal i lygaid duon]. *c.* **1600** L. DWNN: *HV* [11], kanton *sabl* un flowr de lis or. **17g.** *CC* 415, Mae 'n dwyn arian, llew rampont o *sabl*, a'i arfau o goch. *c.* **1730** *Thos. Lloyd D* (LlGC) 205b, *Sabl.* Sable.

sabl[2] [bnth. S. *sable*] *eg.* *Swol.* (Ffwr brown gwerthfawr) mamolyn bach cigysol, *Martes zibellina*, sy'n byw yng ngogledd Ewrop a rhannau o ogledd Asia, belau: (*fur of the*) *sable.*
1606 E. JAMES: *Hom* ii. 209, yr hwn sydd yn ymhoywi yn ei *Sabl* a'i ŵn ffwrr hardd . . . yn barottach i fferru gan anwyd, na'r llafurwr tlawd. *c.* **1730** *Thos. Lloyd D* (LlGC) 205b, *Sabl* . . . A sable.

sabotaj [bnth. S. *sabotage*] *e?g.* Difrod bwriadol i eiddo, offer, &c., yn enw. mewn ymgais i atal cyflawni cynlluniau milwrol, diwydiannol, &c., hefyd yn *ffig.*: *sabotage, also fig.*
20g.

sabotajaf: sabotajo [bnth. S. (*to*) *sabotage*] *ba.* Cyflawni sabotaj ar, difrodi, hefyd yn *ffig.*: *to sabotage, also fig.*
20g.

saboth[1], **sabath**[2] [bnth. S. Diw. Cyn. *sabboth, sabbath*, neu efallai'n uniongyrchol o'r Heb. *shabbāth*] *eg.b.* ll. *-au, -on.*

(*a*) Dydd arbennig o'r wythnos a neilltuir ar gyfer addoli a gorffwys ac a gedwir gan Iddewon a rhai sectau Cristionogol ar ddydd Sadwrn, a chan y mwyafrif o Gristionogion ar ddydd Sul, hefyd yn *ffig.*: *Sabbath, also fig.*
1551 W. SALESBURY: *KLl* xxxixa, val na byddei'r cyrph yn aros yno yn croc ar y *Sabbot* [*sic*] [:- y dyadd [*sic*] gwyl] . . . Canys mawr oedd y *Sabboth* (*TN* 165b, *Sabbath*) hwnw. *id.* xlb, Ar vn or *Sabbathon* yd aeth Mair Magdalen yn voreu . . . ir vonwent. *id.* lxiva, Ae rydd iachay ar y *Sabboth*? **1567** *TN* 300a, *Sabbathon* [:- ddyddieu *Sabbath*]. **1588** *Ecs* xx. 10–11, y seithfed dydd yw *Sabboth* yr Arglwydd dy Dduw: na wna ynddo ddim gwaith. **1588** *Eseia* lvi. 2, gan gadw 'r *Sabboth* heb ei halogi. **1588** *Esec* xx. 20, Sancteiddiwch hefyd fy *Sabbothau* fel y byddant yn arwydd rhyngofi â chwithau. **1618** J. SALISBURY: *EH* 171, ymmhlith yr Idhewon y gwyl pennaf [*sic*] oedh y *Sabboth* ar dhie-Sadwrn. **1630** *YDd* 85, myfyria mor ddedwŷdd fyddi di pan fŷch gyd â chôr o Angelion a seintiau nefol . . . a'r [*sic*] y tragwyddol fendigedig *Sabbôth*. **1675** R. JONES: *HCh* 78, [y] dydd cyntaf o'r wythnos . . . yw'r gwir *Sabbath*. **1759** T. THOMAS: *WWDd* 254, Y mae dy *sabboth* tragywyddol di yn agoshau. **1770** R. PRICHARD: *CC* 297, Cofia gadw yn sanctaidd / Y *Sabbath* wenn yn weddaidd. **[1783]** *W* d.g. *Sabbath* [*rest*], *The sabbath-day.* **1786** B. FRANCIS: *A* ii. 130, Hymn . . . Perthynol i Nos *Sabbath*, wedi cael *Sabbath* anghysurus.

(*b*) Blwyddyn sabothol (yr Iddewon): *sabbatical year* (*of the Jews*).
1588 *Lef* xxv. 4, ar y seithfed flwyddyn y bydd *Sabboth* gorphywysdra i'r tir, sef *Sabboth* yr Arglwydd. *id.* 8, Cyfrif hefyd it saith *Sabboth* o flynyddoedd, sef saith mlynedd saith waith. **1588** 1 *Mac* vi. 49, pan ddaethant hwy allan o'r ddinas, (am nad oedd ganddynt borthiant yno i ymgadw ynddi hi o blegit ei bod hi yn *Sabboth* i'r tir).

(*c*) (yn y ll.) Wythnos: (*pl.*) *week.*
1551 W. SALESBURY: *KLl* xlia, a hi yn vore iawn y dydd kyntaf or *Sabbothau* (*TN* 78b, wythnos) yd aetha[n]t ir vonwent.
Amr.: **sabaoth**[2] [drwy gymysgu â *sabaoth*[1]]. **1599** **(1677)** R. HOLLAND: *AB* 97. **1653** *MLl* i. 159.
Cfn.: **y Sabath Cristnogol (Cristianogol):** *the Christian Sabbath.* **[1783]** *W*, *Y sabbath cristianogol* (*crist'nogol*) d.g. *Sabbath, The Christian sabbath.* **1799** M. WILLIAMS: *HHG* 111. **Sabath y Cristnogion (Cristianogion) = y Sabath Cristnogol.** **1567** *TN* 330a, *Sabbath* [n]eu 'orphwysfa *y Christianogion.* **[1783]** *W*, *sabbath y crist'nogion* d.g. *Sabbath, The Christian sabbath.* **y Sabath Iddewaidd (Iddewig):** *the Jewish Sabbath.* **1763** T. JONES: *RAH* 40, *y Sabbath Iuddewaidd.* **1764** DEWI NANTBRÂN: *CB* 35, Paham y cedwir y Sûl yn sanctaidd, yn lle '*r Sabbath Iddewig*?

saboth[2], gw. **sabaoth**[1].

sabothaidd, sabathaidd [*saboth*[1], *sabath*[2] +*-aidd*] *a.* Sabothol, hefyd yn *ffig.*: *sabbatical, also fig.*
1630 *YDd* 224, Y rhan fwyaf o'r holl gyfnewidiadau-mawrion . . . yr rhai a gwympodd allan yn yr Eglwys, a ddigwyddodd naill-a'i [*sic*] yn y flwyddyn *Sabbothaidd*, a'i [*sic*] yn y flwyddyn Iubili. **1675** R. JONES: *HCh* 94, mewn dyledswyddau *Sabbathaidd.* **1728** T. BADDY: *DDG* 94–5, Fe a'i gelwir *Sabbothaidd* [afon], o herwydd ei bod yn dynwared eu Gorphwysfa ar y Seithfed Dydd.' *id.* 119, ym mha Flwyddyn or Chwemil y dechrau'r un fawr *Sabbothaidd.* **1766** *CD* 2, i daw im cof am y Jubil *Sabathaidd* sy ar ddyfod. **[1783]** *W* d.g. *Sabbatical, or sabbatic.*

sabothol, sabathol [*saboth*[1], *sabath*[2]+*-ol*] *a.* Yn perthyn i'r Saboth, priodol i'r Saboth, (yn digwydd) ar y Saboth; yn dynodi pob seithfed flwyddyn i'r Iddewon yn gyfnod i adael y tir heb ei amaethu, i ddileu dyledion, &c.; yn dynodi cyfnod o amser rhydd a roddir i ddarlithwyr coleg, &c., i wneud gwaith ymchwil, &c.; hefyd yn *ffig.*: *sabbatical, also fig.*
1774 B. FRANCIS: *A* i. 35, A threulio hir *sabbathol* ddydd / Ar sanctaidd fynydd Sion. **1778** J. THOMAS: *HB* 236, lle maent yn pregethu yn *sabbathol.* **[1783]** *W* d.g. *Sabbatical, or sabbatic.* **1800–2** W. RICHARDS: *PA* iii. 3, Na bo eich ffoedigaeth ar dywydd gwlawog, neu mewn blwyddyn *sabbathol.*

sabr [bnth. S. *sabre*] *eg.* Cleddyf crwm ei lafn a ddefnyddir gan farchfilwyr: *sabre.*
1759 D. ROWLAND: *A* 6, Gwnn a *Sabr*; (sef mâth o Gleddyf mawr).

sabrythol, gw. **sybwrthol.**

sabyddiaeth [cfdds. o'r Llad. *sap*(*ientia*) +*-ydd*[3]+*-iaeth*] *e?b.* Doethineb: *wisdom.*
p. **1584** G. ROBERT: *GC* [392], fynoethineb [*sic*] am *sabyddieth* (*sapientiam*) i.

sabyrthol, sac[1], gw. **sybwrthol, sec**[1].

sac[2] [bnth. S. *sack* 'dismissal'] *eg.* Diswyddiad: *dismissal, sack.*
1928. Ar lafar, 'Ma fa wedi roi'r *sac* i ddou o'i withwyr', *GTN* 701; 'Mi fydd yn dynn arnyn' nw 'rŵan: mi gath o'r *sac* o'r gwaith ddoe' (Arfon).
Amr.: **sag**[2] [cf. *sagiaf*[1]: *sagio*]. *c.* **1910.**

sacaf: saco, sacamwren, gw. **saciaf: sacio, sycamorwydd.**

sacarin, sacarîn [bnth. S. *saccharin*] *eg.* Sylwedd grisialaidd melys iawn a ddefnyddir fel melysyn yn lle siwgr: *saccharin.*
20g.

sacarinaidd [*sacarin, sacarîn*+*-aidd*] *a.* Cyfoglyd o felys, yn *ffig.*: *saccharine, fig.*
20g.

sacbwt [bnth. S. *sackbut*] *e?g.* ll. *-s.* Ffurf gynnar ar drombôn: *sackbut.*
1545 *Cl* 119, chwythu ne ganny korn trwmped ne shialm ne *sagbwt.* **16g.** *B* xviii. 328, kerddorion . . . hrai ar drwmpets, eraill ar drwms a thabretts, eraill ar glariwns, *sagbwtts* a shialmys.

sacerdotaidd [cfdds. o'r S. *sacerdot*(*al*)+ *-aidd*] *a.* Offeiriadol: *sacerdotal, priestly.*
20g.

sacerdotaliaeth, sacerdotalaeth [cfdds. o'r S. *sacerdotal*(*ism*)+*-*(*i*)*aeth*] *eb.* Offeiriadyddiaeth, yn ddifr.: *sacerdotalism* (*derog.*).
1896.

saciaf, sacaf, &c.: **sac(i)o,** &c. [bnth. S. (*to*) *sack* 'to put in a sack; dismiss'] *bg.a.*

(*a*) Stwffio, gwthio (i lawr), procio, sticio, suddo, hefyd yn *ffig.*: *to stuff, push* (*down*), *shove, thrust, poke, stick, sink, also fig.*
18g. E. T. RHYS: *DA* 86, Mae hwch gan y Clochydd, / . . . / A hon wrth ei chadw'n ddigonol o fwyd, / A'i *saco*, fe'i dysgwyd hi'n swci. Ar lafar yn y ff. *saco* yng nghanolbarth a godre Cered., sir Benf., *GDD* 253, a'r De, '*Sacwch* y gwreiddyn 'na lawr yn y gornel 'co yn y border' (sir Gaerf.); hefyd yng Nghered. a'r De yn y ff. *seco, seci, sycu*, a *secyd.*

(*b*) Diswyddo, rhoddi'r sac i: *to dismiss, sack.*
1935. Ar lafar, '*sacio*', *WVBD* 471; ''Ôn' nw wedi *saco* ucian am 'u bod nw'n cal llai o ordors' (dwyrain Morg.).
Cfn.: **saco bol(a) (ei, &c., fol(a)):** *to eat one's fill, fill one's stomach, fill the stomach* (*of*). **1834.** Ar lafar yng nghanolbarth a godre Cered. yn y ff. *saco bola.* **saco (seci) bys i lygad (rhywun) (i'w, &c., lygad):** *to poke* (*someone*) *in the eye, also fig.* **1930.** Ar lafar, '*Sac dy fys i ligad e*', *GDD* 253.
Amr.: **sagiaf**[1]: **sagio.** Ar lafar, '*sagio*' 'to give the . . . sack', *WVBD* 471.

Gw. hefyd **sachaf: sachu.**

sacloth, sacrafen, sacrafennaidd, sacrafennol, gw. **secloth, sagrafen, sagrafennaidd, sagrafennol.**

sacraidd [bnth. Llad. *sacr-* neu gfdds. o'r S. *sacr*(*ed*)+*-aidd*] *a.* Cysegredig, wedi ei gysegru, sanctaidd; crefyddol: *sacred, consecrated, holy; religious.*
1611 R. SMYTH: *SG* 100, *sacraidd* ole[w]. *id.* 110, Ewcharistien . . . wrth yr henw yma i gelwir yn rhinwedd . . . *sacraiddaf* . . . ar y sydd yn yr Eglwys. **1615** R. SMYTH: *GB* 5, nad arbedais vn avvdyr na *sacraidd*, na llygaidd. *a.* **1670** *Gwaseila* 900, 'R hwn sy'n rheoli'r driphlyg blaid, / Yng nghroth *sacraidd* Mair sy'n gweddu. **1670** J. HUGHES: *AP* 60, gyda'r Vrdde[u] *Sacraidd.* *id.* 63, Ministri Sectaraidd . . . y Swydd *sacraidd* honno. **1684** H. OWEN: *DC* 186, *sacraidd* gyflwr y gweinidogaeth Crefyddol. *id.* 376, y mae'r Cymmun *sacraidd* wedi ei ledu tros wyneb yr holl Fyd. **[1724]** G. WYNN: *YGD* 190, fal Pyratides a *sacraidd* Salamanderau.

sacrament [bnth. S. *sacrament*] *eg.b.* ll. *-au, -oedd.*

(*a*) *Diwin.* Gweithred grefyddol a ystyrir naill ai'n gyfrwng gras neu'n ffynhonnell lles ysbrydol (yn draddodiadol yn y rhan fwyaf o'r Eglwysi Protestannaidd cyfyngir y sacramentau i fedydd a'r Ewcharist, ond yn yr Eglwys Gatholig Rufeinig a'r Eglwysi Uniongred cynhwysir hefyd fedydd esgob, penyd, urddau, priodas, ac eneinio'r cleifion), sagrafen, ordinhad; cyfamod, llw; hefyd yn *ffig.*: *sacrament, ordinance; covenant, oath; also fig.*
1567 *LlGG* d.d., Lliver gweddj gyffredjn a' gweinidogaeth y *Sacrame*[*n*]*tae.* **1588** *Ecs* xii. cs., Bwyta yr oen Pasc. Bod ar dadau a mammau ddangos iw plant ddirgelwch y *sacrament* hwn. **1595** M. KYFFIN: *DFf* [44–5], Medd Awstin, y ffydd sy gan ddynion yn y *Sacramenteu*, ag nid y *Sacramenteu* ay cyfiownhâ hwynt. **1606** E. JAMES: *Hom* i. 92, *sacrament* y bedydd. *id.* ii. 162, [t]ŷ Dduw . . . yn yr hwn y ministrir y *sacramentau*, dirgelion ein prynedigaeth ni. *id.* 266, S. Awstin . . . mae fe'n galw y *Sacramentau* yn arwyddion sanctaidd . . . oni bai fod yn y *Sacramentau* Rhyw gyffelybaeth i'r pethau y maent yn *Sacramentau* honynt ni byddent *Sacramentau* mwy. *ib. Sacrament*, hynny yw . . . arwydd weledig o rad anweledig. *id.* 270, pa sawl *Sacrament* sydd . . . nid oes onid dau, bedydd a swpper yr Arglwydd. *id.* 271, arfer[i]on a Ceremoniau ynghylch gwneuthur offeiriaid, priodas, a bedydd escob . . . ni ddylyai neb gymmeryd y rhai hyn yn lle *Sacramentau*, yn yr ystyr a'r deall y cymmerir Bedydd a Swpper yr Arglwydd. **1617** *Cat* 10, Bod ynddint, ediveirwch . . . yr hwn y mae e [Duw] yn selû yddint yn y *Sacrament* hon. **1620** 2 *Esd* ii. 7, diystyrasant fy nghyfammod [:- fy *Sacrament.* Neu, fy llw]. **1630** *YDd* 298, y *Sacrament* hon [yr Ewcharist] sydd yn wystl ac yn ammod i gynnifer ac a'i derbynnio yn ôl gosodiad Crist. **1632** J. DAVIES: *LlR* 218, pa ham yr ordeiniodd efe y *Sacramentau* i fod megis yn bibellion i ddwyn grâs i ti? **1658** R. VAUGHAN: *LlB* 35, Pe [*sic*] sawl rhyw o *Sacramentoedd* y sydd? **1664** *LlGG* sig. Oov, Pa beth yr wyt yn ei ddeall wrth y gair hwn *Sacrament*? . . . Arwydd

gweledig oddi allan, o râs ysprydol oddifewn. **1670** J. HUGHES: *AP* 53, am *Sacrament* Penyd. **1672** R. PRICHARD: *Gw* 300–1, Beth yw *Sacrament* yn bûr? / . . . / Mae'n Arwydd plaen gweledig, / O ddirgel ras arbennig. **1718 (1721)** S. THOMAS: *HB* 101, y mae gan y Papistiaid saith *Sacrament*. **1773** J. ROBERTS: *GY*, *Sacrament*] Ordinhâd Duw, yn yr iawn arferiad o ba un y mai y Cyfrannogwr ffyddlon yn cael ei sicrhau, ei fod yn y Cyfammod grâs. **[1783]** *W*, Ymrwym arbennig ar lw neu'r cyffelyb, sacrafen, vulgò *sacrament* d.g. *Sacrament* [*a solemn engagement upon oath, &c.*].

(*b*) *Diwin.* (a'i ragflaenu gan y fan.) Ewcharist, Cymun Bendigaid, Swper yr Arglwydd; (un o) elfennau cysegredig yr Ewcharist: *Eucharist, Holy Communion, the Lord's Supper*; (*one of*) *the consecrated elements of the Eucharist.*

1595 M. KYFFIN: *DFf* [44], nid yn vnig ossod bara'r cymmun geyr bron y bobl i'w addoli fegis Duw . . . nhwytheu [esgobion Rhufain] a ddarfu iddynt ddwyn *Sacramenteu* Crist i blith chwreuddion, i'w dangos i'r bobl. **1675** R. JONES: *HCh* 122, Y coffa ymma am farwolaeth Crist yn y *Sacrament*. **1703** T. BADDY: *PCh* 8, Pechod mawr iawn ydyw gweled rhai sy'n ymdroi yn yr heolydd mewn meddwdod yn gostwng ar eu gliniau wrth y *Sacrament*. **1704** E. SAMUEL: *BA* 106, ar ddŷdd Sul . . . pan ddaeth yr Eglwŷs ynghyd i dderbyn y *Sacrament* ac i gyflawni dyledswŷddau crefyddol eraill. *c.* **1762–79** W. WILLIAMS: *P* 605, yn gwadu presennoldeb corphorol Crist gyd â'r *sacrament*. **[1783]** *W* d.g. *The sacrament* [*the Lord's supper or holy communion*]. **1790** T. JONES: *TOS* 42, Cawn gymmundeb heb *sacramenteu*, heb 'ffrwyth hwn y winwydden'.

Cfn.: **Sacrament yr Allor = Sacrament Swper yr Arglwydd. 1684** H. OWEN: *DC* 365. **1764** DEWI NANTBRÂN: *SAG* 26. **Sacrament Bendigedig = Sacrament Swper yr Arglwydd. 1710** *LlGG* sig. a2v. **Sacrament Cysegredig = S. Swper yr Arglwydd. 1931. Sacrament Swper yr Arglwydd:** *the Lord's Supper, Eucharist, Holy Communion.* **1675** R. JONES: *HCh* 99. **1718** E. SAMUEL: *HDdD* 71. **1770** R. JONES: *YC* 10.

Gw. hefyd **sagrafen.**

sacramentaf: sacramenta [*sacrament*+ *-ha* (At.)] *bg. Diwin.* Cyfranogi o'r Ewcharist, cymuno: *to partake of the Eucharist, communicate.*

1653 *MLl* i. 258, Mi genais Psalmau ond mûd oedd fynghalon. Mi *Sacramentais* ond ni welais gorph yr Arglwydd. *c.* **1730** *Thos. Lloyd D* (LlGC) 205b, *sacramenta.*

sacramentaidd [*sacrament*+*-aidd*] *a. Diwin.* Yn perthyn i sacrament, o natur sacrament, sagrafennol; a fynegir gan arwydd allanol neu symbol; Ewcharistig; sacramentyddol; hefyd yn *ffig.*: *sacramental*; *Eucharistic*; *sacramentarian*; *also fig.*

1630 *YDd* 286, os mynni . . . dy roddi â Christ trwy râs *Sacramentaidd*. **1672** J. LANGFORD: *HDdD* 481, Pa sawl un o'r Addunedau *Sacramentaidd* (*sacramental vows*) hyn a dorrais i? **1675** R. DAVIES: *PY* 26, Y bara a elwir corph Christ, ar [*sic*] gwin ei waed, nid oblegid eu fod [*sic*] felly mewn sylwedd; ond yn vnig mewn modd dirgel, a *sacramentaidd*. **1675** R. JONES: *HCh* 115, hwy [pechodau] a droant y bara ar [*sic*] gwin *Sacramentaidd* yn wenwŷn ysprydol. *id.* 125–6, [c]orph a gwaed Crist tan yr elfennau o fara a gwîn, y rhai yn ddiau ydynt yn ysprydol a *Sacramentaidd* yn gosod allan gorph a gwaed Crist . . . Hwn yw fy Nghorph, hynny yw, yn Ddirgelaidd a *Sacramentaidd*, mewn ffordd o arwyddocâad; fel pe dywedasai, Mae 'r bara hwn yn arwyddocau fy 'nghorph i. **1703** T. BADDY: *PCh* 10, Y gweithredoedd *Sacramentaidd*: 1. O'r eiddo Christ, efe a gymmerodd fara ac ai bendithiodd ef. **[1711]** RW: *CS* d.d., Catechism *Sacramentaidd*. A amcanwŷd er Cyfarwyddyd I Wasanaeth-Ddynion Tlodion. **1723** E. SAMUEL: *PDdC* ii. 32, nid mewn ystyriaeth gnawdol eithr un [Y]sprydol neu *Sacramentaidd*. **1760** WLL: *SAC* 3, Canys corph Crist . . . sydd o ddau fath, sef, un anianol, yr hwn sydd yn y nêf, ac ûn *sacramentaidd*, yr hwn a fendithir ac a roddir wrth y bwrdd sanctaidd. *c.* **1762–79** W. WILLIAMS: *P* 637, megis effaith *sacramentaidd* ar arddodiad ei ddwylo. **[1783]** *W* d.g. *Sacramental*. **1791** B. EVANS: *AD* 18, y Gair Baptizo . . . yn ei Ystur [*sic*] *Sacramentaidd*. **[1795]** W. RICHARDS: *YDY* 24, Fe ellir 'chwanegu 'r llw *sacramentaidd* (sacramental Test) hefyd at y gofrestr hon [o bechodau gwladol].

sacramentaliaeth [cfdds. o'r S. *sacramental(ism)*+*-iaeth*] *eb. Diwin.* Sacramentyddiaeth, sagrafenoliaeth: *sacramentalism, sacramentarianism.*

1933.

sacramentariaeth [cfdds. o'r S. *sacramentar(ianism)*+*-iaeth*] *e?b. Diwin.* Sacramentyddiaeth, sagrafenoliaeth: *sacramentarianism, sacramentalism.*

1897.

sacramentariaid [cfdds. o'r S. *sacramentar(ian)*+*iaid*[1]] *e.ll. Diwin.* Rhai sy'n credu mai mewn ystyr ffigurol yn unig y gelwir bara a gwin yr Ewcharist yn gorff a gwaed Crist; sacramentyddion: *Sacramentarians*; *sacramentarians, sacramentalists.*

c. **1762–79** W. WILLIAMS: *P* 571, Y Wickliffiaid, yr Anabaptistiaid, y *Sacramentariaid*, ac eraill. *id.* 605, yr oeddent yn casau y dieithriaid hyn am eu bod yn *Sacramentariaid* . . . yn gwadu presennoldeb corphorol Crist gyd â'r sacrament.

sacramentol [*sacrament*+*-ol*] *a. Diwin.* Sacramentaidd, sagrafennol: *sacramental.*

1583 *LlGC* 716, 193a, y baraf [*sic*] *sacramentol*. **1679** C. EDWARDS: *GGG* 177, Y pethau ysprydol a arwyddoceir drwy arwyddion *Sacramentol* yw Christ, a'r pethau daionus a geir ganddo drwy 'r cyfammod o râs. **1693** *HC* 7, Fel y taera'r Papistiaid fod y Sacramentau yn gweithio grâs ex opere operato, o ran y gorchwyl *Sacramentawl*. **1696** *GGTY* 103, o herwydd nad appwyntiwyd dim diod *Sacramentawl* iddynt hwy a fwytasant o'r Oen Pasg. **1701** E. WYNNE: *RBS* 72, darfod i Grist sancteiddio Priodas yn ddirgelwch i arwyddoceau *Sacramentawl* a dirgel undeb Crist a'i Eglwys. *id.* 255, o fwytta ei gorph ef i weled ei wyneb ef; o rithiol, *Sacramentawl* a darfodedic, i wir a thragwyddol Swpper yr Oen. *id.* 288, Byth na pheidied yr aberth beunyddiol o Weddi a Diolchgarwch *Sacramentawl*. **1703** C. ELLIS: *CG* 11, [m]addeuant o'u hôll bechodau, ac mewn môdd *Sacramentol* a Selwŷd iddynt mewn Bedŷdd. **1704** *Cym Cr* 153, Mae Ystyriaeth o'n Bedyddol Adduned, wedi ei adnewyddu ai sicrhau trwy amryw Rwymedigaethau *Sacramentol* wrth fwrdd 'r Arglwydd. **1713** J. LEWIS: *CE* 52, [y] Bara a'r Gwin *Sacramentawl*. **1725** I. HARRI: *RD* 379, collodd Adda 'r hawl i fwytta o bren y bywyd hwnnw, yr hwn oedd yn Gysgodol, ac yn *sacramentol*. **[1740]** D. LLWYD: *YDD* 145–6, nad oedd ein Jachawdr ddim ar Swpper Gyffredin pan y darfu iddo ordeinio yr Sacrament, Eithr wrth y Pasc; yr hwn oedd yn fwytta *Sacramentol*. **[1783]** *W* d.g. *Sacramental.*

sacramentydd [*sacrament*+*-ydd*[3]] *eg.* ll. *-ion. Diwin.* Un sy'n rhoddi pwyslais mawr ar (wedd ddefodol) y sacramentau: *a sacramentarian or sacramentalist.*

1858.

sacramentyddiaeth [*sacramentydd*+ *-iaeth*] *eb. Diwin.* Pwyslais mawr ar (wedd ddefodol) y sacramentau, sacramentaliaeth: *sacramentarianism, sacramentalism.*

1893.

sacramentyddol [*sacramentydd*+*-ol*] *a. Diwin.* Yn rhoddi pwyslais mawr ar (wedd ddefodol) y sacramentau, a nodweddir gan sacramentyddiaeth: *sacramentarian.*

20g.

sacredig [bnth. Llad. *sacr-* neu gfdds. o'r S. *sacr(ed)*+*-edig*] *a. Diwin.* Cysegredig, wedi ei gysegru, sanctaidd: *sacred, consecrated, holy.*

16–17g. *RWM* i. 722, edrychwch yn y Biblioedh *sacredic*. **1611** R. SMYTH: *SG* 77, a[w]dyrdo[d] . . . i farnu matterion *sacredig*. **1670** J. HUGHES: *AP* 182, Gwedd y corph wrth recefio'r Sacrafen fendigedig . . . [d]erbyn yr Hostien *sacredig*. *id.* 190, Apostoleiddlawn gariad *sacredig*. **1684** H. OWEN: *DC* 420, bordd yr Allor fendigedic, a'r bara *sacredic* arni: hynny yw gwerthfawr Gorph Christ. *c.* **1730** *Thos. Lloyd D* (LlGC) 205b, *Sacredig* . . . Sacratus. **1776** DEWI NANTBRÂN: *AN* 108, Teilynga foliannu o honof di, O Forwyn *Sacredig*. *id.* 275, Derbyn . . . O Arglwydd, y Dirgeleddion *sacredig* hyn o'th Gorph a'th Waed, y rhain a dderbyniais i.

sacreiddiol, sagreiddiol [*sacraidd*+*-iol*; â'r ail ff., cf. *sagrafen*, &c.] *a. Diwin.* Cysegredig, sanctaidd: *sacred, holy.*

1609 R. SMYTH: *CAC* 33–4, yr arglwyddiawl we[dd]i . . . a [dd]arfasai i Grist gwneuthyr ai rhoi allan ai *sagreiddiawl* enau. **1611** R. SMYTH: *SG* 165, [u]r[dd]au *sacraiddiawl*. **1684** H. OWEN: *DC* 372, eu *sacreiddiol* esgyrn hwynt. *c.* **1730** *Thos. Lloyd D* (LlGC) 205b, *Sacreiddiol*. Sacer.

sacriffeis [bnth. S. *sacrifice*] *e?g. Diwin.* Aberth: *sacrifice* (*in theol.*).

1609 *Pen* 217, 200–1, ych a offrymid yn lle *sacriffeis*.

sacrileg [bnth. dysg. Llad. *sacrilegium*] *e?g.* ll. *-au. Diwin.* Halogiad (peth cysegredig): *sacrilege.*

1615 R. SMYTH: *GB* 188, drvvy 'r hvvn [drygioni] y mae 'r holl fvvrddriadau, bradau[,] *sacrilegau*, lladradau. **1670** J. HUGHES: *AP* 134, Anffyddlonrwydd, yn cynnwys ynddo eihûn [*sic*] gynnifer o bechodau eraill tra ffieiddgas megis . . . Anufydd-dod i'r Eglwys a'i Phreladiaid cyfreithlon, *Sacrilegau*, Balchder.

sacrilegaidd [*sacrileg*+*-aidd*] *a. Diwin.* Yn halogi (peth cysegredig): *sacrilegious.*

1670 J. HUGHES: *AP* 64–5, Mae pôb dyn yn rhwymedic i dybied y goreu am ei gymydog: a llai drwg . . . yw bod yn gelwyddog, na bod yn ddatcuddiwr *Sacrilegaidd* ysceler. *id.* 104, yn lle grâs dî haeddi ddau cymmaint o ddigofaint y Goruchaf a'i ddial, trwy dy bechod gorthrwm o falchder, ac o ddywedyd celwydd *sacrilegaidd* wrth Dduw yn bennaf.

sacrilegedd [*sacrileg*+*-edd*[1]] *eg. Diwin.* Halogiad (peth cysegredig): *sacrilege.*

1670 J. HUGHES: *AP* 58, Oblegid mae *Sacrilegedd* dirfawr, a phechod damnedic yw, i Offeiriad ddatcuddio . . . Cyffes Sacrafennol.

sacrist [bnth. S. *sacrist*] *eg. Egl.* Sacristan; clochydd: *sacristan*; *sexton.*

1933.

sacristan [bnth. S. *sacristan*] *eg.* ll. *-iaid. Egl.* Swyddog sy'n gofalu am y sacristi a'i gynnwys; clochydd: *sacristan*; *sexton.*

1828.

sacristi [bnth. S. *sacristy*] *eg.* ll. *sacristïau. Egl.* Ystafell mewn eglwys lle y cedwir gwisgoedd, llestri cysegredig, &c.: *sacristy.*

1933.

sacrosanct [bnth. S. *sacrosanct*] *a. Diwin.* Cysegredig neu sanctaidd iawn, dihalog: *sacrosanct.*

20g.

sacrosanctaidd, sagrosantaidd [bnth. S. *sacrosanct*+*-aidd*; â'r ail ff., cf. *sagrafen*, &c.] *a. Diwin.* Sacrosanct: *sacrosanct.*

1609 R. SMYTH: *CAC* 30, rhaid yw bannau yntuy [symboleu] yn bethau *sagrosantai*[*dd*]. *id.* 38, y *sagrosantaidd* efcharisten. **1670** J. HUGHES: *AP* 255, er dy *Sacrosanctaidd* Gorph.

sacrwm [bnth. S. *sacrum*] *eg. Biol.* Asgwrn trionglog a ffurfir o fertebrâu a doddwyd yn un ac a leolir rhwng esgyrn y cluniau yn y pelfis, asgwrn y cwman: *sacrum.*

20g.

sacs[1], gw. **sacsoffon.**

sacs[2], **secs**[2] [bnth. S. C. *sax*, *sex*; ansicr yw perthynas *saxa*, *A* 34. 12] *e?g.* Dagr, cleddyf byr: *dagger, short sword.*

15g. *GLGC* 235, Y dydd ddoe rhoed ffonnod dda, / *sacs* (*HVN* 501, *sex*) hen, ar wŷr Sacsonia. Cf. *BD* 99, Heingyst . . . a dywavt . . . "Nymyd ovyr sexes." A sef oed hynny yg Kymraec, "Kymervch avch kyllyll".

sacsffragan, sacsiffragan [bnth. S. C. *sax(i)frage*+*-an*[1]] *eg. Bot.* Tormaen: *saxifrage.*

c. **1400** *Études* viii. 384, Y dorri maen tosted: kymer y *saxfragan*, yr hwnn a dyf yn lleoed karregawc. *ib.* Arall yw: kymer y *saxifrag*[*a*]*n* a hat y grwmil a tharaw ar dwfyr brwt.

sacsoffon [bnth. S. *saxophone*] *eg.* ll. *-au. Crdd.* Offeryn chwyth pres bysellog ac iddo un gorsen; fe'i ceir mewn amryfal feintiau a chwmpasrannau, a'i ddefnyddio'n arbennig mewn cerddoriaeth jas neu ddawns: *saxophone.*

1939.

Amr.: **sacs** [bnth. S. *sax*, talf. o *saxophone*]. **20g.**

sacsoffonydd [*sacsoffon*+*-ydd*[3]] *eg.* ll. *-ion*, *sacsoffonwyr. Crdd.* Un sy'n canu sacsoffon: *saxophonist.*

20g.

Sacson [bnth. S. *Saxon*] *eg.* ll. *-iaid*, *-s*, a hefyd fel *a.* Aelod o lwyth Germanaidd a oresgynnodd rannau o Loegr yn ystod y 5–6g. O.C.; un o drigolion Sacsoni; Sais: *a Saxon*; *a Saxon* (*inhabitant of Saxony*); *Englishman.*

15g. *BB* 112, goruu yr brenhyn [Gwrtheyrn]. a hynny drwy nerth *ysaxo*[*ni*]*eit*. Agwedy gwelet or brenhyn hynny. llawenhau aoruc. a rodi yr *saxonieit* y tir a elwyt yn lyndesei. **15g.** *GLGC* 46, dywod

Hinyn Fardd doe tynnid—*Sacson*, / wedy un estron y'u dinistrid. *id.* 56, Mae'n ddarogan i'r frân fry / grasu wybr Lloegrwys obry. / Ni phaid *Sacsoniaid* â'u sias, / Nid diymyr plant Tomas. *id.* 450, Y dydd yr aeth, nid oedd raid, / Esecs wen i *Sacsoniaid*. **1742** *ML* (Add) 864, y Cornisiaid, rhyw Estron Genedl o wlad y *Saxoniaid*. **1784** M. WILLIAMS: *S* i. 23, ymbil am help oddi wrth y *Sacsons* (dynion milwraidd o [*sic*] Almaen).

Fel *a.* (Eingl-)Sacsonaidd: (*Anglo-*) *Saxon*.

1910.

Amr.: **Sacsoniad** [adff. o'r ff. l. *Sacsoniaid*]. *c.* **1701** O. GRUFFYDD: *Gw* 68.

Sacsonaeg, gw. Sacsoneg.

Sacsonaidd [*Sacson* + *-aidd*] *a.* Yn perthyn i'r Sacsoniaid neu i'w hiaith, Eingl-Sacsonaidd; Seisnig: (*Anglo-*)*Saxon*; *English*.

1712 T. WILLIAMS: *CDdG* 455, Mae'r gair Saesonaec am Rawys we[d]i i dynnu allan o'r iaith *Saxonaidd* (*Saxon*). **1761** *ML* ii. 344, Chwi gewch y gorrespondens rhyngwyf a Mr. Pegge ynghylch y llythrenau *Saxonaidd*.

Sacsoneg, Sacsonaeg [*Sacson* + *-eg*[1], *aeg*] *eb.g.* Iaith y Sacsoniaid, Eingl-Sacsoneg; Saesneg: (*Anglo-*)*Saxon* (*language*); *English*.

1547 *WS* [xi], Ch. nid yw dim tebyc yn *sacsonaec* ac y[n]ghamberaec. *id.* [xvii], M, ac n . . . yn *Saxonaec* a dwyts val hyn man gwr men gwyr. *c.* **1730** *Thos. Lloyd D* (LlGC) 206a, *Sacsonaeg* Saxonica Lingua.

Sacsoniad, gw. Sacson.

sactisiwn [?bnth. S. *sad condition*] *e?g.* Ffwdan, helbul, strach, anhawster: *fuss, bother, difficulty*.

1897. Ar lafar ym Môn, 'roedd o mewn homar o *sacdisiwn* neithiwr', *ISF* 65, ac Arfon.

sach[1] [bnth. Llad. *saccus*, H. Grn. *sach* (*diauol*), gl. *demoniacus*, Crn. Diw. *zâh*, Llyd. C. *sach*, Llyd. Diw. *sac'h*, Gwydd. C. *sacc*, Gwydd. Diw. *sac*] *eb.g.* (bach. b. *-en*, ?*-an*, g. *-yn*, *sechyn*) ll. *-au*.

(*a*) Cwdyn mawr o frethyn bras, papur trwchus, plastig, &c., a ddefnyddir i storio neu gludo nwyddau, sachaid, hefyd yn *dros.* ac yn *ffig.*: *sack, bag, sackful, also transf. and fig.*

13g. *LlI* 92, *Sach*, pedeyr keynnyauc. Nythlen, iiii keynnyauc. **13g.** *B* iv. 9, Gwell yr gur a aeth ar vanec y hata noc y[t] ar *sach*. **14g.** *GIG* 167, Sychu march Ithel Ddu ddoeth / A bwrw allan, *sach* gwlân gwlad [dychan i'r Gwyddelyn]. *c.* **1400** *R* 1274. 25–6, Gorach *sach* gorach malach gorach melin odyn. **15g.** *GDLl* 61, Tra fo Sais, *sach* sybach sêl, / Nac unsais yn ei gwnsel. **15g.** *GLGC* 468, pob gwraig bwrdais Sais fel *sach*—yn llawn oel [dychan i wŷr Caer]. **15g.** *GO* [331], Howel lais vchel, â'i *sachav* kaerog / kwngkwerwr y seiniav. **1547** *WS*, Fettan ne *sach* A sacke. **1588** *Gen* xlii. 25, Ioseph hefyd a orchymynnodd lenwi o honynt eu *sachau* hwynt o ŷd, a rhoddi trachefn arian pôb vn o honynt hwy yn ei *sach* ef. **1604–7** *TW* (*Pen* 228), *sachau*, *sechyn* d.g. *Sacculus*. **1606** E. JAMES: *Hom* iii. 122, y Pâb . . . a barodd ddodi pump o Gardinaliaid mewn *sachau* [:– Ffettanau] a'u boddi. **1632** *D*, *Sach*, Saccus. **17g.** *GDG*[1] 421, Or kul ir felin or *sach* ir hopran. **17g.** *LlGC* 13215, 318, Vox Barbara . . . *Sachen* × Fetten. **1688** S. HUGHES: *TSP* 65, mi a welwn vn yn dyfod at Gynnwrf, ac yn dwyn iddo dryssor mewn cŵd, ac yn bwrw ei *sach* i lawr wrth ei draed ef. **1707** *AB* 271a d.g. *a Bag*. **1725** D. LEWIS: *GB* 91–2, etto buasei'r [corff dynol] . . . fel *Sach* neu Gŵd gwlyb, oni buasei i'r Creawdr ei gynnysgaeddu . . . ag Esgyrn. **1778** J. HUGHES: *BB* 303, Ac yno 'r tafod, mawr-glod mwyn, / Oedd gynt fel melfed yn y llwyn, / A dry fel *sâch* o liain brâs, / Neu garthen gâs a gwrthun gwyn. [**1783**] *W* d.g. *Sack* [*a large sort of bag so called*]. **1803** *P*. Ar lafar, '*sach*, s.m.f., pl. *sacha*' 'sack', *WVBD* 472; '*sæch* (eb) . . . *sacha*' 'a sack', ''Ôn' nw'n dod â blawd mwn *sacha*', *GTN* 706. Mewn rhai mannau yn y Gogledd clywir yr ymad. '(sychu) tri sychiad *sach*' pan fo'n dywydd sychu da. Sonnir yn gyff. fod rhywun neu rywbeth trwm a llipa 'fel *sach* o dato', ac yn Arfon dywedir am ddyn cryf ei fod yn '*sach* o ddyn', *WVBD* 472.

(*b*) Sachliain: *sackcloth*.

1588 *Esth* iv. 1–2, Mordecêus a rwygodd ei ddillad, ac a wiscodd sach-liain a lludw . . . ni cheid dyfod i borth y brenin mewn gwisc o *sach*. **1672** R. PRICHARD: *Gw* 486, Gwisca lenn, a *sâch* am danad, / Wyla nes bo'th welu'n nofiad.

(*c*) Uned bwysau neu fesur sych o amrywiol faint: *variable unit of weight or dry measure*.

1776 *W*, Deuddeg *sâch* . . . o wlân d.g. *A last of wool*. *id.* d.g. *Sack* [*26 stones, or 364 pounds*] *of wool*. Ar lafar, 'as measure for corn *sach* = wyth gybynnad' [h.y. 244 o bwysi], *WVBD* 472; hefyd gynt ym Morg., 'Dau hestor a haner yn gwneud un *Sach*', *LlGC* 1169, 126.

Cfn.: **sach gefn:** *backpack, rucksack*. **20g. sach gysgu:** *sleeping bag*. **1897. sach diawl** [ffrwyth trafod H. Grn. *sach diauol*, gl. *demoniacus*, fel Cym.]: (*person*) *possessed by devils*, (*a*) *demoniac*. **1604–7** *TW* (*Pen* 228) d.g. *dæmonicus* (hefyd *D*). **1722** *Llst* 189, Diawl, *Sâch Diawl*. A demoniack. **1803** *P*, Sâç . . . *Saç Diawl*, a demoniac. **sach ddyrnu:** *condom, usu. facet.* **20g. y Sach Wlân (Gwlân):** *the Woolsack*. **1837.**

sach[2], gw. serch.

sachabwndi [*sach*[1] + elf. anh.; ?cf. *sachbwn*] *eg.* Sach glymedig, bwndel: *tied sack, bundle*.

Ar lafar yn y De, fel arfer yn ddifr. am berson, 'hen *sachabwndi* o ferch'. Digwydd yn aml mewn cmhr., '*sachabwndi*: anniben ei wisg. Yt ti fel *sachabwndi* yn y dillad 'na', *BIBC* 44; 'Fe ath yn dew fel *sachabwndi*' (dwyrain Morg.).

sachaf, sechaf: sachu, sechi [bf. o'r e. *sach*[1]] *bg.a.* Rhoddi mewn sach, bagio, llenwi (sach), stwffio, padio, sacio, hefyd yn *ffig.*: *to put in a sack, bag* (*up*), *fill* (*a sack*), *stuff, pad, cram, also fig.*

1547 *WS*, *Sechi* Sacke. **16g.** *GRCG* 21, A'i gyfrwy rhedyn fal cwrwgl ar Hodni, / A'i fwtias sychion o wellt wedi *sechi*. **1604–7** *TW* (*Pen* 228), coludhyn wedy *sechi* ar porc d.g. *Lucanica*. *id.* floccus cyphredin y rhai y *sechir* y lenwi petheu d.g. *Tomentum*. *Dchr.* **17g.** *J* 10, 39a, *Sechu*. to stuffe. **1615** R. SMYTH: *GB* 94, gan dyfod [*sic*] cyn llavvned, a chvvedi dy *sechu* a chymeint o ddrvvgioni. **1632** *D*, *Sechi*, Sacco, ingerere, farcire. **1658** R. VAUGHAN: *PS* 168, yn cloddio ei fedd ai ddannedd pryd y byddo ef yn *sechu* fwyaf yn ei gylfin. **1688** *TJ*, *Sechi*, *sachu*: to stuff or fill up a sack. **1703** E. WYNNE: *BC* 121, *Sechwch* y Cyfarthwyr gyda mwrdrwyr Sir Edmwnt Buwri-Godffri. **1722** T. EVANS: *PS* 55, [d]arnau candryll o hen Weddiau wedi *sechi* o fewn ein rhai ni, i'w cadw rhac myned ar goll. **1723** J. JONES: *LlA* 232, efe a fydd yn grymmedig cyhŷd ag y bo byw, chwi ellwch obennyddio a *sechu* allan ei Ddillad i guddio hynny. **1725** *SR*, *Sechu* d.g. *To Cram*, *To Ramm in*. **1803** *P* d.g. *Saçu*, *Seçi*.

Gw. hefyd saciaf: sacio.

sachaid [*sach*[1] + *-aid*[1]] *eb.g.* ll. *sacheidi(au)*. Llond sach, cynnwys sach, cydaid, hefyd yn *ffig.*; uned bwysau neu fesur sych o amrywiol faint: *sackful, bagful, also fig*; *variable unit of weight or dry measure*.

c. **1400** *R* 1335. 28–9, *sacheit* yw o bessychu. safyn kelyn gavyn callongi. **1547** *WS*, *Sachait* A sackefull. *p.* **1584** G. ROBERT: *GC* [112], peth a fo'n cynwys rhyw beth ynddo, mal . . . safned, *sached*, cyded. **1698** T. JONES: *Alm* [8], Digwyddodd Tân . . . ac a Losgodd mewn tair awr . . . naw mil *sachaid* o ŷd a blawd. **1759** *ML* ii. 119, Ddechreu yr wythnos yma yr aeth adref Peggy Morris a'i gwr, mae o . . . yn deall ei swydd o'r gorc, ond bod arno eisieu ystâd neu *sachaid* o arian. **1776** *W*, Deuddeg sâch (*sachaid*) o wlân d.g. *A last of wool*. **1786** TWM O'R NANT: *PCG* 55, Fe roed arno lawer *Sached* swrth, / O gelwydd wrth dy ga'lyn. **1803** *P*, *Saçaid*, s. f.—pl. *saçeidiau* . . . A sackfull. Ar lafar, '*sachid* (eb) . . . *sachidi*', 'Fi brynas *sachid* o datws ginto', *GTN* 705; '*sachad*, s.m.f.' 'sackful', *WVBD* 472; '*sachad* . . . as measure = wyth gybynnad (o ŷd), chwe cybynnad pen y cibyn (o datws) . . . = hobad', *ib.*; hefyd yn y ff. *sachiad*, ''Odd o'n medru codi *sachiad* o lo ar 'i gefn heb ddim traffath' (Arfon).

sachaidd [*sach*[1] + *-aidd*] *a.* Tebyg i sach, llac: *sack-like, baggy*.

20g.

sachan, gw. sach[1].

sachbwn [*sach*[1] + *pwn*] *eg.* ll. *-bynnau*. Baich wedi ei bacio a'i glymu, llwyth, pac, swp, bwndel, bwrn, hefyd yn *ffig.*: *load, burden, pack, truss, bundle, bale, also fig.*

1604–7 *TW* (*Pen* 228), rhwn sy'n gwerthu amryw vasnachæ yn *sachbynnæ* d.g. *Aeginopola*. *id.* peiriant y godi *sachbynnæ* alhan or lhongæ d.g *Maschala*. *id.* *Sachbwn* d.g. *Sarcina* (hefyd *D*). **1719** IACO AB DEWI: *TG* 210, nac edrych ar dy *Sach-bwnn* diles, Canys y mae'r holl Ddaioni sydd ynghrist yn cael ei gynnig i'r pechadur sydd yn dyfod, heb Arian, ac heb werth. **1770** *W* d.g. *Bale* [*goods packed up*], *Bundle* [*a fardel* . . .], *Burden*, *Carriage* [*burden*]. **1803** *P*.

sacheidiaf: sacheidio [bf. o'r e. *sachaid*] *ba.* Rhoddi mewn sach, bagio: *to put in a sack, bag* (*up*).

20g.

sachell [*sach*[1] + *-ell*] *eb.* ll. *-au*. Ysgrepan (lyfrau), bag ysgol, sach fechan, cwdyn; pad: *satchel, small sack, bag*; *pad*.

1778 *W* d.g. *Pad* [*any sort of little bag stufft with wool, cotton, &c.*], *Sachel, or satchel* [*for carrying books, &c. in*], *Sack* [*a large sort of bag* . . .], *A little sack*. **1803** *P*, *Saçell*, s. f. . . . A small sack, a bag.

sachen, gw. sach[1].

sachgod [gair geir., sef *sach*[1] + *cod*[1]] *eb.* Cwdyn mawr, sach fechan: *large bag, small sack*.

1604–7 *TW* (*Pen* 228) d.g. *Sacciperium* (hefyd *D*). **1722** *Llst* 189, *Sachgod*. f. . . . A small sack, large bag.

sachgwd [*sach*[1] + *cwd*[1]] *eg.* ll. *-gydiau*. Cwdyn (hir), sach fechan, bag ysgol: (*long*) *bag, small sack, satchel*.

1547 *WS*, *Sachkwd* A poke. **1604–7** *TW* (*Pen* 228) d.g. *Sacculus* (hefyd *D*). [**1783**] *W* d.g. *Sack* [*a large sort of bag* . . .], *A little sack*. Ar lafar gynt yn Arfon, '*Sach-gwd*—Rhwng sach a chwd', J. JONES: *Gwerinciriau* 48; hefyd yn ddifr. am berson, 'hen *sachgwd*'. Cf. *SE MS* 454b, *sachgwd*, *gydiau*, s. m. a longe bag, or a small sack S.W.

sachiad[1], **sech(i)ad** [gair geir., sef bôn y f. *sachaf*, *sechaf*: *sachu*, *sechi* + *-iad*[1], *-ad*] *eg.* Y weithred o lenwi'n dynn, stwffiad; rhoddiad mewn sach; llenwad (e.e. ar gyfer sosej), stwffin, pwdin; wadin: *act of stuffing*; *a putting in a sack*; *a filling* (*e.g. for a sausage*), *stuffing, pudding*; *wadding*.

1604–7 *TW* (*Pen* 228), *Sachiat* d.g. *Fartus* (hefyd *D*). *id.* *sachiat* gwaedocen d.g. *Fartum*. *Dchr.* **17g.** *J* 10, 39a, *Sechiad*. fartum. **1707** *AB* 220b, *Sechiad*, A pudding. S. **1722** *Llst* 189, Sech . . . *Sechad*. m. A stuffing, stowing, ramming. **1794** *W*, *sechiad* d.g. *Wad* [*the stuffing of chairs, &c.*], *Wadding*. **1803** *P*, *Saçiad*, s. m. . . . A putting in a sack.

sachiad[2], gw. sachaid.

sachlen [*sach*[1] + *llen*] *eb.* ll. *-nau*, *-ni*.

(*a*) Sachliain, brethyn rhawn, darn o sachliain: *sackcloth, haircloth,* (*piece of*) *sacking*.

1588 *Gen* xxxvii. 34, Iacob a rwygodd ei ddillad, ac a osododd *sach-len* am ei lwynau. **1588** *Jos* ix. 4, cymmerasant hefyd hên *sach-lennau* ar eu hassynnod. **1588** *Salm* xxxv. 13, A minne pan glefychent hwy oeddwn a'm gwisc o *sach-len*. **1632** *D*, *Sachlen* . . . cilicium. **1653** *MLl* i. 121, o flaen yr hwn nid iw'r haul ganol dydd ond fel *sachlen* ddu dywyll. **1688** *TJ*, *Sachlen*, sachliain: Sackcloth. **1722** *Llst* 189, *Sachlen* . . . hair-cloth. *c.* **1762–79** W. WILLIAMS: *P* 349, yma a thraw ar hyd y synagog a [*sic*] bydd amrywiol a *sachlen* am danynt. [**1783**] *W*, Gwaelod-len . . . *sachlen* . . . gwely d.g. *The sacking of a bed*. Ar lafar yn Arfon yn yr ystyr 'darn o sachliain'.

(*b*) Llwyth, baich, bwndel; sach (fechan); hefyd yn *ffig.*: *load, burden, bundle*; (*small*) *sack*; *also fig*.

15g. *GTP* 83, Ac nid llawen, *sachlen* soeg, / Dicwn, cwch caewn, cicoeg [dychan i Ddicwn Pembrtwn]. *Diw.* **15g.** *Pen* 67, 110, Nid aing dev vras dan lasdir / y nevpenn *sachlen* or sir [dychan i Fedo Brwynllys]. **16–17g.** *HG* 173, hibo *sachlen* bissichlid / fraith y ffryw, anferth y frid [i henaint]. **1604–7** *TW* (*Pen* 228) d.g. *Fascis*, *Onus*, *Saccus*. **1630** *YDd* 368, carchar bywiol i'th enaid, offer fywiol i bechod, *sachlen* o dom drewllyd. **1632** *D*, *Sachlen* . . . Saccus. **1763** *ML* ii. 547, wedi dwyn iddo *sachlen* o wiail o'm gwig helyg. [**1783**] *W* d.g. *Sack* [*a large sort of bag* . . .]. Ar lafar yn Arfon yn yr ystyr 'sach fechan', ac yng ngodre Cered. yn yr ystyr 'sypyn o grafion ŷd o gwmpas tas wedi eu clymu â rheffyn o wellt'. Cf. *PT* 106, Mynnaf gasglu'r niwl a'i hel / A'i rwymo fel *sachlenni*.

(*c*) Uned bwysau neu fesur sych o amrywiol faint: *variable unit of weight or dry measure*.

1762 *ML* ii. 500, Gwair Ynghaergybi am 9s. y pwn, ond bod 4 *sachlen* ynddo. Ar lafar, '*sachlan* o wellt', 'as much straw as a man can gather up and carry on his shoulders . . . about 100 lbs.', *WVBD* 472.

Cfn.: **sachlen a lludw:** *sackcloth and ashes*. **1588** *Luc* x. 13. **sachlen flew:** *sackcloth, haircloth*. **1588** *Dat* vi. 12. **1772** *W* d.g. *Cloth*, *Hair-cloth*. **1775** M. RHYS: *GBN* 78.

sachlïain [*sach*¹ + *lliain*] *eg.* ll. *-lieiniau.* Defnydd bras o lin neu gywarch y gwneir sachau ohono, dillad galar neu benyd o'r defnydd hwn, sachlen, brethyn rhawn, cynfas; (geir.) sach; hefyd yn *ffig.*: *sackcloth, haircloth, canvas*; (*dict.*) *sack*; *also fig.*

1567 *TN* 380a, ar haul aeth cyn ddued a *sach lien* blewoc. **1588** 2 *Sam* iii. 31, ymwregysswch mewn *sach-liain*, a galerwch o flaen Abner. **1588** 1 *Br* xx. 31, gosodwn . . . *sachliain* am ein lwynau, a rhaffau am ein pennau, ac awn at frenin Israel, ond odid efe a geidw dy enioes di. **1588** *Bar* iv. 20, Mi a ddioscais wisc tangneddyf a gwiscais *sachliain* fyng-weddi. *id.* xxi. 27, efe a rwygodd ei ddillad, ac a osododd *sachliain* am ei gnawd, ac a ymprydiodd. **1606** E. JAMES: *Hom* i. 13, Iudith, Hester, Iob, Ieremi, a gwyr a gwragedd duwiol eraill, yn arfer *sachliain*, ac o daflu llwch, a lludw ar eu pennau, pan fyddent yn galaru am eu buchedd bechadurus. *Dchr.* **17g.** *J* 10, 36b, *Sachliain.* sackecloth. **1630** *YDd* 67, pob mordecai cywir, yr hwn a alarodd dan *sachliain* cnawd llygredig. *id.* 270–1, arferent . . . (yn enwedig mewn ymprydiau cyhoeddus) o wisco *sach-liain*, neu ryw wisc salw-fras arall. **1632** *D*, Sachlen, & *Sachliain*, Saccus, cilicium. **1722** *Llst* 189, Sachlen . . . *Sachliain.* m. . . . *Sachlieiniau.* Sack-cloth, hair-cloth. **1773** J. ROBERTS: *GY*, *Sach-liain*] Gwisg o liain brâs a wisgai y Prophwydi. **1803** *P* d.g. *Saçlian.*

Cfn.: **sachlïain a lludw:** *sackcloth and ashes.* **1588** *Esth* iv. 1. **1620** *Math* xi. 21. **1712** T. WILLIAMS: *CDdG* 466. Cf. D. OWEN: *D* 206, Paham na wisgi di *sachlïan a lludw*, ac ymdreiglo yn y domen, dywed?

Gw. hefyd **lliain—lliain sach, lliein-sach.**

sachmwrniaf: sachmwrnio, gw. **sychmurniaf: sychmurnio.**

sachwisg, sach-wisg [*sach*¹ + *gwisg*] *eb.* ll. *-oedd.* Sachlïain, brethyn rhawn; (geir.) math o ffrog neu ŵn llac: *sackcloth, haircloth*; (*dict.*) *sack* (*loose frock or gown*).

1567 *LlGG* (*Sall*) 16a, d'atodeist vy *sach wisc*, a gwregeseist vi a llawenydd. *id.* 37b, Wylais ac vmprytiawdd vy enait . . . A' rhoddeis am danaf *sach wisc.* **1672** R. PRICHARD: *Gw* 347, A dioscaist fy *sâchwisc*, / Pan oeddwn mysc rhai'n trydar. **1722** *Llst* 189, Sachlen, *Sachwisg* f. . . . Sack-cloth, hair-cloth. **[1783]** *W* d.g. *Sack* [*a lady's*], *Sack-cloth.* **1803** *P*, *Saçwisg*, s. f.—pl. t. *oz* . . . A covering of sackcloth.

sachwr, sechwr, sechydd [gair geir., sef bôn y f. *sachaf*, *sechaf*: *sachu*, *sechi* + *-wr*, *-ydd*³, a *sach*¹ + *gŵr*] *eg.* ll. *sachwyr.* Un sy'n gwneud, yn llanw, yn gwerthu, neu'n cludo sachau: *maker, filler, seller, or bearer of sacks.*

1604–7 *TW* (*Pen* 228) d.g. *Saccarius* (hefyd *D*). **1722** *Llst* 189, *Sachwr.* m. A sack (maker, seller, or) bearer. **[1783]** *W*, *Sachwr, sechwr, sechydd* d.g. *Sacker* [*that puts up in sacks*]. **1803** *P*, *Saçwr*, s. m.—pl. *saçwyr* . . . A man who sacks or puts in a bag.

sachyn, gw. **sach**¹.

sad [bnth. S. C. *sad* 'firm, solid; sober, grave'] *a.* Cadarn, sefydlog, diysgog, disyfl, solet; sicr, siŵr; dianwadal, dibynadwy; call, doeth, pwyllog, synhwyrol; sobr, dwys, difrifol; prudd, trist; *Cem.* sefydlog: *firm, stable, steady, solid*; *certain, sure*; *steadfast, dependable*; *wise, prudent, discreet, sensible*; *sober, earnest, grave*; *melancholy, sad*; *stable* (*in chem.*).

15g. *HS* 19, ni bu dan orwydd neb gyfarwyddach / ni bu dan sidan wyneb *sadach.* **15g.** *GHC* 16, Pa ŵr *sad*, pwy arswydir, / Pan fo'r taro yn y tir? **15g.** *GOLlM* 24, Mae yntau am ei antur / dewra dyn i dorri dur. / *Sad* yw'r carn felly barnwyd; / doeth er hyn nid aeth i'r rhwyd. **15–16g.** *TA* 392, Ys da liw, *sad*, ystlys hir, / Egwyd union, gudynir [am farch]. **1547** *WS*, *Sad* Sadde. **1574 (1604)** *Rhyddiaith Gymraeg* ii. 196, mi a wn fod rai a wnaiff yn o! fy nghyngor i ag y fyddan *sadiach* yn y ffydd. **16–17g.** *Bl B XVII* i. 39, Och ddydd *sad*, och ddiwedd swydd, / Och nos aros ei arwydd [marwnad Edward Stradling gan Lywelyn Siôn]. **16–17g.** *GST* i. 46, Elsbeth, *sad* ran ymadrodd, / Y ferch o Rug fawrwych rodd. **1615** R. SMYTH: *GB* 267, Rhai a fuont mor *sad* mor brudd ag mor ddisiappri, megis na vvels[vv]yd erioed ddim o honynt yn chvverthi[n], nag yn gvvenu. **17g.** *LlGC* 13215, 350, *Sad* firmus. **18g.** *Beirdd y Berwyn* 54, A'i gwnio cyn *sadied* a sidan y waen [i'r bais]. **18g.** *W Ballads* 9, 4, I wlychu i safn ynghafn y mochyn *sada* syndod. **1767** I. BRYDYDD HIR: *Gw* 235, Hen wr *sad* gonest yw'r Prosser, ac myfi a fuaswn yn ymddiried iddo o herwydd ei eirda gan ei gymmydogion. *c.* **1785–90 (1829)** *CBYP* 151, Ag ia dros ddwr yn gaead; / A daear syth fal dur *sad.* **18–19g.** *MA* iii. 43, Goreu o'r caws, y *satav.* **1803** *P*, *Sad* . . . Permanent, firm; wise, discreet, sober. Ar lafar, 'Rhowch y garrag 'na'n *sad* ne mi drydd', 'bachgan *sad*' 'a steady fellow', *WVBD* 471; '*Sad*: cadarn', *Cymru* xlvii. [195] (sir Ddinb.). Cf. *PT* 138, Ond gweld yr ydwyf ar bob adeg, / Mae *sadia*'r mur po garwa'r garreg.

sadaidd [*sad* + *-aidd*] *a.* Cadarn: *firm.*

17–18g. *LlGC* 6499, 112, Prenn *ssadaidd* preinssaidd ydwyd / Ei pôl avr ai piler wyd. *c.* **1730** *Thos. Lloyd D* (LlGC) 204b, *Sadaidd* . . . Firm, sound.

sadeiddiaf: sadeiddio [*sad* + *-eiddio* (At.), a bf. o'r a. *sadaidd*] *bg.a.* Gwneud neu fynd yn sad neu'n sefydlog, sadio, gosod yn gadarn, cadarnhau, sefydlogi, setlo (i lawr), hefyd yn *ffig.*: *to make or become firm or stable, set firmly, steady, stabilize, settle* (*down*), *also fig.*

1574 (1604) *Rhyddiaith Gymraeg* ii. 208, Am ych ffydd y'ch kadw yndi ag y'ch *sadiddio* [*sic*] drwy nerth Duw. **1574** *RhRC* (At.) 128b, fo eiste ar isteddle dafydd . . . fel y gallo ef y chwanegy hi ay *sadeiddio* mewn barn. **16–17g.** *PCWG* 230, kowsont hwy seibiant oddiwrth ryfeloedd a dechre *sadeiddio* mewn heddwch. *Dchr.* **17g.** *J* 10, 37a, *Sadeiddio.* to stablishe. **17g.** *LlGC* 13215, 350, *Sadeiddio* Statuo. **1658** R. VAUGHAN: *PS* 23, yr rhai sydd yn gorwedd yn ochain . . . iacha hwynt [y]r rhai a ynfydodd yn eû meddyliau ar synhwyrau *sadeiddia*, a gosod hwy n vnion.

sadell [bnth. S. C. *sadel*; â'r *-ll*, cf. *hocrell*, *macrell*] *eg.b.* (bach. g. *-an*) ll. *-au*, *-i*, (?geir.) *sedyll.* Ystrodur, ystarn, cyfrwy; (geir.) cefnllïain ceffyl: (*pack-*)*saddle*; (*dict.*) *horse-cloth.*

c. **1400** *R* 1340. 1–2, Golygord cachdei gelygach kickei: gôyw lugorn ysgei. esgyrn *sadell.* **1547** *WS*, *Sadell* A packe sadel. **1588** *Gen* xxxi. 34, Rahel a gymerase y delwau, ac ai gosodase hwynt yn *sadell* y camel. **1630–6** *AAST* (1937) 48, J pd for *sadell*, & strodyr & kebyst arad xiij[d]. **1632** *D*, *Sadell*, Clitella, sella equina. **1722** *Llst* 189, *Sadell.* m.p. *dellau*, *sedyll.* A saddle. *id.* *Sadellan.* m. A little saddle. **1725** *SR* d.g. *Cloth, A Horse cloth.* **[1783]** *W* d.g. *Saddle.* **1803** *P*, *Sadell*, s. f.—pl. t. *i* . . . A dorser, a pannel, a packsaddle.

Amr.: **sadel** [bnth. S. *saddle*]. **16–17g.** *Cer RC* 127, Ef osodwyd yn i *sadel* / Bowdwr gwn mewn twids fold dirgel, / Ac ar hwnnw, pen ystedde, / Yn dân gwyllt i'r nen fe gode.

Cfn.: **sadell bynnau:** *pack-saddle.* **1632** *D* d.g. *Clitellæ.* **1707** *AB* 156a d.g. *Strumentum.* **1778** *W* d.g. *A pack-saddle.*

sadellwr, sadellydd [*sadell* + *-wr*, *-ydd*³] *eg.* ll. *sadellwyr.* Cyfrwywr: *saddler.*

1762 *CGC* 9, Michael Evans . . . *Siadellwr.* **1770** *W*, mynawyd *sadellwr* d.g. *Bodkin.* *id.* *sadellwr, sadellydd* d.g. *Saddler, or saddle-maker.* **1803** *P*, *Sadellwr*, s. m. —pl. *sadellwyr* . . . A maker of packsaddles.

Amr.: **siadellwr** [?*siadell* (drwy gamddeall ystyr y gair hwnnw) + *-wr*]. **1762** *CGC* 9. **1763** *DT* xxvi.

sadiaeth, sadïaeth [cfdds. o'r S. *sad*(*ism*) + *-iaeth*; anodd cyfrif am yr ail ff. uchod] *e?b.* Sadistiaeth: *sadism.*

1940.

sadiaf: sadio [bf. o'r a. *sad*; tebyg nad yma y perthyn *yssadawr*, *T* 75. 9] *bg.a.* Gwneud neu fynd yn sad neu'n sefydlog, gosod yn gadarn, sefydlogi, setlo (i lawr), cadarnhau, sicrhau, hefyd yn *ffig.*; tewychu, caledu: *to make or become firm or stable, set firmly, steady, stabilize, settle* (*down*), *strengthen, secure, also fig.*; *thicken, solidify.*

Dchr. **17g.** *Card* 12, 320, moes fwynlan gvsan eb goedd / em y siroedd im siriaw / i selio stad kariadoedd / hynaws ydoedd in *sadiaw* (Thomas Evans, Hendreforfudd). **1716–18** *Llsgr R. Morris* 178, os medrwn ni yn llwubre yn inion ni awn adre / i *sadio* ein meddylia meddalion [carol gwirod]. **1766** *CD* 197, Ac yno mi a Settlais, / Mewn mwynder mi 'mendiais, / Fy mennydd yn *Sadio*, / A Duw a'i Cynhalio. **1777** E. ROBERTS: *DG* 11, ac yn eilwaith iddo *sadio* ei saig / câdd osod iddo Wraig oi Asen. **1803** *P*, *Sadiaw* . . . To render firm or steady. Ar lafar, ''Odd o'n meddwi lot es talwm, ond mae o 'di *sadio* lot 'rŵan' (Arfon); '*sadio* post', *Cymru* xlvii. [195] (sir Ddinb.). Ym Môn ac Arfon fe'i clywir hefyd yn yr ystyr 'tewychu', 'Gadewch i'r uwd *sadio*', *WVBD* 471. Cf. D. OWEN: *GT* 164, Rwyt ti yn hir iawn yn *sadio*, a mi goelia i na *sadi* di byth nes yr ei di i rywle i glywed efengyl yn lle myn'd i'r hen Lân yna.

sadist [bnth. S. *sadist*] *eg.* ll. *-iaid.* Un sy'n cael pleser (rhywiol) o achosi poen gorfforol neu feddyliol, sadydd: *sadist.*

1939.

sadistaidd [cfdds. o'r S. *sadist*(*ic*) + *-aidd*] *a.* Sadistig: *sadistic.*

20g.

sadistiaeth [*sadist* + *-iaeth*] *eb.g.* Y cyflwr meddyliol o gael pleser (rhywiol) drwy achosi poen gorfforol neu feddyliol: *sadism.*

20g.

sadistig [cfdds. o'r S. *sadist*(*ic*) + *-ig*²] *a.* Yn cael pleser (rhywiol) drwy achosi poen gorfforol neu feddyliol, yn perthyn i sadist(iaeth), nodweddiadol o sadist(iaeth), sadistaidd: *sadistic.*

1931.

sadiwr, sadydd² [bôn y f. *sadiaf*: *sadio* + *-iwr*, *-ydd*³] *eg.* ll. *sadwyr*, *sadyddion.* Teclyn neu ddyfais a ddefnyddir i sadio neu sefydlogi rhywbeth arall: *stabilizer.*

20g.

sadler [bnth. S. C. *sadler*] *eg.* ll. *-iaid.* Cyfrwywr: *saddler.*

14g. *GDG*³ 179, A fu *sadler* crwper crach / Neu deiler anwadalach [i'r cloc]? **1547** *WS*, *Sadler* A sadler. **16–17g.** *CRC* 431, kryddion a glwferied / gofaint a *sadleried.* **17g.** (**18g.**) *CLlC* ii. 23, Y mae'r *Sadler* eger iawn / A stwffia [*sic*] gynt bancle'n llawn / . . . / 'Nawr mae'n Sgwîr 'n yfed bîr. **17g.** HUW MORUS: *EC* i. 362, Y Turner, a'r Cowper, a'r *Sadler* a sai', / Y Gwydrwr mewn balchder, a'r Tiler pen tai. **1687 (1715)** J. OWEN: *TB* 92, Adam Pohl *Sadler* o ddinas Sprotovia. **1750** *ML* i. 162, Mredydd yr hen was gynt, yn awr yn *sadler.* **1766** *CD* 165, Ar ei Sodlau dae [*sic*] *Sadler*, / I'm blysio wrth ei bleser; / Ni hoffwn mo'i offer, / I hoelio fy 'nghrwpper. **1787 (1812)** TWM O'R NANT: *PG* 21, A ddarfu i chwi farcio, Sian, nos Wener, / Y bwclau mawr oedd gan Sion, *sadler.*

sadnes [bnth. S. C. *sadnes*] *e?g.* Dianwadalwch, dwyster, pwyll: *steadfastness, seriousness, prudence.*

15g. DAFYDD LLWYD: *Gw* 292, A'r ferch hon ar fŷr i chwi / Da'r adwen mai dewr ydi, / A mawr genedl ar gynnydd / I Annes mewn *sadnes* sydd. **15–16g.** *GLM* 100, Diogenes mewn *sadnes* oedd, / a'r bib wydr ar bawb ydoedd. **16g.** HUW ARWYSTL: *Gw* 282, *Sadnes* dais y downus dyn / a gawn oll yn gynwill-yn.

sadomasociaeth, sadomasochiaeth [bnth. S. *sadomasoch*(*ism*) + *-iaeth*] *eb.* Cyfuniad o sadistiaeth a masocistiaeth: *sadomasochism.*

20g.

sadomasocistaidd, sadomasochistaidd [cfdds. o'r S. *sadomasochist*(*ic*) + *-aidd*] *a.* A chanddo dueddiadau sadistaidd a masocistaidd, yn perthyn i sadomasociaeth: *sadomasochistic.*

20g.

sadomasocistig, sadomasochistig [cfdds. o'r S. *sadomasochist*(*ic*) + *-ig*²] *a.* Sadomasocistaidd: *sadomasochistic.*

20g.

sadomasochiaeth, sadomasochistaidd, sadomasochistig, gw. **sadomasociaeth, sadomasocistaidd, sadomasocistig.**

sa'-draw [*sa'* *draw* (gw. *safaf*: *sefyll—sefyll draw*) fel e.] *e?g.* a hefyd gyda grym ansoddeiriol. Un o nifer o declynnau a ddefnyddir i dywys anifail (e.e. stalwyn neu darw) wrth y geg neu'r trwyn; darn gwahanu a ddefnyddir mewn chwarel i gysylltu sledïau a'u cadw ryw bellter oddi wrth ei gilydd: *one of a number of devices used to lead an animal* (*e.g. a stallion or bull*) *by the mouth or nose*; *type of spacer used to connect wagons in a quarry.*

1919. Ar lafar, '*sa draw*: darn o bren fel coes picwarch, rhyw droedfedd a hanner o hyd, gyda chadwyn a bach sbring ar ei flaen. Cydir y bach wrth y fodrwy yn nhrwyn tarw i'w arwain', *LlLIM* 101; hefyd yn ardaloedd chwareli'r Gogledd, '*Sa'-draw*: Bar o haearn a dolen ar bob pen iddo. Fe'i defnyddir i'w gysylltu â'r "sledi". . . er mwyn eu cadw bellter arbennig oddi wrth ei gilydd', *B* xx. 375. Yng ngogledd Cered. clywir 'golwg *sa'-draw*' yn yr ystyr 'golwg bell'.

sadrwydd [*sad* + *-rwydd*] *eg.* Cadernid, sefydlogrwydd, diysgogrwydd; dianwadal-

wch, cysondeb, natur ddibynadwy; doethineb, callineb, pwyll; sobrwydd, dwyster, difrifwch; ?tristwch: *firmness, stability, steadiness; steadfastness, constancy, reliability; wisdom, prudence, discretion; sobriety, earnestness, seriousness; ?sadness.*

15–16g. *TA* 441, Ehud fûm, symud o'm swydd,—/ Eisieu oedran a *sadrwydd.* **1547** *WS, Sadrwydd* Sadnesse. **16g.** *GGH* 291, *Sadrwydd* ustus dewr ddistaw. **1552** *Pen* 403, 70, Gates sydd yn doedud mae trwssiad a bair gorchaviaeth . . . Ond nid aur nac arian na pherl . . . a wna hynny, namyn pwyllowgrwydd *sadrwydd* a diweirdeb. **16g.** WILIAM CYNWAL: *Gw* (R. L. Jones) 81, Dos drosof mewn dwys draserch, / Dwg arwydd o *sadrwydd* serch. **1578–81** *B* xv. 281, llawen heb amhar ar *sadrwydd* nis gweled ef erioud yn chwerthin, ond yn mynych wylo. **1605–10** *CRC* 109, O chais ddwyn klod am *sadrwydd* / hi a wna wyneb trist afrwydd. **17g.** *LlGC* 13215, 350, *Sadrwydd* firmitas. **1707** *AB* 220b, *Sadrwydh,* Firmness [S]. *c.* **1730** *Thos. Lloyd D* (LlGC) 204b, *Sadrwydd* . . . seriousness. **1759** *BC* 179, Mae Deg o Orchymmynion da Cyfion mewn cô / Y rheini considriwch mewn *Sadrwydd* bob trô. **1768** RISIART AP ROBERT: *CB* 24, Ai angenrhaid yw bod ffydd yn iachus ac yn ffyddlon, ac ynddi hefyd ran fawr o gadernid a *sadrwydd*? **1778** J. HUGHES: *BB* 302, Fe braw o'ch *sadrwydd* sobrwydd s[ê]l, / Felusach mêl ar flas eich mant. **1790** TWM O'R NANT: *GG* 99, Gan ddweud wrth Onestrwydd, Pa'r *sadrwydd* pur sy / I hwn efo 'i bendro Bretendio gwneud tŷ? **1803** *P, Sadrwyz,* s. m. . . . Firmness, steadiness. Ar lafar, 'Ma 'na *sadrwydd* yno fo, mi fedri di gymyd 'i air o', *WVBD* 471.

sads, gw. saets.

Sadwcead, Sadwcaiad, &c. [cfdds. o'r Llad. Diw. *Saddūcæ(us)* + *-ad*², trf. prs.; tebyg bod y ff. yn *Ts-* a *Z-* dan ddyl. Heb. *Çaddūqī*] *eg.* ll. *Sadwc(e)aid, Sadwcaiaid.* Aelod o sect Iddewig gynt a oedd yn nodedig am wadu atgyfodiad y meirw, bodolaeth angylion, ac awdurdod y gyfraith lafar draddodiadol: *Sadducee.*

1551 W. SALESBURY: *KLl* lxivb, A gwedy clybot or Pharyseit ddarvot i Ieshu oystegy y *Tsadukeit.* **1567** *TN* 4b, [p]an welawdd ef lawer o'r Pharisaiait ac or *Sadduceit. id.* 36a, Y dydd hwnw y daeth y *Zadducaieit* ataw. *id.* 121a, Yno y daeth ataw 'r ei o'r *Zadduceit* (yr ei a wadant vot cyuodedigaeth). **1658** R. VAUGHAN: *YPS* 28, y Phariseaid ar *Saduciaid.* **1798** *WR, Saduceaid* d.g. *Sadducees.*

Sadwceaeth [*Sadwce(ad)* + *-aeth*] *eb.* Credoau ac arferion y Sadwceaid: *Sadduceeism.*

1926.

Sadwceaidd [*Sadwce(ad)* + *-aidd*] *a.* Yn perthyn i'r Sadwceaid neu nodweddiadol ohonynt: *Sadducean.*

c. **1658** R. VAUGHAN: *E* 250, Phareseaidd falais ragrithiol . . . Angrhediniaeth *Saduceaidd* anifeiliaidd. **1793** T. JONES: *SD* 61, Ond y mae eu pregethau Phariseaidd, a'u bucheddau *Saduceaidd* yn taenu drygsawr.

sadwedd, gw. sad + gwedd¹.

Sadwrn [bnth. Llad. *(dies) Sāturnī* (drwy'r Llad. llafar *(dies) Sāturnī*), Crn. Diw. *Zadarn,* H. Lyd. *(diu) Satur(n),* Llyd. C. *Sadorn,* Llyd. Diw. Cyn. *Sadourn,* Llyd. Diw. *Sadorn,* H. Wydd., Gwydd. C. a Diw. *Satharn;* cf. yr e.p. H. Gym. *Saturn(biu)*] *eg.b.* ll. *Sadyrnau.*

(*a*) (yn aml yn y cfn. *dydd* (*dyw,* &c.) *Sadwrn*) Y seithfed dydd o'r wythnos (yn dilyn dydd Gwener); Saboth (yr Iddewon): *Saturday;* (*Jewish*) *Sabbath.*

12–13g. *GMB* 406, Duƀ *Sadƀrn* ys aeth, ys eithyt —ym med, / Madeueint anhyuryt. **14g.** *T* 60. 8, E Bore duƀ *sadƀrn* kat uaƀr auu. **14g.** *BY* 52, ef a duc y bobyl y anrydedu y *Sadwrn* (*Sabbati*). *id.* 53, A'r *Sadyrneu* y dysgei ef y'r Ideon ymlad. **1346** *LlA* 101, ryymbaratoych . . . duƀ gƀener. Adyƀ *sadƀrnn* . . . Ac odyna ydyd hƀnnƀ. nyt amgen dyƀsul kymer gymun corff crist. **14g.** *RC* xxxiii. 226, pany wely di y mab Iessu yn gu[n]euthur gweith dyw *Satwrnn.* **15g.** *GLGC* 219, Duw Llun a duw Mowrth drwy goed llinon, / duw Mercher, duw Iau drwy wlad Meirchion, / Gwener a *Sadwrn* fal y ganon—ful, / ato'r af ddduw Sul tra feiddwy' sôn. **1604–7** *TW* (*Pen* 228), ymysc yr Iudheon y seithvet dydh . . . ef ai cymerir yn awr dros ne'n lhe die *Satwrn* d.g. *Sabbathum.* **1618** J. SALISBURY: *EH* 171, ymmhlith yr Idhewon y gwyl pennaf oedh y Sabboth ar dhie-*Sadwrn. id.* 212, ym wrthod [*sic*] a chig y Gwener a'r *Sadwrn.* **1632** *D, Sadwrn* . . . dies Saturni. **1670** J. HUGHES: *AP* 3, yr holl ddyddiau *Satwrn.* **1688** *TJ, Sadwrn* . . . Saturday. **1740** *ML* i. 24, Gorfu arnaf waedu y *Sadwrn* diwaethaf yn un braich. **1799** *TY* 31, Ar nosau *Sadwrn* . . . yn yr haf. Ar lafar, '*Sadwrn, Sadwn,* pl. *Sadyrna*', 'dy' *Sadwrn,* dy' *Sadwn*' 'Saturday', 'ar y *Sadwrn*' 'on Saturday', *WVBD* 471; 'dy' *Satwn*', *GTN* 706. Cf. *TM* 199, Tra paro mêr m'wn asgwrn, / A charrag las m'wn pingwn, / A'r cilog coch yn cianu draw, / Yn sytan daw dy' *Satwn.*

(*b*) Y chweched blaned o ran pellter oddi wrth yr haul ac iddi system o gylchoedd llydain fflat yn ei hamgylchynu; *Serdd.* y blaned Sadwrn o'i hystyried fel dylanwad drwg ar ddynolryw, ac yn enw. fel dylanwad sy'n peri prudd-der, syrthni, &c., i'r rhai a enir dan ei harwydd; duw amaethyddiaeth y Rhufeiniaid: *Saturn* (*planet, also in astrol.*); *Saturn* (*Roman god of agriculture*).

13g. *BD* 116, Kyghoruynt *Sadwrn* seren a dygvyd. **15g.** *GDLl* 79, Ternau o waith Satwrnus, / A'i gwenwyn oll a'i gwnâi'n us. / Ni ad blaned y *Sadwrn* / Tre cerddo na syrthio swrn. **1596** *Pen* 187, 40b, yr uchaf yw *sadwrn* yr hon . . . a gylchyna yr holl arwyddion. **1632** *D, Sadwrn,* Saturnus. **1688** *TJ, Sadwrn* . . . Saturn. **1694** T. JONES: *Alm* [15], Y blaned *Sadwrn* yn ei gwrthrediad yn yr ail tŷ o'r addurn. **1725** D. LEWIS: *GB* 376, Y mae weithieu i'w gweled yn groes ar *Sadwrn,* ac weithieu oddiamgylch iddi yn edrych fel Modrwy. **1779** *DS* 11, Ond mae 'r blaned . . . *Sadwrn* mewn platic gyswllt ac ef [Mawrth]. **1784** M. WILLIAMS: *S* ii. 15, yr ydym yn gwybod am un peth yn fwy rhagorol i *Sadwrn* . . . sef, modrwy anfeidrol o faintioli. **1803** *P, Sadwrn,* s. m. . . . the name of Saturn.

Amr.: **Satwrn** [dan ddyl. S. *Saturn*]. **16–17g.** LLYWELYN SIÔN, &c.: *Gw* 478, planed drom arnom, oernych / yw *sattwrn,* / an sawttodd yn fynych.

Cfn.: **Sadwrn bownti:** *Saturday on which extra payment was made for clearing rubble in a quarry.* Ar lafar yn ardaloedd chwareli'r Gogledd, *B* xx. 375. **Sadwrn cyfrif:** *Saturday on which fortnightly or monthly wages were paid.* Ar lafar yn ardaloedd chwareli'r Gogledd, *B* xx. 375, ac yn y diwydiant glo, *Geir Glo* 142 (Rhosllannerchrugog). **Sadwrn cyfrif mawr:** *Saturday following the Friday on which monthly wages were paid.* Ar lafar ymhlith chwarelwyr Dinorwig. **Sadwrn du:** *Saturday following the Saturday on which monthly wages were paid.* Ar lafar yn y diwydiant glo yng ngorllewin Morg. **(nos(on)) Sadwrn pae:** (*night of the*) *Saturday on which monthly wages were paid.* **1899.** Ar lafar, '*Satwrn pae*', *GWG* 306. Cf. D. J. WILLIAMS: *ClHO* 97, ar *nos Sadwrn pae.* **Sadwrn pwt** (i) = **Sadwrn syb.** Ar lafar yn ardaloedd chwareli'r Gogledd, *B* xx. 375. (ii) = **Sadwrn du.** Ar lafar yn y diwydiant glo, *Geir Glo* 142 (Rhosllannerchrugog). **(nos) Sadwrn (y) setlo = (nos) Sadwrn pae. 1848.** Ar lafar yn ardaloedd chwareli'r Gogledd, '*Sadwrn setlo*', *B* xx. 375. **Sadwrn sist = Sadwrn syb.** Ar lafar yn ardaloedd chwareli'r Gogledd, *B* xx. 375. **Sadwrn syb:** *Saturday on which an advance of the monthly wages was given.* Ar lafar yn ardaloedd chwareli'r Gogledd, *B* xx. 375. **Sadwrn tâl** (i) = **Sadwrn cyfrif.** Ar lafar yn ardaloedd chwareli'r Gogledd, *B* xx. 375, ac yn y diwydiant glo, *Geir Glo* 142 (Rhosllannerchrugog). (ii) = **Sadwrn cyfrif mawr.** Ar lafar ymhlith chwarelwyr Dinorwig.

Sadwrnaidd, gw. Sadyrnaidd.

Sadwrnddydd, gw. Sadwrn + dydd.

sadwych, sadwydd, gw. sad + gwych, gwŷdd¹.

sadydd¹ [cfdds. o'r S. *sad(ist)* + *-ydd*³] *eg.* ll. *-ion.* Sadist: *sadist.*

20g.

sadydd², gw. sadiwr.

Sadyrnaidd [*Sadwrn* + *-aidd*] *a.* Yn perthyn i'r duw Sadwrn, ac yn enw. i'r oes aur dybiedig a gysylltir â'i deyrnasiad; *Serdd.* a briodolir i ddylanwad (drwg) y blaned Sadwrn, wedi ei eni o dan y blaned Sadwrn: *pertaining to Saturn* (*the god*), *Saturnian* (*also in astrol.*).

[**1783**] *W* d.g. *Saturnian, or saturnine* [*belonging to, or under the influence of, Saturn*].

Gw. hefyd **Saturnaidd.**

Sadyrngwaith [*Sadwrn* + *gwaith*²] *eb.* gyda grym adfl. Dydd Sadwrn: *Saturday.*

14g. *BT* 124, ef ay kafas y dreis *sadyrngweith.* **14g.** *RC* xxxiii. 243, *sadyrngweith* yd oed en gware y gyt a meibeon ar ganaul eurdonen.

Sadyrnol [*Sadwrn* + *-ol*] *a.* Yn digwydd ar ddydd Sadwrn: *occurring on Saturday.*

20g.

Sadyrnolion [*Sadwrn* + *-ol* + *-ion*², ar ddelw'r Llad. *Sāturnālia*] *e.ll.* Gŵyl Rufeinig y duw Sadwrn a ddethlid ym mis Rhagfyr ac a nodweddid gan rialtwch aflywodraethus: *Saturnalia.*

1906.

sae [bnth. S. C. *sai(e)* 'woollen cloth', neu'n uniongyrchol o'r H. Ffr.] *eg.* Brethyn gwlân main drudfawr, hefyd yn *ffig.*: *say* (*woollen cloth*), *also fig.*

15g. *DGG*² 43, Gwisg a ddanfones Iesu / Is y dail it o *sae* du [i'r ceiliog mwyalch]. **1547** *WS,* Brethyn *say* Say clothe. **1803** *P, Sae,* s. m. . . . A kind of woollen stuff, say.

saeds, saeg, gw. saets.

sael¹, **sail**² [bnth. S. C. *saile,* S. Diw. *sail*] *eb.* ll. *-s.* Hwyl, hefyd yn *dros.*: *sail, also transf.*

15g. *GHC* 23, Gŵr a yrrai ar drai'r drin, / Dur *sael* ac o dir Silin. **15–16g.** *TA* 10, A chan llong wrth ych un llaw, / A chan *sael* iwch yn saeliaw. **1547** *WS, Sael* A sayle. Ar lafar yn nwyrain Morg., ''Odd llong â *sailz* yn arfadd bod 'dag e, ac 'odd a'n mynd mas i bysgota yndi'; hefyd mewn ymadroddion fel ''Odd a wedi gellwn 'i *sailz* i gyd' (h.y. 'wedi colli ei ysbryd'); 'Fe æth 'i *sailz* i lawr yn fudur pyn gwelws 'i Ianto', *GTN* 702.

sael², gw. sâl¹.

saeled¹, **saelet, saled**² [bnth. S. C. *salet;* cf. *paeled*¹,²] *eb.* ac yn eithriadol *eg.* ll. *sa(e)ledau,* (?geir.) *saledi.* Math o helm ysgafn, weithiau â miswrn, a'i gwaelod yn troi tuag allan o'r tu ôl, helm, (geir.) cap corun metel; *Her.* llun o saeled; hefyd yn *ffig.*: *sallet, helmet,* (*dict.*) *metal skullcap; representation of a sallet* (*in her.*); *also fig.*

15g. *GLGC* 30, tair *saled* ar darged oedd / a thri edn a tharw ydoedd. *id.* 161, Iesu hael a wnêl i'w *saled*—ddurgrib / roi ar war Phylib yr aur ffiled. *id.* 454, *saledau* is haul lydan, / swrn teg o isarnau tân. **15g.** *GGl*² 80, Os Wiliam a rydd *saeled* / O Rodn i gloi'r iad yn gled. **15g.** *GOLlM* 47, Aml yt iemyn lew Tomas, / eirth a friw swrn wrth fwrw sias. / Serlwy glan Gwy glyn y gog / *saeledau* dros oludog. *Diw.* **15g.** *RWM* i. 424, penffestyn yw *saled. Diw.* **15g.** (**15–16g.**) *B* xvii. 87, nay cwbwl o fwae nae fyn isarne / nay ddwy o *saelete* wrdd selv atwy [Y Nant]. **15–16g.** LLAWDDEN, &c.: *Gw* 27, Y mae i hwn, a mi a'i harch, / *Saled* fal mynwes alarch. / Caf o'r dref cwfert i'r iad, / Cyfan glas fal cefn gleisiad. **15–16g.** *TA* 145, Sariel, mab Syr Wiliam wyn, / *Saeled* aur dros wal derfyn. **15–16g.** *GLM* 286, mae'n dy gwrt, ni myn di gau, / oes, wal wydr o *saeledau.* **1547** *WS, Saylet* A salet. *id.* Yscwl ne *saylet* A sculI. **1551** W. SALESBURY: *KLl* lxvib, A chymerwch *saylet* yr iachwyawl a chleddyf yr yspryt yr hwn yw gair Deo. **1567** *TN* 306b, gobaith yr iechedwrieth yn lle helym [:- penffestyn, *saylet*]. *c.* **1730** *Thos. Lloyd D* (LlGC) 204b, *saeled* . . . helmet. **18–19g.** *Iolo MSS* 35, pedwar *Saled* penn o'r asur ar arian. **1803** *P, Saled,* s. f.—pl. t. *i* . . . A salade.

saeled², gw. sâl¹.

saeler [bnth. S. *sailor*] *eg.* Morwr: *sailor.*

1638 *HCRC* iii. 131, fynghorpws yw'r llester sy'n diodde cur. . .der / ar tafod yw'r *saeler* sor helynt.

saeliaf: saelio [bf. o'r e. *sael*¹] *bg.* Hwylio, morio, hefyd yn *ffig*: *to sail, also fig.*

15–16g. *TA* 10, A chan llong wrth ych un llaw, / A chan sael iwch yn *saeliaw.* **16g.** LEWYS MORGANNWG: *Gw* 340, na *saeliwch* yn oes hwylwynt / er byw n gall yn erbyn gwynt. **1696** *CDD* 65, Gŵyr Jefeingc, gŵyr ofer, sŷ'n *saelio* i'r seler, / Clywch gyngor yn dyner, i'ch denu o'r drŵg. **1716–18** *Llsgr R. Morris* 83, y llong a *saeliodd* deirgwaith cin mund un filltir hir. *c.* **1730** *Thos. Lloyd D* (LlGC) 205b, *Saelio.* To Sayl.

saem, saemaf: saemo, saemlyd, &c., gw. **saim, seimiaf: seimio, seimlyd,** &c.

saen¹ [gair geir. yn wr., ?ffrwyth camddarllen engh. o'r gair *men*] *eb.* ll. *seini.* Cart, trol, gwagen, elor feirch, cerbyd: *cart, wagon, horse-litter, carriage.*

c. **1588** *B* ii. 237, *ssaen,* kertwenn. **1604–7** *TW* (*Pen* 228) d.g. *plaustrum* (hefyd *D*). **1722** *Llst* 189, *Saen.* f. A waggon, horse-litter. **1753** *TR, Saen,* a cart or wain, a waggon. **1803** *P, Saen* s. f.—pl. t. *i* . . . A vehicle, a carriage.

saen², gw. sân.

saer [H. Grn. *sair* (*pren*), gl. *lignarius,* H. Wydd. a Gwydd. C. *saer,* Gwydd. C. *sáor,* Gwydd. Diw. *saor:* ? < **sapero-,* o'r gwr.

IE. *sep- 'canfod', cf. Llad. *sapiō* 'bod â gwybodaeth am, deall'; dichon fodd bynnag mai bnth. H. Wydd. ydyw] *eg.* ll. *seiri.*

(*a*) Un sy'n ymgymryd â gwaith pren fel galwedigaeth, crefftwr mewn pren; crefftwr, gweithiwr celfydd, adeiladydd: *carpenter, joiner; craftsman, skilled worker, artisan, builder.*

13g. *C* 47. 13–15, A. phont ar taw. Ac arall ar tawuy. Ac arall amwall am dwylan gwy. Ar *saer* ae gunelwy. bid y env garvy. **13g.** *BD* 124, gvedy gossot *seiri* a gueithwyr vrth er eglvysseu. **1346** *LlA* 4, megys ygỽyl *saer* (*artifex*) da yny vedỽl pa wed y llunyeitho y weith. ae adeil. herỽyd y ethrylith. **14g.** *WM* 161. 36–9, Ef agyhyrdaỽd ac ef gỽr gỽineu maỽr agỽeith *saer* arnaỽ . . . Pen melinyd ỽyfi ar y melineu racco oll. *id.* 189. 21–5, messurassant ỽynteu hyt nos vchet y gaer. Ac yd ellygyssant eu *seiri* yr coet. Ac y gỽnaethpỽyt yscaỽl y pob petwargỽyr o nadunt. **14g.** *GDG*[3] 32, Llys erwyr a wnaeth llu *seiri*—yn falch, / Lliwgaer yn lasgalch, llugyrn losgi. **15–16g.** *GLM* 44, *Saer* a roes i'r Siri'r ŵyl / dôr ac arch—Duw, o'r gorchwyl. **1567** *TN* 22a, Anyd hwn yw map y *saer?* **1588** *Eseia* xl. 19, Y *saer* a lunia gerf-ddelw. **1606** E. JAMES: *Hom* ii. 99, *saeri*, gofion, maeswnnaid . . . ac eurychod. *Dchr.* **17g.** *J* 10, 36a, *Saer*, craftsman. faber. **1632** *D*, *Saer*, Architectus. **1707** *AB* 273a d.g. *A Carpenter.* **1753** *TR*, *Saer*, an architect, an artificer. **1760** *ML* ii. 154, Fe roe ebill i *saer* yn ei law. **1803** *P*, *Saer*, s. m.—pl. *seiri* . . . A wright, an artificer, an artisan. Digwydd fel epithet, *EWGT* 64, *B* xxxviii. 132. Ar lafar, *WVBD* 473, *GTN* 706; fe'i clywid hefyd gynt yn yr ystyr 'pen-llifiwr', *Folk Life* xx. 51.

(*b*) (enghrau. *ffig.*: *fig. exx.*).

14g. *GDG*[3] 405, I'r tau dithau, da y deuthum, / Sarhäed fydd; *saer* hoed fûm [ymryson â Gruffudd Gryg]. **14g.** *DGG*[2] 146, Digon yw pwnc, a dygn oedd, / Sorri uthr wrth *saer* ieithoedd [Gruffudd Gryg i geisio cymod]. *c.* **1400** *R* 1295. 34–5, O arch iessu barch berchen. *saer* oessoed y sarassin. **14–15g.** *IGE*[2] 116, Syr Dafydd ohedrydd hawl, / *Saer* y gyfraith fesurawl (Gruffudd Llwyd). *id.* 117, Deddf yw di-oddef Owain / Ap Dafydd, *saer* cywydd cain (Gruffudd Llwyd). **15g.** *GLGC* 393, prenn defnydd lle 'fferennwn, / Duw yw'r *saer* a dorres hwn. *c.* **1525** *LlCy* xvii. 117, *Saer* awen bur, mur mawrgerdd, / Self fu 'n cau sylfaen cerdd [marwnad Tudur Aled gan Forys Gethin]. **1588** *Esec* xxi. 31, rhoddaf di yn llaw dynion poethion, *seiri* dinistr. **16–17g.** *Bl B XVII* i. 120, Pencerdd difrwydrgerdd, wyt frau, / Prif *saer* y pêr fesurau [Gruffudd Hafren i yrru'r eos]. **18g.** **(1818)** R. JONES: *GP* 26, Cwympo *saer* campus araith [marwnad Siôn Rhydderch].

(*c*) *Adar.* Unrhyw un o amryw adar glan môr pigfelyn o'r tylwyth *Hæmatopus*, yn enw. *Hæmatopus ostralegus*, pioden y môr: *oystercatcher.*

Ar lafar, *B* xxv. 55 (Llŷn), ac ar Enlli gynt, H. E. FORREST: *FNW* 334.

Cfn.: **saer angladdau:** *undertaker, funeral director.* **20g.** **saer aradr,** gw. *saer erydr.* **saer cadeiriau:** *chair-maker.* **1762** *CGC* 8. **saer cebystr:** *rope-maker.* **1861.** **saer ceirt (certi):** *cartwright, wheelwright.* Ar lafar yn y De yn y ff. *saer ceirt,* ac yng ngogledd Cered. yn y ff. *saer certi,* D. J. EVANS: *HCS* 27. **saer celfi:** *cabinet-maker.* **18–19g.** *Llr C* 2, 374. **saer cerbydau:** *coach-maker.* **1835.** **saer cerrig:** *stonemason.* **17g.** *CLlC* ii. 25. **1768** J. ROBERTS: *R* 121, *seirri cerrig.* **1790** TWM O'R NANT: *GG* viii. **saer certi,** gw. *saer ceirt.* **saer certwain:** *cartwright.* **1547** *WS.* **saer cist(iau):** *cabinetmaker.* **1632** *D*, *Saer cist* d.g. *Scrinarius.* **1762** *CGC* 5, *Saer Cist.* **1803** *P*, Saer . . . *saer cist*, cabinet-maker. **saer cloeau:** *locksmith.* **20g.** **saer coed:** (i) *carpenter, joiner.* **1632** *D.* **17g.** *CLlC* ii. 25. **1803** *P* d.g. *Saer.* Ar lafar, *GTN* 706. (ii) *carpenter-bee.* **1866.** **saer cychod:** *boat-builder.* **1761** *ML* ii. 377. **saer dodrefn:** *cabinetmaker.* **1930.** Ar lafar yn y Gogledd. **saer eiddo** = **saer dodrefn.** Ar lafar yng ngogledd Cered. **saer eirch:** *undertaker, funeral director.* **20g.** **saer erydr (ereidr, aradr):** *plough-wright.* **1780** *W*, *Saer aradr* (*ereidr*) d.g. *Plough-wright.* **saer (llestri) gwellt:** *craftsman working in straw, 'straw-joiner'.* **1803** *P*, Saer . . . *saer llestri gwellt*, a straw-joiner. Cf. H. EVANS: *CE* 99–100, *Saer Gwellt* (Straw joiner) . . . Gwnai goleri hesg (i geffylau . . .), cadeiriau gwellt, a chychod gwenyn. **saer gwlad (gwledig):** *rural craftsman.* **1775** E. GRIFFITHS: *GF* 246, *saer gwledig.* **saer gwyn:** *woodturner.* Ar lafar gynt, H. EVANS: *CE* 100. **saer hetau:** *milliner.* Ar lafar, '*sær 'eta*', *GTN* 706. **saer llestri gwellt,** gw. *saer gwellt.* **saer llong(au):** *shipwright.* **1606** E. JAMES: *Hom* iii. 131, y *saer llongau* wedi iddo orphen gwneuthur ei long. **1632** *D*, *Saer llong* d.g. *Naupegus.* **1803** *P*, Saer . . . *saer llong*, a shipwright. Gw. hefyd *llongsaer.* **saer llwyfan:** *stage-carpenter.* **20g.** **saer maen:** (i) (*stone*)*mason, also fig.* **13g.** *Llst* 1, 45, holl *seyry maen* er enys. **1346** *LlA* 46, y *seiri mein* a adeilant ymvr. **1547** *WS*, *Saer maen* A mason. **1588** 2 *Sam* v. 11, *seiri meini.* **1728** S. RHYDDERCH: *GC* 57, Saer C'rolau Saer cry' eilwaith, / Penaeth *Seiri Meini* maith. **1803** *P* d.g. *Saer.* Ar lafar, '*saer maen* . . . pl. *seiri meini*', *WVBD* 473; '*Saer maen*: Y crefftwr sydd yn gyfrifol am adeiladu'r gwahanol adeiladau yn y chwarel', *B* xx. 375 (ardaloedd chwareli'r Gogledd). (ii) *stone-engraver.* **1588** *Ecs* xxviii. 11. (iii) *mason-bee.* **1866.** Gw. hefyd *maensaer.* **saer (y) melin(au):** *millwright.* **1753** *ML* i. 252, *saer melinau.* *id.* ii. 146. **1803** *P*, Saer . . . *saer melin*, a millwright. **saer men(ni):** *cartwright.* **1604–7** *TW* (*Pen* 228), *Saer Menni* d.g. *Carpentarius, Carrucarius.* **1632** *D*, *Saer menn* d.g. *Carpentarius.* **1771** *W* d.g. *A cart-wright.* **saer olwyn (olwynion, olwynau):** *wheelwright.* **1605–16** *Mos* 131, 112, [D]afydd ap Edwart . . . *saer olwynion.* **1725** *SR*, *Saer olwynion* d.g. *A Wheelwright.* **1763** *DT* xxi, Robert Parry . . . *Saer Olwyn.* **saer pren:** *carpenter, joiner.* **13g.** *BD* 125, *seiri prenn.* **1547** *WS*, *Saer pren* A carpentar. **1588** 2 *Sam* v. 11, *seiri prennau.* **1771** *W* d.g. *Carpenter.* **1803** *P* d.g. *Saer.* Gw. hefyd *prensaer.* **saer priddfaen (priddfeini):** *bricklayer.* **1762** *CGC* 3, Moses Davies . . . *Saer Priddfaen.* **1771** *W*, *Saer* . . . *pridd-feini* d.g. *Brick-layer.* **1803** *P* d.g. *Saer.* **Saer Rhydd** (ll. *Seiri Rhyddion*): *Freemason.* **1814** *Seren Gomer* i. 26, yn Neuadd Fawr y *Seiri rhyddion.* **saer troliau:** *cartwright.* **1835.** Ar lafar yn y Gogledd. Cf. D. OWEN: *GT* 63, Gyrwyd . . . am Dafydd, y *saer troliau*, i wneud yr arch. *Swol.* **saer y tywod:** *sand-mason, Lanice.* **20g.**

Gw. hefyd **pensaer.**

saerdy [*saer+tŷ*] *eg.* Gweithdy (saer pren), hefyd yn *ffig.*: (*carpenter's*) *shop, workshop, also fig.*

16g. LEWYS MORGANNWG: *Gw* 625–6, myfyriais gerdd mwy vrys gwawd / am *saerdy* yw r mesurdawd. **1604–7** *TW* (*Pen* 228) d.g. *Fabrica* (hefyd *D*). **1771** *W* d.g. *A carpenter's shop.*

saerhad, gw. **sarhad.**

saerni [gair geir., sef bôn tybiedig *saernïaeth*, &c.] *eg.* Gwneuthuriad, saernïad; gwaith saer pren neu grefftwr: *a making, fashioning; carpentry, craftwork.*

Dchr. **17g.** *J* 10, 36a, *Saerni.* fabricatio. **1803** *P*, *Saerni*, s. m. . . . A wright's work.

saernïaeth[1] [*saer+-ni+-aeth*] *eb.g.* Lluniad, gwneuthuriad, gwaith adeiladu, pensaernïaeth; gwaith saer neu grefftwr, crefftwaith, crefftwriaeth; fframwaith, adeiladwaith; hefyd yn *ffig.*: *a fashioning, making, or building, architecture; carpentry, craftwork, craftsmanship, workmanship; framework, construction; also fig.*

15g. *OBWV* 111, Modd y gwnaeth, *saerniaeth* serch, / Merddin dŷ gwydr am ordderch [i'r llwyn banadl]. *c.* **1500** *GO* [341], Duw aeth â *saerniaeth* serch, / Diflannwyd dwyfawl annerch [marwnad Gutun Owain]. **16g.** *GIDV* 54, Waethwaeth *saerniaeth* newydd—ar naddfaen / O rinwedd fodd celfydd. **1547** *WS*, *Saerniaeth* Carpentars crafte. **1588** *Ecs* xxxi. 5, mewn *saerniaeth* prenn. **1604–7** *TW* (*Pen* 228), Magnel ne *Saerniaeth* . . . ar yr honn y dangosir lhestri arian d.g. *pegma.* **1615** R. SMYTH: *GB* 240, *saernieth* machiniaeth ag ansoddiad corph dyn. **1632** *D*, *Saerniaeth*, Architectura, fabrica. *id.* d.g. *Figmentum.* **1688** *TJ*, *Saerniaeth*: Building, Architecture. *c.* **1753** *Gron* 89, Corn anfeidrol ei ddolef, / Corn ffraeth o *saerniaeth* nef. **1753** *TR*, *Saernia[e]th* . . . the art of building, the art of framing or making. **1776** DEWI NANTBRÂN: *AN* v, Allwydd euraid yw [Allwydd y Nef] o . . . *saerniaeth* Brenin nêf. **1777** W. WILLIAMS: *TEA* 27, gwell nâ'r hen *saerniaeth*, cryddiaeth, neu gobleriaeth. **1785** E. BARNES: *MH* 4, [y]r adeilad gostfawr honno [teml Solomon] . . . harddwch a gwychder allanol rhyw waith meistrolgar mewn *saerniaeth.* **1791** GW. MECHAIN: *Rh* 84, *saernïaeth* dynion celfyddgar mewn amrywiol oesau yn ymddangos ynddi [teml Solomon]. **1803** *P*, *Saernïaeth*, s. m. . . . The calling of a wright or artificer.

Cfn.: **saernïaeth maen (meini):** *the craft or occupation of a stonemason.* **1798** *WR*, *saerniaeth meini* d.g. *Masonry.* Gw. hefyd *maensaernïaeth.*

saernïaeth[2], gw. **saernïaf: saernïo.**

saerniaethaf: saerniaethu [gair geir., sef bf. o'r e. *saernïaeth*[1]] *bg.a.* Saernïo, llunio, adeiladu, gwneud gwaith saer pren neu fasiwn: *to fashion, construct, build, work as a carpenter or mason.*

1632 *D* d.g. *Conformo, Fabrefacio, Struo.* **1722** *Llst* 189, Saernïaeth (ver) [*saer*]*nïaethu* . . . To contrive, fashion, frame, work at carpenter or mason's work. *c.* **1730** *Thos. Lloyd D* (LlGC) 204b, *Saerniaethu.* Fabrico. **1803** *P.*

saernïaf: saernïo, saernïaeth[2] [bf. o'r e. *saernï(aeth)*] *bg.a.* Llunio, ffurfio, adeiladu, gwneuthur (o bren), gwneud gwaith saer pren neu fasiwn, hefyd yn *ffig.*; ailweithio, caboli: *to fashion, form, construct, build, frame, make* (*out of wood*), *work as a carpenter or mason, also fig.; rework, refine.*

15g. *OBWV* 117, Angylion gwynion, nid gwaeth, / Sy o'r nef yn *saernïaeth* [i'r eira]. **1632** *D*, *saernio, saerniaeth* d.g. *Fabrico.* *id.* *saerniaeth* d.g. *Fabrefacio.* **1722** *Llst* 189, *Saernïaeth* (ver) . . . [*saer*]*nïo.* To contrive, fashion, frame, work at carpenter or mason's work. **1751** *ML* i. 169, Daccw Huw Huws, Lligwy, hwn a welsoch gynt yn Llundain yn *saerniaeth*, wedi marw. **1760** E. WILLIAMS: *UYB* 220, Drô arall yntef [Iesu] draw / *Saernïa*, ei jawn Swydd. **1803** *P* d.g. *Saernïaw.* Cf. D. OWEN: *RL* 210, Pe buaswn yn perchenogi yr awen . . . canaswn i ti farwnad . . . fuasai yn dwyn profion ynddi ei hun ei bod wedi ei *saernïo* gan fy hiraeth yn ngweithdŷ fy nghalon.

saernïaidd [*saerni+-aidd*] *a.* Celfydd, crefftus; yn perthyn i waith saer pren; yn perthyn i'r Seiri Rhyddion neu Saeryddiaeth Rydd: *skilful, workmanlike; pertaining to carpentry; pertaining to Freemasonry, Masonic.*

1632 *D*, yn *saerniaidd* d.g. *Fabre.* **1722** *Llst* 189, *Saernïaidd.* Artificial. *c.* **1730** *Thos. Lloyd D* (LlGC) 205b, *Saerniaidd.* Fabrilis faber. **1770** *W* d.g. *Architectonic, Artificial* [*curiously done*], *Masterly, Workmanlike.* **1803** *P*, *Saernïaiz* . . . masterly . . . architectonic. **1815** *Seren Gomer* ii. 54, cyflawnwyd y ddefod o osod sylfaen colofn goffadwriaethol . . . yn ol rheolau *Saernïaidd*, gan Letty y Mwythig o Seiri Rhyddion.

saernïol [*saerni+-ol*] *a.* Celfydd, wedi ei saernïo yn gelfydd; yn perthyn i waith saer pren neu grefftwaith; pensaernïol, yn perthyn i adeiladu, adeiladol: *skilful, skilfully fashioned; pertaining to carpentry or craftsmanship; architectural, tectonic, constructional, structural.*

1604–7 *TW* (*Pen* 228) d.g. *Fabricus.* **1803** *P*, *Saernïawl* . . . Architectural.

saernïwr, saernïydd [bôn y f. *saernïaf*: *saernïo+-wr, -ydd*[3]] *eg.* (b. *saernïwraig*) ll. *saernïwyr.* Un sy'n saernïo, lluniwr, gwneuthurwr: *fashioner, maker, constructor.*

1604–7 *TW* (*Pen* 228), *saerniwreic* d.g. *Fabricatrix.*

saeroniaeth [*saer+-on*[1]*+-iaeth*] *eb.* Saernïaeth, lluniad, gwneuthuriad; crefftwriaeth: *a fashioning or making; craftsmanship.*

14g. *GDG*[3] 181, Bendith ar enw'r Creawdrner / A wnaeth *saeroniaeth* y sêr. *c.* **1400** *RC* xxxiii. 436, o vaen gwneuthuredic o gywreinrwyd *saeroniaeth.* **16g.** *Llst* 6, 165, goray bwriad ar adail / awnaeth dyw *saeroniaeth* dail.

saerwaith [*saer+gwaith*[1]] *eg.* Saernïaeth, lluniad, gwneuthuriad; gwaith saer neu grefftwr, crefftwaith, crefftwriaeth; fframwaith, adeiladwaith: *a fashioning or making; carpentry, craftwork, craftsmanship, workmanship; framework, construction.*

14g. *GDG*[3] 223, Delw o bren gwern dan fernais, / Dogn benrhaith o *saerwaith* Sais. **15–16g.** LLAWDDEN, &c.: *Gw* 165, Hir nychdod hwyr ynn echdoe / Hyn syrth neb, hen *saerwaith* Noe [i'r llong]. *a.* **1587** *Y* 76, Mae d'air mawr, ymodwr mawl? / Mae y *saerwaith* mesurawl? *id.* 228, Vn a ddysc mewn mis ne ddav, / Dŵf *saerwaith*, dy fesurav. **1604–7** *TW* (*Pen* 228) d.g. *Fabrica.* *id.* perthynol y *Saerwaith* d.g. *Fabricus.* *id.* dychmygwr *saerwaith* d.g. *Mechanicus.* *id.* holh *saerwaith* y byt d.g. *Universitas.* **1771** *W* d.g. *Carpentry.* **1803** *P.*

Gw. hefyd **gwaith**[1]**—gwaith saer.**

saerwawd, gw. **saer+gwawd.**

saeryddiaeth [*saer+-ydd*[3]*+-iaeth*] *eb.*

(*a*) Crefftwaith, gwaith saer pren: *craftsmanship, carpentry.*

1828.

(*b*) Cyfundrefn y Seiri Rhyddion: *Freemasonry.*

20g.

Cfn.: **Saeryddiaeth Rydd:** *Freemasonry.* **20g.**

saeryddol [*saer+-ydd*[3]*+-ol*] *a.*

(*a*) Adeiladol; adeileddol; yn perthyn i waith saer pren: *constructional; structural; pertaining to carpentry.*

1897.

(*b*) Yn perthyn i Saeryddiaeth Rydd neu'r Seiri Rhyddion: *pertaining to Freemasonry or the Freemasons.*

20g.

saes, gw. saets.

Saesineb [*Saes(neg)*+*-ineb*] *e?g.* ll. *-au.* Gair, ymadrodd, neu briod-ddull Saesneg neu Seisnigaidd: *Anglicism.*
20g.

Saesnaeg, saesned gw. Saesneg, sarsned.

Saesneg [bnth. Llad. *Saxonica* (*lingua*), cf. Crn. Diw. *Sousenack, Zouznak, Zaznak,* Llyd. Diw. *Saozneg*] *eb.g.* a hefyd fel *a.* Iaith Germanaidd Lloegr a gwledydd eraill sydd (wedi bod) dan reolaeth neu ddylanwad y Saeson, e.e. gweddill y Deyrnas Unedig, UDA, a'r rhan fwyaf o wledydd y Gymanwlad; (Eingl-)Sacsoneg: *English* (*language*); (*Anglo-*)*Saxon* (*language*).
13g. *GDB* 445, Ni wybum erioed medru *Saesneg.* **13g.** *BD* 41, [y] gyureith honno a ymchuelvs Aluryt urenhyn o Gymraec yn *Saesnec.* **15g.** *GLGC* 39, a'r *Saesneg* wangreg i wâl—yr eigion, / a'r Saeson duon, ddimyn ys tâl. **1546** *YLlH* [3], heb vedru darllein vn gair *saesnec* na lladin. **1547** *WS* [viii], y sawl gymry a chwenychoch ddyscy gartref . . . *Saesnec.* c. **1585** G. ROBERT: *DC* [ix], A hynny a wnaeth i r iaith golhi a bod wedy ei chymyscu ai l'ygru a *saesneg.* **16–17g.** E. PRYS: *Gw* 103, Ni fynnaf, anaf anial, / Wyddeleg na *Saesneg* sâl. **16–17g.** *GST* i. 844, Gwych yw *Saesneg* Prestatyn. **1672** R. PRICHARD: *Gw* 126, Ni ŵyr Mair i'm tŷb ddim *Saesneg,* / Ni ŵyr Martha ddim gwyddeleg. **1688** S. HUGHES: *TSP* [iii], [Ll]yfr . . . y fu Offeryn i wneuthur llawer o Ddaioni, i fagad o bobl, y sydd yn deall *Saesneg.* **1707** *AB* 30b, *Saisneg,* English. **1768** J. ROBERTS: *R* iv, gwell ganddynt, roddi Chwarter Blwyddyn o *Saesneg* iw plant. **1798** *WR, Seisneg* d.g. *English.* **1803** *P, Saesneg,* s. f. . . . The Saxon language; English. Ar lafar, '*Saesnag* . . . s.m.' 'the English language', *WVBD* 480; "Ôn i'n dwlu ar wersi *Sisneg* yn yr ysgol' (sir Gaerf.); '*Sisnag, Sysnag* (eb)', *GTN* 741.

Fel *a.* Yn perthyn i'r Saesneg, (yn ysgrifennu neu wedi ei ysgrifennu, &c.) yn yr iaith honno, yn medru Saesneg; Seisnig: *pertaining to English,* (*writing or written, &c.*) *in English, English-speaking; pertaining to the English, or England.*
13g. *GBF* 104, Dinbych y kyrchôs kyrch diatrec—prut, / Gwalch gôaôdôut, rwytôut rec, / Hwyl diwyl dyfyndref *Ssaesnec,* / Hael awyt hil Ywein dec. **1547** *WS* [vii], rhes o eirieu *saesnec.* a. **1587** *Y* 21, Bwriaist ym, heb air o stâd, / 'R ol oerni, 'raelio' arnad. / Gair hwn o Loegr a hanyw, / Sos yn y gerdd, / *Saesneg* yw. **1671** *TCHSDd* xviii. 97, llythyr *Saesonaec* Mr W.S. at y frenhines. **1687** (**1715**) J. OWEN: *TB* 166, cafodd yr offeiriad Feibl *Saesonaeg.* **1688** S. HUGHES: *TSP* [iv], rhyw bethau, ar a oedd yn y llyfr *Saesneg.* **1760** *ML* ii. 241, a droe ef hen Gymraeg yn gân *Saesneg?* **1786** B. FRANCIS: *A* ii. [100], [rh]ai Hymnau *Saesonaeg.* **1792** H. HARRIS: *H* 42, byddai pregeth *Saisonaeg* ddysgedig yn cael ei thraddodi o flaen cynnulleidfa o Gymry uniaith, anllythyrenog. **1797** JAC GLAN-Y-GORS: *TD* [iii], Awduron *saesoneg.* **1798** T. ROBERTS: *CG* 17, Mae gan y gwyr yma [cyfreithwyr] henwau ar amryw o bethau . . . na wyr pobl gyffredin ddim am danynt, er mai henwau *Saesoneg* ydynt weithiau. Cf. D. OWEN: *SP* 69, Yr oeddym yn meddwl yn uwch o'r bregeth *Saesneg* am nad oeddym yn ei deall. Digwydd yn yr e. lle *Maelor Saesneg,* cf. *GDB* 520, Vnvet ar bymthec o *Vaelaôr Saesnec* / Pan aeth ar ostec y dir Panna.

Amr.: **Saesnaeg** [adff. dan ddyl. *aeg;* cf. *Saesonaeg*]. **1547** *WS* [v], *Saesnaec.* **1661** E. LEWIS: *Drex* xxiii. **1778** J. THOMAS: *HB* 127, *Saisnaeg.* **1795** J. THOMAS: *AIC* [1], *Saes'naeg.* **Saesonaeg** [*Saeson*+*aeg*]. **1547** *WS* [vii], *Saesonaec.* **1630** *YDd* d.d., *saeson-aec.* **1689** E. MORUS: *RC* d.d., *Saisonaeg.* **1760** WLL: *SAC* d.d., *Saesonäeg.* **Saesoneg** [*Saeson*+*-eg*¹; cf. Llyd. Diw. *Saozoneg*]. **1592** S. D. RHYS: *Inst* [xiv], y *Saesônec.* **1716** IACO AB DEWI: *PTE* d.d., *Saisoneg.* **1773** *W, Seisoneg* d.g. *English, or the English tongue.* **1800** W. OWEN[-PUGHE]: *CP* 11. **1803** *P* d.g. *Seisoneg.* **Saisnaeg,** gw. *Saesnaeg.* **Saisonaeg,** gw. *Saesonaeg.* **Saisoneg,** gw. *Saesoneg.* **Sasneg.** **1547** *WS* [vi], [xviii]. **Sasonaeg** [*Sa(e)son* (cf. *Sasneg*)+*aeg*]. **1574** *B* ix. 109. **Seisoneg,** gw. *Saesoneg.*

Cfn.: **Saesneg ceffylau:** *poor English.* Ar lafar yng ngodre Cered. **Saesneg cerrig calch = Saesneg ceffylau.** Ar lafar yn nwyrain sir Gaerf. **Hen Saesneg:** *Anglo-Saxon, Old English.* **1707** *AB* [xv].

Saesnes [bnth. Llad. Prydain **Saxonissa*] *eb.* ll. *-au, -i.* Gwraig neu ferch o dras neu genedligrwydd Seisnig: *Englishwoman, English girl.*
13g. *BD* 201, kyuarfei *Saesnes* ueichyavc ac ef. **15g.** *GTP* 53, Dydd daed, *Saesnes* gyffes, gain, / Yr wyf i'th garu, riain. **15g.** *DE* 93, athrod Rys wythryw a drig / ar *Saesnes* o ryw seisnig. *Diw.* **15g.** *Pen* 67, 67, pa les o daw *saesnes* hir / y baradwys yn brodir (Hywel Dafi). **1547** *WS, Saesnes* An englyshe woman. **17g.** *DCR* 259, or diwedd kaffel *saesnes* o bevnes ffraeth ai kâr / ai swieth ar i thafod ai gwithred val yr iar. **1778** J. THOMAS: *HB* 258, efe a briododd *Saisnes.* **1798** *WR, Seisnes* d.g. *English-woman.* **18–19g.** *IMCY* 231, *Saesnes* nid glan, ni chan chwaith, / O'i genau ni cheir gwiniaith. **1803** *P, Saesnes,* s. f.—pl. t. *au* . . . An Englishwoman. Ar lafar, '*Saesnas,* s.f. pl. *Saesnesa*', *WVBD* 480; '*Sysnas* (eb) . . . *Sysnesi*', *GTN* 758; 'Ma 'mrawd i 'di priodi *Sisnes* sy 'di dysgu Cymrag' (sir Gaerf.); fe'i clywir hefyd ym Môn ac Arfon am fath o bladur, *ISF* 65.

Amr.: **Saesones** [*Saeson*+*-es*¹]. **1716** T. EVANS: *DPO* 64, Rhonwen y *Saesones.* **1722** *Llst* 189, *Saisones.* f.p. *nesau.* **1773** *W* d.g. *English-men* . . . *An English-woman.* Cf. *Cymru Fu* 129, Gruffydd, arglwydd Dinas Bran, a briodes *Seisones.*

saesnet, gw. sarsned.

Saesnigaf: Saesnigo, Saesnigeiddiaf: Saesnigeiddio, Saesnigol, Saeson, gw. **Seisnigaf: Seisnigo, Seisnigeiddiaf: Seisnigeiddio, Seisnigol, Sais.**

Saesonach [*Saeson*+*-ach*²] *e.ll.* Saeson (yn ddifr.); Sacsoniaid: *English* (*derog.*); *Saxons.*
16–17g. SIÔN MAWDDWY: *Gw* 35, Yno'r oedd Gymry aned / A aethon' yn Saeson sied, / A *Saesonach,* siâs anardd, / O gwŷl byd, lle gwaglaw bardd. **16–17g.** IEUAN TEW IEUANC: *Gw* 198, Golch, Siôn, yr holl *Saesonach,* / Gyr i'r Mars fal gyrru'r moch [i ofyn i Siôn Prys yrru'r Saeson o Bowys]. **1759** *BC* iii, Llosger a bwrier heb eiriach, gethin / Brygowthen *Saesonach,* / Seuthug ydyw eu Sothach, / A'u hawen groes fal hun gwrach. **1803** *P, Saesonaç,* s. pl. dim. . . . Saxon hords.

Saesonaeg, Saesonaeth, gw. Saesneg, Saesoniaeth.

Saesonaidd [*Saeson*+*-aidd*] *a.* Seisnig, (yn medru) Saesneg; Seisnigaidd; Sacsonaidd: *English* (*adj.*), *English-speaking; Anglicized; Saxon.*
1735 S. RHYDDERCH: *Alm* [ii], [Yr] Estronjaith *Saesonaidd.* **1755** *GAGC* [28], yr hen Lythyr-nod Gymreig; a'r un *Saisonaidd.* [**1783**] *W* d.g. *Saxon* [*of, or belonging to, the Saxons*]. **1794** E. JONES: *CP* 113, dau air *saesonaidd.* **1803** *P, Saesonaiz* . . . English.

Saesoneg, gw. Saesneg.

Saesoneiddiaf: Saesoneiddio [bf. o'r a. *Saesonaidd*] *ba.* Seisnigeiddio: *to Anglicize.*
1849.

Saesones, gw. Saesnes.

Saesoniaeth, Saesonaeth [*Saeson*+*-(i)aeth*] *eb.* ll. *-au.* Rhan o boblogaeth sydd o dras Seisnig: *Englishry.*
20g.

Saesonig, Saesonigaidd, gw. Seisnig, Seisnigaidd.

saets, saetsh, saits(h), saes, saij, sâj, &c. [bnth. S. C. *sauge,* neu'n uniogyrchol o'r H. Ffr.] *e.ll.* ac *eg. Bot.* Llysiau persawrus ac iddynt ddail llwydwyrdd a blodau porffor, glas, neu wyn, *Salvia officinalis,* y geidwad; dail y llysiau hyn a ddefnyddir wrth goginio, &c.: *sage* (*herb*).
c. **1400** *MM* 80, [y] saluia. i. *saies.* *id.* 102, ir a hônnô a thempra drôy *saes.* c. **1400** *Études* vii. 280, kymer sud y *says,* neu sud y prymrol. *id.* 288, kymer y danhogen . . . ar celidon . . . a *saygh.* **15–16g.** *TA* 413, Dwy glust feinion aflonydd, / Dail *saeds,* uwch i dâl y sydd [i erchi march]. **1546** *YLlH* [11], yn niwedd y mis, dod Sitruls gwrds a *Saeds.* **1547** *WS, Saeds* Sage. c. **1548** *CM* 1, 683, kymer [dd]yrnaed o ddail *saidgi.* **16g.** *RWM* i. 995, kymer *saygs* ac efinecyr. *Diw.* **16g.** *WLB* 14, ar *saits* ar Jsop. **1632** *D, Saets* d.g. *Saluia.* **1672** R. PRICHARD: *Gw* 380, Ofer ceisio *sâds* [:- Llysiau] a Ryw, / I wrthnebu cleddau Duw. c. **1740** *LlM* 10, [c]ymmer *Saeds* au berwi. **1813** *WB* 233, *Saets.* edr. Ceidwad. Ar lafar, '*saets, saitsh*', *WVBD* 473; '*Saeds*', *Cymru* xlvii. [195] (sir Ddinb.); '*sats*' (canolbarth a godre Cered.); '*sæj*', *GTN* 706; *sâj* (dwyrain Morg.); *sêj* (Caerf.).

Cfn.: *Bot.* **saets (saetsh, saij, &c.) Caersalem** [nid oes sicrwydd pa blanhigyn a olygir yn yr engh. gyntaf]: *Jerusalem sage, Phlomis fruticosa; lungwort, Pulmonaria officinalis.* **1604–7** *TW* (*Pen* 228) d.g. *Ambrosia.* **1813** *WB* 233. **saets cartrefig:** (*common*) *sage, Salvia officinalis.* **16g.** *LlS* 59. **saets coch(i)on:** *red sage.* **17g.** *LlGC* 13178, 33a, *ssaeds kochon.* **1759** J. EVANS: *PF* 71, *Saeds cochion.* **1771** *PDPh* 32, *Saeds cochion.* **saets y coed:** *wood sage, wild sage, Teucrium scorodonia.* **1759** J. EVANS: *PF* 72. **saets y ddaear = saets y coed.** Ar lafar, G. AWBERY: *BM* 60 (sir Benf.). **saets dof:** (*common*) *sage, Salvia officinalis.* *Diw.* **16g.** *WLB* 15. a. **1600** *Pen* 206, 54. c. **1609** *Pen* 254, 40. **saets yr eithin:** *wild sage, wood sage, Teucrium scorodonia.* Ar lafar, '*sats yr ithin*' (canolbarth Cered.). **saets Ffrengig:** *Jerusalem sage, French sage, Phlomis fruticosa.* **16g.** *LlS* 59. **saets gwyllt((i)on):** (i) *wild sage, wood sage, Teucrium scorodonia.* c. **1400** *Études* vii. 300, *says gwyllt.* **15–16g.** *Pen* 204, 181, *ssaest* [*sic*] *gwyllton.* **16g.** *LlS* 144, *Saeds gwylltion.* *Diw.* **16g.** *WLB* 37, *saige gwyllt.* **17g.** *LlGC* 13178, 33a, *saeg gwylldon.* c. **1730** *Thos. Lloyd D* (LlGC) 208a, *Saits gwylltion.* Wild Sage. **1813** *WB* 233. Ar lafar, '*saets gwyllt*', *WVBD* 191, G. AWBERY: *BM* 60 (Môn, sir Gaern., a Chered.). (ii) *wild clary, Salvia verbenaca.* **20g.** **saets gwynion:** (*common*) *sage, Salvia officinalis.* **1759** J. EVANS: *PF* 71. **saets y mynydd(au):** *wild sage, wood sage, Teucrium scorodonia.* **16g.** *LlS* 144, *Saeds y mynydd.* c. **1730** *Thos. Lloyd D* (LlGC) 205b, *Saeds y m*[*yn*]*ydde.* [G. 127]. **saets rhuddion:** *red sage.* **16g.** HUW ARWYSTL: *Gw* 440.

saeth¹ [bnth. Llad. *sagitta,* Crn. C. *seth,* Crn. Diw. *zea, zêa*(*t*)*h,* Llyd. C. *saez,* Llyd. Diw. *saezh,* H. Wydd. a Gwydd. C. *saiget,* Gwydd. Diw. *saighead*] *eb.g.* ll. *-au.*

(*a*) Arf hirfain blaenllym o bren, metel, &c., a saethir o fwa; fel arfer y mae'r blaen pigog yn adfachog, a defnyddir plu ar y pen arall i'w gydbwyso: *arrow.*
13g. *LlI* 93, *Saeth,* fyr[dlyg]. **13g.** *B* x. 32, dodi *saeth* a oruc ene uwa a saethu emab a delw e vam. **13g.** *GBF* 456, A'r llech las hayarn a'r sarn *saetheu* [am uffern]. **14g.** *WM* 225. 22–4, a *saetheu* ac eu peleidyr o askôrn morôil gôedy eu haskellu ac adaned paun. **14g.** *YBH* 42b, kylyassant er/gyt dôy *saeth* y ôrth y llu. **14g.** *GDG*³ 29, Henaint anghywraint a hiraeth,—a phoen / A phenyd fal blaen *saeth.* c. **1400** *YCM*² 56, Kynt y redei pann dosturyit ac ysparduneu noc yd ehedei y *saeth* or llinin. **1547** *WS,* Dyrnaid o *saytheu* A sheffe of arrowes. *id. Saeth* A shafte. **1588** *Gen* xxvii. 3, cymmer . . . dy gawell *saethau,* a'th fwa. **1595** *Egl Ph* 7, Wele yma roi'r yw dros y bwa a wnaethpwyd o'r yw: a'r gair aethnen dros y *saeth* a wnaethpwyd o'r rhyw brenn hynny. **1632** *D, Saeth,* Sagitta. **1703** E. WYNNE: *BC* 47, [c]afodydd di-dorr o *saetheu* marwol. **1803** *P, Saeth,* s. m.—pl. t. *au* . . . An arrow. Ar lafar, '*saeth,* s.m.', *WVBD* 473; '*sæth* (eb)', *GTN* 706.

(*b*) (enghrau. *tros.* a *ffig.,* ac enghrau. mewn cyd-destun *ffig.*: *transf. and fig. exx., and exx. in a fig. context*).
12g. *GLlF* 518, Pei prynnwnn seithbwnn sathrgruc —y'th odeu, / Pedoleu pwyll gaduc / Manngre grawnvaeth, *saeth* seithuc, / Mein a'y nad yn Hiraduc [i farch]. **14g.** *GDG*³ 220, Saethais drwy'r mur, gur gurgwain, / *Saethau* serch at y ferch fain. c. **1400** *R* 1233. 2–5, Mab diatneir meir mor uynych ymbyd. aeth *saeth* seith briwyd. **1551** W. SALESBURY: *KLl* lxvib, O vla/yn pop peth cymerwch tarian y ffydd trwy'r hwn y gell/wch ddyffoddy oll *saytheu* tanllyt y Uall. **1588** *Escia* xlix. 2, gosododd fi yn *saeth* loiw, cuddiodd fi yn ei gawell *saethau.* **1588** *Jer* ix. 8, *Saeth* lem yw eu tafod hwy. **1615** R. SMYTH: *GB* 11, nod at yr hvvn i darfu iddi saethu holl *saethe* i digofaint. *id.* 151, rhyfel pla a nevvyn ivv 'i [*sic*] tair *saeth* y mae 'n arferol i saethu i'r ddaear. **1655** R. JONES: *PC* 133, *Saeth* Angeu'n dda ir cyfiawn yw. **1696** *CDD* 20, *Saeth* i bôb mynwes oedd farw 'r Frenhines. **1772** D. ROWLAND: *PP* 44, at ba un y mae satan a'i holl saethyddion yn cyfeirio eu *saethau.* **1778** J. HUGHES: *BB* 59, Ac o's tario, wnawn ynddo, / Mae 'n siwr awn yno 'n *saeth.* **1780** *W, saeth* (in Glamorgan-shire) d.g. *Rail* [*a sort of thin beam . . . fixed at the ends in two upright posts for fences, &c.*]. Yng ngodre Cered. defnyddir *saeth* yn yr ystyr 'cefn llafn pladur' a 'bysedd cadair pladur'.

(*c*) Llun o saeth (i ddangos cyfeiriad neu safle; hefyd mewn her.): *representation of an arrow* (*showing direction or position; also in her.*).
15g. *GLGC* 257, Dyrneidiau, *saethau* rifedi'r sêr / yw ei faedius ef wedy safer. *id.* 269, llun tarian pennaeth a llun *saethau* [i ofyn llen]. Ar lafar, 'Rho *saeth* ar y wal 'na i ddangos pa ffor' i fynd' (Arfon).

Cfn.: **saeth yr haul:** *sunbeams; reflection from a bright surface.* Ar lafar gynt, '*Sa'th yr houl* . . . Sunbeams. Also reflection from a bright surface (Vale)', *LlGC* 1173, 7.

Gw. hefyd **saethach, saethyn.**

saeth² [tra ansicr yw'r cynigion isod, a dichon mai defnydd ffig. ar *saeth*¹ a welir yma] *?a.* ?Ofer, di-fudd; gofidus: *vain, futile; grievous.*
12g. *GCBM* ii. 166, Nyd abar y gônaeth, nyd *saeth* salôder. *id.* 307, Kynytôys Maôrôr maôr ureuol-

aeth—gnif / Yn kynnif y brif briodoryaeth; / Kynytɓn ninheu, heb swysseu *saeth*, / Gan an Duɓ ury vreenhinyaeth!

saethach [*saeth¹* + *-ach²*] *e.ll.* Saethau: *arrows.*
1786 M. Williams: *BM* [38], A'u pigach a'u *saethach* yn saethu.

saethad, gw. saethiad.

saethaf: saethu [bf. o'r e. *saeth¹*] *bg.a.*

(*a*) Gollwng (saeth) o fwa, (ergyd) o ddryll, &c., ergydio, tanio, hefyd yn *ffig.*: *to shoot (arrow, bullet, &c.), fire, also fig.*
13g. *BD* 7, a gvers o taflu, gvers o *saythy* yd ymledynt vynteu. **14g.** *GDG³* 220, *Saethais* drwy'r mur, gur gywain, / Saethau serch at y ferch fain. / *Saethodd* hon o'i gloywfron glau / Serch ymannerch â minnau. **15g.** *GLGC* 119, Pedair prifgamp o'i hydab / a wnâi efô er yn fab: / *saethu*, neidio tyno teg, / yn nwfr rhyd nofio, rhedeg. *id.* 257, Dyrneidiau, saethau rifedi'r sêr / yw ei faedius ef wedy safer; / arwyddion sythion ŷnt pan *saether* / y deily efo ystod Olifer. *id.* 345, *Saethu* a wnaf gerdd dafod / o'r ddwyen ym i'r ddau nod [i ddau fab Ieuan Coch]. **15g.** *GGl²* 222, Y saethau aur a *saethych* / Yw rhoddion y gweision gwych. **1588** 1 *Mac* vi. 51, gwaith i *seuthu* tân, a gwaith i *seuthu* cerrig, scorpionau i *seuthu* saethau [a] thaflau. **1588** 2 *Mac* x. 30, *saethasant* biccllau a mellt yn erbyn y gelynnion. **1604–7** *TW* (*Pen* 228), *seuthu* a bwa 'saethæ d.g. *pharetratus.* **1606** E. James: *Hom* ii. 174, Y nôd . . . y mae rhagrithwyr yn *saethu* atto yn eu hympryd, yw ymddangos yn sanctaidd yngolwg y byd. **1722** *Llst* 189, *Saethu* . . . discharge a gun. *c.* **1762–79** W. Williams: *P* 130, *saethu*'r Ffusee, sef math o fwsget. Ar lafar, '*saethu*' 'to shoot . . . e.g. a gun', *WVBD* 480.

(*b*) Taro, niweidio, neu ladd â saeth, ergyd o ddryll, &c., mynd allan i wneud hyn, hefyd yn *ffig.*: *to shoot (person, animal, &c.), hit (target, &c.), go shooting, also fig.*
13g. (*LlDW*) *ZCP* xx. 93, nyd yaun ydau y *saythu* [anifail] nay erlyt. **13g.** *B* x. 32, dodi saeth a oruc ene uwa a *saethu* emab a delw e vam. **14g.** *GDG³* 294, Â seithochr wayw y'm *saethawdd*, / A seithwawd cymhendawd cawdd. *c.* **1400** *YCM²* 83, ereill a'e *saethawd* a dardeu asgellawc. **15g.** *FfBO* 43, eu brathu, ac eu *saethu* a phelydyr heb penneu arnunt. **15g.** *GGl²* 235, Seythydd wyf, od ymsaethaf, / *Saethu* nod yn syth a wnâf. **1658** R. Vaughan: *PS* 186, i *saethu* trachwant drygioni, a gwagedd. **1731** T. Lewys: *BMA* 236, fe'i *saethwyd* a bwlet Mwsged. **1756** G. Owen: *L* 170, Fe fu yma newydd hyll, fod rhyw lymgwn yn ceisio *saethu*'r Brenin Sior. [**1783**] *W*, Efe a'i *saethodd* hi'n farw yn y man d.g. *To shoot some object . . . He shot her dead on the spot.* **1795** J. Thomas: *AIC* 116, Paris a'i *Saethodd* ef yn ei feddaldra ac a'i lladdodd êf. **1795** *R. Crusoe* 99, a Gwener gan roddi ffroen y Gwn yn ei glust a'i *saethodd* yn farw. Ar lafar, '*saethu*' 'to shoot . . . e.g. an animal', *WVBD* 480; 'Fe gæs 'i *saethu* yn y ryfal', *GTN* 757.

(*c*) Mynd fel saeth neu ergyd o ddryll (dros), gwibio, fflachio, hefyd yn *ffig.*; ffrydio, tasgu; brathu (am boen), gwynio; gyrru (rhywbeth) yn egnïol, hyrddio, taflu, bwrw, lluchio; ebychu (gweddi); egino, blaguro: *to shoot (as an arrow or bullet), shoot (over), dart, flash, also fig.; stream, spurt, squirt; shoot (of pain); propel, hurl, throw; ejaculate (prayer); shoot (of plant), sprout.*
c. **1400** (*SG*) *HMSS* i. 280, *saethu* bat bychan or llong aoruc ef. ac yna y brenhin aaeth yr bat ac adoeth yr llong. **15g.** *BB* 32, ac yny lle ef [cyw eryr] *asaetha* y dy yr eryr. ac aygoresgyn. **15–16g.** *TA* 469, Iolo Goch, pob elw a gai, / I Llys Ithel y *saethai*; / *Saethaf* i le sy wythwell, / Sôn am hael sy iawn ymhell. **16g.** *THSC* (1923–4) 62, yny *saythodd* y gwaet o hob archoll oi ystlys [Iesu] ac oi vraiche ac oi esgeirav, hyd nad oedd ddafn gwaed yn i gorff. **1588** *Nah* ii. 4, Y cerbydau a gynddeiriogant yn yr heolydd, ac a ymredant yn y priffyrdd . . . ac fel mellt y *saethant.* **16–17g.** *HG* 19, ar drydedd ve, [*sic*] gwymp ar roke / ond i *saethy*, mae n difflanny [dameg yr heuwr]. **1604–7** *TW* (*Pen* 228), y Gwaew dygyrch . . . a dolur blaenlhym yn *seuthu* ag yn pigo d.g. *pleuritis.* **1675** R. Jones: *HCh* 7, gweddi y lleidr edifeiriol, yr hon a *saethodd* ef ar gip at Grist. **1703** E. Wynne: *BC* 49, mi welwn f' anwyl gydymaith yn *saethu* oddiwrthifi i'r entrych, at fyrdd o Dwysogion gwynion eraill. **1722** *Llst* 189, *Saethu.* To dart . . . fling, hurl, pitch. **1731** T. Lewys: *BMA* 225, pan welont fod yn rhaid iddynt *saethu*'r Gagennau (*shoot the gulf . . . of hell*). [**1783**] *W* d.g. *To shoot* [*as a meteor or falling star*], *To shoot* [*spring or sprout, as corn . . .*]. **1803** *P*, *Saethu* . . . to dart. Fe'i clywir ymhlith pysgotwyr y glannau yn yr ystyr 'bwrw rhwyd samwn i'r dŵr', *B* xxv. 55 (Porthmadog, Trefdraeth, a Llandudoch).

(*d*) Peri ffrwydro, chwythu i fyny; tanio (ffrwydryn), e.e. mewn gwaith glo neu chwarel: *to blast, blow up; fire (blasting-charge), e.g. in coalmine or quarry.*
1827. Ar lafar yn ardaloedd chwareli'r Gogledd, *B* xx. 375, *WVBD* 480, ac yn y diwydiant glo, *B* viii. 221 (dwyrain Morg.).

(*e*) Ffilmio: *to shoot (with camera), film.*
20g.

(*f*) Cicio neu daro (pêl, &c.) i gyfeiriad y gôl i geisio sgorio (mewn pêl-droed, hoci, &c.): *to shoot (at goal).*
20g.

Cfn.: **saethu allan:** (i) *to shoot out, spurt.* **1595** H. Lewys: *PA* 80–1, dwfr . . . pistilliff ac i *saethiff* ef *allan* yn vchel. **1725** D. Lewis: *GB* 206, Y mae rhai ohonynt [pryfed] wedi eu cymhwyso i . . . *saethu allan* eu gweoedd. [**1783**] *W* d.g. *To shoot forth or out.* (ii) *to project (e.g. of part of building).* **1604–7** *TW* (*Pen* 228) d.g. *promineo.* **1632** *D*, darn o'r adail a fo 'n *seuthu allan* d.g. *Protectum.* **1749** J. Owen: *PG* iii, megis ag y mae 'r Bysedd yn *saethu allan* [o]'r Llaw. (iii) *to ejaculate (of prayer).* **1599 (1677)** R. Holland: *AB* 132, y mae math o weddiau byrrion, y rhai a *saethir allan* o'r galon yn ddirgel. **1675** R. Jones: *HCh* 6, [g]weddiau a Moliant . . . a *saethech allan* ar gip meddwl. **1773** *W* d.g. *To ejaculate* [. . . *breathe a short fervent prayer*]. **saethu cyllyll (cyllaill):** *to shoot at knives driven into a target, as a feat of skill.* **14g.** *WM* 225. 25–8, Achyllell a llafneu eureit udunt . . . ym pob vn or deu not. Ac hɓynteu yn *saethu* eu *kyllyll.* *c.* **1400** [*RB*] *WM* 234. 32–4, Sef y gɓelei y gɓeison yn*saethu* eu *kyllcill* yny lle y gɓelsei gynon. *c.* **1730** *Thos. Lloyd D* (LlGC) 204b, *Saethu cyllyll.* To shoot at. Gw. hefyd *LlCy* vi. 109–10. **saethu mellt:** *to flash lightning.* **1604–7** *TW* (*Pen* 228) d.g. *Fulgurio* (hefyd *D*). **1688** *TJ*, Melltennu, *saethu mellt*: to lighten.

saethbennig [*saeth¹* + *pen¹* + *-ig²*] *eg.* *Bot.* Unrhyw un o'r ddau blanhigyn tir corsiog o'r tylwyth *Triglochin*: *arrow-grass.*
1813 *WB* 233, *Saethbennig*; Triglochin; Arrow-grass.
Cfn.: **saethbennig arfor:** *sea arrow-grass, Triglochin maritima.* **20g.** **saethbennig y gors:** *marsh arrow-grass, Triglochin palustris.* **20g.** **saethbennig y morfa = saethbennig arfor.** **1924.**

saethdwll [*saeth¹* + *twll*] *eg.* ll. *-dyllau.* Agoriad cul fertigol mewn wal amddiffynnol, yn enw. ar gyfer saethu drwyddo, cloerdwll: *loophole, embrasure.*
1828.

saethebol [?*saeth¹* + *ebol*] *eg.* ll. *-ion.* ?Ebol ieuanc, ebol gwibiog: *young colt, darting colt.*
13g. *LlI* 101, Ny deleyr dale *saethebaul* en ol y uam. *c.* **1400** *CHDd²* 144, Kyfreith a dyweit na thelir llwgyr *saeth ebawl.* Sef yw *saeth ebawl*, ebawl a lyckro yn ol y uam, ny dylyir diuwyn y lwgyr yny vo dwy vlwyd, kanys hyt hynny y byd ebawl. **1803** *P*, *Saethebawl*, s. m.—pl. *saethebolion* . . . an epithet for a young colt. Ni zylyir daly ebawl yn ol ei vam: a hwnw a elwir *saethebawl* . . . Welsh Laws. ?Cf. *J* 1, 1077, Ny thelir saeth i ebaɓl.

saethedig [bôn y f. *saethaf*: *saethu* + *-edig*] *a.bfl.* Wedi ei saethu; wedi ei hebychu (am weddi): *shot; ejaculated (of prayer).*
1717 Iaco ab Dewi: *MN* 11, pa beth bynnag sydd gan . . . yr Angylion, nid yw ond Paladr *saethedig* oddi wrth yr Haul ymma [Duw]. *c.* **1730** *Thos. Lloyd D* (LlGC) 204b, *Saethedig* . . . Darted, shot. [**1783**] *W* d.g. *Shot* [*that has been hit with an arrow, a bullet, &c.*]. **1803** *P.* **1809** T. Jones: *CCA* 97–8, Y mae gweddi yn ddisymmwth a *saethedig.* *id.* 99, dylai'r Cristion . . . droi at ddrws Duw . . . trwy'r anadliadau *saethedig* hyn o'i galon.

saethfa [bôn y f. *saethaf*: *saethu* + *-fa, ma*] *eb.* ll. *-feydd.*

(*a*) Gwibiad neu gwrs (seren): *a shooting or course (of star).*
14–15g. *IGE²* 282, Aed y rhai da, *saethfa* sêr, / I nefoedd fry, a'u nifer (Siôn Cent).

(*b*) Cyrch saethu (adar, &c.); maes tanio: *a shoot (game-shooting expedition); shooting range.*
1926.

saethfarch [*saeth¹* + *march*] *eg.* ll. *-feirch.* Ceffyl cyflym: *swift horse.*
c. **1400** *R* 1244. 16–17, *Saethuarch* keindrafnidyr dinidyr da/naf. **15g.** *Glam Bards* 254, brysiwr tir gwelir mae gwrdd / braisg i egwyd brwysg agwrdd / *saethfarch* rag amarch gymell / swrn byrr a wna siwrnai bell.

saethflew [*saeth¹* + *blew*] *e.ll.*

(*a*) Blew garw, hefyd yn *dros.* ac yn *ffig.*: *coarse hairs, also transf. and fig.*
14g. *GIG* 106, Yr wyd fal y sofl ar rew, / Heb haen, yn sythflaen *saethflew* [i'r farf]. **16g.** *LIS* 164, Y Vronwys . . . ei wraidd yn tarddy o y wrth yr vn cnap yn *saethflew* ampyl. *c.* **1689 (1802)** L. William: *Sherlyn Benchwiban* 10, A chantho bardwn fel tân tew, / I ddeifio *saethflew* pechod. **1803** *P*, *Saethvlew* . . . The hairs which rise through the down, or fur, in some animals.

(*b*) Manflew, manblu, blewiach, goflew; twf cyffelyb ar groen llysiau, ffrwythau, &c.: *fine hair, down (also on vegetables, fruit, &c).*
1604–7 *TW* (*Pen* 228), a *saethvlew* arno d.g. *Lanuginosus* (hefyd *D*). **1632** *D* d.g. *Lanugo.* *id.* *saethflew* meddal d.g. *Pubertas.* **1688** *TJ*, Goflew, *saethflew*: the tender Hair that grows [o]n the faces. **1725** *SR* d.g. [*Dowl*], *Young dowl, Down.* **1774** *W* d.g. *Hair, Soft* [*downy*] *hair.*

saethiad, saethad [bôn y f. *saethaf*: *saethu* + *-iad¹*, *-ad*] *eg.* ll. *-au.* Y weithred o saethu (â bwa, dryll, &c.), ergyd, hefyd yn *ffig.*; ffrwydrad, taniad; tafliad (allan); ffrydiad, tasgiad; ebychiad (am weddi); gwibiad (meddwl): *a shooting (with bow, gun, &c.), shot, also fig.; a blasting, blast; projection; squirt, jet; ejaculation (of prayer); darting (of thought).*
17g. E. Morus: *Gw* 81, Bachgennyn anwastad, sef Cupid, duw cariad, / A'i *saethiad* ar ddaliad ei ddwylaw. *id.* 84, Mi a drosot ti 'n gennad, rwy'n hudol ar hediad, / A'm bwa ar ei neliad, rhof *saethiad* o serch. **1675** R. Jones: *HCh* 7, Sanctaidd *saethiadau* 'r meddwl mewn gweddi neu ddiolch. *id.* 40, gan dderchafu dy galon . . . mewn rhyw nefol *saethiadau* neu weddiau byrrion. *id.* 141, Y *Saethiadau* hyn a ddelont or galon ydynt gymmeradwy gan Dduw. **1716–18** *Llsgr R. Morris* 205, fo dyfodd maits o *seuthiad* / rhwng chwe chwmniwr gwastad. *c.* **1730** *Thos. Lloyd D* (LlGC) 204b, *Saethiad.* Jaculatio, ejaculatio. *ib.* *Saethad.* DT. 32. Iaculatio. **1770** *TG* iv. 45, Nifer o dystion a brofasant fod rhai yn saethu allan o'r trethdŷ yn amser y cythrwfl . . . wrth ba *saethiad* y lladdwyd Snider ieuangc, ac y clwyfwyd eraill. [**1783**] *W*, *Saethiad* d.g. *A shooting.* **1803** *P*, *Saethiad*, s. m. . . . A shooting; ejection.
Cfn.: **saethiad allan:** *projection; ejaculation (of prayer).* **1604–7** *TW* (*Pen* 228) d.g. *prominentia* (hefyd *D*). **1773** *W* d.g. *Ejaculation.*

saethlys [*saeth¹* + *llys⁵*] *eg.* *Bot.* Unrhyw un o amryw blanhigion dŵr neu dir gwlyb o'r tylwyth *Sagittaria* ac iddynt ddail ar lun saeth, yn enw. *Sagittaria sagittifolia*: *arrow-head (in bot.).*
1813 *WB* 90, *Saethlys.* S[agittaria] sagittifolia; Common Arrow-head.

saethnod [bôn y f. *saethaf*: *saethu* + *nod¹*] *eg.* ll. *-au.* Targed (i saethu ato), hefyd yn *ffig.*: *target (to shoot at), butt, also fig.*
18–19g. *Llr* C 51, 307, Tri achos gloes . . . [T]rawsleoldeb er cyrchu awdl a chynghanedd, neu *saethnod* ymbwyll myfyrdod yn haws a mwy pendant agoleuwel [*sic*] nag a ellid amgen. Cf. *Bl D* 62, Cywydd i'r Target, neu'r *Saethnod.*

saethol [bôn y f. *saethaf*: *saethu* + *-ol*] *a.* Yn saethu (allan), pelydrog; gwibiol; gwib (am seren); sydyn a brathog (am boen); yn perthyn i'r asiad rhwng esgyrn parwydol y benglog: *shooting (out), radiating; darting; shooting (of star); shooting (of pain); sagittal (in anatomy).*
1803 *P*, *Saethawl* . . . Tending to shoot; ejective.

saethuta [2 brs. un. grch. bf. ddiffygiol o'r e. *saeth¹* (ond nid yw'r union ffd. yn eglur); geir. yn unig yw'r defnydd fel be., hefyd yn y ff. *saethutu*] *bg.a.* Saethu: *to shoot.*
14g. *WM* 478. 29–32, Amkeudaɓt yspadaden penkaɓr na *saethutta* ni bellach. na uyn anaf ac adoet ath uarɓ arnat. *id.* 479. 17–20, Tranhoeth y deuthant yr llys. Amkeudaɓt na *saethutta* ni [drll.] na uyn adoet ac anaf a merthrolyaeth yssyt arnat.

Fel *be.* Saethu (o gwmpas), gwibio, prancio; dirgrynu; cellwair, ysmalio: *to shoot (about), dart, frolic; vibrate; banter, jest.*
1707 *AB* 238c, *Saethuttu*, To dart . . . Yst. K. 'ab

Kilydh. **1772** *W*, *saethuttu* d.g. *To dart, To ejaculate* [*dart out, shoot* . . .], *To vibrate* . . . [*move fast up and down* . . .]. **1803** *P*, *Saethyta* . . . To shoot, or dart about; to frolick; to banter, to jest.

saethweddi [bôn y f. *saethaf*: *saethu*+ *gweddi*] *eb*. ll. *-weddïau*. Gweddi fer (yn enw. un a ebychir mewn argyfwng): *ejaculation (prayer)*.

1675 R. JONES: *HCh* 6, Ystyriwn, y gallwn ni, trwy weddi ar gip meddwl, neu *saeth-weddiau*, bôb amser . . . ymdrin hefyd â Duw. **1722** T. EVANS: *PS* 81, [y]r Erfynion hyn ynghyd a'r *Saeth-Weddiau*. *id*. 109, y *Saeth-weddi* honno, Arglwydd cadw y Brenin. **1748** P. PUGH: *DGG* iva, y Gymdeithas a gafodd gyd â Duw, trwy *saeth Weddiau*. **18g.** **(1742)** E. T. RHYS: *DA* 49, Gadewch i'ch calon ddwys neshau / Mewn *saeth-weddiau* at Dduw. **1772** D. RISIART: *HFP* 61, *saeth-weddiau*, neu riddfannau byrrion a sydyn. **1773** *W*, anadlu . . . *saeth weddi*, *saeth-weddïau* d.g. *To ejaculate* [. . . *breathe a short fervent prayer*].

saethweddïaf: saethweddïo [bf. o'r e. *saethweddi*] *bg*. Gweddïo gan ddefnyddio saethweddïau, ebychu saethweddi: *to pray using ejaculations, say an ejaculatory prayer*.

1811.

saethwr [bôn y f. *saethaf*: *saethu*+*-wr*; cf. H. Grn. *saithor* gl. *mergus vel mergulus*, Crn. C. *sethor*, Crn. Diw. *zethar*, Llyd. Diw. *saezher*] *eg*. (b. *-wraig*, ll. *-wragedd*) ll. *-wyr*. Un sy'n saethu â bwa, dryll, &c., bwawr, saethydd, anelwr; un sy'n saethu am y gôl (mewn pêl-droed, &c.), pêldroediwr sy'n chwarae mewn safle ymosodol er mwyn ceisio sgorio; *Pysg*. unrhyw un o amryw fathau o bysgod bychain o dde-ddwyrain Asia o'r tylwyth *Toxotes* sy'n dal pryfed drwy boeri dŵr atynt: *archer, bowman, shooter, shot, marksman*; *shooter (in football, &c.), striker*; *archer(-fish)*.

16g. *WLl* 182, Kyd traethwr *saethwr* fyth na saethed / Kydwr chwareuwr fyth na chweried. **1707** *AB* 30b, *Saethwr*, An Archer. **1776** *W* d.g. [*Marksman*], *A good marksman*. **1803** *P*, *Saethwr*, s. m.—pl. *saethwyr* . . . A shooter; an archer. Ar lafar, "Odd a'n saethu sguthanod a man' nw'n gwed bod ti'n *saethwr* dæ os galli di saethu'r rheini', *GTN* 757. Cf. D. OWEN: *GT* 343, Canfyddais . . . fod Williams . . . yn *saethwr* diail.

Gw. hefyd **saethydd.**

saethwraidd [*saeth*[1] +*gwraidd*, ar ddelw'r S. *arrowroot*] *eg*. *Bot*. Unrhyw blanhigyn o'r tylwyth *Maranta*, yn enw. *M. arundinacea* o India'r Gorllewin, ac iddo risomau oddfog; startsh bwytadwy a geir o'r risomau hyn ac o rai planhigion eraill, arorwt: *arrowroot*.

1841.

saethwraig, gw. **saethwr.**

saethwriaeth [*saethwr*+*-iaeth*] *eb.g*. Saethyddiaeth, medrusrwydd wrth saethu: *archery, shooting, marksmanship*.

1803 *P*, *Saethwriaeth*, s. m. . . . The art of shooting; archery.

Gw. hefyd **saethyddiaeth.**

saethydd [bôn y f. *saethaf*: *saethu*+*-ydd*[3]] *eg*. (b. *-es*) ll. *-ion*.

(*a*) Saethwr, bwawr, anelwr, hefyd yn *ffig*.: *archer, bowman, shooter, shot, marksman, also fig*.

13g. *HGK* 18, Ac a ossodes endunt [cestyll] marchogyon a phedyt *seithydyon*. **14g.** *BT* (*RB*) 106, anuones Maredud ap Bledyn ychydic *saethydyon* o weisson ieueinc y gyferbynneit y brenhin. **14g.** *GDG*[3] 50, Gwyllt *saethydd* . . . / . . . / Â bollt bedryollt bedw ryw [marwnad Gruffudd ab Adda]. *id*. 310, *Saethydd* ar froydd eiry fry, / Seithug eisingrug, songry [i'r gwynt]. **14g.** *GIG* 153, Pan na bai rydd, *seythydd* serch, / I urddol wraig neu ordderch [i ddychanu'r Brawd Llwyd o Gaer]. **14–15g.** *IGE*[2] 286, Sythym ap Nemroth *saethydd* (Siôn Cent). *Diw*. **15g.** **(15–16g.)** *B* xvii. 80, y hwnw mae ciste a ticon o cofre / a tyrneit o saedde tan fyraich bob *seyddydd* (Y Nant). **16g.** *Llst* 6, 143, golygion glwysion gloywserch / drwy mron yw *saythyddion* serch. **1547** *WS*, *Saethydd* An archer. **1588** 2 *Sam* xi. 24, A'r *saethyddion* a saethasant at dy weision oddi ar y mûr. **1632** *D*, *Saethydd*, Sagittarius, spiculator. **1657** *MLl* i. 161, Cigfran. Mi fedraf droi gyda phôb gwynt . . . a gochelyd y *saethyddion*. **1803** *P*, *Saethyz*, s. m.—pl. t. *ion* . . . A shooter; an archer. Digwydd yn yr e. lle *Persaethydd*, pl. Gwyddelwern, Meir., gw. *B* xx. 53.

(*b*) *Ser*. (a'i ragflaenu gan amlaf gan y fannod) Y nawfed o ddeuddeg arwydd y Sodiac; y cytser *Sagittarius*: *Sagittarius, the ninth of the twelve signs of the Zodiac; the constellation Sagittarius*.

13g. *DB* 67, Sef yu uchet eu redec o bervet y daear . . . yr heul y'r Deudeblyc, Venus y'r *Seithyd* (*in sagittario*). **13g.** *BD* 116, a'r Cranc a ymrysson a'r heul. E Wyry a esgyn keuyn y *Seythyd*. **15g.** *DN* 106, Mis Ragfyrr oedd byrr y bydd—mewn kalan / O'r kalendr bedwardydd. / Y sydd o waith i'r *Seuthydd*. / O glun i ben glin y bydd [i'r sygnau a'r misoedd]. *id*. 108, Twyn ssych medh y'm deurydd—lle / Maharen, Llew, *Seuthydd* [i'r sygnau]. **1546** *YLlH* [19], Mis tachwedd . . . Yr haul yn y *saythydd*. **1632** *D*, arwydd y *saethydd* yn yr wybr d.g. *Sagittarius*. **1779** *DS* 6, mae [diffyg ar y lleuad] yn digwydd ynghylch y 15 gradd or *saethydd*. **[1783]** *W*, Arwydd y *saethydd*, y *saethydd* d.g. *Sagittarius, or sagittary* [*the sign in the Zodiac, so called*]. **1795** J. THOMAS: *AIC* 333, Arwyddion y Deheu ydynt, y Fantol, y Ddraig, y *S*[*a*]*ethydd*.

(*c*) *Her*. Dyfais ar lun saethwr (yn enw. dynfarch) sy'n barod i ollwng saeth: *sagittarius (in her.)*.

16g. (*LIEG*) *Mos* 158, 44a, [t]arian brenin ysdyffan oedd dri *Seythydd*. **16g.** *Med H* 90–2, Ystyffant . . . a ddaeth i Loegr yr ugeinved dydd o vis Tachwedd, a'r haul yn un o'r xii arwydd, yr hwnn a elwir Sagittarius . . . Mae'n dwyn gowls, tri *seithydd* mewn kyrff llewod yn kerdded o aur.

Gw. hefyd **saethwr.**

saethyddiaeth [*saethydd*+*-iaeth*] *eb*. Celfyddyd neu grefft saethu â bwa, dryll, &c., saethwriaeth (fedrus); helwriaeth: *archery, (art or practice of) shooting, marksmanship; huntsmanship*.

1547 *WS*, *Saethyddieth* Archery. **1632** *D*, *Saethyddiaeth* . . . Ars Sagittariorum. **1688** *TJ*, *Saethyddiaeth*: the Art of Shooting or Arching. **18–19g.** *Llr* C 2, 296, *Saethydd*[*iaeth*] . . . gunnery. **18–19g.** *Llr* C 44, 169, *saethyddiaeth*, helwriaeth.

Gw. hefyd **saethwriaeth.**

saethyn [*saeth*[1]+*-yn*[1]] *eg*. ll. *-nau*. Taflegryn, teflyn: *missile, projectile*.

20g.

Cfn.: **saethyn niwclear:** *nuclear missile*. **20g.**

saf[1] [bôn y f. *safaf*: *sefyll*; cf. Crn. C. *saf*, Llyd. C. *saff*, Llyd. Diw. *sav*, taf. Gwened *sau*] *eb.g*.

(*a*) Safiad, gorsaf, safle, safbwynt; cerfwedd: *a stand(ing), station, standpoint; relief (in sculpture)*.

16g. HUW ARWYSTL: *Gw* 211, kadw *saf* ar iawn kydoes fryd / ffwrdd ganol y ffordd genyd. **1632** *D*, Sefyll . . . *Sâf*, Statio. **1722** *Llst* 189, *Sâf* (sub). d. A station. **[1783]** *W* d.g. *Relief, in Sculpture, Stand, or station, A standing place*. **1803** *P*, *Sav*, s. f. . . . A stand; the act of standing.

(*b*) Nerth i ddal ati, stamina, gwaelod, dygnwch, dyfalbarhad, unplygrwydd, rhuddin: *stamina, staying-power, perseverance, integrity, moral fibre*.

1916. Ar lafar, '*sa*' 'stamina', "Toes dim *sa*' arno fo', *WVBD* 470.

saf[2] [bnth. S. Diw. Cyn. *save* 'safe'; cf. *saff*] *a*. Diogel, saff, sicr, siŵr: *safe, certain, sure*.

17g. *TBM* 309, Ac o'r rheini [cant o wragedd] ni welais un / Heb fod a'i drecyn ganthi / Tan ei barclod mewn blwch braf / A'i gadw'n *saf* rhag colli. **17g.** **(18g.)** *CLlC* ii. 24, Yn gweiddi pwy sy yn y plwy / A chantho aur ag arian stor / Yn ddigon *saf* mi yrra'r knave / Ymhell oddiyma dros y mor. **1656** W. JONES: *TPG* 11, yn lle dywedyd myn Duw . . . hwy a ddywedant myn Petr . . . ac yn hyn y maent yn tybied ei bod yn *saf*, ac nad ydynt yn gwneuthur dim ar fai. **18g.** *LlGC* 833, 31, Rwy'n cadw hwnnw yn heini / nes 'r elo hi iw phriodi / dowch witheu yno 'rawr honno 'n *sâf* / cewch gwppan brâf iw brofi. **18g.** *W Ballads* 8, 4, a buw [*sic*] a marw'n gerlyn yn *saf* gelyn [*sic*] Duw oi galon [am gybydd].

Gw. hefyd **saff.**

saf[3,4], 2 un. grch. a 3 un. pres. myn. y f. *safaf*: *sefyll*.

safadwy[1] [bôn y f. *safaf*: *sefyll*+*-adwy*] *a.bfl*.

(*a*) Sefydlog, sad, solet, cadarn, sefydledig; sicr, siŵr, dilys, gwir, cadarn (am ddadl, &c.); cyson, digyfnewid, gwastadol, parhaol, arhosol, hirhoedlog; yn sefyll: *stable, firm, solid, steady, fixed, established; sure, certain, valid, correct, sound; constant, unchanging, permanent, lasting, enduring, abiding; standing*.

1547 *WS* [xvii], Eithyr sain *sauadwy* sydd iddi [p] yn sasnec ympop gair. **16g.** *GGH* 385, Ac na wisged merched mwy / Nes ei fod yn *safadwy* [i ddychanu'r cadach wyneb]. **16g.** D. R. THOMAS: *DS* 152, o herwydd fod kenym obaith *safadwy* y fewn Duw byw. **1567** *TN* 276a, Yn-geneu dau neu dri o testion y bydd *safadwy* pop gair. **1588** *Dan* vi. 8, megis cyfraith y Mediaid a'r Persiaid, yr hon sydd *safadwy*. **1588** *Sech* xi. 16, wele fi yn codi bugail yn y tir yr hwn . . . ni feddiginiaetha y rhai briwedic: a fyddo *safadwy* (**1620** *ib*. yn sefyll) ni faetha. **16–17g.** *Bl B XVII* i. 122, Deled i'r wlad *safadwy*, / Deled, nid â i 'mweled mwy [Gruffudd Hafren i yrru'r eos yn llatai]. **1606** E. JAMES: *Hom* i. 4, diogel *safadwy* (*steadfast*) a thragwyddol offeryn ein iechydwriaeth. **1619** *Bl B XVII* i. 170, Yn iach gariad *safadwy* / Na chellwair na mwynair mwy [marwnad Dafydd Llwyd o'r Henblas gan Risiart Cynwal]. **1632** *D* d.g. *Constans, Firmus, Grauis, Immotus, Indeclinatus, Insisto, Obstinatus, Ratus, Stabilis, Tenax*. **1661** E. LEWIS: *Drex* 374, y pethau hynny ni welir . . . nid ydynt yn ddarostyngedig i neb ryw gyfnewidiad, maent yn gadarn, maent yn *safadwy* (*immoveable*), maent yn Dragywyddol. **1688** S. HUGHES: *TSP* 277, pob jot a thitl . . . yn fwy parhaus a *safadwy* (*firmer*) nâ'r Nefoedd a'r Ddaiar. **1701** E. WYNNE: *RBS* 65, Gosod i ti Reol *safadwy* (*constant*) i fyw, i fwytta ac i yfed wrthi. **1740** T. EVANS: *DPO* 302, Barn yr Esgob . . . oedd, fod y Bedydd yn *safadwy*, ac na ddylid ail-fedyddio mo honynt. **1777** M. WILLIAMS: *BM* [1], Gwyliau *safadwy* a symmudol. **1803** *P*.

(*b*) Yn sefyll (am ddŵr), marwaidd: *standing (of water), stagnant*.

1630 R. LLWYD: *LlH* 129, Ni channiattâ efe [Duw] i ni l[o]nyddwch beunyddiol megis llynnoedd *safadwy* (*standing ponds*), digynnwrf rhag casclu o hono ewyn, a budreddi. **1784** M. WILLIAMS: *S* i. 177–8, amryw ganeli o ddwfr *safadwy*; yr hyn sy'n achos o fod y lle'n afiachus.

safadwy[2] [bôn y f. *safiaf*[1]: *safio*+*-adwy*; dichon mai *safadwy*[1] a welir yn rhai o'r enghrau. isod] *a.bfl*. *Diwin*. Gwaredol, achubol, y gellir ei achub, ?wedi ei achub neu ei waredu; ?diogel: *redemptive, saving, salvable, ?saved (in theol.); ?safe*.

1682 E. LLWYD: *EI* 86, Os er hyn nis gwel y dyn ei fod yn *safadwy* (*safe*), mae'n anghenrhaid iddo fyned i ymgynghori a rhyw ddysgedig wenidog gair Duw. **1693** J. OWEN: *BP* 90, yr oedd wedi ei roddi o ddechreuad y byd yn ei rasusau *safadwy* ir Etholedigion. *id*. 110, yr oedd holl had Abraham yn blant yr Addewidion . . . eithr nid oedd neb ond yr etholedigion yn derbyn gras *safadwy* trwyddynt hwy. **1711** H. POWEL: *TY* 107, [c]yflwr [s]*afadwy* (*a salvable state*). *id*. 280, Grasusau *safadwy* (*saving graces*). **1722** E. LLOYD: *MC* 59, Yr wyt [Crist] . . . Megis . . . seren y mor yr hon sydd yn disgleirio ein llygaid, fel y gallom ddyfod ir borthladd *safadwy*.

safaf: sefyll [Crn. C. *seuel*, *syuel*, *saf* (2 un. grch.), Crn. Diw. *zeval*, *savall*, H. Lyd. *sab* 'cyfyd', Llyd. C. *seuel(l)*, Llyd. Diw. *sevel*: < Brth. **stab-*, o'r gwr. IE. **stā-* < **staə-* 'sefyll', cf. *gosod*, *gwastad*, H. Wydd. *sessam* 'sefyll', *samaigid* 'gesyd'; petrus yw dosbarthiad rhai o'r enghrau. isod] *bg.a*. a'r be. weithiau gyda grym enwol.

1. (*a*) Bod neu aros ar ei draed (yn hytrach nag yn ei eistedd neu ar ei orwedd, am berson neu anifail); codi (ar ei draed); troedio (ar): *to stand (erect) (of person or animal), be standing or upright, be or remain on one's feet; stand (up), get up (on one's feet); stand or tread (on)*.

12g. *GLlF* 63, Wedy Kediuor catuarchawc—a *seif*. **13g.** *LlI* 19, ryghyll . . . Ef a dele *seuyll* ervg e deu post. **13g.** *C* 89. 2, Ry*seiw* gur ar vn conin. **14g.** *GDG*[3] 372, Nachaf gwelwn ryw eilun / Yn *sefyll* yn hyll ei hun. **c. 1400** *MM* 156, Heuyt *saf* weitheu myɓn amseroed, kanys lles maɓr a ɓna. **15g.** *FfBO* 53, barwnyeit, a choroneu eur am eu penneu . . . A'r rei hynny a *sauant* yn distaw. **1551** W. SALESBURY: *KLl* lviiia, hwn a tebic y vot yn *sefyll* edrychet rac cwympo. **1567** *TN* 395b, mi weleis Angel yn *sefyll* yny'r [*sic*] haul. **1632** *D*, *Sefyll*, Stare. *id*. Lle i ddynion i *sefyll* i gyfarch gwell i'w tywysog d.g. *Salutatorium*. **1653** *MLl* i. 212, Canys er iddynt *sefyll* ar y ddayar, nhwy fynnent y prŷd hwnnw gael i cuddio dan y ddayar.

SAFAF [3161] SAFAF

1709 H. Powel: G 34, nhwy a ddylent gynhyrfu eu hynain trwy *sefyll* yn llê eistedd. 1778 J. Hughes: BB 110, A rhain mewn gwysgoedd [*sic*] gwnnion, / Ar fynydd Seion a *sai*. 1803 P, Sevyll . . . To stand. Ar lafar, '*sefyll* yn agos i'r tân', WVBD 479; 'Rhag 'i gwilydd o'n *sefyll* i ganu "God Save The Queen"'; '*sefyll* wth ffenast y siop', GTN 725.

(*b*) Bod a'i ben i fyny a'i waelod i lawr (am wrthrych), bod ag un pen yn gorffwys ar y llawr neu ar arwyneb sefydlog arall, bod ar i fyny; bod wedi ei leoli (am adeilad, tref, &c.), gorwedd, bod a'i leoliad (yn, ar, wrth, &c.); codi (am wallt); gosod yn union-syth yn ei le, rhoddi yn ei sefyll, gosod ar i fyny (yn erbyn, &c.): *to stand or be standing (of an object), be upright; stand (of building, town, &c.), lie, be located; stand on end (of hair); stand (something), put up (against, &c.).*

14g. YBH 20b, ny *safei* pont yny dofyr. c. 1400 YCM² 35, eu deuawt wynteu oed, na foei neb onadunt tra welynt yr ystondard yn *seuyll* . . . yna taraw a' e [*sic*] gledyf . . . a'e gestwg hitheu, yr ystondard, a oruc y'r llawr. Dchr. 15g. IGE² 208, Pan ddêl llanw gwyllt, hyllt holltir, / Y *saif* ei flew [moelrhon] fal soff ir (Llywelyn ab y Moel). 1604–7 TW (Pen 228), part or golofn . . . ar yr honn y *saif* y bwa maen yn spysol d.g. *Incumba*. 1632 D, Llestr gwaelod-gyfyng geneu lydan ni ellid ei roi i *sefyll* heb golli a fai ynddo d.g. *Futile*. *id*. wedi ei osod i *sefyll* d.g. *Statiuus*. *id*. Cudyn o wallt yn *sefyll* d.g. *Suggestus* . . . *Suggestus comæ*. 1656 W. Jones: TPG 10, a pha bryd bynnac y clywo gamgymmeryd henw duw, fe . . . a *sai* ei wallt ar ei ben. 1691 T. Williams: YB 2, or achos hwnnw y *safac* pren y bywyd ger bron Adda ym-mharadwys. 1759 J. Evans: PF 56, gymaint ac y *sai* (*lies*) ar swllt o Rhubarb. [1783] W, Peri *sefyll*, gosod (rhoddi) i *sefyll* d.g. *To stand, To make to stand*. 1790 T. Jones: TOS 106, oni byddai i'th wallt *sefyll* ar dy ben. 1798 R. Davies: CG 114, Sylfaen, a mur maen mawr Mwys / *Sai* ei Eglwys, ddi siglaidd. Ar lafar, 'tŷ'n *sefyll* ar 'i libart 'i hun' 'a detached house', WVBD 479; '*sefyll* post' 'dodi post yn ei le (dan ddaear)', GTN 725; 'Ro'r polyn 'na i *sefyll* yn erbyn y wal am 'nawr' (sir Gaerf.).

(*c*) Ymddangos (o flaen llys barn, &c.), bod ar (brawf) (mewn llys barn, &c.); cymryd (arholiad, prawf, &c.); ymgeisio (mewn etholiad neu am swydd): *to appear (in court of law, &c.), stand (trial, &c.); sit or take (examination, &c.); stand (in election or for office)*.

13g. GDB 137, Yr aɓr y *ssafwyf*, safed—y'm kymorth. 13g. LlI 53, Pa amdyffynnur bynnac y *sauo* ganthau kyghaus a chanllau ac ef ehun en tredyd a keyssyau oet urth porth ohonau, ny dele y caffael. 13g. LlC 31, Ac ena y mae yaun e'r egnat kemryt e testyolaeth . . . a gouyn udunt a *sauant* en testyon e'r haulur ay ny *sauant*. 14g. LlB 102–3, Tri dyn ny allant ymwystlaw yn erbyn brawt trwy gyfreith: Vn yw brenhin, lle ny allo, herwyd kyfreith, *seuyll* y mywn dadyl ger bron brawdwr. 1703 E. Wynne: BC 20, Y Gwŷr oedd yn *sefyll* am y Swydd. 1755 ML i. 353, Dacew fab Lord Lisburn yn *sefyll* yno i fod yn fember Parliament. 1762 W. Williams: C 65, O flaen dy Fainge rhaid *sefyll*. 1771 W, Un yn *sefyll* am gael ei ddewis i ryw swydd d.g. *Candidate*. *id*. *sefyll* . . . am swydd d.g. *Candidate, To stand candidate for an office*. *id*. *Sefyll* ger bron brawdle (yr hawl-faingc) d.g. *To stand trial*. Ar lafar, "Dyw enwe pawb sy'n *sefyll* yn yr etholiad ddim mas 'to' (sir Gaerf.).

(*d*) Cael ei beichiogi (gan y gwryw, am anifail benyw), mynd yn gyfebol, yn gyflo, &c.: *to be impregnated (by the male, of a female animal), become with foal, calf, &c.*

1604–7 TW (Pen 228), yn rhyueric val buwch hep *seuylh* wrth darw d.g. *Lasciuiens*. Ar lafar, '*sefyll* . . . to become with foal, calf, &c. This is the word invariably used to denote that a mare, a cow, a sow, &c., has become with young', GDD 261; 'Ma'r fuwch wedi *sefyll* wrth y tarw' (sir Gaerf.); 'Ma'r fuwch wedi *sefyll* y tarw'n olreit' (Myn.); 'Mae'r fuwch wedi *sefyll*' (sir Ddinb.).

2. (*a*) Peidio â cherdded, rhedeg, symud, &c, aros yn yr unfan, stopio, dod i ben, darfod, pallu; bod yn segur neu'n ddi-waith; bod neu fynd ar streic; peidio â gweithio (am gloc, peiriant, ffatri, &c.), stopio, bod ar stop; gorwedd yn fraenar: *to come to a halt, stand still, stop, come to end, cease, fail; be idle, be unemployed; be or come out on strike; stop (working) (of clock, machinery, factory, &c.), be on stop; lie fallow*.

14g. YBH 45b, ny orffoyssaɓd hyny deuth ar gyffinid tref y tat. ac yna *seuyll* a oruc y march. 14g. WM 389. 36–8, vynt a doethant y ystlys y forest. ac yno *seuyll* awnaethant. c. 1400 YCM² 164, yna y *sauawd* yr heul megys yspeit tri diwarnawt yn digyffro. c. 1400 RB ii. 208, wrth hynny kyrchwn yr hanher gwyr hynny. na *safwn* yn eu kyrchu hyt pan orfom ni arnadunt wy. 1567 TN 97b, yn ebrwydd y *safawdd* [:– attaliodd, ystopodd rhediat] llif y gwaet hi. 1588 Esr iv. 24, peidiodd gwaith tŷ Dduw 'r hwn oedd yn Ierusalem, ac y bu yn *sefyll* hyd yr ail flwyddyn o deyrnasiad Darius. 1588 Salm cvii. 29, Gwnaeth i'r storm *sefyll* yn dawel. 1588 Dan x. 17, ni *safodd* fy nerth ynof. 1661 E. Lewis: Drex 189, nid yw'r cloc yn *sefyll* un amser. 1690 Brog 8623, 5, aeth i'r ffwrnes . . . i geisio y gradelli man . . . fo glowodd fod y ddwy ffwrnes yn *sefyll* ag nid oedd dim iw gael. 1703 E. Wynne: BC 6, *Sefais* ennyd ar fy nghyfyng gyngor awn i attynt ai peidio. [1783] W d.g. *To stand, to be at a stand* [*as interrupted work*]. Ar lafar, '*sefyll*' 'to come to a standstill', 'Mae petha'n *sefyll* yn lân', WVBD 479; 'Ar wtra'r 'ewl ma'r bws yn *sefyll*' (dwyrain Morg.).

(*b*) Parhau, aros, dal (i fodoli), goroesi, aros yn gyfan (am adeilad, &c., dros gyfnod o amser neu'n erbyn ymosodiad); bod yn weddill, bod ar ôl; disgwyl, aros am, oedi; lletya, aros (gyda), byw, trigo: *to remain, last, stay, persist, endure, survive, stand (of a building, &c., over a period of time or against attack); be left over, remain; wait (for), delay; lodge, stay (with), live, dwell*.

12g. GCBM i. 61, Goruynaɓc drythyll, syll na *saffwy*. 13g. GDB 256, Ny *seuis* na thɓr na bɓr (bu krein). 13g. Llst 1, 69a, wynt [Côr y Cewri] a *sevynt* en trakywydavl evelly. 15–16g. GLM 322, wedi darfod ei derfyn / ei waith a *saif* wythoes ynn. 1588 Pr i. 4, y ddaiar a *saif* byth. 1595 H. Lewys: PA 56, Henn duy, serfyll a *sai* dros amser. *id*. 58, Pharao yn *sefyll*, ac yn parhau, yn gildynnus. 1615 R. Smyth: GB 67, nid ivv [dyn] fyth yn *sefyll* yn yr un cyflwr (*n'arreste point*). 1632 D, *sefyll* yn wastadol d.g. *Persto*. 17g. Huw Morus: EC i. 33, El'sbeth, law helaeth, o'u hol, / A *sai* 'n aeres synhwyrol. c. 1730 Thos. Lloyd D (LlGC) 207a, y mae yn *Sefyll* un. There Remains one. K. 215. 18g. E. T. Rhys: DA 90, *Sefwch* gartre' wedi nos. 1759 T. Thomas: WWDd 129, ond ni *safodd* y cyfiawnder hwn gyd â Dŷn, ddim ymmhellach nâ 'r prŷd y bwyttäodd Adda o ffrwyth y pren gwaharddedig. Ar lafar, 'Ma'r hen gapal 'na'n dal i *sefyll*' (Arfon); 'Pidwch *sefyll* i fi ddod' (dwyrain Morg.); "Odd 'i'n *sefyll* 'da fi' (dwyrain sir Gaerf.); '*Sefyll* i dro' 'to wait his turn', B ix. 221 (dwyrain Morg.). Cf. y rhigwm "*Sai*' eira yn Ebrill mwy na rhynion mewn rhidyll', WVBD 479.

(*c*) Dal ei dir (mewn brwydr, &c.), aros yn gadarn, dal, gwrthsefyll, gwrthwynebu; bod yn drechaf, bod (felly), bod neu aros yn ddilys neu'n wir, aros mewn grym (e.e. am orchymyn); dygymod â, goddef: *to stand one's ground (in battle, &c.), stand fast, withstand, resist, oppose; prevail, be (so), be or remain valid, hold good, hold true, stand (e.g. of an order); tolerate, put up with, stand (pain, &c.)*.

12g. GCBM i. 24, Yng kynnif sarff unbyn: / *Seuis* ef, seuit Duɓ gennhynn! 13g. GBF 227, *Seuis* yn ryuel (diymgel deith) / Rac estraɓn geneddyl gwyn anghyfyeith. 13g. BD 177, deuavt yv, a *sauo* yn da yn y gyuranc kyntaf, y uynet gan uudugolyaeth. 14g. LlB 117, Teir marw tystolyaeth yssyd am tir, ac a *ssauant* yg kyureith a barnn. 14g. T 55. 15–16, Tri vgeint canhɓr a *seui* ar y mur. 14g. WM 397. 39–41, Achoffa na *seuis* marchaɓc eiroet genhyt kyhyt ac y mae hɓnn yn *seuyll*. c. 1400 R 1349. 5–6, Gɓrgɓraɓl vyd ef pann vo yn*seuyll*. c. 1400 YCM² 68–9, ny chawssei eiryoet dyn a gynhalyei idaw yn ymwan nac a *sauei* idaw un dyrnawt. 15g. BB 73, gwedy caffel o nynnyau y cledyf ny *sauei* neb y dyrnot ef. 1588 Nu xxx. 4, *safed* ei holl addunedau. 1588 Salm i. 5, yr annuwolion ni *safant* yn y farn. *id*. xxxiii. 9, efe a ddywedodd, ac felly y bu: efe a orchymynnodd, a hynny a *safodd*. 1588 Dat vi. 17, y mae dydd mawr ei ddigter ef wedi dyfod, a phwy a ddichon *sefyll*? 16–17g. GST i. 625, Ni *sai*'r annuwiol ffolair / Yn y farn gadarn a gair. [1783] W, *Sefyll* (bod) yn siccr d.g. *To stand fast*. Ar lafar, '*Sefyll*-u-gily' 'To oppose each other', GDD 261; "Sa i'n gallu *sefyll* poen o gwbwl' (sir Benf.); "Ôn' nw'n ifed yn ofnadw, gwithwyr y meline. Wel wth gwrs, 'ôn' nw'n *sefyll* tân mawr' (dwyrain sir Gaerf.); "Smo i'n gallu *sefyll* y dyn 'ny o gwbwl' (sir Gaerf.). Gw. hefyd y cfn. *sefyll at, sefyll wrth, sefyll yn* (ii).

(*d*) Bod neu aros yn llonydd (am hylifau, &c.), cronni, setlo, gorwedd yn llonydd, bod yn ferddwr; mwydo, trwytho, bwrw ei ffrwyth: *to stand (of liquids, &c.), collect, settle, stagnate; steep, infuse*.

1346 LlA 65, dyfured ysyd yr aɓr honn yn dyfuryssaɓ o uuan redec . . . yna y*sauant*. Ac ygorffɓyssant. 1604–7 TW (Pen 228), Foss a dwr yndhi 'n *sefylh* d.g. *Lacuna*. 1632 D, *sefyll* fel dŵr heb gerdded d.g. *Stagno*. 1683 LlP 58a–b, dusgrif . . . ar ol iddo *sefyll* enyd, gellwch thechreu [*sic*] Ysgrifenu ag ef. c. 1730 Taith C 36, y Dwfr a *safodd* yn Llygaid Cr[i]stiana. c. 1740 LlM 4, ewin neu 20 Arlleg, wedi ei sugo i *sefyll* dros Nôs. 1759 J. Evans: PF 24, Rhoddwch bwys o Galch poeth dâ, i *sefyll* mewn 6 Chwart o Ddwfr Spring. *id*. 55, gadewch iddo *sefyll* tros bedair awr ar hugain. Ar lafar, 'llaeth wedi *sefyll* am dridia', WVBD 479; "Odi'r te'n *sefyll*?', GTN 725.

(*e*) Cynilo (arian); achub (bywyd, aelod o'r corff, &c.): *to save (money); save (life, limb, &c.)*.

[1783] W, *sefyll* . . . arian neu'r cyffelyb d.g. *To save . . . money, &c.* Ar lafar, 'Un dæ i *sefyll* arian yw a, ma cinog fach nêt ginto!', GTN 725.

3. (*a*) Bod wedi ei gyfansoddi neu ei wneud (o): *to consist or be comprised (of)*.

1604 R. Holland: BD 4a, Y mae sylwedh y scruthyr yn *sefylh* o dhwy ran, y Testament hen a'r newydh. 1606 E. James: Hom ii. 153, nid ydyw gwir grefydd . . . Duw yn *sefyll* mewn gwneuthur . . . delwau mudion meirwon. 1630 YDd 55, yr Arglwydd, yn yr hyn y mae gwir ddawn a bywyd yr enaid yn *sefyll* (*wherein consists*). 1632 J. Davies: LlR 74, A'r rheswm o hyn sydd yn *sefyll* mewn dau beth. 1672 J. Langford: HDdD [xvi], y mae'r geiriau sy'n calyn yno yn dangos ymmha beth y mae'r fendith honno yn *sefyll*. 1676 W. Jones: GB 102, Nid ydyw byw trwy ffydd yn *sefyll* yn vnig yn credu [*sic*] yNghrist. 1676 W. Jones: PGG 6, Ym mha beth y mae Rhagluniaeth Duw yn *sefyll*? 1701 E. Wynne: RBS 53, sobrwydd Cristianogol yw'r hôll Ddyledswydd a berthyn i ti dy hunan . . . ac mae hi yn *sefyll* yn y pum dyledswydd hyn sef . . . Cymhedrolder . . . Diweirdeb . . . Gostyngeiddrwydd . . . Gwylder . . . Bodlonrhwydd. 1719 Iaco ab Dewi: TG 6, Y Testun yn gyffredinol, sydd yn *sefyll* o (*consists of*) ddwy Rann. 1740 T. Evans: LlA 17, yn hyn y mae'r Gwahaniaeth yn *sefyll* rhwng Twyllwr ac arall a fo ychydig o Wendid-pen arno. 1760 Wll: SAC 84, Yr oedd yr Aberth beunyddiol yn *sefyll* mewn dwy ran. 1772 W, Ei wybodaeth a *saif* yn bennaf yn ei fod . . . yn medru celu ei anwybodaeth d.g. *To consist* [*be comprised or contained*] *in . . . His knowledge consists chiefly in his knowing how to conceal his ignorance.*

(*b*) Bod (mewn cyflwr penodol): *to be (in a particular state), stand*.

15g. GLGC 204, Caer Ystwyth dylwyth a *saif* dan benyd [i Wiliam Fychan, Cwnstabl Aberystwyth]. 1632 J. Davies: LlR 43, yn abl i farnu am dano ei hun, ym mha gyflwr y mae yn *sefyll*. 1676 W. Jones: GB 102, y cyfryw bethau angenrheidiol perthynol, y *safont* mewn eisieu o honynt. 1683 J. Jones: TG 119, [p]a fodd y mae 'n *sefyll* gida 'u dyn oddifewn yngolwg Duw. 1693 PGLl 3, Ai'r Demmel oedd y man lle y cyflawnid pôb peth ar a allai mewn ûn môdd beri Adeiladaeth i Bobol Dduw, fel yr oedd pethau yn *sefyll* y prŷd hynny? 1718 (1721) S. Thomas: HB 71, Ezra a'u casclodd ynghyd ac a'u gwnaeth yn un llyfr megis y maent yn *sefyll* yn y Bibl. [1783] W, Bod (*sefyll*) mewn perygl neu enbydrwydd d.g. *To stand* [*be*] *in danger*. Ar lafar, 'mynd â'r dresal fel 'odd i'n *sefyll* o 'no' (Llŷn); 'Siŵt ma pethe'n *sefyll* rhyngddyn' nhw ar ôl yr hen gweryl 'ny?' (Cered.).

(*c*) Bod yn ddibynnol (ar), dibynnu (ar), pwyso (ar); bod yn amodol (ar): *to be dependent (on), depend (on), rely (upon); be contingent (on)*.

1567 TN 36b, Yn y ddau 'orchymyn hynn y *saif* [:– crog, glyn, cynwysir] yr oll Ddeddyf a'r Prophwyti. *id*. 106a, nid yw i einioes yn *sefyll* o nerth ei dda. 1595 H. Lewys: PA 144, ar bwy vn mae pwys a sylwedd y mater yn *sefyll* (*dependeth*) ac yn gogwyddo. 1618 J. Salisbury: EH 248, y mae'r bara yn cynnal y gwres naturiol; ar yr hwn y mae enioes y corph yn *sefylh*. 1632 J. Davies: LlR 1–2, [b]od yn Gristion da . . . ar hynny y mae ein holl wasanaeth ni i Dduw yn *sefyll*. 1675 R. Jones: HCh 138, diogelwch Cristion nid yw yn *sefyll* dim ar ei sicrwydd ef, eithr ar ei ffŷdd. 1684 H. Owen: DC 122, Pan fo dyn yn *sefyll* arno eihunan. 1688 S. Hughes: TSP 190, Arnoch chi yn awr y mae 'n *sefyll* (*It lieth in your breasts*), ei fwrw, neu i gadw ef. 1710 LlGG (Gos) 10, fel pe *safai* rinwedd y Sacramentau ar ei allu ef i bregethu. 1716 Iaco ab Dewi: LlCB 37, Y mae pob peth yn *sefyll* arno ef [Duw]. 1760 Wll: SAC 3, pwngc, ar ba ûn y mae ei ddedwyddwch ef . . . yn *sefyll*. Ar lafar, 'Mae'n *sefyll* yn gywir ar ble 'chi'n byw' (Myn.).

Amr.: **sefaf**. Ar lafar, WVBD 479.

Cfn.: **sefyll allan**: (i) *to stand (up) and come out*. 13g. C 106. 6, Seithenhin sawde *allan*. c. 1400 R 1044. 9, *Sefoch allann* vorynnyon. (ii) *to jut out, protrude, stand out (in relief), be prominent, also fig. stand out*,

be noticeable. **1567** *LlGG* (*Sall*) 40a, Ei llygait gan vraster a *saif allan.* **1632** *D* d.g. *Prominens, Superexto.* **1775** *W* d.g. *To jut* [*jutty*] *out or over.* Ar lafar, ''Roedd hi'n gystadleuaeth dda, ond 'roedd englyn Siôn yn *sefyll allan*'. (iii) *to strike, be on strike.* **1842.** Ar lafar, *WVBD* 479. Gw. hefyd *sefyll maes.* **sefyll allan yn erbyn,** gw. *sefyll yn erbyn.* **sefyll am:** (i) *to stand for, signify.* Ar lafar, 'Ma D yn *sefyll am* Dysgwr'. (ii) *to stand for, put up with.* Ar lafar, 'So i'n mynd i *sefyll am* ddim nonsens fel 'na' (sir Gaerf.). (iii) *to haggle over* (*price*). **[1783]** *W*, Ni *safaf* â chwi *am* geiniog d.g. *To stand, or differ, with one* [*in buying or selling*] . . . *I will not stand with you for a penny.* Gw. hefyd *sefyll ar* (iii). **sefyll ar:** (i) *to dwell on, labour* (*a point*). **16–17g.** H. LEWYS: *PA* (Rhagymadrodd) xvii, ni *safa* i yn rhyhir, *ar* y pwnc hwnn. **1676** W. JONES: *GB* 5, Ni *safafi ar* hyn, fel y prysurwyf at yr hyn yw fy mwriad pennaf yn y Traethawd hwn. **1709** H. POWEL: *G* 38, gan ddarfod i'm [*sic*] o'r blaen . . . son am y pethau hyn, ni bydd i mi ymma *sefyll ernynt.* **1725** D. LEWIS: *GB* 221, Miloedd o Betheu eraill ag sydd iw hystyried ynthynt, pe mynnwn i *sefyll arnynt*, sy'n dangos . . . Daioni Duw. **1775** *W* d.g. *To insist* [*rest; stand; dwell*] *upon.* (ii) *to stand or take a position on* (*a matter*). Ar lafar, 'Ble mae'r Blaid Lafur yn *sefyll ar* ddatganoli?'. (iii) *to haggle over* (*price*). **1630** R. LLWYD: *LlH* 85, hwy [cybyddion] a *safant* yn dynnar [*sic*] geiniog [:- anhawdd ganddynt roddi gymmaint a cheiniog] (*they will stick at a penny*). Gw. hefyd *sefyll am* (iii). **sefyll ar yr adwy,** gw. *sefyll yn y bwlch.* **sefyll ar ei (dy, &c.) garn(au):** *to stick to his* (*your, &c.*) *guns.* **1828.** Gw. hefyd *sefyll yn ei garn.* **sefyll ar ei wadn(au) ei hun (dy wadn(au) dy hun, &c.):** *to stand on his* (*your, &c.*) *own two feet.* **19g. sefyll ar ei waelod ei hun (dy waelod dy hun, &c.):** *to stand on its* (*his, your, &c.*) *own bottom, stand on his* (*your, &c.*) *own two feet.* **1658** R. VAUGHAN: *YPS* 37, Rhaid im *sefyll ar fyngwaelod fy hun*, (cydwybod dda) a thraed fy ffydd fy hunan. **1688** S. HUGHES: *TSP* 82, Rhaid i bob llestr *sefyll ar ei waelod ei hun.* **1770** *W* d.g. *Bottom . . . Every tub must stand on it's own bottom* [*Prov.*]. **sefyll arholiad:** *to sit an examination.* **20g. sefyll ar ei sodlau ei hun (dy sodlau dy hun, &c.) = sefyll ar ei wadn(au) ei hun. 20g. sefyll ar ei (dy, &c.) dalwrn:** *to stand his* (*your, &c.*) *ground, stay in his* (*your, &c.*) *place.* **1688** S. HUGHES: *TSP* 113, Pun oedd oreu iddo ef, ai dychwelyd yn ei ôl, ai yntau *sefyll ar ei Dalwrn* [:- Aros yn y man lle yr oedd e arno]. **1774** *W* d.g. *Ground, To keep* [*maintain, stand one's*] *ground.* **sefyll ar ei (dy, &c.) draed:** *to stand up, get up* (*on his* (*your, &c.*) *feet*). **1567** *TN* 216b, cyvod y vyny a' *sa ar dy draet.* **1751** *GIA* viii, *saf ar dy draed* y pryd hynny gar bron dy farnwr. **1764** DEWI NANTBRÂN: *CB* 96, *Safent* pawb o'r Gynnulleidfa *ar eu Traed.* **sefyll ar ei draed ei hun (dy draed dy hun, &c.):** *to stand on his* (*your, &c.*) *own two feet.* **20g.** Ar lafar, ''Wn 'im os setlith o yng Nghaerdydd, mi fydd yn rhaid iddo fo *sefyll ar 'i draed 'i hun* yn fan'no'. **sefyll at:** *to keep true to, abide by, stand by.* **12g.** *GLlF* 36, O ssaffun as gun nas guaedaf. / *Saffet attaf*, ys dab attaf —y dabn. **18g.** D. J. ODWYN JONES: *DR* 161, Na altra ddim *saf at* dy air. Ar lafar, '*sefyll at* 'i air', *WVBD* 479. Gw. hefyd *safati.* **sefyll at (wrth) ei (dy, &c.) asennau:** *to stick to his* (*your, &c.*) *ribs, set him* (*you, &c.*) *up, also fig.* **1851.** Ar lafar yn Arfon, 'Dyna be' *sefith at ych 'senna chi*', *WVBD* 23. **sefyll draw:** *to stand back, aside, or off, also fig.* **1923.** Clywir '*Sa' draw*!' fel gorchymyn i gi. Gw. hefyd *sa'-draw.* **sefyll fel post(yn):** *to stand* (*stock-*)*still, come to a sudden stop.* **1795** *R. Crusoe* 68, Yr oedd . . . wedi dychrynu cymmaint wrth swn y gwn, fe *safodd fel post.* Ar lafar, 'Paid o *sefyll fel post* yn y man 'na', *GTN* 654. **sefyll (i) fyny:** *to stand* (*up*), *get up; stand or be upright.* **1567** *TN* 290a, a' chyvot yn dy sefyll [:- . . . a' chwyn ne *sa i vyny*] ywrth y meirw. **1604–7** *TW* (*Pen* 228) d.g. *Exto.* **1791** W. WILLIAMS: *MDR* 9, Daniel yno *saifai* [sic] *fynu*, / Fel colofn gadarn gref. Ar lafar, '*Sefa i fyny* i mi gâl dy weld ti'n iawn'. Gw. hefyd *sefyll lan* (i). **sefyll (i) fyny i, sefyll lan i:** *to stand up to, oppose.* Ar lafar, 'Ma'n rhaid iti *sefyll i fyny i*'r cythral' (Arfon); ''Ôn i wastod yn *sefyll lan i* 'mrawd' (sir Gaerf.). **sefyll (i) fyny dros, sefyll lan dros:** *to stand up for, defend.* **[1783]** *W*, *Sefyll i fynu . . . dros* d.g. *To stand up for* [*a person or thing*]. Ar lafar, 'Mi geith o 'mhleidlais i, achos mae o'n barod i *sefyll i fyny dros* 'i bobol'. Gw. hefyd *sefyll dros* (ii). **sefyll gan:** *to stand by, support.* **12g.** *GLlF* 285, Yssef yw hwnnw honneit ganllaw— draws / Dra *sauo* Duw *ganthaw.* **12g.** *GCBM* i. 24, Yng kynnif sarff unbyn: / Seuis ef, *seuit* Dub *gennhynn*! **13g.** *GBF* 227, *Seuit* Brenin nef breinyabl gyureith / *Gan* eurwawr aerbeir y teir taleith. **sefyll gyda:** (i) *to be consistent with.* **1606** E. JAMES: *Hom* i. 51, y mac fe'n dywedyd na ddichon gobaith a chariad *sefyll gydâ* bywyd drwg. **1672** R. PRICHARD: *Gw* 276, nis gallai *sefyll gyd â* chyfiawnder Duw, i daro rhai plant bychain â chlefydau. *id.* 313, A pha fodd y *saif* hynny *gydâ*' r Scrythur. **1751** *GIA* 34, efe a ryngei fôdd Duw cyn belled ac y gallai *sefyll gydâ* boddhâd ei gnawd. **1759** T. THOMAS: *WWDd* 24, Ystyried, a *saif gyd â* chyfiawnder, uniondeb, a Doethineb Duw, i gyfrif pechod Adda i'w hiliogaeth ef. (ii) = **sefyll gan. 1567** *TN* 321a, Yn vy atep cyntaf nyd oedd neb yn *sefyll* [:- yn cymorth] *gyd a* mi . . . Er hyny yr Arglwydd a *safodd gyd a* mi, ac am nerthawdd. **1588** *Pr* ii. 9, fy noethineb oedd yn *sefyll gyd â* mi. **1591** *Rhyddiaith Gymraeg* ii. 130, Duw a *safo gyd a*'r Frenhines. **[1783]** *W*, *sefyll gyd ag* ûn d.g. *To stand by* [*with*] *one.* **sefyll ei hunan (eu hunain):** *to stand up of its* (*their*) *own accord* (*of clothes, &c.*). Ar lafar, 'Ma'r ffrog 'yn yn *sefyll 'i 'unan* gin faw!', ''Ôn' nw'n *sefyll 'u 'unin* [crysau wedi eu startsio] fel pac o ddinnon', *GTN* 725. **sefyll hwnt:** *to stand back or off.* **1620** *Gen* xix. 9. **sefyll i:** *to stand by, support.* **13g.** *LlI* 46, gouyn e'r kygaus ac e'r kanllau a *sauant* huy *ydau* ef en er hen y mae ef en e dody arnadunt huy. **sefyll i'w garn,** gw. *sefyll yn ei garn.* **sefyll i fyny, sefyll i fyny dros, sefyll i lawr, sefyll i maes,** gw. *sefyll fyny, sefyll fyny dros, sefyll lawr, sefyll maes.* **sefyll i reswm:** *to stand to reason.* Ar lafar, 'Os mai fi ydi'r cynrychiolydd, mae'n rhaid i mi droi fyny i'r cyfarfod—mae'n *sefyll i reswm*'. **sefyll lan:** (i) *to stand* (*up*), *get up; stand or be upright.* Ar lafar, '*Sa' lan* ifi gâl gweld ti'n iawn', '*Sa' lan* yn syth' (sir Gaerf.). (ii) *to stay up* (*from bed*). Ar lafar, ''Ôn i ddim yn gallu codi bore 'ma ar ôl *sefyll lan* yn hwyr nithwr' (sir Gaerf.). **sefyll lan i, sefyll lan dros,** gw. *sefyll fyny i, sefyll dros.* **sefyll (i) lawr:** *to stand down* (*e.g. from an election*). Ar lafar, 'Ma hi wedi *sefyll lawr* achos y straen odd arni' (sir Gaerf.). **sefyll (i) maes:** (i) *to* (*be on*) *strike.* **1854** *Gardd Aberdar* 139, 226. (ii) *to stand out, be noticeable.* Ar lafar, ''Odd un dyn mewn crys porffor a 'odd e'n *sefyll mas* yn glir' (sir Gaerf.). **sefyll marchnad (y farchnad):** *to have or run a stall* (*in a market*). **1929.** Ar lafar, ''Odd Motryb Siæn yn *sefyll y farchnad* pyn odd 'i'n 'en fenyw', *GTN* 725. **sefyll mewn:** (i) *to cost.* **1772** *W*, Maent yn werth (yn *sefyll mewn*) ychwaneg d.g. *To cost* [*stand in*] . . . *They cost more.* Gw. hefyd *sefyll yn* (i). (ii) *to stay in, stay at home.* Ar lafar, 'Ma fe'n neis i *sefyll mywn* ar ambell nos Sadwn' (sir Gaerf.). **sefyll mewn swydd,** gw. *sefyll yn ei swydd.* **sefyll prawf (ei (dy, &c.) brawf):** *to stand trial.* **20g.** Ar lafar, 'Ma'r bachan 'na dorrodd mywn i'r siop yn *sefyll 'i brawf* wthnos nesa'' (sir Gaerf.). **sefyll rhag ei swydd,** gw. *sefyll yn ei swydd.* **sefyll ei (dy, &c.) dir:** *to stand his* (*your, &c.*) *ground.* **1792** H. HARRIS: *H* 136, *Sefwch eich tir.* Ar lafar. **sefyll dros:** (i) *to stand in for, take the place of, deputize for, represent;* ?*be reckoned sufficient for* (*of payment*). **14g.** *LlB* 32, Plant y llofrud neu y lladedic, ny dylyant talu dim na'e erbynnyaw o tal galanas, kanys ran y llofrud, yr hwn a tal mwy noc vn arall, a *seif drostaw* ef a'e plant. **1693** *PGLl* 13, bôd i Lywodraethwyr pôb Eglwys, a'r hôll Eglwyswyr, gyfarfod yng hŷd trwy y rhai a ddewisont i *sefyll trostynt*, mewn Cymanfa, neu Gynnulleidfa Eglwysig. **[1783]** *W*, *Sefyll* yn lle (*dros*) ûn d.g. *To stand for one or in one's stead.* (ii) *to stand* (*up*) *for, uphold, maintain, defend.* **16g.** *GGH* 15, Dyrchefwch, *sefwch dros* eich iaith. **[1794]** M. WILLIAMS: *DUJ* 23, merthyriad . . . / Ar filoedd o wirioniaid . . . / Am *sefyll dros* y 'fengyl. Ar lafar, 'Ma bob dim mae o'n *sefyll drosto* fo'n afiach'. Gw. hefyd *sefyll* (*i*) *fyny dros.* (iii) *to stand for* (*in election*). Ar lafar, 'Pwy sy'n *sefyll dros* y Blaid yng Ngheredigion?' **sefyll wrth:** *to stand near or by; stand by* (*someone*), *support; stand by* (*belief, &c.*), *abide by, be true to; maintain, assert.* **14g.** *LlB* 41, Ny byd palledic ynteu tra *safho wrth* gyfreith. **1588** 2 *Br* xxiii. 3, a'r holl bobl a *safodd wrth* y cyfammod. **1604–7** *TW* (*Pen* 228) d.g. *Assisto, Insto.* **1655** WL: *DP* 70–1, Teilyngu o honot lwyddo, a *sefyll-wrth* bawb fydd yn anturio ei hoedl. **1658** R. VAUGHAN: *YPS* 22, *sefwch wrth* weddiau yr Ecclwys. **1718** E. SAMUEL: *HDdD* 101, ei fod yn barod i *sefyll wrthym* ac i daro gyda ni. **[1783]** *W* d.g. *To stand to a thing.* **sefyll wrth ei asennau,** gw. *sefyll at ei asennau.* **sefyll yn:** (i) *to cost.* **[1676]** *AF* 15, Oni ddywedasoch yn fynych, fôd y cyfryw beth yn *sefyll* i chwi *yn* hyn a hyn, pan yn wîr y costiodd ef lai o lawer. Gw. hefyd *sefyll mewn* (i). (ii) *to stand by, abide by, be true to.* **1346** *LlA* 29, byd kadarnnach vreida yn *seuyll yny* eu [*sic*] ffyd. **1683** J. JONES: *TG* 73, *safasant yn* eiGyngor [*sic*] ef. **1751** *GIA* vii, *Saf yn* dy eiriau o'r blaen y pryd hynny, y rhai y byddit gynefin oi [*sic*] hadrodd. (iii) *to take responsibility for.* **13g.** *LlI* 38, e mab a dele *seuyll en* delyedyon e tat. **sefyll yn y bwlch, sefyll yn (ar) yr adwy:** *to stand in the gap or breach.* **1567** *LlGG* (*Sall*) 60b, meddyliawdd eu destruwiaw, pe na *safesei* Moysen . . . *yn y* tor [:- cyswllt, *adwi, bwlch*] ger ei vron y ddychwelyt ymaith y var ef. **1588** *Esec* xiii. 5, Ni *safasoch yn yr adwyau.* **1658** R. VAUGHAN: *YPS* 11, Athanasius . . . a *safai yn yr adwy* i attal y torriad. **1792** H. HARRIS: *H* 201, eich bod chwi yma etto isod, i *sefyll ar yr adwy*, ac i ymbil tros fyd tlawd anghrediniol. Cf. S. LEWIS: *Buchedd Garmon* (1937) 48, Deuwch ataf i'r adwy, / *Sefwch* gyda mi *yn y bwlch.* **sefyll yn ei (dy, &c.) garn, sefyll i'w (i'th, &c.) garn:** *to stick to his* (*your, &c.*) *guns.* **15–16g.** *GLM* 135, Swyddog ydwyd sydd gadarn. / Sy fyw a'th gais. *Saf i'th garn.* **1604–7** *TW* (*Pen* 228), *sefylh yn ei garn* d.g. *Insto.* **1632** *D*, *sefyll yn ei garn* d.g. *Subsisto.* **[1783]** *W*, *Sefyll yn ei garn* d.g. *To stand trial . . . stand to one's tackling.* Ar lafar, '*sefyll yn 'i garn*' 'to adhere to what one has said', *WVBD* 242. Gw. hefyd *sefyll ar ei garn.* **sefyll (allan) yn (ei, &c.) erbyn:** *to stand* (*out*) *against, oppose, resist, withstand.* *c.* **1400** *RB* ii. 221, ny allassant *sefyll yn awch erbyn.* **1588** *Eff* vi. 11, Gwiscwch oll arfogaeth Dduw, fel y galloch *sefyll yn erbyn* cynllwynion diafol. **1632** *D*, *sefyll yn erbyn* d.g. *Contrasto.* **1684** J. DAVIES: *LlR* 384, wedi *sefyll allan* cyhyd *yn erbyn* y cynnhygion o Jesu Grist. **1712** T. WILLIAMS: *CDdG* 404, yn rhwygo gair dâ pwy bynnag a *safo yn ein herbyn.* **1733** T. EVANS: *PP* 185, *sefyll allan* yn wrol *yn erbyn* Temptasiwn. **1771** *W*, *sefyll . . . yn erbyn* cyrch gelyn d.g. *To charge, To stand a charge.* *id.* *sefyll . . . yn erbyn* d.g. *To oppose* [*resist, or withstand*]. Ar lafar, 'Pwy sy'n *sefyll yn d'erbyn* di yn yr etholiad tro 'ma?'. **sefyll yng ngolau:** *to stand in or block the light of, also fig. hinder, be an obstacle to.* **1629** R. LLWYD: *P* 52, y mae y cyfryw ddynion yn *sefyll* gormod *yn* eu *goleu* eu hunain, ac yn dangos pa ffoledd, ac annwybodaeth sydd ynddynt. Ar lafar, 'Dere draw fan hyn i roi'r ede yn y nodwydd, 'wyt ti'n *sefyll yn* dy *ole* dy hunan fan'na'. **sefyll yn lle:** *to stand in for, take the place of, deputize for, represent.* **13g.** *LlI* 38, ony byd mab ydau er argluyd a dele *seuyll en lle* mab ydau. **14g.** *LlB* 118, Tri pheth a geidw cof a *seif yn lle* tyston y dyn ar y dylyet o tir: lle hen odyn, ne benntanvaen, neu ysgynuaen. **1632** *D*, *sefyll yn* ei *le* d.g. *Subsisto.* **1769** J. GRIFFITH: *A* 108, Machniydd i *sefyll yn lle*'r pechadur. **[1783]** *W*, *Sefyll yn lle* (dros) ûn d.g. *To stand for one or in one's stead.* **sefyll yn llonydd:** *to stand still, be quiet.* **1661** E. LEWIS: *Drex* 10. **1688** S. HUGHES: *TSP* 4. **[1783]** *W* d.g. *To stand still.* Ar lafar, '*Sæf yn llonydd* ifi gæl cripo dy wallt ti!', *GTN* 725. **sefyll yn ei (dy, &c.) rych:** *to stand his* (*your, &c.*) *ground.* **17g.** HUW MORUS: *EC* i. 82, fe *sai 'n ei rych.* *Diw.* **17g.** *LlGC* 7191, 178b, Sersiant gwŷch a *sai yn i rŷch* hwnw yw drŷch hoiwder (Edward Morris). Cf. OWAIN LLEYN: *Gw* 43, *Sa yn dy rych*,—os iawn drefn—na newid / I newydd gyfundrefn. **sefyll yn ei (dy, &c.) swydd, sefyll yn y (mewn) swydd:** *to do his* (*your, &c.*) *duty, fulfil his* (*your, &c.*) *function,* ?*occupy a post.* **12–13g.** *GMB* 461, Meir a Sein Silin, Marthin, Matheu, / . . . / Ar Duw uy eneid, kyureid kyureu, / Eiryolwch, *sefwch yn ych swyteu*! **13g.** *LlI* 6, dysteyn . . . hyn yv y navd: o'r pan dechreuho *seuyll en y svyd* eny el e dyn dywethaf e kyscu, dven e den en dyogel. **16–17g.** *GBF* 466, Gwae raglaw a'i ruglon ddirwyau, / Gwae ringyll o'i *sefyll mewn swyddau* / Oni *saif yn y swydd* sy orau. Cf. *GLlF* 134, Pa hyd y'th yolaf? Saf rac dy sswit. **sefyll yn stond (stont):** *to stand* (*stock-*)*still, come to a sudden stop.* **1815.** Ar lafar, 'Mi *safodd yn stond*', *WVBD* 503; 'Fe *safws yn stond* catsh pyn gwelws a fi' (dwyrain Morg.). **sefyll yn syth:** *to stand up straight; stand fast.* **1632** *D*, *sefyll yn sŷth* d.g. *Resideo.* **[1783]** *W* d.g. *To stand upright, Standing stiff.* Cf. (*SG*) *HMSS* i. 288–9, myui a dylyasswn y adnabot ef pan safawd mor syth ac y safawd hediw. **ar ei (fy, &c.) sefyll:** *standing up,* (*while*) *standing, in a standing position.* **1935.** Ar lafar, ''Dwi i'n canu lawar gwell yn y practis côr pan fydda' i *ar 'yn sefyll*'. **o'i (o'm, &c.) sefyll:** *standing up,* (*while*) *standing, in or from a standing position.* **13g.** *LlI* 17, Ny dele eysted en er estauell namen guassanaethu *o'e seuyll.* *Dchr.* **14g.** *B* xiv. 265, yd oedun *om seuyll* yn gvediav. **14g.** *BT* (*RB*) 156. 4, llawer o rei ereill a gynnawssant *oc eu seuyll.* *c.* **1400** *RB* ii. 24, gwedy ymlad *oe seuyll* yn hir o honunt telephebus avrathwyt yndrwc. *c.* **1400** *MM* 60, edrychet arnei *oe* heisted ac *oe seuyll.* **1599 (1677)** R. HOLLAND: *AB* 130–1, [g]weddiodd . . . weithie wrth benlinnio, weithie *o'i sefyll.* **1759** J. EVANS: *PF* 18, Y rhai sy'n darllain neu 'n 'Scrifennu llawer a ddylent arfer ei wneuthyr *o'u sefyll.* **yn ei (union) sefyll (dy, &c., (union) sefyll):** *standing* (*up*), *in a standing position, upright, erect.* **13g.** *LlI* 26, kyuody . . . a'e gale *en e seuyll.* **14g.** *YBH* 64b, dygbch yma teruagabnt. Ac y gossodassant *yny seuyll* rac bron bobn. **15g.** *CSTB* 7, Rhag dy weled yn y cyll / Y safud *yn dy sefyll.* **16g.** *THSC* (1923–4) (At.) 20, saif y kyrff *yn i sefyll* yn y beddav. **1567** *TN* 194b, Sa *yn dy vnion sefyll* ar dy draet. **1588** *Dan* x. 11, sâf di *yn dy sefyll.* **1632** *D*, *yn ei vnion sefyll* d.g. *Rectus.* **1759** J. EVANS: *PF* 25, [c]aried dau o Wŷr Cryfion, [y] Goddefydd *yn ei uniawn sefyll* (*upright*). Ar lafar, ''Dydi o ddim 'di gosod y silff, mae o 'di gadal hi *yn 'i sefyll* wrth y drws'. Gw. hefyd *codaf: codi—codi yn ei sefyll.*

Gw. hefyd **sefyllaf: sefyllu.**

safana [bnth. S. *savannah*] *eg.* ll. *safanau.* Gwastatir glaswelltog agored mewn ardal drofannol neu istrofannol: *savannah.*

20g.

safati [?*saf*[3] + *ati* (3 un. b. yr ardd. *at*)] *e?g.* Bwtres, ategwaith mur: *buttress.*

Ar lafar yng Nghered.

safbost [gair geir., sef bôn y f. *safaf*: *sefyll* + *post*[1]] *e?g.* Colofn; stand (i ddal rhywbeth): *column; stand, holder.*

1604–7 *TW* (*Pen* 228) d.g. *Columna.* **[1783]** *W* d.g. *Stand* [*for a Candlestick, &c.*].

safbrawf [bôn y f. *safaf*: *sefyll* + *prawf*[1]] *eg.* Maen prawf, safon: *criterion, standard.*

[1783] *W*, *safbrowf* d.g. *Standard* [*any thing . . . that is to be a test or criterion of other things of the same nature*].

safbwynt [bôn y f. *safaf*: *sefyll* + *pwynt*[1], ar

ddelw'r S. *standpoint*] *eg.* ac yn eithriadol *eb.* ll. *-iau.* Safle (yn enw. un feddyliol) yr edrychir ar rywbeth ohoni, ffordd neilltuol o edrych ar ryw fater; pwynt dychmygol y tardda persbectif llun ohono (mewn celf): *standpoint, point of view; point of sight (in art).*

1900. Ar lafar, 'Wel, ma pawb a'i *safbwynt*, a ma'n raid inni 'rindo ar *safbwyntia* dinnon erill', *GTN* 701.

safcwndid, gw. **saffcwndid.**

safddal [bôn y f. *safaf*: *sefyll*+y be. *dal*] *e?g.* Stand (i ddal rhywbeth): *stand, holder.*

[1783] *W* d.g. *Stand [for a candlestick].*

safddelw [bôn y f. *safaf*: *sefyll*+*delw*] *eb.* ll. *-au.* Cerflun: *statue.*

1632 *D* d.g. *Statua.* **1661** E. LEWIS: *Drex* 56, Yr oedd yn Rhufain *safddelwau* o goffadwriaeth am wyr Ardderchog. **1716** IACO AB DEWI: *LlCB* 43–4, Pa ofered . . . yw Rhyfyg y rhai a gymmerant arnynt, ei Addoli ef mewn delweu, llunieu, *safddelweu* a'r cyfryw ddychymmygion o'u heiddo eu hun? **1717** IACO AB DEWI: *MN* 22, Ereill . . . yn rhoi Gwrogaeth i Ddelweu a *Safddelweu* ar Lun Gwŷr, a Gwragedd, Môch, Meirch, a Llunieu ereill. **[1724]** G. WYNN: *YGD* 129, Fe godai y Rhufeinwyr *saf-ddelwau* i'r rhai y byddent yn bwriadu eu hanrydeddu. **1725** *SR* d.g. *A statue.* **1766** *CD* 4, *Saf-ddelw* Jupiter. **[1783]** *W* d.g. *A standing image.*

safedig¹, **safiedig**² [bôn y f. *safaf*: *sefyll*+ *-(i)edig*] *a.bfl.* ll. *-ion*, a hefyd gyda grym enwol.

(*a*) Sefydlog, sad, safadwy, solet, cadarn, sefydledig, ansymudol, cyson, diysgog, cywir (am berson); sicr, siŵr, dilys, derbyniol neu dderbyniadwy (am dyst(iolaeth)); yn sefyll; ?wedi ei briodoli (i): *stable, firm, steady, solid, fixed, established, immovable, constant, steadfast, staunch; sure, certain, valid, admissible or acceptable (of evidence or witness); standing; ?attributed (to).*

13g. *D Col* 61, keureyth a deweyt ena nat *sauedyc* dym a guneler druy cemell, canys kestal eu cemell a treys. **14g.** *WML* 119, Ac onys llyssa yna; bit *sauedic* y tyst. *c.* **1400** *R* 1373. 21–2, Synnwyr aoruc alwyssennic. sef ydiẃ y eir yn *safedic. Dchr.* **15g.** *GM* 23, Ni awn i ty yr Arglwyd yn gyflym, / *Safedigyon* (*stantes*) oed yn traet ni, / Gaerusalem, y'th lyssoed di. **15g.** *LHDd* 63, Nyd *sauedic* dim or awnel dyn medw . . . mal machniaeth neu amod. **15g.** *GTP* 40, *Safedig* Ddyfrig ddifraw, / Sant rhwydd y personiaid draw. *Diw.* **15g.** *B* v. 106, ny mynna idaw colli gweithredoed da a wnaeth yn y byt namyn i bot yn *safedic* idaw dros i bechodeu. *Diw.* **15g.** *Pen* 53, 40, y gwyliaeu *savedic.* **16g.** *GLD* 38, Siryf, i'n oes, Arfon wyd, / *Safedig* nesaf ydwyd. *c.* **1566** *B* i. 143–4, Pymp cywair y sydd yn *safedic* ag yn warantedic. **16g.** *Hop M* 199, velly bü n tad, or dechraüad / ag velly trig, yn *savedig.* **1583** *LlGC* 716, 86b, yn y man yma [Jer xxxi. 33] mae'r prophwyt yn dangos, na fydd nemor-ovn [*sic*] yn ddiwybodol . . . mewn gwybodeth *safiedic*, meddwl y mae ef yn y'r [*sic*] amser o pregethiat y'r [*sic*] efengil. *p.* **1584** G. ROBERT: *GC* [237], doedwch yn gyntaf ynghylch y gynghanedd sain, a fydd nifer, o si[ll]afau *safedig*, gwasta[d] yn y rhagddarn. *c.* **1585** *Llst* 178, 18b, delway *safedig.* **16–17g.** *DCR* 245, nes cael gwybod yn *safedig* / hanes gwir y twrw ffyrnig. **1794** E. JONES: *CP* 78, dylai deiliaid y brenin gael rhyddymdaith, o's na bydd y ffordd *safedig* yn dda. **1803** *P*, *Savedig* . . . established, fixed, confirmed.

(*b*) Yn sefyll (am ddŵr), marwaidd: *standing (of water), stagnant.*

16g. *THSC* (1923–4) (At.) 61, ai vwrw [Peilat] mewn dwr a oedd rwng dav vynydd yn *safedic.* **1562** *B* ii. 238, sybwll: pwll *savedic* budr. **1604–7** *TW* (*Pen* 228), dwr *safedic* d.g. *Stagnum.* **1611** R. SMYTH: *SG* [276], mewn llyn *safiedig.* **1630** *YDd* 354, a lygrai fel dyfroedd *safedig* (*standing*), yr rhai ydynt naill a'i [*sic*] heb redfa, neu heb eu tywalld o lestr i lestr. **1632** *D* d.g. *Iners.* **1688** *TJ*, Merllŷnn, dwr *safedig*: a standing Lake or Pool.

safedig², gw. **safiedig**¹.

safedigaeth [*safedig*¹+*-aeth*] *e?b.* Cysondeb, gwastadrwydd: *constancy, steadfastness.*

13g. *BD* 164, dylyvn ninheu trvy diergrynedic *sauedigaeth* moli a chanmavl dvyn ar dihewyt ac ar prudder y kyghor a rodeist.

safedigol [*safedig*+*-ol*] *a. Gram.* Yn dynodi enw (cadarn) neu sylweddair: *substantival (in gram.).*

p. **1584** G. ROBERT: *GC* [99], enw *safedigawl* yn fanyw, ag o rif unig . . . mal diod dda, phordd deg.

safedlaf: safedlu, safedle, safen, gw. **sefydlaf: sefydlu, sefydle, safin**¹.

safgal [gair geir., sef bôn y f. *safaf*: *sefyll*+ *cal*] *eb.* Y clefyd bonllost, llostchwydd, llostgyfod: *priapism.*

1604–7 *TW* (*Pen* 228) d.g. *Satyriasis.* **[1783]** *W*, clefyd y *saf-gal* d.g. *Priapism.*

safgard, gw. **saffgart.**

safgoed [bôn y f. *safaf*: *sefyll*+*coed*] *e.ll.* Coed neu lwyni yn eu llawn dwf a dyfir fel y bo iddynt un bôn unionsyth heb ganghennau, coed tal, coed hirgyff; coed a adewir yn eu sefyll wrth dorri coed eraill i lawr: *standards (trees); trees left standing when others are cut down.*

[1783] *W* d.g. *Standards, standers, or standills [trees that have been suffer'd to stand, when a grove has been cut down].*

safiad [bôn y f. *safaf*: *sefyll*+*-iad*¹] *eg.* ll. *-au.*

(*a*) Y weithred o sefyll (i fyny), y cyflwr o fod yn ei sefyll, y weithred o godi; codiad (cal); codiad (tir, &c.), tafliad allan (am graig, &c.); safle, lleoliad; lle (cadarn) i sefyll, troedle: *a standing (up or upright), a getting up; (penile) erection; rise or rising (of ground, &c.), a jutting out, projection; site, position, location; place to stand, foothold, footing.*

16g. *Celtica* v. 146, *ssafiad* ar bedwar karyn pob vn ynghifair i gilydd (*standing upright and open of al foure legges*). **1567** *LlGG* (*Sall*) [37a], ydd wyf yn-glŷn yn y tom dwfn lle nid oes *safiat* [:– tarren, attec] (**1588** *Salm* lxix. 2, sefyllfa; **1988** *ib.* [ll]e i sefyll arno). **1588** 1 *Sam* xiv. 5, *safiad* y naill yscithredd oedd oddi wrth y gogledd tua Micmas. **1604–7** *TW* (*Pen* 228), *safiat* lhe d.g. *Situs, us.* **1632** *D*, *safiad* vwch law ereill d.g. *Extantia. id. Safiad* gwialen gŵr d.g. *Satyriasis.* **[1783]** *W* d.g. *A standing.* **1800** W. OWEN [-PUGHE]: *CP* 23, Pant sydd anweddus i *safiad* tomen. **1803** *P*, *Saviad*, s. m.—pl. t. *au* . . . a standing . . . Sai yn sad heb un gadwyn; / *Saviad* val davad ar dwyn. . . . R. Davyz Llwyd, i hen gaseg.

(*b*) Y weithred o sefyll ei dir yn erbyn gwrthwynebydd, y weithred o sefyll dros gred, egwyddor, &c., safbwynt; osgo (wrth sefyll), ymarweddiad, ystum; statws, safle (gymdeithasol), gradd, swydd: *a stand (against an opponent), (moral, &c.) stand, standpoint; stance, bearing, posture; status, (social) standing or position, rank, office.*

1590 *NBSBM* 582, A dwy waith, bu doeth eb wad, / Ym Maesyfed, mwy *safiad* [Lewys Dwnn i Forgan ap Maredudd]. **1604–7** *TW* (*Pen* 228) d.g. *Statura, Status.* **1773** *W*, *Safiad* ar neu wrth . . . ei chwedl d.g. *A standing to it, or a standing it out.* Ar lafar, ''Wi'n parchu rwun sy'n nuthur *safiad* dros y peth ma fa'n gretu', *GTN* 701.

(*c*) Arhosfan (ar reilffordd); gorsaf (y groes): (*railway*) *halt; station (of the cross).*

1606 E. JAMES: *Hom* i. 75, adroddwn ryw fathau o ofergoel a chamarferon papistiaid, megis . . . *safiadau.*

(*d*) Parhad neu hyd (maith): (*long*) *standing or duration.*

1683 J. JONES: *TG* 249, Ac am y Gau grefydd, gwir yw ei bod hi o hir *safiad.* **[1783]** *W* d.g. *Standing [age, time, duration].*

Cfn.: **safiad allan:** (i) *strike (withdrawal of labour).* **1844.** (ii) *relief (in art).* **20g.**

safiadigaeth, gw. **safiedigaeth.**

safiaf¹, **safaf: saf(i)o** [bnth. S. (*to*) *save*] *bg.a.*

(*a*) Achub (rhag), arbed, amddiffyn, gwaredu (hefyd mewn diwin.); dianc yn ddianaf: *to save (from), rescue, protect, deliver (also in theol.); escape unscathed.*

15g. *DN* 70, Na newidied, *safied* saint, / Nag â gwŷr, nag â'i geraint. **16g.** *Def Hen* 53, bwrien ymaith i camwedde diffaith i *safio* i cyrff a'i henaid. **16–17g.** *DCR* 197, y gwr ath wnaeth di ar i helw ai ddelw ai lun / . . . / ni *safia* moth fowyd . . . / hebod dy hunan cydnebydd plei r wyd. **16–17g.** *Cer RC* 38, Yn y llong fo *safiodd* ẅyth. **16–17g.** *CRC* 67, Dyw drigarog klyw fi yn kwyno / *safia* mowyd rwy n dymuno. **1604–7** *TW* (*Pen* 228), *sauio* d.g. *protego.* **17g.** HUW MORUS: *EC* i. 311, Ow *sefiwch* was Ifan (hap purlan) ab Huw. **1677** *Cyf A* (*Can C*) 34, mi a ewyllysiwn fod yn rhwymedig iti am fy *safio* a'm hachub. **1696** *CDD* 6, Ond Noah oedd ddiniwaid, wâs ufudd a *safiaid* / A'i deulu, a'i anifeiliaid, arbedaid i'r Bŷd. **1742** *ML* i. 72, ni *safiwyd* fawr o'r petheuau [ar ôl llongddrylliad]. **1766** *CD* 141, Ac yn fychan iawn fy ngobaith / Fod i mi fodd i gael fy *Safio*, / Am fy 'Nrwg y Noson honno. **1828** *Geir Pob* 24, *Safio*, achub, arbed. Ar lafar, '*safio*', *WVBD* 473; 'Ma e wedi *safo* gorfod mynd i'r hospital trw fod 'i fys wedi gwella o'i hunan' (sir Gaerf.).

(*b*) Cynilo (arian), arbed (traul, amser, &c.), rhoddi heibio, cadw; osgoi neu arbed (talu); diogelu (data, &c.): *to save (money, expense, time, &c.), set aside, put away, keep; avoid (paying); save (data, &c.).*

1672 J. LANGFORD: *HDdD* 168, os bydd ef tebyg i ennill neu i *safio* dim iddo ei hun (*to get or save him ought*). *id.* 216, pan fo ef yn fynych yn dinistrio ei iechyd . . . i *safio* ei Bwrs. **18g.** E. T. RHYS: *DA* 115, A'r morgrugyn yn ymroi / Erbyn gauaf i grynhoi, / A'i fryd heb fâr i *safio* ei shâr. **1763** *DT* 132, Fe yrr Duw ini Farnwr doeth, / I *safio*'n Cyfoeth serfyll (Lewis Morris). **1806 (1849)** TWM O'R NANT: *GH* xxvi, yn mhen enyd fe ga'dd ef fyned yn fankrupt, i *safio* talu i neb. **1828** *Geir Pob* 28, *Safio* cost, arbed traul. Ar lafar, '*safio*', *WVBD* 473; ''Di o byth yn mynd allan y dyddie yma—mae o'n trio *safio*'i bres'; 'Mi na' i *safio* un [brechdan] tan swper'; 'Os *safi* di ddigon dros yr haf, cei di fynd ar y trip 'da'r ysgol flwyddyn nesaf' (sir Gaerf.).

Amr.: **safied. 1711** H. POWEL: *TY* 82, [peth] na all dyn gael i *safied* hebddo. Ar lafar ym Mrych.

Cfn.: **safio('r) wyneb (ei, &c., wyneb):** *to save face.* **1756** *ML* i. 423, yn barod eu hesgusion geuog i *safio'r wyneb* rhag c[ywilydd]. Ar lafar, 'Paid â coelio bob dim ma hwnna'n ddeud—'neith o rwbath i *safio'i wynab*'.

safiaf²: **safio,** *bg. Mwyn.* Holo, suo: *to hole (in a coalmine), undercut coal.*

Ar lafar yn y diwydiant glo, *Geir Glo* 37 (Rhosllannerchrugog).

safiedig¹, **safedig**² [bôn y f. *safiaf*¹: *safio* +*-(i)edig*] *a.bfl. Diwin.* Wedi ei achub, ei waredu, neu ei iachau: *saved, delivered, redeemed (in theol.).*

1574 *RhRC* (At.) 257a, na does fodd y ddyn fod yn kloffi o bob tū yma ag ackw a bod yn *safiedic.* **1580** *GGN* 23, Os Cyffyssu di . . . yr arglwydd Iessu . . . rwyti yn *safedic. id.* 59, ny dydiw neb yn *safiedic* heb gariad perffaith. **1600** *Rhyddiaith Gymraeg* ii. 176, i vod yn *savedig* rhaid i ddyn gwympo i lawr yn ddivalch a chüsany'r ddwy droed hynn. *id.* 178, wrth yn bod yn *savedig* yn bennaf drwy drigaredd Ddüw. **1670** J. HUGHES: *AP* 177, dangos i mi dy wyneb, a byddaf *safiedig.* **1684** H. OWEN: *DC* 392, nid oes . . . neb a'm gwareda, nac a'm gwna'n *safiedic*, ond tydi fy Arglwydd Dduw. **1724** E. WELLS: *CC* 88, heb fod yn *safiedig* sydd yr un peth a bod yn ddamnedig.

safiedig², gw. **safedig**¹.

safiedigaeth [*safiedig*¹+*-aeth*] *eb. Diwin.* Achubiaeth, gwaredigaeth, iachawdwriaeth: *salvation, deliverance, redemption (in theol.).*

1574 *RhRC* (At.) 129b, fy *safiedigeth* i a fydd byth am kyfiawnder [*sic*]. **1583** *Rhyddiaith Gymraeg* ii. 54, Beth . . . all fod mwy angenrheitiach [*sic*] i iachadwrieth a *safiadigeth* pob dyn na ffregethv Christ Iessv.

safin¹, **safen, safing** [bnth. S. C. *savin*, *saven*, neu'n uniongyrchol o'r H. Ffr.; â'r ff. yn *-ng*, cf. *dwsin, dwsing*] *e?g. Bot.* Eithinfyw, *Juniperus sabina*, blagur y planhigyn hwn sy'n rhoddi olew meddyginiaethol: *savin (juniper).*

c. **1400** *Études* vii. 272, Rac dolur clusteu . . . kymer y wermot a chalamint, origan a *sauin*, a berw wynt mywn dwfyr. *Diw.* **16g.** *WLB* 29, Kymer y bettayn ar *sauing* a gwna bowdr o honynt . . . ac ef a ladd y pryfed i gyd. **1604–7** *TW* (*Pen* 228), prenn *Sauen*, y *Sauin* d.g. *Sabīna.* **1734** S. RHYDDERCH: *Alm* [5], cymmerwch Ryw, *Safen*, a Wermod. *c.* **1740** *LlM* 29, Rhag y Llynger . . . Cymmer ddyrnaid o *Safen*, au berwi mewn chwart o Lefrith. **[1762]** E. POWELL: *HEI* 26, dau frigin o *Safin.* **1813** *WB* 233, *Safin.* edr. Eithinfyw.

safin² [bnth. S. *saving*] *a.* a hefyd fel *e?g.* Darbodus, cynnil; arbediad (arian): *thrifty, economical; a saving (of money).*

1935. Ar lafar, '*safin* . . . thrifty', *SC* vi. 126 (sir Benf.); hefyd ym Morg. a sir Gaerf.

safin³ [cf. *safiaf*²: *safio*] *eg. Mwyn.* Tir cleiog meddal a dynnir ymaith i gyrraedd

y glo, holin: *holing (soft shale under a coal seam).*

Ar lafar yn y diwydiant glo, '*safin* eg yr hyn y byddid yn ei suo o'r frest . . . (h)olyn', *Geir Glo* 37 (y Parlwr Du, sir Ffl.); clywir hefyd 'baw *safin*', *LlG* xxxv. 16, a 'slec *safin*', *Geir Glo* 38 (Rhosllannerchrugog).

safiwr [bôn y f. *safiaf*[2]: *safio* + *-iwr*] *eg. Mwyn.* Un sy'n holo neu safio: *one who holes or undercuts coal (in a coalmine).*

Ar lafar yn y diwydiant glo, *Geir Glo* 21 (Rhosllannerchrugog).

Safiwr [bôn y f. *safiaf*[1]: *safio* + *-iwr*] *eg.* (Yr) Iachawdwr, Gwaredwr: *(the) Saviour, Redeemer.*

1574 *RhRC* (At.) 109b, Gwyl dy frenin . . . yn Gyfion / ag yn *Safiwr*, yn dlawd ag yn marchogeth ar assen. **1696** *CDD* 82, Nes dyfod o'n *Safiwr* odduchod, heddychwr. *c.* **1729** S. RHYDDERCH: *LlCD* 321, Bu'n fwy na Chwngcwerwr, naws ufudd a *Safiwr*, / Dadleuwr Creawdwr cry' ydyw. **1770** G. HOWEL: *Alm* 28, Ein *Safiwr* Mesiah ail Adda dda ei lwydd. Cf. *TA* 49, Un tad yn abad, wynebwr—grasus / A groeses Sain Safiwr.

saflawr [bôn y f. *safaf*: *sefyll* + *llawr*[1]] *eg.* Platfform, llwyfan: *platform, stage.*

1839.

safle [bôn y f. *safaf*: *sefyll* + *lle*[1]] *eb.g.* ll. *-oedd.* Man benodol lle saif rhywun neu rywbeth, lle neilltuol rhywun neu rywbeth, lleoliad, mangre, man, sefyllfa, lle i sefyll, troedle; angorfa (mewn aber, &c.); gorsaf (reilffordd); casgliad cysylltiedig o ddogfennau, &c., ar y We Fyd-eang, gwefan; lle (mewn cymdeithas), statws, gradd, swydd; safbwynt (moesol, &c.): *position, location, site, spot, station, standing-place, foothold; road (for ships); (railway) station; (Web) site; (social) standing or position, status, rank, office; (moral, &c.) standpoint.*

1604–7 *TW* (*Pen* 228) d.g. *Statio.* **1683** H. EVANS: *CTF* 11, Cadw'th *saflê* [:- Sefyllfa] rhag it syrthio. **1722** *Llst* 189, *Saf-le.* m. A standing place, station; road for ships. **1725–6** *Madd Ed* 52, [rh]oddi . . . y cyfrif llym a Philosophyaidd am naturiaeth Pechod, a'r amryw *Sefleoedd* [*sic*] Pechaduriaid. **1752** *Gron* 40–1, Syfled pob mis o'i *safle*, / Ac aed â gŵyl gyd ag e, / . . . / Na syfl fyth yn is, ŵyl fawr, / Glŷn yno, Galan Ionawr. **1780** *W*, Gosodedig . . . mewn . . . *saf-le* d.g. *Posted in a place. id.* d.g. *A standing.* **1803** *P*, *Savle*, s. m.—pl. t. *oz* . . . A station. Ar lafar, '*safla*, s.f.', 'Mae gynno fo *safla* dda', *WVBD* 473; '*safla* (eb)', 'Ma'u tŷ nw mwn *safla* ddymunol iawn', 'Ma fa wedi cyrradd *safla* ddæ yn 'i waith erbyn 'yn', *GTN* 701. Fe'i clywir hefyd yn yr ystyr 'trestl', 'Y peth cynta' 'ôn ni'n nuthur . . . odd dod â'r ddwy ford fawr i mæs a'u doti nw ar 'u *safla* cyn 'u golchi nw', *ib.* Cf. D. OWEN: *D* 161, Fe wêl pob darllenydd diduedd fod *safle* Mr. Jenkins yn y Dreflan yn esgusawd digonol am feithder y bennod hon; *id.* 213, Pa *safle* bynag a gymerwn, yr oedd yn fy nghorchfygu [*sic*] yn lân.

Cfn.: **safle bws:** *bus stop.* **20g. safle (ar y) We, safle Gwe:** *Web site.* **20g.**

saflead [*safle* + *-ad*[1]] *e?g.* Safle, lleoliad: *position, location.*

1894.

safleol [*safle* + *-ol*] *a.* Yn perthyn i safle, lleoliadol: *positional.*

1890.

saflun [bôn y f. *safaf*: *sefyll* + *llun*[1]] *eg.* ll. *-iau.* Cerflun, penddelw: *statue, bust.*

1858.

safn [Crn. Diw. *sawn*, *sawan* 'agen, ceunant', Llyd. C. *staffn*, Llyd. Diw. *staoñ* 'taflod y genau', *saon* 'cwm', taf. Gwened *s(t)añ* 'sianel': < Clt. **stamn-*, ?o'r gwr. IE. **stə-men-* 'ceg', cf. Gr. *στόμα* 'ceg, tafod', Afesteg *staman-* 'safn (ci)'] *eb.g.* (bach. g. *sefnyn*) ll. *-au.*

(*a*) Ceg, genau, swch (mochyn, &c.), weithiau'n ddifr. wrth gyfeirio at berson; taflod y genau: *mouth, jaws, snout, sometimes derog. with ref. to a person; palate.*

13g. *B* x. 28, nachaf e gelyn en rith llew ac en agori e *savyn* y ogyvadav y lynghu. **13g.** *GBF* 380, Y sarph pan sethrych (seithruchig—ei gaen), / Gain angel vrddedig, / Gwân drwy ei *safn* a'i sefnig / Dyrnawd, vthr bigawd, a'th big. *id.* 471, Pob kamwedawc, pawb ys ofynawc rac eu *safnev* / Yn disgyrnu danned arnu, orn ymliweu. **14g.** *GDG*[3] 382, Hyfedr i'm *safn* y dafna, / Rhwysg oer chwibenygl rhisg i[â]. *c.* **1400** *R* 1292. 1–3, *Safyn* egoret yw *safyn* gorwyr bawki. y biki gwthyr kannwyr. *safyn* pibyd swyfen pabwyr. *safyn* llo gwas ayf yn llwyr; *et passim. c.* **1400** *YCM*[2] 101, ereill yn veirw a'e *safneu* yn agoret yn gorwed. **1547** *WS*, *Safyn* A snowte. **16g.** *GGH* 376, Selgod dew, gaslygad dig, / *Safn* faleisus, fin flysig [i ddychanu'r gath]. **1567** *TN* 28a, [c]ymer y pyscotyn cyntaf a ddel i vynydd, ac wedy yt' agory ei eneu [:- *safyn*], ti a gai ddarn o vgein ceinioc. **1604–7** *TW* (*Pen* 228), *Sefnyn* d.g. *Oscillum.* **1632** *D*, *Safn*, Os, oris. **1661** E. LEWIS: *Drex* 147, *Safnau* pawb ymmhob man ynt yn llawn o'r cyfryw gwestiwnau ar rhain. **1703** E. WYNNE: *BC* 142, mae myrdd o dlodion . . . yn soddi yma wrth roi pwys eu serch ar y Tobeccyn, a gadel iddo 'u meistroli i dynnu 'r Bara o *Safneu* eu Plant. *c.* **1740** *LlM* 36, Rhag y Gysp. Gollwng Gwaed ar y trydydd barr yn y *Safn.* **1759** J. EVANS: *PF* 42–3, cymerwch lonaid *safn* (*bolus*) o hwn ddwy neu dair gwaith yn y Dydd. **1803** *P*, *Savyn*, s. f.—pl. *savnau* . . . The upper region of the mouth; the mouth, the chop. Ar lafar, 'Cau dy *safn*!', *WVBD* 473; ''Odd raid i 'onna a[c]or 'i 'en *safn*, bi' siwr!', 'Beth sy gin y ci 'na yn 'i *safn*?', *GTN* 701. Cf. enw'r bardd *Sefnyn.*

(*b*) (enghrau. *ffig.* a *thros.*: *fig. and transf. exx.*).

1346 *LlA* 114, yan prynu ni o *sauan* yr hen elyn. **14g.** *GIG* 163, Er gweddïo, gwyw ddwyen, / Gyda hi, *safn* geudy hen [dychan i Herstin Hogl]. **15–16g.** *TA* 173, Serfyll fu ddinas Arfon / Saf yn eu mysg yn *safn* Môn! **1588** *Gen* iv. 11, yr awrhon melldigedic wyt ti o'r ddaiar, yr hon a agorodd ei *safn* i dderbyn gwaed dy frawd o'th law. **1588** *Jos* x. 18, treiglwch feini mawrion ar *safn* yr ogof. ?**16–17g.** *Rhyddiaith Gymraeg* ii. 42, nid wyf yn keisio ond dann genad gael ychydic le ychwanec i ochel mynd i *safn* y drws. **1604–7** *TW* (*Pen* 228), penn *safn* y groth d.g. *Amphidæum* (At.). **1632** *D*, *Safn* ffwrn, *safn* odyn d.g. *Propigneon.* **17g.** HUW MORUS: *EC* i. 84, Drwyddi y daw defni da, / Breci yn hwi—brig cynhaua'—/ *Safn* fyglyd, soeglyd siglen, / Seler brag, a'i sail ar bren [i ofyn cerwyn ddarllaw]. **1687 (1715)** J. OWEN: *TB* 85, esgynnodd Mr. Gresham ac wyth or morwyr ir mynydd, ac aethant mor agosed ag y gallent iw *safn* danllyd ef. **1770** *TG* iv. 43, nes cyffwrdd â *safnau* y gwnnau. **1773** *GBC* [viii], Mi dynnais rai o'r Caniadau canlynol allan o *Safn* Llygredigaeth. **1778** *W* d.g. *Muzzle, or mouth [of a gun, &c.].* Digwydd mewn e. lleoedd yn yr ystyr 'bae', e.e. *Safn y Traeth Coch*, *Safn Dulas* (Môn), *B* ix. 309; gw. hefyd G. OWEN: *DP* v. 733.

Cfn.: **safn agor:** *telltale, blabbermouth, loudmouth.* Ar lafar, 'Cer o 'ma'r 'en *safan acor*!' (dwyrain Morg.); '*Safan acor* yw 'onna', *BIBC* 44. Gw. hefyd *safnagor. Bot.* **safn y llew:** *antirrhinum, snapdragon, Antirrhinum majus.* **1813** *WB* 60, Great Snapdragon; *Safn y llew.* **safn uffern:** *hell's mouth.* ?**16–17g.** *P*, Sorth, a. . . . Fyz za i'n cadw 'n hof ziwerth, / O fwrn a *savn ufern* sorth . . . S[ion] Mawzwy. **1630** *YDd* 36. **1684** J. DAVIES: *LlR* 385. **1776** I. BRYDYDD HIR: *P* i. 253.

Gw. hefyd **sefnig.**

safnaf: safnu, gw. **safniaf: safnio.**

safnagor, safnegor [*safn* + *agor*[1], *egor*] *a.* Cegagored, safnrhwth: *open-mouthed, gaping.*

1773 *W*, *safn-egor* d.g. *Gaping. id.* Archoll *safn-egor* d.g. *Gash. id. safn-egor*, *safn-agor* d.g. *Open-mouthed.* Ar lafar yn yr ystyr 'straellyd, clepgar', ''I 'unan sy wedi bod mor *safanacor* ag arfadd' (dwyrain Morg.).

Gw. hefyd **safn—safn agor.**

safnagored, safnegored [*safn* + *agored*[1], *egored*] *a.* Cegagored, safnrhwth; tafodrydd: *open-mouthed, gaping; garrulous.*

15g. *GGl*[2] 246, Gwrid draig *safn agored* draw, / A'i gwaed rhudd yn goed trwyddaw. **1604–7** *TW* (*Pen* 228), rhywogaeth pysc *safnegoret* d.g. *Labrax.* **1632** *D*, *safnegored* d.g. *Hians.* **1725** *SR*, dywedyd yn *safn egored* yr hyn a ddylid ei gelu d.g. *To Bable.* **1776** *W*, Yn *safn-egored* d.g. *Mouth, with open mouth.* Cf. *R* 1292. 1, Safyn egoret yw safyn gorwyr bawki.

safnaid [*safn* + *-aid*[1]] *eb.* ll. *-eidiau.* Cegaid, llond ceg, hefyd yn *ffig.*: *mouthful, also fig.*

1547 *WS*, *Safynaid* A mouthfull. *p.* **1584** G. ROBERT: *GC* [112], Heblaw hynn e phurfheir henwau ai terfyn yn, ed, o'r peth a fo'n cynwys rhyw beth ynddo, mal: dyrned *safned*, sached, cyde[d], lloned yrhain. **1603** E. KYFFIN: *Ps* [12], Rhag iddo larpio fy enaid / yn *safnaid*, fal llew rheibudd. **1632** *D*, *Safnaid*, Oris plenum, offa, bolus, buccella. **1762** *ML* ii. 525, Yr oedd ymbyncio peraidd iawn . . . yn Eglwys y Daniaid . . . cymerais *safnaid* o honaw wrth ddyfod heibio. **1773** *W* d.g. *Gob, or gobbet [a mouthful, &c.].* **1803** *P*, *Savnaid*, s. f.—pl. *savneidiau* . . . A chopful, a mouthful.

safndrwm [*safn* + *trwm*] *a.* (b. *-drom*). Araf neu betrus ei leferydd, tafotrwm, anhuawdl: *slow or hesitant (of speech), not fluent.*

1588 *Ecs* iv. 10, A dywedodd Moses . . . ni bum wr ymadroddus vn amser, na chwaith er pan leferaist wrth dy wâs: eithr *safn-drwm* a thafod-trwm ydwyf. *Dcht.* **17g.** *J* 10, 37a, *Savndrwm.* slow of speech. [**1783**] *W*, *Safndrwm* d.g. *Slow of [in] speech.* **1803** *P* d.g. *Savndrom*, *Savndrwm.* Ar lafar, 'Piti garw fod o mor *safndrwm*', *WVBD* 473.

safndrymedd [*safndrwm* + *-edd*[1]] *eg.* Arafwch lleferydd, diffyg huodledd: *slowness or hesitancy (of speech), lack of fluency.*

[**1783**] *W* d.g. *Slowness of speech.* **1803** *P*, *Savndrymez*, s. m. . . . Slowness of speech.

safnegor, safnegored, gw. **safnagor, safnagored.**

safneidiaf: safneidio [bf. o'r e. *safnaid*] *bg.a.* Traflyncu, llowcio, cnoi('n swnllyd): *to devour, gobble up, chew (on), munch.*

1547 *WS*, *Safneidio* Monche. **1604–7** *TW* (*Pen* 228) d.g. *Manduco.* **1632** *D*, *Safneidio*, Pleno ore vorare. **1722** *Llst* 189, *Safneidio.* To devour with open mouth, gobble up. **1773** *W* d.g. *To glut [swallow greedily. . .].* **1803** *P.*

safnfudraidd, safngaead, safngaeedig, gw. **safn** + **budraidd, caead, caeedig.**

safnglo [*safn* + *clo*] *eg.* ll. *-gloeon, -gloeau.* Darn o frethyn, rhaff, &c., a roddir yn y geg neu drosti i atal lleferydd, &c.: *gag (for the mouth).*

1850.

safngloaf: safngloi [bf. o'r e. *safnglo*] *ba.* Rhoddi safnglo ar, gagio, hefyd yn *ffig.*: *to gag (the mouth), also fig.*

1850.

safniaf, safnaf: safnio, safnu [bf. o'r e. *safn*] *ba.* Traflyncu, llowcio, cnoi, hefyd yn *ffig.*: *to devour, gobble up, chew, also fig.*

1771 *W*, *safnu* d.g. *To mouth* [. . . *chew, &c.*]. *id. safnu* . . . ei eiriau d.g. *To mouth* [. . . *chew, &c.*] . . . *To mouth one's words.* Ar lafar, '*Safnio* pob dim geith o afal yno fo', *WVBD* 473.

safnod [bôn y f. *safaf*: *sefyll* + *nod*[1]] *eg.* Safon; *Crdd.* daliant: *standard; pause (in mus.).*

1817–19.

safnog [*safn* + *-og*] *a.* A chanddo geg fawr, safnrhwth, hefyd yn ddifr. ac yn *ffig.*: *having a large or gaping mouth, having gaping jaws, also derog. and fig.*

c. **1400** *R* 1292. 13–14, *Safnoc* di gorffoc daeoc oerffwyr lleibyr. **15g.** *GTP* 57, *Safnog* arth yn sefnig iwrch [i erchi milgi du]. **16–17g.** *Cer RC* 28, Cythrel corniog *safnog* swrth, / A bache wrth i gynffon. **1632** *D*, *Safnog*, Buccatus, a, um. **17g.** *DCR* 190, dy vytheiaid *safnoc* (*thy deep-mouthd hounds*) / yn ymlid ysgyfarnoc. **17g.** HUW MORUS: *EC* i. 195, Mynai 'r llwynog, *safnog* syth, / Drwy fwstr fod yn feistr fyth. **1688** *TJ*, *Safnog*: having a great or wide Mouth, mouthed. **1763** *DT* 234, Bum euog, rhy *safnog* swydd, / O groshoelio [*sic*] Gras hylwydd ['Cywydd Atteb i ryfygus fardd, yr hwn a freuddwydiodd i Ddoctor Llannerch-y-medd ladd yr Angau']. **1776** *W* d.g. *Mouthed, Wide-mouth'd.* **1803** *P* d.g. *Savnawg.*

safnol [*safn* + *-ol*] *a.* Taflodol, gyddfol; ?geneuol: *palatal, guttural; ?oral.*

a. **1587** *Y* 57, Y dwyllwawd, fo'i dechir / Heb roi hûd a byr a hir, / Trwm ag ysgafn, bai *safnol*, / Tîn âp, gorav tewi'n ol! **1803** *P*, *Savnawl* . . . Relating to the palate. Cf. W. J. DAVIES: *HPLl* 283, Y mae yn syniad camsyniol ein bod ni y Cymry yn danllyd. Oherwydd fod ein hiaith yn cynnwys seiniau *safnol*, a chydseiniaid garw, y mae y syniad hwn wedi codi.

safnrwth, gw. **safnrhwth.**

safnrwym [*safn* + *rhwym*[1]] *a.* Wedi ei fwslio neu ei safngloi; tafodrwym: *gagged, muzzled; tongue-tied.*

1766 *FfA* 77, nid yw Angeu yn dyfod at y dyn hwn . . . yn *safn-rwym* (*muzzled*) . . . ond â safn agored, yn ei holl nerth.

safnrwymaf: safnrwymo [bf. o'r a. *safnrwym*] *ba.* Mwslio, safngloi, gagio, hefyd yn *ffig.*: *to muzzle, gag, also fig.*

1916.

safnrythaf: safnrythu, safnrythiad,

gw. **safnrythaf: safnrhythu, safnrhyth-iad.**

safnrythlyd [*safnrwth* + *-lyd*] *a.* Cegagored, safnrhwth, mewn cyd-destun *ffig.*; croch, uchel ei gloch: *with wide open mouth or jaws, in a fig. context*; *vociferous, loud-mouthed.*
c. **1600 (1681)** *Rhyddiaith Gymraeg* ii. 170, Y mae deddfau Duw a chyfraith dyn yn barod i ddwyn i [*sic*] bywyd, a'r cythrel *safnruthlyd* yn barod bob awr i dderbyn yr enaid a'i ddwyn i boenau difrasc, di-drangc. **1797** E. CHARLES: *EC* 9, [d]ynion bloeddgar disynwyr a *safnrythlyd.*

safnrythni, safnrythog, gw. safnrhyth-ni, safnrhythog.

safnrhwth, safnrwth [*safn* + *rhwth*] *a.* ll. -r(h)ython. Cegagored, a'i enau'n llydan agored; llydan agored, agored led y pen; croch, heb flewyn ar dafod, uchel ei gloch, tafodrydd, rheglyd: *open-mouthed, with wide open mouth or jaws; wide open, gaping; vociferous, outspoken, clamorous, garrulous; foul-mouthed, swearing.*
16g. (*LIEG*) *Mos* 158, 83a, [c]allonau bleiddiau ne lewod *sauuyn hrythion.* **id.** 145b, mewn k/roen llew *sauynhrwth.* **1547** *WS, Safynrhwth* Gapyng. **1588** *Eseia* ix. 11, Y Syriaid fydd o'r blaen, y Philistiaid hefyd o'r ôl, fel yr yssant Israel yn *safnrhwth.* **16-17g.** *DCR* 268, J mae balchder ym hob perth / i mae meddod *safnrhwth* serth. **1620** *Ecclus* xxvi. 27, Am wraig floeddgar [:- *safn-rhwth*] a siaradus, yr edrychir i darfu ei gelynion. **1632** *D, Safnrhwth,* Dilatare os. **1670** J. HUGHES: *AP* 182, Bydded y gwefussau heb ddim cyffro, yn rhesymmol agored, ond nid yn *safn-rwth.* **1676** W. JONES: *GB* 35, beth elli weled, ond vffern a haeddaist, yn *safn-rhwth* (*with her Mouth open*) barod i'th iyngcu i fynu dy frawd tlawd. **1731** T. LEWYS: *BMA* 25, Llangc gwael, *Safn-rwth* (*black-mouthed*) ydoedd. **1740** T. EVANS: *DPO* 23, achwyniad ry no[e]th a *safnrhwth* heb ddim Awdurdod. **id.** 129, beiddiant daeru ym *safnrhwth* eu gwala, na fu erioed y fath Frenin ac Arthur. **1746** G. JONES: *HWI* iii. 141, Dynjon tafodrydd a *safnrhwth* eu Geir-jau. **1776** *W,* Un *safn-rhwth* d.g. *Macaronic* [*a rambling talker*]. **id.** d.g. *Mouthed, Wide-mouth'd, Open, With open mouth, Open-mouthed.* **1803** *P, Savnrwth* . . . Wide-mouthed.

safnrhythaf, safnrythaf: safnr(h)ythu [bf. o'r a. *safnr(h)wth*] *bg.* Agor ei geg neu ei enau('n llydan), dylyfu gên, hefyd yn *ffig.*; agor led y pen, rhythu, crochleisio, bloeddio: *to open one's mouth or jaws (wide), yawn, also fig.; open wide, gape; vociferate, shout.*
1547 *WS, Safynrhythy* Gape. c. **1585** *Llst* 178, y ci o yffern ay dri ffen yn *safn rythy* i gaisio fy ninystr i. **1588** 1 *Esd* iv. 31, Ac yntef yn *safn-rhythu,* ac yn edrych arni. **1599 (1677)** R. HOLLAND: *AB* 11, ni a wyddom fod y tir sydd wedi boethi gan dês, yn ymagoryd ei hun yn holltau ac yn agennau, ac megis yn *safn-ruthu* tu ar nefoedd, mal pe tarlyngcei 'r cymmylau o herwydd eisiau gwlybaniaeth. **1632** *D, Safnrhythu,* Dilatare os. **1672** J. LANGFORD: *HDdD* 263, tydi yr hwn wyt yn *safn-rythu* i lyngcu i fynu dy frawd tlawd. **1727** J. JONES: *DFF* 103, O nid [*sic*] oedd Uffern yn *safnrythu* am danoch er ys talm. **1771** *PDPh* 50, ysgafnder a phoen mawr yn y pen, tueddiad i *safn rhythu* a gogysgu. **1776** *W, Safn-rhythu* d.g. *Mouth, To make open.* **1803** *P* d.g. *Savnrythu.* Ar lafar yn nwyrain Morg., '*safnrythu*', edrych yn syn, gan agor y geg', 'Cau dy geg, bachan! Paid o *safnrhythu* man'na fel 'tat ti 'riod wedi gweld siw' beth o'r blæn!', *GTN* 702.

safnrhythiad, safnrythiad [gair geir., sef bôn y f. *safnr(h)ythaf: safnr(h)ythu* + *-iad*[1]] *eg.* Y weithred o safnrhythu, agoriad ceg neu enau, dylyfiad gên: *a gaping, opening of the mouth or jaws, yawning.*
1604-7 *TW* (*Pen* 228), *safn/rhythiat* d.g. *pator.* **1632** *D, Safnrhythiad* d.g. *Rictum.* **1803** *P, Savnryth-iad,* s. m. . . . A stretching the mouth widely.

safnrhythni, safnrythni [gair geir., sef *safnr(h)wth* + *-ni*] *eg.* Y cyflwr o fod yn safn-rhwth, agoriad ceg neu enau, dylyfiad gên, gagendor: *a gaping, opening of the mouth or jaws, yawning, gulf.*
Dchr. **17g.** *J* 10, 37a, *Savnrythni.* Pator. **1722** *Llst* 189, *Safnrhythni.* m. A gaping, gulf. . . . **1730** Thos. Lloyd D (*LlGC*) 207a, *Safnrhythni.* Hiatus. **1803** *P, Savnrythni,* s. m. . . . Wideness of mouth.

safnrhythog, safnrythog [*safnr(h)wth* +

-og] *a.* Safnrhwth, llydan agored: *gaping, wide open.*
1855.

safoy [bnth. S. *savoy*] *e?b.* (bach. *safoien*) ll. -s. *Bot.* Bresychen Safwy, bresychen grych, *Brassica oleracea capitata*: *savoy.*
1771 *PDPh* 79, cymmerwch yr un faint o ddail Cabeds, neu ddail *Safoy.*

safol [bôn y f. *safaf: sefyll* + *-ol*] *a.* Yn sefyll; parhaol, safadwy, sefydlog: *standing; permanent, stable, established.*
1803 *P* d.g. *Savawl.*

safon [?bôn y f. *safaf: sefyll* + *bôn*] *eb.g.* ll. -au. Peth a gymerir fel norm i gymharu ag ef neu i fesur yn ei erbyn, llathen neu ffon fesur, maen prawf; graddfa ragoriaeth, ansawdd (arferol neu ddisgwyliedig); lefel uchel o ragoriaeth, ansawdd da; sylfaen, bôn; dosbarth (mewn ysgol gynradd); lefel (arholiad): *standard* (*by which others are judged*), *criterion, yardstick, touchstone; level of excellence, quality, standard; high standard, good quality, excellence; base; (primary school) class, standard; level (of examination).*
1835. Ar lafar, 'Wth ba *safon* 'dach chi'n 'i farnu o?', *WVBD* 473; 'Man' nw'n catw'r 'en *safona* yn 'u gwaith', *GTN* 705; yn Llŷn clywir *safona* yn yr ystyr 'prawf adnodau gosod'.
Cfn.: (Arholiad) Safon A: A(*dvanced*) Level (*Examination*). **20g.** Ar lafar. y *safon aur* (*gydwladol*): *the* (*international*) *gold standard.* **1933.** *safon byw:* standard *of living.* **20g.** (Arholiad) Safon O: O(*rdinary*) Level (*Examination*). **20g.** Ar lafar. Safon Brydeinig: *British Standard.* **20g.** *safon ymddygiad: etiquette.* **20g.** o *safon:* of a good standard, of high quality. Ar lafar, 'Mae 'u gwaith nw o *safon*', *GTN* 705.

safonaf: safoni [bf. o'r e. *safon*] *bg.a.* hefyd gyda grym enwol i'r be. Gwneud yn safonol neu'n rheolaidd: *to standardize, regularize, normalize.*
1916. Ar lafar yn Llŷn yn yr ystyr 'cynnal prawf adnodau gosod'.

safonbrawf [*safon* + *prawf*[1]] *eg.* Safon, maen prawf: *a standard, criterion.*
1893.

safonedig [bôn y f. *safonaf: safoni* + *-edig*] *a.bfl.* Wedi ei safoni: *standardized.*
20g.

safoneiddiedig [bôn y f. *safonaf: safoni* + -aidd + -iedig] *a.bfl.* Wedi ei safoni: *standardized.*
20g.

safonfesur [*safon* + *mesur*] *e?g.* Safon, maen prawf: *a standard, criterion.*
1886.

safoniad [bôn y f. *safonaf: safoni* + -iad[1]] *eg.* ll. -au. Y weithred o safoni: *standardization.*
1916.

safonlyfr, gw. safon + llyfr[1].

safonol [*safon* + *-ol*] *a.* Yn cydymffurfio â safon, o safon arferol neu ofynnol, rheolaidd, normal; yn gweithredu fel safon, awdurdodol: *standard* (*adj.*); *cardinal* (*of vowel*).
1858.

safonolion [*safonol* + *-ion*] *e.ll.* Llafariaid safonol: *cardinal vowels.*
20g.

safonwr [bôn y f. *safonaf: safoni* + *-wr*] *eg.* ll. -wyr. Un sy'n safoni: *standardizer.*
1889.

safori, safoy, safr, gw. safri[1], safói, sawr.

safreidell [bôn y f. *safaf: sefyll* + *greidell* (At.)] *eb.* ll. -au. Stof (gwresogydd): *stove (heater).*
1848.

safri[1], safori [bnth. S. *savory*] *eb.g.* ac *e.ll. Bot.* Planhigyn (planhigion) persawrus o'r tylwyth *Satureia* (yn enw. *S. hortensis* a *S. montana*) sy'n tyfu yn y gwledydd o

gwmpas y Môr Canoldir, ac sy'n dwyn blodau gwyn, pinc, neu borffor, a dail cul-ion, dail y planhigion hyn fel perlysieuyn, sewyrllys: *savory (savories).*
15g. *GLGC* 103, Gwely isob brigleision / a *safri* ŷnt dros y fron. **15g.** *DE* 50, safr gardd o *safri* gwrddion. **1547** *WS, Safri* llyseun Saucery. **16g.** *LlS* 158, Llyseu-lwyn o droetfedd o hyd ydyw yr Yssop dof yn vn ddail ar *Safri* dof. *Diw.* **16g.** *WLB* 42, Kymer sage dof a gwyllt, a ffersli, a *safri.* c. **1730** Thos. Lloyd D (*LlGC*) 207a, *Safri* . . . The herb Savory. **1765** *Cyf C* 142, Am hôll Lysie Crochon, / Heb ado ond Gwahil-ion / Ne Loffion di Lûn; / Teim a Pharsli, *Safori* swrn. **1771** *PDPh* 11, gwnewch blaister o *Safri* a dail Isop wedi eu berwi mewn ymenyn newydd. **1813** *WB* 233, *Safri.* edr. *Sewyrllys.*
Cfn.: **safri fach:** *summer or garden savory, Satureia hortensis.* **1904.** Ar lafar. **safri dof = safri fach.** **16g.** *LlS* 158. **safri (safori) gaeaf:** *winter or mountain savory, Satureia montana.* **1851.** **safri (safori) haf = safri fach.** **1851.**

safri[2] [bnth. S. *savoury*, o bosibl o dan ddyl. *safri*[1]] *a.* Sawrus (yn hytrach na melys): *savoury (adj.).*
20g.

safwerthwr, safwerthydd [bôn y f. *safaf: sefyll* + *gwerthwr, gwerthydd*] *eg.* ll. safwerth-wyr, safwerthyddion. Gwerthwr papur, nwyddau ysgrifennu, defnyddiau swyddfa, &c.; aelod o Gymdeithas y Safwerthwyr: *stationer; member of the Stationers' Company.*
[**1783**] *W,* nwyfau a werthir gan *safwerthyddion* d.g. *Stationary wares.* **id.** *Safwerthydd* d.g. *Stationer* [*that sells paper, pens, ink, &c.*].

safwr[1] [gair geir., sef bôn y f. *safaf: sefyll* + *-wr*] eg. ll. Un sy'n sefyll: *stander.*
1794 *W* d.g. *Stander* [*that stands*]. **1803** *P, Savwr,* s. m.—pl. *savwyr* . . . A stander.

safwr[2], gw. sawr.

safwraidd, safwriaidd [*safwr*[2] + *-(i)aidd*] *a.* Sawrus, persawrus: *sweet-smelling, fragrant.*
c. **1400** *YSG* i. 123, aflwydyannus vydei y lafur idaw [Cain], kanys budyr a hagyr a gwasgarawc vydei ar hyt y meyssyd. A chymeint ac a vnei o Abel, glan a thec a *savwryeid* vydei. **15g.** *FfBO* 42, ef [gwm] a a yn vlawt . . . ac y gwnant does da *safwreid* (*odorifera*) ohanaw; ac y crassant yn vara.

safwrber, safwrus, gw. safwyrber, sawrus.

safwy[1] [?bôn y f. *safaf: sefyll* + elf. anh.; am drafodaeth, gw. *CA* 291] *a.* ?Diysgog, cadarn: *steadfast, firm.*
13g. *A* 19. 2, *savwy* cadavwy gwyned. ?**15g.** *IGE*[2] 107, Macwy *safwy* sy hyfedr.

safwy[2] [?cf. *saffwy*[1]] *e?b.* ?Gwaywffon, gwayw, picell: *spear, pike, lance.*
14g. *H* td. 350, amlỻc seif y*safwy* ual dar amỻch gled.

Safwy, gw. bresychen—bresychen Safwy.

safwyr[1], ff. l., gw. safwr[1].

safwyr[2], safwyraf: safwyro, gw. sawr, sawraf: sawru.

safwyrber, safwrber, sawrber [*safwyr*[2], *safwr*[2], *sawr* + *pêr*[1]] *a.* a hefyd fel *e?g.* Persawrus, peraroglus, aroglber, pêr: *sweet-scented, sweet-smelling, aromatic, fragrant.*
1346 *LlA* 94, Aphaỻb ryỻ *safwyrber* blas [*sic*] ach-ỻeith arnunt. c. **1400** *ChO* 5, Mi . . a rodyeis lawer o leoed tec arderchawc ymplith amryuaelon lysseuoed *safwyrber* a ffrwytheu melys. *Dchr.* **15g.** *GM* 40, O berffeithdec *safwrber* (*amr. ssawyr ber*) Veir wyry, hanpych gwell. **1604-7** *TW* (*Pen* 228), *Savyrber,* Sweet-scented. **1770** *W, safwr-bêr* d.g. *Aromatic.* **id.** *safwyr-ber* d.g. Grateful [*apply'd to the taste, smell, &c.* . . .]. **id.** I.lysieuyn . . . *safwyr-ber* o'r enw d.g. *Organy* [*in Botany*]. **1803** *P, Savwyrber* . . . Sweet-savored.

Fel *e. Bot.* Planhigyn persawrus anhysbys: *unknown aromatic plant.*
1793 N. WILLIAMS: *HM* i. 25, Tê rhagorol i gryfhau'r [diwyg.] Ysgyfaint . . . *Safwyr-bêr*, Costmair, Blodau Gold-mair. **1799** M. WILLIAMS: *BM* 32.

safwyrdan [*safwyr*^{2} + *tân*] *eg.* ?Arogldarth: *incense.*

1346 *LlA* 94, megys manwrychyon a gyfodynt osafɓryrdan [*sic*] sychyon yskyryon pedryholl ffynnidɓyd.

safwyriaf: safwyrio, safwyrus, gw. **sawraf: sawru, sawrus.**

safydle, safydlyn, gw. **sefydle, sefydlyn**^{1}.

saff [bnth. S. *safe*] *a.* a hefyd gyda grym adfl. ac fel *e?b.* Diogel; sicr, di-ffael: *safe; sure, certain.*

1582 *Rhyddiaith Gymraeg* ii. 51, 'Pa le i mae dy feistyr?' Ac ef a'i attebodd, 'Y mae ef ynn ddigon *saff*'. **1653** R. JONES: *TTN* 33. **1711** H. POWEL: *TY* 115, Hyn sydd yn peri i'r Sainct sefyll yn *Saff* ac yn ddiogel ynghanol perigl. **1713** D. THOMAS: *TSC* 5, mae dau oth weiniaid gwana yngafel nawr gen i, / a dau sydd wrth f'ystlus yn *saff* yn ddigon dilus / oh, tynnwch nawr yn rymus or pydew tywyll du. *c.* **1729** S. RHYDDERCH: *LlCD* 350, Mae llawer yn sôn fod Seion yn *Sâff,* / Ai Brenhin ymmhob lle ai Lygad yn grâff. **1748** *ML* i. 132, Rwy'n ffaelio'n glir lan daro wrth fil dan law *saff* am arian Sion Prisiart ab William Sion. **18g.** *W Ballads* 95B, 6, Ar sawl su bûr ddiolger iddo, / Hwnw'n *saff* y gciff ei safio. **1828** *Gcir Pob* 24, *Saff,* safadwy, diogel. Ar lafar, 'Dyna'r peth *saffa*' idd 'i nuthur', *GTN* 702; 'cyn *saffad* â 'mod i . . . mewn bod', *WVBD* 471; ''Sana i'n *sâff* pwy yw e', *GDD* 253; 'Mae'n *sâff* o ddwad i'r glaw', *SC* vi. 127 (sir Benf.); fe'i clywir hefyd gyda grym adfl., ''Wi gystlad â 'itha, *sæff*!', 'Di allid gretu 'wnna, yn *sæff* iti', *GTN* 706. Cf. W. REES: *HBHD* 135, *saffed* a'r byd yr wyt ti wedi ei cholli hi.

Fel *e.* Seff, diogelfa: *a safe.*

c. **1730** *Thos. Lloyd D* (LlGC) 207a, *Sâff.* A safe.

Cfn.: **saff o'i bethau (o'u pethau, &c.):** *sure of one's facts.* **20g.** Ar lafar, ''Dwi'n siŵr mai fo sy'n iawn— mae o'n *saff o'i betha* fel arfar'.

Gw. hefyd **saf**^{2}, **seff.**

saffar^{1}, ?*e.* ?Gwaywffon: *spear.*

12g. *GCBM* i. 297, Aeruleityeid, uleinyeid, uleityeu kyuaruod, / Erlynassant glod yr bod yn benn, / Ergrynynt eu bar seirff *saffar* senn, / Ergyrwaewaɓr treis, traus y gynhenn. **1803** *P, Safar,* s. m. . . . A spike.

saffar^{2,3}, gw. **siaffr**^{2}, **saffr.**

saffari [bnth. S. *safari*] *eg.* Taith hela neu daith wyddonol, yn enw. yn nwyrain Affrica, taith bleser i weld anifeiliaid yn eu cynefin, hefyd am y teithwyr eu hunain: *safari.*

20g.

saffarn, gw. **saffrwm.**

saffcwndid, safcwndid [bnth. S. C. *saf condite, save condut,* &c., cf. hefyd *saff, saf*^{2} a *cwndid*] *eg.* Braint rhag cael ei arestio, &c., a roddir i rywun ar gyfer taith benodol neu o fewn ardal benodol, dogfen sy'n cyflwyno'r fraint hon, hefyd yn *ffig.*: *safe conduct, also fig.*

15g. *GDLl* 121, Pand oedd frwnt y *saffcwndid* / Pan las y pen hwn o lid [marwnad Syr Gruffudd Fychan]! **15g.** *PC* 44, Da yw *saffcwndid* a dydd: / gwell, ŵyr Cadell, yw'r coedydd (Tudur Penllyn). **1547** *WS. Safcwndit* Saueconduyt. **16g.** (*LlEG*) *Mos* 158, 83b, y *Saf kwlndid* yr hwn a geniattasai y brenin v dduntt [*sic*] twy I ddyuod ac i vyned yn ddiargoedd allan or dyrnas hon. *id.* 240b, I *safkwndid* I vynned ynn hedd/ ychol. **1548** *B* xxi. 318–19, Hefyd na bo *safkwndid* (amr. rhoddi credeu) J neb o'r wlad i'r llall. **16g.** *id.* xv. 271, J kae boob kyuriw ddyn o gyffredin y wlad *safkwndid* I vynned ac i ddyuod i'r llu. *c.* **1730** *Thos. Lloyd D* (LlGC) 207a, *Saffcwndid.* Safe conduct. A. 306.

Amr.: **secwndid** [ansicr yw dyddiad y ff. *secwndid* yn *GTP* 4]. **1815.**

saffeir, gw. **saffir.**

saffgart, safgard [bnth. S. *safeguard* 'protective riding garment' a'r S. Diw. Cyn. *savegarde;* ansicr yw'r ystyr yn yr engh. gyntaf] *eb.* Gwisg allanol i arbed dillad menyw wrth farchogaeth: '*safeguard*', *outer garment protecting a woman's clothing when riding.*

1547 *WS, Safgard* Sauegarde. **17g.** *CM* 114, 142, am glog a *safgart* a chrysbes i sian iis. Ar lafar yng nghanolbarth Cered. yn y ff. *saffgart, ZCP* xx. 421; yn nwyrain Morg. yn y ff. *saffgat* (ll. *saffgeti*) a *syffgad* (ll. *syffgedi*); ac ym Mrych. yn y ff. *soffgart, Cy* vi. 119.

Saffig, Saffic [bnth. a chfdds. o'r S. *Sapphic*(+ -*ig*^{2})] *a.* Yn dynodi mesur mydryddol a gysylltir â Sappho o Lesbos (*c.* 600 C.C.), yn enw. am linell bumban drocheïg a'r trydydd corfan yn ddactyl: *Sapphic.*

Diw. **16g.** *Gwyn* 3, 267, hen odl . . . a drodd cydoeswr eu i mi, i wersau lladin *Saphic.*

saffir, saffyr^{1} [bnth. Llad. *sapphīrus,* o bosibl drwy'r S. C. *saphir* neu'r H. Ffr. *safir*] *eg.* ac *e.ll.* a hefyd fel *a. Mwyn.* Maen (meini) gwerthfawr glas tryloyw o'r mwyn corwndwm, glasem; lliw'r maen hwn, lliw glas; o liw saffir, glas; wedi ei wneud o saffir, wedi ei addurno â saffir: *sapphire(s); sapphire colour, blue colour; sapphire (adj.), blue; made of or adorned with sapphires.*

1346 *LlA* 170, Yn gɓely ni a henyɓ o *saffyr* o achaɓs nerth diɓeirdeb. *c.* **1400** *R* 1320. 26–7, llunyeid a gɓedeid gɓiwdyn llaɓir. oed hoen blaen gɓelɓgaen gweilging *saffir.* **15g.** *GGl*^{2} 39, Pand praff rhinweddau'r *saffir*? / Bwrw clwy, ni ad berygl hir. **15–16g.** *TA* 123, Sieffre, gwisg *saffir* ag aur. *id.* 390, Maen ar wydr mewn aur ydwyd, / Sy â phris y *saffir* wyd. **16g.** *DWH* i. 335, Assur Glas Iau . . . *Saphyr.* **16g.** *Pen* 127, 245, nattur saith vaen gwyrthvawr a gymerant i lliwiev . . . gann yr vn planedev. nid amgen . . . *saphir* gann wener. **1561–2** *Celtica* ii. 99, y mae arnaddynt lawer o rinweddav da, neithr bod vn or tri rryw *saffir* yn vwy j rinweddav nor lleill. **16g.** WILIAM LLŶN: *Gw* (R. Stephens) 328, Sieffrai, llew mewn *saffir* llu, / Sein gŵr sy iawn ei garu. **1588** *Can* v. 13, ei fol fel discleirdeb Ifori llawn o *Saphyr.* **1588** *Galarn* iv. 7, ai [*sic*] trwssiad oedd fel *saphyr.* **1588** *Esec* xxviii. 13, pob maen gwerth-fawr a'th orchguddie di, Sardius, Tophas . . . *Saphir,* Rubi, Smaragdus. **1795** J. THOMAS: *AIC* 290, ynghylch yr un galedrwydd a *Saphir.*

Amr.: **saffeir. 1588** *Tob* xiii. 16.

saffirfaen [*saffir* + *maen*^{1}] *eg.* Saffir, hefyd yn *ffig.*: *sapphire, also fig.*

15g. *GGl*^{2} 39, A Rhys, ffyrf yw'r *saffirfaen,* / Uwch Conwy yw modrwy'r maen. **15–16g.** *TA* 93, Synnwyr a gras, hyn yw'r gwraidd, / *Saffirfaen* asau ffyrfaidd. **1604–7** *TW* (*Pen* 228) d.g. *Cyanus, Sapphirus.*

Gw. hefyd **maen**^{1}**—maen saffir.**

saffiwr, gw. **siaffiwr.**

saffr, saffar^{3}, **saffyr**^{2} [bnth. S. C. *saffre* 'saffron'] *eg. Bot.* Crocws, yn enw. *Crocus sativus,* saffrwm, y feddyges felen; saffrwm (ar gyfer coginio ac fel meddyginiaeth): (*saffron*) *crocus;* *saffron* (*in cooking and medicine*).

14g. *ACL* i. 38, Crocus. *saffyr.* *c.* **1400** *MM* 54, Or mynny tynnu med daɓt [*sic*] y ar dyn.—Bɓyta *saffyr* (briɓ) ar dɓfyr ffynnaɓn . . . Or mynny uot yn llawen yn wastat.—Bɓyta *saffyr* y myɓn bɓyt neu diaɓt at [*sic*] ny bydy trist vyth. **15g.** *IGE*^{2} 225, Dilys hoff wallt eiliw *saffr,* / Delw eursoft deuliw eursaffr [Ieuan ap Rhydderch i ganmol gwallt merch]. **18g.** *Llr* C 24, 270, 1^{d} o *saffar.* **1753** *TR,* †*Saffar,* Q. wh. the same as Saffrwm. **1801** *MMf* 283, crocus, *saffar* (*Llr* C 24, 365, saffrwns). **1803** *P, Safyr,* s. m. . . . Saffron. Mezygon Myzvai. **1813** *WB* 233, Saffrwm; *Saffyr;* Crocus sativus; Saffron Crocus.

Cfn.: *Bot.* **saffyr y gweunydd:** *meadow saffron, autumn crocus, Colchicum autumnale.* **1896. saffyr meddygol:** *saffron crocus, Crocus sativus.* **20g.**

Gw. hefyd **saffrwm.**

saffran, saffron, gw. **saffrwm.**

saffronedig, gw. **saffrymedig.**

saffrwm, saffrwn [bnth. S. C. *saf(f)roun;* ag -*wm* ac -*wn* yn ymgyfnewid, cf. *patrwm, patrwn*] *eg.* ll. (prin) *saffrymau, saffrwns,* a hefyd fel *a. Bot.* Crocws, yn enw. *Crocus sativus,* y feddyges felen; stigmata melyngoch y blodeuyn hwn wedi eu sychu a'u defnyddio i roddi lliw neu flas ar fwydydd ac mewn meddyginiaeth; lliw'r saffrwm; o liw'r saffrwm, melyngoch: (*saffron*) *crocus; saffron* (*in cooking and medicine*); *saffron colour; saffron-coloured.*

14g. *RC* xxxiii. 216, Yna y rodes yr escop vdunt syndal. a sidan. a *saffrwm.* a jacintus. a llin. a ffyrffor. *c.* **1400** *MM* 118, Yf *saffrɓn,* drɓy dɓfyr ffynnaɓn. *c.* **1400** *Études* viii. 370, edrych y trwngk, ac o'r byd tebyc y *saffrwn* ac na loewo, gwybyd di vot heint gwyw yn y dyn hwnnw. **15g.** *OBWV* 112, Mae i minnau a'm meinir, / Oes, ffair maes o *saffrwm* ir. **1547** *WS, Saffrwm* Saffron. **16g.** WILIAM CYNWAL: *Gw* (R. L. Jones) 285, A'th wallt aur, wrth ddeallt, oedd, / Seiffr am iâd, *saffrwm* ydoedd. **1588** *Can* iv. 14, Nardus, a *saphrwm,* Calamus a Synamwn . . . yng-hyd â phob rhagorol aroglau. *Dchr.* **17g.** *J* 10, 37a, *Safrwm.* safron. Crocus. **1632** *D, Saffrwm,* Crocum. **1722** *Llst* 189, *Saffrwm.* m.p. *ffrymmau.* Saffron. **1736** S. RHYDDERCH: *Alm* [6], Brydain Fawr sy'n dwyn . . . Halen, Sebon, Gwydr ar [*sic*] *Saffrwm* gorau'n y Byd. **18g.** *Llr* C 24, 365, crocus, *saffrwns.* **[1783]** *W,* melyn (fel y *saffrwm*) d.g. *Saffron, Adj.* **1803** *P, Safrwm,* s. m. . . . Saffron, crocus. *id. Safrwn,* s. m. . . . Saffron. Ar lafar yn gyff. yn yr ystyr 'crocws', G. AWBERY: *BM* 17; hefyd yn gyff. mewn cyffelybiaeth megis 'mor felyn â('r) *saffrwn*'. Yn Arfon fe'i defnyddir yn ddifr. am berson, 'Taw'r hen *saffrwm* gwirion!', *WVBD* 471.

Amr.: **saffarn** [?< *saffran* drwy drsd., ond cf. S. Diw. Cyn. *saf(f)orne, -erne;* cf. hefyd *saffar*^{3}, a *saffwrn* isod]. **[1783]** *W,* vulgò *saffarn* d.g. *Saffron* [*a plant* . . .]. **saffran** [bnth. S. Diw. Cyn. *safran*] **1604–7** *TW* (*Pen* 228), *safran* gwylht, *safran* afrywioc d.g. *Cnicus.* *id.* debyc yr *safran* d.g. *Croceus.* Ar lafar yn nwyrain Morg., 'mor felyn â('r) *saffran*'. **saffron** [bnth. S. *saffron*]. **16g.** *LlS* 18, blodæ melynion ar y bric vchaf ac agos ynt i liw *Saphron.* **1657** *MLl* ii. 109, Dyma 'r Lleuad gennad gaingron / Hallt ir blas, yn lliwio 'r *saffron.* **1759** J. EVANS: *PF* 29, ychydig o *Saffron* mewn Pwltis Bara gwynn. **1771** *PDPh* 11, y dwfr o liw y *saffron,* yn lliwo'r lliain a drocher ynddo yn felyn. **saffwrn** [?drwy drsd., ond cf. S. Diw. Cyn. *saf(f)orne, -erne,* a *saffarn* uchod]. **[1762]** E. POWELL: *HEI* 9, rho ychydig o *Saffwrn* ynddo.

Cfn.: *Bot.* **saffrwm (saffran) afrywiog:** *safflower, bastard saffron, Carthamus tinctorius.* **1604–7** *TW* (*Pen* 228), *safran afrywioc* d.g. *Cnicus. Dchr.* **17g.** *J* 10, 37a, *Safrwm avrywiog.* Cnicus. Cnecus. **saffrwm (saffrwn) y gweunydd:** *meadow saffron, autumn crocus, Colchicum autumnale.* **1813** *WB,* 233, *Saffrwm Y Gweunydd.* **saffrwm (saffran, saffron) gwyllt = saffrwm afrywiog. 16g.** *BL Add* 15045, 78a, *saffrwm gwyllt.* **1604–7** *TW* (*Pen* 228), *safran gwylht* d.g. *Cnicus.* *id.* y *Safron gwylht* d.g. *Amyrum* (At.). **17g.** *Llst* 82, 166, *saffrwm gwyllt.*

Gw. hefyd **saffr.**

saffrwmedig, saffrwn, gw. **saffrymedig, saffrwm.**

saffrwydd [*saff* + -*rwydd*] *eg.* Diogelwch, sicrwydd: *safety, security.*

1768 TWM O'R NANT: *CTh* 16, Pe cawn i *saffrwydd,* ac ychydig sŵn, / Ar fy einioes mi werthwn ine. *id.* 50, Iechyd i'th galon di am y newydd, / Os oes genyt fond, a digon o *saffrwydd.* **1769** TWM O'R NANT: *TChD* 34, Pe cawn i ef i'm Gafel siawns na chae gofio, / A thippyn gwell *Saffrwydd,* mi wnawn iddo suffro.

saffrymaf, saffrynaf: saffrymu, saffrynu [bf. o'r e. *saffrwm, saffrwn*] *ba.* Lliwio â saffrwm, rhoddi blas saffrwm ar, hefyd yn *ffig.*: *to colour or flavour with saffron, also fig.*

15g. *GDLl* 109, *Saffrymu* sew a ffwrment, / A phob rhyw saws a phupr sent. **1547** *WS, Saffrymy* To saffren. **16–17g.** (**17g.**) *CC* 88, ffraeth iawn yw r ferch geinserch gu / a ffrom gwedi i *saffrymmu* [Thomas Prys i ddychanu Lwlen]. **1632** *D, Saffrymmu,* Croco tingere. **1688** *TJ, Saffrymmu:* to stain with Saffron. **1722** *Llst* 189, *Saffrymmu.* To tincture with saffron, give the taste of saffron to. **[1783]** *W, Saffrymmu* d.g. *Saffron, To dye* [*colour*] *with saffron.* **1803** *P* d.g. *Safrymu, Safrynu.*

saffrymaidd, saffrynaidd [*saffrwm, saffrwn* + -*aidd*] *a.* O liw'r saffrwm, melyngoch: *saffron-coloured.*

1632 *D, Saffrymmaidd* d.g. *Croceus.* **[1783]** *W, saffrymmaidd* d.g. *Saffron, Adj.* **1803** *P, Safrymaiz,* a. . . . Saffron-like. *id. Safrynaiz,* a. . . . Croceous, like saffron.

saffrymedig, saffronedig [bôn y f. *saffrymaf: saffrymu* a *saffron* + -*edig*] *a.bfl.* Wedi ei liwio neu ei flasu â saffrwm, hefyd yn *ffig.*: *coloured or flavoured with saffron, also fig.*

1547 *WS, Saffrymetic* Saffroned. **16g.** WILIAM CYNWAL: *Gw* (G. P. Jones) 130, Sai' dan breint sidan y brig / Seiffr am iad *saffrwmedig.* **1604–7** *TW* (*Pen* 228), *Safronedic* d.g. *Crocatus.*

saffrymliw, gw. **saffrwm** + **lliw**^{1}.

saffrymlyd, saffrymllyd [*saffrwm* + -*lyd,* -*llyd*] *a.* O liw'r saffrwm, hefyd yn ddifr.: *saffron-coloured, also derog.*

14g. *GIG* 166, Gwas ffromlwrf gwyw *saffrymlyd* (amr. *saffrymllyd*), / Gwiws brwnt gisa ei bryd [dychan i'r Gwyddelyn]. **1604–7** *TW* (*Pen* 228), *Safrymlyt* d.g. *Crocatus.* *c.* **1730** *Thos. Lloyd D* (LlGC) 207a, *Saffrymlyd* . . . Tawny.

saffrymog, saffrynog [gair geir., sef *saffrwm, saffrwn* + -*og*] *a.* a hefyd fel *e?g.*

(Dilledyn) o liw'r saffrwm; llawn saffrwm: *saffron-coloured (garment); full of saffron.*

1604–7 *TW* (*Pen* 228), *Safrymoc* d.g. *Epicrocum.* **1632** *D, Saffrymmog*, Croceus. **1688** *TJ, Saffrymmog*: of or like Saffron, yellow. **[1783]** *W, Saffrymmog* d.g. *Saffron, Adj.* **1803** *P, Safrymawg* . . . Abounding with saffron. *id.* d.g. *Safrynawg.*

saffrynaf: saffrynu, saffrynaidd, saffrynog, gw. **saffrymaf: saffrymu, saffrymaidd, saffrymog.**

saffti [bnth. S. *safety (fuse)*] *e?g.* Ffiws araf ar gyfer tanio ffrwydron yn ddiogel: *safety fuse.*

Ar lafar, *GTN* 702.

saffwn, saffwrn, gw. **ysaffwn, saffrwm.**

saffwy[1] [?cf. *safwy*[2]] *eb.* ll. (geir.) *-au, -on.* Gwaywffon, gwayw, picell: *spear, lance, pike.*

12g. *GCBM* i. 191, Rutbraf y *ssaffwy*, ny syll a'e olwc / O olud ny rotwy. **13g.** *A* 32. 7–8, Angor deor dain sarph *saffwy* grain. blaen bedin. **14g.** *GDG*[3] 46, Gwaedgoel *saffwy* rhwy rhwym gwlad—a'i gafael, / Gwawdgael, llwydgun hael, lledw gynheiliad. **14g.** *GIG* 33, Yno'i gwelad, nid rhad rhwy, / Gŵr praff wrth baladr *saffwy.* *c.* **1400** *R* 1268. 10, m[yw]n aerua bu da y dwyn *saffẟy.* *id.* 1307. 3–5, Gẟr gẟrd hydyr hoedylwydyr huawdylwed garẟy goronẟy loeẟ *saffẟy* liaẟshoffed. *c.* **1588** *B* ii. 237, *saphwy* .i. gwayw. **1632** *D*, **Saffwy*, Hasta, lancea. **1722** *Llst* 189, *Saffwy.* f.p. *ffwyau.* A spear, lance, pike. **1759** *DG* 11, Bid dy Gledd a'th Bennawr / A'th *Saphwy* gyfurddawr / I gadw braint cynhwynawl / Rhag Tra gwerin gythrawl. **1803** *P, Safwy*, s. f.—pl. t. *on* . . . A pike, a lance.

saffwy[2], 3 un. pres. dib. y f. *safaf: sefyll.*

saffwy[3] [?ff. wallus] *e.* Saffir: *sapphire.*

c. **1588** *B* ii. 237, *saphwy* . . . gemma saphirus, saphir.

saffwyawr [gair geir., sef *saffwy*[1] + *-awr*[3]] *eg.* Milwr sy'n ymladd â gwaywffon, picellwr: *spearman, lancer, pikeman.*

1604–7 *TW* (*Pen* 228) d.g. *Lancearius* (hefyd *D*). **1722** *Llst* 189, *Saffwyawr.* m. A spear-man. **1803** *P.*

saffwyog [*saffwy*[1] + *-og*; dichon mai ff. yn *-f-* (cf. *safwy*[2]) a geir yn yr ail engh. isod] *eg.* neu *a.* (Milwr) sy'n ymladd â gwaywffon: (*soldier*) *fighting with a spear.*

13g. *A* 10. 1–2, ny thraethei na wnelei kenon kelein. vn seirchyawc *saphwyawc* son edlydan. **14g.** *T* 30. 12–13, kat yg wensteri ac estygi lloygyr. *Safẟ[y]aẟc* yn aẟner.

saffyr[1,2], gw. **saffir, saffr.**

sag[1] [gair geir., sef bôn y f. *sagiaf*[1]: *sagio*] *e.* Ysgytwad, ysgytiad: *a shaking, shake.*

Dchr. **17g.** *J* 10, 36b, *Sag.* **17g.** *LlGC* 13215, 350, *Sag* Concutio. **1707** *AB* 220a, *Sag*, A shaking. [S]. *c.* **1730** *Thos. Lloyd D* (LlGC) 207a, *Sag.* A shake. S.

sag[2], gw. **sac**[2].

saga [bnth. S. *saga*] *eb.* ll. *sagâu.* Naratif hir mewn rhyddiaith sy'n adrodd gorchestion arwr, hanes teulu, &c., stori neu gyfres o ddigwyddiadau hirfaith a chymhleth: *saga.*

1931.

sagaf[1,2]**: sago,** gw. **sagiaf**[1,2]**: sagio.**

sagbwt, gw. **sacbwt.**

sagiaf[1], **sagaf**[1]**: sag(i)o** [bnth. S. (*to*) *shag* 'to toss about, shake'; dichon mai gair arall (?cf. *sagiaf*[4]: *sagio*) a welir yn rhai o'r enghrau. isod] *bg.a.* Ysgwyd, siglo: *to shake.*

Dchr. **17g.** *J* 10, 36b, *Sagio.* to shake. quatefacio. quatio. **17g.** E. MORRIS: *Gw* 230, Onis ceir, o naws cariad, / Yr hwch yn rhwydd, rhowch hi'n rhad / I *sagio* peth soeg heb ball / Sy'n suro ansiawns arall. **1707** *AB* 220b, *Saggio*, To shake. [S]. **18–19g.** *Llr* C 4, 28, *Saggo*, to shake Glam. *Saggo* mochyn.

sagiaf[2], **sagaf**[2]**: sag(i)o** [bnth. S. (*to*) *sag*] *bg.* Hongian i lawr yn llipa, suddo, pantio: *to sag.*

20g. Ar lafar.

sagiaf[3,4]**: sagio,** gw. **saciaf: sacio, siagiaf: siagio.**

sagmagiaf: sagmagio, gw. **sagwigiaf: sagwigio.**

sagmurniaf, sagmwrniaf: sagmurnio, sagmwrnio, gw. **sychmurniaf: sychmurnio.**

sago, gw. **sego.**

sagrafen, sacrafen [bnth. dysg. Llad. *sacrāmentum*] *eb.g.* ll. *-nau.*

(*a*) *Diwin.* Sacrament, hefyd yn *ffig.*; (geir.) ymrwymiad difrifol (ar lw): *sacrament, also fig.*; (*dict.*) *pledge.*

1568 MORYS CLYNNOG: *AG* 50–4, Dehongliad byrr ar y *sacrafenau.* . . . y saith *sacrafen.* . . . Pwy a ordiniodd y *sacrafenau* yma? . . . Iesu Grist yn arglwydd ni. . . . *sacrafen* bedydd . . . *sacrafen* Crysma . . . *sacrafen* y gyphes . . . *sacrafen* y'r [*sic*] allor . . . *sacrafen* yr olew . . . *sacrafen* yr vrdde . . . [y] *sacrafen* briodas. *id.* 63, *sagrafen*, sacramentum. *p.* **1584** G. ROBERT: *GC* [343], Saith rinwe[dd] yr eggl[w]ys, a el[w]ir *Sagrafennau.* *c.* **1585** G. ROBERT: *DC* [44b], rhinwedheu a *sacrafenneu* r eglwys yw megis lhwyei [*sic*] i ni yfed neu i fwytta r feneginieth fawr. **1609** R. SMYTH: *CAC* 21, dioddefodd mab duw . . . wedi iddo gymeryd naturiaeth dyn ag yn athrawy yn gyntaf fod hon yn un ag yn gytun yn y phydd, ag athrawyaeth phydd, ag yn ministryddiaeth y *sagrafennau.* **1615** R. SMYTH: *GB* 119, Y maentvvy mor anghyfarfvvydd [*sic*] megis, nad ynt 'n deall urddas rhinvvedd, grym, na ga[ll]u y *sacrafenau*, yr hain ymae 'nthvvy yn i gvvenidogi. **1632** *D, sacrafen* d.g. *Sacramentum.* **1655** WL: *DP* 144, 'Eucharistia' y gelwyd [*sic*] y *Sacrafen* hwn gynt. **1670** J. HUGHES: *AP* 59, Brâd anfeidrol . . . o wneuthur y *Sacrafen* hon [penyd] . . . yn ffiaidd i ddyn. **1688** *NDE* Erthygl 25, Nid ydŷw 'r *Sacrafennau* neu'r Cymmŷnau (a ordeiniodd Crîst) yn unig arwŷddion o broffes Cristionogawl ddynnion, ond yn hytrach i maent yn ddiamheuol dystiolaethau, ac Affeithiol Arwŷddion o Rad ac ewŷllŷs dâ Duw tuagatom ni . . . I mae dau Sacrafennau [*sic*] . . . yn yr efengŷl. **1715** T. EVANS: *GC* 9, I ddywedyd fod tanellu Plant a dwfr yn Fedydd i Ffydd Grist, sydd Athrawiaeth Diawliaid Eich Bedydd, a'ch *Sacrafennau*, megis ac yr ydych yn eu galw, a'ch holl Ordinhadau . . . ydynt Aberth Cain. **1765** J. EVANS: *CPE* 7, Efe a ordeiniodd Enwaediad hefyd yn *Sacrafen* i selio 'r Cyfammod. **[1783]** *W, sacrafen* d.g. *Sacrament* [*a solemn engagement upon oath, &c.*].

(*b*) *Diwin.* (a'i ragflaenu fel arfer gan y fan.) Ewcharist, Swper yr Arglwydd, Cymun Bendigaid; (un o) elfennau cysegredig yr Ewcharist: *Eucharist, the Lord's Supper, Holy Communion*; (*one of*) *the consecrated elements of the Eucharist.*

1595 *Egl Ph* 11, y mae'r Apostol yn gosod y gair phiol . . . dros y gwin y sydh *sacrabhen* o waed eyn arglwydh Iesu Grist. *id.* 23, hwnn a bhwriodh y *secrabhen* [*sic*] i'r tan. **1682** E. LLWYD: *EI* 1, Pan hyspyso gwenidog Duw . . . ei fod . . . yn bwriadu gweinyddu neu i gyfrannu y Cysuraf *sacrafen* neu gymmun. **1687 (1715)** J. OWEN: *TB* 159, Yn y flwyddyn 1557. yn Fforchenum, yn esgobaeth Banburg, yr oedd Offeiriad yn pregethu ynghylch y *sacrafen.* *id.* 159–60, [derbyn] y *Sacrafen* yn y ddau ryw, o fara a gwin. **1722** *Llst* 189, Y *Sacrafen*, Corph Crist yn y *Sacrafen.* The host. **[1783]** *W*, Y *sacrafen* d.g. *The sacrament* [*the Lord's supper or holy communion*]. **1791** GW. MECHAIN: *Rh* 107, credent fod yr elfênau cyssegredig yn y *Sacrafen*, yn wir gorph a gwaed ein Prynwr.

Cfn.: **Sagrafen (Sacrafen) yr (o'r) Allor:** *Eucharist, the Lord's Supper, Holy Communion.* **1568** MORYS CLYNNOG: *AG* 50, i ba beth y gwasnaetha *sacrafen y'r* [*sic*] *allor?* . . . beth sydd yn y santaidd *sacrafen o'r a*[*ll*]*or?* **1618** J. SALISBURY: *EH* 172, *Sagrafen yr Alhor.* **1686** WJ: *TR* 28, *Sacrafen yr Allor.* Cf. *Sacrament—Sacrament yr Allor.*

Gw. hefyd **sacrament.**

sagrafennaeth, sagrafeniaeth [*sagrafen* + *-(i)aeth*] *eb.* *Diwin.* Sacramentyddiaeth, sagrafenoliaeth: *sacramentalism.*

1934.

sagrafennaidd, sacrafennaidd [*sagrafen, sacrafen* + *-aidd*; 1927 yw dyddiad yr engh. gyntaf o'r ff. *sagrafennaidd*] *a.* *Diwin.* Sacramentaidd, sagrafennol, hefyd yn *ffig.*: *sacramental, also fig.*

1677 R. JONES: *BB* 108–9, hwy a fynnent ddwyn pobl druein i gredu os hwy a ailenir yn *Sacrafennaidd* (*Sacramentally*) o ddwfr, y gallant fod yn gadwedig. **1719** *EGBG* 402, Rhan y Gweinidog, ydyw bendithio 'r Elfenau, gan eu gossod . . . i arfer *sacrafennaidd*, trwy ddarllen geiriau'r ordinhad. **1719** T. EVANS: *CDW* 71, Y Gair Bedyddio a arferir yn y Sgrythur am unrhyw fath o Olchiad, pa un ai yn gyfangwbl, ai mywn Rhan; mywn ffordd *sacrafennaidd*, neu ar ryw Achosion eraill. **1748** P. PUGH: *DGG* 66, ar Achosion *Sacrafenaidd.* **1765** J. EVANS: *CPE* 238, rai a dybiant, mai am yr arwyddion *Sacrafennaidd*, y bara a'r gwîn cyssegredig yn Swpper yr Arglwydd, y dywedir. *ib.* nid gwir yw, fod pwy bynnag . . . a yfo y gwîn *sacrafennaidd*, yn cael bywyd tragywyddol.

sagrafennol, sacrafennol [*sagrafen, sacrafen* + *-ol*; 20g. yw dyddiad yr engh. gyntaf o'r ff. *sagrafennol*] *a.* *Diwin.* Sacramentaidd, hefyd yn *ffig.*: *sacramental, also fig.*

1595 *Egl Ph* 11, y mae ebh vn rhoi'r gair corph hwn yw'r sylbhon, yn yr araith *sacrabhennawl*, i dhealh mai'r bara sy arwydh, ac arwystl o'i wirgorph bendigaid. **1670** J. HUGHES: *AP* 58, Cyffes *Sacrafennol.* *id.* 59, Cyffes *Sacrafennawl.* **1684** H. OWEN: *DC* 414, fe a ddylai . . . â serchog anrhydedd dderbyn corph ei Rybrynnwr yn *sacrafennol.* **1773** *W, sacrafennol* d.g. *Eucharistical.* **1776** DEWI NANTBRÂN: *AN* 128, yr Eucharist fendigedig . . . yn yr hwn, y Cymmynnodd ei Gorph a'i Waed i ni; dan y *sacrafennol* osgeddau. *id.* 170, Mae fy ammharodrwydd i, O Arglwydd, yn gwahardd i mi dy gymmerid di yn *Sacrafennawl.* **[1783]** *W, Sacrafennawl* d.g. *Sacramental.*

sagrafennydd [*sagrafen* + *-ydd*[3]] *eg.* ll. *sagrafenyddion.* *Diwin.* Sacramentydd: *a sacramentarian or sacramentalist.*

20g.

sagrafenoliaeth [*sagrafennol* + *-iaeth*] *eb.* Sacramentyddiaeth, sacramentaliaeth: *sacramentalism.*

20g.

sagral [bnth. S. *sacral*] *a.* Yn perthyn i ddefodau cysegredig, ac iddo bwrpas neu arwyddocâd cysegredig: *sacral.*

20g.

sagreiddiol, sagrosantaidd, gw. **sacreiddiol, sacrosantaidd.**

sagwigiaf, siagwigiaf: s(i)agwigio, *ba.* Cam-drin, llygindio, hambygio: *to mistreat, maul, molest.*

1820. Ar lafar yn yr ystyr 'to hack about', 'to bend in all sorts of ways', '*sagwigio* coed hefo hen wyallt sâl heb fin arni hi', *WVBD* 471; 'Mae o wedi bod yn fy *sagwigio* i'n ddychrynllyd', *LlLlM* 120; 'Mae'r ffliw wedi bod yn fy *sagwigio* i'n arw', *ISF* 65. Yn sir Ddinb. clywir '*shagwigio*: tynnu gwallt neu farf dyn: dywedid wrth blentyn—"paid a'm *shagwigio* fi!"', *Cymru* xlvii. 196. Yn ôl J. JONES: *Gwerin-eiriau* 48, ystyr '*sagwigio*' yn Arfon yw 'tagu, llindagu'.

Amr.: **sagmagio.** Ar lafar, '*sagmagio*'r dorth . . . also of persons: Mi *sagmagis* i o', *WVBD* 471.

sang[1] [bôn y f. *sangaf: sengi*; ansicr yw'r ail engh. isod fel a., a dichon mai *sang*[2] a welir yno] *eb.* ll. *-au*, a hefyd fel *a.* Sathriad (dan draed), troediad; (?geir.) ymsang, gwasgfa, pwysedd; ?llythyren ymwthiol: *trampling, tread(ing)*; (?*dict.*) *press(ing), pressure*; ?*epenthetic letter.*

1605–10 *GP* 205, Llythyrgynhwyssiad sydd fath ar yskrifênnuad [*sic*] wedi ei dieithro oy wrth y ffordd gyffredin yn ddifarn eskusodol. Hwnn a ddigwydd o dri modd, *sang*, tawl, a chyfnewid. **1632** *D, Sang*, Pressura. **1688** *TJ, Sang*: a pressing, a straining, a treading. **1725** *SR* d.g. *Pressure.* **1753** *TR, Sang*, a pressing. **1803** *P, Sang* s. f.—pl. t. *au* . . . A tread; a trample.

Fel *a.* Sathredig: *trampled.*

12g. *GCBM* i. 195, Saesson *sag* dyllest yg Gẟestun. **14g.** *T* 63. 3–4, Pop rei *sag* dileẟ du merwyd ymordei.

sang[2], **sangad,** gw. **sangaf: sengi, sangiad.**

sangaf: sengi [?cf. Llyd. Diw. *sankañ* 'gwthio i mewn'; gw. hefyd *gorsangaf: gorsengi*] *bg.a.* a hefyd gyda grym enwol i'r be.

1. (*a*) Sathru (dan draed), damsang, troedio (ar), mynd ar gyfyl: *to trample (underfoot), tread (on), set foot in.*

12g. *GCBM* ii. 241, Cadwent pan gyrchaist, gyrch union—*sengi*, / *Sangei* bawb ei alon. **12–13g.** *GDLl* 214, Meirẟ *sengi* mal seri sathar. **13g.** *C* 19. 11–20. 2, dy lauriav. o. vet. *asegi* a thraed ymlith prit athydwet. **14g.** *WM* 126. 18–20, manac idaẟ na *sagaf* y lys vyth (*RM* 200. 12–13, na deuaf vyth y lys) hyny ymgaffẟyf ar gwr hir yssyd yno. **14g.** *GIG* 72, Rhoi gorffwysfa, da daroedd, / I'w enaid ef, oen Duw oedd, / Gydag Eli, *sengi* sant, / Ac Enog mewn gogoniant. *id.* 133, Ni *saing* cythraul brycheulyd / Ar ei dir byth er da'r byd. *c.* **1400** *SDR*[2] 54, [t]ygu trwy y lit na *sagei* hi y ty hwnnw tra uei vyw. **14–15g.** *IGE*[2] 291, Ni *seing* na dadlau na sir (Siôn Cent). **15g.** *DN* 35, A llun y tri llew o wyn / Yn *sengi* yn y sangwyn. **1588** *Diar* v. 5, Ei

thraed hi a ddescynnant i angeu, ai cherddediad a *sang* vffern. **1632** *D, Sengi* . . . Calcare. **1703** E. WYNNE: *BC* 6, anturiais nesau attynt, yn ara' dêg fel iâr yn *sengi* ar farwor. **1803** *P* d.g. *Sengi*. Ar lafar, 'Un o'r merchaid hardda' *sangodd* esgid 'rioed', *WVBD* 472.

(*b*) (enghrau. *ffig.* neu mewn cyd-destun *ffig.*: *fig. exx. or exx. in a fig. context*).
12g. *GCBM* ii. 179, Bri Brython, breint Saesson *saghaŵd*. **14g.** *T* 17. 4–5, Neu vrcint an seint pyr *ysaghyssant*. *a.* **1587** *Y* 67, Os eangwr, gall *sengi*, / O ran eich iach, arnoch chi. **1696** *GGTY* 137, fe ymddengus nad ydym ni'n *sengi*'r scrythur (*it is not a racking of the Scripture*) i ddal' i fynu farn barthol. **1718 (1721)** S. THOMAS: *HB* 12, yn *sengi* ar gyffiniau Llywodraeth Tywysog y Tywyllwch. **1776** I. BRYDYDD HIR: *P* i. 12, yr hwn a *sangodd* y gwrthodedig diras tan ei draed.

2. (*a*) Gwasgu neu wthio (i mewn), sathru i lawr, rhoddi neu osod (i mewn), stwffio: *to press or push (in), stamp down, put (in), insert, intercalate, stuff*.
14g. *WM* 21. 36–22. 7, dyŵet titheu na uyd ony chyuyt dylyedauc trachyuoethauc aguascu ay deudroet y bŵyt yny got . . . A minheu abaraf idaŵ ef uynet *ysseghi* y bŵyt yny got. **14g.** *B* ix. 229, guedy caffel y gyllell. y *sengi* adan y vronn ae lad ehun. **16g.** *Med H* 52, Pumed ymrafel groes yw kroes sangedic; a hi a elwir velly achos bod y pen isaf iddi yn vlaenllym, val i gellir i *ssengu* yn hawdd yn y ddaiar. **1551** W. SALESBURY: *KLl* lxxib, Ac yna y dyuot ef wrth Thomas *Sang* yma dy vys a gwyl vymdwylo. **16g.** *LlS* 18, nid amgenach na'r llysæ a *seing* y merchet nos wyl Ieuan ym bondo y tai. *Diw.* **16g.** *WLB* 56, ai *sengi* yn y ffroenau ymhella i gellych. *id.* 72, *sang* hi yn y twll hyd y gwaelod. **1596** *Pen* 187, 18, dyddie dierth ne ddyddie wedi i *sengi* i mewn ar rheini bob tair blynedd. **1632** *D, Sengi*, Comprimere, farcire. **1753** *TR, Sengi*, to press . . . to stuff.

(*b*) *Gram.* Mewnddodi, mewnosod; *c.d.* defnyddio sangiad(au): *to insert, interpolate (in gram.)*; *parenthesize (in prosody)*.
1552 W. SALESBURY: *Gw* 336, Diacope ne Tmesis, Trych hollt, id pan drycher y gair yn ei ganol ai dori yn ddaû hanner, a *sengi* gair ne eirie ryng y ddaû haner. **1567** G. ROBERT: *GC* 66, Dieithrsang a'scrifennir a'r ddeunod yma. ( ). i dd[w]yn ar ddeallt fod y claws sydd rhwng y rhain megis peth dieithr wedi i *sengi* yna, heb fod yn angenrhaid i gyflowni synwyr yr ymadrodd honno. *p.* **1584** *id.* [202–3], rhaid yn fynych dorri yn ddau han[n]er y geiriau hirion, cyn gallu, i *sengi* mewn pleth cynghanedd mal: yscyfarnogod cardnaliaid: yscyfar (yn ar ynos,) / nogod sydd yma'n agos / ag ar i du, i gard (wych) / naliaid, canllaw annwylwych. **1595** *Egl Ph* 7, Trawsenw'r Achosedig sydh, pan arwydhoceir yr achos gwneuthuriawl wrth yr achosedig; neu pan *seghir* y gweithrededig, sebh y peth achossiawg, yn lhe'r gwneuthuriawl. *id.* 52, ebh a *seghir* rhwgh y geiriau cyssylhtiawg, wahansaghiad heb dynnu ymaeth [*sic*] dhim o synwyr ybhrawdheg [*sic*]. *id.* 53, Syna wahanu gosodiad yr ymadrodh, gan *seghu* rheswm ymywn ei ganol. Cf. J. MORRIS-JONES: *CD* 81, Weithiau fe ddodir gair mewn cydosodiad ebychiadol â'r ymadrodd y *sengir* ef ynddo, megis—Ni bu heb fynd (helynt dall) / Mewn gweryd mwy nag arall; *GDG* clxxxviii, Nid oes *sengi* ond yn y llinellau cyntaf.

Amr.: **sangu. 1688** *TJ* d.g. *Sang*. **1771** *PDPh* 63. **1803** *P*. Ar lafar, *WVBD* 472, *GTN* 702. **sangyd, s(i)engyd.** *c.* **1590** *RC* xlvi. 78, am i'r ast *sangyd* ar gwrr i phais newydd hi. **17g.** HUW MORUS: *EC* ii. 97, Nid allaf o'm mebyd, iawn *sengyd* un sarn. **1684** H. OWEN: *DC* 194, gwna dyhun mor ostyngedic . . . ac y gallo pawb *sengid* arnat, a'th sathru megis tom yr heolydd. **18–19g.** *Llr* C 8, 197, Glam . . . Mae wedi *sangyd* ar ei siol, he has committed himself . . . Gochel *sengyd* ar dy siol. Am ddosbarthiad daearyddol y ff. hyn ar lafar, gw. *LGW* 201.

Cfn.: **sangu dy (ei, &c.) gynteddau:** *to tread or trample someone's courts*. **1620** *Eseia* i. 12, pwy a geisiodd hyn ar eich llaw, sef *sengi fy nghynteddau* (**1588** *ib.* sathru fy llysoedd)? **1655** WL: *DP* 96, ni wrandewi ar bechaduriaid, er i bôd yn *sengu dy gynteddau*.

sangbawl [bôn y f. *sangaf*: *sengi*+*pawl*] *eg.* Polyn (i glymu anifeiliaid, &c., wrtho): *stake (for tying animals, &c., to)*.
1630 R. LLWYD: *LlH* 199, y rhai cyn anhawsed yw eu tynnu at ddim da, a llusco hên arth at y *sang'bawl*. **1727** RE: *CDd* 156, ni ddeffroant hyd oni bytho dyrnodiau Duw o amgylch eu clustiau; ac yn eu llusgo hwy at y *sangbawl*. *c.* **1730** *Thos. Lloyd D* (LlGC) 207a, *Sangbawl*. A stake.

sang-di-fang, siang-di-fang, *adf.* a hefyd fel *eg.*, ac yn yr ymad. adfl. *yn sang-di-fang*, &c. Blith draphlith, pendramwnwgl, yn hollol anniben, yn ddi-drefn; llanastr, annibendod: *higgledy-piggledy, topsy-turvy, extremely untidy, in confusion*; *mess, disorder*.
18–19g. *Llr* C 4, 72, *Sang dy fang*, (Glam) thro thick and thin, to go on with (or thro') any business no manner how—myned trwydd [*sic*] *sang dy fang*. Ar lafar, '*sang-di-fang*, blith draphlith', *B* iv. 301 (Cered.); '*shiandi-mân*', *ISF* 68; 'Un sobor o annipan yw 'i, ma'r tŷ'n *siang-di-fang* wastod', *GTN* 760. Cf. *LlGC* 1173, 4, *sang di fang*, in a disorderly condition, topsy turvy. Mae pob peth yn *sang di fang* oco! Yr odd y cwbl yn *sang di fang* gwyllt pan ddaith y glaw . . . fu dim shwd anibendod yrio'd; *GDD* 280, *Shangdifang* N.m.s. A litter; a place badly disarranged. Farm buildings that have been allowed to fall into disrepair and disorder are usually so described.

sangedig [bôn y f. *sangaf*: *sengi*+*-edig*] *a.bfl.* ll. *-ion*.

(*a*) Wedi ei roddi neu ei osod i mewn; (geir.) sathredig (dan draed); hefyd am fath o gynghanedd draws: *inserted, fixed in*; (*dict.*) *trampled*; *also used of a form of 'cynghanedd draws'*.
16g. *LlS* 64, Y rhyw cyntaf o gedor y wrach sy a chyrs gweigion gowridoc taran eirwon sythion yn ddarnæ *sangedigion* yn ei gylydd. *Diw.* **16g. (1605)** *GP* 211, Mae tri math ar draws gynghanedd, gwastad, *sangedig*, a chyssylltedig . . . traws *sangedig* sydd pan vo dwy gysain yn yr un sillaf ne ynghyd, sef heb un llafarawg rhyngthunt, tua diwedd y braych, a'r ddiwaethaf onunt yn kyfatteb a'r gynta yn y braych, heb ddim yn kyfateb a'r llall, val hynn: Adar man a seidr a medd. **1803** *P, Sangedig* . . . Trodden; trampled.

(*b*) *Her.* A'i gwaelod wedi ei flaenllymu (am groes): *fitché(e), fitchy (in her.)*.
16g. *Med H* 52, Pumed ymrafel groes yw kroes *sangedic*; a hi a elwir velly achos bod y pen isaf iddi yn vlaenllym, val i gellir i ssengu yn hawdd yn y ddaiar. *id.* 88, ef a dduc Cadwaladr Vrenhin vaes o assur a chroes egored *sangedic* o aur. *c.* **1634** *DWH* i. 342, Croes agored *sangedig* o achos bod y pen isa yn flaenllym.

sangfa [bôn y f. *sangaf*: *sengi*+*-fa*, *ma*] *eb.* ll. *-feydd*. Gwasgfa, cyfyngder; sathrfa; grisiau wedi eu torri mewn clawdd, &c.: *oppression, affliction*; *place trampled underfoot*; *steps cut in hedgebank, &c.*
1603 W. MIDLETON: *Ps* 145, Rhoes gymysc-bla *sangfa* sôn, / Yn ei plith geu-rith geirwon. **18g.** IOAN SIENCYN: *Gw* 213, Fe rows i mi noddfa 'n y Nefoedd / A chryfder nerth mewn *Sangfa* serth. Ar lafar yn yr ystyr 'grisiau wedi eu torri mewn clawdd neu fencyn, i groesi perth neu fynd i lawr at afon; ac yn aml wedi eu palmantu â slabiau o gerrig', *GTN* 702.

sangiad, sangad [bôn y f. *sangaf*: *sengi*+*-iad*[1], *-ad*] *eg.* ll. *sangiadau*.

(*a*) Sathriad (dan draed), troediad; gosodiad neu wasgiad i mewn neu ynghyd: *a trampling (under foot), tread(ing)*; *insertion, a putting in, pressing in or together*.
c. **1400** *R* 1279. 31–2, Na gleŵ garyat na glŵys sangat myŵn gloes angeu. **1632** *D* d.g. *Fartus*. **1803** *P, Sangiad*, s. m.—pl. t. *au* . . . A treading. Cf. ISLWYN: *Gw* 20, O bechod! O erchylldra! Gwae y dydd / Y damniwyd Amser â dy *sangiad* erch.

(*b*) *c.d.* Gair, cymal, &c., sy'n torri ar draws rhediad gramadegol ymadrodd ond sy'n gysylltiedig ag ef o ran ystyr, gair (geiriau) dodi, mewnosodiad: *parenthesis (in prosody), interpolation*.
1925 J. MORRIS-JONES: *CD* 79, Gelwir y geiriau dodi yn Saesneg ar yr enw Groeg parenthesis . . . efallai mai'r term Cymraeg mwyaf cyfleus ydyw *sangiad*. *id.* 80, *Sangiad* ydyw pob ebychiad neu lw yng nghanol ymadrodd, a phob enw, priod neu gyffredin, yn y cyflwr galwedig, megis—Edrych, y dyn, dryched wyd! Cf. T. PARRY: *HLlG* 112, Pan dorrir ar rediad brawddeg, heb fod rhwng dau air agos eu cyswllt, gelwir y ffigur yn *sangiad*.

Amr.: **sengiad** [dan ddyl. y be. *sengi*]. **1725** *SR* d.g. *A Collision, or crushing together*. **1794** *W* d.g. *Tread* [*a pressing with the foot or feet*], *A treading*.

sangiadol [*sangiad*+*-ol*] *a.* *Gram.* a *c.d.* A nodweddir gan sangiadau (am gerdd, arddull farddonol, &c.), yn gweithredu fel sangiad, wedi ei fewnosod: *characterized by parenthesis (of poem, poetic style, &c.), parenthetical, interpolated*.
1939.

sangnarwy [?gwall am **sangrwy*, sef bôn y f. *sangaf*: *sengi*+*rhwy*[2], gw. *B* xiii. 17–19] ?*e.* ?Gwarthafl: *stirrup*.
14g. *WM* 455. 31–6, Gwerth trychan mu o eur gŵerthuaŵr a oed yny archenat. Ae warthafleu *sangnarŵy* o benn y glun hyt ymblayn y uys.

sangwej, sangwij, gw. **sandwij**.

sangwr [bôn y f. *sangaf*: *sengi*+*-wr*] *eg.* ll. *-wyr*. Sathrwr: *trampler*.
1803 *P, Sangwr*, s. m.—pl. *sangwyr* . . . A treader; a trampler.

sangwyn, gw. sangwyn (*ng≡ n-g*).

Sahideg, Sahidaeg [cfdds. o'r S. *Sahid(ic)*+*-eg*[1], *aeg*] *eb.g.* Tafodiaith Gopteg y cyfieithwyd y Beibl iddi'n gynnar iawn: *Sahidic (n.)*.
1848.

saib, *eg.b.* ll. *seibiau*, a hefyd gyda grym ansoddeiriol. Ysbaid, gorffwysfa, toriad, hoe, sbel, egwyl; *Crdd.* daliant; *Crdd.* distawrwydd o hyd penodol; *c.d.* gorffwysfa: *pause, rest, break, interval, intermission*; *pause (in mus.)*; *rest (in mus.)*; *caesura*.
a. **1587** *Y* 202, Pa berchen, moes awen *saib*, / Pwy a'i tramwy o'r trimaib? **1803** *P, Saib* s. m. . . . a state of rest or leisure.

said [?cf. Gael. *saidh*, *saith* '(y rhan o lafn a roddir mewn) carn', Manaweg *seiy* 'y rhan o offeryn a roddir mewn carn'; gw. hefyd *CA* 369, *B* xxxv. 55–61] *eg.b.* ll. *seid(i)au*. Carn (cyllell, &c.), coes, dwrn, colsaid; ?llafn; hefyd yn *ffig.*: *hilt, haft, handle, tang*; ?*blade*; *also fig.*
14g. *GDG*[3] 283, A'r ffluwch bengrech ledechwyrth / Bob dyrnaid o'i *said* a syrth [am wallt y bardd]. **15g.** *GGl*[2] 94, Torri cledd dewredd i'm dwrn / Yn ei *said*, ar nos Sadwrn. **15–16g.** HYWEL RHEINALLT: *Gw* 16, Ofer iawn i farwniaid / Geisio dy siglo'n dy *said*. **16g.** DAFYDD AP LLYWELYN, &c.: *Gw* 87, Syrthio o'r crair, syth eryr Cred, / Y *said* dur a'r Groes fo'u torred. **16g.** SIÔN BRWYNOG: *Gw* 16, Awch sydd i'ch *said* a blaen y blaid. **16g.** WILIAM CYNWAL: *Gw* (R. L. Jones) 764, A gwylio pechu'n ddifwgwliaeth / Fal gwyliaid o *said* y gwayw neu'r saeth. *a.* **1587** *Y* 45, myni wnethur / . . . / Y frân yn wen, sen heb *said*. **1632** *D, Said*, Manubrium. *c.* **1660** *Cylchg LlGC* viii. 27, Dwrn a *said* y deyrnas hon / y gwr sydd aer i Goron [William Phylip i Siarl II]. **1688** *TJ, Said*, seidŷn: a Tang, or that part that goeth into the Haft of any Weapon or Tool. **1722** *Llst* 189, *Said*. f. p. *Seidau*. A haft, hilt. *c.* **1730** *Thos. Lloyd D* (LlGC) 210a, Siglo yn ei *Said*. To waver. **1803** *P, Said*, s. m.—pl. *seidiau* . . . the tong, or the part of a tool that is inserted in the handle; a haft, or hilt.

Gw. hefyd **gwrmsaid, gwynsaid, seidyn.**

saif, 3 un. pres. myn. y f. *safaf*: *sefyll*.

saig, *eb.g.* (bach. *seigen*) ll. *seigiau*. Dysglaid (o fwyd), dysgl, (cwrs mewn) pryd bwyd, gwledd, hefyd yn *ffig.*: *dish (of food), (course of a) meal, feast, also fig.*
13g. *LlI* 4, A'r eyl *seyc* anrydedussaf en e llys a dely ef [penteulu] y chaffael, a henny en gyntaf guedy y brenhyn. E ancvyn yv teyr *seyc*. **14g.** *T* 4. 4–6, iolaf rybechaf eluyd gŵaed naŵ rad nef [m]estic toruoed. Adecuet seint *seic* seithoed. **14g.** *GDG*[3] 205, Saethffrwd aig, trywanwraig trai, / *Saig* nawton a'i sugn atai [i ddymuno boddi'r gŵr eiddig]. **14–15g.** *IGE*[2] 290, Mae'r sew? Mae'r *seigiau* newydd? / Mae'r cig rhost? Mae'r cog a'u rhydd? (Siôn Cent). *c.* **1400** *R* 1339. 14–15, Gŵr goueneic *seic* soec. **15g.** *FfBO* 55, arnaw y gwassaneythit beunyd o bum *seic*. **15g.** *GGl*[2] 55, *Seigiau*, gwirodau gwridog, / Saith gwrs a welais i'th gog. **16g.** (*LlEG*) *Mos* 158, 72b, y brenin yn bwytta or pen a oedd ar y *saig* gari [*sic*] vron ef. **1547** *WS, Saic* A messe. *Diw.* **16g.** *WLB* 80, *saig* o gig pork. **1609** *CRC* 336, mewn awr ddrwc hi a lvniodd *saic* / i berir gwr ladd i wraic. **1632** *D, Saig*, Ferculum. **1672** R. PRICHARD: *Gw* 256, [B]wytta Christ y penna or *seigie*. **1675** R. DAVIES: *PY* 56, ac i ddwyn y *saig* cyntaf ar ei fwrdd. **17g.** HUW MORUS: *EC* ii. 145, Er däed yw'r *saig*, nid ydyw'r saws ond chwerwedd. **1703** E. WYNNE: *BC* 23, a chwedi i bob un o *saig* i *saig* folera cymmaint o'r dainteithion, ac a wnaethei wledd i ddŷn cymmedrol tros wythnos. **1757** *ML* ii. 16, I remember he courted a pretty girl . . . and having deserted her he gave this reason: Wrth adrodd ag wrth edrych, / Gwan *saig* yw bara gwyn sych. **1803** *P, Saig*, s. m. . . . A dish of victuals, a mess; a meal. *id. Seigen*, s. f. dim. . . . A little mess or meal. Ar lafar yn siroedd Caerf. a Phenf., '*Saig* = a small heap of cow dung', *TGG* (1907–8) 85, hefyd yn y

ff. *seigen*, ac yn yr ystyr 'darn o gachu'. Ym Morg. clywir *s(e)igan* yn yr ystyr 'lwmp o fenyn', *Geir Geg* 166.

Cfn.: **ar (ei, &c.) saig:** *at food with him, &c., at table with him, &c.* **13g.** *LlI* 2, E le [edling] yn y llys yw yrvg yr osp a'r penhebogyd, yn chuechet gvr *ar seyc* y brenhyn. *id.* 7, E le [pen-hebogydd] en e llys en petwaregvr nessaf e'r brenhyn *ar e seyc*.

saige, saigs, gw. saets.

sail[1] [bnth. Llad. llafar **solia* < *solea*, H. Grn. *sel*, gl. *fundamentum*] *eb.g.* ll. *seil(i)au*, (prin) *seilion*. Yr hyn y mae adeilad, gwrthrych, &c., yn sefyll arno, sylfaen, gwaelod, grwndwal, hefyd yn *ffig.*; ?adeiladau: *foundation, base, also fig. basis; ?buildings.*

12g. *GCBM* ii. 304, Doethwlad nef adef, Adaf wychuawr—*seil*. **14g.** *T* 46. 11–12, yn ran eluyd yn temhyl selyf *seil* ogyffrawt. **14g.** *H* 124b. 10, kyueillt grym yssym *seil* glyw glud gyfranc (Llywelyn Brydydd Hoddnant). *Dchr.* **15g.** *IGE*[2] 189, Sudaidd iawn y'th osoded, / *Seiliau* dail glwydau dôl gled [Llywelyn ab y Moel i'r bedwlwyn]. **15g.** *Cy* iv. 116, y seithued dyd ydinustrir *seil* yr holl vyd megys kestyll. tci. athreui. **1547** *WS*, *Sail* Fundation. **1567** *TN* 316a, yn storio yddynt i hunain *sail* da (**1588** I *Tim* vi. 19, *sail* dda) rag llaw. *id.* 319a, y mae *sail* [:- grwnd, g[r]wndwal] Duw yn sefyll yn ddiogel. **1606** E. JAMES: *Hom* i. 150, nid yn unig am nad oes iddo *sail* diogel yn yr Scrythur lân. **1630** *YDd* 313, fel na ellir adeiladu tŷ, oni rôir y *sail* ar lawr yn gyntaf. **1632** *D*, *Sail*, Fundamentum, solum. **1703** E. WYNNE: *BC* 72, mi a faluriaf tan *Seiliau* dy Deyrnas di hyd oni syrthio 'n un a'm Teyrnas fawr fy hun. **1730 (1755)** E. WYNNE: *PAC* 11, ni fŷdd ddim yn anghymwys iddŷnt roddi *sail* eu happusrwydd ar foddio eu trachwantau anifeiliaidd. **1803** *P*, *Sail*, s. f.—pl. *seiliau* . . . A base, foundation, or ground-work. Ar lafar, 'Dir! Dyna storom! 'Dybycsat ti fod *seilia'r* tŷ'n crynu gin y trysa', 'Beth yw *sail* y stori 'na, 'ta?', *GTN* 702; 'Fy *sail* i dros ddeut hyn ydi . . .', *WVBD* 471; hefyd am 'sylfaen tas wair' (ll. *seile*), *TGG* (1907–8) 85 (de-orllewin sir Gaerf.).

sail[2], gw. sael[2].

saim, saem, sâm [bnth. S. C. *seim(e)*, neu'n uniongyrchol o'r H. Ffr. *säim, saime, seim*] *eg.* ll. *seimiau*. Bloneg (yn enw. wedi ei doddi), braster, gwêr, siwet, hefyd yn *ffig.*; iraid (ar gyfer peiriant, &c.): *(rendered) fat, lard, grease, tallow, suet, also fig.; lubricant.*

c. **1400** *R* 1340. 5–6, gwylwr som bydwr. *seim* obadell. *c.* **1400** *Études* viii. 68, *saym* pedeir llyssywen iryon gwedy rostit gyt a blonec llwynawc. **1545** *CM* 1, 538, Plastyr / o haad / llin / a dyl a *saim* hwyad. **1547** *WS*, *Saim* Grese. *c.* **1566** *B* xv. 120, y wnythur rvsiws cymer does peillied a llanw o velyn wie wedy verwi a ffvpyr a gwna y llvn a vynnych arnyn a dyro hwynt y rostio mewn *saem* gwyn ar y tan. **1604–7** *TW* (*Pen* 228) d.g. *Adeps, Eliquamen*. **1632** *D*, *Saim*, Sævum, adeps. **1707** *AB* 285a, Sewet, *Saim*. *id.* 287b, Tallow, *Saim*. **1757** *ML* ii. 50, a'r bobl eraill yn bwytta rump stakes 6d. y pwys, a rhoi'r haiarn grindil ar ei ogwydd fal y rhedo'r *saim* allan o'r tan. **1771** *PDPh* 67, Na adewch i ddim *saim* neu olew ddyfod yn agos i'r llygaid. **1775** *W* d.g. *Kitchen-stuff*. **1784** M. WILLIAMS: *S* i. 88, [rh]yw ddefnydd megis olew, pa un mae'r trigolion, yn ei arferyd yn lle *sâm* at amryw achosion. **1803** *P*, *Saim*, s. m.—pl. *seimiau* . . . Grease. Ar lafar, ''Ôn i'n arfadd lico byta bara 'n y *sæm*—bara wedi ffrio yn *sæm* y cig moch ond man' nw'n gwed 'nawr nag yw gormod o *sæm* ddim yn ddæ', *GTN* 706; 'Ma fa 'n roi gormod o *sæm* ar 'i wallt'; 'hiro 'sgidia â *saim*', ''S 'na' i ddim isio dy *saim* di' 'I don't want any of your flattering speeches', 'Mae o yn 'i *saim*' 'He is drunk', *WVBD* 471. Fe'i clywir hefyd yn gyff. yn yr ystyr 'lubricating grease', *LGW* [380].

Cfn.: **saim collen:** *a beating* (*cf.* '*strap-oil*'). **19–20g.** *SE*, *Saim collen*, 'strap oil;' a cant expression for a good beating or flogging.—Gwent d.g. *Collen*. **saim (sâm) gŵydd, saim gwyddau:** *goose-grease*. *Dchr.* **17g.** *J* 10, 36a, *Saim gwydd*. *c.* **1740** *LlM* 13, *Saim Gwydd*. **1771** *PDPh* 12, *saim gŵydd*. *id.* 88, saim ieir neu *saim gwyddau*, neu floneg. **1799** M. WILLIAMS: *BM* 31, *sâm gwyddau*. Ar lafar, *saim gŵydd* (Arfon); ''Tasa dy lwnc di'n dost pyn ôn i'n ifanc ôn' nw'n rwto *sæm gŵydd* yn ddæ yn di wddwg di a'i rwymo fa mwn pishyn o wlanan. A witha di gelsat lwyid o *sæm gŵydd* i gmeryd 'efyd!', *GTN* 706. **saim gwyn:** *rendered fat*. *c.* **1566** *B* xv. 120. **18g.** *LlrC* 24, 274, Cymer *saem gwyn* sef yw hynny bloneg gwedy doddi vnwaith. **saim penelin:** *elbow grease*. **1930.** Ar lafar yn sir Drefn., *Mont Coll* xi. 314.

sain[1], *eb.g.* ll. *seiniau, seiniaid*.

(*a*) Dirgryniadau clywadwy yn yr awyr neu mewn cyfrwng arall, yn enw. pan fo iddynt arwyddocâd penodol (e.e. yr hyn a gynhyrchir gan y llais dynol neu gan offeryn cerdd); nodyn (cerddorol), caniad (cloch, &c.), seiniad (utgorn, &c.); segment o lafar ac iddo arwahanrwydd seinegol, llafarsain; llafariad, sillaf: *sound; (musical) note, ring (of bell, &c.), a sounding (of trumpet, &c.); speech sound; vowel, syllable.*

13g. *B* xxi. 297, [k]yrn buffleit, y rei a gyfroant teir enys Brydein oc eu hysgymun *sein*. **14g.** *GP* 39, Seith ysyd o'r llythyr mut, nyt amgen, b, c, g, k, p, q, t. A sef achaws y gelwir wynt yn llythyr mut, rac bychanet eu *sein* wrth *sein* y bogalyeit. **14g.** *GDG*[3] 244, Ai clywewch chwi? *Sain* cloch oedd. *c.* **1400** *SC* viii/ix. 192, *Sein* y seint a glywit yn y coreu o bop parth. *Dchr.* **15g.** *GM* 17, Molwch ef ar *sein* trwmp, holl genedyl dyn. **15g.** *GO* 133, Ynyd amlwc yn i demlav / A gwysanaeth â gwiw *seiniav*. **1547** *WS*, *Sain* Sounde. *a.* **1575** *GP* 90, Yr ail modd yw am ssilldaf leddf, pann vo 'y' yn y *ssain* tywyll rrwng dwy o'r kydssonaniaid heb i hysgrivennv, val y mae 'mydr'. *p.* **1584** G. ROBERT: *GC* [213–14], *sain* a elwir, pob bogail, a diphdong, am fod yrhain yn seinio, ne'n gwneuthur swn perphaith ar i pennau i hun. y llythrennau eraill a elwir cysseiniaid, am na wnant, na swn perphaith, na si[ll]af, ond ynghyd ar *seiniaid* . . . Symlig fydd pann fytho un fogail yn unig mewn si[ll]af . . . ond pann wneler un swn o ddwy o'rhain mewn diphdong ei gelwir *sain* ddeuplyg . . . ond pann fo tair bogail mewn diphdong yn gwneuthur un swn, *sain* driphlyg i gelwir. *Diw.* **16g.** **(1605)** *GP* 219, y verr gyhydedd, a'i messur yw 4 *sain* (*id.* 116, silldaf). **16–17g.** *id.* 137, Wrth hynny ydd ydys yn dyall bod yr 'y' a dav *sain*, vn eglvr, ac vn tywyll. **1632** *D*, *Sain*, Sonus. **1656 (1745)** *MLl* ii. 137, Y Sŵn ymma fydd trwy 'r holl Fŷd, a *Sain* yr Udgorn ymma hŷd Eithafoedd y Ddaiar. **1718 (1721)** S. THOMAS: *HB* [iv], Oblegid yn ofer y cais yr Athro Adeiladaeth ei Ysgolheigion oni ddeallant *Sain* ei eiriau. **1799** DAFYDD IONAWR: *MB* 70, Ei hynod iawn Henwau / Yw 'r gorau *Seiniau* sydd. **1803** *P*, *Sain*, s. m.—pl. *seiniau* . . . A sound. Ar lafar, '*sain*, s. f. pl. *seinia*' '(musical) sound', ''Toes 'na ddim *sain* canu gynno fo', *WVBD* 471.

(*b*) Si, sôn: *rumour.*

1617 *Minsheu* 426a, *Sain* d.g. *a Rumor*. **1681** S. HUGHES: *AC* 43, os gellir coelio geiriau 'r Cythrael a'r *Sain* gyffredin. **1683** H. EVANS: *CTF* 27, I *sain* gwlâd na thrysta ormod, / *Sain* sy ffrind i rai menywod: / Bwrw fod yn llai y gwaddol, / Nag y mae wrth *sain* y bobol. **1730** IACO AB DEWI: *YL* 52, o blegid ei bôd hi yn ol y *sain* gyffredin (*common voice*) yn gyntaf yn y Camwedd.

(*c*) *c.d.* Math o gynghanedd (gw. d.g. hwnnw): *type of 'cynghanedd'* (*q.v.*) (*in Welsh prosody*).

c. **1470 (1610)** *GP* 182, Kynghanedd gysswllt a vydd o gysswllt dau air, a rhai a'i geilw hi kynghanedd *sain*, am i bod o sain dau air, val y mae: A cherdd am y ddager ddu. *a.* **1575** *id.* 119, Kynghanedd lvsc a dynnir o'r *ssain* yn vnawdl. *ib.* *ssain* benngoll: Y dydd tekaf haf hinon. *id.* 121, Tri Ryw gynghanedd *ssain* yssydd, *sain* lefn, *sain* gadwynoc, a *sain* o gysswllt. *Diw.* **16g.** **(1605)** *id.* 211, Kynghanedd *sain* sydd pan vo dau air yn kyfddiwedd, sef a'r un diwedd uddunt, a chysain yn y sillaf lle i bo yr aken olaf yn y braych yn kyfateb ag un o vlaen y gorffenniad olaf o'r ddau fal hynn: Gwragedd Gwynedd ar giniaw. Dau fath sydd ar gynghanedd *sain*, dyblygedig ag unblyg. *Sain* dyblygedig sydd pan vo yn nechrau y braych gynghanedd ddifai, ag yn niwedd y gynghanedd honno ddiweddiad kynta yr ail gynghanedd val hynn: Pardengl sengl siop chwerw dop dwys. *Sain* unblyg sydd o ddau fath, sef kyflawn ag anghyflawn. *Sain* kyflawn sydd pan fo yr holl gyseinieid a vo rrwng y ddau gyfddiweddiad ag un ar ol y diweddiad ola yn kyfatteb a phob un ohonunt, val hynn: Davudd, bur ddeurudd, bardd wyd. A honno sydd weddaidd yn niwedd englun. *Sain* anghyflawn sydd pan vo kysain rrwng y ddau ddiweddiad heb ddim yn atteb iddi fal hynn: Yw d'wr, Gwenn, y vachgen fych. **1592** S. D. RHYS: *Inst* 255, Pymp rhyw Gyghhânedh *Sain*, sebh *Sain* lebhn . . . Lhyr i gadw gwyr gyd ag ebh. *Sain* gadwynog . . . Gwydriad embrodriad brwydrwaith. *Sain* o gysswlht . . . A' cherdh am y dhager dhû. *Sain* o gudd . . . Pibelh tân a' mêlht i'n mysg. *Sain* bendroch . . . Tenéuon lhybhnion lhabhnau. **17g.** *GP* 190, *Sain* vnodl: E fv lawen vn hen, hael . . . *Sain* ddisganedig: Anffortvn i'r fvn, f'enaid. Am drafodaeth ar gynghanedd sain a'i mathau gwahanol, gw. J. MORRIS-JONES: *CD* 162–72.

Cfn.: **sain ddeublyg:** *diphthong*. *p.* **1584** G. ROBERT: *GC* [213]. **1593** W. MIDLETON: *B* 8. **sain ddisgynedig:** *falling diphthong*. **1923.** Cf. *OIG* 45, Y *sain ddisgynedig* yw'r '*ŵy*' yn 'bwyd'. **sain esgynedig:** *rising sound* (*esp. diphthong*). **1923.** Cf. *OIG* 45, y *seiniau esgynedig* yw'r 'wy' yn 'gwyrdd' a'r 'wy' yn 'gwyrddion'. **sain lafar:** *speech sound*. **20g.** **sain stereoffonig:** *stereophonic sound*. **20g.**

sain[2], gw. saint[1].

sainbellebrydd [*sain*[1] + *pellebrydd*] *eg.* Ffôn: *telephone.*

1877.

sainct[1,2], gw. saint[1], sant.

sainctaidd, saincteiddiaf: saincteiddio, &c., gw. sanctaidd, sancteiddiaf: sancteiddio, &c.

sainctiedig, gw. seintiedig.

saint[1] [bnth. S. C. *seint(e)*, neu'n uniongyrchol o'r H. Ffr. *saint, seinte*; digwydd yn aml o flaen e. prs.; am unrhyw ff. ll., gw. d.g. *sant*] *eg.* a hefyd fel *a.* Sant; sanctaidd: *saint; holy.*

12–13g. *GMB* 539, A'm eiryolwy *Seint* Ezechias / Ar Ueir uam y That, a thec urdas. **13g.** *B* ix. 335, galw a oruc *seint* basil e genveint a oed ene gadw. **13g.** *RWM* i. 337, *seint* austin. **14g.** *GDG*[3] 42, Salm *Saint* Elien, gŵr llên llwyd. **15g.** *BSK* 31, or wyry vendigeit aelwir *seint* ykatrin. **15g.** *GLGC* 68, *Saint* Catrin ym min maenor. *id.* 278, Deiniol, *Saint* Denis, / Cedwyn a'u cedwis. **1675** R. JONES: *HCh* 55, Hyn y mae *Saint* Paul . . . yn ei gasglu. **1771** J. THOMAS: *TA* 99, Naill ai yn *saint* neu yn anifail. Cf. T. LEWIS: *HPF* 184, Yr oedd yr hen wraig yn un o ddyscyblion Wickliffe . . . ac yn barnu fod Wickliffe yn *saint*. Yn *GCBM* ii. 180, digwydd y ff. *Seint Cler* ar yr e. lle *Sanclêr*. Ar lafar yng ngorllewin Morg., *B* viii. 327.

Amr.: **sain[2]** [?yn wr. o flaen *s*-]. **12–13g.** *GMB* 461, Meir a *Sein* Silin, Marthin, Matheu. **14g.** *OBWV* 96, Dwg fi uniawnffordd, deg fis, / Dwg elw *Sain* Siâm dy Galis (Gruffudd Gryg). **14g.** *GDG*[3] 42, *Sain* Sud, un ffunud ffiniwyd,—o genedl / Y Gwinau Dau Freuddwyd, / *Sain* Silin, ffrangsens aelwyd, / Salm Saint Elien, gŵr llên llwyd. **15g.** *GGl*[2] 66, *Sain* Gregor fu'r doctor da, / *Sain* Tomas yntau yma. / *Sain* Pawl yw ef dros ein plaid, / Sierom y conffesoriaid [i Abad Amwythig]. **15–16g.** *TA* 52, Mal bro *Sain* Beuno neu *Sain* Bened. *p.* **1584** G. ROBERT: *GC* [357], Diwydwaith yw a dedwydd, / y gwr *sain* geirwir y sydd. *id.* [361], *Sain*. Sanctus. **1609** R. SMYTH: *CAC* 65, hyn a ddowad *sain* Paw[l]. **[1740]** D. LLWYD: *YDD* 90, Rhan o'n hathrawiaeth gyhoeddus ni yw Dysgu ag Eglurhau y *Sain* (*holy*) fannau rhain. **sainct[1]** [cf. *sanct*] **1595** H. LEWYS: *PA* 43, Efengil *Sainct* Mathew. **1718 (1721)** S. THOMAS: *HB* 135, sect *sainct* Bridget.

Gw. hefyd **greal[1], sant, seintes.**

saint[2], ff. l., gw. sant.

saintaddoliaeth, gw. saint[2] + addoliaeth.

sainteiddiaf: sainteiddio, saintwari, gw. sancteiddiaf: sancteiddio, seintwar.

Sais [bnth. Llad. *Saxō* (> **Saxī*), a'r ff. l. *Saeson* yn fnth. Llad. *Saxōnes*, Crn. C. *Seys* (fel epithet), Crn. Diw. *Zowz*, ll. *Zowzon*, Llyd. C. *Saus*, ll. *Saoson*, Llyd. Diw. *Saoz*, ll. *Saozon*, Gwydd. C. *Saxa*, ll. *Saxain*] *eg.* (bach. *Seisyn*) ll. *Saeson*, ll. dwbl *Saesoniaid*. Brodor o Loegr, un o dras neu genedligrwydd Seisnig; Sacson; siaradwr Saesneg (di-Gymraeg): *Englishman, English person; (Anglo-)Saxon; (non-Welsh-speaking) English-speaker.*

12g. *GMB* 199, Gwalchmei y'm gelwir, gelyn y *Saesson*. **12–13g.** *GLlLl* 239, A golo ker manro meinnyawc / Gelynyon, *Saesson* sidanawc. **13g.** *GDB* 19, Y'th dawn, gyrch gynnyrch, gynneddyf Emreis—wrd, / O orddwy Franc a *Seis*. **13g.** (*LlDW*) *ZCP* xx. 94, O deruyt roy kamraes y alldud mab honno a dele ran o tref tat ac ny dele ran or tedyn breynyauc hyd e tredydyn ony [deruyd] bod er alldud en guahalyet[h] *seys* neu en huydhel a hunnu ae keyf en dyannod. **14g.** *Bren Saes* 2, yn oes Catwaladyr Vendigeit, y doeth y *Saesson* a goresgyn Lloegyr o'r mor pwy gilid. **14g.** *GDG*[3] 21, Serch Ifor a glodforais, / Nid fal serch anwydful *Sais*. *Dchr.* **15g.** *IGE*[2] 199, Gwell o lawer no chlera / I ddyn a chwenycho dda, / Dwyn *Sais*, a'i ddiharneisio (Llywelyn ab y Moel). **15g.** *GDLl* 79, A rhyfel, mi a'i gwelais, / Y sydd rhwng Cymro a *Sais*. **15g.** *GLGC* 235–6, Amser *Saeson* a dderyw, / mudo o *Sais*, madwys yw, / . . . / Ni welir *Sais* diddirwy, / na *Saeson* mewn sesiwn mwy, / na dyn o *Sais* yn dwyn swydd, / na deu*Sais* na bôn' diswydd. **1547** *WS*, *Sais* An Englyshe man. *Diw.* **16g.** M. KYFFIN: *DFf* 276, *saeson* digllon daiowgllwfr [*sic*] / ai safnau 'n bwrw dafnau dwfr. **16–17g.** SIÔN MAWDDWY: *Gw* 35, Yno'r oedd Gymry aned / A aethon' yn *Saeson* sied. **1631** O. THOMAS: *CC* 23, Ym mysc y *Saeson* ni chewch, ond odid, neb na fedro ddarllain. **1632** *D*, *Sais*, Saxo, Anglus. **1660** J. HOWELL: *D* 1, *Sais sais* y

gâch yn ei bais, / Y Cymro glan y gâch allan. **1718** M. WILLIAMS: *P* 16, pettai'r Uchelwyr . . . yn dwyn Gwrtaith a Hwsmonnaeth y *Seison* gyd â hwynt i Gymru. **1770** J. PRYS: *Alm* [2], yn Tystiolaethu mai 'r Gymraeg oedd y gaetha i gyd yw Chanu. Ac Etto er yn bod dan warrogaeth y *Saeson* o hyd . . . gwell ganddynt wadu jaith eu Gwlad na cholli Breintiau uchell [*sic*]. **1776** DEWI NANTBRÂN: *AN* 57, St. Augustin, neilltuol Apostol Lloegr yn amser y *Saesoniaid* paganaidd a yrhâin a ymchwelodd oddi wrth Paganedd ac Anffyddlondeb. **1789** TWM O'R NANT: *TChB* 4, Am le 'i [*sic*] Hwrio neu gambleio ar gais / Ynghwmni rhyw *Sais*, lled Sosi. **1803** *P* d.g. *Saeson, Saesyn, Sais*. Ar lafar, 'Ro di le i *Sais* i sefyll, fe ffindiff e le i ishta! Dyna ôn' nw'n arfadd gwed yn y pentra 'yn, a gwir y gair', *GTN* 702; 'Un gwasedd iawn ydi o, yn gostwn yn 'i arre i bob rhyw gorgi bach o *Sais*'; hefyd am 'siaradwr Saesneg di-Gymraeg', ''Ôn i 'di rhyfeddu faint o *Saeson* oedd yn y 'Steddfod 'leni'. Cf. D. GWENALLT JONES: *E* 21, Bratiaith *Saeson* y De lle bu barddoni a diwinydda. Digwydd hefyd wrth sôn am feistrolaeth rhywun ar y Saesneg, 'Mae e'n *Sais* da iawn'; ''Wyt ti well *Sais* na fi'. Cf. D. OWEN: *RL* 362, yr oeddwn yn sicr fy mod yn amgenach *Sais* nag ef, ac yn gwybod mwy am the way of the world. Fe'i clywir yng nghanolbarth Cered. yn yr ystyr 'trempyn', *B* iv. 301. Weithiau cyfeirir at siswrn fel *Sais*. Fe'i ceir hefyd fel epithet, e.e. Elidir *Sais*; cf. A. D. CARR: *Medieval Anglesey* (1982) 163, The cognomen *Sais* . . . could mean someone who could speak English, or who had been to England, or who had an English parent, or who admired and imitated English ways. Digwydd mewn e. lleoedd, e.e. *Pont-ar-sais*, Llanllawddog, sir Gaerf., a *Rhydysaeson*, Morg.

Amr.: **Sason** (ff. l.). **1547** *WS*, *Sason* Saxones.

Cfn.: **Sais geni:** *Englishman by birth*. **1770** *W* d.g. *Born, An English-man born*.

Gw. hefyd **Saesnes, Saesonach.**

Saisaddolgar [*Sais+addolgar*] *a.* Yn gorbarchu'r Saeson a phopeth Seisnig, yn ddifr.: *Anglomaniacal, Anglophile* (*derog.*).

1864.

Saisaddoliaeth [*Sais+addoliaeth*] *eb.* Yr arfer o orbarchu'r Saeson a phopeth Seisnig, yn ddifr.: *Anglomania, Anglophilia* (*derog.*).

1887.

Saisaddolwr [*Sais+addolwr*] *eg.* ll. *-wyr*. Un sy'n gorbarchu'r Saeson a phopeth Seisnig, yn ddifr.: *Anglomaniac, Anglophile* (*derog.*).

1894.

Sais-Gymro [*Sais+Cymro*] *eg.* ll. *Sais-Gymry*. Cymro di-Gymraeg, Eingl-Gymro: *non-Welsh-speaking Welshman, Anglo-Welshman*.

1906.

Saisnaeg, Saisneg, gw. Saesneg.

Saisnes, Saisonaeg, Saisonaidd, Saisoneg, Saisones, gw. Saesnes, Saesneg, Saesonaidd, Saesneg, Saesnes.

saits, saitsh, gw. saets.

saith¹ [Crn. C. *syth*, Crn. Diw. *se(i)th*, H. Lyd. *seith*, Llyd. C. *seiz*, Llyd. Diw. *seizh*: < Brth. **seχtan* < Clt. **sextem* (cf. Gal. *sextan-*, H. Wydd. *secht*) < IE. **septm̥* 'saith'; cf. Llad. *septem*, Gr. ἑπτά, Sans. *saptá*; weithiau pair dr. meddal (*saith* gant, *saith* bechod), a thr. trwynol i *b-*, *d-* (*saith* mlynedd, *saith* nyn), gw. *Treigladau* 134–5] *rhif.* a hefyd fel *eg.* ll. *seith(i)au*, ac fel *adf.* Un o'r prifolion, sef un yn fwy na chwech neu un yn llai nag wyth, rhifolyn (e.e. 7, VII, vii) sy'n cynrychioli'r rhif hwn, y nifer hwn o bobl neu bethau: *seven*.

12g. *GLlF* 120, Keueis y ɓun duun, diwyrnaɓd! / . . . / Keueis-y *sseith*, ac ef gweith gordygnaɓd. **13g.** *LlI* 32, O deruyd enllybyau gur at wreyc, e treygyl kentaf, llv *seith* wraged arney. **13g.** *C* 5. 8–6. 2, *Seith* meib eliffer. *Seith* guir ban brouher. *Seith* guaew ny ochel in eu seithran. **13g.** *DB* 69, val henne y dosperthir an keinyadaeth (*musica*) ninheu en *seith* lef. *c.* **1300** *B* iii. 83, *seith* diawl (amr. *seithniawl*; *saith* niawl). **1346** *LlA* 51, Tri. A phetɓar avyd *seith*. **14g.** *WM* 1. 1–3, Pwyll pendeuic dyuet aoed yn argloyd ar *seith* cantref dyuet. **14–15g.** *IGE*² 275, *Saith* niwarnawd, gwawd gwiwrwym, / Bu Grist yn lluniaw pob grym. / Gwnaeth bob peth yn ddifethiant / O fewn y *saith*, fy lôn sant (Siôn Cent). **15g.** *id.* 226, *Saith* gneuen, fal yr henwir, / *Saith* lain nod, o'r sythlwyn ir (Ieuan ap Rhydderch). **15g.** *GLGC* 301, Mae'r ddawns ai siawns rhwng pob *saith*? **15g.** *GGl*² 219, Saethwyd yma'r *saith* dinas, / Swydd Henffordd, Cliffordd a'r Clas. **1567** *TN* 62a, Miracl y *saith* torth. **1588** *Gen* xli. 20, y *saith* muwch tewon. **1588** *Lef* xxv. 8, Cyfrif hefyd it *saith* Sabboth o flynyddoedd, sef *saith* mlynedd *saith* waith. **1594–6** *B* iii. 282, anghyfiownder oedd iti bann ordinhaut ti *saith* wragedd y ganlyn yr vn gwr. **1630** *YDd* 227, yn y rhif *saith* y mae cyflawnder dirgelaidd, yr hyn ni ddichon ein dealltwri moi amgyffred. **1632** *D*, *Saith*, Septem. **1661** E. LEWIS: *Drex* 58, Claudius yr Ymmerawdr a warriodd ynghylch un dwfrle, *saith* myrddiwn a hanner o aur. **1727** J. JONES: *DFF* [357], y Mesur cyffredin trwodd wedi ei gyfansoddi o Wythau a Chwechau . . . ac nid o Wythau a *Seithau* fel y mae yn yr hên Gyfansoddiad. **1803** *P*, *Saith*, s. m.—pl. *seithiau* . . . the number seven. Digwydd mewn rhif. cfns. megis *saith ar hugain*, *saith a deugain*, &c.; gw. hefyd y cfn. *saith deg* a *saith ugain* isod.

Fel *adf.* Saith gwaith (cymaint, gwaeth, &c.), o lawer: *seven times* (*as much, worse, &c.*), *by far*.

13g. *A* 14. 22, *seith* gymeint o loegrwys. **15–16g.** *GIF* 41, *Saith* lanach,—syw y'th luniwyd—/ Syr Siôn, no Sain Siorys wyd. **16g.** *GGH* 196, Fal y caf y brif afon, / Felly *saith* fwy allu Siôn. **1703** E. WYNNE: *BC* 25, i yrru eu Cariadeu yn *saith* ynfyttach nac oeddynt eusys. *id.* 84, gŵr ieuanc tâl a glandeg iawn, a'i wisc yn *saith* wynnach na 'r eira. *c.* **1720 (1793)** M. AB ROBERT: *CC* 37, yn *saith* mwy hunan-dyb-dda, am danynt eu hunain. **1764** W. WILLIAMS: *Th* 6, Gwrthgiliad yn ei yrru *saith* gyntach yn y bla'n. **1768** W. WILLIAMS: *HTS* 13, Cydwybod . . . yn rhuo *saith* mwy nâ llew. Ar lafar yn y Gogledd, ''Na' i weiddi'n *saith* mwy', *WVBD* 154. Gw. hefyd *seithwaeth, seithwell*.

Cfn.: **saith mlwydd (flwydd),** gw. *seithmlwydd*. **y saith gamp deuluaidd,** gw. *camp*¹. **saith gant (cant),** gw. *seithgant*. **saith gelfyddyd (celfyddyd):** *seven* (*liberal*) *arts, also fig.* *c.* **1400** *YCM*² 167–9, *seith gelfydyt* . . . Gramadec . . . Music . . . Dilechdit . . . Rethoric . . . Geometria . . . Arismetica . . . Astrologia. **15g.** *GLGC* 323, *Saith gelfyddyd* (*Pen* 109, 65, *saith keluypyt*), ryw fyd, fu / o gwbl, seithwyr a'u gwybu. **15g.** *GGl*² 14, Mae arch yn Ystrad Marchell / Ym mynwent cwfent a'u cell, / Ac yn honno gann hannerch, / A *saith gelfyddyd* y serch [marwnad Llywelyn ab y Moel]. *c.* **1475** *B* xiv. 9, y creawd ef y byt ac y gwnaeth wrth y *seith keluydyt*. *c.* **1566** *GP* 207, *saith gelfyddyd* Ryddion. *p.* **1584** G. ROBERT: *GC* [209], un o'r *saith gelfyddyd* breiniol [*sic*]. **1630** *YDd* xx, y Saeson . . . nid oes vn sail o athrawiaeth yn y *saith gelfyddyd*, nad yw wedi ei addurno yn eu hiaith hwy. **1775** *W*, Y *saith gelfyddyd* freiniol d.g. *Liberal, The liberal arts and sciences*. **saith gysgadur,** gw. *cysgadur*. **saith nawn yr Ysbryd Glân,** gw. *saith doniau yr Ysbryd Glan*. **saith deg, seithdeg:** *seventy*. **16g.** *WLl* 72, Pymthekant moliant miloedd / A *saith dec* ysowaeth oedd. **1795** J. HARRIS: *Alm* 8, 'Roedd rhyngoch a'r cwmmwl, 'rwy'n meddwl yn siwr, / Ddwy filldir o bellder i gyfer y 'stwr, / A *saith deg* o lammau, a thair yn ddilai, / Os ce's iawn gerddediad y swn yn nesau. Gw. hefyd *saithdegau*. **saith niau:** *seven days*. **13g.** *C* 36. 3. **13g.** *BD* 15, gorfowyssassant yn edrych ansawd y vlat *seith nyeu*. **15g.** *GLGC* 207, *saith nie*. **saith niwrnod,** &c.: *seven days, also fig.* **14g.** *Cylchg LlGC* vi. 172, val yd oedynt [Adda ac Efa] y myvn tabernakyl. y lle buant *seith niwarnavt* yn wylav truy dolur maur. **14–15g.** *IGE*² 275, *Saith niwarnawd*, gwawd gwiwrwym, / Bu Grist yn lluniaw pob grym (Siôn Cent). *c.* **1475** *B* xiv. 9, *seith diwarnawt*, y rei yssyd yn kyflenwi yr wythnos. **1527** *id.* ii. 204, os ef a gynnane vewn y *saith niwrnod*. **16g.** *GGH* 222, *Saith niwrnod* ydyw'r brodyr, / Saith rinwedd Gwynedd a'i gwŷr. **1567** *TN* 340b, Trwy ffydd y cwympasont cayray Iericho wedi y compasu hyd *saith diwrnodd* [*sic*]. **1588** *Ecs* xii. 15, *Saith niwrnod* y bwytewch fara croiw, y dydd cyntaf y gwnewch na byddo sur-does o fewn eich tai. **1588** *Lef* xii. 2–5, os gwraig a feichioga ac a escor ar wryw, yna bydded aflan *saith niwrnod* . . . Ond os ar fenyw yr escor hi, yna y bydd hi aflan bythefnos. **1604–7** *TW* (*Pen* 228), pymp, ne *saith niwrnawt* wedy seinio y Saturnus ym mis Rhaguyrh d.g. *Saturnalia*. **1630** *YDd* 223, y mae *saith ddiwrnod* yn gwneuthur wythnos. **saith doniau (nawn) yr Ysbryd Glân:** *seven gifts of the Holy Spirit*. **1346** *LlA* 18, *seith donnyev yr yspryt glan*. *c.* **1400** *DB* 21, *seith nawn yr Yspryt Glan*. **saith nyn,** gw. *seithnyn*. **saith waeth,** gw. *seithwaeth*. **saith (g)waith,** gw. *seithwaith*. **saith weddi'r pader,** gw. *gweddi*. **saith weithred (y drugaredd),** &c.: *seven acts of mercy*. **1346** *LlA* 146, *Seith weithret ydrugared* . . . Rodi boyt yneɓynaɓc. Diaɓt ysychedic. lletty ybellynnic. Dillat ynoeth. Gofɓy claf. Rydhav carcharaɓr. Claddv ymarɓ. **15g.** *Cy* iv. 120, *Seith gwithredoyd ydrugareth*. ?**15g.** *DGG* 145, Nid oes eithr ond *saith weithred* / I ddyn, a gwreiddyn ei gred. **1568** MORYS CLYNNOG: *AG* 57, *Saith weithred y drugaredd* gorforawl . . . *Saith weithred y drugaredd* ysprydawl. Rhoi cyngor da i eraill. Cyfrwy[dd]o'r an/ghyfarwydd. Rhybuddio'r pechodwyr: cysurio'r neb sydd mewn bl[i]nder, a lludded. Ma[dd]e'r cam a'r ni[w]ed a gowsom: Dwyn yn ddioddefgar yr helbul y mae eraill yn i [w]neuthur i ni: gweddio duw dros y byw a'r meirw. **1605–10** *llCRC* iii. 15, ag ai wyllys efo a waodd / a gwplaodd y *saith weithred*. **1670** J. HUGHES: *AP* 12. **saith well,** gw. *seithwell*. **saith lafanad:** *seven elements*. **13g.** *C* 23. 9, O *seith lauanad*. ban im se suinad [*sic*]. **14g.** *T* 37. 26–38. 1, Ny ɓybyd anygnat. y *seith lauanat*. **saith meib,** gw. *seithmeib*. **saith mil,** gw. *seithmil*. **saith mis,** gw. *seithmis*. **saith bechod (pechod):** *seven* (*deadly*) *sins*. **1346** *LlA* 141, ym moglyt rac y*seith pecha*ɓt marɓaɓl. *id.* 145. **14–15g.** *IGE*² 97, Malu y Sul, melys sôn, / Marwol *saith bechod* meirwon (?Siôn Cent). **1568** MORYS CLYNNOG: *AG* 48, y *saith bechod* marwol. **16–17g.** *GBF* 466, Dros y *Saith Bechod*, anghlod anghlau, / Saith Weddi'r Pader, arfer orau. **saith blaned (planed,** &c.**):** *seven planets, also fig.* **15g.** *IGE*² 229, A'r *saith planed*, dynged dygn, / Diddicson a'r deuddecsygn (Ieuan ap Rhydderch). *c.* **1475** *B* xiv. 9, y golcuhawd y rei hynny [saith diwrnod] a'r *seith planet*. **1527** *RWM* ii. 101, Natturrie y *saith Blanned*. **16g.** *GGH* 222, *Saith blaned* Cymru y'u gedir. **1778** J. ROBERTS: *C* 23, Natturiaeth y *Saith Blaened* ar ddynnion wrth nattur. **1786** M. WILLIAMS: *BM* [33], [y] *saith planed* wibiog. **saith bob ochr:** *seven-a-side* (*rugby*), *sevens*. **20g.** **saith rinwedd:** *seven virtues*; *seven sacraments*; *also fig.* **1346** *LlA* 145, *seith rinɓed* . . . Be[d]yd escob. Abedyd offeirat . . . A segyrffyc. Penyt. Anghen. vrddev kyssegredic. A phriodas. **15g.** *GLGC* 504, *Saith rinwedd* trugaredd gynt / un wedd arno a oeddynt. **15g.** *CSTB* 44, Fy ngwynfyd am fy ngwenferch / A rannodd *saith rinwedd* serch. **15–16g.** *GLM* 190, *Saith rinwedd* Seth a rannwn, / maen hwy'u saith ym mynwes hwn. **16g.** *GGH* 222, Saith niwrnod ydyw'r brodyr, / *Saith rinwedd* Gwynedd a'i gwŷr. *p.* **1584** G. ROBERT: *GC* [343], *Saith rinwe[dd]* yr eggl[w]ys, a cl[w]ir Sagrafennau. **saith r(h)yfeddod (y byd):** (*the*) *seven wonders* (*of the world*). **1612** *LlP* [18], [T]eml Diana . . . un Or 7. *ryfeddod* yn *y byd*. **1661** E. LEWIS: *Drex* 65, *saith ryfeddod y byd*. **1798** *WR*, un o'r *saith rhyfeddod* d.g. *Mausoleum*. **saith sacrament:** *seven sacraments*. **1718 (1721)** S. THOMAS: *HB* 101, y mae gan y Papistiaid *saith Sacrament*. **saith sagrafen (sacrafen(nau)) = saith sacrament.** **1568** MORYS CLYNNOG: *AG* 50–4, y *saith sacrafen*. . . . sacrafen bedydd . . . sacrafen Crysma . . . sacrafen y gyphes . . . sacrafen y'r [sic] allor . . . sacrafen yr olew . . . sacrafen yr vrdde . . . [y] sacrafen briodas. **1618** J. SALISBURY: *EH* 2, [y] *saith Sacrafennau*. **saith salm:** (*the*) *seven* (*penitential*) *psalms, also fig.* **15g.** *DGG*² 33, Gŵr a wnaeth er lliw gwawr nef, / *Saith salm*, tad syth i Selef [am Ddafydd Broffwyd]. **15g.** *DN* 11, Gwnaf *saith salm*, fal tad Salmon, / Er Rys ar y ddaiar hon [dadolwch Rhys o'r Tywyn]. *Diw.* **15g.** *B* v. 103, *Seith salym* ediuarwch. **16g.** *GGH* 222, *Saith salm* i gadw talm o'n tir. *Diw.* **16g.** *LBS* iv. 418, *saith psalym* adifairwch. **saith seiens,** gw. *saith sïens*. **saith sêl:** *seven seals* (*with ref. to the book mentioned in Rev.* v). **1567** *TN* 378b, Llyfr . . . gwedy sely a *seith sel*. **1764** *CDTN* 21, Bu wiw gan Grist gymmeryd / Y Llyfr a'r *saith sêl*. **saith seren:** (*the*) *seven stars, also fig.*; *seven planets*. **13g.** *DB* 63–5, y pur awyr . . . Endaw e mae *seith seren* yg guahanredaul gylcheu en troi en erbyn e daear . . . gelwir wynteu planedeu. **14g.** *T* 38. 4–8, *Seith seren* yssyd . . . Marca marcedus. ola olunus. Luna lafurus. Jubiter. venerus. O heul ohydyruer yt gyrch lloer lleufer. **15g.** *IGE*² 227, Amnifer y *saith seren* (Ieuan ap Rhydderch). **15g.** *CSTB* 44, Eglurder y *saith seren* / A'r main gloyw yw'r mwnwgl wen. **15–16g.** LLAWDDEN, &c.: *Gw* 28. **1547** *WS*, *Saith seren* seiriol The seuen starres. **16g.** *GGH* 222, Saith niwrnod ydyw'r brodyr, / . . . / Seiriol eglur *saith seren*. **1604–7** *TW* (*Pen* 228), y *Saith Seren*, y Twrh Tewdos d.g. *Vergiliæ*. **1780** *W*, Y *saith seren* d.g. *Pleiades*. **18–19g.** *Llr* C 13, 28, N. W. *Saith Seren* Siriol or Seiriol qu. wh. Pleiades. Ar lafar clywir 'y *saith seren* siriol' am yr Haeddel, Ursa Major (dwyrain sir Gaerf.). **saith sïens (seiens):** (*the*) *seven* (*liberal*) *sciences or arts*. **15g.** *Glam Bards* 284, Y gwr ar llyvr geirwir llwyd / o lynn nedd a lüneiddwyd / a dry mewn deuair ne dri / gymendod m[a]ca mwndi / *saith seiens* a gymenswn / y mae'n saith y mynwes hwn [Ieuan Du'r Bilwg i Abad Glyn Nedd i ofyn y Greal]. **15g.** *GLGC* 152, Yno mae eto matens —a gosber, / iser a sewer a *saith sïens*. *id.* 245, *Saith sïens*, gwaith i'w weithiaw, / Gildas a'u cafas ap Caw. *Diw.* **15g.** *RWM* i. 424, ssion sy ben *sseith siens* byd (Rhys Fychan). **15–16g.** *TA* 81, Pwy, o bernid, Pab arnun, / Sy, 'n y *saith sïens*, i hun [i'r Abad Dafydd ab Owain]? **y saith sir:** *the seven counties* (*?of North Wales*). *c.* **1735 (1818)** R. JONES: *GP* 27, Ni nyddwyd, ac ni nyddir, / Y fath waith yn *y saith sîr* [marwnad Siôn Rhydderch]. **saith droedfedd (troedfedd):** *seven feet* (*with ref. to the grave*). **13g.** *GDB* 64, Namyn *seith droetuet* [marwnad Llywelyn ap Iorwerth gan Einion Wan]! **14g.** *GDG*³ 49, Natur boen, nid hwy yw'r bedd, / Syth drudfalch, no *saith droedfedd*. **14–15g.** *IGE*² 291, Diddim ydyw o dyddyn / Ond *saith droedfedd*, diwedd dyn (Siôn Cent). *c.* **1400** *R* 1214. 14, kynn gɓythleith *seith* drutueith *droetued*. *id.* 1215. 16–17, kynn bed *seith droetued* agwed gɓander. *id.* 1285. 19–20, kynn erchwynnyaɓc bed *seith troetued* traɓt. *p.* **1500** *Pen* 57, 45, *saith droed vedd* [sic] yn i vedd vv (Ieuan Rudd). **saith ugain, saith ugaint:** *seven score, one hundred and forty*. **12g.** *GMB* 177, Yn *seith ugein* yeith wy ueith voli. **13g.** *C* 6. 9, *Seith ugein* haelon. *id.* 34. 4–5, Seith seint a*seithugeint*. aseithcant.

awant in un orsset. 14g. *T* 6. 6, *Seith vgeint*. 1567 *TN* 168a, cant a 'thri ar ddec a daugain [:– tri arddec a *saithugain*]. 1574 *Llst* 171, 51, diraid oedd y mi drayl gwerth *saith igain* pynt o nard gwerth/fawr. Ar lafar, '*saith igian*', *WVBD* 227. Cf. *IGE*² 244, Saith ugeinmil, syth ganiad, / A saith mil, cynnil y cad (Ieuan ap Rhydderch); *GLGC* 447, O'r saith ugeiniaith a gad, / isa' ydiw'n gosodiad.

saith² [?bnth. Llad. *sānctī* (gen.; drwy *sactī* > **saχtī*); ynglŷn â dtb. *-nct-*, cf. *pwyth*] *eg.* ll. *seithoedd*. Sant: *saint*.
14g. *T* 4. 4–6, iolaf rybechaf eluyd gɓaed naɓ rad nef [m]estic toruoed. Adecuet seint seic *seithoed*. *id.* 10. 24–5, *Seith* pedyr ae dywaɓt. Digwydd o bosibl yn yr e. lle *Brynsaithmarchog*, Meir.

saithbennaeth, seithbennaeth [*saith*+ *pennaeth* neu *saith ben*+*-aeth*] *eb.* Llywodraeth gan saith pennaeth, yn enw. saith teyrnas dybiedig Lloegr Anglo-Sacsonaidd (tua'r 7-9g. O.C.): *heptarchy* (*esp. in English history*).
1848.

saithbennog [*saith ben*+*-og*] *a.* Ac iddo saith pen: *seven-headed*.
1630 R. Llwyd: *LlH* 84, ni ellir amgen na chyfaddeu bod cybydd-dod yn bechod dirfawr, megis anghenfil *saith-bennog*.

saithdegau [*saith deg*+*-au*] *e.ll.* Y rhifau rhwng 70 a 79, gan gynnwys y rhifau hynny, yn enw. wrth gyfeirio at flynyddoedd canrif neu oedran: *seventies*.
1895. Ar lafar, "Dydi o 'm edrych yn hen, ond mae'n siŵr 'i fod o yn 'i *saithdega* cynnar'; 'Hogan ysgol ôn i yn y *saithdega*, cofia'.

saithddyblyg [*saith*¹+*dyblyg*] *a.* Saith gwaith (cymaint): *sevenfold*.
1346 *LlA* 99, *Seith dyblyc* rod. oseithryɓ vod. vud nefolaf. 1588 *Gen* iv. 15, am hynny y dielir yn *saith ddyblyg* ar bwy bynnac a laddo Gain. 1588 *Diar* vi. 31, rhaid iddo dalu yn *saith ddyblyg*. 1588 *Ecclus* vii. 3, na haua ym mysc cwysau anghyfiawnder, rhag i ti eu medu [*sic*] yn *saith ddyblyg*. 1595 H. Lewys: *PA* ix, sef ffo dann darian *saith-ddyblyg* Aiax fab Telamon. 1630 *YDd* 383–4, o'th *saith ddyblyg* bechodau. [1783] *W* d.g. *Seven-fold*.

saithflyneddol, saithflynyddol, gw. **saithmlynyddol.**

saithlythyrog [*saith*¹+*llythyr*+*-og*] *a.* Ac ynddo saith llythyren (am air): *seven-letter* (*of word*).
c. 1400 *Ymborth* [2], Seith brifwyt, pechawt marwawl, yssyd ac a ellir eu dyall drwy vn geir *seithlythyrawc*, gan gymryt geir kyvan o bob llythyren o'r geir. Sef yw y geir: Bakagill. *id.* 8.

saithlywiaeth, seithlywiaeth [*saith*¹+ *llywiaeth*] *e?b.* Saithbennaeth (yn enw. yn hanes Lloegr): *heptarchy* (*esp. in English history*).
1858.

saithlywyddiaeth, seithlywyddiaeth [*saith*¹+*llywyddiaeth*] *eb.* Saithbennaeth: *heptarchy*.
1848.

saithmlwyddol, seithmlwyddol [*saith mlwydd*+*-ol*] *a.* Saithmlynyddol: *septennial*.
1851.

saithmlynyddol, saithmlyneddol, saithflynyddol, saithflyneddol [*saith*¹+ *blynyddol* a *saith mlynedd* (*flynedd*)+*-ol*] *a.* Yn digwydd bob saith mlynedd, yn parhau am saith mlynedd: *septennial*.
[1783] *W*, *saith mlyneddol* d.g. *Septennial*.

saithonglog, seithonglog [*saith ongl, seithongl*+*-og*] *a.* Ar ffurf seithongl: *heptagonal, septangular*.
1803 *P*, *Seithonglawg*, a. . . . Septangular.

sâj, gw. **saets.**

sâl¹, *a.* ll. *salion*, *seilion*, a hefyd gyda grym enwol.

(*a*) Gwael, tila, di-raen, pitw, di-nod; ffiaidd, cywilyddus, gwarthus, cas: *poor, mean, shabby, paltry, insignificant; vile, contemptible, despicable, nasty*.
16–17g. *GHCEM* 114, A mi a brofa ddial / Am eich cywydd sydd mor *sâl*. 16–17g. *HG* 53, trwm ywr kwymp ar kolled hynn, mab düw nys mynn or *sala*. 1632 *D*, *Sâl*, Idem quod Salw. 1661 E. Lewis: *Drex* 271, y rhan fwyaf o ddynion . . . mor *sal* yw eu ffydd! 17g. Huw Morus: *EC* ii. 422, Gwel gaethed, *saled*, fy seler—ystyr, / I ostwng dy falchder. 1696 *CDD* 96, Y lleill nid ŷnt buredd, ond *sâl* Ordderch-wragedd. 1716 J. Morgan: *MB* 24, Mor ffol y gweli ni'n ymryson / Am Gysgodion, Pethau *salion* a disylwedd. 1719 T. Evans: *CDW* 14, Canys y mae ganddynt hwy lawer o Resymmau, Rhai go ddwys, rhai go *sâl*, a rhai cyn wanned a'r Gwendid ei hun. 1722 *Llst* 189, *Sâl*. p. *Salion*. Vile, base, mean, contemptible, sleight, worthless. [1740] L. Anwyl: *NG* 23–4, ô Jachawdyr Caredig . . . yr hwn oeddŷt [*sic*] . . . yn *Salach* y Sut arnat nag anifeiliaid y maes. 1790 J. Thomas: *DY* 13, Os gweli Fonheddigion mewn dillad hardd disgwyl hîn dêg neu lawenydd, ond os mewn dillad *seilion* y gweli hwynt disgwyl hîn arw. 1803 *P*, *Sâl* . . . frail, poor . . . Dillad *seilion*, bad clothes; tir *sâl*, poor land; dyna wartheg *seilion* iawn! see there what very poor cattle! Ar lafar, 'Mae o'n un *sâl* i fyta', 'dyn *sâl* am weithio', 'llong *sâl*', 'cerrig *seilion*', 'hen dro *sâl*', *WVBD* 472; 'tywydd *sâl*', 'gwair *sâl*', *B* xiv. 281 (Llan-non, Cered.).

(*b*) Claf, tost, afiach, hefyd yn *ffig.*: *ill, sick, unhealthy, also fig.*
16–17g. *Cer RC* 29, Os wrth i ffrwyth y 'dwaenir pren, / Mae'n *sal* y pren ers ennyd. 18g. E. T. Rhys: *DA* 161, 'Rwy'n awr yn bedwar ugain oed, / Ni bum erioed cyn *saled*; / Er bod yn wych, 'rwy'n awr yn wael, / Chwennychwn gael fy arbed. 1751 *ML* i. 178, Mae ennyd fawr o amser er pan gefais lythyr oddiwrthych yn rhoddi hanes eich bod yn *sâl* ar eich iechyd. 1755 *id.* 338, Dyma'r Benant wirion yn o *sâl*, ag yn mynd heddyw i Richmond i gael iechyd ag yn crefu mwyn etto i'w mendio. *id.* 375, roeddwn yn disgwyl ei weled yn *sâl* yn ei wely. 1803 *P*, *Sâl* . . . ill . . . Dyn *sâl*, a sick man. Ar lafar yn y Gogledd, y Canolbarth, a rhai mannau yn y De, gw. *LGW* 218; 'tendio pobol *sâl*', "Roeddwn i'n *sâl* pen glywn 'i lais o', "Rodd o'n *sâl* isio mynd', *WVBD* 472; mewn rhai mannau yn y Gogledd gwahaniaethir rhwng '*sâl*' 'ychydig yn glaf' a 'gwael' 'claf iawn', *LGW* 218; 'Ma hi'n *sâl* ers wsnosa, ond 'dwi'n ofni 'i fod o'n wael iawn'. Yng Nghered. clywir y rhigwm '*Sâl* ac yn salw, debycach i fyw nag i farw'.
Amr.: **sael²** (ll. *-ion*). 1722 *Llst* 189, *Sael*. as Sâl. Vile, mean. 1756 W. Williams: *GDC* 141, Ond tair ar ddeg ar hugain a hanner cyn ei chael, / O Flwyddau hirion mawrion, mewn Gorthrymderau *Sael*. 1785 D. Llwyd: *GP* 23, Mor ffol y gweli ni'n ymryson / Am gysgodion pethau *saelion* a di-sylwedd. *a.* 1791 W. Williams: *GP* 89, P'am tybia i mod yn rhyw beth gwych? / Myfi'r pechadur *saela* ei ddrych! *id.* 552, Fe sych, er *saeled* yw eu drych, / Duw ymaith ddagrau.
Cfn.: **sâl ar:** *difficult for or hard on* (*someone*) (*of circumstances*). Ar lafar yn Llŷn, "Odd 'i'n *sâl ar* bobol, 'dodd?'. **sâl fel ci, cyn saled â chi (â'r ci):** *as sick as a dog*. Ar lafar, "Di o 'm 'di arfar yfad—'odd o'n *sâl fel ci* ar ôl cal dau beint'; '*cyn salad â chi*', *WVBD* 472. **sâl yr haul:** *sickness caused by overexposure to the sun*. Ar lafar yn sir Benf. **sâl (y) môr:** *seasick; seasickness*. Ar lafar, "Dwi byth yn *sâl môr*'; "Ych chi'n diodde o *sâl môr*?'. **sâl swp:** *very sick or ill*. 1908. Cf. *swp—swp sâl*.

sâl² [bnth. S. C. *sale* 'a selling, sale, bargain'] *eb.g.* ll. *saloedd*. Tâl, ad-daliad, gwobr, budd, elw, hefyd yn *ffig.*; rhodd; gwerthiant, arwerthiant, ocsiwn: *payment, recompense, reward, gain, profit, also fig.; gift; a selling, sale, auction*.
14g. *GDG*³ 228, Gwae ef yr enaid heb *sâl*, / Rhag blinder heb gwbl undal. *id.* 233, Cariad ar ddyn anwadal / A fwriais i heb fawr *sâl*. 14–15g. *IGE*² 290, O'r trychan punt yn untal / A gawsant ar swyddiant *sâl* (Siôn Cent). 15g. *GGl*² 126, *Sâl* rugl yw seiliwr Rhaglan, / Syr Wiliam, wisg serloyw mân. 15g. *DE* 97, Aur *Sal* im a roes o'i Law. 1547 *WS*, *Sal* ne werth Sale. 16g. (*LlEG*) *Mos* 158, 470a, nadoedd *saal* ar vrethyn lloygyr. 16g. Siôn Brwynog: *C* 128, *Sâl* mawr a honsel ei mam, / Sibl, gwraig 'Lisa ab Wiliam. 16–17g. *GBF* 467, Llyfrau llaswyrau yw'n *sâl*. 16–17g. Edward Urien, &c.: *Gw* 182, Rhaid i bawb rhoi yd y bêl, / Rhychor sir, ewch chwi â'r *sâl*. 17g. *CRC* 240, Mae or Aliwns lawer vn / mewn cas a gwenwyn ini / rhaid i rheini ostwng *sâl* / i twyll ywr tal syn toddi. 1803 *P*, *Sâl*, s. f. . . . a sale. Ar lafar ym Morg. a dwyrain sir Gaerf., '*sæl* (eg) *salodd* (ll.) arwerthiant', "Odd Cethrin . . . wastod yn aros i'r *salodd* i brynu 'i dillad', 'Fi brynas y got 'yn yn y *sæl* yn dŷ Morgans yr Ais', *GTN* 706; '*Sâl* dlawd i gwala nath hi yn y Gelli', *LlGC* 1173, 2.
Cfn.: **ar sâl:** (i) *on sale, for sale*. 1604–7 *TW* (*Pen* 228) d.g. *præco*. 17g. *HG* 40, may dy gorff di *ar sal* / dial dy wyryddon. 1769 Twm o'r Nant: *TChD* 15. (ii) *paid, hired*. 15g. *GO* 51, Sôn am gael mursen *ar sâl* / Yn gymar yt, ddyn gwamal. (iii) ?*in recompense, as a gift*. 15–16g. *GRB* 52, Gwin *ar sâl* gwyn a roes hi: / gwleddoedd nef golau iddi.
Gw. hefyd **gwiwsail, sêl³**.

salad, saled¹, salet [bnth. S. *salad* a S. Diw. Cyn. *salette*] *eg.* ll. *saladau, salads, saledau, salet*(*y*)*s*. Saig (lug)oer o lysiau, reis, pasta, &c., sydd weithiau hefyd yn cynnwys cig, pysgod, caws, wyau, &c., ac a sesnir fel arfer ag olew, finegr, pupur a halen, &c.; llysieuyn neu berlysieuyn a ddefnyddir mewn saig o'r fath: *salad; salad-vegetable, salad-herb*.
1545 Elis Gruffydd: *Ll* 104, hopys, yr hrain ysydd dra da mewn *salletys* y'w ffrio mewn ymenyn. 1604–7 *TW* (*Pen* 228), Corn y Carw o lann y mor; ef ai haruerir mewn *Saledæ* d.g. *Batis*. *id.* *Salat*, saws or irlyseû a vinecr d.g. *Exybaphon*. 1681 T. Jones: *Alm* [19], Pus a Ffâ, a Winwyns, a phôb mâth ar *Salet*. 1688 *id.* [21], [pob] mâth ar *Salet* a llysiau Crochon. 1755 *ML* i. 341, Y tywydd yn deg fal cefn haf weithiau a digon o ddail *salet* i'w bwytta gida buyff [*sic*]. 1790 M. Williams: *BM* [9], hauwch . . . ambell ronyn o *Salets*. Ar lafar, 'Mae'n gas gin' i *salad* ar 'i ben 'i hun'.
Cfn.: **salad ffrwythau:** *fruit salad*. Ar lafar, 'Peidiwch â roi banana mewn *salad ffrwythau* tan y funud ola".

salaidd [*sâl*¹+*-aidd*] *a.* Sâl, gwael; sâl, claf, tost: *poor, bad; ill, sick, poorly*.
1696 *CDD* 367, Mae'n dost anhunedd *saledd* sŷn, / Cynhwŷsiad hŷn o oesau. 1741 *ML* i. 52, ynhad yn fynych yn *salaidd* gan gnofa yn ei frest. 1747 *id.* 124. 18g. *W Ballads* 71B, 4, rhag gwrando gwagedd *saledd* sôn. 18g. *W Ballads* 152B, 4, oer ddialedd *saledd* swyn. 1762 *ML* ii. 522. 1769 Twm o'r Nant: *TChD* 39, mae hwn yn o *saledd*. 1790 Twm o'r Nant: *GG* xi, Rhag bod yn y diwedd yn *saledd* eich swydd. 1803 *P*, *Salaiz* . . . Somewhat frail or poorly.

salamander, salamandr, salimander [bnth. S. *salamander*] *eg.b.* ll. *salamanderau, -od, -iaid, salimand*(*e*)*riaid*. Unrhyw amffibiad cynffonnog o urdd yr *Urodela*, yn enw. *Salamandra salamandra*, sy'n debyg i fadfall ac yn ôl cam-gred gynt yn gallu goddef tân: *salamander*.
1604–7 *TW* (*Pen* 228), y *Salamandr* Aniual ar lun Geneu Coec, lhawn mannæ, pan vo'n y tan, hei ai diphydh, ag ny losgir dhim honei d.g. *Salamandra*. 1630 R. Llwyd: *LlH* 425, Megis y mae y *Salamander* yn tân bob amser, ac heb ei ddifa ganddo. 1661 E. Lewis: *Drex* 32, Y dichon y *Salamander* (Pryf tebyg i'r Genaugoeg) aros a byw ennyd yn tan. [1724] G. Wynn: *YGD* 190, fal Pyratides a sacraidd *Salamanderau*. 1730 Iaco ab Dewi: *YL* 14, yn debig i'r *Salamander*, yr hwn ni all un Tân ei losci. 1828 *Geir Pob* 24, *Salamander*, pryf y tân. Ar lafar clywir *salimandar* yn yr ystyr 'clinker, adhesive mass of coal products such as obstructs the nozzle of a smith's bellows', a hefyd yn ddifr. am berson, 'Taw'r hen *salimandar*!', *WVBD* 472. Cf. *LlA* 168, pryfet aelɓir yn yn ieith ni salamandre.

salami [bnth. S. *salami*] *eg.* ll. *-s*. Math o selsigen wedi ei sesno'n gryf, yn enw. â garlleg: *salami*.
Ar lafar, "Roeddan ni'n cal brecwast da iawn yno—bara a chaws a *salami* a ballu'.

salamoniac, salarmoniac, &c. [bnth. S. *sal ammoniac* a S. Diw. Cyn. *sal armoniak*] *e?g.* Clorid amoniwm: *sal ammoniac*.
Diw. 16g. *WLB* 7, dod ynddo *salermoniak*. *id.* 69, dyro yn faen o *Sal Armoniac*. 1721 J. Jones: *Alm* [14], y defnyddiau sydd yn porthi'r tân yn y mynydd . . . yw Brwmstan, Nitr, Arian Byw, *Sal-Armoniac*, Plwm.

salari¹ [bnth. S. *salary*] *eb.* Cyflog, yn enw. un a delir yn fisol neu'n chwarterol: *salary*.
1735 S. Thomas: *HP* 144, Yr oedd y lle hwnnw yn lle manteisiol o ran y *Salari* a berthyne iddo. *id.* 16[2], yr Arminians oeddynt yn y Tai Addoliad cyffredin yn pregethu Athrawiaeth Arminius . . . ac yn derbyn y *Salari* flynyddol a berthynai i'r Lle. 1828 *Geir Pob* 24, *Salari*, cyflog pennodol.

salari², salarmoniac, gw. **seleri, salamoniac.**

salder [*sâl*¹+*-der*] *eg.* Cyflwr gwael, gwaelder, gwendid, salwedd; afiechyd, clefyd, salwch: *poor condition, frailty, wretchedness; illness, sickness*.
1725–6 *Madd Ed* 11, ei [*sic*] bod hwynt gwed[i] ymlanw o Ragfarn Anoddiefol [*sic*] yn eu [*sic*] Erbyn ef, o herwydd *sàlder* ei ymddangosiad ef oddiallan. *c.* 1730 *Thos. Lloyd D* (LlGC) 206b, *Salder*.

Salwder. **1803** *P*, *Salder*, s. m. . . . Frailty, poorness; illness.

saldra [*sâl*¹ + *-dra*] *eg.* Afiechyd, clefyd, salwch; cyflwr gwael, gwaelder, gwendid: *illness, sickness; poor condition, frailty.*

1803 *P*, *Saldra*, s. m. . . . Frailty, poorness; illness. Ar lafar yn yr ystyr 'salwch' yn sir Drefn.

Cfn.: **saldra'r môr:** *seasickness.* **1885.**

saled¹·²·³, gw. **salad, saeled, sâl**¹.

saledonia [bnth. rhyw ff. ar y Llad. C. *celedonia, seladonia* (cf. S. C. *salendyne*)] *e?g. Bot.* Dilwydd, *Chelidonium majus*: *greater celandine.*

c. **1740** *LlM* 8, I wneuthur Dwr Llygaid. Cymmer sugn *Saledonia* a Llysiau'r Wennol. **18g.** *Llr* C 24, 9, y wneuthyr Dwr Bendigedig y loywi llygaid ag yw glanhay . . . Cymer y Rhos . . . ar *saledonia* ar teim Gwylltion ai [*sic*] golchi ai [*sic*] dodi y sefyll.

salensiaf: salensio, salermoniac, salet, gw. **sialensiaf: sialensio, salamoniac, salad.**

salet-oel [bnth. S. Diw. Cyn. *sallet oyle*] *e?g.* Olew'r olewydden o ansawdd digon da i'w ddefnyddio ar gyfer saladau: *salad-oil.*

1699 T. JONES: *Alm* [8], Goreu peth iw esmwŷtho [y glungymalwst] ŷw pauled neu blaster a wneler o Ysebon [*sic*] du, *salet oŷl*, Aquavite, a sugn Llysiau Rŷw. *c.* **1740** *LlM* 9, cymmer floneg îr wedi ei doddi ag Ymenyn Gwyrf, a *Salet Oel*, au berwi ynghyd. *id.* 17, Sowsered o *Salet-oel.* **1770** *TG* ii, 32, Irwch *Salet Oyl* ynddo [llosg]. **1828** *Geir Pob* 24, *Salet oil*, olew olewydden.

salfadaf: salfadu [bf. o'r e. Llad. Diw. *salvātiō*] *ba. Diwin.* Achub, gwaredu, iacháu: *to save, deliver, redeem (in theol.).*

1609 R. SMYTH: *CAC* 19, Crist . . . trwy'r hwn yn unig, pen ddarfassai'n colli i gyd, i cowssomi [*sic*] yn *salfadu* yn gwared a'n cymmodi a dduw'r [*sic*] tad. **1611** R. SMYTH: *SG* 23–4, ai bod [yr Eglwys Gatholig] wedi thanu ar hyd ag ar led trwy, rhollfyd [*sic*], ag yn derbyn, yn cloi ag yn *salfadu* megis mewn myn[w]es mamawl [*sic*] holl ddynion o holl amserau. *c.* **1730** *Thos. Lloyd D* (LlGC) 208a, *Salfadu* . . . Salvo.

salfadigaeth [cfdds. dysg o'r Llad. Diw. *salvāt(iō)* + *-ig*² + *-aeth*] *eg. Diwin.* Achubiaeth, gwaredigaeth, iachawdwriaeth: *salvation, deliverance, redemption (in theol.).*

1609 R. SMYTH: *CAC* 4, a'r phydd yma . . . yw goleni [*sic*] 'r Enaid, porth y bo[w]yd a Sylfaen yr iechyd ar *salfadigaeth* tragwyddawl. **1615** R. SMYTH: *GB* 214, a pheri iddo anobaithio o drigaredd dduvv . . . feldyna'r amser pen y mae Satan yn ymegnio yn erbyn duvv, i lestyr *salfadigaeth* dyn. *c.* **1730** *Thos. Lloyd D* (LlGC) 208a, *Salfadigaeth* . . . Salus.

salfadigedd [cfdds. dysg. o'r Llad. Diw. *salvāt(iō)* + *-ig*² + *-edd*¹] *eg. Diwin.* Achubiaeth, gwaredigaeth, iachawdwriaeth: *salvation, deliverance, redemption (in theol.).*

p. **1584** G. ROBERT: *GC* [396], heb fod gentho bris ar sirmud a masswedd gimaint, ai [*sic*] ofal am y *salfadigedd.*

salfadydd [cfdds. dysg. o'r Llad. Diw. *salvāt(or)* + *-ydd*³] *eg. Diwin.* Achubwr, gwaredwr, iachawdwr: *saviour, deliverer, redeemer (in theol.).*

p. **1584** G. ROBERT: *GC* [354], A thynnnodd o waith yna / mal *salfadydd*, dofydd da. **1609** R. SMYTH: *CAC* 7, y mab . . . sydd rybrynwr a *salfadydd* y byd. **1615** R. SMYTH: *GB* 218, yn *salfadydd* ni Iesu Grist. *c.* **1730** *Thos. Lloyd D* (LlGC) 208a, *Salfadydd* . . . Salvator.

salfaf: salfo¹, gw. **salfiaf: salfio.**

salfedig, salfiedig [bôn y f. *salfiaf, salfaf*: *salf(i)o* + *-(i)edig*] *a.bfl. Diwin.* Wedi ei achub, ei waredu, neu ei iacháu: *saved, delivered, redeemed (in theol.).*

1609 R. SMYTH: *CAC* [iv], os myn gadw i enaid yn *salfiedig. id.* 24, heb hyn ni eill neb fod yn gyfion, nag yn *salueddig* [*sic*]. **1615** R. SMYTH: *GB* 114, anodd i'r neb y sy 'n rheoli un eglvvys . . . fod yn *salfiedig*, o hervvydd fod i siars ai faych yn gymeint.

salfiaf, salfaf: salfio, salfo¹ [bnth. dysg. Llad. Diw. *salvō*] *ba. Diwin.* Achub, gwaredu, iacháu: *to save, deliver, redeem (in theol.).*

1609 R. SMYTH: *CAC* [vi], pwy bynag a el oddiwrth undeb yr Eglwys y mae'n, [*sic*] angenrheidiol cyfri hwnw ymysc yr Hereticiaid. Allan o'r Eglwys nid yw bossibl gwasnaethu duw, na *salfio* i enaid. **1611** R. SMYTH: *SG* 139, am i pechodau yn y byd yma . . . y mae'n rhaid uddynt gael i *salfio* drwy dan. **1615** R. SMYTH: *GB* 222, os bydd anodd i'r cyfiavvn gael i *salfio.* **1741** S. THOMAS: *DY* 39, y mae yr Ysprŷd Glan . . . yn [*sa*]*lfo* y Saint i fywyd tragwyddol.

salfiedig, salfo¹, gw. **salfedig, salfiaf: salfio.**

salfo² [bnth. S. *salvo*] *eb.* Taniad nifer o ynnau ar yr un pryd; gollyngiad nifer o fomiau o awyren ar yr un pryd: *salvo.*

20g.

salfyd, gw. **sâl**¹ + **byd**¹.

salgar [*sâl*¹ + *-gar*] *a.* Yn ffugio salwch: *malingering.*

Ar lafar, '*Salgar* . . . Fond of malingering . . . Yma gorwe Deio *salgar*, / Lawr yn ishel yn y ddeiar; / Os carith e'r bedd fel carodd e'r gwely, / Fe fydd y dwetha yn atgifodi', *GDD* 253; hefyd yng ngogledd Cered., D. J. EVANS: *HCS* 129.

salgi [*sâl*¹ + *ci*] *eg.* Enw difrïol: *term of abuse.*

Ar lafar, '*Salgi* . . . A dirty, lazy fellow', *GDD* 253.

saliaf: salio [bf. o'r e. *sâl*²; tywyll yw'r engh. gyntaf isod, a dichon mai gair arall (?bnth. S. C. *sa(i)len* 'to attack, assail') a welir ynddi] *bg.* Gwerthu: *to sell.*

15–16g. HYWEL RHEINALLT: *Gw* 60, Tynnu gŵr tan y gweryd, / Tristâu gwedd Gwynedd i gyd. / Dwyn oes Wilym, Duw'n *salio* / Dydd Farn ar ei duedd fo. **1547** *WS*, *Salyo* Make a sale.

saliant [bnth. S. *salient*] *a. Her.* Yn neidio: *salient (in her.).*

1575 (1587) W. MIDLETON: *B* 55, A maes o Geuls mëys i galwant, / llawer sy eilwaith llew ôr *saliant* [marwnad Catrin, iarlles Penfro]. *c.* **1600** L. DWNN: *HV* i. [11], Or llew *saliant* G. bordr envecyd gwles.

salifa [bnth. S. *saliva*] *eg.* Poer: *saliva.*

20g.

salimander, gw. **salamander.**

Sali rianog [yr e. prs. *Sali* + *rhianog*] *eb.* Math o lindys streipiog: *type of striped caterpillar.*

Ar lafar, *GTN* 703.

salíwt, salŵt [bnth. S. *salute*] *eb.* ll. *salíwtiau.* Cyfarchiad milwrol ffurfiol, hefyd yn *ffig.*; taniad dryll(iau), &c., fel arwydd ffurfiol neu seremonïol o barch neu ddathlu: *salute, also fig.*

1928.

saliwtiaf, salwtiaf: sal(i)wtio [bnth. S (*to*) *salute*] *bg.a.* Rhoddi salíwt (i): *to salute.*

1919.

salm [bnth. S. C. *(p)salm(e)* neu Lad. Diw. *psalmus*; digwydd hefyd y ff. orgraffyddol *psalm* dan ddyl. y Llad.] *eb.* ll. *-au, seilm.* Unrhyw un o gerddi 'Llyfr y Salmau' yn yr Hen Destament, cerdd ar ffurf debyg i un o'r rhain, hefyd yn *ffig.*; cân (o fawl), cân gysegredig, emyn: *psalm, also fig.*; *song (of praise), sacred song, hymn.*

1346 *LlA* 107, yno ydysg(v)yt ida(v) ef *seilym* yr holl vl(v)ydyn. **14g.** *GDG*³ 74, Serchog y cân dan y dail / *Salm* wiw is helm o wiail. *c.* **1400** *R* 1303. 11–12, am cu (v)rd seilma(v)l am kerd *salmeu. Diw.* **15g.** *B* v. 103, Seith *salym* ediuarwch. **1567** *LlGG* (*Sall*) 55b, *Psalm* voliant [:– er diolwch]. **1567** *TN* 75a, gwedy yddynt ganu *psalm* [:– emyn, moliant, diolwch]. **16g.** *Hop M* 192, a phob *salme*, a gweddie. **1588** 1 *Cr* xvi. 7, Yna y dydd hwnnw y rhoddes Dafydd y *psalm* hon yn gyntaf i foliannu yr Arglwydd drwy law Asaph ai frodyr. **1632** *D* d.g. *Psallo, Psalmodia, Psalmus.* **1675** R. JONES: *HCh* 89, bod yn gyfreithlon canu *Psalmau* sydd yn ymddangos allan or Scrythur. **1703** E. WYNNE: *BC* 44, *Psalmau* mawl i'w ceidwad. **1748** *ML* i. 136, ar pethau mwyaf sydd yn rhoddi llosc calon iddo fo [y Parch. Thomas Ellis], yw'r gair *Salmau* yn lle *Psalmau.* **1792** H. HARRIS: *H* 22, i ddysgu pobl ieuaingc i ganu *Salmau.* Ar lafar, 'Næci un adnod 'ôn ni'n 'i wed fel ma plant 'eddi, pyn ôn ni'n myn' 'mlæn i wed adnota yn y cwrdd. 'Odd a'n ddim i blentyn wed *salm* gyfan', *GTN* 703. Mae *Salm i Famon* yn deitl ar un o gerddi hir John Morris-Jones.

Cfn.: **salmau cân (canu):** *metrical psalms.* **1688** S. HUGHES: *TSP* [v], *Psalmau cân.* **1708** *EGE* [181], y Llyfr Gweddi gyffredin ar *Psalmau canu* wrtho. **Salmau (Seilm) Dafydd,** &c.: (*the*) *Psalms of David. c.* **1400** *R* 1218. 31, eurglo incelo med *seilym dauyd.* **1567** *LlGG* (*Sall*) 2a, *Psalmae Dauid.* **1588** *Salm* (teitl), *Psalmau Dafydd.* **1753** D. JONES: *SD* d.d., *Salmau Dafydd.* **1757** *ML* (Add) 932, fod gwaith Ronwy gynt fal *Salmau dafydd* yngolwg llewod. **1758** *ML* ii. 97, Mae'r Methwdistiaid yma yn dadsio fod un o'i [*sic*] brodyr yn Llundain wedi troi *Salma' Dafydd* ar amgenach mesura a gwell prydyddiaeth na'r eiddo yr hen Iemwt Prys. **y Salm Fawr:** *Psalm 119.* **20g.**

salmaf, salmiaf: salmu, salm(i)o [bf. o'r e. *salm*; digwydd hefyd ff. orgraffyddol yn *ps-*, cf. *(p)salm*] *bg.* Canu salmau: *to sing psalms, psalmodize.*

1551 W. SALESBURY: *KLl* lxvb, can cany a *psalmy* ir Arglwydd yn ych calon. **1567** *TN* 290a, gan ganu, a' *psalmu* [:– odli] ir Arglwydd yn eich calonæ. *c.* **1730** *Thos. Lloyd D* (LlGC) 201a, *Psalmu* . . . Psallo. Ar lafar yn yr ystyr 'rhegi', 'Fi welas i'n goch! 'Ôn i'n *salmo*, 'wi'n bywnd o wed', *GTN* 703.

salmaidd [*salm* + *-aidd*] *a.* Yn perthyn i salm(au), tebyg i salm(au): *psalmic.*

20g.

salmdon, salm-dôn [*salm* + *tôn*] *eb.* ll. *salmdonau. Crdd.* Siant (ar gyfer salm), côrgân, llafargan, tôn y cenir salmau cân arni: (*psalmic*) *chant, psalm-tune.*

1868.

salmfardd, salmganiadaeth, gw. **salm + bardd, caniadaeth.**

salmiaf: salmio, gw. **salmaf: salmu.**

salmonela [bnth. S. *salmonella*] *eg.* Unrhyw facteriwm o'r tylwyth *Salmonella*, yn enw. un o nifer o rywogaethau sy'n achosi gwenwyn bwyd; salmonelosis: *salmonella; salmonellosis.*

20g. Ar lafar, 'Ma 'i 'di bod yn sâl iawn—'odd rywun yn deud 'i bod hi 'di cal *salmonela*'.

salmonelosis [bnth. S. *salmonellosis*] *eg.* Gwenwyn bwyd a achosir gan salmonela: *salmonellosis.*

20g.

salmydd, salmwr [bôn y f. *salmaf*: *salmu* + *-ydd*³, *-wr*; digwydd hefyd ff. orgraffyddol yn *ps-*, cf. *(p)salm*] *eg.* (b. *salmyddes*) ll. *salmyddion, salmwyr.* Awdur neu gyfansoddwr salmau neu emynau; awdur un o'r Salmau, gan gyfeirio fel arfer at y Brenin Dafydd; canwr: *psalmist, hymnist;* (*the*) *Psalmist; singer.*

1588 *Esr* vii. 24, Yr ydym yn yspyssi i chwi hefyd am yr holl offeiriaid, Lefiaid, *psalmyddion.* **1620** *Salm* lxxvii. cs., Y *Psalmudd* yn dangos pa ymdrech creulawn a fuasai rhyngtho ac anobaith. **1661** E. LEWIS: *Drex* 105, y *Psalmudd* sanctaidd y Brenin Dafydd. **1677** C. EDWARDS: *FfDd* 173, fel y dywed y *Psalmwr.* **1725** D. LEWIS: *GB* 96, y mae'r *Salmydd* trwy Ysbrydoliaeth, yn cyffelybu Melldith Duw i Olew a Dwfr i'r esgyrn. **1759** T. THOMAS: *WWDd* 348, Diau (medd y '*Salmydd*) osod o honot hwynt, mewn llithrigfa, a chwympo o honot hwynt i ddinistr. **1780** *W*, *Salmydd* d.g. *Psalmist.* **18–19g.** *CRIM* 24, Can groesaw'r beraidd eos, / Cantores nos i ni, / *Salmyddes* fwyn ym mrig y llwyn / ar odre twyn wyt ti. Clywir *salmydd* ar lafar, *GTN* 703.

salmyddiaeth [*salmydd* + *-iaeth*; digwydd hefyd ff. orgraffyddol yn *ps-*, cf. *(p)salm*] *eg.b.* Y weithred o ganu salmau, emynau, &c., yn enw. fel rhan o addoliad cyhoeddus; trefniant o salmau i'w canu: *psalmody.*

1753 D. JONES: *SD* vii, Amcan pennaf y Gwaith hwn oedd, i anghwanegu *Salmyddiaeth*, neu Ganu Crefyddol. *id.* ix, a'n *Salmyddiaeth* a fyddai'n fwy cyttunol â'r prif Eglwysi. **1780** *W* d.g. *Psalmody.* **18–19g.** *Llr* C 49, 59, Books at Merthyr . . . Arwest *Salmyddiaeth.*

salni, gw. **selni.**

salon [bnth. S. *salon*] *eb.g.* ll. *-au.* Siop trin gwallt, siop harddu'r corff, &c.; cynulliad o bwysigion byd llên, celfyddyd, &c., mewn tŷ ffasiynol (yn enw. ym Mharis): (*hairdressing, beauty, &c.*) *salon;* (*Parisian, &c.*) *salon.*

1936.

salpetr, salpitr, gw. **solpitar.**

salt, saltan, gw. **sallt, salter**¹.

salteir, saltier [bnth. S. *saltire, saltier*] *e?g. Her.* Croes Sant Andreas, croes letraws: *saltire (in her.).*

1575 (1587) W. MIDLETON: *B* 56, Siwel trwy irwaed *salteir* ariant, / a bend o geuls band da i galwant [marwnad Catrin, iarlles Penfro]. **18g.** *NBSF* 181, *saltier* giwls cofier 'r hyd Cent / ar y Groes or ôr Gresent.

Gw. hefyd **sawter.**

salter[1] [?bnth. S. C. *saler*, ?a'r *-t-* dan ddyl. S. *salt*] *eb.g.* ll. *-au.* Llestr halen: *salt cellar.*

1543–8 *Rhyddiaith Gymraeg* i. 66, o'r heli hwnw y kair halen gwynn man, ac ef a gyrchir ymhell y'w roi mewn *salterau* ar vyrddau arglwyddi a gwyr o stad. **17g.** *Musica* 19, pan roid y *salter* ar halen ar y bwrdd. **1716–18** *Llsgr R. Morris* 132, Gosodwch lian maenwun / ar iredd fwrdd hir felun / a dau *salter* yn y man / a bara cann oi canlun / rhowch ddaswrn o dranswria / a meinion hardd dowela / a dau *salter* o fewn hud / ir hwua i wrud yma. *c.* **1730** *Thos. Lloyd D* (LlGC) 207a, *Salter.* A Saltseller. **18g.** L. MORRIS: *LW* 220, Trybedd, Gefail, bachau Crochan / *Salter* [a] Threinswriau ddigon. **1828** *Geir Pob* 24, *Salter*, blwch halen. Ar lafar, *WVBD* 472.

Amr.: **sallter**[1]. **1604–7** *TW* (*Pen* 228) d.g. *Salillum.*

Cfn.: **salter halen:** *salt cellar.* **1547** *WS, Salter halen* Saltseller. Ar lafar yn y ff. *saltan (saltar) halan, WVBD* 472, *sialtan halan* (Arfon), a *soltar halen, Cymru* liv. [84] (dwyrain sir Drefn.).

salter[2] [bnth. S. *psalter*; digwydd hefyd ff. orgraffyddol yn *ps-*, cf. *(p)salm*] *e?g.* Sallwyr; ?sallwyr Fair, llaswyr: *psalter*; ?*Our Lady's psalter, the rosary.*

1677 R. JONES: *BB* 112, pa fôdd y digwydd fod Papist yn medru treulio ar ei Laswyr neu *Psalter*, ai Bwderau [*sic*], a llyfrau ei Offeren, ychwanego o oriau . . . nag a fedrwrn [*sic*] ni mewn difrifol Addoliad? **1752** G. OWEN: *L* 18, Mae genyf fi yma Fibl, a *Salter.*

Amr.: **sallter**[2] [?dan ddyl. *sallwyr*]. *c.* **1762–79** W. WILLIAMS: *P* 411. **1770** P. WILLIAMS: *BS, Salm* cxxxiii.

saltier, gw. **salteir.**

saltpeter, saltpetr, gw. **solpitar.**

saltring [?cfdds. o'r e. *sawtring* dan ddyl. y S. *psaltery*; digwydd hefyd ff. orgraffyddol yn *ps-*, cf. *(p)salm*; ffrwyth cymysgu dau air Heb. yw'r ystyr 'haearn canhwyllau'] *eb.* ll. *-au.* Offeryn cerdd gynt ac iddo seinfwrdd a thannau fel y dwsmel, ond a genid â'r bysedd yn hytrach nag â morthwylion, llaswyr, hefyd yn *ffig.*; haearn canhwyllau: *psaltery, also fig.*; *candle snuffers.*

1588 1 *Br* x. 12, a *psaltringau* i'r cantorion. **1588** 2 *Cr* iv. 22, Y *psaltringau* hefyd, a'r cawgiau, a'r llwyau, a'r thusserau oeddynt aur pûr. **1588** *Jer* lii. 18. **1588** *Ecclus* xl. 21, Pibell a *psaltring* a wnant gynghanedd felus. **1722** *Llst* 189, *Psaltring.* f. p. *tringau.* A psaltery, a pair of snuffers. *id. Saltring.* f. p. *tringau.* A psaltery. [**1725**] *TS* 73–4, y *Psaltringau* . . . neu'r Gefeilau a berthynei i Ganwyllbrennau a Lampau'r Deml . . . Gwasanaeth y *Psaltringau* ydyw trwsio y Lampau a'r Canwyllau fel y llewyrcho eu Goleuni yn ddisgleiriach. [**1783**] *W, saltringau* d.g. *Snuffers, or a pair of snuffers.*

Amr.: **saltrin. 1769** E. ROBERTS: *GN* 33, Y, [*sic*] *Saltrin* doed hon ar Delsamer lon, / A'r Organ i ganu yn gynes ger bron. **salltring. 1810** *GDTS* 60.

Gw. hefyd **sawtring.**

salw [?bnth. H. S. neu S. C. *salu* 'dark, discoloured, sallow' (neu o bosibl o'r un gwr. IE. **sal-* 'budrlwyd' â hwnnw, cf. *hâl*[2], *halog*)] *a.* ll. *-on, seilwon.* Gwael, sâl, truenus, tila, di-raen, pitw, di-nod; ffiaidd, cywilyddus, gwarthus, cas; hyll, hagr, diolwg; ofer, ffôl, gwamal; gwanllyd, claf, tost, afiach: *poor, mean, shabby, paltry, insignificant; vile, contemptible, despicable, nasty; ugly, hideous, ill-favoured; vain, foolish, frivolous; sickly, ill, sick, unhealthy.*

13g. *GBF* 368, Sef yƀ gƀander, Ner (nyt nas gƀypych): / *Salƀ* ymgelu pan y gƀelych. **14g.** *GDG*[3] 230, Yn herlod *salw* y'm galwud / I'm gŵydd drwy waradwydd drud. **14–15g.** *IGE*[2] 148, *Salw* yw'r byd mewn trymfryd trwch, / Swyddau ni ad nos heddwch (Gruffudd Llwyd). *c.* **1400** *YCM*[2] 47, Ar amherawdyr yna a gyuodes y uynyd, ac a erchis rodi attaw ef y gledyf. A'r Sarassin a dywawt nas rodei, a bot yn *salw* idaw ynteu y geissaw. **15g.** *GGl*[2] 311, Y *salwa'* o iselwaed / A roir draw aur ar ei draed. **1547** *WS, Sal*[*w*] Lyght. **16g.** *Hop M* 197, nyd yw ny bronn, aür melynon / ond mwnws bach, ne beth *salwach.* **16–17g.** *HG* 78, Mae bagad mewn mannau yn *salwon* eu prydiau. **1632** *D, Salw*, Vilis, ignobilis, paruæ æstimationis, leuiusculus. *id.* d.g. *Contemptibilis, Friuolus, Sordidus.* **1655** R. JONES: *PC* [xiv–xv], os rhoi im herbyn fôd prydyddiaeth yn rhy *salw* i drin [d]ifinyddiol ddefnydd. **1727** J. JONES: *DFF* 297, Dagrau a *Seilwon* Wgau. **1733** T. EVANS: *PP* 142, [b]od yn anniolchgar am ei ddaioni er *salwed* a chwithed y mae hyn yn ymddangos. **1790** T. JONES: *TOS* 71, rhaid i'r cyrph *salw* (*sickly*), afiach a methedig hyn gael eu puro. **1803** *P, Salw* . . . Despicable, vile, base, sorry. Ar lafar yng Nghered. a'r De, 'Dyna'r 'en fenyw *salwa*' 'welas i 'riôd, medda John. A cofia di, am Cwin Fictoria 'odd a'n wilia!', *GTN* 703; 'Pyn gwelas i ŵr Magi ginta', 'ôn i'n cretu taw dyn *salw* dychrynllyd odd a, ond 'dwi ddim yn 'i weld a'n *salw* iawn 'nawr, 'li!', *id.* 705. Yng Nghered. clywir y rhigwm 'Sâl ac yn *salw*, debycach i fyw nag i farw'.

Cfn.: **bod (yn) salw gan (gennyf,** &c.): *to be sorry or displeased.* **1567** *TN* [xxi], y *mae yn* dra *salw genyf* dy welet ti wlat Cembru . . . yn olaf ynghyfryw ardderchawc oruchafieth a hynn. *id.* 33b, y soresont [:– *bu salw*, goec, *ganthynt*].

salwaf: salwi [bf. o'r a. *salw*] *ba.* Dirmygu, difenwi, difrïo, pardduo: *to scorn, revile, abuse, vilify.*

1567 *TN* 28b, Gwelwch na thremygoch [:– anvrioch, *salwch*] yr vn o'r ei bychein hynn. *c.* **1730** *Thos. Lloyd D* (LlGC) 206b, *Salwi.* To vilify. **1776** DEWI NANTBRÂN: *AN* 246, Llawenhau am aflwydd, niweid neu golled un arall. *Salwi* eu Maeleriaeth.

salwaidd [*salw*+*-aidd*] *a.* Salw, gwael: *poor, bad.*

1839.

Gw. hefyd **salwedd.**

salwaith [*sâl*[1] neu *salw*+*gwaith*[1]] *eg.* Gwaith sâl: *unpleasant or bad work.*

1763 *DT* 251, Bwriais heli, bri *salwaith*, / Gynneu i'r Môr, a'i gynnwr maith. **1790** TWM O'R NANT: *GG* 204, Drwy ddi sylwedd draidd o *salwaith.*

salwch [*sâl*[1]+*-wch*[1]] *eg.* ll. (prin) *salychau.* Afiechyd, clefyd: *illness, sickness.*

1823.

Cfn.: **salwch y môr:** *seasickness.* **1935.**

salwder [*salw*+*-der*] *eg.* Cyflwr gwael, gwaelder, truenusrwydd; baweidd-dra, ffieidd-dra; gwendid, eiddilwch: *poor condition, baseness, meanness; sordidness, vileness; frailty, feebleness.*

12g. *GCBM* ii. 166, Pan amuc teyrn Teifi Aber / Nyd abar y gƀnaeth, nyd saeth *salƀder.* **13g.** *GBF* 440, Ponyt gƀann truan trymder—pechadur, / . . . / Na chryn llaƀ yn llunyaƀ *salƀder* / . . .? *c.* **1400** *R* 1215. 10–11, Ac adeilat brat bryt *salƀder* drydƀ. **1632** *D* d.g. *Leuitas, Paruitas.* **1803** *P, Salwder*, s. m. . . . Frailty, meanness.

Gw. hefyd **tra-salwder.**

salwedd [*salw*+*-edd*[1] a *gwedd*[1]; dichon fod enghrau. o *salwaidd* wedi eu cynnwys ar gam yn yr adran fel *a.*] *eg.b.* a hefyd fel *a.* Cyflwr gwael, gwaelder, truenusrwydd; baweidd-dra, ffieidd-dra; oferedd, gwamalrwydd; gwendid, eiddilwch; dirmyg: *poor condition, baseness, meanness; sordidness, vileness; vanity, levity; frailty, feebleness; contempt.*

14–15g. *IGE*[2] 163, Saethaist wehilion sôn serth / *Salwedd* mawr mewn iselwerth (Rhys Goch Eryri). *c.* **1400** *R* 1214. 2–3, athryssor a threissic *salwed. id.* 1305. 27–8, Eic eurbarch. ac arbet pob *salwed.* Oe giriet. ac euraƀ trychanw[l]ed. *id.* 1332. 40–1, madeu vy sulyeu yr medƀ *salwed.* **1547** *WS, Salwedd* Lyghtnesse. **1604–7** *TW* (*Pen* 228) d.g. *Contemptio, Vanitas.* **1606** E. JAMES: *Hom* ii. 32, ni a leihasom ac a ddianrhydeddassom vchel fawrhydi y bywiol Dduw, trwy waeledd a *salwedd* [:– Salwineb] (*vileness*) amryw a bagad o ddelwau o goed, cerrig a mettelau meirwon. *id.* iii. 58, cyfryw oedd ei wendid a'i eiddilwch [:– *salwedd*] (*imbecility*), ac na allai ef rodio yn vnion ynghyfraith Dduw. **1632** *D, Salwedd*, Vilitas, ignobilitas. *id. salwedd* âch d.g. *Obscuritas.* **1725–6** *Madd Ed* 34, Bu amser pan y cafwn y parch a theilyngdod Mab gartref, yr hwn ydwyf yn awr yn cael *salwedd* (*contempt*) oddi garrref [*sic*]. **1776** DEWI NANTBRÂN: *AN* 250, Chwanega goruchaf rinwedd Gostyngeiddrwydd ynof . . . fal yr Adwaenwn . . . [fy] ffieidd-dra, a'm *Salwedd* fy hun. **1803** *P, Salwez*, s. m. . . . Meanness, sorriness. *id. Salwwez*, s. f. . . . A mean appearance or manner.

Fel *a.* Salw, gwael, truenus; hyll, hagr; gwanllyd, gwan, eiddil: *poor, bad, mean; ugly, hideous; sickly, frail, feeble.*

1736 S. RHYDDERCH: *Alm* [3], Ac yna ef a farnwyd, yn *Salwedd* a Chroeshoeliwyd. [**1794**] M. WILLIAMS: *DUJ* 21, Ond och! mor ddrwg eu hagwedd, mor *salwedd*, ac mor syn. **1803** *P, Salwwez* . . . a. Of mean aspect. Ar lafar, 'Golwg daran *salŵedd* sy' ar Ann', *GDD* 254.

Gw. hefyd **selwedd**[1].

salweinaf: salweinu, salwell, gw. **salwinaf: salwino, sawell.**

salwen [gair geir., sef cais i esbonio *salwen*, *WM* 497. 30, gwall am *salwett*, gw. *CO*[3] 161] *a.* Ofer, diangen, amherthnasol: *vain, needless, irrelevant.*

1707 *AB* 238c, *Salwen*, Vain, needless, impertinent. **1753** *TR.*

salwenaf: salwenu, gw. **salwinaf: salwino.**

salwfodog [*salw*+*bodog*] *a.* Salw neu wael yn barhaus: *always poor or bad.*

13g. *C* 65. 8–10, Bet meilir maluinauc *saluvodauc* sinhvir. fisscad fuir fodiauc.

salwhad [bôn y f. *salwhaf*: *salwhau*+*-ad*[2], trf. han.] *eg.* ?Dirmygiad; y weithred o fynd neu o wneud yn eiddil, yn druenus, neu'n warthus, ?halogiad: ?*a despising, scorning; the action of making or becoming frail, mean, or despicable,* ?*defilement.*

16–17g. (*Gesta Rom*) *LlGC* 13076, 30a, nid yw anghyddnabyddvs [*sic*] i chwi y Kwilydd ar Kam, a wnaethbwyd imi, am *salwhad* vy merch. **1803** *P, Salwâad* . . . A rendering frail or mean; a becoming frail or despicable.

salwhaf: salwhau [*salw*+*-hau*] *bg.a.* Dirmygu, difenwi, difrïo, pardduo; condemnio; mynd yn sâl (salach) neu'n eiddil(ach): *to despise, scorn, revile, abuse, vilify; condemn; become (more) ill or frail(er).*

c. **1585** *Llst* 178, 43a–b, ni dde/rbynaist ofn düw nag yfyddhay ym cyngor onyd *salwhay* fyngherydd-iaeth. *id.* 50b, yr dryg/oni [*sic*] hyn [cenfigen] i perthyn *salwhay* a dywedyd drwg athwyll. *id.* 128a, yno i corona ef [Duw] yrhai da/yonys düwiol ag i *salwha* ef yrhai drwg ar ddydd y farn honno. **16–17g.** (*Gesta Rom*) *LlGC* 13076, 64a, ef a dyvawdd mewn balchedd, kyn belled ag i ddoedd ef yn di/briso i well, ag yn *salwhae* y tylodion. **1803** *P, Salwâu* . . . to become frail.

salwinaf: salwino [bf. o'r a. *salw*, ar ddelw *edwino, llychwino*] *bg.a.* Dirmygu, difenwi, difrïo, pardduo; difwyno, halogi; mynd neu wneud yn blaen, yn hyll, neu'n hagr; edrych yn sâl: *to despise, scorn, revile, abuse, vilify; spoil, defile; become or make plain, ugly, or hideous; look ill.*

16–17g. *HG* 122, ond blin a thynn ywn koegedd yn *salwino* bawb y nall, temptasiwn gwall ywn balchedd. **1725–6** *Madd Ed* [ix], Aflyfodraeth neu drythyllwch . . . a'r hwn nad ydyw yn fwy'n *Sâlwino* neu'n difwŷno bywyd Pobl, na Gŵyrdroi ei Rhesswm. **1764** W. WILLIAMS: *C* 66, Ni's gall y bedd er maint ei rym, / *Salwino* dim o'th degwch. *a.* **1791** W. WILLIAMS: *GP* 508, Wyneb dyn sydd yn *salwino*, / Ynfyd yw, a gâr ei wedd. **1794** *W* d.g. *To vilify.* **1803** *P* d.g. *Salwinaw.* Ar lafar yng Nghered., sir Benf., a'r De yn enw. 'am yr wybren pan fo yn dywyll ac yn bygwth glaw', *B* v. 335; *GDD* 254.

Amr.: **salwenu** [?dan ddyl. yr a. *salwen*, ond cf. *salweinu*] **1794** *W, Salwenu* vulgò salwino d.g. *To vilify.* **salweinu.** Ar lafar, ''Odd 'i wedi *salweinu*, nabyddsat ti ddim o 'i' (dwyrain Morg.). **salwyno. 1848.** Ar lafar, '*salwyno* iddi' (am law) (Cered.); ''Odd e'n tsiap smart iawn pan odd e'n ifanc, ond wrth gwrs, ma fe wedi *salwyno* dipyn erbyn hyn' (Cwmtawe).

salwindeb [bôn y f. *salwinaf*: *salwino*+*-deb*] *eg.* Hylltra, hagrwch; ?dirmyg, sen: *ugliness, hideousness;* ?*scorn, abuse.*

1733 W. WILLIAMS: *TC* 45, y rhai ni chant ddim cyfeillach arall ond *Sâlwindeb* y Cythreiliaid [*sic*]. *a.* **1791** W. WILLIAMS: *GP* 666, Doed *salwindeb* ar bob wyneb / Y creaduriaid sydd yn bod. Cf. I. C. PEATE: *Y Deyrnas Goll* (1947) 16, Gwan ar y strydoedd hyn yw fflam dy lendid, / Prin yw dy liw ar y *salwindeb* maen [i Gymru].

salwineb [bôn y f. *salwinaf*: *salwino*+*-eb*] *eg.* Cyflwr gwael, gwaelder, truenusrwydd; baweidd-dra, ffieidd-dra; hylltra, hagrwch:

poor condition, baseness, meanness; sordid-
ness, vileness; ugliness, hideousness.
Diw. 16g. *Pen* 118, 354, gwelaf hebod mae gwaylon /
gwaith pob neb *salwineb* son. 1606 E. JAMES: *Hom* ii.
32, ni a leihasom ac a ddianrhydeddassom vchel
fawrhydi y bywiol Dduw, trwy waeledd a salwedd
[:– *Salwineb*] (*vileness*) amryw a bagad o ddelwau o
goed, cerrig a mettelau meirwon. *a.* 1791 W. WIL-
LIAMS: *GP* 296, Cyfnewid eu tegwch, *salwineb* i'w
lle, / Ond byth ni chyfnewid mo Frenhin y nc'. 1803
P.

salŵn [bnth. S. *saloon*] *eb.g.* ll. -s, *salwnau.*
Bar yfed, yn enw. un mwy cyfforddus na'r
bar cyhoeddus mewn tafarn; ystafell fawr
mewn gwesty; ystafell gyhoeddus ar long:
saloon (bar).
1913.

**salŵt, salwtiaf: salwtio, salwynaf:
salwyno,** gw. **saliwt, saliwtiaf: saliwtio,
salwinaf: salwino.**

sallawdr [?*sall*(*wyr*) + -*awdr*] ?*eg.* ?Salm-
ydd, yn ddifr.: *psalmist, used derog.*
c. 1400 R 1353. 19–20, Kyrpus kynnhennus kinhyn-
naᵒc *sallaᵒdyr.*

sallt [bnth. Llad. *saltus* (*lūnæ*), o bosibl
drwy'r H. Wydd. *salt*; ansicr yw grym -*lt*
yn yr enghrau. isod] *e?g.* 'Saltus lunæ', sef
y weithred o golli diwrnod o gylch y lleuad
(unwaith bob pedair blynedd ar bymtheg)
er mwyn i'r calendr gytuno â'r ffenomena
seryddol: '*saltus lunæ*', *i.e. the omission of a
day from the lunar cycle (once every nineteen
years) so that the calendar agrees with the
astronomical phenomena.*
10g. (*Cpt*) *B* iii. 256, Sic sol vendum est *Salt*
emmi guollig hinnith ir bloidin hunnuith. ir hat bid
oit guor mod in ir *salt*. Ceis inir loyr ha chepi. hinn
inguir. ir nider uid hinn. hou nit bloidin *salt* hai bid
im guar phenn circhl naunecant.

sallter¹,², salltring, gw. **salter¹,², sal-
tring.**

sallwyr [bnth. Llad. *psaltērium*, H. Wydd.
saltair; digwydd hefyd ff. orgraffyddol yn
ps-, cf. (*p*)*salm*] *eg.b.* ll. -*au.* Llyfr y Salmau,
cyfieithiad neu fersiwn arbennig o'r Salmau,
llyfr sy'n cynnwys y Salmau (wedi eu trefnu
i ddibenion litwrgaidd neu ddefosiynol),
hefyd yn *ffig.*; saltring: (*the*) *Psalter,* (*the*)
Book of Psalms, psalter, also fig.; psaltery.
13g. *HGK* 5, herwyd a dyweit tat sant . . . yn expon-
yat a wnaeth ar y wers honn o'r *Sallwyr.* 14g. *GIG*
95, Prydyddiaeth a wnaeth fy naf / Y *sallwyr* bob esillaf.
c. 1400 R 1275. 33–4, dyn ny wyr ffrᵒytheu *sallwyreu*
seint. *id.* 1292. 10–11, Safyn kicvran druan drawyr y
geneu. safyn ny ganaᵒd *sallwyr* (Iolo Goch). *c.* 1400
*YCM*² 63, A Thurpin, Archesgop Remys, a wisgwys
yr ystol ac a gymerth *sallwyr*, ac a dywawt y Letanie.
id. 166, a chanu dec *sallwyr* ar hugeint, a dec efferen
ar hugeint. Dchr. 15g. *GM* 17, Molwch ef ar *sallwyr*
(1588 *Salm* cl. 3, nabl) a cherdd delyn. 15g. *GLGC*
268, Arfer mae Annes o baderau, / arfer eiliw sêr o
laswyrau; / o galon y rhy'r gwyliau—am *sallwyr* / o
law a synnwyr alusennau. *id.* 407, Pan ganwyf *sallwyr*
yn y dwyrain, / a alwyf o sant a glyw fy sain. 1547
WS, sallwyr (ne) llaswyr Psaulter. 1621 E. PRYS: *Ps*
35a, Cymerwch gathl y *psallwyr* lân, / a moeswch
dympan hefyd. 1632 D, *Sallwyr*, & Llaswyr, Vtrum-
que corrupt. pro Psallwyr, Psalterium. 1664 *LlGG*
(*Sall*) sig. Xxir, Y Psallwyr neu Psalmau Dafydd.
1780 *W*, psallwyr d.g. Psalter [*a psalm-book*].
18–19g. *IMCY* 224, Deuwch gan ddodi awen / A
geiriau *sallwyrau* llên.
Amr.: **psalltwyr.** 1567 *LlGG* [ii], [xix], [xxi].
Cfn.: **sallwyr Dafydd:** *David's psalter,* (*the*) *Psalms
of David.* 14g. *GDG*³ 363, A chywyddau i Dduw
lwyd / Yw *sallwyr* Dafydd Broffwyd. 1547 *WS. c.* 1730
Thos. Lloyd D (LlGG) 208a. **sallwyr Fair (Mair):** *Our
Lady's psalter, the rosary.* 15g. *GLGC* 314. 1547 *WS,*
Sallwyr vair Our lady psalter. 1606 E. JAMES: *Hom* i.
75, padereuau, *sallwyr* Mair. 1764 DEWI NANT-
BRÂN: *CB* 78, Beth yw y Rosari, sef *Psallwyr Mair*?
Gw. hefyd **llaswyr.**

sallwyraf: sallwyro [bf. o'r e. *sallwyr*] *bg.*
Canu salmau: *to sing psalms.*
13g. *B* ix. 336, ac ena e trigyassant teirnos a thridyeu
en dyrwestu. ac en guediav ac en *sallwyrav* ac en
keissyav en wylouus gwynnavus trugared duw.

sâm, samaf: samo, gw. **saim, seimiaf:
seimio.**

Samareiaid, Samareit, gw. **Samariad,
Samarit.**

Samariad [yr e. lle *Samar*(*ia*) + -*iad*³] *eg.*
ll. -*iaid.* Brodor o Samaria, un o dras Samar-
iaidd; person elusengar neu drugarog;
aelod o gymdeithas sy'n cynnig cyngor, yn
enw. dros y ffôn, i bobl mewn argyfwng: *a
Samaritan.*
1567 *TN* 15a, i ddinasoedd y *Samarieit* nag ewch
y mewn. 1588 *Luc* x. 33, rhyw *Samariad* wrth ymdaith
a ddaeth atto ef. 1620 2 *Br* xvii. 29, Etto pob cenhedl
oedd yn gw[n]euthur eu duwiau eu hun: ac yn eu
gosod yn nhai yr uchelfeydd a wnaethei y *Samariaid.*
1672 J. LANGFORD: *HDdD* 379, ni a allwn weithiau
gyda 'r *Samariad* weled dyn archolledig. 1770 P.
WILLIAMS: *BS, Luc* ix, ni chlywn fod y *Samariaid*
hyn nac yn llychio Crist . . . nac yn difrio. Ar lafar,
'Mae 'i gŵr hi'n gwneud gwaith da iawn gyda'r
Samaried'.
Cfn.: **Samariad trugarog:** *good Samaritan, also fig.*
1821. Ar lafar, 'Bob tro fyddwn i'n gorfod cerdded
i'r pentre, bydde rhyw *Samariad trugarog* yn siŵr o
ddod hibo'.
Amr.: **Samareiaid** (ff. l.). 1567 *TN* 183b, wynt . . . a
precethesont-yr-Euangel yn llawer o ddinasoedd y
Samarieith.

Samariaeg [yr e. lle *Samaria* + -*eg*¹ neu
aeg] *eb.g.* Tafodiaith Aramaeg y Samariaid:
Samaritan (*language*).
1850.

Samariaidd [yr e. lle *Samar*(*ia*) + -*aidd*] *a.*
Yn perthyn i'r Samariaid, mewn Samariaeg:
Samaritan (*adj.*).
1848.

Samarit, Samareit [?bnth. Gr. Σαμαρ-
ίτης, cf. Llad. Diw. *Samarītæ* (ll.), S. C.
Samarites (ll.); cf. ymhellach *Lefit, Lefeit*]
eg. (b. *Samarites*). Samariad: *a Samaritan.*
1551 W. SALESBURY: *KLl* xxb, Pan nad iawn y
dywedwn may *Samareit* wyt ti . . .? *id.* lxia, A *Samareit*
(*TN* 102b, *Samarit*) wrth forddoly / a ddaeth ato. *id.*
lxiia, A hwn yma oedd *Samarit.* 1567 *TN* 101a, wrth
exempl y *Samarit* yr hwn ef yn dangos pwy'n yw
cymydawc dyn. *id.* 115b, 147a.

Samaritan [bnth. S. *Samaritan*] *eg.* ll.
-(*i*)*aid.* Samariad: *a Samaritan.*
1588 *Io* viii. 48, ond da yr ydym ni yn dywedyd
mai *Samaritan* wyt ti. 1595 M. KYFFIN: *DFf* [92], Er
bod Ebion o'r vn feddwl ar [*sic*] *Samaritanaid*
(*Samaritans*), etto . . . a fynne ei alw yn Gristion.
Cf. D. OWEN: *GT* 314, wele eraill na welswn
mohonynt erioed yn gwneud rhan *Samaritan* â mi.
Cfn.: **Samaritan da:** *good Samaritan.* 1630 *YDd* 391,
Trugarhâ wrth dy was clwyfus, megis wrth y *Samar-
itan da.* 1672 J. LANGFORD: *HDdD* 378, y *Samaritan
da.*

Samaritanaeg [*Samaritan* + *aeg*] *eb.g.*
Samariaeg: *Samaritan* (*language*).
1852.

Samaritanaidd [*Samaritan* + -*aidd*] *a.*
Samariaidd, hefyd yn *ffig.* trugarog: *Samar-
itan* (*adj.*), *also fig. compassionate.*
1675 R. DAVIES: *PY* 84, y Chronicl *Samaritanaidd.*

Samarites, gw. **Samarit.**

samba [bnth. S. *samba*] *eb.* Dawns Frasil-
aidd o darddiad Affricanaidd mewn amser
dyblyg sionc: *samba.*
20g.

sambr, gw. **siambr.**

Sami [e. prs.] *eg.* Enw personol sy'n di-
gwydd fel personoliad o'r Diafol: *personal
name* (= *Sammy*) *used as a personification
of the Devil.*
Ar lafar yn ne-ddwyrain Morg., pan fo rhywun
mewn tymer ddrwg, dywedir 'Ma *Sami* ar 'i gefan
a', 'Ma *Sami*'n byrchgæ', &c. 'Ôn i'n dychra gweld
Sami'n dishgwl drŵs 'i ysgwdd a', "Wyt ti wastod
yn gwitho'n well pyn no *Sami* ar dy gefan di!", GTN
703.

samit [bnth. H. Ffr. *samit*, o bosibl drwy'r
S. C.] *eg.* Math o sidan drudfawr, weithiau
gydag aur neu arian wedi ei weu neu ei
frodio ynddo: *samite.*
c. 1400 *YSG* i. 9, ef a doeth y mywn attunt y
mawrvrydic lestyr a elwir y Greal, gwedy y gudyaw
o *samit* gwynn. *id.* 148, Seint Greal ar warthaf tabyl o
aryant, a *samit* coch ar y draws.

Samniad [cfdds. o'r S. *Samn*(*ite*) + -*iad*³]
eg. ll. -*iaid.* Aelod o drigai yn yr
Eidal gynt ac a ryfelai'n gyson yn erbyn
Rhufain rhwng 350 C.C. a 200 C.C.:
Samnite.
1850.

Samoad [yr e. lle *Samo*(*a*) + -*ad*², trf.
prs.] *eg.* ll. *Samo*(*e*)*aid.* Brodor o Samoa: *a
Samoan.*
1764 J. POPKIN: *ABG* 39, Ond os yw Cariad i
Gîg pwyedig . . . yn Nod o Foethgarwch, y mae y
Samoiaid, y rhai mwya aflan ac anifeiliaidd o holl
ddynol ryw yn cael yr Anrhydedd o'i fwynhau.

Samoaeg, gw. **Samöeg.**

Samoëdiad [bnth. S. *Samoyed* + -*iad*³] *eg.*
ll. -*iaid.* Aelod o genedl sy'n trigo yng ngog-
ledd Siberia: *a Samoyed.*
1816.

Samöeg, Samoaeg [yr e. lle *Samo*(*a*) +
-*eg*¹, *aeg*] *eb.g.* Iaith Samoa: *Samoan* (*lan-
guage*).
1841.

samofar [bnth. S. *samovar*] *eg.* ll. -*au.*
Boeler te Rwsiaidd sy'n cynnwys dyfais
fewnol i gadw'r dŵr yn ferwedig: *samovar.*
20g.

samon, samwn [bnth. S. *salmon*] *eg.*
(bach. *samon*(*s*)*yn*) ll. -*s.* Eog: *salmon.*
18g. *HVN* 126, Mi haeddswn gael *samwn* yn gyfan
i gyd. 1756 W. WILLIAMS: *GDC* 71, Yr Oester bräs
sy'n cuddio i fewn ei Gragen glyd, / A'r *samwn* mawr
parchedig yn teithio'r dwfn Fyd. 1828 *Geir Pob* 24,
Samon, gleisiad. Ar lafar, "Wi wedi prynu dwsenni o
sglishys o *samon* ffresh i fynd i ddinnon tost, ond
'phrofas i ariôd un golwythyn o *samon* ffresh 'ym
'unan!', GTN 705; 'Well gynna' i diwna na *samon*';
"Och chi'n galw drybedd ar beth och chi'n dala
samwns yn 'r afon'. Clywir y ff. *samonsyn* ar lafar yn
sir Benf.

samona, samwna [bf. o'r e. *samon,
samwn*] *bg.* Pysgota am eogiaid: *to fish for
salmon.*
1939.
Amr.: **samonsa** [bf. o'r e. *samons* (ll. yr e. *samon*)].
Ar lafar yn sir Benf.

samonsyn, samonyn, gw. **samon.**

sampal, gw. **siampl.**

sampan [bnth. S. *sampan*] *e?g.* ll. -*au.*
Cwch bach o'r Dwyrain Pell ac iddo rwyf-
(*au*) starn fel arfer: *sampan.*
20g.

sampier, senpier [bnth. S. Diw. Cyn.
sampier(*e*), *senpierre* (cf. Ffr. (*herbe de*)
Saint Pierre)] *e?g.* ac *e.ll.* Bot. Corn carw'r
môr, ffenigl y môr, *Crithmum maritimum*:
(*rock*) *samphire*(*s*).
1604–7 *TW* (*Pen* 228), Corn y Carw aruordir,
Senpier, lhyseuan a getwir mewn heli yw vwyta d.g.
Crithamus. 1672 R. PRICHARD: *Gw* 207, Rhaid cael
capers, *Sampier*, garlleg, / Cyn y gallo llawer fwytta,
[*sic*] / Prŷd o fwyd gan faint oi traha. 1750 *ML* i. 155–
6, mae yn fy mryd osod fy nith Marged ar waith i
biclio rhai *sampier* neu gorn carw môr. 1813 *WB* 233,
Sampier. edr. Corn Carw Y Môr. Ar lafar yn Arfon
clywir 'samplar sôs' 'samphire', B i. 100. Cf. *TW*
(*Pen* 228), yn y Sasonaec, Samper [?*sic*], sef yw
hynny S. petr, yngymraec, Corn y Carw o lann y
mor; ef ai haruerir mewn Saledæ d.g. *Batis.*
Cfn.: **sampier y ddafad (defaid):** *sea-plantain, Plan-
tago maritima*; (?*erron.*) *marsh samphire, glasswort,
Salicornia.* 1810 T. PENNANT: *TW* ii. 386, the
fields about Porth Gwylan were covered with *sampier
y ddafad* or sheep's samphire [:– Salicornia herbacea]
(1784 *id.* 209, with y ddafad, or samphire), which
sheep and cattle eagerly feed on and grow very fat.
1813 *WB* 16, P[lantana] maritima; Sea Plantain . . .
'Sampier y ddafad', the sheep's Samphire, from a
resemblance which its succulent leaf bears to that of
the Crithmum. . . . I am sorry to observe an error,
with regard to this plant, in the late edition of Mr.
Pennant's Tours in Wales, vol. ii. p. 386, where
'Sampier y ddafad' is said in a note to signify Salicornia
herbacea instead of Plantago maritima. *id.* 233. **sam-
pier y geifr:** *golden samphire, Inula crithmoides.* 1813
WB 233.

sampl, gw. **siampl.**

samplaf: samplu, samplo [bf. o'r e.

sampl, amr. ar *siampl*] *bg.a.* Cymryd sampl(au) o, profi: *to sample.*

1895. Ar lafar, "Nuthur tisian fæch wyt ti? Wel fi *sampla'* un o nw 'nawr!', *GTN* 703.

Gw. hefyd **siamplaf: siamplo.**

samplar sos, gw. sampler.

sampler, siampler [bnth. S. C. *sampler(e)* 'example, model, pattern'] *eg.b.* ll. *-i, -au, -s.* Darn o frodwaith sy'n arddangos amrywiaeth o bwythau fel enghraifft o fedr y sawl sy'n brodio; model, patrwm, cynddelw, esiampl: *sampler (of embroidery); model, pattern, exemplar, example.*

15g. *GGl*² 132, A oes unplas yn *siampler*? / Oes, un, fal yr haul a'r sêr. / Y tŵr y sydd fal tŷ'r sêl / Ar barc sych o'r brics uchel. *Diw.* **15g.** *Pen* 67, 111, *Sampler* syr rosser ar wydd / saeth lydan saith o wledydd [Bedo Brwynllys]. **15–16g.** *TA* 136, *Siampler* a philer y ffydd, / Samson gŵyr cryfion crefydd. *id.* 518, Aur wnïadau â'r nydwydd, / Arfer o'r *sampler* yw'r swydd. **1547** *WS, Siampler* Exampler. **16g.** SIÔN BRWYNOG: *C* 74, *Siamplerau* a graddau grym / Sioseb a merch Siohasym. **16g.** *IICRC* iii. 337, ar un or heini Gweithwn / y Cam y Gid y Gawswn / ar *sampleri* merched tre / ag enwr lle lleyddoeddwn [*sic*]. **16g.** WILIAM LLŶN: *Gw* (R. Stephens) 167, *Siampler* yr haelder yw hon. *a.* **1587** *Y* 103, Nid vn *siampler* dymhêrol / Yn a wna dysc iawn yn d'ôl. *Diw.* **16g.** *NBMM* 73, Syw lantarn sy alontwaith, / *Sampler* gwych, nid simpl yw'r gwaith (Siams Tomas). **1609** R. SMYTH: *CAC* 41, Y pader sydd batrwn perphaith ne *sampler.* **1718 (1721)** S. THOMAS: *HB* 64, fe [Abraham] a wnaed yn *Siampler* . . . hynod o'r wir ffordd o gyfiawnhad. **1766** *CD* 163, Galw Mam ir Siamber, / A dangos hên *Siampler;* / A wnae'r Saes'nes gall, / O waith rhyw un arall, / A gwneud i Mam goelio, / Mae fi Wnaetha honno. **1828** *Geir Pob* 24, *Sampler,* egwyddorlen, cynllun. Ar lafar, 'Meddwl di am gatw 'en blant i mywn i nuthur *samplars!*', *GTN* 703; 'Mi 'nesh i *samplyr* iddi pan gath hi 'i babi cynta''.

Amr.: **siamlar. 1609** R. SMYTH: *CAC* 20, *siamlar* pob rhynwedd yw ddylyn ai anrhydeddu. *c.* **1730** *Thos. Lloyd D* (LlGC) 208b, *Siamlar.* A sampler.

sampol, sampwl, gw. siampl.

samrog, gw. siamroc.

Samsonaidd [yr e. prs. *Samson* + *-aidd*] *a.* Yn perthyn i Samson, un o farnwyr Israel gynt a oedd yn nodedig am ei gryfder, tebyg i Samson neu i'w briodoleddau: *Samsonian.*

1732–3 J. OWEN: *GB* 42–3, fod yr Athrawiaethau a bregethwyd . . . megis . . . un o'r . . . Tariannau byrrion a syrthiodd i lawr o'r Nefoedd gynt, yn yr hwn y mae eu holl Rym *Sancsonaidd* [*sic*] hwynt yn sefyll.

samwin, gw. sangwyn.

samwl [bnth. dysg. Llad. *samŏlus*] *eg.* (bach. b. *samylen*) ll. *samylau.* Claerllys, ffrydlys, *Samolus valerandi*: *brookweed, water pimpernel.*

18–19g. *IMCY* 233, *Samylau* mewn dolau'n deg, / A thwyndir yn frith wendeg. **1801** *MMf* 198, a dail neu wreiddiau y *sammwl* (*Llr* C 24, 336, dail y Cowsylop). *id.* 243, y *samylen* (*Llr* C 24, 348, Samclen) sef yw y pumpëol. **1813** *WB* 233, *Sammwl; Samylen;* Samolus Valerandi; Brookweed, Water Pimpernel.

samwn, samwna, samylen, gw. samon, samona, samwl.

san¹ [?amr. ar *syn*; dichon mai geir. yn wr. yw'r ystyron 'gochelgar(wch)'] *a.* a hefyd fel *eg.* Syn, syfrdan; gochelgar; syndod, syfrdandod; gochelgarwch: *surprised, amazed; wary; surprise, amazement; wariness.*

16g. SIÔN BRWYNOG: *C* 65, *Sann* drwy fil sy'n druan fod, / *Sann* a braw Siôn a'i briod. **1567** *TN* 98a, aruthr [:– *sann*] vu gan i rhieni. **16–17g.** *CRC* 330, Colli hvn a mvnd mewn *san* / i geisio arian yn chwaneg. **1603** W. MIDLETON: *Ps* 139, Goleuent fyd synn-fyd *sann.* **1608** *AAST* (1973) 106, *San* drwy Gymru fu hyd fedd (Syr Huw Roberts Llên). **1621** E. PRYS: *Ps* 32b, Tra fawn yn effro, ac mewn *sann,* / heb allel allan ddwedyd. **1632** *D, Sann,* Idem quod Syndod, Stupor. **1696** *CDD* 135, Rwŷfi'n crynnu drwŷ fawr *san,* / Yr awran am dy ddigio. **1752** *Gron* 50, Rhy fawr *sann* ar Forys yw, / Oer adwyth i'w gŵr ydyw. **1793** DAFYDD IONAWR: *CD* 124, Llefodd, fe'u soddodd mewn *sann,* / . . . / Mewn mawr *sann,* pawb allan aeth. **18–19g.** IEUAN LLEYN: *C* 26, A laddwyd, dyfethwyd fo, / Yn ei *sàn* y nos hono. **1803** *P, San,* s. m. . . . a state of being wary; a gaze; a maze. a. Aware; wary.

san², gw. sant.

sân, saen [bnth. S. *seine*] *eg.* ll. *sa(e)nau.* Rhwyd bysgota fawr sy'n hongian yn fertigol yn y dŵr wrth fflotiau ar y rheffyn uchaf a phwysau ar y rheffyn isaf ac sy'n amgylchynu a dal y pysgod wrth ei thynnu i'r lan, llawesrwyd: *seine(-net).*

c. **1588** *B* ii. 237, *ssaen* . . . henw rhwyd i bysgotta yw hefyd. **1595–6** *Ex P* 115, [accused of fishing with nets called] *sayney.* **1722** *Llst* 189, *Saen,* rhwyd *Saen.* A drag-net. Ar lafar, 'Draft nets are used in the Teifi . . . for catching salmon and sea trout . . . The rhwydau *sân,* as they are known locally, measure up to 200 yards in length . . . and are from 10 feet to 12 feet in depth. Rowing boats . . . used by the Teifi seine netters . . . were always referred to as llestri *sân*', J. G. JENKINS: *NC* 225; 'The sailing down river from St. Dogmaels is described as mynd i'r *sân*', *id.* 232.

sana, &c., gw. **o¹** adran 4 (*d*).

sanachu, gw. sinachad.

sanatoriwm [bnth. S. *sanatorium*] *eg.* ll. *sanatoria.* Sefydliad i gleifion, yn enw. rhai sy'n cryfhau ar ôl salwch neu rai sy'n dioddef o salwch hirfaith, yn enw. y ddarfodedigaeth, iechydfa: *sanatorium.*

1937.

sanau¹,², ff. ll., gw. hosan, sân.

sancsiwn [bnth. S. *sanction*] *eg.* ll. *-s, sancsiynau.* Mesur, yn enw. un economaidd neu filwrol, a gymerir gan wladwriaeth(au) i orfodi gwladwriaeth arall i gydymffurfio â chytundeb rhyngwladol neu normau ymddygiad; unrhyw ystyriaeth (e.e. egwyddor foesol, cred grefyddol) sy'n peri i rywun ufuddhau i reol, cywiro llw, &c.; cosb am anufuddhau i ddeddf neu reol; caniatâd (terfynol), cymeradwyaeth: *sanction.*

1940.

sanct, gw. sant.

sanctaidd, santaidd [*sanct, sant* + *-aidd*] *a.* ll. *san(c)teiddion,* a hefyd gyda grym enwol. Yn perthyn i Dduw, cysegredig, yn haeddu addoliad neu barchedig ofn (am Dduw), o ysbrydoldeb neu foesoldeb rhagorol, fel sant, duwiolfrydig: *holy, sacred, saintly, pious.*

14g. *BT* 133a, bu varw y *santeidiaf* wr baldwin archesgob keint. **1346** *LlA* 157, dyḃ sul *santeid* bendigedic. *Dchr.* **15g.** *GM* 32, Yny dottwf i dy elynyon / Yn veink y dan dy traet *santeidyon.* **15g.** *GO* 155, A oes vn tyddyn kynn *santeiddied* [am Lynegwestl]? **1551** W. SALESBURY: *KLl* xliiia, Mi rodaf ywch *santeiddion* Dauid. **1567** *TN* 378a, *Sancteidd, santeidd, Sancteidd* Arglwydd Ddyw, hollalluawc. **1588** *Tri Llanc* i. 35, Ac na thyn dy drugaredd oddi wrthym, er mwyn Abraham dy annwylyd: ac er mwyn Isaac dy wâs, ac Israel dy *sanctaidd.* **1599 (1677)** R. HOLLAND: *AB* 57, Sancteiddio yw gosod peth o'r neilldu, allan o'i arfer cyffredinol, i ryw ddiben *sanctaidd,* dewissol, a da. **1618** J. SALISBURY: *EH* 170, santeidhio gwyl, sef cadw rhyw dhiwrnod yn *santaidh* barchedig. **1632** *D, Sanctaidd,* Sanctus. **1684** T. JONES: *GG* 15, A rhagor freintie gida seintie i gid yn *sanctedd.* **1714** R. PRYDDERCH: *GD* 69, Nid yw Dynion, yn gwneuthur Duw yn *sancteiddiach* nag y mae efe trwy eu Sancteiddrwydd. **1793** DAFYDD IONAWR: *CD* 236, Y *santaidd* anwylaidd Nef. **1803** *P* d.g. *Santaiz.* Ar lafar, 'Fi ddetho' i i ddyall mwn sbel, 'tasa'r grotan yn ritag i'r tŷ ac ishta lawr yn llonydd am sbel, a dishgwl yn *sanctaidd,* 'i bod 'i wedi bod fynydd o ryw felltith budur', *GTN* 702.

Amr.: **sainctaidd** [*sainct*² + *-aidd*]. **1567** *TN* 290a. **1588** *Lef* xxvii. 9. **1709** H. POWEL: *G* 23.

Cfn.: **sanctaidd leoedd,** gw. *sancteiddle.* **san(c)taidd san(c)teidd(i)olaf:** *holy of holies.* **1679** C. EDWARDS: *GGG* 105. **1693** *HC* 50. **1722** T. EVANS: *PS* 100. Cf. *cysegr—y cysegr sancteiddiaf.*

sanctedigaeth [*sanct* + *-edig* + *-aeth*] *e?b.* Sancteiddrwydd, sancteiddiad: *holiness, sanctification.*

1567 *TN* 244b, Christ Iesu, yr hwn gan Dduw a wnaethpwyt i ni, yn ddoethinep, a' chyfiawnder, a *sanctedigeth* [:– santeiddrwydd], a' phrynedigeth.

sancteiddbeth, gw. sanctaidd + peth.

sancteiddedig, gw. sancteiddiedig.

sancteiddfa [*sanctaidd* + *-fa, ma*] *eb.* Man sanctaidd, cysegr, seintwar; noddfa, lloches: *holy or sacred place, sanctuary; refuge, sanctuary.*

1567 *LlGG* 131b, Anfon yddo borth 'oth [*sic*] *sancteiddfa* [:– gyssegrfa]. **1567** *LlGG* (*Sall*) 26a, *Sancteiddfa* pebyll y Goruchaf. **1604–7** *TW* (*Pen* 228), *sancteidhfa* d.g. *Ara, Sanctuarium.* **1611** *CM* 49, 73, yn ddeg ar vgain yr ayn hwy yn agosach i weithio ofiawn [*sic*] y *sanctiddfa* [*sic*].

Amr.: **santeiddfa** [*santaidd* + *-fa, ma*]. **1870.**

sancteiddfryd [*sanctaidd* + *bryd*] *eg.* a hefyd fel *a.* Duwioldeb, sancteiddrwydd, defosiwn; duwiolfrydig, sanctaidd: *piety, holiness, devotion; pious, holy.*

1731 E. SAMUEL: *AE* [viii], â gwir *Sancteidd-fryd* Crefyddol. *id.* 208, i fod yn Dduwiol ac yn *Sancteiddfryd* tuag at Dduw. **1759** *BC* 368, Moliant hyfryd, o'i *Sancteiddfryd* / I'n hunig ben, Amen bob munud. **1764** *Perl* 38, Er bod y Duw *sancteiddfryd,* / Yn llawn trugaredd hyfryd.

Amr.: **santeiddfryd** [*santaidd* + *bryd*]. *c.* **1785–90 (1829)** *CBYP* 35, [c]red a *santeiddfryd,* a Ffydd ddiffuant.

sancteiddhad [*sanctaidd* + *-had*] *eg. Diwin.* Gweithgaredd yr Ysbryd Glân yn sancteiddio credadun, cyflwr sancteiddiedig: *sanctification (in theol.).*

1727 M. MAURICE: *WE* 18, ein *sancteidd-hâd* trwy rasol a nerthol weithrediadau yr Yspryd. **1732** *RE* 24, nid Etholedigaeth, ond *Sanctaiddhâd* su 'n cymhwyso Dynion i'r Nefoedd. **1759** T. THOMAS: *WWDd* 284, fod *Sancteiddhâd* yn beth mor angenrheidiol yn ei lê, â chyfiawnhâd. *id.* 318, *Sancteiddhâd* sydd gyfnewidiad cynheddfau'r pechadur, o ddrŵg i ddâ. **1790** *Prif Crist* 3, pan na 's ceir na *sancteiddhad;* na chyfiawnhad hebddo [gras]. **1795** J. THOMAS: *AIC* 139, Nid y'w gwir Ffydd fywiol, Gyfiawnhaol a *Sangteiddhâd* yspryd Duw, yn diffoddi, nid y'w yn ymadel nag yn diflannu yn yr Ethol.

Amr.: **santeiddhad** [*santaidd* + *-had*] **1838.**

sancteiddhaol [*sanctaidd* + *-haol* (At.)] *a.* Sancteiddiol: *sanctifying.*

[1807] *Ysg Arm* 78, *sancteiddhäol* a chysurol ddylanwadau yr Ysprydd Gl[â]n.

sancteiddiad, santeiddiad [bôn y f. *sancteiddiaf, santeidd(i)af*: *sancteiddio, santeidd(i)o* + *-iad*¹] *eg.* ll. *-au.* Sancteiddhad; y weithred o sancteiddio, cysegriad; sancteiddrwydd: *sanctification; consecration; holiness.*

1551 W. SALESBURY: *KLl* lvib, roddwch ych aylodeu yn weison i gifiawnder [*sic*] ar santeiddrwydd [:– *santeiddiat*]. **1567** *TN* 222a, erwydd yspryt *sancteiddiat.* *id.* 309a, trwy *sancteiddiat* yr Yspryt. **1588** 2 *Mac* ii. 9, cyssegriad, a *sancteiddiad* y deml. **1588** 1 *Thes* iv. 3, hyn yw ewyllys Duw sef eich *sancteiddiad* chwi. **16–17g.** *CRC* 332, ynot ti trwy ddawn a gras / i kaiff dy was *sangteiddiad.* **1609** R. SMYTH: *CAC* 29, y rhan gyntaf ynghylch creadigaeth, yr ail ynghylch yn rhybryniad, y trydydd ynghylch yn *santeiddiad.* **1630** *YDd* 221, pe byddai *sancteiddiad* y Sabboth ar y dydd hwn. **1632** *D, sancteiddiad* d.g. *Sacrificatio. id. Sancteiddiad* d.g. *Sanctificatio.* **1679** C. EDWARDS: *GGG* 137, *Sancteiddiad* yw gwaith rhâd r[â]s Duw yn ein cwbl adnewyddu ni drwy ei Ysprydd ac ar ei ddelw ei hun. **[1725]** *TS* 72, yr hwn oedd Gysgod o Aroglau peraidd *Sancteiddiadau'*r Ysprydd glân. **[1783]** *W, Sancteiddiad* d.g. *Sanctification.* **1803** *P, Santeiziad,* s. m. . . . Sanctification.

sancteiddiaf, santeidd(i)af: sancteiddio, santeidd(i)o [bf. o'r a. *sanctaidd, santaidd*] *bg.a.* Gwneud yn sanctaidd, puro neu lanhau oddi wrth bechod, neilltuo i ddiben sanctaidd, cysegru, ystyried neu gyfrif yn sanctaidd: *to sanctify, consecrate, hallow.*

Dchr. **15g.** *B* xvi. 270, Eneit Crist, *santeida* vi. **15g.** TUDUR PENLLYN, &c.: *Gw* 124, ssantaidd fab *ssanteiddia* fi. **1547** *WS, Santeiddio* Saynt, sanctifie. **1567** *TN* 9a, *santeiddier* dy Enw. *id.* 161b, *Sancteiddia* hwy ath wirionedd. *id.* 328b, y neb a *santeiddio,* ar sawl a *santeiddier,* ef yw y maynt y gyd oll. **1588** *Gen* ii. 3, Duw a fendîgodd y seithfedd [*sic*] dydd, ac ai *sancteiddiodd* ef. **1599 (1677)** R. HOLLAND: *AB* 57, *Sancteiddio* yw gosod peth o'r neilldu, allan o'i arfer cyffredinol, i ryw ddiben sanctaidd, dewissol, a da. **1618** J. SALISBURY: *EH* 170, *santeidhio* gwyl, sef cadw rhyw dhiwrnod yn santaidh barchedig. **1632** *D, sancteiddio* d.g. *Consecro. id. Sancteiddio* d.g. *Sanctifico.* **1656** W. JONES: *TPG* 27, Am hynnu y be[n]dithiodd 'r Arglwydd y seithfed dydd ac ai *sancteiddiodd* ef (hynnu ydyw) efe ai naillduodd. **1759** T. THOMAS: *WWDd* 73, Fe all y Duwiol garu Duw, wedi i Dduw roddi cariad sanctaidd iddo, (neu *sancteithio* [*sic*] ei

Serchiadau ef). **1790** W. RICHARDS: *LlA* 11, y mae wedi ei *sancteiddio* (eb efe, hynny yw, ei wneud yn ymborth cyfreithlon) gan air Duw a gweddi. **1803** *P*, *Santeiziaw* . . . To sanctify.

Amr.: **saincteiddio** [cf. *sainctaidd*]. **1567** *TN* 290a, val y *saincteiddiai* ef y hi. **1588** *Nu* vi. 11, *saincteiddied* ei benn ef y dydd hwnnw. **sainteiddio. 1567** *TN* 250a, y gwr di-gred a *sainteiddir* gan y wreic.

sancteiddiedig, sancteiddedig, santeiddiedig [bôn y f. *sancteiddiaf, santeidd(i)af*: *sancteiddio, santeidd(i)o*+*-(i)edig*] *a.bfl.* hefyd gyda grym enwol. Wedi ei sancteiddio neu ei gysegru, cysegredig: *sanctified, consecrated.*

1595 *Egl Ph* 32, Pawl at y *santeidhedig* ein [*sic*] Iessu Grist. **1630** *YDd* 61, Ei enaid bendigedig, ni anadla allan ddim ond bendithion, ar cyfryw ymadroddion a fo'n tyfu, oddiwrth yspryd *sancteiddedig*. *id.* 293, bwrw allan y Gwîn *sancteiddiedig*, tywallt y ei [*sic*] fendigedig waed. **1675** R. JONES: *HCh* 66, bendith fawr yw cystudd *sancteiddiedic*. **1723** J. JONES: *LlA* 211, Cydwybod adnewyddedig, a Chalon *Sancteiddiedig*. **1725** I. HARRI: *RD* 86, gwaed Crist . . . i achub yr holl Sainct *Sanctaiddiedig*. **1751** *GIA* vi, heb hepgor un awr i holi pa gyflwr y maent ynddo, ai *sancteiddiedig* ai halogedig. *id.* xxx, Ni ordeiniodd Duw gadw neb ond y *sancteiddiedic*. **1788** J. GRIFFITH: *DCC* 55, [y] fath egwyddor ostyngedig a *sancteiddiedig*. **1803** *P* d.g. *Santeiziedig*.

sancteiddiol, santeidd(i)ol [*sanctaidd, santaidd*+*-(i)ol*] *a.* ll. *sancteiddiolion*. Sanctaidd; yn sancteiddio; wedi ei ystyried neu ei gyfrif yn sanctaidd; hefyd yn *ffig.*: *holy; sanctifying; hallowed; also fig.*

1567 *LlGG* 2a, credy yw *santaiddol* Euangel ef. *id.* 57a, Mi a roddaf ychwy *sancteiddiolion* bethae Dauid. **1568** MORYS CLYNNOG: *AG* 19, ai roddion i'r *santeiddiol* eglwys Gatholig. **1588** *Ecs* xxvi. 33, a'r wahanlenn a wna wahan i chwi rhwng y cyssegr, a'r cyssegr *sancteiddiolaf*. **16–17g.** LLYWELYN SIÔN, &c.: *Gw* 584, trwyn manol, *santaiddiol*, teg / hvdol is i drem hoewdeg. **1617** *Cat* 2, *sanctaiddiol* wyllys Dûw ai orchmynnion. *id.* 8, Ein Tâd yr hwn wyt yn y nefoedd, *sanctaiddiol* a vo dy enw. **1630** *YDd* 388, onid arweinit ti fywyd *sancteiddiolach*, pe byddit i ddechrau byw drachefn. **1672** J. LANGFORD: *HDdD* 95, yr holl leshâad o'r Cyfammod hwnnw, sef Maddeuant Pechodau, Grâs *Sancteiddiol*. **1709** H. POWEL: *G* 65, Bendithiwch *Sancteiddiol* enw Duw. **1764** DEWI NANTBRÂN: *CB* 98, y Sacrament *sancteiddiolaf*. **1803** *P*, *Santeiziawl*, a. . . . Sanctified, holy.

Amr.: **saincteiddol** [*sainctaidd*+*-ol*]. **1567** *TN* 262b. **santyddiol. 1574** *RhRC* (At.) 99a.

sancteiddiwr, santeiddiwr, sancteiddwr, san(c)teiddydd [bôn y f. *sancteiddiaf, santeidd(i)af*: *sancteiddio, santeidd(i)o*+*-wr, -ydd*³] *eg.* (b. *sancteiddwraig*) ll. *sancteiddwyr, santeiddyddion*. Un sy'n sancteiddio (fel arfer am yr Ysbryd Glân), cysegrwr: *sanctifier* (*usu. with ref. to the Holy Spirit*), *consecrator.*

p. **1584** G. ROBERT: *GC* [334], Gloewlwys i'r ysbryd gwiwlan, duw ydyw, / y dodaf gred gyfan: / *Santeiddiwr* eglurwr glan, / Buchedd y mawr a bychan. **1588** *Ecs* xxxi. 13, myfi yr Arglwydd ydwyf eich *sancteiddudd*. **1588** *Lef* xxvii. 15, os y *sancteiddudd* a ollwng ei dŷ yn rhydd. **1604–7** *TW* (*Pen* 228), *Sancteidhiwr* [diwyg.] . . . *Sancteidhwreic* d.g. *Sanctificator*. **1609** R. SMYTH: *CAC* 29, duw'r y[s]bryd glan sydd *santaiddiwr*, ceidwad, a rheolwr yr Eglwys. **1630** *YDd* 5, Ac efe a elwir yn sanctaidd, yn gystal o herwydd ei fod yn sanctaidd yn ei naturiaeth ei hûn, ac hefyd yn ddigyfrwng *sancteiddydd* (*sanctifyer*) holl etholedig bobl dduw. *id.* 311, O Dduw Tâd o'r nef, O Iesu Grist Prynwr y byd, o ysbryd glân fy *Sancteiddiwr* (*Sanctifier*), tri pherson ac vn Duw tragwyddol. **1672** J. LANGFORD: *HDdD* 5, Cydnabod ei fod ef yn Dduw . . . yn Greawdr, Waredwr, a *Sancteiddiwr*. **1679** C. EDWARDS: *GGG* 256, a'r Yspryd Glân yw'r *Sancteiddwr*. **1721** J. P. PRYS: *DC* 20, Gwir fawl i'n Creawdwr pur enwog a'n Prynwr, / Drwy hêdd a'n *Sancteiddiwr* ein Tŵr ydyw'r tri. **1722** *Llst* 189, *Sancteiddydd*. m. A sanctifier. **1786** W. WILLIAMS: *I* 40–1, na byddai gywilydd ar y *Sancteiddiwr* i alw y rhei'ny a Sancteiddir ganddo, ei Frodyr. **1793** DAFYDD IONAWR: *CD* 354, *Santeiddiwr*, didolwr dyn / O ddwylaw ei ddu Elyn.

sancteiddlan [*sanctaidd*+*glân*] *a.* Sanctaidd, dihalog: *holy, undefiled.*

1595 H. LEWYS: *PA* 49, ni a ddygwn ffrwythau daionus, er mwyn anrhydedd', a gogoniant i *sancteiddlan* (*holy*) enw duw. **1630** *YDd* 181, o fendigedig a *sancteiddlân* Yspryd. **1672** R. PRICHARD: *Gw* 292, Yn drydydd credaf hefyd, / I Dduw 'r *Sancteidd-lan* yspryd. **1675** R. JONES: *HCh* 9, Darllen y Gair gydâ phôb parch *sancteidd-lân*. *id.* 123, Pa fôdd y dylai y myfyrdod am amryw ddioddefiadau Crist . . . weithio ynom ni wŷn *sancteiddlân* o gariad? **1716** E. SAMUEL: *GGG* 200, rwy 'n cyfeirio fy ymadrodd diweddaf . . . at Gristnogion . . . fel y . . . gochelont a fo drygionus . . . yn gyntaf Derchafant Ddwylo *Sancteiddlân* (*undefiled*) at Dduw. **1721** J. P. PRYS: *DC* 7, Ffordd gul trwy'r Porth bychan rhyd [*sic*] llwybrau *Sancteiddlan*. **1723** WM: *PGG* 181, Y mae gofal am Ymborth a Dillad . . . yn Flinder gan Eneidiau gwresog *sancteiddlan*. **1777** H. JONES: *M* 68, O bendigedig a fyddo 'r yspryd *sancteiddlan* hwn.

Amr.: **santeiddlan** [*santaidd*+*glân*] **1723** WM: *PGG* 180, nid trwy Syrthni dideimlad, ond trwy Gryfder Meddwl *santeiddlan*.

Cfn.: **Sancteiddlan Wirioniaid:** *Holy Innocents.* **1664** *LlGG* sig. m2v.

sancteiddle, santeiddle [*sanctaidd, santaidd*+*lle*¹] *eg.* ll. *sanctaidd leoedd*. Man sanctaidd, cysegr, seintwar: *holy or sacred place, sanctuary.*

1551 W. SALESBURY: *KLl* xxa–b, Christ . . . drwy eu [*sic*] briawd waet ydd aeth vnwaith y mywn ir *santeiddle* ac y cavas dragwy[dd]al [*sic*] brynedigaeth. **1567** *LlGG* (*Sall*) 37a, Dew, ys terribl wyt oth gyssecrae [:– *sanctaidd leoedd*]. **1567** *TN* 343b, Can ys yr enifeilaid gwaed yr rrain a ddwg yr archeffeiriad ir *santeiddle* [:– cyssegr] tros bechod, kyrff y y [*sic*] rrain a loskir y tu ollan [*sic*] ir lluestai. **1588** *Sech* ii. 13, Pob cnawd taw yng-ŵydd yr Arglwydd: canys cyfododd oi *sanctaidd-le*. Cf. TALHAIARN: *Gw* ii. 56, Mae 'n adeiladu Cappel bach i'w Nêr, / . . . / Mae fel gwenynen deg yn prysur weithio, / Nes gorphen ei *sancteiddle* clyd a thlws.

sancteiddlon [*sanctaidd*+*-lon*] *a.* Sanctaidd, cysegredig: *holy, sacred.*

1672 R. PRICHARD: *Gw* 49, Vn droppyn *sancteiddlon*, o wir waed ei galon. **1696** *CDD* 34, Rhown obaith ar Jesu, drwŷ daeredd hyderu, / O heno hŷd y foru, drwŷ fawredd wellhâd, / Y denfŷn Duw cyfion ei yspryd *Sancteiddlon*, / Angylion, ac eirchion i'm gwarchad. *id.* 87, Tarian ffŷdd dirion, hêdd yspryd *Sancteiddlon*, / I orchfygu'r gelynion gwael anhardd.

Amr.: **santeiddlon** [*santaidd*+*-lon*] **1799** DAFYDD IONAWR: *MB* 8, *Santeiddlon* ganeuon ynt, / Puredig fawl pêr ydynt.

sancteiddrwydd, santeiddrwydd [*sanctaidd, santaidd*+*-rwydd*] *eg.* Yr ansawdd neu'r cyflwr o fod yn sanctaidd, cysegredigrwydd, santoliaeth, sancteiddhad, hefyd yn *ffig.*: *sanctity, holiness, sacredness, saintliness, sanctification, also fig.*

1346 *LlA* 102, dynyon gleinyon aorchyuyckont oe gleindyt ae *santeidrwyd* yrholl wydyeu. **14g.** *BT* (*RB*) 126, gwr enryued y volyanrwyd. a dwyawl y *santeidrwyd*. **14g.** *GDG*³ 364, Cyd caro rhai *santeiddrwydd*, / Eraill a gâr gyfanheddrwydd. **14–15g.** *IGE*² 149, A dyfyn er canlyn cam / Ddiwarnawd a ddaw arnam, / Hyd na bydd, ufudd ofeg, / Tramgwydd ar *santeiddrwydd* teg (Gruffudd Llwyd). *c.* **1400** *GP* 15, Seint a uolir o'e gleindyt, a'e *santeidrwyd*. **1551** W. SALESBURY: *KLl* lvib, roddwch ych aylodeu yn weison i gifiawnder [*sic*] ar *santeiddrwydd* [:– santeiddiat]. **1567** *LlGG* 40b, Edrych i lawr or nefoedd, a' gwyl o dricfa dy *sancteiddrwydd* ogoniant. **1588** *Sech* xiv. 21, Bydd pob crochan yn Ierusalem, ac yn Iuda yn *sancteiddrwydd* i Arglwydd y lluoedd. **1595** H. LEWYS: *PA* 27, Iesu Grist a wnaethwyd gann dduw i ni yn ddoethineb, a chyfiawnder, a *sancteuddrwyd'* [*sic*] (*sanctification*). **1599 (1677)** R. HOLLAND: *AB* 100, nyni a allwn wrth hyn weled, nad oes *sancteiddrwydd* perffaith yn y bywyd hwn. **1632** *D*, *Sancteiddrwydd*, Sanctificatio, sanctitudo. **1714** R. PRYDDERCH: *GD* 69, Nid yw Dynion, yn gwneuthur Duw yn sancteiddiach nag y mae efe trwy eu *Sancteiddrwydd*. **1790** *Prif Crist* iv, hiraethu yn ôl 'stâd o *sancteiddrwydd* a chymmeradwyaeth gydâ Duw. **1803** *P* d.g. *Santeizrwyz*.

Amr.: **saincteiddrwydd** [*sainctaidd*+*-rwydd*]. **1567** *TN* 269b, 297b.

sancteiddrym [*sanctaidd*+*grym*] *a.* Sancteiddiol, yn sancteiddio: *sanctifying.*

1675 R. JONES: *HCh* 54, y gwir olud ysprydol, sef . . . iachusawl, a *sancteiddrym* radau. **1727** J. JONES: *DFF* 216, *sancteiddrym* Rasau ysbryd Duw.

sancteiddwedd [*sanctaidd*+*gwedd*¹] *a.* a hefyd fel *e?b.* Sanctaidd ei olwg; ffugsanctaidd; ?ffugsancteiddrwydd: *of holy appearance; sanctimonious; ?sanctimoniousness.*

1603 E. KYFFIN: *Ps* [9], Ag addolaf yn dy ofn / ith deml ddofn *sancteidd-wedd*. **1760** E. WILLIAMS: *UYB* 230, O Ystlys *sancteidd-wedd*! / Wrth farw 'th gyfarchaf; / O'm holl Draul o'r diwedd / Yn d' Aber gorphwysaf. [**1783**] *W* d.g. *Sanctimony* [*appearance of sanctity* . . .].

sancteiddwr, sancteiddwraig, sancteiddydd, gw. sancteiddiwr.

sanctes, gw. santes.

sanctimonaidd [cfdds. o'r S. *sancti-mon(ious)*+*-aidd*] *a.* Ffugsanctaidd, ffugdduwiol: *sanctimonious.*

1880.

sanctod, sanctol, gw. santdod, santol.

sanctolaeth, sanctoliaeth, gw. santoliaeth.

sanctuar, sanctuari, gw. seintwar.

sanctwm [bnth. S. *sanctum*] *eg.* Man cysegredig, ystafell neu le hollol breifat: *sanctum.*

1935.

sand [bnth. S. *sand*] *eg.* Tywod: *sand.*

1734 *YCTM* 29–30, Cynnifer o Ddail hefyd / Ag sydd ar Goed yr hollfyd. / Neu o *Sand* dan Foroedd medd, / Daw hynny i ddiwedd rywbryd. Ar lafar yng Nghered. a sir Gaerf.

Gw. hefyd **swnd**¹.

sandaf: sando, gw. sandiaf: sandio.

sandal¹ [bnth. S. *sandal* 'light shoe'] *eb.g.* ll. *-au, -s,* (prin) *-iau,* (diw.) *sendyl.* Esgid ysgafn agored, esgid ar ffurf gwadn a ddelir wrth y troed gan strapiau neu gareiau, slipper: *sandal, slipper.*

1567 *LlGG* 97b, Ymwregysa, a rhwym wrthyt dy *sandalae*. **1567** *TN* 58a, [g]orchymynawdd yddwynt, na chymerent ddim y'w hymddeith . . . Anyd yhescicidiay [*sic*] hwy a' *sandalae*. **1588** *Jud* x. 4, hi a gymmerodd *sandalau* am ei thraed. **1588** *id.* xvi. 9, Ei *sandâlau* hi a hudasant ei lygaid ef. **1595** M. KYFFIN: *DFf* [59], nid wyf fi'n crybwyll etto am gynnifer amrafaelion y ffrierod ar Mynachod . . . rhai mewn gwisco escidieu, eraill mewn *Sandalieu*. **1688** S. HUGHES: *TSP* 199, rhaid i chwi hefyd ymddangos tros Grefydd, pan y bo hi yn eî hên gadachau, yn gystal a phan y bo hi yn ei *sandalau* [:– slippers] arian. *c.* **1762–79** W. WILLIAMS: *P* 24, gwisgant *Sandalau* o groen Ych. [**1783**] *W* d.g. *Sandal*. **1784** M. WILLIAMS: *S* i. 136, mae eu closau yn un â'r hosanau, ac yn gwisgo *sandalau* (slippers) yn lle esgidiau, pa rai maent yn eu tynnu ymaith wrth fyned i dŷ neu deml.

sandal², gw. coed (At.)—coed sandal.

sandalwydd [bnth. S. *sandal* (tree)+*gwŷdd*¹] *e.ll.* (un. b. *-en*). (Pren persawrus) coed bytholwyrdd o'r tylwyth *Santalum*, yn enw. *Santalum album*, sy'n tyfu yn ne Asia ac Awstralia: *sandal tree, sandalwood.*

1858.

sandarac, gw. sandrag.

Sandemanaidd [yr e. prs. *Sandeman*+*-aidd*] *a.* Yn perthyn i'r Sandemaniaid neu i'w daliadau: *Sandemanian* (*adj.*).

1809.

Amr.: **Sandemonaidd** [cf. *Sandemoniad*]. **1807.**

Sandemaniad [yr e. prs. *Sandeman*+*-iad*³] *eg.* ll. *-iaid.* Aelod o sect grefyddol a sefydlwyd yn yr Alban gan John Glas(s) (1695–1773) ac a ddatblygwyd gan Robert Sandeman (1718–71): *a Sandemanian.*

1770 *TG* ii. 109, Sect o ddynion a elwir gan rai *Sandemaniaid*. **1795** J. THOMAS: *AIC* 113, Am y *Sandemaniaid*. Neu ganlynwyr un Robert Sandeman.

Amr.: **Sandemoniad** [?dan ddyl. y trf. *-mon*]. **1799** M. WILLIAMS: *HHG* 118–19, Barn y *Sandemoniaid*. Mae'r sect hon wedi cael ei gwreiddiol ddechreuad yn Scotland, ynghylch y flwyddyn 1728; lle y maent yn awr yn myned dan yr enw Glassites, oddiwrth John Glass y sylfaenwr . . . yr hwn a gyhoeddodd lyfr a elwir, Tystiolaeth Brenin y Merthyron . . . Ei ddiben yn y gwaith hwn oedd dangos nad oedd teyrnas Crist o'r byd hwn; felly na all'sai hon fod yn sefydledig dan un gyfraith wladol. *id.* 128, Nid yw'r *Sandemoniaid* yn liosog . . . yng Nghymru nid oes fawr o honynt, a'r unig le ag y maent yn ymgynnull yw Abertawe. **Sandimaniad** [cf. y S. gwallus *Sandimanian*]. **1791** W. WILLIAMS: *MDR* 8, *Sandimaniaid* balch yn bostio / Eu goleuni mawr a'u grym, / Chwyddo o wyntoedd fel pledrenni, / Ne's i'nt rwygo a myn'd yn ddim.

Sandemaniaeth [yr e. prs. *Sandeman*+*-iaeth*] *eb.* Daliadau ac egwyddorion y Sandemaniaid: *Sandemanianism.*

1819.

Amr.: **Sandimaniaeth** [cf. y S. gwallus *Sandimanianism*]. **1831.**

Sandemonaidd, Sandemoniad, gw. **Sandemanaidd, Sandemaniad.**

sanden [*sand*+-*en*] *eb.* Darn o garreg debyg i dywodfaen a geir weithiau yn yr wythïen lo: *piece of rock similar to sandstone occasionally found in the coal-seam.*

1939. Ar lafar, *Geir Glo* 57 (sir Gaerf. a gorllewin Morg.).

sandiaf, sandaf: sand(i)o [bnth. S. (*to*) *sand*] *bg.a.* Llyfnu neu gaboli â thywod neu bapur tywod: *to sand* (*wood, &c.*).

20g. Ar lafar "Dwi 'di bod yn *sando* drwy'r bore'; "Wt ti 'di gorffen *sandio*'r drws 'na eto?'

Sandimaniad, Sandimaniaeth, gw. **Sandemaniad, Sandemaniaeth.**

sandog [*sand*+-*og*] *a.* Tywodlyd: *sandy.* **1848.**

sandrag, sandarac [bnth. S. *sandarac*] *eg.* Resin brau melyn golau a geir o risgl y goeden *Tetraclinis articulata* sy'n tyfu yng ngogledd-orllewin Affrica: *sandarac* (*resin*).

[1783] *W*, Gwm pann, vulgò gwm *sandrag* d.g. *Sandarach or gum Sandarach.*

sandwij, sandwitsh [bnth. S. *sandwich*] *eb.* ll. -*ys.* Dwy neu ragor o dafellau o fara, wedi eu taenu â menyn neu farjarîn fel arfer, yn cynnwys llenwad o gig, caws, &c., rhyngddynt, brechdan: *sandwich.*

20g. Ar lafar, 'Mi gesh i *sandwij* gaws i ginio'; hefyd yn y ff. *sangwej, sangwij.*

sanedig, sanedigaeth, sanedigrwydd, saneuau, saneuwr, gw. **synedig, synedigaeth, synedigrwydd, hosan, hosaneuwr.**

sanffaganeiddio [bf. o'r e. lle *Sa(i)n Ffagan*] *ba.* Peri i (rywbeth) fod yn debyg i adeilad neu wrthrych yn Amgueddfa Werin Cymru Sain Ffagan, yn ddifr.: *to cause* (*something*) *to be like a building or object in the Museum of Welsh Life at St. Fagans, derog.*

20g.

sangwen, sangwin, gw. **sangwyn.**

sangwinius, &c. [bnth. dysg. Llad. *sanguineus*] *eg.* ac *a.* Gwaed (yn enw. fel un o bedwar hiwmor neu wlybwr y corff dynol); person a gwaed yn brif hiwmor yn ei gorff, person gwaedlon; lliw gwaetgoch neu writgoch: *blood* (*esp. as one of the four humours*); *sanguine person*; *blood-red or ruddy colour.*

15g. *GLGC* 225, yr haf yn bennaf y bydd / *sangwinius* yn ei gynnydd. **1488–9** *RWM* i. 17, Kyfansoddir korff dyn or pedwar gwlybwr hynn: *sangwinus,* fflewma, kolera, malingkolia. **15–16g.** *PC* 56–7, O dri lliw y darllëir / yn ei ffriw'n uwch no phren ir: / *sangwinws* yn y gwinau / sy iawn ar frig synnwyr frau (Tudur Aled). **16g.** Lewys Morgannwg: *Gw* 498, sion wynn wyd Iasson un wedd / *sangweinus* owein gwynedd. *Diw.* **16g.** *RWM* i. 459, natvriaeth y iiij[ar] komplexiwn korff dyn . . . / *Sangwynys* melvs a mwyn.

sangwyn (*ng*≡ *n-g* ac *ŋ*) [bnth. S. C. *sanguin(e)*] *eg.* a hefyd fel *a.* (Lliw) gwaetgoch, gwritgoch, neu fioled (hefyd mewn her.), (lliw) gwridog, hefyd yn *ffig.*; brethyn coch; gwaed (fel un o bedwar hiwmor neu wlybwr y corff dynol); person a gwaed yn brif hiwmor yn ei gorff, gwaedlon: *blood-red, ruddy, or violet* (*colour*), *sanguine* (*in her.*), *also fig.*; *red cloth*; *blood* (*as one of the four humours*); *sanguine* (*of person*).

15g. *DGG*[2] 45, A dwyros yn ei deurudd, / A'r rhain ar liw *sangwyn* rhudd. **15g.** *GDLl* 126, Na bo rhaid i neb o'r rhain / Wisgo du'n llys Gydewain! / Gwell i Wen gall i wenu, / *Sangwyn*, o Dywyn, na du. **15g.** *DN* 35, Kynan, dywyssog Gwynedd, / A'i arfau oll ar i vedd, / A llun y tri llew o wyn / Yn sengi yn y *sangwyn. id.* 91, Dau rudd o bopparth i drwyn / Y sy yngod val *sangwyn.* **15g.** *GDID* 97–8, Arwydd Owain gain a gaid / Lawgoch, goruwch dy lygaid; / Tâl gwyn dan *sangwyn* y sydd, / Tywys gwenith, tes gwinwydd. **15–16g.** *GIM* 200–1, Chwi a wisgwn, eich asgell / chwi sy'n aur; ni cheisiwn well. / Llew gwyn yn y *sangwyn* sydd, / lle down i, lleuad newydd. **16g.** *TCHSDd* xvii. 68, Dosbarth arvav / naw lliw . . . / . . . / *Sangwyn* violed. **16g.** *Mos* 113, 62, Gruphy[dd] ap Cynan a dduc m: *sangwyn* a thri llew gwynion pasant. **1561–2** *Celtica* ii. 105, neithr bod ar y maen hwnn [eletropia] dagrav *sangwyn. Diw.* **16g.** *WLB* 3, Syrwyn a wnair drwy gwyr a ffŷg ag ystor a gwer, ai doddi a wnair ai ferwi i gyd ai fwrw ar ddwfr ai faeddu ai dynny ai demprio drwy *sangwyn* neu bowdrau i ddwyn lliw a sawyrau teg arno. *c.* **1624** *LlCy* xi. 107, Siôn, o gnawd *sangwyn* ydoedd, / Dan yr Alps rhy dyner oedd (Ffowc Prys).

Amr.: **samwin. 1789** *BDG* 147, A deuros yn ei deurudd, / A'r rhain o liw *samwin* (*DGG*[2] 45, sangwyn) rhudd. **sangwen** [bnth. S. Diw. Cyn. *sanguen*]. **17g.** *IICRC* iii. 225, trwyn manolwen ai deurydd fal *sangwen* yn twny fal towyn Ysbyrygnys. **sangwin. 15–16g.** (*Diw.* **16g.**) *Gwyn* 3, 146, Twrci o rasbi 'r Yspaen / ai grys o *sangwin* y graen [Llawdden i'r tarw coch]. **1611** *Pen* 217, 430, ar y gwlan hwn y bwriwyd lliw *Sangwin. c.* **1730** *Thos. Lloyd D* (LlGC) 210a, *Sangwin.* Sanguine. In heraldry. **18g.** *Llr* C 24, 369, y adnabod pobl or *Sangwin* Neu Waedlyd . . . pob dyn Coch heb fraster yw or *Sangwin* . . . Dynion *Sangwin* a fydd llawen.

sangwynus, gw. **sangwinius.**

Sanhedrin, Sanhedrim [bnth. S. *Sanhedrin, Sanhedrim*] *eg.* ll. -*au.* Llys uchaf cyfiawnder a phrif gyngor eglwysig a gweinyddol yr Iddewon yng Nghaersalem gynt, ac iddo 71 o aelodau, hefyd weithiau am lysoedd is ac yn *ffig.*: *Sanhedrin, also fig.*

1734 M. Maurice: *BH* 41, o uchelaf lys eu *Sanhedrin* i'r gwaelaf ddadleu dy [*sic*]. **1765** J. Evans: *CPE* 83, rhan fawr o'r llŷs neu'r eisteddfod a elwid y Seneddr neu *Sanhedrim.*

sanicl, sanigl [bnth. S. C. *sanicle* neu'n uniongyrchol o'r H. Ffr.] *e?g. Bot.* Clust yr arth, *Sanicula europæa*: *wood sanicle.*

c. **1400** *Études* vii. 292, Arall yw y iachau brath: kymer *sanikyl* a deil y cochgawl. *id.* 298, kymer bugyl, *sanigyl,* auans. *id.* 310, Kymer y llysseu hynn: bugyl, pigyl, *samkwl* [*sic*]. *Diw.* **16g.** *WLB* 79, Kymer consownd gwnffrey, osmwnd . . . vugul, *sanicle,* avence. Ar lafar gynt yn Llŷn yn y ff. *senigl, SE MS* 461b.

sannaf: sannu, gw. **synnaf: synnu.**

Sansgrit [bnth. S. *Sanskrit*] *eb.g.* Iaith glasurol yr Hindŵaid: *Sanskrit.* **1809.**

Sansgritaeg [*Sansgrit*+*aeg*] *eb.g.* Sansgrit: *Sanskrit.* **1846.**

Sansgritaidd [*Sansgrit*+-*aidd*] *a.* Yn perthyn i'r Sansgrit, wedi ei ysgrifennu yn yr iaith honno: *Sanskritic.* **1866.**

sansiler [bnth. Ffr. Lloegr neu S. C. *chanceler*] *eg.* Canghellor (y brenin): (*king's*) *chancellor.*

13g. *Cylchg LlGC* v. 62, Ar henne e doeth e metyr gvi *sansiler* brenhin novar. **13g.** *B* x. 23, pa ham . . . e dodassauch chui vy *sansiler* i diethyr e vynwent. *id.* 25, Pa ham . . . e gvahardut ti em *sansiler* i wassanaethu duw.

Gw. hefyd **siawnsler.**

sansileriaeth [*sansiler*+-*iaeth*] *eb.* Llys canghellor, siawnsri: *chancellery, chancery.*

Diw. **15g.** *Pen* 41, 3, ymhlith bryvedeu *sansileryeth.* **15–16g.** *RWM* i. 382, Yr hwn a geffir y ffuryf ynechrav bry[u]edev y *sansileriaeth.*

sant [bnth. Llad. *santus* < *sānctus,* Llyd. C. *san(c)t,* Crn. C. *sans*] *eg.* (bach. *se(i)ntyn*) ll. *saint,* ll. dwbl *seint(i)au, sein(i)au,* a hefyd fel *a.* ll. *saint.*

(*a*) (Teitl) person a ganoneiddiwyd, mynach (cenhadol) yn yr Eglwys Geltaidd, neu un o'r archangylion, unrhyw un o eneidiau'r meirwon yn y nefoedd, *Beibl.* un o etholedigion Duw, unrhyw aelod o amryw o grwpiau Cristnogol sy'n eu hystyried eu hunain yn etholedigion Duw, person sanctaidd, duwiol, neu rinweddol, hefyd yn *ffig.*; (yn y ll. *seintiau, saint*) Mormoniaid: *saint, also fig.*; (*pl.*) *Mormons.*

12g. *LL* 146, O aper finnaun doudec*seint.* **12g.** *GLlF* 446, Ar pob *sant* gormant geugant goned. *id.* 448, A dygynnull *seint* yn y senet: / . . . / *Seint* Brycheinyaѡc, bro hyѡret, / A *seinhyeu* Maelenyt, eluyt uannet, / A *seinhyeu* pressent, worment tiret. **12–13g.** *GLlLl* 219, Can diwet pob buchet, bych *sant.* **13g.** *LBS* iv. [369], Bonhed Y *Seint.* **13g.** *B* ix. 335, Seint Basil . . . Ac ar gellweir e dywaut er amherauder urth e *sant* hvnnv. **13g.** *GBF* 357, Lladwyt meibon gѡirion gѡynnyon. gѡae y mammev! / Ac nyt gѡae 'nt-hwy: gѡynn y byt hѡy bot yn *seinyev* / A merthyri achaѡs eu Ri yn eu rѡymeu. *id.* 440, Nyt digewilyd pan welher—Dydbraѡt / Darllein pob pechaѡt ual y pecher, / . . . / Ac yn tal pob *sant* y galander. *id.* 447, Naѡd Undaѡt Trindaѡt y Tri Pherson, / Naѡd yr holl *seineu,* sened wiryon. **1346** *LlA* 159, Ar *sant* a enir ohonat ti aelѡir mab duѡ. ?**14g.** *MA*[2] 601. 33–4, A sergiws bap ae kadarnhaws ef ym plith y *seinteu* gleinyon. **1547** *WS, Sant* A sayncte. **1551** W. Salesbury: *KLl* xliiia, Ny adewy ith *sant* welet llygredigeth. **1595** M. Kyffin: *DFf* [47], rhyfedi anneirif o *Seint*[*ie*]*u.* **1632** *D, Sant,* Sanctus, i. **17g.** *LlGC* 10249, 132, fy *sant,* fy llessiant fy llw, fy mhlassaü / fy mhlesser yw d'enw [Wmffre Dafydd ab Ifan i Dduw]. **1760** *ML* ii. 179, Ni yfai'r hen *sant* ei hun ond dwfr y ffynnon, ag o achos hynny y gelwid ef Ddewi Ddyfrwr. **1767** J. Roberts: *H* 27, Braint, braint, / Yw cael cymmundeb gydâ'r *saint,* / . . . / Cymdeithas yma sydd yn grêf, / Ond yn y Nef y bŷdd yn fwy. **1803** *P.* Ar lafar, 'Mae o'n *sant* o ddyn i roi 'i waith i fyny i edrach ar ôl i fam'; 'Mae isio *sant* i fyw efo honna'; 'mor sobor â *sant*'; '*sant* ar 'i linie, cythrel ar 'i draed'. Clywir *saint* weithiau yn yr ystyr 'aelodau eglwysig' ac yn gellweirus 'capelwyr selog', "Ôn i'n gweld y *saint* yn 'nelu siag at y cwrdd', *GTN* 703, a hefyd mewn ystyr gellweirus estynedig, "Odd yr eira wedi cadw lot o'r *saint* o'r Blac heno'; defnyddir *seintiau* weithiau i gyfeirio at y Mormoniaid, "Odd 'na *seintia* yn yr ardal 'yn, 'ôn' nw'n cwrdd yn 'en dŷ Ratsial', *ib.* Digwydd fel e. prs., *LBS* iv. [369], ac fel elf. mewn e. lleoedd, e.e. *Rhyd Saint* (*y Sant, y Saint*), *Études* x. 230.

(*b*) (enghrau. o flaen e. prs.: *exx. before a pers. name*).

12g. *LL* 235, ecclus *Sant*breit. **1551** W. Salesbury: *KLl* lxxib, Ymthoeliat [*sic*] *Sanct* Paul. **1588** *Math* (teitl), Efengyl Iesu Grist yn ôl *Sanct* Mathew. **16–17g.** *GHCEM* 94, Salm faith o'i ddiseml fin / Sy'n tystio ffordd *Sant* Awstin. **[1783]** *W, Sant* Pedr d.g. *Saint Peter. id. Sant* Ann d.g. *Saint Anne.* Gw. hefyd yr amr. *san*[2].

(*c*) (enghrau. ar ôl e. prs.: *exx. following a pers. name*).

13g. *GBF* 380, Plant Mihangel *sant*! **1346** *LlA* 147, Hv *sant* oseint victor ymparis adyѡeit owedi ypader val hynn. **14g.** *WM* 463. 3–5, Achynwyl *sant* y trydygѡr a dienghis o gamlan. **14g.** *B* v. 195, Credo Anathasius [*sic*] *Sant.* **15g.** *HS* 13, myn Dewi *sant.* **15g.** *GDID* 22, Euraid yw'r gorflwch ariant / Ar ginio Tysilio *Sant.* **[1783]** *W*, Pedr *sant* d.g. *Saint Peter.* **18–19g.** *Iolo MSS* 285, Llyma Gywydd Teilo *Sant.*

Fel *a.* Sanctaidd: *holy.*

1346 *LlA* 99, Dyret yspryt. *sant* kreaѡdyr byt. **14g.** *HMSS* ii. 265, Ac yna y doeth [qui]riacus esgob *sant.* a llawer o vrodyr *seint* y gyt ac ef. **14g.** *GDG*[3] 230, Gwewyr serch gwaeth no gwŷr *saint* / A gefais drwy ddigofaint. **14–15g.** *IGE*[2] 275, Gwnaeth bob peth yn ddifethiant / O fewn y saith, fy Iôn *sant* (Siôn Cent). *c.* **1400** *Ked AA* [1], y gymryt bedyd y gan y gwrda *sant* a oed Bab. *Dchr.* **15g.** *GM* 9, *Sant, Sant, Sant,* Arglwyd, Sabaoth Culwyd, / Santeiduawr hylwyd, heul hwyl loewdyd. *id.* 10, Dy Gytdidanwch, *Sant* Yspryt elwch. *Diw.* **16g.** *LBS* iv. 399, A phann oedd y gwr da *sant* yn pregethü. *Dchr.* **17g.** *J* 10, 36b, *Sant.* holie. **1803** *P, Sant* . . . a. Holy.

Amr.: **saints** [?bnth. S. *saints*] (*e.ll.*). **1732** *RE* 41, canmol y *Saints* yn Corinth. **1750** E. M. White: *PBBM* 169, oddiwrth y dwsdyn gwael anghymwys i fynt [*sic*] i blith neb o *saints* Duw. **san**[2] [o flaen e. prs. yn unig, gan amlaf mewn e. lleoedd]. **12g.** *LL* 32, lann *san*freit. *id.* 43, Lann *San*bregit. **12g.** *GCBM* ii. 94, Gwas *San*freyd. **15g.** *GO* 239, Sens o aelwyd *San* Silin. **1610** *Bl B XVII* i. 189, Gro *San* sieils, garw ias in sôn [marwnad Wiliam Gruffydd o'r Penrhyn ac Elis Prys o Blas Iolyn gan Huw Machno]. **sanct** [dan ddyl. Llad. *sānctus*; cf. hefyd S. *sanct* (14–18g.); orgraffyddol yn unig yw'r -*c*- weithiau, cf. y dfn. o T. Baddy: *PCh*]. **1551** W. Salesbury: *KLl* lia, *Sanct* / *Sanct* / *Sanct* / Arglwydd Ddeo hollgyuoethawc. **1567** *LlGG* 5a, Megis ac y dywedawd trwy enau ei *sainct* brophwyti. **1567** *TN* 176a, dy *sanct* Vap Iesu. **1588** 2 *Cor* i. 1, gyd â'r holl *seinctiau* y rhai sy yn holl Achaia. **1606** E. James: *Hom* i. 99, llawenydd nef a thragwyddol gyfeillach *sainct* ac angylion. **1630** *YDd* 229, Ynddo ef, y cododd y *Seinctiau* allan ou beddau. **1632** *D* d.g. *Divus.* **1703** T. Baddy: *PCh* 180, A chwithau'r *Sainct* o vchel fraint. **1740** T. Evans: *LlA* 7–8, Fe all llawer gael eu cyfrif yn *Seinctau* yn Marn y Byd. **1790** T. Jones: *TOS* 322.

Cfn.: **Saint (Seintiau) y Dyddiau Diwethaf:** *Latter-Day Saints, Mormons.* **1844. Seintiaû y Dydd Olaf** = **Saint y Dyddiau Diwethaf. 1841. sant noddol:** *patron saint.* **1854. sant perffeithiedig:** *saint in heaven, ?saint who has attained perfection.* **1853.**

Gw. hefyd **saint**[1], **saith**[2], **santes.**

Santa, Santa Clos [bnth. S. *Santa*

(*Claus*)] *eg.* ll. *Santas, Santa Closys.* Siôn Corn: *Santa (Claus).*
1903. Ar lafar.

santaidd, gw. sanctaidd.

santdod, sanctod [*sant, sanct*+*-dod*] *eg.* Sancteiddrwydd, santoliaeth: *holiness, sainthood.*
1567 *LlGG* (*Sall*) 50b, Tyngais vnwaith ym *Sanctawt.* *id.* 53a, *sanctawt* a wedda ith tuy, Arglwydd, yn tragyvyth. **1798** *WR, santdawd* d.g. *Saintship.*

santeiddaf: santeiddo, santeiddfa, gw. **sancteiddiaf: sancteiddio, sancteiddfa.**

santeiddfawr [*santaidd*+*mawr*] *a.* Sanctaidd iawn: *very holy.*
Dchr. **15g.** *GM* 9, Sant, Sant, Sant, Arglwyd, Sabaoth Culwyd, / *Santeiduawr* hylwyd, heul hwyl loewdyd. **1603** W. MIDLETON: *Ps* 185, Cans fo wnaeth yn ffraeth ffrwythiad rhifwch / Bethau rhyfedh mowrstad. / Ae law yn gweithiaw heb gel / Ae fraich *santeidh-fawr* vchel.

santeiddfryd, santeiddhad, santeiddiad, santeiddiaf: santeiddio, &c., gw. **sancteiddfryd, sancteiddhad, sancteiddiad, sancteiddiaf: sancteiddio,** &c.

santes [*sant*+*-es*[1], Crn. C. *sansesov* (ll.), Llyd. C. *san(c)tes*] *eb.* ll. *-au, -i,* a hefyd gyda grym ansoddeiriol.

(*a*) (Teitl) sant benywaidd, gwraig sanctaidd, dduwiol, neu rinweddol, hefyd yn *ffig.*: (*title of*) *female saint, saintess, holy, devout, or virtuous woman, also fig.*
13g. *B* ix. 341, A phan doeth ef a gavas corff e *santes* honno wedy y chyweiryav herwyd cristyonogaul deuavt. **1346** *LlA* 109, Sef aoruc yllysuam tynnv kyllell allad pen y vorwyn *santes.* **14g.** *GDG*[3] 298, Saint o bob lle a'm gweheirdd / *Santesau* hundeiau heirdd. **15g.** *OBWV* 106, Crefyddes o *santes* wyd, / Caredig i'r côr ydwyd [i'r lleian]. ?**15g.** *IGE*[2] 93, Gabriel, drwy loywdeg wybren, / Anfones i *santes* wen / Afe, am bechod Efa. **15g.** *GLGC* 406, a Mair a alwaf, mirain—frenhines, / arglwyddes *santes* â'r fynwes fain. **15g.** *GGl*[2] 123, Mawr fu udlef Mair Fadlen, / Meddyges a *santes* wen. **15g.** *ID* 6, vnwaith i kefais annerch / a chyffes *santes* y serch. **15–16g.** *AAST* (1935) 100, Merch annwyl ym mraich ynys, / Morwyn yn Llanddwyn a'i llys, / . . . / *Santes* ym mynwes Menai [Dafydd Trefor i Ddwynwen]. **1547** *WS, Santes* A saynt. **16g.** WILIAM CYNWAL: *Gw* (R. L. Jones) 554, Siriol wyr Ginastr, ddisorod—iachoedd, / *Santes* am winoedd, seintes manod [am wraig Wiliam Hanmer]. **16–17g.** *GBF* 465, I gadw braint y saint a'r *santesau.* **1606** E. JAMES: *Hom* ii. 147, Chwi a dybygech . . . mai rhyw buteiniaid mursennaidd gwedy ymbincio i hudo eu cariadon i aflendid, yw delwau ein *santessau* ni. **1632** *D, Santes,* Sancta. **1688** *TJ, Santes:* a Shee-saint. **18–19g.** *Iolo MSS* 84, Brychan . . . yr hwn a gafas Frenhiniaeth y wlad . . . ai welygordd oeddynt oll yn Seintiau a *Santesi.* **1803** *P.*

(*b*) (enghrau. o flaen e. prs.: *exx. before a pers. name*).
20g.

(*c*) (enghrau. ar ôl e. prs.: *exx. following a pers. name*).
14g. *B* ix. 327, Margret *santes* a wrthebaud yna. **15g.** *id.* xxv. [247], llymma vuched katrin *santes.* [**1783**] *W,* Ann *santes* d.g. *Saint Anne.*
Amr.: **sanctes** [cf. *sanct*]. **1567** *LlGG* 131a, y gwragedd *sanctese.* **1670** J. HUGHES: *AP* 273, *Sanctessau* Duw. **1718 (1721)** S. THOMAS: *HB* 135.
Gw. hefyd seintes.

santiaf: santio, gw. **seintiaf: seintio.**

santol, sanctol [*sant, sanct*+*-ol*] *a.* Sanctaidd, fel sant: *holy, saintly.*
Dchr. **15g.** *GM* 26, uelly y'm drychafwyt i yn Sion, ac yn gyffelyb y hynny y gorffwysseis yn y *santawl* dinas, a'm gallu yg Kaerussalem. *id.* 39, Mi yw mam lwys gariad ac ofyn, ac adnabot a *santawl* obeith. *Diw.* **15g.** *Pen* 67, [1], Dvwoleidd yw dy wel[ed] / o ffydd a chrefydd a ch[red] / *Sanntol* ydiw dwrolyaet[h] / hyn vych nor neb hynna [aeth] (Ieuan ap Hywel). **1551** W. SALESBURY: *KLl* xviib, Yna ydd aeth diavol ac ef ir dinas *santawl* ac ac [*sic*] gesodes ar pinacl y templ. **1567** *LlGG* 2a, i ogoniant dy *sanctawl* enw, Amen. *id.* 7a, Erwydd yr hwn sydd alluawc, a'wnaeth i mi vawredd: a' *santawl* yw i Enw ef. **1567** *TN* 181a, y lle yn yr hwn sefy, ys y tir *sanctawl* [:- cyssegrdir]. **1595** H. LEWYS: *PA* [xvii], gosod allan ac eglurhau, ei *sanctawl* ewyllys ef. **1604–7** *TW* (*Pen* 228), *Sanctawl* d.g. *Intemerandus.* **18–19g.** *Iolo MSS* 295, esgob *santawl* vrainiawl vryd / a vuost o iawn vywyd [i Deilo]. **1803** *P* d.g. *Santawl.*
Amr.: **sainctol** [*sainct*+*-ol*]. **1567** *TN* 41b. **seintiol.** **1803** *P* d.g. *Seintiawl.* Cf. ISLWYN: *Gw* 819, 'r oedd blynyddau / Y *seintiol* batriarchiaid oll mor feithion.

santolaeth, gw. **santoliaeth.**

santoldeb, seintioldeb [*santol, seintiol*+*-deb*] *e?g.* Santoliaeth, sancteiddrwydd, hefyd wrth gyfeirio at y Pab: *sainthood, saintliness, sanctity, holiness, also with ref. to the Pope.*
1847.

santoliaeth, sanctoliaeth, san(c)tolaeth, seintiolaeth [*santol, sanctol, seintiol* +*-(i)aeth,* Crn. C. *sansoleth*] *eb.g.* ll. *santoliaethau.* Yr ansawdd neu'r cyflwr o fod yn (debyg i) sant, sancteiddrwydd, hefyd wrth gyfeirio at y Pab; canoneiddiad: *sainthood, saintliness, sanctity, holiness, also with ref. to the Pope; canonization.*
13g. *RC* xxxiii. 238, yn ry dywanu oth *santolyaeth* di ar lyuyr evrei en ysgrivenedic o law e gwynuydedicaf vatheu euengylwr. **13g.** *BD* 161, gossodet Dewi . . . yn archescob . . . A theilvng oed ynteu y hynny herwyd y leindit a'e uuched a'e *santolyaeth.* ?**14g.** *MA*[2] 536b. 21–4, Dyvric archescob kaer Llion . . . a legat i pap Ruvein oed. ac ygyt a henny eglur oed oe *santolaeth* ae vuchwed. *c.* **1400** *Ked AA* 8, Annobeithyaw yr hynny, hagen, nys gwnaeth, namyn medylyaw na differth y *santolyaeth* Dauyd, na'e doethineb Selyv heb pechu. *id.* 18, Assw, y gwr a oed wahanredawl glot idaw dros y byt o'e *santolyaeth* a'e doethineb. **1604–7** *TW* (*Pen* 228), *sanctoliaeth* d.g. *Sanctimonia.* **1800** C. EVANS: *EJU* 68, yr ail-fedyddwyr, megis ag yr oedd ei *sanctolaeth* yn ei ysgogi i'w galw hwynt. **1803** *P, Santolaeth,* s. m. . . . Sanctitude. *id. Seintiolaeth,* s. m. . . . Sanctitude.

santresaf: santresu [*sant*+*rhesaf*[1]: *rhesu*] *ba.* Canoneiddio, rhestru ymhlith y saint: *to canonize, reckon among the saints.*
1860.

santwari, santwri, gw. **seintwar.**

santyddiaeth, seintyddiaeth [*sant, saint*[2]+*-ydd*[3]+*-iaeth*] *e?b.* Sancteiddrwydd, santoliaeth; ?addoliad saint, yn ddifr.: *saintliness, holiness, sainthood; ?worship of saints, derog.*
1854.

santyddiol, gw. **sancteiddiol.**

sapel [?bnth. S. C. *chapelle,* neu'n uniongyrchol o'r H. Ffr.] *eg.* ll. *-au.* Capel: *chapel.*
13g. *LlI* 6, Ny dely er escop persony nep ar *sapeleu* y brenhyn namyn er effeyryat teylu. *id.* 23–4, Pueben-nac a wnel cam emeun *sapel* talet seyth punt. *c.* **1730** *Thos. Lloyd D* (LlGC) 207a, *Sapel.* Cappel.

saproffyt, saproffeit [bnth. S. *saprophyte*] *eg.* ll. *-au, -iaid.* Unrhyw organeb, yn enw. ffwng neu facteriwm, sy'n byw ar sylwedd organig marw, gan dynnu maeth ohono: *saprophyte.*
1936.

saproffytig [cfdds. o'r S. *saprophyt(ic)*+*-ig*[2]] *a.* Yn perthyn i saproffytau, nodweddiadol o saproffytau: *saprophytic.*
20g.

sapter, sapurlliaid, saphir, gw. **siapter, superlliaid, saffir.**

sar, sâr [?olff. o *sarhad,* neu wall am *sor*] *eg.* a hefyd fel *a.* Sarhad, tramgwydd, haerllugrwydd; digofaint, cynddaredd; sarhaus, sarrug, dicllon: *insult, offence, insolence; wrath, fury; offensive, surly, wrathful.*
Dchr. **17g.** *J* 10, 36b, *Sar.* Indignatio. **1707** *AB* 220b, *Sar,* Wrath. **1803** *P, Sâr,* s. m. . . . fury, insolence; rage; insult; offence.

saraffin, gw. **seraffin.**

Sarasen, Sarasin [bnth. S. C. *Sarasin(e)* a S. Diw. *Saracen;* 20g. yw dyddiad yr engh. gyntaf o'r ff. un. *Sarasen*] *eg.* (b. *Sarasines,* ll. *-au*) ll. *-iaid.* Mwslim, Arab, neu Dwrc: *a Saracen.*
1346 *LlA* 17, Ar *sarascinyeit* a dybedynt ymae y doethon ae dysgassei wyntev. *id.* 116, Gbr agbreic. croessan. aphutein. Ideb. a *sarascin.* **14g.** *BT* (*RB*) 32, Robert . . . yr hwnn a athoed hyt yng Kaerussalem y ymlad a *Sarassinyeit* a chenedloed ereill agkyfyeith. *id.* 168, rac distryw or Jdewon a'r *Sarassinyeit* holl Gaerusalem. *c.* **1400** *Ked AA* 17, anuon nerth o wyr a meirch gyt a'r kardinal y dial ar yr ysgymmunyon *Sarassinyeit.* *c.* **1400** *YCM*[2] 177, a mil o wraged tec o'r *Sarassinnesseu* y arueru onadunt. *Diw.* **15g.** *Bren Saes* 206, yno y llas o'r *Sarasiniaid* ddec mil. **16g.** *B* xxi. 326, nid oes na *sarasin* nac iddew alafasso dim otharos. **1595** M. KYFFIN: *DFf* [93], er mwyn yr enw, a'r genedl-lwyth, gwell ganthynt eu galw yn *Saraçeniaid.* **1661** E. LEWIS: *Drex* 6, Y *Saracenniaid* hefyd oedd yn arfer o alw Dûw Cylch. **1728** T. BADDY: *DDG* 97, Hi [Caersalem] a ddygwyd o Drais oddiarnynt gan Haumar ar *Saraciniaid* yn y flwyddyn 637. *c.* **1762–79** W. WILLIAMS: *P* 274, Bagdat tref gref yn Twrci yw . . . hon a fu yn brif ddinas ymerodraeth y *Saraseniaid.* [**1783**] *W, Saraseniaid* d.g. *Saracens.*
Amr.: **Saraseniad** [?adff. o'r ll. *Saraseniaid*]. **1808.** **Sarseniaid** [cf. S. C. *Sarzen*] (e.ll.). **16–17g.** E. PRYS: *Gw* 338, [g]wlad y *Sarseniaid.* **Sarsing** [cf. *Sarsin;* â'r *-ng,* cf. *Lladin(g), prin(g)*]. **16g.** *THSC* (1923–4) (At.) 49, pai rann y vod yn iddew nev yn *sarssing* y neb a laddai. **Sarsin, Sersin** [bnth. S. C. *Sarcine,* cf. Crn. C. *Sarsyn*]. *Diw.* **15g.** *Bren Saes* 222, *Sarsiniaid.* *id.* 240. **15–16g.** *TA* 30, Ag arfau, addas y gorfyddoch, / Â thri phen *Sarsin* at drin y trôch. **1547** *WS, Sarsin* A sarsyn. **16g.** *GGH* 246, A dul o ben *Sersin* dig. **16g.** *AP* 3, Pe deuai wr o Wynedd i Ddeheubarth ni wnaid amdano mwy nac am Iddew, neu *Sarssin* neu gostoc tom.

Sarasenaidd [*Sarasen(iaid)* neu fnth. S. *Saracen*+*-aidd*] *a.* Yn perthyn i'r Saraseniaid: *Saracen (adj.).*
1844.

Sarasin, Sarasines, gw. **Sarasen.**

sarcasm [bnth. S. *sarcasm*] *eg.* Coegni, iaith wawdlyd: *sarcasm.*
1938.

sarcastig [cfdds. o'r S. *sarcast(ic)*+*-ig*[2]] *a.* Coeglyd, gwawdlyd: *sarcastic.*
1931.

sarcoffagws [bnth. S. *sarcophagus*] *e?g.* Arch neu feddgist garreg, yn enw. un ac arni arysgrif neu gerflunwaith: *sarcophagus.*
1926.

sarcoidosis [bnth. S. *sarcoidosis*] *eg.* *Meddyg.* Afiechyd hir ei barhad a nodweddir gan granwlomau: *sarcoidosis.*
20g.

sarcoma [bnth. S. *sarcoma*] *eg.* *Meddyg.* Tyfiant mewn meinwe gyswllt sydd fel arfer yn falaen: *sarcoma.*
20g.

sard[1] [bôn y f. *sardiaf, sardaf: sard(i)o;* ansicr yw prth. yr engh. gyntaf] *eg.* ll. *-iau.* Cerydd, cystwyad, dwrdiad, difriad, bai: *reproach, rebuke, a chiding, invective, blame.*
15g. *CH* i. 126, Mae'r oes oll yn marw o *sart,* / Mis yw'r oes am Syr Rhisiart [marwnad Syr Rhisiart Herbert gan Ieuan Deulwyn]. *Dchr.* **17g.** *J* 10, 36b, *Sard.* reprehension. **1707** *AB* 220b, *Sard,* A chiding [S]. **1771** *W* d.g. *Censure* [*the act of blaming . . .*], *Check* [*reprimand*]. **18–19g.** *LlGC* 13221, 79, *sard* a chiding, or rather a severe sarcasm, an invective. **1803** *P, Sard,* s. m.—pl. t. *iau* . . . a rebuff; a rebuke.
Amr.: **sarth**[3] (ll. *-oedd*). **18–19g.** *LlGC* 13221, 79, *sarth* . . . in Monmouthshire it is the same as sard a chiding, or rather a severe sarcasm, an invective. **1803** *P, Sarth,* s. f.—pl. t. *oz* . . . a severe sarcasm.

sard[2] [bnth. S. *sard*] *eg.* ll. *-au.* Cornelian melyn neu orengoch: *sard.*
1938.

sardiaf, sardaf: sard(i)o, *bg.a.* Ceryddu, cystwyo, dwrdio, beio: *to reproach, rebuke, reprove, chide, blame.*
15g. *LlCy* iii. 111, Athro ynn oll (Aeth i'r naid.) / oedd Ieuan, och na ddywaid, / ap Hywel, cydafel Cai, / Swrdwal, hwyr un a'i *sardiai* (Gruffudd Dafydd Fychan). **15g.** *Glam Bards* 286, gweddawc i *sardio* geudduw / gweddi deg gweddio duw (Ieuan Du'r Bilwg). **15g.** (*a.* **1563**) *Mos* 161, 81, *ssardia* veilch yn ssorod van / od oes gwc nid yssgogan (Inco Brydydd). **1567** *TN* 377b, Yr wyf yn beio [:– argyoeddi, ceryddu, *siardo* [*sic*]] ac yn cospi y sawl yr wyf yny garu. **16g.** *Hop M* 172, a dillata r noeth yn hawdd, trwy barch ai wawdd i drigo / dros nos y diaithrwr pell, mae hynny n well nau [*sic*] *sardo.* **1604–7** *TW* (*Pen* 228), *Sardio* d.g. *Arguo, Castigo.* **1609** *CRC* 334, mae yn haws i ni wrando arnochi yn *sardio* / nac ydiw i chwi mado ach penyd. *Dchr.* **17g.** *J* 10, 36b, *Sardio.* to

checke. Castigo. Corripio. **1632** *D*, *Sardio*, Objurgare. **17g.** *IICRC* iii. 88, na bogwyth [*sic*] y vonklystio nay *sardio* nay wattwary. **1688** *TJ*, *Sardio*, rhoddi sen: to chide. **1753** *TR*, *Sardio*, to chide, rebuke, blame or reprove. **1770** P. Williams: *BS*, 1 *Cor* vi, Eu bod yn ymgyfreithio â'u gilydd, yn *sardio* ac yn gorthrymmu eu gilydd. **1771** *W* d.g. *To check* [*reprove, or reprimand*]. **1793** Dafydd Ionawr: *CD* 339, Och wyr-da! mae chwerw chwerwdawd / Wrth chwerthin mewn gwin a gwawd: / Can's Honno 'n ei *sardio* sydd, / Yn ei flino 'n aflonydd. **1803** *P* d.g. *Sardiaw*.

sardin [bnth. S. *sardine* (precious stone)] *eb.* Sardiws: *sardine* (*precious stone*).
1567 *TN* 377b–8a, [t]ebic y garec iaspis, a' charec *sardin*. **1722** *Llst* 189, *Sardin*. f. A sardine stone.

sardîn [bnth. S. *sardine* (fish)] *eg.b.* ll. *-s*, *sardinau*, *-od*. Unrhyw un o amryw fathau o bysgod môr bychain bwytadwy o deulu'r pennog, yn enw. pennog Mair ieuanc: *sardine* (*fish*).
1930.

Sardinaidd, gw. **Sardiniaidd.**

Sardiniad [e. ynys *Sardin*(*ia*)+*-iad*³] *eg.* ll. *-iaid*. Un o drigolion Sardinia: *a Sardinian*.
1855.

Sardiniaidd, Sardinaidd [e. ynys *Sardin*(*ia*)+*-*(*i*)*aidd*] *a.* Yn perthyn i Sardinia neu i'r Sardiniaid: *Sardinian* (*adj.*).
1815.

sardiws [bnth. Llad. Diw. *sardius*] *eg.* Maen gwerthfawr coch a grybwyllir yn y Beibl (?rhuddem neu gornelian): *sardius*.
1551 W. Salesbury: *KLl* lb, A hwn oedd yn eistedd / oedd gynhebic o ddrych i vaen Iaspis ac y vaen *Sardius*. **1567** *TN* 398a, Y pymed Sardonix: y chweched *Sardius*: y seithfet Chrysolithus. **1588** *Ecs* xxviii. 17, Llawna hi yn llawn o feini sef pedair rhês o feini: rhês o *Sardius*, a Thophas, a Smaragdus. **1588** *Esec* xxviii. 13, pob maen gwerth-fawr a'th orchguddie di, *Sardius*, Tophas, ac Adamant, Turcas, Onix, ac Iaspis. **1722** *Llst* 189, *Sardius*. m. A sardius stone. **1773** J. Roberts: *GY*, *Sardius*, Maen o liw tanllyd. **1810** *GDTS* 42, *sardius* yma, hyacinthus yna.

sardoniciaeth [bnth. S. *sardonic*+*-iaeth*] *eg.* Yr ansawdd neu'r cyflwr o fod yn sardonig: *sardonicism*.
20g.

sardonics [bnth. S. *sardonyx*] *eb.g.* Maen gwerthfawr sy'n cynnwys haenau o onics bob yn ail â sard: *sardonyx*.
16g. *DWH* i. 335, Saphyr, Smaragd, Amatist, Jacynct, *Sardonix*. **1567** *TN* 398a, Y pymed *Sardonix*. **1722** *Llst* 189, *Sardonics*, *donycs*, *donix*. f. A sardonyx stone. **1773** J. Roberts: *GY*, *Sardonics*, Maen Gwerthfawr o liw coch, a gronunau gwyn ynddo. **1810** *GDTS* 42, *sardonycs* yma, ac yna amethystus.

sardonig [cfdds. o'r S. *sardon*(*ic*)+*-ig*²] *a.* A nodweddir gan eironi, dychan, gwawd, neu ddirmyg: *sardonic*.
1937.

sardonycs, gw. **sardonics.**

sarddan [?cf. *sarth*¹, amr. ar *sarff*¹] *eb.* ll. *-au*. Sarff; ymlusgiad: *serpent*; *reptile*.
1803 *P*, *Sarzan*, s. f.—pl. t. *au* . . . A creeping thing; a serpent.

sarfiaf: sarfio, gw. **serfiaf**¹**: serfio.**

sarff¹ [bnth. Llad. llafar **sarpans* < Llad. *serpens*, Crn. C. *sarf*; ?cf. yr e. lle H. Lyd. *Bot-Sarphin*] *eb.g.* (b. *-es*; bach. b. *-en*) ll. *seirff*, *sarffod*.

(*a*) Neidr, weithiau mewn ystyr letach, e.e. am sgorpion: *serpent*, *snake*, *sometimes used in a wider sense*, *e.g. of a scorpion*.
13g. *DB* 57, lleoed creill kyflawn o *seirff* a nadred. **14g.** *id.* 97, a llawer amraual genedyl *sarphot* nys atwen neb. **14g.** *WM* 229. 29–30, *seirff* a lleɓot a gɓiberot ac amryual anifeileit. *c.* **1400** [*RB*] *WM* 211. 23–4, a llun deu *sarf* ar y cledyf o eur. **1547** *WS*, *Sarph* A serpent. **1567** *TN* 383b, y cynffoney hwynt oeddent debic y *seirph* [:- nadroedd]. **1595** H. Lewys: *PA* 44, Y Physygwr wrth wneuthur y triagl a gasel y *Seirff* ar nadroed', sef, i orchfygu vn gwenwyn drwy rym y llall. **1615** R. Smyth: *GB* 80, dirfavvr vvres yr haul, phyrnigrvvydd yr oerfel, brathau 'r *sarphod* gvvenvvynig. **1632** *D*, *Sarph*, Serpens. *id.* d.g. *Nepa*. *id. sarph* wenwynig a cholyn yn y pen ôl iddi d.g. *Scorpio*. **1703** E. Wynne: *BC* 91, ymlusciaid uffernol, llawer gwaeth na *Seirph* a Gwiberod. **1803** *P* d.g. *Sarf*, *Sarfes*. Cf. W. Rees: *AFR* 329, bydd colomen weithiau yn cael ei swyno gan frithder *sarff*. Digwydd fel elf. mewn e. lleoedd, G. Owen: *DP* iii. 300.

(*b*) Arwr, rhyfelwr, arweinydd, pennaeth, trywanwr; un o symbolau'r canu brud; hefyd yn *ffig.*: *hero*, *warrior*, *leader*, *chieftain*, *one who pierces or stabs*; *one of the symbols used in Welsh vaticinatory poetry*; *also fig.*
12g. *GCBM* i. 131, Canaon Selyf, *seirff* cadeu—Meigyen. *id.* ii. 166, Pan aeth *sarf* cadlan Seint cloduan Cler / Cletyfeu cochyon cochyn uriger. **12–13g.** *GLlLl* 42, Ercɓlf a Samssɓn, *seirf* galon, / Ac Echdor gadarn, gad wyllon. **13g.** *A* 6. 2–3, a dyvu o vrython wr well no chynon *sarff* seri alon. *id.* 32. 7–8, Angor deor dain *sarph* saffwy grain. blaen bedin. **14g.** *T* 62. 8–9, *sarff* soned virein segidyd laɓr. **14g.** *GIG* 84, Syr Rosier asur aesawr, / Syr Rosier o'r Mortmer mawr, / Rosier ieuanc, planc plymlwyd, / *Sarff* aer o hil Syr Raff wyd. *c.* **1400** *R* 1242. 40–1, diflin *sarff* bydin yn rin ried. **15g.** *GDLl* [175], Llew a *sarff* â lliaws och / A gur Lloegr, a gŵr lliwgoch. **15g.** *GLGC* 386, Fal eilon mynydd / y *sarff* hwn y sydd [am farch]. **15–16g.** *GIF* 32, Marchog eurog a aned / mal enwi Crist ymlaen Cred. / *Sarff* uniawn sy ar ffyniaw, / Syr Water dros y tir draw. *Diw.* **16g.** *Gwyn* 3, 270, *Sarphes* gadwynog / falch anrhugarog. **16–17g.** *GST* i. 222, *Sarff* Gwnias, Syr Ffwg onnen, / Siars a rhwysg Syr Rhosier hen. **1608–11** *Bl B XVII* i. 33, Dewr y'ch duriwyd, drych dewrion, / Dewra' *seirff* yw dy wŷr, Siôn (Rhys Cain). **1640** *B* iii. 41, Selyf *sarff* cadau.

(*c*) Symbol o Satan neu'r Diafol (yn enw. fel temtiwr), hefyd fel symbol neu enghraifft o falais, cyfrwystra, dichell, atgasrwydd, &c., neu o berson a nodweddir gan y fath deithi: *the Serpent* (*used of Satan or the Devil*), *also as a symbol or example of malice*, *cunning*, *guile*, *hatefulness*, *&c.*, *or of a person characterized by these traits*.
13g. *GBF* 380, Y *sarph* pan sethrych (seithruchig ei gaen). *id.* 455, Pan aeth un Mab Duɓ, y dyd goreu, / Y drɓs porth uffern gethern gaetheu / Y wan heb annoc, a'e groc a'e greu, / Y *sarff* aflawen yn y eneu. **1346** *LlA* 44, Ac yno y genir yr anticrist megys ydyɓedir. o vabilon yd aa *sarff* alyngko yr holl vyt. **1551** W. Salesbury: *KLl* lxxxiia, Ac a daflwyt allan y draic mawr / yr hen *sarph* / y elwir diavol. **1567** *LlGG* (*Sall*) 80a, Golymesont ei [*sic*] tavodae val *sarph*: gwenwyn neidyr ys yd y dan ei [*sic*] gwefusae. **1567** *TN* 15a–b, byddwch am hynny ddoethion mal *seirph* [:- nadroedd]. **1588** *Gen* iii. cs., Y *sarph* yn hudo y wraig. **1588** 2 *Cor* xi. 3, twyllodd y *sarph* Efa trwy ei chyfrwysdra. **1606** E. James: *Hom* ii. 101, Ac mae Clemens yn dywedyd, mai'r *sarph* y diawl sydd yn dodi'r escuson hyn yngeneuau delw-addolwyr. **1630** *YDd* 126, Y mae pechod fel *Sarph* yn ymddangos yn dêg i'r golwg, ond gochel y colyn sydd yn ôl. **1632** J. Davies: *LlR* 197, nid oes mwy vn *sarph* ddichellgar i'th dwyllo di. **17g.** Huw Morus: *EC* ii. 316, Mae 'r *sarph*, yr hen ormes, yn chwilio pob mynwes. **1763** *ML* ii. 595, Mae iddo dafod fal hwnnw gynt oedd gan y *sarph* ym Mharadwys. **1790** T. Jones: *TOS* 57, Gwnawd i'r pechadur deimlo a chydnabod fod y pechod oedd anwyl ganddo yn atgasach na *sarph* neu lyffant. Ar lafar, "En *sarff* dwyllotrus yw 'i', *GTN* 704; '*sarff* o ddyn', *WVBD* 472.

(*d*) *Ser.* (a'i ragflaenu gan amlaf gan y fannod) Sgorpion, yr wythfed o ddeuddeg arwydd y Sodiac; y cytser *Scorpio*: *Scorpio*, *the eighth of the twelve signs of the Zodiac*; *the constellation Scorpio*.
15g. *GLGC* 515, a'r afr a'r dyfrwr a rifais—o'm dysg, / a'r *sarff* ar derfysg, a'r pysg i'm pais. **15g.** *DN* 106, *Sarff* vydd drydydd o dridiau—Tachwedd, / Ac iechyd eb eisiau [i'r sygnau a'r misoedd]. **1546** *YLlH* [18], Yr haul yn y *Sarff*. **1632** *D*, Crafangau blaen y *sarph* yr arwydd wybrol d.g. *Chele*. **1779** *DS* 7, dan arwydd y . . . *Sarph*.

(*e*) Chwythbren hynafol ar ffurf S: *serpent* (*woodwind instrument*).
20g.
Amr.: **serff** [dan ddyl. y Llad. *serpens*] (ll. *-od*). **1567** *TN* 273b, megis y twyllawdd y *serph* Eua. **1615** R. Smyth: *GB* 29, y nadrodd a 'r *serphod* eraill.
Cfn.: **sarff (e)hedegog:** *flying serpent*. **1588** *Eseia* xiv. 29, *sarph* danllyd *hedegoc*. **sarff y môr, sarff fôr:** *sea serpent*; *father-lasher*, *long-spined sea scorpion*, *Taurulus bubalis*. **1858.** Ar lafar yn y Gogledd, 'Father-Lasher. Cottus bubalis . . . *Sarff-y-Mor*', H. E. Forrest: *FNW* 441. **sarff tân:** *fiery serpent*. **14g.** *SC* viii/ix. 188, a *seirf tan* oed yn eisted arnunt . . . a *seirf tan* ygkylch y mynyglev. **sarff danllyd:** *fiery serpent*. **1588** *Eseia* xiv. 29, *sarph danllyd* hedegoc. **1684** J. Davies: *LlR* 377–8, [b]rathiad y *Seirph tanllyd*.
Gw. hefyd **sarth**¹.

sarff², **sarth**² [?bnth. rhyw ff. ar S. *service* (*-tree*) (< *serves*, cf. S. Diw. Cyn. *sarves*) ?dan ddyl. *sarff*¹, *sarth*¹] *eb.* Unrhyw un o ddwy goeden, *Sorbus domestica* a *S. torminalis*, sy'n perthyn i'r griafolen: *service or wild service tree*, *sorb*.
c. **1700** E. Lhuyd: *Par* ii. 78, Ad Pagum Rowlston apud Herefordenses Sorbus torminalis in sepibus occurrebat quam indigenæ 'pren *Sarph*', et corruptè 'Pren *Sarth*' vocabant. Angli vicini 'Sarph tree' etiam dixere orni magnitudinem æquabat. **1707** *AB* 285a, Monm. *Sarph*, Pren-*sarph* d.g. *A Servis-Tree*. **1753** *TR*, *Sarff*, a service-tree, in Monm. **1790** Twm o'r Nant: *GG* 111, Fel llwyn *Sarph*, neu 'Fallen sur. **1803** *P*, *Sarf*, s. f. . . . the service-tree, or sorb. **1813** *WB* 233, *Sarff*; Pyrus domestica; True Service-tree. Cf. G. Owen: *DP* v. 782–3, an old name of the service-tree (Pyrus domestica) . . . in the Welsh of Gwent *sarff* . . . survives as sarf in the English of E. Monmouthshire. (In and about Llantilio Crossenny the wild service-tree, Pyrus torminalis . . . is commonly called the Sarf Tree.). Digwydd yn yr enw lle *Penllwyn-sarff* (**1479** *Tredegar* 2, *Pen llwyn Sarff*; **1620** *Tredegar* 11/2, *Penlloinsarth*), pl. Mynyddislwyn, Myn.

sarffaddoliad, sarffaddolwr, gw. **sarff**¹ **+addoliad, addolwr.**

sarffaidd [*sarff*¹+*-aidd*] *a.* Nadraidd, tebyg i sarff, sarffog, troellog, dolennog; yn perthyn i Satan, satanaidd, ysgeler, drygionus; cyfrwys, dichellgar; yn perthyn i'r *Serpentes*, is-urdd y nadredd: *snakelike*, *serpentine*, *sinuous*, *winding*; *pertaining to Satan*, *satanic*, *wicked*, *evil*; *wily*, *deceitful*; *ophidian*.
c. **1400** *R* 1345. 13–15, Tabɓrd malgodɓrd moelgidɓm brattaɓc myɓn bryttys o uergɓm. *sarffeid* roch bloed hengloch blɓm. **1604–7** *TW* (*Pen* 228) d.g. *Serpentinus*. **1721** E. Pugh: *AC* 30, yr had *sarphedd* a aeth allan ar led i glwyfo ac i archolli: Ond had y wraig (sef Christ Jesu) a roddwyd i iachau. **18g.** *W Ballads* 195, 4, Mae'r ddeincod *sarphedd* ar ein Danedd, / I'n rhwystro ei [*sic*] fwyta bara o buredd, wirionedd croywedd Crist. [**1783**] *W* d.g. *Serpentine*. **1790** Twm o'r Nant: *GG* 9, Mae ynddo Gariad a Thrugaredd, / A nerth i'n Gwared yn gywiredd, / O'r nattur *Sarffedd* sy. **1803** *P*.
Amr.: **seirffaidd** [*seirff*+*-aidd*]. **1744** D. Rowland: *RY* 225, Os gall eich Pennau *Seirphaidd*, Ddreigiau mwyaf cyfrwys, a'n Hanrhydeddus Arglwyddi, gael allan well Ffordd na hon, gadewch i ni yn ebrwydd gael gwybod.

sarffdduw [*sarff*¹+*duw*¹] *eg.* (b. *sarffdduwies*) ll. *seirffdduwiau*. Duwdod ar ffurf sarff: *serpent-god*.
c. **1762–79** W. Williams: *P* 43, [y] parch sydd ganddynt i'r *Seirph-dduwiau* hyn.

sarffedaf: sarffedu, gw. **syrffedaf: syrffedu.**

sarffen, sarffes, gw. **sarff**¹.

sarff-faen, sarthfaen [*sarff*¹, *sarth*¹+*maen*¹] *eg.* ll. *-feini*. Unrhyw un o amryw fathau o greigiau lledwyrdd ac arnynt smotiau neu farciau tebyg i farciau neidr, mwyn lledwyrdd (brith) sy'n cynnwys magnesiwm silicad: *serpentine* (*mineral*).
1858.

sarffgludydd [*sarff*¹+*cludydd*] *eg.* *Ser.* Un o'r cytserau hynafol a ddarlunnir fel dyn yn dal sarff, *Ophiuchus* neu *Serpentarius*: *Ophiuchus or Serpentarius* (*in astron.*).
1851.

sarffiaf: sarffio [bf. o'r e. *sarff*¹] *bg.* a hefyd fel *ba.* yn yr ymad. *ei sarffio hi.* ?Symud neu ymddwyn fel sarff: *to move or behave like a serpent*.
1769 E. Roberts: *GN* 26, A Glowsoch y *sarffio* roedd y syrffed, / A ymddiawlio am ei ddyled; / Rwi'n meddwl fod i arian anian o, / Mwy anwyl ganddo nai enaid.

sarffin [cfdds. o'r S. *serpentine* (mineral) dan ddyl. yr e. *sarff*¹] *eb.* Sarff-faen: *serpentine* (*mineral*).
1851.

sarffog [*sarff*¹+*-og*] *a.* Ar ffurf sarff, tebyg i sarff, sarffaidd, nadraidd; troellog, cordeddog, dolennog; cyfrwys, dichellgar: *in the form of or resembling a serpent*, *serpentine*,

snakelike; sinuous, twisting, winding; wily, deceitful.
1852.

sarffol [*sarff*¹ + *-ol*] *a.* Yn perthyn i sarff neu neidr, sarffog: *pertaining to a serpent or snake, serpentine.*
1803 *P.*

sarffon [*sarff*¹ + ?*-on*¹] *e?g.* ll. *-iaid.* Neidr wasgu: *boa constrictor.*
1851.

sarffswynwr [*sarff*¹ + *swynwr*] *eg.* ll. *sarffswynwyr, seirffswynwyr.* Un sydd (i bob golwg) yn peri i nadredd symud gyda churiad cerddoriaeth: *snake charmer.*
1852.

sarffwydd [*sarff*² + *gwŷdd*¹] *e.ll.* (bach. *-en*). Coed sarff: *service trees.*
1803 *P* d.g. *Sarfwyz, Sarfwyzen.* **1813** *WB* 233.

sarhad, sarhaed, &c. [bôn y f. *sarhaf, &c.*: *sarhau, &c.* + *-ad*², trf. han., *-ed*¹] *eg.b.* ll. *-au.*

(*a*) Sylw neu weithred dramgwyddus neu ddirmygus, tramgwydd, amarch, dibristod, anfri, darostyngiad, gwaradwydd, cywilydd; camdriniaeth, camwedd, trosedd, bai, niwed, difrod; y weithred o ymyrryd â hawliau rhywun arall neu eu hanwybyddu (yn y cyfreithiau Cymreig): *insult, offence, affront, slight, indignity, humiliation, disgrace, shame; abuse, wrong, transgression, injury, damage; injury, infringement or violation of the rights of another (in the Welsh laws).*

12g. *LL* 120, harmefyl har*sarhayt* harcam. har ennuet [*sic*] (*id.* 118, *Deopprobrio* [sic] *& omni iniuria*) agunech brennhin morcannhuc. **13g.** *LlI* 73, Val hyn e traethun ny o'r *sarhaedeu*: en gyntaf o *sarhaet* brenhyn Aberfrau. *ib.* O teyr ford e serheyr pob den en y byt: o tarau a gossot, a duen treys e arnau, ac os gur uyd, o bedyr gan e wreyc, *sarhaet* yu ydau; keuoet gureyc uo, o cheyff hytheu wreyc gan e gur, *sarhaet* yu ydy hytheu. **14g.** *BT* 212, kerdet ohonaw holl deheubarth heb wneuthur *sarhaet* y neb. **14g.** *LlB* 110, Teir *sarhaet* ny diwygir or keffir trwy veddawt: *sarhaet* yr offeirat teulu, a'r ygnat llys, a'r medyc llys. **14g.** *GDG*³ 405, I'r tau dithau, da y deuthum, / *Sarhäed* fydd; saer hoed fûm. **15g.** *HCLl* 103, Clawr rhodd rhag gweli rhuddwaed, / Clyps yr haul rhag clap *sarhaed* [i erchi bwcler]. **1567** *LlGG* 108a, Pwy ni thybygei wneuthyr cam a *syrhaed* (**1664** *id.* sig. Hh1v, *syrhaad*) mawr (*a great injury and wrong*) yddo? **1567** *TN* 1[1]5a, a's gwna dy vrawt *sarhad* [:– pechot, camwedd] yn dy erbyn, cerydda ef. *id.* 217b, yn awr bot moriaw yn periclus . . . Paul y cygcorawdd [*sic*] hwy . . . mi welaf y bydd yr hynt hon gyd a *sarhaed* ac eniwed mawr. *Diw.* **16g.** *LBS* iv. 415, ac erchi i Wenn Vrewy gophaü y *syrhaed* ai thremig. **1606** E. JAMES: *Hom* i. 85, y drygioni a'r *syrhad* a wnel ei elyn iddo. **1632** *D, Sarhâad,* Contumelia, offensa, opprobrium, ignominia. K[yfraith] H[owel Dda] Injuria. **1632** J. DAVIES: *LlR* 96, peth ffiaidd wrth naturiaeth, yw gwneuthur cam a *sarhâd* â'r neb (*to iniure him*) a wnaeth i ni ddaioni. **1776** I. BRYDYDD HIR: *P* i. 123, y *sarhadau* yma a wnaethpwyd yn erbyn cariad a thrugaredd. **1803** *P* d.g. *Sarâad, Saräed.* Ar lafar ym Morg., '*Saræd* mawr ys lawar dydd odd galw menyw'n slwt', *GTN* 704.

(*b*) Iawndal am 'sarhaed' (yn y cyfreithiau Cymreig); iawn (hefyd mewn diwin.): *compensation for 'sarhaed', 'insult-price' (in the Welsh laws); reparation, atonement (also in theol.).*

13g. *LlI* 2, Gverth y brenhyn yv y *sarhaet* teyr gueyth. *id.* 25, *Sarhaet* gureyc vryavc, traean *sarhaet* e gur. *id.* 26, Os e gouyssyau a deruyd, talet *sarhaet* hep y harderchauael. **14g.** *LlB* 60, Teir bu a telir yn *sarhaet* teuluwr breyr, nyt amgen tri buhyn tal beinc. **16–17g.** *HG* 118, ny chaisoedd düw ddim *syrhaed*, am dan i waed aeth dryson. **1672** R. PRICHARD: *Gw* 67, Ni fyn y Barnwr cyfion *syrhâd* am bechod dyn, / Lai nag ange gwerthfawr, 'a gwaed mab Duw ei hun. *id.* 96, Offrwm droswi yn *syr-had* [:– Jawn], / Ar grog-pren, waed ei galon. *id.* 416, Rhai y roddent heddyw 'r holl-fyd, / Yn *sarhâd* ir tlawd pe's cymryd [*sic*]. **1753** *TR, Sarhâad,* and *Sarhaed* . . . Also a penalty or fine for an injury done to any person.

Amr.: **saerhaed.** **13g.** *LTWL* 110.

sarhadaf, sarhaedaf: sarha(e)du [bf. o'r e. *sarhad, sarhaed*] *ba.* Sarhau, bychanu: *to insult, belittle.*
Dchr. **17g.** *J* 10, 36a, *Sarhaedu.* Injuria officio.

sarhadlon, syrhaedlon [*sarhad, syrhaed* + *-lon*] *a.* Gwaradwyddus, cywilyddus, niweidiol: *disgraceful, shameful, injurious.*
1595 *Egl Ph* 16, pan dhyroir enwau beiau *sarhadlon*, a gwydau anhybhad dros yr hanbhod, neu'r ansawd y bontyndhynt [*sic*]. **1630** R. LLWYD: *LlH* 227, Och Dduw, na wnai ein llywodraethwyr ni, a'n swyddogion ryw drefn ar frŷs i ddiwygio y pethau hyn: ac i wellhau y beiau *syrhaed-lon* (*grievous*) yn ein plith.

sarhadus, sarhaedus [*sarhad, sarhaed* + *-us*] *a.* Sarhaus, athrodus, gwaradwyddus, niweidiol, ?treisgar: *insulting, slanderous, disgraceful, injurious, ?violent.*
14g. *DPh* 16, Meiryon, oed wr coch, a chorff crwn kymedrawl idaw, *sarhaedus* (*viriosum*), gwydyn, creulawn. *Dchr.* **17g.** *J* 10, 36b, *Sarhaedus* Iniuriosus. **1632** *D, sarhaädus* d.g. *Injuriosus.* **1722** *Llst* 189, *Sarhaadus.* Disgracefull, slanderous, unjust, injurious. **[1724]** G. WYNN: *YGD* 14, taflasant fudreddi i'w wyneb, ac a'i difenwasant a Mîl o eiriau *Sarhâadus* (*injurious*). **1770** *W, Sarhâdus* d.g. *Affronting, or affrontive.* **1803** *P* d.g. *Saraädus.*

sarhaed, sarhaedaf: sarhaedu, sarhaedus, gw. **sarhad, sarhadaf: sarhadu, sarhadus.**

sarhaetgar, &c. [*sarhaed,* &c. + *-gar*] *a.* Difrïol, sarhaus: *abusive, insulting.*
c. **1400** *Études* vii. 68, Ac wyneb llyfyn heb chwyd yndaw dyn keintachus afreolus vyd, *sarhaetgar* a budyr. *ib.* Y neb y bo wyneb hir iawn idaw, *sarhaetgar* vyd. **15g.** *RWM* i. 399, Wyneb. llydan. a chwydd ynddaw arwydd dyn kenttachus *ssyrhaedgar.*
Amr.: **sarhatgar. 1860.**

sarhaf, &c.: **sarhau,** &c. [?cf. *haer,* H. Wydd. *sár* 'sarhad, tramgwydd, gwaradwydd', Gwydd. C. *sáraigid* 'tramgwydda'] *bg.a.*

(*a*) Bod yn sarhaus wrth, peri sarhad i, tramgwyddo, amharchu, bychanu, gwaradwyddo, cywilyddio; niweidio, cam-drin, ymosod ar; ymyrryd â hawliau (rhywun arall) neu eu hanwybyddu (yn y cyfreithiau Cymreig): *to insult, offend, affront, belittle, disgrace, shame; injure, abuse, attack; injure, infringe or violate the rights of (another) (in the Welsh laws).*

13g. *LlI* 19, O *serheyr* e ryghyll . . . ny dele caffael namen gogreyt keyrch a blysgyn vy. *id.* 73, O teyr ford e *serheyr* pob den en y byt: o tarau a gossot, a duen treys e arnau, ac os gur uyd, o bedyr gan e wreyc, sarhaet yu ydau; keuoet gureyc uo, o cheyff hytheu wreyc gan e gur, sarhaet yu ydy hytheu. *id.* 74, pan *sarhaer* eu kar guaratwyd yu udunt huy . . . urth henne e mae yaun guadu racdunt na *sarhauyt* eu kar. **13g.** *LlDW* 78. 13–14, O *sarhaa* caeth ryd llader yllau deheu. **14g.** *WML* 33, kyt *Sarhao* ygoassanaethwyr ymaer bisweil . . . nys diwygant idao. *c.* **1400** (*SG*) *HMSS* i. 405, neurdaroed idaw *sarhau* seith onadunt rwng yrei a ladyssei ac a *sarhayssei. id.* 431, llyma lawnslot y gwr am *syrhaawd* i yn dy wassanaeth di. **15–16g.** *TA* 299, Wylo'r wyf, o lwyr ofal, / Sorri Duw, *sarhawyd* Iâl. **1567** *TN* 194a–b, pan wnaethpwyt rhuthr . . . i *sarhay* [:– wneuthur trawsedd ac wynt], ac y'w llapyddiaw [yr Apostolion]. *Dchr.* **17g.** *J* 10, 36a, *Sarhau* to offende. Injurior. tœdo. scandalizo. **1632** *D, Sarhâu,* Contumelia afficere, vel Injuriâ. **1753** *TR, Sarhâu,* to affront, to injure, to wrong. **1803** *P* d.g. *Sarâu.* Cf. D. OWEN: *GT* 241, ofnem, ei fod wedi cymeryd mantais ar ein habsenoldeb . . . i *sarhau* morwynig bur.

(*b*) Digio (wrth), cael ei dramgwyddo (gan): *to be offended.*
1728 T. BADDY: *DDG* 134, yr hwn oedd yn barod yn dechreu *Sarhau* (*be scandalized*) wrth yr Hanesion ar Prophwydoliaeth oedd yn ei gylch ef. **1774** T. JONES: *DG* 10, yr wyf yn attolwg arnoch, na fydded i chwi *sarhâu* wrth air Duw, o blegyd y poenau yr ydych yn gweled gwedi eu parattoi i mi. **1793** *Cylchg* 28, Tra fu yn aros yno y *sarhaodd* wrth anfoesoldeb y llysoedd.

sarhaol [bôn y f. *sarhaf*: *sarhau* + *-ol*] *a.* Sarhaus, difrïol, dilornus: *insulting, offensive, abusive.*
1803 *P* d.g. *Sarâawl.*

sarhatgar, gw. **sarhaetgar.**

sarhaus [bôn y f. *sarhaf*: *sarhau* + *-us*] *a.* Yn sarhau, difrïol, mileinig, difenwol, dilornus, dirmygus, amharchus; gwaradwyddus, cywilyddus: *insulting, offensive, spiteful, disparaging, abusive, scornful, disrespectful; disgraceful, shameful.*
1604 R. HOLLAND: *BD* 5–6, nas gwrandawe ar eirieu anweddus, ac nas diodhefe wneuthyr lhyfreu *syrrhaus* (*unreuerent speeches or books*). **1632** *D* d.g. *Contumeliosus.* **1672** J. LANGFORD: *HDdD* 26, chwi a ellwch holi lluoedd o bechaduriaid hynod *sarhâus* (*most gross scandalous sinners*), cyn cyfarfod ac ûn a gydnebyddo ei fod ef heb ofni Duw. *id.* 219, Y mae Dynion *sarhaus* (*spiteful*) a maleisus yn fynych iawn yn euog or fâth ymma o gamwedd. **1687 (1715)** J. OWEN: *TB* 100, fel yr oedd yn mynd adref, canlynodd y Dyn *sarrhaus* ef hyd at y Drws. **1753** D. JONES: *SD* 115, A'u henllib lem *sarhâus* a rydd / Ing at fy Nghystudd etto. **1775** E. GRIFFITHS: *GF* 111, Hezecia a ymostyngodd yn ddirfawr, a lledodd y llythyrau *sarhaus* (*railing*) ger bron yr Arglwydd . . . a gweddiodd yn daer am waredigaeth. **1803** *P* d.g. *Sarâus.* Ar lafar, ''Odd dim byd *saräus* yndo, ond o! 'odd a'n un mawreddog', *GTN* 704.

sarhawr [bôn y f. *sarhaf*: *sarhau* + *-wr*] *eg.* ll. *-wyr.* Un sy'n sarhau; ceryddwr: *insulter; reproacher.*
1604–7 *TW* (*Pen* 228) d.g. *Imputator.*

sari [bnth. S. *sari*] *eb.g.* ll. *-s, sarïau.* Gwisg draddodiadol merched India, &c., sef darn hirgul o sidan, cotwm, &c., sy'n cael ei lapio am y corff a'i hongian dros un ysgwydd: *sari.*
20g.

sarid, sarit, gw. **sarrit.**

sariws, sarjant, gw. **seriws, sarsiant.**

sarjant-mejor [bnth. S. *sergeant major*] *eg.* Uwch-sarsiant, uwch-ringyll: *sergeant major.*
20g. Ar lafar; hefyd yn y ff. *sarjar-mejor* (Caernarfon).

sarjar, gw. **sarsiant.**

sarjin [bnth. S. *searching* 'sharp (of taste); keen (of weather)'] *a.* Siarp (am flas), egr, sur; gerwin (am y tywydd), llym: *sharp (of taste), pungent, sour; harsh (of weather), severe.*
Ar lafar yn y Gogledd, 'Mae'r wisgi 'ma yn *sarjin,* 'rois i ddim digon o ddŵr arno fo'; ''Nt ydi hi'n *sarjin* o oer' (Arfon).

sarled, gw. **siarled.**

sarllach, sorllach, *eg.* Afiaith, llawenydd, hapusrwydd, pleser, adloniant, miri, sbort: *mirth, joy, happiness, pleasure, recreation, merriment, fun.*
14g. *YBH* 5a, affan edrych ef a glywei yn llys a ryfuassei llys y dat y saol gerdeu aglodest a *sarllach* ar neithaor y vam ar nys cly6ssei kyn no hynny y kyfelybr6yd. **1604–7** *TW* (*Pen* 228), *sorlhach* d.g. *Oblectatio.* **1632** *D, Sarllach,* Lætitia, festiuitas. **1688** *TJ, Sarllach,* llywenydd: joy, gladness, mirth. **1722** *Llst* 189, *Sorllach,* m. A diversion, sport. **1753** *TR, Sarllach,* joy, mirth, merriment, pleasantness. **[1767]** *Gron* 117, Yn iach bob *sarllach* a sŵn, / Yn naws â dail einioes dyn. **18–19g.** IEUAN LLEYN: *C* 127, Ond edrych, cyn terfynu—y *sarllach* / Is erllen olcugu. **1803** *P, Sarllaç* s. m. . . . Riotous mirth.

sarn [< Clt. **starn-*, o'r gwr. IE. **ster(ə)-* 'lledu, taenu', cf. H. Lyd. *strouis,* gl. *straui,* H. Wydd. *sernim* 'lledaf, taenaf; trefnaf', Llad. *sternō* 'taenaf', Sans. *stīrṇá-* 'wedi ei daenu'; ansicr yw ystyr a dosbarthiad rhai o'r enghrau. isod] *eb.g.* ll. *-au,* (prin) *sernydd,* a hefyd weithiau gyda grym ansoddeiriol.

(*a*) Llwybr neu ffordd ddyrchafedig sy'n croesi dŵr, corstir, tywod, &c., cerrig rhyd, llwybr, ffordd, priffordd; palmant, pafin, llech, gris; hefyd yn *ffig.*: *causeway, stepping stones, path, road, highway; pavement, paving, slab, step; also fig.*
13g. *GDB* 64, Namyn *sarn* dru mein uein uet, / Namyn seith drudueith droetuet! **14g.** *GIG* 57, Hacnai a siwrneiai *sarn,* / Didramgwydd da didrymgarn [i ofyn march]. **14–15g.** *IGE*² 310, Trom *sarn* rhyw amgarn rhwymgalch / Trum ysgythraig fylchgraig falch [Rhys Goch Eryri i lys Gwilym ap Gruffudd]. **15–16g.** *TA* 414, Sêr neu fellt o'r *sarn* a fydd / Ar godiad yr egwydydd [i ddyfalu march]. **15–16g.** *GIF* 36, Abram Dafydd Gam a gymer siwrnai, / *sernydd* Alecsander. **1547** *WS, Sarn* Steppe. **1588** *Diar* xvi. 17, *Sarn* y cyfiawn yw dychwelyd oddi wrth ddrwg. **16–17g.** *GHCEM* 81, Tenis i'r *sarnau* tano, / Troed o'i garn, trawiad y go' [i ofyn march]. **1604–7** *TW* (*Pen* 228) d.g. *Agger, Stratum, Via. Dchr.* **17g.** *J* 10, 36b, *Sarn.* causey . . . Delapidata, lithostratus,

pavimentum. **1632** *D*, *Sarn*, Stratum, pauimentum. *id.* *Sarnau* cerrig d.g. *Delapidata*. **17g.** *CC* 199, siampler amlwg i drwg draw / Sattan a fu yn i suttiaw / *sarn* gaerog siwrnai gwerin / sarred ar lun croesed crîn [i'r dabler]. **1699** T. Jones: *TP* 11, Gwir ŷw, fôd . . . rŷw *Sarn* fawr a chadarn (*good and substantial steps*) wedi eu gosod rhŷd canol y Gors. **1701** E. Wynne: *RBS* [vii], Dyma i titheu Scwîr neu Reol Buchedd Sanctaidd, dyma i ti Ganllaw ar *Sarn* gûl Grâs a'th dywys yn ddiogel i dragywyddol gaereu Gogoniant. **1793** B. Francis: *I* 26, A'r *sarn* tywyll, sydd yn tywys / 'Lawr i'r pwll uffernol poethus. **1803** *P*, *Sarn*, s. f.—pl. t. *au* . . . a causeway; a pavement; stepping stones. Ar lafar, '*sarn*, s., pl. *sarna*' 'causeway . . . in pl. stepping-stones', *WVBD* 472; '*sarn* . . . causeway', *B* iv. 301 (canolbarth Cered.); '*Sarn* . . . stepping stones in a brook or river', *TGG* (1907–8) 86 (de-orllewin sir Gaerf.); hefyd gynt yn yr ystyr 'palmant a wneir o dan y dŵr fydd yn disgyn dros argae, i'w gadw rhag cloddio pwll yng ngwely'r afon', *Cymru* liii. [151] (dwyrain sir Drefn.). Digwydd hefyd fel e. lle ac fel elf. mewn e. lleoedd, gw. *Etudes* x. 218, xi. [383]–408.

(*b*) Person, lle, neu beth a sethrir dan draed, hefyd yn *ffig.* dinistr, distryw, llanastr, cawdel: *person, place, or thing trampled underfoot, also fig. destruction, ruin, disorder, mess.*

c. **1400** *R* 1342. 1, oen mingarn anadyl *sarn* sach. **15g.** *GDLl* 114, Yn y frwydr nofio'r ydoedd, / Swrn o'r ieirll yn *sarn* yr oedd. **15–16g.** *TA* 112, Pum ceidwad, pum wayw cadarn, / Pum cant a sathrant yn *sarn*. *id.* 244–5, Blaidd cadarn, ble 'dd a coedwyr? / Bytheiaid, gwylliaid, yw 'r gwŷr; / Piau blaen sawd, pobl yn *sarn*? / Peisiau gwydr Powys gadarn. **16–17g.** Edward Urien, &c.: *Gw* 253, Gwae'r Drefnewydd sydd yn *sarn* / Gwedi codwm gwaed cadarn. **1696** *CDD* 313, Ni thal hwnnw mor cwbl, na darn, / Ond llâdd pawb, a'u sathru'n *sarn*: / Nes ei gondemnio i ddiodde barn. **1714** D. Lewys: *CN* 27, Fe wna'r annuwiol oll yn *sarn*, / Fe draetha farn i'r cyndyn. **1778** J. Hughes: *BB* 128, Gorchymyn gair y bywyd, a sathrwyd yno 'n *sarn*. **18–19g.** R. Davies: *DB* 187, Wedi ein bygwth, i'w debygu, / A newyn du i sengu 'n *sarn*. Ar lafar, 'Mi cyma' i di'n *sarn* o dan 'y nhroed', *WVBD* 472; '*sarn* . . . cawdel, anhrefn', *B* iv. 301 (canolbarth Cered.); 'Yn ddarnau, yn dipiau . . . chwythu'r blode'n *sarn*', *Cymru* xl. 243 (sir Gaerf.); 'Ma'r plant wedi bacsach yr ardd yn *sarn*', *GTN* 704.

(*c*) Gwasarn, llaesodr: *litter or bedding for animals.*

1753 *TR*, *Sarn* . . . litter laid under horses, cattle, &c. **1776** *W* d.g. *Litter* [*straw, &c. laid under beasts*]. **1803** *P*, *Sarn* . . . a litter. Ar lafar, *GDD* 254, *TGG* (1907–8) 86 (de-orllewin sir Gaerf.), *GTN* 704.

Cfn.: **Sarn Badrig:** *the Milky Way.* **15g.** *GO* 103, Sêr yn bowdriad *Sarn Badric*. Ar lafar yn y Gogledd, *id.* 105. Mae *Sarn Badrig* hefyd yn enw ar sarn yn y môr ger Harlech, Meir.

sarnaf: sarnu [bf. o'r e. *sarn*; tywyll yw'r union ystyr yn yr engh. gyntaf isod] *bg.a.* Sathru (dan draed), mathru, damsang; dinistrio, difetha, gwastraffu; bychanu, dibrisio; gwasgaru, taenu; palmantu, ?hefyd yn *ffig.* paratoi (ffordd): *to trample (upon), tread (underfoot); ruin, spoil, waste; belittle, disregard; strew, spread; pave, ?also fig. prepare (the way).*

15–16g. Hywel Rheinallt: *Gw* 30, Siwrnai rôi is ei harnais, / *Sarnio* sawl nis rhôi'n Sais. **1604–7** *TW* (*Pen* 228), *sarnu* d.g. *Rudero*. **1620** *Job* xxx. 12, y maent yn gwthio fy nhraed; ac yn *sarnu* (**1588** *ib.* palmantu) i'm herbyn ffyrdd eu dinistr. **1632** *D* d.g. *Pauimento, Persterno, Stratumino*. **1688** *TJ*, *Sarnu*: to pave. **17–18g.** O. Gruffydd: *Gw* 93, Di-amhur wybod, dyma rybudd, / O union bwyll i ninnau beunydd, / Am fod yn barod hwyr a borau / I fanwl *sarnu* o flaen y siwrnai. **1732–3** J. Owen: *GB* 62, eu gwaith hwynt yn bychanu ac yn *sarnu* Synwyrau cyffredin Dynol ryw. **1753** *TR*, *Sarnu*, to strew, to spread. *c.* **1785–90 (1829)** *CBYP* 209, Mynych *sernir* y mwynion. **18–19g.** *B* xxv. 14, Digwilydddra celwydd ac anudon, ac ammharch ar bob gwirionedd ai *sarnu* malpei *sernid* ar seirph a gwiberod. **1800** J. Rees: *DFG* 13, Trwy enllibio, *sarnu*, ac erlid pawb o wahanol feddyliau. **1800** W. Owen[-Pughe]: *CP* 24, Yn y gwasarn dyly fod nifer o rigolydd . . . Dyly y rhigolau hyn fod wedi eu *sarnu* (*paved*) yn dda, ac yn llawn o brysgoed. **1803** *P*, *Sarnu* . . . To strew, to spread; to trample. Ar lafar, 'dynion yn *sarnu*'i gilydd', 'Mi *sarna'* i di', *WVBD* 473; 'To Trample . . . *sarnu*', *LGW* [200]–1 (Cered. a'r De); hefyd yn yr ystyr 'To spill . . . To lose or waste', *GDD* 255; ''Odd y llawr yn morio ar ôl i fi *symu*'r dŵr' (sir Gaerf.). Fe'i clywir yn sir Benf. a Morg. yn yr ystyr 'taenu llaesodr (i)', 'Ma fa lawr yn y twlc yn *sarnu*'r moch', *GTN* 704; a hefyd ym Morg. yn yr ystyr 'bychanu', 'Paid o gmeryd dy *sarnu* o gwbwl', *ib.*

Amr.: **sarniaf²: sarnio.** **15–16g.** Hywel Rheinallt: *Gw* 30. **1759** *BC* 448, I fanwl *Sarnio* (O. Gruffydd: *Gw* 93, sarnu) o flaen y Siwrne. **sarno.** **1795** J. Harris: *Alm* 11, Mae llaw all ein safio, os yw e'n 'wyllysio, / Cyn caffon' hwy *sarno* ar ein sôr.

sarnfa [*sarn*+-*fa*, *ma*] *eb.* Sathrfa, hefyd yn *ffig.* dinistr, llanastr: *place trampled underfoot, also fig. ruin, mess.*
1873.

sarngwmwl [*sarn*+*cwmwl*] *eg.* Cirrostratus: *cirrostratus.*
1867.

sarniaf¹: sarnio, gw. **sarnaf: sarnu.**

sarniaf²: sarnio [ff. affetig ar *consarniaf*: *consarnio*] *ba.* Malio, hidio: *to care, heed.*
Ar lafar, ''Di o ddim yn *sarnio* be' ddedith o' (sir Drefn.).

Gw. hefyd **consarniaf: consarnio.**

sarnllyd [bôn y f. *sarnaf*: *sarnu*+-*llyd*] *a.* Wedi ei ddinistrio neu ei ddifetha, budr, llygredig (hefyd yn foesol neu'n ysbrydol): *ruined, spoiled, dirty, corrupt (also morally or spiritually).*

1672 R. Prichard: *Gw* 225, Tro 'r main aflan ôll oddiwrthyd, / Ni fyn Duw 'r fath feini *sarnllyd*. *id.* 335, Ac er fy môd yn *sarnllyd*, / Am gweithred yn frycheulyd. *id.* 437, Y mae Angeu 'n diosc dynion, / O'u hên frattieu *sarnllyd* brwnton, / I ddillattu 'r rhain yn helaeth, / Mewn hardd wiscoedd iechydwriaeth. **1733** J. Owen: *TBG* 43, Ni olchodd y dwfr mor ammhuredd ymmaith i gŷd; eithr efe a adawodd laid *sarnllyd* ar ei ôl. **1803** *P*. Ar lafar '*Sarnllid*' 'scattered, untidy', *TGG* (1907–8) 86 (de-orllewin sir Gaerf.).

saróng [bnth. S. *sarong*] *eb.g.* ll. *sarongau.* Dilledyn tebyg i sgert a wisgir gan ddynion a merched yn Ynysfor Malaya, Sri Lanka, Ynysoedd Môr y De, &c., addasiad gorllewinol o'r dilledyn hwn, yn enw. ar gyfer y traeth: *sarong.*
20g.

sarpled [bnth. rhyw ff. ar S. *sarplier*; cf. S. Diw. Cyn. *sarpleth*] *e?g.* Sachaid neu bwn o wlân: *sack or bale of wool.*
16g. (*LlEG*) *Mos* 158, 180a, deeg swlld a deugain ynn gwsd/wn o bob *Sarpled* o wlan.

sarred, gw. **siarred.**

sarrit, sarit, sar(r)id, serit, *eg.* Ychwanegiad, atodiad; gweddill, gwarged; epact; byrdwn (cân, &c.): *addition, appendix; remainder, surplus; epact; refrain (of song, &c.).*

1604–7 *TW* (*Pen* 228), *sarit* d.g. *Additamentum*. *id.* *Sarit* bychan yn dibynnv wrth y pennaf d.g. *Appendicula*. *id.* *sarit*, *serit* d.g. *Appendix*. *id.* Troet, ne *Sarit* y Caniat d.g. *Intercalaris* . . . *Intercalares versus*. **1632** *D*, *Sarritt*, Reliquiæ, additamentum. **1685** T. Jones: *Alm* [17], *Sarrit*, neu 'r Epact iw [*sic*]. 4. **1688** *TJ*, *Sarritt*, anghwanegiad, yr hŷn fo tros ben: an addition, the overplus, what is given over and above weight or measure. **1722** *Llst* 189, *Saritt*. m. Overplus, addition. [**1753**] G. Owen: *L* 74, dyma i chwi hyn o mending neu *sarrit*. **1770** *W*, *sarritt* d.g. *Accession* [*addition to*]. **1803** *P* d.g. *Sarid*.

sarrug [?cf. *sarhad*, *sarhaf*: *sarhau*, &c.] *a.* a hefyd gyda grym enwol. Drwg ei hwyl neu ei dymer, surbwch, anfoesgar, diserch, sur, cas, piwis, cuchiog; llym, didostur, gerwin; (?geir.) cyndyn, ystyfnig: *ill-tempered, surly, sullen, churlish, gruff, sour, cross, irritable, scowling; stern, harsh, severe; (?dict.) obstinate, stubborn.*

?**12g.** (**16g.**) *GCBM* ii. 351, Sorres wrth *sarruc* bennaeth. **12–13g.** *GLlLl* 6, Ef 6ra6l, o'e orofyn rwy duc / (Hyn nyd feith) yn faeth pob *sarruc*. *id.* 25, Nyd adawaf, hael o hil Beli, / Na bwyf bwyll *sarruc* o bell sorri. **14g.** *GDG*³ 401, O sorraist, od wyt *sarrug* / Os aml dy ffull, syml dy ffug (Gruffudd Gryg). *c.* **1400** *R* 1240. 5–6, Mada6c oedmarcha6c meirch *sarruc* kein v6r eil kynua6r catgaduc. **1547** *WS*, *Sarruc* Rygorouse. **16g.** R. White: *C* 19, Mae ffordd rwystrys gyfing gaeth / ir hon ir aeth y seintie / *sarrig* serth i vrig y vron / ni ddoir i hon dan chware. **1588** *Ecclus* xxv. 27, Calon isel, ac wyneb *sarrig* ac archoll calon yw gwraig ddrwg. **1595** H. Lewys: *PA* 94–5, llawer vn a aiff adref . . . yn drist . . . am nad yw ef mor hapus . . . ac eraill . . . ef a edrych n *sarug* ar ei wraig, e fyd' chwerw wrth i blant, anynad wrth ei deuluy. **1632** *D*, *Sarrug*, Austerus, torvus, rigidus. **1672** J. Langford: *HDdD* 280, Mwynder a Moesgarwch yngwrthwyneb i'r tauogrwydd *sarrug* (*sullen*) hwnnw a ddywedir ei fôd yn Nabal. **1683** H. Evans: *CTF* 26, Gall fod grâs mewn morwyn *sarrug* [:- Sur]. **1688** *TJ*, *Sarrug*: obstinate, dogged, stubborn. **1724** S. Williams: *ADA* 103, y glewaf a'r *sarruccaf* Farnwr byw a meirw. **1803** *P* d.g. *Sarig*, *Sarug*. Ar lafar, '*sarrug*; also *syrrug*' 'gruff, surly, churlish', *WVBD* 472; 'Dyn *sarrug* iawn odd a, fel 'i dæd', 'Ma golwg *sarrug* iawn arnot ti', *GTN* 704. Cf. D. Owen: *GT* 150, Gŵr ag yr oedd crefydd wedi ei wneud yn haner *sarug* oedd Robert Wynn.

Sarsen, sarsenet, sarsiaf: sarsio, gw. **Sarasen, sarsned, siarsiaf: siarsio.**

sarsiant, sersiant, sarjant, serjant, &c. [bnth. S. *sergeant*] *eg.* ll. *sarjants*, (prin) *sarsiantod.* Rhingyll (yn yr heddlu neu'r lluoedd arfog); swyddog llys a chanddo gyfrifoldeb am gadw trefn, &c.; bargyfreithiwr o'r radd uchaf; hefyd yn *ffig.*: *sergeant (in police, army, &c.); sergeant, court official responsible for maintaining order, &c.; serjeant(-at-law); also fig.*

15g. *GLGC* 468, Ni bu faer yng Nghaer anghywirach, / ni bu *sersiant* waeth na neb gaethach. **15g.** *HCLl* 114, *Sersiant* o synniant Sain Siôr / Sariel holl gwnsel Gwinsor. **15–16g.** *TA* 262, Dinas, maer dawnus a'i medd, / Dau *sersiant* dewis orsedd. **16g.** Lewys Morgannwg: *Gw* 619, syr gei warwig syr garwy / *sarsiant* hir sain siors nid hwy. **1547** *WS*, *Serdsiant* A sergeaunt. **16g.** Bedo Hafesb, &c.: *Gw* 53, Marchog enwog o Wynedd, / Syr Sion hael *sarseyn* hedd. **16g.** *TRP* 154, Ac am hyn idd wi yn gorchymyn / ssirif a *sserssiant* dan vn / y ddwyn y kyrcharwyr ger vy mron. **16g.** *GGH* 90, Siars hwnt mawr, *Sersiant* Morys. **16–17g.** *GST* i. 186, Pennaeth mawr gywaeth ar gant, / Pyrs wrsib, aer y *sarsiant*. **1604–7** *TW* (*Pen* 228), *Seriant* d.g. *Accensus*, *Miles*. **17g.** *IICRC* iii. 254, Dros fy meiau sy ry drwm / fal y plwm im herbyn / byddwch im plaid pen fo'r awr / ir *sergiant* mawr im dyfyn. **17g.** *LlGC* 10249, 132, Fy sant, fy *ssersiant* / fy llw, fy mhlassaü / fy mhlesser yw d'enw [i Dduw]. **1770** *TG* iv. 30, Mr. *sersiant* Jephson a ddadleuodd rai pyngciau cyfraith dros y carcharorion. **1776** H. Jones: *GC* 79, A phedwar glan *Sarjant*, sydd bendant yn bod [i filisia sir Feirionnydd]. Ar lafar yn gyff. yn y ff. *sarjant*; hefyd yn y ff. *sarjar* (tref Caernarfon).

Cfn.: **sersiant o'r gyfraith:** *serjeant-at-law.* **1630** *YDd* [xiii], Syr Iohn Lloyd marchog a *Sersiant or gyfraith*.

Gw. hefyd **sarjant-mejor.**

Sarsing, Sarsin, gw. **Sarasen.**

sarsned, sarsenet, sasnet [bnth. S. *sarsenet*] *eg.* Defnydd main meddal o sidan, &c., a ddefnyddir bellach yn bennaf i wneud leinin dillad, rhubanau, &c.: *sarsenet.*

15–16g. *TA* 263, Siwgr, *sarsned*, ffelfed a phân, / Siêp-Seid yn siopau sidan. **1547** *WS*, *Sarsenet* ryw sidan tene Sarsonet. **16g.** Siôn Brwynog: *C* 23, Graen gwych ar ei groen a'i gig, / Gwrid *sasned* ar grud Seisnig [i ofyn march]. *c.* **1585** G. Robert: *DC* 32a, Yr oedd yn nesaf iw groen ef wisc o *sasnet* teneu, a roesent hwy yn ei gylch ef ar ol i chwippio. **16–17g.** *CRC* 205, hefyd fe ddaw rhew caled / a ja tewach na *sarsned*. **1710** *LlGG* (*Gos*) 12, Hydiau neu Dippedau o Sidan neu *Sarsned*. **1722** *Llst* 189, *Sarsned*. m. Sarcenet.

Amr.: **saesned, saesnet** [cf. S. Diw. Cyn. *saircenett*]. **16g.** Wiliam Llŷn: *Gw* (R. Stephens) (At.), pali, *saesned*. *c.* **1570** *TA* 264 (amr.), *saesned*. *c.* **1585** G. Robert: *DC* 32a, [y] *saesnet* neu r pali teneu.

sartr, gw. **siartr.**

sartrys, sartyr, gw. **siartras, siartr.**

sarth¹ [amr. ar *sarff*¹, gydag -*ff* ac -*th* yn ymgyfnewid, cf. *benffyg*, *benthyg*; ceir engh. arall bosibl o *sarth* yn R. White: *C* 44 (ond gthg. *ib.* (amr.), saeth)] *eb.* (b. -*es*, ll. -*au*) ll. -*od*, (geir.) -*oedd.* Sarff, neidr, (?geir.) sgorpion, ymlusgiad, hefyd yn *ffig.*: *serpent, snake, (?dict.) scorpion, reptile, also fig.*

1567 G. Robert: *GC* 72, *sarthes*, tros sarphes. **16g.** R. White: *C* 16, Di byryglach i ddyn / na chysgv hvn mewn pechod / vod yn gorfedd ar lawr nant / y mysg naw kant o *sarthod*. **1595** *Egl Ph* 45, Bhal hynn y dywedwn, bhod gwrda, yn sant; bhod *sarthes*, yn dhiawl. **16–17g.** *CRC* 236, Achwedi ir ych gadwyno r arth / y *sarth* a fydd yn crynnv. *id.* 433, Ni bv fleiddiav nag Apod / na llwynogod na *sarthod*. **17g.** *LlGC* 13215, 350, *Sarth* Scorpius. *ib.* *Sarthes* Scorpio. [**1745**] W. Roberts: *FfM* 53, Sethrwch Wyau 'r *Sarthod*. **18–19g.** *LlGC* 13221, 79, *sarth* . . . a serpent for it is used in many parts of South Wales instead of Sarph. **1803** *P*, *Sarth*, s. f.—pl. t. *oz*. . . A reptile; a

scorpion; a serpent. *id. Sarthes*, s. f.—pl. t. *au* . . . A reptile.
Gw. hefyd **sarff**[1].

sarth[2,3], **sarthfaen**, gw. **sarff**[2], **sard**[1], **sarff-faen.**

sarugaf: sarugo [bf. o'r a. *sarrug*] *bg.a.* Bod, mynd, neu wneud yn sarrug neu'n surbwch, cuchio; (?geir.) ystyfnigo: *to be(come) or make surly or sullen, scowl*; (?*dict.*) *be(come) stubborn.*
1604–7 *TW* (*Pen* 228) d.g. *Sæuio.* **1722** *Llst* 189, *Sarrugo.* To be or wax dogged. **1733** T. EVANS: *PP* 115, a wnawn ni yn wrthwyneb i'n Cais ein hun, i duchan ac anfodloni a *sarrugo*, os digwydd un math o drwbwl . . . i ni? **1771** *W* d.g. *Brow, To knit the brow, Surly, To grow surly.* **1803** *P* d.g. *Sarugaw.*

sarugaidd [*sarrug*+-*aidd*] *a.* Sarrug, surbwch; llym: *surly, sullen*; *severe.*
1803 *P.* Cf. W. REES: *AFR* 288, Arswydai Tomos glywed y geiriau dychrynllyd hyn yn cael eu llefaru gyda'r fath ddifrifwch *sarugaidd.*

sarugol [*sarrug*+-*ol*] *a.* Sarrug, surbwch; llym: *surly, sullen*; *severe.*
1803 *P* d.g. *Sarugawl.*

sarugrwydd [*sarrug*+-*rwydd*] *eg.* Y cyflwr o fod yn sarrug neu'n surbwch, tymer ddrwg, piwisrwydd, surni; gerwinder, tostrwydd; (?geir.) cyndynrwydd, ystyfnigrwydd: *surliness, sullenness, bad temper, irritability, sourness*; *severity, rigour*; (?*dict.*) *obstinacy, stubbornness.*
1547 *WS, Sarrygrwydd* Rygoure. **1604–7** *TW* (*Pen* 228) d.g. *Aequitas, Asperitas, Rigor.* **1615** R. SMYTH: *GB* 6–7, [d]al selvv drvvy bara ddiragrithrvvydd a mavvr *sarrigrvvydd* yr oedd yr hen vvyr eglvvysig . . . yn ceryddu 'r gvvydiau 'r hain a oeddynt yn teyrnasu yn i hamser hvvy. **1632** *D, Sarrugrwydd,* Austeritas. *id.* d.g. *Seueritas, Supercilium, Tetricitas.* **1657** T. POWEL: *CI* 7, wedi'n rhyddhau ni oddiwrth *sarrigrwydd* a manol-waith y Gyfraith hon. **1670** J. HUGHES: *AP* 148, esamplau . . . o Dlodi ewyllysgar, Ddioddef cam a dirmyg, o *Sarrugrwydd* corphorol. **1672** J. LANGFORD: *HDdD* 332, Llwyr wrthwyneb i hyn [cariad] yw pôb *Sarrugrwydd* (*Sullenness*) a Surni, pob cynnen ac anniddigrwydd. **1688** *TJ, Sarrugrŵydd*: obstinacy, doggedness, stubbornness. **1716** IACO AB DEWI: *LlCB* 68, A ydych yn gwybod, pa beth yw gorwedd, dan bwys *Sarugrwydd*, a Rhuad, dychryniadeu ei Sorriant tanllyd ef; dros Byth. **1722** *Llst* 189, *Sarrugrwydd.* m. Grimness, sterness, severity. **1725–6** *Madd Ed* 260, onid oes rhyw Enbydrwydd i'w Fanyldra ef suro i *Sarrugrwydd* (*Austerity*). **1759** T. THOMAS: *WWDd* 204, fel y mae Dŷn yn drosseddwr y gyfraith hon, mae efe yn gaeth ganthi, a than awdurdod ei *sarrigrwydd* (*rigour*) hi. **1762** D. ROWLAND: *PA* 103, yn agored i *sarrigrwydd* pob tymhorau. **1765** J. POPKIN: *Ll* 9, yr wyf yn edrych ar *Sarrugrwydd* eich Jaith fel yn wir Wawd pwrpasol. **1803** *P.* Cf. D. OWEN: *GT* 151, Darfu i fanyldeb mewn buchedd ac yn yr egwyddorion Calfinaidd, ei *sarugrwydd* a'i ddiysgafnder, ei nodi allan yn fuan . . . fel un tra chymwys i fod yn flaenor.

sarugyn [gair geir., sef *sarrug*+-*yn*[1]] *eg.* a hefyd fel *a.* Person sarrug neu ystyfnig; braidd yn sarrug, ystyfnig, neu lym: *surly or stubborn person*; *rather sullen, stubborn, or harsh.*
1632 *D, Sarrugyn,* Austerulus. **1688** *TJ, Sarrugŷn,* go sarrug: somewhat obstinate or stubborn. **1722** *Llst* 189, *Sarrugyn.* m. A waspish little man. **1753** *TR, Sarrugyn,* a surly dogged little fellow. [**1783**] *W* d.g. *A snarling fellow.* **1803** *P, Sarugyn,* s. m. . . . A froward one; a surly fellow, a sour cur.

sas [tra ansicr yw'r enghrau. llenyddol isod, ond dichon mai amr. ar yr e. *sias* a welir yma, a bod rhai o ystyron y gair hwnnw i'w gweld yma; cf. *di-sas*, a gw. hefyd *GDG*[3] 513] *e?g.* a hefyd fel *a.* ?Helbul, helynt; ?cyflwr (da); (geir.) mawr, enwog, bonheddig, ucheldras: ?*strife, bother*; ?(*good*) *condition*; (*dict.*) *great, eminent, noble.*
15g. *CMOC* 50, Diffrwythaf *sas* yw traserch, / gwell medru olmarchu merch. **15g.** *Pen* 57, 6, Seren las grynn gwmpas graen / *Sass* y rwystr sawser ystaen (gthg. *DGG*[2] 120, Llawn hudfawl llun ehedfaen). **1547** *WS, Sas.* **16g.** *RWM* i. 129, Tydi'r pwrs *ssass* Suddan ddruch. **1632** *D,* **Sâs,* vid. an hinc 'Disas'. **17g.** *Y* 101 (amr.), Heb flas, heb iawn *sas,* na sail. **1688** *TJ, Sâs,* mawr, uchel, enwog: great, eminent. **1722** *Llst* 189, *Sâs.* Well-descended, noble.
Gw. hefyd **sias.**

sasaffras [bnth. S. *sassafras*] *e?g. Bot.* Coeden golldail beraroglus o Ogledd America, *Sassafras albidium*, rhisgl y goeden hon a ddefnyddir i wneud moddion, persawr, &c.: *sassafras.*
1771 *PDPh* 80, Berwch Bersli, cnau'r ddaear, Selery gleision, *Sassaffras,* Alecsander, a Ruw, dyrnaid o bob un, mewn dau gwart o hen gwrw. [**1783**] *W* d.g. *Sassafras.*

sasban, sasbin, saser, gw. **sosban, siesbin, soser.**

sash[1] [bnth. S. *sash* 'strip of cloth, as item of dress'] *eg.* ll. -*ys*, *sas*(*h*)*iau.* Stribyn neu ddolen hirgul o frethyn a wisgir dros yr ysgwydd, am y wasg, &c., yn aml fel rhan o wisg swyddogol: *sash* (*part of uniform, &c.*).
1916. Ar lafar, 'Ma ffrog a *sash* arni bach yn hen ffasiwn dyddie 'ma' (sir Gaerf.).

sash[2] [bnth. S. *sash* 'window frame'] *eb.g.* ll. -*ys.* Ffrâm ffenestr ynghyd â'r gwydr, yn enw. un o bâr o'r cyfryw sy'n ffitio mewn ffrâm fwy ac y gellir eu symud i fyny ac i lawr i agor y ffenestr; fe'u delir ar agor drwy gyfrwng pwysau a gysylltir â'r fframiau â chortyn, hefyd am y cortyn ei hun: *sash* (*of window*), *sash cord.*
Ar lafar, fel arf. am y cortyn sy'n dal y pwysau mewn ffenestr o'r fath, 'Ma isie adnewyddu'r *sashys* ar y ffenestri' (Llŷn); 'Ma *sash* y ffenest wedi torri' (sir Gaerf.); hefyd yn y ff. *tsias, SC* vi. 109 (sir Benf.).

sasiaf: sasio, *ba.* ?Gogrwn: *to sieve.*
Diw. **16g.** *WLB* 17, Kymer y totti . . . ac yna i falu a maen normol yn fana i gellych a'i *sasio* yn fân. *id.* 22, J wneuthur flowr o reis . . . i gymeryd . . . ai forteru . . . oni el oll yn beillied mân . . . i roi ef . . . i sychu . . . ac yna gwna yr hwn a fynnych ai *sasio* ai peidio.

sasiwn[1] [ff. affetig ar yr amr. *sosasiwn*, &c., isod] *eb.* ll. *sasiynau.* Cymdeithasfa'r Eglwys Bresbyteraidd (Methodistiaid Calfinaidd), cyfarfod (crefyddol), hefyd yn *ffig.*: *association of Presbyterian Church* (*Calvinistic Methodists*), *quarterly assembly,* (*religious*) *meeting, also fig.*
1744 *CM Archives* (LlGC), Trevecka Letters 3187, 39, Dranoeth y byon yn y *Sosiatian* yn Nhy Mr Withfild [*sic*]. Ar lafar, '*sasiwn*, s. f.' 'Methodist congress so called', *WVBD* 473. Cf. CEIRIOG: *CG* 139, Er hyny gwelir llawer cî, / Mewn *sasiwn* a chyfarfod; D. OWEN: *SP* 127, Ar *Sasiwn*, Cymanfa neu gyfarfod pregethu, byddai Ned yn amlwg iawn.
Amr.: **sos(i)asiwn,** &c.. [ff. affetig ar S. *association*]. **1744** *CM Archives* (LlGC), Trevecka Letters 3187, 39. **1748** *id.* 3068, *Sosasion* ynghil y Cwm. **1791** W. WILLIAMS: *MDR* 11, Nithiwch y '*Sosiasiwn* bellach / A gwegrynwch hi yn lân. Cf. D. OWEN: *RL* 374, Weles i monoch chi er amser y *Sysasiwn* acw.

sasiwn[2], **Sasneg, sasnet, Sasnigydd, Sason, Sasoneg, Sasonig,** gw. **sesiwn, Saesneg, sarsned, Seisnigydd, Sais, Saesneg, Seisnig.**

sât [bnth. dysg. Heb. *sāt*(*īm*) (ll. *seāh*), efallai drwy'r Roeg *σάτον*] *eg.* Mesur sych Hebreig, sef traean effa: *seah* (*one third of an epha*).
1588 2 *Br* vii. 1, yng-hylch y pryd hyn y foru y gwerthir *sât* o beillied er sicl, a dau *sât* o haidd er sicl ym mhorth Samaria. **1722** *Llst* 189, *Sat.* m. A (certain) measure.

sataen, satain [gair geir., ?sef bnth. rhyw ff. ar S. *chestnut*; cf. S. Diw. Cyn. *chasteyn*, ?a cf. hefyd Ffr. *châtaigne*] *e?g.* a hefyd fel *e.ll.* Cneuen gastan (cnau castan), castanwydd(en): *chestnut*(*s*), *chestnut tree*(*s*).
1547 *WS, Sataen* A chesteyne. *Dchr.* **17g.** *J* 10, 37a, *Sataen.* chestnutte. Castanea. Jovis glans. Heracleitica. **1707** *AB* 220b, *Sataen,* Chesnuts. Medh. Mydhv. *ib. Satain,* Idem. scil. à Gallico Châtaigne. *id.* 273c, *Sataen* d.g. *A Chestnut.* **1813** *WB* 233, *Sataen, Satain,* Fagus Castanea; Chestnut-tree.

satan[1], **Satan** [yr e. prs. Beibl. *Satan* (< Heb. *śāṭān* 'gwrthwynebydd'), hefyd fel e.c.; am y tr. sy'n dilyn weithiau, gw. *Treigladau* 119] *eg.* (b. -*es*) ll. -*iaid*, a hefyd fel *a.* Y Diafol (gwrthwynebydd Duw, pennaeth y cythreuliaid, a themtiwr dynolryw), hefyd fel symbol o ddrygioni; diafol, cythraul, person drwg neu ddieflig; ysgeler, dieflig: *Satan, the Devil, also as a symbol of evil*; *devil, demon, wicked person*; *fiendish, devilish.*
14g. *GIG* 112, Ac o uffern . . . / . . . / Llidiog blin daufiniog bla, / Llu *Satan* mewn lliw swta. *c.* **1400** *R* 1273. 26–7, Ki aeth arol brein kythreulbryt *satan.* ?**15g.** SIÔN CENT: *Gw* 52, *Satan* goch, mae'n rhaid gochel, / Llwydd waith ni chynnyrch lle dêl. **1547** *WS, Satan* diawl awn gelyn Satan. **1567** *TN* 26b, ac y dyvot [Iesu] wrth Petr, tynn ar v'ol i *Satan*: can ys rhwystr wyt ymy. *id.* 101b, *Satan* megis lluchet, yn cwympo . . . o'r nef. **1588** 1 *Cr* xxi. 1, A *Satan* . . . a annogodd Ddafydd i gyfrif Israel. *Diw.* **16g.** *Gwyn* 3, 300, Ti a gyfodaist yn fyw o fedd daearaf / Ti a ddugost y pum-oed o gaethiwed *satanaf.* **1595** H. LEWYS: *PA* 103, Pawl sy 'n cyfaddef dderbyn o honaw gernod gan gennad *Satan* rhag ymffrostio o honaw allan o fesur. **1672** R. PRICHARD: *Gw* 37, Awn i weld Concwerwr Ange, / Gwedi rwymo mewn cadache; / A 'r Mab y rwyga deyrnas *Satan,* / Yn y craits heb ally cripian. **1703** E. WYNNE: *BC* 138, Yna cododd *Satan* Diawl yr Hûg. **18g.** L. HOPKIN: *FG* 16, Ein dwyn o feddiant *Satan* gas. **1759** T. THOMAS: *WWDd* 301, mae *Satan* yn cadw ei Neuadd, yn ei galon ef. **1793** DAFYDD IONAWR: *CD* 243, *Satan* ddu ganfu y Gwr, / A goflin oedd ei gyflwr. Ar lafar, 'Ma *Satan* yn gallu iwso plant 'ed', 'Dyna *satan* o ddyn yw 'wnna', *GTN* 704; 'Yr 'en *satan* ddiawl 'na' (Morg.). Clywir y ff. *seitan* yn ddifr. am fenyw, *WVBD* 478. Cf. W. REES: *AFR* 233, mi d'rawodd wrth rw sort o *satanes* o wraig; D. OWEN: *WBC* [1], y mae'r brydyddiaeth *Satan* yma wedi taflu cwmwl arno.
Gw. hefyd **sathan, Sathanas.**

satan[2], gw. **satin.**

satanaidd [*satan*[1], *Satan*+-*aidd*] *a.* Yn perthyn i Satan, dieflig, cythreulig, ysgeler: *satanic, demonic, devilish, fiendish, wicked.*
1547 *WS, Satanaidd* Satanlyke. **17g.** *TBM* 442, Ac oddi yno daeth yr haid / O lidiog blaid *satanaidd.* *c.* **1730** *Thos. Lloyd D* (LlGC) 207a, *Satanaidd.* Divelish. **1793** DAFYDD IONAWR: *CD* 244, Tynnu'r Deyrnas *satanaidd* / O'r galon, yn gron o'r gwraidd. Cf. D. OWEN: *GT* 33, nid yw talent ac athrylith, ar wahan i râs a syniad uchel am a chariad at rinwedd, ond cynorthwyon i ffurfio cymeriad *satanaidd.*

Sataneiddiwch [*satanaidd*+-*iwch*] *eg.* Sataniaeth: *Satanism.*
1895.

sataneiddrwydd [*satanaidd*+-*rwydd*] *eg.* Diawledigrwydd, cythreuldeb, hefyd yn gellweirus i gyfarch rhywun: *devilishness, fiendishness, also facet. as a term of address.*
1844. Cf. W. REES: *LlHFf* 119, Mi fydde'n dda i'ch *Sataneiddrwydd* styried y pethe ydw i'n geisio ddeudud wrtho chi.

satanes, gw. **satan**[1].

Sataniaeth [*satan*[1], *Satan*+-*iaeth*] *eb.* Y weithred neu'r arfer o addoli Satan, ffurf o'r cyfryw addoliad sy'n cynnwys parodïau cableddus o addoliad Cristionogol: *Satanism.*
1858.

satanig [cfdds. o'r S. *satan*(*ic*)+-*ig*[2]] *a.* Satanaidd: *satanic.*
1934.

Satanydd [*satan*[1], *Satan*+-*ydd*[3]] *eg.* ll. -*ion.* Un sy'n addoli Satan, un sy'n arddel Sataniaeth: *Satanist.*
1861.

satelit, sateleit [bnth. S. *satellite*] *eg.b.* ll. -*iau*, *sateleits*, a hefyd fel *a.* Lloeren (artiffisial); (gwlad, &c., d)darostyngedig i wlad arall neu ddibynnol arni; yn cael ei drosglwyddo gan loeren (am signal), yn derbyn signalau gan loeren: (*artificial*) *satellite*; *satellite* (*in politics*); *transmitted by satellite, receiving satellite signals.*
20g.

satin, satan[2], **saten** [bnth. S. C. *satin*, *satan*, a S. Diw. Cyn. *saten*] *eg.* ll. *satinau.* Defnydd llyfn a sgleiniog o sidan neu ffibrau artiffisial tebyg, ac iddo wead tyn ac ystof amlwg: *satin.*
15g. *GDID* 81, Heb *satyn* Bwrgwyn ynghylch bargod—f'ais / Heb Abermarlais, ni fedrais fod. **15g.** *DE* 20, syndal yw newis hvndy / *satan* teg yw svt yn ty.

15g. *HCLl* 80, Ef a rôi yn frau i was / Wisg o'r damasg, wŷr domas. / Dawnus ytiw dan *satan* / I drwsio'r tlawd, Risiart lân. **15–16g.** LLAWDDEN, &c.: *Gw* 91, Blew un sut â blaen *satin* / A dyf o'i fwng hyd ei fin. **1547** *WS*, *Sattan* rhyw sidan tew Satten. **16–17g.** *Cer RC* 93, Melfed du yno wedi'i bur weithio; / Damasg a'i ardio mewn ordor o stâd; / Sidan a *satan*, nid o bris bychan, / Heb gostio fawr arian i'r teirgwlad. *c.* **1600** *March C* 30, trwsiad o *sattan* gwyn, a chlog o ddamasc glas. **1604–7** *TW* (*Pen* 228), *Saten* ne'r Grograin sidan d.g. *Tramoserica.* **1630** R. LLWYD: *LlH* 45, gown o sidan, a phais o *Satyn*, cadwyn aur, a chlôs melfed. **17g.** (**18g.**) *CLlC* ii. 35, Dy sidan, dy *sattan* yn siwttiau it a gei / Os dowad im calyn a'm coelio inau a wnei. **1661** E. LEWIS: *Drex* 265, Nid elli un amser feddwl am dy sidan, dy *sattan*, a'th felfed. **1710** *LlGG* (*Gos*) 12, sidan du, neu *satten*, neu felfed. **1722** *Llst* 189, *Satten*, *Sattin.* m. Satin cloth. **1728** T. BADDY: *DDG* 52, gorchuddid ef a Mantell o *Sattin* cyfoethog. Ar lafar yn gyff. yn y ff. *satin*, 'Edrach ar ôl y ffrog *satin* newydd 'na—'rodd 'i'n ddrud iawn' (Arfon); hefyd yn y ff. *satan*, ''Odd ffrog *satan* 'yfryd ginti', *GTN* 704.

satisffacsiwn [bnth. S. *satisfaction*] *eg. Egl.* Iawnwaith; *Diwin.* iawn: *satisfaction* (*eccl.*); *atonement* (*in theol.*).

a. **1644** R. PRICHARD: *Gw* 96, Ac ar ei gûr ai waedlyd chwys, / Na chais ail *Satisffactiwn* [:- Iawn]. **1670** J. HUGHES: *AP* 15, Pethau anguenrheidiol [*sic*] i'r Pechadur edifeiriol . . . Cyffes holl-gyfan i Offeiriad a approfwyd . . . *Satisffactiwn* neu Jawn-waith. *id.* 79, beth yw Iawnwaith neu *satisffactiwn* . . . Penyd Sacrafennawl ydyw, o Weddiau, o Ympryd, o Elusenneu o ryw weithredoedd da eraill, a roddo yr Offeiriad ar y pechadur i'w chyflawni.

sats, gw. **saets.**

satsiel, satsial, setsiel [bnth. S. *satchel*, S. Diw. Cyn. *setchel*] *eb.* ll. *-s*, *satsieli.* Bag (hirsgwar) o ledr, lliain, &c., ac iddo strap ysgwydd, i gario llyfrau (ysgol), &c., ysgrepan (lyfrau), bag ysgol: *satchel.*

1547 *WS*, *Setsiel* A sechell. **1688** *TJ*, Ysgreppan, (*satsial*,) (gwaled:) a Satchel, a Wallet. **17–18g.** *LlGC* 6499, 155, I roi /n/ ei gôd, werthgrôd gre / Biliwr beirdd, bowliwr byrdde / Yn y *ssaitssial* [*sic*] wyddelig / fo fwrw yn chwyrn fara a chig. *c.* **1730** *Thos. Lloyd D* (LlGC) 208a, *Satsiel.* A Satchel. [**1745**] W. ROBERTS: *FfM* 58, Yn cerdded, ai *Satsieli* ar eu Cefnau. **1759** *BC* 449, Sôn am Glôg a chlyttiau lawer, / Cwd a chôd a *Satsiel* leder. **1828** *Geir Pob* 24, *Satsiel*, sachell, côd.

satswma [bnth. S. *satsuma*] *eg.b.* ll. *-s.* Math o danjerîn di-had: *satsuma* (*tangerine*).

20g.

Saturnaidd [cfdds. o'r S. *Saturn*(*ian*)+ *-aidd*] *a. Serdd.* A briodolir i ddylanwad (drwg) y blaned Sadwrn: *Saturnian* (*in astrol.*).

1657 *MLl* ii. 120, Sychder oer sy'n lladd yr Henaint. / Felly gwna 'r *Saturnaidd* drwghaint.

Gw. hefyd **Sadyrnaidd.**

Satwrn, satyn, gw. **Sadwrn, satin.**

satyr¹ [bnth. S. *satyr*] *eg.* ll. *-iaid*, *-od*, *-au. Chwedl. Glasurol* Un o fân dduwiau'r goedwig, sef creadur nwydwyllt ar lun dyn ac iddo rai o nodweddion gafr neu geffyl; dyn nwydwyllt neu anniwair; math o ellyll neu anghenfil blewog yn trigo yn yr anialwch: *satyr* (*in classical myth.*); *satyr* (*lustful man*); *satyr* (*hairy demon or monster*).

1701 E. WYNNE: *RBS* 24, yn yr Anialwch, yno mae'r Crŷr a'r Ciconia, y Ddraig a'r *Satyr*, yr Unicorn a'r Elc yn byw ar ei Arlwyaeth ef. **1718** (**1721**) S. THOMAS: *HB* 133, a'm [*sic*] ei wallt a'i farf a'i ddillad, fe a'u llwyr esceulusa hyd oni bytho'n edrych fel *Satyr* yr anialwch. Cf. D. OWEN: *B* 504, Alpheisibœes ddaw ym mlaen, / Ag ysgafn droed y daw, / *Satyriaid* ddynwareda ef / Mewn dawns, gan godi llaw.

satyr² [bnth. S. *satire*] *e?g.* Dychan, dychangerdd: *satire*, *satiric poem.*

1701 *CRC* 423, llyma araith o waith Sion Tydyr sef *Satyr* ar bob sort o Creffttav [*sic*].

sathan, Sathan [bnth. yr e. prs. S. C. *Sathan* 'Satan', hefyd fel e.c.] *eg.* (b. *-es*). Satan, y Diafol, hefyd fel symbol o ddrygioni; diafol: *Satan*, *the Devil*, *also as a symbol of evil*; *devil.*

13g. *B* ix. 146, [b]edin o dieuyl ac em perved e rei henne yd oed *sathan* en eisted. **13g.** *GBF* 368, Bredychŵr yŵ'r byt a'e gyt-gywrych / A'r *Sathan* truan, hyt tra ettych. **1346** *LlA* 6, Ar angel kyntaf . . . aelŵit *sathan.* *c.* **1400** *R* 1234. 6, Trefneist wern uffern affeith *sathan.* **1606** E. JAMES: *Hom* i. 157, putteindra a godineb yn halogi dŷn . . . ac yn ei wneuthur ef o deml yr Yspryd glân, yn dommen front ac yn dderbynfa holl ysprydion aflân: o dŷ Dduw yn drigle *sathan.* **1661** E. LEWIS: *Drex* [xx], trwy wneuthur dy gnawd yn farw i swmbwl *Sathan.* *id.* 383, bwriadau, dichellion, a siomedigaethau *Sathan.* **1803** *P*, *Sathan*, s. m. . . . Satan. *id.* *Sathanes*, s. f. . . . A female devil.

Gw. hefyd **satan¹.**

Sathanas [bnth. Llad. Diw. (Fwlgat) *Sathanās*] *eg.* Satan, y Diafol: *Satan*, *the Devil.*

12–13g. *GMB* 539, Na'm gatto Reen ry'n tec prynnas / Yn rewin Kayn can *Sathanas.*

Gw. hefyd **satan¹.**

sathanes, sathar¹, gw. **sathan, sathr¹.**

sathar², sathr³ [gair geir., ?sef ymgais i Gymreigio S. *satyr*] *eg.* ac *e.ll.* Satyr(iaid): *satyr*(*s*).

1688 *TJ*, *Sathar* . . . anghenaifil [*sic*] ai gorph fel dŷn, a'i draed fel traed gafr, a chŷrn ar ei ben: a Satyre. **1722** *Llst* 189, *Sathar* . . . Satyrs. **1725** *SR*, *Sathr* d.g. *Satyr a beast.* **1794** *W* d.g. *Satyr.*

sathr¹ [bôn y f. *sathraf*: *sathru*] *eg.* a hefyd fel *a.* Sathriad, troediad; trywydd, ôl (traed); wedi ei sathru, sathredig; (?geir.) yn sathru: *a trampling or treading*; *track*, *trail*, *trace*; *trodden*; (?*dict.*) *trampling* (*adj.*).

13g. *GBF* 91, Ny bu le ar laŵr Dyued / Ny bei *sathyr* gan y seithgad. **14g.** *WM* 388. 38–41, A gwenhŵyfar ac un or morynyon a aethant ar y deu uarch. ac vynt adoethant drŵy ŵysc. A llusc y gŵyr ar meirch ac eu *sathyr* a gynhalyssant. **14g.** *GDG³* 301, Trawstir *sathr*, trist yw'r saethydd, / Trwstan o'i fawr amcan fydd [i'r ehedydd]. **14g.** *GLlG* 64, Pa le caf, ni'm doraf, dioer, / Dy weled, wendw wiwloer, / Ar Fynydd, *sathr* Ofydd serch, / Olifer, yr oleuferch [marwnad Lleucu Llwyd]? **14g.** *OBWV* 91, Gan amled fydd, chwaer gwŷdd gwyll, / Trwst y bobl tros dy bebyll. / Gwyllt glwyf, ac ni thyf gwellt glas / Danat gan *sathr* y dinas [Gruffudd ab Adda i'r fedwen]. **14g.** *GIG* 70, A gwŷr mwy yn gware â meirch, / *Sathr* tew yn sathru tyweirch. *c.* **1400** (*SG*) *HMSS* i. 194, Ymchoelut awnaeth ef y gyt ac wynt drwy y fforest yr honn nyt oed yndi haeach o *sathyr* dynyon. **1604–7** *TW* (*Pen* 228) d.g. *Vestigium.* **1632** *D*, *Sathr*, Conculcatio. **1688** *TJ*, *Sathr*: a treading or trampling. [**1740**] L. ANWYL: *NG* 31, na âd i unrhyw beth fy' nallu, gael o honofi weled *Sathr* fy Anwylaf Ddadleuwr, a aeth or blaen i barattoi lle ir Sawl a'u Carant ef. Ar lafar 'am laswellt di-faeth o dan draed gwartheg ar ddiwedd yr haf', *LlG* xx. 6 (Arfon ac Eifionydd).

Amr.: **sathar** [cf. *CA* 262]. **12g.** *GLlF* 426, Seri gyuarpar, *sathar* sathru. **12–13g.** *GLlLl* 214, Maŵr gadeu angheu angklaear, / Meirŵ sengi mal seri *sathar.* **13g.** *A* 38. 11, britgue ad guiar *sathar* sanget. **1632** *D*, **Sathar.* Seri *sathar*, habent sæpe Veteres. & Meirch *sathar.* **1803** *P*, *Sathar*, s. m. . . . A tread; a trample. a. Treading; trampling. Meirç *sathar*, trampling steeds.

Cfn.: **ar (fy, &c.) sathr:** *on the trail of*, *on my*, *&c.*, *trail*; *in the wake of*, *in my*, *&c.*, *wake.* **1752** G. OWEN: *L* 26, Os gwyddoch pa le y mae, rhowch fi *ar sathr* y brawd Llewelyn Ddu.

sathr²,³, gw. **sard¹, sathar².**

sathr⁴,⁵, 3 un. pres. myn. ac 2 un. grch. y f. *sathraf*: *sathru.*

sathrad, gw. **sathriad.**

sathraf: sathru [?H. Lyd. *saltrocion*, gl. *graciles*, Llyd. C. *sautraff*, Llyd. Diw. *saotrañ* 'baeddu', taf. Gwened *sautrein* 'sathru; baeddu', Gwydd. C. *saltraid* 'fe sathr': < Clt. **saltr-*, ?cf. Llad. *saliō* 'llamaf'] *bg.a.*

(*a*) Troedio'n drwm neu'n chwyrn (ar ben), mathru, damsang, sarnu, camu neu gerdded (ar), ?gorymdeithio: *to trample* (*on*), *tread* (*on*), *tread underfoot*, *stamp* (*on*), *step*, *walk*, *or set foot* (*on*), ?*march.*

12g. *GLlF* 426, Seri gyuarpar, sathar *sathru.* **13g.** *GBF* 380, Y sarph pan *sethrych* . . . / . . . / Gwân drwy ei safn a'i sefnig. **1346** *LlA* 24, halogi ykyssegyr awnant pann *ysathront.* **14g.** *BT* (*RB*) 70, Titheu a trigyy gyt a mi y dan yr amot hwnn yma na *sethrych* ti dy priawt wlat. *id.* 166, ymhoelassant y gadeir yny vyd gwegil yr archescob y'r llawr . . . gann y *sathru* a'e traet a'e ffustaw a'e dyrrnev. **14g.** *GIG* 70, A gwŷr mwy yn gware â meirch, / Sathr tew yn *sathru* tyweirch. **15–16g.** *GLM* 296, ni chânt Iarll yn wreichion tân / mwy a *sathr* y maes weithian. **1547** *WS*, *Sathry* Treade. **1551** W. SALESBURY: *KLl* xva, Ef aeth hehwr allan i heheu i had: ac wrth heheu, peth a syrthiadd ar emyl ffordd ac a *sathrwyt.* *id.* xxvb, [d]illat mal eino vn a vai yn *sathry* yngwascbren. **1588** *Lef* xx. 25, o herwydd anifail, neu . . . aderyn, neu o herwydd dim oll a *sathro* 'r ddaiar. **1588** 2 *Br* vii. 20, y bobl ai *sathrâsant* ef yn y porth fel y bu efe farw. **1588** *Nah* iii. 14, dôs i'r domm, *sathr* y clai, cryfhâ dy odyn briddfaen. **1632** *D*, *Sathru*, Calcare, conculcare. **1688** S. HUGHES: *TSP* 223, fe ddarfu i chwi Neithiwr drespassu arnafi trwy *sathru* fy nhîr i a gorwedd arno. **1795** J. THOMAS: *AIC* 345, Camomeil, a dyfant yn hawdd . . . a pha mwya y *Sathrir* arnynt, goreu ôll y tyfant. **1803** *P.* Ar lafar, *WVBD* 473, *LGW* [200]–1 (y Gogledd a'r Canolbarth).

(*b*) (enghrau. *ffig.* ac mewn cyd-destun *ffig.*: *fig. exx. and exx. in a fig. context*).

13g. *Brut B* 86, a *sathrv* crevlonder er rey enwyr. **14g.** *T* 17. 2–3, yr amser gŵrtheyrn genhyn *ysathrant.* **1346** *LlA* 147, Seithuet [pechod marwol] a*sathra* Ac adielwha ytwylledic. **14g.** *BT* (*RB*) 246, menegi idaw yn gwynvanus vot ynn well gantunt y lladd yn ryuel dros y rydit no godef y *sathru* gann y hestronyon trwy geithiwet. *c.* **1400** *R* 1332. 44–5, Gochel madeueint. digyaŵ rac hirheint. *sathru* haŵddir seint. **16g.** *GGH* 202, Cuddio mae, seithwae a'i *sathr*, / Côr y ddeusant cerdd ddisathr. **1567** *LlGG* (*Sall*) 63a, Trwy Ddew y gwnawn wroldep: ac efe a *sathr* ein gelynion. **1588** *Salm* vii. 5, *sathred* hefyd fy mywyd i'r llawr. **1632** *D* d.g. *Reprimo.* **1778** J. HUGHES: *BB* 128, Gorchymyn gair y bywyd, a *sathrwyd* yno 'n sarn. **1798** R. DAVIES: *CG* iii, gwir yw'r gwir er ei *sathru.* **1815** *TR* 77, Ymsathr odlau, sef pan fyddo rhan o sillaf yr orphwysfa yn *sathru* ar y brifodl. Ar lafar, '*sathru* ar ei gwmffon' 'to tread on his coat-tails, to offend', *WVBD* 473.

(*c*) Cydio â('r iâr), ymgydio (â'r iâr): *to tread* (*the hen*), *copulate* (*with the hen*).

1761 *ML* ii. 411, Gwrda'r Belis o Nutfield am feddwl am [dongcio] yn ei henaint. Siccr y *sathr* hen geiliog. Ar lafar, *B* xiv. 281 (Penllyn a Chered.).

Cfn.: **sathru ar gyrn:** *to tread on corns.* **1910. sathru dan (tan) draed:** *to trample underfoot*, *usu. fig.* **13g.** *BD* 104, baed Kernyv a ryd canhorthwy, a mynygleu yr estronyon a *sathyr dan* y *draet.* **1606** E. JAMES: *Hom* iii. 121, Pa beth a dybygwn ni am yr hwn a *sathrodd* [:- Ddansiolodd] yr ymmerodr Frederic yn falch ac yn ddirmygus *tan* ei *draed*? **1632** J. DAVIES: *LlR* 494, pettwn i yn fy narostwng fy hun fel yr ydys yn ceisio gennyf wneuthur, mi a gawn gan bawb fy *sathru dan draed.* **1675** R. JONES: *HCh* 109, Y cyfryw fwytta ac yfed ar gorph a gwaed Crist, sydd eglur *sathru* Mab Duw *tan draed*, a chyfri yn aflan waed y Cyfammod. **1712** T. WILLIAMS: *CDdG* 255, *sathru* ein pechodau *tan* ein *traed.*

sathredig [bôn y f. *sathraf*: *sathru*+*-edig*] *a.bfl.* ll. *-ion.* Wedi ei sathru, wedi ei ddamsang, hefyd yn *ffig.*; cyffredin, arferol, cyfarwydd, rhemp; llafar neu anffurfiol (am eirfa, ieithwedd, &c., mewn gthg. â'r iaith lenyddol), ar lafar gwlad, yn perthyn i fratiaith, wedi ei fynegi mewn bratiaith, bras, isel: *trodden*, *trampled*, *also fig.*; *common*, *customary*, *familiar*, *rife*; *colloquial*, *slang*, *vulgar*, *low.*

1346 *LlA* 80, ef adoeth attafi tyŵyssaŵc ytyŵyllŵc. A gŵedy na chauas ynof ol dim oe weithret ef. ymeith ydaeth yn orchyvygedic *sathredic.* *c.* **1400** *RC* xxxiii. 440, a bot pop peth bydawl yn daruodedic ac yn *sathredic* ac yn bennaf oll y petheu teckaf o edrych arnunt. *c.* **1400** *GP* 17, Tri pheth a wanhaa kerd: *sathredic* dechymic, a basder synnwyr, ac eisseu Kymraec. **16g.** (*LlEG*) *Mos* 158, 324a, megis ac i maer chwedyl ynn *sathredig* ymysg y Kym/ru. [**1547**] W. SALESBURY: *OSP* [viii], Ac a nyd yr vn fy/nyt yw diarebion mewn iaith a gemme . . . ymplith caregos *sathredic*? *id.* [x], Englynion y misoedd, y reyn oll sydd yn llawn diarebion, eithyr we[di] eu plethu mor vwyn ac mor gelfyddys a synnwyreu *sathredigion.* **16g.** *LlS* [3], nid hwnn . . . ydyw yr vn o'r ddeuryw Wermod sy . . . yn tyfu ynn *sathredic* mewn llawer o vannæ. *c.* **1585** G. ROBERT: *DC* [xiv], er mwyn cael gann y cyphredin ddeall . . . mi a ddodais fy medhwl i lawr . . . yn yr iaith gyphredinaf a *sathrediccaf* ymhlith y Cymry yrowron. **1588** *Eseia* xiv. 19, y lladdedigion y rhai a drywanwyd â chleddyf: y rhai hefyd a ddescynnent ym mysc cerric y ffôs, fel celen *sathredic.* **1604** R. HOLLAND: *BD* 2a, y briphordh *sathredig* i'ch dwyn chwi i'r gwybodaeth hyn, yw darlhen o honoch air duw. **1618** J. SALISBURY: *EH* 228, Yr henw hwn Bedydh . . . [y] lan Eglwys a welodh yn dha arfer o'r gair hwn, am fod yr enw, a'r gair Golchiad, yn rhy *sathredig*, gan fod yn ei arfer beunydh i arwydho petheu o'r gwaelaf. **1632** *D* d.g. *Communis*, *Triuialis*, *Vulgatus.* **1718** (**1721**) S. THOMAS: *HB* 206, Y Credo a elwir Credo Athanasius. a'r Rhannau *sathredig* o'r Testament Newydd a elwir Yr Epistl a'r Gospel ydynt arferedig hefyd yng wasanaeth y Mass. [**1783**] *W*, Gair *sathredig* . . . ydyw dg. *A saying*, *It is a common saying.* **1803** *P.* Ar lafar yn yr ystyr 'wedi ei esgeuluso', 'Fferm *sathretig* odd Bwlch y Mæn

. . . 'odd 'i wedi cæl 'i 'sgyluso ys blynydda', *GTN* 704; 'tir *sathretig*' 'rough, neglected land', *ib.*; hefyd yn yr ystyr 'o gymeriad drwg; syrthiedig', 'Dwy fenyw *sathretig* odd y fam a'r ferch 'ynny', *ib.*

sathredigaeth [*sathredig*+*-aeth*] *e?b.* ?Arferoldeb: *usualness.*

16g. (*LlEG*) *Mos* 158, 489b, [c]omett ne serren . . . ymrauaelon wrthnebion . . . ymysg y bobyl . . . dann I llywodraeth hi . . . oachos Ir serrenn hon ym ddangos I nni [*sic*] ar y kyvamser hwn ynnygorllewin nydoedd hi ynnarddangos i ni *sathredigaeth* o ddyuodia [*sic*] y kyuriw affaith.

sathredigrwydd [*sathredig*+*-rwydd*] *eg.* Y cyflwr o fod yn sathredig neu fratiog (am iaith, ymadrodd, &c.): *colloquialness, slanginess.*

1835.

sathrfa [*sathr*[2]+*-fa, ma*] *eb.* ll. *-feydd*, (geir.) *-faoedd.* Lle a sathrwyd dan draed, man lleidiog, lle neu beth wedi ei lychwino, hefyd yn *ffig.*; sathriad, troediad; trywydd, ôl (traed); lle i sathru grawnwin, gwinwryf: *place trampled underfoot, mire, fouled place or thing, also fig.*; *a trampling or treading*; *track, trail, trace*; *place for treading grapes, winepress.*

c. **1400** (*SG*) *HMSS* i. 220, ac yna arganuot o honaw or tu deheu oe fford llwybyr bychan. a *sathyrua* dynyon arnaw. **1547** *WS*, *Sathyrfa* A tredyng. **1551** W. SALESBURY: *KLl* xxvb, [d]illat mal eino vn a vai yn sathry yngwascbren [:– yn *sathyrva*] y grawnwin. **1588** *Eseia* xxviii. 18, pan ddel ffrywill lifeiriol, byddwch *sathrfa* iddi. **1588** *Esec* xxxiv. 19, Felly y pôrodd fy mhraidd *sathrfa* eich traed. **1604–7** *TW* (*Pen* 228) d.g. *Vestigium.* **1632** *D*, *Sathrfa*, Locus conculcatus. *id. sathrfa* 'r grawnwin d.g. *Calcatorium.* **1688** *TJ*, *Sathrfa*: a trodden place. **1759** T. THOMAS: *WWDd* [20], Trwy'r trossedd, y daeth y Corph i fod . . . yn *sathrfa* i fwystfilod y ddaear. **1803** *P*, *Sathrva*, s. f.—pl. t. *oz* . . . A trodden place.

sathriad, sathrad [bôn y f. *sathraf*: *sathru* +*-iad*[1], *-ad*] *eg.* ll. *-au.* Y weithred o sathru neu ddamsang, hefyd yn *ffig.*; briw a achosir gan sathru; ymgydiad (â'r iâr): *a treading, trampling, also fig.*; *injury caused by trampling*; *treading* (*of birds*), *copulation* (*with the hen*).

1604–7 *TW* (*Pen* 228), *Sathriat* d.g. *Calcatio*, *Conculcatio.* **1632** *D*, *sathrad* dan draed d.g. *Obtritus.* **1725** I. HARRI: *RD* 435, amser *sathriad* i lawr y Ddinas sanctaidd. **1771** *PDPh* 56, Y mae'r pwltis hwn yn gwellau pob archollion, *sathriadau*, ac yssigiadau. **1803** *P* d.g. *Sathriad.*

sathrig, *a.* Serth: *steep.*

Ar lafar, 'Ma 'na ochor *sathrig* i'r mynydd', 'Ma un ran o Fynydd y Garth yn cwmpo'n *sathrig*', *GTN* 704.

sathrwr, sathrydd [bôn y f. *sathraf*: *sathru* +*-wr, -ydd*[3]] *eg.* ll. *sathrwyr.* Un sy'n sathru neu'n damsang, hefyd yn *ffig.*; ymgydiwr (am geiliog): *treader, trampler, also fig.*; *treader* (*of a cock-bird*).

14g. *BT* 185, amdiffynnwr yrgweinnyeit. yn *sathrwr* ac aruthder ac ouyn y elynyon. **1588** *Eseia* xvi. 10, ni sathr *sathrudd* wîn yn y gwryfoedd. **1588** *Am* ix. 13, *sathrudd* y grawn-wîn. **1604–7** *TW* (*Pen* 228), *Sathrwr* grawnwin d.g. *Lenobates.* **1803** *P*, *Sathrwr*, s. m.—pl. *sathrwyr* . . . A treader, a trampler.

sauna, gw. **sona.**

saw [?cf. *saf*[1], a *gwacsaw*; ansicr yw'r ystyr yn y dfn. cyntaf isod, a chynigir y diff. ar sail y geir.] *eg.* Safiad, saf, safle: *a standing, stand, standing-place.*

13g. *GDB* 404, Oedd braw *saw* Saeson Clawdd y Cnwckin. **1632** *D*, *Saw*, videtur idem esse quod Sâf, Statio. **1688** *TJ*, *Saw*, sâf, safiad, sefydle: a station. **1722** *Llst* 189, *Saw.* m. A station, standing place. [**1783**] *W* d.g. *Stand, or station.*

sawd[1]**, sawt** [bnth. S. C. *saut*, ff. affetig ar *assaut* 'assault'] *eb.g.* ll. *sodiau, sawtys*, (geir.) *sodion.* Cyrch neu ymosodiad (milwrol), ymladd, rhyfel, brwydr, terfysg, hefyd yn *ffig.*; (?geir.) cyflwr (truenus): (*military*) *attack or assault, fighting, war, battle, tumult, also fig.*; (?*dict.*) (*sorry*) *plight.*

c. **1400** *R* 1302. 17–18, Teyrn hilkedyrn keudaỽt gỽyrennic. trum di uethedic sauedic *saỽt.* **15**g. *GTP* 18, Nid rhaid i wan, antur dydd / Ar *sawd*, ofn ŵyr Syr Dafydd. **15**g. *GOLlM* 37, Mastr Siôn ymhob mwstr a *sawd*, / mewn aur pur mae'n ŵr parawd. **15–16**g. *TA* 171, Pa *sawd* a ddeil pwys dy ddur? / Pa ŵr, adain Peredur? **16**g. (*LlEG*) *Mos* 158, 34a, Yr hrain drwy *sawtt* ddisymwth a nillodd y ymur [*sic*] o gynttedd y kasdell. *id.* 246b, sidgis a *sawttis* Ir dinas. *id.* 623a, gwedi I *sodiaur* mor I mygv ai boddi wynt o vewn y llestyr. **1547** *WS*, *Sawt* Assaulte. *Diw.* **16**g. *WLB* 32, Rhag dadwrdd, *sawd*, ymlyferydd. **1611** R. SMYTH: *SG* 253, llony[dd]wch . . . sy'n gostwng ag yn dofi tonau a *sawd* creulondeb. **1632** *D*, *Sawd*, Prœlium, bellum, conflictus. **1672** R. PRICHARD: *Gw* 122, Pwy na scornei 'r Byd ar [*sic*] Cnawd, / A'r cythrael câs, a'i saig, a'i *Sawd.* **1701** E. WYNNE: *RBS* 182, mae hitheu [ffydd] . . . yn angor diogel i'r enaid rhag pob *sawd* a chythryfwl calon. **1775** D. JONES: *HCY* 143, Yn orfoleddus wedi'r *Sawd* [:– Rhyfel]. **1803** *P*, *Sawd*, s. m.—pl. *sodion* . . . plight.

Cfn.: **dan (y) sawd (oer):** *under attack*; (?*dict.*) *in a* (*sorry*) *plight.* **16**g. *CLl* 164, Didol un heb dŷ ydwyf, / *Dan y sawd oer* dyn sied wyf (Morus Dwyfech). **1672** R. PRICHARD: *Gw* 355, fel pôst [:– Rhedegwr] *dan sawd.* **1803** *P*, Sawd . . . wyv *dan sawd oer*, I am under a sad plight.

sawd[2] [?cf. *sawdd*[1], ac os felly cf. *ansawdd, ansawd*] *eg.b.* ll. *-iau, sodion.* Sail, sylfaen, gwaelod, bas (hefyd mewn cem. a chrdd.); cronfa (ariannol), cyfalaf: *basis, foundation, base* (*also in chem.*); *bass* (*in mus.*); (*monetary*) *fund, capital.*

1822.

sawd[3]**,** 3 un. pres. myn. y f. *sawdiaf*: *sawdio.*

sawden[1]**, sawdan, swdan** [bnth. S. C. *sauden, soudan* 'sultan', neu'n uniongrychol o'r H. Ffr.; dichon mai *d* ≡ *dd* yn rhai o'r enghrau. o *swdan*] *eg.* ac yn eithriadol *eb.* Swltan, pennaeth, arweinydd, rheolwr, arglwydd: *sultan, chief, leader, ruler, lord.*

14g. *BT* (*RB*) 258, *Swdan* Babilon. *c.* **1400** *R* 1234. 8–9, traỽ yrymdaraỽ ar dorof *sỽdan.* *id.* 1236. 26–7, Rac kaffael trauael tri anwirion kaiffas sudas *sỽdan* pabilon. *id.* 1279. 23, Ae eurgroc lan. dwyllaỽ *swdan.* dall ossodev. *id.* 1296. 18–19, Divlas vu sudas *swdan.* dysgu dihenydyu dyn. **15**g. *BB* 142, val yd oed devawt yna yn lle y cledit *ssowdan.* **15**g. *GHC* 22, Gwthio nerth, iôn Gethin, wyd, / *Sawden* o'r Rhiwlas ydwyd. **15**g. *GDLl* 28, Tir *Sawden*, wŷr treisiedig, / A thir y Twrc, athrod dig. **15–16**g. *TA* 39, Siwel yr ieirll is law Rôn, / Sidan pobl, *Sawden* Pablon. **16**g. (*LlEG*) *Mos* 158, 58b, Ynnol y maes hwn Ir annillodd y *sawden* gaer selem. **16**g. *WLl* 169, *Sawden* Llan Idlos ydwyd / Ag o nerth Owain Gwyn wyd. *a.* **1587** *Y* 34, Edmwnd sad a maint *Sawden*, / Dylwn bawb dy alw yn ben. **16–17**g. *GST* i. 416, Syr Wiliam nerth Siarlmaen oedd, / *Sawden* yr Herberts ydoedd. **16–17**g. (**17**g.) *CC* 400, barwn gwynn brav iawn a gwych / bronn *Sawden* o brins ydych (Rhys Cain). **17**g. *CM* 25, 56, Pen ddel Emprwr sawdiwr na *sawden* breiniol / na brenin dan wybren. **17**g. *TBM* 678, *Sawden* lân o Stanlai oedd, / Siob erioed, syber ydoedd. **17–18**g. *Wy* 4, 107, mi a glowswn lawer o son / am y *Sowden* o babilon.

sawden[2] [?yr un gair â *sawden*[1]] *eg.* ?Math o saws neu saig: *kind of sauce or dish.*

c. **1566** *B* xv. 118, alarch . . . cadw yr av ar gwaed a briw mewn mwydion bara gwyn a thrwyr isgell hwnw ystrayna a gwsnaytha yn lle saws gydar alarch a hwnw a elwir *sawden* . . . ar llyssie hyn a vydd yn y *sawden* saffrwm / singer / siwgr / heb ddim mwy.

sawdiaf, sawt(i)af: sawdio, sawt(i)o [bf. o'r e. *sawd*[1], *sawt*] *bg.a.* Dwyn cyrch milwrol (ar), ymosod (ar): *to make a military assault* (*on*), *attack.*

15g. *LlCy* xiv. 89, brenhin y leopartyeit a ddwc eryr o eur yr hwnn ay anriueddawl luoedd aruawc wedy *sowdyaw* o werth gwlan y ynys a ennill y racddywedic [*sic*] dir drachefn. *Diw.* **15**g. *Pen* 67, 14, ywain yno a n vn awr / o varw yn vyw yr varn vawr / os duw a geis *sawdyo* gwyr / oed Jessv an dewisswyr (Hywel Dafi). **15–16**g. *GIF* 40, Pwy fyn ffelwed? Pwy ofyn ffolwer? / Pwy *sawd* beunydd? Pwy esyd baner? **16**g. (*LlEG*) *Mos* 158, 583a, dau gannon mawrion yn dryllior muur Ir hwn yn ol hir *sawttio* aennttriwyd. **1586** LLYWELYN SIÔN, &c.: *Gw* 478, planed drom arnom, oernych / yw sattwrn, / an *sawttodd* yn fynych. **1736–55** *IICRC* iii. 272, Pob pleser diniwed oedd wirion a wyred / A Gynnau i wyr gweinied a brynned in brô / lle clowsom ni'r Organ bryd oslan b'radwyslan / Mae'r Canan fel Satan yn *sowtio.*

sawdiwr, sawdwr [bnth. S. C. *soud*(*i*)*our*, neu'n uniongyrchol o'r H. Ffr.] *eg.* (b. *sawdwraig*) ll. *sawdwyr*(*s*), *sawdiwrs.* Milwr, rhyfelwr, ymladdwr, hefyd yn *ffig.*: *soldier, warrior, fighter, also fig.*

14g. *GDG*[3] 62, Anwr yn *sawdwr*, ys edyrn—yn rhaid [dychan i Rys Meigen]. **14**g. *GIG* 44, Gorau *sawdwr* gwrs ydoedd / Gyda Syr Grigor, iôr oedd. **15**g. *DN* 93, *Sawdwyr* am dy grwys ydym, / Siessus Nasierrinvs rrym. **15**g. *GLGC* 33, Gwag llan heb brelad, heb geidwadaeth, / gwag tŵr heb *sowdiwr* a bwa saeth. **1547** *WS*, *Sowdiwr* A soudyour. **1551** W. SALESBURY: *KLl* xib, a mae genyf vilwyr [:– *sawdwyr*] danaf. **1569** WILIAM CYNWAL: *Gw* (R. L. Jones) 84, Siwrneia'n hawdd, nawdd Duw nef, / *Sawdwraig*, a brysia adref [i erchi i'r llong fynd i gyrchu Rhisiart Clwch]. *Diw.* **16**g. *CRC* 261, Gwaith y *sawdiwr* yw Ryfela / Gwaith marsiandwr yw marchnata. **16–17**g. *CLlC* i. 26, *Sawdwr* wyf a serving man. **1632** *D*, *Sawdiwr*, Miles, bellator. **1672** R. PRICHARD: *Gw* 189, Ac yno hwy ddawan, fel *Sawdwyrs* yn fuan. **1688** S. HUGHES: *TSP* 55, y mae efe a'i *Sawdwyr*, yn saethu piccellau at y rhai sy'n dyfod i fynu at y Porth. **1716–18** *Llsgr R. Morris* 33, fo goda un or *sowdiwrs* ag ai seutha dan i fronn. *c.* **1762–79** W. WILLIAMS: *P* 452, Mae'r Emprwr . . . yn abl codi pum can mil . . . o *sawdwyr*, a'u maintainio hwy hefyd i ryfela. [**1783**] *W* d.g. *Soldier.* **1789** *BDG* 158, Ifor yw trysor traserch, / A rhysor, a *sawdwr* serch. **1803** *P* d.g. *Sawdwr.* Ar lafar, '*Sowjwr* . . . *sowjwrs*', *LlGC* 1173, 8 (Morg.); hefyd yn y ff. *siowdwr*, 'Fe ddath 'ma sawl gwaith mwn dillad *siowdwr*' (dwyrain Morg.).

Amr.: **sodiwr. 15–16**g. *TA* 456. Fe'i clywid gynt fel term yn y diwydiant gwlân, 'Pan fo edau o'r patrwm yn mynd ar goll, hongir pin yn dal edau o'r un lliw â'r edau goll i lenwi ei lle uwchben y garfan fawr. Hwn yw'r *sodiwr* (sowldiwr)', *B* xvi. 94. Cf. hefyd D. TEGFAN DAVIES: *O Ganol Shir Gâr* (1940) 81, Odi chi'n cofio pan ddath y gatrawd *sodwyr* drw Abergwili.

Gw. hefyd **sowldiwr.**

sawdl [Llyd. C. *seuzl*, Llyd. Diw. *seul*, H. Wydd. *sál*: < Clt. **stā-tl-*, o'r gwr. IE. **sta-* < **staə-* 'sefyll'] *eg.b.* ll. *sodlau* (*sawdlau*), (prin) *sodlydd.*

(*a*) Rhan ôl y troed dynol islaw'r migwrn, y rhan gyfatebol mewn anifeiliaid eraill ag asgwrn cefn, llun neu ddelw o'r cyfryw: *heel.*

13g. *LlI* 41, ac ne delc kechuyn e uaut hyt e *saudel* hep wneythur un o'r try peth henne. **13**g. *GBF* 456, A'r kethri osclaỽc a'r kythreul cornaỽc / A'r kyrn llymsodlaỽc ar y *sodleu.* **14**g. *YBH* 18a, ae wallt oed gyhyt ac y doei hyt y *sodleu.* **15–16**g. *GRB* 57, O fron y glust, farwn glân, / ed y *sawdl* y daw sidan. *c.* **1548** *CM* 1, 792, par oll/wng gwaed ar wythen y *sawdwl* dan yregwyd or Troed assw. **1603** E. KYFFIN: *Ps* [28], fyng-wrthneb-wyr llawenhânt / os llithrant drâw fy *sodlydd.* **1632** *D*, *Sawdl*, Talus . . . calx. **1679** C. EDWARDS: *GGG* 128, Ond mae corph Crist or coryn hyd y *sowdwl* o aur. **1716–18** *Llsgr R. Morris* 42, y geibs ar i *sodla* pan fo hi yn dwusodi. **1722** *Llst* 189, *Sawdl.* f.p. *Sodlau.* A heel. **1771** *PDPh* 56, Os yw eich Ceffyl yn gloff a thwll yn ei *sawdl.* **1775** D. ROWLAND: *TP* 38, [g]orwedd yn rhwym ei *sowdlau* yspaid 38 o flynyddau. **1795** *R. Crusoe* 59, ac yr oedd ôl troed eglur, bysedd, a *sawdl* . . . yn ddigon amlwg. **1803** *P*, *Sawdyl*, s. m. . . . A heel. Ar lafar, '*sowdwl*, s.m., pl. *sodla*', *WVBD* 499; '*sawdwl* (eb) *sodla*', *GTN* 704.

(*b*) (enghrau. *tros.* a *ffig.* ac mewn cyddestun *ffig.*: *transf. and fig. exx. and exx. in a fig. context*).

1656 (1745) *MLl* ii. 145, Edrŷch yn gyntaf yr Ysgrifen o'r Coryn hyd y *Sawdl*, o Ddechrau 'r Llyfr hyd ei Ddïwedd. **1714** R. PRYDDERCH: *GD* 53, Nid yw Barn yn glippa'n dylyn / *Sodleu*'r Drwg, nis elo yn hen-ddyn. **1725** I. HARRI: *RD* 188, Sattan a sigodd *sodl* yr Eglwys. Yn Arfon clywir '*sodla*' am y cledrau o dan gadair siglo, ac yn ardaloedd chwareli'r Gogledd defnyddir *sawdl* yn yr ystyr 'Gwaelod y . . . clogwyn', *B* xx. 375; yng nghanolbarth a godre Cered. clywir '*sowdwl* claw'' yn yr ystyr 'gwaelod perth', ac yng ngodre Cered. sonnir am '*sawdl* drws'. Cf. WATCYN WYN: *Atgofion* (1907) 29, *sodlau* y gelwid y rhan o'r olwynion [ar gar llusg] oedd yn llusgo ar y ddaear.

(*c*) Rhan allanol esgid, &c., o dan y sawdl, y rhan o hosan sy'n gorchuddio'r sawdl: *heel* (*of shoe or sock*).

1594–6 *B* iii. 284, a'i esgidiæ a wisge ef ai *sodlæ* ymlaen. **1759** *ML* ii. 142, Rhyw lanc drwg a stwmp yn *sawdl* ei esgid. **1774** *W*, *sowdl* esgid d.g. *The heel of a shoe.* *id.* â thyllau yn ei *sodlau*; â thwll yn ei *sawdl* d.g. *Out, Out at heels.* **1778** J. HUGHES: *BB* 286, Mae hyd y gwadan lydan leder, / Yn dippyn byrrach na thri chwarter / . . . / A *sawdl* hir galen wegilog. Ar lafar, *WVBD* 499, *GTN* 704.

Amr.: **sodl** [olff. o'r ff. l. *sodlau*]. **1588** *Gen* iii. 15, efe a yssiga dy benn di, a thithe a yssigi ei *sodl* ef. **1588** *Job* xviii. 9, Magl a ymeifl yn ei *sodl* ef. *c.* **1700** D. MAURICE: *CGG* 4. **1795** J. THOMAS: *AIC* 116.

Cfn.: **sawdl Achil(es):** *Achilles heel.* **1885. sawdl aradr:** *plough-tail.* *c.* **1730** *Thos. Lloyd D* (LlGC) 210a. *Bot.*

sawdl y fuwch: cowslip, *Primula veris.* **20**g. Ar lafar, G.
AWBERY: *BM* 35 (Cered.); hefyd yn yr ystyr 'marsh
marigold', *id.* 46 (Meir.). Mae *Sawdl y Fuwch* yn
enw ar alaw a dawns. Cf. *BC* 187, iw ganu ar Fesur a
elwir, Sawdl Buwch. **sawdl gaerog:** double-knitted heel
(*of sock*). Ar lafar, *B* xiv. 195 (Meir.). **sawdl y cebystr:**
heel of ploughshare. Ar lafar, 'sawdl y cebyst', *B* iii. 199
(Penllyn). *Bot.* **sawdl Crist:** greater plantain, Plantago
major; ribwort plantain, Plantago lanceolata; creeping
cinquefoil, Potentilla reptans. **16**g. *LlS* 15, Plantan,
Llyriad, *Sowdl Crist* a Llydan y phordd yn Camber-
aec. **1604–7** TW (*Pen* 228) d.g. *plantago.* **1632** *D*
(*Bot*), *Sowdl Christ.* vid. Llwyn hidydd. **1688** *TJ*
(*Bot*), *Sowdl christ,* llwynhidydd: common Cinque-
foil, three leav'd Grass, Ribwort or Ribwort-plantain.
1780 *W* d.g. *Plantain, or waybreed. Bot.* **sawdl (y)
crydd:** Good King Henry, Chenopodium bonus-henricus;
dog's mercury, Mercurialis perennis; annual mercury,
Mercurialis annua. **16**g. *LlS* 92, *Sowdyl y crydd* yw
Oxalis altera ai Bonus Henricus ac nid y gwir Vercuri.
1632 *D* (*Bot*), *Sowdl y crÿdd,* Mercurialis, linozostis,
hermupoa. Est potius Oxalis species, vel Bonus
Henricus. **1776** *W* d.g. *Mercury [in Botany].* **1803** *P*,
Sawdyl . . . *Sawdyl y crydd,* mercury, a plant so called.
Ar lafar, 'sowdwl crydd' 'mercury, all good, good
King Henry . . . Chenopodium Bonus-Henricus',
WVBD 499; '*sawdl y crydd* . . . dog's mercury, Mer-
curialis perennis', G. AWBERY: *BM* 38 (sir Gaern. a
Chered.). **sodlau uchel:** high heels; high-heeled. **20**g. Ar
lafar, 'Ma *sodla ychal* yn reit smart efo siwt' (Arfon);
''Alla' i ddim gwishgo 'sgitsie *sodle uchel* i'r gwaith
bob dydd' (sir Gaerf.); 'Ma *sodla ychal* yn ddrwg i'r
træd', *GTN* 704. **ar (ei, &c.) sawdl (sodl(au)):** ar on
the heels (of), closely following, close by. **1567** *LlGG*
(*Sall*) 27a, enwiredd im gogylchyny *ar vy sodleu.*
1738 *ML* (*Add*) 860, y naill anhunedd *ar sodl* y llall.
Cf. yr ymad. 'Dere'n ôl *ar dy sawdl*' a glywir 'wrth
annog person i ddychwelyd yn weddol fuan', *LlG*
lvii. 8 (sir Gaerf.). **ar ei, &c., hen sodlau:** aged, old.
c. **1730** Thos. Lloyd *D* (LlGC) 206b, *ar ei hên Sodlau*
AZ 23. Ar lafar, 'Mae o wedi mynd *ar 'i hen sodla*',
WVBD 499. **(o) dan sawdl:** under the heel (of). **20**g.
wrth (ei, &c.) sawdl (sodlau), wrth y sodlau = ar sawdl.
1588 I *Mac* ix. 16, hwy a galynasant Iudas aei wŷr
wrth eu sodlau. **1604–7** TW (*Pen* 228), canlyn yn
galet *wrth sodlæ* vn d.g. *Insto.* **1632** *D*, Canlyn *wrth y
sodlau* d.g. *Insto.* **1774** *W*, Wrth sodlau un d.g. *Heel,
At one's heels.*

sawdlaf: sawdlo, gw. **sodlaf: sodli.**

sawdlfrath, sawdlfrathaf: sawdlfrathu,
gw. **sawdl** + **brath, brathaf: brathu.**

sawdlwr, gw. **sodlwr.**

sawdraf: sawdro, sawdriaf: sawdrio,
gw. **sawduriaf: sawdurio.**

sawdrin, sodrin [bnth. S. *saudering, soder-
ing,* ff. ar *soldering* 'solder'] *eg.* Sodr: solder.
    Ar lafar, ''Fydd raid câl *sawdrin* i gwiro'r stên
'ma' (dwyrain Morg.); 'Ôs 'na *sodrin* yma ifi sodro
dolan y tecilt bach 'ma'n ôl?', *GTN* 749.

sawdur [bôn y f. *sawduriaf: sawdurio; cf.*
hefyd S. Diw. Cyn. *sowdyr* 'solder'] *eg.*
Sodr: solder.
    1547 WS, *Sowdur* Sowder. **1722** Llst 189, *Sawdur.*
m. Solder, soldering. [**1783**] *W*, vulgô *sawdur* d.g.
Soder or solder. **1803** *P*, *Sawdur . . . Juncture; soder.* Ar
lafar yn y ff. *sowdwr* (de-ddwyrain Morg.).

Gw. hefyd **sodr, soldyr.**

sawduriad, soduriad [bôn y f. *sawduriaf:
soduriaf: sawdurio, soduro* + *-iad[1]*] *eg.* Y
weithred o sodro: *a soldering.*
    1604–7 TW (*Pen* 228), Cyssylltiat, ne *soduriat,*
assiat a phlwm d.g. *Applumbatura.* [**1783**] *W, sawdur-
iad* d.g. *Soder or sodering.* **1803** *P, Sawduriad,* s. m. . . .
A joining; a sodering.

**sawduriaf, sawdr(i)af, soduriaf, &c.:
sawdurio, sawdr(i)o, sodurio, &c.**
[?bnth. S. C. *souder(en)* (?cf. hefyd Llad.
Diw. *soudurāre*) a S. Diw. Cyn. (*to*) *soder*
'to solder'] *bg.a.* Sodro, asio, sicrhau yn ei
le, gosod, hefyd yn *ffig.: to solder, join,* (*fix
in*) place, also fig.
    14g. CR 162, y mae yr eur mawrweirthiocaf yn
sawdureaw ac yn rwymaw y llauyneu. **14**g. *GDG[3]*
105, Ac ennill clod ac annerch, / Ac o'i llaw *sawduriaw*
serch. c. **1400** (*SG*) HMSS i. 176, a rwymaw a varch
wrth vodrwy aoed wedy y *sawduryaw* ym mur a capel.
id. 389, ac yny gylch yr oedynt gwedy eu *sawduryaw*
mein mawrweirthyawc. **15**g. GLGC 400, Sawduriodd,
nis gwniodd neb, / sidanwaith ar draws d'wyneb. **15**g.
CSTB 16, Sidan crwn, gwn ei ganod, / *Sawdurio'n*
ael, sad gwy'r nod. **15–16**g. GLM 165, Torres cledd
dewredd ein daearen: / yn ei said orig nis *sawduriwn.*
1604–7 TW (*Pen* 228), Sodurio, assio d.g. *Applumbo.*
id. sôldÿr y *sowdrio* neu asio d.g. *Colla.* **1632** *D*,

Sawdurio, Ferruminare. **1688** *TJ, Sawdurio,* asio yng-
hŷd: to joyn or fasten together, to solder. [**1783**] *W*,
vulgô *sawdurio* d.g. *To soder or solder* [*cement or join
by metal*]. **1803** *P* d.g. *Sawdriaw, Sawduriaw.* Ar lafar
yn y ff. *sawdro,* 'Mae a'n gallu *sawdro'n* nêt' (dwyrain
Morg.); hefyd yn y ff. *syw(n)dro,* ''Alli di *sywdro'r*
tun 'ma ifi?', 'Ma'r 'en dun 'ma'n colli. Ma isia 'i
sywndro fa', *GTN* 759.

Gw. hefyd **sodraf: sodro, soldraf:
soldro.**

sawdwr, sawdwraig, gw. **sawdiwr.**

sawdd[1] [bôn y f. *soddaf: soddi;* gw. hefyd
sawd[2]] *eg.b.* ll. *soddau* (*sawddau*), *soddion,*
?a hefyd gyda grym ansoddeiriol.
    (*a*) Soddiad, boddiad, suddiad, ymsudd-
iad, trochiad, plymiad; rhyferthwy; hefyd
yn *ffig.* dinistr; (?geir.) gwaelod, dyfnder:
*a sinking, drowning, submersion, immersion,
plunging; torrent; also fig. destruction;*
(?dict.) bottom, depth.
    c. **1400** *R* 1222. 25–6, lloybyr *saodd* lloegyr doryf
gaodd. llo6gyr doryf godeith. *id.* 1236. 38–40, Gyrrir y
benyt deturyt didryf: gared *saodd* garth gaodd. yrg6erth
g6dyf. *id.* 1353. 26–8, Kadyr ytyngaodd saodd sôydaoc
traeaneu. kôyneu gri gcireu yr groc euraoc. **16**g.
GGH 455, Doedyd celwydd sydd am *soddion;*—
Nedw Huw / Yn herad hy creulon. **1615** R. SMYTH:
GB 13–14, gorchmynodd . . . ari gladdu ar fin y mor,
fal i gallau [sic] *savvdd* y tonnau (la fureur des vagues)
lester i 'r creavvduriaid ddyfod atto ef. **1632** *D*,
Sawdd, Immersio. **1722** Llst 189, *Sawdd.* m. A sinking
under water, plunging. **1776** *W* d.g. *Mersion* [a sinking
or plunging over head]. **1794** M. J. RHYS: *SD* 10,
Rhyw faint o hen waddod pabyddiaeth a'i sorod, /
Oer ddefod *sawdd* ammod sydd yma. **1803** *P, Sawz,*
s. m.—pl. *sozion* . . . A bottom; a depth; a sink, a
sinking, or plunging in. Dichon mai *sawdd* yw'r ef.
gyntaf yn enw'r afon *Sawdde,* sir Gaerf., *EANC* 32.
    (*b*) Cronfa (ariannol); buddsoddiad:
(*monetary*) fund; investment.
    1851.
    (*c*) Mwyn. Twnnel sy'n bwrw i'r ddaear
ar ogwydd, fiordd a yrrir tua'r gwared
oddi ar briffordd, dip, slent, hefyd yn *ffig.:*
(*inclined*) drift, dip-head (in mining), also
fig.
    1894. Ar lafar, Geir Glo 8 (Morg. a sir Gaerf.);
hefyd yn yr ymad. 'sawdd yr (h)edin' 'ochr isaf yr
hedin', *ib.* (dwyrain Morg.). Yn ardal Tre-boeth,
Abertawe, 'cyfeirid at dafarnau anfoesol Abertawe
fel . . . y *sawdd'*, 'biws e lawr yn y *sawdd* nithwr',
ib.
    Cfn.: **ar sawdd:** *sinking, ?going to ruin.* **16–17**g. GST
i. 44, Dinbych, tai curwych, tirion, / Dinas ar *sawdd*
dwyn Syr Siôn [marwnad Syr Siôn Salsbri]. **1621** E.
PRYS: *Ps* 28b, O'r dyfnder daethym fel ar *sawdd,* /
a'r ffrwd a lifawdd uchod.
    Cf. **sawd[2].**

sawdd[2] [?ff. affeitig ar *ansawdd*] *e?g.* ll.
soddau. ?Ffurf, natur: *form, nature.*
    16g. WILIAM CYNWAL: *Gw* (G. P. Jones) 12,
Cadair sad, cacad ar sêl, / Cyff aur iachus, coffr uchel, /
A llofft gadarn, o'r farn fau, / Arni sydd o'r un soddau
[i ofyn bord]. **1791** Gw. MECHAIN: *Gw* i. 271,
Amserol hudol hediad, / Sydd i Dwyll, un *sawdd* â'i
dad.

sawdd[3], 3 un. pres. myn. y f. *soddaf: soddi.*

sawell, *eb.* ll. *-au, -i.* (Corn.) simnai, twll
mwg, hefyd yn *ffig.;* ?odyn: (*flue of*) chim-
ney, smoke-hole, also fig.; ?kiln.
    14g. *T* 22. 25–6, Amettaôrn am dottaôr yn *Saôell*
ym gyrraôr ymrygiaôr olaô. c. **1400** R 1038. 19–20,
Mat dodes y uordwyt dros obell yorwyd o wug
acobell. pyll pôyll tan trôy *sawel* [sic]. **16**g. WILIAM
LLŶN: *Gw* (R. Stephens) (At.), *Sawell,* lwfer. **1604–7**
TW (*Pen* 228) d.g. *Fumarium.* **1632** *D* d.g. *Cami-
nus.* **1688** *TJ, Sawell,* Cêg (simneu): the passage of a
Chimney. **1722** Llst 189, *Sawell.* f.p. [*sa*]*wellau.* The
shank of a chimney. **1723** J. JONES: *LlA* 136, Gwreich-
ion, y rhai a ehedant allan trwy Enau y *Sowell.* **1771**
W d.g. *Chimney, Tunnel of a chimney.* **1803** *P, Sawell,*
s. f.—pl. t. *-i* . . . a smoke hole, a chimney.
    Amr.: **salwell** [gwall geir.]. **1707** *AB* 220, *Salwelh,*
A chimney. V. **1753** TR. **1771** *W* d.g. *Chimney.*

sawer, gw. **sawr.**

sawl [Crn. C. (*py*) *su*(*e*)*l,* Crn. Diw.
(*pe*)*zealla,* (*pa*)*seil,* H. Lyd. *sol,* Llyd. C. a
Diw. *seul;* cf. Llad. *tālis,* a gw. *SC* x/xi. 61;
am arferion treiglo ar ôl *sawl,* gw. *Treigladau*
91–3] *rh. amhd.* a hefyd fel *adf.*
    1. (fel rhagflaenydd cym. pth.) (Y) neb,

(yr) un, (yr) hwn (hon, rhai, &c.), pwy
bynnag; ?(yr) hyn: (*the*) one (*who(m)*), he
(*him, she, her, they, them, those, &c.*)
(*who(m*)), who(m)soever; ?that (which),
what.
    (*a*) (ar ôl y fan.: *after the def. art.*).
    12g. GMB 101, Pryd y bo kyfnod yn kyuodi, / Y
ssaôl yssy 'met, armaa ui. **12**g. GLIF 37, O'r *saôl* y
doethant, seith a seithcant / Syrthassant, caôssant
anant anaf. **12–13**g. GLlLl 38, Bych gôr het yn haôturyd
a'r *saôl* / A geif tud an Tad ysbrydaôl. **13**g. *A* 28. 1–2,
or sawl yt gryssyassant uch med menestri. **13**g. BD
49, amryv genedloed adar y *savl* ny ellit yr rif. **14**g. *T*
3. 22–4, Ar *saôl* agigleu vym bard gyfreu. ryprynôynt
wlat nef adef goreu. **1346** LlA 141, Arodi nef . . . yr
saôl ae haedo. **14**g. *B* xiv. 258, Pilatus yna a dyvat
vrth Iessu. pony chlywy di y *saul* a dyvedant hwy. ac
a tystant yth erbyn di (*Non audis quod isti adversum
te testantur*). **14**g. YBH 33a–b, y *saôl* ny byryaôd neit
yn y mor oc eu bodi. c. **1400** YSG i. 7, kanys ody yma
y kychwynnant y *saôl* a vynnont vot yn geissycit ar
Seint Greal. **1551** W. SALESBURY: *KLl* xlviiib, o pop
genetleth or *sawl* ynt y dan y nef. **1588** Pr x. 8, Y
sawl a gloddio bwll a syrth ynddo. **1653** *MLl* i. 192,
A'r *Sawl* na ddringo vwch ei law ei hun. **1746** T.
RICHARDS: *CER* 4, y *sawl* a dalant ddrwg am dda.
1776 I. BRYDYDD HIR: *P* ii. 33, y *sawl* sydd yn ei
wasanaethu a'r *sawl* sydd yn naccau ei wasanaethu.
Ar lafar mewn cywair ffurfiol, e.e. mewn diar., 'Y
sawl a fu a ŵyr a fan', *WVBD* 473.
    (*b*) (heb y fan., ac yn eithriadol yn go-
leddfu rh. arall: *without the def. art., and
exceptionally qualifying another pron.*).
    c. **1400** R 1252. 8–9, A lloer nossaôl. arôy osaôl y
rei yssyd. **15**g. GLGC 258, Cysgu'r oedd Gymru,
medd *sawl* a'i gŵŷl, / yn hir heb flaenor fai ragorol.
16g. WLl 187, Ocd hena y saint ne *Sawl*—a geffych /
i goffa r ffordd nefawl. **1567** TN 357b, Tengnhefedd
ywch oll achlan *sawl* ydych yn Christ Iesu. **1588**
(**1595**) Egl Ph 98, *Sawl* ni rydh (**1588** Salm xv. 5, Yr
hwn ni roddes) ariant / Byth ar ei mwyniant. **17**g. Bl
B XVII i. 79, *Sawl* meddaf i a ddêl iddi / Nid rhaid
iddo bryder cwympo (Risiart Dafydd). **1672** R.
PRICHARD: *Gw* 339, Gyrr dy Angel i wascaru, /
Sawl a'u chwennych fy ngorthrymmu. **1730** (**1755**)
E. WYNNE: *PAC* 27, Pechodeu pwy a faddeuir? . . .
Sawl a edifarhao a gredo yng Nghrist.
    2. Cynifer, cymaint; nifer (mawr), llawer,
holl: *so or as many or much;* (*large*) number,
many, all.
    (*a*) (a'i ddilyn gan e. un.: *followed by a
sing. noun*).
    Dchr. **12**g. GMB 6, Or *saul* pennaeth a geis inaeth
arvaeth camrvy. **13**g. C 35. 2–36. 8, Athuendicco de
. . . y *saul* da digoned. **13**g. BD 22, y tely di ymi y *savl*
vrath a gveli. **14**g. WML 42, Taua6t ehu/nan. kymeint
yô y werth ar *saôl* aela6t a rifôyt hyt hyn. **1346** LlA
54, Paham ydiodeuant ôy y *saôl* drueni hynny. **14**g.
WM 472. 28–9, y *saôl* sarn 6renn aith6ympath auei
ar y mynyd. **14**g. GDG[3] 147, Y *sawl* waith ar lewdaith
/ Ydd eddwyf hyd le'dd oeddud. c. **1400** YCM[2]
80, Llyna y gwelit y *sawl* ystondard yn dyrchauel, a'r
sawl baladyr unyawn. c. **1400** *Études* vii. 300, a dot y
sawl pwys o vel gyt ac ef a'r *sawl* galwyn o dwfyr.
c. **1400** YSG i. 17, a pha achaws yssyd dyuot y *sawl*
ryuedawt ac yssyd yn y wlat honn. **1488–9** BSM 17–
18, Ac ar hynny y dysc gynvlleidva honno a gredasant
i Grist. **16**g. GGH 413, Seleren[?] a *sawl* werin, / Sir
Gaer, lle ni sura gwin.
    (*b*) (ynghyd ag e.ll., neu'n eithriadol o
flaen y rh. ll. 'hyn': *in conj. with a pl. n., or
exceptionally before the pl. pron. 'hyn'*).
    13g. BD 6, canys blvg vu gan wyr Groec, y genedyl
a vuassey a *sawl* vlvydyned hynny yg keythywet
adanadunt. *id.* 16, y *savl* uilioed yd yvch yn fo rac un
gvr. *id.* 22, yr hon a ladavd y *savl* geuri ar traetheu
enys Prydein. *id.* 151, a ryuedu y *savl* auonoed . . . a'r
sawl enyssed, a'r saovl kerryc, a'r *sawl* ffrydeu eryrot.
1346 LlA 117, Nys g6clas llygat eiroet ysaôl dynyon
yn vn lle. **14**g. GEO 108, Drwy eiriawl *sawl* saint,
ohonun gymaint / Yn eu bro a'u hadaut, am ein
camwedd. **14**g. WM 155. 16–18, Athi awely y *saôl*
vorynyon hygar yssyd yny llys hon. **14–15**g. IGE[2]
255, Madws im, amodau *sawl*, / Beidiaw [â] maswedd
bydawl (Siôn Cent). **1547** WS [viii], y *sawl* gymry a
chwenychoch ddyscy gartref wrth tan Saesnec. c. **1570**
LlSt 195, 146, ych dow chwi . . . yr hwnn y sydd yn
kymell y *sawl* hynn Ithywyllys [sic] di. c. **1585** G.
ROBERT: *DC* [xxxii], hawdd i gynvreigydd gwann
ganfod y *sawl* feieu hynn. **16–17**g. GHCEM 8, Ar
ffrith dail, eurffrwyth dolydd, / A'r *sawl* ir lysiau sydd.
1655 WL: *DP* 260–61, a chanlyn y *sawl* bethau oll
ac a fyddo yn gytuno a'r unrhyw. **1800** W. OWEN
[-PUGHE]: *CP* 60, [g]adel y *sawl* planigion â fyddont
yn rhagori.
    (*c*) (ynghyd â'r ardd. *o'* ac. e.ll. neu un
o ff. prs. yr ardd.: *in conj. with the prep.*

'o[1]' *and a pl. n. or one of the pers. forms of the prep.*).

13g. *Brut B* 35, en gorescyn ac en dystryw e *savl* o kestyll a cheyryd. **14g.** *WM* 161. 34–5, gwelet y *sawl* awelei o velineu. **14g.** *GIG* 70, Ni ddoeth i gyd o ddoethion / Y *sawl* yn yr ynys hon. **14–15g.** *IGE*[2] 274, A'r *sawl* yn poeni, oer sôn, / O eneidiau anudon (Siôn Cent). *c.* **1400** *MM* 100, kymer y *sawl* a uynnych o benneu garllec. *c.* **1400** *YCM*[2] 46, Ac y ffusteis inheu y *sawl* ohonunt hwy a'm cledyf. *id.* 97, Ny allei neb hagen rif ar y *sawl* oed onadunt . . . yd oedynt cant yn erbyn vn. **1551** W. SALESBURY: *KLl* xiia, Y *sawl* o awdurdode y sydd, ynt wedy ordeino o ddeo. **1552** (*Diw.* **16g.**) *B* ii. 116, megis Sayr yn dechrey koyta koyt defnydd, sef markio ryw *sawl* o dderi ar ei traet, bwrw ereill ir llawr . . . brykyno ac escaplio ereill.

3. (heb y fan., o flaen e. un.: *without the def. art., before a sing. n.*). Amryw, nifer (o): *several, a number* (*of*).

1922. Ar lafar, 'Ma *sawl* afal ar ôl', *GTN* 705; "Welish i *sawl* jympyr 'ôn i'n ffansïo'. Clywir '*sawl* i' yn sir Benf., 'A hen Fforden fach yn gweud *sawl* i stori', *Wês wês* 53.

Fel *adf.* Pa sawl: *how many.*

c. **1745** *LlGC* 78, 81, O tured Jesu blino rwi / *Sawl* awr raid imi Ddiscwyl mwy. Ar lafar yn gyff., '*Sawl* gwaith?', *WVBD* 473; '*Sawl* diwrnod 'elws a i nuthur y gwaith?', *GTN* 705.

Cfn.: **y sawl bynnag:** *whosoever.* **[1547]** W. SALESBURY: *OSP* [iv]. *c.* **1585** G. ROBERT: *DC* [xv]. **1632** *D* d.g. *Quotquot.* **sawl gwaith, sawlgwaith:** *a number of times, on a number of occasions, several times; how many times, how often.* Ar lafar, "Wi wedi trio *sawl gwaith* i ddoti'r 'en gloc 'ma i witho' (Morg.); '*Sawl gwaith* sy isio deud 'that ti am beidio gneud hynna?' (Arfon); "Wyt ti 'di bod yn Llunden erioed?' 'Do, *sawlgwaith*' (Cered.); "Wi 'di bod siopa *sawlgwaith* wthnos 'ma'n barod' (sir Gaerf.); 'Wdw i wedi gweyd wrthoch chi *sawlgwaith*', *GDD* 255. Gthg. *GDG*[3] 204, Y sawl gwaith rhag trymlaith trwch / Y ffoais gynt, coffëwch. **y sawl oll:** *every one.* **1567** *LlGG* (*Sall*) 65b. **1675** R. DAVIES: *PY* 76, 191. **1740** T. EVANS: *DPO* 137.

Gw. hefyd **pa[1]—pa sawl, pob[1]—pob sawl.**

sawldiwr, sawlgwaith, sawltpityr, gw. **sowldiwr, sawl—sawl gwaith, solpitar.**

sawndr [bnth. S. C. *saundre* 'sandalwood'] *eg.* ll. *-s.* Sandalwydd (mâl): (*powdered*) *sandalwood.*

c. **1400** *Études* viii. 304, Rac y kic drwc: kymer *sawndyr*, ac alym . . . a gwna yn vlawt man. *c.* **1566** *B* xv. 120, a gwin a ffypyr a *sawndyr* a fynegr a mel. *ib.* a lliwia a saffrwn a ffeth *sawndr. Diw.* **16g.** *WLB* 3, ai demprio drwy bowdwr *sawndyr* ne liw melyn arall. *id.* 34, Kymer *sawndyr* Almant a chopprys ac Amatrwm.

Cfn.: **sawndr coch:** *red sandalwood.* **18g.** *Llr* C 24, 43, *sawndwrs coch.*

sawr, sawyr, safwr[2], safwyr[2], &c. [bnth. S. C. *sawour, sawore, savour* 'taste, flavour, smell', neu efallai'n uniongyrchol o'r H. Ffr.; cf. Crn. C. *sawor, sawer,* Llyd. C. *saour*] *eg.b.* ll. *-au,* (diw.) *sawyron,* (geir.) *sawyroedd.*

(*a*) Aroglau, gwynt, arwynt, persawr; drycsawr, drewdod; blas; synnwyr arogleuo: *smell, odour, scent, aroma, perfume; bad smell, stink; taste; sense of smell.*

1346 *LlA* 100, hyt yny glywych yn dygylch adwyner arogleu ystor yn kyfulewni holl synnwyr dyffroenev . . . odigrifuwch y*safwyr* hwnnw. **14g.** *GIG* 131, A thrwblwm aur trwm tramawr / Yn bwrw sens i beri *sawr.* *c.* **1400** *R* 1360. 27, cas drah[a]usffrom *safwr* tom tin. **15g.** *HS* 24, *sawr* a roes ar yr Iesu / *sawr* sinam neu falsam fu. **15–16g.** *GLM* 8, môr Llŷr a'i *sawyr*, sywaeth, dros diroedd / a wnâi'r gwenithoedd yn egin waethwaeth. **1545** *CM* 1, 83, Or gallon I mae pob dynn y[n] Kaffel I *sawyr* ai vlas, Ac or yssgyuaint I mae pob dynn ynn k/affel I ymadrodd ai barabyl. **1547** *WS, Sawr* Sauoure. **1552** *Rhyddiaith Gymraeg* i. 53, yr over *sawyrev* y rrain a ynnynnant y knawd. **1588** *Dan* iii. 27, nid aethe *sawyr* tân arnynt. **1615** R. SMYTH: *GB* 156, vvrth glovved *savver* y cig rhost. **1632** *D, Sawr* . . . Sapor . . . Odor, odoramen. **1687** (**1715**) J. OWEN: *TB* 68, wedi clywed swn ofnadwy, ac yn arogli *sawyr* ddrewllyd. **1703** E. WYNNE: *BC* 73, [g]yrru 'r carcharorion hyn . . . rhag iw *Sawyr* drewedig ddychrynu 'r holl Ddinas ddihenydd. **1771** J. THOMAS: *TA* 173, *safwr* sur. **1779** *DS* 16, Tebyg wyf i lester bregus / Pwy a flysiau [*sic*] ei *sawr* anflasus. [**1783**] *W, safwyr* d.g. *Savour.* **1803** *P, Sawyr,* s. m.—pl. *oz* . . . Savor, taste. Ar lafar, '*sawyr* ddrwg, *sawyr* drom', *WVBD* 473; '*safwyr*', *Cymru* xlvii. [195] (sir Ddinb.); 'fe alle fod na *sawr* cryf iawn', *Wês wês* 31; '*sawyr* (eg) . . . sawr; scent', 'Dyma *sawyr* 'yfryd sy 'ma', *GTN* 704; '*sawr* (eg) . . . gwynt: scent; smell', "Wi'n clwad ryw *sawr* 'yfryd man 'yn', *id.* 705; hefyd yn yr ystyr 'persawr, sent', 'potel o *sawr*', *ib.*

(*b*) Trywydd arogl anifail, ôl: *scent trail, spoor, track.*

1725 D. LEWIS: *GB* 299, Gwynt a *sawr* ôl Anifeiliaid. **1740** T. EVANS: *DPO* 124, Megis y gwelwch chwi bedwar neu bump o Gorgwn yn dilyn y *Sawr* at Furgyn. **18g.** E. T. RHYS: *DA* 154, O allt i allt yn wyllt eu gwawr, / Diamheu seinient, 'Dyma ei *sawr*!' [am gadno].

(*c*) (enghrau. *ffig.* ac mewn cyd-destun *ffig.*: *fig. exx. and exx. in a fig. context*).

1567 *TN* 265b, ydd ym ni y Dduw yn ber arwynt [:– arogl, *sawyr*] Christ . . . Ir ei hyn ydd ym yn arogl [:– arwynt, *sawr*] bywyt. *a.* **1587** *Y* 116, Reol yw yr ail awen / O *sawr* a ffûg y sarph hên. **1588** *Ecs* v. 21, y rhai a barasoch i'n *sawyr* ddrewi ger bron Pharao. *c.* **1688** *YHD* 5, Gwr annuwiol sydd debyg i Afr . . . gado y mae ef *sawyr* drewllyd â'r [*sic*] ei ôl. **1716–18** *Llsgr R. Morris* 41, Nid oes gini un mwrthwl nai *sawur* ysoweth. **1776** I. BRYDYDD HIR: *P* i. 260, i mae Crist a'i efengyl yn dyfod . . . yn *sawyr*, marwolaeth i farwolaeth, ag nid y peth ir amcanwyd hi gyntaf, sef, *sawyr* bywyd. **1778** J. THOMAS: *HB* 156, Yr oedd ynddo gymmaint o *sawyr* Scotland, fel yr oedd y Presbyteriaid ag yntef yn mawr hoffi eu gilydd. Cf. J. MORRIS-JONES: *CD* 118, y mae mydr neu odl, fel yr un a'r unig *sawyr* i'r synhwyrau, yn hollol anhepgor i farddoniaeth.

Amr.: **safr** [cf. S. C. *saver, savir*]. **15g.** *DE* 50–1, *safr* gardd o safri gwrddion / *safr* hwn sy fwy or hanner / val pwnn o yfalav per. **1632** *D* d.g. *Sawr.* **1753** D. JONES: *SD* 121.

Cfn.: *Bot.* **sawr y fynwent:** *pink, Dianthus plumarius.* Ar lafar, *GTN* 705. *Bot.* **sawr neinon:** *garden mignonette, Reseda odorata.* Ar lafar, *GTN* 705.

sawraf, sawriaf, sawyr(i)af: sawru, sawr(i)o, sawyr(i)o [bf. o'r e. *sawr, sawyr*; cf. Llyd. C. *saouriff*] *bg.a.*

(*a*) Clywed (aroglau), arogleuo, gwyntio, synhwyro, ffroeni; rhoddi neu wasgar aroglau, arogleuo('n bêr, &c.), persawru; arogleuo('n ddrwg, &c.), drewi; blasu, profi: *to smell, scent, sniff; emit smell, smell* (*sweet, &c.*), *perfume; smell* (*bad, &c.*), *stink; taste, savour.*

1552 *Rhyddiaith Gymraeg* i. 53, Gwell oedd genyf vod heb ddim sawyr no *sawrio* yn dda bob amser. **1580** *GGN* 55, gadel ych dwr y sefyll yny Cwpan . . . ag yn *sawrio* fel na all neb ddwad yr siambar. **1588** *Gen* xxvii. 27, Yna y daeth efe yn nês, ac yntef ai cusanodd ef, ac a *sawyrodd* (**1620** *ib.* aroglodd) aroglau ei wiscoedd ef. ?**16–17g.** (**17–18g.**) *LlGC* 6499, 156, Mae llygod, y margod mûr / A ddaw eilwaith yn ddialwyr / Dann *ssawrv*, dôn ssarrig / Ai ssîr yw kael, [*sic*] ssawyr kîg. **1604–7** *TW* (*Pen* 228), yn *sawyro* mal bwch d.g. *Rancide.* **1615** R. SMYTH: *GB* 172, hvvn cyn glymmed ag y *savvriodd* y cyfryvv boesi, a fu farvv. **1632** *D, Sawrio,* Saporare, odorare. **1688** *TJ, Sawrio:* to savour or tast, also to smell. **1725** D. LEWIS: *GB* 157, Synwyr arall yw'r Arogliad; trwy ba un y mae Bywiolion yn *sawri* Arogl pêr a drewllyd. **1788** R. JONES: *DA* 68, tra bu'r Arth yn dyfod atto, ac yn ei *sawrio.* **1803** *P* d.g. *Sawyriaw.* Ar lafar, '*sawro, sawru*', *LGW* 449 (sir Benf.); '*sawru*' 'to scent; to give forth fragrance', "Odd y blota'n *sawru*'r tŷ', *GTN* 705; hefyd yn yr ystyr 'cael gwynt iach', 'Ma isia doti'r dillad mæs, iddyn' nw gæl *sawru* yn y gwynt', *ib.*

(*b*) (enghrau. *ffig.* ac mewn cyd-destun *ffig.*: *fig. exx. and exx. in a fig. context*).

1615 R. SMYTH: *GB* 189, [yr] anvviredd yma, sydd mor gyphredin . . . megis fod yn anodd cael un stad yn y byd, heb *savvrio* o hon. **1684** H. OWEN: *DC* 327, Gostyngedic edifeirwch . . . yn *sawrio*'n llawer pereiddach . . . nac arogldarth Thûs. **1733** T. EVANS: *PP* 8, haeru bod Gwasanaeth yr Apostolion yn *Sawru* o ordinhadau dynol. **1740** T. EVANS: *DPO* 183, rhai pethau sy'n *Sawru*'n gryf o Goel-grefydd. **1748** P. PUGH: *DGG* vi, rhag bod ei Waith . . . yn *sawru* o Falchder. **1756** *ML* i. 416, [y] mae'r holl awdl . . . yn *sawrio* yn dra chryf o Babyddiaeth. *c.* **1762–79** W. WILLIAMS: *P* 496, yn *sawrio* gormod o'r cnawd a blys anlladrwydd. **1764** W. WILLIAMS: *Th* 15, Mae brwmstan cas yn *sawrio,* mae ei fŵg e'n d'od i'm ffroen. Cf. D. OWEN: *SP* 109, yn *sawru* yn gryf o ofergoeledd yr oes o'r blaen.

Amr.: **safwyro** [cf. *safwyr*[2]]. **1803** *P* d.g. *Sawyraw.* Ar lafar, 'Mae'r ci 'n *safwyro*', *Cymru* xlvii. [195] (sir Ddinb.). **swyro.** *c.* **1585** G. ROBERT: *DC* 106, Pam ir ydym yn lhawenychu wrth *swyro* ag arogli aroglau a gwynt teg ar flodeu a phetheu erilh? **1790** TWM O'R NANT: *GG* 86, Na cheisio byw, yn ol gair Duw, / Ond *swyro* rhyw bleserau.

Cfn.: **sawru (sawrio) allan:** *to sniff out, also fig.* **1815.**

sawrber, gw. **safwyrber.**

sawrhedion [*sawr*+ *hedion*] *e.ll.* Gronynnau sy'n cario sawr; tawchion drewllyd neu afiach: *odoriferous particles; effluvia.*

1805.

sawriaf: sawrio, gw. **sawraf: sawru.**

sawrlysiau [*sawr*+ *llysiau*] *e.ll.* Perlysiau; sbeisiau: (*aromatic*) *herbs; spices.*

20g.

sawrllyd [*sawr*+ *-llyd*] *a.* Yn drewi, drycsawrus, drewllyd, drewedig: *stinking, malodorous, fetid, noisome.*

1604–7 *TW* (*Pen* 228) d.g. *Fœtidus.* **1677** C. EDWARDS: *FfDd* 2, Ynghylch y llyn *Sawrllyd* hwn [y Môr Marw]. *c.* **1730** *Thos. Lloyd D* (LlGC) 207a, *Sawrllyd.* Stinking. **1764** W. WILLIAMS: *Th* 131, Diflanodd y cymylau, fe ddaeth y gwyntoedd glân, / Fe yrrodd niwlydd *sawrllyd* yn ddigon pell o'i flaen.

sawrus, sa(f)wyrus, safwrus [*sawr, sawyr, safwyr*[2], *safwr*[2]+ *-us*; cf. Llyd. C. *saourus*] *a.* ll. *safw(y)rusion.* Peraroglus, persawrus, aroglber; dymunol ei flas, blasus; hallt neu sbeislyd (am fwyd, gthg. *melys*), safri, siarp, egr; hefyd yn *ffig.*: *sweet-smelling, fragrant, aromatic; savoury, tasty; savoury* (*of food, opp. 'sweet'*), *spicy, pungent; also fig.*

c. **1400** *LlCy* xiv. 217, y hymadrawd oed *safwyrus.* a melys ymdidan agyfrannei. *Dchr.* **15g.** *GM* 34, Megys *sauwrussyon* (*Pen* 191, 52, *sauwyrussion*) ireidieu sinam a bam y rodeis i arogleu, a megys myrr etholedic y rodeis hygarber sauwr. **15g.** *PC* 35, Sewer y serch *sowrus* oedd, / sawr powdr mewn sirop ydoedd (Dafydd ab Edmwnd). *Diw.* **15g.** *RWM* i. 356, arogle melys *sawyrvs. Diw.* **16g.** *WLB* 5, cynnal bob un or ddau lestyr yn lan *sawyrus. id.* 50, dod a fynnych o lysse siarp *sawyrys.* **1594–6** *B* iii. 176, ei ddigoni ef o vwydydd *sawrus.* **1632** *D, Sawrus* . . . sapidus. *id.* d.g. *Odorarius, Odoratus, Odorus.* **1651** SIÔN TREREDYN: *MDD* 276, dillad *sawyrus,* neu ryw flodau peraidd. **1688** *TJ, Sawrus,* blasus: well seasoned, savoury. [**1725**] *TS* 83, Mwg yr Arogl-darth hwn oedd beraidd a *Sawyrus* (*GDTS* 67, *safwyrus*). **1770** *W, safwyrus* d.g. *Aromatic, Savoury, or savory* [*of a good taste, relishing, &c.*]. **1803** *P* d.g. *Savwyrus, Sawyrus.*

saws, sos[1] [bnth S. C. *sauce,* neu'n uniongyrchol o'r H. Ffr.] *eg.b.* ll. *saws(i)au, sosys.* Un o amryw sylweddau hylif neu led solet a baratoir i'w bwyta gyda bwydydd eraill i ychwanegu at eu blas, blaslyn, sew, grefi, isgell, hefyd yn *ffig.*; hyfdra, haerllugrwydd, coegni: *sauce, gravy, also fig; impudence, insolence, sauciness.*

14g. *DGG*[2] 120, Llygedyn gwydryn gwiwdraws, / Llestair serch, llun llestr y *saws* (Madog Benfras). *c.* **1400** *R* 1358. 16–17, agwann ruel anelwic agwyrth *saws* achaws achic. ?**15g.** *B* xv. 117, *Saws* glas ym mhob plas paliswydr (?Ieuan ap Rhydderch). **15g.** *DE* 106, adar *sawsau* wedi r sisel / yw garesau ai gwyr wasel. **16g.** (*LlEG*) *Mos* 158, 405b, gwedi ir kyuriw *saws* a hwn Enttri ovewn [*sic*] kylla y brenin y vo syrthiodd yn newynog drwy hir ddigasedd. *Diw.* **16g.** *WLB* 55, a bwyta *saws* o sugun afale surion. **1595** H. LEWYS: *PA* 139, er bod rhyw bethau yn damweinio ar ol ein ewyllys ni, etto nid yw hynny heb ryw *saws* chwerw yn calyn. **17g.** *LlGC* 253, 284, ni a wnawn *saws* felysfaip. **1632** *D, Saws,* Condimentum, intinctus. **1672** R. PRICHARD: *Gw* 207, Gynt ni cheisie Alexander, / *Saws* un amser gydâ'i swpper, / Ond y *saws* oedd yn ei gylla, / Chwant ir bwyd yn ol rhyfela. **17g.** HUW MORUS: *EC* ii. 145, Er däed yw 'r saig, nid ydyw'r *saws* ond chwerwedd. **1688** *TJ, Saws sôs*:) sauce. **1701** E. WYNNE: *RBS* 60, a'u *saws* gyntaf hwy oedd chwerw lysiau. [**1745**] W. ROBERTS: *FfM* 17, Mi rois i *Sos* go dda i'r Saeson, / Mae yno bob Bedlem yn abl bodlon. **18g.** *W Ballads* 71B, 7, Os eris un Dan bart or nos / Ar i fin Ceiff felus *Sose* [*sic*]. **1796** T. JONES: *CCA* 106, [g]wybod beth yw blas naturiol pechod, cyn i'r Diafol ei gymmysgu â'i *saws* melys. Ar lafar, '*sos*,', *WVBD* 499; 'Ma'r cig 'ma'n sych braidd—ma isio rw *saws* efo fo'. *Diar.* Gorau *saws* newyn.

Cfn.: **saws (sos) coch:** *tomato sauce.* **20g.** Ar lafar, "Smo i'n lico gormod o *sos coch* gyda tsips' (sir Gaerf.).

sawsban, sawser, sawseraid, gw. **sosban, soser, soseraid.**

sawsfflem [bnth. S. *saucefleme*] *eg.* Math o anhwylder ar y croen a nodweddir gan chwydd llidus a phlorynnod: *saucefleme* (*skin disease*).

1545 ELIS GRUFFYDD: *Ll* 83, a vo yn kodi ynn blorynnod ac yn mynned yn *sawsflem. Diw.* **16g.** *WLB*

65, a hwn sydd dda rhag y sgabiws a *sowsflem* mewn wyneb. *ib.* rhag y morphew a rhag y *sawsfflem*.

sawsi, gw. sosi.

sawstri [?bnth. rhyw ff. ar S. C. *sophistri* 'sophistry'] *e?g.* ?Celfyddyd rhesymu, rhesymeg, hefyd yn *ffig.*: *art of reasoning, logic, also fig.*

15g. *GLGC* 245, *sawstri* heb dewi dim. *id.* 246, *Sawstri* mewn derw a lliain / y sy ymysg croesau main. *id.* 470, Saith gelfyddyd byd . . . / . . . / Mae'n profi *sawstri* bob saith, / mae'n ŵr tal mewn art eilwaith.

Gw. hefyd **soffistri.**

sawt, sawtaf: sawto, gw. sawd[1], sawdiaf: sawdio.

sawter, sawtur [bnth. rhyw ff. ar S. *saltire*; cf. S. C. *sauter, sautire*] *eg. Her.* Croes Sant Andreas, sef dyfais ar lun croes letraws: *saltire (in her.).*

16g. *Med H* 66, a'r groes hon a elwir *Sawtter* yn y gelvyddid hon. *ib.* Eissoes rrai a ddowedant na wedda galw hon yn *sawter*, ond arwydd *sawter*. *ib.* Mae rrai yn dwyn *sawtur* engraelyd yn i harveu. *c.* **1600** L. Dwnn: *HV* ii. 20, Addon o Went a dduc *sowter* o assur. **18–19g.** *Iolo MSS* 35, efe a ddug Sabl, Dwy waywffon aur *Sawter*.

Amr.: **sawtri** [?yn wallus, drwy gamddeall S. Diw. Cyn. *sautrie* 'psaltery']. **16g.** *DWH* i. 336.

Gw. hefyd **salteir.**

sawtiaf: sawtio, gw. sawdiaf: sawdio.

sawtring [?cf. H. Ffr. *sauterïon* 'saltring'; os felly, â'r *-ng*, cf. *dwsin, dwsing*] *e?b.* ll. *-au.* Saltring, hefyd yn *ffig.*: *psaltery, also fig.*

1346 *LlA* 70, Gωaranndaω keinadaeth velys. Ac ymadrodyonn kysson. Athelynev. Asaωtringhev. ?**14g.** (*a.* **1577**) *Pen* 49, 5, kathl wynnvyt koeth lawenverch / kangenddring keinck *sawtring* serch [?Madog Benfras i'r eos]. **14g.** *GDG*[3] 375, Llafurlef tant, llef orlais, / Lleddf ddatbing, llwybr *sawtring* Sais. **14–15g.** *IGE*[2] 302, Pob ffidler law draw y dring, / Pob swtr tabwrdd, pob *sawtring* (Rhys Goch Eryri).

Gw. hefyd **saltring.**

sawtur, sawyr, gw. sawter, sawr.

sawyraf: sawyro, sawyriaf: sawyrio, gw. sawraf: sawru.

sawyrus, say, saygh, sayrhaed, gw. sawrus, sae, saets, sarhad.

sba [bnth. S *spa*] *eb.* ll. *-s, sbâu.* (Lle ac iddo) ffynnon fwynol, yn enw. un feddyginiaethol: *spa.*

20g.

sbachaf[1], ysbachaf: (y)sbachu [cf. *bachaf: bachu*] *ba.* Cipio'n wancus, crafangu, bachu: *to snatch greedily, grab, claw.*

1803 *P, Ysbaçu* . . . To claw. Ar lafar, 'yn *sbachu* y cwbwl iddo'i hun', *WVBD* 474; 'un am *sbachu* popath iddo'i hun', *ISF* 65.

sbachaf[2]: sbachu, gw. swbachaf: swbachu.

sbachiog, sbachlyd, gw. sybachog, swbachlyd.

sbachwr, ysbachwr [bôn y f. *sbachaf*[1], *ysbachaf*: *(y)sbachu* + *-wr*] *eg.* ll. *-wyr.* Un sy'n cipio'n wancus, bachwr: *one who snatches greedily, grabber.*

20g. Ar lafar, '*sbachwr*', *WVBD* 473.

sbaddad, sbaddaden, gw. ysbyddad.

sbaddaf: sbaddu, sbaddin, sbaddwr, Sbaenaeg, gw. ysbaddaf: ysbaddu, sbafen, ysbaddwr, Sbaeneg.

sbaenaf[1], ysbaenaf, sbaniaf[2]: (y)sbaena, sbaeno, sbanio [?cf. S. taf. *(to) spine* 'to remove grass turf carefully'] *bg.a.* Medi â chryman neu sicl, dwrnfedi: *to reap with a reaping-hook or sickle, reap by hand.*

1909. Ar lafar gynt yn Uwchaled, 'Dywedai ef fod gwahaniaeth rhwng medi a'r hyn a elwid *sbaeno* . . . Dull *sbaeno* oedd i bawb gymeryd cefn a thorri o rych i rych a'i hel â blaen y cryman', H. Evans: *CE* 110–11; hefyd yn y ff. *sbanio, id.* 111 (Mald.). Cf. T. G. Jones: *Brithgofion* (1944) 30, '*Ysbaena*' oedd ein gair ni . . . am dorri gwenith a'r cryman taro.

sbaenaf[2]: sbaena, gw. ysbiennaf: ysbienna.

Sbaenaidd, Ysbaenaidd, Hisbaenaidd [e.'r wlad *Sbaen, Ysbaen, Hisbaen* + *-aidd*] *a.* Yn perthyn i Sbaen neu i'r Sbaenwyr, yn perthyn i wledydd lle siaredir Sbaeneg: *Spanish, Hispanic.*

1828 *Geir Pob* 28, Ysbanis, *hispaenaidd.*

Sbaeneg, Ysbaeneg, Hisbaeneg [e.'r wlad *Sbaen, Ysbaen, Hisbaen* + *-eg*[1]] *eb.g.* Iaith Romáwns sy'n (brif) iaith swyddogol gwladwriaeth Sbaen ac America Sbaenaidd: *Spanish (language).*

c. **1400** *YCM*[2] 28, Kanys *Yspaenec* a dywedei y kawr, ac o 'r ieith honno y gwydyat Rolant digawn. **1707** *AB* [xvii], hen *Ispaeneg*. **1728** T. Baddy: *DDG* 90, lle y trawodd ef wrth Indiaid y rhai oedd yn deall *Hispaeneg*. Ar lafar, 'Man' nw'n deud bod gynno fo *Sbaeneg* da'; ''Ôn' nw ddim yn dysgu *Sbaeneg* yn yr ysgol' (sir Gaerf.).

Amr.: **Sbaenaeg, Ysbaenaeg, Hisba(e)naeg** [e.'r wlad *Sbaen, Ysbaen, Hisbaen* + *aeg*; ?a'r ff. *Hisbanaeg* dan ddyl. yr e. lle Llad. *Hispania*] **16g.** (*LlEG*) *Mos* 158, 470a, ynn y *sbaennayg. id.* 627b, yvo a vedrai yr *ysbaenaeg*. **1595** *Egl Ph* [x], Yn *Hispanæc*. **1698** T. Jones: *Art* 1, *Hispaenaeg*. *c.* **1762–79** W. Williams: *P* 563, *Yspaenaeg*. Cf. R. J. Powel: *Gwerslyvr i Gymro ddysgu Hispaenaeg* (1881) d.d. **Sbaneg** [cfdds. o'r S. *Span(ish)* + *-eg*[1]]. **1784** M. Williams: *S* i. 83, yr iaith cyffredin [*sic*] yma yw'r *Spâneg*.

sbaenel, gw. sbaniel.

Sbaenes [e'r wlad *Sbaen* + *-es*[1]] *eb.* ll. *-au.* Gwraig neu ferch o dras neu genedligrwydd Sbaenaidd: *Spanish woman or girl.*

1851.

sbaenfarch, ysbaenfarch [e.'r wlad *Sbaen, Ysbaen* + *march*] *eg.* ll. *-feirch.* Ceffyl marchogaeth bychan (o Sbaen): *small (Spanish) riding-horse, jennet.*

15g. *GDLl* 112, *Ysbaenfeirch* ar geirch da eu gwedd, / Crynion fal ceirw o Wynedd. **1604–7** *TW* (*Pen* 228), *Spaenvarch* d.g. *Asturco*. **1632** *D, yspaenfarch* d.g. *Asturco*. **1773** *W*, *Yspaen-farch* d.g. *Genet* [*a small-sized Spanish horse so called*], *Hobby* [*a little pacing horse*].

sbaengi, ysbaengi, (hi)sbangi [e.'r wlad *Sbaen, Ysbaen, Hisbaen*, a chfdds. o'r S. *span(iel)* + *ci*] *eg.* ll. *-gwn(s).* Sbaniel, hefyd yn ddifr., yn enw. am Sbaenwr: *spaniel, also derog., esp. of a Spaniard.*

a. **1587** *Y* 187, Gwael oedd fab o galwodd fi, / . . . yn gostowci. / . . . / Cyferthais ban gefais gam / *Ysbaengi* drygfoes bongam. **1735** L. Morris: *T* 12, ryw Ŵr ieuangc . . . ar Glamp o Geffyl . . . a llu o filgwn, Bytheiadcwn, Costowcwn, *Ysbaengwn*, Corgwn, a mân ddrewgwn eraill ar e'i [*sic*] ol. **1738** *CM* 128, 136, Ir Esbaniel of Glynn lliwon *Spaengi* tew Crychflew crochfloedd. **1739** *ML* i. 11, for I am resolv'd now to be one amongst them i ladd *Yspaengwyns* [*sic*]. **1740** *id.* 30, Gwych fal y passiodd Vernon y *Spaengwn*. Passiwn ninne'r Ffreinigwyr. Fe'i clywir yn yr ymad. 'yn wlyb fel *sbangi*', *ISF* 65, a hefyd yn y ff. *sbengi*, 'Mae o fel *sbengi*' [am rywun gwlyb].

Sbaeniad, Ysbaeniad, Hisbaeniad, Sbaniad [e.r wlad *Sbaen, Ysbaen, Hisbaen*, a chfdds. o'r S. *Span(iard)* + *-iad*[3]] *eg.* ll. *-iaid, -iaits.* Sbaenwr: *Spaniard.*

16–17g. Llywelyn Siôn, &c.: *Gw* 319, och am y marchog o daw darogan, / a llv o aliwns, llai o wilan; / yr *ysbainiaid* haid a hedan / yn glos, / yno i daw achos i ni dvchan. **1603** E. Kyffin: *Ps* [iii], bod y Saeson mor gymwynascar iw gelynion y *Spaeniaid*. **1671** C. Edwards: *FfDd* 9, *Hispaeniaid* . . . a laddasant chwe miliwn oi thrigolion ganedigol. **1724** T. Williams: *OL* 4, Tubal, oddiwrth ba un y daeth y *Spaeniaid*. *c.* **1730** *Taith C* 17, Mwyn-gloddiau'r *Spaniaid*. **1739** *ML* i. 11, os medr dyn ladd a llosgi digon or *Spaeniaits* gwaedlyd accw. *c.* **1740** *ML* (Add) 861, y rhai a gymerwyd gan mwyaf yn agos i'n Tir ein hunain gan Breivateers y *Spaeniaid*. **18g.** E. T. Rhys: *DA* 108, I rwystro *Spaeniad* melyn, / Na Ffrencyn i'n cyffroi. [**1763**] JE: *AHS* 3, cyn ir *Hispaeniaid* gyhoeddi Rhyfel yn erbyn Lloegr. **1771** *W*, cochl ferr *ysbaeniad* d.g. *Cape, A spanish cape.*

Sbaeniard, gw. Ysbaniard.

Sbaenig, Ysbaenig, Hisbaenig [e.'r wlad *Sbaen, Ysbaen, Hisbaen* + *-ig*[2]] *a.* Sbaenaidd: *Spanish, Hispanic.*

1837.

Sbaenis, Sbaenish, gw. Sbanish.

Sbaenwr, Ysbaenwr, Hisbaenwr [e.'r wlad *Sbaen, Ysbaen, Hisbaen* + *-wr*] *eg.* ll. *-wyr.* Brodor o Sbaen, un o dras neu genedligrwydd Sbaenaidd, Sbaeniad, hefyd yn *ffig.*: *Spaniard, also fig.*

14g. *Pen* 5, 109b, abrathu y meirch ac yspardu/ nev. achyrchu yr *yspaenvyr*. **16g.** Wiliam Cynwal: *Gw* (R. L. Jones) 20, Lladd ei hun, gwell oedd na gŵyr, / Lliaws boen, llu o *Sbaenwyr*. *p.* **1584** G. Robert: *GC* [197], y Phrancod, *yspaenwyr* a'r Eidalwyr. **16–17g.** *Cer RC* 121, Cael y *Spaenwyr* ar i dir, / A'u bryd ar gefnu'r Werddon. **1699** T. Jones: *TP* 106, Heol yr *Hispaenŵyr*. **1703** E. Wynne: *BC* 19, [m]yrdd o *Hispaenwyr* . . . ac Iddewon yma a thraw. **1795** *R. Crusoe* 101, yr *Hisbaenwr* a ddarfuasai i mi ei achub. *id.* 102, Yr *Ysbaenwr* . . . a ddaeth at y Cwch â Baner. Yng Nghymraeg y Wladfa defnyddir *Sbaenwr* yn yr ystyr 'siaradwr Sbaeneg di-Gymraeg' (cf. *Sais*).

Amr.: **Ysbaniwr, Hispanwr** [?cfdds. o'r e. lle Llad. *Hispan(ia)* + *-(i)wr*]. *a.* **1587** *Y* 4–5, Ni ynill gamp yn llaw gŵr / Nes i boeni, *Ysbaniwr*, / Ag wrth linyn, gonyn gwâr, / Gorchest a wna o'i garchar [am fwa]. **1595** *Egl Ph* 16, *Hispanwr* o 'enedigaeth.

sbaer, gw. sbâr.

sbafen, sbafin [bnth. S. *spaven, spavin*] *eb.g.* ll. *-od.* Tyfiant caled esgyrnog ar gymal egwyd ceffyl, neu chwyddi yng ngewynnau'r cymal hwnnw, sy'n aml yn peri cloffni, llyncoes, hefyd yn *dros.*; ceffyl sy'n dioddef gan y sbafen: *spavin, also transf.*; *spavined horse.*

1604–7 *TW* (*Pen* 228), lhynncoes ne grybychiat ar y garr ol, ar *spauen* d.g. *Iumentum* . . . *Suffraginosum*. [**1762**] E. Powell: *HEI* 56, Rhag y Llyncoes, hwn yw'r Scraches, neu'r *Spafen*. **1771** *PDPh* 54, Y mae'r *Spafen* . . . yn ymddangos ar asgwrn y glin. Ar lafar, *sbafan, LlLlM* 102; yng Ngherdd., sir Benf., a'r De clywir y ff. *sbafin, B* iv. 302, *GDD* 268. Clywir hefyd y ff. *sbaddin, TGG* (1907–8) 88 (de-orllewin sir Gaerf.). Cf. D. Owen: *GT* 136, A dyna fynte, Wil y trwyn cam, ar gefn ei *spafun*.

Cfn.: **sbafen (yr) asgwrn:** *bone spavin.* **1875.** **sbafen gordennog:** *bog spavin.* **1862.** **sbafen ddŵr = sbafen gordennog.** **20g.** **sbafen waed(lyd):** *blood spavin.* **1811.**

sbag, ysbag [cf. *bag*[2], *bach*[2]] *eg.b.* (bach. g. *sbagyn*, b. *(y)sbagen*) ll. *-au, sbags.* Crafanc, ewin (anifail), bawd (cranc, &c.); ysgithr; peth pigog, pig(yn), sbigyn, pwynt; (geir. yn wr.) adain (olwyn); cangen, cainc: *talon, claw; fang, tusk; pointed object, spike, point; (orig. dict.) spoke (of wheel); branch, bough.*

15–16g. Llawdden, &c.: *Gw* 227, Cawn frithyll ffrowyll, a wna ffo i'r eog / Cawn Arth *ysbagau*, cawn wyrthiau sbigog. **16–17g.** Siôn Mawddwy: *Gw* 351, Na losg, un luosawg ŵr, / [. . .] gosawg negeswr, / Na'i *sbagau*, bachau bywchwyrn, / Na'i esgyll chwaeth, fentyll chwyrn [Huw Llŷn i ymosod ar Siôn Mawddwy]. **1604–7** *TW* (*Pen* 228), *yspagæ* d.g. *Unguis*. **1630** *YDd* 48, fel y betris ddychrynllyd fewn *sbagau* y gwalch rheibus. **1630** R. Llwyd: *LlH* 73, ac yno yr estyn efe [cranc] ei *spâg* i mewn, ac â dynn allan y pyscodyn. *id.* 179–80, adar Harpiaid, â chanddynt wynebau merchedaidd, ond *yspagau* Eryrod. **1632** *D*, *Yspagau* . . . Armi, brachia, vngulæ auium. vid. an hinc Angl. Spoakes. **1683** H. Evans: *CTF* 55, Fe gropiwyd fy adenydd [Angau], fu lydain gynt a mawr, / Ac fe fyrhawd fy *spage*, dymma'r modd 'rwi'n awr. **1688** *TJ*, *Yspagau*, edŷn olwŷn, hefyd ewinedd aderŷn. **1722** *Llst* 189, *Yspag.* f.p. *pagau*. A claw, branch, spoke, spike, clutch, talon. **1772** *W* d.g. *Claw* [*talon, or nail of a bird, beast, &c.*], *Fangs* [*tusks of a boar* . . .], *Points* [*of the mariner's compass*], *Pounce* . . . [*the talons of a hawk, &c.*], *Spoke or ray* [*of a wheel*]. **1803** *P* d.g. *Ysbag*. Ar lafar, '*spagyn*': cainc, cangen', *B* iv. 302 (Cered.); '*Spagen*' 'a bough', *Cymru* xxxv. [233] (godre Cered.); '*Spag* N.m.s. A spar, spike, especially the top of an old withered tree', *GDD* 269; '*Spagyn* N.m.s. A spar', *ib.*; 'Ma isia torri *sbaga* yr 'en gæth 'yn!', *GTN* 706. Fe'i clywir yn y ll. yn ddifr. yn yr ystyr 'dwylo', 'Catw dy *sbagz* i d'unan', *ib.*; 'Cadw dy hen *sbage* i ti dy hunan' (gogledd Cered.); a chlywir *sbage* hefyd yn ddifr. yn yr ystyr 'coesau', 'Symud dy *sbage* imi gael lle i frwsio'r llawr 'ma' (gogledd Cered.).

sbagaf, ysbagaf: sbago, ysbagu [bf. o'r e. *(y)sbag*; ?cf. hefyd *sbachaf*[1], *ysbachaf*: *ysbachu*] *ba.* Crafu, cripio; cipio, bachu: *to scratch, claw; clutch, snatch.*

1803 *P, Ysbagu* . . . To claw, to clutch. Ar lafar, 'Ma isia torri sbaga yr 'en gæth 'yn! Dishgwlwch fel ma 'i wedi'm *sbago* i!', *GTN* 706.

sbagal, *a.* Anghyffredin, od, ysmala,

doniol, gwirion: *unusual, odd, amusing, funny, silly.*

Ar lafar yn siroedd Penf. a Chaerf.; fe'i clywir hefyd yng ngodre Cered. am rywun tal a thenau, 'Ma fe'n 'en foi *sbagal*'. Cf. *Y Genhinen* (1960) 239, Ŷn ni gyd yn gyfarwydd ag ambell ddyn od ne' fachan *spagal*.

sbagen, gw. sbag.

sbageti [bnth S. *spaghetti*] eg. Math o basta ar ffurf llinynnau hirion solet: *spaghetti*.
20g.

sbagog, ysbagog [sbag, ysbag+-og] a. Ac iddo grafangau, crafangog, ewinog, ysgithrog: *having claws or talons, fanged, tusked.*
1722 Llst 189, *Yspagog*. Having clawes, &c. **1772** *W*, *yspagog* d.g. *Clawed* [having claws], Fangs, Having [that hath] large fangs, Pounced [having, or armed with, pounces or talons]. **1803** *P*, *Ysbagawg* . . . Having claws. Ar lafar yn y diwydiant glo, '*Spagog* . . . useful for binding', *B* viii. 222 (dwyrain Morg.); cf. hefyd *glo—glo sbagog*. Cf. D. J. WILLIAMS: *ChHO* 81, Wil y Gath . . . yn disgyn . . . a'i phedair bagal *sbagog* ar led ynghanol y mân drugareddau hyn.

sbagyn, gw. sbag.

sbang, sbangaf: sbango, gw. sban, sbaniaf[1]: sbanio.

sbam [bnth. yr e. masnachol S. *Spam*] eg. Math o gig tun neu dorth gig a wneir yn bennaf o ham, hefyd yn *ffig.: spam, also fig.*
20g.

sban, sbang [bnth. S. *span* a S. taf. *sbang*] eb. Rhychwant (uned hyd); pellter rhwng dau fwynt, cyfnod byr: *span (measure); span (of distance or time).*
[**1725**] *TS* 21, nid oedd yr hiraf [cawr] . . . ond chwech cufydd a *Spang*. **1756** W. WILLIAMS: *GDC* 56, Rwi'n gweld eich Maint anorphen ynawr yn ddim mewn rhan, / Eich Troion anfessurol un gronin fwy na *Span*. id. 158, Does genni ond *span* o Amser nid yw ond mynyd awr. Ar lafar, '*spang*, rhychwant', *Cymru* xlvi. 22 (godre Cered. a gorllewin Caerf.).

sbanaf: sbano, gw. sbaniaf[1]: sbanio.

sband, sbandyn, gw. gwasband (hefyd At.).

Sbaneg, gw. Sbaeneg.

sbaner, sboner[2] [bnth. S. *spanner*] eb.g. ll. -i, -s. Teclyn llaw dur, &c., ac iddo safn(au) neu ben tyllog sy'n ffitio am nyten, &c., i'w throi: *spanner.*
1922.

sbangi, sbani, gw. sbaengi, sbanish.

sbaniad [cfdds. o'r S. *span(iel)*+-iad[3]] eg. Sbaniel: *spaniel.*
1858.

Sbaniad, gw. Sbaeniad.

sbaniaf[1]**, sbanaf, sbangaf: sban(i)o, sbango** [bf. o'r e. *sban, sbang*] bg.a. Rhychwantu: *to span.*
Ar lafar, 'Ma fe'n sgrifennu llyfr hanes sy'n *sbano* dros ddwy ganrif' (sir Gaerf.); 'Ôn i'n gallu *sbango* 'nghenol 'da 'nwy law pry'ny' (dwyrain Morg.); hefyd fel term yn y diwydiant glo, '*sbango* . . . gosod "briche" ar ogwydd gyda'r tir', *Geir Glo* 75 (dwyrain Morg).

sbaniaf[2]**: sbanio, Sbaniard,** gw. sbaenaf[1]: sbaena, Ysbaeniard.

sbaniel, ysbaniel [bnth. S. *spaniel*] eg. ll. -iaid, -s. Unrhyw un o amryw fathau o gŵn hela neu anwes a nodweddir gan glustiau mawrion llipa a blew hir sidanaidd, sbaengi: *spaniel.*
15–16g. LLAWDDEN, &c.: *Gw* 10, Câr a roes im, cŵyr ei sêl, / Dros baun bedwar *ysbaenel*. **1547** WS, *Yspaniel* Spanyell. **16–17g.** GST i. 339, Teclyn wyf, eto, heb gêl, / Was boniog, i *ysbaniel* [i ofyn gwn]. p. **1643** Llst 123, 322, C. i ofyn ci *Spaniel* i Lewys Jones Ficar. **1687 (1715)** J. OWEN: *TB* 161, enw *Spaniel* anfoesol o eiddo 'r Jarll' . . . a ddaliodd afel a'i ddanneddd yn ei droed cf. **1738** CM 128, 136, Ir Esbaniel of Glynn lliwon Spaengi tew Crychflew crochfloedd. Ar lafar, ''Ôn i wastad isio *sbaniel* pan ôn i'n fach'.
Amr.: **(y)sbaenel** [bnth. S. Diw. Cyn. *spaynell*] (ll. -od). **15–16g.** LLAWDDEN, &c.: *Gw* 10. **1777** W.

WILLIAMS: *DN* 53, y bytheuaid, a'r *spaenelod*. [**1783**] *W*, *spâenel* d.g. *Spaniel*.

sbanish, sbanis [bnth. S. *Spanish* (liquor-ice)] eg. Ffon neu linyn main o licris, neu ddarn o wreiddyn licris, a fwyteir fel melysfwyd: *stick or string of liquorice or piece of liquorice-root (as a sweet), a piece of 'spanish'.*
1843. Ar lafar, 'Celet ti lot o *sbanish* am ginog pryd 'ny' (sir Gaerf.); ''Wdw i'n myn'd i'r shop i mofyn dimewarth o *spanish*', GDD 269. Clywir y ff. *sbani* yn ardal Aberaeron.

Sbanish, Sbanis, Sbaenis(h), Ysbaenis(h) [bnth. S. *Spanish*, S. Diw. Cyn. *Spaynishe*] a. a hefyd gyda grym enwol. Sbaenaidd; Sbaeneg: *Spanish, Hispanic; Spanish (language).*
16–17g. T. PRYS: *Bardd* 234, gwyr ffrangeg gwyddeleg dda / ne *ysbaynis* os byw yna. **1672** R. PRICHARD: *Gw* 171, Pet fae'r Twrc, a'r Pâb a'r *Spanis*, / A holl uffern yn ein herbyn. **1828** *Geir Pob* 28, *Ysbanis*, hispaenaidd. Cf. *DCR* 244, Yr ysbaenis ffleet a yrre genad / at yr holands trwy bur hwyliad.

sbar, ysbar [bnth. S. *spar*] eg. ll. *sbarrau, (y)sbariau.* Un o amryw fathau o fwynau grisialaidd tryloyw neu dryleu a hawdd eu hollti, megis ffelsbar, calsit, cwarts, &c.: *spar (mineral).*
1837. Ar lafar yn ardaloedd chwareli'r Gogledd, 'Spar', *B* xx. 379; am enwau ar fathau gwahanol o mwynau fel hyn, gw. ib., *Geir Mwyn* 51.

sbâr, ysbâr [bnth. S. *spare*] a. a hefyd fel eg. ll. *sbarion.* Ychwanegol at yr hyn sydd ei angen fel arfer, dros ben, yn weddill, ar ôl; rhydd (am amser); peth sbâr neu dros ben, rhelyw, gwargred, gweddill, ?cynildeb, crintachrwydd: *spare, left over, remaining; spare or free (of time); a spare or surplus, left-over, remainder, remnant; ?thriftiness, meanness.*
16–17g. GST i. 155, Mae rhai mawr eu bai o'r byd / A sbaria heb syberwyd, / Ni cheisiodd, yr rhodd y rhain, / Awr o sbâr aeres Berain. **1691** T. WILLIAMS: *YB* 237, o herwydd fôd ganddynt ddigon o amser yn *spâr*. **18g.** *W Ballads* 191, 8, Gwell y rhowiog geiniog gynes, / Os bydd yn *spar* na char na chares. **1768** J. ROBERTS: *R* 146, Gan wr yr oedd Odyn, ac arian *ysbâr*. **1777** E. ROBERTS: *DG* 31, pa'r faint o *ysbâr* oedd gan Denantied. **1787** E. ROBERTS: *PCF* 16, Nid oes dim *ysbâr* i gael gan y wâr. **1798** R. DAVIES: *CG* 85, Gwylwch fod fel Difas hwnnw, / A '*sbâr* i fyw, a byrr i farw. **1828** *Geir Pob* 28, *Ysbar*, gweddill. Ar lafar yn gyff., '*sbâr, s.*, pl. *sbarion* 'something left over . . . (in pl.) . . . sparings, leavings', *WVBD* 474; '*Sparion* . . . gweddill', *Cymru* xliii. 230 (gorllewin Meir.); '*Sparion* 'leavings', *TGG* (1907-8) 109 (godre Cered.); '*sbâr* . . . m., pl. *sbarion* 'remainder, spare, in pl. leavings', *SC* vi. 127 (sir Benf.); 'Ma ticyn bæch yn *sbær* gin i', *GTN* 707; hefyd yn y ff. l. *sbarivns*, '*Sbarivns* 'yn ni'n gâl i gino acha' dy' Llun' (dwyrain Morg.). Clywir y ff. *sbaer* yn sir Gaern., *EEW* 87.
Gw. hefyd sborion.

sbaraits, sbarasen, gw. sbarras.

sbarbils, gw. sbarblis.

sbarblaf: sbarblo [bf. o'r e. *sbarbl(is)*] ba. Hoelio sbarblis i mewn i (esgidiau): *to nail sparables into (shoes).*
Ar lafar, '*sbarblo* 'sgitsie', *GTN* 707.

sbarblis, (y)sbarbils [bnth. S. *sparables*] e.ll. (un. g. *sbarbil* (ll. -iaid), *sbarblyn* (ll. -s), un. b. *sbarblen*). Hoelion bychain trionglog heb ben iddynt a ddefnyddir i sicrhau gwadnau a sodlau esgidiau, hefyd yn *ffig.* am bobl neu bethau bach, ac yn ddifr. am bobl 'fach' o ran gallu neu welediad (gthg. 'hoelion wyth'): *sparables, shoe-nails, also fig. of small persons or things, and derog. of persons of limited ability or vision.*
1828 *Geir Pob* 28, *Ysparbils*, hoelion diglopa. Ar lafar, '*sbarblis* . . . sing. *sbarblan* . . . sparables, sparrow-bills', *WVBD* 474; 'tatw newydd yn fân fel *sbarblis*', *ISF* 65. Yng nghanolbarth Cered. defnyddir *sbarbil* am 'edlych o ddyn neu anifail', ac yng ngodre'r sir 'ddyn neu wraig denau'; hefyd yn sir Benf. am yr ystyr 'whipper-snapper', *GDD* 269. Clywir *sbarbils* ym Morg., 'Oclon 'sgitsha yw *sbarbils*', hefyd yn sefyll lan dicyn ac yn cwnnu'r waddan lan odd ar y llawr', *GTN* 707; hefyd yn ddifr., 'Beth yw shwd

---

sparbils a hyn? ble ma'r hen hoel'on wyth?', *LlGC* 1173, 77. Cf. D. J. WILLIAMS: *STG* 91, cwrw, y sigarets, a'r merched,—eilun bethau'r *sbarbiliaid* hynny.
Amr.: **sbardils.** Ar lafar yn nwyrain Morg.

sbarbls, gw. marblis (hefyd At.).

sbarblyn[1,2]**,** gw. sbarblis, marblis (hefyd At.).

sbarbwch [?cf. *surbwch*] eg Dyn sarrug; ?dyn direidus neu gellweirus: *surly man; ?joker, wag.*
1754 *ML* i. 285, Mae Owain yn hen *sparbwch* digrifa ar a welsoch. Ar lafar yn yr ystyr 'dyn sarrug', 'Be' sy ar yr hen *sbarbwch*?' (gorllewin sir Ddinb.).

sbarc [bnth. S. *spark*] eg.b. (bach. g. -yn, b. -en) ll. -s. Gwreichionen, tanen, hefyd yn *ffig.*; bywiogrwydd, sioncrwydd, asbri; tamaid (o ddiddordeb, &c.), llygedyn (o obaith, &c.), mymryn: *spark, also fig.; liveliness, vivacity, zest; spark (of interest, &c.), bit.*
1936. Ar lafar, 'Well inni newid y plŷg 'na—ma 'na *sbarcs* yn dŵad ohono fo' (Arfon); 'Cymanfa fflat iawn odd hi—dim digon o *sbarc* yn yr arweinydd', 'Tipyn o *sbarcyn* yw Huw—ffefryn mawr gyda'r merched' (gogledd Cered.); 'jiwedd annwl, 'na *sbarcen* i chi, los', *Wês wês* 15.

sbarciaf, sbarcaf: sbarc(i)o [bf. o'r e. *sbarc*] bg.a. Gwreichioni, pefrio, serennu, hefyd yn *ffig.: to spark, sparkle, glitter, twinkle, also fig.*
20g. Ar lafar, 'Mae'n hen ddân 'ma'n gwella—mae o'n dechra *sbarcio*' (Arfon); hefyd ynglŷn â dau sydd wedi dechrau mynd allan gyda'i gilydd, 'Gweld bod Dafydd a Siân wedi dechre *sbarco*' (gogledd Cered.).

sbarcler, sbarclyr [bnth. S. *sparkler*] eb. ll. -s. Math o dân gwyllt i'w ddal yn y llaw sy'n taflu allan gawod o wreichion: *sparkler (firework).*
20g. Ar lafar, 'Ma isie cadw golwg ar blentyn a *sbarclyr* yn 'i law' (sir Gaerf.).

sbarcyn, gw. sbarc.

sbarchad [bôn y f. *sbarchaf: sbarchu*+ -ad[2], trf. han.] eg. Pigiad, hefyd yn *ffig.: sting, also fig.*
Ar lafar, 'Fe gas e *sbarchad* pan ath y bycwnan idd 'i esgid a', 'Fe ryws itha' *sbarchad* iddi pan gwrddon' nw nesa'' (dwyrain Morg.).

sbarchaf, ysbarchaf: (y)sbarchu bg.a. Blingo, diberfeddu; pigo: *to skin, gut; sting.*
1774 W, *ysparchu* d.g. *To gut fishes.* Ar lafar, '*Sbarchu*—the word for skinning a sheep, calf or an ox . . . before hanging the carcase)', *LlGC* 1173, 77 (Morg.); 'Ma morgrug yn gallu *sbarchu*, cofiwch' (dwyrain Morg.).

sbardasen, sbardils, gw. sbarras, sbarblis.

sbardun, sbardunaf: sbarduno, sbardunog, &c., gw. ysbardun, ysbardunaf: ysbarduno, ysbardunog, &c.

sbariaf, ysbariaf: (y)sbario [bnth. S. *to spare*] bg.a.

(a) Arbed (person, bywyd, &c.), achub, cadw'n ddiogel, gwared: *to spare (person, life, &c.), save, preserve, deliver.*
1547 WS, *Yspario* arbet . . . Spare. **16g.** *GGH* 168, Nid rhaid, enaid rhyw Idwal, / *Ysbario* neb, fesbren lâl. **16g.** *THSC* (1923-4) i.) 31, Ac velly yr *ysbariodd* yr arglwydd hwynt oed ynn hynny. id. 52, ac nad *ysberynt* er dim . . . eithr y roi ef y loes angev. **1574** *RhRC* (At.) 110b, ny *speirast* [sic] di moth vn mab. **1583** *LlGC* 716, 130b, *sparia* [:- arbeda] fy' eniocs I. a. **1587** *T* 34, Be gwelyd, ni'm bygyli, / Obry yr vael, na *sburyd* fi. **16–17g.** *GST* i. 134, Cedwch yr heddwch, lle'r haeddir cosbwch, / Y gwan *ysberiwch* ac nis bwrir. **1600** *Rhyddiaith Gymraeg* ii. 181, nad wyd Ti yn *ysbario* vn a'r a becho gyn dy erbyn Di. **1672** R. PRICHARD: *Gw* 413, Arglwydd [:- Arbed] mywyd Arglwydd grassol. **1696** *CDD* 47, Fê wŷddid am Pharo, na fynnei fe '*spario*, / Un mâb or rhyw honno heb ddihenydd. **1759** *BC* 414, Oni *Ysbaria* Duw am bechod, / Y Dyn gwirion ffôl di-wybod. **1790** TWM O'R NANT: *GG* 156, Iachau pob haint a chyffro, / A'i *sbario*, o'r ffwrnes boeth.

(b) Gwneud heb, hepgor, fforddio bod heb, rhoddi neu fenthyg (yn enw. heb goll-

ed neu anghyfleustra personol); bod yn ddarbodus neu'n gynnil (â), arbed (cost, &c.), cynilo: *to spare (something); be thrifty or sparing (with), save (expense, &c.), save (money, &c.).*

1547 *WS, Yspario* . . . [c]ynilo Spare. **16–17g.** *GST* i. 155, Mae rhai mawr eu bai o'r byd / A *sbaria* heb syberwyd. *id.* 607, *Ysbario* heb syberwyd / A wna'r gŵr yn aur i gyd [am noddwr crintachlyd]. **1604–7** *TW* (*Pen* 228), elw wrth *spario* d.g. *Compendium.* **1620** *Mos* 204, 168, *Ysparia* r cwd en [*sic*] i bencwd. **1683** H. Evans: *CTF* 1, D'amser gochel ei chamdreulio, / Nid oes dim ac ellych *spario. id.* 11, F'alle gall cydwybod wario, / Mwy nag all dy gredit *spario.* **1696** *CDD* 191, Ynni[ll] grôt, ŷw y rôt a *sparier.* [**1703**] *YGDB* 35, Rhŷn a *sparrio* dŷn ansyber-waith, garw, / fe a'i gwerir mewn cyfraith. **1712** T. Williams: *CDdG* 119, i *sparrio* o'n hamser. **1719** *TDP* 137, Ped fae iddynt ofin [*sic*] dau Gawgied o Aur, gwel nad *yspariech* di mor Arian, ond prun [*sic*] y Bachgen, a dwg efe i mi. **1742** *ML* i. 67, [c]ael awr neu ddwy i'w *sparrio* o hyn i ben y mis. **1756** *id.* 398, ond odid bydd rhyw lyfrau yn barod, os felly, fe *sparria* dwysgen o arian i ryw un. **1760** *id.* ii. 201, gyrrwch imi . . . a ellach [*sic*] i *sparrio* o'r fossils mân yna. **1766** *CD* 157, Heb *Spario* dâ nag Arian, / Ar Cwbl yn rhy fychan. **1778** J. Hughes: *BB* 77, Gorchmynnodd cariad etto, drwy sel ir sawl sydd ganddo, / Ddwy bais am dano *ysbaried* un. **1790** Twm o'r Nant: *GG* 76, Ni fedd un Corphun cryno, / Na llaw na throed i'w *Spario.* Ar lafar, "Waeth i chi geiniog *sbariwch* chi na ceiniog 'nillwch chi', *WVBD* 474; "Allwch chi *sbario* torth o fara i mam?", *GTN* 707.

(*c*) Ymatal (rhag); arbed rhag, gochel: *to refrain (from); save from, avoid.*

1583 *LlGC* 716, 67a, ni *sparian* [:– arbedan] ladd y rheini, par'rai . . . y dylent wy fwia ymddiffin. **16–17g.** *B* viii. 112, nid *ysperiais* ddim ar fy'n rhafael. **16–17g.** Edward Urien, &c.: *Gw* 302, Ysbrydol lais berwedig, / Ysbord wyd i *sbario* dig. **1672** R. Prichard: *Gw* 190, Gelwch yn galed, na *speriwch* [:– Arbedwch] ag yfed. *id.* 334, Ni *Speriaist* roddi i farw, / Dy vnig fâb i'm cadw. **1696** *CDD* 31, Di gei o'r gosp bŷrwaith ni '*sperir.* Ar lafar, "Tydi 'mhen ddim yn *sbario* dim ar 'y nhraed', '*sbario* mynd â bwyd i fyny atyn' nw', *WVBD* 474; 'Fi ddywa' â'r busneson ar ych ôl chi, i *sbario* ichi 'u cario nw', *GTN* 707.

Amr.: **sbarin. 1856.** Ar lafar, "Elli di *sbarin* awr fach i fynd dros y darn 'ma heno?' (gogledd Cered.).

Cfn.: **sbario sbort (rhywun):** *to spoil (someone's) fun.* Ar lafar, *GTN* 707.

sbarian [bnth. S. (*to*) *spar*] *bg.* Paffio ag ergydion ysgafnach nag arfer, e.e. wrth ymarfer: *to spar (in boxing).*
20g.

sbarib, sbarin, sbariwns, gw. **sbarrib, sbariaf: sbario, sbâr.**

sbarras, sbarrys [bnth. S. Diw. Cyn. *sparres* 'rafters'] *e.ll.* (un. b. *sbar(a)sen, sbarysen,* g. *sbarsyn*) ll. dwbl *sbarsau.* Ceibrennau, hefyd yn *ffig.*: *rafters, also fig.*

16g. *NBSF* 597, ai dewion byst iawn ev bod / o goed abl y gydwybod / ai galch ai forter i gyd / ai *sbarrys* o syberwyd. **16g.** *Mos* 113, 43–4, Y mae amrafael arwyddion eraill mewn arfaü y rhain a roir i Lygion nid amgen na chwpwl nenn ty val daü *sbarsaü* [*sic*] gwedi i gwnio ynghyd. Ar arwydd hwnnw mewn celfyddyd arfaü a elwir Seiphrwnn. **1604–7** *TW* (*Pen* 228), *Sparrysen* d.g. *Longurius.* **1634** *AAST* (1937), 121, J rid to Rees lloyd & bor' of him 8 *sparras.* Ar lafar yn y Gogledd, '*sbarsan, sbarsyn* . . . ll. *sbaras*', *B* xxiv. 180 (Môn). Clywir hefyd y ff. '*sbaraits* . . . *sbrisyn*', *WVBD* 474, a *sbyrsyn, B* xvi. 95 (sir Drefn.).

Amr.: **sbardasen, ysbardysen. 16g.** *Med H* 62, *spardassen. id.* 63, *ysbardyssen.*

sbarrib [bnth. S. *sbarrib,* ff. ar *spare-rib*] *eb.g.* ll. *-s.* Asen frân, asen fras, eisglwyd: *spare rib.*

1938. Ar lafar yng Ngheredig., sir Benf., a'r De, '*sbarib*', *Geir Geg* 76; '*sbarrib* (eg) . . . yr asen frân', "Wyt ti'n torri'r mochyn a we'nny'n cwnnu'r *sbarrib,* waith 'alltiff 'wnnw ddim', *GTN* 707; hefyd fel 'enw cyffredinol ar yr holl gig mân a rennid rhwng cymdogion adeg lladd mochyn', *Geir Geg* 76.

sbarsen, sbarsyn, gw. **sbarras.**

Sbartaidd [yr e. lle *Sparta*+*-aidd*] *a.* Yn perthyn i ddinas Sparta yng Ngroeg gynt, yn cyfrannu o'r nodweddion hynny megis llymder, dewrder, dyfalbarhad, &c., a gysylltir â Sparta neu ei dinasyddion, moel, diaddurn, llym: *Spartan (adj.).*
1815.

Sbartiad [yr e. lle *Spart(a)*+*-iad*³] *eg.* ll. *-iaid.* Un o drigolion dinas Sparta yng Ngroeg gynt: *a Spartan.*

1588 1 *Mac* xii. 2, At yr *Spartiaid* hefyd . . . yr anfonodd efe lythŷrau. **1615** R. Smyth: *GB* 134, Yr *Spartiaid* yn yr un modd.

sbarwingaf: sbarwingo, sbarwingad, gw. **sbrywingaf: sbrywingad.**

sbarysen, gw. **sbarras.**

sbas, ysbas [bnth. S. *space*] *eg.b.* ll. *-au.* Gofod, lle (gwag), bwlch, pellter; ysbaid o amser, ennyd, cyfnod; ?cyfnod o hyfforddiant: *space, (empty) place, gap, distance; period of time, while, interval; ?period of training.*

c. **1400** *YCM*² 168, Geometria . . . honno a dysc messuraw y dayar . . . a'r moroed, a'r *ysbasseu,* a'r milltired. *c.* **1514** *Rhyddiaith Gymraeg* i. 19, Wrsla . . . erchi a wnai yr angel iddi hi ofyn un vil ar ddec o vorynion, a chaffel tair blynedd o *yspas.* *c.* **1523** *Trans Liverpool WN Soc* (1908–9) 102, gosod undydd a blwyddyn i gael *ysbas* ir disgyblon i ddysgu. **1547** *WS, Spas* Space. *id. Yspas* A space. *c.* **1566** *B* i. 155–6, plaensong . . . ny does yn hwnnw ond pedair Rywl a ffedwar *ysbas* . . . Ag er hyny hyd heddiw yr ydym ni yn ocypeio . . . y plaensong mewn pedair Rvwl a ffedair *ysbas.* *c.* **1585** G. Robert: *DC* 52b, [c]ymeint o *spas,* cyfrwng, ag o le gwag rhwgh pob seren ai gylydh. **16–17g.** *Cer RC* 124, Buon' felly 'n hir o *sbas* / Yn aros gras yr Iesu. **1604–7** *TW* (*Pen* 228), yr *spas,* y cyfwng rhwng Colofnæ d.g. *Intercolumnium. id.* yspait, seibiant, *yspas* naw diwrnot d.g. *Nouendium. id.* yr *spas* ne'r pelhder rhwng y dhaear ar lheuat d.g. *Tonus.* **1725** D. Lewis: *GB* 393, Y mae Amser a Lle, neu *Spâs,* heb Ddechreu ac heb Ddiwedd. **1764** W. Williams: *GDC* 37, y *Spâs* ehang ag y'm yn ei alw Awyr arno. **1778** J. Hughes: *BB* 34, Am hyn o eiriau byngciau bâs, / Rho fwy o *spâs* i hysbysu.

sbasm [bnth. S. *spasm*] *eg.* ll. *-au.* Cyfangiad cyhyrol sydyn ac anfwriadol, plwc, hwrdd, hefyd yn *ffig.*: *spasm, also fig.*
20g.

sbasmodig [cfdds. o'r S. *spasmod(ic)*+*-ig*²] *a.* Yn perthyn i sbasm(au), wedi ei achosi gan sbasm(au), a nodweddir gan sbasm(au), plyciog, gwinglyd: *spasmodic.*
20g.

sbastig [cfdds. o'r S. *spast(ic)*+*-ig*²] *a.* a hefyd fel *eg.* ll. *-iaid, -s.* (Person sydd) yn dioddef gan barlys ymenyddol sy'n achosi plyciau cyhyrol, &c.: *(person suffering from) cerebral palsy, (a) spastic.*
20g.

sbastigedd [*sbastig*+*-edd*¹] *eg.* Yr ansawdd neu'r cyflwr o fod yn sbastig: *spasticity.*
20g.

sbats [bnth. S. *spats*] *e.ll.* (un. b. *-en*). Math o socasau byrion sy'n ffitio am y ffêr a rhan uchaf y droed i'w hamddiffyn rhag llaid: *spats.*
20g.

sbatwla, sbatiwla [bnth. S. *spatula*] *eb.g.* ll. *-s.* Teclyn ac iddo lafn llydan a ddefnyddir i droi neu daenu bwyd, paent, &c., i gymysgu moddion, i archwilio'r llwnc, &c., ysbodol: *spatula.*

20g. Ar lafar, 'Ma isie *sbatiwla* newydd i'r gegin' (gogledd Cered.).

sbawd, sbebiaf: sbebio, gw. **ysbawd, sbybiaf: sbybio.**

sbec¹ [bnth. S. *speck*] *eg.* (bach. *-yn*) ll. *-iau, -s.* Tameidyn, mymryn, llwchyn: *speck, spot, small particle.*

1885 D. Owen: *RL* 369, ond wyt ti fel pin mewn papyr—does ene run *specyn* arnat ti. Ar lafar, 'Sefa funud, ma 'na *sbecyn* o rywbeth ar dy lawes di' (gogledd Cered.).

sbec², **sbêc**¹ [bôn y f. *speciaf: specian*] *eb.* Golwg, cipolwg, cipdrem, pip: *look, glance, glimpse.*

1917. Ar lafar, 'Der' i mi gâl *sbec* fach ar y fwydlen fan hyn' (gogledd Cered.). Yr oedd *Sbec* yn enw ar gylchgrawn dwyieithog wythnosol yn cynnwys manylion am raglenni teledu a radio (1982–95). Cf. K. Roberts: *LJ* 25, treiais gael *sbêc* arno [llythyr] wedyn.

sbec³ [bnth. S. *spec* (talf. o *speculation*) yn yr ymad. 'on spec'] *e?g.* yn yr ymad. *ar sbec.* Ar antur, ar siawns: *on spec.*

20g. Ar lafar, 'Prynu'r car 'ma *ar sbec* 'nes i, ond ma fe'n mynd fel bom' (gogledd Cered.).

sbêc¹, gw. **sbec**².

sbêc² [bnth. S. *spake*] *eg.b.* ll. *-s.* Math o drên bach sy'n cludo glowyr o gwmpas y pwll glo: *spake (for transporting colliers).*
1928. Ar lafar yn y diwydiant glo yn y De.

sbêc³, gw. **smêc.**

sbecaf: sbeco [?bnth. S. (*to*) *speak* (*for*) 'to order (goods)'] *ba.* Archebu: *to order (goods).*
Ar lafar, "Wi wedi *sbeco* twrci erbyn Nadolig gin y bwtsiwr', *GTN* 708.

sbeciaf, ysbeciaf: sbecian, (y)sbecio, *bg.a.* Taflu cipolwg, ciledrych, cipdremio, pipo, sbïo; adnabod, sbotio: *to peek, peep, spy; recognise, spot.*
1828 *Geir Pob* 30, *Yspecio,* edrych. Ar lafar, '*sbecian, sbecio*' 'to spy out', *WVBD* 475.

sbeciletiaf, sbeciwletiaf: sbeci(w)letio [bnth. S. (*to*) *speculate*] *bg.* Mentro (mewn busnes, &c.), hapfasnachu, siawnsfentro: *to speculate (in business, &c).*
1881.

sbeciwr [bôn y f. *speciaf: specian*+*-iwr*] *eg.* ll. *sbecwyr.* Un sy'n sbecian: *peeper.*
20g.

sbectacl, gw. **sbectol.**

sbectaf: sbecto [bnth. S. taf. (*to*) *spect,* ff. affetig ar (*to*) *suspect*] *ba.* Amau (rhywun), drwgdybio; amau (bod), tybio: *to suspect (someone); suspect (that), surmise.*

20g. Ar lafar, '*specto,* to suspect', *TGG* (1907–8) 109 (godre Cered.); "Rown i'n *sbecto* ta 'i frawd we gydag e', *SC* vi. 127 (sir Benf.); "Ôn i wedi *sbecto* bod babi ar y ffordd' (dwyrain Morg.).

sbectalog, sbectel, sbectelog, gw. **sbectolog, sbectol, sbectolog.**

sbectol, ysbectol, (y)sbectal, (y)sbectacl [bnth. S. *spectacle*; ?a'r ff. yn *-ol, -al* drwy symleiddiad; yn aml, grym un. sydd i'r ff. ll. ac i'r ymad. *pâr o sbectacls,* &c.] *eb.g.* ll. *-au, -s.*

(*a*) Dyfais i gywiro golwg diffygiol neu i amddiffyn y llygaid, sef dwy lens wedi eu gosod mewn ffrâm sy'n gorffwys ar y trwyn ac a gedwir yn ei lle fel arfer gan ddwy fraich sy'n bachu am y clustiau, pâr o wydrau, glasys, hefyd yn *ffig.*: *(pair of) spectacles, glasses, also fig.*

15g. *GOLlM* 52, dau *sbectal* bedair dalen, / dail gwych rhwng dwyael a gên [i ofyn dau sbectol]. **15–16g.** *ZCP* xvii. 171, twyn fy cnorn [*sic*] bual / a twyn fy nwy *sbectal* (Y Nant). **1547** *WS, Spectal* Spectacles. **16g.** (*LlEG*) *Mos* 158, 196b, vo ganuu brenin ffrainck y matter hwn heb I *ysbecktackyl.* *c.* **1585** *Llst* 178, 65a, ar *ysbectal* ar y trwyn. **1604–7** *TW* (*Pen* 228), par o *Spectalæ* d.g. *Conspicilium. p.* **1605** Edwart ap Raff: *Gw* 10, dros Ric ap John o langynhaval i ofyn pâr o *spectacls.* **1632** *D, Yspectal* d.g. *Specular.* **1672** R. Prichard: *Gw* [xix], ni ddichon rhai pobl oedrannus, er arferid *spectals,* ddarllen y Biblau o brint mân. **1677** C. Edwards: *FfDd* 288, wrth edrych drwy ei *yspectalau* ef [Satan], cânt weled y camwedd du yn ddifyrrwch gwyn. **1691** T. Williams: *YB* 53, pan roddom heibio ein *spectol* o gnawd. **1751** *ML* i. 176, peth digon erchyll yw '*spectol* ar draws trwyn gwr tan 50 oed. **1772** D. Rowland: *PP* 87, edrych ar weithred un arall trwy *ysbectacl* cariad. **1775** *ML* i. 380, *ysbectol* (dyna air brwnt arall). Nid oedd raid ir hen Gymru gynt wrth wydrau, oni bai hynny, ba'sai well enw arnynt. **1796** T. Jones: *CCA* 125, edrych trwy '*spectal* ffydd. Ar lafar, '*sbectol,* s.f.' 'spectacles', *WVBD* 475. Digwydd *sbectol* hefyd fel *e.ll., GTN* 707. Clywir y ff. *sbectal* yng nghanolbarth Cered. (hefyd fel e. ar flodyn, 'swllt dyn tlawd, *Lunaria annua*') a godre Cered., ac yn sir Benf. ceir y ff. '*Sbecteli* N.f. pl. Spectacles. The sing. *spectel* is also used', *GDD* 269. Yng ngogledd sir Benf., '*spectel* . . . y gelwid yr hyn a elwir yma . . . clacwi . . . teclyn ar fysedd cadair pladur', *Gwyddor Gwlad* iv. 31.

(*b*) Person neu beth a wneir yn esiampl o bechod, cosb, &c., cyff gwawd: *spectacle*

(person or thing held up as an example of sin, punishment, &c.), object of derision.

1583 *LlGC* 716, 133b, dvw a fynae [*sic*] ir frenines anvwiol . . . Iezebel, i fot yn *spectacl* [:– dreych [*sic*]]. **1611** *B* iv. 336, a hi a wnaeth i bywyd yn *yspectal* ir holl bechaduriaid y adifarhau [*sic*] am i pechodau. **1630** R. LLWYD: *LlH* 482, ac a rônt i ti achos ddigon i'n gwneuthur ni yn *spectalau* o'th ddialedd i bôb cenedlaeth.

Cfn.: **sbectol waelod potel**: *spectacles with pebble lenses.* **20g.** **sbectol haul**: *sunglasses.* **20g.** Ar lafar, hefyd yn y ff. **sbectols haul**. *Bot.* **sbectal hen ŵr**: *honesty, Lunaria annua.* **20g.** Ar lafar yng ngodre Cered. *Bot.* **sbectel mam gu** = ?**sbectal hen ŵr**. Ar lafar, 'sbectel mangu', *Wês wês* 11. **sbectol metlo**: *type of safety spectacles used when cutting granite in a quarry.* Ar lafar yn ardaloedd chwareli'r Gogledd, 'Spectol metlo: Y gard i'r llygaid a ddefnyddir gan y chwarelwr sy'n torri cerrig ithfaen . . . Nid oedd gwydr yn y spectol . . . 'R oeddynt yn hytrach o fetel a thyllau bach ynddo fel gogor fain', *B* xx. 379. *Bot.* **sbectol nain = sbectol hen ŵr.** **20g.** Ar lafar, G. AWBERY: *BM* 20 (gogledd Cymru). **sbectol (tin) pot jam = sbectol waelod potel.** **20g.** **sbectol tin potel = sbectol waelod potel.** Ar lafar yn Arfon, hefyd yn y ff. **sbectols tin potel.** **sbectol dywyll = sbectol haul.** **20g.**

sbectolaidd [*sbectol* + *-aidd*] *a.* Yn perthyn i sbectol; yn gwisgo sbectol: *pertaining to spectacles; bespectacled.*
1913.

sbectolog, sbectalog, sbectelog [*sbectol, sbectal, sbectel* + *-og*] *a.* Yn gwisgo sbectol, ac iddo sbectol: *bespectacled, having spectacles.*
20g.

sbector, sbectra, gw. **insbector** (At.), **sbectrwm.**

sbectrograff [bnth. S. *spectrograph*] *eg.* ll. *-au.* Cyfarpar sy'n cynhyrchu sbectrogram: *spectrograph.*
20g.

sbectrogram [bnth. S. *spectrogram*] *eg.* ll. *-au.* Cofnod o sbectrwm a gynhyrchir gan sbectrograff: *spectrogram.*
20g.

sbectromedr [cfdds. o'r S. *spectrometer*] *eg.* ll. *-au.* Unrhyw offeryn ar gyfer cynhyrchu sbectra a mesur eu nodweddion: *spectrometer.*
20g.

sbectromedreg, sbectrometreg [cfdds. o'r S. *spectrometr(y)* + *-eg*[1]] *eg.* Gwyddor sbectra: *spectrometry.*
20g.

sbectrosgop [bnth. S. *spectroscope*] *eg.* Offeryn ar gyfer cynhyrchu a chofnodi sbectra er mwyn eu harchwilio: *spectroscope.*
1914.

sbectrosgopeg [*sbectrosgop* + *-eg*[1]] *eg.b.* Y gelfyddyd o ddefnyddio'r sbectrosgop, y gangen o wyddoniaeth sy'n defnyddio'r sbectrosgop, archwiliad sbectra gan unrhyw un o amryw offerynnau pwrpasol: *spectroscopy.*
20g.

sbectrosgopi [bnth. S. *spectroscopy*] *eg.* Spectrosgopeg: *spectroscopy.*
20g.

sbectrosgopig [cfdds. o'r S. *spectroscop-(ic)* + *-ig*[2]] *a.* Yn perthyn i sbectrosgop, yn defnyddio sbectrosgop: *spectroscopic.*
20g.

sbectrwm [bnth. S. *spectrum*] *eg.b.* ll. *sbectra, sbectrymau.* Yr ystod o liwiau (o'r donfedd hwyaf, sef coch, i'r fyrraf, sef fioled) a welir mewn enfys neu pan yrrir pelydr o oleuni gwyn drwy brism, &c.; (unrhyw ran o'r) holl amrediad pelydriad electromagnetig o ran tonfedd neu amledd, dosbarthiad penodol ar belydriad electromagnetig, yn enw. un sy'n dangos llinellau neu fandiau nodweddiadol o'r sylwedd sy'n allyrru'r pelydriad neu'n ei amsugno, (cofnod o d)dosbarthiad tebyg ar egni, màs, &c., yn ôl eu rhannau cyfansoddol;

---

hefyd yn *ffig.* amrediad neu ystod o rannau cyfansoddol wedi eu trefnu yn ôl gradd, ansawdd, &c.: *spectrum, also fig.*
1929.
Amr.: **ysbectrwm.** **20g.**

sbecyn, sbedaf: sbedu, gw. **sbec**[1], **sibed-af: sibedu.**

sbeng, sbeg, *eb.* ll. *-s.* Sylw gwawdlyd, coegni, gwawd, sen: *sneer, sarcasm, gibe, taunt.*
1908. Ar lafar, 'Speg neu speng' 'gwawd ar ben dyn', *Cymru* xxxv. [233] (godre Cered.); hefyd yn sir Gaerf. Cf. D. J. WILLIAMS: *ChHO* 63, Ond ni ddibennodd ei *sbengs* a'i wawd ohonof.

sbengan [be. o'r e. *sbeng*] *bg.* Gwneud sylwadau dirmygus neu goeglyd, gwawdio, gwatwar, gwneud hwyl (am ben rhywun): *to sneer, jeer, mock, ridicule, make fun (of someone).*
1918. Ar lafar, 'spengan, to sneer, jeer', 'Ma rhai'n spengan am ben pob dyn', *Cymru* xlvi. 22 (godre Cered.); hefyd yn sir Gaerf., weithiau yn yr ystyr 'ymffrostio, bragaldian', 'Rodd Lisa'n *sbengan* ddo bod gyda 'i gar newydd sbon'.

sbengllyd, sbenglyd [*sbeng* + *-l(l)yd*] *a.* Gwawdlyd, coeglyd: *sneering, sarcastic.*
Ar lafar yng Nghered. a sir Gaerf.

sbei [bnth. S. *spy*] *eg.* ll. *-s.* Ysbïwr: *spy.*
20g.

sbeic [bnth. S. *spike*] *eg.* (bach. *-yn*) ll. *-s.* Pigyn (metel), sbigyn, cethr: *spike.*
1896. Ar lafar, 'sbeicyn . . . sbeics', 'Fe drwanws y sbeicyn 'i gos a', *GTN* 711.
Gw. hefyd **sbig.**

sbeiliad, sbeiliaf: sbeilio, gw. **sbeliad; ysbeiliaf: ysbeilio.**

sbeiliwr, sbeilwraig, sbeilydd, gw. **ysbeiliwr.**

sbeinglas, sbeiral, gw. **sbenglas, sbiral.**

sbeis, ysbeis, (y)sbis [bnth. S. *spice*; tebyg mai orgraffyddol yn unig yw'r ff. yn *-c-* isod] *eg.* ll. *-ys.* Unrhyw sylwedd llysieuol pêr o arogl neu gryf ei flas, yn enw. ar ffurf hadau sych neu bowdr, a ddefnyddir i ychwanegu sawr neu flas, hefyd yn *ffig.*: *spice, also fig.*
15–16g. *TA* 232, Mae ar ginio mawr Gwynedd / Enw *ysbis* Ynys y Bedd; / Sinamwn, saffrwn, a sens. **1547** *WS*, Llyseu sioppeu ne *speisys.* id. *Yspeis* Spyce. **1604–7** *TW* (Pen 228), Spis d.g. *Galanga.* id. *spicis* d.g. *Sal . . . Sal Condimentarius.* id. yr *Speis*, ne'r lhysæ marchnat a elwir . . . Sinser d.g. *Zingiber.* **1718** (1721) S. THOMAS: *HB* 22, sidanau, a phob math o *speis.* **1775** D. JONES: *HCY* 44, Ymborthi mae [Iesu] ar Ffrwythau 'i Ardd, / Ymmhlith y *Speis* a'r Lili hardd. **1828** *Geir Pob* 31, *Yspeisis,* pereiddion, perlysiau. Ar lafar, 'Ma blas ryw sbeis ar y pwdin 'ma', ''Odd eisie mwy o bethe digri' i roi dipyn o *sbeis* yn y noson' (gogledd Cered.).
Cfn.: **sbeis coch**: *pickling spice.* Ar lafar, *Geir Geg* 65 (Môn).

sbeisiaf: sbeisio [bf. o'r e. *sbeis*] *ba.* Ychwanegu sbeis(ys) i, blasuso â sbeis(ys), hefyd yn *ffig.*: *to spice, also fig.*
1864.

sbeisiwr, (y)sbiswr [cfdds. o'r S. C. *spis-(our)* 'spicer', a *sbeis, (y)sbis* + *-(i)wr*; tebyg mai orgraffyddol yn unig yw'r ff. yn *-c-* isod] *eg.* ll. *sbeiswyr, (y)sbiswyr.* Un sy'n prynu a gwerthu sbeisys; apothecari, cyffuriwr, fferyllydd: *spicer; apothecary, druggist.*
c. **1400** *Études* viii. 348, Rac gwewyr: keis y dealdenia hwnnw a vyd gan y [*sic*] *yspiswyr,* a goreu yw hwnnw rac pob dolur. **1604–7** *TW* (Pen 228), *spictwr* d.g. *Aromatarius. c.* **1740** *LlM* 26, Cais Diasthea yr hwn sydd gyda'r Apothecari, neu'r *Speisiwr.*

sbeislyd [*sbeis* + *-lyd*] *a.* Yn cynnwys (llawer o) sbeis(ys), wedi ei flasuso neu ei sawru â sbeis(ys), hefyd yn *ffig.*: *spicy, spiced, also fig.*
20g. Ar lafar, 'Di o 'm yn licio bwyd *sbeislyd*'.

sbeit, ysbeit, ysbit [bnth. S. *spite*, S. Diw. Cyn. *spyt*] *eg.?b.* ll. *-s.* Malais, mileindra, ewyllys ddrwg, gwenwyn; niwed neu

---

sarhad bwriadol: *spite, malice, ill will, enmity; deliberate injury or insult.*
16g. *THSC* (1923–4) (At.) 58, ac y gwnaethub iddaw [Iesu] yr *ysbitt* mwyaf ar a ellit j wnaythyr; nid amgen no ffoeri yn y lygaid, ai gyraw a dyrnav. **16–17g.** *IICRC* iii. 74, ffe [*sic*] yr ffeyrad y wnan rhydd / o *speit* dannedd Pab ay ffydd / gymryd gwragedd a hepillio [*sic*] / nyd oes Cristion da nas gwnelo. **1672** R. PRICHARD: *Gw* 567, Nawr ni ddichon yn gwrthnebwr, / Nac oferddyn, na malisiwr, / Wneuthur *speit* na niwed iddo. **1718** (1721) S. THOMAS: *HB* 195, o wir *Speit* a dirmyg i'w Ddiscyblion a'i ganlynwyr ef. **1768** (1813) TWM O'R NANT: *FF* 33, Peth llai o'ch *speit* chwi 'rwy'n dymuno. **1828** *Geir Pob* 31, *Yspeit,* dirmyg, diystyrwch. Ar lafar, 'Ma honna'n gneud petha cas i bawb jest o ran *sbeit*' (Arfon); 'sbeit (eg) . . . sbeits', ''I næth 'wnna o *sbeit* i fi, mae'n llawn o 'en *sbeits*', *GTN* 711. Digwydd fel elf. mewn e. lleoedd, gw. *PNP* ii. 500, a D. SIMON EVANS: *O Fanc y Spite* (1966) 30–9.

sbeitiaf, ysbeitiaf, sbeitaf: (y)sbeitio, sbeito [bf. o'r e. *(y)sbeit*] *bg.a.* Poeni neu rwystro mewn ysbryd maleisus, trin yn sbeitlyd, bod yn sbeitlyd (wrth); gwneud hwyl sbeitlyd am ben: *to spite, treat spitefully, be spiteful (to); make fun of spitefully.*
1702 T. JONES: *Alm* [40], Hi a fydd yn flwyddyn greulon, / Fe *yspeitir* y tylodion, / Oni phaid y melinyddion, / A tholli yn rhy drymion. **18g.** (1725) *Beirdd y Berwyn* 27, Ac felly'n i awydd fo *speitiodd* yr Arglwydd. **1766** *CD* 165, Ysbortio a gwawdio, / *Ysbeitio* ac Yscornio. **1768** (1813) TWM O'R NANT: *FF* 10, A rhai mewn dispute i'm *speitio.* id. 11, Arferwch *ysbeitio* a hectro pob llangc. Ar lafar, 'sbeitio' 'to speak spitefully . . . to make fun of', ''Waeth gin i faint neith o *sbeitio* arna' i, 'tydi hi ddim yn 'mharu dim arna' i', *WVBD* 475; 'Fe næth 'wnna i dy *sbeito* di', *GTN* 711.

sbeitlyd [*sbeit* + *-lyd*] *a.* A wneir o sbeit, llawn sbeit, maleisus, milain, gwenwynllyd; gwatwarus, gwawdlyd: *spiteful, malicious; derisive, mocking.*
1895 D. OWEN: *SP* 66, a dwedai eraill yn ddigon *speitlyd* fod yn rhaid fod cadw siop yn talu yn dda. Ar lafar, 'sbeitlyd' 'spiteful', 'in a mocking, derisive manner', 'hen bwff *sbeitlyd*', *WVBD* 475; 'in a mocking, derisive manner', 'hen bwff *sbeitlyd*', *ib.*; 'Paid o fod yn *sbeitlyd* i dy frawd bæch', *GTN* 711.

sbel [bnth. S. *spell*] *eb.* (bach. *-en*) ll. *-(i)au.*
(a) Cyfnod o amser (gweddol faith), (cryn) ysbaid, peth amser, saib (byr), seibiant, toriad, hoe, gwynt; cyfnod o waith, twrn, stem, plwc: *(fairly long) spell (of time), (quite) a while, some time; (short) pause, respite, break, rest, breathing-space; period of work, shift.*
1881 D. OWEN: *D* 150, mi fu gynon ni hiraeth garw ar 'i ol o am *spel.* Ar lafar, 'ers dael fawr', ''Well i ti gal sbel 'rŵan', *WVBD* 475; 'Fi 'steddas lawr i gæl *sbel*', 'Welas i ddim og e am *sbel*', *GTN* 708; 'a turn of work to relieve another person, a rest . . . a period of time; pl. sbele . . . (of a moody or uncertain person) whims, humour', *SC* vi. 127 (sir Benf.). Clywir yr ymad. 'sbel fwgyn' yn yr hoe ynghanol gwaith i smocio pib neu sigarêt', *B* xii. 24 (ardal Llanelli); a 'Spel Whiff . . . a custom with colliers of having a general smoke before starting to their several headings underground . . . Spel Whiff a'i smoco i'n waff . . . (Rhondda Valley)', *LlGC* 1173, 80.

(b) Cryn bellter, tipyn o ffordd; cryn dipyn, nifer da: *quite a way or distance; quite a bit, a good number.*
1908. Ar lafar, 'Tyd yn dy flaen, wir, ma gynnon ni *sbelan* i fynd eto' (Arfon); 'in cered *sbel* o fla'n ir asinnod', *Wês wês* 22; 'Bydden ni'n glychu'n amal wrth fynd i'r ysgol achos 'odd hi'n *sbel* o'n tŷ ni' (gogledd Cered.).
Cfn.: **o sbel**: (by) *quite a bit,* (by) *a good bit.* Ar lafar, 'Mae'n oerach *o sbel*', 'Mae'r ochr 'ma'n llaesach *o sbel*' (Arfon).

sbelaf: sbelan[1], gw. **sbeliaf**[1]: **sbelian.**

sbelan[2] [be. o'r e. *sbel*] *ba.* yn yr ymad. *ei sbelan hi.* Cymryd hoe, cael seibiant: *to take a break, have a rest.*
Ar lafar, 'Yn ni'n 'i *sbelan* 'i ry amal, achos mae'n depyg i law' (dwyrain Morg.).

sbelen, gw. **sbel.**

sbeliad, ysbeliad [bôn y f. *sbeliaf*[1], *ysbeliaf,* &c.; cf. *sbeliaf, (y)sbelio,* &c. + *-iad*[1]] *eg.* ll. *-au.* Sillafiad, orgraff: *spelling, orthography.*
1688 *TJ* (At.) [8], [ll]ythyrennau eraill . . . yn newidio eu sŵn a'u gynan yn *yspeliad* yn y Saesneg. **1716** T. EVANS: *DPO* 56, yr un *Speliad* ag oedd yn y Chronicl.

1775 J. THOMAS: *NBAF* [ii], amherffeithrwydd yr *yspeliad* a 'r iaith. **1778** J. THOMAS: *HB* 49, diwygiad *ysbeliad* y iaith. **1788** J. ROBERTS: *AR* iii, yn gwellau, [*sic*] eu *Speliadau* a'u Grammedegau. [**1794**] E. ROBERTS: *CDAA* 12, Ac am hynny ni ddylent fôd o'r un *ysbeliad*.

Amr.: **(y)sbeiliad** [cf. *cam*(*y*)*sbeiliad*, ff. ar *camsbeliad*]. **1761** *NBCR* 16, Ymha un y mae'r jawn hên Gymraeg a *Speiliad* da arno. **1787** E. ROBERTS: *PCF* 19, Ffei dysgu rhyw Lyfre im gene mae'n gas / A dweudyd fy Mhader sy flinder di flâs / I drin '*speiliade* rwy weithie'n rhu wan. **1795** J. THOMAS: *AIC* 35, cywir *ysbeiliadau* geiriau.

Gw. hefyd **camsbeliad**.

sbeliaf[1], sbelaf, ysbeliaf: sbelian, sbelan[1], (y)sbelio [bnth. S. (*to*) *spell*] bg.a. Sillafu, sillebu; ynganu (llythrennau): *to spell; pronounce* (*letters*).

1547 *WS* [xx], wrth ddyscy i blant sillafy ne *spelio*. id. Yspelio ne sillafy Spell. **1672** R. PRICHARD: *Gw* 586, Yr wyfi gwedi *spelian* amryw o eiriau saesneg . . . yn y ffordd gymreigaidd. **1688** *TJ* (At.), [10], yn y saesnaeg . . . *yspelir* j mewn ffordd ddeithirol iawn i'r Cymru: A rhy anodd ei dysgu heb gynorthwyad tafod llyferydd. [**1744-5**] G. JONES: *RYC* 4, dysgu eu 'Sgolheigion i '*sbelian*. **1754** G. OWEN: *L* 122, Braidd y medraf i ddarllen y llaw, gan ei bod hi o'r hen ddull, a *spelio* pur ddrwg. [**1783**] *W*, spelian d.g. To spell. **1788** J. ROBERTS: *AR* 13, ysbéliwch y geiriau'n hytrach yn eich meddwl. **1795** J. THOMAS: *AIC* 6, F. A *Sbelir* bob amser fel ff yn y Gom'raeg. **1828** *Geir Pob* 28, Yspelio, sillebu, silliadu. Ar lafar, 'Sut 'ti'n *sbelio* 'because'?' (Arfon); 'Siŵd ŷch chi'n *sbelian* 'Zbigniew'?' (canolbarth Cered.); 'Sut 'dach chi'n *sbelio* yn Gymraeg?' (gogledd Cered.); 'Siŵd ma *sbelan* 'Nebuchodonosor'?' (sir Gaerf.).

Cfn.: **sbelio allan**: *to spell out, fig.* **1767** J. THOMAS: *A* 24, ein gadel i '*sbelio allan* Hawl i Ordinhad orchymmynedig oddi wrth y fath Dybiau anneall-adwy. **1772** S. PHILIPPS: *ET* iv, Dedwydd Bobl ac sy'n *spelio* eu Crefydd allan oddiyno, a rhai ni dderbyn-iant ddim, oni bydd Awdurdod 'scrythorol am dano.

Gw. hefyd **camsbeliad: camsbelio**.

sbeliaf[2]: sbelio, gw. **ysbeiliaf: ysbeilio**.

sbeliwr [bôn y f. *sbeliaf*, &c.: *sbelian*, &c. +-*iwr*] eg. Sillafwr, sillebwr: *speller*. **1923**.

sbelt [bnth. S. *spelt* 'type of wheat'] eg. Bot. Math cyntefig o wenith, *Triticum spelta*: *spelt*. **1604-7** *TW* (*Pen* 228), yyt *Spelt* d.g. *Zeopyron* (At.).

sbelter [bnth. S. *spelter*] eg. Sinc amhûr: *spelter*. **1931**.

sbelwaf: sbelwi, gw. **ysbelwaf: ysbelwi**.

sbena [bnth. S. (*to*) *subpoena*] eg. a hefyd fel be. Gwŷs i roddi tystiolaeth, gwyslythyr; gwysio: *subpoena; to subpoena*. **20g.** Ar lafar, '*sbena*' 'to subpoena', *WVBD* 475.

sbendiaf: sbendio [bnth. S. *to spend*] ba. Gwario (arian), treulio (amser): *to spend* (*time or money*).

c. **1762-79** W. WILLIAMS: *P* 158, mi spendiais ar fy nhaith . . . 15 mîs a rhyw ddiwrnodau. id. 160-1, wrth borthi y rhai'n . . . y mae ef yn spendio swm anghredadwy o arian. **1768** W. WILLIAMS: *HTS* 18, *spendio* can dryll o arian. **1777** W. WILLIAMS: *DN* 55, Gorfod talu arian o'm hanfodd a *spendiwyd* ar ddynion segur. id. 58, Yma y *spendiodd* ef ei feddiannau, treuliodd ei amser. **1777** M. WILLIAMS: *BM* 37, p'sawl ugain miliwn lawn / A *spendiodd* Brydain wrthych . . .?

sbengar [*sbeng*+-*gar*] a. Gwawdlyd, coeglyd: *sneering, sarcastic*. Ar lafar yn sir Benf.

sbengi, gw. **sbaengi**.

sbenglas, sbinglas, sbeinglas [bnth. S. *spying-glass*] eg.b. Ysbienddrych; binocwlars: *telescope; binoculars*. **1926.** Ar lafar, '*sbenglas*, s.f.' 'telescope', *WVBD* 475; hefyd yn y Gogledd yn y ff. *sbinglas* a *sbeinglas*. Yn Eifionydd clywir yr ymad. 'perthyn drwy *sbinglas*' yn yr ystyr 'perthyn o bell'.

sbens, ysbens, sbensh, &c. [bnth. S. *spence* 'buttery, larder'] eg.b. ll. -*ys*. Bwtri, llaethdy, pantri; twll dan grisiau, cwtsh dan staer; hefyd yn *ffig.*: *buttery, dairy, pantry; understairs cupboard; also fig.*

15g. *GLGC* 152, Seler a bwtler, ysbéns—gwirodydd, /

canuau y sydd a ffrancinséns. **1604-7** *TW* (*Pen* 228), Spens d.g. *Cellaria, Cellula*. **18g.** *CM* 39, 101, Turd yn nes os wut yn ddiddrwg / a Lusga [*sic*] yr gelen yma ir golwg / Dyma *spence* a phirion gyfle / iw gadw yn barod dan y bore. Ar lafar yn yr ystyr 'twll dan grisiau', 'Spens', *ISF* 65; 'spens', *B* xv. 23 (Meir.); hefyd yn y Gogledd yn y ff. *sbensh* a *sbenj*.

sbensel, sbenser [bnth. S. *spencer*; am -*r* ac -*l* yn ymgyfnewid, cf. *corner*, *cornel*] eb. Côt fawr fer ddigynffon, côt neu siaced fer, bodis: *spencer* (*overcoat*), *short coat or jacket, bodice*. **1923.** Ar lafar yn y Gogledd yn y ff. *sbensal*. Cf. Hen *B* 110, Tlws yw esgid gwraig i grydd, / Tlws yw mantell gwraig i wŷdd, / Tlws yw *sbenser* gwraig i deiliwr, / Tlysa' peth yw siaced llongwr.

sbensh, sbêr, sberaf: sberu, gw. **sbens, ysbêr, swperaf: swperu.**

sberm [bnth. S. *sperm*] eg. ll. -*au*. Cell atgenhedlol wrywaidd, gamet gwryw, had (gwryw), semen: *sperm, semen*. **20g.**

sberma, ysberma [bnth Llad. Diw. *sperma*] e?b. Sberm, had (gwryw), semen: *sperm, semen*. *c.* **1400** *Études* vii. 62, Penn. bwyt trwm yw . . . ac achwnagu [*sic*] *sperma* a wna. id. 64, Os gyt a meib gwressawc yd a gwlyborawc a meithrin *sperma*. **1545** ELIS GRUFFYDD: *Ll* 177, amlder o *ysberma* o vewn y korf. **1545** *CM* 1, 6, had yr hilliogaeth yr hwn A he[n]wir *ysberma*. Diw. 16g. *WLB* 84, a chwanegu *sperma* a wnant [maip] os berwir hwynt yn dda.

sbermaidd [*sberm*+-*aidd*] a. Yn perthyn i sberm: *spermatic*. **20g.**

sberwan [bnth. rhyw ff. ar S. C. *sperwe* 'sparrow'; cf. S. C. *sparewene*] eg. Aderyn y to, llwyd y to: *sparrow*. **14g.** *B* ix. 326, llyma vi vegys *sperwan* neu vchedyd kyfrwng crauagheu hebauc.

sbesial [bnth. S. *special*] a. Arbennig, neilltuol, nodedig, anghyffredin; arbennig o dda: *special; especially good*. **20g.** Ar lafar, 'Ma fe'n foi *sbesial* iawn', ''Odd y bwyd 'na'n *sbesial*' (Cered.); ''Odd y ffilm welon ni ddim yn *sbesial*' (sir Gaerf.). *Cfn.*: **yn sbesial**: *with the express purpose, expressly, especially*. Ar lafar, 'Byta'r gacen 'na—fe nes i honna'n *sbesial* i ti' (gogledd Cered.); 'Es i draw *yn sbesial* i'w gweld hi' (Cered.).

sbesialist [bnth. S. *specialist*] eg. ll. -*iaid*. Arbenigwr (yn enw. mewn meddyg.): *specialist* (*esp. in med.*). **1926.** Ar lafar, 'Ma fe'n gweld y *sbesialist* esgyrn wythnos nesa'' (gogledd Cered.).

sbesialydd [cfdds. o'r S. *special*(*ist*)+-*ydd*] eg. ll. -*ion*. Arbenigwr: *specialist*. **1926.**

sbesiffig [bnth. S. *specific*] a. Penodol, neilltuol, unigol, priod; *Ffis.* cymharol: *specific* (*also in phys.*). **20g.**

sbesimen, sbesimin [bnth. S. *specimen*] eg.b. ll. *sbesimenau, sbesiminiau*. Gwrthrych neu ran a ystyrir yn nodweddiadol o'r grŵp, y dosbarth, &c., y mae'n perthyn iddo, esiampl; *Meddyg.* sampl o waed, dŵr, &c., a gymerir er mwyn ei archwilio'n ddiagnostig: *specimen* (*also in med.*). **1928.** Ar lafar, 'Well i fi fynd â'r *sbesimen* 'na i'r 'sbyty 'fory' (Arfon); hefyd yn ddifr., ''Wyt ti wedi gweld 'i gŵr hi? 'Na 'ti *sbesimen* yw hwnnw 'te!' (gogledd Cered.).

sbeunaf: sbeuna, sbi, sbiadur, sbiaf: sbio, sbiannaf: sbianna, sbiannwr, gw. **sbïennaf: ysbïenna, ysbï, ysbïadur, ysbï-af: ysbïo, ysbïennaf: ysbïenna, ysbïenn-nwr.**

sbic[1,2,3], gw. **sbeis, sbig, lafant—lafant sbic.**

sbicnard, ysbicnard, sbignard [bnth. S. *spikenard*] eg. Nard (planhigyn ac eli); lafant: (*spike*)*nard* (*plant and ointment*); *lavender*. **14g.** *ACL* i. 45, Spiknardi. *spiknar* [*sic*]. *c.* **1400**

Études vii. 56, spiknardi, *spignard*. **1567** *LlGG* 41a, gwraic a chenthi vlwch o oleo *spicnard* gwerth-fawr. **1567** *TN* 74a, oleo *spicnard* gwerth-vawr [:- lavandr pur]. id. 153b, irait o *spicnard* [:- lavand] tra gwerth-vawr. **1604-7** *TW* (*Pen* 228), L.hyseulwyn yn tyfu'n India, ne Syria, a elwir *spicnard* d.g. *Nardum*. **1670** J. HUGHES: *AP* 429, [blwch] . . . o ennaint *Spicnard* gwerthfawr. **1722** *Llst* 189, *Spicnard*. m. Spikenard. id. *Yspicnard*. m. Spikenard. **1778** *W*, *yspicnard* d.g. *Nard*.

Amr.: **ysbignardd**. **1801** *MMf* 202.

sbicwl, sbicyn, gw. **sbigwl, sbig.**

sbid [bnth. S. *speed*] eg. Cyflymdra: *speed*. **1922.** Ar lafar, ''S dim rhyfadd 'i fod o wedi mynd i'r wal, 'roedd o'n mynd ar ormod o *sbid*'.

sbidiaf, sbidaf: sbid(i)o [bf. o'r e. *sbid*] bg. Gyrru (modur, &c.) ar gyflymdra uchel, yn enw. uwchlaw'r cyfyngiad cyflymdra: *to speed*. **20g.** Ar lafar, 'Paid â *sbidio*'r ffŵl' (Arfon); ''Gath e 'i ddala'n *sbido*' (sir Gaerf.).

sbiddrych, sbienddrych, sbiennaf: sbienna, sbiennwr, gw. **ysbiddrych, ysbienddrych, ysbiennaf: ysbienna, ysbiennwr.**

sbif (i) [bnth. S. *spiv*] eg. ll. -*s*, weithiau gyda grym ansoddeiriol. Un sy'n ennill ei fywoliaeth drwy ddulliau amheus neu anegwyddorol, ac yn enw. un felly sy'n gwisgo dillad llachar, &c., ffiïar: *spiv*. **20g.** Ar lafar, ''Swn 'im yn drystio fo—mae o'n rêl *sbif*'.

sbig, ysbig[1] [bnth. S. *spike*] eg.b. (bach. g. -*yn*, ll. -*nau*; b. -*en*) ll. -*au*. Pig(yn), sbeic: *spike*. **1803** *P*, *Yspig*, s. f. . . . . A spike, a spine. Clywir *sbigan* yn yr ystyr 'menyw sbeitlyd, siarp', 'Os wyt ti'n 'mofyn prioti *sbigan*, wel myn 'onna', *GTN* 708. Clywir y ff. *sbic*(*yn*) yn y diwydiant glo yn yr ystyr 'darn blaenllym o haearn neu o bren a haearn a drewid i bost i ddal lamp neu gannwyll', *Geir Glo* 97 (dwyrain Morg.).

Gw. hefyd **sbeic.**

sbigfrwyn [*sbig*+*brwyn*, ar ddelw'r S. *spike-rush*] e.ll. (un. b. -*en*). Unrhyw un o amryw fathau o blanhigion cors bychain o'r tylwyth *Eleocharis* sy'n dwyn blodau ar ffurf sbigau niferus, clwbfrwyn: *spike-rush*. **20g.**

sbiglerod, sbigleryn, gw. **sbingaleryn.**

sbignard, sbigod, gw. **sbicnard, ysbignod.**

sbigog, ysbigog [*sbig, ysbig[1]*+-*og*; tywyll yw'r ystyr yn yr engh. gyntaf isod] a. Pigog: *prickly*. **15-16g.** LLAWDDEN, &c.: *Gw* 227, Cawn frithyll ffrowyll, a wna ffo i'r eog / Cawn Arth ysbagau, cawn wyrthiau *sbigog* [awdl frud i Harri VIII]. **1813** *WB* 26, Prickly Saltwort; Hel-lys *yspigawg*.

sbigwl, spicwl [bnth. S. *spicule*] eg. (bach. *sbigylyn*) ll. *sbigylau, sbicylau*. *Swol.* Ffurfiant bychan pigfain, yn enw. un o'r elfennau calchaidd neu silicaidd sy'n ffurfio ysgerbwd sbwng, &c.: *spicule* (*in zoology*). **20g.**

sbigwll [?cf. S. *spicule* 'splinter'] e?b. Hoelen bren: *wooden nail*. **1861.** Ar lafar ym Môn, 'Rhaid imi gael rhyw *sbigwll* bach i fan yna eto' [wrth wneud cadair].

sbigylyn, sbigyn, gw. **sbigwl, sbig.**

sbigyrnel [bnth. S. C. *spigurnel*] e?g. Planhigyn anhysbys tebyg i'r banadl: *unknown plant similar to broom*. *c.* **1400** *Études* vii. 310, Kymer y llysseu hynn: bugyl, pigyl, samkwl . . . *spigyrnel*.

sbilaf: sbilo, gw. **ysbeiliaf: ysbeilio.**

sbilbwr, sbilbo, eg. ll. *sbilbwn*. Anifail sy'n tresbasu: *trespassing animal*. Ar lafar, '*Spilbwr*, N.m.s. An animal that trespasses upon another man's lands. *Spilbo* is a variant. Plur. *sbilbwn*', *GDD* 269. Clywir *sbilbo* hefyd yn yr ystyr 'dyn tal tenau', 'Cer o 'na'r *sbilbo* main'.

sbilen, sbiliaf: sbilio, sbiliwr, gw. sbils, ysbeiliaf: ysbeilio, ysbeiliwr.

sbils [bnth. o'r ff. l. S. *spills*] *e.ll.* (un. b. *sbil(s)en* ll. *-ni*, g. *sbilsyn*). Stribedi o bapur wedi eu rholio'n dynn neu ysgyrion pren hirfain, a gyneuir i danio pibell, &c.: *spills* (*for lighting a pipe, &c.*).

1922. Ar lafar, "Odd e'n un da am rowlio pisyn o bapur i neud *sbilsen*' (gogledd Cered.); 'Gnæ gwpwl o *sbils* ifi i arbad y matshyz', *GTN* 708. Clywir hefyd *sbilen* yn yr ystyr 'ysgyren', '*sbilen* o asgwrn' (sir Drefn.); a digwydd *sbilsan* yn yr ystyr 'swm da o arian', "Dyw a ddim yn glawd! Ma *sbilsan* fach nêt ginto', *GTN* 708.

sbin (*i*) [bnth. S. *spin*] *eg.b.*

(*a*) Troelliad, troad, chwyrlïad, symudiad troellog a roir ar bêl wrth ei thaflu neu ei tharo gan beri iddi newid cyfeiriad neu gyflymdra wrth adlamu, hefyd yn *ffig.*: *spin, also fig.*

20g. Ar lafar, 'A dina'r *sbin* ofnadw 'na a'r gleider fach las yn deifo tua'r llawr', *Wês wês* 35; 'Mae'n dibynnu pa fath o *sbin* rown ni ar y stori'.

(*b*) Taith bleser fer (mewn car, &c.), tro: *spin* (*in car, &c.*).

20g. Ar lafar, "Gawson ni *sbin* dda yn y car pnawn ddoe' (gogledd Cered.).

sbinaets, sbinets, sbinash, sbinais, &c. [bnth. S. *spinach*] *eg. Bot.* Pigoglys, *Spinacia oleracea*: *spinach.*

16g. *LlS* 127, Spinacia yn Llatin . . . o gyfneseifrwydd cymydogeth a gyfar ar Saeson ei enwi *Spinaeds*. **1790** M. WILLIAMS: *BM* [11], letus, *spinash* a phob math o salets. *id.* [13], Hauwch radishes, *spinash*, a salaets eraill. Ar lafar, 'Mae'n anodd cael *sbinetsh* ffresh heddiw' (Arfon).

sbinag, sbinagl, gw. ysbinagl.

sbinais, sbinash, gw. sbinaets.

sbinet, sbined [bnth. S. *spinet*] *eg.* Offeryn cerdd tebyg i harpsicord bychan, ac iddo un tant ar gyfer pob nodyn: *spinet.*

20g.

sbinets, gw. sbinaets.

sbingaleryn, sbing(i)leryn, sbigleryn, *eg.* ll. *spi(n)glerod.* Offeryn bychan o wifren drwchus a yrrir i bostyn i ddal lamp glöwr, gwifren a sicrheir wrth lamp glöwr er mwyn ei hongian: *small wire implement driven into a post to hold a miner's lamp, wire attached to a miner's lamp so that it can be suspended.*

Ar lafar yn y diwydiant glo yn y De, 'Spigleryn . . . spiglerod . . . A certain shaped wire with which the colliers hang their naked light, lamp or candle, in their workings', *LlGC* 1173, 81; '*sbingaleryn*', *Geir Glo* 97.

sbinglas, gw. sbenglas.

sbiniaf[1], sbinnaf: sbinio, sbinno [bnth. S. (*to*) *spin*] *bg.a.*

(*a*) (Peri) troelli, hefyd yn *ffig.*; troellsychu: *to spin, also fig.*; *spin-dry.*

20g. Ar lafar, "Well i mi *sbinio*'r dillad 'ma, ne sychan' nhw byth' (Arfon); 'Dim rhagor o win i fima 'mhen i *sbinno*'n barod' (gogledd Cered.).

(*b*) Pysgota â sbinner neu bluen dro: *to fish with a spinner.*

20g.

sbiniaf[2]: sbinio, sbinnaf: sbinno, gw. disbeiniaf: disbeinio, sbiniaf[1]: sbinio.

sbinner [bnth. S. *spinner*] *eg.* Pluen bysgota sy'n troelli wrth ei thynnu drwy'r dŵr, pluen dro: *spinner (in fishing).*

20g.

sbinwch, sbinys, gw. hesbinwch, ysbîn.

sbir, *eg.* Pared, canolfur: *partition* (*wall*).

Ar lafar, 'Doti *sbir* i nuthur dwy stafall' (dwyrain Morg.).

sbiral, sbeiral [bnth. S. *spiral*] *a.* a hefyd fel *eb.g.* ll. *-au.* Yn troi o gwmpas pwynt sefydlog gan ymbellhau oddi wrtho neu agosáu ato ar raddfa gyson yn yr un plân, yn ffurfio cromlin barhaol sy'n dirwyn fel edefyn sgriw ar ffurf silindraidd neu gonig,

troellog; cromlin sbiral, gwrthrych sbiral, hefyd yn *ffig.*: (*a*) *spiral, also fig.*

1924.

sbiridol [bnth. dysg. Llad. *spīrituālis*] *a.* Ysbrydol: *spiritual.*

1611 R. SMYTH: *SG* 77, gras spiridawl.

sbirochaet [bnth. S. *spirochaete*] *eg.* ll. *-au.* Unrhyw un o amryw fathau o facteria hyblyg ar ffurf sbiral, yn enw. un sy'n achosi siffilis: *spirochaete.*

20g.

sbiryddiad [cfdds. dysg. o'r Llad. (*in-*)*spīr(ātio*) + *-ydd[3]* + *-iad[1]*] *eg.* Ysbrydoliaeth: *inspiration.*

p. **1584** G. ROBERT: *GC* [347], Gwyn i byd nhwy sy'n dlodion tr[w]y'r ysbryd . . . nid oi [*sic*] hanfodd, ond o spiryddiad o'r ysbryd glan.

sbis, sbisaf: sbiso, sbiswr, gw. sbeis, sbosaf: sboso, sbeisiwr.

sbit [bnth. S. *spit* 'saliva']; cf. yr ymad. S. 'the very spit of'] *e?g.* yn yr ymad. *yr un sbit.* Yr un ffunud (â), yr un boerad (â): *the spitting image (of), the very spit (of).*

Diw. 19g. Ar lafar, "Gwrddes i â'i chwaer hi y diwrnod o'r blân, a ma'r ddwy o nw'r *un sbit*' (gogledd Cered.); "Odd e'r un *sbit* â'i dad pan odd e'n fach' (sir Gaerf.).

sbîtsh, ysbîtsh [bnth. S. *speech*] *eb.* Araith: *speech.*

1828 Geir Pob 31, Yspits, araeth, arawd. Ar lafar, "Odd e'n itha' ofnus, ond fe roth e *sbitsh* fach deidi iawn' (gogledd Cered.).

sbitŵn [bnth. S. *spitoon*] *eg.* ll. *-s, sbitwnau.* Llestr i boeri iddo: *spittoon.*

1933.

sbïwr, sblachaf: sblachu, gw. ysbïwr, siwblachaf: siwblachu.

sbladdriaf, sbladdraf: sbladdr(i)o [cf. S. (*to*) *blather*] *bg.a.* Siarad lol, baldorddi, taenu (cyfrinach, &c.) ar led, dweud yn ddifeddwl neu'n ddi-dact: *to blather, prattle, blab, blurt out.*

1913. Ar lafar, '*sbladdrio*' 'to talk nonsense . . . also *sbladdrio* celwydd', *WVBD* 475; '*sbladdro*: siarad ar gyfer', 'paid a *sbladdro*', *Cymru* xlvii. [195] (sir Ddinb.).

sblai, sblae [bnth. S. *splay*] *a.* Ar led (am draed), yn troi allan: *splay (of feet).*

Ar lafar, 'trad *splae*', *B* iv. 302 (canolbarth Cered.); 'Ma træd *sblai* ginto', *GTN* 709.

sblander, gw. ysblander.

sblash [bnth. S. *splash*, a bôn y f. *sblasiaf: sblasio, sblasian*] *eg.b.* ll. *-ys.* (Sŵn) ysgeintiad, tasgiad (hefyd o liw, paent, &c.); swae, sbloet, sioe, dathliad: *splash (also of colour, paint, &c.); show, extravagant display, celebration.*

1926 Ll v. (1926) 9, Gwasanaeth—gweddi—*sblais* ar y dŵr, / A phlanciau gweigion lle'r eaent hen wŷr (T. H. Parry-Williams). Ar lafar, "Odd 'na gythral o *sblash* pan ddisgynnodd o i'r pwll' (Arfon); 'Bu yffarn o *sblash* 'na nithwr. Fe gostiodd hwnna dipyn iddyn' nhw!' (Cwm Rhondda).

sblasiad [bôn y f. *sblasiaf: sblasio, sblasian* + *-iad[1]*] *eg.* ll. *-au.* Ysgeintiad, tasgiad, sblash (hefyd o liw, paent, &c.): *splash (also of colour, paint, &c.).*

20g.

sblasiaf: sblasio, sblasian [bnth. S. (*to*) *splash*] *bg.a.* (Peri) ysgeintio, (peri) tasgu, symud gan dasgu dŵr, &c., peri i (ddŵr &c.) dasgu drwy symud yn gyflym drwyddo, hefyd yn *ffig.*: *to splash, also fig.*

1845. Ar lafar, 'Ma'r paent 'ma'n rhy dene, ma fe'n *sblasio* bobman', 'Paid â *sblasio*'r dŵr dros y llawr' (sir Gaerf.).

Cfn.: **sblasio allan (mas):** *to splash out.* Ar lafar, 'Ma hi'n *sblasio allan* ar ddillad yn ofnadwy es iddi ennill y loteri' (Arfon); 'Hi odd yr unig ferch ac wrth gwrs fe *sblasion* nhw *mas* ar y briodas' (gogledd Cered.).

sbleddach, gw. ysbleddach.

sbleiaf: sbleio [bnth. S. *to splay*] *bg.a.* Torri neu weithio (rhywbeth) ar ogwydd

neu osgo, befelu, goleddfu; troi allan (am draed): *to splay, bevel, slant; splay (of feet).*

[**1783**] *W*, Gweithio pen gwâl, neu naddu pen pren, ar wêdd cŷn . . . vulgò *spleio* d. g. To splay [*in Masonry, Joinery, &c.*]. Ar lafar yn nwyrain Morg., 'Ma fa wedi mynd i *sbleio*'n fudur' [am rywun yn troi ei draed allan wrth gerddeo].

sbleiden [bnth. S. taf. *splayed* + *-en*] *eb.* Anner wedi ei disbaddu: *spayed heifer.*

Ar lafar, *Cymru* xxxix. 96 (Brych.).

sbleiog [bôn y f. *sbleio: sbleio* + *-og*] *a.* Ar led (am draed), yn troi allan, sblai: *splay (of feet).*

Ar lafar yn nwyrain Morg.

sbleisiaf, sbleisaf: sbleis(i)o [bnth. S. (*to*) *splice*] *ba.* Uno dau ben (rhaff, tâp, &c.) drwy eu plethu, eu gludio, &c.: *to splice.*

1928. Ar lafar, '*spleisio*, rhwymo dwy raff', *LlLlM* 107; '*spleiso*', *B* viii. 222 (Morg.); hefyd yn y ff. *sblisio, Cymru* xlvii. [195] (sir Ddinb.).

sblên, gw. sblin.

sblendid, ysblendid [bnth. S. *splendid*] *a.* Ysblennydd, gwych: *splendid, brilliant.*

1851.

sblenetig [bnth. S. *splenetic*] *a.* Wedi ei effeithio gan anhwylder ar y ddueg: *affected by a disorder of the spleen, splenetic.*

c. **1400** *Études* viii. 376, Vrin splennetic lludwlyt, periglus heuyt vyd.

sblennaidd, sblennydd[1], gw. ysblennydd.

sblennydd[2], gw. sblent[2].

sblent[1], ysblent[1] [bnth. S. Diw. Cyn. *splent* 'splint'] *eb.* (bach. *-en*) ll. *-(y)s.*

(*a*) Sblint (ar gyfer asgwrn toredig, &c.): *splint* (*for broken bones, &c.*).

Diw. 16g. *WLB* 72, a ffan ddarffo roi yr asgwrn yn i lle . . . [c]ayf ef i fynny ac *splentes* ne styllod bychain. Clywir *sblenten* yng ngorllewin sir Ddinb. yn yr ystyr 'ysgardyn o bren, fflaw'.

(*b*) Chwydd caled neu dyfiant esgyrnog ar goes ceffyl, cragen gar: *splint (excrescence on horse's leg).*

16g. *Pen* 86, 147, Rac yr *yss byblent* [*sic*] a dy dan y gyliniav bylac[n]. [**1762**] E. POWELL: *HEI* 62, Cyngor i wella'r *Splent*, math o chwydd caled ar Ysceriau [*sic*] neu Grimogau Cyffyl. **1771** *PDPh* 54, math o chwydd neu delpyn caled y tu fewn neu tu faes i asgwrn y glin flaen . . . ychydig islaw pen y gliniau yw'r *Splent* ar Geffyl.

sblent[2], ysblent[2] [?cf. *sblent[1], ysblent[1]*] *eb.* ll. (*y*)*sblentydd, sblennydd.* Haenen o rew, iäen, plymen, rhewlif, (diw.) dibyn: *sheet of ice, glacier; (late) precipice.*

1703 E. WYNNE: *BC* 117, a Chreigieu dirfawr yn crogi trosodd, a *splentydd* dibyn o rew anhygyrch. *id.* 123-4, a'u gyrru . . . i'r *Splent* fawr ar Gwlâd yr Iâ tragwyddol. **1803** *P*, Ysplent, s. f.—pl. t. *yz* . . . a sheet of ice. Ar lafar, '*sblent*, plymen o rew, rhew trwchus', *Cymru* lxii. 175 (gorllewin Meir.); hefyd am 'ddarn o graig wedi syrthio', *id.* xlvii. [195] (sir Ddinb.). Cf. S. LEWIS: *S* 15, Fel hwnnw a ddringodd *sblennydd* (*THSC* (1962) 167, = cliff, precipice) gwlad anobaith.

Gw. hefyd sblint.

sblenyddaf: sblenyddu, gw. ysblenyddaf: ysblenyddu.

sbliff [bnth. S. *spliff*] *eb.* ll. *-s* (un. b. *-en*). Sigarét sy'n cynnwys canabis: *sbliff.*

20g. Ar lafar, 'Ma pobol yn smoco pethe lot gwath na *sbliffs* dyddie 'ma' (sir Gaerf.); 'Wrth gwrs fod 'na hwyl dda arna' i, 'gesh i *sbliffsan* bach cyn dwad allan!' (sir Fôn).

sblin, ysblin, (y)sblên [bnth. S. C. *splen(e)*, S. *spleen*] *eb.g.*

(*a*) Dueg, poten ludw: *spleen, milt.*

c. **1400** *Études* viii. 80, Y sanguis a vyd yn tu deheu . . . a'r malencoli yn tu assw dan yr *splenn* [*sic*]. *id.* 94-6, Almys . . . agori kaledwch yr auu a'r *splen* a wnant. **1545** *CM* 1, 92, ynnyr *Esblin* a goruwch y llwyne. *Diw.* 16g. *WLB* 87, yr *splen* gwaed da a ffilewm a fag.

(*b*) Pruddglwyf, y felan, iselder ysbryd, bustl; hysteria, y famwst: *melancholy, hypochondria, spleen; hysteria*.

1762 *ML* ii. 447, Clwy'r fam . . . y gelwir y clwyf hwnnw . . . yma, a'r *spleen* (ys blin) y geilw rhai ef. *id.* 460, Digrif o'r esgus oedd gantaw i gael gwreigyn, nid pob menyw a yrr i bant yr *ysblin*. **1768** W. WILLIAMS: *HTS* 19, jandis, y *splin*, a'r nerfows. **1769** TWM O'R NANT: *TChD* 29, Nag ymlyd Putainiaid na gwneud mewn *sblîn*, / Gamwedd wrth drin, [*sic*] Degyme. **1793** *Cylchg* 185, Y mae tristwch didor . . .yn dwyn dyn yn yspail i'r *ysblin*. *id.* 239, pe gwybyddem fod rhai o'r darllenyddion yn dueddol i'r *ysplin*, ni a'i hargraphem [cân ddigrif] er eu mwyn. Clywir *sblin* yn sir Benf. yn yr ystyr 'y ddannodd'.

sblint [bnth. S. *splint*] *eg.* (bach. *-yn*) ll. *-iau*, *-s*.

(*a*) Darn hirgul anhyblyg o bren, plastig, &c., a ddefnyddir i gyfyngu ar symudiad rhan o'r corff sydd wedi ei hanafu, yn enw. asgwrn toredig, hefyd yn *ffig.*; sbilsen bren (at gynnau sigâr, &c.); ysgyren, ysgardyn: *splint* (*for broken bones, &c.*), *also fig.*; *splint* (*for lighting cigar, &c.*); *splinter*.

20g. Ar lafar, ''Gas e *sblint* 'di roi ar 'i gos e cyn mynd i'r ysbyty' (sir Gaerf.). Cf. D. J. WILLIAMS: *ChHO* 29, i mi beidio â rhedeg fy nwylo ar hyd canllawiau'r bontbren . . . 'rhag i ryw hen *splintyn* fynd miwn i'n llaw i'.

(*b*) Chwydd caled neu dyfiant esgyrnog ar goes ceffyl, cragen gar: *splint* (*excrescence on horse's leg*).

1812 L. MORRIS: *LW* 319, Rhag y *splint* neu yr ysgeren . . . neu un math o chwydd arall.

Gw. hefyd **sblent**[1].

sblisiaf: sblisio, gw. **sbleisiaf: sbleisio.**

sblit [bnth. S. *split*] *eg.* a hefyd fel *a.* Rhwyg, ymraniad, hollt; wedi ymrannu, sgismatig: *a split, schism; split* (*adj.*), *schismatic*.

1896.

sblitiaf, sblitaf: sblit(i)o [bf. o'r e. *sblit*] *bg.a.* Hollti, rhannu, gwahanu: *to split* (*up*).

20g. Ar lafar, ''Fydd raid i ni drwsio'r gadar 'ma—ma'r cefn 'di *sblitio*' (Arfon); ''Nath clawr y llyfr *sblito*'n ddou pan gwmpodd e o'r silff' (sir Gaerf.). Clywir hefyd '*sblitio* i fyny', 'Mi fuon' nw'n briod am hir, ond man' nw wedi *sblitio* i fyny 'rŵan' (Arfon).

sbloet, sbloit [bnth. S. taf. *sploit*, ff. affetig ar *exploit*] *eb.g.* Sioe, swae, ffair, dathliad, difyrrwch, hwyl, miri, rhialtwch; rhwysg, rhodres: *show, jamboree, fête, celebration, amusement, fun, merriment; ostentation, showiness*.

20g. Ar lafar, '*sbloit*, s.m.' 'rejoicing, function, demonstration, fête', ''Rodd 'na *sbloit* garw yno', *WVBD* 475; 'fun', 'Mi gawson' nw *sbloit* garw', *ib.*; hefyd yn y ff. *sbloetsh*, ''Dwn 'im pam odd isio wastio pres ar *sbloetsh* fel 'na'. Yn sir Benf. clywir *sbloit* yn yr ystyr 'cast, tro direidus', ''Ôn ni'n gwneud ambell i *sbloit* wrth gwrs 'nawr a 'lweth'. Clywir *sbloet* hefyd yn yr ystyr 'cynnwrf annymunol, helynt', 'Mae wedi neud rw *sbloet* 'to', *BIBC* 44.

Amr.: **sbloid. 20g.**

sbloetiaf: sbloetio [bf. o'r e. *sbloet*] *ba.* Gwneud sioe rwysgfawr o: *to make an ostentatious display of*.

20g.

sbo, ysbo [?talf. o'r S. (*I*) *suppo*(*se*); cf. *sbosaf*: *sboso*] *gn.* Mae'n debyg gennyf, am a wn i: *I suppose*.

1916. Ar lafar, ''Odd e bownd o ddigwydd rywbryd, *sbo*' (sir Gaerf.); 'Man' nw wedi gwerthu'u tŷ, *sbo*', *GTN* 710; 'Câl sbêl?', 'Ie, *sbo*' (Morg.); hefyd yn yr ymad. '*sbo* gin i', 'Ia, *sbo* gin i, dyna beth ddigwyddws', *ib.* Cf. *GTN* 864, *ysbo*, *sbo* . . . digwydd mewn darn o lafar naill ai ar ei ben ei hun . . . neu mewn ymadrodd megis '*ysbo* gin i' neu gyda chyfeiriad at y gwrandawr, megis '*ysbo* ti', '*ysbo* chi' . . . 'Fe fydd yn raid ifi fynd, *ysbo* chi' . . . 'Wel, *ysbo* ti, fe æth 'no, dap, i wed 'i feddwl wthdyn' nw'.

sbôc [bnth. S. *spoke*] *eb.* (bach. *sbocen*, *sbogen*, ll. *sbogenni*) ll. *-s* (un. b. *sbocsen*), *sbogau*. Adain neu fraich olwyn: *spoke* (*of wheel*).

Ar lafar, '*sbôcs* . . . *sbocsan*', *WVBD* 475; '*spogen*', *B* xiii. 138 (canolbarth Cered.); '*Spocsen*', *Cymru* xxxv. [233] (godre Cered.); '*Spogen*', *GDD* 269; '*sbocen*' (sir Gaerf.); '*sbocan* . . . *sbôcs*', *GTN* 710. Clywir hefyd fr. fel 'Ma isia doti *sbocan* yndo fe' (dwyrain Morg.) wrth sôn am geisio rhwystro rhywun rhag gwneud rhywbeth. Cf. *CYLl* 121, Cwrbyn blwydd, / *Spogen* dair blwydd, / A Bŵl o'r berth.

sbocsaf: sbocsi [bf. o *sbôcs* (ll. yr e. *sbôc*)] *ba.* Gosod sbôcs (mewn olwyn): *to fit spokes* (*in a wheel*).

1907. Ar lafar gynt ym Môn.

sbocsen, gw. **sbôc.**

sbocsiafft, sbocsial [bnth. S. *spokeshave*, gyda *-t* ymwthiol, cf. *telegrafft*; anodd cyfrif am yr ail ff. uchod] *e?g.* Rhasgl: *spokeshave*.

1931 *Ll* x. 173, Sylwais . . . fod sglein y *spocsial* yn amlwg ar y dyrnau (D. J. Williams).

sboden, gw. **ysbawd.**

sbodlian, sbodlan [bnth. S. (*to*) *spottle* 'to spatter'] *bg.* Padlo, slotian, sblasio o gwmpas; cael ei ddiblo â llaid, &c.; chwarae (â bwyd), stwna: *to paddle, splash about; become spattered; toy* (*with food*).

20g. Ar lafar, 'Mae'r hogyn yma'n un sbangi ar ôl bod yn *sbodlian* yn y sinc', *AAST* (1984) 108 (Môn).

sbodol, sbodolaf: sbodoli, sbogen, sbong, gw. **ysbodol, ysbodolaf: ysbodoli, sbôc, sbwng.**

sboiliaf: sboilio, sbold, sbon, sbonar[1,2], gw. **sbwyliaf: sbwylio, ysbawd, newydd —newydd sbon, sboner**[1], **sbaner.**

sbonc, ysbonc [dichon fod yma fwy nag un gair] *eb.g.* ll. *-(i)au*, *-od*. Naid, llam, herc, naid untroed, adlam, ysgytiad; curiad (y galon); ffrydiad, ysgeintiad, sblash; dewrder, asbri, sioncrwydd; trawiad, ergyd, cnoc; clec, clep; dull o ganu nodyn neu nodau ar y delyn; cainc (o gerddoriaeth): *jump, leap, skip, hop, bounce, jerk; pulse, beat; spurt, jet, splash; courage, zest, vivacity; stroke, blow, knock; click, clack, crack; manner of playing a note or notes on the harp; strain* (*of music*).

14g. *GDG*[3] 244, Taro trwy annwyd dyrys / Tair *ysbonc*, torres y bys / Cloëdig; pand clau ydoedd? / Ai clywewch chwi? Sain cloch oedd. **14–15g.** (*Diw.* **16g.**) *Gwyn* 3, 167, bustl ffiaidd ys baidd *yspongc* / bas beth ofn, beis-boeth afanc [Rhys Goch Eryri i'r llwynog]. **16g.** *GGH* 373, Cefais, un cofus Wener, / Cyfa *ysbonc* gwefus bêr. *a.* **1587** *Y* 4, Coed blŷs ag ysponciad blwng, / Caead wastad cŷdostwng. / 'R oedd i lais ar y ddôl werdd, / *Ysponc* ar lawes pencerdd. **1604–7** *TW* (*Pen* 228), *sponc* tafod d.g. *Closmus*. *id.* d.g. *popysma*. **1632** *D*, *Ysbongc*, Ictus, pulsus, verber. **17g.** *Musica* 35, kevn ewin . . . *ysbongk* . . . plethiad mawr. **1683** *LlP* 56b–57a, Cymerwch aden arall a fo feinach na honno . . . ag ar *ysbongc* a'r aden fain holltwch yr hollt a ddechreuasoch ar gyllell. **1688** *TJ*, *Ysbongc*: a jostle, a jerk, a spurt. **1722** *Llst* 189, *Ysbongc*. f.p. *bongciau*. A jerk. *id.* *YsPongc*. f.p. *pongciau*. A clap, hit . . . bounce. **1753** *TR*, *Ysbongc*, a stroke, a blow, a beating, a thumping, a jerk, a spirt. *id.* *Ysbongc*, a hop, a skip. R.M. **1770** *W*, *Ysbongc* y galon d.g. *Beat of a pulse*. *id.* d.g. *Bounce*. **1803** *P*, *Ysponc*, s. f.—pl. t. *iau* . . . A jerk, a jet, a spirt; a skip or quick bound. Ar lafar, '*sbonc*: naid', *Cymru* xlvii. [195] (sir Ddinb.); '*sbonc*' 'jump . . . splash', *WVBD* 476; 'Fe ryws *sbonc* i ben y stepyn fel crotyn', *GTN* 709; ''Wi'n lico gweld dyn ifanc yn dangos dicyn o *sbonc*', *ib.*; 'Wêdd Marjori wedi dod nôl i hwyl rhwbeth rifedd, ac yn rhoi *sbonc* ar ambell i dôn', *GDD* 269. Yn sir Benf. clywir *sbonce* yn yr ystyr 'fits and starts', *SC* vi. 127.

Cfn.: **sbonc (y) bogel:** *name of an unknown air, also fig.* **1736 (1812)** *YRW* [7], Wrth byngcio hên *spongc bogel*. **18g.** *CM* 212, 25, can imi jig o ffarwel / fine a ddownsia n ddigon Sionk / os tiwni imi *Sponk bogel*. **1803** E. ROBERTS: *IN* 17, Pwy wyt titheu, a'i [*sic*] Sieffre siongc, / Brawd Begi *spongc y bogel*? *Swol.* **sbonc y glennydd** (ll. *sboncod y glennydd*): *sand-hopper*. **20g. sbonc (ysbonc) llyffant:** (i) *froghopper*. **1851.** (ii) *leapfrog*. **20g.** (iii) *ducks and drakes*. Ar lafar yn Llŷn.

Gw. hefyd **sboncen, sboncyn.**

sboncaf: sbonco, gw. **sbonciaf: sboncio.**

sboncen [*sbonc*+*-en*] *eb.* Gêm i ddau neu bedwar o chwaraewyr a chwaraeir â racedi a phêl rwber fechan a fwrir yn erbyn waliau cwrt caeedig: *squash* (*rackets*).

20g.

sbonciad, ysbonciad [bôn y f. (*y*)*sbonciaf*, &c.: (*y*)*sboncio*, &c.+*-iad*[1]] *eg.* Naid, llam; ysgytiad, chwifiad; dychlamiad; ffrydiad, pistylliad: *jump, leap; jerk, shake; palpitation; spurt, jet*.

a. **1587** *Y* 4, Byan i dysc ar ben dôl, / Bry genwair, boeri o'i ganol. / Coed blŷs ag *ysponciad* blwng, / Caead wastad cŷdostwng. *Dchr.* **17g.** *J* 10, 44a, *Spongciad*. vibratio. **1722** *Llst* 189, *Ysbongciad*. m. A panting. **1778** *W*, *ysbongciad* d.g. *Palpitation*. **1803** *P*, *Ysponciad* . . . A sudden jet or bound.

sbonciaf, sboncaf, ysbonciaf: sbonc(i)o, ysboncio [bf. o'r e. (*y*)*sbonc*] *bg.a.* Llamu, neidio, llamsach, brasgamu, hercian, prancio, trybowndio, adlamu; ysgytio, ysgwyd, chwifio; dychlamu, curo; ffrydio, tasgu, sblasio; hefyd yn *ffig.*: *to spring, jump, leap, bound, skip, caper, bounce, ricochet; jerk, shake, brandish; palpitate, beat; spurt, gush, splash; also fig.*

1604–7 *TW* (*Pen* 228), *sponcio* d.g. *Agito*. **1632** *D*, *ysbongcio* d.g. *Palpito, Vibro*. **17–18g.** O. GRUFFYDD: *Gw* 90, Rwy 'n wamal, rwy'n chwimwth, mi '*sponcia* 'n ddisymwth, / O'th fagal a'th fygwth, was culgrwth, os câf. **1722** *Llst* 189, *Ysbongcio*. To . . . pant. *id.* *Yspongcio*. To jerk, bounse. **1740** *ML* i. 46, Ce's lythyr ddoe oddiwrth Lywelyn, yn *sponcio* o wir lawenydd fod y Brawd Du o Nannau yn byw [*sic*]. **1740** T. EVANS: *DPO* 80, [y]r hon a fo mor ddedwydd a diangc sydd a'i Chalon o hyd yn *ysbongcio*, ac yn tybied fod Blaidd ar ei gwarr, os bydd ond Dalen yn cyffro mewn perth. *id.* 89, megis hên Balas mawr wedi adfeilio, bob cymmal yn Siglo, a'r Trawstiau oll yn *ysbongcio* ar ucha' awel o wynt Rhyferthwy. **1787 (1812)** TWM O'R NANT: *PG* 19, Mae porthmyn cymru pan elont yno, / Run fath a phethau wedi gwylltio; / Oh! fel y gwelir hwy yn eu gwangc, / Tu a'r Irish Bangc yn '*sbongcio*. **1803** *P*, *Ysponciaw* . . . To bound sharply. Ar lafar, 'chwannan yn *sboncio*', '*sboncio* dŵr am 'i ben', *WVBD* 476; '*sbonco*' 'bywhau, ymdrwsio', 'Ma fa'n dychra *sbonco* 'nawr ma fa'n caru', *GTN* 709; '*sbonco*' 'to dress smartly or with vanity', *SC* vi. 127 (sir Benf.). Cf. TALHAIARN: *Gw* 53, Ond chwareu wnaent [pysgod] yn ol eu greddf yn braf, / Gan *spongcio* yn y gwlych ar hirddydd haf.

Amr.: **sbonci** [?ff. wallus]. **1770** *TG* ii. 37, amryw swn dieithr ac arswydus, megis selgyngi, ochneidio, '*spongci*', corddi.

sbonciog, ysbonciog [(*y*)*sbonc*+*-iog*] *a.* Yn sboncio, neidiol, llamsachus, adlamol, sionc, hefyd yn *ffig.*: *springing, jumping, leaping, bouncing, nimble, also fig.*

1794 *W*, *ysboncgciog* d.g. *Subsultive or subsultory* [*bounding; leaping, &c.*].

sbonciwr, ysbonciwr [bôn y f. (*y*)*sbonciaf*, &c.: (*y*)*sboncio*, &c.+*-iwr*] *eg.* (b. *sboncwraig*) ll. *sboncwyr*. Person neu beth sy'n sboncio, neidiwr, llamwr; *Swol.* sboncyn: *person who, or thing which, springs or bounds, jumper, leaper; hopper* (*in zoology*).

1892.

Cfn.: **sbonciwr y gwair:** *grasshopper*. Ar lafar, *LGW* [246]–7 (Arfon).

sbonclyd, ysboncl(l)yd [(*y*)*sbonc*+*-lyd*, *-llyd*] *a.* Yn sboncio, neidiol, llamsachus, sionc, bywiog, hefyd yn *ffig.*: *springing, jumping, leaping, nimble, lively, also fig.*

1914.

sboncus, ysboncus [(*y*)*sbonc*+*-us*] *a.* Herciog, bywiog, sionc, nwyfus, hefyd yn *ffig.*: *jerky, lively, nimble, sprightly, also fig.*

20g. Ar lafar, 'Ma fa mor *sboncus* â dyn ifanc, 'fyddylsa neb fod a dros 'i bedwar ucian', *GTN* 709.

sboncwraig, gw. **sbonciwr.**

sboncyn [*sbonc*+*-yn*[1]] *eg.* ll. *-nod*. *Swol.* Unrhyw un o amryw drychfilod coesir sy'n neidio ar untroed: *hopper* (*in zoology*).

1914.

Cfn.: **sboncyn (y) gwair:** *grasshopper, also fig.* **1914.** Ar lafar, *LGW* [246]–7 (Arfon).

sbonder, sbondar [cf. S. *spanner*(*s*) 'game of marbles' ac o bosibl S. taf. *spander* 'span'] *eg.* ll. *-s*. Botwm, &c., a ddefnyddir fel cownter wrth chwarae sbondio; (hefyd yn y ll.) y gêm 'sbondio': *button, &c., used as a counter in playing span-counter; (also in pl.) the game of span-counter*.

1891. Ar lafar, '*sbondar*', *ISF* 66.

sbondio [?be. o'r e. *sbond*(*er*), *sbond*(*ar*)] *bg.a.* a hefyd gyda grym enwol i'r be. Chwarae gêm a'r chwaraewr cyntaf yn

taflu botwm, &c., yn erbyn wal, a'r ail yn gwneud yn gyffelyb i geisio gadael yr ail gownter o fewn rhychwant llaw i'r cyntaf er mwyn ei ennill, taflu (botwm, &c.) wrth chwarae'r gêm hon: *to play span-counter, throw (a counter) in this game.*

1891. Ar lafar, 'chwarae marblis a *sbondio* botymau', *ISF* 66; '*sbondio*' 'a game played with buttons . . . or marbles', *WVBD* 476.

sbondro [?amr. ar y be. *sgwandro*] *bg.a.* Gwastraffu, afradu: *to waste, squander.*

20g.

sboner¹ [bnth. S. *spooner* 'lover'] *eg.* ll. *-s, -iaid.* Carwr, cariad (gwrywaidd): *(male) lover, boyfriend, sweetheart.*

20g. Ar lafar yng nghanolbarth a godre Cered., sir Benf., a'r De, *SC* vi. 127, *GTN* 710, hefyd yn y ff. *sbonyr*; 'Fe gwnws Mari *sbonar* newydd yn Ffair y Mynydd', *LlGC* 1173, 82.

sboner², gw. **sbaner.**

sbonhuran, sbonhyran [?cfdds. o'r S. *spoon(er)* + *huran*] *eb.* Gwraig neu ferch benwan: *foolish woman or girl.*

Ar lafar gynt ym Môn, *LlLlM* 114, ac Arfon.

sbôr [bnth. S. *spore*] *eg.* (bach. *sboryn*) ll. *sborau. Biol.* Cell atgynhyrchiol arbenigol llawer o blanhigion a micro-organebau: *spore (in biol.).*

1926.

sborangiwm [bnth. S. *sporangium*] *eg.* ll. *sborangia. Biol.* Llestr y ffurfir sborau ynddi: *sporangium (in biol.).*

1926.

sborianu, gw. **sborioni.**

sborion, ysborion [?amr. ar *sbarion* (ll. *sbâr*)] *e.ll.* Gweddillion (bwyd), gwastraff, ysbwrial, geriach, pethau (ail-law) a werthir i godi arian at elusen; carthion; gwehilion: *scraps (of food), leftovers, remains, waste, refuse, jumble; excrement; riff-raff.*

1757 *Cylchg LlGC* (1943) (At.) 12, os oes gwyr boneddigion eraill i gael y Cynnyg cyntaf ar y mŵn, ni cheir ond ei '*sporion*, ag ni thâl y Cyfryw wehilion. **1762** *ML* ii. 502, A fynnaf fi Gornish diamonds? Mynnaf yn sicr, a phob peth arall a ellwch ei 'spariaw (from *ysporion*). **1778** J. HUGHES: *BB* 304, Cewch gwynfan a gruddfan [*sic*] mewn gogan, / Dan duchan yn dôst, / Ni phoriff yr ŷch, pan ddelo fe o'i rŷch, / Mo '*sborion* y bustych wrth bost. **18–19g.** *Llr* C 4, 84, *Ysborion*, gweddillion . . . [Denb.]. **1803** *P*, *Ysporion*, s. pl. . . . Refuse of fodder. Ar lafar, *Cymru* lxii. 176 (gorllewin Meir.). Cf. T. H. PARRY-WILLIAMS: *S* 74, Dyfroedd diffaith, rhyw fôr o lyn / Sy'n swrth gan heli, a'i '*sborion* gwyn [am y Llyn Heli, Utah].

Amr.: **ysbawr** [olff.] (*eg*). **18–19g.** *Llr* C 4, 84, gweddillion, *yspawr*, [Denb]. **1803** *P* d.g. *Yspawr*.

Gw. hefyd **sbâr.**

sborioni, ysborioni, sborianu, sbriana, &c. [be. o'r e. *(y)sborion*] *ba.* Gwastraffu, gadael heb ei fwyta neu ei yfed, chwarae (â bwyd), stwna; taflu i ffwrdd fel ysbwrial, gwasgaru: *to waste, leave uneaten or undrunk, toy or play (with food); throw away as rubbish, scatter.*

1898. Ar lafar, '*sbranu, sbroni*', 'Paid â *sbranu* dy fwyd, byta'r cwbwl', *WVBD* 476; 'paid â *sbrianu* dy fwyd', *ISF* 66. Clywir hefyd y ff. *sbrana* (Dyffryn Conwy), a *sbrioni* (Meir.). Cf. D. J. WILLIAMS: *STG* 17, Yfai'n ddiflas bach, ambell lwnc o ddŵr a blawd wedi ei glaeru, a *sporioni*'r gweddill.

sborran [bnth. S. *sporran*] *eg.b.* ll. *sborranau.* Pwrs mawr o ffwr, &c., a wisgir o flaen cilt: *sporran.*

1916.

sbort, ysbort [bnth. S. *sport*] *eb.g.* (bach. b. *sborten*) ll. *sborts.* Gêm neu weithgaredd cystadleuol, yn enw. un sy'n gofyn ymdrech gorfforol a medrusrwydd; unrhyw weithgaredd yr ymroir iddo er mwyn pleser, difyrrwch, adloniant, hwyl; (testun) cellwair chwareus neu hwyliog, (cyff) gwawd; person neu beth a reolir gan rymoedd allanol; person teg neu hael: *sport (game or competetive activity); sport (amusement, fun, &c.); (object of) playful or good-humoured joking, (object of) mockery; sport (person or thing controlled by external forces); sport (fair or generous person).*

15g. *Cy* xxiii. 225, curais gan bynciau arab / cael *ysbort* Nicolas Bab (Robin Ddu). **15–16g.** *AAST* (1935) 96–7, Dyhuddo'r ferch, draserch dro, / Fain 'i gwasg oni gysgo. / *Ysbort* arall nis gallaf, / Mae'n dda gan wenddyn a'i gwnaf (Dafydd Trefor). **15–16g.** *TA* 500, Gwnaeth bun im ganwaith boeni, / Glân fydd, ag eulun wyf i; / Ni choeliaf yn Uwch Elwy / I *sbort* merch i'm ysbryd mwy. **1527** *B* ii. 203, yr oydd yr ymerodres ar ddiwrnod ysgavala yn ymddaith mew[n] gardd er ttrevlio yr amser drwy *ysbortt* a diddanwch. **1547** *WS*, *Ysport* Sporte. **16g.** *GGH* 121, Bara gyda bragodwdwin, / Braster o gig, bir, seidr, gwin. / Hyfedr ysbortio hefyd, / O bai *sbort* gwmpas y byd. *id.* 157, Pob rhyw swm, pob rheswm pur, / Pob miwsig mewn pob mesur, / A thewfrau pob peth hyfryd / Er *ysbort* i aros byd. **16g.** *IICRC* iii. 324, Rhai yn llawn o *sport* a chwerthin. **16g.** *THSC* (1923–4) (At.) 24, yno y herchis y brenin y bawb chware dawns a gwnaythyr ryfel ac *ysbort* gymaint ac a ellynt vwyaf. **16g.** *B* xv. 273, kymerud i *hesbort* i rodio y gwledydd ac i vwyta bara gwennith a chig a ffysgod ac i yved gwin. **16g.** *id.* xviii. 319, j syrthiodd pawb i gymerud i *hysbortt* a'i llywenydd, hraii j chware dawns ymyysc arglwyddesau . . . a hraii eraill i chware kardiau a dishiau. **1609** *CRC* 354, gwyl fair gynta or kynhaia / *ysbort* a gair yn ffynhownfair. **1716–18** *Llsgr R. Morris* 98, fi oedd i *sport* nhw yr amser honno. **1748** *ML* i. 137, Chwi gewch *sport* yn cofftio Rum-punch pan ddel eich venture adref. **1787 (1812)** TWM O'R NANT: *PG* 41, Cewch etto *sport* erwinol, / Wrth wrando eich ewythr Rondol. **1791** *Dialogous* 5, Nid oedd yr holl lanastra hyn ond cellwair a *sport* i'r Esgobion. Ar lafar, '*sbort*, s.f.' 'fun', 'yn cael *sbort* am 'y mhen i', 'gneud *sbort*', 'cael *sbort* hefo fo', *WVBD* 476; ''Odd *sbort* mawr 'no', 'O *sbort* netho' i 'wnna', *GTN* 709; hefyd yn y ff. *sbortan*, 'Dechreuwch i ni gal ryw *sbortan* bach 'rŵan' (Llŷn). Cf. D. OWEN: *RL* 183, Taw . . . a son am *sport* yn y seiat; D. OWEN: *GT* 89, Am y llwynog a'r *ysbort* o'i ddal y siaradai y cwmni wrth y bwrdd mawr.

Cfn.: **ysbort pen blewyn:** *rush candle.* **18g.** I. BRYDYDD HIR: *Gw* 110, Englyn I'r Gannwyll Frwyn, Yr hon a elwir yn Swydd Geredigion *Ysport Pen Blewyn.*

sbortiaf, sbortaf, ysbortiaf: sbort(i)an, (y)sbortio [bf. o'r e. *(y)sbort*] *bg.a.* Cael hwyl, ymddifyrru; cellwair, gwneud hwyl (am ben), gwawdio, gwatwar: *to have fun, amuse oneself; jest, make fun (of), mock, ridicule.*

1547 *WS*, *Ysportio* Sporte. **16g.** *GGH* 121, Bara gyda bragowdwin, / Braster o gig, bir, seidr, gwin. / Hyfedr *ysbortio* hefyd, / O bai sbort gwmpas y byd. **1633** *Addysg i Farw* 147, bod rhai yn pasteimio, yn *sportio*, yn canu, a gwleddu, lle i bydde achosion i alaru a chwyno. **1677** *TC* 2a, Bugei[l]rhes, siaradach, *sportian.* **1736 (1812)** *YRW* [7], Tewch y merched, tewch sweet-heart, / Chwerwch chi part o *sportio.* **1766** *CD* 165, Ond wrth ddysgu dawnsio, / Mi ddysgais gywleidio; / A chwerthin yn Llygaid, / Pob Llencyn diriaid: / *Ysbortio* a gwawdio, / Ysbeitio ac Yscornio. **1828** *Geir Pob* 31, *Ysportio*, ymddigrifu. Ar lafar, ''Ôn ni'n tsiatan man 'na a *sbortan*' (sir Gaerf.); 'Ma 'i wedi *sbortan* siew am 'i ben a' (dwyrain Morg.).

sbortus [*sbort* + *-us*] *a.* Chwareus: *playful.*

Ar lafar, 'Un i wed pethach *sbortus* yw a', *GTN* 710.

sboryn, gw. **sbôr.**

sbos, sypôs(t) [bnth. S. *supposed*; am *-s* ac *-st* yn ymgyfnewid, cf. *ples, plêst*] *a.* Mewn sefyllfa lle mae disgwyl, gofyn, angen, &c., iddo (iddi, &c.) . . ., i fod (i): *supposed (to).*

Ar lafar, ''Odd e *sypôs* o alw', ''Wi'n *sbos* o neud 'na' (sir Benf.); ''Dwi'n *sypôst* i fynd i fowlio heno', ''Ych chi ddim *sypôst* i fod fan hyn' (sir Gaerf.).

Gw. hefyd **sbo.**

sbosaf, syposaf: sboso, syposo [bnth. S. *(to) suppose*; cf. *sbo, sbos*] *ba.* a hefyd fel *gn.* Tybio, bwrw, meddwl; bod mewn sefyllfa lle mae disgwyl, gofyn, angen, &c., iddo (iddi, &c.) . . ., bod i fod (i): *to suppose, think; be supposed (to).*

1752 J. THOMAS: *FG* vib, Yma fe ddarfu i mi *supposo* y peth wyf yn ofni sydd wirionedd tra galarus. *id.* 21, *Supposwn* ynte fod cymdeithas o greaduriaid rhesymmol wedi eu gosod yn y fath gyflwr. **18–19g.** *TCHSDd* xvi. 78, 'R wy'n *supposo* y gwn i pa beth 'r wy' o gwmpas,—/ R'wy' eto'n cyhoeddi gostegion priodas. Ar lafar, ''Ôn' nw *syposo* bod yn lân' (gogledd sir Gaerf.); ''Wi'n *syposo* mynd' (sir Gaerf.). Clywir *syposo* ar ddechrau brawddeg yn yr ystyr 'a bwrw (bod)', '*Syposo* bo' chi'n mynd heno, 'ga' i ddod?' (sir Gaerf.). Cf. *Ffraethebion y Glowr Cymreig* (1928) 23, Drws bradish yw a'n *syposo* i fod.

Fel *gn.* Mae'n debyg gennyf, am a wn i, sbo: *I suppose (so).*

Ar lafar yn y ff. *sboso (sbozo)*, ''Well i fi 'neud 'na, *sbozo*' (sir Benf.); ''Allwch chi helpu gyda'r te dy' Sadwrn?' '*Sboso*' (sir Gaerf.). Clywir hefyd y ff. *sbiso (sbizo), sbyso (sbyzo)*, a *sbwzo.*

Gw. hefyd **sbo.**

sbot, ysbot [bnth. S. *spot*] *eg.* (bach. *-yn*) ll. *-(i)au, -s.* Marc (bach), nam, staen, hefyd yn *ffig.*; safle (arbennig), lleoliad (penodol); safle neu gyfnod o amser mewn rhaglen, &c., a neilltuir i berfformiwr neu i bwrpas penodol; golau sbot: *spot, blemish, stain, also fig.; spot (particular place or location); spot (in programme or performance); spotlight.*

1574 *RhRC* (At.) 285b, *spottie* . . . Ryd groen dyn. **1615** R. SMYTH: *GB* 201, y neb sy'n edrych yn y drych sy'n gadel *spot* ai anadel yno. **1691** T. WILLIAMS: *YB* 21, pe buaseu bawb yn byw yn ddibechod hyd y dŷdd heddyw, ag hefyd yn ennill plant, ni fuasei'r *spottyn* daiaren hon yn chwarter digon iw cynnwys hwynt, ag i roddi iddynt eu cynhaliaeth. **1718 (1721)** S. THOMAS: *HB* 21, y mae hefyd megys *Spottiau* bychain o Dir sych yn sathredig yma ac accw trwy yr holl Foroedd y rhai a elwir Ynysoedd. *c.* **1762–79** W. WILLIAMS: *P* 33–4, [y] Benwod yn gwneid [*sic*] *spotiau* côchion, arnynt eu hunain a nôd coch. **1764** G. HOWEL: *DB* 23, Ca'i ngwisgo o dy ddelw, &c. / Heb *spot* na dim o'r cyfryw, &c. **18g.** TWM O'R NANT: *CO* 18, Wel, dyna nhw iti ar y *spot*, / Y cebyst i'r shot a'r cwbl. Ar lafar, '*sbotyn* . . . *sbotia*' 'spot', *WVBD* 476; ''Odd *sbota* drŵs 'i winab a i gyd', 'Man' nw'n byw mwn *sbotyn* bach nêt', *GTN* 710. Yn ardaloedd chwareli'r Gogledd defnyddir *sbotyn* yn yr ystyr 'Nam ar lechfaen ond nid yw'n effeithio ar yr hollt', *B* xx. 375. Cf. TALHAIARN: *Gw* ii. [3]–4, Nid yw yn awr [ehedydd] ond *spottyn* bach uwch ben, / A phrin y'i gwelir yn yr assur nen.

Cfn.: **sbotiau angau:** *liver-spots.* Ar lafar yn nhref Caernarfon. **sbotyn du:** *black mark, black spot, also fig.* **1736** J. JONES: *Alm* [8], fel *Spotyn dû* ar gwrr uchaf yr Haul. **1779** M. WILLIAMS: *BM* 10, *spottiau duon* sydd yn ymddangos [ar yr Haul] ar rhai [*sic*] prydiau. **sbotau haf:** *freckles.* Ar lafar, *LGW* [88]–9 (Morg. a Myn.). **sbot morter:** *mortarboard (in bricklaying, &c.).* Ar lafar, *Cymru* liii. [151] (dwyrain sir Drefn.).

Gw. hefyd **smot.**

sbotiaf, sbotaf, ysbotiaf: sbot(i)o, ysbotio [bnth. S. *(to) spot*] *bg.a.* Sylwi (ar), yn enw. yn sydyn, canfod (yn sydyn); brychu, smotio, staenio; cyfeirio golau sbot ar, hefyd yn *ffig.*; pigo bwrw: *to spot (notice or perceive); spot (mark or stain); spotlight, also fig.; spot with rain.*

1848. Ar lafar, 'Nes i *sbotio* dau gamgymeriad yn y llythyr 'na' (Arfon); ''Odd a wedi'i *sboto* fa 'mell o 'mlân i' (dwyrain Morg.); ''Wi'n trio pido *sboto* 'ngot newydd', *GTN* 710; hefyd yn yr ystyr 'pigo bwrw', 'Mae'n dachre *spòto* peth', *GDD* 270; 'pigo; *sbotan*; dechre bwrw glaw', *AGB* 21; 'Tynna'r dillad 'na mewn—mae'n dechra *sbotio*' (Arfon). Cf. D. OWEN: *RL* 259, Ond fe *spotiodd* yr hen wraig fod yr hen gloc wedi sefyll.

Gw. hefyd **smotiaf: smotio.**

sbotiog, sbotog, ysbotiog [*(y)sbot* + *-(i)og*] *a.* Ac arno (lawer o) smotiau neu blorynnod, smotiog, smotlyd: *spotted, spotty.*

1805. Ar lafar, 'Blotyn bach *sbotog* ryfadd odd a', *GTN* 710. Cf. D. J. WILLIAMS: *ChHO* 196, neisied coch, *sbotiog.*

Gw. hefyd **smotiog.**

sbotleit [bnth. S. *spotlight*] *eg.* Golau sbot: *spotlight.*

20g.

sbotog, sbotyn, gw. **sbotiog, sbot.**

sbowndiaf: sbowndio [ff. affetig ar *ecsbowndiaf: ecsbowndio*] *bg.* Esbonio: *to expound.*

1759 *BC* 47, Un arall mor Dduwiol, a Phaul yr Apostol. [*sic*] / A *sbowndia* yn ysprydol. drwy wrol dro.

sbowt, ysbowt [bnth. S. *spout*] *eg.b.* ll. *-iau, -s.* Tiwb, pibell, neu gafn y gellir tywallt hylif, grawn, &c., drwyddo, pig (tebot, &c.); (geir.) pistyll, rhaeadr: *spout (of teapot, &c.); (dict.) waterfall.*

1828 *Geir Pob* 31, *Yspowt*, pistyll, rhaiadr. Ar lafar, 'Ma *sbywt* y tepot wedi torri', *GTN* 711; '*sbowt,*

s.m.' 'spout', *WVBD* 476; hefyd yn yr ystyr 'gwefl ceffyl', *ib*.

sbowtiaf, sbowtaf: sbowtio, sbowt(i)an, sbowtach [bnth. S. (*to*) *spout*] *bg.a*.

(*a*) Pistyllio, ffrydio, llifo allan; chwythu (am forfil): *to spout, gush, pour out; spout* (*of whale*).

20g. Ar lafar yn y ff. *sbowtan, sbowtach*, "Odd y dŵr yn *sbywtach* mæs o'r wal", *GTN* 711.

(*b*) Traethu mewn dull areithiol, parablu, prygawthan: *to spout, declaim*.

1855 TALHAIARN: *Gw* i. 103, Ac yn ddiweddar eist ar draws y byd / I'r Fenni Fawr, fel Arthur gawr, i *spowtio*. *id*. 299, efallai fy mod yn *spowtio*'r englynion wrth eu nyddu. Ar lafar, 'Cofia di, 'ngwas i, nag wyt ti ddim yn *sbywtach* yn busnes ni dai'r cymdocon', *GTN* 711.

sbowtiwr [bôn y f. *sbowtiaf: sbowtio*+ -*iwr*] *eg*. ll. *sbowtwyr*. Un sy'n traethu mewn dull areithiol, parablwr, prygawthwr: *spouter, declaimer*.

1855 TALHAIARN: *Gw* i. 1[52], *Spowtiwr* a mydrwr medrus.

sbradach, sbratach [?elf. anh. (?cf. *ysbred*)+-*ach²*] *e?ll*. Llanastr, cawdel; gwehilion: *mess, hotchpotch; riff-raff*.

1847.

sbraeniaf: sbraenio, gw. **sbreiniaf: sbreinio**.

sbrag (*à*) [bnth. S. *sprag*] *eg*. ll. -*iau*, -*s*. Plocyn o bren, bar haearn, &c., a ddefnyddir i atal symudiad olwyn, fel rheol drwy ei roi rhwng y sbôcs; cynhalbren (mewn pwll glo), ateg, prop: *sprag*.

1889. Ar lafar yn y diwydiant glo yn y De yn yr ystyr 'Darn o bren a roddid yn erbyn yr wyneb-lo i ddiogelu y glöwr', *LlG* xxxiv. 21; 'Blocyn bach o bren odd *sbrag* i ddoti am draws olwn cart i ddala'r cart i'n ôl wrth fod a'n mynd lawr i'r trip', *GTN* 710. Digwydd hefyd mewn br. fel 'doti *sbrag* yn 'i wil a' 'rhwystro rhywun', *ib*. Clywir *sbrag* yn ardaloedd chwareli'r Gogledd yn yr ystyr 'Bar o haearn a roddir drwy olwyn wagen i'w brecio', *B* xx. 379 (hefyd yn y ff. *sbrog*). Cf. D. J. WILLIAMS: *ChHO* 106, Nid oedd le i whip goesir dan y ddaear. *Sbrag* fyddai gan yr halier diffaith, didalent.

sbragiaf¹, sbragaf: sbrag(i)o [bf. o'r e. *sprag, sbrog¹*] *ba*. Rhoddi sbrag mewn (olwyn), hefyd yn *ffig*. atal, lluddias, rhwystro; gosod sbrag wrth (y to, &c.) mewn pwll glo: *to sprag* (*a wheel*), *also fig. restrain, prevent, hinder; sbrag* (*roof, &c.*) *in a coal mine*.

1889. Ar lafar yn ardaloedd chwareli'r Gogledd, 'Spragio: Brecio wagen gyda "sbrag"', *B* xx. 379; a hefyd yn y diwydiant glo, '*sbrago, sbragio* . . . gosod sbrag', *Geir Glo* 75 (Morg., sir Gaerf., a sir Ddinb.); 'mae e'n trio troi pawb yn yn herbyn ni—bydd raid inni *sbrago* fe', *ib*.; 'Fi etho mæs i *sbrago*'r car', *GTN* 710. Fe'i clywir hefyd 'i gyfeirio at arafu beic drwy roi troed ar y llawr'.

sbragiaf²: sbragio [?yr un gair â *sbragiaf¹: sbragio*] *bg.a*. Cario clecs, achwyn ar (rywun), prepian: *to tell tales, tell on* (*someone*).

20g. Ar lafar, 'Paid â deud wrth John—mi neith o *sbragio*', "Swn i'n licio gwybod pwy nath *sbragio* fi' (Arfon).

sbragwr [bôn y f. *sbragiaf¹*, &c.: *sbragio, &c.*+-*wr*] *eg*. ll. -*wyr, sbragwrs*. Un sy'n sbragio tram, &c., mewn pwll glo: *spragger* (*in a coal mine*), *brakeman*.

19g. Ar lafar yn y diwydiant glo yn y De, '*spragwr* . . . *spragwrs, spragwyr*: brakesman', *LlGC* 1173, 82 (Morg.).

sbrana, sbranu, gw. **sborioni**.

sbrat [bnth. S. *sprat*] *eg*. ll. -*s*. Corbennog, hefyd yn ddifr. am berson: *sprat, also derog. of a person*.

1788 B. EVANS: *LlG* [3], cymmeryd Rhyddid i ddifenwi yn cyhoeddus y rhai sydd yn eu bedyddio, gan eu galw'n *Sprats*, yn Scrwbs, ac yn Blant y Diawl.

Gw. hefyd **sbrats¹**.

sbratach, gw. **sbradach**.

sbratast [bôn y be. *sbratian, sbratio*+*gast*]

eb. Cath sy'n dwyn bwyd oddi ar y bwrdd: *cat which steals food from the table*.

Ar lafar, *B* xii. 24 (sir Gaerf.).

sbraten, gw. **sbrats¹**.

sbratian, sbratio, *bg*. Mân-ladrata, dwyn bwyd ar y slei, sgwlcan; herwhela: *to pilfer, scrounge food; poach*.

c. 1870. Ar lafar, 'spratian' 'to steal, filch', 'Ma'r gath yn *spratian* ond i ni droi'n cefen', *Cymru* xlvi. 22 (godre Cered.); '*sbratian*', *B* xii. 24 (sir Gaerf.); hefyd ym Morg. (*sbratian*) a sir Benf. (*sbratio*).

sbrats¹ [?cf. *sbrat* a *sbratian*] *e.ll*. (un. g. *sbratyn*, b. *sbraten*). Defaid sydd o hyd yn torri allan o gae: *sheep which constantly break out of a field*.

Ar lafar ym Mrych.

sbrats²: sbratyn, sbrealu, sbred, gw. **sbrat, sbrats¹, sbrialu, ysbred**.

sbrèd [bnth. S. *spread*] *eb*.

(*a*) Pryd mawr, gwledd: *spread* (*of food*).

1904.

(*b*) Defnydd print sy'n ymestyn dros fwy nag un golofn neu dros ddau dudalen gyferbyn â'i gilydd: *spread* (*of printed matter*).

20g.

Cfn.: **ar sbrèd**: *spread out*. 20g.

sbredaf: sbredo, gw. **sbrediaf: sbredio**.

sbreder [bnth. S. *spreader*] *eg*. Darn o bren a roddir i mewn i garcas anifail i gadw'r ystlysau ar led: *spreader* (*piece of wood inserted into the carcass of an animal to keep the flanks apart*).

Ar lafar, 'sbreder wedyn yn y cenol i gadw 'i fola fe ar agor' (sir Gaerf.); 'sbredar mochyn' (dwyrain Morg.).

sbrediaf, sbredaf: sbred(i)o, sbredian [bnth. S. (*to*) *spread*] *bg.a*. Lledaenu, gwasgaru, ymwasgaru; taenellu, tasgu: *to spread, scatter; sprinkle, splash*.

Ar lafar, 'sbredio dŵr am 'mhen i' (Arfon); 'Mae e lan ar ben ca yn *sbredo* calch' (dwyrain Morg.).

sbreiaf: sbreio [bnth. S. (*to*) *spray*] *bg.a*. Chwistrellu: *to spray*.

20g. Ar lafar, "Ti'n *sbreio* gormod ar y gwallt 'na' (Arfon); 'Smo'r biben 'na'n *sbreio*'r dŵr yn ddigon cryf i gâl y mŵd bant o'r car' (sir Gaerf.).

sbreiniaf, sbreinaf, sbraeniaf: sbrein(i)o, sbraenio [bnth. S. (*to*) *sprain*] *ba*. Ysigo, tynnu, troi: *to sprain*.

1771 *PDPh* 60, Os digwydd i chwi ysigo neu *spraenio* ysgwyddd eich ceffyl, *B* xii. 24 (sir Gaerf.); '*Sbreinish* i 'nhroed pan faglish i' (Arfon); '*Spreinodd* e 'i bigwrn nithwr yn 'ware rygbi' (sir Gaerf.).

sbrenciaf, ysbrenciaf: sbrencio, (y)sbrencian [bnth. S. taf. (*to*) *sprenk* 'to sprinkle'] *bg.a*. Taenellu, tasgu, colli (dŵr, &c.): *to sprinkle, splash, spill, slop*.

1828 *Geir Pob* 30, *Ysprengcian, Ysprincglo*, taenellu gwlybwr, &c.

sbrenciau, sbrencs [bôn y f. *sbrenciaf: sbrencio*+-*iau*, -*s²*] *e.ll*. Tasgiadau neu strempiau (o fŵd, &c.): *splashes* (*of mud, &c.*).

20g. Ar lafar, 'sbrencs hyd goesau trywsus', *ISF* 66.

sbrewingaf: sbrewingad, gw. **sbrywingaf: sbrywingad**.

sbri, ysbri [bnth. S. *spree*; ansicr yw'r engh. gyntaf isod, a dichon mai ff. ar *asbri* ydyw] *eg.b*. ll. (prin) *sbriau*, -*oedd*. Sesiwn o afradlonedd, yn enw. o yfed neu wario arian, pwl o yfed neu feddwi, hwyl, miri: *spree, binge, fun, merriment*.

1795 T. LEWIS: *CD* 56, Ystad o brofiad yw hon yma, / Ofalus filwr, rhaid rhyfela / Yn erbyn y tri gelyn gwaedlyd, / Y byd a'i *spri*, y cnawd a'r yspryd. Ar lafar, "Ych chi'n cæl *sbri* mawr 'ma', *GTN* 710. Cf. D. OWEN: *WBC* 114, Boreu y Sul hyfrydol hwn . . . gwelid hefyd y brodyr a'r chwioryddd sanctaiddd o draw yn dyfod â rhyw arwyddion yn eu cerddediad eu bod yn llemain am ryw *yspri*; D. OWEN: *SP* 41, Yr oedd Cwil wedi cael wythnos o *spri*, a chysgodd o nos Sadwrn hyd fore Mercher heb ddeffro.

Cfn.: **sbri olaf**: *last fling*. 1894 D. OWEN: *GT* 81,

afradlonedd a meddwdod ei dad . . . Cafodd yr hen ŵr y *spri* olaf ar ei ennill. 1855 TALHAIARN: *Gw* i. 112, Pan fyddant yn y Gwyliau *ar eu spri*. *id*. ii. 161, yr oedd o wedi bod *ar y spri* drwy gydol y dydd. Ar lafar, "Odd gin Dad ewyrth odd yn arfer mynd *ar sbri* am dridia'.

sbrialu, sbrealu, *bg.a*. Darnio a difetha; gwasgaru, ymwasgaru: *to cut up and spoil; scatter*.

20g.

sbriana, sbrianu, gw. **sborioni**.

sbrias, sbriars [bnth. S. *spiraeas*] *e.ll. Bot*. Unrhyw un o amryw fathau o blanhigion o'r tylwyth *Spiræa* sy'n dwyn clystyrau o flodau bychain gwyn neu binc: *spiraeas*.

1936. Ar lafar yn sir Ddinb. a Meir.

sbricsyn, gw. **sbrigyn**.

sbrig¹, ysbrig [bnth. S. *sprig* 'shoot, twig'] *eg*. ll. -(*i*)*au*, -*ion*, -*od*, -*s*. Sbrigyn, brigyn, blaguryn, hefyd yn *ffig*.: *sprig, twig, spray, also fig*.

16g. *WLB* 46, Rhag y dropsi . . . Kymer lawer or berwr *ysbrig* or gwraidd a golch ef yn lan. 1803 P, *Ysbrig*, s. m.—ff. t. *ion* . . . A sprig. Ar lafar, 'Os gweli di gelyn yn rwla, tyd â 'chydig o *sbriga* i mi' (Arfon); '*sbrige*', *SC* vi. 127 (sir Benf.); hefyd yn y ff. *sbrigz* (Morg.). Cf. D. OWEN: *GT* 86, Y fath ysbort a ga'i y mân *ysbrigod* boneddig; T. H. PARRY-WILLIAMS: *S* 85, Ac i'r hen wraig yr oedd aroglau hael / Sbrig o hen-ŵr yn gymorth hawdd ei gael.

Gw. hefyd **sbrigyn**.

sbrig² (*i*) [bnth. S. *sprig* 'small nail'] *eb*. (bach. b. -*en*), ll. -*s*. Hoelen fechan gul: *sprig* (*nail*).

1937. Ar lafar yn nwyrain Morg. yn y ff. *sbrigan* (ll. *sbrigz*), "Wi 'moyn i chi dynnu'r oll *sbrigz* 'ma mas o'r llawr'.

sbrigyn, ysbrigyn [bnth. S. C. *sprig* 'shoot, twig'+-*yn¹*] *eg*. (b. *sbrigen*) ll. -*nau*. Cangen fechan, brigyn, blaguryn, toriad (o blanhigyn), hefyd yn *dros*. ac yn *ffig*.: *sprig, twig, spray, shoot, cutting, also transf. and fig*.

c. 1400 *R* 1360. 43-4, Cul willmer aruer oeruin y gouit gavyr yn cachu kennin. côlym troic y *ysbrigin*. 1632 D, *Ysbrigyn*, Insitum. *id.* d.g. *Surculus*. 1688 *TJ, Ysbrigyn*. m. A . . . spray. 1753 *TR, Ysbrigyn*, a shoot, a set or slip, a young twig. 1803 P, *Ysbrigyn* . . . A sprig, a twig; a shoot or slip. Ar lafar, 'sbrigyn', *SC* vi. 127 (sir Benf.); '*sbrigin*: sprig', *Cymru* xlvii. [195] (sir Ddinb.); hefyd yn y ff. *sbrigan*, 'sbrigan o hogan heini' (Arfon), a *sbricsyn*, *WVBD* 476.

Gw. hefyd **sbrig¹**.

sbring, ysbring [bnth. S. *spring*] *eg.b*. (bach. g. *sbringyn*, b. -*en*) ll. -(*i*)*au*, -*s*. Dyfais megis coil neu stribyn o fetel sy'n storio egni wrth gael ei chywasgu, ei phlygu, neu ei hestyn, ac yn gollwng yr egni hwnnw wrth fynd yn ôl i'w siâp gwreiddiol; defnyddir dyfeisiau o'r fath i yrru clocwaith, i wneud dodrefn neu gerbydau'n fwy cyfforddus, &c.; elastigrwydd, hydwythedd; ffynnon, ffynhonnell, tarddle; llanw, gorlanw; gwanwyn; llam, naid; hefyd yn *ffig*.: *spring* (*device*); *spring, elasticity, resilience; spring, fountain, fount, source; (spring-)tide, high tide; spring* (*season*); *spring, jump; also fig*.

1741 S. THOMAS: *DY* 21, O hono ef y mae pob peth. Ei Bwrpas a'i Arfaeth dragywyddol ef, ydyw y *spring* neu'r ffynnon o ba un y tarfu y cwbl oll ag sydd. 1759 J. EVANS: *PF* 24, Dwfr Calch a wneir fel hyn. Rhoddwch mwys o Galch poeth dâ, i sefyll mewn 6 Chwart o Ddwfr *Spring*. c. 1762–79 W. WILLIAMS: *P* 356, Merthyron . . . rhai rwymwyd, rhwng glasgoed, a r [sic] coed megis *Spring* yn tasgu allan a'u rhwygo yn ddarniau oddi wrth eu gilydd. c. 1770 *LlGC* 352, 51, dyma fi'n mynd i ddangos fy *sbring* / I redeg rôg ar ange. 1787 E. ROBERTS: *PCF* 36, Dyma ddau chwarter cynta ir byd pan ddoist / Yn ansitiol a roist di i satan, / Rhoist holl *Yspring* y flwyddyn / Yn ddi gwilydd yn iws y gelyn. 1828 *Geir Pob* 31, *Yspring*, tarddiad; gwanwyn; gorllanw, codiad y dwfr, &c. Ar lafar, 'Ma *sbring* a gadar 'ma 'di mynd' (Arfon); 'Ma 'n fatres i 'di mynd fel bo fi'n gallu timlo'r *sbringz* yn 'y nghefen' (sir Gaerf.). Clywir *sbring* hefyd yn yr ystyr 'ffynhonnell, tarddle', *WVBD* 476; 'Source of a river . . . spring', *LGW* [406] (y Gogledd a'r Canolbarth); ac yn yr ystyr 'llanw', 'spring . . . used for "tide" at Penclawdd . . . Chi gewch wel'd y *Spring*

mwya fori; y p[u]med wedi newid y lleuad—Mae tri *Spring* mawr—Cyn, a phump ar ôl pob newid lleuad', *LlGC* 1173, 82; hefyd weithiau yn yr ystyr 'gwanwyn', ''Och chi'n troi lawr fel bo fe'n pwtru erbyn y *sbring*' (sir Gaerf.). Clywir *sbringan* yn yr ystyr 'llances sionc' (Arfon). Cf. D. J. WILLIAMS: *STC* 12, chwerthin ... fel petai *sbring* fawr enaid pob un ohonynt yn cyflym ddatod i'r gwaelod.

sbringaidd [*sbring*+*-aidd*] *a.* Tebyg i sbring, hydwyth: *springy, resilient.*

1725 D. LEWIS: *GB* 201, y mae ei Adenydd a'i Blŷf yn ysgafn, ac eilwaith in blygaidd, ac hefyd yn syth ac yn *spring*/*gaidd.*

sbringal, gw. ysbringal.

sbring-clin [bnth. S. *spring-clean*] *eg.* Yr arfer neu'r weithred o lanhau ystafell, tŷ, &c., yn drwyadl, yn enw. yn y gwanwyn, hefyd yn *ffig.: spring-clean, also fig.*

20g. Ar lafar.

sbringcliniaf, sbringclinaf: sbringclin-(i)o [bf. o'r e. *sbring-clin*] *bg.a.* Glanhau ystafell, tŷ, &c., yn drwyadl, yn enw. yn y gwanwyn: *to spring-clean.*

20g. Ar lafar, 'Mi ddechreuwn ni *sbringclinio* pan wellith y tywydd' (Arfon); '*Sbringclines* i'r tŷ cyn i 'mam gyrredd' (sir Gaerf.).

sbringell [*sbring*+*-ell*] *e?b.* ll. *-au.* Sbring (dyfais): *spring (device).*

1725-6 *Madd Ed* 214, gwelsom Natur a Phriodol-iaeth[a]u yr hyn a alwasom colyn drws Trocdigaeth; ond gadewch i ni ... weled beth yw'r *Springellau* neu'r Plwmmenni sydd yn gosod yr offeryn ... ar waith.

sbringen, gw. sbring.

sbring-gar [*sbring*+*-gar*] *a.* Tebyg i sbring, hyblyg, ystwyth, sionc, gwisgi, bywiog: *springy, flexible, active, nimble, lively.*

1941. Ar lafar, 'Dyn *sbring-gar* iawn ydi o' (Arfon).

sbringyn, gw. sbring.

sbril [cf. *bril*] *eg.* (gan mwyaf yn y ff. bach. g. *-yn*, b. *-en*). Anifail tenau, hefyd yn ddifr. am berson: *thin animal, also derog. of a person.*

1820. Ar lafar, '*Sprilyn* ... A sly, lanky fellow. The feminine *sprilen* is often applied to a thin, prowling beast', *GDD* 270. Cf. *CYLl* 42, Y defaid yn fore gaent godi ar frys; / Os ceid un yn hepian fe gollai ei grys: / Pan fyddai rhyw *sprilyn* yn agos i ffôs / Cai gynnig ar groesi gael crap ar ei go's; D. J. WILLIAMS: *HW* 44, byddai Mac wedi crynhoi'r defaid ... fel na chynygiai hyd yn oed y *sprilen* fwyaf haerllug fwrw maes; *id.* 88, Sprilen: dafad wedi colli ei gwlân.

Cfn.: Swol. **sbrilyn bacwn, sbril y bacwn:** *bat (in zoology).* **1820.** Ar lafar, '*Sprilyn-bacwn*', *GDD* 270; hefyd yn ardal Tyddewi yn y ff. *sbrili bacwn.*

sbrint [bnth. S. *sprint*] *eg.* ll. *-iau.* Ras fer gyflym, hwrdd o gyflymder, yn enw. ar ddiwedd ras, gwib: *sprint.*

20g.

sbrintiaf, sbrintaf: sbrint(i)o [bf. o'r e. *sbrint*] *bg.a.* Rhedeg sbrint, mynd ar wib wrth redeg, seiclo, nofio, &c.: *to sprint.*

20g.

sbrintiwr, sbrintwr [bôn y f. *sbrintiaf, sbrintaf: sbrint(i)o* + *-(i)wr*] *eg.* ll. *sbrintwyr.* Un sy'n rhedeg sbrint, gwibiwr: *sprinter.*

20g.

sbriwingaf: sbriwingad, gw. sbrywingaf: sbrywingad.

sbriws[1] [bnth. S. *spruce* 'smart'] *a.* Taclus a thrwsiadus, smart, twt, siriol, calonnog, bywiog, gwisgi, sionc: *spruce, smart, dapper; cheerful, high-spirited, lively, nimble, active.*

1905. Ar lafar, 'cerdded yn *sbriws* iawn' (Arfon); '*sbriws* ... Taclus ... calonnog', *B* xv. 23 (Meir.); 'golwg *sbriws* arno fo', *Cymru* xlvii. [195] (sir Ddinb.); ''Odd a'n dishgwl yn *sbriws* iawn in 'i shywt newydd a'i dei goch', *GTN* 710.

sbriws[2], ysbriws, &c. [bnth. S. *spruce* (*fir*), S. Diw. Cynnar *sprus(e)*] *e.ll.* (un. b. *-en*).

(*a*) *Bot.* Pefrwydd, pyrwydd, pren un o'r coed hyn: *spruce (trees, also wood).*

1896 W. J. DAVIES: *HPLl* 306, Sprucen, math o ffawydden Spruce Coniferae. Ar lafar, '*sbriwsan*

debyg iawn i lartsian' (Llŷn). Cf. D. J. WILLIAMS: *ChHO* 18, planhigfa o ... *sprius* ifainc.

(*b*) Lledr Prwsiaidd, hefyd yn *ffig.: Prussian leather, also fig.*

15-16g. LLAWDDEN, &c.: *Gw* 172, Dwbl was brawd, dwbled *ys-brys* / Drwy'r nos, was dewr harneisys [i ofyn tarw]. **16-17g.** *DCR* 233, J sane ai gyrdyse yn sidan or gore or ffcina i caera a wevwyd / i scidie *sprws* gwnion ai sodle yn rhyddion ar gore yn dlysion a wisgwyd. **17g.** *IICRC* iii. 227, J mae pryd fynghanaid wen fal y seren fore / o bob lliw meinir dlws fal *ysbrws* os [sic] dehe. *c.* **1730** Thos. Lloyd D (LlGC) 209a, ysgidiau *Spriws* duon. AF. 87. Cf. *WS*, Yspruws lledyr Spruse lether.

sbriwsiaf, sbriwsaf: sbriws(i)o [bf. o'r a. *sbriws*[1]] *bg.a.* Ymdrwsio, ymdacluso, ymbincio; tacluso, twtio; sirioli, bywiogi: *to spruce (oneself) up, smarten (oneself) up; smarten up, tidy; make or become cheerful or lively.*

1916. Ar lafar, 'Ma'r bechgyn i gyd yn dychra *sbriwso* unwaith man' nw'n mynd i garu', 'Ma'r tŷ 'ma wedi mynd na afnadw o lwm! Ma'n bryd dychra *sbriwso* ticyn arno', *GTN* 710. Cf. E. TEGLA DAVIES: *Hunangofiant Tomi* (1916) 77, dyma fo yn *sbriwsio* i fyny, ac yn edrych yn bwysig.

sbriwus [?cfdds. o *sbriw(s)*[1]+*-us*] *a.* Bywiog, sionc: *lively, active.*

20g.

sbroc, gw. sbrog[2].

sbroced, sbrocet [bnth. S. *sprocket*] *e?b.* ll. *sbrocedi, sbrocets.* Un o nifer o ddannedd ar olwyn sy'n cydio in nolenni cadwyn neu mewn rhes o dyllau mewn ffilm, papur, &c.: *sprocket.*

20g.

sbrocsyn [bnth. S. taf. *sprogs* 'sparrows' + *-yn*[1]] *eg.* ll. (geir.) *-nod, sbrocsod. Adar.* Aderyn y to: *sparrow.*

Ar lafar, 'bydd bechgyn a genethod tref Caernarfon yn sôn amdano wrth yr enw Strew neu *Sprocsyn*', T. G. WALKER: *Llyfr Adar* (1953) 16. Clywir hefyd *sbrocsyn* yn yr ystyr 'person bywiog, yn enw. plentyn', 'Na *sbrocsyn* bæch yw a' (dwyrain Morg.). Cf. *LlGC* 1173, 83, *sbrocsyn* eg.: sparrow (Vale of Glam.) ... Pe gallwn fod yn 'dderyn, / Dewishwn fod yn *sprocsyn.*

sbrog[1], gw. sbrag.

sbrog[2], sbroc [cf. S. *prog* 'bwyd'] *e?g.* Ysglyfaeth (farw), helfa (o bysgod, cwningod, &c.); sgram, bwyd: *(dead) prey, catch (of fish, rabbits, &c.); grub, food.*

20g. Ar lafar, '*sbrog* ... Y gelc mewn daear lwynog ... helfa (o bysgod, gwningod, &c.), neu "helfa" o bantri ... ar gyfer pryd o fwyd', 'Mi giawn ni *sbrog* iawn i ginio wedi i mam a' nhad [sic] fynd i'r dre', *B* xv. 23 (Meir.); hefyd yng ngogledd Cered. yn yr ystyr 'ysglyfaeth'.

sbrog[3] [cf. *prog*] *e?g.* Broc (môr): *driftwood, flotsam and jetsam.*

Ar lafar ym Meir.

sbrog[4] [bnth. S. *sprog* 'baby, child'] *eg.* ll. *-s.* Baban, plentyn, weithiau'n ddifr.: *sprog, baby, child, sometimes derog.*

20g. Ar lafar, ''Ddudodd hi 'i bod 'i isio rhwun i warchod y *sbrogs*'.

sbrogian, sbrogio [be. o'r e. *sbrog*[2]; cf. *sbrotian, sbrotio*] *bg.* Chwilota, chwilmentan, turio: *to search about, rummage, delve.*

20g. Ar lafar, '*sbrogio*: Chwilota', *B* xv. 23 (Meir.); hefyd yn y ff. *sbrogian* (sir Drefn.).

sbroni, gw. sborioni.

sbrot, sbrotas, gw. sbrots.

sbrotian, sbrotio [cf. *sbrogian, sbrogio*] *bg.a.* Chwilota, chwilmentan, turio; prowla: mân-ladrata: *to search about, rummage, delve; prowl; pilfer.*

1939. Ar lafar, '*Sbrotian*' 'to meddle or prowl, chwilio a chwalu mewn modd busneslyd', *Cymru* liii. [151] (dwyrain Mald.); '*sbrotian*: Chwilota', *B* xv. 23 (Meir.); hefyd yn y ff. *sbrotio* yn yr ystyr 'prowla' (sir Drefn.).

sbrots, (y)sbrotas, (y)sbrotion, &c. [bnth. a chfdds. o'r S. Diw. Cyn. *sbrot(es), sbrot(as)* 'chips, splinters' (+*-ion*[2])] *e.ll.* Darnau o wellt, ysgubion, manus, ysglod-

ion coed, hefyd yn *dros.* ac yn *ffig.: pieces of straw, sweepings, chaff, chips of wood, also transf. and fig.*

1604-7 *TW* (Pen 228), ysprotion; ysprotys d.g. *Ospratura. id.* sprotian [sic] d.g. *Quisquiliæ.* **1620** *Mos* 204, 13, A siaradus nag ymryson, ag na rodha *sprotian* [sic] ar ei dan. **1760** *ML* ii. 167-8, Drwg bod virtuoso yn y byd in myned yn *ysbrottas* chwaethach Sion Ellis ddiniwaid, ond da a fydd os geill dalu 15s. y bunt. **1762** *id.* 442, Dyma Sion Hedley gwedi torri'n *sprottas*, a dyma fi gwedi cymeryd ei dyddyn, a gorfod codi £2 yn y rhent i Sion Puw Prys er tecced yr ysgrifennodd attaf o'r Bath. **1763** *id.* 575, hen grŵth, sydd yn awr yn *sprotus* yn y garet fau. *id.* 591, Dyma brig fawr llwython o beilliod o Chichester wedi mynd yn *sprottas* tu cefn i ynys Rug. Ar lafar yn Meir. yn y ff. *sbrot* yn yr ystyr 'byrion gwellt, manus, mân frigau, ysglodion'.

sbrowingaf: sbrowingo, sbrowten, gw. sbrywingaf: sbrywingad, sbrowts.

sbrowtian, sbrowtan, (y)sbrowtio [bnth. S. *(to) sprout*] *bg.* Blaguro, egino, hefyd yn *ffig.: to sprout, shoot, also fig.*

1828 *Geir Pob* 31, Ysprowtio, blaguro, tôri allan.

sbrowts, ysbrowts [bnth. S. *(Brussels) sprouts*] *e.ll.* (un. g. *sbrowtyn*, b. *-en*). *Bot.* Ysgewyll (Brwsel): *(Brussels) sprouts.*

1828 *Geir Pob* 31, Ysprowts, yscewyll. Ar lafar yn gyff.

sbruddach, ysbruddach [cf. *prudd*] *eg.* a hefyd fel *a.* (Un) pruddglwyfus neu ddi-galon, (un) truenus neu ddidoreth, (un) llegach: *melancholy or depressed (person), wretched or shiftless (person), sickly (person).*

1803 *P*, Ysbruzaç s. m. ... That is of a dejected aspect, a moper, a stupid one. Ar lafar, 'rhyw *sbrydd-ach* o ddyn', 'teimlo'n *sbryddach*', *ISF* 66; 'sbruddach: di-drefn a llynwreg', 'yn un *sbruddach*', *Cymru* xlvii. [195] (sir Ddinb.); 'Ysbruddach.—Digalon, prudd, diysbryd', *id.* lxii. 176 (gorllewin Meir.).

sbrwlio, sbrwlian, *bg.* Chwilota: *to rummage.*

20g. Ar lafar yng ngodre Cered. a gogledd sir Benf.

sbrws, gw. sbriws[2].

sbrych, ysbrych [cf. *brych*] *eg.* ll. *-od, -au*, a hefyd fel *e.ll.* (un. g. *ysbrychyn*), ac fel a. ll. *-ion.* Person atgas, anghynnes, neu annymunol, person neu beth gwrthun; smotyn (smotiau), brychau (brycheuyn) haul; wedi ei ddifwyno â llaid, brych, a brychau haul ar y croen: *creep, offensive person or thing; speck(s), spot(s), freckle(s); spattered, speckled, freckled.*

1722 *Llst* 189, Ysbrych. s. brychyn ... Specks, spots, freckles. *id.* brychion (adj.) p. brychion. Freckled, bespeckled. *id.* d.g. Bespattered. Ar lafar yn y Gogledd, 'Dene'r diolch ges i gen yr hen *sbrych*', 'Ma hi'n iawn ond mae o'n hen *sbrych*'; hefyd yn nwyrain sir Drefn. a sir Ddinb. am frychau haul, '*sbryche*', *LGW* [88]-9.

sbrychaf, ysbrychaf: (y)sbrychu [cf. *brychaf: brychu*] *bg.a.* Difwyno, cael ei ddifwyno, diblo, ysgeintio, baeddu, staenio; troi lliw, afliwio; llwydo (am fara, &c.); mynd yn smotiog neu'n blorynnog, brychu, cael brychau haul; crebachu; hefyd yn *ffig.: to soil, become soiled, spatter, smear, stain; discolour, become discoloured; become mouldy (of bread, &c.); become spotted or pimply, freckle, become freckled; shrivel; also fig.*

16g. *LlS* 142-3, Y phicus ... A mwyn vyddant in sawl a ddarfu in[dd]ynt ysbrychy gan hir nychtod. *id.* 164, Cewch welet lawer tarren lathraidd oedd yn luossawc o ampl ddail a bloda'r ... llysæ hýn yn yn [sic] colli yn dlysyuyt ac yn ysprychy in ddirybydd. **1604-7** *TW* (Pen 228), wedy sbrychû d.g. *decolor. id.* Bara ... wedy sbrychu d.g. *panis ... Mucidus.* **1632** *D*, wedi ysprychu d.g. *Maculatus.* **1688** *TJ*, Ysbrychu, llychwino: to freckle, to break out into Pimples, also to soil or besmear, to mildew. **1722** *Llst* 189, Ysbrychu. To freckle, bespatter. **1753** *TR*, Ysbrychu, to become full of freckles. **1770** *W*, ysbrychu d.g. To blur, To speck. **1796** T. JONES: *CCA* 262, a hanes eu ysbrychu ... wedi eu *ysprychu* (blotted) â rhyw gwympiadau bryntion. **1803** P d.g. Ysbrychu. Clywir *sbrychu* ar lafar yn yr ystyr 'crychu, rhychu, sybbio', 'Paid â *sbrychu* dy grys a finne newydd 'i smwddio fo' (Meir.); '*sbrychu* dillad', *Cymru* xlvii. [195] (sir Ddinb.).

sbrychlyd, ysbrychlyd [(*y*)*sbrych*+-*lyd*; cf. *brychlyd*] *a.* Crychlyd, anniben, blêr, aflêr; wedi ei faeddu neu ei ddifwyno; wedi llwydo: *crumpled, dishevelled, scruffy; smeared; mildewed.*

1936. Ar lafar, 'sbrychlyd: wedi ei wasgu i'w gilydd', *Cymru* xlvii. [195] (sir Ddinb.); 'sbrychlyd' 'am gath newydd fod yn ymladd, am iâr ar ganol bwrw ei phlu, am wisg wedi ei gwasgu rywsut i ddrôr' (Meir.).

sbrychni [*sbrych*+-*ni*; cf. *brychni*] *eg.* yn y cfn. *sbrychni haul.* Brychau haul: *freckles.*

Ar lafar, *LGW* [88]-9 (dwyrain sir Drefn. a sir Ddinb.).

sbrychyn, gw. sbrych.

sbryd, sbrydol, sbryddach, gw. ysbryd, ysbrydol, ysbruddach.

sbrywingaf, sbriwingaf, sbarwingaf, &c.: sbrywingad, sbriwingad, sbarwingo, &c. [?elf. anh. (?cf. *sbringaf*: *sbringo*)+*gwingaf*: *gwingo, gwingad*] *bg.* Llamu neu neidio'n sydyn, yn enw. o boen, ofn, neu syndod, rhoddi naid fach, sbringio: *to leap or jump suddenly, esp. from pain, fear, or surprise, start, spring.*

1920. Ar lafar, 'Pam sbrywingast ti 'nawr?', ''I sbrywingws pyn gwelws i'r 'en Wil yn rywndo'r cornal', 'Dyna fabi i sbrywingad yw 'wn', ''Alla' i ddim llædd ffywlz, ma raid ifi wed! Ma dala cradur nis bod a'n sbrywingad i farwolath yn drech na fi', *GTN* 711; 'Dyna sparwingo o'dd y ceffyl yn gro's i'r comin', 'Pan gitshws y brithyll yn y bachyn, fe sparwingws i ma's o'r pwllyn', *LIGC* 1173, 79 (Morg.); 'Sbyrwingws y wirsan 'n ôl' (dwyrain Morg.).

sbur, sburan, gw. ysbur.

sburlas, sburlath, gw. sbwrlas, ysburlath.

sbwbach [cf. *bwbach*] *eg.* Cenau, coblyn: *rascal, imp.*

20g. Ar lafar, 'Dos o'ma'r *sbwbach* bach!', *B* xv. 23 (Meir.).

sbwbiaf: sbwbio, sbwdyn, gw. sbybiaf: sbybio, sbwt.

sbwng, ysbwng [bnth. Llad. Prydain *spongus* (cf. Llad. *spongia*, Llad. Diw. *spongos*), cf. Llyd. C. *spoe*, Llyd. Diw. Cyn. *spouen(g)*, Llyd. Diw. *spoue*, Gwydd. C. *spongc*; dichon mai gair gwahanol ei drdd. a welir yn adran (*b*), cf. *GDB* 354] *eg. ll.* (*y*)*sbyngau*, (*y*)*sbwngau*, ysbyngoedd.

(*a*) Unrhyw un o amryw fathau o anifeiliaid dŵr o adran y *Porifera*, ac iddynt gyrff mân-dyllog tebyg i gwdyn ac ysgerbwd mewnol caled neu hydwyth, ysgerbwd un o'r anifeiliaid hyn, yn enw. y math meddal, hydwyth, ac amsugnol a ddefnyddir wrth ymolchi, glanhau, &c., darn cyffelyb o rwber neu blastig a ddefnyddir i bwrpasau tebyg, peth tebyg i sbwng, e.e. pwdin, cacen, &c.; rwber neu blastig mân-dyllog: *sponge; foam (rubber or plastic).*

14g. *HMSS* ii. 257, Ac yn y lle redec o un ohonunt a chymryt *yspwg* ae wlychu y mywn gwin egyr . . . ae rody idaw y yuet. *c.* **1400** *Études* viii. 364, A phan vynnych y deffroi, mortera *yspwng* mywn vinegyr a bwrw ar y froeneu. **1632** D, Ysbwrn . . . rectiùs *Yspwng*, Spongia, lana marina. *id.* Rhyw *ysbwng* meddal mandwll d.g. *Achilleum.* **1722** *Llst* 189, Ysbwng. m.p. *byngau.* A spunge. **1759** J. EVANS: *PF* 73, I ragflaenu'r Plâ . . . Aroglwch *Yspwng* wedi ei wlychu yntho pan bo 'ch yn nesau at na Phobl na Lleoedd afiach. **1803** *P* d.g. *Yspwng.* **1813** *WB* 246, *Yspwng*; Spongia; Spunge. Ar lafar, '*sbwng*: sponge', *Cymru* xlvii. [195] (sir Ddinb.).

(*b*) ?Rhyw fath o ddefnydd hylosg: *some sort of combustible material.*

13g. *GDB* 350, Gnaͨd yd gyrch kynnygyn o'e gynnif pͦg / Mal pan gyrch flamdan flamdo *yspͦg.* **14g.** *T* 23. 18-19, bum *yspͦg* yn tan. buam gͦyd yn gͦarthon. **15g.** *BB* 196, Ac yno kymryt bsisg [sic] y knev. ac ev llenwi yn llawn o *yspwng* a brynstan a phyc. a dodi tan yndunt.

Amr.: **sbong, ysbong. 1567** *LIGG* 40a, Ac yn y van vn o hanynt a redawd, ac a gymerth *yspong* ac ei llanwodd o vinegr. **1588** *Io* xix. 29, a hwy a lanwâsant *spong* o finegr. **1604-7** *TW* (Pen 228), y rhywogaeth waethaf or *Spongiæ* d.g. *Aplysiæ.* Manon. **sbwnj, ysbwnj, ysbwns** [bnth. S. *sponge*, a S. C. *spunce*] (*ll. sbwnjys*). **15g.** *HCLl* 85, Naw draen a fu'n

---

Ei drinoedd, / Ysbinis a'r *ysbwns* oedd. *c.* **1548** *CM* I, 713, *ysbwndgi* a marw gig ynn tyuu ac ynn magv ynn y ffroenau. Ar lafar, '*Spwnsh*', *GDD* 270. **sbynj** (*y* ≡ *g*) (*ll.* -*ys*) [bnth. S. *sponge*]. Ar lafar, 'Pam na nei di *sbynj* i bwdin?'

Gw. hefyd ysbwrn.

sbwngaidd, sbwnglyd, gw. sbyngaidd, sbwnjlyd.

sbŵl [bnth. S. *spool*] *eg. ll. sbwliau.* Ril y gellir dirwyn tâp, ffilm, &c., arni: *spool (of tape, film, &c.).*

20g.

sbwnio, sbwnan [bnth. S. (*to*) *spoon* 'to behave amorously'] *bg.* Ymddwyn yn gariadus neu'n serchus, yn enw. mewn ffordd wirion, cusanu ac anwesu: *to spoon, kiss and cuddle.*

1920.

sbwnj, gw. sbwng.

sbwnjaf, sbynjaf, ysbwnjaf: sbwnjo, sbwnjan, sbynjo, ysbwnjo [bnth. S. (*to*) *sponge*] *bg.a.* Glanhau, rhwbio, neu sychu â sbwnj; byw ar draul rhywun arall, cael (bwyd, arian, &c.) drwy grafu neu fegera: *to (wipe, wash, &c., with a) sponge; sponge, scrounge.*

1828 *Geir Pob* 28, *Yspwndgio*, bolera, ymborthi ar draul arall. Ar lafar, ''Well iti *sbynjo*'r staen oddi ar y ffrog yn syth' (Arfon); '*Spwnjan*', *B* viii. 222 (Morg.).

sbwnjar, sbwnjer, sbynjar [bnth. S. *sponger*] *eg. ll.* -*s.* Un sy'n byw ar draul rhywun arall, crafwr, lloffwr: *sponger, scrounger.*

1928. Ar lafar, 'Paid â dangos bod gin ti bres—ma hwnna'n rêl *sbynjar*' (Arfon); hefyd yn y diwydiant glo, '*Spwnjars* yw'r enw a roddir ar weithwyr prynhawn a nos, sydd yn gweithio ar y glo yng ngweithleoedd gwŷr dydd, ac er mor onest bynnag y byddant, achwynir yn fawr arnynt', *B* viii. 222 (Morg.). Cf. D. J. WILLIAMS: *STD* 61, bod . . . gyda'r *spwnjers* a'r cachgwns celwyddog, rhagrithiol 'na . . . yn robo dyn o dan 'i drwyn.

Gw. hefyd sbwnjwr.

sbwnjlyd, sbwnglyd [*sbwnj, sbwng*+-*lyd*] *a.* Sbyngaidd: *spongy, spongelike.*

20g.

sbwnjwr, sbynjwr, ysbyngwr [bôn y f. *sbwnjaf, sbynjaf: sbwnjo, sbynjo* ac *ysbwng*+-*wr*] *eg.* (b. *sbynjwraig*, *ll.* -*wragedd*) *ll. sbwnjwrs.* Un sy'n byw ar draul rhywun arall, crafwr, lloffwr: *sponger, scrounger.*

1858. Cf. D. OWEN: *D* 153, [yr] unig deit a ennillodd efe oedd yr hwn a gafodd gan ei gydysgoleigion, sef '*spwnjiwr*'.

Gw. hefyd sbwnjar.

sbwrial, sbwriel, gw. ysbwrial.

sbwrlas, sburlas, sbyrlas [?cf. *ysburlath*] *eg. ll.* -*au.* Cynhalbren, ateg, prop, trawst, bar: *puncheon, strut, prop, beam, bar.*

1604-7 *TW* (Pen 228), spurlas d.g. *Adminiculum.* id. wedy godi ar *spurlasæ* ne ategbawl d.g. *Cantheriatus. id.* ysbyrlas a lesteir y ueirch redec d.g. *Repagulum.* Dchr. **17g.** *J* 10, 44b, *Spwrlas.* fulcrum. Ar lafar, '*Sbwrlas*: pren croes (sef prop) mewn ffens', *B* iv. 132 (sir Drefn.); ''Well i ni godi *sbwrlas* ar y post 'ma' (sir Drefn.); '*spurlas*: y bar a'r bach haearn sy'n cydio cleddau cert wrth y follten a ddaw trwy'r gwaelod a thrwy'r echel', *id.* 302 (canolbarth Cered.).

sbwrn, sbwrs, gw. ysbwrn, ysbwrj.

sbwt, ysbwt [bnth. S. *spud* 'short person or thing'; cf. hefyd *pwt*[1]] *e?g.* (bach. g. *sbwtyn*, b. -*en*). Person neu beth bach neu fyrdew, pwtyn, stwmpyn: *short or stumpy person or thing, stub, stump.*

18-19g. *Llr C* 30, 186, *Yspwt*, a stubby or blunt thing [Glam.]. Ar lafar yn sir Benf., '*Sbwtyn* [sic] o bregeth . . . *Spwtyn* [sic] o ddyn', *GDD* 270; '*sbwtyn* . . . *sbwten*', '*sbwtyn o bren*', *SC* vi. 127; hefyd yn y ff. *sbwdyn.* Cf. D. J. WILLIAMS: *ChHO* 106, Lewsyn Bach y Mistir Haliers, a'i bishyn tin a'i *sbwtyn* o goes whip cyd a'i hirfys ddwywaith.

sbwtnic, sbwtnig [bnth. S. *sputnik*] *eg. ll.* -*au.* Lloeren artiffisial, yn enw. un o gyfres o'r cyfryw a lansiwyd gan yr Undeb Sofiet-

---

aidd rhwng 1957 a 1961, hefyd yn ffig.: *sputnik, also fig.*

20g. Cf. D. J. WILLIAMS: *ChHO* 153, gwywodd gogoniant Amos Brown mor sydyn â chicaion Jonah . . . Wedi colli ei fri am ennyd sydyn fel byn oherwydd rhyw damaid bach o *sbwtnig* dinod aeth â Diwygiad yn nesaf â'i sylw.

sbwtyn, gw. sbwt.

sbwyl [bnth. S. *spoil*] *e?g.* Y weithred o sbwylio, difethiad, niwed: *a spoiling, ruin, harm.*

16g. DAFYDD AP LLYWELYN, &c.: *Gw* 226, Caraf Dduw Iesu, cryf ddewisiad, / Iesu 'wy'n ei garu sy wyn gariad, / Iesu, Fab arab, a fu irad—ei hwyl / Yn dwyn y boen *sbwyl* dan Bons Beilad. **1795-6** *Trys Gym* 87, Rhyw styfftra rhyfedd maith a mwyth, / A llonaid llaw yn hanner llwyth; / A'r llais yn arwach dyna 'spwyl, / Fel tannau telyn maes o hwyl.

sbwylaf: sbwylo, gw. sbwyliaf: sbwylio.

sbwylfa [*sbwyl*+-*fa, ma*] *eb.* Ysbail neu ddinistr: *spoils or destruction.*

1672 R. PRICHARD: *Gw* 48, Cans Satan orchfygwyd, ac Angeu gongcwerwyd, / Ac vffern y speilwyd yn *spwylfa* [:- Anrhaith].

sbwyliaf, sbwylaf: sbwyl(i)o [bnth. S. (*to*) *spoil*] *bg.a.* Difetha, andwyo, mynd yn ddrwg (am fwyd, &c.); difetha (plentyn, &c.), maldodi: *to spoil.*

16-17g. EDWARD URIEN, &c.: *Gw* 149, Os beiliad llong a *sbwylir*, / Golud hwn oedd gael y tir. **17g.** (**18g.**) *CLIC* ii. 22, Y mae'r Cowper cylche brwnt / A *sbwyliodd* lawer stên a stwnt / A hwn i arfer oedd erioed / Lledrata beunydd ffynn o goed. *id.* 26, Y mae'r Glassiwr meddw ei ben / A *spwyliodd* lawer ffenestr wen. **1672** R. PRICHARD: *Gw* [xxi], Ie ellir gweled mor anghenrheidiol ydyw, i gymmeryd gofal mawr i atgyweirio beiau'r print yn ein bibl, cyn ei roddi i printiwr . . . ac onid ê fe *spwylir* [:- Anafir] y cwbwl. **1688** S. HUGHES: *TSP* [v], y mae yma Rai Dynion anonest, ac y sydd yn Sôn am brintio 'r Llyfr hwnnw eilchwaith: Ac yr wi'n rhag-weled, y *spwylant* ac yr anrhaithiant hwy'r Gwaith. **1696** *CDD* 18, Na fydded dy ddwylo rŷ brysur i daro, / I *spwylia* [sic] neu speilio dy frodyr. **1751** *ML* i. 169, mae'r cyfreithiau ar planta ar hwsmonaetha wedi *spwylio*'r dynan hwnnw. **1763** *id.* ii. 567, your shyness makes him doubtful of your sincerity, a hynny a *spwylia*'r cyfan oll. Ar lafar, '*sbwylio*', *WVBD* 477; '*sbwylo*', *GDD* 270; 'Man' nw'n *sbwylo*'r plentyn 'na'n racs' (sir Gaerf.). Clywir hefyd y ff. *sboilio*, 'Ma 'i 'di *sboilio*'i gwallt efo'r holl byrms 'na' (Arfon). Cf. D. OWEN: *GT* 27, 'Wela i ddim byd tebyg i gyfleth yn y ffenest yma . . .'. 'Tu mewn,' ebe Twm, 'mae nhw yn i gadw fo, mi *spwyliff* nw y ffenest.'

Amr.: **ysbwylio. 1888.**

Cfn.: **sbwylio'r pwdin:** *to spoil it all, spoil everything.* **1885** D. OWEN: *RL* 265, Chreda i byth fod neb yn dduwiol fydd yn edrach be ydi'r gloch ar ganol gwedd̄io. Mi weles rai yn gneyd felly, ac yr oeddan nhw yn *spwylio*'r pwdin yn mi.

sbybiaf, s(y)bwbiaf, sbebiaf: sbybio, s(y)bwbio, sbwbian, sbebio, *bg.a.* Crychu, swbachu, garwhau (plu, gwallt, &c.), gwneud yn flêr, difetha siâp, poitsio: *to crease, crumple, rumple, ruffle, make untidy, knock out of shape, mess up.*

1803 *P*, Sybwbiaw . . . To toss about, to rumple. Ar lafar, 'Mi *sbwbiodd* o 'i gwallt hi' (Môn); 'paid a *sbwbio* 'r het yna', *Cymru* xlvii. [195] (sir Ddinb.); '*sbybio*' 'to crease, put out of shape', *WVBD* 477; hefyd yn y ff. *sbebio*, 'Paid â *sbebio*'r bloda 'na' (Arfon). Cf. T. H. PARRY-WILLIAMS: *Y* 35, [p]lu ei frest fach . . . wedi eu *sbybio.*

sbyblyd [bon y f. *sbybiaf: sbybio*+-*lyd*] *a.* Crychlyd, wedi garwhau: *crumpled, ruffled.* **1873.**

sbydaf: sbydu, sbyddaden, sbyddaf: sbyddu, sbyddwr, gw. disbyddaf: disbyddu, ysbyddaden, disbyddaf: disbyddu, disbyddwr (hefyd At.).

sbyngaidd, ysbyngaidd, (y)sbwngaidd [(*y*)*sbwng*+-*aidd*] *a.* Tebyg i sbwng, hydwyth, yn ffig.: *spongelike, spongy, elastic, also fig.*

1773 *W*, ysbyngaidd d.g. *Fungous* [spongy . . .], *Spongious, or spongy.* **1793** N. WILLIAMS: *HM* 57, llafn o gig ysbwngaidd.

sbyngllyd, ysbyngllyd [bôn y be. (*y*)*sbyngu*+-*llyd*] *a.* Sych iawn: *very dry.* **18-19g.** *Llr C* 30, 177, Gwynt, Tywydd *Spyngllyd*

very dry arid wind or weather. **18–19g.** *Llr* C 42, 433, *Yspyngllyd* . . . Glam.

sbyngu, ysbyngu [?be. o'r e. *sbwng*] *bg.* Sychu (am y tywydd, &c.), mynd yn sych iawn; chwyrlïo (am y gwynt): *to dry (of weather, &c.), become arid; whirl (of the wind)*.
18–19g. *Llr* C 42, 433, *Yspyngu* . . . Glam. Ar lafar, 'Mae wedi bod yn *spyngu* 'n ddishbrad' 'an . . . expression with the farmers of the Vale of Glamorgan in the Spring, when the clay soil is getting so dry that they cannot break it up to set the seed in', *LlGC* 1173, 84; hefyd yn yr ystyr 'chwyrlïo (am y gwynt)', "Odd y gwynt yn *sbyngu*' (dwyrain Morg.).

sbynj, sbynjaf: sbynjo, sbynjar, gw. **sbwng, sbwnjaf: sbwnjo, sbwnjar.**

sbynjwr, sbynjwraig, gw. **sbwnjwr.**

sbyrlas, gw. **sbwrlas.**

sbyrs, ysbyrs [bnth. S. *spurs*] *e.ll.* (un. g. (*y*)*sbyrsyn*, b. *ysbyrsen*) ll. dwbl *sbyrsiau.* Brigau, coesau (planhigion), blagur, egin, hefyd yn *dros.* ac yn *ffig.*: *twigs, stems, stalks, shoots, buds, also transf. and fig.*
Dchr. **15g.** *IGE²* 189, Cyfrestr ball difwyallfarc, / Cyrs dail *ysbyrs* dulas barc [Llywelyn ab y Moel i'r bedwlwyn]. **15g.** *id.* 224, Dawnus ben yw dwyn *ysbyrs*, / Dwbl dwys glaergwbl disgleirgyrs [Ieuan ap Rhydderch i ganmol gwallt merch]. **15–16g.** *TA* 284, Dyn a dyf, dan i dafawd, / Egin gwydd, o eigion gwawd, / Impio *sbyrs* (*DE* 139, *ysbyrs*) gwmpas y bedd / Ar ganghennau 'r gynghanedd [marwnad Dafydd ab Edmwnd]. **16g.** *LlS* 6, Y Sothernwod benyw . . . llawn blodæ a mal botymæ eurlliw ar vrigæ vcha/r/ *spyrsiæ*. *id.* 23, Ar ddechrey y gwanwyn y tyf lafar, *calon o sebon* 'a bar of soap', *WVBD* 477; 'Dyma fa'n dod yn llawn o *sepon* fel arfadd!', *GTN* 726. Clywir *sebon* hefyd yn yr ystyr 'opera sebon', 'Ma pobol ddrwg wastad yn cal 'u dal mewn *sebon*'. Digwydd hefyd mewn e. lleoedd, o bosibl yn yr ystyr 'carreg sebon', gw. *EANC* 196, ac mae *Sebonig* yn e. nant fechan ym Meir., *ib.*
(*b*) Had (gwryw), semen: *semen.*
c. **1400** *R* 1278. 42–4, Pan golles llawes lliwyon góóyó gimóch gogymeint corn *sebon.* *id.* 1339. 5–6, Keilliagót uorsgót uarsgal kicydyon. keill drochyon *sebon* ansyberw wal. *id.* 1352. 21, kyfróch kern sybóch corn *sebon* sudas y seudo anhiryon. **16g.** *List* 6, 142, y neb a wnaeth y chwaer ffydd vyn chwarre or ffon (Hywel Dafi). **16g.** *CMOC* 30, Cal chwydlyd hyfryd yw hon,—mwyn goflaid / mewn gaflau morynion; / sioba yn poeri *sebon*; / rhowter hers, rhad Duw ar hon.
Cfn.: *sebon bar*: *bar-soap.* Ar lafar gynt, *Folk Life* xix. 41. **sebon calen** = **sebon bar. 1937. sebon col-tar**: *coal-tar soap.* Ar lafar, 'Sebon col-tar oddan ni'n iwsio es talwm i ladd chwain' (Arfon). **sebon du**: *black soap, coal-tar soap.* **16g.** *Pen* 86, 144. *Diw.* **16g.** *WLB* 1. **1795** J. THOMAS: *AIC* 362. Ar lafar, "R un peth 'di *sebon du* i fi â sebon col-tar' (Arfon); "Odd *sepon du* flynydde'n ôl. Un dæ at olchi gwallt odd a. 'Odd a fel triacl du', *GTN* 726. **sebon golchi**: *household soap.* Ar lafar, *GTN* 726. **sebon gwyn**: *curd soap.* c. **1730** *Thos. Lloyd* D (LlGC) 207a, *sebon gwyn*, G. 54. **sebon meddal**: *soft soap, also fig.* **1759** J. EVANS: *PF* 34, Iw iachau, golchwch hwynt a *Sebon meddal* wedi ei gymyscu a Thywod côch. Ar lafar, 'Tria dipyn o *sebon meddal* arno fo—ella neith o'r job iti wedyn' (Arfon); '*sepon meddal*', *GTN* 726. Cf. D. OWEN: *GT* 181, Gwnai lwon mawr ei fod am ddiwygio, a chlurai fi â *sebon meddal.* *id.* 267, cleimio polyn *sebon meddal.* **sebon sent**: *scented soap.* **1936.** Ar lafar, "Ôn i wrth 'y modd cal *sebon sent* ne ddau gan y goedan 'Dolig 's talwm' (Arfon); '*sepon sent*', *GTN* 726. **sebon Ysbaen(aidd)**: *Castile soap.* **1771** G. HOWEL: *Alm* 47, Castile Soap, neu *sebon Yspaen.*

sebonaf: seboni [bf. o'r e. *sebon*] *bg.a.* Gorchuddio â (throchion) sebon, trochioni, hefyd yn *ffig.* gwenieithio, ffalsio (i): *to soap, lather, also fig. soft-soap, flatter, fawn (upon).*
1632 D, *Seboni*, Smegmate illinere, tergere. **1688** *TJ, Seboni*: to lather with Sope. **1722** *Llst* 189, *Seboni.* To sope. **1803** *P, Seboni* . . . To soap; to lather. Ar lafar, "Wath ti heb â'n *seboni* fi, 'chei di ddim mwy o bres gin i' (Arfon); 'Ôn i'n gweld y barbwr yn *seboni* 'i ên a'n barod 'i siafo fa', 'Un budur i *seboni* yw a a ma fa'n 'ela cwilydd arno' i, waith fi wn i taw dim ond sepon yw'r cyfan', *GTN* 726. Cf. *Cy* ii. 157, Y mae wedi bod yn beth lled gyffredin i ddyn wrth gyfodi i anerch y Cymry mewn Eisteddfod ymgymeryd â *seboni* ei wrandawyr a gwneuthur a allo i feddalu eu penau a'u gyru i feddwi o hunanfoddhad; *SE MS* 458b, *seboni*, to soap . . . to use (soft) soap; to flatter.

sebonaidd [*sebon*+-*aidd*] *a.* Sebonllyd, sebonog; tebyg i opera sebon, nodweddiadol o opera sebon: *soapy, saponaceous; soap-operatic.*
[**1783**] *W* d.g. *Saponaceous.* **1796** N. WILLIAMS: *HM* ii. 63, i weithio ymaith yr amhuraidd cludog, lysiau *Sebonaidd.* **1803** *P, Sebonaiz* . . . Like soap; soapy.

sebondrwyth [*sebon*+*trwyth*] *eg.* Trochion (sebon), ewyn: *lather, suds.*
1775 *W*, gwneuthur trwyth sebon (*sebondrwyth*) d.g. *To lather.* **1798** *WR* d.g. *Suds.*

seboneiddiad [bôn y f. *seboneiddiaf: sebon-eiddio*+-*iad¹*] *eg.* Y proses o seboneiddio: *saponification.*
1851.

seboneiddiaf: seboneiddio [bf. o'r a. *sebonaidd*] *bg.a.*
(*a*) Troi neu gael ei droi'n sebon drwy hydrolysis alcalïaidd (am fraster neu olew), (cael ei) hydrolysu'n asid ac alcohol (am ester): *to saponify.*
1851.
(*b*) Seboni, gwenieithio, ffalsio (i): *to soft-soap, flatter, fawn (upon).*
1863–5 D. OWEN: *WBC* 53, dyma fe yn dechreu *seboneiddio* yn rhagrithiol.

sebonfaen [*sebon*+*maen¹*] *eg.* Mwyn. Math

o dalc ac iddo deimlad seimllyd, carreg sebon: *soapstone, steatite.*
1858.
Gw. hefyd **maen¹**—**maen sebon.**

seboniant [bôn y f. *sebonaf: seboni*+-*iant*] *eg.* Seboneiddiad: *saponification.*
20g.

sebonig, gw. **sebon.**

sebonlyd, sebonlys, gw. **sebonllyd, sebonllys.**

sebonllyd, sebonlyd [*sebon*+-*llyd*, -*lyd*] *a.*
(*a*) Yn cynnwys sebon, wedi ei orchuddio â sebon, tebyg i sebon, sebonog, llawn trochion; gwenieithus, ffalsiog, cynffongar: *soapy, saponaceous, sudsy; flattering, fawning, obsequious.*
1547 *WS, Sebonllyd.* **1632** D, *Sebonllyd* . . . Sapone illitus. **1688** *TJ, Sebonllyd*: be daubed [*sic*] with Sope. **1753** *TR, Sebonllyd* . . . soapy, dawb'd with soap. [**1783**] *W* d.g. *Saponaceous.* **1803** *P.* Ar lafar, "Dyw'r dwr ddim yn ddicon *sebonllyd* i neud trwyth da' (dwyrain Morg.); hefyd yn yr ystyr 'cynffongar', 'Ma fa'n lico mynd i wilia'n *sebonllyd* sia'r dinnon pwysig', *GTN* 725.
(*b*) Tebyg i opera sebon, nodweddiadol o opera sebon: *soap-operatic.*
20g.

sebonllys, sebonlys [*sebon*+*llys⁵*] *eg. Bot.* Planhigyn Ewropeaidd, *Saponaria officinalis*, sy'n dwyn blodau pinc a gwyn, a dail sy'n rhoddi sylwedd sebonllyd; unrhyw un o amryw brysglwyni trofannol Americanaidd, yn arbennig o'r tylwyth *Sapindus*, sy'n dwyn ffrwythau sebonllyd a ddefnyddir mewn rhai gwledydd yn lle sebon: *soap-wort; soapberry.*
c. **1400** *Études* vii. 56, Saponaria. *sebonllys.* **1632** D (*Bot*), *Sebonllys*, Saponaria, struthium. **1688** *TJ* (*Bot*), *Sebonllŷs*: Sope-wort. **1759** J. EVANS: *PF* 76, [g]olchwch hwy ac Iscell y *Sebonlys.* **1813** *WB* 234, *Sebonllys*; Saponaria officinalis; Soapwort. Clywir *sebonlys* ar lafar yn yr ystyr 'Yellow Rattle Rhinanthus minor', G. AWBERY: *BM* 62 (Meir.).

sebonog [*sebon*+-*og*] *a.* Sebonllyd, sebonaidd: *soapy, saponaceous.*
15g. *GDID* 41, Caws sur, caws eglur, caws mysoglog, / Caws newydd beunydd, caws sebonog. **1632** D, *Sebonllyd* & *Sebonog*, Sapone illitus. c. **1730** *Thos. Lloyd* D (LlGC) 208a, caws sebonog, soapy. [**1783**] *W* d.g. *Saponaceous.* **1803** *P* d.g. *Sebonawg.*

sebonol [*sebon*+-*ol*] *a.* Sebonllyd, sebonog, sebonaidd; gwenieithus, ffalsiog, cynffongar: *soapy, saponaceous; flattering, fawning, obsequious.*
1803 *P, Sebonawl* . . . Saponaceous, soapy.

sebonwr, sebonydd [bôn y f. *sebonaf: seboni*+-*wr*, -*ydd³*] *eg.* (b. *sebonwraig*) ll. *sebonwyr, sebonyddion.* Gwneuthurwr neu werthwr sebon; gwenieithiwr, ffalsiwr: *soap-maker, soap-seller; flatterer, fawner.*
c. **1400** *J* 1, 1065, Gwell dvylav ykigyd. nodvylav y *sebonyd.* **1722** *Llst* 189, *Sebonydd*, m.p. nyddion. A sope-boiler or maker, sope-merchant. c. **1730** *Thos. Lloyd* D (LlGC) 206b, *Sebonydd.* Saponarius. A soap boyler. **1762** *CGC* 7, Enwau . . . *Sebonwyr*, Evan Pugh . . . *Sebonydd.* **1789** TWM O'R NANT: *TChB* 18, Tafarnwr Bragwr trychwr trwm / Ar nodwr llwm, Anwydog / *Sebonwr* C'nwyllwr gweithiwr gwêr, a Swip a chobler chwiblog. **1803** *P, Sebonwr*, s. m.—pl. *sebonwyr* . . . A soap-man, a dealer in soap; a soapmaker. *id. Sebonyz*, s.m.—pl.t. *ion* . . . A soapmaker.

sebonyddol [*sebonydd*+-*ol*] *a.* Sebonllyd, sebonog, gwenieithus, ffalsiog, cynffongar; sentimental: *soapy, saponaceous; flattering, fawning, obsequious; sentimental.*
1890.

sebra [bnth. S. *zebra*] *eg.* ll. -*s*, -*od.* *Swol.* Unrhyw un o amryw fathau o greaduriaid pedwartroed Affricanaidd o'r teulu *Equidæ*, yn enw. *Equus burchelli*, ac iddynt groen gwynnaidd a streipiau duon: *zebra.*
1916. Ar lafar.

sebwrthon [cf. *sibwrthaf: sibwrtho*] *e.ll.* Drylliau, teilchion: *fragments, bits.*
1672 R. PRICHARD: *Gw* 353, A bwrw lawr y

---

sbyrsyn¹,²: sbyrwingaf: sbyrwingad, sbysaf: sbyso, schismatic, gw. **sbarras, sbyrs, sbrywingaf: sbrywingad, sbosaf: sboso, sgismatig.**

se¹,², gw. **seaf, sef.**

seaf [?cf. *heuaf, heaf: heu, hau*; ceir enghrau. ansicr eu hystyr o'r ff. *se*, gw. *GMB* 167; dichon mai *rhy¹* ac nid *rhy²* a welir yn yr engh. isod (cf. *ryse, id.* 263)] *ba.* ?Taenu: *to spread.*
12–13g. *GLlLl* 172, Dy gludueirt ynt heirt y'th hartglas, / Dy gletyf dy glod r*yseas.* **1632** D, *Seas, q.

seans¹, seawns [bnth. S. *seance*] *eg.b.* ll. -*au.* Cyfarfod o ysbrydegwyr er mwyn ceisio cysylltu â'r meirw: *seance.*
20g.

seans², seatica, seawns, gw. **seiens, siatica, seans¹.**

sebach [tywyll yw'r ystyr yn yr unig engh. lenyddol isod, ond ?cf. *swbach*; rhoddir y diff. ar sail y geir.] *a.* Gwichlyd; bychan iawn: *shrill; very small.*
15g. *GTP* 47, Syganai'r wrach, *sebach* sôn, / 'Syre, praw 'falau surion.' **1632** D, *Sebach*, Parvulus . . . Ys bach. **1688** *TJ, Sebach*, bychan Iawn: very small or little. **1722** *Llst* 189, *Sebach.* Very little or small. **1803** *P, Sëbaç* . . . shrill.

sebon [cf. Llad. *sāpōn*(-), H. S. *sāpe*, H. Uchel Alm. *sei(p)fa* (< Germaneg *saipōn)] *eg.* ll. -*au*, -*s.*
(*a*) Cyfrwng glanhau sy'n cynnwys asid brasterog a soda, potash, neu ocsid metelaidd arall; y mae'r mathau toddadwy ohono, o'u rhwbio mewn dŵr, yn cynhyrchu trochion a ddefnyddir i (ym)olchi, hefyd yn *ffig.* gweniaith, geiriau teg: *soap, also fig. flattery, cajolery.*
1547 *WS, Sebon* Sope. **16g.** *Celtica* v. 154, kymer haner pintiaid o wer a haner pwys o *ssebon.* **1588** *Sus* 17, dygwch i mi olew a *sebon* . . . fel y gallwyf i ymolchi. **16–17g.** *HG* 89, casglu y dwyt ddefnyddion / calch halen lludw *sebon* / hobs baeas a rosmari / a banadl gwedi llosgi. **1605–16** *Mos* 131, 514, Hawddvyd ir byd a welson / golchi yn wyn heb ddim or *sebon* / a chmyscu dwr a lludw / a golchi yn lan a hwnnw. **1620** *Jer* ii. 22, pe byddei it ymolchi â nitr, a chymmeryd it lawer o *sebon.* **1728** T. BADDY: *DDG* 37, lludw i wneuthur Sebon. **1803** *P, Sebon*, s. m. . . . Soap. Ar

Trefydd mawrion, / Twre a chestyll yn *sebwrthon* [:– gan-dryll].

sec¹, sac¹ [bnth. S. *seck, sack* 'dry white wine'] *eg.* Unrhyw un o amryw winoedd gwyn sych o Sbaen a'r Ynysoedd Dedwydd, hefyd yn *ffig.*: *sack (wine), also fig.*

1547 *WS, Seck* win Secke. **16g.** *GGH* 373, Can dloswawr cnawdliw iesin / Cawn flas *sec* neu falsai win, / Cymraeswin cymar osai, / Claf yn iach bob clwyf a wnâi. **16–17g.** *HG* 138, gwell gan y gwyr ddwedud kleck, a chwaffto *seck* llesgedig / na mynd ir eglwys lle kan, [sic] i ofyn clog]. **16–17g.** *GST* i. 672, Hwn sy lowt, a hon sy lân, / Hon yw'r *sec*, hwn yw'r sucan [i ganmol gwraig ac i ddifenwi ei gŵr]. **16–17g.** (**17g.**) *CC* 68, gwnn yr yf Gawen i ran / o daw *sacc* nid vf succan (Thomas Prys). **1692** *CRC* 206, Raspi a *seck* a mawnseu / a mwsgjdel o'r goreu. **1706** *Cyf Cym* 114, mae gan y hollalluog Dduw gwppan iti ond nid o *sec* nac o fir. **18g.** *LICy* i. 170, Cymmer had y persli a phwna a berwa hwy mewn *Secc* ag yf e yn frwd. **1766** *CD* 135, Sacc a Chlaret yn ffri. **1771** *PDPh* 5, Sac, sef gwin Canari. *id.* 33, yfwch gyflawnder o faidd *Sac* gwan. **18–19g.** *GABC* 85, Rhowch goffi, *secc*, brandi, / Gwin gwedi mewn gwydr gwyn clir. Cf. *Hen B* 136, Myfi yw'r plwm, chwychwi yw'r arian, / Chwychwi yw'r *sec*, myfi yw'r sucan. *Amr.*: *seg.* c.1785–90 (1829) *CBYP* 130. 1789 *BDG* 136. 1800 W. OWEN[-PUGHE]: *CP* 93.

sec², gw. tan¹—dan sec.

sec³, gw. siecr.

secaf: seco, seci, gw. saciaf: sacio.

secant [bnth. S. *secant*] *eg.* ll. *-au, secannau*, a hefyd fel *a. Math.* Ffwythiant trigonometrig, sef cymhareb hyd yr hypotenws i hyd yr ochr agos i ongl lem mewn triongl ongl sgwâr, sef 1 wedi ei rannu â chosin yr ongl honno; llinell sy'n croestorri cromlin; yn croestorri: *secant (n. and adj., in math.).*

20g.

secar, gw. siacar.

Seceina, S(i)echina, Siecina [bnth. S. *Shekinah, Shechinah*] *eg.* Presenoldeb mewnfodol Duw, yn enw. yn nheml Solomon, hefyd yn *ffig.*: *Shekinah, also fig.*

1852. Cf. HEDD WYN: *CB* 83, Lle gynt y canasai'r tadau eu cân / Wrth fflam y *Seceina* byw.

secer, gw. siecr.

secffon [?elf. anh.+*ffon*] *eb.* ll. *-ffyn.* Ffon neu far a ddefnyddir i gryfhau a chynnal ochr trol: *side support (on cart), shore stave, spur iron, crutch.*

20g. Ar lafar, B iii. 209 (Meir.).

secisiwn, gw. secusiwn.

seciwlar, secwlar, secular [bnth. S. *secular*] *a.* Yn perthyn i faterion bydol yn hytrach nag i rai cysegredig, yn perthyn i'r byd materol yn hytrach nag i'r ysbrydol, nad yw'n hyrwyddo cred grefyddol (am addysg, &c.), nad yw'n ymwneud â chrefydd; heb ei rwymo gan reol grefyddol (am glerigwr), lleyg: *secular.*

1684 H. OWEN: *DC* [xiii], Mr. Huw Parry duwiol Offeiriad *Secular.*

seciwlaraidd, secwlaraidd, secularaidd [*sec(i)wlar, secular*+*-aidd*] *a.* Seciwlar; wedi ei seciwlareiddio: *secular; secularized.*

1870.

seciwlareiddiaf, secwlareiddiaf, secularreiddiaf: sec(i)wlareiddio, secularreiddio [bf. o'r a. *sec(i)wlaraidd, securlaraidd*] *bg.a.* Gwneud neu fynd yn seciwlar, trwytho â seciwlariaeth; trosglwyddo (eiddo) o ddefnydd neu feddiant eglwysig i ddefnydd neu feddiant seciwlar neu wladol: *to secularize.*

1884.

seciwlariaeth, secwlariaeth, seculariaeth [*sec(i)wlar, secular*+*-iaeth*] *eb.g.* Y gred neu'r athrawiaeth na ddylid rhoddi lle i ystyriaethau crefyddol mewn materion gwladol; *Athr.* athrawiaeth sy'n ymwrthod â chrefydd, yn enw. mewn moeseg; y weith-

red o seciwlareiddio: *secularism (also in philos.); secularization.*

1892.

seciwlarydd [*seciwlar*+*-ydd³*] *eg.* ll. *-ion.* Un sy'n arddel seciwlariaeth: *secularist.*

20g.

secloth, sacloth [bnth. S. Diw. Cyn. *sek-cloth, sackcloth*] *eg.* Sachlïain: *sackcloth.*

16g. WILIAM CYNWAL: *Gw* (G. P. Jones) 96, Simwr grawn, gloywlawn glaw-wlith, / Sicl o waith brawd, *secloth* brith [i ofyn clog]. **16g.** WILIAM CYNWAL: *Gw* (R. L. Jones) 79, *Secloth* wisg, sicl o'th esgyll, / Sad ar goed, sawdiwr o gyll. **1583** *LIGC* 716, 122, crys o rawn neu *sackcloth* am dano. *c.* **1600** *Cylchg LIGC* i. 78, Am lathen o *seckcloth* i nwevthvr korff ir bais honno . . . viij d. *id.* 80, Am las a fring a *seckcloth.*

second, secon [bnth. S. *second* 'supporter'] *eg.* Eilydd (i gystadleuwr, &c.), cefnogwr: *second (to a competitor, &c.), supporter.*

1787 E. ROBERTS: *PCF* 47, Satan . . . Ond fo ydi *secon* a phen swccr, / Y Tyngwr y Rhegwr ar meddwr.

secondiad [bôn y f. *secondiaf: secondio*+*-iad¹*] *eg.* ll. *-au.* Y weithred o secondio, trosglwyddiad i swydd neu safle arall dros dro, cyfnod o'r cyfryw: *secondment.*

20g.

secondiaf: secondio [bnth. S. *(to) second*] *ba.* Trosglwyddo (aelod o staff) i swydd neu safle arall dros dro: *to second (member of staff).*

20g.

secr, gw. siecr.

secrad, secrat, secred, gw. secret².

secredaf: secredu, secrediad, gw. secretaf: secretu, secretiad.

secret¹ [bnth. Llad. Diw. *sēcrēta* 'canon (yr offeren)'; cf. S. C. *secretes of the mass* 'consecration'; dichon mai *-t* ≡ *-d* a welir yn yr enghrau. isod] *e?g. Egl.* Canon (yr offeren), a chysegriad: *(eccl.) canon (of the mass), consecration.*

c. **1400** *YSG* i. 72, wynt a doethant hyt yma, ac a welsant vot y gwr da ar *secret* y offeren (*servise de la messe*). Ac ni lyuassant wy wneuthur idaw dim argywed yn yr amser hwnnw. *id.* 156, yn y wassanaeth yd aeth Iosep megys pei at vei ar *secret* y offeren (*sacrement de la messe*). A gwedy y vot ef uelly hirynt, ef a gymerth auyrlladen o'r racwerthuawr Lestyr. *id.* 161, ef a gyuodes y nen, ac a dechreuawd offeren o Veir. A phan ytttoed ef ar *secret* y offeren (*el segrè de la messe*), ef a dywawt wrth Galaath: 'Dabre yma . . . a thi a wely yr hynn y buost yn y damunaw er ys talym'.

secret², secrat, secrad, &c. [bnth. S. *secret*] *eg.* ll. *-s*, a hefyd fel *a.* Cyfrinach(ol), dirgel(wch), (mater) cudd: *secret (n. and adj.).*

1828 *Geir Pob* 24, Secret, cyfrinach, dirgel. Ar lafar yn y ff. *sicret*, 'Es talwm 'oddan ni'n chwara yn yr hen furddun 'ma—lle bach *sicret* iawn' (Arfon); 'A 'dodd 'im isio hwnnw wbod y *sicret*' (Llŷn). Cf. TALHAIARN: *Gw* ii. 79, Ond peidiwch a d'wedyd fy *secret* wrth neb.

secretaf, secredaf: secretu, secredu [bnth. S. *(to) secrete*] *ba. Biol.* Cynhyrchu drwy secretiad: *to secrete (in biol.).*

20g.

secretari, secritari, &c. [bnth. S. *secretary*] *eg.* ll. *-s.* (Prif) ysgrifennydd, hefyd yn *ffig.*: *(chief or principal) secretary, also fig.*

16g. (*LIEG*) *Mos* 158, 383b, danuones ef Iarll ffilioc o Wertteybwrg ynn embassadur at vrenin lloygyr i maes gida *serkrettari* [sic] o wr dissymyl. *id.* 403b, danuones y brenin ffrengig I *Sekrettarei* at vrenin aragon. *ib.* ynny mann i kauas y *seckrettar/rai* hwn y neb aelwid kwinttein lawer o ymddiddanion ar ymerodr. Diw. **16g.** *Cylchg LIGC* xxiv. 410, Syr William Sesil *Secretari* gras y Vrenhines. **1604–7** *TW* (Pen 228) d.g. *Amanuensis, Archigrammateus. id.* y lhiuer hwnn a getwyt gan y *Secretari* penaf d.g. *Laterculum. id. secretari* prins d.g. *primicerius.* **1615** R. SMYTH: *GB* 241, cof dyn, hvvn megis ag i mae Plato yn dyvvaedyd sydd *secretari* ar scrifenydd . . . i gadvv ag i nodi y pethau a ddamvvnant [sic]. **1684** H. OWEN: *DC* [vii–viii], Marqwes cyntaf Caerfrangon (i'r hwn y bu vgain mlynedd yn *Secretari* o'r ffyddlonaf ac yn fynych yn Ben Controlwr ty eiddo). **1744** D. ROWLAND: *RY* 32, fe drefnwyd ir Argl[wy]dd *Secretari* dynnu Coffadwriaeth dêg o'r hyn a Arfaeth-

asid. *c.* **1762–79** W. WILLIAMS: *P* 645, y *secretari* a 'sgrifenodd at yr archesgob, i'r eglwys gael ei gweini, ac i ryddhau y carcharorion. Ar lafar, 'Ma hi 'di cal job *secretari* 'rŵan, well na beth odd gynni hi o'r blaen' (Arfon).

secretiad, secrediad [bôn y f. *secretaf, secredaf: secretu, secredu*+*-iad¹*] *eg.* ll. *-au. Biol.* Sylwedd a gynhyrchir gan gell, chwarren, neu organ a'i ryddhau naill ai i gyflawni swyddogaeth yn yr organeb neu i'w ysgarthu, y proses o gynhyrchu a rhyddhau sylwedd o'r fath: *secretion (in biol.).*

20g.

secretol [bôn y f. *secretaf: secretu*+*-ol*] *a. Biol.* Yn secretu: *secretory (in biol.).*

20g.

secri, secritari, gw. siecri, secretari.

secs¹ [bnth. S. *sex*] *eg.* Rhyw; cyfathrach rywiol: *sex; sexual intercourse.*

c. **1762–79** W. WILLIAMS: *P* 347, [p]ob rhai mewn oedran, o ba *sex* neu ba gyflwr bynnag. Ar lafar, 'Ôn' nw'n roi gwersi am beryglon *secs* yn yr ysgol' (sir Gaerf.).

secs², gw. sacs².

secsi [bnth. S. *sexy*] *a.* Atyniadol, yn enw. yn rhywiol, cyffrous: *sexy, appealing, exciting.*

20g.

secsist [bnth. S. *sexist*] *a.* a hefyd fel *eg.* ll. *-s.* (Person) rhywiaethol: *(a) sexist.*

20g.

secstan, gw. secsten.

secstant [bnth. S. *sextant*] *eg.* ll. *-au.* Dyfais optegol sy'n cynnwys arc graddedig o 60° a system o ddrychau, &c., ac a ddefnyddir mewn seryddiaeth, llongwriaeth, tirfesuraeth, &c., yn enw. i ganfod uchder drwy fesur pellterau onglog rhwng gwrthrychau: *sextant.*

20g.

secsten, secstan [bnth. S. C. *sexten* 'sexton'] *eg. Egl.* Clochydd: *sexton (eccl.).*

15g. *GLGC* 152, a'r abad, ceidwad cadens— Rhydychen, / ar ei ôl *secsten*, rulys acstens. **15–16g.** *GLM* 354, Neithiorau borau heb arian i neb / ni wybydd ond *secstan.*

secston, gw. seston.

sect [bnth. S. *sect*] *eb.g.* ll. *-(i)au, -i.* Corff crefyddol sgismatig, corff crefyddol a ystyrir yn hereticaidd neu'n eithafol, plaid neu garfan o fewn corff crefyddol, enwad, yn aml yn ddifr.; urdd grefyddol; grŵp o bobl sy'n rhannu credoau, diddordebau, &c., carfan, plaid; cast (yn yr India): *(religious) sect, denomination, often derog.; religious order; sect, faction, party; caste.*

16g. (*LIEG*) *Mos* 158, 558a-b, Anna baptists [sic] serttain o bobyl or opiniwn ac or *seckt* hon. **1567** *TN* 216a, bot i mi yn ol y *sect* [:– gohanred] cynnilaf (**1588** *Act* xxvi. 5, *sect* fanylaf) o'n creddyf vyw yn Pharisai. **1595** M. KYFFIN: *DFf* [6], a'r bod ni yn gossod allan *Sectæ* [:– Cam-bleidieu] ag yn hau gwreichion llid a chynnennau. **1604** R. HOLLAND: *BD* 7, Puwritans . . . rhai a elwir y genedl gariadus, *sect* ysceler ymmlith [sic] yr Anabaptystiaid. **1604–7** *TW* (Pen 228) d.g. *Secta.* **1609** R. SMYTH: *CAC* [iii], Gwedi' mi ystyrio cyflwr ag y stad eglwys duw y dydd heddiw, a gweled yr anirif [sic] o *sectau* heretigaidd. **1675** R. JONES: *HCh* [174], Sect, Plaid, party. **1683** J. JONES: *TG* 162, [P]ennau *Secti* eraill. **1685** *Art* 10, A oes dim or Pabaidd ymmanerug ynn no *sect* arall yn eich plwyf chwi? **1718** (**1721**) S. THOMAS: *HB* 4, o'r Philosophyddion, [sic] Groegiaid yma yn oedd amryw *Sectau. id.* 49, y mae'nt yn cytuno ymhob peth agos a'r *Sect* o Ddissenters. *id.* 83, cyfoddd math o *Sectau* neu Rywogaethau newyddion o Offeiriaid Pabaidd; sef y Dominicanod a'r Ffransiscanod. *c.* **1762–79** W. WILLIAMS: *P* 169, *Sect* y Rajaputes ynt yn cyflawnu yr un dyledswyddau moesol ag y Bramiaid. **1764** DEWI NANTBRÂN: *SAG* 7, Nad all un o *Sectau* 'r Protestaniaid fod wir Eglwys Christ. **1778** J. HUGHES: *BB* 25, Nid *sectiau* crefydd, hen na newydd. [**1783**] *W*, vulgo *sect* d.g. *Sect.* Cf. W. REES: *AFR* 476, Ni wn i ddim llawer am bynciau y byddwch chi'r *sectie* yma'n dadlud yn 'u cylch nhw; D. OWEN: *RL* 417, Fyddi di dim yn synu na fai

ene *sect* newydd yn codi i gymryd i fyny good points yr holl enwade?

sectaeth, sectiaeth [*sect+-(i)aeth*] *e?b.* Sectyddiaeth, enwadaeth, yn aml yn ddifr.: *sectarianism, denominationalism, often derog.*
1854 *Gardd Aberdar* 12, enwadaeth neu *sectaeth.*

sectaidd [*sect+-aidd*] *a.* Sectyddol, enwadol, yn aml yn ddifr.: *sectarian, denominational, often derog.*
1837.

sectaraidd [cfdds. o'r S. *sectar(ian)+-aidd*] *a.* Sectyddol, enwadol, yn aml yn ddifr.: *sectarian, denominational, often derog.*
c. **1730** *Thos. Lloyd D* (LlGC) 207a.

sectariad, gw. **sectariaid.**

sectariaeth [cfdds. o'r S. *sectar(ianism)+-iaeth*] *eb.* Sectyddiaeth, enwadaeth, yn aml yn ddifr.: *sectarianism, denominationalism, often derog.*
1670 J. Hughes: *AP* 112, ni fedraf berswadio fy hun fod *Sectariaeth* yn bechod mawr. Cf. W. Rees: *CA* 46, Gallai Ymneillduaeth fod yn llawer cryfach a mwy effeithiol nag ydyw onibai y *sectariaeth* ffol a dirmygus sydd yn cadw y gwahanol lwythau perthynol iddi oddiwrth eu gilydd.

sectariaid [cfdds. o'r S. *sectar(ians)* neu *sectar(ies)+-iaid*[1]] *e.ll.* Sectyddion, enwadwyr, yn aml yn ddifr.: *sectarians, sectaries, denominationalists, often derog.*
1670 J. Hughes: *AP* 58, y *Sectariaid* (*Sectaries*) neu'r sawl sydd allan o'r Eglwys Gatholic. **1675** R. Davies: *PY* 122, y mae y *Sectariaid* eu hunain yn myned beunydd waethwaeth yn ôl ymadrodd yr Apostol. **1677** R. Jones: *BB* 138, galw dynion . . . yn *Sectariaid*, oni ddarostyngant eu heneidiau yn anrhesymmol iddynt hwy. **18g.** *W Ballads* 63, 6, Rhŷw fanwl Rufeiniaid ar taerion *Sectariaid.* **1753** L. Owen: *ADdE* 13, y *Sectariaid*, Didolwyr, a Methodistiaid, cymmysgedig o bôb rhyw. **1759** *BC* 3, A ffydd Protestaniaid, na allo Rhagrithiaid, / *Sectariaid*, na Scotiaid mo'u Scyttio. **1764** Dewi Nantbrân: *SAG* iv, y Pyngciau mwyaf ymrafaelus rhynghom ni a'r *Sectariaid.* **1771** J. Thomas: *TA* 232, mae 'n rhaid i ddynion moesol hefyd gael eu geni drachefn, a dyfod yn ddiniweid a phlentynaidd, er nad o'r tuedd fabanaidd [*sic*] hwnnw ag y mae llawer o *sectariaid* hunan-dybiol yn awr ynddo. Cf. *Gardd Aberdar* 27, Gan nad beth ddywedo *sectariaid* ynfyd a phenboeth.
Amr.: **sectariad** [adff.] (*eg.*). *c.* **1730** *Thos. Lloyd D* (LlGC) 207a.

sectarian [bnth. S. *sectarian*] *eg.* ll. *-od.* Sectydd, enwadwr, yn aml yn ddifr.: *a sectarian or denominationalist, often derog.*
1670 J. Hughes: *AP* vi, Yr Heretic neu'r *Sectarian* . . . yn dywedyd, na chaiff ef byth feddiannu Teyrnas Dduw. *id.* 125, na chaiff y *Sectarianod* feddiannu Teyrnas Dduw. **1764** Dewi Nantbrân: *SAG* 86, mae 'n amhossibl i un *Sectarian*, neu Ddyn o neillduol Dŷb mewn Crefydd, dderbyn Barnedigaeth.

sectarol [cfdds. o'r S. *sectar(ian)+-ol*] *a.* Sectyddol, enwadol, yn aml yn ddifr.: *sectarian, denominational, often derog.*
1848.

sectiaeth, gw. **sectaeth.**

sectol [*sect+-ol*] *a.* Sectyddol, enwadol, yn aml yn ddifr.: *sectarian, denominational, often derog.*
1848.

sector[1] [bnth. S. *sector*] *eg.b.* ll. *-au.* Rhan neu gangen benodol o fenter, o'r gymdeithas, o'r economi, &c.; *Math.* ffigur plân a amgaeir gan ddau radiws cylch, elips, &c., ynghyd â'r arc rhyngddynt, offeryn mathemategol a dwy fraich wedi eu colfachu ar un pen, ac wedi ei farcio â sinau, tangiadau, &c.: *sector (also in math.).*
20g.
Cfn.: **sector cyhoeddus (gyhoeddus):** *public sector.* **20g.** **sector preifat (breifat):** *private sector.* **20g.**

sector[2]**, sectur, sectwr**[1]**,** gw. **secutor.**

sectwr[2]**, sectydd** [*sect+-wr, -ydd*[3]] *eg.* ll. *sectwyr, sectyddion.* Aelod o sect, yn enw. un culfarn ei ymlyniad wrth ei chredoau, enwadwr, yn aml yn ddifr.: *a sectarian or denominationalist, often derog.*
1653 *Wy* 12, 329a, Enllibion wedi hyslommi ar wenwiscoedd ein Heglwys-babyddion gan ryw *Sectydd* Gaülithiog yr amseroedd. **1740** G. Jones: *HOG* li, un o'r rhai manylaf . . . o'r holl *Sectwyr* hynny. **1775** *EDPP* 11, Yr oedd y Pharisead yn *sectwr* (*sectarian*). **1793** T. Jones: *SD* ii, beth bynnag yw dy farn am y rhai a elwir yn *Sectwyr* yn ein gwlad . . . a'r ymrafaelion sy rhwng Eglwyswyr a hwy. *id.* 73, Eglwyswyr yn gystal a *Sectwyr. id.* 84, Y mae cri mawr gennych chwi, ac eraill, yn erbyn *Sectwyr.* **1807** *AUA* 44, Caethion iawn ydyw'r *Sectwyr*, i gefnogi gwaith neb, ond gwaith rhai o'u Brodyr . . . Trueni fod ysbryd cul yn cael y fath lywodraeth ar feddyliau dynion (Dafydd Ddu Eryri).

sectyddiaeth [*sectydd+-iaeth*] *eb.* Ysbryd sectyddol, ymlyniad (eithafol) wrth sect benodol, yn enw. mewn crefydd, tuedd i ffafrio enwad penodol yn ormodol, yn aml yn ddifr.: *sectarianism, denominationalism, often derog.*
1854 *Gardd Aberdar* 7, Gellir rhesi tybgarwch a checraeth yn mysg achosion *sectyddiaeth*—cyndyn ddadlau—awydd i hollti blew, &c. Cf. D. Owen: *WBC* 27, yr oedd cynnulleidfa yr Eglwys blwyfol yn cynnyddu, a'r bobl, lawer o honynt, megys pe buasent yn ymaflyd mewn pethau eglwysig, a braidd yn oeri at *Sectyddiaeth.*

sectyddol [*sectydd+-ol*] *a.* Yn perthyn i sect, nodweddiadol o sect, o natur sectyddiaeth, culfarn ei ymlyniad wrth gredoau sect benodol, tueddol i ffafrio enwad penodol yn ormodol, enwadol, yn aml yn ddifr.: *sectarian, denominational, often derog.*
1863–5 D. Owen: *WBC* 18.

sectyddwr [*sectydd+-wr*] *eg.* ll. *-wyr.* Sectydd, enwadwr, yn aml yn ddifr.: *a sectarian or denominationalist, often derog.*
1855 D. Owen: *B* 292.

secular, secularaidd, seculareiddiaf: seculareiddio, seculariaeth, gw. **seciwlar, seciwlaraidd, seciwlareiddiaf: seciwlareiddio, seciwlariaeth.**

securiaf: securio [bnth. S. *(to) secure*] *ba.* Sicrhau, diogelu: *to secure.*
1766 E. Samuel: *A* 7, eich Busnes chwi oedd *securio*'r corph rhag ei dwyn.

secusiwn, secusion, sycusiwn [ff. affetig ar S. *execution*] *eg.* Gweithrediad (gorchymyn llys barn, &c.); dienyddiad: *execution (of court order, judgement, &c.); execution (of sentence of death).*
Diw. **15g.** *B* xxv. 133, o gedewir *sekussion* ar i benn y swyddoc a fob ynilliad a'r a neler mewn llys o bydd da i'r amddifynwr gwnaed y swyddoc dan i berigyl *sekussion* i'r holwr erbyn y llys nessa ac oni bydd gantho dda aed yn ddiohir i'r karchar. *ib.* os ynill a geffynt ynn y llys kynn cael *secucion* o hono bod arnvnt rroi diogelrrwydd na ddele y perchen mwy i ovyn yr amddiffynwr. *id.* 134, hevyd am *sekussion* a ddywetter y'r holwr i oddiwedd ar yr amddiffynnwr kynn y gydvod honn. **1548** *id.* xxi. 320, am bob rryw *sykvssiwn* (amr. exsecusiwn; *Secussiwn*) addefedic kynn dydd y gydvod honn, bod J ddylifro yn ddiohir or bydd da ar J helw y perchenoc. **16g.** *GP* 202, arglwydd mean [*sic*] heb riolti ar i arglwyddiaeth a heb prenn dioddef na phus ond y ddala ar y dir a'i roddi y arglwyddiaeth arall y wneuthur *sekussiwn* arno. **16–17g.** *CRC* 445, a chael y bayly yn dalgr[w]n / y wneuthur y *seckisiwn* / a myned yn ddy gynwr [*sic*] / yr karchar ar wttreswr. *c.* **1730** *Thos. Lloyd D* (LlGC) 207a, *Secussiwn.* Execution. **18g.** *LlGC* 833, 38, Codi Gwritiau a *Secusiwn.*

Gw. hefyd **ecsecusiwn.**

secutor, sycutor, sectwr[1]**, sector**[2]**,** &c. [bnth. S. *secutor, sectour, sector,* &c., ff. affetig ar *executor*] *eg.* ll. *-ion.* Ysgutor; dienyddiwr; hefyd yn *ffig.*: *executor; executioner; also fig.*
14–15g. *IGE*[2] 290, Cas gan grefyddwyr y côr / Cytal â'r tri *secutor* (Siôn Cent). *id.* 162, Yr awenydd aur wiwnoeth / A roes y gŵr i Rys goeth / . . . / A fu o'r tu hwn i fôr / Catel well ei *secutor* (Llywelyn ab y Moel)? **15g.** *GTP* 57, Sawdiwr, heliwr deheulawn, / *Secutor* hydd, sieced rawn [i erchi milgi du]. **15g.** *GGl*[2] 47, Robert gyffert a gafas / Ei brif ddoethineb a'i ras. / I Siôn y rhoed ei synnwyr, / A'r chwedlau o'r llyfrau'n llwyr. / . . . / Teiroes i'r *secutorion* / A lywia tir y wlad hon [marwnad Edward ap Dafydd]. **15–16g.** *GLM* 246, Sain Greal yn Iâl ynn oedd: / somi dadl os mud ydoedd. / Serchocaf, haelaf, fu hwn: / *secutor* Gwersi Catwn [marwnad Elisau ap Gruffudd]. **1547** *WS*, *Sekutor* Sectour. **1548** *B* xxi. 318, J wraic a'i *sekytorion* neu J tiveddion o'i dir. **16g.** *id.* xxi. 322, am bob *sectwr* nev swyddoc arall a ddalo da o fewn swydd arall. **16–17g.** *Cer RC* 157, Myfi a'i gadawa hi'n *sector* / Ar fy holl olud a'm trysor. **1630** *YDd* 346, Os byddi di yn ddi blant, a Duw wedi dy fendithio â chryn gyfoeth o'r byd hwn . . . na throsclwydda mor gwaith hwnnw i ymddiriaid rhai eraill, gan weled cynifer sydd o *secutorion* yn prifio i fod yn fradwyr. *id.* 347, gâd i mi dy gynghori di . . . i fod yn dy einioes yn administrator . . . i ti dy hunan, gan wneuthur dy ddwylaw dy hun yn *secutorion*, ath lygaid dy hunan yn olygwyr. **1722** *Llst* 189, *Sectur, Secutor,* m. p. *cutorion.* An executor of ones last will. **1760** *ML* ii. 208, Nag oes . . . dim o'r ariant gan Grosse, ac ni fydd tan na chaffo ddiben am ei gyfraith efo *sycutorion* y Dicker. **1766** *CD* 155, I roi i mi rydid yn ddi-nam, / Bu farw Nhâd a Mam. / Gwnaen fi yn '*Seccutor*, / I gael eu holl Dryssor. Ar lafar, "Wddot ti pwy odd *sectwr* dyn Dyffryn Ffrwd? 'En Ifan y gof, næci ryw gyfrithwr næ un o'r byddiciwns', *GTN* 722.
Amr.: **sucutor** [drwy gmth.]. **16g.** *B* i. 135, *ssuckuttorion.*

secwens, segwens [bnth. S. *sequence*] *eb.g.* ll. *-iau.*
(*a*) *Egl.* Corgan neu emyn a adroddir neu a genir ar ôl yr Aleliwia a chyn yr Efengyl, hefyd yn *ffig.*: *sequence (eccl.), also fig.*
14g. *GDG*[3] 363, A chyn iawned ym glera / Ag i tithau gardota. / Pand englynion ac odlau / Yw'r hymnau a'r *segwensiau*? **15g.** *GLGC* 71, Sêl dadl a chwnsel deudir, / *secwens* oedd dros y can sir. *id.* 152, yno mae'n bwyta ar batens—wŷr llên / a dewis acen wedy *secwens* [i Abad y Tŷ Gwyn]. **1547** *WS*, *Sekwens* Sequence.
(*b*) Dilyniant, cyfres: *sequence, series.*
1927.

secwestrasiwn [bnth. S. *sequestration*] *e?g.* Atafaeliad: *sequestration.*
1567 *LlGG* [xi], *sequestration*, neu ddeprivation.

secwestrator, secwestretor, secwestratwr [bnth. a chfdds. o'r S. *sequestrat(or)(+-wr)*] *eg.* Atafaelwr: *sequestrator.*
17g. *TBM* 372, A ddaw rhaib y *Secwestretor* / I glust Duw, a dial rhagor / Am anhrugaredd y Comiti? **1678** *Cylchg LlGC* viii. 32, i gynhysgaeth, helaeth hawl, / aur a garian [*sic*] rhagorawl / a ddygodd yn ddeugwd / *sekwastrator* [*sic*], brador brwd, / aeth yn swpp i eitha yn sir. **1706** T. Jones: *Alm* [48], Morgan Llwyd o Wrexham, y *Sequestratwr* mawr.

secwestriaf, secwestraf: secwestr(i)o [bnth. S. *(to) sequester*] *bg.a.* Difuddio o'i swydd, diswyddo; mynd o'r neilltu, ymneilltuo: *to deprive of office, dismiss; sequester (oneself).*
1654 *LlCy* iii. 101, Ny allwn i ond wülo wrth weled *sequestr*[o] / Ay dyrry Hwy labro am y bara / may n fowyd Aniben weld feyrad fel bachgen / yn dilyn yr ychen ay Hela. **1684** H. Owen: *DC* 253, nad oes nemmor o ddynion myfyrdodgar i'w cael, am nad oes ond anaml ddynion yn medru *sequestrio* euhunain yn hollawl oddiwrth bethau darfodedic a'r creaduriaid. *c.* **1730** *Thos. Lloyd D* (LlGC) 208a, *Secwestrio.* To sequester.

secwin [bnth. S. *sequin*] *eg.* ll. *-au, -s.* Darn bychan gloyw o ffoil neu blastig sgleiniog a ddefnyddir i addurno gwisgoedd, &c.; darn o aur bath a ddefnyddid gynt yn yr Eidal a Thwrci: *sequin (also of gold coin).*
1769 *DRh* 94, derbyn gwobr ynghylch dau *secwin.* Ar lafar yn y ff. *sicwin*, "Faswn i byth yn gwisgo rwbath efo *sicwins* arno fo'.

secwlar, secwlaraidd, secwlareiddiaf: secwlareiddio, secwlariaeth, gw. **seciwlar, seciwlaraidd, seciwlareiddiaf: seciwlareiddio, seciwlariaeth.**

secwndid, gw. **saffcwndid.**

secwoia [bnth. S. *sequoia*] *eb. Bot.* Unrhyw un o ddwy goeden gonifferaidd fytholwyrdd anferth o Galiffornia, *Sequoia sempervirens* a *Sequoiadendron giganteum*: *sequoia.*
20g.

sech, sechad, gw. **sych, sachiad.**

sechaf: sechi, sechu, gw. **sachaf: sachu.**

sechiad, Sechina, sechwr, sechyn, gw. **sachiad, Seceina, sachwr, sach**[1]**.**

sedán [bnth. S. *sedan*] *eb.* Cludgadair, cadair gludo: *sedan (chair).*
1848.

sedar [bnth. S. *cedar*] *e?g. Bot.* Cedrwydden: *cedar (tree)*.
1603 W. MIDLETON: *Ps* 45, Llef yr arglwydh wiwrwydh war / A dyrr *Sedar* dros oedau / Tyrr yr arglwydh gwiwrwydh gar / Libanon Seidon *Sedar*.
Gw. hefyd **sedrwydden.**

sedatif [bnth. S. *sedative*] *eg.* ll. *-(i)au. Meddyg.* Lliniarydd, tawelydd: *a sedative (in med.)*.
20g.

sedêt, gw. **sidêt.**

sedimentaidd [cfdds. o'r S. *sediment(ary)* + *-aidd*] *a. Drg.* Gwaddodol: *sedimentary (in geol.)*.
1928.

sedisiwn [bnth. S. *sedition*] *eg.* Anogaeth i wrthryfela neu i beri cythrwfl, trosedd sy'n tanseilio awdurdod y wladwriaeth, terfysgiad: *sedition*.
16g. (*LlEG*) *Mos* 158, 547b, hrodded pedwar ne bump or sawdwyr ar yr y [*sic*] pilowri i seuyll ar dduw sadwrn ynn amser y varchnad ynn yr amser I deholed wynt am Eresi ac am *sedussiwn*.

sediwsiaf, sediwsaf: sediws(i)o [bnth. S. (*to*) *seduce*] *ba.* Temtio neu ddenu (rhywun) i gael cyfathrach rywiol, arwain ar gyfeiliorn, temtio: *to seduce, tempt*.
20g. Ar lafar.

sedr, sedrem[1,2], sedremaf: sedremu, gw. **seidr, seldrem[1], llaesodren** (At.), **seldremaf: seldremu.**

sedrwydden [bnth. S. *cedar*+*gwydden*] *eb. Bot.* Cedrwydden: *cedar (tree)*.
1655 WL: *DP* 158, Mae rhagor mawr rhwng *Sedrwydden* a'r Berthen.
Gw. hefyd **cedrwydd[1], sedar.**

sedusiwn, sedyll, gw. **sedisiwn, sadell.**

sedd [cf. *hedd, gorsedd*] *eb.* ll. *-au, -i,* (prin) *-ion.* Eisteddle, cadair, sêt, gorsedd, côr neu sêt (mewn capel neu eglwys), hefyd yn *ffig.*; (hawl i) aelodaeth mewn senedd, ar gyngor, &c., etholaeth seneddol: *seat, chair, throne, pew, also fig.; seat (in parliament, on council, &c.), parliamentary constituency*.
14–15g. *IGE[2]* 257, Ai'r nef sydd lan ac annedd / I'r saint, dedwyddaf eu *sedd* (Siôn Cent). c. 1400 *R* 1379. 4–5, Breyr gwyr myr med. brenhin gwin gwen *sed*. 15g. *GGl[2]* 55, Tref dy dad yw'r teirgwlad ynn, / Trychanpunt tir eich impyn. / *Sedd* a thir sydd i'th werin, / Sawdwyr y gaer seidr a gwin. p. 1584 G. ROBERT: *GC* [355], Cael yn *sedd*, ag anneddfa, / Dy dabernagl ddifagl dda. *Dchr.* 17g. *GDG[3]* 203 (amr.), cyd yfed medd ar *sedd* serch. 1670 J. HUGHES: *AP* 164, penlino wrth *Sedd* neu . . . Gadair yr Offeiriad. 1789 *BDG* 507, Cawn *sedd* liw càn i'n 'syddyn, / Cain wiail, a glasddail glyn. 18–19g. IEUAN LLEYN: *C* 18, *Seddion* i fil sydd yn fawr—i bawb teg / O bob tu 'r bwrdd erfawr [am wledd Belsassar]. 18–19g. R. DAVIES: *DB* 260, Hen Adeilad seiliad *sedd* / Marchogion mawrwych agwedd. *ib. Sedd* yw hon hyd gofion gwyr / Sy'n addurn hen Seneddwyr. 1803 *P, Sez*, s. f.—pl. t. *au* . . . a seat. Ar lafar, 'Arhoswch yn ych *sedd* nes bydd y gweinidog wedi rhoi'r fendith'. Clywir hefyd y rhigwm, 'Methodistiaid creulon cas, / Mynd i'r capel heb ddim gras, / Codi *seddi* i bobl fawr, / Gadael tlodion ar y llawr'. Cf. D. OWEN: *D* 197, Eisteddai Jim yn yr un *sedd* â'r teulu yn y capel.
Cfn.: **sedd gadw:** *reserved seat.* 20g. **sedd fawr:** *elders' pew, deacons' pew, 'big seat'.* 1881 D. OWEN: *D* 159–60, myned i'r addoliad yn lled brydlawn, ac yn myned i'r *sedd fawr* heb ei wahodd.

seddaf: seddu [bf. o'r e. *sedd*] *bg.a.* Gosod ar sedd, (peri) eistedd, bod ar ei eistedd, gorseddu, hefyd yn *ffig.*: *to seat, sit, be seated, enthrone, also fig.*
1803 *P*. Cf. DEWI WYN: *BA* (At.) 5, cydunir i'w *seddu* yn mysg y rhai mwyaf; D. J. WILLIAMS: *ChHO* 155, a Dai . . . wedi ei *seddu* ei hun yn gysurus ar walcen o gerrig isel.

seddedig [bôn y f. *seddaf*: *seddu*+*-edig*] *a.bf.* Yn eistedd, ar ei eistedd, hefyd yn *ffig.*: *sitting, seated, also fig.*
1803 *P, Sezedig* . . . Seated; sitting.

seddfa [*sedd*+*-fa, ma*] *eb.* Plas, plasty; canolfan (dysg, &c.); bocs (mewn theatr, &c.): *seat, mansion; seat (of learning, &c.), centre; box (in theatre, &c.)*.
1853.

seddle [*sedd*+*lle[1]*] *eg.* ll. *-oedd.* Sedd, eisteddle, sêt, cadair, côr neu sêt (mewn capel neu eglwys); canolfan (dysg, &c.): *seat, chair, pew; seat (of learning, &c.), centre*.
1875.

seddob [*sedd*+*gob[2]* (At.)] *eb.* ll. *-au.* Soffa; clustog: *sofa; cushion*.
1850.

seddog [*sedd*+*-og*] *a.* Yn eistedd, ar ei eistedd: *seated, sitting*.
1803 *P* d.g. *Sezawg*.

seddol [*sedd*+*-ol*] *a.* Yn eistedd, eisteddog: *sitting, sedentary*.
1803 *P* d.g. *Sezawl*.

seedigion [ansicr yw'r ff. a'r ystyr; ?bôn y f. *seaf*+*-edig*+*-ion[1]*] *e.ll.* ?Disgynyddion: *descendants, progeny*.
10g. (*Juv*) *VVB* 146, Nouinnguotricu*segeticion*, gl. *Nec d[i]lata diu venerunt munera prolis*.

sef, ysef [*ys[1]*+*ef*, H. Lyd. *is em*; ansicr yw'r engh. gyntaf yn adran 3 (*a*) yn wyneb y bwlch amseryddol rhyngddi a'r enghrau. eraill] *gn.*

1. Dyma('r), dyna('r), dyma'r (dyna'r) hyn, dyma (dyna) pwy (mewn cst. sydd gan amlaf yn pwysleisio'r ail o ddwy elf. ddil.): *this or that is (the), these or those are (the), this or that is (these or those are) what or who (in a construction usually emphasizing the second of two following elements)*.

(*a*) (o flaen y cyplad: *before the copula*).
12g. *GLlF* 285, *Yssef* yw hwnnw honneit uwd—o'r glyw. 12g. *GCBM* ii. 49, *Yssef* wyf wedy rwyf rodrwyt, / Bart diuro, dyuryd heb arglwyt. 13g. *GDB* 29, *Sef* yw teyrnllyw teyrnllaw—Uadawc. 13g. *BD* 2, Ac *ysef* yv hyt er enys hon vyth cant milltyr. *id.* 22, *Sef* oed enw y uorvyn hono, Essyllt. 13g. *Br B* [1], Ac ny bw ydav ef vn map namyn teyr merchet, ac *esef* oedynt enwev er rey henny, Goronylla, Rogav, Cordeylla. 14g. *LlB* 26, Dros pob vn o'r rei hynny y keiff ef punt . . . *Sef* ynt: torri pen dyn . . . neu vrathu dyn . . . neu torri vn o'r petuar post corff dyn. 14g. *WML* 33, Dylyet ypenkerd . . . *Sef* uyd penkerd. y bard pan enillo kadeir. c. 1400 *R* 1244. 11–13, *sef* wyf yt vy rwyf rwyd arf geinyat. *sef* wyt ucheldat mat modrydaf. 1740 T. EVANS: *DPO* 81, danfon Cennadwri . . . i Rufain . . . *sef* oedd Enwau y Gwyr a ddanfonwyd, Peryf ap Cadifor, a Gronw ddû ap Einion Lygliw.

(*b*) (o flaen cym. pth. rhywiog: *before a proper rel. clause*).
12g. *GLlF* 284, *Yssef* a'e treuyt, treuat—amdiffyn / Amdiffwys gymynat. 13g. *GDB* 416, Difanw son Saeson, *sef* a gery. 13g. *C* 45. 7–8, *Sew* awnaethant plant kai y vrth y medel ym chueli. 14g. *LlB* 53, *Sef* a tal milgi . . . hanher kyfreith gellgi. 14g. *WM* 15. 23–5, *Sef* aoruc ymakwyf yna yskynnu ar y march. *id.* 28. 15–16, *Sef* awnaeth y gwraged kyscu a mam y mab riannon. *id.* 31. 4–5, *Sef* awnaeth teirnon ymdidan noswaith a y wreic. *id.* 40. 16–18, kymryt kynghor. *Sef* agahat yny kynghor rodi branwen y uatholwch. *id.* 89. 35–6, *Sef* adoeth dy nyeint ueibon dychwaer. *id.* td. 218. 35–6, *sef* oed yno gwas yr distein. 14g. *YBH* [1]b, Affan gigleu y iarlles hynny. *sef* a wnaeth hitheu kymryt arnei y bot yn glaf. c. 1400 *YCM[2]* 60, Ac yna, *sef* a wnaeth Rolant, llidiaw yn diuessur y ueint. *ib. Sef* awnaeth llawer o'r Ffreinc yna, gwediaw. c. 1730 *Thos. Lloyd D* (LlGC) 207a, *Sef* a wnaeth Cwrrand, onid ym ddinodi. 1754 G. OWEN: *L* 89, Am a'i prydawdd, o dawr pwy, / *Sef* a'i prydes Goronwy / Neud nid llyth na llesg faccwy.

(*c*) (o flaen e. neu ragenw: *before a n. or pron.*).
9g. (*LlSC*) *LL* xlv, *isem* hichet tri uceint torth. 12–13g. *GLlLl* 215, Adwet teyrnet, tir nys rann / A dan ser, *yssef* y amcan: / Adnes y uranhes, y urein bann—dychre. 13g. *LlI* 78, Ac *ysef* y ryu keytweyt a delc bot ydau, kemedauc uuch llau ac arall ys llau. 13g. *C* 44. 5–6, *Sew* fort y ffoes iti. Jn ytoet aradur in eredic tir. 13g. *HGK* 11, Ac odena yd aethant hyt en enys Adron, *sef* lle oed hvnnv enys y moelronyeit. 13g. *BD* 63, A'e gorff . . . a gladvt . . . ac *y sef* (*RB* ii. 102, *sef*) amser oed hvnnv en ulvydyn ar bymthec . . . guedy dyuodedigaeth Crist. 14g. *WM* 1. 5–8, dyuot yny uryt . . . uynet y hela. *Sef* kyueir oy gyuoeth auynnei y hela glynn cuch. *id.* 1. 37–2. 1, ny welsei wn un liw ac wynt. *Sef* lliw oed arnunt. claerwyn llathreit. *id.* 24. 25–7, *Sef* kyfryw chware awnaeynt. taraw awnai pob un dyrnawt ar y got. *id.* 48. 18–20, mab a anet idi. *Sef* enw a dodet ar y mab. guern uab matholwch. *id.* 387. 41–388. 3, pedwar maccwyf. *Sef* y rei a oedynt Cadyrieith . . . Ac ambren . . . Ac amhar . . . A goreu. *id.* td. 286. 22, Ac *ysef* ygwyr oedynt. Gwalchmei ap gwyar. Agweir ap gwestyl. Ac ywein ap uryen. 14g. *YBH* [1]a, gwregkahawd [*sic*]. *Sef* gwreic a vynnawd gwreic ieuank tu draw y vor. *ib.* ystrywyaw a wnaeth pa vod y gallei gwplau y serchawl damunedic ywyllus ymdanaw. *Sef* y mod y ystyryawd dyuynnu kennat at yr amherawdyr. c. 1400 *MM* [6], Ac *ysef* achaws y parassant hwy yscriuennu eu kywreinrwyd . . . rac na bei a wypei gystal ac a wydynt. a. 1561 *B* vi. 45, *Sef* achos yw hyny, o ffayla yr yd . . . tydi a biay yr hwn a gedwaist yn ystor o'r blaen. Ceir engh. eithriadol o flaen ymad. arddl., sef *WM* 11. 12–14, Arglwydes heb ef. *sef* ar y medwl hwnnw yd oedwn inheu.

2. Felly (y); yna, 'nawr: *(it is or was) thus (that); then, now*.
12g. *GLlF* 284, *Yssef* y gelwir, llawhir—Llywelyn, / Llyw teruyn teruysc dir. 13g. *LlI* 47, ac *ysef* yd vyf en guarchadu, uy meu a'm pryodolder. 13g. *BD* 8, a *sef* y mynnaf tvyllyav ohonavt tytheu eu gwylwyr vy ac eu gversyllyeu. 1346 *LlA* 6, *Sef* ymynnawd ef (*Voluit igitur*). ybop vn yvoli. *id.* 109, *Sef* y cawssant hwy yny kyngor gwediaw ysant. 14g. *WM* 54. 28–9, *sef* y clywei arueu am benn hwnnw. *id.* 86. 22–4, *Sef* y kyrchyssant y dref uchaf o arllechwoed ac yno gwneuthur creu yr moch. *id.* 93. 28–31, [t]roes llen o bali yny gylch ac ae cudyawd. *Sef* y cudyawd y mwyn llaw gist is traed y wely. *id.* 135. 10–11, *Sef* yd oed mab iarll arall ym erchi inheu ym tat. 14g. *B* ix. 46, *ssef* y rodet yn henw ar y mab . . . Pilatus. 14g. *GDG[3]* 359, *Sef* meddyliais (amr. *sef* i, *sef* y), ei cheisiaw. c. 1400 *R* 1027. 11–12, Arodych o da ympob attrec . . . *sef* ykey ynnef ary ganuet. c. 1400 *RM* 152, Ar hynny *sef* y clywynt galw ar gadwr iarll kernyw. *id.* 202, *ssef* ydoed ystwffwl mawr (*WM* 129. 22–3, ystyffwl hayarn mawr oed) yn llawr y neuad. c. 1400 [*RB*] *WM* 492. 28–9, Ac *ysef* ydaeth ardwy ysgwyd yr chawc. kei agwrhyr. c. 1400 *BDe* 9, Ac eissyoes, *sef* y damchweinyawd y bore drannoeth dyuot y elyn hyt y twr yd oed Boya yndaw yn kysgu. 1567 *TN* 339a, *Sef* y kyfion trwy ffydd y bydd byw. 18g. I. BRYDYDD HIR: *Gw* 107, Wyf Gymro i'm bro, a'm bryd—i garu / Y gywraint iaith hyfryd; / A *sef* y caraf hefyd / Bawb a'i câr byth bob cwr byd.

3. Hynny yw, nid amgen, mewn geiriau eraill: *namely, that is, in other words*.

(*a*) (o flaen e., rh., neu fe.: *before a n., pron., or vn.*).
14g. *T* 3. 26–4. 1, an gweith an reith gwyth gogyffrawt. y[n] edryfynt seint *sef* kiwdawt. 1588 *Deut* xxv. 14, Na fydded gennit yn dy dŷ amryw fesur: *sef* mawr a bychan. 1588 1 *Sam* xv. 18, dos a difroda y pechaduriaid hynny, *sef* yr Amaleciaid. 1593 W. MIDLETON: *B* [1], Dau ryw gymhariad disgyblaidd ysydd. *Sef*, kymhariad llythyrennol a chymhariad synhwyrol. 1595 *Egl Ph* [viii], Ac am nad oes i' [*sic*] wybodæth dynawl ond dau ran arbennic; *sebh* yn gyntabh gohanred rhwng ynailh beth a'r lhalh, yn nessa ymadrodh phræth, adhurnawl. *id.* [ix–x], adhebhed pob tabhod: *sebh* pob dyn. 1618 J. SALISBURY: *EH* 193, lhedratta, *sef* cymeryd y da'fo'n [*sic*] eidho dyn aralh. 1632 *D*, Amserol, *sef* yr hyn ni phery ond tros amser d.g. *Temporalis*. *id.* heol, *sef* rhestr o dai d.g. *Vicus*. 1661 E. LEWIS: *Drex* 294, ei Auxesis ef (*sef* ei angwhanegiad). 1718 (1721) S. THOMAS: *HB* 205, [d]arllenant Lithiau (*sef* nid penodau cyfain . . .). 1759 T. THOMAS: *WWDd* 366, Mor hardd fydd pob gwenhithyn pur, / *Sef* duwiol rai, heb drai na chur. 1767 J. THOMAS: *TFf* 13, Insistio *sef* penderfynu bod i ddyn ymddangos wrth ei frawdle ef. 1794 E. JONES: *CP* 123, Lle byddo ffelni, *sef* unrhyw ddrwgweithred.

(*b*) (o flaen ymad. arddl., &c.: *before a prep. phr., &c.*).
1567 *LlGG* 7b, Ef a ganorthwyawdd ei was Israel, gan gofio am ei drugaredd, megis y dywedawdd in tadeu, *sef* i Abraham, ac yw had yn dragywydd. 1588 *Barn* xiii. 2, ai wraig ef oedd amhlantadwy, *sef* heb planta. 1588 *Salm* ix. 9, Yr Arglwydd hefyd sydd amddeffyn i'r truan, a nawddfa mewn prŷd, *sef* mewn cyfyngder. 1593 W. MIDLETON: *B* 3, mi ae dangosaf mewn lle kyfaddas: *sef*, ymysg y kynghaneddion. 1603 W. MIDLETON: *Ps* 269, O dringaf *sef* i'r nefoedh / Yno bydhi di da oedh. 1632 *D*, Llawgair . . . Ef a ddywedodd ar ei lowgair, *sef* gan roi ei law ar ei ddwyfron. 1657 *MLl* ii. 60, Maent oll yn i geisio yn y Rhywbeth, *sef* yn y dychmygion opiniwnol. 1672 J. LANGFORD: *HDdD* 185, hyn am y fâth gyntaf o Gymmedrolder, *sef*, am Fwyta. 1740 T. EVANS: *DPO* 286, tair Gradd o Swyddau Eglwysig er dyddiau'r Apostolion; *sef* drwy gydol y tair Oes cyntaf. c. 1785–90 (1829) *CBYP* 73, Yr Hen Feirdd a genaint yn foelawdl, *sef* yn ddigynghanedd. [1791] J. THOMAS: *GB* 7, Bod yn wrthodedig . . . *sef* dan farn wrth air Duw.

(*c*) (o flaen cym. enw.: *before a n. clause*).
1595 H. LEWYS: *PA* 42, Nid oes vn athro . . . a gymer scolhaig, ne brentis yw ddyscu, heb wneuthur

yr amodau hynn ac ef yn bendifaddef, *sef* na byddo ir llanc fod yn opiniongar. *id.* 53, pobl a ganmolant wr, ac a wnant y fath ffrost o honaw ef, (*sef*) i fod ef, yn ddoethaf . . . gwr mewn gwlad. **1599 (1677)** R. HOLLAND: *AB* 57–8, megis y sancteiddiwyd y Deml, *sef*, y neilltuwyd hi i arfer sanctaidd. **1631** O. THOMAS: *CC* 7, lle y mae yn eglur i'w weled *sef* oni bydd gennym lyfr cyfraith Dduw . . . na allwn wneuthur yn ôl yr hyn âddyscir o honaw. **1677** C. EDWARDS: *FfDd* 189, y ddadl loerig (*sef* pa ddydd o'r lleuad y cedwid y pâsc). **1712** T. WILLIAMS: *CDdG* 65, ar mynegiad honno [*sic*] *sef* y bydd ir Dwyrain orchfygu. **1740** T. EVANS: *DPO* 157, Hyn oedd Ran o Wychder y Gwyr mawr, *sef* eu bod . . . yn llawn o Luniau Creaduriaid byw. **1760** E. WILLIAMS: *UYB* 173, cenfydd yr enaid ei thragwyddol ragorfraint, *sef* fod ganddi . . . hwylhynt ddiogel. *c.* **1785–90 (1829)** *CBYP* 15, bydded ynddi hefyd y rhinweddau a'r anianbwyll hynn; *sef* ei bod yn seinrwydd lithriglais.

(*d*) (o flaen cym. adfl.: *before an adv. clause*).

1595 *Egl Ph* 75, Y Naw[f]ed dhulh a elwir Eoneg, *sebh* pann bho'r Araithiwr yn manegi yn hydraeth ar araith hybhebawg. **1632** *D*, gŵystl cyfraith *sef* pan ofynner i vn ei lw yr ettyb ynteu y gwna d.g. *Stipulatio.* **1699** T. JONES: *TP* 83, yr hwn a fynnai fy mherswaedio i i ddychwelŷd yn ôl drachefn gydag ef am y rheswm hwn, *sef* oblegit nad oedd dim Anrhydedd iw gael yn y Dyffrŷn hwnnw. **1733** T. EVANS: *PP* 39, Ystyr y gair Mabwys yw hyn, *sef* pan fo gŵr yn cymmeryd Plentyn di-ymgeledd, ac yn ei feithrin.

Amr.: **se²**. **14g.** *YBH* 23a, *Se* a wnaeth y padriarch yna truanhau ỽrthaỽ. **1632** *D*, *Se*, vid. an pro Ys e, vt Sef pro Ys ef. Est antiquis frequens . . . *Se* y (*GDG*³ 359, Sef) meddyliais ei cheisiaw. **1722** *Llst* 189, *Se.* To wit, that is to say, even. **1754** G. OWEN: *L* 89, Prydais malpai mydr Merddin, / *Se* nym lle, nym llawdd Gwerin. **1803** *P* d.g. *Se*, adv.

Cfn.: **sef fal (mal):** *this is how.* **13g.** (*LlDW*) *ZCP* xx. 43, *Sef mal* e dely trayan ydau ef ar deupart yr dysteyn. **13g.** *LlC* 10, *sef ual* e messurir er erw: try hyt y gronyn heyt yn y uotued. *c.* **1400** [*RB*] *WM* 244. 36–7, *Sef mal* y kedỽis adelei o varchaỽc yno. **sef (ys ef) yw, &c., hynny (hwnnw, honno, y rhai hynny):** *namely, that is* (*to say*), *in other words.* **13g.** *HGK* 4, Nordmandi, canys gvyr Nordwei a'e presswyllya; *sef yu y rei henne* kenedyl o Lychlyn. *id.* 5, Llyminauc lletfer a daroganer . . . *Sef yu henne* en Lladin: 'Saltus ferinus praesagitur . . .'. **13g.** *BD* 117, *sef oed hvnnv* Arthur. **14g.** *WM* 3. 17–22, Gỽr yssyd gyuerbyn y gyuoeth am kyuoeth inheu yn ryuelu arnaf yn ỽastat. *Sef y*ỽ *honn*ỽ. Hafgan urenhin o annỽuyn. *id.* 453. 16–18, mi a ỽydỽn wreic a [diwyg.] da it a wedei. *Sef y*ỽ *honno* gwreic doget urenhin. *c.* **1400** *ChO* 5, wynteu a edrychant ar y deueit. *Sef ynt y rei hynny* y gwraged tec. **1547** *WS*, *Sef yw hynny* That ys to wete. *id.* *Ys ef yw hyny* That is to wyt. **1632** *D*, *sef yw hynny* d.g. *Videlicet.* *c.* **1730** *Thos. Lloyd D* (LlGC) 207a, *sêf yw hynny.* That is to say. **1778** *W* d.g. *Namely* [*to wit*].

sefaf, sefêr, gw. **safaf: sefyll, syfêr.**

sefilian, sefiliwn, gw. **sifilian.**

sefnig [*safn*+*-ig*¹, H. Grn. *stefenic*, gl. *palatum*, Crn. Diw. *stevnig*] *eb.g.* ll. *-au.* Oesoffagws, llwnc, corn gwddf, ceg; (geir.) stumog; ?dolur gwddf: *oesophagus, gullet, throat, mouth*; (*dict.*) *stomach*; ?*sore throat.*

13g. *GBF* 380, Y sarph pan sethrych . . . / . . . / Gwân drwy ei safn a'i *sefnig* / Dyrnawd, vthr bigawd, a'th big. *c.* **1400** *R* 1292. 7–9, Safyn dyfyrgi baỽki bakwyr reidussyon man lleithyon min llethwyr. safyn gỽrab *sefnic* erwyr. safyn yỽ ymsennu awyr. *id.* 1337. 20–1, Chwefris mis myssein diennic. chwerỽ draberỽ oc drabudur *sefnic.* **15g.** *GTP* 57, Somgar wrth hydd neu gariwrch, / Safnog arth yn *sefnig* iwrch [i erchi milgi du]. **1545** *CM* 1, 583, gida garrwedd a mawr ssyched ynn y genna ar *seuynnig*, Athaulod y gennav. **1547** *WS*, *Sefnic* Wesant. **16g.** *LlS* 142–3, Y phicus . . . da ar les y *sefnic*, pipell yscyfaint, ner corn breuant. *Diw.* **16g.** *WLB* 14, Rhag y *sefnig.* Kymer wraidd yr ervin a chwys Arthur . . . ai roddi ar llian wrth bwllgorn y gwegil ai adel yno dros nos. **1604–7** *TW* (*Pen* 228), peirianæ lhawveddycon y dynnv escyrn pysc a lynant yn *sefnic* dynion ac yn y gêg d.g. *Acanthauola.* *a.* **1624** *CRC* 133, danedd ffyrnig sy n i *sefnig* / fegis polion gored afon [dychan i ferch]. **1630** *YDd* 41, y tafod yn bloesci ar anadl yn byrhau . . . y *sefnig* (*throat*) yn grillian. **1632** *D*, *Sefnig*, Gurgulio, oesophagus, trachea, gula. *id.* Y *sefnig* yr â 'r bwyd trwyddi i'r cylla d.g. *Stomachus.* **1722** *Llst* 189, *Sefnig.* f. The weas and [*sic*] pipe, the throat, the stomach. **1774** *W* d.g. *Gullet.* **1803** *P.* Ar lafar, '*sefnig*, s.f.' 'gullet', 'Tendia di dy hun rhag llosgi dy *sefnig*', *WVBD* 479; '*sefnig* . . . gullet', *BILlE* 37; '*sefnig*: gullet', *Cymru* xlvii. [195] (sir Ddinb.).

sefnigol [*sefnig*+*-ol*] *a. Sein.* Felar, gyddfol; yn perthyn i'r oesoffagws: *velar, guttural* (*in phonet.*); *oesophageal.*

1847.

sefnigwst [*sefnig*+*gwst*¹] *eg. Meddyg.* Llid y ffaryncs: *pharyngitis.*

1932.

sefnyn, sefrdan, gw. **safn, syfrdan.**

sefrdanaf: sefrdanu, sefrddanaf: sefrddanu, gw. **syfrdanaf: syfrdanu.**

sefriad, sefriaf: sefrio, gw. **seriad, seriaf: serio.**

sefrol [cfdds. o'r S. *sever*(*al*) 'enclosed pasture land'+*-ol*] *e?g.* Tir amgaeedig: *enclosed land.*

1934. Ar lafar gynt yng Nghered.

sefydlad, sefydlaeth, gw. **sefydliad, sefydliaeth.**

sefydlaf: sefydlu [bf. o fôn yr a. *sefydl*(*og*)] *bg.a.*

(*a*) Gwneud neu fynd yn sefydlog (am wrthrych), sadio, sicrhau (yn ei le), setlo; gwneud neu fynd yn sefydlog (am berson), ymsefydlu, setlo (i lawr); gosod (eglwys, mudiad, busnes, &c.) ar sylfaen gadarn, sylfaenu, cychwyn, gosod i fyny; (dechrau) troi'n geuled neu setio: *to make or become stable* (*of an object*), *stabilize, steady, fix* (*in place*), *settle*; *make or become established* (*of a person*), *settle down*; *establish* (*church, movement, business, &c.*), *found, start, set up*; (*start to*) *curdle or set.*

13g. *BD* 178, ym perued hynny yd erchis *seuydlu* delv eryr eureit oed yn lle maner ac arvyd ymlad idav. **16g.** (*LlEG*) *Mos* 158, 269a, y kardnnaliaid yr hrain a dwysodd y gwyr o Ryuel i Ruuain yr hrain a *seuy/dlasant* twy yn ddisdaw ac yn ddisymwth ynghasdell ang/el. **1588** *Jos* iv. 20, A'r deuddec carrec hynny y rhai a ddugasent o'r Iorddonen a *sefydlodd* Iosuah yn Gilgal. **1632** *D*, *Sefydlu*, Stare, facere, erigere, collocare. **1688** *TJ*, *Sefydlu*, gosod, gwastatau: to place, to establish. **1689** E. MORUS: *RC* 53, *sefydlai* Deyrnasoedd ac Eglwysi. **1704** E. SAMUEL: *BA* 19, ymhyfrydodd ynteu cymmaint yn y gyfeillach nefol angylaidd honno, ag y mynnasei *sefydlu* ei drigfa yno. *id.* 50, i *sefydlu* 'r Grefŷdd Grist'nogol yn y Ddinas. **1755** G. OWEN: *L* 151, Maent yn fy nghyngori i adael y wraig gyda rhai o'i cheraint . . . hyd oni *sefydlwyf.* **1760** *ML* ii. 264, Dyma fi er's pythewnos neu well yn ffaeliaw bwyta rhag rydded yw'r deintws, ac os y nhw ni *sefydlant* yn well, yn iach fwyta crystun na dim caledfwyd. [**1788**] *EDP* 114, pan gwrddodd yr arch â'r ddaear, a *sefydlu* ar ben y mynyddau. **1795** *R. Crusoe* 110, Pan gynhullwyd yr Ysbaenwyr, a'r Saeson, ynghŷd, dywedais wrthynt mai i'w *sefydlu* yno y daethwn, ac nid i'w symmud. **1800** W. OWEN [-PUGHE]: *CP* 95, Gwedi gadel iddy y [*sic*] caws tua hanner awr i *sefydlu* (*settle*). **1803** *P*, *Sefydlu* . . . To settle. Ar lafar, ''Man' nw wedi *sefydlu* busnas bach reit ddel yn y pentra' (Arfon); hefyd yn yr ystyr 'setlo, sef dechrau ceulo a chawsio', 'Ar ôl i'r llæth *syfydlu*'n reit, 'ôn' nw'n doti llian dros 'i dop a, a gwasgu'r maidd trw'r llian mæs', *GTN* 722.

(*b*) (enghrau. *ffig.* ac enghrau. mewn cyd-destun *ffig.*: *fig. exx. and exx. in a fig. context*).

1346 *LlA* 2, Y pedỽeryd piler. a *sefuydla* kall gyỽreinrỽyd (*quartum figat magistrorum solers sublimitas*). **1567** *TN* 320a, aros ti yn y petheu a ddysceist, ac ith *sefydlir* ynthynt. **1588** *2 Sam* xxii. 34, Efe sydd yn gosod fy nhraed fel traed ewigod; ac efe am *sefydlodd* i ar fy vchelfaoedd. **1630** *YDd* 28, I *sefydlu* yn ein calonnau ni fawr ofn ei Fawrhydi ef. **1661** E. LEWIS: *Drex* 96, ein calon ni sydd yn bwhwmman, ac yn llawn o wagedd. Pwya'i [*sic*] *sefydla* hi, ac a'i gesyd hi mewn lle diogel . . .? *id.* 107, Ein meddyliau ni ynt yn gwibio i fynu ac i wared am lawer o bethau, ac nis gallant y pryd hynny *sefydlu* eu hunain ar ystyriaeth Tragywyddoldeb. **1672** J. LANGFORD: *HDdD* 226, y mae efe yn tarddu oddiwrth ryw hên falis gwedi ei *sefydlu* yn y galon. *id.* 300, pan *sefydlodd* Duw drefn yn yr Eglwys. **1687 (1715)** J. OWEN: *TB* 122, Ac wedi iddo ymdrechu drosto drwy ymprydiau, ac ymbiliadau, a'i ddiddanu, a'i *sefydlu* trwy lawer o gynghorion ac athrawiaethau, ni ymadawodd nes ei adferu ef i'r eglwys drachefn. **1688** S. HUGHES: *TSP* 2, nhwythau yn gobeithio y *sefydlai* cwsc ei ymmhennydd ef. **1705** T. WILLIAMS: *PD* 16, y Cyfwng a'r Gwahaniaeth Tôst a *Sefydlir* rhwngddynt tros bŷth bythoedd. **1710** *LlGG* sig. a2r, nad oes dim fuddiolach tuag at *sefydlu* heddwch y Genedl hon.

(*c*) Penderfynu, pennu, gosod, trefnu, setlo (mater): *to determine, decide, establish, fix, arrange, settle* (*a matter*).

1719 T. EVANS: *CDW* 28, onid yw yn beth rhyfedd y rhaid i ni fyned at Dalmud yr Juddeuon ynghylch *sefydlu* Pwngc yn ein Crefydd ni? **1721** J. P. PRYS: *DC* [v], y Cyfreithiau ar Defodau a *Sefydlwyd* gan Dywysogion Cymru. **1740** T. EVANS: *DPO* 289, [b]yddai cystal a phe buasai yr Ymherawdr ei hun . . . wedi *Sefydlu* y matter. **1757** *ML* ii. 41, Dyma 10 neu 12 wedi dodi eu dwylo tuag at y gwaith eisioes, nis gwn i par sawl un a gadd person Aberffraw, rhaid 'sgrifennu atto pan *sefydloch* y matter. **1791** GW. MECHAIN: *Rh* 76, i ddwyn ei gorph ger bron llys . . . i *sefydlu* â oedd achos ei garchariad yn gyfiawn. **1800** W. OWEN[-PUGHE]: *CP* 106, Nid ellir etto *sefydlu* ei gwerth, ond yn ddiau ni bydd dros ben 8 bunt. **1812** TWM O'R NANT: *PG* 58, Heddyw yw'r dydd i *sefydlu*'r daith. Cf. J. MORRIS-JONES: *CD* v–vi, penderfynu gwir egwyddorion y gynghanedd a'i mesurau . . . Y mae'n angenrheidiol er *sefydlu* testun yr hen farddoniaeth gynganeddol.

(*d*) Gosod (gweinidog) yn ei swydd, gorseddu (esgob): *to install or induct* (*a minister or bishop*).

1704 E. SAMUEL: *BA* 173, f'a seiliodd Eglwysydd, ac a *sefydlodd* Esgobion ynddynt. Ar lafar, 'Man' nw'n *sefydlu* gwynitog newydd yn Bethal', *GTN* 722. Cf. D. OWEN: *SP* 70, clywsom ei fod wedi ei *sefydlu* yn weinidog ar eglwys flodeuog.

(*e*) Talu (cyfrif); sicrhau (eiddo neu etifeddiaeth i rywun) drwy ddogfen gyfreithiol: *to settle* (*an account*); *settle* (*property or inheritance on someone*).

1776 D. ELLIS: *HI* 150, Mathew ni arhosodd ac ni wnaeth esgus ynghylch *sefydlu* ei gyfrif, ond efe a gyfododd yn ebrwydd. **1795** J. THOMAS: *AIC* 52, Ymhá oedran y geill Mab, a Merch, *Sefydlu* eu heuddo [*sic*], mewn Ewyllys? **1796** H. JONES: *MPC* [5], amcanodd *Sefydlu* yr etifeddiaeth arno ef.

Amr.: **safedlu.** *p.* **1584** G. ROBERT: *GC* [274], [344]. *c.* **1730** *Thos. Lloyd D* (LlGC) 208a. **sefydlio. 16–17g.** *RAGR* iii. 304, Aethon cyn belled, na chaf finne weled / Angyles gan farged oes fowrgür fry / llei büm yn i thrino ai mynych gofleidio / can i *sefydlio* yn safadwy. **syfydlu. 1672** J. LANGFORD: *HDdD* 165. Ar lafar, *GTN* 722.

sefydlawn, gw. **sefydlon.**

sefydle [bôn y f. *sefydlaf*: *sefydlu*+*lle*¹] *eg.b.* ll. *-oedd.* Safle, lleoliad, sefyllfa, lle (i sefyll); sylfaen, sail; trefedigaeth, gwladfa: *position, location, station,* (*standing-*)*place*; *foundation, base*; *colony, settlement.*

1603 W. MIDLETON: *Ps* 147–8, Fel llys vchel ei wel-lydh / Ei Gyssegr-fa seil-fa sydh: / Fel y dhayar gronn-war grê / Saif odli iw *sefyd-le.* **1685** *Art* 12, *sefydle* neu Ddesg addas i ddarllen gwasanaeth. **1688** *TJ*, Saw, sâf, safiad, *sefydle*: a station. **1725–6** *Madd Ed* 3, y gorfoledd mawr, ar cyssurus gyflwr o *sefydle* (*station*) siccr, yr hwn a fy mor ddedwydd. *id.* 43, y Drefn uwchaf o ddirnadawl fodau, y rhai ni ddirwyasant erjoed o'i *sefydleodd.* **1800** *Eurgr* 15, gorfu iddo droi yn ôl i'w *sefydle* flaenorol.

Amr.: **safedle, safydle** [cf. *safedlaf*: *safedlu*]. **1615** R. SMYTH: *GB* 247, y traed, yr hain sy 'n gwasneythu, megis sylwedd ne *safed le* [*sic*] i'r corph. *c.* **1658** R. VAUGHAN: *E* 226, y mae yn gwrthgilio atto ei hun, heb ddychwelyd drwg anwydau yn gwneuth[u]r ei *safydle* (*ground*) yn dda yn eu herbyn.

sefydledig [bôn y f. *sefydlaf*: *sefydlu*+*-edig*] *a.bfl.* Sefydlog (hefyd am seren), safadwy, sad, di-sigl, solet; parhaol, digyfnewid, cyson; wedi ei sefydlu, penodedig, gosodedig, wedi ei gadarnhau, safonol; cyfansoddiadol; wedi ei sefydlu drwy ddeddf yn eglwys swyddogol gwlad benodol; wedi ymsefydlu (am berson), wedi ei gyfanheddu, wedi ei wladychu: *fixed* (*also of star*), *stationary, stable, firm, solid*; *permanent, unchanging, constant*; *established, determined, fixed, confirmed, standard*; *constitutional*; *established* (*of church*); *settled* (*of person, area, &c.*), *colonized.*

1527 *B* ii. 223, gwybod . . . vod yn anwylach gan j veistir y pren hwnnw nor holl brennav *syuydledic* yn j berllan. **1710** *LlGG* (*Gos*) 11, Gofaled a threfned pob Ordinariaid . . . gyrchu i Wasanaeth Duw *sefydledig* (*established*) drwy Awdurdod Cyffredin yn y Deyrnas hon o Loegr. **1711** M. MAURICE: *YAD* 13, Pa ham y scrifenwyd gair Duw? . . . I fod yn distiolaeth *Sefydledig* o ddirgeledigaethau duwiol i'r Eglwys er Cyngor . . . a Chyssyr. **1711** L. EVANS: *LlW* [3], ein gwir a'n *sefydledig* Eglwŷs ni. **1722** A. THOMAS: *DR* 22, Y mae yspryd sanctaidd yn *sefydledig* ynnom. **1725–6** *Madd Ed* 205, Cymmylau diddwfr ydynt, yn

cael eu cylch-arwain gan bob gwynt . . . nad oes ganddynt un Egwyddor *sefydledig*, dim sicr a pharhaus i lywodraethu eu hunain wrtho. **1732** *AABI* 40, Hên Ddiscybl sydd lew, calonnog, dianwadal, a *sefydledig* yn ei amcan a'i ymroad. *c.* **1762–79** W. WILLIAMS: *P* 451–2, y grefydd *sefydledig* yn nheyrnas Bohemia . . . ydyw y Babaidd. **1772** D. RISIART: *HFP* 169, cyfraith gyffredin, cyfraith *sefydledig*, a chyfraith foesol. **1773** *W* d.g. *Established.* **1784** M. WILLIAMS: *S* i. 113, [y]r aer yn iachus, ac yn fwy *sefydledig* nag arferol mewn llefydd o'r un latitude. *id.* 161, mae yma filwyr *sefydledig* a elwir yr imperial guard, pa rai sydd yn wastad yng ngwasanaeth yr ymerawdwr. **1792** H. HARRIS: *H* 86, yr oedd teulu *sefydledig* yn Nhrefecca, o gylch cant o rifedi. **1803** *P.*

Amr.: **syfydledig** [cf. *syfydlaf*: *syfydlu*]. **1527** *B* ii. 223. **1545** *CM* 1, 30, y lloer awna I hellynt athreigyll byrrach a llai o Amser o Amgylch y ddaiar no Seren ffixt nesseren [*sic*] *syuydledig.*

sefydledigaeth [*sefydledig*+*-aeth*] *eg.* ll. *-au.* Sefydlogrwydd, sadrwydd; trefedigaeth, gwladfa: *settledness, fixedness*; *colony, settlement.*

[**1783**] *W* d.g. *Settledness.* **1803** *P*, *Sevydledigaeth*, s. m. . . . Settledness, confirmedness. Cf. J. WILLIAMS: *ACA* 23, Deheubarth Cymru Newydd . . . yr hon sydd . . . yn llawer tebycach i'r 'Hen Wlad' nag un o'r *sefydledigaethau* eraill.

sefydledd [bôn y f. *sefydlaf*: *sefydlu*+*-edd*[1]] *eg.* Sefydlogrwydd: *stability.*

1700 D. MAURICE: *AC* 35, y gwîr a'r tragwyddol Dduw . . . yr hwn sy'n cynnal pôb peth; yr hwn yw Gogoniant y Nefoedd a *Sefydledd* y Ddaiar (*the Stability of Earth*). *c.* **1730** *Thos. Lloyd D* (LlGC) 210a, *Sefydledd.* Stabilimentum.

sefydlfa [bôn y f. *sefydlaf*: *sefydlu*+*-fa, ma*] *eg.* ll. *-feydd.* Sefydlogrwydd; trefedigaeth, gwladfa; (ym)sefydliad mewn plwyf, plwyfogaeth; (geir.) sefydliad: *stability*; *settlement, colony*; *settlement in a parish*; (*dict.*) *establishment.*

c. **1730** *Thos. Lloyd D* (LlGC) 208a, *Sefydlfa.* An establishment. **1794** E. JONES: *CP* 31, pob tystiolaeth yn gydnabyddiaeth cyffredinol o *sefydlfa* cyfreithiol y tylawd. Cf. R. ROBERTS: *Daearyddiaeth* vi, *sefydlfeydd* yr Yspaeniaid yn y ddwy America.

Amr.: **syfydlfa** [cf. *syfydlaf*: *syfydlu*]. **1770** *CM Archives* (LlGC), Trevecka Letters 2682, rwyi fi fel yn credu fod gan yr Arglwydd ryw waith i mi eu i [*sic*] wneud na ddylwn ddim peidio, ag nid oes dim *Syfydlfa* im meddyliau yn y peth.

sefydliad, sefydlad [bôn y f. *sefydlaf*: *sefydlu*+*-iad*[1], *-ad*] *eg.* ll. *sefydliadau.*

(*a*) Y weithred o sefydlu, sefydlogrwydd, sadrwydd, parhad; sefyllfa, safle; cymdeithas neu gorff a sefydlwyd at bwrpas neilltuol; (ar ôl y fan.) y garfan mewn cymdeithas sy'n arfer awdurdod neu ddylanwad ac a ystyrir yn elynion i unrhyw newid; y cyflwr o fod yn sefydledig (am eglwys), eglwys sefydledig; y weithred o benderfynu, pennu, neu setlo; cyfansoddiad (gwlad, corff, &c.); sicrhad eiddo i rywun drwy ddogfen gyfreithiol; trefedigaeth, gwladfa: *an establishing, establishment, stability, fixedness, permanence*; *situation, station*; *institution, establishment*; (*the*) *Establishment*; *establishment* (*of church*), *established church*; *a determining or settling*; *constitution* (*of country, organization, &c.*); *settlement* (*of property*); *colony, settlement.*

1604–7 *TW* (*Pen* 228) d.g. *Stabilimen.* **1718** E. SAMUEL: *HDdD* (Gweddïau) 29, Rhynged bodd i ti gyfrannu . . . rhyw râdd o'r *sefydliad* (*stability*) hwnnw i mi dy greadur truan yr hwn ŵyf ysgafn ag anwadal. [**1724**] G. WYNN: *YGD* 27–8, mawr serchu y pethau hyn nad oes dim *sefydliad* (*permanence*) ynddynt. **1725** D. LEWIS: *GB* 322–3, Nid yw'r Ysgrythur . . . i'w dyall mywn ystyr lythyrenol, eithr mywn ystyr gyffelybiaethol. Ie rhaid ei ddyall [*sic*] felly yn y lleoedd a honnir yn erbyn Trô'r Ddaear, a *sefydlad* yr Haul. **1739** *AGN* 3, y Traethawd eglyr hwn . . . os bydd iddo gael ei wneuthyr yn Offerynol tu ag at Argyhoeddiad ûn Pechadur, neu *Sefydliad* ûn Saint. *c.* **1762–79** W. WILLIAMS: *P* 629, Amrywiol o'r alltudion a roddasant eu dwylo wrthynt [y Deugain Namyn Un Erthygl] er nad oeddent yn cytuno â'r *sefydliad* presennol.—Ond ni's pasodd yr erthyglau yn gyfraith, na dyfod yn rhan o'r *sefydliad*, hyd at naw mlynedd ar ol hyn. **1763** T. JONES: *RAH* 20–1, nad yw pawb i fod yn Apostolion, neu'n Brophwydi, neu'n Athrawon; yn y pethau hyn mi a welais yn amlwg *sefydliad* Gwenidogaeth. **1764** DEWI NANTBRÂN: *SAG* 83, Lloegr eihun [*sic*] . . . sydd ddyledus am bresennol *Sefydliad* o'i Heglwys i Lŷg-awdurdod y Frenhines Elsbed. **1765** J. POPKIN: *LJ* 86, Os gallwn gael ein gwaredu rhag Camsyniadau am gymmeradwyaeth gyda Duw, a chael *sefydliad* i'n meddyliau ynghylch gwirionedd yr Efengyl. **1767** J. THOMAS: *TFFf* 30–1, Heddwch Duw yn ei gydwybod, pob gweithrediad o fywyd ysprydol . . . sydd yn pwyso ar yr jawn *sefydliad* (*settling*) o'r pwnc hwn. **1773** *W* d.g. *Establishment, Institution, Lodgment.* **1790** TWM O'R NANT: *GG* 205, Pwy o greulon / Geulaidd galon, / Sy oes fodlon / i'w *sefydliad*? **1794** E. JONES: *CP* ix–x, [y]r Act y Parliament a gydnebydd 'oll a chyfan yr iawnau ar rhyddid honedig . . .' cefnogwyd hyn wedi gan dde[dd]f *sefydliad* y goron. **1794** *Cylchg* 284, *Sefydliad* (constitution) newydd Ffraingc. **1795** J. THOMAS: *AIC* 58, Os bydd Ewyllys heb fod o *Sefydliad* Tîr Drefdadaethadol, mae 2 Dŷst yn ddigonol. **1803** *P.* Cf. D. OWEN: *GT* 67, A chan nad pa faint y rhagfarn sydd ynof at y *Sefydliad*, a chan nad pa mor ddaearol a chnawdol oedd hwn . . . a fu . . . yn darllen yn garbwl y wers gladdu.

(*b*) Y weithred o (ym)sefydlu'n gyfreithlon mewn plwyf, plwyfogaeth: *settlement in a parish.*

1794 E. JONES: *CP* xiv, swyddogion fae yn ymrafaelu y'nghylch *sefydliadau* Tylodion. *id.* 27, y statud ddiweddaf . . . ydyw sylfaen holl *sefydliadau* plwyfol y tylodion. *id.* 28, Pobl na feddont un *Sefydliad.* *id.* 29, hi a ennillodd ei *sefydliad.* *id.* 37, Lle i'r ennillo y tâd ail *sefydliad* wedi ganedigaeth ei blentyn, y *sefydliad* hwnnw a berthyn yn ddiattreg i'r plentyn, a gellir anfon y plentyn i *sefydliad* ei dâd, heb fod yno erioed o'r blaen.

(*c*) Y weithred o sefydlu (gweinidog): *induction* (*of minister*).

1732–3 J. OWEN: *GB* 79, Galwad ein Gweinidog presennol ni, Trefn ei *Sefydliad* a Diben y Gwaith. **1775** D. JONES: *HCY* 212, Ar *Sefydliad* Gweinidog. Cf. D. OWEN: *D* 147, hyn ydoedd dymuniad Mr. Rees ei hun i ni oedi cyfarfod ei *sefydliad* nes iddo ef ymgydnabyddu â ni a ninnau âg yntau.

sefydliadaeth [*sefydliad*+*-aeth*] *eb.* (Cred mewn) system o sefydliadau: *institutionalism.*

1933.

sefydliadol [*sefydliad*+*-ol*] *a.* Yn perthyn i sefydliad, nodweddiadol o sefydliad, o natur sefydliad(au), wedi ei drefnu mewn sefydliad(au); sefydledig (am eglwys): *institutional*; *established* (*of church*).

1916.

sefydliaeth, sefydlaeth [bôn y f. *sefydlaf*: *sefydlu*+*-(i)aeth*] *e?b.* ll. *-au.* Trefedigaeth, gwladfa; y weithred o sefydlu, sefydliad: *settlement, colony*; *an establishing, establishment.*

1834.

sefydlog [**sefydl-* (?cf. y be. *sefyll*)+*-og*; ?cf. Crn. Diw. *sevyllyake* 'un sy'n sefyll(ian)'] *a.* a hefyd fel *eg.* Wedi ei sicrhau yn ei le (hefyd am seren sy'n ymddangos fel petai ei bod felly), safadwy, yn sefyll, llonydd, sad, di-sigl, cadarn; yn sefyll (am ddŵr), llonydd, marwaidd; gwrychog (am wallt, &c.); sefydledig, penodedig, gosodedig, digyfnewid, diwrthdro, cyson, parhaol, hirhoedlog, *Meddyg.* hirfaith; wedi ymsefydlu (am berson); sefydledig (am eglwys); wedi ei sicrhau ym meddiant (rhywun); un sy'n sefyll (yn ymyl), gwasanaethwr: *fixed* (*also of star*), *stationary, standing, still, stable, steady, firm*; *standing* (*of water*), *stagnant*; *bristling*; *established, determined, fixed, unchanging, irreversible, constant, permanent,* (*long-*)*lasting, chronic* (*in med.*); *settled* (*of person*); *established* (*of church*); *settled* (*in the possession of*); *one who stands* (*by*), *attendant.*

10–11g. *DGVB* 304, *sebedlauc*, gl. *assecula .i. minister.* **14g.** *LlB* 36, Pwy bynhac a gwynho yn *sefydlawc* rac dyn o dadyl ger bron brawdwr. **1346** *LlA* 139, Achnaƀt dynyaƀl idaƀ yn person *seuedlaƀc* gogyfuoeint [*sic*] ae dat obleit dƀyolyaeth. **14g.** *WM* 468. 7–11, vchdryt uaryf draƀs a uyryei y uaraf goch *seuydlaƀc* a oed arnaƀ dros dec traƀst a deugeint oed yn neuad arthur. *c.* **1400** *R* 1353. 39–41, ker llann y hadein sein *sefydlaƀc.* Kerdet kenniret . . . keyryd heolyd yn hualaƀc. **15g.** *FfBO* 48, y mae y dinas pennaf mywn dwr *sefydlawc* gordwfyn. **1567** *TN* 291a, cymerwch atoch oll arvogaeth Duw, val y gallochffwrth wrth ladd [*sic*] yn y dydd blin, a' gwedy ywch 'orphen pop dim, allv sefyll yn *sefydlawc.* **1632** *D*, *Sefydlog*, Stans, constans. *id.* d.g. *Stabilis, Stationalis.* **1688** *TJ*, *Sefydlog*: constant, firm, sure standing, established. **1691** T. WILLIAMS: *YB* 253, mae'n rhaid iddynt feirw trwy'r farn *sefydlog* (*irreversible*) a farnodd Duw ar Adda. **1696** *GGTY* 358, arfer *sefydlog* yr Apostolion. **1701** J. WILLIAMS: *BG* 40, pêth amhossibl ydyw, gosod i lawr reolau *sefydlog* yn eu cylch nhwy. **1710** *LlGG* (*Art*) 1, *sefydlog* (*settled*) barhâd Athrawiaeth a Disgyblaeth Eglwys Loegr sy'r awr hon yn safadwy. **1710** *CBGEL* 15, Canys ein Crefydd ni yw unig Grefydd *sefydlog* y Deyrnas. **1722** T. EVANS: *PS* 66, y mae rhai a ellir ei [*sic*] galw yn rai *Sefydlog*, oblegid eu bod yn rannau safadwy o'n Gwasanaeth. **1725** D. LEWIS: *GB* 322, [y] Ffurfafen â'i Sêr *sefydlog.* **1728** T. BADDY: *DDG* 70, felly'r oedd mwy o Ddieithriaid yn y Ddinas na'i Thrigolion *sefydlog.* **1731** E. SAMUEL: *AE* [iii], ar Llywodraeth Bresennol, fel y mae 'n *sefydlog* mewn Tywysogion o Brotestanniaid. **1788** J. GRIFFITH: *DCC* xiv, Y Cristion *sefydlog* (*established*) yn cael annogaeth i ymegnio. **1791** W. RICHARDS: *TDB* 18, cynnefin a *sefydlog* arwyddoccâd y gair baptizo. **1803** *P* d.g. *Sevydlawg.* Ar lafar, '*sefydlog*' 'firm, steadfast . . . permanent', *WVBD* 479; hefyd yn yr ystyr 'inclined to settle down', ''Tydi'r gath ddim yn *sefydlog* iawn ar ôl i mi fynd i weithio', *ib.*; '*sefydlog*' 'stable; steady', 'Dod y post 'yn yn *sefydlog*—ma fa bron yn rydd', ''Dyw e ddim cymeriad *sefydlog* o gwbwl', *GTN* 723. Cf. D. OWEN: *D* 104, Yn y man edrychodd yn *sefydlog* ar Noah; a deallodd y meddyg ei bod yn dymuno cael dyweyd rhywbeth wrtho.

Amr.: **syfydlog** [cf. *syfydlaf*: *syfydlu*]. Ar lafar, *WVBD* 479, *GTN* 723.

sefydlogaf: sefydlogi [bf. o'r a. *sefydlog*] *bg.a.* Gwneud neu fynd yn sefydlog, gwneud (lliw, delwedd ffotograffig, sbesimen microsgopig, &c.) yn barhaol; *Cem.* cymathu (nitrogen, &c.) drwy ei drawsnewid yn gyfansoddyn; ymsefydlu (am berson), ymgartrefu, setlo (i lawr): *to stabilize, fix* (*colour, photographic image, microscopic specimen, &c.*); *fix* (*nitrogen, &c.*); *become established* (*of a person*), *settle down.*

1921.

sefydlogiad [bôn y f. *sefydlogaf*: *sefydlogi* +*-iad*[1]] *eg.* Y weithred o sefydlogi (hefyd mewn cem.): *stabilization*; *fixation* (*in chem.*).

20g.

sefydlogrwydd [*sefydlog*+*-rwydd*] *eg.* Yr ansawdd neu'r cyflwr o fod yn sefydlog, parhad, cysondeb, dianwadalwch: *stability, permanence, constancy, steadfastness.*

[**1783**] *W* d.g. *Stability.* **1803** *P.*

sefydlogwr, sefydlogydd [bôn y f. *sefydlogaf*: *sefydlogi*+*-wr*, *-ydd*[3]] *eg.* ll. *sefydlogwyr, sefydlogyddion.* Dyfais neu sylwedd a ddefnyddir i gadw rhywbeth yn sefydlog: *stabilizer.*

1938.

sefydlon, sefydlawn [bôn y f. *sefydlaf*: *sefydlu*+*-lon*, *-lawn*] *a.* Wedi ei sefydlu, sefydlog, sad: *established, fixed, stable.*

1691 T. WILLIAMS: *YB* [viii], trwy ordinhad *sefydlawn* ddi-ammodol. *a.* **1791** W. WILLIAMS: *GP* 130, Gwna, Arglwydd fi'n golofn gry', / *Sefydlon* yn dy deml di.

sefydlrwydd [bôn y f. *sefydlaf*: *sefydlu*+*-rwydd*] *eg.* Sefydlogrwydd, cysondeb, dianwadalwch: *stability, constancy, steadfastness.*

1683 J. JONES: *TG* 113–14, canys pan fo pawb oddiwrth yspryd y Gwirionedd y maent yn ansefydlawg . . . eithr pan adnabydder y *sefydlr*[*w*]*ydd* hwn unwaith, yna y mae pobl yn dyfod i adnabod atteg i'w meddyliau. **1706** *Nat Con* 14–15, Yspryd Sancteiddrwydd . . . *sefydlrwydd* mewn pob erlidiau. *id.* 15, gwastadol *Sefydlrwydd* a gorphwysdra Calon yn dy ofalus Ragluniaeth di. **1712** T. WILLIAMS: *CDdG* 533, Rhaid ini ychwanegu at hyn oll *sefydlrwydd* (*Constancy*) a Pharhâd ir e[i]thaf. **1725–6** *Madd Ed* 386, i arwyddoccau *sefydlrwydd* (*stability*) a pharhad cyflwr y rhei'ny a orphennasant eu gyrfa, ac a gyrhaeddasant Goron y Bywyd anfarwol. **1733** W. WILLIAMS: *TC* 158, ein tueddau drwg . . . a phrofedigaethau cynnefinol y bŷd . . . y rhai hyn a ofynnant ein ammynedd a'n *sefydlrwydd* mwyaf i'w gwrthsefyll.

sefydlwr, sefydlydd [bôn y f. *sefydlaf*: *sefydlu*+*-wr*, *-ydd*[3]] *eg.* ll. *sefydlwyr, sefydlyddion.* Un sy'n sefydlu, sylfaenydd;

ymsefydlwr, gwladychwr; sefydlogwr: *establisher, founder; settler, colonist; stabilizer.*

1773 *W* d.g. *Establisher.* **1803** *P, Sevydlwr,* s. m.—pl. *sevydlwyr* . . . An establisher. *id. Sevydlyz,* s. m.—pl. t. *ion* . . . An establisher.

sefydlyn[1], **safydlyn** [gair geir., sef bôn y f. *sefydlaf: sefydlu+llyn*[1]; â'r ail ff., cf. *safedlu, syfydlu*] *eg.* ll. *-nau.* Merllyn, merddwr, dŵr sefyll: *stagnant pool or lake, standing water.*

1604–7 *TW* (*Pen* 228), *safytlynn* d.g. *Lacus.* **1632** *D, sefydlyn* d.g. *Lacus.* **1688** *TJ,* Llŵch, *sefydlŷnn,* pwll: a Lake or standing Water. **1803** *P, Sevydlyn,* s. m.—pl. t. *au* . . . A plash.

sefydlyn[2] [bôn y f. *sefydlaf: sefydlu+-yn*[1]] *eg.* ll. *-nau.* Sylwedd a ddefnyddir i sefydlogi lliw, sbesimen microsgopig, &c.; *Math.* ffwythiant sy'n aros yn ddigyfnewid pan gymhwysir trawsnewidiad penodol iddo: *fixative; an invariant (in math.).*

20g.

sefyll, gw. safaf: sefyll.

sefyllaf, sefylliaf: sefyllu, sefyll(i)an, sefyll(i)ach, sefyllio [bf. o'r be. *sefyll*] *bg.a.* Sefyll neu aros mewn lle arbennig heb bwrpas amlwg, loetran, gwag-symera, tindroi, segura, ymdroi, oedi, aros, sefyll (yn llonydd); lleoli, gosod; sefydlu, sylfaenu; (geir.) petruso, gwegian: *to stand about, loiter, dally, dawdle, idle, linger, remain, stand (still); place, set; establish, found; (dict.) hesitate, waver.*

1547 *WS, Sefyllyan* Staggar. **1551** W. Salesbury: *KLl* xiva, Ef aeth allan hefyd yncylch yr vnvet awr ar ddec, ac a gauas rei ereill yn *sefyllian,* ac ef a dyuot wrthynt: Paam ydd ych chwi yn sefyll yma yn segurllyt. *p.* **1584** G. Robert: *GC* [143], weithiau o un ferf e dardda un arall, mal o sefyll, *sefylliach,* ne *sefyllian.* **1588** *Jos* vi. 26, yn ei gyntaf-anedic y seilia efe hi, ac yn ei fab ieuangaf y *sefylla* efe ei phyrth hi. **16–17g.** *CRC* 65, mi alla fynd ir dwr ar keffyl / a *ssefyllian* yn i ymyl. **1604–7** *TW* (*Pen* 228), *sefylhian* d.g. *Cunctor, Hæsito. Dchr.* **17g.** *J* 10, 39b, *Sevyllian.* to loytre. **1632** *D, Sefyllian,* Subsistere. **1636** *Pen* 321, 199b, taldiolch am farwhau a coethi y llygredigaethe hyn ag am adfywio a *sefyllu* rhade gwrthwyneb. **1688** *TJ, Sefyllian:* to stand still. **1710** *LlGG* (*Gos*) 13, na bo neb yn rhodio, neu yn ofer *sefyllian* neu yn siarad yn yr Eglwys. **1733** J. Thomas: *HYB* 87–8, na esgeulusoch mewn un modd . . . Wasanaeth cyhoeddus Duw . . . Yn enwedig, *sefyllian* gartref yn ddibris. **1770** *HGD* vii, Clywodd hefyd Wm Thomas neu Blink, yn dywedyd iddo fe *sefyllu* ei hun, ar ddrws Cegin Glanareth. **1803** *P* d.g. *Sevyllian, Sevylliaw.* Ar lafar, 'Be' ŵt ti'n *sefyllian* fel 'na?', '*sefyllian* gweithio', *WVBD* 480; '*Sefyllach* . . . *Sefyllan*', *GDD* 261; ''Ôn i'n gorfod *sefyllach* obythdu'r lle' (de-ddwyrain Morg.). Cf. *Caerfallwch, sefyllach* d.g. *Stand . . . To stand loitering;* D. Owen: *D* 20, Yn *sefyllian* oddeutu yr ysgoldŷ yr oedd tŵr o fechgynos; D. Owen: *GT* 303, O herwydd fy mod yn awyddus i wybod pwy oedd prynwr y Wernddu, *sefylliais* dipyn ar ol.

Amr.: **sefyllfach, syfyllfach.** Ar lafar, '*sefyllfach, syfyllfach*', 'Ma ryw grots yn *sefyllfach* ar waelod yr 'ewl', *GTN* 723.

sefyllfa [*sefyll+-fa, ma*] *eb.* ll. *-oedd, -feydd, -fâu.*

(*a*) Lleoliad, man penodol, safle, lle (i sefyll), troedle, hefyd yn *ffig.*; garsiwn; (geir.) bwth, siop: *location, situation, position, site, (standing-)place, foothold, also fig.; garrison; (dict.) booth, shop.*

1588 1 *Sam* xiii. 23, *sefyllfa* y Philistiaid a aeth allan i fwlch Micmas. **1588** 2 *Cr* xxxv. 15, meibion Asaph y cantorion oeddynt yn eu *sefyllfa.* **1588** *Salm* lxix. 2, Glŷnais yn y domm dyfn, lle ni chawn *sefyllfa* (*LlGG* (*Sall*) 37a, safiat). *c.* **1600** *March C* 24, Perthynus yw ini bellach draethu o *sefyllfa* y llys . . . Y llys yma oedd gwedy ei gosod a'i hadeilad mewn dyffryn hoffaidd. **1604–7** *TW* (*Pen* 228), hwn a voi stall [*sic*], nei *sefylhfa* y werthû i varchnat dan Bentuy d.g. *Fornicarius.* **1632** *D, Sefyllfa,* statio. **1677** R. Jones: *BB* 124, Onid Duw Sanctaidd yw yr hwn yr ydych rwym iw wasanaethu? Ac Eglwys Sanctaidd yn yr hon y mae eich *Sefyllfa* (*station*). **1683** H. Evans: *CTF* 11, Cadw'th safle [:- *Sefyllfa*] rhag it syrthio. **1688** *TJ, Sefyllfa:* a standing place, a station. **1688** S. Hughes: *TSP* 113, fo a roddes ei frŷd i anturio, ac i gadw ei *sefyllfa;* canys eb efe, pettawn i heb edrych ar ddim amgen na chadw fy einioes, gwell yw i mi sefyll ni *sefyllfa* . **1712** T. Williams: *CDdG* 447, Rhai'r wythnos oedd ar Fercherau a Gwenerau . . . Gelwyd yr ymprydiau hyn ei*Sefyllfau* [*sic*] hwynt. **1725** *SR, Sefyllfa* cigydd d.g. *A Butcher's shop.* [**1763**] JE: *AHS* 10, Pondi cherry [*sic*] oedd Dref gadarn a phrif *sefyllfa* marsiandiaeth gan y Ffrancod. **1765** JM: *DDdC* 13, fe ellir gwahaniaethu hwn oddiwrth arall, wrth *sefyllfa*'r poen. **1773** *W* d.g. *Garrison, Location.* **1798** *WR* d.g. *Site, Situation.* **1803** *P, Sevyllva,* s. f.—pl. t. *oz* . . . A standing place, a station, a situation.

(*b*) Amgylchiadau, cyflwr, safle (gymdeithasol), lle, swydd: *situation (set of circumstances), state, (social) position, place, post.*

1588 *Eseia* xxii. 19, Yna i'th wthiaf o'th *sefyllfa* (**1988** *ib.* swydd). **1737** J. Einnon: *HR* 40, bum mewn hir *sefyllfa* heb wybod pa beth i wneuthur. **1741** *CAG* 64, yn y fath Amgylchiad a *sefyllfa* o Fywyd. **1757** E. Evan: *GB* 5, Rhiëni . . . yn llafurjo am eu Cynhysgaeth [plant] a'u *Sefyllfaoedd,* eithr yn gosod y Gofal a'u dwyn i fynu yn gwbl ar eraill. *id.* 149, Cynhaliaeth gysurus, a pherthynasol i'w *sefyllfaoedd,* a'u ffyddlon ddiwidrwydd. **1759** T. Thomas: *WWDd* 266, yn ôl grâdd eu *sefyllfa* yn y gwaith. *c.* **1762–79** W. Williams: *P* [vii], Dynion o amryw brofedigaethau a *sefyllfeidd* yn y Bŷd. **1777** W. Williams: *TEA* 14, attebion crâs, neu ryw ymddygiad anweddai[dd] i gredadyn; ac angen yw . . . i bobl Dduw . . . ddysgu eu gilydd pa fodd mae sefyll yn y fath *sefyllfeudd.* **1778** J. Hughes: *BB* 194–5, Mae 'r duwiol yma 'n dwad, / I'r cariad gwastad gwiw, / Ag mewn *sefyllfa* fellu, / Y gellir cywir ganu, / A doeth foliannu Duw. **1792** H. Harris: *H* [5], bu farw fy Nhad, minnau, ar ol hynny a ddigalonwyd cymmaint, fel nad allwn gynnwys dim meddyliau am ddyrchafiad i unrhyw *sefyllfa* gyhoedd. **1795** J. Thomas: *AIC* 342, rwi 'n tybiad at *Sefyllfêydd* y rhan fwyaf o'r cymry tylodion, fod yn rhaid iddynt hŵy gŷd ymddŵyn a'u Gerddi yn y Cyfryw ddull a'r Cyfl[e]ustra y caffont hwynt. **1797** J. Owen: *GAE* 4, Pob un yn boddloni iw *sefyllfa* yn y Byd. Ar lafar, '*sefyllfa* y farchnad', *WVBD* 480; 'Meddwl am ddyn yn 'i *sefyllfa* fe yn nuthur siŵd 'en dro gwæl', *GTN* 723. Cf. D. Owen: *D* 228, yr oedd ei noddwr caredig wedi sicrhâu *sefyllfa* dda iddo gyda masnachwr parchus mewn tref gyfagos.

Amr.: **syfyllfa** [cf. *syfyllfach*]. Ar lafar, *GTN* 723.

sefyllfach, gw. sefyllaf: sefyllu.

sefyllfan [*sefyll+man*[1]] *eb.* ll. *-nau, -noedd.* Lleoliad, sefyllfa, man penodol, safle, lle (i sefyll); safbwynt; sefyllfa, cyflwr: *location, situation, position, site, (standing-)place; standpoint; situation, state.*

1588 *Esec* xxvi. 11, A charnau ei feirch y sathr efe dy heolydd oll, dy bobl a ladd efe a'r cleddyf: a'th *sefyllfannau* cedyrn a ddescynn efe i'r llawr. **1588** *Mic* i. 11, ni ddaw presswyl-ferch Zaanan allan wrth allor Bethezel: cymmer efe gennwch ei *sefyllfan.* **1745** E. Jones: *DPB* 4, [P]ren y Bywyd . . . ei *Sefyllfan* yn Nghanol Heol Caersalem newydd. **1767** J. Thomas: *A* 146, Haerodd llawer o Ŵŷr mawrion, fod eu Diwygiad hwy yn Radd dda, ond yn *Sefyllfan* ddrwg i fesur pob rhan o Grefydd wrthi. **1803** *P, Sevyllvan,* s. f.—pl. t. *au* . . . A standing-place. Cf. Gw. Mechain: *Gw* ii. 454, dylasai dau fardd Morganwg gyfnewid eu *sefyllfanoedd;* dylasai Iolo gynghaneddu ar y pedwar ar hugain, a Gwilym ar y mesur penrydd.

sefyllfaol [*sefyllfa+-ol*] *a.* Yn perthyn i sefyllfa; *Gram.* yn dynodi sefyllfa neu weithred ar y pryd (am amser berf, yn enw. yn y Llydaweg): *situational; denoting situation or immediate action (of tense, esp. in Breton), 'situational'.*

1853.

sefyllfod [y be. *sefyll* neu fôn y f. *sefyllaf,* &c.: *sefyllu,* &c.+*bod*[1]] *eb.* Lleoliad, safle, lle (i sefyll); trigfan; safiad, arhosiad, gorffwysfa; sefyllfa, cyflwr; safle (gymdeithasol): *location, position, site, (standing-)place; dwelling place; stop, halt, rest; situation, state; (social) standing.*

1588 *Ecclus* xii. 13, Vn awr yr erys efe mewn *sefyllfod* iawn. **1703** E. Wynne: *BC* 88, Erbyn imi ddadebru gwelwn ein bod wedi dyfod i ryw *sefyllfod;* canys yn yr holl Gêg anferthol honno nid oedd bossibl ddim cynt gae[l] attreg, gan serthed a llithriced ydoedd. *c.* **1730** *Thos. Lloyd D* (LlGC) 207a, *Sefyllfod.* Statio. **1768** (**1813**) Twm o'r Nant: *FF* 46, Y byd sydd fel olwyn yn dirwyn a dwŷn [*sic*], / Yr uchaf yn isaf a nesir trwy gwyn, / Mewn amryw *sefyllfod,* ar lan medd'dod mwyn. **1790** Twm o'r Nant: *GG* 3, Hwn [Crist] yw'r hynod Golofn gwaelod, / Mae byth yn bod *sefyllfod* faith. *id.* 21, Oh! am ddyfod i'r *Sefyllfod,* / Yn blant bychain oddi wrth bechod. **18–19g.** R. Davies: *DB* 282, Gweled geirwir blant, ac ŵyrion; / Mewn *sefyllfod;* gwedi gosod, yn gyd gyson. **1803** *P, Sevyllvod,* s. f. . . . A station. **1808** Twm o'r Nant: *BB* 49, 'R oedd rhai fel Pharoah, yn eger ffyrnigo, / Ac yn ceisio chwanegu, ar dasgau, rhai hyny, / Y [*sic*] chwalu eu *sefyllfod,* a'u troi o'u tyddynod. Cf. Gw. Mechain: *Gw* ii. 542, Ni fedd hi [y Gymraeg] ddim cydseiniaid mudion, na chydsain na llafariad nad ydyw yn cadw ei sain priodol ei hun ym mhob *sefyllfod.*

sefylliad[1] [bôn y f. *sefyllaf,* &c.: *sefyllu,* &c. +*-iad*[1]] *eg.* ll. *-au.* Y cyflwr o fod yn ei sefyll, safiad (i fyny), osgo (wrth sefyll); safle, lleoliad; sefyllfa, cyflwr: *standing position, a standing (up), stance; position, location; situation, state.*

1725 I. Harri: *RD* 406–7, ni saif ef yn erbyn Crist, yn ei Aelodau, ond hefyd hyn a ddengys y bydd *sefylliad* i fynu yn wahanol oddiwrth hwn, fe saif i fynu yn erbyn . . . Crist yn ei Berson. **1775** *EDPP* 139–40, y mae efe . . . yn portreiadu 'r Publican yn ei ddull o *sefylliad* . . . tra y mae yn gweddio ar Dduw. **1784** M. Williams: *S* ii. 25, Nid yw'r amser o gyssylltiadau, cyferbyniadau, *sefylliadau,* a gwrthrediadau'r planedau y cyfryw ag y dylent fod, pe buasai'r Ddaear yn sefyll ynghanol eu cylchoedd. **1791** Gw. Mechain: *Rh* 121, Dychwelaf i Loegr i olygu *sefylliad* Rhyddid grefyddol yn nyddiau Luther. **1799** *CGGLl* 10, [e]i osod ef yn uniawn yn y *sefylliad* yr oedd ynddo o'r blaen cyn ymadael â'i Sîr ar y fâth wasanaeth. **1803** *P.*

sefylliad[2] [bôn y f. *sefyllaf,* &c.: *sefyllu,* &c. +*-iad*[2]] *eg.* ll. *-iaid.* Un sy'n sefyll gerllaw: *bystander.*

1551 W. Salesbury: *KLl* xxviiia, vn o'r *sefyllyeid* a dynadd gledde ac a drawadd was yr archoffeirat.

sefylliaf: sefylliach, sefyllian, sefyllio, gw. sefyllaf: sefyllu.

sefylliog, sefylliwr, gw. sefyllog, sefyllwr.

sefyll-le [y be. *sefyll* neu fôn y f. *sefyllaf,* &c.: *sefyllu,* &c.+*lle*[1]] *eg.* ll. *-oedd.* Safle, lle (i sefyll): *position, (standing-)place, station.*

1688 *TJ,* Gorsaf, sâfle, *sefŷll-lê:* a Station. *c.* **1730** *Thos. Lloyd D* (LlGC) 207a, *Sefyll-le.* Statio.

sefyllog, sefylliog [y be. *sefyll* neu fôn y f. *sefyllaf,* &c.: *sefyllu,* &c.+-(*i*)*og;* ?cf. Crn. Diw. *sevyllyake* 'un sy'n sefyll(ian)'] *a.* Yn sefyll (yn stond), yn sefyllian; yn sefyll (am ddŵr), llonydd, marwaidd: *standing (still), loitering; standing (of water), stagnant.*

1620 *Mos* 204, 110, Nag ymddiried i dawedog, nag i ddwr *sevullog.* **1782** *AABl* xi, Llew yw Satan . . . Nid llew *sefyllog,* ond llew yn myned o amgylch. **1803** *P, Sevylliawg* . . . loitering.

sefyllwedd [y be. *sefyll* neu fôn y f. *sefyllaf,* &c.: *sefyllu,* &c.+*gwedd*[1]] *e?b.* ll. *-au.* Y cyflwr o fod yn ei sefyll, osgo (wrth sefyll); sefyllfa, cyflwr: *standing position, stance; situation, state.*

1780 *W* d.g. *Posture, State* [*the posture of the affairs*] *of the nation.*

sefyllwr, sefylliwr [bôn y f. *sefyllaf,* &c.: *sefyllu,* &c.+-(*i*)*wr*] *eg.* ll. *sefyllwyr.* Un sy'n sefyll gerllaw, un sy'n bresennol; un sy'n sefyllian; gwasanaethwr: *bystander, one who is present; lingerer; attendant.*

1588 *Marc* xv. 35, A rhai o'r *sefyll-wŷr* (*TN* 78a, A'r ei oedd yn sefyll), pan glywsant, a ddywedasant . . . y mae yn galw ar Elias. **1588** *Act* xxiii. 4, dywedodd y *sefyll-wŷr* wrtho, a gebli di arch-offeiriad Duw. **1604–7** *TW* (*Pen* 228), *sefylhiwr* d.g. *Cunctator. id. sefylhwr* d.g. *Reses* (hefyd *D*), *Stator.* **1658** R. Vaughan: *GA* 64–5, llawer o honynt . . . yn ymgadw oddi wrth y weddi hon [Gweddi'r Arglwydd], rhag ofn bod o rai or *sefyllwyr* y rhai a weddiant gyd ag hwynt iw cael i roi celwydd i Dduw. **1704** E. Samuel: *BA* 113, [g]orchymmynodd [yr Archoffeiriad] ir swyddogion oedd yn sefyll gerllaw ei daro ef [Paul] . . . [c]eryddwyd ef gan rai o 'r *sefyllwyr.* **1710** *LlGG* (*Gos*) 17, eithr hefyd yn rhoi achlysur i'r *sefyllwyr* gerllaw, i ddirmygu a chablu ar y Llŷs ei hun. *c.* **1730** *Thos. Lloyd D* (LlGC) 207a, *Sefyllwr* . . . Stander by. [**1788**] *EDP* 33–4, y mae gweled drwg mewn arall, yn mynych ddenu'r *sefyllwr* gerllaw. **1803** *P* d.g. *Sevylliwr.*

seff [bnth. S. *safe*] *eb.* ll. *-s.* Cynhwysydd cadarn, fel arfer o fetel, ar gyfer cadw arian neu bethau gwerthfawr dan glo, diogelfa, coffr; cwpwrdd cig: *safe (for valuables, &c.); (meat) safe.*

1896. Ar lafar, ''Odd 'y ngwas i wedi bod yn capal

Batus efo'r *seff* (Llŷn); "Dwi wedi rhoi'r cig yn y *seff* rhag ofn i'r pryfed fynd ato fo' (sir Drefn.).
Cfn.: **seff nos:** *night safe.* **20g.**
Gw. hefyd saff.

seffalig, seffanïar, gw. indecs—indecs seffalig, siffonïar.

Seffardi [bnth. S. *Sephardi*] *eg.* ll. *-m.* Iddew o dras Sbaenaidd neu Bortiwgeaidd; Iddew o'r Dwyrain Canol: *Sephardi.*
20g.
Amr.: **Seffaradiaid** [yr e. lle *Seffarad+-iaid*[1]] (*e.ll.*). **1877.**

seffinïar, gw. siffonïar.

seffolegol [cfdds. o'r S. *psephol(ogical)*+ *-eg*[1] + *-ol*] *a.* Yn perthyn i astudio etholiadau a thueddiadau pleidleisio: *psephological.*
20g.

seffolegwr, seffolegydd [cfdds. o'r S. *psephol(ogist)* + *-eg*[1] + *-wr*, *-ydd*[3]] *eg.* ll. *seffolegwyr.* Un sy'n astudio etholiadau a thueddiadau pleidleisio: *psephologist.*
20g.

sefftipin [bnth. S. *safety pin*] *eg.b.* ll. *-s.* Pin tro sy'n cau er mwyn gorchuddio'r blaen, pìn cau, pìn ddwbl: *safety pin.*
1916. Ar lafar, "Odd raid i fi roi *sefftipin* bach yn lle bwtwn i gadw'r got ar gau' (sir Gaerf.).

seffyr [bnth. S. *zephyr*] *eg.* ll. *-iaid.* Gwynt y gorllewin, awel fwyn: *zephyr.*
1848.

seg, seger, †segeticion, segfa, gw. sec[1], siacar, seedigion, siegfa.

segment [bnth. S. *segment*] *eg.* ll. *-au, segmennau.* Cylchran (hefyd mewn math.), uned sy'n ffurfio rhan o barhad (hefyd mewn ieith.), rhaniad, dosraniad; *Swol.* un o gyfres o unedau anatomegol y cyfansoddir corff anelid neu arthropod ohonynt: *segment* (*also in math., linguistics, and zoology*).
20g.

segmentaf: segmentu [bf. o'r e. *segment*] *ba.* Torri yn segmentau: *to segment.*
20g.

segmentiad [bôn y f. *segmentaf*: *segmentu* + *-iad*[1]] *eg.* ll. *-au.* Y weithred o segmentu: *segmentation.*
20g.

segmurniaf: segmurnio, gw. sychmurniaf: sychmurnio.

sego, sago [bnth. S. *sago*; tebyg mai org. yn unig yw'r ff. yn *-a-*] *eg.* Startsh a baratoir o fywyn amryw fathau o goed palmwydd ac a ddefnyddir i wneud pwdinau, &c., hefyd am y coed eu hunain: *sago*; *sago* (*palm*).
c. **1762–79** W. Williams: *P* 123, Ymma y mae'r pren *Sago*, yr hwn a eilw'r trigolion Bibby. **1796** N. Williams: *HM* ii. 23, Am yr ymborth mae'n ofynol ei fod yn ysgawn ac yn hawdd ei dreulio . . . Megis . . . Llaeth, Wyau, *Sago*, Melus-gawl a'r cyffelyb. Ar lafar, '*Sego*, sago', *Cymru* xlvii. [195] (sir Ddinb.); 'Ma mang-gu wastod yn neud *sego* i bwdin dy' Sul' (sir Gaerf.).

segr, *a.* ?Hardd: *beautiful.*
Dchr. **17g.** *GDG*[3] 361, Llenwi mewn gwindy llawen / Siwgr ar win i ddyn *segr* wen. **1789** *BDG* 498, *Segr* o ddyn, siwgraidd enau, / Sant fy ffydd, cain Forfudd fau!

segraf: segru [ff. affetig ar *cysegraf*: *cysegru*] *ba.* Cysegru, hefyd yn *ffig.*; cuddio, neilltuo: *to consecrate, also fig.*; *secrete, set aside.*
1803 *P*, *Segru* . . . To secret, to put apart. Cf. *SE MS* 459, *Segru* . . . to consecrate.

segrffyg [bnth. Llad. *sacrificium*, H. Wydd. *sacarbaic*; ansicr yw *segyrffyc* *CHDd*[2] 48, gw. *LlB* 221] *e?g.* *Diwin.* Ewcharist, Cymun Bendigaid: *Eucharist, Holy Communion.*
14g. *T* 32. 15–16, Aphybyr aphyc. Ac vrdaỽl *segyrffyc.* **1346** *LlA* 145, seith rinỽed ynyr eglỽys . . . Be[d]yd escob . . . bedyd offeirat . . . A *segyrffyc.* *ib.* Trydyd R[inỽed]. yỽ *segyrffyc.* Sef yỽ hwnnỽ corff crist ynhollaỽl o eneit. Achorff. Adỽyỽolyaeth megys ymae yny nef. Ahynny oll dan liỽ ybara ar gỽin.

segrgrair [?*segr* (neu cf. *segrffyg*) + *crair*] *e?g.* ?Crair hardd: *beautiful relic.*
c. **1400** *R* 1366. 34–7, sicut et nos *segyrgreir* eir aros vuyddaỽt aros dros yndryceweith. dim oet dimittimus. dyb debitoribus. nostris iaỽn astrus. chwyl moethus meith.

segur [bnth. Llad. llafar **sĕcūrus* < Llad. *sēcūrus*, cf. Crn. Diw. *zigyr* 'diog' (a *sêgyr*, *AB* 169a), Llyd. C. *sigur* 'sicr'; petrus yw dosbarthiad rhai o'r enghrau. isod] *a.* ll. *-ion*, a hefyd gyda grym enwol.

1. (*a*) Heb fod yn gweithio nac yn brysur (am berson neu anifail), llonydd, heb gymryd rhan; diog, swrth; di-waith, allan o waith: *idle* (*of person or animal*), *unoccupied, inactive, disengaged*; *lazy, slothful*; *unemployed, without work, out of work.*
12g. *GCBM* ii. 306, Bu Alexander, byd lywadur, / Hyd sygnoet nefoet, ny bu *segur.* **13g.** *C* 84. 11, Syberu a*segur* dolur ar eu knaud. **13g.** *D Col* 3, O deruyd y dyn menet y hely a gellug y kun ar er anyueyl, o kyueruit kun *segur* ac ef a'y llat e kun kyntaf a'y kyuodes byeuyt er anyueyl onyt y brenyn byeuuyd y kun *segur.* **14g.** *WM* 7. 16–19, a*ssegur* y digaun paỽb o honaỽch uot eithyr gadu yryngthunt ỽylldeu. **14g.** *GDG*[3] 254, Ar dy fryd, cadernyd cur, / Da y sigl y Du *Segur.* *c.* **1400** *Études* vii. 60–2, Brithgic . . . ardymherussaf kic yw y lauur dynyon ieueingk . . . a chic gwarthec ieueingk a heyfrot y dynyon *segur.* **15g.** *GDLl* 172, Ysgrwd ry *segur* ydwyd, / Ysbryd arth disberod wyd [i ddychanu Siôn Dafi]. **1551** W. Salesbury: *KLl* lxxixb, Hon a vwriada dros ffyrdd i thuy, ae bara nys bwyty yn *segur.* *c.* **1585** G. Robert: *DC* 23b, dros dair blynedh ar dheg arhugeint ny bu *segur*, onyd rhedeg i fynydh ag i waered i bregethu. **1588** 2 *Pedr* i. 8, peri a wnânt na boch na *segur* na diffrwyth yng-wybodaeth ein Harglwydd Iesu Grist. **1632** *D*, *Segur*, Otiosus, deses. **1688** *TJ*, *Segŷr* . . . slothful. **1714** R. Prydderch: *GD* [74], Gwaeth yw bôd yn *segur*, na gweithio ar Ddydd yr Arglwydd. **1759** T. Thomas: *WWDd* 232, Nid Athrawiaeth i ddysgu Dynion i fod yn *segur*, yw Athrawiaeth y Groes. **1803** *P*, *Segur* . . . at leisure. Ar lafar, '*segur*' 'idle', *WVBD* 477; 'Gwed wth dy fam am 'i gwyro fa, ma 'i'n *segurach* na fi!', *GTN* 723; 'Ma Twm ni wedi bod yn *secur* ys tri mish', *id.* 725.

(*b*) Heb ei (iawn) ddefnyddio, heb fod yn weithredol, llonydd, heb fod ar fynd; heb ei drin (am dir); gwag (am dŷ); dros ben, diangen, sbâr: *not in use, not put to* (*proper*) *use, disused, idle, inactive*; *uncultivated* (*of land*); *unoccupied* (*of a house*); *superfluous, unnecessary, spare.*
13g. *C* 89. 11, *segur* yscuid ar iscuit hen. *c.* **1400** *B* ii. 275, Arthur nyt *segur* lafneu / rudyeist ongyr yggwaetfreu. **16g.** *LlS* 97, Yr hockys gwylltion mewn lleoedd *segur.* **1595** H. Lewys: *PA* 81, felly meddwl dyn, cyd i byddo 'n llonyd', *segur*, ac heb flinder. **1604–7** *TW* (*Pen* 228), Arian *secur* heb roi ar vwyniant onyd yn sefylh ag yn ei [*sic*] cadw d.g. *pecunia . . . otiosa.* **1672** J. Langford: *HDdD* 173, ni wasanaetha i ni adael iddynt [doniau] orwedd yn *Segur* yn ein hymyl trwy Syrthni. *c.* **1750** J. Thomas: *T* 2, nid ffydd *segur*, ond Ffydd yn gweithio. **1751** *GIA* ix, Segura yr ydych chwi, eithr eich barnedigaeth er ystalm nid yw *segur.* **1790** T. Jones: *TOS* 14, Ni bydd y cof yn *segur* na difudd yn y gwaith bendigedig hwn. **1801** A. Shadrach: *AM* d.d., Allwedd Myfyrdod, neu Arweinydd [i]'r Meddwl *Segur.* Ar lafar, 'Ma'r tŷ wedi bod yn *secur* ys dwy flynadd', *GTN* 725; 'Ma'r pwll yn gwitho dou ne dri dwyrnod yr wythnos 'nawr ac yn *secur* am y rest o'r wthnos', *ib.*

(*c*) Rhydd (am amser), sbâr: *free* (*of time*), *spare.*
15g. *HS* 12, kapric tec heb awr *segur* / kwlert pa waeth klared pur. **1672** J. Langford: *HDdD* [xxii], na threulio ychydig o'r Oriau *segur* hynny arnynt hwy, na wyddech chwi ond prin pa fodd i'w bwrw heibio. *c.* **1730** *Thos. Lloyd D* (LlGC) 208a, diwrnod *Segur.*

2. Ofer (am eiriau, &c.), diwerth, dibwys, seithug: *idle* (*of words, &c.*), *vain, worthless, futile.*
c. **1400** *Ymborth* 7, Gorwacrwyd yw parablu *securyon* eireu yn orwac. **1567** *TN* [lii], Un arall a ddywedei may *segur* yw'r gairieu hyn lle ny's gwelais am llygait. *id.* 19a, am bop gair *segur* a ddywait dynion, y rhoddant gyfri yn-dydd varn. **1588** *Doeth Sol* xiv. 5, A thi a fynni na byddo gweithredoedd dy ddoethineb yn *segur.* **1701** E. Wynne: *RBS* 187, [c]yn edifared ganddi air *segur*, ac a fai gan ymbell un weithred o odineb. **1768** Risiart ap Robert: *CB* 256, Meddwl y gair *segur* hwnnw yw, pob gair twyllodrus ac enllibiog. **1774** *W* d.g. *Idle* [*vain, trifling, &c. apply'd to things or words*].

3. Hawdd, rhwydd, didrafferth; diogel; sicr: *easy, effortless*; *safe*; *sure.*
14g. *WM* td. 209. 39–40, Ahynny a gaffỽn yn *segur* yr yr un marchaỽc pentrỽm goathrist llibin racco. *id.* td. 210. 38, Llyma doefot [*sic*] da inni yn *segur.* *c.* **1400** *R* 1295. 15–16, Ganet ef gỽnn nat ouer. ganedigaeth dec *segur.* o veir ac vn geir gan gar. ?**15g.** *MA*[2] 554a. 6–10, [y] Saeson a anvonassant kennadeu hyt en Germania ar eu kenedyl i vynegi udunt bot enys Prydein en wac o bop ryw genedyl. Ac erchi udynt dyvot ay chyvanedu ai chymryt en *segur.* **15g.** *GDLl* 190, Am bennill nid ymboenai, / *Segur* gerdd fal siwgr a gâi [marwnad Dafydd Llwyd a'i blant gan Hywel Dafydd Llwyd]. **15g.** *GLGC* 345, Gwn yn deg ac yn *segur* / gware bars rhwng deugarw bur. **15g.** *GGl*[2] 160, Mae aur ym yn fy mro iach, / Oes, ac arian *segurach.* *Diw.* **15g.** *Pen* 67, 60, arglwyddes [*sic*] helpa di vi ddydd y varn val i gallwyf i yn *segyr* dyfot i byrth paradwys. **15–16g.** *TA* 139, Siwgr yn braff sy gar yn bron, / Seigiau ereill *segurion.* **1803** *P*, *Segur* . . . Being composed, void of trouble.

seguraf: segura, seguru, seguro, segurian, &c. [bf. o'r a. *segur*] *bg.a.* Bod yn segur, hamddena, oedi, lolian, ymorffwys, cymryd hoe; treulio (amser) yn ofer, gwastraffu (amser); rhedeg ar gyflymdra isel heb wneud gwaith (am beiriant): *to* (*be*) *idle, be at leisure, laze, linger, lounge around, rest, take a break*; *spend* (*time*) *idly, waste* (*time*); *idle* (*of an engine*).
Diw. **16g.** *CRC* 269, wrth *segyra* efo a bechodd. **1588** *Jud* i. 16, efe a fu yno yn *segura*, ac yn gwledda, efe âi lu dros gant ac vgain o ddiwrnodau. **1615** R. Smyth: *GB* 15, po mvvya'r oeddvvn yn gorphovvys ag yn *seguru*, mvvya oll yr oedvvn yn methu. **1632** *D*, *Segura*, Otiari, desidere. **1650–60** *CRC* 308, Beth am dreissio kowiried / er bodloni pytteinied / A *segvro* ymhob man / ai gwaeth fv Rhan r ened. **1651** Siôn Treredyn: *MDD* 207, pa ham ein gorchymmynnir ni i wneuthur gorchwylion da? pa rhaid i ni ond chwareu a chwerthyn, a *syguro.* **1672** R. Prichard: *Gw* 233, Nad hwy loetran [:– *Segyru*, gan esceuluso addoliad Duw] ar y Sabboth. **1691** T. Williams: *YB* 331, ar ol i'r rhai'n *seguro* a gwarrio 'r diwrnod yn ofer. **1723** WM: *PGG* 35, Cofia . . . mai nad i *Segura* ac i ofersiarad y daethost. **1732** *AABI* 15, na *segurwch* ymmaith eich amser. [**1783**] *W*, myned . . . oddiamgylch dan *segura* d.g. *To saunter.* **1784** M. Williams: *S* i. 185, tra b'o'r gwyr yn *seguran.* **1803** *P*, *Segura* . . . To pursue ease or leisure; to be at leisure; to be idle; to trifle. Ar lafar, '*seguro, segura*' 'to be idle', *WVBD* 477; 'Dyna lle mæ 'i'n *segura* ar ben y drws trw gorff y dydd gola, yr 'en bydran', *GTN* 723.
Amr.: **sugeran** [drwy drsd.; cf. *sugeryd*, amr. ar *seguryd*]. Ar lafar ym Myn.

segurdal [*segur* + *tâl*[1]] *eg.* ll. *-au.* Pensiwn: *pension.*
1850.

segurdod [*segur* + *-dod*] *eg.* Seguryd, diogi: *idleness, laziness.*
1790 T. Jones: *TOS* 148, yn pregethu yn erbyn *segurdod* eraill. **1803** *P*, *Segurdawd*, s. m. . . . Idleness, laziness. Ar lafar, '*Segurdod* sy'n dod â chloti', *GTN* 723.

segurdra [*segur* + *-dra*] *eg.* Seguryd, diogi: *idleness, laziness.*
1615 R. Smyth: *GB* 39, nad ivv natur fyth yn peidio a llafyrio . . . nid oes bla mevv[n] gwvvlad [*sic*] mvvy na *segurdra.* **17g.** *TBM* 418, Y mae *segurdra*'n erbyn natur. **1738** G. Jones: *GOG* 89, amser . . . i *segurdra*, a chwedlau ofer. **1741** G. Jones: *HWI* i. 55, canys nid i feithrin fy *segurdra* y mae Duw yn gofalu drosof.

segurddyn [*segur* + *dyn*] *eg.* ll. *-ion.* Segurwyn: *idler.*
Diw. **16g.** *CRC* 259, Ac yn anad beth ar ddryg ddyn [*sic*] / hawdd yw hepgor y *segyr ddyn* [*sic*]. **1604–7** *TW* (*Pen* 228) d.g. *Cessator* (hefyd *D*). **1701** E. Wynne: *RBS* 6, y *segurddyn* . . . nid yw e'n byw ond i fwrw'r amser heibio . . . ac ni wnâ ddim ond naill ai rhyw oferwaith diles, ai'r mowrddrwg ysceler. **1718** E. Samuel: *HDdD* 32, gâd ar y *segurddyn* diog eisieu lluniaeth. *c.* **1730** *Thos. Lloyd D* (LlGC) 208a, *segurddyn* . . . An idle man. **1770** P. Williams: *BS*, 1 *Thes* iv, gwesyn satan yw'r *segurddyn.* **1803** *P*, *Segurzyn*, s. m.—pl. t. *ion* . . . An idler, a loiterer, a trifler.

seguren, gw. seguryn.

segurfa [bôn y f. *seguraf*: *segura*, &c. + *-fa*, *ma*] *eb.* Lolfa: *lounge.*
1916.

segurle [*segur*+*lle*[1]] *eg.* ll. *-oedd.* Segurswydd: *sinecure.*
1836.

segurlydrwydd, gw. segurllydrwydd.

segurllyd [*segur*+*-llyd*; ansicr yw'r engh. gyntaf isod, gw. *LlB* 221] *a.* a hefyd gyda grym enwol.

(*a*) Segur, diog, dioglyd, swrth: *idle, lazy, sluggish, slothful.*

14g. *LlB* 103, Holl argywed *segyrllyt* a wnelher y'r eglwyswyr a dylyir y iawnhau vdunt. **1551** W. Salesbury: *KLl* xiva, Paam ydd ych chwi yn sefyll yma yn *segurllyt* yn hyd kyhydol y dydd? **16g.** D. R. Thomas: *DS* 154, gweddwon ieuaink . . . dyscu a wnant fyned o dyy i dyy yn *segurllyd* (**1567** *TN* 314b, yn segur dyscu) ag nid yn vnig yn *segurllyd* (*ib.* segur) eithyr yn siaradus ag yn fawr eu ymyrreth yn doyded pethau ni weddaû [*sic*]. **1567** *TN* 344b, [g]weddio . . . na bont pleidgar, na gwneuthyr bost am ffydd *segurllyd.* **1588** *Diar* vi. 6, Cerdda at y morgrugyn tydi *segurllyd.* **1595** H. Lewys: *PA* 116, Pann geryddo y meistr i was diog, diddarbodus, *segurllyd*, yno ef a weithia yn ddilusach. **1606** E. James: *Hom* i. 37, treulio'n hamser yn y bywyd presennol hwn yn a'nffrwythlon [*sic*], ac yn *segurllyd.* **1620** 2 *Esd* xv. 60, Wrth fyned heibio y bwriant i lawr y ddinas laddedig [:– *segurllyd*]. **1632** *D* d.g. *Desidiosus, Socors.* **1675** R. Jones: *HCh* 38, Gweithdŷ 'r Cythrael yw dŷn *segurllyd.* **1766** *CD* 132, Llanc neu Llances [*sic*] ynfyd, / Neu Wr meddw *Segurllyd.* **1774** *W* d.g. *Idle* [*averse to labour, unemployed; given to idleness*]. **1803** *P.*

(*b*) Ofer (am eiriau, &c.): *idle* (*of words, &c.*).

1618 J. Salisbury: *EH* 199, Celwydh gwagawl, *segurlhyd.* **1754** E. Roberts: *LlLC* 6, y Geirie ofer *Segurllyd.*

segurllydrwydd, segurlydrwydd [*segurllyd*+*-rwydd* a *segur*+*-lyd*+*-rwydd*] *eg.* Seguryd, diogi, syrthni: *idleness, laziness, sloth.*

c. **1400** *ChO* 8, llawer o'r bobyl, yr clybot doethineb a synhwyreu mawr, ny rodant dim yr hynny ony chaffant wadawt. Sef yw hynny: godineb, *segyrllytrwyd*, chwant cnawdawl. **16–17g.** *HG* 114, mi dynga i gorff krist ai waed, ag yddy draed ai ddwylo / ag i bob archoll yn rwydd, ym *segürllydrwydd* dryso. **1672** R. Prichard: *Gw* 235, Maeth diffrwythder, mammaeth gwradwydd, / Yw cyd-ddwyn â *segurllydrwydd* [:– Seguryd]. *c.* **1730** *Thos. Lloyd D* (LlGC) 206b, *Segurllydrwydd* . . . Laziness.

segurllydu [be. o'r a. *segurllyd*] *bg.* Segura: *to idle.*

16g. *Llst* 181, 12, Beth am ddilyn pvteiniaid / athreissio tylodion kowiriaid / a *ssygyrllydv* [*sic*] ymhob man / ai gwaeth o ran yr enaid. **16–17g.** *B* v. 30, o brwysca gwr wrth gerdd . . . a *segvrllydv* ac ymgeintach . . . colli ei radd.

segurol [*segur*+*-ol*] *a.* Segur, diog; o natur segurswydd: *idle, lazy; sinecure* (*adj.*).
1863.

segursefyllfa [*segur*+*sefyllfa*] *eb.* ll. *-oedd.* Segurswydd: *sinecure.*
1848.

segurswydd [*segur*+*swydd*] *eb.* ll. *-i, -au.* Bywoliaeth eglwysig heb ofal eneidiau; swydd neu safle heb (fawr) ddim gwaith yn perthyn iddi, yn enw. un sy'n dwyn budd neu anrhydedd: *sinecure.*

1658 R. Vaughan: *GA* [viii], gwnaethoch yn dda roi i [*sic*] *segur swydd* i wneuthur.

segurswyddog [*segur*+*swyddog*] *eg.* ll. *-ion.* Segurswyddwr: *sinecurist.*
1844.

segurswyddol [*segurswydd*+*-ol*] *a.* O natur segurswydd; yn dal segurswydd: *sinecure* (*adj.*); *holding a sinecure.*
1834.

segurswyddwr [*segurswydd*+*-wr*] *eg.* ll. *-wyr.* Un sy'n dal segurswydd: *sinecurist.*
1836.

segurwch [*segur*+*-wch*[1]] *eg.* Seguryd, diogi; hamdden, gorffwys: *idleness, laziness; leisure, rest.*

1595 M. Kyffin: *DFf* [65], *Segurwch* a hir Dangnefydd . . . a lugrodd yr athrawiaeth. **1609** R. Smyth: *CAC* 59–60, y mae . . . yn gwardd llafurio ddydd gwyl, a gwaitho gwaith bydol, ond cadw santaiddiawl *segurwch*, dan fyned i'r Eglwys, a gwrando, [*sic*] opheren. **1704** J. Morgan: *B* 89, Ni ddaeth erioed ddrwg o ddyfalwch, / Fe ddaeth fil-canwaith o *segurwch.*

segurwr [*segur*+*gŵr*] *eg.* (b. *-wraig*, ll. *-wragedd*) ll. *-wyr.* Seguryn, diogyn; ?un sy'n oedi neu'n hamddena: *idler, lazy person;* ?*one who lingers or is at leisure.*

15–16g. *GLM* 39, dorau'r llys, a'r derw ar lled, / i *segurwyr* sy 'gored. *id.* 176, Seigiau'n dwym sy gan dy wŷr, / sew o geirw i *segurwyr.* **16–17g.** (**17g.**) *CC* 93, mae n dy blas reiol foliant / *segurwyr* a gweithwyr gant (Thomas Prys). **1615** R. Smyth: *GB* 38, pe i bai yr holl *segurvvyr* gvvedi i gyrru ymaith allan o'r trefi, ni byddau haiach o bobl gvvedi i gadel yn ol. **1629** R. Llwyd: *P* 24, pan ddelo puttein-wyr aflân . . . a *segur-wyr* diofal-frŷd i deyrnas Dduw. **1630** R. Llwyd: *LlH* 244, [t]yngwr . . . [d]ŷn celwyddog . . . *segurwr.* **1703** E. Wynne: *BC* 57, Pwy . . . pioedd y carpieu yna? . . . mae yna rai'n perthyn i *Segurwyr* a Hwsmyn-tafod. **1710** *LlGG* (*Gos*) 6, Na chynnwyser *Segurwyr* yn agos i'r Eglwys. **18g.** *W Ballads* 121, 8, Fod pob math ar grefftwr iawn oll yn ennillwr, / Ond siwr y *segurwr* sy'n gwario. *c.* **1762–79** W. Williams: *P* 578, erchi i bob rhieni . . . ddwyn eu ieuengctid i fynu mewn rhyw alwad addas . . . ac nid i redeg o ddautu fel cyrwydraid [*sic*] a *segurwyr.* **1803** *P*, *Segurwr* . . . an idler.

seguryd [*segur*+*-yd*[1]] *eg.* Y cyflwr o fod yn segur, diogi, syrthni; toriad (oddi wrth waith), hoe, egwyl, hamdden, gorffwys: *idleness, laziness, sloth; break* (*from work*), *respite, leisure, rest.*

13g. *BD* 163, bu diruavr ouyn arnaf ui rac goressgyn o lesged y Brytanyeit o hir tangneued a *seguryt.* **14g.** *GDG*[3] 239, Calanmai rhag cael unmodd / *Seguryd* i'm byd o'm bodd. *c.* **1400** *R* 1369. 2–4, Gorffowys dyget obop ryẟ weithret. awnaeth y seithuet teyrnget dyd. Am hynny yd etryd y sul *seguryd.* *c.* **1400** *RB* ii. 25, treulaẟ y vuched aẟnaeth ef yn llesged ac yn *seguryt* o garyat y uorẟyn. *id.* 205, yr pan yttym ni yn arueru or ryẟ *seguryt* hẟnnẟ ar digrifẟch a heb arueru o diẟyll ymlad. *c.* **1400** *Ymborth* 5, Wyth bechawt yn achwyssawl a ennynnant . . . odineb, neu . . . anniweirdeb . . . *seguryt.* **1547** *WS*, *Seguryd* Ydelnesse. **16g.** *Hop M* 203, *Sygüryd* ny byd yw un bai, ar ddyn. **1588** *Pr* x. 18, Drwy *seguryd* y pydra y tylâthau. **16–17g.** *HG* 89, ynod ti bydd *seguryd* / Tâd pechodau yr hôll fŷd. **1632** *D*, *Seguryd*, Desidia, otium. **17g.** *TBM* 282, Chwithau Tomas gwedi eich mael / O'ch crefft yn cael *seguryd.* **1672** J. Langford: *HDdD* 335, anrhesymmol yw i'r Gŵr lafurio yn galed i gadw'r Wraig mewn *seguryd.* **1688** *TJ*, *Segurŷd*: idleness, leisure. **1722** *Llst* 189, *Seguryd.* m. Laziness . . . sloth, vacation time, rest. **1761** *ML* ii. 333, Na anwyd monom ni i *seguryd*, mae'n rhaid llafurio tra bom byw. **1803** *P*, *Seguryd*, s. m. . . . A state of leisure or ease; idleness. Ar lafar, '*Seguryd* sy'n dod â cloti', *GTN* 183.

Amr.: **sugeryd** [drwy drsd.; cf. *sugeran*, amr. ar *seguran*]. Ar lafar ym Myn.

seguryn [*segur*+*-yn*[1]] *eg.* (b. *-en*). Un segur neu ddiog, diogyn: *idle or lazy person, idler.*

1803 *P* d.g. *Seguren, Seguryn.* Ar lafar, 'Fe withws 'i wraig ddicon, tra bu 'i, ond *seguryn* odd e!', *GTN* 723.

segwens, segyn, gw. secwens, sygn.

segynnab, sygynnab [bnth. Llad. Diw. *secundus abbās*, o bosibl drwy'r H. Wydd. *secn*(*d*)*ap*; *-uab* yw'r drll. yn rhai o'r enghrau. isod, ?sef gwall neu amr. dan ddyl. yr e. *mab*] *eg.* ll. *sygynabiaid. Egl.* Prior: *prior* (*eccl.*).

12g. *GCBM* i. 27, Y *Sygynuab* [drll.] gleẟ, gloeẟ rodyon, / A uolaf, a uolant veirdon! **13–14g.** (**1602**) *Arch Camb* xiv. (1868) 339, Tres Ballivi Episcopi in Llanelwy and Llangernyw viz. Raglot, *Segynnab* et forestar. *Dchr.* **14g.** (**17g.**) *Pen* 231, 117, rannv er heyrn ar doodrevyn y rwng ringhyllyeit er argluyd a *sygynabyeit* er escop. *id.* 122, Griffri ab Carwet a Chenwric *sygynnab* . . . a weles henne. *ib.* guedy bot caentach y rvng raglav dinbych ac llannelwy am rannyat y gosp honno . . . barnawd yr argluyd y Yorwerth ab Iuor y neill hanner o vreint yr eglwys ar *sygynnab* a erbyn/nyus ran yr egluys kyhoed vu henne gan ywlat ar canonwyr. Griffri uab Carwet ar *sygynnab* a llawer ygyt ac wynt ae tystynt. *c.* **1400** *AL* ii. 76, Os abat adcruyna, tir y lys ehun, *segenuab* ae tẟng drostaẟ. Cf. **1252** *Rec C* 252, Seguiabdref [*sic*].

sengfa, gw. sangfa.

senghidydd [bôn y f. *sangaf*: *sengi*+*-idydd* (At.)] *eg.* Sathrwr: *trampler.*

14g. *T* 62. 8–9, sarff soned virein *segidyd* laẟr.

sengi, sengiad, gw. sangaf: sengi, sangiad.

sengl, si(e)ngl [bnth. S. C. *sengl*(*e*) a S. Diw. *single*] *a.* ll. (geir. a phrin) *-ion*, a hefyd fel *eb.* ll. *-au, -s.*

(*a*) Yn cynnwys un rhan yn unig, heb fod yn ddwbl neu'n lluosog, ar ei ben ei hun, unigol, anghyfansawdd; syml (am log); *Crdd.* syml (am amser); *Bot.* ac iddo un sidell neu set o betalau (am flodeuyn); ac iddo un haen o frethyn; ar wahân (am dŷ); ar gyfer un person (e.e. am wely neu ystafell); (record, &c.) ac arni un brif gân (ar bob ochr), cân a ryddhawyd ar record, &c., o'r fath; (yn y ll.) gêm (o dennis, badminton, &c.) rhwng dau: *single, individual, uncompounded; simple* (*of interest*); *simple* (*of time, in mus.*); *single* (*of flower*); *single* (*having one layer of cloth*); *detached* (*of house*); *single* (*e.g. of bed or room*); *single* (*record, song, &c.*); (*in pl.*) *singles* (*in sport*).

p. **1584** G. Robert: *GC* [140], Pessawl ansawdd sydd i ferf? . . . Dau, *sengl*, mal: caru, dyscu, a chyfansoddedig, mal: dirgaru, iawnddyscu. *Diw.* **16g.** *WLB* 33, Kymer lygaid y dydd gwnion . . . ar persli, ar pelydr *sengyl* ar vapgoll. **1722** *Llst* 189, *Sengl.* p. *Senglion* . . . uncompounded. **1752** J. Thomas: *FG* 212, wedi iddynt . . . gam-farnu . . . heblaw yr amryw Gamymddugiadau [*sic*] *sengl* mewn Ymarfer a ganlyn hynny. **1770** *TG* ii. 4, Mor gynted ag yr oedd y planhigion yn ddigon cryf i oddef eu rhannu, planhigyn *sengl* a dynnwyd i fynu, ac a ddosparthwyd yn ddeunaw rhan. [**1783**] *W*, *Sengl* d.g. *Single* [*not double; only one*]. Ar lafar, 'stafell *sengl*' (Cered.); 'gwely *singl*' (*ng* ≡ *n-g*) (sir Gaerf.). Am y defnydd o'r gair *sengals* yn ardaloedd y chwareli llechi am lechi o amrywiol faintioli, gw. *B* xx. 375–6. Cf. *Gardd Aberdar* 115, Llôg *sengl* a roddir am y swm a echwynir, a bydd hwn yn ol swm ac amser yr echwyniad.

(*b*) Dibriod, heb fod mewn perthynas rywiol; yn ymwrthod â phriodi ac â chyfathrach rywiol, yn enw. o ganlyniad i adduned grefyddol: *single, unmarried, unattached; celibate.*

1574 *RhRC* (At.) 234a, dlyer ffeiriaid fod yn byw yn wastod yn *siengel.* *c.* **1590** *RC* xlvi. 81, Pwy bynnag o wr ievank *sengl* a gymerai arno dynny y brain ymaith oddywrthyf i, ef a gaiff vy merch i yn briod ag ef. **1604–7** *TW* (*Pen* 228), gwr *singl* d.g. *Agamus.* **1636** *Pen* 321, 103b, fel pe addunede . . . vn yn ymlosgi mewn trythyllwch fyw buchedd ddiwair *singl.* **1664** J. Davies: *Art* [15], addunedu stat buchedd *sengl.* **1670** J. Hughes: *AP* 82, yr amser y buost yn *sengl*, a'r amser yn briod. **1718** (**1721**) S. Thomas: *HB* 121, Rhaid oedd iddo [mynach] wneuthur Adduned i fyw yn weddw neu'n *sengyl.* *id.* 161, Hwy a fynnent beri i'r offeiriaid fyw yn *singyl.* **1751** *ML* i. 174, Par fodd yr y'ch chwi yn amcanu treulio y rhan arall och bywyd, ai'n ddwbl ynteu'n *siengl*? **1758** *id.* ii. 93, Aie gwr *siengyl* o Owain Corn. **1776** Dewi Nantbrân: *AN* 240, Ai gydag un yn Briod ag un arall? Ai gydag un *Sengl*? **1792** H. Harris: *H* 85–6, llawer a ymsefydlasant yno . . . yn enwedig rhai *sengl*, yn feibion a merched. Ar lafar, '*sengal*' 'unmarried', *WVBD* 478; 'bechgyn *shingel*' (sir Gaerf.); 'Clwb i ddinnon *sengal* yw a', *GTN* 723; 'dyn *siengal*', *id.* 763; 'dyn *siengel*', *SC* vi. 129 (sir Benf.). Cf. T. Lewis: *HPF* 287, Mawr oedd zel Bonner dros fywyd *sengl* y ffeiriadon.

(*c*) Syml, plaen, ?digyfeiliant (am ddatganiad barddol); onest, didwyll, unplyg, pur: *simple, plain,* ?*unaccompanied* (*of bardic recital*); *honest, sincere, guileless, pure.*

14g. *GSRh* [145], Ba ddelw gellir, wir warant, / Ganu'n deg onid gan dant? / Cenais, pan ryglyddais glod, / Cywydd *sengl*, cuddiais anglod [Gruffudd Fychan i ofyn telyn]. ?**15g.** *IGE*[2] 259, Dysgais arfer, medd gwerin, / Ag arfod drud, gorfod trin, / Awdl, cywydd *sengl*, ac englyn. **15g.** *ID* 36, o Jesu gwyn oes ay gwyr / o vair *sengl* vyr synwyr. *a.* **1547** *GGH* 413, Mewn hug y mae yn Nhegengl / Malais angall a mawl *sengl* (Siôn Brwynog). **1552** *Pen* 403, 82, gwell oedd genifi pe portreid y hi [Mair] mewn trwssiat *sengyl* or vath a wiscodd hi i hvn mal i kaffem ni . . . weled yselder i meddwl hi yn eglurach. **1567** *TN* 104b, pan vo dy lygat yn sympl [:– *sengl*, ddiplic], yno y mae dy oll corph yn olae. **1700** *TDP* 70, Fe a ddaede am gadw calon *seingiel* [*sic*]. **1799** A. ab D. Sion: *CR* 14, bydd camddarluniadau gwrthyn . . . [y]n cael ei [*sic*] rhoddi yn lle y gwreiddyn pur a *siengel.*

senglaf, sengliaf, singlaf: sengl(i)o, senglu, singlo [bf. o'r a. *sengl, singl*] *bg.a.* Teneuo (eginblanhigion); gwahanu (un)

oddi wrth rai eraill, dethol, neilltuo: *to thin*
(*seedlings*); *single out, set apart.*
1775 W, *Senglu* d.g. *To individuate* [*make single* . . .].
id. Senglu allan d.g. *To single out.* Ar lafar, "Odd a
mæs ar y cæ yn disgu'r ci i *senglo* defid', *GTN* 723;
'*senglo*'r cennin' (dwyrain Morg.); ''We *singlo* swêds
yn jobyn ffidli iawn' (sir Benf.).

sengledd [*sengl*+-*edd*[1]] *eg.* Senglrwydd;
hynodrwydd: *singleness; singularity.*
[**1783**] W d.g. *Singleness.*

senglethan, sengliaf: senglio, gw. sigl-
aethan, senglaf: senglo.

senglrwydd [*sengl*+-*rwydd*] *eg.* Y cyflwr o
fod yn sengl; unplygrwydd, diffuantrwydd:
singleness; sincerity.
[**1783**] W d.g. *Singleness.*

sengyd, gw. sangaf: sengi.

sei [*bnth.* S. sathr. *sai*] *eg.* Chwe cheiniog;
pisyn chwech: *sixpence; sixpenny piece.*
Ar lafar yn nhref Caernarfon, B xvii. 273.
Gw. hefyd seis[2].

seiad, gw. seiat.

seiadaf: seiadu [*bf. o'r e. seiad*] *bg.*
Cymryd rhan mewn seiat, rhannu profiad
crefyddol, &c., yn rhydd; ymgynghori,
trafod, sgwrsio: *to take part in a 'seiat',
share religious experience, &c., freely; confer,
discuss, chat.*
1920.

seiadaidd, seiataidd [*seiad, seiat*+-*aidd*]
a. Yn perthyn i seiat, nodweddiadol o seiat,
tebyg i seiat; chwannog i seiadu: *pertaining
to, characteristic of, or like a 'seiat'; given to
sharing religious experience, &c. (as in a
'seiat').*
1930. Cf. D. J. WILLIAMS: *ChHO* 52, yr oedd J. B.
Evans, a mwyaf *seiadaidd* barchus ohonynt.

seiadol [*seiad*+-*ol*] *a.* Yn perthyn i seiat,
seiadaidd: *pertaining to or like a 'seiat'.*
20g.

seiadwr [*bôn* y f. *seiadaf: seiadu*+-*wr*] *eg.*
(*b.* -*wraig*) *ll.* -*wyr.* Un sy'n cymryd rhan
mewn seiat: *one who takes part in a 'seiat'.*
1934.

seianeid, cyanid, &c. [*bnth.* S. *cyanide*]
eg. Cem. Unrhyw un o halwynau tra gwen-
wynig asid hydrocyanig: *cyanide (in chem.).*
20g.

seians, gw. seiens.

seiat, seiet, seiad [*ff.* affetig ar *soseiat,
soseiet* (*amr.* ar *soseiati*, &c.)] *eb. ll.* seiadau,
seiatau, -*s.* Cyfarfod crefyddol ymhlith
y Methodistiaid cynnar a nodweddid
gan adrodd profiad ysbrydol, cynghori,
gweddïo, canu emynau, &c., cyfarfod cref-
yddol a gynhelir fel arfer ar noswaith waith,
yn enw. ymhlith y Methodistiaid Calfinaidd,
aelodau cyfarfod o'r fath; sgwrs neu drafod-
aeth onest neu fanwl: *religious meeting
amongst early Methodists characterized by
sharing religious experience, counselling,
prayer, hymn-singing, &c., a religious meeting
usually held on a weeknight, especially
amongst Calvinistic Methodists, the members
of such a meeting; honest or detailed conversa-
tion or discussion.*
1750 *CM Archives* (LIGC), Trevecka Letters
3074, rhai gwedy myned i ymresymy ynghylch
amryw bethe . . . ond . . . ymae yr Arglwydd Iesu yn
y *seiads* bach. Ar lafar, 'S*ïat* ôn' nw'n gwed yn y
Tabor am gyfllach. Dyna beth ma'r Methodistjid yn
wed, waith *sïat* ôn' nw'n wed yn gapal y Twyn yn
Garffili 'efyd a Methodistjid ôn' nwnta. A'r un sort
o gwrdd â'n cyfillach ni'r Annibynwyr odd a', *GTN*
742; '*seiat,* s.f., pl. *seiada* 'among Nonconformists
. . . a week-night devotional service reserved to
communicants or full members', *WVBD* 477; 'mynd
i *sïat* capal Batus' (Llŷn). Cf. W. REES: *AFR* 474,
'Be sy gynthoch chi yn y capel heno?' '*Seiat*'. . . yr
oeddynt wedi dechrau trwy ganu, a darllen, a gweddïo;
D. OWEN: *RL* 68, *seiat* ydi lot o bobol dda yn
meddwl 'u bod nhw yn ddrwg, ac yn cyfarfod 'u
gilydd bob nos Fawrth i fe[i]o ac i redeg 'u hunain i
lawr; *Eurgr Wes* (1943) 60, "*Seiad*."—Defnyddir y

gair hwn yn ddiweddar, yn lle '*Seiat*' am mai '*Seiadau*'
yw'r lluosog.
Cfn.: **Seiat y Cenhedloedd:** *League of Nations.* **1931**
H. LEWIS: *DIG* 94, goddefir imi fynegi . . . fod y
ffasiwn bresennol o alw Cynghrair y Cenhedloedd
yn *Seiat y Cenhedloedd* yn rhoi i mi ryw gam flas.
seiat ddirwestol: *temperance 'seiat'. c.* **1865. seiat holi:**
*question-and-answer session, esp. one with a panel of
experts or pundits, brains trust, forum.* **20g. seiat fawr:**
'*seiat*' *for members of all the churches within one presby-
tery.* **1896. seiat brofiad:** '*seiat*'. **1923.**
Gw. hefyd soseiati.

seiataidd, seiati, seiatica, gw. seiad-
aidd, soseiati, siatica.

seiatyddol [*seiat*+-*ydd*[3]+-*ol*] *a.* Seiadaidd:
characteristic of a 'seiat'.
1926-7.

seibiant [*saib*+-*aint*[1]] *e?g.* Seibiant, hoe:
pause, respite.
c. **1400** *SDR*[2] 58, ny adei gauaelgwn buanllym oed
y'r bugeil *seibeint* idaw [blaidd].

seibernetaidd [*cfdds.* o'r S. *cybernet(ic)*
+-*aidd*] *a.* Yn perthyn i seiberneteg: *cyber-
netic.*
20g.

seiberneteg [*cfdds.* o'r S. *cybernet(ics)* +
-*eg*[1]] *eb.* Gwyddor systemau rheoli a chyf-
athrebu mewn peiriannau ac organebau
byw: *cybernetics.*
20g.

seibiad [*bôn* y f. *seibiaf: seibio*+-*iad*[1]] *eg.*
Seibiant, toriad, egwyl, gohiriad: *pause,
break, interval, adjournment.*
1803 P.

seibiaf: seibio [*bf. o'r e. saib*] *bg.* Cymryd
saib, gorffwys: *to pause, rest.*
1803 P d.g. *Seibiaw.*

seibiannaf: seibiannu, seibianna [*bf.
o'r e. seibiant*] *bg.a.* Cymryd seibiant,
gorffwys; treulio (amser) mewn hamdden:
to pause, rest; spend (time) at leisure.
Dchr. **17g.** J 10, 38b, Seibiannu. Ocior. Pauso. **1803**
P d.g. *Seibiannu.*

seibiannol [*seibiant*+-*ol*] *a.* A nodweddir
gan hamdden (am gyfnod o amser): *leisure
(attributively of a period of time).*
1803 P d.g. *Seibiannawl.*

seibiannus [*seibiant*+-*us*] *a.* Ac iddo
hamdden: *leisured.*
1935.

seibiant [*saib*+-*iant*] *eg. ll.* -*au,* seibiannau.
Saib, hoe, sbel, toriad, egwyl, oediad, peid-
iad, *Crdd.* daliant; gorffwys, hamdden,
adloniant, esmwythdra: *pause (also in
mus.), respite, break, interval, intermission,
postponement, cessation; rest, leisure, recre-
ation, ease.*
15-16g. *GRB* 9, llu o frain llafar anial, / lluddiant—
llai *seibiant*—fy sâl. **16g.** *WLl* 256, Y Sabbath cymmer
seibiant / Ith blaid ith dylwyth ath blant. **1574** *RhRC*
(At.) 255a, gwedy darllen yr epystl yn yr y fferen hi
a ddechreyoedd glowed peth *seibiant* gwell yny
meddwl ai chorff. **1588** *Ecs* viii. 15, Pan welodd
Pharao fod *seibiant* iddo, yna y caledodd ei galon.
1588 *Pr* ii. 23, ni chymmer ei galon *seibiant* liw nôs.
1595 H. LEWYS: *PA* 175, yr hwn obaith a ddwg
gidac ef esmwythdra, a *seibiant* o bob merwindod a
dialed'. **1604** R. HOLLAND: *BD* 12, byrder y llyfr . . .
am nad oedh fy hamdden a'm *seibiant* (*leisure*) yn wêll
d.g. *Cessatio. id.* d.g. *dilatio, Requies, Tempus.* **1615** R.
SMYTH: *GB* 160, A'r nevvyn hvvn a barahadd
bymp mylynedd, heb *seibiant.* **1632** D, Seibiant,
Otium & vacatio, pausa. **1677** R. JONES: *BB* 133, yn
ein galwedigaethau ac mewn *seibiant* (*divertisements*).
1701 E. WYNNE: *RBS* 69, Seibiant oddi wrth helbulon
bydol. **1796** *Geirgrawn* 6, [y] seibiant y maent' yn
fwynhau. **1803** P. Ar lafar, 'Ĉal *seibiant* bach 'dach
chi' (Llŷn).

seibiol [*saib*+-*iol*] *a.* Yn gorffwys, ham-
ddenol, llonyddol: *resting, leisurely, restful.*
1803 P, Seibiawl . . . Leisurely, resting.

seibiwr [*saib* a *bôn* y f. *seibiaf: seibio*+
-*iwr*] *eg. ll.* seibwyr. Un sy'n rhoddi arwydd
i beri saib; botwm sy'n atal peiriant dros

dro: *person who gives a sign for a pause;
pause (button).*
17g. *LIGC* 13215, 350, *Seibiwr* Pausarius.

seibons [*bnth.* S. *side-bones*] *e.?ll.* Telpyn
caled sy'n codi oherwydd esgyrniad cartilag
uwchben carn ceffyl: *side-bones (in horse's
foot).*
Ar lafar, *LILIM* 102.

seic-, seicaf: seico, gw. seico-, seiciaf:
seicio.

seicaidd [*cfdds.* o'r S. *psych(ic)*+-*aidd*] *a.*
Yn perthyn i'r meddwl neu i'r enaid; seicig:
psychic.
20g.

seicar, seidcar [*bnth.* S. *sidecar*]. *eg.*
Cerbyd bychan ar gyfer teithiwr neu deith-
wyr a gysylltir wrth ochr motor-beic: *side-
car.*
20g.

seicdreiddiad [*bôn* y f. *seicdreiddiaf: seic-
dreiddio*+-*iad*[1]] *eg.* Techneg therapiwtig i
drin afiechydon meddwl a gychwynnwyd
gan Sigmund Freud (1856-1939) ac sy'n
defnyddio rhyddgysylltu, dehongli breudd-
wydion, &c., i ddod ag ofnau, gwrthdraw-
iadau, a ffantasïau anymwybodol i'r
ymwybod, er mwyn delio â hwy drwy
drosglwyddiad; damcaniaeth seicoleg ddyn-
ol sy'n tarddu o'r fath ddadansoddi, ac a
seilir ar y cysyniadau o ryngweithiad lefel-
au isymwybodol, rhagymwybodol, ac an-
ymwybodol y meddwl, ac o ataliad y reddf
rywiol: *psychoanalysis.*
20g.

seicdreiddiaeth [*bôn* y f. *seicdreiddiaf:
seicdreiddio*+-*iaeth*] *e?b.* Seicdreiddiad:
psychoanalysis.
20g.

seicdreiddiaf: seicdreiddio [*seic-* + *treidd-
io*] *bg.a.* Dadansoddi yn ôl dulliau seic-
dreiddiad, trin drwy seicdreiddiad: *to
psychoanalyse.*
20g.

seicdreiddiol [*bôn* y f. *seicdreiddiaf:
seicdreiddio*+-*iol*] *a.* Yn perthyn i seic-
dreiddiad; yn ymarfer seicdreiddiad: *psycho-
analytic(al).*
20g.

seicdreiddiwr, seicdreiddydd [*bôn* y f.
seicdreiddiaf: seicdreiddio+-*iwr,* -*ydd*[3]] *eg.
ll.* seicdreiddwyr. Un sy'n ymarfer seic-
dreiddiad: *psychoanalyst.*
20g.

seice, seici [*bnth.* S. *psyche*] *eg.* Enaid,
ysbryd; meddwl, nodweddion seicolegol
cenedl, grŵp, &c.: *psyche.*
20g.

seicedelig [*cfdds.* o'r S. *psychedel(ic)*+
-*ig*[2]] *a.* Yn peri cynnydd ymddangosiadol
mewn ymwybyddiaeth, yn enw. drwy rith-
weledidau (am gyffur), yn perthyn i gyffur-
iau sy'n cynhyrchu effeithiau o'r fath, a
gynhyrchir gan y fath gyffuriau neu a
nodweddir ganddynt; yn dynwared effaith
y cyffuriau hyn, yn enw. o ran lliwiau llachar
a phatrymau beiddgar: *psychedelic.*
20g.

seiceiatreg, seiceiatrydd, seici, gw.
seiciatreg, seiciatrydd, seice.

seiciaf, seicaf: seic(i)o [*bnth.* S. (*to*)
psych] *bg.a.* Paratoi neu ymbaratoi'n feddyl-
iol ar gyfer profiad annymunol, her, &c.;
dylanwadu ar (rywun) yn seicolegol er
mwyn peri anfantais iddo, codi braw ar: *to
psych.*
20g. Ar lafar, yn aml ynghyd ag *i fyny* neu *lan,*
"Dwi'n *seicio*'n hun i fyny bob tro 'dwi'n mynd at
doctor' (Arfon), 'Ôn i wastod yn *seico*'n 'unan lan
cyn unrhyw arholiad' (sir Gaerf.).

seiciatreg, seiceiatreg [*cfdds.* o'r S.
psychiatr(y)+-*eg*[1]] *eb.* Cangen o feddygaeth

sy'n ymwneud â salwch meddwl neu gynnwrf emosiynol: *psychiatry*.
20g.

seiciatregol [*seiciatreg* + *-ol*] *a.* Seiciatrig: *psychiatric*.
20g.

seiciatregydd [*seiciatreg* + *-ydd³*] *eg.* ll. *-on, seiciatregwyr*. Seiciatrydd: *psychiatrist*.
20g.

seiciatrig [cfdds. o'r S. *psychiatr*(*ic*) + *-ig²*] *a.* Yn perthyn i seiciatreg; yn perthyn i salwch meddwl neu gynnwrf emosiynol, wedi effeithio arno gan y fath salwch neu gynnwrf: *psychiatric*.
20g.

seiciatrist [bnth. S. *psychiatrist*] *eg.* ll. *-iaid*. Seiciatrydd: *psychiatrist*.
20g.

seiciatrydd, seiceiatrydd [cfdds. o'r S. *psychiatr*(*ist*) + *-ydd³*] *eg.* (b. *-es*) ll. *-ion*. Arbenigwr mewn seiciatreg: *psychiatrist*.
20g.

seiciatryddiaeth [*seiciatrydd* + *-iaeth*] *e?b.* Seiciatreg: *psychiatry*.
20g.

seiciatryddol [*seiciatrydd* + *-ol*] *a.* Seiciatrig: *psychiatric*.
20g.

seicig, seicic [cfdds. a bnth. o'r S. *psych*-(*ic*)(+*-ig²*)] *a.* Yn perthyn i ffenomenau neu gyneddfau na ellir eu hesbonio gan ddeddfau natur; ac iddo bwerau ocwlt megis telepathi, clirweledd, &c.; yn perthyn i'r seice, yn deillio o'r seice: *psychic*(*al*).
1937.

seicl [bnth. S. *cycle*] *eb.* ll. *-oedd*. Cylchdro, cylchred: *cycle* (*e.g. of moon*).
1545 *B* vii. 9, Llyma y nadurie y bylynyddoedd wrth y kalan Jonor ac wrth y prifie ac wrth y *seikyle* [*sic*] yr hon sy yn symudo bob bylwyddyn llythyren a ffrif ynhyg [*sic*]. 1545 *RWM* ii. 571, Llyma *seikyl* yr haul yr hon sy yn dangos pob bylwyddyn naid . . . *seikyl* y llevad . . . Tabyl o *seikyl* y *seikloedd*. 1586 (1604) *B* v. 321, ag ir ydis yn siarad i bod yn uwch na *seikl* y lleuad fel na allodd dwr noe ddyfod ddim kyfiwch a hithe.
Gw. hefyd **sicl¹**.

seiclaf: seiclo [bnth. S. (*to*) *cycle*] *bg.a.* Teithio ar gefn beic, beicio, mynd ar hyd (ffordd, pellter penodol, &c.) ar gefn beic: *to cycle, ride a bicycle*.
1915. Cf. D. J. WILLIAMS: *ChHO* 211, fy arfer . . . ydoedd *seiclo*'r rhiw go serth yn ôl o waelod y pentre . . . fe *seiclais* lawer o'r o Abernant i Lanbydder dros dop y mynydd heb ddisgyn.

seicliwr, gw. **seiclwr**.

seiclon [bnth. S. *cyclone*] *eg.b.* ll. *-au*. Tymestl drofannol ffyrnig, cylchwynt, corwynt; pwysedd isel (mewn meteoroleg): *cyclone* (*also in meteorology*).
20g. Ar lafar; hefyd yn ardaloedd chwareli'r Gogledd am fath o '[b]eiriant tyllu modern a ddefnyddir yn y chwarel garreg galch', *B* xx. 375.

seiclopedia, seiclopidia [bnth. S. *cyclopedia*] *e?g.* Gwyddoniadur: *encyclopedia*.
20g.
Gw. hefyd **enseiclopedia**.

seiclorama [bnth. S. *cyclorama*] *eg.* ll. *seicloramau*. Golygfa banoramig ar hyd wal fewnol ystafell silindraidd; wal neu len gron ar hyd cefn llwyfan: *cyclorama*.
20g.

seiclotron [bnth. S. *cyclotron*] *eg.* ll. *-au*. Ffis. Cyfarpar sy'n cyflymu gronynnau gwefredig drwy gyfrwng maes trydanol eiledol tra byddant yn troelli mewn maes magnetig: *cyclotron* (*in physics*).
20g.

seiclwr, seicliwr, seiclydd [bôn y f. *seiclaf*: *seiclo* + -(*i*)*wr, -ydd³*] *eg.* ll. *seiclwyr*. Un sy'n seiclo, beiciwr: *cyclist*.
20g.

seico-, seic- [bnth. S. *psych*(*o*)-] *rhgdd.* Yn perthyn i'r meddwl neu i seicoleg: *psych*(*o*)-.

seicoacwsteg [cfdds. o'r S. *psych-acoust*(*ics*) + *-eg¹*] *eb.* Gwyddor amgyffred sŵn: *psychoacoustics*.
20g.

seicoanalysis [bnth. S. *psychoanalysis*] *eg.* Seicdreiddiad: *psychoanalysis*.
1933.

seicoanalyst [bnth. S. *psychoanalyst*] *eg.* ll. *-iaid*. Seicdreiddiwr: *psychoanalyst*.
1944 T. H. PARRY-WILLIAMS: *OPG* 50, A oes eisiau *seico-analist* proffesiynol a thrwyddedig i esbonio'r gwellhad gwyrthiol hwn?

seicoanalytig [cfdds. o'r S. *psychoanalyt*-(*ic*) + *-ig²*] *a.* Seicdreiddiol: *psychoanalytic*.
1940.

seicocinesis [bnth. S. *psychokinesis*] *eg.* Gallu honedig i symud gwrthrychau neu newid eu cyflwr drwy ymdrech feddyliol yn unig: *psychokinesis*.
20g.

seicodynameg [cfdds. o'r S. *psychodynam*-(*ics*) + *-eg¹*] *eb.* Gwyddor prosesau a grymoedd meddyliol: *psychodynamics*.
20g.

seicodynamig [cfdds. o'r S. *psychodynam*-(*ic*) + *-ig²*] *a.* Yn perthyn i seicodynameg: *psychodynamic*.
20g.

seicoddadansoddiad [*seico-* + *dadansoddiad*] *eg.* Seicdreiddiad: *psychoanalysis*.
20g.

seicoddadansoddol [*seico-* + *dadansoddol*] *a.* Seicdreiddiol: *psychoanalytical*.
20g.

seicoddadansoddwr [*seico-* + *dadansoddwr*] *eg.* ll. *-wyr*. Seicdreiddiwr: *psychoanalyst*.
1939.

seicoffarmacoleg [cfdds. o'r S. *psychopharmacol*(*ogy*) + *-eg¹*] *eb.* Yr wyddor sy'n ymwneud ag effeithiau cyffuriau ar feddwl ac ymddygiad dyn: *psychopharmacology*.
20g.

seicoffiseg [cfdds. o'r S. *psychophys*(*ics*) + *-eg¹*] *eb.* Yr wyddor sy'n ymwneud â'r berthynas rhwng y meddwl a'r corff: *psychophysics*.
20g.

seicoffisegol [*seicoffiseg* + *-ol*] *a.* Yn perthyn i seicoffiseg; yn perthyn i'r (berthynas rhwng y) meddwl a'r corff; ac iddo gorff a meddwl: *psychophysical*.
20g.

seicoffisioleg [cfdds. o'r S. *psychophysiol*(*ogy*) + *-eg¹*] *eb.g.* Y gangen o ffisioleg sy'n ymwneud â ffenomenau meddyliol: *psychophysiology*.
1939.

seicoffisiolegol [*seicoffisioleg* + *-ol*] *a.* Yn perthyn i seicoffisioleg: *psychophysiological*.
1937.

seicogenig [cfdds. o'r S. *psychogen*(*ic*) + *-ig²*] *a.* Ac iddo achos neu darddiad seicolegol yn hytrach nag un corfforol: *psychogenic*.
20g.

seicogeriatrig [cfdds. o'r S. *psychogeri-atr*(*ic*) + *-ig²*] *a.* Yn perthyn i salwch meddwl, &c., yn yr henoed; hen ac yn dioddef gan salwch meddwl, &c.: *psychogeriatric*.
20g.

seicoieithyddiaeth [*seico-* + *ieithyddiaeth*] *eb.* Yr wyddor sy'n ymwneud â'r prosesau seicolegol sydd ynghlwm wrth ymddygiad ieithyddol: *psycholinguistics*.
20g.

seicoieithyddol [*seico-* + *ieithyddol*] *a.* Yn

perthyn i seicoieithyddiaeth: *psycholinguistic*.
20g.

seicoleg [cfdds. o'r S. *psychol*(*ogy*) + *-eg¹*] *eb.* Gwyddor y meddwl, yn enw. o ran effaith ei weithrediadau ar ymddygiad mewn sefyllfa arbennig, damcaniaeth neu system seicolegol, nodweddion meddyliol neu agweddau person neu grŵp, ffactorau meddyliol sy'n rheoli sefyllfa neu weithgarwch, meddyleg: *psychology*.
1932.
Cfn.: **seicoleg dorfol, seicoleg torf**: *crowd psychology*.
20g.

seicolega, seicolegu [be. o'r e. *seicoleg*] *bg.a.* Gwneud deongliadau, dadansoddiadau, neu archwiliadau ym maes seicoleg, dadansoddi (person) yn seicolegol: *to psychologize*.
20g.

seicolegaidd [*seicoleg* + *-aidd*] *a.* Seicolegol: *psychological*.
1939.

seicolegol [*seicoleg* + *-ol*] *a.* Yn perthyn i seicoleg; meddyliol, yn effeithio ar y meddwl: *psychological*.
1934.

seicolegu, gw. **seicolega**.

seicolegwr, seicolegydd [*seicoleg* + *-wr, -ydd³*] *eg.* ll. *seicolegwyr*. Arbenigwr mewn seicoleg: *psychologist*.
1933.

seicoloji [bnth. S. *psychology*] *e?g.* Seicoleg: *psychology*.
1931. Ar lafar.

seicomecaneg [cfdds. o'r Ffr. *psychomé-chan*(*ique*) + *-eg¹*] *e?g.* Ieith. Dull o astudio iaith a ddatblygwyd gan Gustave Guillaume (1883-1960) sy'n ceisio egluro'r berthynas rhwng mecanweithiau meddyliol anymwybodol siaradwr a'r ffurfiau ieithyddol a ddefnyddia mewn disgwrs: *psychomechanics* (*in linguistics*).
20g.

seicopath [bnth. S. *psychopath*] *eg.* ll. *-iaid*. Un sy'n dioddef gan anhwylder personoliaeth a nodweddir gan dueddiad i weithredu'n dreisgar neu'n wrthgymdeithasol heb deimlo euogrwydd, person treisgar sy'n ansefydlog yn feddyliol neu'n emosiynol: *psychopath*.
20g.

seicopathig [*seicopath* + *-ig²*] *a.* Yn perthyn i (gyflwr) seicopath, tebyg i seicopath, nodweddiadol o seicopath: *psychopathic*.
20g.

seicopatholeg [cfdds. o'r S. *psychopath-ol*(*ogy*) + *-eg¹*] *eb.* Gwyddor anhwylderau meddyliol; anhwylder meddyliol neu ymddygiadol: *psychopathology*.
20g.

seicopatholegol [*seico-* + *patholegol*] *a.* Yn perthyn i seicopatholeg; a nodweddir gan anhwylder meddyliol neu ymddygiadol: *psychopathological*.
20g.

seicorywiol [*seico-* + *rhywiol*] *a.* Yn perthyn i'r agweddau seicolegol ar rywioldeb: *psychosexual*.
20g.

seicosis [bnth. S. *psychosis*] *eg.* ll. *-au*. Anhwylder neu ddryswch meddyliol difrifol a nodweddir gan rithdybiau a cholli gafael ar realiti: *psychosis*.
20g.

seicosomatig [cfdds. o'r S. *psychosomat*-(*ic*) + *-ig²*] *a.* A achosir neu a gynyddir gan anhwylder meddyliol neu straen emosiynol (am gyflwr corfforol); yn perthyn i gyd-

ddibyniaeth y corff a'r meddwl: *psychosomatic.*
20g.

seicotig [cfdds. o'r S. *psychot(ic)* + *-ig*[2]] *a.* Yn perthyn i seicosis; yn dioddef gan seicosis: *psychotic.*
20g.

seicotropig [cfdds. o'r S. *psychotrop(ic)* + *-ig*[2]] *a.* Yn effeithio ar y meddwl (am gyffur): *psychotropic.*
20g.

seicotherapi [bnth. S. *psychotherapy*] *eg.* Y weithred neu'r arfer o ddefnyddio ddulliau seicolegol i drin anhwylder meddyliol: *psychotherapy.*
1932.

Seicsonig, seidan, gw. Seisnig, sidan[1].

seidbord [bnth. S. *sideboard*] *eg.* Dodrefnyn ac iddo dop gwastad a chypyrddau a droriau i gadw llestri, gwydrau, llieiniau, &c., mewn ystafell fwyta, seldfwrdd, ystlysfwrdd: *sideboard.*
20g. Ar lafar, 'Ma isie polisio'r *seidbord* yn drenus' (sir Gaerf.).

seidcar, seiden, seider, gw. seicar, seidyn, seidr.

seidin[1], **seiding** [bnth. S. *siding*] *eg.* ll. *-au, -s.* Trac rheilffordd byr sy'n gysylltiedig â'r prif drac ac yn rhedeg wrth ei ymyl fel y gellir siyntio trenau, storio stoc, &c., cilffordd: *siding.*
20g. Ar lafar, 'Fe gerson ni yn gros i'r *seidin* er nag odd dim 'awl 'da ni' (dwyrain Morg.).

seidin[2], gw. seidyn.

seidiog [*said*+*-iog*] *a.* Ac iddo golsaid: *tanged.*
1803 *P.*

seidir, gw. seidr.

seidlein [bnth. S. *sideline*] *eb.g.* Gwaith a wneir yn ychwanegol at brif weithgarwch rhywun: *sideline.*
1934 D. J. WILLIAMS: *HW* 19, Bu i'r Efailfach hanes hir fel llety pregethwyr . . . Nid oedd i Dafydd ryw ddiddordeb byw iawn yn y *seid lein* hon o'r eiddo ei wraig.

seidr, seider, seidir, &c. [bnth. S. C. *sidir, sider* 'cider', neu'n uniongyrchol o'r H. Ffr.] *eg.* Diod feddwol a wneir o sudd afalau wedi ei eplesu, hefyd yn *ffig.*: *cider, also fig.*
14g. *GIG* 147, A'r âl ddu, oer eol ddig, / A'r gloyw *seidr* oer gloesiedig [i'r llong]. **15g.** *GGl*[2] 55, Sedd a thir sydd i'th werin, / Sawdwyr y gaer *seidr* a gwin. **15g.** *GO* 139, Dir i mi, gan *seidr* a medd, / Oedi gwin a da Gwynedd. **1545** *CM* 1, 14, mis [Medi] I gwnair y diodudd o ffrwythav gwydd megis gwin *seidyr* per/e. **1547** *WS, Seidyr* diod o afaleu Sydre. **16g.** *NBSD* 131, *Seider* bwys haelder y byd (Bedo Hafesb). **16–17g.** *GST* i. 676, Cael o fin, un coelfain oedd, / Cael *seidyr* Calais ydoedd. **1620** *Mos* 204, 31, Cyn loewed ar *seidr.* **1722** *Llst* 189, *Seidir.* m. Cider (liquor). **1762** *ML* ii. 523, Mr Ellis o'r cwr arall yn ymffrostiaw o chwe hogsied o *seidir* heblaw sydd wedi ei bottelu . . . Y mae gan bob taeog ddogn o fiff a *seider.* **1772** *W*, Afaleu-lyn . . . vulgò *seidr* d.g. *Cider.* Ar lafar, 'Ma yfed *seidyr* yn roi pen tost ifi' (sir Gaerf.).
Amr.: **sidr, sider**[2], **sidir,** &c. **15g.** *ID* 18, mor velys yw marf ailwaith / au *sidr* yw ir wenn ddidrist [i'r cusan]. *Diw.* **16g.** *WLB* 46, ken loywed ar *sider.* **17g.** *LlGC* 13215, 352, *Suder* Sisera. pomaceum. *c.* **1720** D. THOMAS: *HTS* 12, Trin *si dir* [*sic*] o'r Perllannau tewfrith. **1722** *Llst* 189, *Sydyr.* m. Cider (liquor). Ar lafar, 'Ma rai yn cretu nag yw *sidir* ddim yn beth i dy feddwi di ond peth budur i feddwi yw *sidir*', *GTN* 742.

seidyn [*said*+*-yn*[1]] *eg.* (b. *-en*) ll. *-nau.* Carn (cyllell, &c.), coes, dwrn, (col)said; llafn; hen gyllell bŵl, offeryn treuliedig; hefyd yn *ffig.*: *hilt, haft, handle, tang; blade; blunt old knife, worn-out tool; also fig.*
15g. *GLGC* 242, *Seidyn* yn garn felen fydd, / seren neu asur newydd [i ddiolch am weinart]. **16–17g.** E. PRYS: *Gw* 211, Mae'n gu yn wir, mewn gwain ynn, / Mae'n sad yma'n ei *seidyn* (am gleddyf). **16–17g.** T. PRYS: *Bardd* 108, a *seidin* gwiw sy dan gel / yn ffvmer Karn a ffwmel. **1604–7** *TW* (*Pen* 228), *seidin* d.g. *Manubrium.* **1632** *D*, Said, Manubrium. *Seidyn*, Diminut. **1688** *TJ*, Said, *seidŷn*: a Tang, or that part that goeth into the Haft of any Weapon or Tool. **1722** *Llst* 189, *Seidyn.* m.p. *dynnau.* A small haft or hilt. **18g.** *LlGC* 83, 7a, mi seutha dy ben di yn gregin / am [*sic*] pisdol sad i *seidin.* **18g.** E. T. RHYS: *DA* 151, Nid *seidyn* sâl wyf wedi ga'l, / Ond cyllell reial rym. **[1775]** H. JONES: *HGS* 33, Ond oes ynddat ti ddiawl o ddichell / Lamu *seidin* pob hen siadell. **[1783]** *W*, *Seidyn* o gyllell, *seidyn*, hên *seidyn* d.g. *Spud* [*a short, worn out, knife*]. *id.* d.g. *Tang* [*that part of a knife . . . that goes into the haft . . .*]. **1803** *P*, *Seidyn* . . . The part of a tool that is inserted in the hilt. Am enghrau. llafar o *seidyn* a *seiden* yng Nghered. yn yr ystyron 'hen gyllell wedi colli ei charn', 'hen bladur wedi treulio bron i'r cefn', a 'llafn', gw. *B* xxxv. 58–9. Cf. *SE MS* 459b, *Seidyn* . . . a worn out or worthless tool . . . Cered.

seiens, sïens, &c. [bnth. S. C. *siens, syence* 'science'] *eb.g.* ll. *seiensys.* (Cangen o d)dysg neu wybodaeth, gwyddor, celfyddyd, un o'r saith gelfyddyd freiniol, medr(usrwydd), sgil, hefyd yn *ffig.*; rhwysg, ffwdan: (*branch of*) *learning or knowledge, science, art, one of the seven liberal arts or sciences, ability, skill, also fig.*; *ostentation, fuss.*
15g. *Glam Bards* 284, Y gwr ar llyvr geirwir llwyd / o lynn nedd a lünieiddwyd / a dry mewn deuair ne dri/gymendodm[a]camwndi/saith *seiens* a gymenswn/ y mae'n saith y mynwes hwn [Ieuan Du'r Bilwg i Abad Glyn Nedd i ofyn y Greal]. **15g.** *GLGC* 135, darllein art arall yn well, / darllein ystoriâu wellwell / Siensis, drwy'r *sïens* a drig, / achau'r ynys a'i chronig. **15–16g.** *TA* 136, Sain Sud pob *sïens* ydwyd, / Sy feistr o art sofstri, wyd [i Birs Conwy, Archddiacon Llanelwy]. **16g.** LEWYS MORGANNWG: *Gw* 130, Unibhersi Nedh llyna bhowrson (Lloegr) / Lhugern Ffraingc Iwerdhon / Ysgol hygyrch ysgolheigion / I bob *siens* be bai Seion. **1545** *CM* 1, 145, O lauur a meuyrdod yhrainn ynnol hirbroses I lluniwyd ac i gwnaethbwyd y *Sei[e]ns* o asdronimei. **16g.** *B* x. 285, [g]wraig vawr J chyluyddyd a'i meuyrdod mewn y kyuriw *seiensys* ac J mae y bobyloedd ynn i henwi Soffri a Nigromansi. *id.* 287, llauuriodd hi beunoeth ynn y ddwy *seiens*, yr hrain y sydd y'w hennwi Nigromanshi a Soffri. *id.* xviii. 360, yn y *seiens* a elwir koosmoggraffie. **16–17g.** *GST* i. 332, Sicr rhag camraint, swcr Cymru, / *Seiens* ar Fainc Siawnsri fu [marwnad Doctor Iâl]. *id.* 412, *Seiens* â'r march, Sain Siôr Môn, / Wisgi offis â gwaywffon [i Wiliam Lewys o Brysaddfed]. **16–17g.** *CRC* 431, kryddion a glwferied / gofaint a sadleried / A ffob *sseiens* yn gyfa / a arferwyd er adda. *c.* **1730** *Thos. Lloyd D* (LlGC) 207a, *Seiens.* Science. **1828** *Geir Pob* 24, *Seians*, gwybodaeth. Ar lafar, 'Sdim llawer o *seiens* 'da Twm ond mae e'n weithwr da', *SC* vi. 127 (sir Benf.); 'Mae mwy o *sians* nag o daro ganto' (Morg.); hefyd yn yr ystyr 'ffwdan', 'Ma hen *seians* (*sïans*)'da hwn am bopeth' (sir Gaerf.). Cf. T. H. PARRY-WILLIAMS: *P* 41, Wrth chware pêl droed, os byddai llanc yn gwneud rhyw gampau ffansi diangen â'i draed neu â'r bêl, yr enw disytrllyd ar beth felly oedd '*Seiens*!' Y mae ffurf arall ar y gair Saesneg benthyg hwn mewn rhai mannau o'r De, yn ôl a glywais, sef '*seans*'. Os bydd gwraig yn ymagweddu'n ymwybodol o ran gwisg neu osgo, fe ddywedir fod 'rhyw hen *seans* obeitu hi'. Felly, pan ddêl yr adeg i olygyddion Geiriadur y Brifysgol drafod y gair benthyg '*seiens*', fe fydd yn rhaid ystyried yr amrywiadau seiniol a semantig hyn.

seiet, seifis, gw. seiat, seifys.

seifogion [?bôn y f. *safaf*: *sefyll*+*-og*+*-ion*] *e.ll.* ?Gwrthsafwyr, gwrthwynebwyr: *those who withstand, opposers.*
13g. *A* 38. 6–7, wy guenint lledint *seiuogion.*

seifys, seifs, sifys, &c. [bnth. S. C. *cive(y)s* 'chives'; tebyg mai ffrwyth cymysgu â *syfi* yw adran (*b*), cf. *cennin syfi*] *e.ll.*

(*a*) *Bot.* Planhigion bychain ac iddynt flodau porfforbinc a dail hir tiwbaidd a ddefnyddir fel perlysiau, *Allium schœnoprasum*, cennin syfi, hefyd weithiau am aelodau eraill o'r tylwyth *Allium*: *chives, sometimes also used of other alliums.*
?**15g.** *B* xv. 117, *Seifs*, pernel, persli, pelydr (?Ieuan ap Rhydderch). **15g.** *GLGC* 103, Glasterw yn ganerw i gyd, / gwely *sifys* glas hefyd. **1547** *WS*, *Seifys* llyseu Cyues. **1688** *TJ* (*Bot*), *Seifys* . . . young Onions. *c.* **1730** *Thos. Lloyd D* (LlGC) 208b, *Sifas.* Chives. **1753** *TR* (*Bot*), *Seifys*, a sort of small leeks. **1795** J. THOMAS: *AIC* 345, Sibols neu *Seifis*, Sŷdd yn eu gwraidd agos yn gyffelyb i'r Lili. Ar lafar, '*seifis*' (Meir.); '*shifys*' (dwyrain Morg.); hefyd yn gyff. yn y ff. *tsieifs.*

(*b*) *Bot.* Mefus, syfi: *strawberries.*
1632 *D* (*Bot*), *Seifys*, Fragania [*sic*]. **1688** *TJ* (*Bot*), *Seifŷs*: The Strawberry-bush.
Amr.: **sifi**[1], **syfi**[2]. **20g.** Ar lafar yn y ff. *syfi* yn yr ystyr 'cennin syfi' (gogledd Cered.). **stifys, steifys.** **1772** *W*, vulgò *steifys* [in Glamorgan-shire] d.g. *Cives.* Ar lafar, '*stifys*', *GTN* 716.

seiffon [bnth. S. *siphon*] *eg.* ll. *-au.* Tiwb hyblyg y dodir un pen iddo mewn llestraid o hylif a'r pen arall y tu allan i'r llestr ac ar lefel is er mwyn i wasgedd atmosfferig wthio'r hylif i fyny drwy'r tiwb ac allan o'r llestr; math o botel sy'n cynnwys dŵr soda, &c., dan wasgedd nwy carbon deuocsid sy'n gwthio'r ddiod i fyny drwy diwb ac allan o'r botel; *Swol.* organ diwbaidd mewn rhai anifeiliaid dŵr, yn enw. molysgiaid: *syphon* (*also in zoology*); (*soda*) *syphon.*
1937.

seiffr, siff(e)r [bnth. S. *cipher*] *eb.g.* ll. *-au, -s.* Rhifolyn, yn enw. sero, dim, hefyd yn *dros.* ac yn *ffig.*; ysgrifen ddirgel: *numeral, esp. zero, nought, cipher, also transf. and fig.*; *cipher* (*secret writing*).
1564–5 *Rhyddiaith Gymraeg* i. 68, kewch i weled na [*sic*] ffa ddolen i bo'r kowydd arni yn dechre wrth rif y dolene drwy *seiffyrs.* **1567** *TN* [liv], y ddecvet a elwir *Sipher*, ac y sydd or llun hyn o. **16g.** WILIAM CYNWAL: *Gw* (R. L. Jones) 285, *Seiffr* am iâd, saffrwm ydoedd [am wallt merch]. *id.* 291, Mae gwallt rhwym, y gellid rhwyd, / Mal *siffr* aml a saffrymwyd. **1581** *B* ix. 105, Gwybv awgrym gwib wiwgraff / ai ars Seffr bronn y *sseiffir* braff [marwnad Hywel ap Syr Mathew gan Lewys Dwnn]. **1620** *Mos* 204, 130, Nid ydyw ev, ond *seifr* mewn awgrym. **1711** M. MAURICE: *YAD* 289, profiadau teimladwy Plant Duw . . . ynthynt ei [*sic*] hynain nyd ydynt yn amgen na *Siphers*, pethau digyfrif gweigion. *c.* **1720** *CIF* 6, os ni bydd yr un chwarter na hanner na thri chwarter, cewch, (o) *Seipher.* *c.* **1730** *Thos. Lloyd D* (LlGC) 210a, *Seiffer.* A Cypher.

seiffraf, siffraf[1]: **s(e)iffro** [bf. o'r e. *seiffr, siffr*] *bg.a.*

(*a*) Rhifydda, cyfrif: *to calculate, count.*
1908. Ar lafar, '*Seiffro* . . . To perform arithmetical operations', *GDD* 261; '*siffro*' 'cyfrif', ''Ôn i'n trio *siffro* faint o arian odd isia arno' i', *GTN* 739; hefyd yn yr ystyr 'ystyried, meddwl, pyslo', ''Ôn i'n *siffro*'r peth yn 'ir', *ib.*

(*b*) Trimio (llech(en) neu garreg): *to trim* (*slate or stone*).
1924. Ar lafar yn yr ardaloedd chwareli'r Gogledd, '*Seiffro*: Torri darnau bach sy'n amharu ar y setsan neu ddarnau bach sy'n amharu ar naddiad y llechen', *B* xx. 375.

seiffrwm, seiffrwn, gw. sieffrwn.

seigaf: seigo, seigen, gw. seigiaf: seigio, saig.

seigiaf, seigaf: seig(i)o [bf. o'r e. *saig*] *bg.a.* Darparu neu weini (bwyd); rhoddi gwledd i, bwydo; bwyta, gwledda, traflyncu: *to provide or serve* (*food*); *feast or feed* (*someone*); *eat, feast, gobble.*
c. **1400** *R* 1272. 12–14, Gwedy kael gauael ar geva wennllys lle ydoed winllat gŏyrda. ae *seigyaŏ* deykyn sŏga. ae barch gan gleroed ae ba. **15g.** *GDLl* 109, Cyrfio a *seigio* pob saig, / Fal Gwinsor, fil ugeinsaig. **15g.** *GO* 127, I Gwlen obry a glyn Ebron, / Y tai y *seigwyd* tywysogion. **15g.** *DE* 85, di alaeth fv dalaith fon / da *seigiodd* dywysogion. **15g.** *HCLl* 86, Sew o ogylch a *seigiwyd*, / Saig fawr lyseuog o fwyd. *Diw.* **15g.** *Pen* 67, 67, *Seigiaw* ngwledd gwr bonheddic (Hywel Dafi). **1547** *WS*, *Saigo* Messe. **16g.** HUW ARWYSTL: *Gw* 101, oes gwr well ymysg gwerin / oes gwraig well ei siwgr ai gwin / *seigio* y bv i fab Siakob vwyd / lywsi Ifor lyseyvwyd. *id.* 426, yma segur im *seigiwyd* / Seigiav'r llen yw Sgwier llwyd. **1632** *D*, Saig . . . *Seigio*, Fercula apponere. **17g.** *LlGC* 10249, 173, Bŷd kâs baw, yw *seigiaw* yn siwr / bŷd kassach, bowyd keisiwr. **1688** *TJ*, Saig . . . *Seigio*: to provide and dress Dishes of Meat. **1803** *P*, *Seigiaw* . . . To mess, to partake of a meal; to serve up dishes or messes.

seigiol [*saig*+*-iol*] *a.* Yn perthyn i saig, tebyg i saig; ac iddo lawer o seigiau: *pertaining to, or like, a dish of food; having many dishes of food.*
1803 *P*, *Seigiawl* . . . Relating to a mess.

seigiwr, seigwr [bôn y f. *seigiaf*: *seigio*+*-(i)wr*] *eg.* ll. *seigwyr.* Un sy'n darparu neu'n gweini bwyd; traflyncwr: *provider or server of food; gobbler.*
15–16g. *GIF* 78, *Seigiwr* mal y sywgr melys, / sewer yw hwnn i Syr Rys. **15–16g.** (*a.* **1594**) *Mos* 148, 444,

Seigwyr hwyl sy o geirw hynt / Seigno dadl sügnwaed ydynt [Wiliam Egwad i ofyn milgwn]. **17g.** *Pen* 144, 43, gruffydd ap howel griffwn / *seigiwr* doedd fel siacob [dwn]. **1803** *P, Seigiwr,* s. m.—pl. *seigwyr* . . . A messer.

seign, seigot, seigwr, gw. **sygn, sygot, seigiwr.**

seingiad [bôn y f. *sangaf: sengi+-iad*[2]; ond dichon mai ff. ferfol a welir yn un o'r enghrau. yn *A* isod] *eg.* ll. *-iaid.* Sangwr, sathrwr, troediwr: *trampler, treader.*

13g. *A* 18. 17, *seingyat* am seirch seirch *seingyat. c.* **1729** S. Rhydderch: *LlCD* 405, Ar Criplied Cloff i gerdded, *Seingied* sydd.

seilad[1] [cf. *seilog*] *a.* Sarrug, dig: *surly, angry.*

1718 *PGAD* 3, Fe wna honno it' ochneido / Yn dra *seilad* ryw awr eirad. **1722** *Llst* 189, *Seilad.* Surly, sour, dogged. *id.* d.g. *Angry.*

seilad[2]**, seilaf: seilo**[2]**,** gw. **seiliad, seiliaf**[1]**: seilio.**

seilam [bnth. S. taf. *sylum,* ff. affetig ar *asylum*] *eg.b.* ll. *-s.* Gwallgofdy; lloches; hefyd yn *ffig.*: (*lunatic*) *asylum*; *asylum, refuge; also fig.*

1885 D. Owen: *RL* 117, mae'n bryd i ti fynd i'r *Seilam.*

seilawdr, gw. **seiliawdr.**

seilbawl [*sail*[1]*+pawl*] *eg.* ll. *-bolion.* Postyn a yrrir i'r ddaear i gynnal seiliau: *pile* (*under foundations*).

1780 *W* d.g. *Pile.*

seilbrawf [*sail*[1]*+prawf*[1]] *eg.* ll. *-brofion.* Maen prawf: *criterion.*

1842.

seilbren, gw. **sail**[1]**+pren.**

seilddar, seildar [*sail*[1]*+dâr*] *eb.* ll. *-d(d)eri.* Trawst (derw), piler, cynhalbren, postyn (a yrrir i'r ddaear i gynnal seiliau), hefyd yn *ffig.*: (*oak*) *beam, pillar, prop, pile, also fig.*

15g. *GTP* 15, Trithwr ar balmant Rhuthun, / Tewdwr Iâl, Tudur yw un—/ Sêl Ondrys, sail y windref, / *Seildar* dros y wlad a'r dref [i dri mab Llywelyn Fychan o Iâl]. **15g.** *GGl*[2] 113, Mae deufin i'r mau dafawd / I dorri gwŷdd, *seilderi* gwawd. *c.* **1500** *GO* [341], Nenbrenn y gerdd awen goeth, / A *seilddar* mydyr isselddoeth [marwnad Gutun Owain]. **16g.** *GLD* [22], Dwyn *seilddar* Aberdaron, / Diwreiddio hwnt drwyddi hon [marwnad Gruffudd Carreg]. **1604–7** *TW* (*Pen* 228), *seildhar* d.g. *docus, Sublica. id.* pont vawr o goet, *seildheri* a physt d.g. *pons* . . . *Sublicius.* **1632** *D,* Sail . . . *Seilddar,* Pl. *Seildderi,* Subliciæ. *id. seildar* d.g. *Trabs.* **1722** *Llst* 189, *Seilddar.* f. Piles driven into the earth to build upon; props, posts, scaffold-poles. p. *Seildderi.* **1780** *W, seilddar* d.g. *Pile, Prop.* **1803** *P, Seilzar,* s. f. . . . A main beam or pillar; a prop; a foundation pile.

Amr.: **sildar. 1543** *B* viii. 298, Melinidd sy yn addo . . . kynal y paladyr yn vnion . . . rac toro o ystlys yr adenydd ar y *sildar. id.* 299, *silderi.* **sylddar** [?dan ddyl. *sylfaen*]. **1604–7** *TW* (*Pen* 228) d.g. *Laquear, Trabs.*

Gw. hefyd **seildderw.**

seildderw [*sail*[1]*+derw*; dichon mai *-d-*≡ *-d-* a welir yn yr engh. isod] *eg.* Trawst neu bostyn (derw): (*oak*) *beam or post.*

c. **1400** (*SG*) *HMSS* i. 180, ar draws y fford yd eit yr llannerch yr oed barr o *seilderw* kadarn (*une barre lanceïse*).

Gw. hefyd **seilddar.**

seilddor [*sail*[1]*+dôr*] *eb.* ll. *-au.* Trothwy: *threshold.*

1803 *P, Seilzor,* s. f.—pl. t. *au* . . . A threshold.

seiledig, gw. **seiliedig.**

seilej, seiles [bnth. S. *silage*] *eg.* Silwair: *silage.*

20g. Ar lafar, 'Cymoni beth ar y *seilej*' (Llŷn).

seilensiaf: seilensio, seiler, seiles, gw. **sialensiaf: sialensio, seler, seilej.**

seilfa [*sail*[1]*+-fa, ma*] *eb.* Sail, sylfaen: *base, foundation.*

1603 W. Midleton: *Ps* 147–8, Fel llys uchel ei wel-lydh / Ei Gyssegr-fa *seil-fa* sydh. *id.* 178, Di-syfl-wal ffyrf-wal hôff oedh, / *Seilfa* vn-yd sylfaenoedh. **1790** Twm o'r Nant: *GG* 156, Craig Iesu Grist yn gyfan, / I'w'r *Sailfa*'n wir a sai.

seilfaen, seilfaenaf: seilfaenu, seilfaenol, &c., gw. **sylfaen, sylfaenaf: sylfaenu, sylfaenol,** &c.

seilgyffion, seilgyffiau [*sail*[1]*+cyffion, cyffiau* (ll. yr e. *cyff*)] *e.ll.* Fframwaith yr adeiledir llongau arno, blociau: *stocks* (*on which ships are built*).

[**1783**] *W, sail-gyffion* d.g. *Stocks* [*upon which ships are built*].

seiliad, seilad[2] [bôn y f. *seiliaf*[1]: *seilio+-iad*[1], *-ad*; dichon mai *-iad*[2], *-ad* a welir yn rhai o'r enghrau. isod] *eg.* ll. *-au.* Y weithred o seilio, sylfaeniad, sail, seiliau, sylfaen, hefyd yn *ffig.*: *a founding, foundation(s), base, also fig.*

c. **1400** *R* 1310. 18–19, Kynnedueu selyf kein vod *seilyat* dawn. kyfyaɓn ac unyaɓn y digonyat. *id.* 1360. 13–14, Anurdaf anaf oenyn o brelat baw *seilyat* biswelyn. **15g.** *GGl*[2] 27, Tew yw'r olau, o'r tŵr eler / Tua'r seler, pond da'r *seiliad*? **15g.** *HCLl* 38, Fertuw *seiliad,* fur gynheiliad / Fu'n arheiliad, fy Nêr haelaf. **16g.** Siôn Brwynog: *C* 158, *Seiliad* aur ddeiliad, urddoliaeth—eiliad, / *Seiliad* a deiliad sêl dadoliaeth [marwnad Tomas Mostyn]. **1567** *TN* 162a, cyn no bot *sailiat* y byt. *id.* 246a, gosodeis y *sailiad,* ac arall 'sy yn adeiliad arnaw. O bleit *sailiat* [:– sylvaeniat grwndwal] arall ny ddychon neb y 'osot dyeithr . . . Jesu y Christ. Ac a's adeilat neb ar y *sailiat* hwn, aur . . . prenneu, gwair . . . gwaith pob vn a amlygir. **16–17g.** *LlCy* ix. 214, Ni thwylla'r Tad, *seiliad* siŵr, / Yma byth mo'i obeithiwr (Edward Urien). **1642** *THSC* (1938) 147, Arwyddfardd waithhardd i'th ddydd siwr *seilad* / Wyd Siors Wiliam Gryffydd (Harri Howel). **1661** E. Lewis: *Drex* 78, *seiliad* Mynachlogaidd newydd a hynod o Acœmiaid. **18g.** *Gron* 106, Mae Selyf mwyaf *seiliad*? / Mae'r llywydd Dafydd ei dad? **18g.** E. T. Rhys: *DA* 34, Bryd hyn, 'roedd *seiliad* angau'n syn. **1803** *P, Seiliad,* s. m.—pl. t. *au* . . . A foundation. Cf. W. D. Leathart: *OGS* 83, *Seiliad* eich hwyliad chwi, Wyneddigion.

seiliadaf: seiliadu [bf. o'r e. *seiliad*] *ba.* Sylfaenu: *to found.*

c. **1700** E. Lhuyd: *Par* i. 124, ef a *seiliadodd* Vynachlog Llan Egwest.

seiliadydd, seiliedydd [bôn y f. *seiliadaf: seiliadu+-ydd*[3]] *eg.* Sylfaenydd: *founder.*

[**1807**] *Ysg Arm* 207, ymwingais wrth y mynydd, ac a ymddigiais wrth ei sylfaenydd . . . ond ni wnai na gwrthryfel, na dagrau . . . nac ôl nac argraph arno; canys mynydd o brês ydoedd, ac y mae ei *seiliadydd* yn un, ac ni thry neb ef.

seiliaf[1]**, seilaf: seilio, seilo**[2] [bf. o'r e. *sail*[1]; tywyll yw rhai o'r enghrau. cynnar isod] *bg.a.*

(*a*) Gosod (ar) sail neu seiliau, peri adeiladu, sylfaenu, sefydlu; sefydlu (person), ymsefydlu: *to lay a foundation or foundations, found, ground, base, establish; establish* (*a person*), *settle* (*down*).

13g. *Brut B* 75, en er amser hvnnv e dechr[e]wys Pedyr epostol *seylyav* eglwys katholyc en Antyochya. **13g.** *GBF* 370, Pɓy ny'th vaɓl o'r saɓl a *ry-seilyvh*? **14g.** *T* 5. 19, dan syr seint *ryseilɓys. id.* 12. 22, *ryseilas. id.* 17. 1, cɓ mae eu herɓ pan *seilyassant.* **14g.** *Bren Saes* 146, bu varw Wallter vab Richart, y gwr a *seilawd* gyntaf manachloc Tyndyrn. *c.* **1400** *R* 1234. 26–8, Gɓae adivreint seint. a *seilyaɓd* temleu. gɓaɓr maɓr murgradeu gredyf ymadraɓd. *Dchr.* **15g.** *GM* 1, ef bieu y mor, ac ef a'e gwnaeth, ac ef a'e dwylaw a *seilyawd* y dywarchen. *id.* 3, Lloer a syr, y rei a *seilyeist* y'th enryded. *id.* 5, Duw bieu y dayar a'e chyflawnder, / . . . / Kanys ar y moroed ef a'e *seilyawd,* / Ar yr auonoed ef a'e kyweiryawd. **15g.** *GDLl* 116, Plas Wiliam, cwmpli y'i *seiliwyd,* / Palis a beris a bwyd. **1547** *WS, Seiliaw* syluany Grounde. **1567** *TN* 92b, ac ny allei ei yscytwyt [tŷ]: o bleit ei *sailiaw* [:– sylvayny, ddysylu, row/ndwaly] ar y graic. **1588** 2 *Cr* xxxi. 6–7, degwm y pethau cyssegredic . . . Yn y trydydd mis y dechreuasant hwy *seilio* y pentyrau: ac yn y seithfed mis y gorphennasant hwy. **1632** *D,* Sail . . . *Seilio,* Fundare. **1688** *TJ,* Sail . . . *Seilio* . . . to lay a Foundation. **1724** T. William: *OL* 34, ac i hynny *se*[*i*]*liodd* ysgolion Dysg. **1753** *TR,* Sail . . . *Seilio,* to found, to lay the groundwork or foundation. **18–19g.** R. Davies: *DB* 28, Gwiw *seilwyd* gwregys heli / Yn ddyfrgylch o'i hamgylch hi. **1803** *P, Seiliaw* . . . To found, to lay a foundation.

(*b*) (enghrau. *ffig.* ac mewn cyd-destun *ffig.*: *fig. exx. and exx. in a fig. context*).

15g. *GLGC* 303, Edn Aber Hodni obaith, / Silin oedd i *seilio*'n iaith [marwnad Morgan ap Dafydd Gam]. **16g.** *NBSBM* 104, Mae 'Muellt draw'n *seiliaw* serch / Un â chân yn eich annerch (Huw Arwystl). **1567** *TN* 299a, wedy 'ech *sailio* ach ffyrfhau yn y ffydd. **1588** *Eff* iii. 18, wedi eich gwreiddio, a'ch *seilio* mewn cariad. **1595** H. Lewys: *PA* 199, or gonestrwydd yma, 'rhwn a *seiliwyd,* ac a blannwyd gan natur, y tyfod' dysceidiaeth. **16–17g.** *Cer RC* 95, Fy llong sydd o dderw Ffansi: / Hoelion heyrn Serch sydd ynddi, / Gwedi'i *seilio*'n gyflawn wastad / O'r tu mewn o goed Deisyfiad. **1606** E. James: *Hom* ii. 83, dylaid [*sic*] *seilio* crefydd a'r [*sic*] y gwirionedd. **1630** *YDd* 313, gwedi ei *seilio* ar wybodaeth diogel o air Duw. **1632** J. Davies: *LlR* 290–1, y Testament newydd, a *seiliwyd* yn eglur ar y groes. **1710** *LlGG* (*Gos*) 16, yr Articlau hefyd ar ba rai y mae iddynt *seilio* 'u Presentiadau. **1759** J. Evans: *PF* 7, Hyd ymma yr oedd Physygwriaeth wedi ei chwbl *Seilio* ar Brawf.

seiliaf[2]**: seilio** [bnth. S. (*to*) *ceil*] *ba.* Rhoddi nenfwd ar (ystafell): *to provide* (*a room*) *with a ceiling, ceil.*

1547 *WS, Seiliaw* Syle. *c.* **1730** *Thos. Lloyd D* (LlGC) 207a, *Seilio* . . . To ceil.

seiliaf[3]**: seilio,** gw. **seliaf: selio.**

seiliawdr, seilawdr [bôn y f. *seiliaf*[1], *seilaf: seilio, seilo*[2]*+-(i)awdr*] *eg.* Sylfaenydd, sefydlwr: *founder, establisher.*

13g. *BD* 125, sef oed yr Ambri hvnnv *seilyavdyr* (*RB* ii. 140, *seilaɓdyr*) y uynachloc honno yn gyntaf. *c.* **1400** *RC* xxxiii. 448, y dywededic abat . . . a beris gwneuthur ysgrin arderchawc . . . megys y gwedei ac y dylyit y *seilyawdyr* pennaduraf y lle hwnnw. **16g.** Lewys Morgannwg: *Gw* 471, Plasau sy olau *seiliawdr* pedeirllys. *id.* 637, Erklys alont jork hil *seiliawdr* / or llwyth heiliawdr jarll ith weler. **16g.** Wiliam Llŷn: *Gw* (R. Stephens) 20, Yn llawen *seiliawdr* yn Llansilin. **16–17g.** *NBSB* 30, *Seiliawdr* fab Mathewsalem, / Sylfaen fu i Gymru a'i gem. **17g.** *CC* 205, llowiawdr *seiliawdr* wyd Solon / llew mawr tref gastell y Môn.

seiliedig, seiledig [bôn y f. *seiliaf*[1], *seilaf: seilio, seilo*[2]*+-(i)edig*] *a.bfl.* Wedi ei seilio('n gadarn), wedi ei sylfaenu neu ei sefydlu, hefyd yn *ffig.*; sylfaenol: (*well-*)*grounded, based, established, founded, also fig.*; *fundamental.*

13g. *BD* 62, anuones [y Pab] attav deu wr gredyuus fydlavn dysgodron a *seiledic* yn y glan gatholic fyd y bregethu idav. **1630** *YDd* 418, mewn 26. O byngciau *seiliedig* (*fundamental points*) gwir grefydd. **1710** *LlGG* (*Gos*) 12, lle mae Ysgol Gyffredin *seiliedig* eusys. **1803** *P* d.g. *Seiliedig.*

seiliedydd, seiling, gw. **seiliadydd, seilin.**

seilingaf, silingaf: s(e)ilingo [bf. o'r e. *seiling, siling* (ff. ar *seilin*)] *ba.* Rhoddi nenfwd ar (ystafell): *to provide* (*a room*) *with a ceiling, ceil.*

c. **1730** *Thos. Lloyd D* (LlGC) 208a, *Seilingo.* To seel. **1815** *Mân Adnau* (LlGC) 506, 1, *Seilingo* Blaen y Waun.

seilin, seiling, silin(g), selin(g) [bnth. S. *ceiling*; ansicr yw'r engh. gyntaf] *eg.* ll. *-au, -od, -s.* Nenfwd, hefyd yn *ffig.*: *ceiling, also fig.*

16g. Morus Dwyfech: *Gw* 121, Llyna lys llawen ei lawr, / Aur *seilin* a roes elawr / A Llan Wyddelan ddilyth, / A droes Duw fôr drosti fyth [marwnad Elin Llwyd]. **1815** *Mân Adnau* (LlGC) 506, 75, Rhoddasom *silings* odditan lofft Blaen y Waun. Ar lafar, '*seilin,* s.m.' 'ceiling', *WVBD* 477; 'lot yn rhoid y coed 'ma ar y *silings*' (Llŷn); '*selin*' 'nenfwd', 'Dyna ychal ma'r *selina* yn y tŷ 'yn, ynta fa?' *GTN* 723; ''Alla' i ddim 'mestyn i beinto'r *silin* 'ma' (sir Gaerf.).

seiliog[1] [*sail*[1]*+-iog*; tywyll yw'r engh. gyntaf] *a.* Ac iddo sylfaen (gadarn): *having a* (*strong*) *foundation.*

14g. *T* 28. 14, Agheu *seilyaɓc* ym pop gɓlat ysranaɓc. **1803** *P, Seiliawg* . . . Having a foundation.

seiliog[2]**,** gw. **seilog.**

seiliol [*sail*[1]*+-iol*] *a.* Sylfaenol, gwaelodol: *fundamental, basic.*

[**1748**] L. Anwyl: *CC* 11, megys rheol *seiliawl. id.* 13, y brif a'r *seiliawl* ddysgeidiaeth.

seilion[1,2]**,** gw. **sail**[1]**, sâl**[1]**.**

seiliwr, seilydd [bôn y f. *seiliaf*[1], *seilaf: seilio, seilo*[2]*+-iwr, -ydd*[3]] *eg.* (b. *seilyddes*) ll. *seilwyr, seilyddion.* Un sy'n gosod sail

neu sylfaen, sylfaenydd, sefydlwr: *one who lays a base or foundation, founder, establisher.*

15g. *GGl*[2] 126, Sâl rugl yw *seiliwr* Rhaglan, / Syr Wiliam, wisg serloyw mân. **15g.** BEDO AERDDREM, &c.: *Gw* 406, Nid aeth dros gov ym d'ovyn / *Seiliwr* doeth dros lawer dyn. **16g.** RHISIART FYNGLWYD, &c.: *Gw* 11, *Seiliwr* wyd, moes alw yr ail, / Sawl ar waed; nid salw'r adail. **16–17g.** E. PRYS: *Gw* 257, Sylfaen congl prif ddehongliaith, / *Seiliwr* ac eiliwr y gwaith, / Ysgwier mydr rhwysg eofn, / Ysgwier o ddysg i raidd ddofn. **16–17g.** EDWARD URIEN, &c.: *Gw* 58, Saer mawl wyf, siŵr, mal Ofydd, / *Seiliwr* gwawd, sawl orau gwŷdd. **1604–7** *TW* (*Pen* 228), *seiliwr* d.g. *Aedificator, Auctor.* **1632** *D*, *seiliwr* d.g. *Fundator.* **1709** H. POWEL: *G* 14–15, nid oes lle i debig y buasai i ddoeth a graslawn *Seiliydd* [*sic*] ein Crefydd ni ddiscwyl oddiwrthym gyflawniad o'r cyfryw ddyledswydd, oni buasai ei bod i ddibenion a diweddion rhagorol. **1711** H. POWEL: *TY* 63, hyn a wnaei pob doeth *Seiliydd* [*sic*] llywodraeth, os byddei yr eithaf o'i fedr ai allu yn abl ei gyrradd. **1765** J. EVANS: *CPE* 17, Nid prophwyd yn unig, ond Deddfwr . . . a *seiliwr* crefydd newydd. **1803** *P*, *Seiliwr*, s. m.—pl. *Seilwyr* . . . One who founds. *id. Seilyz*, s. m.—pl. t. *ion* . . . A founder.

seilo[1] [bnth. S. *silo*] *eg.b.* ll. *-s.* Pwll, tŵr, &c., ar gyfer gwneud silwair a'i storio, lle tebyg ar gyfer storio grawn, &c.; safle danddaearol gadarn ar gyfer taflegrau: *silo.*

1939. Ar lafar, 'Ma gynnon' ni sawl *seilo* i ddal grawn ar ffarm 'y nghefnder'; hefyd gynt yn yr ystyr 'silwair', '*Seilo*' 'ensilage', *TGG* (1907–8) 86 (de-orllewin sir Gaerf.).

seilo[2], gw. **seiliaf**[1]: **seilio.**

seiloffon [bnth. S. *xylophone*] *eg.* ll. *-au. Crdd.* Offeryn taro wedi ei wneud o gyfres raddedig o fariau pren, &c., a drewir â morthwylion bach: *xylophone.*

20g.

seilog, seiliog[2] [cf. *seilad*[1]] *a.* Sarrug, dig: *surly, angry.*

17g. *LlCy* v. 161, Dihunwch, cwnnwch o'ch cudd —yn *seilog* / I sialens llawenydd (Edward Dafydd)! *c.* **1730** *Thos. Lloyd D* (LlGC) 209a, Soel y gath mor *sailog* wyf / Selay edn un soel ydwyf. Q. 159. **1773** *W*, edrych . . . yn *seilog* d.g. *To glout.*

seilwadn [*sail*[1]+*gwadn*] *e?g.* Sail, sylfaen, gwaelod, hefyd yn *ffig.*: *foundation, base, groundwork, also fig. basis.*

1632 *D* d.g. *Fundamen.* *c.* **1730** *Thos. Lloyd D* (LlGC) 207a, *Seilwadn.* Fundamentum. **1770** *W* d.g. *Base or basis, Foundation.*

seilwaith, seilwydd, gw. **sail**[1]+**gwaith**[1], **gwŷdd**[1].

seilydd, seilyddes, gw. **seiliwr.**

seilym, gw. **salm.**

seim [bnth. S. *chime*] *e?g.* ll. *-s.* (Caniad(au)) cloch neu set o glychau, hefyd yn *ffig.*: *chime, also fig.*

c. **1500** (*c.* **1577**) *Mos* 147, 213, klywais gerdd o fewn klôs gwydd / *seim* oswallt dros y meissydd (Rhys Brychan). **16g.** WILIAM CYNWAL: *Gw* (G. P. Jones) 93, A Siams ydoedd, *seims* odiaeth, / Ar ffrwst yn rhoi cyngor ffraeth. *a.* **1587** *Y* 133, O gwavt wir, gwawd dihareb, / *Seims* yn iaith, ni somais neb. **16–17g.** *PhA* 137, Caniawdwr accen ydoedd / canu *seyms* amcanus oedd. *id.* 259, A cherddor dann wych hardd-aur / i siams oedd fal y *seims* aur. **16–17g.** *GST* i. 556, Siams, â'i grwth fal *seims* y grog, / Eutun daid, dyn odidog. *id.* 764, Clych mwynion, clywch ymannerch, / Cloc gyda *seims*, cliced serch. / Y gog leisteg eglwysty / Yw y gloch fraisg a glywch fry. / A'r *seims* gwell y sy 'mysg gwynt, / *Seims* adar lais masw ydynt. **16–17g.** EDWARD URIEN, &c.: *Gw* 258, Samson gryf, *seims* enw a gras, / Salbri oedd, sêl bur addas. **16–17g.** *Mos* 147, 213, Cowydd Cyfeiliornydd a gollasai r ffordd liw nos ag wrth glowed *seims* a ddoeth i groesosswallt. *c.* **1730** *Thos. Lloyd D* (LlGC) 206b, *Seim.* a Chime.

Gw. hefyd **tsieim.**

seimiach, saemach [*saim*+*-iach*[2] (At.), a *saem*+*-ach*[2]] *eg.* ac *e.ll.* Saim, braster; tameidiach o fraster: *grease, fat; scraps of fat.*

1784 M. WILLIAMS: *S* i. 187, yr Hottentots . . . yn iro eu crwyn â *saemach.*

seimiaf, saemaf, &c.: **seimio, saemo, saemu,** &c. [bf. o'r e. *saim, saem*] *bg.a.* Iro, ireidio, hefyd yn *ffig*; cynhyrchu saim, gollwng saim; cynffonna, gwenieithio, ffalsio (i): *to grease, lubricate, also fig; yield fat, drip fat; flatter, fawn* (*upon*).

15g. HUW CAE LLWYD, &c.: *Gw* 140, Dwyn karegl Jessv or Eglwysy / . . . / gwilian etto i *seimio* a gwir siomy / ai balchder ai hyder a dvw yn i hoidi. **1547** *WS*, *Saimio.* *Diw.* **16g.** *WLB* 13, berw wŷnt [malwod duon] . . . oni fyddont yn *seimio.* *Dchr.* **17g.** *J* 10, 38b, *Seimio.* to yelde grease. **1632** *D*, Saim . . . *Seimio*, Sevum exercere. **1774** *W* d.g. *To grease.* **1784** M. WILLIAMS: *S* i. 213–14, [dillad] wedi eu *saemo* ac olew seals. **1803** *P.* Ar lafar, 'Paid di â *seimio* i mi', *WVBD* 477; 'To grease tins . . . *samo* . . . *simo* . . . *seimo* . . . *seimi*', *AGB* 203; 'A *samo* ngwallt â sâm brilcrîm', *Wês wês* 75; 'Ma fa miwn manco'n *saemu*'i 'sgitsia gwaith', *GTN* 756. Clywir hefyd fr. fel 'Mae a'n *seimo*'i 'unan yn lled dda' (dwyrain Morg.), wrth sôn am rywun sy'n bwyta llawer o fwyd bras.

seimiwr [bôn y f. *seimiaf*: *seimio*+*-iwr*] *eg.* ll. *seimwyr.* Un sy'n iro (peirianwaith, &c.): *greaser* (*of machinery, &c.*).

1803 *P*, *Seimiwr*, s. m.—pl. *Seimiwyr* [*sic*] . . . A greaser.

seimlyd, seimllyd, saemlyd [*saim, saem* +*-lyd, -llyd*] *a.* Llawn saim, yn cynnwys (llawer o) saim, tebyg i saim, bras, brasterog, olewaidd, gwerllyd, hefyd yn *ffig.* ac yn ddifr.; wedi ei iro: *fatty, greasy, oily, unctuous, also fig. and derog.*; *greased.*

c. **1400** *MM* 116, Tronc . . . O byd *seymlyt* (*Études* vii. 376, *saymlyt*), a dolur ma6r ganta6, agheua6l y6. **1547** *WS*, *Saimlud* Gresy. *id. Seimlud* Gresy. **1604–7** *TW* (*Pen* 228), *seimlyt* d.g. *Adipatus.* **1632** *D*, Saim . . . *Seimlyd*, Sæuosus. *id.* d.g. *Adiposus, Vnctus.* **17g.** *TBM* 358, Y mae'r gwehydd *seimlyd* ei din / A'i farclodyn croenyn crin. *c.* **1762–79** W. WILLIAMS: *P* 23, maent hefyd yn Crogi am eu Gyddfau fath o God *Saemlyd* ymha un y bydd eu Cyllill. **1770** *TG* ii. 40, lleihaodd y mwg yn fawr, gan ymddangos yn dew ac yn *seimlyd.* **1771** *PDPh* 34, Y mae 'r pridd yn *seimlyd.* *id.* 59, clwtyn llestri *seimlyd.* *id.* 60, golchion *seimlyd.* **1778** *W*, *seimlyd* d.g. *Oily.* **1798** *WR*, *seimlyd* d.g. *Unctuous.* **1803** *P* d.g. *Seimlyd.* Ar lafar, '*seimlyd*' 'fat, greasy', *WVBD* 477; 'Ma'r bwyd 'yn yn ry *saemlyd*', *GTN* 756; 'Ma fa'n wilia mor *saemlyd* sha'r rai ma fa'n cretu sy lan dicyn', *ib.*; 'Diawl bæch *seimllyd* yw e' (Cwm Rhondda). Fe'i clywir hefyd yn yr ystyr 'ffiaidd, anllad', 'Ryw hen air *seimlyd* iawn 'ddeudodd o wtha' i', *WVBD* 477. Cf. W. REES: *AFR* 354, cyn y gwawrio milfiwyddiant eich gwerinos *seimllyd* ar y byd.

seimlydrwydd [*seimlyd*+*-rwydd*] *eg.* Yr ansawdd neu'r cyflwr o fod yn seimlyd neu'n olewaidd: *greasiness, oiliness.*

1774 *W* d.g. *Greasiness, Oiliness.*

seimwer [gair geir., sef *saim*+*gwêr*] *eg.* Siwet, gwêr: *suet, tallow.*

1604–7 *TW* (*Pen* 228) d.g. *Sebum* (hefyd *D*). **1722** *Llst* 189, *Seimwer*, m. sewet, tallow.

sein[1] [bnth. S. *sign*; dichon fod rhai enghrau. o *sein*[2] wedi eu cynnwys yma] *eb.g.* ll. *-iau, -s.*

(*a*) Arwydd, marc, symbol, arwyddlun; *Her.* dyfais; (rhag)argoel; *Ser.* arwydd o'r Sodiac: *sign, mark, symbol, emblem; device* (*in her.*); *omen; sign of the Zodiac.*

14g. *GIG* 14, Sylfaen iaith sy o flaen neb, / *Sein* daioni sy'n d'wyneb [i Ieuan ab Einion]. **15g.** *ID* 51, doktor ssion dyged tair ssel / *ssein* myniw a ssain manwel. **1545** *CM* 1, 129, Os y *sein* ne arwydd y vorwyn a vydd ynd/wyn yhriolaeth. **1547** *WS*, *Sein* ne arwydd A sygne. **16g.** *GGH* 114, Siôn dradewr, *sein* dy rediad / Sy nod a dull Siôn dy dad. **16g.** (*Dchr.* **17g.**) *B* xviii. 35, *sein* or ki synwyr kall / *sein* ddierth sion yw ddeall (Ifan Delynior). **1567** *TN* 104a–b, ceisio sygn [:– *sein*, arwydd, argoel] y maent, ac ny's rhoir vn yddynt. *id.* 122a, a 'pha'r argoel [:– arwydd, *sein*] vydd ar ddawot hyn i ben? **16g.** WILIAM CYNWAL: *Gw* (G. P. Jones) 22, Siôn at wrsib, *sein* teirsir, / Sail bro hardd, o Salbri hir. **1580** *GGN* 37, kodi dwylo . . . wrth y *sein* hwnw y maen yn dangos y bod yn tyngy fod y peth yn wir ar ofyner yddynt. **16–17g.** EDWARD URIEN, &c.: *Gw* 229, Sôn sy deg dy holl *seins* da, / Siôn Puw oes un a'i pasia? *c.* **1600** *NBSB* 263, Sad yw rhyw, ym mrest y rhol, / Siôn Waren, wrth *sein* wrol (Gruffudd Hafren). **1630** *YDd* 161, *sein* hynodol ac arwydd diamheuus o enaid ni wir ofnodd Dduw erioed. **17g.** *TBM* 872, Ac aer wyd o gywir wŷdd / A *sein* graff i Siôn Gruffudd. **18g.** *W Ballads* 197, 6, Pyteindra Maswedd *Sein* o ddialedd sy'n i ddilin. Ar lafar, '*sein*, s.f., pl. *seinia, seins*' 'sign', 'Mae hi'n *sein* reit dda am sychu', *WVBD* 477; ''Roth 'im *sein* o fath yn y byd' (Llŷn); ''Odd e fod i bigo ni lan hanner awr yn ôl, a 'dos dal dim *sein* ohono fe' (sir Gaerf.).

(*b*) Arwydd (siop, tafarn, &c.), arwyddfwrdd, arwydd ffordd, hefyd yn *ffig.*: *sign*(*board*), *road sign, also fig.*

16g. SIÔN BRWYNOG: *Gw* 161, Llawen dan *Sein* Llunden siêb / Lle adweinir lliw d'wyneb. **1615** R. SMYTH: *GB* 135, O chymeri di un deg [gwraig] y mae hi 'n *sein* ar dy ddrvvs i ddenu cvvm/peini yti. **1757** J. THOMAS: *TC* 29, gallaf trwy hynny grogi allan *sein*, neu arwydd o grefydd. Ar lafar, 'Edrychwch am y *sein* a Borth arni'. Clywir hefyd yr ymad. 'mynd dan y *sein*' yn yr ystyr 'mynd i'r dafarn', 'Peth diweddar yn y pentra 'yn yw gweld mynŵod yn mynd dan y *sein*', *GTN* 756.

Gw. hefyd **sin**[1], **sygn.**

sein[2] [ff. affetig ar S. *assign*] *e?g.* *Cyfr.* Person y trosglwyddir eiddo neu hawliau iddo, trosglwyddai: *assign*(*ee*) (*in law*).

1547 *WS*, *Sein* ne assein Assyne. **16g.** HUW CORNWY, &c.: *Gw* 78, Ei aer a'i *sein* i roi sydd / ynny win o'n awenydd.

seinaf[1,2]: **seino, seinar,** gw. **seiniaf**[1,2]: **seinio, joiner.**

seinateb [*sain*[1]+*ateb*] *eg.* ll. *-ion.* Atsain: *reverberation.*

1851.

seinau, ff. l., gw. **sant.**

seinber [*sain*[1]+*pêr*[1]] *a.* Persain, melodaidd: *sweet-sounding, melodious.*

1815.

seinct, gw. **sant.**

seindebiaeth [*sain*[1]+*-deb*+*-iaeth*] *e?b.* Seineg: *phonetics.*

1851.

seindebol [*sain*[1]+*-deb*+*-ol*] *a.* Seinegol: *phonetic.*

1849.

seindon [*sain*[1]+*ton*[1]] *eb.* ll. *-nau.* Ton sy'n lledaenu sain: *sound wave.*

1877.

seindorf [*sain*[1]+*torf*] *eb.g.* ll. *-eydd, -au, seindyrf.* Grŵp o gerddorion, yn enw. rhai sy'n canu offerynnau chwyth, band: (*musical*) *band.*

1838. Ar lafar, ''Odd *seindorf* yn Nantgarw pyn ôn ni'n blant ac un arall yn Garffili', *GTN* 756.

Cfn.: **seindorf arian:** *silver band.* **20g.** **seindorf bres (pres):** *brass band.* **1861.**

seindraws [*sain*[1]+*traws*] *a.* a hefyd fel *eb. c.d.* (Math o gynghanedd) yn cyfuno cynghanedd sain a chynghanedd draws: (*kind of 'cynghanedd'*) *combining 'cynghanedd sain' and 'cynghanedd draws'* (*in Welsh prosody*).

1592 S. D. RHYS: *Inst* 252, Mistus, Gymysc o'r grôes a'' vnodl Sonorus transiliens, *Seindraws.* *id.* 271–2, Cyghhânedh Gymysc, yw yr honn y bô yndhi Gróes a' Sain gyghhânedhryghhyd [*sic*], a'hynny ynn yr vn Braych o gerdh: A'' Gyghhânedh Gymysc honn a bhydh o amryw bhodheu, bhall hynn . . . *Seindraws* Benceirdhiol, bhall hynn: Ty gwîn (egînin) têg wyt. Dhyscyblaidh, bhall hynn: Gwaith (mawr ar gaith a 'wna'r) gwr. Dinceirdhiaidh, bhall hynn: Draw (y mae yn 'i drylhiaw yn) drwm. **1728** S. RHYDDERCH: *GC* 132. **1803** *P.* Gw. J. MORRIS-JONES: *CD* 182.

seindwll [*sain*[1]+*twll*] *eg.* ll. *-dyllau. Crdd.* Twll ym mol offeryn llinynnol: *soundhole.*

[**1783**] *W* d.g. *Sound-hole* [*of a musical instrument*]. **1803** *P*, *Seindwll*, s. m.—pl. *seindyllau* . . . A sound-hole.

seinddysg [*sain*[1]+*dysg*] *e?b.* Acwsteg; (geir.) seineg: *acoustics*; (*dict.*) *phonetics.*

1842.

Seinead, gw. **Tsieinead.**

seined, seinied, sined [bnth. S. C. *si*(*g*)-*net*] *eb.g.* ll. *-au.* Sêl fechan, fel arfer un a osodir mewn modrwy, (modrwy) insel, hefyd yn *ffig.*: *signet* (*ring*), *also fig.*

15g. *GDLl* 121, 'Y ngharwr, ni chynghorais / Ymddiried i *seined* Sais [marwnad Syr Gruffudd Fychan a hudwyd â saffcwndid]. **15g.** *GTP* 39, Deued fal ei dad o faint, / Diwedd hwn fo dydd henaint, / Drwy weddi, *seined* ruddaur, / Elin wallt fal olwyn aur. **15g.** *GLGC* 400, Simant fegis croes owmal, / *sined* Duw y sy'n y tâl [moliant Bedo Coch ap Meredudd]. **15–16g.** *TA* 327, Bo i'r trimaib air tramawr, / Be ar dri mab Rhodri Mawr! / Tri fal i

Frenin Troea, / Tair *seined* aur tros un da [marwnad Siôn ap Maredudd]. **16g.** *GGH* 138, Sêl aur gloyw dros lawer gwlad, / *Seined* henaur Siôn Tanad. *Diw.* **16g.** M. KYFFIN: *DFf* 279, Sion o u [*sic*] gorff aur *seined* gwiw / edwart pendefig ydiw. **16–17g.** LLYWELYN SIÔN, &c.: *Gw* 545, synnwyr a wyr i soniaw, / synned i wlad, *seined* law. *id.* 554, synned düw, *seined* dwywent / am wr o waed, mawr o went. **16–17g.** *GST* i. 920, Seiliodd ffordd, sylwedd a phwyll, / Siôn Tudur *seined* didwyll. **1636** *Pen* 321, 62a, yrydem ni cyn nesed at frenin ne megis fod pwybynag anniweidio [*sic*] n myned yng helch [*sic*] tynu *Seined* llaw ddehe duw. **1658** R. VAUGHAN: *PS* 228, Sacrament fendigedig ai gorph ai waed . . . bydded im henaid yn *sined* neu arwydd oth cariad, ath sêl oth ogoniant ti. **1693** E. MORGAN: *HRD* 23, Ouer [*sic*] ac arrian ddigon *seinede* ar bob bus.

Cfn.: **seined sêl**: *seal ring, signet ring.* **15g.** *HCLl* 136. **15–16g.** HYWEL RHEINALLT: *Gw* 61.

Gw. hefyd **signed.**

seinedydd [*seined*+-*ydd*³] *eg.* ll. -*ion.* Ceidwad sêl, Ceidwad y Sêl Gyfrin: *signet keeper, Keeper of the Privy Seal.*

1588 *Tob* i. 22, yr oedd efe yn drulliad, a *seinedydd* . . . iddo. **1722** *Llst* 189, *Seinedydd.* m. p. *dyddion.* Keeper of the privy seal. **[1783]** *W* d.g. *Seal, The keeper of the privy seal.*

seineg [*sain*¹+-*eg*¹] *eb.* Gwyddor seiniau llafar; seinyddiaeth, ffonoleg; acwsteg: *phonetics; phonology; acoustics.*

1851.

seinegol [*seineg*+-*ol*] *a.* Yn perthyn i seineg neu seiniau llafar, o natur seineg neu seiniau llafar; ac iddi gyfatebiaeth (agos) rhwng seiniau a symbolau (am orgraff, &c.): *phonetic.*

1931.

seinegwr, seinegydd [*seineg*+-*wr*, -*ydd*³] ll. *seinegwyr.* Un sy'n astudio seineg: *phonetician.*

1939.

seiner, gw. **joiner.**

seinfawr [*sain*¹+*mawr*] *a.* Swnllyd, soniarus; mawreddog ei sain: *loud, noisy, sonorous; grand-sounding, imposing.*

13g. *B* ix. 335, doeth . . . c wynvydedic wyry. a bwrw e llawes tros e wreic val yd oed amlwc genthi ae diffryt o ruther *seinvaur* e [drll.] weilgi. **1753** D. JONES: *SD* 81, Na siommwch ef â *seinfawr* gân / Ar dafod anystyriol. *c.* **1775** J. JENKIN: *P* 16, Anadl yr Arglwydd megis afon o frwmstan . . . [y] blinderau *seinfawr* hyn. **[1783]** *W* d.g. *Sonorous.* **1793** DAFYDD IONAWR: *CD* 361, A glân felyslon ganu / Yn *seinfawr* wna 'r Cantawr cu. **18–19g.** R. DAVIES: *DB* 203, Galwad mawr, *seinfawr* y sydd! **1803** *P.*

seinfawredd [*seinfawr*+-*edd*¹] *eg.* Soniarusrwydd: *sonority, sonorousness.*

1776 *W* d.g. *Loudness* [*of the voice, &c.*].

seinflwch [*sain*¹+*blwch*] *eg. Crdd.* Siambr gau atseiniol offeryn llinynnol, &c.: *soundbox.*

20g.

seinfwrdd [*sain*¹+*bwrdd*] *eg.* ll. -*fyrddau.* Siten denau o bren yr â tannau piano, telyn, &c., drosti neu drwyddi er mwyn cynyddu'r sain a gynhyrchir; canopi uwchben pulpud i gyfeirio'r sŵn tua'r gynulleidfa, hefyd yn *dros.*: *soundboard; sounding board (over pulpit, &c.), also transf.*

[1783] *W* d.g. *Sound board* [*of a musical instrument, &c.*]. **1803** *P, Seinvwrz,* s. m.—pl. *seinvyrzau* . . . A sounding-board. Cf. D. J. WILLIAMS: *ChHO* 72, Nid oedd *seinfwrdd* effeithiol i fwyhau'r llais yr adeg honno.

seinfforch [*sain*¹+*fforch*] *eb.* ll. -*ffyrch.* Trawfforch: *tuning fork.*

1862. Ar lafar, "Odd a'n taro'r *seinfforch* i gæl y notyn cyn dychra canu', *GTN* 756.

seingar [*sain*¹+-*gar*] *a.* Persain; yn seinio: *melodious; sounding.*

1699 T. JONES: *Alm* [13], Cyd ganwn yn llafar i Dduw yr holl ddaiar / Ac Ysprŷd gwŷllysgar, da *Seingar* disiom. **1749** *ML* i. 143–4, nid yw mo'm creglais [*sic*] mor *seingar* a soniarus ag y dymunwn. **18g.** *Traeth* xxxi. (1876) 178, Cyduna a thi mewn *seingar* si / Roi i'r brenin fri'n ei fraint (Jonathan Hughes). **18g.** E. T. RHYS: *DA* 43, Mawr gŵyn a galar, / A thrydar *seingar* sydd / Ar ol eu hathraw mwynaidd / Mae pawb o'i braidd yn brudd. **1778** J. HUGHES: *BB* 164, Nid ydyw 'n trŵst a'n trydar, / Yn canu carol *seingar,* ond swyno. **1797** B. EVANS: *CG* 320, Y mae y ddau ddyn *saingar* hynny sy absennol trwy ddiystyru gweddi, wedi dangos pa adnabyddiaeth sy ganddynt ar Dduw.

seingarwch [*seingar*+-*wch*¹] *eg.* Perseinedd: *melodiousness.*

1858.

seinglawr [*sain*¹+*clawr*¹] *eg.* ll. -*gloriau.* Seinfwrdd; seinflwch: *soundboard; soundbox.*

1803 *P, Seinglawr,* s. m.—pl. *seingloriau* . . . A sounding-board.

seingoll [*sain*¹+*coll*¹] *eg.* a hefyd fel *a.* Y weithred o seingolli; wedi ei seingolli: *elision; elided.*

20g.

seingollaf: seingolli [bf. o'r e. *seingoll*] *bg.a.* Gadael allan (sain lafar): *to elide.*

20g.

seingor [*sain*¹+*côr*¹] *eg.* ll. -*au.* Seindorf: (*musical*) *band.*

1851.

seingraff [*sain*¹+elf. *-*graff,* ar ddelw'r S. *phonograph*] *eg.* Gramoffon cynnar a ddefnyddiai silindrau i recordio ac atgynhyrchu sain: *phonograph.*

1895.

seingraffydd [*seingraff*+-*ydd*³] *eg.*

(*a*) Seingraff: *phonograph.*

1888.

(*b*) Seinlunydd: *sonograph.*

20g.

seingroes [*sain*¹+*croes*] *a.* a hefyd fel *eb. c.d.* (Math o gynghanedd) yn cyfuno cynghanedd sain a chynghanedd groes: (*type of 'cynghanedd') combining 'cynghanedd sain' and 'cynghanedd groes' (in Welsh prosody).*

1592 S. D. RHYS: *Inst* 252, Mistus, Gymysc o'r gróes a"r vnodl Sonorus & cruciformis, *Seingroes. id.* 271, Cyghhânedh Gymysc, yw yr honn y bô yndhi Gróes a' Sain gyghhânedhryghhyd [*sic*], a'hynny ynn yr vn Braych o gerdh: A"r Gyghhânedh Gymysc honn a bhydh o amryw bhodheu, bhall hynn: *Seingroes* Bengolh, bhall hynn: Tant cóed ar nant cadarn dhu. *Seingroes* Gyssylhtsain, bhall hynn: On'd a 'wnelon dann ei law. *Seingroes* Dhychwelêdic, bhall hynn: On'd a 'wnelon dann ei law. Et Dann ei law on'd a 'wnelon. *Seingroes* Dhisgynêdic, bhall hynn: Gwr mal twr grym hwyl taran. **1593** W. MIDLETON: *B* 8, *Seingroes* o gyswllt. **1803** *P.* **1808** R. DAVIES: *GC* 151, Cynghanedd *seingroes* rywiog. **1815** *TR* 67, *Seingroes* rywiog, sydd fel hyn, 'Dydd mawr bydd diddim wŷr beilch'. Cf. J. MORRIS-JONES: *CD* 182, *Seingroes* . . . croes yw hi, ond bod gair yn ei rhan gyntaf yn odli â'r orffwysfa, fel y gellir ei darllain fel sain; er enghraifft: Aed y traed hyd ato'r wyl . . . gellir edrych arni fel cynghanedd wedi ei dechreu'n sain, a'i diweddu'n groes drwy beri i'r gytseinedd ymestyn yn [ô]l dros ddau far cyntaf y sain.

seingudd [*sain*¹+*cudd*¹] *a. c.d.* Anodd clywed cynghanedd sain ynddi (am linell, &c.): *in which it is difficult to hear 'cynghanedd sain' (in Welsh prosody).*

1592 S. D. RHYS: *Inst* 265, Cyghhânedh Gûdh, yw yr honn y bô anhawdh canbhod yndhi y Gyghhânedh, bhall hynn yn *Seingudh*gyssylhtgroesgudh [*sic*]: Trô treu rôt er troi 'r iaith. *id.* 271–2, Cyghhânedh Gymysc, yw yr honn y bô yndhi Gróes a' Sain gyghhânedhryghhyd [*sic*], a'hynny ynn yr vn Braych o gerdh: A"r Gyghhânedd Gymysc honn a bhydh o amryw bhodheu, bhall hynn . . . *Seingudh* hannergyssylhtgroesgudh [*sic*], bhall hynn: Tro dyrr amod drûd rwymwaith. **1803** *P.*

seiniad¹ [bôn y f. *seiniaf*¹: *seinio*+-*iad*¹] *eg.b.* ll. -*au, seiniaid.* Sain, y weithred o seinio, caniad (utgorn, &c.); ?odl; llafariad; (geir.) acen: *sound, a sounding; ?rhyme; vowel; (dict.) accent.*

16g. *NBSBM* 269, Pob gŵr a sonia pob garw *seiniad,* / Pawb eto a gŵyn, pob atgeiniad (Huw Llŷn). *a.* **1575** *GP* 121, Sain o gysswllt a vydd pann vo y *sseiniad* diwaethaf o gysswllt dav air, val y mae hwnn: Vy ngherdd am y ddager dda. *id.* 125, Dybryd Ssain a vydd mewn kynghanedd ssain, pann vo y *sseiniad* y'r odliad diwaethaf o'r gynghanedd yn prostiaw a'r brifawdl . . . val hyn: Yn arglwydd arwydd iraidd. *p.* **1584** G. ROBERT: *GC* [219], Mae parthiad arall ar y *seiniad*: Canys pob sain sydd naill ai pur, yntau amhur. *id.* [225], pann fytho'r gynghanedd, yn cloi ar y cysseiniaid yn unig, heb ymorol am y *seiniaid,* Mal: Arth o wisg lwyd, wrth was glan. **1727** M. MAURICE: *WE* 34, *seiniad* y seithfed Udcorn. **1738** *Beirdd y Bala* 15, Harri fab Harri, purion—yw d' odlau, / Didlawd gynghaneddion; / Dealldwrus, gweddus, gwyddon, / Am *seiniad* a llusgiad llon. **1759** *DG* 147, Hoffi a moli Merch, ail i Hester ôleu wastad / Hardd leuad *seiniad* serch. **18–19g.** GW. MECHAIN: *Gw* i. 284, Hosanna yw llef eu *seiniad.* **1803** *P, Seiniad,* s. m.—pl. t. *au.* . . A sounding.

seiniad², gw. **syniad.**

seiniadaeth [*seiniad*¹+-*aeth*] *eb.* Acwsteg; seinyddiaeth, ffonoleg; ynganiad; goslef; sain: *acoustics; phonology; pronunciation; intonation; sound.*

1820.

seiniadol [*seiniad*¹+-*ol*] *a.* Lleisiol, llafar; soniarus; seinegol: *vocal; sonorous; phonetic.*

1848.

seiniadur [bôn y f. *seiniaf*¹: *seinio*+-*iadur*] *eg.* ll. -*iaid.* Llafariad: *vowel.*

18–19g. *Llr C* 4, 267, *Seiniadur—aduriaid,* vowel, vowels.

seiniaeth [*sain*¹+-*iaeth*] *e?b. Ffren.* Cynneddf canfod traw cerddorol, melodi, a harmoni: *tune (in phrenology).*

1854.

seiniaf¹, **seinaf**¹: **sein(i)o** [bf. o'r e. *sain*¹] *bg.a.* Gwneud sŵn neu synau, cynhyrchu sain, swnio, canu (â'r llais), canu (offeryn cerdd, cloch); diasbedain, atseinio; llefaru, ynganu, datgan; arwyddocáu; ?odli: *to make a noise or noises, make a sound, sing, play (musical instrument), ring (bell); resound, echo; utter, pronounce, proclaim; signify; ?rhyme.*

13g. *GDB* 389, Mihangel, pan del y daly drostaὺ / Yn erbyn kythreul, kythrud *seinyaὺ.* **13g.** *A* 8. 10–11, *seinnyessyt* e gledyf ym penn mameu. **13g.** *HGK* 15, *seinnyav* a oruc y daear gan duryf y meirch a'r pedyt . . . kynnvryf er arveu a *seinnyei* en venych. **14g.** *WML* 25, Ascὺrn vch creuan pedeir keinhaὺc cota atal or *seinha* ymyὺn kaὺc. **1346** *LlA* 12, val y dyὺat yrangel drὺy yr assen megys y gwypynt beth a *seinnyei* y geirev hynny drὺydunt wy (*quid per eos verba illa sonarent*). *id.* 39, tebic ynt . . . ygloch ynn *seinnyaὺ* yn velys yereill. **14g.** *SC* vii/ix. 192, Coreu tec oed yn seuyll . . . a molyant y duw a *seinei* (*id.* 176, *seinyei*) yndunt o gywydolaethu a phynckeu melys. **14–15g.** *IGE*² 146, Lle *seinia* lliaws annerch, / Lle dewr mab, lle diwair merch (Gruffudd Llwyd). **1547** *WS, Seinio* arwyddo Betoken. *id. Seinio* sonio Sounde. **1567** *TN* 303a, y wrth-y-chwi y soniawdd [:– *seiniawdd,* llafarodd] gair yr Arglwydd. *Diw.* **16g.** *B* ix. 123, pa ddelw y dichon ef adnabod Duw yr hwnn a *seinia* ac nid ydiw yn ei weled. **1588** 1 *Cor* xiii. 1, a mi heb gariad gennif, yr wyf fel efydd yn *seinio* (W. SALESBURY: *KLl* xvb, elidn seiniawc). **1590** *RC* xlvi. 72, megis i tynn y vamaeth i phlentyn o'i lid . . . trwy *sainaw* yn y glvstav. **1620** *Ecclus* l. 16, meibion Aaron a waeddent, ac a *seinient* (**1588** *id.* 18, wnaent swn mawr eglur) mewn vdcyrn tawdd. **1621** E. PRYS: *Ps* [iv], am nad oes dim yn ein iaith ni mewn synwyr i *seinio* nac i odli â Duw. Am hynny . . . mi a rois amryw ddiphthongau eraill i gyfatteb â'r gair hwnnw. **1632** *D,* Sain . . . *Seinio,* Sonare. *c.* **1730** *Thos. Lloyd D* (LlGC) 208a, *Seinio.* To proclaim. CW. 7.7. Pronounce. **1740** T. EVANS: *DPO* [vi], eu bod yn rhy dueddol i *Seinio* allan eu Clod eu hunain. **1764** DEWI NANTBRÂN: *CB* 97, *seiniwch* y Gloch fach. **1791** W. WILLIAMS: *MDR* 3, Ai rhaid marw gwr wnai dyrfa / Oerllyd, drom yn llawn o dân; / Werin fyddar, fud, ddifywyd, / Oll i *seinio* nefol gân? **1803** *P, Seiniaw* . . . To sound, to resound. Cf. J. MORRIS-JONES: *CD* 29, A gwaeth na hynny ['Aber máw' yn lle 'Abérmo'], od oes modd, yw *seinio* 'Glyn Dŵr' fel 'Glýndwr'.

Amr.: **seiniaid** [engh. ansicr; dichon mai a. ydyw (?*saint*²+-*iaid* (cf. -*aid*²)) neu ff. l. i'r e. *sant* neu *saint*¹ (+-*iaid*¹)]. **12g.** *GCBM* ii. 270, Yn rὺytureint, yn rann seint *seinyeit.*

seiniaf², **seinaf**², **sin(i)af: sein(i)o, sin(i)o** [bnth. S. (*to*) *sign*] *bg.a.* Arwyddo (enw, dogfen, &c.), llofnodi, hefyd yn *ffig.*; arwyddo cytundeb gwaith, cofrestru (yn ddi-waith): *to sign (name, document, &c.), also fig; sign on (for a job, unemployment benefit, &c.).*

1712 T. WILLIAMS: *CDdG* 570, i *sinio* a seilio cyfammodau yn ei enw ef. **1721** E. PUGH: *AC* x, *Seiniwyd* yn enw y Dywededig Gyfarfod gan John Hugh. **1741** *ML* i. 53, ni ddarfu iddo *seinio* mor llythr cymmun. **1753** G. OWEN: *L* 58, Y mae'r fargen wedi ei chloi, canys y mae'r articlau cyttundeb wedi

eu tynnu a'u *seinio*. **1754** *ML* i. 311, Mi yrrais iddo rywbeth yw *seinio* gan y plwyfolion. **[1758]** *id.* ii. 67, Ni bu mor Gambold yma ettwa i *seiniaw*'r bill. *c.* **1762–79** W. WILLIAMS: *P* 599, efe a'r frenhines a *seiniodd* lythyr at Bonner i'w annog ymlaen. **1778** N. WILLIAMS: *D* 40, tynn di ef [cytundeb], ninnau *seiniwn*. **1794** E. JONES: *CP* 13, *seinio* certificate yr hên filwyr. **1828** *Geir Pob* 24, *Seinio*, arwydd nodi. Ar lafar, '*seino* 'i enw', 'I chi wedi *seino*?', *GDD* 261; 'Cera i'r offis i *seinio*', *B* viii. 221; ''*Seina*' i ddim o hwnna, ond 'wi'n cretu taw fel'na 'odd pethach' (yn mynegi ansicrwydd ynglŷn â gosodiad).

Cfn.: **seinio dirwest**: *to sign the pledge* (*of abstinence from alcohol*). **1847**. Cf. D. OWEN: *RL* 320, Feder dyn ddim edifarhâu run fath â *seinio dirwest*. **seinio titotal** = **seinio dirwest**. **1907**. **sein(i)o ymlaen**: *to sign on* (*for a job or for unemployment benefit*). Ar lafar, ''Wi'n *sino* '*mlæn* bora dy' Llun nesa' yn bwll Nantgarw', *GTN* 743.

seiniaf[3]: seinio [bnth. S. (*to*) *sign*, ff. affetig ar (*to*)*assign*, cf. *aseiniaf*: *aseinio*] *ba.* Pennu, penodi: *to assign, appoint.*

15–16g. *TA* 256, Sewer o lys Harri lân, / *Seiniwyd* i'w fess i hunan [i Wiliam ap Siôn Edwart o'r Waun]. **15–16g.** *GIF* 49, Syr Siôn, is aur a *seiniwyd*, / Wgon, iarll dros eigion wyd. **1547** *WS*, *Seinio* pwyntio Assygne. **16g.** *GGH* 224, A Gwyry Fair, gorau Forwyn, / A *seinio* nef i Siôn Wyn. **16g.** *LlS* 161, Y lysewyr [*sic*] or to dywaethaf a *seiniant* y rhinweddæ hyn ir ddau Banogyn. **1588** 2 *Mac* ix. 23, Gan ystyrio hefyd ddarfod i'm tâd yr amser ac yr arwenodd lu i'r tueddau vchaf hyn, *seinio* pwy a llywodraethe [*sic*] ar ei ôl. *id.* x. 11, *seiniodd* ryw un a elwid Lysias, i fod yn olygwr ar ei faterrion. **1604–7** *TW* (*Pen* 228), pymp, ne saith niwrnawt wedy *seinio* y Saturnus ym mis Rhaguyrh d.g. *Saturnalia*.

seiniaid, gw. **seiniaf[1]: seinio.**

seiniau[1,2], ff. ll., gw. **sain[1], sant.**

seiniawdr [bôn y f. *seiniaf[1]*: *seinio*+-*iawdr*] *eg.* ll. *seinodron*, ?a hefyd fel *a.* Un sy'n peri i rywbeth seinio; ?soniarus: *one who causes something to sound*; ?*sonorous.*

14g. *GEO* [7], Rhusfa galon sôn, rhi *seiniawdr*— arfau, / Rhuglddraig mewn brwydrau, rhiau, rhuawdr. *Dchr.* **15g.** *GM* 17, Molwch ef ar *seinodron* glych (*in cymbalis benesonantibus*). **1803** *P* d.g. *Seiniawdyr*.

seinied, gw. **seined.**

seiniog [*sain[1]*+-*iog*] *a.* Yn seinio, soniarus, swnllyd: *sounding, sonorous, noisy.*

14g. *GIG* 143, Weithian, dioer, oer addysg, / Y mae cerdd *seiniog* i'n mysg. **1551** W. SALESBURY: *KLl* xvb, Pe ydd ymddiddanwn a thavodeu dynion ac angelion a bot eb cariat ynof ddwyf vi val elidn *seiniawc* (**1588** 1 *Cor* xiii. 1, fel efydd yn seinio). **1604–7** *TW* (*Pen* 228), rhyw opheryn y ganû lhais *seiniawc* . . . ag efo wedy wneuthur o bres d.g. *Crepitaculum*. **1632** *D* d.g. *Consonans*. **17g.** (**17–18g.**) *Mos* 130, 219, Sion gyfion *seiniog* afael / difai wiw sant Dafis hael [i'r Dr John Davies, Mallwyd]. **1722** *Llst* 189, *Seiniog*. Sounding. *c.* **1730** *Thos. Lloyd D* (LlGC) 207a, *Seiniog*. Sonorus. **1803** *P* d.g. *Seiniawg*.

seiniol [*sain[1]*+-*iol*] *a.* a hefyd gyda grym enwol. Yn seinio, soniarus, yn atseinio; o natur sain; lleisiol; yn odli: *sounding, sonorous, resounding*; *of the nature of sound, sound-*; *vocal*; *rhyming.*

p. **1584** G. ROBERT: *GC* [236–7], Gwydyn i'r edyn ydwyt / A'r capwl gwbwl igyd . . . gwydn, edn, cwbl, unsillafog ydynt . . . ag os scrifennwch y nhwy yn iawn, ni by[dd] na chynherfyniad *seiniawl* rhwng, [*sic*] yr rhagddarn, a'r orddarn, na nifer cyflawn o sillafau, [*sic*] yn y breichiau. *id.* [240], mewn cynghanedd lusg, nid oes ond un clo cynghan, a hwnnw yn *seiniawl* rhwng y rhagddarn, a'r odlddarn. **1592** S. D. RHYS: *Inst* 276, Rhagwâneu *seiniawl*: megis Brat oedh dy dâd er dy dwrdh. **16–17g.** T. PRYS: *Bardd* 310, vn synwyr o flaen *seiniol* / a dal naw lle del yn ol. **18g.** L. HOPKIN: *FG* 9, Ei ddwys gadarn ddysgeidiaeth, / A'i Bregethau, moethau maeth, / Drowyd yn fawl dwyfawl da, / A *seiniol* lef Hosanna. **1762** T. WILLIAMS: *HHO* 13, Ac yn pregethu cyfiawnder siwr, / Yn *seiniol* i bob rhiw swynwr? **1803** *P* d.g. *Seiniawl*.

seinior, senior [bnth. S. *seignior*] *eg.* Arglwydd: *lord.*

16g. *GGH* 158, Seinio iarll Elis a wnaf, / *Seinior* o'r urddas hynaf. **16–17g.** *GST* i. 507, Siôn rhwydd ei synnwyr heddiw, / Siôn erioed fy *seinior* yw. **16–17g.** EDWARD URIEN, &c.: *Gw* 262, Siôn oedd y ffres winwydden, / *Senior* pawb am synnwyr pen.

seiniwr [bôn y f. *seiniaf[1]*: *seinio*+-*iwr*] *eg.* ll. *seinwyr.* Un sy'n seinio neu'n traethu, datgeiniad: *one who makes a sound or utters, declaimer.*

16g. *Llst* 6, 113, *seiniwr* lladd synwyr alliw / sidan o bwys ydiw [Huw Pennal i ofyn milgi]. **16g.** WILIAM LLŶN: *Gw* (R. Stephens), 548, Siôn ap Huw sy'n nhop y rhod, / *Seiniwr* pur, synnwyr parod. **18g.** *Beirdd y Berwyn* 78, Gore *seiniwr* gair hosanna. **1729** S. RHYDDERCH: *Alm* [42], Sion Rhydderch, *seiniwr* rhwyddjaith. **1803** *P*, *Seiniwr*, s. m.—pl. *seinwyr* [*sic*] . . . One who sounds or makes a sound.

seinlun [*sain[1]*+*llun[1]*] *eg.* ll. -*iau.* Record a gynhyrchir gan seinlunydd: *sonogram.*

20g.

seinlunol [*seinlun*+-*ol*] *a.* Yn perthyn i seinlun neu i seinlunydd: *sonographic.*

20g.

seinlunydd [*seinlun*+-*ydd[3]*] *eg.* Cyfarpar sy'n dadansoddi sain i'w hamleddau cyfansoddol ac yn cynhyrchu cofnod graffigol o'r canlyniad: *sonograph.*

20g.

seinlusg [*sain[1]*+*llusg*] *a.* a hefyd fel *eb.* *c.d.* (Math o gynghanedd) yn cyfuno cynghanedd sain a chynghanedd lusg: (*type of* '*cynghanedd*') *combining* '*cynghanedd sain*' *and* '*cynghanedd lusg*' (*in Welsh prosody*).

1925 J. MORRIS-JONES: *CD* 182. Cf. A. LL. ROBERTS: *AG* 95, mae'n rhaid galw llinell sydd yn cynnwys cynghanedd Sain gyflawn a chynghanedd Lusg gyflawn yn gynghanedd *Seinlusg* Gyflawn . . . Gŵr o forwr a fwriwyd; *id.* 97, Mae ganddo [Gwynne Williams] fath newydd o gynghanedd . . . Yn y gynghanedd newydd hon, mae cynghanedd Lusg yn digwydd yng nghorff y llinell, ac mae cyfatebiaeth gytseiniol rhwng yr ail ran, lle mae'r gynghanedd Lusg yn darfod, a thrydedd ran y llinell . . . Gellir galw'r gynghanedd newydd yma yn gynghanedd *Seinlusg* Afrosgo . . . Yr esgob gododd gloddiau gloyw.

seinod [*sain[1]*+*nod[1]*] *e?g.* ll. -*au.* Nodyn (cerddorol), hefyd yn y system sol-ffa; ebychnod: (*musical*) *note, also in tonic sol-fa*; *exclamation mark.*

1831. Ar lafar yn yr ystyr 'ebychnod', 'Ma *seinod* man'na, gwed a'n fwy cynyrfus', *GTN* 756.

seinradd [*sain[1]*+*gradd*] *eb.* ll. -*au.* Graddfa gerddorol, y gyfres gyfan o nodau cerddorol a ddefnyddir mewn cerddoriaeth, hefyd yn *ffig.*: *musical scale, gamut, also fig.*

1834.

seintaidd [*saint[1]* neu *saint[2]*+-*aidd*] *a.* Sanctaidd, yn ddifr.: *saintish* (*derog.*).

1813.

seintes [*saint[1]*+-*es[1]*] *eb.* ll. -*au.* Santes, sant benywaidd, gwraig sanctaidd, dduwiol, neu rinweddol, hefyd yn *ffig.*: *female saint, saintess, holy, devout, or virtuous woman, also fig.*

16g. WILIAM CYNWAL: *Gw* (R. L. Jones) 554, Siriol ŵyr Ginastr, ddisorod—iachoedd, / Santes am winoedd, *seintes* manod [am wraig Wiliam Hanmer]. **1672** R. PRICHARD: *Gw* 66, Ar Saint a'r *Saintessau*, pyt faint [*sic*] oll yng-hyd. **1775** G. HOWEL: *Alm* 2, Parhad a chwblhâd o hanes Seintiau, a *Seintessau* pabaidd, rhai y attaliwyd yng Nghalendar y misoedd.

Gw. hefyd **santes.**

seintiad [bôn y f. *seintiaf*: *seintio*+-*iad[1]*] *eg.* Canoneiddiad: *canonization.*

1803 *P.*

seintiaf: seintio [bnth. S. (*to*) *saint*] *bg.a.* Canoneiddio, hefyd yn *ffig.*; mynd yn sant: *to canonize, also fig.*; *become a saint.*

[1783] *W*, *Seintio*, gwneuthur yn sant d.g. *To saint* [*make a saint of one*]. **1796** T. JONES: *CCA* 332, pa faint nês i uffern oedd yr un merthyr duwiol . . . Dim nês . . . am eu bod wedi eu *seintio* yng Nghalendar y Pab. **1803** *P*, *Seintiaw* . . . To canonize.

Amr.: **santio. 1850.**

seintiedig [bôn y f. *seintiaf*: *seintio*+-*iedig*] *a.bfl.* Wedi ei ganoneiddio, hefyd yn *ffig.*; sancteiddiedig: *canonized, also fig.*; *sanctified.*

1567 *TN* 243b, Paul . . . at yr ei *sainctiedic* yn Christ Iesu. **1803** *P.*

Amr.: **sainctiedig** [*sainct[2]*+-*iedig*]. **1567** *TN* 243b.

seintiol, seintiolaeth, gw. **santol, santoliaeth.**

seintiolaf: seintioli [bf. o'r a. *seintiol*] *ba.* Canoneiddio: *to canonize.*

1856.

seintioldeb, gw. **santoldeb.**

seintrwydd [*saint[1]*+-*rwydd*] *eg.* Sancteiddrwydd: *holiness.*

c. **1658** R. VAUGHAN: *E* 221, yn gosod allan eu bwriadau bridiol [*sic*] ar broffes ddewisaf o *Seintrwydd*.

seintwar, sentwar, &c. [bnth. S. C. *seintwar*] *eb.* ll. -*au.* Noddfa, lloches, hefyd yn *ffig.*; cysegrfan, lle sanctaidd neu gysegredig: *sanctuary, refuge, also fig.*; *sanctuary, holy or consecrated place.*

15g. *GLGC* 352, santaidd y cedwis yr holl *seintwar*, / saint oll a'i cedwis yntau a'i wŷr. *id.* 419, Tŷ sgwâr yw *sentwar* y sant, / tŷ Rhufeinwaith Glyn Trefnant. **15g.** *GOLIM* 47, *Seintwar* o thorres ynti, / ni thyr dyn dim o'th air di. **16g.** *GSC* 154, *Seintwar* yw dy ddaear di; / Sant yw'r ustus hwnt trosti [i Lwchaearn]. **16g.** WILIAM LLŶN: *Gw* (R. Stephens) 22, *Seintwar* beirdd a phob heirddion / Sy mewn tai Simwnt a hon [i Simwnt Thelwal]. **16g.** WILIAM CYNWAL: *Gw* 343, Un Duw a'i gwnaeth, dug yn nes / Yn ei *seintwar* (*RWM* i. 35, *seintwer*) ein santes [marwnad Meistres Wrsle o Degeingl. **16–17g.** EDWARD URIEN, &c.: *Gw* 96, Sant diddan, sant da hyddysg, / Sant o ŵr doeth, *seintwar* dysg. **1603** W. MIDLETON: *Ps* 31, I frenin dewin ef gwrandawed / Oe *seintwar* garu nadhu nodhed. **1658** R. VAUGHAN: *PS* 54, na âd i mi wneuthur trowsder a neb . . . rhag wrth fyned im carchar megis i *Senitwar* [*sic*] neu noddfa o Somedigaeth i dwyllo eraill. **1755** *ML* i. 353, ped fawn o'u bachau mewn rhyw *seintwar* a llonyddwch! *id.* 355, Ai ie ni wyddech pa beth oedd *Seintwar*? Onid sanctuary ydyw? *Seintwar* yr adar yw'r llwyn coed. **1803** *P*, *Seintwar*, s. f. . . . A sanctuary. Cf. T. H. PARRY-WILLIAMS: *Y* 80, a hwythau [y mynyddoedd] wedi arfer bod mor agos ac o fewn cyrraedd fel rhyw *seintwar* i mi bob amser.

Amr.: **saintwar(a)i** [bnth. S. C. *seintuarie*]. **16g.** (*LlEG*) *Mos* 158, 85b, I ymgadw yn ddisgoulus [*sic*] o vewn *sainttwari* yr eglwys. *id.* 331a, ganed mab ir vren/hines Elisabeth ynny *saintwarei* ner noddua. **sanctwar(i).** [bnth. Llad. *sanctuārium*, o bosibl drwy'r S. *sanctuary*]. **1583** *LlGC* 716, 76b, does allan o'r *Sanctuari* (ne'r templ). **1604–7** *TW* (*Pen* 228), *Sanctuar* d.g. *Sanctuarium*. **santwari** [bnth. S. C. *santuarie*]. **15–16g.** DAFYDD TREFOR: *Gw* 113. **16g.** (*LlEG*) *Mos* 158, 338b, mynned I Westmynystr achymerud y noddfa hrag ovyn kreulondeb I brawd yr hwn a ddoeth i gaerludd yn ol i myned hi Ir *santtwary*. **16–17g.** *GST* i. 337, *Santwari* fyth sy in tra fai / Syr Rhys yn mesur osai. **sentwari** [cf. S. C. *sentuarie*]. **1582** *Rhyddiaith Gymraeg* ii. 50, yna i hredai ynn gandryll at ddrws yr eglwys ac amevlvd a wnaeth yn nolen y drws a gweiddi o hyd i benn, '*Sentwari, sentwari!*' **sintor. 1707** *AB* [4]3c, †*sintor* d.g. *Asylum*. Digwydd yn yr e. lleoedd *Shintor Fach*, *Graig-y-Shintor*, ger Cydweli, sir Gaerf., *Cy* xxv. 97–8.

seintyddiaeth, gw. **santyddiaeth.**

seintyddol [*saint[2]*+-*ydd[3]*+-*ol*] *a.* Yn perthyn i seintiau; ffugsanctaidd: *pertaining to saints*; *sanctimonious.*

1858.

seintyn, gw. **sant.**

seinydd [bôn y f. *seiniaf[1]*: *seinio*+-*ydd[3]*] *eg.* ll. -*ion.* Offer sy'n trawsnewid signalau trydanol yn sain: (*loud*)*speaker.*

20g.

seinyddiaeth [*sain[1]*+*ydd[3]*+-*iaeth*] *eb.* Yr astudiaeth o gyfundrefn seiniau iaith, yn enw. mewn iaith unigol, ffonoleg; cyfundrefn seiniau iaith arbennig; seineg; acwsteg: *phonology*; *phonetics*; *acoustics.*

1798 *WR* d.g. *Acoustics*.

seinyddol [*seinydd*(*iaeth*)+-*ol*] *a.* Yn perthyn i seinyddiaeth, ffonolegol; seinegol: *phonological*; *phonetic.*

1851.

seinyddwr [*seinydd*(*iaeth*)+-*wr*] *eg.* ll. -*wyr.* Un sy'n astudio seinyddiaeth, ffonolegwr: *phonologist.*

20g.

seinysgrifennol [*sain[1]*+*ysgrifennol*] *a.* Yn cynrychioli seiniau llafar ag arwyddion unigol: *phonographic.*

1850.

seinysgrifiaeth [*sain[1]*+*ysgrifiaeth*] *e?b.*

Cyfundrefn ysgrifennu sy'n cynrychioli seiniau llafar ag arwyddion unigol: *phonography*.
1850.

seinysgrifiol [*sain*[1] + *ysgrifiol*] *a.* Seinysgrifennol: *phonographic*.
1866.

Seionaeth, gw. **Seioniaeth.**

Seionaidd [yr e. lle *Seion* + *-aidd*] *a.* Yn perthyn i Seioniaeth, yn cefnogi Seioniaeth: *Zionist(ic)*.
20g.

Seioniaeth, Seionaeth [yr e. lle *Seion* + *-(i)aeth*] *eb.* Mudiad i ailsefydlu cartref cenedlaethol yr Iddewon ym Mhalesteina ac er 1948 i gefnogi a datblygu gwladwriaeth Israel: *Zionism*.
1933.

Seionistiaeth [bnth. S. *Zionist* + *-iaeth*] *eb.* Seioniaeth: *Zionism*.
20g.

Seionydd [yr e. lle *Seion* + *-ydd*[3]] *eg.* ll. *-ion*. Un sy'n cefnogi Seioniaeth: *a Zionist*.
20g.

Seionyddiaeth [*Seionydd* + *-iaeth*] *eb.* Seioniaeth: *Zionism*.
20g.

seipr, sipr [bnth. S. C. *cipir, cipur* 'cypress' neu S. C. *cipre, cipur* 'henna shrub'] *e?g.* Cypres neu lwyn henna, hefyd yn *ffig.*: *cypress or henna shrub, also fig.*
15g. *GGl*[2] 248, Prennau yw 'mhaderau da, / Pren *Seipr* o ynys Opia. **15–16g.** Llawdden, &c.: *Gw* 142, Sawden gwlad Aensio ydwyd / Syr Rys, prins neu bren *Seipr* wyd. **16g.** *THSC* (1923–4) (At.) 36, Ar groes honno a wnaethbwyd o bedwar rwyogaeth o goed . . . sydyr, *sypyr*, pren oliff a phren helic. **1630** *TBM* 839, Os y pren *seipr* o Wynedd / Aeth o'r byd 'sywaeth i'r bedd [marwnad Robert Gruffudd gan Huw Roberts]. **17g.** Wiliam Bodwrda: *Gw* 315, Y pren *seipir* or tir teg.

seiprys[1], **siprys**[2] [bnth. S. C. *cipres, cipris*] *e?g.* (Pren) cypres: *cypress (tree or wood)*.
15g. *IGE* 230–1, Pedwar defnydd, gwŷdd goddef, / Y Grawys oedd i'w groes ef—Syth Salma [y]w palma pur / *Siprus* (*Llst* 6, 59, vitys; *Pen* 67, 2, nitrys) cypressus prysur. **16g.** *Llst* 6, 117, prenay yw mhyderay da / prenay *siprys* (*GGl*[2] 248, Seipr) yr opia. **1547** *WS*, *Seiprys* pren A cypres tree. **1617** *Minsheu* 73b, *Seiprys* d.g. *Cipres, or Cypres the tree, also the wood thereof.*

seiprys[2], gw. **siprys**[3].

seir [gair geir.] *e?g.* Cleddyf: *sword*.
1707 *AB* 220b, *Seir*, A sword. **1753** *TR*, *Seir*, a sword.

seirch [bnth. Llad. **sarcia*, cf. Llad. *sarciō* 'clytiaf'] *eb.* ll. *seirchiawr*, ac *e.ll.* Arfwisg; offer meirch, harnais; (geir.) cefnlliain, cyfrwy(au), damasg: *armour; trappings (of horse), harness; (dict.) horse-cloth, saddle(s), damask.*
12g. *GMB* 73, Dyforthynt y *seirch* meirch rygygaỽc. *id.* 199, Caraf eilon mygr, meith arnadunt / Eilywed asserw a *seirch* kystut. **12g.** *GCBM* ii. 272, Wedy serch a *seirch*, meirch meingann. **12–13g.** *GLlLl* 88, Molawt yw ygnif mal yn tanure, / Edeinueirch a *seirch* serygyl kynnwe. *id.* 112, Ethynt ueirt, er pan athwyd, / Heb eur *seirch*, heb ueirch, heb uwyd. **13g.** *C* 64. 11–12, Gwydi gweli agwaedlan. a gviscav *seirch* ameirch cann. **13g.** *A* 7. 17, gorgolches e greu y *seirch* budvan vab bleid van dihavarch. *id.* 18. 16–17, *seirchyawr* am y rud yt ued. *id.* 22. 3–4, yg cat veirch a*seirch* greulet. *id.* 33. 15, Gosgord gododin e ar ravn rin. meirch eiliv eleirch a *seirch* gwehin. **14g.** *T* 68. 2, Gỽr gỽiỽ uch y amliỽ *seirch*. **14g.** *GIG* 34, A'i *seirch* yn gyfryw â sŷr, / A'i eisiau yn ei asur [marwnad Syr Rhys ap Gruffudd o Lansadwrn]. **1547** *WS*, *Seirch* Horse harnes. **16g.** *B* ii. 237, *seirch* . . . trapiau ar veirch . . . damasg. **1632** *D*, **Seirch*, Ephippia, phaleræ. *id.* d.g. *Instratum, Stratum.* **1688** *TJ*, *Seirch*, offer Ceffyl, Cyfrwŷ . . . a Saddle. **1725** *SR* d.g. *A Pad.* **1770** *W* d.g. *Barbs* [*armour for horses*], *Caparison* [*trappings, or furniture of a horse*], *Geers* [*harness for beasts of draught*]. **1803** *P*, *Seirç*, s. pl. aggr. . . . Equipage, horse trappings, furniture, or harness, a set of harness.
Gw. hefyd **gwrmseirch.**

seirchiog [*seirch* + *-iog*] *a.* Arfog, arfogedig, yn gwisgo arfwisg; (geir.) wedi ei harneisio: *armed, armoured; (dict.) harnessed.*
13g. *A* 5. 12–13, Aer *seirchyawc* aer edenawc. *id.* 10. 2, vn *seirchyawc* saphwyawc son edlydan. **1803** *P*, *Seirçiawg* . . . Harnessed, equipped.

seiren, siren [bnth. S. *siren*] *eb.* ll. *-au, -iaid, -s, seirenes.*
(*a*) *Chwedl. glasurol* Un o nifer o ferched neu greaduriaid asgellog, hanner merch a hanner aderyn, y tybid bod eu canu yn llithio morwyr diarwybod i'w distryw ar y creigiau, hefyd yn *ffig.*: *siren (in classical myth.), also fig.*
16–17g. *CRC* 81, Felly finneu'n felus Ffansi / Pyngcieu 'r *Syren* sŷdd im soddi. *id.* 90, Os vn or *seirenes* am rithiodd [*sic*] yn llankes / sy/n/ gweithio trwy fales yn twyllo / Dyna i harfer ymhob lle / yn bwrw llonge i svddo. **1672** R. Prichard: *Gw* 588, Neptun donnog a'i Ddolphiniaid, / Thetys drwst-fawr â'i *Sirenniaid*, / Y rows shiars i Driton ganu, [*sic*] / Gosteg fôr i Brins y Cymru. **1789** Gw. Mechain: *Gw* i. 399, Yn ammhwyll, hydwyll ein hudir—gan haid / O *Sireniaid* yn suo i'r anwir.
(*b*) Dyfais sy'n gwneud sŵn uchel hir fel rhybudd neu arwydd, yn enw. drwy chwythu awyr neu ager cywasgedig drwy ddisg tyllog sy'n troelli: *siren*.
1938.

seirffaidd, gw. **sarffaidd.**

seirffdduwiau, seirffswynwyr, ff. ll., gw. **sarffdduw, sarffswynwr.**

seiriaf: seirio, gw. **seriaf: serio.**

seirian[1] [?ffrwyth cymysgu enghrau. o *seirian*[2] â'r a. *eirian*] *a.* a hefyd fel *eg.* ll. *-au.* Disglair, gloyw, pefriol, hardd; (?geir.) disgleiriad: *bright, sparkling, glittering, beautiful; (?dict.) a sparkling.*
1632 *D*, *Seirian*, pro Ys eirian. Nid oes yna dy hanner, Na'th draian, liw *seirian* sêr (*DGA* 77, Na'th draean, sirian y sêr). **17g.** *CLlC* iii. 33, Dwy seren serch *seirian* ei gweled. **17g.** Huw Morus: *EC* i. 131, *Seirian* wawr ser—gain berllan bêr, / Moes fwynder hyder hoedel. *id.* 133, Nid oes mo'th debyg mewn un man, / Don *seirian* dan y ser. **1722** *Llst* 189, *Seirian.* Beautifull, sparkling. **1759** *BC* iv, Bro lwys, paradwys ysprydawl, Llys Jôr, / Lle *Seirian* rhyfeddawl. **1759** *DG* 2, Iesu Iôr o wedd '*Seirian* / Rhwng colofnau tyrau tân. *id.* 10, Carolina lwysa lân / Briod Sior, o brŷd *seirian.* **1793** Dafydd Ionawr: *CD* 16, Yn siriol, ddeuddyn *seirian*, / Aent i'w Palas gloywlas glan. *id.* 26, Gwelai 'r Ddaear liwgar lân, / Werdd siriol, a'r Ardd *seirian.* **1799** *TY* 63, trysorwaith / Tra *seirian* [:– hardd] ei ddefnydd. *id.* 369, hardd neu hawddgar yw *seirian.* **1803** *P*, *Seirian*, s. m.—pl. t. *au* . . . A sparkling.
Amr.: **seiriant. 1855.**

seirian[2], gw. **sirian.**

seirianaf: seirianu [bf. o'r a. *seirian*[1]] *bg.a.* Disgleirio, pefrio; gloywi; hefyd yn *ffig.*: *to shine, sparkle; brighten; also fig.*
1803 *P*, *Seirianu* . . . To sparkle.

seirianaidd [*seirian*[1] + *-aidd*] *a.* Disglair, pefriol: *sparkling, glittering.*
1803 *P.*

seirianol [*seirian*[1] + *-ol*] *a.* Disglair, pefriol, hefyd yn *ffig.*: *sparkling, glittering, also fig.*
1803 *P.*

seiriant, gw. **seirian**[1].

seirianwaith, seirianwedd, gw. **seirian**[1] **+ gwaith**[1], **gwedd**[1].

seirnial, ?*eg.* ?Gêr, offer: *gear, equipment.*
14–15g. *IGE*[2] 290, Mae'r siwrnai i Loegr? Mae'r *seirnial*? (Siôn Cent). *c.* **1400** *R* 1273. 34, Gwys arnaỽ gỽyỽ y *seirnyal.* **15g.** *GGl*[2] 78, Clos harnis, fyclau *seirnial*, / Cwmplid a welid o Iâl.

seirniog [*sarn* + *-iog*] ?*eg.* ?Sathrwr: *trampler.*
14g. *GDG*[3] 309, Sych natur, creadur craff, / *Seirniawg* wybr, siwrnai gobraff [i'r gwynt].

seirograff [bnth. S. Diw. Cyn. *cirographe*] *e?g.* ll. *-au.* Cirograff: *chirograph, formal handwritten legal document.*
16g. *BT* 171, [c]raffter y cirograffeu (amr. *seirographay*) ar sartrysseu. *c.* **1625** *Cal Wynn Papers* 222, ni alla i ddibenny mor Indentur nes kael coppy or noat hwnw ne'r *Seregraffe* [*sic*] pen ddelo i Sessiwn.
Gw. hefyd **cirograff.**

seirop, gw. **surop.**

seis[1] [bnth. S. *size* 'magnitude; assize'] *eg.b.* ll. *-ys.*
(*a*) Maint, maintioli; maint neu safon (benodedig); hefyd yn *ffig.*: *size, magnitude; (fixed) size or standard; also fig.*
16g. (*LlEG*) *Mos* 158, 112a, kymeraint t/wy ddobrwyon gan . . . y pobyddion ar darllawyr Ir kaffael o honnaunt twy bobi a darll[aw] allann o *seis* ac ordyr. **16g.** *Pen* 181, 385, hevyt am *sseis* bara kwrwff kic pysgod abitel arall . . . hevyt am *seis* ykrefftwyr. **16–17g.** Edward Urien, &c.: *Gw* 182, Pwysed Arfon, Môn, lle mynnoch,—Syr Siôn, / Siars Wynedd aeth arnoch; / Pur yw byw 'mhob bro y boch; / Pwy o *seis* nas pasiasoch [i Syr Siôn Salbri o Leweni]? **16–17g.** *GST* i. 317, Pedeircamp yw'r pedwarcarn, / Pedwar *seis* yn powdrio sarn. **18g.** *Beirdd y Berwyn* 54, Na farned gwyr seliad ar osodiad ei *seis*, / Wel dyna, 'n deg antur, y gynta ar a wneis [i'r bais]. Ar lafar, 'Ma 'sgitsia 'annar *seizyz* yn y siop 'yn', *GTN* 756; 'Ma 'i throd 'i ddwy *seis* yn fwy na'n un i', 'Mi fasa fo *seis* ryw dair ffwtbol'; 'Fe gas wbod 'i *seis*'; 'Pwy *seis* ydi o', *WVBD* 477.
(*b*) Brawdlys: *assize.*
1554 *RhRC* (At.) 102a, pob dyn diffaith ar afo marw heb y difeirwch, yno y may *seidg* [*sic*] (*assize*) y gwyr newydd yny haros ony mendian y ffydd ay bychedd. **16g.** Wiliam Llŷn: *Gw* (R. Stephens) 447, Darfu, megis plygu plaid, / Sesiwnau *seis* i weiniaid [marwnad Wiliam Mostyn o Loddaith]. **16–17g.** Llywelyn Siôn, &c.: *Gw* 467, Beyys y *seissys* o bwys hoew siasson. **16–17g.** *GST* i. 237, Gwae'r sir heb ddim gwres i'w ôl, / Gwae'r *Seis* am ŵr grasusol [marwnad Syr Ifan Llwyd o Iâl]. **16–17g.** *TBM* 768, Atwrnai yw, tirion wedd, / I sesiynau *seis* Wynedd (Siôn Phylip). **1605–16** *Efr Cath* vi. 8, Wrth swydd ac ysgwydd od gwn y bwriwyd / heb aros gael pardwn / wrth *seis* diwarth sesiwn / a brad hir y bwriwyd hwn. Cf. D. Owen: *RL* 368, adeg y *Seisus* oedd hi.

seis[2], **sis**[3] [bnth. S. *sice*] *e?g.* Rhif chwech ar ddis: *sice, the six on dice.*
15g. *GDLl* 60, Bwrw [*se*]*is* er delw Eisac, / Bwrient hwy sinc barti Siac. **16g.** Wiliam Cynwal: *Gw* (R. L. Jones) 739, Nid tebyg orig yr as,—a'r *seis* brig, / Neu goeg oerni dig gogwrn a das.
Cfn.: **se(i)s as, sis es:** *a throw with two dice turning up six and one, size-ace, sice-ace, also transf.* **15g.** *GLGC* 65, Traicatur drwy y curas, / trwy bob gwregis mae *sis as* [i ofyn curas]. **16g.** Wiliam Cynwal: *Gw* (G. P. Jones) 137, Blawr bach, am dabler y bydd; / Bragiwr twymn, brau, gŵyr Tomas / Byrsu swllt o bwrw *seis as.* **16–17g.** Edward Urien, &c.: *Gw* 241, I'r gorau hyd du'r Goron, / Rhoud *seis ês* ar disiau, Siôn. **seis sinc:** *a throw with two dice turning up six and five, sice cinque.* **16–17g.** *GST* i. 485, Bwrw dwy as, bario deuswllt, / Bwrw *seis-sinc* dan byrsio swllt. *id.* 594, Hai *seis-sinc* â'i as y sydd, / Hai o flaen Huw Felinydd.
Gw. hefyd **sei.**

seis[3] [bnth. S. *size* (glutinous substance)] *eg.* Trwyth gludiog a roddir ar bapur, waliau, &c., er mwyn gwneud arwyneb ar gyfer goreuro, paentio, papuro, &c.: *size (glutinous substance).*
1795 J. Thomas: *AIC* 341, I wneud *Seis* Aur, i Ddeial &c. Cymmer Yellow Ochre mân am ben yr olew brâs uchod i fôd o dewder cymedrol am y sefydlo fe o hono 'i hûn yn llyfn. Ar lafar.

seisadl [bnth. S. *side-saddle*] *e?g.* Cyfrwy ar gyfer gwraig neu ferch i farchogaeth â'r ddau droed ar yr un ochr i'r ceffyl, cyfrwy untuog, cyfrwy merch: *side-saddle.*
1787 E. Roberts: *PCF* 27, A mynd ar eich *seisadl* a cheffyl ar droye. **1828** *Geir Pob* 25, *Seisadl*, cyfrwy untuog.

seisaf, seisiaf: seis(i)o [ansicr yw ystyr yr enghrau. isod a dichon fod yma fwy nag un f., ?bnth. S. (*to*) *seize*, ?a bf. o'r e. *seis*[1]] *b?g.a.* Gafael (yn); ?mynd yn sownd; ?barnu, cymharu: *to seize; ?become stuck; ?judge, compare.*
15g. *GDLl* 102, Mael ei wisg am ei losgwrn, / 'Mogeled, *seised* ei swrn. **16–17g.** Llywelyn Siôn, &c.: *Gw* 591, Kydied hwnn, kadwed honno, / ys gwell a vydd, os gall vo / Rhac *seysso* yn Ragsiassol / ddewis dig, Rhwng y ddwy stol. **16–17g.** Edward Urien, &c.: *Gw* 308, Y marchog cryf mawr vwch Cred, / Mwy bo'i enw na mab aned; / Syr a all wyt *seisio*'r llaill, / Syr i aros er eraill [i ofyn telyn]. **16–17g.**

NBSG 106, Siason, wrth hwn y'th *seisiwyd*. / Sain Siôr a Mesenas wyd [Siôn Phylip i Wiliam Glyn].
Gw. hefyd *seisiaf: sesio*.

seisal, gw. sisal.

seisar, sisar [bnth. S. *sizar*] eg. ll. -iaid. Myfyriwr yng Nghaer-grawnt neu Goleg y Drindod, Dulyn, yn derbyn grant gan ei goleg (gynt yn gyfnewid am gyflawni dylet-swyddau gwasaidd): *sizar*.
1884.

Seisgar [*Sais+-gar*] a. Yn hoffi neu'n edmygu'r Lloegr neu'r Saeson (yn ormodol), fel arfer yn ddifr.: *Anglophile (adj.), usually derog.*
1877.

seisiaf: seisio, Seisineb, gw. seisiaf: seiso, Saesineb.

seismig [cfdds. o'r S. *seism(ic)+-ig²*] a. Yn perthyn i ddaeargryn(feydd), o natur daeargryn(feyᵈd), hefyd yn ffig.: *seismic, also fig.*
20g.

seismograff [bnth. S. *seismograph*] eg. ll. -au. Offer cofnodi grym, cyfeiriad, &c., daeargrynfeydd: *seismograph.*
20g.

seismoleg [cfdds. o'r S. *seismol(ogy)+-eg¹*] eb. Gwyddor daeargrynfeydd a ffenomenau perthynol, cofnodiad y rheini: *seismology.*
20g.

seismolegydd [*seismoleg+-ydd³*] eg. ll. *seismolegwyr, seismolegyddion*. Arbenigwr mewn seismoleg: *seismologist.*
20g.

seismomedr [cfdds. o'r S. *seismometer*] eg. ll. -au. Seismograff: *seismometer, seismograph.*
20g.

seismon [ff. affeitig ar *ecseismon*] eg. ll. -myn. Swyddog yr ecséis, ecseismon: *exciseman.*
1746/7 *ML* i. 101, Nage *sisemon* oedd tad Keynton. **1755** *id.* 348, mi a welais ei dad yn *Seismon* Llanerchmedd. **1762** *id.* 599, Mae *seismyn* i gymeryd y mawr ofal efo'r matter yma yn gystal a'r Costwm Hws. **1763** *DT* 199, Gan hynny'r aeth y *Seismon*, / A'r Weddw lân ei dwyfron.

Seisne, Seisnes, gw. Saesneg, Saesnes.

Seisnictod [*Seisnig+-dod*] eg. Seisnigrwydd; ?Seisnigiad: *Englishness*; ?*Anglicization.*
20g.

Seisnig [bnth. Llad. *Saxonicus*] a. Yn perthyn i'r Saeson neu i Loegr, yn perthyn i'r iaith Saesneg, (wedi ei ysgrifennu) yn Saesneg, (yn medru) Saesneg, yn aml yn ddifr.; (geir.) Sacsonaidd, wedi ei Seisneiddio: *English, (of the) English language, written in English, English-speaking, often derog.*; (dict.) *Saxon, Anglicized.*
14g. *GDG³* 25, Menig o'i dref a gefais, / Nid fal menig *Seisnig* Sais. *id.* 332, Crwth cerrig *Seisnig* yn sôn / Crynedig mewn croen eidion [i'r rhuglgroen]. **14g.** *GIG* 44, O Ferwig *Seisnig* ei sail / Hyd Faesbwrch, hydr fy ysbail. **15g.** *GTP* 52, Y Fflint . . . / A'i ffwrn faith fal uffern fydd / A'i phobl *Seisnig* a'i phibydd. *id.* 54, Na fydd ddig, *Seisnig* Saesnes, / 'Y mun, gad ddyfod yn nes. **16g.** (*LlEG*) Mos 158, 56a, ynnol oppiniwn hrai or llyure *sseisnig*. *id.* 20b, gwent a gwen llwg [*sic*] yr hain a oedd dan veddiant y normaniaid *sseisnic*. **1547** *WS* [vi], Kynullfa o eiriou *seisnic*. *id. Seisnic*, Englyshe. **1592** S. D. RHYS: *Inst* [xiv], heb dhibha yn lhwyr holh genedl y Cymry, a'i gwneuthur yn *Seisnic*. **1602** *GST* i. 910, Siôn gywraint sy'n y gweryd, / *Seisnig* arbennig yw'r byd [marwnad Siôn Tudur gan Edward ap Raff]. **1606** E. JAMES: *Hom* iii. 298, A fuasai ddeiliaid *Saisnig* yn dala yn rhwng Brenin Lloeger ac yn erbyn Saeson gyda Brenin Frainc a Francod . . .? **1688** *TJ*, Milldir ffreinig, fal a milldir *seisnig*: a League. **1759** *BC* xiii, Henwau *seisnig* fydd fwy arferedig ar amryw o'i mesurau. *c.* **1762-79** W. WILLIAMS: *P* 234, y marsiandwyr *saesnig* [yn Syria] ynt oddautu 40. **1768** J. ROBERTS: *R* iii, fel y Dywaid Histori *seisnig*. **1803** *P, Seisnig* . . . Saxon; English, Anglified. Cf. D. OWEN: *GT* 151, Credai

fod pob pechod newydd oedd yn y wlad o darddiad *Seisnig.*
Amr.: **Saesonig** [*Saeson+-ig²*]. *c.* **1730** *Thos. Lloyd D* (LlGC) 207a, *Saisonig*. Saxonicus. *ib. Seisonig*, Saxonicus. **1732-3** J. OWEN: *GB* 32, Ym matter Synodau . . . nid oes dim rhagor yn awr . . . rhwng y Gwyr Cynnulleidfaol a'r Presbyteriaid *Saesonig*. [**1783**] *W, Saesonig* d.g. Saxon. **1800** W. OWEN [-PUGHE]: *CP* 6, erw *Seisonig* gyfreithiol. **1803** *P* d.g. *Saesonig, Seisonig.* Cf. *Traeth* iii. (1847) 5, Mae y lafariad [*sic*] a, mewn geiriau . . . megys, cân . . . parha, &c., yn cael ei swnio mewn rhai ardaloedd yn gyffelyb i'r a fain *Seisonig* yn cane; TALHAIARN: *Gw* i. 328, yr wyf wedi bod yn byw ymhlith y Saeson accw er ys dros ugain mlynedd bellach, ac y mae tueddiad naturiol yn fy meddwl i redeg i'r siannel *Seisonig*, a rhaid i ni roi flodiard [*sic*] ar y siannel hono, i'w fforsio fo i'r siannel Gymreig; D. OWEN: *S* 131, Gyda'r achos *Seisonig* y mae fy llinynau. **Saisonig**, gw. Saesonig. **Sasonig** [cf. *Saesonig* a *Sasneg*, amr. ar *Saesneg*]. **1567** *TN* [lii]. **Seicsonig** [?dan ddyl. yr e. *Sacson*; ond dichon mai gwall ydyw]. **1547** *WS* [xiv]. *c.* **1730** *Thos. Lloyd D* (LlGC) 208a. **Seisonig**, gw. Saesonig.

Seisnigaeth [*Seisnig+-aeth*] eg. Hoffter neu edmygedd (gormodol) o'r Saeson a phopeth Seisnig a Saesneg; Seisnigrwydd: *Anglophilia, Anglomania; Englishness.*
1850.

Seisnigaf: Seisnigo [bf. o'r a. *Seisnig*] bg.a. Troi'n Seisnig neu'n Saesneg, Seisnigeiddio, ymseisnigo, rhoddi ffurf neu gymeriad Seisnig neu Saesneg i (rywbeth); trosi i'r Saesneg: *to Anglicize, become Anglicized; translate into English.*
1547 *WS* [xv], Onid yn rhyw eiriau llatin wedy *saesnigo* nid anedlir h, val yny rhain honeste onest. **1688** *TJ* [ix], y fâth anarferol eiriau a ysponir yn gyntaf drwy eiriau mwy Cydnabyddus yn yr un Iaith, ac yno *seisnigir* (englished) hwŷnt. *id.* [xxii], Paham nad ydis yn datcan meddwl pôb gair ac yn ei *Saesnigo*. *c.* **1730** *Thos. Lloyd D* (LlGC) 204b, *Saesnigo* . . . To become English. Anglicize. *id.* 207a, *Seisnigo*. To English. **1803** *P, Seisnigaw* . . . To turn into English; to imitate the English. Ar lafar, 'Gwaith yr 'en ysgolion, fel y gwn i'n rhy ddâe, yw *Sysnico* plant Cymru', 'Man' nw wedi *Sysnico*'n fudur odd ar man' nw'n byw yn Lloegar, wedi colli 'u Cymræg bron i gyd, myddan' nw!', *GTN* 758.
Amr.: **Seisonigo** [bf. o'r a. *Saesonig*]. **1869.**

Seisnigaidd [*Seisnig+-aidd*] a. Wedi ei Seisnigo; (mewn dull) Seisnig; (yn medru) Saesneg: *Anglicized; English, in an English manner; English-speaking.*
1547 *WS* [ix], pa vodd y traythai ef y gair ne r geiriau hyny yn *saisnigaidd*. *id. Seisnigaidd*, Anglyshlyke. **1567** G. ROBERT: *GC* [xiv], Canys chwi a gewch rai yn gyttrym ag y gwelant afon Hafren . . . a chlowed sais yn doedyd [u]n[w]aith agood morow, a [dd]echreuant oll[w]ng i cymraeg tros gof, ai doedyd yn fawr i llediaith. i cymraeg a fydd *saesnigaidd*, ai saesneg . . . yn rhy gymreigaidd. **1595** M. KYFFIN: *DFf* [vii], geiriau *seisnigaidd* a geiriau lladingaidd yw rhain. **1630** *YDd* xx, Oh Frutaniaid gwaedol, cymmerwch chwithau beth poen a thraul, i osod allan eich tafodiaith gyfoethog: oddeithir i chwi fod o vn feddwl a'r cymru *seisnigaidd*, y rhay sidd yn tybied yn oreu ddeleu a ddiffoddi [*sic*] ein iaith ni. **17g.** E. MORRIS: *B* 39, Colaf addysg celfyddyd, / *Seisnigedd* yw bonedd byd; / Ar Saesneg deg y digwydd, / Pur iach wellhad, parch a llwydd. **1672** R. PRICHARD: *Gw* [xxv], [c]ymmryd mewn part da fy nghymraeg nawyf *saesnigaidd* i. **17g.** HUW MORUS: *EC* i. 305, Yn swydd 'Mwythig wlad *Seisnigaidd*, / Ped arosasai, aur a f'asai ar ei fysedd. **1698** T. JONES: *Alm* [46], Addysg i'r Cymru *saisnigaidd* i ddysgu iddynt hwythau darllain Cymraeg yn gywir, drwy gynorthwyad y Saesnaeg. *c.* **1720** D. THOMAS: *HTS* 10, *Saisnigaidd* jawn yw'r Bobl hwythau [yn sir Faesyfed]. **1721** J. P. PRYS: *DC* [vii-viii], [b]ôd blawer annysgedig Gymro cymmhen-ddoeth, yn hoffach ganddo . . . anadlu 'n drefnus ryw ofer Lwon *Seisnigedd*. **1768** J. ROBERTS: *R* iv, Dichon rhai Cymry *Saesnigaidd*, ddywedyd nad oes eisiau dim o Cyfryw Lyfrau yn yr Iaith Gymraeg. **1776** I. BRYDYDD HIR: *P* ii. 325, Nid llai chwithig ynteu, i'r sawl a ddeallont y iaith wreiddiol, yw troi Αχις . . . yn Acis . . . o ran fod y Saeson yn eu llafaru felly, a'n heglwyswyr *seisnigaidd* ninnau yn eu dilyn yn eu llygredig lafariad. **1803** *P.* Ar lafar, 'Cymrigas yw 'i, ond ma 'i wedi mynd yn *Seisnigaidd* iawn 'i iaith a'i ffordd', 'Ma 'i acan 'i 'n *Sysnigaidd*', *GTN* 758.
Amr.: **Saesonigaidd** [*Saesonig+-aidd*]. **1828.** **Seisonigaidd**, gw. Saesonigaidd.

Seisnigedig, Seisnigiedig [bôn y f. *Seisnigaf: Seisnigo+-(i)edig*] a.bfl. Wedi ei

Seisnigo, Seisnigaidd; (yn medru) Saesneg: *Anglicized; English-speaking.*
1895.

Seisnigeiddiad [bôn y f. *Seisnigeiddiaf: Seisnigeiddio+-iad¹*] eg. Y weithred o Seisnigo: *Anglicization.*
1803 *P.*

Seisnigeiddiaf: Seisnigeiddio [bf. o'r a. *Seisnigaidd*] bg.a. Seisnigo, troi'n Seisnig neu'n Saesneg, ymseisnigo: *to Anglicize, become Anglicized.*
1803 *P* d.g. *Seisnigeiziaw.*
Amr.: **Seisonigeiddio** [bf. o'r a. *Seisonigaidd*]. **1837.**

Seisnigeiddiol [*Scisnigaidd+-iol*] a. Yn Seisnigo: *Anglicizing.*
c. **1890.**

Seisnigeiddiwch, Seisnigeiddwch [*Seisnigaidd+-iwch¹* (At.), *-wch¹*] eg. Seisnigiad; Seisnigrwydd: *Anglicization; Englishness.*
1887.

Seisnigeiddrwydd [*Seisnigaidd+-rwydd*] eg. Seisnigiad; Seisnigrwydd: *Anglicization; Englishness.*
1935.

Seisnigeiddwch, gw. Seisnigeiddiwch.

Seisnigiad [bôn y f. *Seisnigaf: Seisnigo+-iad¹*] eg. Y weithred o Seisnigo; trosiad i'r Saesneg: *Anglicization; translation into English.*
1890.

Seisnigiedig, gw. Seisnigedig.

Seisniglyd, Seisnigllyd [*Seisnig+-lyd, -llyd*] a. Seisnig(aidd), Saesneg; Seisnigedig; yn aml yn ddifr.: *English; Anglicized; often derog.*
1911.

Seisnigol [*Seisnig+-ol*] a. Seisnig(aidd), Saesneg; Seisnigedig; yn Seisnigo: *English; Anglicized; Anglicizing.*
1688 *TJ* (At.) [8], I gyfarwyddo r cymro (na fedro Saesnig) i spelio ch yn y ffordd *saesnigol*, rhaid iddo ef gael pêth hyfforddiad (ar dafod-lyferydd) gan un a fedro ddarllen saesnaeg. *c.* **1730** *Thos. Lloyd D* (LlGC) 204b, *Saesnigol.* Anglicus.

Seisnigrwydd [*Seisnig+-rwydd*] eg. Yr ansawdd neu'r cyflwr o fod yn Seisnig neu'n Saesneg; ?Seisnigiad: *Englishness*; ?*Anglicization.*
1903.

Seisnigwr, Seisnigydd [*Seisnig+-wr, -ydd³*] eg. (b. -wraig) ll. *Seisnigwyr, Seisnigyddion*. Sais, siaradwr Saesneg: *Englishman, English-speaker.*
14g. *GIG* 154, Ni bo well, hen gawell gŵyr, / Y darffo i'r Brawd oerffwyr / No'i ddal . . . / . . . / A'i gwfl llwyd mewn gafl llodur / Cynhaig o *Seisnigwr* sur [dychan i'r Brawd Llwyd].
Amr.: **Sasnigydd** [cf. *Sasneg*, amr. ar *Saesneg*]. **1547** *WS* [viii], ymofyn o honaw ac vn a wypo Saesnec (o bleit odit o blwyf ynkymbre eb *Sasnigyddion* yntho[]). **Seisonigydd** [*Seisonig+-ydd³*]. **1837.**

Seisonach, Seisones, Seisoneiddiaf: Seisoneiddio, Seisones, gw. Saesonach, Saesneg, Saesoneiddiaf: Saesoneiddio, Saesnes.

Seisonig, Seisonigaf: Seisonigo, gw. Seisnig, Seisnigaf: Seisnigo.

Seisonigaidd, Seisonigeiddiaf: Seisonigeiddio, Seisonigydd, gw. Seisnigaidd, Seisnigeiddiaf: Seisnigeiddio, Seisnigwr.

Seisyn, gw. Sais.

seit [bnth. S. *site*] eb.g. Safle (adeiladu), lleoliad: *(building) site, location.*
20g. Ar lafar, 'seit i fildio tŷ newydd', 'Man'na we *seit* yr hen blas'.

seiten, eb. gan amlaf yn yr ymad. *yn seiten*. Siwrwd, sitrws, stwnsh, hefyd yn ffig.: *pulp, mush, mash, also fig.*
1822. Ar lafar yn y Gogledd, 'gwasgu [eirin] yn *seitan*', *B* iii. 198 (Meir.); 'Mi roth 'i droed arno fo (e.g. an orange) nes odd o'n *seitan*' 'he trod it into a

mush', 'Mi drawis y neidar nes odd 'i ben [*sic*] yn *seitan*', 'wedi câl 'i ladd yn *seitan* ulw', *WVBD* 478. Cf. *SE MS* 461a, *seiten* . . . something spread or squeezed out flat & thin. (N.W.) something lying flat or sprawling. Gwesgwch ef yn *seiten* (Penllyn); H. EVANS: *CE* 141, ryw ordd neu rywbeth i'w wasgu [eithin] yn *seiten* ac yna ei falu.

seito-, gw. **cyto-**.

seits, gw. **sîj**.

seithawr, gw. **saith¹ + awr¹**.

seithben [*saith¹ + pen¹*] *a*. Ac iddo saith pen: *seven-headed*.
1818.

seithbennaeth, gw. **saithbennaeth**.

seithblyg [*saith¹ + plyg¹*] *a*. Saith (gwaith) cymaint; ac iddo saith rhan neu fraich (am ganhwyllbren): *sevenfold, septuple; having seven parts or arms (of a candelabrum)*.
1591 *CM* 16, 27, y rhain dan lewyrchu fal *seithblyg* ganhwyllbren gan saith leufer yr Ysbryd glân. **1632** *D* d.g. *Septemgeminus, Septemplex*. **[1783]** *W* d.g. *Sevenfold*. **1803** *P*.

seithbwys [*saith¹ + pwys¹*] *e?g*. Saith o bwysi, pwysau (gwlân) cymaint â hynny: *seven pounds, clove (wool weight)*.
15g. *GGl²* 206, *Seithbwys* a chwmpas wythbaun, / Sodan gwych o sidan gwaun [i ofyn ffaling]. **1772** *W* d.g. *Clove* [*seven lb.*] *of wool*.

seithdeg, gw. **saith¹—saith deg**.

seithfed [Crn. C. *seythves, seythes*, Llyd. C. *seizvet*, Llyd. Diw. *seizhvet*, H. Wydd. *sechtmad*, Gal. *sextametos*: < IE. **septm̥-(e)tos*] *rhif*. a hefyd gyda grym enwol ac fel *eg*. ll. *-au*. Nesaf mewn trefn ar ôl y chweched, olaf mewn cyfres o saith, yn dynodi un rhan o saith: *seventh*.
12g. *GCBM* i. 117, *Seithued* welygort, oleugor—tros waɓd. **13g**. *LlI* 35, chue guyr ac ef ehun en *seythuet*. **13g**. *C* 6. 4, *Seithued* kinvelin y pop kinhuan. **14g**. *T* 72. 19–20, *Seithuet* o heni y weryt dros li. *c*. **1400** *YCM²* 12, dyuot a oruc hyt yg Kaer Agenni . . . ac eisted yn y chylch chwe mis. A'r *seithuet* mis . . . yd aeth Aigolant a'r brenhined . . . yn lledrat, trwy fenestri ac esteuyll bychein. *c*. **1400** *R* 1053. 22–3, lloegyrwys aedywet. och rac anghyffret. hyt ympenn *yseithuet*. or kalan kalet. **15g**. *HCLl* 58, Yr oedd wyth wŷr o ddoethion, / Wythfed neu *seithfed* yw Siôn. **15–16g**. *GLM* 368, Harri *Seithfed* hir sythfawr / a'n troes mewn meddiant yr awr. **1547** *WS*, *Saithfed* Seuenth. **1567** *TN* 3[71]b, Enoch hefyt y *saithfet* o Adda. **1595** *Egl Ph* 74, Y *Seithbhed* dhulh. **1632** *D*, *Seithfed*, septimus. **17g**. *Bl B XVII* i. 23, *Seithfed* arwydd ydyw hyn —/ Blin i ddyn yw'r siwrne. **1722** T. EVANS: *PS* 9, y *seithfed* Ganfed o Oedran Christ. **1730 (1755)** E. WYNNE: *PAC* 34, Y *Seithfed* Orchymŷn. **1732** J. JONES: *C* 50, Beth yw Byrbwylledd neu y *seithfed* Bai a Ffolineb sydd ar Blant a Dynion ieuaingc? **[1783]** *W* d.g. *The seventh*. **1803** *P*. Digwydd hefyd mewn trefnolion cfns., e.e. *seithfed ar hugain, seithfed a deugain*, &c., ac yn eithriadol *seithfed ar ddeg*, e.e. W. SALESBURY: *KLl* lxiiib, Yr *seithvet* sul *ar ddec*.

Fel *e. Crdd*. Cyfwng rhwng saith nodyn dilynol yn y raddfa ddiatonig (e.e. C–B); dau nodyn eithaf y cyfwng hwn; y ddau nodyn hyn wedi eu seinio ynghyd: *seventh (interval or chord in mus.)*.
1848.

Cfn.: **y seithfed awr**: *the seventh hour*. **1346** *LlA* 13, yny *seithuet awr* yn diannot y gyrraɓd yr arglɓd [*sic*] wynt o baradɓys. **15g**. *GLGC* 447, ond *y seithfed awr* ddedwydd / y carwn rhwng cyrn yr hydd. **1567** *TN* 137b, Doe *y seithfet awr* y gadawdd y cryd [:– ddeirton] ef. **(y) seithfed dydd**: (*the*) *seventh day*. **12g**. *GLlF* 75, *Seithuet dyd*, dyd darogan: / Mein mɓyaf oll a holldan. **14–15g**. *IGE²* 321, *Y seithfed dydd*, rhydd rhwyddlwyr, / Cyn y Pasg Gwyn (pwy nis gŵyr?) (Rhys Goch Eryri). *c*. **1400** *MM* 70, Pɓy bynnac a ellygo gɓaet yn y rei hynny, ef a uyd marɓ erbyn y pymthecuet neur *seithuet dyd*. **1567** *LlGG* 104b, *y saithued dydd* yw Sabbath yr Arglwydd dy Dduw. **1728** T. BADDY: *DDG* 94, y mae 'n sych bob *seithfed Dŷdd* [am afon]. **1764** J. POPKIN: *ABG* 26, gorphwysfa'r *seithfed Dydd*. **seithfed nef**: *seventh heaven*. **20g**. **ar y (dy, ei, &c.) seithfed**: (i) *sevenfold, seven times as much*. *c*. **1400** *R* 1027. 19–20, Or gɓney dɓyll ymdiret. heb ffyd heb grefyd heb gret. key benyt *ar dy seithuet*. **1588** *Salm* lxxix. 12, Tâl i'm cymmydogion *ar y seithfed* iw monwes y gabledd, drwy 'r hon i'th gablâsant di ô Arglwydd. **16–17g**. *GBF* 464, Braint y saint *ar eu seithfed* / Bedydd a chrefydd a chred. (ii) *as one of seven, with six others*. **13g**. *LlI* 35, Sef a wyl e keureyth ena, llv e kennogen *ar e seythuet* o'e wadu: chue guyr ac ef ehun en seythuet. **14g**. *WML* 86, *ar y seithuet* oe gyfnesseiueit ytɓg.

seithffordd, seithgad, seithgamp, gw. **saith¹ + ffordd, cad¹, camp¹**.

seithgant, saith gan(t), saith can(t) [*saith¹ + cant¹*] *rhif*. a hefyd fel *e.ll*. ac *eg*. Saith o gannoedd; saith canpwys: *seven hundred; seven hundredweight*.
12g. *GLlF* 37, O'r saɓl y doethant, seith a *seithcant* / Syrthassant, caɓssant anant anaf. **13g**. *C* 34. 4–6, Seith seint aseithugeint. a*seithcant*. awant in un orsset. *id*. 49. 4–5, Seith log. y deuant . . . A *Seith cant*. dros mor y oreskin. **14g**. *T* 6. 6–7, Seith vgeint seith vgeint [*sic*] *seith cant* o seint aseith mil aseith dec vgeint. *c*. **1400** *R* 1356. 28–9, Ry waetlet arffet oerffeu *seith cant* knych. **15g**. *GLGC* 312, pedwarcant, *seithgant* dan faner Siôn. **15g**. *DE* 86, a *seithgant* yw blas wythgaer / a basia n ol mab sion aer. **1588** *Ecs* xxxviii. 24, *seithgant* sicl. **1588** 1 *Br* xi. 3, *saith gant* o wragedd yn frenhinesau. **1588** *Esr* ii. 66, Eu meirch oeddynt *saith gant*, ac onid pedwar deugain. **1588** 2 *Mac* xii. 17, *seithcânt* a dêc a deugain o ystadiau. **1632** *D* d.g. *Septigenti*. **1687** WILIAM BODWRDA: *Gw* 232, Mil *seithgant* gwarant gwiriaith / i chwi sydd ond chwech a saith. **1703** E. WYNNE: *BC* 101, *seithgant* o'r Diawliaid dihira 'n Uffern. **1724** T. WILLIAM: *OL* 28, Tair Mil *saith Cant* ac ugain o filldiroedd sy['] n Gwregysu o Amgylch Cymru, L[l]oegr, a Scotland. **1744 (1759)** *DG* 59, Gwir oedran Crist ein cred mil *seithgant* rhifiant rhed / Rhoi'r deugain rhi a phedair ffri yw henwi y leni a'r [*sic*] led. **1775** *W*, Mîl a *saith gant* o bwysi o lîn neu blu d.g. *A last* [*1700 lb.*] *of flax or feathers*. **1784** M. WILLIAMS: *S* i. 226, [d]eng mil ar hugain o hogsedi o ddobacco [*sic*], a phob hogsed yn cynnwys *saith cant* o bwysi. **1803** *P* d.g. *Seithgant*.

seithig, seithiol, gw. **seithug, seithol**.

seithliw [*saith¹ + lliw¹*] *e.ll*. a hefyd fel *a*. Saith o liwiau, hefyd yn *ffig*.; ac iddo saith lliw, enfysliw: *seven colours, also fig.; seven-coloured, iridescent*.
1593 W. MIDLETON: *B* 72, am na ellych ffriw *seithliw* ser / ddwbl wiwserch iddi bleser.
Cfn.: **seithliw('r) enfys**: *the seven colours of the rainbow*. *c*. **1822**.

seithlydn, gw. **saith¹ + llwdn**.

seithlywiaeth, seithlywyddiaeth, gw. **saithlywiaeth, saithlywyddiaeth**.

seithmeib, saith meib [*saith¹ + meib¹*, ff. l. yr e. *mab*] *e.ll*. Saith o feibion: *seven sons*.
13g. *C* 5. 8–6. 1, *Seith meib* eliffer. Seith guir ban brouher. **14g**. *WM* 117. 9–10, peredur . . . ieuhaf oed hɓnnɓ oy *seithmeib*.

seithmil, saith mil [*saith¹ + mil¹*] *e.ll*. Saith o filoedd: *seven thousand*.
12g. *GCBM* ii. 48, Aber Seint *seithmil* dybuant. *c*. **1400** *RB* ii. 399, Ac agauas *seith mil* o gamelot yn gyvyr bɓnn o da. *c*. **1400** *YCM²* 12, Aigolant, ynteu, a *seith mil* gantaw. **15g**. *IGE²* 244, Saith ugeinmil, syth ganiad, / A *saith mil*, cynnil y cad (Ieuan ap Rhydderch). **15–16g**. *TA* 133, Syr Ffŵg las, sarff Eglwyswyr, / Saeth wayw 'mlaen *seithmil* o wŷr. **16g**. *IICRC* iii. 319, fy oed yw *seith mil* didrain / foi prwfiar beibl kowrayn [am dristyd]. **1588** 1 *Mac* iii. 39, *seith-mil* o wŷr meirch. **1661** E. LEWIS: *Drex* 56, pedwar ugain a *saith mil* o edrychwyr. **1699** T. JONES: *Alm* [11], *saith mîl* a phedwar ugain o bwŷsau 'r Cŵŷr.

seithmis, saith mis [*saith¹ + mis*] *e.ll*. ac *eg*. a hefyd gyda grym ansoddeiriol. Saith o fisoedd: *seven months*.
13g. *BD* 108, ac auon Vysc trvy *seith mis* a gymerwa. *c*. **1400** *RB* ii. 39, Sef hyt y parhaɓys yr ymlad ardroea. Deudec niwarnaɓt. a*seith mis*. **1585–90** *B* xviii. 356, velly i byont yn dyborthi moroedd [:– yn trafayly ar y mor] *saith mis* a thri diwarnod. **1588** *Esec* xxxix. 12, A thŷ Israel fyddant yn eu claddu hwynt *saith mîs*, er mwyn glanhaû y tîr. *c*. **1629** *Bl B XVII* i. 109, A thri *seithmis* gwedi 'ngeni / Llaeth ei bron oedd ymborth imi (Rhisiart Gray). **1719** *TDP* 11, *saith Mis* i bum yn glaf i Farwolaeth. Yn sir Gaerf. clywir 'dod yn 'i *seithmish*' ynglŷn â geni babi, a hefyd yn *ffig*. am 'rywun neu rywbeth sy'n dod neu'n digwydd cyn pryd, neu sydd heb ddatblygu'n iawn'.

seithmlwydd, saith mlwydd, &c. [*saith¹ + blwydd*] *a*. a hefyd gyda grym enwol ac fel *eb*. ac *e.ll*. Wedi byw am saith mlynedd; yn parhau am saith mlynedd; (cyfnod o) saith mlynedd; seithfed flwyddyn: *seven years (old); lasting for seven years, septennial; (period of) seven years; climacteric, seventh year*.
13g. *LlI* 65, O henne allan ene uo *seyth bluyd* e dele y tat tegu a thalu trostau. *id*. 42, mab *seyth mluyd* a el adan llau e peryglaur. *id*. 66, Merch guedy bedydhyer ene uo *seyth mluyd*. **13g**. *BD* 41, Canyt oed oet ar y mab namyn *seith mlvyd* pan uu uarv y tat. **14g**. *RC* xxxiii. 221, Anna . . . a vuchedoccassei gyt ae gur oe gɓyrdaut yr yn *seith mlɓyd*. *c*. **1400** *(SG) HMSS* i. 221, nyt oes idaw o oet namyn *seithmlwyd*. *Diw*. **15g**. *Pen* 67, 92, vwch i gwelaf ych gwilym / nor gorwydd *saithmylwydd* [*sic*] sy ym (Hywel Dafi). **1488–9** *BSM* 29, gwr bendigedic . . . i wyneb yn tywynnv . . . heb ysmot amliw ar i gnawd mwy no dyn bychan *seithmlwydd*. *Diw*. **16g**. *WLB* 39, o ddwyflwydd hyd yn *seithmlwydd*. **1630** *YDd* 226, Yn ei *seithmlwyd* [*sic*] oed, y mae'r plentyn yn bwrw ei ddannedd. **1632** *D* d.g. *Septennis*. **1725** D. LEWIS: *GB* 101, daeth Plentyn i Lundain . . . yr hwn oedd o dautu [*sic*] *Saith Flwydd* Oed. **1772** *W*, Pob seithfed flwyddyn o einioes dŷn, yn enwedig y drydedd ar ôl y dri-ugeinfed, yr hon a elwir 'Y Flwyddyn enbyd o hoedl d[ŷ]n', ac yntef y prŷd hynny yn naw *seith-mlwydd* oed; eithr eraill a haerant mai'r nawfed a deugain, sef, y seithfed *seith-mlwydd*, yw'r enbyttaf d.g. *Climacteric Years*. **1803** *P*, *Seithmlwyz*, s. pl. aggr. . . . Seven years. a. Septennial.

seithmlwyddol, seithmlynyddol, gw. **saithmlwyddol, saithmlynyddol**.

seithnyn, saith nyn, &c. [*saith¹ + dyn*] *e.ll*. Saith person, saith o ddynion: *seven persons, seven men*.
13g. *LlI* 26, Os rody kussan a watta, rodet e gur llv seyth wyr, a'r wreyc llv *seyth nyn*. *id*. 71, e *seyth dyn* henne, braut a keuenderu a keuerderu a keyuyn a gorcheyuen a gorchau a ney uab gorchau. **13g**. *TYP²* 109, Tri Meirch a dugant y Tri Marchlwyth: Du Moro . . . a duc arnav *seith nyn* a hanner. **15g**. **(17–18g.)** *Llst* 133, 35b, Aethost bu dost y byd ŷn / O'r wythnos a hwy *seithnyn* [marwnad pum mab a dwy ferch Gruffudd ap Rhys ap Madog o Loddaith gan Robin Ddu]. **1588** *Gen* xlvi. 25, a hi a blantodd yrhai [*sic*] hyn i Iacob yn *saith nŷn* oll. **16–17g**. *Haf* 26, 149, Llorcan Wydel, vn or *seithnyn* a gyûodes Beûno o varw'n vyw. **1703** E. WYNNE: *BC* 74, pa ryw bobl allei 'r *Seithnyn* hynny fod. *c*. **1730** *Thos. Lloyd D* (LlGC) 207a, *Seithnyn*. 7 Homines. **1803** *P*, *Seithnyn*, s. pl. aggr. . . . Seven persons.

seithochr [*saith¹ + ochr*] *eg*. ll. *-au*, a hefyd fel *a*. Seithongl; ac iddo saith ochr, saithonglog: *heptagon; heptagonal, septangular*.
14g. *GDG³* 294, A *seithochr* wayw y'm saethawdd. **1803** *P*, *Seithoçyr* . . . a heptagon. a. Seven-sided.

seithongl [*saith¹ + ongl¹*] *eg*. ac *e.ll*. Ffigur ac iddo saith ongl a saith ochr; saith ongl; saithonglog: *heptagon, septangle; seven angles; heptagonal, septangular*.
1632 *D* d.g. *Septangulus*. *c*. **1730** *Thos. Lloyd D* (LlGC) 207a, *Seithongl*. 7 angles. **[1783]** *W* d.g. *Septangular*. **1803** *P*, *Seithongyl*, s. pl. aggr. . . . Seven angles; a septangle. a. Septangular.

seithonglog, gw. **saithonglog**.

seithol, seithiol [*saith¹ + -(i)ol*] *a*. Seiliedig ar y rhif saith, fesul saith, yn perthyn i saith: *septenary, septimal*.
1604–7 *TW* (*Pen* 228), y vlwydhyn enbydus ne beryclus am vywyt dyn, *Seithawl* a nawawl d.g. *Climactericus*. **1803** *P* d.g. *Seithiawl*.

seithran, gw. **saith¹ + rhan¹**.

seithrif, saith rif [*saith¹ + rhif*] *e.ll*. Saith gwaith rhif: *seven times the number*.
12g. *GCBM* ii. 241, Cynnygn fy llyw oedd llawer, / Cwyddynt yn gnif *seithrif* ser. *c*. **1400** *R* 1296. 5–6, *Seith rif* llu gynif. lle y genynt y dreis. **15g**. *IGE* 232, *Seithrif* enwau ni sathrwn, / Iesu ŵr hael, sy ar hwn. **1803** *P*, *Seithriv*, s. pl. aggr. . . . seven times a number.
Cfn.: **seithrif sêr**: *seven times the number of the stars*. **12g**. *GCBM* ii. 241. **13g**. *GDB* 38, Dev kymeint rif *seithrif* ser! Cf. *GDB* 302, Calchdoet seith riuet syr / Kylch vy rɓyf yn y rechtyr.

seithrod, gw. **saith¹ + grôt**.

seithryw [*saith¹ + rhyw¹*] *e.ll*. a hefyd fel *a*. Saith math; ac iddo saith math, yn cynnwys saith math: *seven kinds or sorts; having or consisting of seven kinds or sorts*.
1346 *LlA* 99, Seith dyblyc rod. o*seithryɓ* vod. vud nefolaf. **14–15g**. *IGE²* 285, Cyff Ebryw, cyff *seithryw* sôn, / A Gwiwdduw ac Iddewon (Siôn Cent). **1703** E. WYNNE: *BC* 24, saith o gymdogion sychedig, Eurych, a Lliwydd . . . ymdaeru fasei rhyngddynt, p'run oreu o'r *seithryw* a garei bot a phibell. Ar lafar ym

Meirion yn y cfn. *grual seithryw* am rual yn cynnwys saith cynhwysyn.

seithsill [*saith*[1] + *sill*] *a.* Yn cynnwys saith sillaf: *heptasyllabic.*
1803 *P.*

seithuctod [*seithug* + *-dod*] *eg.* Rhwystrad, rhwystredigaeth, oferedd: *frustration, futility.*
20g.

seithug, *a.* a hefyd gyda grym enwol ac fel *e?b.* Ofer, aflwyddiannus, di-les, di-fudd, diffrwyth, dibwrpas, aneffeithiol, siomedig; oferedd, methiant, rhwystrad, rhwystredigaeth, siom, siomedigaeth; gweithred ofer neu aflwyddiannus; (geir.) twyll: *futile, vain, unsuccessful, useless, unprofitable, fruitless, pointless, ineffectual, disappointing; futility, vanity, failure, frustration, disappointment; futile, vain, or unsuccessful act;* (*dict.*) *deceit.*
13g. *GBF* 57, Grituan uarɓ Kynan, kynnyt *seithuc* —bla. *Dchr.* 14g. *GGDT* 150, Erwan fu gennyf, Arfon —fu *seithug.* 14g. *GDG*[3] 310, Saethydd ar froydd eiry fry, / *Seithug* eisingrug, songry [i'r gwynt]. 14–15g. *IGE*[2] 138, O gwŷl, i daith nid *seithug* / O gil y gro i gael grug (Gruffudd Llwyd). *c.* 1400 *R* 1033. 35, Gorwyn blaen gruc. gnaɓt *seithuc* ar lɓfyr. *id.* 1361. 1–2, Ry oruc *seithuc* sothach was baɓleidyr. 14–15g. *IGE*[2] 182, Na thwyll weniaith, na *seithug,* / Na ffals gerdd gelwydd, na ffug (Siôn Cent). 16g. (*LlEG*) *Mos* 158, 31b, Ir wy/f I ynn gorchymyn I tti warchad arnaf I ac nawnelych [*sic*] di vn *seithug* Ithbriodawl [*sic*] wlad. 16–17g. *Cer RC* 157, Ange . . . / Nid a fo adre 'n *seuthig* [*sic*], / Heb iddo gael dy fenthig. *c.* 1600 *IGE* 218, Maras ar waith y *seithug,* / Mentyll tai Fferyll tŵ ffug [i'r niwl]. 1604–7 *TW* (*Pen* 228), cael *seuthûc* d.g. *decido.* 1632 *D, Seithug,* Irritus, frustraneus, inanis. *id.* d.g. *Frustratio.* 1688 *TJ* (*Bot*) [21], am fôd yn *seithig* [*sic*] (*unprofitable labour*) i'r darllennŷdd chwilio am yr henwau na bônt iw Cael. 1701 E. WYNNE: *RBS* 98, nid yw'r ymofynion hyn na chyfion na gonest na hyfryd, na chan mwyaf ond *seithug* i'r manwl-ymofynwyr. 1715 T. EVANS: *CCG* 30, pe darllenech [Salm cxxxix] bob dydd, ni fyddai ddim waith *seithug.* 1722 *Llst* 189, *Seithug* (sub). . Seithugiaeth. f. . . . A disappointment, deceit, vanity. 1753 G. OWEN: *L* 45, [p]a bryd bynnag y digwyddo imi *seuthug,* fod Duw yn gweled mai rhywbeth arall sydd orau ar fy lles. 1770 *W,* peri meth (*seithug*) ar d.g. *To baffle* [*defeat, frustrate* . . .]. *id.* peri *seithug* i d.g. *To frustrate* [*defeat; deceive,* &c.]. *id.* Cael *seithug* . . . am ei ddisgwyliad d.g. *Short, To fall short in* [*of*] *one's expectations.* 1791 GW. MECHAIN: *Gw* i. 261, Pa fasnach, sothach *seithug,* / O chwareu ffals, na cheir ffug? 1803 *P, Seithug* . . . Being frustrated; futile, vain, fruitless.

seithugaf: seithugo, gw. **seithugiaf: seithugio.**

seithugiad [bôn y f. *seithugiaf, seithugaf: seithug(i)o* + *-iad*[1]] *eg.* Rhwystrad, rhwystredigaeth: *frustration.*
1770 *W* d.g. *A baffling, Frustration.* 1803 *P.*

seithugiaeth [*seithug* + *-iaeth*] *eb.g.* Rhwystrad, rhwystredigaeth, siom, siomedigaeth, oferedd, methiant; (geir.) twyll: *frustration, disappointment, futility, vanity, failure;* (*dict.*) *deceit.*
15g. *GLGC* 409, na *seithugieth* beth ni bydd, / na breuddwyd un boreddydd. 1632 *D, Seithugiaeth,* Frustratio. 1688 *TJ, Seithugiaeth,* oferedd, aflwyddiant: disappointment, a frustrating. 1722 *Llst* 189, Seithug (sub). . *Seithugiaeth. f.* . . . A disappointment, deceit, vanity. 1770 *W* d.g. *A beguiling.* 1796 *Geirgrawn* 149, Ein gwlad sy'n gyrchfa i'r athroniaethwr, yn noddfa i'r erlidiedig a'r edifeiriol. Y mae nattur yn nodi allan y llwybr i'r cyntaf; camrwysg a chreulonder sy 'n caffael ini yr ail; a *seithugiaeth* neu siommedigaeth y trydydd. 1803 *P, Seithugiaeth,* s. m. . . . A frustration; a disappointment.

seithugiaf, seithugaf: seithug(i)o [bf. o'r a. *seithug*] *bg.a.* Gwneud yn seithug, rhwystro, peri trafferthu'n ofer, dirymu, trechu, siomi; (geir.) twyllo; cael ei rwystro: *to make futile or vain, frustrate, cause to bother pointlessly, defeat, disappoint;* (*dict.*) *deceive; be prevented.*
13g. *BD* 168–9, na thebygei bot yn reyt idav *seithugyav* llu yr y ryv aghynuil hvnnv. 15g. (17g.) *AL* ii. 654, Tri lle ny ddyly arglwydd *seithugyaw* y orsedd yn rhat. 1604–7 *TW* (*Pen* 228), *seuthugiaw* d.g. *Adnihilo.* *id. seuthugo* d.g. *Ludifico, Resoluo.* 1632 *D, Seithugio,* Frustrare, fraudare. 1688 *TJ, Seithugio,* gwneuthur yn ofer: to disappoint, to frustrate, to do in vain. 1722 *Llst* 189, *seithugio* d.g. *To Baffle* (*disappoint*). *id. Seithugio.* To cheat . . . bubble, make of no effect. 1725 *SR* d.g. *To adnihilate, To Beguile or deceive, Void, To Make Void.* 1770 *W* d.g. *To elude* [*escape or avoid by artifice,* &c.], *Purpose, To put one beside his purpose.* 1803 *P* d.g. *Seithugiaw.*

seithugiant [bôn y f. *seithugiaf, seithugaf: seithug(i)o* + *-iant*] *eg.* Rhwystrad, rhwystredigaeth, siom, siomedigaeth: *frustration, disappointment.*
1803 *P, Seithugiant,* s. m. . . . Frustration.

seithugrwydd [*seithug* + *-rwydd*] *eg.* Rhwystrad, rhwystredigaeth, siom, siomedigaeth, oferedd: *frustration, disappointment, futility, vanity.*
1632 *D* d.g. *Frustratio, Inanitas, Repulsa.* 1725 *SR* d.g. *A Denyal.* *c.* 1730 *Thos. Lloyd D* (LlGC) 206b, *Seithugrwydd* . . . Disappointment. 1772 *W* d.g. *Disappointment.*

seithwaeth, saith waeth [*saith*[1] + *gwaeth*] *a.* Saith gwaith gwaeth: *seven times worse.*
14g. *GDG*[3] 336, *Seithwaeth* genthi no'n cyflwr / Ni'n dau, ac no geiriau'r gŵr, / Gweled hen famwydd blwydd blu / Gogam wddw goeg i'm maeddu. 14–15g. *IGE*[2] 143, Golwg *seithwaeth* no gelyn / Laes deg i leasu dyn (Gruffudd Llwyd). 15g. *GGl*[2] 101, Mae llef oer mal llifeiriaint / Malltraeth yn *seithwaeth* no saint. *Dchr.* 17g. *CMOC*[2] 68, Tynnu fy ngwallt fel alltud / a wnaeth bun, *saith waeth* o sud.

seithwaith, saith (g)waith [*saith*[1] + *gwaith*[2]] *adf.* a hefyd fel *e.ll.* Ar saith achlysur, saith o weithiau, saith tro; (mwy, &c.) o ffactor o saith: *on seven occasions, seven times; seven times* (*bigger,* &c.).
14g. *T* 17. 7–8, hyt pan talhont *seith weith* gɓerth digonsant. 1346 *LlA* [3], yr egylyon yr rei ysyd yn wastat degach *seithweith* (*septuplo*) nor heul. *id.* 20, Gloeɓach oed *seithweith* (*septies*) nor heul. 14g. *RC* xxxiii. 241, a gogylchynu yr allaur *seith weith.* ?14g. (1640) *B* v. 131, *seithwaith* i swynad. *c.* 1400 *id.* xiv. 187, adoli delw yr arglwydes *seithweith.* 1551 W. SALESBURY: *KLl* lxviib, pa sawl gwa/ith y maddeuaf im brawd / pan pecho yn v'rbyn [*sic*] / ae hyd yn *seithwaith?* 1567 *TN* 1[1]5a, A' chyd pecho ith erbyn *saithwaith* yn y dydd, a' *seithwaith* yn y dydd troi atat, gan ddywedyt, Mae'n etiuar genyf. 1588 *Lef* xxv. 8, Cyfrif hefyd it saith Sabboth o flynyddoedd, sef saith mlynedd *saith waith.* 1588 2 *Br* iv. 35, [y] bachgen a disiodd hyd yn *saith-waith.* 1588 *Diar* xxiv. 16, *seith-waith* y syrth y cyfiawn, ac efe a gyfyd drachefn. 1595 M. KYFFIN: *DFf* [129], Pwy onynt . . . a ddangosodd eych bod chwi ddeng-waith a thrugain *saith-waith* mwy no'r Brenhinoedd mwyaf? *Dchr.* 17g. *CMOC*[2] 68, Minnau o nwyf, myn y ne', / *seithwaith* a'i cripiais hithe. 1632 *D* d.g. *Septiès.* 17g. E. MORRIS: *B* 33, Deg *seithwaith* iawnwaith uniawn, / A thair blwydd oedd, Arglwydd dawn. 1676 W. JONES: *GB* 51, ei thwymno *seithwaith* mwy nag y byddid arfer o'i thwymno. *c.* 1762–79 W. WILLIAMS: *P* 233, tri llangc disglair . . . a sidan plygedig a olchasant y plentyn *saith waith.* 1803 *P, Seithwaith,* s. pl. aggr. . . . Seven times. a. Seven times.

seithwell, saith well [*saith*[1] + *gwell*[1]] *a.* Saith gwaith gwell: *seven times better.*
14–15g. *IGE*[2] 304, A brynai, eurai eryr, / Y gwin yn *seithwell* no gwŷr (Rhys Goch Eryri). 16g. SIÔN BRWYNOG: *C* 36, Sir merch, sy ŵyr Siri Môn, / *Seithwell* na'r gwragedd sythion. 16g. *GGH* 109, Pa wraig iarll, pwy o ryw gwell? / Prifiach ddisothach *seithwell.* *c.* 1618 *Bl B XVII* i. 194, Os dyfod i'w ystafell, / Hon sy waith hardd, yn *saith well* (Huw Machno).

seithwlan [?bôn y f. *saethaf: saethu* (neu ?cf. *seithug*) + *gwlân*] *e?g.* Mân wlân a llwch: *wool and fluff.*
Ar lafar yn Nyffryn Teifi yn y ff. *seith(w)lan* am 'y gwlân, &c., a deflir allan ar y llawr dan y peiriant cribo', ac yn ardal Llanelli, '*seithwlan* . . . y mân lwch, y "fluff" sy'n casglu dan y gwely', *B* xii. 24. Clywir hefyd y ff. *sythwlan* (Ponterwyd, Cered.).

seithwyr, saith wŷr [*saith*[1] + *gwŷr*, ff. l. yr e. *gŵr*] *e.ll.* Saith o wŷr, saith dyn; bwrdd o saith dyn (yn Rhufain gynt): *seven men; septemviri, board of seven men* (*in ancient Rome*).
12g. *GIIF* 341, *Seithwyr* y buam, dinam,—digythrut, / . . . / *Seithwyr* ffyryf ffo diadlam, / Seith gynt ny gymerynt gamm. *id.* 426, Seri gyuarpar, sathar sathru, / *Seithwyr* ser gyfnifer am ner a fu. 12g. *GCBM* ii. 166, Oet fysgyad fleimyad flam gan ucher / Yn seithneid awyr, yn *seithwyr* ser. 13g. *LlI* 46, Os rody kussan a watta, rodet e gur llv *seyth wyr,* a'r wreyc llv seyth nyn. 14g. *CR* 238, yn y ol ynteu llad Alfacet a'r hen Valacawnt a *seith wyr* o'r paganieit yn dial yr vn. 14g. *B* xiv. 265, *seith wyr* . . . or rei kytymeithaf gan iosep. 14g. *WM* 49. 34–5, adaɓ *seithɓyr* ydyɓyssogyon yma. *id.* 56. 34–5, Sef *seithɓyr* a dienghis. 15g. *LHDd* 33, *Seithɓyr* a ɓatta mɓy no beich kefen. 15g. *GLGC* 323, Saith gelfyddyd, ryw fyd, fu / o gwbl, *seithwyr* a'u gwybu. 15–16g. *GLM* 312, Pedrog â'i wayw'n powdrio gwŷr / wedi saethu drwy *seithwyr* [i Syr Wiliam Herbert]. 15–16g. HYWEL RHEINALLT: *Gw* 6, Penrhaith ac un o'r *seithwyr,* / Pennaf o'r saint pan fo'r sŷr. *id.* 103, Er dethol *seithwyr* doethion, / Mi a wn saith mwy no'u sôn. 15–16g. *TA* 129, *Seithwyr,* y rhoes athro i'r rhain, / Siôn, oedd rif Senedd Rufain. 15–16g. *GIF* 20, *Seithwyr* llên y sy gennyf, / sêr a gwŷr da sir Gaerdyf. 1567 *TN* 179a, *seith-wyr* da ei gair. 1632 *D,* A berthyn i'r *seithwyr* hynny ['saith benswyddog rufain'] d.g. *Septemuiralis.* 1688 S. HUGHES: *TSP* 7, [d]ynion penweinion, y rhai pan y derbyniant rhyw Fympwy iw pennau, ydynt ddoethach yn ei [*sic*] golwg ei [*sic*] hun nâ *seith-wyr* yn adrodd rheswm. *c.* 1730 *Thos. Lloyd D* (LlGC) 208a, *Seithwyr.* Septemviri.
Cfn.: **ar ei seithwyr:** *as one of seven, with six others.*
18–19g. *MA* iii. 303, pencenedyl *ar ei seithwyr* cyttwng.

seithydd, sêj, gw. **saethydd, saets.**

sel [bnth. S. *cell*] *eb.* ll. *-s.* Cell: *cell.*
c. 1730 *Thos. Lloyd D* (LlGC) 207a, *Sel.* Cella. II. 87. Ar lafar, 'torri'r *sels* cyn i'r cwin ddyor' (Pwllheli); 'Nethon' nw 'i gloi e lan mewn *sel* fach iawn' (sir Gaerf.).

sêl[1] [bnth. S. C. *zel,* neu'n uniongyrchol o'r H. Ffr.; ansicr yw'r engh. gyntaf] *eb.g.* Brwdfrydedd, awydd, selogrwydd, eiddgarwch: *zeal, enthusiasm, ardour.*
14g. *GIG* 13, Dyn irddewr mewn dawn urddas, / Dragwn a'i *sêl* drwy gan sias [i Ieuan ab Einion]. 1567 *LlGG* (*Sall*) 37b, Can ys gwynvyd [:– *zel*] dy duy am ysawdd. 1567 *TN* 295b, erwydd *zel* [:– awydd, goglyd] yn ymlit yr Eccles. *a.* 1587 *Y* 53, Drwy awen, wr llawen llwyd, / Dafydd, ir braffwydd brophwyd, / Ar gain gerdd, organ Gwirdduw, / *Sêl* am ddysc, gwnai psalm i Dduw. 1588 *Eseia* lix. 17, gwiscodd *zel* fel mantell. 1588 *Col* iv. 13, fod ganddo *zêl* mawr drosoch. 1606 E. JAMES: *Hom* ii. 51, gwedy troi rhai . . . oddiwrth addoliad delwau a gaudduwiau . . . o *zêl* ddall ddiwybod . . . hwy beintiasont ac a gerfiasont ddelwau o'n Iachawdwr Christ. 1618 J. SALISBURY: *EH* 336, mynnu dial o gâs, ag nyd o *Zêl.* 1672 R. PRICHARD: *Gw* 132, I fynegi byth na ddlye, / Ddiffodd *zêl* [:– Awyddfryd gwres] dy weddi dithe. 1709 H. POWEL: *G* 73, hyn a'n cynnorthwya i weithredu gyda mawr nerth a *Zeal* mewn Crefydd. 1730 (1755) E. WYNNE: *PAC* 115–16, pân fo'm 'n [*sic*] cyhoedd gyffessu ein ffŷdd, ni ddylem wneuthur hynnŷ bôb amser gŷda 'r fâth *Zêl* gwresog. 1740 T. EVANS: *DPO* 204, y Gwirionedd yw hyn, math o *zêl* gau dywell, a chariad di sail at Bâb Rufain a Phabyddiaeth yw gwreiddyn hyn o chwedl. Ar lafar, *WVBD* 478 (*eb.*).
Cfn.: **sêl bartïaeth (partïaeth):** *party zeal.* 1778 J. HUGHES: *BB* 192, Mewn tywyll *sel bartiaeth.* 1788 J. THOMAS: *CS* 118. 1790 T. JONES: *TOS* 161. **sêl bartïol (partïol) = sêl bartïaeth.** 1739 *NEN* 17, *Zêl Bartiol.* 1742 H. HARRIS: *SDS* 19, *Sêl bartiol.* 1791 *Dialogous* 2.

Cf. **parti-sêl.**

sêl[2] [bnth. S. C. *sel,* neu'n uniongyrchol o'r H. Ffr.] *eb.* ll. *sel(i)au, -i.*
(*a*) Darn o ŵyr, plwm, papur, &c., (ac arno lun wedi ei stampio) a sicrheir wrth ddogfen i'w dilysu neu wrth amlen, &c., i'w chau ac i ddiogelu'r cynnwys, &c.; darn o fetel, carreg werthfawr, &c., wedi ei engrafio a ddefnyddir at stampio llun o'r fath, hefyd fel arwydd o swydd; sylwedd neu ddyfais i gau agoriad neu ryngwyneb; hefyd yn *dros.* ac yn *ffig.*: *seal, also as a mark of office; seal* (*to close an aperture or interface*)*; also transf. and fig.*
c. 1400 *R* 1299. 41, pan del *sel* na *sel* yn seilyat angeu. 15g. *OBWV* 105, Ei deurudd fal hawl dwyrain; / Dwy *sêl* o liw grawn celyn, / Dagrau gwaed ar deg eiry gwyn [i wyneb lleian]. 15g. *GLGC* 60, Merliwns o Abermarlais / a ry dwy *sêl* ar iad Sais. 15g. *GGl*[2] 96, Ei dai ar ôl a'i dir ym, / A'i *sêl* a roes i Wilym. 15g. *GO* 125, Aur gorron ar Siôn! a'r *sêl* o Ruvain [i Siôn Abad]. 15g. *DE* 49, a vynno honn i vyw yn hir / ar vn *sel* ir ynseilir [i'r cusan]. 15g. *ID* 63, Mae un Gwilim ag a elwir / ai air yn *sel* ar ein sir [i Wilym ap Rhys Philip]. *Diw.* 15g. *Pen* 67, 58, Ni chredet singnet na *sel* / na g [*sic*] vnsais yn y gwnsel (Hywel Dafi). 15–16g. *TA* 240, Eithr mae eilpeth o'r Malpas, / Iwch roi *sêl* aur a chroes las [i Edward Sutton, iarll Dwdlai]. 1547 *WS, Sel* nod A seale. 16g. (*LlEG*) *Mos* 158, 26b, [y] kyuriw ac a gamwnelai ne a gowntyr/fetiai *seelau* y brenin. 1588 *Ecs* xxviii. 11, fel naddu *sêl* y neddi di y ddau faen. 1588 1 *Br* xxi. 8, hi a scrifen-

nodd lythŷrau yn enw Ahab, ac ai seliodd ai *sêl* ef. **1588** *Dat* v. 2, pwy sy deilwng i agoryd y llyfr, ac i ddattod ei *seliau* ef. **1599 (1677)** R. HOLLAND: *AB* 107, fo a fydde hynny *Sêl* a sicerwydd iddynt hwy am faddeuant o'i pechodau. *ib.* Cymmerwch hefyd ddryll o gwyr, a rhowch *sêl* wrtho, ac fo a edu'r *sel* ei llûn yn y cwyr. **16–17g.** *HG* 65, an siartar ywr sgrythyr lan, nyd gwaith penn man a bysedd / an *sel* yw dy basiwn di, vel dyna i ni ddigonedd. *c.* **1648** WILIAM BODWRDA: *Gw* 207, synn yw'r byd ennyd anoeth / *sêl* bridd ar waed Salbri ddoeth [marwnad Siôn Bodwrda]. **1675** R. JONES: *HCh* 130, [rh]oddi y Sacramentau . . . megis *Selau* ir Cyfammod o Râs. **1753** *ML* i. 219, mi welais *sêl* y mwyn . . . Gan fod arfau ar *sêl* yn sicrhau llythyrau poblach ag yn gwneuthur y papur megys yn gysegredig, (I mean a coat-of-arms . . .). *id.* 220, Byddaf finnau ambell dro yn taro ar gwyr ryw *seli* a berthynynt i bobl fy ngwraig. *id.* 253, Dyna i chwi ar glwt o bappur lun fy *sel* i pan i gwneler. Pa beth a gyst ei thorri mewn arian, a pha'r faint mewn dur, a pha'r faint mewn cornelian? Ar lafar, *WVBD* 478, *GTN* 725. Cf. D. OWEN: *GT* 305, Torais y *sêl* yn frysiog, ac achosodd cynwys y llythyr i ias oer fyn'd dros fy holl gorph.

(*b*) (enghrau. mewn cyffelybiaethau sy'n mynegi sicrwydd: *exx. in comparisons expressing certainty*).

c. **1730** *Thos. Lloyd D* (LlGC) 208a, cyn siwred a *Sêl.* BP. 53. **18g.** *W Ballads* 138, 6, Mi af atti hi i siared cin siwred a *sel.* **1761** *ML* ii. 296, Pe byw a fai yr hen wr fe am gwadai i cyn siwred a *sêl.* **1762** *id.* 505, Cyn siccred a *sêl* na chewch na hun na gorphwys. **1777** E. ROBERTS: *DG* 37, I anufuddau iw Brenin / ac i beri trwbleth trablin / a hyn dros ddŵr mor siwr a *Sêl* / ai gyrrodd hi 'n rhyfel gerwin. **18g.** TWM O'R NANT: *CO* 6, Wel, 'rydw'i'n gweled, cyn siwred a *sêl,* / Ein bod yn perthyn heb gêl i'n gilydd. **1790** TWM O'R NANT: *GG* 66, Ni wneiff y gwr mor siwr a *Sêl,* / Gwir w'chol Swydd un gorchwyl Sal.

Cfn.: **sêl fach:** *privy seal.* **[1783]** *W,* ceidwad y *sêl fach* d.g. *Seal, The keeper of the privy seal.* **sêl bendith, sêl ei (dy, &c.) fendith:** *seal of approval.* **20g. sêl frenhinol:** *royal seal.* **20g. sêl y brenin:** *king's seal.* **16g.** (*LlEG*) *Mos* 158, 26b. Ar lafar, "Odd llun *sêl y brenin* yn y llifyr', *GTN* 725. **sêl gyfrin:** *privy seal.* **1796** T. JONES: *CCA* 230. **sêl ddirgel:** *privy seal.* **16g.** (*LlEG*) *Mos* 158, 395b. *Bot.* **sêl Mair:** *black bryony, Tamus communis. c.* **1730** *Thos. Lloyd D* (LlGC) 208a, *Sel Mair.* Sigillum B. Mariæ. **(y) Sêl Fawr:** *Great Seal. c.* **1600** L. DWNN: *HV* i. [5], *y ssel fawr.* **1630** R. LLWYD: *LlH* 150. **1664** *LlGG* sig. b1v, awdurdodedic dan *sêl fawr* Loegr. *Bot.* **sêl Selyf, sêl Selef:** *Solomon's seal, Polygonatum multiflorum. c.* **1730** *Thos. Lloyd D* (LlGC) 208a, *Sel Selef.* **1813** *WB* 234, *Sel Selyf. Bot.* **sêl Solomon, sêl Salamon = sêl Selyf. 1604–7** *TW* (*Pen* 228), *Sel Salamon* d.g. *polygonaton.* Ar lafar yn y ff. *sêl Solomon* ym Meir. a sir Gaerf., G. AWBERY: *BM* 26.

Gw. hefyd **prifai-sêl, selen[2].**

sêl[3] [bnth. S. *sale*] *eb.* ll. *-i, -s.* Arwerthiant (â phrisiau gostyngol), ocsiwn: *sale* (*at reduced prices*), *auction.*

1926. Ar lafar, B xiv. 281 (Llan-non, Cered.), *WVBD* 478; 'Mae hi'n hoff o fynd i'r *sêls*'; 'Ma'i 'di mynd i Gaer i'r *seli*'. Cf. E. ROBERTS: *DG* 32, ac i lunio torri ar ôl gwneud Sêl Bil.

Cfn.: **sêl cist car:** *car boot sale.* **20g. sêl ddegwm:** *sale of goods seized to pay the parish tithe.* **1926.**

Gw. hefyd **sâl[2].**

sêl[4] [bôn y f. *selaf[1]*: *selu*] *eg.* ll. *selau.* Gwyliadwriaeth, gwylfa, y weithred o weld (o bell): *watch, a seeing* (*at a distance*).

1632 *D, Sêl,* Speculatus, us, ui. **1688** *TJ, Sêl,* gwiliad, edrychiad: an espying, a Watch. **1722** *Llst* 189, *Sêl,* m. An espying. **1753** *TR, Sêl,* an espying or seeing at a distance. **1803** *P, Sêl* . . . sight at a distance, distant view. Cf. *Bl D* 121, Gŵr o rif gŵyr i ryfel, / Gŵr fu enwog swyddog *sêl* [:- An espying,—Gwyliaid [*sic*]]. Digwydd yn yr e. priod *Sel mab Selgi, CO[2]* 76.

sêl[5], gw. **jêl.**

selaf[1]: selu, *bg.a.*

(*a*) Edrych (ar), syllu (ar), gwylio, ysbïo (ar), fforio; (?geir.) rhagodi; gweld (o bell): *to look* (*at*), *gaze* (*at*), *watch, spy* (*on*), *scout;* (?*dict.*) *lay in wait* (*for*), *pounce* (*upon*), *ambush; see* (*at a distance*).

12–13g. *GLlLl* 203, Kereis a *seleis* ker Dinsilwy. **13g.** *GDB* 511, Doethineb Selyf *selwyd* i'm naf / A theced eidduned Addaf. **14–15g.** *IGE[2]* 274, Nid o arfer cyn 'fferen / Sul a gŵyl i *selu* gwen (Siôn Cent). **1547** *WS, Sely* ne spio Spye. **16g.** (*LlEG*) *Mos* 158, 686a, sertain oi longav . . . a gymerth I helynt . . . I *Selu* y llonge o Barthaur dwyrain. **16g.** *Astud Amr* 56, kymerth Arthur gledde hir ac aeth ynn ddirgel garllaw ty j ordderch j *selu* Huail. **1567** *LlGG* 108b, a's chwychwi a saif gan lygadrythu ac edrych [:- a *selu*] ar y sawl sy yn Communo. **1567** *TN* 182a, efe yn gyflawn or Yspryt glan, a edrychodd-yn ddyval [:- *selodd*] ir nef, ac a welawdd 'ogo[n]iant Dew. *id.* 279a, yr oll ffeils vroder . . . a ymdroscwyddesent y mewn i graffu [:- *selu,* syllu] ar ein rhyddit ni. **1604–7** *TW* (*Pen* 228) d.g. *Capto, Insidior.* **1632** *D, Selu,* Speculari, prospicere. *Selu* 'r hŷdd islaw 'r rhuddddwr. Llo[wdden]. **1688** *TJ, Selu,* edrych, gwilio: to espy, to watch. **1703** E. WYNNE: *BC* 16, Wrth *selu* ar uchder a mawredd y Llysoedd hyn, gwelwn lawer o dramwy o'r naill Lŷs i'r llall. **1722** *Llst* 189, *Selu.* To . . . lye in wait. *id.* d.g. *To lye, lay, or be in Ambush.* **1772** *W* d.g. *To descry* [*spy out, discover*], *To scout* [*go about to observe the motions of the enemy;* &c.], *To speculate* [*view or consider attentively,* &c.]. **18–19g.** *GABC* 117, Gan hwn mae craff lygad cry', / I *selu* ar fy sylwedd. **1803** *P, Selu* . . . to perceive, to behold; to gaze.

(*b*) Anelu at, taflu (rhywbeth) at: *to aim at, shy at.*

15g. *GDID* 32, Llunio bwa a llinyn / A *selu,* dioer, gesail dyn. *Dchr.* **17g.** *J* 10, 38b, *Selu.* to levell at. **1688** *TJ,* Elŷf, annelŷf, tynnŷ bwa, *Sêlu* at—To mark, to leavel at. **1725** *SR, selu,* edrych ar y nôd d.g. *To aim, or Level.* Ar lafar yng ngogledd Cered., e.e. '*selu* potel' 'rhoi potel ar ben postyn a'i tharo â charreg'.

selaf[2]: selu, gw. **seliaf: selio.**

selaidd [*sêl[1]* + *-aidd*] *a.* Selog, brwdfrydig, eiddgar: *zealous, enthusiastic, ardent.*

1618 J. SALISBURY: *EH* 63–4, o ran bod y Clommen [*sic*] yn wirion, yn bur, yn *zelaidh,* ag yn ffrwythlawn. **1658** R. VAUGHAN: *PES* 22, [y] dyn *zelaidd* brydiol. *id.* [32], enllib gwradwyddus *Zelaidd.*

selam [trawslythreniad o'r gair Heb.] *eg.* Rhyw fath o locust bwytadwy: *some kind of edible locust.*

1588 *Lef* xi. 22, y rhai hynn a fwyttewch: yr Asb yn ei ryw, a'r *Selam* yn ei ryw, a'r Hargol yn ei ryw, a'r Hagab yn ei ryw. **1722** *Llst* 189, *Selam.* m. A bald locust.

selandin [bnth. S. *celandine*] *e?g. Bot.* Dilwydd, *Chelidonium majus,* llygad Ebrill, *Ranunculus ficaria:* (*greater or lesser*) *celandine.*

c. **1740** *LlM* 12, Rhag tarddu neu Ddyfrwriant [*sic*]. Cymmer Mwg y Ddaiar, ar Droedrydd, ar *Selandin* a dail y Gwyddfyd. **1771** *PDPh* 39, I iachau Llygaid a fyddo yn sychu ac yn tywyllu. Cymmerwch . . . Isop, sudd *Selandin,* Ruw.

seld [?bnth. S. *seld* 'shop; stand for spectators'] *eb.* ll. *-(i)au, -i, -ydd.* Dreser, dresel; (?geir.) silff: *dresser;* (?*dict.*) *shelf.*

1672 R. PRICHARD: *Gw* 585, A thrwy 'th ossod ar ffenestri, / Bwtte glybion, ac ar *seldi* [i'r llyfr]. **1722** *Llst* 189, *Seld.* f.p. *Seldydd.* A shelf. **[1783]** *W* d.g. *Shelf.* Ar lafar, *Cymru* xlvi. 21 (canolbarth Cered.), *SC* vi. 127 (sir Benf.), *TGG* (1907–8) 86 (de-orllewin sir Gaerf.).

Amr.: **sild.** Ar lafar, *TGG* (1907–8) 99 (godre Cered.).

Cfn.: **seld gam:** *corner dresser.* **1904. seld goed:** *dresser for holding wooden items.* **1902** *CYLl* 6, A '*seld goed*' i roi'r 'trensiwrnau' / Ac i gadw y 'phiolau'. Ar lafar yng nghanolbarth Cered. **seld lyfrau:** *bookcase.* **1916.**

seldfwrdd [*seld* + *bwrdd,* ar ddelw'r S. *sideboard*] *eg.* ll. *seldfyrddau.* Seidbord, ystlysfwrdd: *sideboard.*

20g.

seldrem[1], *eb.* ll. *-(i)au, -i.*

(*a*) Sypyn neu ddyrnaid o ŷd, gwair, &c., a dorrir gan fedelwr, dyrnaid, bwndel, hefyd yn *ffig.*: *bundle or handful of corn, hay, &c., cut by reaper, handful, bundle, also fig.*

14g. *GDG[3]* 239, Dan fy mron y mae'r gronllech, / Ni ad fy nrem *seldrem* sech ['Hwsmonaeth Cariad']. **1547** *WS, Seldrem.* **1604–7** *TW* (*Pen* 228) d.g. *Fasciculus. Dchr.* **17g.** *J* 10, 38b, *Seldrem* . . . merges. **1632** *D, Seldrem,* Antiquis manipulus. **1688** *TJ, Seldrem,* dyrnaid, polltid [*sic*]: a handful, a bundle. **1722** *Llst* 189, *Seldrem.* f.p. *dremmau, dremmi,* A ledge or handfull of corn. **1753** *TR, Seldrem,* a gripe, a bundle, a lay of corn which a reaper spreads, after he hath reap'd it . . . *Seldrem* o ŷd, *seldrem* o redyn. **1761** *ML* ii. 377, Daccw hynny sydd gennyf o haidd yn ei *seldremi* (i.e., sâl-drem) ar [*sic*] tywydd yn llaith. **1775** *W* d.g. *Lay or layer* [*of corn,* &c.]. **1803** *P, Seldrem,* s. f.—pl. t. *au* . . . a layer, as of corn after the reaper. Ar lafar yn y ff. *seldram, LlLlM* 102, *WVBD* 478 (ll. *seldremia, seldremi*); hefyd '*seldrem*' am 'ysgub ffa heb ei rhwymo', *Cymru* xlvii. [195] (sir Ddinb.). Cf. *CA* 366, Yn Arfon dywedwyd wrthyf mai dwy *seldrem* a ffurfia ysgub (o ŷd).

Amr.: **sedrem[1], siedrem[1]. 1753** *TR,* Seldrem . . . Some say *Sedrem.* **1775** *W* d.g. *Lay or layer* [*of corn,* &c.]. Ar lafar, cf. *B* iv. 302, Wrth fedi ŷd â chryman, gelwir cymaint ag a dorrir gyda'i gilydd wrth y droed yn *siedrem,* lluos. *siedremon.* Gwna dwy ohonynt ysgub (canolbarth Cered.); *GDD* 282, *Shedrem* . . . 'Ma Mari fach yr un *shedrem* a'i mham.' Little Mary is the very image of her mother. '*Shedrem*' formerly meant the position of the reaper with respect to the 'grwn' (ridge). The foreman took up his position 'ar gefen y grwn' . . . and all who occupied a similar position were said to be 'ar yr un *shedrem*' (in the same position). Those who were next to the back of the ridges, or on or near the trench, were also said to be working similar '*shedremi*'. Hence, with the growth of the word, '*shedrem*' came to mean similarity in respect to persons. **sedren.** Ar lafar, cf. *Cymru* xxxix. 96, *Sedren.*—Sypyn o ŷd wedi ei fedi [â] chryman. '*Sed*[*r*]*en*' yw cyn ei rhwymo; wedi ei rhwymo, dyna hi'n ysgub (Brych.). **seldren, sieldren** (ll. *seldreni, seldrenau*). **1725** *SR* d.g. *A wisp.* Ar lafar yn y ff. *seldran, sieldran, WVBD* 478. **siedrem[1]**, gw. *sedrem[1]*. **sieldrem. 1725** *SR* d.g. *A Packett.* **sidrem.** Ar lafar, *shidrem, TGG* (1907–8) 108, *Cymru* xxxiv. [179] (godre Cered.). **sodren[2]** (ll. *-au*). **1936.**

seldrem[2] [ffrwyth tarddu *seldrem[1]* o *sêl[4]* neu fôn y f. *selaf[1]*: *selu* + *trem*] *eb.* ll. *-au.* Golwg, trem; agwedd, safbwynt, ffordd neilltuol o edrych ar ryw fater: *view, glance; point of view.*

c. **1785–90 (1829)** *CBYP* 13, na bo un lliw ar unrhyw *seldrem* ar gerdd na bo lwyr liw a llun o berffeithgamp arno herwydd Iaith . . . a *seldrem* y Bardd . . . bydded hefyd yn dirionllais. *ib.* dylit darllen yr hen Lyfrau . . . cannys ynddynt y ceir . . . amlder *seldrem* ar Fod a Hanfod, a Phwyll a Deall. *id.* 39, Ni ddylit dyfalu dim a fytho cyffredin, a sathredig yng ngolwg, a thann nod a *seldrem* pawb. *ib.* bwrwed lawn a chyfiawn *seldrem* ar bob peth. **18–19g.** *Llr* C 4, 145. *Seldrem,* a glance, glam. **1803** *P, Seldrem,* s. f.—pl. t. *au* . . . A prospect; a perspective view.

seldremaf[1], seldremiaf[1]: seldremu, seldremio [bf. o'r e. *seldrem[1]*] *bg.a.* Gosod (ŷd, gwair, &c., newydd ei dorri) yn seldremiau: *to lay* (*newly cut corn, hay, &c.*) *in bundles.*

1753 *TR, Seldremmu,* to gather in bundles, to spread corn in lays, as reapers do. **1803** *P, Seldremiaw* . . . to lay in a strait line or row. *id. Seldremu* . . . to place in layers. Ar lafar yn y Gogledd.

Amr.: **seldrenu** [cf. *seldren*]. Ar lafar yn Arfon. **sidremo** [cf. *sidrem*]. Ar lafar, *shidremo, TGG* (1907–8) 108, *Cymru* xxxiv. [179] (godre Cered.). **siedremo** [cf. *siedrem[1]*]. Ar lafar, W. J. DAVIES: *HPLl* 232, *B* vii. 256 (canolbarth Cered.).

seldremaf[2], seldremiaf[2]: seldremu, seldremio [bf. o'r e. *seldrem[2]*] *bg.a.* Edrych, gweld: *to look, see.*

c. **1785–90 (1829)** *CBYP* 14, Teilyngdod a Theithi'r Iaith Gymraeg . . . yw adrodd yn hyfedr . . . pob peth er [*sic*] a allo'r meddwl, a'r Bryd ei ddychymmyg a'i *seldremu,* a'i selweddu.

seldremiaf[1,2]: seldremio, gw. **seldremaf[1,2]: seldremu.**

seldren, seldrenaf: seldrenu, gw. **seldrem[1], seldremaf[1]: seldremu.**

selddoeth [*sêl[1]* + *doeth[1]*] *a.* Hunangyfiawn: *self-righteous.*

Ar lafar gynt yn sir Gaern., J. JONES: *Gwerin-eiriau* 48.

seléb [bnth. S. *celeb,* talf. o *celebrity*] *eg.* ll. *-s.* Person enwog, yn enw. ym maes adloniant, &c.: *celeb*(*rity*).

20g.

seledig, gw. **seliedig.**

selein, gw. **dŵr—dŵr selein.**

selen[1] [?cf. *seldrem[1]*] *eb.* ll. *selau.* Rhywfaint o wair neu ŷd: *quantity of hay or corn.*

Ar lafar, '*selan*' 'swm o wair neu laf[u]r, tua hanner yr hyn oedd angen i wneud "mwtwl"', 'plethu *sela* yn y mwtwl', *GTN* 725.

selen[2] [*sêl[2]* + *-en*] *eb.* Talp (o ymenyn), print: *pat* (*of butter*).

Ar lafar gynt, H. EVANS: *CE* 24, 131 (gorllewin sir Ddinb.).

seleniwm [bnth. S. *selenium*] *eg. Cem.* Elfen anfetelaidd (symbol Se; rhif atomig 34) sy'n digwydd yn naturiol mewn amryw

o fwynau sylffid metelaidd ac a nodweddir gan amrywiad yn ei gwrthedd trydanol yn ôl arddwysedd y golau: *selenium*.
20g.

seler [bnth. S. C. *celer* neu'n uniongyrchol o'r H. Ffr.] *eb*. ll. *-au, -i, -ydd*. Ystafell (yn enw. un dan lefel y ddaear mewn tŷ) a ddefnyddir i storio nwyddau, yn enw. gwin neu lo, hefyd yn *ffig*.: *cellar, storeroom, also fig.*
14g. *GDG*[3] 253, A hefyd, meddai hoywferch, / Ysbenser ar *seler* serch. *c.* **1400** (*SG*) *HMSS* i. 326, rac meint y dyrnawt y llewot affoassant oc eu *selereu*. **15g.** *GGl*[2] 5, Dal Syr Risiart a'i dylwyth, / Gethin, *seler* lawnwin lwyth. **15g.** *DE* 51, prennol i gadw per annerch / pantri rrwng *seleri* serch [i'r cusan]. **15g.** *ID* 14, *seler* wydd salw arwyddion / syndal haf syn deilio hon [i'r fedwen]. **1547** *WS*, *Seler* A cellar. **1588** 2 *Cr* xxxii. 28, *selêrau* i gnŵd yr ŷd, a'r gwîn, a'r olew. **1606** E. James: *Hom* iii. 268, mewn llofftydd, mewn stor-dai, mewn *seleri* [:- Celloedd]. **17g.** *TBM* 649, A thremyn dir a thramawr, / Noddfa in i'w neuadd fawr; / A *seler* wedi'i seilio / I'r graig drwy'r ddaear a'r gro (Huw Machno). **17g.** *CRC* 403, Mae iddo fo barlwr a *seler* a swckwr / a cherig ar gwr arennig / gwedi gweithio i *seler* yn siwr / fal pette fo gwr bonheddig [carol llwynog]. **1714** D. Lewys: *CN* 5, Ond cariad Crist sydd *Seler* rydd; / I'r gwann a'r prydd a'r isel. **1762** *ML* ii. 519, dyma dwrwf cwrw Nerpwl yn myned i'm *selar*. *id.* 523, yn y *seler* ddau hanner baril o gwrw Dewi Reit, a thri phottyn o menyn melyn melus, chwart o flawd ceirch, darn o gosyn Caer, a hanner un cartref. Ar lafar, '*selar*', *WVBD* 478 (ll. *seleri*); 'Ma *selar* fawr dan y tŷ, lle nêt i storo tatws a phethach', *GTN* 725 (ll. *seleri*). Digwydd mewn e. lleoedd, e.e. *Selar Ddu, Carreg Selar*, a *Hendre Selar*, sir Gaern., *ELISG* 43.
Amr.: **seiler**. **1803** *P*. **syler**. *c.* **1730** *Thos. Lloyd D* (LlGC) 212a.
Cfn.: **seler win**: *wine cellar*. **14–15g.** *IGE*[2] 290, Mae'r feddgell deg? Mae'r gegin / Is law'r allt? Mae'r *seler win*? (Siôn Cent). **1588** 1 *Cr* xxvii. 27, *selêrau gwîn*. **1661** E. Lewis: *Drex* 167. **1794** *W* d.g. *Wine-cellar*. Cf. *GGl*[2] 221, Seler gwin pêr gwyn parod, / Syl cloi a phrifei sêl clod.

selerdy [*seler*+ *tŷ*] *eg*. ll. *-dai*. Seler, hefyd yn *ffig*.: *cellar, also fig.*
14g. *YBH* 6a, yna kyuodi sebaot y vyny a chymryt y mab a mynet oegudyaỽ yr *celerdy*. **1785** E. Barnes: *MH* ii, Ei olwg dros *Selerdai* 'r hên feirwon rai sydd fûd.

seleri [bnth. S. *celery*] *eg*. ac *e.ll*. *Bot*. Helogan, *Apium graveolens*: *celery*.
1771 *PDPh* 80, Berwch Bersli, cnau 'r ddaear, *Selery* gleision. Ar lafar.
Amr.: **salari**[2] [bnth. S. taf. *salary* 'celery']. **1896** W. J. Davies: *HPll* 313. Ar lafar, *WVBD* 472 (*eg*.), *GTN* 703 (*eg*).

seleriac [bnth. S. *celeriac*] *eg*. *Bot*. Math o seleri a'i wreiddyn yn debyg i feipen, *Apium graveolens rapaceum*: *celeriac*.
20g. Ar lafar.

selerwr, selerydd [*seler*+ *-wr, -ydd*[3]] *eg*. ll. *selerwyr, seleryddion*. Un sy'n gofalu am seler, swyddog mynachaidd sy'n gyfrifol am win: *cellarman, cellarer*.
1849.

Selestiniaid [yr e. prs. *Celestine*+ *-iaid*[1]] *e.ll*. *Egl*. Aelodau o gangen ddiwygiedig o urdd y Benedictiaid a sefydlwyd gan y Pab Celestine V yn y 13g.: *members of the order of Celestines*.
1718 (1721) S. Thomas: *HB* 118–19, Y Monachod hyn o ddyscyblaeth St. Bennet . . . Darfu . . . wahanu . . . yn amryw . . . sectau . . . neilltuol, naill ai trwy wneuthur rhyw Gyfnewidiadau yn yr hên Ddyscyblaeth [*sic*], neu trwy chwanegu atti. Oddi yma y darfu . . . Clywinia[i]d[,] Y Carthywsiaid[,] y Sistersiaid a *Selestiniaid*, ac amryw eraill. *c.* **1762–79** W. Williams: *P* 422, Monachod St. Bennet . . . darfu i'r sect hon wahanu yn yr oesoedd diweddaf . . . oddi yma y daeth . . . y Cistersiaid, y *Selestiniaid*.

selfais [bnth. S. *selvedge*] *eg*. ll. *selfeisiau*. Ymyl sy'n atal i ddefnydd ddatod, ymylwe, eirionyn; ymyl papur wal y mae'n rhaid ei dorri cyn ei osod: *selvedge*.
20g. Ar lafar yn y ff. *selfej*.
Amr.: **sylfaij** (*eb*.). **16g.** (*LlEG*) *Mos* 158, 433a, dwyn ynghyd y ddwy *Syluaidgi* or lliain a oedd yn toi y ty hwn.

sêl-fodrwy [*sêl*[2]+ *modrwy*] *eb*. ll. *-au*. Modrwy sêl: *signet ring*.
[**1783**] *W* d.g. *Ring, A seal ring, Signet* [*a seal set in ring*].

selgar [bôn y f. *selaf*[1]: *selu*+ *-gar*] *a*. a hefyd gyda grym enwol. Sylwgar: *observant*.
1759 *BC* 526, Medda'i Meister *Selgar* Sant / Cewch Wely yn y Tŷ am ddal y tant. [**1783**] *W*, edrychgar, *selgar* d.g. *Speculative* [*given to speculation*]. **18–19g.** *MA* iii. 274, Tri brodyr awen: *selgar*, chwilgar, a gavaelgar.

selgyngiaf, selgyngaf, silgyng(i)af: selgyng(i)an, selgyngi, silgyng(i)an, *bg*. a'r be. fel *eg*. Mwmian, murmur, sibrwd, sïo, swnian; murmur, si: *to murmur, mutter, mumble, whisper, hum, buzz*; *a murmuring, buzz*.
1595 H. Lewys: *PA* 230, gann lefain yn groch, murmur, a *silgyngan* yw [*sic*] erbyn. **16–17g.** *PCWG* 76, nad oes neb mor hyderus o ras dvw na bo fo lawer gwaith yn petrvso ag yn *silgyngian* gen wendid krediniaeth. **1604–7** *TW* (*Pen* 228), *silgyngian* d.g. *Murmur*. *id*. *Selgyngian* d.g. *Mussitatio*. **1632** *D*, *Selgyngian*, Mussitare, murmurare; pro Iselgyngan . . . Ab Isel, & Cyngan. *id*. *selgyngian* d.g. *Emutio*, *Mutio*. **1722** *Llst* 189, *selgyngian* d.g. *A Buzzing*. **1724** S. Williams: *ADA* 62, Gweddi hêb wresowgrwydd sydd megis Pelen hêb Bowdwr . . . Ni thyccia *selgyngian* yn oer ac yn ysgafn, a rhedeg yn ddiflas tros ychydig ddeisyfiadau. **1740** T. Evans: *DPO* 75–6, Megis Aderyn gwyllt pan dorrer ei Esgyll, a fydd yn dychlammu ac yn *Selgyngian* o gylch Ty gydag un Dôf; ond pan dyfant drachefn, efe a ddengys o ba Anian y mae. **1770** *TG* ii. 11, [y bryniau a'r anialwch] yn oer o herwydd amlder eu ffynhonau, ac yn *selgyngian* gan bistylloedd dyfroedd. *id*. 37, amryw swn dieithr ac arswydus, megis *selgyngi*, ochneidio. **1771** *W*, *selgyngian* d.g. *To buzz* [*whisper*] *in one's ear*. *id*. *selgyngian, selgyngan* d.g. *To chouter* [*murmur, grumble, &c*.]. *id*. *Selgyngian* d.g. *To mump* [*talk low in a surly tone of voice*]. **1803** *P*, *Sylgyngan*, v. a. . . . To speak with a low voice, to mutter.

seliad[1] [bôn y f. *seliaf, selaf*[2]: *sel(i)o, selu*+ *-iad*[1]] *eg*. ll. *-au*. Y weithred o selio; print-iad, argraff, stampiad; hefyd yn *ffig*.: *a sealing; print, impression, a stamping; also fig.*
1604–7 *TW* (*Pen* 228) d.g. *Signatio* (hefyd *D*). **1632** *D* d.g. *Impressio*. **1672** J. Langford: *HDdD* 268, arferol gelfyddyd Enllib-wŷr yw rhoi senn a drygair i'r nêb y bônt yn ei enllibio, fal trwy doster yr achwyniad y gallont roddi dyfnach *seliad* (*impression*) ym meddyliau y gwrandawŷr. **1675** R. Jones: *HCh* 118, *Seliad* y Cyfammod o Râs. **1677** *TC* 6a, Hargraph, llûn, *seliad*. **1707** *GREE* 6, yr arwydd a'r *seliad* odidog nefol. **1722** *Llst* 189, *Seliad* (sub) m. A sealing, impression, print. **1732** *AABI* 38, O'r Hanesion a all hên Ddiscybl adrodd am oddifewn drigfa yr Ysprŷd . . . am *Seliadau*'r Yspryd. **18g.** *W Ballads* 109, 6, Rhyfeddol Gariad oedd prynedigaeth, / Rhyfeddol Gysur mawr Diddanwch, / Rhyfeddol Sanctaidd *Seliad* heddwch. **1753** *ML* i. 220, Byddaf finnau ambell dro yn taro ar gwyr ryw seli a berthynynt i bobl fy ngwraig, nid o ran gorchest yn y byd ond o ran gwneuthur y *seliad* yn siccrach. *c.* **1762–79** W. Williams: *P* 479, Mae eglwys Groeg er yr hen oesoedd yn presentio eu plant ar yr wythfed dydd ymhorth yr eglwys i dderbyn bendith yr offeiriad . . . ac y mae yr offeiriad yno yn eu nhodi hwynt â'i fys ar eu talcennau, eu mhynwesau, a'u geneuau â llun y groes . . . a hyn a elwir *Seliad* Babanod. [**1783**] *W* d.g. *Sealing* [*Subst*.], *A stamping*. **1790** W. Richards: *LlA* 8, bedydd . . . yn *seliad* o'r athrawiaeth o gyfiawnder. **1791** B. Evans: *AD* 35, Darlunio *Seliad* Abraham, fel pe buasai ef yn gosod ei Sel wrth Gyfammod Duw.

seliad[2], **selied** [?bôn y f. *selaf*[1]: *selu*+ *-iad*[4], trf. a.] *a*. Cyfrwys, ystrywgar, gwyliadwrus; craff, llygatgraff, yn gweld ymhell, hefyd yn *ffig*.; taclus, lluniaidd: *crafty, wily, cautious; observant, sharp-sighted, far-seeing, also fig.*; *neat, trim, shapely*.
a. **1587** *Y* 114, Pen aeth Sawl, pennaeth *seliad*, / I ladd Dafydd, lonydd lâd. *id*. 215, A phob paintiad *seliad* sydd, / Llen gûl yw'n llawn o gelwydd. *id*. 234, A ddŷg ar frŷs ddigair frâd / Ladd Sawl a chleddav *seliad*. **16–17g.** E. Prys: *Gw* 298, Dy drwyn eiddil sy filain, / Dy ddannedd, rhyfedd yw'r rhain, / . . . / A'th lygad mor *seliad* sur, / Hwn a droit fel hen drautur [i ofyn cyngor gan y llwynog]. **16–17g.** *GST* i. 545, Rhys â'i olwg rhy *seliad*, / Rhuthrai wledd, anrheithio'r wlad. **16–17g.** *GHCEM* 128, Hersfwnddiad *seliad* heb sôn, / Hwyl brysur i hel briwsion [dychan i'r âp]. **1604–7** *TW* (*Pen* 228), dyn *seliat* d.g. *Conspicillo, Explorator*. *id*. chwylendhyn yn edrych yn *seliat* yr stauelhæ d.g. *diætarius*. **1632** *D*, *Seliad*, Callidus, speculans. **17g.** *CC* 451, Samson a solon *seliad* / a fyn le o fewn ei wlâd. **1688** *TJ*, *Seliad*: crafty, quick-sighted. **1722** *Llst* 189, *Seliad* (adj) Crafty, cautious; espying afar off. **18g.** *Beirdd y Berwyn* 54, Na farned gwyr *seliad* ar osodiad ei seis, / Wel dyna, 'n deg antur, y gynta ar a wneis [i'r bais]. **1759** *BC* 334, Ond Barn ry chwerw *seliad* salw / A fydd ar lyswyr ei law asw. **1790** Twm o'r Nant: *GG* 189, A hon wrth ei weled mor *selied* yn siwr, / Rhoe Swllt iddo'n bybyr heb wybod i'w gŵr. Ar lafar, '*selied*' 'taclus, lluniaidd', 'peth bach *selied*', *Cymru* xlvii. [195] (sir Ddinb.). Cf. D. Owen: *GT* 272, Yn mhlith y bobl gallaf a mwyaf '*selied*', yr elfen fwyaf amlwg oedd cydymdeimlad dwfn â merch y Plas Ucha.

seliad[3] [gair geir., sef bôn y f. *selaf*[1]: *selu*+ *-iad*[2]] *eg*. Ysbïwr, gwyliwr; un sy'n gweld o bell: *spy, watchman; one who sees (at a distance)*.
1632 *D* d.g. *Explorator*. **1722** *Llst* 189, *Seliad* (sub) m. . . . A watchman, spy. *c.* **1730** *Thos. Lloyd D* (LlGC) 206b, *Seliad* . . . Spectaculum. **1773** *W* d.g. *Espier, Espyer*.

seliadol [*seliad*[1]+ *-ol*] *a*. Yn selio, yn *ffig*.: *sealing, fig.*
1833.

seliaf, selaf[2]: **sel(i)o, selu** [bf. o'r e. *sêl*[2]] *bg.a*.
(*a*) Cau â sêl, stampio â sêl, awdurdodi â sêl, gosod sêl (ar (ddogfen)), cau'n dynn, cau'n ddiogel; brownio (cig, &c.) er mwyn ffurfio haen allanol: *to seal, set one's seal to (a document), seal up, close tightly; seal, sear (meat, &c.)*.
1547 *WS*, *Selio* llythyr Seel a letter. **1551** W. Salesbury: *KLl* [xl]b, yno ydd aethant ac a gatwasant y bedd y gyd ar keidweit wedy yddynt *selio* [:- *sely*]'r maen. **1567** *TN* 378b, Llyfr . . . gwedy *sely* a seith sel. **1574** *Wigfair* 481, wrth *selio* a dylifro am eddiant [*sic*] hefvd, Hvw ap meredudd. *c.* **1585** G. Robert: *DC* [8]b, lhythyr wedi gay ai *selio*, lhei mae n y scrifenedig newdhion [*sic*] mawr o lywenydh ne dristwch. **1588** *Esth* viii. 10, efe a scrifennodd yn enw y brenin Ahasserus, ac ai *seliodd* a modrwy y brenin. **1588** *Tob* ix. 5, yntef a ddug godau wedi eu *selio*. **16–17g.** *HG* 82, a rhai i geisio'i dlŷed / neu i *selio* rhyw weithred. *c.* **1600** *Rhyddiaith Gymraeg* i. 127, Pan oedd y llythyrav yn barod, gwedy *selo*, ef a'i roddes yr amherawdr hwynt i'r ysgwier jevank. **1687 (1715)** J. Owen: *TB* 128, *seliodd* fond iddo wedi ei yscrifennu a'i waed ei hun, a rhoddodd y bond i gadw i Satan. *id*. 137, derbynniodd Synesius yr aur i'r tlodion, ac a *seliodd* y Bil iddo. *c.* **1762–79** W. Williams: *P* 147, pob un hefyd ag oeddid yn llêd-dybied ei fod yn tueddu at Crist'nogrwydd oedd raid *selu* a'i law fath o ddîd. neu weithred, i gadarnhau nad Cristion ydoedd. [**1783**] *W*, *Selio* . . . vulgò *selo* d.g. *To seal* [*a letter, &c*.]. Ar lafar, '*selio*', *WVBD* 478; 'Ma isia *selo*'r parsal 'yn yn swnd. Ymle ma'r cwyr?', *GTN* 725.
(*b*) (enghrau. *ffig*. ac mewn cyd-destun *ffig*.: *fig. exx. and exx. in a fig. context*).
1551 W. Salesbury: *KLl* lxva, na thristawch ar yspryt glan Deo / trw'yr hwn yr hynotwyt [:- *seliwyt*] chwi erbyn dydd y prynedigeth. **1588** *Deut* xxxii. 34–5, Onid yw hyn yng-hudd gyd a'm fi, wedi ei *selio* ym mysc fy nhrysorau: I mi y perthyn dial, a thalu y pwyth. **1588** *Eseia* viii. 16, Rhwym y destiolaeth, *selia* y gyfraith. **1595** M. Kyffin: *DFf* [107–8], [y] Scrythurau glan . . . eu *selio* yn y diwedd a'i waed ei hun. **1606** E. James: *Hom* iii. 20–1, mae ini siampl o hyn yn y llyfr cyntaf o'r brenhinoedd, yr hon y sydd yn cadarnhau ac yn *selio* hyn megis gwirionedd siccr. **1661** E. Lewis: *Drex* 345, gadewch i ni *selio* a siccrhau yr hyn a ddywetpwyd hyd yn hyn trwy dystiolaeth yr un Tad. **1672** R. Prichard: *Gw* 564, Mae'n Tâd nefol gwedi *selu* / Rhai ddetholodd e'ng-Hrist [*sic*] Iesu. **1672** J. Langford: *HDdD* 94, cofia fôd Duw y pryd hyn yn cynnyg *selio* i ti y Cyfammod newydd hwnnw a wnaethpwyd a dynol ryw yn ei Fâb. **1722** T. Evans: *PS* 114, yr hwn ei hun a offrymmodd eu Gweddiau i Dduw . . . trwy eu *selu* ag Amen. **1735** S. Thomas: *HP* 57, Fel hyn y mae Heretics yn y Dyddiau hyn yn ceisio *selio* eu Heresiau. **1751** *GIA* 22, fe gymerodd yr Yspryd Glân arno megis ei swydd i . . . *selio* i fynû yr yscrythyrau trwy wyrthiau a rhyfeddodau. **1759** W. Williams: *SFf* 80, ei fod ef yn Tystiolaethu am Wirionedd yr Addewid, a Ffyddlondeb yr hwn sy'n addaw; / a thrwy ei Nerth a'i Rinwedd, sydd yn *selu* ac yn argraphu y rhain ar yr Enaid. Ar lafar yn y ff. *selo* yn yr ystyr 'cadarnhau, porthi, ochri gyda rhywun', *B* xii. 24 (Llanelli); 'Ma'n well ifi ddod, ifi gæl *selo* dy fod ti'n gwed y gwir', "Odd 'i'n *selo* taw dyna odd wedi dicwdd', *GTN* 725. Cf. *Hen B* 95, Mi rof inc ar bapur tenau, / Ac ai *seliaf* â chusanau.
(*c*) *Beibl*. Rhoddi terfyn ar: (*bibl*.) *to put an end to*.
1588 *Dan* ix. 24, Deng-hwythnos a thri vgain a

derfynwyd ar dy bobl . . . i ddifa camwedd, ac i *selio* pechodau.

Amr.: **seilio**^{3} [bnth. S. Diw. Cyn. (*to*) *seyl*]. **1551** W. SALESBURY: *KLl* lxxxivb. **1630** *YDd* 418. **1672** R. PRICHARD: *Gw* 304.

seliawdr, gw. seiliawdr (At.).

selibretiaf, selibretaf: selibret(i)o [bnth. S. (*to*) *celebrate*] *bg.a.* Dathlu: *to celebrate.*

Ar lafar, 'Ethon ni mas i gâl bwyd i *selibreto* 'i ben blwydd e' (sir Gaerf.).

selidon [bnth. Llad. C. *celidonia*; cf. S. C. a H. Ffr. *celidoine*] *e?g. Bot.* Dilwydd, *Chelidonium majus*: *greater celandine.*

14g. *ACL* i. 38, Celidonia. *selidon* llysseu y wennol. **1813** *WB* 234, *Selidon.* cdr. Dilwydd Felen.

selidonia, silidonia [bnth. Llad. C. *celidonia*] *eg. Bot.* Dilwydd, *Chelidonium majus*: *greater celandine.*

16g. *Pen* 204, 68, Rac kossi a nywlen ar lygaid dyn k[ymer] y *selidonnia* a morter/a yn dda. *Diw.* **16**g. *WLB* 5, Kymer y fannygyl kochion . . . ar *selidonia. id.* 26, Kymer wraidd y dotys kochion . . . a *selidonia* lawer. *id.* 32, Kymer yr erllyried ar *Silidonia. id.* 98, Kymer *selidonia* ac ystompia ef. **17**g. *Llst* 82, 6, *selydonia* + y ddeylydd [*sic*] felen llyn y llygaid.

Gw. hefyd **saledonia.**

selied, gw. **seliad**^{2}.

seliedig, seledig [bôn y f. *seliaf, selaf*: *sel(i)o, selu*+-*(i)edig*] *a.bfl.* ll. *-ion*, a hefyd gyda grym enwol. Wedi ei selio; ac arno (ôl) sêl; hefyd yn *ffig.*: *sealed*; *bearing* (*the impression of*) *a seal*; *also fig.*

1551 W. SALESBURY: *KLl* lxxxivb, A mi glyweis niver y *seledigion* / ac eu seliesit . . . O lwyth Iuda ydd oedd deuddec mil yn *seliedic.* **1588** *Can* iv. 12, Gardd gloedic yw fy chwaer a'm dyweddi: ffynnon gloedic, ie ffynnon *seliedic* yw. **1588** *Eseia* xxix. 11, A gweledigaeth pob vn o honynt fydd ichwi fel geiriau llyfr *seliedic.* **16–17**g. T. R. ROBERTS: *EP* 284, Gwers i fyw ydyw y gair safedig, / A grasol odiaeth yw'r gair *seledig.* **16–17**g. *Cer RC* 49, I ddatod i gode *seledig.* **1630** *YDd* 93, [c]yfammod sanctaidd gwneuthuredig yn ei air ef, scrifennedig a gwaed ei fab, *seliedig* ai yspryd. *id.* 242, a ddichon fod mwy gorfoledd i ddŷn a fyddai wedi ei euogfarnu, na chael dyfod i lys ei Dywysog i gael ei bardwn a'i faddeuant yn *seliedig*? **17**g. HUW MORUS: *EC* i. 7, Salmon sîr Arfon siwr oedd, / *Seliedig*, a'i sail ydoedd [marwnad Syr Tomas Mostyn]. **17**g. **(1759)** *BC* 53, Mi a ddweda'n *Seliedig*, na thorri'r [*sic*] pen tebig, / Yn Lloegr goch oerddig, ar 'Werddon. **1696** *GGTY* 34, [g]orwedd yn ei fedd *seliedig.* **1716** E. SAMUEL: *GGG* 173, Am y Prophwydoliaethau a elwir tan Enw Llyfr cauad neu *Seliedig.* **1717** IACO AB DEWI: *CS* 238, Ai ymgyfammodiad yw 'r Cyfammod *seliedig* mewn Bedydd? **1718 (1721)** S. THOMAS: *HB* 100, yr oedd y Llyfr Sanctaidd hwn iddynt hwy megis Llythyr *seliedig.* **1728** T. BADDY: *DDG* 27, Yn ol cael o honof fy Sertificate, yn *seliedig* gan y Quadrian. **1751** *GIA* 16, yno fe a saif megis gwir *seliedig.* [**1783**] *W*, *Seliedig* d.g. *Sealed.*

seling, selin, gw. **seilin.**

selinsiaf: selinsio, gw. **sialensiaf: sialensio.**

seliwleit [bnth. S. *cellulite*] *eg.* Braster lympiog sy'n achosi crychni yn y croen, yn enw. ar gluniau merched: *cellulite.*

20g. Ar lafar.

seliwloid, selwloid [bnth. S. *celluloid*] *eg.* a hefyd fel *a.* Plastig (tryloyw) a wneir o gamffor a nitroseliwlos; ffilm (sinema); wedi ei wneud o seliwloid, hefyd yn *ffig.* yn perthyn i ffilmiau, yn ymddangos mewn ffilmiau; synthetig, afreal: *celluloid*; (*cinema*) *film*; *made of celluloid, also fig. pertaining to, or appearing in, films*; *synthetic, unreal.*

[**1939**] D. GWENALLT JONES: *YA* 99, A phobl y dref yn llarpio bwydydd glwth / Ceginau *seliwloed* y sinemâu.

seliwlos, selwlos, sel(i)wlôs [bnth. S. *cellulose*] *eg.* Carbohydrad sy'n ffurfio prif gyfansoddyn waliau celloedd planhigion ac a ddefnyddir wrth gynhyrchu ffibrau gweol: *cellulose.*

20g.

seliwr, selwr^{1} [bôn y f. *seliaf, selaf*: *sel(i)o, selu*+-*(i)wr*] *eg.* ll. *selwyr.* Person neu beth sy'n selio, hefyd yn *ffig.*: *person who, or thing which, seals, sealer, also fig.*

1588 *Esec* xxviii. 12, dywet wrtho ef [brenin Tyrus] . . . ti *seliwr* nifer, llawn o ddoethineb. **1604–7** *TW* (*Pen* 228), *Seliwr* d.g. *Obsignator, Signator.* **1704** *Cym Cr* 3, yr Yspr̂yd glân y cymhwyswr ar *seliwr* o honi. **1773** J. ROBERTS: *GY*, Sêl--io [*sic*] . . . Y *Selwyr* yw y Tri Pherson. **1775** D. JONES: *HCY* 76, Ein *Seliwr* ni i'r Bywyd yw. [**1783**] *W*, *Seliwr* d.g. *Sealer.* Ar lafar am fath o wenyn, ''Odd llestar gwenyn glàs ginto a 'och chi'n gweld y gwenyn yn gwitho . . . gweld y *selwyr* yn rwto 'u corn drŵs y twll bæch yn y dyrlifyn ar ôl iddo lanw o fêl, nis 'och chi'n gweld y twll yn y dyrlifyn yn llanw o gŵyr', *GTN* 723.

selni [*sâl*^{1}+-*ni*] *eg.* Salwch, afiechyd; ansawdd neu gyflwr gwael: *illness, sickness*; *badness, poor condition.*

1757 G. OWEN: *L* 195, heb na gwyw na gwayw na *selni* Môr. **1803** *P* d.g. *Selni.* Ar lafar yn Arfon, *B* i. 100; 'Mae 'na lawar o *selni* yma'.

Amr.: **salni** [?ff. wallus]. **1860.**

Cfn.: **selni (y) môr:** *seasickness.* **1757** G. OWEN: *L* 195.

selnod [*sêl*^{2}+*nod*^{1}] *eg.* ll. *-au.* Llyfrnod, arwyddnod argraffydd; ôl sêl: *signature* (*in printing*); *impression of seal.*

16–17g. *RAGR* 391. Pan ddeloch i selio edrychwch cyn fentrio / rhag bod yno ynidro [*sic*] nis mynech / cedwch eich *selnod* rhag dywedyd ryw ddiwrnod / pe basech chwi'n gwybod cadwasech. **1688** *TJ* (At.) [29], Y Papurlennau neu sîtiau pôb llyfr, a nodir (ar waelod y dalennau) a llythyrennau yr wŷddor; ar [*sic*] llythyrennau yn y mannau hynnŷ a elwir *selnodau.* **1691** T. JONES: *Alm* [40], Y Gymraeg yn ei disgleirdeb . . . yn dangos y *sel-nodau.* *c.* **1730** *Thos. Lloyd D* (LlGC) 206b, *Selnod.* Signature, in books. **1795** J. THOMAS: *AIC* 36, Am y *Selnodau* Sef y llythrennau y mae Argraphyddion yn nodi 'r papur lennau (Seets) [*sic*] a hwynt.

selnodaf: selnodi [bf. o'r e. *selnod*] *ba.* Selio; marcio â llyfrnod neu arwyddnod (wrth argraffu): *to seal*; *mark with a signature* (*in printing*).

1710 *LlGG* (*Gos*) 18, ac wedi cael eu cymmeradwyo ganddo, i'r Cofiadur eu hinselio neu *Sêl-nodi* yn ol yr arfer.

seloffen, seloffên [bnth. yr e. masnachol S. *Cellophane*] *eg.* Defnydd lapio tenau tryloyw a wneir o fisgos: *Cellophane.*

20g.

selog [*sêl*^{1}+-*og*] *a.* Llawn sêl, brwdfrydig, eiddgar; di-feth, cyson: *zealous, enthusiastic, ardent*; *unfailing, constant.*

1797 B. EVANS: *CG* 301, Y rhai a wnaethant eu gorchwyl yn ffyddlon; ac yn ddynion call a *sêlog*, hwy a ymddiddanasant âg ef mor agos, ag y wylodd lawer. *id.* 354, y mae yr egwyddorion . . . yn cynnwys cymmaint o annuwioldeb, na ddichon eglwys i Grist, fo'n *selog* dros ei ogoniant, mo'u goddef. **1798** M. JONES: *DG* 39, amrywiol bersonau duwiol a *selog.* Ar lafar, 'Un *selog* gida'i gwaith yw 'i, 'dyw 'i byth yn colli dwyrnod', *GTN* 725.

Gw. hefyd **selogion.**

selogion [*selog*+-*ion*^{2}] *e.ll.* (un. g. *selogyn*). Pobl selog, selotiaid, canlynwyr, dilynwyr, mynychwyr, cefnogwyr, ffyddloniaid: *zealous people, enthusiasts, zealots, supporters, fans, followers,* (*the*) *faithful.*

1924.

selogrwydd [*selog*+-*rwydd*] *eg.* Sêl, brwdfrydedd, eiddgarwch: *zeal, zealousness, enthusiasm, ardour.*

20g.

selogyn, gw. **selogion.**

selot [bnth. S. *zealot*] *eg.* ll. *-iaid.* Pleidiwr digymrodedd, eithafwr; aelod o sect Iddewig gynt a amcanai sefydlu theocratiaeth Iddewig fyd-eang: *zealot*; *Zealot.*

1677 R. JONES: *BB* 97–8, y dynion hynny . . . ar sydd . . . yn gwrthwynebu y Diwidrwydd sanctaidd hwn . . . Â r gwŷr hyn a alwant y rhai a ymegniant at hynny, yn *Zelotiaid*, Precisiaid, a Phuritaniaid. Cf. **1567** *TN* 170b, Simon Zelotes; **1718 (1721)** S. THOMAS: *HB* 122, darfu i'r Rhith Zelotiaid hyn [mynachod] beri i'r Byd gredu eu bod hwy . . . yn rhagori a'r [*sic*] bawb.

Amr.: **selotiad** [adff. o'r ff. l.]. **20**g.

selotep, selotêp [bnth. yr e. masnachol S. *Sellotape*] *eg.* Math o dâp gludiog (tryloyw fel arfer) a wneir o seliwlos neu blastig: *Sellotape.*

20g.

selotepiaf, selotepaf: selotep(i)o [bnth. S. (*to*) *sellotape*] *ba.* Sicrhau (rhywbeth) â selotep: *to sellotape.*

20g. Ar lafar, ''Nes i *selotepo*'r clawr 'n ôl ar y llyfr' (sir Gaerf.).

selotiad, gw. **selot.**

selsig [bnth. Llad. Diw. *salsīcia*; Llyd. C. *silsicq*, Llyd. Diw. *silzig*, taf. Gwened *selzyg*] *e.ll.* (un. b. *-en*, ll. *-nau*) ac *eb.* ll. *-od, -au.* Sosej(ys), hefyd yn *dros.*; pwdin(au) gwaed, gwaedogen(nau): *sausage*(*s*), *also transf.*; *black pudding*(*s*).

10g. (*Ox* 2) *VVB* 215, *selsic*, gl. *lucania.* **14**g. *GIG* 162, Llawer dryll cig, *selsig* sail, / A chosyn dan ei chesail [dychan i Herstin Hogl]. *c.* **1400** *R* 1337. 42, lle anard lle an amyl *selsic.* **14–15**g. (*Diw.* **16**g.) *Gwyn* 3, 170, Rhwystr ffael gwir drafael gwêr drofa *selsig* [dychan Rhys Goch Eryri i'r llwynog]. **15**g. (*Dchr.* **17**g.) *BL Add* 14965, 1, *selsigen* o fewn hên hett / simnai o bren sy mewn bratt [Dafydd ab Edmwnd i'r pibau]. **1547** *WS*, *Selsigen* A sausedge. **16**g. *GGH* 47, Ysbryd mud drwy hud drewedig,—alltud, / Ynfyd gaill siolsud, gylla *selsig* [dychan i'r ffrir]. **16**g. *LlGC* 1553, 492, *selsigen* drogen drewgoch / garan greg a gria n groch [Richard Fychan i'r pibydd]. **1604–7** *TW* (*Pen* 228), *Selsigen* neu vonochen wedy gwneuthur o gic hwch d.g. *Botellus. id.* yr hwnn a vo'n gwerthû *selsigenæ* neû'r monochenæ d.g *Botularius.* **1632** *D*, *Selsig*, Sing. *Selsigen.* Salsugium, fartum, botulus. *id.* (*Diar*), Na beleu i fêl, na gwraig i *selsig.* **1688** *TJ*, *Selsig* . . . Sausages or Puddings. **1753** *TR*, *Selsig*, sing. *Selsigen*, a black-pudding, a sausage. **1762** D. ROWLAND: *PA* 64, pan gynted yr êl adref cewch ei glywed yn swnio yr heol, trwy geceru ac ymsennu ynghylch ei gîg eidion rhôst a'i *selsigen*, (neu botten frâs). **18–19**g. *LlGC* 13221, 88, Welsh fare . . . Bara lawr a *selsig* (laver and sausages). **1803** *P*, *Selsig*, s. f. —pl. t. *od* . . . A pudding; a sausage. Ar lafar yn yr ystyr 'pwdin gwaed', 'Pwdin o wæd y mochyn yw *sylsic* i ni . . . ond 'odd yr 'en rai yn gwed "*sylsic* gwæd" am y peth 'ŷn ni'n alw'n *sylsic* a *sylsic* cig am sosij', *GTN* 757. Digwydd mewn e. lleoedd, *EANC* 196. Cf. *Cylchg LlGC* xxii. 111, Nid oes ond ychydig o bobl yn dywedyd *selsig* am sausage, y mae'n sicr. Eto, os yw'r ysgolion yn dysgu Cymraeg, fe ddylai'r plant gael gwybod bod gair Cymraeg '*selsig*', mi dybiwn . . . Yr oedd bachgen yn y Coleg yn Aberystwyth dro'n ôl â *Selsig* yn enw arno, rhwng John a'r cyfenw. Lwc i hwnnw na wyddai'r myfyrwyr eraill . . . am *selsig* a'i ystyr (T. Gwynn Jones)!

selw, gw. **sylw.**

sêl-warant [*sêl*^{2}+*gwarant*] *eb.* ll. *-au.* Llythyr Pab, bwl; *Cyfr.* gwarant: (*papal*) *bull*; *warrant* (*in law*).

1852.

selwayw, gw. **sylwayw.**

selwedd^{1} [?gair geir., sef ymgais i ddehongli'r engh. (?wallus) gyntaf isod fel amr. ar *salwedd*] *e?g.* Salwedd, ffieidd-dra: *baseness, vileness.*

12g. *GMB* 263, *Selwet* gwyth g6rth y dwyre. **1632** *D*, **Selwedd*, vid. an idem quod Salwedd. **1688** *TJ*, *Selwedd*, salwedd, sâl: vileness, baseness. **1722** *Llst* 189, *Selwedd.* (quæ: an) as Salwedd or Sylwedd.

selwedd^{2} [?ffrwyth dehongli *selwedd*^{1} fel *sêl*^{4} neu fôn y f. *selaf*^{1}: *selu*+*gwedd*^{1}] *eg.* Craffter, dirnadaeth: *discernment, perceptivity.*

c. **1785–90 (1829)** *CBYP* 12, rhaid eu bod [geiriau] yn gyflwyr unolwg a'r meddwl . . . ag yn berffaith gydliw a'r Ystyrbwyll, a'r Crebwyll, a'r golygiad o ddamrith awen a meddwl, a gweledfodd o gyfiawn synniant a *selwedd* . . . rhaid eu bod yn gwreiddo yn ddilediaith yn y Gymraeg . . . fal nas gallo *selwedd* y meddwl . . . ddianc drostynt. *ib.* Cyfiawn ddeall a bair cyfiawn *selwedd* ar bethau, a chyfiawn *selwedd* a bair cyfiawn grebwyll a dychymmug. *id.* 13, [y]r hen Lyfrau godidawgwych . . . ynddynt y ceir amlder ystyr . . . ag amlder sylwedd a *selwedd.* **1803** *P*, *Selwez*, s. m. . . . Perceptivity, perception.

selweddaf: selweddu [bf. o'r e. *selwedd*^{2}] *ba.* Canfod, dirnad: *to perceive.*

c. **1785–90 (1829)** *CBYP* 14, Teilyngdod a Theithi'r Iaith Gymraeg . . . yw adrodd yn hyfedr . . . pob peth er [*sic*] a allo'r meddwl, a'r Bryd ei ddychymmyg a'i seldremu, a'i *selweddu.* **1803** *P.*

selwloid, gw. **seliwloid.**

selwlos, selwlôs, gw. **seliwlos.**

selwr¹, gw. **seliwr**.

selwr², **selydd** [bôn y f. *selaf*¹: *selu*+-*wr*, -*ydd*³] *eg.* ll. *selwyr*, *selyddion*. Gwyliwr, syllwr, ysbïwr, fforiwr, rhagodwr: *watcher, viewer, spy, scout, ambusher*.

14g. *GDG*³ 298, Cais yn y llan ac annerch / Y sieler mawr, *selwr* merch. 1604-7 *TW* (*Pen* 228) d.g. *Catascopus, Conspicillo, Emissarius, Episcopus, Explorator, Insidiator, Visor.* 1632 D, *Selwr,* Speculator. 1688 *TJ, Selwr,* Gwiliwr, edrychwr, golygwr: an Espyer, a Scout-watch, also a beholder or viewer. 1722 *Llst* 189 d.g. *A lier in Ambush.* 1773 *W, Selwr, Selydd* d.g. *Espier.* 1803 *P, Selwr,* s. m.—pl. *selwyr . . . An espyer*; a beholder, an observer. *id. Selyr,* s. m.—pl. t. *ion . . .* An espyer.

selws [bnth. S. *zealous*] *a.* Selog, brwdfrydig, eiddgar: *zealous, enthusiastic, ardent.*

1656 W. Jones: *TPG* 14, [Perffeithrwydd] yw . . . bod yn *zealous,* ac yn eiddigus oblegit gogoniant duw. 1688 S. Hughes: *TSP* 204, ymddangos yn dra *Zelws* a gwresog. 1775 *CY* 10, Ni's gellir gwadu eu bod yn *zelws* i gadarnhau yr hawl dwyfol o Bresbyteriaeth. 1778 N. Williams: *D* 77, Nad oeddent hwy yn gweled cymmaint o angenrheidrwydd i fod yn *zelws* dros yr ysgrythurau a thraddodiadau dynol. 1778 J. Thomas: *HB* 190, Ymdrechodd a chadwodd y ffydd; / Yn *zelws* fe' nillwys y dydd. 1788 J. Griffith: *DCC* 160, Tydi a fyddi 'n neilltuol *sêlws* i ddiwigio 'r hyn sydd afreolaidd ynnot.

selwyd [?*salw*+-*yd*¹, er nad amhosibl *gwŷd*] *eg.* ?Ffieidd-dra, oferedd: *vileness, vanity.*

12-13g. *GMB* 459, Duw a'm gònel goglyd *selwyd* Sulyeu.

selydonia, selydd, gw. **selidonia, selwr²**.

sêm [bnth. S. *seam*] *eb.* ll. *sem(i)au.* Gwnïad, gwrym, hefyd yn *ffig.*: *seam (in sewing), also fig.*

1937. Ar lafar yn y Gogledd, *WVBD* 478; clywir y dywediad 'sêm wen Criciath, glaw mawr dranno'th' 'gan gyfeirio at linell olau yn yr awyr o gyferiad Cricieth at Ben Llŷn', *BILIE* 37.

semaffor, semaffôr [bnth. S. *semaphore*] *eg.* Dull o anfon negeseuon drwy ddal y ddwy fraich neu ddwy faner mewn safleoedd arbennig yn ôl cod sy'n dynodi llythrennau'r wyddor, polyn ac iddo fraich neu freichiau symudol, lampau, &c., a ddefnyddir i anfon negeseuon: *semaphore.*
20g.

semantaidd [cfdds. o'r S. *semant(ic)*+-*aidd*] *a.* Semantig: *semantic.*
20g.

semanteg [cfdds. o'r S. *semant(ics)*+-*eg*¹] *eb.* Ieith. Gwyddor ystyr, (dosbarthiad neu amrediad) arlliwiau ystyr neu gynodiadau geiriau, &c.: *semantics.*
1939.

semantegol [*semanteg*+-*ol*] *a.* Semantig: *semantic.*
20g.

semantegwr, semantegydd [*semanteg*+-*wr, -ydd*³] *eg.* ll. *semantegwyr.* Arbenigwr mewn semanteg: *semanticist.*
20g.

semantig [cfdds. o'r S. *semant(ic)*+-*ig*²] *a.* Yn perthyn i ystyr neu gynodiadau geiriau: *semantic.*
20g.

semantoleg [*semant(eg)*+-*ol*+-*eg*¹, ?ar ddelw *ffonoleg*] *eb.* Yr astudiaeth o'r dull y mae'r meddwl yn cyfundrefnu ystyron: *the study of the way in which the mind organizes meanings, semantology.*
20g.

semantolegol [*semantoleg*+-*ol*] *a.* Yn perthyn i semantoleg: *pertaining to semantology.*
20g.

semblant, semblon, gw. **semlant, syml.**

semen [bnth. S. *semen*] *eg.* Hylif atgenhedlol y gwryw, had: *semen.*
20g.

semenaf: semenu [bf. o'r e. *semen*] *ba.*

Rhoddi semen i mewn i (fenyw neu anifail benyw) drwy gyfrwng naturiol neu artiffisial: *to inseminate.*
20g.

sement, gw. **sment.**

sementaf, sementiaf: sement(i)o, gw. **smentiaf: smentio.**

semester [bnth. S. *semester*] *eg.* Cwrs neu dymor hanner blwyddyn: *semester.*
20g.

Semiad [yr e. prs. *Sem* (gw. *Gen* x.)+-*iaid*¹] *e.ll.* Semitiaid: *Semites.*
1926.

semibrêf, semibrif [bnth. S. *semibreve*] *e?g.* Crdd. Y nodyn cyffredin hwyaf yn awr sy'n gyfartal o ran amser â dau finim neu bedwar crosiet ac a gynrychiolir gan gylch heb goes, hanner brif, nodyn cyfan: *semibreve (in mus.).*
1833.

semicwafer, semicwafr [bnth. S. *semiquaver*] *eg.* Crdd. Nodyn sy'n gyfartal o ran amser â hanner cwafer ac a gynrychiolir gan ddot mawr ac iddo goes deufachog, hanner cwafer, nodyn un-deg-chwech: *semiquaver (in mus.).*
1862.

seminal [bnth. S. *seminal*] *a.* Yn darparu sylfaen ar gyfer datblygiad pellach (am syniad, llyfr, person, &c.), gwreiddiol, dylanwadol, neu bwysig iawn, arloesol: *seminal (of idea, book, person, &c.).*
20g.

seminar, seminâr [bnth. S. *seminar*] *eb.* ll. *seminarau.* Dosbarth neu gyfarfod (bychan) mewn prifysgol, &c., ar gyfer trafod ac ymchwil: *seminar.*
20g.

seminari [bnth. S. *seminary*] *eg.* ll. -*s, seminariau.*

(*a*) Athrofa hyfforddi offeiriaid, rabiniaid, &c.: *seminary.*
20g.

(*b*) Darn o dir ar gyfer hau hadau neu godi toriadau, &c., i'w trawsblannu wedyn, meithrinfa blanhigion: *seed-plot, nursery.*
1599 (1677) R. Holland: *AB* 75, Y neb a fo gantho lawer o berllenni, a fyn hefyd *seminari* neu fan yn llawn o goed ifaingc . . . Y mae yscolion megis *seminaris* i eglwys Dduw.

semioleg [cfdds. o'r S. *semiol(ogy)*+-*eg*¹] *eb.* Semioteg: *semiology, semiotics.*
20g.

semiolegol [*semioleg*+-*ol*] *a.* Semiotig: *semiological, semiotic.*
20g.

semioteg [cfdds. o'r S. *semiot(ics)*+-*eg*¹] *eb.g.* Gwyddor arwyddion a symbolau: *semiotics.*
20g.

semiotegydd [*semioteg*+-*ydd*³] *eg.* ll. *semiotegwyr.* Arbenigwr mewn semioteg: *semiotician.*
20g.

semiotig [cfdds. o'r S. *semiot(ic)*+-*ig*²] *a.* Yn perthyn i semioteg, o natur semioteg: *semiotic.*
20g.

Semipelagiaid [cfdds. o'r S. *semiPelag(ian)*+-*iaid*¹] *e.ll.* Hanner-Pelagiaid: *semi-Pelagians.*
1745 E. Jones: *DPB* x, Yr wŷf yn gwybod o'r gorau, y bŷdd i'r Hanes hon . . . ymddangos i rai . . . yn Ogangerdd; y cyfryw ag yw Atheistjaid, Sosinjaid, *Semipelagjaid,* ac Arjaid, a'r holl Lwŷth o Anghredynwŷr. Cf. T. Lewis: *HPF* 391, Nid oedd Arminiaeth ddim peth newydd yn y byd yr amser hyn; onid yw oedd yn brif athrawiaethau yn cael eu harddel gan y Pelagiaid a'r *Semi-pelagiaid.*

Semitaidd, Semitiaidd [cfdds. o'r S. *Semit(ic)*+-*(i)aidd*] *a.* Semitig: *Semitic.*
1852.

Semitiaid [bnth. S. *Semite*+-*iaid*¹] *e.ll.* Aelodau o unrhyw un o'r bobloedd Semitig eu hiaith: *Semites.*
1911.

Semitiaidd, gw. **Semitaidd.**

Semitig [cfdds. o'r S. *Semit(ic)*+-*ig*²] *a.* Yn perthyn i'r Semitiaid; yn perthyn i'r teulu o ieithoedd sy'n cynnwys Hebraeg, Arabeg, Aramaeg, Amhareg, ac ieithoedd Asyria, Babilon, a Phoenicia gynt: *Semitic.*
1848.
Amr.: **Siemitig** [cfdds. o'r S. *Shemit(ic)*+-*ig*²].
1848.

seml, gw. **syml.**

semlant, semblant, symlant [bnth. S. C. *sem(b)lant*] *eb.g.* Wyneb; golwg (wyneb), pryd a gwedd; ymddangosiad, gwedd, ffurf; ymddangosiad amgen na'r un gwirioneddol, rhith; ymarweddiad, ymddygiad: *face, facial expression, look, countenance; appearance, aspect, shape, form; semblance, guise; bearing, behaviour, conduct.*
15g. *DE* 83, difai iawn i daw ni fant / disyml air dau *semlant* [marwnad Dafydd ab Ithel Fychan]. 1488-9 *BSM* 26, Ni weles neb ef yn llidioc nac yn drist nac yn chwerthin kanis yr vn gwr vyddai ef bob amser A *semlant* (*uultu*) nevol gantho vegys allan o natvr dynion. 15-16g. *TA* 155, Ni roi dy gefn er dau gant, / Nid oes amliw 'n dy *semlant.* 1545 *CI* 83, pa ryw bethau a aruerasai ef o'i kymerud j beri jddo ef vyw ynn gyhyd, ac j gadw j semlant mor jviangaidd, a'r synwyr mor barod. 16g. (*LlEG*) *LlGC* 5276, 212b, angel yr arglwydd . . . *selmlant* y neb a oedd yngyffelib I velden. *id.* 216b, [g]wneuthur delw oi lun ai *semlant* ef [Caligwla]. 16g. (*LlEG*) *Mos* 158, 71a, [d]angos o bob vn o honaunt trwy wynebe a *Semlant* llawen karedig bob vn yw gilidd beth bynnac a oedd ynni kalone wynt. *id.* 138b, ynn y lle ar amser I gwnaeth Ef *semlant* llawen Ir leieuttenant ai holl bobyl. 16g. B x. 285, Yr achos a wnnaeth J'r urenhines Dgiunw gymrud eddigedd mawr ynn i chalon . . . Neithyr yn gymen y hi a gedwis J *semlant.* *id.* 295, kneuinach viassai ef o'i vabolaeth J ymwaan ac J ymwrio ymhlith gwyr nog J ddownshio ymhlith merched o'r kyuriw radd: onid etto valkyntt y vo a gedwis J *semblantt* yn dda. *id.* xviii. 327, ynni j ymddiuan jr aruerai ef ynn vynych o newidio j *semlant* ac ar gyuodi i olwg tu a'r wybyr ac ymchwelud gwynion i lygaid ynn vchaf. 1552 *Pen* 403, 17, gocheled y tad ar vam Kanmol genthi hi vn Kam vynyd / Nac ar air / nachyd chwerthin a hi nac ar *symlant* / nac yn enwedic i chusanv / ai chofleidio. 1567 *LlGG* 108b, A pha *semblant* gan hyny neu a pha digwilydter (*with what face then, or what countenance*) y gwrandew-chwi y geiriau hynn? 1567 *LlGG* (*Sall*) 18a, Psalm Dauid pan newidiawdd ei ymwrediat [:- *semblant*] gar bron Abimelech. 1604-7 *TW* (*Pen* 228), symlant d.g. *Facies.* 1632 D, Semlant, & Symlant, Vultus, aspectus. 1722 *Llst* 189, *Semlant.* d. The aspect, countenance, appearance. *c.* 1730 Thos. Lloyd D (*LlGC*) 208a, yr hwn a wnai y cyfryw *Semlant* arnynt hwy. Il 16. Who cast such a Look upon them. 1770 *W, semlant* d.g. Air of the countenance. *id. Semlant, symlant* d.g. Aspect [*looks, presence, or air of a person*], Look, or looks [*the air of the face, cast of the countenance, mien, &c.*].
Cfn.: **ar ei sem(b)lant**: apparently, outwardly, in appearance. 1527 B ii. 207, Ynna kynnddyriogach vu [baedd] am i *semblant* drwy sgyrnnygv dannedd a chravu y ddayar ai drayd. 16g. (*LlEG*) *Mos* 158, 239a, ag vodd [sic] ynn gariadus ar i *semlant* pawb at i gili[dd]. 16g. B xi. 28, y vo a wnaeth siir a solas a llywennydd mawr J Erkwlf ac y'w deulu *ar i semlantt* o vewn y dinas gymaintt a ffedwar diwyrnod. *id.* 87, [y] urenhines, yr honn a oedd ddig yn i chalon o'r uuddegolaeth [sic] ef,—neithyr *ar i semlantt* y hi a wnaeth Jddo ef groeso mawr drwy vyuyrio yn ffesd pa uodd J gallai hi ddeueishio J ddihenydd ef.

semlantus [*semlant*+-*us*] *a.* Golygus: *handsome.*
1488-9 *BSM* 9, herwydd nad oedd wr korffoc *semlantus* trwsiadus.

semlder, semlen, semlogen, semlrwydd, gw. **symlder, symlyn, symlogen, symlrwydd.**

semolina [bnth. S. *semolina*] *eg.* Y gronynnau caled a adewir ar ôl peillio blawd ac a ddefnyddir mewn pwdinau, &c., a phasta; pwdin llaeth a wneir o'r rhain: *semolina (grains and pudding).*
20g.

sempl, semplder, semplrwydd, gw. siampl, symplder, symplrwydd.

semtecs [bnth. S. *semtex*] *eg.* Math o ffrwydryn plastig heb aroglau: *semtex.*
20g.

sen [H. Wydd. *sinn* 'gwawd', Gwydd. C. *sinnad* 'gwawdio, dychanu, difenwi', Gwydd. Diw. *sionnadh:* ? < Clt. **sindā*] *eb.* ll. *-nau, -noedd, -ni, -ion.* Sarhad, difenwad; cerydd, cystwyad, hefyd yn *ffig.*; dychan, dychangerdd: *insult, a reviling, abuse; rebuke, censure, a scolding, also fig.; satire, satirical poem.*
12g. *GCBM* i. 297, Ergrynynt eu bar seirff saffar *senn.* id. ii. 117, Treul dragon, Saesson *ssenn.* 14g. *GDG*[1] 219, Ci glew llafarlew llyfrlud, / Cawn ddrwg *sen,* cynddeiriog sud. *c.* 1400 *R* 1051. 33-4, vy meirdyon bru *senhyon* synhyer. Dchr. 15g. *GSCyf* 115, O gwelir, un gwael, ar ŵyr / O'r mau *sennau* disynnwyr. 1567 *TN* 247a, nyni a gawn *senneu* [:– ddyfynnir, ddystreulir]. 16g. R. WHITE: *C* 32, Am yr ysgrythvr sy yn i ben / rryw sarrig *sen* genddeiriog. *a.* 1587 Y 171, Mi a ganaf amgenach, / *Sen* i'r beirdd, a'm synwyr bach. **16–17g.** T. R. ROBERTS: *EP* 263, Araf wneuthur awdur oedd, / I Rys anair ar *senoedd.* **16–17g.** T. PRYS: *Bardd* 30, er rhoi o wenn rai *senni* / ni char hwn ni chweirio hi. **1604–7** *TW* (*Pen* 228) d.g. *Satyra.* **1632** D, *Senn,* Jurgium, objurgatio. **1672** R. PRICHARD: *Gw* 75, A chenwch trwy 'r gwylie dduwiol ganiade, / Na sonniwch am *senne,* ar wylie 'n gwir Sant. **1688** *TJ, Senn:* a rebuke, a chiding. **1722** *Llst* 189, *Senn.* f. A check, ill language, railery, reproach, taunt, o̅lamc. **1740** T. EVANS: *DPO* 95, gwneuthur *Senn* a Gogan-gerdd er Anfri i Constans. **1766** R. PRYDDERCH: *RT* 13, yr oedd Dafydd yn canu psalmau ar y delyn, ond chychwi rhyw *senneu* a chanueu anllad budron llygredig. **1775** *W* d.g. *Invective, or an invective poem* [*a satire, lampoon, &c*]. *c.* 1785–90 (1829) *CBYP* 41, Ag mewn Gogan gofaler rhag sennu'r hynn ni weddai *senn* iddo herwydd ei ryw a'i hanfod; mal pei sennid Crefydd, a Doethineb ... neu unrhyw gamp neu rinwedd a ddylai glod a mawl. **18–19g.** Hop *M* 348, rho *senn* i watwar y sawl / a gawdd y cymry gweddawl. **1803** P, *Sèn* ... a censure; a stigma ... a scoff; a chide. Ar lafar yn yr ystyr 'sarhad', *GTN* 723.

'sen, sena, senadr, gw. petawn, senna, seneddr.

senadur [bnth. dysg. Llad. *senātor*; ?cf. *henadur*] *eg.* Seneddwr: *senator.*
13g. *BD* 64, sef a wnaethant anuon Seuerus *senadur* (*senatorem*) a dvy leng o wyr aruavc ganthav. id. 172, ar hynny a doeth Petreius *senadvr* a dengmill [*sic*] o wyr aruavc ganthav. 1567 *TN* [xxii], y Senadur anrhydeddus Ioseph o Aramathya. 1606 E. JAMES: *Hom* ii. 135, Apolonius *senadur* pendefigaidd o Rufain. *c.* 1730 Thos. Lloyd D (LlGC) 206b, *Senadur.* Senator.

senadwy [bôn y f. *sennaf*[1]: *sennu* + *-adwy*] *a. bfl.* Yn haeddu cerydd: *reprehensible.*
1803 P.

senana [bnth. S. *zenana*] *e?g.* Rhan o anhedd-dy yn yr India neu yn Iran a neilltuir ar gyfer y merched a'r gwragedd, gwragedddy; mudiad cenhadol i ferched a gwragedd (ymysg y Bedyddwyr): *zenana (in India and Iran); zenana (Baptist women's missionary movement).*
20g.

senario [bnth. S. *scenario*] *eb.g.* ll. *-s.* Amlinelliad o blot drama, ffilm, opera, &c., gyda manylion am y cymeriadau, y golygfeydd, y sefyllfaoedd, &c., hefyd yn *ffig.: scenario, also fig.*
20g.
Amr.: sgenario. 20g.

senat [bnth. S. *senate*] *e?g.* Senedd: *senate.*
1588 2 *Mac* iv. 44, fe a ddanfonwyd trywŷr oddi wrth y Senat. 1658 R. VAUGHAN: *YPS* 36, yn ol gweithredoedd neu Actau a gorchmynnion y Senat. 1722 *Llst* 189, *Senat.* as Senedd. *c.* 1762–79 W. WILLIAMS: *P* 186, o'r diwedd ... penderfyniodd *Senat* Rhufain ... i ddinistrio yr holl lywodraeth, a gwneud y ddinas (Carthage) yn gydwastad a'r llawr.

senatwr [cfdds. o'r S. *senat*(*or*) + *-wr*] *eg.* ll. *-iaid.* Seneddwr: *senator.*
1727 M. MAURICE: *WE* 32, eu hen lywodraeth tan Senatwriaid.

sendaf: sendo [bnth. S. (*to*) *send*] *ba.* Gyrru (person) ar ei ffordd: *to send* (*person*) *packing.*
Ar lafar, "Ôn' nw'n pelto nw a'u *sendo* nw' (dwyrain sir Gaerf.).

sendri [?bnth. S. C. *cendre,* amr. ar *cendal* 'sendal' (neu'n uniongyrchol o'r H. Ffr.)? + -*i*[2]] *e.*?*ll.* ?Gwisgoedd syndal: *clothes made of sendal.*
c. 1400 *R* 1328. 43-4, Gweleis agereis yn ragori pryt o vyvn prifdec *sendri.* id. 1376. 9-11, Y nobleu ... ae vockörn ae *sendri* ... oe ras maör aroes ymi.

sendyrni, ?ff. wallus, *DN* 117, gw. **sentri**[1].

senedabŵd, senedr, gw. **siligabŵd, seneddr.**

senedd [?bnth. Llad. Diw. *synodus* 'synod' (cf. Llad. *senātus* 'senedd' a H. Ffr. *sened*); cf. H. Grn. *sened,* gl. *sinodus,* Llyd. C. *senez* 'synod', H. Wydd. *senod,* Gwydd. C. *senad;* ansicr yw dosbarthiad rhai o'r enghrau.] *eb.*?*g.* ll. *-au,* (prin) *-i,* (prin a diw.) *-oedd.*
(*a*) Prif gynulliad, cymanfa, neu gorff deddfu gwlad, talaith, neu wladwriaeth, prif gorff deddfu'r Deyrnas Gyfunol, sef Tŷ'r Cyffredin a Thŷ'r Arglwyddi (ynghyd â'r brenin neu'r frenhines), unrhyw un o gynulliadau'r corff hwnnw a ffurfir gan wŷs frenhinol (ac etholiad cyffredinol) neu o gynulliadau corff tebyg, siambr uchaf corff deddfu'r Unol Daleithiau, Canada, Awstralia, &c., corff llywodraethol coleg neu brifysgol, unrhyw gynulliad, cynhadledd, &c., ddeddfwriaethol neu gydgynghorol, cyngres, hefyd yn *ffig.: parliament, legislature, senate, congress, also fig.*
13g. *BD* 65, [k]eissyav kanhyat y gan *sened* Ruuein y warchadv ohonav ef ar longeu aruortir enys Prydein rac estronyon genedloed. 15g. *GLGC* 235, Senedd fawr llys Nedd yw fo, / lutenont a'i wlad tano [i Rys ap Siôn, Glyn Nedd]. 15–16g. *TA* 335, Sandde, crair Seneddau Cred, / Bryd Angel, byrr i dynged. 1545 *CM* 1, 115, I vod ynnhraglaw i gadw llysoedd y gyuraith I gynnal dadle Sir hwndrwd *senedd.* 1588 *Jud* xi. 13, hwynt a anfonasant i Ierusalem ... rai i dduno iddynt hwy ganiad o'r *senedd.* 1632 D, lle y cadwer y *senedd* d.g. *Senatus.* 1722 *Llst* 189, *Senedd.* f.p. *neddau.* A senate ... council, parliament, convocation, assembly. 1756 *ML* (Add) 288, ni wiw disgwyl fawr ddaioni lle bo eisiau gallu i ddewis aelodau'r *Senedd.* 1762 *ML* ii. 444, Maent yn dywedyd yma fod y Sion Puw Prys gwedi siarad yn hynod yn y *Senedd,* a darfod ei wneuthur ef yn un o'r committee ynghylch rhyw drethi. 1778 *W* d.g. *Parliament.* 1795 JAC GLAN-Y-GORS: *SG* 22, Geill [brenin] alw ar y parliament, neu'r *senedd* ynghyd yr amser a fynno ... a gwneuthur iddynt wneud agos fel ag y mynno, o herwydd mi eill wrthod rhoddi ei law wrth y weithred a wnelir yn y Senedd-dŷ cyffredin. 1803 P, *Senez* ... senate. Ar lafar, 'Mi fydd 'na well trefn ar betha pan gawn ni senedd yng Nghymru'; hefyd yn yr ystyr 'senedd-dy', 'Mi welson ni o y dwrnod aethon ni i'r *senedd* yn Llundain'. Ynglŷn ag 'Ymgyrch Senedd i Gymru', gw. *CLC*[2] 803-4.
(*b*) Synod, cyngor neu gynulliad eglwysig, llys eglwysig: *synod, ecclesiastical council or assembly, ecclesiastical court.*
12–13g. *GMB* 447, Trwy diwyd eiryaöl detuaöl Dewi / A dec kymeint seint *senet* Ureui. id. 461, Gwedy gwyth omet *senet* swyneu, / Göedy göasanaeth y pennaetheu. 13g. *Lll* 5, Eyl ev er effeyryat teulu ... E sarhaet ev herwyd bravt y *sened.* 14g. *LlB* 103, Holl argywed segyrllyt a wnelher y'r eglwyswyr a dylyir y iawnhau vdunt yn y *ssened* herwyd kyfreith eglwyssic. 14g. *BT* (*RB*) 186, Y vlwydyn racwyneb [1206] y doeth Ieuan gardinal yn Lloegyr, ac y kynullawd attaw holl escyb ac abadeu Lloegyr ac aneiryf o eglwyswyr ... wrth wneuthur *sened;* ac yn y *sened* hono y kadarnhaawd kyfreith yr Eglwys drwy yr holl teyrnas. 14g. *DGG*[2] 139, Byd rhyfedd yw bod Rhufain / Ben gorsedd hên *senedd* sain (Gruffudd Gryg). 1547 *WS, Senedd* Seene. 1567 *LlGG* [xi], enquiro yn y Uisitation hwy *seneddeu* (*synods*), a lle amgen. 1567 *TN* 76a, A'r Archoffeiriet a'r oll Senedd [:– Cwnsli] oedd yn caisiaw testiolaeth yn erbyn yr Iesu. *c.* 1600 *CRC* 177, Mynd oddiyno yn drist heb wedd / a fynn y *senedd* arnaf. 1611 R. SMYTH: *SG* 117, lytwrgia, yrhon y mae rheolau'r Apostolion, y santaidd *Seneddi* ... yn dwyn testiolaeth yn eu gwasanaethu ne ellir moi i [*sic*] llysu. 1632 J. DAVIES: *LlR* 409-10, pa beth yr ydys yn ei wneuthur yn y sioppau, yn y neuaddau, yn y *seneddau* (*Consistories*), yn y brawdleoedd. 1722 *Llst* 189, *Senedd* ... synod. 1797 B. EVANS: *CG* 358, oni ddichon fod cyfarfodydd gweinidogion, a elwir *senedd-*

au neu gymmanfaoedd, heb eu bod wedi eu hanfon fel Cenhadau yr eglwysi? 1803 *P, Senez,* s. f.—pl. t. *au* ... A synod ... *Senez* wyllt, wild senate, an epithet used for the bishop's visitation.
(*c*) (enghrau.'n cyfeirio at y nefoedd neu uffern: *exx. with ref. to heaven or hell*).
12g. *GCBM* i. 369, Tric yn hartureint seint *senet* gyd—eurgla ̄ör [marwnad Dygynnelw]. 12–13g. *GLlL* 132, Hywel ddiogel, diogan—deyrn, / Duw a'r nef ny'th wyl han, / A'e *senet* laryet lydan, / A'e seint gloew ardunyeint glan. 13g. *C* 24. 12–25. 2, Achiwnod *senet.* Acheugant kinatlet. A daduirein o bet guydi hir gorwet. 13g. *GBF* 447, Naöd Undaöl Trindaöt y Tri Pherson, / Naöd yr holl seineu, *sened* wiryon. 1632 J. DAVIES: *LlR* 195, pan bresentier ef [enaid] ... ger bron gorseddfaingc ... y fendigedig Drindod ... Pan osoder ar lawr yn y *senedd* a'r gymmanfa anrhydeddus honno (*in that honourable consistory*), dy holl weithredoedd da di. 1670 J. HUGHES: *AP* 275, deued attoti [*sic*] Senedd brawdol yr Apostolion: dynessed i ti ogoneddus Lu y Merthyri cannaid. 1793 DAFYDD IONAWR: *CD* 225, Holl *Senedd* lliaws Annwn / Ehedent, heidient at hwn [Satan].
Amr.: **senydd** [?gwall am *synedd*]. 1732 *AABI* 147, deisyfodd Augustus Cæsar ar y *Senydd* i gyssylltu dau Gynghorwr gyd ag ef ... a *Senydd* a attebodd i fod hynny yn lleihau eu Cymmeriad. **synedd** [dan ddyl. yr e. *synod;* cf. *syneddr,* amr. ar *seneddr*]. 1711 M. MAURICE: *YAD* 379, [C]ymmanfau, neu *Synedd*au. 1730 J. LEWIS: *CCPG* [2], y *Synedd* o Dort.
Cfn.: **senedd grog:** *hung parliament.* 20g. **senedd gyffredin:** (i) *general or ecumenical council.* 14g. *BT* 220, yny vlwydyn hono [1274] y gwnaeth grigor bab decuet *Senedd gyffredin* yn liwn duw kalan mei. (ii) *the House of Commons.* 1795 JAC GLAN-Y-GORS: *SG* 25. y **Senedd gynffon, Senedd y gynffon:** *the Rump Parliament.* 1858. **Senedd Ewrop(eaidd):** *European Parliament.* 20g. y **Senedd Hir:** *the Long Parliament.* **1834.**
Gw. hefyd **seneddr.**

senedda [bf. o'r e. *senedd*] *bg.* Mynychu senedd neu synod, cyflawni dyletswyddau aelod seneddol: *to attend parliament or a synod, discharge the duties of a member of parliament.*
1803 P.

senedd-dy [*senedd* + *tŷ*] *eg.* ll. *-dai.* Adeilad y cynhelir (cyfarfodydd) senedd ynddo, prif adeilad Cyngres UDA; senedd; un o Dai'r Senedd; hefyd yn *ffig.: parliament house, senate house, Capitol (of Congress of USA); parliament; one of the Houses of Parliament; also fig.*
1604–7 *TW* (*Pen* 228) d.g. *Curia hostilia, Gerusia, pedarius.* 1632 D d.g. *Senaculum.* 1738 *ML* i. 4, Y post diweddaf ond un cefais lythyr oddiwrth ... y Brawd Du o Nannau, yn dwedyd ei fod newydd ddyfod i Lundain i ymddangos yn y *Senedd-dy.* 1754 G. OWEN: *L* 105, Nid gwiw sôn am ffrancod bellach, hyd oni lenwir y *Senedd-dy* o newydd. 1774 T. JONES: *DG* 265, efe [Calvin] a ddygwyd mewn cadair i borth y *senedd-dŷ.* 1778 *W* d.g. *Parliament-house.* 1791 *Dialogous* 11, rhoddes act y *Senedd-dŷ* ryddid i gyfieithu, aci argraphu y Bibl yn Gymraeg. 1798 *WR* d.g. *Senate-house.*
Cfn.: **y Senedd-dy Cyffredin:** *the House of Commons.* 1795 JAC GLAN-Y-GORS: *SG* 22, Geill [brenin] alw ar y parliament, neu'r senedd ynghyd yr amser a fynno ... a gwneuthur iddynt wneud agos fel ag y mynno, o herwydd mi eill wrthod rhoddi ei law wrth y weithred a wnelir yn y *Senedd-dŷ cyffredin.*

senedd-dymor, seneddlys, gw. senedd + tymor, llys[1].

seneddol [*senedd* + *-ol*] *a.* Yn perthyn i senedd, nodweddiadol o senedd, yn cydymffurfio â threfniadaethau senedd, a chanddo sedd mewn senedd, a chanddi hawl i ethol aelod(au) seneddol (am dref, &c.); (geir.) yn perthyn i seneddwr; (geir.) synodaidd: *parliamentary, parliamentarian; (dict.) senatorial; (dict.) synodical.*
1604–7 *TW* (*Pen* 228) d.g. *Senatorius.* [1783] *W* d.g. *Synodal, synodial, or synodical.* 1803 P, *Senezawl* ... *Synodal; senatorial.*

seneddolion [*seneddol* + *-ion*[2]] *e.ll.* Penderfyniadau, gosodedigaethau, neu orchmynion synodaidd; taliadau gan glerigwyr is i'r esgob neu'r archddiacon; Seneddwyr (yn Rhyfel Cartref Lloegr): *synodals, synodal decisions, constitutions, or decrees; synodals, payments by inferior clergy to the bishop or archdeacon; Parliamentarians.*
1567 *LlGG* [xiii], escaelusaw y dwywol a'r weddus

drefn hon . . . can planny y mewn yn ei lle, Historiae amheus, Legendae, Atebion, Gwersi, Adwersi gweigion, Coffaduriaethae, ac [*sic*] *Seneddolion*. *c.* **1730** *Thos. Lloyd D* (LlGC) 207a, *Seneddolion.* Synodals. **1794** *W*, Trêth (tâl) *seneddolion*; *seneddolion.* He pay'd the synodals, Talodd . . . y *seneddolion* d.g. *Synodals* [*tribute mony formerly pay'd to a bishop, arch-deacon*, &c.].

seneddr [?amr. ar *senedd*, ?dan ddyl. Gr. *συνέδριον* neu Heb. *sanhedrīn*] *eb.g.* ll. *-au.* Senedd, cyngor, cynulliad, synod, Sanhedrin: *parliament, senate, council, assembly, synod, Sanhedrin.*

1551 W. SALESBURY: *KLl* xxviiia, Ar archoffeiriat ar oll *senneddr* [:– gynulleidva] oedd yn ceisio testiolaeth yn erbyn Ieshu y gael y roy ef yw varwolaeth. *id.* xxixa, aeth yr archoffeirait yn y cyncor y gyd ar henureit ar gwyr llen, ar holl *seneddr* a thywys ymaith Ieshu. **1620** *Jud* xi. 14, hwy a anfonasant i Ierusalem, o herwydd y rhai sy yn trigo yno a wnaethant felly, rai i ddwyn iddynt hwy gennad o'r *seneddr* (**1588** *ib.* senedd). **1632** *D*, *Seneddr*, Synodus, synedrion. **1688** *TJ*, *Seneddr*, Tyrfa, hefyd penaduriaeth yr iddewon: a Synod, an Assembly, also the Sanhedrim amongst the Jews. **1722** *Llst* 189, *Seneddr.* m. as Senedd. **1725** *SR* d.g. *A Synod.* **1764** DEWI NANTBRÂN: *SAG* 4, Santaidd *Seneddr* Trent. **1765** J. EVANS: *CPE* 83, o'r rhai hyn yr oedd rhan fawr o'r llŷs neu'r eisteddfod a elwid y *Seneddr* neu Sanhedrim. **1770** *TG* ii. 57, Gofala am ethol . . . y cyfryw uchelwyr urddasol i gyfansoddi *seneddr* dy wlad. **1775** E. GRIFFITHS: *GF* 203–4, [t]rwy ordinhad *seneddr* Rhufain, yr hen gyfeillach a fu gynt rhyngddynt a adnewyddwyd.

Amr.: **senadr, senedr. 1677** *TC* 8a, *Senedr*, cyngor, cwrt. **1709** H. POWEL: *G* 44, a ddiolchoedd iddo ar gyhoedd yn Nhŷ y *Senadr.* **1764** DEWI NANTBRÂN: *SAG* 4, *Sennedrau.* **syneddr** [?cf. Gr. *συνέδριον*; cf. *synedd*, amr. ar *senedd*]. **1567** *TN* 152b, Yno y cynullawdd yr Archoffeiriait a'r Pharisaieit *synneddr* [:– eisteddfot, gygcor]. *id.* 175b, gorchymyn yddwynt cilio o ywrth y Cyccor [:– *Synneddr*]. *Dchr.* **17g.** *J* 10, 39b.

Cfn.: **sened(d)r gyffredin(ol):** *general or ecumenical council.* **1591** *CM* 16, 13, [c]anlyn o honaw drefn, dosparth, a barnedigaeth Canwnau eisteddfod fawr, neu *Seneddr gyffredin* yr Eglwys. **1764** DEWI NANTBRÂN: *CB* 24, Awdurdod y Scrythur Lân, y *Seneddrau cyffredin*, y Tadau sanctaidd, a Rheswm diogel. **1764** DEWI NANTBRÂN: *SAG* 4, a'r Cymanfaoedd neu'r *Sennedrau Cyffredinol.* **1796** *Geirgrawn* 131, Pan fu i'r apostolion . . . ymgyfarfod ynghyd fal corph (ond nid fal cyngor llywodraethol, neu *seneddr gyffredinol* . . .).

Gw. hefyd **senedd.**

seneddwr [*senedd*+*gŵr* neu *-wr*] *eg.* ll. *-wyr.* Aelod seneddol, aelod o senedd, cyngor, neu synod, henadur; cefnogwr y Senedd yn Rhyfel Cartref Lloegr: *parliamentarian, member of parliament or senate, senator, member of council or synod, alderman*; *Parliamentarian.*

13g. (*LlDW*) *ZCP* xx. 34, efeyryat teulu . . . y saraet eu heruyd braut *senedguyr* (*Ll* 5, bravt y sened). **13g.** *HGK* 11, Ulkessar, amperauder Ruuein, wedy goresgyn ohonav er holl vyt . . . y lladaud *senedwyr* Ruvein. *c.* **1400** *RB* ii. 102, Sef aɓnaethant anuon seuerus *senedɓr* a dɓy leg o ɓyr aruaɓc gantaɓ. **1604–7** *TW* (*Pen* 228) d.g. *Apocleti.* **1632** *D*, *Seneddwr*, Senator. **1670** J. HUGHES: *AP* 443, Joseph o Arimathæa *Seneddwr* pendefigaidd. **1688** *TJ*, *Seneddwr*, uchel gynghorwr: a Senator or high Councellor. **1738** *ML* i. 4, Os medr y gwr urddasol hwnnw gymmorth yn y byd iti gael yn sgrifenydd i'r *Seneddwyr*, fei gwna. **1760** *id.* ii. 284, O ni edy'r *seneddwyr* i'r fraint ffrancio fyn'd i'r llawr. Beth sydd gan lawer o honynt i roi i'w constituents ond hynny? **1770** *W* d.g. *Alderman, Senatorial* [*of, or belonging to, a senator*]. **1774** T. JONES: *DG* 265, efe [Calvin] a ddygwyd mewn cadair i borth y senedd-dŷ; ac oddi yno, efe a gynhaliwyd gan ddau o ddynion i'r gynnulleidfa. Gosododd o flaen y *seneddwyr* beryglor newydd i'r ysgol. **1794** E. JONES: *CP* x, [d]eddfau dewrwych . . . i ffrwyno gwobrwyedigaeth, a llygredigaeth mewn etholiad *Seneddwr.* **1803** *P.*

seneddwriaeth [*seneddwr*+*-iaeth*] *eb.g.* Swydd neu safle seneddwr, gwladweinyddiaeth: *senatorship, statesmanship.*

1722 *Llst* 189, *Seneddwriaeth.* f. Senatorship. [**1783**] *W* d.g. *Senatorship.* **1803** *P*, *Senezwriaeth*, s. m. . . . Senatorship.

seneddyddiaeth [*senedd*+*-ydd*[3]+*-iaeth*] *eb.* System o lywodraeth seneddol: *parliamentarianism.*

20g.

sengar [*sen*+*-gar*] *a.* Sarhaus, difrïol, gwatwarus, yn dwrdio, cecrus, ceryddgar: *insulting, abusive, railing, taunting, mocking, snappish, censorious.*

1595 M. KYFFIN: *DFf* [16], na ddyle gael ei adel nag yn chwerw nag yn *sen-gar* a ddoetto 'r Gwir. **1770** *W*, tymmer *senngar* d.g. *Abusiveness.* *id.* d.g. *Railingly.* **1803** *P*, *Sengar* . . . . Censorious; taunting, scoffing, snappish, apt to huff.

sengarwch [*sengar*+*-wch*[1]] *eg.* Natur ddifrïol, ceryddgarwch, tuedd i feio, edliwgarwch: *abusiveness, censoriousness, rebukefulness, reproachfulness.*

1770 *W* d.g. *Abusiveness.* **18–19g.** *HG* 212, fe ai gelwid yn Ailfedyddwyr, a Gwrthfedyddwyr, a Browniaid . . . a'r cyfryw ond i gyd o *sengarwch* gydag amcan bwrw gwradwydd arnynt. **18–19g.** *MA* iii. 277, Tri pheth fieiddvrwnt ar wraig: avlendid corf a dodrevn, *sengarwch*, a dioglydrwydd. **1803** *P.*

sengol, *eb.* Caledi, anffawd, ergyd: *hardship, misfortune, setback.*

c. **1870.** Ar lafar, 'Mae hwn a hwn wedi cael *sengol* arw', *WVBD* 478; *ISF* 66.

sengren [bnth. S. *sengreen*] *e.ll.* *Bot.* Llysiau pen tai, *Sempervivum tectorum*: *houseleeks.*

Diw. **16g.** *WLB* 29, haner chwart o sugun y *sengren.* *id.* 78, 95, 96. **17g.** *Llst* 82, 164, *sengren* llysser tai.

seni, gw. o[1] adran 4 (*d*).

seniad[1] [bôn y f. *sennaf*[1]: *sennu*+*-iad*[1]] *eg.* Difenwad; cerydd, dwrdiad: *abuse*; *rebuke, a chiding.*

1803 *P.*

seniad[2], gw. **syniad.**

seniadur [bôn y f. *sennaf*[1]: *sennu*+*-iadur*] *eg.* Sensor (hefyd yn Rhufain gynt): *censor* (*also in ancient Rome*).

1851.

senigiad [gair geir.; ?gwall am **seniglad*, sef bôn y f. *seniglaf*: *seniglo*+*-iad*[1]] *eg.* Brath, trywaniad: *a biting, stabbing.*

1707 *AB* 220b, *Senigiad*, Brâth, A biting, a stabbing, &c. V. **1753** *TR.* **1770** *W* d.g. *A biting.*

senigl[1], **sienigl,** *e.ll.* (un. g. *seniglyn*) a hefyd fel *e?g.* ac fel *a.* Darn(au) mân, dryll(iau); drylliedig, chwilfriw, candryll, carpiog; hefyd yn *ffig.*: *small piece(s), fragment(s)*; *mangled, shattered, smashed, tattered*; *also fig.*

c. **1400** *R* 1362. 42–3, Dic oed y eithon son *senigyl* raeando deffro rɓyt ortho bei reit ɓrthi. *c.* **1400** *YCM*[2] 192, a chynn aruthret y dwrd ac na bo dor ar borth nac ar dy yn y dinas, kyt boet dur pob un ohonunt, na bont *senigyl* oll. **15g.** *CSTB* 52, O Iesu Gwyn, oes a'i gŵyr? / O Fair, *senigl* (IEUAN TEW IEUANC: *Gw* 286, *sienigl*) a fu'r synnwyr! **16g.** HUW ARWYSTL: *Gw* 413, Darfy ynfydrwydd hagr swydd hwyr / Dorri'n *sienigl* drwyn synwyr. **1604–7** *TW* (*Pen* 228), drylhio'n *senigl* d.g. *discerpo.* *id.* *Seniglyn* d.g. *Frustulum.* *Dchr.* **17g.** *J* 10, 39a, *Senigl.* × Candrell. frusta. & frustum. **1632** *D*, *Serrigl, Idem quod nunc *Sienigl*, Lacerus, contritus. **1722** *Llst* 189, *Sienigl.* Tattered, mangled. **1740** *ML* i. 46, a chwedi bellach guro'r Spaeniaid, etc., hyd na bo'nt yn *sienigl* yn eu crwyn. **1771** *W* d.g. *Broken.* Ar lafar, 'Mi dorodd y gwydr yn *senigl* mân', *Cymru* lxiii. 84 (gorllewin Meir.), a hefyd yn y ff. *sienig* yn yr ystyr 'sigledig' (Cered.).

Amr.: **sinigl.** Ar lafar, 'malu'n *sinigl*', *Cymru* xlvii. 196 (sir Ddinb.). **synigl. 1604–7** *TW* (*Pen* 228), wedy scytio'n *synigl* d.g. *Lacer.* **17g.** *LlGC* 13215, 350, *Synigl* Mica, frustum.

Gw. hefyd **serig**[1], **serigl**[1].

senigl[2], **seniglaf: seniglo, seniglyn, senior,** gw. **sanigl, syniglaf: syniglo, senigl**[1], **seinior.**

senlais [*sen*+*llais*] *eg.* Cynnig o gerydd: *censure motion.*

1916.

senllyd [*sen*+*-llyd*] *a.* Sarhaus, gwatwarus, ceryddgar: *insulting, taunting, censorious.*

1825.

senna [bnth. S. *senna*] *eg.* *Bot.* Unrhyw un o nifer o blanhigion, yn enw. prysglwyni, o'r tylwyth *Cassia*, carthlyn a wneir o ddeiliach neu godau sych y planhigion hyn, yn enw. *Cassia senna*: *senna.*

1786 TWM O'R NANT: *PCG* 52, Fe ddaeth accw Fil oddiwrth y Shopwr, / Am Friwns a *Senah*, Nutmeg a Siwgwr. Ar lafar, 'Bydde dos o *senna*'n gwella popeth yn ôl mam-gu'; hefyd yn y ff. *sena*, *GTN* 725.

sennaf[1]: **sennu** [bf. o'r e. *sen*] *bg.a.* Bwrw sen (ar), difrïo, sarhau, difenwi; tafodi, dweud y drefn (wrth), ceryddu, cystwyo; dirmygu, gwatwar, gwawdio: *to cast a slur* (*on*), *abuse, insult, revile*; *scold, chide, rebuke, censure*; *scorn, mock, scoff* (*at*).

c. **1400** *R* 1272. 43–4, Synyɓch ar deykyn a *senna* pobloed piblyt lyffant gorerwa [*sic*]. *id.* 1292. 13–15, Safnoc di gorffoc daeoc oerffɓyr lleibyr. kyhoedgɓybyr ki hydgɓyr. *sennu* paɓb yɓ y synnwyr. **15–16g.** *GIF* 77, Siôn, aml yw dy sen yma: / *sennu*'dd wyd lle cawson dda. **1606** E. JAMES: *Hom* ii. 300, hwy a *sennasant* ac a watwarasant genadon y brenin. *id.* iii. 233, ni chaniata fe honi byth i'r rhai gan fyw mewn diofalwch cnawdol a *senna* [:– Watwarant] ei fygythau ef. **1615** R. SMYTH: *GB* 11, efe a gae iavvn achos i ddublu [*sic*] i chvverthin ag ivv *sennu* o hyd i ben. **1632** *D*, *Sennu*, Objurgare. *id.* d.g. *Adjurgo, Insecto, Inuehor.* **1637** *HCRC* iii. 114, Os bydd rhyw ddyn anhowaith / ich *sennu* a drwg dafodiaith. **1704** *AGF* 30, y mae efe yn *Sennu* yn llym eu hymddygiad amharchus. **1722** *Llst* 189, *Sennu* . . . To chide, inveigh against, rattle, scold with. *c.* **1762–79** W. WILLIAMS: *P* 477, *sennu* a diystyru eilun-addoliad, a'r holl arferion cenhedlig. *c.* **1785–90 (1829)** *CBYP* 41, Ag mewn Gogan gofaler rhag *sennu*'r hynn ni weddai senn iddo herwydd ei ryw a'i hanfod; mal pei *sennid* Crefydd, a Doethineb . . . neu unrhyw gamp neu rinwedd a ddylai glod a mawl. **1798** T. ROBERTS: *CG* iv, gwell gennyf amlygu, a dadguddio dihirwch, a *sennu* y rhai'n a font yn heuddu sen. **1803** *P* d.g. *Senu.*

sennaf[2]: **sennu,** gw. **synnaf: synnu.**

sennwr [bôn y f. *sennaf*[1]: *sennu*+*-wr*] *eg.* ll. *senwyr.* Un sy'n bwrw sen, difenwr, difrïwr; dirmygwr, gwatwarwr; ceryddwr; sensor: *one who casts a slur, reviler*; *disparager, scorner, mocker*; *rebuker*; *censor.*

15g. *GDID* 43, Sôn y mae lladron lledryw—y ddwywlad / Ei ddal yn Aberryw; / *Sennwr* drwg, heb synnwyr dryw, / Siôn farw estron, fawr ystryw. **1567** *LlGG* (*Sall*) 24b–25a, Peunydd y mae vy-gwradwydd rac vy-bron, a' chywilydd vy wynep am toawdd. Can lef yr enllibiwr a'r *sennwr*, gan y gelyn a'r dialwr. **1567** *TN* 248a, neb a elwir yn vrawt, yn 'odinebwr . . . neu yn ddelw-addolwr, neu yn gablwr [:– *sennwr*, ym serthwr [*sic*]]. *id.* 249a, na llatron, na chupyddion, na meddwon, na *senwyr.* **1603** W. MIDLETON: *Ps* 127, Ef a sathr ag a sathra / Gablwyr *sennwyr* bleidwyr bla. **1604–7** *TW* (*Pen* 228) d.g. *Bouinator, Carptor.* **1606** E. JAMES: *Hom* ii. 301, y *senwyr* a'r gwatwarwyr hynny o'i sanctaidd air ef. **1632** *D* d.g. *Taxator.* *c.* **1730** *Thos. Lloyd D* (LlGC) 207a, *Sennwr.* Objurgator. **1803** *P* d.g. *Sènwr.*

senoffobaidd [bnth. a chfdds. o'r S. *xenophob(ic)*+*-aidd*] *a.* Senoffobig: *xenophobic.*

20g.

senoffobia [bnth. S. *xenophobia*] *eg.* Ofn estroniaid (a'u diwylliant, &c.), casineb tuag at y cyfryw: *xenophobia.*

20g.

senoffobig [bnth. a chfdds. o'r S. *xenophob(ic)*+*-ig*[2]] *a.* Yn ofni neu'n casáu estroniaid (a'u diwylliant, &c.), yn perthyn i senoffobia: *xenophobic.*

20g.

senon [bnth. S. *xenon*] *eg.* *Cem.* Elfen nwyol drom heb liw nac aroglau (symbol Xe; rhif atomig 54) a geir yn hybrin yn yr atmosffer ac a ddefnyddir mewn lampau, &c.: *xenon.*

1937.

senotaff [bnth. S. *cenotaph*] *eg.* ll. *-au.* Cofgolofn sy'n anrhydeddu person(au) marw a gladdwyd yn rhywle arall, yn enw. un (rhai) a laddwyd mewn rhyfel: *cenotaph.*

20g.

senpier, gw. **sampier.**

sens[1] [bnth. S. C. *cens*] *eb.* ll. *-au.* Arogldarth, thus; perarogIau, sawr (da); hefyd yn *ffig.*: *incense, frankincense*; *perfume,* (*pleasant*) *odour*; *also fig.*

14g. *GDG*[3] 10, Mwythus liw Mathëus lân, / A Iago, rhai diogan; / Sain Sud i mewn *sens* hoywdeg—/ Llyna 'ntwy, llinynnaid teg. **14g.** *GIG* 131, Yng Nglyn Rhosyn mae'r iesin, / Ac olewydd a gwŷdd gwin / . . . / A thrwblwm aur trwm tramawr / Yn bwrw *sens* i beri sawr. **15g.** *IGE*[2] 245, A *sensau* einioes

iawnsyw, / *Sens* a mwg ail Sain Siâm yw [Ieuan ap Rhydderch am Dyddewi]. **15g.** *GLGC* 217, bara un *sens* gerbron swrn / o ael Ysbaen a Lisbwrn. **15g.** *GGl*[2] 286, Mae o Wynedd ym ennaint / Mal *sens* yr ugeinmil saint. **15g.** *DE* 47, Sinamwn rhoes honn i mi / sinsir oedd *sens* or eiddi. **15–16g.** *TA* 123, Y mae enaid ym Maenan / A wnâi'r corff o win a'r cann; / Sunsur oddaith, *sens* ruddaur, / Siffre, gwisg saffir ag aur. **1547** *WS, Sens* Sence. **16g.** *TRP* 136, Anrrydedd yt dduw keli / llyma *ssens* yr eglwisi. *Diw.* **16g.** *WLB* 72, dod hynny i gyd mewn padell . . . a dod *sens* pan fo yr amser, ai ymodi yn dda. **16–17g.** *HG* 32, na *sens* na chwyr bendigaid / na phax nidoedd [*sic*] raid wrtho. **17g.** *LlGC* 13215, 351, *Sens* Thus. *c.* **1730** *Thos. Lloyd D* (LlGC) 207a, *Sens.* Sense . . . Incense.

Gw. hefyd **insens.**

sens[2] [bnth. S. *sense*] *eb.g.* (bach. g. *-yn*) ll. *-au, -ys.*

(*a*) (Un o'r pum) synnwyr; ymdeimlad; synnwyr cyffredin, callineb, iawnbwyll: *sense, one of the five senses; feeling; common sense, good sense, sound mind.*

1545 *Cl* 3, drwy *sennssys* yn kyrf jr ydym yn dyalld. *c.* **1548** *CM* 1, 696, gallo gwres agerdd y llyshieue enttrio o vewn *s[enses* y Pen. **16–17g.** *GST* i. 699, Dôn heno lle galwo gwest, / Drwy ffyniant, draw a'r ffenest, / A'u hefidens, mewn *sens* sad, / I ddiwedd ar a ddowad. **1677** *Cyf A* (*Can C*) 41, fe a ddarfu iddynt hwy ddangos *sens* neu deimlad mawr oi [*sic*] pechodau. **1694** Wiliam Bodwrda: *Gw* 235, Pa wr a gawn llawn wellhad / mor wiwdda ymarweddiad / ni chae ddiod synndod *sens* / draw n unswydd ei droi n an-sens / ond byw n sobor ordor well / naws difyr yn ei stafell (Owain Gruffydd). **1699** T. Jones: *Alm* [46], Thomas Siôns addas, *sens* wiwddoeth sŷ ynod. **1755** *ML* i. 346, nid wyfi ond Llewelyn dlawd . . . digon di ffrindiau ag heb ddyn o *sens* yn fy ngwasanaeth. **18g.** Twm o'r Nant: *CO* 27, Nid ydyw'r Oferwyr ond clerwyr diglod, / Heb *sens* nac anrhydedd na rhinwedd dan 'rhod. **1828** *Geir Pob* 24, *Sens*, synwyr. Ar lafar yn gyff., *WVBD* 478 (*eg.*); 'Dwy bunt am beint o bityr —'sam *sens* yn hynna'. Cf. D. Owen: *RL* 353, mi wn fod gynat ti fwy o *sens* na fi; D. Owen: *GT* 315, Wyt ti wedi colli y tipyn *sens* oedd gynat ti, dywed?

(*b*) Ystyr: *meaning, sense.*

16g. *B* xvi. 188, J mae'r hran vwyaf o'r awdurion yn kydsynio J troi wynt [proffwydoliaethau] o'r *sensau* kynnta. **1672** R. Prichard: *Gw* 287, pa rai (yn *sens* neu ystyr y Catechism) ydynt wir aelodau i Ghrist. *id.* 307, na ellir mewn vn môdd gymmeryd y geiriau hynny mewn vn *sens* neu ystyr arall. **1677** *TC* [x], etto nid ydynt hwy [rhai geiriau] gydnabyddus yn gyffredinol, yn yr ystyr ar *sens* hynny, ac yr agorir hwy ynghorph y llyfrau. **1677** R. Jones: *BB* 55, Y Deongliad Chaldaec sydd yn priodoli y Synwyr neu 'r *Sens* yn rhŷ gyfyng i weithredoedd o Gariad, neu Elusenau. **1725** I. Harri: *RD* 33, Hyn am y Saboth fe a ellir ei gymmeryd yn y *sens* Lythrennol. *id.* 46, Ni yfaf mwyach o ffrwyth y winwydden, hyd onid yfwyf gyda chwi drachefn o newydd yn nheyrnas fy Nhâd. Or ffrwyth hwn, yr hyn ni arwyddocâ ffrwyth y Winwydden yn y *sens* natturiol, i gael ei yfed yn y Deyrnas honno o eiddo Duw yr hyn a fydd yng Nghaersalem newydd. *id.* 253, y Nefoedd a'i chymeryd mewn *sens* briodol nis dinistrwyd. **1735** S. Thomas: *HP* 52, Y mae Geiriau, *Sens*, Meddwl ac Ymadrodd yr Ysgrythur Lan yn ddigonol blaen, ac eglur. **1741** S. Thomas: *DY* 50, Yn yr ystyriaeth ar *senshwn* [*sic*] hefyd y mae Crist ei hun yn cael ei alw yn gyntafanedig.

sensabl, sensaf: senso, gw. sensibl, sensiaf[2]: sensio.

senseg, sensegl, gw. sensigl.

senser [bnth. S. *censer*] *eg.* Thuser, hefyd yn *ffig.*: *censer, also fig.*

15–16g. *CTC* 64, Sens a rydd, senw sy raid, / Sens i ŵr â *senser* euraid (Gruffudd ap Llywelyn Fychan). **1547** *WS, Senser* Sencer. **16g.** Siôn Brwynog: *C* 9, I nofio'r côr yn frig gwych / Ar ddwy wlad urddol ydych; / *Senser* i Fair sy'n sir Fôn, / Sens o eiriau Sain Siaron. **1567** *TN* 335b, y Tabernacl . . . Lleiroedd [*sic*] y *senser* aur, ac arch y Testament wedi y goreuro oi hamgylch. *id.* 382a, Yno Angel arall y ddoyth ac y safoedd gair bron yr allor, a *senser* aur gantho, a' llawer o arogley y rroed yddo ef.

Amr.: **sensuwrs** [bnth. S. *censures* 'censers'] (*e.ll.*). **16g.** (*LlEG*) *Mos* 158, 463b, yr Esgobion a *senssuwrs* o arian ynni senshioc [*sic*] Ef.

sensiaf[1]**: sensio** [bf. o'r e. *sens*[1]] *bg.a.* Arogldarthu: *to cense.*

15–16g. *TA* 335, *Sensio* alarch Sain Silin, / Mae'n llai'r sens main allor Sîn. **16g.** (*LlEG*) *Mos* 158, 463b, yr Esgobion a senssuwrs o arian ynni *senshioc* [*sic*] Ef. **16g.** *B* xviii. 317, i hroddes ef yvengil o vlaen y brenin. Ac ynn ol hynny yr archesgob a'i breladiaid a'i *sennshiodd* wynt. **1604–7** *TW* (*Pen* 228) d.g. *Thurifico.* **1605–16** *Cy* xxiii. 564, Heb lyswyr heb gwyr heb gweirio—y marw / Heb ymorol am *sensio* / Heb ganu clul heb gwyno / Heb anrrydedd ar i fedd fo. *c.* **1730** *Thos. Lloyd D* (LlGC) 207a, *Sensio.* To sense.

Gw. hefyd **insensiaf: insensio.**

sensiaf[2]**, sensaf: sens(i)o** [bf. o'r e. *sens*[2]] *bg.a.* Synhwyro, deall, sylwi: *to sense, understand, notice.*

Ar lafar, '*sensio*', *Cymru* xlvii. [195] (sir Ddinb.), *WVBD* 478; *senso* (sir Gaerf.); ''Ôn i ddim yn siŵr be' odd yn bod, ond 'ôn i'n *sensio* bod rwbath o'i le'.

sensibl, &c. [bnth. S. *sensible*] *a.* Synhwyrol, call; ?canfyddadwy gan y synhwyrau: *sensible, prudent; ?sensible, perceptible by the senses.*

1658 R. Vaughan: *PS* 126, Pa ham y mae llawenydd dy synhwyrau ith ddwyn ymaith, yr hwn sydd a rhodd it i ddeall yr vchel ddawn daionus. [:– *Sensibl.* Esa. 55. 2.] gwybodaeth o dragywyddoldeb. **1828** *Geir Pob* 24, *Sensabl*, synwyrol. Ar lafar, 'Paid â siarad rwtsh—tria fod yn *sensibl* am unwaith'; 'Buodd Dai'n ddigon *sensibl* i anwybyddu'r storis odd yn mynd rownd'.

sensigl, senseg(l), &c., *eg.* a hefyd fel *e.ll.* *Bot.* Llyga(i)d y dydd, *Bellis perennis*; llyga(i)d llo mawr, *Leucanthemum vulgare*; melyn(ion) Mair, *Calendula officinalis*: *daisy* (*daisies*); *ox-eye daisy* (*daisies*); (*pot*) *marigold*(*s*).

1604–7 *TW* (*Pen* 228), *Sensigl* d.g. *Bellis.* **1632** *D* (*Bot*), Llygaid y dydd . . . *sensigl.* **1707** *AB* 220b, *Sensigl*, Bellis. S. A daisie. *ib. Synseg*, Marygold. Brec. **18g.** *Llr* C 24, 356, Os bydd dyn yn glaf or wharren . . . Cais y *Sensegyl* y rhai a fo a chaloney duon iddyn. **1803** *P, Sensigyl* . . . A daisy. **1813** *WB* 234, *Senseg*; (Brec.) Calendula officinalis; Marigold. *ib. Sensigl*; Chrysanthemum Leucanthemum; Great Daisy, White Ox-eye.

sensiteiddiaf: sensiteiddio [cfdds. o'r S. (*to*) *sensit*(*ize*)+*-eiddio* (At.)] *ba.* Gwneud yn sensitif: *to sensitize.*

20g.

sensitif [bnth. S. *sensitive*] *a.* Teimladwy, hydeiml, croendenau, hawdd ei ddigio neu ei frifo; yn llidio'n hawdd, tyner (am groen, &c.); yn ymateb yn rhwydd i symbyliadau allanol, yn gallu dangos mân wahaniaethau neu newidiadau (am offeryn, &c.); yn gofyn hydeimledd i'w drafod (am bwnc, &c.), yn ymwneud â diogelwch (y wladwriaeth); yn perthyn i'r synhwyrau neu i'r gallu i synhwyro, ac iddo synhwyrau neu'r gallu i synhwyro: *sensitive.*

1924. Ar lafar, 'Paid â thynnu'i goes o—ti'n gwbod mor *sensitif* ydi o'.

sensitifedd [*sensitif*+*-edd*[1]] *eg.* Sensitifrwydd, hydeimledd: *sensitivity.*

20g.

sensitifrwydd [*sensitif*+*-rwydd*] *eg.* Yr ansawdd neu'r cyflwr o fod yn sensitif, hydeimledd: *sensitivity.*

20g.

sensor [bnth. Llad. a S. *censor*] *eg.* ll. *-iaid.* Swyddog a awdurdodir i archwilio cyhoeddiadau, dramâu, ffilmiau, llythyrau, &c., ac i atal rhyddhau'r cwbl neu rannau ohonynt ar sail anlladrwydd, bygythiad i ddiogelwch, &c., hefyd yn *ffig.*; un o ddau ustus yn Rhufain gynt a oedd yn gyfrifol am gynnal cyfrifiadau, goruchwylio moesoldeb cyhoeddus, &c.: *censor* (*also in ancient Rome*), *also fig.*

1604–7 *TW* (*Pen* 228), dynion . . . wedy bwrw alhan or dref gan y *Censorieit* d.g. *Aerarij.*

sensoraf: sensora, gw. sensraf: sensro.

sensoredig [bôn y f. *sensoraf, sensoriaf: sensora, sensorio*+*-edig*] *a.bfl.* Wedi ei sensro: *censored.*

20g.

sensoriaeth [*sensor*+*-iaeth*] *eb.g.* Polisi, rhaglen, neu system o sensro, y weithred o sensro; gweithgaredd y meddwl yn rheoli ysgogiadau, &c., o'r anwybod a'u cyfaddasu cyn iddynt gyrraedd y meddwl ymwybodol: *censorship* (*also in psychoanalysis*).

1930.

sensraf, sensor(i)af: sensro, sensora, sensorio [bnth. S. (*to*) *censor*, ?a bf. o'r e. *sensor*] *ba.* Gwahardd (cyhoeddiad, drama, ffilm, llythyr, &c., neu rannau ohonynt) fel sensor, gweithredu fel sensor ar (ymddygiad, person, &c.), hefyd yn *ffig.*: *to censor, also fig.*

1934 D. Gwenallt Jones: *PB* 34, Rhybuddid y carcharor . . . y *sensrid* ei lythyr gan awdurdodau'r carchar.

sensuwrs, ff. l., gw. **senser.**

sensws [bnth. S. *census*] *eg.* Cyfrifiad: *census.*

20g.

sensyn, gw. **sens**[2]**.**

sent[1] [bnth. S. *scent*] *eg.* Persawr, peraroglau, hefyd yn *ffig.*; trywydd (anifail, &c.), llwybr: *perfume, scent, also fig.*; *scent* (*of animal, &c.*), *track.*

15g. *GDLl* 109, Cyrfio a scigio pob saig, / Fal Gwinsor, fil ugeinsaig; / Saffrymu sew a ffwrment, / A phob rhyw saws a phupr *sent.* **15–16g.** *GIF* 71, *Sent* i Dduw, sant oedd Ieuan: / saint nef gydag ef a gân. **1672** R. Prichard: *Gw* 420, Ni rŷ 'r Thus *Sent* [:– Arogl], nes ei fygu. Ar lafar yn gyff., ''Odd 'i'n drewi o *sent*', *GTN* 723.

Gw. hefyd **sentiach.**

sent[2] [bnth. S. *cent*] *eb.* (bach. *-en*). Uned ariannol a darn o arian bath cyfwerth â chanfed ran o ddoler, swm bychan iawn o arian: *cent, very small sum of money.*

1851. Ar lafar yn y Gogledd, ''Fedra' i ddim mynd allan heno—'s gin' i 'm *sentan* goch'.

Sentar, Senter [ff. affetig ar yr e. *Disenter* neu'r S. *Dissenter*] *eg.* ll. *-s*, a hefyd gyda grym ansoddeiriol. Anghydffurfiwr, yn enw. Annibynnwr: *Dissenter, Nonconformist, esp. Independent, Congregationalist.*

1885 D. Owen: *RL* 417, dene'r *Sentars*; drycha di mor smart ac mor witty ydyn nhw. Ar lafar, 'capel *Sentars*', *WVBD* 478, ''Ôn' nw'n arfadd gwed taw Watfford odd y cwrdd *Sentarz* cinta' yn yr ardal 'yn', *GTN* 723. Cf. T. G. Jones: *Brithgofion* (1944) [45], *Sentars* sychion, be na bw, / Neb yn gwybod ond y nhw; / Ffraeo â'i gilydd ac â phawb, / Byd o'i go rhwng brawd a brawd; S. Lewis: *Meistri'r Canrifoedd* (1973) 346, Ceir gan Ioan Thomas . . . hanes . . . troi at yr Annibynwyr a chael ysgol yn Abergafenni a mynd yn weinidog *sentar.*

sentawrea, sentawria, gw. **sentri**[1]**.**

senten, gw. **sent**[2]**.**

sentens [bnth. S. C. *sentence*, neu'n uniongyrchol o'r H. Ffr.] *eb.* ll. *-iau*, (prin) *-ys.*

(*a*) Brawddeg, darn llafar neu ysgrifenedig (yn enw. o'r Ysgrythur); gwersigl; synnwyr, ystyr; gnôm, gwireb: *sentence* (*set of words*), *spoken or written passage* (*esp. of Scripture*); *versicle*; *sense, meaning*; *gnome, aphorism.*

14g. *RC* xxxiii. 230, a synnwyr y amadraud. a *sentens* diwed y barabyl. **16g.** *RWM* i. 214, ynn abyl J gyuatteb poob gair ynni *senttens* drwy boob kyluyddydd [*sic*] a seiens ar a dreithir ar tauod. **1567** *LlGG* [vii], ffurf y Letaniae, wedy r arally a i correctio, a dwy *sentens* yn vnic wedyr angwanegu wrth ddelivro y Sacrament ir Communolion. **1583** *LlGC* 716, 1[9]5a, Os ystyriwn-ni y *sentensys*, ne'r historiae o'r bibl bendigedic. **1595** M. Kyffin: *DFf* xiii, O digwydd . . . anghynefinder ag anhowsder, mewn ystryw a dealld rhyw ddoediad neu *sentens* weithie; yna, darllen di'r mann hwnnw drachgefn. **1620** *Ecclus* 1 (Prolog), Y mae efe [llyfr] yn cynnwys ymadroddion doethion, *sentensiau* dieithr, a dammhegion. **1664** *LlGG* sig. Bbbb[4]r, Darlleinier y *sentens* hon ar yr Offrymmiad. **1712** T. Williams: *CDdG* 468–9, dywedyd Amen ar ôl y *sentensiau* hyn . . . yn gystal a phe baem yn ein melldithio ein hunain. **1723** E. Samuel: *PDdC* ii. 68, dau o Wersiclau (neu *Sentensiau*) gwedi eu ychwanegu. *id.* 136, ar ôl hyn y dychwel y Gweinidog at Fwrdd yr Arglwydd ac y dywed rai o *Sentensiau* neu Ymadroddion Ysgrythyrawl . . . i annog y Bobl i weithredoedd Duwioldeb ac Eluseni. **1733** J. Thomas: *HYB* 102, Pan bo'r Offeiriad yn dechreu darllen y *Sentensiau* o'r Scrythyr. [**1740**] D. Llwyd: *YDD* 20, y peth sydd angenrheidiol yn Gofyn Deongliad, newid Trefn y *Sentensiau*, weithieu

chwanegu, ag weithieu gadael geiriau allan. **1796** J. GRIFFITHS: *H* 75, Mae (,) Rhag-wahan-nod yn gwneuthur gwahaniaeth rhwng un rhan o ym adrodd [*sic*], a'r llall, hyd oni·fyddo 'r *Sentens* neu 'r meddwl i gael ei gyflawn am lygu [*sic*]. Ar lafar, "Fedar o 'm deud *sentens* i chi heb regi'. Cf. *LlCy* i. 158, Ffigur cyffredin arall yw'r *sentens*, set gosodiad gnomig neu gyffredinol yng nghanol darn, megis . . . Kyfredeg â chweg, chwerw hir ennyd (D. Myrddin Lloyd).

(*b*) Dedfryd: *sentence* (*of law court, &c.*).

14g. *BT* 117, ybrenhin a ofynhaod *sentens* pab rufein. **14g.** *BT* (*RB*) 216, Ac yna, wedy cael swm o aryant a'e ellwg o *sentens* ysgymundawt, y morwydawd hyt yn Ffreinc. **16g.** (*LlEG*) *Mos* 158, 13b, bu vittor y trydydd or hennw ynn ba/ab . . . Y vo a gyhoyddes y *sentens* ar yr ymerodyr. **1657** *MLl* ii. 73-4, Y bywyd a ddatcuddir yn ei holl weithredoedd, a phob vn a gais ag a gaiff ei farn ai *sentens* ynddo ei hunan. **1684** H. OWEN: *DC* 321, Na âd imi farnu ynol gweled y golygon oddiallan, na rhoi *sentens* ynol clywed clustiau dynion diwybod. **1716-18** Llsgr R. Morris 95, ar *sentence* arni yn llwur a gerddodd / dyma i chyffes pan ymadawodd. **1718** (**1721**) S. THOMAS: *HB* 147, darfu ir Doctor Thomas Cranmer . . . roddi'r Farn neu'r *Sentens*, gan ddeclario yn gyhoeddus, Fod y Briodas rhwng Harry VIII a Chatherin . . . yn anghyfreithlon. **1725-6** *Madd Ed* 189, Pa fodd y diangaf o'i Olwg? Ni allaf Siommi ei Farn, na diangc rhag ei *Sentens* . . . mi a glywaf y *Sentens* ofnadwy, Ewch chwi rai Melldigedig i'r Tan [*sic*] tragwyddol. **1752** J. THOMAS: *FG* 226, pan ddelo efe i amlygu ei Feddyliau am danom, yn ei Farn a'i *Sentens* olwaethaf, fe fydd yr holl Fyd o'i Feddwl am. **1759** *BC* 337, Dyma *Sentens* fawr arythrol, / Pan ddweudir wrth y rhai Annuwiol / Ewch i'r tragwyddol dân.

senter, sentr [bnth. S. *centre*] *e?g.* Canol, canolbwynt: *centre, focus*.

1609 *Haf* 24, 590, y Nefoedd ar kerddawl daneu yn swnnio yn velussaidd yn ddi gwympiawl i sylfaeniad y meddwl nid amgenach nar llin yn syrthio ir scwir ne ir *senter*. **1615** R. SMYTH: *GB* 251-2, megis pen roddvvyd ef i sefyll ynghanol ne yn *centr* y cyfryvv vvydyr, er yd oedd ef oddyno yn gvveled y ser ivvch i ben, a than i draed, megis pe i biasau [*sic*] yn e[i]stedd yn *centr* y ddaear. **1784** M. WILLIAMS: *S* i. 6, Ond y mae hyn yn . . . dderbyniol gan bawb ac sy'n deall y llewyrchiad lleiaf mewn geography, fod pwysau pob peth tua chanol-bwynt neu *senter* y byd.

Senter, gw. **Sentar**.

sentiach [*sent*[1]+*-iach*] *e.ll.* Persawrau (yn ddifr.): *scents, perfumes* (*derog.*).

20g.

sentimedr, gw. **sentimetr**.

sentiment [bnth. S. *sentiment*] *eg.* Agwedd, syniad, neu farn a awgrymir neu a liwir gan deimlad neu emosiwn, barn neu agwedd benodol, emosiwn, teimlad (sensitif), teimlad (arwynebol) gor-ramantus neu orhiraethus, teimladrwydd coeth, yn enw. yr hyn a fynegir mewn celfyddyd, arwyddocâd emosiynol cyfathrebiad, &c., o'i gyferbynnu â'i fynegiant: *sentiment*.

1930.

sentimental [bnth. S. *sentimental*] *a.* Yn perthyn i sentiment, llawn sentiment (gormodol), yn ymroi i sentiment, yn apelio'n uniongyrchol at yr emosiynau (yn enw. teimladau rhamantus): *sentimental*.

1922.

sentimentalaeth, gw. **sentimentaliaeth**.

sentimentalaf: sentimentalu [bf. o'r *a. sentimental*] *bg.* Sentimentaleiddio: *to sentimentalize*.

1938.

sentimentalaidd [*sentimental*+*-aidd*] *a.* Sentimental: *sentimental*.

1920.

sentimentaleiddiaf: sentimentaleiddio [bf. o'r *a. sentimentalaidd*] *bg.a.* Gwneud neu fod yn sentimental: *to sentimentalize*.

1938.

sentimentaleiddiwch [*sentimentalaidd*+*-iwch*[1] (At.)] *eg.* Sentimentaliaeth: *sentimentalism, sentimentality*.

1922. Cf. R. WILLIAMS PARRY: *CG* 81, Tybiais pan welais giang o hogiau iach / Yn plannu'r peilon ar y drum ddi-drwst / Na welwn mwy mo'r ysgyfarnog

fach, / . . . / Ba *sentimentaleiddiwch*! Heddiw'r pnawn, / O'r eithin wrth ei fôn fe wibiodd pry'.

sentimentaliaeth, sentimentalaeth [*sentimental*+*-(i)aeth*] *eb.g.* Yr ansawdd neu'r cyflwr o fod yn sentimental, ymddygiad sentimental, teimladrwydd (gormodol): *sentimentalism, sentimentality*.

1922.

sentimentaliti [bnth. S. *sentimentality*] *eg.* Sentimentaliaeth: *sentimentalism, sentimentality*.

1931.

sentimentalrwydd [*sentimental*+*-rwydd*] *eg.* Sentimentaliaeth: *sentimentalism, sentimentality*.

1935.

sentimentalwch [*sentimental*+*-wch*[1]] *eg.* Sentimentaliaeth: *sentimentalism, sentimentality*.

1920.

sentimentalydd [*sentimental*+*-ydd*[3]] *eg.* ll. *sentimentalwyr*. Person sentimental (ei syniadau): *sentimentalist*.

20g.

sentimetr, sentimedr [bnth. a chfdds. o'r S. *centi*(*metre*)(+*medr*[2])] *eg.* ll. -*au*. Canfed ran o fetr: *centimetre*.

1925.

sentinel [bnth. S. *sentinel*] *eg.* Gwarchodwr, gwyliedydd: *sentinel*.

20g.

sentir, gw. **suntur**.

sentori, sentorif, gw. **sentri**[1].

sentorion, sentr, gw. **senturion, senter**.

sentri[1], **sentori** [bnth. S. C. *centorie*, S. *centry*] *eg.* ac *e.ll. Bot.* (Unrhyw un o') amryw fathau o blanhigion o'r tylwyth *Centaurium*, yn enw. *Centaurium erythræa*, canri goch: *centaury*.

14g. *ACL* i. 39, Centaurea. *sentori* yscol grist. *c.* **1400** *Études* vii. 276, Rac gwenwyn: kymer *centori*, a beton, a says. **15g.** *DN* 117, Betoni a *ssendyrni* [*sic*] y sydd—a ruw, / A'r wermod bedwerydd. *ib.* Betin, riw, *centri*, wermod sydd—o'r powdr / Pwys o'r pedwar defnydd. *c.* **1730** Thos. Lloyd D (LlGC) 207a, *Sentri*. Centaury. **18g.** Llr C 24, 273, Cymer *sentori* a berw e trwy hen gwrw. *id.* 280, Cymer y *sentri*, ereill ai geilw ysgol fair. *id.* 325, Berw *centori* mewn dwr glan gloyw. Ar lafar yn y ff. *sentri*, *TGG* (1907-8) 79, 86 (de-orllewin sir Gaerf.), G. AWBERY: *BM* 33 (sir Gaerf., sir Benf., a Morg.).

Amr.: **sentawrea, sentawria** [bnth. Llad. C. *centaurēa, centauria*]. *c.* **1400** *MM* 86, Rac dolur arenneu.—Taraỻ y *centaurea* ar dyfyr oer, a dyro y claf oe yuet. —Rac trasychet.—Yuet y *centaurya* drỻy dyfyr tỻym.

sentorif. **18g.** Llr C 24, 98, Cais *Sentorif* a berw hwynt Mewn Cwrw.

sentri[2] [bnth. S. *sentry*] *eg.* Milwr sy'n gwarchod, un atal mynd a dod heb ganiatâd, &c., gwarchodwr, gwyliedydd: *sentry; guard, watch*.

c. **1730** Thos. Lloyd D (LlGC) 207a, gwilio bobdeirnos [*sic*] mewn *sentri*. **1757** *ML* (Add) 923, ni chae fo mo'r mynd yn union i'r carchar, fe a'i Cadwyd yn rhwym . . . yn y man fe ai ddodwyd [*sic*] yn un o'r Tai Cwrw lle bu dros ddauddydd neu dri a'r gwyr arfog yn cadw *Sentri*.

sentur, gw. **suntur**.

senturion [bnth. S. *centurion*] *eg.* Canwriad: *centurion*.

16g. (*LlEG*) *LlGC* 5276, 230a, megis ac I doeth y *senturion* att g/risd. *Amr.*: **sentorion** [?cf. S. C. *centorioun*]. **16-17g.** *HG* 95, ffydd i galon, y *sentorion* / awnaeth i was, ef gael urddas.

sentwar, sentwari, gw. **seintwar**.

sentyn, gw. **sant**.

senw[1], *eg.* Anrhydedd, urddas, bri, clod; (?geir.) lles, daioni, budd, elw, grym: *honour, dignity, esteem, renown*; (?*dict.*) *good, goodness, benefit, profit, power*.

14g. *GIG* 162, Minnau y sydd, meinwas wyf, / Foly gellast, fal y gallwyf, / Gwedy naddu'r gwadn iddi, / Enw heb *senw* oedd ei henw hi [i ddychanu Herstin Hogl]. **15g.** *GO* 291, Enw vn gwann a ennyn

gair / Hep *senw* a hap sy anair, / Enw gwŷr Swydd Y Wavn, a'i gwart, / A *senw*, ydoedd Siôn Edwart. [**1547**] W. SALESBURY: *OSP*, Enw eb *senw*. **16g.** *RWM* ii. 573, *senw* = vrddas. **16g.** *GGH* 102, Dâm Catrin, gwir egin gras, / Deimwnd loywder o Domas, / Sy'n gwiw arddel, *senw* gwirddaed, / Selau tir oll, Salter waed. *id.* 192, Siôn wyd heb ail, *senw* di-ball, / Sy iawn ŵyr i Siôn arall. **1562** *B* ii. 237, *senw* . . . grymm. *a.* **1587** *Y* 58, Ni'm coelir? Gwir rhagorawl: / Coelir maink o eilwyr mawl! / Bwriaist heb *senw* i'w beri, / Barn falch, y bai arnaf fi. **16-17g.** *GST* i. 194, Aeth iôr peibl, athro pybyr, / Aeth synnwyr iaith *senw* ar wŷr. **1617** Minsheu 386a d.g. *Profite*. **1632** D, *Senw*, Honor, ait [William] Ll[yn]. Profectus, vtilitas, commodum, emolumentum. **1688** *TJ*, *Senw*, anrhydedd, budd, Cynnudd [*sic*]: honour, also profit, benefit. **1722** *Llst* 189, *Senw*. m. Dignity, esteem; advantage, good, good turn. **1754** G. OWEN: *L* 104, Rhoes i Wyr Rym llym a llwyr / Gorau *Senw*, a gwir Synwyr. **18-19g.** *Hop M* 365, Bydd *Senw* i'w enw, wr hynod, / Yn bûr tra bô dyn yn bôd.

senw[2], **senwaf: senwi**, gw. **llysenw** (hefyd At.), **llysenwaf: llysenwi**.

senwriaeth [*sennwr*+*-iaeth*] *eb.* Sensoriaeth: *censorship*.

1850.

senydd, gw. **senedd**.

senyddion [?amr. ar **seneddyddion*, ll. yr e. **seneddydd* (cf. *seneddwr*)] *e.ll.* Seneddwyr, aelodau seneddol: *senators, members of parliament*.

1724 T. WILLIAM: *OL* 54-5, Yn ol i Julius ddarostwng ein Cenedl ni, fe ddychwelodd i Rufain ac yno y lladdwyd ef yn ebrwydd Gan un o'r *Senyddion*. **1784** M. WILLIAMS: *S* i. 40, Mae'r arglwyddi, a'r *senyddion* cyffredin yn eistedd yn neillduol. *id.* 41, Pan fydd aelod o'r *senyddion* yn ymadroddi, maent yn sefyll a'u pennau yn noeth.

senyllt [gair geir. yn wr.; ?ymgais i ddeall *senyllt*, *A* 12. 19, gw. *CA* 211] *eg.* Synysgal, rhingyll, gwysiwr, cyhoeddwr: *seneschal, sergeant, tipstaff, apparitor, announcer*.

c. **1588** *B* ii. 237, *senyllt* . . . rhingill, cyhoeddwr. **1803** *P*, *Senyllt*, s. m. . . . A seneschal.

sepal [bnth. S. *sepal*] *eg.* ll. -*au*. *Bot.* Unrhyw un o raniadau calycs blodeuyn: *sepal*.

1924.

separetor, separetar, &c. [bnth. S. *separator*] *eg.* ll. -*s*. Dyfais sy'n gwahanu pethau yn rhannau cyfansoddol, yn enw. hufen a llaeth: *separator* (*esp. for milk*).

1922. Ar lafar, hefyd yn ardaloedd chwareli'r Gogledd yn yr ystyr 'peiriant yn chwarel y garreg galch sy'n gwahanu'r cerrig llai oddi wrth y rhai mwy', *B* xx. 377.

sepelin [bnth. S. *zeppelin*] *eg.b.* ll. -*au*. Awyrlong Almaenig fawr lywiadwy a ddefnyddid ar ddechrau'r 20g. at bwrpasau milwrol yn wreiddiol: *zeppelin*.

1926.

sepia [bnth. S. *sepia*] *eg.* a hefyd fel *a.*, weithiau gyda grym enwol. Lliw brown, yn enw. un a ddefnyddir mewn ffotograffiaeth; lliw brown a wneir o hylif a secretir gan ystifflog ac a ddefnyddir mewn arlunio unlliw a dyfrlliw: *sepia*.

20g.

sepsis [bnth. S. *sepsis*] *eb.* (Llygriad neu wenwyniad gan facteria sy'n peri) madredd, gwenwyniad gwaed: *sepsis*.

20g.

septig [bnth. a chfdds. o'r S. *sept*(*ic*)+*-ig*[2]] *a.* Yn dioddef gan sepsis, yn perthyn i sepsis, wedi ei achosi gan sepsis: *septic*.

20g.

septr, septur [bnth. S. *sceptre*] *e?b.* ll. *septrau*. Teyrnwialen: *sceptre*.

16g. (*LlEG*) *Mos* 158, 322a, ar deyrnwialen ner *sepptur* ynni law. **1670** J. HUGHES: *AP* 396, wedi rhoi Corsen yn dy ddwylo trwy ddibris a dirmyg yn lle *Sceptr* sef Teirnwialen. **1760** E. WILLIAMS: *UYB* 80-1, y gresynus gyflwr, yr hwn a dry holl ogoniant a golud, coronau, gwisgoedd a phalasau, holl bleserau a rhioltwch . . . yn dîr anial.

septuagint [bnth. S. *septuagint*] *eg.* Y fersiwn Groeg mwyaf dylanwadol o'r Hen Destament, gan gynnwys yr Apocryffa, y

credid gynt iddo gael ei wneud gan (ddeu)-ddeg a thrigain o gyfieithwyr: *Septuagint.*
c. **1762–79** W. WILLIAMS: *P* 192, Yr un yw'r Ciwn a'r hwn a elwir yn yr Actau yn Rhemphan, am i Stephan gymmeryd yr enw o'r *Septuagint*, y cyfieithiad Groeg o'r Hên Destament.

septur, gw. septr.

septwm [bnth. S. *septum*] *eg.* ll. *septymau. Biol.* Parwyden rhwng dwy feinwe neu ddau geudod: *septum.*
20g.

ser¹ [?cf. H. Lyd. *ser*, gl. *fiscina* (drwy ei gymysgu â *fuscina*), Gwydd. C. *serr* 'cryman, sicl'; ansicr yw union brth. y geiriau hyn â'i gilydd, â'r Llad. *serra* 'llif', ac â'r gwr. IE. *serp- 'cryman, sicl'] *eg.* ll. *-rod, -roedd.* Bilwg, cryman, sicl, neu bladur; (geir.) cleddyf: *billhook, sickle, or scythe; (dict.) sword.*
10g. (*Juv*) *VVB* 215, *serr*, gl. *falce.* **10g.** (*Ox* 2) *VVB* 215, *serr*, gl. *uoscera.* **13g.** *Ll* 93, Kanhuyr, k'. *Serr*, dymey. Klo hayarn, k'. **14g.** *WML* 106, Ebill taradyr araskyl a *Serr.* achaboluaen. dimei atal pop vn. **16g.** WILIAM LLŶN: *Gw* (R. Stephens) (At.), *Serr* kleddyf. **1632** *D*, *Serr, Gladius, ensis, ait [William] Ll[yn]. nusquam legi. **1722** *Llst* 189, *Serr.* m.p. *Serrod.* A sword. **1753** *TR*, †*Serr*, an hook, bill, scythe or sickle. Falx. Wott[on]. **1803** *P*, *Ser*, s. m.—pl. t. *oz* . . . a bill, a tool so called.

ser², gw. syr.

sêr, sŷr [H. Grn. *steren* (un.), gl. *stella*, Crn. C. *ste(y)r, sterran* (un.), *steryan* (un.), H. Lyd. *sterenn*, Llyd. C. *ster, sterenn* (un.): o'r gwr. IE. *ster- < *əster 'seren', cf. Gal. *Sirona* (e. duwies), Llad. *stēlla*, Gr. ἀστήρ, H. S. *steorra* (> S. *star*); ansicr yw union brth. H. Wydd. *ser* (un.)] *e.ll.* (un. b. *seren*, ll. *-nau*) ll. dwbl *serau, sêrs.*

(*a*) Cyrff nefol sy'n ymddangos fel pwyntiau disglair yn ffurfafen y nos (hefyd gynt mewn ystyr letach, e.e. am sêr cynffon); *Ser.* cyrff nwyol mawr sy'n goleuo ohonynt eu hunain, megis yr haul; *Serdd.* planedau neu gytserau y credir eu bod yn dylanwadu ar ffawd person, &c.; hefyd yn *ffig.*: *stars (formerly also in a wider sense, e.g. of comets); stars (in astron. and astrol.); also fig.*
10g. (*Cpt*) *B* iii. 256, *passerenn.* pigurth[r]et loyr. **12–13g.** *GMB* 513, Brenhin myr a *syr* a'm synhöyro. **13g.** *DB* 65, Lleuat yu y kyntaf o'r planedeu, a lleihaf o'r *syr.* **13g.** *GBF* 357, Göelsont *seren* o liö amgen ac amgylcheu / Ac amgen not no'r *ser* uchot vch y penneu. *id.* 421, Pony welöch chöi'r heul yn höylaö—'r awyr? / Pony welöch chöi'r *syr* wedy r'syrthyaö? **13g.** *BD* 131, Ac yna . . . yd ymdangosses *seren* ryued y meint a'e eglurder ac vn paladyr idi. *id.* 195, dewin doethaf yn y byt a oed gan Edwin, Pelis Enwir oed y henv. A hvnnv a adnabydei ar redec y *syr* a thvryf esgyll yr adar y damweinyeu a delhei rac llav. **14g.** *GDG³* 239, Tröes y gwynt, bellynt bollt, / O ddeau'r galon ddwyollt, / A thywyllawdd, gawdd gordderch, / Yn fy mhen ddwy *seren* serch. *c.* **1400** *YCM²* 1, ef a arganuu ar y nef mal fford o *syr.* *id.* 169, Astrologia a esgythryssit yno. Sef yw honno keluydyt or *syr.* O honno yd adnabydir damweineu a thyghetuenneu rac llaw. **1547** *WS*, *Seren* A starre. **1551** W. SALESBURY: *KLl* ixb, Ym pa le y may hwn a anet yn vrenhin ar yr Iuddeon? Cans nyny a welsom eu [*sic*] *seren* ef yn y dwyrein. **1588** *Barn* v. 20, y *sér* oi [*sic*] graddau a ymladdasant yn erbyn Sisara. **1588** *Neh* iv. 21, o gyfodiad y wawr, hyd ddyfodiad y *sêr.* **1615** R. SMYTH: *GB* 204, i llygaid megis *serennau* splenyddaidd. **1632** *D*, *Sêr*, & *Sŷr*, Sing. *Seren*, Stella, sydus, astrum. **1657** *MLl* ii. 14, y rheswm oddiallan (yr hwn a elwir y *Ser*). *id.* 108, Mae'r pryfed ar Bwystfilod / Yn gweled *serâu* [*sic*] vchod. **1725** D. LEWIS: *GB* 338, yn sicr y mae 'r Haul yn *Seren* i'r *Sêr*, fel y maent hwy iddi hi. **1757** *ML* i. 493, a thair blynedd hefyd dan y ddaiar yn Ogof Llanddulas yn dysgu celfyddyd dewiniaith [*sic*] a thrin y *ser* a'r planedau. **1803** *P* d.g. *Seren, Sêr, Sŷr.* Ar lafar, 'Mae'n glir heno, a digon o *sêr*'; clywir y ff. l. *serods* yn nhref Caernarfon.

(*b*) (enghrau. canmoliaethus am bobl, yn enw. gwragedd a merched, enwogion y byd adloniant, &c.: *complimentary exx. with ref. to people, esp. women and girls, 'stars' of stage, screen, &c.*).
14g. *GDG³* 254, Symudaist fi, som ydyw, / *Seren* oleuwen o liw. **15g.** *GLGC* 247, Y *seren* o Efenni, / at Duw a'r saint y troes hi. **15g.** *DN* 89, Mi a welais, mav alar, / Ddyn vwyn, mawr yw kŵyn a'i kâr. / Y gangen lwyswen layswallt, / *Seren* gain sirian i gwallt. *Diw.* **15g.** *Pen* 67, 123, *Seren* merchet meredydd. **17g.** *TBM* 780, Gwawr siriol, gorau *seren*, / O galon Caernarfon wen. **17g.** *CLlC* ii. 35, Pam rwyt ti fy *seren* yn siarad mor ddwys. *c.* **1765** L. MORRIS: *LW* lxxx, Saer awen gu, *seren* gwawd, / A mêl lestr y melysdawd [am Lewis Morris]. Ar lafar am enwogion y teledu, y sinema, &c., 'Ma *sêr* Pobol y Cwm i'w gweld ar strydoedd Caerdydd yn amal'.

(*c*) (enghrau.'n enghreifftio lluosogrwydd, amlder, &c.: *exx. typifying profusion, abundance, &c.*).
12g. *GLlF* 426, Seri gyuarpar, sathar sathru, / Seithwyr *ser* gyfnifer am ner a fu. **12g.** *GCBM* ii. 241, Cynnygn fy llyw oedd llawer, / Cwyddynt yn gnif seithrif *ser.* **12–13g.** *GLlLl* 95, Rif *ser*, yn haelder, yn helw,—kertoryon / Yn kerted o'th artelw. *id.* 264, Riued *syr* syrthyassant yg creu / O'th gynnygyn o'th gyneuodeu. *c.* **1300** *B* iv. 115, Kyfniuerwch a rif *ser.* / kynhebigir y niuer. **14g.** *WM* 229. 25–6, [c]yn hamlet ar *ser* ar yr awyr. **15g.** *IGE²* 229, O ryw fodd, na ryfedder / Rhyfedd sôn, rhifoedd y *sêr* (Ieuan ap Rhydderch). **15g.** *GLGC* 257, Dyrneidiau, saethau rifedi'r *sêr* / yw ei faedius ef wedy safer. *id.* 289–90, Nid hawdd rhifo'r *sêr* y sydd ddisberod, / na daly y gwynt, na dileu iâ ac ôd, / na chyrhaeddu'r haul, na chyhwrdd â'r rhod. **1588** *Heb* xi. 12, cynifer a *sêr* yr wybr mewn rhifedi. **1655** *HCRC* iii. 162, Pe bai geni i o dafode / yn yr wubren sudd o *sere* / Ag oes Enog byth nis gallwn / foli yr Iesu fal y dylwn. **1677** C. EDWARDS: *FfDd* 310, Y pechodau ni chanfyddid yn y cynhesrwydd llwyddianus . . . a ymddangosant cyn amled a'r *sêr* pan ddel oerni calon. **1752** *Gron* 91, Syrth nifer y *ser* (arw son!) / Drwy'r wagwybr draw i'r eigion. **1763** *DT* 99, Meddyliais, fal Meddalwr, / Ar henwi'n frau Gampau'r Gwr; / Fy Swydd sydd fal rhifo *Ser*, / Ni henwn byth mo'u hanner. Gw. hefyd *rhif²*—*rhif sêr*, *rhifed*—*rhifed sŷr*, *rhifedi*—*rhifedi'r sêr*, *seithrif*—*seithrif sêr.*

(*d*) (enghrau. *tros.*: *transf. exx.*).
15g. *GLGC* 65, Felfed yw'r siaced dan *sŷr.* *id.* 344, *Sêr* o waith tlysau o Rôn, / yw'r wisg ledr o ysglodion. **16g.** *Med H* 70, Eraill y sydd yn dwyn *sserenn* yn i harvau, a honn a ellir i hadnabod wrth i phelydr gwyrion. **16g.** *Pen* 86, 140, y lliw gorav ar farch ar tegwch aryno [*sic*] *seren* wen ynidal. **1604–7** *TW* (*Pen* 228), maen gwyrthvawr mal gwytr brith. a *Serenæ* megys aur d.g. *Acopis.* **[1783]** *W* d.g. *Spangle* [*a small thin plate or boss of shining metal*]. Ar lafar, 'Hitish i 'mhen nes ôn i'n gweld *sêrs*'; hefyd yn gyff. yn yr ystyr 'gronynnau bychain o saim a welir yn nofio ar wyneb cawl poeth', ac ym Morg., '*seran* ar i dalcan' [am geffyl], *GTN* 726. Digwydd *Seren* yn gyff. fel enw ar fuwch neu gaseg. Defnyddir *seren* fel enw ar ffigur mewn dawnsio gwerin (S. 'star'). Cf. *Cymru* vi. 11, A cyd ag odd e'n rifo'r *sers* oedd e'n gweld yn dwnso yn yr air o'i flân, fe ath Bet bant; *SE MS* 463a, *Seren*, a white spot on the forehead of horses, and other quadrupeds, a chandelier (N. W.); *PT* [38], Cawl sydd yn frasder drwyddo, / A *sêr* yn nofio arno.

(*e*) Serennig (mewn print, &c.): *asterisk.*
1670 J. HUGHES: *AP* [vii], y rhai a adnabyddir wrth *Seren* fel hyn * o'i blaen. **1688** *TJ* (At.) [29], * —y *Seren.* **1722** T. EVANS: *PS* 58, Gwel yr hyn a nodwyd dan y *Serennaû* [*sic*] uchod ***. **1795** J. THOMAS: *AIC* 18, * *Seren.* Ar lafar, e.e. 'Pan mae'r *sêr* yn dod mas, mae'n nos ar Syr John' [am darddiadau damcaniaethol *WG*].

Cfn.: **seren â'r gynffon:** *comet.* **1685** T. JONES: *Alm* [35], Er pan ymddangosodd y *seren ar* [*sic*] *Gynffon* ryfeddol o faint. **1723** J. JONES: *LlA* 180, y mae 'r *Seren a'r Gynffon* yn gwneuthur Tywynniad llêd na'r gwîr Sêr. Gw. hefyd *seren gynffon.* **seren farfog:** *comet.* **1632** *D* d.g. *Pogonias.* *c.* **1730** *Thos. Lloyd D* (LlGC) 207b, *Seren farfog* Cometa. *Bot.* **seren Fethlehem (Bethlehem):** *star of Bethlehem, Ornithogalum.* **1813** *WB* 234, *Seren Fethlehem*; Ornithogalum;—Star of Bethlehem. Ar lafar, '*seran Bethlam*', *GTN* 726; G. AWBERY: *BM* 27 (Cered., sir Gaerf., a Morg.); a hefyd yn yr ystyr 'Saint John's wort, *Hypericum perforatum*', *id.* 55 (sir Gaern.). **seren fore(u), seren y bore:** *morning star, also fig.* **1588** *Dat* xxii. 16, myfi yw gwreiddin, a hiliogaeth Dafydd, a'r *seren foreu* eglur. **1735** J. JONES: *Alm* [38], Mercury neu Mercher sydd yn *Seren foreu* tan y seithfed dydd o Chwefror. **1776** *W*, *Seren y bore* . . . y *seren fore* d.g. *Lucifer* [*the morning star*]. **1795** JAC GLAN-Y-GORS: *SG* 39, Pan gyhoeddodd pobl America eu hunain yn rhyddion oddiwrth bob llywodraeth arall, yr oedd hynny megis *seren foreu* rhyddid. Clywir '*seran fora*' ym Môn yn yr ystyr 'boregodwr'. **seren y ci, seren y cŵn:** *dog-star, Sirius; lesser dog-star, Procyon.* *c.* **1550** *RWM* ii. 104, ystyr y seren wenwynig yr hon a elwir *seren y kwn* kanys ynynv a wna hi a brathv yn chwerw megis ki. **1604–7** *TW* (*Pen* 228), Seren a elwir, *Seren y Cwn* leiaf d.g. *Antecanis.* **1632** *D*, *Seren y ci*, y leiaf d.g. *Antecanis.* *id.* *Seren y ci* d.g. *Procyon, Sirius.* **1744** D. ROWLAND: *RY* 304, *Seren y Cwn.* **1771** *W*, *seren y ci* d.g. *Canicular.* *Bot.* **seren y clawdd:** *greater stitchwort, Stellaria holostea.* Ar lafar, '*seran y clawdd*', *GTN* 726. **seren (y) gynffon:** *comet.* **1632** *D*, *seren y gynffon* d.g. *Cometa.* **1733** J. OWEN: *TBG* 46, fe allai y daw *seren y gynffon*, neu amryw o sêr â chynffonnau, i amgylchynu y ddaear. **1803** *P* d.g. *Seren.* Gw. hefyd *seren â'r gynffon.* **sêr cynffonnog:** *comets.* **16–17g.** *RAGR* 336, Y *seren gynffonnog* sidd Arwudd nodidog. *Diw.* **17g.** *B* iii. 110, [g]welwyd *Ser cynffonog* mawrion yn lloeger. **1803** *P* d.g. *Seren.* *Bot.* **seren (y) ddaear:** (i) *earthstar, Geastrum.* **20g.** (ii) *buck's horn plantain, Plantago coronopus.* **1830.** **sêr dwbl:** *binary stars.* **1914.** **seren ddydd, seren y dydd:** *morning star, also fig.* **1545** *CM* 1, 147, I blaned Venws yr hon a henwir *Serren y dydd.* **16g.** *B* xi. 24, *seren y dydd*, yr hon a eilw y poiettys . . . Awrrwra. **1567** *TN* 359b, yni chotto *seren ddydd* [:– lucifer] yn ych calonay. **1632** *D* d.g. *Eons, Phosphorus.* **1776** *W* d.g. *Lucifer* [*the morning star*]. **1787** J. ROBERTS: *C* 2, Yn fuan fel yr haul yn dilyn *serenddydd* [*sic*], y disgleiria Haul y cyfiawnder mo'r [*sic*] wresog, na dichon [*sic*] neb edrych arno. **seren y Gogledd, y seren Ogledd:** *pole star, North Star.* **1604–7** *TW* (*Pen* 228), *Seren y Gogledh* d.g. *Septentrio.* **1778** *W*, *Seren y gogledd* d.g. *Pole* . . . *The pole-star.* Gw. hefyd *seren y pegwn, seren begynol.* **seren y gohwyr:** *evening star.* **1604–7** *TW* (*Pen* 228) d.g. *Hesperus, Vesperugo.* **1707** *AB* 65b d.g. *Hesperus.* **sêr gosgordd:** *satellites.* **[1783]** *W*, *Seren* . . . *osgordd* d.g. *A satellite.* **sêr gwalltog:** *comets.* **1604–7** *TW* (*Pen* 228), *Seren walhtoc* d.g. *Comans.* *id.* *ser gwalhtoc* d.g. *Xiphiæ.* **1772** *W*, *seren walltog* d.g. *Comet.* **1803** *P* d.g. *Seren.* Cf. GW. MECHAIN: *Gw* ii. 270, Seren Hali . . . y *seren walltog* gyntaf a welais i erioed oedd hi. *Bot.* **seren y gwanwyn:** *spring squill, Scilla verna.* **20g.** **seren y gweithiwr:** *evening star; dog-star, Sirius.* **20g.** Ar lafar. *Bot.* **seren wen:** *star of Bethlehem, Ornithogalum.* Ar lafar, '*seran wen*', *GTN* 726. **sêr, &c. gwib(iog):** *meteors, shooting stars, comets, planets, also fig.* **1567** *TN* 371b, Tonneu cynddeirioc y mor ydynt, yn ewynnu allan eu cywilydd y hunain: *ser gwibioc*, ir ei y catwyt duedd y tywyllwch yn dragyvyth. **1604–7** *TW* (*Pen* 228), planet, *Seren wibiog* . . . saith sydh o nadhunt d.g. *planeta.* **1632** *D*, *seren wib* d.g. *Planeta.* **1727** J. JONES: *DFF* 129, yr oeddych yn geuon yn y Galon, yn bydron yn y Bywyn . . . yn Sêr llosgyrnog tanbaid, yn *Sêr gwibiog* syrthiedig. *c.* **1730** *Thos. Lloyd D* (LlGC) 207b, *Serennau gwibiog.* Meteora. **1790** T. JONES: *TOS* 327, Nid yw'r *sêr gwibiog* accw . . . on'd lluserneu. Ar lafar, '*seran wib*' 'a shooting star', *GTN* 726; '*seran wibiog*' 'falling star', *WVBD* 184. Cf. R. WILLIAMS PARRY: *H* 18, Llithrodd ei flewyn cringoch dros y grib; / Digwyddodd, darfu, megis *seren wib* [i'r llwynog]. **seren heli:** '*star of the sea*', *epithet applied to Mary.* *Diw.* **15g.** *Pen* 53, 22. **16g.** *LlGC* 13250, 3a. **seren hwyr(ol):** *evening star.* **1816.** *Bot.* **seren yr hydref:** *autumn squill, Scilla autumnalis.* **20g.** **sêr lliawsrif:** *multiple stars.* **1877.** **sêr llosgyrnog:** *comets, also fig.* **1629** R. LLWYD: *P* 42–3, yr awyr-ddreigiau tanllydd [*sic*], y *sêr llosgyrnog* . . . Pa beth yw y rhai hyn ôll ond . . . rhaffau i'n tynnu, at yr Arglwydd drwy edifeirwch? **1632** *D*, *seren losgyrnog* d.g. *Cometa.* **1725** *SR*, *seren losgyrnog* d.g. *A blazing Star, A comet.* **1727** J. JONES: *DFF* 129, yr oeddych yn geuon yn y Galon, yn bydron yn y Bywyn . . . yn *Sêr llosgyrnog* tanbaid, yn Sêr gwibiog syrthiedig. Cf. GW. MECHAIN: *Gw* ii. 260, hoff a fyddai genyf glywed eich barn am y *Ser Llosgyrnog.* **seren lostog:** *comet.* **1850.** *Bot.* **seren felen:** (i) *yellow star of Bethlehem, Gagea lutea.* Ar lafar, '*seran felan*', *GTN* 726. (ii) *yellow pimpernel, Lysimachia nemorum.* **1934.** Ar lafar, G. AWBERY: *BM* 61 (sir Gaerf.). (iii) *bog asphodel, Narthecium ossifragum.* Ar lafar, G. AWBERY: *BM* 31 (sir Gaern.). *Swol.* **sêr (y) môr:** *starfish; (species of) jellyfish.* **1754** *ML* i. 326, Pulmo marinus mathioli . . . sef *sêr y mor* a fyddem yn ei daflu at ein gilydd yn noeth lymuniaid gynt. *id.* 442, Nid oes na chragen na ffosil na *seren fôr* debyg i amynedd. Ar lafar, '*seran y môr*' 'jellyfish', *WVBD* 478. *Bot.* **sêr y morfa:** *sea asters, Aster tripolium.* **20g.** **seren y morwyr:** *pole star, North Star; Little Bear, Ursa Minor; also fig.* **1346** *LlA* 93. **15g.** *GLGC* 463, Mawr yw *seren y morwyr*, / mwy yw no swrn o'r mân sŷr. **1604–7** *TW* (*Pen* 228) d.g. *Antarticus polus.* **1632** *D* d.g. *Polus.* **1763** L. MORRIS: *LW* 273, Yn Uchelder rhodder hon, / Er Daioni i'r Dynion; / Yn ddisglairglod, gwiwnod Gwŷr / Meirion, *Seren y Morwyr.* **sêr newid:** *variable stars.* **1914.** **seren y nos:** *evening star.* **1632** *D* d.g. *Hesperus, Noctifer, Vesper.* **seren y pegwn, seren begwn, seren pegwn y Gogledd:** *pole star, North Star, also fig.* **1765** J. POPKIN: *Ll* 154, Y mae hyn yn ei gadw fel *Seren Pegwn y Gogledd*, rhag ymbalfalu mewn tywyllwch, ar ol pob gwag ddychymmyg. **seren begynol (y Gogledd):** *pole star, North Star; Little Bear, Ursa minor.* **1798** *WR*, *seren begynawl y gogledd* d.g. *Cynosure.* **seren bengrech:** *comet.* **15–16g.** *THSC* (1899–1900) 96, Ni syrthiodd y *seren bengrech* / Ir llawr mae Owain yn llech. **16g.** (*LlEG*) *Mos* 158, 18a, ymddangoses komet neu *seren ben grech* [*sic*] ar y ffuruauen. *Dchr.* **17g.** *J* 10, 39a, *Seren bengrech.* Cometa. *Swol.* **sêr pigog:** *(species of) jellyfish; spiny starfish, Marthasterias glacialis.* **20g.** Ar lafar yn Arfon, '*seran bigog*' 'jellyfish'. **seren bren:** *wooden star, fig. thing of little value, white elephant.* **14g.** *GDG³* 396, Ni rôi neb, oni rown i, / *Seren bren* er ei sorri. **1604–7** *TW* (*Pen* 228), pob ouerbeth heb dalu dim, megys Croen aual . . .

Seren brenn d.g. *Nauci.* **1733** T. Evans: *PP* vii, Y mae yno [Gwynedd] Bobl hawddgar serchog-lan, gan mwyaf; rhai ag Awen ganddynt, a Medr ei thrin; lle ni roddes y *Seren-bren* [:– Dim ond hynny] ond Goleuni trwsgl gyda ni. Ni chafwyd Gwlân rhywiog erioed etto ar glun Gafr. **1740** T. Evans: *DPO* 116, *Seren-bren* am eu Bygwl. **1794** *W*, Ni rown (i) erddo *seren bren* d.g. *Straw* [*any thing worthless to a proverb*] . . . *I would not give a straw for him, or for it.* **18–19g.** *MA* iii. 263, Tri pheth cystal y naill a'r lleill o honynt: *seren bren*, march brwynen, a bardd annysgedig. **sêr sefydlog:** *fixed stars.* **1725** D. Lewis: *GB* 322, y mae'r Ffurfafen â'i *Sêr sefydlog*, y rhai a fwrir eu bod o'r un bellder oddiwrth eu Canolbwynt, sef yr Haul, ac yn wastad yn ddiysgog. *id.* 324, y mae'r System newydd yn bwrw bod pob un o'r *Sêr sefydlog* yn Haul. **1793** M. Williams: *BM* 36, Pob *seren sefydlog* ynghyd â'u planedau. *Swol.* **sêr y traeth:** *sand-stars.* **20g.** *Bot.* **sêr y tywydd:** *pimpernels.* **1934.**

Gw. hefyd **serennig, serennyn.**

serad, gw. **seriad.**

sêr-addoliad, sêr-addoliaeth, gw. **sêr + addoliad, addoliaeth.**

seraf: sero, seraff, gw. **seriaf: serio, seraffiaid.**

seraffaidd [cfdds. o'r S. *seraph(ic)* + *-aidd*] *a.* Yn perthyn i'r seraffiaid, nodweddiadol o'r seraffiaid, tebyg i'r seraffiaid: *seraphic.*

1756 W. Williams: *GDC* 131, Cerubiaid syn ymgrymmu gyda *Seraphaidd* Barch. **[1783]** *W* d.g. *Seraphic.* **1792** H. Harris: *H* 160, Bydded iddo fyth fywhau eich enaid *Seraphaidd* chwi â zel a duwiol ddoethineb. **18–19g.** *Llr* C 2, 340, Aidd, term. . . . angylaidd, *seraphaidd.*

seraff-bregethwr, gw. **seraff + pregethwr.**

seraffiaid [*seraff(in)* + *-iaid*)] *e.ll.* Angylion sy'n perthyn i radd uchaf nawradd nef ac a nodweddir gan danbeidrwydd a phurdeb, hefyd yn *ffig.*: *seraphim, also fig.*

1588 *Eseia* vi. 6, Yna yr ehedodd attaf vn o'r *Seraphiaid*, ac yn ei law farworyn. **1688** S. Hughes: *TSP* 10, Ni a gawn fod yno gyda *Seraphiaid* a Cherubiaid, sef, Creaduriaid a bair i'n llygaid serennu wrth edrych arnynt. **1793** Dafydd Ionawr: *CD* 17, Nid llai a daflai mewn dig / I ffwrn y Fagddu ffyrnig / *Seraphiaid*, Pennaethiaid Nef, / Gannoedd o entrych gwiwnef.

Amr.: **seraff** [olff.] (*eg.* ll. *sereiff*). **[1783]** *W* d.g. *Seraph.* Cf. R. Williams: *GE* 9, Ond ni all doniau *sereiff* dwys, / Fyth gynwys ei ogoniant.

Gw. hefyd **seraffin.**

seraffin [bnth. dysg. Llad. *seraphīn* (un. a ll.)] *e.ll.* ac *eb.?g.* ll. *-iaid.* Seraff(iaid) (ond hefyd weithiau'n dynodi'r ail o nawradd nef), hefyd yn *ffig.*: *seraph(im), also fig.*

1346 *LlA* 101, Naỽrad . . . or egylyonn. nyt amgen. Engylyon. Archegylyon. Kadeiryev. Arglỽydiaetheu. Tyỽyssogaetheu. Medyannev. Nertheod. Cherubin. A*seraphin.* *id.* 118, lle ymae yr engylyon ar archengylyon. acherubin a*seraphin.* *id.* 129, py saỽl kreuyd o egylyonn ysyd . . . naỽ kreuyd. kyntaf yỽ cherubin . . . kreuyd arall yỽ *seraphin.* A'r trydyd yỽ trones. *Dchr.* **15g.** *GM* 9, Serubin gymwys, *Seraphin* urywys. **16g.** *Llst* 6, 142, angel praff mal *seraffyn* / wyt tros went wtres win / *seraffyn* llyd sarff yn llaw (Hywel Dafi). **1618** J. Salisbury: *EH* 54, Crist, sy'n eistedh uwch-law'r holh Gherub[in]iaid, a'r *Seraphiniaid* ynghader Duw eihun. **1632** J. Davies: *LlR* 92, nef y nefoedd ynghyd â'r Cherubin a'r *Seraphin.* **1696** *CDD* 157, Clowch danne mân, clau diwnie maith, / A'u hyfrŷd lwŷs waith leisie, / Fel *Seraffin* yn siwr ddi ffael, / Naws arall ei mesure. **1701** E. Wynne: *RBS* 187, Cariad . . . a gais fod mor bur ac Angel, mor ddiniweid ac mor wresowglym a *Seraphin.*

Amr.: **saraffin** [ansicr yw prth. *plant Saraphin*, *T* 35. 20]. **15g.** *GLGC* 197. **seraffim** [bnth. S. *seraphim*]. **1670** J. Hughes: *AP* 241.

Gw. hefyd **seraffiaid.**

seraffol [cfdds. o'r S. *seraph(ic)* + *-ol*] *a.* Seraffaidd: *seraphic.*

[1783] *W* d.g. *Seraphic.*

seraglio [bnth. S. *seraglio*] *eg.* ll. *-s.* Palas swltan, yn enw. yn nyddiau'r Ymerodraeth Dwrcaidd, harem, hefyd yn *ffig.*: *seraglio, harem, also fig.*

1728 T. Baddy: *DDG* 153, Vanni Effendi, Pregrethwr [*sic*] i'r *Seraglio* neu Siaplan i'r Sultan. **[1756]** *ML* (Add) 875, ac yno glywed o honoch fod Ioan yn mynd i gadw *seraglio.* *c.* **1762–79** W. Williams: *P* 255, Palas yr ymerawdwr, a elwir *Seraglio*, lle mae efe, ei wragedd, a'i ordderchwragedd yn byw, a'r holl ieuengctyd a ddygir i fynu yn y *Seraglio*, ag sydd yn cael eu pwrpasu at ryw wasanaeth yn y llywodraeth, neu'r armi, ydynt oll blant i rieni crist'nogol . . . y plant mwya glan [*sic*], a thlws, union, a bywiog ag ellir eu ffeindio allan, ac sydd yn wastad yn cael eu golygu, a'i cymmeradwyo gan y Grand Signior, cyn y derbynnir hwynt i *Seraglios.*

seramic, seramig, gw. **ceramig.**

Serb [bnth. S. *Serb*] *eg.* ll. *-iaid.* Brodor o Serbia, un o dras neu genedligrwydd Serbaidd: *Serb.*

1935.

Amr.: **Serfiaid** [cf. S. *Servian*] (*e.ll.*). **1815.**

Serbaidd [e.'r wlad *Serb(ia)* + *-aidd*] *a.* Yn perthyn i Serbia, i'r Serbiaid, neu i'w hiaith: *Serbian.*

1915.

Amr.: **Serfiaidd** [cf. S. *Servian*]. **1915.**

sêr-bysgod, serbysg [*sêr* + *pysgod*, *pysg*] *e.ll.* (un. g. *sêr-bysgodyn*, *serbysg*, *sêr-bysg*). *Swol.* Echinodermau o ddosbarth yr *Asteroidea* a nodweddir gan gorff fflat a phump neu ragor o freichiau rheiddiol: *starfish* (*pl.*).

1819.

Gw. hefyd **serenbysg.**

sercas, gw. **syrcas.**

sercl, sercel, sercyl, sircl, siercl [bnth. S. C. *cercle*, *cerkel*, *circle*, neu'n uniongyrchol o'r H. Ffr. *cercle*] *eb.* ll. *s(i)erclau*, *sercloedd.* Cylch, sffêr, ?cromen; cylchdaith, ?cylchdro neu orbit; peth ar ffurf cylch: *circle, sphere, ?dome; circuit, ?orbit; object in the form of a circle.*

14g. *GDG*[3] 301, Mawr yw'r *sercl* yt o berclwyd, / A bwa a llaw mor bell wyd [i'r ehedydd]. *Dchr.* **15g.** *GSCyf* 97, Lle dirffyrdd, lle diarffordd, / Lle'r nos ni thramwy llu'r Nordd. / Llydan *sercl* uwch y berclwyd, / Llundain gwerin Owain wyd [Llywelyn ab y Moel i Goed y Graig Lwyd]. **15g.** *Cy* xxiii. 224, tramwy am ceidw i rhag trymaint / temlav a *sercelev* y saint [Robin Ddu am Rufain]. **15g.** *GLGC* 75, *Sircl* a bos er cloi bysedd, / a'r sicl yw oll ar groes cledd [i ofyn bwcled]. *id.* 96, Hil Domas o'r *siercl* las lân. **15g.** *GO* 61, Kerdded dy dir, feinir fain, / Ir wy', val *serkyl* Rvfain. **15–16g.** *TA* 423, Naw can W yn hug newydd, / Noblau tes yn nwbled hydd; / *Serclau* (*Gwyn* 3, 154, *Sierclau*), lleuadau llydain, / Sirig yw 'r maels ar garw main [i'r march glas]. *id.* 506, Dau lygaid dyn oleugalch, / Dwy *sercel* gwrel ar galch. **1545** *CM* 1, 38, Holl *Serkloedd* y ffuruauen ysydd Eiddil a meinion onid ynnvnig y Sodiack. **1547** *WS*, *Serkyl* ne amgylch A cercle. **16–17g.** *GST* i. 759, *Sercl* a dysg i saer clod oedd, / Sidan i'w barddwas ydoedd [i ddiolch am napgyn]. **1766** *CD* 195, Ac yr ydis yn Siarad, / Eu [*sic*] bod Uwch *Sircl* y Lleuad! / Fel nad allodd Dwfr Noe, / Ddyfod cyfiuwch a hithe [y baradwys ddaearol]!

sercloth [bnth. S. *cerecloth*] *e?g.* Math o blastr a wneir o liain wedi ei gwyro, cwyrliain: *cerecloth* (*plaster*).

1757 *ML* ii. 12, The old people of Anglesey used to complain formerly of a cricc yn y cefn, a rhoi *sercloth* wrtho; so I have put a plaster to mine but nothing the better. Ar lafar, 'Mi fuo hefo fi fel *sercloth* trwy'r dydd a minna'n methu'n lân â chal gwarad arno', *ISF* 66.

sercol, sercyl, sercyn, sercynog, gw. **siarcol, sercl, sircyn, sircynog.**

serch [H. Lyd. *Serchan* (e. prs.), Llyd. C. *serch* 'gordderch', Llyd. Diw. *serc'h* (taf. Treger), H. Wydd. *serc*, Gwydd. Diw. *searc*; gw. hefyd *serchog*; ceir trafodaeth yn *B* xxvi. 416–23; ansicr yw'r engh. gyntaf yn yr ail adran] *eg.?b.* ll. *-au*, *-ion*, a hefyd fel *ardd.* a *chys.* Teimlad o hoffter neu ddiriondeb tuag at berson neu beth, cariad, chwant, trachwant; (geir.) putain, godinebwr: *affection, love, desire, lust*; (*dict.*) *whore, adulterer.*

12g. *GCBM* ii. 272, Wedy *serch* a seirch, meirch meingann. **13g.** *C* 38. 12–39. 1, a fflam im pabuir. a. *serch* in sinhuir. **14g.** *WML* 124, ofyn gỽr kadarn. achas galon. acharyat kyfeillon. A *serch* da. **14g.** *WM* 102. 28–31, ac o achaỽs y *serch* ar caryat a dodassei pob un o honunt ar y gilyd y bu eu hymdidan y nos honno. **14g.** *GDG*[3] 144, Nid *serch* i neb f'amherchi, / Delw haul, rhwng ei dwylo hi. *id.* 213, Myfi y sydd, deunydd dig, / Leidr y *serch* dirgeledig. **14g.** *GSCyf* [34], Bwriais *serch* heb ei erchi, / Bwriad mawr, mae'n brid i mi (Sypyn Cyfeiliog). **16g.** *GGH* 62, Cnot cariad cun teg geirwir, / A chnot *serch* yn neutu sir. **1567** *LlGG* 13a, Rat ein Argulwydd [*sic*] Iesu Christ, a *serch* Dyw, a chymdeithas yr Yspryt glan. **1609** *Haf* 24, 520, yr organau yn yr eglwyssi sydd genthynt nerth a gally i gyffroi yr *serchion* duwiol. **1632** *D*, Serch, Amor, dilectio. **1661** E. Lewis: *Drex* [xvii], *Serch* ddiffuant i'th Jechydwriaeth. *id.* [389], a thrwy 'r hyn y gallwn brifio mewn casineb duwiol i'r henddyn; ac mewn gwir *serch* diffuant i gyfiawnder. **1688** *TJ*, *Serch*, puttain, Godinebydd: a Concubine, also an Adulterer. **1700** D. Maurice: *AC* 59, yr wyfi yn dymuno arnat ti dynnu fy Nghalon a'm *Serchau* oddiar y byd gwag ofer hwn. **1712** T. Williams: *CDdG* 393–4, [d]iddyfnu fy *serchau* oddiwrth feddwl yn rhydda o honof fy hun. **1776** *W*, *serch* . . . meddylfryd d.g. *Mind* [*affection*]. **1803** *P.*

Fel *ardd.* a *chys.* Er (gwaethaf); (?geir.) oherwydd, ar gyfrif: *though, despite, in spite of, notwithstanding*; (?*dict.*) *because* (*of*), *on account of.*

15g. *GLGC* 125, Ni'm gadai â'i fwnai'n fud / nac i wylo *serch* golud. **16–17g.** *HG* 121, nyd gwell yddynt ddim oi gwg, y blaiddau drwg ysglysgar / *serch* vy lladd or kweryl hynn, mi ddweda yn erbyn gwabar. *Dchr.* **17g.** *DCR* 254, na ddore mwy yr vn ffaic / *serch* mynd yr graic y herwa. **1632** *D*, Serch . . . *Serch* Demetis idem quod Tros, er. Ni chablaf Dduw *serch* marw. **1672** R. Prichard: *Gw* 271, *Serch* [:– Er] dy daflu i fysc y llewod, / Na 'sceullyssa [*sic*] 'ddoli'r Drindod. *id.* 294, Ar y diwrnod hwnnw, / Na wna ddim gwaith *serch* marw. **1744** D. Rowland: *RY* 188, yr ydwyf yn eich rhybuddio chwi, o'r hyn y mae arnoch eisiau eich rhybuddio o'i blegid, *serch* (*notwithstanding*) y Diwigiad hynny ac sydd yn bresennol wedi ei weithio yn eich plith chwi. **18g.** *Hop M* 223, Er hynny'n awr *serch* colli gwaed, / Lladd y prif geirw wnawn. **1756** W. Williams: *GDC* 17, Fel hyn bwriadodd gwneuthur [*sic*] Gelynion maith ynghyd, / Beth bynnac gostai iddo, *serch* myn'd yn eitha' drud. **18–19g.** *MA* iii. 249, Tri pheth *serch* eu crogi [*sic*] ni wna y meddwyn: talu am a gafo, perchi deddvoldeb, ac arbed o'r bola y gronyn lleiav i'r cevn. **1803** *P*, *Serç*, prep. . . . With respect to, because of, for. adv. Notwithstanding. Ar lafar yn y De, 'Raid madda, *serch* iddo nuthur siŵd 'en dro cæs', *GTN* 724; ''Dwi'n gwneud nhw mewn ffreipan fynycha', *serch* 'dwi 'di cael planc 'nawr i wneud bara planc'. Clywir y ff. *sach*, *GDD* 253.

Amr.: **syrch** [ff. eir.] (*e.ll.* ac *eg.*). **1632** *D*, *Syrch*, est Pl. à Serch, ait [William] Ll[yn] sed vid. an idem quod Seirch. **1688** *TJ*, *Sŷrch*, serch: affection. **1803** *P*, *Syrç*, s. m. . . . desire, affection, love.

Cfn.: **Serch Hudol:** *name of a* (*Welsh*) *air.* **1759** *BC* 144. Gw. hefyd H. Williams: *CB* 160. **serch hynny:** *however, nevertheless, in spite of that.* **1803** *P*, Serç, prep. . . . ni waeth ganto *serç hyny*, he is not sorry notwithstanding that. Ar lafar yng Ngheredig., 'Ma gen' i docyn i'r cyngerdd, ond 'fydda' i ddim yn mynd *serch hynny*', ac yn y De, 'Fe adawws rai o'r goruon y côr ar y funud ddwetha', ond y ni gæs y wobor gynta', *serch 'ynny*', *GTN* 724; clywir hefyd *sach 'ny*, *GDD* 253, a *sech 'ny*, *sych 'ny* (sir Gaerf.). Cf. D. Owen: *GT* 312, Er nad oeddwn . . . yn y cywair goreu, yr oeddwn *serch hyny* yn anterth fy nerth ac yn hynod o gryf. **o serch:** *despite, even though*; *?because of, on account of.* *c.* **1590** *RC* xlvi. 62, ny vyraf i dri pheth mewn antur *o serch* torri dy benn di oddiar dy gorff. **16–17g.** *CRC* 26, Kla wi *o serch* Annerch Anni / Oni cha i mewn awr lliw gwawr lili. **1672** R. Prichard: *Gw* 272, Nac ymgrymma byth i ddelw, / *O serch* [:– Er] gorfod arnad farw. **18–19g.** *GABC* 75, Ni fynnai Rachel mo'i chysuro, / . . . / Na sirio ei chalon *o serch* wylo.

serchaf: serchu [bf. o'r e. *serch*; ansicr yw'r engh. gyntaf] *bg.a.* Caru, hoffi, coleddu, edmygu, parchu; dymuno, chwennych, dyheu (am), chwantu, gwirioni (ar); effeithio ar (deimladau, &c.), cyffwrdd â: *to love, like, feel affection* (*for*), *cherish, admire, respect*; *desire, yearn* (*for*), *lust* (*after*), *be infatuated* (*by*); *affect* (*feelings*, *&c.*), *move.*

c. **1400** *R* 1244. 14–16, *Syrchaỽd* [*sic*] glyỽ vy ryỽ rỽng taf a thaỽy. *serchir* yỽch conỽy ual y kanaf. **16g.** *Def Hen* 36, i ddwyn y clystiai [*sic*] marwinog i *serchi* i doethineb. **1632** *D*, *Serchu*, Diligere. **1651** Siôn Treredyn: *MDD* 200, y neb . . . a iawn fedyddiw[y]d a aeth yn ddyn newydd . . . yn *serchu*, ac yn byw, ac yn llefaru . . . yn amgenach o lawer. **1672** R. Prichard: *Gw* 116, Rho dy frŷd ar bethau nefol, / Ac na *sercha* ddim daiarol. *id.* 475, Ni's gwna ond rhyw ffeiredyn ffôl / Sy'n *serchi*'n ôl y ddimme. **1684** H. Owen: *DC* 336, Mae ef yn cynghori y rhai da i *serchu* bobamser [*sic*] y doniau goreu, ac i ddynwared Mâb Duw mewn rhinweddau. **1699** T. Jones: *TP* 132, cafodd y wraig ymma (yr hon ni wnaeth ond edrŷch yn ôl gan ei *serchu* ef) ei throi yn Golofn o halen. **1701** E. Wynne: *RBS* 77, etto dylei y rhai sy ganddynt wragedd neu wŷr fôd megis pe baent hebddynt, hynny yw, er y dyleint *serchi* eu gilydd yn

fwy na'r hôll fŷd etto nid yn fwy na Duw. **1715** T. Evans: *CCG* [v], A ydyw ei galon yn *serchu* am Dduw, am Grist, am y nef? **1737** J. Einnon: *HR* 158a, felly dichon Crist wneuthur denfydd o'r gwyr Doniol hyn, yn y fath fodd ag y bo iddo trwyddynt hwy *serchu* (*affect*) Eneidiau ei Bobl. **1759** *BC* 119, Ei Pherliad hôff irlais, lwŷs orchwyl a *Serchais*, / Gwaith osle meluslais, aur ddyfais ar Ddôl. **1794** E. Jones: *MPR* 63, Gwn nad oes un mâb yn vyw / Na *sercha* liw dy lygad. **1796** T. Jones: *CCA* 368, a wyt ti wedi *serchu* arno, fel na elli fyw hebddo. **1803** *P*, *Serçu* . . . To desire; to affect . . . to love. Ar lafar ym Morg., 'Ma dyn yn *serchu* mwn criatur sy ar yr aelwd 'dag e'.

serchawgddyn, serchawgrwydd, gw. **serchogddyn, serchogrwydd.**

serchawgwedd, gw. **serchog + gwedd**[1].

serchawlfryd, gw. **serchol + bryd.**

serchdyniad [*serch + tyniad*] *eg.* ll. *-au.* Atyniad, hoffter: *attraction, affection.*

1809.

serchddyn [*serch + dyn*] *eg.* Carwr, cariad, anwylyd, person nwydus: *lover, sweetheart, darling, amorous person.*

14g. *GDG*[3] 162, A fu ddirn, ddamwain breiddfyw, / Mor elyn i *serchddyn* syw / Â'r gaeaf, oeraf eiroed, / Hirddu cas yn hyrddio coed? **1604–7** *TW* (*Pen* 228) d.g. *Amasia, Amator.* **1722** *Llst* 189, *Serchddyn.* m. A darling, favourite. **1725** *SR* d.g. *An amorous person.* **1770** *W* d.g. *An amorist, or amoroso.*

serchfawr [*serch + mawr*] *a.* Serchog, cariadus: *affectionate, loving.*

1803 *P.*

serchfryd [*serch + bryd*] *eg.* Cariad, serch, hoffter: *love, affection.*

1567 *TN* 239b, Mae ef yn dangos ei *serchvryd* arnynt wy, a'r Eccles. Ac yn erchi yr vnryw gan/thyn hwytheu. *id.* 268b, Eiriol i vuchedd Christianoc, Ac ar vot gantyn gyffelyp *serchvryd* yddaw ef. **1604–7** *TW* (*Pen* 228), dangos *serchuryt* y medhwl wrth agwedh y corph d.g. *Gestio.* *c.* **1730** *Thos. Lloyd D* (LlGC) 210b, *Serchfryd.* Amor.

serchgan, serchgerdd, serchglaf, serchglwyfus, gw. **serch + cân**[1], **cerdd**[1], **claf, clwyfus.**

serchgynhyrfiol, serchgynhyrfol [*serch + cynhyrfiol, cynhyrfol*] *a.* Yn ysgogi hoffter, serch, neu gariad, yn cyffwrdd â'r teimladau, teimladwy: *arousing affection or love, emotive, moving, touching.*

1818. Cf. Talhaiarn: *Gw* i. 12, ac anhawdd . . . yw cael galareb mor orlawn o wir deimlad, ac mor *serch-gynhyrfol* a hon.

serch-hudaf: serch-hudo [*serch + hudaf: hudo*] *ba.* Denu, atynnu, llygad-dynnu: *to attract, entice.*

18–19g. R. Davies: *DB* 133, Ein cyfaill teg crefyddol, / Fu 'n hir rinweddol fyw, / Ail eilun oedd ei blentyn / I'w ddirwyn oddiwrth Dduw, / (Sef plentyn hoff ei henaint) / *Serch-hudodd* fraint ei fryd, / A mesur wnaeth ei gamrau / Yn ol at bethau 'r byd.

serch-hudol [*serch + hudol*] *a.* Deniadol, atyniadol, hudolus, cyfareddol: *attractive, enticing, fascinating.*

1850. Cf. D. Owen: *RL* 37, Gyda golwg ar fy ymddangosiad personol, gwn nad oes dim yn *serch-hudol* ynof; D. Owen: *S* 119, Troai eu merched allan yn fain eu gwasg, ac yn fingauad, penuchel, plyfog, blodeuog, a *serch-hudol.*

serchiad [bôn y f. *serchaf: serchu + -iad*[1]] *eg.* ll. *-au, -on*, a'i ddefnyddio fel arfer yn y ll. Teimlad, emosiwn, sentiment, serch, hoffter: *feeling, emotion, sentiment, affection.*

1677 R. Jones: *BB* 166, am gynhyrfus iasau, gwyniau, a *Serchiadau* (*affections*). **1688** S. Hughes: *TSP* 143, gwell genni fyned trwy 'r Dyffryn yma, i feddiannu y peth y mae'r doethaf yn ei gyfrif yn Anrhydedd, nâ dewis yr hyn yr wyti yn ei gyfrif yn deilwng o'm *serchiadau* (*affections*). **1696** *CDD* 261, Gall fod ynnot ti'r achosion, / O newidiad eu *serchiadon.* **1723** J. Jones: *LlA* 74, y mae pechod yn y *Serchiad* yn waeth na phechod yn yr Ymarweddiad. **1725** D. Lewis: *GB* 48–9, Dymma 'r *Serchiadeu*, sef Cariad a Chasineb, Llawenydd a Thristwch, Chwant a Ffieiddiad, Ofn a Hyder[,] Gobaith ac Anobaith, a Digofaint. **1733** T. Evans: *PP* 12, Yspryd Duw a roddir i ni mewn Gweddi, i ennyn *Serchiadau* duwiol yn ein calonnau. **1735** S. Thomas: *HP* 203, amryw Bwerau Enaid Dyn . . . sef, y Deall, yr Ewyllys, y *Serchiadau* ar Nwydau. **1759** T. Thomas: *WWDd* 73b, Fe all y Duwiol garu Duw, wedi i Dduw roddi cariad sanctaidd iddo, (neu sancteithio [*sic*] ei *Serchiadau* ef). **1764** W. Williams: *Th* 117, Am hynny chwilia'n f'anwl[*sic*], na adael fan ynghudd, / O'th galon heb ei mynnu i maes i oleu'r dydd; / 'Nenwedig dy *serchiadau*, mae miloedd maith a mwy, / O gamsyniadau dirgel yn llechu ynddynt hwy. **1790** *Prif Crist* 39, Athraw, ac efe etto heb fod yn llywodraethwr ar eu *serchiadau.* **1803** *P.* Ar lafar ym Morg., 'Wel, ma raid gwitho i ennill *serchiata* dinnon erill', *GTN* 724.

serchiadaeth [*serchiad + -aeth*] *eg.* Serch, hoffter, teimlad: *affection, feeling.*

c. **1785–90 (1829)** *CBYP* 13, pob irnwyf ag arialdeimlad a *serchiadaeth.* **1803** *P*, *Serçiadaeth*, s. m. . . . A causing to love.

serchiadol [*serchiad + -ol*] *a.* Serchog, cariadus; hawddgar, hoffus; yn perthyn i'r teimladau, yn cyffwrdd â'r teimladau, teimladwy; ?angerddol, llawn teimlad neu emosiwn: *affectionate, loving; amiable; pertaining to the emotions, emotive, moving, touching; ?fervent, passionate, emotional.*

1732 *AABI* 24, Eilwaith, ceisio'n foreu yw ceisio o ddifrif yn *serchiadol* (*affectionately*). **18**g. E. T. Rhys: *DA* 44, Gwir grefydd, megys grawn, / A lanwai'i fron *serchiadol*, / Fel môr o ddwyfol ddawn. **1759** T. Thomas: *WWDd* vii, Eich *serchiadol* frawd yng Nghrist. **1769** J. Griffith: *A* 16, gosod allan ryw beth a'r sydd yn ei nattur ei hun yn *serchiadol* iawn, mewn iaith eglur hynod. **1775** *EDPP* 120, [c]ariad sanctaidd, anwyl, a *serchiadol* (*affecting*) at Grist. **1779** D. Davies: *BDED* 17, Cariad at Dduw ydyw teimlad hyfryd a *serchiadol* o'r dwyfol berffeithrwydd. **1788** J. Griffith: *DCC* 199, trwy fwy *serchiadol* (*affectionate*) ofal i ochelyd pob rhyw beth ac fo yn annymunol yngolwg dy sancteiddrwydd. **1792** P. Williams: *TG* [5], bydded . . . yn ysprydol; nid yn *serchiadol*, fel zel Jehu. **1798** W. Richards: *CC* 28, byddai y dyledwyr ac eraill yn eu clywed yn *serchiadol* gefnogi Siarl. **1798** *WR*, yn *serchiadol* d.g. *Affectionately.* **18–19**g. Jac Glan-y-gors: *Gw* 78, Ond wele eto hyfryd ddydd, / A'i lewyrch mwyn a llon, / A phwy na ddyry lawen gân / O dwym *serchiadol* fron. **1803** *P* d.g. *Serçiadawl.* Cf. T. Lewis: *HPF* 462, yr oedd yn bregethwr *serchiadol* a deffröus iawn.

serchiadus [*serchiad + -us*] *a.* Serchog, cariadus: *affectionate, loving.*

1818.

serchiant [bôn y f. *serchaf: serchu + -iant*] *eg.* Serch, hoffter: *affection, fondness.*

1803 *P.*

serchlawn, serchlon [*serch + -lawn, -lon*] *a.* Serchog, cariadus, nwydus; yn perthyn i gariad neu serch: *affectionate, loving, amorous; pertaining to love, amatory.*

1346 *LlA* 91, llathredicfflamm o dan arafdec *serchla6n* [yr Ysbryd Glân]. **14**g. *GIG* 66, Hawdd gan Rydderch *serchlawn* / rhoddi ei dda yn rhwydd iawn. **1722** *Llst* 189, *Serchlawn*, Serchog. Amorous, affectionate, beloved, loving, dear. **1733** J. Thomas: *HYB* 83–4, myfi a'm Tylwyth a wasanaethwn yr Arglwydd. Ynawr hyn sydd, ac a ddylai fod yn Ofal *serchlawn* a llawn-Fwriad anneffygiol pob Cristion da. **1770** *W*, *Serch-lawn* d.g. *Amatory.* **1790** Twm o'r Nant: *GG* 73, Nyni yw'r dynion *serchlon* sy, / Yn haeddu clymmu eu clod. **18–19**g. Jac Glan-y-gors: *Gw* 43, Fy mrodyr *serchlon* gwiwlon go, / Ni glywsom, ar ein hynt, / Gan ein henafiaid, lawer tro, / Am ddull yr amser gynt. **1803** *P* d.g. *Serçlawn.* Cf. *AUA* 292, Y mae merched ieuainc o'i hoedran hi bob amser yn *serchlawn* (Talhaiarn).

serchlonedd [*serchlawn, serchlon + -edd*[1]] *eg.* Yr ansawdd neu'r cyflwr o fod yn nwydus, *Ffren.* y gallu i garu, caredigrwydd, ?hawddgarwch: *amorousness, amativeness* (*in phrenology*), (*loving*) *kindness, ?amiability.*

1803 *P*, *Serchlonez*, s. m. . . . Amorousness.

serchlygadu [*serch + llygadu*] *ba.* Llygadu'n nwydus, gwneud llygad llo ar: *to ogle.*

1916.

serchnewyddiog [*serch + newydd + -iog*] *a.* Hoff o bethau newydd, newyddgar, yn ddifr.: *fond of novelty, derog.*

1707 S. Williams: *ADA* [ii–iii], Iaith-Mam (sy wedi myned . . . tan draed . . . mysg pobl goegfeilchion y Genhedlaeth *serch-newyddiawg* hon). **1716** T. Evans: *DPO* 20, oddigerth i ryw genhedlaeth *Serch newyddiawg* fenthyccio geiriau yma ac accw, a'i clyttio hwy ynghyd i gyfansoddi Jaith newydd, megis y Saeson.

serchnwyfus, gw. **serch + nwyfus.**

serchog [*serch + -og*; H. Grn. (*les*)*ser*[*c*]*hoc* gl. *lappa*] *a.* ll. *-ion*, a hefyd fel *eg.* ll. *-ion.* Yn arddangos serch, cariad, tynerwch, &c., cariadus, nwydus; (?geir.) chwantus, anllad; hawddgar, hoffus, swynol, dymunol, deniadol; yn perthyn i gariad neu serch; carwr, cariad, anwylyd: *affectionate, loving, amorous*; (*?dict.*) *wanton, lascivious; amiable, charming, pleasant, attractive; pertaining to love, amatory; lover, sweetheart, darling.*

12g. *GMB* 72, Keimyad cas agarw, syberw *serchaóc.* *id.* 200, Bid sswyssaóc *serchaóc*, bannaóc breyr. **13**g. *C* 59. 9–10, Na uid ieuangc *serchauc* syberv warruy. *id.* 60. 21, y edrich drichinnauc drich *serchogion.* **13**g. *B* xxi. 296, Odena e dav buch e castell *serchauc.* **14**g. *GDG*[3] 74, Yn y fro tra fynno trig, / Yno y deil y Nadolig. / Bydd *serchocaf* lle y bo, / Da gutorn, Duw a'i gato [i'r eos]. *id.* 187, Cyfaill cariad ac adar, / Cof y *serchogion* a'u câr [i fis Mai]. *id.* 190, Nid eiddo *serchog* diddim / Nos yn rhydd, na dydd na dim. *c.* **1400** *R* 1034. 9–10, Gorwyn blaen bróyn brigaóc vyd pan danner dan obennyd. medól *serchaóc* syberó vyd. *c.* **1400** *B* iii. 11, A glyweist di a gant ryderch. / trydyd hael *serchawc* serch. / gnawt rygas gwedy ryserch. **15**g. *IGE*[2] 226, Da yw 'nghof am lyfr Ofydd. / Dynion *serchogion* y sydd (Ieuan ap Rhydderch). **15**g. *GLGC* 258, lle *serchog* swyddog pan orsedder, / lle da i'm oes eisoes, porthor, iser. **1567** *LlGG* (*Sall*) 47b, O Arglwydd y lluoedd, mor *serchawc* yw dy bepyll. **16–17**g. *CRC* 210, Rai y fydd mwynaydd a *serchog* / Rai yn afrwyog waeth waeth. *Dchr.* **17**g. *J* 10, 39a, *Serchog.* Voluptuosus. Epicureus. **1632** *D*, *Serchog*, Amans, amatorius. *id.* d.g. *Impudicus, Venereus.* **1661** E. Lewis: *Drex* 176, yn darllain llyfrau halogedig yn galw am ganiadau *serchog* (*amorous*), ac yn chwerthyn am eu pennau. **1722** *Llst* 189, Serchlawn, *Serchog.* Amorous, affectionate, beloved, loving, dear. **1759** T. Thomas: *WWDd* 112, Pwy galon *serchog* na charai 'r Crist hwn! **1760** *ML* ii. 275, Maent oll yn tyngu . . . na cha'r gwr o'r Plas Newydd mor [*sic*] bod yn farchog ein sir ni mwyach, am ei fod yn rhy *serchog* o lawer byd byd! **1803** *P* d.g. *Serçawg.*

serchogaf: serchogi [bf. o'r a. *serchog*] *bg.a.* Gwneud neu fynd yn nwydus, caru, chwantu, chwennych; effeithio ar (y teimladau, &c.), cyffwrdd â('r galon, &c.): *to make or become amorous, love, lust after, desire; affect* (*feelings, &c.*), *touch.*

1604–7 *TW* (*Pen* 228) d.g. *Affecto, diligo, Zelo.* **1725–6** *Madd Ed* 2, anodd iddo Farnu . . . pa un ai Amriwiaeth yr achos, jawn ag union faintioli, neu hardd a natturiol Drefn sydd fwyaf yn cystadly [*sic*] a'i gilydd, neu debygol i'w gilydd yn cyttuno, i lanw e[i] fyfyrdodau, ag i *serchogi* (*affect*) ei galon. **1803** *P*, *Serçogi* . . . To render fond or amorous; to become amorous.

serchogaidd [*serchog + -aidd*] *a.* Serchog, cariadus, nwydus; chwantus, anllad; hawddgar, hoffus, swynol, dymunol, deniadol; yn cyffwrdd â'r teimladau, teimladwy; yn perthyn i gariad neu serch: *affectionate, loving, amorous; wanton, lascivious; amiable, charming, pleasant, attractive; emotive, moving; pertaining to love, amatory.*

1588 *Can* es., Er bod geiriau y llyfr hwn yn *serchogaidd*, etto y mae y deall yn ysprydol. **1630** *YDd* 54, Yno y caiff dy lygaid *serchogaidd* (*lascivious*) eu cystuddio wrth edrych a'r [*sic*] ysprydion erchyll. **1725–6** *Madd Ed* 2, [d]al sulw ar degaidd neu *Serchogaidd* (*affecting*) wedd y pethau a osodir allan iddo. *c.* **1730** *Thos. Lloyd D* (LlGC) 207b, *Serchogaidd.* Amatorius. *id.* 210b, *Serchogaidd* . . . Charming. **18**g. *Hop M* 230, Ymddugiad bone[dd]igaidd, ag agwedd lluniaidd llon, / *Serchogaidd* ac yn ennillgar oedd tymmer hawddgar hon. **1784** M. Williams: *S* i. 62, y benywod, yn nyddiau eu hieungctid, sy'n dran dêg, ac o liw gweddol; llygaid duon a *serchogaidd.* **1788** J. Griffith: *DCC* 95–6, [y] cynnwrf mwyaf *serchogaidd* (*affectionate*) yn y nwydau, os na bydd ond trangcedig a dieffaith, ond megis ffagl o wêllt yn cael ei gynnyg ar yr allor, yn llê arogldarth. **1789** J. Thomas: *DdS* 16, fe ddichon yr eglwys, y pryd nid yw hi ond gwraig neu deml yn unig, fod heb ddim o'r harddwch, trysor, hawddgarwch, a'r gogoniant *serchogaidd* (*affecting glory*) hynny y cynnysgaeddir hi â hwy pan fyddo hi yn ddinas lwyddiannus. **1801** *MMf* 273, ef a fydd hael ei galon ag anchwennychgar, ag ef a fydd gariadus, ag a fydd *serchogaidd* ei ymddwyn, a hawddgar ei weithred. **1803** *P*, *Serçogaiz* . . . Somewhat amorous.

serchogddyn, serchowgddyn [*serchog + dyn*] *eg.* Carwr, cariad, anwylyd, person

nwydus: *lover, sweetheart, darling, amorous person.*

14g. *GDG*[3] 382, Difar hwyl, fawr ddisgwyl farn, / Dyfod yn frwysg o'r dafarn / I geisiaw, mawr fraw fu'r mau, / Gweled *serchawgddyn* golau. ?**15g.** **(1789)** *BDG* 189, Trwstan ac enbyd ydyw / Tri gelyn *serchogddyn* syw. **1604–7** *TW* (*Pen* 228), *serchowgdhyn* d.g. *Amator. id. serchocdhyn* d.g. *Gynæfilus.* **1722** *Llst* 189, *Serchowgddyn* . . . m. A favourite, fondling, paramour, minion. **1725** *SR, Serchawgddyn* d.g. *An amorous person, or a Lover.* **1770** *W, Serchog-ddyn* d.g. *An amorist, or amoroso, Gallant, Subst.*

serchogfwyn, serchoglan, gw. **serchog + mwyn**[1], **glân.**

serchoglon, serchoglawn [*serchog + -lon, -lawn*] *a.* Serchog, cariadus, cyfeillgar; hawddgar, hoffus, dymunol: *affectionate, loving, friendly; amiable, pleasant.*

18g. L. HOPKIN: *FG* 6–7, Gyrrwyd a helwyd hoelion—tra llidiog / Trwy ei 'loda *serchog lon* [*sic*], / A'r gwr ffug yn gyrru ffon / Yn galed idd' ei galon. **1776** DEWI NANTBRÂN: *AN* 48, nid oes neb . . . mor Dirion, ac mor Garuaidd, ag yw fy *serchoglawn* Gariad Iesu. Cf. D. OWEN: *D* 203, Tremiai yr eneth *serchoglawn* trwy wyll y bore i bob congl a chilfach; D. OWEN: *S* 87, mae llawer pregethwr wedi cael iechyd i'w galon a chodiad i'w ysbryd mewn pum' mynyd o ymddyddan *serchoglawn* â'r blaenor cyn myned i'r capel.

serchogol [*serchog + -ol*] *a.* Bwriadol; ?angerddol; ?dymunol, hoffus: *intentional, deliberate; ?fervent, passionate; ?pleasant, amiable.*

1725–6 *Madd Ed* 69, rhaid i'r fath Anwybodaeth fod yn segurllyd ac yn *serchogol* (*affected*), hynny yw, yn ewyllysgar. *id.* 78, y Pechadur . . . yn troi ei gefn ar Gyfreithiau cyhoeddedig y Nefoedd trwy Anwybodaeth *serchogol. id.* 205, Y mae rhai Dynion y gesyd Traethawd *serchogol* (*affectionate*), Pregeth ddifrifol, neu ryw Ddamwain hynod hwynt, mewn pangfa o Dduwioldeb. *id.* [444], Rhai Rhesymmau am *Serchogl* [*sic*] Dywyllwch 'Sgrifenwyr Paganaidd. **18g.** E. T. RHYS: *DA* 96, A thyma un o'r boneddigion / A'r dawn hawddgaraf dan y goron; / Gwr *serchogol*, manol, mwynaidd, / Gwr rhagorol ei drugaredd.

serchogrwydd, serchowgrwydd [*serchog + -rwydd*] *eg.* Yr ansawdd neu'r cyflwr o fod yn serchog neu'n gariadus, cariad; chwant (cnawdol), anlladrwydd; hawddgarwch, hoffusrwydd; hefyd yn *ffig.*: *affectionateness, lovingness, love; lust, wantonness; amiability; also fig.*

14g. *GDG*[3] 57, Rhoed *serchowgrwydd* agwyddor / I mewn cist ym min y côr [marwnad Gruffudd Gryg]. *id.* 281, Bychan, em eirian, i mi / Budd, er magu mab iddi. / Oerfel, *serchowgrwydd* arfaeth, / I'r ferch a'i rhoddes ar faeth. **15g.** *GDID* 99, Disgwyl dyn ŵyl dan y wig, / Dysgu ceryddu Eiddig; / Dyblu *serchowgrwydd* diblyg, / Dy gywydd fal Gruffudd Gryg. **15g.** *ID* 4, doe cefais i gan riain / calennig mewn coedwig cain / eirian bryd am cyfyd cof / i ddwyn *serchowgrwydd* ynof. **16g.** *Pen* 76, 107, Y rriain ar gwaed rrywioc / ar gwrs *sserchowgrwydd* y goc / galawnt jawn a glan wytti / dydd day ith lyn atholeyni. **16g.** *GGH* 239, Mae llai serch, mwya' lle sydd, / Merch gwbl a march (o gwybydd). / Bwy a ŵyr gwawr bwrw i'w gŵydd, / Os eirch, awgrym *serchowgrwydd.* **1567** *TN* 247b, Yspryt boneddigeiddrwydd [:– lledneisrwydd, *serchawgrwydd*]. **1588** *Esec* xxiii. 17, meibion Babilon a ddaethant atti i wely *serchawgrwydd.* **1604–7** *TW* (*Pen* 228), *serchowgrwydh* d.g. *Amor.* **1630** R. LLWYD: *LlH* 72, Prinhewch ar fwyd a diod, ac fe oera *serchowgrwydd* (*lust*) . . . y rhai a ddeisyfiant win, a danteithion; Eu llygaid hwy a edrych ar wragedd dieithr. **1632** *D, serchowgrwydd* d.g. *Venus.* **1672** R. PRICHARD: *Gw* 420, Rhwn sy'th wneuthur trwy *serchogrwydd*, / Di'n gyfrannog o'i Sancteiddrwydd. **1795** *R. Crusoe* 61, Wedi cerdded ychydig o'r rhan hon o'r Ynys, edrychais i fynu gydâ gwir *serchogrwydd* calon. Cf. D. OWEN: *GT* 48, Cymerais yn garedig iawn arni, am fy mod yn edrych ar yr ieir erbyn hyn gyda rhyw *serchawgrwydd* mawr.

serchogwedd, serchogwyllt, gw. **serchog + gwedd**[1], **gwyllt.**

serchol [*serch + -ol*] *a.* ll. *-ion*, a hefyd fel *eg.* Serchog, cariadus; hawddgar, hoffus, dymunol; chwantus, anllad, blysig; cnawdol; yn perthyn i gariad neu serch; carwr, cariad, anwylyd: *affectionate, loving; amiable, pleasant; wanton, lascivious, lustful; carnal; pertaining to love, amatory; lover, sweetheart, darling.*

13g. *BD* 107–8, Y hynny y dynessaa bwch y *serchawl* gastell. **1346** *LlA* 86, karyat *serchaỽl* trigedic tragyỽydaỽl. *ib.* ku ac anỽyl ydyly vot yserch ac gyssyllto [*sic*] *yserchaỽl* a e garyat yn dragyỽyd. *id.* 100, Athrỽy dygynlut *serchaỽl* alỽ ary*serchọlyon* enỽeu hynny. **14g.** *Bl B XIV* 97, Meddwl, *serchawl* hawl, liw ton hwyliad —welw, / Arddelw dy gynnelw heb dy geniad (Hywel ab Einion Lygliw). **14g.** *WM* 9. 33–6, kyntaf ygỽnaeth ef ymdidan ay [wreic] ac ymyrru ar digriwỽch *serchaỽl* a charyat arnei. **14g.** *YBH* 1a, Ac ystrywyaỽ a wnaeth pa vod y gallei gỽplau y *serchaỽl* damunedic ywyllus ymdanaỽ. **14g.** *GP* 52, Na watwar am dy *serchawl* / A'th ganmawl ar gywydeu. *c.* **1400** *YCM*[2] 200, A gorwed y gyt a orugant, ac ymgaru a'r vorwyn yn *serchawl.* A heb ynemawr gohir ef a gytyawd a hi bymtheg weith. *c.* **1400** *Ymborth* 5, Wyth bechawt . . . a ennynnant o odineb . . . cussaneu, geiryeu *sercholyon.* **15g.** *BB* 195, yr dial arno i *serchawl* bechawd. *c.* **1590** *RC* xlvi. 56, Ag yno trwy gytgam gariad a gairav *serchawl* i [*sic*] ymgynigawdd hi yddo ef. **1604–7** *TW* (*Pen* 228), serchdhyn, y *serchawl* d.g. *Amasia.* **1711** M. MAURICE: *YAD* 273, Pa fodd y mae plentyn Duw yn ymroddgar mewn modd Dyledys? . . . Yn Deimladwy . . . Mewn agwedd *Serchol* . . . Mewn Agwedd barod i ufyddhau. **[1724]** G. WYNN: *YGD* 108, yr [*sic*] Gwyniau trachryfion hyn o'r Galon, sef o Lawenydd, deisyfiad, Parch, Cariad, a *serchol* Fawrhâd (*admiration*) o Grist. **1803** *P* d.g. *Serçawl.*

serchowgddyn, gw. **serchogddyn.**

serchowgfwyn, serchowglan, gw. **serchog + mwyn**[1], **glân.**

serchowgrwydd, gw. **serchogrwydd.**

serchowgwedd, serchowgwyllt, gw. **serchog + gwedd**[1], **gwyllt.**

serchus [*serch + -us*] *a.* Serchog, cariadus; hawddgar, hoffus, dymunol, siriol; ?angerddol: *affectionate, loving; amiable, pleasant, cheerful; ?fervent, passionate.*

1753 *TR, Serchus*, lovely, pleasing, taking, agreeable. **1770** P. WILLIAMS: *BS, Heb* xiii, yr Hebreaid . . . yn *serchus* i'r rhai da, yn enwedig eu blaenoriaid. **1782** P. WILLIAMS: *CC* 38, gwell yw gweddi *serchus* na gweddi drefnus. **1793** DAFYDD IONAWR: *CD* 87, Haelionus a *serchus* wyr. **1803** *P.* Ar lafar ym Morg., 'Ma gwinab *syrchus* ginti', 'Dyma dæn *syrchus* ynta fa?', *GTN* 758.

serchusrwydd [*serchus + -rwydd*] *eg.* Serchogrwydd, serch, hoffter; hawddgarwch, dymunoldeb: *affectionateness, affection; pleasantness.*

1770 *W* d.g. *Agreeablness* [*charmingness*], *The beauty of a place.* **1803** *P.*

serchwr [bôn y f. *serchaf*: *serchu + -wr*] *eg.* ll. *-wyr.* Person serchog neu gariadus, carwr, cyfaill: *affectionate or loving person, lover, friend.*

16g. *Def Hen* 10, Ni fynne Ddauidd vn cydymaeth eithr ond *serchwyr* a chymdeithion i Dduw. **1688** W. FOULKES: *EGE* 32, Gofidio yr wyfi, a charu, pan i'th welwyf di, o *serchwr* eneidiau. **1803** *P.*

sêr-dremiedydd, gw. **sêr + tremiedydd.**

serdsiant, gw. **sarsiant.**

serdwr [*sêr + twr*] *eg.* ll. *-dyrrau.* Cytser: *constellation.*

1851.

sêr-ddewin [*sêr + dewin*] *eg.* ll. *-iaid, -ion.* Arbenigwr mewn sêr-ddewiniaeth, astrolegydd: *astrologer.*

1770 *W* d.g. *An astrologer, or astrologian.* **1803** *P, serzewin*, s. m.—pl. t. *ion* . . . An astrologer, one who foretels by the stars.

sêr-ddewiniaeth [*sêr + dewiniaeth*] *eb.g.* Astudiaeth o symudiadau a safleoedd cymharol y planedau, yr haul, a'r lleuad, a'r dehongliad ohonynt fel dylanwad ar faterion dynol, astroleg: *astrology.*

1770 *W* d.g. *Astrology.* **1803** *P, Serzewiniaeth*, s. m. . . . Astrology.

sêr-ddewiniaf: sêr-ddewinio [*sêr + dewiniaf: dewinio*] *bg.* Ymarfer sêr-ddewiniaeth: *to practise astrology.*

1803 *P.*

sêr-ddewinol, sêr-ddewiniol [*sêr + dewinol, dewiniol*] *a.* Yn perthyn i sêr-ddewiniaeth, astrolegol: *astrological.*

1803 *P* d.g. *Serzewiniawl.*

sêr-ddewinwr [bôn y f. *sêr-ddewiniaf*: *sêr-ddewinio + -wr*] *eg.* ll. *-wyr.* Sêr-ddewin, astrolegydd: *astrologer.*

1815.

serebyr [*sêr + eb*[3] *+ -yr*, cf. *gwefrebyr, pellebyr*] *eg.* Astrolab: *astrolabe.*

1851.

seredig, gw. **seriedig.**

seredigrwydd [*seredig + -rwydd*] *eg.* Yr ansawdd neu'r cyflwr o fod yn seriedig, yn *ffig.* diffyg teimlad (am y gydwybod): *searedness, fig. callousness* (*of conscience*).

1723 J. JONES: *LlA* 225, *Seredigrwydd* y Gydwybod.

seremonaidd, gw. **seremonïaidd.**

seremoni [bnth. S. *ceremony*] *eb.* ll. *seremonïau, seremonis.* Gweithred ffurfiol gyhoeddus o ddathlu, nodi achlysur, &c., defod (grefyddol): *ceremony.*

16g. *B* xi. 87, yr hwn ynn ol hir *sseremoni* a aberthodd ef J'r Duwie. **1567** *LlGG* [xvii], Or *Ceremonijs* hyny ac oeddynt arveredic yn yr Eccles. **1567** *TN* [xxvi], Y Chrystynogaeth a ddug Awstin ir Sayson . . . ydoedd gymyscedic a llawer o arddigonedd, gosodigaythay dynion, a *ceremoniae* mution. **1604** R. HOLLAND: *BD* 8, o gynneirif o *ceremoniau* ac sy'n eglwys Loegr. **1615** R. SMYTH: *GB* 116, nid oedd iddynt [offeiriaid Eifftaidd] ddim arall yvv vvneythyr gvvedi iddynt ddivveddu i gvvasanaeth ai *ceremoniae*, ond philosophyddu. **1630** *YDd* 219, Ni eill gan hynny Sabboth o'r seithfed dydd fod yn *Ceremoni* syml, eithr yn rhan hanfodol o addoliad Duw. **1672** J. LANGFORD: *HDdD* 62, er nad ydym ni yn gw[n]euthur *Ceremoniau* a'n Crefydd megys y Cenhedloedd gynt. **1716** IACO AB DEWI: *LlCB* 76, tan Arwyddion a chyscodeu, a *Ceremonieu* tywyllion. **1718 (1721)** S. THOMAS: *HB* [ii], Eu crefydd [hynafiaid] oedd yn sefy[ll] mewn Amrywiaeth di derfyn o *Seremoniau* Pabaidd. **1722** *Llst* 189, *Seremoni.* f.p. *moniau.* A ceremony. **1740** T. EVANS: *DPO* 120, Uthur Ben-dragon yno a goronwyd ar ffrwst . . . nid oedd dim . . . adeg i lawer o *Seremoni.* **1759** T. THOMAS: *WWDd* 204, nid yw Crist'nogion 'nawr yn rhwym i'r *seremoniau* hynny. Ar lafar, ''Ôn i'n lico gweld *seremoni*'r Orsadd', *GTN* 724.

seremonïaeth [*seremoni + -aeth*] *eb.* Cyfundrefn o ddefodau, &c., a ddefnyddir ar achlysur ffurfiol neu grefyddol; defodaeth, defodoldeb, ffurfioldeb: *ceremonial; ritualism, ceremoniousness, formality.*

1830.

seremonïaf: seremonïa, seremonïo [bf. o'r e. *seremoni*] *bg.* Cynnal seremoni, cymryd rhan mewn seremoni: *to perform or take part in a ceremony.*

20g.

seremonïaidd, seremonaidd [*seremon(i) + -aidd*] *a.* Yn perthyn i seremoni, defodol: *ceremonial.*

1630 *YDd* 219, Y *Ceremoniaidd* orchymynnion. **1693** J. OWEN: *BP* 71, aflendid *Ceremonaidd.* **1696** *GGTY* 126, sancteiddrwydd *ceremoniaidd* a chyscodawl. **1701** J. OWEN: *YE* 75, Y mae'n atteb, fod sancteiddrwydd tan y ddeddf naill ai yn *Ceremonaidd*, neu 'n gyscodawl. **[1725]** *TS* 125, y Gyfraith *Ceremoniaidd.* **1748** P. PUGH: *DGG* xiiia, Ymweliadau *seremoniaidd* a defodol. **1770** P. WILLIAMS: *BS, Lef* xvi, mewn ystyriaeth *seremoniaidd.*

seremonïol [*seremoni + -ol*] *a.* Yn perthyn i seremoni, defodol, defodaidd, ffurfiol: *ceremonial, ceremonious, formal.*

1595 M. KYFFIN: *DFf* [179], ymbil-weddiau a llyfreu *ceremoniawl.* **1746** G. JONES: *HWI* v. 43, [m]yned heibio fel defodau *seremoniawl* y Ddeddf. **1775** *EDPP* 26, gwedi ei sylfaenu ar sancteiddrwydd *seremoniol.* **1784** P. WILLIAMS: *YC* 20, y rhan *seremoniol* o ryw ordeiniad. **1791** B. EVANS: *AD* 14, Graddau o Aflendid *Seremoniol.* Ar lafar, 'Nw roeson' 'ambwrt arian iddo . . . a fe gæs 'i roi'n *seremonïol* iawn iddo', *GTN* 724.

seren, gw. **sêr.**

serenâd [bnth. S. *serenade*] *eb.g.* ll. *serenadau.* Cerdd, cân, neu gerddoriaeth i'w chanu gyda'r hwyr, yn enw. gan garwr y tu allan i dŷ ei gariad, hwyrgan (serch), nosgan: *serenade.*

1929.

serenadiaf, serenadaf, serenediaf: serenadio, serenadu, serenedio [bnth.

S. (*to*) *serenade*] *bg.a.* Canu serenâd (i), hefyd yn *ffig.*: *to serenade, also fig.*
1863.

serenbysg [*seren+pysg*] *e.ll.* ac *eg. Swol.* Sêr-bysgod(yn), sêr môr (seren fôr): *star-fish(es).*
[**1783**] *W*, Rhyw bysgodyn pum-troed, *seren-/bysg* d.g. *Star, Star-fish.*
Gw. hefyd **sêr-bysgod.**

serenediaf: serenedio, gw. **serenadiaf: serenadio.**

serenedd [cfdds. o'r S. *seren(ity)+-edd*¹] *eg.* Yr ansawdd neu'r cyflwr o fod yn ddigyffro, llonyddwch neu dawelwch (meddwl), areulder: *serenity.*
1937.

sereniad [bôn y f. *serennaf*: *serennu+-iad*¹] *eg.* Y weithred o serennu, tywyniad, pefriad, hefyd yn *ffig.*: *a shining, sparkling, twinkling, also fig.*
1604–7 *TW* (*Pen* 228), *Sereniat* lhygeit d.g. *Allucinatio. id.* rhyw *Sereniat* wybrol d.g. *Cynosura.* **1794** *W* d.g. *Twinkle* [*a quivering beam of light darted from a star, &c.*]. **1803** *P.*

serenllys, serenlys [*seren+llys*⁵; ansicr yw'r ystyr yn yr engh. gyntaf isod] *eg. Bot.* Unrhyw blanhigyn o'r tylwyth *Stellaria*, yn enw. *Stellaria holostea*, tafod yr edn mwyaf; unrhyw blanhigyn o'r tylwyth *Aster*, yn enw. *Aster tripolium*, seren y morfa: *stitchwort; sea aster, starwort.*
1604–7 *TW* (*Pen* 228), lhyseun yn tyfu'n amyl ynghylch Mella avon yn Fraine, Blodeu'r hwnn a elwir Amellus . . . *Serenlys* d.g. *Amella.* **1813** *WB* 234, *Serenllys*; Aster;—Starwort.
Cfn.: **serenllys mawr:** *greater stitchwort, Stellaria holostea.* **20g.** **serenllys y morfa:** *sea aster, starwort, Aster tripolium.* **1813** *WB* 79.

serennaf: serennu [bf. o'r e. *seren*] *bg.a.*
(*a*) Disgleirio (fel sêr), llathru, pefrio, gwreichioni, tywynnu, pelydru, hefyd yn *ffig.*; tremio, syllu, craffu: *to shine (like stars), be brilliant, sparkle, twinkle, scintillate, gleam, beam, also fig.; stare, gaze.*
1604–7 *TW* (*Pen* 228), *Serenu*, dyscleirio mal Ser d.g. *Stello.* **1657** *MLl* ii. 108, Nid oes vn yn *serennu* / Heb arall yn i magu. **1724** S. WILLIAMS: *ADA* 160, mae'r Bŷd yn awr yn disgleirio ac yn *serennu* yn eich llygaid. **1731** T. LEWYS: *BMA* 4, y Dynion sydd yn *serennu* ac yn disgleirio mewn Duwioldeb. **1770** *W*, peri i beth *serennu* d.g. *To bespangle.* **1793** DAFYDD IONAWR: *CD* 87, Y fraith siacced, y ged gu / Unwaith oedd yn *serennu. id.* 347, Pan fo'r sêr lawer o lu / Ar unwaith yn *serennu.* **1803** *P*, *Serenu* . . . To sparkle, to glitter.
(*b*) Dallu (dros dro), pylu (am lygaid), gweld 'sêr', sef fflachiadau o olau; drysu, hurtio, pensyfrdanu; hefyd yn *ffig.*: *to dazzle, blind, dim (of eyes), 'see stars'; daze, bewilder; also fig.*
1552 *Pen* 403, 65, keisio y kadwynav aur ar main gwrthvawr i ddiscleirio ac i *serennv* llygaid y rrai a edrycho arnvnt. **16–17g.** T. R. ROBERTS: *EP* 276, Maen a gaed Ymharadwys, / Mewn gardd Duw, mawn gwyrdd dwys; / A wnaiff i'r pen *serenu.* **1604–7** *TW* (*Pen* 228), peri 'lygeit *Serennu* d.g. *perstringo.* **1688** S. HUGHES: *TSP* 10, Creaduriaid a bair i'n llygaid *serennu* (*that will dazzle your eyes*) wrth edrych arnynt. **1703** E. WYNNE: *BC* 11, tair hudoles ddinistriol . . . a'u holl degwch a'u mwynder sy 'n *serenni* 'r Strydoedd. **1725** *SR* d.g. *To dazle.* **1760** *ML* ii. 186, Beth a fyddai imi gadw noswyl bellach, mae'r llygad yn *serennu* wedi bod yn . . . sgrifennu hwn . . . wrth ganwyll. **1762** *id.* 447, [y] pen yn anwastad iawn ac yn troi, a'r llygaid yn *serennu.* **1772** *W*, Mae'm llygaid . . . yn *serennu* d.g. *To dazzle* . . . [*lose sight for a time by too much light, &c.*]. **1793** *Cylchg* 123, pan eu llyfnhaer [meini gwerthfawr] . . . braidd na *serenant* olygon y neb a graffo arnynt. **1803** *P*, *Serenu* . . . to dazzle. Ar lafar yn y Gogledd sonnir am daro rhywun 'nes ei fod yn *serennu*'.
Cfn.: **serennu('r) llygaid:** *to dazzle the eyes, also fig.* **1552** *Pen* 403, 65. **1604–7** *TW* (*Pen* 228), cam welet, *serenu lhygeit*, camgymeryt d.g. *Allucinor.* **1785** E. BARNES: *MH* 46, [p]ethau têg a arferent *serennu* dy *Lygaid.*

serennaidd [*seren+-aidd*] *a.* Llachar, disglair, yn dallu; ar ffurf seren: *bright, brilliant, dazzling; stellate.*
1834.

serennig [*seren+-ig*¹] *eb.* ll. *serenigau, -ion.* Symbol ar ffurf seren (*) a ddefnyddir i gyfeirio at nodyn ar ymyl neu waelod tudalen, yn lle geiriau sydd wedi eu hepgor o destun, i nodi ffurf ddamcaniaethol neu amhosibl ar air, &c.; seren fechan; *Her.* dyfais ar lun seren, mwlet: *asterisk; starlet, small star; mullet (in her.).*
1604–7 *TW* (*Pen* 228) d.g. *Asteriscus.* **1722** *Llst* 189, *Serennig.* f.p. *nigau.* A little star, starrulet; asterisk; mullet (in heraldry). **1770** *W* d.g. *An asterisk, Mullet* [*in Heraldry* . . .].

serennod [*seren+nod*¹] *eg.* ll. *serenodau.* Serennig (mewn print, &c.): *asterisk.*
1632 *D* (*Diar*), Y rhai a ddodwyd ymma yn angwhaneg sy a *serennod* o'i blaen. **1677** C. EDWARDS: *FfDd* 254, ynghwrr y dalennau yn y Bibl, lle mae'r *serennôdau.* **1722** *Llst* 189, *Serennod.* m. An asterisk. **1758** *Cylchg LlGC* (1943) (At.) 15, dodi *Serennod* neu ryw nod o'r cyffelyb wrth y cymmrodorion a gair neu ddau ar gwr dalen i ddywedyd eu harwyddocâd. **1770** *W* d.g. *An asterisk.* **1788** J. ROBERTS: *AR* 22, *Sêren-nôd* . . . sy'n cyfeirio'r Darllenŷdd, at amryw eiriau.
Gw. hefyd **sernod.**

serennog [*seren+-og*] *a.* Llawn sêr, serog, ac arno (farciau tebyg i) sêr; yn perthyn i'r sêr, serol; tebyg i seren, ar ffurf seren; llachar, disglair; hefyd yn *ffig.*: *starry, starred; stellar, astral; star-like, stellate; bright, brilliant; also fig.*
1604–7 *TW* (*Pen* 228) d.g. *Constellatus, Stellaris. id.* penci brych, *Serenoc* d.g. *Galerum* . . . *Galerus stellatus.* **1630** *YDd* 331, yn fwy disclaer nar ffurfafen olau *serennog.* **1632** *D*, Rhyw brŷf tebyg i'r geneu goeg a mannau *serennog* ar ei gefn d.g. *Stellio.* **1732** *AABI* 78, Nid yw gogoniant ddim ârall ond cynhulliad *serenog* disglair o Râsusau. **1737** J. EINNON: *HR* 68, uwchlaw yr Nef *Serenog.* **1753** D. JONES: *SD* 35, A'i holl *serennog* waith sy fry / Yn traethu'i Allu allan. **1762** D. ROWLAND: *PA* 38, [Ll]ewyrch Gemmau *serennog.* [**1783**] *W* d.g. *Seeded with stars.*

serennol [*seren+-ol*] *a.* Serog, serennog; yn perthyn i'r sêr, serol; tebyg i seren, ar ffurf seren; llachar, disglair; hefyd yn *ffig.*: *starry; stellar, astral; star-like, stellate; bright, brilliant; also fig.*
13g. *BD* 115, E *serenavl* vleid a hebrvng toruoed. *Dchr.* **15g.** *GM* 14, Bendigwch, syr nef, *serenawl* wlat. **1604–7** *TW* (*Pen* 228) d.g. *Astrifer, Constellatus.* **1771** *W* d.g. *Brilliant.* **1798** *WR* d.g. *Astral.* **1803** *P* d.g. *Serenawl.*

serennwyl, gw. **seren-ŵyl.**

serennydd [*seren+-ydd*³] *eg.* ll. *serenyddion.* Seryddwr; sêr-ddewin, astrolegydd: *astronomer; astrologer.*
18–19g. *Llr* C 57, 425, Tri Gwyn *serynyddion* [*sic*] (sywedyddion) Beirdd Ynys Prydain.

serennyn [*seren+-yn*¹] *eg. Bot.* Planhigyn glan môr ac iddo wreiddiau oddfog, wynwyn y môr, *Scilla verna*: *spring squill.*
1813 *WB* 234, *Serenyn*; Scilla verna; Vernal Squill.
Cfn.: **serennyn y gwanwyn:** *spring squill, Scilla verna.* **1862.**

serenol [bnth. S. *serene+-ol*] *a.* Tawel, llonydd, digyffro: *serene, tranquil.*
1670 J. HUGHES: *AP* 190, archoll iachuslawn hyfryd o'th serch di, ac a gwîr, *serenol* . . . gariad sacredig. **1684** H. OWEN: *DC* 308, fel a chydwybod *serenol* yr offrymmo weddiau purlan iti.

seren-ŵyl, serennwyl [*seren+gŵyl*¹] *eb.* ll. *serenwyliau.* Gŵyl Ystwyll: *Epiphany.*
1664 *LlGG* sig. I2v, Dy'gwyl Ystwyll neu'r *Serenwyl.* c. **1729** S. RHYDDERCH: *LlCD* 333, Carol ar ddydd Gwyl Ystwyll neu'r *Seren wyl.* **1759** *BC* 44, Carol i'r *Seren wyl*, neu ddydd Ystwyll. **1773** *W*, y *seren-/ŵyl* d.g. *Epiphany.* **1803** *P*, *Serenwyl*, s. f.—pl. t. *iau* . . . Epiphany.

seréw, gw. **siréw.**

serf, syrf [bnth. S. *serve*] *eb.* ll. *-s.* Serfiad (mewn tennis, &c.): *serve (in tennis, &c.).*
20g. Ar lafar, ''Odd honna'n *syrf* dda'.

serfan [bôn y f. *serfanaf*: *serfanu*] *a.* a hefyd gyda grym enwol. Hurt, pensyfrdan: *stupid, dizzy.*
17g. *LlGC* 13215, 351, *Servan* Stupidus. **1707** *AB* 220b, *Servan*, Stupid. S. **1753** *TR.* **1803** *P*, *Servan* . . . dizzied; stupid.

serfanaf: serfanu [gair geir.] *bg.a.* gan amlaf yn yr ymad. *serfanu llygaid.* Syllu, rhythu, synnu, rholio('r llygaid): *to stare, gape, marvel, roll (the eyes).*
Dchr. **17g.** *J* 10, 39a, *Servanu llygaid.* to stare. **17g.** *LlGC* 13215, 351, *Servanu llygaid* obstupeo. **1803** *P*, *Servanu* . . . to stare . . . *Servanu llygaid*, to turn about the eyes wildly; to astonish.

serfel¹, sierfel¹ [bnth. S. *cheruel*, ff. ar *chervil*] *eg. Bot.* Gorthyfail y gerddi, *Anthriscus cerefolium*: *garden chervil.*
16g. *LIS* 132, Moron y maes sy a dail yddyn mal dail y llysæ a elwir y *Serfel. Dchr.* **17g.** *J* 10, 39a, *Servel.* Chervell. **1771** *W*, *sierfel* d.g. *Chervil* [*in Botany*].
Cfn.: **serfel gwyllt:** *shepherd's needle, Scandix pecten-veneris.* **1604–7** *TW* (*Pen* 228), *Ceruel gwylld* d.g. *Acula* (At.). **serfel yr ŷd:** ?*field scabious, Knautia arvensis.* c. **1730** *Thos. Lloyd D* (LlGC) 208a.
Gw. hefyd **serffoil.**

serfel², gw. **sierfel².**

serfiad [bôn y f. *serfiaf*¹: *serfio+-iad*¹] *eg.* ll. *-au.* Y weithred o serfio (mewn tennis, &c.), enghraifft o serfio: *serve (in tennis, &c.).*
20g.

Serfiad, gw. **Serb.**

serfiaf¹, syrf(i)af, &c.: **serfio, syrf(i)o,** &c. [bnth. S. *to serve*] *bg.a.* Gwasanaethu, gweini ar; taro (pêl, &c.) i gwrt, &c., gwrthwynebydd i ddechrau'r chwarae neu i'w ailddechrau (mewn tennis, &c.): *to serve, wait upon; serve (in tennis, &c.).*
16g. WILIAM LLŶN: *Gw* (R. Stephens) 661, Onis daw o naws duwiol / I *sirfo*'i wŷr sy ar ôl / Fal y llong foel a 'llyngwyd / Fydd y llu am Ddafydd Llwyd. Ar lafar, ''Ôn' nw'n fishi iawn yn y lle bwyd, ac 'odd raid inni aros yn 'ir cyn cæl yn *syrfo*', *GTN* 758. Cf. D. OWEN: *RL* 252, *serfio* cwsmer tu ol i'r counter yn gydwybodol.
Cfn.: **serfio('n),** &c., **reit:** *serve (you, &c.) right.* **1894** D. OWEN: *GT* 116, *Syrfio*'r scempyn *yn reit.* Ar lafar, '*Syrfo* ti'*n reit* am fod mor 'yrt!'; ''Odd i'n ormod o fadam i gal y job 'na—*syrfio* 'i'*n reit* 'fyd'; ''Wedes i ddigon wrtho fe, ond 'wrandawe fe ddim —*syrfo* fe *reit*'; '*Sarfa* di itha *reit*' (Myn.).

serfiaf²: serfio, gw. **seriaf: serio.**

Serfiaidd, gw. **Serbaidd.**

serfics [bnth. S. *cervics*] *eg.* Ceg y groth: *cervix.*
20g.

serfiét [bnth. S. *serviette*] *eb.* ll. *-s.* Napgyn bwrdd (papur): *serviette.*
20g.

serfiwr [bôn y f. *serfiaf*¹: *serfio+-iwr*] *eg.* ll. *serfwyr.* Un sy'n serfio (mewn tennis, &c.): *server (in tennis, &c.).*
20g.

serfoil, gw. **serffoil.**

serfyll [ag adran (*b*) cf. Llad. *sorbilis*] *a.*
(*a*) Simsan, ansad, ansefydlog, sigledig, gweglyd, ar syrthio, dadfeiliedig, adfeiliedig; ansicr, gwamal, anwadal; bregus, brau; (?geir.) salw, gwael: *unsteady, unstable, rickety, shaky, tottering, dilapidated, in ruins; uncertain, fickle, inconstant; fragile, frail; (?dict.) shabby, poor.*
c. **1400** *R* 1347. 4–5, neb nyth gar bydar bawdull. brych wegil suruil *seruyll.* **15–16g.** *TA* 173, *Serfyll* fu ddinas Arfon / Saf yn eu mysg yn safn Môn! *id.* 298, Ni bu 'n i oes ben y wedd / Yn *serfyll*, nes i orfedd. **16g.** *GGH* 208, *Serfyll* yw cwmpas oerfyd, / Syweth, Dduw fry; beth sy i'th fryd? **16g.** *WLl* 216, *Servyll* oer bebyll yw r byd / Somwr ar bob rhyw symyd. *p.* **1584** G. ROBERT: *GC* [206], [p]e gadewid heibio, yr un o'r pedair prifgolofn, e fyddai'r adeiliadaeth yn *serfyll.* c. **1588** *B* ii. 237, *servyll*: ssalw, fragilis. **16–17g.** T. R. ROBERTS: *EP* 233, Rhy hyll, rhy *serfyll*, rhy sâl, / Rhanedig, rhy anwadal [am y byd]. **1600** *DK* 243, am vod kymaint yn rhoi hyder ar beth mor *serfyll*, ag yn kael i twyllo yn y diwedd. **1615** R. SMYTH: *GB* 277, i stad [dyn] . . . sydd mor egvvan ag mor *ser/fyll* megis fod llavver o 'r anifeiliaid yn i ragori ef mevvn llavver o bethau. **1632** *D*, *Serfyll*, Caducus, deciduus, vacillans. **1658** R. VAUGHAN: *PS* 19, Tenant tlawd wrth dy ewyllys di ydwyf a bwth *serfyll* priddlyd . . . yr wyf yn ei gynal. **1718** E. SAMUEL: *HDdD* (Gweddï-

au) 29, y mae fy ewyllys hefyd . . . yn *serfyll* ag yn anwadal. **1722** *Llst* 189, *Serfyll.* Ready to fall in pieces, ruinous, out of repair. **1759** *BC* 33, Casawn ŷ byd *serfill*, ar [*sic*] cnawd sy ry drythill. **1803** *P.* Ar lafar yn sir Ddinb. a Meir. yn yr ystyr 'ansad, ansefydlog', *B* ii. 237; 'mae o'n o *serfyll*, sai o ddim yn hir', *Cymru* xlvii. [195] (sir Ddinb.). Cf. T. H. Parry-Williams: *Y* 44, Y mae deddf drugarog cydbwysedd cyffredinol yn drech na simsanrwydd *serfyll* unigolion.

(*b*) Meddal (am wy): *soft(-boiled)*.
Diw. **16g.** *WLB* 89, wye *servych* [*sic*] hawdd fydd i toddi . . . Os yn *servych* [*sic*] y kwirir wye klauarhau garwedd y mwnwgl ar ddwyfron ar ysgyfaint a wnant. **1604–7** *TW* (*Pen* 228), wy *seruylh* d.g. *Ouum* . . . *Sorbile.* **17g.** *Llst* 82, 75, wie *sierfyll.* Cf. *LlS* 59, Rhai aei harfer yn bowdr gyd ac wyie seruyllferw ar gythlwng.
Amr.: **sierfyll: 17g.** *Llst* 82, 75. **1692** *Gwaseila* 1180, Wel dyma'r gwisgoedd esgyll, / Y penne pabwyr pebyll, / Hen fyd yn anodd ei ennill, / Mor gandryll *sierfyll* sôn. **1725** *SR, Sierfyll* ar syrthio d.g. [*Fall*], *Like to fall.* **sirfyll** [?ff. wallus]. **1591** *CM* 16, 110, calon anwadal a *sirfyll.*

serfyllaf, serfylliaf: serfyllu, serfyllio [gair geir., sef bf. o'r a. *serfyll*] *bg.?a.* Simsanu, anwadalu, siglo'n ôl a blaen, gwegian, honcian, haldian; adfeilio, chwilfriwio: *to waver, vacillate, totter, stagger, reel; ruin, shatter.*
1604–7 *TW* (*Pen* 228), *seruylhû* d.g. *Alterno. id. seruylhu* d.g. *Nuto. id. serfylhu* d.g. *Vacillo.* **1725** *SR, serfyllio* d.g. *To Reel.* [**1783**] *W, Serfyllio* d.g. *To Shatter.* **1803** *P* d.g. *Servylliaw.*

serfyllrwydd [*serfyll*+*-rwydd*] *eg.* Simsanrwydd, ansadrwydd, ansefydlogrwydd; gwamalrwydd, anwadalrwydd, cyfnewidioldeb; bregusrwydd, breuder: *unsteadiness, instability, ricketiness; fickleness, inconstancy, changeability; fragility, frailty.*
1604–7 *TW* (*Pen* 228) d.g. *Mobilitas.* **1632** *D* d.g. *Vacillatio.* **1661** E. Lewis: *Drex* 64, Oh *serfyllrwydd* (*instability*) a breuoldery [*sic*] dynion cryfaf. **1722** *Llst* 189, Serfyllder, [*ser*]*fyllrwydd.* m. Frailty, fragility. **1794** *W* d.g. *Totteringness* [*of a building, &c.*]. **1803** *P, Servyllrwyz*, s. m. . . . Craziness.

serfyllter [gair geir., sef *serfyll*+*-der*] *eg.* Ansefydlogrwydd; bregusrwydd, breuder: *ricketiness; fragility, frailty.*
1632 *D* d.g. *Declivitas, Procliuitas.* **1722** *Llst* 189, *Serfyllder* . . . m. Frailty, fragility.

serfylltra [*serfyll*+*-dra*] *eg.* Ansadrwydd: *instability.*
1615 R. Smyth: *GB* 14, *serfylldra*, gvvendid a thrueni, [*sic*] dyn.

serff¹ [bnth. S. *serf*] *eg.* ll. *-iaid.* Taeog, caeth, bilain: *serf, villein.*
1850.

serff², gw. **sarff**¹.

serffawcyn, sierffawcyn [bnth. S. *gyrfalcon*] *eg.* Unrhyw hebog mawr, hefyd yn *ffig.*: *gyrfalcon, also fig.*
16g. Lewys Morgannwg: *Gw* 490, cydwaladr cadw i aelwyd / cyw o nyth *sierffawcyn* wyd. **16g.** *Med H* 34, o vraidd y preiddia y *serffawkyn*, hebogiaid, gweilch . . . y dydd y clywont yr eryr.

serffoil, serfoil [bnth. S. C. *cerfoil*, neu'n uniongyrchol o'r H. Ffr., a bnth. S. *cervoil* 'chervil; honeysuckle'] *eg. Bot.* Gorthyfail y gerddi, *Anthriscus cerefolium*; gwyddfid, *Lonicera periclymenum*: *chervil; honeysuckle.*
c. **1400** *Etudes* vii. 290, kymer sud y dynat, a *cerffoyl*, a walwort, a mel gloew. *Diw.* **16g.** *WLB* 66, Gwna ddwfr or *cervoyl* hwn yw honi swkl yn sasneg.
Gw. hefyd **serfel**¹.

sêr-glwstwr, sêr-glystwr, gw. **sêr+clwstwr.**

sêr-gwmwl [*sêr*+*cwmwl*] *eg.* ll. *-gymylau. Ser.* Nifwl, rhan o'r ffurfafen lle mae'r sêr yn ymddangos yn niferus iawn ac yn agos i'w gilydd: *nebula* (*in astron.*), *star cloud.*
1877.

sêr-gydiad [*sêr*+*cydiad*] *eg.* ?Cytser, yn *ffig.*: *constellation, fig.*
1657 *MLl* ii. 36, Y ffynnon yma iw adnewyddiad meddwl yr enaid sef y tragwyddol *Sêr gydiad* anian tragwyddol cynneddf greaduraidd yr enaid.

sêr-gynnull [*sêr*+*cynnull*] *eg. Ser.* Cytser, cyfseriad: *constellation, asterism.*
1620 2 *Esd* xv. 13, eu hâd a ddifethir gan falldod, a chenllysc, a thrwy seren [:– *ser-gynnull*] ofnadwy. **1632** *D* d.g. *Constellario* [*sic*]. **1636** *Pen* 321, 213b, yn pechode . . . nid ynt . . . iw cyfedliw ith fawrhydi di megis awdvr ohonyn nag J dynged nag i *sergynvll* nag i ddiawl yn vnig. **1772** *W* d.g. *Constellation.*

sêr-gynulliad [*sêr*+*cynulliad*¹] *eg.* ll. *-au. Ser.* Cytser, cyfseriad, hefyd yn *ffig.*: *constellation, asterism, also fig.*
1657 *MLl* ii. 14, mae 'r Ser yn cymeryd gafel arno, ag yn dwyn ei [*sic*] *sergynhulliad* nerthol i mewn iddo. *id.* 18, mae 'r gelfyddyd uchel, a gwybodaeth gwreiddyn pob peth yn codi i fynu yn ol *Sêr gynhulliad* y creadur. *id.* 20, ei weithredoedd . . . ydynt yn tarddu yn vnig oddiwrth y *sêr gynhulliad.* **1795** J. Thomas: *AIC* 118, Benyw ddiwair, yr hon a halogwyd gan Jupiter, ac a drowd i'r *Ser gynnylliad* y Gogledd dan yr enw Bear. *id.* 127, [y] *Ser gynylliad* a elwir Orion.

sêr-gysawd [*sêr*+*cysawd*] *eg.* ll. *-(i)au. Ser.* Cytser: *constellation.*
1851.

seri¹ [?elf. **sâr* (o'r un gwr. IE. **sterə-* 'lledu, taenu' â *sarn*)+*-i*¹; geir. yn unig yw'r ystyron yn adran (*b*)] *e?g.* a hefyd fel *e.ll.*
(*a*) Llwybr wedi ei balmantu, sarn, cawsai: *paved path, causeway.*
12g. *GLlF* 426, *Seri* gyuarpar, sathar sathru. **12–13g.** *GLlLl* 214, Meirv sengi mal *seri* sathar. **13g.** *C* 27. 7–12, Tri an reith march [*sic*] inis pridein. Carnawlauc march. Owein. mab Vrien. a. Bucheslum *seri.* march Gugaun cletywrut. a. Tauautir breichir. m. kadwallaun. **13g.** *A* 6. 2–3, a dyvu o vrython wr well no chynon sarff *seri* alon. **13g.** *GBF* 603, Gwr balch yn holi *seri* sathar. *c.* **1400** *R* 1244. 16–17, Saethuarch keindrafnidyr dinidyr da naf. *seri* eglur vrynn kynnkynnhayaf. Ar *seri* fel elf. mewn e. lleoedd, gw. I. Williams: *ELl* 60.
(*b*) March, ceffyl, cadfarch; meirch: *horse, steed, warhorse; horses.*
c. **1420** *B* i. 222, *seri*, meirch. **1470** *id.* ii. 237, *sseri*, meirch. *c.* **1588** *ib. sseri*, march. **1604–7** *TW* (*Pen* 228), hwn a vo'n marchogaeth ar y *seri*, ar veirch post d.g. *Anabasius.* **1632** *D, Seri*, yw meirch, ait G[wilym] T[ew]. **1722** *Llst* 189, *Seri.* p. Horses.

seri², gw. **siryf.**

seriad, serad [bôn y f. *seriaf, seraf*: *ser(i)o* +*-iad*¹, *-ad*²] *eg.* ll. *-au.* Y weithred o serio: *a searing, cauterization.*
1722 *Llst* 189, *Seriad.* m. A searing. **1798** *WR, seriad* d.g. *Cauterization.* Ar lafar ym Morg., 'Fi geso i *serad* or wth yr 'en far 'na', *GTN* 726.
Amr.: **sefriad** [cf. *sefrio*, amr. ar *seriaf*: *serio*]. Ar lafar, *WVBD* 479.

seriaf, seraf: serio, sero² [bnth. S. *to sear*] *bg.a.*
(*a*) Llosgi â haearn poeth, marcio croen dyn neu anifail â haearn poeth fel cosb, dull o adnabod, &c., cau neu sychu clwyf, gwythïen, &c., â haearn poeth neu ag offer pwrpasol eraill, llosgi, deifio, rhuddo, hefyd yn *ffig.*: *to sear, brand, cauterize, burn, scorch, also fig.*
1547 *WS, Serio* Seare. *Dchr.* **17g.** *J* 10, 38b, *Serrio.* to cauterize, to seare. **1615** R. Smyth: *GB* 7, lle i *serriodd* megis a haiarn tanboeth i archollion ai gvvydiau. **1629** R. Llwyd: *P* 34, *serio*, a thorri doluriau crawnllyd. **1632** J. Davies: *LlR* 151, a chael . . . o'r corph tyner ei *serio* a'i losgi â heiyrn poethion. **1677** C. Edwards: *FfDd* 114, a *serio* Cancr Luther â thân. **1703** E. Wynne: *BC* 91, yna cymereint heirn poethion i *serio* 'r archollion gwaedlyd. **1759** J. Evans: *PF* 28, [c]ymerwch Lŵch Codennau'r Ddaiar . . . a thanellwch ar hyd yr Archoll, a rhwymwch y Goden ar hynny . . . Hyn a hollawl ettyl Wâed o Aelod wedi ei dorri ymaith heb orfod ei *serrio.* **1774** H. Jones: *CH* 24, Gwragedd a morwynion oeddynt, / Yn dioddeu *serrio* eu bronne oddiwrthynt; / Dioddeu colli gwaed eu calon, / Am eu Crefydd a'u Proffession. Ar lafar, '*serio*', *WVBD* 478; 'Fe ddotws y plentyn 'i fys ar far y græt a'i *sero* fa'n dost', *GTN* 726; 'Fe gath fynd i'r 'sbyty i *serio*'r cwt i stopo'r gwaedu'.
(*b*) Gwneud (cydwybod) yn ddideimlad, caledu('r galon): *to make* (*the conscience*) *callous, harden* (*the heart*).
1604 R. Holland: *BD* 8a, [c]ydwybod wahanglwyfus a fae wedi i *serio* neu i llosci a haiarn brwd. **1620** 1 *Tim* iv. 2, a'u cydwybod eu hunain wedi ei *serio* (**1588** *ib.* llosci) â haiarn poeth. **1653** *MLl* i. 234, Cyn caledu'r ewyllys. Cyn *serio*'r gydwybod. **1672** R. Prichard: *Gw* 484, Tebig ydwyt ti i Pharao, / Oedd â'i galon gwedi *sero.* **17g.** Huw Morus: *EC* ii. 153, A dwys gydwybod danbaid, / Gwedi ei *serio* â haearn poeth. **1731** T. Lewys: *BMA* 227, mi a'i clywais e'n dywedyd, gyda gofid calon, ei fod ef yn bechadur y drê, sef un hynod mewn drygioni trwy'r holl dre yr oedd e'n byw; er hynny nid oedd ei galon wedi *sero.* **1776** I. Brydydd Hir: *P* ii. 32–3, mae pawb, ond y sawl sydd a'u cydwybod wedi eu [*sic*] *serrio* . . . yn gydnabyddus a'r gwahaniaeth sydd rhwng da a drwg. **1798** Gw. Mechain: *D* 15, mae eu cydwybodau wedi eu *serrio* a heiyrn gwynias.
Amr.: **sefrio** [cf. *serfiaf*²: *serfio* isod, a *sefriad*, amr. ar *seriad*]. **1929** K. Roberts: *RhB* 63, Dyna'r pry cannwyll yna yn *sefrio* yn y fflamau. Piti na *sefrai* [*sic*] Twm Defis ar dân mwy. Ar lafar, *WVBD* 479. **seirio. 16–17g.** Llywelyn Siôn, &c.: *Gw* 487, michav ar gorav yr gwirion / or sir, / er *seiriaw* krevlonnion / mwy o ddolvr meddylion,—/ mwrned barwnnied oi bronn! **1727** J. Jones: *DFF* 276. *c.* **1730** *Thos. Lloyd D* (LlGC) 208a, *Seiriwyd.* a Serio. BM 220. **serfiaf**²: **serfio** [?ff. wallus, ond cf. *sefrio*]. **1636** *Pen* 321, 226a, bydyddient drwy *serfio* a haiarn poeth.

seriant, gw. **sarsiant.**

seriedig, seredig [bôn y f. *seriaf, seraf*: *ser(i)o*+*-(i)edig*] *a.bfl.* Wedi ei serio; wedi caledu (am y gydwybod, &c.): *seared; callous* (*of conscience, &c.*).
1655 WL: *DP* 27, ac oddiwrth cydwybod ddall, farwaidd, *serjedig.* **1676** W. Jones: *GB* 11, Y Gydwybod *seriedig* ansyniol. **1711** M. Maurice: *YAD* 145, Cydwybod *Sêredig*, ynfyd, anheimladwy. **1767** *AADdG* xiv, [b]od yr Eneidiau hynny ag sy'n diystyru 'r argyhoeddiadau cyntaf a weithir ar eu hysbrydoedd . . . yn myned yn fwy caled, yn fwy dideimlad, yn fwy *seriedig* a swrthlyd yn eu hysbrydoedd.

serig¹, **sierig** [?cf. *serigl*¹] *a.* Simsan, ansad, sigledig: *unsteady, shaky.*
1768 W. Williams: *HTS* 48, Fy llestr sydd yn *sierig* gan rif y tonnau maith. Ar lafar ym Morg., 'Mae'r llwyth yn etrych yn lled *sherig*!', 'Ma hen Offi (Theophilus) wedi myn'd yn *sherig* i wala i gerad y stepsa', *LlGC* 1173, 44; 'catar *serig*' (dwyrain Morg.).

serig², gw. **sirig.**

serigl¹ [?cf. *serig*¹] *a.* Drylliedig, chwilfriw, toredig, rhwygedig: *shattered, broken, torn.*
12–13g. *GLlLl* 88, Molawt yw ygnif mal yn tanure, / Edeinuerch a seirch *serygyl* kynnwe. **1632** *D, Serrigl*, Idem quod nunc Sienigl, Lacerus, contritus. **1688** *TJ, Serrigl*, sienigl, drylliedig, rhwygiedig: torn, broken or bruised small. **1722** *Llst* 189, *Serrigl.* Torn, tattered, reduced into grains. [**1783**] *W*, peri . . . yn . . . *serrigl* d.g. *To shatter.*
Gw. hefyd **senigl**¹.

serigl² [ymgais i esbonio'r engh. gyntaf d.g. *serigl*¹ drwy ei chysylltu â'r e. ll. *sêr*] *a.* Llawn sêr, serog, hefyd yn *ffig.*: *full of stars, starry, also fig.*
1803 *P.*

seriglfriw [*serigl*¹+*briw*] *a.* Chwilfriw; treuliedig, hydraul: *shattered; worn out, well-worn.*
14g. *WM* 398. 18–20, ymfust achledyfeu yny yttoyd arueu pob un onadunt yn *seriglurýv* gan y gilid. **1604–7** *TW* (*Pen* 228) d.g. *Contritus.* *c.* **1730** *Thos. Lloyd D* (LlGC) 207b, *Serriglfriw.* Shattered.

seriol [bôn y f. *seriaf, seraf*: *ser(i)o*+*-iol*] *a.* Yn serio, deifiol; ?wedi caledu (am y gydwybod): *searing, scorching; ?callous* (*of conscience*).
1658 R. Vaughan: *PS* 456, ti cai weled nad oedd i ti ddim siccrwydd, ond vn ai siomedig, neu dywylledig neu goluriol a *serriol* gydwybod.

serit, gw. **sarrit.**

seriws [bnth. S. *serious*] *a.* Difrifol, difrif, dwys: *serious.*
1736 (1812) *YRW* 45, Os ydych chwi'n siarad yn *seriws.* Ar lafar yn sir Benf. a'r De; hefyd gyda grym adferfol, 'Odi *seriws*, 'te', *GDD* 262. Yng ngodre Cered. clywir y ff. *sariws*, *TGG* (1907–8) 108, ac mae'r ff. *siriys* yn gyff., 'Mi alla fo golli 'i waith—mae'n fusnas *siriys* iawn'. Cf. D. Owen: *RL* 333, gobeithio nad oes dim byd *seriws* arno.

serjant, gw. **sarsiant.**

serlaf: serlo [cf. *serlog*] *bg.* Tywynnu (am sêr), disgleirio (fel sêr), serennu, pefrio: *to shine* (*of or like stars*), *twinkle, sparkle.*
1722 *Llst* 189, *Serlo.* To shine as ye stars, be starlight. [**1783**] *W*, Mae'n *serlo* d.g. *Star-light* . . . *It is*

starlight. **1803** *P.* Ar lafar yn gyff. yn y De, 'Mae'n *serlo*'n braf heno 'to'; ''Odd 'i llecid 'i'n *serlo* gin mor 'apus odd 'i', *GTN* 724.

serliog, gw. **serlog.**

serliw [*sêr+lliw*[1]] *eg.* Golau'r sêr: *starlight.*
17g. *LlGC* 13215, 351, *Serliw* Nox Serena. **1803** *P.*

serlog, serliog [bôn y f. *serlaf*: *serlo*+ -(*i*)*og*] *a.* Llawn sêr, serennog, serog, pefriog, disglair: *starry, sparkling, bright, brilliant.*
1722 *Llst* 189, *Serlog.* Starry, starlight. Ar lafar yng Nghered., *Cymru* xlvi. 23, a'r De, ''Odd 'i'n noswaith *serlog* 'yfryd', 'Ma llecid mawr *serlog* gin y grotan fæch', *GTN* 724.

serloyw [*sêr+gloyw*] *a.* Disglair (gan sêr), serennog, serog, pefriog: *bright or brilliant (with stars), starry, twinkling, sparkling.*
14g. *GDG*[3] 191, Camp mesurlamp maes *serloyw*, / Cwmpas o'r wybren las loyw. **15g.** *GGl*[2] 126, Sâl rugl yw seiliwr Rhaglan, / Syr Wiliam, wisg *serloyw* mân. **15g.** *ID* 13, meillion tec mae llonaid twyn / man *serloyw* mynwes irlwyn. **1547** *WS, Serloyw* Sterlyght. **16g.** *GGH* 297, Siriol ffres â *serloyw* ffrwyn, / Sy ryfeldop sir Faldwyn. **16–17g.** *GST* i. 337, Syr Rhys un fesur asen, / *Serloyw* 'mhais Syr Wiliam hen. **16–17g.** *GHCEM* 62, Syr Wiliam waed, *serloyw* mawr, / Swyddau mal suddo Maelawr. **1604–7** *TW* (*Pen* 228) d.g. *Constellatus, Nox . . . Nox sublunis. id. Serloew* nos d.g. *prospectans . . . Astra prospectantia. c.* **1730** *Thos. Lloyd D* (LlGC) 183a, *Serloyw* yn Oes siwrl nis medd. N. 90. **1803** *P* d.g. *Serloew.*

serlwch [*sêr+llwch*[1]] *eg.* Clwstwr o sêr mor niferus nes iddynt ymddangos fel cwmwl o lwch: *stardust.*
1851.

serlwy, *eg.* ?Clwstwr o sêr, cytser, hefyd yn *ffig*: *cluster of stars, constellation, also fig.*
14g. *GIG* 71, A goleuo, gwae lawer, / Tri mwy na *serlwy* o sêr. **15g.** *GLGC* 74, Bwcled no'r fasned sy fwy, / y sy orlais a *serlwy.* **15g.** GWILYM TEW: *Gw* 483, Llen Arthur gymen uwch Gwy, / Llurig Siarls, lliw'r aig *serlwy.* **15g.** *GOLlM* 47, *Serlwy* glan Gwy glyn y gog / saeledau dros oludog.

sermoniad [bnth. S. *sermon*+-*iad*[1]] *e?g.* Pregeth: *a sermon.*
1734 *YCTM* 16, Os dim a'ch nâd i ddwad, / Ond eisiau bod *Sermoniad.*

sernial, *bg.a.* a hefyd gyda grym enwol. (Peri) atseinio, diasbedain, clecio: *to (cause to) reverberate, resound, clatter.*
1803 *P, Sernial . . .* to jar. Ar lafar, 'Trawodd yr haearn nes 'i fod yn *sernial*' (Môn).

sêr-nifwl, serniwl [*sêr+nifwl, niwl*] *eg.* (bach. b. -*niwlen*) ll. *sêr-nifylau, sêrniwloedd. Ser.* Nifwl, galaeth: *nebula, galaxy (in astron.).*
1864.

serniwl, serniwlen, gw. **sêr-nifwl.**

sêr-nodau [*sêr+nodau* (ll. yr e. *nod*[1])] *e.ll.* Serenigau (mewn print, &c.): *asterisks.*
1794 J. ROBERTS: *C* 22, ar gyfer y Cyfryw, y gwelwch y *sernodau* uchod. **1796** J. GRIFFITHS: *H* 78, * * * * * *Ser-nodau.* Cf. R. DAVIES: *GC* 102, *Sernodau* (* * *) pan fyddo amryw o honynt fal hyn ynghyd, dynodant fod rhywbeth diffygiol yn yr ymadrodd blaenorol, neu anfoesol gan yr awdur ei grybwyll.
Gw. hefyd **serennod.**

sero[1] [bnth. S. *zero*] *eg.* ll. -*au*, a hefyd gyda grym ansoddeiriol. Y symbol o sy'n dynodi absenoldeb swm, rhif, &c., dim, dimnod; un o'r prifolion (rhwng +1 a −1) sy'n dynodi'r pwynt trawsnewid rhwng gwerthoedd positif a negatif; dim (byd); pwynt, &c., ar raddfa sy'n fan cychwyn graddnodi positif neu negatif (hefyd am yr hyn, e.e. tymheredd, a nodir ganddo), pwynt isaf; *Ieith.* elfen heb realeiddiad (e.e. treiglad meddal *g*- mewn Cym. Diw.): *zero (also in linguistics).*
1925.
Cfn.: **sero eithaf:** *absolute zero.* **20g.**

sero[2], gw. **seriaf: serio.**

serocs [bnth. yr e. masnachol S. *Xerox*] *eg.* Peiriant llungopïo sy'n ffurfio delwedd electrostatig ar silindr neu blât seleniwm; trosglwyddir y ddelwedd drwy gyfrwng resin powdrog i bapur a'i sicrhau yno gan wres, llungopi a gynhyrchir felly: *Xerox (machine or copy).*
20g.

serofed [*sero*[1]+-*fed* (At.)] *rhif.* a hefyd gyda grym enwol. Nesaf mewn cyfres o flaen yr un a ystyrir yn gonfensiynol fel y cyntaf: *zeroth.*
20g.

sêr-ofydd [*sêr+ofydd*] *eg.* ll. -*ion.* Serydd-wr: *astronomer.*
1803 *P.*

sêr-ofyddiaeth [*sêr-ofydd*+-*iaeth*] *eg.* Seryddiaeth, astronomeg: *astronomy.*
1803 *P.*

sêr-ofyddol [*sêr+ofyddol*] *a.* Seryddol, astronomaidd, astronomegol; sêr-ddewinol, astrolegol: *astronomic(al); astrological.*
1803 *P* d.g. *Serovyzawl.*

serog [*sêr*+-*og*] *a.* Llawn sêr, serennog; disglair (fel sêr); a nodir gan serennig (e.e. am ffurf ieithyddol ddamcaniaethol neu amhosibl): *full of stars, starry; bright or brilliant (as stars); starred (e.g. of hypothetical or impossible linguistic form).*
1632 *D* d.g. *Stellatus.* **1778** *W*, Nôs . . . serlog neu *serog* d.g. *Night, A star-light night. id.* d.g. *Seeded with stars.*
Gw. hefyd **sersog.**

serol [*sêr*+-*ol*] *a.* Yn perthyn i'r sêr, yn deillio o'r sêr; serennog; ar ffurf seren: *stellar, astral; starry; stellate.*
10g. (*Cpt*) *B* iii. 256, guorhir *seraul.* circhl. **1604–7** *TW* (*Pen* 228) d.g. *Sideralis.* **1712** T. WILLIAMS: *CDdG* 123, mae Chalcidius . . . yn sôn am ymddangosiad Seren . . . Nid anhebig . . . mae yr un oedd y Goleuni *sêrol* hwn . . . a ymddangosodd i'r Gŵyr Doethon yn y dwyrain. [**1783**] *W* d.g. *Sideral* [*starry; according to the stars*]. **1803** *P* d.g. *Serawl.*

seronydd [*sêr*+-*on*[1]+-*ydd*[3]] *eg.* ll. -*ion, seronwyr.* Seryddwr: *astronomer.*
1803 *P, Seronyz . . .* Astronomer. Tri gwyn *seronyzion* Ynys Prydain: Idris Gawr, a Gwdion mab Don, a Gwyn ab Nuz; a çan vaint eu gwybodau am y ser a'u hanianau, a'u hansozau, y darogenynt y çwenyçid ei wybod.

serpentein [bnth. S. *serpentine*] *eg.*
(*a*) Math o fagnel: *serpentine (type of cannon).*
16g. *B* xv. 270, ynn yr hrain ir ydoedd ddau *serpenttein* o bres J gadw y palment.
(*b*) Pibell droellog a ddefnyddir i oeri a chyddwyso hylif wrth ddistyllu: *worm (in distilling).*
1545 ELIS GRUFFYDD: *Ll* 195, y dwr kyntta ar a ddel allan o'r *serpenttein* ne o'r lymbeck.

sêrs, sersiant, gw. **sêr, sarsiant.**

sersog [*sêrs*+-*og*] *a.* Serennog: *starry.*
Ar lafar, *GDD* 262.
Gw. hefyd **serog.**

sertain, serten, sertan, siertain, syrten [bnth. S. C. *certain*, neu'n uniongyrchol o'r H. Ffr.] *rh.* a hefyd fel *a.*
(*a*) Heb ei enwi, rhyw (rhai); rhyw faint, nifer, neu swm (o), rhyw gymaint (o), hyn a hyn (o): (*a*) *certain;* (*a*) *certain number or amount of.*
15g. *FfBO* 53, pob pwnk o hynny yn dangos ryw *serten* arwydon. **1545** *CM* 1, 6, I mae *Sertein* Leoedd nodedig ir had hwn i syrthio. **16g.** *B* xi. 88, erbyn *sertaen* ddydd ac amser. *Dchr.* **17g.** *id.* xxi. 330, a thyrwbwl vawr a vydd yn y byt mewn *siertain* leoedd.
(*b*) (a'i ddilyn gan yr ardd. *o*: *followed by the prep. 'o'*).
15g. *FfBO* 53, ac y mywn *serten* o amser darestwng att y gwyr. **15g.** *LHDd* 42, *seretein* [*sic*] o pyngkeu yssyd gyfreidiol y pob gŵr o gyfreith ŵrthynt. **16g.** *Astud Amr* 55, yr hon ir ydoedd *serttain* o wyr mewn harnais ynn i chadw. **16g.** *B* xi. 21, doeth *serttain* ohonnauntt twy J lys y brenin. *id.* 23, kafel *serttain* o'r kyuriw yssgrubyl. *id.* 89, a'i verwi ef [crys] mewn *sertain* o Jraid, o'r hwn J hroddes ef Jddi hi lonnaid blwch ohonnaw ef. **16g.** *THSC* (1923–4) (At.) 31, y kymerth ef *serten* o anifailiaid nid oeddynt byredic. **1551** W. SALESBURY: *KLl* xliib, Ac aeth niuer [:– *serten*] or rei oyddynt gyd a nyny yr vonwent. *id.* xlixb, Yno yr ervyniasont iddo aros *serten* o ddyddyeu. **16–17g.** *SC* x/xi. 278, Ar *serten* o amser idd oedd dwy vran. **17g.** *IICRC* iii. 224, Fo fu Ferddin Wyllt am Wen *serten* o flynedde / yn dwyn agwedd ddigon gwael heb fawr o fael oi chwedle.
(*c*) Sicr, siŵr, anochel, anorfod: *certain, sure, unavoidable, inevitable.*
1599 (1677) R. HOLLAND: *AB* 86, mae 'n ddilys neu 'n *serten*, y dyleiBendithion [*sic*] tymhorol gael rhyw le ynddi [Gweddi'r Arglwydd]. **1670** J. HUGHES: *AP* 144, ffordd siccr a *certain* . . . i gael deng mil o bunnau. **1672** R. PRICHARD: *Gw* 351, *Certen* yw y daw ar fyrder, / Ancertennol ydyw'r amser. **1683** H. EVANS: *CTF* 50, Does dim trwy'r byd yn *serten*, i ddyn ond angeu glâs. *id.* 53, Ond *serten* yw gobrwyir, pob rhai yn ol ei gwaith. **1711** H. POWEL: *TY* 128, eu rhif [yr etholedigion] sydd *sertan* a phennodol. **1737 (1766)** *OU* 164, gan fod yr Yscrythurau mor *serten*, mor sicr, mor ddi alw yn ol a chadarn. Ar lafar, '*serten*' 'sicr', 'dyn *serten* iawn', *Cymru* xlvii. [195] (sir Ddinb.); 'Peidiwch â bod mor *syrtan*' (Arfon). Cf. D. OWEN: *GT* 190, 'does dim eisio i neb gael ei ladd mae hyny yn *syrten.*

sertanrwydd, gw. **serteinrwydd.**

serteiniol, sertenol, siertenol [*sertain*, &c.+-(*i*)*ol*] *a.* Sicr, siŵr, anorfod, anochel; heb ei enwi, rhyw (rhai): *certain, sure, unavoidable, inevitable;* (*a*) *certain.*
c. **1400** *YSG* i. 42, gwdost ti beth *certeinyawl* am hynny. **16g.** *IICRC* iii. 341, Moes glowed yn *sertenol* / Oes dim remedi grasol. **16–17g.** *HG* 133, mi wela maŭ n *sertenol* / nadoes un gwr ond i ras, an kyrch ni mas yn gwrthol. **16–17g.** (*Gesta Rom*) *LlGC* 13076, 53b, pwy bynnag a ddoi ar ddiwarnod *sertenol* . . . hwy a gaent i hairchion. **17g.** *DCR* 238, y mayr adwyth yn *sertenol* / yn llaw r dvn syn kodi r ffiol. **1672** R. PRICHARD: *Gw* 112, Cofia f' enaid nâd oes genyd, / Ddydd *certennol* [:– Siccr] ar dy fywyd. **1688** S. HUGHES: *TSP* 74, bygwthion echrydus ac ofnadwy, ynghylch cospedigaeth *sertennol* [:– Dilys]. **1711** H. POWEL: *TY* 4, Ethol nifer *sertenol* o hiliogaeth Adda. **1739** D. ROWLAND: *LlY* 6, Dyna arwydd *Sertenol* ein bod wedi ein hail eni. Ar lafar, '*Sertenol*' 'Settled; of fixed habits', *GDD* 262.

serteinrwydd, sertenrwydd, sertanrwydd, sierteinrhwydd [*sertain*, &c.+ -*rwydd*, -*rhwydd*] *eg.* Sicrwydd: *certainty.*
1488–9 *BSM* 10, blin vv gantho na chae wybod *sierteinRwydd* am y lle vchod. **1633** *Addysg i Farw* 186, roddi o honaw ef [Duw] i ti ras i gredu o'th galon mewn gwirionedd a *serteinrwydd.* **1712** T. WILLIAMS: *CDdG* 36, Beth a allwn ni ddyscu oddiwrth *Certeinrwydd* y farn gyffredinol a ddaw? [**1740**] D. LLWYD: *YDD* 93, er cyrchu o ddyn eich cyrddau chwi dros ei holl enioes, er hynny nid oes iddo ddim *sertanrwydd*, neu Prin Possibilrwydd [*sic*] o ddysgu, oddiwrth eich addysgau cyhoeddus chwi, holl ddirgeledigaethau mawrion ei grefydd. *c.* **1762–79** W. WILLIAMS: *P* 119, *sertenrwydd* angau, cyfnewidioldeb pethau tymhorol, a'r fath. **1763** R. THOMAS: *HR* 99–100, gwirionedd y gair, a *Serteinrwydd* y Bŷd a ddaw. **1767** *Aberth Cym* 82, dy *sertenrwydd* i farw, ynghyd ac ansertenrwydd yr amser pa bryd. **1784** M. WILLIAMS: *S* i. 27, mae'n beth anhawdd i ddirnad gyd âg un math o *sertenrwydd.*

serten, gw. **sertain.**

sertenaf: sertenu [bf. o'r a. *serten*] *ba.* Profi: *to prove.*
1799 M. WILLIAMS: *HHG* 81, [p]an y byddent yn cael eu hordeinio, yr oeddynt yn gorfod *sertennu* y gallent ddarllen yr efengyl a'r epistolau.

sertenrwydd, gw. **serteinrwydd.**

sertiffeiaf, syrtiffeiaf: sertiffeio, syrtiffeio [bnth. S. *to certify*] *ba.* Ardystio, cadarnhau: *to certify.*
1727 M. MAURICE: *WE* 52, pan aethont i *sertiffio* [*sic*] eu tu' [*sic*] yn du' [*sic*] cyfarfod. [**1744–5**] G. JONES: *RYC* 7, gyd ag Enw y Meistr; wedi ei *sertiffeio* gan Weinidog y Plwyf. Ar lafar yn yr ystyr 'ardystio bod (rhywun) yn wallgof', 'Argo, 'di hwnna 'm yn gall—ma isio 'i *syrtiffeio* fo'.

sertifficet, sertifficat, &c. [bnth. S. *certificate*] *eb.* ll. -*s.* Tystysgrif; ardystiad, cadarnhad; trwydded, caniatâd; hefyd yn *ffig.*: *certificate; certification, attestation; licence, permission; also fig.*
1567 *LlGG* 126b, na bo ir Curat . . . ei [*sic*] priodi hwy, nes cahel *certificat* [:– espesrwydd] darvot gofyn ei [*sic*] cerennydd dairgwaith gan y Curat or plwyf arall. **17g.** *LlGC* 253, 290, i Sion moris: a fyne sgrifenv *satiffficat* i fod ef yn onest. **1664** *LlGG* sig. C2v, rhaid iddo ddirprwyo *sertifficat* dan law a sêl ei Arch-Escob. **1685** *Art* 4, Ag a ddarfu iddo ef yn

gyhoeddŷs ddarllen *Certificat* oi gŷdsynniad. **1710** *LlGG* (*Gos*) 8, [c]yflwyno i'r dywededig Esgob wîr a diamheuol *Sertifficat* neu Siccrwydd, o fod ganddo . . . Eglwys ofewn yr Esgobaeth. *id.* 11, os ymsymmuda un Gweinidog wedi o'r lle y gwnaeth efe'r bai . . . yna Esgob yr Esgobaeth, neu Ordinari y Lle y mae e'n byw, ar Siccrwydd neu *Sertifficat* o dan Law a Sêl yr Ordinari arall o Lywodraeth yr hwn y symmudodd efe, a gyflawna 'r Gôsp honno arno ef. **1728** T. BADDY: *DDG* 27, Yn ol cael o honof fy *Sertificate*, yn seliedig gan y Quadrian, a Llythyr, i ddangos ymolchi o honoi yn yr Afon Iorddonen, mi a ymmadawais a Chaersalem. **1758** *ML* ii. 72, Dyma fi yn anfon yn ol *siertificats* y Gambold. **1759** *PYAG* 63, *Sertifficat* i gael myned i mewn i wlad Caersalem Newydd. **1777** W. WILLIAMS: *TEA* 6, a phregethwyr hefyd ddaeth attom o bob parth . . . *Certificat* pob un yn ei enau. **1794** E. JONES: *CP* 31, [p]apuryn dan enw tystiolaeth neu *sertifficat*. Ar lafar, '*Stifficat* . . . gwaith', *B* viii. 222 (Morg.); 'Mi ges i ddwy *syrtifficet* —un am ddŵad yn gynta', a'r llall am ddŵad yn ail'; 'Ma fe wedi fframo 'i *syrtifficets* a'u hongian nw ar y wal i gyd'. Cf. W. REES: *LlHFf* 111, Mhen y flwyddyn, mi geith pob breyddwydiwr *sytifficet* o'i garitor o dan law awdurdode 'roffis.

Amr.: **systifficat.** Ar lafar yn gyff., e.e. *B* viii. 222 (Morg.).

Cfn.: **sertifficet,** &c., **doctor:** *medical certificate.* **20g.** Ar lafar, *B* viii. 222. **sertifficet,** &c., **briodas:** *marriage certificate.* **1963.**

sertsh [bnth. S. *search*] *eg.* Archwiliad, chwiliad, chwilfa: *a search.*

16g. (*LlEG*) *Mos* 158, 275b, I wneuthud *sertsh* ac i chwilio yn ddigeulus [*sic*] Am vrenin hwnggri. *id.* 678b, yr amerawdyr Sw/ydd ogion [*sic*] yrhwn aoedd yngwneuthudd *sertsh* kyuing neithyr Ir ydoedd y lladron yndianck.

sertsiaf: sertsio [bnth. S. *to search*] *ba.* Archwilio, chwilio: *to search.*

16g. (*LlEG*) *Mos* 158, 547b, peris y komushiwners i ddau swydd/og gadw poob teid i *ssertshio* ac i chwilio paawb ar a Elai o gailais [*sic*] i loegyr.

serth[1] [Crn. C. *serth*, Llyd. C. *serz*, Llyd. Diw. *serzh*] *a.* ll. *-ion*, a hefyd fel *eg.*

(*a*) Yn gogwyddo neu'n goleddfu'n fawr (am dir, &c.), a rhediad mawr ynddo, llethrog, llechweddog, clogwynog, uchel; syth, fertigol, unionsyth, yn ei sefyll, union; (?geir.) peryglus: *steep, sloping, precipitous, high; straight, vertical, upright;* (?*dict.*) *dangerous.*

c. **1400** *R* 1373. 22–4, Syth ỽrth syth tra syth ac aryf treissic. *serth* loryf doeth loewdoryf detholedic. **15g.** *OBWV* 152, Ergyd saeth o dderwgoed *serth* / Yw ei chrib uwch yr aberth [Dafydd Nanmor i Ystrad-fflur]. **15g.** *GGl*[2] 271, Allt *serth* i wylliaid yw Siôn, / A gowared i'r gwirion. **1588** 2 *Esd* vii. 7, gosodwyd hi [dinas] mewn lle *serth.* **1595** *Egl Ph* 9[9], y dhringbha yn *serth*, ac yn lhithrawg. **1620** 1 *Sam* xiv. 4, yr oedd craig *serth* o'r naill du i'r bwlch, a chraig *serth* o'r tu arall i'r bwlch. **1632** *D*, *Serth*, Præceps, accliuis, deruptus, decliuis, præruptus. **1688** S. HUGHES: *TSP* 88, pan y gwelsant, [*sic*] fod y Bryn yn *serth* [:– Yn uchel i fyned i fynu ar hyd-ddo]. **1703** E. WYNNE: *BC* 88, yn yr holl Gêg anferthol honno [yn uffern] nid oedd bossibl ddim cynt gae[l] attreg, gan *serthed* a llithriceed ydoedd. **1725** *SR* d.g. *Dangerous.* **1753** *TR*, *Serth*, steep, hard to get up. **1756** W. WILLIAMS: *GDC* 44, 'Run Gallu heb Anhawsder wnaeth y Planedau o'r bron / . . . / I sefyll yn yr Wybren gwmpasog ehang *serth.* **1764** W. WILLIAMS: *C* 8, Danfon Feddiginiaeth rasol, / Tros y Creigydd mawrion *serth.* **1793** DAFYDD IONAWR: *CD* 249, I fannog uchel Fynydd, / Yr uchaf a'r *serthaf* sydd. **1795** *R. Crusoe* 35, Cefais wastadedd bychan, tan ochr bryn yr hwn oedd mor *serth* ag ochr ty. **1803** *P.* Ar lafar yn gyff., *WVBD* 479, *GTN* 724. Cf. *GDG*[3] 250, Pinnau serthau pan syrthynt, / Pob un ia pibonwy ŷnt.

(*b*) Anghwrtais, anfoesgar, sarhaus, swta, sarrug; anweddus, aflednais, bras, cwrs, ffiaidd, anllad: *discourteous, uncivil, insulting, curt, surly; unseemly, uncouth, vulgar, coarse, foul, obscene.*

14g. *YBH* 12a, Sef awnaeth . . . kymryt ediuarỽch am rydywedut o honei y mor *serth* ac y dywot ỽrth boỽn. **14g.** *GDG*[3] 181, Na rhoi gwerth i wrach *serth* swydd / Orllwyd daer er llateirwydd. *id.* 367, Er dy lud a'th anudon, / A'th eiriau certh a'th *serth* sôn. **14g.** *GIG* 166, Carl *serth* a'i fwth car ael Soch, / Cyhyrgorff syml cau hirgoch. *c.* **1400** *Ymborth* 6, Ymserthu yw ymdorri, drwy deissyfyt gyffro medwl, y mywn anadvwynyon ymadrodyon *serthyon.* **15g.** *GGl*[2] 174, Ei gasbeth, gorwag osbion, / Gŵr meddw *serth*, a gormodd sôn. **15g.** *Pen* 57, 37, Os wrth wann da yw dannwyd / Os wrth draws *sertha* d[e]wr wyd. **1551** W. SALESBURY: *KLl* lxva, gair brwnt [:– ymadrodd budyr / *serth* / ne croesan]. **1567** *LlGG* (*Sall*) 72b, [Ff]alsedd ys y gas a' ffiaidd [:– *serth*] genyf. **1594–6** *B* iii. 176, *serthion* barablae. **1595** M. KYFFIN: *DFf* [16–17], beth bynnag a ddoettont . . . er chwerwed a *serthed* fyddo . . . nid gwaeth genthynt. **16–17g.** *CRC* 10, gwrando yn ddyfal na fydd *serth* / mi a ro yt i gwerth [*sic*] o gyngor. **1632** *D*, *Serth* . . . Obsc[æ]nus. **17g.** *HCRC* iii. 365, i roddi o wrth sibede lle gwnaeth o yr weithred *serth.* **1672** R. PRICHARD: *Gw* [xlvi], Di weli fôd yn hawsach, / Gan Gymru (heb eu hammarch) / Ddyscu caniad ofer *serth* / Na'r Peth sydd werthfawroccach. **1751** *GIA* xvii, [ll]ŵon a rhêgon, ac ymadroddion *serth* a sarrhâus. **1753** D. JONES: *SD* 198, Ond clau anghofient hwy dy Nerth, / A'u tafod *serth* grwgnachent. **1759** *DG* 91, Un da ei nerth: gwir Arglwydd glân, a'n tynne o'r tân, / Congcweriodd Sattan *serth.* **1803** *P.*

Fel *e.* (*a*) Llethr serth, dringfa serth: *steep slope, steep ascent or climb.*

1722 *Llst* 189, *Serth* . . . m. an up-hill. **1803** *P.* Ar lafar yn sir Drefn., ''Oedd 'na ryw damaid bach o *serth* fel 'na'.

(*b*) Iaith serth, maswedd: *foul language, ribaldry.*

1864.

Gw. hefyd **syrth**[1].

serth[2], gw. **syrth**[1].

serthaf: serthu [bf. o'r a. *serth*[1]] *bg.a.*

(*a*) Mynd yn serth: *to become steep.*

1803 *P.*

(*b*) Difrïo, difenwi, dilorni; siarad neu ymddwyn yn gwrs; ?byw yn ofer: *to revile, abuse, malign; speak or act coarsely;* ?*live licentiously.*

16g. R. WHITE: *C* 19, Mae llawer ffordd i ballvr wal // i rrai syn dal // ar *serthy* / nid oes ond vn i daror nod // a hawdd yw gwybod // hynny. **1611** R. SMYTH: *SG* 203, Elymas y Swynwr y'rhwn y mae S. Pawl yn *serthu* yn gyhoedd. **1803** *P*, *Serthu* . . . to act or talk in a vulgar manner.

serthaidd [*serth*[1] + *-aidd*] *a.*

(*a*) Serth, clogwynog: *steep, precipitous.*

1696 *CDD* 97, y Mâb haeledd, a'n deil hŷd y diwedd, / Er bôd ein lle'n *serthedd*, rhag syrtho. **1803** *P.*

(*b*) Anghwrtais, anfoesgar, sarhaus, swta, sarrug; anweddus, aflednais, bras, cwrs, ffiaidd, anllad: *discourteous, uncivil, insulting, curt, surly; unseemly, uncouth, vulgar, coarse, foul, obscene.*

1656 W. JONES: *TPG* 6, na fyddwch *serthaidd* ac enllibaidd. *id.* [9], [t]yngu a rhegi yn *serthaidd.* **1716** E. SAMUEL: *GGG* 80, y fath chwedlau *serthaidd* am Odineb a Phutteindra 'r Duwiau. **1718** E. SAMUEL: *HDdD* 167, rhag siarad o honynt eiriau ffiaidd *serthaidd.* *id.* 196, ymadroddion Halogedig, *serthaidd* enllibus. **1798** R. DAVIES: *CG* 115, Gwell ydyw'r ddigolledig, / Fwyn doeth drefn, fendith a drig, / Na then feistrolaeth unig,—/ *Serthaidd* farn, / Y cadarn trangcedig.

serthair [*serth*[1] + *gair*[1]] *eg.* ll. *-eiriau*, a hefyd fel *a.* Iaith neu air anllad neu sarhaus, serthedd, maswedd; cabledd; bras, cwrs, ffiaidd, anllad: *obscene or abusive language or word, ribaldry; blasphemy; coarse, foul, obscene.*

c. **1400** *R* 1296. 20–2, Roet ỽrth arol sỽrth *sertheir.* ryỽ vaenbost maỽrgost murgaer. **1567** *TN* 19a, pop pechat a chabl [:– *serthair*] a vaddeuir i ddynion. **1604–7** *TW* (*Pen* 228), *serthair* d.g. *Libidinosus.* **1632** *D*, *Serthair*, [Obscænitas, obscæna locutio]. WS Sic reddit Blasphemiam Mat. 12. *id.* d.g. *Spurcidicus.* **1688** *TJ*, *Serthair*, cabledd, dywedyd yn ddrwg am dduw: blasphemy. **1722** *Llst* 189, *Serthair*, m. Abusive language; obscenity, ribaldry. **1771** *W* d.g. *Broad* [*coarse, gross, obscene*] *language.* **1803** *P*, *Serthair*, s. m. —pl. *sertheiriau* . . . An obscene word or expression.

serthallt, serthau, gw. **serth**[1] + **allt, gau.**

serthder [*serth*[1] + *-der*] *eg.* Serthrwydd: *steepness.*

c. **1730** *Thos. Lloyd D* (LlGC) 208a, *Serthder.* Steepness.

serthdir, gw. **serth**[1] + **tir.**

serthedig, serthiedig [*serth*[1] + *-(i)edig*] *a.* Serth, llethrog, llechweddog, clogwynnog, ar ogwydd: *steep, sloping, precipitous, inclining.*

1720 *W Ballads* 62, 7, A thros y Clawdd Cerrig, i geulan *serthiedig*, / Yn ffyrnig môdd dieflig fe 'i taflodd. **1803** *P*, *Serthedig* . . . Inclined; precipitated.

serthedd [*serth*[1] + *-edd*[1]] *eg.*

(*a*) Serthrwydd, llethr (serth): *steepness, (steep) slope.*

13g. *BD* 52, Ac eissyoes *serthed* y mynyd . . . oed amdyffyn y'r Brytannyeit. **1632** *D* d.g. *Declivitas.* **1722** *Llst* 189, *Serthedd*, m. Steepness. **1743** D. ROWLAND: *T* 95, y Goriwared a'r *Serthedd* ofnadwy y sydd oddi-/tanodd. **1803** *P.*

(*b*) Iaith aflan neu anllad, bryntiaith, afledneisrwydd, anweddustra, maswedd; anghwrteisi, anfoesgarwch, sen, sarugrwydd: *coarse language, obscenity, bawdiness, ribaldry; discourtesy, abuse, surliness.*

14g. *GIG* 148, Caiff *serthedd*, cyffes Arthur, / Yn y tyllfaen, maen fal mur [i'r llong]. *c.* **1400** *R* 1305. 29, Ac eiryach ry garu dim *serthed.* *Dchr.* **15g.** *GSCyf* [107], Cael *serthedd*, ciliais i wrthi, / Ni chwery fawr, ni châr fi (Llywelyn ab y Moel). **1552** W. SALESBURY: *Gw* 334, [t]ewi a *serthedd* ne groesaneth ne ymadrodd bûstyl anghymmesur. **1567** *LlGG* 33a, na *serthedd* [:– bryntí] nac ymadrodd ynvyt. *p.* **1584** G. ROBERT: *GC* [208], [y] ce[l]wydd, gweiniaeth, a'r *serthedd* y mae'r prydyddion, diddysg . . . yn i ganu fynychaf. **1630** R. LLWYD: *LlH* 401, Bydded eich ymadrodd bob amser yn raslawn, a gochelwch *serthedd.* **1632** *D*, *Serthedd*, Obscænitas, obscæna locutio. **17g.** HUW MORUS: *EC* i. 341, Ond siarad *serthedd*, a hir lynu, / Gyd â'r fflagen, gwaith anniben, 'rwy 'n gwrth'nebu. **1679** C. EDWARDS: *GGG* 237, â'n tafodau na siaradom *serthedd.* **1774** D. ELLIS: *GYGG* 180, [p]ob math a'r [*sic*] *Serthedd*, Anlladrwydd, a Gloddest. **1793** DAFYDD IONAWR: *CD* 343, I'w ddinystr [dyn] sawdd i Annw 'n [*sic*] / Mewn maswedd, *serthedd* a swn. **1803** *P.* Ar lafar, '*Serthedd*: iaith aflan', 'siarad *serthedd*', *Cymru* xlvii. [195] (sir Ddinb.).

sertheiddfrwnt, gw. **serthaidd** + **brwnt.**

sertheiriog, gw. **serth**[1] + **geiriog.**

serthfa [*serth*[1] + *-fa, ma*] *eb.* Llethr serth, dringfa serth: *steep slope, steep ascent or climb.*

1780 *W* d.g. *A pinch* [*a short steep ascent*] *in a road, Precipice.*

serthfrwnt, serthfryn, serthfrynti, serthfryntni, serthgraig, serthgreigiog, gw. **serth**[1] + **brwnt, bryn, brynti, bryntni, craig, creigiog.**

serthiant [bôn y f. *serthaf*: *serthu* + *-iant*] *eg.* Serthrwydd, gogwydd: *steepness, (degree of) pitch.*

1803 *P*, *Serthiant* . . . Precipitancy, steepness.

serthiedig, serthiog, gw. **serthedig, serthog.**

serthle, gw. **serth**[1] + **lle**[1].

serthni [*serth*[1] + *-ni*; ansicr yw union ystyr yr engh. gyntaf] *eg.*

(*a*) Serthrwydd, hefyd yn *ffig.*: *steepness, also fig.*

1725–6 *Madd Ed* 13, Roeddent [gwrandawyr damhegion] gwedi synnu . . . wrth *serthni* (*patness*) yr ymos[o]diad.

(*b*) Maswedd, anlladrwydd: *ribaldry, obscenity.*

1728 S. RHYDDERCH: *GC* 42, Ei dri gorchest ef yw, Duchan heb *Serthni* (S. D. RHYS: *Inst* 147, Serthyd).

serthochrog, gw. **serth**[1] + **ochrog.**

serthog, serthiog [*serth*[1] + *-(i)og*] *a.* Serth, llethrog, ar ogwydd: *steep, sloping.*

19g. Ar lafar yn y ff. *serthiog*, ''I fydde'r ithin yn câl 'i dyfu acha' man *serthiog*' (de-ddwyrain sir Gaerf.).

Amr.: **sethrog** [gyda thrsd.]. Ar lafar yn Arfon, '*sethrog*, "sloping" = "dippin yn ochor i lawr" (Tregarth) not "llethrog"', *B* i. 101; hefyd yn nwyrain Morg., 'Ma'r cæ yn *sethrog*'.

serthol [*serth*[1] + *-ol*] *a.*

(*a*) Serth, llethrog, ar ogwydd: *steep, sloping.*

1803 *P* d.g. *Serthawl.*

(*b*) Anllad: *obscene.*

1615 R. SMYTH: *GB* 57, anghenfeiliaid [*sic*] trvvch phiaidd, a *serthol.* **1803** *P* d.g. *Serthawl.*

sertholdra [*serthol* + *-dra*] *eg.* Anlladrwydd: *obscenity.*

1615 R. SMYTH: *GB* 57, *sertholdra* ag anifeildra y dynion sy 'n præsvvylio [*sic*] yno.

serthriw, gw. **serth**[1] + **rhiw**[1].

serthrwydd [*serth*¹ + -*rwydd*] *eg.*

(*a*) Yr ansawdd neu'r cyflwr o fod yn serth, llethredd, serthni: *steepness.*

1728 T. BADDY: *DDG* 24, ar yr ochor ddwyreiniol i mae hi [Caersalem] yn anorchfygol, oblegid *Serthrwydd* llymder y brynn y mae 'n sefyll arno. **1803** *P*, *Serthrwyz* . . . A precipitous state.

(*b*) Anlladrwydd, maswedd: *obscenity, ribaldry.*

1630 *YDd* 109, megis galw carowsio meddwaidd, yfed iechyd . . . *serthrwydd* (*ribauldry*) digrifwch. *id.* 158, Cadw dy ymadrodd o-ddiwrth bob budreddi a *serthrwydd* (*obscenity*).

serthus [*serth*¹ + -*us*] *a.*

(*a*) Serth, llethrog, llechweddog, clogwynog: *steep, precipitous.*

1803 *P.*

(*b*) Anllad, bras, cwrs: *obscene, uncouth, vulgar, coarse.*

1803 *P.*

serthwch [*serth*¹ + -*wch*¹] *eg.* ?Anlladrwydd: *obscenity.*

1603 W. MIDLETON: *Ps* 5, Na phechwch drwy *serthwch* son / Ackw a holwch ych kalon. *id.* 16, I gav y trwch *serthwch* safn / byth na pharo efo ofn. *id.* 265, Drwy 'r diffeithwch *serthwch* sôn / Dûg i weision digasedh.

serthwr [*serth*¹ + *gŵr* neu fôn y f. *serthaf*: *serthu* + -*wr*] *eg.* ll. -*wyr.* Trythyllwr, maswEddwr: *licentious or ribald person.*

16–17g. *GST* i. 625–6, Ni sai'r annuwiol ffolair / Yn y farn gadarn a gair, / Na'r tresbaswyr, *serthwyr* sôn, / Er cof, ymysg rhai cyfion. **1603** W. MIDLETON: *Ps* 171, J wrthnebwyr *serthwyr* son / Llawenydh fydh yn y fann.

serthyd [*serth*¹ + -*yd*¹; tebyg mai drll. llwgr yw *serthyd*, *THSC* (1917–18) 55 (*GDLl* 46, iechyd)] *eg.* Maswedd, anlladrwydd: *ribaldry, obscenity.*

1592 S. D. RHYS: *Inst* 147, canu Dychan heb *Serthyd.* *c.* **1785–90 (1829)** *CBYP* 44, Tri harddwch Cerdd; mawl heb druth . . . a dychan heb *serthyd.* **1803** *P.*

serubin, gw. **cerub** (hefyd At.).

serw, *a.* Disglair, pefriog: *sparkling, glittering.*

18–19g. *Iolo MSS* 250, Deuliw blodau meinion aeliau, / Mwyn ei champau wrth gydchwarau, / *Serw* yng ngolau dan aur dlysau. **1803** *P*, *Serw* . . . Sparkling, glittering.

serwawl, gw. **sêr + gwawl**¹.

serwm [bnth. S. *serum*] *eg.* ll. *sera.* Hylif dyfrllyd melynaidd sy'n ymwahanu oddi wrth weddill y gwaed pan geulo, paratoad serwm sy'n cynnwys gwrthgorffynnau anifeiliol sy'n gweithredu fel gwrthwenwyn, meiddwaed: (*blood*) *serum.*

20g.

Cfn.: **serwm gwaed:** *blood serum.* **20g.**

serydd [*sêr* + -*ydd*¹] *eg.* ll. -*ion.* Seryddwr, astronomydd; sêr-ddewin, astrolegydd, sywedydd: *astronomer; astrologer.*

1632 *D* d.g. *Astrologus, Astronomus.* **1688** *TJ*, Wŷbrŵr, ŵŷbrŷdd, *sêrŷdd*: an Astronomer. *Dchr.* **18g.** *RWM* ii. 449, Mar: T. Jones y *serydd* ag ynte 'n fyw. **1722** *Llst* 189, *Serydd*, m.p. *ryddion.* An astrologer. **1772** IOAN WALLTER: *DB* 38, nid oes mwy o reswm am dybied felly, nac y sydd am dybied mai rhagwybodaeth y *Serydd* yw achos y diffyg ar yr Haul. **1779** *DS* 7, Am Bedwar Chwarter y flwyddyn au [*sic*] dechreuad yn ol rheolau *seryddion* a'r Astronomyddion gynt a sywedyddawl farnedigaeth ar bob chwarter yn Neulltuol. **1803** *P*, *Seryz*, s. m.—pl. t. *ion* . . . An astronomer.

seryddeg [*serydd* + -*eg*¹] *e?b.* Seryddiaeth, astronomeg: *astronomy.*

1888.

seryddiaeth [*serydd* + -*iaeth*] *eb.g.* Gwyddor sy'n astudio'r bydysawd cyfan, y gofod, a'r cyrff nefol unigol, ynghyd â'r ddaear yn ei pherthynas â hwy, astronomeg; sêr-ddewiniaeth, astroleg, sywedyddiaeth: *astronomy; astrology.*

1632 *D* d.g. *Astrologia.* **1754** J. PRYS: *Alm* [i], celfyddyd *Seryddiaeth.* **1770** *W* d.g. *Astrology, Astronomy.* **1779** *DS* [2], llyfreu astronomyddiaeth a *seryddiaeth.* **1793** DAFYDD IONAWR: *CD* 231, Arwyddion mewn *Seryddiaeth*, / Liw nos, wnaen ddangos, Fe ddaeth! **1794** E. JONES: *MPR* 83, Y Saith brîv Addysg . . . *Sêryddiaeth.* Astronomy. **1803** *P*, *Seryziaeth*, s. m. . . . Astronomy.

seryddol, seryddiol [*serydd* + -(*i*)*ol*] *a.* Yn perthyn i'r sêr a'r cyrff nefol eraill, yn perthyn i seryddiaeth, astronomegol; sêr-ddewinol, astrolegol, sywedyddol: *astronomic(al); astrological.*

1718 (1721) S. THOMAS: *HB* 6, y mwya gwybodus yn y gelfydd *S*[*e*]*ryddawl.* **1770** *W* d.g. *Astrological, Astronomic.* **1778** M. WILLIAMS: *BM* [3], Blwyddyn *Seryddawl* yw 365 diwrnod, 6 awr, 9 munud. **1784** E. THOMAS: *Alm* 6, Ar Dremiadau'r planedau . . . y sylfaenai'r hen Sywedyddion gynt eu barn *seryddiol.* **1803** *P*, *Seryzawl* . . . Astronomical.

seryddwr [*serydd* + -*wr*] *eg.* (b. -*wraig*) ll. -*wyr.* Arbenigwr mewn seryddiaeth, astronomydd: *astronomer.*

1816. Ar lafar, ''Wi'n cofio'n blentyn fynd i drem-fa'r *seryddwyr*, lan yn Gyncoed rwla, lle 'ôt ti'n gallu dishgwl ar y sêr', *GTN* 724.

serygl, ses, sesaf¹: **seso**, gw. **serigl**¹, **sies**¹, **sesiaf: sesio.**

sesaf²: **seso** [?cf. *sesaf*¹: *seso*] *bg.a.* Rhythu('n fygythiol), syllu; herio, dyffeio: *to stare (threateningly), gaze; challenge, defy.*

1940. Ar lafar, 'Pam 'wyt ti'n *seso* arna' i o hyd?' (Cered.); fe'i defnyddir hefyd 'of a dog that barks at and worries anything, without actually biting it', 'Be sy ar yr hen gi wr, yn *seso* ar y gath fan na!', *GDD* 262.

Gw. hefyd **sesnaf**²: **sesno.**

sesame, sesami [bnth. S. *sesame*] *eg. Bot.* Planhigyn trofannol, *Sesamum orientale*, a dyfir er mwyn ei hadau bychain hirgrwn a ddefnyddir i flasuso bara, &c., ac i gynhyrchu olew; hadau'r planhigyn hwn: *sesame* (*in bot.*).

20g.

sesban, gw. **sosban.**

sesbig, sesbin, gw. **siasbi.**

seseiet, gw. **soseiati.**

sesh [bnth. S. *sesh* 'drinking bout' (ff. dalf. ar S. *session*)] *eb.g.* ll. -*ys.* Sesiwn yfed: *drinking bout or session.*

20g. Ar lafar, 'Gesh i andros o *sesh* nos Wener—'ôn i'n diodde'n ofnadwy bore dy' Sadwrn'.

sesiaf, sesaf¹: **ses(i)o** [bnth. S. *to seize*] *bg.a.* a'i dilyn yn aml gan yr ardd. *ar.* *Cyfr.* Atafaelu, gafael (yn): *to distrain, seize.*

1718 (1721) S. THOMAS: *HB* 151, Thomas Cromwel a'i cynghorodd i [*s*]*ezo* a'r [*sic*] y Monachlogydd. **1743** *ML* i. 78, oni buase iddynt gaffael benthyg . . . buase Dorset yn *sesio* ar ei [*sic*] dâ am yr ardreth. **1756** *ML* (Add) 877, fe fu yma swn garw . . . fod y Mrs Hicks yn mynd i *seso* ar bethau Mrs Morris. [**1757**] *ML* i. 467, Cyfreithio ag ymwirio, dyma Frysgo wedi *sêsio* ar lwyth o benwag llongdy. **1759** *BC* 247, A'r Exeismon, a ddae i *sessio*, / Damnio a lainio ei draed wrth lawr. **1760** *ML* ii. 246, mae ganddo lonaid boccys mawr o dea a *sêsiodd* o er's llawer dydd. **1828** *Geir Pob* 24, *Sesio*, dal, cymeryd gafael.

Gw. hefyd **seisaf: seiso.**

sesiwn [bnth. S. *session*] *eb.g.* ll. *sesiynau* (*sesiwnau*).

(*a*) (Cyfnod cynnal) cyfres o eisteddiadau llys brenhinol, llys barn, senedd, &c. (hefyd am un o'r eisteddiadau hyn); blwyddyn golegol neu academaidd; cyfnod a neilltuir i weithgarwch penodol (e.e. recordio, yfed); *Cyfr.* llys barn a gynhelid gynt yng Nghymru ddwywaith y flwyddyn ym mhob sir (ac eithrio Mynwy) dan lywyddiaeth barnwyr teithiol, y Sesiwn Fawr, brawdlys; hefyd yn *ffig.*: (*court, parliamentary, &c.*) *session*; (*college*) *session, academic year*; (*recording, drinking, &c.*) *session*; *Great Session(s)* (*former court of justice in Wales*), *assize(s)*; *also fig.*

c. **1400** *R* 1359. 28, kŷd yn llun y*sessyŷn* llei no seisill. **15g.** *GTP* 19, Wyr Einion â'i ffon ffinied—y Saeson, / I'w *sesiwn* na chyrched. **15g.** *GLGC* 236, Ni welir Sais diddirwy, / na Saeson mewn *sesiwn* mwy. **15–16g.** *TA* 412, Ple ceisiwn *sesiwn* y saint?—/ Gydag ef a'i gyd gwfaint [am Abad Aberconwy]. **16–17g.** *B* v. 31, nyd oes i wyr wrth gerdh honestrwydh bhyned i pheiriev na *Sessiwnev.* **1630** *YDd* 185, ni byddai'r carchardai bob *Sessiwn* mor llawn o ladron . . . bradwyr a llofruddion. **17g.** *Cylchg LlGC* vi. 38, dy gwestiwn, y Brytwn brau, / sy synnwyr mewn *sesiynau* (Gruffudd Phylip). **17g.** HUW MORUS: *EC* i. 64, Sawdiwr mewn harnas ydoedd, / *Sessiwn* wyllt ar Saison oedd. **1677** C. EDWARDS: *FfDd* 197–8, Yn y chweched flwyddyn ar ugain o deyrnasiad . . . Harri Wythfed, gwnawd Act o Barliament i gael o Gymry . . . ei rhannu yn Siroedd, a threfnu *Sessiwnau* iddi. *c.* **1700** E. LHUYD: *Par* i. 13, *ssessiwn* ssir veirionnydd. **1719** IACO AB DEWI: *TG* 152, fod i'r Lleidr . . . gael . . . ei . . . gondemnio, ie yn y *Sessiwn* hynny ac yr oedd Crist ei hun i farw ynddo. *c.* **1762–79** W. WILLIAMS: *P* 526, cownsil . . . Constance . . . ynddo cynhaliwyd pymp cymmanfa a deugain, neu gynnifer *sessiwn.* **18–19g.** JAC GLAN-Y-GORS: *Gw* 79, A fuoch chwi 'rioed mewn *Sessiwn* yng Nghymru, / Lle mae cyfraith ac ieithoedd yn cael eu cymysgu. Ar lafar, 'Do, fe gison ni *sesiwn* fach ddifyr o roi'r byd yn 'i le'.

(*b*) (enghrau.'n cyfeirio at y Farn Fawr: *exx. with ref. to the Last Judgement*).

1630 *YDd* 131, mîl miliwn o gyrph . . . yn canlyn Crist . . . i gadw y *Sessiwn* gyffredinol o gyfiawnder, ac i farnu Angelion drwg a dynion anuwiol. **1754** R. REES: *GGG* 41, Nid un Sîr yn unig a ymddengys yn y *Sessiwn* diweddaf. Gw. hefyd y cfn. *Sesiwn Fawr* (ii) isod.

Amr.: **sasiwn**². Ar lafar, 'Mor brysur â beili mewn *sasiwn*', *WVBD* 473. **sesion. 1567** *LlGG* [xi]. **sies(i)wn. 16g.** *THSC* (1923–4) (At.) 55, ef [ustus] a wnaeth yddynt dyngv ar lyfre yn y *siessyne.* **1714** R. PARRY: *DA* [1], Ustusiaid Penna chwithau, / Sy'n Barnu 'r *Siessiwnau.* **18g.** *W Ballads* 132, 5, Cewch weld y *Siesswn* hir, / Lle ni bydd ond y gwîr.

Cfn.: **(y) Sesiwn Fawr (Mawr):** (i) (*Court of*) *Great Sessions*; (*court of*) *assize*; ?*court of session* (*of the County Palatine of Chester*). **16g.** R. WHITE: *C* 42, Angav a vv yn *y sessiwn mawr* / a swrn ar lawr Rydychen. **1716–18** *Llsgr R. Morris* 33, fo aeth y wraig ai thylwuth ar ddau ddieithrun hun / chwip o flaen yr ystus yn rhwudd heb ame dim / fo ai rhwumwud nhw i ateb i*r sesiwn mawr* ñ blaun. *id.* 83, Y llong a landiodd yno ñ Inion dan dre gaer / . . . / foi rhoed ynghaer ynghadw dan *y sessiwn mawr.* **1742** *ML* i. 65, Bum hefyd yn y Beaumaris yn *y Sessiwn Mawr.* *c.* **1762–79** W. WILLIAMS: *P* 574, fe benderfynwyd . . . gan y parlament hwnnw [adeg y Frenhines Mari] fod personau neilltuol wedi eu hapwyntio ym mhob sir . . . i gondemno i farwolaeth y rhai gyhuddid o'u blaen, fel pe buasent yn cael eu condemno gan farnwr a jury yn *y sessiwn mawr.* **1794** E. JONES: *CP* 105, Pob ustus *y sesiwn fawr* (assize), ustusiaid siroedd Caer-Lleon Gawr, Lancaster a Durham a *sesiwn fawr* Cymru, a geiff awdurdod ar eu golygiad eu hunain. **1798** W. RICHARDS: *CC* d.d., yr uchel Eisteddfod, neu *y Sessiwn mawr* diweddaf, yn Hwlffordd. Fe gynhelir gŵyl gerddorol flynyddol yn Nolgellau o'r enw *Y Sesiwn Fawr.* (ii) *exx. with ref. to the Last Judgement.* **1630** R. LLWYD: *LlH* 417, rhaid i bawb yn ddi-escus ymddangos yn *y Sessiwn fawr* ofnadwy. **1655** WL: *DP* 234, Dydd y farn . . . *Sessiw*[*n*] *fawr* yw i'r holl fŷd. **1712** T. WILLIAMS: *CDdG* 35, Awr ac amser *y sessiwn mawr* hwnnw a ordeiniwyd gan Dduw. **1787** E. ROBERTS: *PCF* 56, Ar ddydd yr Adgyfodiad ceir gweled gwawr / Ni o bridd y llawr, yn cwrdd y brenin Iesu, / I fynu i*r Sessiwn fawr.*

Gw. hefyd **sesh.**

sesn [bnth. S. *season*] *eg.b.* Tymor, adeg, cyfnod: *season.*

1547 *WS*, *Sesyn* amser kyfaddas Season. **1828** *Geir Pob* 25, *Sesn*, adeg, amser. Ar lafar yn sir Benf. a'r De yn yr ystyr 'tymor hela'; hefyd mewn rhai ardaloedd am gyfnod dilyn march, *GDD* 262. Cf. D. J. WILLIAMS: *ChHO* 21, brynhawn Ffair Dalis . . . i agor *sesn* y cesyg.

sesnad [bôn y f. *sesnaf*¹, *sesniaf*: *sesn*(*i*)*o* + -*ad*², trf. han.] *eg.* Sesnin: *a seasoning.*

20g.

sesnaf¹, **sesniaf, sesonaf: sesn(i)o, sesono** [bnth. S. (*to*) *season*] *bg.a.* Ychwanegu sesnin at (fwyd), blasuso; sychu neu aeddfedu (pren, &c.) cyn ei ddefnyddio i adeiladu, &c.; dod i arfer (â), ymgyfarwyddo, cynefino; hefyd yn *ffig.*: *to season* (*food*); *season* (*wood, &c.*); *become accustomed or used* (*to*); *also fig.*

1672 R. PRICHARD: *Gw* 554, Halen 'ych i *sesno* [:- Tymmheru, helio] eneidie. *ib. Sesnwch* [:- Tymmherwch] galon pawb sy'n pechu, / Rhag i Grist â'i droed eich sathru. **1739** D. ROWLAND: *LlY* 13, yn 'halen i'n *sessno*, yn llaeth in magu, yn win in llawenhau. *c.* **1740** *LlM* [44], Tymmereiddiwch neu *Seasonwch* eich Golwythion Cig, a phêr Lysiau neu Spices. *c.* **1793** E. BARNES: *HBF* iv, cyn y cynnefinont ag ardal a chreulondeb India 'r gorllewin, yr hyn a elwir y *sesnio* neu gynnefino. **1828** *Geir Pob* 25, *Sesnio*,

tymheru, pereiddio. Ar lafar, "Wi'n iwso persli i *sesno* 'ed' (Myn.).

sesnaf²: sesno [cf. *sesaf²: seso*] *bg.a.* Rhythu('n fygythiol), syllu: *to stare (threateningly), gaze.*
Ar lafar, 'Gæd y bachan yn llonydd, ont[â] nw fyddan' yn gwed bod ti'n *sezno* arno', "Ywn i'n gweld 'i fod a'n *sezno* ar y plentyn', GTN 726.

sesniaf: sesnio, gw. sesnaf¹: sesno.

sesnin [bnth. S. *seasoning*] *eg.* Unrhyw sylwedd megis halen, pupur, perlysiau, &c., sy'n ychwanegu at flas bwyd: *a seasoning.*
20g.

sesonaf: sesono, gw. sesnaf¹: sesno.

seston, sieston, siston [bnth. S. *cestern, cistern*] *eb.g.* ll. *-au.* Tanc (dŵr), yn enw un sy'n cyflenwi dŵr i adeilad neu un sy'n rhan o doiled dwrlif: *cistern, (water) tank.*
1778 J. HUGHES: *BB* 294, Rwi 'n sistio cael, / Y *sheston*, yma 'n union am y wnês, / I gadw maidd, ac ŷd a mês. Ar lafar, 'seston', WVBD 479; hefyd yn y ff. *siston* yng ngodre Cered. a'r De, ac ym Meir. ac Uwchaled yn y ff. *secston.*

*sestr, gw. trisestr, ysgothsestr.

set¹ [bnth. S. *set* (n.); ansicr yw ystyr a dosbarthiad rhai o'r enghrau. isod] *eb.* ll. *-iau, -(y)s* (un. b. *setsen*).
(*a*) Nifer o bethau, &c., sy'n perthyn gyda'i gilydd, yn ymdebygu i'w gilydd, neu a geir gan amlaf gyda'i gilydd, casgliad cyflawn; grŵp o bobl sy'n ymwneud â'i gilydd ac sy'n rhannu diddordebau, chwaeth, syniadau, &c., weithiau'n ddifr., clic; *Math.* casgliad o endidau ac iddynt o leiaf un briodoledd yn gyffredin: *set (of things, &c.); set (of people), clique; set (in math.).*
1592 S. D. RHYS: *Inst* 13[7], Dyro sias hir dros y *set* / Dros olh Duw a ro hiroes yt. c. **1730** Thos. Lloyd D (LlGC) 207b, *Set.* A set of Patridges. **1774** W. WILLIAMS: *A* d.d., Antimoniaeth . . . yn gynhwysedig yn fwy mewn Ymarferion nâ Phyngciau; mewn Proffes wag, ac Ymarweddiad penrydd, nag unrhyw *Set* o Egwyddorion. **1777** W. WILLIAMS: *DN* 69, pan delo *set* o rhai [sic] diras gelyniaethol hyn i'th dŷ. **1777** W. WILLIAMS: *TEA* 39, ni's dylem rwymo ein hunain ormod wrth un *set* o reolau. [**1783**] *W* d.g. Set [*a complete suit of any thing*]. **1799** J. ROBERTS: *C* 24, Y mae *set* o Dablau newydd i gael dechreu a diwedd y Diffygiau. **1828** Geir Pob 24, *Set*, cyfanrif. Ar lafar, 'Ma gen' i *set* gyfan o'r "Cluniar"'; 'Mi fyddi di mewn trwbwl, 'ngwas i, os wyt ti'n mynd i gymysgu gyda'r *set* 'na'; 'Dyna ddiwedd y *set* 'na yr ystyr 'Dyna ben ar hynny' (sir Drefn.). Defnyddir *set* fel term mewn dawnsio gwerin ar gyfer y nifer o gyplau sy'n angenrheidiol i wneud dawns benodol, a sonnir hefyd am 'set hir', 'set sgwâr', &c.
(*b*) Dyfais drydanol neu electronig megis teleffon, derbynnydd radio neu deledu, &c.: *(telephone, radio, television, &c.) set.*
1934. Ar lafar, "Weles i ddim o'r newyddion nithwr —'odd yn *set* ni wedi torri'.
(*c*) Carreg (yn enw. ithfaen) wedi ei sgwario i'w defnyddio i balmantu: *(paving) set.*
1893. Ar lafar yn ardaloedd y chwareli ithfaen, '*sets-an* (sets): Carreg ithfaen wedi ei thorri yn gyfongolog gan y "setiwr" . . . Defnyddir hi at ffyrdd a phalmantau', *B* xx. 377; gw. hefyd ib. am yr e. ar fathau gwahanol o'r cerrig hyn.
(*d*) Planhigyn bychan, bwlb, &c., yn enw. un i'w blannu allan: *set or bulb, especially for planting out.*
1828 Geir Pob 24, *Sets*, planhigion. Ar lafar gynt yn sir Ddinb. yn y ff. l. *setys*, *Cymru* xlii. [195].
(*e*) Yr olygfa ynghyd â'r celfi, &c., sy'n ffurfio cefndir i berfformiad ar lwyfan theatr, cefndir golygfaol cyffelyb mewn stiwdio ffilm neu deledu, lleoliad ffilmio: *(stage) set, set (in film or television studio), filming location.*
20g.
(*f*) Grŵp o gemau (tennis, sboncen, &c.) sy'n ffurfio un o'r unedau y mae'n rhaid ennill nifer penodedig ohonynt i ennill

yr ornest; gornest, gêm: *set (in tennis, squash, &c.); contest, game.*
16g. LEWYS MORGANNWG: *Gw* 462, dechrau at warau [sic] y tad / dwyn *sett* ar denis attad / dwg y bel hyd yr elych / dyblia *sett* ar dy balf wych. **1753** TR, *Sett*, a game at ball, &c. **1773** *W* d.g. Game [*the whole of the play at ball, at cards, &c.*]. Ar lafar, 'Mi 'nillodd o'r *set* gynta', ond colli 'nath o'n diwadd'.
(*g*) Y weithred o setio'r gwallt, steil a roddir i'r gwallt drwy ei setio: *(hair) set.*
20g. Ar lafar, 'Fe ges i *set* fach dda iawn yn y lle gwallt newydd 'na'.

set² [bnth. S. *set* (adj.)] *a.* Penodedig, gosodedig, sefydlog, ffurfiol: *set, fixed, formal.*
1935. Ar lafar, "Phriodith 'i byth—mae'n rhy *set* yn 'i ffyrdd'.

set³, gw. sied¹.

sêt¹, set⁴ [bnth. S. *seat*] *eb.* ll. *seti.*
(*a*) Sedd, cadair, sedd capel neu eglwys, côr, eisteddle; y rhan o gadair, mainc, &c., yr eistedd arni: *seat, chair, pew; seat (of chair, &c.).*
c. **1762–79** W. WILLIAMS: *P* 630, rhai yn cyflawni y gwasanaeth . . . yn y gangell, eraill ynghorph yr eglwys; rhai mewn rhyw *sêt* yn yr eglwys. **1828** Geir Pob 24, *Sêt*, eisteddle. Ar lafar, WVBD 479; 'Ma *sêt* y gatar 'yn yn galad', GTN 726. Cf. T. G. JONES: *Brithgofion* (1944) [45], Methodistiaid, pobol gas, / Mynd i'r capel heb ddim gras, / Gosod *seti* i'r bobl fawr, / Pobol dlodion, eista ar lawr.
(*b*) Plasty yn y wlad ynghyd â'i diroedd, &c.: *seat (country mansion, &c.).*
17g. HUW MORUS: *EC* i. 13, Dug Rhisiart ei deg rosyn, / A sut hardd i'w *sêt* ei hun.
Cfn.: **sêt ganu**: *pew for church or chapel choir.* **1867.** Cf. D. OWEN: *RL* 16, Yr wyf yn cofio am y *sêt fawr* a'r *sêt ganu* ar ochr chwith iddi. **sêt gefn**: *back seat, also fig.* Ar lafar yn gyff. **sêt y gwt**: *back seat.* Ar lafar yn sir Gaerf. **sêt y ffenestr**: *window sill.* Ar lafar, 'Set-y-ffenest', GDD 262. **sêt fawr**: *elders' pew, deacons' pew, 'big seat', also fig.* **1885** D. OWEN: *RL* 16, Yr wyf yn cofio am y *sêt fawr* a'r *sêt ganu* ar ochr chwith iddi. **sêt (y) pechaduriaid**: *back seat in a chapel.* Ar lafar yn gyff.

sêt², setaf: *seto, setu*, gw. sied¹, setiaf: setio.

setaid, setiaid [*sêt¹*+*-aid*, *-iaid²*] *eb.* Llond sêt, cynnwys sêt: *a seatful.*
1925. Ar lafar, 'Bydda 'na ryw *setiad* ohonyn' nw' (Llŷn).

seter, gw. siytar.

setî [bnth. S. *settee*] *eb.* ll. *setïau.* Cadair esmwyth i ddau neu ragor o bobl, soffa: *settee.*
20g. Ar lafar, 'Ma golwg y diawl ar yn *setî* ni'.

setiad, gw. setaid.

setiaf, setaf: *set(i)o, setu* [bnth. S. *(to) set*; ansicr yw ystyr a dosbarthiad rhai o'r enghrau. isod] *bg.a.*
(*a*) Rhoddi mewn lle penodol, gosod, dodi; pennu (dyddiad, &c.), trefnu, gosod; ailosod (asgwrn toredig, &c.); trefnu neu osod (gwallt): *to set, put, lay, place; set (date, &c.), arrange; set (bone); set (hair).*
1547 WS, *settio* llestyr ar ddwfyr, launche. **1603** W. MIDLETON: *Ps* 175, Ag er hynn mae 'n deg y rhad / Ni *settia* yn ans attad. **1759** BC 205, O waith y Temtiwr mawr ei ŵg, / y *setia* atto i at olwg Satan. Ar lafar, 'Rodd hi wedi câl *setio*'i gwallt yn ddel tro 'ma'; 'Mi ges i lot o boen—'wnaethon' nhw ddim *setio* asgwrn 'y mraich i'n iawn'; 'Wt ti wedi *setio* dyddiad ar gyfer y cyngerdd eto?'
(*b*) Plannu, hau; ymffurfio (am ffrwyth): *to set, plant, sow; set (of fruit).*
1929. Ar lafar yn sir Benf. yn y ff. *setu*, 'Ma fe mas yn *setu* tato'.
(*c*) Ymosod (ar), hefyd yn *ffig.*; annog i ymosod, annos, hysio: *to set (upon), also fig.; urge on.*
15–16g. TA 536, Testun ydyw hyn, lle henwon—fy sut—/ Cofn i *setio*'n greulon. **16–17g.** T. PRYS: *Bardd* 300, ymbil yn gynil a gwenn / o fowrgost am y fargen / tew aml bar teimlo i bol / arw *settio* atti /n/ svttiol / y ferch oedd fodlon i'r fan / rhyw /n/ wir o rhown arian. **1605–10** *IICRC* iii. 46, Ac un arall kadarn blaid / wrth

i said yn *settio* / y mae n vwy vynhir am da / ac nis gada iddo. **17g.** TA 535, ateb a wnaeth Tudur Aled i ddeuddeg o brydyddion, a haerodd iddo gael i *setio* at wraig un a elwid Badi. **1759** BC 179, Ceiff Satan ych *Settio* ach hysio chwi'r haws.
(*d*) Caledu (am sment, &c.), ceulo: *to set (of cement, &c.), harden, congeal.*
20g. Ar lafar, 'Rhaid gofalu gosod y teils yn 'u lle cyn i'r sment *setio*'; 'Ydi'r jeli 'na 'di *setio* eto?'
(*e*) Torri cerrig ithfaen yn sets: *to trim granite into sets.*
20g.
Cfn.: **setio fflortopsl**: *to set the foretopsail, prepare to leave.* Ar lafar gynt ymhlith morwyr sir Gaern., THSC (1945) 212.

setiaid, gw. setaid.

seting¹ [bnth. S. *setting*] *eg.* Safle y gosodir rhywbeth ynddi, dull gosod rhywbeth, yr hyn sy'n amgylchynu person neu wrthrych ac yn ffurfio fframwaith iddo, ffrâm o gwmpas gem neu dlws; lle, amser, golygfeydd, &c., sy'n perthyn i stori, &c.: *a setting.*
20g.

seting², gw. sietin.

setiwr¹ [bôn y f. *setiaf, setaf*: *set(i)o, setu*+*-iwr*; ansicr yw'r engh. gyntaf isod] *eg.* ll. *setwyr.*
(*a*) Cyfeirgi: *setter (dog).*
16–17g. HUW MACHNO: *Gw* 93, Da i wr, a gwn, da 'rhawg oedd, / Da i *setiwr* dewis ytoedd [i ddiolch am gap]. ?**17g.** *Cylchg LlGC* viii. 29, yn iawnsut yn hen *setiwr* / . . . / ystlysu, hysbysu i bydd / pa riw fan bo iar fynydd / . . . / arfer y ci ysbïo / notio yr fan, ei natur fo.
(*b*) Trimiwr sets mewn chwarel ithfaen, setsmon: *trimmer (of granite sets), setsman.*
20g. Ar lafar, WVBD 479.

setiwr², gw. sietwr.

setl [bnth. S. *settle*] *eb.* ll. *-au.* Mainc hir ac iddi freichiau a chefn uchel yn ymestyn o'r llawr (a chist o dan y sedd), sgiw, sgrin, cadeirfainc: *a settle.*
1828 Geir Pob 24, *Setl*, cadeirfaingc. Ar lafar, WVBD 479, GTN 724. Cf. D. OWEN: *GT* 224, yn eisteddar y *setyl* wrth y tân.

setlach, setlad, gw. siatlach, siatliad.

setlaf, setliaf: *setl(i)o* [bnth. S. *(to) settle*] *bg.a.*
(*a*) Cytuno (ar), penderfynu, pennu, datrys, trefnu, delio('n derfynol) â; clirio (dyled), talu: *to settle, agree (on), decide, determine, arrange, deal (finally) with; clear (debt), settle up, pay.*
1712 T. WILLIAMS: *CDdG* 542, ar ôl llunio a *settlio* 'r Henuriaid (*after the Presbytery was formed and settled*). **1718** (**1721**) S. THOMAS: *HB* 163, ni allent gyttuno obleged y modd y *settlent* y Diwygiad. *id.* 178, yn y modd hwn y Scremoniau a siccrhawyd ac a *settlwyd.* **1735** S. THOMAS: *HP* 143, tu ag at ystyried, jawn drefnu, a *settlo* Matterion Crefydd. *id.* 244, yr Athrawiaeth a *settlwyd* yn Lloegr yn nechreu'r Refformasion. **1752** ML i. 207, heb *settlio* agia Lord Lincoln . . . pwy sydd i gael gweithio'r gwaith. *id.* 211–12, Echdoe y daethym adre o Bentre Eirian Allt wedi bod yno yn *settlio* amryw fatterion a berthynynt ir hen wr. **1787** (**1812**) TWM O'R NANT: *PG* 47, Mi gaf etto helynt arw yn *setlo* fy matterion. 'Ddaru mi ddim gneyd mistar arn[i] hi eto ond na' i *setlo* hi 'fory', WVBD 479; 'Cymra ddecpunt am 'rŵan—mi *setla* i'r gweddill hefo chdi eto'.
(*b*) Ymsefydlu (mewn ardal, gwlad, &c.), ymgartrefu, cartrefu, hefyd yn *ffig.*: *to settle (in area, country, &c.), settle down, also fig.*
1718 (**1721**) S. THOMAS: *HB* 49, Darfu i rai Saeson *setlo* yno'n y gwledydd hyn. **18g.** *W Ballads* 186, 6, Pe i [sic] hwya y caffo'r pechod mewn gwaelod ûn le i *setlo.* **1766** CD 197, O'r diwedd dois Adre, / Yn wachel fy ysgwedde [sic]! / Ac yno mi a *Settlais*, / Mewn mwynder mi 'mendiais. Ar lafar, "Dach chi'n bwriadu *setlo* yma?', WVBD 479.
(*c*) (Peri) cyrraedd cyflwr neu safle o sefydlogrwydd, sefydlogi, sadio, tawelu, tangnefeddu, heddychu; eistedd (i lawr) yn llonydd, ymlonyddu (i wneud gorchwyl); cyrraedd ei (briod) le, suddo i'w (briod) le, rhoddi yn ei (briod) le; gwaelodi

(am win, &c.), gwaddodi, gloywi, clirio; esmwytho (stumog, &c.): *to (cause to) settle (down), calm, pacify, appease; settle (oneself), settle (to a task); (cause to) settle in place; settle (of wine, &c.), clarify; settle (stomach, &c.).*

16–17g. (*Gesta Rom*) *LlGC* 13076, 80a, Ro i mi vn ddracht oth win // ar Mab a ddyvod nas Kai ef // am vod i win ef etto heb *setlo* ag na allai ef drwblo i win. **1683** H. EVANS: *CTF* 35, Nâd yn ebrwydd ith serch *setlo* (*CDD* 251, *setlio*) [:– Aros]. **1718 (1721)** S. THOMAS: *HB* 145, ei thad a chwennychodd (tuag at *settlo*'r deyrnas) ei rhoddi mewn priodas i frenin Ffraingc. **1769** TWM O'R NANT: *TChD* 41, Gadewch imi fy *setlo* fy hun ger bron. **1774** H. JONES: *CH* 42, os yr had a adewir ar wyneb y tir . . . fe ddaw adar ar ei draws . . . cyn iddo erioed wreiddio a *settlo* yn y ddaear. **1778** N. WILLIAMS: *D* 68, yn ol priodi, a *settlo* fy hun yn y byd. **1795** J. THOMAS: *AIC* 361, ar ôl iddo chwŷddo a *Settlo* 'i liw côstrela êf [gwin] yn ddiogel. Ar lafar, 'Mae'n anodd *setlo* i weithio ar ôl câl wsnos o wylie'; '*setlo* o flaen y teledu'; 'Mi gesh i ffisig i *setlo*'r hen stumog 'ma'.

Cfn.: **setl(i)o ar:** *to settle (estate, &c.) on.* **1693** J. OWEN: *BP* 46. **1711** H. POWEL: *TY* 98, nid peth afressymmol y fyddei i dad bwrcassu swydd i'w Fab, a'i *settlo arno*, fel na allei ef ei cholli. *c.* **1762–79** W. WILLIAMS: *P* 586. **setlo (i) lawr:** *to settle down.* **1921.** Ar lafar, 'Man' nw'n *setlo lawr* 'ma'n nêt yn yn plith ni', *GTN* 724; 'Reit! *Setlwch lawr* 'nawr, blant'; 'Ma'n bryd i fi *setlo lawr* i neud tipyn o waith'. **setl(i)o('r) meddwl (ar):** *to settle one's mind (on), concentrate (on).* **1672** R. PRICHARD: *Gw* 247, *Setla* [:– Sefydla] *'r meddwl*, dysc y genau, / I'th glodfori am dy ddoniau. **1704** *Cym Cr* 108, a *setliwch* eich *meddyliau ar* yr hyn a Glywsoch. **setlo sgwârs:** *to get square.* Ar lafar.

setledig [bôn y f. *setlaf, setliaf*: *setl(i)o*+ *-edig*] *a.bfl.* Wedi ei benderfynu('n derfynol), wedi ei bennu, sefydlog, cyson, hirfaith, parhaol, digyfnewid, diwyro; wedi ymgartrefu, sefydledig: *settled, established, fixed, constant, chronic, permanent, unchanging, undeviating; settled.*

1703 C. ELLIS: *CG* 10, yr unig reol *setledig* o ffŷdd a bywŷd. **1704** *Cym Cr* 66, [y] Deml yn Babell *setledig*. **1709** H. POWEL: *G* 13, gwrando yr Gair a bregethir . . . Tymma yr modd cyffredinol *settledic* i gael Duwfol wybodaeth. **1711** H. POWEL: *TY* 3–4, Ac i'r Diben hwnnw yr arfaethoedd wneuthur Creuadyrieid, Angylion a Dynion: y byddei iddo, er arddangos ei Gyflawn-awdyrdod, sefydlu nifer *settledic* o'r Angylion hynnu yn y cyflwr y creuwd hwynt, gan adel y lleill iddynt eu hynain. *id.* 241, yr rhai ni allant wneuthur dim yn y Dealltwriaeth tywyll, a'r Gelyniaeth *setledic*, yr hwn sy ym mhob dyn wrth natur. **1720** *App DP* 1, yn wir yr oeddwn I 'n tybied ei'ch [*sic*] bod yn ŵr mwy *Settledig* yn ein Gwyddorion. **1735** J. EVANS: *YMS* 38, A Ydyw dy gariad yn gysson ac yn *settledig*? **1748** P. PUGH: *DGG* 28, A wyt ti . . . yn ymgadw rhag Pechod? ac a ydyw'r Gwrthwynebrwydd a'r Ymgadwäd ymma yn *settledig* ac yn sefydlog yn dy Gâlon . . .? **1759** J. EVANS: *PF* 41, Pesychu *setledig* neu o hîr barhâd.

setliach, gw. **setlach.**

setliad, setlad [bôn y f. *setlaf, setliaf*: *setl(i)o*+*-iad*[1], *-ad*] *eg.* Y weithred o setlo (mater), cytundeb, penderfyniad; taliad neu gyfrif llawn neu derfynol; anheddiad, cyfanheddiad: *settlement, agreement, decision; settlement (of debt), final reckoning; settlement (of land, &c.), an inhabiting.*

1711 H. POWEL: *TY* 98, nid peth afressymol a fyddei i dad bwrcassu swydd i'w Fab, a'i settlo arno, fel na allei ef ei cholli; ac etto gadw iddo ei hyn [*sic*] yr wybodaeth o'r *setliaid* [*sic*] hwnnw, a chynnig y mwnhad o honi yn ammodol. *c.* **1730** *Thos. Lloyd D* (LlGC) 210b, *Setliad* . . . Settlement. **1779** J. PRYS: *Alm* 13, Gwlad gamber hoywber yw hon, / Da anian yw ei dynion, / Dama'r [*sic*] wlad *setliad* swydd, / Mae hiraeth ŷm [*sic*] o'i herwŷdd.

setliaf: setlio, setsen, setsiel, gw. **setlaf: setlo, set**[1]**, satsiel.**

setsmon, setsman [bnth. S. *setsman*] *eg.* Trimiwr sets mewn chwarel ithfaen, setiwr: *trimmer (of granite sets), setsman.*

1937.

setys, gw. **set**[1].

seth, sethrog, gw. **syth, serthog.**

seudan [ansicr yw union ff. y gair hwn; nid amhosibl mai gwall am *seurdan* (≡ *syfrdan*) ydyw] *eg.* ?Cywilydd, gwaradwydd; gormodedd, anghymedroldeb: *shame, reproach; excess.*

13g. *LTWL* 242, Tri *seudan* gureic: scilicet, adulterari sub viro; ire in lathrut inconsultis parentibus; virum suum relinquere et ire cum alio.

seudo [?bnth. S. C. *pseudo*, ond ansicr yw union ff. y gair hwn] *eg.* ?Rhagrithiwr: *hypocrite.*

c. **1400** *R* 1352. 21–2, kyfrꝺch kern sybꝺch corn sebon sudas y *seudo* anhiryon.

seuthug, gw. **seithug.**

sew [bnth. S. C. *seu* 'broth, stew, gravy, sauce, &c.'] *eg.* ll. *-ion.* Cawl, potes, stiw, grefi, saws, enllyn, relish, danteithfwyd; sudd, sug, trwyth; jeli: *soup, broth, stew, gravy, sauce, relish, delicacy; juice, decoction; jelly.*

14–15g. *IGE*[2] 290, Mae'r *sew*? Mae'r seigiau newydd? / Mae'r cig rhost? Mae'r côg a'u rhydd (Siôn Cent)? **15**g. *GGl*[2] 189, Ai gwell ein *sew*, gallwn sôn, / Er ei ladd o'r helyddion [i ddychanu Dafydd ab Edmwnd]? *id.* 226, Lliwio *sew* â llysieuoedd, / Llaw Siân ar y llysiau oedd. **15–16**g. *TA* 178, Ni bu Siêb, wynebus oedd, / Well i *sew* a'i llyseuoedd. *id.* 263, Seigiau o garw gwresowgwyllt, / Serch, gwin, a *sew* o iwrch gwyllt. **1547** *WS*, *Sew* Sewe. *Diw.* **16**g. *WLB* 53, hwn a fydd *sew* dewisedig i ddyn claf. **1588** *Bel a'r Ddraig* i. 32, a ferwasse *sew* ac a friwasse fara mewn cawg. **1632** *D*, *Sew*, Olus, pulmentum, jus. **1722** *Llst* 189, *Sew*, m. Broth, porridge; decoction. *c.* **1740** *LlM* [44], Cymmerwch Gwart o Lymmeirch, a golchwch hwy yn dda yn eu *sew* eu hunain. *id.* 46, I wneud *Sew* neu Sauce. **1760** *ML* ii. 264, bwyd llwy y sef uwd a llymru, succan gwyn, pottes, *sew*, a phosel. **1771** *W* d.g. *Broth, Sippet* [*a little sop*]. **1803** *P*, *Sew*, s. m.—pl. t. *ion* . . . Gravy; jelly.

sewer [bnth. S. C. *seuer* 'attendant at meal'] *eg.* ll. *-s.* Swyddog sy'n blasu ac yn gweini bwyd, gwasanaethwr bwrdd, hefyd yn *ffig.*: *attendant who tastes and serves food, server, also fig.*

15g. *HS* 14, bwtler a *sewer* / am croessawant. **15**g. *GDID* 40, Ei borthiant i gant heb gog—na bwtler, / Na *sewer*, na bêr, na bwyd gwresog. **15**g. *GLGC* 52, Tri bwtler, *sewer*, y sydd, / tri chog, pantrer a chigydd. *id.* 258, lle llawen pob rhai, pob duw Gwener, / lle caf tros aeaf waith tri *sewer*. **15**g. *DE* 48, *sewer* y serch sowrys oedd / sawr powdr mewn sirip ydoedd [i'r gusan]. **15–16**g. *TA* 46, Yn gwresogi mae gan gwrs ager, / Gwaith côg llyseuog a llaw *sewer*. **1547** *WS*, *Sewer* A sewer. **16**g. (*LlEG*) *Mos* 158, 305b, ir ydoedd ysgwier o w/ynnedd yn wasnaethwyr [*sic*] ac ynn *Sewer* i Ennau y vrenin h/ines [*sic*]. *id.* 470a, vn o *Sewers* y vrenhines. **16**g. *GGH* 235, Hardd *sewer*, urddas hoyw-waith, / Fu ef i'w Ras Harri Saith. **1770** R. PRICHARD: *CC* 286, Duw ei hun sy 'n costi 'r Swpper, / Mab y Brenhin ydyw 'r *Sewer* [:– Un a fo yn gweini mewn gwledd].

sewin, sewyn, siwin[1]**, siwyn**[1] [?cf. Crn. Diw. *ziu* 'math o ferfog', *shewyan* (ll.) ac o bosibl y Llyd. Diw. *suienn* 'merfog eurben'; cf. hefyd S. *sewin*] *eg.* ll. *-iaid. Pysg.* Brithyll y môr, gwyniedyn, penllwyd: *sewin.*

1835. Cf. D. J. WILLIAMS: *ChHO* 154, gan fod mor ogleisiol dirion wrth ei waith yno ag y byddai wrth *siwyn* afon Tywi. Cf. ymhellach **1366** G. T. CLARK: *Cartae et Alia Munimenta* (1910) 1317, ad piscandum et capiendum in dicta aqua salmones gillynges et suwynges et omnes alios pisces.

sewyrllys [*sawyr*+*llys*[5]] *eg. Bot.* Safri, *Satureja*: *savory.*

1801 *MMf* 226, Cais sudd y *sewyrllys*. *id.* 292, satureia, *sewyrllys*, y selsiglys . . . y sorelys. **1813** *WB* 234.

seythydd, gw. **saethydd.**

sffêr [bnth. S. *sphere*] *eb.* ll. *sfferau, sffêrs.* Arwynebedd tri-dimensiwn caeedig a phob pwynt arno yr un pellter o'i ganol, ffigur solet a amgaeir gan y fath arwyneb, gwrthrych megis pêl, glob, &c., sydd ar ffurf gyffelyb; corff nefol; yr wybren o'i chanfod fel to cromennog a'r cyrff nefol yn gorwedd ynddo; (mewn seryddiaeth gynt) un o gyfres o globau gau consentrig y credid eu bod yn cylchdroi o gwmpas y ddaear, gan gludo'r cyrff nefol gyda hwy; cylch neu faes arbennig o weithgarwch, dylanwad, bodolaeth, &c.: *sphere, ball, globe; heavenly body; sphere (of the sky); (celestial) sphere; sphere (of action, influence, existence, &c.).*

1596 *Pen* 187, 38a, Naw o *Spherae* nefawl ynt i sôn am danynt . . . Sef yw *Sp*[*h*]*êr* wybren gron en amgy/lchv arall. **1672** R. PRICHARD: *Gw* 134, Trwy'r gwynt, a'r glaw, trwy'r Aêr ar tonne, / Trwy'r *Sphêrs* i gŷd a'r holl Blanede.

Amr.: **sffera** [bnth. Llad. Diw. *sphēra*]. **14–15**g. *IGE*[2] 280, Pum tân a ddaw o'r awyr / O flaen gwaith i flinaw gwŷr: / Tân y *sphera*, coffa cas, / Nwyf gompod, o'r nef gwmpas [Siôn Cent i'r Farn Fawr].

sfferaidd [*sffêr*+*-aidd*] *a.* Ar lun sffêr; yn perthyn i sfferau neu i'w priodoleddau: *spherical; pertaining to (the properties of) spheres.*

20g.

sfferig [*sffêr*+*-ig*[2]] *a.* Sfferaidd: *spherical.*

20g.

sfferoid [bnth. S. *spheroid*] *eg.* ll. *-au.* Ffigur solet sy'n ymdebygu i sffêr, yn enw. un a geir drwy gylchdroi elips am un o'i echelinau: *spheroid.*

20g.

sffincs [bnth. S. *sphinx*] *eg.b.* ll. *-iaid, -iau.* Creadur chwedlonol ac iddo gorff llew a phen person, aderyn, neu anifail, cerflun neu ddelw o un o'r creaduriaid hyn: *sphinx.*

1877.

sffincter [bnth. S. *sphincter*] *eg.* ll. *sffinctrau.* Cylch cyfangol o gyhyrau sy'n cadw agoriad yn y corff ar gau fel arfer, modrwy: *sphincter.*

20g.

sffygmomanomedr [cfdds. o'r S. *sphygmomanometer*] *eg. Meddyg.* Offeryn i fesur pwysedd y gwaed: *sphygmomanometer.*

20g.

sgab (*à*) [bnth. S. *scab*] *eg.* ll. *-iaid, -s.* Un sy'n gwrthod ymuno ag undeb llafur, un sy'n gwrthod streicio neu sy'n cymryd lle gweithiwr arall sydd ar streic; cnaf, dihiryn: *scab, blackleg; scab, scoundrel, rogue.*

16–17g. *GHCEM* 146, Pa beth, goeg nychbeth, gwas noeth—wyllgrwydrad, / Sgwib wiwnad, *sgab* annoeth? Ar lafar.

sgabaf: sgabo, sgabes, gw. **sgapiaf: sgapio, ysgabiws**[2].

sgabiws, ysgabiws[1] [bnth. S. *scabious*] *e?g. Bot.* Unrhyw un o amryw fathau o blanhigion o'r tylwythau *Scabiosa, Knautia,* &c., a ddefnyddid gynt fel meddyginiaeth rhag anhwylderau ar y croen, clafrllys: *scabious (in bot.).*

c. **1400** *Études* vii. 276–8, Rac crach a thrysgli . . . [y] llyssewyn a elwir *scabius*. *Diw.* **16**g. *WLB* 13, Kymer y *sgabiws*, y benngaled . . . ai morteru. *id.* 24, pympernel, turmetyll ar *scabiws*. *id.* 26, ar pumpernell ar *yscabiws*, a suran gwyn. *id.* 79, *scabiws*, llysse llwyd . . . spikornel, ai stompio ai berwi.

sgablaf: sgablo [bnth. S. (*to*) *scabble* 'to rough-hew'] *ba.* Brigdocio neu drychu (coed): *to lop branches off (trees).*

Ar lafar, *GDD* 255.

Gw. hefyd **sgapliaf: sgaplio.**

sgabler [bnth. S. *scabbler*] *eg.* ll. *-s.* Morthwyl setiwr mewn chwarel ithfaen: *scabbler (setsman's hammer in granite quarry).*

Ar lafar yn ardaloedd chwareli'r Gogledd, '*sgablar* (*sgablars*)', *B* xx. 375.

sgablins [bnth. S. *scabblings*] *e.ll.* (un. ?g. *sgablin*). Ysglodion ithfaen a gynhyrchir wrth sgwario cerrig: *scabblings (granite chips).*

Ar lafar yn ardaloedd chwareli'r Gogledd, *B* xx. 377; clywir *sgablin* hefyd yn yr ystyr ''Tafell denau o garreg', *id.* 375.

sgadan, sgadenyn, gw. **ysgadan.**

sgadli [cf. S. *scaddle* 'wild' a S. taf. (de Penfro) *scadly* 'greedy (of); destructive'] *a.* Gwyllt, garw; cryf, cyhyrog; lletchwith: *wild, rough; strong, muscular; clumsy.*

Ar lafar, 'Dyn *scadly* yw Caleb mawr', 'Mae'n dewi *scadly*', *GDD* 255; 'Tewi *sgadli* = very rough weather', *TGG* (1907–8) 86 (de-orllewin sir Gaerf.). Cf. *Wês wês* 38, tipyn in *sgadli* wêdd e wrth hinny hefyd; *id.* 94, *sgadli*: lletchwith.

sgaer, sgafaeth, sgafala, sgafell, gw. sgâr¹, ysgafaeth, ysgafala, ysgafell.

sgafliaf: sgaflio [cf. *sgaflog*] *bg.a.* Brasgamu: *to stride, walk with long steps.*
Ar lafar yn Arfon, 'yn *sgaflio* mynd', B i. 101.

sgaflog [cf. *gaflog*] *a.* a hefyd fel *eb.* Hirgoes, heglog: *long-legged.*
Ar lafar yn Arfon.
Fel *e.* Merch arw wrywaidd, rhampen: *rough masculine girl, tomboy.*
Ar lafar, WVBD 481, Cymru lxii. 175 (gorllewin Meir.).

sgafnhaf: sgafnhau, gw. ysgafnhaf: ysgafnhau.

sgaffald, ysgaffald, (y)sgaffold, &c. [bnth. S. *scaffald, scaffold*] *eb.g.* ll. -(*i*)*au.* Fframwaith dros dro o byst neu bolion a phlanciau a ddefnyddir wrth godi, trwsio, neu addurno adeilad, sgaffaldwaith, fframwaith cynhaliol, hefyd yn *ffig.*; llwyfan ddyrchafedig; crocbren, dienyddle: *scaffold(ing), also fig.; raised platform; scaffold (for execution), gallows, place of execution.*
1547 WS, *Yscaffald* A scaffolde. 16g. (LlEG) Mos 158, 137a, pyst a byrdde yr *ysgaffold* ynny lle I syrthiasai wae/d y teyrn. *id.* 158b, ynn y[r] un lle ar man I daruoedd I swyddogion y dinas ordeinio *y*/*sgaffowld* a chrogwr Iw ddiennyddu ef. *id.* 236b, Ir ydoedd *ysgaffold* vchel wedi I wneuthud ynny pailis gar bronn neuad westmynnystyr A chrogwr ynn barod. 16g. B xviii. 328, j kyuaruu y ddwy vrenhines . . . ar *ysgaffoldiau* . . . j edrych ar yr ymwan. 16g. RHISIART FYNGLWYD, &c.: *Gw* 140, *Sgaffoldau* yn gwau mewn gwynt / A'r cerrig ar war corwynt [i blas Gruffudd Dwnn yn Ystradmerthyr]. 16g. THSC (1923-4) (At.) 62, yno y kodassant y groes y vynydd yn ychel ar *ysgaffalde.* 1604-7 TW (*Pen* 228), *scafaldiæ* y edrych chwareûon d.g. *Amphitheatrum.* *id.* *Scafald* d.g. *Machina.* 1609 *Haf* 24, 569, Tradsedi . . . a chwarair ar y theatyr ne yr *Yskaffold.* 1630 YDd 234, yr *yscaffaldiau* a gwympodd dan y gynnulleidfa . . . fel eu lladdwyd wyth yn ddisymmwth. 1722 Llst 189, *Yscaffald,* f.p. -*ffaldiau.* A scaffold. 1752 J. THOMAS: FG 41, *Scaffaldiau* i'r Adeilad nefol hwnnw o Burdeb. [1783] W, vulgò *ysgaffuld* (pl. '*sgaffalddau*) d.g. *Scaffold* [*a sort of stage erected for the execution of criminals, for workmen to stand on, &c.*]. 1828 *Geir Pob* 29, *Ysgaffallt,* esgynlawr. Ar lafar, '*sgaffalda*', GTN 727; "Allwn ni ddim mendio'r shimie 'na heb godi *sgaffaldie*'.
Amr.: **sgaffol** [bnth. S. *skaffoll*]. 1774 T. JONES: DG 26, 157. Ar lafar gynt, '*Sciaffol*', LlGC 1173, 27 (gorllewin Morg.).
Gw. hefyd **sgwmffol.**

sgaffaldio [bnth. S. (*to*) *scaffold*] *bg.* Codi sgaffaldiau: *to erect scaffolding.*
20g. Ar lafar; hefyd yn y ff. staffaldio, straffaldio, WVBD 500.

sgaffaldwaith, ysgaffaldwaith [(*y*)*sgaffald*+*gwaith*¹] *eg.* Fframwaith o sgaffaldiau, hefyd yn *ffig.*: *a scaffolding, also fig.*
1896.

sgaffan, *eb.* Menyw sy'n crwydro o gwmpas yn ddiamcan: *woman who wanders about idly.*
Ar lafar, 'Hen *sgaffan* o hen ddynas' 'e.g. one who pulls wood out of hedges', WVBD 480.

sgaffol, sgaffold, gw. **sgaffald.**

sgaffrwd, *eg.* Person blêr: *untidy person.*
Ar lafar, 'Taw'r hen *sgaffrwd* budur!' 'e.g. . . . a boy who has torn his clothes', WVBD 480.

sgain, sgaing, ysgain(g) [bnth. S. *skein*] *eb.* ll. (*y*)*sgein(i)au, ysgeingiau, ysgeinciau.* Cengl neu gylch o edafedd wedi ei ddirwyn, hyd o edafedd, edau, &c., hefyd yn *ffig.*: *a skein of yarn, hank, length of wool, thread, &c., also fig. and transf.*
1725 SR, *Ysgain* d.g. A Sken. 1771 PDPh 61, scain o edau sidan. 1803 P d.g. *Ysgaing.* Ar lafar yn y De yn y ff. *sgain*, 'Fi brynas *sgain* arall o wlæn i gwplo'r 'oson', 'Ôn' nhw'n arfadd gwertho gwlæn mwn *sgina*, flynyddo'n ôl', GTN 727; hefyd yng Ngheredigion a sir Benf. yn y ff. *sgaing*, '*Sgaing* o ddafe', GDD 255.

sgâl¹ [bnth. S. *scale*] *eg.* ll. -s.
(*a*) Graddfa (ar fap, diagram, &c.): *scale (of map, diagram, &c.).*
1757 ML ii. 45, rwyf yn deall y *scâl* yn y cyfflybrwydd

. . . 'r goreu, ond nid oeddech i gwedi eglurhau mo'r matter, pwy wyddai nad troedfedd oedd y fodfedd?
(*b*) Clorian, tafol: (*weighing*) *scale.*
Ar lafar, 'Ma *sgæl* bach gin' i, di allid 'i bwyso 'i ar 'wnnw', GTN 728.
Gw. hefyd **sgêl.**

sgâl², gw. **ysgâl.**

sgalaf: sgalo [bnth. S. (*to*) *scale* 'to peel off'] *bg.a.* Sgimio, codi (hufen, &c.); pilio (am groen, paent, &c.): *to skim; peel (off)* (*of skin, paint, &c.*).
Ar lafar, "Odd 'i yn y llaethdy'n *sgalo*'r llæth", "Odd y clwyf yn *sgalo*', 'Ma'r paent yn dechra *sgalo* odd ar y drws', GTN 727-8.

sgald [bnth. S. *scald*] *e?g.* ll. -iau. Llosg a achosir gan sgaldio, sgaldiad: *scald.*
20g.

sgaldad, sgaldaf, sgaldanaf: sgaldan(u), gw. sgaldiad, sgaldiaf: sgaldio.

sgaldiad, ysgaldiad, (y)sgaldaniad [bôn y f. *sgaldiaf, ysgaldiaf, (y)sgaldanaf: (y)sgaldio, (y)sgaldian, (y)sgaldanu+-iad*¹] *eg.* ll. -au. Y weithred o sgaldio'r croen, &c., llosg a achosir gan sgaldio; y weithred o sgaldio llaeth: *a scald(ing); a scalding of milk, &c.*
16g. LlS 155, ei vod yn veddiginieth rhac llosc ac *yscaldiad.* 1604-7 TW (*Pen* 228), *yscaldiat* d.g. *Excaldatio* (At.). 1771 PDPh 49, Llosgiadau Tân, a *Scaldaniad* à dwfr. *id.* 57, nid oes dim a dynn wres allan o losgiad tân neu *scaldaniad* o gnawd dyn yn gynt. 1812 W. DAVIES: RMB 60, Llosg tân, neu *Scaldiad.* Ar lafar yn y De yn y ff. *sgaldad*, 'Gath e 'itha *sgaldad* 'da'r dŵr twym' (sir Gaerf.).

sgaldiaf, ysgaldiaf, sgaldaf, (y)sgald(i)anaf, ysgaldaniaf: (y)sgaldio, (y)sgaldian, sgaldan, (y)sgald(i)anu [bnth. S. *to scald*] *bg.a.* a hefyd gyda grym ansoddeiriol i'r be. Llosgi('r croen &c.) â hylif poeth iawn neu ager, cael ei losgi felly; arllwys dŵr poeth iawn dros (rywbeth) at amrywiol ddibenion, glanhau (padellau, &c.) â dŵr berw; poethi (llaeth, &c.) nes ei fod ar fin berwi; hefyd yn *ffig.*: *to scald (skin, &c.) or be scalded; scald with very hot water (for a variety of purposes), scald (pans, &c.); scald (milk, &c.); also fig.*
1545 CM 1, 346, almons . . . *ysgaldia* wyntt mewn dwr berw/dag. 1547 WS, *Yscaldio* Scalde. c. 1566 B xv. 119, ag *ysgaldia* gowion a berw mewn gwin coch. *ib.* cymer draed lloe wedy *ysgaldio* yn da. 1722 Llst 189, *Yscaldanu.* To scald. c. 1740 LlM 32, Cymmer Eirin Perthi ac *ysgaldania* hwy ar Dan a hidla hwy drwy Ogr. *id.* 44, a *sceldiwch* hwy [llymeirch] drwyddynt. 1771 PDPh 66, mor boeth ag y galloch oddef heb *ysgaldanu.* 1772 D. ROWLAND: TPEN 71, nid mor boeth, ac yr *ysgaldano* y croen. 18-19g. GABC 84, Pan ddel i'r dafarn gegin laith, / Ei '*sgaldio* gwiplff [haidd melyn] yn gynta' gwaith. 1800 W. OWEN [-PUGHE]: CP 96, [b]rydio neu *yscaldio* y caws gwyn. 1828 *Geir Pob* 29, *Ysgaldian,* goferwi. Ar lafar, '*sgaldio* mochyn i dynnu'i flew', '*ysgaldio* llefrith', 'y traed yn *sgaldian*' their feet becoming blistered', '*ysgaldanu*' (canolbarth Cered.); '*sgaldan(u)*', GTN 727; '*sgaldanu* mochyn' (dwyrain Morg.). Yn sir Ddinb. sonnir am farrug yn *sgaldio.*
Amr.: **sgildanu.** 20g. Ar lafar yn sir Benf., GDD 257, ac yn sir Gaerf. **sgoldan.** Ar lafar, 'Llâth *scoldan*', GDD 258. **sgoldanu.** 20g.

sgaliwns, gw. **rabsgaliwn.**

sgalop, sgolop¹ [bnth. S. *scallop, scollop*] *eg.b.* ll. -s.
(*a*) Unrhyw gragen ddeuglawr o deulu'r *Pectinidæ,* yn enw. un o'r tylwythau *Chlamys* neu *Pecten,* gylfgragen, cragen fylchog: *scallop, scallop-shell.*
20g.
(*b*) Un o gyfres o gromliniau ar ymyl, yn enw. ymyl brethyn: *scallop (in needlework, &c.).*
Ar lafar, '*sgolops* ar odra pais' WVBD 484; '*sgolops*', Cymru liii. [151] (sir Drefn.); "Odd imyl y cas gobenyŷdd yn *sgolops* glas gita 'i' (dwyrain Morg.).
Gw. hefyd **ysgalop.**

sgalp [bnth. S. *scalp*] *eg.* ll. -iau. Croen (a

gwallt) top y pen, hefyd yn *ffig.*: *scalp, also fig.*
20g.

sgalpel [bnth. S. *scalpel*] *e?g.* Cyllell ac iddi lafn fer denau, yn enw. ar gyfer llawfeddygaeth, fflaim: *scalpel.*
20g.

sgalpiaf: sgalpio [bnth. S. (*to*) *scalp*] *ba.* Torri'r sgalp oddi ar (gelain gelyn), hefyd yn *ffig.*: *to scalp, also fig.*
1757 ML ii. 42, Na ddigia'r subscribwyr mor pethau for lowering the plan of the operation, pa un bynnag ai *scalpio* yr awdwr a wneir ai peidiaw.

sgalsiaid [*sgâls* (ll. yr e. *sgâl*¹)+-*iaid*²] *eb.* ll. **sgalsiadau.** Hanner tunnell o sets ithfaen: *half a ton of granite sets.*
Ar lafar yn ardaloedd chwareli'r Gogledd, '*scalsiad* (*scalsiada*)', B xx. 375.

sgâm, sg(i)am, (y)sgiâm [?amr. ar *sgêm*] *eb.* ll. **sgiams.** Sgêm, cynllwyn, ystryw gyfrwys, sgil: *scheme, dodge, cunning trick.*
1885 D. OWEN: RL 403, Rho dy feddwl ar waith am *sgâm* go dda rŵan. Ar lafar yn ff. *sgiam, sgiâm*, WVBD 480; '*sgiâm*', Cymru xlvii. 196 (sir Ddinb.); '*sgiam*', ISF 67.
Gw. hefyd **sgêm.**

sgamer, sgiamer [?bnth. S. *schemer,* cf. *sgâm, sgamiaf, sgiamiaf: sg(i)amio*] *eg.* ll. -s. Cynllwynwr, ystrywiwr: *schemer, dodger.*
1789 TWM O'R NANT: TChB 9, Hêl *Sgamers* o Lundain a llawer o helynt[oe]dd / A Landsurveyors i revewio 'r tir[o]edd. Ar lafar, '*sgamar*', WVBD 480.
Gw. hefyd **sgamiwr, sgemwr.**

sgamiaf, sgiamiaf: sg(i)amio [bf. o'r e. *sgâm, sg(i)am,* &c.] *bg.a.* Cynllwynio, cyflawni drwy ystryw: *to scheme.*
1850. Ar lafar, 'Mân' nw'n siwr o *sgiamio* i gâl yr arian rwsut', WVBD 480; '*sgiamio*', ISF 67. Cf. TALHAIARN: *Gw* ii. 69, *Sciâmio* 'r llwybr goreu i brynu, i *Sciâmio* wed'yn sut i werthu; D. OWEN: GT 221, mae'n rhaid i mi gael arian o rywle. Sut y medra i ei *sciamio* hi, dywed?
Gw. hefyd **sgemiaf: sgemio.**

sgamiwr, sgiamiwr [bôn y f. *sgamiaf, sgiamiaf: sg(i)amio*+-*iwr*] *eg.* (b. **sgamwraig, sgamreg**) ll. **sgamwyr.** Cynllwynwr, ystrywiwr: *schemer, dodger.*
1916. Ar lafar, '*sgiamiwr*', WVBD 480.
Gw. hefyd **sgamer, sgemwr.**

sgamp, sgiamp [bnth. S. *scamp*] *eg.* ll. -s. Dihiryn castiog, gwalch, cnaf, cenau: *scamp, rascal, rogue, knave.*
[1896.]
Gw. hefyd **sgempyn.**

sgampi [bnth. S. *scampi*] *e.ll.* Corgimychiaid mawr (yn enw. rhai wedi eu caenu â briwsion bara i'w ffrio): *scampi.*
20g. Ar lafar, '*Sgampi* a tsips gethon ni i swper'.

sgampraf: sgampro [bnth. S. *to scamper*] *bg.* Rhedeg neu brancio'n heini: *to scamper.*
1868.

sgamreg, sgamwraig, gw. **sgamiwr.**

sgandal, ysgandal [bnth. S. *scandal*] *eg.b.* ll. -au, **sgandals.** Digwyddiad neu weithred sy'n dwyn anfri neu warth, neu sy'n peri tramgwydd neu ddigofaint cyhoeddus (weithiau hefyd am berson sy'n peri hyn), tramgwydd yn erbyn gwedduster, &c., sy'n destun sgwrs gyffredin (maleisus) am feiau a gwendidau pobl eraill, gweithred sy'n dwyn anfri ar ffydd grefyddol neu sy'n tramgwyddo teimladau crefyddol, maen tramgwydd: *scandal.*
16g. R. WHITE: C 29, Yr ail yw *scandal* ne syrhad / a gwae bob gwlad ai kaffo. 1611 R. SMYTH: SG 179, Yrheini a elwir prif bechodau . . . am fod phrwythoedd gwenwynig yn tyfu o honynt, a phob cyfryw wyd, baiau, *Scandalau*, colledau, llugrau [*sic*] a haint sy'n cwympo arddyn [*sic*] sy'n diellu o honynt megis o wraidd ac o fôn hir. 1670 J. HUGHES: AP 199, ac yn llawn *Scandal.* 1684 H. OWEN: DC 11, drygau a *scandalau* ymmysc y bobl. *id.* 187-8, rhag iti trwy dy fod ynanufydd [*sic*], wneuthur *scandal* i rai eraill. 1828 *Geir Pob* 29, *Ysgandal,* gwarth, anfri. Ar lafar, 'Siwt ath hwnna i'r sêt fawr 'wn i ddim

—ma fe'n *sgandal* i'r ardal'; ''Odd hynne'n *sgandal* fawr ar y pryd'.

Cfn.: **sgandal cyhoeddus**: *public scandal.* **1929.**

sgandalaidd [*sgandal*+-*aidd*] *a.* Yn perthyn i sgandal, yn peri sgandal, llawn sgandal, cywilyddus, gwarthus, tramgwyddus, gwaradwyddus: *scandalous.*
20g.

sgandaleisiaf, ysgandaleisiaf, (y)sgandalisaf: (y)sgandaleisio, (y)sgandaliso [bnth. S. (*to*) *scandalize*] *ba.* Peri sgandal i, tramgwyddo; cael ei dramgwyddo; sarhau, difrïo, absennu, enllibio, difenwi: *to scandalize, offend; be scandalized or offended; slander, malign, defame.*
1670 J. HUGHES: *AP* 216, os digwy[dd] i ti wrth ddarllain geiriau y Scrythur Lan . . . ganfod dim a'th *Scandalizo.* id. 412, Chwychwi oll a *scandaleizir* y nos hon. id. 413, Pe *scandaleizid* pawb yno ti, ni'm *scandaleizir* i fyth. **1684** H. OWEN: *DC* 349–50, ac na âd i ddim annrhefnus fyned allan o'th enau, yr hyn a ddichon *scandalizo* y rhai bychain. id. 408, y rhai a gowsant eu tristhâu . . . neu'i *scandalizo* gennyfi â geiriau, â gweithredoedd. **1776** DEWI NANTBRÂN: *AN* 386, Yna, y dywedodd yr Iesu wrthynt: Chwychwi oll a *Scandaleisir* ynofi, y nos hon. **1828** *Geir Pob* 29, *Ysgandaleisio*, gwarthnodi. Ar lafar yn Arfon yn yr ystyr 'taenu (cyfrinach, &c.).' ar led fel sgandal', 'Un berig ydi honna—mae'n *sgandaleisio* bob dim mae'n glŵad'.

sgandalyddaf: sgandalyddu [*sgandal*+-*yddu*] *bg.* Cael ei dramgwyddo: *to be scandalized.*
1615 R. SMYTH: *GB* 20[8], megis fod pavvb yn *scandaluddu* [sic] vvrth vveled i serch phol tuag atti hi.

sgandalyddus [bôn y f. *sgandalyddaf*: *sgandalyddu*+-*us*] *a.* Yn peri sgandal, tramgwyddus, gwaradwyddus: *scandalous.*
1615 R. SMYTH: *GB* 137, heb vvney/thyr cyfri o lavver o bethau eraill mvvy *scandalydys* [sic].

Sgandinafaidd [yr e. lle *Sgandinaf(ia)*+-*aidd*] *a.* Yn perthyn i Sgandinafia, Llychlynnaidd: *Scandinavian.*
1925.

Sgandinafeg, Sgandinafiaeg [yr e. lle *Sgandinaf(ia)*, *Sgandinafi(a)*+-*eg¹*, *aeg*] *eb.* Iaith pobl Sgandinafia neu Lychlyn, Llychlynneg: *Norse, Scandinavian (language).*
1836.

Sgandinafiad [yr e. lle *Sgandinaf(ia)*+-*iad³*] *eg.* ll. -*iaid.* Brodor o un o wledydd Sgandinafia, un o dras neu genedligrwydd Sgandinafaidd, Llychlynnwr: *a Scandinavian.*
1848.

Sgandinafiaeg, gw. Sgandinafeg.

sganiaf: sganio [bnth. S. (*to*) *scan*] *bg.a.* Craffu ar, llygadu, bwrw cip dros; symud pelydr o oleuni, &c., yn systematig dros (arwyneb) i'w archwilio neu i gynhyrchu delwedd y gellir ei throsglwyddo, &c., archwilio â radar, uwchsain, &c., archwilio (data) ar dâp magnetig, &c.: *to scan.*
1937.

sganiwr [bôn y f. *sganiaf*: *sganio*+-*iwr*] *eg.* Peiriant sganio: *scanner.*
20g.

sgant, ysgant [bnth. S. *scant*] *a.* a hefyd fel *adf.* Prin; (o'r) braidd, prin: *scarce, rare; scarcely, hardly.*
1734 *YCTM* 14, I'r Nêf nid entra Pechod, / Medd Gair Duw sy'n prwfo'n llon, / Can't caiff y Cyfion dyfod. **18–19g.** *IAW* (LlGC) 23, 31, ai tawlu gant, / ur [sic] cloddia 'eb *scant* ei claddu. **1828** *Geir Pob* 29, *Ysgant*, ysgafn, prin. Ar lafar yn y De, 'Ma'r pwer yn *sgant*; ''Annar peint *sgant* o lath'; 'Ma fa *sgant* werth mynd 'nawr'; ''Ôn i ganт yn 'napod Riwth dy' Sul', *GTN* 727. Yn sir Benf., clywid gynt y rhigwm, 'Ma'r driwod yn *scant*, / Hedfasant i bant; / Ond deuant yn [ô]l / Drw' lwybre'r hen ddôl', *GDD* 255. Fe'i clywir yng ngodre Cered. yn yr ystyr 'heb ei goginio ddigon', 'mae'n tato dipyn yn *scant*', *Cymru* xxxiv. [179].

sgantaf: sganto [bf. o'r a. *sgant*] *bg.a.* Cynilo'n eithafol, dogni, crintachu: *to stint.*
Ar lafar yn sir Benf., *SC* vi. 127.

sgantal, *e?g.* Cynllun: *plan.*
Ar lafar yn sir Drefn., *B* iv. 132.

sgap, *eb.* Cipolwg, cipdrem: *quick glance, peep.*
1917. Ar lafar, *Cymru* xxxiv. [179] (godre Cered.); 'in galw bob dydd i ga'l *sgap* ar hint i byd in 'i bapur diddiol', *Wês wês* 24.

sgapiaf, sgapaf, esgapiaf, ysgapiaf: sgap(i)o, esgapio, ysgapio [bnth. S. (*to*) (*e*)*scape*; ?ac adran (*b*) isod dan ddyl. *sgipiaf: sgipio*] *bg.a.*
(*a*) Dianc, ffoi, osgoi: *to escape, flee, avoid.*
1672 R. PRICHARD: *Gw* 191, Nid oes neb heb ei feie, yn llawn o bechode, / Nid ydy rhai gore yn *scapo* [:- Diangc]. **18g.** *Beirdd a Berwyn* 22, A'i galon front o'r golwg / Yn gennad traws yn gwneud drwg; / Er cuddio drwg rhag gwaedd drom, / Neu 'sgapio fel nas gwypom. c. **1730** *Taith C* 126, Y Cawr a'm dug i'w Ogo' / Ac ynteu a ddihangodd rhagddo, / Er hynny efe fu farw'n syth, / A minneu fyth yn 'scappio. **1760** *ML* ii. 223, Da ddarfod i'r Capten Bedward *scapio* yn Boston, roeddwn yn crynnu trosto. **1766** *CD* 69, Y Sawl a *escapiodd*, diangc ennyd a Synnodd, / Eu Synwyr a ballodd, enciliodd y Cô. **1828** *Geir Pob* 29, *Ysgapio*, diangc, bod y[n] ddiangol. Ar lafar, 'Sut gest ti *sgapio* felly?', ''Chafodd o ddim ond *sgapio* ne mi fasa fo wedi câl 'i ladd', *WVBD* 480; 'A fi *sgapas* i ddi odd 'no, mor gintad â galswn i', *GTN* 728; hefyd yn y ff. *sgabo*, 'Nath e ddim ond 'i *sgabo* hi' (canolbarth Cered.).

(*b*) Hepgor (e.e. rhan o destun wrth ddarllen), gadael allan: *to skip (e.g. part of a text when reading), omit, leave out.*
1908. Ar lafar, '*scapo* geiriau wrth ddarllen', *Cymru* xxxiv. [179] (godre Cered., hefyd yn y ff. *sgabo*); 'Scâpo dalen', *GDD* 256.

sgapliaf, esgapliaf: (e)sgaplio [bnth. S. (*to*) *scapple*] *ba.* Brasnaddu (pren, &c.): *to rough-hew (timber, &c.).*
1552 (*Diw.* **16g.**) *B* ii. 116, ti a weli na wnethym i amdanunt wy eto anid megis Sayr yn dechrey koyta koyt defnydd, sef markio ryw sawl o dderi . . . bwrw ereill ir llawr aei [sic] derisclo, brykyno ac *escaplio* ereill. **17g.** LlGC 13215, 352, *Scaplio Amputo.*
Gw. hefyd sgablaf: sgablo.

sgaprwth, sgaprwyth, gw. ysgaprwth.

sgapwla [bnth. S. *scapula*] *eg.* ll. *sgapwlâu.* Asgwrn yr ysgwydd, palfais, padell yr ysgwydd: *scapula, shoulder blade.*
20g.

sgapwlar, sgapwlari, gw. ysgablar.

sgâr¹, ysgâr¹ [bnth. S. Diw. Cyn. *schar(e)* 'share'] *eb.* ll. (prin) *sgârs, ysgarau.* Rhan, darn, cyfran, siâr, dogn, lwfans; tynged, ffawd; gorchwyl, tasg, gweithred: *part, piece, portion, share, allowance; lot, fate, destiny; task, act.*
15–16g. *GLM* 235, Er rhoi i was gwych rhyw *ysgâr*, / rhown ar Dduw rhannu'r ddaear. **16g.** *GILIV* 30, Gwr a las yn garw leisiaw / A glowch i drwst amgylch draw / Drwg leisie draw a glowsoch / Dyma sgar Ddyr Domas goch. **16–17g.** T. R. ROBERTS: *EP* 241, Rhenwch, rhag ofn rhiw anwyd, / I Wmffrai lifrai o lwyd; / . . . / Ni ddaw allan rhag anwyd, / Nychai o fewn na chai fwyd. / Un o saith *scâr* trugaredd, / Dilladu er helpu hedd. *Dchr.* **17g.** *J* 10, 43a, *Scâr.* portion. **1632** *D*, *Ysgâr*, Pensum, demensum, pars, portio. **1688** *TJ*, *Ysgâr*, rhan, hefyd (Tasg:). a part or portion, also a Task. **1714** R. PARRY: *DA* [7], Ond Angau tragwyddol, i'r dyn anwybodol / Sy *sgâr* anesgorol is gwerydd. **1716–18** Llsgr R. Morris 208, Fo ddoeda un yn fuan / mae hynu'n swm o arian / ond gwell i bawb yn ol i far / gael talu ac *sgar* ei hunan. **1722** *Llst* 189, *Ysgâr. f.p. -garau.* A share. **1759** *BC* 246, Dechreu holi Gwraig y Tŷ, / Pa fodd y bu'r matterion; / Hithau a ddeuda dyma'r bâr, / Nid aeth arnat ond dy *sgâr*, / Chwech o 'Scor efo'th Gâr. **1770** *W*, *ysgâr* d.g. *Part.* **1803** *P*, *Ysgar*, s. f. . . . A separate part, part, portion or share. *sgiâr*, s.f.' 'share', *WVBD* 480; hefyd ymhlith pysgotwyr Glandyfi, Nefyn, ac Aberdaron yn yr ystyr 'cyfran gyfartal o gyfanswm yr arian a gâi criw o bysgotwyr am eu dalfa bysgod', *B* xxv. 56.
Amr.: **sgaer.** Ar lafar yn sir Gaern., *EEW* 87.

sgâr², ysgâr² [gair geir., sef bnth. S. *scar* 'crack (in wood)'] *e?g.* Hollt mewn pren; darn (sgwâr) o bren, dist: *crack in wood; (square) piece of timber, joist.*
1547 *WS*, *Yscar* darn mewn pren. *Dchr.* **17g.** *J* 10, 43a, *Scâr.* × *Darn mewn pren.* **1753** *TR*, *Ysgâr* . . . a quarter or square piece of wood, a joist. **1780** *W*,

Ysgâr d.g. *Quarter of wood or timber* [*a square piece, &c.*].

sgarab [bnth. S. *scarab*] *eb.g.* Chwilen y dom, yn enw. *Scarabæus sacer*, a ystyrid yn gysegredig gan yr hen Eifftiaid, delw o'r chwilen hon yn yr hen Aifft fel arwyddlun o dduw'r haul: *scarab.*
20g.

sgaram [cf. *sgeryn*] *eg.* Person tal tenau: *tall thin person.*
1929. Ar lafar, 'scaram' '[c]readur tal, teneu', *B* iv. 301 (canolbarth Cered.); 'sgaram o fenyw' (godre Cered.); 'sgaram' 'dyn tal esgyrnog' (sir Gaerf.). Cf. D. J. WILLIAMS: *ChHO* 149, *sgaram* o ŵr esgyrnog, penddu, a chanddo geg eang o dan lwyn o fwstas du.

sgardaf, sgardiaf: sgard(i)o, gw. ysgardiaf: ysgardio.

sgardyn, *eg.* Fflawen, ysgyren: *splinter.*
1937. Ar lafar, D. J. EVANS: *HCS* 129; 'Ma *sgardyn* wedi mynd dan gewin 'y mys bawd i' (gogledd Cered.).

sgarff¹, ysgarff [bnth. S. *scarf*] *eb.g.* ll. -(*i*)*au.* Darn o frethyn a wisgir am y pen, y gwddf, neu'r ysgwyddau; sash (filwrol, &c.); *Egl.* stola: *scarf; (military, &c.) sash; stole (eccl.).*
16–17g. *RAGR* 321, a rhwymo ar fy nillad *ysgarffie* mawr crocs. **16–17g.** *CLIC* ii. 19, Y mae'r brettyn Bigail moch / Yn i Sgarph ai Sgarlet coch. **17g.** Ai bedwar gwas mewn sidan glas / Yn i *sgarffiau* au penna noeth. c. **1621** *CRC* 137, a ffryn yddi hi *ysgarff* o sidan / ai roi yn ffeind am wddw meingan. **1677** C. EDWARDS: *FfDd* 132, Gwniau [sic] rai gryssau newyddion ir merthyron hyn iw llosci ynddynt . . . paratoent *scarffiau* i filwyr Crist i ynnill y frwydr olaf. **1688** *TJ*, Ysgablar, ysgwyddwisg, (*ysgarff:*) a Scarfe. **1759** *BC* xvi, Mynai Het o Grechwen Meinir, / Ar hon *ysgarff* Oreuriaid [sic] gywir. c. **1762–79** W. WILLIAMS: *P* 616, y wenwisg, y *scarffiau*, y capiau cornelog, a'r cyfryw, ag oedd raid iddynt eu gwisgo wrth wasanaethu yn yr eglwysi. **1766** *CD* 162, Yn un Rubanau, / O bob Lliwiau; / A Hýdiau Sidan, / Scarff ffeind a Ffann. Ar lafar yn gyff. yn y ff. *sgarff.*

sgarff², sgarffion, gw. ysgarth.

sgarlad, sgarled, gw. ysgarlad.

sgarlip, gw. ysgarlip.

sgarllad, ysgarllad, *a.* Garw (fel arfer am y tywydd): *rough (usu. of the weather).*
1936. Ar lafar yng Nghered.

sgarm, sgarmes, sgarmesaf: sgarmesu, sgarmeswr, gw. ysgarm, ysgarmes, ysgarmesaf: ysgarmesu, ysgarmeswr.

sgarp [bnth. S. *scarp*] *eg.* ll. -*iau.* Llethr serth, yn enw. un sy'n ganlyniad i erydiad neu ffawtiad: *scarp.*
20g.

sgarptir, gw. sgarp+tir.

sgarsiaf: sgarsio, *b?g.a.* Gwneud (twnnel neu lefel) yn fwy: *to enlarge (a tunnel or level).*
Ar lafar yn ardaloedd chwareli'r Gogledd, *B* xx. 377, ac yn diwydiant mwyngloddio, *Geir Mwyn* 51.

sgarthaf: sgarthu, sgarthion, sgat, gw. ysgarthaf: ysgarthu, ysgarthion, ysgat, ysgathraf: sgathru, ysgarth, hysgât.

sgatolegol [cfdds. o'r S. *scatol(ogical)*+-*eg¹*+-*ol*] *a.* A nodweddir gan ddiddordeb mewn serthedd, yn enw. ar y ffurf cyfeiriadau at ysgarthion, yn arddangos diddordeb o'r fath: *scatological.*
20g.

sgatraf, ysgatraf: (y)sgatro [bnth. S. (*to*) *scatter*] *ba.* Gwasgaru, chwalu; tasgu: *to scatter; splash.*
1828 *Geir Pob* 29, *Ysgatro*, gwasgaru, taenu. Ar lafar, 'sgiatro', *B* xv. 23 (Meir.). 'Addurnodd e'r gacen drw *sgatro* cnau ar y top' (sir Gaerf.).

sgathrad, ysgathriad [bôn y f. *sgathraf, ysgathraf*: (*y*)*sgathru*+-*ad²*, -*iad¹*] *eb.* Crafiad (ar y croen), ysgraffiniad: *scratch (on skin), graze.*
1911. Ar lafar yn y De, 'Fe gas *sgathrad* gas lawr o'i benelin at 'i arddwn'.

sgathraf, ysgathraf: (y)sgathru, sgathryd [cf. *ysgythraf: ysgythru*] *bg.a.* Torri,

rhwygo, rhuglo, crafu, ysgraffinio; tocio; sathru, gwasgaru; sgrialu, rhuthro (ymaith); hefyd yn *ffig.*: *to cut, rip, scrape, scratch, graze; prune; trample, scatter; scramble, rush (off); also fig.*

14g. YBH 10a, A guedy hynny boûn adynnaûd moglei y gledyf ac *ysgathru* ac ef vegys paladurûr yn llad y weirglaûd penneu y alon ac eu dûylaû. **15–16g.** LLAWDDEN, &c.: *Gw* 191, Gorau aros gwayw'r owrwn, / Neu sorr Sais, na'r aros hwn. / Medru *ysgathru* ysgythrwas / Mwnwgl a chlust, mae'n gloch las. **1546** YLIH [10], *scathra* a phlyg dy berth yn niwedd y lheuad. **1606** E. JAMES: *Hom* i. 110, Yr hyd y bytho gwr yn *yscathru* [:- Yscythru] ei winwydd, yn cloddio ynghylch y gwraidd, ac yn dodi pridd newydd attynt, mae gantho feddwl arnynt. **1672** R. PRICHARD: *Gw* 367, Gwynt stormus scethrog, yn *scathru*'r ŷd. *id.* 547, Nâd vn Gelyn er mwyn Iesu, / Ei hanrheithio [yr Eglwys], byth na'i *scathru*. **1731** T. LEWYS: *BMA* 230, Nid oedd hyn ond *ysgathru* ymmaith Ganghennau pechod. **1770** SIÔN LLYWELYN: *DD* 11, Gwyr o ysbryd cryf eu deall, / Mawr a gwrol mwy nag arall, / Dyma 'rhai sy'n gwadu natur, / Ag felly '*sgathru*'r holl ysgrythur. **1795** T. LEWIS: *CD* 6, Mae mwy o hyfforddiadau eglur, / Wedi '*sgathru* ar hyd y 'sgrythur, / Mai'n dyled ni yw ymarweddu, / A chyd-ymffurfio â Christ Iesu. Ar lafar, '*Sgathron* nw pan ath e mas', '*sgathru* bant' (canolbarth a godre Cered.); '*Scathru* . . . To rub off the skin by falling, or by coming into violent contact with an object', GDD 256, hefyd yn yr ystyr 'Drying, clearing up of weather, wind rising and drying the ground', *ib.*; '*Scathri* = to grate, to rasp, to trample upon', TGG (1907–8) 86 (de-orllewin sir Gaerf.); '*sgathru* pridd lan yn y rych' (dwyrain sir Gaerf.); ''Wi wedi *sgathru* crôn ochor 'y ngos', ''Ôn i n ry ddiweddar i fynd mywn ar ôl yr 'oll *sgathru*' (dwyrain Morg.); '*sgathru, sgathryd . . . sgathru* celfi . . . *sgathru*'r cnawd', GTN 727. Clywir *sgathru* hefyd 'am anifail yn bwrw'i hengot yn yr hydref a'r gwanwyn', *B* iv. 301 (canolbarth Cered.), ac yn yr ystyr 'pluo' (Morg.). Cf. D. OWEN: *WBC* 27, mae'n difrio a'r *ysgathru* mawr yr ydym wedi wneuthur . . . yn torri yn ein herbyn, ac yn gwneuthur niwed i'n hachos ni; D. J. WILLIAMS: *ChHO* 81, dyma Wil y Gath . . . yn disgyn . . . ynghanol y mân drugareddau hyn, a'u *sgathru* i bob cyfeiriad ymhlith y gwellt a'r tsiaff. *Amr.*: **sgarthu** [drwy drsd.]. Ar lafar, '*sgarthu*' 'to tear', *B* i. 101 (Arfon).

sgawt¹,²**, sgawtiaf: sgawtio,** gw. sgowt¹,², sgowtiaf: sgowtio.

sgeden [ff. affeitig ar *bisgeden*] *eb.* ll. *sgedins.* Bisged: *biscuit.*
Ar lafar, '*sgedan* galad' 'ship's biscuit', *WVBD* 481.

sgefain, sgefen, gw. ysgyfaint.

sgeg¹, ysgeg (è) [bôn y f. *sgegiaf, ysgegiaf*²: (y)*sgegio*] *eb.g.* ll. *-iau.* Ysgytwad, hergwd, siglad, sioc, ergyd: *jolt, shove, shake, shock, setback.*
1860. Ar lafar, 'rhoi *sgeg* iddo fo', *WVBD* 481.

sgeg² (è) [bnth. S. taf. *skeg* 'piece split off'] *eg.* (bach. *-yn*) ll. *-s.* Fflawen, ysgyren: *splinter.*
20g. Ar lafar, 'Fe æth *sgeg* i 'mys i', 'Fe gitsiws *sgegyn* o'r gatar 'na mwn 'defyn a'i dorri fa', 'Ma 'en *sgegyn* yn 'y mys bawd', GTN 728.

sgegaf, ysgegaf, ysgegiaf¹: (y)sgegan, (y)sgego, ysgegu, ysgegio [cf. *cegaf: cegu, cega,* &c.] *bg.* Sgrechian, gweiddi, bloeddio: *to scream, shout, yell.*
1855. Ar lafar, '*sgego*', *B* xiv. 281 (canolbarth Cered.); hefyd yn sir Benf. yn y ff. *sgego* a *sgegan,* GDD 256, a chlywir *sgegan* hefyd yn sir Gaerf. Cf. *CYLl* 55, '*Sgego*' a 'drelo' byth ma'i fam / A Sam yn ddigon 'Shengel'.

sgegfa, ysgegfa [bôn y f. *sgegiaf, ysgegiaf*²: (y)*sgegio,* &c. + *-fa, ma*] *eb.* ll. *-feydd.* Ysgytwad, hergwd, siglad, sioc, ergyd: *jolt, shove, shake, shock, setback.*
1823. Ar lafar, 'Mi ro' i *segegfa* ichi', *WVBD* 481. Cf. W. REES: *HBHD* 89, ni fyddai ddim yn ddrwg gen i i Robin gael tipyn o *sgegfa*, heb wneud llawer o niwed iddo; D. OWEN: *GT* 31, 'Y ti, y cnopyn melldigedig! y filen ifanc!' a rhoddodd iddo *ysgegfa* greulon.
Gw. hefyd siegfa.

sgegiad, ysgegiad [bôn y f. *sgegiaf, ysgegiaf*²: (y)*sgegio,* &c. + *-iad*¹] *eg.b.* ll. *-iau.* Ysgytwad, hergwd, siglad, sioc, ergyd: *jolt, shove, shake, shock, setback.*
1850. Ar lafar yn y Gogledd, ''Odd o 'm gwaeth, ond 'gath o dipyn o *sgegiad*'.

sgegiaf, ysgegiaf²: **(y)sgegio, sgegian** [?bnth. rhyw ff. ar S. (*to*) *shake,* cf. *sgeg*¹, *sgegfa, siegfa*] *ba.* Ysgwyd, ysgytio, hergydio, siglo, hefyd yn *ffig.*; brifo, anafu, ysigo, niweidio, difrodi: *to jolt, shove, shake, also fig.; hurt, injure, harm, damage.*
1750 ML i. 159–60, 'Rwyf wedi cael fy '*sgegio* yn dost drwy eistedd i fynu yn hwyr, a bolera, ni ddaw mo'm corphilyn yw [*sic*] hwyl un wythnos mi wranta. **1757** ML (Add) 922–3, dyma achos o wyr mewn arfau yn rhuthro i mewn . . . ai [*sic*] lusgo i'r drws . . . gan guro ei grimogau yn y meinciau, a'i *ysgegio* yn erbyn y Parwydydd. **1803** *P* d.g. *Ysgegiaw.* Ar lafar, '*sgegio*' 'to shake, e.g. of a cat shaking a mouse', *WVBD* 481; '*sgegio* 'mys', ''r asgwrn wedi cael 'i *sgegio*' (Arfon); '*ysgegio* = ill-treat', TGG (1907–8) 96 (Eifionydd); '*Ysgegio.*—ysigo, anafu, anffurfio', *Cymru* lxii. 176 (gorllewin Meir.); '*sgegio*'r het yn y bocs' (Môn).

sgeglyd [*sgeg*¹ a bôn y f. *sgegiaf: sgegio* + *-lyd*] *a.* Sigledig, bregus; wedi ei anafu, ysig: *shaky, unsteady; injured, crushed.*
Ar lafar yn Arfon.

sgegog [*sgeg*² + *-og*] *a.* Llawn ysgyrion: *full of splinters.*
Ar lafar, 'Dyma 'en bishyn *sgegog* o bren!', 'Ma ran o sêt y gatar 'yn wedi mynd yn *sgegog*', GTN 728.

sgegyn, sgeibiaf: sgeibio, sgeiddig, gw. sgeg², sgipiaf: sgipio, ysgeiddig.

sgeifiaf, sgeifaf: sgeif(i)o [bnth. S. (*to*) *skive*] *bg.* Osgoi gwaith, yn enw. drwy fod yn absennol, chwarae triwant, mitsio: *to skive, play truant.*
20g. Ar lafar, "Di o 'm yn sâl—*sgeifio* ma'r diawl'; ''Odd rai wastod yn *sgeifo* yn lle dod i'r gwersi' (sir Gaerf.).

sgeileit, sgeilat, sgeilad, sgeilit [bnth. S. *skylight*] *eb.* Ffenest do: *skylight.*
1935. Ar lafar, 'Ma isie roi *sgeileit* fowr mywn i gâl newid yr atic yn stafell wely' (sir Gaerf.); hefyd yn y ff. *sgeilad* (Llŷn).

sgeimaf: sgeimo, sgeimer, sgeimun, gw. sgemiaf¹: sgemio, sgemer, ysgymun.

sgein [bnth. S. *skein*] *eg.* ll. *-iau.* Cengl (o edafedd), hefyd yn *dros.*: *skein, also transf.*
1899.

sgeintiad, sgeintiaf: sgeintio, gw. ysgeintiad, ysgeintiaf: ysgeintio.

sgeip, gw. sgip³.

sgeipaf: sgeipo, sgeipiaf¹: sgeipio, gw. sgipaf²: sgipo.

sgeipiaf²: sgeipio, gw. sgipiaf: sgipio.

sgêl [bnth. S. *scale*] *eb.* ll. *-s.* Graddfa (hefyd mewn crdd.); (yn y ll.) clorian, tafol: *scale (also in mus.); (pl.) (weighing) scales.*
1896. Ar lafar, 'Mân' nhw am fy rhoid i ar *sgêl* uwch yn y gwaith' (Arfon); 'Os wti isie pwyso dy hunan, ma'r *sgêlz* yn y bathrwm (gogledd Cered.); ''Ôn i ddim yn lico ware *sgêlz* ar y piano', 'Pan ddechreues i witho 'ôn i ar *sgêl* 'itha da' (sir Gaerf.).
Gw. hefyd sgâl¹.

sgelcaf, sgelciaf: sgelc(i)an, gw. stelciaf: stelcian.

sgeler, gw. ysgeler.

sgelet, ysgelet, (y)sgilet, (y)sgiled, &c. [bnth. S. *skellet, skillet*] *eb.g.* ll. *sgelets, sgileti, sgiledi.* Padell goginio ac iddi'n wreiddiol goes hir a thri neu bedwar troed, sosban, padell ffrio, padell gyffeithio, crochan: *skillet, saucepan, frying pan, preserving pan, cauldron.*
1545 *CM* 1, 187, kymer iiij owns ne v osugyn y llyshiewyn yma ac mew/wn [*sic*] *sgelett* berw Ias arno athyn yr ysgum ymaith ac adain. **1725** SR, *Sciled* d.g. *A Skellet.* **[1783]** W, *ysciled* d.g. *Skellet, or skillet.* **1812** W. DAVIES: *RMB* 68, doder hwy mewn *skilet* neu callor bychan, a therwch mywn yn dda. Ar lafar yn y Canolbarth, sir Benf., a'r De yn y ff. *sgilet, sgelet, sgiler, Geir Geg* 150, SC vi. 128, ac yn y Gogledd yn y ff. *sgelet, sgelat, B* xiii. 141, *WVBD* 481. Clywir y ff. *sgelert* ym Meir.

sgeleton [bnth. S. *skeleton*] *eg.* ll. *-s.* Ysgerbwd: *skeleton.*
1768 W. WILLIAMS: *HTS,* 19–20, ei fenwetta hefyd a ddygodd ar derfyn, wastiodd ei ysprydoedd, fel yr oedd yn ymddangos cyn myned o'r byd yn fwy tebyg i *sceleton* nag i ddyn yn gwisgo cnawd ac esgyrn. Ar lafar yn y ff. *sgeletyn* (y≡ ə), 'Ma *sgeletyn* yn hongan lan yn syrjeri'r doctor' (sir Gaerf.). Clywir hefyd ymad. fel '*sgeleton* ar y *sgeletyn*' pan na fydd ond lleiafswm o staff yn y gwaith.

sgelffsach, sgelffyn, gw. sgilffyn.

sgelpaf: sgelpyd [bnth. S. *to skelp*] *bg.* a hefyd fel *ba.* yn yr ymad. *ei sgelpyd hi.* Rhedeg ymaith, ffoi ar frys, ei heglu hi: *to run off, do a bunk, be off.*
Ar lafar, 'Fe *sgelpws* yr 'en grots odd 'no', 'Ma'n well iti 'i *sgelpyd* 'i cyn daw a'n ôl', GTN 728.

sgella, gw. llosg—llosg cylla.

sgellgen, sgem, gw. asgellgen (At.), sgim.

sgêm, sgîm [bnth. S. *scheme*] *eb.* ll. *-s.* Cynllun gwaith, gweithredu, &c., trefniad, trefniant; cynllwyn, ystryw: *scheme, arrangement; scheme, plot, trick.*
1751 ML i. 188, roedd gan y brawd ryw *scheme* newydd ar droed. **1756** W. WILLIAMS: *GDC* v, ni thâl un *Schêm* o Burdeb ac Ymarweddiad, ond y fo yn unig yn tarddu oddiwrth Ffydd yn Nghrist. *id.* vi, ei *Schêm* ei hun oedd y cwbl er Gogoniant i'w Enw sanctaidd. *id.* 19, Cyn Haul, na Sêr, na Lleuad i gerdded yn eu Rhôd; / Cyn cael o'r Mynydd Sylfaen, a thannu'r Nen i maes / Y gwnawd y *Schêm* anfeidrol, defeisiwyd Plan o Râs. **1761** ML ii. 367, Mi dybygwn fod *scem* i'r henwr ein tad i fyn'd i Lanercl.ymedd neu rywle fal y ca ei ferch ei le . . . That is really the scheme, let them pretend what they will to you. *c.* **1762–79** W. WILLIAMS: *P* 642, y commisioners eglwysig . . . yn gwybod hefyd am y *scêm* ragddywededig, ni roisant iddo etto na cherydd nac aflonyddwch. *id.* 650, fe roddwyd commissiwn i Mr. Knox . . . a rhai difinyddion eraill i dynnu fynu *scêm* o ddisgyblaeth i'r eglwys, yr hyn a wnaethant hwy yn agos iawn ar drefn Genefa. **1771** J. REES: *H-A* 133, Pa mor hyfryd a thebygol bynnag y bo rhyw *scêm* neu dyb grefyddol yn ymddangos, etto oni bydd wedi ei sylfaenu ar egwyddorion amlwg ysgrythur, y mae'n ddiattreg i gael ei rhoddi fynu. Ar lafar, '*Sgêm* fach odd 'i i drio cäl dynnon i roi mwy' (dwyrain Morg.); '*Sgêm* go dda oedd honno', *Cymru* liii. [151] (dwyrain sir Drefn.); 'pobol fel'a sy'n abiwsio'r *sgîm*' (Llŷn); 'Mae'n debyg bod nw wedi câl grant dda 'da'r llywodreth o dan ryw *sgîm*' (sir Gaerf.).
Amr.: **ysgêm.** 1912.
Gw. hefyd sgâm.

sgema [bnth. S. *schema*] *eb.* ll. *sgemâu.* Amlinelliad, braslun, crynodeb; diagram, cynllun: *schema.*
20g.

sgemaf: sgemo, gw. sgemiaf¹: sgemio.

sgemataidd [cfdds. o'r S. *schemat(ic)* + *-aidd*] *a.* Sgematig: *schematic.*
20g.

sgematig [cfdds. o'r S. *schemat(ic)* + *-ig*²] *a.* Yn perthyn i sgema, ar lun sgema, o natur sgema: *schematic.*
20g.

sgemen, gw. sgim.

sgemer, sgimyr [bnth. S. *schemer*] *eg.* ll. *-s.* Un sy'n sgemio, cynllwyniwr; un sy'n osgoi gwaith, segurwr: *schemer, plotter; shirker.*
20g. Ar lafar, '*sgemer*' a plotter, schemer, shirker', *SC* vi. 127 (sir Benf.); '*Sgemar* piwr yw a tw fo gwaith yn y cwestiwn' (dwyrain Morg.). Clywir hefyd y ff. *sgimar* (Môn), *sgeimer, SC* vi. 127 (sir Benf.), a *sgemyr* (y≡ ə) (sir Gaerf.).

sgemgar [*sgêm* + *-gar*] *a.* Cynllwyngar, ystrywgar, cyfrwys: *scheming, crafty.*
20g. Ar lafar, 'Man' nw mor *sgemgar*' (Llŷn). Cf. D. J. WILLIAMS: *ChHO* 106, ganddi gefn llydan a'i goesau byrion cadarn, ei ben crwn, *sgemgar* fel Churchill . . . a'i reddf i ddeall ceffyl, ni fu ei hafal erioed.

sgemiaf¹, sgemaf, ysgemiaf: sgem(i)o, sgeman, ysgemio [bnth. S. (*to*) *scheme*] *bg.a.* Cynllwynio, cael neu gyflawni (rhywbeth) drwy ddulliau ystrywgar neu anghyfreithlon: *to scheme, plot, wangle.*
1761 ML ii. 354, Aros gyda'r Hwlant i lysieua,

ymryson doethineb, *yscêmio* ymweled ar hen garen-nydd, etc. Ar lafar, "Ôn i 'di *sgemio* felly" (Llŷn); 'Fe *sgemiff* e i weld na 'naiff e ormod o waith', *GTN* 729; hefyd yn y ff. *sgeimo*, *GDD* 256.

Gw. hefyd **sgamiaf: sgamio**.

sgemiaf²: sgemio, sgemiwr, gw. **sgim-iaf: sgimio, sgimwr**.

sgempyn, ysgempyn [bnth. S. *scamp*+ -*yn*¹] eg. Dihiryn castiog, cnaf, cenau: *scamp, rascal*.
1894 D. Owen: *GT* 56, y jail ydi'r lle goreu i'r *scempyn*.

Gw. hefyd **sgamp**.

sgemran, gw. **esgynbren** (hefyd At.).

sgemus [*sgêm*+-*us*] a. Cynllwyngar, ystrywgar, cyfrwys: *scheming, crafty*.
Ar lafar, "En un *sgemus* yw a" (de-ddwyrain Morg.).

sgemwr, sgemiwr [bôn y f. *sgemiaf*¹, *sgemaf*: *sgem*(*i*)*o*+-(*i*)*wr*] eg. (b. **sgemwraig**, ll. -*wragedd*) ll. **sgemwyr, sgemiwrs**. Un sy'n sgemio, cynllwyniwr: *schemer, plotter*.
20g. Ar lafar, '*sgemwr* 'a schemer; one who wangles to avoid something', "Dwi ddim mofyn 'en *sgemwr* siŵd 'ny gyda fi—mwyn gwithwr 'w i", *GTN* 729.

Gw. hefyd **sgamiwr**.

sgemyr, sgenario, sgenfa, sgennes, gw. **sgemer, senario, esgynfa** (hefyd At.), **bachgennes**.

sgentach, sgentan, bg.a. Busnesa (yn), chwilota, ciledrych: *to pry (into), peep*.
Ar lafar, 'Un i *sgentach* busnas pawb yw 'onna druan', *GTN* 728; "Dwy ddim yn lico golwg y dyn yna. Beth ma fa'n *sgentan* o bothty'r lle?', *LlGC* 1173, 35 (Morg.).

sgentad, sgentiaf: sgentio, sgentyn, gw. **ysgeintiad, ysgeintiaf: ysgeintio, ysgentyn**.

sgep [bnth. S. *skep*] eb.g. ll. -*iau*. Cwch gwenyn gwiail, basged wiail: *skep*.
20g.
Amr.: **sgib**. Ar lafar, 'Scib N.m.s. A small, oblong wicker basket', *GDD* 257; clywir hefyd y ff. fach. *sgipyn*, id. 258.

sgeptiaeth [cfdds. o'r S. *scept*(*icism*)+ -*iaeth*] eb. Sgeptigiaeth: *scepticism*.
1899.

sgeptic, sgepticiaeth, gw. **sgeptig, sgeptigiaeth**.

sgeptig, sgeptic [bnth. a chfdds. o'r S. *scept*(*ic*)(+-*ig*²)] eg. ll. -*iaid*, a hefyd fel a. (Person) sgeptigol, amheuwr; *Athr.* un sy'n arddel sgeptigiaeth, yn perthyn i sgep-tigiaeth: *sceptic* (*n. and adj., also in philos.*), *sceptical*.
1923.

sgeptigaeth, sgeptigaeth, sgepticiaeth [*sgeptig, sceptic*+-(*i*)*aeth*] eb. Agwedd neu dueddiad sgeptigol, amheuaeth; *Athr.* athroniaeth Pyrrho (*c.* 300 C.C.) a'i ddilyn-wyr na ellir gwybod dim hyd sicrwydd: *scepticism* (*also in philos.*).
1925.

sgeptigol [*sgeptig*+-*ol*] a. Tueddol i amau gwirionedd syniadau neu gredoau derbyn-iedig, a nodweddir gan sgeptigiaeth: *scep-tic*(*al*).
20g.

sger [bnth. S. taf. *sker*, ff. ar *scar* 'craggy outcrop'] e?b. (bach. -*en*) ll. -*s*. Lle creig-iog neu garegog, carreg frig: *rocky or stony place, outcrop*.
[**1783**] W d.g. *A rocky place*. Ar lafar yn y ff. *sgeren*, *B* iv. 301 (canolbarth Cered.). Digwydd *Y Sger* fel e. lle ym Morg., gw. *B* xiv. 41.

sgeran, sgerbwd, sgerbydaf: sgerbydu, sgerbydaidd, gw. **sgeryn, ysgerbwd, ysgerbydaf: ysgerbydu, ysgerbydaidd**.

sgerbydiaf: sgerbydio, sgerbydol, sgeren¹,², gw. **ysgerbydaf: ysgerbydu, ysgerbydol, sger, sgeryn**.

---

sgersions, sgersiwn, gw. **storsion, sgyrs-ion¹**.

sgersli-bilíf [bnth. rhyw ymad. S. yn cynnwys y geiriau *scarcely believe*] ebd. Ebychiad yn mynegi amheuaeth neu ang-hrediniaeth: *interjection expressing doubt or disbelief*.
20g.

sgerswns, gw. **storsion**.

sgert, sgyrt (*y*≡*ə*) [bnth. S. *skirt*] eb. (bach. *sgerten*) ll. -*iau*, -*s*, *sgerti*.
(*a*) Dilledyn sy'n hongian o'r wasg ac a wisgir yn bennaf gan ferched, y rhan o ffrog islaw'r wasg, hefyd yn *dros.* ac yn ffig.: *skirt, also transf. and fig.*
1916. Ar lafar, '*sgert* . . . *sgertia, sgerts*', *WVBD* 481; '*sgiert*', *Cymru* liii. [151] (dwyrain sir Drefn.). Clywir *sgyrt* yn gyff. yn y De, a digwydd *sgiertan* weithiau yn Arfon yn yr ystyr 'benyw, merch'.
(*b*) Llengig anifail, yn enw. fel bwyd: *skirt* (*diaphragm of animal, esp. as food*).
Ar lafar, '*sgert*' parts attached to the heart in pigs and cows', '*sgert* calon buwch', *WVBD* 481; hefyd yn yr ymad. '*sgert* y galon' (Penllyn).
Cfn.: **sgert (sgerten) gwta**: *short skirt, miniskirt*. **20g.** **sgert (sgyrt) fini (mini)**: *miniskirt*. **20g.**

sgertin, sgyrtin(g) [bnth. S. *skirting* (*board*)] eg. Bordor cul o bren, teils, &c., wrth y llawr ar hyd gwaelod wal ystafell: *skirting* (*board*).
20g. Ar lafar yn gyff.

sgeryn [cf. *sgaram*] eg. (b. *sgeren, sgeran*). Gair difr. am berson neu greadur tenau esgyrnog: *derog. term for a thin bony person or animal*.
Ar lafar, 'Meddwl di am fachan golycus fel Twm chi'n prioti'r 'en *sgeran* dena ddiolwg 'na!', *GTN* 729; '*Sgant* 'nabyddsat ti fa 'nawr, ma fa wedi mynd siŵd *sgeryn*', ib.; '*sgeran*' 'poor looking woman or animal' (de-ddwyrain Morg.). Clywir *sgeran* hefyd yn yr ystyr 'cecren; ysgolpen', '*Sgeran* o fenyw yw 'i a'i 'en dafod brathog', *GTN* 729, ac yn yr ystyr 'A wicked little girl', *GDD* 257.

sget, gw. **hysgát** (hefyd At.).

sgetsh, sgets [bnth. S. *sketch*] eb.g. ll. -*ys, sgetsiau*. Drama fer iawn, yn enw. un ddon-iol; braslun: *sketch*.
20g. Ar lafar, 'Mi fedrwn ni gâl côr yn canu, a rw ddwy neu dair o *sgetshys*'; 'Mi na' i *sgetsh* bras o'r adeilad i ti'. Fe'i clywir hefyd yn ddifr. am rywun blêr, 'Ma hi'n *sgetsh* i' gweld hi' (sir Gaerf.).

sgetsiaf: sgetsio [bnth. S. (*to*) *sketch*] bg.a. Braslunio, tynnu sgets (o): *to sketch*.
20g. Ar lafar, 'Mae o'n licio *sgetsio*'.

sgethrin, sgethrog, sgethwr, gw. **ysgethrin, ysgythrog, pregethwr**.

sgi [bnth. S. *ski*] eg. ll. -*s, sgiau*. Un o bâr o ddarnau hirgul o bren, metel, &c., a glymir dan y traed er mwyn teithio dros eira, hefyd am un o bâr tebyg a ddefnyddir i sgio dŵr; rhan o offer glanio awyren a ddefnyddir i lanio ar eira neu rew: *ski*.
20g.

sgiabas, gw. **siabas**.

sgiaf: sgio [bf. o'r e. *sgi*] bg. Teithio ar sgis: *to ski*.
20g. Ar lafar, 'Mi *sgiish* i lawr y slôp reit hwylus'.
Cfn.: **sgio dŵr**: *to water-ski*. **20g.**

sgiamer, gw. **sgamer**.

sgian, sgiatica, sgib, gw. **ysgïen, siatica, sgep**.

sgiblwyth [elf. anh. (?cf. *ysgub*)+*llwyth*¹] eg. Llwyth bychan neu aflêr: *small or untidy load*.
1926. Ar lafar, *Cymru* xxxv. [233] (godre Cered.).

sgid (*i*) [bnth. S. *skid*] eb. ll. -*s*. Sglefriad: *skid*.
20g. Ar lafar, "Ges i hen *sgid* gas ar y rhew ddoe'.
Cfn.: **sgid hwch**: *skid, slip*(-*up*). **20g.**

sgidadlaf: sgidadlan, sgidadlo [bnth. S. (*to*) *skedaddle*] bg. a hefyd fel *ba.* yn yr

---

ymad. *ei sgidadlan* (*sgidadlo*) *hi*. Rhedeg i ffwrdd, ffoi ar frys, ei heglu hi: *to skedaddle*.
1885 D. Owen: *RL* 315, Hwyrach y bydd pobl yn 'y ngweld i yn selfish wrth *skidadlo*, ond fedra i ddim dal y disgrace. Ar lafar, '*Sgidadla* nei di, a paid â dŵad yn d'ôl' (Arfon); '*sgidadlan*', *B* iv. 301 (canol-barth Cered.), D. J. Evans: *HCS* 129.

sgidiaf, sgidaf: sgid(i)o [bnth. S. (*to*) *skid*] bg. Llithro ar arwyneb slic, yn enw. i'r naill ochr (am gerbyd, olwyn, neu yrrwr), sglefrio: *to skid*.
20g. Ar lafar, 'Slofa 'lawr, rhag ofn iti *sgidio* ar y rhew 'ma'. Cf. T. H. PARRY-WILLIAMS: *OPG* 29, Cyn cyrraedd ffin y dref, ar ddarn union a gwastad o'r ffordd fawr, fe *sgidiodd* y cerbyd yn ddisymwth hollol heb ddim rheswm materol o gwbl.

sgien, sgifinaf: sgifino, gw. **ysgïen, ysgyf-einiaf: ysgyfeinio**.

sgiffl [bnth. S. *skiffle*] eg. Math o gerdd-oriaeth boblogaidd debyg i jas neu'r blws a genir gan grŵp sydd yn fel arfer, yn cynnwys lleisiwr, gitarau, ac offerynnau taro anghon-fensiynol (e.e. ystyllen olchi): *skiffle*.
20g.

sgifflwr [*sgiffl*+-*ŵr*] eg. ll. -*wyr*. Un sy'n canu cerddoriaeth sgiffl: *skiffler*.
20g.

sgiffyn [bnth. S. *skiff* 'slight trace'+-*yn*¹] eg. Mymryn, tameidyn: *very small amount, tiny bit*.
20g.

sgil¹, ysgil¹ [ff. affeitig ar *isgil* fel e.; ag *ysgil*¹, cf. *ysgil*³, ff. ar *isgil* fel e. fel rheol yn y cfn. *ar sgil, wrth sgil, yn sgil*. Piliwn; cefn: *pillion; back*.
1653 *MLl* i. 215, pan fo angeu yn marchogaeth attynt hwy, mae uffern wrth ei *scil* ef. **1687** (**1715**) J. OWEN: *TB* 87, cyfarfu ar y ffordd fawr â gwâs i wr bonheddig, ac ysgreppan wrth ei *ysgil*. **1803** *P* d.g. *Ysgil*. Cf. *BRh* 47, Cael sgil a wnaem yn grots pan roem droed ar enfel ôl beic a phwyso'n dwylo ar ysgwyddau'r marchogwr.
Cfn.: **ar sgil = yn sgil**. Ar lafar, 'ar *sgil* beic' (canol-barth a godre Cered., sir Gaerf., a Morg.); 'Fe odd yn ishta *ar sgil* y beic ar y pryd' (dwyrain Morg.). **wrth (ei, &c.) (y)sgil = yn sgil**. **1653** *MLl* i. 215. **1672** R. PRICHARD: *Gw* 403, Fel y gallwi fynd yn addas, / Wrth ei *scil* i'th nefawl deyrnas. **1687** (**1715**) J. OWEN: *TB* 87, *wrth ei ysgil*. Ar lafar, 'wrth 'i *sgil*' 'behind his back . . . on horseback', *WVBD* 482; 'braichgai *wrth sgil* y cyfrw', *LlGC* 1171, 13 (Morg.); 'dewin *wrth ei sgil* i', *TGG* (1907-8) 86 (de-orllewin sir Gaerf.). Cf. W. REES: *LHFf* 18, tric i geisio troi'r bobol yn u hole i'r Eglwysdai Gwladol, fel y gallo'r Llwodreth a'r Glwyswrs fychogeth ar gefen y wlad, y naill *wrth sgil* y llall. **yn (ei, &c.) (y)sgil**: *behind* (*him, &c.*), *at his, &c., back, after* (*him, &c.*), *along with* (*him, &c.*), *following* (*him, &c.*), *as a result of, in the wake of, in the train of, through the influence of*. **1758** *ML* ii. 69, nid oes basai tridie er pan ddaeth y tad tau oddiyno a Lewis *yn ei 'sgil*. Ar lafar, 'yn 'i *sgil* o' 'yn 'i gysgod o', 'Mi gei ditha rwbath *yn* 'i *sgil* a', *WVBD* 482; 'Fi geso fynd mywn i'r lle *yn* 'i *sgil* a', 'Yn sgil 'i dâed cæs a'r gwaith 'na', *GTN* 730. Cf. D. OWEN: *RL* 390, ond *yn ysgil* y llythyr hwnw, yr oedd yn newydd prudd iawn i mi, meddiannwyd fi yn y fan gan fy hen glefyd—iselder ysbryd.

Gw. hefyd **isgil**.

sgil, ysgil, sgil², ysgil² [bnth. S. *skill*] eg.b. ll. (y)*sgiliau, sgils*. Medr, dawn, gallu, dyfeisgarwch, dysg; tric, ystryw: *skill, talent, ability, ingenuity, learning; trick, wile*.
16g. WILLIAM LLŶN: *Gw* (R. Stephens) 574, Doedai y'm rhôi'n odidawg, / Fal ych yn y rhych, yrhawg; / Da yw ei *sgil*, nid oes gwad, / O cais estyn cwys wastad. **16-17g.** *GST* i. 20, O chei unwaith, wych anian, / Ag *ysgil* glyd gasglu gwlân, / Wedi'ch cawn, nid ewch, Conwy, / A llyma wir, yn llwm mwy. **17g.** *Cylchg LlGC* vii. 310, Dysgu, nes haeddu son, / orau *sgil* yr ysciolion. **1667** D. EDWARDS: *FfDd* 43, drwy ei ffydd attaliodd ef nerth cythreulyg y Jwgler, yr hwn wedi chwysu yn ysmwc, ac heb allu gwneuthur dim oi gynefin gastiau, cyfaddefodd fod rhyw un yn y stafell yn diddymu ei *scil* ef. **1672** R. PRICHARD: *Gw* 168, Ar Dduw'r lluoedd am roi calon, / Scil [:- Cyfarwyddyd] a grym ei milwr ffyddlon. id. 171, Gennit ti mae *scil* [:- Meder] a chryfdwr. **1718** (**1721**) S. THOMAS: *HB* 12, yn cymmeryd arynt mai trwy e'u [*sic*] *Scil* yngwybodaeth y ser a'r Planedau y maent yn gwybod pob cyfryw bethau. id. 33, yr un neu'r Gelfyddyd ryfeddol oedd gan yr hên Drigolion hynny gynt i gadw Cyrph y meirw fel na ddarfyddent

dros lawer o Oesoedd. **18g.** E. T. RHYS: *DA* 50, Pan na thyciai grym na meder, / Nerth na *scil* rhag angeu 'sgeler. **1767** W. WILLIAMS: *CAA* 10, [g]osododd bob *scil*, a dichell ar waith, ag allai archangel ddyfeisio i gwympo y ddau ddyn agosaf i'r nef. **1778** J. HUGHES: *BB* 288, Mi wn na fedd un o fil, / Gwir yw hyn o'r gwerin hil, / Un Esgus gwell nag *ysgil*, / I ddiogi ynghil pyst. *a.* **1791** W. WILLIAMS: *GP* 239, Pe credu wnawn, er gwaetha' eu *scil*, / Nid ofnwn fil o elynion. **1795** J. THOMAS: *AIC* 351, rhaid iwsio celfyddyd a gwneud rhyw *'sgil* am genach [*sic*] na chymysg[u] 'r pridd a bîswail Gwartheg. **18–19g.** JAC GLAN-Y-GORS: *Gw* 25, Efe all roi i blant amddifaid / Fwy goleuni'n eu calonnau / Nag eill ysgolion byd a'u *'sgiliau*. Ar lafar, '*sgil*, s.m., pl. *sgils*' 'dodge', ''Dwi wedi trio pob *sgil* i' godi o ar 'i gefn', *WVBD* 482; hefyd yn yr ymadr. 'Mae llawer *sgil* i gael Wil i'w wely'. Cf. D. OWEN: *GT* 258, Gwyddwn pe buaswn yn anfon at Elsi y buasai hi wedi gwneud rhyw *ysgil* i gael arian i mi.

sgilaf: sgilo, sgilat, gw. **ysgiliaf: ysgilio, sgelet.**

sgilbren, ysgilbren [?*sgil*[1], *ysgil*[1] + *pren*] *eg.b.* ll. *-nau, -ni.* Cambren (ar aradr, trol, &c.), tinbren; cambren (cig); cilbren: *swingletree, whippletree; cambrel, butcher's tree; keel.*

1815. Ar lafar yn sir Ddinb. a'r cyffiniau, '*sgilbren*, *sgilbrenni*: swingle trees . . . Defnyddir tri . . . gyda gwedd wrth aradr, un i fachu wrtho dresi pob un o'r ceffylau. Bechir deuben pob un o'r rhai hynny wrth y tresi, a'u canol wrth ddeuben y trydydd. Yn sir Ddinbych, gelwir y lleiaf *sgilbren* bach a'r mwyaf *sgilbren* fawr', *B* i. 40. Clywir *sgilbren* ym Myn. yn yr ystyr 'cambren cig'. Cf. D. OWEN: *GT* 111, Mae'n gased gen i Satan a thithe . . . a bydae o'n dwad ato i mi rown y *sgilbren* ar ei gefn.

sgildanaf: sgildanu, sgiled, gw. **sgaldiaf: sgaldio, sgelet.**

sgileffaith [*sgil*[1] + *effaith*] *eb.g.* ll. *-effeithiau.* Effaith neu ganlyniad isradd, yn enw. un anfwriadol neu annymunol: *side effect.*

20g.

sgiler, sgilet, gw. **sgelet.**

sgilffen, gw. **sgilffyn.**

sgilffeth, sgilfeth, *a.* Crafangus, barus: *grasping, greedy.*

Ar lafar yn sir Benf. a'r cyffiniau, '*sgilffeth*' 'rapacious', *TGG* (1907–8) 86, hefyd yn y ff. *sgilfeth.*

sgilffidyn [cf. *sgilffyn*] *eg.* Mymryn, gronyn: *very small amount, tiny bit.*

Ar lafar, *Geir Geg* 165 (godre Cered.).

sgilffyn, sgelffyn, ysgilffyn [cf. *cilffyn*] *eg.* (b. *sgilffen*; bach. g. *sgilffynnyn*) ll. *sgilffod, sgelffod, sgilffynnod, sgelffynnod.*

(*a*) Enw difr. ar berson, yn enw. un tal a main, gwalch, cnaf: *derog. term for a person, esp. someone tall and thin, scamp, rogue.*

1897. Ar lafar, '*sgelffyn*, *sgilffin*' 'a term of reproach used in several senses', 'ryw *sgelffyn* o hogyn', ''r hen *sgelffyn* crintachlyd', ''r hen *sgelffyn* cachu', 'hen *sgelffyn* cigeiddlyd', 'hen *sgelffyn* cenfigenllyd', *WVBD* 481; '*sgilffyn*' 'un main, teneu', *Cymru* xlvii. 196 (sir Ddinb.); '*sgelffyn*' 'gwalch . . . scamp', *GTN* 728. Clywir y ff. f. *sgilffan* ym Môn ac Arfon, a'r ff. l. *sgelffsach* ym Morg., *LlGC* 1173, 12.

(*b*) Tamaid (o fwyd), mymryn, gronyn: *morsel (of food), tiny bit, particle.*

Ar lafar, '*Sgilffyn*' 'A small bit of anything, but more especially of anything edible', *GDD* 257; *Geir Geg* 165.

sgilgar, ysgilgar [*sgil, ysgil* + *-gar*] *a.* Medrus, celfydd, dawnus, galluog, deheuig, dyfeisgar, clyfar; cyfrwys, ystrywgar: *skilful, skilled, talented, able, dexterous, resourceful, clever; cunning, crafty.*

1795 *R. Crusoe* 70, rhoddais iddo Gleddyf, a'i fwa, a'i saethau ar ei gefn, y rhai yr oedd yn dra *s[c]ilgar*, i'w harferyd. Ar lafar, '*sgilgar*' 'dexterous, deft, resourceful', *WVBD* 482. Cf. W. REES: *AFR* 190, Y mae Phineas yn ŵr doeth ac *ysgilgar* . . . cymer di dy arwain ganddo fo; *id.* 373, Y mae y doctor sydd yn gweini i Efa yn ymddangos i mi yn un pur *ysgilgar.*

sgilgarwch [*sgilgar* + *-wch*[1]] *eg.* Medrusrwydd, dyfeisgarwch; cyfrwystra: *skilfulness, ingenuity; cunning.*

20g.

sgilgyfrwy, gw. **ysgilgyfrwy.**

sgilgynnyrch [*sgil*[1] + *cynnyrch*] *eg.* ll. *-gynhyrchion.* Isgynnyrch: *by-product.*

20g.

sgili [bnth. S. *skilly*] *eg.* Gruel neu gawl tenau, bara a dŵr: *skilly, bread and water.*

19g. Cf. D. OWEN: *EH* 21, Wedi i'r bechgyn fwyta eu powliad *sgili*—yr hwn ydyw uwd mewn darfodedigaeth—arweinir hwynt i'r buarth . . . Yna gorchmynir iddynt sefyll ar eu penau am yr hwyaf . . . effaith naturiol yr ymarferiad hwn ydyw peri i faeth y *sgili* (yr hwn faeth, medd meddygon, ydyw y nesaf o ran ansawdd i ddwfr glân) redeg i'r bochau a'u chwyddo allan; D. OWEN: *GT* 311, 'Rydw i braidd yn ame mai pigo ocwm neu dori ceryg fase'n gwaith ni heddyw, a mai *sgili* fase i frecwest, ac nid ham a wyau! Ar lafar, 'Byw ar *sgili* mæn' nw yn y jail', *GTN* 729.

sgiliaf[1]**: sgilio,** gw. **ysgiliaf: ysgilio.**

sgiliaf[2]**: sgilio** [bf. o'r e. *sgil*] *bg.* Ymddwyn mewn ffordd gyfrwys neu ystrywgar, sgemio: *to behave in a cunning or scheming way, scheme.*

Ar lafar, *WVBD* 482.

sgilp [bnth. S. taf. *skilp*, ff. ar *skelp* 'splinter of wood'; gw. hefyd *sgolp*] *eg.* (bach. g. *-yn*, b. *-en*) ll. *-iau, -s.* Pric toi, sgolp, hefyd yn *dros.* ac yn *ffig.*: *thatching-rod, thatch-peg, spit, also transf. and fig.*

1707 *AB* 286c, *Skylpen* d.g. *A Spray or Watle used in thatching.* Ar lafar, '*scilps*' 'the rods laid transversely on the thatch of a roof to fasten it', *TGG* (1907–8) 86 (de-orllewin sir Gaerf.); '*Sgilps* odd yn toi tai', (dwyrain sir Gaerf.); 'Ma'i gwallt hi'n *sgilps* i gyd' (gorllewin Morg.); '*sgilpan*', '*sgilps*' (dwyrain Morg.). Cf. D. J. WILLIAMS: *STC* 21, efe a gymerth yn ei law ddwy *sgilpen* hir a phisyn o gorden.

sgilpen[1]**,** gw. **sgilp.**

sgilpen[2] [?yr un gair â *sgilpen*[1]] *eb. Adar.* Gwennol ddu, *Apus apus*: (*common*) *swift* (*bird*).

20g.

sgilpyn, gw. **sgilp.**

sgilus [*sgil* + *-us*] *a.* Medrus, sgilgar: *skilful, ingenious.*

1770 *TG* iv. 102, Mae'r brenhin wedi danfon cant punt i'w rhannu rhwng y rhai a fuant fwyaf '*scilus* i ddiffodd y tân diweddar yn Portsmouth. Ar lafar, 'bachan *sgilus*' (de-ddwyrain Morg.).

sgilla, gw. **llosg—llosg cylla.**

sgim, (y)sgum, sgym [bnth. S. Diw. Cyn. *skimme*, S. *scum, skim*] *eg.b.* (bach. g. *sgimyn*, ll. *-nau*; bach. b. *sgimen*) ll. (prin) *ysgumiau*, a hefyd gyda grym ansoddeiriol.

(*a*) (fel arfer yn y ff. (*y*)*sgum, sgym*) Haen o ddeunydd amhûr sy'n ymffurfio ar arwyneb hylif, yn enw. o ganlyniad i ferwi neu eplesu, gorferw, ewyn, sorod (metel tawdd), deunydd gwastraff, hefyd yn *ffig*; gwehilion cymdeithas: *scum, dross* (*of molten metal*), *waste matter, also fig.*; *dregs of society, scum.*

1545 *CM* 1, 187, kymer iiij owns ne v osugyn y llyshiewyn yma ac mew/wn [*sic*] sgelett berw Ias arno athyn yr *ysgum* ymaith ac adain. **1547** *WS*, *Yscum* Scomme. **16g.** WILIAM CYNWAL: *Gw* 35, Ni'm gollyngai, gyrrai gas, / Dŵr tymestl, at aer Tomas, / A Chonwy, oedd uwch y nod, / I'w *sgum* mewn anysgymod / Garw gyfog, gyforiog oedd, / Gloesio dŵr glas i diroedd [dychan i'r ysgraff]. *Diw.* **16g.** *WLB* 3, i ferwi eli kymer y likr a dod ar y tân a thawdd ef i gyd ag o gwel na *sgum* na sothach arno na thano tynn ymaith a gwna y lykyr yn bur ag yn lân. *id.* 22, pob meddeginiaeth ar a wneler a mêl . . . na âd iddo ferwi ond i iassu ychudic, ac na ad iddo oeri oll rhac ir *yscum* syrthio yn y gwaelod. **1588** *Esec* xxiv. 6, y crochan, yr hwn y mae *scumm* ynddo. **17g.** *CLlC* ii. 18, Tra fo'r brenin mewn caeth garchar / Tra fo'r escobion llynn ar wascar / Tra fo o *scum* y byd swyddogion / Ni ddaw byth y byd a welson. **1703** E. WYNNE: *BC* 98, os yw'ch gwaed chwi'n well na gwaed arall, bydd ynddo lai o *scum* wrth ferwi, trwochwi'n y man. **1722** *Llst* 189, *Ysgum.* m. Scum. *a.* **1791** W. WILLIAMS: *GP* 560, Mi ddof allan ond fy nhrafod / Fel yr aur o ganol tân, / 'Nol y saif y *sgum* a'r sorod. **1791** SIÔN LLYWELYN: *DD* 42, Mae honno [crefydd] . . . / Yn gorwedd yn y bol; / Fe lenwir mwy na'i lonaid / Ne's chwydo i maes yn '*sgym*, / Daw'r grefydd hon o'r diwedd, / I'r dom heb dalu dim. **1812** W. DAVIES: *RMB* 67, un galwyn o gwrw cryf, wedi ei roi ar y tân nes y byddo *ysgum* yn codi i fynu. Ar lafar yn y ff. *sgym* (*y* ≡ *ə*), 'Paid â gneud dim efo'r rheina—*sgym* ydyn' nhw!' (Arfon); 'Ma'r 'oll *sgym* tu fywn i'r tegell yn edrych yn frwnt ofnadw' (sir Gaerf.).

(*b*) (fel arfer yn y ff. *sgim*) Llaeth glas, caws a wneir o'r cyfryw laeth: (*cheese made from*) *skim milk.*

1836. Ar lafar, '*sgim*, s.m.' 'skimmed milk', *WVBD* 482; hefyd yn gyff. yn yr ymadr. 'lla(e)th *sgim*', *LGW* 399.

(*c*) (yn y ff. *sgim*(*yn*), *sgimen*) Haenen neu sleisen (denau): *skim,* (*thin*) *layer or slice.*

1925. Ar lafar, 'Rhyw *sgimyn* bach odd ar y crôn tu fewn' (gogledd sir Gaerf.); 'Ma 'na *sgimen* o hufen ar lath yr anner', *SC* vi. 128 (sir Benf.); ''I ddotws *sgimyn* o fenyn ar y bara', ''I dorrws *sgimyn* o gaws ifi', *GTN* 729.

Amr.: **sgem** (bach. *-en*). **1899.** Ar lafar, '*sgemen* ar dafod' (gogledd Cered.); '*sgem* ar y te' (Myn.).

sgîm, sgimaf: sgimo, sgimar, sgimbren, sgimel, sgimen, gw. **sgêm, sgimiaf: sgimio, sgemer, esgynbren, sgimer, sgim.**

sgimer, ysgumer [bnth. S. *skimmer*] *eg.* ll. *sgimerau, sgimers.* Unrhyw declyn at sgimio hylifau, yn enw. un at sgimio hufen oddi ar laeth: *skimmer.*

1547 *WS*, *Yscumer* Scommar. Ar lafar yn y Gogledd, '*sgimer*, *sgimar*', *Geir Geg* 150, a hefyd yn y ff. *sgimel* (Meir.). Clywir *sgimar* ym Môn yn yr ystyr 'y darn wrth arnodd gwŷdd sy'n torri'r glaswellt a'r croen wrth aredig', *LlLlM* 102. Clywir *sgimars* yn y diwydiant glo yn yr ystyr 'darn bychan o reilffordd a roddid i groesi rheilffordd arall', *Geir Glo* 117 (dwyrain Morg.).

sgimiaf, sgimaf, ysgim(i)af, (y)sgum(i)af, &c.**: (y)sgim(i)o, (y)sgum(i)o,** &c. [bf. o'r e. *sgim,* (*y*)*sgum*] *bg.a.* Codi (hufen, ewyn, &c.) oddi ar arwyneb (hylif), tynnu ymaith neu gasglu (fel petai) drwy sgimio; (peri) ehedeg neu lithro'n llyfn neu'n ysgafn dros (arwyneb), sglentio (carreg, &c.); hefyd yn *ffig.*: *to skim, remove or collect* (*as if*) *by skimming;* (*cause to*) *skim over* (*surface*); *also fig.*

1545 *CM* 1, 347, a gad ef [iraid] i verwi ac *esgvmia* ef ynn llwyr. **1547** *WS*, *Yscumio* Scōme. **16g.** (*LlEG*) *Mos* 158, 621b, danuones y brenin ffrengig serttain o wyr harneshiol mewn llongav o vryttaen I *Esgumior* moor, ar vordorau ynnys brydain. *c.* **1566** *B* xv. 119, dod y licyr ar y tan yr ail waith ag *ysgymia* yn dda val na bo dim or braster. *Diw.* **16g.** *WLB* 12, os bydd galwyn or breki roi chwart o fêl pur yni fysg ai ferwi yr ail waith ai *scummio* yn lân oddiarno ac oddidano. **1632** *D*, *ysgumio* d.g. *Dispumo.* **1696** *CDD* 298, Cymerwch, a berrwch, ordeiniwch ar dân, / O gariad santeiddiol, a Gwlith ysprŷd glân, / . . . / Cymmer hon ymma, ac *yscummia* hi'n boeth / A llwŷ o ffŷdd Abraham, gweddia Dduw'n ddoeth. **18g.** *Llr* C 24, 43, a chymer ddau Alwyn o surdrwnc a'i ferwi yn dda a'i *scymo* wrth ei ferwi. [**1783**] *W*, *ysgumio* d.g. *To skim milk.* **1795** J. THOMAS: *AIC* 361, strainia fe'n llŵyr drŵy'r cŵd a gâd iddo Sefyll ychydig a *sgumia* ei wyneb. **1812** W. DAVIES: *RMB* 62, *Scumier* y dwfr glân i lestr. Ar lafar yn gyff., '*sgimio*', *Geir Geg* 113; '*sgimo*', *SC* vi. 128 (sir Benf.).

Amr.: **sgemio** [cf. *sgem*]. **1812** W. DAVIES: *RMB* 24.

sgimp [bnth. S. taf. *skimp* 'skimpy, mean'] *a.* Darbodus iawn, cybyddlyd: *parsimonious, mean.*

Ar lafar, ''Dwi ddim yn deall pam mae hi'n byw mor *sgimp*' (dwyrain sir Gaerf.).

sgimpaf: sgimpo, gw. **sgimpiaf: sgimpio.**

sgimpen [?bnth. S. *skimp* 'small piece' + *-en*; cf. hefyd *sgimen*] *eb.* Haenen denau (o rew, eira, &c.): *thin layer* (*of ice, snow, &c.*).

20g. Ar lafar yn y Gogledd, '*sgimpan* o eira'.

sgimpiaf, sgimpaf: sgimp(i)o [bnth. S. (*to*) *skimp*] *bg.* Bod yn rhy ddarbodus, arbed (yn ormodol): *to skimp, stint.*

20g. Ar lafar, 'Pryna ddigon o win—'ti 'im isio gorod *sgimpio*'; ''Odd 'i'n trio *sgimpo* acha defnydd ac wrth 'ny'n bratu'r pilyn' (dwyrain Morg.).

sgimyn, sgimyr, sginen, gw. **sgim, sgemer, ysginen.**

sgint [bnth. S. *skint*] *a.* Heb geiniog ar ei elw, heb ddimai goch: *skint*.

20g. Ar lafar, "Swn i'n rhoi menthyg pres iti, ond 'dwi'n *sgint*' (Arfon); "Fi'n *sgint* 'nawr nes ga' i'n dalu' (sir Gaerf.).

sgip¹, ysgip [bnth. S. *skip* 'a skipping'] *eb. ll. sgips.*

(a) Y weithred o sgipio: *a skip(ping)*.

20g. Ar lafar, "Odd y merched i gyd yn dwlu wara *sgip*' (Morg.).

(b) Crdd. Naid: *leap or skip (in mus.).*

1938.

sgip² [bnth. S. *skip* 'large open container'] *eb.g. ll. -iau, -s.* Cynhwysydd mawr agored a ddefnyddir i ddal ac i gludo defnydd adeiladu, ysbwriel, &c., caetsh a ddefnyddir fel lifft mewn pwll glo, &c.: *skip (in building, mining, &c.).*

1937.

sgip³, sgeip, *eb. ll. -s.* Llyffethair, cloffrwym (yn enw. ar gyfer defaid): *fetter (esp. for sheep).*

20g. Ar lafar ym Morg.

sgip⁴, *eb.* (bach. *-en*) *ll. -iau.* Cawod ysgafn o law: *light shower of rain.*

Ar lafar, '*sgip*, *sgipan*, llu. *sgipia*', 'Mae arna'i ofn mai bwrw hen *sgipia* neith ni bellach trwy'r dydd', *B* xv. 24 (Meir.); '*scipen* o gawod', *TGG* (1907-8) 86 (de-orllewin sir Gaerf.); '*sgipen* o flaen c͐wad' (gorllewin Morg.).

sgipaf¹: sgipo, gw. sgipiaf: sgipio.

sgipaf², sgeipiaf¹, sgeipo: sgipo, sgeip(i)o [bf. o'r e. *sgip³, sgeip*] *ba.* Llyffetheirio, hefyd yn *ffig.*: *to fetter, also fig.*

1842. Ar lafar, '*sgeipo*'r defid' (de-ddwyrain Morg.).

sgiped, ysgiped, *eb. ll. -au.* Silff (ben tân): *shelf, mantelpiece.*

Ar lafar, '*Sciped* = a little shelf over a bed to hold a candlestick', *TGG* (1907-8) 86 (de-orllewin sir Gaerf.); hefyd yn y ff. '*Scipert*, a mantel-piece', *Cymru* xxxiv. [179] (godre Cered.). Cf. *SE MS* 615a, *ysgiped, -au, sf.* a shelf. (Cered.).

sgipen, sgipert, gw. sgip⁴, sgiped.

sgipiaf, sgipaf¹: sgip(i)o [bnth. S. *(to) skip*] *bg.a.* Neidio'n ysgafn, yn enw. o'r naill droed i'r llall, symud ymlaen yn ysgafn, yn enw. gan gymryd dau gam â'r naill droed yn ei thro, neidio drwy gortyn; hepgor (e.e. rhan o destun wrth ddarllen), gadael allan, colli, peidio â mynychu: *to skip, jump; skip, omit, miss.*

1929. Ar lafar, 'Fe æth cwpwl o grotesi 'ipo ifi yn *sgipo*', *GTN* 729; "Rodd gin' i ddarllith i fod am dri, ond nes i 'i *sgipio* hi", "Ddarllenaist ti o i gyd?' 'Naddo, *sgipis* i 'lot ohono fo' (Arfon).

Amr.: **sgeibio.** Ar lafar gynt yn sir Gaern. **sgeipiaf²: sgeipio.** Ar lafar gynt ym Meir.

sgipiwr [bôn y f. *sgipiaf, sgipaf¹: sgip(i)o + -iwr*] *eg.* (b. *sgipwraig, sgipreg*) *ll. sgipwyr.* Un sy'n sgipio: *one who skips, skipper.*

20g.

sgipyn, gw. sgep.

sgism, sism, &c. [bnth. S. *schism*] *eg.b. ll. -au, -s.* Ymraniad eglwys, plaid, &c., yn garfanau gwrthwynebus i'w gilydd, un o'r carfanau hyn, y weithred o achosi neu hyrwyddo'r fath ymraniad, rhwyg: *schism.*

16g. (*LlEG*) Mos 158, 366b, *seissym* [sic] ac annundeb ymysg y krisdnogion. **1574 (1604)** *Rhydddiaith Gymraeg* ii. 192, llawer o *schismes* a sonian ymhob ffordd, llawer o dafode a ddywedan yn erbyn y gwirionedd. **1606** E. JAMES: *Hom* ii. 59, Yn gyntaf yn y *schism* a'r ymryson a fu rhwng yr Eglwys ddwyrain a'r eglwys orllewin ynghylch delwau. **1658** R. VAUGHAN: *YPS* d.d., Ymddiffyniad Rhag pla O *Schism* . . . *Schism* neu rwygiad. id. 9, *Schismau* ac ymbleidiau. **1677** R. JONES: *BB* 135, ac nad yw ran yn y bŷd om bwriad, i ddadleu . . . dros *Schismau* neu Ymbleidiau. **1696** *CDD* 13, *Scysmau*, a Heresiau. **1722** *Llst* 189, *Sism.* fp. *Sismau.* Schism. **1776** DEWI NANTBRÂN: *AN* 59, Rhag Y*schism*, Heresi, [a] phob dallineb Calon. [**1783**] *W*, vulgò *sism* d.g. Schism.

sgismaticaidd, sgismaticiaeth, sgism-

aticiaidd, gw. sgismatigaidd, sgismatigiaeth, sgismatigaidd.

sgismatig, s(g)ismatic, sismatig, &c. [bnth. a chfdds. o'r S. *schismat(ic)(+-ig²)*] *a.* a hefyd fel *eg. ll. -iaid.* Yn perthyn i sgism, o natur sgism, yn tueddu tuag at sgism, euog o sgism; un sy'n arddel daliadau sgismatig, aelod o garfan, eglwys, &c., sgismatig: (a) *schismatic.*

1609 R. SMYTH: *CAC* 24, [y] *Susmadigiai*[d] a a'madwssont [sic] a he[dd]wch ag undeb yr Eglwys. **1611** R. SMYTH: *SG* 71, yr heretigiaid a'r *Scismatigiaid.* **1658** R. VAUGHAN: *YPS* 17, Arwydd St. Paul am *Schismaticiaid*, eu bod yn glynu wrth Athrawon newydd, a dychymygion yn erbyn yr hên Grefydd. **1670** J. HUGHES: *AP* [vi], A'r *Schismatic* ywr neb, er ei fod yn credu pob peth yn iawn, etto y fo'n gwrthod proffessu hynny. **1720** *App DP* d.d., Yr hwn sydd yn Amddeffin cywir dros Bobl Dduw, a wradwyddir yn gyffredin ar Enw *Sismaticiaid.* **1722** *Llst* 189, *Sismatic . . . maticiaid.* A schismatick. **1763** T. JONES: *RAH* 34, mae efe yn anufudd, ac yn *schismatic*, ac yn goelgrefyddol hefyd. **1776** DEWI NANTBRÂN: *AN* 61, Teilyngu o honot Oleuo calonnau Y*schismaticciaid* oll.

sgismatigaidd, sismatigaidd, s(g)ismatic(i)aidd [*sgismatig*, &c.+-*(i)aidd*] *a.* Sgismatig: *schismatic(al).*

1658 R. VAUGHAN: *YPS* i, Yn erbyn y newydd-dra *Schismatigaidd* a Phabeidd-dra. id. 35, yn yr Hereticiaidd ar *Schismaticiaidd* wasanaeth. c. **1658** R. VAUGHAN: *E* 96, *schismaticaidd* wrthodwyr. **1677** R. JONES: *BB* 138, eu llwytho hwynt â . . . gwradwyddiadau yr anufudd, cynnhennus, hereticiaidd, *Schismaticiaidd* neu derfysgus? c. **1720** Thos. Lloyd D (LlGC) 208b, *Sismaticiaidd . . .* Schismatical. **1769** *DRh* 16, cyfarfodydd . . . *sismaticiaidd.*

sgismatigiaeth, sismatigiaeth, s(g)ismaticiaeth [*sgismatig*, &c.+-*iaeth*] *eb.* Yr ansawdd neu'r cyflwr o fod yn sgismatig, egwyddorion sgismatig: *schismaticalness.*

1611 R. SMYTH: *SG* 73, heresiaeth a *scismatigiaeth.* [**1745**] W. ROBERTS: *FfM* 59, Tycciant po[b] *Schismaticciaeth*, / Ydyw cael digon o'r Erlydigaeth.

sgist [bnth. S. *schist*] *eg. ll. -(i)au.* Drg. Unrhyw un o amryw fathau o greigiau metamorffaidd holltadwy sy'n cynnwys haenau cyfochrog o wahanol fwynau: *schist (in geol.).*

20g.

sgit¹ [bnth. S. *skit*] *eb. ll. -iau, -s,* a hefyd gyda grym ansoddeiriol. Sgetsh theatraidd ddychanol, cyfansoddiad dychanol byr, parodi, sylw neu ymosodiad dychanol neu ddifrïol; tric, cast: *skit, burlesque, parody, satirical or sarcastic comment or attack; trick, hoax.*

1885 D. OWEN: *RL* 381, 'Ai o ddifri, ai o fregedd, mae o'n siarad, dywed?' gofynai Thomas i mi. 'O fregedd,' ebe fi. 'Ho! tipyn o *scit*, ddyliwn,' ebe Thomas yn fywiog. Ar lafar, 'deud *sgits*' (Arfon); 'Gwetwch yn blaim, yn lle tawlu rhyw *sgits* fel na', *LlGC* 1173, 15 (Morg.). Cf. D. J. WILLIAMS: *ChHO* 199, cymerodd ei gyd-ardalwyr yr un agwedd yn union tuag ato ag a gymerodd Idwal Jones yn ei *sgit* ddihafal ar ei waith.

sgit², gw. hysgát.

sgitiaf, sgitaf: sgitio, sgitan [bnth. S. *(to) skit*; ansicr yw'r ystyr yn y dfn. cyntaf isod] *bg.a.* Dychanu, gwawdio, difrïo: *to satirize, ridicule, disparage.*

1767 E. THOMAS: *CD* 46, ond siawns na ddaw rhywun heibio / I Ddŷn a fae yn pérchen Eiddo; / Yn o debig i shiwrott, / neu Harri Skot i'w *skittio.* Ar lafar, 'Mae a'n *sgitan* pawb', *LlGC* 1173, 15 (Morg.).

sgitl [bnth. S. *skittle*] *eb. ll. -s, -au.* Un o nifer o biniau pren, plastig, &c., mewn gêm a chwaraeir drwy rolio pêl ar y piniau hyn i'w bwrw i lawr, ceilysen, (yn y ll.) gêm ei hun: *skittle, (pl.) game of skittles.*

20g.

sgitsocarp [bnth. S. *schizocarp*] *eg. ll. -au.* Bot. Ffrwyth sych sy'n hollti pan fydd yn aeddfed yn ddwy neu ragor o rannau a hedyn ym mhob rhan: *schizocarp (in bot.).*

20g.

sgitsoffrenaidd [cfdds. o'r S. *schizophren-(ic)+-aidd*] *a.* Sgitsoffrenig: *schizophrenic.*

20g.

sgitsoffrenia [bnth. S. *schizophrenia*] *eg.b.* Un o grŵp o afiechydon seicotig a nodweddir gan ddirywiad graddol yn y bersonoliaeth, ansefydlogrwydd emosiynol, enciliad rhag realiti a bywyd cymdeithasol, &c., hefyd yn *ffig.*: *schizophrenia, also fig.*

20g.

sgitsoffrenig, sgitsoffrenic [bnth. a chfdds. o'r S. *schizophren(ic)(+-ig²)*] *a.* Yn perthyn i sgitsoffrenia, yn dioddef oddi wrth sgitsoffrenia neu'n arddangos symptomau ohono, hefyd yn *ffig.*: *schizophrenic, also fig.*

20g.

sgitsoid [bnth. S. *schizoid*] *a.* Yn dynodi anhwylder personoliaeth a nodweddir gan swildod eithafol a gorsensitifrwydd i bobl eraill, yn dioddef oddi wrth y fath anhwylder, hefyd yn *ffig.*: *schizoid.*

20g.

sgithen [?cf. S. taf. *skit* 'light shower'] *eb.* Cawod ysgafn o law: *light shower.*

20g. Ar lafar yn y ff. *sgithen* (sir Gaerf.), a *sgwithen*, *GDD* 261.

sgithion, *e.ll.* Darnau mân, ysgyrion, cyrbibion: *small pieces, bits, shreds.*

20g. Ar lafar yng nghanolbarth a godre Cered., a sir Benf. a'r cyffiniau, 'fe'i briwodd e'n *scithion*', *TGG* (1907-8) 86.

sgiw¹, ysgiw¹, *eb. ll. sgiw(i)au, ysgiwiau.* Setl: *settle.*

[**1783**] *W*, *ysgiw* (in Caermarthenshire) d.g. *Settle.* Ar lafar yn y ff. *sgiw*, D. J. EVANS: *HCS* 129; *Cymru* xxxv. 233 (godre Cered.); *SC* vi. 128 (sir Benf.); "Odd *sgiw* wth ochor y tæn yno', *GTN* 730. Cf. D. J. WILLIAMS: *HW* 32, Ar y *sgiw* ger y tân eisteddai'r Siopwr.

sgiw², ysgiw² [bnth. S. *(a)skew*] *eg. ll. -iau,* fel arfer yn y cfn. *ar (acha) (y)sgiw*, a hefyd fel *a.*

(a) Goleddf, gogwydd, llinell letraws; (geir.) gogwyddol: *slant, slope, diagonal line;* (dict.) *slanting.*

1545 *CM* 1, 33, Sodiack ynn mened [sic] ar *ysgiw* megis yn wyrgam. **1604-7** *TW* (Pen 228), *ysgiw* d.g. *Obliquus.* Yn ôl *WVBD* 482 clywir yr ymad. 'tri *sgiw* yn y wal' yn Arfon yn yr ystyr 'a V-shaped turn in a wall, made to avoid an obstacle and leave a passage between it and the wall'.

(b) Nod clust ar ddefaid a blaen y glust wedi ei dorri ar oleddf, 'sgiwiad': *earmark on sheep where the point of the ear is cut obliquely.*

1643 *LlGC* 7013, 2, the Eare marcke of pickwarch yn y glust asw. ag y *sgiw* oddar y glvst ddehav. Ar lafar, '*sgiw*: Torri blaen y glust, ond y toriad 'ar *sgiw*', nid toriad sgwâr', *B* xiv. 290 (Meir.); '*sgiw*', *Lleufer* (1959) 126 (Morg.). Ym Meir. gwahaniaethir weithiau rhwng '*sgiw* oddi ar' a '*sgiw* oddi tan', y naill o dop y glust a'r llall o'r gwaelod. Cf. *CYll* 97, Hollti'n dair gan rai'n arferol / Canwer twll a *sciw* neu wennol.

Cfn.: **ar (y)sgiw, acha sgiw:** *askew, awry, on a slant, diagonally.* **1545** *CM* 1, 33. *sgiw.* **1632** *D*, *ar ysgiw* d.g. *Obliquè.* **1770** *W*, *Ar . . . ysgiw* d.g. *Askew* (adv.), *Byaswise.* Ar lafar, 'ei gap-pig ar *sgiw*', *ISF* 67; 'Ma'r bont *acha sgiw* yn gros i'r 'ewl', 'Odd cwbwrt *acha sgiw* yn gros i'r cornal ginti', *GTN* 730.

sgiw³, ysgiw³ [?yr un gair â *sgiw²*, *ysgiw²*; dichon fod yma fwy nag un gair] *eb. ll. ysgiwiau.*

(a) Ysbodol: *spatula.*

1801 *MMf* 296, *Ysciw* ddur neu ariant i dannu plasderon ag eliau. id. 297, ei holl gelfi cnawd . . . ag eraill o gelfi torri, ai *ysciwiau.*

(b) Pren bando: *bandy-stick.*

1907.

sgiwen, ysgiwen [bnth. S. *sku(a)+-en*] *eb. ll. -nod.* Adar. Unrhyw un o amryw fathau o adar môr mawr rheibus o'r tylwythau *Stercorarius* a *Catharacta* sy'n dwyn pysgod oddi ar adar eraill: *skua.*

20g.

sgiwer, ysgiwer [bnth. S. *skewer*] *eg.b.* (bach. b. *sgiw(e)ren*) ll. *sgiwers, sgiweri, sgiwerod.* Pin hirfain at ddal cig, &c., wrth ei goginio, ac at amryw ddibenion eraill, gwäell, hefyd yn *ffig.*: *skewer, also fig.*

[**1783**] *W*, *ysgiwer* d.g. *Skewer.* **1787** E. Roberts: *PCF* 12, Mi glywais eï bod yn ympilio fel Gwnhingan / Ac yn llym *ysgiwar* fel rhiddin ysgawen, / Heb erioed feddwl talu am ei llê, / Ond llowio yfed Tê'n llawen. Ar lafar, '*sgiwren*: gwaell bren trwy gig', *Cymru* xlvii. 196 (sir Ddinb.); 'Mae e fel *sgiweren*' (sir Gaerf., am rywun tenau iawn); 'Tor gwpwl o *sgwerod* ifi i sgwero'r ffywls', *GTN* 730; hefyd yn yr ystyr 'menyw â thafod llym', ''En *sgiwar* o ferch yw 'onna', *ib.*, ac yn yr un ystyr yn y ff. *sgiwran* (Myn.).

Gw. hefyd **sgwalsen.**

sgiweraf, ysgiweraf, sgiwriaf: sgiwero, (y)sgiweru, sgiwrio [bf. o'r e. *sgiwer, ysgiwer* a bnth. S. (*to*) *skewer*] *ba.* Trywanu neu glymu â sgiwer, gwaellu: *to skewer.*

1908. Ar lafar, '*sgiwrio*', *WVBD* 482; 'Tor gwpwl o sgwerod ifi i *sgwero*'r ffowls', *GTN* 730.

sgiweren, gw. **sgiwer.**

sgiwiad, ysgiwiad [*sgiw*^{2}, *ysgiw*^{2}+*-iad*^{1}] *eg.* ll. *sgiwiadau.* Sgiw (nod clust ar ddefaid); toriad ar letraws: '*sgiw*' (*earmark on sheep*); *diagonal cut.*

1900. Ar lafar, '*sgiwiad*' 'a diagonal cut . . . a sheep's ear-mark', *WVBD* 482; '*Ysgiwiad*', 'nôd ar ddefaid', J. Jones: *Gwerin-eiriau* 59; 'Nodau Clustiau Dyffryn Conwy: *sgiwiad*', *LlG* xlix. 23.

sgiwiaf: sgiwio, gw. **ysgiwiaf: ysgiwio.**

sgi-wiff, sgiw-iff, gw. **sgiw-wiff.**

sgïwr, ysgïwr [bôn y f. *sgiaf: sgio*+*-wr*] *eg.* (b. *sgiwraig*, ll. *-wragedd*) ll. *sgiwyr.* Un sy'n sgio: *skier.*

20g.

sgiwren, sgiwriaf: sgiwrio, gw. **sgiwer, sgiweraf: sgiwero.**

sgiwsiaf: sgiwsio [bnth. S. (*to*) *scuse*, ff. affetig ar (*to*) *excuse*] *ba.* Esgusodi: *to excuse.*

20g. Ar lafar yn gyff.

sgiw-wiff, sgi-wiff, sgiw-iff [bnth. S. *skew-whiff*] *a.* ac *adf.* Heb fod yn syth, cam; ar sgiw, ar osgo, ar oleddf, ar ŵyr; hefyd yn *ffig.*: *skew, crooked; skew-whiff, askew, awry; also fig.*

20g. Ar lafar, '*Sciwiff* Adv. On a twist, all akimbo', *GDD* 258; ''Odd 'i gap a *sgiw-iff* ar 'i ben ginto', *GTN* 730; ''Odd y llun ar y wal yn *sgi-wiff*' (Cered.); 'Ma dy sbectol di'n *sgi-wiff* ar dy drwyn di' (Arfon).

Cfn.: **ar sgiw-wiff, ar y sgi-wiff**: *skew-whiff, askew, awry.* **20g.** Ar lafar, '*ar sgiwiff*' 'crooked, awry', *SC* vi. 128 (sir Benf.); 'Ma'r llun 'na uwchben y tân *ar y sgi-wiff*' (dwyrain Morg.); hefyd yn y ff. *ar sgwiff* (sir Gaerf.).

Sglafonaeg, gw. **Sglafoneg.**

Sglafonaidd [cfdds. o'r S. *Sclavon(ic)* (ff. ar *Slavonic*)+*-aidd*] *a.* Slafonaidd: *Slavonic, Slavic.*

1841.

Gw. hefyd **Slafonaidd.**

Sglafoneg, Sglafonaeg [cfdds. o'r S. *Sclavon(ic)* (ff. ar *Slavonic*)+*-eg*^{1}, *aeg*] *eb.g.* Slafoneg: *Slavonic (language).*

1816.

Gw. hefyd **Slafoneg.**

sglafrog, *eb.* Slebog, slwt: *slattern, slut.*

Ar lafar, *WVBD* 482.

sglaff [cf. *slaff*] *eg.* (bach. *-yn*). Person neu anifail mawr, clompyn: *large person or animal, whopper.*

20g.

sglaffiad [bôn y f. *sglaffiaf: sglaffio*+*-iad*^{1}] *eg.* Sgram, gwledd: *grub, feast.*

20g.

sglaffiaf, ysglaffiaf: (y)sglaffio [cf. *slaffiaf: slaffio*] *bg.a.* Llawcio, gwancio, claddu (bwyd): *to devour, scoff, gobble, gorge.*

1938. Ar lafar, '*sglaffio* bwyta', *ISF* 67.

Amr.: **sgloffio, sgolffio. 20g.**

Gw. hefyd **slaffiaf: slaffio.**

sglaffiwr [bôn y f. *sglaffiaf: sglaffio*+*-iwr*] *eg.* (b. *sglaffwraig*, ll. *-wragedd*) ll. *sglaffwyr, sglaffiwrs.* Un sy'n sglaffio, llawciwr: *glutton, scoffer, gobbler.*

20g. Ar lafar, '*sglaffiwr*' 'a voracious eater', '*sglaffiwrs* o fytwrs', *WVBD* 482.

Gw. hefyd **slaffiwr.**

sglaffyn, sglaig, gw. **sglaff, ysgolhaig.**

sglaits, sglaitsh, gw. **sglats.**

sglandr, sglander, ysgland(e)r [bnth. S. Diw. Cyn. *scla(u)nder* 'slander'] *e?g.* ll. *sglandron, ysglandrau, (y)sglawndrau.* Athrod, enllib, absen; maen tramgwydd: *slander, libel, calumny; stumbling block, impediment.*

1547 *WS*, *Ysclander* Sclaunder. **16g.** *THSC* (1923–4) (At.) 66, [p]obyl genvigenys lidioc . . . yn gwnaythyr *ysglawndre* ar y kymydogion yn i kefne, ac yn tynngv anydone. **16g.** *IICRC* iii. 197, [p]ob *sclander* a gogan. **1567** *TN* 169a, efe gyvyt brad, a' chynllwyn, cyffro, ac ymlid, *sclandr* a' phob ryw graulonedd. *id.* 114b, Ny aill bot amgen, na ddaw rhwystrae [:– *sclandron*, trancwydde]. *a.* **1587** *Y* 202, Nid cwyn *sclandr*, fy mardd candryll, / A yrryt ym ar wawd hyll. *id.* 228, Cenais wir mewn cynwys wydd, / Cerdd *sclandr* yw calandr celwydd. **16–17g.** *LlCy* ix. 225, I feirdd ganiad heirdd nid teg / Yrru *sglander* i was glandeg (Siôn Phylip). **1606** E. James: *Hom* i. 142, trallod, blinder, *sclawndyrau*. *Diw.* **17g.** *B* iii. 105, Par a forwyn Ifanc bynnag a ymadawo ai morwyndod ni cheiff *ysclander* byth. **1712** T. Williams: *CDdG* 408, drwy wrando ar eu chwedleu, a choelio eu *Sclander.*

Gw. hefyd **slander.**

sglandriaf, sglandraf, ysglandr(i)af, (y)sglawndraf, &c.: **(y)sglandr(i)o, (y)sglawndro,** &c. [bf. o'r e. *sglandr, ysglandr*, &c.] *bg.a.* Athrodi, enllibio, absennu, difenwi: *to slander, libel, calumniate, revile.*

1567 *LlGG* (*Sall*) 7b, Yr hwn nyd enllybia [:– hortia, *sclandria*, chyhudda] aei dauot. *id.* 28a, Eisteddyt a' dywedyt yn erbyn dy vrawt, ac *y sclandryt* vap dy vam. *id.* 56a, Yr hwn yn ddirgel a *sclandria* ei gymydawc, hwnw a ddestruwiaf. **1567** *TN* 263a, megis yr oedd yr ei ymyrrus hyny yn y enllibiaw [:– *sclandro*, hortio] ef. **16g.** *Hop M* 191, trais ag ocro, ag *ysglawndro*. *a.* **1587** *Y* 154, *Ysglendraist*, ffraeaist yn ffrom, / Wr hynod, rai ohonom. *id.* 155, Na ffwrw ar neb, cydnebydd, / Ond a wnêl, Dvw'n cadw'r sel sydd. / Drwg yn siwr gan wr i'w gefn / I *sclandrio*, ys gwael vndrefn. *id.* 227–8, Lle dodaist, mewn llid waedawl, / Dy *sclandrio*, hortio yw'r hawl, / Cenais wir mewn cynwys wydd, / Cerdd sclandr yw calandr celwydd. **16–17g.** *GST* i. 631, Yr hwn nid *ysglandria* yrhawg, / Gam adwyth, ei gymydawg; / Hwn ni dderbyn, ni fyn farn, / Treisfalch gyhudded trawsfarn. **16–17g.** (**17g.**) *LlCy* xi. 226, *Ysklawndyro* rhai bob awr / na wnelent fawr achosionn. / oy tafodey drwg y Pwyll / sy arwain twyll ddychmygonn (Edward Dafydd). **1606** E. James: *Hom* i. 191, enllibio [:– *Sclawndyro*]. **1672** R. Prichard: *Gw* 295, Na *sclawndra* [:– Na cham-gyhudda] vn di-euog. **1712** T. Williams: *CDdG* 406, arfer ddrwg o Enllibio a *Sclandrio.* **1767** E. Thomas: *CD* 24, Wel gan ddarfod i chwi fy *ysglandro* / Mi fynaf fi eich prisentio.

Gw. hefyd **slandriaf: slandrio.**

sglandrwr, ysglandr(i)wr [bôn y f. *sglandriaf, sglandraf, ysglandr(i)af: (y)sglandr(i)o*+*-(i)wr*] *eg.* ll. *(y)sglandrwyr.* Athrodwr, enllibiwr, absennwr, difenwr: *slanderer, libeller, calumniator, reviler.*

1547 *WS*, *Ysclandrwr* Sclau[n]derer. **1567** *LlGG* 11b, Teilyngy o hanot vaddae y ein gelynion, erlynwyr, ac *esclandrwyr*, a'throi ei [*sic*] calonnae. *id.* 141a, addolwyr delwau hortwyr [:– *sclandrwyr*, enllibwyr], y meddwon, a'r breibwyr. **1603** W. Midleton: *Ps* 80, Gann lais a malais milain / *Ysklandriwr* ar kablwr kain. **1672** J. Langford: *HDdD* 484, Maddeu i'm gelynion, erlyn-wŷr, ac *ysclandr-wŷr.* **1700** D. Maurice: *AC* 61, Maddeu im Gelynion, Erlidwyr ac *Sclandrwyr*, a thro eu Calonnau. **1722** *Llst* 189, *Ysglandrwr.* m. A slanderer. **1743** J. Jones: *LlAW* 122, Mae'n Gweddi ni hefyd attati, tros ein Gelynion, ein Erlidwyr, a'n *ysclandrwyr.* **1793** T. Jones: *SD* 78, Teilyngu o honot faddeu i'n gelynion, erlynwyr ac *ysglandr-wyr.*

Gw. hefyd **slandrwr.**

sglant, gw. **slant.**

sglarei, ysglarei [bnth. S. C. *sclareie* 'clary'] *e?g. Bot.* Unrhyw un o amryw fathau o berlysiau o'r tylwyth *Salvia*, clari: *clary.*

c. **1400** *Études* vii. 56, solaria, *sclarey.* **1813** *WB* 245, *Ysglarei.* edr. Cochlas.

sglaten, gw. **sglats.**

sglater, ysglater [bnth. S. *sclater*, ff. ar *slater*] *eg.* ll. *-iaid, -s.* Llechdöwr, slater: *slater.*

17g. (**18g.**) *CLIC* ii. 22, Y mae'r *Sglater* noethlwm crin / A chwrae [*sic*] hyd ysdol hwp y din / Ag ai llosge weithie a chalch / Yn awr mae'r rôg 'n ddigon balch. **1716–18** *Llsgr R. Morris* 12, Carol *ysclater* neu Benhillion Gwirod. **1750** *ML* i. 157, Ni chlywais i erioed sôn am Ddick Huws y *sclatar.* **1759** *BC* 446, Tincer mewn balchder *ysclater* Pen Tai. **1762** *ML* ii. 491, Gwaith seiri coed a cherrig, gwaith *sglateriaid* a phlastrwyr, gwaith gwydrwyr a gofaint. **18g.** Twm o'r Nant: *CO* 32, Holl bobol Oferedd, dowch ati hi'n fore—/ Y seiri a'r *ysglaters*, a phob hen glytie. **1790** Twm o'r Nant: *GG* 101, Gobeithio 'n wiwlan byth na wela, / Neb yn ddyrus warthus wrtha, / Na Gôf na Saer, trwy gwyn amserol, / Na neb '*Sclateriaid* anaturiol. Ar lafar, '*sglatar* . . . *sglatars*', *WVBD* 482.

Gw. hefyd **slater.**

sglats, sglatsh, ysglat(a)s, (y)sglatys, sglaits(h) [bnth. S. C. *sclattis* 'slates'; dichon mai *(y)sglâts* a gynrychiolir weithiau gan y ff. *(y)sglats*] *e.ll.* (un. b. *sgla(i)tsen, sglatsien, ysglatysen, (y)sglaten, ysgleten*, un. ?g. *ysglât*). Llechi, teils, hefyd yn *dros.*: *slates, tiles, also transf.*

15g. *GGl*^{2} 192, Gwisgwn blu gosawg yn blad / Ac yn glos o gen gleisiad. / Ysglodion gwynion a gaf, / *Ysglatys* o'r wisg g'letaf [i ofyn pais o faelys]. *id.* 257, Cawn *sglatys*, cynnes glytiau, / Crwst am wŷdd y croesty mau. **16g.** *GSH* 52, Henaidd do hon oedd dywell; / *Ysglatys* wisg gled sy well. **1547** *WS*, Llech ne *ysclatyssen* A sclate. *c.* **1548** *CM* 1, 841–2, [t]eil ne *ys[glaatt* a oddeuor taan. **16g.** *GGH* 128, Pleser hardd yw Powls yrhawg, / Powls ar waith plas Hiraethawg. / . . . / Hir gwindas âi o'r gwndwn / At y sêr a *sglatys* hwn. *Diw.* **16g.** *WLB* 9, Kymer *ysglatysen* neu garreg or rhŷw hynny a dod yn tân. **16–17g.** *GST* i. 320, Oer to gwellt i ŵr teg iach, / *Ysglatys* y sy glytach. **1688** *TJ*, Peithŷn, peithynen, *ysglatas*: a Slate or Tyle. **1690** *Brog* 8623, dau ynol [*sic*] *sglats. ib.* dau ynol [*sic*] kerig *ysglats* un y nol glo. *c.* **1700** E. Lhuyd: *Par* ii. 74, *Ysklats* gleision o'r goreu yn yr Aran. **1756** *ML* i. 432, Rwyf wedi bod drwy'r boreu mewn oerfel a dryghin yn ceisio fforddio'r boblach i nadel i'r gwynt fyned a tho gwellt ac *ysglattus* i ffordd oddiar yr hên deiach accw. **18g.** Twm o'r Nant: *CO* 17, Mae llathen o ddyfn yn ddigon i'w cuddio, / A rhoi'r pot ar ei waelod, ac *ysglaten* arno. **1828** *Geir Pob* 30, *Ysgleten*, llechen. Ar lafar, 'llwyth *sglaitsh*', '*sglatshan* wedi dŵad yn rhydd', *WVBD* 482; '*sclatsh*', *TGG* (1902) 33 (sir Gaern.); '*sglaten*', *Cymru* xlvii. 196 (sir Ddinb.).

Gw. hefyd **slâts.**

sglatysaf: sglatysu [bf. o'r e. *sglatys*] *ba.* Gorchuddio megis â llechi: *to cover as if with slates.*

15–16g. *TA* 450, Tŵr rhag unbriw trigeinbraich, / Teg heb un breg ym môn braich; / Teisen wedi i *sglatysu*, / Torth, ar fort Arthur a fu [i ofyn bwcled]. **16–17g.** *GST* i. 218, Mae asgell aur ymysg llu, / Oes glwyd tes a'i '*sglatysu* [i ofyn bwcled].

sglawndr, sglawndraf: sglawndro, sglawring, sglawringaf: sglawringo, gw. **sglandr, sglandriaf: sglandrio, ysglawring, ysglawringaf: ysglawringo.**

sglefr, ysglefr [bôn y f. *sglefriaf, ysglefriaf: (y)sglefrio*] *eb.* (bach. *-en*) ll. *-(i)au*, a hefyd fel *a.* Sglefriad, llithren (hefyd mewn maes chwarae, &c.), llithrigfa, llithrfa (hefyd i gychod, &c.); esgid sglefrio; llyfn, sgleiniog, llithrig, slic: *slide (also in playground), skid, slippery surface, slipway; skate (shoe); smooth, shiny, slippery.*

1932. Ar lafar, '*sglefr*, s.f., pl. *sglefra*' 'a slide', *WVBD* 483, hefyd yn y ff. *sglefran*, *ib.*; 'Ma'r rhew 'ma'n ddigon calad i gâl *sglefr* iawn', 'Ma'r llyn 'na 'di rhewi'n gorn—'ti'n dŵad am *sglefr*?', 'Mi odd gynno fo fop o wallt es talwm, ond ma gynno fo ben *sglefr* go iawn 'rŵan' (Arfon); '*Ysglefr.*—Rhew ar lyn neu bwll. Craig lefn hefyd', *Cymru* lxii. 176 (gorllewin Meir.).

Amr.: **sgler, ysgler** [cf. *sgleriaf: sglerio*]. **1837.** Ar lafar gynt yn y ff. *sgler* (sir Ddinb.).

Gw. hefyd **sglefryn.**

sglefriad [bôn y f. *sglefriaf: sglefrio*+*-iad*^{1}]

eg. ll. *-au.* Y weithred o sglefrio, enghraifft o sglefrio, sglefr: *a sliding, slide, skid.*

20g.

sglefriaf, ysglefriaf: (y)sglefrio, ysglefr-ian [?cf. S. taf. (*to*) *slither*, (*to*) *slether* 'to slither'] *bg.* ac yn eithriadol *ba.* Llithro'n llyfn neu'n ansad, sgidio, llithro'n llyfn ar rew, yn enw. ag esgidiau pwrpasol, hefyd yn *ffig.*: *to slide, slither, skid, skate, also fig.*

1861. Ar lafar, 'Ma'r rhew 'ma ddigon calad 'rŵan —'ti am ddŵad i *sglefrio*?' (Arfon).

Amr.: **sgleirio.** Ar lafar gynt yn nwyrain sir Gaerf. **sglerio, ysglerio. 1833. slefriaf²: slefrio** [cf. *slefriwr*]. 20g.

sglefriog [*sglefr*+-*iog*] *a.* Llithrig, slic, llyfn, hefyd yn *ffig.*: *slippery, slithery, smooth, also fig.*

20g.

sglefriwr [bôn y f. *sglefriaf: sglefrio*+-*iwr*] *eg.* (b. *sglefrwraig*) ll. *sglefrwyr.* Un sy'n sglefrio ar rew o ran hwyl, mewn cystadleu-aeth, &c.: *skater.*

1934. Ar lafar, 'P'run o'r ddau 'di'r *sglefriwr* gora'?' (Arfon).

Amr.: **slefriwr.** [cf. *slefriaf²: slefrio*] 20g.

sglefryn [*sglefr*+-*yn*¹] *eg.* yn y cfn. *sglefryn y llyn. Swol.* Unrhyw un o amryw fathau o drychfilod o deulu'r *Gerridæ,* yn enw. *Gerris lacustris,* sy'n gallu sefyll a gwibio ar wyneb y dŵr, hirheglyn y dŵr, rhiain y dŵr: *pond-skater (in zoology).*

20g.

sgleifiaf: sgleifio, gw. sleifiaf: sleifio.

sglein [bôn y f. *sgleiniaf: sgleinio*] *eg.b.* a hefyd gyda grym ansoddeiriol.

(*a*) Disgleirdeb, gloywder, llewyrch, llathredd, haenen lathraid, hefyd yn *ffig.*: *shine, brilliance, sheen, lustre, glaze, also fig.*

1920. Ar lafar yn y Gogledd, ''Fydd y rhen' 'na ddim 'r un un pan geith o dipyn o *sglein*'. Cf. D. J. WILLIAMS: *STC* 102, yr hen gwpwrdd tridarn a *sglein* y cŵyr gwennyn arno.

(*b*) Cyflwr neu olwg raenus neu lewyrch-us, graen, llewyrch: *fine or flourishing state or appearance,* (*look of*) *high quality.*

1920. Ar lafar yn y Gogledd, ''Dwi am fynd trw'r gwaith 'ma eto i weld os gaila' i gâl mwy o *sglein* arno fo'.

sgleinedig, gw. sgleiniedig.

sgleiniaf, ysgleiniaf: (y)sgleinio, *bg.a.* (Peri) disgleirio, pefrio, neu loywi, caboli, rhoddi haen sgleiniog ar, hefyd yn *ffig.*: *to* (*cause to*) *shine, gleam, or be bright, polish, glaze, also fig.*

1847. Ar lafar, 'Mae 'i wynab yn *sgleinio*', *WVBD* 482; 'Fe gliriodd hwnnw lŵeth a lyfu [*sic*] rownd e, nes odd e'n *sgleinio*', *Wês wês* 48. Cf. D. OWEN: *RL* 413-14, roedd Bob yn llond i groen, ac yn *sgleinio* nes oedd a chaps yn tyngu mod i wedi bod yn iwsio Bryant a May's Blacking arno fo.

sgleiniedig, sgleinedig [bôn y f. *sgleiniaf: sgleinio*+-(*i*)*edig*] *a.bfl.* Sgleiniog, cabol-edig: *shiny, polished.*

20g.

sgleiniog, ysgleiniog [*sglein* a bôn y f. *sgleiniaf, ysgleiniaf: (y)sgleinio*+-*iog*] *a.* Disglair, llachar, gloyw, pefriol, gloywlyfn, hefyd yn *ffig.*: *shiny, brilliant, bright, gleam-ing, glossy, also fig.*

Ar lafar yn y Gogledd, 'Ma 'i wastad yn gwisgo dillad *sgleiniog*'. Cf. D. OWEN: *D* 201, chwilen ddu *ysgleiniog*; D. J. WILLIAMS: *ChHO* 57, sgidiau ysgafn *sgleiniog.*

sgleintiaf: sgleintio, sgleiriaf: sgleirio, gw. sglentiaf: sglentio, sglefriaf: sglefrio.

sgleis, sgleish, ysglis [bnth. S. C. *slice*, ff. ar *slice,* neu'n uniongyrchol o'r H. Ffr. *esclice,* neu Ffr. Lloegr *sclice*] *eb.* (bach. *sgl*(*e*)*is*(*i*)*en*) ll. *sgleisiau,* (*y*)*sglisiau, sgl*(*e*)*ishys.* Tafell, sleisen; ysbodol, sleis, rhawlech; rhaw lo, rhaw dân: *slice; spatula, slice* (*for turning cakes, &c.*); *coal-shovel, fire-shovel.*

c. **1400** *Études* vii. 352, ac odyna gwasc trwy liein a gwna blastyr ohonaw a blawt heid, a thorr wynn wy

a than ac *ysglis* a dot wrthaw ar gadach. **1547** *WS, Ysclis* A *sclyce.* **16g.** *NBSB* 10, Mal ares o Ffrainc ymyl rhos ffris, / Mal osglau o aur ymyl *ysglis,* / Mal diamwnt Arca, main twrcis,—deibr wyd, / Wrth fain a burwyd gwyrthfaen Baris (Lewys Morgannwg). c. **1566** *B* xv. 119, bwrw mewn potten mollt ay verwi ynghyd cyd ar cig hwyaf ar a verwo ay dori yn *ysglisie.* *Diw.* **16g.** *WLB* [1], [c]rafu ychydig o galch tailiwr ynddo ai gymysgu i gid yn dda ag *ysglis* o brenn. **1688** *TJ, Yspodol* . . . (*ysglis*) i danu eli . . . a Spatula that Chirurgeons spread their plaisters with. **1828** *Geir Pob* 30, *Ysglis,* tafell. Ar lafar, '*sglisan — sglisia*', '*sglisan hir o bren*', '*sglisan o gig*', *WVBD* 483; ''*Sgleisan,* Tafell denau o garreg', *B* xx. 375 (ardaloedd chwareli'r Gogledd); '*sglcis*', '*sgleish*', *Geir Geg* 151 (Morg. a Brych.); 'I ryws ddwy *sglisan* 'yd yr ystlys ifi', 'Tor y cig yn *sglishys*', *GTN* 731; '*sgleish* . . . rhaw fach', *AGB* 187. Clywir *sglisien* hefyd ym Morg. . . . yn yr ystyr 'merch hardd'.

Gw. hefyd sleis.

sgleisiaf, sglisiaf, ysgl(e)isiaf: (y)sgl(e)isio [bf. o'r e. *sgleis, ysglis*] *ba.* Tafellu, sleisio, torri drwy, hefyd yn *ffig.*: *to slice, cut through, also fig.*

1547 *WS, Ysclisio Sclyce.* c. **1740** *LlM* 20, Cymmer Hâd Llin . . . ac ychydig o Gŵyr melyn, curwch [y] cwbl yn fân, ac *yscleisitwch* y Cwyr yn deneu. **1828** *Geir Pob* 30, *Ysglisio,* tafellu. Ar lafar, '*sglisio*' (Llŷn), '*sglisio*', *WVBD* 483. Cf. T. H. PARRY-WILLIAMS: *OPG* 19, byddai raid blingo llysywen . . . ac wedyn ei *sgleisio*'n fân ddarnau, fel *sgleisio* rhiwbob neu bwdin-gwaed.

Gw. hefyd sleisiaf¹: sleisio.

sgleisien, gw. sgleis.

sglem¹ [cf. *clem²*] *a.* Barus, gwancus: *greedy, voracious.*

20g. Ar lafar, *Cymru* liii. 151 (dwyrain sir Drefn.).

sglem², ysglem¹, *eb.* ll. *sglems.* Anfri, bai, staen, blotyn, nam: *disgrace, fault, stain, blot, imperfection.*

16g. (*LlEG*) *Mos* 158, 545a-b, i edrych a vai neb araddywedai [*sic*] vn g/air ynni kweryl wynt megis ac I gallai y depuwtti gaffel *ysglem* i ar rai or sawdwyr . . . i geishio menttimio I chw/edyl ef ynn wir. **1604-7** *TW* (*Pen* 228), oerwr, ag *ysclem* arno d.g. *Improbus.* **1688** *TJ, Ysglem,* clemm, (blottyn) . . . blot or stain. **1722** *Llst* 189, *Ysglem.* f. A foul patch. Ar lafar, '*sglem*: anfri, bai', 'rwyfi wedi cael *sglem* arno fo o'r diwedd', *Cymru* xlvii. 196 (sir Ddinb.). Cf. W. REES: *AFR* 316, Mi roedd yn dda iawn gin i gael *sclem* hono arnoch chi hefyd, does 'r un gwaeth na chi am hel *sclems* ar bobol erill yn y wlad yma: mi fydd yn anos gynoch chi son am droie trwstan pobol bellach.

sgleman [cf. *sglementa*] *ba.* Dwyn, chwiw-ladrata, bachu, chwilenna: *to steal, pilfer, pinch.*

Ar lafar yng nghanolbarth Cered.

sglementa [cf. *sgleman*] *ba.* Dwyn (drwy drais): *to steal* (*by force*).

R. PRICHARD: *Gw* 452, Dwyn ei [*sic*] tai, ai [*sic*] tir oddiarnynt / A *sclementa* [:- Sclyfaethu]'r maint oedd ganthynt.

sglemp, sglempiaf: sglempio, sglem-yn, gw. slemp, slempiaf: slempio, ystlum.

sglent, ysglent [bôn y f. *sglentiaf, ysglent-iaf: (y)sglentio*] *eb.* (bach. *sglenten*) ll. *sglent-iau, ysglent(i)au,* a hefyd fel *a.*

(*a*) Y weithred o sglentio (oddi ar), gwrth-lam, adlam; (geir.) crwydriad (oddi ar destun); gogwydd, goleddf, llethr, llithrigfa, sglefr; tirlithriad; gogwyddol, ar oleddf, llet-raws: *a glancing or bouncing* (*off*), *ricochet, rebound;* (*dict.*) *digression, deviation; slant, inclination,* (*slippery*) *slope, slide; landslide; sloping, slanting, oblique, diagonal.*

1604-7 *TW* (*Pen* 228), *ysglent* d.g. *digressio. id. ysclent* mewn ymadrodh d.g. *Excursio.* *Dchr.* **17g.** *J* 10, 43b, *Sclent.* Digressio. **1632** *D, Ysglent,* Resultatio. *id. ysglent* d.g. *Lapsus.* **1688** *TJ, Ysglent,* naidio yn ôl: a rebounding. **1722** *Llst* 189, *Ysglent.* f. A starting or falling aside, glancing, digression. **1770** *W* d.g. *A bound, Excursion, Rebound.* **18-19g.** *IMCY* 231, Caf rodio'n *sclent* i'r nentydd / Yn siriol a ganol gwŷdd. **1803** *P, Ysglent,* s. f.—pl. t. *iau* . . . A slide, a slippery drift. Ar lafar, 'yn dŵad ar i *sglent*' 'yn codi ar ôl iddo ddŵad i lawr', 'colli i ddau sowdwl a mynd ar i *sglent*' 'go bounding down', *B* i. 101 (Arfon). '*Sclent* Adj. Slant, diagonal', *GDD* 258.

(*b*) Darn tenau gwastad (o lechen, carreg, &c.), fflawen, hefyd yn *ffig.*; haenen: *thin*

flat piece (*of slate, stone, &c.*), *sliver, also fig.; layer.*

Ar lafar, '*sglentan*' 'a thin, flat piece of stone', *WVBD* 483; '*sglent* o dafli', '*sglent* o ddyn . . . fel 'tasa fo wedi wasgu at i gilidd fel lledan', *B* i. 101 (Arfon); '*Ysglent.*—Plymen o rew ar lethr, rhew trwchus', *Cymru* lxii. 176 (gorllewin Meir.). Cf. K. ROBERTS: *LW* 64, Chwarae marblis gyda *sglent* y byddid pan oeddwn yn fychan.

Gw. hefyd slent.

sglentiaf, sgleintiaf, ysgle(i)ntiaf, &c.: (y)sgle(i)ntio, sglentian, &c. [bnth. S. Diw. Cyn. (*to*) *sclente,* ff. ar (*to*) *slent,* 'to glance (off), slant'] *bg.a.* (Peri) gwrthneid-io neu adlamu; gogwyddo; gwibio'n ysgafn (dros), llithro, sglefrio, hefyd yn *ffig.*; (geir.) crwydro (oddi ar destun): *to* (*cause to*) *glance or bounce* (*off*), *ricochet, rebound; slant; skim* (*over*), *slide, skate, also fig.;* (*dict.*) *digress.*

16g. (*LlEG*) *Mos* 158, 19b, yr honn [saeth] a drewis ar gangen or pren a oedd vwchben y llwdwn oddiar yr honn Ir *asgeleintiodd* [*sic*] y ssae/th Ac ac [*sic*] a drewis a brenin ynni ddwyuron. *id.* 483b, yr *esgleinttiodd* y belen hrwng yr hett ar ysgwl. **1604-7** *TW* (*Pen* 228), *ysclentio* d.g. *digredior, Excurro, Lapso. Dchr.* **17g.** *J* 10, 210, *Sclentio.* Dilabor. Elabor. **1632** *D, Ysglentio,* Resilire, resultare. **1688** *TJ, Ysglentio,* naidio yn ôl: to rebound. **1722** *Llst* 189, *Ysglentio.* To start aside, glance, digress, retort. **1770** *W* d.g. *To bound . . . or rebound, To glance upon, To spring* [*fly with an elastic force*]. **1803** *P, Ysglentiaw* . . . to slide. Ar lafar, '*sglentio* cerrig' 'to play ducks and drakes', 'cerrig yn *sglentio*', *WVBD* 483.

sglentwyr [?bôn y f. *sglentiaf: sglentio*+-*wyr*] *e.ll.* ?Herwyr, troseddwyr: *outlaws, criminals.*

15-16g. *GLM* 302, Nid gwylliaid yw'r tyaid tau, / neu *sglentwyr,*—disgwyl hwyntau.

sgler, gw. sglefr.

sglera [bnth. S. *sclera*] *eg. Meddyg.* Gwyn y llygad: *sclera.*

20g.

sgleriaf: sglerio, gw. sglefriaf: sglefrio.

sglerosis [bnth. S. *sclerosis*] *eg. Meddyg.* Calediad neu dewychiad annormal organau, meinweoedd, pibellau gwaed, &c.; *Bot.* calediad cellfuriau o ganlyniad i ddyddod-iad lignin; hefyd yn *ffig.*: *sclerosis* (*in med. and bot.*), *also fig.*

20g.

sglifyn, ysglifyn [cf. *sgilffyn*] *eg.* ll. *-nod.* Sleisen denau, fflawen; toriad (planhigyn), sbrigyn: *thin slice, sliver; cutting* (*of plant*), *slip.*

18-19g. *Llr C* 2, 341, *Ysglifyn,* a slip, an offset. *Glam. ysglifynod.* Ar lafar, '*sglifyn* o gig', *Geir Geg* 166 (Morg.).

sgliffiaf: sgliffio, sglisen, sglisiaf: sglis-io, sglisien, gw. ysglyffiaf: ysglyffio, sgleis, sgleisiaf: sgleisio, sgleis.

sglodaf: sglodi, gw. ysglodaf: ysglodi.

sgloden, sglodion, gw. ysglodion.

sglodionaf: sglodioni, sglodyn, sglof-en, sgloffiaf: sgloffio, gw. ysglodionaf: ysglodioni, ysglodion, ysglofen, ysglaff-iaf: sglaffio.

sglont [cf. *slont*] *eb.* ll. *-iau. Mwyn.* Math o hollt neu doriad, slont: *type of fissure or fault* (*in mining*).

20g. Ar lafar yn ardaloedd chwareli'r Gogledd, *B* xx. 377, '*sglont*' 'in slate quarries, a joint running the same way as the cleavage, appearing along the surface which is at right angles to the face of the rock', *WVBD* 483.

Gw. hefyd slont.

sglwtsh [cf. *slwtsh* a S. taf. *sklush* 'slush'] *eg.* Slwtsh, llaca: *slush, sludge.*

20g. Ar lafar, *WVBD* 483.

Gw. hefyd slwtsh.

sglyf, sglyfaeth, sglyfaethaf: sglyf-aethu, sglyfaethus, sglyfiaf: sglyfio, gw. ysglyf, ysglyfaeth, ysglyfaethaf:

ysglyfaethu, ysglyfaethus, ysglyfiaf: ysglyfio.

sglymyn, sgoaf: sgoi, gw. ystlum, osgoaf: osgoi.

sgob, ysgôp [bnth. S. *scope*, ff. ar *scoop*] *eb.* Sgŵp (math o letwad, &c.): *scoop (instrument)*.
1828 *Geir Pob* 29, *Ysgôp*, ceu-raw, dyspyddlwy.

'sgod, sgodig, gw. pysgod, ysgodig.

'sgodods, 'sgodyn, gw. pysgod.

sgogyn, gw. ysgogyn.

sgoitsiaf[1]: sgoitsio [bnth. S. Diw. Cyn. (*to*) *scotch* 'to cut or score'] *ba.* Torri, rhicio: *to cut, score*.
16g. *LlS* 157, [y] gwlybwr llaethol a ddaw allan or llysæ wrth ei [sic] *scoytsio* nei [sic] cellelly.

sgoitsiaf[2]: sgoitsio, gw. sgotsiaf: sgotsio.

sgôl, ysgôl [bnth. S. *squall*] *eb.g.* (bach. b. *sgolen*) ll. *sgoliau, sgôls*. Hwrdd (o wynt), chwythwm; trychineb, niwed; helynt, cythrwfl, ffrae: *squall; disaster, damage; disturbance, commotion, quarrel*.
1828 *Geir Pob* 31, *Yscôl*, awel ddisymmwth. Ar lafar, 'sgolen o wynt', 'hen sgôl fawr' (Arfon); 'sgôl . . . sgôls' 'squall', 'sgôl o wynt', *WVBD* 484; hefyd yn yr ystyr 'disaster', 'sgôl San Ffransisgo', a 'quarrel, high words, disturbance', 'sgôl rhwng dau ddyn a'i gilydd', ib. Fe'i defnyddir hefyd wrth sôn am rywun sydd wedi dioddef gwaeledd, 'Mae o wedi cael cryn sgôl', *ISF* 67; ''Fuo gwawr buth anofo ar ol y sgôl honno', *LILIM* 121. Clywir y ff. *sgowl* yn Llŷn, ''Sa sgowl bach o wynt yn ddigon'.

sgolar, gw. ysgolor.

sgolarship, sgolyrship [bnth. S. *scholarship*] *eg.b.* Arholiad a sefir gan blentyn tuag 11 mlwydd oed i gael mynediad i ysgol ramadeg; ysgoloriaeth: *eleven-plus; scholarship (financial aid)*.
20g. Ar lafar, ''Odd raid iti basio'r sgolyrship i fynd i'r ysgol fawr?', ''Na foi clyfar odd o, 'nath o ennill dau sgolyrship i fynd i'r coleg llynadd' (Arfon).

sgolastic, sgolasticaidd, gw. sgolastig, sgolastigaidd.

sgolasticiaeth, sgolastigiaeth [*sgolastic, sgolastig + -iaeth*] *eb.* Prif system ddiwynyddol ac athronyddol prifysgolion Ewrop yn yr Oesoedd Canol, a nodweddid gan ymgais i amgyffred gwirionedd Cristionogol drwy ddiffinio, systemeiddio, a rhesymegu; ymlyniad culfarn wrth athrawiaethau traddodiadol, &c.: *scholasticism*.
1928.

sgolastig, sgolastic, ysgolastig [bnth. a chfdds. o'r S. *scholast(ic)(+-ig²)*] *a.* a hefyd fel *eg.* ll. *-iaid*. Yn perthyn i sgolasticiaeth neu'n nodweddiadol ohoni, (un sydd) yn arddel sgolasticiaeth: *pertaining to scholasticism*, (a) *scholastic*.
1927.

sgolastigaidd, sgolasticaidd [*sgolastig, sgolastic + -aidd*] *a.* Sgolastig: *scholastic*.
1931.

sgolastigiaeth, gw. sgolasticiaeth.

sgold [bnth. S. *scold*] *e?b.* (bach. b. *-en*) ll. ?*-iod*. Cecren (?hefyd am ddyn): *scold* (?*also of a male*).
1688 S. HUGHES: *TSP* 180-1, hwy a gurasant y Pererinion, gan eu trybaeddu nhw â dom, ac wedi hynny hwy a'u gosodasant mewn Cratsh [:- Carchardy bychan, lle y cauir *Scoldiod*], mal y byddent yn Ddrychau ir [sic] holl ffair. Ar lafar, '*Scold*' a scolding one', *TGG* (1907-8) 108 (godre Cered.); hefyd yn y ff. *sgolden, GDD* 258. Cf. *Bl D* 380, Ni ddyoddefa hi'r hen scrâd, / Mo'r dillad ar y gwely / Mae'r gowt yn waeth i'w chanlyn, / Nâ *scold* o wraig ysgymmun.
Amr.: sgoldeiaid [cf. *sgoldeian*] (e.ll.). 18g. IOAN SIENCYN: *Gw* 427, fel caffai r hen *Scoldeiaid* dig / Ei gwalai [sic] o gig Myherin.
Gw. hefyd sgoldies, ysgowl, ysgowld.

sgoldan, sgoldanu, gw. sgaldiaf: sgaldio.

sgoldeian, sgolden, gw. sgoldiaf: sgoldio, sgold.

sgoldiaf: sgoldio, sgoldian [bnth. S. (*to*) *scold*] *bg.a.* Dweud y drefn (wrth), ceryddu, cynhenna, cecru, hefyd yn *ffig.*: *to scold, also fig.*
1777 W. WILLIAMS: *DN* 13, yr y'm heddyw yn byw yn anserchog, yn oer, ac yn sych; *scoldian* â'n gilydd o forau i nawn. id. 27, [c]adw cwmpeini rhai gyd â difyrrwch . . . ond '*scoldian* yn gyffredin yn ei gwmpeini af. 1790 M. WILLIAMS: *BM* 37, ambell frwydr o gy[n]henfa neu *scoldio*. Ar lafar, 'Mae a'n *sgoldian* y plant rownd abówt' (dwyrain Morg.).
Amr.: sgoldeian. 1797 J. HARRIS: *Alm* [22], bydd llawer o *scoldeian* . . . rhwng benywod.

sgoldïes [*sgold + -es*[1], ond nid yw'r ffd. yn eglur; ?cf. *sgoldeiaid* a *sgoldeian*] *eb.* Cecren: *a scold*.
1672 R. PRICHARD: *Gw* 176, Gwaeth nâ defni, gwaeth nag Arthes / Gwaeth nâ gwiber yw *Scoldies*. id. 235, Or bydd morwyn yn *scoldies*, / Ac heb berchi Sara ei meistres.

sgolen, sgoler, sgolffiaf: sgolffio, sgolhaig, sgolheictod, sgoliaf[1]: sgolio, sgoliaf[2]: sgolia, gw. sgôl, ysgolor, sglaffiaf: sglaffio, ysgolhaig, ysgolheictod, ysgoliaf[1]: ysgolio, ysgoliaf[2]: ysgolia.

sgoliog, sgowliog [*sgôl, sgowl*[1] + *-iog*] *a.* Chwythymog, hyrddiol: *squally*.
1882. Ar lafar yn Arfon yn y ff. *sgowliog*.

sgolmeistr, sgolop[1,2], sgolor, gw. ysgolfeistr, sgalop, sgolp, ysgolor.

sgolp, ysgolp [cf. *colp* a Gwydd. Diw. *scolb*; gw. hefyd sgilp] *eg.* (bach. b. (*y*)sgolpen, g. *sgolpyn*) ll. (*y*)sgolp(*i*)au, ysgolpion, (geir.) ysgylp.
(a) Ffon bigfain at sicrhau'r gwellt mewn to gwellt, sgilp, pric toi; coedyn, polyn; darn a dorrir ymaith, ysglodyn, fflawen; hefyd yn *ffig.*: *thatching-rod, thatch-peg, spit; spar, pole; piece cut off, chip, sliver; also fig.*
16g. WILIAM LLŶN: *Gw* (R. Stephens) (At.), *Ysgolp* aseth. 1604-7 TW (*Pen* 228), pawl, aseth, *Scolp, Scolpen*, deauperthic d.g. *Scolops*. 1632 D, *Ysgolp*, yw Aseth . . . palus. id. *ysgolpen* d.g. *Scolops* 1688 *TJ, Ysgolp*, Aseth. a Lath to fasten Thatch. 1707 AB 283b, †*Skolp* d.g. A Pole. id. 286c, *Yskolp, Skolp* d.g. A Spray or Watle used in Thatching. 1740 T. EVANS: *DPO* 14-16, Nid llai Gwaith na gwneuthur Geir-Lyfr bychan a fyddai osod i lawr yr holl Eiriau o'r un Sain ac ystyr yn Sain Gymraeg a'r Wyddelaeg . . . *Scolpen* Sgolb. 1753 TR, *Ysgolp*, yw Aseth. Gr . . . Scolops, a sharp-pointed spar or wagget to fasten thatch. 1776 E. RICHARD: *B* 5, Peth rhyfedd i dderwen, mor union a brwynen, / Fel *scolpen* o'r grommen, wargrymmus . . . 1794 W, *ysgolp* (pl. *ysgylp*, hefyd *ysgolpau*) d.g. Spar [a sharp-pointed rod or lath in thatching]. 1803 P, *Ysgolp*, s. m. . . . A sharp pointed spar or wagget, a wooden pin. id. d.g. Spar. 1814 W. DAVIES: *Agric . . . S. Wales* i. 140-1, The thatcher divides the prepared whisp into two or three handfuls . . . fastening each handful in succession with a bent and twisted stick, called a *scolp*. Ar lafar, 'sgolpyn . . . sgolpion' 'a piece of something cut off, 'tynnu sgolpion' o bren hefo wyallt', *WVBD* 484; 'sgolpion' 'scraps', ib.; 'Sgolp[y]n: Y darn a dorrir i ffwrdd wrth "sgolpio"', *B* xx. 377 (ardaloedd chwareli'r Gogledd); 'Scolpyn, A spar of wood', *Cymru* xxxv. [233] (godre Cered.); a hefyd yn ardal Tregaron yn yr ystyr 'cangen o bren a dorrwyd â bilwg'; 'Scolpen, pl. scolpa = spars for thatching', *TGG* (1906) 16 (Morg.); 'sgolpa . . . ffyn bachog mewn perth i'w dal hi wrth ei phlygu', 'Pren odd sgolpyn, yn dod drŵs y berth ac yn dala'r peth 'ôn' nw wedi'i droi lawr. 'Odd siŵd bethach mywn to gwellt 'ed, ond taw rai bæch ôn' nw, idd 'i ddala fe 'ngyd', *GTN* 732.
(b) (enghrau. o'r ff. *ysgolp* fel *e.ll.*: exx. *of 'ysgolp' as a pl. n.*).
1722 *Llst* 189, *Ysgolp*. p. Rods to fasten thatch used on houses, tangs, tangings. [1783] W, *Ysgolp* seemes also to be taken plurally d.g. *Spar* [a sharp-pointed rod or lath in thatching].
(c) Gair difr. am berson: *derog. term for a person*.
Ar lafar, 'sgolpan' 'a term of reproach for a woman', 'sgolpyn' 'a term of reproach . . . said to a

boy', *WVBD* 484. Cf. *SE MS* 617a, [*Ysgolpen*,] a scold, a shrew, a vixen.
Amr.: sgolop[2]. 1688 *TJ*, Colp, (*scolop*). A scolop.
stolpyn [cf. *stolpio*] (ll. *stolpiau*). Ar lafar yn ardaloedd chwareli'r Gogledd, *B* xx. 380.

sgolpad, gw. sgolpiad.

sgolpaf: sgolpo, sgolpach, gw. sgolpiaf: sgolpio.

sgolpen, gw. sgolp.

sgolpiad, sgolpad [bôn y f. *sgolpiaf, sgolpaf: sgolp(i)o + -iad*[1], *-ad*] *eg.* Cripiad, ysgraffiniad; darn a dorrir ymaith, telpyn, lwmpyn: *scratch, graze; piece cut off, chunk, lump*.
Ar lafar, 'torri sgolpiad er mwyn gneud mantas i dorri'r garrag', *WVBD* 363; 'sgolpiad' a piece cut off', id. 484; ''Odd ginto sgolpad ar 'i fraich' (deddwyrain Morg.).
Amr.: stolpiad [cf. *stolpio*]. 1902.

sgolpiaf, (y)sgolpaf: sgolpio, (y)sgolpo, sgolpach [bf. o'r e. *sgolp, ysgolp*; ?cf. hefyd S. (*to*) *scalp*, ff. ar *scapple* 'to rough dress (timber, &c.)', a *sgapliaf: sgaplio*] *bg.a.*
(a) Sicrhau â phriciau toi; torri'n anwastad, tocio, naddu: *to fasten with thatch-pegs; cut unevenly, trim, chip*.
1722 *Llst* 189, *Ysgolpo* . . . To cut any thing disorderly or uneven. 1803 P, *Ysgolpiaw* . . . To fasten with a wooden pin. Ar lafar, 'sgolpio' in slate quarries, the same operation as pillaring (pleru), but applied to smaller blocks . . . sgolpio clwt is a smaller operation performed by a blow with the hammer without a groove;—also, in general, "to square" (a stone or piece of wood)', '*Sgolpia* di hwnna i ffwr'', *WVBD* 484. Clywir *sgolpo* yng Nghered. yn yr ystyr 'torri cangen o bren â bilwg', a dywedir am beiriant sy'n gadael gormod o wellt neu wair ar ôl wrth dorri ei fod yn '*sgolpo*'n ofnadw'. Sonnir am '*sgolpo*'r ddæs' yn ne-dwyrain Morg., a chlywir *sgolpo* yn yr ystyr 'ysgraffinio' yn yr un ardal, 'sgolpo'i fraich'; hefyd gynt yn yr ystyr 'cornio', 'Y da'n *scolpo*'i gilidd', *LlGC* 1171, 19 (Morg.).
(b) (enghrau. *ffig.*: fig. exx.).
Ar lafar, 'On'd odd a'n *scolpo*'n gas? . . . when a speaker made some bold hits in a speech or sermon (Pentyrch)', *LlGC* 1171, 19. Clywir *sgolpo* a *sgolpach* yn yr ystyr 'dweud pethau llym, gwawdlyd (wrth)', 'Ôn i'n 'i chlwad 'i'n *sgolpach* y bachan', ''Dwi ddim yn lico rwun sy'n *sgolpo* o 'yd', *GTN* 732.
Amr.: stolpio. 1868. Ar lafar yn ardaloedd chwareli llechi Arfon a Meir.

sgolpog [*sgolp + -og*] *a.* Deifiol (am sylw, &c.), gwawdlyd, sbeitlyd: *scathing, cutting, spiteful*.
Ar lafar, ''Wyt ti'n mynd yn fwy *sgolpog* fel 'wyt ti'n mynd yn 'enach', *GTN* 732.

sgolpyn, sgolyrship, gw. sgolp, sgolarship.

sgon [bnth. S. *scone*] *eb.* ll. *-au, -s* (un. b. *sgonsen*). Teisen fach gron felys neu sawrus a wneir o flawd, llaeth, ac ychydig o fraster, ac a goginnir mewn ffwrn neu ar radell: *scone*.
20g. Ar lafar, 'Netho i sgons erbyn bo'r pregethwr yn dod' (Brych.); ''Ges i ddyshgled o de a sgon' (sir Gaerf.).
Cfn.: sgonsen gytew: *drop scone*. 20g. sgonsen radell: *griddle scone*. 20g.

sgonj, sgonsh, *eg.* (bach. g. *-yn*, b. *sgonjen, sgonsien*) ll. *-ys*. Ystudfach, hefyd yn *dros.* am berson tal heglog: *stilt, also transf. of a lanky person*.
Ar lafar, 'Ôn i'n gweld rwun yn mynd acha' *sgonshys* drŵs y gors', 'sgonshyn mawr o fachan', *GTN* 732; 'Ôn ni'n dwlu cerad ar *sgonjys* yn blant', 'Fe briotws *sgonjan* o fenyw' (dwyrain Morg.).

sgonsen, gw. sgon.

sgôp [bnth. S. *scope*] *eg.*
(a) Cyfle neu ryddid i ymarfer galluoedd (meddyliol) neu i weithredu, amrediad amgyffrediad neu olygwedd, maes gweithgaredd neu bwnc; pwrpas, amcan: *scope (of activity, &c.); purpose, aim*.
1745 TC: *CC* 24, Gossod ûn Tecst neu ddau ar erbyn amcan *scôp* neu Amcan cyffredinol a Geiriau amlwg yr Efengyl trwyddi, sydd mor afresymmol fel y mae yn rhyfedd gennif, fôd neb yn ymosso[d] arno.
(b) Rhaff y clymir y naill ben iddi wrth gawell cimwch a'r llall wrth fwi: *rope*

fastened at one end to a lobster creel and at the other to a buoy.

1960. Ar lafar ymhlith pysgotwyr y glannau, *BILlE* 38, *B* xxv. 56 (Aberdaron).

sgôr, ysgôr[1] [bnth. S. *score*] *eb.g.* ll. *sgôrs, (y)sgorion, sgoroedd, sgor(i)au.*

(*a*) Cyfanswm y pwyntiau a sgorir mewn gêm, &c., gan unigolyn neu dîm, neu fel cofnod o ganlyniad y gêm, &c.; marc a enillir mewn prawf, &c.; (ar ôl y fan.) y wir sefyllfa; grŵp neu set o ugain, (fel rheol yn y ll.) nifer mawr, llawer; ugain pwys; crafiad, toriad, rhych; (marc a dorrir mewn) pren cyfrif, (cofnod o d)dyled, cyfrif (ariannol), cownt; achos anghydfod, &c., a gedwir mewn cof i dalu'r pwyth yn ôl; hefyd yn *ffig.*: *score (in game, test, &c.); the score (actual situation); score (twenty), (usu. pl.) large number, scores; twenty pounds (weight); score, cut, notch; (score on) tally(-stick), (account of) debt, (financial) reckoning; score (grievance or injury); also fig.*

Diw. **15g.** *Pen* 41, 24, sar/ttyr ymrwymo ne *ysgor* y rwng hawlwr ac/hynnogyn. *id.* 25, Os yr hawlwr ni byd llythyr ymrwym ganthaw namyn ar llwybyr nev ar wystyl nev athyst nev *ysgor.* **15–16g.** *GLM* 130, Rhoi aur i'r llawr, hyr i'r lleill: / rhoi *ysgôr* yw rhwysg eraill. **1547** *WS, Yscor* A score. **1558** *GGH* 267, Y flwyddyn, rhif cyfrifwn, / Oedd oed Duw pan ddygwyd hwn: / Wyth a redodd, a thrideg, / A thri phumcant, dyfiant deg, / A rhoi ugain mlwydd rhagor / I'r Iesu gwyn ar *ysgôr* [marwnad Syr Dafydd Owain]. **16–17g.** *CRC* 13, Pawb sy rowran drosto i hyn [*sic*] / y byd kytyn a bassiodd / a myssered pawb i *scor* / n ol yr stor a nillodd. **1621** *HCRC* iii. 351, Gwragedd y tefyrn sy yn doedyd yn lân / kar ath garo yn hir / y kwbl o *ysgorion* i madde nhw a nân / o gwrthwyneb yw hyn ir gwir. **1632** *D, ysgôr* d.g. *Tessera.* **1676** W. JONES: *GB* 66, Na thybia fôd dy hen *'scorion* wedi eu croesi, tra wyt mor barod i 'scorio o newydd. **1701** E. WYNNE: *RBS* 167, hyfforddia di yn yr iawn lwybr y rhai a dynnais i ar gyfeiliorn, ac na âd i mi fŷth yrru ymlaen y *scôr* ddu o bechod. *id.* 238, troir heibio dy wendid anochel . . . a'th wallieu byrrion y bŷch di 'n gwilio . . . yn eu herbyn, iw rhoi ôll ar *scôr* (*accounts*) y Groes. **1722** *Llst* 189, *Ysgôr* . . . Score, account, tally. pl. *Ysgorion.* **1759** *ML* ii. 147, ofni bod *'sgôr* yn y dollfa . . . Cant o helyntion pwysfawr o'r fath. **1760** E. WILLIAMS: *UYB* 70–1, [g]osod [Iesu] ar y *scôr* megis pe bae Efe yn ddyledwr i ni. **[1783]** *W*, vulgò *ysgôr* d.g. *Score or tally, Score* [*twenty*]. Ar lafar, *'sgôr,* s.f., pl. *sgorion'* 'a cut . . . a notch', *WVBD* 484; 'Aber 'nillodd ond 'dwi 'im yn siŵr be' odd y *sgôr'*; 'Ma 'en *sgôr* biwr arni yn bob siop yn y lle meddan' nw', 'Mae wedi mynd 'ibo 'ma *sgorodd* o witha 'eb alw' (dwyrain Morg.); 'Fi brynas *sgôr* o flawd 'aidd i'r moch', *GTN* 732. Cf. D. OWEN: *GT* 223, Roeddwn i wedi addo talu tipyn o'r hen *sgôr* i Mrs. Anwyl, ond rhaid iddi gymyd 'i gwynt am dipyn eto, mae'n debyg.

(*b*) *Crdd.* Ffurf ysgrifenedig neu argraffedig cyfansoddiad yn dangos pob rhan leisiol ac offerynnol ar erwyddi gwahanol, cerddoriaeth ar gyfer drama, ffilm, &c., hefyd yn *ffig.*: (*musical*) *score, also fig.*

1921.

sgoraf: sgori, gw. **sgoriaf: sgorio.**

sgorbwtig, sgorbiwtig [cfdds. o'r S. *scorbut(ic)* + *-ig*[2]] *a.* Yn perthyn i'r llwg neu'n dioddef ohono: *scorbutic.*

20g.

sgordiwm, ysgordiwm [bnth. S. *scordium*] *e?g. Bot.* Chwerwlys y dŵr, *Teucrium scordium*: *water germander.*

c. **1730** *Thos. Lloyd D* (LlGC) 208a, *Scordiwm.* Water germander. **1813** *WB* 245, *Ysgordiwm.* edr. Derlys y dwr.

sgoreiaf: sgoreio, gw. **sgoriaf: sgorio.**

sgoriad, ysgoriad [bôn y f. *sgoriaf, ysgoriaf,* &c.: *(y)sgorio,* &c. + *-iad*[1]] *eg.* ll. *-au.* Rhych; toriad, cripiad; hefyd yn *ffig.*: *furrow; cut, scratch; also fig.*

15–16g. *TA* 442, Ysgorio tasg ar y tir, / *Ysgoriadau* ais grodir; / Ysgyrion hirion i'w hau, / Ystyllod megis dulliau [i ofyn ychen]. **1572** *WLl* 71, Dann nod araf / Dyn wiw doriad / Dyna *sgoriad* / dann ais gwirionn.

sgoriaf, ysgoriaf, sgoraf: (y)sgorio, (y)sgori [bnth. S. (*to*) *score*] *bg.a.*

(*a*) Ennill (pwynt(iau), marc(iau), &c.) mewn gêm, prawf, &c., gwneud neu gadw sgôr (mewn gêm, &c.); torri rhigol neu rych, marcio, torri rhicyn (yn enw. wrth gadw cyfrif), cofnodi (dyled), yn enw. drwy gyfrwng rhiciau ar bren cyfrif, cael (diod, nwyddau, &c.) ar goel, mynd i ddyled; hefyd yn *ffig.*: *to score (in game, test, &c.), keep score; score, cut, mark, notch (esp. in keeping a tally), record (a debt), esp. by means of notches on a tally(-stick), obtain (drink, goods, &c.) on credit, get into debt; also fig.*

14–15g. *IGE*[2] 329, Ysgafn fydd ei llafn i'm llaw, / Esgud oll ys gad eilliaw. / Esgyrnfriw ddur, gur gerydd, / Ys gŵyr hon *ysgoriaw* hydd [Rhys Goch Eryri i'r faslart]. **15–16g.** *TA* 442, *Ysgorio* tasg ar y tir, / Ysgoriadau ais grodir [i ofyn ychen]. **16g.** *Med H* 50, Yr ail ymrafael groes iw kroes arw, a hon a vydd wedi *scorio* i ffaladr a'i breichiau. **16–17g.** *LlCy* ix. 213, *Ysgoriwch,* ais Gai Warwig, / Esgyrn y cedyrn a'u cig (Edward Urien). **16–17g.** *CRC* 445, am waith wttresswyr yn *ysgorio* / y tafarnwr oedd yn kwyno / o chaitti ath fath yth kredu / hyd dyddfarn nis minnech dalu. **1636** *Pen* 321, 107a, papistied . . . yn doedyd llawer o weddie ar J pedere . . . ag *yscorio* J fynu o fesur y dwsing leinelle o garpiog llading diwybod. **17g.** *CC* 227, mynd allan diddan daith / barilo Aber eilwaith / *yscorrio* heb rwysg arian / yn ddilês yn y ddwy lann [Siôn Dafydd i ddau offeiriad meddw]. **1672** R. PRICHARD: *Gw* 379, Hîr y herys Duw heb daro, / Llwyr y dial pan y delo: / Am yr echwyn a'r hir *scori,* / Och! fe dâl ar unwaith itti. **1676** W. JONES: *GB* 66, Na thybia fôd dy hen 'scorion wedi eu croesi, tra wyt mor barod i *'scorio* o newydd. **1722** *Llst* 189, *Ysgorio.* To score. **1759** *BC* 247, O achos coelio, trist a'i trystio / Ac *yscorio* i bawb ei 'sgar / . . . / Am un a dalau [*sic*] fel y dylŷd, / Dau am cogiau [*sic*] rhoe eiriau coeglŷd [cwynfan tafarnwraig]. *id.* 461, Duw perchen pob Amser a Phower y Ffŷdd, / A'n puro'n wyr parod cyn dyfod y Dydd: / Lle 'i gorfydd rhoi Cyfri *ysgori* ni's cawn, / Crist Iesu tros gamwedd a'i rinwedd yw'r iawn. **[1783]** *W*, vulgò *ysgorio, ysgori* d.g. *To score or score up.* Ar lafar, *'sgorio'* 'to slash, to make a cut', *'sgorio* 'i wymad', *WVBD* 484; hefyd yn yr ystyr 'to keep an account in the old style by cutting marks on wood', *ib.*; 'Fe *sgorws* ddwy gôl y tro dwetha'', *GTN* 732; 'Ma 'i wedi *sgori*'n fudur yma, ma arni itha' 'en ginog', *id.* 733. Fe'i clywir hefyd mewn ymad. fel ''Nest ti *sgorio* 'fo'r fodan 'na?', ac 'Es i lawr i'r dre' neithiwr a *sgorio* chwartar' (am gyffuriau). Cf. D. J. WILLIAMS: *STC* 92, llithrodd y bêl rywsut o afael Gwion ac yntau o fewn pum llath i *sgorio.*

(*b*) *Crdd.* Gosod neu drefnu (darn o gerddoriaeth) ar gyfer cerddorfa, offerynnau penodol, neu leisiau: *to score (in mus.).*

1890.

Amr.: **sgoreio. 1890.**

sgoriwr, sgorwr [bôn y f. *sgoriaf,* &c.: *sgorio,* &c. + *-(i)wr*] *eg.* ll. *sgorwyr.* Un sy'n sgorio neu'n cadw sgôr: *scorer, scorekeeper.*

1882.

sgorn, ysgorn [bnth. S. *scorn*] *eg.b.* Dirmyg, sen, gwawd, gwatwar; cyff gwawd, testun sbort: *scorn, contempt, derision, ridicule, mockery; object of derision, butt.*

14g. *GDG*[3] 176, *Ysgorn* flin, gerwin yw'r gair, / Asgen am fy nwy esgair [i'r fiaren]. **14g.** *GIG* 80, Rhag dyn o Brydyn, rhag brad, / Rhag *ysgórn,* o gwasg arnad. *id.* 166, Rhuadwr yn rhoi ydwyd / Rhyw *ysgórn* im, rhisgwern wyd [dychan i'r Gwyddelyn]. **15g.** *GDLl* 140, Llw eurferch i'm llawr erfai, / Llw ni thrig mal llanw a thrai. / Os gwir, ni bu *ysgorn* bach, / Llaw wen yn rhoi llw wannach. **15g.** *CSTB* 50, Ai byddar wyd, fy nghariad, / Ai *ysgorn* i ddangos gwad? **16g.** *TRP* [152], Megis ffelwn wr gorwlad / drwy gael *ysgorn* a mokiad. **16g.** *THSC* (1923–4) (At.) 45, Kans yfydd vy grist, a llawer o *ysgorn* a ddioddefoedd, a gwatwar. **16g.** (**17g.**) *B* xviii. 32, os kellwair ar ddiwair ddyn / a gau [*sic*] ifank ai gofyn / gwur o *sgorn* dy ddilorni / i hen daid ith henwa di. *a.* **1587** *Y* 89, Dy fryd, hynod frad dinam, / Yw ceisio 'y nghywilyddio yngham. / Tydi trwy *yscorn* a chornio / A fyn bai i'r fann ni bo. **1759** *BC* 310, A hwn yr Hâf diweddaf, / Wyl Bedr ddŷdd hynottaf, / A gladdodd wraig anwylaf, / Na chymred neb yn *sgorn.* **1803** *P, Ysgorn,* s. m. . . . Scorn, contumely. Ar lafar, 'gneud *sgorn* ar rywun' 'gwneud hwyl am ben rhywun' (Arfon). Cf. D. OWEN: *RL* 159, Traddododd fy mam yr anerchiad hwn yn llithrig a chydag yni, a gwisgai ei hwyneb *ysgorn* gwywol na welais mo honi yn ei ddangos cynt nac wedi hyn.

Cfn.: **bod yn sgorn gan:** *to feel scorn for, scorn (to do something).* **1653** *MLl* i. 178, Mi ddywedwn air wrth y golomen (oni bai *fôd yn scorn gennif*) y dylai hithau edrych am ei bywyd. **1744** D. ROWLAND: *RY* 22, y *mae 'n scorn gantho* yn awr i fod Slâf ym Mansoul.

sgorniaf, ysgorniaf, sgornaf: (y)sgornio, sgorno [bf. o'r e. *sgorn, ysgorn*] *bg.a.* Dirmygu, gwawdio, gwatwar, difrïo, dibrisio, bychanu; ymwrthod â (gwneud rhywbeth a ystyrir yn annheilwng): *to treat with scorn or contempt, mock, ridicule, disparage, slight; scorn (to do something).*

15g. *Glam Bards* 266, dy gablu ail iessu hun / *esgornio* oedd dask arnun. **1547** *WS, Yscor*[*n*]*io* Scorne. **16g.** *THSC* (1923–4) (At.) 63, o blegid yntwy *ysgornio* jessu dair gwaith ar y gliniav pan ysgyrssiwyd ef. **1615** R. SMYTH: *GB* 224, yr hain y buomi gynt yn i gvvatvvar, yn i *scornio* ag yn i distyru, gan i barn[v] yn pholiaid . . . vvele navvr y mae ynthvvy mevvn cymeriad, ag yn cael i cyfri ymysc plant duvv. **17g.** *RWM* ii. 1131, Kyngor na *yscorniwch* siampl kymherwch. **1672** R. PRICHARD: *Gw* 122, Pwy na *scornei* [:– Dirmygei] 'r Byd ar Cnawd. **1683** H. EVANS: *CTF* 7, *Scorna* [:– Dibrissia] 'r hyn nas gelli wrthod. **1766** *CD* 165, Ysbortio a gwawdio, / Ysbeitio ac *Yscornio.* **1803** *P, Ysgorniaw* . . . To scorn, to slight. **1828** *Geir Pob* 29, *Ysgornio,* dirmygu, diystyru. Ar lafar, 'Paid â *sgornio* fo 'n 'i gefn', *WVBD* 484; ''Wyt ti'n *sgorno* 'mwyd i, 'wyt ti?', 'Ma fa'n *sgorno* dinnon sy gistal â fe 'i 'unan', *GTN* 732. Cf. D. OWEN: *RL* 307, Nid wyf yn gwybod am greadur mwy truenus na phregethwr yn cael ei oddef gan ddynion, a'i *ysgornio* gan Dduw, o herwydd ei fydolrwydd a'i ddaearoldeb; *id.* 372, Cerddais ymlaen yn ddioglyd fel dyn wedi móni, ac yn y man clywn Thomas o fy lledol yn siarad yn nhop ei lais . . . 'Rhys, oes gynat ti flys yn *sgornio* ni, dywed?'

Gw. hefyd **sgwrnach.**

sgorniog, ysgorniog [*sgorn, ysgorn* + *-iog*] *a.* Sgornllyd, dirmygus: *scornful, contemptuous.*

1906. Ar lafar yn Arfon yn y ff. *sgorniog.*

sgornllyd, ysgornllyd [*sgorn, ysgorn* + *-llyd*] *a.* Dirmygus, diystyrllyd, gwatwarus, gwawdlyd: *scornful, contemptuous, disdainful, mocking, contumelious.*

1733 W. WILLIAMS: *TC* 112, ei ddilladu mewn gwisg *ysgornllyd.* **1803** *P* d.g. *Ysgornllyd.* Ar lafar, ''Ôn' nw'n *sgornllyd* iawn o'n tulu ni wastod', *GTN* 732; hefyd yn y ff. *sgwrnllyd,* ''I gmerws y rodd gin 'i motryb mor *sgwrnllyd* â baw!', *id.* 736.

sgorpion, ysgorpion, ysgorpiwn [bnth. S. C. *scorpione, skorpioun,* neu efallai'n uniongyrchol o'r H. Ffr. *(e)scorpïon,* neu Ffr. Lloegr *scorpïun*] *eg.b.* ll. *(y)sgorpionau, sgorpiynau.*

(*a*) *Swol.* Unrhyw un o amryw fathau o arachnidau o urdd y *Scorpiones,* a nodweddir gan gorff cylchrannog a chynffon hir â cholyn troellog gwenwynig, hefyd yn *ffig.* ac yn *dros.*: *scorpion, also fig. and transf.*

14g. *HMSS* ii. 276–7, pwynt blaenllym megys poynt *scorpion.* Pryf yw y *scorpion* bychan y gorffolyaeth. unveint a wchileryr [*sic*]. ac oerach y wenwyn no dim. **1547** *WS, Ystorpiwn* [*sic*] A scorpion. **1567** *TN* 101b, Nycha, vi yn roddy y-chwy veddiant y sathru ar seirph ac y *scorpionae* [:– pryfed tra gwenwynllyt]. **16g.** *LlS* 6, Da ydyu [*sic*] hefyd yw yfed gyd a gwin . . . rhac brath pry copyn y meysydd ac *escorpion.* **1588** *Ecclus* xxvi. 9, gwraig ddrwg . . . y mae ei pherchennog megis yn ymaflyd mewn *scorpion.* **1588** 1 *Mac* vi. 51, bwâu a gwaith i seuthu tân, a gwaith i seuthu cerrig, *scorpionau* i seuthu saethau a thaflau. **1620** 1 *Br* xii. 14, fy nhâd a'ch ceryddodd chwi â ffrewyllau, a minneu a'ch ceryddaf chwi ag *sgorpionau* (**1588** *ib.* gwielyn . . . ffrewyllau). **1632** *D, Ysgorpion* d.g. *Scorpio. id.* Maen o liw *Scorpion* d.g. *Scorpites.* **1703** E. WYNNE: *BC* 111, wele'r Nefol Gyfiawnder . . . yn dyfod tan scwrsio tri o ddynion â gwiail o *sgorpionau* tanllyd. **1718** E. SAMUEL: *HDdD* (Gweddïau) 65, Fy ngwrthryfeloedd, O Arglwydd, a haeddasant *Yscorpionau,* ond Tydi a'u ceryddaist yn unig a gwialen Esmwyth. **1722** *Llst* 189, *Ysgorpion.* f.p. *pionau.* A scorpion. **1775** M. RHYS: *GBN* 70, Mae'r addewid wedi cerdded / Yn fore o du Had y wraig, / Cânt hwy sathru ar *'sgorpiynau,* / Cryfdwr a chyfrwysdra'r ddraig. **1776** I. BRYDYDD HIR: *P* i. 21, a'r camweddau cuddiedig a ddiangasant hyd yn hyn yn ddigosp, a fflangellir a *scorpiynau* euogrwydd a gwaradwydd. **1790** T. JONES: *TOS* 202, 'Rhwn sy 'n well gennyt aros ymmhlith bleiddieu, a'th frathu beunydd gan *'scorpioneu.* Cf. W. REES: *AFR* 432, Treiddia y gair trwy enaid Tomos, gyda goleuni a nerth, fel y dywedodd ef; treiddiodd trwy enaid yr adyn Legree hefyd fel brathiad *scorpion.*

(*b*) *Ser.* Yr wythfed o ddeuddeg arwydd y Sodiac; y cytser *Scorpio*: *Scorpio, the eighth*

of the twelve signs of the Zodiac; the constella-tion Scorpio.
15g. *BB* 138, Llossgwrn y*scorpiwn* a greha lleuchad-eneu [*sic*]; ar cranc a dadleu ar heul.

sgorpionaidd, ysgorpionaidd [*sgorpion, ysgorpion*+*-aidd*] *a.* Yn perthyn i sgorpion, tebyg i sgorpion, hefyd yn *ffig.*; *Bot.* a'i brig wedi troelli fel cynffon sgorpion ac yn ymagor gyda datblygiad y blodau (am fflurgainc); *Serdd.* wedi ei eni dan arwydd y Sgorpion, dan reolaeth yr arwydd hwnnw: *scorpioid (also in bot.), scorpion-like, also fig.; Scorpian.*
1722 *Llst* 189, Ysgorpionaidd. Of a scorpion.

sgorpionllyd, ysgorpionllyd [*sgorpion, ysgorpion*+*-llyd*] *a.* Tebyg i sgorpion: *scorpion-like.*
1839.

sgorwg, sgorwgl, sgwrwgl, ysgorwg [cf. *corwg(l), cwrwgl*] *eg.b.* Carcas, celain, corff (marw): *carcass, (dead) body.*
13g. *LTWL* 154, Pro vita bovis vel vacce . . . Pro corio . . . Pro *schorugyl* viii denarios. **1722** *Llst* 189, Ysgorwg. m. The carcase of a beast before it is cut asunder, the bowels being taken out. **18g.** Ioan Siencyn: *Gw* 428, Fe ddarfur Lleidr (wfft ir drwg) / I ddwyn y *Scorwg* oreu. **1771** *W*, ysgorwg d.g. Carcase [*of a beast, of a bird, &c. when the entrails are taken out*]. Yn Nyffryn Aman clywir *sgwrwgl* yn yr ystyr 'ysgerbwd ffowlyn, &c., ar ôl cael y cig oddi arno'.

sgorwr, gw. **sgoriwr**.

sgot [bnth. S. *scot*] *eg.* ac *e.ll.* Taliad tebyg i dreth neu ardreth: *scot (type of tax or rate).*
c. 1689 (1802) L. William: *Sherlyn Benchwiban* 19, Pa faint sydd yma o *scot* i'w talu? *id.* 28, Pa faint sydd yma o *scott* i'w dalu? Ar lafar gynt yn yr ymad. 'sefyll *sgot*', ''Rwy'n cofio'n eithaf da y gacen fechan, deneu . . . na chawsid mo honi heb roddi ceiniog neu ddwy! "Sefyll *scot*" y gelwid rhoddi ceiniog neu ddwy, yn ol fel y cytunid, pan ddelai'r casglwr heibio', *CEG* (1895-8) 288 (sir Gaerf.).

Sgot, gw. **Sgotiaid**.

Sgotaidd, Ysgotaidd, Sgotiaidd [*Sgot, Ysgot*+*-(i)aidd*] *a.* Albanaidd: *Scottish.*
1807.

sgotal [bnth. S. *scottel*, ff. ar *scuttle* '(cover of) small hatch'] *eb.* ll. *-s.* Llwyfan fach bren mewn cwch i bysgotwr sefyll arni: *small wooden platform on a boat for a fisher-man to stand on.*
20g. Ar lafar ymhlith pysgotwyr glannau'r Gogledd, '*sgotal* (e.b.), darn o bren ar ffurf llwyfan bychan a roddir ar lawr y cwch ar draws y pen blaen a'r tu ôl fel y gallo'r pysgotwr sefyll arno', '*sgotal* ôl', '*sgotal* flaen', *B* xxv. 58; hefyd yn yr ystyr 'y cwpwrdd bach lle roeddym yn arfer cadw gêr mewn cwch rhwyfo', *LlG* xlix. 15.

sgot-brywes, ysgot-brywes [?*sgot(yn)*+*brywes*, ?ar ddelw'r S. *Scotch broth*] *eg.* Math o siot neu bicws mali: *bread soaked in hot water and seasoned with butter, salt, &c.*
Ar lafar yn Arfon, 'Ysgot Brywes—Bwyd o fara amyd a dwr a halen', J. Jones: *Gwern-eiriau²* 60; '*sgot brŵas (browas)*' 'hot water poured upon bread, with a little butter and salt added', *WVBD* 485.

Sgoteg [*Sgot(iaid)*+*-eg*] *eb.g.* Iaith Ger-manaidd a siaredir yn (Iseldiroedd) yr Alban: *Scots (language), Lallans.*
20g.

Sgoten, Sgotiad, gw. **Sgotiaid**.

sgotiaf: sgotio, gw. **sgotsiaf: sgotsio**.

Sgotiaid, Ysgot(i)aid [bnth. S. C. *Scot*+*-iaid¹, -aid³*] *e.ll.* (un. g. *Sgot(yn), Ysgot-(yn)*, b. *Sgoten, Ysgoten, Ysgotes*). Brodor-ion o'r Alban, rhai o dras neu genedligrwydd Albanaidd, Albanwyr (hefyd gynt am y Gwyddyl): *Scots (also formerly used of the Irish).*
13g. *BD* 2, Brytaen . . . pvmp kenedyl ysyd yn chyuanhedu, nyd amgen, Nordmannyeyt, a Brytann-yeyt, a Saesson, a Gvydyl Fychti, ac *Yscoteyt*. *id.* 80, y Gvydyl a'r *Yscoteit.* **1346** *LlA* 121, Ac yna yrodes ybrenhin idaú gúydelóernn y lle a gauas yenú ygann yr *yscot* agyuodes bevno o varv yno. **14g.** Bren Saes 54, doeth nebvn *Yscot* kelwydauc a dywedut y vot yn vab i Moredud vab Oweyn. *id.* 82, bu varw

Terdelach, brenhin *Yscottieit* nev y Gwydyl. **14g.** *GIG* 51, Eillio â hi a allwn / Pen *Ysgot* coch—panis gwn [i ddiolch am gyllell]? *id.* 79, Rhag twrw chwibl-wynt, rhag taran, / Rhag twyll *Ysgotiaid*, rhag tân. **15g.** *GDLl* 120, Cymro arfog anogwn, / A *Sgot* a wna waith, os gwn. **1547** *WS*, *Yscot* A scotte. *id. Yscottes* A scottyshe woman. **16–17g.** *GST* i. 459, Llew Gard wyd Rhisiard yn treisio—*Scotiaid*, / A'i scowtwaets yn cilio. **1703** E. Wynne: *BC* 116, *Scotyn* o lwyth Cromwel. **1752** G. Owen: *L* 12, *Ysgottyn* yw'r gwr yr wyfi yn ei was'naethu yn awr. **1753** *TR, Yscottieid*, the Irish or ancient Scots. **[1783]** *W, Ysgottyn* d.g. *Scot* [a *Scotchman*]. Ar lafar, '*Sgotyn* ydi o' (Arfon). Cf. W. Rees: *HBHD* 28, rhaid i bob gelach o wr bonheddig a fedro gadw steward, gael *Scotyn* i'r swydd.
Amr.: *Sgotiad, Ysgotiad* [adff.]. **17g.** *CLlC* ii. 30, Rhag y Twrk ag rhag y *Scottiad* / Rhag y Pab ar Presbiteriad / A llywodraeth Independiad / Libera nos domine. **[1783]** *W, Ysgottiad* d.g. *Scot* [a *Scotchman*]. **1803** *P* d.g. *Ysgotiad.* **Sgots** [bnth. S. *Scots*]. **16g.** *GGH* 64. *c.* **1600** L. Dwnn: *HV* ii. 8. **1746** *ML* (Add) 865-6.

Sgotiaidd, gw. **Sgotaidd**.

Sgotiaith, Ysgotiaith [*Sgot, Ysgot*+*iaith*] *eb.* ?Sgoteg: *Scots (language), Lallans.*
1592 S. D. Rhys: *Inst* [xiv], yr Ieithoedd cyphrêdin, megys yr Italieith, yr Hyspanieith, y Phraghec . . . y *Scotieith.* **1595** M. Kyffin: *DFf* xv, Gwaith rheidiol iawn fydde troi'r Psalmeu i ganghanedd gymraeg . . . fal y gwelir yn y Saesonaeg, *Scot-iaith*, Frangaeg, iaith Germania. *c.* **1730** Thos. Lloyd D (LlGC) 210a, '*Scotiaith.* Lingua Scotica.' **1803** *P* d.g. *Ysgotiaith.*

Sgots, sgotsen, gw. **Sgotiaid, sgotsh¹**.

sgotsh¹, sgots [bnth. S. *scotch*] *eb.* (*bach. sgots(i)en*) ll. *-ys.* Lletem, carreg, &c., a osodir dan olwyn cerbyd, &c., i'w rhwystro rhag llithro, sbrag: *scotch, sprag.*
20g. Ar lafar yn y ff. *sgotsan* (ardaloedd chwareli'r Gogledd), *sgotsien* (Meir.), a *sgotsh* (gorllewin Morg.).

sgotsh² [ff. affetig ar S. *hopscotch*] *eg.* Cic-ston, chwarae London: *hopscotch.*
Ar lafar yn sir Benf., *SC* vi. 128, a Morg.

sgotsh-blod, gw. **plod.**

sgotsiaf, sgotiaf: sgot(s)io [bnth. S. (*to*) *scotch* (wheel, &c.), ac o bosibl S. (*to*) *scotch* 'to frustrate (plan, &c.)'] *bg.a.* Gosod sgotsh neu sbrag, sbragio: *to scotch (wheel, &c.).*
1931. Ar lafar, '*sgotsho*', Cymru liii. [151] (dwyrain sir Drefn.); a hefyd yn yr ystyr 'rhwymo'r ceffylau wrth yr aradr yn barod i aredig', ib. Clywir y ff. *sgoti-io* yn ardaloedd chwareli'r Gogledd, 'Rhoi ban o haearn neu bren caled o flaen olwynion y wagen er mwyn ei stopio', *B* xx. 375. Clywir *sgot(s)io* hefyd yn yr ystyr 'rhwymo', 'Mi driodd 'i ora, ond mi *sgotish* i o mewn pryd', ''Chath o ddim o'i ddal tro blaen, ond mi gath 'i *sgotsio* go iawn tro 'ma' (Arfon), hefyd yn ff. *sgoitsio* (Cwm Rhondda).

sgotsien, gw. **sgotsh.**

Sgotsmon [bnth. S. *Scotsman*] *eg.* ll. *-myn.* Albanwr: *Scot, Scotsman.*
1703 E. Wynne: *BC* 122, dyma ugain o ddiawliaid fel *Scotsmyn* a phaccieu traws ar eu hysgwyddau.

sgotyn [elf. anh. (cf. *siot²*)+*-yn¹*] *eg.* Math o siot neu bicws mali: *bread soaked in hot water and seasoned with butter, salt, &c.*
1897. Ar lafar yn y Gogledd, *WVBD* 485, Geir Geg 24.
Gw. hefyd **sgot-brywes.**

Sgotyn, gw. **Sgotiaid.**

sgoth, sgothaf: sgothi, sgower, gw. **ysgoth, ysgothaf: ysgothi, isgywair.**

sgowl¹,², sgowld, sgowlen, gw. **sgôl, ysgowl, ysgowld, ysgowl.**

sgowliaf¹, ysgowliaf¹: (y)sgowlio [bf. o'r e. *sgowl¹*] *bg.* Chwythu'n frochus: *to blow fiercely.*
20g. Ar lafar ym Môn ac Arfon, J. Jones: *Gwerin-eiriau²* 188.

sgowliaf²,³: sgowlio, sgowlies, sgowl-iog, sgownaf: sgownu, gw. **sgwliaf¹: sgwlio, ysgowliaf²: ysgowlio, ysgowlies, sgoliog, ysgafnaf: ysgafnu.**

sgowndrel, ysgowndrel [bnth. S. *scoun-*

drel] *eg.* ll. *-iaid.* Dihiryn, cnaf: *scoundrel, rascal.*
1828 Geir Pob 29, Ysgowndrel, dyhiryn, dyhiren. Cf. T. H. Parry-Williams: *OPG* 52, Y mae pob dyn dros ddeugain oed yn *sgowndrel.*

sgowniaf: sgownio, sgowraf: sgowro, gw. **ysgafnaf: ysgafnu, sgwriaf¹: sgwrio.**

Sgowser [bnth. S. *Scouser*] *eg.* ll. *-s.* Un o drigolion Lerpwl: *Scouse(r).*
20g.

sgowt¹, sgawt¹, ysgawt, ysgowt¹ [bnth. S. *scout* 'a scouting'] *eb.g.* ll. *-iau*, yn aml yn yr ymad. *ar sgowt (sgawt).* Y weithred o sgowtio, tro (i hel gwybodaeth), rhagchwil-iad: *a scouting, expedition, reconnaissance.*
17g. *LlGC* 10249, 205, Ag ar liwr dŷdd, kyfddydd kăn / Esgŷd twyll, rhoi *skowt* allan / Am gigwledd i gyfeddäch / Asgen boeth, i fûsg gŵn bâch [i'r gigfran]. Ar lafar, 'mynd ar y *sgowt*' 'to go reconnoitring', *WVBD* 485; 'Mi fydd yn galw heibio ar 'i *sgawt*', *ISF* 66; 'Mynd ar *sgiawt*, mynd ar ddamwain, neu ar fenter, i rywle', *B* xv. 24 (Meir.); 'bwrw *sgiawt*', *id.* iv. 132 (ardal Llanbryn-mair); 'Mae a wedi bod ar *sgawt* acha' dwywaith yr wthnos 'yn' (dwyrain Morg.). Cf. T. H. Parry-Williams: *Y* 21, Toc, aeth ci ar hanner trot heibio. Ar yw *sgawt* yr oedd yntau; T. H. Parry-Williams: *S* 31, Wedi picio i fyny ar *sgawt* i'r hen fro yr oeddwn ac wedi taro i mewn i'r hen gapel.

sgowt², sgawt², ysgowt² [bnth. S. *scout* (person); dichon mai *ysgowt¹* a welir yn y dfn. cyntaf isod] *eg.* ll. *-iaid, -s.* Un sy'n sgowtio, yn enw. milwr sy'n hel gwybod-aeth am y gelyn, hefyd yn *ffig.*; llong neu awyren a gynlluniwyd ar gyfer rhagchwilio; aelod o Gymdeithas y Sgowtiaid, cymdeith-as (yn wr. i fechgyn) a sefydlwyd yn Lloegr yn 1908 gan Baden-Powell; gwas neu forwyn mewn coleg, yn enw. ym Mhrif-ysgol Rhydychen; un sy'n gyfrifol am gael hyd i bobl a chanddynt dalent mewn maes neu weithgaredd arbenigol a'u recriwtio: *scout (person), also fig.; scout (ship or aero-plane); (Boy) Scout; (college) scout; (talent) scout.*
16g. *LlEG* Mos 158, 592b, digw/yddodd i bickard ladratta kyffylle [*sic*] or garies yr hynn a ganuur gwyr me/irch or *ysgowt. id.* 604aa, Roddi hrybudd a gorchymynion K/aled ar yr *asgowtys* ar sawl a oedd ynn gwilio boobnos ymhoob man yn amgylch ydref. Ar lafar yn gyff., ''Odd o'n aelod o'r *Sgowts* es talwm'.

sgowtaf¹: sgowto, sgowta, gw. **sgowtiaf: sgowtio.**

sgowtaf²: sgowto, gw. **sgweitaf: sgweito.**

Sgowtfeistr [*sgowt²*+*meistr*, ar ddelw'r S. *Scoutmaster*] *eg.* ll. *-i.* Un sy'n gyfrifol am grŵp o sgowtiaid: *Scoutmaster.*
20g.

sgowtiaf, sgawtiaf, sgowtaf¹, ysgowtaf, &c.: sgowt(i)o, sgawtio, (y)sgowta, &c. [bnth. S. (*to*) *scout*] *bg.a.* Arsylwi neu fforio i hel gwybodaeth, asesu sefyllfa, &c., canfod drwy chwilota, rhagchwilio, prowla, gwyl-io'n llechwraidd: *to scout, reconnoitre, prowl, watch furtively.*
1894. Ar lafar, '*sgowta*' 'to prowl about' (Arfon); 'Mae na ddau gariad newydd fynd i'r parc. Beth am fynd i' *sgowtio* nw?' (Arfon); 'Ôn i'n lico *sgowta* rownd hen dai pan ôn i'n fach' (sir Gaerf.). Cf. D. Owen: *GT* 53, Un cynllun ganddo oedd gyru Harri Tomos neu fi . . . i *ysgowta* yn mha fan y byddai Dafydd Ifans ar adeg benodol.

sgowtwaets, sgowtwaets [bnth. S. *scout-watch* 'guard(s)'] *e?g.* Person neu gorff o bobl sy'n cadw gwyliadwriaeth: *person who, or group which, keeps guard.*
15–16g. *GLM* 4, Ystaer ar wyth gaer y'th gaid, / *ysgowtwaets* rhag Ysgotiaid. / Yr og-cwlis rhag ciliaw / fuost i ieirll ar faes draw. **16–17g.** *GST* i. 459, Llew Gard wyd Rhisiard yn treisio—Scotiaid, / A'i scowt-waets yn cilio.

sgoywan, sgrab, gw. **ysgoywan, sgrap¹.**

sgrabiniad, sgrabinad [bôn y f. *sgrabin-iaf, sgrabinaf: sgrabin(io)*+*-iad¹, -ad*] *eg.*

Cripiad, crafiad; crafangiad: *scratch, scrape; scrabble.*

Ar lafar, 'Fi geso *sgrabinad* gin yr 'en gæth 'ma', *GTN* 733. Cf. D. J. WILLIAMS: *ChHO* 176, *sgrabiniad* am ein dillad a'n tuniau bwyd . . . a ffoi am ein bywyd.

sgrabiniaf, sgrabinaf: sgrabin(io) [?cf. S. taf. (*to*) *scrab*] *bg.a.* Cripio, crafu, crafangu, sgrialu: *to scratch, scrape, scrabble, scramble.*

20g. Ar lafar, 'Mae eisiau *sgrabin* y rhew o'r ffenest heddi', (sir Gaerf.); 'Ma'r gâth wedi *scrabinio* Jân fach', *GDD* 258; 'y gæth yn *sgrapin* y drws', 'Fe *sgrabinws* y gæth fæch 'y ngos i', *GTN* 733. Cf. D. J. WILLIAMS: *STC* 21, ni fu hi byth yr un . . . wedi'r diwrnod hwnnw y *sgrabiniodd* Jonah drwyddi [simnai] mor ynfyd, a gadael llwyth cart o lanast ar lawr yr aelwyd.

sgrachen [?ff. ar *sgrech* (cf. *sgrachgi*) + *-en*] *eb. Adar.* Rhegen yr ŷd, sgrech yr ŷd, sgrad y gwair, *Crex crex: corncrake.*

Ar lafar, *GDD* 259.

sgrachgi, gw. sgrechgi.

sgrad, ysgrad¹, sgrat, *eb.* Gwraig neu ferch anynad, cecren; *Adar.* rhegen yr ŷd, sgrech yr ŷd, *Crex crex;* morthwyl sinc, ratl: *cantankerous woman or girl, shrew; corncrake; rattle.*

1824 *Bl D* 380, Ni ddyoddefa hi'r hen *scrâd,* / Mo'r dillad ar y gwely. / Mae'r gowt yn waeth i'w chanlyn, / Nâ scold o wraig ysgymmun. Ar lafar, '*Scrad* 'Horse rattle, a sort of ratchet made of wood for the purpose of frightening horses', *GDD* 259; hefyd yn yr ystyr 'cecren', '*Sgrad* 'A shrew', *Cymru* xxxi. 258 (Cered.); 'Mâ hi'n hen *sgrat* ofnadwu', *id.* liii. [151] (dwyrain sir Drefn.); "Na *sgrat* fach o ferch ifanc' (dwyrain Morg.). Yn ardal Tyddewi gynt clywid *sgrat* yn yr ystyr 'rhegen yr ŷd'. *Cfn.: Adar.* **sgrad y coed:** (i) mistle thrush, *Turdus viscivorus.* Ar lafar yn y Gogledd, H. E. FORREST: *FNW* 68. (ii) woodpecker. Ar lafar gynt yn ardal Tyddewi. *Adar.* **sgrad y gwair:** corncrake, *Crex crex.* 20g.

sgradan [bf. o'r e. *sgrad*] *bg.* Sgrechian: *to scream.*

Ar lafar yn sir Gaerf.

sgrafangaf: sgrafangu, *bg.* Sgrialu (mynd): *to hurtle (along).*

Ar lafar, '*sgrafangu* . . . in the exp. *sgrafangu mynd* . . . to go very fast', *WVBD* 486.

sgrafell, sgrafellaf: sgrafellu, sgrafelliad, sgrafellog, sgrafellwr, gw. ysgrafell, ysgrafellaf: ysgrafellu, ysgrafelliad, ysgrafellog, ysgrafellydd.

sgrafil, sgrafin, *eg.* Un sy'n bachu pethau('n anghyfreithlon): *grabbing or light-fingered person.*

Ar lafar, 'y *sgrafil* brwnt', *ISF* 67; 'hen *sgrafin* brwnt = dyn sy'n cymyd petha'n angyfreithlon', *WVBD* 486.

sgrafwrdd [*sgraf(ell)* + *bwrdd,* ar ddelw'r S. scraperboard] *eg.* ll. *-fyrddau.* Cardbord ac wyneb arwyneb du y gellir ei grafu ymaith i ddatgelu arwyneb gwyn oddi tanodd i greu lluniau du a gwyn: *scraperboard.*

20g.

sgraff, sgraffiniad, gw. ysgraff, ysgraffiniad.

sgraffito [bnth. S. *sgraffito*] *eg.* ll. *sgraffiti.* Math o addurn a wneir drwy grafu plastr gwlyb oddi ar wal neu glai gwlyb oddi ar grochenwaith i arddangos is-haen o liw gwahanol: *sgraffito.*

20g.

sgrag¹, ysgrag (*à*) [bnth. S. *scrag*] *eg.* (bach. g. *-yn,* b. *-en*) ll. *sgragiau.* Tamaid, darn (gweddill); darn o gig dafad, sef y rhan waelaf o'r gwddf; person neu anifail tenau iawn neu mewn cyflwr gwael, hen beth gwael: *scrap, bit, leftover; scrag-end (of mutton); scrag (of person or animal), old crock.*

1907. Ar lafar, '*sgrag:* rhywbeth teneu', *Cymru* xlvii. 196 (sir Ddinb.); 'hen *sgrag* o bren i' roid ar y tân', '*sgrag* o gig i' ferwi', 'A gîn ti ddim ryw *sgrag* i mi?' (Arfon); 'Hen *sgragen* o ddafad' (Cered.).

sgrag² (*à*) [bôn y f. *sgragiaf: sgragio*] *eg.*

Toriad cas (i'r croen): *nasty cut (to the skin).*

Ar lafar, 'Mi gawsoch chi *sgrag* ofnadwy', *WVBD* 485.

sgragad [bôn y f. *sgragiaf: sgragio* + *-ad²*] *eg.* Ymosodiad chwyrn: *vicious attack.*

Ar lafar, '*sgragad* 'ymosodiad chwyrn gan ysgwyd a sgrabin', 'Fi ro' i *sgragad* iti os næ adewid di fi'n llonydd', *GTN* 733.

sgragen, gw. sgrag.

sgragiaf: sgragio [bnth. S. (*to*) *scrag* 'to treat roughly'] *ba.* Torri'n fratiog, rhwygo, llarpio: *to cut raggedly, tear, maul.*

20g. Ar lafar, 'Peidiwch â *sgragio*'r dorth', 'y gwynt yn *sgragio*'r coed' (Arfon); '*sgragio* cig', *WVBD* 485. Gw. hefyd sgregaf: sgrego.

sgragiog [*sgrag*¹,² + *-iog*] *a.* Tenau iawn ac esgyrnog; bratiog, llarpiog: *scraggy; ragged, jagged.*

1938. Ar lafar yn Arfon.

sgragliach, gw. ysgraglach.

sgraglyd [*sgrag*¹,² + *-lyd*] *a.* Tenau iawn ac esgyrnog; bratiog, llarpiog: *scraggy; ragged, jagged.*

20g. Ar lafar, 'bwtsiar wedi gwneud y cig yn *sgraglyd*' (Arfon); 'golwg *sgraglyd* arno', *Cymru* xlvii. 196 (sir Ddinb.).

sgragyn, gw. sgrag¹.

sgram¹ [bnth. S. *scram,* amr. ar *scran*] *eb.g.* ll. *-s, -iau.* Gwledd, ffîn, pryd da, cegaid neu damaid (blasus), amheuthun, enllyn: *feast, good feed or meal, (tasty) mouthful or morsel, relish.*

1931. Ar lafar, *Cymru* xlvii. 196 (sir Ddinb.), *id.* lxii. 175 (gorllewin Meir.), *WVBD* 485; hefyd yn yr ystyr 'gloddestwr, sglaffiwr', 'hen *sgram* 'fethgar', *ib.* Cf. H. EVANS: *CE* 136, Yna gwylient am y *sgram* i fwyta a arferent gael ar y diwedd; T. H. PARRY-WILLIAMS: *S* 76, Ac eto'n borthiannus o bob rhyw *sgram* / A rad-roddwyd gan Dduw heb gysidro paham [am frain].

sgram², *eb.* ll. *-s.* Gwraig anynad, cecren; plentyn anniddig neu anhydrin: *scold, shrew; fretful or intractable child.*

20g. Ar lafar ym Morg.

sgramaf: sgramo, gw. sgramiaf²: sgramio.

sgramblaf: sgramblo [bnth. S. (*to*) *scramble*] *bg.a.*

(*a*) Dringo neu ymgripio'n gyflym dros dir garw neu serth, sgrialu, crafangu neu ymbalfalu (am): *to scramble (for).*

1922.

(*b*) Coginio (wyau wedi eu curo) gan eu troi nes iddynt dewychu'n fân dalpiau: *to scramble (eggs).*

20g. Ar lafar, 'Pan 'yt ti'n *sgramblo* wie, ma isie cadw i' troi nw, a pido gadel iddyn' nw sychu' (dwyrain sir Gaerf.).

sgramel, *eg.* Dyn mawr afrosgo: *large ungainly man.*

Ar lafar, 'hen *sgramel* o ddyn' 'an old lump of a man', *B* iv. 132 (sir Drefn.).

sgramgi [*sgram*¹ a bôn y f. *sgramiaf²: sgramio* + *ci;* dichon fod yma fwy nag un gair] *eg.* Gloddestwr, sglaffiwr; un sy'n sgrownjo (bwyd); dyn egnïol, brasgamwr: *glutton, gobbler; scrounger (of food); energetic man, strider.*

1855 TALHAIARN: *Gw* i. 17, Byddaf yn dychmygu . . . weled Dafydd yn ddrychiolaeth o'm blaen, yn un *sgramgi* tal rhwng dwylath a thair o hyd, anystwyth ei rodiad, a'i farf fawr hel ei shafio er ys pymthegnos. Ar lafar, '*sgramgi* = sgramiwr', 'Mae o'n hen *sgramgi* garw', *WVBD* 485; hefyd yn yr ystyr 'dyn egnïol athletaidd' (Arfon), a 'brasgamwr', *Cymru* lxii. 175 (gorllewin Meir.).

sgramiaf¹: sgramio [bf. o'r e. *sgram*¹] *bg.a.* Bwyta (yn frysiog), llawcio: *to eat (hurriedly), gobble.*

20g. Ar lafar, '*sgramio* 'to eat hurriedly', '*Sgramia* fwyta gael iti fynd yn dy flaen', *WVBD* 485; 'Ma gin i' boen yn y mol—nesh i *sgramio* gormod amser swpar' (Arfon).

sgramiaf², sgramaf: sgram(i)o [bnth. S. taf. (*to*) *scram* 'to search about for; gather together; scratch'] *bg.a.* Chwiwladrata, sgwlcan; crafangu neu sgrialu (am), cipio, bachu; cripio, ysgraffinio: *to pilfer, scrounge; scramble (for), snatch, grab; scratch, graze.*

1883. Ar lafar, '*sgramio* 'to take things without permission . . . esp. food—a mild expression for stealing', *WVBD* 485. Clywir *sgramo* yn nwyrain sir Gaerf. yn yr ystyr 'crafu, cripio', ac yn nwyrain Morg. yn yr ystyr 'cipio', 'Fe *sgramws* y plentyn mas o'n llaw i'; hefyd gynt ym Morg. clywid *sgramo* yn yr ystyr 'a practice with children. Scrambling for marbles, apples, or the like', *LlGC* 1173, 21.

sgramiwr¹ [bôn y f. *sgramiaf¹: sgramio* + *-iwr*] *eg.* Gloddestwr, sglaffiwr: *glutton, gobbler.*

20g. Ar lafar, *WVBD* 485. Cf. *LlLlM* 112, aent eu gwaethaf yn slaffwyr neu'n sgramwyr pan fyddai'r ffâr yn dda.

sgramiwr² [bôn y f. *sgramiaf², sgramaf: sgram(i)o* + *-iwr*] *eg.* (b. *sgramreg*). Un sy'n chwiwladrata neu'n sgrownjo: *pilferer, scrounger.*

Ar lafar, *WVBD* 485.

sgrampaf: sgrampo, sgrampan [bnth. S. taf. (*to*) *scramp* 'to snatch'] *ba.* Cipio, bachu; lloffa: *to snatch, grab; glean.*

Ar lafar, 'Ma 'i'n *sgrampo* popeth y gall i', "Nawr paid o *sgrampo* popeth iti d'unan', *GTN* 733; hefyd gynt ym Morg. clywid *sgrampan* yn yr ystyr 'gleaning . . . after the last load of sheaves had left the field the stray ears were carefully gleaned by the poor', *LlGC* 1173, 22.

sgramreg, gw. sgramiwr².

sgrap¹, ysgrap [bnth. S. *scrap* 'fragment'] *eg.* (bach. g. *sgrapyn,* (*y*)*sgrepyn,* b. *sgrapen*) ll. *sgraps,* (*y*)*sgrapiau.* Dernyn, tameidyn, mymryn, tipyn, cerpyn; gwastraff (yn enw. metel i'w ailbrosesu), ysbwriel; (yn y ll.) sbarion (bwyd), gweddillion; hefyd yn ffig.: *scrap, bit; scrap (metal, &c.); (pl.) scraps (of food), leftovers; also fig.*

1828 Geir Pob 29, *Ysgrâp,* tameidyn. Ar lafar yn gyff., "S gin' ti fwy o *sgraps* i roi i'r gath 'ma?', 'Tyd â *sgrap* o bapur imi i sgwennu'r negas 'na' (Arfon); 'Wedd dim *sgrap* o ddillad amdani', 'Dim ond *sgraps* o fwyd wedd ar ôl', *SC* vi. 128 (sir Benf.); 'Dim ond *sgrepyn* bach o'r pren na 'wi'n mofyn', *GTN* 733; hefyd yn sir Benf. yn yr ystyr 'egwyl', 'Wêdd na *sgrapyn* bach rhwng y gwair a'r cynhaea llafur a mi gododd peth whant arna i fynd i ddŵr y môr', *Wês wês* 14. Yn Arfon clywir *sgrepyn* (b. *sgrapan*) am rywun egwan neu dila. Cf. TALHAIARN: *Gw* ii. 196, Gresyn colli yr un *sgreppyn* mewn perthynas â'r Bardd penigamp, duwiolfrydd, trahausfarch; CEIRIOG: *CG* 55, *Ysgrapiau* o hen lyfrau megis y 'Blodeugerdd' . . . a darnau o gofnodion, newyddiaduron, a chylchgronau; W. REES: *HBHD* [44], yr oedd y pin ysgrifenu wedi myned ar goll, a'r inc wedi sychu yn gorn, a dim *scrap* o bapur gwyn yn y tŷ.

Amr.: **sgrab.** 1888. **sgrebyn.** Ar lafar yn nwyrain Morg., "Os dim *sgrebyn* o'r disian ar ôl'; hefyd yn yr ystyr 'dihiryn', 'Itha' *sgrebyn* yw a idd 'i wraig man' nw'n weud'.

sgrap², ysgrap², sgrâp [bnth. S. *scrape*] *eg.* ll. *sgrapau, sgraps.*

(*a*) Ysgrafell, crafiedydd: *scraper.*

17g. *LlGC* 13215, 353, *Scrâp* Scalprum. Cf. *Folk Life* xv. 87, The knife [in cockle picking], which is often shaped from an old sickle blade, is known as a *scrap* in Penclawdd.

(*b*) Cripiad, crafiad: *scratch, scrape.*

1828 Geir Pob 29, *Ysgrâp . . .* crafiad. Ar lafar, 'Mae a wedi câl *sgrap* ar 'i law, ond dim gwad' (dwyrain Morg.); '*sgrap . . . sgrape, sgraps* 'a scratch', *SC* vi. 128 (sir Benf.).

sgrap³ [bnth. S. *scrap* 'fight'] *eg.* ll. *-s.* Ymladdfa, cwffas: *scrap, fight.*

20g. Ar lafar, 'Geson' nw uffach o *sgrap* 'da rhyw fois o Lambed nos Sadwrn' (gogledd Cered.).

sgrapad [bôn y f. *sgrapaf¹, sgrapiaf¹: sgrap-(i)o* + *-ad²*] *eg.* Cripiad, crafiad: *scratch, scrape.*

Ar lafar yn De.

sgrapaf¹, sgrapiaf¹: sgrap(i)o [bnth. S. taf. (*to*) *scrap* 'to scratch, scrape'] *ba.* Crip-

io, crafu (ynghyd), hefyd yn *ffig.*: *to scratch, scrape (together), also fig.*

1852. Ar lafar, 'Ma'r gath wedi *sgrapo* fe ar i fraich', *SC* vi. 128 (sir Benf.); hefyd yn y ff. *sgrepo*, 'Ma isie *sgrepo*'r iard' (gogledd Cered.). Clywir y llinell 'A'r gath wedi *sgrapo* Joni bach' yn y gân 'Sosban Fach'. Cf. H. WILLIAMS: *Fy Milltir Sgwâr* (1988) 80, [p]eiriant *sgrapio* swèj a rwdins.

sgrapaf²: **sgrapo, sgrapen,** gw. **sgrap-iaf²; sgrapio, sgrap¹.**

sgraper, ysgraper [bnth. S. *scraper*] *eb.g.* ll. -*s.* Ysgrafell, crafiedydd, hefyd yn *ffig.*; haearn crafu esgidiau: *scraper, also fig.; scraper (for boots).*

c. **1548** *CM* I, 737–8, *yskrapper* o ddur gwedi I gwneuthud . . . I grauu ac I laanhaur ddanneddi [sic]. **1828** *Geir Pob* 29, *Ysgraper,* crafell, crafwr. Ar lafar, '*sgrapar,* s.f. . . . In slate quarries an instrument for clearing out the dust made by the drill in boring, or to push the powder to the bottom of the hole and make it compact', *WVBD* 485; '*Sgrapar* 'darn o haearn wrth ochr y drws i bobl ofalu glanhau'r baw oddiar eu hesgidiau cyn mynd i'r tŷ', *Cymru* liii. [151] (dwyrain sir Drefn.); hefyd ym Môn yn yr ystyr 'crib ceffyl'. Digwydd hefyd yn y ff. *sgrepyr* (-*y-*≡ *ə*), 'Rho'r *sgrepyr* yn sownd wrth y tractor' (gogledd Cered.). Cf. T. H. PARRY-WILLIAMS: *S* 51, Yr oedd *ysgraper* haearn cadarn wedi ei guro iddi. Ar ôl dychwelyd o bysgota . . . [b]yddai'n rhaid crafu mawn a llaid yr helfa o'r cilfachau hynny sydd rhwng sodlau a gwadnau esgidiau.

sgrapiaf¹: **sgrapio, gw. sgrapaf¹; sgrapo.**

sgrapiaf², sgrapaf², ysgrapiaf: sgrap-(i)o, ysgrapio [bnth. S. (*to*) *scrap*] *ba.* Cael gwared o (rywbeth) nad yw'n ddefnyddiol neu effeithiol, gwaredu: *to scrap, discard.*

1921. Ar lafar yn gyff., 'Mi gath y rhaglen 'i *sgrapio* ar ôl y gyfres gynta''; 'Fi 'di *sgrapo*'r bennod gynta' o'r traethawd a dechre 'to' (sir Gaerf.).

sgraplyfr [*sgrap¹*+*llyfr¹*] *eg.* ll. -*au.* Llyfr lloffion, llyfr toriadau: *scrapbook.*

1938.

sgrapyn, gw. **sgrap¹.**

sgras [ff. affetig ar y S. *disgrace*] *eg.* Gwarth, cywilydd; sarhad, sen: *disgrace, shame; insult.*

20g. Ar lafar, '*sgras* . . . disgrace', *WVBD* 485; hefyd yn yr ystyr 'abuse, insult', 'Taflyd ryw *sgras* i neud her', *ib.*

sgrasiaf: sgrasio [bf. o'r e. *sgras*] *ba.* Sarhau, difenwi: *to insult, abuse.*

Ar lafar, '*sgrasio* y naill y llall', *WVBD* 485.

sgrat, gw. **sgrad.**

sgratlyd [*sgrat*+-*lyd*] *a.* Cecrus, piwis: *shrewish, peevish.*

Ar lafar, 'Wyddwn i ddim bod 'i'n gallu bod mor *sgratlyd*' (dwyrain Morg.).

sgratsiaf, ysgratsiaf: (y)sgratsio, sgratsian [bnth. S. (*to*) *scratch*] *ba.* Cripio, crafu: *to scratch, scrape.*

1828 *Geir Pob* 29, *Ysgratsio,* crafu, cripio. Ar lafar yn y ff. '*sgrat*(*s*)*io, sgratsian* . . . concentrated in the north-east and along the north-west coastline', *LGW* 403; 'Paid â *sgratsio* dy ben mor galed ne 'fydd dim crôn ar ôl 'da ti' (sir Gaerf.).

sgrawt, *eg.* ll. -*iau.* Person tal tenau, sgilff-yn: *lanky person, beanpole.*

Ar lafar, *WVBD* 485, *LILIM* 109.

sgrebyn, gw. **sgrap¹.**

sgrech, ysgrech [bnth. rhyw ff. ar y S. *screech,* cf. S. taf. *screich, skregh,* &c.] *eb.* ll. -*au,* -*iadau,* -*feydd, sgrechfâu, ysgrechion, sgrechod.*

(*a*) Cri groch dreiddgar, cri uchel wyllt, gwaedd, nâd, gwichiad, hefyd yn *ffig.*: *scream, screech, shriek, shout, howl, squeal, squeak, also fig.*

1681 S. HUGHES: *AC* 25, ac yr oeddem ni'n rhy-feddu, nas cyfarthodd efe un amser, ar ddywediad uchel a *scrêch* erchyll y Cythrael. *c.* **1762–79** W. WILLIAMS: *P* 443–4, [c]lywed *screchfau* alaethus, a llefain y trueiniaid tlodion. *id.* 502, bydd y gwyr fo bwytta ac yn yfed, yr ysgrwys, tra fo y benwod fo adnewyddu eu galarnadau gyd â *sgrechfau* ac wylofain. **1767** W. WILLIAMS: *CAA* 87, ei *screch* sych ef o'r

pulpit, yn condemnio pawb. **1768** W. WILLIAMS: *HTS* 14, *screchfau* damnedigion a chythreuliaid sydd miwsic a swnia yn ei glustiau ef fyth mwy. **1770** *W, y,* mae hi'n '*sgrêch* o wynt d.g. *To blow, It bloweth a storm. id. ysgrêch* d.g. *Scream, Screech.* **1799** DAFYDD IONAWR: *MB* 44, Gwylltion oedd y Gwyllon gau, / Croch ydoedd eu '*screchiadau.* **1803** *P, Ysgreç,* s. f.— pl. t. -*ion* . . . A scream, a shriek. Ar lafar, '*sgrech*' 'screech', *WVBD* 486; "I rwys siwd *sgrech* nis odd y gwallt yn sefyll ar 'y men i', *GTN* 733. Cf. T. LEWIS: *HPF* 351, Yr oedd yr heolydd yn dadseinio gan . . . *sgrechau* irad y rhai oedd yn myned i gael eu llofruddio; W. REES: *AFR* 438–9, Yr oedd cloer yn mur y grog-lofft, a gosododd Cassy wddf potel ynddi, fel pan fyddai yr awel leiaf o wynt, y clywid swn cwynfanus yn dyfod o honi; a phan fyddai yr awel yn bur gref, byddai y swn yn cynnyddu yn *ysgrechfeydd*; D. OWEN: *GT* 26, Wedi codi yr holl gymydogaeth gyda fy *sgrechiadau,* diangais.

(*b*) *Adar.* Sgrechog, pioden y coed, *Garru-lus glandarius;* drudwen, *Sturnus vulgaris: jay; starling.*

1707 *AB* 279b, *Skrêch* d.g. *A Jay.* Ar lafar yn nwyrain Morg. a Myn. yn yr ystyr '*sgrechog,* pioden y coed'.

Cfn.: Adar. (*y*)*sgrech* (*y*) *coed, sgrech goed:* jay, *Garrulus glandarius,* **1707** *AB* 279b, *Skrech y Coed* d.g. *A Jay.* **1753** *TR, Ysgrêch y coed,* a jay. **1803** *P, Ysgreç* y coed d.g. *Ysgreç.* Ar lafar, '*Screch y coed*', H. E. FORREST: *FNW* 175; "Glywoch chi *sgrech cod* eriôd?' (gogledd sir Gaerf.); '*Sgrechod y cod*—'i fytan' gwmint o bys a ddodwch chi' (dwyrain sir Gaerf.); '*sgrech y cod*' (dwyrain Morg.). *Adar.* (*y*)*sgrech y gwair:* corncrake, *Crex crex.* **1936.** Ar lafar, '*Sgrech y gwair*', D. J. EVANS: *HCS* 130. *Adar.* **sgrech yr ŷd = sgrech y gwair.** **20g.** **mynd yn (bod yn) sgrech (ar):** *to come to the push or the crunch, be up against it*; *Lat.* **20g.** Ar lafar, 'Wedi *mynd yn sgrech*', D. J. EVANS: *HCS* 128; 'Fe ath yn *sgrech* arno fa' (dwyrain Morg.); ''I *æth yn sgrech arnyn*' nw yn y siop fach 'na', *GTN* 733.

Gw. hefyd **sgrachen.**

sgrechaf: sgrechain, gw. **sgrechiaf: sgrechian.**

sgrechair [*sgrech*+*gair¹*] *eg.* ll. -*eiriau.* Slogan, hefyd yn *ffig.*: *slogan, also fig.* **20g.**

sgrechast, gw. **sgrechgi.**

sgrechfâu, sgrechfeydd, gw. **sgrech.**

sgrechflwch [*sgrech*+*blwch*] *eg.* ll. -*flychau.* Peiriant sy'n derbyn arian i chwarae record-(iau), &c., jiwcbocs: *jukebox.* **20g.**

sgrechgi [*sgrech*+*ci*] *eg.* (b. *sgrech*(*g*)*ast*) ll. -*gwn.*

(*a*) Un sy'n sgrechian yn ddi-baid (yn enw. am blentyn), hefyd yn *ffig.*: *one who screams incessantly (esp. of a child), also fig.*

1910. Ar lafar, '*Sgrechgi* . . . One given to crying or shouting', *GDD* 259; '*Sgrechgi* afnadw yw'r plentyn iynga' sy gintyn' nw', *GTN* 733; 'Na *sgrechgas*' fach ddychrynllyd yw'r gath fach 'ma' (dwyrain Morg.).

(*b*) *Adar.* Tresglen, brych y coed, *Turdus viscivorus: mistle thrush.* **20g.**
Amr.: **sgrachgi.** 20g.

sgrechiadau, gw. **sgrech.**

sgrechiaf, ysgrechiaf, (y)sgrechaf: (y)sgrech(i)an, (y)sgrechain, ysgrech-io, ysgrechin [bf. o'r e. *sgrech, ysgrech*] *bg.a* a hefyd gyda grym enwol i'r ff. Rhoddi sgrech, crochlefain, udo, gweiddi, nadu, gwichian: *to scream, screech, shriek, shout, howl, squeal, squeak.*

1683 H. EVANS: *CTF* 58, Pan y clywo rhai'r bioden, / Ar y llwyn i maes yn *screchen*, / Hwy ymswyn-ant yn dra ebrwydd, / Rhag cael colled, neu ryw dramcwydd. **1687 (1715)** J. OWEN: *TB* 25, Ystyried y rheini'r stori hon, sydd yn dal sulw ar *Ysgrechen* y bioden. **1722** *Llst* 189, *Ysgrechain* . . . To scream, squall. **1724** S. WILLIAMS: *ADA* 34, a chwithau'n gweled y Cythreuliaid . . . ac yn clywed yn falle ac yn *ysgrechain* yn yn fflammau ta[â]n tragywyddol. **1732** J. JONES: *C* xiv, Ond nid oes cydcam er hynny arferu Lleisiau angharuaidd megis *ysgrechio,* dywedyd trwy'r Trwyn. *c.* **1762–79** W. WILLIAMS: *P* 29, maent yn gwaeddi ac yn sownd *ysgrechain* mor ofnadwy pan b'o un â'r [sic] Drancedigaeth. **[1783]** *W, ysgrechain* d.g. *To scream, or scream out, To screech.* **1798** R. DAVIES: *GG* 77, Geifr, a Moch, sy'n croch *ysgrechan.* **1799** A. AB D. SION: *CR* 10, *screchain* yn uchel yn erbyn llygredigaeth. **1803** *P* d.g. *Ysgreçian, Ysgreçiaw.*

Ar lafar, 'Mi *screchiodd* y babi drw'r nos nithiwr', ''Odd 'i'n *sgrechian* arna' i 'mod i 'di gneud cam â 'i' (Arfon); '*screchen,* to shriek', *TGG* (1904) 62 (gogledd sir Benf.); 'Wên na'n gallu clywed y mochyn yn *sgrechen* o'r tŷ' (sir Benf.); '*sgrechin* (dwyrain Morg.). Cf. IEUAN GLAN GEIRIONYDD: *G* 69, Ys garw uched y mae [Belsassar] yn *ysgrechu.*

sgrechlyd, ysgrechlyd [*sgrech, ysgrech*+-*lyd*] *a.* Yn sgrechian, yn crochlefain, yn nadu, gwichlyd, gorliwgar, gorlachar: *screaming, screeching, shrieking, howling, squealing, squeaky; garish, gaudy.*

1737 (1766) *OU* 42, [c]ythreuliaid *screchlyd.* Ar lafar, 'Ma gynno fo hen lais *sgrechlyd*'. Cf. CEIRIOG: *CG* 33, Hust! dyna lais *ysgrechlyd* Gwen, / Fe fydd yna fir'i 'rwan.

Amr.: **sgrechllyd** [*sgrech*+-*llyd*]. **20g.**

sgrechog, ysgrech(i)og [*sgrech, ysgrech*+-(*i*)*og*] *a.* a hefyd fel *eb.* ll. *ysgrechogion.* Sgrechlyd, gwichlyd, hefyd yn *ffig.*; cwer-ylgar, cynhennus: *screaming, screeching, squealing, squeaky, also fig.; quarrelsome, can-tankerous.*

1770 *W,* Gwynt . . . *ysgrechog* d.g. *A blustering, or blustrous wind, Boisterous wind.* **1803** *P, Ysgreçawg* . . . Full of screaming.

Fel *e. Adar.* Aderyn lliwgar a chanddo lais sgrechlyd, *Garrulus glandarius,* sgrech y coed, pioden y coed; parot: *jay; parrot.*

1803 *P, Ysgreç* . . . a jay; also called *ysgreçog.* Ar lafar, H. E. FORREST: *FNW* 175. Cf. D. OWEN: *B* 448, [c]yffelyb i *ysgrechog* wagsiaradus.

sgregaf: sgrego, sgregan [cf. S. (*to*) *scrag* 'to strangle', a *sgragiaf: sgragio*] *ba.* Rhoi tro yng ngwddf (aderyn, &c.), llindagu; trechu: *to wring the neck of (a bird, &c.), strangle; vanquish.*

20g. Ar lafar, 'Ma Sam yn *sgrego* cilog yn itha' didaro' (dwyrain Morg.).

sgrepaf: sgrepo, sgrepan, sgrepyn, sgrepyr, sgreten¹, gw. **sgrapaf¹: sgrapo, ysgrepyn, sgrap¹, sgraper, ysgreten.**

sgri¹ [bnth. S. *scree*] *eg.* ll. -*au.* Cerrig mân rhydd, malurion craig, marian, llethr a orchuddir gan gerrig mân rhydd: *scree (-covered slope).*
20g.

sgri² [?yr un gair â *sgri¹,* ond cf. hefyd *sgrid*] *eb.* yn yr ymad. *ar sgri, yn sgri.* Ar wib, ar garlam: *at full speed, at a rattling pace.*

Ar lafar, 'mynd *ar sgri* wyllt', *WVBD* 486; 'Mi ath *yn sgri* heibio mi', *B* i. 101 (Arfon); 'gyrru *ar sgri*' 'to drive freely', *Cymru* xlvii. 196 (sir Ddinb.). Clywir hefyd 'ar *sgrin*' a 'fel *sgrin*' yn yr un ystyr yn Arfon.

sgri³ [bnth. S. C. *scrî*] *e?g.* Cythrwfl neu ddadwrdd: *affray or clamour.*

15g. *GLGC* 229, dihareb uddun' dorri / dy esgair wen wedy *sgri* [i iachâu Dafydd ap Siôn].

sgrialaf, ysgrialaf: (y)sgrialu, *bg.a.* Gwasgaru, chwalu, dryllio; disgyn yn drwsgl neu'n afrosgo, sgramblo, cythru, rhuthro'n wyllt, mynd fel cath i gythraul; hefyd yn *ffig.*: *to disperse, scatter, shatter; sprawl, scramble, scurry, tear or hurtle along; also fig.*

1862–4. Ar lafar, 'y gwynt yn *sgrialu* pob peth o'i flaen', '*sgrialu* mynd', *B* i. 101 (Arfon); 'nes oeddan nhw'n *sgrialu* i bob cyfeiriad', *ISF* 67; 'Dyna lle bu *sgrialu* pyn gwelson nw'r ci', *GTN* 734. Cf. H. EVANS: *CE* 183, Llawer gwaith . . . y rhoddodd [y mul] ei ben rhwng ei goesau, ac y taflodd fi nes y byddwn yn *sgrialu.*

sgrialog [bôn y f. *sgrialaf: sgrialu*+-*og*] *a.* Yn achosi sgrialu (am lwybr garw, &c.), a nodweddir gan sgrialu (am daith, &c.): *scrambly.*
20g.

sgribl¹, ysgribl¹ [bôn y f. *sgriblaf, sgribliaf, ysgribl(i)af: (y)sgribl(i)o,* &c.] *eb.g.* ll. -*s,* -*au.* Ysgrifen neu lun brysiog neu ddiofal, ysgrifen fel traed brain, marciau diystyr neu annealladwy, cyfansoddiad (llenyddol) &c.), yn enw. un brysiog neu ddi-werth: *scribble.*

1852. Ar lafar, 'Ma 'i *sgribl* 'i'n wath na'n un i' (dwyrain Morg.).

sgribl², sgriblad, gw. ysgrubl, sgribliad.

sgriblaf, sgribliaf, ysgribl(i)af: (y)sgribl(i)o, (y)sgriblan [bnth. S. (*to*) *scribble*] *bg.a.* Ysgrifennu neu dynnu llun yn frysiog neu'n ddiofal, gwneud marciau diystyr neu annealladwy (ar), ysgrifennu (gwaith llenyddol, &c.), yn enw. o safon isel: *to scribble.*
1588 I *Sam* xxi. 13, Ac efe a newidiodd ei ymadrodd yn ei [*sic*] gŵydd hwynt, ac a gymmerth arno ynfydu rhwng eu dwylo hwynt, ac a *scribliodd* ar ddrysau y porth. **17g.** *LlGC* 13215, 353, *Scriblian* Scriblego. **1756** *ML* (Add) 874-5, Peidiwch a digio am fy ngwaith yn *sgriblio* mo'r [*sic*] anferth . . . am fy mod yn ddig ag yn crynnu o fileindra . . . o'r achos yn ffaelu a handlo yr ysgrifenbin. Ar lafar, 'Ma 'i wedi *sgriblan* cwpwl o eiria ar y garden 'ma' (dwyrain Morg.); 'Nesh i *sgriblo* nodyn bach byr iddo fo' (Arfon); ''Gath y plentyn afel mewn beiro a dechre *sgriblo* ar y wal' (sir Gaerf.). Cf. TALHAIARN: *Gw* ii. 217, Tra medraf gyfansoddi pwt o gân, neu *ysgriblo* ribi di res o ryddiaeth [*sic*]; D. OWEN: *RL* 88, yna yn llawn busnes *ysgriblai* ar y papyr.

sgribliad, sgriblad, ysgribliad [bôn y f. *sgriblaf, sgribliaf, ysgribl(i)af:* (*y*)*sgribl(i)o,* &c.+*-iad¹, -ad*] *eg.* ll. *-au.* Sgribl: *scribble.*
1604-7 *TW* (*Pen* 228), *Scribliat* d.g. *Scriblego.*

sgribliaf: sgriblio, gw. sgriblaf: sgriblo.

sgriblwr, sgribliwr, ysgribl(i)wr, (y)sgriblydd [bôn y f. *sgriblaf, sgribliaf, ysgribl(i)af:* (*y*)*sgribl(i)o,* &c.+*-(i)wr, -ydd³*] *eg.* ll. (*y*)*sgriblwyr,* (*y*)*sgriblyddion.* Un sy'n sgriblo, yn aml yn ddifr.: *scribbler, often derog.*
1849.

sgriblyn, *eg.* Mymryn, tameityn: (*least*) *bit, scrap.*
Ar lafar, ''does dim *sgriblin* o fenin 'ma', ''does dim *sgriblin* o lo 'dag e', *B* x. 131 (ardal Brynaman).

sgrid, ysgrid, *adf.* Ar frys mawr, ar ruthr, bendramwnwgl: *in great haste, in a rush, headlong.*
18-19g. *Llr C* 2, 351, *Yscrid,* with great velocity [Glam]. Ar lafar, 'Os dim ofan dim ar y crwtyn 'yn! Pyn gwelws a'r ci mawr fe æth *sgrid* ato', 'Fe ddalws 'y nrod i yn rwpath a fi gwmpas *sgrid*', *GTN* 734. Clywir hefyd 'yn *sgrid*', 'Mae'n mynd yn *sgrid* ar genol bwyd' (dwyrain Morg.).

sgrif, sgrifell, sgrifennaf: sgrifennu, sgriflyfr, &c., gw. ysgrif, ysgrifell, ysgrifennaf: ysgrifennu, ysgriflyfr, &c.

sgriff [bôn y f. *sgriffiaf: sgriffio*] *eg.* (bach. *-yn,* ll. *-iau*). Crafiad, cripiad, ysgraffiniad: *scratch, scrape, graze.*
[**1761**] *GGJ* 26, Cedwch eich gwaith bob amser yn lân oddi wrth ddwst yn ei Size io [*sic*] ai Gildio, os amgen y burnishiad a fudd llawn *Scriffiniau* (W. DAVIES: *RMB* 19, *scriffyniau*). Ar lafar, 'Roth yr hen gath 'na ddau *sgriff* reit gas ar 'y mraich i', 'Ges i hen *sgriffyn* bach ar 'y mraich i pan grafis i hi'n erbyn y drws' (Arfon).

sgriffedig, gw. sgriffiedig.

sgriffiad, ysgriffiad [?bôn y f. *sgriffiaf, ysgriffiaf:* (*y*)*sgriffio+-iad¹*] *eg.* ll. *-au.* Y weithred o sgriffio, crafiad, cripiad, ysgraffiniad: *a scratch(ing), scrape, graze.*
16g. *Yst Kym* 58-9, A Niniaw a fu farw o fewn pympthec niwrnod wedi hynny o'r briw ne'r *sgriffiad* bychan a gawsai. Ar lafar yn y Gogledd, 'Ma'r bwr' 'ma'n *sgriffiada* i gyd'.

sgriffiaf, ysgriffiaf: (y)sgriffio, sgriffian, *bg.a.* Crafu, cripio, ysgraffinio: *to scratch, scrape, graze.*
[**1740**] L. ANWYL: *NG* 28, nid yw cansynniadau eraill, ond *scriffio* Gwynedd megys, ond y mae hwn yn trywanu Calon. Ar lafar, 'Mi *sgriffish* i 'mhen-glin ar y concrit 'na ddoe' (Arfon); 'Mae o 'di *sgriffio* top y cwpwr''.

sgriffiedig, sgriffedig, ysgriffiedig [bôn y f. *sgriffiaf, ysgriffiaf:* (*y*)*sgriffio+-(i)edig*] *a.bfl.* Wedi ei sgriffio neu ei gripio, crafedig, wedi ei ysgraffinio: *scratched, scraped, grazed.*
20g.

---

sgriffiniad, sgriffiniaf: sgriffinio, sgriffyn, gw. ysgraffiniad, ysgraffiniaf: ysgraffinio, sgriff.

sgrigaf: sgrigo, *bg.* Crychu, rhychu: *to crease, crumple.*
Ar lafar, 'Dunydd budur i *sgrigo* yw 'wn', 'Un waith wisgid di'r ffrog 'yn ma gwaelod 'i chefan 'i'n *sgrigo* i gyd', *GTN* 734.

sgrigog [bôn y f. *sgrigaf: sgrigo+-og*] *a.* Yn crychu'n rhwydd, crychiog, rhychiog: (*easily*) *creased or crumpled.*
Ar lafar, 'Dunydd *sgrigog* afnadw yw 'wn', *GTN* 734.

sgrîm [bnth. S. *scream*] *eg.* Person neu beth sy'n peri difyrrwch mawr, 'ces': *scream (cause of amusement).*
20g. Ar lafar, 'Ma myng-gu yn *sgrîm* bob Nadolig 'da'i jòcs a'i storis', ''Odd y ddrama nithwr yn *sgrîm*' (sir Gaerf.).

sgrimen [?cf. *sgimen*] *eb.* Haen denau: *thin layer.*
Ar lafar, 'Scrimen dene o fenyn ar fara', *GDD* 259.

sgrimp, *eg.* (bach. b. *-en*). Person tenau iawn: *skinny person.*
20g.

sgrimpaf: sgrimpo, sgrimpen¹,², gw. sgrimpiaf: sgrimpio, sgrimp, sgrimpyn.

sgrimpiaf, sgrimpaf: sgrimp(i)o [bnth. S. (*to*) *scrimp*] *bg.* Bod yn gynnil, yn grintachlyd neu'n (rhy) ddarbodus, sgimpio: *to scrimp, stint, skimp.*
20g. Ar lafar, 'Paid o *sgrimpo* ar y menyn 'nawr', *GTN* 733.

sgrimpyn [bôn y f. *sgrimpiaf, sgrimpaf: sgrimp(i)o+-yn¹;* cf. S. taf. *scrimp* 'miser'] *eg.* (b. *sgrimpen*). Cybydd, person crintachlyd: *miser, niggardly person.*
Ar lafar ym Morg.

sgrin¹, ysgrîn¹ [bnth. S. *screen*] *eb.g.* ll. *sgriniau, sgrinoedd, sgrîns, ysgrinau.* Ffrâm, panel, &c., at gysgodi, amddiffyn, gwahanu, cuddio, &c.; pen llydan tiwb pelydrau catod y mae delweddau'n ymffurfio arno, arwyneb gwyn neu arian a osodir o flaen taflunydd i dderbyn delwedd fwyedig o ffilm neu sleidiau; (ar ôl y fan.) (y diwydiant) ffilmiau; palis o garreg neu bren, yn aml wedi ei gerfio a'i addurno'n gywrain, sy'n gwahanu'r gangell oddi wrth gorff yr eglwys; sgiw, setl; math o ridyll mawr a ddefnyddir i raddio grawn, glo, &c.; hefyd yn *dros.* ac yn *ffig.*: *screen;* (*the*) *screen, film industry, films; rood-screen; high-backed seat or settle; screen* (*for sifting grain, coal, &c.*); *also transf. and fig.*
1688 *TJ, Ysgrin:*) a Skreen. *c.* **1730** *Taith C* 102, yr oedd efe [Mr. Ofnus]'n ddymunol jawn i fod wrtho ei hun, er hynny yr oedd efe['n] caru ymddiddan da bob amser, ac a ddeueu [*sic*] o'r tu hwnt i'r Ysc[r]in i'w wrando. [**1783**] *W,* March-ridyll, vulgò *ysgrîn* d.g. *Screen* [a grated wooden frame for the sifting of corn, gravel, &c.]. Ar lafar, 'Paid â ishte'n rhy agos i'r *sgrin,* ne fe gei di lyged sgwâr' (sir Gaerf.); '*sgrin*' 'a large upright sieve for gravel, etc.', *WVBD* 486 (*eb.*); '*sgrin*' 'a screen (to sieve coal)', *GTN* 734 (*eg.*); '*sgrin*' mainc gefn uchel', *Cymru* xlvii. 196 (sir Ddinb.); '*Sgrin*,—a screen, a settle', *id.* liii. [151] (dwyrain sir Drefn.).
Cfn.: **sgrin y grog:** rood-screen. **20g. sgrin wynt:** *windscreen.* **20g.**

sgrin², gw. ysgrîn².

sgrin³ [bnth. S. *screen* 'banknote'] *eb.* Punt: *pound (money).*
20g. Ar lafar, *LIG* viii. 11 (Arfon).

sgrin⁴, gw. sgri².

sgrinaf: sgrino, gw. sgriniaf: sgrinio.

sgrincaf¹, ysgrincaf: (y)sgrinco [bnth. S. taf. (*to*) *scrink* 'to wrinkle'; cf. hefyd S. taf. (*to*) *scrinkle* 'to shrivel'] *bg.* Crebachu, mynd yn grych (wrth olchi), sychu: *to shrink, shrivel, dry up.*
18-19g. *Llr C* 44, 482, *yscrinco,* to become dry, to shrink. Ar lafar, 'Scrinco' 'To shrivel up with cold', *Cymru* xxxi. 258 (Cered.); '*Scrinco*' 'Shrinking (of

---

cloth)', *GDD* 259; ''Odd 'i ddillad a wedi *sgrinco*' (de-ddwyrain Morg.).

sgrincaf²: sgrinco [cf. *rhinciaf: rhincian*] *ba.* Rhincian (dannedd): *to grind (the teeth).*
Ar lafar yng ngogledd Cered.

sgriniaf, sgrinaf, ysgriniaf: sgrin(i)o, ysgrinio [bf. o'r e. *sgrin¹, ysgrîn¹*] *ba.* a hefyd gyda grym enwol i'r be. Cau neu guddio y tu ôl i sgrin; rhidyllio (drwy sgrin); profi (person, gwaed, &c.) am afiechyd, cyffuriau, &c.: *to screen (off); screen (grain, coal, &c.); screen (for disease, drugs, &c.).*
1876. Ar lafar, 'sgrinio' 'to sieve with a screen', *WVBD* 486; 'Man'na man' nw'n *sgrino*'r glo ar ben y pwll', *GTN* 734.

sgrinshlyd [bôn y f. *sgrinsiaf: sgrinsio+-lyd*] *a.* Cybyddlyd, crintachlyd: *miserly, niggardly.*
Ar lafar, *GDD* 259.

sgrinsiaf: sgrinsio [bnth. S. taf. (*to*) *scrinch* 'to stint'] *ba.* yn yr ymad. *sgrinsio ei hunan,* &c. Ymddwyn yn gybyddlyd tuag ato ei hun: *to stint oneself.*
Ar lafar, 'Scrinsho' 'To stint one's-self, always used with the Ref. Pron. hunan', *GDD* 259; 'Ma'r hen gybydd wedi *sgrinsho* 'i hunan', *SC* vi. 128 (sir Benf.).

sgrip, ysgrip [bnth. S. *scrip*] *e?g.* Strôc (pin ysgrifennu): *stroke (of a pen).*
1768 J. ROBERTS: *R* 45, Pan fyddo Gwagnod neu wagnodau yn y Cyfranwr, ar y llaw Ddehau, torwch hwynt ymaith a *Scrip* y Pen. *id.* 78, [t]ori ymmaith y ffugur cyntaf yn lle'r unau ac [*sic*] *Scrip* y Pin. **1795** J. THOMAS: *AIC* 174, Pan fyddo Wagnodau yn y cyfrannwr yn olaf, yno tor hwynt ymaith a *scrip* y pin. *Cfn.*: **sgrip na sgrap, nac ysgrip nac ysgrap:** *not a scrap, not a jot.* **1922.**

sgript [bnth. S. *script*] *eb.g.* ll. *-iau.* Llawysgrifen (gtho. 'print'), system ysgrifennu, gwyddor; testun (ysgrifenedig, &c.) drama, ffilm, darllediad, &c.; set o atebion ysgrifenedig gan ymgeisydd mewn arholiad: *script.*
1930.

sgriptiaf, sgriptaf: sgript(i)o [bf. o'r e. *sgript*] *bg.a.* a hefyd gyda grym enwol i'r be. Ysgrifennu sgript (ar gyfer): *to script, write a script (for).*
20g.

sgriptiwr [bôn y f. *sgriptiaf: sgriptio+-iwr*] *eg.* (b. *sgriptwraig,* ll. *-wragedd*) ll. *sgriptwyr.* Un sy'n sgriptio: *scriptwriter.*
20g.

sgriptoriwm [bnth. S. *scriptorium*] *eg.* ll. *sgriptoria.* Ysgrifenfa, yn enw. mewn mynachdy: *scriptorium.*
1934.

sgriptwraig, gw. sgriptiwr.

sgriw, ysgriw [bnth. S. *screw*] *eb.* (bach. *-en*) ll. (*y*)*sgriwiau, sgriws.*

(*a*) Rhoden bigfain a yrrir drwy bren, &c., i sicrhau defnyddiau wrth ei gilydd a gwrthrychau yn eu lle; mae'r arni'n torri edau gyfatebol yn y pren, &c., i'w dal yn ei lle, dirwynen, hoelen dro; rhoden debyg sy'n ffitio twll silindraidd ac ynddo edau gyfatebol (e.e. mewn nyten), bollt, edau mewn twll silindraidd sy'n cyfateb i'r edau ar y bollt, &c., sy'n ffitio'r twll; unrhyw ddyfais sy'n defnyddio sgriw i greu gwasgedd, offeryn arteithio sy'n gweithio fel hyn, hefyd yn *ffig.* (person neu beth sy'n gweithredu fel) cyfrwng pwysau neu orfodaeth; propelor: (*wood*)*screw; screw-bolt; screw (used to exert pressure, also as instrument of torture), also fig.* (*person who, or thing which, acts as*) *means of pressure or coercion;* (*screw*) *propeller.*
1716 T. EVANS: *DPO* 344, Un pen y rhaff a gwlwmmid wrth gymmalau'r dyn, a'r pen arall wrth *Scriws* a fyddai yn y peirian. **1722** *Llst* 189, Ysgriw. f. pl. Ysgriwiau. A scrue. **1828** *Geir Pob* 29, Ysgriw, cogwrn-tro, hoel-dro. Ar lafar yn gyff., 'sgriw', *WVBD* 486, *GTN* 734. Cf. D. OWEN: *RL* 412, mi rois wyth geniog am wimbled a *scriws,* a screw driver.

(*b*) Person cybyddlyd; gwraig dafodlym: *miserly person; sharp-tongued woman*.

1933. Ar lafar, 'sgriw' 'menyw lem ei thafod', ''En sgriw o fenyw yw 'onna', GTN 734; ''Na 'en sgriw ych chi' [am rywun cybyddlyd] (de-ddwyrain Morg.).

(*c*) Swyddog carchar, gwarcheidwad: *prison warder*.
20g.
Gw. hefyd **asgrwy**.

sgriwaf: sgriwo, gw. **sgriwiaf: sgriwio.**

sgriwdreifer, sgriwdreifyr [bnth. S. *screwdriver*] eg. ll. -*s*. Teclyn ac iddo goes fetel hirfain a'i blaen yn ffitio i ben sgriw i'w throi, tyrnsgriw: *screwdriver*.

Ar lafar, 'Pasia'r *sgriwdreifyr* 'na imi gâl rhoi tro arall ar y sgriw 'ma' (Arfon). Cf. D. OWEN: *RL* 399, y dyn . . . a drôdd ei wyneb tuag attom, gan ddal *screw driver* yn ei law; *id.* 412, mi rois wyth geniog am wimbled, *scriws*, a *screw driver*.

sgriwen, gw. **sgriw.**

sgriwiad [bôn y f. *sgriwiaf, sgriwaf: sgriw-(i)o*+-*iad*[1]] eg. ll. -*au*. Y weithred o sgriwio, troad ar sgriw: *a screwing, turn of a screw*.

20g. Cf. D. J. WILLIAMS: *ChHO* 102, byddai'r ffeierman yn rhoi'r *sgriwiad* olaf fel clo i waelod y lamp.

sgriwiaf, sgriwaf, ysgriwiaf: sgriw(i)o, ysgriwio [bf. o'r e. *sgriw* a bnth. S. (*to*) *screw*] bg.a. Sicrhau neu dynhau â sgriw-(iau), rhoddi tro ar (sgriw); troi neu droelli (fel sgriw), crebachu neu ystumio (e.e. y gwefusau), gwyrdroi, dirdroi; (am bêl, &c.) gwyro; arteithio drwy gyfrwng sgriw, gorthrymu, hefyd yn *ffig*. rhoddi pwysau neu orfodaeth ar (rywun); cael cyfathrach rywiol (â), cnuchio; hefyd yn *ffig*.: *to screw, turn (a screw); twist or turn around (like a screw), screw up (e.g. lips), distort, contort; screw (of a ball); torture by means of a screw, oppress, also fig. pressurize (someone); screw, have sexual intercourse (with); also fig*.

1722 *Llst* 189, *Scriwio*. To scrue. **1778** J. HUGHES: *BB* 302, Pan fo gŵr heini, 'n berwi o chwant, / Mae 'i chwithau gofio *ysgriwio*'r tant, / Fe braw o'ch sadrwydd sobrwydd s[ê]ll, / Felusach mêl ar flas eich mant. [**1783**] *W*, *ysgriwio* d.g. *To Screw, or screw in*. **1784** M. WILLIAMS: *S* i. 48, Yn euog, mae'r trial yn dibennu, ac nid oes dim yn ychwaneg i wneuthur ond passio'r barn, neu'r ferdict, drosto. Os bydd ef yn fud heb ddywedyd dim, y gyfraith yw ei wasgu, neu *scriwio* hyd farwolaeth. **1794** J. ROBERTS: *C* 22, Os bydd yr Awrlais yn colli, *ysgriwiwch* yr Heden bres i fynu. **1828** *Geir Pob* 29, *Ysgriwio*, tŷn wasgu, troi. Ar lafar, ''Well iti *sgriwio*'r pren 'na'n dynnach i fod yn saff' (Arfon); 'Ma isie *sgriwo*'r bachyn yn dynnach i'r wal' (sir Gaerf.). Cf. TAL-HAIARN: *Gw* ii. 109, Pan fo y ffyrnig gowt yn cnoi yn erwin, / A *scriwio* ei gymmalau yn ei helfen; D. OWEN: *RL* 199, Pan ddygwyd ei arch i'r tŷ . . . rhoddodd fy mam orchymyn caeth i'r saer *scriwio* yr arch ar unwaith.

Cfn.: *sgriwio'n ôl*: *to screw back (of a ball in snooker, &c.).* **20g.**

Gw. hefyd **asgrwyaf: asgrwyo**.

sgriwpl, gw. **sgrwpl.**

sgroffwla, sgroffiwla [bnth. S. *scrofula*] eg. Manwynnau, clwy'r brenin: *scrofula, king's evil*.
20g.

sgrogell, gw. **ysgrogell.**

sgrongl, sgrongol, a. a hefyd fel eg. Trwstan, lletchwith, afrosgo, di-siâp; person neu beth mawr di-siâp, honglad o adeilad: *clumsy, unwieldy, unshapely; large unshapely person or thing, large rambling building*.

1864. Ar lafar, 'Sgrongol' 'A large, ugly, disproportionate house', *GDD* 259; 'wêdd na flôc yn cadw cwmni iddi hi Marjori—*sgrongol* o grwt a'i wallt dros 'i gluste fe', *Wês wês* 16; 'Scrongol Ungainly, Unseemly . . . Hen *scrongol* o dŷ mwya lletwith . . . This word is limited in its application to houses and other buildings . . . (Ystradgynlais), *LlGC* 1173, 24.

sgrôl, ysgrôl [bnth. S. *scroll*] eb. ll. (*y*)*sgroliau*. Rhol o femrwn, papur, &c., yn enwg. un ac arni ysgrifen, dogfen neu lyfr ar

---

ffurf rhol; cynllun neu gerfiad addurnedig sy'n efelychu rhol o'r fath: *scroll*.
1851.

sgroliaf: sgrolio [bnth. S. (*to*) *scroll*] bg.a. Symud (testun, &c.) ar sgrin cyfrifiadur, &c., er mwyn gweld rhannau gwahanol ohono, symud drwy destun, &c., yn y dull hwn, cael ei symud (am destun, &c. ar sgrin cyfrifiadur, &c.): *to scroll (in computing, &c.)*.
20g.

sgroncen, eb. Gwraig anynad, cecren: *scold, shrew*.
Ar lafar yn ardal Llanbedr Pont Steffan.

sgrotwm [bnth. S. *scrotum*] eg. Ceillgwd: *scrotum*.
20g.

sgrownjaf, sgrwnjaf: sgrownjo, sgrwnjo [bnth. S. (*to*) *scrounge*] bg.a. (Ceisio) cael (rhywbeth) drwy fegera neu heb dalu amdano, sgwlcan: *to scrounge, help oneself to*.
20g. Ar lafar, ''Dwi'n siŵr fedrwn ni *sgrownjo* 'paned gynnyn' nw'; 'Mae o yma o hyd yn *sgrownjo* am hyn neu'r llall' (sir Ddinb.).

sgrownjar, sgrownjyr [bnth. S. *scrounger*] eg. Un sy'n sgrownjo: *scrounger*.
20g.

sgrubl, gw. **ysgrubl.**

sgrupl, sgrupul, gw. **sgrwpl.**

sgruth, ysgruth, eg. gan amlaf yn yr ymad. *ar ei (y)sgruth*. Rhuthr, brys: *rush, haste*.
Dchr. **17g.** *J* 10, 44a, *Scruth*. myned ar ei *scruth*. to goe apace. **1803** *P*, *Ysgruth*, s. m. . . . A full speed. Mae ev yn myned ar ei *ysgruth*, he is going on his full pace.

sgrwb[1]**, ysgrwb** (*w̃*) [bnth. S. *scrub* 'brushwood; (scruffy) wretch'] eg. (bach. g. *sgrwbyn*, b. *sgrwben*) ll. -*s*.

(*a*) Prysgwydd, llwyn bychan; blewiach, bonion blew: *scrub, brushwood, small shrub; stubble (of hair)*.
1636 *Pen* 321, 32b, pren iw efe n tyfu ar lan afonydd dyfroedd . . . ag nid iw rhyw *scrwbbyn* crach ar fynyddir cras.

(*b*) Gair difr. am berson neu beth: *derog. term for a person or thing*.
c. **1756** *Bangor* 1007, 100, mi ges ti am fy nyfas gen r hen *sgrwb* / iw rorio Lawer rwb or arian. **1788** B. EVANS: *LlG* [3], eu galw'n Sprats, yn *Scrwbs*, ac yn Blant y Diawl. **1828** *Geir Pob* 29, *Ysgrwb*, truenyn, bawddyn. Ar lafar, ''r hen *sgrwb* budur', 'sgrwb meddw', *WVBD* 486; ''Odd yr 'en *sgrwban* drws nesa' mæs yn yr ardd 'nawr', *GTN* 734; ''En *sgrwbyn* a wedi mado Twm', *id.* 735; 'Pwy brynu siŵd 'en *sgrwbyn* â 'yn 'yt ti?' (dwyrain Morg.). Clywir *sgrwb-yn* yn yr ystyr 'dyn caled, anhrugarog', *SC* vi. 128 (sir Benf.). Cf. D. OWEN: *WBC* 56, Yr wyf yn peri i chwi fyned allan o'r capel . . . 'O, y *scrwbyn*,' ebai Pali'r Nant . . . 'Yr hen Scalbrat', ebai Nansi; D. OWEN: *SP* 101, 'Yr hen *sgrwb*,' ebe Beti, 'yr wyt ti'n wastad am y lle gore.'
Gw. hefyd **sgrwbach.**

sgrwb[2] (*w̃*), eg. Poen neu stiffrwydd yn y cymalau o ganlyniad i waith neu ymdrech anghyfarwydd: *pain or stiffness in muscles as a result of unfamiliar work or exertion*.
Ar lafar yng nghanolbarth a godre Cered., *TGG* (1907-8) 108, *Cymru* xxxiv. [179].

sgrwbach, sgrwbiach [*sgrwb*[1]+-*ach*[2], -*iach*[2] (At.)] e.ll. Pobl wael neu ddirmygus: *base or contemptible people*.
1838. 'Un o'r 'en *sgrwbiach* Saeson sy wedi dod drws nesa' ifi yw 'wnna', *GTN* 735.

sgrwbad, gw. **sgrwbiad.**

sgrwbaf: sgrwbo, sgrwban, gw. **sgrwbiaf: sgrwbio.**

sgrwben, gw. **sgrwb**[1].

sgrwber, sgryber [bnth. S. *scrubber*] eg. Sgwriwr; dyfais i buro nwy: *one who scrubs; scrubber (for purifying gas)*.
1937.

---

sgrwbiach, gw. **sgrwbach.**

sgrwbiad, sgrwbad [bôn y f. *sgrwbiaf, sgrwbaf: sgrwb(i)o*+-*iad*[1], -*ad*] eg. Sgwrfa: *a scrubbing*.
20g.

sgrwbiaf, sgrwbaf, ysgrwbiaf: sgrwb-(i)o, sgrwban, ysgrwbio [bnth. S. (*to*) *scrub*] bg.a. Sgwrio, hefyd yn *ffig*.: *to scrub, also fig*.
1851. Ar lafar, 'sgrwbio', *WVBD* 486; 'scrwbo', *Cymru* xxxiv. [179] (godre Cered.); 'Scrwbo tato newy', *GDD* 259; ''Odd 'i'n *sgrwban* carrag y drws pyn etho i 'ipo', *GTN* 734. Cf. D. J. WILLIAMS: *ChHO* 43, fe olchodd fy mam druan y got honno a oedd amdanaf ar y pryd â dwr a sebon glân a'i *sgrwbo*'n galed hefyd.

sgrwbin-brwsh [bnth. S. *scrubbing-brush*] eg. Brwsh sgwrio: *scrubbing-brush*.
Ar lafar, 'Cera i 'elcyd y *sgrwbin-brwsh* ifi, ifi gæl sgwro'r llawr', *GTN* 734.

sgrwbus [*sgrwb*[1]+-*us*] a. Mewn cyflwr gwael, di-raen, blêr: *in a poor condition, shabby, scruffy*.
20g. Ar lafar, ''Odd a'n dishgwl yn *sgrwbus* yn yr 'en got 'na' (de-ddwyrain Morg.); 'Ma'r ci 'ma wedi mynd i ddishgwl yn itha' *sgrwbus*' (dwyrain Morg.).

sgrwbyn, sgrwd, gw. **sgrwb**[1], **sgrwd.**

sgrwff[1]**, sgryff, ysgrwff** (*w̃*; -*y*- ≡ -*ə*-) [bnth. S. *scruff* 'dandruff; rubbish'] eg. (bach. *sgrwffyn*) ll. *sgrwffion*.

(*a*) Marwdon, cen; gwlaniach; sorod, gwaddodion, sothach; prysgwydd, istyfiant, cribinion gardd: *dandruff, scurf; fluff; dross, dregs, rubbish; scrub, undergrowth, garden refuse*.
1636 *Pen* 321, 227b, megis a [*sic*] mae plentyn wedi i newydd eni ir byd ai lanhau oddiwrth yr *yscrwph* a [*sic*] mae n i ddwyn gidag ef. **1784** M. WILLIAMS: *S* ii. 7, trwch mawr o gymmylau sy'n nofio ar hyd yr aer o ddautu'r Haul, neu yntau fath o *scrwff* ac sy'n gweithio 'maes o hono trwy'r anfeidrol wres, megis sorrod f'ai'n casglu ynghyd ar wyneb metal toddedig. **1828** *Geir Pob* 29, *Ysgrwff*, sorod, gwehilion. Ar lafar, 'hel y *sgrwff* gyda'r cloddia', *WVBD* 486; 'Scrwff' 'Gair amaethwyr am frwyn, llafrwyn, a rhedyn roir dan anifeiliaid', *Cymru* lxii. 175 (gorllewin Meir.); 'Ma'r plant 'yn yn bita pob 'en *sgrwff*', *GTN* 734. Clywir *sgrwff* hefyd yn yr ystyr 'gwlaniach' (de-ddwyrain Morg.) a 'marwdon' (Myn.); hefyd yn yr ystyr 'the dregs of a pipe', 'scrwff dibaco', *GDD* 259.

(*b*) Gair difr. am berson, yn enw. un blêr di-raen: *derog. term for a person, scruff*.
20g.
Gw. hefyd **sgyrffion.**

sgrwff[2] (*w̃*) [bnth. S. *scruff (of neck)*] eg. Gwegil (yn enw. fel rhywbeth i gydio ynddo): *scruff (of neck)*.
c. **1920.** Ar lafar, 'sawn i'n ca'l gafel yn 'i *sgrwff* e pry'ny, mi drown i nwrn drwy'i ened e', *Wês wês* 18.

sgrwffyn, sgrwm, gw. **sgrwff**[1], **sgrym.**

sgrwmp[1]**, ysgrwmp**[1], eb. (bach. *sgrympen*) ll. *sgrympiau, sgrwmps*. Cawod drom: *heavy shower*.
1828 *Geir Pob* 29, *Ysgrwmp*, chwyl gawod. Ar lafar, 'Mae hi wedi gneud *sgrwmp* fawr', 'sgrympia'n dŵad â'r gwynt', *WVBD* 486; 'dyfod lawr yn 'sgrwmp', J. JONES: *Gwerin-einau*[2] 60; 'sgrympan', *B* xv. 24 (Meir.). Cf. EBEN FARDD: *Gw* 154, Bydd *sgrympiau*, rai dyddiau, in dod, / Dirybudd, diarwybod; / Rhuthro wnant o werthyr nen / Drwy dybryd orddu wybren, / Yn eirwlaw rhydd al ael rhiw, / Neu gymmysg genllysg gwynlliw.
Cfn.: *sgrympiau codi tatws*: *sudden showers in late summer or early autumn*. Ar lafar, *ISF* 67, *LlG* xviii. 28 (Llŷn). **sgrympiau Gŵyl y Grog** = **sgrympiau codi tatws.** **1894.** Ar lafar, *WVBD* 486, *ISF* 67, *B* xv. 24 (Meir.). Clywir hefyd 'sgrympiau'r Grog' yn ardal Porthmadog. **sgrympiau penwaig** = **sgrympiau codi tatws.** Ar lafar, *ISF* 67, *LlG* xviii. 28 (sir Ddinb.).

sgrwmp[2], **sgrwnjaf: sgrwnjo,** gw. **ysgrwmp**[2], **sgrownjaf: sgrownjo.**

sgrwnsiaf, sgrynsiaf: sgrwnsio, sgrwnsian, sgrynsio [bnth. S. (*to*) *scrunch*] bg.a. Gwneud neu fynd yn grychlyd neu'n grebachlyd, gwasgu (papur, &c.) yn belen grychlyd, swbachu, sybio;

(peri) gwneud sŵn crensian: *to scrunch* (*up*).

20g. Ar lafar, 'Sgrynsies i'r llythyr lân a'i daflu i'r bin' (sir Gaerf.); sonnir hefyd am '*sgrwnsio* gwallt', h.y. ei sychu â sychwr gwallt gan ei grychu â'r bysedd i beri iddo edrych yn fwy trwchus.

sgrwpl, (y)sgrupl, sgrupul, &c. [bnth. S. *scruple*, ?a Llad. *scrūpulus*] *eg.b.* ll. *-au*.

(*a*) Uned bwysau yng nghyfundrefn yr apothecari (sef pedwaredd ran ar hugain o owns, 1·296 gram, neu ugain gronyn): *scruple* (*unit of weight*).

1545 ELIS GRUFFYDD: *Ll* 176, ynn erbyn llygaid gouidus kymer gwpannaid o sugyn y llyshiewynn yma, ac *ysgrupul* o bowdwr myr. *c.* **1548** *CM* I, 709, [p]eint o win gwyn A iij llwyaid o veel Ac *ysgrupul* o bowdwr puppur. **16g.** *LlS* 42-3, Blodæ amor . . . ar win gwyn wedy'r gymyscy a dwr ir nep a vo ar ei gythwng [sic] yn cylch dau *scrupl*. **1604-7** TW (*Pen* 228), pwys yn cynnwys tri Caret, sef yw hynny hanner *Scrupl* d.g. *Obolus*. **1688** *TJ* (At.) [23], *Scrupul*, neu drydydd rhan drachm. **1771** *PDPh* 9, nid oes dim sydd well na 'r powdr Ipecacoanha, y mae *scrwpl* o hono yn ddigon i'w gymmeryd ar unwaith. *id.* 28, Cymmerwch un *Scrwpl* o Sperma Ceti, pum grain o Volatile Salt of Hartshorn, pum diferyn o Balsam Peru. **1813** *WB* xiii, dalier sulw fod . . . dram yn cynnwys tri *scrwpl*.

(*b*) Amheuaeth ynglŷn â'r hyn sy'n foesol gywir neu briodol mewn sefyllfa benodol, rhwystr cydwybod: (*moral*) *scruple*.

1670 J. HUGHES: *AP* 131, nid yw'r Sectarianod o amryw Sectau . . . yn gwneuthur dim *Scrupul* o gydweddio, nac o fod yn gyfrannog y naill o Rithiau Sacraidd y llall. **1684** H. OWEN: *DC* 411, Gwna di, ynol [sic] cyngor y rhai dyscedic a'r doethion, a bwrw ymmaith bob ammheuaeth a *scrupul*. **1709** H. POWEL: *G* 9, Na roddwch Glust i'r *scrywplau* . . . a godir yn ei er byn [sic].

(*c*) Ser. Munud: *scruple* (*in astron.*), *minute*.

1794 J. HARRIS: *Alm* 33, wedi symmud i'r *scrupl* gyntaf o arwydd yr afr.
Amr.: **sgrwbl. 1861.**

sgrwt, *eb.* (bach. g. *-yn*, b. *-en*) ll. *sgrytion*. Gair difr. am hen fenyw neu hen anifail benyw, hen beth treuliedig: *derog. term for an old woman or female animal, worn-out old thing*.

1604-7 TW (*Pen* 228), o hyny daw'r gair *Scrwt* am hen wrach ne hen vuwch d.g. *Scruta*. *id.* hen *scrytion* d.g. *Veteramenta*. Ar lafar, '*sgrwtyn*' a 'term of reproach implying some one dirty and small', 'ryw hen *sgrwtyn* o hen ddyn', 'Fem. *sgrwtan*', *WVBD* 487.

sgrwtiad, sgrwtiaf: sgrwtian, gw. ysgrytiad, ysgrytiaf: ysgrytian.

sgrwtsh [cf. *rwtsh* a *sgwtsh*[1]] *eg.* Sothach, geriach, ysbwrial, cribinion (gardd), hefyd yn *ffig.: rubbish, junk, (garden) refuse, also fig.*

20g. Ar lafar, 'Paid â dŵad â hen *sgrwtsh* fel'a i'r tŷ' (Arfon). Yn ôl *WVBD* 487, fe'i clywir hefyd am yr ystyron 'the itch', ac 'a drunken sot'.

sgrwtyn, sgrwth, sgryber, sgryd, sgrydiaf: sgrydio, gw. sgrwt, ysgrwth, sgrwber, ysgryd, ysgrydiaf: ysgrydio.

sgryfinllyn [?elf. anh. +*-yn*[1]] *eg.* (b. *sgryfinllen*). Person tal tenau: *tall thin person, beanpole.*
Ar lafar, *WVBD* 487.

sgryff, sgryffiniad, sgryffiniaf: sgryffinio, sgryffinio, sgrwff[1], ysgraffiniad, ysgraffiniaf: ysgraffinio.

sgryfflyd [cfdds. o'r S. *scruff(y)* +*-lyd*] *a.* Blêr a di-raen: *scruffy.*
20g.

sgrym (*y≡ə*) [bnth. S. *scrum*] *eb.g.* ll. *-iau, -s.* Dull o ailddechrau'r chwarae mewn gêm o rygbi, a phob un o'r ddau bac yn ffurfio grŵp gan ostwng eu pennau, cyd-gloi eu breichiau, a gwthio'n erbyn y pac arall i geisio ennill tir, tra bydd hanerwr yn taflu'r bêl i mewn rhwng y ddwy res flaen sy'n ceisio ei bachu'n ôl i'w hochr eu hun, hefyd yn *ffig: scrum(mage), also fig.*
20g.
Amr.: **sgrwm. 20g.**

Cfn.: **sgrym osod:** set scrum. **20g. sgrym rydd:** loose scrum. **20g.**

sgrymiaf: sgrymio [bf. o'r e. *sgrym*] *bg.* a hefyd gyda grym enwol i'r be. Ffurfio sgrym: *to scrum(mage).*
20g.

sgrympen, gw. sgrwmp[1].

sgrympi [bnth. S. *scrumpy*] *eg.* Seidr garw: *scrumpy.*
20g.

sgrympiog [*sgrwmp*[1] +*-iog*] *a.* Cawodlyd, chwythymog: *showery, squally.*
Ar lafar, 'dwrnod *sgrympiog*', *WVBD* 487; '*Sgrympiog*' 'Showery, squally', *Cymru* xxxi. [195] (Meir.).

sgrynsiaf: sgrynsio, sgrytiad, sgrytiaf: sgrytian, gw. sgrwnsiaf: sgrwnsio, ysgrytiad, ysgrytiaf: ysgrytian.

sgryth, sgrythur, sgryw, gw. ysgryth, ysgrythur, ysgryw.

sgrywcach [?cf. *crawciaf: crawcio*] *bg.* Gwawchio, crawcian: *to squawk, caw.*
Ar lafar, 'Clyw ar yr 'en frain 'na'n *sgrywcach*', 'Wilia'n dawal, ferch! Paid o *sgrywcach!*', *GTN* 735.

sgrywl (*y≡ə*), *eb.* Maint mawr, llawer: *large amount, lot.*
Ar lafar, 'Y gwaetha' o ti yw, ma'n raid iti nuthur *sgrywl* fawr o waith ar unwaith', 'Fe fytws y plant *sgrywl* fawr o disian', *GTN* 735.

sgrywpl, gw. sgrwpl.

sgub, sgubad, sgubaf: sgubo, sgubell, sgubor, &c., gw. ysgub, ysgubiad, ysgubaf: ysgubo, ysgubell, ysgubor, &c.

sgum, sgum(i)af: sgum(i)o, sgurfi, gw. sgim, sgimiaf: sgimio, sgyrfi.

sgut [ansicr yw'r cysylltiad ag *esgud*, a dileer y sylwadau d.g. hwnnw] *a.* Hoff iawn, (rhy) awchus, garw (am), awyddus, parod, buan: *very fond, (too) eager, 'mad' (on), keen, ready, quick.*
1869. Ar lafar, '*sgut* am bennog', '*sgut* am gwrw', *WVBD* 488; 'yn *sgut* am stori', *ISF* 67; 'Mae 'n *sgut* am ddysgu', *Cymru* xlvii. 280 (sir Gaern.); '*Scut*, Bywiog, parod, esgud', *id.* lxii. 175 (gorllewin Meir.).
Amr.: **sgyth** (*y≡ə*). Ar lafar, 'Mae'r gath yn *sgyth* am lefrith', *WVBD* 488.

sguto, gw. esguto.

sgutor, sgutores, gw. ysgutor.

sgutoriaeth, sguthan, gw. ysgutoriaeth, ysguthan.

sgwad, sgwod [bnth. S. *squad*] *eb.* ll. *-iau.* Grŵp bychan o bobl sy'n rhannu gorchwyl, &c.; mintai o filwyr a grynhoir ynghyd er mwyn eu drilio, &c.; nifer o chwaraewyr a detholir mewn tîm ohonynt, carfan; uned arbennig o fewn yr heddlu: *squad.*
1936.

sgwadron, ysgwadron [bnth. S. *squadron*] *eb.g.* ll. *-au.* Un o'r prif raniadau ar gatrawd o wŷr meirch neu gatrawd arfogedig, sef dau lu; rhaniad ar lynges, sef dwy neu ragor o adrannau, nifer o longau rhyfel a grynhoir ynghyd at ddyletswydd arbennig; uned fechan o lu awyr yn cynnwys rhwng 10 a 18 awyren; hefyd yn *ffig.: squadron, also fig.*
1784 M. WILLIAMS: *S* i. 37, Mae llynges Lloegr yn arferol o gael ei rhannu yn dair *scwadron.*

sgwâf: sgwo, gw. ysgwâf: ysgwo.

sgwalsen [? < *sgiwarsen*, cf. *sgiwer(en)*] *eb.* ll. *sgwâls.* Sgiwer: *skewer.*
Ar lafar, *WVBD* 487.

sgwandraf, sgwondraf: sgwandro, sgwondro [bnth. S. (*to*) *squander*] *bg.a.* Afradu, gwario'n afradlon: *to squander, spend extravagantly.*
1787 (1812) TWM O'R NANT: *PG* 52, Fe ddechreuodd hwnw *squandro* a chwarae. Ar lafar, 'Sgwandro' 'to squander', *Cymru* liii. 151 (dwyrain sir Drefn.);

'Fe gæs arian mawr ar ôl 'i dæd ond fe *sgwondrws* y cyfan mwn cwpwl o flynydda', *GTN* 737.

sgwâr, ysgwâr [bnth. S. *square*] *eg.b.* ll. (*y*)*sgwar(i)au,* (*y*)*sgwârs,* a hefyd fel *a.*

(*a*) Petryal hafalochrog, hefyd weithiau am betryalau eraill; gwrthrych, lle, &c., ar ffurf felly (e.e. ar gyfer paffio), lle agored mewn tref, &c., yn enw. un ar y ffurf hon a amgylchynir gan adeiladau; Her. diemwnt; sgwaryn (offeryn saer, &c.); (ac iddo groestoriad) ar lun sgwâr, yn ffurfio sgwâr, petryalog; sgwâr-onglog, cyfonglog, un-iononglog, gwastad, cyfochrog: *a square, also occas. of other rectangles; square object, place, &c., boxing ring, (town, &c.) square; lozenge (in her.); (carpenter's, &c.) square; square(-shaped); right-angled; square, level, parallel.*

15g. *GLGC* 281, Gwely'n fraisg a'i liw'n ei frig, / gloyw '*sgwâr* fal eglwys Girig [am feddrod]. *id.* 419, Tŷ *ysgwâr* yw sentwar y sant, / tŷ Rhufeinwaith Glyn Trefnant. **15g.** *GGl* 133, Llys goed a main oll *ysgwâr*, / Llawn gwydr, meillion ac adar. **16g.** *THSC* (1923-4) (At.) 30, Ac velly y gwnaeth noe y llong honn val y herchis yr arglwydd, yn *ysgwar* yn y gwaelod. *c.* **1562** *Pen* 138, 105, mae gwyrdd ac yn y kanol tri *ysgwar* o goch. **1588** *Esec* xliii. 16, A'r allor oedd ddeuddec cufydd o hyd, a deuddec o lêd, yn *scwâr* yn ei phedwar ystlys. **1603** W. MIDLETON: *Ps* 141, Creigiau *scwariau* yn scyrion, / Diodai wynt diwyd Iôn. **1632** D, *Ysgwâr,* Quadratus. *id. ysgwâr* d.g. *Quadratura.* **1768** J. ROBERTS: *R* 109, Ysgwar sydd Lun pedwarochr, oll yr un faintioli. *id.* 110, Am *Ysgwar* Hir. Yr *Ysgwâr* hon sydd bedair ochrog hefyd, ond bod y naill yn fwy na'r llall. **1775** M. WILLIAMS: *MC* d.d., pa un bynnag ai *Sgwar* neu grwnion Byrddau. **1784** M. WILLIAMS: *S* i. 224, Mae pob cwarter o'r ddinas [Philadelphia] yn cynnwys *ysgwar* o wyth erw o dir, ac yn y canol mae *scwar* arall o ddeg erw, yn cael ei amgylchynu a neuadd-dref. **1795** R. Crusoe 38, mi a osodais i fynu bost *yscwâr* mawr. **1795** J. THOMAS: *AIC* 232, prennau o gyfatebol '*scwarau* ymhob pen nid oes gymmaint o dwyll yn e'u [sic] mesurau. Ar lafar, "Odd bocs *sgwær* ar y ford', *GTN* 737; 'Torra *sgwâr* o bapur mas', 'Na' i gwrdd â ti ar y *sgwâr* am saith' (sir Gaerf.); 'Y *Sgwâr*' 'Y Set Fawr', *Cymru* liii. 151 (dwyrain sir Drefn.). Clywir *sgwâr* am offeryn ar ffurf T neu L a ddefnyddir gan seiri, &c., i sicrhau bod rhywbeth yn sgwâr-onglog neu'n sgŵr, B xvi. 95 (sir Drefn.). Digwydd *sgwâr* hefyd yn enw ar fath o nod clust ar ddefaid ('bachiad (cam)'), B xxxiv. 83 (Meir. a sir Ddinb.). Cf. T. LEWIS: *HPF* 604, 'yr *Ysgwâr* lle yr oedd y Gullotine [sic] yn sefyll a gochwyd â gwaed fel cygydd-dŷ [sic].

(*b*) (enghrau. *ffig.: fig. exx.*).

16g. *CLl* 152, Y Llên urddawl llawn irddysg, / Sgwario dop *ysgwâr* dysg [Huw Llŷn i Syr Roger Cyffin]. **16-17g.** EDWARD URIEN, &c.: *Gw* 107, Ysgwier cryf, *ysgwâr*, craff. **16-17g.** *PhA* 170, naddu r owdl n dda rydoedd / nadd *ysgwar* yn i ddysg oedd. **16-17g.** *GST* i. 139, Ysgweiriais gerdd fraisg irwych, / Ysgwâr gwawd i ysgwier oedd. **1716-18** *Llsgr* R. Morris 186, bir a chwrw ini yn *sgwar* / mae yma ddarpar medddod. **1808** TWM O'R NANT: *BB* 36, Yn cym'ryd arnynt fyw 'n addas, wrth *ysgwâr*, a chwmpas. Ar lafar, "Yn ni'n *sgwâr* 'nawr gobitho' (sir Gaerf.), wrth sôn am ddyled wedi ei setlo]; hefyd yn yr ystyr 'anffasiynol, confensiynol, ceidwadol', "Dwi'n methu'n lân cál hi i ddod mas 'da ni—ma hi mor *sgwâr*' (Cered.). Fe'i clywir hefyd yn yr ystyr 'balch', 'Rydych chi siŵr o fod yn teimlo'n *sgwâr*' (Cered.), ac yn yr ystyr 'difyr', "En fachan *sgwær* odd a' (Myn.); a hefyd gynt yn yr ystyr 'trwsiadus' 'Roedd o'n mynd yn *sgwâr* ofnadwy' (Arfon). Clywir *sgwærs* yn yr ystyr 'straeon ymffrostgar neu annhebygol', "Odd e'n llawn 'i 'en *sgwærs* 'eno 'to, 'odd *sgwâr*' *GTN* 737; a chlywir *sgwârs* yn yr ystyr 'dywediadau ffraeth', 'Un fel'na odd da-cu Rhyd-y-fro—'odd *sgwârs* yn dod mas yn dwmpe 'dag e' (sir Gaerf.), ac 'ymffrostion', "Odd e'n llawn *sgwârs*' (gorllewin Morg.). Cf. D. OWEN: *GT* 290, Ond mae arfai eisieu rhoi fy hun yn *ysgwâr*, fel y dywed y Sais, gyda'r darllenydd.

(*c*) Math. Yn dynodi uned fesur sy'n gyfartal ag arwynebedd sgwâr ac iddo un ochr o'r un hyd â'r uned a benodir, yn defnyddio'r cyfryw fel sylfaen i system mesur arwyneb; a'i ochrau o'r hyd a benodir (am (wrthrych) sgwâr): *square (inch, foot, &c.), square (of measure); square (e.g. inch square).*

1725 D. LEWIS: *GB* 234, yn Golofn Droedfedd *Scwâr.* **1728** T. BADDY: *DDG* 64, Canys Leag, neu Dair Milltir o Dir pedwar Onglog neu *Scwâr* a wna o gyfeiriau bum Mil chwechant a phump ar hugain cyfair. **1747** *ML* i. 109, Rheol, Amlblygwch (multi-

ply) yr hyd wrth y lled a bydd y cynhwysiad yn Gyfyddau *Ysgwar*. *c.* **1762–79** W. WILLIAMS: *P* 348, ar femrwn wedi ei lynu wrth astyllen llai na throedfedd *scwar*. **1768** J. ROBERTS: *R* 67, Lliosogwch y Modfeddau *ysgwar* ac 36 y Modfeddi yn y Priddfeini. **1775** M. WILLIAMS: *MC* 10, O's bydd Pren yn . . . 66 Modfedd o Amgylchiad; hynny yw 16¼ Modfedd *Ysgwar*. **1795** J. THOMAS: *AIC* 46, modfedd neu ddwy *yscwar*. Ar lafar, 'pishyn o gerdyn rhyw dair modfedd *sgwâr*'.

(*d*) *Math.* Yn cynhyrchu swm penodol o'i lluosi â hi ei hun (am isradd), ail; *Math.* lluoswm rhif wedi ei luosi ag ef ei hun: *square* (*of root, in math.*); *square, product of multiplying number by itself* (*in math.*).

1768 J. ROBERTS: *R* 95, 2 . . . wedi ei Liosogi ag ef ei hun a wna 4; yna y 4 elwir *Ysgwâr*. *id.* 102, *Ysgwar* 42, yw 1764. **1795** J. THOMAS: *AIC* 142, Gyda Tharddiad o Wreiddin, [*sic*] *Yscwâr* a Chyflawn ochr. With an Extraction of Square & Cube Root.

Cfn.: **sgwâr gron:** *fictitious implement* (*lit.* '*round square*') *requested by quarrymen as a trick played on apprentices.* Ar lafar yn ardaloedd chwareli'r Gogledd. **sgwâr (ysgwâr) hir:** *oblong, rectangle.* **1768** J. ROBERTS: *R* 110, Am *Ysgwar Hir*. Yr Ysgwâr hon sydd bedair ochrog hefyd, ond bod y naill yn fwy na'r llall.

Gw. hefyd **sgwaryn.**

sgwaraf[1]**: sgwaro, sgwaru,** gw. **sgwariaf: sgwario.**

sgwaraf[2]**: sgwaru, sgwaren,** gw. **gwasgaraf: gwasgaru** (hefyd At.), **sgwaryn.**

sgwariaf, ysgwar(i)af, sgwaraf[1]**: (y)sgwar(i)o, (y)sgwaru** [bf. o'r e. *sgwâr, ysgwâr*] *bg.a.*

(*a*) Gwneud yn sgwâr, torri'n sgwâr; torri neu naddu'n sgwâr-onglog, sicrhau bod (peth) yn sgwâr-onglog neu'n syth; hefyd yn *ffig.*: *to square, make or cut into a square; square* (*timber, &c.*), *ensure that* (*something*) *is square or straight; also fig.*

1547 *WS, Yskwario* Esquare. **16g.** *GGH* 460, Hwyr odlau pynciau pencerdd, / *Ysgwario* coed ysgwîr cerdd [marwnad Gruffudd Hiraethog gan Syr Owain ap Gwilym]. **16g.** *CLl* 152, Y Llên urddawl llawn irddysg, / *Sgwario* dop ysgwar dysg [Huw Llŷn i Syr Roger Cyffin]. **16–17g.** *GST* i. 910, Ystig bendefig dafawd, / Ysgwîr gall i *sgwario* gwawd [marwnad Siôn Tudur gan Edward ap Raff]. **16–17g.** T. R. ROBERTS: *EP* 236, Ysgwir yw i *sgwario* iaith [i Siôn Tudur]. **1604–7** *TW* (*Pen* 228) d.g. *Quadro.* **1672** R. PRICHARD: *Gw* 224, Dewis fain o bobol rassol, / Gwedi *scwario* [:– Naddu] i gŷd wrth reol. *id.* 225, Na ddôd glogfain câs anghymmwys, / Heb ei *scwario* [:– Naddu] yn dy Eglwys. **1722** *Llst* 189, *Ysgwario.* To square, quadrate. *c.* **1756** *Bangor* 1007, 65, ai dydi Sydd yma r gelach gwaed dy galon / mith *ysgwaria* di yn ysgyrion. **1775** *FBGB* 14, bydded i'r darnau coed bychain hyn gael eu naddu a'u '*sgwario* i'r adeiliad nefol. **1780** *W*, *ysgwario, ysgwaru* d.g. *To quadrate.* **1806** TWM O'R NANT: *GH* xx, Yr oedd ef [pren] 45 troedfedd o hyd, a chwedi ei *ysgwario* yn lân.

(*b*) Lledu (ysgwyddau), yn enw. yn fygythiol, ymwroli, magu hyder; torsythu, strytian, swagro: *to square* (*shoulders*), *take courage, brace oneself; strut, swagger.*

1855. Ar lafar, 'Dim ond *sgwaro*'i 'sgwydda a dishgwl yn 'eriol næth Wil', *GTN* 737. Gw. hefyd y cfn. *ei sgwario hi* (iii) isod.

(*c*) *Math.* Lluosi (rhif) ag ef ei hun; darganfod ail isradd (rhif): *to square* (*a number*); *find the square root of* (*a number*) (*in math.*).

1768 J. ROBERTS: *R* 96–7, y Gwreiddin nesaf a gaf yn y Tabl yw 2, yr hwn a *Ysgwariaf* ac a ossodaf dan y 5. *id.* 100, *Ysgwariwch* y ffugur olaf ar Cyntaf yn y Cyfran. **1795** J. THOMAS: *AIC* 233, yna *yscwaria* 'r 100, a'r gwreiddin yw 10.

(*d*) Setlo (mater, problem, &c.), trefnu, tacluso, clirio, cael gwared o; cysoni (â); talu (dyled, bil, &c.); sicrhau cefnogaeth (person) drwy ddulliau amheus, noblo: *to settle* (*matter, problem, &c.*), *arrange, tidy, clear, get rid of; square* (*with*), *reconcile; pay* (*debt, bill, &c.*); *square* (*someone*), *nobble.*

1729 A. THOMAS: *LlB* 34, oni bydd itti hefyd, yn wastadol *yscwario*, a rheoli dy holl feddyliau, a'th Eiriau, a'th weithredoedd yn ol cyflawn ystyriaeth pob cyngor ac Addysg. Ar lafar, ''S gin' i 'm newid 'rŵan—mi *sgwaria*' i hefo ti eto'; ''Na lle 'ôn' nw'n ymladd ac yn taclu ond pyn ddæth e, 'fu a ddim yn 'ir yn 'u *sgwaro* nw', 'Ma isia *sgwaro*'r tŷ cyn daw dy dæd o'r gwaith', *GTN* 737.

(*e*) Anghytuno: *to disagree.*

1574 *RhRC* (At.) 172a, ny dydyn yn *sgwarrio* am fatterion bychan. **1604–7** *TW* (*Pen* 228) d.g. *Vario.*

Amr.: **sgwarin.** Ar lafar ym Myn. **ysgweirio. 16–17g.** *GST* i. 139, *Ysgweiriais* gerdd fraisg irwych, / Ysgwâr gwawd i ysgwier gwych.

Cfn.: **sgwaro (sgwaru) lan i (at):** *to square up to.* Ar lafar, 'Nath e *sgwaru lan* i'r boi fwrodd e' (sir Gaerf.); ''Odd y ddou 'en grotyn yn *sgwaro lan at* 'i gilydd', *GTN* 737. **ei sgwario, &c., hi:** (i) *to rush, make a dash.* **20g.** Ar lafar, ''Wi'n gorffod *sgwarin 'i* 'nawr' (Myn.). (ii) *to tell tall tales, exaggerate.* Ar lafar, ''Odd a'n '*i sgwaro 'i* man 'yn, ond 'ôn i ddim yn cretu popath' (dwyrain Morg.). (iii) *to strut, swagger.* Ar lafar, 'Sbia hwnna yn '*i sgwario hi*' (Arfon).

sgwariog, sgwarnog, gw. **sgwarog, ysgyfarnog.**

sgwarog, sgwariog, ysgwar(i)og [*sgwâr, ysgwâr* + -(*i*)*og*] *a.*

(*a*) Sgwâr, wedi ei sgwario; ac arno batrwm o sgwariau; cydnerth, praff, cadarn; wedi eu sgwario (am ysgwyddau), a'r ysgwyddau wedi eu sgwario, ?torsyth: *square, squared; checked* (*of pattern*); *firmset, solid; squared* (*of shoulders*), *with shoulders squared, ?swaggering.*

1778 J. HUGHES: *BB* 294, A'r garreg wy'n ofyn, mae 'r testyn yn tystio, / Fydd Lestr *ysgwarog*, gryn ddulog a ddalio, / Ddau hobaid o olchion, llawn ddigon fydd honno. **1787** E. ROBERTS: *PCF* 47, Oni weli di aml gnâf a Rôg, / Yn fwy *ysgwarog* wrth segura. **1795** J. THOMAS: *AIC* 46, fe fydd yr isaf yn glyttiau *yscwarog* bob yn ail o 'Sgrifen a phapur gwyn. Ar lafar, '*Scwarog*' 'Firm-set', 'Hen ddyn bach *scwarog*', *GDD* 260. Cf. *DN* 65, A'th ysgyren wyth ysgwarioc, / A phen awchrudd i'w ffonn ochroc.

(*b*) *Math.* Wedi ei sgwario, sgwâr: *squared* (*in math.*).

20g.

sgwâr-onglog [*sgwâr* + *onglog*] *a.* Ac iddo ongl(au) sgwâr, yn ffurfio ongl(au) sgwâr, cyfonglog, uniononglog: *right-angled.*

20g.

sgwaryn [*sgwâr* + -*yn*[1]] *eg.* (b. -*en*) ll. -*nau.* Sgwâr; darn tenau gwastad o blastig, metel, &c., ar lun triongl ongl sgwâr, a ddefnyddir ar gyfer lluniadu technegol, &c.; offeryn ar lun T neu L a ddefnyddir gan saer, &c., i sicrhau bod rhywbeth yn sgwâr-onglog neu'n syth: *square; set square;* (*carpenter's, &c.*) *square.*

1937.

sgwash, sgwosh [bnth. S. *squash*] *eg.*

(*a*) Diod dewychedig o sudd ffrwythau neu surop ffrwythau yr ychwanegir dŵr ati: (*orange, &c.*) *squash.*

20g. Ar lafar, 'Be licia'r hogyn bach i yfad?', 'O, *sgwash* gwan, plis' (Arfon).

(*b*) Sboncen: *squash* (*rackets*).

20g. Ar lafar, ''Wyt ti'n ffansio gêm o *sgwosh* heno?'

(*c*) Gwasgfa, tyrfa: *squash* (*of people, &c.*), *crowd.*

Ar lafar, 'Croeso iti gâl lifft, ond dipyn o *sgwash* fydd hi'.

sgwat [bnth. S. *squat*] *eg.* (bach. g. -*yn*, b. -*en*) a hefyd fel *a.*

(*a*) (Person neu anifail) byrdew: *squat* (*person or animal*).

1934 D. J. WILLIAMS: *HW* 44, a'r *sgwat* bach wrth ei ochr yn nesáu yn boenus o araf iddo ef.

(*b*) Adeilad a feddiennir fel cartref heb ganiatâd y perchennog: *squat* (*building occupied by squatters*).

20g.

Gw. hefyd **swat, swatyn.**

sgwatiaf, ysgwatiaf: (y)sgwatio [bnth. S. (*to*) *squat*] *bg.*

(*a*) Ymgartrefu (mewn adeilad, &c.) heb ganiatâd y perchennog: *to squat* (*in a building, &c.*).

1845.

(*b*) Cyrcydu, mynd i'w gwrcwd: *to squat* (*down*).

1858.

Gw. hefyd **swatiaf: swatio.**

sgwatwyr, sgwotwyr, ysgwatwyr [bôn y f. *sgwatiaf, ysgwatiaf:* (*y*)*sgwatio* + -*wyr*] *e.ll.* Rhai sy'n sgwatio (mewn adeilad, &c.): *squatters* (*in a building, &c.*).

20g.

Gw. hefyd **swatiwr.**

sgwatyn, sgwb, gw. **sgwat, sgŵp.**

sgẁb, *e?g.* Gyr (o wartheg): *herd* (*of cattle*).

Ar lafar, 'Lot o ddæ yw *sgẁb*' (Myn.).

sgwbaf: sgwbo, gw. **sgwpiaf: sgwpio.**

sgwd[1]**, ysgwd**[1] [?cf. S. *chute, shoot* (of water)] *eg.* ll. *sgydau* (*sgwdau*), *ysgyd*(*i*)*au.* Rhaeadr, pistyll, cwymp dŵr; ffrwd y felin, cafn melin; llifddor, fflodiart; hefyd yn *ffig.*: *waterfall, cataract, cascade, chute; millstream, mill-race; sluice, floodgate; also fig.*

1604–7 *TW* (*Pen* 228), *ysgwt* melin, *ysgwd* gwylht d.g. *Cataractus.* **1722** *Llst* 189, *Ysgŵd.* m. . . . the small water-trough of a mill; a flood-gate. **1763** *DT* 165, Fe luniodd ei Holwynion, / Fe godai'r Cerrig crynion, / A throsten wrth y Cafn *Ysgwd*, / I riwlio ffrwd yr Afon. **1803** *P*, *Ysgwd* . . . *Ysgwd* melin, a mill jet. Ar lafar, '*sgwd* (eg) *sgyda* . . . rhaeadr', ''Odd *sgwd* o ddŵr yn cwmpo drẁs y graig yn y man'na', ''Odd pwllyn bach dyfwn o dan y *sgwd*', *GTN* 736. Digwydd mewn e. lleoedd, e.e. *Sgwd Einion Gam*, Nedd Uchaf, Morg., *Sgwd yr Eira*, Ystradfellte, Brych.

sgwd[2]**, ysgwd**[2]**, sgwt**[1]**, ysgwt**[1]**, (y)sgŵt** [ansicr yw rhai o'r enghrau. isod, a dichon mai i *sgwd*[1], *ysgwd*[1] y perthynant] *eg.b.* ll. *sgwts.* Gwth, hẁb, hergwd, hwrdd, hyrddiad, lluchiad, hefyd yn *ffig.*; clep, ergyd; ysgytiad, siglad: *push, shove, thrust, toss, fling, also fig; thud, bang; jolt, shake.*

14g. *GDG*[3] 125, Ys gŵyr fwriad anwadal, / *Ysgŵd* gwyllt, esgud o'i gwâl [am ysgyfarnog]. *id.* 373, Ni chatgenais fy nghwmwd, / Ni leddais, gwn, leddf *ysgŵd* [i'w gysgod]. **14g.** *GIG* 144, *Ysgwd* melin, lawdrgrin lam, / Ysgyfar waeddgar yddgam [dychan i'r delyn ledr]. **14–15g.** *IGE*[2] 308, Ar briffordd orau briffwnt, / *Ysgwd* hir i esgid hwnt (Rhys Goch Eryri). *c.* **1400** *R* 1362. 26–7, Ardinas maelor lle mae molest son *ysgot* prenn lladron am eu lletrat. **16g.** SIÔN BRWYNOG: *Gw* 278, Rhoi *sgwd* i'r cardie isgil, / Casa 'ngwg cosi 'ngwegil. **16g.** WILIAM CYNWAL: *Gw* (R. L. Jones) 210, Esgud waith yr *ysgŵd* wyllt [i ddiolch am feini melin]. **16–17g.** *CRC* 16, oni bav rhag ofn kael *yscwd* / or badell frwd ir marwor. *Dchr.* **17g.** *J* 10, 43b, *Scŵt.* pushe. **1632** *D*, *Ysgŵd*, Impulsus, pulsio. *id. ysgŵt* d.g. *Concussura, Iactatus. id.* rhoi *ysgŵd* d.g. *Detrudo.* **1688** *TJ*, *Ysgŵd*, gŵth: a jostle, a thrusting, a push. **1716–18** *Llsgr R. Morris* 196, fo roes y gelding iddo *sgwd* / yn y ffrwd foi taflodd. **1722** *Llst* 189, *Ysgŵd.* m. A fling, push, jolt. *id. Ysgwt* . . . as *Ysgwd.* **18g.** *LlGC* 19, 219, Taw sôn a'th Gyngor towyll, / Mae Bessi 'n fenyw drythyll / 'Dwyf fi'n cael dim ond 'r *Scwd*, / A Scwrio rhwd rhai erill. **1780** *W*, *ysgŵt* d.g. *Push* [*a shove, or thrust*]. **1803** *P*, *Ysgwd* s. m. . . . A thrust, a push, a jet, a drive, an impulsion. Ar lafar, 'Mi rois i *sgwd* iddo fo odd ar y ffordd', *WVBD* 487; 'Ni roeson *sgwt* idd 'i gar a gida'n gilydd idd 'i 'elpu fa i starto', *GTN* 736; '*Scwt* n. masc. pl. *scwts* . . . Rhowch *scwt* iddo', *LlGC* 1173, 28 (Morg.); 'Dim ond *sgwt* fach gas a, ma fa lawr yn garn' (dwyrain Morg.).

Amr.: **sgẁd.** Ar lafar, 'Wedi codi sachad ar ben clawdd ac wedyn roid *sgẁd* iddo fo i lawr', *WVBD* 487.

Cfn.: **sgwt ymlaen:** *a helping hand, impetus; promotion.* **1899.** Ar lafar, 'Wel, ma 'wnna wedi roi *sgwt ymlæn* ifi', *GTN* 736.

sgwd[3]**, ysgwd**[3] [gair geir.] *eg.* Camfa: *stile.*

Dchr. **17g.** *J* 10, 43b, *Scŵd.* × llamog, camva. stile. **1803** *P*, *Ysgwd*, s. m. . . . a step, a stile.

sgweier, sgweieraidd, gw. **ysgwïer, ysgwieraidd.**

sgweierllyd [*sgweier* + -*llyd*] *a.* Nodweddiadol o ysgwïer, tebyg i ysgwïer, hefyd yn ddifr.: *characteristic of, or like, a squire, also derog.*

20g.

sgweir, sgweiryn, gw. **ysgwïer, ysgwieryn.**

sgweitaf, sgowtaf[2]**: sgweito, sgowto,** *bg.* Codi a gwasgaru llwch, &c., wrth ysgubo: *to raise and scatter dust, &c., when sweeping.*

Ar lafar, '*scweito, scowto*' 'to raise and scatter dirt

about in sweeping', *TGG* (1907–8) 109 (godre Cered.).

sgwennaf: sgwennu, sgwennwr, sgweraf: sgwero, sgwffl, sgwfflaf: sgwfflo, gw. ysgrifennaf: ysgrifennu, ysgrifennwr, **sgiweraf: sgiwero, sgyffl, sgyfflaf: sgyfflo.**

sgwib (*i*) [bnth. S. *squib*] *eb*. (bach. *-en*) ll. *-iau, -s.* Tân gwyllt bychan sy'n sisial-losgi cyn ffrwydro; person di-nod: *squib (firework; also of person)*.

16–17g. GHCEM 146, Pa beth, goeg nychbeth, gwas noeth—wyllgrwydrad, / Sgwib wiwnad, sgab annoeth. 1722 Llst 189, *Scwib.* f. p. *Scwibiau.* A squib. [1724] G. WYNN: YGD 208, Olwyn o *scwibbiau,* a gweithiau Tân (*a wheel of squibs and fire-works).* Ar lafar yn yr ystyr 'ensyniad cas', ''Nawr, llai o'ch *scwibs* os gwelwch yn dda', LlGC 1173, 27 (Morg.); 'Fe rows itha' *sgwiban* iddi yn 'y 'nglyw i' (dwyrain Morg.); 'Diawl bæch cæs yw e, ma fa'n saethu *sgwibs* byth a 'efyd' (Cwm Rhondda); hefyd yn yr un ardal yn yr ystyr 'tiwb o bowdwr tyllu a ddefnyddir at dyllu creigiau'.

sgwibaf: sgwibo, sgwiban [bf. o'r e. *sgwib*] *bg.* Gwneud ensyniadau: *to make insinuations.*

Ar lafar, 'Yr o'dd yn *scwibo*'n dost' 'He made sly insinuations', LlGC 1173, 27 (Morg.).

sgwiben, gw. sgwib.

sgwid, ysgwid (*i*) [bnth. S. *squid*] *e?g. Swol.* Unrhyw un o amryw folysgiaid môr o ddosbarth y *Cephalopoda,* yn enw. o'r tylwythau *Loligo* neu *Illex,* ystifflog, môrgyllell: *squid.*

1851.

sgwier, sgwiff, gw. ysgwïer, sgiw-wiff.

sgwiffen, *eb.* Ysgeintiad (o rywbeth): *a sprinkling (of something).*

Ar lafar, 'towlu *sgwiffan* o ddwst dros yr 'ata' (Myn.).

sgwigen, sgwigiaf: sgwigiad, gw. yswigen, yswigiaf: yswigiad.

sgwils, *e.ll.* Dernynnau, drylliau: *fragments, bits.*

Ar lafar, 'Fe dorrodd y botrel yn *scwils*', GDD 261.

sgwinic, *eb.* Menyw neu ferch sarrug: *surly woman or girl.*

Ar lafar, 'Dyna 'en *sgwinic* o fenyw ynta fa?', 'Sgwinic o blentyn yw 'onna, ma 'i'n un anodd idd 'i lico', GTN 737.

sgwir, sgwirtiaf: sgwirtio, sgwl, gw. ysgwîr, sgwyrtiaf: sgwyrtio, ysgwl.

sgwl [bnth. S. *school*, o bosibl o'i ddefnyddio fel epithet] *eg.* Ysgolfeistr, (prif)athro: *schoolmaster, (head) teacher.*

1897. 'Mae'r *sgwl* wedi torri'i goes' (Môn); '*sgwl*: ysgolfeistr uniaith', *Cymru* xlvii. 196 (sir Ddinb.); hefyd fel epithet, 'Mae Griffiths *sgwl* wedi gallw' (Môn).

Gw. hefyd sgwlyn.

sgwlc [bôn y f. *sgwlcaf: sgwlcan*] *eb.g.* ll. *-s.* Peth a fegerir neu a roddir fel cardod, peth a gymerir heb ganiatâd, helfa, ysbail, ysglyfaeth: *something scrounged, given as a handout, or pilfered; haul, booty, spoil.*

1911. Ar lafar, 'Pwy *sgwlc* ma'r 'en gi 'na wedi ffindo 'nawr?—'Sgwlc ma'n cretu', 'Wel, 'ryws 'i *sgwlc* iti fel arfadd?', GTN 735; 'Fe gas y catha *sgwlc* o gicach 'da'r bwtsiwr 'eddi' (dwyrain Morg.); 'Buon ni heibo'r ffair sborion i weld pwy *sgwlc* oedd i' gâl', 'Ma gyda nhw ddwylo blewog fel teulu—wastad ar ôl rhyw *sgwlc*' (gogledd Cered.). Clywir *sgwlc* hefyd yn yr ystyr 'y weithred o gymryd bwyd ar y slei', ac 'A sneak', *Cymru* xxxiv. [179] (godre Cered.).

Cfn.: **ar (ei, &c.) sgwlc:** *on the prowl, on the lookout, on the make, on the scrounge.* 1911. Ar lafar.

sgwlcaf: sgwlcan, sgwlcach, sgwlca, sgwlco [bnth. S. *(to) skulk*] *bg.a.* Cardota, begera, sgrownjio; chwiwladrata, bachu; chwilota, stelcian, llechian: *to cadge, scrounge; pilfer, pinch; rummage; skulk, lurk.*

1848. Ar lafar, 'Pwy sy wedi bod yn *sgwlco* yn y ffrij 'ma? Ma fe'n hanner gwag' (gogledd Cered.). Clywir *sgwlca(n)* yn yr ystyr 'lladrata, bachu' yng nghanolbarth a godre Cered., a *sgwlcan* yn yr ystyr 'sgrownjio' yn sir Gaerf., ac yn sir Benf. yn yr ystyr

'to move in a stealthy fashion, to lurk', *SC* vi. 128. Clywir *sgwlcach* yn yr ystyr 'chwilio am ysglyfaeth, am rywbeth gwerth ei gael', 'Ma'r 'en ddefid yn *sgwlcach* abothdu'r tuns llutu lan yn y Bont', ''Odd 'i'n un i *sgwlcach* 'i bwyd i gyd bothdu'r tai', GTN 735.

sgwlcen, gw. sgwlcyn.

sgwlci [cfdds. o'r S. *skulk(er) + ci*] *eg.* ll. *-cwn.* Llechgi, adyn: *skulker, rogue.*

1744 D. ROWLAND: RY 189, Yr Arglwydd Putteindra . . . Mr. Meddwdod . . . Mr. Heresi . . . Y rhai hyn meddaf ydyw'r *Scwlcwn (Skulkers)* ym-Mansoul. id. 279, rhoddwch yn fy Nwylo i y '*Scwlci (Varlet)*' hwnnw. Ar lafar, '*Scwlci* 'a skulker', *TGG* (1907–8) 110 (godre Cered.).

sgwlcyn [bôn y f. *sgwlcaf: sgwlcan, &c.* + *-yn*] *eg.* (b. *-en*). Un sy'n sgwlcan neu'n sgrownjio; un sy'n bachu pethau, mân-leidr; llechgi; hefyd yn *ffig.: scrounger; pilferer; skulker; also fig.*

1875. Ar lafar, 'Sgwlci . . . Sgwlcen' 'a skulker', *TGG* (1907–8) 110 (godre Cered.). Clywir *sgwlcyn* (b. *sgwlcen*) yn ne-ddwyrain Morg. yn yr ystyr 'mânleidr'.

sgwlen, gw. sgwlyn.

sgwlfydyn, *e?g.* Ennyd, eiliad: *moment, instant.*

Ar lafar, 'Mewn *scwlfydyn*' 'in an instant', *Cymru* xxxiv. [179] (godre Cered.).

sgwlffyn [cf. *cwlffyn*] *eg.* Cwlffyn (o fara): *hunk (of bread).*

Ar lafar, *TGG* (1907–8) 110 (godre Cered.).

sgwlhaig, gw. ysgolhaig.

sgwliaf, sgyliaf, sgowliaf[2]: sgwlio, sgylio, sgowlio [bnth. S. *(to) scull*] *bg.a.* Rhwyfo: *to scull.*

1934. Ar lafar.

sgwligo [be. o'r e. *sgwláig,* ff. daf. ar *ysgolhaig*] *ba.* yn yr ymad. *ei sgwligo hi.* Llwyddo drwy gynllwyn neu ystryw: *to succeed by scheming or contrivance.*

Ar lafar, 'Ma fe'n '*i sgwligo* 'i'n nêt i bido gwitho!', GTN 735.

sgwliwn [bnth. S. *scullion*] *e?g.* Gwas cegin, golchwr llestri: *scullion.*

1736 (1812) YRW iv, Fe aeth yn *scwliwn* digon dygun, / Dan law'r goges yn y gegin. id. 18, Dyna i chwi *scwliwn* o was coliog.

sgwlmeistr, sgwlmastr [bnth. a chfdds. o'r S. *school(master)(+meistr)*] *eg.* Ysgolfeistr, (prif)athro, hefyd yn *ffig.: schoolmaster, (head) teacher, also fig.*

1552 Pen 403, 9, ovydd . . . *scwlmeistr* o anlladrwdd [sic]. 1787 (1812) TWM O'R NANT: PG 15, Felly mae Gofid, os ceiff rai mewn gefyn, / Yn burion *sgoolmeistr.* Ar lafar, 'Sgwlmistir ne rywbeth odd e' (Brych.).

sgwlpyn, ysgwlpyn [cfdds. o'r S. *sculp(in) + -yn[1]*] *eg.* Dihiryn, adyn: *rogue, scoundrel.*

1715 LL/CC/G 60, y *Scwlpin* Benglog Brwnt Anglice . . . Thou Scounderlike filthy Blockhead. 1724 T. WILLIAM: OL 108, gan ddwedyd y byddau idddo [sic] roddi ei ferch i ryw wr amgenach na *Scwlpyn* o'i Sut ef. 18–19g. Llr C 16, 206, *yscwlpyn,* a wicked fellow, (Glam).

sgwlyn, ysgwlyn [*sgwl + -yn[1]*] *eg.* (b. *sgwlen*). Ysgolfeistr, (prif)athro (ysgol), weithiau'n ddifr.: *schoolmaster, (head) teacher, sometimes derog.*

1930. Ar lafar, 'Wêdd e'n dipyn o foi, cofia di, in bartners mowr â Morgans i *sgwlyn*', Wês wês 24; '*scwlin* . . . a term of contempt', GDD 261.

sgwm, *eg.* Cawod ysgafn: *light shower.*

Ar lafar, '*sgwm* o law' (sir Ddinb.).

sgwmffol [?ff. ar *sgaffold*] *eb.* ll. *-ion.* Sgaffald(waith): *scaffold(ing).*

Ar lafar gynt, LlGC 1173, 27 (Morg.).

sgwnc, gw. sgync.

sgwner, ysgwner [bnth. S. *schooner*] *eb.* ll. *sgwneri, -iaid, -au, -s.* Llong hwyliau ac iddi ddau neu ragor o hwylbrenni, a'r hwylbren blaen fel arfer yn llai na'r prif hwylbren: *schooner.*

1911.

sgwod, sgwondraf: sgwondro, sgwosh,

sgwotwyr, gw. sgwad, sgwandraf: sgwandro, sgwash, sgwatwyr.

sgŵp, ysgŵp [bnth. S. *scoop*] *eb.g.* ll. *-s.*

(*a*) Un o nifer o offerynnau tebyg i lwy neu raw fechan ag ymylon dwfn, at amrywiol ddibenion megis codi a throsglwyddo siwgr, glo, hylif, &c.: *scoop (instrument).*

16g. (LlEG) Mos 158, 486b, ynn bwrw y dwr allanllan [sic] or llong weithiau drwyr pwmppe weithie Eraill ac *ysgwpps.* Ar lafar, 'Estyn lwy imi—'fedra' i ddim cal hyd i'r *sgŵp*'; hefyd yn y ff. *sgwb,* 'Scwb i drio'r ciaws', LlGC 1173, 24 (Morg.); ''Fysa *sgwb* yn nêt i gwnnu'r bwyd ffowls 'ma' (dwyrain Morg.).

(*b*) Stori newyddion a gyhoeddir gan un papur newydd, &c., cyn i'r un arall gael gafael ynddi, newyddion syfrdanol: (*newspaper, &c.*) *scoop.*

1938.

sgwpiaf, sgwpaf, ysgwpiaf: sgwp(i)o, ysgwpio [bf. o'r e. *(y)sgŵp*] *ba.* Codi â sgŵp, &c.; cafnu, cafnio, pantio: *to scoop (up); scoop out, hollow out.*

1916. Ar lafar, 'Sgwpia lwmpyn go lew o'r hufen iâ 'ma i mewn i'r cornet' (Arfon); 'Iwsa raw i *sgwp*o'r pridd 'na lan' (sir Gaerf.); hefyd yn y ff. *sgwbo,* 'Scwbo Erfinan. A very popular piece of fun among children in the country, especially on New Years' Eve. They procured a large turnip, hollowed it out, & scooped it so thin that a light might be seen through it, making the outside to represent a man's face', LlGC 1173, 25 (Morg.); 'Fe 'elson amserodd i *sgwbo*'r can o'r ffetan mywn i'r cwta bach' (dwyrain Morg.); '*sgwbo*' 'to hollow out', SC vi. 128 (sir Benf.).

sgwrad, sgwraf: sgwro, gw. sgwriad, sgwriaf[1]: sgwrio.

sgwrfa, ysgwrfa [bôn y f. *sgwriaf[1], sgwraf, ysgwriaf: sgwr(i)o, ysgwrio, &c. + -fa, ma*] *eb.* ll. *sgyrfeydd.*

(*a*) Sgwriad; curfa, cweir, cosfa; hefyd yn *ffig.: a scouring or scrubbing; a beating or thrashing; also fig.*

1853. Ar lafar, '*sgwrfa*' 'a thrashing', WVBD 487; '*sgwrfa*' 'hiding', LGW 203 (Meir. a sir Drefn.).

(*b*) Dolur rhydd, carthiad (da) (o'r corff): *diarrhoea, (good) movement (of the bowels).*

1813. Ar lafar, '*sgwrfa*' 'a move of the bowels', WVBD 487.

sgwrfi, gw. sgyrfi.

sgwrffil, ysgwrffil, *eg.* Cen; ysbwrial; hefyd yn ddifr. am berson: *scurf; rubbish; also derog. of a person.*

Diw. 19g. SE MS 619b, *ysgwrffil,* sm scurf; rubbish (Penllyn).

sgwri, *e?g.* Rhwyf: *scull, oar.*

Ar lafar, '*sgwri*—rhwyf ar gyfer sgylio cwch', ISF 68.

sgwriad, sgwrad, ysgwriad [bôn y f. *sgwriaf[1], sgwraf, ysgwriaf: sgwr(i)o, ysgwrio, &c. + -iad[1], -ad*] *eg.b.* Y weithred o sgwrio neu sgwrbio; curfa, cweir, cosfa: *a scouring or scrubbing; a beating or thrashing.*

1813. Ar lafar, 'Dishgwl ar y llawr 'yn! Pwy feddylsa 'mod i wedi roi *sgwrad* dæ iddo ddo ddiwetha'n y byd!' GTN 736; hefyd yn yr ystyr 'sgwrfa gan y dolur rhydd', 'Fi geso *sgwrad* afnadw gin y dolur rydd, 'ôn i off trw'r nos', ib. Clywir *sgyrad* yn yr un ystyr yn sir Gaerf.

sgwriaf[1], sgwraf, ysgwriaf: sgwr(i)o, sgwrial, ysgwrio, ysgwrian [bnth. S. *(to) scour*; petrus yw dosbarthiad rhai o'r enghrau. isod] *bg.a.* a hefyd gyda grym enwol i'r be.

(*a*) Glanhau neu loywi drwy rwbio, yn enw. gan ddefnyddio brwsh caled, sylwedd ysgraffiniol, sebon, cemegolion, &c., cael gwared o (fudreddi, rhwd, &c.), drwy wneud hyn, sgwrbio, ?hefyd yn *ffig.: to scour, scour off (dirt, rust, &c.), scrub, ?also fig.*

15g. DAFYDD LLWYD: Gw 270, er braisget vo r ffonn / a gaffo e o brenn or / vo gwna hi nysgyrryon [sic] / er daet yhysgwryer. 1547 WS, Yscwrio Scoure. 1588 Lef vi. 28, os mewn llestr près y berwir ef, *scwrier,* a golcher ef mewn dwfr. 16–17g. GST i. 198, Â gwialen y gwelir *Yscwrio* ceg gwas cryg hir [i ofyn gwn].

17g. HUW MORUS: *EC* i. 287, Yn siwr mae Sion yn ben Swîp Simddai, / . . . / Fe *ysgwria* 'n llwyr yr holl bentanau. **1722** *Llst* 189, *Ysgwrio.* To scour, rinse. **1736 (1812)** *YRW* 19, *Scwrio*'r kettles a'r crochanau. *id.* 45, Mi *'scwria*'r llestri eu gyd yn lân. **1766** *CD* 168, Ac eiste a diogi, / Gyda Gwragedd y Piseri: / Heb Nyddu, na Gardio, / Golchi, na *Sgwrio* / . . . / Ond darllain Baledi: / A phob ofer Wegi. *c.* **1770** *LlGC* 352, 40, ond mae hon yn *sgwrio* a landro 'n ddifeth / a gloefi pob peth yn glufar. Ar lafar, '*sgwrio*', *WVBD* 487; '*sgwro*'r llawr', *GTN* 736; hefyd yn y ff. *sgwrial*, "Odd hi'n *sgwrial* y cwbwl nes bod e'n wyn i gyd' (gogledd sir Gaerf.). Clywir *sgwrio* hefyd yn yr ystyr 'Torri a thwtio ochr clawdd, yn amlach na pheidio wrth glirio ffos yn ei fôn, a chodi'r pridd at y clawdd', *BILlE* 38; a *sgwro* yn yr ystyr 'Y broses o wahanu mwyn haearn oddi wrth y pridd a'r baw', *BIBC* 46. Cf. *CYLl* 48, Codi'r iraid ac *ysgwrian*, / Rhoddi lest ymhob rhyw hosan.

(*b*) Carthu (o'r corff), carthu (coluddion, &c.), (peri) gwacáu'r coluddion; dioddef o'r dolur rhydd, pibo: *to purge* (*from the body*), *purge* (*bowels, &c.*), (*cause to*) *empty the bowels; suffer from diarrhoea, scour.*

15g. *GGl*[2] 277, Guto, er *ysgwrio*'i gau, / A gny penial gnepynnau [dychan i Uto'r Glyn gan Syr Rhys]. *c.* **1548** *CM* 1, 756, A mogelud ymgadw oddiwrth . . . ymaaruer o bwrgashiwns I *ysgwrio*r groth ynn hryuynnych. **16g.** *LlS* 107, Peri carthy ne *scwrio* a wna. **1762** *ML* ii. 467–8, Mae'r colydd mau cyn laned a phed fusent wedi dystreilio mewn pistyll ddwfyr . . . Wale, daccw fi wedi peidiaw a *sgwrio.* **1798** *WR* d.g. *Scour.* **1812** W. DAVIES: *RMB* 65, I *scwrio.* Cymmerer cinnamon water cryf, a milk water . . . cymmysger, a doder i'r anifail. Ar lafar, 'Y lloi yn *sgwrio*', *Cymru* liii [151] (dwyrain sir Drefn.); "Dyw'r moddion 'yn ddim yn 'ym *sgwro* i fel næth yr un o'r blæn', *GTN* 736; '*sgwrio* . . . (of cattle) to have diarrhoea', *SC* vi. 128 (sir Benf.).

(*c*) (enghrau *ffig.*: *fig. exx.*).

15–16g. *GRB* 39, Aeth haul i'th hwyliaw, ais gwŷr *ysgwriaw*; / y deg wedi'r naw o gadarn wyd [Edward Prys i ofyn dwned]. **1574** *RhRC* (At.) 90b, *ysgwrio* vn dyn kyn laned o ddiwrth pob pechod. **1588** 2 *Br* xxi. 13, *scwriaf* hefyd Ierusalem. **16–17g.** *CRC* 434, Gida hynny mi a glown daran / yn *ysgwrio* yr wybren allan. **16–17g.** *GST* i. 563, Ysgwir yw i *sgwrio* iaith, / *Ysgwriodd* ddilesg araith. **1603 (1748–9)** *B* xxv. 39, tithau a'th wnai yn sianel gyffredin i bob bydredd i bob diheirwr i bob drewiant crachlyd i *skwrio* i holl fudreddi. *id.* 40, Pan ddoethym i Rufain *skwriais* o frynti gimint ag a fwriodd Hercwlff o ddail allan o ystabyl Awgias y mynwes fy nghonffessor. **18g.** *LlGC* 19, 219, Taw sôn a'th Gyngor towyll, / Mae Bessi 'n fenyw drythyll / 'Dwyf fi'n cael dim ond 'r Scwd, / A *Scwrio* rhwd rhai erill. **1754** *ML* i. 296, Ni fu'r fath lachio erioed yn Llanerchymedd ag a fu yma yn ffair Ystrad Meurig yr wythnos ddiwaethaf: fe ddarfu ein pobl ni drwy nerth cocâdes ar cwrw ei *sgwrrio* nhwy . . . drwy'r ffair yn ôl ac ymlaen, dros bedair battel a wnaethont. **1759** *Cylchg CHMC* lvi. 58, Y mae Anghrediniaeth yn *sgwrio* fy Enaid lawer gwaith. *c.* **1762–79** W. WILLIAMS: *P* 402, a bod tân y purdan yn tarfu, ac yn *scwrio* yr holl bechodau a wnaed o'r blaen yn y corph. Ar lafar, '*sgwrio*' 'to beat, thrash', *WVBD* 487.

Amr.: **esgwrio.** **16g.** (*LlEG*) *Mos* 158, 482b, 590a. **sgyro.** **20g.** Ar lafar yn sir Gaerf. yn yr ystyr 'dioddef o'r dolur rhydd, pibo'. **ysgowrio, sgowro.** **1580** *GGN* 56, Ag amhosibyl y ddyn ally *ysgowrio* y Enaid mewn vn awr wedy vod mywn brynti. *c.* **1762–79** W. WILLIAMS: *P* 402, nes bo'r tân wedi cyflawn darfu, ac wedi *scowro* pob pechod ymaith.

sgwriaf[2]: sgwrio [bnth. S. (*to*) *scour* 'to move rapidly'] *bg.* Rhuthro: *to rush.*

Ar lafar, '*sgwrio* mynd' 'to go like the wind', *WVBD* 487.

sgwriedig, ysgwriedig [bôn y f. *sgwriaf*[1], *sgwraf, ysgwriaf*: *sgwr*(*i*)*o, ysgwrio,* &c. + -(*i*)*edig*] *a.bfl.* Wedi ei sgwrio ('n lân); carthedigol: *scoured* (*clean*); *purgative.*

16g. *LlS* 20, Llysiæ yr hitl sych ac *yscwriedic.* *Diw.* **16g.** *WLB* 27, dod mewn kawg glan *ysgwriedic.* *id.* 79, dropia ef mewn kawg glan *scwriedic.*

sgwrin [bnth. S. *scouring* 'diarrhoea'] *eg.* Dolur rhydd: *diarrhoea.*

Ar lafar, *GDD* 261.

sgwrion [bôn y f. *sgwriaf*[1], *sgwraf*: *sgwr*(*i*)*o,* &c. + -*ion*[2]] *e.ll.* Crafion neu ruglion a adewir ar ôl sgwrio: *scourings.*

Ar lafar, 'I gæl y llawr cerrig i ddisgwl yn wyn, 's lawar dydd, 'ôn' nw'n brŵa'r garrag feddal drosto bob tamid ac yn rwto'r llawr o'r garrag galad nis bod y garrag feddal fel mŵd. 'Ôn' nw'n 'i atal a i sychu ac yn brwsio'r *sgwrion* ac yn golchi'r llawr yn læn', *GTN* 735.

sgwrj, sgwrjaf: sgwrjo, sgwrlwgaf: sgwrlwgach, gw. **sgwrs**[2], **sgwrsiaf**[2]: **sgwrsio, ysgwrlwgaf: ysgwrlwgach.**

sgwrlwm, *eg.* a hefyd fel *a.* (Enw difr. ar ddyn) di-raen neu dlodaidd ei olwg: (*derog. term for a man*) *of shabby or poor appearance.*

1873. Ar lafar, '*sgwrlwm*, an ill-fed, ill-clad man', *Cymru* xxxi. 258 (Cered.).

sgwrnach [?cf. *sgwrnyn*[1]] *ba.* Cam-drin (dillad): *to ill-treat* (*clothes*).

Ar lafar, 'Ma fa wedi *sgwrnach* y got bothdu odd ar ma 'i ginto', *GTN* 735.

sgwrnen, sgwrnllyd, gw. **sgwrnyn**[1], **sgornllyd.**

sgwrnyn[1] [bnth. S. *scorn* + -*yn*[1]] *eg.* (b. -*en*). Un sy'n amharchus neu'n ddirmygus o bobl eraill: *one who is disrespectful or scornful of others.*

Ar lafar, 'O wel! Beth wyt ti'n ddishgwl gin yr 'en *sgwrnyn* ond bychandar'; 'Yr 'en *sgwrnan* ishtag yw 'i, yn bychanu pawb', *GTN* 735.

sgwrnyn[2], gw. **asgwrn** (hefyd At.).

sgwrs[1], **ysgwrs**[1] [ff. affetig ar *disgŵrs*] *eb.* ll. *sgyrsiau, sgyrsys, sgwrsys.* Ymgom, ymddiddan; anerchiad neu araith anffurfiol; hefyd yn *ffig.*: *conversation, chat; informal talk or address; also fig.*

1853 W. REES: *AFR* 183, mi fydd y'ch hollt '*sgwrsys* chi ar goedd yr hollt wlad yn fuan. Ar lafar, '*sgwrs*' 'a chat', *WVBD* 487; 'Ni fuon yn ishta ar y wal yn cæl *sgwrs* fach gida'n gilydd', "I ddæth i gwrdd y mynwod i roi *sgwrs* inni am 'i gwaith fel doctor yn India', *GTN* 736.

sgwrs[2], **ysgwrs**[2], **sgwrj** [bnth. S. C. *scourge*, neu'n uniongyrchol o Ffr. Lloegr *escourge, scorge*] *eg.* ll. (*y*)*sgyrs*(*i*)*au, sgwrsiau,* ?*sgwrtsiau.* Ffrewyll, fflangell, chwip, hefyd yn *ffig.*: *scourge, whip, also fig.*

1346 *LlA* 54, Ac am na mynnyssant kymryt cosp. na phoen gyt a dynyon yma. vrth hynny yffustir 6yntev. Ac *ysgyrssev* yno [uffern] hep orff6ys. *id.* 136, ef a vaedd6yt ac *ysgyrsseu.* *c.* **1400** *R* 1296. 24–5, oes darmerth iessu dirmic *ysg6rs* nyt edewis gic. *c.* **1400** (*SG*) *HMSS* i. 191, ac yn y llaw ydoed *ysgwrs.* ac a hwnnw y gyrrei hi y dwy varchoges ereill. **15g.** TUDUR PENLLYN, &c.: *Gw* 121, goddefaist gur / . . . / drwy *scyrsiau* ac arfau gwyr (Ieuan Brydydd Hir). **16g.** *GlLlV* 24, Ac yn draeth gwelw i gnawd wrth galonn / *Ysgyrsiau* issod ai sgyrsiasson. **1547** *WS, Yscwrs* A scourge. **1567** *TN* [133]b, ef a wnaeth ffrewyll o reffynnae [:– *yscwrs* o dennynod, o chwipcord]. **1583** *LlGC* 716, 56b, myfi ach . . . chwippia chwi ac [*sic*] *scwrtsie.* *c.* **1585** G. ROBERT: *DC* 27a, Nyd oes dim ameu na phetrusder nad ydoedh eu phrowylheu, eu chwippieu ae *scyrsieu* hwy wedy gwneuthur o r fath waethaf ag y medrei r cythreul a r dynion drwg eu dechymyg. **16–17g.** *HG* 13, y modd i maeddwyd, o *sgwrsiau* ysgwrswyd / drwy benn i gyrrwyd, drain boen goron. **1604–7** *TW* (*Pen* 228), *scwrs* d.g. *Lorum.* **1621** E. PRYS: *Ps* 38b, Yna ymwelaf a'i [*sic*] cam gwrs, / â gwiail *scwrs*, neu goedffon. **1703** E. WYNNE: *BC* 92, gwelwn Garchar ofnadwy, a Dynion lawer iawn tan *scwrs* y Diawliaid yn griddfan yn felltigedig.

Amr.: **esgyrsiau** (*e.ll.*). **16g.** *THSC* (1923–4) (At.) 20, [y] goron ddrain . . . ar *esgyrssie.* **ysgors** [bnth. S. C. neu Ffr. Lloegr *scorge*]. *c.* **1400** (*SG*) *HMSS* i. 416.

Gw. hefyd **sgyrj.**

sgwrsiaf[1], **ysgwrsiaf**[1], **sgwrsaf:** (**y**)**sgwrsio, sgwrso** [bf. o'r e. *sgwrs*[1], *ysgwrs*[1]] *bg.* Cynnal sgwrs, ymgomio, ymddiddan: *to chat, converse, talk.*

1855 TALHAIARN: *Gw* i. 230, Ni oddefir i mi sôn fel y byddai Doctor Johnson a Goldsmith yn *scwrsio* am y monumentau. Ar lafar, '*sgwrsio*' 'to chat', *WVBD* 487; 'Un difyr iawn i *sgwrso* yw a am 'i waith ar y môr a beth ma fa wedi'i weld', *GTN* 736. Fe'i clywir weithiau am anifeiliaid, e.e. am gath, "Ti'n *sgwrsio*'n arw bore 'ma'.

sgwrsiaf[2], **ysgwrsiaf**[2], **ysgwrsaf,** (**y**)**sgyrsiaf,** (**y**)**sgwrjaf:** (**y**)**sgwrs**(**i**)**o,** (**y**)**sgyrsio,** (**y**)**sgwrjo** [bf. o'r e. *sgwrs*[2], *ysgwrs*[2], *sgwrj*] *bg.a.* Ffrewyllu, fflangellu, chwipio, hefyd yn *ffig.*: *to scourge, whip, also fig.*

15g. HUW CAE LLWYD, &c.: *Gw* 135, A dir fu cyn daear fedd, / A'i *ysgyrsio* ymysg gorsedd. **16g.** *GlLlV* 24, Ac yn draeth gwelw i gnawd wrth galonn / Ysgyrsiau issod ai *sgyrsiasson.* **16g.** *TRP* 168, Chwchi varchogion krevlonder / kymerwch iessu ych prydder / ac yn ffest wrth y post rwymwch / ac yssgyrssiav *ysgyrssiwch.* **16g.** *IICRC* iii. 291, Gyda hoelio dy draed ath ddwylo / dy brik breny ath *skyrsio.* **1567** *TN* 46b, ef a *yscyrsiodd* [:– ffrewilliawdd] yr Iesu. *id.* 341b, y neb a garo yr arglwydd, ef ay cospa: ac a *skwrsio* [*sic*] a wna ef pop map a dderbynio. **1580** *GGN* 19, Yfo oddefoedd *ysgwrsio* y gorff drossod ti. **1585–90** *B* xix. 266, ef a *ysgwrsiwyd* gan yr jddewon . . . hyd pan oedd i waed ef yn ffrydio ir ddaear. **16–17g.** *HG* 13, y modd i maeddwyd, o sgwrsiau *ysgwrswyd* / drwy benn i gyrrwyd, drain boen goron. *id.* 57, hwy *sgwrsioson* [*sic*] en ddi ffawr, or korde mawr klymedig. **1672** R. PRICHARD: *Gw* 30, Ac ni adewid modfedd arno, / Oi ben i draed heb ei *scwrgio* [:– Fflangellu]. **1703** E. WYNNE: *BC* 111, wele'r Nefol Gyfiawnder . . . yn dyfod tan *scwrsio* tri o ddynion â gwiail o scorpionau tanllyd. *id.* 129, Ond 'r oedd rhai o'r Damniaid yn glôff yn eu cyfri, ac a yrrwyd i'r Yscol boeth, ac a *scwrsiwyd* â Seirph clymog tanllyd eisieu dyscu' n well. **1764** G. HOWEL: *DB* 43, Cymmer whip o fan reffynnon, / Dy holl elynion *scwrgia* ma's. Ar lafar, 'Ma isha *scwrjo*'r plant yn dda', *LlGC* 1173, 27 (Morg.); hefyd yn yr ystyr 'codi (dillad) i fyny ac i lawr (wrth eu golchi)', 'Paid o rwto fawr o beth ar ddillad gwlenyn. Ma'n well iti 'u *sgwrjo* nw', *GTN* 735.

Amr.: **esgwrjo, esgyrsio.** **1545** *CI* 151, i rwymo Ef a chebystre, drwy j *esgwrdgio* a ffoeri ar i wyneb Ef. **1551** W. SALESBURY: *KLl* vb, prophwyti . . . rhei o naddunt a *escyr siwch* [*sic*] yn ych eglwysi.

Gw. hefyd **sgyrjaf: sgyrjo.**

sgwrsiol, gw. **sgyrsiol.**

sgwrsiwr, sgwrswr, sgyrsiwr [bôn y f. *sgwrsiaf*[1], *sgwrsaf*: *sgwrs*(*i*)*o* + -(*i*)*wr*] *eg.* (b. *sgwrswraig, sgwrsreg*). Un sy'n sgwrsio, ymddiddanwr, siaradwr: *talker, conversationalist, speaker.*

1904. Ar lafar, '*sgwrsiwr* diddan', *WVBD* 487. Clywir *sgwrsrag* yn Arfon yn yr ystyr 'clebren'.

sgwrslyd, sgyrslyd [*sgwrs*[1] + -*lyd*] *a.* Sgyrsiol; siaradus, tafotrydd: *conversational; talkative, loquacious.*

20g.

sgwrsreg, sgwrswr, sgwrswraig, gw. **sgwrsiwr.**

sgwrwgl, sgwt[1], gw. **sgorwg, sgwd**[2].

sgwt[2], *eb.* Math o wadn brêc ar gert: *type of brake shoe on a cart.*

Ar lafar, '*Scwt*' 'a shoe. Defnyddir hi i "gloi'r whil" wrth fynd lawr i'r rhiw', *Cymru* xxxv. [233] (godre Cered.).

sgwtaf[1], **ysgwtaf: sgwto, ysgwtan** [bf. o'r e. *sgwt*[1]] *bg.a.* Gwthio, hwpio, hefyd yn *ffig.*: *to push, shove, also fig.*

1920. Ar lafar, 'Gæd inni *sgwto* trw'r dorf 'yn', 'Ma 'i gar a wedi torri lawr; 'odd rai o ni'n 'i 'elpu fa idd' 'i *sgwto* fa cy' byllad â'r garij', '*Sgwt* di a fi dycha' i', *GTN* 736; '*Scwto*' 'to push', *Cymru* xxxv. [233] (godre Cered.).

sgwtaf[2], **sgwtiaf: sgwt**(**i**)**o, sgwtan** [bnth. S. (*to*) *scoot*] *bg.* a hefyd fel *ba.* yn yr ymad. *ei sgwtan hi.* Gwibio, rhuthro (ymaith), ei heglu hi: *to scoot* (*off*).

1852.

sgwter [bnth. S. *scooter*] *eg.* ll. -*i.* Beic modur bychan ac iddo olwynion bychain a pheiriant caeedig; tegan wedi ei wneud o droedlath ag olwyn ar bob pen a handlen hir yn y blaen i lywio, ac a symudir drwy roddi un troed ar y droedlath a gwthio yn erbyn y llawr â'r troed arall: (*motor*) *scooter; scooter* (*toy*).

20g.

sgwtiaf: sgwtio, gw. **sgwtaf**[2]: **sgwto.**

sgwtrych, sgwthrych [?cf. *sgwthwr*] *eg.b.* Person neu greadur di-siâp neu ddi-raen: *ill-shaped or unkempt person or animal.*

18g. *Traeth* (1849) 378, 'R hen *scwthrych*, fe aeth adre (Dafydd Jones o Gaeo). Ar lafar, 'Na rwbeth i d'unan, 'ti'n dishgwl fel *sgwtrych*', "Odd hi fel *sgwtrych* fach' (gorllewin Morg.).

sgwtsh[1] [bnth. S. *scutch*; cf. hefyd *sgrwtsh*] *e.ll.* Chwyn sy'n tyfu mewn ŷd, &c., marchwellt; ysbwrial: *weeds growing in corn, &c., couch grass; rubbish.*

20g. Ar lafar, 'baw yn yr yd (chwyn)', *B* iii. 207

(Meir.); 'scwtsh, gwreiddiau . . . reed-grass', id. xiii. 141 (Meir.). Fe'i clywir yn sir Drefn. yn yr ystyr 'ysbwrial', ac yng ngorllewin Morg. yn yr ystyr 'chwyn marw sych wedi eu casglu o dir âr'.

sgwtsh² [bôn y f. *sgwtsiaf*: *sgwtsio*] e?g. Tociad (perth): *a trimming (of a hedge)*.
Ar lafar, 'rhoi *sgwtsh* ar y top', *WVBD* 487.

sgwtsiaf: sgwtsio [bnth. S. taf. (*to*) *scutch*] ba. Tocio (perth): *to trim (a hedge)*.
Ar lafar, *WVBD* 487.

sgwtsiwn, gw. ysgwytsion.

sgwthiach [?cf. *sgwtaf*: *sgwto*] ba. Gwthio: *to push*.
Ar lafar, 'Mawr ma 'i wedi *sgwthiach* y plentyn 'na bothdu'r 'ewl yn y cerbyd 'na ac erlid clecs wth fynd', *GTN* 736.

sgwthr, sgwthrych, gw. ysgwthr, sgwtrych.

sgwthwr [?cf. *sgwthrych*, *sgythwr*] e?g. Person neu beth garw: *rough person or thing*.
Ar lafar, D. J. EVANS: *HCS* 128.

sgwyd, sgwydog, sgwyddog, gw. ysgwyd², ysgwydog, ysgwyddog.

sgwyf, ysgwyf [gair geir. yn wr.; ?cfdds. o'r S. *scum*, dan ddyl. *swyf*] eg. (bach. b. -*en*). Sgum, ewyn, trochion: *scum*.
Dchr. 17g. *J* 10, 43b, Scwyv. ib. Scwyven. scumme. 17g. *LlGC* 13215, 353, Swyven × Scwyven. 1803 P d.g. Ysgwyv, Ysgwyven.

sgwyrtiaf, sgwirtiaf: sgwyrtio, sgwirtio [bnth. S. (*to*) *squirt*] bg.a. Chwistrellu, pistyllio: *to squirt*.
20g. Ar lafar.

sgybarnyddiaf: sgybarnyddio, ba. Malurio, llibindio; curo, maeddu: *to mangle, maul; beat, thrash*.
Ar lafar gynt yn Llŷn, 'y gwynt wedi 'u *sgybarnyddio* nhw' (am wlydd tatws), 'Paid â'n *sgybarnyddio* i'.

sgybyrlachaf: sgybyrlachu [cf. *siwblachaf*: *siwblachu*] ba. Taflu blith draphlith: *to throw into confusion*.
Ar lafar, 'Mae'r gwynt 'ma'n *sgybyrlachu* pob dim', *ISF* 68.

sgybyrlyddiaf: sgybyrlyddio, ba. Ysgubo ymaith, gwaredu'n llwyr: *to make a clean sweep of*.
Ar lafar, 'Mae o wedi'u *sgybyrlyddio* nw i gyd', *WVBD* 488.

sgyfarn, sgyfinaf: sgyfino, gw. ysgyfarn, ysgyfeiniaf: ysgyfeinio.

sgyffl, ysgyffl, (y)sgwffl [bnth. S. *scuffle*] eb. Ysgarmes; trafferth, anhawster: *scuffle; trouble, difficulty*.
1878 W. REES: *CA* 53, Mi fu *sgwffwl* dost rhyngtha i â fo un diwrnod ar y cae wrth y tŷ yma. Ar lafar, 'Sgyffl' 'a *scuffle*', *Cymru* liii. [151] (dwyrain sir Drefn.). Cf. D. OWEN: *RL* 369, mi gês *sgyffyl* ryfeddol i gael dwad yma heddyw.

sgyfflaf, (y)sgyffliaf, sgwfflaf: sgyfflo, (y)sgyfflio, sgwfflo [bnth. S. (*to*) *scuffle* 'to use a scuffler'] bg.a. Chwynnu neu hofio â sgyffler: *to weed or hoe with a scuffler or Dutch hoe, scuffle*.
1884. Ar lafar, 'Ysgyfflio'r tatws', J. JONES: *Gwerineiriau* 61; 'Sgyfflo tatws, sgyfflo rwdins', *Môn* (Gwanwyn 1954) 11; 'sgyfflo' 'mynd a'r sgyfflar drwy'r tir i'w rwygo a'i glirio ar ôl ei aredig', *Cymru* liii. [151] (dwyrain sir Drefn.); 'sgwfflo tato' (canolbarth Cered.). Clywir *sgyfflo* hefyd yn yr ystyr 'torri'n ddarnau bach', ''Odd 'i wedi *sgyfflo*'r bara' (deddwyrain Morg.).

sgyffler [bnth. S. *scuffler*] eg. ll. -s. Math o hof a wthir drwy'r tir: *scuffler, Dutch hoe*.
1845. Ar lafar, *WVBD* 488, *LlLIM* 102, B iii. 207 (Meir.).

sgyffliaf: sgyfflio, gw. sgyfflaf: sgyfflo.

sgyleri [bnth. S. *scullery*] eg. Ystafell fechan neu ran o gegin ar gyfer golchi llestri, paratoi llysiau, &c., cegin gefn, cegin fach: *scullery*.
20g.

sgyliaf: sgylio, sgym, sgymaf: sgymo,

sgymydd, gw. sgwliaf: sgwlio, sgim, sgimiaf: sgimio, ysgymydd.

sgync, sgwnc [bnth. S. *skunk*] eg. ll. sgyncod. Unrhyw un o amryw fathau o famaliaid Americanaidd o deulu'r *Mustelidæ*, yn enw. *Mephitis mephitis*, sydd â ffwr du a gwyn streipiedig a chynffon flewog, ac sy'n gallu saethu hylif drewllyd o chwarren refrol, ffwr yr anifail hwn: *skunk*.
1901.

sgynnas, sgyrad, sgyraf: sgyro, gw. bachgennes (hefyd At.), sgwriad, sgwriaf[1]: sgwrio.

sgyrfi, sgwrfi, ysgyrfi [bnth. S. *scurvy*] eg. Meddyg. Y llwg, y clefri poeth; Bot. môrlwyau, llysiau'r llwy, llysiau'r llwg, *Cochlearia officinalis*: *scurvy; scurvy grass*.
1688 T. JONES: *Alm* [27], Cwrw *ysgyrfi*, A Bir wermod sŷ ddiod iachus. 1699 *id*. [8], Y Llwŷg: Pedfaseu hôff ganif [*sic*] Saesnaeg Candrýll buaswn yn galw'r Dolur ymma *Ysgyrfi*. 1722 *Llst* 189, Scwrfi. m. The scurvy. 18g. *CM* 110, 45, A chaingc or *Scyrfi* iw growni bod a gronyn [i ddymuno drwg i leidr gwyddau]. 1757 *ML* (Add) ii. 912, yr wyf wedi dyfod i'r fan yma [Aberystwyth] yn awr ers wythnos i yfed Heli'r Mor . . . yr wyf yn meddwl mai yr *Ysgyrfi* sydd arnaf ac yn gobeitho y dôf trwy'r afael gida Duw y tro yma ettwa. 1759 J. EVANS: *PF* 79, Y fath radd o *scurfi* ac a fo 'n peri Cnawd ddarfod, fel y Cymysmiwn. 1765 JM: *DDdC* [8], Os bydd y dwfr yn Rhudd-goch heb dwymyn, y mae yn arwyddo'r *Scurfi*. *id*. 48, Rhag y *Scurfi*. 1793 N. WILLIAMS: *HM* i. 41, [p]ob math o *Ysgyrfi*.
Cfn.: Bot. **ysgyrfi gwryw**: sea purslane, *Atriplex portulacoides*. 1813 *WB* 246.

sgyrffion [bnth. S. *scurf*+-*ion²*] e.ll. Cen, marwdon: *scurf, dandruff*.
Ar lafar yn Arfon.
Gw. hefyd sgrwff[1].

sgyriaf: sgyrio, gw. ysgyriaf: ysgyrio.

sgyrion, sgyrions, sgyriwns, gw. ysgyrion.

sgyrj [bôn y f. *sgyrjaf*: *sgyrjo*] eg. Croen coch garw: *chapped skin*.
Ar lafar, ''Odd 'i gwynab 'i'n *sgyrj* i gyd' (dwyrain Morg.).
Gw. hefyd sgwrs².

sgyrjaf: sgyrjo [bnth. S. taf. (*to*) *scourge* 'to chap'] bg. Garwhau a chochi (am groen): *to chap (of skin)*.
Ar lafar, 'Catw at yr un sepon yn lle bod dy wynab di'n *sgyrjo*' (dwyrain Morg.).
Gw. hefyd sgwrsiaf²: sgwrsio.

sgyrliaf: sgyrlio [bnth. S. (*to*) *skirl*] b?g.a. Tafodi; *to scold*.
Ar lafar, *WVBD* 488.

sgyrlwgaf: sgyrlwgach, gw. ysgyrlwgaf: ysgyrlwgach.

sgyrmaits, sgyrmij, gw. ysgarmes.

sgyrnaf: sgyrnu, sgyrnygaf: sgyrnygu, sgyrnygol, sgyrnygus, gw. ysgyrnaf: ysgyrnu, ysgyrnygaf: ysgyrnygu, ysgyrnygol, ysgyrnygus.

sgyrnythaf: sgyrnythu, bg. Crynu gan oerfel, rhynnu: *to shiver with cold*.
1912. Ar lafar ym Môn.

sgyrsiaf: sgyrsio, gw. sgwrsiaf²: sgwrsio.

sgyrsiol, sgwrsiol [*sgwrs¹*+-*iol*] a. Ymddiddanol, llafar (am arddull, &c.): *conversational, colloquial, chatty (of style, &c.)*.
20g.

sgyrsion¹, sgyrsiyn, &c. [ff. affeitig ar S. *excursion*] eb.g. ll. -s. Gwibdaith, pleserdaith, trip; trên gwibdaith: *excursion, trip; excursion train*.
1934.: Ar lafar, 'Man' nw wedi mynd ar *sgersiwn* i Abertawe' (Morg.); ''Ôn ni yn y Barri gida *sgyrsiyn* yr ysgol Sul', *GTN* 738; 'Fe ath *sgyrsion* â ni o'r 'olt man 'yn bob cam i Landudno' (dwyrain Morg.). Digwydd yn yr ymad. 'mynd fel *sgyrsion*', *ISF* 68, a chlywir hefyd y ff. *sgyrshn*, *WVBD* 488.
Cfn.: **sgyrsiyn Mari Huw**: excursion on a canal boat, also fig. Ar lafar, 'Wi'n cofio taith yn cæl 'i threfnu

ar y cnel i wŷr y pentra, a'r enw ar daith siwd 'ny yn y pentra 'yn odd *sgyrsiyn Mari 'Uw*'; hefyd yn yr ystyr 'cyffro a mwstwr', ''Odd 'i'n *sgyrsiyn Mari 'Uw*' no—pawb yn gwiddi ac yn ffwdanu', *GTN* 738.

sgyrsion², sgyrsiwr, sgyrsiyn, sgyrslyd, sgyrt, sgyrtiaf: sgyrtian, gw. storsion, sgwrsiwr, sgyrsion¹, sgwrslyd, sgert, ysgrytiaf: ysgrytian.

sgyrting, sgyrtin, gw. sgertin.

sgytiad, gw. ysgytiad.

sgytiaf: sgytio, sgytian, gw. ysgytiaf: ysgytio.

sgyth, gw. sgut.

Sgythiad, Ysgythiad [yr e.lle *Sgyth(ia)*+-*iad³*] eg. ll. -iaid. Brodor o Sgythia, sef rhanbarth o dde-ddwyrain Ewrop ac Asia gynt i'r gogledd o'r Môr Du: *a Scythian*.
1567 *TN* 300b-301a, nyd oes na Groecwr nac Iuddew, enwaediat, Barbariat, *Scythiat*, caeth, rhydd. 1588 *Jud* iii. 10, Ac efe a wersyllodd rhwng Geba, a dinas y *Scythiaid*. 1588 2 *Mac* iv. 47, pe dadleuasent eu matter, sef ger bron y *Scythiaid*. 1595 *Egl Ph* 44, buanach no'r wennol; crybbach no Mil; creulonach no'r *Scythiad*. 1724 T. WILLIAM: *OL* 4, Magog, oddiwrth ba un y daeth y *Scythiaid* ar [*sic*] Twrciaid.

sgythion, ysgythion, ysgyrthion [?cf. *ysgyrion*] e.ll. (un. g. *sgythyn*) Yfflon, teilchion, darnau (mân): *smithereens, (small) pieces*.
1867. Ar lafar, 'Fe dorws y batall yn *scythion* yn ym llaw i!', 'Do's dim *scythyn* o bren yn y tŷ ar gyfar cynu tân y bora', *LlGC* 1173, 31 (Morg.).

sgythraf: sgythru, sgythrnod, sgythrog, sgythrwr, gw. ysgythraf: ysgythru, ysgythrnod, ysgythrog, ysgythrwr.

sgythwr [?cf. *sgwthwr*] eg. Dyn main: *thin man*.
Ar lafar yng ngogledd Cered.

sgythyn, gw. sgythion.

Shakespearaidd [yr e. prs. *Shakespeare*+-*aidd*] a. Yn perthyn i'r dramodydd a'r bardd William Shakespeare (1564-1616) neu i'w weithiau, nodweddiadol ohono ef neu o'i weithiau: *Shakespearian*.
1928.

Sheol [bnth. Heb. *sheʾōl*] eg. *Beibl.* Trigfan y meirw: *Sheol*.
20g.

shi-, gw. si-.

Shiad [cfdds. o'r S. *Shi'*(*ite*)+-*ad²*, trf. prs.] eg. ll. *Shiaid*. Ymlynwr wrth y gangen Shia o Islâm sy'n derbyn Ali, mab yng nghyfraith Mwhamad, fel gwir olynydd cyntaf y Proffwyd: *a Shi'ite*.
20g.

Shinto [bnth. S. *Shinto*] eg. Crefydd amldduwiol frodorol Japan: *Shinto*.
1926.

Shintoaidd [*Shinto*+-*aidd*] a. Yn perthyn i Shinto: *Shintoist (adj.)*.
20g.

shrapnel [bnth. S. *shrapnel*] eg. ll. -i. Mân ddarnau bom, &c., a wasgerir wrth iddi ffrwydro, siel sy'n cynnwys bwledi, darnau o fetel, &c., ac sy'n ffrwydro cyn taro: *shrapnel*.
1928.

shrediaf, shredaf: shred(i)o [bnth. S. (*to*) *shred*] ba. Torri'n ddarnau neu'n llinynnau, darnio: *to shred*.
Ar lafar, 'Man nw 'di câl peiriant *shredio* papur yn y swyddfa'; 'Ma isie *shredo*'r llysie cyn 'u cwca nw' (sir Gaerf.).

shrinciaf, shrincaf, &c.: shrinc(i)o, &c. [bnth. S. (*to*) *shrink*] bg.a. (Peri) mynd i'w gilydd, crebachu, lleihau: *to shrink*.
1574 *RhRC* 4(?): 250a, y gwibidi oy choes dde hi wedy srinkio. c. 1730 Thos. Lloyd D (LlGC) 209b, *Syrincio*. To shrink. BP. 36. Ar lafar, 'Ma'r jins 'ma 'di *shrincio*'; 'Nath mang-gu *shrinco* sawl un o'n jympyrs wrth 'u golchi' (sir Gaerf.).

shrwmps [ff. affetig ar S. *mushrumps*, ff. ar *mushrooms*] *e.ll.* (un. g. *shrwm(p)syn*, b. *-en*). Madarch, grawn unnos: *mushrooms*.
20g. Ar lafar mewn rhai mannau yn y De, gw. *LGW* [26], 139.
Gw. hefyd **sirwms.**

shrwmsa [bf. o'r e. *shrwmps*] *bg.* Hel madarch: *to gather mushrooms*.
Ar lafar ym Mrych.

shrwmsen, shrwmsyn, gw. **shrwmps.**

shucan, gw. **sucan.**

si[1] [?gair yn dynwared y sŵn] *eg.b.* ll. *sïon*. Gosodiad neu adroddiad ansicr sy'n cylchredeg, sôn, achlust, sibrwd; hisiad, suad, mwmian, murmur: *rumour, report, whisper; hiss, buzz, mumble, murmur.*
c. **1400** *R* 1054. 42, *si* ffradyr yny ffradri. *id.* 1279. 1–3, Ny cheissywyt ydraw na chysson ffeireu na pheri daly lladron. nathra annoc sbydogyon. na threfi na *si* na son. **1632** *D, Si,* Sonitus, murmur, strepitus, sibilus. Sonitus candentis ferri dum aquà extinguitur. **1688** *TJ, Si,* sŵn: a noise, a hissing. **1703** E. WYNNE: *BC* 47, mi glywn *si* oddi fynu ymysc y Pennaethiaid. *id.* 59, er maint oedd y distawrwydd o'r blaen, dyma *si* o'r naill i'r llall fod yno Ddyn bydol; Dyn bydol, ebr un, Dyn bydol, eb y llall! *id.* 126, Ond pan aeth y *si* at y Gwrthryfelwyr eraill, fod Lucifer yn dyfod â thair byddin gorniog i'w herbyn, ceisiodd pawb iw wâl. **1722** *Llst* 189, *Si.* f. An account, rumour, tidings: a bluster; hissing of hot iron in water, whizzing. **1728** T. BADDY: *DDG* 134, yr hwn a glywodd Sŵn a *si* mawr ynghylch y Dŷn hwnnw. **1793** DAFYDD IONAWR: *CD* 146, Yn Sarph echryslawn ei *si.* **1803** *P.* Ar lafar, 'Ma 'na ryw *si* (yn y gwynt) bod . . .', *WVBD* 489; 'Fe æth y *si* ar led trw'r pentra', *GTN* 741.
Gw. hefyd **su.**

si[2] [bnth. S. *gee (up)*] *ebd.* Gorchymyn a roddir i geffyl i symud yn ei flaen neu i fynd yn gyflymach, ji: *gee (up).*
Ar lafar; cf. *GTN* 742, 'Tasat ti'n cerad ar fanc y cnel, flynydda'n ôl, a bæd yn dod, fe wetsa'r batwr '*Si!*' wth y ceffyl, er mwyn i'r ceffyl simud nesag at y dŵr iti gæl paso; *ib.* '*Si!*' 'odd dy dæd yn wed pyn odd a'n mofyn i'r ceffyl fynd 'mlæn, ac 'I 'nôl!' pyn odd a'n mwyn iddo gamu'n ôl.

si[3] [bnth. S. *see*] *eb.* yn yr ymad. *y Si Gatholig.* Y Babaeth: *Holy See, Papacy.*
16g. (*LlEG*) *Mos* 158, 156b, trugarhaodd tadolaeth y paab yn gymaint ac Ir paab orchymyn Iddo Ef danlvon [*sic*] yr vuydddod Ir y dooedd Ef yn ddyl/edus yw ddwyn I Eglwys Ruuain Ac Er mwyn ynnill I vendith Ef ar *si gatholig* ar wneuthud yr hynn gore ac allai Ef I wneu/thud ar i dynnv ai Ryddhau Ef oi garchar.

sia, gw. **tua.**

siabach [?*siab(as)*+*-ach*[2]] *e.?ll.* Sothach, ysbwrial, hefyd yn ddifr. am bobl: *rubbish, trash, also derog. of persons.*
1887. Ar lafar, '*siabach*, pethau sâl', *B* v. 114 (sir Drefn.); '*shabach*, ffrwythau anaeddfed, neu unrhyw "rubbish" o'r fath. Paid a byta'r hen *shabach* na', *Cymru* liii. [151] (dwyrain sir Drefn.); hefyd yng Nghered., D. J. EVANS: *HCS* 128, a Morg.

siabas [?bnth. S. *shabs* 'scabs'] *e.?ll.* a hefyd gyda grym ansoddeiriol. Sothach, ysbwrial, hefyd yn ddifr. am bobl, ac yn *ffig.*; nwyddau: *rubbish, trash, also derog. of persons, and fig.; goods, wares.*
16g. *CLl* 185, Ni bydd had cariad cywiredd,— dawn hoen, / Mewn dyn hen di 'mgeledd; / Na dim *siabas* na maswedd, / Dwfn oer boen ond ofni'r bedd (Morus Dwyfech). **17g.** *CLlC* iv. 18, Pan dirriodd i'r deyrnas, lle'r ydoedd ei bwrpas / A phrynu pob *siabas*, oi gwmpas yn gâll. **17g.** HUW MORUS: *EC* i. 224, Ond cywilydd oedd gweled, boneddigion mor ddeilliaid, / Oedd gwedi cael llygaid i weled yn wych; / Ac etto'n cyd-dynu â'r *siabas* sy 'n tyfu, / Oedd reitiach eu chwynu na'u chwennych. *id.* 287, Fe gluda [caseg] fawn a glo am gyflog, / O bell i gynnull ambell geiniog; / Cnau, ac eirin, a phob *siabas*, / Afalau, rhwnyn, a rhai crabas. **1696** *CDD* 73, Ar cybŷdd ansyber, a'i *Siabas* mo'r [*sic*] wael. *c.* **1730** *Thos. Lloyd D* (LlGC) 210b, *Siabas.* Trash. **1744** *CM* 120, 33, Dyma *siabas* o wyr sibiol / Efo eu Brenin mawr yn farwol. **1768** TWM O'R NANT: *CTh* 14, Wel, os gostwng y Farchnad, hi eiff etto tan Sêr, / Yn Fŷd, [*sic*] syber, i bôb *Siabas.* *id.* 15, Ni chês i yn Nimbych am Frithyd odiaeth / Ond pedair-a-dimme gan ryw Gydymaeth; / A bôd gyda hynny ar fy ngoreu glâs, / Yn i stwffio fo i'r *Siabas* diffeth. *c.* **1770** *LlGC* 352, 13, Rwi'n dechre Edrych peth om cwmpas / Mi wela yma lawer o bob *siabas* / Yn hen ac yn Ifangc tan gadw Sŵn / Wedi ymdaflu at fwrdwn diflas. **1787** E. ROBERTS: *PCF* 51–2, Tylawd pan goeliwn o am becceidun; / O Flawd neu ŷd neu Enllyn, / mynwn i fy arian gan y *sia bas* [*sic*] grôg; / A dwbl llôg iw canlyn.
Amr.: **sgiabas** [?bnth. S. *scabs*]. **1703** E. WYNNE: *BC* 58, ysmottieu a lliwieu i harddu 'r wyneb, a mîl o ryw *sciabas* deganeu ir pwrpas hwnnw.
Cfn.: **yn siabas mân:** *in smithereens, shattered.* *c.* **1730** *Thos. Lloyd D* (LlGC) 211a, *Yn Siabas mân.* All to shatters.

siabi [bnth. S. *shabby*] *a.* Gwael (yr olwg), di-raen, treuliedig, llwm; gwael (o ran ymddygiad, &c.), sâl, mên, dan din: *shabby (of appearance); shabby (of behaviour, &c.).*
1789 TWM O'R NANT: *TChB* 24, Mi ga ngolchi drwy Sebon rhag edrych yn *Sh'abi* [*sic*]. Ar lafar, 'Mae'n siwr o fod yn llwm arnyn' nw . . . man' nw a'r plant wedi mynd i ddishgwl yn *siabi*', 'Fe næth 'en dric *siabi* o fi a 'dwi ddim wedi angofio', *GTN* 762; '*Shabi*: salw', *Cymru* xlvii. 196 (sir Ddinb.).

siabwchaf: siabwcho, siabwchen, gw. **siabwlsaf: siabwlso, sibwch.**

siabwlsaf, siwbwlsaf: siabwlso, siwbwlso, *ba.* Anffurfio, difetha, rhwygo, dryllio: *to deform, disfigure, spoil, rend, mangle.*
Ar lafar yn sir Benf. a'r cyffiniau, 'Fe *shabwlsodd* 'i fraich yn y mashin dwrnu', *GDD* 280; '*shwbwlso* . . . to mutilate', *TGG* (1907–8) 87 (de-orllewin sir Gaerf.). Clywir hefyd y ff. *siabwcho* (sir Benf.).

siac[1] [bnth. S. *shack*] *eg.* ll. *-iau, -s.* Caban (garw), cwt: *shack.*
20g.

siac[2], siac[3], gw. **siag[1], jac** (hefyd At.).

siac-ab, siac-âp [?ff. ar *jac, Jac*+*ab, âp*, cf. *siacanâb*; ?cf. hefyd S. *jack-ape* (19g.)] *e?g.* Epa (dof), hefyd yn ddifr. am berson, coegyn, dihiryn: *(tame) ape, also derog. of a person, jackanapes.*
1547 *WS,* Ab ne *siak ab* An ape. **16g.** (**16–17g.**) *LlGC* 5272, 177, *Siack âp* ry hygyrghgrap [*sic*] grwybr / klimach gwd rhefr hirgwd hagr. **16–17g.** *LlGC* 6434, 120b, nid kyfrwys onid *Siack ap.* **16–17g.** T. R. ROBERTS: *EP* 238, Nid rhaid fyth, onis troid fer, / I *Siac Ap,* eisieu Cipper [i watwar Siôn Phylip]! **1604** R. HOLLAND: *BD* 11a, canys naturiol i'r bobl (mal *Siac-ab*) ymroi i dhynwared a dilin cynnhedhfeu i tywysogion. **17g.** *LlGC* 253, 184, pan ddowad meistr y *Siacap*: wrth yr app am roi kusan ir ferch lana oedd yn y lle.
Gw. hefyd **siacanâp.**

siacaf: siaco [cf. S. taf. *(to) chack*, ff. ar *(to) check* '(to) rebuke'] *ba.* Ceryddu: *to rebuke.*
1672 R. PRICHARD: *Gw* 236, Derbyn ddysc pan fo'n dy *shiacco* [:– Ceryddu], / Derbyn bob athrawiaeth gantho. **1683** H. EVANS: *CTF* 32, Dewis di 'r fath rai a weithio, / D'waith yn garcys heb eu *siacco* [:– ceryddu]. *c.* **1730** *Thos. Lloyd D* (LlGC) 207b, *Siacco* . . . Ceryddu. **1791** SIÔN LLYWELYN: *DD* 43, Hi *siaccwyd* gan Ezeciel, / Mae geiriau'r gwr yn brynt. *id.* 60, Na *siaccwch* Adda yn eich byw, / Gadewch e'n llonydd yn ei le.

siacal, jacal, tsiacal [bnth. S. *jackal*] *eg.* ll. *-iaid, -od.* Unrhyw un o amryw fathau o gŵn gwyllt hirgoes, yn enw. *Canis aureus*, sy'n byw yn Affrica a de Asia, ac yn hela mewn heidiau gan ymborthi'n bennaf ar furgynnod, gwas y llew: *jackal.*
1805.
Amr.: **siagal. 1922.**

siacanâp, siacnâp, jac(a)nâp [bnth. S. *jackanape*] *eg.* Epa (dof), hefyd yn ddifr. am berson, coegyn, dihiryn: *(tame) ape, also derog. of a person, jackanapes.*
16–17g. *GHCEM* 127, Seliadbryd ynfyd, anfwyn, / *Siacnap* trianap i'r trwyn. **16–17g.** (**17g.**) *CC* 89, a mîn glân sy ddianap / yn ail i fîn *siacc a nap* / a ffawen fel cigwen côg / dra annardd a llais draenog [Thomas Prys i ddychanu Lwlen]. **1688** *TJ,* Ab, (*Siacanâp*) an Ape. **1725** *SR, Siaccanap* d.g. *A Baboon, or Monky.* **18g.** *LlGC* 833, 69, mae geni Awdurdod dan law'r Pap / gwnai 'r *Jaccanap* grŷn eppian. **18g.** *LlGC* 57, 14, Pwy yw 'r anghenfil accw / . . . / Ai *Jac-nap* or Ital / oedd yma yn Crych-neittio.
Gw. hefyd **siac-ab.**

siacar, secar, seger [?cf. S. *sea-gar*] *eb.g.* ll. *secars*, hefyd yn yr ymad. *siacar goch, secar goch.* Unrhyw un o amryw fathau o gramenogion o deulu'r *Palinuridæ*, yn enw. *Palinuris vulgaris*, cimwch coch, cimwch Mair; cramennog bychan dŵr croyw tebyg i'r cimwch, yn enw. o'r tylwyth *Astacus*, cimwch yr afon: *(marine) crayfish, spiny lobster; (freshwater) crayfish.*
20g. Ar lafar, '*siacar goch* (e.b.), cimwch coch, S. cray fish', *B* xxv. 56 (Llŷn); '*secar goch* . . . crayfish . . . *secars cochion*', *BILlE* 37; '*seger*, sb. m.' 'a marine cray-fish', *SC* vi. 127 (sir Benf.); 'Mor goch â *seger*', *ib.*

siaced, sieced, &c. [bnth. S. C. *jaket* 'jacket; body armour', neu'n uniongyrchol o'r H. Ffr.] *eb.* ll. *-i, -au.* Côt fer (ac iddi lewys fel arfer), yn enw. un sy'n estyn hyd y wasg neu'r glun ac yn agor yn y tu blaen, côt, tiwnig, gwasgod; ?cotarmur; hefyd yn *ffig.*: *jacket, coat, tunic, waistcoat; ?coat of mail; also fig.*
14g. *GIG* 37, Llew Prydain, llaw Peredur, / Llew *siaced* tew soced dur. *id.* 44, Dwyn paladr, gwaladr gwiwlew, / Soced dur a *siaced* tew. **15g.** *DGG*[2] 40, *Sieced* o ros gwyn it sydd, / A gown o flodau'r gwinwydd. **15g.** *GLGC* 65, Felfed yw'r *siaced* dan sŷr, / a'i llawr fal esgyll eryr [i ofyn curas]. **1547** *WS, Siacket* Jaket. **16g.** (*LlEG*) *Mos* 158, 349a, Ar *shiackedau* ar llewys ynn Eang. **1567** *TN* 85b, Hwn 'sy iddo ddwy bais [:– ddwy *siacet*]. **1672** R. PRICHARD: *Gw* 550, Pâr i'th glŷch sydd wrth dy *shiacced*, / Ganu 'r ffordd y bech yn cerdded. **17g.** HUW MORUS: *EC* i. 187, Gwna i'r Cablirs gwylltion, droi eu *siacedi* llymion. **1703** E. WYNNE: *BC* 24, yr Offeiriad . . . o barch iw *siacced*, a gawsei 'r gair trecha. **1718** (**1721**) S. THOMAS: *HB* 187, y cappau pedair-ongl y *Sheccedau* Ysgar[l]ad. *c.* **1730** *Thos. Lloyd D* (LlGC) 210b, *Siaccedi* Arfau. Z. 455. **1739** *Gwaseila* 958, Rwy'n gweled llid yn lledu / A llawer wedi ymrannu / A phart yn troi *seceti*, / Mae'r rheiny gen i yn gas. **1794** *W, siacced* d.g. *Waist-coat.* **1795** *R. Crusoe* 58, a *siacced* a'i godrau yn cyrhaedd canol fy morddwydydd. Ar lafar, '*siaced* eb. *siaceti*, a jacket', *GTN* 760; hefyd yn y ff. *sieced* yn sir Benf., weithiau yn yr ystyr 'curfa, cweir', 'Mi rows eitha *sheced* iddo', *GDD* 281. Clywir hefyd y ff. '*tsiacad, tsiecad*, s.f., pl. *tsiacedi, tsiecedi*', *WVBD* 554, a *saced, seced* (sir Ddinb.).
Amr.: **jeced. 1922.**
Cfn.: **siaced achub:** *life jacket.* **20g. siaced fach:** *waistcoat.* Ar lafar, "Dyw dinnon ddim yn gwishgo *siaceti* bæch 'nawr, næg ŷn' nw?', *GTN* 760. **siaced fraith:** (i) *coat of many colours, also fig.* **1588** *Gen* xxxvii. 3. (ii) *wallflowers, Erysimum cheiri.* Ar lafar, G. AWBERY: *BM* 25 (Cered.). *Bot.* **siaced (sieced) fraith Joseff:** (i) *wallflower, Erysimum cheiri.* Ar lafar, '*Sheced-fraith-Joseph* A kind of wall flower', *GDD* 281; '*siaced fraith Joseph*', G. AWBERY: *BM* 28 (sir Benf.). (ii) *lungwort, Pulmonaria officinalis.* Ar lafar, '*siaced fraith Joseph*', G. AWBERY: *BM* 21 (Cered.). **siaced lwch:** *dust jacket.* **20g.** *Bot.* **siaced (sieced) y melinydd:** *mullein.* **1633** J. GERARDE: *Herball, Siaccked y melnydd* [*sic*], v. Cynffon llwynoc. *c.* **1730** *Thos. Lloyd D* (LlGC) 207b, *Siecced y melinydd.* Verbascum. Mullein. Ar lafar, '*siaced y melinydd*', G. AWBERY: *BM* 46 (Meir. a sir Gaerf.); '*tsiecad y mlinydd*', *WVBD* 554.

siacen, jacen [cf. *jacmor*] *eb.* Masarnen, sycamorwydden: *sycamore.*
1892. Ar lafar yn y ff. *siacan, jacan*, *LGW* 143 (Llŷn ac Arfon).

siacl [bnth. S. *shackle*] *e?g.* ll. *-s.* Dolen neu gyplyn i gyplu dramiau mewn pwll glo: *a coupling (for trams in a colliery).*
1934. Ar lafar yn y diwydiant glo yn y De.

siaclaf: siaclo [bf. o'r e. *siacl*] *ba.* Cyplu (dramiau mewn pwll glo): *to couple (trams in a colliery).*
Ar lafar yn y diwydiant glo yn y De, *B* viii. 221. Cf. D. J. WILLIAMS: *ChHO* 151, rhes o ddramiau, rhyw saith neu wyth ohonynt wedi e[u] *siaclo* wrth ei gilydd.

siacnâp, Siacobead, Siacobeaidd, Siacobin, siacoesau, gw. **siacanâp, Jacobiad[1], Jacobaidd[1], Jacobin[2], jacoesau.**

siad[1] [?bnth. S. C. *shad*, ff. ar *shed* 'parting of the hair; ?crown of the head'] *eb.* ll. *-au.* Corun, copa (pen), penglog, creuan; top: *crown or top (of head), skull, cranium; top.*
14g. *GIG* 153, Uwch yw'r swydd, och ar ei *siad*, / Eiddo ond gwir a wyddiad [dychan i'r Brawd Llwyd o Gaer]. **15g.** *Glam Bards* 165, Klvstau oi *siadau* a sydd / tenauon vel lawnt newydd [Gwilym Tew i erchi bytheiaid]. **15g.** *HS* 26, a dur glew dewr a glywais / i dad a dorai *siad* Sais. **15g.** *GGl*[2] 78, Mae pen bras nen brys yn ôl, / Eisiau dur i'r *siad* wrol. **15g.** *GOLlM* 13, Uchel yw'r parc uwchlaw'r pen, / is yw

tŵr neu *siad* derwen. **16g.** WILIAM LLŶN: *Gw* (R. Stephens) 585, Pan fo bir neu win clir clau / Neu seidr yn troi'n eu *siadau*, / Gŵr dihael a gŵr dihoyw, / Crian' am yr enwyn croyw. **16g.** WILIAM CYNWAL: *Gw* (G. P. Jones) 94, Berwi o'r awen hen i'w hau, / Naws hyder, yn eu *siadau*. **16–17g.** *Cer RC* 140, Hwde ddyrnod at dy *siâd*. **1632** *D*, *Siâd*, Caput, vertex, cranium. **1722** *Llst* 189, *Siâd*. f. The crown of ye head, scalp. **18g.** *IICRC* iii. 272, Rhai'n mynd yn Bregethwyr heb synwyr iw *siâd*. **1803** *P*, *Siâd*, s. f.—pl. t. *au* . . . The top of the skull, the crown of the head; the cranium.

siad[2] [bnth. S. *jade*] *eb.g.* Jad(en); ceffyl gwael, hen geffyl: *jade* (*woman or horse*).

16–17g. *FfH* 41, Rhyw *siad* anynad, un ynni—â diawl / Yn dilyn camgyfri' [i dafarnwraig anonest]. **1707** S. WILLIAMS: *ADA* 11, Pe byddai gan Gludwr . . . un march truan, cloff afiachus, a gosod o honaw y baich mwyaf ei bŵys a'i werth ar y *siad* truan gwan hwnnw. **1759** *BC* 377, Mi helia hôll Blant Sïr Drefaldwyn, / Yn gabl gâd, iw gyrru o'r Wlâd, a ffei o'r *Siâd* anfwyn. **1777** E. ROBERTS: *DG* 44, heddyw y dois i drosodd beth ddarfu'r *siâd* om hynod wlâd fy hynan . . . beth a ddarfu *siâd* ddihira.

Amr.: **sied**[3] [nid oes sicrwydd mai yma y perthyn yr engh. isod]. **17g.** (**18g.**) *CLlC* ii. 23, Y mae'r Sadler eger iawn / A stwffia[i] gynt banele'n llawn / Ag a hoeliai grwper crin / I lawer hen *sied* (*TBM* 361, siadell) wrth i thin / 'Nawr mae'n Sgwîr 'n yfed bîr / Ag yn dwrdio hen a gwan.

Gw. hefyd **jad**[1].

siad[3,4], gw. **sied**[2,5].

sïad [bôn y f. *sïaf*[1]: *sïo*+-*ad*[2], trf. han.] *eg.* ll. *siädau*. Y weithred o sïo, si, hisiad, sisial, murmur; *Sein.* cytsain sisiol: *a buzz*(*ing*), *hissing*, *whizzing*, *murmur*; *a sibilant* (*in phonet.*).

1545 ELIS GRUFFYDD: *Ll* 309, Ac i ddeol swn a *siad* a gwichiad allan o'r klustie. **1604–7** *TW* (*Pen* 228) d.g. *Murmur*. **1605–10** *Haf* 24, 379, Kans mae gen y gwenyn i *siad*, gan adar i kaniad, gan vettel i swnniad. **1722** *Llst* 189 d.g. *A Buzzing*. **1803** *P*, *Sïad*, s. m. . . . A hissing, a whizzing; a buzzing.

Gw. hefyd **suad**.

si-adar [*si*[1]+*adar*] *e.ll.* (un. g. -*aderyn*). *Adar.* Unrhyw adar o deulu'r *Trochilidæ*, adar y si, si-ednod: *hummingbirds*.

1848.

Gw. hefyd **su-aderyn**.

siadell [?amr. ar *sadell*; ansicr yw'r engh. olaf isod] *eb.* ?Cyfrwy, hefyd yn *ffig.*: *saddle, also fig.*

17g. *TBM* 361, Mae y sadler egr iawn / A stwffiai gynt banelau'n llawn, / Ac a hoeliai grwper crin / I hen *siadell* (*CLlC* ii. 23, sied) wrth ei thin; / Yn awr mae'n sgwîr yn yfed bîr / Ac yn dwrdio hen a gwan. **[1775]** H. JONES: *HGS* 33, Ond oes ynddat i ddiawl o ddichell, / Lamu seidin pob hen *siadell*, / Cyn 'r awn i fyth at ferched y Dre, / Mi dorrwn y Ngheillie a nghyllell. **1788** E. ROBERTS: *CD* 32, Rwy 'n clywed gofid fy hên Gyfell, / Fel pedfae yn gollwn fy ngwaed ai gyllell, / Ag yn cnoi ynghalon ai ddannedd blaidd, / Yn arswydus dan wraidd fy *siadell*.

siadellwr, si-aderyn, gw. **sadellwr, si-adar.**

siadfoel, gw. **siad**[1]+**moel**[1].

siadŵff [bnth. S. *shadoof*] *eg.* ll. *siadwffau*. Dyfais codi dŵr ar ffurf polyn colfachog ac iddo fwced ar y naill ben a gwrthbwys ar y pen arall: *shadoof*.

19g.

siaeler, siaelwr, gw. **jeler** (hefyd At.).

siaen, gw. **tsiaen.**

siaf, siaff[2], **sief**[2] [gair geir. yn wr.] *eg.* ll. *siaffaid*. Mab arglwydd, uchelwr ieuanc: *lord's son, young nobleman*.

16g. WILIAM LLŶN: *Gw* (R. Stephens) (At.), *siaff*, mab arglwydd. *c.* **1588** *B* ii. 237, *siaf* .i. mab arglwydd. **16–17g.** *LlGC* 732, 86, *siaf sief* mab arglwydd. **1632** *D*, *Siaff*, [William] Ll[yn] yw mab arglwydd. Nusquam legi. **17g.** *RWM* i. 1106, *Siaf, sief* = Mab arglwydd. **1707** *AB* 220b, *Sîav*, A young nobleman. **1722** *Llst* 189, *Siaff.* m.p. *Siaffaid*. A Lord's son. **1778** *W*, *Siaf, siaff* d.g. *Nobleman* . . . *A young nobleman, or rather a nobleman's son.*

Gw. hefyd **sieff.**

sïaf[1]: **sïo, sïan** [bf. o'r e. *si*[1]] *bg.a.* Gwneud sŵn sisiol dirgrynol hir fel sŵn gwenyn, &c., sisial, hisio, gwichian, chwibanu, siffrwd, chwithrwd; crychleisio (am nant, &c.); trydar; sibrwd, murmur; suo (i gysgu), hefyd yn *ffig.*: *to buzz, fizz, sizzle, whizz, hiss, wheeze, whistle, swish, rustle*; *purl or babble* (*of stream, &c.*); *chatter* (*of birds*); *whisper, murmur*; *lull* (*to sleep*), *also fig.*

15g. *DN* 120, Llwyn dail twyllai wainiaid oedd, / Llaes drwy goed llai *ssiai* dair gŵydd. **1547** *WS* [xviii–xix], Sh . . . ym pa ryw van bynac ar air i del, *ssio* val neidyr gyffrous a wna. *id. Siaw* fel neidyr Hysse. *id. Siaw* val adar Chatter. *Diw.* **16g.** *WLB* 57, dod yr oyl ar y tân drachefn oni dawo ef ai *sio* ac ai grio. **1604–7** *TW* (*Pen* 228), dilhetyn tonnoc, yn *sio*, yn trystio wrth gynhyrfu'r corph d.g. *Vndans*. **1632** *D*, *Sio*, Sibilare, stridere . . . Stridere vt ferrum candens dum aquâ extinguitur. **1661** E. LEWIS: *Drex* 23, y Padriarch a *siodd* yn ei glust ef. **1699–1700** E. LHUYD: *SH* 70, yr arv ymma a *sîa* yn y dŵr megis ped vae yn boeth. **1722** *Llst* 189, *Sïo*. To hiss, whizz, whisper. **1789** TWM O'R NANT: *TChB* 6, Maswedd cnawd esmwyth Sy'n adwyth niwaidiol / Yn *Shi'o* rhai'n Si'on ar foddion Crefyddol. **1803** *P*, *Sïaw* . . . To hiss, to whiz, to buz. Ar lafar, '*sïo, shïo*' 'to fizz, sizzle . . . to rustle', ''Rodd hi'n *shïo*'n 'i sidan', *WVBD* 491; 'y gwynt yn *sïo*', *Cymru* xlvii. [196] (sir Ddinb.).

Amr.: **sïan.** **1781** M. WILLIAMS: *BM* 34, Tân yn llosgu'n wan ac yn *sian* fel gwynt.

Cfn.: **sïo i gysgu:** *to lull to sleep, also fig.* **1790** T. JONES: *TOS* 117, *sïo* eneidiau ein pobl *i gysgu*. Ar lafar, '*sïo i gysgu*', *WVBD* 491; '*sïo*'r babi *i gisgu*', *GTN* 743.

Gw. hefyd **suaf: suo.**

sïaf[2]: **sïo** [?yr un gair â *sïaf*[1]: *sïo*] *bg.* Llifo (allan) yn araf, nawsio: *to ooze*.

1672 R. PRICHARD: *Gw* 108, Rhag i'r dwr sy'n *sio*'n [:- Yn dyfod i mewn] sceler, / Eeisie [*sic*] ei blwmpo soddi'r llester. **18–19g.** *Llr* C 30, 129, to ooze or leak, *Sïo* Glam. mae dwr yn *sïo* ohano. **18–19g.** *Llr* C 43, 446, *Sïo*, Glam, to ooze—y dwr yn *sïo*. Ar lafar, ''Rodd y dŵr yn *shïo* mæs o'n sgitsia' (Morg.).

siafiaf, siafaf: siaf(i)o [bnth. S. (*to*) *shave*] *bg.a.* Eillio; plaenio, rhasglio; tocio (clawdd, &c.): *to shave; plane, shave* (*off*); *trim* (*hedge, &c.*).

1855 TALHAIARN: *Gw* i. 17, a'i farf fawr heb ei *shafio* er ys pymthegnos. Ar lafar, ''Welas i 'riôd un fenyw arall yn *siafo*, ond 'odd Sienat yn 'ito tamid!', 'Ma isia *siafo* ticyn ar y drws 'yn iddo gaead yn iawn', *GTN* 762; '*siafo* (claw)' 'to trim (a hedge)', *SC* vi. 129 (sir Benf.); hefyd yn y ff. *siefio*, *WVBD* 518.

siafins [bnth. S. *shavings*] *e.ll.* (un. g. -*yn*) Naddion (pren), sglodion, rhasglion, hefyd yn *ffig.*: (*wood-*)*shavings, also fig.*

1901. Ar lafar, '*siafins*', *WVBD* 517; 'Peth nêt yw *siafins* i starto tæn', *GTN* 762; '*shafinsyn*', *GDD* 280. Clywir y ff. *siafings* yng nghanolbarth a godre Cered. a sir Gaerf.

siafiwr, siafwr [bôn y f. *siafiaf, siafaf*: *siaf*(*i*)*o*-+(*i*)*wr*] *eg.* Un sy'n eillio; rasel drydan: *shaver* (*person*); (*electric*) *shaver*.

1863.

siaflin, siafling [bnth. S. *javelin*, S. Diw. Cyn. *iaveling*] *eg.* Gwaywffon ysgafn a deflir fel arf neu mewn cystadleuaeth athletaidd (hefyd am y gystadleuaeth ei hun): *javelin*.

1547 *WS*, *Siafling* A iauelyn. **1672** R. PRICHARD: *Gw* 385, Megis Phinees cymmer *shiaflyn* [:- Gwaywffon], / Lladd y rhai sy 'n peri r cowyn. Ar lafar yn y ff. *jaflin*, ''Ôn i ddim yn dda iawn am dwlu *jaflin* yn yr ysgol' (sir Gaerf.).

siafwr, gw. **siafiwr.**

siaff[1], **tsiaff** (*à*) [bnth. S. *chaff*] *eg.* Manus, (mân) us, ehedion, peiswyn; gwair neu wellt wedi ei dorri fel porthiant: (*light*) *chaff*.

15–16g. LLAWDDEN, &c.: *Gw* 152, Trewaist llei curaist eu cern / Trwy *siaff* fal treisio uffern [Rhys Nanmor i Syr Rhys ap Thomas]. Ar lafar, 'North of the Dee . . . *tshaff*, and, in the extreme north-west of the midland region, *tshaff* is encroaching', *LGW* 107; 'Sgube wedi câl 'u torri fyny—*tsiaff* odd hwnnw' (gogledd sir Gaerf.); 'Wên ni'n roi *tsiaff* i'r ceffile in istod y gaea'' (sir Benf.); 'Ma fa wedi mynd i roi *tsiaff* i'r ceffyl', *GTN* 834. Cf. D. J. WILLIAMS: *ChHO* 81, a'u sgathru i bob cyfeiriad ymhlith y gwellt a'r *tsiaff*.

siaff[2,3], gw. **siaf, siafft.**

siaffaf[1], **siaffiaf, tsiaff(i)af: siaff(i)o, tsiaff(i)o** [bf. o'r e. *siaff*[1], *tsiaff*] *bg.a.* Torri (gwair, gwellt, &c.) fel porthiant: *to chaff*.

20g. Ar lafar, 'malu gwellt *shaffo*', *B* xiii. 141 (canolbarth Cered.); '*siaffo*' 'to chaff', *SC* vi. 129 (sir Benf.); ''Ôn' nw'n *siaffo*'r gwair pyn cryddas i', *GTN* 760; ''I *tsiaffo* fe lan yn gymysg â gwair ne wellt' (dwyrain sir Gaerf.).

siaffaf[2]: **siaffo,** *bg.* Gwneud ystumiau â'r breichiau a'r dwylo: *to gesticulate*.

Ar lafar, 'Un budur i *siaffo* yw a wth wilia', *GTN* 760.

siaffar, gw. **siaffr**[2].

siaffer[1], **siaffr**[1], **siaffyr,** &c. [bnth. S. C. *chaffer, chaufour*; ansicr yw nifer o'r enghrau. isod] *e?b.* ll. ?*siafferau*, a hefyd gyda grym ansoddeiriol. Padell dân, rhyw fath o ddysgl dwymo, hefyd yn *ffig.*: *chafing dish, some sort of heated dish, also fig.*

14–15g. *DGG*[2] 131, Ar ei hiad, lleuad lluoedd, / *Siaffyr* fain riain, yr oedd (Gruffudd Gryg). **15g.** *GGl*[2] 226, Pob rhyw fwyd mewn pupur a fai / O fewn *siaffr* a fyn Sieffrai. **16–17g.** *GST* i. 781, Os hoffais dy frig *siwffair* / Hoff wyd dan y ddwyraff aur. / Rhois 'y mryd, rheswm ar wir, / Nas hoffwn, liw mân *siaffir*. **1604–7** *TW* (*Pen* 228), [y] vath droet ag y gosotir *Siafere* ai bryt lestri arno d.g. *Basis*. *id. Siafer*, ne vrytlestr d.g. *Batillum*. *Dchr.* **17g.** *J* 10, 40a, *Siafer* chaffing dishe. **17g.** *LlGC* 13215, 351, *Siaffer* Calefactorium. Ar lafar gynt yn y ff. *siaffar* yn yr ystyr 'cawg mawr o haearn bwrw a ddefnyddid gynt gan bobyddion i wresogi'r ffwrn cyn rhoi'r bara i mewn drwy losgi glo neu olosg ynddo' (Môn).

siaffer[2], **siaffiaf: siaffio,** gw. **sioffer, siaffaf**[1]: **siaffo.**

siaffiwr, siaffwr [bôn y f. *siaffaf*[1], *siaffiaf*: *siaff*(*i*)*o*+-(*i*)*wr*] *eg.* Melin us, injan falu, injan tsiaffo: *chaff-cutter*.

20g.

siafflach, *e.?ll.* Sothach, ysbwrial, hefyd yn ddifr. am bobl: *rubbish, trash, also derog. of persons*.

1885 D. OWEN: *RL* 317, mynu croesi'r cae clover, ac yn myn'd yn syth at y clawdd i bori dalan poethion, dail tafol, carne'r ebol, a rhw *shafflach* felly. Ar lafar, '*Shiafflach*,—rubbish', *Cymru* xliii. 230 (gorllewin Meir.); '*Siafflach* y dafarn ydyn nhw', S. WILLIAMS: *EN* 81.

siaffr[1], gw. **siaffer**[1].

siaffr[2], **siaffar** [bnth. S. C. *chaffre, chaffare* 'goods'] *e.ll.* (Mân) eiddo heb fod iddo werth penodedig, hen gelfi, &c., diddefnydd: (*small*) *items of property without a fixed value, lumber*.

Diw. **15g.** *B* xxv. 132, A hevyd amryw vittel . . . yn gic, yn gaws, yn yd, yn vlawd a phob ryw *siaffar* (*id.* xxi. 323, *siaffyr*) eraill ar na bo gwerth gossodedic arnvnt, damdwng y perchen. **1722** *Llst* 189, *Siaffr*. Mean ordinary things, trumpery.

Amr.: **saffar**[2]. **1722** *Llst* 189, *Saffar* . . . Trumpery, lumber.

siaffrwd, *e?g.* Sothach, ysbwrial, cribinion: *rubbish, trash, rakings*.

1926. Ar lafar, '*siaffrwd*' 'small refuse or impurities . . . e.g. after cleansing corn', 'cribin i hel rhyw hen *siaffrwd*', *WVBD* 516.

siafft [bnth. S. *shaft*] *eb.* ll. -(*i*)*au*, -*ydd*, *siefftydd*, *siafft*(*y*)*s*.

(*a*) Llorp, rhoden, latsen; pelydryn (o heulwen): *shaft; ray* (*of sunshine*).

c. **1700** E. LHUYD: *Par* i. 56, nid yr olwyn ond y *shaft* (the cop) a ddirisglodd i grimmog ev. **18g.** *LlGC* 16378, 2b, 2 *siafft* sengel 3 sgib un Eta yn Codi. *id.* 3a, 4 *siafft* Hycca Bake tticcin, sach Caurog ytiw hwn. Ar lafar, '*siafft*, s.f., pl. *siafftia*', *WVBD* 516; ''Odd a'n doti'r ceffyl rwng y *siafftz*', *GTN* 760; 'Wê *shaffte*'r cart in dynn in nrws i stabal', *Wês wês* 69–70; ''Dyw un o'r *siafftys* 'na ddim yn ry gadarn' (dwyrain Morg.).

(*b*) Mynedfa hirgul fertigol, yn enw. un sy'n arwain i fwynglawdd neu un ar gyfer lifft mewn adeilad: *shaft* (*in mine, of lift, &c.*).

1755 *ML* i. 364, yn meddwi yn lle agor *shaffts* yr hen Roman rake, lle mae digon o fwyn plwm ag arian. **1757** *id.* ii. 45, A fedr Sion wneuthur . . . eglwys a choed *siefftydd* a chwimsi. **1828** *Geir Pob* 24, *Siafft*, ceudwll. Ar lafar yn ardaloedd chwareli'r Gogledd, *B* xx. 378; hefyd ym Morg. yn yr ystyr 'lle yng ngenau topol neu dalcen i gadw glo a dorrwyd o'r ffas', *Geir*

Glo 38. Defnyddid yr ymad. 'ar y *siafft*' ym Morg. i gyfeirio at '[g]ynorthwyo glöwr profiadol mewn talcen carto drwy lenwi glo a dorasid i gart gwag gerllaw'r ffas, ei wacáu i'r siafft a'i lenwi oddi yno i ddram pan fyddai'n bryd; gwaith i grwt ifanc ydoedd fel arfer', *id.* 26.

Amr.: **siaff**[3]. Ar lafar, *GDD* 280.

siafftin, siaffwr, siaffyr, gw. **saffti** (hefyd At.), **siaffiwr, siaffer**[1].

siag[1], **siac**[2] (*à*) [bnth. S. *shag*] *eg.*

(*a*) Math o faco cryf garw wedi ei dorri'n fân: *shag* (*tobacco*).

16–17g. E. PRYS: *Gw* 363, Pibell, *shiac* a thobaco —a bîr / A barodd im rwysgo, / Gofid im ymhel ag efo, / Nawdd Duw rhag drwg ei fwg fo. Ar lafar, 'rhoi gora i *siag* rŵan' (Llŷn); '*siag*', *SC* vi. 129 (sir Benf.); 'Baco *siag* 'odd a wastod yn brynu' (dwyrain Morg.).

(*b*) Brethyn cedennog, yn enw. gwlân garw; ceden: *shag* (*cloth*); *nap, pile, shag.*

1768 TWM O'R NANT: *CTh* 20, Het *siag* a chap rhwyllog. **1769** E. ROBERTS: *GN* 35, Cei Gapsi Cap rhwud Het *siag* hwd glowddu. **1828** *Geir Pob* 25, *Siag*, ceden; brethyn cedenog.

siag[2] (*à*) [bnth. S. *shag* 'copulation'] *eb.g.* Cnuchiad, cyfathrach rywiol; (gydag a.) partner rhywiol o allu penodol: *shag, copulation, sexual intercourse; shag* (*sexual partner*).

Ar lafar yn gyff., ''Gest ti *siag* dda nithwr, te?'; 'Gethon' nw *siag* ar y dêt cynta''; ''Odd e'n *siag* da nithwr?'

siag[3], **siagaf: siago, siagal,** gw. **tua, siagiaf**[2]**: siagio, siacal.**

siagen [?*siag*[1] + *-en*] *eb.* Gair difr. am wrthrych blêr: *derog. term for an untidy object.*

Ar lafar yn Llŷn, 'ryw *siagan* o het'. Clywir hefyd ymad. fel 'Mae hi fel iâr *siagan*' (Llŷn, am ferch wedi gwisgo'n flêr).

Gw. hefyd **siagod.**

siagiaf[1], **sagiaf**[4]**: s(i)agio** [bnth. S. (*to*) *jag*] *ba.* Torri'n anwastad, rhwygo: *to jag, hack.*

1547 *WS*, *Siaggio* Jagge. *c.* **1730** *Thos. Lloyd D* (LlGC) 207b, *Siaggio.* To jag. Ar lafar, '*sagio, siagio*' 'to hack about', '*Sagio* rwbath a neud o'n un rhaffa', *WVBD* 471.

siagiaf[2], **siagaf: siag(i)o** [bnth. S. (*to*) *shag*] *bg.a.* Cnuchio, cael cyfathrach rywiol (â): *to copulate, have sexual intercourse* (*with*).

Ar lafar, 'Man' nw'n *siago* fel cwningod', ''Odd hi'n 'i *siago* fe pan oedd e'n briod 'da rywun arall' (sir Gaerf.).

siagiog, siagog [bôn y f. *siagiaf*[1]: *siagio* + *-(i)og*] *a.* Danheddog, rhwygedig: *jagged, rent.*

16g. *LlS* 101, Y ail rhyw [mwstard] sy a phaladr cedenoc . . . anyd ei vod yn llai ac a dail *siagioc.* **18g.** *CM* 39, 108, mi ges o gwmpas fy mhen y mhwnio / ond ydi y nghefen i n *siagog* i gyd gwedi sigo.

siaglardiaf: siaglardio, gw. **maglardiaf: maglardio.**

siagod, siags [bôn y f. *siagiaf*[1]: *siagio* + *-od*[1], *-s*[2]] *e.ll.* Carpiau, llarpiau, llyfreiau, rhacs: *tatters, rags.*

1877 W. REES: *HBHD* 16, O, mam! mam! mae ci Tan'rallt wedi cnoi clust yr hwch fawr yn *shags* gwylltion. Ar lafar, 'Mae ei esgidiau yn *siagod* am ei draed', J. JONES: *Gwerin-eiriau*[2] 49; 'Mae godre 'nhrwsys wedi malu yn *siags*' (sir Ddinb.). Clywir hefyd y ff. *siaglod* (Arfon).

Gw. hefyd **siagen.**

siagog, gw. **siagiog.**

siagwar, jag(i)war [bnth. S. *jaguar*] *eg.* ll. *-iaid, -od.* Mamolyn cathaidd mawr cigysol sy'n byw yng nghanolbarth a de America, *Panthera onca*: *jaguar.*

1866.

siagwigiaf: siagwigio, siangaf: siangyd, siang-di-fang, siangel, siailer, siain, gw. **sagwigiaf: sagwigio, sangaf: sengi, sang-di-fang, sengl, jeler** (At.), **tsiaen.**

siâl[1] [bnth. S. *shale*] *eg.* (bach. b. *sialen*) ll. *sial(i)au, siâls.* *Drg.* Craig feddal waddodol fân ei graen wedi ei ffurfio o haenau cywasgedig o glai neu fŵd: *shale.*

1828 *Geir Pob* 25, *Siâl*, plisgfaen, teneufaen. Ar lafar yn ardaloedd chwareli'r Gogledd, *WVBD* 516, *Geir Mwyn* 52; hefyd yn yr ystyr 'y cerrig mân o'r garreg galch heb fynd drwy'r felin', *B* xx. 378.

Amr.: **sils**[1] (*e.ll.* (un. b. *-en*)). **1904.** Ar lafar, '*shils*' (canolbarth a godre Cered.). Clywir hefyd ymad. fel 'torri'n *shils* (*tsils*)', 'mynd yn *shils*', 'meddwi'n *tsils*' (sir Gaerf.).

Gw. hefyd **sil.**

siâl[2], **sialains**[1,2], **sialbert,** gw. **jael** (At.), **sialens**[1], **sialensiaf: sialensio, sierbert.**

sialc [bnth. S. *chalk*] *eg.* (bach. g. *-yn*). *Drg.* Craig feddal wen waddodol (calsiwm carbonad), priddgalch; (darn o) sylwedd tebyg (calsiwm sylffad) a ddefnyddir ar gyfer arlunio neu ysgrifennu: *chalk.*

1711 TP: *CG* 34, a gwneuthur (Circle) neu gylch, a math o *Shalc.* **1722** *Llst* 189, *Sialc.* m. Chalk. **18g.** *Beirdd y Berwyn* 54, Rhoi *sialc* ne glai purwyn yn llinyn pob llain. **1725** D. LEWIS: *GB* 310, Alcalies . . . Antimony, *Sialc*, a Phetheu eraill. **1735** S. RHYDDERCH: *Alm* [33], Cymmerwch Winegr cryf a *Sialc* gwedi i gymmyscu yn dda. [**1762**] E. POWELL: *HEI* 68, Ceisiwch Siarcol, a *Sialc.* **1771** *PDPh* 27, cymmerwch dalp mawr o *sialc.* *id.* 38, ychydig o Glai gwyn, *Sialc.* **1801** M. WILLIAMS: *BM* [11], *Shialc* sydd . . . yn beth da i ddodi ar dir oer claiog. Ar lafar, ''Odd rai'n nuthur patryma o'r *sialc* rownd i'r dablenni i gyd', *GTN* 760. Clywir hefyd yr ymad. 'colli *sialcyn*' yn yr ystyr 'colli mantais neu gyfle', 'Bachan, 'ŷt ti wedi colli *sialcyn.* Ma dy gendar mas o dy flân di' (dwyrain Morg.).

Amr.: **siôc** (ll. *-s*). [**1745**] W. ROBERTS: *FfM* 12, Ffrothio'r Bir yn y Peintiau, / A rhoi Sebon mewn malais, hyd yr ymylau; / Dyfeisio tair Cynffon i'r *Siocs*, / I dynnu Strocs hyd y Byrddau. *id.* 14, Os bydd Gwr heb adnabod ei Gariad / Mewn tywyllwch, fe rydd farc *siocs* ar ei Dillad. **tsiôc. 1916.** Ar lafar yn y Gogledd, *WVBD* 554, a gogledd Cered.

sialcaf: sialco, gw. **sialciaf: sialcio.**

sialcaidd [*sialc* + *-aidd*] *a.* Sialcog; *Drg.* Cretasig: *chalky; Cretaceous* (*in geol.*).

1845.

sialciaf, sialcaf: sialc(i)o [bf. o'r e. *sialc*] *bg.a.*

(*a*) Nodi, darlunio, neu ysgrifennu â sialc: *to chalk.*

1722 *Llst* 189, *Sialcio.* To chalk. **1771** *W*, *sialcio* d.g. *To chalk.* Ar lafar, 'Ma pob coliar yn *sialco*'i enw ar 'i ddramz; dyna fel man' nw'n gwpod dramz pwy ŷn' nw, a dyna fel ma fynta'n gallu 'awlio tæl am 'u llanw nw', *GTN* 760.

(*b*) Bod yn deilwng o'i gymharu (â), cystadlu (â): *to bear comparison* (*with*), *compete* (*with*).

1863–5 D. OWEN: *WBC* 72, nid oes na gweinidog na phregethwr . . . all *shalco* â ti. Ar lafar, 'Dos neb all i *shalco* fa y ffordd oco', 'Gwelsoch chi rhwyn [*sic*] a'i *shalciff* a i ufad cwrw?', *LlGC* 1173, 41 (Morg.).

Cfn.: **sialco lan:** *to chalk up* (*an achievement, debt, &c.*). Ar lafar, 'Wel, wara teg iti am nuthur 'wn—'odd 'wn yn dicyn o waith, dyna beth arall iti i *sialco lan*', *GTN* 760.

sialclyd [*sialc* + *-lyd*] *a.* Sialcog, ac arno (lwch) sialc: *chalky.*

20g.

sialcog [*sialc* + *-og*] *a.* Yn perthyn i sialc, yn cynnwys (llawer o) sialc, o ansawdd sialc, ac arno (lwch) sialc; *Drg.* Cretasig: *chalky; Cretaceous* (*in geol.*).

1798 *WR* d.g. *Cretaceous.*

sialctir, gw. **sialc + tir.**

sialcyn, gw. **sialc.**

sialdron [bnth. S. *chaldron*] *e?g.* Mesur sych sy'n cynnwys 32 neu 36 bwysel, calloraid: *chaldron* (*measure of capacity*).

1768 J. ROBERTS: *R* 18, 4 Chwarter a wna *Sialdron.*

sialeins, sialeinsiaf: sialeinsio, sialeinsiwr, sialen, gw. **sialens**[1], **sialensiaf: sialensio, sialensiwr, siâl**[1].

sialens[1], **sialains**[1], &c. [bnth. S. *challenge*] *eb.* ll. *sialensau.* Her, heriad; ymhoniad, honiad, hawl: *challenge, a challenging; claim.*

1547 *WS*, *Sialens* Calenge. **16g.** (*LlEG*) *Mos* 158, 10a, nawnelai Ef na neb oi ddilyn/wyr byth mwy ohynny allan glai[m] na*sialains* ar vod yn brymatt o Lo/ygyr. *id.* 14a, Or man I gwnaeth Ef I glaim a *shialai/ns* drwy brocklamashiwn I vod Ef ynn Wir attiuedd [*sic*] I goron loy/gyr. *id.* 55a, gwnaeth y brenin *shialains* Am g/ymaint a dengmil ar hugain o bunne. *id.* 244a, Y *ssialeins* ar anttur hwn a ddanuones y tri mar/chog yma. **1677** R. JONES: *BB* 171, Yna y gall Diafol roi *Sialens* i Weinidog (gwnâ bellach dy waethaf ar ddwyn y pechadur ymma i edifeirwch . . .). **1755** *ML* i. 330, Canu a orug Elisa ryw englynion go drwsglaidd i Huw'r Bardd Coch, i roddi iddo a beirdd Môn, *sialens*, fal pettai. *a.* **1791** W. WILLIAMS: *GP* 773, Ac mi rof *shalens* i bob peth, / A welodd daear las. Ar lafar, '*sialans*', *WVBD* 516; 'Ma'i thæd wedi roi *sialans* iddi: os pasiff 'i'n ddæ yn yr egzam, 'i gaiff feic', *GTN* 760. Digwydd hefyd yn y ff. *tsialenj.*

sialensiaf, sialensaf, sialeinsiaf: sialens(i)o, sialeinsio, sialens[2], **sialains**[2] [bnth. S. (*to*) *challenge*] *bg.a.* Herio, rhoddi sialens (i); gofyn i (rywun) roddi cyfrif amdano ei hun (e.e. gan warchodwr); cwestiynu, amau; hawlio, datgan hawl i; cyhuddo: *to challenge, give a challenge* (*to*); *challenge* (*of sentry, &c.*); *question, dispute; claim, lay claim to; accuse.*

c. **1523** *Trans Liverpool WN Soc* 101, y bumed Erw rydd yw kyfarwys morwyn ieuank y sef priodas Riain wyry ac o damwainia i ffriodi yr eilwaith nid oes i wyr wrth gerdd *sialens* rodd o hynny allan. **1547** *WS*, *Sialensio* Calenge. **16g.** *B* x. 293, byddaf J yn barod J vwrw maen trwm ac ysgauyn; a'r neb a'i *shialeinshio* a'r neb a enillo'r gamp honno . . . a gaif vaen o ddeiamwnd. *id.* xxi. 327, ac estronion a *ssialeinsia* gyfiwnder [*sic*]. **1580** *GGN* 7, chore, dattan, ag Abiron, yrhai ymkanoedd *sialensio* kenad yddynt y hynen y offrymy yn erbyn moysen Ag aron . . . hwy a gawson gosbedigaeth. *c.* **1588** *Rhyddiaith Gymraeg* ii. 81, Tristan . . . y ddeyth ag y *sialensodd* o'r byddey neb ag a drie ag ee [*sic*] mywn gwroldeb wr a gwr am y ddoy gweryl, y fod ef yn barod y gwrdd ag ef. **1602** *Bronwydd* 76, mi a golhes fy-mhwrs, ag nyd wyfi yn *shalens* neb am dano, ond chwchwi. **1606** E. JAMES: *Hom* i. 150, am y gallu y mae Escob Rhufein yn ei gymmeryd arno, yr hwn y mae ef yn ei *sialens* (*challengeth*) yn rhy anghyfiawn, megis canlynydd Christ a Phetr. *id.* iii. 157, ac na ymrysonom yn gynhennus am bethau eraill i dorri cariad, trwy orescyn ar i gilydd neu *sialains* y naill gan y llall (*or claiming one of the other*). **1658** R. VAUGHAN: *PS* 7, y pwngc mawr o brif orûwchelder vwch law pob dyn byw . . . nid oedd yr vn o'r Escobion o'r blaen yn ei *sialensio* nag yn ymhonni o honaw. **1710** T. WILLIAMS: *AF* 30, Er nas lefys chwaith fod mor hyderus, ac ymfalchio oblegid ei Barottoâd, na *sialensio* ei groeshaw o'r achos hwnnw. **1751** *GIA* 106, Myfi . . . o wann ddealltwriaeth a feiddiaf *sialeinsio* y doethaf o honoch oll, i ymrysemmu [*sic*] y matter â myfi. *c.* **1762–79** W. WILLIAMS: *P* 555, Yr wyf yn *shallens* [*sic*] y pab a'i holl gyfreithiau. Ar lafar, ''Na'lle 'odd yr 'en Dwm yn *sialenso*'r bechgyn i ymladd', *GTN* 760. Cf. T. LEWIS: *HPF* 203, efe a gurodd ei wrthwynebwr, ac a *sialensodd* ymladd â'r pen-cadpen Luther.

Amr.: **salensio 17g.** *DCR* 247. **seilensio. 1636** *Pen* 321, 198a. **seleinsio. 16–17g.** *MTA* 472. **selinsio. 1583** *LlGC* 716, 172b. **sleinsio. 20g.** Ar lafar, *WVBD* 494. **sleisio**[2]. Ar lafar, *WVBD* 494. **slensio. 1872.** Ar lafar, *ISF* 69, *WVBD* 494. **slinsio.** Ar lafar, *WVBD* 494. **syleinsio. 1688** *TJ*, Baidd, herio, *syleinsio.* **sylensio.** *Dchr.* **17g.** *B* vi. 308.

sialensiwr, sialeinsiwr [bôn y f. *sialensiaf, sialensaf, sialeinsiaf*: *sialens(i)o, sialeinsio* + *-iwr*] *eg.* ll. *siale(i)nswyr.* Un sy'n sialensio, heriwr: *challenger.*

16g. (*LlEG*) *Mos* 158, 654a, yny man Ir ydoedd y *shialenshiwr* . . . ynbarod. **16g.** *B* xviii. 325, A tharianne yr emnant [*sic*] o'r *shialeinswyr* a groged mewn ordyr ynn amgylch y prenn.

sialgraig [*siâl*[1] + *craig*] *eb.* *Drg.* Siâl: *shale.*

1879. Ar lafar, *WVBD* 516.

sialm [bnth. S. Diw. Cyn. *shalm*, ff. ar *shawm*] *e?g.* ll. *-s.* *Crdd.* Chwythbren corsen ddwbl seinfawr a threiddgar o gyfnod yr Oesoedd Canol a'r Dadeni: *shawm.*

1545 *CI* 119, chwythu ne gannv korn trwmped ne *shialm* ne sagbwt. **16g.** *B* xviii. 328, ar glariwns, sagbwtts a *shialmys.*

sialót [bnth. S. *shallot*] *eg.* ll. *-s* (un. g. *s(ia)lotsyn*, b. *slotsen*). *Bot.* Planhigyn bythol o dylwyth y wynwyn, *Allium ascalonicum*, sy'n ffurfio cwlwm o fylbiau bychain unffurf, un o'r bylbiau hyn; sibol(s)yn, sibwnsyn: *shallot; spring onion, scallion.*

20g. Ar lafar, '*slotsh*' (Llŷn ac Arfon); '*slots*' (gogledd

Cered.); '*Shilots . . . shilotsyn . . . shilotsen*', *GDD* 284, ac yn yr un ff. yng nghanolbarth a godre Cered.

sialtan, gw. **salter**[1].

siam [bnth. S. *sham*] *eg.* ll. *-s*, a hefyd fel *a.*

(*a*) (Peth) ffug neu dwyllodrus, twyll, celwydd: *sham.*

1830.

(*b*) Blaen crys ffug, brest wen: *false shirt-front, dicky.*

1863–5 D. OWEN: *WBC* 36, prynasant bob o *sham* i Sion a Siencyn. Ar lafar, *GTN* 760.

siamaf: siamo, gw. **siamiaf: siamio.**

Siämaidd, Siämiaidd [e.'r wlad *Siám*+ -(*i*)*aidd*] *a.* Yn perthyn i Siám (Gwlad Thai); yn dynodi gefeilliaid y mae eu cyrff yn gysylltiedig â'i gilydd: *Siamese* (*also of twins*).

1838.

siaman [bnth. S. *shaman*] *eg.* ll. *-iaid.* Offeiriad neu ddyn hysbys ymysg rhai pobloedd yng ngogledd Asia a gogledd America sy'n arddel siamaniaeth: *shaman.*

20g.

siamanaeth, gw. **siamaniaeth.**

siamanaidd [cfdds. o'r S. *shaman*(*istic*)+ *-aidd*] *a.* Yn perthyn i siamaniaeth: *shamanistic.*

1848.

siamaniaeth, siamanaeth [cfdds. o'r S. *shaman*(*ism*)+-(*i*)*aeth*] *eb.g.* Crefydd rhai pobloedd yng ngogledd Asia a gogledd America sy'n credu fod y byd yn llawn ysbrydion da a drwg a bod siaman yn gallu cysylltu â'r rhain a dylanwadu arnynt: *shamanism.*

1816 R. ROBERTS: *Daearyddiaeth* 294, *Shamaniaeth* yw y grefydd sydd arferedig yn Tartari.

siamber, siamberlain, siamblachaf: siamblachu, gw. **siambr, siambrlen, siwblachaf: siwblachu.**

siambls [bnth. S. *shambles*] *eg.b.* Llanastr, anhrefn, annibendod: *shambles, mess.*

20g. Ar lafar, 'Ma'r lle'n *siambls*'.

siambr, siamber [bnth. S. C. *chambre* a S. Diw. Cyn. *chamber*, neu'n uniongyrchol o'r H. Ffr.] *eb.* ll. *siamb*(*e*)*rau, siamberi, siamberydd,* a hefyd gyda grym ansoddeiriol. Ystafell, yn enw. un a neilltuir i berson(au) arbennig; ystafell wely; neuadd gyfarfod a ddefnyddir gan gynulliad deddfwriaethol neu farnwrol; trysorlys; twll ar gyfer cetrisen (mewn silindr refolfer, &c.), ceudod mewn peiriant, &c.; ceudod (yng nghorff anifail neu mewn planhigyn); (yn y ll.) swyddfeydd bargyfreithwyr; *Crdd.* yn perthyn i grŵp bychan o gerddorion, yn cynnwys grŵp o'r fath, ar gyfer grŵp o'r fath; hefyd yn *ffig.*: *chamber, also fig.*; *bedroom*; (*legislative or judicial*) *chamber*; *treasury*; *chamber* (*in cylinder of revolver, machine, &c.*); *chamber* (*in body of animal or plant*); (*pl.*) (*barristers'*) *chambers*; *chamber* (*of music or orchestra*); *also fig.*

1346 *LlA* 122, Aro di yma yny delyfi om *sambyr* ami abnaf a vynnych. **14g.** *GDG*[3] 138, Nid gwen gwraig ar a adwaen, / Nid gwyn calch ar *siambr* falch faen, / . . . / Wrth bryd gwyn fy myd, myn Mair! **14g.** *GIG* 76, Yna i *siambr* y siambrlain, / Yno ydd awn yn ddi-ddain [i lys Ieuan, esgob Llanelwy]. **15g.** *GO* 143, Mil o *siambrav* sy dav di. **15g.** *GGl*[2] 261, Gwely arras, goleurym, / A *siambr* deg sy'n barod ym. **1551** W. SALESBURY: *KLl* xvib, Aed y gwr priawt allan / oe estavell ar wraic priawt allan ohei *siamber.* **1632** *D*, *Siambr*, Camera, conclaue. Brit. Ystafell. **17g.** HUW MORUS: *EC* i. 133, Ac oni cha'—dy ewyllys da, / Byw nid alla'—mwyna' meinwar, caeth yw'r carchar, / Cyfyng *siambar*, tan y ddaear ddwys. **1759** *ML* ii. 113, Mi a ddaethym i hyd i'r tad einom ar ei draed yn y *siamber* uchaf . . . yr oedd yn llawer gwell nag yr oeddwn yn disgwyl ei fod. **1783** *W Ballads* 346, 6, Roedd gwely ei morwyn lan ei bri, / Yn yr un *Siamber* efo hi. Ar lafar yn y Gogledd, '*siambar*, s. f., pl. *siambera*', 'a bedroom on the ground floor', *WVBD* 516; 'localized in the north-east . . . *siambar* . . . the word for a ground-floor bedroom', *LGW* 317. Fe'i clywir yn ardaloedd chwareli'r Gogledd yn yr ystyron 'agor' ac 'ystordy i garreg ithfaen', *B* xx. 378. Digwydd yn yr e. lleoedd *Siambar Wen* a *Siambra Gwynion*, sir Gaern., *ELlSG* 43.

Amr.: **sambr. 1346** *LlA* 122.

Cfn.: **siambr groes:** *back-kitchen, back room* (*of public house*). Ar lafar gynt, cf. *WVBD* 516, *siambar groes*, old name for 'back-kitchen'; also 'a back-parlour in a public-house'. Digwydd yr e. lle *Siambar Groes* yn sir Gaern., *ELlSG* 43. **Siambr Fasnach:** *Chamber of Commerce, Chamber of Trade.* **20g. siambr (siamber) nwy:** *gas chamber.* **20g. siambr sorri:** (*place used to indulge in*) *the sulks, also fig.* **1897.** Ar lafar, 'Mae o yn y *siambar sorri*', *WVBD* 498; 'Mae'n bryd iddi ddod o'r *siambar sorri* bellach' (Meir.).

siambriaf: siambrio [bf. o'r e. *siambr*] *bg.* Lletya, byw: *to lodge, live.*

1762 *ML* ii. 499, yn nhy Will Glochydd yr oeddynt yn *siambrio* yn Nerpwl. **1766** *CD* 159, Mi eis i garu Morwyn, / Oedd yn *Siambrio* ei hun.

siambrlen, siamb(e)rlain [bnth. S. C. *chamberlein*, neu'n uniongyrchol o'r H. Ffr.] *eg.* ll. *siambrleniaid.* Swyddog sy'n rheoli tŷ brenin, uchelwr, &c., neu sy'n gweini arno'n bersonol yn ei ystafell wely; trysorydd (corfforaeth, &c.); hefyd yn *ffig.*: (*king's, &c.*) *chamberlain or personal bedroom attendant*; *chamberlain* (*of corporation, &c.*); *also fig.*

14g. *GIG* 76, Yna i siambr y *siambrlain*, / Yno ydd awn yn ddi-ddain [i lys Ieuan, esgob Llanelwy]. ?**15g.** (**1789**) *BDG* 170, Swydd ddiwladaidd yw'r eiddo, / *Siambrlen* i feinwen yw fo [am aderyn]. **15g.** *GGl*[2] 52, Gwnaf wal pan ganwyf foliant / I gapten a *siambrlen* sant. **15–16g.** *GIF* 24, Swyddau rifwch sydd ryfawr, / swmbrlan, mab y *siambrlen* mawr. **1547** *WS*, *Siamberlayn* Chamberlayne. **16g.** *WLl* 225, Syr Sion Salbri o Leweni *Siamberlain* Gwynedd. **16–17g.** *GST* i. 37, Swydd i gannwr sydd gennyd, / *Siambrlen* ar bob pen i'r byd. **1604–7** *TW* (*Pen* 228), *siambrlaen* d.g. *Arcarius.* c. **1730** *Thos. Lloyd D* (LlGC) 208b, *Siamberlain.* A chamberlain.

Amr.: **siamrlen** [cf. S. C. *chamerlein*]. **15g.** *ID* 43, day uchen u *ssiamerlen* sant / uw day rychwr ydrychant [i ofyn ychen gan Ddafydd Llwyd, abad Aberconwy].

siamffer [bnth. S. *chamfer*] *eg.* ll. *-i, -ydd.* Befel cymesur, yn enw. un ar ongl 45° a dorrir ar ymyl neu gornel sgwâr-onglog: *chamfer.*

20g. Ar lafar, *B* xvi. 95 (sir Drefn.).

siamfferaf, siamffraf: siamff(e)ro, siamfferu [bf. o'r e. *siamffer*] *ba.* Torri siamffer ar: *to chamfer.*

20g.

siamiaf, siamaf: siam(i)o [bf. o'r e. *siam*] *bg.* Ffugio, esgus, cogio, smalio: *to sham, pretend.*

20g. Ar lafar, *LGW* 467.

Siämiaidd, siaml, gw. **Siämaidd, siampl.**

siamled [bnth. S. C. *shamlet, chamlet*] *eg.b.* Camlad (defnydd drudfawr), hefyd yn *ffig.*: *camlet* (*costly fabric*), *also fig.*

14g. *GDG*[3] 84, *Siamled* gywir ddail irion / Gysylltiedig ger brig bron [i'r llwyn celyn]. **15g.** *GLGC* 276, hi a wisg Dduwllun ddamasg ddillad, / *siamled* â felwed un ddyfaliad. **15–16g.** *TA* 413–14, I flew fal sidan newydd, / A'i rawn o liw gwawn y gwŷdd; / Sidan ym mhais ehedydd, / *Siamled* yn hŵs am lwdn hydd [i ofyn march]. *id.* 473, Ael gloywddyn, olwg liwddu, / Sy mal tes ar *siamled* du. **16g.** *GILlV* 57, *Siamled* ne felfed a fynn / Serfelyn siri i flewyn. **16–17g.** *GST* i. 485, Pwrs a gwregys y person, / A'i siaced *siamled* i Siôn. **16–17g.** IEUAN TEW IEUANC: *Gw* 190, Mae'n feillion gloywon ei glog / Mal trilliw *siamled* troellog [i ofyn ceiliog y coed]. c. **1730** *Thos. Lloyd D* (LlGC) 210b, *Siamled*, camlet.

Gw. hefyd **camlad.**

siamler, gw. **sampler.**

siamp[1] [?bnth. S. C. *champ*] *e?g.* ?Maes, arwyneb: *field, surface.*

15g. *DN* 101–2, A berw a thwrn Satwrnys / Yw bwrw wybr frav hylwybr frys, / Yr hon y sydd o'r hen *siamp* / Vwch yr havl fal ochr hoewlamp.

Gw. hefyd **dursiamp, eursiamp, loensiamp, llathrsiamp.**

siamp[2] [gair geir.; ?ymgais i esbonio *siamp*[1]] *eg.* ll. *-au.* Brycheuyn, smotyn, man geni, marc; pannwl, twll; ôl, argraff; sêl, arwydd: *freckle, spot, mole, mark; dimple, pit; stamp, impression; seal, sign.*

1604–7 *TW* (*Pen* 228) d.g. *Nævus, Nota. Dchr.* **17g.** *J* 10, 40a, *Siamp.* dashe. Nævus. Nota. **1632** *D*, *Siamp*, nota, signum, nævus. Habet D. G. & R. G. Er. &c. **1688** *TJ*, *Siamp*, man geni, nôd ar gorph, brychni Croen: a Mark, a Mole, a Freckle, also a blemish on the body. **1722** *Llst* 189, *Siamp.* m.p. *Siampau.* A stamp, impression, mark, seal, sign, spot. **1725** *SR* d.g. *Dimple, A Freakle, A Mark or Token, A Mole.* **1780** *W* d.g. *Pit* [*a dent or hollow made by the finger in the skin of an hydropical person*], *Sign, A sign, or mark, made by pressure.*

siamp[3], *e?g.* Silff (ffenestr): (*window*) *sill or ledge.*

1863–5 D. OWEN: *WBC* 141, Dodwch y dwr ar *shamp* y ffenest. *ib.* cymmeryd y botel . . . oddi ar *shamp* y ffenestr. Ar lafar yng nghanolbarth Cered. a sir Gaerf. Cf. D. E. JONES: *HLlP* [362], ar *shamp* y seld.

siampáen, siampên [bnth. S. *champagne*] *eg.* Gwin pefrol gwyn neu rosliw a gynhyrchir yn ardal Champagne yng ngogledd-ddwyrain Ffrainc, gwin tebyg a gynhyrchir yn yr un dull â hwnnw, hefyd yn *ffig.*: *champagne, also fig.*

1897.

siampion, gw. **tsiampion.**

siampl, sampl [bnth. S. C. *sample*, neu'n uniongyrchol o Ffr. Lloegr] *eb.g.* ll. *-au, siamplon, sampls,* a hefyd fel *a.*

(*a*) Cyfran fechan sy'n cynrychioli'r cyfan, sbesimen, set o unigolion neu eitemau a ddetholir o boblogaeth neu grŵp arbennig i'w dadansoddi; swm bychan o ryw nwydd a roddir am ddim gan werthwr i gwsmer posibl; enghraifft, achos, arwydd: *sample, specimen, sample* (*in statistics, &c.*); (*free*) *sample*; *example, instance, sign, token.*

14g. *GDG*[3] 135, Nid anannwyl dwyn annerch / O fotymau, *siamplau* serch. *id.* 398, Na bai raid, dyngnaid dangnef, / *Siampl* o'i wawd; gŵr simpl yw ef. **15g.** *IGE*[2] 225, Difyr fanwallt edafedd, / Dygn *sampl* wallt, dogn simpl ei wedd (Ieuan ap Rhydderch). *id.* 226, Saith nobl aeron, *siamplon* serch (Ieuan ap Rhydderch). **16g.** *GP* civ, Y dyn abl a adnebydd / y graddav ar *siamplav* ysydd. c. **1585** G. ROBERT: *DC* [iii], ny ddawn i o benn a chasclu r cwbl ynghyd, a r a fu er amser Crist o oruchafiaeth Gristianogawl ymhlith Cymbry. Am hynny yn lhe *sampl* i ddangos i ni beth a fuom gynt . . . mi a ddangosa bedwar *sampl* yn dwyn clod fawr i genedl Gymry. **1618** J. SALISBURY: *EH* 27, Mi a chwenychwn gael rhyw *sampl*, neu gyfflybiaeth, i dheualh pa fodh y galh morwyn wyryf fod yn feichiog, a pherhau [*sic*] . . . yn forwyn. **1660** *WBD* 1, Rhau [*sic*] *Samplau* yn y Iaith Cymraig yngcilch y girie [*sic*] Ti a Dydi. **1693** J. OWEN: *BP* 14, bedydd dwfr . . . Peth hawdd fyddei rhoddi *siamplau* or arferiad o honaw. **1740** T. EVANS: *DPO* 293, Y mae un *Siampl*, a neb ond un, am wr a ordeiniwyd yn Offeiriad gan Offeiriad arall. **1746** G. JONES: *HWI* iii. 10, yn *siamplau* cysgodol o 'r pethau nefolaidd a berthyn i Eglwys Duw dan yr Efengyl. **1768** J. ROBERTS: *R* 4, Dechreuwch yn wastad, Rifo yn y Cwrr isaf ar y Llaw Ddehau, tuag i fynu. Gwelwch y *Siampl* sy'n canlyn. [**1783**] *W*, *siampl* d.g. *Specimen.* Ar lafar, 'Os wyt ti isio gwbod sut ddefnydd ydi o, gofynna i'r cwmni yrru *sampl* i ti'. Cf. T. LEWIS: *HPF* 609, Yr oedd *siamplau* fod amryw wedi meirw o newyn yn y deyrnas.

(*b*) Patrwm neu fodel o ymddygiad, &c., teilwng i'w efelychu, esiampl; enghraifft nodedig o farn neu o gosb, enghraifft o ymddygiad, &c., i'w osgoi, rhybudd; hanes, &c., ac iddo foeswers; truenus, gwael: *example* (*of behaviour, &c., to be followed*), *pattern*; *example* (*of judgement or retribution*), *example* (*to be avoided*), *warning*; *exemplum*; *wretched, poor.*

14–15g. *IGE*[2] 320, Oes dyn er yr Iesu dad / A gymer *siampl* o geimiad [Rhys Goch Eryri i Feuno]? ?**15g.** *DGG*[2] 163, Nid af i er nad yfwy / O'm plas i roi *siampl* i'm plwy. / Gwell y pregethaf o'm gŵal / Nag Awstin Sant neu gystal. **15g.** *HS* 23, dechrau dwyn *siamplau* a sôn / o Fair wyry r wyf y rowron. **1488–9** *BSM* 18, bv *siampl* dda i eraill. **1588** 1 *Cor* x. 5–6, ni bu fodlon gan Dduw y rhan fwyaf o honynt: Canys cwympwyd hwynt yn y diffaethwch: A hyn a wnaed yn *siampl* i ni, fel na chwennychem ddrygioni. **1592** S. D. RHYS: *Inst* [xvi], yn ôl *sampl* y Groecieit, a"r Lhadinieit . . . ynn dodi alhan mywn print, ac i 'olwc y byd, degwch . . . y Brydydhiaeth Gymreic. **1595** H. LEWYS: *PA* 82, *Siampl* y wraig o Ganaan, a ddysc i ni pa fod' y mae duw ['n] oedi, ac yn hwyrhau

roddi help. **1599 (1677)** R. HOLLAND: *AB* 21, y maent hwy 'n dadleu, nas dylem ni arfer megis gweddi y *siampl*, yn ol pa vn y dylem ni wneuthur ein holl weddiau (*the patterne to make al prayers by*). **16–17g.** LLYWELYN SIÔN, &c.: *Gw* 366, addoli / düw nef er *sampl* da i ni. **1615** R. SMYTH: *GB* 109, y *siampl* drvvg a roddant i eraill. **1632** *D*, *Siampl*, & Siampler, Exemplar. **1687 (1715)** J. OWEN: *TB* d.d., Yn agos i Drichant o *Siampleu* rhyfeddol o farnedigaetheu Duw ar yr Annuwiol. *c.* **1688** *YHD* 3, *Siampl* Crist, yr hwn a faddeuodd iw elynion. **1763** *DT* 168, Wel, dyma *Siampl* ddigon, / Yn ddawnus i hen Ddynion, / Rhag mynd i godi Melin glec, / I falu pec o Rynion. **1798** W. RICHARDS: *CC* 41, yn ol *siampl* oruchel, a rhag-grybwylledig W. Pitt. Ar lafar, 'Mi est yn *siompol*', 'Mae'n *siompol* o wael' (Cered.); ''Ti'n *siampl* dda i'r dosbarth' (sir Gaerf.). Cf. D. J. WILLIAMS: *HW* 59, y fath brisiau *siompol* ar dwrcis.

Amr.: **sampol. 1617** R. PRICHARD: *CE* [9]. **sampwl. 1574 (1604)** *Rhyddiaith Gymraeg* ii. 199. *c.* **1585** G. ROBERT: *DC* 36a. **sempl** [cf. *esempl*]. **1604–7** *TW* (*Pen* 228) d.g. *Apographum, Inuectiua, præformo*. **siaml.** *p.* **1584** G. ROBERT: *GC* [113]. **1611** R. SMYTH: *SG* 79. **18g.** *CM* 212, 61. **siampol. 16–17g.** *RAGR* 370. **siampwl. 1606** E. JAMES: *Hom* ii. 62. **siompol. 1672** R. PRICHARD: *Gw* 370. Ar lafar, D. J. EVANS: *HCS* 129. **sompl.** *c.* **1585** *Llst* 178, 125a.

Cfn.: **siamplau (siamplon, samplau) serch (cariad):** *tokens or symbols of love or affection*. **14g.** *GDG*[3] 135, Nid anannwyl dwyn annerch / O fotymau, *siamplau serch*. **15g.** *IGE*[2] 226, Saith nobl aeron, *siamplon serch* (Ieuan ap Rhydderch). **16g.** HUW ARWYSTL: *Gw* 364, trwssiwr pob mwynlais trasserch / da rwyt yn gwav *samplav serch* [i'r ceiliog bronfraith]. **16–17g.** *GST* i. 765, Cyw bronfraith . . . / . . . yw ficar y serch. / . . . / O'i big aur drwy fawrhau'r had / Y cair pob *siamplau cariad*. **er s(i)ampl:** *for example*. **1618** J. SALISBURY: *EH* 308. **1768** J. ROBERTS: *R* 119.

Gw. hefyd **ecsampl, ensampl, esiampl.**

siamplaf: siamplo [bf. o'r e. *siampl*] *ba.* Enghreifftio; samplu: *to exemplify; sample.*
1824.

Gw. hefyd **samplaf: samplo.**

siamplaidd [*siampl*+-*aidd*] *a.* Teilwng i'w efelychu, rhagorol (o'i fath), esiamplaidd: *exemplary, serving as an example.*

1741 *CAG* 103, [c]ywir a *Siamplaidd* Dduwioldeb. *id.* 121, a ydyw 'ch ammynedd . . . yn fwy diysgog a *siamplaidd*. **1769** *DRh* 44, bywyd rhinweddol a *siamplaidd*. **1773** J. JENKIN: *P* 13, a pha fwyaf dihalog a *siamplaidd* fyddai ymarweddiad gwr. **1775** *CY* 73, [d]ynion o ddysgeidiaeth ragorol, ac o dduwioldeb *siamplaidd*. **1790** *Budd A* 185, caracter *siamplaidd* a duwioldeb y rhai a aethant o'r blaen. **1797** D. DAVIES: *SEG* 211, trwy fywyd *siamplaidd* a duwiol.

Gw. hefyd **esiamplaidd.**

siampler, gw. **sampler.**

siamplog [*siampl*+-*og*] *a.* Teilwng i'w efelychu, rhagorol (o'i fath), esiamplaidd: *exemplary, serving as an example.*

1704 *Cym Cr* 59, Yr ydym yn dy Fendithio am ei Fywyd *shamplog*. *c.* **1730** *Thos. Lloyd D* (LlGC) 210b, *Siamplog*. Exemplary. **1785** E. BARNES: *MH* 63, holl Phiolau Digofaint a Dywelltir ar y Creaduriaid truenus hyn. Y Gyfraith . . . y Gallu . . . a'r Daioni . . . a gânt eu hanrhydeddu, yn eu Dinystr *Siamplog*. **1792** TOMOS GLYN COTHI: *Ap* 33, Pelagius, dyn o ddeall da, ac ymarweddiad *siamplog*. *id.* 37, [b]ywyd *siamplog* a diargyhoedd. **1796** TOMOS GLYN COTHI: *E* 73, bywyd ein Iachawdwr, yr hwn oedd yn ddifrycheu, a *siamplog*.

siampol, gw. **siampl.**

siampŵ [bnth. S. *shampoo*] *eg.* ll. -*au*, -*s*. Sebon hylif a ddefnyddir i olchi gwallt, carpedi, &c., siampŵad, hefyd yn *ffig.*: *shampoo, also fig.*

1930. Ar lafar, 'Ma'r *siampŵ* 'ma'n gneud 'y ngwallt i'n seimlyd' (Arfon).

siampŵad [bôn y f. *siampŵaf, siampwiaf*: *siampŵo, siampwio*+-*ad*[2], trf. han.] *eb.* Y weithred o siampŵo; tyliniad (corff): *a shampooing; massage.*
1841.

siampŵaf, siampwiaf: siampŵo, siampwio [bf. o'r e. *siampŵ*] *ba.* Golchi â siampŵ: *to shampoo.*

Ar lafar, 'Mae 'ngwallt i'n fudur iawn, fydd raid imi'i *siampwio* fo'n dda', 'Ma golwg ar y carpad 'na, ma isio'i *siampwio* fo' (Arfon); '*siampŵo* gwallt' (sir Gaerf.).

siampwl, siamrlen, gw. **siampl, siambrlen.**

siamroc, samrog [bnth. S. *shamrock*] *eg.* *Bot.* Planhigyn meillionog ac iddo ddail a chanddynt dair llabed, yn enw. *Trifolium minus*, a ddefnyddir fel arwyddlun cenedlaethol Iwerddon, meillionen tair dalen: *shamrock.*

1916. Ar lafar, 'Gan yn bod ni'n Iwerddon, mi fydd yn rhaid cal tamad o *siamroc* i fynd adra'' (Arfon).

Siân, *e. prs.* sy'n digwydd yn y cfn. isod: *personal name* (=*Jane*) *used in the combs. listed below.*

Cfn.: *Adar.* **siân fach yr helyg:** *willow warbler, Phylloscopus trochilus*. **1889.** Ar lafar gynt yn ardal Tyddewi. *Adar.* **siân fach yr hesg = siân fach yr helyg. 20g.** *Bot.* **siân galon lawen:** *honesty, Lunaria annua*. Ar lafar yn y Gogledd. *Swol.* **siân ffa:** *ladybird*. Ar lafar yn Llŷn. **Siân o'r wlad:** *unsophisticated or dowdy* (*country*) *woman*. **1798** *WR* d.g. *Dowdy*. Ar lafar, '*Siæn o'r wlæd* afnadw yw 'i, di alsat feddwl nag yw 'i ddim wedi bod yn unman ariôd', *GTN* 763. **Siân dunnell:** *stout woman*. Ar lafar, *ISF* 68.

Gw. hefyd **Siani, sini**[1].

sianachan, gw. **sinachaf: sinachad.**

sianc [bnth. S. *shank*] *eb.* (bach. -*en*) ll. -*od*. Toriad cig o ran isaf coes anifail: *shank* (*cut of meat*).

Ar lafar yn y Gogledd, *sianc, siancen*, *Geir Geg* 76; 'sŵp pys a *siancan*'.

siandelïer, siandelîr [bnth. S. *chandelier*] *eb.g.* ll. *siandelïers, siandelir(i)au*. Golau crog addurniadol ac arno freichiau sy'n dal nifer o ganhwyllau neu fylbiau trydan, seren ganhwyllau: *chandelier.*
20g.

siandi [bnth. S. *shandy*] *eg.* ll. -*s*. Diod sy'n gymysgedd o gwrw a lemonêd neu ddiod sinsir: *shandy.*

Ar lafar.

sian-di-mân, &c., gw. **sang-di-fang.**

siandler, siendler [bnth. S. *chandler*] *eb.g.* ll. *siendleri, siandleriaid.*

(*a*) (ll. -*i*) Canhwyllbren: *candlestick.*

1589–90 *Pen* 168, 26a, yn enwedic mewn trwssiad a dodrefn tai, megis kwferlid, blanked, kywyrsi, ewer, *siandler* ac eraill mwy. **1722** *Llst* 189, *Siendler*. m.p. *leri*. A candlestick. Ar lafar yng ngodre Cered. a sir Benf., *GDD* 280, *SC* vi. 129.

(*b*) (ll. -*iaid*) Masnachwr nwyddau, yn enw. ar gyfer llongau: *chandler.*
20g.

siandri [bnth. S. *shandry*] *eb.* ll. -*s*, *siandrïoedd, siandrïau*. Cert ysgafn neu drap ar sbrings; car neu gerbyd adfeiliedig, hen siêc (o gerbyd): *light cart or trap on springs; old banger, jalopy.*

1869 TALHAIARN: *Gw* iii. 168, Mowntiodd Tal i'r *shandri* yn nghanol banllefau dirfawr, a William Jones yn tywyso y gaseg, gan dackio fel llong ar gefnfor. Cf. W. J. GRIFFITH: *Storïau'r Henllys Fawr* (1938) 40, Pan oedd yr Hen *Siandri* ar symud, deallasom ar unwaith mai ei phwyntiau cryfion ydoedd aroglau a sŵn, a'i bod yn hael gyda'r 'exhaust' ond yn gyndyn dros ben i newid gêr.

sianel [bnth. S. *channel*] *eb.* (bach. g. -*yn*) ll. -*au*, -*i*, -*ydd*. Darn o fôr lletach na chulfor yn cysylltu dau ddarn ehangach, yn enw. dau fôr, gwely neu gwrs afon, cwrs mordwyadwy drwy gorff o ddŵr, cwndit ar gyfer hylif, camlas, cwter, rhigol neu rych (yn enw. ar golofn), dull neu gyfrwng mynediad, cyfathrebu, &c., cwrs y gellir cyfeirio neu symud rhywbeth iddo, band o amleddau a ddefnyddir i ddarlledu, yn enw. gan orsaf benodol, gwasanaeth neu orsaf sy'n defnyddio band o'r fath, cylched sy'n llwybr ar gyfer signal electronig: *channel.*

16–17g. *GST* i. 847, Rhai a orwedd yn y *sianel* / A chyn feddwed â'r dwsel. **1760** *ML* ii. 191, Gresyn na ddeuai'r gwybodaethau yma am hen enwau lleoedd, etc., drwy *sianel* y Cymrodorion. **1786** TWM O'R NANT: *PCG* 33, Och! faint o diroedd sy wedi myned, / Yn union yr un *Sianel* a thir yr hên Sioned, / Ond ni chuddir Dyffryn Clwyd â mŵg y Dre, / Daw Melldith i'r gole i'w gweled. **1797** D. DAVIES: *SEG* 271, Pa beth yw'r angenrheidrwydd o fedydd . . .? Y mae yn angenrheidiol . . . Fel *siannel* o râs. **1809** T. JONES: *CCA* 8, Gweddi yw'r *siannel*, i ba un y mae duwiol dristwch yn ymdywallt. Ar lafar, '*Sianal* Fawr, *Sianal* Bach, and *Sianal* Bengaead are the names of channels in the Lavan sands', *WVBD* 516; ''Odd dinnon y cywnsil yno'n acor *sianeli* i'r dŵr ritag 'n ôl i'r afon', *GTN* 761; ac yng Nghered. sonnir am '*sianel* bwyell neu bladur' 'y man a gedwir yn lo[y]w wrth hogi', *B* iv. 302. Cf. TALHAIARN: *Gw* i. 328, Y mae arnaf ofn mai banglio yn y verge a wnaf finnau wrth geisio areithio yn Gymraeg, oblegid yr wyf wedi bod yn byw ymhlith y Saeson accw er ys dros ugain mlynedd bellach, ac y mae tueddiad naturiol yn fy meddwl i redeg i'r *siannel* Seisonig, a rhaid i ni roi flodiard [*sic*] ar y *siannel* hono, i'w fforsio fo i'r *siannel* Gymreig.

Amr.: **sienel** [?ff. wallus]. *c.* **1700** E. LHUYD: *Par* i. 72, Whitford . . . I Hyd o'e lidiart Hendre mynych a'r [*sic*] dervyn plwy'r kwm i Var Mostyn ar y *shienel*.

Cfn.: **(y) sianelau arferol:** (*the*) *usual channels*. **1921. sianel ddata:** *data channel*. **20g. sianel loeren:** *satellite* (*television*) *channel*. **20g. Sianel Pedwar Cymru (S4C):** *S4C* (*Welsh television channel*). **20g.**

sianelaf: sianelu [bf. o'r e. *sianel*] *ba.* Cyfeirio (i sianel), hefyd yn *ffig.*: *to channel, direct, also fig.*

1927. Ar lafar, 'Raid iti feddwl i ble i *sianelu* dy dalenta er dy les d'unan', ''Odd raid *sianelu* peth o'r dŵr trw bipa dan ddaear', *GTN* 761.

sianelyn, gw. **sianel.**

Siani, Sieni, *e. prs.* sy'n digwydd yn y cfn. isod: *personal name* (=*Jane, Jenny*) *used in the combs. listed below.*

Cfn.: **siani (sieni) flewog:** *hairy caterpillar, woolly bear*. **1772** *W*, *Sieni flewog* d.g. *The devil's gold-ring*. Ar lafar, D. J. EVANS: *HCS* 130, *GDD* 177, *GTN* 761. **siani ffiar** [cf. *sielffiar*]: *fire-shovel*. Ar lafar yn Arfon. *Bot.* **siani lusg:** *creeping Jenny, moneywort, Lysimachia nummularia*. **20g.** *Adar.* **siani lwyd:** *dunnock, hedge sparrow, Prunella modularis*. **1888.** Ar lafar.

Gw. hefyd **Siân, sini**[1].

sianon [bnth. S. C. *chanon*] *eg.* ll. -*s*. *Egl.* Canon: *canon* (*eccl.*).

15g. *GLGC* 28, Cadfan a'i gwnaeth yn *sianawn* / i Awstin wrth eiste'n iawn. / . . . / Meirw ei *sianons* o ffons ffydd / a'n gwŷl, o hyna'i gilydd [i Lawddog]. *id.* 211, Â'i law cyweiriaw micaraid—Orliawns / a phuraw *sianawns* a phersoniaid [marwnad Robert Dwli, esgob Tyddewi].

sianselor, sianseri, siansiwr, siansler, siansri, gw. **siawnsler, siawnsri, siawnswr, siawnsler, siawnsri.**

siant [bnth. S. *chant*] *eb.g.* ll. -*(i)au*. Cân, yn enw. un ailadroddus, alaw fer syml y cenir sawl gair neu sillaf ar yr un nodyn ynddi, e.e. wrth lafarganu salmau, salm neu gantigl a genir ar y fath alaw, slogan rythmig neu ailadroddus, yn enw. un a lefer-ir neu a genir yn undonog, e.e. gan gefnogwyr pêl-droed, goslef undonog wrth lefaru, hefyd yn *ffig.*: *chant, also fig.*

c. **1756** *Bangor* 1007, 118, y manwl Cymry mwynion / par *siant* a foddia ddynion. Cf. D. J. WILLIAMS: *ChHO* 29, 'Ddaw plentyn ddim mwy i addurno'r ddawns, / Na henwr i wrando'r *siant*.

siantaf: sianto, sianteri, gw. **siantiaf: siantio, siantri.**

sianti[1] [bnth. S. *shanty* 'hovel'] *eb.* ll. -*s*. Cwt neu gaban garw: *shanty, hovel.*

20g. Ar lafar, 'hen *sianti* fach sinc'.

sianti[2] [bnth. S. *shanty* 'song sung by sailors'] *eb.* ll. *siantïau, siantis*. Cân gydag unawd a chytgan am yn ail a genid yn wreiddiol gan forwyr wrth weithio, cân fôr: (*sea*) *shanty.*
20g.

siantiaf, siantaf: siant(i)o [bf. o'r e. *siant*] *bg.a.* Canu neu lafarganu (salm neu weddi) fel siant, llefaru neu ganu (sloganau, &c.) yn undonog: *to chant.*
1886.

siantïwr [*sianti*[2]+-*wr*] *eg.* ll. *siantïwyr*. Un sy'n canu siantïau, yn enw. un sy'n canu'r unawd: *shantyman* (*singer*).
20g.

siantri, sianteri [bnth. S. *chantry*] *eg.* ll.

siant(e)rïau. Gwaddoliad i offeiria(i)d ddweud offerennau dros enaid person, offeiria(i)d, capel, neu allor a waddolir felly, capel côr, hefyd yn *ffig.*: *chantry, also fig.*
c. **1762–79** W. WILLIAMS: *P* 395, adeiladu *chanteriau,* sef capeli ymha rai yr ydys yn maentumio offeiriaid i ddweud Massau tros y rhai f'o yn ei [*sic*] codi hwynt.

siâp, siap [bnth. S. *shape*] *eg.b.* ll. *siap(i)au,* ll. dwbl *siapsach, siapsau.* Ffurf allanol (briodol neu arferol) gwrthrych fel y'i diffinnir gan ei amlinelliad, ffurf neu amlinelliad corff person, llun, gwedd, person neu beth a welir, yn enw. yn aneglur neu yn y dychymyg; trefn (benodol neu briodol), cyflwr (da); edrychiad ystumiedig, wyneb hyll, ystum (fygythiol): *shape, form; (specific or proper) order, (good) condition; distorted expression, grimace, (threatening) posture.*
15–16g. *TA* 253, Pilstwn, *siâp* Elystan sêl, / Eutun, ewch at enw uchel. **[1745]** W. ROBERTS: *FfM* 51, Taw Leidr, budr ei bedrain, / Ond e mi rof dolc yn dy dalcen. / Nid oes gan ti ond rhyw Sect o ddrwg *Siap* / Pob rhyfyg, Pab y Rhufain. **1767** *W Ballads* 85, 2, Clochdy clau wychder, clomendy clô mwynder, / Siop dannau *siâp* dyner dêg wiwber ei gwaith, / Prenn oslef barnasliw, ty galawnt têg eiliw, / Cengliadur cain ydiw cân odiaith. **1828** *Geir Pob* 25, *Siâp,* llun, agwedd. Ar lafar yn gyff., "Na *siæp* pert sy ar y ffrog 'yn', "Wi'n lico *siæp* y celfi 'yn', 'Ma'r sgitsia 'yn wedi colli 'u *siæp* i gyd', *GTN* 763; 'gwneud *siape*'. Clywir hefyd ymad. fel "Does dim *siâp* arno fo', wrth sôn am rywun didoreth neu anhrefnus; 'Sdim *shap* ar bethe' 'Things are in a mess', *SC* vi. 129 (sir Benf.); 'Beth yw'r *siapse* ma sy arnat ti?' 'What is this predicament you are in?', *ib.*; "Odd a'n nuthur *siapsa* budur wth gerad', *GTN* 763; 'gneud *siapsach*' (sir Gaerf.). Cf. T. H. PARRY-WILLIAMS: *Y* 19, Os digwyddai dafad . . . neu aderyn . . . a groesai'r ffenestr fod, i'm golwg, ar y ffin rhwng dwy chwarel, byddai *siâp* annaturiol arnynt; D. J. WILLIAMS: *STG* 93, pe cawsai ef afael arnynt bob yn un ac un, fe fyddai *siapse* glân arnyn 'nhw [*sic*] cyn pen fawr o dro; *Treigladau* 273, [t]roes brawddegau fel 'nyt oed uawr y weilgi' . . . i gael y *siâp* newydd, 'nid oedd y weilgi yn fawr'.

siapaf: siapo, gw. **siapiaf: siapio.**

Siapanaeg, Siapaneaidd, Siapaneg, Siapaniad, gw. **Japaneeg** (hefyd At.), **Japaneaidd** (hefyd At.), **Japaneeg** (hefyd At.), **Japanead.**

siapaniaf, siapannaf: siapanio, siapannu, gw. **japaniaf: japanio.**

siapannwr [bôn y f. *siapannaf: siapannu* + *-wr*] *eg.* ll. *siapanwyr.* Un sy'n farneisio â japán (fel galwedigaeth): *japanner.*
1775 *W* d.g. *Japanner.*

siapiaf, siapaf: siap(i)o [bf. o'r e. *siâp* neu fnth. S. (*to*) *shape*] *bg.a.* Rhoddi ffurf neu siâp penodol i, ffurfio, llunio, mowldio, hefyd yn *ffig.*; dod yn ei flaen neu ddatblygu'n foddhaol; brysio, mwstro, hastu, styrio: *to shape, form, fashion, mould, also fig.; shape up, proceed or develop satisfactorily; hasten, hurry (up).*
1828 *Geir Pob* 25, *Siapio,* llunio, llunieiddio. Ar lafar yn gyff., 'Ma'r ardd 'ma'n dychra *siapo* gin' ti', "Odd a'n *siapo*'r clai o'i ddilo', 'Ma isia ifi 'i *siapo* 'i, nu fi golla'r bŷs!', *GTN* 762. Clywir *siapio* yn ardaloedd chwareli'r Gogledd am 'y driniaeth olaf a roir i'r setsan, h.y. gwneud yn siwr bod ei siâp a'r seis yn iawn', *B* xx. 377. Cf. R. LLOYD: *Y Pethe* (1955) 58, ni roddai dim fwy o fwynhad i John Jones na gweld hogyn yn *siapio* ati hi rhwng dau gorn aradr.

siaplan, gw. **siaplen.**

siapled [bnth. S. *chaplet*] *e?b.* Coronbleth, garlant, coronig: *chaplet, garland, coronet.*
15g. *IGE*² 235, Gwedi bod yn hir odech / Yn yr Alban, lydan lech, / Gwisg dy *siapled,* fe'th gredwyd, / Owain ddrogan eirian wyd (Ieuan ap Rhydderch). **16g.** *Cylchg LlGC* iii. 154, Ynn ol maruolaeth y nneb [*sic*] J kymerth Llywelyn J vab ef *shiapled* tywysogaeth Gymru. *c.* **1730** *Thos. Lloyd D* (LlGC) 208b, *Siapled.* (A) 15. A chaplet. Cf. *GDLl* 97, Gwaith y Siapled, pes dwedwn, / A gwaith Tair Esgair a wn; *id.* 202, Brwydrau traddodiadol yn y brudiau yw Siapled a Thair Esgair.

siaplen, siaplan [bnth. S. *chaplain*] *eg.* ll. *siapleniaid.* Caplan: *chaplain.*
15–16g. *TA* 50, Gŵr gwedi Harri, hiroes,—a'i *siaplen,* / Sy aplaf i ddwyn croes [i Siôn, abad Caerlleon]. *id.* 249, *Siaplen* wyd, Siôb blaeneudir, / Syr Edwart, i Herbart hir [i Edward Llwyd, archddiacon Caerfyrddin]. **16g.** (*LlEG*) *Mos* 158, 56b, Sr Edward grym *shiapplenn* yr esgob. *id.* 281b, y ffeiriad [*sic*] yr hwn . . . a viasai *shiaplen* Ir brenin Ritshiart. **16g.** *GGH* 301, Y mae *siaplen* i'm pennaeth / O gwmpniwr, ffrostiwr ffraeth. **1574** *RhRC* (At.) 254a, hefyd am fod vn or *siaplennied* yn tendio y roi gwsanaeth. *c.* **1590** *RC* xlvi. 76, daisyf arno beri y'w *siaplen* ef [y brenin] briodi i ordderch a'r marchog. **16–17g.** *HG* 33, nyd gwell y len fod yn *siaplen* / heb gael meistir o bechadyr / nyd oes yddo le y weddio / Duw yn y dy heb y bryny. *id.* 112, mae vy *siaplen* ymhob plwy. **17g.** *Bl B XVII* i. 44, Bu'n *siaplen,* ŵr cymen cu, / Baun hoff enwog, bu'n ffynnu [marwnad Doctor Powel o Riwabon gan Lewys Dwnn]. **1728** T. BADDY: *DDG* 153, Vanni Effendi, Pregrethwr [*sic*] i'r Seraglio neu *Siaplan* i'r Sultan. **1752** *ML* i. 197, Pa beth sydd yn darfod ir *siaplan* yna [John Evans, caplan yn Whitehall] pan fo yn y modd echryslon yma yn ceisio taflu i lawr a llarpio mal llew rhuadwy ein hysgolion Cymreig ni. **1754** *id.* 301, Am y Ddoctor [*sic*] Bifan *siaplan,* ni choeliwn yn fy myw nad gwagbren ydyw.

siapri [bnth. S. *japery*] *eg.* Cellwair, ysmaldod, hwyl, ffraethineb, peth dibwys; sylw: *jests, jokes, banter, fun, drollery, trifle; notice.*
1552 *Pen* 403, 119, [T]wyllo kymydeithion / lladd kyfnessaviaid . . . Nid oedd y rreini oll ond *Siapri* (*trifyls*) yw gwnevthur ir mwyn kariad. **1595** H. LEWYS: *PA* xv–xvi, yn cas-hau buchedd segurllyd . . . fal y dewisent yn hytrach wneuthur pob *siapri,* ac arabedd, na bod yn segur. **16–17g.** *GST* i. 792, Ni fynnai hi [mam y bardd] mo'r *siapri,* / Na dysgu mo'r llyfr Absi, / Ond fy ngwneuthur yn esgob, / A rhoi aur ar fy nghob. *Dchr.* **17g.** *J* 10, 40a, *Siapri.* dallie [*sic*]. **1632** *D, Siapri,* Facetiæ. **17g.** *TBM* 219, Fo'i gwisgiff [cepyn] heb *siapri* pan êl i bedoli / Rhag ofn iddo oeri mewn eira. **1675** R. JONES: *HCh* [174], *Siappri,* Coeg-ddigrifwch, chwareu. **1688** *TJ, Siapri,* Cellwer: merry words or conceits, a Jest. **1722** *Llst* 189, *Siapri.* m. Jests, joaks, diversion. **1753** *TR, Siapri,* merry conceits, pleasant repartees, drollery. **1760** *ML* ii. 195, aethym yno toc ar ol geni iddo wyr ac y dynnais *siapri* arno, ac ai hysbysais fy mod yn perthyn iddo. **1787 (1812)** TWM O'R NANT: *PG* 50, O'r felldith fawr oedd i mi, / Wneud â'r siopwraig hono air o *siapri.* Ar lafar yn yr ystyr 'sylw', 'gneud *siapri* o rywbeth', *WVBD* 516. Cf. D. OWEN: *GT* 35, Yr oedd Twm yn llon iawn, a daeth ar ei union i ddiolch i fy mam, ond ni wnaeth hi lawer o *shapri* o hono.

siapsach¹ [bnth. S. *chaps* + *-ach*²] *e.ll.* Cernau: *chaps.*
Diw. **16g.** M. KYFFIN: *DFf* 276, saeson digllon daiowgllwgr / ai safnau 'n bwrw dafnau dwfr / bachog kaid ai bochau kŵn / *siapsach* a gweflau sipswn.

siapsach², gw. **siâp.**

siapter, siaptur, &c. [bnth. S. *chapter*] *eb.g.* ll. *siapterau, siapteri, siapteriaid.* Pennod; cabidwl: *chapter (of book); chapter (of cathedral, &c.).*
16g. *Cylchg LlGC* iv. 79, J mae yn ysgriuenedig yn Llyuyr Dgienneisys, ynn y *shiapttur* gyntta . . . mae'r gwaith kynnta a'r a wnaeth Duw vu'r nef a'r ddaiar. *ib.* J mae'r geiriau hyn yn ysgriuenedig yn yr ail *shiaptur* ne'r ail Salm o'r llaswyr. **16g.** *B* xi. 25, yn y chweched llyuyr a'r drydedd *shiappttuwr* [*sic*] o Hiliogaeth y Duwiau. *c.* **1566** *id.* i. 155, Genesis . . . yny pedweryδ *japter,* ney yn Gymraeg y pedweryδ pennod. **16–17g.** *HG* 100, ond mae luc ai airau per, ny chwechet *chiapter* droson / yn dwedud vel i rho r dyn, i kaiff yr un taliadon. *id.* 150, kam draethu vy llavar, kam gerdded y ddaear / kam daimlo pob *siaptar* buredig. *Dchr.* **17g.** *RWM* i. 965, Pregeth Sain paol at y galathiaid [*sic*] yn y v *Sapter.* **1664** *LlGG* sig. e1v, [p]ob Deon a *Chapter* o bob Eglwys Gadeiriol a Cholasawl. **1710** *CBGEL* 17, Am Ddeconiaid a *Siaptereu.* **1710** *LlGG* (*Gos*) 13, Pob Deon, Deon a *Siapter,* Archdiagon, ac eraill sy âg Awdurdod i gadw Ymweliadau Eglwysig drwy Gyttundeb. **1722** *Llst* 189, *Siapter.* m.p. *terau, teri.* A chapter of cathedral or collegiate clergymen.
Amr.: **sieptor, jeptor** [cf. S. yr Alban *cheptour,* amr. ar S. *chapter*]. **16g.** *Cy* xxxi. 205, llyma yfengil or bedwredd *siepdor* o john. *id.* 207, [y]r vnved *sieptor* ar ddec o john. *id.* 211, y xi *jepdor* o lyc.

siapus [*siâp* + *-us*] *a.* Dymunol neu gain ei siâp neu ei ymddangosiad, wedi ei ffurfio'n dda, lluniaidd; ?cyfforddus ei fyd: *shapely, well-shaped, well-formed; ?comfortably off.*
1738 *W Ballads* 119, 4, [C]ael Lodes fwyn *Siapus* i sipian i mîn. **1787 (1812)** TWM O'R NANT: *PG* 36, Ond mae rhai siopwyr yn byw'n *siapus,* / Dyna Sion bentre Voelas, wrth fod yn ofalus; / Ac ambell rai eraill mewn tref a llan, / 'N gwneud eiddo anrhydeddus. **1789** TWM O'R NANT: *TChB* 17, Y Gwyr o gyfraith croes eu brud / Hoff rydid, ar 'ffeiriadau / Degymwyr Trethwyr pwythwyr pur, / A *Shapus* wyr, y Shiopau. **1790** TWM O'R NANT: *GG* 189, A galwodd ei gyfell drwy ddichell gan dd'weud, / Mi 'ro i ti Swllt purwyn yn addfwyn am wneud, / A'th Swpper yn *siapus* ŵr happus yn rhwydd, / Os rhedi di 'rywle o'r gole i ddwyn Gŵydd. Ar lafar, 'Merch fain *siapus* odd 'i'n ifangc', 'Ma coesa *siapus* gin 'onna', *GTN* 762.

siapusrwydd [*siapus* + *-rwydd*] *eg.* Yr ansawdd neu'r cyflwr o fod yn siapus, llunieidd-dra: *shapeliness.*
20g.

siâr¹ [bnth. S. *share*] *eb.* ll. *-s, siar(i)au.* Rhan, cyfran, dogn; cyfraniad; cyfranddaliad: *share, (alloted) portion; contribution; share (in a company).*
1609 *CRC* 393, blin gan gerlyn dyna far / roi grot o *siar* wrth drethv / Jr sawdiwr gwrola a ymladd yn wycha / pen fo ddiofala yn kysgv. **17g.** *DCR* 248, rhag maint o ganans oedd iw *siar* / fo las or war gynhwynol / mwy o lawer myn fynghred / nag or brytanied gwrol. **1716–18** *Llsgr R. Morris* 203, Rydwy'n deall hyn or diwedd / nad yw 'feredd ond rhyw far / sydd yn canlyn pob rhyw 'ferddyn / a gymro'n sydun hyn yw [*sic*] *siar.* **1718** *PGAD* 4, Di gedwi hur y dyn cywir / Am fedi *siàr* o dy heinar. **18g.** E. T. RHYS: *DA* 115, A'r morgrugyn yn ymroi / Erbyn gauaf i grynhoi, / A'i fryd heb fâr i safio ei *shâr,* / Cyn bo'r ddaear glyd ar gloi. **1769** E. ROBERTS: *GN* 50, Heb brofi Erioed yw calone; [*sic*] / Un gronun o Ffudd na gras yw [*sic*] *siar.* **[1775]** H. JONES: *HGS* 50, Ond pan ddelo fo yma eto, / Mi fynna fi edrych ato, / Oni wneiff o gyfri am *siar* fangc, / Mi geiff yr hen langc i lingcio. **1778** J. HUGHES: *BB* 75, Er bod rhai mewn closdai clŷd; / Y mwya *siar* o'r ddaiar ddrud. **18g.** TWM O'R NANT: *CO* 47, Gormodded [*sic*] annghymedrol, / Mewn cnawdol fydol fâr; / A'r chwant o'r ddeutu sy'n ymgyrchu / I serchu mwy na'i *siar.* **1784** M. WILLIAMS: *S* i. 225, gall pob un bydded o'r proffessiwn y fynno fod a *siar* yn y llywodraeth. **1828** *Geir Pob* 25, *Siâr,* rhan, cyfran. Ar lafar yn gyff., *GDD* 281; 'Mae gyno fo *siâr* yn y gymdeithas', *WVBD* 516; 'Ro *siær* i dy frawd 'nawr!', "Wi wedi nuthur 'ym *siær* drosti odd ar mae'n witw', *GTN* 763 (ll. *siara*); Ar lafar yn ardaloedd glofaol y De am y rhan o'r ffas y mae glöwr yn gweithio arni, 'gwitho ar *shēr*', *BIBC* 47. Cf. TALHAIARN: *Gw* ii. 47, yr wyt ti [bardd] dy hun wedi cael mwy na dy *siâr* o glod dy gydwladwyr; D. J. WILLIAMS: *ChHO* 239, fe wneuthum innau, yn fy ffordd fy hun, fy *siâr* dda o bregethu byth oddi ar hynny; D. J. WILLIAMS: *STC* 70, y *siarau* a oedd gan Dick Lloyd yng nghonsern glo carreg Alfred Mond; D. PARRY-JONES: *WCGP* 62, pan fyddai plentyn yn codi rhywbeth o'r heol byddai ei gyfeillion yn gweiddi '*siars*'.
Gw. hefyd **sgâr.**

siâr², gw. **jar.**

siarabáng [bnth. S. *charabanc*] *eg.b.* ll. *siarabangs, siarabanciau.* Coetsh neu fws, yn enw. un a ddefnyddir ar gyfer gwibdeithiau: *charabanc.*
1925.
Gw. hefyd **siarri.**

siarabangio, siarabancio [bf. o'r e. *siarabáng*] *bg.* Teithio mewn siarabáng: *to travel in a charabanc.*
20g.

siarad, gw. **siaradaf: siarad.**

siaradach, siaratach [*siarad* + *-ach*³ ?ac *-ach*²; â'r ff. yn *-t-,* cf. *merchetach, pryfetach*] *eg.* ac yn achlysurol fel *bg.* Mân siarad, siarad ofer, clebran, clebar, clecs, baldordd, preblan, siaradusrwydd, hefyd yn *ffig.*; siarad (yn ofer), clebran: *small talk, idle talk, gossip, chit-chat, tittle-tattle, chatter, prattle, garrulousness, also fig.; to talk (idly), chatter.*
15g. *GDLl* 104, Tegach na *siaradach* sêr, / Twyg o liain teg lawer [i erchi pais]. **1603** W. MIDLETON: *Ps* 206, Grwgnach *siaradach* ysy rwydh yw pobl / Yw pebyll mae aflwydh. **1604–7** *TW* (*Pen* 228), *siaratach* d.g. *Garrulitas. id. Siaratach* bychan d.g. *Oratincula.* **1620** 1 *Tim* vi. cs., Am gadw yr athrawiaeth iawn: a gochelu *siaradach* ofer. **1630** R. LLWYD: *LlH* 197, mam enllib, a drwgabsen, dadwrdd, a *siaradach* (*gossiping*). *id.* 378, y mae ganddynt ffremp fawr o gyfarwyddyd mewn pethau bydol: a'u difyrrwch mwyaf yw *siaradach* am danynt (*to talk of them*). **1672** J. LANGFORD: *HDdD* 111, pa brŷd bynnag y cymmeri

di yn dy ymadroedd cyffredinol ei Enw ef yn dy enau . . . na oddefa i ti dy hûn ei arferu ef yn dy *Siaradach* ofer (*idle bywords*). **1675** R. JONES: *HCh* 81, y rhai sy yn gwneuthur Dŷdd yr Arglwydd . . . yn ddydd o segur *siarattach*. **1677** R. JONES: *BB* 88, *Siarattach* (*prating*) ffyliaid annuwiol. **1688** *TJ*, Ffrecc, *siaradtach*, gwag siarad Tatling, babbling, prating. **1722** *Llst* 189, *Siaradach*. m. Babble, chat. **1725** *SR* d.g. *Garrulity*. **1771** *W* d.g. *Chit-chat, Gibble gabble*. **1803** *P*, *Siaradaç*, s. m. . . . Chitchat, babbling, garrulity, dicacity.

siaradaeth [*siarad*+-*aeth*] *e?b.* Y weithred o siarad, sgwrs, traethiad, gosodiad: *a talking, speaking, conversation, utterance, statement.*

1790 W. RICHARDS: *LlA* 86, O ran ei *siaradaeth* ef . . . 'Ein bod ni yn bedyddio dynion, heb un neillduol amlygiad . . .' . . . camsyniad ydyw.

siaradaf: siarad [?cf. Ocsitaneg *charrado* 'sgwrs'] *bg.a.* a'r be. fel *eg.* ll. -*au*, -*on*. Mynegi syniadau, teimladau, dyheadau, &c., drwy gyfrwng geiriau llafar (neu iaith arwyddion), mynegi ar lafar, llefaru, yngan, dweud, sgwrsio, traethu, clebran, hefyd yn *ffig.*; medru (iaith benodol) ar lafar: *to talk, verbalize, speak, say, utter, converse, discourse, chat, chatter, also fig.*; *speak* (*a specified language*).

Dchr. **15g.** *GSCyf* 105, Ysbodol eisiau bedydd / Arnad yn *siarad* y sydd [Llywelyn ab y Moel i'r tafod]. **15g.** *GLGC* 277, bwtler, seleri, seiri'n *siarad*, / ac o'r llys gwerin yn chwerthinad. *Diw.* **15g.** *Pen* 67, 118, am danat i mae dynnyon / yn gwlat y *siariat* [*sic*] val John. **15–16g.** (*c.* **1648**) *Llst* 124, 142, vn ny thry dan waith yr hâd / vn sy orig yn *siarad* [Owain ap Siôn ap Rhys ap Hywel Coetmor i ofyn meini melin]. **16g.** *GIBV* 29, Dau yn ol heb dewi ai nad / Dau yn siriol dan *siarad*. **16g.** HUW ARWYSTL: *Gw* 198, Pen sir wyd pan *siarader*. **1567** G. ROBERT: *GC* 13, Moesswch . . . y rhan yma yn gyntaf, a phan darpho ywch wneuthur pen ar hon, ni *siaradwn* am yllaill. **1588** *Salm* xciv. 3–4, Pa hŷd . . . y *siarâdant*, ac y dywedant yn galed? **1595** *Egl Ph* [viii], O bhedru mdhidhan yn areithiawl, *sharad* yn barabldhoeth, ymchwedleua 'n bhodhhaus. **1632** *D*, *Siarad*, Sermocinari, fabulari, garrire. *id.* d.g. *Loquor*. **1632** J. DAVIES: *LlR* 512–13, *siaredwch* â'r rhai sy etto heb sefydlu. **17g.** *TBM* 34, Ebillion union waneg / Yn ei dal ugain a deg, / Ceimion wrachïod cymwys / Yn *siarad* bob teimlad dwys. **1688** *TJ*, *Siarad*: to speak, talk or discourse. **1703** E. WYNNE: *BC* 15, ni *sieryd* ond a'i gwell. **1723** WM: *PGG* 44, Mae'n llawer haws bod yn dawel ac yn ddistaw; nâ *Siarad* pob Gair yn gymmwys ac yn Synhwyrol. **1753** *TR*, *Siarad*, to talk, to discourse, to prate and chat. **1790** T. JONES: *TOS* 316, Bydd [y galon] yn troi o'r neilldu, fel gwâs ofer, i *siarad* a phob un a êl heibio. Ar lafar, ''Nath hi'm stopio *siarad* drw' nos'; 'Be' mae o'n ddeud?' ''Tydi o'n deud dim, *siarad* mae o'.

Fel *eg.* Y weithred o siarad, mynegiad, traethiad, trafodaeth, sgwrs, clebran, clecs, testun siarad, hefyd yn *ffig.*: *a talking, speaking, talk, expression, utterance, discussion, conversation, chattering, gossip, subject* (*of talk*), *also fig.*

14g. *GDG*[3] 220, Gwthiais y ddôr, cogor cawg, / Dderw, hi aeth yn gynddeiriawg. / Gwaeddodd fal *siarad* gwyddau, / Och ym o beiddiais ei chau! *id.* 321, Yno y cawn yn y coed / Clywed *siarad* gan adar, / Clerwyr coed, claerwawr a'u câr. ?**15g.** *DGG* 12, *Siarad* bronfraith is irwŷdd, / Ac eos falch ei gas fydd. **15g.** *GO* 51, Aed bâr Dvw ar dy *siarad*, / Wr dv noeth, oer yw dy nâd! *p.* **1500** *Pen* 57, 64, nid awdd danerch y verch vvd / os dad o eisie dewedvd / nichad na*siaradna* [*sic*] son / ond i gelv yn dy galon. [**1547**] W. SALESBURY: *OSP* [v], [m]eidyr yr adar ar aniueileit, trwy eu *siarat* au bugat, ddyall y gylydd. **1632** *D*, *Siarad* . . . Garritus, sermocinatio. *id.* d.g. *Loquela, Oratio*. **1637** *DCR* 202, na ddôd ffansi yw koeg *ssiarade*. **1688** S. HUGHES: *TSP* 154, Y mae fo 'n Ddyn sy am bôb math o gyfeillach, ac am bob math o *siarad* [:– Ymchwedleua]. **1688** *TJ*, *Siarad*: a talking. **1735** S. THOMAS: *HP* 39, Nid oedd ball na diben o'u *Siaradon*. [**1740**] D. LLWYD: *YDD* 61, Syrthio i *siaradau* anweddus jawn ag ofer. **1753** *TR*, *Siarad* . . . talk, discourse, prating, babbling. **1803** *P*, *Siarad*, s. m.—pl. t. *au* . . . A talking, a talk. Cf. D. OWEN: *WBC* 9, Pan ddeallwyd yn y pentref a'r ardal bod Wil wedi ymadael, bu yn *siarad* mawr ac yn *siarad* bach rhwng pob dau a rhwng pob tri am ddiwrnod a darn o noswaith; ac erbyn dranoeth, daeth rhywbeth arall yn destyn, ac anghofiwyd Wil.

Cfn.: **siarad am ben (y) llawr:** *to talk to no purpose, talk nonsense*. Ar lafar, *ISF* 68, *WVBD* 517. **siarad ar fy nghyfer (ei gyfer, &c.)**, gw. *siarad yn fy nghyfer*. **siarad ar ddieithr:** *to suggest indirectly, allude*. Ar lafar, '*siarad ar ddiarth*', *ISF* 68. **siarad ar draws (rhywun):** *to interrupt* (*someone*). Ar lafar, *WVBD* 517. **siarad ar draws pen a chlustiau:** *to talk nineteen to the dozen*. Ar lafar, *WVBD* 517. **siarad bras:** *big talk, tall talk*. **1852.** Gw. hefyd *siarad yn fras* isod. **siarad glust yng nghlust:** *to speak in whispers*. Ar lafar yn Arfon. **siarad cyllyll a ffyrcs:** *pidgin Welsh*. Ar lafar, M. WILIAM: *DY* 91 (Llansamlet, Morg.). **siarad dwli (dyli):** *to talk nonsense*. **20g.** Ar lafar. **siarad fel melin (bupur):** *to talk incessantly*. **20g.** Ar lafar, '*siarad fel melin bupur*', *WVBD* 517. **siarad fel pwll y môr = siarad fel melin.** Ar lafar. **siarad fel pwll tro = siarad fel melin. 20g.** Ar lafar yn ardal Dyffryn Aman. **siarad i'r gwynt:** *to talk nonsense*. Ar lafar, *WVBD* 193. **siarad mawr:** *big talk, tall talk*. **1852. siarad o dan ei ddwylo:** *to talk nonsense*. Ar lafar, *WVBD* 517. **siarad plaen:** *plain speaking*. **20g. siarad pymtheg (yn) y dwsin, siarad pymtheg i'r dwsin:** *to talk nineteen to the dozen, talk incessantly*. **20g.** Ar lafar, '*siarad pymthag yn y dwsin*', *WVBD* 517. **siarad siop:** *to talk shop*. **20g.** Ar lafar. **siarad siprys:** (*to talk a*) *mixture of Welsh and English*. Ar lafar, *GDD* 285. **siarad dan fy nannedd:** *to mumble, mutter, insinuate*. Ar lafar. **siarad trwy dy (ei, &c.) het:** *to talk through one's hat, talk nonsense*. **20g.** Ar lafar. **siarad trwy dy (ei, &c.) hun:** *to talk in one's sleep*. Ar lafar, *WVBD* 517. **siarad trwy (dwll) dy (ei, &c.) ben-ôl:** *to talk nonsense*. **20g.** Ar lafar. **siarad wast:** *nonsense; unseemly language*. **20g.** Ar lafar. Gw. hefyd *siarad yn wast* isod. **siarad yn fras:** (i) *broadly speaking, generally speaking*. **1933.** Digwydd gan mwyaf yn yr ymad. 'a *siarad yn fras*'. (ii) *to speak coarsely, use vulgar language*. **1853** W. REES: *AFR* 127, tae nhw yn clywed Rhobet yma yn *siarad* mor *fras* a hyll ag y bydd o. Ar lafar, *WVBD* 52. (iii) *to talk big or boastfully*. **1852.** Gw. hefyd *siarad bras* uchod. **siarad yn gwmpasog:** *to beat about the bush*. Ar lafar yn Arfon. **siarad yn (ar) fy nghyfer (ei gyfer, &c.):** *to speak rashly or thoughtlessly*. **20g.** Ar lafar yn y De, '*siarad yn 'i gyfer*', ac yn y Gogledd yn y ff. '*siarad ar 'i gyfar*'. **siarad yn sbâr:** *to talk nonsense*. **1905.** Ar lafar, *WVBD* 474. **siarad yn wast:** *to talk nonsense*; *use unseemly language*. **20g.** Ar lafar. Gw. hefyd *siarad wast* uchod.

Gw. hefyd **siaradach.**

siaradgarwch [*siarad*+-*garwch*] *eg.* Siaradusrwydd, siarad ofer: *talkativeness, loquacity, garrulousness, idle talk.*

1780 *W* d.g. *Pratingness, Speaking, The habit of . . . much speaking*. **1798** *WR* d.g. *Loquacity*. **1803** *P*.

siaradog [*siarad*+-*og*] *a.* Siaradus, hefyd yn *ffig.*: *talkative, also fig.*

16–17g. *GST* i. 531, Y biog *siaradog* swydd, / Berlled er bwrw llid arwydd. *c.* **1785–90 (1829)** *CBYP* 125, Rhoddais fy nghas ar iaith Henwas chwerthinog, / Ymrennais erioed a morwyn *siaradog*.

siaradol [*siarad*+-*ol*] *a.* Llafar, ar lafar gwlad; (geir.) yn siarad neu'n llefaru: *spoken, in colloquial use*; (*dict.*) *talking, speaking.*

16g. (*LIEG*) *LlGC* 5276, 213a, Ar dywediad hwn y sydd *shiaradol* ymsyc yr iddewon er hyny. **1803** *P*, *Siaradawl* . . . Talking, speaking. Cf. D. OWEN: *WBC* 76, dilynai yr iaith ysgrifenyddol ac nid ein hiaith *siaradol* ni.

siaradreg, gw. **siaradwr.**

siaradus [*siarad*+-*us*] *a.* a hefyd gyda grym enwol. Hoff o siarad, parod i siarad, hoff o sgwrsio, parablus, tafodrydd, clebrog, baldorddus, gwag-siaradus, hoff o hel clecs, hefyd yn *ffig.*: *talkative, chatty, loquacious, garrulous, chattering, prattling, talking idly, fond of gossip, also fig.*

15g. *GDLl* 71, Sarn a gad o'ch siwrnai gynt, / *Siaradus* wyt, sorw ydynt [i Syr Rhys ap Thomas]. **15g.** *GGl*[2] 293, *Siaradus* o ŵr ydwyf, / Sôn am hen ddynion ydd wyf, / . . . / Ymofyn am bob dyn da / A bair ym y berw yma. **16g.** *Med H* 40, cogvran . . . mewn arveu a arwyddocka siaradwr twyllodrus . . . cans yr edn hwnn ysydd dra *siaradus*. **16g.** D. R. THOMAS: *DS* 154, dyscu a wnant fyned o dyy i dyy yn segurllyd ag nid yn vnig yn segurllyd eithyr yn *siaradus* ag yn fawr eu ymyrreth yn doyded pethau ni weddaû [*sic*]. **1567** *TN* 8b, na vyddwch *siaradus* [:– liawsairia/wc, lafarus] mal y cenetloedd: can ys tybiant y clywir wy dros ei haml'airiae. **1588** *Salm* cxl. 11, Dŷn *siaradus* ni wastateuir ar y ddaiar. **16–17g.** T. R. ROBERTS: *EP* 277, Saer y gerdd fesurig wych, / *Siaradus* o saer ydych [Siôn Phylip i Edmwnd Prys]. **1604–7** *TW* (*Pen* 228) d.g. *Futilis*. **1609** *CRC* 333, lle bytho rhevdvs a phrostiwr *siaradvs* / hwn yn ddiav a ddengis lle bo. **1632** *D*, *Siaradus*, Loquax, dicax. *id.* d.g. *Garrulus, Verbosus*. **1723** WM: *PGG* 18, Bu edifar genni lawer gwaith fyned i Gymdeithas, a llawer edifarach fôd yn ffraeth ac yn *Siaradus* yno. **1753** *TR*, *Siaradus* . . . prating. **1776** *W* d.g. *Loquacious*. **1777** W. DAVIES: *CHL* 175, nid yw gweniaethwyr yn dyfod yn agos i'r tlawd, ac ni's blinir a choeg-ymadrodd dynion *siaradus*. **1803** *P*. Ar lafar; yn ôl *GDD* 281, 'The word means more than to be merely talkative; there is also amiableness'.

siaradusrwydd [*siaradus*+-*rwydd*] *eg.* Yr ansawdd neu'r cyflwr o fod yn siaradus neu'n dafodrydd, siaradgarwch, gwag-siarad: *talkativeness, loquaciousness, garrulousness, idle talk.*

1632 *D* d.g. *Dicacitas*. **1722** *Llst* 189, *Siaradusrwydd*. m. A prating. **1772** *W* d.g. *Dicacity, Pratingness, Speaking, The habit of . . . much speaking*. **1803** *P*, *Siaradusrwyz* . . . Talkativeness.

siaradwr, siaradydd, siaredydd [bôn y f. *siaradaf*: *siarad*+-*wr*, -*ydd*[3]] *eg.* (b. *siaradwraig, siaradreg*) ll. *siaradwyr, siaradwrs*. Un sy'n siarad; un sy'n siarad (iaith benodol); llefarydd (dros eraill); areithiwr; un siaradus, un parablus neu dafodrydd, gwag-siaradwr, baldorddwr, clebrwr: *talker, speaker*; *speaker* (*of a specified language*); *spokesman*; *orator*; *talkative person, loquacious or garrulous person, chatterer, vain talker, babbler, prattler, gossip.*

15–16g. *TA* 390, At bab, od atebai ŵr, / Nês yr aud no *siaradwr* [i'r Abad Dafydd ab Owain]. **1547** *WS*, *Siaradwr* ne *siaradwraic* A chatterer a babler. **16g.** *Med H* 40, cogvran . . . mewn arveu a arwyddocka *siaradwr* twyllodrus . . . cans yr edn hwnn ysydd dra siaradus. **16g.** *GGH* 49, Uchel wyd, llew â chlod Llŷr, / Is yr ydynt *siaradwyr*. **1567** *TN* 200b, Pa beth sy ym-bryd y *siaradwr* [:– dywedytgar, y chwdelcwr [*sic*]] hwn ei ddywedyt? **1630** *YDd* 87, Os caiff dynion drygionus roi cyfrif am bob gair ofer: mwy o lawer y cair adnabyddiaeth ar yr ofer *siaradwŷr* eu hunain. **1688** S. HUGHES: *TSP* 163, Y mae Gwybodaeth yn wir yn bodloni *siaradwyr* (*Talkers*) ac Ymffrostwyr: Ond byw a gwneuthur yn ôl ein Gwybodaeth ydyw 'r hyn sydd yn rhyngu bòdd Duw. **1688** *TJ*, *Siaradwr*: a talkative Man, of many words. *c.* **1730** *Thos. Lloyd D* (LlGC) 210b, *Siaradwraig* . . . A prating gossip. **1773** *SBS* 44, Llawer o bregethu a wnaeth lawer o *siaradwyr* duwiol. **1795** *R. Crusoe* 111, Wil Atkins fel *siaradwr* tros y lleill a ddywedodd. **1803** *P* d.g. *Siaradwr, Siaradwraig*. **1828** *Geir Pob* 32, *Siaradwrs*, siaradwyr. Ar lafar, ''Dwi ddim yn *siaradwr* mawr o gwbwl'. Cf. D. OWEN: *RL* 111, Pan beidiodd a siarad, rhoddwyd banllefau uchel gan y gynnulleidfa: a rhedais innau adref i adrodd yr hanes wrth fy mam—y fath *siaradwr* campus oedd Bob.

Cfn.: **siaradwr brodorol:** *native speaker*. **20g.**

siaraf: siaro, siaratach, gw. **siariaf: siario, siaradach.**

siaratgar [*siarad*+-*gar*] *a.* Siaradus, parablus, tafodrydd, clebrog, hefyd yn *ffig.*: *talkative, loquacious, garrulous, chattering, also fig.*

[**1783**] *W* d.g. *Speaking, Given to much speaking*. **1803** *P* d.g. *Siaradgar*.

siarc [bnth. S. *shark*] *eg.* ll. -*od*, -*s*. Unrhyw un o amryw fathau o bysgod môr mawr, rheibus fel arfer, a chanddynt gorff hir ac asgell gefn amlwg, morgi; un sy'n ecsbloetio neu'n twyllo eraill: *shark* (*fish*); *exploiter, swindler, shark.*

1725 D. LEWIS: *GB* 175, Y mae Pysgodyn a elwir y *Siark*, yr hwn sy'n dra distrywgar. **1756** W. WILLIAMS: *GDC* 71, Ar *Sharc* 'sclyfaethus creulon sy'n difa o'i flaen o hyd, / Y Porpes mawr, ar Tortoise, ar Gragen werthfawr ddrud. **1757** *ML* i. 449, the Portmahon box . . . containd . . . clustiau Gwener, dannedd *siarcod*, a mân gregyn gwirion. *id.* 452, Deg i un wna naill ai'r Ffrancod ai'r *siarcod* lyngcu Sion ab y Doctor. *id.* ii. 29, Gwych o'r *siarc* glas, I remember it had three rows of sharp teeth and was vastly like your whale. Ar lafar, 'Fe æth at rywrai i gæl mintyg arian a fe æth i ddilo ryw *siarcs* budur a man' nw wedi'i ddoti fa mwn twll dychynllyd', *GTN* 761.

siarcio [bf. o'r e. *siarc*] *bg.* Ymddwyn fel siarc, ecsbloetio neu dwyllo (eraill): *to shark, exploit or swindle* (*others*).

17–18g. *LlGC* 6499, 588, A doedvd a wnae wrtho / ni chei di 'fran mom cogio / nag y chwaith [*sic*] na feddwl di / ar fy mhwrs i *siarkio* / Atteb a wnae Hvwkyn, / ai *siarkio* i rwy Ben Loyn? *c.* **1730** *Thos. Lloyd D* (LlGC) 208b, *Siarcio* . . . To shark. **1761** *ML* ii. 379, Ni chafodd Crosse un beil etto o Siamaica, felly gorfod *siarcio* efo'r meddyg mawr ar boblach a gaffo afael arnynt, genau du safnrhwth; rhaid bwyta ac yfed, medd ef.

siarcol [bnth. S. *charcoal*] *eg.* a hefyd gyda grym ansoddeiriol. Golosg, yn enw. golosg coed, darn o hwn at arlunio: *charcoal,*

esp. wood charcoal, a piece of this used for drawing.

16–17g. *LlCy* viii. 226, Trwy fawr garc fo wnaeth *siarcawl*, / Argoel dysg, er galw y diawl [Siôn Mawddwy am Syr Water, ficar Brynbuga, swynwr]. [**1762**] E. POWELL: *HEI* 68, Ceisiwch *Siarcol*, a Sialc. **1795** *R. Crusoe* 62, yr oeddwn yn ofalus pa fodd y gwnawn dân yn fy nghastell . . . aethum i ganol y goedwig lle y gwneuthum *siarcol* i atteb fy angenrheidiau gartref.

Amr.: **sercol. 1916. siercol. 20g.**

Cfn.: **siarcol glo:** *coke. c.* **1700** E. LHUYD: *Par* i. 59, Glo iw'r tanwydh i gyd i dharllaw &c. ond a *Siarcol glo* y maent yn krasu ei—Bri'g [*sic*].

siard, siardaf: siardo, siaredydd, gw. **siart, sardiaf: sardio, siaradwr.**

siariaf, siaraf: siar(i)o [bf. o'r e. *siâr*[1] neu fnth. S. (*to*) *share*] *ba.* Rhannu: *to share.*

20g. Ar lafar, 'Un bach i *siaro* popith sy ginto yw a', ''Ôn' nw'n *siaro* gwely o'i gilydd ar y pryd', *GTN* 762.

siarled, sarled [bnth. S. C. *charlet*] *eg.* Math o gwstard sawrus: *charlet* (*savoury custard*).

15g. *GGl*[2] 277, Ni bu i'r carl na *sarled*, / Na saws, aeth ei wledd yn sied [dychan i Uto'r Glyn]. *c.* **1566** *B* xv. 119, *Siarled* a ellir y wnythyr bob amser y vlwyddyn ag a wnair o flawd ag y [*sic*] wie ag ychydic laeth a saffrwn ay berwi ynghyd / pan y gwelych yn tewychy / bwrw ychydic cwrw / yndo ay dygo ynghyd / ay dori yn defyll ay wsnaythū allan.

siarllach, gw. **sarllach.**

Siarmaniaid [bnth. S. *German*(*s*)+ *-iaid*[1]] *e.ll.* Almaenwyr: *Germans.*

1696 *GGTY* 16, Mae'r *Siarmaniaid* yn galw bedydd yn eu Jaith hwy yn Tauff.

Gw. hefyd **Germaniaid.**

siarog [*siâr*[1]+*-og*] *a.* A chanddo gyfranddaliadau: *holding shares.*

Ar lafar, 'yn *siarog* o'r gymdeithas, o'r gwaith', *WVBD* 517.

siarp [bnth. S. *sharp*] *a.* a hefyd fel *eg.* ll. *-iau, -s.*

(*a*) Miniog, awchlym, blaenllym, yn cynnwys newid sydyn, yn enw. am gyfeiriad, serth; buan, sydyn, cyflym; llym, caled (e.e. am gosb, cerydd), tost, garw; a naws oer ynddi, rhewllyd; clir (am oleuni); main a threiddgar (am sŵn); byr ei dymer, crafog ei dafod, craff, miniog ei feddwl, hirben, clyfar, peniog; steilus neu ffasiynol (am ddillad): *sharp* (*of edge, point, &c.*), *steep*; *sharp, sudden, quick*; *severe*; *crisp, freezing*; *clear* (*of light*); *shrill*; *sharp* (*of person*); *sharp, stylish or fashionable* (*of clothes*).

a. **1564** *GST* i. 147, Saethu'n bell, a'r saeth yn bêr, / *Siarp* ei leisiau, yw'r pleser [i ofyn bwa]. **1574** *RhRC* (At.) 215a, yn ysgrifeny llyfre yn *siarpach* yn erbyn y gilydd nag y mayn yn erbyn y gwyr kytholig. **1583** *LlGC* 716, 21b, dvw . . . cospodd wynt, ai *siarp* [:- anianol] cospedigaethae. *a.* **1587** *Y* 9, Gofynaist, haeddaist heddyw, / I mi oll 'y mwa yw. / Hwn a ddaliai i roi'n ddolen, / Avrgloch *siarp* o Anwarp wen. **16–17g.** *RWM* i. 251, dwy *siarp* faethiades [*sic*] wych. **1615** R. SMYTH: *GB* 193, y prophvvyd Barvvch . . . yn feddig *siarpach* yn erbyn yr hain sy 'n ymroi i bompau, rhodres a deleithvvch. *Diw.* **17g.** *B* iii. 102, ar etifedd a aner y dydd hwnw a fydd diperigl a difwcwl a hyf a *siarp* ei barabl a synhwyrol a da ei gydwybod. **1766** *CD* 66, A chwedi ei gigyddio, fel bradwyr fae'n brwydro, / Rhoi ammod iw rwymmo, a gwyfo yn y gwynt; / A Phigffyrch *Siarp* hirion, a Wthient iw galon, / Hab Trautur a hoelion, oer helynt. **1828** *Geir Pob* 25, *Siarp*, llym, blaenllym. Ar lafar, 'byta'n *siarp*, cerddad yn *siarp*', *WVBD* 517; 'Dishginnodd y coffin ddigon i ga'l cnoc fach *sharp* ar y nobyn wê ar dro braich y stâr', *Wês wês* 31; ''Dyw'r rasal 'ma ddim yn ddicon *siarp*', *GTN* 761. Digwydd hefyd yn Arfon am garreg 'frau' ac 'amhosibl ei thrin', *WVBD* 517. Cf. D. J. WILLIAMS: *ChHO* 31, Dyn bach byr, *siarp*, *siarp* oedd Dafydd Williams; *id.* 211, rhiw fach *siarp* Glan Duar.

(*b*) Ac arno flas neu aroglau egr neu sur: *sharp* (*of taste, &c.*), *pungent, tart.*

16g. *LIS* 79, Bresych dofion . . . Y brigynnæ ne yr blaendardd vchaf sydd iachusaf ar les y ddwyfron amyn ei vod yn *siarpach*. *Diw.* **16g.** *WLB* 32, Pob rhyw lysse . . . ac aeron a chonffection melys sydd oer o naturieth, a ffob rhyw beth chwerw a *siarpp* sur a glew . . . sydd wresog. *id.* 50, dod a fynnych o lysse *siarp* sawyrys ai golchi yn lan . . . oni elont yn grinsych. **1725** D. LEWIS: *GB* 59–60, Petheu Egr a *Siarp* weithieu iw cymmeryd mewn Physygwriaeth . . . gallai 'r Petheu hyn o herwydd eu Hegrwydd wneuthur niwed.

(*c*) *Crdd.* Llonnod, yr arwydd (#) sy'n dynodi hyn; uwch o hanner tôn na'r cyweirnod naturiol (am nodyn), uwchlaw'r cyweirnod cywir neu reolaidd (am donyddiaeth): (*a*) *sharp* (*in mus.*).

1759 *BC* xvi, Llinnynnau o'r Bragod gower dawel / Fflat in *Siarp* sydd anian uchel. Ar lafar.

Amr.: **sierp.** Ar lafar, 'cosyn *sherp*, 'rhocyn *sherp*', *GDD* 282.

Gw. hefyd **siarpen.**

siarpaf: siarpo, gw. **siarpiaf: siarpio.**

siarpen [*siarp*+*-en*] *eb.* Gwraig neu ferch finiog ei meddwl neu grafog ei thafod: *quick-witted or sharp-tongued woman or girl.*

20g. Cf. D. J. WILLIAMS: *ChHO* 32–3, gofalydd yr ysgol, y *siarpen* fach o fenyw fwyaf twt a chryno a chwim ei throed a'i thafod a welwyd erioed.

siarpiaf, siarpaf: siarp(i)o [bf. o'r a. *siarp* a bnth. S. (*to*) *sharp*] *bg.a.*

(*a*) Rhoddi min ar, hogi; bywiogi, sioncio, brysio, mwstro, hastu, styrio: *to sharpen, whet*; *enliven, make or become brisk, hasten, hurry.*

1828 *Geir Pob* 25, *Siarpio*, blaenllymu. Ar lafar, *WVBD* 517; 'Mae'r busnes wedi *siarpio*'n arw', '*Siarpio* gêr', *B* xx. 378; 'Mi *sharpia* i di os na ddoi di yn dy flaen', *Cymru* liii. [151] (dwyrain sir Drefn.); 'Bydd rhaid i ti i *sharpo* hi os wyt ti am ddala'r train', *SC* vi. 129 (sir Benf.). Digwydd hefyd ym Morg. yn yr ymad. '*siarpo* stumog' 'creu awydd am fwyd', *GTN* 761.

(*b*) Cael arian, &c., drwy dwyll neu ddichell, twyllo: *to swindle, sharp.*

1789 TWM O'R NANT: *TChB* 16, Nid oes odid wr o gyfraith heno, / Na bo fe 'n Ystiwart i ddal a Chystwyo, / Ac Ambell Gnaf arall a wneiff y tro, / Neu Shopwr a fedro, [*sic*] *Sharpio.*

(*c*) *Crdd.* Codi (nodyn) o hanner tôn, mynd yn siarp: *to raise* (*a note*) *by a semitone, sharpen, become sharp.*

1834.

siarprwydd [*siarp*+*-rwydd*] *eg.* Yr ansawdd neu'r cyflwr o fod yn siarp (o ran blas, &c.), surni, egredd blas; craffter, yr ansawdd neu'r cyflwr o fod yn finiog ei feddwl, sioncrwydd, bywiogrwydd, prysurdeb; yr ansawdd neu'r cyflwr o fod wedi ei ddiffinio neu ei amlinellu'n eglur: *sharpness* (*of taste, &c.*), *pungency, tartness*; *keenness, quick-wittedness, briskness, liveliness*; *the condition of being well-defined or clearly outlined.*

1547 *WS*, Tostedd *siarprwydd* Tartnesse. Ar lafar yn Arfon am 'brysurdeb (busnes)'.

siarpwr [cfdds. o'r S. *sharp*(*er*)+*-wr*] *eg.* ll. *-wyr.* Un sy'n cael arian, &c., drwy dwyll neu ddichell, twyllwr: *swindler, sharper.*

1703 E. WYNNE: *BC* 19, Siopwyr (neu *Siarpwyr*) a elwant ar angen, neu anwybodaeth y prynwr. *c.* **1730** *Thos. Lloyd D* (LlGC) 208b, *Siarpwr*. A sharper. **18g.** R. W. JONES: *HCC* 178, Y *siarpwyr* siopau neu rhyw [*sic*] garpiau / Ond penna darn sydd Paun o Dwrneu / i fod mewn Barnau o Bwys (Twm o'r Nant).

siarra, gw. **siarri.**

siarred, sarred [bnth. S. C. *charet*, neu'n uniongyrchol o'r H. Ffr. *charrette*] *eb.* ll. *siaredau*, (prin) *siarrets.* Cerbyd olwynog, cert, trol, cerbyd dwy olwyn a dynnid gan geffyl(au) ac a ddefnyddid gynt i ryfela ac i rasio, cerbyd rhyfel, hefyd yn *ffig.*; (geir.) llys: *wheeled vehicle, cart, chariot, war-chariot, also fig.*; (*dict.*) *court.*

14g. *GIG* 148, *Sarred* groth domled amlwg, / Sarff oer megis march Syr Ffwg [i'r llong]. *c.* **1400** *YSG* i. 84, ef a'e gwelei . . . y vot yn disgynnu o *syarret* ac yn esgynnu ar gevyn deu varch uawr. *id.* 87, Y *syarret* honno a ellir y chyffelybu y'r anryded yr oedit yn y wneuthur y chwi yn y Vort Gronn. **15g.** *BB* 31, *ysarret* (*biga*) attiang [diwyg.] asathyr y tyrnassoed. **15g.** *GLGC* 101, Dod ar bared Siarls a'i *siared* / a llew Dared a'i holl dyrau. **15–16g.** *TA* 396, *Siared* afrifed ar frwyn, / Dau brelad yn bwrw i olwyn [i ofyn ebol]. **1545** *CI* 121, y mae yn dra da j'r kyuriw bobyl ac a vo a'i kyrf yn llawn o'r gowtt . . . ymaruer yn vynych a dgiestasiwn mewn *shared* ne wagen, ynn yr hrain jr esgydwir yr holl gorff. **16g.** *B* xviii. 334, kymerth y ddau dywysog a'r breninesau a'r holl ardderchogion, yn wyr ynn wragedd o boob vnn o'r ddwy blaid, j meirch a'i *shiaredau*. **16g.** MORUS DWYFECH: *Gw* 167, Sarn gaerog siwrnai gwerin / *Sared* ar lun croesed crin [dychan i'r dabler]. **1567** *LlGG* (*Sall*) 36b, *Siaredae* Dew ys ydd vgein-mil. **1567** *TN* 183b, ryw Eunuch o Ethiopia . . . val ydd oedd ef . . . yn eistedd yn y gerbyt [:- *siarret*], y darllenai ef Esaias y Prophwyt. *id.* 383a, yr oedd ganddynt [locustiaid] lurigae, mal llurigae haiarn: a lleis y hadeynedd oedd debic y leis *siaredey* yn rredec gan lawer o veirch y rryfel. **1574** *RhRC* (At.) 286a, yno y doeth naaman . . . ay wsnaythwr ai feirch ay *siarettes* yn debig y arglwydd. *c.* **1588** *B* ii. 237, *siarred*: rhwyl, llys. **1611** R. SMYTH: *SG* 246, Gwrolded [*sic*] . . . dyma yr odidawg *Siarred* o rinweddau ar yr hon y dugir ni i'r nef.

siarri [bnth. S. *sharry*, amr. ar *charabanc*] *eb.* ll. *-s.* Siarabáng, coetsh: *charabanc.*

1924 R. WILLIAMS PARRY: *H* 30, Mae ynys yn y Barri, / Ac awel ym Mhorthcawl, / A siwrnai yn y *siarri* / I rai a fedd yr hawl.

Amr.: **siarra** [bnth. S. *sharra*]. **20g.**

Gw. hefyd **siarabáng.**

siars [bnth. S. *charge*] *eb.g.* (bach. b. *-en*) ll. *-au.*

(*a*) Gofal, cyfrifoldeb, gofalaeth eglwysig, dyletswydd, gorchwyl; traul ariannol, cost; cyfarwyddyd (caeth) (barnwr i reithgor, esgob i glerigwyr, &c.), rhybudd, gorchymyn: *charge, care, responsibility, pastoral charge, duty, task*; *financial expense, cost*; (*strict*) *instruction* (*by judge to jury, bishop to clergy, &c.*), *admonition, order.*

15g. *GLGC* 45, Henri, Siasbar gychwïawr, / a Syr Rhys, mae'n rhoi *siars* mawr. / *Siars* yr unben o frenin, / *siars* y dug, *siars* diogan, / *siars* Syr Rhys, *siars* i rosyn, / yw'r un *siars* o'r ynys hon. **15g.** *GGl*[2] 121–2, Syr Siôn Bwrch, Idwal Iwrch lin, / Swyddawg breiniawg i'r brenin. / Cynheiliad, fal y tad hen, / Cyfraith tu acw i Hafren. / . . . / Syr Siôn biau'r *siars* yno, / Sirif fyth y sir yw fo. **15g.** *DE* 130, ar dy wdhf yr â deudheg / or gwyr yn *siars* ar gorn sieg. **1547** *WS*, *Siars* Charge. **1567** *LlGG* [x–xi], bot y llyfreu ys ydd or dywededic Wasanaeth, ar gost a *siars* (*at the costs and charges of*) plwyfogion pop plwyf . . . yn ddarparedic. **1567** *TN* [xxxv], Maddeuwch i mi hyn o gaswir: herwydd precethu'r caswir ys y yn *siars* y precethwr. **1595** H. LEWYS: *PA* 172, meis, [*sic*] ac y mae tad . . . ne wr tuy, yn cymeryd holl ofal, a *siars*, arnaw i hun, pa fod' y ceidw, [*sic*] y pyrth. **1606** E. JAMES: *Hom* i. 156, Pa fodd gan hynny y gallwn fod yn rhyddion oddiwrth y gorchymmyn hwn: lle mae cymmaint *siars* wedi [*sic*] ei osod arnom? **1615** R. SMYTH: *GB* 113–14, y mae . . . yn anodd i 'r neb sy 'n rheoli un eglvvys . . . fod yn salfiedig, o hervvydd fod i *siars* (*charge*) ai faych yn gymeint. **1655** R. JONES: *PC* 9, *Siars* am ei gladdu yn ei wlâd. **1677** C. EDWARDS: *FfDd* 19, mae'n gadel *siarse* arnynt am ddyfal ddyscu cyfraith Moses. **1703** E. WYNNE: *BC* 45, yna mae fy lle a'm *siars* a'm gorchwyl inneu. **1710** *LlGG* (*Gos*) 7, Na chynnwysed un Gweinidog . . . i dderbyn y Cymmun sanctaidd, yr un o'i *Siars* a'i Braidd a wyper yn yspys eu bod yn byw mewn pechod hynod heb edifarhau. **1712** T. WILLIAMS: *CDdG* 411, [c]ymmeryd o hono ef arno ei hun y *siars* Escobaidd dros y ddinas Thebais. **1717** *Llsgr R. Morris* 99, rhoe r̄ Iustus arnai *siars* yn ddidrwch / am gymerud edifeirwch / mine oeddwn mor wrthnysig / na wnawn oi gyngor ond ychydig. **1795** *R. Crusoe* 107, Daeth y Barbariaid ymlaen . . . ac Atkins gyd â phump o ddynion tu ôl i berth gyd â *siars* i adael i'r rhai blaenaf fyned heibio. **1828** *Geir Pob* 25, *Siars*, gorchymyn caeth; hefyd gofal, cadwraeth. Ar lafar, 'Mae'n *siars* fawr', *WVBD* 517; *GDD* 281; 'Fe gæs *siars* gin' i iddo fod yn fachan dæ', *GTN* 761. Cf. D. OWEN: *RL* 44, Galwodd Wil Bryan am danaf yn brydlawn, a chafodd *siars* benodol gan fy mam i gymeryd gofal o honof.

(*b*) Y weithred o ruthro'n rymus yn erbyn rhywun (mewn brwydr, gêm rygbi, &c.), rhuthr; (yn y ff. fach.) ergyd: *charge* (*in battle, rugby, &c.*), *rush*; (*dim.*) *blow.*

15–16g. *GLM* 312, Syr Rhys yn lladd, *siars* hen llew. **16g.** *Llst* 40, 66, *siars* ddarnwayw syr rys ddyrnod. **16g.** WILIAM CYNWAL: *Gw* (G. P. Jones) 95, Distrywia gad, dos drwy gant, / Diwan *siars*, edn y sersiant. Ar lafar yn y ff. *siarsan* (ll. *siarsa*) 'ergyd', 'Os cwmpith yr afal 'na ar dy ben di di gaid di *siarsan* biwr, 'ym machan i!', *GTN* 761.

(*c*) Cyhuddiad: *accusation, charge.*

1718 *CCC* 4–5, ysgymmyn, / Di-Dduw di-Ffydd, di-Ddychryn; / Na throwch hon [cydwybod] is gîl y Bars, / Hi ddaw a *Siars* i'ch erbyn. **1732** *AABI* 80, y

mae'r *Siars* yn dyfod, Ti a leddaist Urias â'r Cleddyf. Ar lafar, *Cymru* xlvii. 196 (sir Ddinb.).

(*d*) *Ffis.* Gwefr (drydanol); llenwad (o ddefnydd ffrwydrol): (*electrical*) *charge*; *charge* (*of explosive material*).

20g.

Cfn.: **siars eneidiau (enaid):** *cure of soul(s).* *c.* **1525** *TA* 744, Dyna roi un da 'n i raid, / Syr Siôn, rhag *siars* ei *enaid*; / Peri alaeth i'r prelad / Fu, oer a dwys farw i dad [marwnad Tudur Aled gan Raff ap Robert]. *a.* **1587** *Y* 91, Y mae arnad, brelad brav, / Wers nodol, *siars enaidiav.* **1710** *LlGG* (*Gos*) 10.

siarsaf: siarso, siarsen, siarser, gw. **siarsiaf: siarsio, siars, siarswr.**

siarsiaf, siarsaf, sarsiaf: siars(i)o, sarsio [bf. o'r e. *siars* a bnth. S. (*to*) *charge*] *bg.a.* Rhoddi siars (i), gorchymyn (i), rhoddi cyfarwyddyd (caeth) (i), rhybuddio; lefelu (arf) i ruthro; rhuthro tuag at, ymosod ar; codi pris (am neu ar); cyhuddo: *to charge, command, give* (*someone*) *a* (*strict*) *instruction, admonish, warn*; *level* (*weapon*) *to charge*; *charge, rush* (*towards*), *attack*; *charge* (*someone*) *a price* (*for*); *accuse.*

15–16g. *TA* 146, Syr Wiliam, moes yr eilynt / Sy'n *sarsio* gwayw San Siors gynt; / Mab a dyrr,—mae byw derwen,—/ Mwrus peics mawr, is y pen. **16–17g.** *RAGR* 323, Gann rai'n gweini fal y Gwenŷn / Im *siarsio* i, drosti hi am gyfri oedd iddŷn / Wrth fynŷch dalu, f'aeth yn gynnar / y Gynhysgaeth ginni ar wasgar. **1603** *NBSB* 307, Syr Siars Herbert freisgwart fron, / Syr Rhys ail, *Siarsai* alon. **17g.** *DCR* 266, Cerdda yn fwog Cyrch y swyddog / a *sarsio* hwn yn ddi gwestiwn / Roir Cardotyn yn y gefyn. **1672** J. Langford: *HDdD* 372, Bwriwch fôd i ddŷn a ryddhawyd . . . gael ar ei ryddháad ei *siarsio* gyn yr hwn a'i rhyddháoedd ef, i faddeu rhyw ddylêd wael. **1710** *LlGG* (*Gos*) 10, Gorchymmynnwn a *Siarswn* i bob cyfryw o'r a hudwyd fel y crybwyllwyd, wellhau eu cyndynrwydd hwnnw. **1730** J. Lewis: *CCPG* 16, fel y maent yn anturio *siarso* Duw ei hun yn anghyfiawn. *ib.* gan *siarso* yr Arglwydd fel Gormisdeyrn [*sic*]. **1739** *ML* i. 8, Ei feistr Hopkins a scrifennodd atto . . . ai *siarsio*'n drwm na scrifenna atto chwi mwyach . . . dan boen colli ei le. **18g.** *CC* 235, cwyn Sion ac Einion gwynfawr / *siarsiwn* fynd ir Sessiwn fawr. **1753** *TR*, *Siarsio*, to charge or command. **1755** *ML* i. 395, Can diolwch am tano [almanac] heblaw talu, *siersiwch* o yn eich bil. *c.* **1762–79** W. Williams: *P* 507, i'w gorchymmyn a 'u *siarso* i fyned oddi amgylch yr eglwysi, ac edrych fod pob peth yn cael ei wneud ar ol gair Duw. **1790** T. Jones: *TOS* 108, y petheu y *siarsodd* Duw ini eu hyspysu. Ar lafar, '*Siarsiwch* o ddwad', *WVBD* 517; *GDD* 281, *GTN* 761. Cf. D. Owen: *RL* 99, byddai fy mam fyth a hefyd yn rhoi gorchymynion i ni, ac yn ein *siarsio* ni i wneyd y peth yma a'r peth arall.

siarsiant, gw. **sarsiant.**

siarsiol, siarsol [*siars* + -(*i*)*ol*] *a.* Rhybuddiol: *admonitory.*

17g. *LlGC* 10249, [68], O oes, i, oes, yn *siarsol* / pery dy wir, pür, ar d'ôl.

siarswr, siarser [bnth. a chfdds o'r S. *charg*(*er*)(+*-wr*)] *e?g.* Dysgl fawr fflat, ?hefyd yn *ffig.*: *charger* (*dish*), ?*also fig.*

15–16g. *TA* 100, Seigiau, rhoddion siwgr, rhuddaur, / Syr Roser ynt, *siarswr* aur. **1547** *WS*, *Siarser* descyl vawr A charger.

siart [bnth. S. *chart*; dichon mai *siart* y dylid ei ddarllen yn yr engh. gyntaf isod, ond cf. hefyd S. Diw. Cyn. *chard*] *eb.g.* ll. -(*i*)*au.* Map neu gynllun daearyddol, yn enw. ar gyfer mordwyo neu hedfan, hefyd yn *ffig.*; taflen sy'n dangos gwybodaeth ar ffurf tabl, graff, neu ddiagram; cart achau; rhestr gyfredol sy'n dangos y recordiau, y rhaglenni teledu, &c., mwyaf poblogaidd yn eu trefn: (*navigation*) *chart, also fig.*; (*information*) *chart*; *pedigree chart, genealogical table*; (*record, &c.*) *chart.*

15–16g. *GIF* 78, Ni roid un, ar hyd ynys, / *siard* heb roi Rhisiard ap Rhys. **16–17g.** *GST* i. 387, Ffrwythodd ym mhob *siart* gartref, / Ffrwythed yn y nawfed nef. Ar lafar, "Odd e wedi gosod ach y teulu ar ryw *siart* fawr'; 'Mi odd 'na andros o glec pan ddisgynnodd y *siart* o'r wal'. Cf. D. Gwenallt Jones: *YA* 29, Gosod, O Fair, Dy Seren yng nghanol tywyllwch nef, / A dangos â'th *siart* y llwybr yn ôl at Ei ewyllys Ef.

Cfn.: **siart bar:** *bar chart.* **20g. siart cylch:** *pie chart.* **20g. siart r(h)ediad:** *flow chart.* **20g.**

Siartaeth, gw. **Siartiaeth.**

Siartaidd, Siartiaidd [cfdds. o'r S. *Chart*(*ist*)+-(*i*)*aidd*] *a.* Yn perthyn i'r Siartwyr, nodweddiadol o'r Siartwyr: *Chartist* (*adj.*).

1848.

siartar, siartedig, siarter, siarteredig, gw. **siartr, siartredig, siartr, siartredig.**

Siartiad, &c. [cfdds. o'r S. *Chart*(*ist*)+-*iad*[3]] *eg.* ll. -*iaid.* Siartydd: *a Chartist.*

1841 (1848) R. Jones: *Crwth Dyffryn Clettwr* 196, Er mwyn dy les o dlawd-ddyn paid, [*sic*] / Gwneud dal ar *Chartiaid* dwlon.

Siartiaeth, Siartaeth [cfdds. o'r S. *Chart*(*ism*)+-(*i*)*aeth*] *eb.* Egwyddorion mudiad gwleidyddol Prydeinig (1837–48) a oedd yn pleidio diwygiadau democrataidd, hefyd yn *ffig.*: *Chartism, also fig.*

1843.

siartiaf: siartio [bf. o'r e. *siart*] *ba.* Gwneud siart o, mapio, cynllunio (cwrs): *to chart.*

20g.

Amr.: **siartraf[2]: siartro** [ff. wallus]. **1934.**

Siartiaidd, gw. **Siartaidd.**

Siartist, &c. [bnth. S. *Chartist*] *eg.* ll. -*iaid*, -*s.* Siartydd: *a Chartist.*

1839.

siartr, siarter, &c. [bnth. S. C. *chartre*, neu'n uniongyrchol o'r H. Ffr.] *eb.g.* ll. -*au*, *siarteri.* Breinlen, braint-ysgrif; dogfen ffurfiol; hefyd yn *ffig.*: (*royal, &c.*) *charter*; *formal document*; *also fig.*

14g. *BT* 218, ef a gennhadawd y brenhin . . . y*sartyr* ydan y inseil ac inseil y legat. **1346** *LlA* 154, Ac yna darllein *chartyr* ae pechodeu [*sic*] ae weithredoed dr6c ynyscriuennedic yndi. **14g.** *BT* (*RB*) 258, canhadawd y brenhin y *chartyr* (amr. y *siartyr* ef) y Lywelin, o gytsynnedigaeth a'y etiuedyon, yn rwymedic o'e ynsel ef ac ynsel y dywededic legat. A hynny a gadarnnhawyt o awdurdawt y Pab. **14g.** *GDG*[3] 368, Periglor gerddor geirddoeth, / Barcutan, da y cân, Duw coeth. / Mawr yw braint *siartr* ei gartref, / Maharen o nen y nef [am Frawd Du]. **15g.** *GDID* 65, mae *siartr* duw yn gartref / mae sioseb yn wyneb nef. **15g.** *GLGC* 257, Priflys Syr Rhisiart sy'n un *siarter* / â phriflys Arthur am win pur pêr. **1547** *WS*, *Siarter* A charter. **16g.** Huw Arwystl: *Gw* 323, dwyn *siartr* / dyn tlawd ai gartref. **1567** *TN* [xl], hen Recordeu, Registreu, a' *Siartereu.* **1632** *D*, *Siartr* d.g. *Diploma.* **1677** C. Edwards: *FfDd* 200, *siarteri* o rydd-did. **1714** D. Lewys: *CN* 17, Eu *siarter* hwynt ydyw fy Ngair, / O'r hwn y Cair Cyfrwyddyd. **1752** J. Thomas: *FG* 178, *Siartr* gyhoeddus o Drugaredd. **1760** Wil: *SAC* 78, y rhannau mwya pwysfawr yn y Ddeddf a'r *Siartr* Cristianogol. **1771** *W*, *siartr* d.g. *Charter.* **1775** *PHBA* [iii], [y] cwbl y maent yn geisio yw cynnal y *Siartrau* (charters) a genneattaodd [*sic*] Lloegr iddynt ar y cyntaf. **1790** T. Jones: *TOS* 251, yr addewidion a gynnwys ein *siartr* a'n hawl i'r nefoedd.

Amr.: **siartar. 16–17g.** *HG* 65, an *siartar* ywr sgrythyr lan . . . / an sel yw dy basiwn di. **1711** H. Powel: *TY* 113, A pha mor ofalus y mae pobl i gadw Hen *Siartarau*; er na bo ynddynt ond ragor freintiau tymhorol, heb fod yn fyddiol iawn ychwaith?

Cfn.: **Siartr (Siarter,** &c.**) Iwerydd:** *the Atlantic Charter.* **20g. y Siartr Fawr:** *Great Charter, Magna Carta.* **1903. Siartr y Bobl:** *the People's Charter.* **1906.**

Gw. hefyd **siartras.**

siartraf[1]: siartro [bnth. S (*to*) *charter*] *ba.* Llogi (llong, awyren, &c.): *to charter* (*ship, aeroplane, &c.*).

20g.

siartraf[2]: siartro, gw. **siartiaf: siartio.**

siartras, sartrys, &c. [bnth. S. C. *chartres*, ff. l. yr e. *chartre*, a'i thrafod fel e. un.] *eb.* ll. -*au.* Siartr: (*royal, &c.*) *charter.*

13g. *B* ix. 148, par em gaffael er ysgemvn *sartrys* a rodet en insellyedic e diauwl. *ib.* A guede bot ohanav . . . en parhav ene wedieu . . . e cavas e *sartrys* kedernyt e enwired ar e dwy vronn. *ib.* er yskymunedicaf *sartrys* honno. **14g.** *BT* 170, adaw athremygu y llyeu . . . ar *sartrysseu* arodassei ef y Lywelyn vab Iorwerth [am Wenwynwyn, arglwydd Powys]. **14g.** *BT* (*RB*) 206–8, ac anuon attaw escyb ac abadev . . . a'r llythyreu a'r *chartrasseu* (*RB* 355, *syartrasseu*) (*cartis*) gantunt. *c.* **1400** (*SG*) *HMSS* i. 372, ar hynny y mae gennym *syartrassei* [*sic*] dan inseil.

Gw. hefyd **siartr.**

siartredig, siarteredig [*siartr*, *siarter* + -*edig*] *a.* Yn perthyn i gorff proffesiynol ac iddo siartr frenhinol; ac iddo siartr (frenhinol): *chartered* (*of accountant, &c.*); *chartered* (*of professional body, &c.*).

1902.

Amr.: **siartedig. 20g.**

Siartydd [cfdds. o'r S. *Chart*(*ist*)+-*ydd*[3]] *eg.* ll. -*ion*, *Siartwyr.* Pleidiwr Siartiaeth: *a Chartist.*

1896.

siarŵms, gw. **masiarŵm.**

sias[1], tsias[1] [bnth. S. C. *chace*, neu'n uniongyrchol o'r H. Ffr.; ansicr yw rhai o'r enghrau. yn adran (*b*), a dichon mai gair gwahanol a welir yno] *eb.* (bach. *siasen*) ll. *siasau*, -*oedd*, -*ys.*

(*a*) Y weithred o hela, helfa, helwriaeth; y weithred o ymlid (gelyn), ymladd, brwydr, cynnen, helynt; byddin: *hunt*(*ing*), *the chase*; *pursuit* (*of an enemy*), *fighting, battle, strife, trouble*; *army.*

14g. *GDG*[3] 239, Ni chaf eithr *sias* o draserch, / Ni chred neb brysurdeb serch. **14g.** *GIG* 13, Dyn irddewr mewn dawn urddas, / Dragwn a'i sêl drwy gan *sias.* *id.* 99, A moli'r salm, aml yw'r *sias*, / Da gan Dduw gael teuluwas [marwnad Ithel Ddu]. **15g.** *GDLl* 99, Saith enw a wna saethu nod, / *Siasoedd* yn y maes isod. / . . . / Drwy granc creulon, estronol / Saeson a wna *sias* yn ôl. **15g.** *GLGC* 42, Trwy Gred tair saled fu'n seilio—*siasau* / Siwlius Sesar Penfro. *id.* 208, Tomas Phylib, o'r *sias* hon, / Ŵyr F'redudd, â'r arf friwdon. **15g.** *ID* 42, masstr rys wych yn mwstro *ssias* / maintenwyr iemen thomas. *id.* 97, Trist wyv pan soniwyf am *sias* / glan Gwy a Glyn ac Euas. **15g.** *GOLlM* 33, chwarae mewn parcau pwrcas, / a chŵn y sir ni chaen *sias* [i ofyn dau filgi]. **15–16g.** *GIF* 47, Y sy eisiau o *siasoedd* / Siasbar, gwaith *sias* bur ag oedd. **15–16g.** *TA* 226, Nid aut, Siôn, hyd at y *siâs* / Ond â gŵr yn dy guras. **1547** *WS*, *Sias* ymlid Chase. **16–17g.** Edward Urien, &c.: *Gw* 246, Paladr o gyrff pleidryw Gwên / A Seisyllt, ni ad *siasen.* *id.* 271, Troes Duw oer *sias*, trist yw'r sôn, / Trwy Wynedd y tri Einion. **1650** *B* x. 51, o achos twyll y cyllaill câs / fe rhoddir *sias* i'r Saeson. **18g.** E. T. Rhys: *DA* 153, Pe deuai'r Ffrensh, y'nghyd / A'r Spaniards, beggars byd, / Dros gefnfor glâs, i ymladd *siâs*, / Trwy geisio'n teyrnas glyd. **1776** H. Jones: *GC* 18, Ag oni tê bydd dost ein *Siâs*, / Yngwaelod Uffern gethern gâs; / Oni achyb Duw ni ai Râs, / yno yr awn. Ar lafar yn y ff. *tsias*, 'Cas e [*tsi*]*âs* ofnadwi i gwiro'r beinder' 'He had a great difficulty in mending the binder', *SC* vi. 109 (sir Benf.).

(*b*) Pwl (o salwch, gwaith, &c.), sbel, tro: *bout, fit, spell, turn.*

1696 *CDD* 313, Ar ol yfed yno *sias*, / Fe gae'r gwas ei guro. **1722** *Llst* 189, *Sias.* f. A heat, welm. **1742** *AAST* (1951) 74, Mi glywaf oddiwrth L Morris fod Herbert ar ol *sias* o glefyd wedi sobri. **1752** *ML* i. 217, Mi glywais ryw dro son am wr, yr hwn wedi mendio o *sias* o glefyd, a ollyngasai yn ango ei enw ei hun. **1753** *TR*, *Siâs*, a bout, a course. **1760** *ML* ii. 280, Mae'n rhywyr clywed par sut yr ydych ar ol y *sias* drom honno. [**1783**] *W*, *Siâs* (chwyl) o waith d.g. *Spell* [*a course*] *of work.* Ar lafar yn y ff. *tsias*, 'Rho [*tsi*]*âs* i fi 'nawr' 'Give me a turn now', *SC* vi. 109 (sir Benf.). Cf. *LlG* lvii. 8, Os digwyddai i berson ddioddef gan oerfel ac yn crynu o'r herwydd yr ymadrodd oedd '*siasys* o oerfel' (sir Gaerf.).

(*c*) (geir.) Lleoliad y bêl ar y cwrt pan fydd hi'n dechrau bownsio'r eilwaith (mewn tennis real): (*dict.*) *chase* (*in real tennis*).

1617 *Minsheu* 66a, *Siâas* d.g. *a Chace at tennis.* **1688** *TJ.* **1722** *Llst* 189, *Sias* . . . a chase at tennis. **1772** *W*, *siâs* ar bêl hummog d.g. *Chase* [*at tennis*].

Gw. hefyd **sas.**

sias[2], siasb, gw. **sash[1]** (At.), **siasbi.**

siasban, siasben, gw. **sosban.**

siasbi, s(i)asbin, s(i)esbin, &c. [bnth. Ffr. *chausse-pied* 'corn esgid'] *eg.b.* ll. -*s.* Llafn llyfn cafnog o gorn, dur, plastig, &c., i helpu'r sawdl i mewn i esgid, corn esgid: *shoehorn.*

16g. *GRCG* 74, Soplen bach yn s[w]p o blu / Fal draenog yn dyrynnu, / A'i brig grisbin fan *siasbi* / Ne hen gafn ei safn sy' [marwnad Hobi]. **1604–7** *TW* (*Pen* 228), *Siasbi* d.g. *Cornu Calcearium.* **1632** *D*, *Siaspi*, Gallicum est, Chauspied, Induere pedes. **1753** *TR*, *Siaspi*, a shooing-horn. **1774** *W*, *siaspi* d.g. *Horn, A shooing-horn.* Ar lafar yn y ff. *siasbi*, *ISF* 68 (hefyd yn nwyrain Morg.), *siesbin*, *WVBD* 518, *GTN* 764, *sesbin*, *GDD* 262, *sesbi*(*n*) (Rhydaman), *siesbi* (gorllewin Meir.), *siasbin* (Llŷn a godre Cered.), *tsiesbin*

(dwyrain Morg.), a *sasbin* (dwyrain Morg.). Defnyddir *siesbin* hefyd am 'y bar hir fflat a ddefnyddir i gau drws ac a sicrheir â chlo llyffant', *GTN* 764.

Amr.: **siasb** [?olff. o *siasbin* drwy ei ddeall fel ff. fach.]. (ll. -(*i*)*au*). Ar lafar, *WVBD* 517; *TGG* (1907–8) 86 (de-orllewin sir Gaerf.), *GTN* 761. **s(i)esbig** [?dan ddyl. yr e. *pig*¹] (*eb.*). Ar lafar yng ngorllewin Meir. a sir Drefn.

siasen, gw. sias¹.

siasi [bnth. S. *chassis*] *eg.b.* ll. *-s.* Ffrâm waelod (cerbyd modur, &c.): *chassis.*

20g.

siasmin [bnth. S. *jasmin*] *eg. Bot.* Iasmin, jasmin: *jasmin.*

1775 *W* d.g. *Jasmine.*

Gw. hefyd **iasmin.**

siat, sïat, gw. **tsiat, seiat.**

siatal [bnth. S. *chattel*] *e.ll.* Nwyddau, eiddo: *chattels, goods, property.*

1547 *WS*, *Siattal* Chattall. **16g.** *B* xviii. 333, gida ffoob kyuriw *shiattal* eraill a'r berthynnai i wasnnaethu dynnion a niueliaid. **16–17g.** (**17g.**) *CC* 40, prynnu *siattal* gofal gwann / heb eiriach wyneb arriann (Thomas Prys).

Gw. hefyd **catel.**

siatic, gw. **siatig.**

siatica, seiatica [bnth. S. *sciatica* neu'n uniongyrchol o'r Llad. C.; ansicr yw grym *sc-* yn yr enghrau. isod] *eg.b. Meddyg.* Gwynegon y glun, clunwst: *sciatica.*

16g. (*LlEG*) *Mos* 158, 341a, [p]ob kyuriw gleuydion ar aanniwygiai [*sic*] gorf dyn Megis y / gowtt / Palse / *Siatika* / Dolur ynn y kymale. **16g.** *LlS* 23–4, Yr Esparag gwyllt . . . sy dda . . . rhac y *Sciatica* sef gwaew yn y glun. *id.* 31, Had y llyseun hwnn [ysgol Fair] sy dda rhac y *Sciatica.* **1604–7** *TW* (*Pen* 228), y *Sciatica*, ner Gout or Glun d.g. *Ischiacus.* **1632** *D*, clâf o'r *Sciatica* d.g. *Ischiacus.* *c.* **1740** *LlM* 23, Rhag y *Siatica* neu Wewyr gofidus yn yr Aelodau. **1759** J. EVANS: *PF* 78, Mi wn i hyn iachau *Siatica* oe[dd] wedi dechreu er's pum mlynedd a deugain. *ib.* Gwayw llŷm yw *siatica*, fynychaf ynghymal pen y Glyn [*sic*]. **1777** M. WILLIAMS: *BM* 33, Llawer hefyd o ddynion a flinir gan glefydion, megis *siatica*, neu boen yn y cymhalau, chwydd yn y morddwyd, oddiwrth lygredigaeth yn y gwaed, oerfel, &c. Ar lafar, "Ges i hen bwl o *seiatica* cas iawn wsnos dwytha" (Arfon); 'Fe ges i hen *seiatica* gas y gaea' dwetha" (gogledd Cered.).

siatig, siatic [bnth. a chfdds. o'r S. *sciat(ic)*(+-*ig*²)] *a.* a hefyd fel *e?g. Meddyg.* Yn dynodi'r nerf hwyaf yn y corff dynol sy'n rhedeg o'r pelfis i'r glun, clunol; siatica, gwynegon y glun, clunwst: *sciatic*; *sciatica.*

16g. *LlS* 144, y gwayw yn y glûn yr hwn a eilw rhei or meddygon Cambereic y *Sitic* ne y *Siatic.* *Dchr.* **17g.** *J* 10, 41a, *Sitig. Siatig.* Sciatica. Ischiadica.

Amr.: **sitic, sitig** [?cf. S. C. *sitica*] **16g.** *LlS* 144, y *Sitic.* *Dchr.* **17g.** *J* 10, 41a, *Sitig.*

siatlach, siatliach, setl(i)ach [*siat(a)l*+-*ach*², -*iach*² (At.)] *e.ll.* Mân offer (diddefnydd), trugareddau diwerth, ceriach, petheuach, hefyd yn ddifr. am bobl: (*useless*) *gear, odds and ends, trifles, also derog. of people.*

c. **1785** *BELl* 50, Ond y neb [a] fo 'n prynnu a stuno / A hel gwaithwyr dinerth dano, / Bod wedi am fisoedd amseroedd sâl / A *siatlliach* heb dâl na settlio. **1787** (**1812**) TWM O'R NANT: *PG* 39, Sôn a wnawn i am ryw ofer *setlach*, / Sian, a Sioned, a Rebela o Ddinbych, / They're not fit to open their mouth, / Nid y'nt wrth rai'r South ond sothach. Ar lafar, 'Hen *siatlach* ydyn' nhw' (Meir.).

siaw, gw. **siew.**

siawns [bnth. S. C. *chaunce, shaunce* 'chance'] *eb.g.* ll. -*iau*, ?-*oedd*, -*ys*, a hefyd fel *adf.* Hap, damwain, ffawd, lwc; cyfle, cyfleustra, posibilrwydd; mentr, perygl: *chance, accident, fortune, luck*; *chance, opportunity, possibility*; *chance, venture, risk.*

15g. *GLGC* 301, Mae'r ddawns a'i *siawns* rhwng pob saith? / Mae'r carols? Mae'r cwrw eilwaith? **16g.** HUW ARWYSTL: *Gw* 449, Chware *siawns* ni chyll / ar dri deg sefyll / y rwyf a thefyll / avr fathafarn. **16–17g.** LLYWELYN SIÔN, &c.: *Gw* 324, o ychan achav / o dewdwr davav, / y maen sy olav, / a Mawnseled; / o sainsion *siawnsoedd*, / o jrien oeroedd, / o barkle a oedd oer i klywed. **17g.** E. MORRIS: *B* 90, Rhai yn dwad, a mine'n bwrw i bawb *siawnsie.* **1672** R. PRICHARD: *Gw* 299, Ond gwared ni, rhag pôb drwg ffawd [:– Damwain, *Shawns*]. **1691** T. WILLIAMS: *YB* 106, Mae rhai yn gwneüd pen am danynt eu hunain, eraill a ddifethir gan anifeiliaid gwylltion, eraill gan *siawns* ddrŵg. **1723** WM: *PGG* 39, a derbyn yn ddiddig bob *Siawns* a ddigwyddo. [**1740**] L. ANWYL: *CA* 125, rhoddi gwneuthuriad yr adeilad 'ogoneddus hon i ddigwŷddiad neu *siawns.* **1754** G. OWEN: *L* 136, mi welaf nad oes dim *siawns* am ddyfod i Gymru. **1761** *ML* ii. 342, taflu disiau . . . a'r *siawns* a ddigwyddawdd i Huw, a cholli a orug y Marchog. **1762** *id.* 523, yn y Werddon y ca Ducker esgobaeth, mae yno fwy o *siawnsiau.* **1777** W. WILLIAMS: *DN* 38–9, fod *siawns* fawr gan wragedd trwy ymddwyn at eu gwŷr yn ddoeth . . . i'w troi o fod yn llewod i fod yn ŵyn. **1828** *Geir Pob* 25, *Siawns*, damwain. Ar lafar, 'dim *siawns* i chi gâl hyd iddo fo', 'Mi fentra' i 'n *siawns*', 'In plural, "perquisites"', *WVBD* 517 (*eg.*); *GDD* 281 (*eg.*); 'Di ddylsat gmeryd y cyfla, 'ddaw dim *siawns* fel 'yn eto', *GTN* 762 (*eb.*); 'Mae 'na *siawns* y colli di dy swydd os na fyddi di'n fwy cydwybodol'. Cf. D. OWEN: *GT* 315, mae gen i ofn na cha i ddim *siawns* i redeg bil efo ti; D. OWEN: *SP* 69, nid oedd *siawns* cael gan yr hen dadau yn y sêt fawr gydweled.

Fel *adf.* Yn sicr, siŵr o fod, yn ôl pob tebyg; efallai, o bosibl: *surely, probably, in all probability*; *perhaps, possibly.*

1917. Ar lafar, 'Mi ddaw o 'fory, *siawns*', *WVBD* 517; 'Siawns na chlywa-i rwbath oddi wrtho fo 'fory', 'O, mi 'nei, *siawns*', *B* xv. 24 (gorllewin Meir.). Clywir *siawns* yng ngogledd Cered. yn yr ystyr 'o'r braidd, go brin, digon o waith', "Ei di i weld drama arall o'i waith e?', 'O *siawns*! Dramodydd gwan iawn yw e'.

Amr.: **tsians. 1916.** Ar lafar, 'un *tsians* o fil', *WVBD* 554. **tsiawns** (*eg.* ll. -*ys*). Ar lafar, "Cheso' i 'rîod *tsiawns* i gæl addysg', *GTN* 834.

Cfn.: **siawns a:** *it is doubtful whether, it is unlikely that, it is surely not the case that.* ?**17g.** (**18g.**) *CLlC* ii. 38, Mae fy mwyall etto ar dân / I ddifa'r man gangheni / *Siawns a* fydd o fewn y fro / Un pricc a dalo ei losci. Ar lafar, '*Siawns* ddaw e' (godre Cered.). **siawns na(d):** (i) *it is probable or likely that, it is surely the case that.* **1743** J. JONES: *LlAW* 185, *Siawns na* bydd rhŷw Gymydog . . . a fedro ddarllain. **1769** TWM O'R NANT: *TChD* 34, Pe cawn i ef i'm Gafel *siawns na* chae gofio, / A thippyn gwell Saffrwydd, mi wnawn iddo suffro. **1777** E. ROBERTS: *DG* 43, *siawns na* sigwn ar wndwn ei wendid. Cf. D. OWEN: *D* 208, *Siawns na* welwn ni moni heno; T. H. PARRY-WILLIAMS: *Y* 7, *Siawns na* byddwn yn gyfeillion yrhawg. Ar lafar, "*Siawns na* chlywa-i rwbath oddi wrtho fo 'fory', *B* xv. 24 (gorllewin Meir.); '*Siawns na* gawn ni dipyn o hwyl y pnawn 'ma'; '*Siawns na* fydd e mewn y prynhawn 'ma'. (ii) *it is doubtful whether, it is unlikely that, it is surely not the case that.* Ar lafar, 'mi drown i nwrn drwy'i ened e, ond *shawns na* wêdd gidag e'r un', *Wês wês* 18. **siawns y:** (i) *it is doubtful whether, it is unlikely that, it is surely not the case that.* Ar lafar, '*Siawns* bydd e na mewn pryd' 'He will hardly be there in time', *SC* vi. 129 (sir Benf.). (ii) *it is probable or likely that, it is surely the case that.* **1925** *Ll* iv. 53, oni bydd ganddo [hanesydd] radd o reddf yr artist, *siawns* fawr *y* bydd y ffeithiau, nid yn syrthio i'w lleoedd yn rheng unffurf o benodau, ond yn sefyll fel mwdwl pys yn dorf o unigolion (Thomas Richards). **ar siawns:** *by chance; on the off chance.* *c.* **1762–79** W. WILLIAMS: *P* 167, rhag iddunt *ar siawns* . . . ymborthi ar gorph ag y bu enaid tâd . . . yn trigo ynddo. **wrth siawns:** *by chance.* **1606** E. JAMES: *Hom* iii. 137. **1672** R. PRICHARD: *Gw* 397. **1739** *ML* i. 16.

siawnsaf: siawnso, gw. **siawnsiaf: siawnsio.**

siawnseler, siawnselwr, gw. **siawnsler.**

siawnsfentraf: siawnsfentro [*siawns*+*mentraf*: *mentro*] *bg.* Hapfasnachu: *to speculate* (*in stocks, &c.*).

20g.

siawnsfentrwr [bôn y f. *siawnsfentraf*: *siawnsfentro*+-*wr*] *eg.* ll. -*wyr.* Un sy'n siawnsfentro, hapfasnachwr: *speculator* (*in stocks, &c.*).

20g.

siawnsiaf, siawnsaf: siawns(i)o [bf. o'r e. *siawns*] *bg.a* Cymryd siawns, mentro, peryglu; digwydd, dod i ben: *to* (*take a*) *chance, venture, risk*; *happen, come about.*

1565 *IICRC* iii. 250, Ef a *siownsiodd* rhygaf fynd ag un om ffrynd ymryson. *c.* **1600** *March C* 21, Hyn a *siawnsodd* (*Llst* 178, 48b, ddamwainoedd) yn ei amser hoffaidd fis Mai. *c.* **1730** *Thos. Lloyd D* (LlGC) 210b, *Siawnso.* To chance. #. 38. Cf. *Llsgr R. Morris* cviii, Pe *siawnsiai* i mi feddwi a cholli 'Nghymr'ag.

Amr.: **tsiansio, tsianso.** Ar lafar, 'Gadawa bethe fel mân' nhw, paid â *tsianso* dy lwc' (Cered.). **tsiawnso.** Ar lafar, 'Dishgwl ar 'wnna ar dŵr yr eclws 'na, ma fe'n *tsiawnso* 'i fywyd!', *GTN* 834.

Cfn.: **ei siawns(i)o,** &c., **(hi):** *to take a chance, 'chance it'.* **1923.** Ar lafar, '*Siawnses* i *ddi* heb got fowr', *SC* vi. 129 (sir Benf.); "Dwi ddim yn meddwl ddalia' i'r trên, ond mi *tsiansia' i hi* rhag ofn'; 'Raid '*i siawnso 'i* cyraeddwn ni mwn pryd 'da'r bŷs 'yn' (dwyrain Morg.); 'Dara 'mlæn, *tsiawnsa 'i*', *GTN* 834. Cf. D. J. WILLIAMS: *ChHO* 200, ni'm cymhellid i i'w *siawnsio hi* fy hun i wynebu'r gaeaf yno'.

siawnsler [bnth. S. C. *chaunceler*, neu'n uniongyrchol o'r H. Ffr.] *eg.* Canghellor, hefyd yn *ffig.*: *chancellor, also fig.*

c. **1400** *RB* ii. 403, lladassant archescob kaergeint *Iawnsler* y brenhin. **15g.** *GLGC* 477, Bid *siawnsler*, ef a'n gweryd. **15–16g.** *TA* 207, Sydd o dyst swyddau distain, / *Siawnsler* hir sy'n seilio 'r rhain. **16g.** (*LlEG*) *Mos* 158, 15a, Ynn yr amser yma Ir ydoedd Esgob Roytshiesdyr ynn *shiawnsle/r* o loygyr. **16g.** BEDO HAFESB, &c.: *Gw* 109, o fil yn aber gwili / lle mae kyfraith yn iaith ni / *Siawnsler* kall mewn deall dyn / seiniwyt heddiw sant uddyn [Huw Llŷn i Lewys Gwyn]. **16g.** *GGH* 198, Swydd a gaem sydd ddigymysg, / *Siawnsler* wrth ddoethder a'th ddysg [moliant Elis Prys o Blas Iolyn]. **1577** *GST* i. 332, *Siawnsler*, o ddisymlder Siob, / Eurwych wisg, i'r archesgob [marwnad Doctor Iâl]. **1583** *LlGC* 716, 89b, y brenin a ddanfonodd Shaphan mab i Azaliah, mab meshu Lam [*sic*] y *siawnseler*, i Tey y'r [*sic*] arglwydd. **1596** *GST* i. 108, Arglwydd gwiwrwydd i'w garu / Yn selio'r farn, *Siawnsler* fu, / Llyna'i swydd, llawen yw sôn / Llwyrddoeth dros holl Iwerddon [am Syr Wiliam Siarradr]. *c.* **1600** *CRC* 177, Gwedv i siors a thomas fwyn / fy nirwyn i am yr arian / gen y *siawnsler* myn fy ffydd / nid oedd fyngherydd fychan. **1763** *DT* 97, y Dr. Ed. Wynne, o Fodewryd ym Mon, *Siawnsler* Henffordd.

Amr.: **iawnsler** [ansicr yw grym yr *i-*; cf. *iubed*, amr. ar *sibed*]. *c.* **1400** *RB* ii. 403. **sianselor. 1794** E. JONES: *CP* 18, yr arglwydd *Sianselor*, neu yr arglwydd ganghellor. **siansler. 16–17g.** *PhA* 289, arglwydd llew aergledd lluoedd / *siansler* yn i amser oedd [i Siôn Gwynn]. **17g.** *TBM* 297, gofynnwch farn y *Siansler* / A ydyw'n gyfiawn fater. **siawnselwr** [cfdds. o ff. megis *siawnsel(er)*+-*wr*]. **1583** *LlGC* 716, 91a. **siawnslor.** *c.* **1600** L. DWNN: *HV* ii. 282, *Siawnslor* Bangor. **tsiawnsler.** *c.* **1600** L. DWNN: *HV* i. 152, *Chiawnsler* Ty Ddewi.

Gw. hefyd **sansiler.**

siawnsmedlai [bnth. S. *chance-medley*] *e?g.* Ysgarmes sy'n cychwyn yn anfwriadol, yn enw. un lle lleddir rhywun: *chance-medley.*

15g. *DE* 79, y roe y diffig ar rai / am adladd mewn *siawns medlai.* **16g.** (*LlEG*) *Mos* 158, 509b, Ac nadauaeliai noddua I wr mwy o o hynn y [*sic*] allan onid ynn vnig am *shiawns medlei.* **16–17g.** *CRC* 431, fo a wnai arian weithie / fwrddwr [*sic*] yn *siawns medle* / ag a wnai avr yn siwr / *ssiawns medle* yn fwrdwr.

siawnsri [bnth. S. Diw. Cyn. *chauncery*] *e?g.* ll. *siawnsrïau.* Llys canghellor, cangelloriaeth; Llys yr Arglwydd Ganghellor, sydd bellach yn adran o Uchel Lys Cyfiawnder: *chancery, chancellery*; *Chancery.*

16g. (*LlEG*) *Mos* 158, 109b, peris y brenin . . . ysmuddo [*sic*] y *Shia/wnssri* . . . o Wesmysdyr. *a.* **1577** (**18g.**) *Card* 84, 777, Swydd i gynal sydd genych / y *Siawnsri* ail Sain Sior wych [Rhys Cain i'r Dr Tomas Iâl]. **1577** *GST* i. 332, Sicr rhag camraint, swcr Cymru, / Seiens ar Fainc *Siawnsri* fu [marwnad y Dr Tomas Iâl]. *c.* **1730** *Thos. Lloyd D* (LlGC) 210b, *Siawnsri.* Chancery.

Amr.: **sians(e)ri** [bnth. S. *chancery*]. **1794** E. JONES: *CP* 18, Mae holl rifedi y briffiau i'w dychwelyd yn ol, a'r derbyniwr am bob copi a fyddo yn ol a fforffetia 50 punt, oddieithr iddo roddi tystiolaeth ddigonol yn llys *Sianseri.* *id.* 150, *Siansri*—Chancery. Llŷs cyfiawnder a chydwybod.

siawnswr [?bôn y f. *siawnsiaf*, *siawnsaf*: *siawns*(*i*)*o*+-*wr*, neu *siawns*+*gŵr*; dichon mai yma y perthyn *siansiwr*, HUW ARWYSTL: *Gw* 338] *eg.* ?Un sy'n cymryd siawns, un ffodus: *one who takes a chance, fortunate person.*

16g. RHISIART FYNGLWYD, &c.: *Gw* 81, Swyddog ofn y sydd gyfarch, / *Siawnswr* fal Sain Siôr a'i farch. *c.* **1730** *LlCy* iii. 50, 'Does ail, trwy sir 'mo'i siwd yn siwr, / Suw abal *siawnswr* sybar.

sibadêrs, gw. **jibidêrs.**

sibed, &c. [bnth. S. C. *gibet*, neu'n uniongyrchol o'r H. Ffr.; â'r ff. yn -*u*-, cf. S. C. *iubet*] *eg.* ll. -*au*, a'i ddefnyddio fel rheol yn y ll. Postyn unionsyth ac arno drawst i

hongian corff rhywun a ddienyddiwyd, crocbren: *gibbet, gallows*.

13g. *GBF* 455, Goae syberƀ ar *subet* angeu. **1636** *Pen* 321, 155b, ond nid ydi hyn yn gwrthnebu crogi llofruddwyr creulon mewn *shiebede* heb gladdedigeth. **17g.** *IICRC* iii. 362, fo ddoeth i dad o ar diwedd / yn gaeth i ddiodde ar ddialedd / wrth *sibede* yn y man / am wneuthur anrhugaredd. *id.* 365, i roddi o wrth *sibede* lle gwnaeth o yr weithred serth. **1657** RE: *CDd* 138, pan fych di yn crogi yn dy *sibedau* yn uffern. **1658** R. VAUGHAN: *PS* 5[8], Gwel fi ddrwgweithredwr truan ar fy *Sibedau*. **1725** D. LEWIS: *GB* 26, Lladron... Buont mewn *Sibedeu* ar y Ffordd i Lundain. **1730 (1755)** E. WYNNE: *PAC* 132, fel dynion wedi eu crogi ar *Sibbedau* er esampl i eraill. *c.* **1730** *Thos. Lloyd D* (LlGC) 207b, *Sibed*... a Gibbet. **18g.** IOAN SIENCYN: *Gw* 356, Hongianwyd Phil ar fynydd; / Mewn *Shibede* nid ym mhell, / Oddi wrth y Castell newydd. *c.* **1756** *Bangor* 1007, 10, mae hwnw wedi i roddi yn ngrog [*sic*] / was bodiog wrth *sybede*. **1760** E. WILLIAMS: *UYB* 202, O Fyd, gwêl ymma 'n llwgu, / Ac ar *Sibbedau* 'n crogi / Dy Fywyd, Feddyg gwiw. Ar lafar, '*shibede*', *Cymru* xxxix. 96 (Brych.).

Amr.: **iubed** [ansicr yw grym yr *i*-; cf. *iawnsler*, amr. ar *siawnsler*]. **14g.** *YBH* 10a, byd kynt y key dy grogi ƀrth y *iubet*.

sibedaf: sibedu, sibedo [bf. o'r e. *sibed*] *ba.* Hongian ar sibed, crogi (ar grocbren), hefyd yn *ffig.*: *to gibbet, hang (on the gallows), also fig.*

18g. *WVBD* 474, Nid yw crogi a *sibedu* am ych Drygu yn talu iddo'n iawn (Jonathan Hughes). **1759** *PYAG* 37, gwelwn ddwyn Chwant y Cnawd allan o ddinas y Brenin; lle y Croeshoeliwyd ef ynghyd a'i wyniau a'i chwantau, a'r Capten Trythyllwch a *Sibedwyd* rhwng Pedwar Post. *c.* **1762–79** W. WILLIAMS: *P* 355–6, Anodd yw credu pa fath dorfeydd aneirif o ddynion a nofiasant i'r nefoedd trwy dân... rhai a grogwyd, ac a *sibedwyd*. *c.* **1765** *Y Llofruddiaeth Waedlyd* 6, Wedi rhoddi barn marwolaeth arno, fe orchymynwyd ei *sibedo*, fel siampl ddychrynadwy. **1770** *TG* iv. 24, Wiliam Wat Ifan, a Wiliam Spigot a farnwyd i'w *sibedo*. **1770** P. WILLIAMS: *BS*, *Esth* ix, Haman yr hwn a grogwyd, a'i feibion a *sibedwyd* gwedi eu lladd. **1773** *W*, Crogi (rhoi ynghrôg) ar grog-bren, vulgò *sibedu* d.g. *To gibbet*. **1784** M. WILLIAMS: *S* i. 48, Mae mwrddwyr yn arferol o gael eu *sibedo* mewn lleoedd cyhoeddus yn agos i'r man lle gwnelont y weithred. Ar lafar, '*shibedu*' 'to gibbet', *GDD* 283. Clywir *shibedo* yn yr ystyr 'camdrin', *B* xiv. 281 (canolbarth Cered.), a '*shibeto*' yn yr ystyron 'bychanu, difrïo, cam-drin'.

Amr.: **sbedu. 1888.** Ar lafar, '*sbedu*' 'to hang and expose on the gallows... to root out', '*sbedu* nw o'r wlad', *WVBD* 474. **ysbedu. 1816.**

Gw. hefyd **gibedaf: gibedu.**

sibedêrs, gw. **jibidêrs.**

Siberaidd, Siberiaidd [yr e. lle *Siber(ia)* + -*(i)aidd*] *a.* Yn perthyn i Siberia: *Siberian (adj.).*

1921.

sibidêrs, gw. **jibidêrs.**

sibil, sibilesau, sibl, gw. **sibyl.**

sibled, &c. [bnth. S. *giblet*] *e?g.* Afu, glasog, calon, a gwddf dofednod, syrth: *giblet(s)*.

1725 *SR*, *sibled* d.g. *A Giblett*. *c.* **1730** *Thos. Lloyd D* (LlGC) 207b, *Siblod* [*sic*]. Giblets. **1760** *ML* ii. 271, a gwydd go frâs am 8d., a'i *siblad* gyda hi. **1773** *W*, Syrth, vulgò *sibled* d.g. *Giblet or giblets* [*the offals of a goose, &c.*]. Ar lafar yn y ff. *jiblets*.

sibol [bnth. S. *chibol, cibol* 'spring onion'] *e.ll.* (un. b. -*en*, g. -*yn*). Wynwyn anaeddfed a fwyteir fel arfer mewn salad, ?hefyd yn ehangach am fathau eraill o wynwyn, e.e. sialóts, ac yn *ffig.*: *spring onions, scallions, ?also of other onions, e.g. shallots, and fig.*

1547 *WS*, *Sibol*... Chebole. *p.* **1584** G. ROBERT: *GC* [112], *sibol, sibolen*. *Dchr.* **17g.** *J* 10, 41a, *Sibol*, pl. *Sibolen* S. Cepula, Bulbine. **1632** *D*, pen wynwyn bâch, *Sibolen* d.g. *Ascalonia*. **1655** WL: *DP* 191, Angeu a'n trosglyda [*sic*] o garchar i balas... oddiwrth *Sibol* a chenin i afonydd llaeth a mêl. **1703** *NThDd* 24, byddai 'r Aiphtiaid yn addoli... [p]ob ryw Lyssieuach gwael, megis Garlleg, Cinnin [*sic*], *Sibol*, ar cyfryw, ac yn eu mawrhau, megis Duwiau. **1722** *Llst* 189, *Sibolen*. f. A chibbol, little onion. **1750** *ML* (Add) 197, Sion aethai'n ben *sibolen*, / ai lygaid yn wêr yn ei ben. **1752** *ML* i. 194, Nid wyf yn cofiaw a ddarfu i mi ddiolch i chwi am yr had *sibol* o Spaen. **1803** *P* d.g. *Sibol, Sibolen*. Ar lafar, '*sibols*... *sibolan*' 'shallots', *WVBD* 489; '*sibol*' 'wynwyn ieuanc', *Cymru* xlvii. 196 (sir Ddinb.), *id.* xlvi. 24 (sir Ffl.).

Amr.: **sibols** [ll. dwbl] (un. b. -*en*, g. -*yn*). *Dchr.* **17g.** *Card* 2.973, 305a, rhag dolvr pen ymochlyd rhag pob peth gwrthnebvs ir pen / garlleg winniwns *sibols*. **1725** *SR*, *Sibols*, wynwyn ieuangc d.g. *A chibbol*. **1795** J. THOMAS: *AIC* 345, *Sibols* neu Seifis, Sŷdd yn eu gwraidd agos yn gyffelyb i'r Lili. Ar lafar, '*sibols*... *sibolsyn*' 'shallots', *WVBD* 489; '*sibols*' 'wynwyn gleision, neu ieuainc', *Cymru* lxiii. 84 (gorllewin Meir.). Clywir *sibols* yn yr ystyr 'perfeddion', 'Mi ddreifiodd o'r car dros yr hen gath nes bod 'i *sibols* hi dros y lle i gyd' (sir Gaern.). Cf. *Cymru* xv. 139, Y mae... yn ddigon i beri hyd yn oed i sant dynghedu melltithion ar ben pob Cymro sydd mor awyddus i ymostwng i'r llwch o flaen rhyw *sibolsyn* o Sais; *id.* xlviii. 167, Meddyliodd y llwm ddwlyn —am wawdio / Cymydog wnai englyn; / A'r prydydd oherwydd hyn / A roes 'bills' i'r *sibolsyn*. **sibwl** [bnth. S. *ciboule*] (*e.ll.* (un. b. *sibylen*) ac *e?g.* ll. *sibylau*). **18–19g.** *Llr* C 4, 27, *Sibwl*, Glam, a young onion... plur *sibylau*. **1803** *P*, *Sibwl*, s. pl. aggr.... Young onions, scallions. *id. Sibylen*, s. f. dim.... A small or young onion, a scallion. **sibwls** [ll. dwbl] (un. b. -*en*, g. -*yn*). **1722** *Llst* 189, *Sibwlsen*, f.p. *Sibwls*, a chibbol, scallion. **1771** *W*, vulgò *sibwlsyn* d.g. *Chibol*. Ar lafar, '*shibwls*... *shibwlsyn*' 'shallot', *LlGC* 1173, 48 (Morg.); hefyd yn yr ystyr 'ymfflon', 'Mae wedi torri'n *sibwls*' (sir Benf.).

Gw. hefyd **sibwns.**

sibolden [?amr. ar *sibolen*] *eb.* Math o gannwyll a wneir drwy wasgu bloneg o gwmpas pabwyryn neu stribedyn o recsyn, hefyd yn *ffig.*: *type of candle made by pressing tallow around a rush or strip of rag, also fig.*

Ar lafar, '*shibolden*', *TGG* (1907–8) 87 (de-orllewin sir Gaerf.), *Cymru* lxix. 90 (godre Cered.); *GDD* 283; hefyd yn yr ystyr 'hen hat shabi', *Cymru* xxxv. [233] (godre Cered.), ac yn yr ystyr 'a dishevelled female', *SC* vi. 128 (sir Benf.).

sibolen, gw. **sibol.**

siboleth [bnth. S. *shibboleth*] *eb.g.* ll. -*au*. Defod, ymadrodd, hynodrwydd ieithyddol, &c., sy'n gweithredu fel nod amgen dosbarth cymdeithasol, proffesiwn, &c.; arwyddair, fformiwla, ymadrodd, &c., a ddefnyddir, yn enw. yn ddifeddwl, gan blaid, dosbarth, &c., ystrydeb: *shibboleth.*

1862. Ar lafar yn yr ystyr 'syniadau cymysglyd neu syniadau na ellir eu deall' (sir Drefn.), ac yn yr ystyr 'ffwlbri, dwli, lol' (sir Gaerf. a dwyrain Morg.). Cf. **1588** *Barn* xii. 6, Yna y dywedent wrtho, dywet yn awr Schiboleth, dywede yntef Sibboleth, canys ni fedre efe lefaru felly.

sibols, sibolsen, sibolsyn, sibolyn, gw. **sibol.**

sibr, sibyr [gair geir. yn wr.] *eg.* ll. *sibrau*. Saws, hefyd yn *ffig.*: *sauce, also fig.*

17g. *LlGC* 13215, 351, *Sibr*, Condimentum. **1707** *AB* 220b, *Sibr*, Sawce. S. **[1783]** *W*, *sibr* d.g. *Sauce*. **1803** *P* d.g. *Sibyr*.

sibris, gw. **siprys**[1].

sibrwd[1] [y be. *sibrwd*[2] fel e.; dichon fod rhai enghrau. fel be. wedi eu cynnwys isod] *eg.* ll. *sibrydion*, (prin) *sibrydau* (*sibrwdau*). Y weithred o sibrwd, sisial, murmur, grwgnach, si; (geir.) cyffro, terfysg: *whisper, a whispering, murmur, a grumbling, rumour*; (*dict.*) *commotion, uproar.*

Dchr. **17g.** *J* 10, 38a, Syfrwd. × *Sybrwd* [*sic*]. Commotio, tumultuatio. **1632** *D*, *Sibrwd*, Lentum murmur. *id.* d.g. *Sussuratio, Sussurus, i, Tumultus*. **1677** R. JONES: *BB* 185, ac na bydded i... *sibrwd* (*chat*) neu wawd ynfydion truein guro i lawr eich rheswm. **1688** *TJ*, *Sibrwd*, sisial, grwgnach yn isel: a low burring noise. **1722** *Llst* 189, *Sibrwd*. (sub) m.... humming, grumbling. **1731** T. LEWYS: *BMA* 168, Cenfigen yw gwir fammaeth *sibrwdeu*, ymrysonau, absennau, enllibiau, gwradwyddiadeu, llofruddiaetheu, &c. **1753** *TR*, *Sibrwd*, a soft murmur or whisper. **1794** *W* d.g. *Whisper*. Ar lafar, ''Ôn i'n clŵad ryw *sibrwd* y tu ôl ifi', *GTN* 739; ''Roedd *sibrydion* o gwmpas amdani hi a Jones y Banc cyn i'r rhai newydd 'ma ddechre'.

sibrwd[2]**, sibrwdaf: sibrwdo, sibrwdu,** gw. **sibrydaf: sibrwd.**

sibrwdiad, gw. **sibrydiad.**

sibrydaf: sibrwd[2] [cf. *siffrwd*] *bg.a.* Siarad neu ddweud (rhywbeth) yn dawel iawn heb ddirgrynu'r tannau llais, murmur, grwgnach: *to whisper, murmur, grumble.*

1588 2 *Sam* xii. 19, Pan welodd Dafydd ei weision yn *sibrwd*. **1588** *Eseia* viii. 19, y rhai sy yn husting, ac yn *sibrwd*. **1632** *D*, *Sibrwd*... submisse murmurare. *id.* d.g. *Communmuro, Musso*. *id.* A fo yn hustyng ac yn *sibrwd* d.g. *Sussurus*. **1675** R. DAVIES: *PY* 176, Ac na *sibrwyded* [*sic*] neb i ni athrawiaeth arall. **1677** *TC* 8a, *Sibrwd*, grwgnach, siarad ynghefn un. **1687 (1715)** J. OWEN: *TB* 14, [c]lywed rhywbeth yn *sibrwd*, ac yn lleisio fel gwenynen ormes wrth ben y Quaker. **1703** E. WYNNE: *BC* 7, Yna dechreuasant *sibrwd* o glust i glust ryw ddirgel swynion. **1737** J. EINNON: *HR* 157, mi debygwn iddo *Sybrwd* [*sic*] wrth rai o honynt. **1767** J. THOMAS: *TFFf* 116, Weithiau fe a a [*sic*] *Sibrwd*—pa fodd y gall y pethau hyn fod...? **1791** Gw. MECHAIN: *Rh* 12, i roddi taw ar y grwgnachwyr sydd yn *sibrwd* ac yn dadwrdd fod y byd yn myned waethwaeth. **1794** *W* d.g. *To whisper*. Ar lafar, ''Odd a'n *sibrwd* yn ychal yn y consart', *GTN* 739; ''Wnes i ddim clywed y stori'n iawn am 'i fod o'n *sibrwd*'. Cf. D. OWEN: *GT* 104, *sibrydodd* Wmphre yn nghlust ei feistr.

Amr.: **sibrwdu, sibrwdo. 1728** T. BADDY: *DDG* 38, *sibrwdu*. *id.* 159, *sibrwdo*. **sibrydu. 1861.**

sibrydiad [bôn y f. *sibrydaf*: *sibrwd* + -*iad*[1]] *eg.* ll. -*au*. (Y weithred o) sibrwd, murmur, si, hefyd yn *ffig.*: *whisper, a whispering, murmur, rumour, also fig.*

1773 *SBS* 68, cario chwedlau, a *sibrwdiad*.

sibrydlyd [bôn y f. *sibrydaf*: *sibrwd* + -*lyd*] *a.* Yn sibrwd, sisialog: *whispering (adj.), murmuring.*

20g.

sibrydog [bôn y f. *sibrydaf*: *sibrwd* + -*og*] *a.* Yn sibrwd, sisialog, yn murmur: *whispering (adj.), murmuring.*

1860.

sibrydol [bôn y f. *sibrydaf*: *sibrwd* + -*ol*] *a.* Yn sibrwd, sisialog, yn murmur: *whispering (adj.), murmuring.*

1862.

sibrydwr [bôn y f. *sibrydaf*: *sibrwd* + -*wr*] *eg.* ll. -*wyr*. Un sy'n sibrwd: *whisperer.*

1794 *W* d.g. *Whisperer*.

sibsiones, sibsiwn, gw. **sipsiwn.**

sibsiynaidd, gw. **sipsiynaidd.**

sibswn, sibswns, gw. **sipsiwn.**

sibwch [ansicr yw prth. *sybwch*, *R* 1352. 21] *eb.* Gwraig front, slebogen: *slut.*

Ar lafar, 'hen *sibwch* wirion', *B* i. 101 (Llanfairfechan); 'hen *sibwch* fudur—dim byd yn gynhesol yn y golwg; di-drefn', *ib.* (Tre-garth); *LlLlM* 113; 'hen *shibwch*' (sir Gaerf.).

Amr.: **siabwchen** [?dan ddyl. yr a. *siabi*]. Ar lafar, '*Shabwchen* o Hat' 'Hen het salw', *Cymru* xxxiv. [179] (godre Cered.). **sibwchen. 1865.** Ar lafar yn yr ystyr 'a very shabby hat', *TGG* (1907–8) 110 (godre Cered.). **sybwchen. 1873** *Ceredigion* v. 360, A'i sgrech y gwnai'r *sybwchen* [:- gwraig 'front anghymen'... 'yn gwisgo ei het am ei llygaid, ac yn hollol ddiofal am ei gwedd'] / Ryw annaiarol ias (Gwynionydd).

sibwl, sibwls, sibwlsen, sibwlsyn, gw. **sibol.**

sibwnen [?amr. ar *sipionen* (gw. *sipsiwn*) neu *sibwn(s)* + -*en*] *eb.* ll. *sibwnod*. Gwraig anniben ddidrwsiad, slebogen: *shabby untidy woman, slut.*

Ar lafar, 'Pwy fynd bythdi'r lle fel *shibwnan*? Mae a dicon o fodd 'da 'i' (dwyrain Morg.). Clywir hefyd *shipwnen* (dwyrain sir Gaerf.).

sibwns [amr. ar *sibwls*, gw. *sibol*] *e.ll.* (un. b. -*en*, g. -*yn*). Sibols, ?hefyd yn ehangach am fathau eraill o wynwyn, e.e. sialots: *spring onions, ?also of other onions, e.g. shallots.*

20g. Ar lafar, '*shibwns*', *SC* vi. 128 (sir Benf.); *shibwns(en)* (gorllewin Morg. a de-ddwyrain sir Gaerf.); '*shibwnsyn*', '*shipwns*', *GTN* 764; '*shipons*', *BIBC* 47.

sibwrn, sybwrn [?elf. anh. (?cf. *sybwch*, *sybwll*) + *bwrn*] *eg.* (bach. *sibwrnyn, sybyrnyn*). Pecyn: *bundle.*

1779 *IMCY* 4, mae hefyd yn yr un *sibwrnyn* Lythyr o ysgrifeniad Gronwy Owain. **18–19g.** *Llr* C 55, 59, *Sibwrn*, a bundle, Glam, dim. *Sibwrnyn*. **1803** *P* d.g. *Sybwrn, Sybyrnyn*.

sibwrth, swbwrth [bôn y f. *sibwrthaf*, *swbwrthaf*: *sibwrtho, swbwrtho*] *a.* Blinedig (ar ôl gwaith corfforol trwm), wedi ymlâdd,

dideimlad: *tired (as a result of heavy manual work), exhausted, numb.*
Ar lafar, 'teimlo'n hollol *shibwrth*' (sir Benf.); ''Wi'n teimlo'n *swbwrth* wedi trafaelu ddoe' (canolbarth Cered.).
Gw. hefyd **sibyrthon.**

sibwrthaf, sybwrthaf, swbwrthaf: sibwrtho, sybwrtho, swbwrtho [cf. *sibyrthon*] *bg.a.* Ysigo, mathru, cleisio: *to (be) hurt, crush, bruise.*
1772 D. Risiart: *HFP* 123, efe a gafodd gwdwm blin iawn oddi ar ei geffyl, yr hwn a'i *sibwrthodd* yn greulon. Ar lafar, '*sybwrtho*, to crush or bruise', *Cymru* xxxi. 258 (Cered.); ''Ôn i wedi *sybwrtho*'n ofnadw ar ôl i'r crwt 'ny 'nharo i â'i feic' (gogledd Cered.); hefyd yn sir Benf. yn yr ystyr 'lluddedu gan waith corfforol trwm', ''Rôn i wedi cal 'yn *shibwrtho*' (sir Benf.). Sonnir am beiriant torri perthi'n '*siybwrtho*'r coed' (gogledd sir Gaerf.). Clywir hefyd y ff. *swbwrtho* yn yr ystyr 'mynd yn ddideimlad', 'Ma 'mraich i wedi *swbwrtho*' (canolbarth Cered.).

si-bŵts [bnth. S. *sea-boots*] *e.ll.* Welingtons: *wellingtons, wellington boots.*
20g. Ar lafar yn Llŷn, ''Dwi fel pathaw yn y *si-bŵts* 'ma'.

sibyl, sib(i)l [bnth. S. *sibyl*] *eb.* ll. *sib(y)lau, sybylau, sibyliaid, sib(i)liaid, sybiliaid.* Proffwydes (oraclaidd), dewines, hefyd yn *ffig.*: *sibyl, also fig.*
1605–10 *CRC* 126, Naw *Sibl* dyna i henwav / a wnaython naw llyfr golav / a doeth vn or merchedav / at vrenin Rrvfain gavrav / a govyn trychan talen / o avr hen am y llyfrav. **1696** *CDD* 57, Dêg *Sibŷl* yn ddieu, a fŷ Brophwŷdesau. **1704** J. Morgan: *B* 21, fe welir arwydd y groes, pan ddêl yr Arglwyddir [*sic*] farn, felly yr arferai'r Eglwys ganu, ac felly y mae ynghanïadau y *Siblau* dewinesau. **1716** E. Samuel: *GGG* 137, Felly y dywed Caniadau 'r *Siblau* hynny, y dylid ei gydnabod Ef am Frenhin. *c.* **1729** S. Rhydderch: *LlCD* 402, Hefyd y deg *Sybylau*, / Ag Ysbryd Prophwydesau. *c.* **1762–79** W. Williams: *P* 200, pa beth a ddywedir am y *Sibiliaid* hynny a brophwydodd? *id.* 204–5, yr oedd Cristianogion yn eu hymddadleu a'r cenhedloedd, yn fynych yn gwneud defnydd o'r Oraclau hyn, ac yn apelio attynt i brofi yr hyn oeddynt yn eu broffesu [*sic*]; ac oddiyma y gelwid Cristnogion yn y dyddiau hynny *Sibiliaid.* **1768** Risiart ap Robert: *CB* 87, [y] Quindecemviri (ynghadwraeth pa rai yr oedd llyfrau'r *Sibylau* hynny). **1776** D. Ellis: *HI* 29, Fe allai 'r Cenhedloedd gael rhyw faint o wybodaeth am Grist oddiwrth ryw Brophwydesau a elwid *Sybiliaid.* [**1783**] *W*, y *Sibliaid* d.g. *Sibyl, The ten Sibyls.* Cf. yr e. prs. *Sibli* (*Ddoeth*), merch Priam a Hecuba (gw. *TYP*[2] 508) (= *Sibilla, BD* 165; *Sybilla, id.* 207).
Amr.: **sibilesau** (ff. l.). **1736** S. Rhydderch: *Alm* [3], R oedd Deg o *Sibilesau* yn Brophwydesau am Jesu.

sibylau[1,2], sibylen, sibyr, gw. **sibol, sibyl, sibol, sibr.**

sibyrthon [cf. *sebwrthon, sibwrth, sibwrthaf: sibwrtho*] *e.ll.* Darnau mân: *small pieces.*
1617 *Minsheu* 307a, Y dorri yn *sibyrthon* d.g. *to Mince, as meate, or the like, to cut small.*

sîc [bôn y f. *siciaf: sicio*] *e?g.* Lleisw, trwyth, trochion: *lye, suds.*
1672 R. Prichard: *Gw* 378, Mae gwialen gwedi glychu, / Yn y *Sîcc* ar feder Cymru. *c.* **1730** *Thos. Lloyd D* (LlGC) 210b, *Sicc* . . . Suds. Lie. Ar lafar clywir yr ymad. '*sic soc*' 'yn wlyb iawn drwodd', *Cymru* liv. [84] (dwyrain sir Drefn.).
Gw. hefyd **sicion.**

Sîc [bnth. S. *Sikh*] *eg.* ll. *Siciaid.* Aelod o grefydd Indiaidd undduwaidd a sefydlwyd yn yr 16g.: *a Sikh.*
1848.
Amr.: **Seic** [bnth. S. *Seik(h)*] (ll. *-s, -iaid*). **1805.**

Sicaidd [*Sîc+-aidd*] *a.* Yn perthyn i'r Siciaid neu i'w crefydd: *Sikh (adj.).*
1848.

sicamor, sicamwr, gw. **sycamor.**

siciaf: sicio [?cf. S. taf. *seak* 'process of scouring or washing'] *ba.* Mwydo (dillad, &c.), trwytho, golchi, ystreulio, gwlychu, hefyd yn *ffig.*; gwasgu (dillad, &c.) yn sych, ringio: *to soak (clothes, &c.), steep, wash, rinse, wet, also fig.; wring (clothes, &c.).*
a. **1587** *Y* 61, Drwg y gwna crydd, o bydd barn, / *Sickiwyd* gwawd, siecked gadarn. **16–17g.** *GST* i. 519, Simiais ei het a'i simwr, / *Sicio* wnaed socan o ŵr. **1604–7** *TW* (*Pen* 228), *sicio* dilhat a chadachæ d.g. *Elauo.* **1632** *D, Siccio,* Lauare, madefacere. *id.* d.g. *Eluo.* **1688** *TJ, Siccio*: to stir or rub Linen in the Lather or Washing-Tub. **1703** E. Wynne: *BC* 94, gwelwn nyddu Dynion fel nyddu gwdyn, neu *siccio* cynfaseu. **1722** *Llst* 189, difynnion o fara wedi eu *siccio* mewn brasder neu gawl brâs d.g. *Brewes. id. Siccio* . . . To put in soak, infuse, souce, wash, swill. **1759** *BC* 526, Ceiff glod yn y Dafarn, gwneir dyfais iw gael; / Ei Helffio fo a Succan, a'i *Siccio* fo'n dôst. [**1783**] *W* d.g. *To slabber one's clothes, &c.* [*defile with spittle or any thing wet*], *Wet, To* [*make*] *wet.* **1800** W. Owen[-Pughe]: *CP* 103, at ei liwio, *sicier* mewn dwr oddeutu hanner wns o saffrwm. **1803** *P, Siciaw,* v. a. . . . To steep, to wet; to wash. Ar lafar gynt yn yr ymad. '*Sicio* golchi . . . sef mwydo neu soegi', J. Jones: *Gwerin-eiriau*[2] 49.

Siciliad, gw. **Sisiliad.**

sicion [bôn y f. *siciaf: sicio+-ion*[2]] *e.ll.* Dŵr budr ar ôl golchi, golchion, trochion (sebon); (?geir.) hylif trwytho: *dirty washing water, slops, washings, (soap)suds; (?dict.) steepings.*
1803 *P, Sicion,* s. pl. aggr. . . . Steepings, washings. Ar lafar, '*sicion*' 'soap-suds after washing clothes', *WVBD* 490; *ISF* 68.
Cfn.: **sicion beudy:** *cowshed washings.* Ar lafar, *WVBD* 490. **sicion golchi:** *(soap)suds after washing clothes.* Ar lafar, *WVBD* 490, *ISF* 68. Cf. yr hen bennill llafar 'Tasa Mynydd Tŵr yn dŵr o sebon / A'r Môr Coch yn sicion golchion, / 'Fasa hynny ddim hannar digon / I olchi cuchia merchaid cochion', *ib.*

sicl[1] [bnth. S. C. *cicle* 'cycle'] *eb.* ll. *-s, -au.* Cylch (yr haul, y lleuad, &c.); cylch: *cycle (of sun, moon, &c.); circle.*
15g. *IGE*[2] 229, Da yw yntau [cwadrant] a'i deinticls, / A'i siecr gwmpasau a'i *sicls* (Ieuan ap Rhydderch). **15g.** *DN* 103, Rhai a ddowaid, wiwblaid wyn, / Er darfod i *sigcl* ar derfyn, / *Sigcl* a gair o segcla gall, / Segcvlerum, *sigcl* arall [i Dduw a'r blaned Satwrnws]. **15g.** *GLGC* 75, Sircl a bos er cloi bysedd, / a'r *sicl* yw oll ar groes cledd [i ofyn bwcled]. *id.* 245, cael enw ar y *sicl* uniawn. *Diw.* **15g.** *Pen* 53, 38, *Sikl* ir haul / Bob wyth ar hugain be bai / Oed iessu duwsul os mangai / Wedyr ygain a drigai / kael nod ar y *sikl* awnai. *ib. Sikl* y lleuad / . . . / llyna brofi *sikl* briawd / lloer o vewn y llaw ar vawd. **15–16g.** Llawdden, &c.: *Gw* 177, Linlin oen yn wlanlwyn aur / Lin-o-lin len wialaur. / Haul *sicl* ŵyr Ruffudd Niclas, / Hindda'r glin hyn o ddur glas, / Helmawg hualawg hwyliaw, / Hwp Arthur drwy'r porth aur draw. **16g.** Wiliam Cynwal: *Gw* (G. P. Jones) 96, Simwr gwann, gloywlawn glaw-wlith, / *Sicl* o waith brawd, secloth brith. **16g.** Wiliam Cynwal: *Gw* (R. L. Jones) 79, Palfog mewn gwrych, gwych y'th gaid, / Piliwr hoyw, pluwr hwyaid; / Secloth wisg, *sicl* o'th esgyll, / Sad ar goed, sawdiwr o gyll; / Gelyn adar glyn ydwyd, / Clau awch ddull, ai clochydd wyd? **1632** *D, Sicl* neu gylch yn yr wybr yn cyhydu 'r dydd a'r nos d.g. *Æquator.* *c.* **1730** *Thos. Lloyd D* (LlGC) 207b, *Sicl.* Circulus. Siclus. pl *-clau.*
Gw. hefyd **seicl.**

sicl[2] [bnth. S. *sicle* 'shekel'] *eg.* ll. *-au.* Uned bwysau Iddewig gynt, sef ugain gera neu drigeinfed ran (?weithiau hanner canfed ran) o mane (mina); darn o arian bath Iddewig gynt a bwysai cymaint â hyn: *shekel (unit of weight and coin).*
1588 *Gen* xxiii. 16, a phwysodd Abraham i Ephron yr arian . . . pedwar-cant *sicl* o arian cymmeradwy ym mhlith marchnad-wyr. **1588** *Ecs* xxx. 23, Cymmer it . . . o'r Myrr pur pwys pum cant *sicl* a hanner hynny o'r Cinamon pur sef pwys deu cant, a dec a deugain o *siclau.* **1588** 1 *Sam* xvii. 7, a blaen ei waiw-ffon ef [Goliath] oedd chwe-chant *sicl* o haiarn. **1588** 2 *Br* vi. 25, yr oeddynt hwy yn gwarche arni hi, nes bôd pen assyn er pedwar vgain *sicl* o arian, a phedweryd ran Câb o dom colomennod er pump *sicl* o arian. **1588** 1 *Cr* xxi. 25, Felly y rhoddes Dafydd i Ornan . . . chwe chant *sicl* o aur pwysedic. **1588** *Can* viii. 11, pob vn a ddyge am ei ffrwyth fil o *siclau* (**1620** *ib.* ddarnau) arian. **1588** *Jer* xxxii. 9, mi a bwysais iddo ef saith *sicl* o arian. **1588** *Esec* iv. 10, A'th fwyd yr hwn a fwyttei wrth bwys vgain *sicl* yn y dydd y bwyttei ef. *id.* xlv. 12, Y *Sicl* fydd vgain Gerah, ac vgain *Sicl,* a phump *Sicl* ar hugain, a phymthec *Sicl* fydd Maneh i chwi. *c.* **1720** *CIF* [103], *Sicl.* Chwarter Owns. **1722** *Llst* 189, *Sicl.* m.p. *Siclau.* A shekel (measure). **1752** *Tablau Arian, &c.* [i], Arian Iuddewig . . . Mane, a gyfieithir 'Punt' . . . 50 *Sicl. ib.* Dracmon Aur . . . a gyfieithir 'Swllt', 1 Cron 29. 7. ½ *Sicl* Aur. *ib.* Y *Sicl,* yw 'r 'Arian', neu 'r 'Darn Arian', a grybwyllir am dano yn Gen 20. 16 . . . a mannau eraill o'r Ysgrythyr. **1773** J. Roberts: *GY, Sicl*] Darn o Arian a llun Oen, yn Argraphiedig arno . . . Dau Swllt a Phedair Ceiniog a ffyrlling. [**1783**] *W* d.g. *Shekel.*
Cfn.: **sicl y cysegr:** *the shekel of the sanctuary, sacred standard shekel.* **1588** *Lef* v. 15, hwrdd perffaithgwbl o'r praidd yn dy bris di dau o siclau arian, yn ol *sicl y cysegr. id.* xxvii. 25, A phob prîs it fydd wrth *sicl y cyssegr,* vgain Gerah fydd y sicl. **1588** *Nu* iii. 47, vii. 13, xviii. 16. **1704** E. Samuel: *BA* 20, hanner sicl yn ol *sicl y Cyssegr* (a hynny oedd ynghylch pymtheg Ceiniog). *c.* **1720** *CIF* [103], *Sicl y Cyssegr.* hanner Owns. **1752** *Tablau Arian, &c.* [i], Pwysau Iuddewig . . . *Sicl y Cyssegr,* ½ Wns Avoirdupoize, 218 ½ gr. *ib.* Sicl y Brenhin, neu halogedig, wrth ba un y pwysid gwallt Absalom, 2 Sam 14. 26. ½ *Sicl y Cyssegr.* **y sicl sanctaidd = sicl y cysegr. 1588** *Ecs* xxx. 13, hanner sicl, yn ol *y sicl sanctaidd*: vgain Gerah yw yr sicl. *id.* xxxviii. 26, Hanner sicl (**1620** *ib.* Becah) am bôb pen, sef hanner sicl yn ôl *y sicl sanctaidd* am bôb vn.

sicl[3], **sigl**[2] [bnth. S. *sickle*] *eg.* (bach. *siglen*). Math o gryman danheddog: *sickle.*
1895 D. Owen: *SP* 122, Ar adeg cynhauaf un tro yr oedd y Proffeswr Edwards yn cerdded i lawr Forgate [*sic*] Street, Caer, a phwy a welai ar yr heol, a *sicl* dan ei gesail, ond Ned. Ar lafar yn y ff. *siglan* (Arfon). Cf. H. Evans: *CE* 13–14, ar ol yr . . .'haf heb wair nac yd,'—heb alw am bladur, na chryman, na '*sigl*' chwaith (Elis o'r Nant); *id.* 109, A'r *sicl* y medid ar y cyntaf, ond bu llawer o fedi â'r cryman hefyd; yr oedd y ddau ar yr un ffurf, sef yn debyg i gryman tocio gwrych, ond bod y *sicl* yn llai bwaog a hwy . . . dannedd mân, mân, oedd yn y *sicl* . . . Defnyddid y ddau bron yr un modd, ond mai taro yr ŷd a wneid â'r cryman a thynnu'r *sicl* drwyddo i'w lifio; I. C. Peate: *DGC* 101, Disgynnydd uniongyrchol y *sicl* fflint danheddog yw'r *sicl* haearn danheddog a ddefnyddid yng Nghymru hyd yn ddiweddar yn y bedwaredd ganrif ar bymtheg. . . . Mae'r llafn yn fwa hir—hwy o lawer na llafn cryman—sy'n gorffen mewn pig rai modfeddi'r tu hwnt i linell y garn. Ni roddir min ar y big: defnyddir honno i rannu gwellt yr ŷd. Tua modfedd o'r big mae'r llafn yn finiog a danheddog.

sicoc, *a.* Balch, penuchel, bywiog: *proud, jaunty, lively.*
Ar lafar, '*sicoc*' 'penuchel, balch', 'Creadur *sicoc* iawn ydy' o', 'Welsoch chi 'rioed neb mwy *sicoc*', *B* i. 212 (sir Drefn.); '*shicoc*' 'bywiog', *id.* iv. 132 (sir Drefn.). ?Cf. *Thos. Lloyd D* (LlGC) 208b, Siccog ben syth. *Δ* . . . 66.

sicoesau, sicog, gw. **jacoesau, sicoc.**

sicori [bnth. S. *chicory*] *eg. Bot.* Ysgellog, *Cichorium intybus*; ysgallen y meirch, *Cichorium endivia*: *chicory; endive.*
16g. *LlS* 130, Y cyntaf a eilw y Groecwyr Picris. Y chwerw ar Llatinwyr Ambubeia. Ar llysewyr cyphredin ai geilw Cichoream. *Sicori* sef yw hynny Ceidwad y phordd. *ib.* Yr Endif dof . . . Ar rhyw cyntaf or gwylltion yr hwn a elwir *Sicori.* **1604–7** *TW* (*Pen* 228), Endiv ne *Succori* lyseun: daû rywogaeth sydh o honaw. vn a elwir Endiv y gardhæ . . . y lhalh y *succori* dof ne or gardhæ d.g. *Intuba. id.* y *Succori* gwylht d.g. *Intuba* . . . *Intubum syluestre.* Ar lafar yn y ff. *tshicori,* 'Ma 'ne flas *tshicori* ar y coffi 'ma'.

sicôs, gw. **jocôs.**

sicr, &c. [bnth. S. C. *siker* 'safe, sure, certain'; petrus yw dosbarthiad rhai o'r enghrau. isod] *a.*

(*a*) Siŵr, anochel, anorfod, di-ffael, di-feth, dibynadwy, diogel; diamheuol, diymwad: *sure, certain, inevitable, unfailing, reliable, safe; indubitable, unquestionable.*
15g. *GDLl* 36, Oes ocrwr pan fo *sicraf,* / Oes y rhew yng ngwres yr haf. **1488–9** *BSM* 6, Marthin a ddyvod yn hyf wrtho na bvasai yrioed *sikrach* na diogelach, kanis ef a wyddiad vod trvgaredd Duw yn vawr. **15–16g.** *TA* 117, Dy air uthr, gyda'r weithred, / Mor *sicr* yw, y Mars a'i cred. **1547** *WS, Sicker* Sycker. **16g.** *GGH* 147, Os cryd, mae'n *sicr* i'w adael; / Ysgar â hwn, freisg-garw hael. **1567** *TN* 128a, yn *sicur* ydd oedd y dyn hwn yn gyfiawn. **1588** *Jer* xiv. 13, mi a roddaf heddwch *siccr* i chwi yn y lle ymma. **1588** *id.* xlvi. 18, cynn *siccred* a bod Thabor yn y mynyddoedd. **1595** H. Lewys: *PA* 23, arwyddion *sicr,* oi rad . . . ai ffafr. **1632** *D, Siccr,* Certus, firmus . . . tutus, securus. **1672** J. Langford: *HDdD* 149, bód yn falch o Râs yw'r ffordd *siccr* i'w golli ef. **1703** E. Wynne: *BC* 54, a *siccred* yw i bawb farw, ac ansiccred yr amser. **1771** *PDPh* 21, Y mae hon yn feddyginiaeth *sicr* ac anffaeledig. **1776** I. Brydydd Hir: *P* i. 16, fo fydd pob dyn *siccr* o dderbyn yn ol ei weithredoedd. Ar lafar, '*sicir* . . . cyn *sicrad* â phadar', *WVBD* 490; 'Ma 'wnna'n *sicir* iti!' 'Ma ginto farn *sicir*', *GTN* 739.

(*b*) Siŵr (yn ei feddwl), heb amheuaeth, argyhoeddedig: *sure (in one's mind), certain, assured, convinced.*
16g. *B* x. 292, Jr wyf J yn dyalld ac yn gwybod yn *sickyr* mae chychwi . . . a beris vy magu . . . hyd yr awr hon. **1588** *Rhuf* xiv. 5, bydded pôb vn yn *siccr* yn ei feddwl. **1590** *RC* xlvi. 64, Byddwch *sikr* o'r kedymaith yna. **1595** H. LEWYS: *PA* 41, byd' orfoleddus . . . gann dy fod yn *siccr* . . . i fod ef yn dwyn calon . . . tadawl tuac attat. **1714** R. PRYDDERCH: *GD* 92, Mae Jechydwriaeth llawer yn sicr ac nad ydynt *siccr* o'u hiechydwriaeth. Ar lafar, ''Wi'n mynd yn *sicrach* bob dydd beth ddylswn i 'i nuthur', *GTN* 739.

(*c*) Cadarn, sefydlog, sownd, hefyd yn *ffig.*: *firm, fixed, sound, also fig.*
Diw. **15g.** *Pen* 67, 5, o bydd e [cleddyf] kadarn yn wir / a digon *sikir* / yn y karn megis sekas. **1488–9** *BSM* 12, Ac y troes y prenn yn i orthwyneb val y bv agos jddaw a lladd llawer or peganiaid yr Rai oeddyn yn sevyll yn lle *sikr* ar ev bryd. *c.* **1585** G. ROBERT: *DC* [xv], ir oedd yn rhaid roi r garreg waelod yn dhiogel *siccur* [*sic*] ar lawr. **1588** *Barn* xvi. 14, hi ai gwnaeth hwynt [cudynnau Samson] yn *siccr* a hoel. **1588** *Eseia* xxii. 23, mi ai hoeliaf ef fel hoel mewn mann *siccr*. **1588** *Doeth Sol* iv. 3, tŷlwythoc dyrfa yr annuwiol . . . ni seilir hi yn *siccr*. **1632** *D*, *Siccr* . . . stabilis. **1661** E. LEWIS: *Drex* 33, Pa bethau ynt Dragywyddol yn uffern . . . Y mae 'r carchardy yntef yn Dragywyddol . . . y mae ei gloiau a'i farrau mor *siccr* a chadarn, nas dichon neb ddyfod allan. *c.* **1762–79** W. WILLIAMS: *P* 87–8, Tomohauks [*sic*] . . . Yr oedd barf Twrci gwyllt wedi ei baintio yn gôch a'i roi yn *sicr* wrtho. *id.* 198, yr oedd ynys oddautu 5 milldir o led, o dir *sicr* ynghanol yr anialwch hynny o dywod.
Cfn.: **bod (yn) sicr gan:** *to be sure (in one's mind).* **1752** G. OWEN: *L* 16, eithr *boed siccr genych* mai nid anewyllysgarwch oedd yr achos. **1759** T. THOMAS: *WWDd* 331, y *mae yn sicr gennyfi*, ei fod ef wedi ei ail eni. **1772** *W*, Mor *siccr yw gennyf* a'm bod yn fyw d.g. *Certain, To be certain of.*

sicraf: sicro [bf. o'r a. *sicr*] *bg.a.* Sicrhau, cadarnhau: *to make certain or sure, confirm.*
1551 W. SALESBURY: *KLl* xxxiia, A gwedy ith ymchweler di / *sickra* (**1588** *Luc* xxii. 32, cadarnhâ) dy vroder. **16–17g.** (**17g.**) *CC* 398, swkria r gwann a *sikra* r gwir / sathr vn sy waithwr anwir (Thomas Penllyn). **1655** R. JONES: *PC* 3, y wlâd ir eiddo *siccrir*. *id.* 104, ei dystiolaethau 'n *siccro* llwydd.

sicraidd [*sicr*+-*aidd*] *a.* Sicr, siŵr: *sure, certain.*
16g. HUW ARWYSTL: *Gw* 289, tynnai ddydd att nawdd weddol / yn y dydd e wneid yw ol / *sikraidd* I vab swkr oedd vawr / rag angav I roi gyngawr. **1696** *CDD* 197, *Siccredd* ŷw trwy nerth Duw'n unig, / Bŷdd hŷn ynof gyflawnedig.

sicredig [bôn y f. *sicraf*: *sicro*+-*edig*] *a.bfl.* Wedi ei wneud yn sicr, yn siŵr, neu'n ddiogel, wedi ei sicrhau, sicr, gwarantedig: *made certain, sure, or safe, secured, guaranteed.*
1633 *Addysg i Farw* 99, yn haeddedigaethau yr hwn [Iesu] i mae iddo angorfa *sicredig* wrth ymado. **1722** A. THOMAS: *DR* 11, efe a ddichon bob amser Edrych i fynydd yn hyderys, megis yn *sicredig*, fod Gantho ddadleuwr Galluog yn y nefoedd.

sicreiddrwydd [*sicraidd*+-*rwydd*] *eg.* Sicrwydd: *certainty, sureness.*
1670 J. HUGHES: *AP* 145, er gwybod *siccreiddrwydd* y ffordd i'r Gwynfyd tragywyddol. **1684** H. OWEN: *DC* 84, ni ddyliti gymmeryd *siccreiddrwydd* o hynny. *c.* **1730** *Thos. Lloyd D* (LlGC) 210b, *Siccreiddrwydd* . . . Securitas.

sicret, gw. **secret**[2].

sicrhad [bôn y f. *sicrhaf*: *sicrhau*+-*ad*[2], trf. han.] *eg.* ll. -*au.* Y weithred o sicrhau, cadarnhad, sicrwydd, gwarant; cadarnhad ysgrifenedig, tystysgrif: *an assuring, assurance, confirmation, affirmation, security, guarantee, warrant; written confirmation, certificate.*
1551 W. SALESBURY: *KLl* lxviia, erwydd ych bod yn vyccalon ac yn vy Rwymeu / ac yn amddyfyn ac yn *sickraat* yr Euangel. **1604–7** *TW* (*Pen* 228) d.g. *Affirmatio, Alligatura. id. sicraat* peth y vn megys ei [ve]dhiant ehyn d.g. *Mancipium.* **1632** *D* d.g. *Confirmatio.* **1675** R. JONES: *HCh* 20, beth bynnag sy yn myned tu hwnt i *siccrhâad* neu ymwadiad syml plaen, o'r drwg y mae. **1703** C. ELLIS: *CG* 1, Fe appwintiodd Crist ddau Sacrament, y naill er ein mynediad i mewn, y llall er ein *Siccrhâd*, a'n cryfhâd yn y ffordd i fywŷd, sef, Bedŷdd a Swpper 'r Arglwydd. **1710** *LlGG* (*Gos*) 8, a phob un o'r Articlau cynnwysedig ynddo . . . heb law y *Siccrhâd.* **1719** *EGBG* 382, [sacrament] *sicrhâd* neu conffirmasiwn [*sic*]. **1772** *W* d.g. *Confirmation, or a confirming.* **1796** J. ROBERTS: *C* 23, Certificate, *siccrhad*, Priodasau: oddieithr Gweddwon morwyr, Pum Swllt. **1799** A. AB D. SION: *CR* 19, fel ag y mae eu *sicrhad* yn cael ei dderbyn yn lle llw.

sicrhaf: sicrhau [*sicr*+-*hau*] *ba.* Gwneud yn sicr neu'n siŵr, cadarnhau; peri bod (rhywun) yn sicr (o ffaith, &c.), haeru; llwyddo i gael (rhywbeth); gwneud yn ddiogel, gwneud yn gadarn yn ei le, rhoddi'n sownd wrth; yswirio: *to make certain or sure, ensure, confirm; assure (someone of something), assert; secure or obtain (something); make safe or secure, fasten, fix; insure.*
15–16g. *TA* 370, Yn secer oedd i'n *sicrhau*, / Yn rhydid yn rhoi oedau [marwnad Ieuan ap Tudur o Lannefydd]. **15–16g.** *GLM* 122, Siambrlen yw'r heulwen yr haf: / *sicrhau* hoedl secer Eudaf. **1547** *WS*, *Sickrau* Assure. **16g.** *GGH* 143, *Sicrhaeodd* a fynnodd fo, / Suddodd bob malais iddo. **1561–2** *Celtica* ii. 106, Da yw powdr ohono i *sikrav* dannedd a vo yn svglo. **1567** *TN* 311b, heb na dyall yr hyn a ddoytont, nar pethau i boont yn i *sikerhau* (**1588** 1 *Tim* i. 7, [y]r hyn a daerent). **1588** *Salm* xlviii. 8, [d]inas ein Duw ni: Duw ai *siccrhâ* hi yn dragywydd. *id.* xcvi. 10, a'r byd a *siccrhaodd* efe fel nad yscogo. **1632** *D*, *Siccrhâu*, Confirmare, stabilire. *id.* d.g. *Affirmo, Assero.* **1679** C. EDWARDS: *GGG* 177, yr ydym ninnau yn *siccrhau* ein addewid a'n bwriad i fod yn eiddo yntef. **1740** T. EVANS: *DPO* 107, pan welodd y Brutaniaid y fath Lynges fawr . . . yn hwylio parth ag attynt, *Siccrhau* y Porthladd a wnaethant fel nad allent dirio. *c.* **1762–79** W. WILLIAMS: *P* 88, astyllen tair troedfedd a hanner ei hyd, a bwlch yn ei phen ychaf fel fforch i *sicrhau*'r pen arno. **1770** *W* d.g. *To assure* [*persuade a person of the certainty of . . . a thing . . .*], *To confirm* [*strengthen, establish, or make certain*], *To fasten* [*set fast*] *on.* **1776** I. BRYDYDD HIR: *P* i. 118, Am ei athrawiaeth i mae ef yn *siccrhau* iddynt, fod ganddo ef awdurdod arbennig oddiwrth Duw [*sic*]. **1809** T. JONES: *CCA* 51, Pan fo llong y marsiandwr, a'i llwyth, wedi eu (insurio) *sicrhâu*. Ar lafar, '*sicarhau*' 'to make sure . . . to settle, determine', 'Mae o wedi *sicarhau* mynd', *WVBD* 490.

sicrhaol [bôn y f. *sicrhaf*: *sicrhau*+-*ol*] *a.* Yn sicrhau, cadarnhaol (hefyd mewn gram.): *asserting, affirmative (also in gram.).*
1711 M. MAURICE: *YAD* 128, Pa beth yw Diffig cydffurfiad a chyfraith Duw? A[teb]. Mewn modd priodol y mae'n bechod yn erbyn gorchymyn *sicrhâol* (*an Affirmative Precept*). **1770** *W* d.g. *Affirmative.* **1789** B. EVANS: *LlG* 66, nid oedd Enwaediad ond Seliad amlygol o hono, ac nid Seliad *siccrhaol* o Gyflwr cyfiawn. **1792** *HWS* 36, hi lefarodd mewn ffordd *sicrhaol*; y mae 'n tystio rhyw beth dïeithr am dano. Cf. R. DAVIES: *GC* 75, Rhagferfau *sicräol* . . . fynychaf a flaenorant y Ferf . . . megys, 'yn wir meddaf i ti'.

sicrhawch [bôn y f. *sicrhaf*: *sicrhau*+-*wch*[1]] *eg.* Sicrhad, cadarnhad; sicrwydd; (geir.) cadernid, sadrwydd: *assurance, confirmation; certainty, sureness; (dict.) firmness, stability.*
1552 *LlCy* i. 263, Schema id ryw *sickrawch* (*confirmatio*) ar air ne araith ne synnwyr yn ragori ar ddevot y kyffredin. **1567** *LlGG* 89a, yr hwn er mwy o *sicrawch* y ffydd a oddefeist ith santaidd Apostol Thomas amau cyfodiat dy vab. **1604–7** *TW* (*Pen* 228), *sicrawch* ne rwym ar gywiro d.g. *Cautio.* **1632** *D* d.g. *Firmitas, Stabilimen, Stabilitas.* **1725** *SR* d.g. *Stability.* **1733** J. THOMAS: *CGGD* 37, ac a'n dŵg i Gynneddf o *Siccrhawch* a Chyfartalwch. **1773** *W* d.g. *Establishment, Firmness, Stability.*

sicrwch [*sicr*+-*wch*[1]] *eg.* Sicrwydd, diogelwch: *certainty, sureness, safety.*
1552 *Pen* 403, 53, diweirdeb yr hwn ni ddichon drwy brovedigaeth ddim *sikrwch* arno i hvnan ond drwy bethav eraill sydd yn perthynuv [*sic*] iddo megis vnpryd. **1604–7** *TW* (*Pen* 228) d.g. *Cautio, Certitudo. id.* Cynnyc diogelwch y vn a digon o *sicrwch* d.g. *Satis . . . Satis offerre alicui.* **1611** R. SMYTH: *SG* 200, yn addo . . . *sicrwch* a diofalrwydd o goeldrwy [*sic*] haeddianau Crist.

sicrwydd [*sicr*+-*rwydd*] *eg.* ac yn eithriadol *eb.* ll. (prin) -*au.* Yr ansawdd neu'r cyflwr o fod yn sicr neu'n siŵr; sicrhad (o rywbeth), gwarant (dros rywbeth), credyd; cadarnhad (ysgrifenedig), gwarant; yswiriant; (geir.) cadernid, sadrwydd: *certainty, sureness; assurance (of something), security (for something), guarantee, warrant, credit; (written) confirmation, warrant; insurance; (dict.) firmness, stability.*
1547 *WS*, *Sickrwydd* Sickernesse. **16g.** *GGH* 280, Y côr y rhoed y carw rhwydd / Yw secr pob dysg a'i *sicrwydd*. **1567** *TN* 200a, gwedy yddwynt dderbyn atep digonawl [:– *sicrwydd* cryno, machnïeth] gan Iason. *id.* 362a, a chwympo o ddiwrth ych *sicrwydd* ych hunain. **1588** *Heb* xi. 1, Ffydd yn wir yw sail y pethau a obeithir, a *siccrwydd* y pethau ni's gwelir. **1599** (**1677**) R. HOLLAND: *AB* 14, fel y bo i ŵr *siccrwydd* ddilys o gael ei wrando. **1606** *Bl B XVII* i. 136, Rhoes im i'w ôl mewn rhôl rhwydd / Swcreth obeth o'i *sicrwydd* (Thomas Evans). **1630** *YDd* 55, beth am leied o *sicrwydd* (*security*) sydd iddo yn yr hyn a gafodd . . .? **1632** *D*, *Siccrwydd*, Certitudo, firmitas, stabilitas, securitas. **1688** W. FOULKES: *EGE* 108, yr wyfi i'th addoli . . . am roddi i ni cynnifer o addewidion gogoneddus o wrando ein gweddiau ni, cynnifer o *sicrwyddau* cadarn o gymmeradwyaeth grasusol. **1688** S. HUGHES: *TSP* 247, rhyfedd yw, na ddygasent hwy yscrifen ei *siccrwydd* oddiarno, trwy 'r hon yr oedd e, i gael ei dderbyn i mewn ym mhorth y Ddinas nefol. **1725** D. LEWIS: *GB* 4, Nid oes achos fod neb heb *Siccrwydd* am Dduw, canys y mae pob peth yn dangos ei fod ef. *c.* **1750** J. THOMAS: *T* 7, Ernes yw Rhan o Swm a roer fel *Sicrwydd* o dderbyn y cwbl yn ol llaw. **1768** RISIART AP ROBERT: *CB* 327, nes dangos o honynt eu llythyrau *sicrwydd.* **1796** J. ROBERTS: *C* 23, Insurance *siccrwydd* i wneuthur i fynu golled Tai gan Dan [*sic*]. Ar lafar, 'Cyn bo' fi'n symud, 'wi'n mofyn *sicrwdd* bod y jobyn gin' i', *GTN* 739; 'Un di-ddal yw e cofia, 'does dim *sicrwydd* y daw e'.

sicrwyddiad [*sicrwydd*+-*iad*[1]] *eg.* Ffaith sicr, sicrwydd: *certainty.*
1803.

sictod, sictwr, sicur, sicwin, sid[1,2], gw. **ysictod, secutor** (At.), **sicr, secwin, sît, sidan**[1].

sidan[1] [bnth. H. S. *sīde*, cf. Gwydd. C. *sita*, ?a hefyd Llyd. Diw. *sidan* 'llinos'] *eg.* ll. -*au*, (prin) -*ion*, a hefyd fel *a.* (Defnydd neu edau a wneir o) ffibr cryf gloywlyfn a gynhyrchir gan sidanbryf ar gyfer ei gocŵn, (geir.) satin; dillad sidan; hefyd yn *ffig.*: *silk, (dict.) satin; silk clothes; also fig.*
13g. *WM* td. 91a. 35–6, Krysseu o *sidan* gwyn a oed am e vorwyn. **1346** *LlA* 93, [c]ynnhebic ydẏy vein bleth o vein *sidan* gloyẏdu. *id.* 168, salamandre . . . achrẏyn auyd yn ev kylch megys crẏyn ypryfet aẏna y*sydan*. **14g.** *GIG* 6, Rhianedd, nid rhai anoyw, / Yn gwau y *sidan* glân gloyw. **16g.** *Llst* 6, 113, seiniwr lladd synwyr alliw / *sidan* o b[o]wys ydiw [i ofyn milgi]. **1547** *WS*, Sarsenet ryw *sidan* tene Sarsonet. *id. Sidan* Sylke. **1567** *TN* 114a, Ydd oedd ryw 'wr goludawc a oedd yn gwisco porphor a llieïn-main [:– *sidan*]. **1632** *D*, *Sidan*, Byssus, sericum. **1632** J. DAVIES: *LlR* 377, [d]illad o borphor ac o *sidan* main . . . beth yw'r *sidan* ond yr ammhuredd sy 'n dyfod allan o gyrph pryfed? **1683** H. EVANS: *CTF* 8, Na falchia am dy hunan, / Am dy fod mewn Aur a *sidan*. **1703** E. WYNNE: *BC* 20, mwy o *Sidaneu* oedd gan y Marsiandwyr. *c.* **1762–79** W. WILLIAMS: *P* 132, Peraroglau, a *sidanau* yr India. **1803** *P*, *Sidan*, s. m.—pl. t. *au* . . . Silk, satin. *id. Sidanion*, s. pl. aggr. . . . Silken things, silk-mercery. Ar lafar, *WVBD* 489, *Wês wês* 15, *GTN* 765. Clywir *sidan* fel enw anwes ar blentyn yn sir Gaerf. a Morg., ond gwahaniaethir weithiau rhwng *shitan* 'sidan', a '*shidan* . . . ff. ddigaledd ar *shitan* a arddelir yn air anwesol', ''ym *shidan* our i', *GTN* 767–8. Clywid '*sidan* (coch)' gynt am fath o garreg frau ddiwerth, gw. J. GRIFFITH: *Chwarelau Dyffryn Nantlle* 51, 62, 84.

Fel *a.* Wedi ei wneud o sidan, sidanaidd, llyfn, gloyw, sgleiniog, hefyd yn *ffig.*: *made of silk, silken, silky, smooth, glossy, also fig.*
1346 *LlA* 97, amylder o glustogeu pali arei *sidan* arei eurllin. **14g.** *WM* 475. 35–7, Ae dyuot hitheu achamse *sidan* flamgoch amdanei. *c.* **1400** *R* 1266. 13–14, Bud diueth mẏynbleth manbleit mein *sidan* myẏn aryan maen eureit. **15g.** *DGG*[2] 43, *Sidan* gapan am gopa / Yn ddu roed yn ddiau'r ha' [i'r ceiliog mwyalch]. **15g.** *GLGC* 47, Llyma'r frân *sidan* lle gosodid, / llyma ryw geilog lle mawr goelid [i Syr Rhys ap Tomas]. **15g.** *ID* 89, gwn *ssidan* acharyan chwi / gwn ffwrwr gann ffy harri. **16g.** MORUS DWYFECH: *Gw* 163, Dyna ŵr â dau wyneb / *Sidan* iaith, nis edwyn neb. **1588** *Esth* i. 6, [ll]enni . . . wedi eu cylymmu a rheffynnau *sidan*. **17g.** HUW MORUS: *EC* i. 42, Seren gwŷr, siwr iawn gariad, / *Sidan* dwf, fel Sydney ei dad. **[1783]** *W* d.g. *Silken.* Ar lafar, 'Ffrog *sidan* wen odd 'i ffrog briotas 'i', *GTN* 768. Cf. *Hen B* 110, A'i grys brith a'i necloth *sidan*.
Amr.: **sid**[2] [olff.]. Ar lafar fel enw anwes ar blentyn, '*shid*', *GTN* 767. **siden**[2]. **18g.** *W Ballads* 6B, 7, Rhaid cael *siden* a Rubbanau. **1768** J. ROBERTS: *R* 5, Llieniau a *Sidenau.*
Cfn.: *Bot.* **sidan y brain:** *conferva, crow-silk, hair-weed.* **1813** *WB* 234, *sidan y Brain*, edr. Cyflafan. *Adar.* **sidan cynffon (gynffon):** *waxwing, Bombycilla garrulus.* **1852.** *Bot.* **sidan y waun, sidan gwaun:** *cotton*

grass, Eriophorum. **15g.** *GGl*[2] 206, Seithbwys a chwmpas wythbaun, / Sodan gwych o *sidan gwaun* [i ofyn ffaling]. **1632** *D* (*Bot*), *Sidan y waun.* **18g.** *Beirdd y Berwyn* 54, A'i gwnio eyn sadied a *sidan y waen.* **1813** *WB* 234, *sidan y Waun,* Eriophorum; Cotton-grass. **sidan gwneud:** *artificial silk, rayon.* **1931. sidan symudliw:** *shot silk.* **1897.** Ar lafar gynt yn Arfon.

Gw. hefyd **sidanen.**

sidan[2], gw. **sydyn.**

sidanaf: sidanu [bf. o'r e. *sidan*[1]] *bg.a.* Gweithio â sidan; gwneud yn sidanaidd neu'n llyfn; gwenieithio i, seboni, tynnu drwy deg, rhoddi mwythau i, anwesu: *to work with silk; make silky or smooth; flatter, coax, stroke, fondle.*

1547 *WS, Sidany.* **1604–7** *TW* (*Pen* 228), *sidanû'n* vrith ne blethû gwieil aur d.g. *Intexo.* **1672** R. PRICHARD: *Gw* 159, F'all y gwragedd hên wrth nyddu, / F'all y merched wrth *sidanu,* / F' all pawb ddilyn eu celfyddyd, / A gweddio 'n ddyfal hefyd. **1716–18** *Llsgr R. Morris* 187, milgi ngharîad a ddaw yn gennad / mi ai *sidanwn* pei llyfaswn. **1773** *W* d.g. *To fawn* [*upon*], *To smooth or coax, To sweeten one.* **18–19g.** *Llr* C 30, 113, *Sidanu,* to coax or wheedle. **1803** *P, Sidanu* . . . to make silky; or smooth; to coax, to wheedle . . . Mae y diawl yn dda tra i *sidaner* . . . Adage.

sidanaidd [*sidan*[1] + *-aidd*] *a.* Wedi ei wneud o sidan, tebyg i sidan, llyfn, gloyw, sgleiniog, hefyd yn *ffig.*; ?yn gwisgo sidan: *made of silk, silken, silky, smooth, glossy, also fig.*; *?wearing silk.*

c. **1585** *Llst* 178, 88b, gwallt *sidanaidd.* **1632** *D* d.g. *Sericus.* **17g.** HUW MORUS: *EC* i. 116, Gwawr enwog rianaidd, / A'r feinael *sidanaidd.* **1684** H. OWEN: *DC* 81, dillad main *sidanaidd.* [**1783**] *W* d.g. *Silky* [*silk-like, i.e. soft, &c.*]. **1795–6** *Trys Gym* 99, fe fydd i'th enaid rodio yn uniawn, heb ymgrymmu i'r coegun *sidanaidd* o achos fod ganddo gyfoeth. **1803** *P, Sidanaiz* . . . Like silk, silky. Gwallt *sidanaiz,* silky hair. Ar lafar, "Odd ffrog *shidanidd* 'yfryd yn 'i chylch 'i', 'Ma golwg *shidanidd* ar y dunydd 'yn, ond næci shitan yw a chwaith', *GTN* 765; 'Ryw ddenfydd *shidanadd* yw a' (dwyrain Morg.).

sidanbleth, gw. **sidan**[1] **+ pleth.**

sidanblu [*sidan*[1] + *plu*] *e.ll.* a hefyd gyda grym ansoddeiriol. Manblu, plu meddal a ddefnyddir i lanw gwelyau, gobenyddion, &c., hefyd yn *ffig.*: *soft feathers, down, also fig.*

1696 *CDD* 117, Yr heden *sidan blu,* mi'th goelia di am hynnŷ [ymddiddan rhwng pechadur a'r ceiliog]. **1703** E. WYNNE: *BC* 23, gwelem rai ar welâu *sidanblu* yn ymdrobaeddu mewn trythyllwch. **1803** *P, Sidanblu,* s. pl. aggr. . . . Down feathers.

sidanbryf [*sidan*[1] + *pryf*[1]] *eg.* ll. *-bryfed,* a hefyd fel *e.ll.* Lindys(en) y gwyfyn *Bombyx mori* sy'n ymborthi ar ddail merwydd ac yn nyddu cocŵn o edefyn sidan, pryf(ed) sidan, hefyd yn *ffig.*: *silkworm(s), also fig.*

1604–7 *TW* (*Pen* 228) d.g. *Blatta, Bombyx, Necydalus* (hefyd *D*). **1724** S. WILLIAMS: *ADA* 73, y maent [dynion] fel y *Sidan-bryf* yn marw yn eu gwaith. **1725** *SR, Sidan bryf* d.g. *A Silk worm.* **1728** T. BADDY: *DDG* 33, yn y Dyffrynnoedd y mae Gerddi Morwydd, a pha rai porthant y *Sidan bryfed.* **1755** *Gron* 61, Cofier it' guro cyfoeth / Selyf, y *sidanbryf* doeth [i'r lili]. [**1783**] *W* d.g. *Silk-worm.*

Gw. hefyd **pryf**[1]**—pryf sidan.**

sidanen [*sidan* + *-en*] *eb.* Merch fwynaidd, yn enw. fel enw anwes ar Elisabeth I, ac fel enw alaw: *gentle girl, esp. as a term of endearment for Elizabeth I, and as the name of an air.*

Diw. **16g.** *CRC* 373, *Sydanen* conquers kyngs wythe quyll / *Sydanen* governes stars at will / . . . / right wher she is pansophia stawlde, / yn Wales she is *Sydanen* cald. ?*Diw.* **16g.** *id.* 357, kanv yn llafar / gowydd pedwar / a fob aken / a *si danen* [*sic*]. **16–17g.** *id.* 375, *Sidanen* ffrainc ac i werddon / *Sidanen* y tair koron / *Sidanen* y Quin Elsbeth / *Sidanen* y tair talaith. **16–17g.** *GST* i. 753, *Sidanen* pob sad annerch, / Siampler ar bob mwynder merch [cywydd merch]. **16–17g.** *Cer RC* 126, Gwrandewch areth i *Sidanen,* / Gyda'r tanne i'w chanu'n llawen. *c.* **1605** *CRC* 40, O Galecwt i Lvnden / oddi i yno i Gaersełem / nid oes vn *sidanen* / yn trigo. **1716–18** *Llsgr R. Morris* 66–7, Enwa Mesura . . . *sidanan:* fwunan fuw: green sleeves. **1756** *ML* i. 418, O fwyned yr hen *sidanen* ar hen feillionen. **1759** *BC* 256, Araith i *Sidannen* dan Deyrnasiad Elizabeth Frenhines i'w Canu [*sic*] a'r [*sic*] fesur a elwir *Sidannen.* **1803** *P, Sidanen* . . . It is the name of an old tune; also an epithet for a fine woman; and has been applied particularly to queen Elizabeth. Y mae fferm o'r enw *Cae Sidanen* yn ardal Trefeglwys, sir Drefn.

sidanflew, gw. **sidan**[1] **+ blew.**

sidanllyd [*sidan*[1] + *-llyd*] *a.* Yn gwisgo sidan; sidanaidd: *wearing silk; silky.*

17g. *LlGC* 13215, 351, *Sidanllud* Sericatus.

sidanog [*sidan*[1] + *-og*] *a.* Wedi ei wneud o sidan, sidanaidd, llyfn, gloyw, hefyd yn *ffig.*; yn gwisgo sidan: *made of silk, silken, silky, smooth, glossy, also fig.*; *wearing silk.*

12–13g. *GLlLl* 239, A golo ker manro meinnyaŵc / Gelynyon, Saesson *sidanaŵc.* **16g.** *LlS* 36, blodæ *sidanoc* yn gogylchy yr phrwyth. *p.* **1620** H. E. ROLLINS: *PB* i. 198, Ai nabkin *sidanog* oi bocket Pan dynno. **1632** *D* d.g. *Bombycinus, Sericatus, Sericus.* **1653** *MLl* i. 221, y plant cyndyn, y masweddwyr *sidanog,* y lladron anweledig. **1656** (**1745**) *id.* ii. 162, [d]anfon ei Fâb i wisgo gârw-wisg ein Natur ni (trwy adel Anian *sidanog* yr Anghŷljon). **1683** H. EVANS: *CTF* 49, Rwi [angau] 'n cwympo iengctyd campus . . . merched ffein *sidanog.* **1759** *BC* 416, Y *Sidanog* wyr y maswedd. [**1783**] *W* d.g. *Silk-, Covered* [*clothed*] *with silk.* **1803** *P, Sidanawg* . . . Having silk; in silk. Ar lafar, 'defnydd *sidanog*' (Arfon).

Amr.: **sideiniog** [*sidan*[1] + *-iog*]. **1727** J. JONES: *DFF* 57, Rhaffau *sideiniog* Satan.

sidanol [*sidan*[1] + *-ol*] *a.* Sidanaidd, llyfn: *silky, silken, smooth.*

1670 J. HUGHES: *AP* 147–8, [g]wir bobl Dduw . . . er darfod eu maethu . . . ynghanol pob mwythau, ac esmwythdra *sidanol* gan eu geni hwynt yn blant i Arglwyddi. *c.* **1730** *Thos. Lloyd D* (LlGC) 207b, *Sidanol.* Silken. **1803** *P* d.g. *Sidanawl.*

sidanwaith, sidanwallt, gw. **sidan**[1] **+ gwaith**[1]**, gwallt.**

sidanwe [*sidan*[1] + *gwe*] *eb.* ll. *-oedd.* Sidan gweedig, defnydd sidanaidd; gwe (pryf copyn); hefyd yn *dros.* ac yn *ffig.*: *woven silk, silken fabric; (spider's) web; also transf. and fig.*

1776 *W, Sidan-wëoedd* d.g. *Mercery* [*mercer's goods or wares*]. *id. Sidan-we* d.g. *Silk- . . . A silk-web.* **1803** *P, Sidanwe,* s. f.—pl. t. *oz* . . . A silk web.

sidanwerthwr, sidanwisg, gw. **sidan**[1] **+ gwerthwr, gwisg.**

sidanwr, sidanydd [bôn y f. *sidanaf: sidanu* + *-wr, -ydd*[3], a *sidan*[1] + *gŵr*; ansicr yw'r engh. gyntaf isod] *eg.* ll. *sidanwyr, sidanyddion.* Gwneuthurwr neu wëwr sidan, masnachwr sidan; *Cyfr.* Cwnsler y Brenin neu'r Frenhines: *maker or weaver of silk, silk merchant; 'silk' (in law), King's or Queen's Counsel.*

c. **1570** *THSC* (1917–18) 46, Privon *sidanydd* (*GDLl* 83, Pryffwn sidan) ywch priffyrdd. **1632** *D, Sidanwr* d.g. *Sericarius.* **1740** *ML* i. 24, Will Huws, *sidanwr.* **1755** *id.* 350, chwi ellwch droi matterion y *sidanwyr* ar llieinwyr heibiaw pan fynnoch. **1776** *W* d.g. *Mercer* [*a seller of silks, &c.*], *Silk-man* [*a dealer in silk*]. **1803** *P, Sidanwr,* s. m.—pl. *sidanwyr* . . . A silkman. *id. Sidanyz,* s. m.—pl. t. *ion* . . . Silk-mercer.

Amr.: **sidenydd.** [**1783**] *W* d.g. *Silk-man* [*a dealer in silk*].

sidanwraig [gair geir., sef bôn y f. *sidanaf: sidanu* + *gwraig*] *eb.* ll. *-wragedd.* Menyw sy'n gweu sidan neu'n gwnïo dillad ohono: *female silk-weaver, silk-seamstress.*

1604–7 *TW* (*Pen* 228), yr edef y bo'r *sidanwragedh* yn ei weû'n y peithin d.g. *Licium.* *Dchr.* **17g.** *J* 10, 41a, *Sidanwraig* Seamester. **17g.** *LlGC* 13215, 351, *Sidanwraig* Sericaria &c.

sidanwych, gw. **sidan**[1] **+ gwych.**

sidanwydd [*sidan*[1] + *gwŷdd*[1]] *e.ll.* (un. b. *-en*). *Bot.* (Pren caled sidanaidd gloyw) amryw fathau o goed, yn enw. *Chloroxylon swietania* o'r India, a *Zanthoxylum flavum* o India'r Gorllewin: *satinwood (trees).*

1848.

sidanydd, sideiniog, gw. **sidanwr, sidanog.**

sidell[1] [cf. *sidyll*] *eb.g.* ll. (prin) *-au, -i.* Cylch, rhod, disg, (cant neu rimyn) olwyn neu wrthrych crwn; cylchdro (planed, &c.); olwyn, &c., fel dyfais poenydio neu gosbi; chwyrlïad; *Bot.* trefniant rheiddiol o dri neu ragor o betalau, dail, &c., o gwmpas coesyn, wmbel; hefyd yn *ffig.*: *circle, disc, (rim of) wheel or circular object; orbit (of planet, &c.); wheel (as instrument of torture or punishment); a whirling; whorl, umbel (in bot.); also fig.*

14g. *GDG*[3] 378, Na chêl, ysgwyd Guhelyn, / Ar fy llaw o daw y dyn. / Glew *sidell,* gloyw osodiad, / Rhyfel wyd, y metel mad [i'r cleddyf]. **15g.** *GLGC* 75, Dêl yt *sidell* gwell nog wyth, / dyro Ruffudd ei driphwyth [i ofyn bwcled]. **16g.** MORUS DWYFECH: *Gw* 135, *Sidellau* yn gwau mewn gwynt, / Siomgar o adar ydynt [am wenyn]. **1567** *LlGG* (*Sall*) 47a, gwna hwy [tywysogion] mal rrot [:– olwyn, troell, trovel *sidell*], ac mal y sofl gar bron y gwynt. **1604–7** *TW* (*Pen* 228) d.g. *Orbis, Orbita, Roto, Sagitta.* *id. sidelhæ*'n sefylh ynghenawl blodeu lhyseu d.g. *Stamen* . . . *Stamina in ligno uel herbis.* *id. sidelh* gronn d.g. *Umbella.* **1632** *D, Sidell,* Rota. Sidyll, m.g. idem. **1722** *Llst* 189, *Sidell.* f.p. *dellau.* The ring of a wheel, rundle; compass of ye moon. **1737** J. EINNON: *HR* 140, byddwn megis a'r [*sic*] y *Sidell* yn cael fy nirnnu [*sic*] (*as if racked upon the wheel*), pan ystyriwn fy mod i yn wag o Ras. [**1783**] *W* d.g. *Ring, The ring of a wheel, Ring, In a ring.* **1784** M. WILLIAMS: *S* i. 250, Y Lleuad sy'n cael ei hamgylchu gan *sidell* fawr megis ffur. **18–19g.** *Iolo MSS* 191, pryderus yw Uffern . . . lle mae rhod danllyd a mil o *sidelli* ynddi. **1803** *P, Sidell,* s. f.—pl. t. *i* . . . A winder; a whirl. Ar lafar, "Rodd y mashîn yn mynd fel *shidell*', 'het *sidell*' 'het feddal â chantel llydan' (godre Cered.).

Gw. hefyd **sidyll.**

sidell[2], gw. **sitell.**

sidellaf: sidellu [bf. o'r e. *sidell*[1]] *bg.a.* Troi, troelli, cylchdroi, ymdroi, chwyrlïo; ymdroelli, dolennu: *to turn, rotate, spin, orbit, revolve, whirl; meander.*

16–17g. T. PRYS: *Bardd* 108, ys da lafn goris dav lv / ysdyllen yn *sidelli* [*sic*]. **1707** *AB* 109a, *Sidelhy* d.g. *Orbito.* **1803** *P, Sidellu* . . . To whirl round.

Gw. hefyd **sidylliaf: sidyllio.**

sidelliad [bôn y f. *sidellaf: sidellu* + *-iad*[1]] *eg.* Cylchdro, cylchdroad, chwyrlïad; ?cylchdro (planed, &c.): *rotation, revolution, a whirling; ?orbit (of planet, &c.).*

1803 *P, Sidelliad,* s. m. . . . A whirling round.

sidellog [*sidell*[1] + *-og*] *a. Bot.* Ar ffurf sidell; troellog, yn ymdroelli: *whorled (in bot.); twisting, winding.*

1604–7 *TW* (*Pen* 228) d.g. *Stamineus.* **1718** *Cân o Senn* 7, Lliwiog Rhodau [:– Blodau *Sidellog.*]. **1803** *P, Sidellawg* . . . Having a whirl or wheel.

sidelltaith [*sidell*[1] + *taith*] *eb.* Cylchdro (planed, &c.): *orbit (of planet, &c.).*

1778 *W, Sidell-daith* d.g. *Orbit.*

siden[1,2]**, sidenydd,** gw. **sît, sidan**[1]**, sidanwr.**

sider[1] [cf. *siderog*] *eg.* ll. *-i, -au, -ion,* a hefyd fel *e.ll.* Rhidens, ymylwaith, eddi, bordr, fflowns, tasel, les, hefyd yn *ffig.*; (geir.) carpiau, llarpiau: *fringe, border, flounce, tassel, lace, also fig.*; *(dict.) rags, tatters.*

1604–7 *TW* (*Pen* 228), A oedh vn dyn a lvniai / oed yn *sider* mwynder mai. / ond duw ner ai *siderai.* / *Sider* mewn lhys adar mai. d. ap G. yr draenlhwyn d.g. *Lacinia.* **1688** *TJ, Sider,* Ridens, hefyd Carpiau o frethŷn: Fringe, also Wollen Rags. **1722** *Llst* 189, *Sider.* m.p. *derau.* Daggs, edging, fringe, border of a garment. **1753** *TR, Sider,* a lace, a fringe. **1773** *W, sider* rhwyllog teneu-we d.g. *Gimp.* **1798** *WR* d.g. *Flounce.* **1803** *P, Sider,* s. m.—pl. t. *ion* . . . lace, fringe.

sider[2], gw. **seidr.**

sideraf: sideru [bf. o'r e. *sider*[1]] *bg.a.* Addurno â rhidens neu les, gwneud les, hefyd yn *ffig.*; (geir.) tyllu, rhwygo: *to fringe, decorate with lace, make lace, also fig.*; *(dict.) hole, tear.*

1604–7 *TW* (*Pen* 228), A oedh vn dyn a lvniai / oed yn sider mwynder mai. / ond duw ner ai *siderai.* / Sider mewn lhys adar mai. d. ap G. yr draenlhwyn d.g. *Lacinia.* **1632** *D, Sideru,* Laciniare. **1688** *TJ, Sideru,* brwŷdo, dryllio, rhwygo: to make holes, to make a thing all to Rags. **1722** *Llst* 189, *Sideru* . . . To fringe. **1753** *TR, Sideru,* to make fringes. **1775** *W* d.g. *Lace, To* [*edge or adorn with*] *lace.* **1803** *P, Sideru* . . . to fringe; to make lace; to lace.

sideraidd [*sider*[1] + *-aidd*] *a.* Cyrliog, cudynnog: *curly, in ringlets.*
1803 P.

siderog [?*sider*[1] + *-og*] *a.* Ac iddo ridens, eddïog, wedi ei addurno â les, hefyd yn *dros.*; (geir.) danheddog, carpiog, rhwygedig, *Her.* engraelyd: *fringed, adorned with lace, also transf.*; (dict.) *jagged, ragged, tattered, engrailed (in her.).*
Dchr. **15g.** GSCyf 91, *Siderog* nen hwylbrenni, / Syllty teg is allt wyt ti [Llywelyn ab y Moel i'r bedwlwyn]. **15g.** GDID 37, Marchog *siderog* doriad, / Urddol yw ar dda y wlad [i ddiolch am darw coch]. **1604-7** *TW* (*Pen* 228) d.g. *Lacinia . . . In lacinias, Lacinatim.* **1632** D, *Siderog,* Laciniosus. **1688** *TJ, Siderog,* tyllog, rhwyllog, sitrachog: full of holes or Fringes. **1722** Llst 189, *Siderog,* Dented, jagged, fringed, tattered, scolloped. **1722** Llst 190, Ymylgylch *siderog* ynghylch arfau bonedd . . . An ingrayling, ingrayled bordure. **18g.** IOAN SIENCYN: *Gw* 262, A fflur aur a phlu'r awen / *Siderog* amliwiog len [am baun]. **1756** G. OWEN / *L* 168-9, *siderog* farchogion y Mychdeyrn Lewis yn eu rhwyllawg frithfrodiog, amliw gobau. **1772** *W* d.g. *Daubed . . . Daubed with lace, Laciniated* [adorned with fringes or borders]. **1803** P, *Siderawg . . .* full of fringes; fringed; laced.

siderwr, siderydd [gair geir., sef bôn y f. *sideraf: sideru* + *-wr, -ydd*[3]] *eg.* ll. *siderwyr, sideryddion.* Gwneuthurwr neu werthwr les, gwneuthurwr rhidens: *maker or seller of lace, fringemaker.*
1775 *W, Siderwr, siderydd* d.g. *Lace-man, or lacemaker, Orris-weaver.* id. *Siderwr* d.g. *Lace-man* [a *seller of lace*]. **1803** P, *Siderwr,* s. m.—pl. *siderwyr . . .* A maker of fringe. id. *Sideryz,* s. m.—pl. *ion . . .* A maker of fringe.

sidêt, sydêt, sedêt [bnth. S. *sedate*] *a.* Digyffro, sobr, parchus, confensiynol, hen ffasiwn, cysetlyd: *sedate, staid, conventional, old-fashioned, fastidious.*
1922. Ar lafar, ''Fedri di ddim deud jôc wrth honna—mae hi ry *sydêt*' (Arfon); 'Mae'n od bod menyw fach mor *sidêt* wedi priodi siŵt greadur rŵff', ''Oedd lle bach sidêt iawn 'da hi—chwaethus a phopeth yn 'i le' (gogledd Cered.).

sidetrwydd, sydetrwydd [*sidêt, sydêt* + *-rwydd*] *eg.* Y cyflwr o fod yn sidêt, sobrwydd, cysetrwydd: *sedateness, staidness, fastidiousness.*
20g.

sidg, sidgi, gw. sîj.

sidill, sidir, gw. sidyll, seidr.

sidlath [elf. dybiedig **sid* (gw. *P* d.g.) + *llath*] *eb.* Winsh, dirwynlath: *winch, windlass.*
1848.

Sidonaidd [e. dinas *Sidon* + *-aidd*] *a.* Yn perthyn i Sidon, prifddinas Phoenicia gynt: *Sidonian (adj.).*
1856.

Sidoniaid [e. dinas *Sidon* + *-iaid*[1]] *e.ll.* Trigolion Sidon, prifddinas Phoenicia gynt: *Sidonians.*
1588 Deut iii. 9, Y *Sidoniaid* a alwant Hermon yn Sirion. **1588** Barn xviii. 7, pan welsant hwy y bobl y rhai oeddynt ynddi yn trigo . . . yn ôl arfer y *Sidoniaid* yn llonydd, ac yn ddiofal. **1588** 1 Br v. 6, ti a ŵyddost nad oes yn ein plith ni ŵr a fedro gymmynu coed megis a *Sidoniaid.* **1588** Esr iii. 7, rhoddasant arian i gymmyn-wŷr, ac i seiri, a bwyd a diod, ac olew i'r *Sydoniaid.* **1588** 1 Esd v. 55, hwynt a roddasant geir i'r *Sidoniaid,* ac i'r Tyriaid i ddwyn cedr-wydd o Libanus. **1735** S. THOMAS: HP 219, Eithr fe fuasai'r Tyriaid ar [sic] *Sydoniaid* yn credu, pe buasent yn cael y fath Fontais ag y gafodd y Bobl hynny, heb ddim rhagor.
Amr.: **Sidoniesau** (ff. f.). **1588** 1 Br xi. 1, A'r brenin Salomon a garodd lawer o wrageddi dieithr . . . Edomiesau, *Sidoniesau,* a'r Hethiesau.

sidr[1], gw. seidr.

sidr[2] [bnth. S. C. *cedre*] *e?g.* ll. *-ys.* Bot. Cedrwydden Libanus, *Cedrus libani,* pren y goeden hon: *cedar of Lebanon, cedarwood.*
15g. GLGC 15, Pedwarryw cyn pedeiroes / o wŷdd i Grist oedd ei Groes: / olifa, palma 'mhob ban, / siprisus, *sidrus* oedran [i'r Grog]. **16g.** THSC (1923-4) (At.) 36, Ar groes honno a wnaethwyd o bedwar

rwyogaeth o goed . . . *sydyr,* sypyr, pren oliff a phren helic.

sidrem, sidremaf: sidremo, sidren, gw. **seldrem**[1], seldremaf[1]: seldremo, seldrem[1].

sidrwy [elf. dybiedig **sid* (gw. *P* d.g.) + *rhwy*[2]] *eg.* ll. *-on.* Sgriw (hefyd fel offeryn artaith): *screw (also as instrument of torture).*
1848.

sidrwyaf: sidrwyo [bf. o'r e. *sidrwy*] *bg.a.* Sgriwio, hefyd yn *ffig.*: *to screw, also fig.*
1848.

sidrydd [*sidr*[2] + *gwŷdd*[1]] *e.ll.* Bot. Cedrwydd Libanus, *Cedrus libani:* cedars of Lebanon.
16-17g. SIÔN MAWDDWY: *Gw* 153, Nid tebyg draenen gors y glennydd / Yn aros hydref i un o'r *sidrwydd.*

sidrych [elf. dybiedig **sid* (gw. *P* d.g.) + *rhych*[1]] *eg.* ll. *-au.* Sgriw: *screw.*
1828.

sids, sidwrmot, gw. sîj, siwdrmwdr.

sidydd [gair a luniwyd gan W. Owen-[Pughe] ar sail Caer Sidydd (amr. ar *Caer Sidi,* cf. *Mos* 133, 557); cf. hefyd *Cadair Sidydd,* GGH 202] *eg.* ll. *-ion.* Ser. Sodiac; Ser. a Daearydd. trofan: *Zodiac; tropic (in astron. and geog.).*
1803 P, *Sidyz,* s. m.—pl. t. *ion . . .* the zodiac. *Caer sidyz,* the circle of the zodiac, the ecliptic.

sidyddol [*sidydd* + *-ol*] *a.* Yn perthyn i'r Sodiac: *zodiacal.*
1837.

sidyll [cf. *sidell*[1]; tywyll yw nifer o'r enghrau. isod] *eg.b.* ll. (prin) *-au,* a hefyd gyda grym ansoddeiriol. Cylch, rhod, disg, (cant neu rimyn) olwyn neu wrthrych crwn; cylchdro (planed, &c.); chwyrlïad, Bot. wmbel; hefyd yn *ffig.*: *circle, disc, (rim of) wheel or circular object; orbit (of planet, &c.); a whirling; umbel (in bot.); also fig.*
c. **1400** R 1359. 26-7, Losgit tan rŵyfan refyr kidill haearn vu ossodeu carn yn y *sidill.* **16g.** MORUS DWYFECH: *Gw* 146, Rhyw asio'n gall, rhosyn gwych, / Rhidill dur sidill sadwych [i ofyn bwcled]. **16g.** LlS 96, Y Phenicl . . . [t]opyn crŵn ehelaeth, melynlas, neu li grynoi yn *sidill.* **1604-7** TW (*Pen* 228) d.g. *Orbis.* id. blaengorn tro yw yrru'n *sidilh* ar garrei frewylh d.g. *Trochus.* **1632** D, Sidell, Rota. *Sidyll,* id. *ingder.* **17g.** HUW MORUS: *EC* ii. 106, Mae dynion wrth ffortun, / Fel hoelion mewn olwyn, / Yn adwyl iawn wrth eu hulyn trŷ hi. **1701** E. WYNNE: *RBS* 115, ni all Rhinwedd fôd ynghrôg wrth *sidyll* anwadal Ffortun ddâ neu ddrŵg (*the variety of a good or bad fortune*). **1722** Llst 189, Sidill. m.p. *dyllau.* as Sidell. **18g.** CM 39, 96, fo aeth Rondol fawr ei ymarw / Fel *sidyll* i ffwrdd yn sawdwr. **1765** BDGU 16, Beth rwyt i'n chwerthin, Fidler Tin sidill? **1790** TWM O'R NANT: *GG* 97, Mae'n hên rodiwr Sawdiwr *sidyll,* / Fe fu'n rhyfel, / Oer naws afel yn hir sefyll. **1794** *W* d.g. *Wheel . . . The hoop of a wheel.* **1803** P, *Sidyll,* s. m.—pl. t. *au . . .* A whirl, a turn round, the circumference or rim of a wheel. *Sidyll* troell, the rim of a spinning wheel. Cf. IEUAN GLAN GEIRIONYDD: *G* 111, Y traed sydd â'u trōadau—yn dilyd / Eilion y mwyn dannau: / O gylch y delyn yn gwau, / Yn *sidyll* eu rhusiadau.
Gw. hefyd sidell[1].

sidylliaf: sidyllio [gair geir. yn wr., sef bf. o'r e. *sidyll*] *bg.a.* Troi, troelli, ymdroi, chwyrlïo: *to turn, rotate, spin, revolve, whirl.*
1632 D d.g. *Roto.* **1722** Llst 189, Sidyllio . . . To turn. **1794** *W* d.g. *To swing about.*

sieb, gw. gwin—gwin sieb (hefyd At.).

siebed, gw. sibed.

siec[1]**, tsiec**[1] [bnth. S. *cheque*] *eb.* ll. *-(i)au, -s.* Gorchymyn ysgrifenedig i fanc, &c., dalu swm penodol o gyfrif y tynnwr i'r daliwr neu i'r person a enwir, ffurflen ar gyfer y fath orchymyn: *cheque.*
1930. Ar lafar, ''Dwi ddim yn sgwennu lot o *tsiecs* 'rŵan—'dwi'n iwsio cardyn'; ''S gynna' i ddim pres—mi na' i sgwennu *tsiec* iti'; ''Roedd 'yn *tsiec* cyflog i yn y post heddi, a dwy arall o'r BBC', 'Ar ddydd

Llun 'oech chi'n gweld y ffarmwrs yn mynd â'u *tsiece* i'r banc' (gogledd Cered.).
Cfn.: **siec deithio:** *traveller's cheque.* **1938.**

siec[2]**, tsiec**[2] [bnth. S. *check* 'pattern of squares'] *eg.* ll. *-iau,* a hefyd fel *a.* Patrwm o (linellau yn ffurfio) sgwariau, (brethyn) ac iddo'r fath batrwm, (wedi ei wneud o frethyn) sgwarog: *check (pattern and cloth, also adj.).*
1936. Ar lafar, 'Ffrog *tsiec* coch a gwyn odd amdani' (Arfon); 'trowser llwyd a chot *shec*', *Wês wês* 15.

siêc, siech, sieic [bnth. S. *sheikh*] *eg.* ll. *sie(i)ciaid, siêcs.* Pennaeth llwyth, pentref, neu dylwyth Arabaidd; arweinydd crefyddol Mwslimaidd: *sheikh.*
1866.

sieced, gw. siaced.

siecen, *eb.* Gwraig anniwair neu anllad, putain: *promiscuous woman, whore.*
Ar lafar yn nwyrain sir Gaerf. a gorllewin Morg.

siecer, siecerog, gw. siecr, siecrog.

sieci [bnth. S. *checky*] *a.* Her. Siecrog: *checky (in her.).*
1564 DWH i. 365, maes *sieky* aur ac assur. c. **1600** L. DWNN: *HV* ii. 8, Duk Jossui a fy yn dwyn *Siekci* o arian a gowls.

sieciaf, tsiec(i)af: siecio, tsiec(i)o [bnth. S. (*to*) *check*] *bg.a.*
(*a*) Gwirio, sicrhau, archwilio: *to check, verify, examine.*
20g. Ar lafar, 'Fydd raid i mi *jecio* faint o'r gloch mae o'n cyrraedd'; 'Anghofies i *tsieco* faint o'r gloch oedd y ddrama heno' (gogledd Cered.); 'Licswn i 'tasat ti'n *tsieco* gyda fa bod 'wn yn iawn', GTN 834.
(*b*) Atal (hefyd mewn gwyddbwyll), rhwystro: *to check (also in chess), restrain.*
1589-90 Rhyddiaith Gymraeg ii. 128, dyveisiodd philosopher . . . chware gwyddbwyll . . . a'i veddwl ef oedd dyscu pwyll i'r brenhin a llonyddwch drwy i *sieckio* wrth u chware hwnnw, a dyscu iddo ymaros a chymeryd i synnwyr ai gof atto.

Siecina, gw. Seceina.

siecmyn [?cf. *jacmyn* (ll. yr e. *jacmon*)] *e.ll.* ?Cludwyr: *carriers.*
1756 ML i. 442, os medr o gael *siecmyn* i'r cwbl [Testamentau], chwi ellwch chwithau . . . anfon yma gistiaid.

siecr, sec(e)r, siecer [bnth. S. C. *cheker* 'chequer(s)'; exchequer'] *eb.g.* ll. (prin) *siecrau,* a hefyd fel *a.*
(*a*) Gêm bwrdd a chwaraeir ar fwrdd sgwarog; (brethyn) sgwarog; *Her.* (patrwm) siecrog neu sgwarog: *game played on chequerboard; chequered (cloth), check; chequer pattern (in her.), checky.*
14g. GDG[3] 372, Heusor mewn *secr* yn cecru, / Llorpau gwrach ar dudfach du [i'w gysgod]. **14g.** GIG 6, Gwŷr beilch yn chwarae, gaer barth, / Tawlbwrdd a *secr* uwch talbarth. c. **1400** R 1347. 5-6, brech *secker* breint gecker brŵnt gŵckŵll. c. **1400** YCM[2] 186, rei onadunt yn gware *syeckyr,* ereill yn gware gwyddbwyll. id. 188, aneirif luossogrwyd o wyrda yn gware *sekyr* a gwyddbwyll ac amryuaelon waryeu ereill. **15g.** IGE[2] 229, Dysgais, dywedais yn wydn, / Dalm ar y cwadrant elydn. / Da yw yntau a'i deinticls, / A'i *siecr* gwmpasau a'i sicls [Ieuan ap Rhydderch]. **15g.** GLGC 301, Mae'r disau? Mae *siecrau*'r sieb? / Mae'r cardiau? Mae'r cywirdeb? **16g.** B xxi. 326, Myfi achwereais y dissie . . . myfi a af i'r dolbwrdd ac yr *sieker* achos hwyntwy a ddewyssasant y gwyr duon aminau yrchware ar gwnion. **16g.** GGH 17, Heblaw pigau sabl Pigod / O *siecr* cyn lluosoced / O aur a gowls, a'i roi i gyd. **16g.** Mos 113, 49, Mae ynn dwyn Assyr ac aür ynn *Siegker* (Med *H* 82, seckri). **16g.** Med *H* 82, Mae yn dwyn ariann, kroes *siekr* o aur a gowls.
(*b*) Trysor, cyfoeth; trysorlys; hefyd yn *ffig.*: *treasure, wealth; exchequer; also fig.*
14g. GIG 13, A'i cheidwad eurwych ydwyd, / A'i *secr* oll, a'i swcwr wyd [i Ieuan ab Einion]. ?**15g.** (17-18g.) Llst 133, 15a, Yn sir hal i'ch ystaliwyd / Siccr yn y *siecer* wyd [Rhys Llwyd ap Rhys ap Rhisiart i Ruffudd ap Nicolas]. **15g.** GO 155, A vv *seker* klêr, ar ôl klared win, / Y kên dda'r brenin kynn ddibrined? **15-16g.** TA 370, Yn *secer* oedd i'n sicrhau, / Yn rhydd yn rhoi oedau [marwnad Ieuan ap Tudur]. **15-16g.** GLM 254, Siambrlen o Fwlen i Fôn, / swcria'r gaer, *siecr* i'r Goron. **16g.** (LlEG) Mos 158, 154b, heb adel Ir brenin tu ac at I gynheiliaeth . . . Namyn *shie/cker* ai

gwsdwms. **1547** *WS*, *Seçker* Excheker. **16g.** *GGH* 60, Saer cofus y cyfan, / *Secr* y gwir i swcro gwan. *id.* 280, Y côr y rhoed y carw rhwydd / Yw *secr* pob dysg a'i sicrwydd. **16g.** *RWM* i. 847, kastell y byr lle bv adeilad mawr kadarn . . . a elwid yn y *sekr* sinadon kastell. **16g.** Morus Dwyfech: *Gw* 69, Y gŵr oedd mewn goreuddawn, / Goeth a sad, gyweithas iawn. / . . . / Yn trino'i waith trwy iawn wedd, / Ais cronicl, a *secr* Wynedd. **16g.** Wiliam Cynwal: *Gw* 132, Hwn y sy fry, hynaws fraint, / Yn *secr* gwir, swcr i'w geraint. **16–17g.** *GST* i. 151, Sicr iawn fel y *secer* oedd, / A sad dan ei brins ydoedd. **1617** *Minsheu* 181b, *Siekker* d.g. *the Exchequer*. *c.* **1730** *Thos. Lloyd D* (LlGC) 207a, *Seccer*. The exchecquer.
Amr.: **sec**[3] [?enghrau. gwallus, ond cf. S. C. *chek* (in chess)]. **14g.** *YCM*[2] 235. **15g.** *BB* 185.

siecri, secri [*siecr, secr*+-*i*[1]] *e?g.* a hefyd fel *a.* *Her.* (Patrwm) siecrog neu sgwarog: *chequer pattern* (*in her.*), *checky*.
16g. *Med H* 82, Mae rrai yn dwyn i harveu yn *seckri* o amravael liwieu ar vath y bwrdd y byddir yn chware sies arno. Ac val hynn i disgrir: Mae'n dwyn o assur ac aur yn *seckri*. *c.* **1570** *Llst* 195, 205, y pedwerydd kwngkwerwr fv y duwc Ioswi yr hwnn oedd yn dwyn *sieckri* arian a go/wlys kocatrys o Sabyl. *c.* **1730** *Thos. Lloyd D* (LlGC) 210b, *Sieccri* . . . Checquer.

siecrog, siecerog [*siecr, siecer*+-*og*] *a.* *Her.* Ac iddo batrwm sgwarog tebyg i fwrdd gwyddbwyll: *checky* (*in her.*).
16g. *Med H* 76, Mae rrai yn dwyn bordr *ssiekroc* o ddau ymravael liw; ac val hynn y dysgriir. Mae yn dwyn arian, kroes lefn o gowls a bordr *ssiekroc* o ssabl ac ariann. *id.* 82, Mae rrai yn dwyn arveu *ssieckroc* bendioc, a hwynt a ddisgrir val hynn: Mae yn dwyn gowls ac ariann yn *ssieckroc* bendioc. **16g.** *Mos* 113, 49, Mae eraill ynn dwyn arfaü *Sieckeroc* bendioc a hwynt a disgrier val hynn. Mae ynn dwyn gowls ac Arian yn *Sieckeroc* a bend o Sabl. *c.* **1600** L. Dwnn: *HV* ii. 18, Sir Guy iarll Warwig a ddug y ddaür [*sic*] ac assur yn *siekrog* achwpl arian ac ermyn.

siech, Siechina, gw. **siêc, Seceina.**

sied[1], **siet, sêt**[2], **set**[3] [bnth. S. C. *chete* 'escheat'] *eg.b.* a hefyd fel *a.* Dychweliad tir i arglwydd ffiwdal neu eiddo i'r wladwriaeth yn achos marwolaeth tenant neu berchennog heb etifedd cymwys, tir neu eiddo a ddychwelir felly, fforffed, atafaeliad; wedi ei fforffedu neu ei atafaelu; ?gwael, diwerth; diarddel (am anifail), strae; hefyd yn *ffig.*: *escheat, forfeit, confiscation*; *escheated, forfeited, confiscated*; ?*base, worthless*; *stray* (*of animal*); *also fig.*
14g. *GIG* 28, Boed y nef bo Ednyfed, / Môn aeth, ysywaeth, yn *siêd*. **15g.** *GTP* 71, Drwy war Sais a dur a *siêd*, / Dialedd yw dy weled. **15g.** *GLGC* 182, Phylib a gaiff ei weled / yn nhai Sais a hwy yn *sied*. **15g.** *GGl*[2] 277, Ni bu i'r carl na sarled, / Na saws, aeth ei wledd yn *sied* [dychan i Uto'r Glyn gan Syr Rhys]. **15–16g.** *GLM* 61, Ni phrynir—mae'n sir yn *sied*—/ win Brytaen cyn baroted. *id.* 356, Tudur Aled, *sied* a wisg sidan Basg / heb esgid na hosan. **1547** *WS*, Roddi yn *siet* Confyske. *id. Siet* Eschete. **16g.** (*LlEG*) *Mos* 158, 631a, Or lleoedd Ir aedd [*sic*] yr hryddod yn *shiett* arwasgar arhyd y wlad. **16g.** *CLl* 164, Didol un heb dŷ ydwyf, / Dan y sawd oer dyn *sied* wyf (Morus Dwyfech). *a.* **1587** *Y* 174, Aeth Cynwal a'i gerdd sâl *siêd* / Heb drefn, a'i ddodrefn ddadred. **16–17g.** *GST* i. 524, A'i lowdr ddibl, a'i ledr ddwbled / Weithian, o swrn, aeth yn *sied* [Siôn Phylip am Siôn Tudur]. **1604–7** *TW* (*Pen* 228), Tir a syrthio yr prins ne'r arglwydh yn dhiatlam, ne'n *Siet* d.g. *Hæreditas . . . hæreditas caduca*. **1658** R. Vaughan: *YPS* 455, rhaid i ti roi yn ol . . . ir tlawd, oni elli dalu ir hwn a gafas y cam. hynny yw, y mae yn myned yn *sied* i Dduw os bydd vn heb etifedd. **17g.** (**18g.**) *J. Gwenogvryn Evans II* 5, 40b, fel defed *siett* Dotiedig. **1725** *SR*, Digwyddiadau a syrthiant i Arglwydd y Tir, megis *sied*, daered d.g. *Perquisities*. **1754** *ML* i. 302, A wyddoch i ddim o hanes Will Parry y jeweller Gwyddelig? Mae arnaf eisiau gwybod os aeth yn *siêd*. **1789** Twm o'r Nant: *TChB* 26, Manylach bryd cneifio nag hyd eu Cynnefin, / I ddangos y ffordd rhag myn'd yn *Sied'*, / A ddyla'i ddef'ed, ddilyn. Yn y Gogledd clywir *sied, sêt* a *set* yn yr ystyr 'cyfarfod i arddangos a hawlio defaid crwydr', ac ym Meir. sonnir am y defaid hyn fel 'defaid *sied*'; 'dwrnod *sêt*' 'a day on which strayed sheep are collected together and restored to their respective owners', *WVBD* 479. Digwydd yn e.'r fferm *Tir-siet*, pl. Rhyndwyglydach, Morg. Cf. *FfTh* xiv. 11, y *sêt* ddefaid (pound yn Saesneg).
Amr.: **ysiad.** **15g.** *GLGC* 276, Mae'n iustus cyfiawn yma'n wastad, / mae'n eiste' ar swrn o'r menstyr *ysiâd*.
Gw. hefyd **asêt.**

sied[2] [bnth. S. *shade* (for lamp, &c.)] *eb.* ll. -*s.* Gorchudd lamp, &c.: *shade* (*for lamp, &c.*).
20g. Ar lafar, ''Dyw'r *sied* goch 'na ddim yn mynd gyda'r llenni o gwbwl' (gogledd Cered.).
Amr.: **siad**[3]. Ar lafar, 'Ma'r *siad* yn ry dwyll ifi allu darllin' (dwyrain Morg.). Clywir *siæd* hefyd yn yr ystyr 'math o addurn, yn cynnwys trefniant o [f]lodau etc o dan wydr', *GTN* 763.

sied[3,4], gw. **siad**[2], **sièd.**

sied[5] [bnth. S. *shade* (of colour)] *eb.* (bach. -*en*) ll. -*s*, a hefyd gyda grym adferfol.

(*a*) Arlliw, gwawr: *shade* (*of colour*), *hue*.
Ar lafar, ''Di o ddim yn matsio—rhaid imi gal *sied* fwy tŵyll' (Arfon).

(*b*) Ychydig (yn well, yn waeth, &c.): *a shade* (*better, worse, &c.*).
20g. Ar lafar, ''Dwi *sied* yn flinedig heddiw', ''Dwi 'di blino *sied* heddiw' (Arfon); ''Ôn i'n gweld John yn edrych *sied* fach yn well heno' (gogledd Cered.). Clywir hefyd y ff. *siedan*, 'Ma'r cwrw 'ma ryw *siedan* yn gryfach na'r llall' (Arfon).
Amr.: **siad**[4]. Ar lafar, 'Ma pob pilyn o'r olch a *siad* binc arno fa' (dwyrain Morg.).

sièd [bnth. S. *shed*] *eb.* ll. *sied(i)au, sieds.* Adeilad bychan neu benty a ddefnyddir fel gweithdy, storfa, lle i gadw anifeiliaid, &c., cwt; adeilad sylweddol at gadw trenau, trin llechi, &c.: *shed.*
Ar lafar yn gyff., 'Man' nhw newydd gâl *sièd* newydd i'r ardd' (gogledd Cered); hefyd yng ngodre Cered. yn y ff. *sied.*

sieden, gw. **sied**[5].

siediwl [bnth. S. *schedule*] *eb.* ll. -*s, siedylau.* Rhestr o ddigwyddiadau, amseroedd, &c., amserlen, rhaglen; rhestr, llechres, cofrestr: *schedule.*
20g. Ar lafar, 'Beth yw'n *siediwl* ni am 'eddi te?'

siediwr, gw. **sietwr.**

si-edn [*si*+*edn*] *eg.* ll. *si-ednod.* *Adar.* Unrhyw un o amryw fathau o adar bach lliwgar Americanaidd o deulu'r *Trochilidæ* sy'n ymborthi ar neithdar ac yn gwneud sŵn sïol â'u hadenydd wrth hofran, aderyn (bach) y si: *hummingbird.*
1848.

siedrem[1,2], **siedremaf: siedremo,** gw. **seldrem**[1], **llaesodren** (hefyd At.), **seldremaf**[1]: **seldremu.**

siedwr, gw. **sietwr.**

sief[1] [bnth. S. *shave*] *eb.* Eilliad, siafiad: *shave.*
20g. Ar lafar, ''Odd golwg ise bàth a *sief* dda arno fe' (gogledd Cered.).

sief[2,3], **siefiaf: siefio,** gw. **siaf, sif**[1], **siafiaf: siafio.**

siefl, siyfl, siwfl, &c. [bnth. S. *shovel*] *eb.* (bach. b. *sieflen*) ll. *siefl(i)au, -od, siyflau, siyfls.* Rhaw: *shovel.*
18g. *LlGC* 16378, 24, [g]werth 2^d o ffrankincence ar Ember glan ai rhoi o ar *shyfl* o ddi tan Ei ffrouna. Ar lafar, '*shefl*—a coal shovel', *Cymru* liii. [151] (dwyrain sir Drefn.); '*shefl* (e.b.) ll. *shefla*, rhaw', *B* xxiv. 180 (Môn); *siyfl, siofl* (Cered.); '*shefl* . . . *shwfwl* . . . *shwfl* . . . *shyfyl*', *AGB* 187; 'Iwswch y *siyflz* i symud y pridd 'na' (sir Gaerf.). Clywir hefyd '*sieflan*', *WVBD* 518, a '*sieflen*', *Cymru* xlvii. 196 (sir Ddinb.); a digwydd yn gyff. mewn ymad. fel '*shefl* dân/fach/ ludw', *LGW* 389.
Amr.: **sifl**[3] [bnth. S. taf. *shivel*]. **1873.**
Gw. hefyd **sielffïar.**

sieflaf: sieflo, gw. **siefliaf: sieflio.**

sieflaid, siefliaid, siyfliaid [*siefl,* &c.+-*aid*[1], -*iaid*[2]] *eb.* ll. *siefleidiau.* Llond siefl, rhawaid: *shovelful.*
1897. Ar lafar yn y ff. '*shefliad* (e.b.) ll. *shefleidia* llond shefl', '*shefliad* o galch', *B* xxiv. 180 (Môn).

sieflen, gw. **siefl.**

siefliaf, sieflaf, siyflaf: siefl(i)o, siyflo [bf. o'r e. *siefl, siyfl*] *bg.a.* Rhofio: *to shovel.*
1926. Ar lafar, 'Dechreuodd y gwas *sheflio* tywod i'r drol', *LlLlM* 82; ''Ôn ni'n *siyflo*'r pridd i'r bwcedi am orie' (sir Gaerf.).

siefrel, gw. **sierfel**[2].

sieff[1] [gair geir.] *eg.* ll. -*od.* Nai, mab chwaer: *nephew, sister's son.*
Dchr. **17g.** *J* 10, 40a, *Sief.* × nai vab chwaer. **1632** *D*, *Sieff, Nai fab chwaer. Nusquam legi. **1688** *TJ*, *Sieff*, nai fâb chwaer: a Sister's Son. **1722** *Llst* 189, *Sieff.* m.p. *Sieffod.* A sister's son.
Gw. hefyd **siaf.**

sieff[2], gw. **siff.**

sièff [bnth. S. *chef*] *eg.* ll. *sieffs.* (Pen-) cogydd: *chef.*
Ar lafar, ''Di'r gwesty 'na 'm yn talu'n dda—man' nw'n colli *sieffs* o hyd' (Arfon); 'Ath e bant i dreino fel *sièff*' (sir Gaerf.).

sieffanïar, sieffinïar, gw. **siffonïar.**

sieffrwn [bnth. S. *chevron* (cf. S. Diw. Cyn. *cheffrounce*)] *eg.* *Her.* Cwpl: *chevron* (*in her.*).
16g. *Med H* 62, A'r arwydd hwnn [cwpl] a elwir mewn kelvyddyd disgrio arfe yn *Sieffrwn*. Ac val hyn i dysgrir: Mae yn dwyn arian, *Sieffrwn* o sabl. Ac o bydd i vab ef gwedi chwanegu i dir a'i gyfoeth a'i allu, ef a ddichon gymryd *sieffrwn* arall. Ac val hynn i disgrir: Mae yn dwyn arian, dau *sieffrwn* o sabl, nei ddu. *id.* 80, Mae'n dwyn aur tri phen baedd rasid neu arw o sabl, a *ssieffrwn* engraelyt o arian. *c.* **1600** L. Dwnn: *HV* ii. 20, Maliffant, maes o gouls a ffryt arian a *siaffrwn* [*sic*] aur a llew dv.
Amr.: **seiffrwn, seiffrwm** [?ff. gwallus]. **16g.** *Mos* 113, 44, *Seiphrwnn*. *Dchr.* **17g.** *J* 10, 38b, *Seifrwm*. × llun dwy rwyll mewn arvau.

siegfa, segfa [bnth. S. *shake*+-*fa, ma*] *eb.* Siglad, ysgytiad, sgegfa, hefyd yn *ffig.*: *a shaking, jolt(ing), also fig.*
16–17g. *CLlC* iii. 48, Kymer afel intho fo [Eiddig], / A dyrro *segfa* iddo, / A lladd unwaith hwnw yn siwr. **1677** C. Edwards: *FfDd* 133, Yn Rhydychen dioddefodd Cranmer ferthyrdod, ar ol iddo gael llawer *segfa* gan y Papistiaid drwy ymddadlu. *id.* [425], *segfa*, gwasgfa. Ar lafar yn y ff. *siegfa* (Meir.). Cf. D. Owen: *RL* 275, yn rhoi i mi y fath *shegfa*, nad allaf ei gymharu i ddim gwell na gwaith terrier yn cydio mewn llygoden Ffrengig.
Gw. hefyd **sgegfa.**

sieglyn, siegyn, gw. **jegyn** (hefyd At.).

siengel, siengl, siengyl, gw. **sengl.**

siei [bnth. S. *shy*] *a.* Swil: *shy.*
20g. Ar lafar.

sieic, gw. **siêc.**

siein [bnth. S. *shine*] *eg.* Disgleirdeb, llewyrch: *shine, gloss.*
1908. Ar lafar, ''Odd *siein* ar y sgidie' (gogledd Cered.); ''Os fawr o *siein* ar y cnwyllerni 'na ar 'yn o bryd' (dwyrain Morg.).

Sieinaeg, gw. **Tsieineeg.**

sieinaf: sieino [bnth. S. (*to*) *shine*] *bg.a.* Disgleirio, hefyd yn *ffig.*; sgleinio, caboli: *to shine, also fig; polish.*
Ar lafar, 'Alla i ddim *sheino*'r scidie, 's'ma ddim sheinin i gâl', *GDD* 282; hefyd yn y ff. *shino*, '*Shino* un peth â swllt' (dwyrain sir Gaerf.); 'Ma hi'n meddwl bod yr haul yn *shino* mas o'i din e', ''Odd e wastod yn *shino* yn y dosbarth' (sir Gaerf.).

Sieinead, Sieineaidd, Sieineg, sieiner, gw. **Tsieinead, Tsieineaidd, Tsieineeg, joiner.**

sieinin [?bnth. S. *shining*] *eg.* Cŵyr esgidiau, blacin: *boot polish, blacking.*
Ar lafar, *GDD* 282.

siel [bnth. S. *shell*] *eb.* ll. -*iau.* Dyfais ffrwydrol a saethir o wn mawr, magnel, neu forter, tân-belen: (*artillery*) *shell.*
1927. Ar lafar, 'A dyma *siel* ar draws pen blaen' (Llŷn).

siêl, gw. **jêl.**

sielac [bnth. S. *shellac*] *eg.* Resin melynaidd a gynhyrchir gan amryw bryfed, yn enw. *Laccifer lacca*, ac a ddefnyddir i wneud farnais: *shellac.*
20g.

sielaf: sielo, sielar, gw. **sieliaf: sielio, jeler.**

sieldrem, sieldren, gw. **seldrem**[1].

sieler, gw. **jeler.**

sielff [bnth. S. *shelf*] *eb.* ll. *-ydd, -oedd.*
Silff: *shelf.*

  c. **1762-79** W. WILLIAMS: *P* 87, [g]an estyn ein dwylo i'r lan darfu i ni gael *Shelffydd* mawrion chelaeth, ac a'r [*sic*] y *Shelffydd* yma dri matt. **1777** W. WILLIAMS: *DN* 53, mor amled a'r dysglau ar y *shelff*. Ar lafar yng Nghered., Brych., *AGB* 179, a'r De, *GTN* 763.
  Cfn.: **sielff (ar) ben tân**: *mantelpiece, mantelshelf.* Ar lafar, *AGB* 179.
  Gw. hefyd **silff.**

sielffaf[1]: **sielffo** [bf. o'r e. *sielff*] *bg.a.*
Silffio, rhoddi ar silff: *to shelve.*
  20g. Ar lafar, 'Bues i'n *sielffo* llyfrau' (gogledd Cered.).
  Gw. hefyd **silffiaf: silffio.**

sielffaf[2]: **sielffo** [?cf. *sielff* a *sielffaf*[1]: *sielffo*] *bg.a.* Cnuchio, cael cyfathrach rywiol (â): *to copulate, have sexual intercourse (with).*
  Ar lafar, 'Cwrso merched a *sielffo*—'na i gyd odd ar 'i feddwl e' (gogledd Cered.); 'Pwy ma fe'n *sielffo* 'nawr?' (sir Gaerf.).

sielffen [bôn y f. *sielffaf*[2] *sielffo* + *-en*] *eb.* Gwraig anniwair neu anllad, putain: *promiscuous woman, whore.*
  Ar lafar yn nwyrain sir Gaerf.

sielffïar [cyw. o *siefl* a *ffiar* (cf. *siani—siani ffiar*)] *eb.* Siefl dân, rhaw dân, rhaw ludw: *fire-shovel.*
  Ar lafar, *WVBD* 517, *BILIE* 38; hefyd yn y ff. *shilffïar* ym Môn, a *selffïor* yn Llŷn, *LIG* x. 10. Clywir hefyd '*sielffïar* dân', *WVBD* 517.

sieli, gw. **jeli.**

sieliaf, sielaf: sielio, sielo[1] [bf. o'r e. *siel*] *bg.a.* a hefyd gyda grym enwol i'r be. Bombardio â sieliau: *to shell (of artillery).*
  20g.

sielo[2] [bnth. S. *cello*] *eb.g.* ll. *-au, -s.* Crdd. Offeryn llinynnol o deulu'r feiolin a'i draw yn is na'r fiola ond yn uwch na'r bas dwbl, soddgrwth: (*violon*)*cello.*
  20g. Ar lafar yn y ff. *tsielo.*

sielydd [cfdds. o'r S. *cell(ist)* + *-ydd*[3]] *eg.* ll. *-ion.* Un sy'n canu'r sielo, soddgrythor: (*violon*)*cellist.*
  20g.

Siemitig, gw. **Semitig.**

siencyn, sincyn [yr e. prs. *Si(e)ncyn* fel e.c.] *eg.*

  (*a*) Bwyd a wneir o fara neu dost wedi ei fwydo mewn te neu ddŵr poeth, a'i fwyta â menyn a naill ai siwgr neu halen a phupur, sop: *food made by soaking bread or toast in hot tea or water, to which butter and either sugar or salt and pepper are added, water-brose, water-toast.*
  c. **1730** Thos. Lloyd D (LIGC) 210b, Siencyn esmwyth, Water brewis. Ar lafar, '*siencyn, sincin*, eg.: (i) tywallt dŵr berw ar fara wedi'i falu mewn bowlen, rhoi lwmp o doddion neu fenyn ynddo a'i flasu â phupur a halen. Pryd ysgafn i swper neu i frecwast [sir Drefn.] (ii) tywallt te poeth ar fara wedi'i falu mewn bowlen, rhoi lwmp o fenyn ynddo a'i flasu â siwgr a llefrith. 'Roedd *siencyn* a darn o gaws yn bryd cyffredin i frecwast ne i swper mewn llawer ardal [Brych. a Morg.] . . . *sincyn* esmwth [gorllewin Morg.], *sincyn* te [sir Drefn.]', *Geir Geg* 24; '*Shincyn* Esmw'th = a colloquial expression for sop made of bread (or toast) soaked in water or tea, &c to which is added sugar & milk, & sometimes nutmeg & butter. Called also "bwyd llwy" (spoonfood)', *LIGC* 1173, 52 (Morg.).

  (*b*) Cloddiad cul drwy golofn o lo mewn pwll glo: *narrow excavation through a pillar of coal in a coal mine.*
  Ar lafar, '*Siencyn*', *LIGC* 1134, 13 (Morg.).
  Cfn.: Adar. **siencyn cywarch**: *greenfinch, Carduelis chloris.* **20g.**

siendler, sienel, Sieni, gw. **siandler, sianel, Siani.**

sienig, sienigl, gw. **senigl**[1].

sienral, gw. **bicar** (At.)—**bicar sienral, jeneral, micar—micar sienral.**

sïens, gw. **seiens.**

---

sientli [bnth. S. *gently*] *a.* Bonheddig: *noble.*
  14g. *GIG* 107, Y ferch a wisg yn *sientli*, / Main ei hael a mwyn yw hi.

siep, sièp, gw. **tsiêp.**

sieptor, siepyn, gw. **siapter, tsiap.**

siêr[1] [bnth. S. *shear(s)*] *e?g.* Peiriant llafnu (mewn gwaith dur, &c.): *shears (in steelworks, &c.).*
  20g. Ar lafar ym Morg.

siêr[2] [bnth. S. *sheer*] *a.* Serth, syth: *steep, sheer.*
  Ar lafar, "Odd y graig yn cwnnu'n *sièr* wth gefan y tŷ', 'Lle peryclus odd a, waith 'odd y tir yn cwmpo'n *sièr* at y môr', *GTN* 764.

sierbet, siyrbyt, sierbert, sierbed [bnth. S. *sherbe(r)t*] *eg.* Diod felys o sudd ffrwythau a dŵr, yn enw. mewn gwledydd Arabaidd, surfedd; powdr a wneir o asid tartarig, bicarbonad soda, siwgr, &c., ac a ddefnyddir i wneud diod ewynnog neu i'w fwyta fel melysyn: *sherbet; sherbet powder.*
  1858. Ar lafar; hefyd yn y ff. *sialbert* yn sir Gaerf.

siercl, siercol, siercyn, siere, gw. **sercl, siarcol, sircyn, siryf.**

sierer, sierwr [bnth. a chfdds. o'r S. *shear(er)* + *-wr*] *eg.* Un sy'n rheoli'r siêr (mewn gwaith dur, &c.): *shearman (in steelworks, &c.), shearer.*
  20g. Ar lafar yn nwyrain sir Gaerf. a Morg.

sieréw, sierfel[1], gw. **siréw, serfel**[1].

sierfel[2], **serfel**[2], **siefrel** [bnth. S. *cheverell* (hefyd gyda thrsd.)] *e?g.* Lledr meddal o groen myn gafr: *kid (leather).*
  15-16g. LLAWDDEN, &c.: *Gw* 77, A ffaling braff a welais / A fu am hydd yw fy mhais; / . . . / Pwynts arfau, gwerth punt *Sierfel*, / A ffwrs a meny[g] a phêl [i ofyn croen hydd]. **1547** *WS, Serfel* rhywo/geth leder Cheuerell. **17g.** *LIGC* 13215, 351, *Servel* Aluta carrai. ib. *Servel* Ligula Hœdina. **1707** *AB* 220b, *Servel*, Aluta [S]. **1753** *TR, Serfel*, Aluta . . . tann'd or dressed leather. **1762** H. JONES: *HCF* 10, Yr ydwi o lache uchel, / Yn sur-fab mewn cap *sierfel*. **1771** *W, sierfel* d.g. Cheveril-leather. Cf. Hen B 110, A'i law fain a'i faneg *siefrel.*

sierfyll, sierffawcyn, gw. **serfyll, serffawcyn.**

sieri[1] [bnth. S. *sherry*] *eg.* Gwin cadarn, yn wreiddiol o ardal Jerez yn Sbaen: *sherry (wine).*
  20g. Ar lafar, "Smo i'n lico *sieri* melys o gwbwl' (sir Gaerf.).

sieri[2], **sierif, sieriff,** gw. **siryf.**

sierig, sieriwbin, sierp, siersi, siersiant, gw. **serig**[1], **cerub, siarp, jersi, sarsiant.**

siert, siertain, sierteinrhwydd, siertenol, siertifficat, gw. **tsiyrt, serten, serteinrwydd, serteiniol, sertifficat.**

sierwmps, sierwr, gw. **masiarŵm** (hefyd At.), **sierer.**

siery, sieryf, sieryff, gw. **siryf.**

sies, ses [bnth. S. C. *ches*] *eb.* (Bwrdd) gwyddbwyll: *chess(board).*
  14-15g. *IGE*[2] 301, Neidio, saethu, tynnu teg, / Rheidiau gŵr, nofio rhedeg, / Sïes a chwarae â siswrn, / Tabler gris a dau ddis ddwrn (Rhys Goch Eryri). **15g.** *GLGC* 34, Ef a wery'r *sies* fry â'r Saeson, / cf â â'r gware, ef â'i gobr â. id. 409, Hwy roddant, bedair santes, / ym wely sant mal y *sies* [i ofyn gwely gan bedair gwraig]. **16g.** *Med H* 82, Mae rrai yn dwyn i harueu yn seckri o amravael liwieu ar vath y *sies* ar byddir yn chware *sies* arno. **1582** *Rhyddiaith Gymraeg* ii. 51, Meist Lwmner . . . oedd yn chware *siess* o'r tv allan o'i karchar. **1589-90** id. 128, dyveisiodd . . . Xerxes Philometer chware a elwir *Siesse* ne *Chiesse*, sef chwarae gwyddbwyll. **16-17g.** *PhA* 112, chware ddydd gwyl gwyl hylwydd / Dabler *ses* ond abl or swydd (Siôn Phylip). **1604-7** *TW (Pen* 228), *Siesse* d.g. *Latro . . . prælia Latronum.* Ar lafar yn y ff. *tsiès*, "Roedd y pâr drws nesa' inni yn whare *tsiès* bob nos'.

---

siesban, siesbennaid, gw. **sosban, sosbannaid.**

siesbig, siesbin, gw. **siasbi.**

Siesiwit, siesiwn, gw. **Jeswit, sesiwn.**

siësta [bnth. S. *siesta*] *eg.* Cyntun neu hoe yn y prynhawn, yn enw. mewn gwledydd poeth: *siesta.*
  20g.

sieston, Siesuwit, sieswn, gw. **seston, Jeswit, sesiwn.**

siet, siêt, sietaf: sieto, gw. **sied**[1], **tsiêt, tsietaf: tsieto.**

sietin, sieting, seting[2] [bnth. S. *setting* 'planting' (cf. S. *quickset (hedge)*)] *eb.g.* ll. *-(i)au, -oedd, s(i)etys.* Perth, gwrych, clawdd: *hedge.*
  15-16g. *TA* 389, Grym oedd i'w draed, gormodd draw, / Grawn ŷd a'i gyrr i neidiaw / Deunaw caer, ond annog hwn, / Deunaw *seting*, dan Syttwn [i ofyn march]. **16g.** *GSC* 44, A'th gwrser 'n ei wiw order, neidied—frig *sieting.* **16-17g.** *NBSF* 612, lle maer lawnt alawnt olav ar gerddi / ar gwrddion *setingav.* **16-17g.** *RAGR* 321, Ei diwedd drwy *shettin* fom kanfy liw r kan / hi dawodd a thiwnio dduw afytho ar i rhan. **1681** T. JONES: *Alm* [33], torwch *sietys*, disgynwch a heliwch ffrwyth addfed eich Perllanoedd. **1757** *ML* ii. 45, A fedr Sion gorddi, a thorri *siettingau*, a godro . . . ? **1761** id. 307, Nid da gennif blygu *siettingau* sydd yn cysgodi afalau, etc., ag anifeiliaid. Ar lafar, 'perth . . . overlaps with the west and central midland word *shetin*, which extends as far north as the source of the Mawddach', *LGW* 145; '*sietyn* . . . Lluosog, *singian* [*sic*], *stingoedd*', B viii. 132 (sir Drefn.). Clywir y ff. l. *setys* yn sir Ddinb., *TA* 624. Clywir *sietin* hefyd yn yr ystyr 'lloc dros dro i ddefaid wedi ei wneud o glwydi wedi eu clymu ynghyd', *GTN* 764.

sietni, gw. **siytni.**

sietwn [bnth. S. C. *shetun*, ff. ar *shiten* 'defiled with excrement'] *a.* Cachlyd, aflan: *shitty, foul.*
  14g. *GDG*[3] 61, Ci *sietwn* yw'r cas ytai [dychan i Rys Meigen].

sietwr, setiwr[2] [bnth. S. Diw. Cyn. *cheatour* 'escheator', a *sêt*[2], *set*[3] + *-iwr*] *eg.* ll. *setwyr.* Swyddog sirol gynt a chanddo gyfrifoldeb am eiddo sied; swyddog a chanddo gyfrifoldeb am gasglu a gwerthu defaid crwydr; hefyd yn *ffig.* ac yn aml yn ddifr.: *escheator; stray-sheep bailiff; also fig. and often derog.*
  15g. *Cy* iv. 128, Ychwitheu *setwyr* aghewiryon vuoch ʋrth ymado ar meirʋ treul[a]ʋ y daa ʋrth gardode a gsasanaythe dyʋaʋl ychwitheu trʋy dʋyllodrayth nydroi yn reid ac yn wassaneth ychwyhunein. *Diw.* **15g.** *B* xxv. 131, am bob *siettwr* neu goydwr nev swyddoc arall a ddalio da o vewn i swydd, os y perchen a ddaw kynn llithro vndydd a blwyddyn, bod rydd iddo dy a drachevyn. **1547** *WS, Sietwr* Eschetour. **1597** EDWART AP RAFF: *Gw* 75, Gyru *Setiwr* gwrs attaw, / Anaele dreng i'w nôl draw. **16-17g.** *GST* i. 585, *Sietwr* a chrwner fo sutir atynt, / A breibio iddynt obry byddir. **1689** *LICy* ii. 53, Fo a'n dygodd ni allan o gyflwr drwg aflan / I'w gorlan, rhag Satan, y *sietwr.* *c.* **1750** *W Ballads* 114B, 2, An gwerthau [*sic*] ni mewn gwrthyn Jaith, i Satan faith hwn *settiwr.* Clywir *setiwr* yn sir Ddinb. yn yr ystyr 'swyddog a chanddo gyfrifoldeb am ddefaid crwydr'; fe'i clywir hefyd yn yr ystyr 'casglwr rhenti', *WVBD* 479, ond dichon mai gair gwahanol yw hwnnw.
  Amr.: **sied(i)wr** [*sied* + *-(i)wr*] (ll. *siedwyr*). **20g.**

sietys, gw. **sietin.**

siew, siaw, siow [bnth. S. *show*] *eb.* ac yn eithriadol *eg.* ll. *-s, siew(i)au.*

  (*a*) Sioe, perfformiad cyhoeddus, arddangosfa, golygfa, rhyfeddod; ymddangosiad: *show, public performance, display, spectacle, wonder; appearance.*
  c. **1762-79** W. WILLIAMS: *P* 414, [d]ehonglodd i mi pa beth oedd y *Shew* fud, fel yr oedd hi yn myned heibio. Ar lafar, '*Show* fowr y criaduriad gwylltion', 'Mae'n *show* i'r byd i weld y taie newy', *GDD* 286; 'Odd mwy o *shawz* yn dod rywnd ffor' 'yn, flynydda'n ôl', *GTN* 761; 'gwnawn *shew* o shifft 'ymdopwn yn iawn', *B* xii. 24 (ardal Llanelli); 'Mae e bob amser yn dipyn o *siew*' (gorllewin Morg., am rywun sy'n hoffi tynnu sylw ato'i hun). Clywir *siaw* hefyd fel 'enw a ddefnyddir am ddyn, gan fenyw, yn

enw. am un sy'n gellweirus', 'Tynnu dy gos di ma'r 'en *siaw*', *GTN* 762.

(*b*) Nifer neu swm mawr, llawer, digonedd: ***large number or amount, many, much, plenty***.

1898. Ar lafar, '*show* o fobol', *TGG* (1906) 31 (sir Benf.); ''Odd *siew* i weld 'no acha' dwarnod ffair' (dwyrain Morg.); 'Fe fydd *siaw* yno'r bora 'ny, bothdu gant, wetswn i', *GTN* 761.

Gw. hefyd **sioe.**

sif[1] [bnth. S. *sheave* 'pulley'] *eb.* ll. *-s.* (Olwyn rigolog mewn) chwerfan, pwli; olwyn yr offer weindio (mewn pwll glo): ***sheave, pulley; wheel (of winding-gear in coal mine)***.

20g. Ar lafar, '*shif* 'yr olwyn sydd mewn "pulley", y "pulley" sy'n gweithio'r lein ddillad neu raff y pwll', *B* viii. 325 (Morg.); hefyd yn ardaloedd y chwareli llechi, '*Sîf* craen' 'Pwli'r craen', *id.* xx. 378; hefyd yn y ff. *sief* (dwyrain sir Gaerf.).

sif[2], **sifa,** gw. **sife.**

sifaf[1]**: sifo,** gw. **sifiaf: sifio.**

sifaf[2]**: sifo** [bf. o'r e. *sif*[1]] *bg.* Gorddirwyn caets mewn pwll glo: ***to overwind the cage in a coal mine***.

Ar lafar, '*Shifo* To sheave meaning to over-wind. "Mae wedi *shifo*"—The expression is well understood in Colliery district. It means that the carriage has been drawn up—over-wound—to the sheave or wheel above the pit over which the rope runs. Some serious accidents have occurred from this—the engine driver having failed to stop the cage at the right time and on the right spot', *LlGC* 1173, 49 (Morg.); '*Shifo*' 'to overwind', *B* viii. 221–2 (Morg.).

sifalri [bnth. S. *chivalry*] *eg.b.* Cyfundrefn y marchogion yn yr Oesoedd Canol ynghyd â'i chonfensiynau moesol, crefyddol, a chymdeithasol; nodweddion marchog delfrydol, yn enw. o ran dewrder, anrhydedd, a pharodrwydd i amddiffyn y gwan; ymddygiad cwrtais: ***chivalry***.

1905.

sifalrïaidd [*sifalri*+*-aidd*] *a.* A nodweddir gan sifalri, cwrtais, nodweddiadol o oes sifalri: ***chivalrous***.

1936.

sifas, sifdda, gw. **seifys, simnai.**

sife, sifa, &c. [bnth. S. *sieve*; ansicr yw'r engh. gyntaf isod] *eb.g.* ll. *-s.* Rhidyll (bras), gogr: ***(coarse) sieve***.

18–19g. *Llr* C 25, 326, *Sifa*, sifio, to sieve, Glam. Ar lafar, '*Shifa* n. fem. pl. *shifas* Sieve . . . the widest holed, or most open Sieve used by farmers when threshing and dressing corn was done by hand', *LlGC* 1173, 48 (Morg.); '*shifa* mawr' (de-ddwyrain Morg.); 'C[wm] T[awe] . . . *shife*', *B* viii. 324; '*Shife* yw ffurf arferol yr . . . enw ond cafwyd *shifa* ym Mhenderyn . . . Ym mhen dwyreiniol dyffryn Wysg, codwyd y ffurfiau *shif* . . . a *sif*', *AGB* 95. Dywedir weithiau hefyd fod rhyw dasg amhosibl 'fel cario dŵr mewn *shife*' (gorllewin Morg.). Cf. *AGM* 196, Mi wna bob camp yn ddifa, / Mi garia ddw'r mewn *sifa*.

Amr.: **syfa** [geir.]. **1803** *P*, *Syva*, s. m. . . . A riddle . . . A gollir yn y *syvu* a gair yn y gwagyr.

sifêr, sifi[1,2]**,** gw. **syfêr, seifys, syfi**[1]**.**

sifiaf, sifaf[1]**: sif(i)o** [bnth. S. (*to*) *sieve*] *bg.* Rhidyllu, gogrwn: ***to sieve, sift***.

18–19g. *Llr* C 25, 326, *sifio* [*sic*], to sieve, Glam. Ar lafar, 'mynd â'r llutu i' *shifio* ar y doman lutu' (dwyrain Morg.); ''Ôn' nw'n *shifo*'r llafur cyn gwecru'n wastod' (Morg.).

sifil, suf(u)l, syf(u)l, sifl[1]**,** &c. [bnth. S. *civil*] *a.* a hefyd fel *e?g.*

(*a*) Cwrtais, moesgar, boneddigaidd, rhadlon, cymwynasgar; difrif(ol), pwyllog, sad: ***civil, courteous, polite, gracious, obliging; serious, earnest, sober***.

15g. *GLGC* 90, Arafa' oll yw ar fil, / nes ei ofyn, a *sifil*. **16g.** HUW ARWYSTL: *Gw* 226, Gwr *sifl* yn llawn gras hefyd. **16–17g.** *GST* i. 795, A rhoddi fy mryd, dan orchest, / Ar fyw'n *suful* ac yn onest. **1688** S. HUGHES: *TSP* 49, y mae fo 'n cyrchu yn ddibaid, i gynnulleidfa 'r moesgar [:– Dynion *sifil* onest oddi allan]. **1714** R. PRYDDERCH: *GD* [viii], Siccr yw mae Dawns moesol neu *sifil* oedd gan y gwragedd. *a.* **1735** *W Ballads* 64, 7, Er hynny ni byddai hi *sufil*, ond tynnu rhyw gweryl. **1741** E. DAVIES: *Alm* [32], fe eill y dyn *sufyl* ner cynil wr call / gael ffordd o warediad yn llithrad y llall. **1765** *BDGU* 64, Be sy ymma, 'r Cwmni *suful*, / Yn fwy gwrthun beth nag Erthul? **1789** TWM O'R NANT: *TChB* 22, Peth bynnag mi Sefais, wrth fod yn rhu [*sic*] *Suful*. Ar lafar yn gyff. yn yr ystyr 'cwrtais, rhadlon', 'bachgan *suful*' 'a good fellow, a nice fellow', 'gwisgo'n *suful*' 'to dress tastefully', 'ceffyl *suful*, rhadlon,—dim cast yno fo', *WVBD* 514; ''Dyw a'n costi dim i fod yn *sifil*', *GTN* 742; hefyd yng Nghered., sir Benf., a'r De yn yr ystyr 'difrif(ol)', ''Odd golwg *sifil* ar 'i wynab a' (de-ddwyrain Morg.); 'I'ch chi 'n gweyd yn *sifil* nawr, te jocan i'ch chi?', *GDD* 263.

(*b*) Yn perthyn i ddinasyddion cyffredin a'u bywyd beunyddiol (yn hytrach nag i faterion milwrol, eglwysig, &c.), yn perthyn i ddinesydd fel unigolyn; *Cyfr.* yn perthyn i gyfraith neu system gyfreithiol sy'n ymwneud â'r berthynas breifat rhwng dinasyddion, yn perthyn i'r gyfraith Rufeinig, gwladol; dinesig; heb fod yn y lluoedd arfog na'r heddlu: ***civil (as opp. to military, legal, ecclesiastical, &c., or as pertaining to the individual citizen); civil (in law); civic; civilian***.

15g. *IGE*[2] 228, Gwn, bûm hyddysg ymysg mil, / Gyfraith ddwys hoywfaith *sifil* (Ieuan ap Rhydderch).

Fel *e.* Cyfraith neu system gyfreithiol sy'n ymwneud â'r berthynas breifat rhwng dinasyddion, cyfraith Rufeinig: ***civil law***.

15g. *GLGC* 238, a dwyoes hefyd i gadw *sifil* / i'r tarw byw arfog o'r Twrberfil. **15g.** GWILYM TEW: *Gw* 490, *Sifl* a chyfraith Mars hefyd, / Synnwyr ei ben dros enw'r byd. **15g.** *GGl*[2] 46, Salw yw bod Sul heb Edwart, / Sofl yw gwŷr *syfyl* ac art. *id.* 107, Dysgu'r gyfraith a'r ieithoedd / . . . / A chwynnu *sifl* a chanon. *id.* 309, Salmon y ganon i gyd, / *Sifil* ar ei fys hefyd. **15–16g.** *TA* 203, Post mwy no phe pwysid mil / Yma 'n sefyll mewn *sifil*. **16g.** SIÔN BRWYNOG: *C* 116, Mae stôr sy uwch, y meistr Sion, / a chwynnwr *sifil* a chanon. **16g.** WILIAM CYNWAL: *Gw* (R. L. Jones) 538, A oes yn yr oes, rhoud win Rasel, / o fil am enwi *sifl* a manwel? **1630** *TBM* 837, Sylfan y gyfraith faith, fawr, / *Sifil*, enwog sy flaenawr. *c.* **1730** *Thos. Lloyd D* (LlGC) 213a, *Syfyl* . . . Civil law.

Gw. hefyd **cyfraith—cyfraith sifil.**

sifiliad [cfdds. o'r S. *civil(ian)*+*-iad*[3]] *eg.* ll. *-iaid.* Dinesydd nad yw'n aelod o'r lluoedd arfog na'r heddlu: ***a civilian***.

1938.

sifilian, sefilian, syfilian, sifiliwn, sefiliwn, &c. [bnth. S. *civilian*] *eg.* ll. *-s.*

(*a*) Sifiliad: ***a civilian***.

1934.

(*b*) *Cyfr.* Un sy'n ymarfer â'r gyfraith sifil neu'n hyddysg ynddi: ***a civilian (practitioner of, or expert in, civil law)***.

15g. *GLGC* 357, Ni bu, a'i allu wellwell, / o'i flaen un *sifiliwn* well [i Ieuan ap Gruffudd Fychan]. **15g.** *DE* 104, Oes foliant i *Sefiliwn* / oni thyf fal y gnaeth hwn. **15–16g.** *TA* 409, Syr Tomas, yr wyt yma, / Sy flaen dysg *syfiliwn* da. **16g.** *GLD* [59], Sain Siad yn dwyn sens ydwyd, / Sylfaen aur, *syfilian* wyd. *a.* **1587** *Y* 34, Eithr i far lle i'th arferwyd, / Oes vel Nvdd, *sivilian* wyd. **16–17g.** *GST* i. 320, Eisteddwch, rwliwch, Rolant, / *Sifiliwn* cwrs o flaen cant. **16–17g.** E. PRYS: *Gw* 275, *Sifilian* hael dros flaen haid, / Sofestr, un sy feistr enaid. **16–17g.** EDWARD URIEN, &c.: *Gw* 81, Saf, lân gorff *sefilian* gwych, / Salmau nod, Salmon ydych. **17g.** *TBM* 845, Selau oeddych, sail iddyn', / *Sifilian* dwys flaena' dyn (Siôn Cain).

sifiliwr, gw. **sifilwr.**

sifilrwydd, sufulrwydd, &c. [*sifil, suful,* &c.+*-rwydd*] *eg.* Yr ansawdd neu'r cyflwr o fod yn sifil, cwrteisi, boneddigeiddrwydd, gwarineb, moesgarwch, gweddeidd-dra, gwedduster: ***civility, courtesy, politeness, seemliness, decency***.

1688 S. HUGHES: *TSP* 21, i gael glendid calon . . . nid yw *sifilrwydd* (neu weddeidd-dra) ac Onestrwydd oddi allan ond pechodau disclair goreurog. *c.* **1729** S. RHYDDERCH: *LlCD* 359, A llawn distawrwydd, i Dŷ'r Arglwydd, / Sy orau iw Foli mewn *Sifilrwydd*. *c.* **1730** *Thos. Lloyd D* (LlGC) 207b, *Sifilrwydd*. Civility. **1739** *AGN* 24, Nid ydiw ddigon droi oddiwrth Halogrwydd at *Sufilrwydd*, ond rhaid it droi hefyd oddiwrth *Sufilrwydd*, at Dduwioldeb. **1763** *LlGC* 19, 221, Gwybyddwch eich Dyledswydd, / A chadwch mewn *Syfulrwydd*.

sifilwr, sifiliwr [*sifil*+*-(i)wr*] *eg.* ll. *sifilwyr.* Sifiliad: ***a civilian***.

20g.

sifl[1,2,3]**,** gw. **sifil, silff, siefl.**

siflaf: siflo [dichon mai *-fl-*≡*-ffl-*yn yr enghrau. isod, ac os felly, ?cf. *sifflaf: sifflo*, ond nid yw'r berthynas yn eglur o ran yr ystyr] *ba.* Amhuro, llygru, ?ffugio (arian bath): ***to adulterate, ?counterfeit***.

1636 *Pen* 321, 166a, fel hyn a [*sic*] mae n pechu drwy ledrad y sawl sy *shiflo* war da a drwg (*sophisticate any wares*) ne n arfer goleuade a dichellion twyllodrus. *c.* **1689 (1802)** L. WILLIAM: *Sherlyn Benchwiban* 37, Oes dim son am *shiflo* arian? / Fel y gallai gwr wrth hynt / Roi benthyg punt i'r pentan.

sifment, gw. **siffment.**

sifnai, sifne(i), gw. **simnai.**

sifrisol [?cfdds. o'r S. *service(able)* (gyda thrsd.)+*-ol*] *a.* Defnyddiol, cyfleus, hylaw: ***serviceable, convenient, handy***.

Ar lafar, 'Peth sy' wedi dwad yn *sifrisol* iawn yw'r "machines" ma at bob gwaith', *GDD* 263.

siful, sifys, gw. **sifil, seifys.**

siff, tsiff[1] [bnth. S. *chief*] *eg.*

(*a*) Pennaeth: ***chief***.

15g. *Pen* 57, 36, Sylvaenveich selyf vnvin / *Siff* ar y dref saffwyr drin. Ar lafar yn y ff. *tsiff*, 'Cer i siop i ôl te, nei di?' 'Iawn, *tsiff*' (Arfon); 'Ma'n raid iti neud ta beth ma'r *tsiff* yn 'i weud' (sir Gaerf.).

(*b*) *Her.* Rhan uchaf maes arfbais: ***chief (in her.)***.

16g. *Med H* 82, Mae rrai yn dwyn yn eu harvau un a elwir *Siff*, a hwnnw a vydd megys barr ar draws penn uchaf y dariann. **16g.** *RWM* i. 30, Escob llann Elwy a ddvc yr arvav yma o dad i dad ond y Ros ar *ssiff* a roes yrherodr am i Eni yn Ros. **16g.** *TCHSDd* xvii. 69, *Siff*, ffiled, sapwrnet. **16g.** *DWH* i. 337, urddasawl arwyddion . . . Filed a vydd o bedwerydd rran y *Shiff*. *id.* 339, cheueron ar *chieff* A fydd ym henn uchaf y darian. **1575 (1587)** W. MIDLETON: *B* 55, a maes a eurwyd o mesurant, / a *siff* o asûr a ddeintïriant [marwnad Catrin, iarlles Penfro]. *c.* **1730** *Thos. Lloyd D* (LlGC) 207b, *Siff* . . . Chief in Heraldry.

Amr.: **sieff** [bnth. S. Diw. Cyn. *sheffe*]. **16g.** *DWH* i. 337, urddasawl arwyddion . . . Yr ail yw *Sheff* ac a vydd o drydedd Rann y darian.

siffad [bnth. S. *jiff*+*-ad*[1]] *eg.b.* Amser byr iawn, amrantiad, chwinciad, eiliad: ***jiffy, jiff, moment, second***.

1909. Ar lafar, ''Fydda' i ddim *shiffad* cyn dod 'n ôl' (dwyrain Morg.); 'Fi fydda'n ôl mywn *shiffad*', *GTN* 765; hefyd yn y ff. *jiffad* (sir Gaerf.), a *tsiffad* (Myn.).

siffer, siffigandod, gw. **seiffr, sigandod.**

siffilis [bnth. S. *syphilis*] *eg.* *Meddyg.* Clefyd gwenerol heintus a achosir gan y ficro-organeb *Treponema pallidum*, ac a nodweddir yn y lle cyntaf gan linorod gwenerol sy'n lledu drwy'r system lymffatig i weddill y corff, y poethglwyf: ***syphilis***.

20g.

siffilitig [cfdds. o'r S. *syphilit(ic)*+*-ig*[2]] *a.* Yn dioddef gan siffilis, wedi ei achosi gan siffilis, yn perthyn i siffilis: ***syphilitic***.

20g.

sifflad [bôn y f. *sifflaf, siffliaf: siffl(i)o*+*-ad*[1]] *eg.b.* Cymysgiad (cardiau, &c.); siglad; llusgiad (traed): ***a shuffling (of cards, &c.); a shaking; a shuffling (of feet)***.

1909. Ar lafar, '*shifflad*' (de-ddwyrain Morg.).

sifflaf, siffliaf: siffl(i)o [bnth. S. (*to*) *shifle*, ff. ar (*to*) *shuffle*] *bg.a.* Cymysgu (cardiau, &c.); trefnu, sortio, rhoddi mewn trefn, ?hefyd yn *ffig.*; llusgo (traed): ***to shuffle (cards, &c.); arrange, sort, put in order, ?also fig.; shuffle, drag (feet)***.

17g. (18g.) *CM* 42, 5, pe Cawn y Decc im llaw i Ddechre / mi fyddwn perygl am y Chware / ond Cael ei *sifflo* mewn jawn drefn / ar [*sic*] Brenin ar gefn y Cardie (Huw Morus). **17g.** HUW MORUS: *EC* i. 258, *Sifflwch* y cardiau, i gael yn y golau, / Iawn chwarau â'r teganau teg unwaith. **18g.** *W Ballads* 148, 5, Mi a Euthym tua'r dyffryn dan *sifflo* y rhai Glân / A rhain yn chwenychu cael gin ni [*sic*] ryw Gân. **1757** *ML* (Add) 330, gadewch wybod pa faint y pwys a fyddei ef yn ei gael . . . am y blew geifr . . . ag am wallt dynol . . . nid oes le i ymddiried i bobl yma i *sifflio* a rhannu fal y fynnon oblegid wrth dwyllo eu gilydd y mae'r bobl yma i gyd yn byw. **1758** *ML* ii. 77, blwch ymenyn yn llawn o ffosilod a chregyn . . . rhaid rhoddi pob peth heibiaw i gael myned yw *sifflio*. Ar lafar, '*shifflo*' 'to shuffle', *Cymru* xxxiv. [179] (godre

Cered.); 'Paid â *shifflo* dy dræd' (de-ddwyrain Morg.).

Gw. hefyd siwfflaf: siwfflo.

siffment, sifment [ff. affeitg ar S. *achievement*] *eg.* Her. Arfbais a roddir er cof am gamp neu orchest: *achievement* (*in her.*).

c. **1600** L. DWNN: *HV* i. 45, In pal y *ssiffment* hwn yw S. 3 ffen march. *id.* 163, In pal y *siffment* hwn yw 2 llew kyntaf. *id.* ii. 219, Crest y *sifment* hwn.

siffon [bnth. S. *chiffon*] *eg.* a hefyd fel *a.* Defnydd ysgafn lled-dryloyw o sidan, neilon, &c.; wedi ei wneud o'r defnydd hwn, tebyg i'r defnydd hwn: *chiffon*.

20g.

siffonïar, s(i)effinïar, s(i)effanïar, syffinïar, &c. [bnth. S. *chiffonnier, cheffonier*] *eb.g.* Cwpwrdd llydan isel, weithiau â drych yn codi o'r tu cefn iddo: *chiffonier*.

20g. Ar lafar, 'seffin[i]ar', *LlG* x. 10 (Môn); hefyd yn y ff. *tsiffynêr* (dwyrain sir Gaerf.).

siffraf[1]: **siffro**, gw. **seiffraf: seiffro.**

siffraf[2]: **siffro** [cf. *siffrydaf: siffrwd*] *bg.* Chwithrwch, siffrwd, murmur: *to rustle, murmur.*

1803 P, *Sifraw* . . . To rustle; to murmur.

siffrwd[1] [y be. *siffrwd*[2] fel e.] *eg.* Sŵn sisialog fel dail sych yn symud yn y gwynt, chwithrwch, sisial, murmur, sibrwd; sôn, si; (geir.) cyffro, terfysg: *a rustling* (*sound*), *murmur*(*ing*), *whisper*(*ing*); *rumour, report*; (*dict.*) *commotion, uproar.*

1604-7 TW (*Pen* 228) d.g. *Commotio, Tumultuatio, Tumultus.* **1632** D, *siffrwd* d.g. *Murmur, Tumultus. Diw.* 17g. *GBDd* [43], Pa sôn sy yma, pa *siffrwd*— brwydr / Gan brydydd llamysgwd. **1765** *BDGU* 14, Ond gwir ydi'r *Siffrwd* yr wi'n Gâr i hên Sieffre. **1803** P, *Sifrwd*, s. m. . . . A soft rustling; a murmuring; a whispering. Ar lafar, 'ryw *siffrwd* twrw', *WVBD* 489; 'shiffrwd bod rŵan wedi torri'r gyfrath', *ib.*

Amr.: **syffrwd, syffryd** [geir.]. **1604-7** TW (*Pen* 228), *syfryt* d.g. *Tumultus. Dchr.* 17g. *J* 10, 38a, *Syfrwd.* × Sybrwd. *Commotio. tumultuatio.*

siffrydaf: siffrwd[2] [cf. *sibrydaf: sibrwd, chwithrwd*] *bg.a.* Gwneud sŵn sisialog fel dail sych yn symud yn y gwynt, chwithrwch, sisial, murmur, sibrwd; cymysgu (cardiau, &c.): *to make a rustling sound, rustle, murmur, whisper; shuffle* (*cards, &c.*).

1547 WS, *Siffrwd.* **1632** D, *siffrwd* d.g. *Tumultuo.* **1688** TJ, *Siffrwd,* edrych sibrwd. **1703** E. WYNNE: *BC* 23, eraill yn *siffrwd* y Disieu a'r Cardieu. **18-19g.** *Llr* C 16, 177, *Siffrwd,* (the same as syfru in Glam) to whisper, murmur [Gwynedd]. **1803** P, *Sifrwd* . . . To rustle; to murmur; to whisper. Ar lafar, 'clŵad rwbath yn *siffrwd*', *WVBD* 489; 'y dail yn *siffrwd* yn y gwynt', 'Fi clŵas nw'n *siffrwd* gyda'i gilydd', *GTN* 739.

Amr.: **siffrydu.** **1904.**

siffrydiol, siffrydol [bôn y f. *siffrydaf: siffrwd*[2]+-(i)ol] *a.* Yn siffrwd, sisialog, murmurog: *rustling* (*adj., of sound*), *murmuring.*

20g.

siffrydu, gw. **siffrydaf: siffrwd**[2].

siff-s(i)aff [bnth. S. *chiffchaff*] *eg.* ll. -od. Adar. Telor Ewropeaidd cyffredin, *Phylloscopus collybita,* ac iddo blu melynfrown, pi fach, pia bach, dryw felen, helygddryw l(l)eiaf, telor coesddu'r helyg: *chiffchaff.*

20g.

sifft [bnth. S. *shift*] *eb.g.* ll. -iau, -s.

(*a*) Twrn (o waith), stem, tro (i wneud rhywbeth); criw sy'n gweithio'r un twrn: *shift* (*of work or workers*), *turn* (*to do something*), *stint.*

1934. Ar lafar, 'Ath hi'n ôl i witho *shiffts* ar ôl câl y babi' (sir Gaerf.). Digwydd yn aml mewn ymad. fel 'shift ddydd, *shift* ddwetynd, *shift* nos', *GTN* 765.

(*b*) Trawsnewidiad, trawsffurfiad, newid, symudiad (ieithyddol), cymdeithasegol, &c.); allwedd ar allweddell teipiadur, cyfrifiadur, &c., sy'n newid rhwng priflythrennau a llythrennau bychain, &c.: *shift,*

transformation, (*linguistic, sociological, &c.*) *shift; shift* (*key*).

20g.

(*c*) Modd (i wneud rhywbeth, i ddod i ben, &c.), peth a wna'r tro, cynllun (am y tro), sgil, ymdrech, ymgais: *shift, expedient, effort, attempt.*

1574 RhRC (At.) 233b, ny doedd gantho ddim bwyd na *sifft* yw wnythyr ond myned at yr yffeiriad ag y dolwg yddo roi yddyn y bara bendigaid hwnw wrth y Raid y gadw y bywyd. *c.* **1762-79** W. WILLIAMS: *P* 438, a phan oedd pob *shifft* yn methu, efe a ddyfeisiodd fel hyn yn y diwedd. Gw. hefyd *gwnaf: gwneuthur—gwneuthur sifft* (At.).

sifftaf: siffto, gw. **sifftiaf: sifftio.**

sifften [bnth. S. C. *chiften* 'chieftain'] *eg.* Pennaeth, arweinydd: *chieftain.*

15g. *GGI*[2] 3, Pob capten a *sifften* Sais / O waelod Lloegr a welais. *c.* **1730** Thos. Lloyd *D* (*LlGC*) 207b, *Sifften* . . . chieftain.

sifftgar [*sifft*+-*gar*] *a.* Dyfeisgar, amcanus: *resourceful.*

Ar lafar, 'yn *sifftgar* iawn am fyw', *B* i. 101 (Arfon).

siffti [bnth. S. *shifty*] *a.* Llechwraidd, dichellgar, cyfrwys: *shifty, furtive, sly.*

20g. Ar lafar, 'Paid â trystio hwnna—hen un *shiffti* ydi o' (Arfon).

sifftiaf, sifftaf: sifft(i)o [bf. o'r e. *sifft* a bnth. S. (*to*) *shift*; tebyg mai -*ft*-≡ -*fft*- isod dan ddyl. org. S.] *bg.a.*

(*a*) Ymdopi (o dan amgylchiadau anodd), dod i ben, ymorol (drosto ei hun); bod yn dwyllodrus, twyllo: *to make do, make shift, manage, fend* (*for oneself*); *be deceitful, deceive.*

16-17g. CRC 9, wrth y clwyfus gwan ystyrio / am yr iach fo feder *siftio.* **17g.** (18g.) *CLlC* ii. 20, Y mae'r Taeliwr, Simple Sue / A fu'n *siftio* am fodd i fyw. **17g.** *TBM* 310, Nid oedd yno ddim o'r glod / I neb er bod yn gwrtais / Ag na fedrai *sifftio*'n dda / Ac yn fwya' eu mantais. **1658** R. VAUGHAN: *PS* 401, ti a elli *sifto* neu dwyllo trosot dy hun, a dyn (ei ddobri, ei ddallu hudo a gwneuthur yr usdus) eithr Duw . . . ni elli moi watwor nai sommi. **1761** *ML* ii. 300, Mae'n debyg mai gweled y mae'r hên ŵr eu bod yn cael gormod, ac felly yn chwennych iddynt i *siftio* trostynt eu hunain. **1784** M. WILLIAMS: *S* i. 102, Y nos maent yn gorfod *shiffto* drostynt eu hunain. Ar lafar, 'Cer di 'rŵan, mi *shifftia*' i ar ben fy hun' (Arfon); 'Fe fu raid iddyn' nw gyd *shiffto* lot wedi colli'u mam' (dwyrain Morg.); 'Shiffto, to manage', *SC* vi. 128 (sir Benf.); ''Alli di *shiffto* nis deua' i'n ôl?', *GTN* 765.

(*b*) Symud (rhywbeth); brysio, 'ei symud hi', 'ei siapo hi': *to shift* (*something*); *hurry, 'get a move on'.*

20g. Ar lafar, 'Rho help i mi i *shifftio* hwn, mae'n drwm' (Arfon); 'Mae-hi'n *siffto* os wyt ti'n mynd i baso'r ecsàm 'na', 'Rhaid ifi *shiffto*'r bocs na' (sir Gaerf.). Digwydd hefyd yn yr ymad. '(ei) *sifft(i)o* hi', 'Fydd raid inni'i *shifftio* hi i gyrradd mewn pryd' (Arfon); 'Shiffto 'i' (sir Gaerf.).

sifftwn, sifftwns, sifftyn(s) [cf. S. *jeptyon,* ff. ar *gipsy*] *e.ll.* Sipsiwn: *Gypsies.*

Ar lafar, 'Shifftwns' 'gipsies', *TGG* (1907-8) 87 (de-orllewin sir Gaerf.); 'Shifftwn N. m. pl. The gipsy', *GDD* 283; 'shifftwns' (godre Cered.); hefyd yn y ff. *sifftyn(s)*, ''We grŵp o *sifftyn* 'na un sbel' (sir Benf.).

Gw. hefyd **sipsiwn.**

sigaf[1,2]: **sigo,** gw. **ysigaf: ysigo, jigiaf: jigio** (hefyd At.).

siganaf: siganu, gw. **syganaf: syganu.**

sigandod, *eg.* Hoffter o gael ei ffordd ei hun (yn enw. mewn materion bach dibwys), penstiffrwydd, 'coma(n)diwe'; ffwdan, ffolineb, dwli: *a liking for having one's own way* (*esp. in trifling matters*), *wilfulness; fuss, foolishness, nonsense.*

20g. Ar lafar, 'Sigandod—rhywun yn leico i bawb i blygu iddo fe, neu blentyn eisiau cael ei ffordd ym mhob peth' (godre Cered.); 'Glŵes i ariôd siwt *sigandod*' (gogledd sir Gaerf.). Clywir hefyd y ff. *shiffigandod* (canolbarth a godre Cered.).

sigâr [bnth. S. *cigar*] *eb.* (bach. *sigaren*) ll. -s, *sigarau.* Rholyn o faco wedi ei lapio â dail baco i'w ysmygu: *cigar.*

1827. Ar lafar yn gyff.

sigaren[1] [cfdds. o'r S. *cigar(ette)*+-*en*] *eb.* ll. -*nau, -ni.* Sigarét: *cigarette.*

1916.

sigaren[2], gw. **sigâr.**

sigarét [bnth. S. *cigarette*] *eb.* ll. -s, *sigareti, sigaretau.* Rholyn bach tenau o faco, &c., wedi ei dorri'n fân a'i lapio â phapur tenau i'w ysmygu: *cigarette.*

1858. Ar lafar yn gyff. Mae *Gymerwch chi Sigaret?* yn deitl drama gan Saunders Lewis (1955).

sigedig, sigen, sigennaf: sigennu, sigfa, sigiad, sigiedig, gw. **ysigedig, chwysigen** (hefyd At.), **chwysigennaf: chwysigennu** (hefyd At.), **ysgfa, ysigiad, ysigedig.**

sigl[1] [bôn y f. *siglaf: siglo*] *eg.*?*b.* ll. -*ion, -au,* a hefyd fel *a.*

(*a*) Sigliad, osgiliad, pendiliad, ysgytwad, hefyd yn *ffig.* aflonyddiad, ergyd, sioc; rhythm (mewn barddoniaeth); yn siglo, yn ysgwyd, sigledig, ansad, ansefydlog: *a swing*(*ing*), *oscillation, shake,* also *fig. perturbation, shock; rhythm* (*in poetry*); *swinging, shaking, shaky, unsteady.*

16g. BEDO HAFESB, &c.: *Gw* 21, Dûw a wnaeth Dwyssogaeth *sigl* / Dyn byw i aros Dan berigl. 16-17g. (17g.) *CC* 122, llawer *sigl* perigl heb pent / yn ddig oes a ddygasent (Thomas Prys). 1632 D, *Sigl,* Concussio. *id.g. Motabilis.* 1688 TJ, *Sigl*: a shaking. 1798 *WR* d.g. *Totty.* 1800 W. OWEN[-PUGHE]: *CP* 48, Y ffordd oreu i wneyd y rhill yw gyda aradyr Rotherham neu aradyr *sigyl* (*swing plough.*) 1803 P, *Sigyl,* s. m.—pl. *siglion* . . . A shake, a rocking; a stir. a. Shaking, rocking.

(*b*) Siglen (plentyn, &c.): (*child's, &c.*) *swing.*

20g. Ar lafar, 'siglan . . . pl. *sigla*' 'a swing', *WVBD* 489. Cf. D. J. WILLIAMS: *ChHO* 212, 'r oedd rhialtwch y ffair yn ei anterth,—organ bres y ceffylau bach, y *siglau,* y bwth saethu.

Cfn.: **sigl adenydd** = **sigl dennyn.** 20g. Ar lafar, 'sigl 'denydd' (sir Gaern.). Gw. hefyd **siglen**[1]—*siglen adenydd.* **sigl a swae:** rolling or rocking motion; rock and roll (*in mus.*). 20g. **sigl dy gwt,** gw. *sigl-di-gwt.* **sigl dyhoedd-an, sigl dyhoeden,** gw. *sigldyhoedan.* **sigl ei gwt,** gw. *sigl-di-gwt.* **sigl delyn,** gw. *sigl dennyn.* **sigl dennyn:** (*child's, &c.*) *swing, see-saw.* 1847. Ar lafar, 'sigl dennyn' 'see-saw' . . . Bangor . . . The form used at Caernarvon is *sigl delyn', WVBD* 489. Gw. hefyd **siglen**[1]—*siglen dennyn.* **sigl donnen:** bog, quagmire, also fig. 1920. **ar (y) sigl:** tottering, wavering, insecure, loose; vacillating, inconstant. 1603 W. MIDLETON: *Ps* 25, Ag amled lluched nis llechawdh *ar sigl* / A llawn o berigl allan bwriawdh. 1604-7 TW (*Pen* 228) d.g. *Caducus, Titubanter.* 1751 *GlA* 185, Na sefwch *ar sigl* (*wavering*) fel ped faech etto yn ansiccr pa un ai Duw, ai eich cnawd yw'r Meistr goreu. 1759 BC 356, O'r holl oesau, hon yw'r olâ, / . . . / Sydd *ar sigl,* dreigil dranc. 1794 W, *ar* (*y*) *sigl* d.g. *Tottering.*

Gw. hefyd **siglen**[1], **siglyn**[1].

sigl[2], gw. **sicl**[3].

sigl[3], 3 un. pres. myn. y f. *siglaf: siglo.*

siglabŵd, siglad, gw. **siligabŵd, sigliad.**

siglaethan, siglethan, &c. [?*sigl*[1]+elf. anh.; ?cf. *sigldyhoedan*] *eb.* Si-so, siglen (plentyn, &c.): *see-saw,* (*child's, &c.*) *swing.*

1722 *Llst* 189, Senglethan, see Siglethan. id. *Siglethan,* f. a merry-totter. id. [*Siglethan,*] Chwarae *Sigleth-an,* meritot (play). [1783] W, *Siglethan* d.g. *See-saw.* id. rhâff *siglethan* d.g. *a rope suspended for swinging in.* 1803 P, *Siglaethan,* s. f. dim. . . . A play of swinging. Cf. W. HOBLEY: *Hanes Methodistiaeth Arfon* vi. (1924) 437, Elai [John Phillips, Bangor] ar ei *sigl dyhoedan,* ol a blaen . . . a'r llais yn codi a gostwng . . . Nid rhyw *sigl* di gwt yn y gwrych drain mohono, ond *siglaethan* cydrhwng cedrwydd, linsilioia [sic] afiaethus tywysogion gwlad.

siglaf: siglo [?cf. S. C. *shiggen* 'to shake (out)', ?ac ymhellach S. (*to*) *shoggle* (16g.), (*to*) *jiggle* (19g.)] *bg.a.* a hefyd gyda grym enwol i'r be. Symud neu ysgwyd yn ôl ac ymlaen, chwifio, rocian, pendilio; crynu, ysgrytian; honcian, gwegian, simsanu; hefyd yn *ffig.: to swing, shake* (*to and fro*), *wag, brandish, rock, oscillate; tremble, quake; totter, sway;* also *fig.*

(*a*) (enghrau. fel *bg.: intr. exx.*).

1346 *LlA* 67, yg6r ny *sigla6d* deint ida6 yny oes. **14g.** *GDG*³ 254, Ar dy fryd, cadernyd cur, / Da y *sigl* y Du Segur. **14g.** *GIG* 71, *Siglo* a wnâi'r groes eglwys / Gan y godwrdd a'r dwrdd dwys. **16g.** *GGH* 96, Herwydd un o'r Cynghoriaid / Yw Siôn, heb *siglo*'n ei said. **1588** *Eseia* liv. 10, y mynyddoedd a giliant, a'r brynnau a *siglant*. **1621** E. PRYS: *Ps* 48b, fy ngliniau'n wan / a *siglan* o dra newyn. **1632** J. DAVIES: *LlR* 474, pan oedd y rhai perffeithiaf, a'r rhai cyfiownaf yn *siglo*. **1658** R. VAUGHAN: *PS* 23, Trugarha wrth yr holl rai a *siglant* yn eû ffydd. **1718 (1721)** S. THOMAS: *HB* 210, a'i Deyrnas yn *siglo* yn awr e'r ys rhai oesoedd. **1757** *ML* ii. 7, mi glywn riw dwrwf mud fal taran . . . ond ni chlywais ddim *siglo*. **1767** J. THOMAS: *TFFf* 111, [y] deall yn cael ei derfysu [*sic*], ffydd yn *siglo* . . . a Satan yn cario ei bwynt. **1771** *PDPh* 20–1, echryd a chryndod, rai prydiau yn y cyfryw fodd nes byddo'r gwely yn *siglo*. **1776** H. JONES: *GC* 68, A llawer Ty cryno, mysyglyd yn *siglo*. **[1783]** *W* d.g. *To shake* [*V.N.*]. Ar lafar, 'llwyth o wair yn *siglo* ac yn simsan', *WVBD* 489.

(*b*) (enghrau. fel *ba.*: *tr. exx.*).

15–16g. HYWEL RHEINALLT: *Gw* 16, Ofer iawn i farwniaid / Geisio dy *siglo*'n dy said. **16g.** *GlIIV* 53, y *siglwyd* gwaed twyssogion / O du r Mars draw i dir Mon. **1547** *WS*, *Siglo* krud Rocke. **16g.** *WLl* 121, Proffwyd ni *siglwyd* oedd Sion. **1588** *Doeth Sol* iv. 19, efe ai dryllia hwynt [y rhai annuwiol] . . . ac ai *sigl* hwynt o'r sylfaen. **1595** H. LEWYS: *PA* 77, gwr 'rhwn a fynych hwyliod' ar y mor, ac a *siglwyd* gann forgymlad' y tonneu. **1620** 2 *Thes* ii. 2, Na'ch *sigler* (**1588** *ib.* sylfer) yn fuan oddi wrth eich meddwl, ac na'ch cynhyrfer, na chan ysbryd, na chan air. **1672** J. LANGFORD: *HDdD* 202, daw rhai o'r Profedigaethau hyn i'th *siglo* di. **1723** WM: *PGG* 159, beth bynnac a ddigwyddo ni *siglir* mo'm Gobaith. **1725–6** *Madd Ed* 347, nid yw . . . mynwesiadau gau Athrawiaeth yn eu *siglo* hwynt [dynion daionus]. **1759** T. THOMAS: *WWDd* 350, 'fe ddaw 'r Dydd, y *siglir* gobaith y rhain. **[1783]** *W*, *siglo* crûd d.g. *To rock* . . . *To rock a cradle.* Ar lafar, '*siglo* crud', *WVBD* 489; ''Wyt ti i fod i *shiglo*'r botal yn ddæ cyn cmeryd y moddion', *GTN* 765; 'Ma rywbeth fel'na in *shiglo* dyn' (sir Benf.).

Cfn.: **siglo'r cwch:** *to rock the boat, fig.* **20g. siglo ei gwt (ei gynffon, &c.):** *to wag his, &c., tail; fawn (on).* **1794** *W*, *siglo* . . . *ei gynffon* d.g. *Tail, To wag the tail.* **1803** *P*, Siglaw . . . Agor ei law i bob ci a *siglo ei gynfon* arno . . . Adage. Ar lafar, 'Ma'r ci'n *siglo'i gwt* yn biwr', *GTN* 765; 'Ma 'wnna'n *shiglo'i gwt* ar y mawron i gyd', *id.* 766. Cf. *SE*, *siglo . . . ei gynffon*, to wag the tail. Nid wy'n malio am y trawsion / Mwy na'r gath sy'n *siglo 'i chynffon.*—Hen Bennill d.g. *Cynffon.* **siglo llaw (dwylo), siglo ei (dy, &c.) law:** *to shake hands, shake his (your, &c.) hand.* **1683** H. EVANS: *CTF* 47, Mi â 'r flwyddyn nessa i Rufein . . . / A byddaf yno 'n gynnar, yn *siglo llaw* â'r pâb. **1714** D. LEWYS: *CN* 9, Fe *siglei 'm llaw.* **1733** T. EVANS: *PP* 45, *siglwn ddwylo* megis Brodyr. **1740** T. EVANS: *DPO* 62, [d]wy Fraich estynnedig yn *Siglo dwylaw.* **1803** *P*, Siglaw . . . *Sigla law*, shake hand. Dimet[ian]. Ar lafar, '*s*(*h*)*iglo llaw* / *d*(*w*)*ylo*', *LGW* 441 (y Canolbarth a'r De); 'Nw *shigson' law* o ni gyd cyn mynd', *GTN* 765. **siglo ei ben (eu pennau, &c.), siglo('r) pen:** *to shake one's head.* **1567** *TN* 47a, gan ysgytwyt [:– *siglo*] *ei* [*sic*] *pennae.* **1588** *Salm* cix. 25, [pan] welent fi *siglent eu pennau.* Ar lafar, 'Fe ofynnes i os odd e'n well, ond *siglo'i ben* 'nath e' (gogledd Cered.).

siglan, gw. sicl³.

sigl-di-gwt, sigl-ei-gwt, &c. [*sigl*³ neu *sigl*¹ + elf. **di*, *ei*¹, &c. + *cwt*¹; ?cf. *sigldyhoedan* o ran ffd.] *eg. Adar.* Unrhyw aderyn bychan o'r tylwyth *Motacilla* sy'n siglo ei gynffon o hyd, tinsigl, siglen, sigldin, hefyd yn ddifr. am berson; (?gwallus) glas y dorlan, *Alcedo atthis*: *wagtail, also derog. of a person*; (?*erron.*) *kingfisher.*

18–19g. *Llr* C 68, 9, *Sigl y gwt*, Lady washer. King's fisher. Ar lafar, '*sigil-di-gwt* . . . applied to Motacilla—all species', *WVBD* 489; '*shigl-i-gwt*', *GTN* 765; hefyd yn ddifr. am berson cynffonnog, 'Dishgwl ar yr 'en *shigl-'i-gwt* 'na'n llyo gwraig y doctor. Dyna fel mæ fa gyda phawb sy'n rwun', *ib.*; a hefyd am rywun annibynadwy, 'Ma fa siŵd *shigl-di-gwt*' (de-ddwyrain Morg.). Cf. D. OWEN: *WBC* 115, ysgogyn balch o *sigl-dy-gwt*, arolygwr Ysgol Sul.

sigl-di-hoi(s), gw. sigldyhoedan.

sigldin [*sigl*³ neu *sigl*¹ + *tin*] *eb.g. Adar.* Sigl-di-gwt, tinsigl, siglen, *Motacilla*, hefyd yn ddifr. am berson: *wagtail, also derog. of a person.*

1688 *TJ*, *sigl tîn* y gwŷs [*sic*]: a Bird called a Wagtail d.g. *Tinsigl y gŵys.* **1736 (1812)** *YRW* 13, Enter Syr *Sigil-din*-dengc. **[1745]** W. ROBERTS: *FfM* 13, Fe fydde 'r ddau Garwr digywilydd, / Wrth ymdesach blin *sigl din* swrth, / Yn gyrru'r Gwelu o ddiwrth i gilydd.

Cfn.: *Adar.* **sigldin y gŵys:** (*pied*) *wagtail, Motacilla* (*alba yarrellii*). **1688** *TJ*. **[1761]** *ML* i. 336, Brith y fuches = Brith y gro = *Sigl din y gwys.* Ar lafar, '*sigl din y gŵys*' 'wagtail . . . applied to Motacilla—all species', *WVBD* 489; hefyd ym Môn. *Adar.* **sigldin sionc = sigldin y gŵys. 18–19g.** *Llr* C 4, 134, *sigl din sionc*, [Môn] water wagtail. v. Brith y Fuches.

Gw. hefyd **tinsigl.**

sigldioedan, sigldioeta, gw. sigldyhoedan.

sigldybŵd, sigl-dy-gwt, gw. siligabŵd, sigl-di-gwt.

sigldyhoedan, sigldyhoeden, sigldioedan, &c. [*sigl*³ neu *sigl*¹ + elf. anh.; ?cf. *siglaethan*, a *sigl-di-gwt* o ran ffd.] *eg.* Si-so, siglen (plentyn, &c.): *see-saw, (child's, &c.) swing.*

1776 *W*, Chwarae *sigl-dïoedan* d.g. *Meritot* [*a kind of swinging or balancing play so called*]. *id. sigldyhoedan* d.g. *See-saw.* Ar lafar, '*shigldioeta* (eg) . . . a see-saw', ''Odd *shigldioeta* yn yr ardd gintin' nw i'r plant', *GTN* 765. Digwydd hefyd fel be., '*shigldioeta* am sbel', *ib.*, ac fel e. ar fath o chwarae gyda phlentyn bach, ''Taswn i pyn ôn i'n blentyn bæch yn ishta ar drod 'næd, fe fasa'n cwnnu 'i drod lan ac i lawr a fi arni, *shigldioeta* odd 'ynny 'efyd, a 'odd 'næd . . . yn canu ricwm . . . Shigl di *shigldioeta* / 'Wilo am goed tæn bora / Un drod i lan ac un drod i lawr / Dyna'r ffordd i Lanelltyd Fawr', *ib.* Clywir hefyd y ff. *sigl-ioesan* yn yr ystyr 'siglen' (dwyrain Morg.), a *sigl-di-hoi* am rywun annibynadwy neu anwadal (sir Gaerf.). Cf. W. HOBLEY: *Hanes Methodistiaeth Arfon* vi. (1924) 437, Elai [John Phillips, Bangor] ar ei *sigl dyhoedan*, ol a blaen . . . a'r llais yn codi a gostwng . . . Nid rhyw sigl di gwt yn y gwrych drain mohono, ond siglaethan cydrhwng cedrwydd, linsilioia [*sic*] afiaethus tywysogion gwlad; WATCYN WYN: *Adgofion* (1907) 27, Rhyw raff gyffredin wrth gangen un o hen goed yr ardal oedd ein '*sigil-di-hois*' ni, ac nid 'swing!'

sigledig [bôn y f. *siglaf*: *siglo* + *-edig*] *a.bfl.* Yn siglo, yn ysgwyd, wedi ei siglo neu ei ysgwyd; ansicr (ar ei draed), gweglyd, yn haldian; ansad, simsan; anwadal, gwamal, anghyson, ansefydlog; cyfeiliornus (am farn, &c.): *swinging, shaking, shaken*; *unsteady (on one's feet), tottery, reeling*; *wobbly, rickety*; *vacillating, wavering, inconstant, unstable*; *unsound (of opinion, &c.).*

15g. *Cy* iv. 114, [t]an trugarau ny dy6olyayth 6rth ygwan *sucledic* [*sic*] annyan my6n dyn. **1606** E. JAMES: *Hom* iii. 67, Nid ffydd anwadal, *sigledig* (*wavering*), ond ffydd ddiogel, siccr, sylfanedig, ddiragrith. *c.* **1658** R. VAUGHAN: *E* 88, eithr y cyfryw yw ein gwendyd *sigledig* (*wavering*) . . . mal y mae yn rhaid i ni gael gwers newydd cyn dysgu yr hen. **1718 (1721)** S. THOMAS: *HB* 145, fel na bydde Stat y Deyrnas yn *sigledig* a'r [*sic*] ol ei farwolaeth ef. *c.* **1730** *Thos. Lloyd D* (LlGC) 210b, *Sigledig.* Tottering. wavering. **1759** T. THOMAS: *WWDd* 315, [g]osod Sylfaen ei undeb â Christ, i ymddibynnu ar ei waith ei hun, ac felly a'r [*sic*] Sylfaen *sigledig.* **1764** T. THOMAS: *M* 56, *Sigledig* yw fy hyder i. **1803** *P*, *Sigledig* . . . Shaked, rocked; stirred. Ar lafar, ''Wi wedi mynd yn fudur o *shigletig* ar 'y næd', 'Ma'r 'en ford 'yn yn mynd yn fwy *shigletig* bob dydd', *GTN* 765.

sigl-ei-gwt, gw. sigl-di-gwt.

siglen¹ [*sigl*¹ + *-en*] *eb.* ll. *-nydd*, *-nau*, *-ni*, (adran (*c*)) *-nod.*

(*a*) Cors, mignen, hefyd yn *dros.* ac yn *ffig.*: *bog, marsh, swamp, quagmire, also transf. and fig.*

15–16g. *TA* 423, Mae at liw hwn, mwtlai hydd, / Oes, gleiniau tes *siglennydd* [i ddiolch am farch glas]. **1588** *Job* xl. 16, lloches o gorsennau a *siglennydd.* **1604–7** *TW* (*Pen* 228), *siglenn* d.g. *Vorago.* **1615** R. SMYTH: *GB* 18[3], nid oes . . . un creadur byw nad ivv yn cymeryd i arfau yn erbyn dyn . . . yr hvvn beth sydd eglyr . . . pen i'r lly[ff]aint a'r locustiaid ymvvrthod a 'r *sugleni* [*sic*] . . . ag escyn i neuodd . . . Pharo. **1632** *D*, *Siglen*, Vorago. **17g.** HUW MORUS: *EC* i. 84, Safn fyglyd, soeglyd *siglen*, / Seler brag, a'i sail ar bren [i ofyn cerwyn ddarllaw]. **1677** C. EDWARDS: *FfDd* 267, Gwneir y grôth yn *suglen* [*sic*] vffern, lle'r aiff pob anifail anllad yn ei un llam. **1696** *CDD* 65, Duw 'nâd [*sic*] fi'n aflawen, i droi'n wŷsc fy nghefen, / I Sodom, ar *siglen* fwsoglŷd. **1744** *CM* 120, 21, Bum bedair awr fel un mewn bedd / Do yn gorwedd yn y gerwyn / Ceisiais oddiyno ymysmud / Am [*sic*] pen yn *siglan* soeglyd / I fynd oddiyno nid oeddwn haws / Mi rolis ar draws yr aelwyd. **1765** *Cyf C* 116, Myn'd at y Fargen llowio'n llawen / Mewn lle mysyglud ar war *Siglen*, / Ar burwen donen dano, / Ai thraed ar lêd heb lidio. **1773** G. RHYSIART: *MACP* 7, Ymddangosodd nad oedd y sylfaen wedi ei hadeiladu ar ddim ond *siglennau* a thraeth sugn. **1803** *P*, *Siglen*, s. f. dim.—pl. t. *yz* . . . a bog or quag. Ar lafar, '*Siglen*' 'cors', *Cymru* liv. [84] (dwyrain sir Drefn.); 'Ma raid bod yn ofalus wth gerad acha' *shiglan*', *GTN* 765. Digwydd fel e. lle, '*Y Siglen* ger Trefriw (Caern.), a hefyd ger Llandyrnog (Dinb.), a cher Llanfair Pwll Gwyngyll (Môn)', *EANC* 101. Cf. D. OWEN: *RL* 165, na chorsydd na *siglenydd* pechadurusrwydd cnawdol.

(*b*) Peth sy'n siglo; sedd sy'n hongian wrth raff(au), &c., fel y gellir siglo'n ôl ac ymlaen arni, si-so: *something which swings*; (*child's, &c.*) *swing, see-saw.*

15g. *GDID* 44, Rhodiwr a chriwr, chwarëych—wrth bren, / *Siglen* geir dy ben, wrth gord y bych. **1803** *P*, *Siglen* . . . a swing. Ar lafar, '*siglan*' 'a swing', *WVBD* 489; '*siglan*' 'a (child's) swing', *GTN* 765.

(*c*) *Adar.* Sigl-di-gwt, tinsigl, sigldin, *Motacilla*: *wagtail.*

20g. Ar lafar, '*Siglen* Lwyd = Grey Wagtail', H. E. FORREST: *FNW* 115; '*Siglen* Felen = Yellow Wagtail', *id.* 117.

Cfn.: **siglen adenydd,** &c. = **siglen dennyn. 1925.** Ar lafar yn Arfon, hefyd yn y ff. *siglan ddenu.* Gw. hefyd *sigl*¹—*sigl adenydd.* **siglen dennyn:** (*child's, &c.*) *swing, see-saw.* **1547** *WS*, *Siglen denyn* Tytter totter. **1604–7** *TW* (*Pen* 228), chwareu *siglen dennyn* d.g. *Oscillatio.* **1620** *Mos* 204, 40, Chware *siglan dennun.* **1803** *P*, Siglen . . . *siglen denyn*, a swing rope. Ar lafar, '*Siglen denyn* . . . oedd ein gair ni am swing', *LlLIM* 87. Gw. hefyd *sigl*¹—*sigl dennyn.* **siglen donnen (dongen):** (i) (*child's, &c.*) *swing, see-saw, also fig.* **1677** C. EDWARDS: *FfDd* 281, Cymer ei bleser a'i rwysc gydâ ei gymdeithion yn yscafnder ei galon; a chweri *suglen* [*sic*] *donnen* uwchben y p[w]ll diwaelod, er na bo ond llinin brau o fywyd bregus yn ei ddal ef. **1803** *P*, Siglen . . . *Siglen donen* . . . a swing rope. Ar lafar gynt yn y ff. *siglen dongan* (gorllewin Meir.). (ii) *quagmire.* **1901.** Gw. hefyd *sigl*¹—*sigl donnen.*

siglen², gw. sicl³.

siglenllyd [*siglen*¹ + *-llyd*] *a.* Corsiog, corslyd, siglennog: *boggy, marshy, swampy.*

1832.

siglennaidd [*siglen*¹ + *-aidd*] *a.* Corsiog, corslyd, siglennog: *boggy, marshy, swampy.*

c. **1834.**

siglennog [*siglen*¹ + *-og*] *a.* Tebyg i siglen, o natur siglen, corsiog, corslyd: *swampy, boggy, marshy.*

1699 T. JONES: *TP* 9, Mi a welwn . . . nessau o honŷnt hwŷ at Gors *siglennog.* **1780** *W* d.g. *Quaggy.* **1803** *P* d.g. *Siglenawg.*

siglergyd [*sigl*¹ + *ergyd*] *e?g.* Daeargryn, daeargryniad: (*earth*)*quake, tremor.*

1850.

siglethan, gw. siglaethan.

siglfaen [*sigl*¹ + *maen*¹] *eg.* Carreg siglo, maen sigl, maen chwŷf: *logan-stone, rocking-stone.*

1926.

Gw. hefyd **maen**¹**—maen sigl.**

siglgnoaf: sigl-gnoi [*sigl*¹ + *cnoi*] *bg.a.* Cnoi (bwyd) a'i droi yn y geg: *to chew (food), turning it about in the mouth.*

1905. Ar lafar, 'Paid â *sigil-gnoi* dy fwyd, llynca fo', *WVBD* 489.

siglhongian [*sigl*¹ + *hongian*] *bg.a.* Hongian (peth) fel y gall siglo'n rhydd, hongian a siglo'n ôl ac ymlaen: *to hang (something) so that it swings freely, hang and swing to and fro.*

1814.

sigliad, siglad [bôn y f. *siglaf*: *siglo* + *-iad*¹, *-ad*²] *eg.* ll. *-au.* Y weithred o siglo('n ôl ac ymlaen), symudiad yn ôl ac ymlaen, osgiliad, ysgytwad, ysgytiad, hefyd yn *ffig.*; daeargryniad; dirgryniad; honciad, honc; rhythm (mewn barddoniaeth): *a swing(ing), a wagging, oscillation, a shaking, shake, also fig.*; (*earth*) *tremor*; *vibration*; *a swaying, tottering*; *rhythm (in poetry).*

1604–7 *TW* (*Pen* 228), *Sigliat* d.g. *Vacillatio.* *c.* **1730** *Thos. Lloyd D* (LlGC) 210b, *Sigliad.* Concurrio, motio. **1770** *TG* iv. 79, Bore ddydd Sadwrn . . . y clywyd *siglad* daear gryn yn y ddinas hon. **1794** *W*, *siglad* d.g. *A wagging.* **1796** T. JONES: *CCA* 367, hyn a gadwodd gerbyd ei obaith ar ei olwynion . . . er ei fod weithiau megis ar *siglad* (*seemed to totter and shake*). **1803** *P*, *Siglad*, s. m. . . . A shaking, a rocking, a stirring. Ar lafar, 'Fi ro' i *shiglad* iti, 'morwn i, os

næ fiafjid di!', *GTN* 765; 'Ges i itha' *shiglad* pan wedodd e'r newyddion' (sir Gaerf.).

sigliadol [*sigliad*+*-ol*] *a.* Osgiliadol; dirgrynol: *oscillatory*; *vibratory.*
1866.

siglioesan, gw. **sigldyhoedan.**

siglnod [*sigl*[1]+*nod*[1]] *eg.* ll. *-au. Crdd.* Tril, crychnod, crychlais: *trill* (*in mus.*).
1832.

siglog [*sigl*[1]+*-og*; ansicr yw'r engh. gyntaf isod] *a.* ?a hefyd gyda grym enwol. Yn siglo('n ôl ac ymlaen), yn pendilio, yn rocian, osgiliadol; rhythmig; ansad, sigledig; crynedig, a nodweddir gan gryndod; hefyd yn *ffig.*: *shaking* (*to and fro*), *swinging*, *swaying*, *rocking*, *oscillatory*; *rhythmic*; *unstable*, *shaky*; (*characterized by*) *trembling*; *also fig.*
1617 *Minsheu* 499a, a Trotter or trotting horse . . . Brit. *Siglôg.* **1688** *TJ*, Parlŷs, dolur *siglog*: the Palsey. *id.* Ysgrŷnedig, *siglog* . . . trembling. *c.* **1730** *Thos. Lloyd D* (LlGC) 210b, *Siglog.* Shaking. **1803** *P*, *Siglawg* . . . Having a shaking.

siglraff [*sigl*[1]+*rhaff*] *eb.* Siglen (plentyn, &c.), hefyd yn ffig.: (*child's*, *&c.*) *swing*, *also fig.*
1794 *W* d.g. *Swing* [*a rope suspended for swinging in*].

siglwr, siglydd [bôn y f. *siglaf*: *siglo*+*-wr*, *-ydd*[3]] *eg.* (b. *siglwraig*, ll. *-wragedd*) ll. *siglwyr*, *siglyddion.* Person neu beth sy'n siglo('n ôl ac ymlaen) neu'n ysgwyd, osgiliadur; braich symudol (e.e. mewn peiriant tanio mewnol); sawdl (crud, &c.); aelod o sect grefyddol Americanaidd a ymwahanodd oddi wrth y Crynwyr yn Lloegr yn 1747, ac sy'n arddel bywyd syml a dibriod: *person who, or thing which, swings* (*to and fro*), *shaker*, *rocker*, *oscillator*; *rocker* (*e.g. in internal-combustion engine*); *rocker* (*of cradle*, *&c.*); *Shaker.*
[**1783**] *W*, *siglwr*, (*siglydd* . . .) crûd neu gawell d.g. *Rocker of a cradle.* **1803** *P*, *Siglwr*, s. m.—pl. *siglwyr* . . . A shaker, a rocker.

siglyd [*sigl*[1]+*-lyd*] *a.* Ansad, sigledig: *unstable*, *wobbly.*
1913. Cf. T. H. Parry-Williams: *Y* 43, fel llawr a thraeth môr, sydd yn lle *siglyd* anghartrefol iddo [llanc o'r mynydd].

siglydd, sigl-y-gwt, gw. **siglwr, sigl-di-gwt.**

siglyn[1] [*sigl*[1]+*-yn*[1]] *eg.* Person, anifail, neu beth sy'n siglo neu'n ysgwyd: *swinger*, *shaker.*
18–19g. *Llr* C 68, 9, *Siglyn* gwt, Lady washer. King's fisher. Clywir *shiglyn* yn yr ystyr 'tottering old man', *GDD* 283.
Cfn.: *Adar.* **siglyn gwt:** *wagtail*, *Motacilla*; (?*erron.*) *kingfisher*, *Alcedo atthis.* **18–19g.** *Llr* C 68, 9.

siglyn[2]**, sign,** gw. **jegyn** (hefyd At.), **sygn.**

signal [bnth. S. *signal*] *eg.b.* ll. *-au*, *-s.* Arwydd sy'n rhoddi rhybudd, cyfarwyddyd, gwybodaeth, &c., arwydd ar ffurf goleuadau lliw, &c., sy'n rhybuddio neu'n cyfarwyddo gyrrwr trên, &c.; modyliad cerrynt trydanol, tonfedd electromagnetig, &c., sy'n cyfleu gwybodaeth drwy gylched electronig, system gyfathrebu, &c. (hefyd am y cerrynt neu'r donfedd ei hun, ac am yr wybodaeth a gyfleir): *signal.*
1855. Ar lafar, 'Fydd y trên yn hwyr—rwbath yn bod ar y *signals*' (Arfon); ''Dyw'r *signal* ddim digon da i gâl Sianel Pump fan 'yn' (sir Gaerf.).

signet, singnet, si(n)gned [bnth. S. *signet*, S. C. *singnet*] *e.* (Modrwy) sêl, insel, hefyd yn *ffig.*: *signet* (*ring*), *also fig.*
Diw. **15g.** *Pen* 67, 20, anvon a wnaeth sion nos jav / *singnet* o dynget angav (Hywel Dafi). *id.* 58, Ni chredet *singnet* (*NBSBM* 252, *signed*) na sel (Hywel Dafi). **1672** R. Prichard: *Gw* 8, Dôd ê'n *signet* [:-fodrwy] ar dy fyssedd [am air Duw].
Gw. hefyd **seined.**

sig-owt, sig-owts [?bnth. S. (*to*) *seek out*, a'i ddefnyddio fel e.] *eg.* ac *e.ll.* gan amlaf yn yr ymad. *gwŷr* (*y*) *sig-owt*(*s*). Grŵp o gyfeillion i'r priodfab sy'n cyrchu'r briodferch o'i chartref ar ddiwrnod y briodas: *a group of friends of the groom who fetch the bride from her home on the wedding day.*
1823 P. Roberts: *Yr Hynafion Cymreig* 133–4, Eu bwriad oedd dyfod yn ddiarwybod ar draws cyfeillion y ferch ieuanc, a'i chymmeryd hi ymaith . . . a'i dwyn yn ddiogel at y mab ieuanc. . . . Y maent yn bresennawl yn cael eu galw 'Gwŷr y *seek out*,' . . . yr enw hwn a achlysurwyd trwy yr arferiad o guddio y briodas-ferch mewn rhyw le dirgel yn y tŷ, lle y mae y gwŷr hyn i'w chael allan. Ar lafar gynt; cf. *LlGC* 1173, 50, *Shigowts* . . . a bridal company . . . friends of the bridegroom, who . . . went to fetch the young bride from her house . . . it was their duty to escort her safely to church . . . The bride's friends . . . did their best to prevent them taking her away . . . This old ceremony was very popular in the Clydach valley & upper Cwm Tawe up to recent date (Morg.); D. E. Jones: *HLlP* 367, gyrrid y 'teilwr', sef y best man, ag wyth neu naw o gyfeillion a elwid y 'gwŷr *shigowt*' . . . gydag ef i gyrchu y ferch ifangc o dŷ ei rhieni; *GDD* 158, Gwŷr-*shigowt* . . . The companions of the teilwr (best man) at a wedding.

sigs, gw. **sîj.**

sig-sag [bnth. S. *zigzag*; nid oes sicrwydd mai yma y perthyn adran (*b*) isod] *e?g.* ll. *-s*, a hefyd fel *a.* ac *adf.*
(*a*) (Llinell) igam-ogam: (*a*) *zigzag.*
1893. Ar lafar, 'Mi dorrish i'r defnydd yn *sig-sag* rhag iddo fo redag' (Arfon).
(*b*) Plith draphlith, pendramwnwgl: *higgledy-piggledy*, *in a muddle*, *in confusion.*
1740 T. Evans: *DPO* 95, pob peth allan o Drefn, *fyg fag* [*sic*], bendraphen ym mysc y Brutaniaid ar ol ymadawiad y Rhufeiniaid oddiyma. **1774** *W*, Bwrw ynghŷd . . . *syg sâg* d.g. *To huddle together.*

sigwdad [bôn y f. *sigwdaf*: *sigwdo*+*-ad*[2], trf. han.] *eb.* Ysgytwad, ysgytiad: *a shaking*, *shake.*
Ar lafar, 'Gas e *shigwdad* dda' (sir Benf.); 'Wêdd peth whant arna i ffeindio isgus i roi bonclen neu *shigwdad* iddo', *Wês wês* 16; '*Shigwdad*' 'a shaking', *TGG* (1907–8) 87 (de-orllewin sir Gaerf.).

sigwdaf: sigwdo [?cf. *ysgydwaf*: *ysgwyd*] *ba.* Ysgwyd yn arw: *to shake violently.*
20g. Ar lafar, 'Ma'r hen gi wedi *shigwdo*'r gath yn ofnadwy', *GDD* 283; hefyd yn y ff. *siwgwdo*, *id.* 286.

sigwti [?bôn y f. *sigwdaf*: *sigwdo*+elf. anh.; cf. *sigl-di-gwt*, *sigldin*] *eb.*
(*a*) *Adar.* Sigl-di-gwt, tinsigl, siglen, sigldin, *Motacilla*: *wagtail.*
Ar lafar, *GDD* 283–4, *TGG* (1907–8) 87 (de-orllewin sir Gaerf.).
(*b*) Siglen (plentyn, &c.): (*child's*, *&c.*) *swing.*
Ar lafar '*Sigwti*' 'Swing', '*Sigwti* Gwen Shon Gatti, / Mae crys y gŵr heb 'i olchi', *Cymru* xxxix. 96 (Brych.).

singl, singlaf: singlo, singlys, gw. **sengl, senglaf: senglo, sinclys.**

singned, singnet, gw. **signet.**

si-hai-lwli, gw. **si-lwli.**

sîj, &c. [bnth. S. C. *siege*; tebyg mai ymgais i ddynodi *-j* yw'r ff. *-*(*g*)*s*, *-dgi*, &c., isod] *e?b.* ll. *sijys.* Gwarchae (o gwmpas tref, castell, &c.), gwarchaead, hefyd yn *ffig.*: *siege*, *a besieging*, *also fig.*
14–15g. *IGE*[2] 266, Deng mlynedd, anrhyfeddir, / A chwemis y bu'r *sis* hir [Siôn Cent am warchae Caer Droea]. *p.* **1468** *CH* 73, Neud rheiol *sigs*, neud rhyir / Un wrth hon o fôr a thir [am warchae ar Harlech]. **15g.** *ID* 94, dyw syl byr deay *ssis* / ar iaŭ n ol ar rann alis. **16g.** (*LlEG*) *LlGC* 5276, 215a, a Roddes *sidgis* ynn amgylch dinas Kaer wynt. **1547** *WS*, Dal *sids* wrth dref A sege. **16g.** (*LlEG*) *Mos* 158, 15b, I Roddi *sidgi* wrth dref achasdell Roytshiestyr. **16g.** *RWM* i. 217, y vo a gymerth ssyr dauudd vab Jerwerth J lu Ac Roddes *shidgis* wrth gasdell y fflint ac wrth gassdell hruddlan. *ib.* danuoness y brenin ynghwaneg o bobyl J gynnal y *sidgis* or kyuriw bobyl. **16g.** *B* xv. 271, A'r pyrnhawn hwnnw J goosodedd [*sic*] *sidgs* o amgylch y dref. *id.* 274, ynn ol daruod J'r Duwk ddanuon serttein o bobyl ac arttylerey J roddi *shids* wrtho ef [castell]. *p.* **1565** *RWM* i. 1034, Llyma y kyronigl mawr a dossbarth pob brenin a brenines a vu or *sits* ar droea hyd gydwaladr. **16g.** Wiliam Cynwal: *Gw* (R. L. Jones) 705, Cloddio hwylgraff *sids*, claddu haelgorff Siôn. **1589–90** *Pen* 168, 206b, nerthodd ef dref dros yr honn ir oedd Sawden Swrrey gwedi rhoi *siets* wrthi. **17g.** (**18g.**) *CM* 42, 28, Mae *Seets* wrth Gaer lleon gawr / ar [*sic*] Sitti fawr ar glemio. **1656** (**1749**) *W Ballads* 4, 2, gosod *Seits* oddeuty y lle. *c.* **1730** *Thos. Lloyd D* (LlGC) 208b, *Sids.* A siege. **1765** *BDGU* 67, Py gallwn osod *Sits* oi deutu [tref gaerog] / Mi fentren at y rhain er hynnu.

sijaf, &c.: **sijo,** &c. [bf. o'r e. *sîj*, &c.] *ba.* Gwarchae (tref, castell, &c.): *to besiege* (*town*, *castle*, *&c.*).
16g. (*LlEG*) *Mos* 158, 170b, [y] prinder . . . a oedd ar vr/enin lloygyr ymysc I lu ynn *sidgio* kaleis. *c.* **1585** *Llst* 178, 27a, y groegwyr . . . wedi *sitsio* y dinas dde/ngmlynedd hwynt addalysant ilion.

sil [?cf. H. Wydd. *sil* 'had; tras' (gw. d.g. *hil*[1])] *eg.b.* (bach. g. *-yn*, b. *-en*) ll. *-od* (un. g. *-yn*), *-ion*, *sils* (un. g. *-yn*) a hefyd fel *e.ll.*
(*a*) Pysgod ieuainc, yn enw. eogiaid neu frithyllod newydd ddeor; pysgod bychain, yn enw. pilcod, *Phoxinus phoxinus*; grawn (pysgod, &c.), gronell, grifft, had, hefyd am epil arall a gynhyrchir yn lluosog iawn, e.e. gwenyn; had (madarch): *small fry*, *esp. newly hatched salmon or trout*; *small fish*, *esp. minnows*; *spawn* (*of fish*, *frogs*, *&c.*), *seed*, *spat*, *also of other young produced in great numbers*, *e.g. bees*; (*mushroom*) *spawn.*
1547 *WS*, *Sil* pyscawt. *Dchr.* **17g.** *J* 10, 40a, *Sil.* ova piscium. Spawne. **17g.** Huw Morus: *EC* i. [2]62, Dylasai'r sawl sy 'n cael ei bysgod, / Roi côd iddo, gwedi ei selio, i gadw ei *silod.* **1707** *AB* 29c, Ir. Sîl, Seed; (and hence our *Silod* for small Fish). **1777** E. Roberts: *DG* 67, Mi eis at i gorph i gael ei weled / fy Enaid anwyl yr oedd ô gin dirioned / yn gwneud trwyn molrhon [*sic*] yn bwyta *sîl* / i Cêg [*sic*] arw yn gîl egored. **18–19g.** *Llr* C 4, 103, pilcodyn mewn cwdi *Silodyn* mewn Carthen Llangyfelach a sir Gaer. **1803** *P*, *Sîl*, s. m.—pl. t. *ion* . . . spawn, or fry . . . *Sîl* pysgod, fry of fish. *id. Silen*, s. f. dim. . . . a single spawn or fry. *id. Silod*, s. pl. aggr. . . . spawns, fry, or young fishes. Ar lafar, '*silod*' 'small fish', *TGG* (1902) 46 (Llŷn); '*sils* mân' 'term applied to minute sea-fishes such as gobies, jack-sharps, and sticklebacks', *WVBD* 490.
(*b*) Pobl gyffredin neu ddibwys; pethau anarferol o fach, mân bethau, pethau diwerth: *ordinary or common people*, *inconsequential people*, '*small fry*'; (*unusually*) *small things*, *worthless things.*
16g. *AWLl* 19, Ac yn y tymor gant o iymyn, / O annwyl fodd, yn ei ôl a fyn, / . . . / Nid fal gleisiad, iawn weddiad noddyn, / Yw *sil* y garwddwr isel a gerddyn'. **16g.** Wiliam Llŷn: *Gw* (R. Stephens) 322, Dwyn gleisiad enwog lysoedd, / A *sil* aig is ei law oedd. Ar lafar, 'rhyw *silod* o datw', *ISF* 68; '*silod* eithin' 'small stunted gorse', *WVBD* 121; 'Hen *silod* mân o benwaig s' gin' ti' 'you have wretched little herrings', '*silod* o bobl' 'small fry', *id.* 490. Clywir hefyd y ff. un. '*Shilsyn* . . . a small bit of anything', *GDD* 284 (ond cf. *sils* d.g. *siâl*).
(*c*) Eisinyn, cibyn: *hull* (*of grain*), *husk.*
17–18g. O. Gruffydd: *Gw* 92, Nid oes brynn ar einioes brenin, / Mwy na'r sala o *silion* melin. **1803** *P*, *Sîl*, s. m.—pl. t. *ion* . . . the cleansing or hulling of grain. Ar lafar, '*Shilsyn*' 'A small bit of chaff', *GDD* 284. Gw. hefyd *eisin—eisin sil.*
(*d*) Epil, hiliogaeth, disgynyddion: *offspring*, *progeny*, *descendants.*
15g. *DE* 87, adar mair o dir morien / adam *sil* o domas hen. *Dchr.* **17g.** *J* 10, 40a, *Silin.* posteritas. **1632** *D*, *Sil*, & *Silyn*, Soboles. *id. sil* d.g. *Fœtus*, *us*, *ui.* **1688** *TJ*, *Sîl*, *silŷn*, hepil: an Off-spring. **1722** *Llst* 189, *Sil.* f. A brood, issue, offspring. *id. Silyn.* m. An offspring; issue. **1771** *W*, *sîl*, *silyn* d.g. *Brood* [*race*, *or offspring*]. **1803** *P*, *Sîl*, s. m.—pl. t. *ion* . . . That is produced, or brought forth; issue, progeny.
(*e*) (enghrau. *ffig.* mewn ystyr ddifr.: *fig. exx. in a derog. sense*).
1703 E. Wynne: *BC* 19, Ustusiaid a'u Breibwyr, a'u holl *Sil* o'r cyfarthwyr hyd at y ceisbwl. *id.* 104, Hil Adda yw rhain . . . Ond d'accw . . . rai o hen *sil* y Ddraig fawr Lucifer. *id.* 138, myfi yw'r merllyn mu[d] lle mâg *sil* pob drygeu. **1718** *Llsgr R. Morris* 138, Nid oedd dynion cin [*sic*] dy eni / ond gelynion y goleini / a *sil* y fagddu serth. **1789** Twm o'r Nant: *TChB* 4, Dam i *Sil* Satan dymma Sais etto.
Cfn.: *Pysg.* **silod brithion:** *salmon fry*, *young salmon.* *c.* **1700** E. Lhuyd: *Par* ii. 65, Gwnniaid (alias *silod* [drll.] *Brithion*) y gôg a galwant [*sic*] egin Gleisiaid. **1757** *Cylchg LlGC* (1943) (At.) 10. **1803** *P* d.g. *Silod.* *Pysg.* **sil(od) y gog = silod brithion.** **1757** *ML* (Add) 326, pa sawl Enw sydd ar Leisiedyn, o sil y gro neu *sil y gog* hyd at Eog. **18–19g.** *Llr* C 55, 219, The salmon in its various stages of growth is called, 1. Silod y gro. *Silod y gog.* Ar lafar, '*sil y gog*', *WVBD* 490. *Pysg.* **sil(od) y gro = silod brithion.** **1757** *ML* i.

461, *sil y gro*. **1757** *ML* (Add) 326, pa sawl Enw sydd ar Leisiedyn, o *sil y gro* neu sil y gog hyd at Eog. **18–19g**. *Llr* C 55, 219, The salmon in its various stages of growth is called, 1. *Silod y gro*. Silod y gog. *Pysg*. **silod y môr:** *fifteen-spined stickleback, sea stickleback, Spinachia spinachia*. **18g**. *Pant* 19, 90, *Silod y mor*, stickeback. **1803** *P* d.g. *Silod*. Ar lafar, H. E. FORREST: *FNW* 479. *Pysg*. **sil, &c., penwaig:** *whitebait, herring fry*. **1803** *P*, Sîl . . . *sîl penweig*, herring fry. Ar lafar, '*silsyn pennog* . . . *sils penwaig* . . . S. whitebait', *B* xxv. 56 (Llŷn). *Pysg*. **sil y don (dom), silod y don, silidón(s):** *three-spined stickleback, Gasterosteus aculeatus; minnow(s), Phoxinus phoxinus; young fish or frogs, small fry, also derog*. **16g**. HUW CORNWY, &c.: *Gw* 139, a sela di *sil y don*—/ dawnfwyd yw—dan Fodeon [i anfon moelrhon i ladd y gleisiad]. **18g**. *Pant* 19, 90, *silod y dom*, Pyscod y gath, stickle back. **1803** *P*, Silod . . . *silod y dom*, brithyllliaid y dom, pysgod y g[â]th, sticklebacks. Ar lafar, 'Common or Three-spined Stickleback . . . *Sil y Dom*', H. E. FORREST: *FNW* 478. Cf. K. ROBERTS: *TMC* 170, Daeth i'm cof lawer o bethau a wnâi Bet a minnau'n blant—dal *silidons*; *BAC*, 24 Rhagfyr 1959, [1], *Sili-dons* oedd ein gair ni am bysgod neu lyffaint yn eu mebyd, eu ffurf gyntaf (Kate Roberts).

Gw. hefyd **sildyn, siliaid.**

sìl [bnth. S. *sill*] *eg*. (bach. g. *silyn*, b. *-en*) ll. *siliau, sils*. Silff (ffenestr), carreg (ffenestr), ysgafell: *(window) sill, (window) ledge*.

1908. Ar lafar, ''Dwi 'di peintio'r ffrâm i gyd—dim ond y *sil* sy ar ôl 'rŵan' (Arfon). Yn ardaloedd chwareli'r Gogledd clywir *silyn* (ll. *sils*) yn yr ystyr 'sliper' (rheilffordd), E. JONES: *Canrif y Chwarelwr* 156.

Cfn.: **sil (y) ffenestr:** *window sill*. **1908.** Ar lafar, 'Rhod y pot blodyn 'na ar *sil y ffenast*' (Arfon).

silaf: silo, gw. **siliaf¹: silio.**

silaff, silafft, silafftyn, gw. **sillaf¹.**

silblin [bnth. S. *chilblain*] *eg*. Llosg eira, llech eira, maleithau: *chilblains*.

Ar lafar, '*Shilblin*' 'Chilblains', *GDD* 284; hefyd yn y ff. *tsilblin(s), tsilblen(s)*, ''Odd mang-gu wastod yn ofni câl *tsilblens* yn y tywydd ôr' (sir Gaerf.).

silc [bnth. S. *silk*] *eg*. a hefyd fel *a*. Sidan(aidd), wedi ei wneud o sidan: *silk(en), made of silk*.

1895. Ar lafar, 'Ffrog *silc* odd hi'n wisgo, a *silc* da odd o 'fyd' (Arfon); ''Odd hi'n gwisgo sgarff *silc* ddrud pan gweles i hi' (gogledd Cered.).

Gw. hefyd **silcen.**

silcen [*silc+-en*] *eb*. ll. *-ni*. Het sidan: *silk hat*.

1895. Ar lafar, 'Mi fydd yn 'i *silcan* a'i ffroc-côt ac yn torri cyt' (Arfon); 'Dafi 'co fel y Preim Minister of England a'i *silcen* yn 'i law', *Wês wês* 43.

silcod [?*sil*+elf. anh.; cf. *pilcod*] *e.ll*. (un. g. *silgotyn, silcyn*) ll. dwbl *silgots* (un. g. *-yn*). *Pysg*. Pilcod, *Phoxinus phoxinus: minnows*.

Ar lafar, '*Shilcod*' 'Pilcod, minnows', *Cymru* xxxiv. [179] (godre Cered.); '*Shilgots*' 'minnows sg. *shilgotsin*', *TGG* (1907–8) 87 (de-orllewin sir Gaerf.). Clywir hefyd yr ymad. '*Shilgots* Trewyddel' fel llysenw, *LlG* lii. 14 (sir Benf.).

sild, sildar, gw. **seld, seilddar.**

sildyn [?bnth. S. taf. *sild* 'herring fry'+ *-yn*] *eg*. ll. *sildod, sildynnod*. *Pysg*. Pilcodyn, *Phoxinus phoxinus*, hefyd yn ddifr. am berson: *minnow, also derog. of a person*.

1823. Ar lafar, '*Sildyn* oedd 'næd yn galw pilcots—pysgod bæch, bæch, tepyg i sbrats odd reini', *GTN* 740.

silefftyn, silen¹˒², Silesaidd, gw. **sillaf¹, sil, sìl, Silesiaidd.**

Silesiad [yr e. lle *Siles(ia)+-iad³*] *eg*. ll. *-iaid*. Un o drigolion Silesia yn ne-orllewin Gwlad Pwyl a'r cyffiniau: *a Silesian*.

1816.

Silesiaidd, Silesaidd [yr e. lle *Siles(ia)+ -(i)aidd*] *a*. Yn perthyn i Silesia, nodweddiadol o Silesia: *Silesian (adj.)*.

20g.

silfa [bôn y f. *siliaf¹, silaf: sil(i)o+-fa, ma*] *eb*. ll. *-feydd*. Man lle mae pysgod yn bwrw eu grawn, lle silio: *spawning-ground*.

20g.

silfars, silfyrs [bnth. S. *silvers*] *e.ll*. Llestri, addurniadau, &c., o arian: *silver vessels, ornaments, &c.*

20g. Ar lafar, 'morol bod y *silfyrs* yn lân' (Llŷn).

silfoch [cf. *cilfoch*] *eb*. ll. *-au*. Cil y foch, ceuedd y foch, cornel y geg: *space between teeth and cheek, corner of the mouth*.

1938. Ar lafar, '*Shilfoch*' 'That part of the mouth which is between the jaw-teeth and the cheeks', *GDD* 284.

silff [bnth. S. taf. *shilf*, amr. ar *shelf*] *eb*. ll. *-oedd, -(i)au*. Astell o bren, metel, &c., i ddal llyfrau, llestri, &c., gwaelod gwastad cilfach mewn wal at bwrpasau cyffelyb, sil, ysgafell, hefyd yn *ffig*.: *shelf, ledge, sill, also fig*.

16g. D. R. THOMAS: *DS* 16, Brydyddes y manwrysg / Sy yn nyddu sain addysg / O'i *silffai* [*sic*] dan solffio dysg [i'r eos]. **17g.** *MLl* ii. 311, I lyfrau ar *silffiau* sydd / Deg olwg gidai gilydd (Huw Machno). **17g.** *LlGC* 13215, 251, *Silff* Abacus. **1716–18** *Llsgr R. Morris* 168, a *silff* a bwrdd llesdri ai [*sic*] rhoddi nhw yn rhes. **18g.** *Beirdd y Berwyn* 76, *Silff* i roddi y pethe arni. **1725** *SR* d.g. *A Shelf*. **1753** G. OWEN: *L* 58, am gypyrddau, *silffiau*, &c., mae rhai'n perthyn i'r tŷ. **1757** *ML* ii. 7, rhai pethau yn cwympo oddiar *silffia*. **1778** J. HUGHES: *BB* 275, Ei lygaid oedd ar *silff* uwchafiaeth, / Ni fedrai ei [*sic*] gwyro at ddrych beggeriaeth. **1795** *R. Crusoe* 40, Gwnaethum *silff* yn un ochr i'r graig, ag a wthiais ddarnau o bren i mewn i grogi rhai pethau arnynt. Ar lafar, '*silff, shilff*', *WVBD* 490; 'Ma isie *shilffodd* newydd i ddal yr 'oll lestri 'na' (sir Gaerf.).

Amr.: **sifl².** Ar lafar, '*shifl* y ffenast', *WVBD* 518. **silfft** [cf. *sillafft, teligrafft*]. Ar lafar yn y Gogledd, *EEW* 43, 250.

Cfn.: **silff yr artsh = silff ben tân.** Ar lafar, *LGW* 323 (sir Benf.). **silff ffenestr:** *window sill*. Ar lafar, 'Ma'r planhigion yn tyfu'n dda ar y *shilff ffenest*' (sir Gaerf.). **silff lyfrau:** *bookshelf*. **1939.** Ar lafar yn gyff. **silff fantell = silff ben tân. 1924.** Ar lafar yn y Gogledd a'r Canolbarth, *LGW* 323. **silff ben (pen) tân:** *mantelpiece, mantelshelf*. **1906.** Ar lafar, yn bennaf yn y Gogledd, *LGW* 323. Clywir hefyd *shilff tân*, *AGB* 179. **silff bobi:** *baking sheet*. **20g. silff ei din,** gw. *torraf: torri—torri silff ei din*. **silff tân,** gw. *silff ben tân*. **ar y silff:** *on the shelf, fig*. **1894** D. OWEN: *GT* 250, yr oedd ei unig ferch erbyn hyn yn dechreu myn'd *ar y silff*, a dim taro wedi bod arni. Ar lafar, 'Mae'n ddeg ar hugian bellach, a dal heb brodi: 's talwm, mi fasan ni'n deud 'i bod 'i *ar y silff*' (Arfon).

Gw. hefyd **sielff.**

silffaf: silffo, gw. **silffiaf: silffio.**

silffaid [*silff+-aid¹*] *eb*. ll. *-eidiau*. Llond silff, cynnwys silff: *shelfful*.

1937. Ar lafar, ''Rodd na *silffeidia* o lyfra yn Barnados ddoe' (Arfon); 'Nath *shilffed* o lyfre gwmpo i'r llawr' (sir Gaerf.); hefyd yn y ff. *silffiad*, 'Mae isio rhoi trefn ar y *shilffiad* 'na—'fedra i 'm gweld y llyfr o gwbwl' (Arfon).

silffiaf, silffaf: silff(i)o [bf. o'r e. *silff*] *bg.a*. Gosod ar silff, hefyd yn *ffig*. gosod o'r neilltu, gohirio; ffitio â silffoedd: *to shelve, place on shelf, also fig. set aside, defer; equip with shelves*.

1848.

Gw. hefyd **sielffaf¹: sielffo.**

silffïar, gw. **sielffïar.**

silffog, silffiog [*silff+-(i)og*] *a*. Wedi ei ffurfio'n risiau (am graig, &c.), grisiog: *stepped, ledged (of rock, &c.)*.

1834.

silfft, gw. **silff.**

silgota [*silgot(s)+-ha* (At.)] *bg*. Pysgota am bilcod: *to fish for minnows*.

Ar lafar, '*Shilgota*', *GDD* 284.

silgots, silgotsyn, silgotyn, gw. **silcod.**

silgyngaf, silgyngiaf: silgyng(i)an, gw. **selgyngiaf: selgyngian.**

sili [bnth. S. *silly*] *a*. Gwirion, hurt: *silly*.

1736 (1812) *YRW* 18, Cyfod, dere i lawr i'r gegin, / I lenwi dy ronbil [*sic*], mi'th wela 'n wan din. / 'Rwy' cyn saled, yn llengcyn *sili*, / Mi roes dri hwp cyn gallu codi. Ar lafar yn gyff., ''Ti'n swno fel plentyn yn gweud pethe mor *sili*' (sir Gaerf.).

silia, gw. **ciliwm.**

siliad¹ [gair geir., sef bôn y f. *siliaf¹, silaf: sil(i)o+-iad¹*] *eg*. ll. *-au*. Y weithred o fwrw grawn (am bysgod), gronelliad: *a spawning (of fish)*.

[**1783**] *W* d.g. *A spawning*. **1803** *P*, *Siliad*, s. m.—pl. t. *au* . . . a spawning.

siliad², gw. **siliaid.**

siliaf¹, silaf: sil(i)o, silian [bf. o'r e. *sil*] *bg.a*.

(*a*) Plisgo (grawn, &c.), disbeinio, hefyd yn *ffig*.: *to hull (grain, &c.), shell, also fig*.

?**15g. (1726)** *RWM* ii. 905, dwy waith y metha ar drydydd y cerdda ag y mala ag y *silia*. **1543** *B* viii. 296, para gyvoc ore i *silio*. *id*. 298, Melinidd sy yn addo Gwneuthur hyn . . . malu a *silio* yn dda i bawb. **16g. (17g.)** *CRC* 165, a chwn iw gyfarth pan êl i gysgv / a llygod yn *silio* gwellt ei wely. **1580** *GGN* 51, bydd Raid y chwi grassy [ceirch] mewn amser, a *silio* yn bryssur yny for dwst och amgylch. **16–17g.** *GST* i. 454, A'i dannedd, daeredd diwres, / Sy lym iawn i *silio* mes [i ofyn hwch]. **1605–10** *IICRC* iii. 65, Haid o lygod / sy n i waelod [gwely] / ai *siliodd* o n vân / trwyddo allan. *c*. **1610** *GDG³* 421, Or kul ir felin or sach ir hopran / ag yna ei *silian* mewn uchel solas / nithio r yd i gyd ar ias chwefrolic / rroi r felin yn ei frig ai falu'n fras. **17g.** HUW MORUS: *EC* i. 311, O gwmpas y felin mae 'r dryc-hin yn draws, / A'r dwst yn ei bigo wrth *silio* yn ei saws. **1722** *Llst* 189, *Silio*. To shell corn in the mill. *c*. **1730** *Thos. Lloyd D* (LlGC) 207b, *Silio*. To grind oats. *c*. **1740** *LlM* 15, Cymmer bil Haidd a *silia* ef os gelli. **1759** *DG* 54, Mala frag ddinag yn dda, a gwenith / I gannoedd o'r gwynna / Mal amyd yn aml yma / A sail ei nerth *silio* wna [i felinau Thomas Thomas]. **1790** TWM O'R NANT: *GG* 147, Maled a *silied* bob sylwedd, Llafur, / O'i Llwyfan a'i dannedd [i felin Llysfasi]. **1803** *P*, *Siliaw* . . . to hull grain. *Siliaw* ceirç, to hull oats. Ar lafar, '*silio*' 'to hull oats', *WVBD* 490; 'Mi *silia*' di'n fân ulw', *ib*.; '*silio*'r ceirch' (Llŷn); '*silio*: diblisgo ceirch neu glofer', *Cymru* xlvii. 196 (sir Ddinb.); '*silio*: diblisgo ceirch neu ŷd', *B* iv. 302 (canolbarth Cered.); '*Shilo*'r C'irch . . . melin *shilo*', *LlGC* 1173, 51 (Morg.). Clywir hefyd yr ymad. 'malu a *silio*' yn Arfon yn yr ystyr 'siarad dwli'. Cf. *Hen B* 52, Pan ddyrnwyf, pan nithiwyf, pan *siliwyf*, pan falwyf; H. EVANS: *CE* 118, I *silio* rhaid oedd codi ychydig ar y garreg ucha yn y felin, felly byddai bron ddigon o le i'r geirchen basio rhwng y ddwy garreg heb ei malu —yn unig torri'r plisgyn heb falu'r gronyn.

(*b*) Bwrw grawn (am bysgod, &c.), gronellu, cenhedlu (fel sil): *to spawn (of fish, &c.), generate (as spawn)*.

[**1783**] *W* d.g. *To spawn* [*cast their eggs as fishes do*]. **1803** *P*, *Siliaw* . . . To produce, to bring forth; to spawn.

siliaf²: silio, gw. **seliaf: selio.**

siliaid, siliad² [bôn y f. *siliaf¹, silaf: sil(i)o +-iaid¹, -iad¹*] *e.ll*. (un. g. *silie(i)dyn*), a hefyd fel *eg*. Grawn wedi ei blisgo; grawn i'w falu, mâl: *hulled grain; grist*.

1547 *WS*, Talch ne *siliad* Shillynge. **1580** *GGN* 51, [c]eisio gwragedd ay gogre yn barod y byror *silied* fel y galloch y faly ay gael yn vara. **1604–7** *TW* (*Pen* 228), *siliedyn* d.g. *Granum*. *id*. Gronyn o *Silieit* d.g. *Auena*. *Dchr*. **17g.** *J* 10, 40b, *Silieidyn*. Granum. **17–18g.** O. GRUFFYDD: *Gw* 21, Pan elwy i dalu am deled, / Di-sylwedd fach o *silied*, / Fe fydd yn wir heb foddion îs / Yn rheibio pris yr hobed. *c*. **1730** *Thos. Lloyd D* (LlGC) 208b, *Siliaid*. Teilchion. **1803** *P*, *Siliad* . . . grain that is hulled. *id*. *Silied* . . . cleared grain, as the grits of oats, and the like. **1824** *LlGC* 13263, 371, the *siliad* of 20 hobets which in general yields from 6 to 10 hobets, does not this year yield more than from 6 to 3 hbs. Ar lafar, '*siliad*' 'oats that have been hulled', *WVBD* 490; hefyd yn Llŷn.

silica [bnth. S. *silica*] *eg*. *Cem*. Sylwedd mwynol caled, silicon deuocsid, sy'n ymffurfio'n risial (e.e. cwarts) ac yn amorffaidd (e.e. mewn callestr ac opal): *silica*.

1924.

silicabŵd, gw. **siligabŵd.**

silicad, silicat [bnth. S. *silicate*] *eg*. ll. *-(i)au*. *Cem*. Halwyn neu ester o asid silisig; unrhyw un o amryw gyfansoddion sy'n cynnwys silicon, ocsygen, ac un neu ragor o fetelau, ac sy'n digwydd yn gyffredin iawn yn y mwynau sy'n ffurfio cramen y ddaear: *silicate*.

20g.

silicaidd [*silic(a)+-aidd*] *a*. Yn cynnwys silica, wedi ei wneud o silica: *siliceous*.

1928.

silicat, gw. **silicad.**

siliceiddiaf: siliceiddio [bf. o'r a. *silic-aidd*] *bg.a.* Troi'n silica: *to silicify*.
20g.

silicon [bnth. S. *silicon*] *eg.* ll. *-au*. *Cem.* Elfen feteloid (symbol Si; rhif atomig 14) sy'n digwydd yn gyffredin mewn ocsidiau a silicadau ac a ddefnyddir wrth gynhyrchu gwydr, ac mewn aloiau, cydrannau electronig, &c.: *silicon*.
1933.
Cfn.: silicon carbid: *silicon carbide, carborundum*.
20g.

silicôn [bnth. S. *silicone*] *eg.* ll. *siliconau*. *Cem.* Unrhyw un o amryw bolymerau synthetig o silicon ac ocsygen sy'n gwrthsefyll oerni, gwres, dŵr, &c., yn dda, ac a ddefnyddir i ynysu, i iro, i wneud yn ddyfrglos, &c.: *silicone*.
20g.

silicosaidd [*silicos*(*is*)+-*aidd*] *a.* Yn perthyn i silicosis neu'n nodweddiadol ohono: *silicotic*.
20g.

silicosis [bnth. S. *silicosis*] *eg. Meddyg.* Ffibrosis yr ysgyfaint a achosir gan anadlu llwch silica, clefyd y llwch: *silicosis*.
1936. Cf. D. J. WILLIAMS: *ChHO* 100, Ymhell cyn i'r *silicosis* diweddar gymryd ei doll erchyll ym maes glo'r Deheudir yr oedd glowr trigain oed yn hen, hen ŵr.

silicwa [bnth. S. *siliqua*] *eg. Bot.* Coden sych hirgul ymagorol a gynhyrchir gan blanhigion croesffurf: *siliqua*.
20g.

silicwla [bnth. S. *silicula*] *eg. Bot.* Math o silicwa byr llydan: *silicle, silicula*.
20g.

silidôn, silidonia, gw. sil—sil y don, selidonia.

siliedyn, silieidyn, gw. siliaid.

silifflowr, gw. jinifflywars (hefyd At.).

siliffrit, jiliffrit, &c. [?bnth. S. *gillie* 'giddy young woman'+*ffrit*; cf. hefyd S. *gill-flirt*] *eb.g.* ll. *-s*. Merch benchwiban; person gwan di-nod; peth bach di-nod: *flighty girl; weak insignificant person; insignificant little thing*.
Ar lafar, '[m]erch wirion . . . *jiliffrit*', *LILIM* 114; '*siliffrit, jiliffrit; jilifflit*' 'a weak, insignificant person', *WVBD* 490; 'sometimes also used of things' 'ryw *jilifflit* o rwbath', ib.; 'ryw *sili-ffrit* o beth', *Cymru* xlvii. 196 (sir Ddinb.). Cf. T. GWYNN JONES: *Welsh Folklore* (1930) 242, *Sili ffrit*: a Fairy name; a term applied to a proud little female of an amorous disposition, or to a small child, restless and old-fashioned. The form *Sili* or *Jili ffrwtan* is also heard.

siligabŵd, silicabŵd, jilicabŵd, &c., *eg. Bot.* Henwr, llysiau'r cyrff, *Artemisia campestris: field southernwood, field wormwood*.
1722 *Llst* 189, Siligabwd. m. Southern-wood. Ar lafar yng Nghered., ar Benf., a sir Gaerf. mewn amr. ff., gw. G. AWBERY: *BM* 27. Cf. *Cymru* lxi. 184, Shili-ca-bwd . . . Dyma enw rhai parthau o odre Ceredigion ar . . . Hen Wr . . . Shigil-a-bwd yng nghymdogaeth Bwlch y Groes.

siling, silingaf: silingo, gw. seilin, seilingaf: seilingo.

silingloffan, *e?g.* Si-so, sigldyhoedan: *see-saw*.
Ar lafar gynt, 'The following were the school games of thirty years ago . . . *Shilingloffan* Lanshabwdi See-saw', *GDD* 325.

silin, gw. seilin.

silindr, silinder [bnth. S. *cylinder*] *eg.b.* ll. *-au*. Ffigur solet ac iddo ochrau syth cyfochrog a thrychiad crwn neu hirgrwn, peth solet neu gau ar y ffurf hon, e.e. rholer, siambr piston; sêl silindrig o garreg, clai, &c., ac arni arysgrif gynffurf: *cylinder; cylinder seal*.
1925.

silindraidd [*silindr*+-*aidd*] *a.* Silindrig: *cylindric*(*al*).
20g.

silindrig [*silindr*+-*ig²*] *a.* Ar ffurf silindr: *cylindric*(*al*).
20g.

silindrog [*silindr*+-*og*] *a.* Silindrig: *cylindric*(*al*).
20g.

silindrol [*silindr*+-*ol*] *a.* Silindrig: *cylindric*(*al*).
20g.

silisig [cfdds. o'r S. *silic*(*ic*)+-*ig²*] *a.* Yn perthyn i silica neu silicon, tebyg i'r rhain, yn eu cynnwys, neu'n deillio ohonynt: *silicic*.
20g.

siliwét, siliwm, Siliwriaidd, silo, gw. silwét, ciliwm, Silwraidd, seilo.

silodaf: silodi [bf. o'r e. *silod* (ll. yr e. *sil*)] *bg.a.* Bwrw grawn (am bysgod, &c.), silio, gronellu: *to spawn* (*of fish, &c.*).
1803 P.

silodyn, gw. sil.

siloffr [?cf. S. C. *gilofre* 'clove'; clove-scented plant', ond nid yw'r ystyr yn yr enghrau. llenyddol isod yn eglur, a rhoddir y diff. ar sail y geir.] *e?g.* Plwm coch, gloyw-goch: *red lead, vermilion*.
15g. *GDID* 98, Mae saffrwm, ddegwm yn ddau / I droi *siloffr* dros aeliau; / Egin yr haul gan yr hwyr / Am wallt yw a mellt awyr. 15-16g. *TA* 335, Sensio alarch Sain Silin, / Darnau o gyff derw ai 'n goffr, / Dros i elor drwy *siloffr*. 1632 D, *Silophr*, vid. an idem quod Sinobl. 1688 *TJ*, *Silophr*, plwm coch: Red-lead or Vermilion. 1722 *Llst* 189, *Silophr* . . . Red-lead, redding.

silogism, silosism [bnth. S. *syllogism*] *e?g.* ll. *-au. Rhes.* Cyfresymiad: *syllogism*.
1833.

silowét, gw. silwét.

sils, silsen, gw. siâl¹.

silsyn, gw. sil.

silt [bnth. S. *silt*] *eg.* ll. *-iau*. Gwaddod o dywod mân, clai, &c., yn enw. mewn afon neu lyn: *silt*.
20g.

siltiaf: siltio [bf. o'r e. *silt*] *bg.* Ymlenwi â silt: *to silt up*.
20g.

Siluraidd, Siluriaid, Siluriaidd, gw. Silwraidd, Silwriaid, Silwraidd.

silwair [cfdds. o'r S. *sil*(*age*)+*gwair¹*] *ll. -weiriau.* Porthiant gwyrdd a storir mewn seilo a'i gadw'n fwytadwy drwy led-eplesu: *silage*.
20g. Ar lafar, "Dech chi'n neud ych *silwair* ych hunen, neu câl contractyrs mewn?' (gogledd Cered.).

silweiriaf: silweirio [bf. o'r e. *silwair*] *bg.a.* Troi'n silwair: *to* (*become*) *silage*.

silwét, silowét, &c. [bnth. S. *silhouette*] *eg.* ll. *silwetau*. Darluniad o berson neu beth mewn amlinelliad, yn enw. un a liwir yn ddu solet neu a dorrir o bapur du, cysgod tywyll neu amlinelliad person neu beth yn erbyn cefndir goleuach: *silhouette*.
1928.

si-lwli, si-hai-lwli, &c. [*si¹*+(*hai-*)*lwli*] *eb.* Hwiangerdd, suo-gân, hun-gân; gair a ddefnyddir i suo plentyn i gysgu: *lullaby*.
1911.

Silwraidd, Sil(i)wriaidd, Silur(i)aidd [cfdds. o'r S. *Silur*(*ian*)+-(*i*)*aidd*] *a. Drg.* Wedi ei ffurfio yn ystod trydydd cyfnod y gorgyfnod Palaeosöig (rhwng y cyfnod Ordofigaidd a'r Defonaidd), yn perthyn i'r cyfnod hwnnw; yn perthyn i'r Silwriaid: *Silurian* (*in geol. and hist.*).
1858.

Silwriaid, Siluriaid [cfdds. o e. llwyth y *Silur*(*es*)+-*iaid¹*] *e.ll.* Llwyth Brythonig a drigai yn ne-ddwyrain Cymru yng nghyfnod y Rhufeiniaid: *Silures*.
1858.

silyd [bôn y f. *siliaf*, *silaf*: *sil*(*i*)*o*+*ŷd*] *eg.* Ŷd neu geirch wedi eu silio, rhynion: *hulled corn, groats*.
1672 R. PRICHARD: *Gw* 368, Gan gynddrwg yw rhelish y pilcorn [:– *Silyd*] a'r barlish.

silyn¹,², gw. sil, sil.

sill [olff. o *sillaf*] *eb.g.* (bach. g. -*yn*) ll. *-*(*i*)*au*, *-oedd.* Sillaf; (fel arfer mewn cyddestun neg.) y swm lleiaf o leferydd neu ysgrifen, manylyn neu fymryn lleiaf; hefyd yn *ffig.*: *syllable*; (*usu. in a neg. context*) *least amount of speech or writing, smallest detail, least bit; also fig.*
16-17g. EDWARD URIEN, &c.: *Gw* 335, Pawb a'i *sill* mewn pennill pêr, / Pawb yn mynd mewn pob mwynder. 17g. *CMRWBM* i. 103, Y llyfr hwn a ddysc ranur y madrodd [*sic*] mewn perffeiddrwydd a chyfiawnder kanys na ellir *sill* heb lythyren. c. 1785-90 (1829) *CBYP* 135, y syll cyntaf o'r fraich gyntaf. 1798 WR, y *sill* olaf ond un mewn gair d.g. *Penultima*. 18-19g. *Llr C* 17, 178, *Sill* a syllable Glam. 1803 P, *Sill*, s. t.—pl. t. au . . . a syllable; a word. Ni clywais i *sill* amdani, I have not heard a syllable about her. Sil. Ar lafar, "Wetas i ddim *shill* wrth neb ', *GTN* 766. Cf. W. OWEN[-PUGHE]: *CIG* 12, Lliaws o eiriau mân . . . à fyddant yn *sillau* i luniau geiriau hirion; R. DAVIES: *GC* 26, *Sill* yw y nifer hyny o lythyrenau a barablir â'r un anadl, heb newid, ysgwyd, nac ysgogi 'r llais; D. OWEN: *RI*, 39, dim un *sill* a allai hi ei ddarnio o hono; *OIG* 104, O ddarnio geiriau heb eu deall y daeth y ffug air *sill*.
Amr.: silt [cf. *deallt, hollt²*; ?cf. ymhellach *sillta'*]. 18-19g. *IMCY* 239, *sillt* (*GP* civ, sildda). 1803 P.
Gw. hefyd **deusill, pedwarsill, pumsill, trisill**, &c.

silladaf: silladu, silladur, gw. silliadaf: silliadu, silliadur.

sillaf¹ [bnth. Llad. *syllaba*; H. Wydd. *sill-ab*] *eb.* ac yn eithriadol *eg.* ll. *-au, -*(*i*)*on*. Olyniad o seiniau sy'n cynnwys un grib amlygedd, sef sain lafarog, ac yn ffurfio uned ynganiad, llythyren neu set o lythyrennau sy'n ffurfio uned gyfatebol mewn iaith ysgrifenedig; (fel arfer mewn cyd-destun neg.) y swm lleiaf o leferydd neu ysgrifen, manylyn neu fymryn lleiaf: *syllable*; (*usu. in a neg. context*) *least amount of speech or writing, smallest detail, least bit*.
14g. *GP* 39-40, reit yw gwybot beth yw y *sillaf*, a pha ffuryf y gwahaner y *sillafeu*. *Sillaf* yw kynnulleitua llyaws o lythyr a gyt, kyt boet *sillaf* neu ar weithyeu o vn llythyren. Rei o'r *sillafeu* a vydant o vn llythyrenn, val y mae a; rei o dwy, val y mae af . . . rei o bedeir, val y mae kerd . . . rei o chwech ac arwyd vcheneit, val y mae gwnaeth; ac ny byd mwy no hynny byth mywn vn sillaf o lythyr. id. 40-1, Yn vn *sillaf* oll y bernir y gyt, val y mae dioer, dyawl, a'r kyfryw allan. 15g. id. 31, Audyl gywyd a vessurir o bedeir *silla* ar dec. *Diw.* 15g. *Pen* 41, 22, Rait yw yr nep a holo dangos y hawl ai messur ymhop pwnk a hynny drwy lythyrev a dangos gwirioned digayntiach ac na chattwer hen devawt galet o digwydai yn vn *sillaf* kolli kwbyl oi hawl. 1547 WS [xviii], Sh . . . o vlayn vn vocal vn vraint ar [*sic*] *sillaf* hwn (ssi). id. *Sillaf* A sillable. 1567 *TN* [xlv], yn ymryfus gadael gair, neu *sillaf* allan. *Diw.* 16g. (1605) *GP* 208, Gan fod yn anghenrreidiol gwybod beth yw iawnskrifenydieth . . . mi a ro ar laỽr ymma beth yngnghlych y llythyrenne a'r *sillafon*. 1593 W. MIDLETON: *B* 3, Odl, yw kydateb sain mewn *sillafau*. id. 9, Mesur yw rhif nodedig o *sillafon*, naill ae mewn braich; ae o rifedi breichiau mewn pennill. 1598 *B* iv. 333, Ac yn gwplet y mynegis yr gwr y lleoedd ar gwyrtheu ry welsei hyt nat oedd un *sillaf* heb ei mynegei o honei. 1606 E. JAMES: *Hom* ii. 110, geiriau yr hwn am addolad delwau olyw y rhai hyn yn lladin heb newid *sillaf* yndynt. 1762 *ML* ii. 507, Nid oes wybod par rifedi o fan epistolau a gawsoch oddiyma yn ddiweddar, ac ni feddaf fi *sillaf* i'w dodi ar laẃr yr awron namyn ein bod y ffordd yma yn rhwydd iachus. 1764 W. WILLIAMS: *Sh* 7, fe ymffrostiai yn fynych os einioes gai ymla'n, / Na chai o'r Bibl *sillaf* fod heb ei roi yn dân. 1795 J. THOMAS: *AIC* 10, *Sillaf* y'w hynny o lythyrennau a wnelo un Sŵn h[c]b newid, neu ysgwyd y llais.
Amr.: esillaf. 14g. *GIG* 95, Prydyddiaeth a wnaeth fy naf / Y sallwyr bob *esillaf*. c. 1400 *Llst* 27, 134b, menegi yr gvr y lleoed ar gvyrtheu awelsei hyt nat

oed vn *esillaf* heb y menegi ohonei. **silaff. 1763** R. THOMAS: *HR* 101, gorfyddai arnaf yn awr gymmeryd y Gair o Enau Duw . . . heb feiddio gŵyr-droi y *silaff* leiaf. *a.* **1791** W. WILLIAMS: *GP* 382. **1800** C. EVANS: *EJU* 82. **silafft** [cf. *silfft, teligrafft*] (bach. g. -*yn, silefftyn*). *c.* **1762–79** W. WILLIAMS: *P* 557, un *silafft.* Ar lafar, 'Ynganodd a'r un *silafftyn* wedi iddo ga'l yr ergyd', *LlGC* 1173, 64 (dwyrain Morg.). **sillaff.** *a.* **1791** W. WILLIAMS: *GP* 807. **sillafft** [cf. *silfft, teligrafft*] (bach. g. -*yn, sillefftyn*). **1779** W. WILLIAMS: *BH* 47, *sillafft.* *a.* **1791** W. WILLIAMS: *GP* 555, *sillefftyn.* *id.* 817, *sillaftyn* [*sic*]. Cf. *SE MS* 466a, *sillafftyn*, a jot, an iota, the last syllable, a syllable. Ni chlywais un *sillafftyn*—I havent heard a syllable (Cered.). **silliaf[1]** [?ff. wallus]. *c.* **1523** *Trans Liverpool WN Soc* (1908–9) 93, *silliavau.* **sillta'** (ll. ?*silltau*). **16g.** *GP* civ, Raid yw gwybod ar glodgerdd / Y *silldau* syn gwau y gerdd / a ffyrf pob *sillda* oi ffen / wrth arwydd pob llythyren. **silltaf. 15g.** *GP* 21. *c.* **1566** *AP* 69, *silldafe.* *a.* **1575** *GP* 89, *ssilldavav.* **1587** *id.* 185, *silldafon.* **1658** R. VAUGHAN: *PS* 428. **sylaf. 1677** R. JONES: *BB* 115. **1718** *Cân o Senn* d.d. **1770** P. WILLIAMS: *BS*, 2 *Br* viii. **sylaft. 1671** C. EDWARDS: *FfDd* [ii]. **1688** *TJ* (At.) [28]. **1716** E. SAMUEL: *GGG* 117. **sylaff.** [**1740**] L. ANWYL: *MW* 94. **1744** D. ROWLAND: *RY* 38. **sylat** [?ff. wallus]. **1648** E. PRYS: *Ps* [i]. **1688** S. HUGHES: *TSP* [iv]. **syllaf. 1579** *GP* 61, *sylhabh.* *a.* **1587** *Y* 99, Hawdd iawn yw (na haedd 'y nîg) / Hyddysc wawd i ddysgedig / Hydr wedd yr hûad ar wynt / Hanes pob *syllaf* 'honynt. **1657** T. POWEL: *CI* 8, Crist . . . a gyflawnodd y Ddeddf hon . . . a gadwodd bob titl a *Syllabh* o honi, heb droseddu.

Am *sillaf freiniol, sillaf fyddar, sillaf fyddarleddf, sillaf gadarn, sillaf gadarnleddf, sillaf gyrch, sillaf ddieithredig, sillaf ddipton, sillaf leddf, sillaf fud, sillaf bencerddiaidd, sillaf bengamleddf, sillaf bica, sillaf dalgron, sillaf dalgrongadr, sillaf dawddleddf, sillaf drom, sillaf dromleddf, sillaf ysgafn*, gw. dan yr ail elf. (hefyd At.).

sillaf[2]: sillo, sillafad, gw. silliaf[2]: sillio, sillafiad.

sillafaf: sillafu [bf. o'r e. *sillaf[1]*] *bg.a.* Ysgrifennu neu enwi'r llythrennau sy'n ffurfio (gair, &c.) yn y drefn iawn, (am lythrennau) ffurfio (gair, &c.), sbelian; rhannu'n sillafau; ffurfio sillafau: *to spell; syllabify; form syllables.*

14g. *GP* 39, 'mydyr' . . . 'mygyr' . . . os velly yr ysgriuennir wynt, dwy sillaf dalgronn vyd pob vn onadunt. Ac wrth hynny y bwrir ymeith 'y' o'r sillafat pan *sillafer* kerd, ac yr ysgriuennir val hynn, 'mydr', 'mygr', ac y byd vn sillaf ledyf y ryw sillaf honno. **1547** *WS* [xx], [d]yscy i blant *sillafy* ne spelio. *id.* *Sillafy* Spell. **1567** G. ROBERT: *GC* 72, *Sillafu* yw o'r [ll]ythrennau yngymwys, gwneuthur sillafau. **1632** *D*, *Sillafu*, Syllabicare. **1688** *TJ*, *Sillafu*, cysylltu sillafau: to joyn syllables. **1794** *W* d.g. *Syllable, To make . . . syllables.* Ar lafar, "Odd llifyr pwrpasol yn yr ysgol i ddisgu inni *sillafu* Sisnag, ond yn yr ysgol Sul disgson ni i *sillafu* Cymræg', *GTN* 740.

Amr.: **llysafu** [drwy drsd.]. Ar lafar yng ngorllewin Morg. **silltafu** [cf. *silltaf*]. *Dchr.* **17g.** *J* 10, 40a.

Cfn.: **sillafu allan (maes):** *to spell out, also fig.* **1790** *Prif Crist* 32, *sillafu allan* ei feddwl sanctaidd iddynt. **1796** T. JONES: *CCA* 272, am bethau yr oedd efe yn eu *sillafu allan* trwy help llythyrennau nattur. Ar lafar, "Ôn i'n câl prawf yn yr ysgol i *sillafu* geire *mas* yn uchel' (sir Gaerf.).

sillafedig [bôn y f. *sillafaf*: *sillafu*+-*edig*] *a.bfl.* Wedi ei sillafu, hefyd yn *ffig.*: *spelt, also fig.*

1552 *Pen* 403, 42, Gras y sydd *sillafedic* yn dy wefvsav. [**1783**] *W* d.g. *Spelt or spelled.*

sillafgoll [*sillaf[1]*+*coll[1]*] *eb.g.* ll. -*ion.* Collnod, sillgoll: *apostrophe.*

1688 *TJ* (At.) [20], Yr arwŷdd fechan yma (') a henwir yn y groeg Apostrophe, ac yn y gymraeg y *sylafgoll* . . . Tynnŷ'r Iaith hon yn esmwŷth / A wneiff *sylafgollion.* **1727** J. JONES: *DFF* [xv], bod i bob Cymro . . . ddiwygio ac nid digio lle bynnag y gwelo ef . . . Fod y Gydiog hon -, ar goll neu *ysyllafgoll* [*sic*] hon '. **1788** J. ROBERTS: *AR* 20, ' Elwir *Sillafgôll*, am fôd Sillaf, neu air yn colli, yn y lle y byddo hi'n sefyll . . . y mae['n] sefyll ychydig uwchlaw'r llinnell, yn gyffredin yn lle e ac y, fel y gwelir, a'i, a'r, a'th, a'u. **1793** M. J. RHYS: *CA* 40, *Sillaf-goll*, sydd yn cael ei arferyd i gwttogi gair. **1795** J. THOMAS: *AIC* 17, *Syllafgoll* y'w (') o blegyd i mae'n cadw lle Sillaf.

Amr.: **sylafgoll** [cf. *sylaf*]. **1688** *TJ* (At.) [20].

sillafiad, sillafad [bôn y f. *sillafaf*: *sillafu* +-*iad[1]*, -*ad*] *eg.* ll. *sillafiadau.* Y weithred o sillafu, ffordd (gywir) o sillafu gair, orgraff; rhaniad yn sillafau: *spelling, orthography; syllabification.*

14g. *GP* 39, 'mydyr' . . . 'mygyr' . . . os velly yr ysgriuennir wynt, dwy sillaf dalgronn vyd pob vn onadunt. Ac wrth hynny y bwrir ymeith 'y' o'r *sillafat* pan sillafer kerd. *c.* **1730** *Thos. Lloyd D* (LlGC) 210b, *Sillafad.* Syllabatio. Syllabicatio. Dividing into Syl-l[ables]. [**1783**] *W*, *Sillafiad* d.g. *A spelling.*

sillafiaeth [*sillaf[1]*+-*iaeth*] *eb.* Sillafiad, orgraff; rhaniad yn sillafau; ffurfiad sillafau: *spelling, orthography; syllabification; formation of syllables.*

1567 G. ROBERT: *GC* 52, *Sillafiæth* . . . y phordd sydd i wneuthur si[ll]afau o gysswllty y llythrennau. *c.* **1730** *Thos. Lloyd D* (LlGC) 207b, *Sillafiaeth.* Spelling.

sillafog [*sillaf[1]*+-*og*] *a.* Yn perthyn i sillaf(au), yn (gallu) ffurfio sillaf (am sain); yn dynodi llinell fydryddol seiliedig ar nifer penodol o sillafau; wedi ei ynganu fesul sillaf; yn dynodi math o ganu plaengan, &c., sy'n rhoddi nodyn gwahanol i bob sillaf: *syllabic.*

1604–7 *TW* (*Pen* 228) d.g. *Syllabicus* (hefyd *D*). **1794** *W* d.g. *Syllabic.*

Gw. hefyd **deusillafog, lluosillafog.**

sillafol [*sillaf[1]*+-*ol*; tywyll yw'r engh. gyntaf isod] *a.* Sillafog; yn perthyn i sillafu: *syllabic; pertaining to spelling.*

1609 *Haf* 24, 488–9, Dowaid inni pam imae cerddawl gerdd gyffyriawl twchedic ar anadyl, a serch y cerddawr nad ydynt yn dwyn hynny i benn mewn meddyliav dynion; eythyr y cyffyriav divowyd hynn sydd arnynt eissie y *silltafawl* cymhwyssedic leissiav. **1794** *W* d.g. *Syllabic.*

Amr.: **silltafol** [cf. *silltaf*]. **1605–10** *Haf* 24, 489.

sillafwr [bôn y f. *sillafaf*: *sillafu*+-*wr*] *eg.* ll. -*wyr.* Un sy'n sillafu: *speller (person).*

[**1783**] *W* d.g. *Speller.*

sillafydd [bôn y f. *sillafaf*: *sillafu*+-*ydd[3]*] *eg.* Rhaglen gyfrifiadur sy'n gwirio sillafiad: *spell-checker, spelling checker.*

20g.

sillaff, sillafft, sillafftyn, gw. sillaf[1].

sillbwys [*sill*+*pwys[1]*] *e?g.* Acen (sillafog): *(syllabic) stress.*

1863.

sillbwysaf: sillbwyso [bf. o'r e. *sillbwys*] *bg.a.* Acennu (sillaf): *to stress (a syllable), accent.*

1867.

silleb [*sill*+-*eb*] *eb.g.* ll. -*au*, -*ion.* Sillaf; (mewn cyd-destun negyddol) manylyn neu fymryn lleiaf: *syllable; (in a neg. context) smallest detail, least bit.*

1803 *P*, *Silleb*, s. f.—pl. t. *au* . . . a syllable.

sillebaeth, gw. sillebiaeth.

sillebaf: sillebu [bf. o'r e. *silleb*] *bg.a.* Sillafu; rhoddi mewn geiriau; rhannu'n sillafau; hefyd yn *ffig.*: *to spell; put into words; syllabify; also fig.*

1803 *P*, *Sillebu* . . . To syllabize. Cf. D. OWEN: *D* 2, Wedi cyrhaedd oedran aeddfetach, a gallu darllen ychydig, treuliais lawer awr i *sillebu* yr argraffiadau ar barwydydd yr Eglwys; D. OWEN: *RL* 12, pan fyddwn yn darllen awdwyr enwog . . . teimlwn yn gyffredin . . . eu bod yn gallu darllen llêch fy nghalon, yr hon yr oeddwn i am flynyddau wedi bod yn ceisio ei *sillebu.*

sillebiad [bôn y f. *sillebaf*: *sillebu*+-*iad[1]*] *eg.* Sillafiad, orgraff: *spelling, orthography.*

1803 *P.*

sillebiaeth, sillebaeth [*silleb*+-(*i*)*aeth*] *eb.g.* Sillafiad, orgraff: *spelling, orthography.*

1847. Cf. D. OWEN: *D* 17, dyna lle yr oedd [ysgrif] mewn print, air am air yn union fel yr oedd wedi ei anfon, oddigerth pump o gyfnewidiadau ieithyddol, ac ychydig wahaniaeth yn y *sillebiaeth*; *id.* 136, Gyda chynnorthwy Walter fel darllenydd, meistrolodd Aelod Jones *sillebiaeth* a phriod-ddull y Gymraeg ymhen ychydig fisoedd; D. OWEN: *RL* 48–9, Yr wyf yn sicr mai un wers yn unig a gefais, a hono mewn *sillebiaeth*, y dydd cyntaf yr aethym i'r ysgol.

sillebol [*silleb*+-*ol*] *a.* Yn perthyn i sillafu, orgraffyddol; sillafog: *pertaining to spelling, orthographic; syllabic.*

1803 *P* d.g. *Sillebawl.*

sillebwr, sillebydd [bôn y f. *sillebaf*: *sillebu*+-*wr*, -*ydd[3]*] *eg.* ll. *sillebwyr.* Sillafwr; llyfr (dysgu) sillafu: *speller (person or book).*

1869.

sillefftyn, gw. sillaf[1].

sillgoll [*sill*+*coll[1]*] *eb.* ll. -*au.* Atalnod (') a ddefnyddir i nodi hepgor llythyren neu rif, collnod: *apostrophe.*

1808 W. OWEN[-PUGHE]: *CIG* 18, am y *Sillgoll* ('). **1808** R. DAVIES: *GC* 99–100, *Sillgoll* (') a arferir pan dorir llythyren, neu sill, allan o air; megys, gwas'naethu.

sillgollaf: sillgolli [bf. o'r e. *sillgoll*] *bg.a.* Defnyddio sillgoll i nodi hepgor llythyren neu lythrennau, hepgor llythyren neu lythrennau o (air): *to use an apostrophe, omit letter(s) from (a word), apostrophize.*

1891.

silliad [bôn y f. *silliaf[2]*, *sillaf[2]*: *sill*(*i*)*o*+-*iad[1]*] *eg.* ll. -*au.* Sillafiad; sillaf: *spelling; syllable.*

1803 *P*, *Silliad*, s. m.—pl. t. *au* . . . a spelling.

silliadaeth [*silliad*+-*aeth*] *eb.g.* Sillafiad, orgraff; rhaniad yn sillafau: *spelling, orthography; syllabification.*

1803 *P.* Cf. R. DAVIES: *GC* 29, Am *Silliadaeth.* Spelling.

silliadaf, silladaf: sill(i)adu [bf. o'r e. *silliad*] *bg.a.* Sillafu; rhannu'n sillafau: *to spell; syllabify.*

1803 *P*, *Silliadu* . . . To syllabize; to spell. Cf. R. DAVIES: *GC* 29, *Silliadu*, neu sillio, yw y gelfyddyd fuddiol i addysgu y modd dyladwy o wahanu gair oddi wrth ei gilydd.

silliadol [*silliad*+-*ol*] *a.* Sillafog (hefyd am ddull o ganu plaengan, &c.); yn perthyn i sillafu, orgraffyddol: *syllabic (also of a style of singing plainsong, &c.); pertaining to spelling, orthographic.*

1803 *P*, *Silliadawl* . . . Syllabic, syllabical.

silliadur, silladur [*sill*+-(*i*)*adur*] *eg.* ll. -*on*, (prin) -*au.* Llyfr (dysgu) sillafu: *speller (book).*

1798 *WR*, *silliadur* d.g. *Spelling . . . Spelling-book.*

silliadwr, silliadydd, silliedydd [*silliad* +-*wr*, -*ydd[3]*] *eg.* ll. *silliadyddion.* Llyfr (dysgu) sillafu; rhestr sillafau; sillafwr: *spelling book; list of syllables, syllabary; speller (person).*

1814.

silliaf[1], gw. sillaf[1].

silliaf[2], sillaf[2]: sill(i)o [bf. o'r e. *sill*] *ba.* Sillafu; rhannu'n sillafau: *to spell; syllabify.*

1803 *P*, *Silliaw* . . . to syllabize. Cf. R. DAVIES: *GC* 29, Silliadu, neu *sillio*, yw y gelfyddyd fuddiol i addysgu y modd dyladwy o wahanu gair oddi wrth ei gilydd; *id.* 30, a'i *sillo* co-lle-di-gaeth; *Adr Addysg* 32, y plant yn *sillio* rhenc ar ol rhenc o eiriau meithion.

silliedydd, gw. silliadwr.

sillt, sillta', gw. sill, sillaf[1].

silltaer, *eb.* (bach. g. -*yn*, b. -*en*; ll. -*nau*) ll. -*au.* Dolen, cadwyn, hefyd yn *ffig.*: *link, chain, also fig.*

14g. *GDG[3]* 230, Caeau, *silltaerynnau* serch, / A gwawd y tafawd, hoywferch, / Ac aur, gwn dy ddiheuraw, / I'th lys, a roddais i'th law. *c.* **1400** *B* v. 23, Y mae nant yn ynys prydein. pwy bynnnac [*sic*] a uynno gwneuthur *silltaereu* heyrn odieithyr arueu. Deuet ai hayarn ac a bwyt y lann y nant. Ac adawet yr hayarn ar bwyt yno. ar hayarn a uynnych y bore drannoeth ti ae keffy gwedy y wneuthur yn barawt. **1803** *P*, *Silltaer*, s. f.—pl. t. *au* . . . A connection of links; a chain. *id.* *Silltaeren*, s. f.—pl. t. *au* . . . A link.

silltaf, gw. sillaf[1].

silltâf: silltáu [?*sillta'*+-*hau*] *ba.* Mynegi, esbonio, manylu ar: *to express, expound, go into detail about.*

1547 *WS* [vi], [d]echreu ar hysbysy a *silltau* hanes ac ystyriaeth y llyfer yma. **1552** *Pen* 403, 17, yr erlodes a gais *silltav* yn vynych yr hyn a dybio i vod yn

vodlona gan i that ai mam. *c.* **1730** *Thos. Lloyd D* (LlGC) 211a, *Silltau* WS. Expono.

silltafaf: silltafu, gw. sillafaf: sillafu.

silltafaidd [*silltaf+-aidd*] *a.* Sillafog (?am ddull o ganu plaengan, &c.): *syllabic* (*?of a style of singing plainsong, &c.*).
1609 *Rhyddiaith Gymraeg* i. 151, nid ydiw kerdd i'w dioddef yn y deml . . . Gwir yw hynn onis kenir yn *silltafaidd* gan y kerddorion pwnc a phwnc val i doedan.

silltafog, silltafol, gw. sillafog, sillafol.

silltechyn [*?sillt(af)+-ach[2]+-yn[1]*] *eg.* (b. *-en*). Manylyn (lleiaf): (*smallest*) *detail.*
1574 *RhRC* (At.) 105a, [d]angossoedd yddynt bob *silltechyn* a ffob a rwydd [*sic*] ynghylch crist. **1600** *DK* 135, ve vydd pob *silldechen* o'r modd i gwnaeth y pechod o'r dechrav hyd i ddiwedd . . . megis kwbl o ystori wedy i bainto ar bared. *ib.* A mwy vydd y kwilydd ganthynt, am vod pob gronyn a *silldechyn* wedy i osod allan megis wedy i bainto ar bared. *ib.* hevyd i bydd yn baintedig nid yn vnig yn gwaithredoedd a'i moddav, ond hevyd pob meddwl a vy ynom, yn ysmala, pob *silltechyn* a phob rhann o'r meddwl a'i byrthynasav heb adel vn silltaf yn angof. *id.* 146, mae mesür kyvion i bob math ar bechod ag i'r *syllchdechyn* [*sic*] o'r modd llaia o wahaniaeth a rhagoriaeth yn yr vn pechod.

silltydd, sillydd[1], gw. eisillydd.

sillydd[2] [*sill+-ydd[3]*] *eg.* ll. *-ion.* Llyfr dysgu darllen, llyfr rhagarweiniol; rhestr sillafau: *primer; list of syllables, syllabary.*
1803 *P, Sillyz,* s. m.—pl. t. *ion* . . . A syllabary. Cf. W. Owen[-Pughe]: *CIG* 17–18, gwelir . . . mewn ymadrawdd gromiadau fal hyn ( ) yn cynnwys geiriau . . . Gwelir mwy helaethrwydd o hyn yn y *Sillydd* Cymraeg.

sillyddiaeth [*sill+-ydd[3]+-iaeth*] *eg.* Mydryddiaeth: *prosody.*
18–19g. *IMCY* 239, A llef *sillyddiaeth* hefyd / Hwn ni fedd yn hynn o fŷd. *ib.* Trefn *sillyddiaeth* oedd gaeth gynt / I bob gair bawb ei gerynt. **1803** *P, Sillyziaeth,* s. m. . . . prosody.

sillyn, gw. sill.

sim [gair geir.; ffrwyth trafod H. Grn. *sim,* gl. *simia,* fel gair Cym.] *eg.b.* Epa, mwnci: *ape, monkey.*
1604–7 *TW* (*Pen* 228), *Sim* lhosgyrnoc d.g. *Cercopithecus.* *id.* mal trwyn *Sim* ne'r Ap d.g. *Nasus.* *id. Sim,* li[ber] lh[an] daf d.g. *Simia.* **1722** *Llst* 189, *Sim.* f. An ape.

simach [*sim+-ach[2]*] *eg.* ll. *-od.* Epa, mwnci: *ape, monkey.*
1803 *P.*

simaf: simo, simai, simant, simas, simbal, simbil, gw. symiaf: symio, simnai, sment, symas, symbal, simpil.

simbol, simbolaeth, simbolaidd, simboleiddiaf: simboleiddio, &c., gw. symbol, symboliaeth, symbolaidd, symboleiddiaf: symboleiddio, &c.

simbridd, gw. eisinbridd.

simdda, simddai, simdde, sime(i), gw. simnai.

simént, gw. sment.

simentaf, simentiaf: siment(i)o, simentu, gw. smentiaf: smentio.

simeraf: simera, simfa, simffoni, simffonig, gw. symeraf: symera, simnai, symffoni, symffonig.

simiaf: simio, simied, gw. symiaf: symio.

simiwr, gw. symiwr.

simlai, simle, gw. simnai, simli.

simlepis [bnth. S. *chimney piece*; cf. *simlai*] *eg.b.* Mantell (simnai), silff ben tân: *mantelpiece, mantelshelf.*
Ar lafar, '*shimlepis*' 'chimney-piece, mantel-shelf', *SC* vi. 129 (*eg.*) (sir Benf.); '*simle pis*', *LGW* [322]–3 (sir Benf. a gorllewin sir Gaerf.). Clywir hefyd y ff. '*Shimlebis*', *GDD* 284.

simli, simle [bnth. S. *sembly,* ff. affetig ar *assembly*] *eb.?g.* ll. *simlïod.* Math o noson lawen adeg crasu neu falu ŷd: *informal evening of entertainment when drying or grinding corn.*
c. **1890.** Ar lafar gynt yng ngodre Cered. a sir Gaerf. yn y ff. *shimli, shimle*; hefyd weithiau ar achlysuron eraill, e.e. 'ar achlysur o wylio buwch yn dyfod â llo yn y nos'. Cf. W. J. Davies: *HPLl* 231–2, Hen arferiad arall odd cadw '*simliod*'. Rodd dou *simli*'n bod. *Simli* falu a *simli* grasu. Pan fydde ryw ffarmwr yn trin cynos, hyny yw, yn malu i lafur er mwyn ca'l bwyd am y flwyddyn fydde'n dod, bydde'n mynd a'i lafur i'r felin i falu; ac er mwyn cadw cwmni i'r sawl fuse'n malu, chi'n gweld, rodd bechgyn a merched y gymdogeth yn arfer crynhoi 'no i ga'l difyrwch, a hware'n ddiniwed, ac adrodd storiais [*sic*], weithie trw'r nos; D. E. Jones: *HLlP* 377, Y *Shimli.* Wrth grasu y cynosau ymgasglai bechgyn a merched ieueingc i'r odynau i adrodd chwedleu ofergoelus, a chanu, a chwareu a phob difyrwch; *CYLl* 3, Dewch am dro i Sir Gaerfyrddin, / Ar hyd y Nos, / Os am hanes '*Simli*'r odyn, / Ar hyd y Nos, / . . . / Os yw oes y '*Simli*' heibio, / Ar hyd y Nos. / Mae hi'n felys iawn i'w chofio, / Ar hyd y Nos.

simnai [bnth. S. C. *chimnei* 'chimney'] *eb.* (bach. *simneian*) ll. *simneiau.* Sianel o frics, cerrig, neu ddur sy'n cario mwg neu ager oddi wrth dân, peiriant, &c., corn simnai, ffliw, hefyd yn *dros.*; lle tân; mygdwll (llosgfynydd): *chimney* (*stack*), *flue, also transf.*; *fireplace*; *chimney* (*of volcano*).
14g. *GIG* 47, To teils ar bob tŷ talwg, / A *simnai* lle magai'r mwg [i lys Owain Glyndŵr]. **15g.** (*Dchr.* **17g.**) *BL Add* 14965, 1, selsigen o fewn hên hett / *simnai* o bren sy mewn brat [Dafydd ab Edmwnd i'r pibau]. *Diw.* **15g.** *Pen* 67, 70, *Simnai* s gwar [*sic*] val tai m haris / ni wyr ffrangk hanner y ffris (Hywel Dafi). **15–16g.** *TA* 205, *Simneiau* ar furiau 'r fâl, / Siambr groes, am wybr o grisial. **1547** *WS,* Fumer *simnai* A chymnay. **16–17g.** *CRC* 405, Gwelais ir wennol myn Mair wenn / yn nythv ymhenn y *simne.* **1604–7** *TW* (*Pen* 228) d.g. *Caminus, Fumarium.* **1615** R. Smyth: *GB* 256, yn scrifenu a . . . hiddigl *symne.* **1677** C. Edwards: *FfDd* 9, Mae 'r cyfryw beth mewn mannau eraill o America, a'r hên fyd hefyd, megis Ætna, a Fesufius, ond ni ddywedir fod *Simnai* cyn ddyfned i'r un, ac ir mynydd hwn, gan fod y twll, o ba un y mae 'r tân yn dyfod allan, wedi deuddeg ugainllath o ddyfnder. **1681** S. Hughes: *AC* 41, fe gymmerodd un o'r Andirwns (sef offeryn or *simnai*). *id.* 43, Y mae Cardan yn mynegi, fod Castell ym Mharma . . . ac yn un o'r *simnie* yntho, fod yspryd drwg yn ymddangos. **1703** E. Wynne: *BC* 34, [t]eflwch ef'r [*sic*] *Simnei* fyglyd yna. **1760** *ML* ii. 227, Doe y gosoded ar flaen corn un o'm dwy *simnai,* offeryn a wnawd o bridd . . . Daccw bawb yn dref yn myned i yrry am rai iw dodi ar gyrn ei *simneia.* **1761** *id.* 427, Mae yna . . . gan bobl tin machines ar ben cyrn i *simna* sydd yn gwneuthur mawr lles. **1773** *W, Simneian* d.g. *Flue* [*a small chimney, &c.*]. **1803** *P* d.g. *Simne.* Ar lafar, 'Fuo'n rhaid inni gâl llnau'r *simne* cyn câl tân newydd'; 'Ma 'na jac-do yn nythu'n y *simne*' (gogledd Cered.).
Amr.: **sifdda** (ll. *-s*). Ar lafar yn nhref Caernarfon. **sifnai. 1789** Twm o'r Nant: *TChB* 6, *Sifneu* [*sic*]. Ar lafar, "On yw'r *sifne* dala" (Brych.). **simai** [drwy gmth.]. **1732** *AABI* 168, *simeu* [*sic*]. *id.* 172, *Simeiau.* **1784** M. Williams: *S* i. 99, *simmai.* **1793** *Cylchg* 230, *simme.* Ar lafar yn y ff. *shime* yng ngodre Cered., sir Benf., a sir Gaerf.; hefyd yn sir Gaerf. yn y ff. *jime.* **simddai** [drwy ddadf.]. **17g.** E. Morris: *B* 91, *simdde.* **17g.** Huw Morus: *EC* i. 207, *simddai.* **1803** *P, Simze,* s. f.—pl. t. *au* . . . Chimney. Ar lafar, '*simdda, shimdda* . . . *simddeua, shimddeua*', *WVBD* 490; hefyd yn Llŷn. Cf. D. Owen: *D* 99, Wedi methu gyda'r *simdde,* ymosodai ar y drws; D. Owen: *RL* 393, esgyn o'r *simddeuau.* **simfa. 1899. simlai** [drwy ddadf.]. **1617** *W. Isaac Williams* (LlGC) 5, Tv ar [*sic*] *Symley* lloyd [*sic*]. Ar lafar, '*shimle* . . . *shimleie*', *SC* vi. 129 (sir Benf.); "Odd e'n camu o un *shimle* i'r nall" (dwyrain Morg.); '*shimla* . . . *shimlia*', 'Ma fa'n smoco nis bo'r lle 'ma fel *shimla*', *GTN* 766. **siwme. 20g.** Ar lafar yn sir Gaerf. **siwmla** [cf. *simlai* a *siwme*]. Ar lafar yn nwyrain Morg.
Cfn.: **simnai,** &c., **fechan:** *flue.* **1773** *W* d.g. *Flue.* **simnai lwfer:** *louvre, smoke-hole, chimney.* **1899** D. E. Jones: *HLlP* 129, Mae y goleu yn gwneyd mwy o'i ffordd drwy y *simne lwfer* nad ydyw drwy y ffenestri. Ar lafar gynt yng Nghered. yn y ff. *sim(n)e lwfer.* Cf. *CYLl* 5, Difyr ydoedd adrodd chwedlau, / Bob yn ail ac am y gorau, / Yn y *simdde lwfer* lydan, / Ac yn rhifo'r sêr tu allan. **simnai fawr:** *inglenook.* **1896.** Ar lafar, 'We' Wiliam a finne'n ishte'n dawel yn y *shime fowr*', *LlG* l. 22 (sir Benf.).

simneiaidd [*simnai+-aidd*] *a.* Tebyg i simnai: *chimney-like.*
1905.

simneian, gw. simnai.

simneiog [*simnai+-og*] *a.* Ac iddo simnai neu simneiau: *chimneyed.*
20g.

simneiwr [*simnai+-wr*] *eg.* Ysgubwr simneiau neu ffliwiau: *chimney sweep, fluecleaner.*
1878.

simnel [bnth. S. C. *simnel,* neu'n uniongyrchol o'r H. Ffr.] *e?b.* (bach. *-en*). Cacen ffrwythau, yn enw. un a liwir â saffrwm a'i gorchuddio â haen o farsipán i'w bwyta adeg y Grawys a'r Pasg, chwiog, bara peilliaid, bara teisen: *simnel cake or bread.*
14g. *Bren Saes* 64, a chant torth o vara *ssymnel.* **1547** *WS, Simnel* teisen o vara A symnell. **1604–7** *TW* (*Pen* 228), *Simnelen* d.g. *Collyra.* *id. Simnel* d.g. *panis* . . . *Similagineus.*

simo, &c., gw. dim—dim o (hefyd At.).

simonaeth, simonai, gw. simoniaeth, simoni.

simonaidd, simoniaidd, simonïaidd [*simon(i)+-(i)aidd*] *a.* Yn perthyn i simoniaeth, o natur simoniaeth, euog o simoniaeth: *simoniacal.*
1685 *Art* 4, A ddarfu iddo ef gael, neu a ydŷs yn mawr dybied iddo ef ddyfod yw Bersonoliaeth trwy arian, neu ryw ammod *Symonaidd?* **1712** T. Williams: *CDdG* 616–17, gorchymyn . . . i droi ef allan oi le, pwy bynnag a roddo Urddau . . . yn . . . *Simoniaidd* hynny yw er math yn y bŷd ar wobr. **1722** *Llst* 189, *Simoniaidd.* Simoniacal. [**1783**] *W, simoniaidd* d.g. *Simoniacal.* **1795–6** *Trys Gyn* 102, Am arian meddan i mi, / Accw i rantio ceir rhenti. / Rhost a berw a chwrw haidd, / Sy am enw *simonaidd* / Er llawnder a brasder brad, / Y lladron a'i [*sic*] cig lledrad.

simoni, simonai [bnth. S. *simony*] *e?g.* Simoniaeth: *simony.*
16g. (*LlEG*) *Mos* 158, 5a, Yr ymerodyr a Roddai Rentti I. arglwyddiaethau yr neb a vai dda gantto ef ynnerbyn y wyllys [*sic*] y paab yr gobrwy o aur ac o arian Yr hyn a henwai y paab ai gredigion ynn *Symonei.* **1595** M. Kyffin: *DFf* [138], gan eu [*sic*] fod ef yn doedyd may fo oedd piau hyn y gyd, am hynny na ddichyn bod *simmoni* yntho fo, pe rhown ag iddo chwenychy *simmoni* fwya ag alle (*he cannot commit simony, though he would never so fain*). **16–17g.** *CRC* 425, gwych oedd iddo fod yn fvnvster / er na fedre yn iawn i bader / o bydde gan i dad arian / fo a gae rent yn rhyw fann / nid oedd bris ar *simoni* / ymhlith yr vn or rheini. **1606** E. James: *Hom* iii. 296–7, am fod Escob Rufain yn eu perswado hwy mai *symoni* a heresi oedd i'r ymmerodr rhoi braintau eglwysig. *ib.* Escob Rufain . . . fel y galle ef am vn Archescobaeth . . . dderbyn llawer mil o goranau aur . . . yr hyn sydd wir *symoni.* **1630** R. Llwyd: *LlH* 81, cybydd-dod a serch i arian yw gwreiddin pob drygioni . . . gwreiddin celwydd, gwreiddin cyssegr werth [:-*Simoni*]. [**1783**] *W, simoni* d.g. *Simony.*

simoniad [*simon(i)+-iad[3]*] *eg.* ll. *-iaid.* Un sy'n arfer simoniaeth: *simonist.*
1712 T. Williams: *CDdG* 618, ar hwn a gaffo drwy roddi g[wo]br Bresentasion i ryw Living-Eglwys . . . bydd arno ffin o ddeg pynt . . . a bod y *Simoniaid* [*sic*] iw droi allan oi le. *c.* **1730** *Thos. Lloyd D* (LlGC) 207b, *Simoniad.* A simonist.

simoniaeth, simonaeth [bnth. S. C. *simon(i)* (neu'n uniongyrchol o'r H. Ffr.) *+-(i)aeth*] *eb.g.* Y weithred neu'r arfer o brynu a gwerthu breintiau eglwysig, e.e. maddeuebau neu fywoliaethau, cysegrfasnach: *simony.*
c. **1400** *ChO* 20, personyeit a bicarieit yr eglwys, drwy *symoniaeth* ac vsur yn buchedockau yn anheilwng. *c.* **1400** *Ymborth* 4, *Symonyaeth* yw prynu neu werthu peth ysprytawl neu berthynas idaw. *Dchr.* **15g.** *B* vii. 376, am *symoniaeth* a phechodeu ereill. *id.* viii. 135–6, Or gwnaeth *simoniaeth* yn neb ryw vod Sef yw hynny gwerthu neu brynu peth ysprydawl. **1632** *D, Simoniaeth* d.g *Simonia.* **1670** J. Hughes: *AP* 100, Gwneuthur *Simoniaeth,* sef cymmeryd neu roi gwobr neu werth am ryw beth cysegredig. **1710** *LlGG* (*Gos*) 9, I Ochel y ffiaidd bechod o *Simoniaeth,* am fod prynu a gwerthu Gweinidogaeth, Swydd, Derchafiaeth . . . yn felldigedig yngolwg Duw. **1719** *EGBG* 279, Amodau anghyfreithlon, megis *Simoniaeth,* ceisio bywyd eglwysig, neu ddoniau yr yspryd glân, maddeuant pechodau . . . er gwobr a gwerth. **1722** *Llst* 189, *Simoniaeth.* f. Simony. **1797** D. Davies: *SEG* 225, *Simoniaeth,* gwerthu massau, pardynau, ac indulgences. *id.* 227, Pa beth a feddylir wrth *simoniaeth* . . . Prynu a gwerthu swyddau a lleoedd gweinidogion

a phethau ysprydol eraill am arian, gweithredoedd da, neu ffafr . . . Y mae'n cael ei alw yn *simoniaeth* oddi wrth y person drygionus hwnnw, Simon Magus, Act. viii. 18.

Simoniaid [cfdds. o'r S. (*Saint-*) *Simon*(*ians*) + *-iaid*[1]] *e.ll.* Cefnogwyr system sosialaidd Comte de Saint-Simon (1760–1825) a bleidiai hawl y wladwriaeth i reoli eiddo a chynnyrch: *Saint-Simonians.*
1836.

simoniaidd, simonïaidd, gw. simonaidd.

simoniol, simonïol [*simon*(*i*) + -(*i*)*ol*] *a.* Simonaidd: *simoniacal.*
1710 *LlGG* (*Gos*) 9, Yr wyf fi N.N. yn tyngu na wnaethum un Taledigaeth, Cyttundeb nac Addewid *Simoniawl* . . . ynghylch ceisio na chael yr Urddas, Lle, Derchafiaeth, Swydd neu Rent ymma. [**1783**] *W*, *Simonïawl* d.g. *Simoniacal.*

simonyddiaeth [*simon*(*i*) + *-ydd*[3] + *-iaeth*] *e?b.* Simoniaeth: *simony.*
1725 *SR* d.g. *Symony.*

simpansî, gw. tsimpansî.

simpian [?bnth. S. C. *simphan*] *e?g.* ?Cytgord, sain bêr: *harmony, pleasing sound.*
14g. *GDG*[3] 398, Cynt i'n gŵydd y cant yn gerth / Cefnir Dudur ap Cyfnerth / Ym, a'r march gwŷdd, hydd hoywddaint, / Ac i'r organ, *simpian* saint.
Gw. hefyd **symffon.**

simpl, sympl [bnth. S. C. *simple*, neu'n uniongyrchol o'r H. Ffr.] *a.* Syml, diniwed, gwylaidd, dirodres, ansoffistigedig; araf ei feddwl, gwirion; gwael, gwanllyd, eiddil, main, llegach, sigledig, simsan; o safon isel, distadl; cas, maleisus; syml, heb fod yn gymhleth, anghyfansawdd, digymysg, sengl; syml, hawdd: *simple, innocent, unassuming, unsophisticated; simple*(*-minded*), *weak-minded; ill, weakly, delicate, thin, frail, shaky, unsteady; of poor quality, insignificant; mean, spiteful; simple, uncomplicated, uncompounded, single; simple, easy.*
14g. *GDG*[3] 398, Na bai raid, dyngnaid dangnef, / Siampl o'i wawd; gŵr *simpl* yw ef [ymryson â Gruffudd Gryg]. **15g.** *IGE*[2] 225, Difyr fanwallt edafedd, / Dygn sampl wallt, dogn *simpl* ei wedd [Ieuan ap Rhydderch i wallt merch]. **15–16g.** *GIF* 40, yn iach —mae'n *simplach*—sampler holl Gymru, / na chynnal unty, yn iach alanter. **1545** *CM* 1, 139, Drwy ysduddio [*sic*] . . . y llauur yma . . . I gall gwr *sympyll* I ddysg gaffel kydnabyddiaeth a gwybodaeth mawr. **1545** ELIS GRUFFYDD: *Ll* 199, dwr byw *sympil* o win ne gwrw daaf. **1547** *WS*, *Simpyl* Symple. **16g.** (*LlEG*) *Mos* 158, 123b, [g]wr bu/cheddol *sympyl* ehud o synnwyr. **16g.** *B* xviii. 333, kynhelid marchnad y dref garbron lletty yr Amerodyr, yr hwn a oedd dy disas *sympyl* i dderbyn ac j letteu y kyuriw bobyl. **16g.** HUW ARWYSTL: *Gw* 399, sampl wyf ir vn *simpla* i fryd / svgngwch dwfr prvddlwch priddlyd [ateb y benglog]. **1561–2** *Celtica* ii. 102, Y sardones . . . ef a geidw ddyn yn *sympyl* ac yn ddiwair. **1615** R. SMYTH: *GB* 231, dyvv sydd beth *sympel* heb gyfanso[dd]iad na chymysc yntho. **17g.** *IICRC* iii. 238, dowch gidam fi'n inion yn enw mab Duw / i gymryd cynghorion *simpl* a siamplon / ar peth a fae gorau gan wirdduw. **1803** *P*, *Simpyl* . . . Tottering, ready to fall. Ar lafar, '*simpl*' 'simple-headed', *WVBD* 490; '*simpel*' 'gwael, llegach' (sir Drefn.); '*simpil*' 'mean; lean; half-witted', *SC* vi. 130 (sir Benf.); 'Ma golwg *simpil* arno fe', *GTN* 740; 'Ma rai'n myn' yn *shimpil* wth bo' nw'n mynd yn 'en', *id.* 766; hefyd yn yr ystyr 'embarassed; embarassing', 'Man' nw fel tulu yn rai sy'n lico nuthur 'en dro *shimpil* i ddinnon, a nw ethon' a 'ngatal i, fel'na, o flæn pawb!', 'Dyna *shimpil* 'ôn i'n dimlo', *id.* 766–7. Fe'i clywir hefyd ym Morg. yn yr ystyr 'ansylweddol, annigonol', e.e. am ffrog o ddefnydd ysgafn iawn, ac yn yr ymad. 'cachu *shimpil*' 'tro gwael', 'Wel dyna gachu *shimpil* o beth!' Cf. D. J. WILLIAMS: *STC* 33, a Daniel Morgans . . . wedi gwneud hen dro bach digon *shimpil* ag e'r bore hwnnw, drwy beri iddo ddod yno yn lle mynd i Faes yr Haidd.
Amr.: **simbil.** Ar lafar yn yr ystyr 'simsan, gweglyd, egwan', *WVBD* 490, *BILlE* 38, *Cymru* lxii. 175 (gorllewin Meir.).
Gw. hefyd **simpliaid.**

simplaf: simplo [bf. o'r a. *simpl*] *bg.a.* Bychanu, dilorni, diraddio: *to belittle, disparage, degrade.*
1879. Ar lafar, 'Paid ti trio'n *shimplo* i' (Morg.); 'Fesa'r colias yn cæl 'u *shimplo* mwy' (Myn.).

simplaidd [*simpl* + *-aidd*] *a.* Gwylaidd, dirodres: *unassuming.*
16–17g. *GST* i. 687, Oes ais ynof eisiau swynion, / *Simplaidd* waneg, siampl addwynion [i ferch].

simpliaid [*simpl* + *-iaid*[1]] *e.ll.* Llysiau meddyginiaethol, moddion a wneir o un cynhwysyn: *simples* (*in med.*).
1615 R. SMYTH: *GB* 30, gvvyddent rinvvedd a phriodoldeb amryvv lysiau a *simpliaid.*

simplist [bnth. S. *simplist*] *eg.* Un sy'n astudio llysiau meddyginiaethol, yn *ffig.*: *simplist* (*one who studies medicinal plants*), *fig.*
16–17g. E. PRYS: *Gw* 242, Daethost, wrth dy gymdeithion, / Dithau, o rad waith yr Iôn. / *Simplist* wyt, mae can siamplen / Yn dy lyfr hynod o lên [i Siôn Phylip].

simplistaidd [cfdds. o'r S. *simplist*(*ic*) + *-aidd*] *a.* Simplistig: *simplistic.*
20g.

simplistig [cfdds. o'r S. *simplist*(*ic*) + *-ig*[2]] *a.* A nodweddir gan symlrwydd eithafol neu gamarweiniol, gorsyml: *simplistic.*
20g.

simposiwm, gw. **symposiwm.**

simpro, simpran [bnth. S. (*to*) *simper*] *bg.* Cilwenu: *to simper.*
20g.

simptom, gw. **symptom.**

simraf: simro [bnth. S. (*to*) *simmer*] *bg.a.* Mudferwi, lled-ferwi: *to simmer.*
20g. Ar lafar, 'Ma gofyn i chi *simro*'r cawl yn dawal'.

simsan [*simsan* < *simsam* drwy ddadf.; am y ff., cf. *chwit-chwat, lich-lach, wich-wach*] *a.* a hefyd fel *e?g.* Ansad, ansefydlog, sigledig, siglog, gweglyd, honciog, anniogel, bregus, tila, ansylweddol; petrusgar, ansicr, gwamal: *unsteady, unstable, shaky, rickety, tottering, wobbling, staggering, faltering, unsound, fragile, flimsy, unsubstantial; hesitant, uncertain, wavering.*
1604–7 *TW* (*Pen* 228), *sim sam* d.g. *Mobilis.* **1778** J. HUGHES: *BB* 19, Swm *Simsan* ar amcan, / Bwhwman trwstan trist [am Jwdas]. **1787** E. ROBERTS: *PCF* 45, Mor *simsan* dŷn annuwiol, / Ag ydi'r ŵy ar ben y Trosol. **18–19g.** *GABC* 124, Fe gododd cym'dogion a digon o aed, / Wrth weled gwyr egwan mor *simsan* ar draed. *id.* 208, Egwan a *simsan* a sal—yn methu / Ymhwthio drwy'r treial. **1803** *P*, *Simsan* . . . Tottering, ready to fall. Ar lafar, "Sefith y wal byth, mae hi'n rhy *simsan*', *WVBD* 490; '*Simsan*' 'Ansicr ei sail, hawdd ei daflu, bron gwegian', *Cymru* xxxi. [195] (Meir.); 'pont *simsan*', *TGG* (1907–8) 96 (Eifionydd).
Fel *e.* Siglad (yn ôl ac ymlaen), si-so: *a swinging* (*to and fro*), *see-saw.*
Dchr. **17g.** *J* 10, 40b, *Simsam.* Mobilitas. chwarae *Sim-sam.*
Amr.: **simsam, sim-sam. 1604–7** *TW* (*Pen* 228), *sim sam* d.g. *Mobilis. id. Simsam* d.g. *Tremulus.* **17–18g.** *RWM* i. 746, J bont *simsam.* **sinson.** Ar lafar, "Mâ'r lamp na'n edrych yn *sinson* iawn', *Cymru* liv. 84 (dwyrain sir Drefn.).

simsanaf: simsanu [bf. o'r a. *simsan*] *bg.a.* Gwneud neu fynd yn simsan neu'n ansefydlog, siglo, gwegian; petruso, anwadalu, gwamalu: *to make or become unsteady or unstable, swing, sway, totter; hesitate, vacillate, waver.*
1949 T. H. PARRY-WILLIAMS: *UG* 13, 'R wy'n dechrau *simsanu* braidd; ac meddaf i chwi, / Mae rhyw ysictod fel petai'n dod drosof i.

simsanrwydd [*simsan* + *-rwydd*] *eg.* Yr ansawdd neu'r cyflwr o fod yn simsan neu'n sigledig, ansefydlogrwydd, ansadrwydd; petruster, ansicrwydd; *Meddyg.* atacsia: *unsteadiness, shakiness, instability, unsoundness; hesitation, uncertainty; ataxia* (*in med.*).
1928 T. H. PARRY-WILLIAMS: *Y* 44, Y mae deddf drugarog cydbwysedd cyffredinol yn drech na *simsanrwydd* serfyll unigolion.

simsanwr [bôn y f. *simsanaf*: *simsanu* + *-wr*] *eg.* ll. *-wyr.* Petruswr, gwamalwr: *hesitater, waverer.*
20g.

simtom, gw. **symptom.**

simŵm, simŵn [bnth. S. *simoom, simoon*] *eg.* ll. *simwmau.* Gwynt poeth llychlyd sy'n chwythu yn niffeithwch Arabia a gogledd Affrica: *simoom, simoon.*
1851.

simwns, simwnt, gw. **symons, sment.**

simwr [bnth. S. C. *chimour*, ff. ar *chimer*] *eg.b.* ll. (prin) *simyrau.* Mantell, gŵn, neu glogyn (drudfawr), hefyd yn *ffig.*: (*costly*) *mantle, gown, or cloak, also fig.*
14g. *GDG*[3] 220, Rhoes hyr ym yn rhy sarrug, / Rhoes frath llawn yn rhawn yr hug. / Cynhiniawdd, caer gawdd, ci'r gŵr, / Cabl a'm sym, cwbl o'm *simwr* [i dri phorthor Eiddig]. **15g.** *OBWV* 117, Arianwisg o'r ia ennyd, / Arian byw oera'n y byd. / *Simwr* oer, som yw'r aros, / Simant bryn a phant a ffos [i'r eira]. **15g.** *GTP* 94, A dyfod, annod uniawn / I'r tŷ yr oedd, ŵr taer iawn, / A hug arian amdanaw / A chlog lwyd i ochel glaw. / Bwrw'r *simwr* bras ymaith / Er gweled gwyched ei gwaith, / A chael edrych o Elen / Yr hug o liw, rywiog len. **15g.** *DN* 43, Yn Arglwydd kanmlwydd i kân, / Swmrsed, â'r *simwr* sidan [i Harri Tudur]. *id.* 76, *Simwr* teg fis Mai yw'r tay, / O bly adar a bloday [i'r paun]. *Diw.* **15g.** (**15–16g.**) *B* xvii. 82–3, ef a rydd ym *simwr* y cvddo fy llawtwr / am hers am cwddwr wrdd fynet y lancadden / a tyscv hetfan yn y *simwr* llytan [Y Nant i ofyn clog]. **15–16g.** *AAST* (1935) 90, Pwy wyt titheu, hygleu hawnt, / *Simwr* welw, sy mor alawnt [Dafydd Trefor i ofyn alarch]? **15–16g.** *TA* 207, Aur o'r mint a roir am ŵr / Y sy amis i *simwr.* **1547** *WS*, *Simwr* A chymer. **16–17g.** *GST* i. 158, *Simwr* o bwys mawr ei ban, / Sawdiwr mewn gown o sidan [i ofyn milgi]. *id.* 807, Mi a gaf fynd i gardota, / Pe gwnâi'r hollfyd ei waetha', / A chaffael *simwr* glytiog, / A ffon, a chwd dau beniog. *Dchr.* **17g.** *J* 10, 40b, *Simwr.* cloake or mantell. clena. lacerna. Mantelium. Pallium. **1632** *D*, *Simmwr*, Chlamys. **1688** *TJ*, *Simmwr*, math ar ddilledŷn gŵr enwog: a Mantle, such as Knights of the Garter wear. **1722** *Llst* 189, *Simmwr.* m.p. *myrau.* A cloak. **1803** *P.*
Cfn.: *Bot.* **simwr y cor:** *common lady's mantle, Alchemilla vulgaris; ground ivy, Glechoma hederacea.* **1604–7** *TW* (*Pen* 228) d.g. *Alchimilla, pes . . . pes Leonis.* **1632** *D* (*Bot*), *Simmwr y corr*, vid. Mantell Fair. **1688** *TJ* (*Bot*), *Simmwr y corr*, mantell fair: Ground-Ivy, Lion's-claw. **1813** *WB* 234.

sin[1] [bnth. S. C. *sine*, ff. ar *signe*; ansicr yw nifer o'r enghrau. isod] *eg.* ll. *-au.* Arwydd, symbol, arwyddlun; arwydd(fwrdd): *sign, symbol, emblem; sign*(*board*).
15g. *HS* 12, aml yw ossai melysswynn / maint y sydd o win Mawnts ynn / Mal *sin* aml ym win ger mur i seler / mal solas llys Arthur. **15g.** *GLGC* 23, Sain Niclas hael sy'n cael swydd, / *sin* aur y sy'n ei arwydd. *id.* 73, Enw Siôn yw crair neu *sin* Cred, / Mair o awgrym yw Margred. *id.* 195, Saint gynt a wisgynt yn iawn / o'r un *sin* harnais uniawn. *id.* 498, dau *sin* wrth ei dŷ y sydd, / i wan ac i awenydd, / *sin* dynion gweinion o gan, / *sin* i eraill sy'n arian. **15g.** *HCLl* 127, Mi af yn lân o'r afon, / Yn y pwll mae wyneb hon. / Os heddwch sy i'w haeddu, / Ei *sin* fydd y sôn a fu [i Anni Goch]. [**1754**] *Gron* 45, Gyrr *sin* i wann gresynol, / I Dduw a wnair, a ddaw'n ol. **1770** *HGD* 14, Beth oedd y *sin* neu arwydd y tŷ. **18–19g.** *IMCY* 224, Ior haelion o neifion wyd / A *sin* dawn yw Sain Dunwyd. Cf. *Traeth* vi. (1850) 309, gorchymyn i bawb nag ymwnelont âg arferoedd rhodiaid neu grwydriaid, ac . . . na ddygont ac na chanlynont na *sinau* na rhigymau gwaradwyddus.
Gw. hefyd **sein**[1].

sin[2] [gair geir.] *eb.* Teml lle cleddir brenhinoedd, beddrod: *temple in which kings are buried, mausoleum.*
1562 *B* ii. 237, *sin*, teml lle kladdwyd brenhinoedd. *Dchr.* **17g.** *J* 10, 40b, *Sin.* temple where a king is buried. **1632** *D*, *Sin*, Templum vbi reges sepeliuntur, ait [William] Ll[yn]. Sumi videtur à nomine monasterij Sheene juxtà Londinum. **1722** *Llst* 189, *Sin.* f. A temple or chappel where kings are usually buried.

sin[3] [gair geir.; ffrwyth camddehongli enghrau. megis *GLGC* 498 (gw. *sin*[1])] *eg.* Cardod, elusen: *charity, alms.*
1632 *D*, *Sin* . . . Sumitur & pro eleemosynâ, à duabus postrémis syllabis Græcæ vocis. Sin dynion gweinion o gann, Sin i eraill sy 'n arian. L[ewis] G[lyn Cothi]. **1688** *TJ*, *Sin* . . . hefyd luseni . . . also Alms. **1722** *Llst* 189, *Sin.* m. Alms. benevolence. **1803** *P.*

sin[4] [bnth. S. *sine*] *eg.* ll. *-au. Math.* Ffwythiant trigonometrig, sef cymhareb hyd yr

hypotenws i hyd yr ochr gyferbyn ag ongl lem mewn triongl ongl sgwâr: *sine* (*in math.*).
20g.

sin[5] [bnth. S. *scene*] *eb.* Amgylchfyd gweithgaredd arbennig: *scene* (*of specific activity*).
20g. Ar lafar, 'y *sin* roc'.

sina, gw. **tsieni.**

sinach, *eg.* ll. (adran (*a*)) *sinechydd*, (adran (*c*)) *sinachod*, *-iaid.*

(*a*) Rhimyn o dir heb ei aredig (yn enw. fel llinell derfyn), trum, malc; tir diffaith; (geir.) llannerch sych mewn cors: *strip of unploughed land* (*esp. as a boundary*), *balk*; *wasteland*; (*dict.*) *dry patch in bog.*

15g. *AL* ii. 268, tervyn dwy erw dwy gwys a hwnw aelwyr *synach.* **16g.** *LlS* 20, Addasaf bân iddo [llysiau'r hidl] dyfy ydyw mewn caeæ mewn lle anarloes ac weithie y' meysydd yd *sinnechydd* a chonglæ yr gerddi. **1604–7** *TW* (*Pen* 228) d.g. *Sinus. Dchr.* **17g.** *J* 10, 40b, *Sinnach.* Llannerch sych mewn cors. Sinus. Ar lafar, 'a corner of a field where rubbish is thrown', 'any part of a field which, owing to stone, etc., cannot be cultivated', *WVBD* 518. Cf. I. WILLIAMS: *ELl* 59, Rhwng yr erwau yr oedd *sinach*, dwy droedfedd o led. Yno tyfai drain a mieri; *sinach* o le yw tir o'r fath byth.

(*b*) Person bychan: *small person.*

c. **1400** *J* 1, 1071, Kymmwythach corrach a *sinnach.* **1632–44** *Brog* 11, 53, Cymmwythach (aliàs Cymmŵedd) Corrach a *Simach* [*sic*]. Ioci (iocatio) Corrachi & Simachi. duorum sc. nanorum & pusillorum. Lat. Surdaster cum surdastro litigat.

(*c*) Person diffaith, annymunol, neu ddrwg ei hwyl, person cas neu anghynnes, sbrych, llechgi; cybydd: *worthless, unpleasant, or ill-humoured person, nasty person, creep, sneak*; *skinflint.*

Ar lafar, 'hen *shinach* o ddyn anghynnes', *AAST* (1984) 109 (Môn); 'Hen *shinach* ydi o, 'roith o mo'r baw i'r ci', *WVBD* 518; 'Paid â trystio'r rheina —hen *sinachod* slei ydyn' nhw' (Arfon). Cf. J. JONES: *Gwerin-eiriau* 177, *sinach* . . . [d]yn crintachlyd a grwgnachlyd na bydd yn hoffus yn mysg ei gymmydogion . . . 'Yr hen *sinach* brwnt' . . . 'Yr hen *sinach* cas'.

sinachaf: sinachad, sinacha(n), &c. [bf. o'r e. *sinach*] *bg.a.* Cam-drin, hymbygio, anhrefnu, torri'n ddarnau, torri'n lletchwith, difetha: *to handle roughly, maul, disarrange, cut in pieces, cut clumsily, spoil.*

1913. Ar lafar yn Arfon yn y ff. *shinacha*, ac yng ngodre Cered. a sir Gaerf. yn y ff. *shinachad*; hefyd yng ngogledd Cered. yn y ff. *snachu*, ac yng nghanolbarth Cered. yn y ff. *sanachu*, *B* xiv. 281. Clywir *shinachu* yn yr ystyr 'To attempt to graze, or to chew grass feebly, to nibble', *GDD* 285. Cf. *CYIl* 119, *shinachad*, handle roughly: Rodd e wedi cael ei *shinachad* yn ambeudus.

Gw. hefyd **snachaf**[2]: **snachu.**

Sinaeg, Sinäeg, gw. **Tsieineeg.**

sinaesthesia, sinaf: sino, sinagwg, gw. **synesthesia, seiniaf: seinio, synagog.**

sinam [?bnth. dysg. Llad. C. *cinamum*] *e?g.* Sinamwn, hefyd yn *ffig.*: *cinnamon, also fig.*

1346 *LlA* 97, ef agyuodei ohonaỽ ober arogleu ybaỽp yny gylch ygymeint ac nat oed neb ryỽ arogleu na rosys na lilys . . . na *sinam* nac assia na neb ryỽ ireit gỽerthuaỽr ae keffylypei. *Dchr.* **15g.** *GM* 34, Megys sauwrussyon ireideu *sinam* a bam (*cynnamomum et balsamum aromaticans*) y rodeis i arogleu, a megys myrr etholedic y rodeis hygarber sauwr. **15g.** *HS* 24, sawr a roes ar yr Iesu / sawr *sinam* neu falsam fu. **15g.** *DE* 50, serchog fvr ddvwies iessin / *sinam* oedd kvssan oi min. *c.* **1730** *Thos. Lloyd D* (LlGC) 211a, *Sinam.* Cinamon.

sinamon, sinamwn [bnth. S. *cinnamon*] *eg.* Coeden Asiaidd, *Cinnamomum zeylanicum*, ac iddi risgl persawrus, sbeis a geir o'r rhisgl hwn, canel, hefyd yn *ffig.*; lliw melynfrown: *cinnamon, also fig.*; *cinnamon colour.*

15g. *GGl*[2] 226, Sinsir a welir ar fwyd / A graens da rhag yr annwyd. / *Sinamwn*, clows a chwmin, / Siwgr, mas, i wresogi'r min. **15g.** *DE* 46–7, Gwin a gaf genn i gwefvs / nid gwaeth no llaeth gwyn a llvs / *Sinamwn* rhoes honn i mi / sinsir oedd sens or eiddi [i'r cusan]. **15–16g.** *TA* 232, Mae ar ginio mawr Gwynedd / Enw ysbîs Ynys y Bedd; / *Sinamwn*, saffrwn, a sens, / Sew ceirw, a raesins, cwrens. **1567** *TN* 393b, Marsiandiaeth o aur ac arian . . . o *sinamon* [:– canel], ac erogley, ac ireyd, a' ffrankynsens. *Diw.* **16g.** *WLB* 45, Rhag pysychu sychoer . . . Kymer jd. o gingir, jd. o nuttmwg, jd. o *sinamwn* ai gwneuthur oll yn bowdr. **1588** *Ecs* xxx. 23, Cymmer it ddewis lyssiau, o'r Myrr pur pwys pum cant sicl a hanner hynny o'r *Cinamon* pur. **1588** *Ecclus* xxiv. 16, Fel *Cinamwn*, ac fel swpp o bêr-aroglau, ac megis myr dewisol y rhoddais fy mher arogl. **1661** E. LEWIS: *Drex* 211, Yr oedd y ddaiar yn dwyn o honi ei hun *Sinamwn* aroglber a saffrwm. **1722** *Llst* 189, *Synamon.* m. Cinamon. *c.* **1730** *Taith C* 170, Saphrwm, a Chalamus, *Sinamon*, a phob Coedydd. *c.* **1762–79** W. WILLIAMS: *P* 126, Diamonds a meini gwerthfawr eraill o Golconda, *Sinamon* o Cheylon. **1772** *W* d.g. *Cinnamon.* Ar lafar, 'Ma 'na flas *sinamon* ar y gacan 'ma'.

Amr.: **sinamwm** [bnth. S. C. *cinamom*]. **15g.** *GLGC* 203, *sinamwm*, almwns, cwmin, / balsamŵm yw blas 'y min. **sinamwnd, sinamwnt, sinamond** [bnth. S. Diw. Cyn. *cinnamond*, amr. ar *cinnamon*]. **16–17g.** *GST* i. 677, Cofus bwnc, cefais o'i bodd, / Clywais *sinamwnd*, clais unmodd [i'r cusan]. **1727** L. MORRIS: *LW* 88, Finegar mâs a *sinamwnt. c.* **1740** *LlM* 6, un Wns o *Sinamond.* **sinimwn, sinimwnt** [bnth. S. Diw. Cyn. *synemont*, amr. ar *cinnamon*] *c.* **1730** *Thos. Lloyd D* (LlGC) 208b, *Sinimwn.* P. 39. Cinnamon. *id.* 211a, *Sinimwnt.* Cinnamon.

sinbridd, gw. **eisinbridd.**

sinc[1] [bnth. S. *zinc*] *eg.* (bach. b. *-en*). *Cem.* Elfen fetelaidd galed laswen (symbol Zn; rhif atomig 30) a ddefnyddir i galfaneiddio haearn a dur ac i wneud aloiau; haearn galfanedig: *zinc*; *galvanized iron.*

1805. Ar lafar, 'to *sinc*' 'galvanized iron roofing', *WVBD* 491; hefyd yn y ff. *sincen* yn yr ystyr 'galvanized iron', *B* iv. 302, ac yn yr ystyr 'padell sinc fawr', *id.* xiv. 281 (canolbarth Cered.). Cf. T. H. PARRY-WILLIAMS: *Y* 30, Clwstwr o gytiau pren a tho *sinc* arnynt.

sinc[2] [bnth. S. *sink*] *eb.g.* ll. *-iau*, *-s.*

(*a*) Basn sefydlog ar gyfer golchi neu ymolchi, yn enw. un ac iddo gyflenwad dŵr a phibell i'r dŵr wast lifo allan, twb golchi: *sink, washbasin, washtub.*

1783 H. JONES: *PN* 36, Mi fyddwn yn edrych yn llawer mwy pingc, / Pe cawn i ryw *singc* i ymsiongci. Ar lafar, 'llond y *sinc* o lestri budur'. Cf. TALHAIARN: *Gw* iii. 219, '. . . i'r pant y rhed y dwr,' chwedl y *sinc* wrth y twb golchion.

(*b*) Pwll neu bydew at dderbyn dŵr wast, carthffosion, &c., carthbwll, cwter, hefyd yn *ffig.*: *sink* (*for waste water, sewage, &c.*), *cesspool, gutter, also fig.*

1615 R. SMYTH: *GB* 8, yr oes sydd heddivv, hon y sydd gvvedi i llugru ai halogi a phob rhyvv anvviredd, gvvydiau a phiaithdra [*sic*], megis y gellir yn dda i galvv yn *sinc* i'r hon y darfu i'r holl fudreddi ag amhyredd yr oes[o]edd eraill a aethont o 'r blaen, ddiferu. *id.* 187–8, gan vveled fod yr oes yma yn yr hon yr ydym yn byvv y dydd heddivv, gvvedi ymsuddo mevvn pob gvvyd, anvviredd, a drvvgioni, megis mevvn *sinc* o'r holl ddrvvgioni'r amser aeth heibio. *id.* 211, henaint yvv megis *sinc* i'r hvvn y mae'r holl frvvnti ag amuredd yn holl oe[d]ranau gvvedi i gasclu ynghyd. **1800** *TY* 319, Hwn yw pechod pechodau, / Cyngrôd gwŷn, cyw anghred gau, / Sy'n cau dyn yn *singc* y dom, / Lle arswydus, llawr Sodom. Ar lafar, '*sinc*' 'gwter i ddraenio tir, rhych', 'torri *sincia* i sychu tir', *B* iii. 207 (Penllyn); '*sinc*' 'gwter i dddraenio dŵr yr heol', *GTN* 740.

(*c*) Siafft mewn chwarel, yn enw. un a wneir i gyrraedd lefel newydd: *shaft in a quarry, esp. one made to reach a new level.*

1889. Ar lafar yn ardaloedd chwareli'r Gogledd, *WVBD* 490, *B* xx. 378.

sinc[3] [bnth. S. *chink* 'sound'] *e?g.* yn aml mewn ymad. megis (*na*) *sinc na sôn.* Tinc, sŵn tincial, smic; sôn: *chink, ringing sound, peep*; *mention.*

18–19g. *Llr* C 8, 224, *Sinc* na sain . . . East Glam & G. Llwg ye same as siw na miw . . . in N. Wales ni chlywais i na son na *sinc* amdano. I heard not a word of him. Ar lafar, 'Ma 'na ryw *sinc* bod 'na ryw wendid yno fo', ''Chlywodd neb *sinc* na sŵn am dano fo', *WVBD* 490; ''Chlywes i'm *sinc* na sôn amdeni' (godre Cered.). Cf. D. OWEN: *GT* 15, yn gymaint ag mai ef oedd yr olaf o'r epil, ac nad oedd *sinc* na sôn ei fod yn meddwl cymeryd gwraig; *id.* 248, mi redodd y wlad gan adael ei wraig a'i blentyn, a chlywodd neb na *sinc* na sôn am dano byth; *Hen B* 165, Pan fo cerlyn gwydyn godau / Ymron sengi teyrnas angau, / Gwell na phregeth na chyffuriau, / *Sinc* ei arian a'i sionca orau.

sinc[4] [bnth. S. *cinque*] *e?g.* Y rhif pump ar ddis: *cinque, the five on dice.*

15g. *GDLl* 61, Os difiau y gorau a gawn, / Ac ynnill y gwŷr gwyniawn, / Bwrw Sais er delw Eisac, / Bwrient hwy *sinc* barti Siac. / Bwried Nordd, bryd anurddas, / Brad swrn bwrw dewis as. **15g.** *GLGC* 65, Traicatur drwy y curas, / trwy bob gwregis mae sis as. / Dêl *sinc* o odlau Siancyn / a'r bais dur i'r Based wyn. *id.* 236, Bwrw *sinc* a wna bar Siancyn, / a bwrw Sais a brysio i hyn; / gware tawlbwrdd ag eraill, / gware a lladd gwŷr y llaill.

Gw. hefyd **seis**[2]**—seis sinc.**

sincaf: sinco, sincen, gw. **sinciaf**[1]: **sincio, sinc**[1].

sinciaf[1], **sincaf: sinc(i)o** [bnth. S. (*to*) *sink*] *bg.a.*

(*a*) Suddo, soddi, (peri) mynd i lawr; cloddio (pwll, siafft, &c.); taro (pêl) i boced (mewn gêm o snwcer, &c.): *to sink,* (*cause to*) *go down*; *sink* (*pit, shaft, &c.*); *pot* (*ball*) (*in snooker, &c.*):

1545 ELIS GRUFFYDD: *Ll* 1, j wneuthur yr ysbryd bywiol ynn vwy j vywiogrwydd j *sinckio* ac j vynned ynn gyntt o vewn kyrf. **16g.** (*LlEG*) *Mos* 158, 592b, *sinckiassantt* ymrauaelion bylle ar waith pylle glo yw godi Ef [marl gwyn] or dd/aiar. **1547** *WS*, *Sinkio* Synke. **1551** W. SALESBURY: *KLl* lvb, Ac wy a ddaythant ac a lanwasant y ddwy long / hyd ynny oeddynt yn boddy [:– *sinkio*]. **16–17g.** *HG* 31, kyviawnder oedd i sodma / a gomorra *sinko.* • *c.* **1600** *March C* 30, mi a welwn arlwyddes yn disgyn o'r nef i waered, ac yn dodi ei hunan gair fy mron ar lan y gors, lle yr oeddwn wedi *sinco* yn ffest. *c.* **1700** E. LHUYD: *Par* i. 106, Pwll y kae dditan a *sinkiodd* o vewn y 40 mlynedd ymma a dwfn iawn oedd o. **1756** *W Ballads* 159, d.d., am afon *asingciodd* y ngymry [*sic*] yn Sir Fynwy. **1759** *BC* 64, Ac yno bu'r Cyffrô, y mawr drwst ar mwrdrio, / Rhai'n *Sincio*, rhai yn nofio, mae cofio am y Cûr. **1795** J. THOMAS: *AIC* 278–9, Daeargryn distaw . . . hwy a yrrant o'u blaenau ryw Swn mawr, [*sic*] o'r Ddaear yn agos i'r wyneb, gan hynny geill yr wyneb a'r trigolion *Singcio* mewn munud ryw ddyfnder anwybodol. Ar lafar, 'Os bydd gin' ti arian, paid â *sincio* nw 'n dy bocad', *WVBD* 491; '*Shinco* winsh' 'Sinking a well', *GDD* 285; '*Shinco* pwll', *B* viii. 222 (Morg.); 'Fe *shincws* ar 'i benlina yn y shiglan', *GTN* 766. Clywir *sincio* hefyd yn yr ystyr 'torri sincia i sychu tir', *B* iii. 207 (Penllyn).

(*b*) (enghrau. *ffig.* ac mewn cyd-destun *ffig.*: *fig. exx. and exx. in a fig. context*).

14g. *GSCyf* 29, Santes ym mhryd hyfryd haf, / Sioncwych â'i gair, ni *sinciaf* (Sypyn Cyfeiliog). **1610** (*c.* **1730**) *CRC* 81, Tonn o anobaith a aeth droso' / Nid oes imi fôdd ond *sincio* / Am hôll Gablau aeth yn ofer / 'R' [*sic*] ŵy dan ormod llŵyth o brudd der. *Dchr.* **17g.** *T Ch* 134, O towarchen! O brudd-der wedi *sinkio* mewn gofalon! / O annheilwng Kressyd mewn llawer o foddion! **1636** *Pen* 321, 123a, fel y *sinkio* r gair ynddo a gwreiddio n I feddwl. **1672** R. PRICHARD: *Gw* 70, Pan gwelodd Duw cyfion y poene mor greulon, / A ninne mor weinion yn *singco* [:– Soddi], / Rhows inni gyfryngwr, wrth weled ein cyflwr, / Christ Jesu 'n Jachawdwr i'n swccro. *id.* 337, Lleisa 'r storom sy'n fy mlino, / Moes dy Law, a nad fi *singco* [:– Boddi]. *c.* **1700** D. MAURICE: *CGG* [v], y mae mynych ddarllen yr ûn gwirionedd . . . yn *singcio* yn ddyfnach ir galon. **1742** *ML* i. 71, Daccw Lywelyn wedi eich gwneuthur chwi am finneu yn fwynwyr, heb na chenad na chyfarch, ymhle y ceir cydeidiau o arian yw *sinkio* yn y ddaear? Ar lafar, 'Nath o *sincio*'i beint a diflannu'; '*Sincio*' 'gwaelu', 'Ma o'n *sincio*'n arw yn i raen', *Cymru* liv. 84 (dwyrain sir Drefn.); 'Ma'r defed 'na wedi *sinco* tipyn' (Brych.); hefyd yn yr ystyr 'cael gwybodaeth gan', 'Ffeiles i'n deg *sinco* fe' (godre Cered.). Cf. D. OWEN: *D* 154, Jeremiah yn dal yn ddi-ildio yn ei benderfyniad i beidio myned i'r gwaith glo, ni farnodd ei dad yn briodol wneyd prawf arall i ddwyn ei fab i fyny yn grefftwr; a gadawodd iddo gymeryd ei ffordd o '*sincio*'i siawns', fel y dywedai.

(*c*) Rhegi, melltithio: *to swear, curse.*

1777 E. ROBERTS: *DG* 49, y mhron llâdd y wraig [y]n Damio ac yn *sincio.* Ar lafar, 'rhegi a *sincio*', 'damio a *sincio*', *WVBD* 491.

sinciaf[2]: **sincio, sincian** [bnth. S. (*to*) *chink*] *bg.a.* Tincial, tincian: *to chink, jingle.*

c. **1640** *DCR* 257, Ond ryfedd iw i farnwr na wrendv ar bob kam / pan glowo yr gwan yn gwiddi a mynv gwvbod pam / ond bod twrw ryw beth yn *sinkian* yn i glvst / pan ddelir at y matter ni chlowir blas ar dvst. **17g.** *SChC* 722, A wnewch am arian dan ei dannau / Hardd grwth newydd i'r diddanydd wrda'i ddwndo? / Un gwir a sai'n ei le heb *sincio*, / Llai na'i lawnwerth dirym, dinerth dyrru amdano [Huw Morus i ofyn crwth]. *c.* **1730** *Thos. Lloyd D* (LlGC) 208b, *Sincian.* To jingle. Chink. BP. 27. **1769** E. ROBERTS: *GN* 44, Mi gl[y]wn yno redeg a *Singcien* [*sic*] Goriade. Ar

lafar, 'sincian yr un peth', 'to nag, to keep on grumbling about the same thing', *WVBD* 491.

sincin, gw. siencyn.

sinclyd [*sinc*² + -*lyd*] *a.* Corslyd: *marshy, boggy.*
Ar lafar, *WVBD* 491.

sinclys, singlys [bnth. S. *jingles*] *e.ll.* Tinciau, tinciadau, pethau sy'n tincial, clychau; (?geir.) darnau bach tenau o ddefnydd gloyw at addurno gwisgoedd, &c.: *jingles, things that jingle, bells*; (?dict.) *spangles.*
15g. *HS* 26, iawn y rhoddes nai Rhydderch / *singlys* aur draws angel serch [i ddiolch am hugan]. 1547 *WS*, Sinklys A syncke [sic]. 1588 *Sech* xiv. 20, Y dydd hwnnw y bydd yn scrifennedic ar *sinclys* ffrwyn a march Sancteiddrwydd I'r Arglwydd. 1604-7 *TW* (*Pen* 228), Sinclis arian d.g. *Bulla.* id. Tlysæ Teganæ, lletenæ, ne'r vath Singlis d.g. *Bullatus.* id. petheû ouer dielw a rodhyt y Blantos; megys Clochæ, Sinclys d.g. *Crepundia.* Dchr. 17g. *J* 10, 40b, Sinclys ...Spanggelles. 17g. *LlGC* 13215, 351, Sinclys Bractea.
Gw. hefyd **jingls.**

sincograffeg [cfdds. o'r S. *zincograph(y)* + -*eg*¹] *eb.* Proses lithograffig sy'n defnyddio platiau sinc: *zincography.*
20g.

sincwr [bôn y f. *sinciaf*¹, sincaf: sinc(i)o + -*wr*] *eg.* ll. *sincwyr, sincw(y)rs.* Un sy'n cloddio mewn pwll glo, &c.: *sinker (in coal mine, &c.).*
1936. Ar lafar yn ardaloedd glofaol y De, 'ma'r *shincwrs* wedi taro glo', *B* viii. 222; "Ôn i'n arfadd mynd â diod fain i' wyrthu i'r *shincwrs* odd yn shinco pwll Nanciarw', *GTN* 766; hefyd yn ardaloedd mwyngloddio gogledd Cered.

sincyn, sindal, gw. siencyn, syndal.

sindar, sinder, gw. sindrys.

sindicaliaeth, sindir, gw. syndicaliaeth, sindrys.

sindon [bnth. S. *sindon*] *eg.* Lliain main, darn o'r cyfryw (yn enw. wrth gyfeirio at amdo Iesu): *sindon, (piece of) fine linen (esp. with ref. to the shroud of Jesus).*
16g. *TRP* 198, Dyro i lawr y korff tyner / j amdoi varglwydd am ner / ssyndonn dros i weliav / gwai vinav Rac mawr brydd-der. 1567 *TN* 78b, e roddes y corph i Ioseph, yr hwn a brynawdd liain [:- si[n]don] ... ac ei amwiscawdd yn y lliain. 1670 J. HUGHES: *AP* 400, o gariad ac o anrhydedd hwy a'i plygasant ef yn y *Sindon* sef yr amwisg, ac a'i gosodasant ef yn y Bedd. 1672 R. PRICHARD: *Gw* 461, Mynnais *Sindon* [:- Lliain main], Lawnd, a Chambrig, / Yn fy ngrhysse [sic] awr ac orig. id. 567, Gwŷl y wisc o *Syndon* purwyn, / Y rwas Christ am dan dy blentyn. c. 1730 Thos. Lloyd D (*LlGC*) 207b, Sindon . . . Fine linnen. 1776 DEWI NANTBRÂN: *AN* 395, wedi cymmeryd y corph, Ioseph a'i plygodd ef, mewn *Sindon* glân.

sindr, sindrins, sindris(yn), sindro, gw. sindrys.

sindrom, gw. syndrom.

sindrys, sindri(n)s, sindyrs, sind(e)r, &c. [bnth. S. *cinder(s)*] *e.ll.* (un. g. *sindri(n)syn*). Darnau o sylwedd rhannol losgedig (e.e. glo) sy'n dal i losgi heb gynhyrchu fflamau, cols, marwor; mwnws, sorod: *cinders; dross, slag.*
1547 *WS*, Sinder Cynders. 1567 *LlGG* (*Sall*) 71a, Peraist ymaith oll andwolion [sic] y ddaiar val ampuredd [:- sindr] metel. c. 1588 *B* ii. 237, sindir, baw gefail. 1604-7 *TW* (*Pen* 228), Sindr d.g. *Ruta.* Dchr. 17g. *J* 10, 40b, Sindr . . . Galli cacatura. c. 1730 Thos. Lloyd D (*LlGC*) 207b, Sinder . . . Cinders . . . Sindir. 'shindris', *SC* vi. 129 (sir Benf.); 'y dip shindrys' 'the burnt out cinder tip', *GTN* 767; hefyd yn y ff. shindrins-(yn), *LlGC* 1173, 53 (Morg.). Cf. *Gardd Aberdar* 60, [c]lamp mawr o golsyn neu *sindrisyn.*
Amr.: sindro [cf. sindro²]. ?15-16g. *GGrG* 57, Lleipr *sindro* grothgro greithgrecs, / Lle hagrsud gan gocsud gecs. 1604-7 *TW* (*Pen* 228) d.g. *Gallus* ... *Galli cacatura, Retrimentum, Scoria.* Dchr. 17g. *J* 10, 40b, Sindro. × Baw gevail. **sindw** [ff. eir. yn wr.]. c. 1588 *B* ii. 237. 1707 *AB* 202b, Sindw, Forge cinders [S.]. 1803 *P.* singris. Ar lafar yn ne-ddwyrain Morg. **sinidr** (eg.). 1632 *D.* 1722 *Llst* 189, Sinidr . . . m. The scurf of iron when put in the fire, cinders. 1772 *W* d.g. *Dross.* 1803 *P* d.g. *Sinidry.* **sinidro²** [cf. sindro].

1632 *D,* Sinidr, & *Sinidro* . . . Baw gefail. [1761] *GGJ* 8, rhydd oddi wrth *Sinidro.* 1772 *W* d.g. *Dross.*

Sinead, Sineaidd, sined, Sineeg, gw. Tseinead, Tseineaidd, seined, Tseineeg.

sinema [bnth. S. *cinema*] *eb.* ll. *sinemâu, sinemas.* Theatr ffilmiau, pictiwrs, y gelfyddyd neu'r busnes o wneud ffilmiau, ffilmiau fel cyfangorff: *(the) cinema.*
1917.
Amr.: cinema [?bnth. S. *kinema*, ond dichon mai dyl. org. S. a welir yma]. 1924.

sinematig [cfdds. o'r S. *cinemat(ic)* + -*ig*²] *a.* Yn perthyn i'r sinema, nodweddiadol o'r sinema: *cinematic.*
20g.

sinematograff [bnth. S. *cinematograph*] *eg.* ll. -*au.* Offer dangos ffilmiau: *cinematograph.*
20g.

sinffan [bnth. S. C. *synphan,* ff. ar *simphan*] *e?g.* Offeryn cerdd, yn enw. un â thannau: *symphan (musical instrument, esp. one with strings).*
15g. *GLGC* 311, pibydd ac organ, *sinffan* i Siôn.
Gw. hefyd **symffon.**

singer, singir, gw. sinsir.

singl¹·², gw. sengl, jingls (hefyd At.).

singlan [bnth. S. *(to) jingle*] *bg.* Tincial: *to jingle.*
1845 *HVN* 341, Fe fydd y labrer bach cyn hir, / . . . / A'r aur yn *singlan* yn ei god.
Gw. hefyd **jinglaf: jinglan.**

singlas, singlasen, singlau, singleis, gw. singlis.

singlêrs [bnth. S. *jinglers*] *e.ll.* Gleiniau, &c., sy'n tincial: *jingling beads, &c.*
Ar lafar, 'Mae'n *shinglêrs* i gyd o'i phen i'w thrâd', *GDD* 284.

singlet [bnth. S. *singlet*] *eb.* Fest, crys isaf: *vest.*
Ar lafar mewn rhai mannau, *LGW* 301.

singlis, singlas, singleis [bnth. S. *shingles*] *e.ll.* (un. b. *singlasen*). Teils pren: *shingles (wooden tiles).*
1794 *W,* tô main . . . vulgó tô *singlis* d.g. *Tile or tiling.* 18-19g. *Llr C* 8, 232, Singlas, singleis, singlasen, Glam slates.
Amr.: singlau. 1852.

singlyn [?*singl*¹ + -*yn*¹] *eg.* Brithyll y môr sy'n pwyso llai na dau bwys: *sewin weighing less than two pounds.*
Ar lafar ymhlith pysgotwyr afon Tywi, *B* vi. 313.

singlys, singrig, singris, singrug, gw. sinclys, eisingrug, sindrys, eisingrug.

sini¹, **jini,** &c. [yr e. prs. *Jini,* &c. fel e.c.] *eb.* Merch wamal; dyn merchetaidd: *frivolous woman; effeminate man.*
1672 R. PRICHARD: *Gw* 186, Fe geidw ei afel ar bôb Sini [:- Ar bôb fenyw [sic] ofer]. Ar lafar, 'En shini o ddyn yw a' (Morg.).
Cfn.: sini (sinw, jini) flewog: *hairy caterpillar, woolly-bear.* 1722 *Llst* 189, Shinw flewog. An oubat, caterpillar. id. Sini flewog d.g. *Oubat.* A caterpillar, oubat. 1778 *W,* Sini flewog d.g. *Oubat.* Ar lafar, 'Ma shini flewog fawr ar y gabitsian' (dwyrain Morg.); *Jini-flewog* 'A large, hairy caterpillar', *GDD* 177.
Gw. hefyd **Siani.**

sini² [?bnth. S. *ginny* 'affected by gin'] *a.* Lled feddw: *tipsy.*
Ar lafar ym Môn.

siniaf: sinio, gw. seiniaf: seinio.

sinic, sinig [bnth. a chfdds. o'r S. *cyn(ic)* (+ -*ig*²)] *eg.* ll. -*iaid, -s,* a hefyd fel *a.* Un sy'n amau didwylledd a rhinwedd, beiwr gwawdlyd; sinigaidd; Athr. un sy'n arddel daliadau ysgol athronyddol a sefydlwyd gan Antisthenes ac a nodweddir gan ddirmyg at esmwythdra a phleser, yn perthyn i'r ysgol athronyddol hon: *cynic(al); Cynic (n. and adj.).*
1633 *Addysg i Farw* 149, y phylosophyddion *cinic*

[:- ciaidd]. 1722 E. LLOYD: *MC* [vi], ni bydd debygol i gael ond croesaw oer yn y byd. Gan Gritick, a *Synick.* Cf. T. H. PARRY-WILLIAMS: *OPG* 23, 'Y mae eisiau gwylio pob dyn y mae Duw wedi ei farcio', meddai mewn *sinig* craff unwaith; D. J. WILLIAMS: *ChHO* 220, Nid oes arwr gan y *sinic* ond ei hunan bach.

sinicaidd, sinigaidd [*sinic, sinig* + -*aidd*] *a.* Tueddol i amau didwylledd a rhinwedd, tueddol i feio'n wawdlyd, nodweddiadol o sinic, o natur siniciaeth; yn dangos dirmyg tuag at safonau moesol arferol: *cynical.*
20g.

sinical [bnth. S. *cynical*] *a.* Sinicaidd: *cynical.*
1931.

siniciaeth, sinig(i)aeth [*sinic, sinig* + -*(i)aeth*] *eb.g.* Natur neu agwedd sinicaidd: *cynicism.*
20g.

sinicrwydd, sinigrwydd [*sinic, sinig* + -*rwydd*] *eg.* Siniciaeth: *cynicism.*
20g.

sinidr, gw. sindrys.

sinidraf, sinidriaf: sinidro¹, **sinidrio** [bf. o'r e. *sinidr*] *bg.* Mynd yn sindrys; (geir.) ffurfio mwnws (am fetel tawdd): *to be reduced to cinders;* (dict.) *form dross (of molten metal).*
[1761] *GGJ* 58, dod yr Ivory mewn calch byw a thowallt yn gyntaf Danelliad o Vinegar ac yna o Ddwr fel na bo'r gwres ddim yn ormod i wneud iddo *Sinidrio* neu fynd yn frau. 1803 *P,* Sinidraw ... To form dross.

sinidro², **sinig, sinigaeth, sinigaidd, sinigiaeth,** gw. sindrys, sinic, siniciaeth, sinicaidd, siniciaeth.

sinigl, sinigrwydd, gw. senigl¹, sinicrwydd.

sinimwn, sinimwnt, gw. sinamon.

sinistr [bnth. S. *sinister*] *a.* Yn awgrymu drygioni, yn edrych yn faleisus neu'n ddrygionus, drwg, drwgargoelus: *sinister.*
1926. Cf. D. J. WILLIAMS: *ChHO* 15-16, [y] gŵr â'r enw *sinistr* hwnnw, Lleidr Melyn Pwllcynbyd.

sinjaf: sinjo [bnth. S. *(to) singe*] *bg.a.* Deifio, rhuddo: *to singe.*
Ar lafar yn y Gogledd-ddwyrain, *LGW* [168]-9. Fe'i clywir hefyd yn Llŷn a gorllewin Meir. yn yr ystyr 'bod yn fileinig, dial', *Cymru* lxii. 175.

sinobl, sinopl, sinobr, sinopr [bnth. S. C. *sinoble, sinople, sinopre,* neu'n uniongyrchol o'r H. Ffr.] *eg.b.* a hefyd fel *a.*
(a) (Lliw) coch, gloywgoch; ocr coch, carreg goch, plwm coch; hefyd yn ffig.: *red (colour), vermilion; red ochre, cinnabar, red lead; also fig.*
14g. *GIG* 86, Gwodrudd cerdd, gwaed y ddraig goch / Yw'r *sinobr* ysy ynoch [i Syr Rosier Mortimer]. c. 1400 *R* 1376. 7-8, eil elphin gwaeб lliб *sinobyl.* c. 1400 *Études* viii. 370, Or byd cul y dyn a'e welet yn gwanhau, a bot gwythi agoret llawn neu yn goch-yon, a'r trwngk yn un lliw a *sinobyl* (MH 108, sinobyl), o'r sanguis y mae y defnydd. Dchr. 15g. *GSCyf* [109], Ba ddiawl anneddfawl a wnaeth / I gleiriach, bwbach i bobl, / Gusanu gwefus *sinobl* [Llywelyn ab y Moel i'r farf]? 15g. *IGE*² 336, Braidd y lleferynt heb rus / Er morc am gysgu'r Marcus, / (Seithradd draul sathr-odd y drin) / Mewn sinobl mewn ewin. 15g. *GDID* 37, Y tarw cul o'r tir y'i cad / A wisg erlont ysgarlad; / ...A'i flew yn glyd, fal yn glog / *Sinobl* ar fy mswynog. 16g. *LlCy* viii. 208, Angharad, crair lleuad Cred, / Wallt *sinobl,* Mallt a Sioned (Wiliam Cynwal). Dchr. 17g. *J* 10, 40b, Sinopl . . . sinopper. 1632 *D,* Sinobl, Minium. id. d.g. *Cicerculum, Cinnabaris, Synopis.* id. Lliwio â *Sinopr* d.g. *Minio.* id. *Sinobl* mawr i'r farf? 1688 *TJ,* Sinobl, plwm Côch, mwŷn Côch: Red-lead, or Vermilion. 1722 *Llst* 189, Sinobl, Sinopr. m. Red-lead, verm[i]lion, reddling. 1772 *W,* Sinobl d.g. *Cinnabar.* 1785 E. BARNES: *MH* 3, [p]obl . . . wedi harddu eu tai eu hunain a Chedrwydd, a'u lliwio â *Sinopr.*
(b) (enghrau. mewn cyd-destun her.: *exx. in a her. context*).
14g. *GIG* 85-6, Pedwarlliw? Pedair iarlleth / Sy dau. Pwy piau pob peth? / Asur sydd yn dy aesawr, / Iarll Mars, gyda'r eurlliw mawr; / *Sinobr* ac arian glân gloyw / Im yw'r ysgwyd amrosgoyw. ?14g. *DWH* 75, A rhosyn gwyn, enwog ŵr, / Ar *sinobl* y rhoes henwr.

c. **1400** (*SG*) *HMSS* i. 219, kanys taryan o *sinopyl* oed idaw ef. **16g.** *Mos* 113, 59, bordyr o ariant a *Sinobl*. *c.* **1600** L. DWNN: *HV* ii. 18, Breninn Boem y ddug maes o *sinobl* a llew arian koron og [*sic*] ac arfog aur. *id.* 20, Rees ab Tewdyr a dduc tarian mewn tarian *sinobl* yn y gouls. **18–19g.** *Iolo MSS* 34, Caradawg ab Arthen . . . ef a ddug maes du, Cwpl aur, Triphen Llew o'r arian, a'u tafodau o'r *Sinobl*.

sinoblog [*sinobl*+*-og*] *a.* Coch, gloywgoch; yn cynnwys carreg goch: *red, vermilion; cinnabarine.*
18g. I. BRYDYDD HIR: *Gw* 81, Bali coch *sinoblog* cudd / Yma ucho y muchudd. **1796** N. WILLIAMS: *HM* 99, cymmerwg moddion Sephalic, *Sinnoblog* Gwmaidd.

sinoblrudd[1,2], *gw.* **sinobl**+**grudd, rhudd.**

sinobr, *gw.* **sinobl.**

sinon [bnth. S. *chignon*] *e?g.* Cwlwm neu rolyn o wallt yng nghefn y pen: *chignon.*
1860.

sinopl, sinopr, *gw.* **sinobl.**

sinsila, *gw.* **tsintsila.**

sinsir, sunsur, &c. [bnth. S. *ginger*] *eg.* Unrhyw un o amryw fathau o blanhigion o'r tylwyth *Zingiber,* yn enw. *Zingiber officinale,* sy'n tyfu'n gynhenid yn ne-ddwyrain Asia, gwreiddyn poeth sbeislyd y planhigion hyn a ddefnyddir wrth goginio ac yn feddyginiaethol, hefyd yn *ffig.*: *ginger, also fig.*
15g. *GGl*[2] 226, *Sinsir* a welir ar fwyd / A graens da rhag yr annwyd. / Sinamwn, clows a chwmin, / Siwgr, mas, i wresogi'r min. **15g.** *DE* 46–7, Gwin a gaf genn i gwefvs / nid gwaeth no llaeth gwyn a llvs / Sinamwn rhoes honn i mi / *sinsir* oedd sens or eiddi [i'r cusan]. **15–16g.** *TA* 123, Sunsur oddaith, sens ruddaur, / Sieffre, gwisg saffir ag aur / Abad tebyg, byd diball, / Fal, o'r llwyn, afal, i'r llall. *c.* **1566** *B* xv. 118, y saws yw *singer* gwedy ratio a mwstart a vynegr. *id.* 120, ystraynia drwy laeth yn vrwd a chydag ef lawer o siwgr a *sinser* yna berw hwynt. **1586 (1604)** *id.* v. 308, roedd yn tyfu yn urddedig / yno y *sinsir* ar nytmig. *Diw.* **16g.** WLB 77, c[ymysc ef a ffowdr *singir* ne suger da. **1604–7** *TW* (*Pen* 228), *ginger* d.g. *Alephanginæ species. id. Sinser* d.g. *Zingiber.* **1722** *Llst* 189, *Sinsir.* m. Ginger. **1759** J. EVANS: *PF* 31, *sinsir* wedi ei falu. **1760** *ML* ii. 246, nid oes dim . . . *sunsur* glâs yn eich gerddi. **1763** *DT* 164, Roedd gantho hefyd *Sunsur*, / A Phuppur loned pappur. **1771** *PDPh* 39, Cymmerwch *Sinsir* gwyn **1800** W. OWEN[-PUGHE]: *CP* 81, tair wns o *sinsyr* a dwy wns o bupyr Iamaica. Ar lafar, 'shinshir, sinsir', *WVBD* 518; hefyd yn yr ymad. 'hen shinshir' 'a peppery man', *ib.*
Cfn.: Bot. **sinsir y gors:** *masterwort, Peucedaneum ostruthium; cheesewort* (*unidentified plant*). **1722** Llst 189, *Sinsir y gors.* Cheese-wort. **1801** *MMf* 292, Pungentia, *sinsir y gors* . . . y bedthwraidd. **1813** *WB* 235, *Sinsir y Gors,* edr. *Poethwraidd.*

sinsiraidd, sinsuraidd [*sinsir, sinsur*+*-aidd*] *a.* Melyngoch; pigog, piwis: *ginger-(-coloured); quick-tempered, peevish.*
1892.

sinsir-bir [bnth. S. *ginger beer*] *eg.* Diod sinsir: *ginger beer.*
1916. Ar lafar yn gyff., 'shinshir-bîr', *Geir Geg* 89.

sinsirog [*sinsir*+*-og*] *a.* Yn cynnwys sinsir, ac arno flas sinsir: *containing ginger, gingery.*
1773 *W* d.g. *Ginger-bread.*

sinsir-pop [bnth. S. *ginger-pop*] *eg.* Diod sinsir: *ginger beer.*
Ar lafar, 'Shinshir-pòp', *GDD* 230; *Geir Geg* 89.

sinson, *gw.* **simsan.**

sinsr, sinsur, *gw.* **sinsir.**

sinsuraidd, sinsyr, *gw.* **sinsiraidd, sinsir.**

sinter [bnth. S. *sinter*] *eg.* ll. *-au.* Sylwedd silicaidd neu galchaidd a waddodir gan ffynhonnau poeth: *sinter.*
20g.

sinteraf: sinteru [bf. o'r e. *sinter*] *bg.a.* (Peri) ymffurfio'n ronynnau mawr neu ddalpiau solet neu fân-dyllog dan effaith gwres neu wasgedd (am bowdrau metelaidd, &c.): *to sinter.*
20g.

---

sintor, sintyr, sintheses, sinthetig, sinw, *gw.* **seintwar, suntur, synthesis, synthetig, sini**[1].

sinws [bnth. S. *sinus*] *eg.* Ceudwll mewn asgwrn neu feinwe, yn enw. ceudod yn esgyrn y pen sy'n cysylltu â'r ffroenau: *sinus.*
20g.

siob, *gw.* **siobyn.**

siobo, sioba [cf. *siobyn*; tywyll yw rhai o'r enghreu. isod] *eg.b.* Siobyn, tusw, bwnsiaid, clwstwr; taenellwr dŵr cysegredig, ysgeintell; hefyd yn *ffig.*: *tuft, tassel, bunch, cluster; sprinkler for holy water, aspergillum; also fig.*
15g. *CMOC*[2] 126, maneg i ladd mawn a glo, / mail sebon moel ei *siabo* [*sic*] [dychan i geilliau Guto'r Glyn gan Ddafydd ab Edmwnd]. **15g.** *DE* 104, A phawb pan retter a ffynn / oni ddelyn i ddulyn / dunod lle y torrid onnwydd / doewan ffed yn dwyn ei ffydd / Estynod lle y torrid onnwydd / doewan ffed yn dwyn ei ffydd / Estynod yn ffons deinioel / a *siobo* cyff Lles ap Coel. **1536** *Rhyddiaith Gymraeg* i. 40, Ac ar hyny y tynodd Kollen i *siobo* allan, ac a vwriodd y dwr bendiged am i pene. **1547** *WS, Siopo* A sprynge, sprynckle. **16g.** (*LlEG*) *Mos* 158, 215b, y neb a beris or deinio [*sic*] knwppae yn llawn o bigau heiyrnn ar waith *shiobo* dwr bendigaid I vynned Ir helynt yma. **16g.** *CMOC*[2] 26, *sioba* yn poeri sebon [i'r gal]. **16–17g.** EDWART AP RAFF: *Gw* 59–60, Englynion i verch persson llanelidan am vop yn doedyd na aller gwr ddim a merch . . . Rwng gwragedd gwynedd yn ol gwinoedd—sieb / rruw *ssiobo* mawr ydoedd. **1604–7** *TW* (*Pen* 228) d.g. *Aspergillum. Dchr.* **17g.** *J* 10, 40a, *Siobo.* Tassell or Bush. **1722** *Llst* 189, *Siobo . . .* m. A tuft, tassel . . . a holy-water brush. **1725** *SR, Sioba* o gnau d.g. *A Cluster of Nutts.* **1803** *P, Sioba,* s. f. dim. . . . A tuft. *id. Siobo,* s. m. dim. . . . a sprinkle used in throwing holy water.

siobog [*siob*+*-og*] *a.* Ac arno siobyn neu grib; yn tyfu'n siobynnau, siobynnog: *tufted, crested; tufty.*
1803 *P, Siobawg . . .* Having a tuft, tufted.

siobyn [cf. S. *job* 'tassell', a *siobo, sioba*] *eg.* ll. *-nau, siobau.* Sypyn o blu, gweiriau, edefynnau, blew, &c., a'u bonion wedi eu dal neu eu clymu ynghyd, clwstwr o ddail neu flodau sy'n tyfu o un pwynt, clwstwr o fonion sy'n tyfu o'r un gwreiddyn, wmbel, tusw, bwnsiaid, clwstwr, tasel, cnepyn; crib (aderyn, &c.); cocŵn; (geir.) taenellwr dŵr cysegredig, ysgeintell: *tuft, umbel, bunch, cluster; tassel, knob; crest (of bird, &c.); cocoon; (dict.) sprinkler for holy water, aspergillum.*
1547 *WS,* Tassel ne *siobun* Tassell. **16g.** SIÔN BRWYNOG: *C* 70, Dirwaith gawn troi wyth gonell: / Dwyn *siobau* i'r dawns o bell [i ofyn bytheiaid]. **16g.** *LlS* 10, Camæmil . . . lliaws o gangenæ eiddilion ac a *siobynæ* crynion a blodæ melynion. *id.* 62, Y Môr gelyn . . . [c]orsen o gufydd o hyd a *siobæ* cyngafoc yn droellæ draenogion a addurnaw y brigæ. *id.* 117, Cennin . . . lliaws o vlodæ ar y brigyn uchaf yn yn *siobyn* cyngafoc. *id.* 62, Moron y maes sy a dail yddyn mal dail y llysæ . . . a *siobyn* arno val ar yr Anet yn tyfu yn vlodæ gwnion . . . gwyngoch. **1604–7** *TW* (*Pen* 228), Llyseuon . . . heb dhail, a gwiscoedh ne gibe gwyrdhion yn y *siobynæ* d.g. *Androsaces. id. Siopynn* ar vrig Fenicl ne lyseu ereill, y bydh yr had yndhaw d.g. *Umbella.* **1632** *D, Siobyn,* Apex, apiculus. *id.* d.g. *Aspergillum.* **1688** *TJ, Siobyn:* a tuft, a bunch. **1688** T. JONES: *Alm* [35], merched boneddigion yn gwisgo *siobyn* o Rybanau yn eu talcennau. **1722** *Llst* 189, *Siobo, Siobyn.* m. A tuft, tassel . . . a holy-water brush. **1753** *TR, Siobyn,* a little tuft, tip or peak. **1803** *P.* Cf. TWM O'R NANT: *H* 43, a'r *siobau* rhawn fydd ar dopiau yr hears. Ar lafar yn y ff. *jobyn,* 'ryw *jobyn* ar 'i dalcan o', *WVBD* 116.
Amr.: **siob (ò)** (eg.b.) **1753** *TR, Siòb* a tassel R. M. **1803** *P* d.g. *Siob.* Ar lafar yn y ff. *job* (ò), *WVBD* 116. **siobynnyn** [*siobyn*+*-yn*[1]]. **1604–7** *TW* (*Pen* 228) d.g. *Apiculus.*

siobynnog [*siobyn*+*-og*] *a.* Ac arno siobyn neu grib; yn tyfu'n siobynnau, clystyrog: *tufted, crested; tufty, clustered.*
1604–7 *TW* (*Pen* 228) d.g. *Staminæus.* **1722** *Llst* 189, *Siobynnog.* Tufted, tuffy. **1771** *W* d.g. *Bunched, Tufted.* **1803** *P, Siobynawg . . .* crested.

siobynnyn, *gw.* **siobyn.**

sioc[1] [bnth. S. *shock*] *eb.g.* (bach. g. *-yn*) ll. *-iau,* a hefyd fel *adf.* Ysgytiad, ysgytwad, aflonyddiad, ergyd, braw, syfrdanod; cyflwr o lewyg neu wendid eithafol o gan-lyniad i archoll, poen, gwaedu, &c.; effaith dadwefriad trydan ar gorff byw, a nodweddir gan boen a chyfangiad cyhyrol: *shock; electric shock.*
1923. Ar lafar yn gyff., 'So i 'di dod dros y *sioc* 'to'. Digwydd hefyd yn y ff. *siocyn, GDD* 286. Cf. D. J. WILLIAMS: *ChHO* 243–4, gallai ef adrodd y darnau gosod o'r gwerslyfrau yn rhugl ar ei gof heb golli gair . . . Rhoddodd hynny *sioc* go drom i mi.
Fel *adf.* Yn ddisymwth: *suddenly.*
1672 R. PRICHARD: *Gw* 102, Os bu farw Ananias, / *Shioc* [:— Yn ebrwydd] am ddywedyd celwydd atcas.
Cfn.: **sioc drydanol:** *electric shock.* **20g.**

sioc[2] [bnth. S. *shock* (of hair)] *eb.* Ffluwch (o wallt): *shock (of hair).*
20g. Ar lafar, 'Mae *sioc* o wallt coch 'dag e''.
Gw. hefyd **sioch**[1].

sioc[3], *gw.* **tsioc**[1].

siôc, siocaf: sioco, *gw.* **sialc, siociaf: siocio.**

siocaled, siocalet, *gw.* **siocled.**

siocdon [*sioc*[1]+*ton*[1], ar ddelw'r S. *shock wave*] *eb.* ll. *-nau.* Ton debyg i seindon ond yn arddwys iawn, a achosir gan ffrwydrad neu gorff uwchsonig: *shock wave.*
20g.

siociaf, siocaf: sioc(i)o [bf. o'r e. *sioc*[1]] *bg.a.* Rhoddi sioc (i), syfrdanu, tramgwyddo: *to shock, outrage.*
c. **1920.**

siocladdwr, siocladdydd [*sioc*[1]+*lladdwr* a bôn y f. *lladdaf: lladd*+*-ydd*[3]] *eg.* ll. *siocladdwyr, siocladdyddion.* Dyfais ar gerbyd, &c., i leddfu siociau, dirgryniadau, &c.: *shock absorber.*
20g.

siocled, siocoled, &c. [bnth. S. *chocolate*] *eg.* (bach. *siocledyn*) ll. *siocledi,* a hefyd fel *a.* Bwyd ar ffurf pâst neu floc a wneir o ffa cacao wedi eu rhostio a'u malu, ac a fwyteir fel arfer wedi eu felysu, peth melys a wneir o siocled neu a orchuddir â siocled, diod a wneir o siocled neu'n ei gynnwys: *chocolate* (*n. and adj.*).
1906. Ar lafar, yn aml yn y ff. *tsioclet* (ll. *-s*), 'bar o *joclet*'.
Gw. hefyd **jaclet.**

siocledaidd [*siocled*+*-aidd*] *a.* Tebyg i siocled, o liw siocled: *chocolatey, chocolate-coloured.*
20g.

sioclyd [*sioc*[1]+*-lyd*] *a.* Yn peri sioc: *shocking.*
20g.

siocolad, siocoled, siocolet, *gw.* **siocled.**

siocyn, *gw.* **sioc**[1].

sioch[1] [cf. S. *shock* (of hair)] *eb.* (bach. *-en*). Ffluwch (o wallt, &c.), siobyn, bwnsiaid: *shock (of hair, &c.), tuft, bunch.*
1803 *P, Sioç,* s. f. . . . bushy hair. *id. Sioçen . . .* a bushy tuft.
Amr.: **siwch**[2]. **20g.**
Gw. hefyd **sioc**[2].

sioch[2] [cf. *joch*] *e?g.* Cawod (drom), tasgiad: (*heavy*) *shower, splash.*
Dchr. **17g.** *J* 10, 40a, *Sioch* o law. Imber. **1707** *AB* 220b, *Sioch,* A shower.
Gw. hefyd **joch.**

siochaid [*sioch*[2]+*-aid*[1]] *e?g.* Llwnc, dracht; trwch (o eira), dwb: *gulp, draught; covering* (*of snow*); *daub.*
18–19g. *Llr C* 30, 183, *Siochéd* a dawb [Glam.]. Ar lafar yn yr ystyr 'trwch (o eira), 'siochéd o eira' (sir Ddinb.).
Gw. hefyd **jochiaid.**

siochen, *gw.* **sioch**[1].

siodaf: siodo [bf. o fôn yr *a. siodog*] *bg.*

Bwrw grawn (am samwn): *to spawn* (*of salmon*).
Ar lafar, *TGG* (1907–8) 87 (de-orllewin sir Gaerf.), *LlG* xxii. 13 (sir Benf.).

sioden[1], gw. **sôts.**

siodog [bnth. S. *shot*+*-og*] *a.* Wedi bwrw grawn (am bysgodyn): *having spawned* (*of a fish*).
1722 *Llst* 189, *Siodog*. Shotten as a herring &c. **[1783]** *W*, Dirawn, wedi bwrw ei rawn . . . vulgò *siodog* d.g. *Shotten* [*without roe, that has spawned*].

siodren, gw. **llaesodren.**

sioe [bnth. S. *show*] *eb.* ll. *-au*. Arddangosfa, yn enw. un dros dro lle dangosir casgliad o luniau, anifeiliaid, llysiau, blodau, &c., i'w prynu neu mewn cystadleuaeth, unrhyw beth sy'n denu sylw cyhoeddus, unrhyw adloniant neu berfformiad cyhoeddus, drama (gerdd), rhaglen adloniant ar y teledu, &c.; ymddangosiad allanol (yn unig), arddangosiad rhwysgfawr neu ymhongar; hefyd yn *ffig.*: *show, also fig.*
18g. *W Ballads* 167, 6, Och pwy galon na chyffroe y mhle mae'r cig oedd yn y noe / A rois i halldu 'r bore ddoe fo am gwnaeth i yn *sioy* bellach. **1769** Twm o'r Nant: *TChD* 52, Ti elli goelio a sad Reswm, yn siwr mae'r *Sioe* drosodd. **1787** E. Roberts: *PCF* 47, Yn y Lotri droi ar *sioye* ar dwndwr, / Ir ffeiriwr Ceffyle fo ydi 'r ffowliwr. **1828** *Geir Pob* 25, *Siôy*, dangosiad. Ar lafar, *WVBD* 519; hefyd yn yr ymad. 'Mae *sioe* gan' 'Mae'n dda gan', 'mae *shiou* gyn i'ch gweld chi', *ISF* 68. Clywir hefyd y ff. *sho*, 'Mae'n siŵr o fwrw glaw bob blwyddyn ar ddiwrnod *sho* Tal-y-bont' (gogledd Cered.). Cf. Talhaiarn: *Gw* i. 244, Ni wna . . . pob math o *sioiau*, a gwrthrychau a welir yn Llundain, ddenu fawr o sylw y bobl yn bresennol; T. H. Parry-Williams: *Y* 57, ymgolli yn sŵn mân-werthwyr ffeiriau a'r *sioeau* bach.
Cfn.: **sioe amaethyddol:** *agricultural show*. **20g. sioe bin(nau):** *badly organised or poorly presented event, &c., also fig.* **1913.** Ar lafar yn y Gogledd. **digon o sioe:** '*pretty as a picture*'. **1916.** Ar lafar yn y Gogledd. **yn sioe:** *greatly*. **1885** D. Owen: *RL* 374, Mi leiciwn *yn shoe* bydaech chi'n dŵad.
Gw. hefyd **siew.**

siofenistaidd, siofenistiaeth, gw. **siofinistaidd, siofinistiaeth.**

siofiniaeth [cfdds. o'r S. *chauvin*(*ism*)+ *-iaeth*] *eb.* Siofinistiaeth: *chauvinism*.
1919.

siofinist [bnth. S. *chauvinist*] *eg.* ll. *-iaid*. Person siofinistaidd, yn enw. dyn sy'n arddangos rhagfarn yn erbyn merched: (*male*) *chauvinist*.
20g.

siofinistaidd [*siofinist*+*-aidd*] *a.* A nodweddir gan siofinistiaeth, o natur siofinistiaeth: *chauvinist*(*ic*).
20g.

siofinistiaeth [*siofinist*+*-iaeth*] *eb.* Gwladgarwch eithafol ymosodol, teyrngarwch gormodol neu ragfarnllyd i achos, grŵp, &c., yn enw. teyrngarwch rhagfarnllyd gan ddyn i'w ryw ei hun ar draul merched: (*male*) *chauvinism*.
20g.

siofinistig [cfdds. o'r S. *chauvinist*(*ic*)+ *-ig*[2]] *a.* Siofinistaidd: *chauvinist*(*ic*).
20g.

siofinydd [cfdds. o'r S. *chauvin*(*ist*)+ *-ydd*[3]] *eg.* ll. *-ion*. Siofinist (gwrywaidd): (*male*) *chauvinist*.
20g.

siofl, gw. **siefl.**

sioffer, sioffyr [bnth. S. *chauffeur*] *eg.* ll. *-s*. Un a gyflogir i yrru car, gyrrwr: *chauffeur*.
1920. Ar lafar.

sïog [*si*[1]+*-og*] *a.* Yn crychleisio (e.e. am nant), yn hisian: *purling* (*e.g. of stream*), *hissing*.
1830.
Gw. hefyd **suog.**

siogwn [bnth. S. *shogun*] *eg.* ll. *-au*, *siogyniaid*. Unrhyw un o gyfres o unbenaethiaid etifeddol Japaneaidd a oedd yn llywodraethu Japan rhwng *c.* 1192 a 1868: *shogun*.
20g.

siol[1] [bnth. S. C. *cholle*] *eb.g.* (bach. g. *-yn*) ll. *-au*, *-s*. Pen, penglog, creuan, corun; y pen fel eisteddle'r deall, &c., meddwl; hefyd yn *dros.* ac yn *ffig.*: *head, skull, cranium, crown, pate; the head as seat of intellect, &c., mind; also transf. and fig.*
15g. *FfBO* 54, Pan vo marw gwr yn y wlat honno . . . Y mab yna a gymer y penn ac a beir y veirwi [*sic*] . . . Ac o *siol* y penn a beir gwneuthur ffiol ydaw, a'e hadurnaw yn da. **15–16g.** *GIF* 56, ac o gyrn, esgyrn ysgol, / werth swllt ar warthaf ei *siôl* [*sic*] [i ofyn maharen]. **1547** *WS*, *Siol* gleisiad A iolle of a salmon. **16g.** *IICRC* iii. 349, Nud [*sic*] ai gyngor yn fy *siol* / Mwy nag ynghnol bachgenes. **16–17g.** *GST* i. 549, Mae hwn yn blas urddasol, / A buddai'n simnai ar ei *siol*. **1672** R. Prichard: *Gw* 530, Ni alle nêb orchfygu 'r ddraig, / Na sigo ei *shol* am dwyllo 'r wraig. **1679** W. Jones: *Work for a Cooper* 30, flynyddoedd cyn i'r Wiber ddodwy yn dy *Siolyn*, na bod erioed sôn am Gwaceriaeth. **1707** *AB* 220b, *Siòl*, The crown of the head. **1716–18** *Llsgr R. Morris* 21, Ymeulud ynddi yn helaeth / Nid siarad am hwsmonaeth / os oes synwur yn eich *siol* / a rhwbio i bol a rhiwbeth. **1723** J. Jones: *LlA* 39, Perlyn yn *Siol* y Llyffant. **1730** Iaco ab Dewi: *YL* 170, a Phenneu cynnhyrfus ac a *Sioleu* dyfeisgar. **1753** *TR*, *Siòl* . . . the scull. *c.* **1762–79** W. Williams: *P* 457, Dywedant fod wyneb St. Ioan fedyddiwr yn St. Jean Angels; y rhest o'i ben ym Malta, ei *shol* ef yn Nemours. **1803** *P* d.g. *Siòl, Siolyn*. Ar lafar, 'dim llawer yn ei *siòl* o', *Cymru* xlvii. 196 (sir Ddinb.); 'Mae'n wag yn 'i *siol*' (gogledd Cered.); 'Os cwmpiff yr afal 'ma ar dy ben di, fe olltiff dy *siol* di', *GTN* 768 (*eg.*). Yn ne-ddwyrain sir Gaerf. clywir *siolyn* yn yr ystyr 'dyn ffôl', a *siol* yn yr ystyr 'pen mochyn yn gyfan ar wahân i'r ddwyen'. Cf. W. Rees: *AFR* 158, *Siol* wag, tymher anfoddog, calon oer anserchog, oedd o dan yr holl degwch ymddangosiadol; W. Rees: *HBHD* 35–6, mae o wedi cym'ryd yn i *siol* i ffarmio wrth lyfr.
Gw. hefyd **siol-siol, siolsyn.**

siol[2], *e?g.* (bach. b. *-en*, g. *-yn*) ll. *-au*, *-s*. Telpyn o gachu, baw, dwb; rholyn: *turd, dirt, daub; roll.*
18–19g. *Llr* C 30, 183, *Siolyn*, a dawb, a mass of dirt, *siolyn* o faw. [Glam]. Ar lafar, ''Elech chi ddim i alw lot o *siols* arnyn' nw' (de-ddywrain sir Gaerf.); '*Sholan* o faw' 'a turd', *LlGC* 1173, 58 (Morg.); '*siolan*, eb. ll. *siola*', ''Dishgwl ar yr 'en gi 'na wedi gatal *siolan* ar ali'r ardd', *GTN* 768; '*siolyn*' 'a roll (of cloth etc.)', ''Odd *siolyn* mawr o bapar ginto', *ib.* Clywir *siolyn*, *siwlyn*, a *siowlyn* hefyd yn yr ystyr 'A small load of anything, such as hay, furze, &c.', *GDD* 285.

siol[3], *eb.* Gweren mochyn: *pig's caul.*
Ar lafar yng nghanolbarth a godre Cered., *Geir Geg* 76.

siôl, siol[4] [bnth. S. *shawl*] *eb.g.* ll. *siol*(*i*)*au*, *-s*, ll. dwbl *siolsys*. Darn o frethyn a wisgir am yr ysgwyddau neu a roddir am fabi: *shawl.*
19g. Ar lafar yn gyff. yn y ff. *siôl*, *WVBD* 518, *GTN* 770; hefyd yn y ff. *siol*, *B* xiv. 281 (godre Cered.), *GDD* 285. Cf. W. Williams: *DP* 56, Mi baentiwn ddarlun Phebi'r Ddôl / Yn magu Sioni bach mewn *siôl*.
Cfn.: **siôl ffilt (ffild):** *paisley shawl*. Ar lafar gynt, '*siôl ffilt*', *WVBD* 518. **siol war:** *small shawl worn on the shoulders*. Ar lafar, '*Shol-war*', *GDD* 285. **siôl fagu:** *nursing shawl*. **1913.** Ar lafar, *GTN* 770. **siôl besli (besle, bersli):** *paisley shawl*. Ar lafar, '*siôl bersli*', *WVBD* 425. **siôl draeth:** *shawl covering the head and tied around the neck, worn by cockle-women*. Ar lafar gynt, *Folk Life* xv. 89.

sïol [*si*[1]+*-ol*] *a.* Yn sïo neu'n hisian, sisiol, yn siffrwd; yn suo i gysgu: *buzzing, hissing, sibilant, rustling; lulling to sleep.*
1803 *P*, *Sïawl* . . . Hissing, whizzing, buzzing. Cf. *CYlI* 9, Ni cheisir cylchu godre'r gwn / A'i *sïol* sŵn o sidan.
Cfn.: **sïol gân:** *lullaby*. Ar lafar, ''Odd 'i'n canu *sïol gæn* i'r babi', *GTN* 743. Gw. hefyd *suo-gân*.
Gw. hefyd **suol.**

siolaf: siolo [bf. o'r e. *siol*[2]] *ba.* Ffurfio'n rholyn, rholio: *to* (*make into a*) *roll.*
Ar lafar, '*Siola*'r peth, fe fydd yn 'awddach iti na'i gario fa', 'Ni *siolson* y ffetana', *GTN* 768.

siolaid [*siol*[2]+*-aid*[1]] *e?g.* Rholyn (o wallt); tail gwartheg: *roll* (*of hair*); *cow dung.*
Ar lafar, '*Sholad* o faw dâ', *LlGC* 1173, 58 (Morg.).

siolat, gw. **solet.**

siolcaf: siolco [?cf. S. (*to*) *jolt*] *ba.* Ysgwyd, siglo: *to shake, rock.*
Ar lafar, 'Paid *sholco*'r basged neu dorrith y wye', *SC* vi. 130 (sir Benf.).

sioldew [*siol*[1]+*tew*] *a.* ll. *-ion*. Pendew, diddeall, twp: *dim-witted, stupid.*
1794 *W* d.g. *Thick-skulled*. **18–19g.** *IM* 198, Saeson *Sioldewion* Sil Diawl / yn dadwrdd drygsain didawl.

siolen, siolffa, gw. **siol**[2], **jolffa** (At.).

siolgam [*siol*[1]+*cam*[2]] *a.* Byrbwyll, ffôl: *impetuous, foolish.*
18–19g. *Cymru* xxi. 219, Hopcin Abram, *siolgam* syth, / Un o halog wehelyth. Ar lafar, '*siolgam*' 'ffôl; byrbwyll', 'Os nag wyt ti'n 'mofyn iddyn' nw wpod, paid o wed wth Dic—di wddot siŵt un *siolgam* yw a', *GTN* 768.

sioli, gw. **joli** (hefyd At.).

siolsau [?cf. *siolsyn*] *e.ll.* Geiriau ofer: *vain words.*
Ar lafar, '*sholse*', *Cymru* xxxix. 96 (Brych.).

siolsen, gw. **siolsyn.**

siol-siol [*siol*[1]+*siol*[1]] *adf.* Â'r pennau'n agos at ei gilydd: *with heads close together.*
Ar lafar, 'mynd *siol-siol* 'da'i gilydd' 'cerdded gyda'i gilydd yn gyfeillgar' (godre Cered.).

siolsyn [*siols* (ll. yr e. *siol*[1])+*-yn*[1]] *eg.* (b. *siolsen*) ll. *siolsod*. Doethyn, gwirionyn; person blêr: *wiseacre, simpleton; untidy person.*
Diw. **19g.** *SE MS* 467a, *siolsyn*, sm. a wiseacre, a simpleton: pl. *siolsod*. Ar lafar, '*sholsen*, gwraig aflêr, ddi-ddal', *B* xiv. 281 (canolbarth Cered.).

siolwag [*siol*[1]+*gwag*] *a.* ll. *-weigion*. Penwag, disynnwyr, diddeall: *empty-headed, weak-minded, dim-witted.*
1819.

siolyn[1,2], gw. **siol**[1,2].

siom, som[1] [bnth. S. C. *shom*, *some* 'shame'; petrus yw dosbarthiad rhai o'r enghrau. isod] *eb.g.* ll. *-au*, (prin) *-ion*.
(*a*) (Person, peth, neu ddigwyddiad sy'n peri) teimlad o dristwch, trallod, &c., o ganlyniad i seithugo dymuniadau neu obeithion, siomedigaeth, siomiant, rhwystredigaeth: *disappointment, frustration.*
14g. *GDG*[3] 254, Symudaist fi, *som* ydyw, / Seren oleuwen o liw. **14g.** *DGG*[2] 146, Beth bynnag, ddinag ddynion, / A wnaethoch chwi i mi ym Môn / . . . / Ac er tor ar sor a'r *som* / Ddwylaw mwnwgl ydd elom [Gruffudd Gryg i geisio cymod]. **15–16g.** *GLM* 246, *Som* aeth i'n ynys am ŵr: / somi Iâl, eisiau milwr [marwnad Elisau ap Gruffudd]. **15–16g.** *GRB* 28, Ba ryw chwedl oer, barch dy wlad, / *siom* dynion y sy 'mdanad [marwnad Siôn ap Rhys ap Siancyn]? **16–17g.** *GST* i. 89, Mae *som* adwyth mis Medi, / Mae acw fyth i'm cof i [marwnad Wiliam Mostyn]. **1623** *Bl B XVII* i. 124, Symudai, di-fai fywyd, / *Som* ydyw barn symud byd [marwnad Thomas Penllyn gan Ruffudd Hafren]. **1722** *Llst* 189, *Siomm* . . . f. . . . disappointment. **1772** *W* d.g. *Disappointment*. **1793** Dafydd Ionawr: *CD* 186, Am ei *siom* prin gwnai 'msymmud; / Delwai, ymofidiai 'n fud. **1803** *P* d.g. *Siom, Som*. Ar lafar, 'Ma'r darlithydd newydd 'na wedi bod yn dipyn o *siom*'.
(*b*) Twyll, hoced, dichell, ystryw, ffug; cywilydd, gwarth: *deception, deceit, guile, trick, sham; shame, disgrace.*
1346 *LlA* 99, Dyro hedỽch . . . Val ygallom. ochel pob *som*. symut warthaf. **14g.** *WM* 48. 24–6, y guaradỽyd a gaỽssei matholỽch ygkymry ar *somm* aỽnathoedit idaỽ am y ueirch. **14g.** *GDG*[3] 380, A'm braich innau, *somau* syml, / Dan glust asw dyn glwys disyml. *c.* **1400** *R* 1352. 22–3, kyfran abeich gỽyr creithyon kyhudwr tỽyllffrom *som* son. *c.* **1400** *YSG* i. 15, ny thebygwn dyuot itt o'e dwyn [tarian] amgen no *som* (*honte*) a chewilyd. *id.* 57, y kythreul yttoed ef yn keissyaw *som* arnaw a chyfyrgolledigaeth ar y eneit. **15g.** *OBWV* 117, Simwr oer, *som* yw'r aros, / Simnt bryn a phant a ffos [i'r eira]. **15g.** *HCLl* 130, Selyf a droes, ail wyf draw, / *Siom* gwraig sy im gorugaw. **1632** *D*, *Siomm*, Fallacia, dolus, fraus. **1688** *TJ*, *Somm*, *siom*: a shamm or deceit. **1722** *Llst* 189, *Siomm* . . . Deceit, delusion. **1771** *W*, *som* d.g. *A cheat or cheating trick*. **1803** *P*, *Siom* . . . deception. Cf. *H* 124b. 18, kyueillt grym yssym nyd somm gaffael walch (Llywelyn Brydydd Hoddnant).
Cfn.: **siom ar yr ochr orau, siom o'r ochr orau:** *pleasant surprise*. Ar lafar, ''Odd e wedi disgwl y gwaetha',

ond fe gas e *siom ar yr ochor ore'* (gogledd Cered.); '*siom o'r ochor ora*', *GTN* 768.

siomad, gw. siomiad.

siomaf, somaf: s(i)omi [bf. o'r e. *siom, som*[1]; petrus yw dosbarthiad rhai o'r enghrau. isod] *bg. a.*

(*a*) Peri siom (i), digio, rhwystro, llesteirio; bod yn siomedig: *to disappoint, cause disappointment* (*to*), *anger, frustrate, impede*; *be disappointed.*

14g. *GDG*[3] 220, Digrif oedd ym, ni'm *sym* serch, / Am y maenfur â meinferch. *id.* 240, Syrthiodd y cariad mad maith; / *Somed* fi am osymaith. *c.* **1400** *R* 1198. 8, breint y seint nym *sym.* **15g.** *GGl*[2] 46, *Siomwyd* yr ynys yma / Os gwir dwyn ysgwïer da [marwnad Edward ap Dafydd o'r Waun]. **1672** R. PRICHARD: *Gw* [xliv], Cymrodd Arglwydd yr Arglwyddi, / Rôdd y weddw dlawd heb *shiommi. id.* 293, Na wna un Ddelw itti, / . . . / Na llûn dim o'r Nêf na'r Ddaer, / Na'r Dwr, na'r Aer im *Siommi* [:- Digio]. *id.* 527, A'th Dâd nefol gwedi *Siommi* [:- Gyffroi i ddigofaint]. **1701** E. WYNNE: *RBS* 204, mor fedrus . . . i *siommi* (*frustrate*) achlysur [i weddïo]. **1703** E. WYNNE: *BC* 137, Sara a *siommais* i am saith o Wŷr. **1731** T. LEWYS: *BMA* 107, wele Gî . . . a *siommodd* ar ryw beth (*took a distaste at something*), ac a gnôdd ei Feistr. **1754** G. OWEN: *L* 95–6, Gwyr yw y rhai hynny [Cymmrodorion] na fynnant mo'u *siommi.* **1772** *W* d.g. *To disappoint.* **1800** W. OWEN[-PUGHE]: *CP* 17, O gael fy *siomi* yn arw, wrth wneyd cymmysg o fawn a chalch . . . chwennychwn ichwi fod ofalus. **1803** *P* d.g. *Siomi, Somi.* Ar lafar, '*somi, siomi*', *WVBD* 498; 'Paid o ddishgwl gormod 'nawr, we'ny, 'chei di ddim o dy *siomi*', *GTN* 769.

(*b*) Twyllo, dichellu, hocedu, chwarae cast â, denu drwy dwyll, hudo, llithio; cywilyddio, gwarthruddo: *to deceive, defraud, cheat, trick, delude, beguile*; *shame, disgrace.*

14g. *H* 124b. 14, kyueillt grym yssym ny *sommir* riffyrd (Llywelyn Brydydd Hoddnant). *c.* **1400** *SDR*[2] 69, Ac ual y *somes* y urenhines y brenhin gynt am y marchawc, velly y *soma* dy wreic titheu tydi. *c.* **1400** *YSG* i. 27, yn vwy dy obeith di yn dy nerth dyhun noc yn nerth Iessu Grist. Ac uelly y'th *somet* ti (*einsi fus tu deceuz*). **15g.** *GO* 49, Taw, fab dielw, a'th gelwydd! / Tydi i'm *somi* y sydd. **1527** *B* ii. 211, y hi ath *som* di megis i *somes* y blaidd y bugail. **1546** *YLlH* [31], Brad, yw *somi* arall yn dwyllodrus drwy wenieth. **1547** *WS, Siommi* Begyle. *id. Somy* Desceyue. **1567** *TN* 4a, Herod, pan weles ei dwyllo [:- *siomi*] gan y Doethion a ffromawdd yn aruthr. *id.* 249b, Na *siomwch* ddim y gylydd. **1588** *Nu* xxii. 29, A dywedodd Balaam wrth yr assyn, am it fy *siommi*, ô na vydde gleddyf yn fy llaw. **1588** 2 *Cor* ii. 11, Rhag ein *siommi* gan Satan: canys nid ydym heb wybod ei amcannion ef. **1604–7** *TW* (*Pen* 228) d.g. *prolecto.* **1615** R. SMYTH: *GB* 85, megis fod yn anodd i neb farsiandio ag ymgvvaethogi, heb *siomieraill* [*sic*]. **1630** *YDd* 136, *Somma* (*defraud*) dy gnawd pwdrllyd o gymmaint a hynny o gwscu [*sic*]. **1658** R. VAUGHAN: *PS* 401, Duw . . . ni ellir moi watwar nai *sommi.* **1672** R. PRICHARD: *Gw* 363, Duw Frenin trugarog . . . / . . . na newyna ni, / Sy'n canlyn dy ffafar, â chalon edifar, / Yn ol dy hir watwar a'th *Siommi.* **1677** C. EDWARDS: *FfDd* [425], *siomi*, twyllo. **1764** DEWI NANTBRÂN: *CB* 65, *Siommi*, neu dwyllo gweithwyr o'u cyflog. **1770** *W* d.g. *To baffle, To bamboozle, To nick a person.*

Cfn.: **cael ei (fy, dy, &c.) siomi ar yr (o'r) ochr orau:** *to be pleasantly surprised.* **1909.** Ar lafar, 'Fe *ges* i *fy siomi ar yr ochor ore* ym mhris y sbectol 'ma' (gogledd Cered.); 'Fi *geso*' '*m siomi o'r ochor ora* yn y lle', *GTN* 769.

siomant, siomantus, gw. siomiant, siomiannus.

siomchwarae, somchwarae, &c. [*siom, som*[1] + *chwarae*] *eg.* Gweithred ddichellgar, ystryw dwyllodrus, hoced, ffalsedd: *cunning deed, deceitful trick, guile, falseness.*

1547 *WS, Somchwary* Gyle. **16g.** (*LlEG*) *Mos* 158, 410a, ynn y diwedd i tyuodd i lawe/r dynn mwy o drisdwch nog olywenydd or *shiomchware* yma [dwyn pyrsau]. **1604–7** *TW* (*Pen* 228), *somchware* d.g. *dolus. id. somchwaræ* d.g. *Malefactum, Maleficium.* **1632** *D* d.g. *Sychophantia.* *c.* **1730** *Thos. Lloyd D* (LlGC) 207b, *Somchwareu.* Guile . . . SP. 70. **1780** *W, Siomchwarae* d.g. *Play, False play.*

siomedig, som(i)edig [bôn y f. *siomaf, somaf: s(i)omi* + *-(i)edig*] *a.bfl.*

(*a*) Yn peri siom, llawn siom; wedi ei siomi: *disappointing*; *disappointed.*

16–17g. HUW MACHNO: *Gw* 45, *Siomedig*, lle'r ysmudodd, / Yw'r byd trist, a'r bywyd trôdd [marwnad i'w fab]. **1772** *W, Siommedig* d.g. *Disappointed.* **1803** *P* d.g. *Siomedig, Somedig.* Ar lafar, '*somedig, siomedig*', 'disappointing . . . disappointed', *WVBD* 498; '*siometig*' 'disappointing', *GTN* 769; "Ôn i'n *siomedig* iawn na fasa 'na fwy yno'; 'ffilm *siomedig*'. Cf. D. OWEN: *GT* 240, daeth Mr. Ernest . . . i ymorol am danom, a theimlai yn dra *siomedig* am nad oeddym gartref.

(*b*) Twyllodrus, ffals; wedi ei dwyllo, camsyniol, cyfeiliornus, ffaeledig: *deceitful, false*; *deceived, misguided, mistaken, fallible.*

14g. *OBWV* 94, Symudaw lliw *siomedig* / A wnei bob dydd, wyneb dig [Gruffudd Gryg i'r lleuad]. **1551** W. SALESBURY: *KLl* lxxixb, *Somedic* vydd pryd a gwedd. **1567** *TN* 323b, Can ys ydd oeddem nineu hefyd yn andoethion, yn anuvydd, yn *siomedic.* **16g.** *LlS* [3], *Somedic* yw/r/sawl bynnac . . . a dybio fod y Wermod gyphredic [*sic*] . . . yn wir wermod Pontic. **1584** R. WHITE: *C* 58, lle mae Lwther Cerver Cig / ai swm adwyth *siomedig.* **1588** *Eseia* xliv. 20, calon *siommedic* ai twyllodd ef. **1618** J. SALISBURY: *EH* 280, Duw ni eilh na sommi, na bod yn *sommedig* (*deceived*). **1677** C. EDWARDS: *FfDd* 138, [c]yhoeddodd i bawb, fod offeiriadau yr Eglwys Gatholic . . . yn *siommedig*, ac nas galleu [*sic*] eu offerennau dynnu enaid o'r pûrdân. **1677** R. JONES: *BB* 207, Yr Arglwydd a drugarhao wrth bechaduriaid *Siommedig* (*deluded*). **1716** T. EVANS: *DPO* 164, Esgob Rhufain ei hun a fwyttaodd loneid ei fol o honi [heresi Arius], yr hyn . . . sy'n dangos . . . fod ei Sancteiddrwydd ef mo'r [*sic*] *siommedig* a neb arall. **1717** IACO AB DEWI: *MN* 135, Myfi a wn fod fy Synhwyreu yn *siommedig* (*fallible*). *id.* [213], Awenyddion *siommedig* (*misguided*). **1728** T. BADDY: *DDG* 121, Y Messiah *Siommedig*; neu gau Grîst yr Iuddewon. *c.* **1730** *Thos. Lloyd D* (LlGC) 208b, *Siommedig.* Fallible. *id.* 210b, *Sommiedig.* MO. 149. Seductorius. **1803** *P, Siomedig* . . . deceived.

siomedigaeth, somedigaeth [*siomedig, somedig* + *-aeth*] *eb.g.* ll. *-au.*

(*a*) Siom: *disappointment.*

[**1740**] L. ANWYL: *NG* 3, Ar ychydig ô ddigter a *siommedigaeth* mewn rhyw bêth daiarol, pa fôdd y mae'r hôll ddŷn yn brawychu, yn cyffroi ac yn llefain. **1759** T. THOMAS: *WWDd* 184, er cymmaint o *siommedigaethau*, a cholledion a gefais i yn fy mywyd. **1776** I. BRYDYDD HIR: *P* ii. 129, Nid oes dim *siommedigaeth* iw gael wrth ymgais am gyfiawnder. **1798** W. RICHARDS: *CC* d.d., er dirfawr *Siomedigaeth* i'w Gelynion gwaedlyd. **1798** *TCHSDd* v. [53], Nyni a gyfarfuom â *siommedigaethau* chwerwon. **1803** *P* d.g. *Siomedigaeth, Somedigaeth.* Ar lafar, '*somadigath, siomadigath*', *WVBD* 498; '*siomedicath*', *GTN* 769 (*eb.*).

(*b*) Twyll, hoced, ystryw, lledrith; cyfeiliornad, camgymeriad: *deception, deceit, trick, illusion*; *error, mistake.*

1547 *WS, Sommedigaeth* Desceyt. **1567** *TN* 288b, wrth ddichell dynion, a' hocced, er cynllwyn twyll [:- bwriadu *siomedigeth*]. **1629** R. LLWYD: *P* [7], o herwydd bod y rhan-fwyaf yn y dyddiau hyn mewn *siommedigaeth* dybryd . . . ynghylch edifeirwch. **1632** *D, Sommedigaeth*, Impostura, deceptio. *id.* d.g. *Hallucinatio.* **1632** J. DAVIES: *LlR* 390, nad yw'r byd hwn . . . ond . . . yn hûd ac yn *siommedigaeth. id.* 393, Aneirif yw *siommedigaethau* a ffuant y byd. **17g.** *DCR* 202, Na ddod ffansi ar ddrwg verched / . . . / J *somedigaeth* pery hyd ange / na ddôd ffansi yw koeg ssiarade. **1658** R. VAUGHAN: *YPS* 17, Eithr hyn y mae nerth *Siomedigaeth* yn ei wneuthur. Gan fod Satan wedi osod ar y llaw Ddehau i'r rhai a adawo yr Ecclwys ar yr asswy. *id.* 30, Gwelwch y *Somedigaeth*, a difuddiwch ef . . . cyfodwch och drygioni. **1661** E. LEWIS: *Drex* [383], bwriadau, dichellion, a *siomedigaethau* Sathan. **1728** T. BADDY: *DDG* d.d., Rhyfeddol *Siomedigaeth* yr Iuddewon gan gau Ghrist yn Smyrna 1666.

siomedigaethus [*siomedigaeth* + *-us*] *a.* Siomedig; twyllodrus, camarweiniol: *disappointing*; *deceitful, deceptive.*

1833. Cf. D. OWEN: *GT* 124, Edrychai Harri yn drist a *siomedigaethus.*

siomedigol, somedigol [*siomedig, somedig* + *-ol*] *a.* Wedi ei dwyllo neu ei gamarwain; (geir.) yn peri siom, twyllodrus: *deceived, deluded*; (*dict.*) *disappointing, deceptive.*

1728 T. BADDY: *DDG* 155, yr holl Genedl Iuddewaidd . . . O byddai dim yn annog i ymchwelyd a dwyn yn ol y bobl druenus *siomedigol* hyn. *c.* **1730** *Thos. Lloyd D* (LlGC) 208b, *Siommedigol*, deluded. **1803** *P, Siomedigawl* . . . Deceiving. *id. Somedigawl* . . . Disappointing.

siomedydd [bôn y f. *siomaf: siomi* + *-edydd*] *eg.* Twyllwr: *deceiver.*

1691 T. WILLIAMS: *YB* 322, er bod y sawl sy'n eu proffesu eu hunain yn Gristiannogion trwy eu pechodau yn euog o ddirmygu Crist . . . etto nid ydynt yn dangos mai *siommedydd* a' chelwyddog oedd efe.

siometri [bnth. S. *geometry*] *e?g.* Geometreg: *geometry.*

16–17g. *GST* i. 320, Arthmetig, Musig maswych, / Astron'mi, *Siom'tri* sy wych.

Gw. hefyd **geometri.**

siomgar, somgar [*siom, som*[1] + *-gar*] *a.* Twyllodrus, ystrywgar, cyfrwys; yn peri siom, siomedig, llawn siom, ansad, ansicr; wedi ei siomi, siomedig, pruddglwyfus, sarrug, gwrthnysig, oriog: *deceitful, crafty, wily*; *disappointing, full of disappointment, insecure, uncertain*; *disappointed, morose, irascible, wilful, fickle.*

14g. *GDG*[3] 404, Gruffudd Gryg ddirmyg ddarmerth, / Grugiar y gerdd *somgar* serth. **14g.** *DGG*[2] 134, Yn iach fy *siomgar* gariad, / Mi gela', Gwen, gael a gad (Gruffudd Gryg). *Dchr.* **15g.** *IGE*[2] 205, Nesa hwnt, flew danas hen, / *Somgar* wyt, a oes amgen [i'r farf]? **15g.** *GTP* 57, *Somgar* wrth hydd neu gariwrch / Safnog arth yn sefnig iwrch [i ofyn milgi du]. **1545** *CM* i, 586, ynna I bydd y goddeuwr / ynn *shio/mgar* yn ffrom yn ddicllon. **1547** *WS, Somgar* Mody. **16g.** *CIl* 174, Sidellau yn gwau mewn gwynt, / *Siomgar* o adar ydynt [Morys Dwyfech am wenyn]. **1604–7** *TW* (*Pen* 228) d.g. *Aeger, Irritabilis. Dchr.* **17g.** *J* 10, 41b, *Somgar.* fallaciosus. fallax. **1630** R. LLWYD: *LlH* [375], yn llêd-ffrom [:- Neu yn *siomgar*] (*wilful*), ac yn gyndy[n]. **1632** *D, Somgar*, & *Siomgar*, Morosus. *id.* d.g. *Iracundus, Offensus.* **1632** J. DAVIES: *LlR* 15, ei enaid ef, yr hwn . . . a ellir ei golli cyn hawsed a'r tlws lleiaf a *siomgaraf* yn y byd. **1670** J. HUGHES: *AP* 125, Impostor *somgar.* **1677** C. EDWARDS: *FfDd* 358, Ymgleddodd yr Arglwydd Jonah er ei fod yn *siomgar.* **1688** *TJ*, Serfŷll . . . *siomgar*, ar syrthio: like to fall, decay or perish. **1691** T. WILLIAMS: *YB* 209, Pwy bynnag a ystyria ansiccred, ag mor *siomgar* yw enioes dyn . . . fe a feddylieu [*sic*] eu bod hwynt naill a'i [*sic*] yn ynfyd, a'i [*sic*] mewn diod. **1774** D. ELLIS: *GYGG* 125, y maent [cyfoeth bydol] yn anwadal ac yn *siomgar.* **1775** *W*, Cariadferch . . . *siomgar* d.g. *Jilt.* **1803** *P* d.g. *Siomgar, Somgar.*

siomgaraf, somgaraf: s(i)omgaru [bf. o'r a. *siomgar, somgar*] *bg.a.* Bod yn ddig, digio, ffromi, sorri; gwneud yn ddig, digio; ?peri siom i, siomi: *to be or become angry or indignant, sulk*; *make angry, anger*; ?*disappoint.*

15g. *FfBO* 35, Ac yna *siomgaru* a chywelydyaw a oruc Kadi. ?**15g.** *GDID* 65, disomgar feiniwar [*sic*] heb bai [*sic*] / A geraill [*sic*] a *somgarai* [am Fair]. **1545** *CI* 11, Weldyma'r arwyddion: pwlses kalled, bychain . . . Y gwynt a'r anadyl yn gymhedrol. Ac annodd vydd ganttho lidio a *shiomgaru.* **1547** *WS, Somgary* To be wroth. **1604–7** *TW* (*Pen* 228) d.g. *displiceo.* **1611** R. SMYTH: *SG* 192, Sainct Pawl . . . addywaed am yr anghyfiawn, ef a *somgaraf* [*sic*] yr arglwydd y pechadur. *id.* [2]77, cymerwch [dd]ysceidiaeth rhag i'r arglwydd *somgaru.* **1615** R. SMYTH: *GB* 65, *somgaru* vvr[t]h y naill bod yn fodlon i eraill. *id.* [208], pen vvelodd y gvvr iefanc yma i ddiddymu o'r peth a oedd hophach gentho nai hoedel, efe a *somgarodd* ag o ddirfavvr ddig a dolur ef a laddodd i hunan. **1632** *D, Somgaru*, Succensere. **1759** *BC* 93, Pa wr o'r oes yma, wrth Ffrind na *siomgara*, / O goffa a'r bai ucha, a'r [*sic*] ei bechod. **1770** *W* d.g. *Angry, To grow, or wax angry, To fret, Huff, To be in a huff, Indignation . . . To have . . . Indignation.*

siomgarwch, somgarwch [*siomgar, somgar* + *-wch*[1]] *eg.* Dicter, digofaint, sarugrwydd, piwisrwydd, croendeneurwydd; gwrthnysigrwydd, cyndynrwydd; twyll: *anger, indignation, irritability, sullenness, peevishness, touchiness*; *waywardness, stubbornness*; *deceit.*

1547 *WS, Somgarwch* Angre. **1632** *D, Somgarwch*, Morositas. **17g.** *LlGC* 10249, 146, Gan wenwyn trylwyn, fodd trwch ai trosdyn / trowster a *somgarwch* / keir hwynt, fel y ki ar [*sic*] hwch / duw,r, haeddiant, dyro heddwch [Wmffre Dafydd ab Ifan am ryfel]. **1688** *TJ, Somgarwch, siomgarwch*: peevishness, diverseness, [*sic*] to please, waywardness. **1688** T. JONES: *Alm* [4], Pa le ynteu y mae'r bai? ai ar *siomigarwch* [*sic*] Celfyddŷd sywedyddiaeth? Os nid iw'r gelfyddŷd honno ond Twŷll ac ofer hudoliaeth na heuddeu [*sic*] mo'i 'styried, na'i chadw mewn Coffadwriaeth. **1760** E. WILLIAMS: *UYB* 220, [Duw] yn cael / Gan Geraint lawer Senn / Trwy eu *Somgarwch* sâl. **1770** *W* d.g. *Anger, Aptness to anger, Hastiness* [*the quality of being soon provoked* . . .], *Touchiness.* **1803** *P* d.g. *Siomgarwç, Somgarwç.*

siomiad, siomad, somiad [bôn y f.

siomaf, somaf: *s(i)omi+-iad*[1], *-ad*] *eg*. ll. *-au*. Siomedigaeth; twyll, hoced, ffugiad: *disappointment; deceit, deception, forgery*.

1722 *Llst* 189, *siommad* d.g. *an Amusing, Amusement*. **1800** C. EVANS: *EJU* 94, Dyma wneuthur *siomiad* (forgery) o enw y Tri sanctaidd. **1803** *P* d.g. *Siomiad, Somiad*.

siomiannus, siomantus, somiantus [*siomiant, siomant, somiant+-us*] *a*. Yn peri siom, siomedig; twyllodrus, ystrywgar: *disappointing; deceitful, crafty*.

1604–7 *TW* (*Pen* 228), *somiantus* d.g. *Fallax, Insidiosus, perastutus*. **1611** R. SMYTH: *SG* 203, gan wrando gormod ar ysbrydion cyf[ei]lornys *siomantus*. *c*. **1730** *Thos. Lloyd D* (LlGC) 208b, *Siomantus* . . . Deceitfull.

siomiant, siomant, somiant [*siom, som*[1] *+-iant, -ant*[2]] *eg.b*. ll. *siomiannau, siomantau*. Siom, siomedigaeth; twyll, dichell, ystryw, llithiad: *disappointment; deceit, deceitfulness, trick, enticement*.

15–16g. *TA* 498, Nid nes im, yn dwyn *somiant*, / Unlle, dros hyn, no lleidr sant. **16g**. WILIAM LLŶN: *Gw* (R. Stephens) 477, Y tri *somiant* drwy symud / Yn dal hwnt anwadal hud, / A'r rheini, medd yr henwr: / Hudol a gwynt a hoedl gŵr. **1567** *TN* 55a, gafalon [*sic*] y byd hwn, a' *somiant* golud [:– twyll, hud cyvoeth]. **1568** MORYS CLYNNOG: *AG* 43–4, na wnelon niwed i dda vn arall drwy drais, ne drwy *somiant*. **16–17g**. *B* viii. 120, wedi iddo gyflowni amser y gwasanaeth y doded Lia iddo drwy *siomant* (*Lia ei supponitur*). **16–17g**. *GST* i. 441, A mwy *somiant* a'i wrantu / Im yw'r dasg am fy mir du [i ofyn tabler]. **1603** W. MIDLETON: *Ps* 58, Del distryw yw fyw yw fwth / Idho *somiant* dhisymwth. **1604–7** *TW* (*Pen* 228) d.g. *Allectatio, Ludificatio, pseudomenus*. **1615** R. SMYTH: *GB* 16, cyn lavvned o ddichellion, *siomantau* . . . a dial. **1618** J. SALISBURY: *EH* 194, pôb twylh, a *somiant*, a wneler wrth brynu a gwerthu. **1630** *YDd* 126, gochel (fel y mae 'r Apostol yn cynghori) *siommiant* (*deceitfulness*) pechod. **1722** *Llst* 189, Siomm, *Siommant* . . . f. Deceit, delusion, disappointment. **1793** DAFYDD IONAWR: *CD* 327–8, Siomwyr Enaid rhesymmol, / *Sommiant* yw pob ffuant ffol. **1800** W. OWEN[-PUGHE]: *CP* 54, oddigerth fod eich meusydd yn gyflawn gaued cyfarfyddwch â *somiant* (*disappointments*) yn eich cnydiau. **1803** *P* d.g. *Siomiant, Somiant*.

siomllyd [*siom+-llyd*] *a*. Yn peri siom, siomedig; wedi ei siomi, siomedig: *disappointing; disappointed*.

1915. Ar lafar, 'Mae hi wedi gwneud diwrnod *siomllyd* iawn' (gogledd Cered.); hefyd yng nghanolbarth Cered. yn yr ystyr 'sensitif'.

siompol, gw. siampl.

siomwaith, gw. siom+gwaith[1].

siomwr, somwr [bôn y f. *siomaf, somaf*: *s(i)omi+-wr*] *eg*. ll. *siomwyr*. Un sy'n peri siom; twyllwr, hocedwr, dichellwr; hefyd yn *ffig*.: *one who disappoints; deceiver, cheat, wily person; also fig*.

16g. *Llst* 6, 113, sym yw o red *siomwr* hydd / saeth vain dros y saith vynydd [i'r milgi]. *id*. 139, pam gytgamwr *siomwr* serch / yw genyd may ddig anerch. **1552** *Pen* 403, 115, y Kyfrwysa *Siomwr* y Kythrel. **1567** *TN* 320a, y drwc ddynion, a'r twyllwyr [:– hudwyr, *siomwyr*]. **16–17g**. *GST* i. 555, Serfyll oer bebyll yw'r byd, / *Siomwr* (*WLl* 216, *Somwr*) ar bob rhyw symud [marwnad y gŵyr wrth gerdd]. **1632** *D*, *siommwr* d.g. *Deceptor, Fraudator*. **1661** E. LEWIS: *Drex* 192, Nid ydwyt yn gwasanaethu un twyllwr neu *siommwr* cyffelyb i Laban. **1728** T. BADDY: *DDG* 76, A Maimonides sy 'n rhifo pedwar eraill o gau Gristiau a gododd yn Spaen a Ffraingc ym mysc yr Iuddewon . . . At ba rai fe ellir chwanegu y *Siomwr* mawr hwnnw yn Smyrna yn y Flwyddyn 1666. **1770** *W*, *Siommwr* d.g. *A baffler, Bamboozler*. **1793** DAFYDD IONAWR: *CD* 327–8, *Siomwyr* Enaid rhesymmol, / Sommiant yw pob ffuant ffol. **1803** *P* d.g. *Siomwr, Somwr*.

siôn, Siôn [yr e. prs. *Siôn* fel e.c. ac fel personoliad] *eg*. (bach. *Sionyn*). Unrhyw ddyn o blith y bobl gyffredin: *male representative of the common people*.

1703 E. WYNNE: *BC* 75, Bwriadwr Dyfeisieu, aliàs, *Siôn* o bob Cre[ff]t. Ar lafar, ''R un peth ydi *Siôn* â'i glocsan' 'it is six of one and half a dozen of the other', *WVBD* 518; 'yr un *Siôn*, *Siôn*' 'no change, the same kind of person', *Mont Coll* xii. 305; hefyd yn yr ystyr 'elf, imp', *TGG* (1907–8) 87 (de-orllewin sir Gaerf.).

Cfn.: **Siôn a Siân:** (i) *weather-house*. Ar lafar, *WVBD* 516, *GDD* 285. (ii) *name for the common people*. Ar lafar yn y rhigwm '*Siôn a Siân* â chawl / Mister a Mistres â broth / Syr a Madam â the', M. WILIAM: *DY* 49 (Cered.). **Siôn addewid:** *one who does not keep his promises*. Ar lafar yn y De. **Siôn Barrug:** *Jack Frost*. **20g**. **Siôn Corn:** *Father Christmas*. **1922**. Cf. J. GLYN DAVIES: *Cerddi Huw Puw* (1923) xxv, The history of *Sion Corn* is unknown to me any further back than my father's dialogues with him in the seventies. He was a benevolent spook, living up the chimney in comfortable appartments. He had some mysterious interest in getting children off to bed early, and a more rational habit of making presents at Christmas, as a Welsh Santa Claus. I do not know whether my father found him in Edern, his mother's home, or invented him. Anyhow, *Sion Corn* has done untruthful and amiable service for two generations. **Siôn Cwsg:** '*the sandman*', *sleepiness*. Ar lafar, D. J. EVANS: *HCS* 130. **Siôn Chwarae Teg:** (*personification of*) *fair play*. Ar lafar, ''I ddylsa fod wedi nuthur yn fawr o'r dyn ag odd wedi sefyll wth 'i chefan 'i ond dyna fe, ma *Siôn Wara Teg* wedi marw', *GTN* 770. Cf. M. WILIAM: *DY* 49, Mae *Sion Chwarae Teg* wedi marw / Taera'i ben pia hi nawr. *Pysg*. **Siôn Dori:** *John Dory, Zeus faber*. Ar lafar yn y Gogledd, H. E. FORREST: *FNW* 450. **Siôn gaddo = Siôn addewid.** Ar lafar yn y Gogledd, M. WILIAM: *DY* 32. **Siôn y gŵr:** *masterful or exacting husband*. Ar lafar, *Mont Coll* xiii. 326. **Siôn yr Haidd, S. (yr) Heidden,** gw. *haidd—Siôn yr Haidd*. *Bot*. **siôn heb siafio:** *cactus*. Ar lafar, G. AWBERY: *BM* 15 (Cered. a sir Gaerf.). **Siôn holwr:** *busybody*. **20g**. **Siôn l(l)ygad y geiniog:** *miser, niggardly person*. **1768 (1813)** TWM O'R NANT: *FF* [2], *Sion Lygad y Geiniog*. Ar lafar yn gyff., *WVBD* 518, *Mont Coll* xi. 315, *GTN* 769. Gw. hefyd *Ieuan—Ieuan l(l). y geiniog*. *Swol*. **siôn naill ochr:** *shrimp*. **20g**. **Siôn o'r wlad:** *itinerant worker, rustic, country bumpkin*. **1798** *WR* d.g. *Clown* . . . *country clown*. Ar lafar, *GTN* 770; clywir hefyd '*Siôn o'r wlad* heb un tad' am weithiwr crwydrol, *id*. 769. **Siôn o bob crefft,** gw. *Siôn pob crefft*. **Siôn y offis:** (*personification of*) *laziness*. Ar lafar yn ardaloedd chwareli'r Gogledd. **Siôn Ben Tarw:** *John Bull*. **20g**. **Siôn plesio pawb = Siôn bob ochr.** Ar lafar, *WVBD* 518. **Siôn pob crefft, Siôn o bob crefft:** *Jack of all trades*. **1703** E. WYNNE: *BC* 75, *Siôn o bob Cre[ff]t*. **1795** *R. Crusoe* 114, *Siôn o bob crefft*. **Siôn pob gwaith = Siôn pob crefft.** **20g**. **Siôn bob ochr:** *one who vacillates from one side to the other, or pretends to support both sides, Jack o' both sides*. **1815**. Ar lafar, *WVBD* 518. Cf. *Gardd Aberdar* 19, Gwell gan Dduw a dynion call ddyn sicr a sefydlog na math o '*Shôn bob ochr*,' heb fod yn un peth na'r llall. Gw. hefyd *jac—Jac bob ochr, sioni—Sioni bob ochr*. **Siôn pob swydd = Siôn pob crefft.** **1889**. **siôn segur:** *three- or four-legged wooden or iron candlestick, rushlight holder*. Ar lafar, D. J. EVANS: *HCS* 130; *TGG* (1907–8) 87 (de-orllewin sir Gaerf.); *Cymru* xlvi. 22 (godre Cered.). Cf. *CYLl* 6, Un tair troediog o waith natur / I ddal canwyll oedd '*Shôn segur*'. **Siôn yr un siŵt:** *person of predictable behaviour or dress*. Ar lafar, '*Siôn 'r un siŵt* yw e, wastod yn yr un dillad', *GTN* 770. **Mr Siôn Llwyd:** *hedge sparrow*. **1907**. Cf. *Siani—Siani Lwyd*.

Gw. hefyd sioni.

sionc, *a*. a hefyd gyda grym enwol. Iach, bywiog, hoenus, siriol, heini, ystwyth, esgud, chwimwth, ysgafndroed; taclus, cymen, dillyn, lluniaidd, teg: *healthy, well, lively, sprightly, cheerful, active, brisk, agile, nimble, light-footed; neat, trim, smart, shapely, fine*.

a. **1587** *Y* 193, Pwy bellach, golavach gwydd, / *Sionc* eiliwr, sy'n y celwydd? **16–17g**. *HG* 109, sr davüdd sywr eire dofion / *sionck* ar y sir sienkin sion. **1604–7** *TW* (*Pen* 228) d.g. *Elegans, Scitus*. *Dchr*. **17g**. *J* 10, 40a, *Siongc*, lustie. **1632** *D* (*Diar*), Nid *siongc* ond y drwy. **17g**. HUW MORUS: *EC* i. 194, Am anturio i gloddio'n glir, / I dynu'r twyll o dan y tir, / I sincio'r llew *sionc* i'r llawr, / Lle lladdwyd ef, mewn lludded fawr. **1688** S. HUGHES: *TSP* 160, Diolch i chwi, ebe yntef, yr wi'n *siongc* [:– Wych]. **1699** T. JONES: *TP* 150, cyfarfuant a llangc *siongc* (*brisk*) a ffraeth. **1707** *AB* 220b, *Siongc*, Nimble, active, &c. **1721** J. P. PRYS: *DC* 171, Yn llesc er ei *Siongced* ymwyro'n ddiymwared, / Heb ddigwydd iw Dynged ond Angen. **1723** J. JONES: *LlA* 227, fel pan yw yr Archolledig yn *siongc* (*well*) ef a ddichon ddywedyd, Dymma Ol fy Archoll. **1725** *SR* d.g. *Elegant, Nimble*. *id*. geneth *siongc* d.g. *A Quaint Wench*. *c*. **1730** *Thos. Lloyd D* (LlGC) 207b, *Siongc* . . . nimble, brisk, hearty, hail. **1753** G. OWEN: *L* 47, Gobeithio fod pawb yn iach yno. Byddwch *siongc*. *c*. **1754** *W Ballads* 161, 4, Ni cheiff y gwcha na'r *siongca* sydd, / Er cymaint a fydd ei foddion, / Ond arch o bren. **1767** W. WILLIAMS: *CAA* 68, Y ffol yn erbyn y call, yr afluniaidd yn erbyn y *shonc*. **1770** *W* d.g. *Active*. **1803** *P*. Ar lafar, '*sionc*' 'sprightly, nimble, quick, active', *WVBD* 519; '*sionc*' 'bywiog; ysgafn droed; gweithgar', *GTN* 768. Clywir *sionc* hefyd yn sir Gaerf. yn yr ystyr 'di-ddal, ychydig yn wan yn y pen'. Y mae'n debyg mai cyfenw S. a welir yn *Caernarvon Court Rolls* 105, [Madog] Shonke.

Cfn.: **sionc ar ei droed (ei draed, ei throed, &c.):** *nimble-footed*. **1754** *ML* i. 285–6, Roedd y nhad . . . yn llawer *sioncach* na'i fab *ar* ei farch a'*i draed*. Ar lafar.

sioncaf, siônciaf: sionci, sionc(i)o [bf. o'r a. *sionc*] *bg.a*. Llonni, sirioli, bywiogi, bywiocáu (yn enw. ar ôl salwch), adfywio, (peri) symud yn fywiog: *to make or become cheerful, enliven, become more active (esp. after illness), revive, (cause to) move in a sprightly manner*.

1677 C. EDWARDS: *FfDd* 305, Gwêl yr yspryd cystuddiedig fwy achos i gospi nac i wresogi'r cnawd, ac iw ffieiddio yn hyttrach nag iw *sionci*. **1803** *P*, *Sionci* . . . To make brisk; to become brisk, or lively. Ar lafar, 'Mae'r oen bach 'ma wedi *sionci*'n arw ar ôl cael tipyn o gnesrwydd a diod yn 'i fol', ''Roedd Dafydd newydd glywed 'i fod am gael codiad yn 'i gyflog, a 'roedd o 'di *sioncio* drwyddo' (sir Ddinb.); '*sionco*' 'bywhau . . . bywhau ar ôl salwch', *GTN* 768. Clywir *sionco* hefyd yn yr ystyr 'To be a little flushed with drink; to take just enough liquor to quicken the pace', *GDD* 286. Cf. *Hen B* 165, Pan fo cerlyn gwydyn godau / Ymron sengi teyrnas angau, / Gwell na phregeth na chyffuriau, / Sinc ei arian a'i *sionca* orau; D. J. WILLIAMS: *STG* 39, *Sioncodd* Dic ei gamau heb yn wybod iddo; D. J. WILLIAMS: *ChHO* 213, 'r oedd golwg pethau 'n wahanol rywsut,—wedi goleuo a *sionci* 'n rhyfedd.

sioncen [*sionc+-en*] *eb*.

(*a*) Gwraig neu ferch bert neu sionc, hefyd yn *ffig*.: *pretty or lively woman or girl, also fig*.

1722 *Llst* 189, *Siongcen* . . . a pretty dapper little woman. **18–19g**. *Llr* C 68, 13, *Siongcen*, fem. a little neat Person. Ar lafar, ''Odd ryw *sioncan* fach yno'n gwitho drosti', *GTN* 768; hefyd yn yr ystyr 'A woman of ill repute', *GDD* 286.

(*b*) Cwrw (cartref) heb fod yn gryf, tablen: *mild (home-brewed) beer*.

Ar lafar, *GDD* 286; hefyd yn yr ystyr 'tymer', 'Wê'r *shoncen* fach wedi codi erbyn hyn', *Wês wês* 17.

(*c*) Grawn ar frig tywysen: *grain at the top of an ear of corn*.

1722 *Llst* 189, *Siongcen*. f. The grain in the top of an ear of corn.

Gw. hefyd sioncyn.

sionciaf: sioncio, gw. sioncaf: sionci.

sioncrwydd [*sionc+-rwydd*] *eg*. Bywiogrwydd, hoenusrwydd, asbri, sirioldeb; ysgafnder troed, ystwythder; cymhendod, taclusrwydd: *sprightliness, liveliness, vivacity, cheerfulness; nimbleness, agility; neatness, trimness*.

1604–7 *TW* (*Pen* 228) d.g. *Concinnitas, Elegantia*. **1703** E. WYNNE: *BC* 79, Ond mawr na fedrei *Sioncrwydd* Ffrainc, / Rygyngu cainc rhag Angeu. *id*. 137, tan ddynwared *sioncrwydd* y Ffrancod. **1753** *TR*, *Siongcrwydd*, activity, nimbleness. **1776** *W* d.g. *Lightness* [*nimbleness*]. **1777** W. WILLIAMS: *DN* 51, fe siommwyd hyd yr eithaf ddau ddyn a briodwyd er mwyn tegwch-brŷd, *shongcrwydd* ymddygiad, harddwisgiad . . . y cwbl heddyw wedi darfod. **1798** *WR* d.g. *Mobility*.

sioncwil [bnth. S. *jonquil*] *e?g*. *Bot*. Croeso'r gwanwyn, *Narcissus jonquilla*: *jonquil*.

1785 E. BARNES: *MH* viii, Argraphiadau crefyddol . . . pan arogleuant nid o'r Lamp a'r Blwch; ond y delont yn anadlu o fonwes beraidd *Sionquil*.

Gw. hefyd joncwil.

sioncyn [*sionc+-yn*[1]] *eg*. ll. *sioncod*. Dyn bach trwsiadus, gŵr siriol bywiog: *dapper little man, cheerful lively man*.

1722 *Llst* 189, *Siongcyn*. m. A dapper little fellow. **1770** *W* d.g. *A beau, A dapper* [*tight little*] *fellow, A pretty* [*little*] *fellow*. Ar lafar, *GTN* 768; hefyd yn yr ystyr 'dyn meddw', *Cymru* xxxv. [233] (gogledd Cered.). Cf. *Wês wês* 18, Wêdd pŵer o'r bois wedi ca'l diferyn yn ormod a rhai yn *sioncod* jogel.

Cfn.: *Swol*. **sioncyn (y) gwair:** *grasshopper*. **1866**. Ar lafar yn Llŷn a rhai mannau eraill yn y Gogledd, gw. *LGW* [246]–7.

Gw. hefyd sioncen.

sioni, Sioni [yr e. prs. *Sioni* fel e. c. ac fel personoliad] *eg*. ll. *-s*. Unrhyw ddyn o blith y bobl gyffredin; Cymro o'r De; (yn y ll.) pobl y De; weithiau'n ddifr.: *male representative of the common people; South Walian man; (pl.) South Walians; sometimes derog*.

1891 *Cymru* i. 79, Pedr Mostyn oedd yr arweinydd

[yn Eisteddfod Abertawe], yr oedd gwawdio mawr ymysg y *Shionis* ar ei ymdrech i ddweyd 'nawr'.

Cfn.: **Sioni bolól:** *bogeyman.* Ar lafar, 'Fe ddaw *Shoni bolól* ar dy ôl di os na fihafi di' (gogledd Cered.). *Adar.* **sioni cap sidan:** *tomtit.* Ar lafar, *GTN* 768. *Swol.* **sioni coes hir:** *daddy-long-legs, crane-fly.* Ar lafar, '*sioni cos 'ir* mawr yn 'edfan bythdu'n penna ni' (Morg.). **Sioni hoi** (ll. *Sioni hois*): *derog. term for a collier, &c., ruffian.* Ar lafar ym Morg., cf. *LlGC* 1173, 59, *Shoni hoi!* . . . *Shonihois.* A slang name given by townspeople and the inhabitants of the Vale of Glamorgan to the Ironworkers, Colliers etc; *GTN* 770, *Sioni 'oi* . . . enw ar ddynion yr ardaloedd glofaol, sef y sawl a wisgai eu capiau ar ochr eu cern a gweiddi 'Oi!' ar ei gilydd ar y strydoedd, neu o leiaf dyna eglurhad Nantgarw ar darddiad yr enw . . . ym marn Nantgarw yr oedd *Shoni oi* bob amser yn fwstrog a gerwin ei ffordd. **Sioni laprau:** *rag-and-bone man.* Ar lafar, ''En *sioni lapra* odd yn dod bythdu 'ma es lawar dydd' (dwyrain Morg.). **Sioni fenyw:** *effeminate man.* Ar lafar yn nwyrain Morg. **Sioni bob ochr:** *one who vacillates from one side to the other, or pretends to support both sides, Jack o' both sides.* **20g.** Ar lafar, *GTN* 770. Clywir *sionis bob ochor* hefyd ym Morg. yn yr ystyr 'silod, berdys'. Gw. hefyd *jac—Jac bob ochr, siôn—Siôn bob ochr.* **sioni segur:** *wool-winder.* Ar lafar, I. C. PEATE: *GWB* 114 (sir Benf.). **Sioni Wynwns:** *Breton onion-seller.* Ar lafar yn gyff. yng Nghered. a'r De.

Gw. hefyd **siôn.**

Siönydd, Sïonyddiaeth, Sionyn, gw. **Seionydd, Seionyddiaeth, siôn.**

siop [bnth. S. C. *shop(pe)*, neu'n uniongyrchol o Ffr. Lloegr neu H. Ffr.] *eb.* (bach. *-an*) ll. *-(i)au.* Adeilad, ystafell(oedd), &c., lle yr adwerthir nwyddau neu wasanaethau, storfa, maelfa, masnachdy; gweithdy; hefyd yn *ffig.*: *shop, store; workshop; also fig.*

14g. *GIG* 47, *Siopau* glân glwys cynnwys cain, / *Siop* lawndeg fal Siêp Lundain [am naw wardrob Sycharth]. **15g.** *GGl*² 297, Pob gordd yn pwyaw heb gam, / Pricswng y *siop* o Wrecsam [i ddiolch am fwcled]. **15g.** *DE* 46, banhadlen ywch yr wyneb / bron bele lliw *sioppe* sieb [i wallt merch]. *id.* 47, Sipior min yw swper mav / fal sipio r mel or *sioppav.* **1545** *CM* 1, 274, kymer y llyshieuoedd yma o *shop* y triaglwr. **1547** *WS, Siop* A shoppe. **1615** R. SMYTH: *GB* 19, y byd yma, hvvn sydd vvir *siop* o vvaithredoedd duvv. **1630** R. LLWYD: *LlH* 182, o'r prŷd yr agorer y *Siop* . . . hyd onis cauer. **1658** R. VAUGHAN: *PS* 126, Nid yw r byd ond *Siop* o wagedd. **1661** E. LEWIS: *Drex* d.d., Printiedig yn Rhydychen gan Hen. Hall tros Rich. Davis, ac a werthir yn ei *siop* ef yn heol St Mair. **1686** FFOULKE OWEN: *Cerdd-lyfr* 58, Wrth sippio 'n ei *sioppau* Mae Sattan â succan, / Yn siommi dyn egwan ei agwedd. **1698** T. JONES: *Art* 15, *Sioppau,* neu y lle a cedwir Marsiandiaeth neu y pethau a brynnir ac a werthir. **1742** *ML* i. 73, nid oes neb wedi prynnu mor *siop* etto, na dim journeyman nid oes ynddi. **1753** *id.* 258, byddai da iawn gennyf gael tippyn o hadau o'r *sioppau* yna. **1757** *ML* (Add) 912, o ran nid oes yma yn y drefan fach [Aberystwyth] ddim llai na 35 o *Siopau* o bob ffasiwn! **1770** *TG* iv. 98, tŷ a *siop* y seiri. **1777** W. WILLIAMS: *DN* 53, Moddion *siopau* oedd yn dyfod yn fwndeli mawrion. **[1783]** *W,* Marchnadty . . . vulgò *siop* d.g. *Shop.* **1793** *Cylchg* 101, fel Pedleriaid yn carrio *sioppau* ar eu cefnau. Digwydd yn yr e. lleoedd *Siop Bach,* Dolwyddelan, *Siop Lwyd,* ger Bryncroes, sir Gaern., *ELlSG* 43. Cf. W. REES: *HBHD* 9, y mae ein *siopan* fechan yn cadw yr hen wraig a minau yn ein henaint yn lled gryno.

Cfn.: **siop adrannol:** *department store.* **20g.** **siop (yr) apothecari, siop y pothecari:** *apothecary's (shop).* **1696** *CDD* 191, Na ddôd mo ben dy fŷs i brofi, / Pôb pêth yn *siop y Pothecari.* **1759** J. EVANS: *PF* [2], y Cyffuriau sydd yw cael yn *Siop yr Apothecary.* **1795** J. THOMAS: *AIC* 283, *Siop Apothecari.* **siop fach:** *corner shop.* Ar lafar, '*siop fæch*' 'siop a gedwir mewn tŷ', ''Odd *siop fæch* ginti yn y rŵm ffrynt am flynydda', *GTN* 769. **siop farbwr, siop y barbwr:** *barber's (shop).* Ar lafar, '*siop farbwr*', *GTN* 769. **siop fasged:** *supermarket.* Ar lafar, M. WILIAM: *DY* 76 (Môn). **siop fetio:** *betting shop.* **20g.** Ar lafar. **siop fwtsiwr, siop bwtsiar:** *butcher's (shop).* Ar lafar, '*siop fwtsiwr*', *GTN* 769. **siop fwyd:** *grocer's (shop).* Ar lafar, *GTN* 769. **siop bwydydd iach:** *health-food shop.* **20g.** **siop bwydydd naturiol = siop bwydydd iach.** **20g.** **siop gadwyn:** *chain store.* **20g.** **siop gemist:** *chemist's (shop).* Ar lafar, *GTN* 769. **siop cigydd:** *butcher's (shop).* **20g.** **siop y Cop:** *Cooperative store.* Ar lafar. **siop (y) gornel:** *corner shop.* **1885** D. OWEN: *RL* 218, Yr oedd '*Siop y Gornel*',—y masnachdŷ yr oeddwn yn egwyddorwas ynddo, yn un o'r sefydliadau hynaf yn y dref. **siop y cwmni, siop gwmni:** *company shop.* **1931.** Ar lafar, '*siop gwmpni*' (Myn.). **siop dda-da:** *sweetshop.* Ar lafar yn y Gogledd. **siop ddillad:** *clothes-shop.* Ar lafar, *GTN* 769. **siop doctor:** *doctor's surgery.* Ar lafar, *B* viii. 222 (Morg.). **siop drygist:** *chemist's (shop).* **20g.** Ar lafar gynt yn Arfon. **siop elusen:** *charity shop.* **20g.** **siop esgidiau:** *shoe-shop.* Ar lafar, *GTN* 769. **siop fferins:** *sweetshop.* Ar lafar yn y Gogledd. **siop y gof:** *smithy.* Ar lafar, *B* viii. 222 (Morg.). **siop (y) groser:** *grocer's (shop).* **1929.** Ar lafar. **siop waith, siop weithio:** *workshop.* **1803.** **siop wen:** *hawker's basket, pedler's pack.* **1830.** Ar lafar, *WVBD* 519. **siop gwerthu popeth,** gw. *siop bob peth.* **siop wystl:** *pawnshop.* **1933.** **siop jips:** *chip-shop.* Ar lafar yn gyff. **siop jync:** *junk shop.* **20g.** **siop losin:** *sweetshop.* Ar lafar, *GTN* 769. **siop laeth:** *dairy.* Ar lafar, 'Fe nath e lot o arian drw gadw *siop lath* yn Llunden'. **siop lieiniau, siop lliain:** *draper's (shop).* **1728** T. BADDY: *DDG* 47, *Siop Lliain.* **siop lyfrau:** *bookshop.* Ar lafar. **siop bapur(au) (newydd):** *newsagent's (shop).* Ar lafar. **siop basteiwr:** *pastry-shop.* **20g.** **siop pedler, siop bedlin = siop wen.** **1630** R. LLWYD: *LlH* 47, deuant allan i'r heolydd a'u *siop pedler* ar eu cefnau. **1703** E. WYNNE: *BC* 14. Ar lafar yn y ff. *siop bedlin,* 'Hen ddyn bach a *shop bedlin* gidag e', *GDD* 217. **siop y pentre:** *village shop.* Ar lafar yn gyff. **siop bethau da:** *sweetshop.* Ar lafar yn y Gogledd-orllewin. **siop bob (pob) peth, siop gwerthu popeth:** *general store.* **1896.** **siop y pôn:** *pawnshop.* **20g.** **siop y pothecari,** gw. *siop apothecari.* **siop bupur:** *expensive shop.* Ar lafar, M. WILIAM: *DY* 76 (Môn). **siop saer:** *carpenter's shop.* Ar lafar, *GTN* 769. **siop sglodion:** *chip-shop.* **20g.** **siop siafins:** *chaos, shambles.* **20g.** Ar lafar yn gyff. **siop siarad:** *talking shop.* **20g.** Ar lafar yn gyff. **siop trin gwallt:** *hairdresser's (salon).* Ar lafar. **siop drwc, siop dryc:** *truck-shop.* **1848** *Adr Addysg* 219, Lle bo'r meistr uwchlaw cadw *shop-drwc* yn ei enw ei hun.

siopaf, siopiaf: siopa, siopio [bf. o'r e. *siop*] *bg.a.* a'r be. fel *eg.*

(*a*) Mynd i siop(au) i brynu nwyddau; y weithred o siopa; y nwyddau a brynir: *to shop; (act of) shopping; the shopping (goods bought).*

Ar lafar, 'Ma raid i mi fynd i *siopio*—'sa 'm bwyd yn tŷ' (Arfon); 'I'r Bont 'odd pawb yn mynd i *siopa* acha' nos Satwn', *GTN* 769; 'Rho'r *siopa* 'na ar y bwrdd ac fe wna' i baned o de inni'; 'Fues i'n y dre am ddwy awr, ond '*siopis* i ddim gwerth'; hefyd yn y ff. *siopan, LlGC* 1173, 60 (Morg.).

(*b*) Cadw siop: *to keep a shop.*

1885 D. OWEN: *RL* 307, Paid a dychymygu am *shopa* a phregethu. Fel pregethwr mi fydd y stock y rhaid i ti edrych ar ei hol yn rhy fawr i ti gael amser i edrych ar ol stock arall cwbl wahanol o ran ei natur.

(*c*) Bradychu (rhywun) i'r heddlu, &c.: *to shop (someone).*

20g.

siopan¹'², gw. **siop, siopaf: siopa.**

siopiaf: siopio, siopiwr, gw. **siopaf: siopa, siopwr.**

siopliftiaf: siopliftio [bnth. S. (*to*) *shoplift*] *bg.* Lladrata o siop: *to shoplift.*

20g.

siopo, siopos, siopreg, gw. **siobo, sopas, siopwr.**

siopryn [bnth. S. *shopping* gydag *-rymwthiol*] *eg.* Nwyddau a brynir mewn siop, (y) siopa: (*the*) *shopping.*

Ar lafar, *SC* vi. 130 (sir Benf.).

siopwr, siopiwr [*siop* a bôn y f. *siopaf, siopiaf: siopa, siopio*+*-(i)wr*] *eg.* (b. *siopwraig, siopreg,* ll. *siopwragedd*) ll. *siopwyr, siopwrs.*

(*a*) Un sy'n cadw siop, perchennog siop, (geir.) groser: *shopkeeper, shop-owner, (dict.) grocer.*

15g. *GLGC* 468, i wraig, i forwyn, i wrach,—i *siopwr,* / i ŵr, i glerwr ac i gleiriach [dychan i wŷr Caer]. **1547** *WS, Sioppwr* Shoppe kepar. **1566** *PRO,* C33/35 f. 9, Humfrey ap Lewys plaintiff . . . Agnes *Shopwrayk* & Elizabeth verch Ieuan ap Owen def. **16–17g.** *CRC* 428, Gwelwn yno *ssiopwyr* ssalw / wedi tyngv i gyd ir vnllw. **16–17g.** *DCR* 255, y *ssiopwr* sydd yn onest iawn / . . . / o gwrthwyneb yw hyn ir gwir. **1615** R. SMYTH: *GB* 73, [m]amau . . . yn dyscu i merched ddavvnsio . . . a theccau . . . i mvvnvvglau . . . a theganau, megis pe i byddent *siopvvragedd.* **1617** *Minsheu* 222b, *Sioppwr* d.g. *a Grocer.* **1688** S. HUGHES: *TSP* 274, Os â gwr mewn Dyled i *sioppwr* gant o bynnau. **1703** E. WYNNE: *BC* 19, *Siopwyr* (neu Siarpwyr) a elwant ar angen, neu anwybodaeth y prynwr. **1732** *AABI* [192], John Richard, *shopiwr.* **1756** *ML* i. 422, The cabinett I have making for Lord Powys is no more than Drôrs y *Sioppwrs* sir Fon. **1774** H. JONES: *CH* 49, Gofalu am ei war mae'r *siopwr,* / G of alu [*sic*] am yd a'i dda mae'r ffarmwr. **1828** *Geir Pob* 32, *Siopwrs, siopwyr,* masnachwyr. Ar lafar, '*siopwr* . . . *siopwrs*', *WVBD* 519; '*sioprig* . . . *siopwr* . . . *siopwyr*', *GTN* 769.

(*b*) Un sy'n siopa: *shopper.*

20g. Ar lafar, '*Sioprig* ddæ yw 'i, mae'n gwpod ymle i ffindo'r bargennon i gyd', 'Y *siopwr* gwaetha'n y byd yw Wil ni, y fi sy'n gorffod nuthur y siopa i gyd', *GTN* 769.

Cfn.: **siopwr gwyn:** *pedlar.* **1806.**

siopwrageddos [*siopwragedd* (ll. yr e. *siopwraig*)+*-os*] *e.ll.* Siopwragedd, yn ddifr.: *female shopkeepers, derog.*

1592 S. D. RHYS: *Inst* [xv], dhybhod o'r lhybhreu . . . at *Siopwragêdhos* i dhodi lhyssieu sioppeu yndhynt.

siopwraig, gw. **siopwr.**

siopydda [*siop*+*-ydd*³+*-a*³] *bg.* Cadw siop: *to keep a shop.*

1898.

Sioraidd, Siorsaidd [yr e. prs. *Siôr, Siors* +*-aidd*] *a.* Yn perthyn i'r cyfnod 1714–1830 (Siôr I–IV), nodweddiadol o'r cyfnod hwn, yn enw. am bensaernïaeth; yn perthyn i'r cyfnod 1910–52 (Siôr V–VI), nodweddiadol o'r cyfnod hwn, yn enw. am lenyddiaeth rhwng tua 1910 a 1920): *Georgian (of the periods 1714–1830 (George I–IV) or 1910–52 (George V–VI)).*

20g.

siord, gw. **siort**¹.

Sioriad [yr e. prs. *Siôr*+*-iad*³] *eg.b.* ll. *-iaid.* Llenor o'r cyfnod Sioraidd (*c.* 1910–20): *a Georgian (of author).*

20g.

Sioriaeth [yr e. prs. *Siôr*+*-iaeth*] *e?b.* Nodweddion llenyddiaeth Sioraidd (*c.* 1910–20): *Georgianism (of literature).*

20g.

siorni, siorplys, Siorsaidd, gw. **siwrnai, swrplis, Sioraidd.**

siort¹**, sort,** &c. [bnth. S. *sort*] *eb.g.* (bach. g. *siortyn,* b. *siorten*) ll. *-(i)au, -s.* Math, teip, rhyw, rhywogaeth, dosbarth; person o fath neu gymeriad a benodir; tebyg, cyffelyb: *sort, type, kind, variety, species, class; sort (of person, as specified); (the) like of, peer.*

15g. *AAST* (1935) 96, Pob *siort* aeth ar i ffortun, / Gwylio 'rwy' heb gael yr un [Dafydd Trefor i ofyn gordderch a thelyn]. **15g.** *GTP* 30, Saint Syr Gruffudd a guddiwyd, / *Siort* y llew fu Risiart llwyd. **15g.** GWILYM TEW: *Gw* 472, Odid yr un, daed ei ras, / O'i *sort* ym, wayw Syr Tomas. **1547** *WS, Sort* A sorte. **1552** *Pen* 403, 25, Pa *Sort* o ddiffeithwch anysprydol a illwng i mewn. **16g.** HUW ARWYSTL: *Gw* 80, Roi'n ddiddic Rynnwedd weddys / At *Siort* praff Risiart ap Rys / Rhoi'n ddiwenniaith rhann ddinam / Ai llaw mal Eilliw i Mam. *id.* 234, ackw trwy y gwaet rreial / y kavt ryw dwf Ector dal / Sy or dewrion mewn *Siord* wrol / sy o fewn dysg a saif yn dol. **16–17g.** (*Gesta Rom*) *LlGC* 13076, 87a, [p]vmp o *sortav* o vwyd. **17g.** (**18g.**) *CLlC* ii. 21, Pedwar *sort* [o ddillad crwyn] mewn congol sach. **1672** R. PRICHARD: *Gw* 319, [p]ôb rhyw *sort* [:- Fâth] o bechod. **1701** *CRC* 423, llyma araith o waith Sion Tydyr sef Satyr ar bob *sort* o Crefftay. **1739** D. ROWLAND: *LlY* 18, mae un *sort* fel Eutychus yn cyscu, tra pregether y gair. Ar lafar, ''Tydi o ddim yr un *siort* â'r llall', *WVBD* 519; hefyd am berson, 'Mae e'n eitha *short*' 'He is a very good sort', *GDD* 286.

Cfn.: **(o'r) siort orau:** (*of the*) *best sort; excellent, very well.* **20g.** Ar lafar, 'Mân' nw'n *siort* ora' 'they are of the very best', *WVBD* 519; 'Mi neith y tro'n *siort ora*', 'they will do excellently', *ib.*; 'Ma'r hen foi bach yn dŵad yn 'i flaen *siort ora*'.

siort² [bnth. S. *short*] *a.* Byr, cwta, swta, diserch, sarrug: *short; curt, sullen, surly.*

15–16g. *GRB* 56, A gâi fardd ac oferddyn / air *siort* o gael Rhisiart Gwyn? **18g.** TWM O'R NANT: *CO* 39, Mr. Siwrlun *siort,* a Mr. Tendio'i fusnes. Ar lafar, 'Ma fe'n wên i gyd withe, a bryd arall ma fe'n itha' *siort*'. Cf. *Hen B* 132, Mae gennyf gariad fechan *siort,* / . . . / O ben y stôl mae'n estyn cusan, / O bobol bach, mae hi'n beth fechan.

Gw. hefyd **siorts.**

siort³ [bnth. S. *short (drink)*] *eg.* (bach. *-yn*) ll. *-s.* Mesur bychan o ddiod alcoholaidd gref, yn enw. gwirodydd: *short (alcoholic drink).*

20g. Ar lafar, ''Gymi di *siort* bach, 'ta peint?'

(Arfon); 'Be' gymi di nesa', *siortyn*?', ''Dodd dim rhyfedd 'i bod hi wedi meddwi, 'odd hi'n yfed *siorts* trw'r nos' (sir Ddinb.).

siortaf[1,2]: siorto, siorten, gw. **siortiaf[1,2]: siortio, siort[1].**

siortgwn [bnth. S. *short gown*] *e?g.* Ffrog ac iddi sgert gwta a wisgid gan wragedd wrth eu gwaith tŷ; betgwn, gŵn nos: *short gown*; *bedgown, nightgown.*
1890.

siortiaf[1], siortaf[1], sort(i)af: siort(i)o, sort(i)o [bf. o'r e. *siort*[1], *sort*] *bg.a.* Dosbarthu yn ôl math, teip, &c., rhoddi trefn ar, gwahanu, didoli, nithio; trefnu (gwneud rhywbeth): *to sort, put in order, separate, sift; arrange (to do something).*
1547 *WS, Sortio* Sorte. **16g.** HUW ARWYSTL: *Gw* 338, vwch law hardd vort lle i *siortiwn* / e ddoe imi gart ddoe mi ai gwn [i gardiau chwarae]. **1828** *Geir Pob* 25, *Sortio*, cymmathu, trefnu. Ar lafar, '*siortio*' 'to sort', *WVBD* 519; '*siortio* mynd', *ib.*; 'Mae isie *sotio*'r defed heddi'; ''I waith a yw *sorto* llythyron', *GTN* 749.
Cfn.: **siortio, &c. allan (maes):** *to sort out.* Ar lafar, 'Ma angen *sortio*'r llyfre 'na *allan* cyn 'u rhoi nhw ar y silff'; 'Fe ddath yr heddlu yn y diwedd i'w *sorto* nhw *mas*'.

siortiaf[2], siortaf[2]: siort(i)o [bnth. S. (*to*) *short*(*-circuit*)] *bg.a.* (Peri) methu oherwydd cylched fer: *to short(-circuit).*
Ar lafar, 'Cymar ofal efo'r plŷg 'na—mae o'n *siortio*' (Arfon).

siorts[1,2], gw. **siort[1,3].**

siorts[3] [bnth. S. *shorts* (trousers)] *e.ll.* Trywser sy'n cyrraedd hyd at y pengliniau neu'n uwch, trywsus cwta, trywsus byr: *shorts (trousers).*
Ar lafar, 'Ma'r rhain yn bâr neis o *siorts*', 'Ma tîm pêl-droed yr ysgol yn gwisgo *siorts* du a thopie gwyn'.

siortyn[1,2], siosi, gw. **siort[1,3], sosi.**

siot[1] [bnth. S. *shot*] *eb.* (bach. *-en*) ll. *-(i)au, -s* (un. b. *-en*).
1. (*a*) Ergyd (o wn, &c.), taniad, clec; llenwad o ronynnau plwm mewn gwn neu getrisen, bwled; ergyd (mewn chwarae, e.e. snwcer, pêl-droed): *shot (from gun, &c.), report; shot (charge of lead pellets in gun or cartridge), bullet; shot (in game, e.g. snooker, football).*
[1783] *W*, Grawn, vulgò *siot* d.g. *Shot* [*with which a gun is charged*]. **1790** TWM O'R NANT: *GG* 77, Mae'n un or Militia mul ysig ei *shot.* **1795** *R. Crusoe* 32, dau faril o fwledau gwn, cwd mawr o *shot* mân. *id.* 57, pan na fyddai gennyf bowdr a *siotts.* Ar lafar, 'Nest ti'i daro fo efo'r *siot* gynta''; yng ngogledd Cered. clywir *siotsen* yn yr ystyr 'cetrisen'. Cf. D. OWEN: *GT* 38, Cafodd Twm drafferth fy mherswadio nad oedd *shoten* yn y gŵn.
(*b*) Ffotograff, llun camera; cyfres ffilm a dynnir yn ddidoriad gan un camera: *shot, photograph; shot (film sequence).*
20g. Ar lafar, ''Dyw rhieni'r priodfab ddim yn y *siot* 'ma'; 'Beth oet ti'n feddwl o'r *shot* 'na o'r ffeit ar Bobol y Cwm nithwr?'
(*c*) Marblen (a osodir yn y cylch cyn dechrau'r chwarae): *marble (placed in ring before starting the game), shot.*
Ar lafar, '*Shotan*: The shot or marble placed down in the game', *LlGC* 1171, 14 (Morg.); '*Shotan* . . . *shots* . . . a shot or small marble. Fi guras ddwy *shotan* i ma's. (I knocked two marbles out)', *LlGC* 1173, 61 (Morg.).
2. (*a*) Swm dyledus, yn enw. mewn tafarn, cyfran un person o'r fath swm, cyfrif, hen gownt, tâl, cyfraniad (ariannol); diod (feddwol): (*one person's share of*) *amount owed, esp. in a public house, reckoning, payment, contribution (of money); (intoxicating) drink.*
15g. DAFYDD LLWYD: *Gw* 291, O rhoi bot yn ôl *siotau* / Ilyfel yw, hi yfe lai. **1547** *WS, Siot* tal mewn tafarn A shotte. **16g.** (*LlEG*) *Mos* 158, 218b–19a, y n/ eb a wnel kyuri am I *siott* heb go vun [*sic*] kyngor y dauar[n]wraig A v/ydd yn gyffelib I wneuthud i gyruri [*sic*] ddwywaith. **16–17g.** *DCR* 256, Kam gyfri ni chynig byth mewn ŷn *ssiott* / . . . / o gwrthwyneb yw hyn ir gwîr [am wragedd tafarn]. **16–17g.** *GHCEM* 143, Ac ymhob *siot* cardotai, / Hai acw'n dost, Huwcyn Dai. *Dchr.* **17g.** *Card* 12, 478, Rhai hyn ni sonyn am *siot* ddiwael. **1638** *Pen* 151, 75a, yn y dafarn diofal / yr â 'n ei *siott* ŵr hên sal [Watgyn Clywedog i erchi march]. **17g.** HUW MORUS: *EC* i. 82, Os daw arian is dwy-rot, / Nod gwŷr gwych, nid sych y *siot* [i ofyn cerwyn ddarllaw]. **1696** *CDD* 145, Meddwon fyddant ar eu *siott*, / Wrth eu pott, ar ddiod. **1716–18** *Llsgr R. Morris* 57, yn hylwudd ufudd yfan ar *siot* dros bawb a dalan. *c.* **1757** *Bangor* 1733, 64, cin talwi bymtheg swllt o *siot* am yslot o gwrw. **1759** *BC* 243, Mynd i sôn am wneuthur *Siott* / A galw am Bott, a chyfri. **1765** *BDGU* 41, Gadewch ini bellach, yr hên Gott, / Wneuthur *Siott*, os hittia / . . . / O, gwir, pa faint iw'r Cyfri? / Yr ydwi yn dechre meddwi. **1778** J. HUGHES: *BB* 319, A galw bir brandi, a berwi hott pott, / A gwario 'n eu crymswllt nghylch sei-swllt [*sic*] o *siott.* *id.* 320, Fe ddaliai hwn geffyl yngwystyl y *siott.* Ar lafar yn yr ymadd. 'Wedi myn'd yn *siot* sych' 'Out of money, having spent the whole in drink', *Mont Coll* xii. 301.
(*b*) (enghrau.'n cyfeirio at arferion ar ôl angladd: *exx. with ref. to funeral customs*).
1837. Cf. *Traeth* xiii. (1858) 370, Mae y llygredigaeth a elwid *siot* claddedigaeth . . . erbyn hyn wedi ei llwyr roddi heibio; J. JONES: *Llên Gwerin* 283, Y peth olaf yn nghlŷn [*sic*] â'r amgylchiad [cynhebrwng] fyddai y *Siot* Cynhebrwng . . . Elai rhyw nifer bennodol o honynt yn gyfrifol am y treuliadau, a rhoddent orchymyn yn un o'r tafarndai yn y pentref am i nifer bennodol o gacenau gael eu parotoi erbyn dydd yr angladd; ac ar ol claddu, gwahoddid y dieithriaid oll i'r dafarn, a rhoddid cacen i bob un o'r merched, yr hyn a elwid '*Siot* y Merched'; yna cyfranai y plwyfolion a fyddai yn bresennol chwecheiniog y llaw at gael diod i'r meibion, yr hyn a elwid drachefn yn '*Siot* y Meibion.' Ar adegau, elai yn ail ac yn drydydd *Siot*'; ond y cyntaf a ystyrid yn briodol '*Siot* y Cynhebrwng'. Am ragor o fanylion, gw. T. M. OWEN: *WFC* 180–1.
Cfn.: **siot fawr:** *kind of fishing net made of two draft nets tied together and placed across the river Teifi.* Ar lafar, J. G. JENKINS: *NC* 226. **fel siot:** *like a shot.* **20g.** Ar lafar, 'Os bydd Dafydd yn canu heno fe fydda' i yno *fel siot*'.

siot[2] [?yr un gair â *siot*[1]] *eb.g.* Bara ceirch wedi ei falu a'i gymysgu â llaeth enwyn neu laeth, picws mali, brywes: *oatbread crumbled into buttermilk or milk.*
16–17g. T. PRYS: *Bardd* 297, mynd yw frekffast yn hasti / i dyllav koeg fal dvll ki / gwadv gwin gida i giniaw / ond browes ne bottes baw / . . . / a chwedi / i/ *siott* ai bottes / faril oer ni nai fawr les. Ar lafar, *WVBD* 519, *B* iii. 207 (Penllyn), *Geir Geg* 25 (Meir. a sir Ddinb.); hefyd yn yr ystyr 'cig wedi berwi ac wedi tywallt ar fara', *WVBD* 519.

siotaf: sioto [bnth. S. taf. (*to*) *shot* 'to throw (away)'] *bg.a.* Taflu (ymaith): *to throw (away).*
20g. Ar lafar, 'Cera i *sioto*'r 'en datws 'na', 'Paid o *sioto* pethach dæ', *GTN* 769; hefyd ym Myn.

sioten[1,2], gw. **siot[1], sôts.**

siotiaf: siotio [bf. o'r e. *siot*[1]] *bg.* Diota, meddwi: *to booze, become drunk.*
17g. E. MORUS: *Gw* 67, Gwiliwn ni wrth *shotio* i Satan yn dwyn, / . . . / Wrth roddi serch gormod ar lan medd-dod mwyn. *c.* **1761** *W Jew* 6, yn *shotio* ag yn meddwi mewn an Llyfodreth [*sic*]. Cf. S. ROBERTS: *Gw* 739, anerchiad . . . yn erbyn yr hen ddefod o fyned o'r fynwent i'r dafarn. Yr oeddym yn meddwl fod yr hen arferiad niweidiol o '*siotio*' felly wedi darfod.
Gw. hefyd **sotiaf: sotio.**

siots, siotsen, siou, siow, siowdwr, siowlyn, gw. **sôts, siot[1], sioe, siew, sawdiwr, siôl[2].**

siowman [bnth. S. *showman*] *eg.* Un sy'n chwannog i arddangos ei ddoniau ei hun: *showman (one skilled in self-advertisement).*
20g. Ar lafar, 'Tipyn o *siowman* yw e, ond mae'n neud lot dros achosion da'.

siowt[1] [bnth. S. *shout*] *eb.g.* Gwaedd, cri, llef: *shout, cry.*
16g. (*LlEG*) *Mos* 158, 653b, gida *shiowt* y bobyl yn chwerthin am y geiriav. *c.* **1730** *Thos. Lloyd D* (LlGC) 210b, *Siowt.* shout. Ar lafar, 'Os byddi di ise help, rho *siowt*'.
Cfn.: **siowt fedel (medel):** *harvesters' shout celebrating the end of the harvest, harvest-home shout, also fig.* **16–17g.** *GST* i. 829, O Awst hyd Ŵyl Fihangel / Fe fydd llawer *siowt fedel.* *Dchr.* **17g.** *CRC* 436, yn kyfarch yn dra vchel / yn debig i *shiowt medel.*

siowt[2], gw. **siwt.**

siowtiaf, siowtaf: siowtio, siowtan [bnth. S. (*to*) *shout*] *bg.a.* Gweiddi: *to shout.*
1583 *LlGC* 716, 60b, Ac wynt a tyngasont, i'r arglwydd, trwy vchel-lais, a thrwy *siowtio* (o lywenydd).

sip[1] [bnth. S. *sip*] *eg.b.* Llymaid: *sip.*
17g. *LlGC* 13215, 351, *Sip* sorb[i]tio. **1707** *AB* 220b, *Sip*, A sup. S. **1722** *Llst* 189, *Sip.* f. A sup. **[1783]** *W*, Llymmeidyn . . . vulgò *sip* d.g. *Sip* [*a small draught*]. Ar lafar, 'Cymer *sip* o hwn i weld os ŵt ti'n licio fo'.

sip[2] [bnth. S. *zip*] *eg.* ll. *-iau, -s.* Dyfais i gau dilledyn, bag, &c., sef stribyn hyblyg ac iddo ddwy res gyfochrog o ddannedd sy'n cyd-gloi, ac sy'n agor neu'n cau drwy dynnu tab bychan ar hyd-ddynt: *zip (fastener).*
20g. Ar lafar, ''Di o dda i ddim, ma'r *zip* 'di torri'.

sipaf: sipan, gw. **sipiaf[1]: sipian.**

sipart [bnth. S. *jeopard* 'danger'] *e?g.* Perygl, enbydrwydd: *danger, peril, jeopardy.*
17g. *LlGC* 10249, 132, fy help rhag trip, a *sipart* / fy nüw, fy nghleddyf, fy nart (Wmffre Dafydd ab Ifan). **1658** R. VAUGHAN: *PS* 342, ac a redant mewn *sipart* neu ir perigl na wellhaont fyth.

sipen, gw. **sipsiwn.**

sipiad [bôn y f. *sipiaf*[1], *sipaf*: *sip(i)an, sipio* +*-iad*[1]] *eg.* ll. *-au.* Y weithred o sipian, llymaid, hefyd yn *ffig.*: *a sipping, sip, also fig.*
17g. *CC* 70, Cysylltiad *sippiad* swpper gof oesoedd / gwefusau melysber [i'r cusan]. *c.* **1730** *Thos. Lloyd D* (LlGC) 207b, *Sipiad.* AF. 61. **1803** *P.*

sipiaf[1], sipaf: sip(i)an, sipio [bnth. S. (*to*) *sip*] *bg.a.* Yfed (ychydig) ar y tro, llymeitian, bwyta (bwyd llwy) â llwy, yfed, llyfu, sugno, hefyd yn *ffig.*: *to sip, sup, take (liquid food) with a spoon, drink, lick, suck, also fig.*
15g. *DE* 47, *Sipior* min yw swper mav / fal *sipio* r mel or sioppav. **16g.** *GGH* 381, Hudoles chwip i'w *sipian*, / Cythreulies din diawles dân [i butain]. **16g.** *CLl* 174, Aeron duon ar hin dawel, / Sypiau mân yn *sipio* mêl [Morus Dwyfech i ofyn cychod gwenyn]. *c.* **1595** *B* viii. 244, Y bara doreth obru a dorrai / Ag yn i swpper gwin a *sipiai* (Wiliam Midleton). **16–17g.** *CRC* 181, kan nhw fynd i *sipian* potie / ag i ddondrio ryd tafarne. **1632** *D*, cawl . . . i'w lymme[i]ttian ac i'w *sippian* d.g. *Sorbitiœ.* **17g.** *Llr* B 23, 2a, [p]en y *Sipiodd* ef [Gwion] y Dafney Gwrthfawr hyny. **17g.** E. MORRIS: *Gw* 342, Er *sipian*, tynnan' er tanio—nawaith, / Mwy'r newyn amdano [baco]. **1672** R. PRICHARD: *Gw* 190, Rhai sydd yn i fwrw [cwrw], rhai sydd yn i gadw, / A rhai sydd yn arw yn i *sipio* [:– Hyfed]. **1716–18** *Llsgr R. Morris* 21, oni leiciwch chwi ar riw dro / fund ati hi i *sipio* sopan. **1753** *TR*, *Sippian*, to sup, to sup often. **1759** *BC* 298, Cawn Siwgr efo'n Seigiau, / A *Sippian* llysiau Sioppau. **1777** E. ROBERTS: *DG* 14, a *S[i]pian* grâs or sypiau Grawn. **[1783]** *W*, Llymmeittian . . . vulgò *sippian* d.g. *To sip* [*drink by small draughts*]. **1803** *P* d.g. *Sipian, Sipiaw.* Ar lafar, '*sipian*, *shipian*', '*sipian* cwrw', '*sipian* da da', *WVBD* 491; 'Paid â *sipian* dy fawd!'; hefyd yn y ff. *sipan*, *GTN* 741. Cf. *Cymru Fu* 356, er mwyn cael afal i'w *sipian.*
Cfn.: **sipian ei weflau:** *to lick one's lips.* **1757** G. OWEN: *L* 196, edrych arno ynteu'n yfed ei winoedd . . . ac yn *sipian ei weflau* diawl i godi blys arnom. Ar lafar, *WVBD* 491.

sipiaf[2]: sipio [bf. o'r e. *sip*[2]] *ba.* Cau (dilledyn, bag, &c.) â sip: *to zip.*
20g.

sipiaf[3]: sipio [bnth. S. (*to*) *ship*] *bg.a.* Mynd ar long fel teithiwr neu fel aelod o'r criw, cyflogi (rhywun) fel aelod o'r criw ar long; gollwng (dŵr) (am long, &c.): *to ship (as passenger or member of crew), engage (member of ship's crew); ship (water).*
18g. *W Ballads* 443, [1], Hithe yn mynd ir Mor mewn dillad Mab. Yntau yn ei *Shipio* ei hun ar long yn myned i New England. **1828** *Geir Pob* 25, *Sipio*, myned i long. Ar lafar, cf. *LlIAM* 107, *shipio*: Os daw dŵr i mewn y mae'r llong yn '*shipio*'. Hefyd y mae'r criw yn '*shipio*' gyda'i gilydd.

sipins, gw. **tsipins.**

sipionen, sipiones, sipionyn, gw. **sipsiwn.**

sipiwr [bôn y f. *sipiaf*[1]: *sipian*+*-wr*] *eg.* ll. *sipwyr, sipiwrs.* Un sy'n sipian, llymeitiwr, diotwr: *one who sips, drinker, tippler.*
1803 *P*, *Sipiwr* . . . A sipper.

sipog, *eb.* ll. *-au.* Côt (fawr), hefyd yn *ffig.*: *(great)coat, overcoat, also fig.*
1753 *ML* i. 228, Dyma fi wedi gyrru' ngeirlyfr . . . ir Iwerddon, i geisiaw *sippog* newydd interleaved, etc. **1753** *TR, Sippog*, a coat. R.M. **1755** *ML* i. 396, mae'n edifar yr awron droi'r *sipog* neu'r gôb. **1756** G. OWEN: *L* 167, Pa un ai yn eu Gynau duon ai yn eu *Sippogau* y bydd y Personiaid Cymreig. **1760** *ML* ii. 268, Black cloth is advanced to 27s. a yard . . . Wala, mae yma hen *sippog* ddu a gaiff wneuthur y gwaith dros un tri mis. *id.* 274, Mae yman grys bais wlanen, a gwlanen ynghorph y wasgod, ie a gwlanen, yn ddistaw, rhwng y *sipog* a'r leinin. **1768** TWM O'R NANT: *CTh* 24, Huw *Sippog* dyllog. **1777** E. ROBERTS: *DG* 42, a phob un yn ei *Sippog* gôch / i wilio Moch a cheffyle [am helwyr]. **1778** J. HUGHES: *BB* 365, Pe cae *sippog* wlanog lew, / A lled-trom rhag iâs llwyd-rhew, / Rhyw hugan gly[d] rhag y glaw. **1803** JAC GLAN-Y-GORS: *Gw* 52, Dechreuodd yno fwrw ei hen-flew, / Cadd *sipog* lâs a gwasgod wen, / Ac i wneyd ei hun yn gryno / Dechreuodd hwylio i bowdro ei ben.

sipons, sipr, gw. sibwns, seipr.

sipreswydd, sipriswydd [bnth. S. *cypress* +*gwŷdd*[1]] *e.ll.* (un. b. *-en, sypreswydden, sypryswydden*). *Bot.* Cypreswydd: *cypress trees.*
1714 D. LEWYS: *CN* 21, Ei bresen am gwna lly'n yn ffres, / Fel Cyscod *Sypreswydden.* **1725** *SR, sipresswydden* d.g. *A cypress-Tree.* **1745** D. JONES: *HN* 7, Tri Gronyn . . . o honynt y cyfyd Tair Gwinlen; un o honynt a fydd o ryw Cedrwydden, ar [*sic*] Ail, a fydd o ryw *Sipresswydden* . . . drwy y *Sipresswydd* y deallir y Mab. Cf. *MA*[2] 375a. 44–5, megis *Sipriswydden* (*GM* 31, cipresswydden) ym mynydd Sion.
Gw. hefyd **cypreswydd, seipr, seiprys**[1].

siprys[1] [ag adran (*b*) ?cf. *gibris*] *eg.*
(*a*) Cymysgedd o haidd a cheirch a heuir ynghyd; bara siprys; hefyd yn *ffig.*: *mixture of barley and oats sown together, dredge; bread made from such grain; also fig.*
1722 *Llst* 189, *Sipprys.* m. A mixture of barly and oats. **1814** W. DAVIES: *Agric . . . S. Wales* ii. 292, oats and barley are sown together; thrashed, kiln-dried, and ground into meal; from which a kind of bread called *sipris* is made. Ar lafar, *AGB* 81, *GDD* 285, *LlGC* 1173, 54 (Morg.), a hefyd yng nghanolbarth a godre Cered. Yn ardal Dihewyd, Cered., gelwid 'capel *siprys*' ar gapel ag addolwyr o enwadau cymysg. Cf. RH. IFANS: *SR* 94, Ceirch a barlys, rhyg a gwenith, / *Shiprys* ddigon—tato gwynion; *CYLl* 1, Yr ysgall sydd yn arw, / A'r rhos yn cario draen, / A'r meillion gânt eu sarnu / Yn *sibris* ar y waun; D. J. WILLIAMS: *HDFf* 116, [C]wm y Wern . . . y cwmwd bychan o *shiprys* enwadol, yn Annibynwyr a Methodistiaid, rhwng y ddwy ardal, Rhydcymerau ac Esgerdawe.
(*b*) Cymysgedd o Gymraeg a Saesneg: *mixture of Welsh and English.*
1871. Ar lafar, 'Sharad *shipris*', *GDD* 285.
Cfn.: **siprys gwenith:** *mixed crop of oats, barley, and wheat.* Ar lafar yng ngodre Cered.

siprys[2], gw. seiprys[1].

siprys[3], **seiprys**[2] [bnth S. C. *ciprus*] *e?g.* Lliain main, ?penllïain, hefyd yn *ffig.*: *fine linen, ?headdress, also fig.*
14g. *GDG*[3] 313, *Siprys* dyn giprys dan gopr, / Rhagorbryd rhy gyweirbropr. **15g.** *IGE*[2] 224, Digipris gold *seipris* Sieb, / Dioer yw'r llathrwallt dihareb [Ieuan ap Rhydderch i ganmol gwallt merch]. **1617** *Minsheu* 73b, *Seiprys* d.g. *Cipres . . . a fine curled linen.* **1772** *W*, vulgò *siprys* d.g. *Cipress* [*a sort of gauze, or fine crape*].

siprys[4] [?bnth. S. C. *cipres* '?precious stone of some kind'] *e?g.* ?Math o faen gwerthfawr anhysbys: *unidentified precious stone.*
15g. *GLGC* 240, Sêr a roddes o ruddaur, / *siprys*, gwaith siop o wrysg aur [i ddiolch am baderau].

sipsen, sipsi, gw. sipsiwn.

sipsïaidd [*sipsi*+*-aidd*] *a.* Yn perthyn i'r sipsiwn, nodweddiadol ohonynt, tebyg i'r sipsiwn: *pertaining to, or characteristic of, gypsies, gypsy-like.*
1837.

sipsïones, sipsionyn, gw. sipsiwn.

sîp-sîp, *eg. Bot.* Gwyddfid, melog, *Lonicera periclymenum*: *honeysuckle.*
Ar lafar, '*shîp-shîp* (gwyddfid)', D. J. EVANS: *HCS* 129; '*sip sip*', '*ship ship*', G. AWBERY: *BM* 44 (Cered.).

sipsiwn, sipswn, jips(i)wn, &c. [bnth. S. Diw. Cyn. *gyptsion, gipson,* &c.] *e.ll.* (un. g.b. *sipsi, jip(si)*, ll. *jipsis*; un g. *sipsionyn*, b. *sipsen, jipsen, sipsiones, sipswnsen*) ll. dwbl *sips(i)wns, jips(i)wns*, a hefyd fel *eg.b.*
(*a*) Aelodau o grŵp ethnig o dras Indiaidd sy'n byw yn nomadaidd, unrhyw grŵp o bobl nomadaidd sy'n byw mewn carafannau, &c., tinceriaid, rhai tebyg i'r bobl hyn; un o'r bobl hyn; hefyd yn ddifr.: *gypsies, also of travelling people, tinkers, &c., and of any people similar to these; one of these people; also derog.*
Diw. **16g.** M. KYFFIN: *DFf* 276, bachog kaid ai bochau kŵn / siapsach a gweflau *sipswn* [am y Saeson]. **1703** E. WYNNE: *BC* 6, ofnais yn fy ffwdan mai haid oeddynt o *Sipsiwn* newynllyd. **1716–18** *Llsgr R. Morris* 72, lle bae *sipsiwn* am riw gwesdiwn mawr o gasdie. *c.* **1730** *Thos. Lloyd D* (LlGC) 208b, *Sipsiwn.* A gipsy. **1737** J. EINNON: *HR* 56, rhyw B[l]entyn a gymneraw'r [*sic*] *Sibsswns* trwy drais ymmaith o'i Wlad ac o blith ei Geraint. **18g.** *CM* 39, 140, fy nain i oedd wuddeles . . . / nain arall *Sipsiones* i Arfer oedd swnno. **1787 (1812)** TWM O'R NANT: *PG* 37, Ai ni 'dwaenoch mo Abram Wood fy nghefnder? / Mae hwnw'n trafaelu Cymru a Lloegr. / Rondol. O mi welais ryw *sipsiwns* hyd y byd, / Yn dygyd yn lled eger. Ar lafar, '*Shipshwns*', *WVBD* 518; '*jip, jipsis*' (gogledd sir Gaerf.); '*shipswn, jipswn(s)*, sb. m. f.' 'a gipsy, tramp', *SC* vi. 129 (sir Benf.); '*shipsi . . . shipswns*', *GTN* 767; 'Fe ddæth *shipswnsan* at y drws', *ib.* Cf. A. ROBERTS: *LlM* 34, Am newydd mor wiwlan, / Y ddwy roes bunt gyfan / I'r *Sipsi* benchwiban (un aflan ei nôd); D. OWEN: *GT* 20, Rhoddai Nansi ar ddeall mai *Sibsiwn* oedd hi wrth natur.
(*b*) Eifftwyr: *Egyptians.*
1672 R. PRICHARD: *Gw* 27, Yno y bu Christ yn aros, / Gydâ 'r *Sibswns* lawer wythnos. *id.* 33, Ac aeth at y *Sybswns* [:– Aiphtiaid], a'i phlentyn ar ffrwst. *id.* 120, Joseph . . . / . . . / Gâs i dynnu maes o'r dwngwn, / A'i roi'n Ben ar wlad y *Sibswn. id.* 549, Os tyngei *Sibswn* i ben Pharo / Yng ham, fe gae ei ddieneidio. *c.* **1730** *Thos. Lloyd D* (LlGC) 207b, *Sibsiwn.* Ægyptius.
Amr.: **sipen** (*eb.*). Ar lafar, '*shipan*' 'said of an untidy person', *WVBD* 518. **sipionen** (*eb.*). **1897.** **sipiones** (*eb.*). **1892.** **sipionyn** (*eg.*). **1893.** **sipiwns** (*e.ll.*). Ar lafar, *WVBD* 518.
Gw. hefyd **sifftwn.**

sipsiynaidd, sipsiwnaidd [*sipsiwn*+ *-aidd*] *a.* Nodweddiadol o'r sipsiwn, tebyg i'r sipsiwn: *characteristic of gypsies, gypsy-like.*
1852.

sipswn, sipswnsen, gw. sipsiwn.

sipwnen, gw. sibwnen.

sir[1] [bnth. S. C. *shire*] *eb.* ll. *-oedd.* Un o'r unedau tiriogaethol a sefydlwyd yng Nghymru i ddibenion gweinyddol, cyfreithiol, a gwleidyddol gan Statud Rhuddlan 1284 yn y lle cyntaf, a'u nifer a'u maint yn amrywio dros y canrifoedd, swydd, uned gyffelyb yn Lloegr ac mewn rhai gwledydd eraill; llys sirol; hefyd yn *ffig.*: *county, shire; county court; also fig.*
14g. *GLlG* [44], Cuchiog gwaeth na swyddog *sir*, / Cochl crwn cylch gwyndwn gweundir [am yr eira]. **14g.** *GIG* 90, Gem oedd y *siroedd* a'u swch / A thegan gwlad a'i thegwch [marwnad Dafydd ap Gwilym]. *c.* **1400** *R* 1255. 4–5, yn *sir* gaer aruon. **15g.** *GDLl* 118, Na sarhau un o'r *sir* hon / Oni wnair iawn yn wirion [i Dydecho]. **15g.** *GO* 233, Tŵr oedd y'nn [*sic*] *siroedd* a'n serch, / Teidiav rrydd Tudur, Rrydderch [marwnad Elisau ap Gruffudd ab Einion]! *Diw.* **15g.** *Pen* 41, 25, Ni chenhiedir yn *sir* hawl a vo llai no deugeinsswllt. **1547** *WS, Sir* dan siriff Shyre, countie. **1612** *LlP* ii, Enweu holl *Siroedd* ac Escobiaetheu o fewn Twysogaeth Gymbru. **1687 (1715)** J. OWEN: *TB* 23, Collodd gwr o *shir* Henffordd ddwy gasseg. **1688** S. HUGHES: *TSP* 200, [t]ref Câr-elw, yr hon sydd Dref farchnad yn *Shîr* Trachwant yn y Gogledd. **1718 (1721)** S. THOMAS: *HB* 93, [y] *Sir* a elwir yn awr Kent. **1721** E. PUGH: *AC* vi, Cyforfod [*sic*] Misol yng-wynedd yn *sir* Philadelphia Ym-/ hensilvania. **1778** J. HUGHES: *BB* 298, Mi wn y bydd, y dydd, y do'n, / I feirion *Sir* fawr enw a son. **[1783]** *W, sîr* yr Amwythig, vulgò *sir* y Mwythig d.g. *Shropshire* [*the county of Salop*]. **1795** J. THOMAS: *AIC* 279, yn *Sir* Iorc. Ar lafar, '*shir* Gnarfon', '*shir* Fôn', *shir* Mwythig', *WVBD* 518; 'Cymræg *shir* Forgannwg sy ginnin ni', *GTN* 767.
Cfn.: **sir gwta:** *county court.* **16–17g.** *CRC* 444, yn gwrando ar gadw dadle / mewn *sir gwtta* a hwndryde / ac eraill or mân gyrtie. **17g. (17–18g.)** *LlGC* 6499, 398, a son mwy mewn sesiwn mawr / sy /n/ dilyd sion hyd Elawr / ag etto /n/ y *sir gwtta* / mae kernod am ddiod dda (Siôn Prys). *c.* **1730** *Thos. Lloyd D* (LlGC), 210b, *Sir gwtta* . . . County court. **sir hâl,** gw. *sir-hâl.* **y siroedd uchaf:** *the counties of North Wales.* Ar lafar, 'Un o wŷr *y shirodd ycha*' yw a', *GTN* 767.

sir[2] [bnth. S. C. *chere*, neu'n uniongyrchol o'r H. Ffr. *ch(i)ere*; cf. Crn. C. *cher*] *eb.g.* ll. *-oedd.* Sirioldeb, llawenydd, hwyl, hyfrydwch, cysur; croeso, lletygarwch, difyrrwch, diddanwch, arlwy, gwledd; gwaedd neu floedd (o gymeradwyaeth, llawenydd, &c.), bonllef; hefyd yn *ffig.*: (*good*) *cheer, joy, delight, consolation; welcome, hospitality, entertainment, fare, feast; cheer* (*of approbation, joy, &c.*); *also fig.*
14g. *GDG*[3] 165, Yfory, sydd yty *sir*, / O'th lasgae, wair, y'th lusgir [i'r mwdwl gwair]. **14g.** *GIG* 158, Am hyn yn wir, gorau *sir* saint, / Y gofreinia gwŷr unfraint [dychan i'r Brawd Llwyd o Gaer]. **15g.** *GDID* 10, Lladd *sir* lluoedd Is Aeron, / Lladdiad, gwae wlad, gwiail onn [marwnad Rhys o'r Tywyn]. **15–16g.** *TA* 35, Pob rhyw saig o'r plas, pob rhyw siwgr plâd, / Pob sewer i'w gwrs, pob *sîr* a gad. **1547** *WS, Sir* ne roesaw Chere. **16g.** *THSC* (1923–4) (At.) 24, [d]ywedyd na ellynt hwy drigiaw gydac ef rac y bryddet a drycked vyddai y *sir.* **1567** *TN* 161a, byddwch o confort [:– *sir*, cyssir, galhon] da. **1580** *GGN* 43, y may ganto lawer o fwydydd melys, ag yn kael *sir* or gore bob dudd. **16–17g.** *Cer RC* 39, Cwrw a *sîr* fwythusol. **1672** R. PRICHARD: *Gw* 75, hwyliwch eich bwrdde, / A phob *sîr* or gore, o gariad ar Ghrist. **1701** E. WYNNE: *RBS* 199, mae Dyscawdwyr yr Eglwys yn galw Ympryd yn ymborth Gweddi . . . *sir* Angylion. **1787** M. WILLIAMS: *BM* 34, Nid i chwant eich *siroedd* dâ, / Y daethom ni yma i' mgynnig. **1803** *P, Sîr*, s. m. . . . Cheer, solace, comfort.
Cfn.: **sir galed:** *coarse diet.* **1701** E. WYNNE: *RBS* 80, 125. **1772** *W* d.g. *Diet, Coarse diet.* **sir dda:** *good cheer.* **15–16g.** *GIF* 86. **1653** *MLl* i. 165. **1771** *W* d.g. *Chear, Good chear.* **sir fawr = sir dda. 15–16g.** *GLM* 218. **16g.** *THSC* (1923–4) (At.) 47. **1615** R. SMYTH: *GB* 136. **sir safn:** *lip-service.* **1755** G. OWEN: *L* 162. **[1755]** *ML* (Add) 906.
Gw. hefyd **tsïars.**

siraf: siro, siráff, siral, gw. siriaf: sirio, jiráff, sir-hâl.

sirbwc, sirbwg, gw. surbwg.

sircl, gw. sercl.

sircon [bnth. S. *zircon*] *eg.* (Maen gwerthfawr a geir o rai mathau tryloyw o) sirconiwm silicad ar ffurf risialaidd bedronglog: *zircon.*
1851.

sirconiwm [bnth. S. *zirconium*] *eg. Cem.* Elfen fetelaidd lwyd (symbol Zr; rhif atomig 40) a geir mewn sircon ac a ddefnyddir at amryw ddibenion diwydiannol: *zirconium.*
20g.

sircwt, gw. swrcot.

sircyn, syrcyn, s(i)ercyn, &c. [bnth. S. *jerkin*] *eg.b.* ll. *sircynau, syrcynau, sircynod.* Siaced (heb lewys); crys isaf, fest: *jerkin; vest.*
1547 *WS, Syrkyn* A ierkyn. **16g.** (*LlEG*) *Mos* 158, 670a, y boobyl a vai ymynde [*sic*] mewn *dgierkyn* a ddirmygai y gwyr aoedd ymynd mewn shiackeda [*sic*]. **16g.** *GGH* 330, *Sircyn* dda'i graen am flaenor, / Siaced harddgled melfed môr [i ofyn sircyn o groen moelrhon]. **1567** *WLl* 178, *Sirkyn* o bwff melyn man / Yw r grawn aur ar gwaen arian. **16–17g.** T. R. ROBERTS: *EP* 241, Dymunai gael, damwain ged, / *Syrcynau*, ffrisiwr caened. **16–17g.** *CRC* 181, Rhai oi weision sydd heb vandie / a llawer vne [*sic*] heb ddim *sirkyne.* **17g.** E. MORUS: *Gw* 54, A *surcun* addewais, mae'r ddyfais mor dda, / Im bun; o'm hardd luniad a'm gwniad mi a'i gwna. **17g.** HUW MORUS: *EC* i. 310, Fe rwygwyd ei *siercyn* oedd frethyn da ei frig. **1681** S. HUGHES: *AC* 23, ddarfod i ryw beth ei dynnu ef, o'r tu cefn iddo, wrth gwrre ei *shercyn.* *c.* **1689 (1802)** L. WILLIAM: *Sherlyn Benchwiban* 5, Mae'i *siercyn* lom e'n drewi. *c.* **1730** *Thos. Lloyd D* (LlGC) 208b, *Siercyn.* A jerkyn. **1775** *W, sircyn* d.g. *Jerkin* [*a kind of coat*]. **1777** E. ROBERTS: *DG* 63, mewn pais a *surcyn* o frethyn haner pan. Ar lafar, 'Vest . . . East of the Conway, and north of the Dee, the prevailing

response is *syrcyn'*, *LGW* 301. Cf. *PT* 144, Mae gennyf gariad yn Llanuw'llyn / A dwy siaced a dau *syrcyn*; *Hen B* 68, Nid am Siôn sy' llwyd ei *sercyn*, / Ond am Siôn sy'n canu'r delyn.

Cfn.: **syrcyn brith (fr(a)ith)**: *coloured or chequered jerkin*. **16–17g.** *GST* i. 792, *Syrcyn fraith* (*CD* 103, *frith*), a chlos, a sanau. **1795** Jac Glan-y-gors: *SG* 20, pan roddo'r dyn hwnnw *syrcyn brith* am dano. *Bot.* **sircyn y melinydd**: *mullein*, *Verbascum thapsus*. **1632** *D* (*Bot*). **1774** *W* d.g. *Hig[t]aper*, *or high taper* [*in Botany*].

sircynog, sercynog [*sircyn*, *sercyn*+-*og*] *a.* Yn gwisgo sircyn: *wearing a jerkin*.
1862.

sired [cf. S. taf. *shired* 'thin'] *a.* Tenau (am frethyn): *thin* (*of cloth*).
Diw. **16g.** *CRC* 252, Mis Chwefrawr da gan ferched / Gael kany mantell *sired*.

siren, gw. **seiren.**

siréw[1], **s(i)eréw, syréw, shrew** [bnth. S. C. *shereu*, ff. ar *shreue* 'rascal; scold'] *a.* a hefyd fel *eg.* Llym, maleisus, ffyrnig, creulon, drwg; gerwin (am dywydd); person llym drwg ei dymer: *sharp*, *malicious*, *fierce*, *cruel*, *wicked*; *harsh* (*of weather*); *sharp ill-tempered person*, *shrew*.

15g. *GDLl* 151, Meddai Syr Rhys, modd *syréw*, / Mae pardwn i'r mab byrdew [dychan i Lywelyn ap Gutun]. **1547** *WS*, *Sirew* direid Shrewe. **16g.** *GGH* 414, *Syréw* a golles y rhôl; / Siarad anghymesurol (Siôn Brwynog). **16g.** Huw Arwystl: *Gw* 2, os kanmol dwyfol difalch / e syrr y byd *syrew* balch. *id.* 482, be doe lv/n/ ddi gydrym / eissiav iarll arf *sirew* llym / a chryfrwysc awch arafrym. **16–17g.** Edward Urien, &c.: *Gw* 274, Och roi 'nyfnder y gweryd / Arch a phridd goruwch ei phryd. / *Syrew* oerais âi'r awron / Santes hael sy'n tewi â sôn. **17g.** *LlGC* 10249, 206, fe am gwelwŷd, yn fwgwlys / obrü ,n, *serew*, brân syr Rŷs. **1745** *LlBH* 3, Fy nghorph a gyrrwyd mo'r [*sic*] *sirew*, / Fe dynwyd blew o'm Cerneu. Ar lafar, 'Hen fenyw *sherew*' 'A rude old woman', *GDD* 282; '*Shi-rew*—saucy: Un *shi-rew* iawn oedd Neli', *CYLl* 119; ''En fenyw *shiréw* yw 'onna', *GTN* 767; 'Mae'n dywydd *shirew* iawn . . . (It is very bitter weather)', *LlGC* 1173, 55 (Morg.); ''Odd 'i'n *shrew* iawn 'da'r 'en un diniwad' (dwyrain Morg.). Cf. *Aberpergwm* 1326, 32a, creilondeb o dywidd *syrew*.

siréw[2] [bnth. S. Diw. Cyn. *shyrewe*, ff. ar *shrew*] *e?g.* ll. -*od*. *Swol.* Llyg, llygoden goch: *shrew*(*mouse*).

17g. *TBM* 874, Y llygod a'r malwod mân / Yn ddihangol ni ddihengan'; / Ei badal ni ad wybedyn, / A'r twrch o'r ddaear y tyn. / A siŵr yw i *sirewod* / Na chaiff eu rhyw yn fyw fod [Robert ap Huw i ofyn ffon badl]. **1738–9** *Mos* (Bangor) 7575, mi gymerais yn fy llaw ychydig o Halen bras . . . ag Ewinedd Geifr, a Blew *Srêw*. Ar lafar ym Môn yn y ff. *srew*.

sirewedd [*siréw*[1]+-*edd*[1]] *e?g.* Ffyrnigrwydd, creulondeb: *ferocity*, *cruelty*.
?**16g.** *MA*[2] 467b, A llaɓen vy gan lu Arthyr vynet Gɓalchmai yno gan dybiait y gɓnai ev ryɓ *sireɓed* a gwyr Ryfain i cymell y vrɓydro ac ɓynt.

sirfaf: sirfo, sirfyll, gw. **serfiaf**[1]: **serfio, serfyll.**

Sirgar [yr e. lle *Sir Gâr* fel e.c.] *eg.* ll. -*s*. Brodor o sir Gaerfyrddin: *native of Carmarthenshire*.
1853. Ar lafar.

sirgarwch [*sir*[1]+-*garwch*] *eg.* Cariad at sir (enedigol): *love for one's* (*native*) *county*.
1936.

sirgin, *eg.* Ewyn (yn sgil berwi hylif): *scum* (*from boiling a liquid*).
Ar lafar, *Geir Geg* 65 (Morg.).

sir-hâl, siral [bnth. S. *shire-hall*] *eg.* Adeilad ar gyfer gweinyddiaeth sirol, hefyd gynt ar gyfer y llysoedd chwarter a'r brawdlysoedd sirol, neuadd sir, hefyd yn *ffig.*: *shire-hall*, *county hall*, *also fig*.

?**15g.** (**17–18g.**) *Llst* 133, 15a, Yn *sir hal* i'ch ystaliwyd / Siccr yn y sieccer wyd [Rhys Llwyd ap Rhys ap Rhisiart i Ruffudd ap Nicolas]. **15g.** *GLGC* 159, Nawdd Iesu ar y bual, / Niclas Ryd yn cloi *sir hal*. **15–16g.** Llawdden, &c.: *Gw* 148, Mi af i'r ward am a fu, / Mae'n llaw heddiw 'mhen lliwddu. / Ofn os ai'r [*sic*] i fewn *siral* / Na ddaw o'm tir dda a'm tâl. *p.* **1584** G. Robert: *GC* [203–4], od oes geiriau saesneg wedi i breinio ynghymru ni wasnaetha moi gwrthod nhwy. mal: claim, acsiwn, *sir hal*. *Diw.* **16g.** *HVN* 414, *sir halh* or grwndwal ir grib / syr Siors ir sir sy wrsib. *Diw.* **16g.** *Cy* ix. 364, y ddangos mae *siral* duw ywr poers. ac mewn *siral* y mae roi maicheon y ateb y gyffraith y brenin. **16–17g.** *GST* i. 45, A gwag oedd, gwae a'i gwyddyn', / Y *Sir Hal*, Iesu a ŵyr hyn [marwnad Siôn Salsbri].

siri[1], gw. **siryf.**

siri[2] [bnth. S. *cheery*] *a.* Llawen, siriol: *cheery*, *cheerful*.
1683 H. Evans: *CTF* 59, At ryw gamp neu ofer gwmpni, / I gael treulio 'r Dydd yn *siri* [:– Llawen].

siriaf, siraf: sir(i)o [bf. o'r e. *sir*[2]] *bg.a.* Sirioli, llonni, llawenhau, codi calon, calonogi, difyrru, diddanu, croesawu: *to cheer* (*up*), *be cheerful*, *gladden*, *encourage*, *hearten*, *delight*, *entertain*, *welcome*.

15–16g. Llawdden, &c.: *Gw* 223, Tydecho, Seiriol, Tudoch, *siriwch*, / Dewi Glân wyrthiau, Dogwel werthwch. **16g.** *WLl* 63, Wrth weled prudded pob braint / Eissiau r karw i *sirio* keraint. **1567** *TN* 113a, Raid oedd i ni *sirio*, a' gwneuthu'd yn-llawen. *id.* 218b, Yno y *siriodd* [:– ymlewhaodd, llonhodd] pawp. **1606** E. James: *Hom* i. 88, dylyid gwneuthur daioni yn orau ac y gallom: i'r rhai ydynt ddaionus, o gariad i'w eofnhau ai *sirio* hwy. *Dchr.* **17g.** *J* 10, 40b, *Sirrio*. to cherish. **1630** *YDd* 385–6, *Siria* a chyssura dy di dy hunan o enaid gofidus. **1636** *Pen* 321, 25b, hwn wedi i wahodd . . . i fynd iw duy i hun iw *sirio* i hun ag i ymhyfrydu yng hyfeillach i wraig. **1701** E. Wynne: *RBS* 118, fe allasai . . . *sirio*'r llangc a sychu ei ddagreu. *id.* 202, Y rhai sy'n gweithio'n drwm hyd yr wythnos rhaid canhiadu iddynt ddifyrrwch iw *sirio* ar y Sul. *c.* **1730** *Thos. Lloyd D* (LlGC) 210b, *Sirio* . . . To feast, make merry. **1735** J. Evans: *YMS* 163, yr hwn a 'n *siriodd* ni mor ddiweddar ar ei fwrdd. **1770** *TG* ii. 65, y breichiau fu gynt mor dyner yn *sirio* ag yn cofleidio merch. **1773** *Gwaseila* 880, A bendith Duw rown eto i'r wraig rasol am ein croeso a'n *sirio* yn ddi-sen. **1803** *P*, *Siriaw* . . . To cheer; to be cheered.

sirian [cf. H. S. *ciris*, S. C. *chiri*, ?a Gwydd. *sirín*] *e.ll.* (un. b. -*en*) ll. dwbl *sirianod*. Ceirios; lliw ceirios; coed ceirios; hefyd yn *ffig.*: *cherries*; *cherry colour*; *cherry trees*; *also fig*.

14g. *T* 24. 22–3, *Siryan* senyssit. Bedɓ yry vaɓr vryt. fu hɓyr gɓiscyssit. *c.* **1400** *Études* viii. 92, Eirin a *sirian*, oer ynt yny rad gyntaf. **15g.** *OBWV* 114, Syber fuan ymddangos / Sêr i ni, *sirian* y nos [i'r sêr]. **15g.** *DN* 87, Mae *sirian* mewn lliw mannod [*sic*] / Yn i dav rudd, lvn dwy rod. *id.* 89, Y gangen lwyswen layswallt, / Seren gain *sirian* i gwallt. **15g.** *DE* 42, kaets aravl fal koed *sirian* [i ferch]. **15–16g.** *TA* 456, *Sirian* lu, drwy burddu bos, / Sy ar hwn, fal sêr rhewnos [am darian]. [**1547**] W. Salesbury: *OSP*, Mal llwynoc am y *sirian*. **1547** *WS*, *Sirianen* A chery. **1609** *CRC* 51, Seren svriolwen [*sic*] a gwefys *sirianen*. **1632** *D*, *Sirian*, Cerasa. **1688** *TJ*, *Sirian*: Cherries. *id.* (*Bot*) *Sirianen*: the Cherry. **1707** *AB* 47b, N.W. *Sirianen* d.g. *Cerasum*. **1771** *W* d.g. *Cherry*. Ar lafar, '*sirian*, cherries', *Cymru* xlvi. 24 (sir Fflint).

Amr.: **seirian**[2]. **15g.** Ieuan Gethin, &c.: *Gw* 28, Sieryf a'r gruddiau *seirian*, / Syr Wiliam, gledd dinam glân. **sirion**[1]. **15g.** *CSTB* 21, Sawr o enau *sirionen*. *Diw.* **15g.** (**15–16g.**) *B* xvii. 89, tomas a rydd eition cy rvddet ar *sirion* (y Nant). *Diw.* **16g.** *WLB* 67. **suriain** [?adff.; cf. *surian*]. **1813**. **surian. 1545** *CI* 39, Keuroes [*sic*] ne *surian* ysydd ffrwyth koed perllanne. *Dchr.* **17g.** *J* 10, 41b, *Surian* pl. cheries. Cerasus. *ib.* *Surianen*. s. Cerasum. **1803** *P*. **surion**[1]. *Diw.* **16g.** *WLB* 85, Eirin a *Surion* Oyrion ynt. **1795** J. Thomas: *AIC* 361.

Cfn.: **sirian, &c., cochion**: *red cherries*. **16g.** *LIS* 82, *sirian cochion*. **sirian duon**: *black cherries*. **16g.** *LIS* 82. *c.* **1588** *B* ii. 145. **1776** *W* d.g. *Mazzards* [*black cherries*].

Gw. hefyd **siris.**

sirianbren [*sirian*+*pren*] *eg.* *Bot.* Pren ceirios: *cherry tree*.
16g. *LIS* 81, Cerasus yn Llatin, a Cherie tree yn Saesonaec a *Surianbren* yn Camberaec. **1632** *D* d.g. *Cerasus*. **1711** M. Williams: *LlH* 48, Y *Sirianbren* gwyllt a ddwg Geiroes melus. **1725** *SR*, *Sirianbren* d.g. *A Cherry tree*.
Amr.: **surianbren** [cf. *surian*]. **16g.** *LIS* 81.

sirianen, gw. **sirian.**

siriangoch [*sirian*+*coch*] *a.* Coch fel ceirios: *cherry red*.
15–16g. *GLM* 281, dau angel o'r cwrel coch / sy o'r ungwr *siriangoch*. **1547** *WS*, *Siriangoch* Chery red.

sirianlliw [*sirian*+*lliw*[1]] *a.* O liw'r ceirios: *cherry-coloured*.
c. **1730** *Thos. Lloyd D* (LlGC) 208b, dwy wefus *Sirianlliw*. T. 98. **1771** *W* d.g. *Cherry-* [*of the colour of cherries*].

siriel [gair geir.; ?ffrwyth camddarllen engh. o *sirig*] *eg.* Sidan: *silk*.
1707 *AB* 220b, Sirik & *Siriel*, silk. V. **1722** *Llst* 189, *Siriel*. m. silk. **1753** *TR*.

sirïen, gw. **siris.**

sirif, siriff(t), gw. **siryf.**

sirig, serig[2] [bnth. Llad. *sērica*, ond nid yw'r dtb. seinegol yn eglur; cf. Llad. llafar **sīrica*; dichon mai gair gwahanol a welir yn yr engh. gyntaf isod, gw. *Bl BGCC* 43–4] *eg.* Sidan, damasg, dilledyn sidan, hefyd yn *ffig.*: *silk*, *damask*, *silken garment*, *also fig*.

13g. *C* 35. 7–9, A. *Siric* aperwit. **13g.** *A* 33. 8, ar demyl meirch a seirch a *seric* dillat. **14g.** *WM* 240. 6–8, na welsei eiryoet niuer kyhardet a hɓnnɓ o bali a *seric* a syndal. **14g.** *GDG*[3] 230, A gwe deg, liw'r gawad ôd, / O *sirig* a rois erod [i ferch]. **14–15g.** *IGE*[2] 174, Alexander, faner fawr, / Ras gwrdd, a roes i'w gerddawr / Luryg dan blyg dien blaid / *Sirig*, a gwregys euraid (Rhys Goch Eryri). **15g.** *GHC* 39, A rho dy fraint ar dy frig / A rhos aur ar we *sirig*. **15g.** *GLGC* 251, Syr P'redur dros wŷr Prydyn, / Syr Cai Hir mewn *sirig* gwyn. *id.* 284, a gwisg iso aur a gwisg *sirig*, / a galw einioes yn dy galennig. **15g.** *DE* 24, A bric *siric* fal seren / awyr a physt aur oi phen [i wallt merch]. *Diw.* **15g.** *Pen* 67, 7, Modleiwyt mettel lawer / ym ric [*sic*] y *sirric* o ser (Llywelyn ap Morgan). **15–16g.** *TA* 423, Serclau, lleuadau llydain, / *Sirig* yw 'r maels ar garw main [i ddiolch am farch glas]. **16g.** Wiliam Llŷn: *Gw* (R. Stephens) (At.), *Siric* damasc. **16g.** *WLl* 196, Hauwyd a brodiwyd i brig / Llwyn ser mewn llen o *sirig* [am baun]. **1604–7** *TW* (*Pen* 228), *Siric* d.g. *Serica*. *Dchr.* **17g.** *J* 10, 40b, *Sirig*. damaske. Sericum, byssus. **1632** *D*, *Sirig*, Sericum, byssus. **18g.** (**1818**) R. Jones: *GP* 95, Mae pridd a grô yn dô dig / Bais oeraidd, lle bu *sirig*. [**1783**] *W* d.g. *Silk*.

sirings, gw. **siris.**

sirimontaen [bnth. rhyw ff. ar S. *sermountain*, cf. S. C. *sirimontane*] *e?g.* *Bot.* Planhigyn wmbelifferaidd, *Laserpitium siler*, a'i gynefin ym mynyddoedd de Ewrop: *sermountain*.
Diw. **16g.** *WLB* 65, Kymer y Rhos cochion . . . endif, bettaen *syrymontaen*. *id.* 69, Rhag pob rhyw chwydd. Kymer *siri montayn*.

sirins, gw. **siris.**

siriol [*sir*[2]+-*iol*] *a.* ll. -*ion*, a hefyd gyda grym enwol. Llawen, llon, hapus, calonnog, sionc, hwyliog, bywiog, adfywiedig; yn dod â llawenydd, dymunol, hyfryd: *cheerful*, *joyful*, *happy*, *glad*, *hearty*, *spirited*, *lively*, *refreshed*; *bringing joy*, *pleasant*, *delightful*.

Dchr. **15g.** *IGE*[2] 201, Da loer yw hi, deuliw'r ha', / Dirion *siriol* dwrn Sara. **15–16g.** *TA* 514, Radd seren, ruddiau *siriol*, / Gwae fi 'myd na 'th gaf i'm ôl [i ferch]! **16g.** *GHW* 29, Dau yn ol heb dewi ai nad / Dau yn *siriol* dan siarad. **1547** *WS*, *Siriol* Chereful. **16g.** *LIS* 70, Llysæ Mair . . . dail hirion yn pigfeinio a blodæ *siriol* melyngochion. **1588** *Diar* xv. 13, Calon lawen a wna wyneb *siriol*. **1588** *Ecclus* xxxv. 10, [c]yssegra dy ddecfed [rodd] yn *siriol*. **1630** *YDd* 245, Noswylio mewn pryd . . . megis y byddo dy gorph yn *siriolach* (*refreshed*) . . . i Sancteiddio'r Sabboth. **1672** J. Langford: *HDdD* 343, yr Ufydd-dod y maent yn ei dalu sydd i Dduw, ac y mae hyn yn ddigon i beri iddynt wneuthur hynny yn *surriol* [*sic*], er mor sarrug ac annheilwng a fo 'r Meistr. **1672** R. Prichard: *Gw* 219, Doro'n *siriol* dy elusen, / Hôff gan Dduw bôb rhoddwr llawen. **1716** E. Samuel: *GGG* 77, fel yr ymdderchafo 'n meddyliau 'n *siriolach* ac yn fywioccach at bethau Nefol. **1793** Dafydd Ionawr: *CD* 221, Clywid nefol *siriol* swn / Melysawl fawl gan filiwn. **1803** *P*. Ar lafar, *WVBD* 491, *GTN* 741.

Cfn.: *Bot.* **siriol pêr**: *stock*, *Matthiola*. **20g.**

siriolaf: sirioli [bf. o'r a. *siriol*] *bg.a.* Gwneud yn llawen, llonni, sionci, bywiocáu, adfywio; ymlawenhau, bod neu fynd yn llawen: *to make happy or joyful*, *gladden*, *cheer* (*up*), *brighten*, *enliven*, *revive*, *refresh*; *rejoice*, *be*(*come*) *happy*.

1672 R. Prichard: *Gw* 573, A fo gweddus a chyfaddas, / I *sirioli* [:– Lawenychu] 'r gwir Fessias. **1693** *HC* 109, Dagrau edifeiriol sydd win yn *sirioli* Duw. **1701** E. Wynne: *RBS* 66–7, gweined dy ddiod i'th fwyd fel y gweina dy fwyd i'th iechyd; fel y bô hi yn addas i drosglwyddo a dosparthu dy ymborth ac i *sirioli* (*refresh*) dy ysprydion. **1704** E. Samuel: *BA* 243, gan *sirioli* a chryfhau ei Enaid. **1723** WM: *PGG* 70, Y lleferydd bendigedic hwn ai cyssurodd ac a'i *siriolodd*. [**1724**] G. Wynn: *YGD* 155, [d]adebru a *sirioli* yr holl Fŷd. **1742** *ML* i. 67–8,

Mae fy ngardd inneu yn dechreu *sirioli.* **1788** J. GRIFFITH: *DCC* 318, y gobaith . . . sydd yn *sirioli* (*that sparkles*) yn eu llygaid. **1796** J. ROBERTS: *C* 2, y Ddaear yn *Sirioli* am fod yr haul yn agoshau atti hi. **1803** *P.*

siriolaidd [*siriol+-aidd*] *a.* Siriol, llawen, llon, hapus, sionc; yn dod â llawenydd, hyfryd, dymunol: *cheerful, joyful, happy, glad, lively; bringing joy, pleasant, delightful.*
c. **1730** *Thos. Lloyd D* (LlGC) 208b, *Siriolaidd,* BM. 249. **1759** *BC* 233, Ei Dalcen gwyn gwastadaidd, a'i ddwyfoch / Gôch *siriolaidd,* a gweddaidd ymhob gwaith. *c.* **1785–90 (1829)** *CBYP* 20, ni ddylai Fardd fyfyrio ar unpeth . . . na fytho . . . *siriolaidd* o bwyll ag ansawdd.

siriolbryd, gw. **siriol+pryd**[2].

sirioldeb [*siriol+-deb*] *eg.* Yr ansawdd neu'r cyflwr o fod yn siriol, llawenydd, llonder, hapusrwydd: *cheerfulness, joyfulness, happiness.*
1656 (1745) *MLl* ii. 150–1, a'i ddwyn [enaid] mewn *Sirioldeb* i ymddangos, o flaen Wyneb y Pûr Dduw. **1703** E. WYNNE: *BC* 43, Ni weliti yma ond sobrwydd mwynder a *sirioldeb.* **1735** J. EVANS: *YMS* 188, dychwelyd oddïwrth yr ordinhâad gyd â . . . *sirioldeb* meddwl. **1741** *CAG* 98, gan godi eu hysprydoedd Râdd uwchlaw *Sirioldeb.* **1760** E. WILLIAMS: *UYB* 68, dywedud . . . gyda 'r *sirioldeb* eithaf. **1769** J. GRIFFITH: *A* 193, dewch gyda hyfdra a *sirioldeb.*

siriolder [*siriol+-der*] *eg.* Sirioldeb, llawenydd, llonder, hapusrwydd: *cheerfulness, joyfulness, happiness.*
18g. *RWM* ii. 238, *Siriolder* dyner Dôn, glan o bryd. **1769** J. GRIFFITH: *A* 86, [c]yrchu ymlaen, gyd a *siriolder,* at y nod.

sirioledd [*siriol+-edd*[1]] *eg.* Sirioldeb, llawenydd, llonder, hapusrwydd: *cheerfulness, joyfulness, happiness.*
1803 *P.*

siriolwch [*siriol+-wch*[1]] *eg.* Sirioldeb, llawenydd, llonder, hapusrwydd: *cheerfulness, joyfulness, happiness.*
1701 E. WYNNE: *RBS* 67, etto byth nad êl y *siriolwch* hwnnw ddim pellach nac i ysafanhau [*sic*] ychydic ar yspryd prudd trymluoc. **1724** E. WELLS: *CC* 68, [P]arodrwydd *Siriolwch,* Diragrithrwydd.

siriolwedd, siriolwych, gw. **siriol+gwedd**[1], **gwych.**

sirion[1,2], **sirionen,** gw. **sirian, surion**[2], **sirian.**

sirip, gw. **surop.**

siris, (t)sirins, tsieri(n)s [bnth. S. Diw. Cyn. *chirries,* S. *cherries;* â'r *-n-,* cf. *gwsberins*] *e.ll.* (un. b. *sirïen, tsieren*). Ceirios: *cherries.*
16g. LEWYS MORGANNWG: *Gw* 668, nid un criawal o blant Alis / a barwn sieryf o brenn *siris.* **1760** *ML* ii. 225, yn bwytta gwsberins, a chyrans, a *sirins,* ac afalau haf. Ar lafar, '*tsirins, tsierins* . . . *tsieran*', *WVBD* 554; '*shirings*', *Cymru* xxxiv. [179] (godre Cered.); hefyd yn y ff. *tsieris.*
Gw. hefyd **sirian.**

sirius [cfdds. o'r S. *cheery+-us*] *a.* Llawen, calonnog: *cheerful, of good cheer.*
1567 *TN* 385b, Ar rrei ydynt yn trigo ar y ddayar, y lawenhant arnynt hwy, ac y vyddant *siriys* [:– cyssurus].

sirloin, sirlwyn, gw. **syrlwyn.**

sirmwd, sirmwnt [cf. S. *chirm*] *eg.* a hefyd fel *be.* Trydar (adar); murmur, sibrwd, sôn; ?tuchan: *chirping* (*of birds*); *murmur, whisper, rumour;* ?*to grumble.*
[1547] W. SALESBURY: *OSP* [v], pa well hi [y Gymraeg] na *sirmwnt* adar gwylltion . . .? **1604–7** *TW* (*Pen* 228), *sirmwt* d.g. *Murmur, Susurrus. Dchr.* **17g.** *J* 10, 40b, *Sirmwd.* chirping. *c.* **1730** *Thos. Lloyd D* (LlGC) 207b, *Sirmwd.* SP. 71. *id.* 208b, heb fod arno bris ar *Sirmwd*—Gr. R—Rumores. **1761** *ML* ii. 298–9, [t]roi a wnaeth y ffer hithau a sigaw yn erchyll. Digon o waith a gefais i ddyfod i'm cabandy, a thyma lle byddaf yn *sirmwd* ni wybod par hyd.

siroco [bnth. S. *sirocco*] *eg.* ll. *-s.* Gwynt poeth llychlyd o'r Sahara sy'n cyrraedd arfordir gogleddol y Môr Canoldir: *sirocco.*
1848.

sirol [*sir*[1]*+-ol*] *a.* Yn perthyn i sir: *pertaining to a county, county-.*
1840.

sirop, gw. **surop.**

sirosis [bnth. S. *cirrhosis*] *eg. Meddyg.* Ymgreithiad yr afu ynghyd â llid a dirywiad yn y celloedd a achosir gan alcoholiaeth, haint, &c.: *cirrhosis.*
20g.

sirwms [bnth. ff. affetig ar y S. *mushrooms*] *e.ll.* (un. g. *-yn,* b. *-en*). Madarch: *mushrooms.*
Ar lafar, 'Myn'd i glascu *shirwms*', *LlGC* 1173, 55 (Morg.); 'un *shirwmsan* fach' (dwyrain Morg.).
Gw. hefyd **masiarŵm** (hefyd At.), **shrwmps.**

sirwrw, sirwyn, sirydd, siryddiaeth, gw. **syrwrw, syrwyn, siryf, siryfiaeth.**

siryf, sirif, siri[1] [bnth. S. C. *shirive*] *eg.* ll. *siryfau, siryfiaid, siryf(i)on, sirifaid.* Prif swyddog gweithredol y Goron mewn sir, a chanddo gyfrifoldeb gynt am weinyddu'r gyfraith, &c., ond sydd bellach yn gweithredu'n seremonïol gan mwyaf, hefyd am swyddogion eraill tebyg, ac yn *ffig.*: (*high*) *sheriff, also of other similar officials, and fig.*
14g. *GDG*[3] 325, *Siryf* fydd ym medw-wydd Mai, / Saith ugeiniaith a ganai [i'r ceiliog bronfraith]. **14g.** *GIG* 13, *Siri* mawr dros aur a medd, / Troes ei enw ef tros Wynedd [i Ieuan ab Einion]. *id.* 99, Diddrwg ei ddiwladeiddrwydd, / Digrif pe *sirif* ei swydd [marwnad Ithel Ddu]. *c.* **1400** *SDR*[2] 62, *sirif* o Lesodonia. *ib.* Yd oed gynt gwas ieuanc o Ruuein yn *syryf* o Lesodonia. *Diw.* **15g.** *Pen* 41, 2, ni a ossodwn bot *siryvyeit* achwrnerieit. **15–16g.** *TA* 288, Oes i'r mab, a *siri* Môn, / Eu dau wrês nid oerason [marwnad Morgan ap Siôn ap Hywel]. **16g.** (*LlEG*) *Mos* 158, 98a, dechr/euodd barwniaid y dyrnas wneuthud achwyn ar ymra/uaelion o swyddogion y brenin megis vsdussied *siryuiai/d* a bayliaid a swyddogion. **16g.** *RWM* i. 29, *Siryfion* kryfion kroewvaeth [marwnad Siôn Wyn ap Huw a'i wraig gan Wiliam Cynwal]. **1591** *Rhyddiaith Gymraeg* ii. 128–9, Siarles . . . at gyfan a chwbl oll o'r . . . Vstusiaid o heddwch, Meiri, *Siryfon.* **16–17g.** *GHCEM* 66, Bu *siri'* gwych, fynych fodd, / I'r Sesiwn, beilch a siarsiodd [marwnad Owain Bruwtwn]. **16–17g.** *Cer RC* 144, Peilat . . . Am hynny, yr wy'n gorchymyn / *Sirif* a sarsiant danyn'. **16–17g.** WILIAM BODWRDA: *Gw* 155, y fo fv drwy fwyfwy fawl / ar sir Gaer *siri* gwrawl. **1630** R. LLWYD: *LlH* 418–19, *Siri* y sîr, ai wŷr arfog . . . a ânt gyd â hwynt at y faingc. **1672** R. PRICHARD: *Gw* 377, Mae 'r *Shirifaid,* a'u debidion, / Yn anrheithio 'r bobol wirion. *c.* **1730** *Thos. Lloyd D* (LlGC) 208b, *Siri.* A sherif. **1759** *DG* 53, Byw oreu gwr bu ar goedd / Yn *Siri* i dair o'n siroedd. Ar lafar, '*sirif*', *WVBD* 491.
Amr.: **siery(f), sierif, sieriff, seri**[2], **sieri**[2], **siere** [bnth. S. C. *sherive,* S. *sheriff*] **15g.** *GLGC* 127, Rhoi aur a daly herwyr a'u dilid / y mae y *sieryf* o mesurid. **16g.** LEWYS MORGANNWG: *Gw* 440, *siery* gywoeth syr gawen / Syr bwn vraych sir benvro. **16g.** (*LlEG*) *Mos* 158, 119a, ni bu na maer na *shierif* yn llywodraethu y dinas. ?**16g.** *NBSB* 39, *Siere* gwych, trysor âi gwrt, / Sain Siôr ymylfor Milfwrt. **16–17g.** HUW CEIRIOG, &c.: *Gw* 100, Dwyn *seri,* dawn y siroedd [marwnad Owen Holand]. **16–17g.** *CRC* 444, parod oedd y *ssierri* yno / o fewn y lifr yw entrio. **1604–7** *TW* (*Pen* 228), *Sierif* d.g. *Buleuta.* **siriff** [bnth. S. Diw. Cyn. *shirif*]. **1547** *WS,* Sir dan *siriff* Shyre, countie. **1756** *ML* (Add) 881, *Shiriff.* **sirydd** [?drwy ymgyfnewid *-f* ac *-dd,* cf. *negydd, negyf,* neu o bosibl *sir*[1]*+-ydd*[1]]. **15g.** *ID* 48. *Dchr.* **17g.** *J* 10, 40b, *Sirydd.* shireffe. **1774** T. JONES: *DG* 215, y *siryddiaid.* **1784** M. WILLIAMS: *S* i. 39, yr holl *siryddion.* Cf. D. OWEN: *B* 322, anfonodd Arglwydd Whitney at Faer a *Siryddod* y dref. **syrifft** [cf. *siriff;* â'r *-t,* cf. *telegrafft*]. **16g.** LEWYS MORGANNWG: *Gw* 589, sarff y tad *syrifft* ydoedd / syr sion nai syr rys hen oedd.

siryfiaeth [*siryf+-iaeth*] *eb.* ll. *-au.* Swydd siryf, ardal dan awdurdod siryf, cyfnod siryf yn ei swydd, hefyd yn *ffig.*: *shrievalty, sheriffdom, also fig.*
14g. *GIG* 93, Rhyfedd o ddiwedd ydd aeth / I Rufain o'r *siryfiaeth* [marwnad Llywelyn Goch ap Meurig Hen]. **15–16g.** *GLM* 37, Ni ddoud o Sin ddau hyd saeth / nes arofun *siryfiaeth* [i Rys ap Llywelyn]. *id.* 42, Pob swydd heb gam rhwydd yrhawg / pan suddodd y pen swyddawg / *Siryfiaeth* dros yr Afon, / at ergyd dis triged hon [marwnad Rhys ap Llywelyn]. **16g.** *GLD* 39, Swyddau'r byd sy dda i'r banc, / *Siryfiaeth* sy i ŵr ifanc [i Syr Siôn Pilstwn]. **1547** *WS, Siryfiaeth* Sherefwyke. **1604–7** *TW* (*Pen* 228) d.g. *dumviratus. id. siryfiæthæ* d.g. *præfecturæ.* **1776** *Pant* 22, 6b, A bid Crwneriaid yn y *siryfiaethau* hynny. **[1783]** *W* d.g. *Sheriffdom, sheriffship, and sheriffalty* [*the office of, also the time of being, sheriff*].

Amr.: **siryddiaeth** [*sirydd+-iaeth*]. *c.* **1400** *R* 1255. 4–5, Yn*sirydyaeth* don. yn sir gaer aruon.

siryp, sis[1], gw. **surop, sîj.**

sis[2] [?bôn y f. *sisiaf: sisial, sisian;* ansicr yw'r engh. gyntaf isod] *eg.* Sisial, sibrwd: *murmur, whisper.*
16g. *Hop M* 180, ve n prynawdd drwy waed a chwys, ve ddengys ysgrythyrau / ni ddelyem gadw *sis,* nid bychans [*sic*] pris eneidau. **18–19g.** *Llr* C 4, 244, *Sis* llais dwr. *Sis,* Sas, yn golchi glasfain. N. ir tonnau. A *sis* y dwr lliw grisiant / yn beraidd yn nolaidd nant. I[n.] o Went. Yn clywed y *sis* isel / yngronant mewn ceubant cel. Daf[dd.] Nant. **1803** *P.*

sis[3], gw. **seis**[2].

sisal, seisal [bnth. S. *sisal*] *eg.* Planhigyn Mecsicanaidd, *Agave sisalana,* a dyfir er mwyn y ffibr a geir o'i ddail cnodiog ac a ddefnyddir i wneud rhaffau, ffibr y planhigyn hwn: *sisal.*
20g.

sisar, siseiat, gw. **seisar, soseiati.**

sisel[1] [ansicr yw'r engh. gyntaf isod, a rhoddir y diff. ar sail y geir.] *e.ll.* Rhuddion, eisin, blawd garw: *husks, bran, coarse meal.*
15g. *DE* 106, adar sawsau wedi r *sisel* / yw garesau ai gwyr wasel. **1547** *WS, Sisel.* **1632** *D, Sisel,* Idem quod Rhuddion. **1688** *TJ, Sisel,* rhuddion: Bran. **1753** *TR, Sisel,* the same as Rhuddion, wheat-bran or gurgeons. **1770** *W* d.g. *Bran, Wheat-bran, or gurgeons.*

sisel[2], **sisiel** [bnth. S. *chisel;* ansicr yw'r engh. gyntaf isod, a rhoddir y diff. ar sail y geir.] *e?g.* Cŷn, gaing: *chisel.*
16g. *CMOC*[2] 118, Cais ryw *sisiel* lle'u gwelych, / cysyllta hyn, ŵr gwyn gwych. / Gwna yn gall, drwy ddeall draw, / lle bo'r bos, llwybr i bisaw [i ofyn clo cont]. **1725** *SR* d.g. *A Chisel.*

sisellog [elf. anh. (cf. *sisial*[1])*+-og*] *a.* Yn sisial, yn crychleisio (am nant, &c.): *purling or babbling* (*of stream, &c.*).
18–19g. *Iolo MSS* 174, yn yfed dwfr o nenig *sisellog* a lifai fal ffrwd o ariant toddianus.

Siseronaidd [cfdds. o'r S. *Ciceron(ian)+-aidd*] *a.* Tebyg i arddull rethregol yr areithydd a'r llenor Rhufeinig Marcus Tullius Cicero (106–43 C.C.), huawdl: *Ciceronian.*
16–17g. *PhA* 98, mae m ddiddan [*sic*] rowiowglan wraidd / ar enau *Syseronaidd.*
Gw. hefyd **Ciceronaidd.**

sisi [bnth. S. *sissy*] *eg.* ll. *-s.* Bachgen neu ddyn merchetaidd, gwan, neu lwfr, babi mawr, cadi-ffan: *sissy.*
Ar lafar, "Ddysges i ddim canu'r piano achos 'ôn i'n credu mai dim ond *sisis* odd yn neud hynny' (gogledd Cered.).

sisiad [bôn y f. *sisiaf: sisial, sisian+-iad*[1]] *eg.* ll. *-au. Sein.* Cytsain sisiol, hefyd am ffritholion dilais (e.e. *ff, th, ch, ll*); sibrydiad: *a sibilant, also of voiceless fricatives* (*in phonet.*); *whisper.*
1907. Cf. *OIG* 53, Y cytseiniaid llaes caled yw'r '*sisiadau*' s, ll, ff, th, ch.

sisiaf: sisian, gw. **sisialaf: sisial.**

sisial[1] [y be. *sisial*[2] fel e.; dichon fod rhai enghrau. o *sisial*[2] wedi eu cynnwys yma] *eg.* ll. *-on,* ?a hefyd gyda grym ansoddeiriol. Sibrwd, sibrydiad, murmur, clebar: *whisper, a whispering or murmuring, gossip.*
c. **1595** *B* viii. 243, Nid kyffes *sisial* ddiofal ddydd / Nag ynghlust manach gyfrinachydd (Wiliam Midleton). **1603** W. MIDLETON: *Ps* 32, Ith erbyn Duw gwynn a dig anial / O dyfu *sisial* Dyfeisiasson. **1632** *D* d.g. *Susurrus.* **1684** H. OWEN: *DC* 147, [t]rwst, husting a *sisial* y byd ymma. **1712** T. WILLIAMS: *CDdG* 583, Cyssegrwyd hwynt [lleoedd sanctaidd] . . . hyn a gerydda pob *sisial,* a siarad am bethau bydol. **1727** J. JONES: *DFF* 56–7, [C]ythreuliaid . . . O'r modd y byddant yn eu gwawdio [rhai annuwiol] . . . am agoryd o honynt eu Clustiau i'w sibrwd a'u *sisial* hwynt. **1752** J. THOMAS: *FG* 131, Enllib cyhoeddus, neu *Sisial* dirgel. **1760** *YTWN* 11, y mae ef yn clywed yr [*sic*] *sisial* lleiaf or tafod drwg enllibaidd. **1767** W. WILLIAMS: *CAA* 9, gau dystiolaeth, gwagsiarad, *sisial* drwg. **1777** W. WILLIAMS: *DN* 37, *sisial,* a chleber gwragedd o cartref am eu gwŷr. **1803** *P.*

sisialaf, sisiaf: sisial[2], **sisian** [?gair yn

dynwared sŵn] *bg.a.* Sibrwd, murmur, clebran; hisian: *to whisper, murmur, gossip; hiss.*
Diw. **16g.** *CRC* 266, o fy mam gwan oedd dy synwyr / pen adewyt hwynt y feyrmyr [*sic*] / Ac y *sissial* mewn kornele / pam na ofynyti y negese. **1604–7** *TW* (*Pen* 228), *Sisial* ynghlust vn d.g. *Obgannio.* **1630** *YDd* 380, Os bydd Satan yn *sisial*, fod hyn yn wir am drugaredd Dduw. **1653** *MLl* i. 233, A'r hyn a *sissier* yn y glûst a bregethir ar bennau'r tai. **1680** J. THOMAS: *UN* 16, os ni ettyb yr Ecco . . . ddyn a fo 'n *sisial* yn isel. **1703** E. WYNNE: *BC* 36, [y] bobl ar ganol y Gwasanaeth, yno gwelem rai 'n *sisial* siarad. *id.* 94, nid oes fawr er pan oeddit yn *sisial* peth arall yn fy mhen i! *id.* 128, dyma'r Dyfeisiwr a'r Athrodwr yn rhwym rhwng deugain o ddiawliaid, ac yn *sissial* ynghlustieu i gilydd. **1707** *AB* 220b, *Sisial*, To whisper, or chat. **1736 (1812)** *YRW* 27, Fe ddaw i *sisian* yn eu clustiau, / Lawer iawn o ddrwg feddyliau. **1767** J. THOMAS: *TFf* 114, fe a *sisial* bob celwydd ar a allo gyfodi yn erbyn gair Duw. **1798** W. RICHARDS: *CC* 14, Dechreuasant . . . *sisial* drwg-dybiau am eu cymmydogion; a gwelwyd . . . mai at yr ymneillduwyr yr oedd eu cyfeiriad. **1803** *P* d.g. *Sisial.* Ar lafar, '*shish-al, sishal*' 'to whisper', *WVBD* 518; 'Wêdd na un neu ddwy yn *sishan* ar y galeri', *Wês wês* 43.

sisialaidd [*sisial*[1] + *-aidd*] *a.* Sisialog: *whispering (adj.).*
1827.

sisialganaf: sisialganu [*sisial*?[1] + *canu*] *bg.a.* Sisial, crychleisio (am nant, &c.), canu'n dawel: *to purl or babble (of stream, &c.), sing softly.*
1860 CEIRIOG: *OH* 30, Nant y Mynydd, groew, loew, / Yn ymdroelli tua'r pant; / Rhwng y brwyn yn *sisial ganu*, / O na bawn i fel y nant! Cf. R. G. BERRY: *Y Llawr Dyrnu* (1930) 57, dechreuodd *sisial-ganu* cwpled a fyddai'n aml yn ei enau.

sisialiad [bôn y f. *sisialaf*: *sisial* + *-iad*[1]] *eg.* Sibrydiad, sibrwd: *a whispering, whisper.*
1862.

sisialog [*sisial*[1] + *og*] *a.* Yn sisial, murmurog, sisiol: *whispering (adj.), murmuring, sibilant.*
1850. Cf. T. H. PARRY-WILLIAMS: *Y* 46, sŵn *sisialog*, hanner-mud y tywod pan sanger arno.

sisialwr [bôn y f. *sisialaf*: *sisial* + *-wr*] *eg.* ll. *-wyr.* Sibrydwr; clebrwr, enllibiwr: *whisperer; gossip, slanderer.*
1718 E. SAMUEL: *HDdD* 248, nid gwiw ir sawl a groesawo'r [diwyg.] fath *sisialwyr* . . . dylai Bawb edrych ar yr Hustyngwr ar [*sic*] Enllibiwr yma, megys Gelyn Cyffredinol. **1725** *SR* d.g. *Whisperer.* **1803** *P*, *Sisialwr* . . . a gossiper.

sisian, gw. **sisialaf: sisial.**

Sisiliad [cfdds. o'r S. *Sicil(ian)* + *-iad*[3]] *eg.* ll. *-iaid.* Brodor o Sicilia, un o drigolion Sicilia: *a Sicilian.*
1615 R. SMYTH: *GB* 116, Diodorus y *Sisiliad.*

sisiol [bôn y f. *sisiaf*: *sisial, sisian* + *-iol*] *a. Sein.* A yngenir â sŵn hislyd (am gytsain, e.e. *s*), hefyd am ffritholion dilais (e.e. *ff, th, ch, ll*): *sibilant, also of voiceless fricatives (in phonet.).*
1928 *OIG* 54, Mae cytsain fud, pan ddêl ar ôl cytsain *sisiol* fel uchod [s, ll, ff, th, ch], yn troi'n feddal neu leisiol.

sisiwn, sislan, gw. **siswrn, sislian.**

sisli [bnth. S. *cicely*] *eg.b. Bot.* Planhigyn persawrus, *Myrrhis odorata*, sy'n dwyn clystyrau o flodau bychain gwynion, cegiden wen: *sweet cicely.*
1813 *WB* 235.
Cfn.: *Bot.* **sisli pêr (bêr):** *sweet cicely, Myrrhis odorata.* **1813** *WB* 235, *Sisli per* . . . sweet Cicely.

sislian, sislan, sislo [bnth. S. *(to) sizzle*] *bg.* Gwneud sŵn fel rhywbeth yn ffrio, sïo, hisian: *to sizzle, hiss.*
20g. Ar lafar, ''Odd y sosej yn *sislo* yn y badell ffrio' (gogledd Cered.).

sism, sismatic, sismaticaidd, sismaticiaeth, sismaticiaidd, gw. **sgism, sgismatig, sgismatigaidd, sgismatigiaeth, sgismatigaidd.**

sismatig, sismatigaidd, sismatigiaeth, gw. **sgismatig, sgismatigaidd, sgismatigiaeth.**

si-so [bnth. S. *see-saw*] *eb.g.* ll. *-s.* Ystyllen a'i chanol yn gorwedd ar ffwlcrwm fel y gall un neu ragor o bobl eistedd ar bob pen iddi, a'r naill ben yn mynd i fyny tra bo'r llall yn mynd i lawr, y weithred neu'r chwarae a wneir felly, hefyd yn *ffig.*: *see-saw, also fig.*
20g. Digwydd yn y rhigwm plant '*Si-so* Jac-y-do / Dal y deryn dan y to'.

sis-sis [gair yn dynwared sŵn; cf. *sis*[2]] *bg.* Sibrwd: *to whisper.*
Ar lafar, '*shish-shish* efo'i gilydd', *WVBD* 518; hefyd mewn ymad. fel 'siarad yn *shish-shish*', *ib.*

sist[1], gw. **syst.**

sist[2] [bnth. S. taf. *sist*; ansicr yw'r engh. gyntaf isod] *eb.g.* ll. *-iau, -s.* Rhan o gyflog a delir ymlaen llaw; cyflog; cymorth (ariannol): *advance payment (of wages), sub; wage; (monetary) help.*
16–17g. *CRC* 182, May yno raie meawne gwich drosiade / eto a newin ar /i/ bolie / heb well *siste* or bore ir nos / na waitio yn glos dvwke Hunfrey. Ar lafar, 'Bydd y gweithwyr yn cael 'u *shist* ar brynhawn dydd Gwener' (Môn); ''Os 'na ryw *sist* i' gael?', *WVBD* 491. Cf. D. OWEN: *RL* 197, yn addaw iddynt eu hunain, noswaith y '*sist*' nesaf, bob un ei degan.

sistans [ff. affetig ar S. *assistance* ?a *subsistence*] *eg.* Cymorth, help: *assistance, help.*
1936 D. J. WILLIAMS: *STG* 88, os cei di dy hunan ryw dro mewn cyfyngder cofia weiddi '*Shistans*!' Ar lafar mewn rhai ardaloedd mwynfaol yn yr ystyr 'tâl misol y mwynwyr', *Geir Mwyn* 52.

sistem, sistemaidd, sistematig, sistemig, gw. **system, systemaidd, systematig, systemig.**

sistern, sestern, &c. [bnth. S. *cistern*, S. Diw. Cyn. *cestern*] *e?g.* Seston: *cistern.*
1604–7 *TW* (*Pen* 228), *Cestern* d.g. *Cisternia. id. Cistern* d.g. *Labrum.* Ar lafar, 'Mi graciodd y *sistyrn* yn y tywydd rhew 'na' (Arfon).
Gw. hefyd **seston.**

Sistersaidd, Sistersiaidd [cfdds. o'r S. *Cisterc(ian)* + *-(i)aidd*] *a.* Yn perthyn i'r Sistersiaid: *Cistercian.*
1834.
Gw. hefyd **Cistersiaidd.**

Sistersiaid [cfdds. o'r S. *Cisterc(ians)* + *-iaid*[1]] *e.ll.* (Aelodau o'r) urdd fynachaidd a sefydlwyd yn Cîteaux yn 1098 gan Robert, abad Molesme, fel cangen gaethach o urdd y Benedictiaid: *Cistercians.*
1718 (1721) S. THOMAS: *HB* 119, Y Carthywsiaid. y *Sistersiaid.*
Amr.: **Sistersiad** [adff.] (*eg.*). **20g.**
Gw. hefyd **Cistersiad.**

Sistersiaidd, gw. **Sistersaidd.**

sistiaf: sistio [ff. affetig ar S. *(to) insist*] *bg.a.* Mynnu, hawlio: *to insist (upon), demand.*
15–16g. *AAST* (1935) 93, Torri gwewyr anturiant, / *Sistio*'n wych, siasteio wnant [Dafydd Trefor i ofyn geifr]. **1778** J. HUGHES: *BB* 294, Wel dyna folach ddigon, / Rwi 'n *sistio* cael, / Y sheston, yma 'n union am y wnês [i ofyn maenlestr moch]. **1805** *Y Greal* 133, Minnau â *sistiais* am gael ei gweled [writ].

siston, gw. **seston.**

sistr [cfdds. o'r S. *sistr(um)*] *e?g.* ll. *-au.* Offeryn cerdd o darddiad Eifftaidd, sef ffrâm fetel a rhodenni metel ar ei thraws i'w hysgwyd fel ratl: *sistrum.*
1908.

sistwr [gair geir.; ?cf. *sistiaf*: *sistio*] *eg. Cyfr.* Dadleuwr, adfocad: *advocate.*
1707 *AB* 220b, *Sistwr*, An advocate. V. *c.* **1730** *Thos. Lloyd D* (LlGC) 207b, *Sistwr.* Advocatus.

sistyrn, siswfal, gw. **sistern, sisyfwl.**

siswrn [bnth. S. C. *cisour(s)*; â'r *-n*, cf. *miswrn, masarn*] *eg.* (bach. *sisyrnyn*) ll. *sisyrnau, siswrnau, siswrns.* Teclyn i dorri brethyn, papur, gwallt, &c., ac iddo ddau lafn ar golyn a chanddynt ddolennau i'w dal ac a weithir drwy gau'r llafnau ar y deunydd i'w dorri, gwellaif, hefyd yn *ffig.*: *(pair of) scissors, shears, also fig.*
14–15g. *IGE*[2] 301, Neidio, saethu, tynnu teg, / Rheidiau gwr, nofio, rhedeg, / Sies a chwarae â *siswrn*, / Tabler gris a dau ddis ddwrn (Rhys Goch Eryri). *Diw.* **16g.** *WLB* 61, kymer blew ysgyfarnog a briw ef a *siswrn* yn fân. **1604–7** *TW* (*Pen* 228) d.g. *Forfex, pilicrepus. id. sisyrnyn* d.g. *Forficula.* **1617** *Minsheu* 74a d.g. *Cisers, or little sheeres.* **1725** *SR* d.g. [*Scissars*], *A Pair of scissars.* **18g.** L. MORRIS: *LW* 220, *Siswrn*, nodwydd a gwniadur / troell a Gardie, a cheingliadur. **[1762]** E. POWELL: *HEI* 9, cymmerwch *Siswrn* a thorrwch y Croenach marw. *c.* **1762–79** W. WILLIAMS: *P* 77, Nid oedd dim fwy gwerthfawr ganthynt brynu gan y Spaniards na *Siswrnau*, ac Ellynod. **1771** *PDPh* 65, Chwiliwch rhwng ei gilddannedd a ydyw'r Croen neu'r cnewyll wedi chwyddo, na edwch i'r ceffyl-feddyg eu torri ymaith â *siswrn* poeth. **[1783]** *W*, Gwelleifyn, vulgò *siswrn* (pl. *sisyrnau*) d.g. *Scissars.* **1795** *R. Crusoe* 34, cefais ddwy neu dair ellyn, a *siswrn* mawr. Ar lafar, *WVBD* 491, *B* xiv. 281 (canolbarth Cered.), *GDD* 285. Yn Arfon clywir yr ymad. 'hen *siswrn* o ddyn' am rywun crintachlyd. Clywir hefyd ymad. fel 'Mae *siswrn* bach yn torri', *ISF* 69, a 'Ma *siswrn* yma', *WVBD* 491 'as a warning to cut short the conversation because children are present', *ib.* Cf. D. OWEN: *S*, d.d., Y *Siswrn*: sef Detholion Prudd a Dyddanol . . . o Weithiau Daniel Owen.
Amr.: **sis(i)wn.** **1784** M. WILLIAMS: *S* i. 38, *shisswnau.* Ar lafar, '*siswn*', *WVBD* 491; '*shishwn*', *B* xiv. 281 (canolbarth Cered.); '*shisiwn*', *GTN* 767. Clywir hefyd ymad. fel 'Mae hi rial *shisiwn*' (sir Gaerf.) am fenyw lem ei thafod. **siswrs** [bnth. S. *scissors*]. **1547** *WS.*
Cfn.: **siswrn a phast**: *scissors and paste.* **1904.** **siswrn siwgr**: *sugar-tongs.* **20g.**

siswrnaf: siswrno, gw. **sisyrnaf: sisyrnu.**

siswrneiddiaf: siswrneiddio [*siswrn* + *-eiddio* (At.)] *bg.* Torri â siswrn, sisyrnu, hefyd yn *ffig.*: *to cut with scissors, also fig.*
20g.

siswrs, gw. **siswrn.**

sisyfwl, siswfal, sysifwl [?gair geir. yn wr.] *bg.* a hefyd gyda grym enwol i'r be. Sibrwd, mwmian, myngial; hisian, sïo: *to whisper, murmur, mutter; hiss, buzz.*
1592 S. D. RHYS: *Inst* 51, *Siswbhal*, sîo, trwst. Twrbh, taran, rhuat. **1604–7** *TW* (*Pen* 228), Gyrrû alhan drwy . . . guro dwylaw a *sisyvwl* d.g *Explodo. id. Sisyfwl* popul wedy [y]mgasglu d.g. *Fremitus. id.* d.g. *Obgannio. id. Sisyuwl* werhyriat d.g. *Rudentisibilus. Dchr.* **17g.** *J* 10, 37b, *Sysivwl.* **1632** *D*, *Sisyfwl*, Idem quod Sibrwd. **1688** *TJ*, *Sisyfwl*, sibrwd, sisial, grwgnach: whispering, muttering. **1722** *Llst* 189, *Sisyfwl.* To mutter, whisper. **1755** G. OWEN: *L* 148, fal y geilw'r Cymry i gyd bob peth na ddyallont Sisial, a Sibrwd, a Sio, a *Sisyfwl*, &c. heb achos yn y byd, ar a wn i, ond bod y llythyren S yn rhy fynych yn Iaith y Saeson. **1771** *W* d.g. *Buzz* [*the humming of bees; a whisper; or talk*], *To buzz* [*hum, or make a noise like bees, wasps, &c.*], *To whisper.*

sisyrnaf, sisyrniaf, siswrnaf: sisyrnu, sisyrnio, siswrno [bf. o'r e. *siswrn*] *bg.a.* Torri â siswrn, hefyd yn *ffig.*: *to cut with scissors, also fig.*
1863–5 D. OWEN: *WBC* 51, i *shishwrno* ambell flewyn stray o'i farf.

sisyrnyn, gw. **siswrn.**

sît [bnth. S. *sheet*] *eb.* (bach. *siten*, ll. *-ni*) ll. *sit(i)au, sits* (un. b. *sitsen*). Dalen o bapur neu femrwn, llen; cynfas; darn tenau gwastad llydan o fetel, gwydr, &c., plât; hefyd yn *ffig.*: *sheet of paper or parchment; (bed-)sheet; sheet (of metal, glass, &c.), plate; also fig.*
1688 *TJ* (At.) [29], Y Papurlennau neu *sîtiau* pôb llyfr. **1694** T. JONES: *Alm* [48], gwŷbyddwch fôd hwn yn fwŷ o hanner *Sît* y Leni na'r Llynedd. **1699–1700** E. LHUYD: *SH* 37, Dwanari Philip Bochd. Dwy *shît* ne dair. *c.* **1700** E. LHUYD: *Par* 92, a 2 *sheet* ne dair o blwm. **1756** *ML* (Add) 875, a hwnnw [llythyr] yn ddiau oedd yn ddwy *sit* neu dair. **1763** *ML* ii. 566, Mae'r *sît* ddiwethaf o'r llyfr cân yn y wasg. **1769** E. ROBERTS: *GN* 3, bydd y Llyfur 'n 18 *Site* [*sic*]. **1775** M. WILLIAMS: *MC* 81, Cwier neu Gor o Bapur yw 24 *Sît.* **1778** J. THOMAS: *HB* [ii], Fy mwriad yw gwneud y Llyfr yn werth 6d. a *sit* am bob ceiniog. Ar lafar, 'Fydd gofyn câl *shît* fawr o bapur i 'ela 'wn trw'r post' (dwyrain Morg.).
Amr.: **sid**[1] (bach. *-en*). **1732** *AABl* 216, rhaid iddynt dalu Ceiniog bob *Shid* tra parhao. Clywir *shiden* yng nghanolbarth a godre Cered.
Cfn.: **sît o bapur**, &c.: *sheet of paper.* **1741** *ML* i. 52.

1761 *NBCR* 16. **1777** W. Davies: *CHL* 186. Ar lafar, 'Rho *shît o bapur* yn y printydd 'na' (Arfon); ''Os *shît o bapar* sgrifennu ginnit ti ifi?', *GTN* 768. **sît (siten) sinc:** *zinc sheet.* **20g.**

sitai, gw. **siti.**

sitedd [bnth. Ffr. Lloegr *citet*] *e?b.* Dinas, tref: *city, town.*

14g. *YBH* 10b, adaly y dana*ɓ* petwarcant *cited* atheirmil y r*ɓ*g kestyll a thyroed. *id.* 14a, ny wnai vy argl*ɓ*yd i hynny yr trychant *cited* or eida*ɓ*.

Gw. hefyd **siti.**

sitell, sidell[2] [gair geir.; ?cf. *sidell*[1]] *eb.* ll. *sitellau.* Saeth, dart: *arrow, dart.*

1604–7 *TW* (*Pen* 228), *sitelh* d.g. *Coriscus.* *id. sittelh, sidelh* d.g. *Sagitta.* **1722** *Llst* 189, *Sittell.* f.p. *tellau.* An arrow, dart. **1770** *W, sittell* d.g. *An arrow, Dart, Shaft.*

siten, gw. **sît.**

sitern, sitorn [bnth. S. *cittern,* S. Diw. Cyn. *githorn*] *eb.* ll. *siternau.* *Crdd.* Offeryn tebyg i liwt a genir fel arfer â phlectrwm: *cittern.*

16–17g. *CRC* 395, gwell ym glowed llais y rrain / na/r/ *svttorn* vain ne/r/ delyn. **1722** *Llst* 189, *Sittern.* f.p. *ternau.* A cittern (musical instrument).

siti, sitai [bnth. S. *city* a Ffr. Lloegr *cité*] *eb.* Dinas, tref: *city, town.*

c. **1400** *YBH* 14a, ny wnai vy argl*ɓ*yd i hynny yr trychant cited (amr. *cittei*) or eidaw. **16g.** *Haf* 22, 356, yr holl bobyl dlodion or *ssyttai.* **16–17g.** *HG* 8, lle rhoes ych kar, [*sic*] chwi vi yngharchar / yn rhe gynffig, *sytai* yrddedig. **16–17g.** *Cer RC* 126, Ef addowse'r hwrsyn filen / Roi tân gwyllt yn *siti* Llunden. **17g. (18g.)** *CM* 42, 28, Mae Seets wrth Gaer lleon gawr / ar *Sitti* fawr ar glemio. **1688** *TJ,* Din, dinas, (*Siti*). A City. **1694** O. Gruffydd: *Gw* 83, Danghosodd Duw cyfion . . . / Fawr gariad i ddynion . . . / Yn *siti* 'r hên satan. **1759** *BC* 279, Llawer marchog urddol oedd yn y *Sitti* hon. **1762** H. Jones: *HCF* 39, A fyddo'n gweddu yn *Sitti* Fenis.

Gw. hefyd **sitedd.**

sitiaf: sitio [bnth. S. (*to*) *cite*] *bg.a.* Dyfynnu (fel awdurdod, prawf, neu enghraifft): *to cite* (*as authority, proof, or example*).

1670 J. Hughes: *AP* 78, Wrth y lle a *sitwydd* [*sic*] eisoes allan o'r Proverbiau.

sitic, siticabŵd, sitig, sitiol, sitiwr, gw. **siatig, siligabŵd, siatig, sutiol, sutiwr.**

sitrach, s(i)wtrach [cf. *siwtrws* a *llwtrach*] *eg.* (bach. *sitrechyn, swtrechyn*) ac *e.ll.* a hefyd gyda grym ansoddeiriol. Mwydion, mwtrin, stwnsh, gwaddodion, sothach; dernynnach, drylliau, teilchion, llarpiau, clytiau, carpiau, rhidens; hefyd yn *ffig.*: *mash, pulp, dregs, dross; pieces, fragments, shreds, rags, fringe; also fig.*

Diw. **16g.** *WLB* 9, Kymer dair gwialen o ysgaw . . . naw gronyn o bupur krynion . . . ai briwo oll i gyd mewn morter, ac yna kymer ŵy iâr . . . kymer y *sswtrach* gynneu oll or kogwrn. **1604–7** *TW* (*Pen* 228), *sitrechyn* d.g. *Recisamentum, Segmentum.* *id. swtrechyn* o wrach d.g. *Anicula.* *id. sitrach* d.g. *Fimbria. Dchr.* **17g.** *J* 10, 41a, *Sitrach.* Recisamentum. *id.* 42b, *Swtrach.* drosse × *Sitrach.* **1632** *D, Sittrach,* Laciniæ. *id.* d.g. *Fratilli.* **1683** *LlP* [57]b, Torwch ymaith *sitrach* y blaenllymiad, a hynny a wasanaetha am wneuthur pin Ysgrifenu. **1688** *TJ, Sittrach*: Raggs, as Fringe. *c.* **1689 (1802)** L. William: *Sherlyn Benchwiban* 42, Yr wyf fi . . . / Yn dy gymmeryd di Sisli'r *Sittrach,* / At y fenter i gyd-gydio. **1722** *Llst* 189, *Sitrach.* Daggs, jaggs, tatters. *id. Sittrechyn.* m.p. *Sittrach.* A clout, dagg, ragg. **18g.** *NBSF* 552, Corddi 'Menydd / Cwys aflonydd / adcas flaned / Coppa *sittrach* / Cur oedd afiach / cerydd yfed. **1751** *GIA* 150, O herwydd na fedr ein synhwyrau *sittrach* ni moi cydgysylltu hwynt. *id.* 222, *sittrach,* plethedig, anrhefnus. *c.* **1760 (19g.)** *CM* 522, 28, Gwedi llosgi fawr a bach / Yn *sitrach* eich geriach gore. **18g. (1818)** R. Jones: *GP* 183, Deicyn, cyw melyn cymmalog,—dyrys, / Adarwr bwbachog; / Pen *sitrach* yw'r crybach crôg. **1770** *W,* addurno â *sittrach* d.g. *To befringe.* *id.* d.g. *Snips.* **18–19g.** *Llr* C 16, 177, *Siwtrach* Candryll Denb. **1803** *P, Sitraç,* s. m. . . . That is in jags or shreds, like the end of a piece of wood from repeated beatings. *id. Swtraç* . . . Dross, dregs. Ar lafar, 'sathru'n *sitrach*' 'to crush something by trampling on it . . . implying something with moisture in it, e.g. a chicken', *WVBD* 491; '*swtrach*' 'rhywbeth di-afael swrth', *Cymru* xlvii. [236] (sir Ddinb.); '*sitrach*' 'pulp', *GTN* 741.

Amr.: **swtra. 1935.**

sitrachog [*sitrach*+*-og*] *a.* Tyllog, rhwyllog, carpiog, rhacsiog, eddïog, hefyd yn *ffig.*; ?soeglyd: *full of holes, perforated, tattered, ragged, jagged, fringed, also fig.*; ?*squashy*

1632 *D* d.g. *Stamineus.* **1683** *LlP* [57]a, ag os gwelwch yr hollt yn danheddog, neu yn *sitrachog,* Teflwch ymaith yr aden hono. **1688** *TJ,* Siderog, tyllog, rhwyllog, *sitrachog*: full of holes or Fringes. **1716** E. Samuel: *GGG* 7, o ran fod ei wisc yn *sittrachog* ai Gymraeg yn gandryll. **1718** E. Samuel: *HDdD* 38, carpiau budron a brattiau *sittrachog.* **1722** *Llst* 189, *Sittrachog.* Fringed, thready. *c.* **1730** *Thos. Lloyd D* (LlGC) 210b, *Sitrachog.* Ragged. *c.* **1756** *Bangor* 1007, 42, yr hen *Sitrachog* garpiog gorpws. **1765** *BDGU* 14, 'Rwi'n Gefnder ag Anni, a dorrodd y Gynnog, / Wrth geisio trechu Sibil *sitrachog.* *id.* 40, Yn lle yr anweddedd henedd Hŵch, / Ar [*sic*] Trwynswch Trwch *sitrachog.* **1766** *CD* 119, Ychydig heppian meddai'r Diog: / Yn ei Siacced *Sittrachog.* **1780** *W* d.g. *Ragged.* **1803** *P, Sitraçawg* . . . Jagged or in shreds.

sitrad [bnth. S. *citrate*] *eg.* ll. *-au.* *Cem.* Halwyn neu ester o asid sitrig: *citrate.*

20g.

Cfn.: *Cem.* **sitrad sodiwm:** *sodium citrate.* **20g.**

sitrechyn, sitren, gw. **sitrach, sitryn.**

sitrig [cfdds. o'r S. *citr(ic)*+*-ig*[2]] *a.* Yn deillio o ffrwythau sitrws neu'n perthyn iddynt: *citric.*

1937.

sitron [bnth. S. *citron*] *eg.* ll. *-au, -s.* Ffrwyth y goeden *Citrus medica* sy'n debyg i lemon ac iddo groen trwchus peraroglus: *citron* (*fruit*).

c. **1762–79** W. Williams: *P* 446, raisins, *sitrons,* prunes. **1765** JM: *DDdC* [5], o liw [y] *Sitron,* afal ryw beth yn gochach na'r Lemon, ac nid mor goch a'r Orens.

sitrul [bnth. S. *citrul*] *e?g.* ll. *-s.* *Bot.* Melon dŵr, *Citrullus lanatus*: *watermelon.*

1546 *YLlH* [11], dod *Sitruls* gwrds a Saeds, kyddia wreiddieu y koed.

sitrwns, sitrws[1], gw. **siwtrws.**

sitrws[2] [bnth. S. *citrus*] *eg.* ll. *sitrysau.* Unrhyw un o amryw goed o dylwyth y *Citrus,* e.e. lemon, sitron, grawnffrwyth, oren, hefyd am ffrwythau'r coed hyn: *citrus* (*tree or fruit*).

20g.

sitryn [nid oes sicrwydd mai'r un gair a welir yn (*a*) a (*b*) isod] *eg.* ll. *sitrod.*

(*a*) Pysgodyn bychan a'i gynefin mewn pyllau tywodlyd ar lan y môr, ?gobi: *small fish living in sandy pools on the seashore,* ?*goby.*

Ar lafar yn ardal y Borth, Cered.

(*b*) Person neu beth gwlyb iawn: *very wet person or thing.*

1858. Ar lafar, 'yn wlyb fel *sitryn*' (gogledd Cered.). Clywir hefyd 'yn wlyb *sitryn* (*sitren*)', 'Yn wlyb *sitrin* (h.y. at y croen)', D. J. Evans: *HCS* 127; 'Fe ddath adre'n wlyb *sitren*' (gogledd Cered.).

sits, sitsen, sitw, gw. **sîj, sît, jitw.**

sither [bnth. S. *zither*] *eg.* ll. *-au.* Offeryn cerdd, sef seinflwch pren llorweddol ac arno nifer mawr o dannau a genir â'r bysedd ac â phlectrwm: *zither.*

20g.

sithrig [?cf. *sethrog*] *eb.* Dibyn, clogwyn: *precipice, cliff.*

Ar lafar, *GTN* 741.

sithydd, gw. **eisillydd.**

siw[1] [?gair yn dynwared sŵn] *eg.* gan amlaf yn y cfn. (*na*) *siw na miw.* Sŵn, y sŵn lleiaf, smic, si, sôn: (*the slightest*) *sound, peep, mention, rumour.*

1741 *ML* i. 60, ni chlywodd e byth na *siw* na miw oddiwrthaw. **18–19g.** *Beirn* viii. 88, A *siw* ni chaf o'i sain chweg (Iolo Morganwg).

Amr.: **hiw** [?cf. *huw*]. *Dchr.* **17g.** *J* 10, 116b, *Hiw.* Nid oes na *hiw* na miw.

Cfn.: **(na) siw (hiw) na miw:** (*not*) *the slightest sound or mention,* (*not a*) *peep,* (*not a*) *word.* *Dchr.* **17g.** *J* 10, 116b, Nid oes *na hiw na miw.* **1741** *ML* i. 60. **1803** *P,* Siw . . . Nid oez *na siw na miw* . . . Adage. Ar lafar, 'heb glŵad *na siw na miw*', 'heb *na siw na miw*', *WVBD* 491; 'Chliwd *na siw-na-miw* am dano byth wedin', *GDD* 264; 'Cofia 'nawr! Dim *siw na miw* am 'yn wth neb', *GTN* 741.

siw[2], gw. **syw.**

siŵ[1], **siẁ,** &c. [bnth. S. *shoo*] *ebd.* Gair a ddefnyddir i yrru ieir, hwyaid, &c., ymaith: *shoo.*

1620 *Mos* 204, 52, Dowed *siw* wrth 'r iar, a cheisio ei dal. **1803** *P, Siw* . . . *Siw*! An exclamation used in driving fowls away. Ar lafar, 'siŵio . . . to say '*siŵ*' in driving away fowls', *WVBD* 519; '*Shiw*! *Shw*-plu!' 'Hel ieir ymaith', *B* xv. 30 (Meir.); '*Shŵ*! *Shŵ*!', *GTN* 770; hefyd yn yr ymad. '*siŵ*-lac, *siŵ*-lag, *siŵ*-leg' a ddefnyddir i yrru gwyddau ymaith, gw. D. Thomas: *ACW* 29–31.

siŵ[2], **siwaf: siwo,** gw. **siŵs, siwiaf: siwio.**

siŵaf: siŵo, siŵach, gw. **siŵiaf: siŵio.**

siwan [?yr e. prs. *Siwan* fel e.c.] *eb.* ll. *-od.*

(*a*) Dafad fynydd, dafad denau: *mountain sheep, thin sheep.*

1850. Clywir *shiwan* yng ngodre Cered. yn yr ystyr 'dafad denau', ac yn ne-orllewin sir Gaerf. yn yr ystyr 'a mountain sheep', *TGG* (1907–8) 87. Clywir hefyd y ff. wrywaidd *shiwyn* (ll. *shiwod*) yn yr ystyr 'A horned sheep', *GDD* 285.

(*b*) Merch hen ffasiwn: *old-fashioned woman.*

Ar lafar yn nwyrain Morg.

siwawa, gw. **tsiwawa.**

siwblachaf, swblachaf, syblachaf, &c.: **s(i)wblach(u), s(i)wblachad, syblachad,** &c. [cf. *swbachaf*: *swbachu*] *ba.* Chwalu, gwrychio, blerio, crychu, gwneud yn anniben neu'n frwnt: *to ruffle, rumple, disturb, make untidy or dirty.*

1604–7 *TW* (*Pen* 228), *swberlachu* d.g. *polluo.* **1688** S. Hughes: *TSP* [iv], Mi a gynghorwn ir sawl sydd yn chwennychu dyscu darllen cymraeg, i brynu Primer ac Almanack Mr. Thomas Jones; canys y mae 'r Llytherennau a'r Sylatau ynthynt; fal na bo iddynt *syblachad* a diwyno y Catechism. **18–19g.** *Llr* C 30, 185, *swblachu,* to jumble all together, [Glam]. Ar lafar, '*Sblachu*' 'to crumple', *Cymru* liii. [151] (dwyrain sir Drefn.); '*Syblachu*' 'to rumble', *id.* xxxi. 258 (Cered.); 'Paid a *shwblach* y llyfra wedi i fi i doti yn gryno', 'Ma'r grotan ddrwg wedi *shwblachan* i het bob tamid', 'Pwy sy wedi bod yn *shwblachu* y dillad odd mor gryno geni yn y drâr 'ma?', *LlGC* 1173, 62 (Morg.); '*shwblachad*', *B* viii. 324 (Cwmtawe). Fe'i clywir yn ardal Llangennech yn yr ystyr 'trin person yn arw, ymladd', 'Dyna le'r ôn' nw'n *shwblachad* 'i gilydd'; hefyd yn y ff. *swibladach,* 'Paid â *shwbladach* yr 'et 'na' (Cwm Rhondda).

Amr.: **sabarlachu. 1604–7** *TW* (*Pen* 228) d.g. *Sordido.* **siamblachu.** Ar lafar, 'Paid â *shamblachu*'r lle 'na 'to!', *BIBC* 47. **siwmlach(u), siwmlachad, siwmlachyd, siwmlachan. 1908.** Ar lafar, '*shwmlach* . . . *shwmlachu*', *LlGC* 1173, 62 (Myn.); 'Tria bido *shwmlach* y dillad wedi i fi'u smwddo nw'n lân' (dwyrain Morg.). **swberlachu. 1604–7** *TW* (*Pen* 228) d.g. *polluo.* *Dchr.* **17g.** *J* 10, 42b, *Swperlachu.* **swmblachan.** Ar lafar ym Mrych.

siwb-siab (*ẁ, à*) [?cf. *siabi*] *a.* Di-raen, anniben: *shabby, untidy.*

Ar lafar, 'Ma golwg *shwb-shab* ar y tŷ, fu fæs a tu fywn', ''Dyw a ddim yn bring o arian ond ma fa'n gwishgo mor *shwb-shab*', *GTN* 770.

siwbwchaidd [?ff. ar *swbach*+*-aidd*] *a.* Blêr, anniben (am ddillad): *scruffy, sloppy* (*of clothes*).

Ar lafar, 'Ma golwg *siwbwchedd* arni' (sir Gaerf.).

siwbwlsaf: siwbwlso, siwc[1,2], gw. **siabwlsaf: siabwlso, siwg, swc**[1].

siwcan, gw. **swci.**

siwc-siac, siwg-siag, siwch-siach, &c. [?gair yn dynwared sŵn] *a.* Gwlyb diferol (yn enw. am (y sŵn a wneir gan) draed mewn esgidiau gwlyb): *sopping or soaking wet* (*esp. of* (*the sound made by*) *feet in wet shoes*).

1897. Ar lafar, 'Fe gath lychad ofnadw—a dwi'n cofio fe'n dod at y capel yn *shwch-shach* i gyd' (gogledd Cered.); '*swc-sac*' (canolbarth Cered.); 'Ma 'nhra'd i'n *shwc shac*', *TGG* (1907–8) 109 (godre Cered.); ''Wi'n *shwc-shac* ar ôl bod mæs yn y glaw 'na' (de-ddwyrain Morg.); 'Ma isia doti 'sgitsia'r crotyn i sychu, man' nw'n *shŵg-shàg*', 'Dyna ddiflas odd cerad trw'r ira *shŵg-shàg* ar yr 'ewl', *GTN* 771.

siwch[1] (*ẁ*) [bnth. S. *sheugh*] *eb.* Ffos

gaeedig i arwain dŵr, &c., o dŷ: *covered drain carrying water, &c., from a house.*

Ar lafar, *WVBD* 519.

siwch[2], gw. **sioch**[1].

siwch-siach, gw. **siwc-siac.**

siwd [bnth. S. *pseud*] *eg.b.* ll. *-iaid, -s.* Person siwdaidd, ymhonnwr: *a pseud.*

Ar lafar, ''Glywish i o ar y radio bore 'ma—mae o rêl *siwd*'.

Gw. hefyd **seudo.**

siẁd, gw. **siwt.**

siwdaidd [*siwd+-aidd*] *a.* Ymhonnus (yn gymdeithasol neu'n ddeallusol), ffuantus: *pseud (adj.).*

20g. Ar lafar, 'Mae'n dafarn neis ond ryw hen griw *siwdaidd* sy'n mynd yno'.

siwdrmwdr, siwdrmwt, siwdermwd, &c. [bnth. S. C. *southern-wode* yw'r ff. gyntaf isod, a thebyg mai datblygiadau o fewn y Gym. yw'r ff. eraill isod] *e?g. Bot.* Brytwn, hen ŵr, *Artemisia abrotanum*; llysiau'r corff, *Artemisia campestris*: *southernwood; field wormwood.*

c. **1400** *Études* vii. 52, eabrotanum [*sic*], *sudwrnwot.* **16**g. *Celtica* v. 154, A dyrnaid o Rys a *sswdemwnt.* **16**g. *LlS* 7, Sothernwood ne *Siwdr mwdr. Diw.* **16**g. *WLB* 8, ar drŷw ar bettain ar *sudurmwd. id.* 28, kymer dy lawn ddyrnaid or *swdwrmwnd. id.* 95, hayhwf, *swdwrwd*, wermod. **1633** J. GERARDE: *Herball, Siwdrmwt*, sothernwood. **17**g. *Mos* 56, 7, Sowethern wood *siwdw mwtt.* **1688** *TJ* (*Bot*), *Siwdr-mwdr*: the herb Southern-wood. **1725** *SR* (*Bot*), Southernwood . . . *siwdwr mwdr.* **1734** S. RHYDDERCH: *Alm* [5], [D]yrnaid o *Siwdwrmwd*, ar [*sic*] un faint o Wermod. *c.* **1740** *LlM* 28, y Tansi ar [*sic*] Ryw a *Siwdermwd* gyda a [*sic*] Bara a Halen. **1813** *WB* 234, *Sidwrmot* (Llygrair) edr. Brytwn. *id.* 235, *Siwdr Mwdr.* (llygrair.) edr. Brytwn.

Amr.: **sothernw(o)d, so(e)therwd,** &c. [bnth. S. Diw. Cyn. *sothernwood*]. *c.* **1548** *CM* 1, 731, *Swthernwd.* **16**g. *LlS* 5–6, Deuryw *Sothernwod* y sydd . . . Y gwrryw ydyw hwnnw . . . a dyf yn gyphredin yn y garddæ . . . [y] benyw ydoedd y llyseuyn llwydwyn a elwir yn Saesonaec Lauander cotton. *id.* 6, *Sowthernwt* id wresoc a sych. *id.* 7, *Sotherwt* ne Siwdr mwdr. *id.* 42, dwyn dail bechain val y *Sothernwd* . . . dail cyfinc [*sic*] mal *Soethernwd.* *c.* **1730** *Thos. Lloyd D* (LlGC) 210b, *Sothermod* Southern wood. G. 113.

siwed, siwet [bnth. S. *suet*] *eg.* Braster caled cwyraidd a geir o amgylch arennau a llwynau defaid, gwartheg, &c., ac a ddefnyddir i wneud crwst, a'i doddi i wneud gwêr ar gyfer canhwyllau, sebon, &c., gwêr yr aren, gwêr y llwyn, gweren (fol), rhwyden: *suet, caul.*

1547 *WS, Siwed* Chewet. *Dchr.* **17**g. *J* 10, 40a, *Siwed.* chewet, suet Epiploon. **17**g. *LlGC* 13215, 351, *Siwed*, Epiploon, Omentum, The cawl. **1716–18** *Llsgr R. Morris* 181, mi wnawn basda or lana ynghred / ond eisio *siwed* ynddi. *c.* **1740** *LlM* 22, *Siwed* gwedi ei doddi. **1768** J. PRYS: *Alm* [ii], Mai 'r un fath ydyw llyfr heb ragymadrodd, a phwding gwaed heb ddim *siwed.* **1771** *PDPh* 34, y mae'r pridd yn seimlyd . . . a phethau fel edafedd yntho, yn ymddangos fel *siwed* toddedig. Ar lafar, ''Faswn i 'm yn ffansïo byta *siwet*'; '*siwed*', *Cymru* xlvii. 196 (sir Ddinb.); hefyd yn y ff. *shiwat*, *WVBD* 518.

Gw. hefyd **sweden**[1].

siwel, jiwel [bnth. S. *jewel*] *eg.* (bach. *siwelyn*) ll. *-s, -au* (un. g. *siwelsyn*, b. *jiwelsen*). Tlws gwerthfawr, gem, glain, hefyd yn *ffig.*: *jewel, also fig.*

15g. *GDLl* 109, Selerau, *siwel* eurin, / A phle gwell ffiolau gwin? **15**g. GWILYM TEW: *Gw* 459, Ni sang gŵr yt, heb sangwyn a grain, / A magu *siwels* megis Owain. *id.* 466, *Siwels* rif tlysau Owain, / Siôn dawn rhys sy'n dwyn y rhain. **15–16**g. *TA* 39, *Siwel* yr ieirll is law Rôn, / Sidan pobl, Sawden Pablon [i Syr Rhys ap Tomas]. **16**g. LEWYS MORGANNWG: *Gw* 124, Urdhas gobau heirdh esgobion / Oes aur *siwels* a res sywion [i Leision abad Glyn Nedd]. *id.* 639, kwrt kapelau kann wrth delau / gwin *sywelau* oth gan syler. **1575 (1587)** W. MIDLETON: *B* 56, *Siwel* trwy irwaed salteir ariant [marwnad Iarlles Penfro]. **1603** W. MIDLETON: *Ps* 12, Y beibl oedh *siwel* bobloedh Seion. **17**g. *Pen* 335, 2a, *Siwelsyn* ne Tresur ydiw y llyfr hwn heb i ail yw gael am hyny cadwer ef yn dda. **17**g. HUW MORUS: *EC* i. 91, Iesu warant sy' wir-air, / Sel un Crist, *siwelyn* [:- Jewel] crair. *c.* **1730** *Thos. Lloyd D* (LlGC) 208b, *Siwel.* A Jewell. [**1775**] H. JONES: *HGS* 6, Eiff eilwaith at y ladi, / Yn ei *giwel* a'i fawrhydi. Cf. *Cylchg CAGC* ii. 219, 'Does genyf ddim anrhegion, / Na *jewels* drud i'w danfon. Ar lafar, '*jŵal*, s.m., pl *jŵals*' 'ear-ring', *WVBD* 117; '*Jiwels*' 'Ear-rings', '*jiwelsen*', *GDD* 177. Clywir *jiwels* yn yr ystyr '*Fuschia*', G. AWBERY: *BM* 19 (sir Ddinb.). Digwydd *Jiwel* yn gyff. fel e. ar gaseg.

siwen [gair geir.; ?ffrwyth camddarllen Llad. neu S. *siren* fel *siwen*, a deall hwnnw fel gair Cym.] *e?b.* Môr-forwyn: *mermaid.*

Dchr. **17**g. *J* 10, 40a, *Siwen.* morvorwyn. **17**g. *LlGC* 13215, 351, *Siwen*, Siren, morvorwyn. **1707** *AB* 220b, *Siwen*, A meremaid. [S]. **1803** *P.*

siŵen, gw. **siŵs.**

siwer, siwyr [bnth. S. *sewer*] *eb.* ll. *siweri, siwyrs.* Carthffos: *sewer.*

20g. Ar lafar, 'hen *siwyr* ddrewllyd'.

siwet, siwfl, gw. **siwed, siefl.**

siwff, *eg.* (bach. g. *-yn*, b. *-en*). Tusw, twffyn, siobyn: *tuft.*

16–17g. *PhA* 97, Saffrwm ail *Siwff* aur melyn / Simwr o des sy am warr dyn. Ar lafar yn sir Drefn., '*shwff* o wallt', 'gafel mewn *shwffyn* o wallt', '*shwffyn* o wellt i' rwymo fo'. Cf. D. OWEN: *WBC* 40, chwys . . . ar flaenau *shwffen* dew-flewog ei wyneb.

siwffair, siwffen, gw. **siaffer**[1], **siwff.**

siwfflaf, siyfflaf: siwfflo, siwfflan, siyfflo, &c. [bnth. S. (*to*) *shuffle*] *bg.a.* Llusgo (traed), ymlusgo ymlaen; cymysgu (cardiau, papurau, &c.): *to shuffle (one's feet), shuffle along; shuffle (cards, papers, &c.).*

1858. Ar lafar, 'Cofia *siyfflo*'r cardia 'na'n iawn', '*Siyfflo* ar hyd lle' (Arfon); ''Ôn i'n clŵad rwun yn dod lawr i'r talcan yn *shwfflach* 'i dræd', ''Odd a'n *shwfflach* y papra', *GTN* 771; hefyd yn yr ystyr 'ymdopi, dod i ben', '*Shwfflo* . . . To muddle along, to get along somehow, by hook or by crook', *GDD* 286; 'Mae a'n 'i *shwfflan* 'i'n od heb fenyw yn y tŷ' (dwyrain Morg.).

Gw. hefyd **sifflaf: sifflo.**

siwfflard, swfflard, siwlard [bnth. S. Diw. Cyn. *shovelard, sholard*] *eb. Adar.* Llydanbig, *Platalea leucorodia*: *spoonbill.*

1545 *CI* 66, O nattur kig gryr, bwng a *swfflard* . . . [c]ig y *siwfflard* y sydd hauws j vwynhau nog yr vn o'r ddau eraill. **1547** *WS, Siwlard* edederyn [*sic*] Shouelarde. **16**g. *Pen* 133, 159, maes koch *siwlard* wen a chorn vel berdrysen [*sic*] ond nid yw yn flewoc ar i gwegil.

siwffyn, gw. **siwff.**

siwg, jwg (*ŵ*) [bnth. S. *jug*] *eb.g.* ll. *siygiau-* (*siwgiau*), *jygiau* (*jwgiau*). Llestr dwfn ac iddo ddolen a phig fel arfer, a ddefnyddir i ddal hylif a'i arllwys, ystên, piser: *jug.*

1688 *TJ*, Fflacced, (Fflagen,) (*Sîwg.*) A Flagon or Jugg. **1755** *ML* i. 387, sampier . . . mae gennyf lonaid *siwg* wedi eu piclio yn barod i chwi er's mis. *id.* 437, [y] corn carw môr . . . Mi brynais *siwg* a ddaliai'r cwbl oll ac ai rhoddais ynddi. [**1775**] H. JONES: *HGS* 23, Ystyn loned y *siwg* gwynn, / O gwrw melyn Mali. Ar lafar, '*jwg*', *WVBD* 117, *B* xiv. 279 (canolbarth Cered.), *GTN* 340; '*shwg*', *GDD* 286.

Amr.: **siwc**[1]. **20**g. Ar lafar, '*shwc, shyce*', *B* xiv. 279 (gogledd Cered.); '*shwc*' 'a "pitcher" of tin, not earthenware', *TGG* (1907–8) 109 (godre Cered.).

Cfn.: **siwg (jwg) l(l)aeth:** *milk-jug.* Ar lafar, *GTN* 340. Clywir yr ynganiad *shwglath* yng ngogledd sir Gaerf. **jwg lestr:** *china jug.* Ar lafar, *GTN* 340. **siwg (jwg) Tobi:** *toby jug.* **1934. siwg menyn Pedr:** *jug used by the poor to collect butter given as alms on St. Peter's Day.* Ar lafar, *Geir Geg* 81 (sir Benf.).

siwgaid, siwgiaid, jyg(i)aid, &c. [*siwg, jwg+-aid*[1], *-iaid*[2]] *eb.g.* ll. *siygeidiau, jygeidiau, jygeidi.* Llond siwg: *jugful.*

1755 *ML* i. 328, yn boeth y bo'r holl sampier; pe buaswn i wedi cael *siwgiaid* o honynt i mrawd Rhisiart, mi allaswn o hŷd fy nh-n grefu ganthaw. Ar lafar, '*jygiad* . . . *jygeidia*', *WVBD* 117; '*jwgid* . . . *jygidi*', ''Wi wedi prynu *jygidi* lawar o fŵar gin Mrs Clee yn 'ym amsar', *GTN* 340.

siwglaeth [cfdds. o'r S. *juggl(ing)+-aeth*] *e?b.* Y weithred o siwglo, hefyd yn *ffig.*; consuriaeth: *a juggling, also fig.; conjuring.*

1703 E. WYNNE: *BC* 23, Hyd y Strŷd allan gwelit chwareuon Interlud, *siwglaeth* a phob castieu hûg. *c.* **1730** *Thos. Lloyd D* (LlGC) 208b, *Siwglaeth.* Iuggling.

siwglaf, s(i)wgliaf, jwglaf, jyglaf, &c.: **s(i)wgl(i)o, jwglo, jyglo,** &c. [bnth. S. (*to*) *juggle*] *bg.a.* Taflu (pethau) i'r awyr a'u dal, gan gadw nifer ohonynt yn yr awyr ar yr un pryd, hefyd yn *ffig.*; consurio: *to juggle, also fig.; conjour.*

1711 TP: *CG* 20, hyd oni fedrant trwy gynnerthwy'r [*sic*] Diafol (*Jwglo*) neu Gwnsyrio. **1795–6** *Trys Gym* 101, *Swglio* arian sigleiriaith [*sic*], / Yno i'r gwr a wna'r gwaith. Ar lafar, ''O' 'ne grŵp yn canu ar y stryd a rhywun yn *jyglo*'. Cf. T. H. PARRY-WILLIAMS: *O* 28, Gallant hwy [mathemategwyr] . . . *siwglo*'n sobr gyda dim ac anfeidroldeb.

siwgler, jwgler [bnth. S. *juggler*] *eg.* ll. *-s.* Siwglwr; consuriwr: *juggler; conjuror.*

1599 (1677) R. HOLLAND: *AB* 29, Papistiaid . . . yn gweddio ar Fair . . . A chwedi iddynt wneuthur hynny, mal Hudolwyr neu *Juglers* nhwy a ddônt at Grist. **17**g. *LlGC* 253, 383, medd llawer *siwgler* ywr siad a dewin / nid diwarth moi ddeiad / i goffav hwn gwn ganiad / gyw eger glew gogiwr gwlad [Thomas Evans Hendreforfudd]. **1667** C. EDWARDS: *FfDd* 43, Pan wahoddodd ei wladwyr Mr Tyndal i edrych ar gonsurwr y fyddeu [*sic*] arfer o wneuthur pethau rhyfeddol, drwy ei ffydd attaliodd ef nerth gythreulyg y *Jwgler.* **1681** S. HUGHES: *AC* 29, Llefarodd hefyd megis ac y gwna *Juglers* neu Hudolwyr. **1682** R. LLWYD: *LlH* 488, Hudol, *iwgler.* Ar lafar yn y ff. *jyglar.*

siwgleriaeth, swgleriaeth [*siwgler+-iaeth*] *e?b.* Consuriaeth: *conjuring.*

16–17g. *PCWG* 120, gan nad ynt hwy yn hanffod o ysbryd krist mae ganthynt hwy *siwglerieth* amgenach. **16–17**g. *CRC* 429, Y roedd yno rai ossoweth / yn gwnevthvr *ssiwglerieth* (*CD* 86, *Swgleriaeth*). **1795–6** *Trys Gym* 101, Swglio arian *sigleiriaith* [*sic*], / Yno i'r gwr a wna'r gwaith. **18**g. *W Ballads* 63, 7, Rwi'n cyfrif fod Cyfreth yn ail i *Suwglerieth.*

siwgliaf: siwglio, gw. **siwglaf: siwglo.**

siwglwr [bôn y f. *siwglaf, siwgliaf*: *siwgl(i)o+-wr*] *eg.* ll. *-wyr.* Un sy'n siwglo: *juggler.*

20g.

siwgr [bnth. S. C. *sugre*, neu'n uniongyrchol o Ffr. Lloegr] *eg.* ll. *-au, -oedd,* (prin a diw.) *siygrau.*

(*a*) Carbohydrad melys grisialaidd a geir mewn llawer o blanhigion ac a dynnir o gorsenni siwgr a betys siwgr a'i ddefnyddio i felysu bwyd a diod, wrth fragu, &c.; unrhyw un o ddosbarth o garbohydradau sy'n doddadwy mewn dŵr megis swcros, lactos, a ffrwctos: *sugar.*

1346 *LlA* 94, Aphaẟb ryẟ safẟyrber blas achẟeith arnunt hyt nat oed na *sukyr* na blensbẟdyr na mel kynnteit na gẟin klaret ac kyffelypei. **15**g. *GDLl* 109, Malu *siwgr* ar aml seigiau. **15**g. *GGl*[2] 226, Sinamwn, clows a chwmin, / *Siwgr*, mas, i wresogi'r min. **16**g. *GGH* 309, Ei gorff [ffesant] gyda *siwgr* a gwin / Sy garbron saig i'r brenin. **1716–18** *Llsgr R. Morris* 61, Dy gusan mwun tyner gen ti—a gefis / i gofio am dy gwmnhi / fel *siwgwr* roedd o yn gwresogi / gwin oedd hud y gwn i. **1718 (1721)** S. THOMAS: *HB* 54, Corsenni [:- Pob math o *Siwgwr* a dynnir o'r Corsenni hyn trwy eu briwio a'u malu a'u berwi] o pa rai yr ydys yn cael y *Siwgwr.* **1793** *Cylchg* 14, ymdrechiadau'r Gymdeithias . . . at annog y gwladigion yn Affrica i wneud *Siwgr.* *c.* **1793** E. BARNES: *HBF* 9, [t]roi ein *siwgrau* ar y marchnadoedd pell. Ar lafar, '*shwgwr*', *WVBD* 519; '*shwgwr*', '*shiwgwr*', *GDD* 286.

(*b*) (enghrau. *ffig.* ac mewn cyd-destun *ffig.*: *fig. exx. and exx. in a fig. context*).

15g. *ID* 18, au sidr yw ir wenn ddidrist / au *siwgr* yw o Iesu Grist [i'r cusan]. **1653** *MLl* i. 146, gwilia *siwgwr* y pechod. *id.* 192, Melys i'r cnawd yw *siwgwr* diafol. **1657** *id.* ii. 114, Gwelent frynted yw chwant cnawdol / Gwenwyn melys; *siwgwr* diafol. **1658** R. VAUGHAN: *PS* 437, Eithr am ei *siwgwr* ef na chymer mo mercuri Satan. *id.* 438, Fy enaid. na phortha natur lygredig ar cyfriw felusion a'r rhain. er ei [*sic*] bod yn ymddangos yn *siwgroedd* nid ydynt ond mercuri pur. **1753** *W Ballads* 198, 4, yn Bwytta *Siwgwr* Cnawdol. **1778** J. HUGHES: *BB* 24, Gwell bwytta *siwgwr* chwant y cnawd, / Wrth wneuthur gwawd o'n gilydd.

(*c*) Gair sy'n cyfleu anwyldeb: *term of endearment.*

1872. Ar lafar, '*shwgwr*' 'an endearing term applied to a baby', *WVBD* 519; 'Der' at bopa, *shwgwr*' (Morg., hefyd yn y ff. *shwgir*). Gw. hefyd y cfn. *siwgr gwyn* isod.

(*d*) Clefyd y siwgr: *diabetes.*

Ar lafar, 'Ma pob un o'r tulu 'na'n dioddaf wrth *shwgir*' (dwyrain Morg.).

Amr.: **siwgur, suwgur,** &c. [?cf. S. C. *sugir*] **16**g. *Pen* 76, 128, may blas *siwgvr* (DAFYDD AP LLYWELYN, &c.: *Gw* 216, siwgr) ne rasbi. **17**g. *HCRC* iii. 7, *sywgyr* yn toddi ar faroryn. **1672** R. PRICHARD: *Gw*

331, A Seigie 'n llawn o *suwgur*. **1784** M. WILLIAMS: *S* i. 19, *siwgur* a pher-lysiau. Ar lafar yn y ff. '*shwgir*', *B* xiv. 281 (canolbarth Cered.), *GDD* 286, *Geir Geg* 65–6 (y De). Ym Morg. clywir *shwgir* fel llysenw ar rywun gorfelys neu ffuantus. **sucr** [bnth. S. C. *sucre*, neu'n uniongyrchol o Ffr. Lloegr *soucre*] **1346** *LlA* 94. **sugr,** &c. *c.* **1400** *Études* vii. 336, kymeret hanner wns o bwdyr o wreid y beton a *sugyr* mywn dwfyr ac yfet. **15g.** *GLGC* 203, *sugr. Diw.* **16g.** *WLB* 48, *suger.* **1803** *P* d.g. *Sugyr.* **suwgr. 15g.** *DN* 87. **1632** *D*, *Suwgr*, Saccharum. **1762** *ML* ii. 524. **suwgur,** gw. *siwgur.* **swgir.** Ar lafar, *GTN* 753. **swgr. 15g.** *GO* 181, A'r *swgr* mewn seigiav, a'r mas / I ddwyn blas i ddyn blysic.

Cfn.: **siwgr,** &c., **betys:** *beet sugar.* **1931. siwgr bras:** *crystal sugar.* **20g.** Ar lafar ym Môn ac Arfon. **siwgr brown:** *brown sugar, demerara.* **20g.** Ar lafar yn gyff., '*shwgwr brown*' (Arfon); '*shwgir brown*', *Geir Geg* 65 (y De); '*swgir brywn*', *GTN* 753; 'ir ham . . . Wel och chi'n roi'r "saltpetre" arno ginta, a tamed o *shwgwr brown* amell un', *CyCC* 131 (sir Benf.). **siwgr candi:** *sugar-candy, also fig.* **15g.** *GLGC* 203, *sugr candi* i mi 'mhob modd, / sinser ar ddewis ansodd. **15g.** *GGl*[2] 203, Ei moliant yw *siwgr candi*, / A mêl haid yw ei mawl hi. **1774** G. HOWEL: *Alm* [47]. **siwgr cansen:** *cane sugar.* **20g. siwgr cên = siwgr cansen. 1937. siwgr clap:** *lump sugar.* **1908.** Ar lafar, *Geir Geg* 65 (sir Drefn.). **siwgr cnapau = siwgr clap.** Ar lafar, *GTN* 753. **siwgr coch = siwgr brown. 18–19g.** JAC GLAN-Y-GORS: *Gw* 31. Ar lafar, *WVBD* 519, *Geir Geg* 65 (y Gogledd a dwyrain Morg.). Clywir *shwgwr coch* hefyd yn yr ystyr 'Sorrel', G. AWBERY: *BM* 54 (sir Gaern. a Meir.). Gw. hefyd *siwgr gwyn a siwgr coch* isod. **siwgr demerara:** *demerara.* **20g. siwgr dilach:** *crushed sugar.* Ar lafar, *Geir Geg* 65 (dwyrain Morg.). **siwgr eisin:** *icing sugar.* **20g.** Ar lafar, *GTN* 753. **siwgr gwinau = siwgr brown. 1814. siwgr gwyn:** *white sugar, also fig.* **15g.** *DE* 47, 50. **1795** J. THOMAS: *AIC* 362. Ar lafar yn gyff., *Geir Geg* 66. Clywir '*shwgwr gwyn*' hefyd ym Morg. fel ymad. i gyfleu anwyldeb. *Bot.* **siwgr gwyn a siwgr coch:** *clover.* Ar lafar, G. AWBERY: *BM* 34 (sir Ddinb.). **siwgr lwmp(au):** *lump sugar, also fig. c.* **1877.** Ar lafar yn gyff., *Geir Geg* 66, *WVBD* 519. **siwgr llaeth:** *lactose.* **1851. siwgr llwyd = siwgr brown. 1763** *DT* 164. **siwgr macsu:** *fine brown sugar (for brewing).* Ar lafar, *Geir Geg* 66 (sir Benf.). **siwgr mân:** *fine sugar, caster sugar, granulated sugar.* **15g.** *ID* 17. Ar lafar yn gyff., *Geir Geg* 66, *WVBD* 519, *GTN* 753. **siwgr melyn = siwgr brown. 1771** *PDPh* 71. **siwgr merched:** *boy fond of the company of girls, ? sissy.* Ar lafar yn Arfon. **siwgr plad:** *sheet of caramelized sugar, sugar-plate.* **15–16g.** *TA* 35. **siwgr plwm:** *sugar of lead, lead acetate.* **1771** *PDPh* 39, 66. **siwgr talpau = siwgr lwmp.** Ar lafar, *B* xiv. 281 (canolbarth Cered.). **siwgr torth:** *loaf sugar.* **1759** J. EVANS: *PF* 28. **1771** *PDPh* 26. **1776** *W* d.g. *Loaf-sugar.*

siwgraf, siwgriaf, &c.: **siwgr(i)o,** &c. [bf. o'r e. *siwgr*, &c.] *ba.* Melysu â siwgr, gorchuddio â siwgr, hefyd yn *ffig.*: *to sugar, also fig.*

16g. HUW ARWYSTL: *Gw* 190, *sywgrai* fyth saig ir foethys. *c.* **1730** *Thos. Lloyd D* (LlGC) 210b, *Siwgrio.* To sugar. **1732** *AABI* 104, Fel y dylid goreuro a *siwgro* y Pelennau o Gerydd a llawer o larieidd-dra a thynerwch, felly y dylid ei [*sic*] rhoi yn y dirgel. **1743** D. ROWLAND: *T* 91, yr hwn [Crist] sŷdd wedi *suwgrio* a melusu'r Ddeddf. **1744** D. ROWLAND: *RY* 255, efe [Diabolus] a ddaeth i wared eilwaith at y Mur, nid gydâ'i Drwm yn awr, na chydâ Chapten y Bedd, ond gan *Siwgro* ei Wefysaidd [*sic*], efe a ymddangosodd ei fôd yn Safn-lyfyn jawn. **18g.** *Y Drysorfa* ci. 283–4, llaweroedd o bleserau iengtid . . . *shwgrodd* hwynt immi. **1794** *W*, *Suwgru* d.g. *To sugar* [*sweeten with*]. **18–19g.** *Llr* C 4, 77, *suwguro*, Glam. **1803** *P* d.g. *Sugraw.*

siwgraidd, &c. [*siwgr*, &c. + *-aidd*] *a.* Tebyg i siwgr, yn cynnwys siwgr, melys, gorfelys, hefyd yn *ffig.*: *sugary, sweet, saccharine, also fig.*

16–17g. *DCR* 189, Dy seigiav *siwgwraidd.* **16–17g.** LLYWELYN SIÔN, &c.: *Gw* 457, yn jach win . . . *sywgraidd.* **[1783]** *W*, *suwgraidd* d.g. *Saccharine, Sugary.* **1789** *BDG* 498, Segr o ddyn, *siwgraidd* enau. **18–19g.** *Llr* C 4, 77, *suwguraidd* . . . Glam.

Amr.: **sugraidd. 1845.**

siwgralmon [bnth. S. *sugar-almond*] *eg.* ll. *-au.* Almon wedi ei siwgro: *sugar-almond.*

1870.

siwgredig, &c. [bôn y f. *siwgraf, siwgriaf,* &c.: *siwgr(i)o*, &c. a *siwgr*, &c. + *-edig*] *a.bfl.* Wedi ei siwgro: *sugared.*

14g. *GSCyf* [13], A thrymion seigiau *siwgyredig* (*GBC* 169, *Suwgredig*). **16–17g.** LLYWELYN SIÔN, &c.: *Gw* 337, a saigav a roed yn *sywgüredig.* *c.* **1730** *Thos. Lloyd D* (LlGC) 208b, *Siwgredig.* **[1783]** *W*, *suwgredig* d.g. *Sugared.*

siwgrgorsen [*siwgr* + *corsen*] *eb.* ll. *-nau.* Cansen siwgr: *sugar cane.*

1833.

siwgriaf: siwgrio, gw. siwgraf: siwgro.

siwgrllyd, siwgrlyd [*siwgr* + *-llyd, -lyd*] *a.* Siwgraidd, melys, gorfelys, hefyd yn *ffig.*: *sugary, sweet, saccharine, also fig.*

20g.

siwgrog, &c. [*siwgr*, &c. + *-og*] *a.* Siwgredig; siwgraidd, melys: *sugared; sugary, sweet.*

1722 *Llst* 189, *Suwgrog.* Sugared, candied. **1794** *W*, *Suwgrog* d.g. *Sugary.* **18–19g.** *CRIM* 130, Caf ar fin yr eneth serchog / Gusan fel plemysen *siwgrog.*

siwgrol, &c. [*siwgr*, &c. + *-ol*] *a.* Siwgraidd, melys, gorfelys; siwgredig: *sugary, sweet, saccharine; sugared.*

[1783] *W*, *suwgrawl* d.g. *Saccharine.* **1803** *P* d.g. *Sugrawl.*

siwg-siag, siwgur, gw. siwc-siac, siwgr.

siwgwdaf: siwgwdo, gw. sigwdaf: sigwdo.

siwgwr, siwgwraidd, gw. siwgr, siwgraidd.

siwiaf, siwaf: siw(i)o [bnth. S. (*to*) *sue*] *bg.a.* Dwyn achos cyfreithiol (yn erbyn); ymbil ar, erfyn am: *to sue; entreat, beg for.*

16g. *GRCG* 27, Ac ato y dôi'r bobl i beri iddo fod yn bybyr / A cheisio ymcwest [*sic*] bwrdes, cyn *siwio* ohono ei bardwn. **16–17g.** *GST* i. 697, Nid o ddig na chenfigen, / Is iawn wŷdd, y *siwiwn* wen, / Ond i gael, am drafael draw, / Roddi i bawb yr eiddaw. **16–17g.** T. PRYS: *C* 328, O thorraf, lle neidiaf nod / *Siwiwch*, hwn sy' wych hynod. **16–17g.** T. R. ROBERTS: *EP* 292, Etto yr awn at ei ras, / Yma i *siwio* Messias. **17g.** HUW MORUS: *EC* i. 174, Och! i chwi achwyn ar forwyn o ferch, / Fel un a fae 'n meiddio fy *siwio* am fy serch. **1696** *CDD* 239, O *Siwi* Feger tlawd heb ronŷn, / Hawdd it wŷbod bêth a ganlŷn. **1704** T. JONES: *Alm* [48], mae 'r bobl . . . yn gofyn paham na buaswn yn ei *siwio* ef mewn Cyfraith, ond y flwyddyn nesaf . . . byddant yn gofyn paham a *siwiais* i ef. **1734** S. RHYDDERCH: *Alm* [37], [C]wyno neu *Siwio* mewn achosion Cyfraith. *a.* **1735** *W Ballads* 64, [6], yn y sieswn fo'm *siwia.* **1741** *ML* i. 66, yr oedd dau yn dwrdio ei *siwio* yn y Sessiwn yr wythnos ymma. **1759** *BC* 284, Rwi wedi dechre *Siwio*, a chwyno a'm [*sic*] danoch chwi. **1770** *TG* iv. 81, [y] siampl gyntaf a glybywyd erioed am ganlyn neu *siwio* tywysog o'r gwaed brenhinol am gyflafan o'r fath. Ar lafar, 'Mae o'n sôn am fynd â nhw i'r llys a'u *siwio* nw'; 'Mae e wedi câl 'i *siwo*'.

siŵiaf, siŵaf: siŵ(i)o, siŵach [bf. o'r ebd. *siŵ*] *ba.* Gyrru (dofednod, &c.) i ffwrdd drwy weiddi 'siŵ!', hefyd yn *ffig.*: *to shoo (poultry, &c.) away, also fig.*

Diw. **19g.** *SE MS* 467b, *siwio* ieir. Ar lafar, '*siŵio* . . . to say 'siŵ' in driving away fowls', *WVBD* 519; "Odd 'i'n *siŵach* y ffywlz o'r ardd' (dwyrain Morg.).

siwin[1,2], **siwlard, siwl-di-mwl,** gw. sewin, eisiwed, siwfflard, siwl-mwl.

siwldrach, *ba.* Trafod neu drin yn arw; gwthio: *to treat or handle roughly; push.*

Ar lafar, 'Ma'r plant 'yn yn cæl dicon o'u *shwldrach* gin y crots mawr', 'Caria 'wn yn ofalus—paid o'i *shwldrach* a', "Wi wedi bod yn *shwldrach* 'en bethach trwm trw'r dydd', "Odd e'n *shwldrach* 'i ffordd trw'r dorf a finna'n catw'n dynn wth 'i gwt a', *GTN* 771.

siwlffa, gw. swlffa.

siwli [cf. *siwlyn*] *eg.* Plentyn bach hyd at ryw ddwyflwydd oed sydd wedi dechrau cerdded: *toddler.*

Ar lafar, 'Ôs, ma babi ginti; ond ma *shwli* bach 'co 'efyd', *GTN* 771. Fe'i clywir hefyd fel gair anwes, 'Be sy, *shwli*, 'wyt ti'n iawn?' (Llŷn).

siwl-mwl, siwl-di-mwl, *adf.* Yn gwbl ddi-drefn, yn draed moch: *in disarray, in a mess.*

20g. Ar lafar, 'Ma'r cifan wedi mynd *shwl-mwl* na', *GDD* 286; hefyd yn y ff. (*yn*) *shwl-di-mwl.*

siwlyn[1], **swlyn** [cf. *siwli*] *eg.* (b. *siwlen*). Plentyn bach hyd at ryw ddwyflwydd oed sydd wedi dechrau cerdded: *toddler.*

1870. Ar lafar yn y Gogledd yn y ff. *shwlyn.*

siwlyn[2], gw. siol[2].

siwme, siwmla, gw. simnai.

siwmlachaf: siwmlach(u), &c., gw. siwblachaf: siwblachu.

siwmp, jwmp[2] [bnth. S. *jump* 'short coat'] *eb.* ll. *siymp(i)au.* Côt fer, siaced; siwmper: *short coat, jacket; jumper.*

17g. HUW MORUS: *EC* i. 323, Nid cedyrn ei esgidiau, mae tyllau yn ei 'sanau, / A'i het, a'i *siwmp* hithau, a'r gliniau trwy 'i glos. **1707** *AB* 279b, *Dzhwmp, Shwmp* d.g. *A Jerkin or Jacket.* *c.* **1730** *Thos. Lloyd D* (LlGC) 207b, *Siwmp.* a Jump. Tunica. *id.* 208b, *Siwmp*, a Jump, coat. **1753** *TR*, *Siwmp*, a coat, in Caernarvonshire. **1763** *DT* 102, Hen *Siwmp* i'r Lwmp garw ei Lun, / Mae'n glasu am hen Glosun. *id.* 104, Er hyn i gyd, heb *Siwmp* na Chlos, / Rwy'n poeni, o achos Pannwr. **1765** *BDGU* 38, Wel y siampl o'r cwtta'ch *Siympe*, / I'ch edrych y deloch adre. **1769** E. ROBERTS: *GN* 58, Wedi tori i galon o achos merch . . . / . . . / Dyma ddigon o Siampel i bawb mewn *siympie*, / O Langollen i dre ddolgell[e]. **1787** E. ROBERTS: *PCF* 26, Na chadach im gwddw na bottwm im *Siwnp* [*sic*]. **1828** *Geir Pob* 25, *Siwmp*, corph-wisg. Ar lafar yn y ff. *shwmp*, J. JONES: *Gwerin-eiriau*[2] 49, *BILlE* 38. Cf. A. ROBERTS: *LlM* 104, Mae genyf i gariad ag arni dair camp, / Mae'n g'wilydd ei gweled mewn siaced neu *siwmp.*

siwmper, siwmpwr, jympyr [bnth. S. *jumper*] *eb.* ll. *siwmperi, jympyrs.* Dilledyn wedi ei wau neu ei grosio a wisgir am ran uchaf y corff, pwlofer, jersi, gansi: *jumper, sweater, pullover.*

20g. Ar lafar, "Fedra i 'm gwisgo'n *jympyr* ddu. Ma 'ne dwll yni'.

'siwn, siwpein, gw. ffasiwn, sypyn[2].

siwpersonig, swpersonig [cfdds. o'r S. *superson(ic)* + *-ig*[2]] *a.* Uwchsonig: *supersonic.*

20g.

siwps, tsiwps, swps [? cf. *sopas*] *a.* a hefyd fel *e.ll.* Gwlyb diferol; wedi ei wasgu, sitrachog, soeglyd; pentwr o bethau wedi eu gwasgu ynghyd: *sopping or soaking wet; crushed, squashed; heap of things squashed together.*

p. **1875.** Ar lafar, 'Y mae'r afal yn *swps*', *Cymru* xxxiv. 180 (godre Cered.); 'Fe ryws y siopwr un tomato drwg ifi a fe æth 'wnnw'n *shwps* yn y bag 'ma', 'Fi geso' 'nala yn y glaw, a 'ôn i'n wlyb *shwps* erbyn cyrradd tre', 'yn feddw *shwps*' 'yn feddw mawr; dead drunk', *GTN* 771; '*shwps*' 'wet, sodden', *SC* vi. 129 (sir Benf.); 'Mae e'n bown o fod yn *tsiwps* diferu' (sir Benf.); 'yn *tsiwps* o annwyd' (sir Gaerf.). Fe'i clywir hefyd mewn ymad. fel 'blino'n *shwps*'.

Amr.: **swpws. 1803** *P.*

siwpsaf, tsiwpsaf, swpsaf: siwpso, siwpsach, tsiwpsan, swpso, &c. [bf. o'r a. (*t*)*siwps, swps*] *bg.a.* Gwasgu allan o'i siâp, mynd neu wneud yn feddal neu'n soeglyd: *to crush out of shape, make or become soft or squidgy.*

Ar lafar, '*Swpso*' 'To soften or crush', *Cymru* xxxiv. 180 (godre Cered.); 'Fi drias 'u cario nw 'eb 'u *shwpsach* nw', *GTN* 771; 'Ma'r pêr 'na ddethot ti wedi *shwpsan* yn fudur', 'Paid â *shwpsan* 'yn 'et i yn y drôr 'na' (dwyrain Morg.).

siŵr, siwr [bnth. S. *sure*] *a.*

(*a*) Sicr, anochel, anorfod, di-ffael, dibynadwy, diogel; diamheuol, diymwad: *sure, certain, inevitable, unfailing, reliable, safe; indubitable, unquestionable.*

16g. *WLl* 71, Da dderfydd sydd *siwr* / Ac oes gwraic a gwr. **1574** *RhRC* (At.) 66b, am farola/eth [*sic*] chwi wddoch yn dda na does dim kyn *sywred* ag y chwi farw Ryw ddydd. *a.* **1587** *Y* 113, *Siwrach* y dengys erof / Pwys y gwaith pwy sy' o'i gof. **16–17g.** *HG* 63, a charü dyn a düw n bywr, a digon *sywr* nan gwrthyd. *id.* 100, dewch ar vy nehaülaw *sywr*, vy annwyl bywr gristnogion. **16–17g.** *Cer RC* 38, Yn ôl Adda fe ddaeth Noe: / Duw wynn a roe iddo rybudd; / Gwneuthur llong, a honno'n *siwr*, / Rhag ofn y dŵr annedwydd. **1630** *YDd* xxv, Dysc i mi heddyw fedru / Fyw trwy lawn hyderu / Fel pe byddai *siwr* fyngwedd / O fynd ir bedd y foru. **17g.** HUW MORUS: *EC* i. 72, Ac yno 'r â, *siwra* sarn, / Aur ei dyfiad i'r dafarn. **1684** T. JONES: *GG* 22, cydwybod . . . Am dani yn *siŵr* nid oes fawr sôn / Gan ddynion oerion irwall. **1691** T. WILLIAMS: *YB* 2, mae mor *siwr* in'i farw a'n geni. **1712** T. WILLIAMS: *CDdG* 112, Ti a wyddost y ffordd *siwraf* im gwneud 'i yn wynfydedig. **1759** J. EVANS: *PF* 67, Rheol *sur* [*sic*] yw, mai gwann galon yw pob Dyn gwallgofus. **1778** J. HUGHES: *BB* 182, Y cyfiawn wr gadd yno 'n *siwr*, / Ei drîn fel treisiwr drŵg.

Ar lafar, 'Mae hi'n *siŵr* o fwrw cyn y bora', *WVBD* 519; ''Os dim sy'n *siwrach* na 'ynny', *GTN* 741.

(*b*) Sicr (yn ei feddwl), heb amheuaeth, argyhoeddedig: *sure* (*in one's mind*), *certain*, *convinced*.

16g. *Hop M* 176, ag o chredwn velly n *sywr*. **1609** *CRC* 344, y llall a dynge yn *siwr* ddiame. **1672** R. PRICHARD: *Gw* 146, A pha gwypwn ar y *suwra* [:- Siccra]. **1688** S. HUGHES: *TSP* 120, 'r wi'n *siwr* o honoti yn awr. **1693** *HC* 141, A byddwch *siwr* oi bresennoldeb cariadus ef. **18–19g.** *HVN* 603, A chwlff o gaws Caerffili / 'Rwyn *siwr* fai'n faethlon iti. Ar lafar, 'dim yn *siŵr* o'r ffordd', *WVBD* 519; ''Ôn i'n cretu'n *siwr* taw chi 'welas i yno', ''Wyt ti'n *siwr* bot ti'n iawn 'nawr?', *GTN* 741. Cf. D. OWEN: *RL* 133, Yr ydw i yn lled *siwr* os daru i ti fisio tipyn dy fod ti yn eitha gonest.

Cfn.: **siŵr Dduw:** *of course, naturally.* Ar lafar, ''Ydi o'n aelod o'r Blaid?' 'Yndi, *siŵr Dduw*'. Fe'i clywir hefyd mewn br. fel 'Mae o *siŵr Dduw* o fod yno'. **siŵr iawn:** *of course, certainly.* Ar lafar, '*siŵr iawn*' 'of course (in a reply)', *WVBD* 519; ''Ydw i'n mynd i wisgo'r ffrog 'ma?', 'Wel, wyt *siŵr iawn*'. **siŵr o fod:** *probably, I expect so, I suppose* (*so*). Ar lafar, ''Fyddi di yno nos Lun?', 'Bydda', *siŵr o fod*'. **yn siŵr i chi (ti):** *right enough, sure enough, certainly, sure.* Ar lafar, 'Ma'*n siŵr i chi*', *WVBD* 519. Cf. D. OWEN: *D* 74, y mae Ismael wedi cael tro *yn siŵr i ch'i*.

siwraf, siwriaf²: siwr(i)o [bf. o'r a. *siŵr*, *siwr*] *bg.a.* Sicrhau: *to assure, ensure.*

16g. *GGH* 435, Un sir glir yn *sywrio* gwledd. **1791** W. RICHARDS: *TDB* 52, mi *siwraf* iddo, na ddarfu i mi erioed ei gyfrif yn beth mor oruchel. Ar lafar, 'Gallwch chi *siwro* ifi na chollwch chi mog e?' (dwyrain Morg.).

siwraidd [*siŵr, siwr*+*-aidd*] *a.* Siŵr, sicr: *sure, certain.*

17g. HUW MORUS: *EC* ii. 69, A gwrando ar sŵn dialedd yn *siwraidd* nesâu. **1712** O. GRUFFYDD: *Gw* 68, Am buraidd *siwraidd* Sierom. **1759** *BC* 345, Tyngnhefedd, gorfoledd, / Trugaredd *Siwredd* sydd. **1777** E. ROBERTS: *DG* 25, drwy newydd-deb buchedd *siwredd* sail.

siwrans¹ [ff. affetig ar *insiwrans*] *e?g.* Yswiriant: *insurance.*

1931.

Gw. hefyd siwrin.

siwrans², siwrens [ff. affetig ar S. *assurance*] *eb.* Sicrwydd, sicrhad: *certainty, assurance.*

17g. *LlGC* 10249, 26, Selia düw seilia dwys sylwedd / siriol *ssiwrens* am drigaredd. *c.* **1730** *Thos. Lloyd D* (LlGC) 208b, *Siwrens.* Assurance. **18g.** *IICRC* iii. 273, Och na 'styriai Ddyn yn dda / O ble daeth gynta im hoywi [*sic*] / A pha ryw *Siwrans* yma geiff / Ac i ble'r eiff ô gwedi. Ar lafar, ''Os dim *siwrans* bod y traen 'ny yn cyrradd mwn pryd' (dwyrain Morg.).

siwrantaf: siwrantu, gw. **siwriantaf: siwriantu.**

siwrder [*siŵr, siwr*+*-der*] *eg.* Sicrwydd: *certainty.*

16–17g. *HG* 95, ffydd yw *sywrder*, or pethau per / a obeithir, er nas gwelir.

siwrej [bnth. S. *sewerage*] *eg.* Carthffosiaeth: *sewerage.*

20g. Ar lafar, 'Ma 'ne ogle *siwrej* yma'; hefyd weithiau yn yr ystyr 'carthffos', ''Dach chi'n cofio torri *siwrej* yna?' (Llŷn).

siwrens, gw. **siwrans².**

siwrhaf: siwrhau [*siŵr, siwr*+*-hau*] *ba.* Gwneud yn siŵr, sicrhau, diogelu: *to make sure, assure, secure.*

16–17g. *LlCy* viii. 226, Syr Water ar glêr yw'r glain, / *Siwrhau*'r côr mae'r syr cywrain (Siôn Mawddwy). **1672** R. PRICHARD: *Gw* 425, I'th *suwrhau* dy fôd yn vn, / O'i ddetholedig blant ei hun. **1712** T. WILLIAMS: *CDdG* 119, er nad ydyw'r adeg 'i weithio ond berr ag ansiccr etto mae gennym y peth anwylaf i'w *siwrhau*. **1717** *W Ballads* 180B, 8, Ar [*sic*] Llyfr Gweddi Cyffredinol, / Gyda 'r Bibl i gadw 'r Bobl, / Ac i *siwrhau* y geiriau graddol, / Fe dynne y difai y deng Air Deddfol. *c.* **1730** *Thos. Lloyd D* (LlGC) 208b, *Siwrhau.* To assure. *id.* 210b, *Siwrhau* . . . To secure. **1734** *YCTM* 21, Clyw Ddŷn, *siwrha* di [*sic*] Galon.

siwri, gw. jiwri (hefyd At.).

siwriaf¹: siwrio [?ff. affetig ar *insiwriaf*: *insiwrio*] *ba.* Yswirio: *to insure.*

1894.

siwriaf²: siwrio, gw. **siwraf: siwro.**

siwriantaf, siwrantaf: siwr(i)antu [?bf. o'r a. *siŵr, siwr* dan ddyl. *gwarantaf*: *gwarantu*] *bg.* Gwarantu, sicrhau: *to guarantee, assure.*

1939. Ar lafar, ''D alla' i ddim *siwriantu* bod y llyfr gen' i, ond 'rydw i'n credu 'i fod o' (Meir.; hefyd yn y ff. *siwrantu*).

siwrin, siwring [ff. affetig ar *insiwrin*; â'r ff. yn *-ng*, cf. *dwsin, dwsing*] *eg.* Yswiriant; premiwm (yswiriant); asiant yswiriant: *insurance*; (*insurance*) *premium*; *insurance agent.*

1938. Ar lafar, 'Odi'r ty yn y *shiwrin* gida chi?' 'Have you insured the house?', *GDD* 285.

siwrionedd [ffurfiant o'r a. *siŵr, siwr* ar ddelw *gwirionedd*] *e?g.* yn yr ymad. *fy siwrionedd.* Gwirionedd: *truth.*

Ar lafar, 'Wel, '*yn siwrionadd* i, ys clywas i siŵd beth ariôd!' (dwyrain Morg.).

siwrl¹ [bnth. S. *churl*] *eg.* (bach. *-yn*) a hefyd fel *a.* Taeog(aidd), (person) gwladaidd ac anfoesgar; ?cybydd: *churl*(*ish*); ?*miser.*

15–16g. *TA* 511, Oer oedd roi iraidd riain, / Deg i modd, i daeog main; / Efô 'n *siwrl* dan i gwrlid, / Ag yn llawn gwenwyn a llid [i Eiddig]. **15–16g.** LLAWDDEN, &c.: *Gw* 173, Am i ffriw *siwrl* mae ffris hyll, / Arth y mwnt, ar waith mentyll [i ofyn tarw]. **1547** *WS*, *Siwrl* A churle. **1574** *RhRC* (At.) 302a, y lais mor anrrygar, mor ywchel, mor *siwrl.* ?**16–17g.** **(1789)** *BDG* 227, O falchder gwnai f'aderyn / A'r dôn *siwrl* dewi yn syn. **16–17g.** *GST* i. 273, Ni rôi *siwrl* yn yr oes hon / Fyth, o'r eiddo, fath roddion. *id.* 796, Ond â *siwrl* neu â thaeog / A fo annwyl o'i geiniog. *Dchr.* **17g.** *Bl B XVII* i. 15, Cerdd wenwynig, ddig ddygyn / O eiriau *siwrl* i Rys Wyn (Thomas Prys). **17g.** *CLlC* i. 12, Heb gymdeithas nid dyn, dyn / Ond *siwrl* ne adyn difri. **1759** *BC* 148, Y dreng a'r *siwrl* a wna i'n siriolach. *id.* 287, Nid oes ond *Siwrl* neu Ddyn diddeunydd / . . . / A rydd i mi gerydd am garu. **18g.** TWM O'R NANT: *CO* 39, Mr. *Siwrlun* siort, a Mr. Tendio'i fusnes. **1828** *Geir Pob* 25, *Siwrl*, taeogaidd, digus.

siwrl², *eg.* (bach. g. *-yn*, b. *-en*) ll. *siyrlau* (*siwrlau*). (Cudyn) egwyd, swrn, bacsen, hefyd yn *ffig.*: (*tuft of hair on*) *fetlock, also fig.*

1722 *Llst* 189, *Siwrl* m.p. *Siyrlau*, The fetlock joint of an horse. **1798** *WR* d.g. *Fetlock.* Ar lafar, '*siwrlen*' 'y rhawn ar goesau ceffyl', *B* iv. 302 (canolbarth Cered.); hefyd yn y ff. '*Shwrls* . . . The fetlock of a horse', *GDD* 287. Cf. D. J. WILLIAMS: *HW* 71, tystiai'r *siwrlyn* du, trwm o'i arrau i'w egwydydd, i rai o'i hynafiaid rywdro, fod yn pori dolydd isel glannau Sawdde.

siwrlaf: siwrlo [bf. o'r e. *siwrl²*; nid oes sicrwydd mai'r un gair a welir yn (*a*) a (*b*) isod] *ba.*

(*a*) Gafael wrth yr egwyd: *to seize by the fetlock.*

Ar lafar, *Cymru* xxxiv. 179 (godre Cered.).

(*b*) Agor (tas) a rhoi'r ysgubau yn stacanau i sychu: *to open* (*haystack*) *and put the sheaves into shocks to dry.*

Ar lafar yng nghanolbarth Cered.

siwrlaidd [*siwrl¹*+*-aidd*] *a.* Taeogaidd, anfoesgar, sarrug: *churlish, rude, surly.*

16–17g. *GST* i. 369, Oes ar wledd ei *siwrleiddiach* / A drewiant o bwrsfant bach? **16–17g.** **(18g.)** *LlGC* 836, [150], Llawer *siwrlaidd* ferch ddigellwair, / sydd tan ei bai yn buw 'n ddi anair (Richard Bulkeley). **1610** *IICRC* iii. 204, Yn *siwrleiddia* Merch ynghrêd / A phur hawddgared fuoch.

siwrlen, gw. **siwrl².**

siwrlog [*siwrl¹*+*-og*] *a.* Taeogaidd, anfoesgar, sarrug: *churlish, rude, surly.*

Ar lafar, *GDD* 287. Cf. D. J. WILLIAMS: *STG* 39, y sgwatogion *siwrlog* at waith y tir.

siwrlyn¹,², gw. **siwrl¹,².**

siwrnai [bnth. S. C. *journei*, neu'n uniongyrchol o'r H. Ffr.] *eb.?g.* ll. *siwrneiau*, *-eion*, *-eioedd*, a hefyd fel *adf.*

(*a*) Taith, hefyd yn *ffig.*; ?dydd: *journey, also fig.*; ?*day.*

14g. *YBH* 60b, yskynnu arnaɓ [march] ac y mɓmbraɓnt y kerdaɓd yn vn *iɓrnei.* **14g.** *GDG³* 393, Haws yw cael, lle bo gwael gwŷdd, / *Siwrnai* dwfn, saer no defnydd. **14–15g.** *IGE²* 144, Sul enw, ddisalw oleuni, / *Siwrnai* faith yw dy daith di [Gruffudd Llwyd i ddanfon yr haul i annerch Morgannwg]. *c.* **1400** (*SG*) *HMSS* i. 224, nyt ytiw y kyfarwydyt yma yn dywedut kwbyl oe *syurneioed* ef. **15g.** *FfBO* 31, yr hwnn a oed o Drapesundam *siwrnei* dri diwarnawt. **1547** *WS*, Taith ne *siwrnai* A iourney. **16g.** *B* xv. 269, i ddangos Jddo ef y ffordd a gymerai ef i wneuthud i *shiwrnai* ar Ffrainck, o'r achos J kymerth y Duwk i lu ac a gerddodd ynn i vlaen drwy J *shiwrneiau* nes Jddo ef ddyuod i'r dreuan. **1618** J. SALISBURY: *EH* 328, ar eyn taith, a'n *siwrnæ* yn y byd hwn. **1632** *D*, *Siwrnai*, Iter. **1741** *ML* i. 61, Will . . . [c]yd ami y bu y *siwrnai* gynta yn morio. *c.* **1762–79** W. WILLIAMS: *P* 254, nid ydynt fyth yn cynnig gwneuthur *siwrneuon* pell ar y mor. **1775** *W* d.g. *Journey* [*travel by land* . . .]. **1798** R. DAVIES: *CG* 73, Mae'r Saith Angel ar eu *siwrneu.* Ar lafar, 'mynd i *shwrna*', *WVBD* 519; ''Odd mynd sia Porthcawl yn *shwrna* bell i ni pryt 'ynny', ''Wi'n cofio mynd acha' *shwrna* trw shir Fynwa mwn bŷs', *GTN* 771.

(*b*) Nifer o ddramiau neu wageni wedi eu cysylltu ynghyd mewn pwll glo neu chwarel: *journey* (*of trams, &c., in coal mine or quarry*).

20g. Ar lafar, *B* xx. 378 (ardaloedd chwareli'r Gogledd), *GTN* 771, *BIBC* 48.

(*c*) Tro, achlysur; unwaith, dro yn ôl: *turn, occasion, while*; *once, a while back.*

1908. Ar lafar, 'Fi fuo 'no, *shwrna*, idd 'i gweld 'i', 'Fe fu 'ma, *shwrna*'n ôl', *GTN* 771. 'Ma *siwrne*'n ddigon', *SC* vi. 129 (sir Benf.); 'Cerwch chi 'r *shwrne* hon, a fe âf fi 'r *shwrne* nesa', *GDD* 287. Digwydd weithiau gyda grym cys. yn yr ystyr 'cyn gynted â', '*Shwrne* ôn nw'n dod digon 'en i ifed, ôn nw'n ifed', *CyCC* 142 (gorllewin Morg.).

Amr.: **iwrnai** [ansicr yw grym yr *i-*; cf. *iawnsler, iubed*, amr. ar *siawnsler, sibed*]. **14g.** *YBH* 60b. **14g.** *Cy* vii. 145. **siwrni** [bnth. S. C. *journi*]. **15g.** *FfBO* 31, *siwrnioed.*

Cfn.: **siwrnai (o) ddŵr:** *as much water as can be carried on one journey.* Ar lafar, D. J. EVANS: *HCS* 128; 'Cera i 'elcyd *siwrna o ddŵr*', *GTN* 771. **siwrnai seithug:** *fruitless journey, fool's errand, wild-goose chase.* **1753** *ML* i. 226. **1756** *id.* 405. Ar lafar, *WVBD* 519. **siwrnai siawns (mewn siawns, o siawns):** *once in a while, now and then.* Ar lafar, 'Ma fe'n galw heibo *siwrne siawns*' (sir Benf.), 'Dim on' *siwrne mewn siawns* fidde 'wnna' (dwyrain sir Gaerf.). Cf. D. J. WILLIAMS: *HW* 62, Ni welais i ef ond rhyw *siwrnai o siawns* byth wedi hynny.

siwrneiaf: siwrneio [bf. o'r e. *siwrnai*] *bg.a.* Teithio (dros), hefyd yn *ffig.*; ?ymladd: *to journey, travel* (*over*), *also fig.*; ?*fight.*

14g. *GIG* 57, Hacnai a *siwrneiai* sarn, / Didramgwydd da didrymgarn. **14–15g.** *IGE²* 123, Hwyliaist *siwrneiaist* helynt / Owain ab Urien gain gynt (Gruffudd Llwyd). **15g.** *GLGC* 443, yno i *siwrneio* nes / ef â wellwell f'ewyllys. **15g.** *GO* 155, I nevadd Ddavydd *siwrneied* pob dyn. **16g.** (*LlEG*) *LlGC* 5276, 246b, gwnaeth pob un o honaunt twy gymaint o lauur yn *shiwrneio* boob vn ynerbyn I gilidd. **16g.** *THSC* (1923–4) (At.) 38–9, pa vodd y ganet pob dyn ac mor dlawd y dayth yr byd, ai vod yn *siwrnaio* boynydd [*sic*] ty ac at y ddydd diwedd. **1632** *D* d.g. *Itineror, Vio.* **1701** E. WYNNE: *RBS* 109–10, Nid wyt ti yma ond ymdeithydd yn *siwrneio* tu a'th Wlâd, lle y darparwyd i ti Deyrnas ogoneddus. **1775** *W* d.g. *To journey.*

Amr.: **siwrneia. 1672** R. PRICHARD: *Gw* [xi]. **1790** T. JONES: *TOS* 232. Ar lafar, 'Ma fa'n *siwrnïa* llawar abothdu', *GTN* 771. **siwrneiach.** Ar lafar yn yr ystyr 'mynd ar daith neu rodianna i ymweld, i siopa, etc.', 'Un fudur i *siwrnïach* yw gwraig 'y mrawd', 'Fi gwelas 'i'n mynd i *siwrnïach* 'eddi 'to i rwla', *GTN* 771. **siwrnïo** [cf. *siwrni*]. **1574** *RhRC* (At.) 285a, Jacob yn *siwrnio* y fesopotania [*sic*].

siwrneiwr [bôn y f. *siwrneiaf*: *siwrneio*+*-wr*] *eg.* ll. *-wyr.* Teithiwr: *traveller.*

1632 J. DAVIES: *LlR* 294, po mwyaf y chwythai/'r gwynt, tynnaf y daliai'r *siwrneiwr* ei gochl. **1661** E. LEWIS: *Drex* 253, Laurentius Justinianus yn rhyfeddu wrth lawen ynfydrwydd y cyfryw *siwrneiwyr* sydd yn gollwng allan yr ynglef hon. *c.* **1730** *Thos. Lloyd D* (LlGC) 210b, *Siwrneiwr.* A traveller.

siwrni, gw. **siwrnai.**

siwrwd, swrwd, &c. [?bnth. S. *sord*(*e*)*s* 'dirt, filth'; cf. *sorod*] *e.ll.* ll. dwbl *siwrwds*, a hefyd gyda grym ansoddeiriol. Darnau bychain, dernynnau, tameidiau, yfflon; sorod, gwaelodion, gweddillion, ysbwrial, rwbel; hefyd yn *ffig.*: *small pieces, fragments, bits, smithereens*; *dross, dregs, waste, rubbish, rubble*; *also fig.*

1547 *WS*, *Swrwd.* **1580** *GGN* 45, Vn garegan bach a wnaer tu [*sic*] yn fil o *siwrwd.* *Dchr.* **17g.** *J* 10, 37b, *Syrwd.* Dregge, Retrimentum, Rudetum, Rudus. **1632** *D*, *Swrwd*, Idem quod Sorod. *c.* **1730** *Thos. Lloyd D* (LlGC) 210b, *Siwrwd.* Shatters. **1755** G. OWEN:

L 154, Ond beth yw pysgodwr i gregynwr, meddwch? Câr agos, fe weddai, wrth eich gwaith chwi yn dewis *swrwd* o weddillion ei bysg meirwon ef o flaen Cywydd ac Englyn. **1757** *ML* i. 482, ni ddeuwn i byth ben [*sic*] i gael defnydd i lenwi hyn o bapuryn oni bae i mi gymeryd i mewn beth priddach a *siwrwd* yn llanw. **1763** *DT* 224, Gwaith Seiri aeth yn *siwrwd*. **1787 (1812)** Twm o'r Nant: *PG* 43, Ac yn mron myn'd yn *siwrwd* gydâ'u pleserau. **18–19g.** *Llr* C 2, 353, yn *siwrwd* mân. Gwynedd. **18–19g.** *Llr* C 16, 177, *Siwrwd*, & siwtrws, canddryll. Gwynedd. **1803** *P*, *Swrwd*, s. pl. aggr. . . . Parts, fragments; shatters; dross, sordes. Mae e yn *swrwd* yn ei groen, he is all to shatters in his skin. Ar lafar, '*shiwrwd* eithin' 'eithin sych wedi ei falu', *ISF* 68; 'malu carrag yn *shwrwd*', *WVBD* 519; 'malu'n *shwrwd*', *BILlE* 38; hefyd yng Nghered. yn yr ystyr 'Rickety', *Cymru* xxxi. 258.

Amr.: **siwrod. 18–19g.** *Llr* C 43, 408.

Cfn.: **siwrwd bara (o fara):** *breadcrumbs*. Ar lafar, *WVBD* 519, *BILlE* 384.

siŵs [bnth. S. *shoes*] *e.ll.* (un b. *siwsen*, g. *siwsyn*) ll. dwbl *siwsau*, *siwsys*. Esgid (ysgafn): *shoe*.

1716–18 *Llsgr R. Morris* 4, y fi am cwmpeini su yn oeri yn ych drws / yn fudron ein *siws* heb fedru un sain. *id.* 10, trafaeliwn bart tra ddalio yn *siws*. Ar lafar, 'Mae o 'di câl *shŵs* newydd' (sir Ddinb.); '*shŵs*, *shwsys*, *shwsen*' (Cered.); 'Ma hithe'n prynu *shwse* go dda', '*shwsyn* lleder' (gogledd sir Gaerf.); 'mi splashodd Marjori ddŵr ar 'i bechingalw—y sane bach a'r *shwsis*', *Wês wês* 17.

Amr.: **siŵ**[2] (*eb.*; bach. -*en*). Ar lafar yn sir Gaerf.

siwstiaf: siwstio [bnth. S. (*to*) *joust*; cf. *jwsting*] *bg*. Ymwan: *to joust*.

1552 *Pen* 403, 32, Odid Jawn yw iddi vod yn vorwyn bwylloc / a roddo i meddwl ar arvev a *siwstio* a milwriaeth marchogion.

siwsyn, gw. **siŵs.**

siwt, siŵt[1]**, siŵd** [bnth. S. C. *sute*, neu'n uniongyrchol o Ffr. Lloegr] *eb.g.* (bach. b. *siwten*) ll. *siwtiau*, *siwt*(*y*)*s*, a hefyd gyda grym ansoddeiriol ac fel *adf.*

(*a*) Set o ddillad allanol i'w gwisgo ynghyd, yn enw. siaced (a gwasgod) a thrywser i ddyn, neu siaced (a gwasgod) a sgert neu drywser i fenyw, pâr (o ddillad), hefyd yn *ffig.*: *suit* (*of clothes*), *costume*, *also fig.*

16–17g. *CRC* 36, ni wisc *svwt* o sidan rhvdd / nai hail helfydd hithe. **16–17g.** *CLlC* ii. 20, Mae'n awr mewn *sute* o satin du. *id.* 35, Dy sidan, dy sattin yn *siwttiau* it a gei. **17g.** *Brog* 6, 102, kowüdd . . . i ofyn *siwt* o ddillad. **1716–18** *Llsgr R. Morris* 166, y bora pan gododd *siwt* newudd a wisgodd. **1740** E. Davies: *Alm* [28], a thailwr ufydd i wneud *siwt* newydd. **1790** Twm o'r Nant: *GG* 77, *Siwt* ddillad Cochion hoff wychion heb ffael. Ar lafar, 'Ma gynna' i gyfweliad 'fory—'well i mi wisgo *siwt*'; '*shiwt* at yr ha'' (Llŷn). Cf. M. Wiliam: *DY* 32, 'Fe ddaw'r hen fyd yma ag e i'w le, ma 'dag e *siwt* i siwto pawb'.

(*b*) Unrhyw un o bedair set o dri ar ddeg o gardiau chwarae: *suit* (*of cards*).

1766 *CD* 2, Cardiau . . . i mae pedair *Siwt* neu Efeilliaid o honynt . . . I mae triarddeg ymhob *Siwt*. Ar lafar, 'Ma 'nghardia i gyd yr un *siwt*'.

(*c*) Math, siort, dull, tebyg: *kind*, *sort*, *manner*, *like*.

15–16g. *CTC* 191, Od ydyw fel y dwedir, / Nid oes ei *siwt* yn [*sic*] dwy sir. **1567** *TN* 114a, coffa yt gymeryt dy wynwyt [*sic*] yn dy vywyt yn gyffelip [:– yr vn *siwt*] ac y cymerth Lazarus advyt. *id.* 238b, vn arall a var[n] bop dydd yn o'gyvuwch [:– val ei gilydd, yn vn *suwt*]. **16g.** *Haf* 22, 363, ar vort oedd wedy ordainio or *siwd* hyn y megis y gallai y holl ddyssgyblon eistedd gidac ef a bwytta or vn ddyssgil. **16–17g.** *HG* 6, ny bü berchen, daüty hafren / ty och *siwt* chwi, onyd harri. *id.* 10, ny chae ddüw o, sais na chymro / wr oi *siwt* e. *id.* 21, el eneid i nef water lanaf / nadoedd undyn oi *siwt* weidi Addaf. *c.* **1600** *March C* 7, Yr Egipsiaid a wnaeth yn yr vn *siwt* i Osirys. **18–19g.** *IAW* (LlGC) 23, 38, 'Does ail, trwy sir 'mo'i *siwd* yn siŵr, / Suw abal siawnswr sybar. Gw. hefyd y cfn. *siŵt hyn*, *siŵt hynny*, *yr un siŵt* isod.

(*d*) Achos (cyfreithiol): (*legal*) *suit*.

1599 (1677) R. Holland: *AB* 105, Rhaid i'r *suwt* a'r achwyn fod, i argyhoeddu, a cheryddu y sawl sydd ar fai, ac i ddwyn ef i edifeirwch am i fai. **1696** *CDD* 313–14, Ymrafaelion ymhob rhith: / A gofrith ymgyfreithio, / Am rŷw fatter ni thael [*sic*] ddraen, / O waith tafod drwg ei raen; / Rhaid ŷw gyrru'r *siwt* ymlaen: / Yn Llwdlo. **1739** D. Rowland: *LlY* 9, fel Cyfreithiwr drwg yn bwrw ymmaith ei glient o derm i derm, nes Colli'r *suit*.

(*e*) (gyda grym ansoddeiriol o flaen e., rh., &c.) Y cyfryw, y fath, ffasiwn; pa fath: *such*; *what kind of*, *what sort of*.

[**1547**] W. Salesbury: *OSP* [5], mi a wnethwn (a gatwydd) o vudd ac o les kyffredyn mewn *suwt* betheu a vedryswn a ryw Cembro arall. **1547** *WS* [clxiv], gwybyddwch y kymeraf amser arall angwanec o lafur mewn *suwt* petheu or einowch er awch mwyn. **16g.** *Hop M* 191, *siwt* ffrwythau hynn, ydiw n gelyn / ny pracdaiso, er yn damno. **16–17g.** *RAGR* 289, nyd oedd dan ward. brehin [*sic*] edward / trwy holl lloygyr. *siwt* ddoy vrodyr. **1617** R. Prichard: *CE* [3], [11], Taflyr *shuyt* [*sic*] vigailaid yma. **1672** R. Prichard: *Gw* 579, Gan dy fôd mewn *shwt* gymmeriad. **18g.** *Hop M* 265, Nid oes mewn byd isod gan neb *siwd* breswylfod. **1757** *ML* (Add) 892, o ran amlad y bydd meddyliau *siwt* bobl ar [*sic*] rheini yn troi. **18–19g.** *IAW* (LlGC) 23, 4, Nad oes un dyn ag 'aned [*sic*], / Yn dwyn *siwd* gŭr o garied. Ar lafar, '*Siŵt* un yw e?' (gogledd Cered.); 'Di synnat *siŵd* le pert sy gintyn' nw', *GTN* 770; 'Gwmrodd hi orie iddo gladdu e rhwng bo'r ddeiar fel craig 'da pringder glaw a'r hwrdd *shwt* hen hwdwch mowr', *Wês wês* 12.

Fel *adf.* (*a*) Pa fodd, (pa) sut: *how*.

1851. Ar lafar, 'Ond y broblem odd *siŵt* i dorri'r newydd iddo fe' (gogledd Cered.); '*Siŵd* mæn' nw 'co?', *GTN* 770. Gw. hefyd y cfn. *siŵd mae hi*, *siŵd wyt ti*, *siŵd ŷch chi* isod.

(*b*) Fodd bynnag, wedi'r cyfan, er gwaethaf popeth: *however*, *anyway*, *after all*, *in spite of everything*.

Ar lafar, ''Na ddyn mawr yw a, *shwt*?', 'Biswn i fawr o dro yn 'i sgwaro fa, *shwt*', *BIBC* 48.

Amr.: **siowt**[2]. Ar lafar, 'Ma fa'n dishgwl yn nêt yn 'i *shywt*, ond yw a?', *GTN* 772; ''Odd *showt* fel plocyn yn 'i gylch a' (dwyrain Morg.). **swd.** *c.* **1785–90 (1829)** *CBYP* 14. **18–19g.** *Llr* C 4, 97, Pwy *swd* ych chwi'n bydio. How do ye do, how d'ye do, how goes it. **1803** *P*, *Swd*, s. m. . . . An exterior; appearance, manner, condition, plight; shape. Sil. **sŵt.** Ar lafar yn y Gogledd.

Cfn.: **siwt bol deryn:** *penguin suit*. **20g. siwt (o) ddillad:** *suit of clothes*. **17g.** *Brog* 6, 102, kowüdd . . . i ofyn *siwt* o ddillad. **1790** Twm o'r Nant: *GG* 77, *Siwt ddillad* Cochion hoff wychion heb ffael. Ar lafar, '*shywt* o *ddillad*', *GTN* 772. **siwt d(d)iwedydd:** *suit worn after work*. **1920.** Ar lafar, '*shywt ddwetydd*', *GTN* 772. **siwt dydd Sul,** gw. *siwt Sul*. **siwt ofod:** *spacesuit*. **20g. siŵt, &c., hyn:** *such* (*as this*), *of this kind*. **1567** *TN* 249a, A' chyfryw [:– *suwt hyn*] oedd 'r ei o hanoch wi. Ar lafar, 'Ma pethach *siŵd* '*yn* gin i', *GTN* 770. **siŵt, &c., hynny:** (i) *such* (*as that*), *of that kind*. **1734** *YCTM* 30, Ond gwell yw nawr difaru, / A gwachlyd lle *siwt hynny*. Ar lafar, ''Odd minca *siŵd* '*ny* i gæl 's lawar dydd', 'Ma bord *siŵd'ny* ginti 'itha', *GTN* 771. (ii) *how did that come about?*, *how come?* Ar lafar, 'Ma John 'di colli 'i waith', '*Siŵd* '*ny*?' (Morg.). **siŵd mae hi?:** *how is it going?*, *how are things?*, *hello*, *hi*. Ar lafar yng Nghered. a'r De, '*Siŵ*' *ma* '*i* 'eddi 'te?'. Mewn rhai ardaloedd ystyrir hwn yn gyfarchiad rhwng dynion yn unig 'ac na ddylid ei arddel wrth annerch menywod na chan fenwyod', *GTN* 770. Fe'i clywir yn gyff. yng Nghered a'r De mewn ymad. megis '*Siŵ*' *ma* '*i*'n mynd?, '*Siŵ*' *ma* '*i*'n ceibo?', '*Siŵ*' *ma* '*i*'n hongian?', &c. Digwydd yn y rhigwm '*Siŵ*' *ma* '*i* heddi, *siŵ*' *ma* '*i* ddoe / Siŵ' mae Mari'n godro lloi'. **siwt nos:** *pyjamas*. **1930. siwt (sŵt) o gardiau:** *suit of cards*. Ar lafar. **siwt o ddillad,** gw. *siwt ddillad*. **siwt pengwin = siwt bol deryn. 20g.** Ar lafar. **siŵd, &c., beth (â):** *such a thing* (*as*), (*any*, *no*) *such thing*. **1744** D. Rowland: *RY* 323, [c]redu fôd y *suwt beth a* neillltuol . . . Alwad. Ar lafar, ''Weles i 'rioed *siŵ*' *beth*!', 'Ma *siŵ*' *beth â* synnwyr cyffredin i' gâl', ''Odi e o blaid datganoli?' 'Na, dim *siŵ*' *beth*!' (gogledd Cered.); 'Na chlŵas i *siŵd beth* ariôd', *GTN* 770. **siwt (dydd) Sul:** *Sunday best* (*suit*). **20g.** Ar lafar. **siŵd wyt ti?:** (*informal sing.*) *how are you?*, *how do you do?* Ar lafar yng Nghered. a'r De, *GTN* 770. **siŵd ŷch chi?:** (*formal or plural*) *how are you?*, *how do you do?* Ar lafar yng Nghered. a'r De, *GTN* 770. Yn sir Gaerf. a Morg. dywedir am rywun 'sydd â thipyn o feddwl ohono'i hun' fod 'tipyn o *shwd-ych-chi*-heddi yndo', *BIBC* 48. Dichon mai ff. ar *siŵd ŷch chi* yw'r ff. *shwdi* a glywir yng nghanolbarth Cered. **siwt ymdrochi:** *bathing suit*. **1933. yr un siŵt:** *all the same*, *despite that*. Ar lafar, 'Fe ddŵad wthdo' i nag odd a ddim yn mynd yno, ond fe æth, '*r un siŵt*', ''Dw i ddim yn 'i lico 'i, ond 'wi'n barod i witho gida 'i, '*r un siŵt*', *GTN* 771–2. **yr un siŵt â:** *like*. *c.* **1730** *Thos. Lloyd D* (LlGC) 208b, *yr un Siwt ac*. Yn gyffelyb ac. Ar lafar yn y ff. gywasgedig *ishta*, 'Ma fa *ishta* 'wannan yn tampo bothdu'r lle', 'Ma fa *ishta* pren cinnabênz', ''Wyt ti'n wilia *ishta* dy fam 'nawr', 'Ma fa *ishta* lantan o dena!', *GTN* 476. Cf. D. J. Williams: *ChHO* 177, Oti, mae mhart ôl i dicyn yn fawr, 'r wyt ti'n eitha reit, ond y mae dy din di, Wil, o'r ochor arall, *ishta* dau wŷ mewn nishad.

Gw. hefyd **sut.**

siŵt[2] [bnth. S. taf. *shoot*] *eg.* ll. -*s*. Landar, cafn, bargod: *gutter*(*ing*) (*below eaves*).

Ar lafar, *GTN* 772.

siwtaf: siwto, gw. **siwtiaf: siwtio.**

siwtces [bnth. S. *suitcase*] *eg.* ll. -*ys*. Cas, yn enw. un hirsgwar ac iddo ddolen a chlawr colfachog, a ddefnyddir i gario dillad, &c., wrth deithio: *suitcase*.

20g.

siwten, siwter, gw. **siwt, siytar.**

siwtiaf, siwtaf: siwt(i)o [bnth. S. (*to*) *suit*, a bf. o'r e. *siwt*] *bg.a.* Gweddu (i), bod yn addas (i), ateb y diben; dwyn achos cyfreithiol (yn erbyn), siwio: *to suit*; *sue* (*at law*).

16–17g. *HG* 8, myvi a vy bymp or hainy / yn kael troelo, na [*sic*] wrth *sywto* [i gyfarch Syr George Herbart ar ôl ysbaid o ddeng mlynedd]. **1683** H. Evans: *CTF* 22, *Siwta* Feger tlawd heb gerpyn, / Hawdd it wybod beth y ganlyn: / . . . / Gwell it adel dlêd ai fadde, / Lle ni 'nilli ddim oth goste. Ar lafar, ''Dyw'r lliw 'ma ddim yn dy *siwto* di', *GTN* 741; 'Gwnâi esgid i *siwto*'ch poced / Ta beth am *siwto*'ch tro'd', *Wês wês* 77; yn Arfon a Llŷn clywir y ff. *shiwtio*, *WVBD* 518. Cf. M. Wiliam: *DY* 32, 'Fe ddaw'r hen fyd yma ag e i'w le, ma 'dag e siwt i *siwto* pawb'.

Amr.: **swto** [cf. *swd*, *sŵt*, amr. ar yr e. *siwt*]. **1759** *Cylchg CHMC* lvi. 86, [M]eddyginiaeth ag y fyddo yn *swtto*, neu yn gweddu at y clefydau.

siwtrach, gw. **sitrach.**

siwtrws [?cf. S. *shatters*; cf. hefyd *siwtrach*, ff. ar *sitrach*] *e.ll.* Darnau mân, yfflon, cyrbibion, hefyd yn *ffig.*; mwydion, mwtrin, stwnsh: *fragments*, *smithereens*, *tatters*, *also fig.*; *mash*, *pulp*

1761 *ML* ii. 359, daccw Salbri wedi cwmpo oddiar ei farch (agatfydd yn feddw gorn), a chwedi myned yn *siwtrws* yn ei groen. *c.* **1770** *LlGC* 352, 29, Mi fydde fychan ginn 'i mewn cyffro / dy wneuthur di n'*Siwtrws* [*sic*] oni thewi â Siatro. **18–19g.** *Llr* C 16, 177, Siwrwd, & *siwtrws*, canddryll. Gwynedd. **18–19g.** *TCHSDd* x. 166, Wrth dynu'n haid dy lygaid tlws, yn *siwtrws* o dy siol. Ar lafar, 'Mae'r tatws wedi mynd yn *shwtrws*', *WVBD* 520; 'Mae wedi tori'n *shwtrws*', *LlGC* 1173, 63 (Morg.); '*Shwtrws*' 'Shatters', *GDD* 287.

Amr.: **sitrws.** Ar lafar, '*shitrws*', *WVBD* 520. **sitrwns. 20g. swtrws. 1803** *P*. Ar lafar, D. J. Evans: *HCS* 128.

siwyn[1,2,3]**, siwyr, siybwrthaf: siybwrtho,** gw. **sewin, siwan, eisiwed, siwer, sibwrthaf: sibwrtho.**

siyfl, siyflaf: siyflo, siyfliaid, siyfflaf: siyfflo, siygyn, siyntaf: siynto, gw. **siefl, siefliaf: sieflio, sieflaid, siwfflaf: siwfflo, jegyn** (At.), **siyntiaf: siyntio.**

siynter, siyntyr [bnth. S. *shunter*] *eg.* Gweithiwr rheilffordd sy'n siyntio trenau: *shunter* (*railway worker*).

20g.

siyntiaf, siyntaf: siynt(i)o [bnth. S. (*to*) *shunt*] *bg.a.* Symud (cerbydau rheilffordd) o drac i drac, yn enw. o'r brif lein i'r seidin, hefyd yn *ffig.*: *to shunt*, *also fig.*

1896.

siyntyr, siyrcyn, gw. **siynter, sircyn.**

siyrm, *eb.* Math o daradr (yn y pyllau glo): *type of auger* (*in coal mining*).

Ar lafar yn sir Gaerf. Cf. G. M. Roberts: *HPLl* 224, y mandrel, y *siyrm* (i dyllu—y *siyrm* fach a'r *siyrm* hir).

siyrsi, gw. **jersi** (hefyd At.).

siytar, siwter [bnth. S. *shutter*] *e?g.* ll. -*s*, *siwteri*. Caead (ar ffenestr, mewn camera, &c.): *shutter*.

20g. Ar lafar.

Amr.: **seter. 1828** *Geir Pob* 24. **sieter. 20g.**

siytni [bnth. S. *chutney*] *eg.* Picl a wneir o ffrwythau neu lysiau ynghyd â siwgr, finegr, sbeisys, &c.: *chutney*.

20g.

slab, yslab [bnth. S. *slab*] *eg.* ll. -*iau*, -*s*. Darn tew gwastad llydan o garreg, pren, &c.: *slab*.

1805 *Y Greal* 135, yr Ivy Bush, ty tavarn, lle yr oedd crystiau coed (*yslabs*) ac á gawsom eu benthyg.

Ar lafar, 'Slab . . . slabs' 'clytiau o lechfaen wedi eu llyfnhau', *B* xx. 378 (ardaloedd chwareli'r Gogledd); hefyd yn yr ystyr 'tro, cyfle', 'ledis ffyrst yw hi 'da fi —bob *slab*', *Wês wês* 15;
Gw. hefyd **slabyn**[1].

slabar, slabart [?bôn y f. *slabraf: slabran*] *eg.* a hefyd fel *a.* Llanastr, annibendod; blêr, bawlyd: *mess, untidiness; messy, mucky.*
1899 D. E. JONES: *HJJP* 390, fe gwasgodd nol yn rhondin *slabart* i'r rhewyn ynghlais y claw. Ar lafar, '*Slabar*' 'The mess made by a small child on itself in eating food', *GDD* 264; hefyd yn yr ystyr 'annibendod' (dwyrain Morg.).

slabarddaf: slabarddu [bf. o'r e. *slabar*; â'r -*dd*-, cf. *clebarddaf: clebarddu*] *ba.* Difetha, gwneud llanastr o (rywbeth): *to spoil, make a mess of (something).*
Ar lafar yn sir Benf.

slaben[1,2], gw. **slabyn**[1,2].

slabi[1], **yslabi** [bnth. S. *slabby*] *a.* Lleidiog: *muddy.*
1872. Ar lafar, 'Ma'r 'ewl yn *slabi* ofnadw' (Myn.).

slabi[2] [?cf. **slabyn**[1]] *eg.* Dyn mawr athletaidd: *big athletic man.*
Ar lafar, '*slabi* o ddyn' (Arfon).

slabog [cfdds. o'r S. *slabb(y)*+-*og*] *a.* Gwlyb (a lleidiog): *wet (and muddy).*
Ar lafar, '*slabog*' 'miry, muddy; wet, dirty (weather)', 'Ma'r hiol yn *slabog* ofnadwi ar ôl y glaw', *SC* vi. 130 (sir Benf.).
Gw. hefyd **slabrog**.

slabraf: slabran, slabro [bnth. S. (*to*) *slabber* 'to wet or splash dirtily'] *ba.* Colli neu dasgu (hylif, &c.): *to spill or splash (liquid, &c.).*
Ar lafar, 'Wyt ti wedi *slabran* di gawl ar di drowser gore', *SC* vi. 130 (sir Benf.); '*Slabro* morter hyd i got', *Cymru* liv. [84] (dwyrain sir Drefn.); hefyd yn y ff. *slapro, slaprach*, 'Paid o *slapro*'r te i'r sowsar', 'Ma 'i'n *slaprach* ticyn o ddŵr dros y llawr a ma 'i'n cretu bod 'i wedi golchi'r llawr!', *GTN* 744.

slabredd [bôn y f. *slabraf: slabran, slabro* +-*edd*[1]] *eg.* Lleidiogrwydd (ffyrdd): *muddiness (of roads).*
Ar lafar, *GDD* 264.

slabri [bnth. S. *slabbery* 'sloppy'] *a.* Lleidiog, gwlyb, llaith: *muddy, wet, damp.*
Ar lafar yng nghanolbarth Cered., "Na dywydd *slabri* yw 'i', 'Ma 'i'n *slabri* iawn ar y clos'.

slabrog [bôn y f. *slabraf: slabran, slabro* +-*og*] *a.* Gwlyb, brwnt (am y tywydd): *wet, dirty (of weather).*
Ar lafar, *SC* vi. 130 (sir Benf.); 'Wedd e'n ddiwrnod *slabrog* tu hwnt'.
Gw. hefyd **slabog, slebog**.

slabyn[1], **(y)slebyn** [*slab*+-*yn*[1]; â'r ystyron ffig., ?cf. hefyd S. taf. *slapper* 'a large or fine person or thing', *slapping* 'large or fine'] *eg.* (b. (y)*slaben*) ll. *slebsach.* Slab, hefyd yn ffig.: *slab, also fig.*
1847. Ar lafar yng nghanolbarth a godre Cered., sir Benf., *SC* vi. 130, a'r De; 'Ma fe'n *slabyn* o ddyn', '*slebyn* o fachan', 'Ma 'i'n itha' *slaban* fach erbyn 'yn' (am blentyn gorhyderus), "Ych chi gyd wedi mynd yn ormodd o *slebsach* i ddim"; 'Dyna *slebyn* o ddyn odd e' (am rywun hunanbwysig), *GTN* 744.

slabyn[2] [?yr un gair â **slabyn**[1]; ond cf. S. *slab* 'dirt, mud'] *eg.* (b. *slaben*). Person brwnt neu flêr; dihiryn; (yn y ff. f.) menyw gas, gast, cenawes: *dirty or messy person; rascal; (fem.) malicious or spiteful woman, bitch.*
Ar lafar, *GDD* 264.

slac[1], **yslac** [bnth. S. *slack* 'loose'] *a.* ll. *yslacion*, a hefyd fel *eg.* Llac, rhydd; heb fod yn brysur, araf (am fasnach); diofal, esgeulus; rhwa o raff, &c. sy'n llac; yr adeg rhwng y llanw a'r trai: *slack, loose; slack (of work, trade, &c.); lax, careless, negligent; slack (part of rope, &c.); slack water.*
1608 *CRC* 214, kyn kalangaya yn *yslak* / Ar pak yn mynd yn ffardel. **1632** *D*, *Yslacc* . . . Idem quod Llacc. **1722** *Llst* 189, *Yslacc.* p. *laccion* Slack, loose. **[1783]** W d.g. Slack [*loose*, &c.]. **1803** *P* d.g. *Yslac.* Ar lafar, 'South of the Ystwyth and of the source of the

Aeron . . . *slac* predominat[es]', *LGW* 193; 'Ma 'wn ry *slac*—fe withiff yn rydd', 'Peth *slac* i nuthur odd 'wnna 'nawr; bydd yn ofalus!', *GTN* 743; 'Ffair *slâc.* A slow fair', *GDD* 264; hefyd yn yr ystyr 'yr adeg rhwng y llanw a'r trai'. Fe'i clywir hefyd yn yr ymad. 'dala'r *slac* yn dynn', a 'Sucan slic, bola *slac*', M. WILIAM: *DY* 36, 38.
Amr.: **yslac** [cf. *ysllaciaf: ysllacio*]. **1632** *D*, Yslacc, & *Ysllacc.*
Gw. hefyd **llac**.

slac[2] [bnth. S. *slack* 'small coal'] *eg.* Glo mân: *slack, small coal.*
20g. Ar lafar, *SC* vi. 130 (sir Benf.), *Cymru* liv. [84] (dwyrain sir Drefn.).
Gw. hefyd **slecs**.

slac[3] [bôn y f. *slaciaf*[2], *slacaf*[2]: *slac(i)o*] *eg.* a hefyd fel *a.* (Calch) tawdd: *slaked (lime).*
Ar lafar, *GDD* 264.

slacaf[1,2]: **slaco**, gw. **slaciaf**[1,2]: **slacio**.

slaciaf[1], **slacaf**[1], **yslaciaf**[1]: **slac(i)o, yslacio** [bf. o'r a. *slac*[1]] *bg.a.* Mynd neu wneud yn llac, llacio; arafu, gostwng, lleihau; gorffwys oddi wrth waith, cymryd hoe, llaesu dwylo: *to slacken, loosen, slacken, slow down, ease off, decrease; slack, rest from work, be lazy.*
1632 *D*, *ysllaccio* d.g. Flacceo, Hebeto. **1722** *Llst* 189, *Yslaccio* . . . To grow or make slack. **1803** *P* d.g. *Yslaciaw.* Ar lafar, 'Ma'r gwynt yn *slaco*', 'Ma'r bŵen wedi *slâco* peth', *GDD* 265; 'Ma'r glaw wedi *slaco*', 'Fi *slacas* gingla'r ceffyl', 'Ma 'i'n bump ar g[lo]ch, ma 'i'n bryd *slaco*', *GTN* 743.
Amr.: **ysllacio** [cf. *ysllac*]. **1632** *D* d.g. *Flacceo, Hebeto.*
Gw. hefyd **llaciaf: llacio**.

slaciaf[2], **slacaf**[2], **yslaciaf**[2]: **slac(i)o, yslacio** [bnth. S. (*to*) *slake*] *bg.a.* Toddi (calch, &c.), gwlychu: *to slake (lime, &c.).*
Div. 16g. *WLB* 60, [c]alch byw heb *slakio*. *c.* **1740** *LlM* 39, Cymmer Alm, Ffrancineans, Arsnacsios heb eu *slaccio*. **[1761]** *GGJ* 40, mae'n angenrhaid cael lleisw o Galch heb ei Slacio. **1800** W. OWEN-[-PUGHE]: *CP* 5, wedi iddo danu arno y maint cymmesurol o galch, a chael ei *yslacio.*
Gw. hefyd **sleciaf**[1]: **slecio**.

slacrwydd, yslacrwydd [*slac*[1], *yslac*+-*rwydd*] *eg.* Llacrwydd: *laxity.*
1846.
Gw. hefyd **llacrwydd**.

slacs [bnth. S. *slacks*] *e.ll.* Trywser llac anffurfiol: *slacks.*
20g.

slachdar, yslachdar [?bnth. S. *slaughter*] *eg.* Llanastr, darnau mân, teilchion; trychineb, ?cyflafan: *mess, bits, smithereens; disaster, ?slaughter.*
1876. Ar lafar yng ngodre Cered., sir Benf., a'r De, 'Dir! Ma ryw *slachdar* wedi dicwdd 'nawr! Clyw ar rwpath yn torri!', 'Ma 'i'n nuthur *slachdar* ma's 'co', *GTN* 743; 'cwmpo'n *slachdar*', "Odd y fuwch wedi gwneud *slachdar* o flân drws y glowty' (dwyrain Morg.). Cf. T. H. PARRY-WILLIAMS: *M* 11, cyn i dynged wneud stremp a *slachdar* o bethau.

slaes, slaesiaf: slaesio, gw. **slas, slasiaf: slasio**.

slaet, slaets, gw. **slâts**.

slaf, yslaf [bnth. S. *slave*] *eg.* ll. -*iaid, slafys,* (y)*slâfs.* Caethwas, hefyd yn ffig.; un sy'n slafio: *slave, also fig.; one who slaves, hard worker, drudge.*
16g. (*LlEG*) *Mos* 158, 484a, y kyuriw *slauys* ar hreudushion ac a oedd y/nn dilin y kamels. **16–17g.** *HG* 105, ne rhowch mewn kyffon y knaf, beth nawnni or *slaf* aniben. **17g.** (**18g.**) *CLIC* ii. 24, Yn awr mae'r *slaf* yn gowrtiwr braf. **1672** R. PRICHARD: *Gw* 185, O holl *slafiaid* y býd ymma, / Caetha *slaf* yw'r *slaf* i ti. **1696** *CDD* 208, Er dy fôd yn *Slâf* i Satan. **[1745]** W. ROBERTS: *FfM* 51, celwydd . . . / Mi waranta mai dydi 'r brolgi braf, / Gwrthun *Yslâf* ai gwertha. **[1761]** *GGJ* 3.] Cymru . . . [p]e buasant hwy yn gweled o pethau hyn yn jaith eu mamau ni fuasant iddynt warrio cymmaint ou hamser au harian wrth ddysc a gwrando ar y saeson yn eu gwawdio ac yn eu gwneud hwy yn Slafiaid iddynt iddynt hwy. *c.* 1762–79 W. WILLIAMS: *P* 49, gwragedd gwyr eraill ddim well na *slafiaid* i'w gwyr. 1767 J. THOMAS: *A* 195, A ddylai'r Cris 'nogion [*sic*] yn America fynnu bedyddio eu holl Slafiaid. 1768 TWM O'R NANT: *CTh* 37, A'r rhai 'na laddwyd yn hyn o

Gynen, / Mae nhw yn *Yslafs* tan Mr. Angen. **1784** M. WILLIAMS: *S* i. 19, Nid oes fawr fannau yn Ewrop lle mae'r naill yn gwerthu'r llall yn *slafiaid.* **1790** TWM O'R NANT: *GG* 179, A rhai'n *yslafied*; gwirion ddeiliad, gwâr eiddiledd. **[1795]** W. RICHARDS: *YDY* 11, Pa fodd y gall y Brytaniaid ddisgwyl cael medi budd sylwedol oddiwrth ymprydiau cyhoedd . . . tra mae masnach *slafiaid* Affrica yn cael ei hannog ymlaen. **1799** M. WILLIAMS: *HHG* 45, fel yr ordeiniodd ef [Duw] y bobl wynion yn feistri, ar [*sic*] bobl dduon i fod yn *slafiaid* iddynt. Ar lafar, '*slaf* . . . *slâfs*' 'slave . . . a poor fellow who has had a hard life', 'Mae'r hen *slaf* wedi marw', *WVBD* 492; '*slaf*', *Cymru* xxxiv. [179] (godre Cered.); 'gwitho fel *slæf*', 'gwitho fel *slafiid*', *GTN* 744; digwydd yn yr ystyr 'gwaith caled', *Cymru* liv. [84] (sir Drefn.).
Amr.: **slef** (bach. -*yn*). Ar lafar, 'dyn yn *slef* iddo'i hun', *WVBD* 494; 'Mae e'n 'y nhrin i fel *slef*'.

Slaf [bnth. S. *Slav*] *eg.* ll. -*iaid.* Aelod o un o'r bobloedd yng nghanol a dwyrain Ewrop a Rwsia Asiaidd sy'n siarad iaith Slafonig: *Slav.*
1915.

slafaf: slafo, gw. **slafiaf: slafio**.

slafaidd, yslafaidd [*slaf, yslaf*+-*aidd*] *a.*
(*a*) Gwasaidd, taeogaidd, caethwasol, yn perthyn i gaethweision: *slavish, servile, pertaining to slaves.*
1688 S. HUGHES: *TSP* 301, Mae ofn *slafaidd* [:- Ofn caeth] yn arglwyddiaethu arnynt. **1711** H. POWEL: *TY* 139, Cadwch hwynt [eich cyrff] yn ddifrycheulyd, na halogwch hwynt . . . na'u darostwng i wasanaeth *slafaidd* [*sic*]. *id.* 338, Yfydd-dod *slafaidd*, yw'r goreu a ga'll ddyfod oddiwrth ofn *Slafaidd.* **1741** S. THOMAS: *DY* 36, Yr oedd y Duwolion yn amser yr Hen Destament yn gorwedd dan bwer ysbryd ofn ac yspryd *slafaidd.* **1743** G. JONES: *HWl* ii. 60, Chwennychiad *slafaidd* i foddio dynion annuwjol. **1775** D. JONES: *HCY* 152, A Satan rhwymo'n Meddwl mae / Yn ei Gadwynau *slafe'dd.* **1784** M. WILLIAMS: *S* i. 243, fel mae holl genhedlaethau yr Indiaid yn America; y gwragedd sy'n gwneuthur y gwaith mwyaf *slafaidd.* **1792** T. JONES: *GE* 48, A ydynt hwy yn gaeth weision *slafaidd* i'w gelynion ysprydol? **[1795]** W. RICHARDS: *YDY* 21, ein masnach *slafaidd* yn Affrica. **1796** *GDTD* 91, y mae yn deilliaw oddiwrth ysbryd gwasaidd *slafaidd.*

(*b*) Manwl ddynwaredol, heb ddangos gwreiddioldeb na datblygiad, llythrennol, caeth: *slavish, unoriginal, literal, strict.*
1864.
Amr.: **slafiaidd.** **1743** D. ROWLAND: *T* 71.

Slafaidd [*Slaf*+-*aidd*] *a.* Slafonig: *Slavonic, Slav(ic).*
20g.

slafan, yslafan, (y)slafen [cf. *llafan*[1], *cyflafan*[2], *cynllyfan*] *eb.g.* ll. *slafod.* Bot. Letys môr, *Ulva lactuca*; lafwr; llysnafedd, tyfiant llysnafeddog: *sea-lettuce; laver; slime, slimy growth.*
1813 *WB* 246, *Yslafan* Ulva,—Laver. Ar lafar, '*slafan*' 'a kind of edible sea-weed, laver', *WVBD* 492; '*slafan* (e.g.) math o wymon sy'n glynu'n gyson wrth gwch', *B* xxv. 58 (Llŷn); '*slafan*' a slimy growth', 'ryw hen beth tena yn glynu ar rwbath, yn magu ar wymad dŵr', 'also a term of reproach for a woman' 'Taw 'r hen *slafan* fudur', *WVBD* 492; 'a'i lewys o'n un *slafan* i gyd' (Llŷn); '*slafod*', 'tyfiant gwyrdd llysnafeddog ar wely afon' (Arfon).

slafdod [bôn y f. *slafiaf, slafaf: slaf(i)o*+ -*dod*] *eg.* (Peth sy'n achosi) gwaith caled a llafurus, hefyd yn ffig.: *(something causing) drudgery, also fig.*
1924. Ar lafar, 'Mae e'n gorffod gneyd pob *slafdod*', *GDD* 265; 'Ma 'i'n *slafdod* i witho 'no', *GTN* 743.

slafeidd-dra [*slafaidd*+-*dra*] *eg.* Gwaseidd-dra, taeogrwydd; caethwasiaeth: *servility; slavery, bondage.*
1784 M. WILLIAMS: *S* i. 110, ond hyn sydd sicr, nad oes un wlad yn Ewrop lle mae'r benywod yn goddef mwy o ammharch a *slafaidd-dra* nag yn Russia.

slafeiddiwch, yslafeiddiwch [*slafaidd, yslafaidd*+-*iwch*[1] (At.)] *eg.* Gwaseidd-dra, taeogrwydd: *servility.*
1924.

slafen, gw. **slafan**.

slafiaf, slafaf, yslafiaf: slaf(i)o, yslafio [bf. o'r e. *slaf, yslaf*] *bg.a.* (Peri) gwneud

gwaith caled a llafurus; caethiwo: *to (cause to) drudge; enslave.*

1744 D. ROWLAND: *RY* 79, deiliaid Shaddai, yn cael eu Caethiwo, neu eu *slafio*. **1789** TWM O'R NANT: *TChB* 16, Nid y rhai *Yslafio* fwya un fryd, / Sy'n cyrraedd y byd; [*sic*] goreu. Ar lafar, '*slafio*' 'to slave', *WVBD* 492; ''Dwi ddim yn mynd i *slafo* man 'yn am yr arian yna', *GTN* 744; 'Mae e'n *slafo* 'i gorff, a wes 'm plant 'dag e'. Sonnir hefyd am '*slafo* dillad' 'bod yn ddiofal gyda dillad, neu eu treulio'n gyflym', *B* xii. 24 (dwyrain sir Gaerf.).

Amr.: **slefio** [cf. *slef*]. Ar lafar, '*slefio*' 'to work people like a slave-driver', *WVBD* 494.

slafiaidd, gw. **slafaidd**.

Slafig [cfdds. o'r S. *Slav(ic)* + -*ig*²] *a.* Slafonig: *Slavonic, Slav(ic).*
20g.

Slafonaeg, gw. **Slafoneg.**

Slafonaidd [cfdds. o'r S. *Slavon(ic)* + -*aidd*] *a.* Slafonig: *Slavonic, Slav(ic).*
1854.
Gw. hefyd **Sglafonaidd.**

Slafoneg [cfdds. o'r S. *Slavon(ic)* + -*eg*¹] *eb.g.* Un o gangenieithoedd neu grwpiau ieithyddol yr Indo-Ewropeg; fe'i rhennir fel arfer yn dair is-gangen, sef Slafoneg Deheuol (sy'n cynnwys Hen Slafoneg Eglwysig, Serbo-Croateg, &c.), Slafoneg Dwyreiniol (sy'n cynnwys Rwseg, Wcraineg, &c.), a Slafoneg Gorllewinol (sy'n cynnwys Pwyleg, Tsieceg, Slofaceg, &c.): *Slavonic (n.).*
1928.
Amr.: **Slafonaeg** [cfdds. o'r S. *Slavon(ic)* + *aeg*]. **1854.**
Cfn.: Hen Slafon(a)eg Eglwysig: *Old Church Slavonic.* **1866.**
Gw. hefyd **Sglafoneg.**

Slafonig [cfdds. o'r S. *Slavon(ic)* + -*ig*²] *a.* Yn perthyn i'r Slafiaid neu i'w hieithoedd: *Slavonic, Slav(ic).*
20g.

slafr, slafren, gw. **slefr, slefren.**

slafri, yslafri [bnth. S. *slavery*] *eg.* Caethiwed, hefyd yn *ffig.*; slafdod: *slavery, also fig.; drudgery.*
1718 (1721) S. THOMAS: *HB* 37, Y gwŷr mawr [yng Ngwlad Pwyl] ydynt yn cadw y cyffredin dan eu traed mewn *slafri* a Chaethiwed tòst. **1741** *CAG* 110, Ystyriwch pa Rifedi o Deuluoedd, yn enwedigol yn y wlad, a ddygir i fynu at orchwylion a *Slafri* Bywyd. **1744** D. ROWLAND: *RY* 13, mewn Caethiwed a *Slafri*. *id.* 90, gweled *Slafri* a Chaethiwed y Bobl. **1759** *PYAG* 87, ni f'asem dan un math o *Slafri*. **1769** TWM O'R NANT: *TChD* 36, Nid oes mor Help, mae'n rhaid iw diodde / Pob rhyw gwilyddus fawr Gelwydde; / Rwi'n meddwl nad oes neb o ddifri, / Yn cymerud mwy o *Slafri*. **1786** TWM O'R NANT: *PCG* 20, Yr ydyw [*sic*] yn eich gweled chwi hyll ei gwawr, / Yn yslefrian mewn mawr *yslafri*. **1789** TWM O'R NANT: *TChB* 24, Mi ddof mewn mawrwrhydi yn Lady dew lydan, / Heb na byd nag *yslafri* os peidia'i ag yslefrian. **1790** TWM O'R NANT: *GG* 100, Rwy ganddo'n was lifrai mewn *slafri*'n y byd.

slafriaf: slafrio, gw. **slefriaf¹: slefrian.**

slafus [*slaf* + -*us*] *a.* Llafurus; yn gweithio yn galed iawn, diwyd; wedi ei weithio'n galed iawn; gwasaidd, taeogaidd: *laborious; very hard-working, industrious; worked very hard; servile, base.*
1688 *TJ*, Gorhewg, gwasaidd neu (*slafys*) . . . slavish. Ar lafar yn y De, 'Gwaith *slafish* yw gwaith pwll glo', *GTN* 744; 'Ma golwg *slafus* arnoch chi gyd'. Cf. D. J. WILLIAMS: *ChHO* 99, Ond fe hoffais i'r hen begor *slafus*, sych-ddiddan hwn yn fawr.

slafwaith, gw. **slaf** + **gwaith¹.**

slafwr, yslafiwr [bôn y f. *slafiaf, slafaf, yslafiaf*: *slaf(i)o, yslafio* a *slaf, yslaf* + -(*i*)*wr*] *eg.* ll. (*y*)*slafwyr.* Caethwas, hefyd yn *ffig.*; un sy'n slafio: *slave, also fig.; one who slaves, hard worker, drudge.*
1770 *TG* iii. 59, O druain o *slafwyr* (*Bl D* 356, *yslafwyr*), / Sydd gywir slwfennod, / O achos ei dodi / Ymddwlu ar ddiod. **1790** TWM O'R NANT: *GG* 74, Y Crŷdd a'r Teiliwr, Gwŷdd a Phannwr, / Pob Yslafiwr gweithiwr gwael. Cf. D. J. WILLIAMS: *ChHO* 99, dywedid i . . . Thomas Richards . . . y *slafwr* mwyaf

dienaid . . . a'i bartner . . . lanw rhyngddynt, un noswaith, saith dram ar hugain o rwbel.

slaff [?cf. *sglaff*] *eg.* (*bach.* g. -*yn*, b. -*en*) ll. -*iau.* Person neu beth mawr, clompyn; lwmp, talp: *large person or thing, whopper; lump.*
Dchr. **17g.** *J* 10, 42b, *Slaf.* a lumpe. frustulum. **17g.** *LlGC* 13215, 352, *Slaff* frustum. Ar lafar yn y Gogledd, '*slaffyn* o sgodyn', '*slaffyn* braf fel coes dyn', *B* i. 101 (Arfon); '*slaff* 'rhywbeth o faint gweddol', *Cymru* lxii. 175 (gorllewin Meir.).
Amr.: **yslaffod** (*?e.ll.*). **1604–7** *TW* (*Pen* 228) d.g. *Bolus.*
Gw. hefyd **sglaff.**

slaffiaf: slaffio [bf. o'r e. *slaff*] *bg.a.* Bwyta'n awchus, llawcio, claddu (bwyd); (*geir.*) torri'n ddarnau: *to guzzle, bolt, wolf, gobble;* (*dict.*) *break into pieces.*
Dchr. **17g.** *J* 10, 42b, *Slafio.* Comminuo. Ar lafar, *WVBD* 491. Cf. TALHAIARN: *Gw* i. 102, 'Roedd pawb yn *slaffio* a llyncu'n llawn, / A bwytwyd y cwbl yr un prydnhawn.
Gw. hefyd **sglaffiaf: sglaffio.**

slaffiwr [bôn y f. *slaffiaf: slaffio* + -*iwr*] ll. *slaffwyr.* Llawciwr, gwanciwr: *guzzler, gobbler.*
20g. Ar lafar yn y Gogledd-orllewin, *LlLlM* 112.
Gw. hefyd **sglaffiwr.**

slaffyn, gw. **slaff.**

slag, yslag (*à*) [bnth. S. *slag*] *eg.* (*bach.* b. -*en*). Gwastraff a adewir ar ôl toddi neu buro metelau ac a ddefnyddir fel gwrtaith, gwastraff mwynol a gynhyrchir wrth gloddio am lo: *slag (of ore, &c.).*
1929. Ar lafar, '*slag*' 'basic slag (fertilizer)', *SC* vi. 130 (sir Benf.).
Cfn.: **slag basig:** *basic slag.* **20g.**

slagiaf: slagaf: slag(i)o [bf. o'r e. *slag*] *ba.* Gwrteithio â slag basig: *to fertilize with basic slag.*
20g. Ar lafar, '*slago*', *SC* vi. 130 (sir Benf.).

slang¹ [bnth. S. *slang* 'non-standard speech'] *e?g.* Geirfa, ymadroddion, &c., nad ydynt yn rhan o ffurf safonol iaith nac yn addas i sefyllfaoedd ffurfiol a sydd yn aml yn gyfyngedig i grwpiau arbennig o bobl, iaith sathredig: *slang, non-standard speech.*
1923.

slang² [bnth. S. *slang* 'strip of land'; ansicr yw'r union ystyr yn y dfn. cyntaf] *e.g.* (*bach.* b. -*en*) ll. -*au.* Llain hirgul o dir, hefyd yn *dros.*: *long narrow strip of land, slang, also transf.*
c. **1762–79** W. WILLIAMS: *P* 263, mae seilfaen a mwyaf (Pyramidiau'r Aifft) yn gorchguddio un *slang* ar ddeg o dir. Ar lafar, *GDD* 265; 'Dydi'r gornal yma'n dda i fawr o ddim, hen *slang* o greigdir ydi o', *B* xv. 24 (gorllewin Meir.). Defnyddir *slangen* am 'ddarn hir cul o liain neu ddefnydd o'r fath' (gogledd Cered.).
Gw. hefyd **slangod, sling².**

slang³ [bnth. S. *slang* 'warrant, licence, official instrument'] *e?g.* Gwŷs (i lys, &c.): *summons (to court, &c.).*
Ar lafar, *B* xvii. 273 (tref Caernarfon).

slangen, gw. **slang².**

slangiaf: slangio [bf. o'r e. *slang³*] *ba.* Gwysio (i lys, &c.): *to summons.*
Ar lafar, *B* xvii. 273 (tref Caernarfon).

slanglyd [*slang¹* + -*lyd*] *a.* O natur slang, yn cynnwys slang, sathredig: *slangy.*
1946 *Ll* xxv. 51, Siaradai Almaeneg . . . yn ddigon hyderus i fod yn *slanglyd* ar dro (T. H. Parry-Williams).

slangod [cf. *slang²*] *eb.* Llain hirgul o dir: *long narrow strip of land.*
Ar lafar, *B* iv. 302 (canolbarth Cered.); 'Ma whant arna' i i hou *slangod* o girch yn y ca 'co'.
Gw. hefyd **slang², sling².**

slaid, gw. **sleid.**

slaif, yslaif [bôn y f. *ysleifiaf²*: *ysleifio*] *eg.* (*bach.* g. (*y*)*sleifyn*, b. *sleifen*) ll. (*y*)*sleifion, ysleifiau.* Tafell, sleisen (e.e. o facwn); slip

(o bapur); edefyn; imp, blaguryn, brigyn: *slice, rasher; slip (of paper); sliver (of cotton); set, shoot, twig.*
Dchr. **17g.** *J* 10, 42b, *Slaiv.* Surcus. *ib. Sleivin.* Surculus. **1803** *P*, *Yslaiv*, s. m. . . . A slash; a slice. *id. Ysleivyn* . . . A slash, a slice. Cf. TALHAIARN: *Gw* i. 22, yn bwytta *sleifion* o facwn bras; I. FF. ELIS: *Ffenestri Tua'r Gwyll* (1955) [106], [d]ododd y llyfr i lawr amser te, gyda *sleifen* o bapur ynddo i nodi'r dudalen.

slalom [bnth. S. *slalom*] *eg.b.* ll. -*au.* Ras sgïo, yn enw. un i lawr llethr dros gwrs troellog wedi ei farcio gan rwystrau artiffisial; ras debyg i ganŵau: *slalom.*
20g.

slam, yslam [bnth. S. *slam*] *eg.* a hefyd gyda grym adferfol ac fel *a.* ac *adf.* Ergyd sydyn, clep, clec; brysiog; ar unwaith, chwap: *slam; hasty; instantly, all of a sudden.*
18–19g. *Llr C* 16, 163, Words collected in Ystrad Dyfodwg, Glam . . . *Slam*, instantly-ys-llam, dere slam. **1803** *P. Yslam* . . . Gwneuthur gwaith *yslam* ag ev. To make hasty work of it. Adage. Ar lafar, *Cymru* xlvii. 196 (sir Ddinb.); 'Fe ryws *slam* i'r drws idd 'i gaead a', 'A *slam* æth y drws wth iddo fynd', *GTN* 743. *Cfn.*: **yn slam porcyn:** *stark naked.* Ar lafar, 'A 'nalle 'odd a'n *slam porcyn*', *GTN* 743.

slamaf: slamo, gw. **slamiaf: slamio.**

slamddawnsiaf: slamddawnsio [*slam* + *dawnsio*, ar ddelw'r S. (*to*) *slam-dance*] *bg.* Dawnsio'n egnïol gan neidio i fyny a bwrw i mewn i ddawnswyr eraill yn fwriadol: *to slam-dance.*
20g.

slamiaf, slamaf: slam(i)o [bf. o'r e. *slam*] *ba.* Clepian, taro, cau (drws, clawr, drôr, llyfr, &c.) yn glep: *to slam (shut).*
1908. Ar lafar, 'Wel, wên i wedi dod i ben â cyrradd drws y gegin a *slamo* a bollto'r drws', *Wês wês* 48; ''Nawr paid o *slamo*'r drws', *GTN* 744; '*Slamiodd* y drws nes bod y tŷ'n crynu'.

slampyn, *eg.* (*b. slampen*) ll. *slamps.* Person neu beth mawr, clompyn: *large person or thing, whopper.*
20g. Ar lafar, 'Mae e'n *slampyn* o ddyn' (canolbarth Cered.), 'Ma'r moch 'ma'n *slamps*' (godre Cered.).

slanaf: slanu, gw. **heislanaf: heislanu.**

slander [bnth. S. *slander*] *e?g.* Athrod: *slander.*
1670 J. HUGHES: *AP* 141, malais a *slander* [am gelwyddau]. **1712** T. WILLIAMS: *CDdG* 402, Nid yw 'r bai ddim llai na chodi celwydd ne *slander.*
Gw. hefyd **sglandr.**

slandriaf, slandraf: slandr(i)o [bnth. S. (*to*) *slander*] *ba.* Athrodi: *to slander.*
1670 J. HUGHES: *AP* 101, Goganu, enllibio, *slandrio*, neu roi drwg absen ar vnarall [*sic*]. *id.* 393, yn dy *slandrio* a'th gyhuddo. **1710** T. WILLIAMS: *AF* 50, [d]ywedyd eich cyfrinach wrth ddŷn . . . a gymmero bob cyfle i'ch *slandrio* a'ch dibrisio.
Gw. hefyd **sglandriaf: sglandrio.**

slandrwr [bôn y f. *slandriaf, slandraf: slandr(i)o* + -*wr*] *eg.* ll. -*wyr.* Athrodwr: *slanderer.*
1693 *DQM* 46, ond gweddiwch tros eich gelynion, erlidwyr, a *slandwyr* [*sic*].
Gw. hefyd **sglandrwr.**

slant [bnth. S. *slant*] *eb.g.* a hefyd gyda grym ansoddeiriol. Goleddf, gogwydd; drifft (mewn gwaith glo); agwedd, safbwynt: *slant, slope; drift (in coalmining); slant, aspect, point of view.*
1935. Ar lafar 'Odd e'n câl 'i feirniadu am fod *slant* wleidyddol yn 'i bregethe fe'; 'Ma'r polyn 'na ar *slant*'; hefyd yn sir Gaerf. a Morg. am 'waith glo sydd yn bwrw i'r ddaear ar ogwydd' a 'hedin', *Geir Glo* 8. Digwydd hefyd yn y ff. *sglant*, 'gosod pethau ar *sglant*', *Cymru* xlvii. 196 (sir Ddinb.).
Gw. hefyd **sglent, slent, slont.**

slantiaf: slantio [bf. o'r e. *slant*] *bg.a.* Goleddfu, gogwyddo, hefyd yn *ffig.*: *to slant, also fig.*
1930.
Gw. hefyd **sglentiaf: sglentio, slentiaf: slentio.**

slanwr, gw. **heislanwr** (hefyd At.).

slap[1], **yslap** [bnth. S. *slap*] *eb.g.* (bach. b. *-en*) ll. *-(i)au*, *-s*, a hefyd fel *adf.* (Sŵn) ergyd, yn enw. un â chledr y llaw, &c., cernod, bonclust, clusten, trawiad, hefyd yn *ffig.*: *slap, blow, also fig.*
1850. Ar lafar, '*slap* . . . *slapia, slapa*' 'a blow', '*slap* gre' 'a heavy blow', 'taro bob yn ail *slap*' 'to strike alternate blows, e.g. of two men striking a drill with hammers', 'cael *slap* ofnadwy' 'to have a terrible shock', a hefyd mewn ymad. fel '*slap* o ddyn' 'a strapping fellow', *WVBD* 492; 'Fi ro' i gwpwl o *slaps* i ti, cofia, am fod yn ferch ddrwg!', *GTN* 744; 'Fe gas *slapan* 'da'r mishtir nes bo 'i gwallt 'i'n 'edfan bythdu'i phen 'i'; clywir hefyd y ff. *slapen* yn yr ystyr 'ffonnod', *GDD* 265; hefyd yn Llŷn yn y ff. *slap* yn yr ystyr 'cyfathrach rywiol'.

Fel *adf.* Ar unwaith, yn sydyn, chwap: *at once, immediately, all of a sudden.*
1902. Ar lafar, 'Wth wilia, ni gerson sia Charffili, a *slap*, dyna ni 'no!', *GTN* 744.
Cfn.: **ar slap:** *before long, very soon; at once.* **1916. yn slap = ar slap. 1896.** Ar lafar, 'Mi fyddwn adre'n *slap* rwan', *Cymru* liv. [84] (sir Drefn.).

slap[2] [?bnth. S. taf. *slap*, amr. ar *slop*] *e?g.* Eirlaw: *sleet.*
Ar lafar, '*slap* eira', 'bwrw (hen) *slap* (eira)', *PGICC* iv. 108–11 (Brych.).

slapaf: slapo, gw. **slapiaf: slapio.**

slapan [?cf. *lap*[1], *lapin*, *llap*] *eb.* Math o deisen gytew a gresir ar radell, teisen debyg a wneir o does meddal: *type of batter cake cooked on a griddle, similar type of cake made with a soft dough.*
1898. Ar lafar ym Môn ac Arfon, *WVBD* 492, *Geir Geg* 17.
Cfn.: **slapan Dafydd:** *batter cake made with sultanas.* Ar lafar ym Môn, S. M. Tibbott: *AB* 29. **slapan sir Fôn:** *batter cake made with currants.* Ar lafar ym Môn, S. M. Tibbott: *AB* 29.

slapen[1,2], gw. **slap**[1], **slaps.**

slapiaf, slapaf, yslapiaf: slap(i)o, yslapio [bnth. S. (*to*) *slap*] *bg.a.* Rhoddi slap (i), taro (â slap), ergydio, hefyd yn *ffig.*: *to slap, strike, also fig.*
1803 *P*, *Yslapiaw* . . . To slap; to flap. Ar lafar, '*slapio*' 'to pummel, strike', *WVBD* 492; ''Dyw 'i thad byth yn 'i chwrdd 'i, ond ma 'i mam yn 'i *slapo* 'i bob dydd yn gyson' (dwyrain Morg.); hefyd yn yr ystyr 'gwneud (rhywbeth) yn gyflym ac yn llac', 'Fi ddetho' mywn a fi *slapas* y tŷ ginna' gallwn i' 'I came in and swished over the house as quickly as I could', 'Fi *slapas* ffetog ar 'ym 'unan' '[I] dashed an apron on myself', 'Fi *slapas* ffetog i'm 'unan' 'I ran up an apron quickly for myself', ''Nawr, ro laneuad dæ i'r tŷ, næci 'i *slapo* fa', *GTN* 744.

slapraf: slapro, slaprach, gw. **slabraf: slabran.**

slaps, *e.ll.* (un. b. *slapen*). Sliperi, llopanau: *slippers.*
c. **1920.** Ar lafar, '*slaps* gwyn—y peth tebyca weden i i sandale'r Hen Destament', *Wês wês* 15; '*Slaps* i wishgo bothdu'r tŷ geso' i ginti Nadolig', *GTN* 744.

slapstic, slapstig [bnth. S. *slapstick*] *eg.* a hefyd gyda grym ansoddeiriol. Comedi a nodweddir gan chwarae gwirion corfforol: *slapstick.*
20g.

slas, slash [bnth. S. *slash*] *eb.g.* (bach. b. *slas(i)en*, g. *slas(h)yn*) ll. *slas(h)ys*, *slasiau.*

(*a*) Llach, hefyd yn *ffig.*; pen(nau) hyblyg chwip, carrai; llinell letraws: *slash, lash* (*with a whip*), *also fig.*; *lash* (*part of whip*); *slash, oblique, solidus.*
1785 *W Ballads xxv*, A chwip fawr yn gyrru, yn horslamu hefo *slass.* Ar lafar, '*slas* chwip', *WVBD* 492; '*slash*' 'the piece of plaited whipcord tied to the extremity of the flexible part or lash . . . of a whip', *SC* vi. 130 (sir Benf.); 'Ro *slas* i'r ceffyl 'na'. Clywir *slash* hefyd yn yr ystyr 'pisiad'.

(*b*) Person neu beth mawr, esiampl dda o'i fath: *large person or thing, fine example of its type.*
1912 *Beirn* ii. 154, Braf o beth oedd pan allai'r Gymraeg fenthyca *slasiau* o eiriau hirion cynffonnog, a'u treulio yn eiriau bach del. Ar lafar, '*slas* o ddyn cryf' 'a tall, strapping fellow', '*slasan* o ddynas glyfar' 'a fine tall woman', *WVBD* 492; 'a whopper . . . *slasyn*', *B* i. 101 (Arfon); '*slasan* o ddynes nobl' '[g]wraig dal, olygus', *ISF* 69; 'A *slashen* fowr o dafod / I wraig a hoffai glonc', *Wês wês* 77; 'Ma 'dag e *slasian* o fenyw sy'n gwitho o fora 's bo nos'.
Amr.: **slaes** (ll. *-au*). **1895.** Ar lafar, 'Mi roth *slaes* i'r farlan', *WVBD* 492. **slesien.** Ar lafar, '*Sleshan*' 'a strapping energetic lass', *LIGC* 1173, 66 (Morg.).
Cfn.: **slaes,** &c., **ôl:** *backslash.* **20g.**

slasiad [bôn y f. *slasiaf*: *slasio*+*-ad*[2], trf. han.] *eg.b.* Llach: *lash* (*with a whip*).
Ar lafar, *SC* vi. 130 (*eb.*) (sir Benf.); 'Un melltigetig o grulon yw a! Ma'n slasio 'i geffyl o'i wip nis licswn i roi *slasiad* iddo 'm 'unan', *GTN* 744 (*eg.*).

slasiaf: slasio, slasian, &c. [bf. o'r e. *slas*] *bg.a.* Llachio, chwipio, fflangellu, hefyd yn *ffig.*; taro (chwip) ag ergyd ysgubol; torri ag ergydion ysgubol gan ddefnyddio offeryn (miniog), e.e. cyllell, cleddyf, &c.: *to lash or slash* (*with a whip*), *also fig.*; *slash* (*a whip*); *slash* (*with a knife, sword, &c.*).
1917. Ar lafar, '*slasio* ceffyl', 'glaw yn *slasio*', *WVBD* 492; ''Odd y crotyn yn cerad trw'r ardd yn *slasio* penna'r blota o'i ffon', *GTN* 744.
Amr.: **slaesio** [bf. o'r e. *slaes*]. **1957** T. H. Parry-Williams: *M* 76, *Slaesio* a hacio wynebau oedd yr amcan, i gael gwisgo creithiau tlws wedyn.
Cfn.: **slasio bwrw (glaw):** *to beat down* (*of rain*). Ar lafar ym Môn ac Arfon. **slasio mynd:** *to hurry along.* Ar lafar, *WVBD* 492.

slasien, gw. **slas.**

slasiers, *e.ll.* Picau bach, picau ar y maen, teisennau ar y maen: *Welsh cakes.*
Ar lafar ym Morg., S. M. Tibbott: *AB* 24.

slasiwr[1] [*slash*+*-wr*] *eg.* Dyn tal cydnerth: *tall well-built man.*
Ar lafar, *WVBD* 492.

slasiwr[2] [bôn y f. *slasiaf*: *slasio*+*-iwr*] *eg.* Un sy'n slasio neu lachio, hefyd yn *ffig.*: *one who slashes or lashes, also fig.*
20g.

slasyn, gw. **slas.**

slât, slatas, slaten[1], gw. **slâts.**

slaten[2], gw. **sleten**[1].

slater, yslater [bnth. S. *slater*] *eg.* ll. *-s.* Töwr (â llechi), llechwr: *slater.*
17g. *TBM* 361, Mae'r *slater* (*CLIC* ii. 22, Sglater) noethlwm crin / A chwaraeai'n yr ysgol hwb y din / Ac a'i llosgai weithiau â chalch, / Yn awr mae'n rôg yn ddigon balch (Siôn Gruffudd). *c.* **1720** *CIF* d.d., *Slater* neu Faendowr a Pheithynwr. Ar lafar yn y Gogledd, '*slatar* (*slatars*)', *B* xx. 378; ym Mhenllyn dywedir fod merch yn 'caru *slatar*' pan fydd godre ei phais yn dangos islaw ei sgert neu ei ffrog. Digwydd hefyd fel elf. mewn e. lleoedd yn sir Gaern., e.e. *Bwlch y Slatars*, *Tŷ Slatars*, *Tyddyn Slatars*, *ELISG* 46.
Gw. hefyd **sglater.**

slâts, yslatys, &c. [bnth. S. *slates*] *e.ll.* (un. b. *slât*, *slaten*, *slat(y)sen*). Llechi toi; llechi ysgrifennu, hefyd yn *ffig.*: *roofing slates; writing slates, also fig.*
1604–7 *TW* (*Pen* 228), *slatysen* d.g. *Ardosia.* **17g.** *RWM* i. 9, Cowydd J ofyn *Slatas* J Ddeon Bangor. *c.* **1700** E. Lhuyd: *Par* i. 31, Palis y Stavell yn y davarn . . . oedd i gid o gerrig *Slattas. id.* 58, digon o gerrig nâdd . . . yr rhain yr ydŷs yn i gweithio yn *Slattŷs. id.* ii. 43, Kerrig *slats* llwydion ym mynydd y bache. **1725** *SR*, *yslattas* d.g. *A Slate.* **[1740]** L. Anwyl: *NG*, hysbyseb, *yslattas*; [*sic*] Ysgrifennu arnŷnt, gyda Phuntyrau o'r un pêth. **1753** *ML* i. 243, ceisio mynd ag *yslatis* i Ddulun. **[1761]** *GGJ* 76, wrth hoilio *Slatsen* ar ystlysau Riw styllen. Ar lafar, 'Sawl *slatan* sy wedi dod yn rydd 'nawr?', 'Ma *slæt* wedi cwmpo odd ar y to', *GTN* 744 (ll. *slæts*); '*slaten*' 'a writing slate', *GDD* 265; 'Darn o sialc a *slaten* we' 'da chi pwrny' (sir Benf.).
Amr.: **slaets** (un. b. *slaet*). **1852.** Ar lafar yn Llŷn.
Cfn.: **ar y slât:** *on the slate.* Ar lafar, 'Rho fe lawr *ar y slât* i fi'; clywir hefyd '*ar y slêt*'.
Gw. hefyd **sglats.**

'slawer dydd, gw. **dydd—ers llawer dydd.**

slebetsh, slebitsh, slebaj [ansicr yw unrhyw gysylltiad â'r e. lle *Slebech*, sir Benf.] *e?g.* Llanastr, baw: *mess, dirt.*
20g. Ar lafar, 'Ma'r cwbwl yn *slebetsh* i gyd' (canolbarth Cered.); ''Na *slebetsh* sy 'da 'i 'leni' (godre Cered.); 'gwneud *Slebitch*' 'to make a mess', *TGG* (1906) 15 (Morg.).

slebog, yslebog [?cfdds. o'r S. taf. *slabb(y)* 'sloppy'+*-og*] *eb.g.* ll. *-ion*, *-au*, *-iaid*, *-od.* Gair difr. am berson, yn enw. am fenyw fudr, anghymen, ddiog, &c., slwt, budrogen: *term of abuse* (*esp. for a woman*), *slut, slattern, slob, slag.*
a. **1771** *LIGC* 351, 40, ai colli i cho mae r hen *y slebog* [*sic*] / wit i ymeddwl [*sic*] y rhoi gini am werth dwy geniog. **1803** *P*, *Yslebawg* . . . *Yslebawg* o zynes, a slattern of a woman. Ar lafar yn y Gogledd, '*slebog* ddiog', '*slebog* ddrwg', '*slebog* fudur', *WVBD* 492; 'Hen *slebog* anghynnes yw Gwen', *Cymru* lxii. 175 (gorllewin Meir.). Cf. *Traeth* xiii. (1857) 133, A'r dyn nad yw dipyn yn orfanylaidd o gwmpas ei berson, pan o'r deunaw i'r deg ar hugain oed, mae hwnw . . . yn ddigon tebyg o fod yn *yslebog* cyn yn bod yn ddeugain.
Amr.: **slebrog** [?cf. *slabraf*: *slabran*, *slabrog*]. Ar lafar, *ISF* 69.

slebogaidd, yslebogaidd [*slebog*, *yslebog* +*-aidd*] *a.* Nodweddiadol o slebog, diraen: *sluttish, slatternly, slovenly.*
1761 *ML* ii. 363, y mae'r William Miller wirion . . . yn ei gerbyd, ar ol marwolaeth mam ei wraig *yslebogaidd* diymdaro! Cf. K. Roberts: *HD* 49, Dyna un fantais o gael llyngyren *slebogaidd* yn llys-fam.

slebrog, gw. **slebog.**

slebsach, slebwrd, slebyn, gw. **slabyn**[1], **slibwrt, slabyn**[1].

slec, gw. **slecs.**

slecan [cf. *slecod*] *eb.* (Pwl o) salwch, lluchededen, chwiw, hefyd yn *ffig.*: (*bout of*) *illness, bug, also fig.*
Ar lafar, 'Ma 'na hen *slecan* o gwmpas', *BILIE* 38.

sleciaf[1], **ysleciaf: (y)slecio** [bnth. S. (*to*) *slake*] *bg.a.* Toddi (calch, &c.), gwlychu: *to slake* (*lime, &c.*).
1846. Ar lafar, '*slecio* calch', *B* xxiv. 180 (Môn).
Gw. hefyd **slaciaf**[2]**: slacio.**

sleciaf[2]**: slecio** [bf. o'r e. *slec*] *ba.* Rhoddi glo mân neu slec ar (y tân): *to put small coal or slack on* (*the fire*).
Ar lafar, '*slecio*'r tân', *WVBD* 493.

slecod, yslecod [cf. *slecan*] *eg.* Twtsh neu gyffyrddiad ysgafn o anhwylder neu haint: *slight illness or infection.*
1756 *ML* i. 427, Mi glywaf . . . fod y nhad yn well . . . rhyw *ysleccod* oedd arno. *id.* 435. **1763** *id.* ii. 592, 'Roedd yr henwr ein tad yn dda iawn ddydd Sadwrn, ni wiw i henaint ddisgwyl na bydd *ysleccod* yn ymwthio ar ei gefn. *id.* 600. **1803** *P*, *Yslecawd*, s. m. . . . a slight indisposition. Ar lafar, 'Mae rhyw *slecod* ar y fuwch (ar ddyn hefyd), sef math o glwy heintus', *Môn* (Gwanwyn, 1954) 11; 'Mae'r ieir wedi stopio dodwy—wedi cael *slecod* ar ôl y rhew, debyg', ''Dydi Jac ddim yn gryf—mae rhyw *slecod* arno fo byth a hefyd' (Meir.).

slecs, slec [bnth. S. taf. *sleck(s)* 'slack, small coal'] *eg.* (bach. *slecyn*) ?ac *e.ll.* Glo mân; cols: *slack, small coal; cinders.*
1885 D. Owen: *RL* 15, Collodd fy mam lawer noswaith o gysgu o'm herwydd; ac ugeiniau o weithiau y bu raid iddi godi gefn nos i wneyd tê *slecyn* i mi. Ar lafar yn y Gogledd, '*slec, slecs*', 'slack, small coal', *WVBD* 493; '*slecs*, gweddillion o'r tân, cinders', *Cymru* lxii. 175 (gorllewin Meir.); '*slec* safin', *Geir Glo* 39 (Rhosllannerchrugog). Cf. E. P. Morgan: *Y Wisg Sidan* (1939) 286, mwstard . . . Ni fuasai waeth iddo yr un mymryn fod wedi codi *slecyn* eirias o'r tân i'w safn.
Cfn.: **fel slec(s):** *full out.* **20g.** Ar lafar yn y Gogledd, 'mynd *fel slec(s)*', 'gneud arian *fel slec(s)*', *WVBD* 493; 'wrthi *fel slecs*'.
Gw. hefyd **slac**[2].

slechd [?cf. *slachdar*] *e?g.* Talp gwlyb: *wet mass.*
c. **1870.** Ar lafar, 'Torrodd yr wy yn *slechd*', *Cymru* xxxiv. [179] (godre Cered.); '*slechd*' 'a wet mass', *TGG* (1907–8) 109 (godre Cered.).

sled, ysled[1] [bnth. S. C. *sled*] *eb.g.* ll. *-(i)au*, *-i.* Cerbyd â goseiliau a lusgir gan geffylau, cŵn, &c., yn enw. dros eira, car llusg, cerbyd ysgafn tebyg a ddefnyddir (yn enw. gan blant) i sglefrio ar eira, hefyd yn *ffig.*: *sledge, sled, toboggan, also fig.*
14g. *GIG* 148, Llydan *ysled* graean greg, / Llamai'r gŵys, llom oer gaseg [i'r llong]. **16g.** Huw Arwystl: *Gw* 379, ysta blas i ddyraswr / *ysled* ai en islaw dwr [i'r bad]. **16g.** Wiliam Cynwal: *Gw* 36, *Ysled* â

mynwes lydan / A werthai lu wrth y lan [dychan i ysgraff Dal-y-cafn]. **16**g. WILIAM CYNWAL: *Gw* (R. L. Jones) 82, *Yslêd* wyllt neu saeled wyd, / Ysgâl ledr, ysgol ydwyd [i erchi i'r llong fynd i gyrchu Rhisiart Clwch]. **1604–7** *TW* (*Pen* 228), *sled* y dynnu lhwyth wrthi d.g. *Traha. Dchr.* **17**g. *J* 10, 42b, *Slêd.* a dray. *Traha.* **1783** H. JONES: *PN* 36, A roi di danes rhyw *yslêd*, / A chanddi dyrred o arian. **1800** *Eurgr* 52, Y gwaith mwyaf cyffredin yn y wlad yma [UDA], yn y gauaf, ydyw gyrru *Yslediau* (Sled or Sleigh-driving) i gludo ffrwyth y tir i'r Farchnad. C[i]st go fawr ydyw'r *Ysled*, yn cynnwys o gylch pump Bwshel ar hugain . . . o Wenith; ac wedi ei wisgo o dano a haiarn, a dau geffyl yn ei lusgo. **1803** *P*, *Ysled*, s. f.— pl. t. *i* . . . A drag, a dray. Ar lafar yn y Gogledd, 'A horse-drawn vehicle for carrying hay . . . which could be used on steeply sloping ground where a wheeled vehicle might be unsafe . . . on the north-west mainland (excluding Lleyn), and in the north-east midlands . . . was known as *slêd*', *LGW* 373; digwydd hefyd yn y ff. '*sglêd*' yn *Cymru* xlvii. 196 (sir Ddinb.). Ym Mrych. clywir *sled* yn yr ystyr 'yr olwyn dan yr aradr sy'n cadw'r fframyn oddi ar y ddaear'. Cf. *LLLIM* 102, *sled*: cerbyd di-olwyn i gario cerrig mawr sy'n rhy drwm i'w codi i drol; *AMA* clxv, On the top of the stone tower [of a windmill] is a wooden rack or 'curb' (camogïau coed or slêd); *WVBD* 492–3, '*sled*', s.f. pl. '*sledi*' . . . 'a four-wheeled waggon without sides used in slate quarries for carrying 'clytia' to the 'glan', also 'a kind of sledge like a 'car llusg' used by farmers': *sled fawn*', '*sled gerrig*'; *B* xx. 378, *Sled* (*sledi*): Wagen bedair olwyn heb ochrau. Fe'i defnyddir i gario'r llechfaen o'r chwarel neu'r twll i'r felin . . . *Sled bach*: Y *sled* sy ffredin . . . *Sled cargo*: Un dipyn mwy na'r '*sled bach*'. Fe'i defnyddir i roi darnau go fawr o gerrig arni . . . *Sled growd*: Yr un fath â'r uchod (ardaloedd chwareli'r Gogledd).

Cfn.: **sled focs, sled bocs**: *sledge used for carrying dung, &c.* Ar lafar ym Mhenllyn. **sled gerrig**: *sledge used for carrying stones.* Ar lafar yn Arfon a Phenllyn, *WVBD* 493.

Gw. hefyd **sleten**.

sleden, gw. **sleten**.

sledfen, ysledfen [*sled, ysled*¹ + *men*¹] *eb.* ll. *-ni*. Sled: *sledge, sled.*
1803 *P*, *Ysledven*, s. f.—pl. t. *i* . . . A drag-cart.

slediaf: sledio [bf. o'r e. *sled*] *bg.a.* Cario mewn sled, teithio mewn sled: *to carry or travel in a sledge or sled, sledge.*
20g. Ar lafar, *WVBD* 493.

slediaid [*sled* + *-iaid*²] *eb.* ll. *sledeidiau.* Llwyth sled, yn enw. o lechi: *sled-load, esp. of slates.*
20g. Ar lafar yn ardaloedd chwareli'r Gogledd, '*slediad*', *WVBD* 493, *B* xx. 378.

slef, slefiaf: slefio, gw. **slaf, slafiaf: slafio**.

slefr, yslefr, slafr [bnth. S. *slaver* 'saliva'] *eg.* ll. *slafrion.* Glafoer, poer: *slaver* (*saliva*).
c. **1548** LIGC 6, A heuaid y o a ddaw poerion Ir gennau ynn ddwr tennav . . . weithiav ynn *slauyr* weithiau yn lloeshion. *Dchr.* **17**g. *J* 10, 106a, Glovorion. × Golovorion. *Slavrion.* **1725** LIGC 13215, 352, *Slavr* Saliva. **1725** *SR*, *slefr* d.g. Drivell. Cf. K. ROBERTS: *RhB* 29, a rhedai llewych eu lampau [ceir modur] ar hyd y stryd fel *slefr*.

Gw. hefyd **slefren**.

slefraf: slefran, gw. **slefriaf¹: slefrian**.

slefren, slafren [? *slefr, slafr* + *-en*] *eb.* ll. *slefrod.* Unrhyw selenteriad môr o ddosbarth y *Scyphozoa* ac iddo gorff jelïaidd ar lun ymbarél, a thentaclau pigog, cont ffor, cont goch, slefren fôr; gair difr. am wraig: *jelly-fish; derog. term for a woman.*
20g. Ar lafar, ''r hen *slafren* fudur!', *WVBD* 494. *Cfn.*: **slefren (slafren) fôr (môr)**: *jellyfish.* Ar lafar, J. JONES: *Gwerin-eiriau*² 182.

slefriaf¹, yslefriaf, slefraf, slafriaf: (y)slefrian, yslefrio, slefran, slafrio [bf. o'r e. *slefr, yslefr, slafr*] *bg.a.* Glafoerio, dreflu, gollwng (tidau), hefyd yn *ffig.*: *to slobber, slaver, dribble, also fig.*
16g. *GGH* 435, Genau a chwys yn eu rhan / Y sy lafriau *yslefrian. Dchr.* **17**g. *J* 10, 42b, *Slevrian.* × Golovorio. **1758** *W Ballads* 74, [7], Ag yno'n deg osgo gosododd nhw i gysgu / Pôb un ar i chornel i *slefrian* a chwrnu. **1777** E. ROBERTS: *DG* 67, dechreuodd fy llygaid i redeg fel Cerrig tân / dechreuais a *slefrian* tide. **1786** TWM O'R NANT: *PCG* 20, 'Yr ydyw [*sic*] yn eich gweled chwi hyll ei gwawr, / Yn *yslefrian* mewn mawr yslafri. **1789** TWM O'R NANT: *TChB* 24, Mi ddof mewn mawrhydi yn Lady dew

---

lydan, / Heb na byd nag yslafri os peidia'i ag *yslefrian.* Ar lafar yn y Gogledd, '*slefran, slefrian, slefrio, slafrio*', *WVBD* 494; '*slefrian*', *LGW* [476]–7.
Amr.: **yslefriaf²: yslefrio. 1725** *SR* d.g. To Slaver.

slefriaf²: slefrio, gw. **sglefriaf: sglefrio**.

slefriwr¹, yslefriwr [bôn y f. *slefriaf¹, yslefriaf, &c.*: (*y*)*slefrian, &c.* + *-iwr*] *eg.* Glafoeriwr: *slobberer, slaverer.*
1747 *WVBD* 494, Yn lle rhyw swbach wrthyn fwbach Hen *yslefriwr* mowntiwr mantach. Ar lafar, '*slefriwr*', *ib.*

slefriwr², slefyn, gw. **sglefriwr, slaf.**

sleng [? bnth. S. *sleng*, amr. ar *sling*] *eb.* Siglen: *swing.*
Ar lafar, 'Ni ddotson *sleng* ar waelod yr ardd i'r plant', *GTN* 745.

slengyn [cf. *slingyn*] *eg.* Llencyn hardd: *handsome young lad.*
Ar lafar, '*slengyn* o fachan trim', 'Fe ddæth *slengyn* o fachan mawr at y drws', *GTN* 745.

slei [bnth. S. *sly*] *a.* Cyfrwys, llechwraidd, dan din, dirgelaidd: *sly.*
1851. Ar lafar, 'Paid o dristo 'wnna! 'En declyn *slei* yw a', *GTN* 746; 'Ma 'na hen olwg *slei* arno fo'.
Cfn.: **(yn) slei bach**: *sly(ly).* **1930.** Ar lafar, 'a dyma nhw'n dachre dod mhwn *yn slei bach* i'r sete cenol a ishte lawr', *Wês wês* 66; 'Mi ddoth o'*n slei bach* ar ôl iddi dwllu'. **ar (y) slei**: *on the sly.* **1895** D. OWEN: *SP* 26, credai rhywrai ei fod yn cymeryd dropyn *ar y slei.* Ar lafar, 'Shwt wêdd crafu i'r bws *ar slei*, achos wêdd naws ishe i bawb ddod i wbod y musnes i', *Wês wês* 18; 'Mae o'n gneud y gwaith *ar y slei*—'dydi 'i fos o 'm yn gwbod'.

sleibwrt, gw. **slibwrt.**

sleibwt [*slei* + *pwt*¹] *eg.* Person slei neu dawedog: *sly or taciturn person.*
Ar lafar, *GDD* 265.

sleid [bnth. S. *slide*] *eb.g.* ll. *-iau, -s.*
(*a*) Arwyneb llyfn i sglefrio arno, llithren (hefyd mewn cae chwarae): *smooth surface for sliding on, slide* (*also in playground*).
20g. Ar lafar, 'Ma'r plant wedi gneud *sleid* ar genol yr 'ewl'; 'Mi sgriffiodd o 'i ben-glin pan ddisgynnodd o o'r *sleid* yn y cae chwara'.
(*b*) Plât gwydr bychan y rhoddir samplau arno ar gyfer astudiaeth ficrosgopig: (*microscope*) *slide.*
20g.
(*c*) Ffotograff positif tryloyw mewn cerdyn ffenestrog i'w roddi mewn taflunydd, &c.: *slide, transparency.*
20g. Ar lafar, ''Does gynna' i ddim llunie o'r gwylie ond ma gynna' i *sleids*'.
(*d*) Math o glip gwallt (addurniedig) sy'n cau: (*hair-*)*slide.*
Ar lafar, 'Odd ffasiwn gwisgo *sleids* flynydda 'nôl', 'Mi golles i ddau *sleid* gwallt newydd sbon pan es i i'r pwll nofio'.
(*e*) Tiwb trombôn sy'n symud a newid nodyn: (*trombone*) *slide.*
1938.
(*f*) Silff mewn ffwrn fach: *shelf in a grate oven.*
Ar lafar, *Cymru* liv. [84] (dwyrain sir Drefn.).
(*g*) Caead sy'n agor a chau drwy sgleidio ac a ddefnyddir i reoli llif rhywbeth, e.e. ŷd mewn hopran melin: *sliding shutter regulating flow, e.g. of grain in a mill-hopper.*
Ar lafar ym Meir.
(*h*) Darn cul o haearn sy'n dal corff cart rhag dymchwel: *narrow piece of iron which prevents the body of a cart from tipping over.*
Ar lafar ym Môn, *LILIM* 102.
Amr.: **slaid.** Ar lafar yng nghanolbarth a godre Cered., *Cymru* xxxiv. [179], *B* iv. 302, a dwyrain Morg.

sleidiaf, sleidaf: sleid(i)o [bf. o'r e. *sleid*] *bg.* Llithro, sglefrio: *to slide, slip, skid.*
1899. Ar lafar, '*sleido*', *B* iv. 302 (canolbarth Cered.); 'Odd lot o fechgyn yn *sleido* ar 'u pen-ola lawr y tip'; 'Mi *sleidies* i a disgyn ar 'yn hyd am 'u bod nw 'di polisio'r llawr', 'Yn *sleido* o'dd y llyn wedi rewi yn ni'n *slido* arno fa'.

sleidraf: sleidro [bnth. S. taf. (*to*) *slider*

'to slide'] *bg.* Llithro, sglefrio, sleidio: *to slide, skid.*
Ar lafar, *GDD* 265, *SC* vi. 130 (sir Benf.), a hefyd yn sir Gaerf.

sleidryn [bôn y f. *sleidraf: sleidro* + *-yn*¹] *eg.* Sleid, llithren: (*place to*) *slide.*
Ar lafar, *GDD* 265.

sleifaf: sleifo, gw. **sleifiaf¹: sleifio.**

sleifar¹ [? cf. *sleifiaf: sleifio, sleifar²*] *e?g.* Person llechwraidd, llechgi: *dodger, sneak.*
20g. Ar lafar, 'Yr hen *sleifar*!'; hefyd yn yr ymad. 'mynd fel *sleifars*' 'to go like the wind', *WVBD* 493.

sleifar², *e?g.* Person neu beth rhyfeddol o hardd, trawiadol, llwyddiannus, &c.: *smasher, stunner, hit, 'one hell of a . . .':*
1897. Ar lafar yn y Gogledd, 'Mi welis i o echdoe, yn mynd heibio mewn *sleifar* o gar mawr du'.

sleifen, gw. **slaif.**

sleifiad, ysleifiad [bôn y f. *sleifiaf¹, ysleifiaf²*: (*y*)*sleifio* + *-iad, -ad*] *eg.* Slasiad, trychiad, sleisiad: *a slashing, slicing.*
1803 *P, Ysleiviad*, s. m. . . . A slashing, a slicing.

sleifiaf¹, sleifaf, ysleifiaf¹: sleif(i)o, ysleifio [bnth. S. taf. (*to*) *slive* 'to slip past quickly, sneak about, &c.'] *bg.a.* Mynd yn llechwraidd, llithro heibio neu ymaith, cripian, hefyd yn *ffig.*; llithro, taro, neu slipio (peth i mewn i, drwy, &c.), ?dwyn yn llechwraidd; brysio: *to steal past or away, slip, slink, creep, also fig.; slip* (*something into, through, &c.*), *?pinch* (*something*); *hurry, rush.*
1896. Ar lafar, 'Mae o wedi *sleifio* i ffwrdd', '*sleifio* dengyd', '*Sleifia* di fyta, gael iti fynd', '*sleifo*' 'to steal away', *B* iv. 302 (canolbarth Cered.).
Amr.: **sgleifio. 20**g.

sleifiaf²: sleifio, sleifyn, gw. **ysleifiaf²: ysleifio, slaif.**

sleigen, *eb.* Tail gwartheg gwlyb, tail yr haf: *wet cow dung, summer dung.*
Ar lafar yn sir Gaerf.

sleim [bnth. S. *slime*] *eg.* Llysnafedd, hefyd yn *ffig.*: *slime, also fig.*
1928.

sleimllyd, sleimlyd [cfdds. o'r S. *slim*(*y*) + *-llyd, -lyd*] *a.* Llysnafeddog, hefyd yn *ffig.*: *slimy, also fig.*
1874.

sleinsiaf: sleinsio, gw. **sialensiaf: sialensio.**

sleis, sleish [bnth. S. *slice*] *eb.* (bach. b. *sleis*(*i*)*en*, g. *sleis*(*h*)*yn*) ll. *-ys.*
(*a*) (yn y ff. bach.) Tafell, hefyd yn *ffig.*: *slice, also fig.*
1846. Ar lafar yn siroedd Penf., Caerf., Brych., a Morg., '*sleisien, sleisyn*', *Geir Geg* 166; '*sleisen*', *B* xiii. 140 (canolbarth Cered.); '*sleisan* o fecyn' (Arfon). Yn sir Benf. clywir y pennill 'Melus idoedd câl ryw *sleishyn* / O gig mochyn gïda'r daten, / Ond yn awr rhaid byw heb iddo, / Y mae'r mochyn wedi mado', *GDD* 265. Cf. *AKAS* 16, *Sleisen* fach fyw a digrif a gwir o lyched Cymreig (Saunders Lewis).
(*b*) Rhaw dân, rhaw fach; rhawlech: *fire-shovel; slice* (*for turning cakes, &c.*).
Ar lafar, '*sleish* o raw i lliti ac i gwnu'r dishan off o'r plêt', *BIBC* 46; *AGB* 187.
Amr.: **slis** (bach. b. -(*i*)*en*; ll. *-iau, slis*(*h*)*ys*). **1846.** Ar lafar, 'Och chi'n torri *slisien* fach i f 'frio' (deddwyrain sir Gaerf.). Cf. *AKAS* 89, fe edy ar ei ol *slisen* fawr o'i fywyd (Kate Roberts). **yslisen** (ff. fach. f.). **1916.**
Cfn.: **sleis lo**: *coal-shovel.* Ar lafar, *Cymru* liv. [84] (dwyrain sir Drefn.). **sleis lutu**: *fire-shovel.* Ar lafar yng ngorllewin Morg.
Gw. hefyd **sgleis.**

sleisiaf¹, sleisaf: sleis(i)o [bnth. S. (*to*) *slice*] *bg.a.* Tafellu, torri (drwy); taro (pêl) gan beri iddi symud ar osgo: *to slice* (*through*); *slice* (*a ball*).
1811. Ar lafar, 'Pwy sy'n mynd i' *sleiso* fe 'te?', 'Nei di *sleisio* tamed o gacen i mi?'
Amr.: **slisio.** **1846.** **yslisio. 1873.**
Gw. hefyd **sgleisiaf: sgleisio.**

sleisiaf²: sleisio, gw. sialensiaf: sialensio.

sleisien, sleisyn, gw. sleis.

slej¹ [bnth. S. *sledge* 'sledgehammer'] *eg.* ll. -ys. Gordd, morthwyl gof; person twp: *sledgehammer; stupid person.*
Ar lafar, 'Dishgwl beth nethot ti'r *slej*', *GTN* 744; 'twp fel *slej*'; 'Yr unig beth a symutiff 'wn yw *slej*'.

slej² [bnth. S. *sledge* 'sled'] *eg.b.* Sled: *sledge, sled.*
20g. Ar lafar, 'Pan fydde eira ar lawr bydden ni'n neud *slej* o ddarne o bren a mynd i chwilio am lechwedd go lew'.
Gw. hefyd sled.

slejaf¹: slejo, slejan [bf. o'r e. *slej¹*] *bg.a.* Taro (â slej), defnyddio slej, hefyd yn *ffig.: to strike (with a sledgehammer), use a sledgehammer, also fig.*
1909. Ar lafar, 'Mae e wrthi'n *slejo*', 'Ma 'i'n *slejan* 'i chelwdd wrth bawb'.

slejaf²: slejo [bf. o'r e. *slej²*] *bg.* Mynd neu deithio ar slej: *to sledge.*
20g. Ar lafar, 'Mi ddoth o adra'n lyb doman ar ôl bod yn *slejo*'.

slem, slemiaf: slemio, gw. slim², slimiaf²: slimio.

slemp, *eb.* (bach. g. -yn, b. -en) a hefyd fel *a.* Glanhad, golchiad, neu ymolchiad brysiog ac annigonol, llyfiad cath; annymunol, cas: *perfunctory cleaning or wash, catlick, a lick and a promise; unpleasant, nasty.*
1922. Ar lafar, 'ryw *slemp* o lnau', 'Ges i hen dro *slemp*', 'Mi neis dro *slemp*', *WVBD* 493; '*slempan*' 'an imperfect cleaning', *ib.*
Amr.: **sglemp** [cf. *sglempiaf*: sglempio] (bach. b. -en.) Ar lafar yn y Gogledd; hefyd yn yr ystyr 'geiriau bryntion', *WVBD* 482.
Cfn.: **slempen cath**: *perfunctory cleaning or wash, catlick, a lick and a promise.* 20g. Ar lafar, "Dw i am fynd i'r bath rŵan, dim ond *slempan cath* geish i'r bora 'ma' (Arfon). **yn slemp(en):** *in a heap (of a fall), flat, flop.* 20g. Ar lafar, 'syrthio o'r talcen i lawr *yn slemp*', 'Mi ath *yn slemp* ar lawr', *WVBD* 493.

slempiaf: slempio, slempian [bf. o'r e. *slemp*] *bg.a.* Colli neu dasgu (hylif, &c.), ysgeintio, yfed yn swnllyd; glanhau, golchi, neu ymolchi ar frys ac yn annigonol: *to slop, spatter, splatter, splash, slurp; clean or wash hurriedly and inadequately.*
20g. Ar lafar, 'Ma'r hen fuwch wedi *slempio* cachu 'r hyd y ffor' bob man', '*slempian* llnau', *WVBD* 493.
Amr.: **sglempio** [cf. *sglemp*]. Ar lafar yn yr ystyr 'dweud geiriau bryntion', *WVBD* 482. **yslempio.** 1907 J. JONES: *Gwerin-eiriau* 62, *Yslempio* yw budr-olchi.

slempyn, gw. slemp.

slendy, slensiaf: slensio, gw. elusendy, sialensiaf: sialensio.

slent [bnth. S. *slent* 'slant'] *eg.b.* (bach. g. -yn, b. -en) ll. -iau. Goleddf, gogwydd; pelydryn tenau (o olau); agwedd, safbwynt: *slant, slope; shaft (of light); slant, aspect, point of view.*
16–17g. *RAGR* 334, pen ddelo /r/ *slent* ir eitha / ar tir ir ardreth ucha/dyna/r/amser y try/r/hod/athrawon a ddwod hin [sic] yma. Ar lafar yn sir Gaerf. a Morg. am 'waith glo sydd yn bwrw i'r ddaear ar ogwydd' a 'hedin', *Geir Glo* 8; clywir hefyd '*slentan*' 'a thin flat piece of stone, etc.', *WVBD* 493; yn yr un ardal defnyddir '*slent, slentyn, slentan*' i gyfeirio at rywun tenau. Cf. T. H. PARRY-WILLIAMS: *Ymhél â Phryddydu* (1958) 20, y mae modd newid y dull arferol o 'weld' a chanfod, megis . . . chwilio am *slentiau* ac onglau newydd i syllu a'r 'llygad mewnol'.
Amr.: **yslent.** 1932.
Cfn.: **ar slent:** *obliquely, aslant, at a slant.* 1942 T. H. PARRY-WILLIAMS: *Ll* 99, Mae hi'n haf eto 'leni o Fôn i Went / Am fod echel y Ddaear hon *ar slent*.
Gw. hefyd sglent, slant, slents, slont.

slentiaf, yslentaf: slentio, yslento [bnth. S. (to) slent 'to slant'] *bg.* Goleddfu, gogwyddo; symud ar osg: *to slant; move obliquely.*
1762 D. ROWLAND: *PA* 45, Sarph, yr hon a gymhellwyd i ymlusgo ar dywod hysp, rhag bod a'i phen i fynu, ac yn *ysslento* ymlaen yn arafedd.

Gw. hefyd sglentiaf: sglentio, slantiaf: slantio.

slents [?ff. l. yr e. *slent*] *e.ll.* Darnau anwastad o fawn: *uneven pieces of peat.*
Ar lafar, 'Torri tipyn o *slents* yr oedd o', *B* iii. 207 (Penllyn).

slentyn, gw. slent.

slepan, yslepan, *eg.b.* ll. -au, -od. Magl; tennyn: *trap, snare; leash.*
15g. *LTWL* 469, Tres sunt libere venaciones villano: videlicet . . . croclach, *slepan*, annel. **1604–7** *TW (Pen* 228), *Slepan* a Chroclath oedh rydh yr Taûawc K. H. d.g. *decipulum*. *Dchr.* 17g. *J* 10, 42b, *Slepan*. pitfall. Decipulum. **1632** *D*, *Yslepan*, Decipulum, laqueus. **1688** *TJ*, *Yslepan*, (Trap,) magl: a Trap, a Snare, a Gin or Pit-fall. **1722** *Llst* 189, *Yslepan*. m.p. *panod*. A slip for a dog; a springle, snare. **1773** W, *yslepan* d.g. *Gin [a trap . . .], Snare.* **1803** *P, Yslepan*, s. f.—pl. t. *au* . . . A trap.

slesien, slêt, gw. slas, slâts.

sleten¹, ysleten [?*sled*+-en] *eb.* ll. -nau, *sletenni, slets*, a hefyd fel *a.* Sgimer; cwch llydan ac iddo waelod fflat, ysgraff, ?hefyd yn *ffig.: skimmer; wide flat-bottomed boat, flat, ?also fig.*
16g. (c. 1621) *CRC* 162, Yno i gwelech i *sletenne* / yn kodi i moel dine. *ib.* Roedd yno *slettenne* o vochres / a ddoede yn i chyffes / na wydde neb moi hanes / hi aeth i mor i hvnan. *id.* 163, Roedd yno wr o lannbadarn / ai *ysletenn* fawr lydan / ai thin ar y graian / wedi mynd in greie. *ib.* A gyrrv gwŷr ir mwythig / i niol hoelion helig / i a gweirio *slettenn* yssig / wedi ir môr dorri y hasse (Robin Clidro). 16–17g. *NBSF* 89, *ysleten* ddisal lwysteg / ith ddau gâr da weythgar dêg. *ib.* dyro or Bermo bvrmwyn / dy *sleten* lwyden i lyn / a thair rhwyf perffaith yw/r/ hynt / yw hwyliaw o bob helynt (Huw Pennant). 1604–7 *TW* (Pen 228), *Sleten* d.g. *Linter, Stlata.* 1722 *Llst* 189, *Ysletten.* f.p. *tennau.* A flat-bottomed ship or boat; a skimming dish. 18g. *RWM* ii. 894, I ofyn *Ysleten* (Cwch) i Ruff: Fychan. 1773 *W*, *ysletten* d.g. *Fleeting-dish [a skinning-dish], Float . . . A float of timber, Scummer.* Ar lafar, '*slaten . . . sleten*' 'sgimer', *Geir Geg* 151 (Cered., sir Benf., a Brych.); '*sleten*' 'an instrument for skimming milk', *B* iii. 207 (Penllyn).

Fel *a.* Fflat, gwastad: *flat.*
1814.
Amr.: **sleden.** *Dchr.* 17g. *J* 10, 42b, Sledden [sic]. Stlata. hulke. **ysletan** (ll. *-au*) **1759** *ML* ii. 115, Newydd gwych i Rodney losgŵs tref Havre de Grace, ar holl *ysletanau* oedd i gario'r Ffrancod drosodd yma. **1800** W. OWEN[-PUGHE]: *CP* 86, y cawsai; yn lle y gyllell, â gymmer yr *ysletan*, ymyl pa un á ddeil yn syth ar i lawr at wyneb y maidd yn y llestyr. *id.* 99, hyn â wneir drwy bwyso yr *ysletan* arno. **1803** *P*, *Ysletan*, s. f. . . . Any flat body or vessel; a flat, a flat-bottomed boat; a flat boat peculiar to some of the creeks in Wales, now growing out of use.
Gw. hefyd sled.

sleten² [?cf. *sleten¹*, *ysled²*] *eb.* Slebog, yn *ffig.: slut, slattern, fig.*
Diw. 17g. *Mos* 96, 59, Taer am foliaid trem filain / Trîn y mês a thrwyn main / Ag eilchwel att y golchion / *Sleten* hyll a slwtt yw hon [i ofyn hwch].

slewt, *eg.* (bach. b. -en). Slebog; llyfiad cath, slempen: *slob, slag; perfunctory cleaning or wash, catlick, a lick and a promise.*
Ar lafar, 'r hen *slewt* gwirion', 'r hen *slewtan* fudur', *WVBD* 494.
Cfn.: **slewt(en) cath:** *perfunctory cleaning or wash, catlick, a lick and a promise.* 20g.

slibwrt, slibwrd, slibwrdd, &c. [bnth. S. *sleeve-board*] *eg.* Bwrdd smwddio bach (i smwddio llewys arno): *sleeve-board, small ironing-board.*
1865. Ar lafar yn y ff. *slibw(r)t, ZCP* xx. 422, *TGG* (1907–8) 109 (godre Cered.); '*sleibwrt*', *id.* 87 (gorllewin sir Gaerf.).

slic [bnth. S. *slick*] *a.* Llithrig, llyfn; deheuig, diymdrech, graenus, rhwydd neu barod (ond annidwyll neu fas): *slippery, smooth; slick, effortless, glossy, glib, facile.*
Dchr. 17g. *Bl B XVII* i. 134, Cywraint, myn y saint a'r sêr, / Oedd gael i'w wddw goler / O'r camrig a gâr Cymro, / Yn *slic* drum ei thric a'i thro (Hugh Roberts). Ar lafar, 'Mae'r ffordd yn *slic* ar y rhew', *Cymru* xxxiv. [179] (godre Cered.); "Odd hi'n ffilm ddiflas—'doedd y stori ddim yn symud yn ddigon *slic*'; hefyd yn yr ystyr 'hawdd i'w dreulio', 'Ma bwdram yn fwy *slic* na chawl', *GDD* 266; yn yr ystyr 'sionc, heini', 'Rheda mlân—wyt ti'n *slicach* na fi', *SC* vi. 130 (sir Benf.); yn yr ystyr 'brysiog, diofal',

---

'Mynd yn *slic* dros rwbeth' (canolbarth Cered.); ac yn yr ystyr 'distaw, didwrw', 'Basodd e'n *slic* reit' (godre Cered.). Yng Ngherdd. clywir yr ymad. 'Sucan *slic*, bola slac', M. WILIAM: *DY* 36. Cf. hefyd 'Gee geffyl bach yn cario ni'n dau / Dros y mynydd i hela cnau / Dŵr yn yr afon a'r cerryg yn *slic*—/ Cwympo ni'n dau, Wel dyna chwi dric!', *Cylchg CAGC* ii. 85.

sliciaf: slicio [bf. o'r a. *slic*] *bg.a.* Gwneud yn slic neu'n llyfn; rhoddi mwythau i (gi, &c.); hefyd yn *ffig.: to slick (down); stroke (dog, &c.); also fig.*
1893. Ar lafar, 'On i'n fisi'n *slicio* 'ngwallt pan aeth y gloch' (sir Drefn.). Fe'i clywir yn yr ymad. '*Slicio* pen y ci a frathiff' sef siarad yn ofalus â pherson mewn awdurdod, *Mont Coll* ii. 315.

slicrwydd [*slic*+-*rwydd*] *eg.* Yr ansawdd neu'r cyflwr o fod yn slic, rhwyddineb, yn aml yn ddifr.: *slickness, glibness, often derog.*
20g.

slichaf: slicho, *ba.* Ystreulio, rinsio, swilio: *to rinse, swill.*
Ar lafar, 'Ma isia *slicho*'r dillad arno' 'i 'nawr a fi fydda' wedi cwplo'r golchi', '*Slicha*' sepon o'r twbyn', '*slicho*'r beili', *GTN* 745.

slidraf: slidro [bnth. S. taf. (*to*) slidder 'to slide'] *bg.* Sglefrio, llithro: *to slither, slide.*
Ar lafar, 'Ma'r plant yn *slidro*'n fishi ar yr iâ, mae y pwll fel y weran heddy!', *llGC* 1173, 67 (Morg.).

sliddraf: sliddro [bnth. S. (*to*) slither] *bg.* Sglefrio, llithro: *to slither, slide.*
18g. *CM* 212, 55, blwuddun rhew mawr ar mor yn Ia / y *Sluddres* i yma r llynedd. Ar lafar, *Cymru* liv. [84] (dwyrain sir Drefn.).
Gw. hefyd slithraf: slithro.

sliddren [bôn y f. *sliddraf*: *sliddro*+-*en*] *eb.* Sleid, llithren: (*place to*) *slide.*
Ar lafar, *Cymru* liv. [84] (dwyrain sir Drefn.).

slifer¹ [bnth. S. *sliver*] *eg.* (bach. g. *slifryn*, b. *slifren*) ll. -s. Ysgyren, fflawen, hefyd yn *ffig.*; cainc (rhaff): *sliver, splinter, also fig.; strand (of rope).*
20g. Ar lafar yn yr ystyr 'ysgyren', 'Ma *slifar* yn 'y mys i', 'Fe æth cwpwl o *slifars* mywn i'm llaw i wth mod i'n 'ollti'r coed tæn bora', *GTN* 745.

slifer² [bnth. S. *sleever*] *eg.* ll. -s. Mesur o gwrw cymaint â rhyw dri chwarter peint, gwydraid (o gwrw): *sleever, measure of beer of about three quarters of a pint, glass (of beer).*
Ar lafar, '*slifer*' 'mesur o gwrw llai na pheint; llond gwydr hir, culach yn y canol nag ar y ddau ben', *Geir Geg* 166 (godre Cered. a sir Gaerf.); "Fynnid di *slifar*, Wil?', *GTN* 745; *SC* vi. 130 (sir Benf.).

slifren, slifryn, gw. slifer¹.

sliffiaf: sliffio, *bg.* Sleifio, cripian: *to sneak, creep, steal, slink.*
20g. Ar lafar, 'Mi *sliffiodd* allan heb i mi 'i weld o', *ISF* 69.

sling¹, ysling [bnth. S. *sling*] *eb.g.* ll. -s.
(*a*) Rhwymyn, &c., a grogir o'r gwddf i gynnal llaw neu fraich wedi ei hanafu, rheffyn neu strapen a ddefnyddir i gario rhywbeth: *sling (support or strap).*
1895. Ar lafar, "Ôn ni'n clymu hwnnw rownd fel *sling* yr ysgwydd'; hefyd ymhlith pysgotwyr Môn, Arfon, a Llŷn am '[r]wyd heb raff ar hyd ei phen uchaf nac ar hyd ei gwaelod', *B* xxv. 56; ac yng nghanolbarth Cered., '*slings* (wrth gert i dynnu)', *id.* xiv. 281.

(*b*) Ffon dafl: *sling, catapult.*
1693 E. MORGAN: *HRD* 24, Budd pawb 'au *ysling* [sic] au harfe u gadwe rag y brain. Ar lafar yn y ff. *sling, WVBD* 494, *Cymru* xlvii. 196 (sir Ddinb.). 'Odd gen' i *sling* da iawn, ond fe ath yr athrawes ag e'.

sling² [bnth. S. taf. *sling* 'strip of land'] *e.g.* ll. *-iau*. Llain (o dir): *strip (of land).*
Ar lafar, '*sling* o dir', *WVBD* 494. Digwydd hefyd fel e. lle yn sir Fôn ac Arfon, gw. I. WILLIAMS: *ELl* 59.
Gw. hefyd slang², slangod.

slingen, gw. slingyn.

slingiaid [?*sling¹*+-*iaid²*] *e.b.* Rhes o wageni chwarel, rhaffiaid: *row of wagons in a quarry.*

Ar lafar yn ardaloedd chwareli'r Gogledd, *B* xx. 378.

slingyn [?bnth. S. taf. *slink* 'tall thin person' + -*yn*[1]; cf. *slengyn*] *eg.* (b. *slingen*) ll. -*od*. Person tal tenau: *tall slender person*.
20g. Ar lafar, '*slingen* o fenyw', *Cymru* xxxiv. [179] (godre Cered.); '*slingyn*', *SC* vi. 130 (sir Benf.).

slim[1] [bnth. S. *slim*] *a.* Main, tenau: *slim*.
1936. Ar lafar, 'Mae e lot fwy *slim* na buodd e'.

slim[2], **slem** [bôn y f. *slimiaf*[2], *slemiaf*: *slimio*, *slemio*] *e?g.* ll. -*s*. Sylw coeglyd neu bigog, weipen, sen: *sarcastic remark, gibe, taunt, 'dig', slur*.
Ar lafar, 'byddai'n taflu ambell *slim* o dro i dro', *ISF* 69; 'ryw *slem* i ddyn . . . am 'i ddwlni', *WVBD* 493.

slimber [*slim*[1] + elf. anh. (?cf. S. *limber* 'supple, nimble'] *a.* Main, tenau: *slim, slender*.
Ar lafar, *TGG* (1907–8) 109, *Cymru* xxxiv. [179] (godre Cered.).

slimen, gw. slimyn[1].

slimiaf[1]: **slimio** [bf. o'r a. *slim*[1]] *bg.* Colli pwysau yn fwriadol drwy ddilyn deiet arbennig, &c., hefyd yn *ffig.*: *to slim, also fig.*
20g. Ar lafar, 'Ma'n siŵr ma *slimio* ma 'i'.

slimiaf[2], **slemiaf**: **slimio**, **slemio**, *bg.a.* Gwneud sylwadau coeglyd, sarhau, lladd ar: *to pass sarcastic remarks, insult, run down*.
1897. Ar lafar, 'taeru a *slimio* 'i gilydd y maen nhw drwy'r dydd', *ISF* 69; 'slemio, slimio', 'slimio rŵun yn 'i wymad, yn 'i gefn' 'deud ryw eiria bryntion ffiadd', *WVBD* 493.

slimiwr [bôn y f. *slimiaf*[2]: *slimio* + -*iwr*] *eg.* Un sy'n gwneud sylwadau coeglyd: *one who passes sarcastic remarks*.
Ar lafar, 'slimiwr budur', *WVBD* 494; 'Mae o'n slimiwr heb 'i ail—yn pilsio byth a hefyd' (Arfon).

slimyn[1] [*slim*[1] + -*yn*[1]] *eg.* (b. -*en*). Person neu berth main neu denau, hefyd yn ddifr.: *slim or slender person or thing, also derog.*
c. 1920. Ar lafar, 'Ryw *slimin* main odd o ond 'odd o'n wydyn ryfeddol', 'Ryw hen *slimin* o hen borchall', 'Taw'r hen *slimin* lartsh!', *WVBD* 494; *GDD* 266; "Odd *slimen* o fenyw'n ishta wrth 'i ochor a' (dwyrain Morg.).

slimyn[2], gw. ystlum.

slinciaf: **slincio** [bnth. S. (*to*) *slink*] *bg.* Sleifio: *to slink*.
1895.

slinsiaf: **slinsio**, gw. sialensiaf: sialensio.

slip[1], **yslip** [bnth. S. *slip* 'a slipping, &c.'] *eg.* ll. -*s*, a hefyd fel *a.*
(a) Llithriad, hefyd yn *ffig.*: *slip, a slipping, also fig.*
1933. Cf. D. J. WILLIAMS: *ChHO* 151, y 'reider'. Nid oedd gorchwyl mwy cyson beryglus na'r eiddo ef yn y gwaith . . . Gallai un *slip* fod yn angau disyfyd iddo.
(b) Goleddf artiffisial ar gyfer adeiladu llongau, eu trwsio, eu lansio, &c.: *slip(way)* (*for ships, &c.*).
1938.
(c) (Safle) maeswr (mewn criced) sy'n sefyll ychydig y tu ôl i'r batiwr ar yr ochr agored: *slip* (*in cricket*).
20g.
(d) Drg. Ffawt bychan, maint symudiad pwyntiau cyfagos bob ochr i blân ffawt: *slip* (*in geol.*).
1889. Ar lafar yn ardaloedd chwareli'r Gogledd, *B* xx. 379.
(e) Bwlch: *gap*.
Ar lafar, 'Codi *slip* yn y claw' 'Repairing a gap in the hedge', *GDD* 266.
Fel *a.* (a) Llithrig, slic: *slippery, slick*.
1773 *W*, *yslip* d.g. *Glib* [*smooth; slippery, &c.*]. Ar lafar, 'slip' 'llithrig', *Cymru* xlvii. 196 (sir Ddinb.); 'Ma'r cerrig lawr ar yr ali'n *slip* eithus' (dwyrain Morg.).
(b) Yn gogwyddo, ar ogwydd: *sloping*.
Ar lafar, 'talcen *slip*' 'a receding forehead', 'craig *slip*' 'a sloping piece of rock', *WVBD* 494.
Cfn.: **aeth yn slip(s) (arnaf (arno, &c.)):** *I (he, &c.)*

let the cat out of the bag. Ar lafar, 'fe *âth* yn *slip* arna i', *GDD* 266; 'Ath o'n *slip arna*' i ryw fordd', 'Yn *slips ath* 'i', *WVBD* 494.

slip[2] [bnth. S. *slip* (of paper), &c.] *eg.b.* (bach. -*yn*) ll. -*iau*, -*s*. Darn bach o bapur, &c.: *slip* (*of paper, &c.*).
1921 *THSC* (1994) 29, Am y papur, y mae'r esiampl a yrasoch yn drymach o lawer na *slips* y New English Dictionary a'r maint yn fwy o lawer (W. J. Gruffydd). Ar lafar, "Does 'na 'm trefn o fath yn byd ar y *slipia* 'ma!" Cf. *Traeth* cxlx. (1995) 91, Nid cyn y ganrif hon y cawn eisteddfotaa o'r gair ['porslen'] yn *slipiau* Geiriadur y Brifysgol (J. E. Caerwyn Williams).
Cfn.: **slip pae, slip cyflog:** *pay slip*. 20g. Ar lafar, 'Ma'n siŵr bod y pres wedi mynd i'r banc, er 'dwi ddim wedi cal y *slip pae* 'to'.

slip[3] [bnth. S. *slip* 'clay mixed with water'] *eg.* a hefyd gyda grym ansoddeiriol. Clai wedi ei gymysgu â dŵr a ddefnyddir i addurno crochenwaith: *slip, clay mixed with water*.
1933.

slipaf: slipo, gw. slipiaf[1]: slipio.

slipan[1], **yslipan**[1] [bnth. S. *slipp(er)* + -*an*[1]] *eb.* ll. -*au*. Sliper, llopan: *slipper*.
1912.
Gw. hefyd sliper[1].

slipan[2] [bnth. S. (*railway*) *sleep(er)* + -*an*[1] neu -*en*] *eb.* Sliper rheilffordd: (*railway*) *sleeper*.
20g.
Gw. hefyd sliper[2].

sliparsen, slipen, gw. sliper[1], slipyn[1].

sliper[1], **slipar**[1], **ysliper** [bnth. S. *slipper*] *eb.* (bach. b. *slipren*, ll. -*nau*) ll. -*s* (un. b. *sliparsen*), *sliperi*, *sliperau*.
(a) Esgid ysgafn feddal i'w gwisgo yn y tŷ, llopan: *slipper*.
1547 *WS*, *Yslypper* A slyppar. 16g. *B* xviii. 315, paur o *eslypers* o vrethynn aur. 1552 *Pen* 403, 71–2, yn arglwydd ni a wnaeth yn voel bennav merched o Syon / ac yn lle trwsiat hawynt a gaant gywilidd / ac yn lle yscidiav ai *slyppers* ai kadwynav / main gwrthvawr / ai drychav // ai peraidd aroglav / hwynt a gaant ddrewiant. c.1588 *B* iii. 237, *slipars*, calopodia. 16–17g. *CRC* 438, dyffir [*sic*] iawn y llynn oedd ymmi / yn fy *slippers* am brafri. 1604–7 *TW* (*Pen* 228), *sliper* d.g. *Cothurnus, Crepida*. 1761 *ML* ii. 329, rhaid tynnu yr esgid a rhoddi *sliparsen* yn ei lle. Ar lafar yn gyff.; hefyd yn yr ystyr 'esgid ysgafn a strap yn ei chau', '*Slipaz* odd am drêd y plentyn', *GTN* 745.
(b) Darn o haearn fflat sy'n gweithredu fel brêc ar olwyn: *slipper* (*type of braking device*).
Ar lafar, 'slipar' 'darn o haearn fflat a roddir dan olwyn wrth iddi fynd i lawr rhiw', *Cymru* liv. [84] (sir Drefn.).
Cfn.: Bot. **slipars y gog, slipars y gwcw:** *violets*. Ar lafar, G. AWBERY: *BM* 58 (sir Drefn.).
Gw. hefyd slipan[1].

sliper[2], **slipar**[2] [bnth. S. (*railway*) *sleeper*] *eg.b.* (bach. b. *slipren*) ll. -*s*, *sliperi*, -*au*. Trawst sy'n cynnal rheiliau rheilffordd: (*railway*) *sleeper*.
Ar lafar, *Geir Mwyn* 52, *B* xx. 379. Cf. D. J. WILLIAMS: *ChHO* 104, megis y mae reilen ffordd haearn yn croesi'r *slipers* (sleepers).
Gw. hefyd slipan[2].

sliper[3], *eg.* ll. -*s*. Darn o lechfaen a roddir yn bwysau ar rwyd samon: *piece of slate used as a weight on a salmon net*.
Ar lafar yn nhref Caernarfon, 'sliper' 'darn o lechen a roddid yn bwysau ar raff isaf rhwyd samwn', *B* xxv. 56.

slipiaf[1], **slipaf**, **yslipiaf**: **slip(i)o**, **yslipio** [bnth. S. (*to*) *slip* 'to slide'] *bg.a.* Llithro, sleifio (i ffwrdd); gwneud (gwybodaeth, &c.) yn hysbys (yn anwriadol); llithro, taro, neu sleifio (peth i mewn i, drwy, oddi ar, &c.): *to slip, slide, slink (away); let (information, &c.) slip; slip (something in(to), through, off, &c.*).
1805. 1828 *Geir Pob* 30, *Yslipio*, llithro. Ar lafar, 'Fe *slipws* 'y nrod i ar y iæ a fi fuo' jest â chwmpo', 'Fe *slipws* bapar punt i'm llaw i', *GTN* 745; '*Slip* lawr i'r shop i mofyn tamed o facco i fi', *GDD* 266; 'Roedd yr ast wedi *slipio* 'i cholar' (Môn). Clywir *slipio*

hefyd yn yr ystyr 'to go wrong (of women)', *WVBD* 494. Cf. D. OWEN: *GT* 344, un diwrnod . . . *slipiodd* Nansi a wybodaeth mai Cymro oedd ei dad.

slipiaf[2]: **slipio** [bnth. S. (*to*) *slip* (plants, &c.)] *ba.* Codi dyfyniadau neu wybodaeth ar slipiau o (lyfr, &c.); gwneud toriadau o (blanhigyn), rhannu (planhigyn) yn sbrigynnau: *to excerpt or make notes on slips from* (*book, &c.*); *slip* (*plant*).
1795 J. THOMAS: *AIC* 355, *Slipia* a phlanna Lafend.

slipren[1,2], gw. sliper[1,2].

slips[1,2], gw. slip[1], slipyn[1].

slipsach, gw. slipyn[1].

slipyn[1] [bnth. S. *slip* 'young slender person' + -*yn*[1]] *eg.* (b. *slipen*) ll. *slips(ach)*. Person neu anifail ieuanc (a main), glaslanc, llencyn, llefnyn: *slip* (*of a boy or animal*).
1863–5 D. OWEN: *WBC* 9, *slipyn* o ddyn ieuanc. Ar lafar, 'Fe ddæth *slipyn* o fachan at y drws', '*Slipan* o ferch dena odd 'i'n ifanc', '*Slipyn* . . . *slipsach*' 'a stripling', '*slipan* o ferch hoyw' 'an alert maid', *LlGC* 1173, 68 (Morg.); "Wyt ti'n meddwl dynnwn ni *slipen* neu ddwy nos Sadwrn?' (gorllewin Morg.); '*Slipyn* o grwt' 'A biggish boy', '*Slipyn* o fochyn' 'A good sized pig', *GDD* 266; '*slips*' 'young pigs, young fish (?trout)', *SC* vi. 130 (sir Benf.).

slipyn[2], gw. slip[2].

slipys [bnth. S. *s(p)li(t) peas*] *e.ll.* Pys hollt, pys mân: *split peas*.
Ar lafar, *Geir Geg* 65 (Meir.).

slis, slisen, gw. sleis.

slisiaf: slisio, slisien, gw. sleisiaf[1]: sleisio, sleis.

slithion [? < *slithrion, sef bôn y f. *slithraf*: *slithro* + -*ion*[2]] *e.ll.* Casgliad o gerrig ac ysbwrial ar waelod bryn: *accumulation of stones and rubbish at the foot of a hill*.
Ar lafar, *GDD* 266.

slithraf, yslithraf: (y)slithro [?bnth. S. (*to*) *slither* ?dan ddyl. y f. *llithraf*: *llithro*] *bg.* Llithro (a chwympo), baglu: *to slide (and fall), slip, stumble*.
1862. Ar lafar, *GDD* 266.
Gw. hefyd sliddraf: sliddro.

slithrig [bôn y f. *slithraf*: *slithro* + -*ig*[2]] *a.* Llithrig: *slippery*.
Ar lafar, *GDD* 266.

sliw [bnth. S. *slew* 'turn, twist'; â'r ystyr 'meddw', cf. hefyd S. *slewed* 'drunk'] *eb.* a hefyd fel *a.* Camedd, crymedd; meddw: *warp, crookedness; drunk*.
Ar lafar, 'ryw *sliw*' 'ryw gamdra', *WVBD* 494; hefyd yn yr ystyr 'meddw', 'Dishgwl ffor' ma'n cerad —ma fa'n *sliw*', 'Odd 'i an 'annar *sliw* yn mynd lan i'r 'ewl o 'mlæn i', *GTN* 745.
Cfn.: **ar (y) sliw:** (i) *obliquely, aslant, at a slant*. Ar lafar, 'ar *sliw*' (Arfon). (ii) *on the booze, drunk, tipsy*. Ar lafar, 'Ma Dai ar y *sliw* fowr', *GDD* 266, 'ar (y) *sliw*', 'ar hanner *sliw*' 'tipsy, half-cut', *SC* vi. 131 (sir Benf.).

sliwen, sliwennaidd, gw. llysywen, llysywennaidd.

sliwiaf: sliwio [bf. o'r e. *sliw*] *bg.* Camu: *to become crooked or warped*.
Ar lafar, *WVBD* 494.

sliws [bnth. S. *sluice*] *eb.* Llifddor; golchfa: *sluice(-gate); sluice (for rinsing, &c.*).
Ar lafar, '*sliws* y felin'.

slo, slow [bnth. S. *slow*] *a.* Araf: *slow*.
20g. Ar lafar, 'slo', '*slofach*', *WVBD* 494; 'cyn *slofad* â malwod'; 'Man' nw'n rhy *slo* 'nawr i nyddu 'dal-edd'. Cf. D. J. WILLIAMS: *STG* 26, Mae 'nhw mor *slow* y ffordd hyn. Rhy *slow* i fynd i angladd 'u hunain. *Amr*.: **slof** [cf. *slofach*, &c.]. 1882 A. EAMES: *Gwraig y Capten* (1984) 71, Y mau y towydd yn rhiwbeth yn debig hediw etto yn lled *slof*.
Cfn.: **yn slo bach:** *slowly*. 20g. Ar lafar yn y Gogledd, 'Mi nesi i olchi'r llestri bob yn dipyn y bore wedyn, *yn slo bach*'.

slob[1] (*ò*) [bnth. S. *slob*] *eg.* (bach. b. -*en*) ll. -*s*. Person mawr tew, llabwst: *large fat person, slob*.

20g. Ar lafar, 'sloban o ddynas fawr', B i. 101 (Arfon).

slob[2], slôp [bnth. S. *slop* 'outer garment'] *eb.* Cot liain lac, smoc: *loose linen coat, smock.*
Ar lafar, 'Slob wen', *Cymru* liv. [84] (sir Drefn.); hefyd yn y ff. *slôp.*

slob[3], slop[2] (ò) [bnth. S. sathr. *slop* 'policeman'] *eg.* (bach. *slobyn*) ll. *-s.* Plismon, yn ddifr.: *policeman, derog.*
20g. Ar lafar yn y Gogledd yn y ff. *slob*; clywir hefyd *'slop*, ll. *slops'*, B xvii. 273 (tref Caernarfon).

slobedash [?bnth. S. *slap-dash*] e?g. Baw, golchionach: *dirt, slops.*
Ar lafar, B iv. 302 (canolbarth Cered.).

sloben, gw. slob[1].

slobi [bnth. S. *slobby* 'sloppy'] *a.* Gwlyb dan draed: *wet under foot.*
Ar lafar, 'Hen 'ira meddal, slobi', *Cymru* liv. [84] (sir Drefn.).

slobiaf: slobio [?cf. S. (*to*) *slab* 'to dress timber, to convert into slabs'] *ba.* Torri (e.e. pridd) ymaith: *to cut away (e.g. earth).*
Ar lafar, 'slobio y tir i ffwr'', 'Slobia'r ochor 'ma', a hefyd yn yr ystyr 'lladrata oddi ar', 'slobio 'i fistar', *WVBD* 494.

sloblyd [cfdds. o'r S. *slopp(y)+-lyd*] *a.* Esgeulus, diafael; sentimental, meddal: *sloppy, careless; sloppy, sentimental.*
20g.

slobran [bnth. S. (*to*) *slobber*] *bg.a.* Glafoerio, diferu (am boer), hefyd yn *ffig.*: *to slobber, dribble (of saliva), also fig.*
20g.

slobryn [?bnth. S. *slobber+-yn[1]*] *eg.* (b. *slobren*). Slebog: *sloven.*
Ar lafar, 'Hen slobryn gwirion', *WVBD* 495; 'barclod budur, dyna slobran', *ISF* 69; 'slobryn' 'a sloppy fellow', 'slobren', *GDD* 267.

slobyn, gw. slob[3].

slocaf: sloco, gw. slociaf: slocio.

slocai, yslocai [gair geir.; bôn y f. *slociaf, slocaf: sloc(i)o+-ai[2]*] *eb.* ll. *sloceiod.* Chiwladratwr; un sy'n denu gwas neu forwyn rhywun arall: *pilferer; one who lures away another's servant.*
1722 *Llst* 189, Sloccai. f.p. ceiod. A slockster. [**1783**] W, Ysloccai d.g. *Slocker or slockster.* **1798** WR, yslocai, un a hudo ymaith was neu forwyn un arall d.g. *Slocker, Slockster.*

slociaf, slocaf: sloc(i)o [bnth. S. (*to*) *slock* 'to obtain clandestinely'] *ba.* Chiwladrata, lladrata neu ddwyn drwy dwyll: *to pinch, pilfer, embezzle.*
1722 *Llst* 189, Sloccio . . . To pilfer, take away (or make away) by stealth. **1773** W, sloccio d.g. *To embezzle.* Ar lafar, 'Fe slocws yr arian o dan 'y nrwyn i', *GTN* 745.

slocwr, yslociwr [gair geir.; bôn y f. *slociaf, slocaf: sloc(i)o+-(i)wr*] *eg.* (b. *yslocwraig*). Chwiwladratwr: *pilferer.*
1722 *Llst* 189, Slocwr. m. A slocker, pilferer. [**1783**] W, yslocciwr (fem. yslocwraig) d.g. *Slocker or slockster.*

sloch (ò), *eg.b.* Dracht, llwnc, joch: *draught, swig, slug.*
Ar lafar, B xv. 24 (Meir.).

slochiad [bôn y f. *slochiaf: slochian, slochio+-iad[1]*] *eg.* Dracht, llwnc, joch: *draught, swig, slug.*
Ar lafar, B xv. 24 (Meir.).

slochiaf: slochian, slochio [bf. o'r e. *sloch*] *bg.a.* Yfed (yn enw. alcohol), diota, slotian, llymeitian, potio: *to drink (esp. alcohol), knock back, booze.*
Ar lafar, 'Mae o'n slochio 'i hochor hi bob nos bron, ond chwara teg, prin byth y bydd o'n rhy chwil i gerddad', B xv. 24 (Meir.); hefyd yn y ff. *slychian.*

slochiwr [bôn y f. *slochiaf: slochian, slochio+-iwr*] *eg.* ll. *slochwyr.* Diotwr, slotiwr, llymeitiwr, potiwr: *boozer, tippler.*
20g. Ar lafar, B xv. 24 (Meir.).

slof, gw. slo.

Slofac [bnth. S. *Slovak*] *eg.* ll. *-iaid*, a hefyd fel *a.* Brodor o Slofacia, un o dras neu genedligrwydd Slofac; yn perthyn i Slofacia: *Slovak (n. and adj.).*
1875.

slofaf: slofi [bnth. S. (*to*) *slow*; â'r *-f-*, cf. *slof, slofach*] *bg.a.* Arafu, slacio (e.e. am farchnad): *to slow (down), slacken (e.g. of market).*
1902. Ar lafar, *WVBD* 495; 'mae'r glaw'n slofi', *Cymru* xlvii. 196 (sir Ddinb.); 'Slofa lawr 'nei di, ne fyddwn ni yn y wal', 'Bron i'r car fynd i'r wal, ond mi slofish i mewn pryd', 'Mae o'n tynnu am 'i wyth deg, a mae o 'di dechra slofi 'rŵan'.

slog (ò) [bnth. S. *slog*] *eg.* Gwaith caled llafurus: *slog (hard work).*
20g. Ar lafar.

slogaf: slogo, gw. slogiaf: slogio.

slogan [bnth. S. *slogan*] *eg.b.* ll. *-au.* Ymadrodd a ailadroddir er mwyn mynegi neu wneud yn hysbys farn, safbwynt, neu nod penodol, ymadrodd byr a bachog a ddefnyddir i hysbysebu neu i hyrwyddo: *slogan.*
1935.

sloganaidd [*slogan+-aidd*] *a.* Llawn sloganau, tebyg i slogan, nodweddiadol o slogan: *full of slogans, slogan-like, characteristic of a slogan.*
20g.

sloganeiddio [cfdds. o'r S. (*to*) *slogan(ize)+-eiddio* (At.)] *bg.* gan amlaf gyda grym enwol. Mynegi ar ffurf slogan(au), defnyddio neu yngan sloganau: *to sloganize.*
20g.

sloganwr [*slogan+-wr*] *eg.* ll. *-wyr.* Un sy'n bathu sloganau neu'n defnyddio sloganau yn aml: *sloganeer.*
20g.

slogiaf, slogaf: slog(i)o [bnth. S. (*to*) *slog*] *bg.a.* Gweithio'n galed a llafurus, ymlwybro'n llafurus: *to slog, plod.*
20g. Ar lafar, 'wedi bod yn slogio ar wyneb y glo' (sir Ddinb.); 'Ma pawb yn y swyddfa 'di bod yn slogo i gâl y gwaith yn barod mewn pryd' (sir Gaerf.). *Cfn.*: **slogio ei (dy, &c.) ffordd**: *to slog away.* Ar lafar, 'Does 'na ddim lot yn 'i ben o, ond mi slogiodd 'i ffordd trwy'r ecsams'.

slomiad, gw. ystlomiad.

slont, yslont [?bnth. S. *slant*] *eb.* ll. *-iau.* Drg. a *Mwyn.* Cyswllt yn rhedeg yn gyfochrog â'r hollt; llethr: *joint running parallel with the cleavage (in geol. and mining); slope.*
1879. Ar lafar yn ardaloedd chwareli'r Gogledd, 'Slont . . . slontia' 'Cyswllt yn rhedeg yn gyfochrog â'r "hollt" . . . ac yn gyfongl ag wyneb y graig', B xx. 379.
Gw. hefyd **sglont, slant, slent.**

slontiaf: slontian, gw. slotiaf[2]: slotian.

slop[1] [bnth. S. *slop*] *eg.* (bach. (*y*)*slopyn*) ll. *-s, -iau.* Hylif gwastraff, yn enw. dwr budr neu gynnwys gwastraff llestri cegin, ystafell ymolchi, cell carchar, &c., hefyd yn *ffig.* diod neu fwyd llwy tenau a diflas: *slop(s), liquid refuse.*
1862.

slop[2], slôp, gw. slob[3], slob[2].

slopan, slopanau, slopau, gw. yslopanau.

slopi [bnth. S. *sloppy*] *a.* Ffwrdd-â-hi, anniben; sentimental: *sloppy; sentimental.*
20g.

slopiaf, yslopiaf: (y)slopian, slopio [bnth. S. (*to*) *slop*] *bg.a.* Colli (hylif) dros ymyl llestr, colli neu arllwys (hylif) dros lawr, &c., tasgu, sblasio: *to slop, spill, splash.*
1716-18 *Llsgr* R. Morris 174, bŷ yn slopian wrth ch[w]ilio am y gwaelod. **1762** *ML* ii. 484-5, Mi euthym ynghwch y Brenhin o amgylch y Pen, a wnug a diod, a gwn, a hauls, a phowdwr, a dyna lle buom yn yslopian hyd y nawn y dyddiau gynt. **1782** *Geir Pob* 30, Yslopian, budr wlychu. Ar lafar, 'Slopian' 'colli dwfr hyd lawr', *Cymru* xlvii. 196 (sir Ddinb.). Cf. D. J. EVANS: *HCS* 124, Fflatio, slopio a slopian / Golchion

a throchion yr hen dwb crwn / Sebon, soda, slapio a slopian / Ymhell bo hanes y diwrnod hwn.

slopty [?bnth. S. *slope+tŷ*] *eg.* Penty: *lean-to.*
20g. Ar lafar, "Odd gintyn' nw slopty a man 'ny odd y ffwrn a'r tap', *GTN* 745.

slopyn, gw. slop[1].

slorwm [bnth. S. *slow-worm*, gyda thrsd.] *eb.g.* Madfall Ewropeaidd bychan digoesau, *Anguis fragilis*, a chanddo gorff llwydfrown tebyg i neidr, dallneidr, neidr ddefaid: *slow-worm.*
20g. Ar lafar, *GDD* 267 (eb.), *GTN* 745 (eg.).

slot[1] [bnth. S. *slot* 'groove'] *eg.b.* ll. *-iau.* Agoriad hirfain neu rigol y gellir rhoddi rhywbeth (e.e. darn o arian) ynddo; lle gosodedig mewn trefniant neu gynllun, yn enw. rhaglen ddarlledu: *slot, groove; slot (in broadcasting schedule, &c.).*
20g. Ar lafar, 'Ges i 'nhorri ffwrdd achos 'ôn i'n methu câl y pres mewn i'r slot'.

slot[2], yslot [?bnth. S. taf. *slot* 'dirty mess, spilt liquid'] *eb.?g.* (bach. b. *-an*) hefyd gyda grym ansoddeiriol. Diod wan ddi-flas: *weak tasteless drink.*
c. **1757** *Bangor* 1733, 64, cin talwi bymtheg swllt o siot am yslot o gwrw. Ar lafar, 'hen slot o dê', 'te slot', *WVBD* 495; *Cymru* lxii. 175 (gorllewin Meir.). *Geir Geg* 89. Digwydd hefyd mewn ymad. megis 'yn slot feddw', 'meddwi'n slot'. Cf. W. REES: *HBHI* 53-4, doro chwaneg o de yn y pot; wel'd di'r trwyn sur mae'r teiliwr yn neud ar dy slotan de di?; D. OWEN: *RL* 95, dydw i ddim yn myn'd i'w gladdu o hefo rhw slot o dê. *Cfn.*: **slot eira**: *sleet, slush.* **1927.** Ar lafar yn sir Ddinb.

slotaf: sloto, gw. slotiaf[3]: slotio.

slotiaf[1], yslotiaf[1]: (y)slotian [bf. o'r e. *slot[2], yslot*] *bg.a.* Llymeitian, potio, diota, slochian, sipian: *to booze, tipple, swill, sip.*
1836. Ar lafar, 'slotian' 'yfed yn barhaus', *Cymru* xlvii. 196 (sir Ddinb.); 'Mae o'n slotian o hyd', 'slotian yfad', *WVBD* 495. Cf. TALHAIARN: *Gw* ii. 92, Pawb gâr, yn fry nag arian, / Feinwen ddiamwus, liwus, lân —/ Wfft i bwt o slwt yn slottian; D. OWEN: *SP* 51, Rwyt wedi bod yn slotian efo'r hen ddiod eto; D. OWEN: *RL* 130, yr oedd y dynion dibris . . . yn yslotian hyd y tafarndai.

slotiaf[2], yslotiaf[2]: (y)slotian, *bg.* Padlo, trochi, arnofio: *to paddle, dabble, float.*
16-17g. (**17g.**) *CC* 154, Rhwyfau fel rhowiau in rhan / issel atteg i slottian / yscyrrion gwnnion yn gwau / gwyr ai tynn rhyd gwar tonnau (Thomas Prys). **1700** *TDP* 83, Fyfi [Zabulon] hefyd oedd y cyntaf a wnaeth Lester Pysgota i slottian ar y Môr. **1759** *ML* ii. 121, Mi fydda finnau sydd waeth nofiedydd yn yslottian . . . ynddo [y môr]. **1803** *P* d.g. Yslotian. Ar lafar, 'slotian' 'ymhela â dwfr', *Cymru* xlvii. 196 (sir Ddinb.); 'Paid di slotian yn y dŵr, fel 'na', *WVBD* 495, hefyd mewn ymad. fel 'slotian gweithio' 'to muddle along, idle about', ib. Clywir hefyd y ff. 'slontian' 'ysgwyd dŵr wrth ei gario, nes bydd yn colli drosodd', *Cymru* liv. [84] (dwyrain sir Drefn.).

slotiaf[3], yslotaf: slot(i)o [bf. o'r e. *slot[1]*] *ba.* Gosod mewn slot, gosod mewn cyfres neu gynllun, hefyd yn *ffig.*: *to (put in a) slot, also fig.*
20g. Ar lafar, 'Nethon' nw sloto cân arall mywn i raglen y sioe' (sir Gaerf.).

slotiwr, yslotiwr [bôn y f. *slotiaf[1], yslotiaf[1]: (y)slotian+-iwr*] *eg.* ll. *(y)slotwyr.* Llymeitiwr, potiwr: *boozer, drinker.*
20g. Ar lafar ym Môn ac Arfon yn y ff. slotiwr.

slots, gw. sialot.

slotyn, yslotyn [bôn y f. *slotiaf[1], yslotiaf[1]: (y)slotian+-yn[1]*] *eg.* Slotiwr, llymeitiwr, potiwr: *boozer, drinker.*
1895.

sloth [bnth. S. *sloth*] *eg.* ll. *-iaid, -od.* Swol. Diogyn (anifail): *sloth (animal).*
20g.

slow, gw. slo.

slowciaf: slowcian, slowcio [cf. *llawciaf: llawcio, llawcian*] *ba.* Llawcio, bwyta'n flêr ac yn swnllyd: *to gulp, eat messily and noisily.*
1930.

slumyn, slut, slwb, gw. ystlum, slwt, slŵp.

slwch, yslwch¹ [gair geir.; bnth. S. *slough*] *eg. ll. yslychau.* Ffos, gwter: *ditch, gutter.*

Dchr. **17g.** *J* 10, 42b, *Slwch.* a gutter. **17g.** *LlGC* 13215, 352, *Slwch* Canalis. **1803** *P* d.g. *Yslwç*, s. m.— pl. *yslychau* . . . a gutter.

slwfen, slwfyn, gw. slyfan.

slwj, gw. slwtsh.

slwjan, slwjo, gw. slwtsian.

slwm, gw. slym.

slwmbraf, slwmbriaf, slymbraf: slwmbr(i)an, slymbran [bnth. S. (to) *slumber*] *bg.* Hepian, pendwmpian, (hanner) cysgu, huno: *to doze, slumber, sleep.*

1672 R. PRICHARD: *Gw* 137, Ni winc, ni chwsc, ni hun, ni heppian,/ Fy nhâd grasol tra fwi 'n *slwmbran* [:- Gogysgu]. id. 323, Ac na *slwmbred* [:- Huned] dy ddau amrant,/ Nes ymbilio am faddeuant. id. 432, Nes dêl Christ, na chwsc, na *slwmbra* [:- Heppian]. Ar lafar, ''Odd e'n *slwmbran* yn 'i gader wrth y tân'', '*slwmbran* cysgu''. Cf. AKAS 67, mae Cymraeg 'Y Llenor' yn gwaethygu. Mae'r golygydd ei hun yn ddiofal ac mae gwaith yn ysgrifenwyr yn llawn idiomau Saesneg. Beth gebyst a barodd i R T Jenkins ddefnyddio'r gair '*slwmbran*'. Hyd yn oed os oedd arno eisiau'r gair hepian ymhellach ymlaen, beth oedd o'i le efo 'cymryd cyntun' neu 'huno' neu 'gysgu' ei hun (Kate Roberts).

Amr.: **slwmran. 1810.** Ar lafar, ''Odd 'i'n *slwmran* yn y gatar o flæn y tæn', '*slwmran* cisgu', *GTN* 746. **slwmren.** Ar lafar, *Cymru* xxxix. 96 (Brych).

slwmp, gw. slymp.

slwmraf: slwmran, slwmren, gw. slwmbraf: slwmbran.

slwnc [?cf. *llwnc*] *eg.* Joch, sblash, tasgiad: *splash (of liquid), dollop.*

Ar lafar yng ngogledd Cered., ''Ôn' nw'n gweud am y Cardis bod nw'n mynd i Lunden i werthu dŵr a rhyw *slwnc* o lath yndo fe'.

slŵp, yslŵp, (y)slwb [bnth. S. *sloop*] *eb. ll. slwpiau, yslŵps, yslwbs.* Llong fechan un hwylbren ac arno brif hwyl a rhag-hwyl yn eu hyd: *sloop.*

1755 *ML* i. 398, Mae son bod hon yn myned iw phriodi a llongwr o fan yma, rhan o *slwp* ganddaw. **1757** id. ii. 21, fal y gallwyf anfon iddo ryw betheuau efo'r *yslŵbs* sydd yn myned i Gaer. **1760** id. 264, Ni dda gennyf mo'r todi brwnt hwnnw, a chwrw nid yw i'w gaffael yman. Daccw beth ym mwrdd *yslŵb* yn Nerpwl. **1798** M. JONES: *DG* 29, Llestr yng wasanaeth [sic] cwympeini Sierra Leone, gyd â Llongau eraill, fan ddiogelwch . . . *Slŵp* arfog. **1828** *Geir Pob* 30, *Yslŵp*, llong un hwylbren. Ar lafar, '*slŵp*', *Cymru* xlvii. 196 (sir Ddinb.).

slwri, gw. slyri.

slwt, yslwt [bnth. S. *slut*] *eb. ll. slwtiaid, slyt(i)aid, slwts,* a hefyd fel *a.*

(*a*) Menyw flêr slebogaidd neu fudur, slebog, hefyd yn *ffig.;* budr, slebogaidd: *slut, slattern, also fig.; dirty, slatternly.*

1584 R. WHITE: *C* 58, lle mae Jiwel ffel i ffav/ a goel addysc [diwyg.] gelwyddav/ lle mae Salbri n sori n siwr/ ar trwyn *slwt* y translatiwr. **1605-18** *RWM* i. 88, Y *Slwt:* ffei garnast filiast fowlyd. a. **1735** W Ballads 64, 7, Nid fel hyn *slŵt* [sic] fudur, y byddai hi'n gwneuthur. **1759** *BC* 347, Nid oedd Helen ond *Yslwt,* / A gwael o'i chael i gario ei chwt. Ar lafar, '*slwt*', *WVBD* 495; '*slwt* o ddynes', *B* xiv. 281 (gogledd Cered.); '*Slwt*' 'a slut, also muddy, dirty', *TGG* (1907-8) 109 (godre Cered.); '*Slwt* o fenyw yw 'onna, dishgwl ar drych y tŷ!', 'Aros di ifi weld y *slwt*'! 'I gaiff 'i bryd o dafod gin' i', *GTN* 746 (ll. *slwts*). Clywir hefyd y ff. l. '*slwts*' 'person[s] with dirty or untidy habits', gyda'r un. b. *slwten,* g. *slwtyn, SC* vi. 131 (sir Benf.). Cf. TALHAIARN: *Gwa* ii. 92, Wfft i bwt o *slwt* yn slottian; D. OWEN: *SP* 43, mi noles y cath a mi croges o yn y pren fale, a mi steddes ar y stôl i cymyd mygyn i edrach arno fe'n marw . . . A syrfio'r *slwt* yn reit.

(*b*) Darn o frethyn a drochir mewn lard neu saim i'w ddefnyddio fel cannwyll: *slut (piece of rag dipped in lard or fat and used as a candle).*

1884.

Amr.: **slwta.** Ar lafar, '*Slwta*' 'Dirty', 'Hen dro digon *slwta* nath hi a fi', 'Tewy *slwta*', *GDD* 267.

Cfn.: **slwt ddydd Sadwrn:** *a woman who leaves all*

her week's work until Saturday. Ar lafar, *Mont Coll* xi. 315.

slwtaidd [*slwt* + -*aidd*] *a.* Slebogaidd: *sluttish.*

1839.

slwtian [?be. o'r e. *slwt*] *bg.a.* Slopian, trochi: *to slop, dabble.*

1887. Ar lafar, '*slwtian* golchi', 'to wash (clothes) imperfectly and make them a bad colour', *WVBD* 495.

slwtsh, yslwtsh, (y)slwj [bnth. S. *sludge*] *eg.* a hefyd gyda grym ansoddeiriol. Sylwedd gwlyb meddal, yn enw. eira sy'n toddi, llaid tew seimllyd, clai meddal, gwaddod lleidiog; lol sentimentalaidd: *slush, sludge; (sentimental) slush.*

1828 *Geir Pob* 30, *Yslwdg*, llaid, clai meddal. Ar lafar, 'dwrnod *slwtsh* o eira', 'y ffordd yn un ffordd *slwtsh*', *WVBD* 495; '*slwj*' 'sludge', *Cymru* liv. [84] (dwyrain sir Drefn.); '*slwdj, slwtj*' 'mire, mud', *SC* vi. 131 (sir Benf.); 'Ma 'i'n ddiflas cerad abothdu 'eddi a'r ira wedi troi'n *slwj* ym bobman', *GTN* 745.

slwtshlyd [*slwtsh* + -*lyd*] *a.* Tebyg i slwtsh, llithrig; sentimentalaidd: *slushy, sludge-like, slippery; slushy, sentimental.*

20g. Ar lafar yn Arfon, 'Mae'r eira'n *slwtshlyd* iawn'.

slwtsian, slwjan, slwjo [be. o'r e. *slwtsh, slwj*] *bg.a.* Troi yn slwtsh, tasgu â slwtsh neu laid, ymlwybro (drwy laid, &c.); ?ffurfio gwaddod: *to turn into sludge or slush, splash with slush or mud, trudge (through mud, &c.); ?form sediment.*

1899.

slwtyn, gw. slwt.

slwchiaf: slwchian, gw. slochiaf: slochian.

slyfan, yslyfan, (y)slyfen, slwfen [bnth. S. *sloven*] *eb.g.* (g. *slwfyn*) *ll. slwfennod.* Person blêr neu ddiofal, person slebogaidd: *sloven, slatternly person.*

1755 *ML* i. 352, He hath not so much as a notion of any old British authors. Lloercan *yslyfan* bendew tebyg i . . . yr hen Forgan y Gôf gynt. id. ii. 423, Nid eill y Bevan ddim help am fod yn *yslyfan* a llyfu trainsiwrau. **1768** TWM O'R NANT: *CTh* 12, Beth a dâl Gŵr mawr i weithio?/ A Dillad glân am dano;/ Ond llawer cymhwysach dewisach Dull,/ Ryw *Slyfen* hyll, i slafio. **1770** *TG* iii. 59, O druain y slafwyr,/ Sydd gywir *slwfennod.* **1778** J. HUGHES: *BB* 287, Wel dyma syberwyd lon hyfryd lan hardd,/ Cael Cyfrwy a Ffrwyn eur-dlws a Bwttiws i'r bardd,/ Pwy ae 'n *yslyfen* penna slaf?/ I wisgo clocs a 'sgudieu [sic] clâf. **1790** TWM O'R NANT: *GG* 70, Wil Edward wael wirion gall / A'r *yslyfen* Sal afel,/ Nid yw mewn gwŷn ofer na dyn nag Anifel. Ar lafar yn y Gogledd yn y ff. *slyfan;* 'En *slwfan* yw 'onna . . . yn ry bwdwr i gyffro', *GTN* 746; '*Slwfyn* afnadw ywa, dishgwl ar 'i olwg a, a græn 'i waith a', *ib.*

slyfenllyd, slyfanllyd, slyfeinllyd, yslyfenllyd [(y)*slyfen, slyfan* + -*llyd*] *a.* Blêr, di-raen, slebogaidd: *slovenly, slatternly.*

1837. Ar lafar, *Cymru* liv. [84] (dwyrain sir Drefn.).

slyfiad [?cf. *slyfen, llyfiad*] *eg.* Slempen, llyfiad cath: *perfunctory cleaning or wash, catlick, a lick and a promise.*

Ar lafar yn Arfon.

slym, slwm (*y* ≡ *ə*) [bnth. S. *slum*] *eb.g. ll. slymiau, slyms, slwms.* Ardal, yn enw. mewn tref, a noddweddir gan orboblogi, tai adfeiliedig, a thlodi, lle (e.e. tŷ neu stryd) annymunol a budr, hofel, hefyd yn *ffig.: slum, also fig.*

1909. Ar lafar, 'Ma hi mor lân a theidi, a 'styried bod hi wedi 'chodi mewn *slym* dychrynllyd o gartre'; hefyd fel gair difr. am fenyw, 'Hen *slym* 'di honna— eith 'i efo rywun' (Caernarfon). Cf. D. J. WILLIAMS: ChHO 135, Jack Nottingham, cynnyrch disgleiriaf y *slym* yn Cheltenham.

slymbraf: slymbran, gw. slwmbraf: slwmbran.

slymiaf: slymio [bf. o'r e. *slym*] *bg.a.* Ymweld â slymiau, dioddef amodau byw llai cysurus nag arfer, byw'n fain: *to slum (it).*

1927. Ar lafar, 'O wel, fydd rhaid i ni 'i *slymio* hi, 'te'.

slymllyd, slymlyd [*slym* + -*llyd*, -*lyd*] *a.* Yn perthyn i slym, nodweddiadol o slym, tebyg i slym: *slummy.*

1926.

slymp, slwmp (*y* ≡ *ə*) [bnth. S. *slump*] *eg.* Cwymp, gostyngiad neu ddirwasgiad economaidd: *(economic) slump.*

20g.

slyr (*y* ≡ *ə*) [bnth. S. *slur*] *e?g. ll. -s. Crdd.* Llithriad, llithren; llafar myngus, bloesgni: *slur (in mus.); slur (of speech).*

1895.

slyraf: slyro, gw. slyriaf: slyrio.

slyri, slwri [bnth. S. *slurry*] *eg.* Ffurf hylifol ar wrtaith, mwd dyfrllyd: *slurry, watery mud.*

20g. Ar lafar, '*slwri*' 'thin watery mud, slush', *SC* vi. 131 (sir Benf.); 'Fydd isie mynd â'r *slyri* mas cyn bo hir, ma'r pit bron yn llawn' (Cered.); '*slyri*' 'dŵr a "rhewglai" yn gymysg', *B* xx. 379 (ardaloedd chwareli'r Gogledd).

slyriaf, slyraf: slyr(i)o [bnth. S. (to) *slur*] *bg.a. Crdd.* Llithrennu; siarad yn aneglur, (cael ei) ynganu'n fyngus; sarhau, bwrw sen (ar): *to slur (in mus.); slur, speak, pronounce, or be pronounced indistinctly; cast a slur (on).*

1929. Ar lafar, 'Ma fe'n dechre *slyro* ar ôl cwpwl o beints' (sir Gaerf.); 'Odd hi'n *slyrio*'n ofnadwy wrth ganu'r gân ola' 'ne' (sir Ddinb.).

slyriog [*slyr* + -*iog*] *a. Crdd.* Llawn llithriadau neu lithrennau: *full of slurs (in mus.).*

1895.

slyripit [bnth. S. *slurry pit*] *eg. ll. -s.* Pwll mawr dwfn yn y ddaear ar gyfer storio slyri, pit slyri, pydew slyri: *slurry pit.*

Ar lafar, 'Man' nw 'di bildio *slyripit* newydd ar waelod y ffald'.

slyshi [bnth. S. *slushy*] *a.* Sentimentalaidd, dagreuol: *slushy, weepy.*

20g.

slywen, slywennaidd, gw. llysywen, llysywennaidd.

smac¹ [bnth. S. *smack* 'fishing vessel'] *eb. ll. -iau.* Cwch hwyliau un hwylbren a ddefnyddir i bysgota neu i ddilyn y glannau: *(fishing) smack.*

[1783] *W* d.g. *Smack* [*a small sea-vessel* . . .].

smac² [bnth. S. *smack* 'slap or blow'] *eb.g.* (bach. b. -*en*) *ll. -s.* Slap neu ergyd; dolur, anaf, anap, damwain: *smack, slap, blow; injury, mishap, accident.*

20g. Ar lafar, 'Fe ges i hen *smac* cas 'da'r athrawes' (Cered.), 'Di gaid di *smac*, yr 'en fachan drwg os parid di 'mlæn', 'Fe cas e *smac* yn y gwaith', *GTN* 746; hefyd yn y ff. '*smycen*', *B* xxvi. 405 (Cwmtawe). Cfn.: **smac i:** *smack into, straight into.* Ar lafar.

smaciaf, smacaf: smac(i)o [bnth. S. (to) *smack*] *ba.* Rhoddi smac i, taro; agor a chau('r gwefusau) yn swnllyd: *to smack; smack (the lips).*

1899. Ar lafar, ''Dyw athrawon 'nawr ddim yn cal *smacio* plant fel bydden' nhw 's lawer dydd' (Cered.); 'Un fudur a *smaco*'t plant yw 'i', *GTN* 746; hefyd yn y ff. '*smyco*', *B* xxvi. 405 (Morg.).

smach, gw. smachd².

smachd¹, **ysmachd** [?bnth. H. Wydd. neu Wydd. C. *smacht* 'rheol; awdurdod; cosb'] *eg. ll. smachdau, ysmachd(i)au.* Sarhad, amarch, dirmyg, cam, camwedd, tro gwael, tric; (yn y ll.) ystumiau: *insult, affront, contempt, wrong, transgression, bad turn, trick; (pl.) grimaces.*

14g. *YBH* 47a, A phan gigleu boͮn son y brenhin ae modͮord hͮynteu. ef adywaͮt bot ynwell ganthaͦb kolli a dylyet athref y dat no godef y *smachteu* hͮynt arnaͦ ef. **16g.** *WLl* 29, O wir *ysmacht* ne wres medd/ Aeth i Rufain waith ryfedd. **1604-7** *TW* (*Pen* 228), *ysmacht* d.g. Contumelia, Ignominia. Dchr. **17g.** *J* 10, 42a, *Smacht.* Ignominia. **1632** D, *Ysmachd,* Malefactum. **1688** *TJ*, *Ysmachd,* dryg-waith, tro wael; an ill deed, wrong, foul usage, misbehaviour. **1722** *Llst* 189, *Ysmachd.* An ill deed, wrong, foul usage, misbehaviour. Ar lafar, '*smacht* yn 'i eiria' 'awgrym sharp', *ISF* 70; '*smacht*' 'tric, tro gwael', *B* xv. 24 (Meir.);

clywir yr ymad. 'gwneud *smachde*' yng nghanolbarth Cered. yn yr ystyr 'gwneud ystumiau'. Cf. *SE MS* 623a, gwneuthur *ysmachtau*—to make mouths or faces (S. W.)—to do silly or naughty trick[s] (S. W.).

smachd², **smach** [bnth. S. *smack* 'distinctive smell or flavour'] *e?g.* Aroglau neu flas nodweddiadol, sawr, aroglau neu flas cryf, hefyd yn *ffig.*: *smack, savour, tang, also fig.*
20g. Ar lafar, 'Mae *smach* rwdins ar y menyn', *WVBD* 495; '*smacht* ar y menyn', *ISF* 70. Cf. R. E. JONES: *LlC* 197, Nid wyf fi'n cael y blas priodol ar yr ymadrodd ['ac ati'] fel y mae'n cael ei ddefnyddio heddiw, oherwydd y mae rhyw *smach* o rywbeth dilornus yn y ffordd y defnyddir ef ar lafar (Thomas Parry).

smaelas, gw. smalaets.

smâl [bôn y f. *smaliaf*: *smalio*] *a.* Dychmygol, esgus: *imaginary, pretend, made-up, make-believe.*
20g.

smala, gw. ysmala.

smalaets, smalaes, smalets, (y)smaelas, &c. [bnth. S. *smallage*; dichon mai ff. yn *y-* ac nid y fan. a welir yn rhai o'r enghrau. isod] *e.ll.* *Bot.* Perllys y morfa, persli'r gors, helogan wyllt, *Apium graveolens*: *wild celery, smallage.*
14g. *ACL* i. [37], apium, y *smalaes* y mers. *c.* **1400** *Études* vii. 292, kymer dyrneit o'r llyssewyn a elwir tauot y ki, ac o *smalaech*, o'r dryssi, a briw wynt y gyt mywn morter. *id.* viii. 378, kymryt persli, ac *ismaelas*, ac eido y daear. *ib.* kymer ludw y gruc, a lludw gwenyn, neu *y smaelas*, a lludw o gorn tarw. **1547** *WS*, *Ysmalaed* [*sic*] Smallage. **16g.** *LlS* 144, Paladr y sy iddo mal ir *Esmalaeds*. *Diw.* **16g.** *WLB* 15, Kymer y peritori y *smaledge* ai morteru. *id.* 56, Rhag y ffelwn. Kymer *smaledge* a briw hwynt yn fan a gwask y sugun o honynt. *id.* 57, Dod wrtho blastr or hokys ar *smaledg* a ffeillied gwenith a melyn wye ac iach fydd. *id.* 95, *smalets*, burnets, gromil. *Diw.* **16g.** *Pen* 204, 60, *smaeles*. **1604–7** *TW* (*Pen* 228), *Smalates* [*sic*] d.g. *Apium*. *c.* **1730** *Thos. Lloyd D* (LlGC) 209a, *Smalaets*. Smallage. *c.* **1740** *LlM* 15, Rosmari a *Smaleds*. *id.* 17, ar *Smalaeds* a dail y Llyriaid a Phersli. **18g.** *Llr* C 24, 313, Cymer *smalats* a berw mewn fineg. **1813** *WB* 235, *Smaelaes* . . . edr. Mers.
Amr.: **maeles, maelis²** [dichon mai ff. yn *y-* a welir isod]. *c.* **1400** *MM* 92, yuet yr apiǒm drǒy dǒfyr, .i. y *maelis*. *c.* **1400** *Études* viii. 90, bwytaet gyt [*sic*] y *maeles* a mintan.

smaldod, smalets, smaliaf: smalio, smaliwr, gw. ysmaldod, smalaets, ysmaliaf: ysmalio, ysmaliwr.

smannach, smannu [?cf. *hwsmonaeth* (a'r ff. amr. *hwsmanaeth, smonach*), *hwsmonaf*: *hwsmona*] *bg.* Potsian, stwna, gwneud gwaith ysgafn: *to potter about, do light work.*
1906. Ar lafar, 'Ma fa mæs yn *smannach* yn yr ardd', 'Beth wyt ti'n *smannach* man 'yn, ferch?', 'O, ma fa'n gwella'n raddol, diolch yn fawr! Ma fa'n gallu *smannach* dicyn bothdu'r tŷ 'co 'nawr', *GTN* 746; '*smanu* . . . fussing about the house', *TGG* (1906) 15 (Morg.); hefyd yn y ff. *smoni* (Morg.).

smanta, gw. llymantaf: llymanta.

smaragdus, ysmaragdus [bnth. Llad. *smaragdus*] *eb.* ll. *smaragdi.* Maen gwerthfawr gwyrdd, yn enw. emrald: *green precious stone, smaragd.*
1346 *LlA* 166, yno ykeffir mein anyanaǒl. allyma eu henǒeu hǒy. *Smaragdi*. Saphir. *id.* 170, Y vort honn ahenyǒ or gǒerthuaǒr vaen aelǒir *ysmaradus* [*sic*]. **1551** W. SALESBURY: *KLl* lb, envys oedd o ogylch yr eisteddva / yn gyntebic o ddrych i *Smaragdus* (**1567** *TN* 378a, y garec *smaragdus* [:- Sas. emeraud]). **1588** *Esec* xxviii. 13, O fewn Eden gardd Dduw 'r oeddit, pop maen gwerth-fawr a'th orchguddie di . . . Saphir, Rubi, *Smaragdus*. **1588** *Tob* xiii. 16, Ierusalem a adeiledir â Sapheir ac *Smaragdus*. **1722** *Llst* 189, *Smaragdus*. f. The carbuncle stone, emerald. **1773** *W* d.g. *Emerald*. **1795** J. THOMAS: *AIC* 291, Emerald, neu *Smaragdus* . . . yr harddaf o'r Gemmau, o liw Gwyrdd disglair. ?**17g.** *Iolo MSS* 91, Yr ail maen a elwir *ys maragans* [*sic*] pwy bynnac a ddyko hwnw mewn ryfel yr hwn y sydd yn arwyddokay myr mewn arfay a rinwedd y maen hwnw y gwr ay dyko ef mewn arfay kryf a chadarn ymatel y frenin a fydd ef.
Amr.: **smaragd** [bnth. S. *smaragd*]. **16g.** *DWH* i. 335.

smart [bnth. S. *smart*] *a.* Deniadol, atyniadol, trwsiadus, ffasiynol; craff, deallus, clyfar, yn aml yn ddifr.; parod, ffraeth, digywilydd: *smart, attractive, neat, fashionable; astute, bright, clever, quick, often derog.; witty, impertinent.*
1759 *DG* 56, Mi yfa ryw lymed / Os [*sic*] achos y syched / Ond aros fel diried nes myned yn *smart* / sydd fai rhy aneiri. **18g.** TWM O'R NANT: *CO* 7, Oni fydde' ni'n edrych yn o *smart*, / Pe cae'n ni chwart o gwrw? Ar lafar, "Odd dim lot o bres 'da Ann, ond 'odd hi wastad yn gwisgo'n *smart*'; 'John odd un o'r rhai mwya' *smart* am neud syms yn yr ysgol'; 'Rhyw ateb *smart* ges i 'da fe—fawr o sens'; 'Diawl bæch *smart* yw e, ma fe'n cretu 'i fod e'n gwpod popeth' (dwyrain Morg.). Cf. TALHAIARN: *Gw* i. 223, Diamheu y bydd llawer o honoch yn gweled y pictiwrs yma yn *smartiach*, gloywach, a thlysach o lawer na gwaith yr hen gampwyr; D. OWEN: *SP* 12, Ystyrid teulu yr Hendre yn bobl barchus a lled gefnog, ac yr oeddynt yn Eglwyswyr selog; ac yr oedd Frank yn fachgen digon *smart*, ond ei fod dipyn yn wyllt a digrefydd.

smartiaf, smartaf: smart(i)o [bnth. S. (*to*) *smart*; cf. hefyd S. taf. *smart* 'hasty'] *bg.a.* (Peri) llidio, llosgi (e.e. am lygaid); brysio: *to (cause to) smart; hurry.*
1843. Ar lafar yn sir Gaerf. clywir '*Smarta* hi 'nawr' 'Hurry up now'.

smartrwydd [*smart*+*-rwydd*] *eg.* Yr ansawdd neu'r cyflwr o fod yn smart neu'n ddeniadol; clyfrwch, fel arfer yn ddifr.: *smartness, attractiveness; cleverness, usu. derog.*
1909. Cf. T. H. PARRY-WILLIAMS: *S* 38, Ymddangosai, felly, nad olion unrhyw gyfnod rhamantus yn ei fywyd ydoedd y *smartrwydd* gofalus hwn.

smêc, sbêc³, *a.* Smart, deniadol, steilus, wedi ei oraddurno; clyfar, call: *smart, attractive, stylish, over-adorned; clever, sensible.*
20g. Ar lafar yn y Gogledd, "Ŵt ti 'di câl blows newydd? Mae'n *smêc* iawn'.

smeil [bnth. S. *smile*] *eb.* ll. *-s.* Gwên: *smile.*
20g. Ar lafar, 'mi dda'th Marjori—yn *smeils* o glust i gily', *W'ês wês* 18.

smeilaf: smeilan [bnth. S. (*to*) *smile*] *bg.* Gwenu: *to smile.*
Ar lafar.

smel [bnth. S. *smell*] *eg.* ll. *-s.* Aroglau: *smell.*
1929. Ar lafar yng Nghered., 'Mae ryw hen *smel* cas yn y gegin', a sir Gaerf.

smeliaf, smelaf: smel(i)o [bnth. S. (*to*) *smell*] *bg.a.* Clywed (aroglau), rhoddi aroglau, hefyd yn *ffig.*: *to smell, also fig.*
1877 W. REES: *HBHD* 118, mi wn i ar dy ffroen di o'r gore dy fod ti'n *smelio* rhywbeth. Ar lafar, *LGW* [448]–9.

smeltiaf: smeltio [bnth. S. (*to*) *smelt*] *bg.a.* Mwyndoddi: *to smelt.*
1928.

smeltiwr [bôn y f. *smeltiaf*: *smeltio*+*-iwr* ar ddelw'r S. *smelter*] *eg.* ll. *smeltwyr.* Gwaith smeltio, gwaith mwyndoddi: *smelter, smeltery.*
1931.

sment, simant, simént, &c. [bnth. S. *cement*; ansicr yw rhai o'r enghrau. isod] *eg.* ll. (prin) *smentiau*, a hefyd gyda grym ansoddeiriol. Powdr llwyd mân a wneir o gymysgedd o galchfaen wedi ei galchynu a chlai, ac a ddefnyddir gyda dŵr a thywod i wneud morter, neu gyda dŵr, tywod, a cherrig mân i wneud concrit, unrhyw sylwedd sy'n asio neu'n sicrhau pethau, morter, yn enw. un sy'n cynnwys sment, plastr, sylwedd a ddefnyddir i lenwi tyllau mewn dannedd, hefyd yn *ffig.*: *cement, mortar, plaster, (dental) cement, also fig.*
15g. *OBWV* 117, Arianwisg o'r ia ennyd, / Arian byw oera'n y byd. / Simwr oer, som yw'r aros, / *Simant* bryn a phant a ffos [i'r eira]. **15g.** *GLGC* 400, Sawduriodd, nis gwnïodd neb, / sidanwaith ar draws d'wyneb. / *Simant* fegis croes owmal, / sined Duw y sy'n y tâl / 'Y mryd yw, mab Meredudd, / euraw y graith ar y grudd [i Fedo Coch ap Meredudd]. **15–16g.** *GRB* 7, cyfiawnbwynt glos cefnbant glân, / crys *simant* cariais ymwan [i ofyn cyfrwy]. **15–16g.** LLAWDDEN, &c.: *Gw* 101, Merch a'i danfones o'i mant / Mwy les im', mêl a *simant*. **1604–7** *TW* (*Pen* 228), *Ciment* d.g. *Cæmentum*. *Dchr.* **17g.** *J* 10, 40b, *Simant*. cæmentum. morter. **1632** *D*. **1688** *TJ*, *Simmant*, (Morter:) Mortar, Cement. **1722** *Llst* 189, *Simmant*. m. Cement, morter. **1725** *SR*, *simwnt* d.g. *Morter*. **1771** *W*, *simmant* d.g. *Cement*, *Parget*. **1791** GW. MECHAIN: *Rh* 84, Ei muriau [teml Rhyddid] sydd mor ddurfing a challestr; canys cymmysgwyd y *simmant* [:- Morter] â gwaed lladdedigion. Ar lafar yn gyff. yn y ff. *sment*, *WVBD* 495, *GTN* 746; hefyd yn y ff. *simént*, *symént*. Cf. T. H. PARRY-WILLIAMS: *Y* [43], Ceir tywod mewn cocos ac mewn concrit, mewn siwgwr ac mewn *sment*.

smentaidd [*sment*+*-aidd*] *a.* Tebyg i sment, hefyd yn *ffig.*: *cement-like, cementitious, also fig.*
20g.

smentiaf, siment(i)af, &c.: **smentio, siment(i)o, simentu,** &c. [bf. o'r e. *sment*, *simént*, &c.] *bg.a.* Asio neu sicrhau (â sment), rhoddi sment ar, gorchuddio â sment, gweithio â sment, hefyd yn *ffig.*: *to (work with) cement, also fig.*
1756 *ML* i. 437, Mi brynais siwg a ddaliai'r cwbl oll ac ai rhoddais ynddi, mi roesym doppyn o gork ynddi, ac ai *simentiais* yn bur dda. [**1761**] *GGJ* 56, I *cementio* Gwydur wedi tori. Ar lafar, "Well i ti *smentio*'r crac 'na cyn eith o'n fwy'; 'Mae isie *symento* llwybr yr ardd'; "Dwi i wedi bod yn *symento* drwy'r dydd a ma 'nillad i'n stecs i gyd'.

smera, smeran, gw. swmeraf: swmera.

smic¹, ysmic, ysmig [bôn y f. *smiciaf*, *ysmiciaf*, *(y)smigiaf*: *(y)smicio*, *(y)smician*, *smiciad*, *(y)smigio*] *eg.b.* (bach. g. *smicyn*). Sŵn bach, y sŵn lleiaf, siw na miw, si; symudiad bach, y symudiad lleiaf, amrantiad, winc; y manylyn lleiaf, awgrym: *slight sound, peep, rumour; slight movement, the least movement, blink, wink; the least detail, hint.*
1767 G. OWEN: *L* 197, y mae ysfa ddiawledig ar eu dwylo i fod yn ymyrreth â phethau pobl eraill, ac i wybod pob *ysmicc* a fo'n passio rhwng Sais geni a'i gydwladwyr yn Lloegr. **1803** *P*, *Ysmig*, s. f. . . . A blink or wink. Ar lafar, 'i fyny'n syth-bin, i wrando ar bob *smic*', *LlLlM* 78; 'clŵad pob *smic*', 'ryw *smic* am rwbath', *WVBD* 495; "Dwi 'm isie clywed *smic* wrthoch chi ar ôl imi roi'r gole 'ma ffwrdd' (Cered.). Cf. W. REES: *HBHD* [5], ond y mae'r teiliwr . . . yn gweled pob *smic*, ac yn clywed pob gair a ddywedir; D. J. WILLIAMS: *ChHO* 43, Jonah, y cwrcyn melyn mawr, teyrn y dowlad a'i lygaid tân, disyfl yn gwylio pob *smic*, i edfryd trefn yn ein tŷ ni.
Gw. hefyd smit².

smic², gw. smit¹.

smiciad¹, ysmiciad, smicied¹, ysmicied [bôn y f. *smiciaf*, *ysmiciaf*: *(y)smicio*, *(y)smician*, *smiciad*+*-iad¹*] *eg.* Winc, amrantiad, fflachiad, symudiad bach; sŵn bach, siw na miw; eiliad, moment: *wink, blink, flash, slight movement; slight sound, peep; second, moment.*
1604–7 *TW* (*Pen* 228), *ysmiciat* y lhygat d.g. *Ictus*. *id.* *ysmiciat* d.g. *Nictatio*. **1725** *SR*, *Ysmicciad* llygad d.g. *A Winking*. **1803** *P*, *Ysmiciad*, s. m. . . . A blinking, a winking. Ar lafar, "Symudith o'r un *smiciad*' (Arfon). Cf. W. REES: *AFR* 318, 'Gna misar', ebe Topsi, gyda difrifwch santeiddiol, a'i llygaid direidus yn ysmician fel y llefarai . . . 'O! ydw, misar' ebe Topsi, gydag *ysmiciad* arall.

smiciaf, ysmiciaf, (y)smigiaf: (y)smicio, (y)smician, smiciad², (y)smigio, *bg.a.* Symud, syflyd, gwneud symudiad bychan, wincio, amrantu, pefrio: *to move, budge, make a slight movement, wink, blink, twinkle.*
16–17g. *PCWG* 105, na allwn i *smickio* na llaw at orchwyl trvgaredd na symvd troed at lwybyr tangnhefedd. **1604–7** *TW* (*Pen* 228), *ysmiciaw* lhygeit d.g. *Nicto, as.* **1712** T. WILLIAMS: *CDdG* 420, Ond fyth ar ôl hynny ni *smicciodd* ef un amser oddiwrth ddyfal wilio ar Grist. **1725** *SR*, *Ysmiccian* d.g. *To Twinkle.* **1751** *GIA* 223, *Ysmiccio*, syflyd, myned ymaith. **1754** *ML* i. 284, Gyrrwch gymaint a galloch [*sic*] o uchelwyr or iawn blaid tuag yma, ond gwaherddwch ir lleill *ysmician* o'u hunfan. **1766** *CD* 142, [c]ymerais arna fod yn fawr / Fe ddae bobl ac am Sathre, / Etto er hyn rhaid oedd diodde; / Os '*Smicciwn* ffarwel oedd imi, / Mi gawn naill ai fy llâdd ne 'nghrogi. **1770** *W*, *Ysmiccian* llygad d.g. *To blink*, [*wink, or twinkle with the eyes*]. **1803** *P* d.g. *Ysmician*, *Ysmiciaw*, *Ysmigiaw*. Ar lafar, "Rôn i wedi blino nes 'ôn i'n methu *smician*', *WVBD* 496; hefyd mewn ymad. fel '*smician*

siarad', 'to spread a whispered report', *ib.*; 'Mi rhoth 'i dad o i eista yn y gadar a 'toedd wiw iddo *smiciad* o'i le'; hefyd yn Arfon clywir *smician, smiciad* yn yr ystyr 'pefrio (am y sêr)'. Clywir y ff. *smicied* yn sir Ddinb., ''Fedre fo ddim *smicied*'. Cf. W. REES: *AFR* 318, 'Gna misar', ebe Topsi, gyda difrifwch santeiddiol, a'i llygaid direidus yn *ysmician* fel y llefarai; *id.* 375, Daeth Topsi ymlaen gan rythu ac *ysmicio* â'i llygaid.

smicied[1,2], **smicyn, smidwg,** gw. smiciad[1], smiciaf: smicio, smic[1], ysmidwg.

smit[1] [bôn y f. *smitiaf, smitaf: smitio, smitan*] *eg.* Colled gwaith oherwydd tywydd gwael, &c.; *prinder: loss of work because of bad weather, &c.; scarcity.*
20g. Ar lafar yn ardaloedd chwareli'r Gogledd, 'diwrnod *smit*', *WVBD* 496; *B* xx. 379 (hefyd yn y ff. *smic*). Digwydd hefyd yn yr ymad. '*smit* bodlon' 'glaw wedi stopio'r gwaith (e.e. cneifio) am y diwrnod', *LlG* xviii. [28] (Ysbyty Ifan).

smit[2] [?bnth. S. *smit* 'very small piece or portion'] *eg.* ll. -*s.* Person neu beth bychan, tamaid bach: *small person or thing, scrap.*
Ar lafar, 'Dyna *smit* o gig geso' i 'eddi', '*smit* bach o ddyn', 'Dyna *smit* o blentyn yw'r babi drws nesa', *GTN* 746.
Gw. hefyd smic[1].

smitiaf, smitaf, ysmitiaf: (y)smitio, smitan [bnth. a chyw. o'r S. (*to*) *submit*] *bg.a.* Ildio, ymostwng: *to submit, give in.*
1756 *ML* i. 413, gwell i'r brawd *smitio* na dal allan. **1773** *Card* 73, 57, ag oni wnewchi *ysmittio* in geirie / Chwi gewch ych lladd a cholli ych Llonge. Ar lafar, '*smitio*', *LILIM* [76]; 'Mi ymwylu iddo fo', 'wedi *smitio* i'r glaw', *WVBD* 496; hefyd yn y ff. *smitan*, 'Rhaid i chi *smitan* hi' 'Rhaid i chi ddygymod â'r sefyllfa' (canolbarth Cered.).

smitlaw [*smit* + *glaw*] *eg.* Glaw mân cyson (sy'n rhwystro gwaith): *continuous fine rain (which brings work to a stop).*
1883. Ar lafar, *WVBD* 496.

smo, &c., gw. mo (At.).

smoc, smôc[1]**, smog**[1]**, ysmog** [bnth. S. *smock*] *eb.* (bach. b. *smocen*) ll. *smociau, smogiau, smocs.* Dilledyn amddiffynnol llac, yn enw. yn wr. un wedi ei addurno â smocwaith, dilledyn llac tebyg i *flows: smock.*
1736 (1812) *YRW* 32, Dywed toc pa le mae *Smoc Ali.* Ar lafar, ''Odden ni i gyd yn gwisgo *smocs* yn y saith dege'. Cf. D. OWEN: *GT* 151, Fel rheol, ymolchai Robert yn nghartre y pwmp, ac ymsychai yn llewys ei *smoc*; D. J. WILLIAMS: *ChHO* 26, '*Smôc*' ag acen hir, ydoedd gair ein hardal ni, gyda llaw, am y Saesneg '*smock*', math o got liain ysgafn a wisgid pan na fyddai'r hin nac oer na chynnes iawn.

smôc[2] [bnth. S. *smoke*] *eb.* (bach. b. *smogen,* g. *smogyn*) ll. -*s.* Y weithred o ysmygu (baco, &c.); *sigarét, mygyn: a smoke (of tobacco, &c.); cigarette.*
1895. Ar lafar yn gyff.; hefyd yn y ff. *smogen, Cymru* xlvi. 196 (sir Ddinb.), a *smogyn,* 'Gawn ni *smogyn* hefo'n gilydd?' (Arfon).

smociaf: smoco, smocen, gw. smociaf: smocio, smoc.

smocffroc, smo(c)ffrog [bnth. S. *smockfrock*] *eb.* Dilledyn uchaf amddiffynnol llac, wedi ei addurno â smocwaith, a wisgid gynt gan weithwyr fferm: *smock-frock.*
1890. Cf. H. EVANS: *CE* 55, Gwisgai *smocffroc* wlanen wen.

smociaf, smocaf, ysmociaf: smoc(i)o, ysmocio [bnth. S. (*to*) *smoke*] *bg.a.* Ysmygu; mygu (bwydydd): *to smoke (pipe, cigarette, tobacco, &c.); smoke (food).*
17–18g. *Iaco ab Dewi* (1953) 15, Mae'n heinioes yn pasio fel mwg o flaen gwynt—/ Meddyliwn am hyn wrth ei *smocio* [Siencyn Thomas i'r bibell wyn galchog]. **1753** G. OWEN: *L* 57, lle cawn botio 'n rhad, ac *ysmocio* cettyn. **1756** *id.* 172, Digwydd a wnaeth y Llew ddal sulw arnaf yn *ysmoccio* fy nghetyn ynghyfarfod y Cymmrodorion. *c.* **1762–79** W. WILLIAMS: *P* 90, eu popethy yw gogof fychan . . . ymha le, ar ol iddynt ei thwymo hi yn ofnadwy a thân: yr eisteddant amryw o honynt i lawr i chwysu, ac i *smocio* hanner awr ynghyd. **1777** W. WILLIAMS: *TEA* 74, *smoco* dalen maesydd Firginia. **1828** *Geir Pob* 31, *Ysmocio,* ysmygu, tryfygu. Ar lafar yn gyff., 'Pib 'odd pawb yn *smoco* flynydda'n ôl', ''Smocas i ddim ariôd', *GTN* 747; 'Mae o'n *smocio* fel stemar es blynyddodd',

'*smoco* fel trwper'. Cf. TALHAIARN: *Gw* i. 27, yr oedd y cwrw yn digwydd bod yn bur dda, a'r cwm'ni yn bur ffeind, a dyna lle'r oeddynt yn soccio ac yn *smoccio*; D. OWEN: *RL* 325, A oedd efe yn meddwl lawn uchel am dano pan gafodd allan ei fod yn aros yn nhŷ'r capel i *ysmocio* nes i'r brawd orphen gweddïo wrth ddechre'r cyfarfod? D. OWEN: *GT* 296, ni chwynodd unwaith y noson hono fy mod yn lladd fy hun wrth *smocio* cymaint, fel y gwnai hi weithiau.

smociwr, ysmociwr [bôn y f. *smociaf, smocaf, ysmociaf: smoc(i)o, ysmocio* + -*iwr*] *eg.* ll. (*y*)*smocwyr, smocïwrs.* Un sy'n ysmygu (baco, &c.): *smoker (of tobacco, &c.).*
1845. Ar lafar.

smocwaith [*smoc* + *gwaith*[1]] *eg.* Nodwyddwaith addurniadol lle crychir defnydd yn bletiau tyn â phwythau mewn patrwm rhwyllog: *smocking.*
20g.

smoffrog, smog[1]**,** gw. smocffroc, smoc.

smog[2] (ò) [bnth. S. *smog*] *eg.* ll. -*iau.* Niwl a mwg (a mygdarth cemegol) yn gymysg, mwrllwch: *smog.*
20g.

smogen, smogyn, gw. smôc[2].

smonach [amr. ar *smona(e)th,* cf. *hwsmonaeth*] *eg.* Llanastr, annibendod: *mess, confusion.*
20g. Ar lafar yn y Gogledd, 'gwneud *smonach*' 'gwneud stomp', *ISF* 70.
Gw. hefyd hwsmonaeth.

smonaeth, smonath, gw. hwsmonaeth.

smongar, ysmongar [?cf. *stumongar*] *a.* A chanddo archwaeth da at fwyd, bwyteig, bolgar, a chanddo stumog gref, hefyd yn ffig.: *having a good appetite, ravenous, gluttonous, having a strong stomach, also fig.*
20g. Ar lafar, 'butwr *smongar*', 'mochyn *smongar*', ''Wn i ddim sut mae gin' ti stumog i fynd at yr hen jad 'na—'rŵt hi'n *smongar* iawn', *WVBD* 496. Cf. *LILIM* 111, Os byddai rhywun wedi bod yn y ffos yn cau trwy gydol y dydd byddai'n *smongar,* yn awyddus am fwyd.

smoni, gw. smannach.

smontau, smort, smortiaf: smortio, gw. strymantau, smot, smotiaf: smotio.

smot, ysmot [?bnth. S. *smot*] *eg.* (bach. -*yn*) ll. -(*i*)*au.* Sbot, brycheuyn, staen, hefyd yn ffig.; sbotyn bychan a roddir ar yr wyneb i ychwanegu at harddwch person; man neu safle (arbennig), mangre, lleoliad (penodol): *spot, mark, blemish, stain, also fig.; artificial beauty spot (on face); spot (particular place or location).*
1488–9 *BSM* 29, gwr bendigedic . . . i wyneb yn tywynnv . . . heb *ysmot* amliw ar i gnawd mwy no dyn bychan seithmlwydd. **1595** M. KYFFIN: *DI·f* [64], Ag fal y cenfyddir y *smotyn* lleiaf yn y dilledyn gwnnaf, felly hawdd yw craffu ar y gronyn lleiaf o frynti yn y fuchedd lanaf. **1703** E. WYNNE: *BC* 27, lliwieu, a *smottieu* i wneud yr wrthun yn lân. *id.* 58, *ysmottieu* a lliwieu i harddu'r wyneb. **1722** *Llst* 189, *Ysmottyn.* m.p. *ysmottiau.* A patch for the face. **1759** J. EVANS: *PI* 50, Ysmottiau gwynnion ar y Llygaid. *id.* rhowch ychydig Gwyr Clust ar y *smottun. id.* 68, b[e]dwar Diwrnod ar ddêg cyn ir *smottiau* Cochion dorri allan. *id.* 79, pydrni Cig y Dannedd, a *smottiau* melynion, o liw Plwm. [1783] *W, ysmottyn* (pl. *ysmottiau*) d.g. *Spot, A beauty-spot.* **1803** *P* d.g. *Ysmot, Ysmotyn,* 'smot . . . smotia . . . smotyn', *WVBD* 496; 'Sych y *smotyn* sy ar dy wynab', ''Odd *smotta* wedi dod mæs dros 'i gorff a i gyd', 'Ffrog læs â *smotta* wedi dod mæs dros 'y wi', *GTN* 746.
Amr.: smort [?gwall geir.; cf. *smortio*] Dchr. 17g. *J* 10, 43a. 17g. *LlGC* 13215, 352.
Cfn.: (y)smot du, (y)smotyn du: (i) *black mark or spot, artificial beauty spot (on face), also fig.* **1703** E. WYNNE: *BC* 99, rhai 'n clyttio'u hwynebeu ac *ysmottieu duon* i wneud i 'r melyn edrych yn wynnach. Cf. W. REES: *LlHFf* [42], a'i thrwyn a'i cheg yn *smotie duon* i gid; D. OWEN: *RL* 426, y mae un yn ffurfio yr *ysmotyn du*af yn fy hanes. (ii) (*in the form* 'y(r y)smotyn du') *black mark or spot, artificial beauty spot (on face); specially, the Unitarian stronghold in mid- and south Cardiganshire.* **1902** *Yr Ymofynydd* 111, Y mae y rhan o'r wlad lle mae Undodiaeth wedi blodeuo am ganrif, wedi ei ddesgrifio gan feirniaid anngharedig fel yr '*ysmotyn du*' ar 'Sir deg Ceredig-

ion'. Ar lafar yn y ff. '*y smotyn du*'. **smotau haf:** *freckles, summer spots.* Ar lafar yn sir Gaerf., Morg., a Myn., *LGW* [88]–9. **smotyn harddwch:** *beauty spot (on face).* **20g. smotiau llaeth:** *milk-coloured flaws in slate.* Ar lafar yn ardaloedd chwareli'r Gogledd, *WVBD* 496, *B* xx. 379. **smotyn melyn = smotyn haf.** Ar lafar, *WVBD* 496.
Gw. hefyd sbot.

smotiaf, smotaf, ysmotiaf: smot(i)o, ysmotio [bf. o'r e. (*y*)*smot*] *bg.a.* Marcio neu staenio â smotiau, sbotio, brychu, staenio: *to mark or stain with spots, speckle, stain.*
Dchr. 17g. *J* 10, 43a, *Smortio.* to staine. Ar lafar, ''Nawr tria pido *smoto*'r llian bord', 'Ma rwpath wedi *smoto*'r papar ar y wal', *GTN* 746.
Amr.: smortio [?gwall geir.; cf. *smort*] Dchr. 17g. *J* 10, 43a. 17g. *LlGC* 13215, 352.

smotiog, smotog, ysmotiog [(*y*)*smot* + -(*i*)*og*] *a.* Ac arno smotiau neu farciau, sbotiog, dotiog, brith, ?wedi ei addurno â smotiau harddwch: *spotted, spotty, dotted, speckled, ?adorned with beauty spots.*
1731 T. LEWYS: *BMA* 156, [ŷ] cyfryw Ddynion *ysmottiog.* **18g.** *CM* 212, 63, mae ol fy nghledde ar i hers / yn *Smotiog* ers Smeitin [sic]. Ar lafar, '*smotiog*', *WVBD* 496; ''ffrog *smotog*', 'Ma ci mawr *smotog* gintyn' nw', *GTN* 747.

smotlyd [*smot* + -*lyd*] *a.* Smotiog, ac arno lawer o smotiau neu blorynnod, yn enw. am groen: *spotted, spotty.*
20g.

smotog, smotyn, smudaf: smudo, gw. smotiog, smot, smudaf: smud.

smwc, smwg (ŵ) [cf. *smwcan*[1]] *eg.* (bach. b. *smwcen*) a hefyd gyda grym ansoddeiriol. Glaw mân, gwlithlaw: *drizzle, Scotch mist.*
1937. Ar lafar, 'diwrnod *smwc*', *WVBD* 496, hefyd yn y ff. *smwt,* ib.; '*smwc*', D. J. EVANS: *HCS* 129; hefyd yn sir Ddinb. yn y ff. *smwg,* '*smwg* o law', 'tywydd *smwg*'.
Amr.: smwc glaw. Ar lafar, *WVBD* 496.
Gw. hefyd smwcan[1], smwclaw.

smwca, gw. smwcian.

smwcan[1]**, ysmwcan,** *eb.g.* Glaw mân, gwlithlaw, smwc; (geir.) niwl, tawch, cwmwl, mwg: *drizzle, Scotch mist;* (dict.) *fog, haze, cloud, smoke.*
1604–7 *TW* (*Pen* 228), *ysmwccan* d.g. Nebula. *id. ysmwccan* law d.g. psecas. **1632** *D, Ysmwccan,* Nebula, fumellus. Ab Ŷs & Mwg. **1688** *TJ, Ysmwccan,* cwmmwl, mŵg: niwl: a Cloud, a Smoak, a Fog. **1722** *Llst* 189, *Ysmwccan.* m. A fog, mist, smoke. **1725** *SR, smwccan* d.g. Mist. **1803** *P* d.g. *Ysmwccan.* **1828** *Geir Pob* 31, *Ysmwccan,* mŵgwlaw. Ar lafar, '*smwccan* o law' 'glaw mân, glaw bychan', 'hen *smwccan* lyb', *WVBD* 151.

smwcan[2]**, smwcen,** gw. smwcian, smwc.

smwcian, smwcan[2]**, smwca** [cf. *smwcan*[1]] *bg.a.* (yn aml yr ymad. *smwc(i)an bwrw*). Bwrw glaw mân, briwlan (o law): *to drizzle.*
1893. Ar lafar, '*smwccian* bwrw', *B* xv. 24 (Meir.); 'Mae'n *smwca* bwrw', 'Mae'n *smwcian* ar law', '*smwca* glawio' (sir Drefn.).

smwclaw, ysmwclaw [?*smwc(an)*[1]*, ysmwc(an)* + *glaw*] *eg.* Glaw mân, gwlithlaw: *drizzle, Scotch mist.*
1851. Ar lafar, 'diwrnod *smwclaw* a niwl', *WVBD* 496; '*Smwclaw*' 'glaw mân, "glaw mynydd"', *B* xv. 24 (Meir.).

smwclyd [*smwc* + -*lyd*] *a.* A nodweddir gan law mân, llawn gwlithlaw: *drizzly.*
20g. Ar lafar, 'diwrnod *smwclyd*' (Arfon); hefyd yn y ff. *smwtlyd.*

smwd, gw. smwt[3].

smwdd [bnth. S. *smooth*] *a.* Llyfn; slic, gwên-deg, annidwyll: *smooth; smooth (derog. of a person), insincere.*
1913. Ar lafar, 'Bydd rhaid ifi 'i sandio fo i'w gael o 'n *smwdd*'.

smwddaf: smwddo, gw. smwddiaf: smwddio.

smwddi [bnth. S. *smoothie*] *eg.* Person slic, yn ddifr.: *smoothie.*
20g. Ar lafar, 'Paid â cal dy dwyllo efo'r wên 'na— mae o rêl *smwddi*'.

smwddiaf, smwddaf, ysmwddiaf, &c.: smwdd(i)o, ysmwddio, &c. [bnth. S. (to) smooth] bg.a. Llyfnhau (dillad, defnydd, &c.) drwy gael gwared o grychau â haearn, stilo, llyfnhau, hefyd yn *ffig.*: to iron (clothes, material, &c.), smooth, also fig.
   18g. LlGC 1062, 78, Ei gwaith hi bob Sadwrn iw golchi ag *esmwddio*. **1790** TWM O'R NANT: GG 78, Mae'r Wraig yn lled addo *Ysmwddio*'i grŷs main. Ar lafar, LGW 167; "Wi wedi bod yn *smwddo* am oria 'eddi', "Wi wedi bod yn trio *smwddo*'r rympla yn 'i ffrog i, ond ma raid cæl 'arn *smwddo*', GTN 747; 'Man' nw siwr o fod wedi *smwddo* petha drosodd erbyn 'yn' (Morg.); hefyd yn yr ystyr 'to stroke (the hair of a person or the fur of an animal) in a caressing manner', SC vi. 131 (sir Benf.). Cf. W. REES: HBHD 137, [p]obi, a golchi, a *smwddio*, a gweu a thrwsio sanau; D. OWEN: D 167, Ymddangosai ei grys a'i goler mor ddilwgr bob amser fel pe buasent wedi eu *hysmwddio* am dano; D. OWEN: RL 226, Fase waeth iddi . . . dy yru di bob dydd Sadwrn ar William i gael dy shafio, na chymyd yr holl wythnos, fel roedd hi, i dy starchio a dy *smwddio* di erbyn y Sul.
   Amr.: **smwfio.** **1765** Cylchg HC xv. 521. Ar lafar yn yr ystyr 'to smooth; to tone down what one has said', WVBD 497.

smwddiwr [bôn y f. smwddiaf, smwddaf: smwdd(i)o+-iwr] eg. (b. smwddwraig) ll. *smwddwyr*. Un sy'n smwddio (yn enw. fel galwedigaeth), peth a ddefnyddir i lyfnhau, hefyd yn *ffig.*: ironer, smoother, also fig.
   1916. Ar lafar, 'Smwddrig ddæ iawn y[w] 'i', GTN 747; ym Môn clywir *smwddiwr* am 'ddarn o haearn trisgwar, rhyw naw modfedd o hyd, a lusgir rhwng dwy gŵys ar ôl y gwŷdd er mwyn cael ochrau llyfn i'r cwysi', LlILlM 102.

smwfiaf: smwfio, smwg, smwgl, smwglaf: smwglo, smwgler, gw. smwddiaf: smwddio, smwc, smygl, smyglaf: smyglo, smygler.

smwglin [bnth. S. smuggling] eg. a hefyd gyda grym ansoddeiriol. Math o dŷ tafarn didrwydded lle gwerthir alcohol yn anghyfreithlon: shebeen, unlicensed premises selling alcohol illegally.
   Ar lafar, 'Cadw *smwglin*', GDD 267. Digwydd hefyd mewn ymad. megis 'cwrw *smwglin*', 'tafarn *smwglin*'.

smwj, smwjaf: smwjo, gw. smyj, smyjaf: smyjo.

smwt¹, ysmwt [ansicr yw ystyr rhai o'r enghrau. isod] a. a hefyd fel eg. Byr ac yn troi i fyny (am drwyn), ac iddo'r fath drwyn; byrdew; trwyn smwt, creadur a chanddo drwyn smwt, person neu beth bychan neu fyrdew: retroussé, snub-nosed; stubby; snub nose, snub-nosed creature, small or stubby person or thing.
   16–17g. T. PRYS: C 335, Dwy glust hirion is bronnydd / Ar dy siad erioed y sydd. / *Ysmwt*, a'r cwt yn llawn cig, / I'w cym'ryd fal y camrig [i'r ysgyfarnog]. **1604–7** TW (Pen 228), Trwyn *ysmwt* d.g. Nasus . . . Resimus. Dchr. 17g. J 10, 43a, *Smwt*. resimus nasus: Silo, Silus. **1620** Mos 204, 96, Mal *smwtt* yscyvarnog. **1757** ML (Add) 944, y Cebyst i'r trwyn *Smwtt*. **1768** TWM O'R NANT: CTh 4, Ond daccw fy chwaer Doli, a rhyw lafn yn ei dilyn, / Fe âiff hon accw i chwareu pwtt, / Mae drwg yn ei *smwt* hi er's meittin. **1803** P, *Ysmwt*, s. m. . . . That is round or squabby. a. Squabby. Ar lafar yn gyff., 'trwyn *smwt*', WVBD 496; 'Ma trwyn *smwt* ginto', 'Dyna *smwt* bach o drwyn sy ginto', GTN 747. Digwydd hefyd yn ardal Llangennech am 'dwll bychan yn llawr uchaf y felin ddŵr yn union uwchben y pin fel y gellir arllwys y gwenith, &c., i fewn i'r pin'. Cf. D. OWEN: RL 221, Yr oedd ei drwyn yn *ysmwt* a glasgoch, ac yn enllibio cymeriad sobr ei berchenog; Ll xviii. (1939) 158, *Smwt* bach o gapel (T. J. Morgan).

smwt² [bnth. S. smut] eg. (bach. -yn) ll. -s. (Dernyn bach o) huddygl, staen tywyll, yn enw. un a achosir gan huddygl neu fwg: soot, smut, smudge.
   1846. Ar lafar, '*Smwt* 'Smoke black, the discoloration caused by smoke', GDD 267; LGW [164]-5 (sir Benf.); 'Sych y *smwt* 'na ar dy rudd', 'Dishgwl ar y *smwts* mawr sy bothdu'r lle—y mwg sy wedi bod yn troi', 'Ma *smwtyn* mawr ar ochor dy lycad di', GTN 747.

smwt³ [?yr un gair â *smwt²*] eg. Llysnafedd

y trwyn, sych trwyn, baw trwyn: nasal mucus, snot, bogey.
   Ar lafar yng Nghered. a sir Gaerf., hefyd yn y ff. *smwd*, TGG (1907–8) 87.

smwt⁴, gw. smwc.

smwtlyd, gw. smwclyd.

smŵtsh [bnth. S. smooch] e?g. Y weithred o smwtshio: smooch.
   20g. Ar lafar.

smwtsiaf: smwtsio [bnth. S. (to) smooch] bg. Dawnsio'n araf ac yn gariadus gan gofleidio person arall, cusanu a chofleidio: to smooch.
   20g. Ar lafar, 'Mi gafon' nw 'u dal yn *smwtsio* yn gefn y car'.

smwtyn, smycaf: smyco, smycen, gw. smwt², smaciaf: smacio, smac².

smyg (y≡ə) [bnth. S. smug] a. Hunanfoddhaus: smug.
   20g.

smygl, smwgl [bôn y f. smyglaf, smygliaf, smwglaf: smygl(i)o, smwglo] a. a hefyd fel eg. Wedi ei fewnforio, ei gludo, &c., yn llechwraidd, wedi ei smyglo; arfer llechwraidd neu ladradaidd, y weithred o smyglo: imported, conveyed, &c., by stealth, smuggled; underhand or stealthy practice, smuggling.
   1837. Ar lafar yn Arfon yn yr ystyr 'arfer llechwraidd', "Roedd 'na ryw *smygl* yno fo'.

smyglaf, ysmyglaf: (y)smygliaf, smwglaf, ysmwgliaf: (y)smygl(i)o, ysmyglu, smwglo, ysmwglio [bnth. S. (to) smuggle] bg.a. Mewnforio neu allforio (nwyddau gwaharddedig neu dolladwy) yn llechwraidd, cludo'n gyfrinachol, celu, cuddio, hefyd yn *ffig.*: to smuggle, conceal, hide, also fig.
   1752 GGYC 18, [yr] enllib, a'r anghydwybod, a'r golwg wasanaeth, a'r gas gyfraith,—a'r *Smyglio*. **1758** ML (Add) 945, aethai yn gost yn y dref yma am gael ei Lestr yn rhydd, yr hwn a sesiasai'r Officers am *Ysmwglio*. **1786** TWM O'R NANT: PCG 9, Ag mae gennych chwi wych o weision, / Tu glannau'r moroedd mawrion; / Pan f'o '*smyglo* ar y traeth, fe fyddai nhw yn tŷ / ('R hên faeddod) yn rhy feddwon. Ar lafar, '*smyglo*', Cymru xlvii. 196 (sir Ddinb.); '*smyglio*' (Arfon); 'tei ddi ond in sôn am i *smyglo* a'r gwreca wê'n mynd mla'n', Wês wês 12. Digwydd hefyd yn Arfon yn yr ystyr 'ymddwyn yn llechwraidd'. Cf. D. OWEN: RL 369, Fedre ni mo'i *smyglo* fo i'r class, dywed?

smygler, smyglar, (y)smwgler [bnth. S. smuggler] ll. smyglers, smyglars, smygleriaid, smwgleriaid. Smyglwr: smuggler.
   1768 (1813) TWM O'R NANT: FF 75, Dy berfedd a'th faglo di, wyneb *ysmwgler*. Ar lafar yn gyff. yn y ff. smyglyr.

smygliaf: smyglio, gw. smyglaf: smyglo.

smyglwr, ysmygl(i)wr, ysmwglwr [bôn y f. smyglaf, ysmyglaf, (y)smygliaf, smwglaf, ysmwglaf: (y)smygl(i)o, ysmyglu, smwglo, ysmwglio+-(i)wr] eg. ll. (y)smyglwyr. Un sy'n smyglo: smuggler.
   1798 GW. MECHAIN: D 30, ysbeilwyr a *smyglwyr* yn rhodio yn benuchel.

smyglyr, gw. smygler.

smygrwydd [smyg+-rwydd] eg. Hunanfodlonrwydd: smugness.
   20g.

smygwr, smygyn, gw. ysmygwr, ysmygyn.

smyj, smwj [bnth. S. smudge] eg. ll. smyjys. Marc budr, ôl rhwbio: smudge.
   20g. Ar lafar, 'Mae'r papur yn *smyjys* coffi i gyd'.

smyjaf, smwjaf: smyjo, smwjo [bnth. S. (to) smudge] bg.a. Rhwbio a chreu marc budr, rhwbio a dylu (amlinell, &c.), colli amlinell: to smudge.
   20g. Ar lafar, ''Rois i ormod o lipstic arna' i, a mi *smyjodd* yn ofnadwy'.

Smyrniad [e. dinas Smyrn(a)+-iad³] eg.

ll. -iaid. Brodor o Smyrna (yn Asia Leiaf), un o drigolion Smyrna: Smyrnaean (n.).
   1567 TN 375a, Eglwys y Smyrniaid.

snac [bnth. S. snack] eg. ll. -iau, -s. Byrbryd: snack.
   20g. Ar lafar, 'Gymwn ni *snac* ar y ffordd—'fyddwn ni ddim adra' am oria'.

snachaf¹, ysnachaf: (y)snachu [?cf. sinach] bg. Sibrwd, grwgnach, tuchan: to whisper, grumble, grouse.
   1878. Ar lafar yn sir Gaern., '*snachu* dan 'i ddannedd', 'grwgnach rhyngddo ag ef ei hun', BILlE 39; '*snachu*' 'to whisper', '*snachu* hefo'i gilydd', WVBD 497. Cf. K. ROBERTS: TMC 20, '. . . Ond', meddai'r hen wraig, gan *ysnachu* a rhoi ei llaw ar benglin Jane a siarad yn ddistaw; id. 194, *ysnachu*: siarad am rywun yn ei gefn.

snachaf²: snachu [?cf. S. (to) snag] bg. Bachu (e.e. am ddraenen mewn dillad): to snag.
   Ar lafar yng ngogledd Cered., 'draenen wedi *snachu* yn 'i llawes i'.

snachaf³: snachu, snafedd, gw. sinachaf: sinachad, llysnafedd.

snaffl, snaffwl [bnth. S. snaffle] e?g. Genfa seml, yn enw. un gymalog: snaffle (bit).
   1595 H. LEWYS: PA 104, Ebol-farch gwyllt, lledffrom, a roddir geneu-fach, ne *snaffl* yn i benn rhag iddaw frathu, [sic] y sawl ai teimlaw. c. **1600** L. DWNN: HV i. 37, Ar pen meirch G, K y *snaffl* aur. c. **1730** Thos. Lloyd D (LlGC) 209a, Snaffwl . . . A snaffle. Ar lafar yn yr ymad. 'cnoi'r *snaffwl*' 'brathu tafod rhag dweud yr hyn sydd ar feddwl rhywun', ISF 70.

snag (à) [bnth. S. snag] eg. Rhwystr neu anfantais annisgwyl: snag.
   20g. Ar lafar, 'Dwi 'di ffeindio lle inni aros, ond mae 'na *snag*—rhaid inni fod allan erbyn naw bore wedyn'.

snâm, gw. syrnâm.

snap [bnth. S. snap] eg. (bach. -yn) ll. -s, hefyd gyda grym adferfol ac ebychiadol. (Sŵn) toriad sydyn, clec, crafangiad, neu frathiad sydyn, hefyd yn *ffig.*; gêm gardiau lle gweiddir 'snap' pan ddadlennir dau gerdyn tebyg; snapsiot, llun sydyn; pryd ysgafn, byrbryd, tocyn, cinio pecyn: snap, also fig.; snap (card-game); snapshot; light meal, snack, packed lunch.
   1850. Ar lafar, "Ŵt ti isio chwara *snap*?'. Fe'i clywir weithiau gyda grym ebychiadol pan sylwir ar debygrwydd (annisgwyl), 'Golles i Pobol y Cwm neithiwr', 'Snap!'; hefyd yn Arfon yn yr ymad. 'dim llawer o *snap*' 'nid oes fawr o awgrymu testun cystadlu i mi—un â thipyn o *snap* yno fo?

snapiaf, snapaf, ysnapiaf: (y)snapio, snapo [bnth. S. (to) snap] bg.a. (Peri) torri'n sydyn (yn enw. â chlec), (peri) gwneud sŵn sydyn cleciog, cipio'n sydyn; siarad mewn ffordd biwis neu swta (â); cyfarth a chynnig brathu (am gi): to snap, seize suddenly; speak irritably or abruptly (to), snap (at); snap (of dog).
   1882. Ar lafar, 'Fe *snapws* y peth yn 'i law a', 'Gwed yn fwyn, paid o *snapo*'r plentyn', GTN 747; 'Cer a'r ci 'na o 'ma—mae o'n *snapio*'n ddiddiwedd'.

snapin [bnth. S. snapping '(miners') lunch, snack] e?g. Cinio pecyn, tocyn, byrbryd: packed lunch, snack.
   20g. Ar lafar yn ardaloedd glofaol sir Ffl.

snaplyd [bôn y f. snapiaf, snapaf: snap(i)o+-lyd] a. Swta, pigog; tueddol i snapio (am gi, &c.), a nodweddir gan snapio: snappish, snappy, curt; snappish (of dog, &c.), characterized by snapping.
   1924. Ar lafar, 'Ôn i'n ofni gofyn iddi, waith 'odd 'i'n un o wilia mor *snaplyd*', GTN 747.

snapsiot [bnth. S. snapshot] e?g. -s, -iau. Ffotograff anffurfiol a dynnir â chamera syml, llun sydyn, hefyd yn *ffig.*: snapshot, also fig.
   1921 R. WILLIAMS PARRY: Rh 170, Nid map a ddylai englyn fod, ond 'snapshot'.

snapyn, gw. snap.

snatsh [bnth. S. *snatch* 'hasty meal, snack'] *eg.* (bach. *-yn*). Byrbryd, pryd brysiog: *snack, hasty meal.*
1925. Ar lafar, 'snatsh', *Cymru* xxxiv. 180 (godre Cered.); 'snat[s]hyn', *SC* vi. 131 (sir Benf.).

snêc, snec [bnth. S. *sneak*; cf. S. taf. *snake* 'sneak'] *eg. ll.* snêcs, a hefyd fel *a.*
(*a*) Llechgi, sbrych, person dan din, clepgi; cyfrinachol, llechwraidd: *sneak, creep, tell-tale; secret, stealthy.*
1757 *ML* (Add) 912-13, a hitheu yn gweiddi *snêc* bach. Ar lafar, 'snêc' 'sneak', *WVBD* 497. Dichon mai yma y perthyn yr ymad. 'snêcs 'Bardær' a glywir yn nwyrain Morg. i gyfeirio at bobl Aberdâr, *GTN* 747. Cf. D. Owen: *GT* 205-6, fe saethwyd ei well filoedd o weithiau. Y *snêc* mwya' dan haul oedd e; K. ROBERTS: *LW* 100, Âi fy mam i edrych amdani a mynd ag owns o faco yn anrheg iddi, yn *snêc* bach felly!
(*b*) Cuddiedig, cysgodol, clyd, diddos: *hidden, sheltered, snug, cosy.*
1913. Ar lafar, 'Tyd i ni chwilio am gongol fach *snêc* i fyta'n bechdana' (Arfon); hefyd yn y Gogledd-ddwyrain yn y ff. *'llecyn snec'.*
Gw. hefyd snech.

sneciaf, snecaf, ysneciaf: (y)snecian, snecio, snecan [bnth. S. (*to*) *sneak*, neu f. o'r e. *snêc, snec*] *bg.* a hefyd fel *ba.* yn yr ymad. *ei snecan hi.* Dod, ymadael, ymddwyn, &c., yn llechwraidd, sleifio, llercian, ymguddio, swatio; bod yn sneclyd; cario straeon: *to sneak (in, out, &c.), slink, skulk, hide, lie hidden; be sneaky; tell tales.*
1885 D. Owen: *RL* 382, Lle mae Mr. Williams wedi snecio, dywed? Ar lafar, 'Fe drîws 'i snecan 'i i fynd mywn am ddim' (dwyrain Morg.).

sneclyd [snêc, snec + -lyd] *a.* Llechgïaidd, slei, dan din, llechwraidd, lladradaidd; heb ei ddadlennu, cyfrinachol, cuddiedig: *sneaky, sly, underhand, stealthy, furtive; undisclosed, secret, hidden.*
1928 T. H. PARRY-WILLIAMS: *Y* [52], y mae gennyf barch llechwraidd, *sneclyd* iddo, er teimlo'n ddig wrtho yn awl. Cf. T. H. PARRY-WILLIAMS: *OPG* 82, Yr oedd elfen *sneclyd* ynglŷn â'r pysgota nosol hwn.

snech [?amr. ar snêc] *eg.* (bach. *-yn*) *ll. -od,* a hefyd fel *a.* Llechgi, sbrych, person dan din, clepgi; dan din, llechwraidd, cyfrinachol, lladradaidd, slei: *sneak, creep, tell-tale; underhand, secret, stealthy, furtive, sly.*
1903. Ar lafar yn y Gogledd, 'Mae o rêl hen *snech*'; hefyd yn y ff. 'snèch': un llechwraidd', 'yr hen *snèch*', *Cymru* xlvii. 196 (sir Ddinb.).

snechgi [snech + ci] *eg. ll. -gwn.* Llechgi, sbrych, person dan din, clepgi: *sneak, creep, tell-tale.*
1937.

snechian [be. o'r e. snech] *bg.* Snecian, ymddwyn mewn ffordd dan din, ymddwyn yn llechwraidd: *to sneak, behave stealthily.*
1913. Ar lafar, 'Snechian' 'Edrych o'r tu ôl i'r llenni; bod yn hanner cûdd', *Cymru* lxii. 175 (gorllewin Meir.).

snechlyd [snech + -lyd] *a.* Llechgïaidd, slei, dan din, llechwraidd, lladradaidd: *sneaky, sly, underhand, stealthy, furtive.*
1932.

snechyn, gw. snech.

sneip [bnth. S. *snipe*] *eb.g.* (bach. b. sneipen, g. sneipyn) *ll. -s.*
(*a*) *Adar.* Gïach, *Gallinago gallinago: snipe (bird).*
1851. Ar lafar, 'sneip, sneipan ... sneips', *WVBD* 497. Cf. W. J. GRIFFITH: *SHI* 161, Ni fedrai Anti Lw feddwl am odid anifail nac aderyn bwytadwy, o garw i *sneipen*, na welsai Syr Simon, o dro i dro, yn ymarfer ei law arno.
(*b*) Llysnafedd trwyn, sych trwyn, baw trwyn: *nasal mucus, snot, bogey.*
Ar lafar, 'sneipan fawr wrth 'i drwyn' (Arfon).
(*c*) Sylw coeglyd neu bigog, weipen, slim, sen, hefyd yn ddifr. am berson: *sarcastic remark, gibe, taunt, 'dig', slur, also derog. of a person.*
20g. Ar lafar, 'Mae'n lico roi ryw 'en *sneips* iti i dy

ddolurio di', *GTN* 748; 'taflu rhyw hen *sneips* budron yng ngŵydd pawb' (Arfon); hefyd yn y ff. *sneiben* (ardal Clunderwen).
Cfn.: Adar. **sneipen fach:** jack snipe, half snipe, *Lymnocryptes minimus.* **20g.** *Adar.* **sneipen yr haf:** sandpiper, *Actitis hypoleucos.* Ar lafar yn y Gogledd, H. E. FORREST: *FNW* 356.
Gw. hefyd ysnid.

sneipaf: sneipach, gw. sneipiaf: sneipio.

sneipar, sneiper [bnth. S. *sniper*] *eg. ll. -s.* Person sy'n saethu o le cuddiedig, yn enw. milwr sy'n saethu o guddfan: *sniper.*
c. 1920.

sneipen, gw. sneip.

sneipiaf, sneipaf: sneipio, sneipach [bnth. S. (*to*) *snipe*] *bg.a.* Gwneud sylwadau coeglyd (am), slimio, sennu, gwatwar: *to snipe at (verbally), jeer, gibe.*
20g. Ar lafar, 'Ma fynta wedi blino cæl 'i *sneipach* gintyn' nw o 'yd', *GTN* 748.

sneipiwr [cfdds. o'r S. *snip(er) + -iwr*] *eg. ll.* sneipwyr. Sneipar: *sniper.*
20g.

sneipyn, sneiten, gw. sneip, ysnid.

snêl [?bnth. S. *snail*] *eg* (bach. snelyn) *ll.* snelod. Person crintachlyd, cybydd; llechgi, person dan din: *niggardly person, miser; sneak, underhand person.*
16-17g. EDWART AP RAFF: Gw 337, Eraill ai bath / or lle boch / dissas / a wrthodassoch / os dirym kalbwt ystrog / nid gwell / hen emwnt geilliog / os byw / ka lafyttws bach / y snelyn / oes vn waelach a hen / gorn malwen nid mwyn / or mür ysbiwr morwyn. Ar lafar, 'snêl' 'dyn a wnâi bethau dan din', *LlLM* 110; hefyd yn Arfon yn yr ystyr 'a niggardly person', 'yr hen snêl', 'Dim peryg cei di hi, mae o'n ormod o snêl', *WVBD* 497.

snêm, gw. syrnâm.

snêr [bnth. S. *sneer*] *eg. ll. -s.* Sylw coeglyd, slim, weipen, hefyd yn ddifr. am berson: *derisive remark, sneer, also derog. of a person.*
Ar lafar, ''Rodd e'n towlu *snêrs* cas', 'Hen *snêr* bach yw e' (godre Cered.); 'Dyn annymunol yw a, yn llawn o 'en *snêrs*', *GTN* 747. Clywir *snêr* hefyd ynglŷn â thywydd oer, 'hen *snêr* oer', *LlG* xix. [24] (sir Drefn.); 'Mae 'na hen *snêr* oer ynddi heddiw'.

snerllyd [snêr + -llyd] *a.* Gwatwarus, gwawdlyd: *sneering.*
1938.

snero [be. o'r e. snêr] *bg.* Gwatwar, gwawdio: *to sneer.*
Ar lafar, 'Dyna ddyn yw 'wnna! Ma'n bychanu a *snero* am bopith a naiff rwun', *GTN* 747.

snerog [snêr + -og] *a.* Gwatwarus, gwawdlyd: *sneering.*
Ar lafar, 'Un i wed pethach *snerog* odd a', *GTN* 747.

sneuwr, gw. hosaneuwr.

snich [?bnth. S. *sneak*, cf. snêc, snech] *eg.* (bach. *-yn*) *ll. -od.* Llechgi, sbrych, clepgi; person hunanol neu grintachlyd: *sneak, creep, tell-tale; selfish or niggardly person.*
1938. Ar lafar yn y Gogledd, 'hen *snich* o ddyn'; 'Fo ddudodd, ma siŵr, mae o rêl *snichyn*'.

snichlyd [snich + -lyd] *a.* Nodweddiadol o snich, dan din, annymunol: *sneaky, underhand, unpleasant.*
20g.

snichyn, gw. snich.

snid, snidyn, gw. ysnid.

sniff (*i*) [bnth. S. *sniff*] *eb.* Y weithred o sniffio, ffroeniad, hefyd yn *ffig.* awgrym, argoel: *sniff, also fig. hint, intimation.*
20g. Cf. D. J. WILLIAMS: *ChHO* 125, Ifan ei frawd ... a'r *sniff* athronyddol honno ym môn ei fwstas wrth ddilyn ei grefft fel saer.

sniffiad, sniffad [bôn y f. sniffiaf, sniffaf: sniff(i)o, sniffian + -iad[1], -ad] *eg.* Sniff, ffroeniad: *sniff.*
20g.

sniffiaf, sniffaf: sniff(i)o, sniffian [bnth. S. (*to*) *sniff*] *bg.a.* Anadlu'n hyglyw

drwy'r trwyn, ffroeni, synhwyro, snwffian: *to sniff, sniffle.*
1885 D. OWEN: *RL* 393-4, Wrth un dafarn ... gwelwn lipryn mewn ffroc côt wedi ei botymu at ei wddf ... yn *sniffio* yr arogl wrth y drws. Ar lafar, "Odd 'i'n ddrama drist—'ôn i'n clŵad rhai pobol yn dechra *sniffian*'; 'Man' nw'n gweud fod 'wnna'n *sniffo* gliw'; hefyd mewn ymad. fel '*sniffian* crio'.

sniffwl, *eg.* Person atgas neu fusneslyd: *odious person, busybody.*
1897. Ar lafar, 'Hen *sniffwl* perig odd o', *WVBD* 497.

snip [bnth. S. *snip*] *eg.* Y weithred o snipio, tamaid, pisyn: *snip, a snipping.*
1906. Ar lafar, 'Ma Smwt yn mynd i gâl y *snip*' [am gath wryw]; hefyd yn yr ystyr 'peth hawdd ei gyflawni', ''Rodd y dasg yna'n un *snip*'.

snipiaf, snipaf: snip(i)o [bnth. S. (*to*) *snip*] *bg.a.* Torri neu docio'n sydyn (â siswrn neu wellau): *to snip.*
20g. Ar lafar, ''Rodd carra 'i esgid o'n hongian, a mi *snipiodd* o fo'; 'Unwaith ddechreuis i dorri'r defnydd, *snipio* fues i trw'r bora'.

snisin, ysnisin, (y)snising, snisyn[1], ysnisyn [bnth. S. *sneezing* 'snuff'; cf. S. *sneeshin(g)*] *eg.* Baco, &c., wedi ei falu'n bowdr mân i'w ffroeni (hefyd weithiau i'w gnoi), trewlwch, trwynlwch, enllyn trwyn: *snuff (tobacco, &c.).*
1750 *ML* i. 157, 8 bapuraid o *ysnising.* id. 160-1, Ni chlywai ddim sôn am wrthiau'r *snising*, mae'r Bersonyn yn achwyn nad yw fawr well erddo, ar [sic] lleill at yr un fath. id. 163, Mae'n dra drwg geny glywed eich bod yn cael eich nychu gan y peswch, Duw ai lleddfa. Ow na fase *snising* yn eich mendiaw. 1759 *BC* 149, Yna dae syr Moorus Nigr, / ... / Yn genadwr oddiwrth ryw Frenin, / A chydag ef un sgweier *snisin*: / Tan ymffroeni heb neb i'w ffrwyno, / I bledio a Bacchus o blaid Tobacco. 1768 TWM O'R NANT: *CTh* 4, Mali, ai *Snising* hyd ei Thrwŷn, *ISF* 70. Cf. W. REES: *LlHFf* 52, fedra i ddim dyallt be sy ar y bobol pen mau nhw'n lliwied *snisin* i Sian, a hithe na ba run pinsied *y snisin* [sic] rhwn i bysedd hi rioed; TALHAIARN: *Gw* ii. 200, Y mae yna ryw hen brydydd yn y gegin eisiau pinsiad o *snisin*; Hen B 60, Mi welais flwch gan Gwenno / A'i lond o *snisin* ynddo; / Ni fuasai waeth i'r fun ddi-feth / Roi imi beth ohono.

snisyn[2] [?cf. snichyn] *eg.* Snechgi, llechgi: *sneak, lurker, skulker.*
20g. Ar lafar yn Arfon, 'hen *snisyn* bach'.

snît, sniten, gw. ysnid.

snob[1] (*ò*) [bnth. S. *snob*] *eg.b.* (bach. g. *-yn*, b. *-en*) *ll. -s, -iaid.* Un sy'n rhoddi pwys mawr ar statws cymdeithasol neu gyfoeth, gan ddibrisio rhai y sy eu statws, ac ymgreinio i rai uwch, un sy'n dibrisio rhai eraill oherwydd eu diffygion tybiedig mewn chwaeth, gwybodaeth, &c., rhywun mawreddog, crachfonheddwr: *snob, upstart.*
1906. Ar lafar yn gyff., 'Ma fa wedi dod 'mlæn yn y byd ac yn ormod o *snobyn* i gidnapod 'i 'en ffrins', *GTN* 748; 'Yr 'en *snoban* fach yn acto fel 'na at rywun odd yn 'i chofio 'i yn y cawall'. Cf. D. J. WILLIAMS: *ChHO* 56, Ni'm blinwyd i fawr ddim erioed gan yr hyn a elwir yn gymhleth y taeog, nac ychwaith gan gymhleth y *snob*, gan nad yw'r ddau ond dwy ochr i'r un peth, sef hunan-barch wedi ei wyrdroi.
Gw. hefyd snobsach.

snob[2] (*ò*) [bnth. S. taf. *snob* 'snivel, snot'] *eg. ll. -s.* Llysnafedd trwyn, sych trwyn, baw trwyn: *nasal mucus, snot, bogey.*
1959 D. J. WILLIAMS: *ChHO* 99, Pa sawl gŵr digon rhyfygus ac anystyriol ar wyneb a fu'n ymbil ac yn gweddïo'i chalon hi yn enw'i *snobs* am dwrn cyfan am gael dod allan yn ddihangol unwaith eto. Ar lafar, *GDD* 267; 'Sych y *snobs* yna sydd wrth dy drwyn, y mochyn!', *LlGC* 1173, 71 (Morg.).

snobaidd [snob[1] + -aidd] *a.* Snobyddlyd: *snobbish.*
1931.

snobeidd-dra [snobaidd + -dra] *eg.* Snobyddiaeth: *snobbery, snobbishness.*
1929.

snobeiddiwch [*snobaidd*+-*iwch*[1]] (At.)] *eg.* Snobyddiaeth: *snobbery, snobbishness.* **1930.**

snobeiddrwydd [*snobaidd*+-*rwydd*] *eg.* Snobyddiaeth: *snobbery, snobbishness.* **1921.**

snoben[1,2], gw. snob[1], snwb.

snoblyd[1], **snobllyd** [*snob*[1]+-*lyd,* -*llyd*] *a.* Snobyddlyd: *snobbish.*
1930 S. LEWIS: *M* 20, Y cwbl a ddeallai oedd ei fod yn fyr a chorffog a thrwsiadus a bod ganddo acen gwrtais, arwydd bwysig yn ei barn *snoblyd* hi. Cf. *AKAS* 96, Am lyfr Fothergill . . . ystyr mae'n fath o ddatguddiad o'r hyn a gyfrifir gan Saeson trwyadl ddiwylliedig yw [*sic*] safonau 'decency' a 'good form'. Y mae'n *snoblyd* wrth gwrs . . . ac fe'i hysgrifennwyd ar gyfer y rheini a ŵyr pwy yw pwy yng nghymdeithas orau Lloegr (Saunders Lewis).

snoblyd[2] [*snob*[2]+-*lyd*] *a.* A'i drwyn yn rhedeg: *snotty(-nosed)* (*lit.*).
Ar lafar, ''Na grwtyn bach *snoblyd* yw a'' (Morg.).

snobri [bnth. S. *snobbery*] *eg.* Snobyddiaeth: *snobbery, snobbishness.* **1932.**

snobsach [*snobs* (ll. yr e. *snob*[1]) +-*ach*[2]] *e.ll.* Pobl snobyddlyd, crachach: *snobs.*
Ar lafar, ''Ôn nw'n dod o'r ysgol 'na'n itha' *snobsach*' (Morg.).

snobyddiaeth [*snob*[1]+-*ydd*[3]+-*iaeth*] *eb.* ac yn eithriadol *eg.* Yr ansawdd neu'r cyflwr o fod yn snob neu'n snobyddlyd: *snobbery, snobbishness.*
1916. Cf. *THSC* (1922–3) (At.) 10, Yr oedd o'n ysgolhaig [Goronwy Owen] fel Pope ac Addison, ac megis hwythau fe fagodd *snobyddiaeth* sy'n anhepgor ysgolhaig (Saunders Lewis).

snobyddlyd [*snob*[1]+-*ydd*[3]+-*lyd*] *a.* Yn perthyn i snob, nodweddiadol o snob, a chanddo gymeriad snob: *snobbish.*
20g.

snobyddol [*snob*[1]+-*ydd*[3]+-*ol*] *a.* Snobyddlyd: *snobbish.*
1921.

snobyn, gw. snob[1].

snoctaf: snocto, snochdaf: snochdan, gw. snochdiaf: snochdian.

snochdarllyd, snochdarthlyd [nid yw union ffurfiant y gair yn eglur; ?cf. bôn y f. snochdiaf, snochdaf: snochd(i)an, snochdo, a'r trf. -llyd, -lyd] *a.* Gwawdlyd, dilornus: *scornful, contemptuous.* **1860.**

snochdiaf, snochdaf, snoctaf: snochd(i)an, snochdo, snocto [?gair onomatopeig; ond cf. S. (*to*) *snort*] *bg.a.* Cynhyrchu sŵn ffrwydrol drwy orfodi'r anadl drwy'r trwyn, yn enw. er mwyn mynegi dicter neu anghrediniaeth, siarad â llais gyddfol dirmygus, gwawdio, dirmygu: *to snort, pour scorn* (*on*), *despise.*
1863–5 D. OWEN: *WBC* 19, y mae hithau, Mrs. Evans, wedi myned yn wraig 'sgŵar iawn, ac yn llon'd pob lle, ac yn *snocto* yn anghyffredin os na chaiff hi fod ym mlaenaf ym mhob man. Ar lafar, ''Ôs dim isia *snochdo* ar fwyd da', 'Ma fa'n *snochdo* ar bopith a wetiff dyn', *GTN* 748; 'Gwelsoch chi fel yr o'dd hi'n *snochtan* ac yn *snochto* pawb!', *LlGC* 1173, 71 (Morg.); 'Roedd hi'n *snochdan* ddigon' [mewn dirmyg] (godre Cered.).

snochdog [bôn y f. snochdiaf, snochdaf: snochd(i)an, snochdo+-*og*] *a.* Gwawdlyd, dilornus: *scornful, contemptuous.*
Ar lafar, ''Ôs dim isia iti fod mor *snochdog* og e. Ma fa gistal â titha', *GTN* 748.

snochdus [bôn y f. snochdiaf, snochdaf: snochd(i)an, snochdo+-*us*] *a.* Penuchel, ffroenuchel: *haughty, supercilious.*
Ar lafar, '*snochtus* 'penuchel' 'Gwraig *snochtus*', *B* iv. 132 (sir Drefn.).

snoden, snodennog, gw. ysnoden, ysnodennog.

snog (*ò*) [bnth. S. *snog*] *eb.* (bach. b. -sen).

Y weithred o gusanu ac anwesu, lapswchad: *snog, kiss and cuddle.*
20g. Ar lafar, 'Ges i gŵd *snog* gyda hi neithiwr'.

snogiaf, snogaf: snogio, snogan [bnth. S. (*to*) *snog*] *bg.* Cusanu ac anwesu, lapswchan: *to snog, kiss and cuddle.*
20g. Ar lafar, 'Weles i'r ddau yn *snogan* a lapswchan mas y bac'.

snogsen, gw. snog.

snoraf[1]**: snoro** [bnth. S. (*to*) *snore*] *bg.* Chwyrnu: *to snore.*
1899. Ar lafar.

snoraf[2]**: snoro,** *ba.* Gorffen, cwblhau, disbyddu, gwagio: *to finish, complete, exhaust, empty.*
Ar lafar, ''Yn ni wedi *snoro*'r tepot, 'wi ofan', *GTN* 748; ''Na fi wedi *snoro* hwnna' [am ddarn o waith].

snorcel, snorcl [bnth. S. *snorkel*] *eg.* ll. snorceli, snorcls. Pibell anadlu i nofiwr tanddwr, dyfais sy'n cyflenwi aer i long danfor: *snorkel.*
20g.

snorit [?bnth. S. *seniority*; am golli -*i* mewn gair bnth. o'r S. a'r acen ar y rhagoben, cf. *alcam, libart, seiat,* a gw. *B* xvii. 271] *eb.* ll. -s. Rhodres, sioe, crandrwydd ymhongar, ymhoniad; dilledyn rhwysgfawr; ornament; hefyd yn difïr. am berson; gêm, hobi, difyrrwch: *ostentation, display, pretentious grandness, pretence; ostentatious item of clothing; ornament; also derog. of a person; game, hobby, pastime.*
Ar lafar, 'hen *snorit* o ddynas drwyn-uchal', *ISF* 70; 'hen *snorit* wirion' 'ryw fath o grantrwydd ffôl . . . merch yn gwisgo er mwyn bod yn smart, ond yn edrach yn wirion', 'ryw hen *snorit* o waith', yn lle gwisgo'n weddus', 'ryw hen *snorit* o waith', *WVBD* 497. Cf. W. H. ROBERTS: *Aroglau Gwair* (1981) 90, Yr oedd ei silff ben tân yn llawn o *snorits* a ffigiaris ffair, a ddeuai â ffortiwn iddi heddiw.

snoti [bnth. S. *snotty*] *a.* Annifyr, sarhaus, ffroenuchel: *unpleasant, disdainful, haughty.*
20g. Ar lafar, 'atab *snoti* iawn', *WVBD* 497.

snwb (*ŵ*) [bnth. S. *snub*] *eg.* (bach. -*yn*) ll. -s, snybau, a hefyd fel *a.* Ergyd (ar y trwyn); sen, gwrthodiad swta, smwt (am drwyn): *blow* (*on the nose*); *snub, rebuff; snub* (*of nose*).
Ar lafar, 'Ro *snwbyn* iddo'r gwalch ffraellyd', ''All 'wnna ddim wilia sia ti 'eb drio roi *snwbyn* iti', *GTN* 748; 'trwyn *snwb*' (dwyrain Morg.); hefyd mewn ymad. fel '*snwbyn* o grotyn (o grotan, o samwn, o glawdd, &c.)' yn yr ystyr 'a big lump of a boy, &c.', *LlGC* 1172, 72 (Morg.). Yn sir Benf. clywir '*snoben*' 'a punch in the nose, smack in the face', *SC* vi. 131.

snwcer [bnth. S. *snooker*] *eg.* Gêm ar fwrdd biliards rhwng dau neu ragor o chwaraewyr sy'n defnyddio ciw i daro pêl wen yn erbyn y peli eraill (pymtheg o rai coch a chwe phêl arall o liwiau gwahanol) er mwyn eu pocedu mewn trefn benodol, safle yn y gêm hon lle nad yw ergyd uniongyrchol at un o'r peli caniataol yn bosibl: *snooker.*
20g.

snwcraf, snwceraf: snwcro, snwceru [bnth. S. (*to*) *snooker*] *ba.* Gadael (gwrthwynebydd) mewn safle o snwcer: *to snooker.*
20g.

snwff[1]**, snyff** (*ŵ,* y≡ə) [bnth. S. *snuff* 'finely powdered tobacco', &c.] *eg.* Snisin: *snuff* (*tobacco, &c.*).
1688 *TJ,* Distrawch, (*snwff*). A snush. **1759** J. EVANS: *PI* 59, cymyscwch, a chymerwch hwynt fel *Snwff.* **1770** *TG* iii. 12, Iddi Rowndiog tu a'r India, ferch nett, i farchnatta / *Snwff,* te, mae'n debycca a Dybacco. Cf. K. ROBERTS: *RhB* 37, Mae aroglau henaint yno—aroglau cwrw hen a *snwff.*

snwff[2] (*ŵ*) [bnth. S. *snuff* 'sniff(ing)', &c.] *eg.* Y weithred o snwffian, sŵn snwffian, ffroeniad; afiechyd ar ddefaid: *sniff(ing); snuff, disease of sheep.*
1814 W. DAVIES: *Agric . . . S. Wales* ii. 261, a spe-

---

cies of disease in sheep, unknown to them until within about 20 years back: they called it *snwff,* from its commencing with sneezing in the nostrils. Cf. K. ROBERTS: *LW* 39, 'Ym mha le'r ydych chi'n byw, Richard Jones?' 'Rhosgadfan' (*snwff*).

snwffaf[1]**: snwffan, snwffo, snwffa(ch),** gw. snwffiaf[1]: snwffian.

snwffaf[2]**: snwffo, snwffer,** gw. snyffiaf[2]: snyffio, snyffer.

snwffiaf[1]**, snwffaf**[1]**, snyffiaf**[1]**, snyffaf, ysnwffiaf: snwff(i)an, snwff(i)o, snwffa(ch), (y)snwffial, snyffian, snyff(i)o, ysnwffian, ysnwffio** [bnth. S. (*to*) *snuff*] *bg.a.* Ffroeni, synhwyro, sniffian, hefyd yn *ffig.* chwilio'n fusneslyd; llefaru'n snifflyd, sniffian crïo, mwmian crïo; cymryd (snisin, &c.) drwy'r trwyn: *to sniff, sniffle, also fig. search inquisitively; snuffle, snivel, whimper; take* (*snuff, &c.*) *through the nose.*
1545 ELIS GRUFFYDD: *Ll* 12, Ac *ysnwffio* o'r sugyn yma j'r ffroennav. *id.* 158, Ac yn erbyn postum ynn y trwyn, *snwffia* o'r dwr yma j'r ffroene. **1547** *WS,* Ysnwffian Snoffe. c. **1548** *CM* 1, 682, J mae hraid i ni beri J'r goddeuwr *snwffio* yw benn drwyr ffroenne bowdwr or Pylletori o ysbaenn. **1759** J. EVANS: *PI* 76, *Snyffiwch* neu luscwch i fynu Ionaid Llwy dê of [*sic*] Spirits of Harts Horn. *id.* 81, Neu, *Snyffiwch* ychydig o Fêl i'ch Trwyn. *id.* 91, *Snyffiwch* y Gwlith a fo ar Ddail yr Hoccys. c. **1762–79** W. WILLIAMS: *P* 282, golchi'r genau a'r trwyn, a *snwffo* dwfr i fynu iddo. **1805** *Y Greal* 84, *ysnwffian* crïo. Ar lafar, '*Snwffial*' 'Snuffing', *GDD* 267; '*Snwffio* . . . To sniff, as a dog does in following a trail', *ib.;* '*snwffial*' 'crïo neu lefain heb ollwng llais allan', *B* iv. 302 (canolbarth Cered.); '*snwffa* o gwmpas am stori', *ISF* 70; '*snwffian, snyffian . . . snwffian crio*', *WVBD* 497; ''Wi wedi peswch a *snwffach* trw'r dydd gin yr annwd 'yn', *GTN* 748; Cf. *SE MS* 621b, *ysnwffial . . .* to snuff or snuff (as a child when ceasing from a long cry) utter a cry more [or] less suppressed (S.W.).

snwffiaf[2]**: snwffian, snwffyn,** gw. snyffiaf[2]: snyffio, snyffyn.

snwyraf: snwyro, gw. synhwyraf: synhwyro.

snyff, snyffaf: snyffo, gw. snwff[1], snwffiaf[1]: snwffian.

snyffer, snwffer [bnth. S. *snuffer*] *eg.* ll. -s. Glaniadur, tociwr canhwyllau: (*candle*) *snuffer.*
1828 *Geir Pob* 25, Snuffers, toriadur pen canwyll.

snyffiaf[1]**: snyffian, snyffio,** gw. snwffiaf[1]: snwffian.

snyffiaf[2]**, snwffiaf**[2]**, snwffaf**[2]**: snyffio, snwffian, snwffo** [bnth. S. (*to*) *snuff* 'to extinguish'] *ba.* Diffodd (cannwyll, &c.): *to snuff out* (*a candle, &c.*).
1894 D. OWEN: *GT* 26, yr oedd efe ar y pryd yn *snyffio*'r ganwyll. Ar lafar, '*snwffo*'r gannwyll' (Morg.).

snyffyn, snwffyn [bnth. S. *snuff* 'candle-end'+-*yn*] *eg.* Pwt bach o gannwyll, bonyn cannwyll: *small piece of candle, candleend.*
Ar lafar yn ardaloedd chwareli'r Gogledd, '*snyffun*' 'Pwt bach o gannwyll wedi ei goleuo a roddir o dan y "ffiws" i'w thanio', *B* xx. 379, ac ymhlith mwynwyr, '*snwffyn, snyffun*' 'pwt bach o gannwyll', *Geir Mwyn* 52.

snyg (*y*≡ə) [bnth. S. *snug*] *eg.* a hefyd fel *a.* Ystafell fechan breifat mewn tafarn; diddos, clyd: *a snug* (*in public house*); *cosy, snug.*
1881. Ar lafar, 'Mae'n reit *snyg,* 't ydi?'

so[1] [bnth. S. *soh*] *eg.* Crdd. Pumed nodyn (neu lywydd) y raddfa sol-ffa: *soh.*
c. **1872.** Ar lafar, 'Cymer ofal pan 'ti'n canu'r *so,* 'ti'n dueddol o fynd allan o diwn'.
Gw. hefyd sol[5].

so[2] [bnth. S. *so;* ansicr yw'r engh. lenyddol isod] *adf.* Felly: *so.*
c. **1689** (1802) L. WILLIAM: *Sherlyn Benchwiban* 6, *So,* so, so, so, dwyn y gamp, wel dyma gwympo. Ar lafar, '*So* 'na beth nes i wedyn'.

so[3], gw. o[1] adran 4 (*d*).

soas [bnth. S. *psoas*] *eg.* ll. -au. Unrhyw un

o ddau gyhyr a ddefnyddir i blygu a throi cymal y glun: *psoas*.
20g.

sober, gw. **sobr.**

sobian [bnth. S. (*to*) *sob*] *bg*. Beichio crio, igian (crio): *to sob, weep convulsively*.
1881 D. Owen: *D* 191, claddodd ei hwyneb yn ei ffedog, gan *sobian* yn dost. *id*. 200, Ai dychymygu yr oedd hi ei bod yn clywed Jim yn *sobian*. Ar lafar, '*sobian*' 'wylo', '*sobian* crio', *Cymru* xlvii. 196 (sir Ddinb.). Cf. D. Owen: *GT* 180, cyn fy ateb torodd i *sobian* crio.

sobr [bnth. S. *sober*] *a*. ll. -(*i*)*on*, a hefyd fel *eg*. (bach. g. -*yn*, b. -*en*) ll. -*on*.

(*a*) Heb fod yn feddw, ymatalgar (yn enw. ynglŷn â bwyd, diod, &c.), cymedrol; pwyllog, difrifol, dwys; plaen, diaddurn: *sober, abstemious, moderate; prudent, serious, grave; plain, unadorned*.
1547 *WS*, *Sobyr* Sobre. **16g.** *GGH* 145, *Sobred* dawnus bryd henwaed, / Siriol wyt, nerth Siarltwn waed. **1551** W. Salesbury: *KLl* liiib, Byddwch *sobron* (*LlGG* 69b, *sobrion*), gwilwch: o bleit ych gwrthnebwr diavol. **1567** *TN* 323a, Bot yr henafgwyr yn *sobr* [:- bwylloc, syberw, call], honest, diseml, iach yn y ffydd. **1630** R. Llwyd: *LlH* 55, dillad meibion, a merched yn *sobr*. *id*. 59, y gwŷr a'r gwragedd Duwiolaf, synhwyrolaf, *sobraf*, a lledneisiaf. *id*. 73, byddant gymmedrol yn eu lluniaeth, a *sobr* yn eu hymborth. **1632** *D*, Gwlêdd gwŷr *sobr* lle ni bo dim gwin, ond bwyd d.g. *Nephalia*. **17g.** *DCR* 238, fewyrth bach mosswch [*sic*] gyngor / bodd y gallai fyw yn *sobor* / . . . / nad dy dento byth y dafarn / ag nag yf vn ddiod gadarn. **1658** R. Vaughan: *YPS* 28, Ydych chwi yn *sobrach* yn eich Meddyliau. **1661** E. Lewis: *Drex* 298, o ddyn meddw, fe brifia[i] yn *sobr* ac yn dymmherus. **1723** WM: *PGG* 197, weithie yn *sobor* ac yn fyfyriol, ac weithie yn ddigri ac yn chwerthiniog. **1790** *Prif Crist* 22, ein dysgu i wadu annuwioldeb a chwantau bydol, a byw yn *sobr*, ac yn gyfiawn. **1795** *R. Crusoe* 6–7, a chyda bowlied o bwnsh a'm gwnaeth yn hanner meddw, ag felly a foddodd fy edifeirwch a'm holl *sobr* fyfyrdodau. Ar lafar, 'sbio'n *sobor*' 'to look severe', *WVBD* 497; 'Raid aros nis bydd a'n *sobor*', *GTN* 750. Cf. D. Owen: *GT* 93, mae dyn yn deyd wedi meddwi y pethe mae o'n feddwl pan mae o'n *sobor*.

(*b*) Eithafol, ofnadwy, dychrynllyd: *extreme, terrible, awful*.
1850. Ar lafar, '*sobor*' 'awful, dreadful', 'y dyn *sobra*' o'r un' 'the worst kind of man of all', *WVBD* 497; 'a wê ni in gweld 'i ishe fe in *sobor*', *Wês wês* 40; 'Dyna beth *sobor* i ddicwdd, ynta fa?', *GTN* 750. Cf. D. Owen: *GT* 235, gore po cyntaf i'r briodas gymeryd lle, achos mi gymra fy llw fod ar Ernest eisieu pres yn *sobor*.

Fel *e*. Person sobr: *sober person*.
1838 *Traeth* cxxiii. (1968) 129, nad oes a wnelom ni a gwrthwynebu yr arferiad o lwyrymwrthod i feddwon na *sobron* sydd yn dewis gwneud hyny . . . os dewisa y *sobr* wisgo yr un lifrai a'r meddwyn nid yw hyny yn ddim i ni (Caledfryn). Ar lafar ym Morg. am rywun difrifol yr olwg, ''Na *sobryn* yw a'n dishgwl', ''Odd 'i gwmid o *sobran* ag ariôd'.
Amr.: **sober.** **1690** *Ymofynion* 5. **1730 (1755)** E. Wynne: *PAC* 148.
Cfn.: **sobr o:** (i) *extremely, terribly, awfully*. **20g.** Ar lafar, 'yn *sobor o* braf', *WVBD* 497; ''Wyt ti wedi mynd yn *sobor o* dena', 'Ma fa'n *sobor o* feddw, ond yw a?', *GTN* 750. (ii) *an awful* (*thing*, &c.), *a terrible* (*thing*, &c.). Ar lafar, 'Ma'n *sobor o* beth 'i bod 'i wedi marw mor ifanc'; ''Odd 'i'n *sobor o* ddrama sâl'. **mor sobr (cyn sobred) â('r) sa(i)nt:** *as sober as a judge*. **1830.** Ar lafar, '*cyn sobred â saint*', *WVBD* 497; '*Mor sobor a'r sant*', D. J. Evans: *HCS* 126. Clywir hefyd 'sobor fel sant'.

sobraf, sobriaf: sobri, sobrio [bf. o'r a. *sobr*] *bg.a.* Gwneud neu fynd yn sobr (ar ôl meddwi); gwneud neu fynd yn ddwys, difrifoli, callio: *to make or become sober* (*after being drunk*), *sober* (*up*); *make or become serious, earnest, or sensible*.
1547 *WS*, *Sobrio* Waxe sobre. *Diw.* **16g.** *WLB* 40, Yfed saffrwm mewn dwfr ac ef ai *sobria* ac a ostwng y medd-dod. **16–17g.** T. Prys: *Bardd* 91, a sion wynn ail soniwn i / o naws ebrwydd sy /n/ *sobri*. **16–17g.** (**17g.**) *CC* 55, heb achos ni bu ochel / *sobrwch* na ddigiwch yn ddel / taw a sôn gad im lonydd / ni chara fab chwerw a fydd [cywydd atebion rhwng gŵr a merch gan Thomas Prys]. **1696** *CDD* 149, Gweld y rwif o rodio'r Bŷd, / Er rhoi fy mrŷd ar *sobri*, / Na 'dallai lai Bŷd gwaeth Bŷd gwell, / Na mynd i ymbell gwmnhi. **18g.** E. T. Rhys: *DA* 149, Y meddwyn, pan *sobro*, fe fydd ar wallbwyllo. **1759** *DG* 150, Dengwaith cyn *sobri* y tynn bechi tan bwys. **[1783]** *W*, *sobru* d.g. *Sober*, *To grow* [*become*] *sober*. **1790** Twm o'r Nant: *GG* 172, Pob dygun brofedigaeth, / Er mwyn rheolaeth dynol ryw; / I'w *sobri* sydd, a deffro eu ffydd. **1795** *R. Crusoe* 110, attebodd . . . yn ddigon rhwydd eu bod wedi cyfarfod â digon o galedi i'w *sobri* ac o elynion i'w cymmodi. **18–19g.** *GABC* 86, Ond yn unig myn'd mewn onor, / I'r tafarnau tros fy nghyngor; / Mwya' peth sydd yn fy mlino, / Eisiau'ch gweled yn eu bario: / Y mae hi'n fadwys i chwi *sobri*, / Pa beth a wnewch, o d'wedwch i mi? Ar lafar, '*sobri*' 'to become sober . . . to become serious', *WVBD* 497; 'Fe *sobriff* yr 'en declyn meddw erbyn bora 'fory', 'Ma clŵad am bethach ofnadw fel 'na'n *sobri* dyn, ond yw a', *GTN* 748; hefyd yn yr ystyr 'to quieten down', '*sobri* ar ôl gwylltio', *WVBD* 497.

sobraidd [*sobr*+-*aidd*] *a*. Sobr, ymatalgar (yn enw. ynglŷn â bwyd, diod, &c.), cymedrol, pwyllog, difrifol, dwys: *sober, abstemious, moderate, prudent, serious, grave*.
1571 *Rhyddiaith Gymraeg* ii. 46, kadw vy nghorph yn ardymheraidd, *sobraidd*, arafaidd ac yn ddiwair. *c.* **1600** W. Midleton: *B* 98, kapten Thomas vrddasol / *sobraidd* walch sy brydd yw ol [marwnad Wiliam Midleton]. **1609** R. Smyth: *CAC* 19, tan ddyscu i ni fuw yn *sobraidd*, yn gyfiawn, ac yn dduwiawl. **1658** R. Vaughan: *PS* 343, ar arfer gymedrol, a *sobraidd* a ganmolir gimaint. **17g.** Huw Morus: *EC* i. 71, Siob o arwydd syberwyd, / Syber o'i dda, *sobraidd* wyd. **1723** E. Samuel: *PDdC* 129, ymfucheddwch yn *sobreiddiach*, yn gyfiawnach, ac yn dduwiolach. **[1738]** E. Jones: *CE* 104, [rh]edeg gyrfa newydd o dduwioldeb manylach a buchedd *Sobreiddiach*. **1778** J. Hughes: *BB* 266, Wir garedigion howddgar gwllysgar llon, / *Sobreiddia* eu bron.

sobrddwys, gw. **sobr**+**dwys.**

sobredd [*sobr*+-*edd*[1]] *eg*. Sobrwydd, cymedroldeb, difrifoldeb: *sobriety, soberness, temperance, moderation, seriousness*.
16g. *GGH* 152, Nid doethach gynt, o'th awch gwn, / Nog wyt Salmon neu Gatwn; / *Sobredd* dy wedd ddedwyddyd / Sy lawn brint Absalon bryd. **1567** *LlGG* 124b, Cadw ve-corph mewn cymedroldeb, *sobredd* [:- pwyllogrwydd], a' diweirdeb. **16–17g.** *GST* i. 585, Rhinwedd dda ni wedd, ni wyddir *sobredd*, / Ffladredd hoen fudrwedd hyn a fedrir. **1604–7** *TW* (*Pen* 228) d.g. *Temperantia*. **1606** E. James: *Hom* i. 193, gair Duw (yr hwn a ddylid ei arfer mewn lledneisrwydd, *sobredd* a diweirdeb). *id*. ii. 190, gallom arfer y *sobredd* hwn yn ein holl ymddygiad. *id*. iii. 174, y mae S. Pawl yn gorchymmyn fod i bob rhan arall o'i dillad hi [gwraig] ddangos gŵyledd a *sobredd*.

sobreiddiaf: sobreiddio [bf. o'r a. *sobraidd*] *bg.a.* Sobri, gwneud neu fynd yn ddwys, difrifoli, callio: *to sober* (*up*), *make or become serious, earnest, or sensible*.
16–17g. T. Prys: *Bardd* 192, Kar oi fewn Kowir wy fi / y sy brydd na *sobreiddi*. **1703** E. Wynne: *BC* 132, yn lle denu 'r Genethod i faswedd yn rhith Llanc glandeg, mynd âg Elor i *sobreiddio* un. **1741** E. Davies: *Alm* [34], am hyn *sobreiddia* Briddin mae dy yrfa di ar derfyn. **1743** *ML* i. 77–8, Nid oes dim ond ynfydrwydd yn ei ben . . . Gresyn na *sobreiddia*'r hurthgan dippyn. Nid ffŵl a fyddai pei gwnâi. **1759** *BC* 138, Yn iâch i bob ffoledd *sobreiddio* i'w [*sic*] fy mrŷd. **[1783]** *W* d.g. *Sober*, *To grow* [*become*] *sober*, *To* [*make*] *sober*. **1789** Twm o'r Nant: *TChB* [59], Yr ysbryd isel tlawd / Sydd yn *Sobreiddio*'r cnawd. Cf. D. Owen: *RL* 305–6, Ddymunwn i ddim dy ddigaloni na dy ddychrynu, ond mi ddymunwn dy *sobreiddio*; D. Owen: *GT* 340, ofnwn yn fy nghalon iddi ddarganfod fy mod inau yn *sobreiddio* ac yn pruddhau fel yr oedd yr amser yn nesu.

sobreiddiol [bôn y f. *sobreiddiaf*: *sobreiddio* a *sobraidd*+-*iol*] *a*. Yn sobri, yn sobreiddio; difrifol, dwys; plaen, diaddurn: *sobering; serious, earnest; sober, plain*.
17–18g. *NBSF* 188, *sobreiddiol* oedd grasol grêd / Ei dawn wiw a diniwed (Owen Gruffydd). **1759** *DG* 126, Ymmhellach mae'r Dyn Duwiol / *Sobreiddiol* brŷd, yn rhodio a'r [*sic*] hŷd.

sobreiddiwch, sobreiddwch [*sobraidd*+ -*iwch*[1] (At.), -*wch*[1]] *eg*. Sobrwydd, cymedroldeb, pwyll: *sobriety, soberness, temperance, moderation, prudence*.
17g. E. Morris: *B* 31, *Sobreiddiwch* syber addwyn, / A gwên deg, gwae ni o'i dwyn. **1710** *F* 84, Goreu Physyg yw *sobreiddiwch*.

sobreiddrwydd [*sobraidd*+-*rwydd*] *eg*. Sobrwydd, cymedroldeb, pwyll: *sobriety, soberness, temperance, moderation, prudence*.
1588 *Doeth Sol* viii. 7, y mae hi [doethineb] yn dyscu *sobreiddrwydd*, a synwyr. **1693** J. Owen: *BP* 189, Pe bae rhieni yn gwneuthur eu dyledswydd tuag at eu plant . . . fe fyddei mwy o dduwioldeb a *sobreiddrwydd* yn y wlad. **[1783]** *W* d.g. *Soberness*, *Sobriety*. **1790** Twm o'r Nant: *GG* 46, Ni a wyddom fod meddwdod yn glwŷ, / Ond meddwdod Ysprydol sy'n fwy, / O eisiau *sobreiddrwydd* a rhôl, / Synhwyrau'n heneidiau sy'n ôl.

sobreiddwch, sobren, gw. **sobreiddiwch, sobr.**

sobrfrydig [*sobr*+*bryd*+-*ig*[2]] *a*. A chanddo feddwl sobr, cymedrol, rhesymol: *sober-minded, moderate, reasonable*.
1906.

sobriaf: sobrio, gw. **sobraf: sobri.**

sobrol [*sobr*+-*ol*] *a*. Sobr; dirwestol, yn perthyn i ddirwest: *sober; pertaining to temperance or abstinence*.
1845.

sobrwedd, gw. **sobr**+**gwedd**[1].

sobrwr [*sobr*+*gŵr*] *eg*. ll. -*wyr*. Person sobr: *sober person*.
1759 *DG* 57, Cychwynaf fy llwybyr / I sibrwd a *sobrwyr*.

sobrwydd [*sobr*+-*rwydd*] *eg*. Yr ansawdd neu'r cyflwr o fod yn sobr, cymedroldeb, gwedduster; difrifoldeb, dwyster: *sobriety, soberness, temperance, abstemiousness, moderation, modesty; seriousness, gravity*.
1567 *TN* 216b, gairiau gwirionedd a' *sobrwydd* yr wyf fi yn ei hadrodd. **1620** 1 *Tim* ii. 9, bod i'r gwragedd eu trefnu eu hunain mewn dillad gweddus, gyd â gwylder a *sobrwydd* (**1588** *ib*. [c]ymmesurwydd). **1672** J. Langford: *HDdD* 52, Crist . . . yr hwn a ddaeth i ddwyn Purdeb, a *Sobrwydd* 'ir [*sic*] Bŷd. *id*. 141. Fy mwriad i gan hynny a fydd traethu i chwi beth yw'r rhannau neillduol o'r *Sobrwydd* hwn . . . Y mae *sobrwydd* yr Enaid yn sefyll mewn iawn lywodraethiad ei Anwydau a'i Affeithiau ef. **1701** E. Wynne: *RBS* 53, *Sobrwydd* Cristianogol yw'r hôll Ddyledswydd a berthyn i ti dy hunan, yn dy fwyd a'th ddiod a'th blesereu a'th feddylieu. *id*. 62, I'r Corph y mae Glythineb waethaf, a Meddwdod i'r Dealltwriaeth, A hyn a bair gwarafun Meddwdod a'i hwtio yn y Scrythyr lan yn fynychach na r llall: ac felly yr aeth *Sobrwydd* i arwyddoccau Cymmedrolder mewn diod. **1703** E. Wynne: *BC* 24, Offeiriad a ddaethei i bregethu *sobrwydd*, ac i ddangos ynddo'i hun wrthuned o beth yw meddwdod. **1712** T. Williams: *CDdG* 321, Yn hattal ein hunain o fewn terfynau *sobrwydd* heb fyned dros ein pennau mewn my[f]yrdodau manwl. **1741** G. Jones: *HWI* iii. 150, Cadw fy nghorph mewn cymhedroldeb, *sobrwydd*, a diweirdeb. **1773** J. Roberts: *GY*, *Sobrwydd*] Dawn i arfer pethau'r bywyd hwn yn Gymhedrol . . . Arfer Doniau heb falchder. **1776** I. Brydydd Hir: *P* ii. 57, cyfiawnder a chariad tuac at ein cymmydog, a diweirdeb a *sobrwydd* tuac attom ein hunain. **[1783]** *W* d.g. *Soberness*, *Sobriety*. **1790** Twm o'r Nant: *GG* 106, Pwyll a *sobrwydd* sydd angenrhaid. Ar lafar, *WVBD* 498; '*sobrwdd*', *GTN* 748; hefyd yn yr ystyr 'mater difrifol', 'Dyna *sobrwdd*!', *ib*. Cf. W. Rees: *AFR* 323, 'Fi byth deyd clwdde, Miss 'Phela', ebe Topsi, gyda'r *sobrwydd* mwyaf; D. Owen: *GT* 126, ni fu gair rhyngddynt erioed mewn *sobrwydd* nac mewn cellwair ar y cwestiwn.

sobryn, gw. **sobr.**

soc, socad, socaf: socan, soco, gw. **sòg, sociad, sociaf: socian.**

socan[1] [?cf. Gwydd. Diw. *siocán* 'caseg y ddrycin'] *eb*. ll. -*od*, -*au*. *Adar*. Bronfraith fawr a chanddi ben a phen ôl llwydlas, caseg y ddrycin, caseg yr eira, *Turdus pilaris*; coch dan adain, asgell goch, tresglen goch, *Turdus iliacus*; bras, *Emberiza*; ehedydd, *Alauda arvensis*: *fieldfare; redwing; bunting; skylark*.
Dchr. **17g.** *J* 10, 41b, *Soccan*. Bunting. Cassita. Glottis. Rubetra. **1722** *Llst* 189, *Soccan*. f.p. *canod*. A field-fare (bird). **1759** *ML* ii. 147, adar duon, ceiliogod bronfraith, *soccanau* a chesigeira. **1773** *W*, *soccan* d.g. *Field-fare*. **1803** *P* d.g. *Socan*.
Amr.: **socen**[1]. **19–20g.** **sogen. 20g.**
Cfn.: **socan (socen yr) eira:** *fieldfare, Turdus pilaris; redwing, Turdus iliacus*. **1803** *P*, Socan . . . *Socan eira* . . . a fieldfare. Ar lafar yn y Gogledd, '*Socan Eira*', H. E. Forrest: *FNW* 72. **s. (socen, sogen) lwyd:** *fieldfare, Turdus pilaris*. **1803** *P*. Ar lafar ym Mrych. yn y ff. *sogen lwyd*.

socan[2], gw. **sociaf: socian.**

socas[1] [cf. *socan*[1]] *eb.?g.* (gan amlaf yn y

cfn. *socas lwyd*). *Adar.* Socan, caseg y ddrycin, caseg yr eira, *Turdus pilaris*: *fieldfare.*

1773 *W*, *Soccas lwyd* d.g. *Field-fare.* **1803** *P*, *Socas*, s. f. . . . the fieldfare.

socas², **socys** [bnth. S. C. *sockes*; ansicr yw'r engh. gyntaf] *e.ll.* (un. b. -*en*) ll. dwbl -*au*, a hefyd (geir.) fel *e?b.* Hosan(au), gwintas(au), legin(s), esgid(iau): *sock(s)*, *buskin(s)*, *gaiter(s)*, *legging(s)*, *shoe(s)*.

14g. *GDG*³ 124, Sorod wlydd newydd uwch nant, / *Socas* o welltblas wylltblant [i ddyfalu'r ysgyfarnog]. **1547** *WS*, *Sockyssen* A socke. **16–17g.** *HG* 179, aü [*sic*] glog ay gapan glan glwys / aü [*sic*] *sokasau* sew kaiswys. **1604–7** *TW* (*Pen* 228), Gwisco escidiæ, *soccysæ* d.g. *Calceo. id. Soccysen* wlan d.g. *Soccus.* **1606** E. JAMES: *Hom* ii. 209, yr hwn sydd yn ymhoywi yn ei Sabl a'i ŵn ffwrr hardd, ei escidiau corc, ei *soccysau* gwychion (*trim buskins*). **1617** *Minsheu* 455b, *soccassen* d.g. *a woollen Socke.* **1632** *D*, *soccys* d.g. *Soccus.* **17g.** *LlGC* 13215, 352, *soccas*, sculponea, *soccasen.* **1722** *Llst* 189, *Soccys.* s. *cysen.* f. Socks for ye feet. **1725** *SR*, *Soccus* d.g. *A Pump, a child shoe.* *c.* **1730** *Thos. Lloyd D* (LlGC) 207b, *Soccysau*, buskins. **1759** J. EVANS: *PF* 33, Gwiscwch *Soccasau* Gwlanen. [**1783**] *W*, *Soccys* (sing. *soccysen*), *soccasau* (sing. *soccas*) d.g. *Socks* [*to wear in shoes*, &c.]. *id. soccasau, soccysau* d.g. *Spatter-dashes.* Ar lafar yn y ff. *sacasa*, *sycasa* yn yr ystyr 'legins' (Morg.); hefyd yn y ff. *jacas*, *B* v. 329 (Dyffryn Aman).

Gw. hefyd **socs**.

soced [bnth. S. C. *soket* 'spearhead' a S. *socket*] *eb.g.* ll. -*au*, -*i*.

(*a*) Twll neu bant a wneir i ddal neu i dderbyn rhywbeth arall, crau, twll neu bant sy'n dal rhan o'r corff (e.e. llygad, pen asgwrn, dant), dyfais y mae pinnau plwg trydan, bwlb trydan, &c., yn ffitio ynddi i wneud cysylltiad trydanol: *socket.*

[**1783**] *W*, vulgò *socced* d.g. *Socket.* Ar lafar; hefyd yn y ff. *socet*, 'Ydi'r plwg yn y *socet*?' Cf. W. REES: *HBHD* 12, Aeth allan yn y man, a cheisiai redeg a neidio er mwyn stretshio gliniau'r clos; ac yn yr ymdrech, taflodd un o fotymau y glin ymaith oddi ar y *soced*.

(*b*) Blaen dur gwaywffon ar ffurf swch aradr: *socket*, *spearhead shaped like a ploughshare.*

14g. *GIG* 37, Llew Prydain, llaw Peredur, / Llew siaced tew *soced* dur, / Pestel cad, arglwydd-dad glew, / Post ardal Lloegr, pais durdew [i Owain Glyndŵr]. *id.* 44, Ni wnaeth ond marchogaeth meirch, / Gorau amser, mewn gwrmseirch, / Dwyn paladr, gwaladr gwiwlew, / *Soced* dur a siaced tew. Cf. *id.* 84, A thorri, myn di, mewn dur, / Baladr socetgadr catgur.

socen¹, gw. **socan**¹.

socen² [cf. *socyn*; dichon fod mwy nag un gair wedi ei gynnwys yma] *eb.* Hwch ieuanc, hefyd yn *ffig.*; peth (?neu berson) mawr: *young sow*, *also fig.*; *large thing* (?*or person*).

Dchr. **17g.** *J* 10, 41b, *Soccen.* Porcetra. **17g.** *NBSF* 620, er rhodd y devaf fy Rhen / a chowydd i chwi owen / ar f'anwyl ir erfynnia / gael *socken* o dderwen dda / iach vnion fferf i chanol / ysta o ddwylath i ystol. **17g.** E. MORRIS: *Gw* 464, Deg swllt ar hugen / On'd e 'r ydyw' [*sic*] i'n filen; / Oni weli di hi'n *socen* / Dan ei hen siaced? ?**18g.** *CM* 490, 37, Mi a flina yn hawdd wrth rodio yr siglen / o ran fy mod yn feichiog *soccen* / ag rydwy yn tybied yn ddigellwer / nad oes rhyngthoi ond mis am hamser. Ar lafar, '*soccan*' 'term of reproach applied especially to a sow', 'hen *soccan* fudur', *B* i. 101 (Arfon).

socer [bnth. S. *soccer*] *e?g.* Pêl-droed, ffwtbol: (*association*) *football*, *soccer.*

20g. Ar lafar, "Does gen' i fawr i ddeud wrth *socar*'.

sociad, **socad** [bôn y f. *sociaf*, *socaf*: *socian*, *socan*, *soc(i)o* + -*iad*¹, -*ad*] *eg.* Y cyflwr o fod yn socian, y weithred neu'r proses o socian, cyfnod o socian, gwlychiad, trwythiad: *a soak(ing)*, *saturation.*

1633 *Addysg i Farw*, 56, ar ôl hir *sociad* miawn tymhestloedd yn y môr garw. *c.* **1730** *Thos. Lloyd D* (LlGC) 209a, *Socciad.* Soaking. Ar lafar, 'Ddoth 'i'n gafod sydyn, a mi ges i *sociad* ofnadwy'.

sociaf, **socaf**: **socian**, **socan**², **soc(i)o** [bnth. S. (*to*) *soak*] *bg.a.* Gwneud, mynd, neu fod yn wlyb sopen, yn enw. drwy drwythiad, gwlychu'n wlyb domen, trochi, trwytho, mwydo, rhoddi yng ngwlych, hefyd yn *ffig.* e.e. ymdrwytho (mewn pwnc, &c.); diota, yfed yn drwm; crasu'n drwyadl: *to soak*, *be soaking* (*wet*), *saturate*, *steep*, *infuse*, *also fig.* *e.g.* *steep oneself* (*in a subject*, &c.); *booze*, *drink heavily*; *bake thoroughly*.

1547 *WS*, *Sockio* Soke. **16g.** *GGH* 454, Yn *socan*, truan trofâu—anafus, / Wedy nofio llynnau. *Dchr.* **17g.** *J* 10, 41b, *Soccio.* to soke. **17g.** HUW MORUS: *EC* i. 326, Hir aros i wario, dan botio nes dotio, / Cael weithiau fy nghogio dan *socio* y saws, / Y wraig yn cam gyfri, a rhai o'r hael gwm'ni, / Yn cecru drwy egni yn y drygnaws. ?**18g.** *CM* 490, [6], rwy yn llawn o amcanion cynes / mi fedra ledi ylodes / ag a fedra gweirio i thin / rhag *soocio* [*sic*] yn y grin Sikness. **1759** *BC* 476, Di-farn waith, i'r Dafarn weithiau; / Ond aros yno i *soccio* yn Siccir. [**1761**] *GGJ* 28, dod ddyrned o Allum mewn cymmhedrol Gettliad o Ddwr a bwriwch eich Coed yntho, ac wedi *Soccio*'n dda cymmer o allan. *id.* 70–1, i gymmeryd Spotiau allan o ddillad llien . . . Toddwch Bay Salt mewn Dwr glan a *Socciwch* y Llien yntho. [**1762**] E. POWELL: *HEI* 59, rhowch ef i *Soccian* a'r [*sic*] Dân araf hanner Awr. **1771** *PDPh* 90, dodi lliain i *soccio* yn y dwfr. **1795** J. THOMAS: *AIC* 349, hau Galch drachefen ar hŷd wyneb y tîr, gael i'r Cafodydd ei *Soccio* i lawr. Ar lafar yn gyff., *LGW* [334]–5; 'Fe gæs 'i ddala yn y glaw a 'odd a'n *socan* pyn dæth a mywn', *GTN* 748; hefyd yn yr ystyr 'crasu'n drwyadl', "Tydi'r bara ddim wedi *socio*', *WVBD* 498, ac yn yr ymad. '*socian* berwi' 'to simmer', *ib.* Cf. TALHAIARN: *Gw* i. 27, yr oedd y cwrw yn digwydd bod yn bur dda a'r cwm'ni yn bur ffeind, a dyna lle'r oeddynt yn *soccio* ac yn smoccio.

Sociniad, Sociniaeth, Sociniaidd, gw. **Sosiniad, Sosiniaeth, Sosinaidd.**

sociwr [bôn y f. *sociaf*, *socaf*: *socian*, *socan*, *soc(i)o* + -*iwr*] *eg.* ll. *socwyr.* Diotwr, meddwyn: *boozer*, *drunkard.*

1848.

soclyd, gw. **soeglyd.**

socno [?cf. S. *soaken* 'soaked'] *ba.* Socian, gwlychu, mwydo, hefyd yn *ffig.*; crasu'n drwyadl: *to soak*, *wet*, *steep*, *also fig.*; *bake thoroughly.*

20g. Ar lafar, 'Ma 'i'n *socno*'r crysta yn y te. Ma'n 'aws 'u bita nw we'nny', *GTN* 748; '*socno*'r bara' (dwyrain Morg.). Clywir hefyd y ff. *sogno*, *Cymru* xxxv. [233] (godre Cered.).

Socrataidd [cfdds. o'r S. *Socrat(ic)* + -*aidd*] *a.* Yn perthyn i'r athronydd o Roegwr Socrates (?–399 C.C.) neu i'w ddysgeidiaeth, yn enw. i'w ddull o chwilio am y gwirionedd drwy gyfres o gwestiynau ac atebion, nodweddiadol o Socrates neu ei ddysgeidiaeth: *Socratic.*

1874.

Socratig [cfdds. o'r S. *Socrat(ic)* + -*ig*²] *a.* Socrataidd: *Socratic.*

1939.

socs [bnth. S. *socks*] *e.ll.* (un. b. -*en*). Hosanau: *socks.*

1931. Ar lafar. Yn y Gogledd clywir yr ymad. 'cael *socsan*' yn yr ystyr 'cael siom', ond tebyg mai gair gwahanol (cf. S. *sock* 'a blow') yw hwnnw.

Gw. hefyd **socas**².

socyn [gair geir., cf. *socen*²] *eg.* ll. -*nod.* Mochyn ieuanc; bachgen, llanc: *young pig*; *boy*, *lad.*

1632 *D*, *Soccyn*, vid. Hoccrell q.d. Ys hoccyn, A Hogg. **1688** *TJ*, *Soccŷn*, hoccŷn, hogŷn: one of an indifferent bigness, something under the middle stature. **1722** *Llst* 189, *Soccyn.* m.p. *cynnod.* A young lad; young hog. **1753** *TR*, *Soccyn.* Vid. Hoccrell. q.d. Ys hoccyn, from Hogg, a little boy. **1803** *P*, *Socyn*, s. m. dim. . . . A pig; an urchin, a boy, in droll style.

socys, socysen, gw. **socas**².

socysog [gair geir., sef *socys* + -*og*] *a.* Yn gwisgo hosan(au): *wearing a sock or socks.*

1632 *D* d.g. *Soccatus.* **1722** *Llst* 189, *Soccysog.* Wearing socks. **1794** *W* d.g. *Socks*, *Wearing socks.*

soch¹, gw. **hysóch.**

soch² [?cf. S. *soak*] *eg.* ll. -*au.* Draen, ffos; draeniad: *drain*, *ditch*; *a draining.*

1803 *P.*

soch³, gw. **swch**¹.

soda [bnth. S. *soda*] *eg.* Un o nifer o gyfansoddion sodiwm megis sodiwm carbonad, sodiwm bicarbonad, neu sodiwm hydrocsid; dŵr soda: *soda*; *soda water.*

1838. Ar lafar, "Gyma' i wisgi hefo *soda*'. Cf. S. LEWIS: *M* 69, 'Chwisgi a *soda*', ebr Bob.

Cfn.: **soda brwd** = **s. costig.** **20g.** **s. costig:** *caustic soda*, *sodium hydroxide.* **20g.** **s. golchi:** *washing soda.* **1931.** **s. pobi:** *baking soda*, *bicarbonate of soda.* **20g.**

soden, sodgrwth, gw. **sôts, soddgrwth.**

Sodiac, Sodïac [bnth. S. *zodiac*] *eb.* *Ser.* a *Serdd.* Gwregys dychmygol yn yr wybren yn ymestyn tuag 8° bob ochr i'r ecliptig sy'n cynnwys holl safleoedd ymddangosiadol yr haul, y lleuad, a'r planedau, ac a rennir yn ddeuddeg rhan gyfartal a elwir arwyddion neu sygnau, a phob un gynt yn cynnwys cytser o'r un enw, darlun (ar ffurf cylch fel arfer) o'r arwyddion hyn, Sidydd: *Zodiac.*

15g. *IGE*² 229, Dysgais, ystriciais ystrac, / Deall modd y *sodïac*; / A'r saith planed, dynged dygn, / Diddicson a'r deuddecsygn (Ieuan ap Rhydderch). **1545** *CM* 1, 38, Holl Serkloedd y ffuruauen ysydd Eiddil a meinion onid ynnvnig y *Sodiack.* **1546** *YLlH* [22], y mae yr haul yn kerdet dros y deudeg arwydd or *zodiak.* **1602** *LlGC* 6495, 56a, dy waith sy droi doeth yw drak / drwy sias hydr dros y *sodiak* (Dafydd Llwyd Mathew). *Dchr.* **17g.** E. P. ROBERTS: *TUB* 22, Ysdrydoedd, ys da i rodiaw, / Ar frest gron dirionfron draw; / Ysdrydoedd, ffyrdd, tir gwyrdd gwâr, / *Sodia* [*sic*] gwmpas daear (Siôn Phylip). *c.* **1730** *Thos. Lloyd D* (LlGC) 207b, *Sodiac.* Zodiacus. **1767** G. HOWEL: *Alm* 2, Y *Zodiac* ddinac 'idd ŷs, / Adwaenoch yn hysbys.

sodiwm [bnth. S. *sodium*] *eg.* *Cem.* Elfen fetelaidd feddal arianwen adweithiol (symbol Na; rhif atomig 11) a geir yn naturiol mewn halen a nifer mawr o fwynau eraill; y mae'n un o elfennau hanfodol organebau byw, ac fe'i defnyddir yn gyffredin mewn prosesau diwydiannol: *sodium.*

1933.

Cfn.: **sodiwm bicarbonad:** *sodium bicarbonate*, *bicarbonate of soda*, *baking soda.* **20g.** **sodiwm carbonad:** *sodium carbonate*, *washing soda.* **20g.** **sodiwm clorid:** *sodium chloride.* **20g.** **sodiwm hydrocsid:** *sodium hydroxide*, *caustic soda.* **20g.**

sodiwr, sodl, gw. **sawdiwr, sawdl.**

sodlaf: sodli, sodlu, sodlo [bf. o'r e. *sawdl*] *bg.a.* Trwsio neu adnewyddu sawdl (esgid, &c.), trwsio sawdl (hosan); bod ar sodlau (rhywun), sathru (â'r sawdl), sathru ar sodlau rhywun, baglu (rhywun), gyrru (gwartheg, &c.) drwy snapio wrth eu sodlau (am gi), hefyd yn *ffig.*; cymryd y goes, rhedeg (i ffwrdd), mynd; cicio (pêl, &c.) tuag yn ôl â'r sawdl: *to heel* (*shoe or sock*); *follow on the heels of*, *tread* (*with the heel*), *tread on someone's heels*, *trip* (*someone*) *up*, *heel* (*cattle*, &c.) (*of a dog*), *also fig.*; *take to one's heels*, *run* (*away*), *go*; *heel* (*a ball*).

1803 *P* d.g. *Sodli.* Ar lafar, '*sodli*' 'to heel . . . (boots)', 'to go, move' "*Sodla*' i ddim cam ar 'i ôl o', 'to trip up', *WVBD* 498; '*sodlu* . . . *sodli*', '*sodlu* hosan', '*sodlu* gwartheg', 'i *sodlu* hi', *B* xv. 24 (Meir.); 'Gofyn i'r crydd *sodli* a gwanddu'r sgitsia 'ma', *GTN* 749; 'Fe ddæth y ci o rwla a dychra *sodli*'r 'en darw', *ib.*; '*sodlo*' 'to tread on someone else's heels', *TGG* (1904) 62 (gogledd sir Benf.). Digwydd hefyd yn Arfon yn yr ystyr 'pwyso'n drwm ar sawdl esgid', 'Ma'r hogan 'ma'n *sodlu*'n drwm ar yr ochor dde'.

Amr.: **sawdlo.** **1899.** Ar lafar, '*sowdlo*' '(of a dog) to bite the heels of cattle; (of a person) to follow close on the heels of', *TGG* (1907–8) 88 (de-orllewin sir Gaerf.). **sodlio.** **1897.**

sodliad [bôn y f. *sodlaf*: *sodli*, *sodlu*, *sodlo* + -*iad*¹] *eg.* Cic â'r sawdl, bagliad: *a kick with the heel*, *tripping.*

1803 *P.* Cf. D. J. WILLIAMS: *STG* 40, Câi yntau, wedyn, *sodliad* sydyn ar ei ais.

sodliaf: sodlio, gw. **sodlaf: sodli.**

sodlog [*sawdl* + -*og*] *a.* ?a hefyd gyda grym enwol. A chanddo sodlau (uchel): (*high-*)*heeled.*

c. **1400** *R* 1233. 13–14, afrvyd svyd *sodlavc* trysglavc treisglych. **1787** E. ROBERTS: *PCF* 47–8, Maent yn mynd yn fonddigaidd iawn wrth ddiogi / Yn wyr boliog *sodlog* sownd, / Oedd gynt heb na chownt na

chyfri. **1803** *P.* Cf. *GBF* 456, A'r kethri osclaỽc a'r kythreul cornaỽc / A'r kyrn llymsodlaỽc ar y sodleu.

sodlwr, sawdlwr [bôn y f. *sodlaf*: *sodli*, *sodlu*, *sodlo* a'r amr. *sawdlaf*: *sawdlo*+*-wr*] *eg.* ll. *sodlwyr*. Un sy'n sodli esgidiau; un sy'n dilyn wrth y sodlau, un sy'n dilyn person arall yn gyfrinachol; ci sy'n sodli; un sy'n sodli (pêl): *heeler* (*of shoes*); *one who follows at the heels*, *shadower*; *heeler* (*dog*); *heeler* (*of ball*).

1789 TWM O'R NANT: *TChB* 17, Llinwr, Turner yn llawn taerni, / Glover Sadler *Sodlwr* gwisci. Ar lafar am gi, '*Sowdlwr* da yw'r ci hwn', *GDD* 268; '*Sodlwr* yw'r ci 'yn', *GTN* 749.

sodlwraidd [*sawdl*+*gwraidd*] *eg.* (bach. *-wreiddyn*) ll. *-wreiddiau*. Gwreiddyn mawr sengl planhigion megis dant y llew, sy'n tyfu'n unionsyth ar i lawr ac sy'n dwyn gwreiddiau ochrol llai, prif wreiddyn: *tap-root*.

1800 W. OWEN[-PUGHE]: *CP* 61, wrth dynu yr erfinen . . . yr ydys yn dyfetha y *sodl-wreiddyn*. *id.* 68, ysgythru y *sodl-wreiddyn*.

sodomaidd, gw. **sodomiaidd**.

sodomiad [e. dinas *Sodom*+*-iad*[3]] *eg.* ll. *-iaid*. Un sy'n cyflawni neu'n arfer sodomiaeth; un o drigolion Sodom: *sodomite*; *Sodomite*.

1588 *Gen* xiv. cs., Abram yn gwrthod golud y *Sodomiaid*. *id.* xix. cs., Anaturiol bechod y *Sodomiaid*. **1588** 1 *Br* xxii. 47, A'r rhan arall o'r *Sodomiaid* a'r a adawyd yn nyddiau Asa ei dad ef: efe ai deleodd hwynt o'r wlâd. **1588** *Math* x. 15, bydd esmwythach i dir y *Sodomiaid*, a Gomorriaid yn nydd y farn, nag i'r ddinas honno. **1718 (1721)** S. THOMAS: *HB* 152, y Monachod . . . Pechod y *Sodomiaid* hefyd oedd yn rhigyl yn e'u [*sic*] plith. **1722** *Llst* 189, *Sodomiad*. m.p. *domiaid*. A sodomite. **1771** *W* d.g. *Buggerer*.

sodomiaeth [e. dinas *Sodom*+*-iaeth*] *eb.* Cyfathrach rywiol refrol: *sodomy*.

1657 RE: *CDd* 14, Mae Duw yn târo dynion am aniweirdeb, am odineb, am *sodomiaeth*, am hunan halogedigaeth. **1722** *Llst* 189, *Sodomiaeth*. f. Sodomy. **1771** *W* d.g. *Buggery*. **1797** D. DAVIES: *SEG* 221, Pa rai yw'r gweithredoedd o aflendid sy'n cael eu gwahardd yma? . . . Godineb, putteindra, amrywiol o wragedd, trais, llosgach, *sodomiaeth*, a phob trachwant annaturiol. Cf. S. LEWIS: *WP* 115, Enwir yno [pennod gyntaf 'Theomemphus'] *sodomiaeth* ddwywaith, a nifer o ŵyrdroadau eraill.

sodomiaidd, sodomaidd [e. dinas *Sodom* +*-(i)aidd*] *a.* Yn perthyn i sodomiaeth, yn cyflawni neu'n arfer sodomiaeth, hefyd yn *ffig.*: *sodomitical*, *also fig.*

1588 1 *Br* xv. 12, efe [Asa] a yrrodd ymmaith y gwŷr *Sodomiaidd* (**1988** *ib.* y puteinwyr cwltig) o'r wlâd. **1658** R. VAUGHAN: *PS* 167, cynddrwg ar [*sic*] Sodomitiaid, pob vn (or dihiraf) . . . yn *Sodomiaidd* ei hunan. **1722** *Llst* 189, *Sodomiaidd*. Sodomitical. **1771** *W*, gwr *sodomiaidd* d.g. *Buggerer*.

sodomit [bnth. S. *sodomite*] *eg.* ll. *-iaid*. Un sy'n cyflawni neu'n arfer sodomiaeth; un o drigolion Sodom: *sodomite*; *Sodomite*.

1595 H. LEWYS: *PA* 140, 'rhain a orthrymwyd . . . gan i gelynion: Abraham gan y Caldieit, Lot gan y *Sodomitieit*. **1604–7** *TW* (*Pen* 228), Maelgwyn Gwynedd . . . y brenhin vchot oedd *Sodomit* a thraws d.g. *Alcidæ*. **1658** R. VAUGHAN: *PS* 167, cynddrwg ar [*sic*] *Sodomitiaid*, pob vn (or dihiraf) . . . yn Sodomiaidd ei hunan. **1670** J. HUGHES: *AP* 114, y *Sodomitiaid* a'r Gomorrheaid.

sodr, sodor, sodur [bnth. S. *so(l)der*] *eg.* ll. *sodrau*. Aloi toddadwy a ddefnyddir i asio dau arwyneb metel drwy ymffurfio'n haen denau rhyngddynt: *solder*.

1604–7 *TW* (*Pen* 228), *Sodur* d.g. *Ferrumen*. **17g.** *LlGC* 13215, 352, *Sodr*, ferrumen. Ar lafar, '*sodor*', *Cymru* xlvii. 236 (sir Ddinb.).

Gw. hefyd **sawdur, soldyr.**

sodrad [bôn y f. *sodraf*: *sodro*, *sodri*+*-ad*[2], trf. han.] *eg.* ll. *-au*. Y weithred o sodro, enghraifft o sodro: *a soldering*.

1840.

sodraf: sodro, sodri [bf. o'r e. *sodr*] *bg.a.* Asio (â sodr); uno, sicrhau yn ei le, gosod yn gadarn; stwffio, hyrddio, curo, taro; hefyd yn *ffig.*: *to solder*; *join*, *fix in place*, *place firmly*; *stuff*, *shove*, *knock*, *strike*; *also fig.*

1725 *SR*, *sodri* d.g. *To Solder*. **1828** *Geir Pob* 25, *Sodro*, asio, cyfanu. Ar lafar, '*sodro*' 'to solder', 'to strike', 'Mi dy *sodra*' i di', *WVBD* 498; 'Dara â'r siesban 'na i fi *sodro* 'i dolan 'i', *GTN* 749. Cf. *TGG* (1902) 25, a country lad four miles from town [Caernarfon] will often use the words '*sodro*' (strike) or 'cryspas' (coat), which would be absolutely unintelligible to the town-bred boy; K. ROBERTS: *LW* 64, yr oedd gan y bechgyn fantais, gan eu bod yn gallu *sodro* neu daro'r togo yn well na genethod.

Gw. hefyd **sawduriaf: sawdurio, soldraf: soldro.**

sodren[1,2], **sodrin, sodur, soduriad, soduriaf: sodurio,** gw. llaesodren, seldrem[1], **sawdrin, sodr, sawduriad, sawduriaf: sawdurio.**

soddaf: soddi [?< **sōd-*, o'r gwr. IE. **sed-* 'eistedd' (cf. *sedd*, H. Wydd. *saidid* 'fe eistedd', H. S. *sōt* > S. *soot*) neu < **stā-dh-*, o'r gwr. IE. **stā-* < **staə-* 'sefyll' (cf. *safaf*: *sefyll*, Gwydd. C. *sáidid* 'gwthia, planna, gesyd'); ?cf. *suddaf*[1]: *suddo*] *bg.a.* (Peri) suddo, (peri) mynd dan y dŵr, &c., trochi, plymio, dowcio, hefyd yn *ffig.*; treiddio; buddsoddi: *to sink*, *submerge*, *immerse*, *dive*, *plunge*, *also fig.*; *penetrate*; *invest*.

13g. *B* xxi. 297, A phan henhaoent [elyrch] y gwneir en bennhwyeit dan vor . . . Wynt a *sodant* y llongeu. **14g.** *BT* 205, bu gymeint y llyfdyfred ac *ysodassant* lawer or tei. **14g.** *H* 124b. 1–2, kyueillt grym yssym *assaỽd* y alon (Llywelyn Brydydd Hoddnant). **1346** *LlA* 157, vynt ach *soddant* yn dyfynnder gofuut . . . mi . . . ach *sodaf* megys y *sodet* [diwyg.] gynt. Souir Ac ovir. alynkỽys y dayar ỽynt yn vyỽ am y pechodev. *c.* **1400** *DB* 49, Y tu hwnt y hynny y bu ynys uawr, ac a *sodes* a hi a'e phobyl. *id.* 51, ual y *sawd* y maen yn y mor, velly y *sawd* yr eneideu yno. **1567** *TN* 89a, yr ei ddeuthant, ac a lanwesant y ddwy long, y'n y *soddesont*. **1588** 1 *Sam* xvii. 49, A Dafydd . . . a gymmerth oddi yno garrec . . . ac a darawodd y Philistiad yn ei dalcen: a'r garrec a *soddodd* yn ei dalcen ef. **1588** *Salm* lxix. 14, Gwaret fi o'r domm fel na *soddwyf*. **16–17g.** *HG* 37, sodam a gomara meddant hwy / ac yno nhwy *soddyson*. **1630** *YDd* 201, na chynnwys mo honom i *soddi* yn ein hanwireddau budron. **1632** *D*, *Soddi*, Idem quod Suddo. *id.* d.g. *Immergo*, *Submergo*, *Subsido*. **1725** D. LEWIS: *GB* 307, Y Peth fo yn ysgafnach na chymaint ag ef o Ddefnydd Llifiog, a nofia yntho; eithr y Peth fo yn drymach, a *sodda*. **1768** W. WILLIAMS: *HTS* 14, Y Negroes duon a *soddant* mewn dyfroedd dyfnion, yn noeth i gasglu graian yr aur. **1790** T. JONES: *TOS* 246, rhaid i'r grediniaeth hon *soddi* i dy galon. *a.* **1791** W. WILLIAMS: *GP* 201, Mae Iesu a Chyfoeth mawr ei râs / Yn *soddi*'n hatgas feiau. **1803** *P.* Ar lafar gynt yn Arfon yn yr ystyr 'buddsoddi', 'Mae o wedi *soddi*'r arian, wchi, yn y banc'.

soddau[1,2], ff. ll., gw. **sawdd**[1,2].

soddedig [bôn y f. *soddaf*: *soddi*+*-edig*] *a.bfl.* ll. *-ion*, a hefyd gyda grym enwol. Suddedig, wedi suddo, dan y dŵr, &c., wedi ei drochi, hefyd yn *ffig.*; wedi ei fuddsoddi: *sunk*, *sunken*, *submerged*, *immersed*, *also fig.*; *invested*.

c. **1400** *B* iii. 88, Ac odyno y kerdasant y le kyflawn o dynyon *sodedigyon* y mywn auon o dan . . . A gofyn a wnaeth ef yr agel, pwy oetynt y rei a oedynt *sodedigyon* hyd y glinyeu. A dywedud a wnaeth . . . y rei a wnaethon ledrad a godineb . . . A gouyn a wnaeth ef yr agel, pwy oet *sodedic* hyd y haeleu: y rei oyd digasset yn eu kallonneu. **1567** *TN* 284b, mae yn dangos yddynt ei [*sic*] trueni eithaf, yn yr hyn ydd oeddent yn *soddedic* cyn nac yddynt adnabot Christ. **1724** S. WILLIAMS: *ADA* 95, Y galon tan anobaith trwm a *soddedig*. *c.* **1730** *Thos. Lloyd D* (LlGC) 210b, *Soddedig* . . . Sunk. **1759** *BC* 351, Mawr ddrygioni'r bobl rheini, / Oedd yn peri, cymaint pwŷs; / I Dduw puredig, Bendigedig, / Roi *Soddedig*, ddirmig ddwŷs. **1784** M. WILLIAMS: *S* i. 81, Mae rhai trafaelwyr . . . yn gorfod cerdded dros ochrau'r mynydd ddwy filldir mewn llydw a daear llosgedig, ag oedd yn drafferthus i drafaelu drosti; o herwydd ei bod yn *soddedig*, fel llochfaedd o eira. **1794** *W* d.g. *Sunk*. **1803** *P*, *Sozedig* . . . Being sunk or plunged. Cf. ISLWYN: *Gw* 68, Meddyliai dyn am oesoedd mai ei fyd / *Soddedig* ef oedd canol bwynt y cwbl.

soddfa [bôn y f. *soddaf*: *soddi*+*-fa*, *ma*] *eb.* ll. (prin) *-feydd*. Pwll neu bydew sy'n derbyn dŵr wast, carthffosion, &c., carthbwll, hefyd yn *ffig.*; cronfa (ariannol): *sink* (*pool or pit for waste water*, *sewage*, *&c.*), *cesspool*, *cesspit*, *also fig.*; (*monetary*) *fund*.

1606 E. JAMES: *Hom* i. 163–4, ni a gawn weled mai pechod putteindra yw'r llynn diffaithiaf, a'r pwll bryntaf, a'r *soddfa* (*sink*) ddrewllyd, i'r hwn y llifeiria ac y rhêd pob pechod, a phob drygioni arall. *id.* ii. 199, hwy a ddrewant, yn ein cyrph ni megis mewn pwll neu *soddfa* ddrewllyd. **1617 (17g.)** *CC* 420, ffynon anwiredd a chas a chynddrygedd / a gelyn pob rhinwedd lle i delo / Dychreiad y tylodi a *soddfa* pob syrthni / a gwreiddin drigioni yw carowsio. **1683** J. JONES: *TG* 23[3], ffordd uniawn i ddinistr, a *soddfa* anwiredd yw 'r perswasiwn yma. *c.* **1730** *Thos. Lloyd D* (LlGC) 209a, *Soddfa*. A sink.

soddgloch [bôn y f. *soddaf*: *soddi*+*cloch*] *eb.* Cloch blymio: *diving bell*.

1836.

soddgrwth [bôn y f. *soddaf*: *soddi*+*crwth*, ond gw. hefyd yr amr. isod] *eg.* ll. *-grythau*. *Crdd.* Sielo, feiol fas: (*violon*)*cello*, *bass viol*.

1850 *Caerfallwch* d.g. *Violoncello*.

Amr.: **sodgrwth** [*sawd*[2]+*crwth*]. **1852.**

soddiad [bôn y f. *soddaf*: *soddi*+*-iad*[1]] *eg.* ll. *-au*. Trochiad, suddiad (dan y dŵr, &c.), plymiad, hefyd yn *ffig.*: *immersion*, *submersion*, *a sinking*, *plunge*, *also fig.*

1696 *GGTY* [2], y gair . . . Baptizo . . . onid yw . . . yn arwyddoccau *Soddiad* (*Immersion*) neu fwrw tan y dwfr. *c.* **1730** *Thos. Lloyd D* (LlGC) 209a, *Soddiad*. Immersio. **1732** *RE* 30, [T]rochi . . . am fôd y gair Bedŷdd yn arwyddo trochiad neu *soddiad* tan ddwfr. **1775** *W* d.g. *Immersion*, *Submersion*. **1790–1** H. JONES: *T* 69, yr achos o'r *soddiad* calon hwn (*this sinking of heart*) yw, yr olwg ysprydol a roddes Duw iddo. **1794** E. JONES: *CP* 79, o's y ffordd felly a ganiatêir i un, a eiff yn annhrammwyol, neu yn bur ddrwg, trwy i berchenog y tîr ei gwneuthur felly a *soddiadau* ei olwynion. **1803** *P*, *Soziad*, s. m. . . . A sinking; a plunging.

soddiant [bôn y f. *soddaf*: *soddi*+*-iant*] *eg.* Trochiad, suddiad, hefyd yn *ffig.*: *immersion*, *a sinking*, *also fig.*

1696 *GGTY* 178, O herwydd fod pôb math o olchiadau neu *soddiant* (*Dippings*) yn y [*sic*] jaith Groeg yn arwyddoccau bedydd; a ydyw gan hynny yn canlyn fod pôb math o fedyddiadau, *soddiant* neu olchiadau yn ordinhâad Crist o fedydd mewn modd ffurfiol. *c.* **1730** *Thos. Lloyd D* (LlGC) 209a, *Soddiant* . . . Immersio.

soddion, ff. l., gw. **sawdd**[1].

soeg, *eg.* ll. *-ion*. Gweisgion sy'n weddill ar ôl bragu, gwneud gwin, &c. (yn enw. fel bwyd moch), gwaddod(ion), gweddill(ion), sylwedd soeglyd, hefyd yn *ffig.* ac yn ddifr.: *dregs from brewing*, *winemaking*, *&c.* (*esp. as pigswill*), *draff*, *lees*, *sediment*, *residue*, *soggy mass*, *also fig. and derog.*

1346 *LlA* 22, llyngku or diefuyl ỽynt drỽy eissỽet ac anghen megys yllỽngk ymoch y*soec*. *id.* 23, Amegys ydhidlir y gwin or *soec*. Ac or graỽn. velly ykyssylltir corff krist o lawer or rei kyfyaỽnn. **14g.** *GDG*[3] 328, Syganai'r gwas *soeg* enau, / Araith oedd ddig, wrth y ddau. **14g.** *GIG* 161, Meheldyn, gefryn heb gig, / Meingroen neidr min grynedig, / A merch Rwsel, sorel *soeg*, / Gwrach fresychgach frau sechgoeg [dychan i Herstin Hogl]. *c.* **1400** *ChO* 8, ef a welei yr hwch yn yssu *soec* a gwadawt ar yr heol. **1545** *CM* 1, 329, maedda hwynt [perlysiau] yn *soeg*. **1547** *WS*, *Soec* Draffe. **1578–80 (17–18g.)** *Cylchg LlGC* vii. 276, Grifft gauafloer grefft gyflathr / Gruel a *soeg* oer law sathr [dychan Hywel ap Syr Mathew i Fynydd Hirddywel]. *Diw.* **16g.** *WLB* 2, Kymer Rhysc y llwyfen a briw hwynt yn fân a gweisgiona y briwion hwnw drwy dwfr twymyn oni bo y dwfr fal mêl gwiney a bwrw y *soeg* hwnw ymaith. **16–17g.** *GST* i. 453, Llogel ac ystlys lliwgoeg, / Llances wen yn llyncu *soeg*. / Budur ei thrwyn o'r badell, / O châi *soeg* ni cheisiai well [i ofyn hwch]. *id.* 672, Seren a gafas oerwr, / Siwgr yw gwen, a *soeg* yw'r gŵr. / Hwn sy lowt, a hon sy lân, / Hon yw'r sec, hwn yw'r sucan. **1632** *D* d.g. *Fæx*. **1658** *TBM* 819, Bu gynt ar helynt hwyliad —ddysg imi / Ddwys gymen ddarllawiad. / Aeth y Ladin iaith lediad / A'r Groeg yn *soeg* yn y siad. **1684** H. OWEN: *DC* 195, Hwynt hwy, gweithredoedd y sawl, a welid yn ganmoladwy, a wnaympasant i'r gwaelod isaf, a'r sawl oeddent yn bwytta bara'r Angelion, a welais yn ymddifyrru ar *soegion* moch. **1730 (1755)** E. WYNNE: *PAC* 177–8, Pan ddoe 'r Winwydden / Ir llwyn, y bu llawen. / Yn cyrredd o Feth-lem / Union bren ir Ne; / Rhoe *sôg* ir coed crinllŷd, / A thrwy ei Gorph hefŷd, / Mae 'r Brif-ffordd ir Bywŷdd [*sic*] / or beie. *c.* **1740** *LlM* 10, [c]ymmer Wreiddyn o Sarsaprilis a chnô ef dan dy Ddaint hyd onid el yn *soeg*. **1765** J. EVANS: *CPE* 325, hwy a chwennychent ymddigoni o *soegion* y môch, meluswedd pechod, a

digrifwch bydol. **1803** *P*. Ar lafar yn gyff., '*soig*', *WVBD* 498; '*sog*', *GTN* 750; yng Nghered., sir Benf., a'r De clywir ff. amr. ar y ddihar. 'Yr hwch fud a fyt y *soeg* i gyd', cf. W. SALESBURY: *OSP*, Yr hwch a dau a vwyty r *soec*. Digwydd o bosibl fel epithet, **1324** *TCHSDd* xvii. 43, Ph' *Soyk*. Cf. D. OWEN: *RL* 206, Pa faeth sydd mewn *soeg* i fochyn?

Gw. hefyd **soegyn.**

soegen, gw. soegyn.

soegfa [*soeg*+-*fa*, *ma*] *eb*. Lle llawn soegion: *place full of dregs*.

c. **1400** *R* 1360. 33–4, Kaeth aryalsur dorch kythreulsom *soecua*.

soegi, soeg(i)o [bf. o'r e. *soeg*] *bg.a*. Bod, gwneud, neu fynd yn llaith, gwlychu, mwydo, hefyd yn *ffig*.; colli glafoerion (dros): *to (be) wet, moisten, steep, also fig.; slobber, dribble (over)*.

1604–7 *TW* (*Pen* 228), *soegi* d.g. *Madefacio*. *id*. *Soegi* d.g. *Madeo*. **1621** *D* (*R*) 94, O & oe assumunt i, llog, llogi . . . oer, oeri; soeg, *soegi*. [**1783**] *W*, *soegi* d.g. *To slabber one's clothes, &c.* [*defile with spittle or anything wet*]. *c*. **1793** E. BARNES: *HBF* vi, Meddyliwch gwelwch mewn gwaed,—y Siwgwr / Och *soegio* melus-waed? / Cynnyrch Affricanwaed / I ddyn gwyn, odd' yn o [*sic*] gaed. **1803** *P* d.g. *Soegi*. Yng nghanolbarth Cered. clywir *soego* yn yr ystyr 'cnoi bwyd heb ei lyncu'.

soeglen [dichon fod mwy nag un gair yma; ?*soeg*+?*llen*; ?cf. *siglen*[1]] *eb*. Cors; casgl crawnllyd; hefyd fel gair difr. am fenyw neu anifail benyw: *quagmire; suppurated swelling; also as a derog. term for a woman or female animal*.

1547 *WS*, *Soeglen*. **16**g. (*c*. **1716**) *Pen* 245, 219, pan êl y gwas di asbrŷd / ar honn [caseg] i achyb y rhŷd / ni wna 'r gwilwst er gwialen / *Soeglen* ffol ond siglo i phen (Robert ap Dafydd Llwyd). **16–17**g. *PhA* 496, serfyllgryd Ergyd oergawdd / *soeglen* hyll sigl yn hawdd. Ar lafar, '*soiglan*', 'quagmire', 'gathering on the hand, etc.', 'term of reproach for a woman', 'hen *soiglan* fudur', *WVBD* 498.

soeglyd [*soeg*+-*lyd*] *a*. Llaith a thrwm (am fara, &c.), gwlyb sopen, gwlyb domen, wedi ei drwytho neu ei fwydo, corslyd, slwtshlyd, llaith, meddal, hefyd yn ddifr. am berson; gwaddodlyd: *soggy, saturated, sodden, steeped, boggy, mushy, moist, soft, also derog. of a person; full of dregs, dreggy*.

16g. *GRCG* 35, Gwas pwdwr, os rhoi ysbardun / Wrth ei fol, brathu a fyn, / A siglo'i gloren *soeglyd* / A thaflv baw 'rhyd y byd [Robin Clidro i ofyn march]. **17**g. HUW MORUS: *EC* i. 84, Drwyddi y daw defni da, / Breci yn hwi—brig cynhaua'—/ Safn fyglyd, *soeglyd* siglen, / Seler brag, a'i sail ar bren [i ofyn cerwyn darllaw]. **1688** *TJ*, Soegen, *soeglud*, mwydlud: moist, that is steeped or watered. *c*. **1730** *Thos. Lloyd D* (LlGC) 210b, *Soeglyd*. Madidus. **1772** *W* d.g. *Draffy, Slabby*. **1803** *P*.

Amr.: **soglyd** [?dan ddyl. S. *soggy*]. Ar lafar ym Morg., 'Ma'r disian 'nath 'i wthnos dwetha'n *soglyd* reit', a *soclyd*, ''Odd y bara'n *soclyd*'. Cf. D. GWENALLT JONES: *YA* 99, Aeth ein gwareiddiad eto'n *soglyd* does / Heb furum Crist i'w godi'n fara cras.

soego, gw. soegi.

soegyn [*soeg*+-*yn*[1]] *eg*. (b. -*en*), a hefyd fel *a*. Talp o soeg neu o sylwedd soeglyd; (geir.) soeglyd, llaith, wedi ei drochi neu ei fwydo, wedi ei socian, gwlyb sopen: *mass of dregs, soggy mass; (dict.) soggy, moist, steeped, soaked, soaking wet*.

14g. *GDG*[3] 62, Gwir eilgorff rheidus, nid gwrolGai —Hir; / Hwyr ym mrwydr y safai; / Gweren *soegen* a sugnai, / Gorwag, croenyn llwydwag llai [dychan i Rys Meigen]. **15–16**g. *GLM* 54, Pan dybiodd—brwysgodd i'r brig—/ gael annerch i'w galennig, / tros y ddôr y trawsai ddyn / is ei wegil â *soegyn*. *id*. 59, Troist di henw trawst to henaidd / oes hŷn no *soegyn* us haidd (Llywelyn ap Gutun). **1632** *D*, *Soegen*, Madidus, maceratus. **1688** *TJ*, *Soegen*, soeglud, mwydlud: moist, that is steeped or watered. **1753** *TR*, *Soegen*, wet, soaked, steeped. [**1783**] *W*, *soegen* d.g. *Slabby, Soaked*. *id*. Yr wyf yn wlŷb *soegyn* d.g. *Throughly or thoroughly . . . I am thoroughly wet, or I am wet through*. Cf. D. OWEN: *RL* 141, mae o wedi ei besgi ar datws a blawd haidd—chafodd o rioed *soegyn*.

soel [bnth. S. *soil*; tywyll yw rhai o'r enghrau. isod] *e?b*. Pridd; daear; (darn) tir: *soil; earth; (piece of) land*.

15–16g. *TA* 236, Ar a braenar yw 'r bronnydd, / Ys da *soel* i eiste sydd; / Ardreth erydr a thiroedd, / I fwrw traul y fort yr oedd. **15–16**g. LLAWDDEN, &c.: *Gw* 168, Sêl y brain yn *Soel* a'u brig / Dawn ar ddadl, Dwn urddedig. **16**g. RHISIART FYNGLWYD, &c.: *Gw* 156, Dros oll da'r sail, da'r *soel*, da'r sir. **16**g. HUW ARWYSTL: *Gw* 133, maer brodir lle mawr brydwn / yn dir *soel* ond aros hwnn. *Diw*. **16**g. *NBSF* 701, Graian a sang gwerin *soel* / Gwrid honn mewn gweryd Deinoel (Rhys Cain). **16–17**g. LLYWELYN SIÔN, &c.: *Gw* 545, seiliwyd i lys *soel* od lan, / syns yw alwad, sain sylian. *Dchr*. **17**g. *NBSF* 300, bwrw n i *soel* i brins alaeth / brevlew Sion bv oerloes aeth (Siôn Clywedog). *c*. **1700** E. LHUYD: *Par* ii. 37, Arglwydd y *soil* ar y dau plwy [*sic*] yma. **1759** *BC* 377, Yn ddiball nhw a ddweudant bellach, / Ni wnawn i goel, iw Ben moel, ni bu ar *soel* mo'i Salach. **1798** W. JONES: *LlG* 39, Dechreuen grafu i ddyfnder / Y seler dan y *soel*. **1828** *Geir Pob* 25, *Sôil*, pridd, daear, tail, &c.

Gw. hefyd **swyl.**

soethernwd, soetherwd, gw. siwdrmwdr.

sofastr, sofestr, gw. sofister.

sofiet, sofied [bnth. S. *soviet*] *eg.b*. ll. -*au*, a hefyd fel *a*. Cyngor lleol, cyngor dosbarth, neu gyngor cenedlaethol yn Undeb y Gweriniaethau Sosialaidd Sofietaidd gynt, cyngor chwyldroadol o weithwyr, gwerinwyr, &c. cyn 1917; sofietaidd: *soviet, Soviet (n. and adj.)*.

1931.

sofietaidd [*sofiet*+-*aidd*] *a*. Yn perthyn i Undeb y Gweriniaethau Sosialaidd Sofietaidd gynt, yn perthyn i sofiet, a lywodraethir gan sofiet: *Soviet, soviet (adj.)*.

1936.

sofister, sofestr, sofastr [bnth. S. Diw. Cyn. *sovyster*, ff. ar *sophister*; dichon fod dyl. yr e. *meistr*, *mastr* ar y ddwy ff. olaf uchod] *eg*. Rhesymegwr cywrain: *sophister, subtle logician*.

16g. SIÔN BRWYNOG: *C* 9, Sifil oll sy fawl wellwell, / *Sofastr* iaith, oes feistr well? **16–17**g. *PhA* 379, Sifilian hael dros flaen haid / *Sofestr* un sy feistr Enaid. **16–17**g. E. PRYS: *Gw* 201, Sol'mon dynion wyd yna, / Sy feistr dysg, *Sofister* da (Siôn Phylip).

sofl [?bnth. Llad. llafar **stub'la* < **stup(i)la* < Llad. *stipula* 'gwellt', Crn. Diw. *zoul*, H. Lyd. *soblin*, Llyd. C. *soulenn*, Llyd. Diw. *soul*] *e.ll*. (un. g. -*yn*) ac *eg.b*. ll. -*ydd*, (prin) -*au*. Bonion (yn enw. ŷd) a adewir mewn cae ar ôl medi'r cnwd, hefyd yn *ffig*.: *stubble, also fig*.

13g. *LlI* 103, Puybynnac a symuto yt y ar y *souyl* hyt ar y guyndun. **14**g. *GDG*[3] 239, Dan fy mron y mae'r gronllech, / Ni ad fy nrem seldrem sech. / Drwg yw ar *sofl*, gofid, / Drycin o orllewin llid. **14**g. *GIG* 106, Yr wyd fal y *sofl* ar rew, / Heb haen, yn sythflaen saethflew [i'r farf]. **14–15**g. *IGE*[2] 184, Pôr durwaith, pa ryw dorfoedd, / Pâr *sofl* aer, Persifal oedd (Rhys Goch Eryri). *c*. **1400** *B* ii. 13, Na werth dy *sofyl* y ar dy dir. ac na symut odyno, ony byd reit ytt toi dy dei. **15**g. *IGE*[2] 224, Dwysgwbl aur sinddwbl yw'r *sofl*, / Dwf o eurgamp da fyrgofl [Ieuan ap Rhydderch i ganmol gwallt merch]. **15**g. *GGl*[2] 46, Siomwyd yr ynys yma / Os gwir dwyn ysgwîer da. / Salw yw bod Sul heb Edwart, / *Sofl* yw gwŷr syfyl ac art [marwnad Edward ap Dafydd o'r Waun]. **1547** *WS*, *Sofol* Stubble. **1588** *Job* xiii. 25, A ddrylli di ddeilen escwydedic? a ymlidi *soflun* sych? *id*. xli. 20, Bwa croes a gyfrifir fel *soflun*. **1588** *Joel* ii. 5, fel sŵn tân ysol yn difa y *sofl*. **1588** *Mal* iv. 1, a'r holl feilchion, a'r holl weithredwŷr anwiredd a fyddant *sofl*. **1595** H. LEWYS: *PA* 109, Ych 'rhwnn a ymbawr ar dir mynyddig a *soflud*' geirwon, syd' gledach i garneu . . . na'r hwnn a borther mewn porfa fraisc. **1632** *D*, *Sofl*, Sing. *Soflyn*, stipula. **1722** *Llst* 189, *Sofl* (s. and p.) f.p. *Soflydd*. Stubble, straw, the stalks of corn. *id*. *Soflyn*. m.p. *Sofl* and *Soflydd*. A straw, stalk of corn. **1790** M. WILLIAMS: *BM* [25], trowch y moch i'r *soflau* a'r coed. **1800** W. OWEN[-PUGHE]: *CP* 5, Dylid teilo y *sofyl* pŷs. **1803** *P* d.g. *Sovlyn*. *id*. *Sovyl*, s. m.—pl. *sovlyz* . . . Stubble. Ar lafar, ''redig *sofol*', *B* iv. 302 (Cered.); '*Sofol* . . . *soflyn*', *GDD* 267; hefyd yn y ff. *solfol*, *TGG* (1907–8) 87 (de-orllewin sir Gaerf.). Cf. W. REES: *LlHFf* 131, *soflyn* hir ryfeddol i'w weld y mhob man, a mau nhw ddiwedd y tymhor yn tori'r *sofl* hefo pladurie, ag yn i grybinio fo'n sypie, a chwedyn yn i losgid.

Cfn.: **(hen) sofl haidd:** *old news, empty talk*. **1722** *Llst* 189, *Hên Sofl haidd*. An antiquated piece of newes or tale. **1732–3** J. OWEN: *GB* 50, Beth a gair byth Ddiwedd ar yr *hen sofl haidd* hyn? a bâr yr hên chwedl ddiflas hwn byth? Ar lafar, '*sof(o)l haidd*' (Cered.).

sofla [bf. o'r e. *sofl*] *bg*. Bwyta sofl: *to feed on stubble*.

1929. Cf. H. EVANS: *CE* 123, gwelid y gwyddau . . . ar eu ffordd i Loegr, i *sofla* i'w paratoi eu hunain ar gyfer y Nadolig.

Amr.: **solfio**[2]. Ar lafar, 'anfon y moch a'r gwyddau i'r cae i *solfio*', *Môn* (Gwanwyn 1954) 11. **solffa.** Ar lafar, 'yr ieir yn *solffa* yn rar-ŷd', *ISF* 70.

sofldir, gw. sofl+tir.

sofliar [*sofl*+*iâr*[1]] *eb*. ll. -*ieir*. *Adar*. Unrhyw aderyn bychan ymfudol cynffonfyr o'r tylwyth *Coturnix*, rhegen, rhinc, cwael: *quail*.

1547 *WS* [xviii], quayle *sofyliar*. **1567** *LlGG* (*Sall*) 59b, Govynesont, ac ef a dduc yddynt *soflieir*. **16**g. *LlS* 150, rhoir y llysæ hynn ymplith bwyt *soflieir*. **1588** *Ecs* xvi. 13, Felly yn yr hwyr y *sofl-ieir* a ddaethant ac a orchguddiasant y wersyllfa. **1588** *Doeth Sol* xvi. 2, o herwydd chwant eu blŷs hwynt y paratoaist ti *sofl-ieir* yn ymborth o flâs dieithr. **1604–7** *TW* (*Pen* 228), quael, *sofliar* d.g. *Coturnix*. **1632** *D*, *Sofliar*, Coturnix, ortyx. **1672** R. PRICHARD: *Gw* 267, Pair ir nefoedd lawio Manna, / A Chwailes [:- *Soflieir*] iddynt idd i fwytta. **1725** D. LEWIS: *GB* 196, Y mae'r Ceffylog yn dyfod attom ni y Gauaf, o Wledydd y Gogledd; a'r *Sofljair* yn mynd oddiwrthym ni, o dautu'r [*sic*] un Amser. **1773** *W* d.g. *Godwit* [*a quail*]. **1790** T. JONES: *TOS* 303, [g]wlawio manna a *soflieir* o'r nefoedd. **1803** *P*.

soflwydd [*sofl*+*gŵydd*[2]] *eb*. ll. -*au*. Gŵydd a borthir ar sofl: *stubble-goose*.

1722 *Llst* 189, *Sofl-ŵydd*. f. A stubble-goose. **1794** *W* d.g. *Stubble, Stubble-goose*.

soflyn, gw. sofl.

sofran[1] [bnth. S. *sovereign* (adj.)] *a*. Ac iddi sofraniaeth (am wladwriaeth, &c.), goruchaf (am rym): *sovereign (of state, power, &c.)*.

1936.

sofran[2]**, sofranaeth,** gw. sofren, sofraniaeth.

sofranaidd [*sofran*[1]+-*aidd*] *a*. Sofran (am wladwriaeth, grym, &c.): *sovereign (of state, power, &c.)*.

20g.

sofraniaeth, sofranaeth [*sofran*[1]+-*(i)aeth*] *eb.g*. Grym goruchaf, goruchafiaeth (am wladwriaeth, &c.), safle, penarglwyddiaeth, neu awdurdod brenin, &c.: *sovereignty, supremacy*.

20g.

sofren, sofran[2] [bnth. S. (*a*) *sovereign*] *eb*. ll. *sofrenni*, *sofrennau*, *sofrod(s)*, *sofrans*.

(*a*) Darn o aur bath gynt a oedd yn gyfwerth â phunt yn wreiddiol; punt (uned ariannol): (*gold*) *sovereign; pound (monetary unit)*.

1849 (1878) W. REES: *LlHFf* 92, mi roedd yn well gin i na *sofren* gael y cywleustra i ddeudud y pethe ddeudis i wrthyn nhw. Ar lafar, '*sofren*', *GDD* 267; 'mor felyn â *sofren*', 'fel *sofren* o felyn'; 'Mi rois i *sofren* amdano' (sir Ddinb.). Cf. D. OWEN: *RL* 161, Edrychodd fy mam ar y *sofren* bob ochr a phob cyfeiriad; D. OWEN: *GT* 295, Tywalltais gynnwys y cŵd ar y bwrdd a chyfrifais y *sofrod*.

(*b*) Penarglwydd: *a sovereign (ruler)*.

1828 *Geir Pob* 25, *Sofren*, penllywydd, unben.

Amr.: **sofrin** (*eg*.; ll. -*s*). Ar lafar, *GDD* 267, *GTN* 749.

Cfn.: **sofren felen, sofrin melyn:** *gold sovereign*. **1933.** Ar lafar yn y ff. *sofrin melyn*, *GTN* 749.

sofstri, gw. **soffistri.**

soffa [bnth. S. *sofa*] *eb*. ll. -*s*. Sêt hir wedi ei chlustogi ac iddi gefn a breichiau i ddau neu ragor o bobl, setî, glwth: *sofa, settee, couch*.

1837. Ar lafar, 'Ma sbrings y *soffa* 'ma 'di mynd' (Arfon). Cf. D. OWEN: *RL* 327, eisteddai fy meistr . . . ar y *soffa* wrth y ffenestr yn y parlwr.

so-ffa, soffestri, soffgart, gw. sol-ffa, soffistri, saffgart.

soffist [bnth. S. *sophist*] *eg*. ll. -*iaid*. Soffydd: *sophist*.

1604–7 *TW* (*Pen* 228) d.g. *Adultero*.

soffistaidd, soffistiaidd [*soffist*+ -(*i*)*aidd*] *a.* Soffydol; soffistigedig: *sophistic, sophistical; sophisticated.*
1899.

soffistiaeth [*soffist*+ -*iaeth*] *eb.* Twyllresymeg: *sophistry.*
1936.

soffistiaidd, gw. **soffistaidd.**

soffisticaidd [cfdds. o'r S. *sophistic(ated)* + -*aidd*] *a.* Soffistigedig: *sophisticated.*
20g.

soffisticedig, soffisticeiddrwydd, gw. **soffistigedig, soffistigeiddrwydd.**

soffistig [cfdds. o'r S. *sophist(icated)* + -*ig²*] *a.* Soffistigedig: *sophisticated.*
20g.

soffistigedig, soffisticedig [cfdds. o'r S. *sophistic(ated)* + -*edig*] *a.* Addysgedig a diwylliedig, a chanddo chwaeth a barn sicr (am berson); datblygedig a chymhleth (am beth): *sophisticated.*
1939. Ar lafar, "Dwy' ddim yn dal a *soffistigedig* fel ti' (Cered.).

soffistigedigrwydd [*soffistigedig*+ -*rwydd*] *eg.* Yr ansawdd neu'r cyflwr o fod yn soffistigedig: *sophistication.*
20g.

soffistigeiddrwydd, soffisticeiddrwydd [*soffistig*+ -*aidd*+ -*rwydd* a *soffisticaidd*+ -*rwydd*] *eg.* Soffistigedigrwydd: *sophistication.*
20g.

soffistri, soffestri [bnth. S. C. *sophistri, sophestri*] *eb.* Dadlau cywrain fel cangen o resymeg, soffyddiaeth, twyllresymeg: *subtle disputation as a branch of logic, sophistry.*
15g. *Glam Bards* 284, mae mewn *sophdri* [sic] n berwi n bur / mewn music mwy n[a] mesur [Ieuan Du'r Bilwg i Abad Glyn-nedd i ofyn y Greal]. **16g.** *GGH* 84, Fo ŵyr dy gorff, wrda, i gyd, / Foddion y Saith Gelfyddyd; / Ystryw holl *soffestri* hen / Yw'r dichell o Rydychen. *c.* **1730** *Thos. Lloyd D* (*LlGC*) 209a, *Sofestri.* Sophistry. II. 143.
Amr.: **sofstri** [cf. *sofister*]. **15–16g.** *TA* 81, Selyf Powys a'i haelwyd, / Sy feistr ars a *sofstri* wyt. **soffistr** [am golli -*i* mewn gair bnth. o'r S. a'r acen ar y goben, cf. *alcam, libart, seiat,* a gw. *B* xvii. 271.] **15g.** *IGE²* 228, Bûm'n yr art dau drimwart derm / Yn registr *soffistr* sywfferm (Ieuan ap Rhydderch). **16g.** *Lewys Morgannwg: Gw* 130, Arithmetic, Music, Grymyson (*Sophystr*) / Rhetric, sybhyl a chanon.
Gw. hefyd **sawstri.**

soffri [?amr. ar *soffistri* drwy symleiddio -*ffstr*- i -*ffr*-; ?cf. yr engh. gyntaf d.g. *soffistri*] *e?b.* Dewiniaeth: *sorcery.*
16g. *B* x. 285, Dgiunw . . . oedd wraig vawr J chyluyddyd a'i meuyrdod mewn y kyuriw seiensys ac J mae y bobyloedd ynn i henwi *Soffri* a Nigromansi. *id.* 287, kedwis Dgiunw dymp Elkamena . . . a'i beichiogi. O'r achos J llauuriodd hi beunoeth ynn y dydd weiens, yr hrain y sydd a'y'w hennwi Nigromanshi a *Soffri,* o'r hrain Jr ydoedd hi ynn dra cheluydd, ac o enttshiawnttmen neu huud ne ledrud. *c.* **1730** *Thos. Lloyd D* (*LlGC*) 209a, a ddwy gelfyddyd o nigromansi a *Soffri.*

sofft [bnth. S. *soft*] *a.* Meddal, tyner; hurt, twp, ffôl, gwirion: *soft, tender; stupid, silly, foolish, soft.*
1672 R. PRICHARD: *Gw* 526, Rhaid i Dduw droi'r galon garreg, / Yn galon gig mor *sofft* [:- Tyner] ar [sic] bloneg. Ar lafar, "Odd y bilen yn *sofft*' (dwyrain sir Gaerf.). Cf. *CyCC* 143–4, Hen eglwyswyr eitha '*soft*', / Codi capel heb un 'loft'.

soffydd [cfdds. o'r S. *soph(ist)* + -*ydd³*] *eg.* ll. -*ion.* Athro cyflogedig athroniaeth a rhethreg yng Ngroeg gynt, gŵr doeth, dysgedig, neu gyfrwys: *sophist, wise, learned, or crafty man.*
p. **1584** G. ROBERT: *GC* [393], mal aeron prenniau, a chnwd y ddaear, megis yn egwan, ag yn hygwymp o addfedrwydd tymig. Yrhwnn beth a ddylai'r *sophydd* (*sapienti*) i ddwyn ynesmwyth. *c.* **1730** *Thos. Lloyd D* (*LlGC*) 209a, *Sophydd.* Sapiens. **1753** *Gron* 32, A defnyddiau dwfn addysg, / *Sophyddion* dyfnion eu dysg. **1793** DAFYDD IONAWR: *CD* 340, *Sophyddion* yr Oes hon sydd / Yn mynych flino 'eu [sic] 'mennydd. Cf. Gw. MECHAIN: *Gw* i. 539, Yr oedd llawer o fywolion a'u moddion cenedliad yn anhysbys i'r

sophyddion craffaf; *Ll* v. (1926) 16–17, Nid oedd ganddynt [llywodraethwyr Rhufeinig Jwdea] na'r athrylith na'r addysg na'r wybodaeth angenrheidiol i ddelio â chenedl o *soffyddion* a chyfreithwyr fel yr Iddewon (W. J. Gruffydd).

soffyddiaeth [*soffydd*+ -*iaeth*] *eb.* Twyllresymeg: *sophistry.*
1809.

soffyddol [*soffydd*+ -*ol*] *a.* Twyllresymegol, cyfrwys: *sophistic, sophistical, subtle, crafty.*
1938.

sog¹,², gw. **soeg, swg.**

sòg, soc [bnth. S. taf. *sog* 'drowsy or lethargic state'] *eg.* Lled-ymwybyddiaeth, coma, syrthni, synyfyrdod, breuddwyd liw dydd: *semi-consciousness, coma, lethargy, brown study, daydream.*
Ar lafar 'sòg', *GDD* 268, 'wedi mynd i *sòg*' (sir Gaerf.); "Odd a mwn *soc* druan, oria cyn iddo farw', 'Un twp yw a! Ma fa mwn *soc* tra bo fa yn yr ysgol', "Wyt ti fel 'tat ti mwn *soc.* Duna 'nei di!', *GTN* 748.

soga [?cf yr a. *swga*] *eb.* Slwt, merch dew neu flin; anifail tew: *slut, fat or irritable woman; fat animal.*
1672 R. PRICHARD: *Gw* 177, Gwachel goegen falch, ddifeder, / Gwachel Soga [:- vn afrwyog] Sûr, ansuber. **1777** W. WILLIAMS: *DN* 12, nid fel o'r blaen, yn forwyn wengoch, dêg, a hawddgar . . . ond yn *soga,* [sic] felen, grocca, ddol. **1798** *WR* d.g. *Traipse.* Ar lafar, 'soga' 'gwraig neu anifail tew', *B* iv. 302 (canolbarth Cered.); 'Soga' 'A lazy slut', *GDD* 268. Cf. D. OWEN: *WBC* 47–8, yn gwaeddi ar ei wraig . . . smarta dipyn . . . yr hen *soga*; D. J. WILLIAMS: *STC* 84, Anfonai ambell i wheugain yn ôl i'r *soga* anniben druan o wraig a oedd ganddo.

sogen, gw. **socan¹.**

sogiar [?*sog(en)* + *iâr¹*] *eb.* Adar. Caseg y ddrycin, aderyn yr eira, socan lwyd, *Turdus pilaris: fieldfare.*
20g.

soglyd, sogno, gw. **soeglyd, socno.**

sogwrn [?cf. *cogwrn*] *e?g.* Sopyn llaw: *small stack or mow made by hand in the field rather than by kneeling on it.*
1863. Ar lafar yng ngodre Cered.

song [bnth. S. *song*] *e?g.* Cân; ffwdan, 'môr a mynydd': *song; fuss, 'song and dance'.*
18g. *W Ballads* 197, 7, Pen ddèl iw Harbwr Lan farsiandwr / Adre or Dyfndwr Sowndiwr Song / Fe gowyd [sic] Fanner wych ar gyfer / Pen Ddelo i Loeger efo i Long. Ar lafar, 'Man' nw'n gneud gormod o *song*' (Llŷn).

soh, gw. **so¹.**

soi [bnth. S. *soy*] *eg.* Saws a wneir o ffa soia wedi eu heplesu: *soy (sauce).*
20g.

soia [bnth. S. *soya*] *eg.* Codlys o ddeddwyrain Asia, *Glycine max;* hadau maethlon y planhigyn hwn: *soya.*
1931.

soidiaf: soidio, soil, gw. **perswadiaf: perswadio, soel.**

sol¹ [bnth. S. *Sol* 'sun' neu fnth. dysg. Llad. *sōl*] *eg.* (Yr) haul: (*the*) *sun, Sol.*
1547 *WS, Sol* ner sul yr haul vn or saith planet Sol, the sonne. *Diw.* **17g.** *B* iii. 99, *Sol* iw yr mwyaf or holl Blanedau. ac y mae ef yn fwy nar Ddaiar gant a deugain o weithiau.

sol² [bnth. S. *sol* 'soh'] *eg.* Crdd. So, pumed nodyn y raddfa sol-ffa: *soh, sol.*
1818.

sol³ [?elf. gyntaf yr e. *sol-ffa,* cf. *sol²*] *e?g.* ll. -*iau.* Ysgol gân a drefnid fel arfer gan gapel: *singing school, usu. organized by a chapel.*
1863–5 D. OWEN: *WBC* 59, mor aflafar a phe buasai asynod . . . wedi dyfod yng nghyd i gadw sol yn y lle. *id.* 73, nos y fory yn y cyntedd gweddi, nos Fawrth yn y *sol. id.* 156, ym mhob *sol* (ysgol ganu). Gelwid casgliadau o donau emynau yn 'llyfrau *sol*' yn sir Gaerf. a Chered. gynt.

sol⁴ [bnth. S. *sol* 'colloidal suspension'] *eg.*

ll. -*iau. Cem.* Daliant coloidaidd llifyddol solid mewn hylif: *sol (colloidal suspension).*
20g.

solans, gw. **solas.**

solar [bnth. S. *solar*] *a.* Heulol, yn defnyddio ynni'r haul: *solar.*
20g.

solariwm [bnth. S. *solarium*] *eg.* Ystafell ac ynddi oleuadau uwchfioled a ddefnyddir i roddi lliw haul artiffisial: *solarium.*
20g.

solas [bnth. S. C. *solas* 'solace' neu'n uniongyrchol o'r H. Ffr.] *eg.b.* ll. -*oedd.* Cysur (mewn adfyd, siom, &c.); (ffynhonnell) llawenydd, hapusrwydd, pleser, diddanwch, difyrrwch, adloniant: *solace, comfort, consolation; (source of) joy, happiness, pleasure, amusement, recreation, entertainment.*
1346 *LlA* 52, Goeithev yd ymdengys engylyon . . . vdunt [eneidiau yn y purdan] . . . Ac avyrryant . . . aroglev hynaus arnunt. nev ryo *solans* (*aliquod solamen*) yynyvoent [sic] ryd yvynet. **14g.** *GDG³* 22, Mi a gaf, o byddaf bŷw, / / . . . A cherddau tafodau teg, / A *solas* ym Masaleg. *c.* **1400** *R* 1259. 25–7, Deuön benn mynyd ufyd ovwy. dinas dan *solas* a dinsilwy. **15g.** *HS* 12, Mal sin aml yn wir ger mur i seler / mal *solas* llys Arthur. **15g.** *GDID* 23, Eisiau eleirch i *solas* / Sy' i m'plwy' iso i im plas [i erchi eleirch]. **1527** *B* ii. 222, Y hithau a ddyvod nad er keissio dim *solas* na llywenydd jdd ai hi oi gwlad. *id.* 225, perri hulio y bwrd . . . a gwsnaythu drwy wnneuthyr yn ddigrif drwy dreuli [sic] y dydd hwnn drwy *solas* a digrevwch a cherddau. **1547** *WS, Solas* ne ddiddanwch Solace. **16g.** (*LlEG*) *Mos* 158, 63b, aniuer mawr o bobyl yn downshio ac yn kymerut i *solas. id.* 150a, ynn yr vn modd I gwnaeth y barwniaid dieithyr wleddau a *solas*oedd Ir barwniaid seiss[ni]g. *id.* 268b, [d]yuod ir paab ay yw g/ardnaliaid i vynned i gymerud I hesbort ai *solas* ar hyd y g/wladoedd. *id.* 353a, kedwis y brenin lys agored I wneuthud kroeso i bawb or diei/thred drwy boob kyuriw Solas yn gysdal ar vwydydd a dioudud m/awrweithiog. *id.* 626a, niwe/laf i wr yma Eishie dim danttethol . . . gydag amdler oarglwyddesau au amerched bonne[dd]igion gida ffoob kyuriw *solas* vydol i lawen/aur korf. *c.* **1548** *CM* 1, 766, Drwy chware mewn hryw *sollas* I ddiuyrur amser. **16g.** *THSC* (1923–4) 65, y mae eglwys dyw yn gwnaythyr *solas* a chanyav . . . hwnn [dydd Sul] yw y dydd llawen. *Diw.* **16g.** *LBS* iv. 412, Canys gyd a Dŵv a mae digrifwch a *solas* ar llywenydd ac yma y mae y tristwch ar dolûr ar kwynfan. *Diw.* **16g.** (1605) *GP* 215, Gwawr Domas, andras diddanwch,—a bair / Gwin, bir, a llysieuwledd. **1594–6** *B* iii. 280, Gwraic sydd . . . dyddiawl lawenydd, nosawl *solas.* **1604–7** *TW* (*Pen* 228) d.g. *Leuamen.* **1632** *D, Solas,* Solatium. **17g.** *CC* 70, gwîn *solas* o gain seler / suwgrfan parch cyssegrfin per [i gusan]. **1688** *TJ, Solas,* Cysur: comfort. **1753** *TR, Solas,* . . . consolation.
Amr.: **solans** [bnth. S. C. *solance*]. **1346** *LlA* 52. *c.* **1400** (*SG*) *HMSS* i. 370. **15g.** *IfBO* 55.

solasu [be. o'r e. *solas*] *ba.* Lliniaru, lleddfu: *to solace.*
1615 R. SMYTH: *GB* 132, plant . . . y mae nthvvy [sic] yn *solasu* blinder yn oedran. *id.* 143, heb fedryd cael lloches ymy a byd i 'mddiphin i hunain, ag i *solasu* i blinder ai gorthrvvmder.

soldiar, soldior, soldiwr, gw. **sowldiwr.**

soldraf, sowldraf, so(w)lduriaf, &c.: **so(w)ldro, so(w)ldurio,** &c. [bnth. S. (*to*) *solder* a bf. o'r e. *soldur*] *bg.a.* Asio (â sodr), sodro: *to solder.*
1604–7 *TW* (*Pen* 228), *Sowldûrio* d.g. *Ferrumino. id. Soldurio* d.g. *plumbo. Dchr.* **17g.** *J* 10, 41b, *Soldurio.* to solder. Ar lafar yn y ff. *so(w)ldro,* 'Ma raid bod yn garcus i bido câl dy fysedd yn agos pan ych chi'n *soldro*' (sir Gaerf.).
Gw. hefyd **sawduriaf: sawdurio, sodraf: sodro.**

soldrwydd, soldur, solduriaf: soldurio, gw. **solidrwydd, soldyr, soldraf: soldro.**

soldyr, soldur [bnth. S. *solder*] *eg.* Sodr: *solder.*
1604–7 *TW* (*Pen* 228), *Soldur* d.g. *Colla, santerna.* Ar lafar, 'Ma isie twymo'r harn yn dda cyn 'i roi e ar y *soldyr*' (sir Gaerf.).
Gw. hefyd **sawdur, sodr.**

soled, soledrwydd, gw. **solet, soletrwydd.**

solefnaidd [cfdds. dysg. o'r Llad. *sōlemn(is)* + *-aidd*] *a.* Difrifol, dwys: *solemn.*
p. **1584** G. ROBERT: *GC* [346], i foli duw yn *solefnaidd.*

solem [bnth. S. *solemn*] *a.* Difrifol, dwys, a nodir gan ddefodau arbennig: *solemn.*
1618 J. SALISBURY: *EH* 272, na bo'r vn o'r dhau gwedi gwneuthur adhuned *solem* o dhiweirdeb. **1670** J. HUGHES: *AP* 421, y dydd *solemn* yr arferai yr Rhaglaw ollwng yn rhydd i'r bobl vn carcharor.

solemnaf: solemno [cfdds. o'r S. *(to) solemn(ize)*] *ba.* Gweinyddu: *to solemnize.*
c. **1700** *CM* 15, [58], Na *solemner* priodasau ar amseroedd gwaharddedig.

solemniad [cfdds. o'r S. *solemn(ity)* + *-iad*[1]] *eg.* ll. *-au.* Defod: *solemnity, ceremony.*
1670 J. HUGHES: *AP* 11–12, peidio cynnal *Solemniadau* Priodas ar amseroedd gwaharddedig. *id.* 329, anrhydeddus *Solemniadau* yr Ympryd mawr hwn [Mercher y Lludw].

solemniti [bnth. S. *solemnity*] *eg.* (Ffurfioldeb ar achlysur) defod: *solemnity, ceremony.*
16g. (*LlEG*) *Mos* 158, 463a, bu *Solemniti* mawr ymysg yr e/mbasadurs ymn Eglwys bawl. **16g.** *THSC* (1923–4) (At.) 22, dly pob kristion oed yn llawen, a gwnaythyr *s*[o]*lemniti* a glendid enait a chorff oddiwrth bob ryw bechod.

solemrwydd [*solem* + *-rwydd*] *eg.* Gŵyl: *festival.*
1650 *B* xxii. 149, phyrth [*sic*] Syon a alarant am nad oes neb ohanynt yn dyfod i gwiwdeb ne i *solemrwydh* hi.

solenoid [bnth. S. *solenoid*] *eg.* ll. *-au.* Coil silindraidd o wifren sy'n gweithredu fel magned wrth gario cerrynt trydanol: *solenoid.*
20g.

soler [bnth. S. C. *soler* neu'n uniongyrchol o'r H. Ffr.; cf. H. Grn. *soler,* gl. *solarium*] *eb.* ll. *-au.* Ystafell neu set o ystafelloedd uwch mewn adeilad, heulfa; llawr (lefel neu wastad mewn adeilad): *solar; storey.*
14g. *YBH* 16b, nyt oed neb a ueidei y wassanaethu onyt or *soler* uch y ben bʋrб y brofandyr idaб. **15g.** F/BO 47, Yno y gweleis i dri as vgein neu deudec ar ugeint o *solereu* (*solaria*) yndunt; pop vn ohonunt ar y gilyd. **16g.** *B* xv. 272, ynn ol vddunt twy ddyuod i fewn y *soler* vcha, yr hon a oedd dan loft.

solet, soled [bnth. S. Diw. Cyn. *solede,* â'r *-t,* ?cf. S. taf. *solit*] *a.* a hefyd fel *eg.* ll. *-au.* Nad yw'n gallu llifo a newid ei faint a'i siâp, heb fod yn hylif nac yn nwy (am fater); o'r cyfryw fater drwyddo, o'r un sylwedd drwyddo, heb fod yn wag nac yn cynnwys ceudodau; safadwy, dibynadwy, synhwyrol, union; cadarn, cryno, sylweddol, cydnerth, di-baid, di-dor, parhaus; ffyddlon neu reolaidd (wrth fynychu lle, &c); cadarn (o ran cred, cymeriad, &c.), cywir; unfrydol, wedi ei wneud o ddefnydd da, wedi ei wneud yn dda: *solid (not liquid or gas)*; *solid (uniform, not hollow)*; *sound, dependable, sensible, upright; firm, compact, substantial, well-built; continuous, without respite; faithful or regular (in attendance, &c.); firm (in belief, character, &c.); staunch; unanimous; made of good material, well-made.*
1747 *ML* i. 113, We have no word for solid, and the Latin word sounds odd with us as yet, but must be made use of and wrote solid and not solud nor soled nor solyd. **1798** W. JONES: *LlG* 74, A'r sylfaen mor *soled* trwy synied tri saer [i bont Glyn Diffwys]. Ar lafar yn yr ystyr 'solid; sound, strongly built', 'dyn *solat*' 'mor *solat* â charrag' 'as sound as a ball', 'dim yno'n *solat*' 'not quite all there', a hefyd yn yr ystyr 'to be depended upon', 'dyn *solat*', *WVBD* 498; 'Ma fe'n ddyn *solet iawn*' (gogledd Cered.). Cf. *AUA* 239, Y gwirionedd oedd, fod pen y dyn wedi rhewi'n *solat* ar ei gorph; D. OWEN: *RL* 169, mae Barbara a minne wedi penderfynu dilyn y moddion yn *solet*; D. OWEN: *GT* 38, Bydae ti wedi ddal o reit *solet* yn erbyn dy gymwd fel fuaset yn ei wneud; D. OWEN: *SP* 24, Cariodd yr 'Hen Wadan' ddeg troedfedd (o) dderw *solet* ar ei ysgwydd; T. H. PARRY-WILLIAMS: *Y* 44, Ymddengys a llif gronynnau fel un darn o lmynydd *solet*.

Fel *e.* Sylwedd neu gorff solet, solid (hefyd mewn math.): *a solid (also in math.).*
1936.
Amr.: **siolat.** Ar lafar ym Môn.
Gw. hefyd **solid.**

soletrwydd, soledrwydd [*solet, soled* + *-rwydd*] *eg.* Yr ansawdd neu'r cyflwr o fod yn solet: *solidity.*
1916. Ar lafar yn Arfon yn y ff. *soltrwydd.*
Gw. hefyd **solidrwydd.**

solfaf: solfo, gw. **resolfaf: resolfo.**

solfiaf: solfio[1] [bnth. S. *(to) solve*] *ba.* Datrys (problem, &c.): *to solve.*
1914.

solfio[2], **solfol, solffa,** gw. **sofla, sofl,** **sofla.**

sol-ffa [bnth. S. *sol-fa*] *eg.b.* *Crdd.* Cyfundrefn o nodiant cerddorol sy'n cysylltu pob nodyn mewn cywair â sillaf arbennig, y fath system ac iddi 'do' yn gyweirnod yr holl gyweiriau mwyaf a 'la' yn gyweirnod yr holl gyweiriau lleiaf: *sol-fa, tonic sol-fa, solmization.*
c. **1872.** Ar lafar, 'Yn y cwrdd disgas i *sol-ffæ*', 'Ma 'en nodiant yn anodd i fi, ond fi ddisgas *sol-ffa* yn weddol rwydd', *GTN* 749. ?Cf. *Glam Bards* 285, meibion israel wiwrael wenn / *solffa* alelia lawen (Ieuan Du'r Bilwg).
Amr.: **so-ffa.** Ar lafar, "Dwi'n ffendio 'i'n haws darllen *so-ffa* na hen nodiant' (Arfon).
Cfn.: **sol-ffa donyddol:** *tonic sol-fa. c.* **1872.**

solffaol [*sol-ffa* + *-ol*] *a.* Solffayddol: *pertaining to sol-fa.*
1854.

solffawr, solffaydd [*sol-ffa* + *-wr, -ydd*[3]] *eg.* ll. *solffawyr, solffayddion.* Un sy'n canu sol-ffa, un sy'n bleidiol i sol-ffa: *solfaer, solfaist.*
1867.

solffayddol [*solffaydd* + *-ol*] *a.* Yn perthyn i sol-ffa, o natur sol-ffa: *pertaining to sol-fa.*
c. **1872.**

solffeuaf, solffeaf: solffe(u)o [bf. o'r e. *sol-ffa* ac o'r sillafau sol-ffa Lladin *sol a fa*] *bg.a.* Canu (mewn) sol-ffa, hefyd yn *ffig.*: *to sing (in) sol-fa, solmizate, also fig.*
14g. *DG*[3] 375, Solffeais o'm salw ffuaint / Salm rwydd, ys aelaw fy mraint. Ar lafar, '*solffeuo*' canu wrth y sol-ffa', *Cymru* xlvii. 236 (sir Ddinb.); "Odd pawb yn yr ardal 'yn yn gallu *solffeuo* pryt'ynny ac yn gallu disgu'r parts yn 'awdd', *GTN* 749.
Amr.: **solffio** [bnth. S. Diw. Cyn. *(to) solf*]. **16g.** D. R. THOMAS: *DS* 16, Brydyddes y man-wrysg / Sy yn nyddu sain addysg / O'i silffai [*sic*] dan *solffio* dysg [yr Esgob Richard Davies i'r eos].

solid [bnth. S. *solid*] *a.* a hefyd fel *eg.* ll. *-(i)au.* Solet; ciwbig: *solid; cubic.*
1747 *ML* i. 113, We have no word for solid, and the Latin word sounds odd with us as yet, but must be made use of and wrote solid and not solud nor soled nor solyd. **1764** W. WILLIAMS: *GDC* 39, [y]r Haul . . . A'i Chwmpas ymhell tros ddwy Filiwn a hanner; yn cynnwys 290971000000000000 o Filltiroedd *solid.* **1775** M. WILLIAMS: *MC* 82, Troedfedd *solid* tw 1728 o Fodfeddau. Ar lafar, 'Ôn' nw'n arfadd nuthur celfi *solid*, celfi i bara, flynydda nôl, næci'r 'n bethach tinceri[dd] sy 'nawr', 'Dyn *solid* yw a, dyn galli di ddibynnu arno', *GTN* 750; 'tir *solid*', *B* viii. 222 (Morg.); a hefyd gyda'r ystyr 'yn ei iawn bwyll', "Os neb o nw ryw *solid iawn*". Cf. D. J. WILLIAMS: *HW* 22, [b]rid o bobl gymharol fyr, *solid*, a sionc; D. J. WILLIAMS: *STC* 93, enw da ei hen gyfaill *solid* a di-lol o dan gwmwl.

Fel *e.* Sylwedd neu gorff solet, *Math.* arwyneb caeedig mewn gofod tri dimensiwn, y cyfryw arwyneb ynghyd â'r cyfaint amgaeedig: *a solid (also in math.).*
1937.
Gw. hefyd **solet.**

solidariaeth [cfdds. o'r S. *solidar(ity)* + *-iaeth*] *eb.* Undod neu gytundeb teimlad neu weithred, &c., yn enw. rhwng unigolion a chanddynt fuddiannau'n gyffredin: *solidarity.*
20g.

solidariti [bnth. S. *solidarity*] *eg.* Solidariaeth: *solidarity.*
1934.

solidiaf: solidio [bf. o'r a. *solid*] *bg.* Troi'n solet, caledu: *to solidify.*
1937.
Amr.: **soltio.** Ar lafar, 'Mae wedi *soltio*'n reit dda' [am bridd cyn codi carreg fedd] (Arfon).

solidrwydd [*solid* + *-rwydd*] *eg.* Soletrwydd: *solidity.*
1932. Ar lafar yn y ff. *soldrwydd, B* xx. 379 (ardaloedd chwareli'r Gogledd).
Gw. hefyd **soletrwydd.**

solipsaidd [cfdds. o'r S. *solips(istic)* + *-aidd*] *a.* *Athr.* Yn arddel solipsiaeth, nodweddiadol o solipsiaeth: *solipsistic.*
20g.

solipsiaeth [cfdds. o'r S. *solips(ism)* + *-iaeth*] *eb.* *Athr.* Y ddamcaniaeth mai dim ond yr hunan sy'n bodoli neu y gellir ei adnabod: *solipsism.*
1939.

solipsydd [cfdds. o'r S. *solips(ist)* + *-ydd*[3]] *eg.* ll. *-ion.* *Athr.* Un sy'n arddel solipsiaeth: *solipsist.*
20g.

solister [bnth. S. Diw. Cyn. *solyster,* amr. ar *soliciter*] *eg.* Un sy'n trefnu materion ar ran arall, cyfreithiwr: *one who arranges matters on behalf of another, solicitor.*
16–17g. *PhA* 166, Atwrnai wyd i roi yn win / Tra breiniol gyrtiaü/r/ brenin / *SolysDer* [*sic*] lle ith arfferwyd / a'ir gledd ir Arglwyddi wyd [Siôn Phylip i Siôn Roberts]. **17g.** *Pen* 116, 545, Rhoed iw oes rhwy dew iswyn / rhw ysg [*sic*] a'r gwr rediad tramawr, / . . . / y gyfraith holl vatteroedd / naws hael ir vrenhines oedd (Siôn Cain). **17g.** *Cylchg LlGC* vi. 38, *solister* pob mater mawr / wyt at rym rediad tramawr, / . . . / y gyfraith mewn saith iaith sydd / o'th ben yn berffaith beunydd [Gruffudd Phylip i John Jones, atwrnai].

solo [bnth. S. *solo*] *eg.b.* ll. *-s.* Unawd; gêm gardiau debyg i chwist: *solo; solo whist.*
1869 TALHAIARN: *Gw* iii. 35, Caed *solo* haner llath / Gan Seinior Solffego. Ar lafar, "I ryws *solo* yn y cwrdd atrodd', *GTN* 750; '*solo* fach hyfryd'.
Cfn.: **solo twps:** *(eisteddfodic) solo competition for novices, &c.* Ar lafar yng Nghered. a'r De.

solod [?bnth. S. *soul(-cake)* + *-od*] *e.ll.* Torthau bychain a rennir i'r tlodion tua dydd Gŵyl yr Holl Eneidiau: *small loaves distributed to the poor around All Souls' Day, soul-cakes.*
1822–3 *Y Gwyliedydd* 84, torthau bychain . . . i'w rhannu i'r tlodion bob dydd Calan Gaeaf, y rhai a elwid *Solod. id.* 215.

Solomonaidd [yr e. prs. *Solomon* + *-aidd*] *a.* Yn perthyn i Solomon, brenin Israel yn y 10g. C.C., neu i gyfnod ei deyrnasiad, tebyg i Solomon, doeth: *Solomonic.*
1843. Cf. T. H. PARRY-WILLIAMS: *Ll* 9–10, [t]raethu'n *solomonaidd* ar ddiffygion a datblygiadau'r drefn yn y gorffennol.

solpitar, sal(t)petr, saltpitr, &c. [bnth. S. *sal(t)petre*; 1932 yw dyddiad yr engh. gyntaf o'r ff. *solpitar*] *eg.* Potasiwm nitrad, sylwedd gwyn grisialog a ddefnyddir i gadw cig ac fel un o gynhwysion powdr gwn, halen a pheipr: *saltpetre.*
1547 *WS, Sawlt pityr* Salte peter. **16g.** *LlS* 4, Ef a ellir iachay yr hychcrūc a'r llyseuen hwnn [y wermod] od irir ac ef gyd a mêl a *salpetr* anianol. *id.* 152, anian y *salpetr* nei'r halledd sy ynthynt [betys]. **1604–7** *TW* (*Pen* 228), powdr gwnn a wneir or *Saltpitr* d.g. *Salnitrum.* **1615** R. SMYTH: *GB* 97, a phen defler [*sic*] y tan i ganol y brymston a 'r *saltpeter*, yr avvyr a 'r tan a dynasga y glybvvr a 'r *saltpeter* ag yno y mae 'n peri tarth ne flam [*sic*]. **1632** D, Ewyn y *salt petr* d.g. *Aphronitrum. c.* **1762–79** W. WILLIAMS: *P* 154, llawer iawn o Bubur . . . *Saltpetre,* Lliw Glas . . . ac amrywiol iawn o ddrugs.

sôls [bnth. S. *salts*] *eg.* Halwynau Epsom: *Epsom salts.*
Ar lafar, *SC* vi. 131 (sir Benf.).

solsyn [?bnth. S. *sole* 'single' + *-s*[2] + *-yn*[1]] *eg.* Un sy'n hoffi bod ar ei ben ei hun, dyn unig: *loner.*
Ar lafar, *GDD* 268.

soltar, soltiaf: soltio, soltrwydd, Sol-utreaidd, gw. salter[1], solidiaf: solidio, soletrwydd, Solwtreaidd.

solwr [?*sol*[2]+*-wr*] *eg*. Person hyddysg mewn cerddoriaeth, yn enw. canu: *person well-versed in music, esp. singing*.
Ar lafar gynt yng Ngheredd. a sir Gaerf., 'Hen *solwr* da oedd y gof o Gellan gynt'. Cf. *CYIJ* 102, Yr Hen *Solwr* Teithiol.

Solwtreaidd, Solutreaidd [cfdds. o'r S. *Solutre(an)*+*-aidd*] *a*. Yn perthyn i ddiwylliant Uwchbalaeolithig Ewropeaidd a nodweddir gan lafnau maen wedi eu fflochennu'n fain: *Solutrean*.
1923.

solyster, som[1,2], **somaf: somi**, gw. solister, siom, swm, siomaf: siomi.

somatig [cfdds. o'r S. *somat(ic)*+*-ig*[2]] *a*. Yn perthyn i'r corff, o'i wrthgyferbynnu â'r meddwl: *somatic*.
20g.

somatoteip [bnth. S. *somatotype*] *eg*. Corffolaeth person, yn enw. mewn perthynas â'i bersonoliaeth, a fynegir yn aml yn rhifiadol yn nhermau cymhareb o dri theip eithafol (endomorff, mesomorff, ac ectomorff): *somatotype*.
20g.

somatoteipiaf: somatoteipio [bf. o'r e. *somatoteip*] *bg.a*. Priodoli i somatoteip: *to somatotype*.
20g.

sombi [bnth. S. *zombie*] *eg. ll.* **sombïaid, sombïod, sombis**. Celain a adfywiwyd gan ysbryd goruwchnaturiol; person sy'n ymddangos yn ddifywyd, yn difater, heb farn annibynnol, neu heb fod yn ymwybodol o'r hyn sy'n digwydd o'i gwmpas: *zombie*.
20g. Ar lafar, "Oddan ni i gyd 'th â *sombis* ar ôl y parti 'na' (Arfon).

sombr [bnth. S. *sombre*] *a*. Prudd, tywyll: *sombre*.
20g.

sombrero [bnth. S. *sombrero*] *eb. ll.* **-s**. Het gantel llydan a wisgir yn enw. gan ddynion ym Mecsico a de-orllewin Unol Daleithiau America: *sombrero*.
1931.

somchwarae, somedig, somedigaeth, somgar, &c., gw. siomchwarae, siomedig, siomedigaeth, siomgar, &c.

sompl, gw. siampl.

sôn[1] [bnth. Llad. *sonus*, cf. Crn. C. *son*, Llyd. C. *so(u)n*, H. Wydd. *son* 'sŵn; gair'] *eg.b. ll.* **sonion**.
(*a*) Hanes, adroddiad, si, achlust, cyfeiriad, crybwylliad, gair, datganiad, cenadwri; siarad; enwogrwydd: *report, rumour, mention, word, announcement, message; talk, a talking; fame*.
12-13g. *GLlLl* 42, Rei tra llöfyr tra llafar eu *son*. 13g. *Brut* B 285, Yn diffeith Mor Rud, merο son-digaοn, / Treieste traeth eigaοn, dawn dyneddon. *id.* 416, Difanw *son* Saeson, sef a gery. 14g. *GIG* 85, Gwnaed ieirll Lloegr—gnawd erllugrwydd / A fynnon' o *sôn* i'w swydd. 15g. *GGl*[2] 217-18, Y sawl a glywo fy *sôn*, / Ef a rydd fwy o roddion. 15g. *DE* 123, pvm llywenydd dedwydd dal / a gavas a ffvm goval / vn vv gael o nef geli / y *son* ai beichioges hi [Mair]. 16g. *B* v. 116, [p]an glowodd esylld y *son* ar siarad. 1567 *TN* 6a, aeth *son* [:- clywedigeth, glod] am danaw trwy oll wlad Syria. *id.* 39a, e vyd chwi glywed am ryveloedd a'*sonion* am ryveloedd. 1618 J. SALISBURY: *EH* 100, Am ba vn or tair Teyrnas y mae'r *sôn* a'r crybwylliн yn y gofyniad hyn? 1620 *Ob* 1, clywsom *sôn* (1588 ib. air) oddi wrth yr Arglwydd. 1632 D, *Sôn* . . . rumor, fama, mentio. 1688 S. HUGHES: *TSP* 134, yr oedd yno *Sôn* mawr . . . y byddai i'n Dinas ni . . . gael ei llosci â thân o'r Nefoedd. 1771 W d.g. *Brut, Fame* [report, rumour, &c.], *Report, or rumour, Rumour*. 1803 P, *Sôn*, s. m.—pl. t. *ion* . . . a report; a rumour; a mention . . . Mae *sôn* amdani, there is talk about her; na wna *sôn* amdanad, do not cause a talk about thee. Ar lafar, ''Toes dim *sôn*

amdani hi 'n y papur newydd', *WVBD* 498; 'Wel, dyna'r *sôn* sy, 'wn i ddim odi fa'n wir nu bido', 'Ma fa'n nuthur *sôn* bert am 'i 'unan', *GTN* 750; 'Mi fuo' 'na *sôn* mawr ryw dro 'i fod o wedi bod yn y carchar'.

(*b*) Swn, sain, trwst: *sound, noise, clamour*.
13g. *Brut* B 132, hyt tra edoed e *son* a'r mvrmvr (*murmuratio*; BD 130, y godvrd hvnnv a'r murmur) hvnnv em plyth e llw. 13g. *GBF* 370, Y'th uolyant sonyant *son* clych—a llyfreu. 14g. *YBH* 55b-56a, deuthant deg mil a rugeint [*sic*] o wyr aruaοc . . . a maοr oed y *sson* (*noise*) a oed ganthunt. 14g. *GDG*[3] 81, Y ceiliog serchog ei *sôn* / Bronfraith dilediaith loywdon, / . . . / Ba ryw ddim a fai berach / Plethiad no'i chwibaniad bach? *id.* 188, [y] mis dig du / . . . / a bair tristlaw a brydydd, / . . . / Ac mewn naint llifeiriaint llwyd, / A llawn don maen afonydd, / A llidio a digio dydd. c. **1400** *YCM*[2] 107, Llyna yd oed vawr y *son* a'r drydar gan wyr a meirch. c. **1400** *RB* ii. 30, agоyr groec affoassant a *son* vaοr (*clamore*) gantunt. *Dchr.* 15g. *GM* 12, Ryued yw drychafyadeu'r mor a'e *son*. **1547** *WS* [xiv], G, seisnic a ch/o saesnec ynt daran debyc eu sain ie mor debyc i *son* yw gilydd ac yd yscriuena sags ny bo dra dyscedic yn all yn ller llall vegys . . . churge yn lle churche. *id. Son* ne swn Sounde. **1551** W. SALESBURY: *KLl* vib, mi a glywe is [*sic*] lef or nef / mal lef [:- *sôn*] llawer o ddyfredd. **1567** *LlGG* 112a, descennawdd yr Yspryt glan . . . or nef, a disymwth *son* [:- sain, trwst] mawr megis gwynt nerthoc. **1567** *TN* 258a, petheu di enaid wrth roi llais [:- sain, *son*, swn], pa vn bynac vo ai chwibanogl ai telyn. **1620** *Jer* x. 22, Wele, trwst y *son* a ddaeth, a chynnwrf mawr o dir y gogledd. **1632** D, *Sôn*, Sonus, vox. **1803** P, *Sôn*, s. m. . . . A noise.

sôn[2] [bnth. S. *zone*] *eb.g. Daearydd*. Cylchfa: *zone (in geog.)*.
1784 M. WILLIAMS: *S* i. 12, y *sôn* boethlyd neu grasboeth.

sôn[3], gw. soniaf: sôn.

sona [bnth. S. *sauna*] *eg. ll.* **-s**. (Ystafell neu adeilad sy'n cynnwys) math o faddon ager: *sauna*.
20g. Ar lafar, 'Ma 'ne *sona* yn y gwesty yn Glasgo'.

sonant [bnth. S. *sonant*] *eg.b. ll.* **-iaid, -au**. Sein. Sain leisiol sy'n gallu bod yn sillafog, yn enw. cytsain barhaol neu drwynol (*l, r, m, n, ŋ*): *sonant (in phonet.)*.
20g.

sonar [bnth. S. *sonar*] *eg*. Dyfais sy'n defnyddio sain i ddarganfod gwrthrychau tanfor: *sonar*.
20g.

sonata [bnth. S. *sonata*] *eb. ll.* **-s, sonatau**. *Crdd*. Cyfansoddiad i un offeryn neu ddau, fel arfer mewn tri neu ragor o symudiadau, ac un ohonynt (yn enw. y cyntaf) ar ffurf sonata, h.y. mewn tair prif adran (dangosiad, datblygiad, ac ailddangosiad): *sonata (in mus.)*.
1870.

sonatina [bnth. S. *sonatina*] *eb. ll.* **sonatinau**. *Crdd*. Sonata seml neu fer: *sonatina (in mus.)*.
1926.

sond, gw. swnd[1].

soned, sonnet [bnth. S. *sonnet*] *eb. ll.* **sonedau, sonnets**. Cerdd o bedair llinell ar ddeg, fel rheol mewn mesur pumban iambig; mae iddi nifer o batrymau odli penodol ac y mae'n ymrannu'n aml i adrannau o wyth llinell a chwe llinell: *sonnet*.
1833.
Cfn.: **soned laes**: *sonnet having more than ten syllables in each line*. **20g. soned losgyrnog**: *tailed sonnet*. **20g. soned Betrarcaidd**: *Petrarchan sonnet*. **1938. soned Shakespearaidd**: *Shakespearean sonnet*. **1928.**

soneda [be. o'r e. *soned*] *bg*. Ysgrifennu sonedau: *to write sonnets*.
20g.

sonedaidd [*soned*+*-aidd*] *a*. O natur soned, tebyg i soned: *having the nature of a sonnet, like a sonnet*.
20g.

sonedol [*soned*+*-ol*] *a*. O natur soned, ar ffurf soned, tebyg i soned: *having the nature or form of a sonnet, like a sonnet*.
1938.

sonedwr, sonedydd [bôn y be. *soneda*+*-wr, -ydd*[3]] *eg. ll.* **sonedwyr**. Un sy'n ysgrifennu sonedau: *one who writes sonnets, sonneteer*.
20g.

sonedd [?*sôn*[1]+*-edd*]; ceir engh. arall bosibl d.g. *edlydan*; amheus yw'r engh. olaf isod] *e?b*. ?Bri, clod: *fame*.
13g. (17g.) *B* xxiii. 314, y *ssoned* y sum y saint. 14g. *T* 62. 8-9, sarff *soned* virein segidyd laοr. *id.* 64. 20-1, tebic heul haf huenyd *soned* ganmοyhaf kenhaf.

sonfawr [*sôn*[1]+*mawr*] *a*. Soniarus, swnllyd, uchel, trystfawr, hyglyw; parablus: *sonorous, noisy, loud, audible; loquacious*.
14g. *GDG*[3] 347, Mwy y dywaid heb beidiaw / Ar ael y glyn ar ôl glaw / No Myrddin *sonfawr* mawrddig, / Fab Saith Gudyn, y dyn dig [i'r garreg ateb]. 14g. *GIG* 144, Sain gŵydd gloff an-hoff vn ŷd, / *Sonfawr* Wyddeles ynfyd [dychan i'r delyn ledr]. c. **1400** *R* 1357. 28, *Sonuaοr* vant dryssyant oer drόssyat arab. c. **1400** *Etudes* vii. 68, A vo mynwgyl hiruein idaw *sonuawr* vyd ac ynuyt. 15g. TUDUR PENLLYN, &c.: *Gw* 109, tra fum i n y tyrfae mawr / was ynfyd iyfangk *sonfawr* i ebrwydd ehudrwydd hoiwdrum / a cryf iach yn chware fum (Ieuan Brydydd Hir). 15g. *GLGC* 69, Ni all pen o bi gwell, wyneb gwawr, / nid oes unfost, nid *sonfawr* (i Siwan Du). **1632** *D* d.g. *Sonorus*. **1725** *SR* d.g. *Audible, Sonorous*. **1803** P, *Sonvawr* . . . Noisy, or rumbling.

songryf [*sôn*[1]+*cryf*] *a*. Soniarus, swnllyd, uchel, trystfawr, hyglyw: *sonorous, noisy, loud, audible*.
14g. *GDG*[3] 310, Saethydd ar froydd eiry fry, / Seithug eisingrug, *songry* [i'r gwynt]. **1632** *D* d.g. *Sonorus*. **1725** *SR* d.g. *Audible, Sonorous*. **1750** T. EVANS: *LlH* 7, Wedi gorphen ei weddi, efe a dybiai fod rhyw lais *songryf* yn llefaru y geiriau hyn. **1803** P, *Songryv* . . . Of powerful noise.

soni, *eb*. Offer weindio mewn pwll glo, sif: *winding-gear (in coal mine)*.
1893. Ar lafar, *Geir Glo* 119 (Rhosllannerchrugog). Cf. *Tal* x. (1965) 76, Hithau . . . yn ei holi am ei waith fel swyddog yn y pwll glo, a'r sgwrs yn mynd i'r wal am na wyddai hi ddim am sbragiau, clêts, *soni-*weindio, a phethau felly.

soniad [bôn y f. *soniaf: sôn*+*-iad*[1]] *eg. ll.* **-au**. Sôn, si, achlust, adroddiad, crybwylliad: *rumour, report, mention*.
c. **1585** *Llst* 178, 53a, medddod a glythin/eb ag ar y pechod brwnt hwn y may pech/oday eraill yn waesio sef ydynt chwano/grwydd i vwyd afradys a moethyster gormoddion o ynfyd lywenydd ofer *soniaday* anefailrwydd corfforol. 17-18g. IACO AB DEWI: *Gw* 287, Marw fu'r Ddafad, mai'r *soniad* yn syn / Na bo ond Son a ch'rybwyll gwych rybydd yw hyn. **1744** D. ROWLAND: *RY* 34, i dorri Pennau y Fath *Soniadau* (*rumours*) oll ac a duedda tuag at drallodu ein Pobl. **1749** J. OWEN: *PG* 43, y maent 'n dywedyd 'r hyn a wyddant, nid trwy *Sôniad* (*report*). **1803** P, *Soniad*, s. m. . . . A noising, a reporting, a rumoring, a mentioning.

soniaf: sôn[3], **sonio** [bf. o'r e. *sôn*[1], cf. Llyd. C. *so(u)naff, souniff, soun*] *bg.a*.
(*a*) Crybwyll, taenu si, cyhoeddi, siarad, dweud, yngan: *to mention, rumour, proclaim, talk, speak, say, utter*.
Dchr. 15g. *GSCyf* 104, Ymddyfalu, meddw foliaid, / *Sonio*'n ffraeth am gwrw San Ffraid (Llywelyn ab y Moel). 15g. *GLGC* 69, Ni all pen ysgrifaenu / a *sonied* am Siwan Du. 15g. *GO* 91, Os o'th gyffion y *soniaf* / Lle y gerdd well wela a gaf. *id.* 191, Prydyddion yn *sôn* y sydd y'w blasav / Yn kael blysion bevnydd. 15g. *ID* 2, *sonio* wrthi sy anawdd / os profi tewi nid hawdd [i ferch i gwyno ei wylder]. 15g. *DE* 95, ef a wyr synwyr o *soniaf* fowrglod. *id.* 116, *sonia* heb dy lyshenwi / sion am ych moes hwn i mi. 15g. *CSTB* 35, Cei fawr glod ei cymodi, / *sonia* ferch, cusana fi! 1488-9 *BSM* 23, mvrmvr val Rai yn *son*. **1547** *WS*, *Sonio* ne ym/ddiddan Comen, talke. **1551** W. SALESBURY: *KLl* lxxviiia, Ar oll petheu hynn a *soniwyt* yn y cylch. 16-17g. E. PRYS: *Gw* 202, Ba sôn oedd yn f'absen i, / Ond du sen, nid da *sonni* (Siôn Phylip). 16-17g. *GST* i. 614, Ni am flydd na synnwyr, / *Sôn* am blygasiwn a ŵyr. **1618** J. SALISBURY: *EH* 68, nyd ydym yn crybwylh nag yn *sôn* am yr Eglwys a wneir o goed, ag o gerrig. **1632** D, *Sonio* . . . Mentionem facere. **1716** E. SAMUEL: *GGG* 90-1, ni chynnyddodd nac a ymhelaethodd eu Crefydd hwynt [Iddewon] ddim i un man ond am amser ein Hiachawdwr. **1725-6** *Madd Ed* 339, am yr hyn yd ym i sôn yn y Bennod nesaf. **1743** G. JONES: *HWI* ii. 48, Ei chyfrif yn fendigedig ym mhlith gwragedd a ddylem, fel y mae'r Ysgrythur yn *sonio*. **1793** DAFYDD IONAWR: *CD* 209, Gan alaeth hi aeth weithian / Yn fud, heb symmud, heb *sôn*. **1803** P, *Sôn*

. . . Na *sôn*, do not say so. *id. Soniaw* . . . to report; to rumour; to make mention; to talk. Gostega bawb à *sonio* amdanad, silence every body that shall talk about thee. Ar lafar, 'Man' nw'n *sôn*' 'they say', *WVBD* 498; ''Ôn' nw'n dechra *sôn* am y cwrdd mawr nesa' a phwy ddylsan ni'i wawdd i brigethu yno', 'Fi *sonias* i wthdo fod ginnych chi dŷ galsa fa 'i rentu', 'Paid o *sôn* dim wth neb am y peth', *GTN* 750.

(*b*) Gwneud sŵn, atseinio, seinio, cynanu: *to make a noise, ring out, sound, pronounce.*

13g. *GBF* 370, Y'th uolyant *sonyant* son clych—a llyfreu. **14g.** *GDG*[3] 332, Cod ar ben ffon yn *sonio*, / Cloch sain o grynfain a gro. / Crwth cerrig Seisnig yn *sôn* / Crynedig mewn croen eidion [i'r rhugl groen]. *c.* **1400** *SDR*[2] 67, megys y tynn y vamaeth y mab y ar y lit a'e gyffro trwy *sonyaw* a thrabludyaw yn y glusteu. **1547** *WS* [vii], yn peri *sonio* t val d a b ual v. *id.* [xvii], dwy oo ynghyd yn sasnec a *soniant* val w ynghymraec. *id.* Seinio *sonio* Sounde. **1567** *TN* 303a, y wrth-y-chwi y *soniawdd* [:- seiniawdd, llafarodd] gair yr Arglwydd. **1604–7** *TW* (*Pen* 228), ymadrodh arw drwsgl yn *sonio* megys y sia'r badelh frio d.g. *Sartago, Sartago loquendi.* **1632** *D, Sonio,* Sonare. **1688** *TJ, Sonio,* synio: to sound or make a noise. **1803** *P* d.g. *Soniaw.*

Amr.: **sonial.** **17g.** *CC* 387, Son am wra swn mowrwych / a son am wyr gweddwon gwych / ag er *sonnial* gwrs anvn / hwyr iddi beiriodi rvn. **1803** *P, Sonial* . . . To keep a continual noise. **sonian.** **16–17g.** WILIAM BODWRDA: *Gw* 500, A wyr neb cevdeb lle cais pawb *sonnian.* **soniaid.** **15–16g.** *AAST* (1935) 92, Nid rhaid hir *soniaid* o syrth / Ar gywydd nai ac ewyrth (Dafydd Trefor). **1772** IOAN WALLTER: *DB* 40. Ar lafar clywir y ff. *sonid*, 'Pidwch a *sonid* byth am y peth', *LlGC* 1173, 74 (Morg.). **sonied.** **1718 (1721)** S. THOMAS: *HB* 13, Am Rinwedd yr Haul nid yw ond afraid *sonied.* **1722** *Llst* 189.

Cfn.: **heb sôn am:** *not to mention, let alone.* **1703** E. WYNNE: *BC* 142, a gormodedd yn niweidiol i bob corph, *heb sôn am* yr enaid. Ar lafar, 'Mi fydd raid i mi gâl rwbath i futa, *heb sôn am* folchi a newid'. Cf. D. OWEN: *D* 69, Ar nos Sadwrn, o'r braidd y gallai y siopwyr gau eu masnachdai cyn bore Sul, *heb son am* gyfrif yr arian. Cf. *llai*[1]*—llai sôn.* **sôn (sonio) am Awst (g)wyliau('r) Nadolig:** *to talk unseasonably.* **[1547]** W. SALESBURY: *OSP* [58], *Sonio am Awst wilieu natalic.* Ar lafar, '*sôn am Awst gwylia'r 'Dolig*', *WVBD* 498.

soniar [?gwall am *soniawr* neu olff. o *soniarus*] *a.* Atseiniol: *resounding.*

1632 *D* d.g. *Consonans.*

soniaredd [*soniar*+*-edd*[1]] *eg.* ll. *-au.* Soniarusrwydd; ansawdd neu gymeriad nodweddiadol sain ar wahân i'w thraw neu ei harddwysedd; *Sein.* amlygedd: *sonorousness, sonority, resonance, vibrancy*; *timbre*; *prominence* (*in phonet.*).

20g.

soniaru [be. o'r a. *soniar*] *bg.* Atseinio: *to resound.*

1723 E. SAMUEL: *PDdC* i. 125, chwennych ym mhob mann fyfyrdodau, Serchiadau a Thueddiadau cyfattebol i Sylwedd y Geiriau a fo 'n *Soniaru* yn eich Clustiau. *id.* ii. 131, llêf Udcorn yr Angel yn *soniaru* yn eu clustiau. *c.* **1730** *Thos. Lloyd D* (LlGC) 207b, *Soniaru* . . . Sono.

soniarus [*sôn*[1,3]+elf. anh.+*-us*] *a.* Atseiniol, seinfawr, dwfn (am sŵn); persain, melodaidd; a sŵn canu ynddi (am glust): *sonorous, resonant, resounding, vibrant, loud, deep*; *melodious, tuneful*; *affected by tinnitus* (*of ear*).

1567 *LlGG* (*Sall*) 17b, cenwch yn gerddgar ac yn *soniarus.* *id.* 84b, Molwch ef a'r cymbalae *soniarus.* **16g.** *LlS* 102, Ei guro [mwstard] gyd a phicusen sy dda yw ddody mewn clust vyddar ne *soniarûs.* **1588** 2 *Cr* xiii. 12, vdcyrn *soniarus.* **1588** 2 *Esd* vi. 13, gwrando lef gref *soniarus.* **1595** *Egl Ph* 102–3, [p]ann draethir ar dabhod labherydh, yn wiwrwydh, yn *soniarus*, ac o dhybhnder callon. **1604–7** *TW* (*Pen* 228) d.g. *Vocalis.* *Dchr.* **17g.** *J* 10, 41b, *Soniarus.* loude. Sonorus. **1632** *D* d.g. *Consonans, Crepitans.* *c.* **1658** R. VAUGHAN: *E* 250, y cyfriw lefain *soniarus.* **1688** S. HUGHES: *TSP* 317, y rhai â'i peraidd-gerdd a'i hyfryd lais *Soniarus* [:- Vchel], a wnaethant i'r Nefoedd ddatseinio. **1699** T. JONES: *TP* 204, eu [angylion] melus-gerdd, a'u peraidd gân *Soniarus.* **1768** RISIART AP ROBERT: *CB* 97, [Duw] a roddes ei dystiolaeth *soniarus* i 'r Iesu. **1776** *W* d.g. *Loud* [*apply'd to a musical instrument, &c. high-sounding, sonorous*]. **1788** IOAN SIENCIN: *MTLl* 3, Ac fe ganai yn *soniarus*, / Yno fawl, i Dduw yn felus. Cf. R. ROBERTS: *Daearyddiaeth* 280, y maen *soniarus* . . . a phan darewir ef, swnia agos mor beraidd a chlôch; D. OWEN: *D* 47, Er nad oedd Ffredric Lewis yn gerddor, yr oedd ganddo dôn *soniarus* a hyfryd wrth bregethu.

soniarusrwydd [*soniarus*+*-rwydd*] *eg.* Yr ansawdd neu'r cyflwr o fod yn soniarus; perseinedd: *sonorousness, sonority, resonance, vibrancy*; *melodiousness.*

20g.

soniawr [?gwall am *sonfawr*, er nad amhosibl *sôn*[1]+*gawr*[1]] *a.* Soniarus, swnllyd, seinfawr, trystfawr, hyglyw: *sonorous, noisy, loud, audible.*

Dchr. **15g.** *GM* 25, Yn heneit a drywanawd drwy garawc *sonyawr* y llef. **1632** *D, Soniawr,* Sonorus. **1688** *TJ, Soniawr,* syniog: loud, making a great noise. **1722** *Llst* 189 d.g. *Audible.* **[1783]** *W* d.g. *Sonorous.* **1803** *P.*

sonid, sonied, gw. **soniaf: sôn.**

soniedig [bôn y f. *soniaf: sôn, sonio*+*-iedig*] *a.bfl.* Crybwylledig, y soniwyd amdano o'r blaen: *mentioned, aforementioned.*

1814.

sonig [cfdds. o'r S. *son(ic)*+*-ig*[2]] *a.* Yn perthyn i sain neu donnau sain, yn defnyddio sain neu donnau sain, a achosir gan siocdon wrth i awyren, &c., groesi'r mur sain (am daran), hefyd yn *ffig.*: *sonic, also fig.*

20g.

sonomedr [cfdds. o'r S. *sonometer*] *eg.* Offeryn i fesur amledd dirgryniadau tant, &c.: *sonometer.*

20g.

sonoriaeth [cfdds. o'r S. *sonor(ity)*+*-iaeth*] *eb.* Soniarusrwydd: *sonorousness, sonority.*

20g.

sooleg, soolegwr, soomorffig, &c., gw. **swoleg, swolegwr, swomorffig,** &c.

sop [bnth. S. *sop*] *eg.* a hefyd gyda grym ansoddeiriol.

(*a*) Bara wedi ei dorri a'i fwydo mewn hylif, e.e. llaeth twym, te, &c., cyn ei fwyta, bara llaeth, hefyd yn *ffig.*: *sop, also fig.*

1839. Ar lafar, ''Odd dinnon yn lico bita *sop* nu shincyn i swpar flynydda 'nôl. Bara wedi'i dorri'n fæn mwn basynid o læth twym a ticyn o swgir idd 'i felysu fa yw *sop.* 'Odd rai yn gwed bara llæth amdano', *GTN* 749; '*sop*' 'siencyn te', *Geir Geg* 25 (Morg.); ac yn ehangach am bethau gwlyb, 'gwallt *sop*'; '*sop* diferol'.

(*b*) Person twp neu ffôl: *sop, stupid or foolish person.*

1736 (1812) *YRW* 18, Cyfod ddiogyn, dos at y morgrugyn, / . . . / Gwna ryw beth i'th gadw, yn lle 'mroi i farw, / Mae'n arw i bawb dy alw yn *sop* diles.

(*c*) Peth a roddir i heddychu neu lwgrwobrwyo: *sop* (*to pacify or bribe*).

20g.

Gw. hefyd **sopas, sopen**[1], **sopyn**[1].

sôp [bnth. S. *soap*] *eb.g.* ll. *-s.* Opera sebon: *soap* (*opera*).

Ar lafar, 'Ma rei pobol yn gwylio'r *sôps* i gyd'.

sopas, sopos, sop(y)s [bnth. S. *sops*, ff. l. yr e. *sop*] *eg.* Blawd ceirch wedi ei fwydo mewn llaeth enwyn neu ddŵr; cymysgedd gwlyb, stwnsh, cawdel gwlyb, cawlach: *oatmeal soaked in buttermilk or water*; *wet mixture, mash, wet mess, hotchpotch.*

1547 *WS, Sopos* Soppes. **1578–80 (17–18g.)** *Cylchg LlGC* vii. 276, Mur morlo sur marl a *sops* / Mwrn mwll gelwrn mall galops [dychan Hywel ap Syr Mathew i Fynydd Hirddywel]. *Diw.* **16g.** *WLB* 11, [c]ymer dri o bennau devaid duon . . . a dryllia y pennau yn *soppys* y kig ar esgyrn. *id.* 47, Kymer benn llwdn dafad a soppyssa ef i gid yn *soppys* mân. **1718** T. LLOYD: *SH* sig. A3r, Hwynt a lefant mynyddoedd a Brynniau syrthiwch arnom, a gwnewch ni'n *soppos.* **1722** *Llst* 189, *Soppas.* m. Meal mixed wth drink milk or water to be eaten; a hodge-podge. **[1783]** *W, soppas* d.g. *Slip-slop* [*some washy or unsubstantial food*]. Ar lafar, '*sopas*' 'blawd ceirch wedi'i fwydo mewn llaeth enwyn oer', *Geir Geg* 25 (godre Cered., sir Gaerf., a sir Benf.); ''Stim byd at *sopas* i fagu cêst', *GDD* 268; 'Ma nillad i'n *sopas*', 'Dwy'n *sops* diferu', *SC* vi. 131 (sir Benf.). Cf. *CYLl* 78, Uwd a *sopas* at ei swper.

Amr.: **siopos.** *c.* **1756** *Bangor* 1007, 39, mi glowes ych tafod chwi yn fwy ffrayth / ai yn *siopos* yr ayth ych sipog. **1803** *P, Siopos*, s. pl. aggr. . . . a mass bruised or bent together.

Gw. hefyd **siwps, sop, sopen**[1], **sopyn**[1].

sopaslyd [*sopas*+*-lyd*] *a.* Gwlyb, slwtshlyd: *wet, sloppy.*

1672 R. PRICHARD: *Gw* 372, Duw moes i'n [*sic*] dy ffafar, / I['w] gwnnu [llafur] o'r ddaiar *sopaslyd.*

sopen[1] [?cf. *sop*] *eb.?g.* ll. *-ni.* Ceuled (a maidd), hefyd yn *ffig.*: *cheese curds* (*and whey*), *also fig.*

1716–18 *Llsgr R. Morris* 21, Ond am yr hafodreg fwunlan / gadewch i honno i'r Lleban / oni leiciwch chwi ar riw dro / fund ati hi i sipio *sopan.* **1722** *Llst* 189, *Soppen* caws. Curds. **1725** *SR* d.g. *Curds.* **1803** *P, Sopen*, s. f. . . . —pl. t. *i* . . . *Sopen* o gaws, a ball of cheese curds. Ar lafar, '*sopen*' 'y peth sy gyda'r maidd wedi i'r llaeth dorri', *B* iv. 302 (canolbarth Cered.); ac yn ehangach mewn ymad. megis 'gwlyb *sopen*' a '*sopen* wlyb', gw. d.g. *gwlyb—gwlyb sopen* (hefyd At.); 'wedi gwylchu 'n *sopen*', *Cymru* xlvi. 24 (sir Ffl.). Cf. *CEG* (1944) 189, a'r glaw, 'rown i'n *sopen* cyn cyrraedd pen tir (J. Kitchener Davies); *Geir Geg* 25, *sopen* maidd . . . ar ôl rhoi cwyrdeb mewn llaeth byddai'n tewhau ac yn troi'n *sopen.* Rhaid oedd tynnu'r maidd ohono wedyn i'w wneud yn gaws. Byddid yn bwyta'r *sopen* hwn fel pryd ysgafn [godre Cered., sir Gaerf.] amrywiad: *sopen* slic 'curds and whey'.

sopen[2] [cf. *sopyn*[2], *sypyn*, *swp*] *eb.* ll. *-nau, -ni.* Bwndel, swp (o wair neu wellt); das neu helm fechan (o ŷd, &c.) ar y cae; hefyd yn *ffig.*: *bundle, truss* (*of hay or straw*); *small stack or mow* (*of corn, &c.*) *in the field*; *also fig.*

13g. *GBF* 356, A *sopen* weir yn lle kadeir y'n Llyw kadeu. **1632** *D, Soppen,* Bolus, manipulus, fasciculus . . . Est fœm. à Syppyn, quod est Dim. à Swpp. **1688** *TJ, Soppen,* (bwndel:) a bundle of Straw or Hay, &c. **1722** *Llst* 189, *Soppen.* f.p. *pennau.* A ball or bundle of any thing, bottle of hay, pad of straw, wad, wisp. **1725** *SR* d.g. *Bundle, Mow.* **1803** *P, Sopen,* s. f.—pl. t. *i* . . . a bundle, a truss . . . *sopen* o vlew, a bundle of hair; *sopen* o wair, a truss of hay. Ar lafar, '*sopen*' 'tas fechan o yd', *B* iii. 207 (Penllyn); '*sopen*' 'a bundle of straw', *TGG* (1907–8) 110 (godre Cered.); '*sopen*' 'a truss of straw larger than an "isgub", but smaller than a "bwrn"', *GDD* 268; 'wedi marw'n *sopan*' 'killed on the spot', *WVBD* 498.

Cfn.: **sopen farw:** *stone-dead.* **1879.** Ar lafar, 'syrthio'n *sopan farw*' 'to fall all of a heap without showing a sign of life, e.g. from a great height', *WVBD* 498.

Gw. hefyd **sopyn**[2].

sopen[3] [?yr un gair â *sopen*[2]] *eb.* ll. *-nod.* Enw difr. ar fenyw neu anifail benyw: *term of abuse for a woman or a female animal.*

1803 *P, Sopen* . . . Dôs, y *sopen* vront, Go, thou dirty baggage. Ar lafar, ''I æth yn *sopan* feddw yn fenyw ifanc', *GTN* 749; 'Hen *sopen* o fenyw' 'a big stout woman', *Cymru* xxxiv. 180 (godre Cered.). Cf. TALHAIARN: *Gw* ii. 97, daccw 'r gath yn myn'd i'r dairy. Mi eiff yr hen *soppen* i'r hufen, 'fel huddyg i botas'; *WVBD* 498, '*sopan*' 'hussy': 'hen *sopan* fudur', 'hen *sopan* biwis', but when applied to a child = merely 'naughty girl'; *LlLIM* 112, Wrth weld y ddynes mewn oed yn hen fwthlan dew byddai'n anodd cofio ei bod hi wedi bod yn faban yn y crud . . . a'i bod wedi tyfu i fod yn hen *sopan* bach.

Gw. hefyd **sopyn**[2].

sopian [bnth. S. (*to*) *sop*] *bg.* Bod yn wlyb diferol, socian: *to be soaking, be soaked.*

20g.

soplen [?*sop(en*[2]*)*+*llen*] *eg.* Bwndel, swp: *bundle.*

16g. *GRCG* 74, *Soplen* bach yn sup o blu / Fal draenog yn dyrynnu [marwnad hobi]. **1617** *Minsheu* 48b, *Sopplen* o wair d.g. *a Bottle of haie.*

soporiffig [cfdds. o'r S. *soporif(ic)*+*-ig*[2]] *a.* Yn peri cwsg, hunbair, cysgbair: *soporific.*

1934.

sopos, gw. **sopas.**

soprano [bnth. S. *soprano*] *eb.g.* ll. *-s.* *Crdd.* Y llais canu uchaf gan fenywod, merched, a bechgyn; menyw, merch, neu fachgen â'r cyfryw lais; rhan ar gyfer y cyfryw lais: *soprano.*

1869 TALHAIARN: *Gw* iii. 204, Yr oedd ei lais [Gwenhudyw] yn *soprano* o'r iawn ryw.

sops, gw. **sopas.**

sopyn[1] [*sop+-yn*[1]] *eg.* Sop, stwnsh, cymysgedd gwlyb: *sop, mash, wet mixture.*
1801 *MMf* 97, Rhag y ddannoedd. Cymmer bwrs y bugail, a phwya'n *soppyn.* Ar lafar, 'Yn wlyb *sopyn*' 'Soaking wet', *LlGC* 1173, 75 (Morg.).

sopyn[2] [cf. *sopen*[2,3], *sypyn, swp*] *eg.* ll. *-nau, sopyniau.*
(*a*) Bwndel, swp, sypyn; das neu helm fach (o ŷd, &c.) ar y cae; hefyd yn *ffig.*: *bundle, truss; small stack or mow* (*of corn, &c.*) *in the field; also fig.*
15–16g. *GRB* 15, Pan roed *sopynnau* (*Iolo MSS* 301, *sopynniau*) rhedyn / i'r tir gynt ar y tarw gwyn. **1722** *Llst* 189, *Soppyn.* m. of Soppen. p. *pynnau.* **1771** *W* d.g. *Bundle* [*a fardel, packet, pack, truss*]. *id.* Cael ei daro i lawr yn . . . *soppyn* d.g. *Struck, To be struck all of a heap.* Ar lafar, '*sopyn* o ŷd', *B* xiv. 280 (canolbarth Cered.); '*Sopyn*' 'Helem fach o lafur; neu ddas bach', *Cymru* xxxiv. 180 (godre Cered.); ''En *sopyn* cæs yw a'(dwyrain Morg., wrth sôn am berson). Cf. DEWI EMRYS: *Ysgrifau* (1937) 115, Gorweddodd [Jack y ci] yn *sopyn* lluddedig wrth fy nhraed; D. GWENALLT JONES: *YA* 24, Ond heddiw yno rhed y chwyn yn rhydd, / *Sopynnau* brwyn a rhedyn, cnydau'r drain.
(*b*) Swm mawr, llawer: *large amount, lot.*
19g. *HVN* 173, Roedd *sopyn* mawr o swper. Ar lafar, ''Cheso' i ddim *sopyn* o blesar yno', 'Ma *sopyn* ar ôl', '*sopyn* o dai . . . o fale . . . o wair', *GTN* 749; 'Odd *sopyn* o ddinon yn y cwrdd nithwr', *BIBC* 46.
Cfn.: **sopyn llaw:** *small stack or mow made by hand in the field rather than by kneeling on it.* Ar lafar, *Cymru* xxxiv. 180 (godre Cered.). **sopyn pen-lin:** *small stack or mow made by kneeling on it in the field.* Ar lafar yng nghanolbarth Cered. a gogledd sir Gaerf.
Gw. hefyd **sopen**[2].

sopynnaf: sopynno [bf. o'r e. *sopyn*[2]] *bg.* Gwneud sopynnau: *to make small stacks or mows in the field.*
1899. Ar lafar, *B* iv. 302 (canolbarth Cered.).

sopynnwr [bôn y f. *sopynnaf*: *sopynno+-wr*] *eg.* Un sy'n gwneud sopynnau: *person who makes small stacks or mows in the field.*
20g.

sopys, gw. **sopas.**

sopysaf [bf. o'r e. *sopys*] *ba.* Stwnsio: *to mash.*
Diw. **16g.** *WLB* 47, Kymer benn llwdn dafad a *soppyssa* ef i gid yn soppys mân.

sor [bôn y f. *sorraf*: *sorri*] *eg.* a hefyd fel *a.* Dicter, digofaint, soriant, llid, sarugrwydd, pwd; dig, sarrug, pwdlyd: *anger, indignation, wrath, sullenness, sulks; angry, indignant, sullen, surly, sulky.*
13g. *C* 101. 9, och corr dy *sorr* de ymi bv ewnis. **14g.** *BT* 160, yna rys vab gruffud yn gyflawn o lit a *sorr* agyffroes diruawr lu o vrycheinyawc. **14g.** *B* x. 54, Ena drwy *sorr* yd erchis Olibrius y chrogi ar groc yn yr awyr. **14g.** *DGG*[2] 146, Ac er tor ar *sor* a'r som / Ddwylaw mwnwgl ydd elom (Gruffudd Gryg). **14–15g.** *IGE*[2] 285, A'r maint hyn, meddyn' i mi, / Bwn *sor,* oedd o benseiri [Siôn Cent i'r wyth dial]. *Dchr.* **15g.** *GSCyf* 105, Taran *sor,* truan sarrug, / Trwynsur a ffals, treinsiwr ffug [Llywelyn ab y Moel i'r tafod]. **15g.** *Cy* iv. 112, ynteu [Anghrist] trỽy gymryd yn*sor* arabu arnaỽ ef dỽyn ruthur ythunt awna. *Diw.* **15g.** *Pen* 67, 84, Sir gaer ar *sor* i gyrrwyd / Sorri oedd iawn os rrydd wyt (Hywel Dafi). **16g.** RHISIART FYNGLWYD, &c.: *Gw* 41, Och noswaith ni chwynyswn, / Er sarhaed i'r gwr *sorr* hwn. **16g.** WILIAM CYNWAL: *Gw* (R. L. Jones) 623, Ac aros, a gair trugaredd—sy *sor,* / Yno dros dymor, drws diomedd. **1632** *D, Sorr,* Indignatio, iræ. *id.* d.g. *Indignabundus, Iracundus, Offensus.* **17g.** *TBM* 446, Dyn wyf fi mewn dicter maith / Wrth chwech neu saith sy'n f'erbyn / A'u hwynebau ffyrnig *sor*—/ Swyddogion Bangor ydyn'. **1688** *TJ, Sorr,* soriant: wrath, anger, indignation. **1760** E. WILLIAMS: *UYB* 214, I'r hunangyfiawn Gelyn *sorr* ei Ael. **1768 (1813)** TWM O'R NANT: *FF* 13, yn gwneud heb *sor,* / Drwy degwch fy nghyngor dygun. **[1783]** *W* d.g. *Snappish.* **1803** *P, Sôr* s. m. . . . the being displeased or silently angry; sullenness. a. Sullen, sulky; angry; harsh, grating; sullen.

sôr [bnth. S. *sore*] *a.* a hefyd gyda grym enwol. Blin, llym, annioddefol: *grievous, harsh, unbearable.*
1598–1640 *RWM* i. 259, Mae ordor *sôr* am serch ag anair. **17g.** E. MORRIS: *Gw* 434, Gwell iti'r gongol gyfynga' mor glos, / Na bod mewn tŷ eang, mi a ddoeda' 'n ddi-os, / Gyda gwraig ddicllon anynad mor *sôr*; / Nid gwaeth it letyfa o'r tu allan i'r ddôr. **1716–18** *Llsgr R. Morris* 83, Pan glybu William crismon hun yma o chwedel *sôr* / dechre wnae ymofun am long i fund ir môr. *id.* 203, hwn an geilw ir farn yn groew / buw amarw [*sic*] ar dir a mor / bod yn feỽw yr amser hwnw / syỽ yn arw fater *sôr.* *c.* **1730** *Thos. Lloyd D* (LlGC) 209a, *Sôr.* Sore. CW. 101. **1759** *BC* 442, A Pharoh a'i wyr dewrion oedd surion a *sôr,* / Nhwy gawsont fraw garw a marw yn y Môr! **1762** H. JONES: *HCF* 48, Gwedi ngholli ar y Môr, / Gyda'r Llong a'u holl ystôr / Tybio moddi a'm soddi'n *sôr* / O'n honor ni ein hunen. **[1784]** *LlGD* 27, Brysia! mae fe 'n cynllwyn i'th ddirwyn! wrth dy ddôr! / Pe'i 'th daliei [*sic*] di yn dy bechod, gresyndod fyddei 'r *sôr*! **1790** TWM O'R NANT: *GG* 166, Sai dros ein Sir, heb drais na *sor,* / Yn fawr ei fawl o fôr i fôr.

Sorbeg [bnth. S. *Sorb+-eg*[1]] *eb.g.* Iaith Slafonig Lusatia yn nwyrain yr Almaen: *Sorb*(*ian*).
20g.

sordid [bnth. S. *sordid*] *a.* Iselwael, salw, bawaidd, dirmygadwy: *sordid.*
20g.

soredig [bôn y f. *sorraf*: *sorri+-edig*] *a.bfl.* Wedi sorri, dig, sarrug, pwdlyd, anfoddog, wedi digio: *angry, indignant, sullen, sulky, displeased, offended.*
c. **1400** *R* 1244. 18–19, *sorredic* eidic elwic alaf. *c.* **1400** *YCM*[2] 21, A chymryt y ganyat, ac ymchoelut yn *sorredic* at y niuer ehun. **15g.** *CSTB* 34, O sorraist, er nas haerwy', / Saer dy gerdd, *soredig* wy'. **16g.** *B* xi. 29, Jr ymchwelodd Erkwlf y'w long yn *soredig* wrth y brenin. *id.* xv. 274, y kyuriw wyr . . . a oedd annvodlon ac yn *soredig* wrth y neb a sonniai am dario ynno J vwrw'r gaiaff. **1567** *TN* 109a, arglwydd y Synagog a atepawdd yn *sorredic,* can i'r Iesu iachau ar y dydd Sabbath. *id.* 330a, Wrth pwy y bu ef *sorredic* ddeugain blynedd? onid wrth y rrai a bechasai. *a.* **1587** *Y* 107, Tithav, Cynwal, yn dal dig, / Treisiwr wyd, tra *soredig.* **16–17g.** E. PRYS: *Gw* 259, mae dau ofal, / Ar Eiddig *soredig* sâl. **16–17g.** *GST* i. 738, *Soredig,* liw sêr, ydoedd, / Ef a ŵyr Duw afraid oedd. **16–17g.** (**17g.**) *CC* 37, i ddau ŵr *sorredig* wrth ei gilidd o achos merch (Thomas Prys). **1803** *P, Soredig* . . . Displeased, offended.

soredigol [*soredig+-ol*] *a.* Dig, sarrug: *angry, sullen.*
1766 *CD* 24, pan ddaethym gyntaf im gydnabod [*sic*] a thi, buost fwyn a boneddigaidd wrthyf, a phan Wybuost y mod ith garu *Soredigawl* a mwy gwŷredig wrthyf.

sorel[1] [bnth. S. C. *sorel* (plant) neu'n uniongyrchol o Ffr. Lloegr] *e.ll.* *Bot.* Suran, *Rumex,* hefyd yn *ffig.*: *sorrel* (*plant*), *also fig.*
14g. *GIG* 161, A merch Rwsel, *sorel* soeg, / Gwrach fresychgach frau sechgoeg [dychan i Herstin Hogl]. *c.* **1400** *R* 1335. 25–6, Svr ieuan dilan dyle. *sorel* llanỽ kaỽdel keudy. *Diw.* **16g.** *WLB* 15, Kymer *sorel* a rhwym hwynt mewn dail bresych. **17g.** *CRC* 131, ffei o *sorel* svr heb rol / yn ansynhwyrol siarad [i ferch fursen]. **17g.** E. MORRIS: *Gw* 434, Os medd hi fawr olud, er ffroenio or ferch ffraeth / A bod yn rhyw *sorel* or sura' pan waeth? **18–19g.** *Llr* C 4, 39, *Sorel,* a sawr, ye herb sorrel, sure, sax (ie surai) sorel french.

sorel[2] [bnth. S. *sorrel* (horse)] *eg.* Ceffyl melyn neu wineugoch: *sorrel* (*horse*).
c. **1600** *DCR* 228, Ac os Rowchir *sorel* main / nys Rown i er deigein koron / ac os pally newchi or knyw / ni fyddwn fywn gyfyillon [*sic*].

sorgwm [bnth. S. *sorghum*] *eg.* *Bot.* Unrhyw laswelltyn grawnog trofannol o'r tylwyth *Sorghum*: *sorghum.*
20g.

soriad[1], **sorrad**[1] [bôn y f. *sorraf*: *sorri+ ?-iad*[2], *-ad*] *eg.* a hefyd fel *a.* (Person) dig neu sarrug: *angry or surly* (*person*).
15g. (**16g.**) *Pen* 76, 121, sayr dy vawl *soriad* (*Llst* 6, 149, *sorrad*) wyfi / amserawl oedd ym sorri (Robin Ddu). **1595** *Egl Ph* 17, yr henw cadarn yn lhe'r henw gwainn [*sic*] . . . 'Saer dy bhawl, *sorriad* wybh bhi'. '*Sorriad*' dros 'sorredig'. **16–17g.** IEUAN TEW IEUANC: *Gw* 113, Od ei ymaith gan Domas / Allan i wlad Frychan fras, / *Soriad* fydd dengwlad yn d'ôl, / Siwsan hirwen, synhwyrol! **1632** *D, Sorriad,* Indignabundus, iratus. **1688** *TJ, Sorriad*: angry, moved. *c.* **1730** *Thos. Lloyd D* (LlGC) 210b, *Sorriad* wyf . . . I am affronted. **1753** *TR, Sorriad,* one that is angry, in a chafe. **1772** *W, sorriad* d.g. *Crab* [*a cross, sour, morose person*].

soriad[2], **sorrad**[2] [bôn y f. *sorraf*: *sorri+ -iad*[1], *-ad*] *eg.* Y weithred o sorri, dicter: *a being angry, anger.*
1572 *WII* 71, Donniau Saraf / Du yw n *sorriad* / Doe kynghoriad / kangau hirionn [marwnad Meistres Elin]. **16–17g.** EDWARD URIEN, &c.: *Gw* 12, Catrin wen seren heb *soriad*—na cham, / Gan ŵyr Syr Wiliam cawn ni'r siŵr alwad. **1803** *P* d.g. *Sorad, Soriad.*

soriaf: sorio, gw. **sorraf: sorri.**

soriant [bôn y f. *sorraf*: *sorri+-iant*; dichon fod dyl. S. *sorrow* i'w weld ar rai o'r enghrau. isod] *eg.* ll. *-au.* Dicter, digofaint, llid, anfodlonrwydd, tymer ddrwg, pwd, sarugrwydd; achos anfodlonrwydd; ?tristwch: *anger, indignation, wrath, displeasure, pique, sulks, sullenness; cause of displeasure; ?sorrow.*
15g. (*Diw.* **15g.**) *Pen* 55, 92, nattur tan yttiỽ or tat / nattur *soriant* rrosseriat (Dafydd Epynt). *Diw.* **15g.** *Pen* 67, 77, Nid *sorryant* am weddyant vydd / ond eiriol rrwng kefnderwydd (Hywel Dafi). *p.* **1500** *Pen* 57, 64, o dduw gwyn pam oydd y gwa[ll] / ai *soriant* ai kas arall (Hywel ap Rheinallt). **1547** *WS, Soriant* Wrathe. **16g.** *B* xi. 22, [c]ymerth y brenin *soriannt* mawr wrth Erkwlf am wneuthud y kyuriw lw. *id.* xviii. 57, kymerth hi brudder a goual mawr hrag kaffael gwwg a *ssoriantt* y brenin. **1567** *LlGG* (*Sall*) 49b, Ar vyuchaf [*sic*] y trawenynt dy *sorianteu.* *a.* **1587** *Y* 199, Y saer gwych, sarrug i waith, / Ar *soriant,* eres araith. **1588** *Deut* ix. 19, ofnais rhac y *soriant,* a'r dig drwy y rhai y digiodd yr Arglwydd wrthych. *Dchr.* **17g.** *J* 10, 41b, *Soriant.* Indignation. **1632** *D,* Sorr, Indignatio, iræ. *Sorriant,* Idem. **1679** C. EDWARDS: *GGG* 33, *sorriant* ddifrifol [*sic*] (*an hearty grief and sorrow*) am y llygredigaeth a deimlwn ni. *id.* 156, nid yr vn fesur o *sorriant* edifeiriol sydd ym mhob vn edifarus. **1701** E. WYNNE: *RBS* 22, [p]an fo'r gweithredoedd hyn yn lledcam . . . ni bydd . . . Ympryd ond gwâg *sorriant* (*impertinent trouble*). **1711** H. POWEL: *TY* 81, Y mae etto yn cadw yr un ffordd, a honno yn ffordd ei galon; nid *sorriant* byrbwyll, na phrofedigaeth heb ei discwyl. *c.* **1730** *Thos. Lloyd D* (LlGC) 210b, *Sorriant.* A pett. **1774** H. JONES: *CH* 14, Oh! ddedwyddwch y rhai duwiol, / Gwedi *sorriant* byd amserol. **1803** *P, Sòriant,* s. m. . . . Displeasure, disgust, offence; sullenness.

sorllach, gw. **sarllach.**

sorllyd [*sor+-llyd*] *a.* Dig, anfoddog, sarrug, pwdlyd, hefyd yn *ffig.*: *angry, indignant, displeased, sullen, sulky, also fig.*
[1783] *W* d.g. *Snappish* [. . . *surly, &c.*]. **1803** *P.* Cf. A. ROBERTS: *LlM* 51, Mae Llansantsior i'w Phôr a'i Phen, / Am lwydd di nych, a'i bloedd hyd nen, / Ag nid rhyw oerllyd *sorllyd* sèn / Ond pur, ond pur.

Soroastraeth, gw. **Soroastriaeth.**

Soroastraidd, Soroastriaidd [cfdds. o'r S. *Zoroastr*(*ian*)+-(*i*)*aidd*] *a.* Yn perthyn i'r Soroastriaid neu i Soroastriaeth: *Zoroastrian* (*adj.*).
1858.

Soroastriad [cfdds. o'r S. *Zoroastr*(*ian*)+ *-iad*[1]] *eg.* ll. *-iaid.* Un sy'n arddel Soroastriaeth: *a Zoroastrian.*
1858.

Soroastriaeth, Soroastraeth [cfdds. o'r S. *Zoroastr*(*ianism*)+-(*i*)*aeth*] *eb.* Crefydd fonotheïstaidd a sylfaenwyd gan Zarathustra ym Mhersia yn y 6g. C.C. ac sy'n pwysleisio'r gwrthdaro rhwng ysbryd daionus y goleuni ac ysbryd drygionus y tywyllwch: *Zoroastrianism.*
1920.

Soroastriaidd, gw. **Soroastraidd.**

sorod [cf. *siwrwd*] *e.ll.* a hefyd fel *eb.g.* Gwaddod, gwaelodion, sothach, gwehilion, ysbwrial, mwnws, hefyd yn ddifr. am bobl ac yn *ffig.*: *dregs, lees, rubbish, refuse, trash, dross, also derog. of persons and fig.*
14g. *GDG*[3] 124, *Sorod* wlydd newydd uwch nant, / Socas o welltblas wylltblant [i'r ysgyfarnog]. *Dchr.* **15g.** *GSCyf* [100], Arwain *sorod* a nodwydd / A gaf drimis haf i'm swydd [Llywelyn ab y Moel i'r pwrs]. **15g.** (*a.* **1563**) *Mos* 161, 81, ssardia veilch yn *ssorod* van / od oes gwc nid yssgogan (Iaco Brydydd). **1547** *WS, Sorod* Baggage. **1567** *TN* 247a–b, gwnaethpwyt ni val carthion y byt, yn greision [:– *sorot,* bratie] pop peth. **1588** *Diar* xxvi. 23, Fel *sorod* arian wedi eu bwrw dros ddryll llestr pridd. **1592** S. D. RHYS: *Inst* [xiv], Eithr nyd yw y bhursennaidh *sorod* hynn o Gymry . . . onyd gohilion, a' llwgr, a' chrachydhion y bobl. **1632** *D, Sorod,* Fæx, scoria. **1632** J. DAVIES: *LlR* 301, i garthu ymaith y sothach ffettel sydd ynom ni o brês, ac alcam, a haiarn, a phlwm, a *sorod.* **1688** *TJ, Sorod,* dross. **1703** E. WYNNE: *BC* 138, myfi yw'r merllyn . . . lle ceula *sorod* pob pydredd a snaffedd dinistriol. **1722** *Llst* 189, *Sorod* (s. & p.) m. Dregs, dross. **1740** T. EVANS: *DPO* 267, heb ymlygru

a *sorod* Pabyddiaeth. **1759** *DG* 79, A'r ffrangcod *Sorrod* Surrion / Mwy haid ymmhorthladd Mahôn. **1803** *P*, *Sorod*, s. pl. aggr. . . . Small particles, parts, or fragments; shatters; dregs, dross, sordes. Ar lafar yn Arfon.

sorrad[1,2], gw. soriad[1,2].

sorraf: sorri[1], *bg.a.* Digio, bod yn anfodd-og, cael ei dramgwyddo, pwdu, monni, llyncu mul; gwneud yn ddig, digio, tram-gwyddo; gwarthruddo; hefyd yn *ffig.*: *to be(come) angry, be displeased or offended, sulk, be in a huff, take umbrage; anger, offend; put to shame, disgrace; also fig.*

?**12g.** (**16g.**) *GCBM* ii. 351, *Sorres* wrth sarruc bennaeth, / Ny *sorres* neb amser waeth [dychan i'r Arglwydd Rhys]. **12–13g.** *GLlLl* 25, Nyd adawaf, hael o hil Beli, / Na bwyf bwyll sarruc o bell *sorri*. *id.* 252, Ny chelir na'e wir na'e wrhydri / Am bob treis ryduc ar bob tarw caduc, / Ac ar bob sarruc yr eu *ssorri*. *c.* **1300** *B* ii. 33, ny dyly nep *sorri* ar duw yr bychanet a rodo idaw. **14g.** *T* 35. 12–13, na rynnawd godo. Rac gwynt pan *sorho*. **14g.** *WM* 142. 12–13, yna y *sorres* kei ac y dywawt geireu dic. **14g.** *B* x. 55, Na *sorr* di wrthyfi. **14g.** *GDG*³ 399, O *syrr*, lle'i gwesgyr gwas-gwyn, / O'm dawr, Gwyn ap Nudd i'm dwyn! *c.* **1400** *R* 1364. 44–1365. 2, Edewis ys mis amwy no blwydyn ym y gedechyn kevyndedyn cul. *Sorreis* naskeueis kyuing offeiryat. *Diw.* **15g.** *Pen* 67, 78, Mogelwch na *sorwch* saint / dwyll a gamwyll gogymaint (Hywel Dafi). **1547** *WS*, *Sory* To be wroth. **1551** W. SALES-BURY: *KLl* xxvib, Ac a *sorradd* rei ynthynt ehunain. *Dchr.* **17g.** *J* 10, 41b, *Sorri*—to be displeased. **1632** *D*, *Sorri*, Indignari, irasci, succensere. **1677** R. JONES: *BB* 189, mi a wn fod digon o anhawsder yn hyn [marweiddio'r cnawd], ac y *sorra* 'r cnawd wrth hyn, ac ai ffieiddia. **1776** I. BRYDYDD HIR: *P* i. 58, nid allwn ni dorri ein haddewid a Duw, heb ei *sorri* a'i gythruddo. **1787** E. ROBERTS: *PCF* 30, Eis lawer gwaith im gwely i *sorri*, / Pan glown i mam yn sôn am olchi. **1803** *P*, *Sòri* . . . to displease, to offend; to render sullen or sulky; to become displeased or offended; to grow sullen or sulky . . . Na *sòra* wrth dy vwyd, do not quarrel with thy victuals. Ar lafar, 'Paid â *sorri* dy galon', *WVBD* 498; 'Os anghytunwch chi â fo, mi *sorrith* ar unwath', *B* xv. 24 (Meir.).

Amr.: **sorio.** **1687** (**1715**) J. OWEN: *TB* 25, *sorriodd* y sawdiwr wrth glywed y newydd hyn.

Cfn.: **sorri'n bwt:** *to sulk, be offended.* **1925.**

sorren, sorri[1], gw. sorryn, sorraf: sorri.

sorri[2] [bnth. S. *sorry*] *ebd.* Drwg gennyf, blin gennyf: *sorry.*

20g. Ar lafar, '*Sorri* 'mod i'n hwyr'.

sorrig [*sor*+*-ig*[2]] *a.* Dig, sarrug, pwdlyd; (geir.) llym: *angry, sullen, sulky*; (*dict.*) *severe.*

1567 *TN* 9a, pan vmprytioch, na vyddwch *soric* [:- saric, trist] val hypocritait. **1580** *GGN* 43, Ag yno y dwad y gwr da wrthdo yn *sorrig*. *Dchr.* **17g.** *J* 10, 41b, *Sorrig*. Indignabundus. **1617** *Minsheu* 442a d.g. *Seuere.* **1701** J. WILLIAMS: *BG* 29, Os wyt titheu yn *sorrig*, oblegyd fôd gan eraill amgenach rhan o beth-au'r Bŷd. nag y sydd gennyt ti. **18–19g.** *CLlC* iii. 29, Dan f'ais maen glais mae'n glwyf yssig, / O gariad merch nid serch *sorrig* / *Sorrig* iaith lem gem gwlad Gymru / Yt geisio'n wael fain ael fy nychu. **1803** *P*, *Sorig* . . . Apt to take offence; sulky.

sorrol [*sor*+*-ol*] *a.* Dig, sarrug: *angry, sul-len.*

1803 *P* d.g. *Sôrawl* . . . tending to sullenness.

sorryn [bôn y f. *sorraf: sorri*+*-yn*[1]] *eg.* (b. *-en*). Person sarrug: *surly person.*

1778 *W* d.g. *Patch, Cross-patch* [*a peevish, surly, &c. fellow*], *A surly* [*touchy, peevish*] *fellow.*

sort, gw. siort[1].

sortaf: sorto, sortiaf: sortio, gw. siort-iaf[1]: siortio.

sorth[1] [?bnth. Llad. *sort-*, bôn traws yr e. *sors*] *eb.* ?Ffawd, tynged, rhan: *fate, lot, portion.*

14g. *T* 59. 19, Am *sorth* am porth am pen. **1803** *P*, *Sorth*, s. f. . . . chance.

sorth[2], gw. swrth.

sorw [bnth. S. *sorrow*; ansicr yw *sorw*, *GDLl* 71] *e?g.* Tristwch, caledi; defnydd caled neu arw (ar rywbeth): *sorrow, hard-ship; hard or rough use.*

Dchr. **17g.** *Card* 12, 369, gochel di Sion Kofion kall / y *sorw* a gafas arall. *id.* 493, Dyle wr yn siwr gael *sorw* er meintied / ar mantes ne yr elw / o draws fwriad dros farw / wario i lid i wyro i lw (Thomas Evans, Hendreforfudd). *c.* **1730** *Thos. Lloyd D* (LlGC) 209a, y *Sorw* a gafas arall . . . Sorrow. Ar lafar, '*Sorw*' 'caledi', 'Be ti'n prynu'r hen sgidie meddal na, dwed? Pamset ti'n prynu rhwbeth ddalie dipin o *sorw*?', *Cymru* liv. [84] (dwyrain sir Drefn.).

sorws [bnth. S. *sorus*] *eg.* ll. *sori.* *Biol.* Clwstwr o sborangia ar du isaf deilen rhed-yn; unrhyw un o amryw ffurfiannau tebyg sy'n cynhyrchu sborau mewn rhai algâu a ffyngau: *sorus* (*in biol.*).

1851.

sos, gw. saws.

sòs [bnth. S. *soss* 'sloppy mess or mixture'] *eg.* Cymysgedd slwtshlyd (o fwyd), hefyd yn *ffig.*: *sloppy mixture* (*of food*), *also fig.*

1547 *WS*, *Sos* Sosse. *a.* **1587** *Y* 21, Gair hwn o Loegr a hanyw, / *Sos* yn y gerdd, Saesnaeg yw. **1632** *D*, *Sôs*, Pulpamentum sordidulum. **1722** *Llst* 189, *Sòs.* m. A course and ill-dressed mess of meat. *id.* Yn *Sòs.* All to mash. **1753** *TR*, *Sòs*, a sluttish mess. [**1783**] *W* d.g. *Slip, slip-slop* [*some washy or unsubstantial food*].

sosasiwn, gw. sasiwn[1].

sosban, sosbon, sasban [bnth. S. *sauce-pan*] *eb.g.* ll. *sosbannau, sosbenni, sosbyn(s).* Padell fetel, yn enw. un gron ddofn ac iddi handlen(ni) a chaead, a ddefnyddir i ferwi, stiwio, &c.: *saucepan.*

1771 *PDPh* 58, cymmerwch floneg mochyn . . . neu ryw doddion, a rhoddwch hwynt mewn *saspan*. *id.* 60, dodwch hwynt [eisin] mewn *saspan* fechan . . . berwch yn boeth. *id.* 62, Cymmerwch . . . saim gwyddau, toddwch mewn *saspan*. Ar lafar yn gyff., '*sosban* . . . *sosbenni*', *WVBD* 499; '*sosban* fach', *B* xiii. 141 (canolbarth Cered.); '*sosban*', *Geir Geg* 151. Digwydd yn enw'r gân '*Sosban* Fach'. Clywir *Sosban* ym Môn fel e. ar gytser yr Aradr. Cf. D. OWEN: *GT* 152, Wrth ochr y crochan mawr, ar y bàr, yr oedd *sospon* bychan, unig swydd yr hwn oedd berwi dw'r unwaith yn yr wythnos i Robert Wynn i shafio; D. J. WILLIAMS: *STG* 26, Y mae'n rhaid cael Saesneg . . . pe na bai ond i werthu clawr *sospan*.

Amr.: **sesban.** Ar lafar yng ngodre Cered. **siasban** (ll. *siasbannau, siasbenni*). **1858.** Ar lafar ym Myn. **siesban** (ll. *siesbannau, siesbenni*). Ar lafar, *B* xiv. 281 (canolbarth Cered.), *GTN* 763; hefyd yn sir Gaerf. a Brych.

Cfn.: **sosban frys:** *pressure cooker.* **20g.** Ar lafar yn Llŷn.

sosbannaid, sosbennaid [*sosban*+*-aid*[1]] *eb.* ll. *sosbaneidiau.* Llond sosban: *saucepan-ful.*

1906. Ar lafar yn gyff., '*sosbennad* . . . *sosbaneidiau*', *WVBD* 499; '*sosbennad, sosbenned*', *Geir Geg* 166.

Amr.: **siesbennaid** [cf. *siesban*] (ll. *siesbaneidi*). Ar lafar, '*siesbennid* . . . *siesbanidi*', '*siesbennid* o gawl', *GTN* 764.

sosbon, gw. sosban.

soseiati, sos(e)ieti [bnth. S. *society*] *eb.* ll. *-s.* Seiat (grefyddol); cymdeithas: '*seiat*'; *society.*

1741 S. THOMAS: *DY* 56, appwyntiwyd y Gymmanfa neu r *Sosiety* Sanctaidd sydd yn cynnwys or holl rai cadwedig a thywysog eu Iechydwriaeth. **1741** *Cylchg CHMC* i. 61, nid oidd dim Llawenudd im henaid ynghymdeithas fy mrodur, ond blinder yn y *soseiati*. *id.* xxxix. 22, *Sosieati* Erwd yr ail dydd o hydre 1741. **1744** *id.* 25, Yn llansawel mae *soseiati* / yn cynhyddy mewn rhifedi. **1744** *CM Archives* (LlGC), Trevecka Letters 3187, 89, mi fym yn cadw rhai *Soseiatis* wedi bod yn rhyd Gwilim [*sic*]. **1750** *ML* i. 159, Mr. Ellis . . . yn gridwst yn dost na baech yn ceisio gan y *Societi* yna brintio rhai Gweddi Gyffredin ar eu pennau eu hunain. **1757** *id.* 454, par ddelw sydd ar y Doctor Bifan? Aeth o yn ffrins ar *soseieti* fach ettwa? **1777** W. WILLIAMS: *TEA* d.d., Tem-plum Experientiæ apertum; Neu, Ddrws y *Society* Profiad. *id.* 10, O holl foddion gras nid wy'n gweled un mor fuddiol â'r cymdeithasau neillduol, elwir *Societies* prifat arnynt, i geryddu, i hyfforddi, i adeiladu, ac i gefnogi aelodau gweinion ag sy barod i gyfeiliorni i ryw ochr. *id.* 16, [p]ethau sydd yn gwneud y *Society* brifat yn ddyledswydd eglur ar bobl Dduw i'w chadw gyd â'r diwydrwydd . . . pennaf. **1792** H. HARRIS: *H* 22, amryw *Soseietys* crefyddol. *id.* 147, At rai *Soseietis* yn Neheubarth Gymru.

Amr.: **seiati** [ff. affetig]. **1902.** **soseiat, soseiet,** &c. [drwy golli'r sillaf olaf, cf. *melod*] (ll. *soseiadau*). **1793** J. THOMAS: *U* 37, *siseiat.* **1828** *Geir Pob* 25, *Soseiat*, cymdeithas. Cf. *Cylchg LlGC* ix. 43, Letters From Merioneth Immigrants, 1816–18 . . . *sysciat* . . . *seseiet.*

Gw. hefyd **seiat.**

sosej, sosij [bnth. S. *sausage*] *eg.* (un. b. *sosen*) ll. *-ys*, a hefyd fel *e.ll.* Silindr o friw-gig, &c., fel arfer wedi ei lapio mewn croen, i'w goginio, silindr tebyg parod i'w fwyta, selsig; mwy nag un o'r rhain: *sausage*(*s*).

1885. Ar lafar, '*sosij*, s.pl., sing. *sosan*', *WVBD* 499; 'tynnu croen y *sosej*' (Llŷn); 'Fi brynas bywnd o *sosij* i swpar', ''Odd sawl sort o *sosijyz* tramor yn y siop lle prynas i'r rein', '*Sosij* a *sosijyz* 'ŷn ni'n gwed 'eddi', *GTN* 749–50.

Gw. hefyd **sosinjer.**

soser, sawser, sowser [bnth. S. C. *saucer*, neu'n uniongyrchol o'r H. Ffr.] *eb.* ll. *soseri, sawserau.* Dysgl fas gron, yn enw. un i roddi cwpan arni, llestr i ddal saws, mws-tard, halen, &c., hefyd yn *dros.*: *saucer, shal-low round dish, dish for sauces, condiments, &c., also transf.*

14g. *YBH* 31b, Y lygeit oedynt gymeint ar dwy sawsser vwyaf rywelsei neb eiroet. **15g.** *GDLl* 109, Sul a gwaith, nid gŵr salw gwan, / *Sawserau*, pisys arian. **1545** *CM* 1, 552, Ai kymysgu wynt [mêl a thyrpant] mewn *sawser* obridd ne bewdter. *Diw.* **16g.** *WLB* 10, Kymer ychydig o gwyr da kadarn a dod ef mewn *sawser* a briw ynddo lawer o halen a chymysc i gyd yn dda, a dod ar y tân. *id.* 26 *sowser* piewter glan. **1604–7** *TW* (*Pen* 228), llestryn bychan val *sowcer* d.g. *Acetabulum.* **17g.** E. MORUS: *Gw* 53, Mi a rythes lyged finne / Cyn lleted a *sowsere*. **1688** *TJ*, Ffiol fres-ŷch, (*sowser*,) A plate trencher, or sawcer. **18g.** *Beirdd y Berwyn* 76, Desgil, *sowser*, a chanwyllbren. *c.* **1740** *LlM* 30, Cymmer lonaid *Sowser* o Fwstart. Ar lafar yn gyff., '*soser* . . . *soseri*', *WVBD* 499; ''Dan ni 'di cal teledu lloeren—man' nw 'di gosod y *soser* ar y wal gefn'; 'Paid o ifad dy de o dy *sywsar*, grotyn!', ''Odd set o ddishgla a *sywseri* 'yfryd ginti', *GTN* 759. Cf. D. OWEN: *RL* 408, Ar y bwrdd yr oedd llian . . . un gwpan a *sowser*.

Amr.: **saser** (ll. *-i*). Ar lafar yng nghanolbarth Cered., *B* xiv. 281, sir Gaerf., a Brych. **swser.** Ar lafar ym Meir.

Cfn.: **soser hedegog:** *flying saucer.* **20g.** **soser lwch:** *ashtray.* **20g.** **soser (sowser) de:** *saucer.* **1860.** Ar lafar, '*swser de*' (Meir.).

soseraid, sawseraid, sowseraid [*soser, sawser, sowser*+*-aid*[1]] *eb.* ll. *sosereidiau, so(w)sereidi.* Llond soser, dysglaid: *saucer-ful, dishful.*

Diw. **16g.** *WLB* 22, *sawseraid* o fwstard. *id.* 75, kymer *sowseraid* o fêl. *c.* **1740** *LlM* 11, *Sowsered* o finegar Gwin gwyn a *Sosered* o sug Persli. *id.* 17, *Sowsered* o Salet-oel. Ar lafar, '*sosered* o lath i'r gath' (gogledd Cered.); '*sywserid* . . . *sywsaridi*', *GTN* 759.

soserog [*soser*+*-og*] *a.* Tebyg i soser: *saucer-like.*

20g.

sosi, sawsi, sowsi [bnth. S. *saucy*] *a.* Digywilydd, hy, eofn, powld, haerllug; ?aflednais: *saucy, cheeky, impudent, impertin-ent, insolent; ?smutty.*

16g. *IICRC* iii. 326, ynawr fo aeth y weddi / o ben pob bydredd *sawsi*. **16g.** WILIAM CYNWAL: *Gw* 50, Blysio mab o les i mi, / Blysiasoch ebol *sawsi*. **16–17g.** *CLlC* i. 6, Doudaf, attebaf i ti . . . / . . . / Mae dyn yw Sais, eden *sawsi*, / Ond nid gwell cyfell na'r ci. **16–17g.** *GST* i. 550, A saws i ŵr *sosi* ei waith, / Ac ystwff i was diffaith. **16–17g.** SIÔN MAWDDWY: *Gw* 349, Mi wn iaith, os mynna' i, / Saeson yn ddigon *sawsi*. **17g.** E. MORRIS: *B* 103, Ffarwel i'ch ffol *sosi* ffals an-serch. **1688** *TJ*, Gorhewg, gwasaidd neu (slafŷs,) croesan, tra-hŷ neu (*sosi*:) slavish, saucy, scurrilous, foul-mouth'd. *c.* **1730** *Thos. Lloyd D* (LlGC) 209a, *Sowsi.* Sawcy. **1757** *Cylchg LlGC* (1943) (At.) 9, Mae'r argraphwyr a'r bobl fawr yn *Sosi*. **1759** *BC* 247, Codi cyrtiau, a Sycisiwn; / Dondio'n *sosi*, dend-io'n sesiwn. **1769** E. ROBERTS: *GN* 28, Mi eis i du 'r [*sic*] Exeismon aeth hwnw 'n *sosi*. **1786** TWM O'R NANT: *PCG* 54, Wel garw ydyw'r Saeson am siarad yn *sosi*. **1789** TWM O'R NANT: *TChB* 12, Ar [*sic*] merched mwyn gymen ar [*sic*] llygaid main gwamal / Sydd heddyw mor *Sosi* yn Caru ag yn Sissial. Ar lafar, '*sosi*', *WVBD* 499. Digwydd hefyd yn yr ymad. 'Mor *sosi* â'r beili mewn sesiwn', *Mont Coll* xi. 303. Cf. *PT* 4, Pe bai blewyn byth heb dyfu / Ar eich pen chwi, Siwsan *sosi*.

Amr.: **siosi.** Ar lafar, '*shosi* (not "saucy" but "peev-ish")', *TGG* (1902) 28 (sir Gaern.); '*shoshi*', *WVBD* 499.

sosial [bnth. S. *social*] *eb.* ll. *-au, -s.* Noson gymdeithasol: *social evening.*

1933. Ar lafar, 'Fydde blwyddyn Ffermwyr Ifenc wastad yn dechre ym mis Medi efo *sosial* i groesawu aelodau newydd' (gogledd Cered.).

sosialaeth, sosialiaeth [cfdds. o'r S. *social(ism)*+*-(i)aeth*] *eb.* Damcaniaeth neu bolisi economaidd a gwleidyddol sy'n pleid-

io hawl y gymuned gyfan ar foddion cynhyrchu, dosbarthu, a chyfnewid, fel arfer drwy gyfrwng y wladwriaeth; unrhyw un o amryw ddamcaniaethau neu fudiadau cymdeithasol neu wleidyddol sy'n argymell y fath gyfundrefn; cyflwr cymdeithasol trawsnewidiol rhwng dymchwel cyfalafiaeth a chyflawni comiwnyddiaeth (yn y ddamcaniaeth Farcsaidd): *socialism*.

1850.

Cfn.: **Sosialaeth Genedlaethol:** *National Socialism*. **20**g. **sosialaeth Gristnogol:** *Christian socialism*. **1933. sosialaeth (yr) urdd:** *guild socialism*. **1927.**

sosialaidd [cfdds. o'r S. *social(ist)*+*-aidd*] *a.* Yn perthyn i sosialaeth, yn arddel sosialaeth, unol â sosialaeth: *socialist(ic)*.

1848.

sosialeiddiaf: sosialeiddio [bf. o'r a. *sosialaidd*] *bg.a.* Gwneud yn sosialaidd, trefnu yn ôl egwyddorion sosialaidd: *to make socialist(ic), socialize*.

1909.

sosialiaeth, gw. **sosialaeth.**

sosialiaid [cfdds. o'r S. *social(ists)*+*-iaid*^{1}] *e.ll.* Sosialwyr: *socialists*.

1850.

sosialist [bnth. S. *socialist*] *eg.* ll. *-s.* Sosialydd: *a socialist*.

1912.

sosialydd [cfdds. o'r S. *social(ist)*+*-ydd*^{3}] *eg.* (b. *sosialreg*) ll. *sosialwyr, sosialyddion*. Un sy'n arddel sosialaeth: *a socialist*.

1911.

sosiasiwn, sosieti, sosij, Sosin, gw. **sasiwn**^{1}**, soseiati, sosej, Sosiniaid.**

Sosinaidd, Sosiniaidd [cfdds. o'r S. *Socin(ian)*+*-(i)aidd*] *a.* a hefyd gyda grym enwol. Yn perthyn i Sosiniaeth neu i'r Sosiniaid; Undodaidd: *Socinian*; *Unitarian*.

1762 D. Rowland: *PA* 142, Ond cyn y delwyf i sylwi ar ymddygiad y Lleidr edifeiriol, goddefwch i mi ofyn i chwi, wyr boneddigion *Sociniaidd*, ddau gwestiwn. **1792** P. Williams: *TG* 22, Rhyw ysgrifennydd *Sosiniaidd*, a aflonyddodd ynys Prydain, yn amser Cromwel, a ddarluniai Dduw ar ffurf aderyn. *id.* 41, Racovie (lle'r agorasid y synagog *Sosinaidd* gyntaf, ynghylch y flwyddyn 1590). **1795–6** *Trys Gym* 25, Yr Athanasiaidd oedd farn Athanasius, yr Ariaidd, farn Arius, y *Sosiniaidd* oedd farn Sosinus. Cf. T. Lewis: *HPF* 608, Mr Palmer, gweinidog *Sosinaidd* o Dundee; W. Rowlands: *LlC* 624, sylfaenydd y cynnulleidfaoedd Ariaidd a *Sosinaidd* (Undodaidd) yn sir Aberteifi.

Sosiniad [cfdds. o'r S. *Socin(ian)*+*-iad*^{3}] *eg.* ll. *-iaid.* Un sy'n arddel credoau Faustus a Lælius Socinus, diwinyddion Eidalaidd o'r 16g. a wadai nifer o athrawiaethau Cristionogol uniongred megis dwyfoldeb Crist, y Drindod, a phechod gwreiddiol; Undodwr: *Socinian*; *Unitarian*.

1693 J. Owen: *BP* v, Rhai a wadant fedydd dwfr yn gwbl, megis y *Sociniaid* ar [*sic*] Quaquers. **1710** *CBGEL* 161, pe'n cyhuddid o fod yn Iddewon, *Sociniaid*, Mahometaniaid, neu'r cyffelyb, yn y dirgel; pa fodd possibl sydd ini ein hymwared. **1712** T. Williams: *CDdG* 215, er bod y Cenhedloedd a[']r *Sociniaid* yn bwrw nad yw ddim amgenach na rhybyddio ynghylch yr ymwared oddiwrth Antiochus. **1719** *EGBG* 47, y *Sosiniaid* y rhai oeddynt yn erbyn Duwdod Christ. *c.* **1730** *Thos. Lloyd D* (LlGC) 209a, *Sociniaid*. Socinians. **1746** G. Jones: *HWI* v. 31, canys mae'r *Sosiniaid*, ag sy'n gwadu Duwdod Crist, yn gwadu Bedydd Dwfr. **1755** *CBB* 21, Dysgwn oddiyma . . . nad oes gan y *Sosiniaid* un Sylfaen oddiwrth y Lle yma i osod Crist ymhlith y Rhîf o Greaduriaid. **1775** *EDPP* 41, y crynwr, y Penrhyddiad, y *Sosiniad*. **1791** W. Williams: *MDR* [12], Dr. Priestley, a'r lleill o'r *Sosiniaid*. **1792** P. Williams: *TG* iv, y mae anghrediniaeth barbariad yn llai niweidiol nâ chredo *Sosiniad*. **1795** J. Thomas: *AIC* 111–12, Pa'm y gelwir hwynt *Sociniaid*? . . . O herwydd eu bod yn ganlynwyr un Faustus Sonmus [*sic*], yr hwn oedd yn dywedyd nad oedd Iesu Grist, ond Dyn yn unig megis arall, ac nad oedd iddo Sylwedd no Bôd, oflaen [*sic*] Mair sef ei Fam. **1798** *WR*, *Sosiniaid*, y rhai sydd o'r un farn a Socinus—dynion o feddyliau anghymmeradwy a damniol, os gallir [*sic*] coelio eu gelynion d.g. *Socinians*. Cf. J. Peregrine: *DB* 11, y *Sosiniaid*, neu y bobl a wadant athrawiaeth y Drindod; *CyCC* 143–4, Hen eglwyswyr eitha 'soft', / Codi capel heb un 'loft'; / A'r *Sosiniaid*, o mor drist, / Yn gwadu Duwdod Iesu Grist.

Amr.: **Sosin** [olff.] (*eg.*). **1873.** Ar lafar, '*Sosin*' 'Undodiad', *GTN* 750; hefyd yng Nghered. a gogledd sir Gaerf.

Sosiniaeth [cfdds. o'r S. *Socin(ianism)*+*-iaeth*] *eb.* Athrawiaethau'r Sosiniaid; Undodiaeth: *Socinianism*; *Unitarianism*.

1775 *EDPP* 191, [d]ysgawdwyr *sosiniaeth*, ac eraill, sy'n dysgu fod gweithredoedd dynion yn cymmeradwyo eu personau ger bron Duw. **1791** P. Williams: *LlHG* 3, Rheittiach ymogelyd rhag Pabyddiaeth, gwilied yn erbyn balchder yr oes, a heresi *Sosiniaeth*, fydd yn ymdaenu fel y diluw! **1791** *Dialogous* 7, Y rhai ag oedd yn dal yr opiniwnau mwyaf gwrthwynebol i'w gilydd, ydoedd y Sabeliaid a'r Sociniaid, eraill oeddynt yn ceisio ffurfio rhyw ddull, neu drefn, i ochelyd y pellafoedd (extremity) hyn; Sef, Sabeliaeth a *Sociniaeth*. **1795–6** *Trys Gym* 27, Y farn . . . yr hon a elwir yn gyffredin Undodiaeth, neu *Sosiniaeth*. **1798** *WR*, *Sosiniaeth*, athrawiaeth Socinus a'i ganlynwyr d.g. *Socinianism*. **1799** M. Williams: *HHG* 62, Yr enw *Sosiniaeth* sy'n cael ei gymmeryd oddiwrth un Ffaustus Sosinus, yr hwn a gododd i fynu yn Poland, ynghylch y flwyddyn 1600. **1805** C. Evans: *GB* 18, mae arminiaeth a *sosiniaeth* yn analluog i sefyll yn wyneb y Bibl. **1806** D. Owen: *Can yn dangos* d.d., Can yn dangos fod Crist yn Dduw, yn gystal ag yn ddyn; a bod ei aberth yn haeddu rhyddhad i bechaduriaid; mewn gwrthwynebiad i *Sosiniaeth* tan yr enw Dwyfundodiaeth.

Sosiniaidd, gw. **Sosinaidd.**

sosinjer [bnth. S. taf. *sossinger*] *eg.* ll. *-s.* Sosej, hefyd yn ddifr. am Almaenwr: *sausage, also derog. of a German*.

c. **1920** Glynfab: *ND* 94, I ddalson cyffyla'r Germans yn i gwendid; mlan yr etho nw fel mashine lladd gwair trw'r *Sosinjers*. Ar lafar, '*sosinjar*', *WVBD* 499; '*sosinjyr*', *GTN* 749.

Gw. hefyd **sosej.**

sosioieithydd [bnth. S. *socio-*+*ieithydd*, ar ddelw'r S. *sociolinguist*] *eg.* Un hyddysg mewn sosioieithyddiaeth: *sociolinguist*.

20g.

sosioieithyddiaeth [*sosioieithydd*+*-iaeth*] *eb.* Yr astudiaeth o iaith mewn perthynas â ffactorau cymdeithasol, ieithyddiaeth gymdeithasol: *sociolinguistics*.

20g.

sosioieithyddol [*sosioieithydd*+*-ol*] *a.* Yn perthyn i ieithyddiaeth gymdeithasol: *sociolinguistic*.

20g.

sosioleg [cfdds. o'r S. *sociol(ogy)*+*-eg*^{1}] *e?b.* Cymdeithaseg: *sociology*.

1925.

sosiolegol [*sosioleg*+*-ol*] *a.* Cymdeithasegol: *sociological*.

20g.

sosiolegydd [*sosioleg*+*-ydd*^{3}] *eg.* ll. *sosiolegwyr.* Cymdeithasegydd: *sociologist*.

1940.

sot [bnth. S. *sot*] *e?g.* (bach. *-yn*) ll. *-iaid*, ?*-iau.* Meddwyn; ffŵl, twpsyn; hefyd yn *ffig.*: *sot, drunkard; fool, idiot; also fig.*

c. **1689 (1802)** L. William: *Sherlyn Benchwiban* 18, Enter Mr. *Sottyn* y Cwmpeiniwr attynt. **1716–18** *Llsgr R. Morris* 57, Aeth n *sottun* wrth i bottun n llenwi un colyddun clau / . . . / ond gwuch iw gyrru yr cybudd weithie dros i esgidie ir *sotia* n siwr. *id.* 94, na red fel *sot* i rwud satan. **1770** *TG* iii. 57, Fe ffwylir fo'n ffaelu, / 'Lysenwi 'n *sot* sâl. **1777** W. Williams: *DN* 58, hi a'i gyrrodd o'r diwedd i'r tafarn-dai . . . Yma y spendiodd ef ei feddiannau, treuliodd ei amser, ac y gwnaeth ei hunan yn berffaith *sot*. **1793** *Cylchg* 212, gorfod derbyn rhyw *sottyn* meddw, didduw, diddawn, i weinidogaethu. Ar lafar yn gyff. yn enw. yn yr ymad. '*sotyn* meddw', *LlLlM* 112, *WVBD* 499, *GTN* 750.

soten, gw. **sôts.**

soterioleg [cfdds. o'r S. *soteriol(ogy)*+*-eg*^{1}] *eb.* *Diwin.* Athrawiaeth iachawdwriaeth: *soteriology* (*in theol.*).

20g.

soteriolegol [*soterioleg*+*-ol*] *a.* *Diwin.* Yn perthyn i soterioleg: *soteriological* (*in theol.*).

20g.

sotiaf: sotio [bf. o'r e. *sot*, ond cf. hefyd *siotiaf*: *siotio*] *bg.* Diota, meddwi: *to booze, become drunk*.

1744 *CM* 120, 48, Mwyn yw Rhydderch dyma'r gwir / Os ceiff fo'r bir heb arian / . . . / Ond mi a wna i'w swgu siol / O dalu am sittiol *sottio*. **1778** J. Hughes: *BB* 250, Pan ddalio ni a'i ddôl, yn feddwon ddi rôl, / Yn waedwyllt a ffôl, ansuttiol yn *sottio*, / Bydd hawdd iddo ein hudo i rodio ar ei ol. **1782** H. Jones: *GA* 14, yn *sottio* ac yn meddwi.

sôts, *e.ll.* (un. b. *s(i)oden, s(i)oten*). Torthau (bychain) a gresir ar y planc neu ar waelod y ffwrn: *batch loaves*.

[**1823**] J. Hughes: *The Welsh Language* 36, S.W. *Soden* N.W. Torth fechan. Ar lafar, '*Shoden*' '[T]orth blanc', *Cymru* xxxix. 96 (Brych.); '*sôts*', S. M. Tibbott: *AB* 45 (Dowlais); ''Ôn i'n neud *sotan* fach o'r dos drẁs ben' (Myn.).

sotyn, gw. **sot.**

sothach [?elf. anh.+*-ach*^{2}] *eb.g.* ac *e.ll.* a hefyd gyda grym ansoddeiriol.

(*a*) Ysbwrial, sorod, gwehilion, mwnws, ysgubion, rhuglion, carthion, gwaddod, gwaelodion: *rubbish, refuse, trash, dross, sweepings, scourings, excrement, dregs, lees, sediment*.

14g. *GDG*^{3} 103, Saethydd a fwrw pob *sothach* / Heb y nod a heibio'n iach. *c.* **1400** *R* 1272. 39, *sothach* oe revyr asaetha. *Dchr.* **15**g. *GSCyf* [100], Bellach, *sothach* a'm sythawdd, / Bu newid tost, byw nid hawdd [Llywelyn ab y Moel i'r pwrs]. **1547** *WS*, *Sothach* Tryshe trash. *Diw.* **16**g. *WLB* 3, i ferwi eli kymer y likr a dod ar y tân a thawdd ef i gyd ag o gwel na sgum na *sothach* arno na thano tynn ymaith. *id.* 16, kymer wêr bwch ne hyfr ne afr ddof . . . ai toddi i gyd ac edrych i fod yn bur heb na *sothach* na grayan ynddo. *Dchr.* **17**g. *J* 10, 41b, *Sothach*. drosse . . . Decermina. Excretum. **1617** *Minsheu* 419b d.g. *Riffe-raffe*. **1632** *D*, *Sothach*, Fæx, quisquiliæ, scoria. **1632** J. Davies: *LlR* 299, [t]ân yr eurych, a'r gof aur, yr hwn sydd yn treulio ymaith y *sothach*, ac yn puro'r aur i'w berffeithrwydd. **1688** *TJ*, *Sothach* . . . sweepings. **1722** *Llst* 189, *Sothach*, (s. & p.) f. Dross, refuse, trash. **1735** S. Thomas: *HP* 133, Holl Ysgubion y Tai, yr holl Frynti ar [*sic*] *sothach* ar gydol yr Heolydd. **1794** *W* d.g. *Trash*. **1800** W. Owen-[-Pughe]: *CP* 29, adffurfio y tîr a llosgi y *sothach*. **1803** *P*, *Sothaç* s. pl. aggr. . . . Refuse. Ar lafar, 'Taflwch 'r hen *sothach* 'na i'r tân', *WVBD* 499; 'Tawlu siẁd *sothach* 'yn sy isia' (dwyrain Morg.).

(*b*) (enghrau. *ffig.*: *fig. exx.*).

c. **1400** *R* 1361. 1–2, Ry oruc seithuc *sothach* was baѡleidyr ysbeil/aѡ llawer gwrach. **15–16**g. *GIF* 64, Un ni bu o lu lewach ar alon; / un nid oes weithion onid *sothach* [marwnad Morgan Mathau]. **1588** *Eseia* i. 22, Dy arian a aeth yn *sothach*. **1606** E. James: *Hom* ii. 48, fod holl *sothach* y babaidd Eglwys yn amddiffyn delwau. **1630** R. Llwyd: *LlH* 435, pa fodd y cawsoch chwi yr holl lyfrau da hynny, mi â ddylaswn ddywedyd, gymmaint o *sothach*, ac oferedd. **1656 (1745)** *MLl* ii. 150, y Tan i losgi *Sothach* yr Enaid. **1672** J. Langford: *HDdD* 180, [m]eddyliau . . . sydd . . . en ffieidd-dramawr [*sic*] o flaen Duw . . . byddwch ofalus iawn am seguryd, yr hwn yw 'r tîr priodol i'r cyfryw *sothach* i dyfu yntho. **1683** H. Evans: *CTF* 47, Ai ffeiriaid dû corynfol [*sic*], cornelog gappe brain, / Ni bu er amser Adda, 'r fath *sothach* ac yw rhain. **1704** E. Samuel: *BA* 23, i beri ini ymadael . . . a'n *sothach* wael. **1716** J. Morgan: *MB* 17, A ddewiswn ni *Sothach* bydol o flaen Trysorau nefol? **1722** *Llst* 189, *Sothach* . . . The baser sort of people. **18**g. Ioan Siencyn: *Gw* 364, Trwy gymmorth Duw fy Ngadw, ni fyddaf feddw fyth / Na chanlyn ffol gyfeddach, y Meddwon *sothach* Syth.

sothachaf: sothachu [bf. o'r e. *sothach*] *ba.* Gwaradwyddo, sarhau: *to shame, insult*.

c. **1400** *YCM*^{2} 92, A yttwyt titheu etwa yn ystyryeit pan yw Mahumet a dylyir y alw yn Duw, ac a dyly yr holl uyt y wassanaethu a'e enrydedu drwy yr oes oessoed, ac na ellir y *sothachu* ef byth yn y groc? *id.* 105, kymerwch y brenhin hwnn, ac edrychwch na ladher ac na *sothacher*, a dygwch ef yn anrec y gennyf i y Chyarlymaen.

sothachlyd, sothachled [*sothach*+*-lyd*, *-led*; nid y ff. f. o angenrheidrwydd yw *sothachled*, cf. *creulyd*, *creuled*, *gwaedlyd*, *gwaedled*, &c)] *a.* Llawn ysbwrial, o ansawdd sothach, rwtshlyd, da i ddim, diwerth, aflan, slebogaidd: *full of rubbish, rubbishy, trashy, worthless, drossy, filthy, slovenly*.

c. **1400** *R* 1354. 43–4, Rynga*ѡ*c y*ѡ* mada*ѡ*c medyr gerdet oergr*ѡ*n. krymmed gafyr *sothachlet*. **1547** *WS*, *Sothachlyd* Full of baggage. **1552** *Pen* 403, 73, ai hoff genyti weled vn yn vvdyr ac yn *sothachlyd* (*sluttish*).

1592 S. D. RHYS: *Inst* [xix], bagad o sorod o boblach eraill *sothachlyd*. *id.* [xx], [d]rewlyd a' chóec gynhennus a' *sothachlyd* frynteion o ddieithreit rhy anhygar. **1629** R. LLWYD: *P* 32, Pan welwyf eich wynebau yn *sothachlyd* gan wylofain. **1630** R. LLWYD: *LlH* 383, Y mae ganddynt gyrph glândeg, a hardd-wych, ond eneidiau anferth, duon, a *sothachlyd*. **1717** IACO AB DEWI: *MN* 3, a ydyw'r fath Weithredoedd a'r rhai hyn yn Effeith Daear *sothachled*, neu Ddefnydd anhydraidd? **1727** J. JONES: *DFF* 182, od yw Cyfansoddiad yr Elfennau, y rhai ydynt mor *sothachlyd* yn rhoddi allan mewn rhai y fâth Liw hawddgar. **1772** *W* d.g. *Drossy*. **1803** *P*.

sothachus [*sothach*+*-us*] *a.* Sothachlyd: *rubbishy*.
1905.

sothermod, sothernwd, sothernwod, sotherwd, gw. **siwdrmwdr.**

Southcotiad [yr e. prs. *Southcott*+*-iad*[3]] *eg.* ll. *-iaid*. Un sy'n arddel dysgeidiaeth Joanna Southcott (1750–1814), a honnai mai hi oedd y wraig y sonnir amdani yn *Dat* xii.: *a Southcottian*.
1836.

sowdan, sowden, gw. **sawden**[1].

sowdiwr, sowdl, sowdlaf: sowdlo, gw. **sawdiwr, sawdl, sodlaf: sodli.**

sowdraf: sowdro, sowdriaf: sowdrio, gw. **sawduriaf: sawdurio.**

sowdwr[1,2]**, sowgart,** gw. **sawdur, sawdiwr, saffgart** (hefyd At.).

sowgelder [bnth. S. *sow-gelder*] *e?g.* Disbaddwr hychod: *sow-gelder*.
17g. *CRC* 303, ar *sowgelder* aeth yn gapten / nid oedd mo hyn [pen oeddwn fachgen]. **1765** *BDGU* 52, Ni welwch i Ferch mewn Amser / Yn calun ryn *Sowgelder*.

sowiaf: sowio [bnth. S. (*to*) *sow*] *ba.* Hau: *to sow*.
16–17g. T. R. ROBERTS: *EP* 295, Lle i *sowiwch* y llysieu-wair,/Llefwch, sefwch, crefwch crair,/*Sowiwch* didrwyniwch dreinwydd, / Sethrwch, ysgethrwch îs gwŷdd.

sowldiwr, soldiwr, &c. [bnth. S. *soldier*] *eg.* ll. *-s*. Milwr, hefyd yn *ffig.*; model bychan o filwr fel tegan: *soldier, also fig.*; *toy soldier*.
1604–7 *TW* (*Pen* 228), *soldior* d.g. *Miles*. **17g.** *CLl* 212, Serfing man a *sowldier* gwych. **1698** T. JONES: *Art* 7, Ond os Breuddwŷdia milwr neu *Sowldiwr* fôd ei ben ef yn fawr, mae yn arwŷddo a [*sic*] ceiff ef boen, a thrafferth, a thrallod. *id.* 13, Breuddwŷdio ei fôd yn ddall sŷdd ddrŵg i filwr neu *Sowldiwr*. Ar lafar, '*sowldiwr*', *WVBD* 499. Clywir *sowldiwrs* hefyd yn Arfon yn yr ystyr 'coesau hir o wellt a adewir yn eu sefyll gan y medelwyr', a *soldiars* yn Llŷn yn yr ystyr 'penwaig sydd wedi silio'. Cf. TALHAIARN: *Gw* ii. 201, Y fi ydi Sior y Trydydd; lle mae fy *sowldiwrs* i?; D. OWEN: *RL* 258, Sut sy er's cantoedd? 'Roeddwn i just a meddwl dy fod ti wedi myn'd i'r nefoedd . . . rydw ine yn ddigon parod i fyn'd i'r nefoedd ne at y *sowldiwrs*. Digwydd hefyd yn y llinell 'Dai bach y *sowldiwr*' yn y gân 'Sosban Fach'.
Cfn.: *Adar.* **sowldiwr bach (y werddon):** *goldfinch, Carduelis carduelis*. **1906.** Ar lafar yng ngogledd Cered. **mynd yn sowldiwr:** *to become a soldier, enlist*. **20g.** Ar lafar yn Arfon yn yr ystyron 'colli amynedd, alaru' a hefyd 'cyffio, stiffáu', ''Fush i'n aros mor hir yn y ciw 'ôn i wedi *mynd yn soldiwr*'.
Gw. hefyd **sawdiwr.**

sowldraf: sowldro, sowlduriaf: sowldurio, gw. **soldraf: soldro.**

sown, gw. **sownd**[3].

sownd[1] [bnth. S. *sound* 'firm, fast, sure'] *a.* a hefyd fel *adf.* Cadarn, cryf, solet, sylweddol; wedi ei sicrhau neu ei glymu, ynghlwm, ynglŷn, ffest, caeth, tyn; rhydd oddi wrth niwed neu bydredd, iach, maethlon; cywir (am farn, &c.), onest, uniongred; diogel, cadarn (yn ariannol); trwm, (am gwsg); caled, llym, eithafol; astud; sicr, siŵr: *sound, firm, solid, substantial*; *secured, fastened, attached, fast, tight, confined, stuck*; *free from damage or decay, sound, healthy, nutritious*; *sound* (*of judgement*), *correct, honest, orthodox*; *safe*, (*financially*) *sound*; *sound* (*of sleep*); *hard, severe, extreme*; *intent*; *certain, sure*.
1598 *B* xxiv. 290, Yn ddrych ac yn wych y gwnâi / Â'i law *sownd* elusendai. **1714** D. LEWYS: *CN* 24, Yn ty sy ai sylfaen ar y Roc / . . . / Yn y Stafelloedd llawn o Lôg, / *Sownd* a diyscog ydyw. *c.* **1740** *LlM* [48], chwi a ellwch wneud felly a phob math o Byscodyn cadarn neu *sownd*. **18g.** *W Ballads* 95B, 2, gwyr gwcha [*sic*] a *sowndia*'m bob marsiandeth. **1759** *BC* 189, Er *sowndied* fo'r gwaith, mewn daiar ddu faith, / Cyflym yw colyn, y neider hir fraith. *id.* 288, Er gonested oedd fy 'ngharìad, / Mo'r [*sic*] *Sownd* ar [*sic*] dur yn bur o'i bwriad. *id.* 470, Sion Huws dirion *Sownd* ei eiriau na adewch / Iddyn; [*sic*] Fynd yn adyn ynfyd anwydau. **1768** TWM O'R NANT: *CTh* 22, A gwneud Emenyn hâllt a Bara *sound*. **1769** E. ROBERTS: *GN* 23, Mor *sownd* ar [*sic*] maen. **1777** E. ROBERTS: *DG* 55, yno'n *sownd* mewn glûd yn y ffwrn Uffernol / ac yno y byddant byw mae'n dost heb weled Duw. **1787** E. ROBERTS: *PCF* 23, Llechwch yn *sownd* tu mewn ir clawdd. *id.* 48, Yn wyr boliog sodlog *sownd*. **1798** W. JONES: *LlG* 73, P'le gwelsoch mo'i harddach na'i *sowndiach* drwy'r sir. Ar lafar, ''Dach chi wedi rhoi cwlwm arno fo'n rhy *sownd*', 'Mi fasach chi'n anghofio'ch pen oni bai 'i fod yn *sownd* ynoch chi', ''Rodd y ci'n *sownd* wth y gadar', 'Pum tŷ yn *sownd* wth 'i gilydd', 'cysgu'n *sownd*', ''Dwi'n gweld chi'n edrach yn o *sownd* arna' i', 'chwthu'n *sownd*', 'rhewi'n *sownd*', *WVBD* 499; 'Ma dafad yn *sywnd* yn y drain man'co', *GTN* 759. Cf. D. OWEN: *GT* 26, Gwaeddais a gwingais nes tori y llinynau, ond daliodd y crydd i fy strapio nes iddo flino . . . 'Gest ti hi yn o *sownd*, dywed?'; D. OWEN: *SP* 10, yr oedd ei safn yn pantio yn o *sownd*, a'i ên a'i drwyn yn myn'd yn agosach cymdogion bob blwyddyn; D. J. WILLIAMS: *STG* 21, Ni allai Deio'r Swan yn drigain oed gydio mewn dim mor *sownd* ag mewn dolen peint; D. J. WILLIAMS: *ChHO* 53, Jones y Sgŵl yn Esgerdawe wedyn, gwneuthurwr ewyllysiau *sownd* i deuluoedd yr ardal; T. H. PARRY-WILLIAMS: *OPG* 48, Fe arferai hen longwr o Gaernarfon ddweud bod sâl-y-môr yn 'gystudd go *sownd*'.

Fel *adf.* Yn sicr, yn siŵr, yn wir: *certainly, surely, really*.
Ar lafar, 'Ni gewn dewy teg nawr, *sownd* i chi, ar ol yr holl law mowr ma', *GDD* 268; 'Ond fuse hi na fi werth dim byd am redeg heddi, glei . . . Wel, na fusen, *sownd*', *Wês wês* 55.
Cfn.: **sownd am:** *fond of*. Ar lafar, 'go *sownd am* 'i wely' (Arfon). **sownd yn y carn (ei, &c., garn):** *trustworthy, steadfast*. **1880.** Ar lafar, '*Sound* [sic] *yn y carn*' 'spoken of a man to be trusted', *TGG* (1906) 16 (Morg.). **mor sownd (cyn sownd(i)ed) â'r gloch,** &c.: *as sound as a bell*. **1759** *ML* ii. 304, a'r ffer *cyn sowndded ar gloch* o'r tu fewn iddi. Ar lafar, '*cyn sowndad â chloch* y Bala', *WVBD* 499. Cf. D. OWEN: *RL* 328, Yr ydw i'n cofio y bydde nhad yn deyd am rywbeth fydde reit sâff, fod o *can sowndied a chloch* y Bala.

sownd[2], gw. **swnd**[1].

sownd[3]**, sown** [bnth. S. Diw. Cyn. *soun*(*d*) 'noise'] *eg.* Sain, sŵn: *sound, noise*.
c. **1585** *Llst* 178, 77a, gwedy hyny i day/th *sownd* (*March C* 34, *sown*) llariaidd.
Gw. hefyd **sŵn.**

sowndiaf[1]**: sowndio** [bnth. S. (*to*) *sound* 'to (cause to) emit sound'] *bg.a.* Seinio, swnio; datgan (yn swnllyd); seinio ((am) offeryn cerdd, hefyd fel galwad i ymladd), gwneud (cerddoriaeth): *to sound*; *proclaim* (*noisily*); *sound* ((*of*) *musical instrument, also as a call to arms*), *make* (*music*).
16g. (*LlEG*) *Mos* 158, 110b, nneidiasant ar y brawdiau Ar llugurn gidag wynt y *sownio* Ir sawtt. **16–17g.** *CRC* 395, y trwmpets sy'n rrvo ar drwms yn *sowndio*. **16–17g.** *RAGR* 334, dan *sowndio* /r/ drwmes a chany /y/ Kirn. **17g.** *HCRC* iii. 363, marchio i drwms a *sowndio* i trwmpets. **17g.** HUW MORUS: *EC* i. 270, Gwell ganddo braidd na myn'd i'r Nef, / Fyn'd i *sowndio* ei gorn i'r dref. **1735** S. THOMAS: *HP* 226, fod y Gair hwnnw yn *sowndio* yn rhy erwin yng Nghlustiau'r Protestaniaid. **1759** *BC* 346, Dôd dy Drwmpet wrth dy drwyn, / . . . / A'th sain deg fain a *Sowndia*'n fwyn. *id.* 420, A'r Dydd a roes y Tywysog Iesu, / Iw [*sic*] râd addas Anrhydeddu; / Yr ym ni yn *sowndio* ond gresyndod, / I ddwyn mwyn beichiau o bechod. **1789** TWM O'R NANT: *TChB* 4, Dyna fel y byddant yn canu ac yn bloeddio / Heb air o gysondeb yn berwi ag yn *Soundio* [*sic*].
Amr.: **sownio** [bnth. S. Diw. Cyn. (*to*) *sown*(*e*)]. **16g.** (*LlEG*) *Mos* 158, 110b. *id.* 479b, *sownio* y kylych. **16g.** *B* xviii. 329, ar wyr ynn *sownnio* mussig a'i tauodau.
Cfn.: **sowndio larwm (alarm):** *to sound an alarm*. **16–17g.** *DCR* 221, mae y trwm yn *sondio* [*sic*] *larwm*. **1753** G. OWEN: *L* 57, a'r rheiny a'u cleavers, a'u marrow bones yn *sowndio alarm*.
Gw. hefyd **swniaf: swnio.**

sowndiaf[2]**: sowndio** [bnth. S. (*to*) *sound* 'to fathom'] *bg.a.* Plymio (i fesur dyfnder dŵr): *to sound* (*for depth*), *fathom*.
1567 *TN* 218b, tybyawdd y morinwyr nesau o ryw wlat ydd wynt, ac a *sowndiasont*, ac ei cawsont yn vcain 'wrhyd o ddyfnder.

sowndiaf[3]**: sowndio** [bf. o'r a. *sownd*[1]] *bg.a.* Gwneud yn sownd neu gadarn, cywasgu; glynu: *to make firm, compact*; *stick*.
1898. Ar lafar, *WVBD* 499; 'Maen' nhw'n *sowndio* ar unwaith' (Arfon, wrth sôn am elod).

sowndraf: sowndro, sowniaf: sownio, sowriaf: sowrio, gw. **sawduriaf: sawdurio** (hefyd At.), **sowndiaf**[1]**: sowndio, sawraf: sawru.**

sowser, sowseraid, sowsi, gw. **soser, soseraid, sosi.**

sowsiaf: sowsio [bnth. S. (*to*) *souse* 'to strike'] *ba.* Taro: *to strike*.
15g. *GTP* 20, Meirwon fu'r Saeson wedi'u *sowsio*, / Gwaed aliwns, a gwayw Ffwg i'w dulio.

sowta [?cf. *sowtiaf*: *sowtio*] *bg.* Crwydro o gwmpas: *to wander about*.
Ar lafar, 'mi fuom i'n *sowta* hyd y fan 'ma, yma ag acw', *B* i. 101 (Arfon).

sowter, gw. **sawter.**

sowtiaf: sowtio [?cf. *sowta*] *bg.* Chwilio: *to search*.
1828 *Geir Pob* 25, *Sowtio*, chwilio, ceisio yn ddyfal. Cf. O. GRIFFITH: *MP* 107, ma hi'n rhywyr i minna *sowtio* am y ty. *id.* 116, mi *sowtiodd* y gwr bach yn ol am y Vudrol.

Sowth [talf. o'r e. lle S. *south* (*Wales*)] *eg.* De Cymru: *south Wales*.
1896. Ar lafar, 'dyn o'r *Sowth*', 'mynd i'r *Sowth*', *WVBD* 499; 'Ma'r Gogs yn olrëit ond ma pobol y *Sowth* yn fwy agored' (gogledd Cered.).

sowthernwod, gw. **siwdrmwdr.**

sowthistl [bnth. S. *sowthistle*] *e?g.* *Bot.* Llaethysgallen, *Sonchus*: *sowthistle*.
Diw. **16g.** *WLB* 46, Kymer . . . gwraidd y gauaf ar *sowthystik* [*sic*] ar rhan fwyaf or danadl. *id.* 66, kymer . . . ddau ddyrnaid ar Downtilion ar *sowthstyl* [*sic*] a llysse yr au.

Sowthyn [*Sowth*+*-yn*[1]] *eg.* Gŵr o dde Cymru, Deheuwr, hefyd yn ddifr.: *a south Walian, also derog*.
20g. Ar lafar, 'Mae 'na blydi *Sowthyn* wedi câl y job' (Arfon); '*Sowthyn* oedd 'i thad 'i'.

sp-, sph-, gw. **sb-, sff-.**

srew, srinciaf: srincio, gw. **siréw**[2]**, shrincaf: shrinco.**

stabaldeinad, stabaldeiniad, stabaldeino [cf. *stablad*] *bg.a.* Damsang (ar), sathru (dan draed), sarnu (ar un fan); ymdroi'n ddiamcan yn yr unfan; hefyd yn *ffig.*: *to stamp or tread* (*on*), *trample* (*on one spot*); *linger aimlessly on the same spot*; *also fig.*
1895. Ar lafar, '*stabaldeinad*', *B* iv. 302 (canolbarth Cered. a sir Gaerf.); '*stabaldeino*' (godre Cered. a sir Benf.).

stabiaf: stabio [bnth. S. (*to*) *stab*] *ba.* Trywanu: *to stab*.
20g.

stabl[1]**, ystabl**[1] [bnth. S. C. *stable* (for horses, &c.), neu'n uniongyrchol o'r H. Ffr. *estable*] *eb.* ll. *-au*. Adeilad ar gyfer cadw ceffyl(au), &c., hefyd yn *ffig.*: *stable* (*for horses, &c.*), *also fig.*
14g. *LlB* 19, pennguastraut . . . Ef a dengys *ystableu* y'r meirch. **14g.** *WM* 388. 31–3, aet un o honaoch yr *ystabyl* apharet dyuot a uo o uarch. **14g.** *RC* xxxiii. 221, Meir a aeth or ogof. ac a gyrchaud *ystabyl* ac a ossodes y mab y mewn y presep. ar ych ar assen. *c.* **1400** *YCM*[2] 109, kyrchu yr *ystabal* a wnaeth ual y gallei gyntaf. **15g.** *GGl*[2] 60, Dyro, lle dygwyd arall, / Ebol llwyd i *stabl* y llall. *c.* **1585** G. ROBERT: *DC* 23b, rhyfedhod ydoedh i Dhuw dhewis ei eni yn y modh ag y ganed mewn *stabl* ymhlith anifeilieid. **1585** D. POWEL: *HB* 267, *Stabl* stabulum. **1599 (1677)** R.

HOLLAND: *AB* 73, lle bu ein calonnau megis twlciau drewllyd, a *stable* aflan o eiddo 'r cythrel. **16–17g.** *DCR* 258, maen ryfedd iawn dros ben / weled hen *ystable* yn sioppe hyd y nen. **16–17g.** *CRC* 405, Llidiart newydd ar gae keirch / a thynnv meirch // oi *stablav*. **1604–7** *TW* (*Pen* 228), *stabul* d.g. *Clausum*. **1632** J. DAVIES: *LIR* 404, a'i troi heibio, a'i cydwybodau cefnrhwd canthynt, i *ystabl* erchyll ffiaidd vffern a chollédigaeth. **1672** R. PRICHARD: *Gw* 24, F'orfu ar Fair yn fawr ei gofal, / Fynd i escori hwnt i'r *stabal.* *a.* **1735** *W Ballads* 64, 5, A'i adel [march] allan mewn oerfel, heb na bwyd nag *Ystabel.* **[1783]** *W*, Marchdy; vulgo '*stabal*, '*stabl*, *ystabl* d.g. *Stable.* **1795** J. THOMAS: *AIC* 121, Glanhaoedd *Ystabl* Augeas, yr hon a gynhwysai 3000, [*sic*] o Ychain. Ar lafar, '*stabal*', *WVBD* 499; '*stapal*', *GTN* 713.
Cfn.: **stabl lifrai:** *livery stable.* **1794** E. JONES: *CP* 139.

stabl², ystabl² [bnth. S. *stable* 'secure, firm'] *a.* Sefydlog, diysgog, di-sigl, sad: *stable, secure, firm.*
15–16g. *GIF* 48, Gains hyd awyr, gwns Dwywent, / gwna'n *ystabl* gwŷr, gwnstabl Gwent.

stablad, ystablad, (y)stablan, stablu¹, ystablu² [bnth. S. taf. (*to*) *stabble* 'to tread dirt about, soil'] *bg.a.* Damsang (ar), sathru (dan draed), sarnu (ar un fan), baeddu ag ôl traed, pystylad; ymdroi'n ddiamcan yn yr unfan; hefyd yn *ffig.*: *to stamp or tread (on), trample, tread (underfoot), soil with footprints, paw the ground; linger aimlessly on the same spot; also fig.*
1794 *W*, *ystablu* d.g. *To trample* [*tread*], *trample down, trample on or upon, or trample under foot.* Ar lafar, '*stablan*, cerdded yn ur unfan', *B* iv. 132 (sir Drefn.); '*stablu*'r gwely' 'tynnu'r dillad o gwmpas a gwneud anhrefn', *id.* xv. 24 (Meir.); '*stablad, stablan, staplad*', 'localized . . . between the Cothi and lower Tywi, and the Llwchwr', *LGW* [200]–1; '*Stablad*' 'Stamping with the feet, treading back-and-fore quickly on the same spot', *GDD* 270; 'gweithwyr yn *stablan* y ty', *Cymru* xl. 243 (sir Gaerf.); 'Paid a *staplan* yn y dŵr', *LIGC* 1173, 86 (Morg.). Yng ngodre Cered. dywedir bod ceffyl yn '*stablad*' pan fo'n troi a throsi ar ei gefn mewn cae. Cf. *SE MS*, 621b, *ystablad* . . . to tread, to tread down or about, to trample under foot; D. E. JONES: *HIJP* 384, Fe ddwodd y ganwll [corff] ymlan at ben draw y bont, ac wedi *stablad* am dipyn dyna'i 'n troi nol a lawr i lan yr afon.

stablaf, ystablaf: stablo, stablu², ystablu¹ [bf. o'r e. *stabl¹*, *ystabl¹*] *bg.a.* Rhoddi (ceffyl, &c.) mewn stabl, hefyd yn *ffig.*; lletya: *to stable (a horse, &c.), also fig.; lodge.*
c. **1400** *YCM²* 188, [p]eri kymryt eu meirch ac eu *hystablu.* *c.* **1400** *YSG* i. 111, yna peri *ystablu* y varch a'e diarchenu ynteu a oruc y meudwy. *c.* **1400** (*SG*) *HMSS* i. 295, y corr agymerth march lawnslot ac ae *hystablawd.* **1729** *Gwaseila* 552, Ni a'i cod'som oddi yno dan orfod ei lusgo, / Nes daethom o'r ogo yn agos i'ch tŷ / Lle buom yn *stablo* dros ennyd draws yno / Nes inni bawb ddotio o'r ddeutu. **[1783]** *W*, Rhoi meirch neu anifeiliaid eraill mewn tŷ; vulgò *ystablu* meirch (ceffylau) d.g. *Stable, To* [*put into a*] *stable.* Ar lafar, 'Ma fa wedi mynd i *staplo*'r ceffyl', *GTN* 712.

stablan, gw. **stablad.**

stabliaid, ystablaid [*stabl¹*, *ystabl¹* + *-iaid²*, *-aid¹*] *eb.* Llond stabl: *stableful.*
16–17g. *LIGC* 6495, 71a, Un ai doriad / yn dirion / O *stabliaid* kwrsseriaid Sion [Simwnt Fychan i ofyn march].

stablu¹,², gw. **stablad, stablaf: stablu.**

stablwr, ystablwr [*stabl¹*, *ystabl¹* + *-wr*] *eg.* Gwas stabl, gwas meirch, ostler: *stableman, ostler.*
1851. Cf. D. J. WILLIAMS: *STG* 21–2, Fel *ystablwr* a gyrrwr ceffylau'r Swan gwnâi Deio ei waith yn bur lew.

stac, ystac [bnth. S. *stack*] *eg.b.* ll. *-(i)au, stacs.* Stwc, bwch, neu afr (o ŷd), mwdwl (o ŷd); pentwr; simdde uchel, yn enw. un sy'n perthyn i waith diwydiannol neu ffatri; storfa lyfrau mewn llyfrgell; *Daearydd.* carreg uchel wedi ei gwahanu oddi wrth glogwyn, ac yn codi'n syth allan o'r môr: *stook, shock, or stack (of corn); pile; (chimney) stack; bookstack, stack-room; stack (in geog.).*
16–17g. *GST* i. 806, Dwyn yr ŷd o'r *ystaciau*, / A dwyn yr ieir a'r gwyddau. *id.* 830, Fe fydd llawer aderyn / Yn y gwenith yn disgyn; / . . . / A rhai'n lloffa mewn *ystaciau*, / A rhai yn begio ysgubau. **1722** *Llst* 189, *Ystacc.* m.p. *staccau.* A stack of corn. **1725** *SR*, Bŵch neu *stac* o ŷd d.g. *A Shock of Corn.* **1803** *P*, *Ystac* . . . a heap; a stack. Ar lafar, '*stac*' 'a stack of 30 sheaves', *GTN* 711 (hefyd yn ne-ddwyrain Morg. yn yr ystyr hon yn y ff. *staca*); 'Mân' nw'n mynd i dynnu *stac* y pwll lawr', *ib.* Clywir *stac* hefyd yn yr ystyr 'An amount of work assigned to one to do', *GDD* 270. Cf. D. E. JONES: *HIJP* 333, Yn yr hwyr . . . byddai'r teulu yn ymgymeryd un at gribo gwlan . . . a'r llall at nyddu. Pownd yr un o wlan oedd y *stac* bob nos i fod.

stâc, gw. **stag¹.**

staca¹, ystaca [?cf. *stac*] *eb.g.* Uned fesur sych o amrywiol faint: *variable unit of dry measure.*
1725 *SR*, *ystacca* d.g. *A Bushell.* **1771** *W* d.g. *Bushel.* *id.* pedwaran têl neu *ystacca* d.g. *Peck.* **1793** *Cylchg* 218, rhoddi . . . arian ddigon i brynu *ystacca* o botatws. **1803** *P*, *Ystaca* s. m. . . . a measure of capacity, equal to 5½ bushels, used in Glamorgan; but in the neighbouring parts it is called 'Tel'. **1820** *CWM* 22, Llestraid . . . Neath and Swansea: 22 or 24 gallons, the latter called a *stacca.* *id.* 32, *Stacca*, S. Wales: Sometimes a llestraid of 3 Winchester bushels. Ar lafar, '*Staca* o Wenith = a sack of wheat. The sack in Glamorgan contains 5½ bushels (Winchester) in other Counties it is called Tel. Tel o ŷd and *ystaca* are exactly the same', *LIGC* 1173, 85 (Morg.).

staca², gw. **stac.**

stacan, ystacan [(*y*)*stac* + *-an¹*] *eb.g.* ll. (*y*)*stacanau, stacanion.* Stwc, bwch, neu afr (o ŷd); pentwr; hefyd yn *ffig.*: *stook, shock, or stack (of corn); heap; also fig.*
1840. Ar lafar, '*Stacan*', *Cymru* xxxiv. 180 (godre Cered.); *B* iv. 302 (canolbarth Cered.); hefyd yn sir Gaerf. Mewn rhai mannau yn y De clywir ymad. megis '*stacan* o grwt bach', '*stacan* fach o fenyw'.

stacanaf, ystacanaf: (y)stacano [bf. o'r e. (*y*)*stacan*] *bg.a.* Stwcanu, stycio, bychu, gafrio: *to place (sheaves) in stooks or shocks, stook.*
1848. Ar lafar yn y f. *stacano*, *Cymru* xxxiv. 180 (godre Cered.), *SC* vi. 131 (sir Benf.).

stacato [bnth. S. *staccato*] *a.* a hefyd fel *eg.* *Crdd.* (A phob nodyn) wedi ei seinio ar wahân ac yn fyr a swta, byr a swta (am seiniau); darn cerddorol neu sain stacato: *staccato; staccato piece of music or sound.*
20g.

staciaf¹: stacio [bf. o'r e. *stac*] *ba.* Gosod (y naill beth) ar ben y llall, pentyrru, llenwi (silffoedd): *to stack (up), stack (shelves).*
20g.

staciaf², ystaciaf: (y)stacio, *bg.* Nogio, jibio: *to jib, baulk.*
20g. Ar lafar yn y ff. *stacio*, *LLLM* 78.

stacte [bnth. S. *stacte*] *eg.* Sbeis melys a wneir o resin, ?myrr neu storacs: *stacte.*
1620 *Ecs* xxx. 34, cymer it lyssiau peraidd, sef *stacte* (**1588** *ib.* Myrr), ac Onycha, a Galbanum. **1722** *Llst* 189, *Stacte.* m. Stacte, storax. **1799** *TY* 10, mae Duw yn gorchymmyn arogl-darth llysieuog i gael ei losgi ar ei allor . . . Y llysiau i'w wneuthur a bennodir . . . sef, '*stacte*, onyca a galbanu [*sic*].

stacyn, stachaf: stachu, stad, gw. **stac, bustachaf: bustachu** (hefyd At.), **ystad¹.**

stadaf: stadu [?bf. o'r e. *stad*] *ba.* ?Datgan, gosod allan: *to state, declare, set out.*
a. **1587** *Y* 170, Os da ydoedd i'w *stadu*, / Fo wŷl y beirdd fal i bu.

stadiwm [bnth. S. *stadium*] *eb.g.* ll. *-s.* Maes chwarae a amgylchynir gan resi esgynedig o seddau i'r gwylwyr: *stadium.*
1893.

stadl, stadol, stâds, stadud, stadudol, stadwen, gw. **ystadl, ystadol, staej, statud, statudol, statud.**

stadwennu [be. o'r e. *stadwen*] *b?g.* Ordeinio, pennu: *to ordain, determine.*
p. **1584** G. ROBERT: *GC* [196], yn fynychaf or ferf ladin e phurpheir yr henw berfawl cymreig, ag o hwnnw y ferf mal: . . . o st[a]tuo stadwen statutum, *stadwennu.*

stae, ystae [bôn y f. *staeaf, ystaeaf: (y)staeo*] *eg.b.* Cynhaliaeth, yn *ffig.* am berson; seibiant, egwyl; ?rhwystr, ataliad: *support, fig. of person; respite, break; ?hindrance, check.*
16–17g. *GST* i. 25, Fy *stae* 'rioed, fy stor ydych, / F'ennill byth yw'r fan lle bych [i Mastr Conwy o Fotryddan]. *id.* 104, Os doi raid ei stôr ydoedd, / *Ystae*'n iaith ym Mostyn oedd [marwnad Meistres Margred Mostyn]. **17g.** *LIGC* 10249, 195, Mae ,r, yscolion gradd Addŷsg / mae balchder Lloeger, mae ,r, Llŷsg / Gwyddŷd, nid er barn arnâd / doi *stae*, i ostwng dy stâd.
Cfn.: **stae weld:** *short break taken by coal miners to become accustomed to the darkness.* Ar lafar, *Geir Glo* 143 (sir Gaerf.).

staeaf, ystaeaf, &c.: (y)staeo, &c. [bnth. S. (*to*) *stay*] *bg.a.* Cynnal; atal, rhwystro; aros, preswylio: *to support; prevent, restrain; stay, reside.*
16g. (**18g.**) *NBSGaerf* 410, Mae un esgob a'n gobaith—ym Mynyw / Yn mynnu'n braint unwaith; / Awstin yw i *staeo*'n iaith, / Trwy'r ynys yn troi'r iawnwaith [i'r Esgob Richard Davies]. **16–17g.** *GST* i. 345, Marchog ydwyd, meirch Godwin, / *Ysdaea* lawr is dy lin. **16–17g.** EDWART AP RAFF: *Gw* 215, iarll ai blaid or llû heb law / wllys duw all i *staiaw.* *c.* **1600** *NBSB* 131, Ni cha' 'mhellach *ystaeo*, mae'r amser yn pasio / Sydd wedi bwyntio im eisys. **1609** *CRC* 58, ac i ddamvno ir floder [*sic*] teirgwlad / gael *ystaio* awr i siarad. **17g.** *HCRC* iii. 95, er tyre a chestyll athai trym / ymay yn ddirym yw *stayo* / pen ddel ange ynghyd ay en / ve gwymp yr ddayren gantho. *id.* 322, pwy le er hyny etto / y byosti yn *ystayo* / od fod o dernas [*sic*] nef / heb genyd dref y drigo. *id.* 336, Nes y ddyfod mawr y frad / y lys vynhad *istayo.* **17g.** HUW MORUS: *EC* i. 344, A'ch cwm'ni ymadawa'—er maint eich mwyneidd-dra, / Mi dynga'—na *ystaya* ar nos dywyll. **18g.** *LIGC* 83, 25b, fy mab Dos ymeth heb *ysdaio.* *ib.* *ysdeiwch* Etto Dippin / i Deimlo mater motun.

staej, ystaej, stâj, stêj, &c. [bnth. S. *stage*; tebyg mai dyl. org. S. a welir yn yr enghrau. o (*y*)*stag* isod] *eb.* Llwyfan, esgynlawr, platfform, hefyd yn *ffig.*: *stage, platform, also fig.*
Dchr. **17g.** *T Ch* 127, Diomedes ar yr *ystaeds*, a Chressyd yn dyfod yno. **1630** *YDd* vi, mor gyfannedd y maent yn olygwyr ar gogmerth a chwaryddiaeth yr *staids*? **1633** *Addysg i Farw* 30, Cyffelib yw ein hoes ni i chwareuddiaeth nyni sy yn byw awr ydym yn chwareu ein rhan ar yr *stâds* [:– orsedd]. **1636** *Pen* 321, 113b, Cariad . . . a gynyd/ir [*sic*] fwyfwy drwy hyn pan ddygir ni n gyhoedd ag megis ar y *stag.* **1724** S. WILLIAMS: *ADA* [61], Pa faint o amser ydys yn ei dreulio wrth chwarae Cardiau . . . Enterluwd, chwarae'r *staids.* **1727** RE: *CDd* 26, yn y gwisgdy ymma chwi a gewch weled yr *ystaids* chwareyddion ymma a'i ffenestri yn gaead. **[1740]** T. BADDY: *DDGH* 57, nyni a ddygir ar *ystâg* neu chwarwyfa y bŷd a'r Diafol. **1758** *DPMB* 14, fel Mowntibangc, ar ei *stâds* yn dangos ei fawredd. **1761** *ML* ii. 355, [p]obl yn chwareu interlude yngwylmabsant Llan Dudno ar ben carreg fawr square a thywarch arni, hono oedd *ystaids* iawn. **1828** *Geir Pob* 31, *Ystâds*, chwareufwrdd. Ar lafar, '*staj*', *GTN* 713; hefyd yn yr ymad. 'dod i'r *staj*' 'cael ei ddewis i ymddangos . . . ar lwyfan eisteddfod neu gystadleuaeth arall', *ib.*
Cfn.: **stêj laeth:** *stand for milk-churns.* Ar lafar yn y Gogledd.

staen¹, ystaen¹, (y)stain [bnth. S. *stain*] *eg.b.* ll. (*y*)*staeniau.* Smotyn neu fan budr, yn enw. un a achosir gan hylif sy'n treiddio, llychwiniad, brycheuyn, mefl, nam, hefyd yn *ffig.*; sylwedd a ddefnyddir at staenio, lliw: *stain, blemish, also fig.; stain (for staining).*
1688 *TJ*, *Ystaen*,) Llychwin: a stain. **18g.** *LIGC* 1062, [126], Ni baswn dro yn prisio draen er diodde *staen* y ddiod. **1764** W. WILLIAMS: *C* 85, Lliain main yw y rhai'n [gwisgoedd priodas], / Sydd yn cuddio pob rhyw *stain.* **1773** G. RHYSIART: *MACP* 21, fel yr oeddwn fy hun gynt yn Fabiloniad (er fy mod 'nawr wedi'm bendigo ag Egwyddorion newydd) y mae'r hen '*staen* fyth yn aros yn fy nattur. **1795** J. THOMAS: *AIC* 44, i godi blottiau o Ingc allan o Bapur . . . dyro arno ychydig o Winegr iw gadw rhag *Staun* mwyach. **18–19g.** *GABC* 59, A llawer un ac arno '*staen*, / Sy'n myn'd o flaen yr allor. **1803** *P*, *Ystaen*, s. m. . . . a stain. Ar lafar, '*staen* ar ei garictor', *WVBD* 500; 'Beth yw'r *staen* fawr 'na sy ar dy ffrog di?', *GTN* 712. Cf. T. LEWIS: *HPF* 205, *ystain* ar garacter Luther.

staen², staenaf: staeno, staenedig, staenia, gw. **ystaen², staeniaf: staenio, staeniedig, stania.**

staeniad, ystaeniad [bôn y f. (*y*)*staeniaf*: (*y*)*staenio*, &c. + *-iad¹*] *eg.* ll. *-au.* Y weithred

o staenio, staen, man, brycheuyn, hefyd yn *ffig.*: *a staining, stain, blemish, also fig.*

15g. BEDO AERDDREM, &c.: *Gw* 116, Ar hyd Tarw hir rhoed Duw râd / Hergest Wenn rhag *ystaeniad*. 16g. *GGH* 436, Er a fo rhawg i'r fro hon / O *staeniad* eisiau dynion, / Na ddêl o fewn y ddwywlad / Na'u hepil na'u hil na'u had. 1773 G. HOWEL: *Alm* 47, Modd i dynnu *stainiad* Gwîn, Eirin . . . neu'r cyffelyb allan o Liain. [1783] *W*, *Ystaeniad* d.g. *A staining*. 1803 *P* d.g. *Ystaeniad*.

staeniaf, (y)staenaf, ystaeniaf: staen(i)o, ystaenu, ystaenio [bnth. S. (*to*) *stain*] *bg.a.* Difwyno neu afliwio â man(nau) budr, yn enw. gan hylif sy'n treiddio, afliwio, marcio, difwyno, llychwino; cael ei ddifwyno neu ei lychwino; lliwio (llawr, dodrefnyn, &c.) â staen, lliwio (celloedd, &c.) â staen i ddangos eu strwythur, &c.; hefyd yn *ffig.*; bwrw i'r cysgod, rhagori ar: *to stain, discolour, mark, soil, blemish, sully; be stained or blemished; stain (floor, furniture, cells, &c.); also fig.; eclipse, overshadow, surpass.*

15g. *GGl*[2] 4, Llewpart yw Risiart yn Rôn, / Llew du'n *ystaenu* dynion. 15g. *DE* 17, nid oes dyn nad *ystaeniai* / a bery fyth heb ryw fai. 15–16g. *TA* 229, Na allo neb, winllan wŷdd, / D'*ystaenio*, dewis deunydd [i Hywel ap Dafydd Meurig]. 1547 *WS*, *Ystayny* Stayne. 16g. *GGH* 183, Pilstwn wych—p'le *staenia*'i waith?—/ Purffyrf ysgwier perffaith. 16g. (17g.) *B* xviii. 31, tithau yn wr gwinau gynt / weithian henaint rhwyddfraint rhodd / wuthoes dyn ath *ystaunodd* (Ifan Penllyn). 16g. *WLl* 208, Ple *staenodd* had tad na r taid / Ple *staenodd* had Pilstwniaid. 16–17g. *GST* i. 346, *Ystaeniodd* ieirll is d'wyneb, / A'th air sydd fawr wrth war Sieb. 1611 R. SMYTH: *SG* 135, yr iawn ar [*sic*] dial yma nid yw yn towyllu nag yn *staenio* dim a'r [*sic*] yr iawn awnaeth . . . Iesu Grist. *id.* 161, Priodas fydd Anrhydeddys ymysc Pawb, a gwely, [*sic*] difagl heb i *Stainio*. *id.* 192, Pa fodd i'r [*sic*] *staenir* ni a phechod [un arall] drwy ganmol a gweiniaith? 1632 *D*, *Ystaenio*, Maculare, maculis conspergere. 17g. *DCR* 36, Yrowan pette byw / r / dvwiesse / Paris ynte // ai avr bel / bydde sikir im dyn vain / *ystaenio* / r hain / / ir gornel. 1672 R. PRICHARD: *Gw* 181, Difa 'r cyfoeth, *staino* [:- Diwyno] 'r eppil, / Mae 'r godineb brwnt yn rhigil. 17g. HUW MORUS: *EC* i. 362, 'Fe â 'n lân o's *ystaeniodd*, lle glynodd lliw glo. 1722 *Llst* 189, *Ystaenio*. To . . . soil, speckle. [1761] *GGJ* 28, I *Staenio* Melyn Cowraint. 1803 *P* d.g. *Ystaeniaw*. Ar lafar, '*staenio*', '*staenio*'i garictor', *WVBD* 501; '*staeno*', *GTN* 722. Cf. HEDD WYN: *CB* 156, Er i'r Almaen *ystaenio* / Ei dwrn dur yn ei waed o.

Gw. hefyd **staniaf: stanio.**

staeniedig, (y)staenedig [bôn y f. *staeniaf, (y)staenaf, ystaeniaf: staen(i)o, ystaenu, ystaenio*+-*(i)edig*] *a.bfl.* Wedi ei staenio; lliwiedig (am wydr): *stained; coloured, stained (of glass).*

1547 *WS*, *Ystaenedic*.

staeniog, ystaeniog [*staen*[1], *ystaen*[1]+ -*iog*] *a.* Wedi ei staenio: *stained.*

1860.

staenllyd, ystaenllyd [*staen*[1], *ystaen*[1]+ -*llyd*] *a.* Wedi ei staenio: *stained.*

1838.

staer, ystaer, stair [bnth. S. *stair*] *eb.g.* ll. *(y)staerydd, (y)staerau, staers, (y)steiriau, steirau.* Gris, step; cyfres o risiau, yn enw. fel esgynfa o un llawr i'r llall mewn adeilad neu at ddrws neu borth oddi allan i adeilad, grisiau, stepiau; ysgol; hefyd yn *ffig.*: *stair, step; flight of stairs, stairway, staircase; ladder; also fig.*

15g. (16g.) *Llst* 6, 189, ar *ystaer* vawr ystad / o balis nayadd bilad [Llywelyn ap Hywel am Rufain]. 15g. *HCLl* 84, Awn i'r capel i weled, / Nid â gwraig yndaw o gred. / Down i'r *ystaer*, dan ras Duw, / Wen a gerddodd ein Gwirdduw [am Rufain]. 15–16g. LLAWDDEN, &c.: *Gw* 178, Treiglwaith grym trwy gloth grain, / Rhyw iôn aeddfed rhin noddfain. / Rhyw *staer* uwch rhestr air wychmaith, / Rhuban rhudd Harri ben rhaith. 15–16g. *TA* 185, *Ystaer* o'i ais a dorryn / Ys da brint, ym mrest y bryn [i dŵr newydd Rhisiart Hanmer]. 16g. LEWYS MORGANNWG: *Gw* 448, ywch wyd o ras jach a dring / *ystaer* waedlwyrth ystradling. 1545 *CM* 1, 28, Kerddediad ne dreiglad yr hon [yr wybren] ysydd gymaint ac vn *sdayr* ne vn gris ovewn Cannt o vlynnedd. 1547 *WS*, *Ystayr* gris A stayre. c. 1548 *CM* 1, 644, [d]ringio . . . ar hydd [*sic*] ysgols ne *sdaers*. 16g. *GGH* 169, Mynd i'r top, mwyn doriad dis, / Mae *stair*, gwyngrair o gangris [am dŵr Bodidris]. 16g. *WLl* 158, Os *ystaer* is yw dewrion / Y chwech sir no chychwi Sion. 1567 *TN* 209a, gwedy y ddyvot ef ir grisiae [:- *stair*]. c. 1585 *Llst* 178, 46a, ar ystafell hon/no oedd gwedy llorio a marbl du a gwyn ar pilerey o jasbar ag *ystaeray* o alaba/star. 1599 (1677) R. HOLLAND: *AB* 98, canys y mae'r arch sydd o flaen y rhain [ysgolheigion ifainc], megis y gris, neu'r *stâr* gyntaf i'r ddwy ymma. 16–17g. *GST* i. 190, Ystafell megis Dyfed, / *Ystaer* croes i westwyr cred. 16–17g. SIÔN MAWDDWY: *Gw* 201, Rhwydd loyw *staerau*, hardd le storus, / Rhyw trysorus, rhad tros eurwydd [am y Plasnewydd, Môn]. 17g. *NBSF* 144, *Ystaerydd* llofftydd oll ynt / Nodedig hynod ydynt (Gruffudd Phylip). 1677 *TC* 5a, Greisiau [*sic*], *steire*. 1681 S. HUGHES: *AC* 24, hyd oni syrthiodd efe i wared tros y *steire* yn farw syth. Ar lafar, '*Staer*', *Cymru* xlvii. [236] (sir Ddinb.). Cf. *LGW* 319, South of the Dee the prevailing word for 'stairs' is *sta(e)r*.

staes, ystaes, stais [bnth. S. *stays*] *eb.g.* ll. *staesiau, staesys, steisi, steisys.* Dilledyn isaf lastigaidd neu un wedi ei gyfnerthu â stripiau main o fetel, plastig, asgwrn, &c., a wisgir gan amlaf gan wragedd, ac sy'n cau'n dynn am ganol y corff gan roddi ffurf iddo a'i gynnal, corsed, dilledyn tebyg a wisgir oherwydd anaf, anffurfiad corfforol, &c., hefyd yn *ffig.*: *stays, corset, also fig.*

c. 1756 *Bangor* 1007, 20, pais gwilt ac *ystays* o walbons. 1768 TWM O'R NANT: *CTh* 19, Rhaid cael gywn brith ac *ystaes* ar frŷs, / A gwŷchu'r tu allan peth bynag fo'r Crys. Ar lafar, '*staus*' 'gwasgrwym', *Cymru* xlvii. [236] (sir Ddinb.); '*stais* . . . *steisis*', *B* viii. 324 (Cwm Tawe); '*staiz* . . . *steizyz*', *GTN* 712.

Amr.: **ystawys.** **1851.**

stafell, stafellaf: stafellu, stafellaidd, &c., gw. **ystafell, ystafellaf: ystafellu, ystafellaidd,** &c.

staff [bnth. S. *staff*] *eb.* ll. -*iau.* Corff o bobl a gyflogir i ymgymryd â gwaith, gweithwyr, gweithlu, personél; corff o swyddogion yn cynorthwyo swyddog uchel yn y lluoedd arfog: *staff (also in armed forces), personnel.*

1916. Ar lafar. Cf. BODFAN: *Englynion* (1933) 28, Onid afrwydd, mewn difri',—yw y *staff*, / A llawn mistêcs digri'! / 'Does salach haid,—sylwch chwi / Aflaned yw'r proflenni.

staffaglaf: staffaglu, staffaldio, gw. **stryffagliaf: stryffaglio, sgaffaldio.**

staffiaf[1]**: staffio** [bf. o'r e. *staff*] *bg.a.* a hefyd gyda grym enwol i'r be. Darparu staff ar gyfer (cwmni, sefydliad, &c.): *to staff.*

1930.

staffiaf[2]**: staffio,** *ba.* Cipio, bachu: *to snatch, grab.*

Ar lafar, '*staffio*'r cwbl', '*staffio* peth yn anghyfreithlon', *WVBD* 500; fe'i defnyddir hefyd 'to intensify verbs', '*staffio* mynd', '*staffio* byta', *ib.*

staffiwr [bôn y f. *staffiaf*[2]: *staffio*+-*iwr*] *eg.* Un sy'n cipio, bachwr: *snatcher, grabber.*

Ar lafar, *WVBD* 500.

stag[1]**, ystag** [bnth. S. *stake* 'wager'; ansicr yw rhai o'r enghrau. isod] *e?g.* Arian betio, gwystl, hefyd yn *ffig.*: *stake, wager, also fig.*

15g. *GLGC* 33, mae'n wag ein *ystâg* megis dugiaeth —fry, / mae Cymru'n wacty, 'dd ŷm innau'n [*sic*] waeth. 16–17g. *GST* i. 604, Y *stag* aeth, gŵr tost a gaid, / I law un o'r baeliaid. 16–17g. *NBSF* 251, Gwall garwddig i gall gerddor / golli *stag* i holl ystor [Rhisiart Phylip i'r lleidr a ddygodd y ffiol frech]. c. 1644 *CM* 25, 21, Dim ir byd gweryd gwiw eirian o *sdag* / nis dwg dyn newddian / na dim or byd gloywbryd glan / naws dig oll nis dwg allan.

Amr.: **stâc.** 1688 *TJ*, Adnau, gwŷstl, (*stâc*) a gage, pledge, or stake.

stag[2]**,** *eb.* (bach. -*en*). Marblen lwyddiannus: *successful marble.*

Ar lafar yng Nghered., *LlG* iii. 15, hefyd yn y ff. *stager.*

stag[3]**,** gw. **staej.**

stagaf: stago [?cf. *stag*[2]] *bg.* Methu symud ymlaen (am farblen a rwystrir gan fŵd, &c.), nogio, jibio, pallu: *to fail to move forward (of marble hindered by mud, &c.), jib, baulk, fail.*

Ar lafar, '*stago*, term pan mae'r farblen yn methu symud ymlaen oherwydd mwd, baw a.y.b.', *LlG* iii. 15; 'Ma'r ceffyl wedi *stago* arno fa' (dwyrain Morg.).

stagar [?bnth. S. taf. *stagger* 'attempt, undertaking'] *eg.* Gwaith caled, anhawster: *heavy toil, difficulty.*

20g. Ar lafar, "Roedd o'n *stagar* garw gael hwnna ar dy gefn' (Arfon).

stagen[1]**, stagen**[2]**, stager,** gw. **stag**[2]**, stegyn, stag**[2]**.**

stagers [bnth. S. *staggers*] *eg.* *Milfeddyg.* Y bendro, y ddera, y gysb: *staggers (in animals).*

Ar lafar, *B* iii. 207 (Meir.).

stagiaf: stagio [bnth. S. (*to*) *stag* 'to observe, watch'] *bg.a.* Edrych (ar), gwylio, sbio, sbecian: *to look (at), watch, peep.*

Ar lafar yn nhref Caernarfon, *B* xvii. 273.

stagin, gw. **stegyn.**

stagma [bnth. rhyw ff. ar S. *nystagmus*] *e?g.* Anhwylder ar y llygaid sy'n peri iddynt symud yn gyflym ac yn afreolus: *nystagmus.*

Ar lafar, *B* viii. 222 (Morg.). Clywir hefyd ymad. fel "Sdim *stagma* arno' i' (dwyrain Morg.) yn yr ystyr 'Ni thwylli di fi'.

stagnant [bnth. S. *stagnant*] *a.* Llonydd (am ddŵr), marwaidd, hefyd yn *ffig*: *stagnant, also fig.*

1932.

stagraf, ystagraf, stagriaf: (y)stagro, stagrio [bnth. S. (*to*) *stagger*] *bg.* Gwegian wrth gerdded, haldian; ymdrechu; dal yn ôl, petruso: *to stagger; struggle; hold back, hesitate.*

1828 *Geir Pob* 29, *Ystagro*, hongian; petruso. Ar lafar, '*stagrio, stagro*', '*stagro*'n erbyn syrthio', '*stagro* i fyw', *WVBD* 500; hefyd am geffyl yn yr ystyr 'to be restive', *ib.* Cf. T. H. PARRY-WILLIAMS: *UG* 30, A ninnau'r unigolion yw llwch y llawr, / Sy'n slafio a *stagro* fel hyn o hyd, o hyd, / I geisio ryw sut gael y ddau ben-llinyn ynghyd.

stagyn, stang, stangel, staiaf: staio, staids, gw. **stegyn, ystang, ystangel, staeaf: staeo, staej.**

stain, stair, stais, stâj, gw. **staen**[1]**, staer, staes, staej.**

stajman [*stâj*+-**man*, cf. *porthman*] *eg.* Pregethwr anghydffurfiol huawdl: *eloquent nonconformist preacher.*

Ar lafar gynt, *GDD* 271.

stâl, ystâl [bnth. S. C. *stal(le)*; ansicr yw nifer o'r enghrau. yn adran (*a*) isod] *eb.* ll. *(y)stalau, ystal(i)on.*

(*a*) Rhaniad mewn beudy neu stabl ar gyfer un anifail, côr, preseb; sedd (yng nghôr eglwys), gorsedd; stondin, bwth; hefyd yn *ffig.*: *stall (in cowshed or stable); stall (in church choir), throne; stall, stand, booth; also fig.*

15g. *GLGC* 39, a'r Saesneg wangreg i wâl—yr eigion, / a'r Saeson duon, ddimyn *ys tâl* [*sic*]. 15g. GWILYM TEW: *Gw* 498, Gweryru fal cyrn bual, / Ac o'i rest af, gwae'r *ystâl*. 16g. *GSC* 145, Wyth o Rufain a'i threfydd / A'i *stâl* fawr is dy law fydd. 16g. DAFYDD AP LLYWELYN, &c.: *Gw* 213, Abad, mesur byd Moesen, / Ac *ystâl* hir Egwestl hen. 16g. WILIAM CYNWAL: *Gw* (R. L. Jones), 526, Aeth i'r côr ystôr ac *ystâl*—oesoedd / Gwaed twysog Mathrafal. 1803 *P*, *Ystal* s. f.—pl. t. *on* . . . a stall. Ar lafar yn y De yn y ff. *stâl*, *LGW* [360]–1. Cf. D. J. WILLIAMS: *STG* 39, Yn nesaf at y rhain yr oedd ei *stâl* ef ei hun . . . a'r wâl o wellt gwenith hyfryd otano yn well na'i breseb mewn llawer lle.

(*b*) Llu o wŷr (arfog), cwmni, mintai: *body of (armed) men, company, throng.*

15g. *GTP* 55, Dy *stâl* yn Ystrad Alun / Dau cannwr, wyd ŵr dy hun. 15g. *DN* 63, Deng mil o vilioydd oyddyn, / Draw dri llv hyd ar dir Llŷn. / Dilynaist hwynt dalynnal, / Dair *ystâl*, nid arhoys dyn. *id.* 66, Y peraist ti 'mhop rryw *stâl* / I vil d'ofni vel Dyfnwal. 15g. *GLGC* 21, I Grist ar y ddaear gron / y bu *stâl* ebostolion. *id.* 475, Iddo y dêl gan Dduw Dad / olwg las fal y gleisiad, / ac â'i olwg y gwelir / rhifo *stâl* ar faes o dir. 15g. *GGl*[2] 130, Tair cad aeth o'r teirgwlad tau / . . . / Tair mil nawmil yn iwmyn. / . . . / Torres dy wŷr mewn tair *stâl* / Trwy weunydd a'r tir ynial. 15g. *HCLl* 105, Cair ystondardd Crist wyndeg, / Cair *ystâl* wrth bob croes deg [i Iesu a'r seintiau]. 15–16g. *TA* 453, Ni bu drin neu fyddin, fis, / Heb *ystâl* o byst Elis. 15–16g. *GLM* 112, Trwy *stâl* y torraist, Wiliam, /

nid dan gêl, i Notingám. **16**g. *GGH* 217, Gwae lawer-
oedd o glerwyr / Am bruddhau gorau o'r gwŷr / Wrth
dorri, *stâl* gynnal gwrdd, / Oes gwraig ysgwier agwrdd.
Dchr. **17**g. *J* 10, 44b, *Stâl.* companie.

Gw. hefyd **stôl²**.

stalactid, ystalactid, stalactit [bnth. S.
stalactite] eg. ll. -(*i*)*au*. Pigyn hirfain tebyg i
bibonwy y'n crogi wrth do ogof, &c., ac a
ffurfir gan ddŵr diferol yn dyddodi calsiwm
carbonad, bys calch, diferfaen: *stalactite*.
1824.

stalagmid, stalagm(e)it [bnth. S. *stalag-
mite*] eg. ll. -(*i*)*au*. Colofn neu delpyn sy'n
codi o lawr ogof, &c., ac a ffurfir gan ddŵr
diferol yn dyddodi calsiwm carbonad, post-
yn calch, fferfaen: *stalagmite*.
1937.

stalais, ystalais, &c. [bnth. S. *stallage*]
e?g. Treth a godir am yr hawl i godi stondin
mewn ffair neu farchnad, tâl stondin: *stall-
age*.
16g. (*LIEG*) *Mos* 158, 28b, kwbwl o dir powys a
hann/er dyued a holl sswydd credigion . . . yn hrydd o
dwnk ac *ysdalaidgi*. c. **1730** *Thos. Lloyd D* (LlGC)
209a, *Stalais*. Stallage. M. 61. 62. **1776** *Pant* 22, 57a,
rhydd drwy gwbyl on tir ni yn gystal o fewn y byrau
allan o bob cyfryw doll *Stalais*, Passais Pontais, talais
a Murais. *id.* 58b, *Stallais* [sic] yr arian am gael rhoi
sioppau ar yr heolydd mewn ffeiriau.

stalcen, gw. **stelcen**.

stalen, *eb.* ll. -*ni, staliau.* Darn da o lech-
faen a dynnir o ddarn sâl o graig: *good piece
of slate extracted from a poor piece of rock*.
1889. Ar lafar yn ardaloedd chwareli'r Gogledd,
WVBD 500, *B* xx. 380.

stalgwympaf: stalgwympo [?bnth. S.
(*to*) *stall*+*cwympo*] bg. Cwympo'n llet-
chwith: *to fall awkwardly*.
20g. Ar lafar, D. J. EVANS: *HCS* 130.

stalian, gw. **stilian¹**.

Stalinaidd [yr e. prs. *Stalin*+-*aidd*] *a.*
Nodweddiadol o Staliniaeth, totalitaraidd:
Stalinist, totalitarian.
20g.

Staliniaeth [yr e. prs. *Stalin*+-*iaeth*] *eb.*
Polisïau Joseph Stalin (1879–1953) wrth
lywodraethu Undeb y Gweriniaethau
Sosialaidd Sofietaidd gynt, a nodweddiad
gan ganoli grym a thotalitariaeth: *Stalinism*.
20g.

stalwart [bnth. S. *stalwart*] eg. ll. -*s*. Per-
son penderfynol neu ddiysgog, hoelen
wyth, colofn yr achos: *stalwart*.
20g. Ar lafar, 'Ma'r hen *stalwarts* 'dw i'n gofio yn
y pentre wedi mynd i gyd erbyn hyn'.

stalwm, stalwyn, gw. **talm—ers talm,
ystalwyn**.

stambar, *a.* Ffyrnig, peryglus: *furious,
perilous*.
Ar lafar, *TGG* (1907–8) 88 (sir Gaerf.).

stamina [bnth. S. *stamina*] eg. Y gallu i
ddioddef straen gorfforol neu feddyliol am
gyfnod hir, dygnwch: *stamina*.
20g.

stamp [bnth. S. *stamp*] eg.b. ll. -*iau, -s*, a
hefyd gyda grym ansoddeiriol.

(*a*) Darn bychan o bapur gludiog a roddir
ar lythyr, &c., i arwyddo fod yr anfonydd
wedi talu am ei bostio, llythyrnod; marc
sy'n tystio i ddilysrwydd dogfen neu i an-
sawdd neu ddilysrwydd nwydd(au), dilys-
nod; marc argraffedig neu brintiedig neu
label gludiog ar ddogfen neu ar wrthrych
trethadwy sy'n arwyddo fod y dreth berthnas-
ol wedi ei thalu; argraff, gwasgnod; ?dilled-
yn wedi ei stampio â phatrwm: *(postage)
stamp; (validation) stamp (on document,
goods, &c.); stamp (as evidence of payment
of tax); impression, print, imprint, stamp;
?garment with an embossed design*.
1713 T. BADDY: *DDGH* 140, mae gan y Brenin ei
arian, ei *stamp*, dymma ei Goyn, ei arian ef. **1770** G.
HOWEL: *Alm* [47], llyfrau bâch . . . mewn rhith

Almanac . . . heb ddim o *Stamp* y Brenin ar y ddalen
ditl, mewn amlwg droseddiad o r gyfraith. **1774** H.
JONES: *CH* 47, Y *stamp* neu 'r argraff ar eu harian
. . . oedd llûn ych, neu ddafad. **1776** H. JONES: *GC* 82,
Gwisgo fy *Stampie*' am Gowne yn ddigûdd. **1777** E.
ROBERTS: *DG* 30, rôedd rhaid cael *Stamp* y brenin
oedd yn fyw arno [arian bath] neu ni chymrent un
munud mono. **1794** E. JONES: *CP* 13, *Stampiau* am
bob bedydd, claddu . . . Wrth ysgrifennu pob cladd-
edigaeth, priodas, ganedigaeth, neu fedydd, ynghof-
lyfr y plwyf, neu le pa bynnag, y telir 3c. o dreth-*stamp*.
id. 40, Rhaid i'r indenture fod ar bapur neu femrwn,
wedi ei stampio â *stamp* 6 swllt, heblaw *stamp* 6
cheiniog, am bob punt a roddir gyda'r prentis. Ar
lafar, '*stamp* dima', 'tri *stamp* ceiniog', *WVBD* 500
(eg.); "Os *stamps* yma? Fi alswn bosto'r llethyr
'nawr 'tasa *stamp* i gæl', *GTN* 712 (eb.). Cf. H.
EVANS: *CE* 92, 'Prynu het silc a gown *stamp* i ti, ai
charu gwas, ai e?'

(*b*) Nodwedd, nod angen, priodoledd,
cynneddf, ôl, ymddangosiad; math, teip,
cymeriad, safon, ysbryd, asbri: *character-
istic, attribute, distinguishing feature, trait,
stamp, appearance; kind, type, character,
calibre, spirit, mettle*.
1748 P. PUGH: *DGG* vii–viii, [D]uwjolon eraill,
o'r rhai sydd yn fyw neu yn farw: canys y mae'r
Stamp nefol o'r un gyffelyb, o ran ei Sylwedd, ar
bob gwîr Gristjon. **1777** E. ROBERTS: *DG* 31, Os
bydd *Stamp* y brenin heb fod ar ein Calone bydd
hynn 'n wa[e]th na bod yn fyrr o bwyse. Ar lafar,
"Does dim dynion o'r *stamp* 'na i gâl 'nawr' (gogledd
Cered.); 'Ma'r eitha *stamp* indo' 'He has splendid
mettle in him', *GDD* 271; 'Mae a siwr o fo'n tinnu
'mlæn 'n ôl 'i *stamp* a ta beth' (Myn.).

(*c*) Teclyn i stampio neu argraffu llun,
patrwm, llythrennau, &c., ar arwyneb:
*stamp (instrument for stamping), stamping
tool*.
Ar lafar, 'Ble ma'r *stamp* a dyddiad heddi arno
fe?' (gogledd Cered.); 'Ma *stamp* ginto i ddoti'i
gyfeiriad acha' llethyr', *GTN* 712.

(*d*) Offer cywasgu mwyn mewn melin
falu: *stamp or block (in a stamp-mill)*.
1827.
Cfn.: **stamp menyn**: *butter-print*. Ar lafar, *Geir Geir*
151 (Morg.). **stamp post**: *postage stamp*. **1935**. **o'r hen
stamp**: *of the old kind*. **1896**.

stampaf: stampo, stampedig, gw.
stampiaf: stampio, stampiedig.

stamper [bnth. S. *stamper*] eb. ll. -*s*. Ffon
at bwyo'r powdr yn nhwll yr ebill cyn saethu
mewn chwarel: *rammer (in blasting oper-
ations in a quarry)*.
Ar lafar yn ardaloedd chwareli'r Gogledd, *WVBD*
500; *B* xx. 380.

stampiad [bôn y f. *stampiaf, stampaf*:
stamp(*i*)*o*+-*iad¹*] eg. Y weithred o stampio:
a stamping.
1837.

stampiaf, stampaf: stamp(i)o [bf. o'r
e. *stamp*] bg.a.

(*a*) Argraffu neu wasgu (llun, patrwm,
llythrennau, &c.) ar fetel, papur, ymenyn,
&c., â theclyn pwrpasol o fetel, pren, rwber,
&c., bathu; marcio (dogfen, &c.) â marc
swyddogol; gosod stamp ar (lythyr, amlen,
parsel, &c.); hefyd yn *ffig.*: *to stamp (metal,
paper, butter, &c.); stamp (with an official
impress); affix a postage stamp to (letter,
parcel, &c.), stamp; also fig.*
1758 J. PRYS: *Alm* [13], darfod i amryuiol gwylydd-
us rhagddywediad neu ddaroganiad . . . gael ei
hargraphu ai tanu hyd amryw fanau yn Lloeger a
chymru heb ei bathu neu eu *Stampio*. c. **1762–79** W.
WILLIAMS: *P* 154, arian weithiau wedi eu *stampo*,
weithiau yn dalpau mawrion. **1784** M. WILLIAMS: *S*
i. 43, memrwn wedi *stampo* at weithredoedd ar dir-
oedd. Ar lafar, "Wyt ti wedi *stampo*'r llythyr?', 'Ôn'
nw wedi *stampo* enw'r siop ar y cwtyn', *GTN* 712.

(*b*) Taro'r llawr, &c., yn galed â'r troed
neu'r traed, taro('r troed neu'r traed) yn
galed ar lawr, &c., pystylad, cerdded yn
drwm ac yn swnllyd; pwyo: *to stamp
((with) the foot or feet), walk heavily or nois-
ily; mash*.
1852. Ar lafar, 'Odd a'n *stampo*'i drǽd yn 'i natur',
GTN 712.

(*c*) Defnyddio stamper (wrth saethu
mewn chwarel): *to use a rammer (in blasting
operations in a quarry)*.
1837. Ar lafar yn ardaloedd chwareli'r Gogledd,
WVBD 500, *B* xx. 380.

stampîd [bnth. S. *stampede*] eb.g. Carlam-
iad gwyllt gwartheg neu geffylau wedi eu
dychryn, rhuthr debyg gan dyrfa o bobl:
stampede.
20g.

stampiedig, stampedig [bôn y f. *stampiaf,
stampaf: stamp*(*i*)*o*+-(*i*)*edig*] a.bfl. Wedi ei
stampio, hefyd yn *ffig.*: *stamped, also fig.*
1618 J. SALISBURY: *EH* 237, Mae hi'n bathu
nod-arwydd megys *stampedig* yn yr enaid.

stampin [bnth. S. *stamping*] eg. Llwch,
clai, &c., a roddir ar ben y powdr yn nhwll
yr ebill cyn saethu mewn chwarel: *stamping
(dust, clay, &c., put on top of powder in
blasting-hole in a quarry)*.
Ar lafar yn ardaloedd chwareli'r Gogledd, *WVBD*
500, *B* xx. 380.

stampyddaf: stampyddu [*stamp*+
-*yddu*] ba. Stampio, bathu, yn *ffig.*: *to stamp,
impress, fig.*
1618 J. SALISBURY: *EH* 231, gan fod effeith a nôd
o waith y Bedydd, yn oestadol yn aros megys wedi ei
stampyddu, a'i fathu'n yr enaid.

stanc, ystanc¹ [amr. ar *stang, ystang,* ond
cf. hefyd S. taf. *stank*; dichon mai gair
gwahanol a welir yn adran (*c*) isod] eg.
(bach. (*y*)*stencyn, stancyn*) ll. -(*i*)*au*.

(*a*) Polyn, postyn; bôn (coeden); gordd
(bolion); pêg neu fachyn pren, braced:
*stake, post, pile; stump (of tree); rammer;
wooden peg or hook, bracket*.
Dchr. **17**g. *J* 10, 44b, *Stangc.* × Pren i wastadhau
sarn. Valgium. fistuca. Rammer. **1753** *TR, Ystangc*, a
place on a wall to set things upon. **1803** *P, Ystanc*, s.
m. pl. t. *iau* . . . a pile; a holdfast; a bracket; a
wooden hook nailed to a wall . . . *ystanc* i wastatu
sarn, a pile driven into the ground to keep up a
causeway. Ar lafar, '*stanc*' 'stump of a tree', *WVBD*
500; '*stencyn* . . . *stanca*' 'post cadarn, ran fynychaf
post clwyd', *GTN* 713.

(*b*) Polyn a ddefnyddid gynt i glymu
heretic, gwrach, &c., wrtho i ddioddef
marwolaeth drwy losgi: *stake (for execution
by burning)*.
1693 *HC* 118, Tra yr oedd un o'r merthyron yn
gweddio wrth y *stanc*. **1740** T. EVANS: *DPO* 339, Ar
eu gwaith yn myned i'w rwymo ef wrth y *Ystangc*,
Polycarp a ddywedodd, nad oedd hynny ond afreid-
iol. **1753** *Hl'fS* 6, Cofia fod Gogoniant Crist yn
gorwedd wrth y *Stangc*. c. **1762–79** W. WILLIAMS: *P*
600, Latimer a Ridley losgwyd wrth yr un *stangc* yn
Rhydychen. Ar lafar, 'Yn sownd yn y *stanc* y dylsa fe
fod, yr 'en sglemyn', *GTN* 712. Cf. D. OWEN: *GT*
102, edrychai Harri fel merthyr, ond yn hollol foddlon
i'r *stanc*.

(*c*) Codiad yn y tir, peth y gellir sefyll
arno i weld ymhellach; bloc i ddafad sefyll
arno i'w godro: *rise in the ground, something
used to stand upon to see farther; block for a
sheep to stand upon to be milked*.
Ar lafar, '*stanc*' 'carreg ddafad, lle y gall defaid
sefyll i'w godro', *GTN* 712; '*stencyn*' 'a rise in the
ground, natural or artificial', 'Ma *stencyn* yn golycu
'efyd unryw beth sy'n cwnnu—rwpath 'wyt ti gallu
sefyll arno i weld ymellach', *id.* 713. Gw. hefyd y
cfn. isod.
Cfn.: **(y)stanc ceffyl**: *horse-block*. **1803** *P, Ystanc* . . .
Ystanc cefyl, a horse block.

Gw. hefyd **stenc, stoncyn**.

stancatsh, gw. **stond²**.

stanciaf: stancio [bf. o'r e. *stanc*] ba.
Clymu (wrth stanc): *to tether (to a stake)*.
20g.

stancyn, gw. **stanc**.

stand [bnth. S. *stand*] eb.g. ll. -*iau, -s*.
Fframwaith, silff, bord, &c., i ddal pethau
i'w cadw, i'w harddangos, &c., r(h)ac;
dyfais i ddal peth yn ei sefyll; adeiladwaith
mewn maes chwarae, i wylwyr sefyll
neu eistedd arno: *(display, &c.) stand*,

rack; *stand* (*for keeping something upright*); *stand* (*in sports ground, &c.*).

1937. Ar lafar, 'Ma 'ne *stand* i ddal cotie yn y pasej'; hefyd yn ardaloedd chwareli'r Gogledd yn yr ystyr 'math o ysgaffald ar olwynion y mae'r chwarelwyr yn gweithio arno wrth wneud twnel yn y garreg galch', *B* xx. 380. Cf. D. J. WILLIAMS: *ChHO* 229, [g]erllaw iddo ar fath o *stand* uchel, yr oedd cwpan arian mawr.

Cfn.: **stand laeth:** *stand for milk-churns.* **20g.**

standaf: stando [ff. affetig ar S. (*to*) *understand*] *bg.* Deall, ystyried, sylweddoli: *to understand, consider, realise.*

c. **1870.** Ar lafar, 'Na, chi sy'n iawn—ddim yn *stando* 'ôn i' (gogledd Cered.); '*Stando*' 'To realise', *TGG* (1907–8) 110 (godre Cered.); 'Ddaru mi ddim *stando* 'n iawn nes wedd hi 'n rhy ddiweddar', *GDD* 271. Clywir hefyd ymad. fel 'Duw, *standwch* 'nawr' (sir Gaerf., i awgrymu fod angen ystyried yn bwyll-og).

standard, (y)stondard(d), (y)stonderd, (y)stondart, &c. [bnth. S. C. *stondard(e)*, *stondart(e)*, *stondert* (neu'n uniongyrchol o Ffr. Lloegr (*e*)*standard*), a S. Diw. *standard*; dichon fod dyl. S. *stander* i'w weld ar adran (*d*) isod] *eb.g.* ll. *standards*, (*y*)*stondardiau*, (*y*)*stondar*(*d*)*dau*, *stondarts*, &c.

(*a*) Lluman neu faner a ddygir ar bolyn i arwyddo pwynt ailfyddino, baner wahan-iaethol brenin, uchelwr, &c., baner (lynges-ol neu filwrol), hefyd yn *ffig.*: *standard, banner*, (*naval or military*) *flag, also fig.*

13g. *B* ix. 337, er escop a gerdws ene blaen ar arwyd arderchauc hvnnv [gwisg y Forwyn Fair] ar gyffelyprwyd *estonddardd* [*sic*] brenhines nef. *id.* x. 27, Gvreic awelei trvy e hun e bot en arwein *ystondard* wedy e lliwyav a guaet. **14g.** *id.* xiv. 258, Pony moluch di vi mal y darestung yr aruydon onadunt ehunein y iessu hep y pilatus . . . Ni a welsam nu hun hep yr ideon yr ansaud y adolynt yr *ystondardeu* idav. **14g.** *WM* 231. 2–3, *ystondard* o vliant purdu ar y wayw. *id.* 253. 27–8, y pedeir *ystondard* melynyon racco. **14g.** *YBH* 9a, a guedy hynny ti a arwedy vy *stonderd* i ymlaen vy gallu. *id.* 9b, yn arwein y *ystonderd* ef or blaen. **14g.** *GIG* 6, Ac *ystondardd* hardd hirddu / Yn nhâl tŵr, da filwr fu [i Syr Hywel y Fwyall]. *id.* 87, Dyrchaf dy *stondardd*, hardd hwyl [i Syr Rosier Mortimer]. *c.* **1400** *YCM*[2] 35, taraw a 'e gledyf yny vu y beiryant a gynhalyei yr *ystondard* y'r llawr. *id.* 73, a'e *hystondardeu* yn chwythu gan y gwynt. **15g.** *LlCy* v. 178, llaw gar tross daiar tri stiwart yn vn / ag yn enwr *stondart* / llwyr bwys brenhinllv herbart (Tudur Penllyn). **15g.** *GLGC* 252, a'i ystâl yn cadw maes a thalar, / a'i *stondard* freithwen wrth dalcen dâr. *id.* 451, Y mae *ystondart* o'r mael / gaerog fal gwe o urael [i ofyn arfwisg]. **15g.** *HCLl* 105, Cair *ystondardd* Crist wyndeg, / Cair ystâl wrth bob croes deg. **16g.** (*LlEG*) *LlGC* 5276, 275a, [p]aenttio llun kroes a delw arni ymhob *ysdondardd* banner. **1547** *WS*, *Ystondart* Standart. **16g.** (*LlEG*) *Mos* 158, 71a, [g]wrthodes *ysdondardd* brenin ffraingck dan yr hon i daethai ef dros y mor. **16g.** *Yst Kym* 129, ynghanol y fyddin i peris ef roi erir o aur mewn *ystondardd* yn arwydd i'r neb i bae berigl arno. **1615** R. SMYTH: *GB* 270, yneb a oedd yn dvvyn y *standart*. **1632** J. DAVIES: *LlR* 314–15, [y] ffordd fawr i'r nef, dan *ystondart* ei g[r]oes ef. **17g.** HUW MORUS: *EC* i. 297, Sef Jonathan Robart, a sai wrth *ystandart* / I guro fel Lambart filein-bwyll!

(*b*) Safon, maen prawf; (dosbarth sy'n paratoi am) safon cyrhaeddiad mewn ysgol elfennol, prawf ar y cyfryw: *standard, criterion*; *standard* (*in elementary school*).

1657 T. POWEL: *CI* 13, mae hi [gweddi'r Arglwydd] yn weddi berffaith . . . ac yn *standard* neu fesur i holi a phrofi 'r holl weddiau. **1747** *ML* i. 109, E gyfrifir yr Arian yn y Tabl hwn yn ol *Ystandart* y Mint. Cf. D. OWEN: *B* 183, oni atteba ei weithredoedd *standard* y farn, cyhoeddir Mene Tecel arno.

(*c*) (yn y ll.). (Hen) drigolion: (*old*) *residents.*

1748 *ML* i. 135, Nid oedd yno fawr or hen boblach gynt . . . ni welais i fawr neb or hen *stondards*. **1752** *id.* 188, Eglwys Benrhos, yr hon oedd lawn o wynebau dieithr oddigerth ambell un o'r hen '*stondarts*. **1759** *id.* ii. 113, Ni welais i fawr o'r hen *ystondars* oddigerth Wmffra o Ddulas a'i wraig Sian.

(*d*) Pren cynnal unionsyth, cynhalbost (e.e. dan lorpiau cart); dyfais ar gart sy'n ei ddal mewn amrywiol safleoedd wrth ddymchwel llwyth, yn enw. bar neu bolyn ac ynddo gyfres o dyllau ar ei hyd i dderbyn pin: *upright support, prop* (*e.g. under the shafts of a cart*); (*tipping*) *sword* (*on a cart*).

20g. Ar lafar, '*standar*(*t*)' 'the prop which supports the shaft of a cart when it is at rest', *WVBD* 500; '*stondart*' 'pawl i ddal pwysau', *Cymru* xlvii. [236] (sir Ddinb.); '*standard, stander*' 'a contrivance made of two iron bars, with a pin in one and a series of holes in the other, attached to the front of a tipping cart to hold the body in various positions when tip-ping', *SC* vi. 132 (sir Benf.; hefyd mewn ystyr debyg yn y ff. *standar* yng nghanolbarth a godre Cered.). Clywid *standar* gynt ym Môn am ran o hwyl melin, cf. *AMA* clxv, Each sail consists of a back-bone or 'whip' ('y chwip') on which is built a framework of laths and bars ('camau'). The whip is fixed to a somewhat stouter timber called a 'back' ('stoc') which is nearly as long as the sail; behind this is a short stout piece of timber called a 'clamp' (*standar*) which does not extend very far down the sail and all these are held together with iron straps and bolts and fixed in the same manner to the iron cross ('croes haiarn') on the windshaft. Clywir *stondor* hefyd yn nwyrain Meir. yn yr ystyr 'ffrâm drws'.

Gw. hefyd **stonder.**

standiffatan, *eb.* Gwraig dew: *fat woman.*

Ar lafar yn Llŷn.

standiffollach, standinffollach [?elf. anh. (?cf. *standiffatan*)+*ffollach*] *eg.* ll. *-od.* Person di-nod distadl: *insignificant person.*

Ar lafar, cf. *WVBD* 500, '*standi*(*n*)*ffollach*' 'an insignificant individual': Taw di'r hen *standinffollach*!, said to one who is trying to lord it over a better man than himself.

standing, standin, gw. **stondin.**

stania, ystania, (y)staenia [?elf. anh. (?cf. S. taf. *stane* 'stone')+*iâ*] *eg.* a hefyd gyda grym ansoddeiriol. Haenen o rew, plymen, pwll wedi rhewi, hefyd yn *ffig.*: *sheet of ice, frozen pool, also fig.*

1798 *WR*, *ystan-ia* d.g. *Ice.* Ar lafar yn y ff. *stania*, 'Mae'n rhewi'n *stania* eto heddi' (gogledd Cered.); '*stania*' 'icy portions of a frozen road or field', *TGG* (1907–8) 109 (godre Cered.); '*Stania*' 'frozen rain-water or sleet on the road', *id.* 88 (de-orllewin sir Gaerf.). Cf. *SE MS* 626a, *ystaenia* s.m. . . . ice on a slope, or where there is no depth of water under it; ice formed of surface water; a sheet of ice. (S.W.).

staniaf: stanio [?cf. *staeniaf*: *staenio*] *ba.* Rhoddi curfa neu gosfa i: *to give* (*someone*) *a hiding, thrash.*

1897. Ar lafar ym Môn, *Traeth* xxiii. 137, *ISF* 70.

stanjaf: stanjo, gw. **stansiaf**[2]**: stansio.**

stans[1]**, ystans, stansh, stons(h),** &c. [bnth. S. C. *stanch* 'staunch'] *a.* a hefyd fel *e*?*g.* Cywir, unplyg, ffyddlon, didwyll, dibyn-adwy, sad; wedi cyrraedd oed gŵr neu wraig, hen; urddasol, balch, ffroenuchel; trwsiadus; sadrwydd, natur ddibynadwy: *staunch, genuine, faithful, sincere, dependable, steady*; *grown-up, elderly*; *dignified, proud, standoffish*; *elegant, smart*; *stability, reliabil-ity.*

15g. *GLGC* 276, eryr *ystans* o groestai, / o Drwsel ach heb dras lai. **1828** *Geir Pob* 29, *Ystans*, diddos; didwyll. Ar lafar, '*stansh*' 'steady, reliable', *WVBD* 500; '*Stans*' 'Sad, diysgog, staunch', *Cymru* lxiii. 84 (gorllewin Meir.); '*Stansh*' 'Very prim and distant . . . stand offish', *GDD* 271; 'Dyna ferchid *stanj* yw ladiz y Plâs', 'Ichi'n passo'n *stanj* budyr, beth sy'n bod?', *LlGC* 1173, 84 (Morg.); 'Dyna ryfadd yw gweld rwun odd yn ifanc gida ti yn dishgwl yn *stanj*!', ''Odd ryw ddyn *stanj* yno a cwpwl o ddinnon ifinc', *GTN* 712; 'Büws a'n *stonsh* yn yr eclws' (dwyrain Morg.).

stans[2] [bnth. S. *stance*] *eg.b.* Osgo, safiad, ystum; ymagweddiad deallusol neu em-osiynol, agwedd, safbwynt: *stance* (*lit. and fig.*).

20g.

stansh, gw. **stans**[1].

stansia [ff. affetig ar Sb. Americanaidd *estancia*] *eb.* ll. *-s.* Fferm wartheg yn Amer-ica Sbaenaidd: *estancia.*

Ar lafar yn y Wladfa.

stansiaf[1]**: stansio** [bnth. S. (*to*) *stanch* 'to staunch'] *bg.a.* Peidio â llifo; gwneud yn ddwrglos: *to cease flowing*; *make watertight.*

Diw. **16g.** *WLB* 46, J stoppio gwaed . . . Kymer danadl kochion ac ystompia hwynt ac yf y sugun ac ef a *stansia* par a achos bynnag a fo. *id.* 67, Rhag . . . Klwy y gwaed. Kymer had planten a bwyta ef ar bottes . . . ac ef a *stansia*. Ar lafar, '*stansio*' 'to staunch . . . e.g. a boat or tub', *WVBD* 500.

stansiaf[2]**: stansio** [bf. o'r a. *stans*[1], *stansh*] *bg.* a hefyd fel *ba.* yn yr ymad. *ei stansio hi.* Llonyddu, sadio, callio; cerdded yn falch neu'n ffroenuchel: *to become steady, settle down, become wiser*; *walk proudly or haught-ily.*

1887. Ar lafar, '*stansio*' 'to become steady', *WVBD* 500; 'Mi *stansith* o toc ar ôl iddo fo flino dipyn' [am geffyl ieuanc afreolus], 'Mi *stansiodd* yn arw ar ôl bod o flaen 'i well' (Meir.); hefyd yn y ff. *stanjo*, 'Gæd y ci bach yn llonydd, fe *stanjiff* yn ddicon rwydd', *GTN* 712.

stansiwn [bnth. S. *stanchion*] *eg.* (b. *stan-sien*) ll. *stansiynau.* Postyn, cynhalbren, cynhalbost: *stanchion, prop.*

20g. Ar lafar, '*stanshen*' 'a prop used to support a leaning hay-rick, etc.', *SC* vi. 132 (sir Benf.).

stapl[1]**, ystapl**[1]**, (y)stapal** [bnth. S. *staple* (for fastening, &c.)] *eb.g.* ll. *staplau, stapel-(i)on, ystapalau.* Darn o wifren drwchus ar ffurf U ac iddo ddeupen blaenllym a yrrir i bren, &c., i sicrhau un peth wrth beth arall (weithiau hefyd i dderbyn bollt, &c.), ystwffwl, darn tebyg o wifren denau a yrrir drwy bapurau, &c., i'w clymu wrth ei gilydd: *staple* (*for fastening, &c.*).

1722 *Llst* 189, *Ystappal.* f.p. *palau.* The staple of a door. **1774** T. JONES: *DG* 79, cnoccio *stapal* ag oedd i ddal y gadwyn. [**1783**] *W*, Dolen . . . vulgò *ystappal* d.g. *Staple* [*of a lock, &c.*]. Ar lafar, '*Stapal*' 'haearn i ddal bach drws neu lidiart', *Cymru* xlvii. 236 (sir Ddinb.); '*Stapal*', *B* iv. 302 (canolbarth Cered.); '*stapal*', *Cymru* xxxiv. 180 (godre Cered.); '*Stapal* . . . *Stapla*', *B* viii. 222 (Morg.).

Amr.: **stopel.** Ar lafar, '*stopal* . . . *stopelon*', *GTN* 716.

Cfn.: **stapl gên (ei ên, &c.):** *jawbone.* **1934.** Ar lafar, 'Fe gath ergyd ar *stapal 'i ên* nes bod e ar 'i hyd ar y llawr' (gogledd Cered.); hefyd ym Morg.

stapl[2]**, ystapl**[2] [bnth. S. *staple* 'official market'] *eb.* Marchnad swyddogol a sefydl-wyd drwy awdurdod brenhinol ar gyfer gwerthu nwyddau i'w hallforio; storfa, stoc: *staple* (*market established by royal auth-ority to sell goods for export*); *store, stock.*

16g. (*LlEG*) *Mos* 158, 178b, ynn y vlwyddyn yma I gelwis brenin edwart *y sdappyl* [*sic*] y gwlan yr hon a gynhaliai varshiandwyr lloygyr ynndref ae/lwir Sluwse. *id.* 506b, kyuodes y duwk ynn vorre dranoeth ac addoeth ir *sdapul* ynny lle yr ymddiuanodd ef . . . gymaint a chwartter awr. *id.* 616a, yn href Sainnt Wmer I ro/eddid ynn Kadw *sappul* [*sic*] vawr o wenith ac o boob Kyuriw Rawn.

staplaf: staplo [bf. o'r e. *stapl*[1]] *ba.* Sicr-hau â stapl(au), ystyffylu: *to staple.*

20g. Ar lafar.

staplwr [bôn y f. *staplaf*: *staplo*+*-wr*] *eg.* ll. *-wyr.* Teclyn at staplo papurau, &c., ynghyd, styffylwr: *stapler.*

20g.

stâr, gw. **staer.**

staraf: staro, staran, gw. **stariaf: stario.**

starbord, ystarbwrd [bnth. S. *starboard*] *eg.* Ochr dde cwch neu long (o safbwynt un sy'n wynebu'r trwyn): *starboard.*

16–17g. (**17g.**) *CC* 43, *ystarbwrd* larbwrd lwyrboen / clir a bafft cilia or boen (Thomas Prys). Ar lafar yn y ff. *starbord* (Llŷn).

starfiaf, starfaf, ystarfiaf: starf(i)o, ystarfio [bnth. S. (*to*) *starve*] *bg.a.* Newynu, clemio, llwgu; dioddef neu farw o newyn neu syched; peri newyn i, lladd drwy newyn; dioddef neu farw o oerfel, rhynnu (i farwol-aeth); hefyd yn *ffig.*: *to hunger, be famished or starving*; *suffer or die from hunger or thirst*; (*cause to*) *starve* (*to death*); *suffer or die from cold, be freezing, freeze* (*to death*); *also fig.*

1683 H. EVANS: *CTF* 21, Diraid yw gormoddion (gwrando) / Nid yw raid it hefyd *starfo* [:– Newynu]: / Rhwng cynhildeb ac afradwch, / Gelli fyw mewn gwych lonyddwch. *a.* **1735** *W Ballads* 64, 5, A'i adel [march] allan mewn oerfel, heb na bwyd nag Ystabel, / I *Starfio*'n newynog, a chyn feined ar [*sic*] Pennog. *c.* **1762–79** W. WILLIAMS: *P* 426–7, Hermits . . . hwy

starfiant eu hunain fel hyn, er mwyn crefydd hyd y diwedd. **1766** *CM* 46, 59, ni nawn na chan mor dwr iw yfed / *ysdarfio* nan nhw toc o syched. **1787** E. ROBERTS: *PCF* 49, Oni arhosan nhŵ gartre yn ei [*sic*] plwy ei [*sic*] hun; / Caen bod un *ystarfio*. **1788** E. ROBERTS: *CD* 15, *Ystarfio* am ba beth Siad ddi fuchedd, / O eisio cael digon o De yn eich perfedd. **1795** *R. Crusoe* 114, [y] ddynes a gadwaswn rhag *starfio*. Ar lafar, '*starfio*' 'to die of cold', *WVBD* 500; 'Starving for want of food . . . The prevailing response throughout the southern regions (south of the Aeron) is *starf(i)o*', *LGW* 179; 'Fe *starfiff* ar y ffordd acha' siŵd noswith sgelar' (dwyrain Morg.). Digwydd yn y rhigwm 'Dŵr a blawd cymysg yw / Rwy'n siwr o *starfo*, gwir i Dduw', M. WILIAM: *DY* 46 (Cered.). Cf. D. OWEN: *RL* 347, Rydw i isio pres, a phres raid i mi gael neu *starfio*.

stariaf, staraf, ster(i)af: star(i)o, staran, steran, sterio [bnth. S. (*to*) *stare*] *bg*. Syllu (ar), llygadrythu (ar): *to stare* (*at*).
1849 (**1878**) W. REES: *LLHFf* 136, mi roedd i lygad o'n *stario* arna i. Ar lafar, '*sterio*', *WVBD* 501; ''We' pawb yn *staro* arno' i' (sir Benf.); 'Yr 'en grotyn ecar odd yn *staran* yn 'yn llycid i' (dwyrain Morg.).

starloyw [?bnth. S. *star*+*gloyw*] *a*. Disglair, gloyw: *shining, bright*.
Ar lafar, *Cymru* xxxiv. 180 (godre Cered.). Cf. *Cymru* xxxvii. 40, Roedd . . . llestri'r dresser fel y glein —yn *starlow*'i [*sic*] gyd.

starloywaf: starloywi [bf. o'r a. *starloyw*] *bg.a*. Goleuo: *to light*(*en*).
1936.

starn[1], **ystarn**[1], **stern, ystern**[2] [bnth. S. *starn, stern*] *eb.g*. ll. (*y*)*starnau*. Pen ôl llong neu gwch, hefyd yn *ffig*.: *stern* (*of ship or boat*), *also fig*.
16g. (*LLEG*) *Mos* 158, 660b, ynnthwy avwriasantti raaff o *ysterln* ne oddiwrth llywle llong y brenin. **1610** (*c*. **1730**) *CRC* 80, Ffyddlon feddwl pur di-'lynas / Yw fy *Stern* fy ngard am cwmpas / Llian Cyssur ŷw fy Hwyliau / Gwir Grediniaeth ŷw f'Angorau. Ar lafar yn y ff. *starn*, *B* xxv. 58, *LlG* xlix. 15.

starn[2], **starnwr**, gw. **ystarn**[2], **ystarnwr**.

start [bnth. S. *start*] *eb*.
(*a*) Dechreuad, cychwyn(iad); mantais (ar ddechrau ras): *start, a beginning; start* (*advantage at the beginning of a race*).
1882. Ar lafar, 'Fe reda' i ras â ti os roi di *start* o ddwy lath i fi' (gogledd Cered.).
(*b*) Ofn, dychryn, naid fach: *fright, scare, start*.
19g. *CM* 122, 16, Gwyddelod oedd yn rhoddi *start* / I Fasdart Pontalw. Ar lafar, 'Fe gas *stàrt* ofnadwy', *GDD* 271.

startaf, startiaf: start(i)o [bnth. S. (*to*) *start*] *bg.a*.
(*a*) Dechrau, cychwyn, rhoddi ar fynd, codi allan, mynd ynghyd â (gorchwyl, &c.): *to begin, start, set off, commence*.
1791 W. WILLIAMS: *MDR* 8, Rowlands *startodd* allan gynta', / A'i le gadwodd ef yn lân, / Ac ni's cafodd, er gwisgied, / Un gwr gynnyg cam o'i flaen. Ar lafar, '*Starto* yn yr efel' (sir Gaerf., am gychwyn gwaith newydd). Cf. D. J. WILLIAMS: *STG* 33, mi es i'r Ffowntan i lychu 'mhig. Fe *startes* 'n ôl; ond . . . fe orweddes lawr ar ochr y ffordd; *CEG* (1890) 85, '*Startio*'r facsen' oedd arferiad arall. Pan deimlai merch ieuanc awydd angerddol am wybod pwy fyddai ei chariad, elai â bacsen a dwy olchbren gyda hi at y pistyll. Ac ar ol gwlychu y facsen, cymerai un o'r golchbrenau i'w churo ar y gareg olchi, gan ailadrodd y rhigwm:– 'Sawl sydd am gyd-fydio, / Doed i gyd-ffatio.' Ac yno yn 'ffatio' y byddai am ryw hyd, gan ddisgwyl i'w chariad, neu yn hytrach ei yspryd, ddyfod a chymeryd yr olchbren arall i'w chynorthwyo.
(*b*) Neidio (gan ofn), rhoddi naid fach: *to start* (*with fright*), *give a start*.
1882.

startsh, starts, ystars [bnth. S. *starch*] *eg*. ll. *starts(h)ys*, a hefyd fel *a*. Polysacarid heb aroglau na blas sy'n digwydd yn gyffredin fel carbohydrad mewn planhigion ac sy'n ffurfio rhan bwysig o fwydydd megis tatws a grawnfwyd, cymysgedd o'r sylwedd hwn a ddefnyddir i galedu defnydd cyn ei smwddio ac mewn amryw brosesau diwydiannol, syth(lud), hefyd yn *ffig*.; wedi ei startsio, hefyd yn *ffig*.: *starch, also fig*.; *starched, also fig*.
1725 *SR*, *Ystars* d.g. *Starch*. Ar lafar, '*startsh*', *WVBD* 500, *GTN* 712. Cf. D. J. WILLIAMS: *STC* 65, Rhyw dipyn o ddyn *startsh* ydoedd Dick Lloyd.

startshlyd, startslyd [*starts*(*h*)+*-lyd*] *a*. Wedi ei startsio, stiff, yn *ffig*.; llawn startsh (am fwyd): *starched, stiff, fig*.; *starchy* (*of food*).
20g. Ar lafar, ''Does dim lles mewn gormod o hen fwyd *startshlyd*'; 'Ateb digon *startshlyd* ges i 'da fe'.

startsiaf: startsio [bnth. S. (*to*) *starch*] *bg.a*. Trin â startsh, hefyd yn *ffig*.: *to starch, also fig*.
1630 *YDd* 271, â cholerau gwedi ei dyfal *startsio*. **1630** R. LLWYD: *LlH* 50, Ni bu'r byd yn dda byth er pan ddaeth y fâth *Startsio*, a rhwbio. **1681** S. HUGHES: *AC* 33, Weithie fe grogei Blât *startshio* o faint mawr ar y pyst hynny. Ar lafar, *WVBD* 500, *GTN* 713.

startsiaidd [*startsh*+*-aidd*] *a*. O natur startsh, wedi ei startsio, hefyd yn *ffig*.: *starchy, starched, also fig*.
1916.

startsiog [*startsh*+*-iog*] *a*. Wedi ei startsio, hefyd yn *ffig*.: *starched, also fig*.
1926.

startslyd, gw. **startshlyd**.

stasion, stasiwn, gw. **stesion**.

stât, gw. **ystad**[1].

stateg [cfdds. o'r S. *stat*(*ics*)+*-eg*[1]] *eb*. Y gangen o fecaneg sy'n ymwneud â'r grymoedd sy'n cynhyrchu cydbwysedd: *statics*.
20g.

statig, static [bnth. a chfdds. o'r S. *stat*(*ic*)(+*-ig*[2])] *a*. a hefyd fel *eg*. Disymud, llonydd, sefydlog, anweithredol, diddatblygiad; (ymyrraeth i delathrebu a achosir gan) aflonyddiad trydanol; trydan a gynhyrchir gan ffrithiant: *static* (*adj*.); *static* (*interference*); *static* (*electricity*).
1922. Cf. T. H. PARRY-WILLIAMS: *Y* 62, wedi dechrau ar fywyd newydd, *statig*, sy'n rhyw fath o farwolaeth wedi ei bywhau.

statigrwydd [*statig*+*-rwydd*] *eg*. Y cyflwr o fod yn statig: *staticness*.
20g.

statiw [bnth. S. *statue*] *eb.g*. ll. *-s*. Cerflun o berson(au), &c., yn enw. un o faint naturiol neu fwy, delw: *statue*.
20g. Ar lafar, 'Fe gwrdda' i di wrth *statiw* Lloyd George am dri'.

statiwt, statli, gw. **statud, ystatli**.

stator [bnth. S. *stator*] *eg*. ll. *-au*. Rhan ansymudol o beiriant, yn enw. generadur trydan: *stator*.
20g.

statua [bnth. dysg. Llad. *statua*; ansicr yw grym yr *-u-*] *e?b*. ll. *statuau*. Cerflun o berson(au), &c., yn enw. un o faint naturiol neu fwy, delw: *statue*.
15g. *BB* 79, ar nos yganet [Iesu] y ssyrthiaud *statua* gwyr ruuein. **1615** R. SMYTH: *GB* 20[7], y *statua* o farbvvl a vvnaethvvyd drvvy favvr govvraindeb. *id*. 216, megis na all yr holl feddi a vvnaethvvyd o farbvvl . . . na . . . holl *statue* teg . . . guddio . . . nad ivv ef ddim arall ond birgin. *id*. 252, Pa dduvvologaeth ne pa yspryd nefavvl a ellid i gysylltu ofevvn *statua* ne ddelvv memnon yr hvvn sydd megis gvvr/thiau.

statud, ystatud, (y)statu(w)t, &c. [bnth. S. *statute*] *eb*. ll. (*y*)*statudau*, (*y*)*statutau*, *ystadudiau*, *statutoedd*, *statuwtau*, *statuwts*. (Dogfen ffurfiol sy'n datgan) deddf neu ordinhad gan awdurdod sofran neu senedd, cyfraith (ddwyfol), rheol barhaol corfforaeth, sefydliad, &c.: *statute, law*.
1546 *Rhyddiaith Gymraeg* i. 46–7, yr ym ni . . . yn tystiolaethv wrth *ystatvd* twysogion Kymrv ymhvm llyfyr kerddwriaeth kelfyddyd kerdd dafod y fod ef [Gruffudd Hiraethog] yn abl diddiffic y gael gradd disgybl penkeirddiaidd. **1547** *WS*, *Ystatut* A statute. **16g**. *GGH* 434, Gruffudd, yn wir, graffddawn wedd, / Ab Cynan, benaig Gwynedd, / A wnaeth *ystatud* i ni. **16g**. *B* xi. 87, Bwshier y kawr . . . y vo a wnaeth *ysdattuwt* para ddyn diethyr bynnag a'r a enntriai e vewn pyrth J geyrydd ef, J gwnai ef aberth J'r Duwie ohonaunt twy. *ib*. [t]rwy yr *ystadtud* hon J dienyddoedd ef laweroedd o voneddigion. **1567** *LlGG* [vii], Ac ir dywed[e]dic Lyuer . . . a Ceremoniae . . . gosodedic can yr *estatut* hon, vot yn sefyll. *id*. [ix], ei gonvictiat ar *Statut* hon. *id*. (*Sall*) 10b, Cynneddefae [*sic*] [:– *Statutae*, Cyfraithie] yr Arglwydd ynt vnion ac yn llawenhau y galon. **1583** *LlGC* 716, 53a, i neythyr yn union yn fyngolwc, I, [*sic*] ac yn fy *statuwts*, a'm cyfraithie I. **1599** (**1677**) R. HOLLAND: *AB* 79, nis gwnant hwy ddim o hono nes edrych ar y *statuwt* neu'r gyfraith. **16–17g**. *B* v. 27, cadarnhawyd braint ac *ystatutev* gwyr wrth gerdh. **1606** E. JAMES: *Hom* i. 89, *statudau*, cyfraithiau. *id*. ii. 81, yn erbyn cyhoeddus air Duw a'i *statutau*. **1664** *LlGG* sig. c2v, yn ol cyfreithiau a *Statutau* (**1710** *id*. sig. a2v, *Statuwtau*) y Deyrnas hon. **1722** T. EVANS: *PS* 107, yn y *Statut* o Unffurfiad Gweddi Gyffredin. **1766** I. BRYDYDD HIR: *Gw* 201, yn wrthwyneb i gyfreithiau ac *ystatut* y deyrnas. **1766** *CD* 85, Er bod *Sdadud* yn ei herbyn, / Nid oedd ronyn matter ganddyn.
Amr.: **stadwen** [cf. *stadwennu*]. *p*. **1584** G. ROBERT: *GC* [196], yn fynychaf or ferf ladin e phurpheir yr henw berfawl cymreig, ag o hwnnw y ferf mal: o scribo scrifenn scrifennu, o st[a]tuo *stadwen* statutum.
Cfn.: **Statud (Ystatud) Cymru = Statud Rhuddlan. 1937. Statud (Ystatud) Gruffudd ap Cynan:** *statute setting out bardic, &c., regulations, attributed to Gruffudd ap Cynan* (*c. 1055–1137*). *c*. **1566** *B* i. 154, Llyma *ystatvd Gr*[*uff*]*ydd ap Cynan*. **16–17g**. *id*. v. 26, Llyma bhraint ac *ystatut Gr*[*uffydh*] *ap Cynan* a Rhys ap Tewdwr ar wyr wrth gerdh. **1728** S. RHYDDERCH: *GC* d.d., *Statud Gruffydd ab Cynan*. Cf. *CC* 1, yr hên Statuwtes Gruffydd Tywysog Aberfraw. **Statud Rhuddlan:** *Statute of Wales, Statute of Rhuddlan* (*1284*). **1933**.
Gw. hefyd statun, status[1].

statudol, ystatudol [(*y*)*statud*+*-ol*] *a*. A ofynnir neu a ordeinir neu a ganiateir gan statud, yn perthyn i statud: *statutory*.
20g.

statun, ystatun [cf. (*y*)*statud*, *status*[1], *ystatus*, ond nid yw'r union ffd. yn eglur] *eb*. ll. *statuniau*, *statunion*, *ystatunau*. Statud, deddf, cyfraith: *statute, law*.
15g. *GLGC* 57, Na thor Morgan wneuthuriad / noddfâu, *statuniau* y tad. *id*. 162, Caru rhoi a wnâi, caru'r hed—gyfion, / crio *statunion* Saeson yn sied. / Bord ryfer rhag clêr o'r clared—gan un / a wnâi *ystatun* a'i astuted. **15g**. *DN* 30, Pan vai *ystatvn* rrai, pand Rys—a'i torrai? **1632** *D*, *ystattun* d.g. *Decretum*. **1710** *LlGG* (*Gos*) 9, yn ol *Ystattunau* a Defodau 'r un Eglwys. **1722** *Llst* 189, *Ystattun*. f.p. *tattunau*. A statute. **1746** T RICHARDS: *CER* 28, os bydd i unryw Ddŷn . . . wneuthur . . . unryw beth yn wrthwyneb i'r *Ystattun* honno. **1772** D. RISIART: *HFP* 162, Syr John . . . a edrychodd yn yr *ystattun* . . . O herwydd bod yr *ystattun* yn cyfarwyddo y llw i'w gymmeryd gan swyddogion eglwysig a dinasaidd. **1772** *W*, *ystatun* d.g. *Decree* [*an edict . . . or statute*].

status[1], **ystatus** [bnth. S. Diw. Cyn. *statewes* (ll. yr e. *statute*)] *e.ll*. a hefyd fel *eb*. ll. *-au*, *-oedd*. Statud(au), deddf(au), cyfraith: *statute*(*s*), *law*(*s*).
c. **1523** *Trans Liverpool WN Soc* (1904–9) 92, i ddysgu ac i vyvyrio y nessaf i galler wrth gydwybod ac wrth *ystatus* y Tywyssoc Gruff[ydd] ap K[ynan]. **1547** *WS*, *Ystatus* Statutes. **16g**. *RWM* i. 16, vod *ystatvs* / ar wyr wrth gerdd tafod a thant. **1574** *RhRC* (At.) 212a, ag y fyon mor barod yr haû yr / opinione newydd yn gymint a gorfod yr brenin harri / wnythyr *stattys* y ny herbyn am chwech pwnk or / ffydd gatholig. *a*. **1587** *Y* 204, Dithau, fy amrwd ieithydd, / Dall i ffoi, nid mewn dull ffydd, / Ffwt-ffat, o'r Beibl i'r *Status*: / Ni ddoi i'r iawn yn ddi-rus. *Diw*. **16g**. *LlCy* v. 51, Beli ap dyfnodl . . . anaeth [*sic*] dinas mawr . . . yno i roedd braint achydernid ag *ystatys* holl ynys brydain. **16–17g**. *CRC* 428, vn bvnt ni cheid ganthyn / heb goron yn y flwyddyn / er bod *stattvs* yn i herbyn / nid oedd ronyn matter genthyn / yr oeddyn wedi dyfeissio / modd i ddiainck rhag honno. **16–17g**. LLYWELYN SIÔN, &c.: *Gw* 575, mae *statvs* weddys wiwddawn / yw gweled oll galed jawn. **1603** W. MIDLETON: *Ps* 153, Hynn yw *status* gwedhus goel / A dewisran Duw Israel. *id*. 247, Dy *statusau*, / Gann eskusau, gwnn nas keisian. **1621** E. PRYS: *Ps* 53a, Fy mlinder maith da iawn i'm fu, / i ddysgu dy *statusoedd*. **1655** R. JONES: *PC* 153, Y Twysog nef *statusau*. **1722** *Llst* 189, Ystattut . . . [*ys*]*tattus*. f.p. . . . [*ys*]*tatusoedd*. [A statute].
Cfn.: **Status (Ystatus) Gruffudd ap Cynan:** '*Statud Gruffudd ap Cynan*' (*q.v*.). *c*. **1523** *Trans Liverpool WN Soc* (1904–9) 92. **16g**. *RWM* i. 16, *ystatûs Grûff*[*ydd*] *ap kynan*. *Dchr*. **17g**. *B* vi. 307, fal i mae ir heliwyr ymadroddis wneythvir [*sic*] i chware yn deg wrth *stattûs gruffyth ab kynan*. Cf. *Y* 157, Son yr wyd a'th synwyr rvs, / Haws d'ateb, am Ystatus / Gruffudd wych, gorhoffaidd wedd, / Gwalch Gynan amgylch Gwynedd, / A nyni feirdd, hen a fo, / Am hyn a

wyddom hono; *GST* i. 528, Wrth ystatus, gweddus gân, / Gruffudd cu winwydd Cynan; *Cyf C* 4, Wrth statys amcanys mâb Canaan.

Gw. hefyd **statud, statun.**

status², gw. **statws.**

statut, statuwt, gw. **statud.**

statws [bnth. S. *status*] *eg.b.* Safle gymdeithasol, broffesiynol, &c., safle neu radd uchel, safle gyfreithiol person sy'n pennu hawliau a dyletswyddau: *status.*
20g.
Amr.: **status².** **1938.**
Cfn.: **statws cymdeithasol (gymdeithasol):** *social status.* 20g. **Statws Dominiwn:** *Dominion Status.* 20g. **statws priodasol:** *marital status.* 20g.

stawt, stec, gw. **stowt, stecs.**

stêc [bnth. S. *steak*] *eb.g.* (bach. b. **stecen,** g. *stecyn*) ll. *-s* (un b. *stecsen*). Toriad neu sleisen drwchus o gig eidion i'w grilio neu ei ffrio, toriad o gig eidion ar gyfer stiwio, &c., sleisen drwchus o gig arall neu o bysgodyn: *steak.*
20g. Ar lafar yn gyff., *Geir Geg* 71.
Cfn.: **stêc eidion:** *beefsteak.* 20g.

stecaf: steco, stecen, gw. **sticiaf: sticio, stêc.**

stecs [cf. *stegetsh*] *eg.* Mŵd, llaid, llaca, baw, llysnafedd, pwdel, cawdel (gwlyb), llanastr: *mud, mire, dirt, slime, puddle, (wet) mess.*
1882. Ar lafar, 'Fe nath itha' *stecs* o'i areth diwrnod 'i briodas', "Oes raid i ti gerddu trwy'r *stecs* 'na yn dy sgidie newydd?' (gogledd Cered.); *'stecs'* 'mess', *B* iv. 302 (canolbarth Cered.); *'Stecs'* 'puddle', *TGG* (1907-8) 109 (godre Cered.); *'Stecs'* 'Anything which is slimy, such as a smashed egg, a crushed snail, &c.', *GDD* 271; *'stecs . . . miry dripping'*, *TGG* (1907-8) 88 (de-orllewin sir Gaerf.); 'yn lyb *stecs'* (sir Gaerf.). Digwydd hefyd yn y ff. *stec,* "Rodd e'n *stec* diferu pan ddath i'r tŷ' (Cwm Rhondda).

stecsaf: stecso, stecsan [bf. o'r e. *stecs*] *bg.a.* Mynd yn soeglyd neu'n sitrachog; gwneud llanastr (o), yn enw. drwy sathru; malu'n fân: *to become squashy; make a mess (of), esp. by trampling; grind finely.*
20g. Ar lafar, "Odd y ffeibyrs i gyd wedi câl 'u *stecso'* (gogledd sir Gaerf.); 'Ma'r da wedi stablad a *stecsan* Parc Gwair i gyd' (sir Gaerf.). Cf. D. J. WILLIAMS: *ChHO* 131, Ni wnâi dim y tro i Sam ond trwyn fel tomato neu *stecsan.*

stecsen, gw. **stêc.**

stecslyd [stecs+-lyd] *a.* Gwlyb (diferol); lleidiog, bawlyd, llysnafeddog: *(soaking) wet; muddy, miry, slimy.*
Ar lafar, *'stecslyd'* 'wet through' (sir Benf.); "Ni 'di câl towydd *stecslyd* yn ddiweddar' (sir Gaerf.).

stecyn, gw. **stêc.**

stedi, stydi² [bnth. S. *steady,* S. taf. *studdy*] *a.* Cadarn, di-sigl, sad, cyson; dyfal, ffyddlon: *steady.*
Ar lafar, 'dyn *stydi*', *WVBD* 508; 'Dal dy gwpan yn *stedi* neu bydd y te dros y lle i gyd', 'Fe ddylech gyrra'dd mewn rhyw gwarter awr dim ond i chi gerddud yn *stedi*'; 'Mân' nw'n caru'n *stedi* ers mishodd' (Morg.). Cf. D. OWEN: *GT* 39, Cadw dy hun reit *stydi*—gwasga'r gŵn yn glòs at dy ysgwydd.

steddfa, gw. **eisteddfa.**

stefan [?cf. *stae*] *eb.* Hoe, llonydd: *respite, let-up.*
Ar lafar, 'Ma'n neis cêl 'dicyn bêch o *stefan'*, *BIBC* 46.

stegej, stegen, gw. **stegetsh, stegyn.**

stegetsh [cf. *stecs*] *eg.* Mŵd, llaid, llaca, baw, cors, pwdel, cawdel (gwlyb), llanastr: *mud, mire, dirt, bog, puddle, (wet) mess.*
20g. Ar lafar, *'stegetsh'* 'quagmire', *TGG* (1907-8) 109 (godre Cered.); 'stecs . . . miry dripping . . . so *stegetsh',* id. 88 (de-orllewin sir Gaerf.). Digwydd hefyd mewn ymad. megis 'gwlyb *stegetsh'*. Clywir y ff. *stegej* yng nghanolbarth Cered.

stegyn, stagyn [?cf. S. taf. *steg* 'awkward person', neu S. taf. *stuggy* 'short and thickset'] *eg.* (b. *stegen, stagen*). Person byrdew: *short thickset person.*
Ar lafar, *'stagyn'* 'a short, thick-set man', *SC* vi.

---

131 (sir Benf.); *'Stegan* fach yw hi', *LlGC* 1173, 86 (Morg.); *'stegyn* o ddyn', *'stagan* o fenyw', *GTN* 713.

steifer [bnth. S. taf. *staver* 'rung of ladder, stake'] *eg.* Darn (o bren): *piece (of wood).*
Ar lafar, 'Ma rhewun wedi dwgid y cŵed bob *steifer'* 'Somebody has stolen the timber every scrap of it', *GDD* 271.

steiff [bnth. S. taf. *stife*] *eg.* Aroglau myglyd drycsawrus, mygdarth, drewdod: *foul fumes or vapours, 'stife'.*
1921. Ar lafar, 'Ma *steiff* afnadw gin y stof 'yn', *GTN* 721.

steiffaf: steiffo [bf. o'r e. *steiff*] *bg.* Rhoddi allan aroglau myglyd: *to give out fumes.*
Ar lafar, 'Be' sy'n *steiffo* 'ma?' *GTN* 722.

steil, ysteil [bnth. S. *style*] *eg.b.* ll. *-iau.* Dull (o ysgrifennu, siarad, mynegi dyddiadau, &c.), arddull, ffasiwn, modd; nod angen person, carfan, cyfnod, &c., teip, math; y dull cywir o ddynodi neu enwi person neu beth, teitl (swyddogol), enw, cyfenw; gwychder neu goethder chwaeth, ymddangosiad, ymarweddiad, &c., crandrwydd, rhwysg, byd da: *style (of writing, speaking, expressing dates, &c.), fashion, manner, way; style or distinctive characteristic (of person, group, period, &c.), type, sort; style, (official) title, (sur)name; style, elegance, pomp, good living.*
16g. (*LlEG*) *Mos* 158, 307b, [d]amunasant twy ar y brenin Addel [*sic*] i deittil ai glaim i dyr/nas fraìnck allann or broclamasyon ac ynn *y sdeil* [*sic*] i lythyr yrau [*sic*]. id. 518a, Ac ynn dy/wedud nadoedd gyureithlon ir brenin vod ynn benn gorucha o eglwys loegyr ac ynn nesaf dan dduw megis Ac ir ydoedd *y sdeil* [*sic*] y brenin. *a.* 1603 W. MIDLETON: *B* 65, Ysta ladin llownwin lles / *steil* vchel ysta loches. 1718 (1721) S. THOMAS: *HB* [iv], Y Dull o Ymadrodd [neu'r *Steil* fel y geilw y Dyscedig]. Ar lafar, 'Ma faint 'fynnwch chi o *steil* yn y merched 'na 'gyd' (dwyrain Morg.). Clywir *steil* hefyd yng Ngheredig., a'r De yn yr ystyr 'cyfenw', 'Donovan yw 'i *steil* e'. Cf. D. J. WILLIAMS: *HW* 24, Siôn Wiliam . . . o dipyn i beth magodd ddigon o *steil* i gael ei alw yn John Williams; K. ROBERTS: *TMC* 9, Bob tro y dywedai rywbeth â thuedd canmol ynddo, yr oedd gwên hanner gwawdus yng nghil ei genau, megis pan ddyweddid am y platiau, 'Mae gynnoch chi *steil* garw yma'.
Cfn.: **steil ar ben stôl:** *ostentation (esp. in dress) by someone of little means.* Ar lafar, 'Yli crand ydi hi—'s gynni hi ddim ceiniog i' henw—*steil ar ben stôl* go iawn' (Arfon); *'steil ar ben stôl'* 'grandeur with no means to sustain it', *GTN* 722. Yng ngodre Cered. clywir y rhigwm 'Steil ar ben stôl / A'r stôl ar ben pentan' am wraig 'sy'n ddigon blêr gartref ond sy'n torri cýt yn ei dillad parti', M. WILIAM: *DY* 25. **steil gwallt:** *hairstyle.* 20g. **Steil (Ysteil) Newydd:** *New Style (using Gregorian calendar).* 1753 J. THOMAS: *UG* 5, y Cyfnewidiad a wnaethpwyd i'r Flwyddyn, yr hyn ydym yn alw yr *Ysteil Newydd.* **Hen Steil (Ysteil):** *Old Style (using Julian calendar).* 1753 J. THOMAS: *UG* 10, yr hên *Steil,* neu'r ffordd o gyfri'r Flwyddyn, ag oeddem ni . . . yn ei arferu, hyd yn ddiweddar iawn. **mewn steil:** *in style, stylishly, grandly.* 1933. Ar lafar, 'byw mywn *steil*', *GTN* 722. Cf. D. J. WILLIAMS: *STC* 70, rhywbeth i'w cadw nhw i fynd, mewn *steil* ac allan.
Gw. hefyd **stil¹**.

steiliaf: steilio [bf. o'r e. *steil*] *ba.* Cynllunio, trefnu, neu wneud (rhywbeth) yn ôl dull arbennig, yn enw. dull ffasiynol; enwi, galw: *to style; name, call, style.*
1934.
Cfn.: **steilio gwallt:** *to style hair.* 20g.

steilistig [cfdds. o'r S. *stylist(ic)* +-*ig*²] *a.* Yn perthyn i arddull, yn enw. arddull artistig neu lenyddol, arddulliol: *stylistic.*
20g.

steilus [cfdds. o'r S. *styl(ish)* +-*us*] *a.* Ffasiynol, crand, rhwysgfawr: *stylish, fashionable, grand.*
1899. Cf. H. EVANS: *CE* 199, Yr oedd iaith blaenoriaid y Wesleaid yn llawer mwy *steilus* na iaith ein blaenoriaid ni.

steilws, gw. **stilws.**

steisaf: steiso [bf. o'r e. *stais*] *bg.a.* Gwisgo staes (am), yn enw. yn dynn: *to*

---

wear a (tight) corset, put a (tight) corset on (someone).
1934 *CYLl* 52, Braid ac incil cul a llydan, / Bach-a-llygaid yn ddìri', / Pwynt i *steiso*'r merched gwiwlan, / Cadis coch a chadis du. Ar lafar, 'Pyn ôn i'n ifanc 'odd merchid ifinc yn *steizo* i gael 'u gwystys yn fain', *GTN* 722.

stêj, gw. **staej.**

stejar [bnth. S. *stager*] *eg.* ll. *-s,* yn yr ymad. *hen stejar.* Un sy'n hen gyfarwydd, hen law: *old stager.*
20g. Ar lafar, 'Mi neith o'r job yn iawn—mae o'n *hen stejar'* (Arfon).

stêl [bnth. S. *stale*] *a.* Heb fod yn ffres, hen, henbob, diflas, blinedig: *stale.*
20g. Ar lafar, "Dwi wedi mynd i deimlo'n *stêl*, mae'n bryd i fi gâl gwylie', 'Ma'r dorth 'na wedi mynd yn *stêl*, 'well iti 'i thwlyd hi' (gogledd Cered.).

stelc, ystelc [bôn y f. *(y)stelciaf: (y)stelcian,* &c.] *eb.* (bach. *stelcen*) ll. *-iau.* Seibiant, hoe; y weithred o lercian neu enwi *a loitering.*
1803 P, *Ystelc,* s. f.—pl. t. *iau* . . . a lurk; a loiter. Ar lafar, *'stelc'* 'a short interval or rest' (Arfon); *'Stelc'* 'Esgeuluso gwaith, blino ar waith', *Cymru* lxii. 175 (gorllewin Meir.); 'gweiddi *stelcan*', *WVBD* 501; hefyd yn y ff. *stalcan,* ib. Clywir *stelcan* hefyd yn Arfon yn yr ystyr 'gwraig ddiog'.

stelcaidd [stelc+-*aidd*] *a.* Hamddenol: *leisurely.*
1860.

stelcen, stelcer, gw. **stelc, stelciwr.**

stelciaf, ystelciaf: (y)stelcian, (y)stelcio [bnth. S. *(to) stalk*] *bg.* Llercian, prowla, sleifio, loetran, sefyllian, ymdroi, gwagsymera, segura, osgoi gwaith, hefyd yn ffig.: *to lurk, prowl, slink, loiter, linger, dilly-dally, dawdle, be idle or lazy, shirk, also fig.:*
1547 *WS, Ystalkio* ne *stelkian* Stalke. *Dchr.* 17g. *J* 10, 45a, *Stelcian.* to loitre. **17g.** *LlGC* 13215, 353, *Stelcian* Cunctatio. 1803 P, *Ystelcian* . . . To go in a shrinking manner; to lurk about; to loiter. id. d.g. *Ystelciaw.* Ar lafar, *'stelcian'* 'prowla'n lladradaidd', *ISF* 70; "Tydi o'n gwneud dim ond *stelcian* hyd y cloddia', *WVBD* 501; *'stelcian* 'sefyllian, loiter', *B* iv. 132 (sir Drefn.); *'stelcian'* 'segura, sefyllian', *Cymru* xlvii. [236] (sir Ddinb.). Cf. T. H. PARRY-WILLIAMS: *M* 23, nid ymroddodd i segura, nac i hanner-breuddwydio a *stelcian* yn ddiog o gwmpas ei gartref.
Amr.: **sgelc(i)an.** 20g. Ar lafar yn y ff. *sgelcan* yng nghanolbarth Cered. **ystalcio.** 1547 *WS.*

stelciwr, ystelciwr [bôn y f. *(y)stelciaf: (y)stelcio,* &c. +-*iwr*] *eg.* ll. *(y)stelcwyr.* Un sy'n stelcian, llerciwr, loetrwr, seguryn, diogyn: *lurker, loiterer, lingerer, loafer, idler.*
1803 P, *Ystelciwr,* s. m.—pl. *ystelcwyr* [*sic*] . . . A lurker; a loiterer.
Amr.: **stelcer.** 1907. Ar lafar, *'stelcar'* 'a slovenly workman who only works when the master's eye is on him', *WVBD* 501.

steling, stiling [bnth. S. *stilling* 'stand (for a barrel)'] *eb.g.* Math o fainc a wneir gan amlaf o lechen wedi ei gosod ar draws dwy lechen arall ar eu sefyll, ac a ddefnyddir i ddal llestri llaeth, twb golchi, &c., gorsin; stand laeth: *type of stand usually made from a slate slab placed across two other standing slate slabs, and used to hold milk vessels, washtubs, &c.; stand for milk-churns.*
20g. Ar lafar, *'stiling'* 'stand i ddal caniau llaeth wrth giat ffarm; hefyd stand i ddal ffyn', *ISF* 70; *'steling'* 'stand wrth ffarm i ddal caniau llaeth', *BILlE* 39; *'Stelin* 'Math o fainc allan i ddal llestri fferm', *Cymru* lxii. 175. Clywir *stelin* yn ardaloedd chwarelì'r Gogledd yn yr ystyr 'Pen y bwrdd llifio . . . lle dodir y clytiau', *B* xx. 380; hefyd yn ff. *stilian,* ib.
Cfn.: **stelin laeth:** *stand for milk-churns.* 20g. Ar lafar yn sir Gaern.

stelio, ystelio [bnth. dysg. Llad. *stellio*] *eg.* ll. *ystelion.* Math o fadfall: *kind of lizard.*
1588 *Lef* xi. 30, A'r draenog, a'r lysard, a'r *stelio,* a'r falfoden, a'r wâdd. 1722 *Llst* 189, Stelio. m. 21 a lizard, ewet [*sic*].

stels, gw. **ystels.**

stem¹, ystem¹ [bnth. S. taf. *stem* 'period of time, shift (of work)'] *eb.g.* ll. *-iau, stems.* Tro (i wneud rhywbeth), rota, cylchres,

trefn; cyfnod penodol o waith mewn diwrnod, sifft: *turn* (*to do something*), *rota*, *order*; *shift* (*of work*), *stem*.

1567 *TN* 80a, ryw Offeiriat a' ei enw Zacharias o gylchddydd [:– *ystem*, gwrs . . .] Abia. *id.* 80b, y daeth o ran [:– *ystem*, ddigwyddl] iddaw vwgdarthy-yperaroglae. *id.* 259a, bob ddau neu or mwyaf bob dri, a hyny ar gylch [:– *stem*]. *Dchr.* **17g.** *J* 10, 45a, *Stem.* × Cylch. **1753** *TR*, *Ystem*, a course, a turn. [**1783**] *W*, Yn ei (. . . *ystém*) d.g. *Rotation*, *In rotation.* Ar lafar, 'Nes i *stem* da o waith cyn cinio' (sir Ddinb.). Cf. D. OWEN: *RL* 178, Roedd o yn gweithio *stem* y dydd.

Cfn.: **stem bach:** *Saturday morning shift in slate-quarry* (*for which a day's wage was payed*). Ar lafar yn ardaloedd chwareli'r Gogledd.

stem[2], ystem[2] [bnth. S. *stem*] *eb.* ll. *-iau*, *stems.* Coes, bôn, hefyd yn *dros.*, e.e. am goes nodyn cerddorol neu am flaen llong, ac yn *ffig.*, e.e. am fôn (mewn ieith.): *stem*, *also transf. and fig.*

16g. (*LlEG*) *Mos* 158, 630, Ir yddoedd yr holl byrth ynnygored, or *sdem* Ir llyw, Drwyr hrain Illyngkodd hi gymaint odwr [*sic*] ar un llymaid, Ac wnaeth I di [*sic*] hi ssyrthio ynddisymwth ar ynaill ysdlys, ynny modd I svrthiodd I hi I waelod y mor. **1803** *P*, *Ystem*, s. f. . . . a base, a stem.

stem[3], gw. **ystum.**

stêm, stîm [bnth. S. *steam*] *eg.* Ager, anwedd, hefyd yn *ffig.*: *steam*, *also fig.*

1793 J. HARRIS: *Alm* 37, Nid oes dim rhyfedd fod y fath *stêm*, neu anwedd tanllyd . . . yn codi i fynu oddiwrth gyrph [comedau] ag sy'n cael eu poethi i'r cyfryw radd. **1808** M. WILLIAMS: *BM* 30, fe ddarfu . . . *stem* y plastar calch eu mogi. Ar lafar, '*stêm*', *WVBD* 501; 'Dal y llethyr yn y *stêm* o big y tecilt, fe 'goriff we'nny', *GTN* 714.

Cfn.: **dan (ar) ei stêm ei hun:** *under one's own steam*, *unaided.* **20g.**

stema [bnth. S. *stemma*] *eb.* ll. *-ta.* Diagram sy'n dangos sut y mae amrywiadau llawysgrifol, &c., gwaith penodol yn perthyn i'w gilydd: *stemma* (*of texts*).

20g.

stemaf: stemo, gw. **stemiaf: stemio.**

stemar [bnth. S. *steamer*] *eb.* ll. *-s.* Llong a yrrir gan ager, agerlong: *steamer*, *steamship*.

1882. Ar lafar, *WVBD* 501.

stemiaf, stemaf: stem(i)o, stemian [bf. o'r e. *stêm*] *bg.a.* Gollwng stêm, ageru, mygu; symud drwy gyfrwng grym stêm (am long, &c.); coginio drwy ageru; smwddio â haearn stêm; gorchuddio neu gael ei orchuddio â stêm cyddwysedig; defnyddio stêm i agor (llythyr); hefyd yn *ffig.*: *to* (*emit*) *steam*; *move under steam power*, *steam* (*of ship*, *&c.*); *steam* (*in cooking*); *iron with a steam iron*; *steam* (*up*) (*of window*, *mirror*, *&c.*); *steam* (*open*); *also fig.*

20g. Ar lafar, 'Tro'r stof 'na lawr—ma'r lle 'ma'n *stemio*', 'Agor y ffenast 'na—ma 'i 'di *stemio* i fyny i gyd' (Arfon); '*stemo*' 'mygu', *Cymru* xl. 243 (sir Gaerf.); ''Odd 'i wallt a'n *stemo* gin 'wys', *GTN* 714.

stemllyd [*stêm* + *-llyd*] *a.* Yn gollwng stêm, yn ageru: *steaming*.

20g.

stempar [ff. affetig ar S. *distemper*] *eg.* Salwch: *sickness*.

20g.

stêm-roler, stîm-roler, &c. [*stêm*, *stîm* + *rholer*, ar ddelw'r S. *steamroller*] *eb.g.* ll. *-s.* Cerbyd trwm â rholer(i) a ddefnyddir i wastatáu'r arwyneb wrth wneud ffordd newydd, &c., rowler stêm, hefyd yn *ffig.*: *steamroller*, *also fig.*

20g.

stemydd [bôn y f. *stemiaf*, *stemaf*: *stem*(*i*)*o*, &c. + *-ydd*[3]] *eg.* ll. *-ion.* Llestr stemio bwyd: *steamer* (*for food*).

20g.

stên, stenaid, gw. **ystên, ystenaid.**

stenc [?cf. *stanc*, *stencyn*] *eb.* ll. *-ydd.* Silff: *shelf*.

Ar lafar, 'Dod a ar y *stenc*', '*stencydd* y pantri', *GTN* 713.

stencyn, stend, gw. **stanc, stent[2].**

stenograffydd [cfdds. o'r S. *stenograph*(*er*) + *-ydd*[3]] *eg.* ll. *-ion.* Ysgrifennwr llawfer: *stenographer*.

20g.

stenosis [bnth. S. *stenosis*] *eg.* ll. *-au. Meddyg.* Culhad annormal pibell yn y corff: *stenosis* (*in med.*).

20g.

stensil [bnth. S. *stencil*] *eg.* ll. *-*(*i*)*au*, *-s.* Dalen denau o blastig, metel, cerdyn, &c., y torrir patrwm neu lythreniad ynddi er mwyn cynhyrchu patrwm cyfatebol ar arwyneb arall oddi tani drwy daenu inc, paent, &c., dros y toriadau, y patrwm, &c., a gynhyrchir felly; dalen wedi ei chwyro er mwyn gwneud stensil ohoni ar deipiadur: *stencil*(*-plate*), (*pattern made by*) *stencil*; *stencil* (*waxed sheet for use on a typewriter*):

20g. Ar lafar, 'Nath o'r llunia bloda efo *stensil*'.

stenslaf, stensiliaf: stenslo, stensilio [bf. o'r e. *stensil*] *bg.a.* Cynhyrchu (patrwm) â stensil, addurno neu farcio (arwyneb) yn y dull hwn: *to stencil*.

20g.

stent[1], ystent [bnth. S. C. *stent*, *extente*, neu'n uniongyrchol o Ffr. Lloegr *estente*] *eb.g.* ll. *-*(*i*)*au.* Arolwg neu brisiad tir neu eiddo, yn enw. i ddiben trethu, dogfen sy'n cofnodi'r cyfryw, ?treth a godir ar sail y cyfryw; stad, treftadaeth, etifeddiaeth, cynhysgaeth, meddiant, eiddo; incwm (sy'n deillio o ystad, &c.), budd, elw; ehangder, hyd a lled, maint; hefyd yn *ffig.*: *extent* (*survey or valuation of land or property*, *esp. for the purpose of taxation*), *document recording this*, ?*tax levied on such a valuation*; *estate*, *inheritance*, *heritage*, *patrimony*, *possession*, *property*; *income* (*from an estate*, *&c.*), *profit*, *proceeds*; *extent*, *limit*, *size*; *also fig.*

c. **1400** *B* ii. 9, o phalla yr yt itt, neu or byd marw yr aniueileit . . . neu ryw damwein dyrys arall . . . ac or treuly yn y ulwydyn *ystent* a ffrwyth dy tir ath dayar. A damweinaw un or pynckeu vry. nyt oes ymwaret onyt echwyna. **15g.** *Bl N* 60, *Ystent* flin, ystynnyt floedd, / Ysturmant yr ystormoedd [Meredudd ap Rhys i'r gwynt]. **15g.** *GTP* 10, Ni dderbyniai, Walchmai wedd, / Ond hwnnw *stent* i Wynedd [i Wiliam Fychan o'r Penrhyn]. **15g.** *GLGC* 263, a'i stad a'i blwyf a'i ystod a'i blant, / a'i *stent* a'i diredd a'i holl feddiant, / a'i stôr a'i drysor a hyd yr ânt. **15–16g.** *LlCy* ix. 205, Estyn tâl, nid *ystent* fer, / Ennill Llŷn y naill hanner (Hywel Rheinallt). **16g.** (*LlEG*) *Mos* 158, 321a, *ysdent* i lys Ef oedd Bedair mil ar ddeeg o bunne. **16g.** *WIJ* 30, Gorau stad gwyr astudiwr / Gorau *stent* gras Duw i wr. **16g.** WILIAM CYNWAL: *Gw* (G. P. Jones) 81, Estynnut oll *ystent* aur, / Aer Siôn Wyn, rosyn henaur. **16g.** WILIAM CYNWAL: *Gw* (R. L. Jones) 182, Dâm Catrin, da mae cytrent. / Dôi fry i stad fawr ei *stent*. **16–17g.** *GST* i. 190, Ystynnaist, nid trwst unawr, / Ystyn at feirdd *ystent* fawr. **17g.** HUW MORUS: *EC* i. 35, Aer *ystent* oedd Rys ei daid, / Mawr gynnyrch o'r Morganiaid. *id.* ii. 4, Llwyn fel ŷd llawn o flodau, / Yw rhent *ystent* y Watstay. **1690** *Ymofynion* 2, Terrier neu *Stent* (hyny ydyw, Cyfrif a mesur o'r Taî a'r Tîr sydd yn perthyn i'r Bersonolieth . . .). **1746** *ML* i. 91, elw hen *stent* yw Llanfigel, £10 per ann. Ar lafar, '*stent*' 'darn o ffas hir agored y gweithiai nifer o lowyr arni ochr yn ochr â'i gilydd', *Geir Glo* 39 (Morg.). Clywir yr ymad. 'hen *stent*' yng Nghwmtawe 'am gymdoges a ddaw i'ch tŷ chwi er mwyn gweld beth sydd gennych yno', *B* viii. 324. Cf. GW. MECHAIN: *Gw* ii. 331, Hendwr yn Edeyrnion a fu gannoedd o flwyddau yn hen *ystent* barchedig i'r Llwydiaid.

stent[2], stend [bnth. S. taf. *stent*, *stend*] *e?g.* ll. *-iau.* Pren, &c., at ledu'r tresi rhag iddynt rwbio yn ystlysau'r ceffyl; pren a roddir i mewn i garcas anifail i gadw'r ystlysau ar led, sbreder: *wooden*, *&c.*, *stretcher used to prevent the traces from chafing a horse's flanks*; *spreader* (*piece of wood inserted into the carcass of an animal to keep the flanks apart*).

18g. *W Ballads* 151, [6], Chwilio 'm Gambren tan y pleidie, / Chwilio am Goed i wneuthur *Stentie.* Ar lafar, '*stent*' 'pren . . . i ddal bol anifail yn agored neu bren at gadw'r tresi rhag rwbio yn y ceffyl . . . Clywais y ffurf "*stend*" hefyd', *ISF* 70; '*stent*' 'pren i ledu tresi hirion, neu agor celain dafad neu fochyn', *Cymru* xlvii. [236] (sir Ddinb.); '*stent*' 'darn o bren a roddid tu ôl i'r ceffyl, ac a gynhaliai ddwy gadwyn a ddeuai o'r mwnci i'r ling', *Geir Glo* 119 (y Parlwr Du, sir Ffl.). Cf. hefyd H. S. OWEN: *Calon Gron a Thraed Cathod* (1990) 41, Rhwng blaenau'r llarpiau o dan pen blaen y trwmbel roedd yna ffon . . . i rwystro'r drol rhag mynd ar ei thîn . . . ac i rwystro'r trwmbel rhag ysgwyd yn ormodol ar y breichiau. Y ffon yma oedd y *sdent.* Roedd yna *sdent* hefyd i'w rhoi rhwng tyniadau troi a thyniadau ceffyl blaen rhag i'r cadwyni rwbio ochrau'r ceffyl.

stent[3], gw. **stint.**

stentaf, ystentaf: (y)stentan [bf. o'r e. *stent*[1], *ystent*] *bg.a.* Gwneud arolwg neu brisiad (o) (eiddo, &c.), hefyd yn *ffig.*: *to survey or value* (*property*, *&c.*), *also fig.*

c. **1400** *B* ii. 11, *Stenta* (*id.* vi. 46, *ystenta*) dy dir ath dayar drwy wyr ffydlawn a vo tyghedic itt. Clywir *stentan* ar lafar yn yr ystyr 'gwylio'n fusneslyd', 'Un fudur i *stentan* yn dai dynon erill yw 'i' (dwyrain Morg.).

stentlyd [*stent*[1] + *-lyd*] *a.* Chwilfrydig, busneslyd: *inquisitive*, *nosy*.

Ar lafar, ''Os neb yn lico gweld menyw *stentlyd* yn dod i'r tŷ' (dwyrain Morg.).

stentoraidd [cfdds. o'r S. *stentor*(*ian*) + *-aidd*] *a.* Seinfawr ac awdurdodol (am lais): *stentorian*.

20g.

stenyn, gw. **ysgadenyn.**

step, ystep [bnth. S. *step*] *eb.* (bach. b. *-en*, g. *-yn*) ll. *-*(*i*)*au*, *-s*, ll. dwbl *steps*(*i*)*au*, a'r ff. *steps* hefyd fel *eb.* Gris, hefyd yn *dros.*, e.e. am ysgafell a dorrir yn ochr y mynydd wrth gloddio am lechi; (yn y ll.) grisiau, staer; sŵn troed; cam (wrth ddawnsio); ffordd, pellter; (yn y ff. *steps*) ysgol y gellir ei hagor a'i defnyddio heb ei phwyso yn erbyn wal, ysgol ddwbl: *step*, *also transf.*, *e.g. of a ledge cut in the mountainside in slate quarrying*; (*pl.*) *stair*(*s*); *sound of* (*foot*)*step*; *step* (*in dancing*); *distance*, *step*; *stepladder*, *steps*.

c. **1700** E. LHUYD: *Par* ii. 59, Yr oedh *steppie* o gerig i vynd idhi hi [ogof]. *c.* **1762–79** W. WILLIAMS: *P* 303, desgynfa o 15 *step*, neu raddau. **1769** TWM O'R NANT: *TChD* 41, Beth nad imi ddawnsio 'does dim haws, / Oni stopia'i ar draws fy *Stepie.* **1828** *Geir Pob* 31, *Ystep*, cam, gris, gradd. Ar lafar, '*step*' 'step . . . (of vehicles, etc.)', *WVBD* 501; '*stepan*', *ib.*; 'a step-ladder, y *steps* hon', *TGG* (1902) 28 (sir Gaern.); '*Step*' 'gris', *Cymru* xlvii. [236] (sir Ddinb.); 'Bydden i wastad yn nabod *step* dy dad yn dod at ddrws y bac', 'Ma dipyn o *step* o fan hyn i Fachynlleth' (gogledd Cered.); 'Mae hi'n eitha' *stepen*' (sir Gaerf., wrth sôn am bellter); '*stepyn* . . . *steps*, *stepsa*' 'a step, eg a doorstep', *GTN* 714; '*steps* . . . *stepsa*' 'a step ladder', *ib.* Cf. TALHAIARN: *Gw* i. 61, Heb stopio funud yn ei *stepiau*; D. OWEN: *RL* 364, mae ene gryn *step* odd acw yma.

Cfn.: **step y glocsen:** *type of Welsh step-dance for solo male dancer.* **20g.** **step (stepan, stepyn) (y) drws:** *doorstep.* Ar lafar, '*stepan y drws*', *WVBD* 501; '*stepyn y drws*', *GTN* 714; hefyd yn gellweirus weithiau am dafell drwchus o fara, '*stepan drws*' (Arfon). **step y seld:** *shelf of a dresser.* Ar lafar, *TGG* (1907–8) 110 (godre Cered.).

stepiaf, stepaf, ystepiaf: (y)stepio, stepo, stepan [bf. o'r e. *step*, *ystep*] *bg.* a hefyd fel *ba.* yn yr ymad. *ei stepan hi.* Gwneud (camau arbennig mewn) dawns, dawnsio, gwneud (dawns) sy'n rhoddi cyfle i stepiwr arddangos camau arbennig; camu, cerdded: *to step* (*in dancing*), *dance*, *step-dance*; *step*, *walk*.

1768 (**1813**) TWM O'R NANT: *FF* 46, Fe fydd yma *stepio* a dawnsio tinsad. **1777** E. ROBERTS: *DG* 69, Oes yma 'r un Ffidler mwyn cyfyrdo / a rydd imi Diwn i ddownsio / os oes Cyflafen [*sic*] yn y Nhin / dros dippin mi dreia *Ystepprio.* **1828** *Geir Pob* 31, *Ystepio*, cerdded, camu. Ar lafar, ''Odd bois bach 'da ni yn Langennech man 'yn odd yn *stepo*'n dda' (dwyrain sir Gaerf.); ''Odd y rai odd yn arwin y Feri wastod yn stepwyr dæ, wath 'ôn' nw'n *stepo* tu fæs i'r tŷ wrth ganu ac yn *stepo* i'r tu fywn 'tasan' nw'n cæl myn' mywn', *GTN* 714; hefyd yn yr ymad. ''i *stepan* hi' 'dawnsio' (dwyrain Morg.). Clywir hefyd yr ymad. '*stepio* rhwydi' yn yr ystyr 'rhoi [rhwydi penwaig] y tu ôl i'w gilydd fel y byddai'r naill rhwyd [*sic*] yn cyrraedd hanner ffordd ar draws yr un a osodwyd o'i blaen hi', *B* xxv. 56 (Môn).

stepiwr, stepwr [bôn y f. *stepiaf*, *stepaf*:

step(i)o+-(i)wr] *eg.* (b. *stepwraig*) *ll.* step-wyr. Dawnsiwr, un sy'n gwneud dawns stepio: *dancer, step-dancer.*
1912. Ar lafar, "Odd Dan 'y ngendar yn dicyn o stepwr pyn odd a'n ifanc', 'Dyna steprig odd Anni Jinkins yn ifanc!' *GTN* 714.

stepyn, gw. **step.**

sterach, *eg.* Anifail, yn enw. mochyn, sydd heb dyfu'n iawn, edlych, hefyd yn ddifr. am berson: *undergrown animal, runt, also derog. of a person.*
Ar lafar, 'Hen *sterach* o fochyn', 'also of human beings', *WVBD* 501.

steraf: steran, gw. **stariaf: stario.**

stereo [bnth. S. *stereo*] *eb.g.* Sain stereoffon-ig; chwaraewr recordiau, &c., stereoffonig: *stereo(phonic sound); stereo(phonic record player, &c.).*
20g.

stereodeip, gw. **stereoteip.**

stereoffonig [cfdds. o'r S. *stereophon(ic)* +-*ig²*] *a.* Yn defnyddio dwy sianel neu ragor i recordio, trosglwyddo, ac atgyn-hyrchu sain er mwyn creu'r effaith ei bod mewn tri dimensiwn: *stereophonic.*
20g.

stereoteip [bnth. S. *stereotype*] *eg. ll.* -iau, -s.
(*a*) Plât argraffu metel a gynhyrchir drwy ddefnyddio mold o dudalen o deip, &c., a gwneud cast ohono, y dull hwn o argraffu: *stereotype (plate or printing).*
20g.
(*b*) (Agwedd a seilir ar) argraff neu ddelw-edd orsyml o'r nodweddion sy'n perthyn i berson, sefyllfa, &c., person neu beth sydd fel petai'n cydymffurfio â'r cyfryw, ystry-deb: *stereotype (of person, attitude, &c.).*
20g.
Amr.: **stereodeip. 20g.**

stereoteipiaf, stereoteipaf: stereoteip-(i)o [bnth. S. (*to*) *stereotype*] *bg.a.*
(*a*) Argraffu o blât stereoteip: *to print from a stereotype plate.*
1846.
(*b*) Ystyried neu gynrychioli fel stereo-teip, ystrydebu: *to stereotype (person, situ-ation, &c.).*
20g.

steriaf: sterio, gw. **stariaf: stario.**

sterics [bnth. S. *stericks,* ff. affetig ar *hyster-ics*] *e.ll.* Pwl o hysteria, ystranciau, chwerthin aflywodraethus: *hysterics, hysterical laughter.*
1853. W. REES: *AFR* 448, Mi faswn yn gneyd y ngore i daflud yr hen Legryn hwnw i'r *sterics*; deone 'r ffordd i drin hen gnafon o'i fath o. Ar lafar, 'Mi fuo' jest imi gâl *sterics* pan welis i faint 'odd y ffrog 'na'n gostio' (Arfon). Digwydd hefyd mewn ymad. fel '*sterics* gwyllt', '*sterics* noeth', '*sterics* piws'. Cf. K. ROBERTS: *LW* 127, Dechreuasom ninnau chwerthin, nes bron fynd i *sterics* o chwerthin am ddim.

sterileiddiaf: sterileiddio [cfdds. o'r S. (*to*) *steril(ize)* +-*eiddio* (At.)] *bg.a.* Amddi-fadu o'r gallu i atgynhyrchu, anffrwythloni, diffrwytho; gwneud yn aseptig neu'n ddi-haint, diheintio: *to sterilize.*
20g.

steriliaf: sterilio [cfdds. o'r S. (*to*) *steril-(ize)*] *bg.* Sterileiddio: *to sterilize.*
20g.

sterling, ysterling [bnth. S. C. *sterling,* neu efallai'n uniongyrchol o Ffr. Lloegr (*e*)*sterling*] *e²g. ll.* -*od,* a hefyd fel *a.* Cein-iog o arian Lloegr fel uned arian safonol; o arian Lloegr neu Brydain: *a sterling (English silver penny as monetary unit); sterling (adj.).*
14g. *BT* 217, ef a edewis yr brenhin dengmil ar hugeint o vorkau o *ysterelingot* yr brenhin. *c.* **1400** *R* 1255. 8–9, Yr deugeinsollt not o *ysterlingot.* vyn namaes amot mi ae symmeis. **1543–8** *Pen* 163, ii. 79, pwys kenioc *ysterling* sef vw hynny jd loegr. **1604–7** *TW* (*Pen* 228), [p]ob Siclus yn 4. denarij, ne 4.

Grot *Sterling* d.g. *Talentum . . . Talentum Hebraicum Sanctuarij.*

stern, gw. **starn¹.**

sterniach, ysterniach [?elf. anh.+ -*iach¹*] *e.?ll.* Hen gelfi, geriach: *old furniture, odds and ends.*
20g. Ar lafar, 'Sterniach' 'hen gelfi neu daclau', *Cymru* xlvii. [236] (sir Ddinb.).

sternwm [bnth. S. *sternum*] *eg.* Asgwrn y frest, clwyd ais, clwyd a ddwyfron: *sternum, breastbone.*
20g.

steroid [bnth. S. *steroid*] *eg. ll.* -*au,* -*s.* Unrhyw un o grŵp o gyfansoddion organig ac iddynt strwythur a nodweddir gan bedwar cylch o atomau carbon, ac sy'n cynnwys amryw hormonau, alcaloidau, a fitaminau: *steroid.*
20g.

steryll [cfdds. o'r S. *sterile*] *a.* Wedi ei ster-ileiddio: *sterile.*
20g.

steryllaf: steryllu [bf. o'r a. *steryll*] *bg.a.* Sterileiddio: *to sterilize.*
20g.

sterylledig [bôn y f. *steryllaf: steryllu* +-*edig*] *a.bfl.* Wedi ei sterileiddio: *sterilized.*
20g.

stesion, stasion, (y)stasiwn [bnth. S. C. *stacioun* (neu efallai'n uniongyrchol o'r H. Ffr. *stacion, estacion,* Ffr. Lloegr *estacïun*) a S. Diw. *station*] *eb.g. ll.* stesionau, stesions, stasionau, stesinynau, stasiwnau.
(*a*) *Egl.* Un o nifer o eglwysi yn Rhufain a benodid ar gyfer gwasanaethau arbennig ar rai dyddiau penodol yn y flwyddyn lit-wrgïaidd, un o'r gwasanaethau arbennig hyn, pererindod i'r eglwysi hyn; un o Orsafoedd y Groes, ?un o'r safleoedd yng Nghaersalem sy'n cyfateb i'r rhain (o bosibl safle croeshoeliad Crist): (*service in*) *one of the stational churches of Rome, pilgrimage to these churches; one of the Stations of the Cross, ?one of the corresponding sites in Jerusalem (perh. the site of Christ's crucifixion).*
15g. *GLGC* 207, cerdded trosod, bod heb ŵn, / tros dwy ais, y tri *stasiwn* [pan oedd y bardd ar bererindod i Rufain ar ran William Fychan]. *id.* 224, cwmpas ystasiwn / a dry fal yn drŵn, / cael pardwn memrwn i ddam o Ŵyr [i Ddafydd ap Siôn pan oedd yn Rhufain]. **15g.** GWILYM TEW: *Gw* 477, Ystasiwn Crist a'i oesoedd, / Yn niwedd allt yno'dd oedd. *c.* **1514** *Rhyddiaith Gymraeg* i. 21, aethont [gwyryf-on yr Almaen] Rvfain . . . A gwedy vddynt gerdded yr ystasiwn, a chaffael bendith y pab. **16g.** *GLD* 69, Cael ari i Fedd Celart fu, / Côr *ystasiwn* Crist Iesu. **16g.** SIÔN BRWYNOG: *C* 124, Carw *ystasiwn* Crist Iesu, / Calon i wlad Feirion fu [marwnad Ieuan ap Gruffudd]. *p.* **1584** G. ROBERT: *GC* [384–5], a Be[dda]u, y saint buddiawl, / ai creiriau, ai mannau mawl. / ai holl barchusfodd noddfa, / ai stasiwn, def-osiwn da [yn Rhufain].
(*b*) Gorsaf (reilffordd, &c.): (*railway, &c.*) *station.*
1885. Ar lafar, 'stesion', *WVBD* 501; 'stasiwn', *GTN* 713. Cf. T. H. PARRY-WILLIAMS: *Y* 26, Ymhen rhyw ddeufis, yr oeddwn yn stesion y lein bach.
(*c*) Safle (mewn cymdeithas): *station (in society).*
Ar lafar yn sir Benf. yn y ff. stasiwn.

stetson [bnth. S. *stetson*] *eb. ll.* -*au.* Het â chantel llydan iawn a chorun uchel: *stetson.*
20g.

stethosgop, stethosgob [bnth. S. *stetho-scope*] *eg. ll.* -*au.* Offeryn meddygol a ddef-nyddir i wrando ar seiniau yn y corff, sef disg bychan sy'n mwyhau'r sain ynghyd â thiwbiau i'w throsglwyddo, corn meddyg: *stethoscope.*
20g.

stethosgopaidd [*stethosgop*+-*aidd*] *a.* Yn perthyn i stethosgop, drwy gyfrwng stetho-sgop; yn cario neu'n gwisgo neu'n defnydd-

---

io stethoscop: *stethoscopic; carrying, wearing, or using a stethoscope.*
20g.

steuaf, stuaf: steuo, stuo² [bnth. S. (*to*) *stay*] *bg.* Newid tac, troi i'r gwynt: *to change tack, turn into the wind.*
1938. Ar lafar, *BILIE* 39.

steward, stewardiaeth, stewdy, gw. **stiward, stiwardiaeth, stywdy.**

stic¹, ystic [bnth. S. *stick* 'length of wood, &c.'; tebyg mai talf. o *stican* a welir yn yr engh. gyntaf isod] *e²g.* Darn hirfain o bren, &c., gwialen, ffon; sylw anffafriol, cerydd; nodwydd bren; (geir.) llwy: *stick (of wood, &c.); stick, unfavourable comment, reproof; wooden needle; (dict.) spoon.*
17g. *LlGC* 13215, 354, *Stic* × llwy. **1828** *Geir Pob* 30, *Ystic,* nodwydd bren. Ar lafar, 'Gath 'i dipyn o *stic* ar ôl colli tri ymarfer llefaru'.
Cfn.: **stic a bandi:** *kind of street hockey, bandy.* Ar lafar yn nhref Caernarfon, D. PARRY-JONES: *WCGP* 133.

stic² [bnth. S. *stick* 'adhesiveness'] *eg.* a hefyd fel *a.* Ymroddiad diflin a chyson, dyfalbarhad; (peth) gludiog: *perseverance, persistence; sticky (thing).*
Ar lafar, 'Eith hwnna ddim yn bell—'sa'm *stic* yno fo' (Arfon); 'Digon o allu yn Huw, ond dim digon o *stic* i basio arholiadau', 'Ma'r llawr ma'n *stic* i gyd lle collest ti'r siwgwr ddoe' (gogledd Cered.); ''Sdim llawer o *stic* yn y gwas newi 'ma', *SC* vi. 132 (sir Benf.); 'Ma isia bod *stic* yndot ti i nuthur yn ddae mwn busnas', *GTN* 714.

sticaf: stico, gw. **sticiaf: sticio.**

stican, ystican [?bnth. rhyw ff. ar S. *stick* (?+-*an¹*), gw. *B* xxvi. 142; nid oes sic-rwydd mai yma y perthyn yr engh. gyntaf isod] *eb. ll.* -*od.* Llwy (bren), llwy de: (*wood-en*) *spoon, teaspoon.*
?**16g.** *LlGC* 1560, 550, *stickan* ŷch kaeadsŷch ['geir-ie . . . sathredig yn Sir Drefaldwyn']. **1604–7** *TW* (*Pen* 228), *ystican* y vwyta L.hymrû d.g. *Cochleare. Dchr.* **17g.** *J* 10, 45a, *Sticcan.* × llwy. **1761** *ML* ii. 393, Bwytta mewn plasau allan o gwppanau a llwyau prennau (*sticcanod*), good meat but sad cooks. Ar lafar, 'Stican' '[ll]wy bren', *B* xxvi. 142 (sir Drefn.).
Cfn.: **stican fwrdd:** *tablespoon.* **1903.**

sticer [bnth. S. *sticker*] *eg. ll.* -*i,* -*s.* Label neu hysbyseb ludiog: (*adhesive*) *sticker.*
20g.

sticiaf, sticaf, ysticiaf: stic(i)o, ysticio [bnth. S. (*to*) *stick*] *bg.a.*
(*a*) Gwanu, brathu, trywanu; gosod, rhoddi; sefyll neu ymwthio allan, estyn allan: *to stab, prick, pierce; put, stick; stick out, project.*
1770 *TG* iii. 58, Rho'r poccer i'th *sticio.* **1799** M. WILLIAMS: *HHG* 36, a chyllill wedi *sticco* yn eu coesau. **1828** *Geir Pob* 30, *Ysticio,* gwânu, pigwânu. Ar lafar, 'sticio mochyn', *Cymru* xlvii. [236] (sir Ddinb.).
(*b*) Glynu, gludio; bod neu fynd yn sownd, methu symud, aros, parhau; dal (at), dyfalbarhau, dygnu arni, ymdrechu, goddef, dioddef; brysio: *to stick, glue; stick, be(come) stuck, stay, remain; stick (at), per-sist, persevere, strive; endure, suffer; hurry.*
1828 *Geir Pob* 30, *Ysticio* . . . glynu. Ar lafar, 'Sticia stamp ar y llythyr 'na i fi' (Arfon); 'Stico' 'Ymdrechu neu lynu', *Cymru* xxxiv. 180 (godre Cered.); 'Os na *sticwch* chi fe gollwch y train', *SC* vi. 132 (sir Benf.); 'Sticwch i gwplo' 'Make haste to finish', *LlGC* 1173, 88 (Morg.); 'Paid o'u *stico* nw yn 'i gilydd', *GTN* 715; hefyd yn y ff. *steco* (Myn.).
Cfn.: **sticio allan:** *to stick out, protrude, also fig.* **20g.**
sticio at: *to stick at, persevere with; stick by (someone).*
1885 D. OWEN: *RL* 149, Mae nhw fel y dyn hwnw, ar ol dyweyd celwydd, yn meddwl mai'r peth gore fedre fe neyd oedd *sticio at* y celwydd. Cf. D. OWEN: *GT* 206, Ond tra mae hi yn gyfraith—rhaid *sticio ati;* *id.* 236, Hen ddyn go lew ydi'r Sgwiar, a mi *sticia ato* hyd y medra i.

sticil, ystic(i)l, (y)sticill, (y)stigil, ystig-ill, &c. [cf. S. C. *stikel, stigle*] *eb. ll.* stic(i)lau, sticillau, stiglau. Camfa: *stile.*
c. **1550** *RC* xlvi. 87, a welai Innwent ag eglwys . . . ag yna fÍrwyn glymv i farch wrth *ystigkill* [c. **1590** *id.* 70, *ystigil*] y fonwent. [**1783**] *W,* Camfa . . . vulgô *sticil, ystici* d.g. *Stile [for stepping over].* Ar lafar yn y

ff. *sticil, Cymru* xxxi. 258 (Cered.), *GDD* 272; '*sticil*' 'camfa heb ris iddi', *GTN* 715. Digwydd yn yr e. lle *Pontsticill*, Brych. Cf. W. J. DAVIES: *HPLl* 34, Y mae dwy garreg *sticyll* y fynwent ar gael yn awr; RH. IFANS: *SR* 118, Ni dorson ein crimpa / Wrth groeshi'r *sticila*.

Cfn.: **ysticil,** &c., **dro:** *turnstile.* **[1783]** *W, Ysticcil dro* d.g. *Stile* . . . *A turn-stile. id. Ysticcell* [*sic*] *dro* d.g. *Tourniquet* [*a turnstile*].

sticin [bnth. S. *sticking*] *e?g. Mwyn.* Plwg o falurion tebyg i glai a ddefnyddid wrth saethu mewn gwaith mwyn plwm: *plug of claylike material used in blasting in a lead-mine.*

Ar lafar yn y diwydiant mwyngloddio, *Geir Mwyn* 53.

sticinplaster [bnth. S. *sticking plaster*] *e?g.* Plastr glynu: *sticking plaster.*

20g.

sticlaf: sticlo, *bg.* ?Torri, engrafio: *to cut, engrave.*

1561–2 *Celtica* ii. 98, Y maldeiamwnt . . . nid oes deiamwnt mwy noc ef, na chynn galeted, kans ef a dyrr ac a rasia yr hayarn, ac a *stickla* mewn gwydr a cheric.

sticlyd [*stic²* + *-lyd*] *a.* Gludiog: *sticky.*

20g.

stid [?cf. *ystid*] *eb.* Cweir, cosfa, curfa: *a hiding, beating.*

Ar lafar ym Môn a sir Gaern., *LGW* 203.

stidaf, stidiaf: stid(i)o [bf. o'r e. *stid*] *bg.a.* Taro, bwrw, ergydio, rhoddi cweir i; bwrw glaw yn drwm iawn: *to hit, strike, beat, thrash; pour with rain.*

Ar lafar, '*stido* rhywun', *ISF* 70; '*stido*' 'to strike, to beat', '*stido* plant', *WVBD* 501; 'Mae hi'n *stido*' 'it is pouring with rain', *ib.*; '*stido*' 'Ymosod', *Cymru* lxii. 175 (gorllewin Meir.). Yn Arfon clywir yr ymadr. 'bron â *stido*' yn yr ystyr 'to perish from cold or hunger', *WVBD* 501.

Cfn.: **stido bwrw (glaw), stidio glawio:** *to pour with rain.* Ar lafar, '*stido bwrw*', *ISF* 70, *WVBD* 501; '*stidio glowio*', *Cymru* xlvii. 280 (sir Ddinb.).

stidwll, *e?g.* Lle anghysbell di-nod: *remote insignificant place.*

Ar lafar, *ISF* 70; hefyd yn yr ystyr 'twll tin', *DGM* 131.

stifis, gw. **seifys.**

stiff, ystiff, (y)styff [bnth. S. *stiff*] *a.* ll. *stiffion.* Anystwyth, anhyblyg, syth, caled; wedi cyffio (am gymalau, &c.), tost; cyndyn, penstiff, ystyfnig; ffurfiol, anghyfeillgar, oer, pell: *stiff, inflexible, rigid; stiff or sore (of joints, &c.); obstinate, pig-headed, stubborn; formal, unfriendly, cold, distant.*

17g. *Brog* 6, 103b, *styff* i graen, o ryw stwff gre / mae elissen gael lassie [i ofyn siwt o ddillad]. **1766** E. SAMUEL: *A* 11, a'u bod nhw yn sefyll allan yn *stiff* yn Erbyn pob tystiolaeth. **1768 (1813)** TWM O'R NANT: *FF* 30, A hithau cyn *ystyffied* a phack hops wedi stwffio. **1787 (1812)** TWM O'R NANT: *PG* 15, Felly mae gofid, os ceiff rai mewn gefyn, / Yn burion sgoolmeistr, fe wneiff iddynt ymestyn; / Os byddant onestrwydd yn rhy *stiff* neu'n rhy falch / Fe'i tynniff y gwalch nhw i'r tennyn. **18–19g.** *GABC* 145, Rhai'n feilchion rhai'n afradlon fron, / A'r lleill yn galon galed; / Y maent yn *stiff* er maint eu 'stôr, / Ni wnan hwy mor ymwared. *c.* **1807** *LIGN* 11, Os gwelwch eich gliniau yn gryfion a *stuffion* [*sic*]. Ar lafar, 'Wdw i'n *stiff* bob tamed o hana i' 'I am sore all over me', *GDD* 272; ''I gyfarchws ifi'n ddicon *stiff*', *GTN* 715. Clywir yr ynganiad *styff* (*y*≡*ə*) yng nghanolbarth Cered. Cf. D. OWEN: *GT* 94, yr ydw i cyn *stiffied* a pholyn.

stiffaf, stiffo, stiffu, gw. **stiffiaf: stiffio.**

stiffâf, styffâf: stiffáu, styffáu [*stiff, styff* + *-hau*] *bg.a.* Mynd neu wneud yn stiff, hefyd yn *ffig.*; mynd yn stiff neu'n dost (am gymalau, &c.): *to stiffen, also fig.; become stiff or sore (of joints, &c.).*

1807. Ar lafar, 'Ma'r dillad wedi *stiffâu* ar y lein mae mor ôr' (dwyrain Morg.).

stiffaglaf: stiffaglan, gw. **stryffagliaf: stryffaglio.**

stiffaidd [*stiff* + *-aidd*] *a.* Anystwyth, stiff; ffurfiol, oeraidd: *stiff, rigid; formal, cold.*

Ar lafar, 'Y mae e yn o *stiffaidd* yn ei henaint', *Cymru* lxv. 152 (godre Cered.); ''Na 'en fenyw *stiffedd* yw 'i—gormod o snoben i siarad 'da fi' (sir Gaerf.).

stiffgi [*stiff* + *ci*] *eg.* Person penstiff neu ystyfnig: *pig-headed or stubborn person.*

1896. Ar lafar, *Cymru* xlvii. 236 (sir Ddinb.).

stiffiaf, stiffaf, (y)styffaf: stiff(i)o, stiffu, (y)styffu [bf. o'r a. (*y*)*stiff,* (*y*)*styff*] *bg.a.* Stiffáu, hefyd yn *ffig.*; mynd yn stiff neu'n dost (am gymalau, &c.): *to stiffen, also fig.; become stiff or sore (of joints, &c.).*

16g. *HCRC* iii. 331, Am dwy troed [*sic*] sydd yn ffaylu / Am dwy koes [*sic*] gwedy *ystyffu*. Ar lafar, 'dyn wedi *stiffio* 'n 'i 'loda', 'y co'n *stiffio*', *WVBD* 501; ''I choesa 'i a'i thræd wedi *stiffu* gin y gwynecon', 'Fe *stiffws* pyn gwetas i 'ynny wthdo—'odd a wedi dicio', *GTN* 715. Cf. D. OWEN: *RL* 103–4, Mae'r hin ne rwbeth arall yn *stiffio* ac yn rhewi eu heneidie.

stifficat, stifficet, gw. **sertifficat.**

stifflog, gw. **ystifflog.**

stiffni, ystiffni, (y)styffni [(*y*)*stiff,* (*y*)*styff* + *-ni*] *eg.* Stiffrwydd, anystwythder; stiffrwydd neu dostrwydd (cymalau, &c.): *stiffness; stiffness or soreness (of joints, &c.).*

1823. Ar lafar, '*Stiffni* . . . Soreness, especially after hard work or long riding', *GDD* 272. Cf. T. H. PARRY-WILLIAMS: *OPG* 37, Y mae'r olwg ar *ystiffni* blewog y creadur truan [cath wedi rhewi] yn siŵr o godi chwerthin.

stiffrwydd [*stiff* + *-rwydd*] *eg.* Anystwythder, anhyblygrwydd; y cyflwr o fod yn stiff neu'n dost (am gymalau, &c.); penstiffrwydd, ystyfnigrwydd: *stiffness; stiffness or soreness (of joints, &c.); stubbornness.*

1885 D. OWEN: *RL* 79, 'rwyt ti'n swnio'n debyg iawn i ddyn hunangyfiawn . . . Mae rhyw *stiffrwydd* rhyfedd ynot ti yn ddiweddar. Ar lafar, *WVBD* 501; 'Stiffni . . . Soreness, especially after hard work or long riding. *Stiffrwydd* is also used', *GDD* 272.

stifftra, ystifftra, (y)styfftra [(*y*)*stiff,* (*y*)*styff* + *-dra*] *eg.* Stiffrwydd, anystwythder; stiffrwydd neu dostrwydd (cymalau, &c.): *stiffness; stiffness or soreness (of joints, &c.).*

[1762] E. POWELL: *HEI* 35, i Ystwytho chwydd coled [*sic*] ac *ystyfftra*'r Gewy[n]au. *id.* 36, *Styffdra* mewn Gewynau. **1795–6** *Trys Gym* 87, Rhyw wyniau mynych foreu a hwyr, / Yn toddi'r dyn fel canwyll gwyr. / Rhyw *styfftra* rhyfedd maith a mwyth, / A llonaid llaw yn hanner llwyth.

stigil, gw. **sticil.**

stigma, ystigma [bnth. S. *stigma*] *eg.b.* ll. *stigmata.*

(*a*) Gwarth neu waradwydd o'u hystyried fel marc neu arwydd ar berson: *stigma.*

20g.

(*b*) (yn y ll.) Marciau corfforol yn cyfateb i glwyfau'r Crist croeshoeliedig, archollnodau: *stigmata.*

1866.

(*c*) *Bot.* Y rhan o bistil sy'n derbyn y paill: *stigma (in bot.).*

1910.

stingiau, stingoedd, ff. ll., gw. **sietin.**

stil¹, ystil¹ [bnth. S. C. *stile* 'style'; ansicr yw'r engh. gyntaf yn adran (*b*) isod] *eb.* (bach. *stilen*).

(*a*) Arddull, steil, ffasiwn, modd, dull; steil, teitl (swyddogol), (cyf)enw, enwogrwydd, bri: *style, fashion, manner; style, (official) title, (sur)name, renown, fame.*

15g. *GGl²* 157, O frenin costwin Castil / A Gwladus Du, galw dy *stil* [i'r Brenin Edward IV]. **15g.** *GO* 261, Dy *stil* o'r môr bwy gilydd / Vwchder sêr vwch dayar sydd [i Wiliam Eutun]. **15–16g.** *GLM* 157, Yng nghôr Duw mae 'Ngharad wen / *ystil* Wladus Du lwydwen [marwnad Angharad ferch Ddafydd]. *id.* 301, Piau *stil* Powys dalaith? / Prins, nôd, aparawns ein iaith [i Edwart Grae]. **15–16g.** *TA* 9, Ffyrf i'th gorff, herwydd y'th gaid / Gystal deg o *stil* dugiaid [i Siôn Grae, Arglwydd Powys]. **16g.** (*LIEG*) *Mos* 158, 511b, o hynny Allan ni hennwyd mwy o dywysogiae/ th gymru ynn *ysdil* y brenin megis ac I biassai arverol. **1547** *WS, Ystil* Style. **16g.** *GGH* 90, Trwy *stil* maint Arwystl a Môn, / Drwy chwegwaith aurdorchogion. **16g.** WILIAM LLŶN: *Gw* (R. Stephens) 577, Gair tywyll—gorau tewi—/ Gwan ei *stil* a genaist ti. **1567** *TN* 1, [c]yt byddent wy [yr Efengylwyr] yn *ystil* a modd ar escrivennu yn amgenu . . . er hynny . . . yn y devnydd a'r destun y maent wy oll yn tennu tu a'r vn tervyn. **16g.** *Hop M* 187, od estyriwn gwrs y byd, ai *stil* i gyd ai ddevod. **1600** *Rhyddiaith Gymraeg* ii. 184, chwi adwaenoch *ystil* a chynghanedh eich tad [Thomas Wiliems at Edward Gruffudd am ei dad, Gruffudd ap Ieuan ap Llywelyn Fychan]. **1604–7** *TW* (*Pen* 228), *stil* yn lhawn huawtl ymadrodh d.g. *Caliga.* **1688** *TJ, Ystîl,* dull ymadrodd neu ysgrifen: a Stile or Method of Speaking or Writing. **1707** *GREE* [x], Myfi a wn y geill gwaeledd yr ymadroddion a'r *stŷl* . . . wneud y Traethawd yma yn ddirmygus. **1722** *Llst* 189, *Ystîl.* f. A stile, method, strain.

(*b*) Stilws, pin ysgrifennu: *stylus, pen.*

1632 *D, Ystil,* Stilus. **1753** *TR, Ystîl,* a style or pin to write with. **1794** *W* d.g. *Style* [*a pointed iron* . . . *used by the ancients in writing on waxed tables*].

Gw. hefyd **steil, stil².**

stil², ystil² [bnth. S. *steel*; tywyll yw nifer o'r enghrau. isod, a dichon fod rhai enghrau. o *stil¹, ystil¹* wedi eu cynnwys yma] *eb.* (bach. *-en*) ll. *-s.* Dur, darn o ddur, duryn (hogi), hefyd yn *ffig.*; haearn smwddio: *steel, piece of steel, a steel (for sharpening), also fig.; iron (for ironing clothes, &c.).*

15g. *GLGC* 237, Ac yn Llandudwg lle dwg *ystil* / y gwin a berir o gan baril. *id.* 281, *ystil* uwchben y milwr, / ysgrîn o gylch esgyrn gŵr [am feddrod Tomas Fychan]. *id.* 295, moes Iesu i'r Ddâm Sisil / i'r tri oes deg trwy *ystil.* / *Ystil* ar ganmil fal Gi—Warwig [i feibion Syr Tomas Fychan]. **16g.** LEWYS MORGANNWG: *Gw* 417, Crystor ywch caerau Jestyn / caingc o *stil* cwncwest o hyn. **16g.** *DWH* i. 157, Tyrfa o stad tra fo *stîl,* / Trecha' unmab trychanmil (Lewys ab Edward). **16–17g.** *NBSF* 731, Troest dy law ddewr trwy *stil* dda / tras eb ail tros y Bala. **1828** *Geir Pob* 31, *Ystil,* dur, duren. Ar lafar yn sir Benf. a'r cyffiniau yn yr ystyr 'haearn smwddio', *TGG* (1907–8) 88, *SC* vi. 132; hefyd yn yr ystyr 'duryn hogi', *ib.* Yn y Gogledd defnyddir *stil* am y rhoden ddur mewn staes, &c.

stil¹, ystil¹ [bnth. S. *still* (for distilling)] *eb.* ll. *-iau.* Llestr distyllio, distyllbair: *a still.*

1681 T. JONES: *Alm* [25], Y mîs hwn [Mai] syn gorchymmyn ir Hwswi lwyddianys, ac ir gŵyr Pennigamp, sef, Pysygwyr a Ffothecaris, osod eu *Stiliau* ar waith. **1725** *SR, Ystil* d.g. *A Still.* **1812** W. DAVIES: *RMB* 59, Cymmerer gymmaint o laeth newydd odro, a eill *still* [*sic*] gyffredin gynnwys.

stil², styl [bnth. S. *still* (of time)] *adf.* Bob amser, o hyd; eto, byth, o hyd: *always, all the time; still, yet, even now.*

1863–5 D. OWEN: *WBC* 41, yr wyf fi yn arfer *styl* i helpu tipyn ar ddynion fel chwi; yr wyf yn treio rhoi tamaid *styl* i ddynion ar eu trafael. Ar lafar, '*Stil*' 'beunydd, continually', *Cymru* xliii. [230] (gorllewin Meir.); '*Stil*' 'Bob amser', *id.* xxxiv. 180 (godre Cered.). Clywir yr ynganiad *styl* (*y*≡*ə*) yng nghanolbarth Cered. Cf. D. E. JONES: *HLlP* 390, mae e'n gas *styl* os gwel e ddyn dierth; W. J. DAVIES: *HPLl* 232, Rodd'r odyn *stil* yn beryglus i gymryd tân.

stilaf: stilo [bf. o'r e. *stil²*] *bg.a.* Smwddio: *to iron (clothes, &c.).*

Ar lafar, *Cymru* xxxv. [233] (godre Cered.); *TGG* (1907–8) 88 (de-orllewin sir Gaerf.); *GDD* 272; *AGB* 195.

stilars, stilen¹,², stiler, gw. **stiliard, stil¹,², stiliard.**

stileto [bnth. S. *stiletto*] *eg.b.* ll. *-s.* Dagr bychan â llafn hirfain; (esgid â) sawdl uchel pigfain: *stiletto (dagger); stiletto (heel or shoe).*

20g. Ar lafar, ''Odd hi'n cloncian ar hyd y coridor yn 'i *stiletos* du'.

stilgar [bôn y f. *stiliaf²*: *stilio* + *-gar*] *a.* Busneslyd, busnesgar, holgar: *meddlesome, interfering, inquisitive.*

20g.

stiliaf¹, ystiliaf: (y)stilio [bnth. S. (*to*) *still* 'to distil; drip'] *bg.a.* Distyllu; diferu, dihidlo; hidlo: *to distil; drip, trickle; strain (liquid).*

Diw. **16g.** *WLB* 24, dwfr wedi i *stylio* o bedwar llysse y kribe, pympernel, turmetyll ar scabiws. *id.* 65–6, Kymer dwst y llific or arian, ac or hauarn ac or plwm . . . ac yna i *stilio* a gwlychu mewn llestr arian. *id.* 66, Kymer egrmwnt y dail, y vervayn y ffanigl . . . a dyro gwbl or hain mewn stylytari a suringia yn i mysc win gwynn ac *ystylia* hwynt ar dwfr hwn sydd dda i lygaid. *c.* **1740** *LIM* 7, fe fyddei da wlychu y cadach naill ai mewn dwr Rhos cochion wedi *stilio* ai

mewn Llaeth Enwyn. *id.* 8, Cymmer sugn Saledonia a Llysiau'r Wennol, a Mintis . . . a'i *stilio* sydd dda rhag pob Dolur o Lygaid. **1828** *Geir Pob* 31, *Ystilio*, dystyllio, dyhidlo. Ar lafar, '*stilio* sucan', *WVBD* 501.

stiliaf²: stilio [?yr un gair â *stiliaf¹*: *stilio*] *bg.a.* Holi'n ddyfal neu'n fanwl, ffureta, busnesa: *to question persistently or minutely, pry, meddle.*

1846–56 (1878) W. REES: *LlHFf* 28, Mi wn bod llawer o holi a *stilio* pwu ydi Rhen Ffarmwr. Ar lafar, yn aml yn yr ymadd. 'holi a *stilio*', *WVBD* 501.

stilian¹, stilians, stilions, &c. [bnth. S. taf. *stillion(s)*, ff. ar *steel-iron(s)*] *eb.* Durlath, mantol (sbring), clorian: *steelyard, (spring) balance, scales.*

20g. Ar lafar, 'In the midland area . . . and in the south-east . . . *stilion(s)*, *stiliwns* . . . spring-balance', *LGW* 228; '*stilions*' (Meir.); '*stilian*' (gogledd a chanolbarth Cered.); '*stalian*' (godre Cered.); 'Mae wedi catw'r *stilians* bres' (dwyrain Morg.); hefyd yn y ff. '*Stulas*', *ISF* 70.

stilian², stilians, gw. steling, stilian¹.

stiliard, stiliers, &c. [bnth. S. *steelyard(s)*] *eb.* Durlath, mantol (sbring), clorian: *steelyard, (spring) balance, scales.*

20g. Ar lafar, 'In the midland area . . . and in the south-east . . . *stiliers, stiliard* . . . spring-balance', *LGW* 228; hefyd yn y ff. *stiler, stilars.*

stiliedig [bôn y f. *stiliaf¹*: *stilio*+-*iedig*] *a.bfl.* Wedi ei ddistyllu: *distilled.*

Diw. **16g.** *WLB* 51, gwna ddwfr *stiliedig* iddo.

stiliers, stiling, gw. stiliard, steling.

stilions, stiliwns, gw. stilian¹.

stiliwr [bôn y f. *stiliaf²*: *stilio*+-*iwr*] *eg.* ll. *stilwyr.* Prob llawfeddygol; un sy'n holi a stilio, busnesgi: *surgical probe; one who asks probing questions, busybody.*

20g.

stilts [bnth. S. *stilts*] *e.ll.* Ystudfachau, coesau bachau, jacoesau: *stilts.*

20g.

stilws, stylws, stilus, &c. [bnth. S. *stylus*] *eg.* Teclyn ysgrifennu gynt, sef ffon fechan a'r naill ben yn bigfain at grafu llythrennau ar dabledi cwyr a'r llall yn bŵl at eu dileu: *stylus.*

1916.

stillaf, stilliaf¹: still(i)o, gw. pistylliaf: **pistyllio.**

stilliaf²: stillio, gw. stylliaf: styllio.

stîm, stimaf: stimo, stimddrwg, stimiwlws, stîm-roler, gw. stêm, stemiaf; stemio, ystumddrwg, stimwlws, stem-roler.

stimwlws, stimiwlws [bnth. S. *stimulus*] *eg.* ll. *stim(i)wli.* Symbyliad, ysgogiad, ysbardun: *stimulus.*

1930.

stinc [bnth. S. *stink*] *eg.* Drewdod, drycsawr, hefyd yn *ffig.*: *stink, also fig.*

20g. Ar lafar, 'Buodd 'na dipyn o *stinc* am y disgrifiadau rhywiol yn 'i nofel gynta''.

stincell [?bnth. S. *stink*+-*ell*] *eb.* Gair difr. am fenyw: *stinker (of a woman).*

[1745] W. ROBERTS: *FfM* 50, Ydyw 'r Lluwtwraig wedi gwall hurtio? / Pam y mae'r *Stinkell* yn ystrangcio?

stinci, stingi [?*stinc*+*ci*] *eg.* (b. *stingen*). Person annifyr neu gas: *unpleasant or unkind person.*

Ar lafar, 'hen *stinci* pengaled', *WVBD* 502; yn Uwchaled clywir y ff. *stingi.*

stingo [bnth. S. sathr. *stingo* 'vigour, energy'] *e?g.* Peth i'w fwyta neu i'w yfed sy'n rhoddi egni, bwyd neu ddiod maethlon: *energy-giving or nourishing food or drink.*

Ar lafar yn Arfon. Ym Môn clywir *stingo* yn yr ystyr 'hen berson gwydn ac iach'.

stint, stent³ [bnth. S. *stint* a S. taf. *stent*] *e?g.* Maint penodedig neu gyfnod (o waith): *stint.*

20g. Ar lafar, 'Nes i'n *stint* ym mhabell y 'Steddfod am ddau ddiwrnod'; hefyd yn y ff. *stent*, *ISF* 70.

stiriaf: stirio, gw. styriaf¹: **styrio.**

stitsh, stits, ystits [bnth. S. *stitch*] *eg.b.* ll. *stitshys.* Pwyth, gwnïad; pigyn, poen, gwayw, cric: *stitch (in needlework); stitch (in the side), sudden pain, crick.*

c. **1740** *LlM* 21, Rhag Cric neu *Stits* mewn Cefn. **1787 (1812)** TWM O'R NANT: *PG* 52, Ond y wraig a wnaeth â mi gnot *ysdits.* Ar lafar, '*stitsh*' 'stitch . . . in the side', *WVBD* 502 (*eg.*); 'Fe gas e beder *stitsh* yn y cwt ar 'i ben' (gogledd Cered.).

stitsiaf¹, ystitsiaf: (y)stitsio [bf. o'r e. *stits(h)*, *ystits*] *bg.a.* Pwytho, gwnïo: *to stitch, sew.*

18g. *Beirdd y Berwyn* 53, I wnio ac i *ysditsio* ac i dronio'n iawn drum. Ar lafar, 'Gad i fi *stitsio*'r hem 'na iti' (gogledd Cered.).

stitsiaf²: stitsian, *bg.* Ymdroi, sefyllian: *to loiter.*

Ar lafar, 'Ma Willie 'n ddweddar yn dwad o'r iscol o hyd; mae e'n *stitshan* ar iol y plant erill', *GDD* 273.

stiw, ystiw [bnth. S. *stew*] *eg.* ll. -*iau.* Saig o gig, llysiau, &c., wedi eu mudferwi, potes, lobsgows, hefyd yn *ffig.* cyflwr helbulus, helynt, trwbl: *stew, also fig. troubled state, predicament, trouble.*

1860. Ar lafar, ''Ŷn ni'n cæl *stiw* yn amal yn tŷ ni, cig a tatws a panas nu swedz i gyd wedi'u berwi gyda'i gilydd', *GTN* 716; 'Mae o mewn *stiw*', *Cymru* xlvii. [236] (sir Ddinb.); 'Mewn *stiw*' 'mewn helynt meddwl', *id.* liv. [84] (dwyrain sir Drefn.).

stiwaf: stiwo, gw. stiwiaf: **stiwio.**

stiward, ystiward, (y)stiwart [bnth. S. C. *steward, stiwart*] *eg.* (b. *(y)stiwardes*, bach. *(y)stiwerdyn*) ll. -*iaid.*

(*a*) Swyddog sy'n rheoli materion domestig tŷ (brenhinol, &c.), distain, un sy'n gyfrifol am arlwyo mewn clwb, &c., swyddog ar fwrdd llong neu ar drên, &c., sy'n gweini ar deithwyr; un a apwyntir i oruchwylio trefniadau a chadw trefn mewn cyfarfod, eisteddfod, &c.; un sy'n gweinyddu eiddo megis ystad dros ei gyflogwr; swyddog sy'n gweinyddu dros yr arglwydd mewn cwrt lît; rhaglaw, dirprwy: *steward (of a (royal, &c.) household), steward (of a club, &c., or on board ship, on a train, &c.); steward (of meeting, eisteddfod, &c.); (estate, &c.) steward; steward (of the manor); vicegerent, deputy.*

13g. *Brut B* 118, bryssyaw a gwnaeth e kennadev a dyvot hyt ar *estywart* e tref. **14g.** *BT* 206, gwilym ap gwrwaret *ystiwart* yr brenhin ar y tir a vv eidaw Maelgwn. **14g.** *BY* 58, wedy adaw Jeremias yn ryd ac adaw Godolias y *ystiward.* **14g.** *BT (RB)* 56, Ricart, escob Llundein . . . y gwr a oed yna *ystiwart* y Henri urenhin ynn Amwythic. *id.* 82, Gerallt, *stiwart* castell Penuro. **15g.** *HS* 14, ardwy *stiwardiaid* / aur ysgwieiriaid / y sy i eirchiaid / er nas archant [i Wiliam, Arglwydd Herbart]. **15g.** *GLGC* 443, *Ystiwart* dwywart, Cedewain,—Ceri. **15g.** *GGl²* 126, *Ystiwart* dros y Deau, / Iustus doeth, eiste' sy dau [i Syr Wiliam o Raglan]. **1547** *WS*, *Ystiward* Stewarde. **1551** W. SALESBURY: *KLl* lviiia, Ydd oedd neb gwr goludoc ac iddo tuy-lywyawdyr [:– *estiwart* ynat llys tuylwr [*sic*]]. **16g.** *WLl* 87, Mae r tyrau mae r tai araul / Mae *stiwart* yr Holt meistr traul [marwnad Edwart Almor]. **1703** E. WYNNE: *BC* 20, y *Stiwardiaid* . . . codaseint eu Plasau ar furddynnod ei Meistred. **1719** *TDP* 3, Joseph ei Fab ef, *Steward* Gwlad yr Aifft. **1752** G. OWEN: *L* 12, Jarll Baddon (Earl of Bath) . . . ni chlywai ei *Stiwart* ef (yr hwn a wyddai'n anian dda pa beth a dalai y tir) ar ei galon godi mo'r ardreth un ffyrling yn uwch. **1755** *ML* i. 396, daccw . . . Cadpen-Weller wedi ymadael ar Dorset yatch . . . ai *steward* yr hwn hefyd oedd glarc iddo. **1789** TWM O'R NANT: *TChB* 15, Mae Achos i Ofni gwyr mawr a'u *Stewardied* / Ran prin Ceiff rhai Amser i feddwl am enaid / Rhwng Cyfraith *Stewardiaid* a balchder Gwyr mawrion / Mae Tenant iw ganffod fel rhwng diawl ai gynffon. **18–19g.** *LlGC* 346, 21, Pa sawl murddyn sulw [*sic*] mawrddig / Sy'n hyllig Yma'n awr / *Stewardiaid* hwythau 'n Dwyn meddiannau / wneud Plasau muriau mawr.

(*b*) (enghrau. *ffig.* ac mewn cyd-destun *ffig.*: *fig. exx. and exx. in a fig. context*).

14–15g. *IGE²* 170, Ys Duw a oedd *ystiwart*, / Cyn y Sul Gwyn, cwnsel gwart (Rhys Goch Eryri). **15g.** *GO* 133, Yn swyddoc ansoddav, / A'r *ystiwart* ar westeiav / I roi beirddion ar y byrddav [i Siôn, abad Llanegwest]. **16g.** D. R. THOMAS: *DS* 167, rhaid yw i escop fod yn ddifai megis (ynad) *styward* i dduw. **1567** *TN* 246b, llywodraethwyr [:– trinwyr, gwastradwyr, gorchwylwyr, *ystiwardieit*] dirgelion Duw. **1672** R. PRICHARD: *Gw* 219, Christ an dodwys yn *stiwardiaid* [:– Goruchwylwyr] / I gyfrannu rhwng y gweiniaid. **1696** *CDD* 168, *Steward* wŷt ychydig, / Ar ddâ sŷ ddarfodedig, / Di roi gyfri o rhain eu gŷd, / Nid ydŷw'r Bŷd ond benthyg. **1742** H. HARRIS: *SDS* [vi], Os tlawd ydych byddwch fodlon ich Cyflwr . . . Os Cyfoethog edrychwch ar Gyfrannu gan ystyried mae *Stiwardiad* ydych chwi.

(*c*) Goruchwyliwr mewn chwarel, pwll glo, &c.: *overseer in slate-quarry, coal mine, &c.*

1761 *ML* ii. 389, [rh]oi lle i Glyn o'r Glyn yn *stiward* Esgair y Mwyn. **1778** J. HUGHES: *BB* 282, i Annerch, Mr. Edward Foulkes *Ystiwart* glo Mostyn. **1790** TWM O'R NANT: *GG* 101, William Jones, *Ystiwart* gwaith mŵn. Ar lafar yn ardaloedd chwareli'r Gogledd, '*Stiward, stiwart*' 'Is-oruchwyliwr', *B* xx. 380; hefyd mewn ymad. megis '*stiwart* bach', '*stiwart* mawr', '*stiwart* gosod', gw. *ib.*

(*d*) Swyddog sy'n gyfrifol am oruchwylio seiat (Fethodistaidd Galfinaidd): *steward of a (Calvinistic Methodist) society.*

1744 *CM Archives* (LlGC), *Trevecka Letters* 1207, Nad iw y cynghorwyr prifat a'r *Stewardiaid* yn gwneuthur Cymaint ag y ddylent. **1761** *NBCR* 6, I Gyfarfod gweinidog ac *Ystiwardiaid* y Gymdiethas [*sic*] un waith yn'r Wythnos. **1777** W. WILLIAMS: *TEA* 22, Yr angenrheidrwydd o *Stiwardiaid* mewn society profiad. *id.* 23, Pa beth fydd swydd y *stiwardiaid* hyn? yr wyf yn edrych arnynt i fod yn ben ar bawb . . . i fod yn greulon wrth rai . . . ac yn dynerach wrth eraill, i ddiddanu'r gwan ei feddwl, i gryfhau'r llesg, ac i iachau clwyfau'r drylliedig ei yspryd; ond i argyhoeddi'n llym y rhai sy wedi pechu. *id.* 25–6, am eu swyddau . . . yn gyntaf, cadw enwau yr holl aelodau mewn rhol lyfr . . . nid allan o le fyddai i ryw un o'r *stiwardiaid* ddarllen yr holl enwau ar ddiwedd yr odfa . . . Yn ail, gwaith *stiwartiaid* yw casglu at angen yr eglwys . . . Yn drydydd, eu swydd sydd gofalu am athrawon i weinidogaethu'r gair bob Sabbath o leia.

Cfn.: **(y)stiward,** &c., **llys:** *court steward, also fig.* **13g.** *LlI* 18, maer e bysweyl . . . Ef a dele guarchadv e llys yn penhaf guedy er *estywart llys.* **14g.** *WM* td. 206. 25, *ystiward llys* arthur. **14g.** *GDG³* 325, Ustus gwiw ar flaen gwiail, / *Ystiwart llys* dyrys dail [i'r ceiliog bronfraith]. **15g.** *GGl²* 247, *Ystiward llys* y Dean, / A'i garl wyf yn y gaer lân. **1800** *Eurgr* 22, *Ystiwart llŷs* y brenin.

stiwardaf: stiwardo, gw. stiwardiaf: **stiwardio.**

Stiwardaidd, Stiwartaidd [yr e. prs. *Stuart*+-*aidd*] *a.* Yn perthyn i deulu brenhinol y Stuartiaid a reolai'r Alban 1371–1649 a 1660–1714, a Lloegr 1603–49 a 1660–1714; yn dynodi arddull mewn pensaernïaeth, dillad, dodrefn, &c., nodweddiadol o'r cyfnod 1603–88: *Stuart (adj.).*

1870.

stiwardes, gw. stiward.

stiwardiaeth, ystiward(i)aeth, &c. [(*y*)*stiward*+-(*i*)*aeth*] *eb.* Swydd neu safle stiward, disteiniaeth, gweinyddiaeth neu reolaeth gan stiward, ardal a weinyddir gan stiward, hefyd yn *ffig.*: *stewardship, area administered by a steward, also fig.*

14g. *BT (RB)* 36, Gerald ystiwart, yr hwnn y gorchymmynassit idaw *ystiwerdaeth* castell Penuro. **14g.** *GDG³* 224, *Ystiwardiaeth* gaeth gariad, / Ond tra fo teg, nid tref tad. **1547** *WS*, *Ystiwardeth* Stewarshyp [*sic*]. *Diw.* **16g.** *IICRC* iii. 292, o dduw dduw yfo gida mi / ymay arnai ormodd Kyfri / oblegid *fystiwardaeth* / Difwyn y bawb y gowaeth. **1604–7** *TW* (*Pen* 228), *stiwardiaeth*, ne oruchwyliaeth a golygiaeth ar dda vn d.g. *Castaldia.* **17g.** *IICRC* iii. 18, Nid yw golud ond peth ehud / hevyd siomedigaeth / hudol chwyrn mewn tre a gwlad / a phrofiad *ystiwardiaeth.* **17g.** *DCR* 261, mae rhobart ap robart ap huw / yn tendio rhuw / *stiwardiaeth* / gellwn ddwyn iar yno yn hu / mae gwraig i tu / n / magwriaeth. **18–19g.** *LlGC* 346, 18, Ar ol cael unwaith *Ystiwardiaeth* / Dyna furgyn drwg rywogaeth / Yn bennaeth mawr ei barch. *id.* 21, *Stewardiaeth* front o Pont y Bentan / A wnaeth Lyweni Yn noeth le anian. **1751** *ML* i. 183, Ces [lythyr] arall oddiwrth Allt Fadawg . . . [y] gwr yn mynd i ymweled ai *stiwardiaeth*, nis gwn i ble, yn gwaeddi am lês ar wythen o fwyn. **1757** *id.* 463, Pa beth a ddaeth o *stiwardiaeth* Mathafarn, dywedwch? **1769** TWM O'R NANT: *TChD* 17, Rydw i fy hun yn Wr o

Gyfraith; / Ond ê ni bydde wiw imi godi oddiar fy Nhin. / I stwrdio ac i drin *Stewardieth.*

stiwardiaf, stiwardaf: stiward(i)o, stiwardian [bf. o'r e. *stiward*] *bg.a.* Gweithredu fel stiward, rheoli, gweinyddu: *to act as steward, manage, administer.* **1883.**

stiwart, Stiwartaidd, gw. stiward, Stiwardaidd.

stiwdent, ystiwdent [bnth. S. *student*] *eg.b.* ll. -*s.* Myfyriwr neu fyfyrwraig, efrydydd: *student.*
16–17g. *GST* i. 472, Astudio iaith wastad, wych, / *Ystuwdent* i Grist ydych. **16–17g.** *PhA* 590, *ystuwdent* gwrs da ydych / dichwyn o Ryd-ychen wych. Ar lafar, 'Un o Aberystwyth yw 'i gŵr hi ond dod i'r coleg yn *stiwdent* nath hi'; ''Odd 'ne ddwy *stiwdent* yn y stafell pan es i i mewn'. Cf. D. OWEN: *RL* 64, tra base llond gwagen o *stiwdants* yna yn palfalu am 'u cadach poced!

stiwdio [bnth. S. *studio*] *eb.* ll. -*s, stiwdioau.* Ystafell waith arlunydd, ffotograffydd, &c., ystafell, &c., a ddefnyddir i wneud rhaglenni radio neu deledu, neu i ffilmio neu recordio ynddi: *studio.* **1928.**

stiwerdyn, gw. stiward.

stiwiaf, stiwaf, ystiwiaf: stiw(i)o, ystiwio [bnth. S. (*to*) *stew*] *bg.a.* Coginio drwy fudferwi, mynd yn gryf a chwerw drwy ei adael i fwydo'n hir (am de), hefyd yn *ffig.*: *to stew, also fig.*
1545 *CI* 41, y gellig a elwir wardwn . . . o'i bwytta wynt gwedi bwyd pann vondt [*sic*] twy gwedi *ysduwio* mewn pott. **17g.** (18g.) *CLIC* ii. 21, Fo fynne iair a chowion rai / A *stiwie* rhain mewn menyn Mai. *c.* **1740** *LlM* [45–6], Y modd i *Stiwio* Sgyfarnog . . . rhoddwch mewn Padell ynghyda thri Phintiad o Gawl cryf . . . gadewch iddo *Stiwio* hyd oni byddo'n ddigon tew. **1759** J. EVANS: *PF* 28, Cymerwch hanner Pint o Briums wedi eu *'stiwio* [:– Berwi yn araf mewn ychydig o Ddwfr]. [**1783**] *W,* Hwyr-ferwi (mall-ferwi . . . vulgò *stiwo*) bwyd d.g. *To stew meat* [*seethe over a slow fire, in a small quantity of liquor*]. Ar lafar, *'stiwio', WVBD* 502.

stiwpan [bnth. S. *stewpan*] *eb.* ll. -*nau.* Sosban stiwio; padell ffrio: *stewpan; frying pan.*
c. **1877.** Ar lafar, *'stiwpan'* 'ffreipan', *Geir Geg* 151 (gorllewin Morg.); ''S dim *stiwpan* 'da ni 'nawr' (Myn.). Clywir *stiwpan* hefyd yn yr ystyr 'bakestone', *AGB* 201.

stiwpiaf: stiwpio [?cf. S. *stupe* 'stupid person'] *bg.* Pwdu, sorri; bod yn benstiff neu'n ystyfnig: *to sulk; be pig-headed or stubborn.*
1936. Ar lafar, *'stiwpio'* 'to be stubborn, to sulk', *WVBD* 502.

stiwpid [bnth. S. *stupid*] *a.* Ystyfnig, penstiff; (person) twp neu hurt: *stubborn, pig-headed; stupid or dull* (*person*).
20g. Ar lafar, *'stiwpid'* 'stubborn, pig-headed', *WVBD* 502; *'Stiwpid'* 'Stubborn', *GDD* 273.

stiwprwydd [?S. *stupe* 'stupid person'+ *-rwydd*] *eg.* Ystyfnigrwydd, penstiffrwydd: *stubbornness, pig-headedness.*
Ar lafar, *WVBD* 502.

stiwt, stlynedd, gw. institiwt (At.), ystlynedd.

stobwrn, gw. stwbwrn.

stoc, ystoc [bnth. S. *stock*; petrus yw dosbarthiad rhai o'r enghrau. isod] *eb.g.* ll. -*iau, -s,* a hefyd gyda grym ansoddeiriol ac fel *a.*

(*a*) Cyfanswm yr anifeiliaid, yr offer, &c., ar fferm, neu'r nwyddau, &c., mewn siop, lle busnes, &c., cyflenwad (at y dyfodol), stôr; hefyd yn *ffig.*: *stock* (*of farm, shop, &c.*); *stock, supply, store; also fig.*
16–17g. *CRC* 428, mi a welwn yno grefftwyr / ai bryd ar ysmoneth bybyr / rhoen i stock bodo keniog / i ddwyn tyddyn i kymydog. **16–17g.** *GST* i. 157, Os daw cad ystoc ydwyd, / A thlws aur y Bithels wyd [i Huw ab Elis ap Harri o Ysgeifiog]. *id.* 395, Iesu dug hon, fy *stoc* oedd, / Acw yn ifanc i nefoedd [marwnad Catrin Morgan o Wylgre]. **1672** R. PRICHARD: *Gw*

103, I ble taflir drimbwl, drambwl, / Y gwas y dreulio 'r *stoc* a'r cwbwl? *id.* 174, Os y Porthmon y sydd meddw, / Fâ'r [*sic*] holl *stoc* i brynu 'r Cwrw. **1683** H. EVANS: *CTF* 20, 'Smonna 'th *stock*, na threulia ormod. *c.* **1688** *YHD* 13, ni edrychant vn amser am *ystocc* o gadarn Râs oddifewn. **1691** T. WILLIAMS: *YB* 50, ei fod ef yn rhwymedig am ei bleserau goreu megis a ryw wŷr mwynion dieithr sef difyrrwch a llawenydd angharefnol, ag nid ei *stoc* naturiol ei hun, ei rym a gallu ei feddyliau ei hunan. **1701** J. OWEN: *YE* 82, tystiolaethau allan o lyfrau Dr. Taylor, Duveil, a thri neu bedwar o wyr dyscedic eraill, ac ar y *stock* fychan hon mae 'n gosod i fynu megis rhyw farsiandwr mawr. **1714** D. LEWYS: *CN* 24, Yn ty sy a'i sylfaen ar y Roc, / Mawr Stôr a *Stoc* sy ynghadw. **18g.** L. MORRIS: *LW* 219, Oni bydd *ystock* i ddechre / gantho fo neu ganthi hithe / os priodir yn ddiariangar / Cyn pen nemawr bydd Edifar. **1777** J. ROWLANDS: *PGW* 13, 'Roedd arnaf eisiau i fod yn Rhydychen; yr oeddwn am aros yno dros dair neu bedair blynedd yn rhagor, i wneuthur cant a hanner o bregethau o'r man lleiaf, meddyliais i osod i fynu â *stoc* fawr mewn trâd. **1794** E. JONES: *CP* 58, Nid yw ffermwyr i dalu treth y tylodion am eu *stoc,* a'u anifeiliaid.

(*b*) Llinach, hil, ach, tras, cyff: *lineage, genealogy, pedigree, ancestry.*
15–16g. HYWEL RHEINALLT: *Gw* 34, Ysgwâr gwrt, ysgwier gwyn, / Ysto'r cadarn, *ystoc* cedyrn. **16g.** HUW ARWYSTL: *Gw* 213, distaw kryf da i *stock* ai wraidd. **16g.** *WLl* 101, Da y kawn hwnn deukan haf / Os da kawn *ystok* hynaf [i Forys Wyn o Wedir]. **16–17g.** *GST* i. 14, Os ni'f mae eisiau'n ôl / *Ystoc* Cinast o'u canol. *id.* 486, Gelding gwrthun gwegildew, / Pwdr iawn ei duth, pedrain dew; / Ystwc hen, *ystoc* anhardd, / Gwae e ryw bwn gario bardd. **17g.** Huw MORUS: *EC* i. 196, Rhoe 'r hen lwynog lawer cnoc, / Cyn rhanu ystâd yr hen *ystoc.* Cf. D. OWEN: *GT* 279, Yr oedd yn amlwg i mi fod Gwen yn rhoi mawr bris ar *stoc* neu linach.

(*c*) Cyfalaf cwmni masnachol a godir drwy werthu cyfranddaliadau yn y cwmni, cyfranddaliadau yn y fath gwmni: *stock* (*capital of, or shares in, a business company*). **1925.**

(*d*) Safle, parch, bri, statws: *stock, standing, position, status.*
20g. Ar lafar yn gyff., 'Ma *stoc* y Toriaid wedi mynd lawr yn ofnadw ar ôl y sgandal ddwetha 'na'.

(*e*) Carn (dryll, &c.): *stock* (*of gun, &c.*).
1894 D. OWEN: *GT* 349, cipiodd y gŵn i lawr gan osod y *stoc* ar ei hysgwydd fel pe buasai am daro tân. Ar lafar.

(*f*) (yn y ll.) Cyffion (offeryn cosb): *stocks* (*instrument of punishment*).
16–17g. Cer *RC* 120, Ewch a'r filen, rhowch mewn *stocs.* **1672** R. PRICHARD: *Gw* 265–6, Na châr buttain tra fech byw, / . . . / Ni wnai Ioseph beth mor ffinion, / O serch pydru yn y cyffion [:– Stocs]. *c.* **1762–79** W. WILLIAMS: *P* 598, Fe roddodd eraill mewn daeardai, a *stociau,* ac a'u porthodd hwy â bara a dwfr.

(*g*) Trawst praff y sicrheir yn hwyl wrtho mewn melin wynt: *sail-stock* (*of windmill*). Ar lafar ym Môn, *AMA* clxv.

(*h*) Carn tro saer coed: *carpenter's brace.* Ar lafar, *GDD* 273.

(*i*) Bot. Unrhyw un o amryw fathau o blanhigion o'r tylwythau *Matthiola* a *Malcolmia* sy'n dwyn blodau croesffurf peraroglus, murwyll: *stock(s),* (*stock-*)*gillyflower.*
20g.

(*j*) Planhigyn yr impir planhigyn arall arno, mewn cyd-destun *ffig.*: *stock* (*plant into which a graft is inserted*), *in a fig. context.*
1580 *GGN* 32, mae Corff Crist yno, megis yr *ystok* y gael impio arno, ar dyn syn kymyno ywr impin ar y crynu ny ossod y dyg ar yr *ystok.*

(*k*) Hylif a gynhyrchir drwy fudferwi esgyrn, pysgod, llysiau, &c., ac a ddefnyddir yn sail i saws, cawl, &c.: (*meat-, fish-, vegetable, &c.*) *stock.*
20g.

(*l*) Stribed o frethyn a wisgir o gwmpas y gwddf: *stock* (*strip of cloth worn round the neck*).
20g.

Fel *a.* A ailadroddir yn gyson, ystrydebol, confensiynol: *stock, hackneyed, conventional.*
1934. Ar lafar, 'Fel 'na ma'r gwleidyddion 'ma– ateb *stoc* ar gyfer pob peth'.
Cfn.: *stociau a chyfrannau: stocks and shares.* **20g.**

stocaf[1]: **stoco,** gw. stociaf: stocio.

stocaf[2]: **stoco** [bnth. S. (*to*) *stock*] *bg.a.* Diwreiddio: *to uproot.*
Ar lafar, *'Stoco'* 'To uproot, to dig up furze, thorns, &c. The term is now almost restricted to the cleaning of furzy land for the purpose of tillage', *GDD* 273.

stocan, gw. stwc[2].

stocastig [cfdds. o'r S. *stochast*(*ic*)+*-ig*[2]] *a.* A benderfynir ar hap, ac iddo ddosraniad tebygolrwydd sy'n dibynnu ar hap: *stochastic.*
20g.

stocen, gw. stocyn.

stocer [bnth. S. *stoker*] *eg.* ll. -*s.* Un sy'n tendio ffwrnais, taniwr: *stoker.*
20g.

stocffis, ystocffis [bnth. S. *stockfish*] *e?g.* Pysgodyn megis penfras a holltir ac a sychir yn yr awyr heb halen: *stockfish.*
c. **1566** *B* xv. 119, Y cwrs cyntaf o pysgod . . . twyl hallt ag ir / sef yw twyl / cwn brychion / ag yna cwn gwedy berwi a chwedy pobi *ystocffis* gwedy ffrio. **1762** *ML* ii. 523, yng nghrôg yn y nen . . . 4 o bysgod heilltion yr ynys, darn o hanerog o gig moch, one *stoc* ffis.

stociaf, stocaf[1], **ystociaf: stoc(i)o, ystocio** [bf. o'r e. *stoc,* neu fnth. S. (*to*) *stock*] *bg.a.* Cyflenwi (fferm, &c.) ag anifeiliaid, offer, &c., cyflenwi (siop, &c.) â nwyddau, llanw (silffoedd, &c.) â nwyddau, &c.; bod â (nwyddau) ar werth; rhoddi i gadw at y dyfodol, storio: *to stock* (*farm, shop, shelves, &c.*); *stock* (*goods*) *for sale; stock up, store.*
c. **1793** E. BARNES: *HBF* iv, Y mae ef yn ystyried ei Bentrefi fel cynnifer o Barciau, neu feddiannau wedi eu *stoccio* i'w wasanaeth a'i ddifrod ef ei hun.

stocsiaf, stocsaf: stocs(i)o [bf. o'r e. *stocs* (ll. yr e. *stoc*)] *ba.* Gosod rhywun mewn cyffion, llyffetheirio: *to place in stocks, fetter.*
17g. *LlCy* iii. 104, ceffull y neido rhaid yw y *stoccso* / ffayly tyny y draed oddinyno [*sic*]. Digwyddd *stocsio* hefyd fel e. ar arferiad gwerin gynt yng Nghonwy adeg y Pasg, gw. T. M. OWEN: *WFC* 88–9.

stocus [*stoc*+*-us*] *a.* Da ei fyd, llewyrchus, ffyniannus; wedi ei stocio'n dda (am fferm), llawn nwyddau (am siop): *well-off, flourishing, thriving; well-stocked.*
Ar lafar, *'stocus'* 'well, wedi mynd yn hen fachan *stocus', B* i. 101 (Arfon). Cf. D. J. WILLIAMS: *ChHO* 20, un o'r ffermydd mwyaf *stocus* a llewyrchus y gwyddwn i amdani y dyddiau hynny.

stocyn [?bnth. S. *stock* 'stump'+*-yn*[1]] *eg.* (b. stocen). Dyn byr cryf, stacan: *short strong man, stocky man.*
20g. Ar lafar, 'ryw hen *stocyn* o ddyn', *WVBD* 502; *'Stocyn* cryf o ddyn yw a', *GTN* 716.

stodaf: stodi, gw. pystodaf: pystodi.

stodwm, *e?g.* Llwyth, pentwr; ?clamp (o beth): *load, heap, ?whopper.*
1574 *RhRC* (At.) 142a, esgobyn ffalst o salsbri mewn *stodwm* o lyfyr kylwdddog a wnaeth ef yn galw y llyfyr yn . . . atteb yn erbyn ffudd Ryfain. Ar lafar, 'dillad yn un *stodwm',* 'prynu *stodwm* o bethe yn y siope' (Meir.).

stof, ystof[2], **stwf** [bnth. S. *stove* a S. Diw. Cyn. *stoove*] *eb.* ll. *stof(i)au, stofs.* Cyfarpar caeedig y'n llosgi tanwydd neu'n defnyddio trydan at goginio neu wresogi; ystafell a wresogir gan y cyfryw; hefyd yn *ffig.*: *stove, cooker; room heated by a stove; also fig.*
1545 ELIS GRUFFYDD: *Ll* 5, A mogel i hroddi wynt [poteli o ddŵr] ynn amser gaiaf mewn *sdwf* (*stewe*) ne le hry gynnes. **1828** *Geir Pob* 31, *Ystôf,* tân gell. Ar lafar, 'Cofia droi'r *stof* i ffwr' rhag ofn inni gal tân', 'Ma lot o bobl yn rhoi *stofs* llosgi coed yn y tŷ 'rŵan' (Arfon).

stofaf: stofi, stofiad, gw. ystofaf: ystofi, ystofiad.

stöic, ystöic, stöig [bnth. a chfdds. o'r S. *sto*(*ic*)(+*-ig*[2])] *eg.* (bach. g. (*y*)*stoïcyn,* b. *stoïcen*) ll. *stoïcs,* a hefyd fel *a.* Stoïciad, hefyd yn *ffig.*; stoïcaidd: *a Stoic, also fig.; stoic(al).*

1850. Ar lafar, '*Stoicien*' 'un ystyfnig, anodd ei thrin', *Cymru* liv. [84] (dwyrain sir Drefn.).

Stoïcad, gw. **Stoïciad.**

stoïcaidd, stoïciaidd, ystoïcaidd [bnth. S. *stoic*+-(*i*)*aidd*] *a.* Yn perthyn i'r Stoïciaid, tebyg i'r Stoïciaid neu nodweddiadol ohonynt; yn meddu ar hunanreolaeth fawr mewn adfyd: *Stoic* (*adj.*); *stoic*(*al*).

1778 N. WILLIAMS: *D* 39, Pa fodd yr wyt ti'n siarad mor *Stoiciaidd*? [**1783**] *W*, *Stöiciaidd* d.g. *Stoical or stöic.*

Stoïciad, Stoïcad [bnth. S. *Stoic*+-*iad*^{3}, -*ad*] *eg.* ll. *Stoïc*(*i*)*aid.* Aelod o ysgol athroniaeth a sefydlwyd yn Athen gan Zeno (*c.* 308 C.C.) ac a nodweddid gan ddysgeidiaeth foesol lem; un sy'n meddu ar hunanreolaeth fawr mewn adfyd: *Stoic*; *a stoic.*

1567 *TN* 200b, 'rhyw Philosophwyr o'r Epicurieit, ac o'r *Stoiceit.* **1595** H. LEWYS: *PA* 200–1, Mae 'r *Stoicieit* 'n dyscu yn eglaer, na ddylid cyfri 'n ddrygbeth fyw mewn tlodi. **1675** R. JONES: *HCh* 63, mae'r Arglwydd yn disgwil i ni fôd yn deimladwy o bwys ein cystuddiau, ni fynnai ef i ni mor bod megis *Stoiccïaid*, neu Gyffion, y rhai ni chlywant oddiwrth ei wialennodiau ef. **1730** IACO AB DEWI: *YL* 14, Nid bod yn rhaid i Grist'nogion ddyfod yn *Stoiccieid*, rhoi heibio bôb cynnwrf Meddwl. **1735** S. THOMAS: *HP* 10[6], yn gymmaint ac iddo [Pelagius] dreulio engcyd o'u [*sic*] Amser ym mysg y Groegiaid . . . yno y cafodd gyfleustra . . . i gael Cydnabyddiaeth a Philosophy y *Stoiciaid.* [**1783**] *W*, *Stöiciaid* . . . canlynwŷr . . . Zeno; sing. *stöiciad* d.g. *Stoic*, *pl. stoics.*

stoïciaeth [*stöic*+-*iaeth*] *eb.g.* Athroniaeth y Stoïciaid; ymagweddiad stoïcaidd: *Stoicism*; *stoicism.*

1836.

stoïciaidd, gw. **stoïcaidd.**

stoïcrwydd [*stöic*+-*rwydd*] *eg.* Ymagweddiad stoïcaidd, stoïciaeth: *stoicism.*

20g.

stoïcyn, stöig, gw. **stöic.**

stol, gw. **ysgol**^{2}.

stôl^{1}**, ystôl**^{1} [bnth. S. C. *stol*; ansicr yw'r engh. gyntaf] *eb.* ll. (*y*)*stolion*, (*y*)*stol*(*i*)*au.*

(*a*) Sedd heb gefn na breichiau ar gyfer un person fel arfer, sedd, cadair, mainc; troedfainc; hefyd yn *ffig.*: *stool*, *seat*, *chair*, *bench*; *footstool*; *also fig.*

13g. *LlI* 93, *Estaul*, duy k. **14**g. *GDG*^{3} 328, Trewais, ni neidiais yn iach, / Y grimog, a gwae'r omach, / Wrth ystlys, ar waith ostler, / *Ystôl* groch ffôl, goruwch ffêr. **15**g. *GLGC* 316, Os archaf danaf *ystôl* / a ddaw wrth y ddwy warthol [i ofyn cyfrwy]. **15–16**g. *GIF* 82, Nid oes un—ni 'dewis e / glustog ym gael i eiste. / Nid onest ym dynnu *stôl* / dan arall—nid yw'n wrol. *c.* **1525** *GLD* [78], Yma'n eich oes mwy ni chair / Obaith codi byth cadair. / Ei dwyn, i'r un dyn yr âi, / A diogan y'i dygai. / Mwy nid hawdd myned i hon. / Moes di alw am *ystolion* [marwnad Tudur Aled]! **1547** *WS*, *Ystol* i eistedd arnei A stole. [**1547**] W. SALESBURY: *OSP*, Rwng y ddwy *stol* ydd a r din i lawr. **1567** *TN* 328a, hyd oni ddodwy dy elynion yn *stol* ith traed. **1632** *D*, *Ystôl*, Sella, seliquastra, Sedile. **17**g. HUW MORUS: *EC* i. 280, Mi gym'raf esmwythdra, mi eistedda' ar fy *stôl.* **1753** *TR*, *Ystôl*, a stool, a seat, a chair. **1778** J. HUGHES: *BB* 61, Dichellion Sattan gyfrwys, / Pan gollodd hwn baradwys, / . . . / Ac nid oedd ffordd o ddiangfa, / Iddo fyned i orphwysfa, / Nag ynnill yno eisteddfa ei hên *ystôl.* **1803** *P* d.g. *Ystawl.* Ar lafar, *WVBD* 502 (ll. *stolion*); mewn rhai ardaloedd yn yr ystyr 'cadair', *SC* vi. 132 (sir Benf.); hefyd am y sedd mewn cwrwgl, J. G. JENKINS: *NC* 133 (Dyffryn Teifi).

(*b*) Sail neu stand y gosodir rhywbeth arni er mwyn ei godi, sylfaen, pedestal, gwaelod, gwaelod tas, ffrâm; ffolen: *base or stand used to raise something*, *pedestal*, *staddle*, *frame*; *buttock.*

1588 1 *Br* vii. 27–9, efe [Solomon] a wnaeth ddêc o *ystolion* pres . . . ystlysau oedd iddynt, a'r ystlysau oeddynt rhwng delltennau . . . rhwng y delltennau yr oedd llewod, ac ŷchen, a Cherubiaid. **1588** *Sech* v. 10–11, i ba le'r aiff y rhai hyn a'r Epha? . . . i adailadu iddi dŷ yng-wlad Sinnaar: ac hi a ddarperir, ac a osodir yno ar ei *stôl.* **1588** *Jer* xxvii. 19, Canys fel hyn y dywed Arglwydd y lluoedd, am y colofnau, ac am y gerwyn, ac am yr *stolion* (**1620** *ib. ystolion*) [yn nhŷ'r Arglwydd]. **1620** *Esec* xliii. 17, A'r allor fydd ddeuddec cufydd o hŷd . . . A'r *ystôl* (**1588** *ib.* ffrâm) fydd bedwar cufydd ar ddêc o hŷd, a phedwar ar ddêc o led yn ei phedwar ystlys. **1632** *D*, *ystôl* llestr d.g. *Basis.* *id.* Paladr colofn rhwng y penclwm a'r *ystôl* d.g. *Scapus.* **1796** J. ROBERTS: *R* 109–10, Am Simneiau bychain . . . Y corn a fesurir a llinyn o'i amgylch . . . yna mesur o'r Mŵg i *ystol* y corn. Ar lafar yn yr ystyron 'the buttock' a 'rhan isaf tas', *B* xv. 25 (Meir.). Cf. *WVBD* 280, cogwrn . . . a winder for winding wool . . . It consisted of an upright piece placed in a stand (*stôl*) with a hole in the middle.

(*c*) Bôn neu wreiddyn coeden, &c., y tyf blagur ohono: *stump or root of a tree*, *&c.*, *from which shoots grow*, *stool.*

c. **1700** E. LHUYD: *Par* ii. 59, *Ystolion* derw yn Lhyn mynylhod. **1769** E. ROBERTS: *GN* 12, Wel tor di bren i brofi, / Os blagura i foncuff gwedi; / Yr un peth a du ar i *Ystol*, / Budd eto 'n rheal iti. **18–19**g. *GABC* 114, Pan ddarfo angau dorri'r ddol, / Ni ddaw i neb mo ddoe yn ol, / Pan dorrer pren oddiar ei '*stol*, / Ni chyfyd byth i'r fan lle bu, / Na'r marw o garchar daear dy. Ar lafar, '*stolion* brwyn' (Penllyn).

(*d*) Comôd, tŷ bach; y weithred o ysgarthu; ysgarthion: *commode*, *lavatory*; *the action of evacuating the bowels*; *faeces.*

1545 *CM* 1, 141, I lanweithior korf ariwaered drwyr *ysdool.* *Diw.* **16**g. *WLB* 71, kymer *ystôl* a thwll drwyddi, ac eistedded y dyn claf arni . . . a rhoi dillad yn glos yn i gylch fal na chaffo ddym or agyr fyned ymaith ond yn union yn y ffwndament. **1615** R. SMYTH: *GB* 30, y cyconia . . . a ddyscodd i'r poticariaid arfer glystyr, gan sengi mvvsogl yn i gvvndid pen ni all fyned i'r *stol.* *c.* **1740** *LlM* 29, Rhag Caethiwed am fynd ir *Stol.* **18**g. *Llr* C 24, 260, y beri Cael *ystol.* Cymer wi newydd ddodwi a bwrw allan y gwyn yna dod ynddo Menyn newydd heb halen twyma ef yna bwyta ef yn fynnych. **1759** J. EVANS: *PF* 46, Y mae 'n gweithio i'r *Stol*, ac i redfa 'r Dwfr hefyd. *id.* 55, Y mae 'n gweithio Cyfog a *stôl* (*by vomit and by stool*), ond yn bur ddiberigl. **1771** *PDPh* 13, Poen mawr wrth fyned i gael *ystol.* *id.* 15, rhoddwch y glister canlynol ddwy waith yn y dydd, hyd nes caffo 'r claf ddwy *ystol* neu dair. **1796** N. WILLIAMS: *HM* 31, fe gaiff *ystôl* dra thenau (*very thin Stools*). **1797** JAC GLAN-Y-GORS: *TD* 22, Wedi i'r aer gael [rh]oi cusan i law'r brenin . . . bydd yr ail feibion . . . yn disgwyl . . . ofer swyddau . . . bydd un yn cael ei wneud yn olygwr ar ol ceffylau y brenin . . . ac un arall, yn arglwydd yr *ystôl* neu y ty bach. Ar lafar gynt, ''Ddaru chi gâl *stôl*? (asked by doctors)', *WVBD* 502.

Cfn.: **(y)stôl fach:** *small stool* (*for a child*); *chair.* **1885** D. OWEN: *RL* 33, Eisteddwn i ar fy *ystôl fach.* Ar lafar, 'Dod y plentyn i ishta ar y *stôl fæch* wth y tæn', *GTN* 717; hefyd yng Nghered. yn yr ystyr 'cadair'. **ystôl bera:** *staddle.* [**1783**] *W* d.g. *Staddle. Bot.* **stôl y frenhines:** *London pride*, *Saxifraga urbium.* Ar lafar, G. AWBERY: *BM* 21 (y De-orllewin). **(y)stôl frwyn:** *stool with a woven straw seat.* **1911.** Ar lafar yng nghanolbarth Cered. **(y)stôl gadair:** (*arm*)*chair.* **16–17**g. *RAGR* 370, Ni cheisiodd Mair *ystol gadair* / na chlvstoge plv, na mwvthe, / ond mewn presen ych ag Asen / mewn drvll hen dv, i ganed Jesü. **17**g. *LlGC* 253, 271, tomas Evan drwy i hyn i *stol gader* yr oedd fo yn tybied i gorffen ag ynte heb i gorffen ond i chefn kwmpas. **1733** T. EVANS: *PP* xi. Ar lafar, '*stolgader* . . . An arm-chair. Plur. *stole-cadeire*', *GDD* 273; *TGG* (1904) 59 (sir Benf.). Cf. D. E. JONES: *HLlP* 370, gwely pren neu haiarn, seld, ford, a '*stolau cadeiriau.* **ystôl gadair ddirgel:** *close-stool*, *commode.* **1604–7** *TW* (*Pen* 228) d.g. *Familiaris sella.* **(y)stôl gaead:** *close-stool*, *commode.* **1916.** **stôl ganddo:** (i) *fox and geese* (*boardgame*). **1899.** Ar lafar, '*stôl ganddo*' 'fox-stool game . . . the "stôl", was carved out generally on the back of a bellows or on any flat piece of board. The playing area is in the form of a cross', *LlGC* 1173, 92 (Morg.); I. C. PEATE: *DGC* 66, *GTN* 717. (ii) *three-legged stool.* Ar lafar, *GTN* 717. **stôl gâns:** *cane-bottomed chair.* Ar lafar, *SC* vi. 132 (sir Benf.). **stôl odro:** *milking stool.* **1927.** Ar lafar, *WVBD* 502. **(y)stôl y gwatwar,** &c.: *the seat of the scornful.* **1603** E. KYFFIN: *Ps* [1], ni steddai'n *stôl gwatworion.* **1621** E. PRYS: *Ps* 1a, Nid eiste'n *stol y gwatwor.* **1787** (**1812**) TWM O'R NANT: *PG* 56, [y] rhai sy'n eistedd yn '*stol y gwatwar.* **(y)stôl wellt:** *straw stool*, *hassock.* **15**g. *Glam Bards* 291, eiste lang ar *ystol welld.* **1707** *AB* 217d, '*Stôl welht* d.g. *Hessor.* **stôl haearn:** *iron stool.* **1930.** Ar lafar ym Mhenllyn. **stôl fagu:** *nursing-chair.* Ar lafar gynt. Cf. *CYLl* 38, Cofio'r wyf yr hên *stôl fagu*, / . . . / Cofio fel 'r eisteddwn ynddi / I roi hûn i'm baban llon. **stôl fawr:** *armchair.* Ar lafar yng Nghered. **stôl noeth:** *close-stool*, *commode.* **1617** *Minsheu* 471b, *Stôlnoeth* [*sic*], quod parti nudatæ vtendum d.g. *a Close Stoole.* **stôl biano, stôl piano:** *piano stool*, *music stool.* **20**g. Ar lafar. **stôl das, stôl tas:** *staddle.* Ar lafar, '*stôl das*' 'bracken, etc., which forms the base of a haystack', *WVBD* 502; '*stôl tâs*' 'gwaelod y das, ei sail', *B* iii. 208 (Penllyn). **(y)stôl deirtroed,** gw. *stôl drithroed.* **(y)stôl dingnwpa:** *one-legged stool.* **16**g. *AP* 7, *ystol din gnwpa* (*CD* 46, *Stôl dingnwpa*). **1766** *CD* 135, Hên '*Stol din gwnwppa* [*sic*], / Serfyll gam lippa. **(y)stôl draed ((y)stôl fy nhraed,** &c.**):** *footstool*, *also fig.* **1567** *LlGG* (*Sall*) 55a, Derchefwch yr Arglwydd ein Dew, ac ymestyngwch yd lawr rac bron '*stol ei draet* (**1588** *Salm* xcix. 5, ei *stôl draed* ef). **1567** *TN* 181b, [y] ddaear yvv lleithic [:– mainc *ystol*] *vy-traet.* **1703** T. BADDY: *PCh* 180, Gwêl ymma waed wrth dy *stôl-draed.* Gw. hefyd *stôl droed.* **(y)stôl drithroed, (y)stôl deirtroed:** *three-legged stool.* **1632** *D*, *ystôl drithroed* d.g. *Tripus.* **1725** *SR*, *Ystol-deir* [*sic*] *troed* d.g. *A Tressle.* **1794** *W*, *Ystôl deir-troed* d.g. *Tripod* [*a three-legged stool*]. Ar lafar, '*stôl drithrod*', *WVBD* 502. Cf. K. ROBERTS: *TB* 36, cymerodd Mrs. Ifans *stôl deirtroed* i eistedd arni. **(y)stol drochi:** *ducking-stool.* **1606** E. JAMES: *Hom* i. 194, eu gosod ar *stôl-drochi*, ar y pilwri neu'r cyfr[y]w. **1725** *SR*, *Ystol-drochi* d.g. *Cucking Stool.* **1772** *W* d.g. *Ducking-stool.* **(y)stôl droed:** *footstool.* **1567** *TN* 346b, eistedd yma islaw fy *stol droed.* **1769** J. GRIFFITH: *A* 43, wrth '*stôl-droed* gorseddfaingc Duw. Cf. T. H. PARRY-WILLIAMS: *Y* 53, gwich ambell *stôl droed* anystywallt. Gw. hefyd *stôl draed.* **rhwng (y d)dwy stôl,** gw. *syrthiaf*: *syrthio—syrthio rhwng dwy stôl.*

stôl^{2}**, ystôl**^{2} [bnth. S. *stall*] *eb.* ll. *stoliau*, *stolion*, *stôls.* Côr, stâl; stondin, bwth: *stall* (*in a stable or cowshed*); *stall*, *stand*, *booth.*

c. **1730** *Thos. Lloyd D* (LlGC) 209a, *Stôl.* A stall. BP. 88. Ar lafar yn gyff., '*stôl* . . . *stôls*', *WVBD* 502; '*Stol* y fuwch', 'Gosod *stolion* i fyny 'n y ffair', *Cymru* liv. [84] (dwyrain sir Drefn.); *LGW* 361. Cf. W. J. GRIFFITH: *SHF* 103, Dilynais ef . . . i'r ystabl, hyd at y *stôl* lle y gorweddai ceffyl Huw Huws yn swp diymadferth.

Gw. hefyd **stâl.**

stôl^{3}**, ystôl**^{3}**, (y)stola** [bnth. S. C. *stole* (neu'n uniongyrchol o'r H. Ffr. *estole*, Ffr. Lloegr *stole*, neu'r Llad. *stola*, cf. H. Grn. *stol*, gl. *stola*, Llyd. C. *stol*, Gwydd. C. *stoil*) a bnth. dysg. Llad. *stola*] *eb.g.* ll. (*y*)*stolau*, (*y*)*stolâu.* Dilledyn merch tebyg i sgarff a wisgir dros yr ysgwyddau, stribed o frethyn a wisgir felly gan offeiriad, gwisg offeiriadol Iddewig heb lewys, gwisg hir, hefyd yn *ffig.*: *stole*, *long robe*, *also fig.*

14–15g. *IGE*^{2} 175, Ffloch gadwyn gold mold a'i medd / Ffloyw ei mynwair, fflam unwedd; / *Ystola* gri o ffion, / Ystrêd felenbraff graff gron [Rhys Goch Eryri i yrru'r ddraig at Wiliam Tomas o Raglan]. **14–15**g. (*Diw.* **16**g.) *Gwyn* 3, 170, cytgam was dylam *ystola* enfys / catgi cywion-flys deithflys dythfa [dychan Rhys Goch Eryri i'r llwynog]. *c.* **1400** *YCM*^{2} 63, [T]urpin, Archescop Remys, a wisgwys yr *ystol* ac a gymerth sallwyr, ac a dywawt y Letanie. *Dchr.* **15**g. *B* viii. 137, Ot edewis ar yr offeren dwfyr neu win neu dan neu *ystola.* **15**g. *HS* 31, ys gwelwyf mewn gwisg oleu / ol i dwrn ar i ael deu / ag *ystôl* os kanmolwn / i dial hi ar dal hwn. **15**g. *GLGC* 114, *Ystola* werdd ddestl a wisg / o arianwaith ar wenwisg [i Syr Morys ap Sion]. **15–16**g. *GRB* 5, Rhy hawdd y'm llesgawdd o'i llusg, / rhod amliw, rheuad ymlysg, / ystaenwe ysto enwir, / *ystola* perth ystlop hir [am neidr]. **1547** *WS*, *Ystola* offeirat Stoole. **1551** W. SALESBURY: *KLl* xlib, wy . . . a welsant wr ieuank yn eistedd o ddeheu / wedy'r wisco ag *ystola* wenn. **1567** *TN* 71b, gwiscoedd llaesion [:– *stolae*]. **1574** *RhRC* (At.) 304b, fo gymerodd y gwr y *stola* o ddiam y wddw. *Diw.* **16**g. *Cy* ix. 365, paham y maer *ystol* am vynwgl yr yffayriad. **16–17**g. *GHCEM* 83, Ystalwyn[,] ddifwyn ddyfal, / Ystel a'i caiff, *stola* cal [i ofyn cwrtal yn llateies]. **1618** J. SALISBURY: *EH* 156–7, A'r Angylion a beyntir yn rhith gwyr iefenc . . . mewn gwiscoedh claer-wnion, ag *ystolæ* santaidh, am eu bôd yn bur wirion. *c.* **1762–79** W. WILLIAMS: *P* 407, y *stol* . . . sydd addurn am wddf yr offeiriad. **1803** *P* d.g. *Ystol.* *id.* *Ystola*, s. f. . . . A scarf, an ephod; a wrapper, or loose gown, a stole.

Amr.: **(y)stolas** (?*e.ll.*). **16**g. HUW ARWYSTL: *Gw* 248, 249.

stolaf^{1}**, stoliaf**^{2}**, ystolaf: stol(i)o, ystolo** [bnth. S. (*to*) *stool*] *bg.* Blaguro â llawer o flagur, egino, tyfu crachgoed, egino, gwreiddio: *to throw out a thick head of stems*, *stool*, *sprout suckers*, *sprout*, *strike root.*

1770 P. WILLIAMS: *BS*, *Salm* lxxii, nid tywysen yma ac accw yn deneu, eithr wedi '*stolo* yn ddyrneidiau ynghyd. Ar lafar, '*stolo*', *TGG* (1907–8) 110 (godre Cered.).

stoliaf^{1}**, stolaf**^{2}**: stol(i)o** [bnth. S. (*to*) *stall*] *bg.a.* Stopio mynd (am injan, cerbyd, &c.) oherwydd gorlwytho'r injan, nogio: *to stall* (*of engine*, *vehicle*, *&c.*).

Ar lafar, '*stolio*', *Cymru* liv. [84] (dwyrain sir Drefn.); 'Nes i *stolio*'r car ddwy waith yn 'y mhrawf gyrru' (sir Ddinb.); 'Ma'r car 'di *stolo*' (sir Gaerf.).

stoliaf^{2}**: stolio,** gw. **stolaf**^{1}**: stolo.**

stolpiad, stolpiaf: stolpio, stolpyn, gw. **sgolpiad, sgolpiaf: sgolpio, sgolp.**

stomac, stomaf: stomo, stomog, gw. stumog, stwmaf: stwmo, stumog.

stomp¹, ystomp [bôn y f. *stompiaf: ystompiaf: (y)stompio, stomp(i)an*] *eb.g.* Stwmp, stwnsh, slwtsh; llanastr, anhrefn, hefyd yn *ffig.* am berson: *mash, mashed vegetable(s), soft pulpy mass; mess, disorder, also fig. of person.*

18–19g. *Llr C* 55, 404, *Stomp*, Denbigh, a mixture, a hodge-podge, as of potatoes and turnips, &c, a mixt medley of any kind. Ar lafar, 'ŷd wedi'i wneud yn *stomp*', 'gneud y bwyd yn *stomp*', *WVBD* 502 (*eb.*); '*stomp* maip', *LlG* x. 10 (sir Ffl.); '*stomp* llaeth' 'mashed potatoes in milk', *Geir Geg* 36 (Meir., sir Drefn., Cered., a Brych.); 'Mae wedi gwneud *stomp* o'i fywyd, yn siŵr i chi'. Cf. A. ROBERTS: *LlM* 104, Mae genyf fi gariad ag arni dair camp, / Mae'n g'wilydd ei gweled mewn siaced neu siwmp, / Hi ardia, hi nydda, pan 'stedda 'r *ystomp*, / A'r ser, ar nos oleu, fe'u rhifa hwy'n rhemp.

stomp² [bnth. S. *stomp*] *eb.* ll. *-iau.* Dawns jas rythmig a nodweddir gan guro traed: *stomp (jazz dance).*

20g.

stomper [bnth. S. *stamper*] *eg.* Stwnsiwr (tatws, &c.), stwmpiwr; golchbren: *masher (for potatoes, &c.); washing-dolly.*

20g. Ar lafar am stwnsiwr, '*stompar, stomper*', *Geir Geg* 152 (Meir.); hefyd mewn rhai ardaloedd yn y ff. *stompar* am ddau fath o olchbren, *Folk Life* xix. 45.

stompiaf, ystompiaf: (y)stompio, stomp(i)an [bnth. S. (*to*) *stamp*] *bg.a.* Stwnsio, pwyo; maeddu, gwneud stomp neu lanastr (o), cawlio, bwnglera; sathru (i lawr), curo (traed), cerdded gan guro'r traed: *to mash, pound; soil, make a mess (of), botch, bungle; trample (down), stamp.*

p. **1500** *Pen* 57, 49, I dori gwaed gweli . . . kymer y ganwraidd velen abriw ac *ystompia* yn dda adyro ymenyn heb halen ynddo wrth y weli . . . ahyny ai tyr acai gwna yn i ach [*sic*]. **1547** *WS*, *Ystompio* Stampe. *c.* **1548** *CM* 1, 684, Kymer lon[n]aid dy law o ddail y lawriel . . . Ac *ystompia* wynt ynn soeg. *Diw.* **16g.** *WLB* 9–10, Kymer y peth a elwir yn dowth . . . a blawd haidd . . . ac *ystompia* wynt yn dda. *id.* 38, Kymer y llinad ar ddilosc a llefrith bywch unlliw, ai *stompio* a wneuthur [*sic*] yn blastr. *c.* **1740** *LlM* 20, *stompiwch* y Llysiau'n dda. *ib.* Cymmer Rawn yr Eiddew . . . au *stompio* yn dda a Saim gwydd. *id.* 34, rhaid cymmeryd Garlleg wedi eu *stompio* mewn Diod Fain. Ar lafar, 'Os na fedar dyn neud peth, 'fedar o ddim ond 'i *stompio* fo', '*stompio* golchi', '*stompio* gneud bwyd', '*stompio*'r mortar', '*stompio*'n y dŵr', 'ŷd wedi'i *stompio*', *WVBD* 502; 'paid a *stompio*', *Cymru* xlvii. [236] (sir Ddinb.); 'Peidiwch â *stompio*'r llawr yma efo'ch traed budur ar ôl imi 'i lanhau o'; '*stompio* tatws', *Geir Geg* 118 (gogledd Cymru).

stompiwr, ystompiwr [bôn y f. *stompiaf, ystompiaf: (y)stompio, stomp(i)an*+*-iwr*] *eg.* (b. *stompwraig, stompreg*) ll. *stompwyr.* Un sy'n gwneud stomp, un blêr, bwnglerwr: *messy person, botcher, bungler.*

1916. Ar lafar, '*stompiwr* o weithiwr', *WVBD* 502.

stomplyd [*stomp*¹+*-lyd*] *a.* Gwlyb a budr (yn enw. am y tywydd), lleidiog, mwdlyd: *wet and dirty (esp. of the weather), muddy.*

Ar lafar, 'Mae hi'n *stomplyd* efo'r glaw 'ma', *Cymru* lxii. 175 (gorllewin Meir.). Cf. T. H. PARRY-WILLIAMS: *Y* 79, Yr oedd hi'n fin nos *stomplyd*, ac ystyried mai mis Gorffennaf oedd hi.

stompreg, stompwraig, gw. stompiwr.

stôn, ystôn [bnth. S. *stone*] *eb.* ll. *stôns.* Uned bwysau a ddefnyddir yn aml i fesur pwysau'r corff dynol ac sy'n gyfwerth â phedwar pwys ar ddeg neu 6·35 cilogram: *stone (unit of weight).*

1690 *Brog* 8623, 5, un wedd yn mend [*sic*] ar gwlan ir mwithig un *yston* adeigen am ddwy bunt arigen ag un swllt ar ddeg. Ar lafar yn gyff., 'pwyso pymthag *stôn*' (dwyrain Morg.).

stoncar [bnth. S. *stonker*] *eg.b.* Person neu beth mawr, esiampl dda o'i fath, pisyn: *stonker, large person or thing, fine example of its type, sexually attractive person, hunk, stunner.*

20g. Ar lafar, 'Ma hi'n mynd mas 'da *stoncyr* o foi' (sir Gaerf.); '*stoncar* o sesh' (Arfon); '*stoncar* o bloryn' (Môn).

stoncyn, ystoncyn [?cf. *stanc*] *eg.* (b. *stoncen*) ll. *stoncynnau, stonciau.* Darn mawr o bren, blocyn o goed tân, bôn coeden yr impir coeden arall arno, gwreiddgyff; stanc (i glymu heretic, gwrach, &c., wrtho i ddioddef marwolaeth drwy losgi); pwtyn, palff o ddyn, dyn ystyfnig: *chunk of wood, block of firewood, stump of tree on which another tree is grafted, rootstock; stake (for execution by burning); short stubby person, hefty fellow, stubborn person.*

1770 *Mân Adnau* (LlGC) 1044, 14 Ebrill, That I planted to *Stonkine* att the Billy the Last planted Sweet ables [*sic*]. *ib.* I Graffted about twenty four *Stonkin* two Dison. Ar lafar, 'hen *stoncyn* i'w roi ar y tân', *Cymru* xlvii. [236] (sir Ddinb.). Cf. D. OWEN: *B* 406, Pan oedd Catelin Girard yn sefyll ar yr *ystongcyn* yr oedd i ddioddef wrtho.

Gw. hefyd **stanc.**

stoncyr, gw. **stoncar.**

stond¹ [bnth. S. *stand* 'open tub, barrel'] *eb.g.* ll. *-iau, -s.* Twba, casgen (fawr), ?buddai; stand: *tub, (large) barrel, cask, ?churn; stand.*

17g. *Llst* 82, 27, kymer chwech gal/wyn o gwrw kadarn, rhwng y berem ar gwaddod, adod ef mewn *stond* (*WLB* 37, stwnt) lan glyd abwrw/r galwyn Breki yndo. Ar lafar yn y ff. *stond*, *Cymru* xxxiv. 180 (godre Cered.), *TGG* (1907–8) 88 (de-orllewin sir Gaerf.), *GDD* 273; '*Stond* . . . *stonds*' 'a big cask', *LlGC* 1173, 94 (Morg.). Cf. *CYLl* 37, Hen hirgron *stond* a chaead crwn, / A gordd o bren a'i choes drwy hwn.

Amr.: **ystond. 1905.**

Cfn.: **stond agolch = stond bwyd moch.** Ar lafar, '*Ston-agolch* [*sic*]', *GDD* 273; '*Stond acolch*', *LlGC* 1173, 94 (Pontneddfechan, Morg.). **(y)stond bwyd moch, (y)stond bwyd y mochyn:** *pigswill tub.* **1905. stond y moch(yn) = stond bwyd moch.** Ar lafar, '*Stond y Moch*', *LlGC* 1173, 94 (Banwen Pyrddin, Morg.); '*stond y mochyn*', W. J. DAVIES: *HPLl* 243.

Gw. hefyd **stwnt.**

stond², (y)stont [bnth. S. *stand* 'standing position'] *a.* a hefyd fel *e?g.* Llonydd, hollol lonydd, disymud; cryf, cadarn; (o'i) unfan: *still, stock-still, motionless, stationary; strong, firm; (from a) standing position.*

1547 *WS*, Neitio o *stond* Jumpe. **16–17g.** *CRC* 382, Carlamma ymhell ar naid *ystont* / A nidia r Bont J fynv. **1894** *Ysten Sioned* 132, Tref y Ddôl a Thal y Bont, / A chwrw *stont* Siân Morgan. Ar lafar mewn ymad. megis '*sefyll yn stond*'; 'neidio o (or ar) *stond* (or *stont*)', *EEW* 53. Digwydd hefyd yn yr ymad. '*stond catsh*', ''Odd yr 'en geffyl yn ritag ar wyllt a fe nidws Ned ato a dod ag e'n *stond catsh*', *GTN* 716; hefyd yn y ff. *stancatsh*, 'Ma'r cart tail wedi mynd yn *stancatsh* yn y pwll llacs'.

stondard, stondardd, stondart, stonderd, gw. **standard.**

stondiaf: stondio [bnth. S. (*to*) *stand*] *bg.a.* Sefyll yn stond; rhoddi i sefyll: *to stand stock-still; put to stand.*

17g. *CRC* 187, Cael byrm a ffen ai roi ynghyd ai wnffyd [*sic*] ydyw 'r hopsyn / i ilio i hidlo i *stondio* 'n wych a ffawb a chwenych Gittyn. Cf. E. P. MORGAN: *Y Wisg Sidan* (1939) 80, Ar y darn serthaf oll, rai llathenni o'r pen, ymddangosai [ceffyl] wedi *stondio*'n lân.

stondin, (y)stonding [bnth. S. *standing*] *eb.?g.* ll. *stondin(g)au, stondingoedd, stondins.* (Safle) bwrdd neu fwth a godir (dros dro) er mwyn arddangos nwyddau (i'w gwerthu); safle, safiad; twba, casgen (fawr), stond; hefyd yn *ffig.*: *(position of) stall or booth; stand; tub, large barrel, cask; also fig.*

1828 *Geir Pob* 31, *Ystonding*, sefylliad. Ar lafar, 'colli'r *stondin*' 'to lose one's position, to lose caste', *WVBD* 503 (*eb.*); '*stondin*', *Cymru* liv. [84] (dwyrain sir Drefn.); ''Wi'n lico mynd rywnd i'r *stondina* yn y farchnad agorad', *GTN* 716 (*eb.*); 'Tafl y gwargedion i'r *stondin* bwyd moch' (dwyrain Morg.). Digwydd hefyd yn y ff. *standin*, *GDD* 271 (*eg.*), ac yn y ff. *standing*, ll. *standings* (sir Gaerf.). Cf. D. OWEN: *RL* 337, Cedwir . . . mewn ambell eglwys gigydd a dïenyddwr crefyddol. Difyrwch penaf y blaenaf ydyw tori i fyny ei gydfrawd yn bedwar aelod a phen, a'i arddangos ar ei *stondin*; D. OWEN: *SP* 84, Gwyddel oedd Martin, a byddai ganddo fen fach ysgafn ar bedair olwyn, a'i thop yn fflat fel bwrdd, ar yr hon y cariai ei nwyddau i'r marchnadoedd, a'r hon a wasanaethai iddo fel *stondin*; T. H. PARRY-WILLIAMS: *Y* 57, sŵn y gwerthwyr ger y *stondingau*; D. GWENALLT JONES: *YA* 98, Taflasant atat eu pelenni pŵl / Fel cocyn hitio yn *stondingau*'r ffair.

Cfn.: **stondin l(l)yfrau:** *bookstall.* **1929. stondin finceg:** *sweet-stall.* **1892. stondin saethu:** *shooting gallery, rifle-gallery (in a fair).* **20g.**

stondinwr, stondiniwr [*stondin*+*-(i)wr*] *eg.* (b. *stondinwraig*, ll. *stondinwragedd*) ll. *stondinwyr.* Un sy'n gwerthu nwyddau ar stondin mewn marchnad neu ffair: *stall-holder.*

20g.

stondor, stonddart, gw. **standard.**

stoni [bnth. S. taf. *stony*] *e?g.* Math o farblen: *kind of marble.*

c. **1890.** Ar lafar gynt, T. V. JONES: *Chwaraeon* 432, 446.

stonin, stons(h), stont, gw. **stonyn, stans¹, stond².**

stonyn [bnth. S. *stone*+*-yn*¹] *eg.* Carreg feddal wen a ddefnyddir i wynnu llawr neu garreg yr aelwyd: *soft white stone used to whiten a floor or hearthstone.*

Ar lafar, '*Stonyn*' 'Chalk stone used for marking floors when they are washed', *GDD* 273; ''Ôn' nw'n arfadd rwto carrag yr aelwd o *stonin* wth 'i golchi ddi, idd 'i chatw 'i'n wyn', *GTN* 717.

stop, ystop [bnth. S. *stop*] *eg.* ll. *-iau.* Y weithred o stopio neu'r cyflwr o fod wedi stopio, ataliad symudiad neu gynnydd, oediad, arhosiad yn ystod taith, arhosfan; stopiad organ gorfforol; atalnod llawn, dot; *Crdd.* rhes o bibau organ sy'n cynhyrchu nodau o'r un ansawdd, y nobyn neu'r lifer sy'n rheoli'r rhain: *stop, pause, stop (during a journey), stopping-place; stoppage (obstruction of a bodily organ); full stop, point, period, dot; (organ) stop (in mus.).*

17g. *LlGC* 13215, 335, *ystop* Oppi[l]atio. **1672** R. PRICHARD: *Gw* 167, A nâd iddynt wneuthur niwed, / Im na chwilydd, *stop* [:- Rhwystr], na cholled. Ar lafar yn gyff. Cf. T. H. PARRY-WILLIAMS: *O* 29, petai gennyf un map . . . a phob un crwydriad . . . o'm heiddo wedi ei farcio arno, gyda *stop* am bob aros.

Cfn.: **stop lamp(s):** *the temporary exclusion from work of a coal miner who was too late to fetch a lamp from the lamp-room.* **1928.** Ar lafar yn ardaloedd glofaol y De, *B* viii. 222–3, *Geir Glo* 144. **stop tap:** *stop-tap (in a public house), also fig.* **1894** *Cymru* vi. 11, Rhwng y Cocid a'r dre ma'r graig, lle bidd y Ladi Wen yn tarfi'r dinon fidd wedi aros *stop tap* yn y Ryplands. Ar lafar. Cf. D. J. WILLIAMS: *HW* 32, Yn y 'Cart and Horses'. . . odid fawr, tuag amser *stop tap* yco, na cheid cân . . . gan Nwncwl Jâms. Gthg. *stop-tap.* **stop wegins:** *the absence of wagons on the sidings (indicating that there is to be no work).* Ar lafar yn ardaloedd glofaol y De, *B* viii. 223; ''Odd 'i'n *stop wegins* witha yn y Gotra pry'ny' (dwyrain Morg.).

stopad, stopaf: stopo, stopi, stopyd, gw. **stopiad, stopiaf: stopio.**

stopcoc [bnth. S. *stopcock*] *eg.* ll. *-iau.* Falf sy'n rheoli llif hylif neu nwy drwy bibell: *stopcock.*

20g.

stopel, gw. **stapl¹.**

stopiad, stopad, ystopiad [bôn y f. *stopiaf, stopaf, ystop(i)af: stop(i)o, stopi, ystop(i)o*+*-iad*¹, *-ad*] *eg.* ll. *-au.*

(*a*) Cyflwr ataliedig neu rywbeth sy'n atal organ gorfforol, ataliad (wrin): *stoppage (obstruction of a bodily organ), retention (of urine).*

c. **1548** *CM* 1, 779, Epuwlashiwn yr yr [*sic*] hwn ydiw *ysdopiadd* [*sic*] yr av. *id.* 789, maalinckoli yr hwn addaw ynn vennycha *oesdopiad* yresblinn. **1707** *CEBM* 7, [d]irfawr boen y Gareg, *stopiad* y Dwfr. **1741** S. THOMAS: *DY* 52–3, Mewn Corph naturiol megis corph dyn, y mae'n tarfu oddiwrth y pen ryw fath o wthiennau aelwir [*sic*] Nervs . . . *Stoppad* mewn rhai o'r rhain sy yn peri y Parlys. **1801** *MMf* 205, Rhag Y Crawnglwyf Mewn Penn, A Elwir Postwn Y Penn, O Bydd Attal Ag *Ystopiad* Yn Y Clustiau.

(*b*) *Crdd.* Dull o ganu nodyn neu nodau: *manner of playing a note or notes.*

c. **1566** *B* i. 143, Dowetter bellach am grychiadau / a ffiethiaday / a chysylltiaday / a thagiaday / ag *ystopiaday*. Cf. *stopiaf: stopio* adran (*c*).

stopiaf, stopaf, ystop(i)af: stop(i)o,

stopi, ystop(i)o [bnth. S. C. (*to*) *stop*(*pe*)] *bg.a.*

(*a*) Cau agorfa allanol (organ gorfforol) drwy roddi rhywbeth ynddi neu arni, gorchuddio (llyga(i)d) â rhwymyn, &c., rhwymo (clwyf, &c.), stansio, atal llif (gwaed, &c.), cau (llestr, &c.) drwy lenwi'r geg â chaead, plwg, neu dopyn, blocio, cau, hefyd yn *ffig.*: *to obstruct the external orifice of (a bodily organ) by putting something in or on it, cover (eye(s)) with a bandage, &c., bind (wound, &c.), staunch, close (a vessel, &c.) by blocking its mouth with a cover, plug, or stopper, block, close, also fig.*

14g. *BB* 18, *ystopio* ev klustiev a chwyr (**15g.** *ib.* yna oruu ar gwyr todi kwyr yn ev klusteu). *c.* **1400** *YSG* i. 67, ef a aeth y gysgu ar y luric, ac a dorres arffet y grys, ac a *ystopyawd* y brath, ac a roes arwyd y Groc arnaw. *c.* **1400** *ChO* 7, gwneuthur plastyr a wna [y cythraul] o gynnulleitua ac amylder goludoed bydawl, a'e dodi yn llygeit y prelat y *ystoppyaw* y olygon ar ysprydolyon betheu. *c.* **1400** *B* xiv. 189, Kynnedyfeu meddawt ynt: yn gyntaf y dilea y cof, y gwasgara y synnwyr . . . y gwahana y gieu, yd *ystoppa* y clusteu. **1545** *CM* 1, 344, Kymer bott arall . . . Adod y pott . . . ai dinn [*sic*] I vynv ac ai wyneb I waredd [*sic*] ynny pott hwn ac *ystopiar* kyswlld yn ddi/ddos a chlai gwydyn ne a tho[e]s hryg. **1547** *WS*, Top i *stoppio* A stoppe. *id. Ystopio* gwaed Staunche blode. **16g.** *Pen* 181, 384, troi dwr oi ddyffyrle *ystopio* ffyrdd kyffreithlon. **16g.** *THSC* (1923–4) (At.) 67, ny bydd da gan yr vn o honoch ddyfod lle bo byria yn drygsawrio, y bydd raid yt *ystopio* dy drwyn. **1567** *TN* 340b, Rrain trwy ffydd . . . a *stopiason* safnay'r llewod. *p.* **1584** G. ROBERT: *GC* [275], vn pott ò gwrwf à cheinniog o glera a *stoppia* i safnau. *Diw.* **16g.** *WLB* 56, twymno ychydig ar y llestr kyn ilio ynddo ai *stopio* yn dda fal nad el dim or anadl allan. **1670** J. HUGHES: *AP* 59, Oni all yr Offeiriad . . . gyhoeddi Cyffes ei Benyd-ddyn . . .? . . . Na all ddim, nac i safio ei fywyd . . . nac i *ystoppio* neu i gae safn Vffern. **1672** R. PRICHARD: *Gw* 152, Shiga ei shol [Satan], a *stoppa* [:– Attal] ei wenwyn. **1681** S. HUGHES: *AC* 28, trwy *stoppo* '[r] bottel â'i fys. **1732** *AABI* 89, deisyfodd hi ar Dduw, *Stopi* fynu ddrws Uffern a'i Henaid a'i Chorph hi, fel nad allei neb fyned i mewn. *c.* **1762–79** W. WILLIAMS: *P* 327, *stoppwyd* yr afon gan y cyrph meirw, nes iddi eu dwyn hwynt i wared i fôr Sodom. **1790** TWM O'R NANT: *GG* 72, Ond rhaid ich gofio Edrych, / Am roi, fel wrth gôd Eurych, / Ystrapiau dewrwych am wddf y dŷn, / I *stopio*'i Glôs tros dip ei glun.

(*b*) Rhoddi'r gorau i wneud neu fod yn (rhywbeth), peidio, (peri i (rywbeth symud-ol)) aros, sefyll, neu beidio â gweithio, rhwystro, atal: *to stop, discontinue, cease, prevent, withhold.*

1488–9 *BSM* 5, Rag kael o eraill ev marwolaeth yr *ystopies* Duw y Ryvel. **16g.** (*LIEG*) *Mos* 158, 154b, y gwr a oedd yn kysgu yni drymhun Ana/dyl y neb a *ysdoppiwyd* ynn dynn ar kydachau trauu wyr Er/aill yn sengi y korn . . . ynni ffwndment ef. **1574** *RhRC* (At.) 65b, er fy mod yn gweled y gallwn yn gynt ddwyn . . . anglod y mi fy hynan wrth . . . ysgrifeny attoch mywn llaw mor flottedic ag mor draws a hon . . . Etto gwell y doedd gen i gymeryd yr holl fie yma arnaf nag *ystoppio* fy llaw. **16–17g.** *B* vii. 112–13, am *ystopio* tafodau gwragedd, yn wir ni chymraf vi arnaf mor swydd honno. **16–17g.** *CRC* 8, ag heb allel *stopio* cariad / dyna glwy a laddodd fagad. **1605–10** *RC* xlviii. 59, Rrai am *stopio* 'r mor heli. **1615** R. SMYTH: *GB* 269, a thrvvy vvascu i ddaulin yn dyn[n] yngylch y march, yr oedd yn i *stopio* ag yn i droi . . . i'r phordd a fyn. **1653** *Gwaseila* 1162, Cael eu *stopo*, bawb, rhag plwndro. **1672** R. PRICHARD: *Gw* 100, *Stoppi*'r nêf, ar ddaer, ar llafyr, / Y mae pawb or cam ddegymwyr. *id.* 268, Gwelwn allu Duw bôb vn, / Yn *stoppi*'r [:– Attal] haul wrth weddi dŷn. **1683** H. EVANS: *CTF* 17, Na chais wybod dirgel bethau: / . . . / Gwybydd ble mae 't *stoppo* 'n wastod; / Gâd beth trwm nad rhaid it wybod. **18g.** *Llr* C 24, 270, Os y blode yn *stoppio* ar wraig. **18g.** *W Ballads* 543, [2], Eu ffryns o'r ddeutu a *stopia* eu pwrpas. **1752** J. THOMAS: *FG* 20, [y] clefydon drwg hynny, ag sydd yn ei hattal a'i '*stoppi* hi [natur dyn] yn ei Gweithrediadau nefol. **1767** W. WILLIAMS: *CAA* 58, [g]waedd-odd allan, *stopia, stopia* gardottyn. **1787** E. ROBERTS: *PCF* 36, *Ystopia* dippin a gwrando yn faith. Ar lafar yn gyff., 'pen *stopith* y glaw', *WVBD* 503; 'Fe *stopws* fynd 'no ar ôl y ffræ', 'Ma'r siop wedi *stopo* arni' h.y. yn gwrthod rhoddi nwyddau heb dâl ar law, *GTN* 716. Cf. D. OWEN: *GT* 34, rhaid i mi dreio cofio'i weindio fo [cloc] heno, ne mi *stopiff* cyn y bore. *id.* 218, pan *stopiodd* gwaith y Pwll Mawr, ac i bethe fyn'd yn slac, mi benderfynodd Lewis fyn'd i'r Merice.

(*c*) *Crdd.* ?Gwasgu tant: *to stop* (*down*) *a string.*

c. **1566** *B* i. 143, llyma yr achos y cafas tagiad y henw oherwydd bod yn *ystopio* (*id.* 145, *stopio*) rhwng cywir dant a thyniadau. Cf. *stopiad* adran (*b*).

Amr.: **stopyd.** Ar lafar ym Mrych. a Myn.

Cfn.: **stopio yn stond (stont):** *to come to a dead stop, stop short, come to a standstill.* **1885.** Ar lafar, *WVBD* 503, *Cymru* lxii. 175 (gorllewin Meir.).

stopiedig [bôn y f. *stopiaf, stopaf*: *stop*(*i*)*o, stopi*+*-iedig*] *a.bfl.* Wedi ei stansio, wedi atal llif y gwaed: *staunched.*

Diw. **16g.** *WLB* 17–18, Rhag gwaedling . . . kymer ddail y derw a dod wrth yr archoll ac ef a fydd *stoppiedic.*

stop-tap [bnth. S. *stop-tap*] *eg.* Stopcoc: *stopcock, stop-tap.*

Ar lafar.

Gthg. stop—stop tap.

stôr, ystôr[1] [bnth. S. C. *stor*(*e*)] *eb.g.* (bach. g. (*y*)*storyn*) ll. (*y*)*stor*(*i*)*au, storion, stôrs*, a hefyd gyda grym ansoddeiriol.

(*a*) Cyflenwad neu stoc o rywbeth (a gedwir i'w ddefnyddio yn y dyfodol), darpariaeth, cronfa, celc; nifer neu swm mawr (o bethau, creaduriaid, &c.), digonedd; rhywbeth gwerthfawr, trysor; stordy, siop (fawr); (da) stoc: *store, supply, provision, fund, reserve, hoard; great number or amount (of things, creatures, &c.), abundance; something precious, treasure; storehouse, store(s), shop; (live) stock.*

c. **1400** (*SG*) *HMSS* i. 334, Yna wynteu adywedassant y gwneynt *ystor* udunt or manna . . . wynt ae kynnullassant ac ae rodassant yny dayar mywn seleri. *id.* 429, ef awydyat nat oed ygyt ac ef yr *ystor* o vilwyr anoteynt vot. *c.* **1400** *B* ii. 9, O gelly dyrchauel lles oth tir ath daear yn aniueileit neu o gallder arall. dot hwnnw yn *ystor* itt. . . . o phalla yr yt itt . . . tidi bieu yr *ystor* a gedweist. **15g.** *GLGC* 257, nid llai no'r dengmor na'i dent—na'i drysor, / nid llai no Winsor na'i '*stôr* na'i stent [i Syr Rhisiart Herbert]. **15g.** *HCLl* 60, Ni wn rif mwy nog Ifor / A roist im o aur *ystôr*. **15–16g.** *TA* 262, *Ystôr* deulu Stryd Wylyw, / A goreu *stôr* dan Grist yw [i dref Croesoswallt]. **15–16g.** *GIF* 31, Mae meibion gwychion fal gwart: / mae *stôr* oes i'r Mastr Rhisiart [marwnad Rhisiart Herbert o Euas]. **1547** *WS, Ystor* (ne) ddibaroddrwydd [*sic*] Store. **16g.** *KM Misc* 126, pasteiod adar gwlltion / sudd yn hedeg [draw] yn *stor* / or tu wynt i for y werddon. **16g.** WILIAM CYNWAL: *Gw* (G. P. Jones) 83, Un ar enw Ynyr ynys, / Am *ystor* praff y Mastr Prys. **1588** 1 *Mac* vi. 53, nid oedd mor [*sic*] bwyd yn y ddinas . . . y rhai a drigasent o fewn Iuda a fwyttasent eu holl *stôr* hwy. **16–17g.** EDWARD URIEN, &c.: *Gw* 15, Llongau morau wrth angorau / Ywch a'u *storau* o'ch ystyriad. **1606** E. JAMES: *Hom* iii. 23, Pan fyddo eraill mewn cyflawnrwydd . . . fe ddinistrir eich *ystôr*, fe a dynnir eich da chwi oddiwrthych. **1615** R. SMYTH: *GB* 37, adailadau i taiau . . . yr ail ivv lle y maenthvvy [*sic*] yn rhoi i *stor* ai arlvvy dros y flvvddyn. **1620** *Nah* ii. 9, Ysclyfaethwch arian, ysclyfaethwch aur; canys nid oes diben ar *ystôr* (**1588** *ib.* da parod) a'r gogoniant o bob dodrefn dymunol. **1632** *D, Ystor*, Penum, penus. **1683** H. EVANS: *CTF* 56, Caf yno fywyd newydd, ymmisc seintie *stor*, / Caf ganu Haleluia, o fewn Angylaidd gor. **1688** *TJ, Ystor*:), a Store, or Treasure. **1710** *LIGG* (*Gos*) 13, Ordeiniwn, i'r Archesgobion . . . fynnu . . . Rentrol a Thirlyfr cywir o bob . . . Perllannau, Tai, *Ystorau*, Cêr, Tyddynnau. **1774** H. JONES: *CH* 10, [ll]enwi ein hysguboriau ag *ystôr*, erbyn tymmhestloedd gauaf a llymder gwanwyn. **1795** *R. Crusoe* 40, Pan oedd yr ogof wedi ei gosod i fynu yn iawn, yr oedd yn edrych fel *ystor* (*Magazine*) o bob angenrheidiau. **1803** *P* d.g. *Ystor.* Ar lafar, 'Mae gynno fo *stôr* = digonadd', *WVBD* 503; ''Odd 'mam yn gallu storo'r mochyn *stôr* o'r dychra', *GTN* 717.

(*b*) (enghrau. *ffig.* ac mewn cyd-destun *ffig.*: *fig. exx. and exx. in a fig. context*).

14g. *GDG*[3] 19, Ys dewr, ystyriol ydwyd, / *Ystôr* ym, ys da ŵr wyd [i Ifor Hael]. *id.* 155, Yr edlaesferch wawr dlosfain / Wrm ael, a wisg aur a main, / Ystyr, Eigr *ystôr* awgrym, / Is dail ir, a oes dâl ym. *id.* 158, Ys da adail y'th eiliwyd, / *Ystôr* gwrteisrym ym wyd [i'r het fedw]. **14–15g.** *IGE*[2] 277, Ystyr, ddyn; na wna *stôr* i ddiawl / Ystyria yn ystyriawl (Siôn Cent). *c.* **1400** *R* 1236. 40, [G]orwed hir ystir *ystor* hybryf. **15g.** *DE* 16, gwn *ystor* o gynghorau / lle caiff hon oll i coffau. **15g.** *HCLl* 56, Yn ei fudd, Dafydd, y daw / A roddes o aur iddaw. / Mae *stôr* fawr, gwiwfawr gyfoeth, / Fry gan Dduw i Forgan ddoeth. **16g.** *GGH* 46, A chyn cael rhent hael rhentolion,—os daw'r *Ystoryn* traedfyrion [dychan i'r ffrir]. *a.* **1587** *Y* 81, A'th wneythyd, tothyd d'addysc, / Fwy *stor* ddawn, yn Feistr o ddysc. **16–17g.** *GST* i. 74, Ni ddaethoch os aethoch, Siôn, / Nid aethoch heb fendithion. / Gras ac urddas y GwirDduw, / A gorau *stôr* yw gras Duw. **1639** *NBSB* 61, Mae'n wych hardd mewn eich urddas, / Meistr Owain, grym *storion* gras (Siôn Cain). **17g.** *TBM* 1446, Fo piau pynciau pencerdd, / Y meistr cu lle mae *stôr* cerdd, / Ac e' hefyd, gu hoywfardd, / Â dysg iawn fu'm dysgu'n fardd [Rowland Siôn am Lewys ab Ifan]. **1672** R. PRICHARD: *Gw* 222, Goreu *stôr* medd Christ yw Cardod, / Ddydd y farn o flaen y Drindod. **1675** R. JONES: *HCh* 140, i roddi *ystôr* o radau ynghadw erbyn y dydd drwg. Digwydd o bosibl yn e.'r bardd *Hywel Ystoryn* (*Ystorm*). Cf. J. MORRIS-JONES: *CD* 33, Fe ddylai *stôr* geiriau'r cyfnod hwn fod yn ddigon i bawb.

(*c*) Math o dreth: *kind of tax.*

1507 *Arch Camb* ii. (1847) 218, Concessimus . . . quod nullus tenentium aut inhabitantium . . . compellatur aut cogatur ad solvend. aliqua relevia custumas, seu exactiones . . . Nec etiam alias custumas . . . aut de stauro domini aliter vocato, *stor* vawr vel *stor* ustus et karyesi [*sic*].

(*d*) (yn y ff. *storyn*, ll. *stôrs*) Mochyn a gedwir i'w besgi: *store pig, pig kept for fattening.*

Ar lafar, '*storyn*' 'a young pig not yet ready for fattening,—the intermediate stage between "porchall" and "llafn"', *WVBD* 503; '*Storyn*' 'mochyn rhyw 4 mis oed, ychydig yn fwy na mochyn bach', *Môn* (Gwanwyn, 1954) 11; '*Stors*' 'moch i'w cadw am dymor, store pigs', *Cymru* liv. [84] (dwyrain sir Drefn.).

Cfn.: **mewn (y)stôr, yn (y)stôr:** *in store, imminent, forthcoming.* **1764** W. WILLIAMS: *Th* 8, Oni buasai'r arfaeth wybod fod bendith iddo '*n stor. id.* 16, O Jesu! pwy wyt Jesu! a oes rhyw ras *yn stôr*? Cf. D. OWEN: *RL* 375, Ar ol y caniatâd i ddyfod i'r dosbarth, ni wyddwn pa gywilydd oedd *mewn ystôr* i mi.

storacs [bnth. S. *storax*] *eg.* Math peraroglus o resin a geir o'r goeden *Styrax officinalis* ac a ddefnyddid gynt mewn persawr: *storax, styrax.*

1722 *Llst* 189, *Storacs.* m. Storax (gum). [**1783**] *W* d.g. *Storax.*

storaf: storo, stori, gw. **storiaf: storio.**

storaid, storáus, gw. **hestoraid, ystoria.**

storc [bnth. S. *stork*] *eg.* ll. *-iaid, -iau.* *Adar.* Ciconia: *stork.*

c. **1762–79** W. WILLIAMS: *P* 263, Mae yma lawer hefyd o'r *Storciau*, y rhai sydd dda at ddifa pryfed ag y f'o yr afon wedi eu gadel yn y mwd.

stordy, ystordy [*stôr, ystôr*[1] + *tŷ*] *eg.* ll. (*y*)*stordai*, ll. dwbl *ystordeiau.* Storfa, warws; siop (fawr); hefyd yn *ffig.*: *storehouse, warehouse, depot; store(s), shop; also fig.*

1547 *WS, Ystordy* Store house. **16g.** (*LlEG*) *Mos* 158, 642a, [k]ymerud y kyuriw vittel . . . allan o *ysdordeiavr* brenin or man nicheint twy ddim onidd [*sic*] add/arffai I gadw ynhryhir megis bara kaled. **1604–7** *TW* (*Pen* 228), *storduy* d.g. *Receptaculum, Repositorium.* **1606** E. JAMES: *Hom* iii. 268, mae gwrthryfelwyr mewn ychydig amser yn difa ac yn treulio yr holl ŷd yn yr yscuboriau, yn y meusydd, ac ymmhob lle arall, mewn llofftydd, mewn *stor-dai*, mewn seleri. **1680** J. THOMAS: *UN* 2, Gweddi yw 'r agoriad in gollwng ni i *ystordy* aneirif y Goruchaf, a'r clô i attal pôb drwg oddiwrthym. **1722** T. EVANS: *PS* 66, hwy [y Colectau] allant fod yn *Ystordy* trefnus a llawn o Ddefosiwn i'r Ystafell. **1725** *SR* d.g. *A Warehouse.* [**1725**] *TS* 51, Yr Ystafelloedd oedd i gadw'r Tryssorau a'r pethau cyssegredig, oeddent Gysgodau o Grist, fel y mae efe yn *ystordy* cyffredin i'r holl Ffyddloniaid. **1762** *ML* ii. 486, Mae'n grwgnach yn dost ynghylch yr *ystordy* yna, ac yn taeru mai chwi ddylai dalu iddo'r ardreth. **1776** *W* d.g. *Magazine* . . . [*a store-house*]. **1794** E. JONES: *CP* 135, arfer ffol a pheryglus ydyw gwneyd ystafell yr ustus yn *ystôr-dy* eiddo lledrad. **1796** J. HARRIS: *Alm* 32, *Ystor-dŷ* Ewrop, sef Poland. **1798** W. RICHARDS: *CC* 11, Awd â hwy . . . i Hwlffordd; lle y carcharwyd hwy, rhai yn y Llanoedd, a rhai mewn *ystordai* ar hyd y dref. **1803** *P, Ystordy*, s. m. . . . A storehouse. Cf. D. OWEN: *GT* 258, cefais le o'r diwedd, mewn *ystordy* general drapery; H. LEWIS: *DIG* 4, dyma i ni air Cymraeg . . . wedi dod o'r *stordy* Lladin.

Cfn.: **ystordy ŷd:** *granary.* **1774** *W* d.g. *Granary.*

stordyn[1] [?cf. *tordyn*] *eg.* Dyn trahaus neu dra-awdurdodol, dyn byrdew (ymosodol ei ddull), dyn llond ei groen: *an imperious or bossy man, stocky (aggressive) man, plump man.*

1894. Ar lafar, '*stordyn* lartsh', *LlLIM* 114; *WVBD* 503, *BILlE* 39.

stordyn[2], gw. **ystordyn.**

storedig, ystoredig [bôn y f. *storiaf, storaf, ystor(i)af*: *(y)stor(i)o, stori+-edig*] *a.bfl.* Wedi ei storio: *stored.*
1892.

storeuon, ff. l. dwbl, gw. stori¹.

storfa, ystorfa [*stôr, ystôr*¹+*-fa, ma*] *eb.* ll. *(y)storfeydd, ystorfâu, ystorfaoedd.* Lle pwrpasol ar gyfer storio, stordy, stôr, warws; ?siop (fawr); (geir.) stoc (ariannol); hefyd yn *ffig.*: *storage, storehouse, store, repository, warehouse; ?store(s), shop; (dict.) (financial) stock; also fig.*
[1783] *W, Ystorfa* d.g. *Repository. id. ystorfeydd* d.g. *Stocks [public funds].* Cf. D. OWEN: *D* 198, hi a ymgymerodd â'r gwaith . . . gyda'r amcan o ychwanegu at ddedwyddwch ei thad; ond yn fuan iawn daeth y gwaith ei hun yn *ystorfa* lawn o bleser a dedwyddwch iddi; D. OWEN: *RL* 224, Bechan ydoedd *ystorfa* fy ngwybodaeth.

storgajio, storgatsio, *bg.a.* Llawcio, sglaffio, gorfwyta: *to gulp, gobble, overeat.*
20g. Ar lafar, '*storgajio* bwyd', *ISF* 71; '"Does 'na ddim digon o fwyd wedi ei greu ar gyfer y plant 'ma. Tydyn nhw'n *storgatsio* o fora gwyn tan nos', *DGM* 131; hefyd yn y ff. *styrgatsio* (Môn).

storgell, ystorgell [*stôr, ystôr*¹+*cell*¹] *eb.* ll. *-oedd.* Ystafell bwrpasol ar gyfer storio, storfa, hefyd yn *ffig.*: *storeroom, also fig.*
1834.

storhaus, ff. l. dwbl, gw. ystoria.

stori¹**, ystori**¹ [bnth. S. *story*; dichon fod enghrau. o *ystoriâu,* ff. l. yr e. *ystoria,* wedi eu cynnwys yma; gw. *B* xxvi. 19–20] *eb.g.* ll. *(y)storïau, storis.* Adroddiad am ddigwyddiadiau dychmygol neu rai'r gorffennol, hanes (cwrs bywyd person, sefydliad, &c.), naratif, chwedl, anecdot; naratif neu blot nofel, drama, ffilm, &c.; celwydd, anwiredd: *story, history, narrative, tale, anecdote; storyline; lie, fib, untruth.*
15g. *GGl*² 241, Dwyn ar fyfyrdod ein dau / Drioedd ac *ystoriau.* **15–16g.** *GIF* 82, Os dwyn cof oes dyn cyfuwch? / Oes—dir ynn—*ystori*'n uwch? **16g.** *Llst* 6, 153, kardwyr oferwyr y von / ar diswyr ywr rydision / val dyma lyfyr damwain / ystyr hir yw *storir* hain (*GILlV* 27, *ystori* rhain). **1545** *CM* i, 146, I maer *y sd/ori* [*sic*] vendigaid ynn danngos mae plant seth vab adda avur bobyl gyn ta [*sic*] Ir moed. **16g.** (*LlEG*) *LlGC* 5276, 215a, yr hen *ysdo/ri* yr hwn y sydd yn dangos vod deweddi [*sic*] a ffriodas hrwng g/wen . . . ar tywysog. **1547** *WS, Ystori* A story. **16g.** *RWM* i. 866, *Stori* (*id.* ii. 475, *Ystori*; *id.* 476, Historia; *id.* i. 1035, Hanes) yr olew bendiged. **16g.** *id.* ii. 331, *ystori* yn dangos y modd y troes dyw bawl ebostol. **1567** G. ROBERT: *GC* [iv], nyd oes nag *ystori* i ddyscu henafiæth . . . nas darfu i'r hyspaniaith, phrangeg, a'r eidaliaith i tanu. **1567** *TN* [xxii–xxiii], Amryw '*storiau* a a [*sic*] ddoydant i Lucius yn i amser ef yn gynta dderbyn ffydd Christ ir deyrnas . . . Peth o'r *stori* hon y ddichin fod yn wir. **1574** *RWM* ii. 763, *Ystori* (*id.* 579, chwedyl) y Saith doethion Rhyfain. **1583** *LlGC* 716, 159, o Cryulonder [*sic*], a scymunder pa'rai, y mae yr saesnegol *storis* yn achwyn mwia. **16g.** *Yst Kym*, 1, *Ystorie* Kymru neu Cronigl [*sic*] Kymraeg. *Diw.* **16g.** *RWM* ii. 477, *Ystori* (*id.* i. 1040, Hanes) Süwsanna wirion. **1604** R. HOLLAND: *BD* 4a, *storiau*'r pedwar Euangylwyr. **1604–7** *TW* (*Pen* 228), [lh]yvræ *storiae*'n gadwedic d.g. *Tablinum.* **1606** E. JAMES: *Hom* i. 41, fod gantho wybodaeth o fywyd Caesar, a'i weithredoedd godidawg, am ei fod yn credu *stori* (*history*) Caesar. **1618** J. SALISBURY: *EH* 259, manegu ei bechodæ fel dyn yn dywedyd rhyw *stori*, neu hen-chwedl. **1632** *D, Ystóri*, Historia. **1703** E. WYNNE: *BC* 133–4, pwy 'rioed a gâdd goel i *stori* oni byddei ryw fesur o Wir yn gymysc a'r Celwydd . . .? **1740** T. EVANS: *DPO* 129, Y mae llawer o *storiau* am Arthur, y rhai ynt yn ddilys ddigon ddim amgen na hên chwedleu gwneuthur. **1758** *ML* ii. 94, yn *ystori* Môn y maent i ymddangos. Ar lafar yn gyff., 'Paid â gneud *stori* fawr ono fo', *WVBD* 503; 'Un dæ i wed *stori* yw 'i', *GTN* 717; 'Paid â gweud *storis*' [anwiredd]. Cf. D. OWEN: *D* 174, Pan sylweddolais fy ngwir deimladau at Miss Pugh, dywedais fy *ystori* wrthi oreu y gallwn; D. OWEN: *GT* [iii], Cenfydd y darllenydd mai *ystori* hynod o syml ydyw Gwen Tomos.
Amr.: **estori** [?cf. Ffr. Lloegr *estorie*]. **16g.** *THSC* (1923–4) (At.) 45. **16–17g.** *HG* 38. **17g.** *Llr* B 23, 3a. **storeuon** [< **storieuon*, sef *storïau*+*-on*²]. **1875. streuon, ystreuon,** gw. *straeon.*
Cfn.: **(y)stori asgwrn pen llo:** *cock and bull story.* **1887. stori bacws:** *unfounded story.* Ar lafar yng ngogledd Cered. **stori fer:** *short story.* **1929.** Gw. hefyd *straeon*—*straeon byrion.* **storis coch:** *blue jokes, bawdy talk.* Ar lafar. **stori gyfres:** *serial.* **20g. stori gynffon joli:** *unfounded story.* Ar lafar yn Arfon. **stori ddigrif:** *joke, humorous story or anecdote.* **1899. stori dditectif:** *detective story.* **1938. stori wawdd:** *bidding speech.* Ar lafar gynt, T. M. OWEN: *WFC*³ 161 (sir Gaerf.). **stori wir:** *true story.* **20g. (y)stori wneud, (y)stori wneuthur:** *fictitious story.* **1771** J. REES: *H-A* 65, chwareon interlud, *ystoriau-gwneuthur.* **stori bert:** '*pretty story*' (*used ironically*). Ar lafar, 'Dwy'n siŵr galle honno weud *storis pert* tei ddi'n ca'l hanner cifle', *Wês wês* 12; "Wi wedi clŵad *stori bert* amdanot ti 'eno!', 'Chi glwsoch gelwdd 'ta, waith 'ôs dim *stori bert* amdano' i byth!', *GTN* 717. **stori big:** *tall story, unfounded story.* **20g. stori din:** *poor or false story.* Ar lafar yn Arfon.
Gw. hefyd **straeon, ystoria.**

stori²**, storia,** gw. storiaf: storio, ystoria.

storïaeth [*stori*¹+*-aeth*] *eb.* Y weithred neu'r arfer o adrodd storïau: *storytelling.*
1932.

storiaf, storaf, ystor(i)af: (y)stor(i)o, stori² [bf. o'r e. *stôr, ystôr*¹] *bg.a.*
(*a*) Cadw, rhoddi o'r neilltu i'w ddefnyddio yn y dyfodol, rhoddi mewn storfa neu warws, cronni, stocio; cyflenwi â (bwydydd, milwyr, &c.); cadw anifeiliaid ifainc (yn enw. moch) i'w pesgi: *to store, put in store, store up, hoard, stock; supply with (provisions, soldiers, &c.), provision; keep young animals (esp. pigs) for fattening.*
14g. *BT* 105, a thrannoeth yr *ystoryes* ef ykastell. **14g.** *Bren Saes* 100, Ricard vab Baldwin a *ystoreas* castell Ryt Cors. *c.* **1400** (*SG*) *HMSS* i. 173, Ac idaw yr yttoed y vort gronn wedy y *ystoryaw* or milwyr goreu yn yr holl vyt. *id.* 378, meliot a *ystoryawd* y castell. *id.* 383, ar gwrda hwnnw adoeth ac adiriawd yn yr alban. ac amylder o bobloed gyt ac ef. aphan wybu y wlat hynny wynt a*ystoryassant* yn eu herbyn. **15g.** *BB* 108, gossot gwyr tyghedic idaw . . . ym pob castell . . . a digawn o vwyt a diawt hyt ymphen y teyr blynet . . . Amenegi aoruc gorthern val y buassei yn *ystoriaw* y kestill. **15g.** *GLGC* 128, Y gwr â'r swyddau lle gorseddid / a esyd ei aur a *ystorid.* **15g.** *GO* 127, *Ystoro* llynges,—val mab Esson / Argo oedd allu,—â'r gweddillion. **15g.** *HCLl* 83, O phryn dwbled lled no'r llall, / *Ystored* rhag gwest arall. **1547** *WS, Ystorio* Restore. **1567** *TN* 275b, na ddylyei y plant cascly [:– dresori, *ystorio*, roi i gadw] da ir tadeu, anyd y tadeu ir plant. **1722** *Llst* 189, *Storio.* To lay up in store. *id. Ystorio.* To store up. *c.* **1728** T. EVANS: *GI* 14, Yr oedd ganddynt ar y cyntaf, ddigon o bob math a'r [*sic*] Luniaeth wedi *stori.* **1753** *W Ballads* 198B, 2, Mae fy ûd gwedi tyfu i fynu yn ddifêth / Nid oes gani [*sic*] iw *Storio* Adailiad [*sic*] ai dalîo. **1777** W. DAVIES: *CHL* 10, Yr wyf yn gobeithio na allwch o ran cydwybod *ystorio* un geiniog yn rhagor nag a fyddo yn weddol ac yn gymmwys. **[1783]** *W, Ystorio* d.g. *To stock [store or lay in store].* **1803** *P* d.g. *Ystoriaw.* Ar lafar yn gyff. yn y ff. *stor(i)o*, 'Rentu dwy rŵm man' nw 'nawr nis ciwn' nw dŷ a man' nw wedi *storo*'u celfi', '*storo* moch' 'bwydo moch â mes', "Odd 'mam yn gallu *storo*'r mochyn stôr o'r dychra', *GTN* 717. Cf. W. REES: *AFR* 437, Yr oedd peth o hen ddodrefn a chelfi y teulu . . . wedi ei *storio* ynddi.
(*b*) (enghrau. *ffig.*: *fig. exx.*).
1567 *TN* 316a, yn *storio* yddynt i hunain sail da . . . mal i gallont gavayly y bowydd [*sic*] tragwyddol. **1588** *Diar* x. 14, Y doethion a *storiant* ŵybodaeth. **1611** R. SMYTH: *SG* 238, ag na fythoini [*sic*] ry ystig ar fudd daearawl erthr *ystorio* yngynt trysor nefawl. **1672** R. PRICHARD: *Gw* 416, Y maint y roech ir tlawd a'r truan, / *Storio* [:– Trysori] 'r wyt i ti dy hunan. Cf. TALHAIARN: *Gw* ii. 161, yr oedd ganddo lon'd trol o garolau, cerddi, a phennillion wedi eu *storio* yn ei benglog.

storïaf: storïa, storïo [bf. o'r e. *stori*¹] *bg.a.* Adrodd stori, cyfansoddi rhediad stori (nofel, drama, ffilm, &c.): *to tell a story, narrate, compose the storyline of (a novel, play, film, &c.).*
20g.
Gw. hefyd straea.

storiawr, storieuwr, gw. ystoriawr, storïwr.

storigar, ystorigar [*stori*¹, *ystori*¹+*-gar*] *a.* Hoff o straeon, straegar: *fond of stories.*
20g.
Gw. hefyd straegar.

storihaus, ff. l. dwbl, gw. ystoria.

storïol, ystorïol [*stori*¹, *ystori*¹+*-ol*] *a.* Yn (perthyn i) adrodd stori, naratif, nodweddiadol o stori; hanesyddol: (*pertaining to*) *storytelling, narrative (adj.), characteristic of a story; historical.*
1755 *GAGC* 4, y diweddar Esgob Nicholson yr hwn yn ei *Ystoriawl* (*Historical*) Lyfrgell Seisnig sydd yn Canmol ac yn gorchymyn Astudio 'r Iaith Gymraeg. **1770** *LlGG* d.d., Gwasanaeth Cyhoedd Eglwys Loegr; wedi ei addurno â LIV o Ddarluniadau Newydd *Ystoriawl.* **1775** E. GRIFFITHS: *GF* v, yn y Rhan *ystoriol* (*historical*) o'r Ysgrythur y darllenwn am Ddeddfau sanctaidd Duw. *id.* vi, yr Hanes *ystoriol* hyn o Weithredoedd . . . Rhagluniaeth. **1776** D. ELLIS: *HI* 155, Yngweithredoedd *Ystoriawl* ein Iachawdwr. **1790** *Budd A* 161, Ac ni's gallwn farnu i fod y fath *ystoriawl* gyfeillach ymysg y gwynfydedig ysprydoedd yn unig wedi ei hamcanu i lanw'r meddwl â newydd a dieithr amgyffrediadau. Cf. T. H. PARRY-WILLIAMS: *EB* 34, Fe gyfleir yr un dwyochredd . . . mewn caneuon *ystoriol.*
Gw. hefyd **straeol, ystoriaol.**

storïwr, ystorïwr [*stori*¹, *ystori*¹+*-wr*] *eg.* (un. b. *storiwraig*, ll. *storiwragedd*) ll. *storïwyr.* Un sy'n adrodd storïau, un da am ddweud stori: *storyteller, raconteur.*
15g. *GGl*² 206, Ys da ra'r *ystoriwr*, / Ystlys yr enfys ar ŵr. / Calennig, nid cael anardd, / Clog o fwng ceiliog i fardd [i ofyn ffaling]. **16–17g.** (**17g.**) *CC* 190, marw *storiwr* mawr ystyriaeth / marw pen holl Gymru pan aeth [marwnad Gruffudd ap Siôn Gruffudd gan Siôn Phylip].
Amr.: **storieuwr** [*storïau* (ll. yr e. *stori*¹)+*-wr*]. **1595** M. KYFFIN: *DFf* [66], nid er cofio'r holl *storieuwyr.*
Gw. hefyd **straewr, ystoriawr.**

storm, ystorm [bnth. S. C. *storm*] *eb.* (bach. *stormen*) ll. *-ydd, -oedd, -au, ystormiau.*
(*a*) Tywydd cythryblus a nodweddir gan wyntoedd cryfion, glaw, cenllysg, taranau, mellt, eira, &c., gwynt cryf nad yw mor gryf â chorwynt, yn enw. un sy'n teithio rhwng 55 a 72 o filltiroedd yr awr, tymestl: *storm, tempest.*
14g. *GDG*³ 380, Ys mau gŵyn, geirswyn gwersyllt, / Am hynt a wnaeth y gwynt gwyllt. / *Ystorm* o fynwes dwyrain / A wnaeth gur hyd y mur main [i'r adfail]. *c.* **1400** *YSG* i. 64, ef a welei ryw *ystorym* yn kyffroi y mor. **15g.** *FfBO* 38, ryw dywyllwch o *ystorym* a tharaneu a mellt . . . megys y tybyassai bawb yn dirybud y bydynt veirw. **15g.** (*Diw.* **16g.**) *Gwyn* 3, 145, Ystent flin estynnit ffoedd / Ystyrmant yr *ystormoedd* [Meredudd ap Rhys i'r gwynt]. **1547** *WS, Ystorm* Storme. **1609** *Pen* 217, 195–6, pob rhyw aeron yn ieveink a vethent o waith mellt a tharaneu ac *ystormau.* **1632** *D, Ystórm*, Tempestas, procella. **1672** R. PRICHARD: *Gw* 368, Gan hynny di helest y *stormau* a thempest, / Yng hanol ein gloddest, in cospi â glaw, / Nes nafu 'n cynhaya, a defnydd ein bara, / A chospi'n hir draha â chyr law [*sic*]. **1722** *Llst* 189, *Storm.* f.p. *Stormydd.* A storm. *id. Ystorm.* f.p. *tormydd.* A storm. **1795** *R. Crusoe* 26–7, Cyn yr *ystorom*, yr oedd gennym fâd yn rhwym wrth ben ol y llong ond yr oedd wedi eu [*sic*] gwbl ddryllio gan y tonnau yn ei chwthu yn erbyn y llestr. **1803** *P* d.g. *Ystorm.* Ar lafar yn gyff., '*storom* . . . *stormydd*', *WVBD* 503; 'Dyna *storm* fu nithwr ynta fa?', *GTN* 716; "Odd 'i'n *storom* arswydus y noswith 'ny', *id.* 717.
(*b*) (enghrau. *ffig.* ac mewn cyd-destun *ffig.*: *fig. exx. and exx. in a fig. context*).
c. **1400** *B* xiv. 189, Meddawt yssyd mam y maethgenneu . . . treigyledigaeth y synnwyr, tymhestyl y tauawt, *ystorym* y corff, torredigaeth y diweirdeb. **15g.** *GDLl* 36, Ni thwyllir, clywir y clod, / I'r maes lle bo'r ymosod. / Perygl y daw *storm* ormodd, / Pwy o fil a ŵyr pa fodd? **16g.** (*LlEG*) *Mos* 158, 666a, dangosse . . . laadd mewn vn kornell or beili ynghwaneg i lx o gymruv [*sic*] Ac ynnwir y vo allas [*sic*] ynno lawer gwrdewyr ar yr *asdorm* [*sic*] hon, hrag ovyn y kyuriw *ysdorm* I hroesantt twyr Ty I vynv yn gydrym ac vddvntt twy glyw/edd [*sic*] ddaruod i ffrenin [*sic*] y ffranckod ynnill yr hauyn newydd. **1567** *LlGG* (*Sall*) 49b, Arnaf y gorwedd dy ddigllonedd, ac ath oll done [:– *stormoedd*] im cystuddieist. **1632** J. DAVIES: *LlR* 244, er maint fo *ystorm* a thymmhestl yr adfyd, eistedd i lawr mewn llonyddwch. **1661** E. LEWIS: *Drex* 182, chwythed gwyntoedd blinderau, rhuthred dyfroedd cyfyngderau arnaf, bygythied cymmylau profedigaethau law a tharanau, amgylched tywyllwch tristwch a thrymder fi . . . Yr *ystormiau* hyn a chwyth trosodd. *id.* 193, Torri a wnei allan i gwynfan yn drachwerw, cyn gynted ag y dechreuo 'r *ystorm* o adfydwch. **1672** R. PRICHARD: *Gw* 262, Tynn fel Lot y [*sic*] maes o Sodom. / Cyn disgynno arni 'r *storom* [:– Y dymmhestl]. **1683** H. EVANS: *CTF* 7, Ar y *storm* rhaid gostwng hwylie, / Rhoi peth lle mewn drwg amsere. **1703** E. WYNNE: *BC* 146, mewn Rhyfel, neu Berygl, neu Newyn, neu Glefyd . . . ni lefys un o'r uffernol wybed y Syndod ddangos ei bîg ar un o'r *Stormoedd* hyn. **1793** DAFYDD

Ionawr: *CD* 312, Yn y *Storom* drom dramawr, / Pan wnaed brâd yr Ion mâd mawr. Ar lafar, "Wi wedi mynd trw ddicon o *stormydd* yn 'y mywyd', *GTN* 716. Digwydd hefyd ar lafar am deyrn o wraig, '*storman* o ddynas' (Arfon). Cf. T. H. Parry-Williams: *C* 20, P'le mae'r *storm* o gnawd a fu iddi gynt?

Cfn.: **storm Fai:** '*May storm*', *i.e. unseasonably cold weather*. Ar lafar yng Nghered. **storm drydanol:** *electrical storm*. **20g.**

Gw. hefyd **stormes.**

stormaf: stormo, stormi, gw. stormiaf: stormio.

storman [bnth. S. *storeman*] *eg.* ll. *stormyn*. Ceidwad stordy: *storeman*.
Ar lafar.

stormen, gw. storm.

stormes [*storm*+-*es*[1]] *eb.* Teyrn (o wraig), gwraig dra-awdurdodol: *battleaxe, domineering woman*.
20g.

stormiaf, stormaf, ystorm(i)af: (y)storm(i)o, (y)stormi [bf. o'r e. *storm, ystorm*] *bg.a.* Codi'n storm, chwythu'n storm, rhuo (am storm), bwrw glaw'n drwm; symud neu ruthro'n chwyrn neu'n ddig, ymosod ar neu gipio yn sydyn ac yn chwyrn; gweiddi'n ddig, arthio, dwrdio: *to become stormy, bluster* (*of a storm*), *rain heavily; storm, move or rush violently or angrily, attack or capture* (*something*) *suddenly and violently; rant, storm, scold*.

1625 *TBM* 400, Pan aeth Jonas gyntaf i'r môr / Mewn llong, dechreuodd chwythu, / Y gwynt oedd ddig cyn cael y trae[th], / Gerwino wnaeth a *stormi*. **1770** *W*, *ystormi* d.g. *To bluster, Storm, To* [*blow a*] *storm*. **1803** *P* d.g. *Ystormiaw*. Ar lafar, "Dwi wedi *stormo* wrthyn' nhw' (gogledd Cered.); "Odd mam yn *stormo* pyn clwws 'i bothdu 'yn!', *GTN* 716.

stormllyd, ystormllyd, (y)stormlyd [*storm, ystorm*+-*llyd, -lyd*] *a.* Stormus, tymhestlog, chwyrn, afreolus, llym, hefyd yn *ffig.*: *stormy, tempestuous, violent, boisterous, severe, also fig.*

1790 M. Williams: *BM* [12], Gwyntog a pheth mwy *stormllyd* y dyddiau hyn. Ar lafar mewn rhannau o'r Gogledd.

stormus, ystormus [*storm, ystorm*+-*us*] *a.* A nodweddir gan stormydd, tebyg i storm, tymhestlog, terfysglyd, afreolus, hefyd yn *ffig.*: *stormy, tempestuous, turbulent, boisterous, also fig.*

1567 *LlGG* (*Sall*) 6b, Ar ei andewiol y glawia ef vagle, tân, a' brwnston, a them'est *ystormus*. *id.* 83b, Tan a' chenllysc, eira a' mugdarth, gwynt *ystormus*. **1595** H. Lewys: *PA* 4, byd' i dowyd' *stormus*, niweidio . . . ffrwyth y ddaear. **1691** T. Williams: *YB* 105, Mae'n ddigon hynod yn ei hiliogaeth ef ai chwantau *ystormys* yn gwneuthur cymmaint o ddrwg yn y byd. **1803** *P* d.g. *Ystormus*. Ar lafar, 'Dwyrnod *stormus* iawn odd 'i ddo', "Fuon' nw ddim yn 'apus gida'i gilydd, a gwed y gwir, priotas *stormus* iawn fu 'i', *GTN* 716. Cf. D. Owen: *D* 9, er fod diwrnod yr angladd yn oer ac *ystormus*.

storsion [bnth. S. taf. *storshon*, ff. affetig ar *nasturtium*] *eg.* -*s*. *Bot.* Planhigyn ymlusgol â dail crwn a blodau oren, melyn, neu goch, *Tropæolum majus*: *nasturtium*.

Ar lafar, *Cymru* liv. [84] (dwyrain sir Drefn.), G. Awbery: *BM* 23 (Môn, sir Drefn., a sir Benf.). Clywir hefyd y ff. l. *styrsions*.

Amr.: **sgyrsion**[2]. Ar lafar, G. Awbery: *BM* 23 (Môn, sir Gaern., a sir Drefn.). Clywir hefyd y ff. ll. *sgersions* a *sgerswns*.

storus [*stôr*+-*us*] *a.* Cyforiog o nwyddau stôr, â chyflenwad da o nwyddau: *abounding in stored goods, well-stocked*.

16–17g. Siôn Mawddwy: *Gw* 202, Rhwydd loyw staerau, hardd le *storus* / Rhyw trysorus, rhad tros eurwydd [am y Plasnewydd, Môn]. **1604–7** *TW* (*Pen* 228) d.g. *Locuples*.

storws, ystorws [bnth. S. *storehouse*] *eb.g.* ll. (*y*)*storysau*. Storfa, warws, granar, hefyd yn *ffig.*: *storehouse, warehouse, granary, also fig*.

1735–6 *ML* (Add) 35, daccw'r mops o'r Duwmares wedi cyfodi mewn arfau, a chwedi yspeilio'r Traeth Coch o yd, ymenyn a chaws, torri'r *Storysau* a rhannu'r yspail. **1749** *id.* 193, [chwi] gofiwch am *ysdorws* moelfre. **1758** *ML* ii. 62, y mob, a ddaethent o'r chwarelydd a'r mwyngloddiau ac a aethent i'r gaer ac a dorrasent *ystorysau* ac a werthasant yd, menyn, a chaws am iselbris. **1761** *id.* 342, 30s. yw'r ardreth mwya a gafed ermoed am y ty ar *storws* ar llain, ac o hynny mae 15s. yn myned i'r meistr tir, ac mae arno fo ei hun gadw'r ty, a'r hen *storws* sydd a tho gwellt arnynt, mewn cywair. **18–19g.** Jac Glan-y-gors: *Gw* 39, Fan honno gwnai'r person ei dirion *ystorws*,—/ Nid hawdd cael lle twtiach i gwtsio pytatws. **1828** *Geir Pob* 30, *Ystorws*, ystor-dŷ. Ar lafar yn gyff., *WVBD* 503 (*eb.*), *Cymru* xxxiv. 180 (godre Cered.), *GDD* 273 (*eg.*), *GTN* 718 (*eg.*). Digwydd hefyd ar lafar yn y ff. luosog *strysiau*, *B* xiii. 64; ac mewn e. lleoedd, *id.* viii. 223, *ELISG* 39.

Cfn.: **storws galch:** *limekiln*. Ar lafar, *WVBD* 503.

storyn, gw. stôr.

stowcen [*stowc(i)*+-*en*] *eb.* Merch sarrug bwdlyd: *surly sulky woman*.

Ar lafar, *LlLlM* 110; 'Ma gin honna hen aelia trymion iawn—mae hi'n hen *stowcan*', *WVBD* 503.

stowci, stowciaf: stowcio, gw. costowci, costogaf: costogi.

stowiaf: stowio [bnth. S. (*to*) *stow*] *bg.a.* Pacio yn daclus ac yn gryno, llwytho, hefyd yn *ffig.*: *to stow, load, also fig.*

20g. Ar lafar, "Wn i ddim lle mae o'n *stowio*'r holl fwyd 'na', *LlLlM* 107. Digwydd hefyd yn ardaloedd glofaol sir Ddinb. yn yr ystyr 'llenwi'r ffâl â baw, slec a cherrig'.

Gw. hefyd **stuaf**[1]**: stuo.**

stownau [cfdds. o'r S. taf. *stound(s)* 'whims, sudden impulses'+-*au*] *e.ll.* Mympwyon, hwyliau: *whims, moods*.

Ar lafar, 'Ellir dim imddibini ar Shanco, ma gormod o *stowne* arno', *GDD* 274; 'Wêdd e'n weithwr brion [*sic*] ond bod *stowne* arno', *Wês wês* 38.

stownllyd [*stown(au)*+-*llyd*] *a.* Mympwyol, oriog: *capricious, moody*.

Ar lafar, *GDD* 274, *SC* vi. 132 (sir Benf.).

stownog [*stown(au)*+-*og*] *a.* Mympwyol, oriog: *capricious, moody*.

Ar lafar, *SC* vi. 132 (sir Benf.).

stowpiaf: stowpio, gw. stwpiaf: stwpian.

stowt, ystowt [bnth. S. *stout*] *a.* a hefyd fel *eg.* (bach. b. *stowten*) ll. -*iau*. Dewr, glew, pybyr; blin, sarrug, cas; corffol, tew, solet: *brave, stout, staunch; angry, surly, nasty; stout, corpulent, solid*.

16g. Huw Arwystl: *Gw* 433, trwy ddoethbwyll kysbwyll cosbych grys *ystowt* / a nad yma ddowt mewn dim a [dd]wetych. **16–17g.** *CRC* 433, Ni bv lew erioed kynn *stowtied* / ag ydoedd yno berssonied. **16–17g.** Edward Urien, &c.: *Gw* 161, Niwr Duw un ar ddaear iach / Os daw atyn' *ystowtiach*. **16–17g.** (**17g.**) *CC* 21, Yr Eryr îs yr 'yri / *ystowt* wyt; nôs da it ti (Thomas Prys). **16–17g.** T. Prys: *Bardd* 190, a derrogan drwy wegi / o eiriav *stowt* a roist di. **16–17g.** *Cer RC* 109, Buost *stowt*, synhwyrol gall, / Yn deall y cyfiownder. **1672** R. Prichard: *Gw* 15, Ar *stowta* [:- dewra] o blant dynion, rhag echryd ac ofon, / Y gria 'n hiraethlon wrth edrych. *id.* 365, Mae 'r gweithwyr yn eiste, heb ostwng eu pen, / Yn tordain [:- yn myned yn *stowt*], yn blino, heb fynnu mor gweithio, / Nes delech eu pricco ag angen. *Diw.* **17g.** *CIIC* iv. 26, Hwythau atteben cyn *ystowted* / Fal y gwnaeth bid iddo ei weithred. *c.* **1689 (1802)** L. William: *Sherlyn Benchwiban* 27, *Stowted* ydyw'r cwrrwm crach, / Ac ŵyr i wrach, Twm Teifi. **18g.** *Beirdd y Berwyn* 107, Mi fyddwn ninne wrth drin i doldir / Yn wyr *ystowtiach* ar wastatir. **1759** *BC* 392, Ni thrig y Brenin mwy na'r lowt, / Gwr balch *ystowt*, yw'r amser. **1760** T. Williams: *AD* 119, roedd gwyr Cornwal yn *stowt* ac yn rhyfelgar. **1769** Twm o'r Nant: *TChD* 34, Danghoswch eich hunen yn *Stawt* bob Tro. Ar lafar, 'Un *stowt* ydi o', *Cymru* xlvii. [236] (sir Ddinb.); '*stowt*' 'plucky', "Welis i ddim byd erioed mor *stowt* â'r hen gi bach 'na', *WVBD* 503; hefyd yn yr ystyron 'stout, solid', 'Pwtyn byr ydi o, *stowt*, lysti', a 'fierce', 'edrach yn *stowt* ar rŵun', 'siarad yn *stowt*' 'siarad yn frwnt, gwylltio, arthio', *ib.* Cf. T. H. Parry-Williams: *S* 34, Yr oedd [pregethwr] wedi gofyn . . . mewn capel arall . . . ond 'ysgwyd eu pennau yr oeddynt',—ac ychwanegodd, 'yn *stowt* hefyd'.

Fel *e.* Math o gwrw tywyll, cwrw du: *stout* (*strong dark porter*).
20g.

stowtrwydd [*stowt*+-*rwydd*] *eg.* Sarugrwydd: *surliness*.

1759 *BC* 514, Mae'n anodd genyf ddywedyd, / Pa Wyr sydd dros fy anwylyd; / *Stowtrwydd* Balchder yn drâ thrwch / Ag Anwadalwch, hefyd. *ib.* Mae *Stowtrwydd* drosti Hithe, / Yn Wr o Gyfraith ynte; / Ag Opiniwn yn Glarc der, / A Balchder, yn Atwrne.

stra, gw. strae[2].

strab[1] (*à*) [?yr un gair â *strab*[2]] *eg.* ll. -*s*. Cymeriad, ces, wag: *character, case, wag*.
Ar lafar yn sir Drefn. a Chered.

strab[2]**, strabaf: strabo, straben,** gw. **strap, strapiaf: strapio, strap.**

strabi [cf. *strab*[1]] *eb.* Merch wyllt anniben: *flighty untidy girl*.
Ar lafar, '*Strabi* o grotan yw 'i', *GTN* 718.

strabwns [?cf. *strab*[1]] *e.?ll.* Lol, dyli, ffwlbri: *nonsense, tomfoolery*.

1874. Ar lafar, 'Ma ryw *strabwns* 'da fa wastod' (dwyrain Morg.).

strac, gw. strôc.

stracat, *a.* Yn galaru'n ddilywodraeth: *wild with grief*.

Ar lafar, "Odd 'i'n *stracat* gwyllt ar ôl 'i gŵr', *GTN* 718.

straciaf: stracio, gw. **strociaf**[2]**: strocio.**

strach, *eb.g.* Cyflwr o bryder, trafferth, neu ddryswch, anhawster, sefyllfa annifyr, cyfyng-gyngor, llanastr: *bother, fuss, difficulty, awkward situation, quandary, mess*.
20g. Ar lafar yn gyff.

stradegydd, strae[1]**,** gw. **strategydd, straeon.**

strae[2]**, ystrae**[2] [bnth. S. *stray*] *a.* a hefyd fel *eb.* ll. -*s*. Crwydrol, wedi mynd ar ddisberod, heb bwrpas penodol, heb fod yn dilyn trefn ragddarparedig, damweiniol; crwydr, y weithred o fynd ar ddisberod; anifail a aeth ar ddisberod: *wandering, stray, random, haphazard; a wandering or straying; stray animal*.

1770 J. Prys: *Abn* 8, Mi wyddwn fod fy nghân cyn Dechre / A bwymt [*sic*] tynn yn Erbyn tonne / Yn erbyn llanw Garw a Gorwynt / O blith *ystray* Trwblaethus drowynt. Ar lafar yn yr ystyr 'gwraig neu ferch sy'n galifantio', '*Strae* fudur yw 'ng hwaer' (dwyrain Morg.). Clywir hefyd y ff. *stra*, 'A'r llo bach du—ma hwnnw / Yn shŵr o fod ar *stra*', *Wês wês* 81; 'defed *stra(i)*', *SC* vi. 132 (sir Benf.); hefyd yn yr ymad. 'y *stra*' 'periodic rounding up and sorting of sheep grazing on Preseli Mountain', *ib.* Cf. W. J. Davies: *HPLl* 245, rodd yn arferol i grïo'r nifeiled fydde wedi mynd ar *strai*; D. J. Williams: *HW* 62, Adwaenwn y tramps i gyd . . . y rheini a ddôi fel y planedau yn gyson yn eu tro . . . Dôi ambell gomed *strae*, y mae'n wir, nad oedd ei henw yn yr almanec [*sic*]; *Wês wês* 18, ac ynte'r blôc, yn dilyn o hirbell, fel gweloch chi gwrci *strae* heb fod yn rhy siŵr o'i groeso.

straea [be. o'r e. *strae*[1]] *bg.* Adrodd storïau, hel clecs: *to tell stories, gossip*.

1933.

Amr.: **straella** [?cf. *straellyd*]. **20g.** Ar lafar, *LGW* [436]–7, *BILlE* 39.

Gw. hefyd **storïaf: storïo.**

straegar, ystraegar [*strae*[1], *ystrae*[1]+-*gar*] *a.* Hoff o straeon, storigar, hoff o sgwrsio, hoff o hel clecs, preplyd, hefyd yn *ffig.*: *fond of* (*telling*) *stories, chatty, gossipy, talebearing, also fig.*

1896. Ar lafar, 'tafod *streugar*', *WVBD* 505.

Gw. hefyd **storigar.**

straella, gw. straea.

straellyd, ystraellyd [*strae*[1], *ystrae*[1]+-*llyd*] *a.* Hoff o straeon, hoff o sgwrsio, hoff o hel clecs, preplyd: *fond of stories, chatty, gossipy, talebearing*.

1859. Ar lafar, 'dynas *streullyd*', *WVBD* 505.

Amr.: **stronllyd** [< **straeonllyd*, sef *straeon*+-*llyd*]. Ar lafar, 'pobol *stronllyd*, *WVBD* 506.

straen[1]**, ystraen** [bnth. S. *strain* 'stress'] *eb.g.* ll. -(*i*)*au*. Y weithred o straenio, niwed sy'n ganlyniad i ymegnïo gormodol, ysigiad, ymdrech gorfforol neu feddyliol ddwys, ymdeimlad o dyndra a blinder o ganlyniad i orweithio, pryder, &c., gofyn gormodol ar deimladau, adnoddau, &c., pwysau, tyndra meddyliol; *Ffis.* cyflwr corff wedi ei ddarostwng i rymedd, ildiant, dadleoliad

molecwlaidd; *Crdd.* pwt o gân: *strain* (*also in physics*), *excessive effort, sprain; strain* (*of music*).

c. **1740** *LLM* 21, Rhag ysig [n]eu *Strain. id.* 22, Rhag ysig ac *Ystraen.* Ar lafar, '*straen*', *WVBD* 504; '*strain*' 'strain; sprain', *SC* vi. 132 (*eb.*) (sir Benf.). Cf. D. J. WILLIAMS: *STG* 101, y *straen* o ddal i nyrsio'r dydd, ie, a'r nos yn fynych hefyd; D. J. WILLIAMS: *STC* 52, Clywn fy nghalon yn curo fel ffust o'm mewn gan *straen* y gwrando. ?Cf. *BC* xv, Y Crŷs . . . Gwedi ei hemio a Streins Morus [i ddymuno i ferch gael ei gwisgo mewn alawon].

straen², **strein** [bnth. S. *strain* 'breed; moral tendency'] *eg.* ll. *-iau, -s.* Brid neu linach o anifeiliaid, planhigion, pobl, &c.; tuedd (foesol) fel rhan o gymeriad person: *strain, breed or stock of animals, &c.; strain* (*moral tendency*).

1929. Cf. D. J. WILLIAMS: *ChHO* 83, gwefusau teneuon a allai awgrymu *straen* o greulonder.

straenad [bôn y f. *straenaf²*: *straeno*+*-ad*, trf. han.] *eg.* Atafaeliad, gwerthiant at bwrpas atafael: (*sale for the purpose of*) *distraint.*

Ar lafar, *SC* vi. 132 (sir Benf.).

straenaf¹,²: straeno, gw. **straeniaf¹,²: straenio.**

straener, ystraener, streiner, strenar [bnth. S. *strainer*] *eg.* Hidlen, lliain hidlo: *strainer, straining-cloth.*

c. **1548** *CM* 1, 796, [p]/ann welych diuod y dryddedd [*sic*] kann gwedi troulio ar y taan tynn Ef Ir llawr a gillwng Ef drwy *yssdraener* A dod o honnw [*sic*] Ir goddeuwr yw yved. *Diw.* **16g.** *WLB* 4, dod ynddo dafellau o menyn gwyryf ai ferwi yn dda ai hidlo drwy *strayner* neu liain glan. *id.* 15, Kymer y kwlwmboin a briw mewn morter a gwasc drwy *ystrayner. id.* 48, ai gymell [cymysgedd o lysiau] drwy *strayner* mewn kawg. **[1761]** *GGJ* 36, cura'n dda ac ystrainia y gwlyb trwy ogor neu *Strainer.* Ar lafar, '*straenar*' 'math o ogr i hidlo llaeth enwyn adeg corddi', *LLLM* 102; '*streiner* te, *streiner* llâth', *Geir Geg* 152 (sir Gaerf. a sir Benf.); '*streiner* caws' 'cheesecloth', *ib.* (dwyrain Morg.); *GDD* 274, *LGW* 271, *AGB* 149.

straeniad [bôn y f. *straeniaf¹*, *straenaf¹*: *straen(i)o*+*-iad¹*] *eg.* Ysigiad: *sprain.*

1812 W. DAVIES: *RMB* 67, Eli rhag *straeniad. id.* 71, Rhag y *Strainiad.*

straeniaf¹, straenaf¹, ystraen(i)af, strein(i)af¹, ystreiniaf, &c.: **straen(i)o, ystraen(i)o, strein(i)o, ystreinio,** &c. [bnth. S. (*to*) *strain*] *bg.a.* Cael neu beri niwed neu anaf drwy ymegnïad gormodol, (peri) dioddef tyndra meddyliol neu bwysau, tynnu neu dynhau, ymestyn yn dynn, ymdrechu, hefyd yn *ffig.*; hidlo, hefyd yn *ffig.*: *to strain, sprain, also fig.; strain* (*pour or pass through a strainer*), *filter, also fig.*

1545 *CM* 1, 538, [p]ryued . . . berw wynt mewn oel olif . . . Ac ynnol *ysdraenia* ef, ac aroel hwnw meniginiaethar glust. *c.* **1566** *B* xv. 118, cadw yr av ar gwaed a briw mewn mwydion bara gwyn a thrwyr isgell hwnw *ystrayna* a gwsnaytha yn lle saws. *id.* 120, *ystraynia* drwy laeth yn vrwd. *ib.* [t]or [gymysgedd] yn defyll teneyon . . . bwrw bowdr Singer a thi elly *ystraynio* a ffeth gwin. *Diw.* **16g.** *WLB* 48, Kymer hiddigl, brwmstan a tharr yn o gimeint ai briwo mewn morter ai kymysgu ar y tân ai *ystraynio* ai kadw. **1696** *CDD* 298, Cymerwch, a berrwch, ordeiniwch ar dân, / O gariad santeiddiol, a Gwlith yspryd glân, / . . . / Cymmer hon ymma, ac yscummia hi'n boeth / A llwŷ o ffŷdd Abraham . . . / *Ystrainia* trwŷ lien, gwell cyngor nid oes, / Gwiriondeb yr un-Duw ath brynnodd ar groes. *c.* **1740** *LLM* 6, [p]an doddo'r Copras, *straenia* ef trwy Liain main. *id.* 7, stompiwch y Llysiau'n dda, ac *ystraeniwch* hwy. *id.* 37, *straeniwch* yr Oel ar Llysiau trwy gadach glan. **18g.** *W Ballads* 155B, 5, Y ferch fu or natur mesur maith / Os trin y gwaith fe *straenia* i [*sic*] gwawr / Y pleser melusber a'n chwerwder ar fyrder ir fun / Eiff ynte i roi tro ag adewiff y fro. **1771** *PDPh* 72, tynnwch ef o ddiar y tân, a *straeniwch* yn galed nes byddo'r garlleg yn diferu. **1787** E. ROBERTS: *PCF* 12, Mi goda fi ystrin i *strainio* / Fe werth y rheini y cwbl iw crogi. **1795** J. THOMAS: *AIC* 43, wedi hynny *ystreinia* ef drwy Wlanen lân, a chostrela êf i fynu at dy wasanaeth. *id.* 361, a thywallt y cwbl i'r cŵd a *strainia* fe'n llŵyr drŵy 'r cŵd. Ar lafar, 'Mi fydda' i wedi *streinio* 'n llais os cana' i'r darn yna' (sir Ddinb.); '*streino*' 'to injure (a limb etc.) by stretching, to sprain', *SC* vi. 133 (sir Benf.); ''Wi wedi *streino* gewyn yn 'y nrod, 'wi'n cretu, 'alla' i ddim doti 'mwysa arni', *GTN* 720. Clywir hefyd y ff. *strenio*, 'Nes i *strenio* 'n hun yn yr ardd ddoe' (sir Ddinb.). Digwydd hefyd ar lafar yn yr ystyr 'arllwys dŵr oddi ar datws neu lysiau gardd eraill wedi iddynt ddigoni', 'Ma isia *streino*'r tatws 'nawr a fi alla' nuthur y grafi', *ib.*; *GDD* 274; *LGW* 345.

straeniaf², straenaf², strein(i)af²: straen(i)o, strein(i)o [bnth. S. taf. (*to*) *strain*, ff. affetig ar (*to*) *distrain*] *bg.* Atafaelu: *to distrain.*

20g. Ar lafar, '*Straino*', *GDD* 274; '*streino*', *SC* vi. 133 (sir Benf.).

straenllyd [*straen¹* + *-llyd*] *a.* Llawn straen, yn achosi straen, wedi ei straenio (am iaith, cystrawen, &c.): *strained* (*also of language, syntax, &c.*).

20g.

straeol, ystraeol [*strae¹*, *ystrae¹* + *-ol*] *a.* Storïol, naratif; hanesyddol; hoff o straeon, hoff o hel clecs: *narrative* (*adj.*); *historical; fond of stories, fond of gossip.*

1778 J. HUGHES: *BB* 18, Da inni gynyg Dwyn ar go, / Egluro tystio 'r testyn, / Y modd y ganwyd tywysog hedd, / . . . / O'r testyn *ystrayol* gwybodol ydyw 'r byd, / Traddodes pob proffes, ei hanes ini o hyd. **1786** TWM O'R NANT: *PCG* 44, Pop rhyw ddyfeisgar, feddylgar ddyn, / A phob *ystraeol* wagffol un, / A wnelo hynt o hono ei hun, / I danu gwyn a gwenwyn.

Gw. hefyd **storïol, ystoriaol.**

straeon, ystraeon, ystraeau, straes, strae¹, ystrae¹ [ff. cyw. ar (*y*)*storiâu* (ll. yr e. (*y*)*storia*) yw (*y*)*strae¹* (≡ (*y*)*strâu*); ff. ll. dwbl yw (*y*)*straeon, ystraeau, straes,* sef (*y*)*strae¹*+*-on²*, *-au*, *-s²*, cf. *ystoraeon,* (*y*)*storâus*; cynhwysir yma hefyd enghrau. o (*y*)*streuon*, sef (*y*)*storïau* (ll. yr e. *stori¹*, *ystori¹*) + *-on²*, cf. *storeuon*] *e.ll.* Storïau, hanesion, chwedlau, anecdotau, clecs: *stories, tales, anecdotes, gossip.*

1778 J. HUGHES: *BB* 299, Prydyddion sy n waradwyddus, / Mae genau rheibus gan y rhain, / Yn codi *ystray* fel cidys drain. *id.* 309, Er maint a chyd, *ystrayau* 'r byd. **1786** TWM O'R NANT: *PCG* 12, Pob rhyw siarad hên-grâs eirie, / A phob *ystraie* [*sic*], troie, trwyad, / Ymhob rhyw ffals naturieth ffôl, / Mae'ch llawn arferol fwriad. **1806** TWM O'R NANT: *H* 75, pan aeth hi'n ennyd o'r nos, fe aed i chware ac i ddweud *ystrae*, ac i son am ysprydion. Ar lafar yn y ff. '*streuon*, *struon*', *WVBD* 503; '*strae, straes, stras*', 'cymowta o'r naill dŷ i'r llall i hel *stras*', *ib.* 504. Clywir hefyd *strion*, *GTN* 717. Cf. W. REES: *LlHFf* 38, mund o gwmpas i hel *strays*; TALHAIARN: *Gw* ii. 88, Ni hidiwn fymryn am eich hen *ystreuon*; D. OWEN: *RL* 265, paid a deyd *straes* digri ar ol myn'd i'r tŷ; **1895** D. OWEN: *SP* d.d., *Straeon* y Pentan.

Cfn.: **straeon byrion:** *short stories.* **1935.** Gw. hefyd *stori—stori fer.*

Gw. hefyd **stori¹, ystoria.**

straewr, ystraewr [*strae¹*, *ystrae¹* + *-wr*; cf. *storieuwr*, amr. ar yr e. *storïwr*] *eg.* ll. (*y*)*straewyr*, (*y*)*straewrs.* Storïwr: *storyteller, raconteur.*

1898.

Gw. hefyd **storïwr, ystoriawr.**

strafaglach, gw. **stryfaglach.**

straffaglaf, straffagliaf: straffaglu, straffaglach, straffaglio, straffagl(i)an, gw. **stryffagliaf: stryffaglio.**

straffaldio¹, straffaldian [?cf. S. taf. (*to*) *strafe* 'to wander about'] *bg.* Loetran, sefyllian: *to loiter, stand about.*

Ar lafar, '*straffaldio*', *LLLM* 113; '*straffaldian, straffaldio*', 'Be' 'wti'n *straffaldio* y fan 'ma?', *WVBD* 504.

straffaldio², gw. **sgaffaldio.**

straffaldyn [bôn y be. *straffaldio¹*, *straffaldian*+*-yn¹*] *eg.* Loetrwr, llabwst diog: *loiterer, layabout.*

Ar lafar, *WVBD* 504.

straffgi [elf. anh.+*ci*] *eg.* Dyn mawr cydnerth: *strapping fellow.*

1894 D. OWEN: *GT* 97, Mae o'n *straffgi* go gry' . . . ond fyddwch ch'i fawr o dro yn setlo'r gŵr ene. Ar lafar, '*straffgi*' 'clamp mawr', '*straffgi* o ddyn', *Cymru* xlvii. [236] (sir Ddinb.).

straffiaf: straffio, *ba.* Difetha, rhwygo: *to spoil, tear.*

Ar lafar, '*straffio* dillad', *WVBD* 504.

straffîg, straffiglaf: straffiglo, strafflyd, gw. **stryffîg, stryffagliaf: stryffaglio, gwastrafflyd.**

straffwch [?cf. *straffiaf*: *straffio*] *eg.* Dyn di-raen blêr: *shabby slovenly man.*

Ar lafar, '*straffwch*' 'a shabby slovenly person', 'hen *straffwch* blêr', *WVBD* 504; '*Straffwch*' 'Un afluniaidd, ac afler', *Cymru* lxii. 175 (gorllewin Meir.).

straffwr, gw. **gwastraffwr.**

stragl [bnth. S. *straggle*] *eg.* (bach. *-yn*). Un blêr o ran dillad neu waith; grŵp anhrefnus o bobl, &c.: *untidy person or worker; straggle.*

20g. Ar lafar, '*stragal*' 'one who is untidy in clothes or work', 'Ryw hen *stragal* o ddyn oedd o', *WVBD* 504; hefyd yn y ff. *straglyn* yn yr ystyr 'a straggler, one who wanders', *SC* vi. 132 (sir Benf.).

stragiaf¹: straglo, straglan, gw. **stragliaf: straglio.**

stragiaf²: straglan, gw. **stryglaf: strygl-an.**

straglar [bnth. S. *straggler*] *eg.b.* ll. *-s.* Un sy'n straglio (ar ôl rhai eraill), crwydrwr, loetrwr; dieithryn: *straggler, wanderer, loiterer; stranger.*

20g. Ar lafar, 'Hen *s[t]raglars* yn dod ar draws y tŷ 'cw' 'am bobl ddiarth', *BIJH* 39; ''En *straglar* o ddafad' (dwyrain Morg.).

stragliaf¹, straglaf¹: stragl(i)o, straglan [bnth. S. (*to*) *straggle*] *bg.* Mynd ar ddisberod, crwydro, llusgo mynd (ar ôl rhai eraill); tyfu'n hir a llaes (am wallt): *to stray, wander, trail behind others, straggle* (*also of hair*).

1672 R. PRICHARD: *Gw* 553, Cyrchwch adre, trowch i'r gorlan, / Y ddisperod aeth i *straglan* [:-gyrwydro]. Ar lafar, '*straglo* ar ol', *Cymru* xlvii. [236] (sir Ddinb.); ''Odd 'i'n *straglan* ar ôl y defid erill'.

stragliaf²: straglio, gw. **stryglaf: strygl-an.**

straglyn, stramantau, gw. **stragl, strymantau.**

stramoniwm [bnth. S. *stramonium*] *eg. Bot.* Afal dreiniog, (afal) meiwyn, *Datura stramonium*; alcaloid a baratoir o'r planhigyn hwn: *thorn apple, stramonium; stramonium* (*in pharmacology*).

20g.

stramp [cf. *stremp*] *e?g.* Syniad, amcan, crap: *notion, grasp.*

20g.

stranc, ystranc, *eb.g.* (bach. b. *strancen*) ll. *-(i)au, -s.* Tric (direidus), cast, jôc, ystryw, cynllun cyfrwys; (fel arfer yn y ll.) pwl neu byliau o dymer ddrwg, sterics: *trick, prank, ploy, wile, stratagem;* (*usu. pl.*) *tantrum(s), hysterics.*

1547 *WS*, *Ystrank.* **16g.** *TRP* 140, Ho hwrswn lleidir / gwaetha i *strangk* no gwr or tir. **1604–7** *TW* (*Pen* 228), *ystranc* d.g. *Ludus. id.* Rhagdalæ ne vilwyr wedy cyfleu velhy . . . megys y rhagulaenant *strancia* a chynlhwynion y gelynion d.g. *prætenturæ.* **1632** *D*, *Ystrangc*, Stratagema. **1688** *TJ*, *Ystrangc*, cyfrwŷs ddichell mewn Rhyfel: a Stratagem or Policy in War. **1711** TP: *CG* [iv], yr ydoedd lluniau anferth hyll gwedi i gwneuthur ar Wydr y Ffenestr wrth ba un yr oeddwn yn Scrifennu y Llyfr hwn . . . pa un a bod y *strangc* hwn gwedi wneuthur gan Sattan i geisio fy nychrynu, rhac gossod allan y Llyfr hwn. **1722** *Llst* 189, *Ystrangc.* f.p. *trangciau.* A stratagem, artifice. **1733** T. EVANS: *PP* x, Y mae 'n wir yn beth rhyfedd fod neb dan Enw Cris'nogion yn gosod cymmaint pŵys ar *Ystrangciau* 'r Diawl. **1737 (1766)** *OU* 130, rhowch i mi ryw Lyfr a fo yn dyscu Celfyddydau a '*Strangciau* cyfrwys, ac y sy yn son am hên chwedlau. **1740** T. EVANS: *DPO* 44, nid ychydig oedd ei Fost [Cesar] yn Rufain, o'i waith yn darostwng y Brutaniaid wrth y fath *ystrangc* ddichellgar [ymladd ar gefn eliffantod]. **1760** *ML* ii. 150, gwnewch yn fawr o'r wreigyn, oblegid un dda ddiniwed ydyw yn fy marn i, heb ddim o'r pengaledrwydd a'r yspryd gwrthnysig ac sydd yn y rhan fwyaf o'r menywod . . . ac heb un *strank* ddrwg ynddi. **1765** J. POPKIN: *LJ* 220, y mae'r holl *ystrangciau* dichellgar (*hocus pocus tricks*) ynghylch gras yn annog . . . ein hymroadau ni. **1780** *W*, *ystrangc* d.g. *Prank.* **1803** *P*, *Ystranc*, s. m.—pl. t. *iau* . . . A trick, a wile. Ar lafar, '*stranca*' 'triciau', 'Ma fa'n

llawn *stranca*', 'O, dyna dy *stranca* di, ifa?', *GTN* 718. Clywir *stranc* hefyd yn yr ystyr 'act of kicking, struggling against; act of being recalcitrant, refractory', *WVBD* 504; ac yn yr ystyr 'a recalcitrant fellow', *ib.*, a '*strancan*' 'a recalcitrant woman', *ib.* Cf. W. REES: *AFR* 145, Wel, ddaru ti 'madel â dy *strancs*, Jacki?. . . mi roedden ni'n meddwl dy fod wedi cym'ryd a wib i'r 'Merica, nei i 'Stralia; D. OWEN: *GT* 244, *ystranc* penffol neu chwidr ysmala pan yn haner meddw oedd yr hyn a wnaeth a Mr. Ernest wneud yr hyn a wnaeth; D. OWEN: *B* 79, Y mae yr *ystrangciau* a chwareuir gan Gonsurwyr, er mwyn cynnal bri ac anrhydedd y gelfyddyd . . . yn aneirif.

Amr.: *ystrenciau* (e.ll.). 1780 *W* d.g. *To play pranks, Prank, Wicked pranks.*

stranciaf, strancaf, ystranciaf: stranc-(i)o, strancan, ystrancio [bf. o'r e. (y)*stranc*] bg. Prancio (am geffyl, &c.), tindaflu, stryglo, bod yn anhydrin neu'n wrthnysig, cael pwl o dymer ddrwg, mynd i sterics, bod yn groes neu'n biwus, hefyd yn *ffig.*; (?geir.) chwarae triciau: *to prance (of horse, &c.), fling, struggle, be recalcitrant or refractory, throw a tantrum, go into hysterics, be fractious, also fig.;* (?*dict.*) *play tricks.* 1740 T. EVANS: *DPO* 122, am ben hyn yn lle Meddygon i drin eu Clwyfau, y Meirch-Rhyfel yn *ystrangcio* draw ac yma dros y Clwyfus truain. 1803 *P*, *Ystranciaw* . . . To play tricks, to quirk. Març yn *ystranciam*, a horse shewing vicious tricks. 1828 *Geir Pob* 30, *Ystrangcio*, tindaflu. Ar lafar, '*strancio*' 'to kick against, struggle against; to be recalcitrant, refractory', *WVBD* 504; 'Dyma blentyn i *stranco* yw 'wn os næ chaiff a 'i ffordd!', 'Wel, *stranca* di faint fyn' di, ond 'wyt ti ddim yn mynd!', *GTN* 718. Cf. W. REES: *CA* 83, dewis . . . swyddogion newyddion mewn eglwys . . . Os gadewir mab Dio[trephes] allan, ffroma ef a'i gyfeillion yn aruthr: ac *ystranciant* fel plant bach; TALHAIARN: *Gw* ii. 5, Gwell i ti bolishio tippyn ar y pennillion cyn eu hargraphu, neu mi fydd y criticyddion yn tynnu'r gribyn fras ar eu traws hwynt, gan wneud i ti wrido, *ystrangcio*, a wylo yn chwerw dost; *id.* 82, [p]aid a digio, gofidio, *strangcio*, a myned i hysterics; W. REES: *LlHFf* 52, mi rois i swmbwl yn i cnawd nhw . . . rydw i 'n coelio iddo fo neyd lles iddyn nhw . . . ond tydi o use yn y bud iddyn nhw foni a *strancio.*

stranciog, strancog, ystranciog [(y)*stranc*+-(i)og] a. Strancllyd, hysteraidd; prancio; llawn cynlluniau cyfrwys, ystrywgar: *prone to tantrums, hysterical; prancing; full of stratagems, wily.* 1794 *W*, *ystrangciog* d.g. *Stratagem, Full of stratagems.* Ar lafar, 'Dwi ariôd wedi gweld plentyn mor *strancog* a 'wnna', *GTN* 718.

stranciwr, ystranciwr [bôn y f. *stranciaf, strancaf, ystranciaf: stranc(i)o, ystrancio* +-*iwr*] eg. ll. *strancwyr.* Un sy'n strancio, un anhydrin neu wrthnysig; un sy'n chwarae triciau; hefyd yn *ffig.*: *one who is prone to tantrums, recalcitrant or refractory person; trickster; also fig.* 1819.

stranclyd, ystranclyd, strancllyd [(y)*stranc*+-*lyd*, -*llyd*] a. Yn tueddu i gael pyliau o dymer ddrwg, croes, piwus, hysteraidd: *prone to tantrums, fractious, peevish, hysterical.* 1925. Ar lafar, 'Un *stranclyd* tost yw'r crotyn llia'' (dwyrain Morg.).

strancog, gw. **stranciog.**

strand [bnth. S. *strand*] eg. Un o'r ceinciau sy'n ffurfio rhaff, cebl, &c.: *strand (of rope, cable, &c.).* 1868.

strandiaf: strandio [bnth. S. (*to*) *strand*] bg.a. Mynd ar y lan (am gwch, &c.); gadael yn ddiymgeledd (yn enw. heb drafnidiaeth): *to run aground; strand (a person without transport, &c.).* 1760 *ML* ii. 181, Dyma Dutchman a gwin gwedy *strandio* yn Aberystwyth, a phawb yn cael rhywbeth oddiwrtho ond y fi. Ar lafar, 'Mi gollish i'r bŷs a ges i'n *strandio*'.

strap, ystrap [bnth. S. *strap*] eb.g. (bach. g. *strapyn, strepyn*, b. *strapen*) ll. -*iau*, *straps* (un. b. (y)*strapsen*).

(a) Darn hirgul o ledr, &c., yn aml â bwcl, a ddefnyddir i gau, i sicrhau, neu i

glymu peth, neu i'w godi, ei gludo, &c., gwregys, belt, dolen i gydio ynddi (ar fws, trên, &c.); lledr hogi; darn o ledr, gwregys, &c., a ddefnyddir i guro rhywun, curfa a roddir â'r cyfryw: *strap; strop; a beating with a strap, (the) strap.* 1725 *SR*, *ystrapsen* d.g. *A Strap.* 1790 TWM O'R NANT: *GG* 72, Am roi, fel wrth gôd Eurych, / Ystrapiau dewrwych am wddf y dŷn, / I stopio'i Glôs tros dip ei glun. Ar lafar, '*strap*', *WVBD* 504; 'Fel hyn ma tynhau'r *straps*, dwy dros ych sgwydde ac un rownd ych canol', *Wês wês* 33. Cf. D. OWEN: *GT* 26, Yr oedd ganddo *strap* lledr a bwcl arno yn ei law, a dechreuodd fy nghuro yn ddidrugaredd; *id.* 152, Ar y dde i'r fowlen a'r drych yr oedd rasal mewn câs lledr, a *strap* o ledr oddeutu hanner llath o hyd; D. J. WILLIAMS: *ChHO* 27, dyna Dai Smôc druan yn 'i got rib a'i *strapen* goch yn disgyn i ganol y rhedlif crych.

(b) (yn y ff. bach.) Un mawr cydnerth: *tall strapping person.* 1908. Ar lafar, 'yn bladras neu'n *strapan*', *LlLlM* 112; '*strapan* o hogan gre', *WVBD* 504; ''Wedd e'n *strapyn* o fachan' (sir Benf.). Clywir *strapan* hefyd fel 'a term of reproach' . . . e.g. to a child who has spoilt her clothes', ''R hen *strapan* bach fudur', *WVBD* 504, ac yn yr ystyr 'menyw haerllug, ddigymeriad', ''En *strapan* gomon yw 'i', *GTN* 718. *Amr.*: *strab*² (à) (bach. b. -*en*) ll. -*s*. 20g. Ar lafar, '*Straben*' 'strap', *Cymru* lxv. 152 (godre Cered.), hefyd yn yr ystyr 'streipen', *ib.* Cf. *ib.* Cafodd y lleidir y *straben* ar ei gefen ond enilliodd y plisman *straben* ar ei lawes; D. J. WILLIAMS: *ChHO* 59, cwpwl o *strabs* cynnes yn lwc yn groes i'm hysgwyddau a'm cefn wrth i mi fynd yn ôl i'm lle.

Cfn.: *strap(en)* hogi: *strop.* 20g. **ar strap**: *on hire purchase.* Ar lafar, 'Ma pawb yn prynu celfi *ar strap*, 'nawr', *GTN* 718. **(dod) at ei (eu, &c.) strapiau**: (*to come*) *to one's senses, submit to authority.* 1907. Ar lafar, ''Dewch iddyn' nw, mi *ddôn* nw at 'u strapia eto', *WVBD* 504.

strapado [bnth. S. *strappado*] eg. Math o gosb neu artaith lle tynnir rhywun i fyny â rhaff a sicrheir fel arfer wrth ei arddyrnau, a gadael iddo ddisgyn nes bydd y rhaff yn ei stopio a phlwc cyn iddo gyrraedd y ddaear, offeryn at weinyddu'r fath gosb: *strappado.* c. 1762–79 W. WILLIAMS: *P* 432, poenant [Chwilyswyr] ef drachefn, gan ei fwgwth â'r *strapado.*

strapaf: strapo, strapen, gw. **strapiaf: strapio, strap.**

straper, ystraper [bnth. S. *strapper*] eg.b. ll. *ystraperiaid.*

(a) (fel eb.) Gwraig fawr gydnerth; gwraig wacsaw, putain: *large strapping woman; dissolute woman, prostitute.* 1877 W. REES: *HBHD* 136, Mi fydde'n well gen i o'r haner ei wel'd o'n priodi rhyw *strapar* o ddynes wedi arfer gweithio. Ar lafar, '*strapar*' 'strumpet', *WVBD* 504.

(b) (fel eg.) Un sy'n rhwymo ceffylau â strapiau, gwas stabl: *strapper (of horses), groom.* 1851.

strapiaf, strapaf, ystrapiaf: strap(i)o, ystrapio [bnth. S. (*to*) *strap*] bg.a. Rhwymo â strap; curo â strap; hogi (rasel) â strop: *to strap; beat with a strap; strop.* 1863. Ar lafar, '*strapio*' 'to strap . . . to strop', *WVBD* 504; '*Strapo* 'defnyddio'r straben . . . er cosbi', '*Strapo* bocs . . . yw gosod strapsen neu gorden amdano i'w ddiogelu', *Cymru* lxv. 152 (godre Cered.); hefyd yn yr ystyr 'cael nwyddau heb dalu ar y pryd', ''Na'lle 'odd i'n *strapo* yn siop Alun', *GTN* 718. Cf. D. OWEN: *GT* 26, Yr oedd ganddo *strap* lledr a bwcl arno yn ei law, a dechreuodd fy nghuro yn ddidrugaredd. Gwaeddais a gwingais nes tori y llinynau, ond daliodd y crydd i afael fy *strapio* nes iddo flino. *Amr.*: *strabo* [cf. *strab*²]. Ar lafar, *Cymru* lxv. 152 (godre Cered.).

strapsen, strapyn, gw. **strap.**

strata, ff. l., gw. **stratwm.**

strategaeth, strategiaeth [cfdds. o'r S. *strateg*(*y*)+-(*i*)*aeth*] eb.g. ll. -*au*. Celfyddyd ryfela, yn enw. o ran rheoli byddin(oedd) &c., mewn ymgyrch, cynllun neu bolisi

(mewn busnes, gwleidyddiaeth, &c.), cynllun (cyfrwys): *strategy, plan, stratagem.* 20g.

strategaidd [cfdds. o'r S. *strateg*(*ic*)+-*aidd*] a. Strategol: *strategic.* 20g.

strategiaeth, gw. **strategaeth.**

strategol [cfdds. o'r S. *strateg*(*ic*)+-*ol*] a. Yn perthyn i strategaeth, at bwrpas strategaeth, pwysig o safbwynt strategaeth, a wneir i ddinistrio potensial milwrol y gelyn (am fomio, &c.), i'w ddefnyddio i'r fath bwrpas (am daflegryn, &c.): *strategic.* 20g.

strategydd [cfdds. o'r S. *strateg*(*ist*)+-*ydd*³] eg. ll. -*ion*, *strategwyr.* Arbenigwr ar strategaeth: *strategist.* 20g. *Amr.*: *stradegydd.* 1899.

strategyddol [*strategydd*+-*ol*] a. Strategol: *strategic.* 20g.

stratigraffeg [cfdds. o'r S. *stratigraph*(*y*)+-*eg*¹] eb. Drg. (Gwyddor) trefn a safle gymharol strata daearegol; Arch. dadansoddiad o drefn a safle gymharol haenau o weddillion archaeolegol: *stratigraphy.* 20g.

stratigraffi [bnth. S. *statigraphy*] eg. Stratigraffeg, hefyd yn *ffig.*: *stratigraphy, also fig.* 20g.

stratosffer [bnth. S. *stratosphere*] eg. ll. -*au.* Haen o awyr yn yr atmosffer uwchben y troposffer sy'n ymestyn hyd at ryw 50 cilometr (tua 30 milltir) uwchben y ddaear: *stratosphere.* 20g.

stratwm [bnth. S. *stratum*] eg. ll. *strata.* Haen, hefyd yn *ffig.*: *stratum, also fig.* 1936.

stratws [bnth. S. *stratus*] eg. Haen ddi-dor o gymylau llwyd: *stratus.*

stre, gw. **ystre.**

strebog, ystrebog, ystrepog [?cf. *slebog*] eb. ll. -*iaid.* Slebog, slwt: *slattern, slut.* Ar lafar, '*strebog*', *WVBD* 505, *LlLlM* 113; '*ystrepog*', J. JONES: *Gwerin-eiriau*² 65; '*ystrebog*', *id.* 189.

stred, gw. **ystred.**

streiaf, ystreiaf: streio, streia(n), ystreio [bnth. S. (*to*) *stray*] bg. Crwydro, mynd ar ddisberod, hefyd yn *ffig.*: *to wander, stray, also fig.* c. 1770 *LlGC* 352, 11, Mi welais i ferch a fydde yn *ystraeio* / pan glowe hi son am dongcio / Cae bawb fynd arni hi ymhob lle / mewn cysyr a fydde n ceisio. Ar lafar, 'Dyna'r 'en ddafad yn yr ardd eto! Pam na all 'wnna gatw 'i 'en gradurjid roc *streio*', *GTN* 720; 'Ma 'i ddefid a'n *strean* i bobman' (dwyrain Morg.); hefyd yn y ff. *stroio*, 'To wind its course sinuously, said of a stream', 'Fel cornant fach yn *stroio* / Dan sishal rhwng y brwyn', *GDD* 275.

streic¹, ystreic [bnth. S. *strike*] eb.g. ll. -*iau.* Gwrthodiad gweithwyr i weithio, yn enw. er mwyn gorfodi cyflogwr i wella eu cyflog neu eu hamodau gwaith, hefyd yn *ffig.*: *strike (by workers), also fig.* 1885 D. OWEN: *RL* 101, bydae y *streic* yma a mae nhw'n sôn am dano yn y gwaith yn dwad, wn i ddim be ddoe o honom ni. Ar lafar, '*streic*', *WVBD* 505, *GTN* 719. Cf. H. EVANS: *CE* 48, Cofiaf *streic* mewn un ffarm . . . yn erbyn potes—tanceri mawr wedi eu llenwi y naill ddydd ar ôl y llall. *Cfn.*: *streic gyffredinol (cyffredinol)*: *general strike.* 1915. *streic newyn*: *hunger strike.* 20g. *ar (y) streic*: *on strike.* 1907. Ar lafar, 'Fe fu'r dinnon *ar streic* am fisiodd', *GTN* 719.

streic², gw. **stric¹.**

streic³ [bnth. S. *streak*; ?cf. S. Diw. Cyn. *strike*] eb. (bach. -*en*) ll. -*s*. Strimyn (o liw gwahanol), streipen: *streak, stripe.* Ar lafar, 'Careg wen a *streics* indi', *GDD* 274;

'streicen . . . pl. streics', SC vi. 133 (sir Benf.); 'Ma strican o graig witha'n brico lan trw'r glo' (dwyrain Morg.).

streicaf: streico, gw. streiciaf: streicio.

streicar [bnth. S. striker] eg. Saethwr (mewn pêl-droed): striker (in soccer).
20g.

streicen, gw. streic³.

streiciaf, streicaf, ystreiciaf: streic-(i)o, ystreicio [bnth. S. (to) strike] bg.a.

(a) Mynd ar streic: to go on strike, come out on strike.

1899. Ar lafar yn gyff., 'streicio', WVBD 505; 'Oni bai bod gwithwyr yn streico 'fasan' nw 'riôd wedi cæl 'ynny o iawndera sy gintyn' nw', GTN 719.

(b) Curo, taro, hefyd yn ffig. (am syniad, &c.): to strike, also fig. (of an idea, &c.).

1828 Geir Pob 30, Ystreicio, curo. Clywir streicio ar lafar yn yr ystyr 'to throw stones up at a window to attract attention', WVBD 505; 'mynd i streicio' 'mynd i guro ar ferch trwy daflu cerrig mân yn erbyn ei ffenestr', ISF 71.

streiciwr, streicwr [bôn y f. streiciaf, streicaf: streic(i)o+-(i)wr] eg. ll. streicwyr. Gweithiwr sydd ar streic: one who is on strike, striker.

1936. Ar lafar, 'streicwr', GTN 720.

streifaf: streifo, gw. streifiaf: streifio.

streifiad, ystreifiad [bôn y f. streifiaf, streifaf, ystreifiaf: streif(i)o, ystreifio+-iad¹] eg. ll. -au. Ysigiad (cymal): sprain, strain.
1864.

streifiaf, streifaf, ystreifiaf, strif(i)af: streif(i)o, ystreifio, strif(i)o [bnth. S. (to) strive a bf. o'r e. strif] bg.a.

(a) Ymdrechu, ymegnïo; anghytuno, cweryla: to strive; disagree, quarrel.

1672 R. PRICHARD: Gw 589, F'aeth y Duwie i strifo 'n s[c]eler, / Pwy gae gynta dan ymdynnu, / Ddwyn i dir Dywysog Cymru. **18g.** W Ballads 135B, 3, Mae'n gorfod imi streifio a gweithio am danon 'n dyn. **1765** BDGU 37, Gwedi rhoi yn ych Bol gryn baeled / . . . / Os gellwch gan Ddiogi, streifiwch heb ffael / Ychydig, i gael i chwaniu. ib. Yr wy fi yn rhu hên i streifio yn iawn, / Nes delo hi yn llawn Cynhaua. **1768** TWM O'R NANT: CTh 47, Ond rydwi gwedi blino'n gwrando, / Rhaid imi feddwl bellach am f'eiddo; / Ni waeth imi gychwyn ystreifio'n llym, / A rhoi Ticket nid oes dim, [sic] yn tycio. **18g.** TWM O'R NANT: CO 31, Pan ddois i yn gryfach wedi, / Mwyfwy fyth oedd f'egni; / Ar ol bod y Sul yn streifio fy hun, / Mi fyddwn Ddiw Llun yn ddiallu. **1789** TWM O'R NANT: TChB 33, Ond mae rhai tlodion hyd y Gwledydd, / Os Câ 'nhwy [sic] unwaith fynd ar y plwyfydd / Ni Cheisiant ystreifio na gweithio 'n gû, / Rwi 'n gweled hynny 'n gwilydd. **1828** Geir Pob 30, Ystreifio, ymdrechu, egnio. Ar lafar, ''Wi'n cretu bod nw'ch dou'n rai sy'n streifo'n galad' (dwyrain Morg.); 'Dinnon bach sy'n strifo'n galad ŷn' nw', GTN 719.

(b) Ysigo (cymal): to sprain, strain, wrench.

1823. Ar lafar, 'streifio'r troed' 'to sprain one's foot, ankle', WVBD 548-9.

streifus, strifus [bôn y f. streifiaf, streifaf: strif(i)af: streif(i)o, strif(i)o+-us] a. Ymdrechgar, diwyd, egnïol, bywiog, cryf; yn gofyn ymdrech fawr, llafurus: striving, industrious, energetic, lively, strong; requiring much effort, strenuous.

1879. Ar lafar, 'Ma golwg streifus ar y Sais 'na' (canolbarth Cered.); 'Fenyw strifus', LlGC 1173, 98 (Morg.); 'Dinnon bach strifus, teidi ŷn' nw', GTN 719.

streiliaf: streilio, strein, streinaf¹,²: streino, gw. ystreuliaf: ystreulio, straen², straeniaf¹,²: straenio.

streiner, streiniaf¹,²: streinio, gw. straener, straeniaf¹,²: straenio.

streip, ystreip [bnth. S. stripe] eg. (bach. b. streipen) ll. streipiau, streips, a hefyd gyda grym ansoddeiriol. Rhesen hirgul wahanol o ran lliw neu ansawdd i'r arwyneb o boptu iddi, stribyn, stribyn neu sieffrwn a wisgir fel arwydd o radd filwrol, &c.; llain

(o dir): stripe (also as sign of rank); strip (of land).

1828 Geir Pob 30, Ystreip, brith liwiog. Ar lafar, 'Ma gynni hi bapur wal streips yn y gegin', ''Ôn i'n ffansio'r crys 'na efo streipen wen ar 'i draws o'. Cf. J. GERAINT JENKINS: Dre-fach Felindre and the Woollen Industry (1976) 15, 51 yards Stripe coch @ 3¼ per yard . . . 45 yards Brethin Stripe 5¼ per yard; D. J. WILLIAMS: ChHO 57-8, 'R own i wedi dod yn syllu ar lun sebra mewn llyfr un o'r dyddiau hynny, a chofiaf yn dda weld y streipiau arno yn debyg i'r eira gyda'r cloddiau yn y pellter.

streipiog, streipog [streip+-(i)og] a. Ac arno streip(iau), brith; a chanddo'r hawl i wisgo streip(iau) fel arwydd o radd filwrol, &c.: striped, brindled; entitled to wear a stripe or stripes as a sign of military, &c., rank.

1936 D. J. WILLIAMS: STG 89, yr ystafell wely fach hon â'r papur lliwgar, streipog ar wal,—y streipiau oll yn cydredeg yn ddiorffwys o union.

streit [bnth. S. straight] a. sy'n digwydd yn yr ymad. adfl. yn streit. Yn syth, yn unionsyth, yn uniongyrchol; yn blaen; ar unwaith: straight, directly; plainly; immediately, straight away.

1908. Ar lafar, 'meddilies in streit bo rhwbeth sbeshal 'da fi', Wês wês 68. Cf. D. J. WILLIAMS: STG 69, fe welsom boni mynydd . . . yn ei gneud hi'n streit amdanon ni; D. J. WILLIAMS: STC 110, dyma fi'n gwneud yn streit yn ych wynebe chi.
Gw. hefyd strêt.

strejaf: strejo, gw. stretsiaf: stretsio.

strel, ystrel [?cf. drel] e?g. Llanastr, ysbwrial: mess, rubbish.

1885. Ar lafar, 'Be mâ'r holl hen strel na dda hyd y ty?', Cymru liv. 131 (dwyrain sir Drefn.).

strelgi, ystrelgi [cf. drelgi] eg. ll. (y)strelgwn, ll. dwbl strelgwns. Ci ffyrnig, hefyd yn ddifr. am berson: fierce dog, also derog. of a person.

1735 L. MORRIS: T 11, rhyw oferddynion afrâdus na arbedant ddim côst i fâgu a dwyn i fyny'n fwythus Gâd o strelgwn bârus . . . er mwyn y Coeg ddifyrrwch o hela. Ar lafar, 'y strelgi budur', WVBD 505; 'Strelgi' 'Un drwg, digymeriad, brwnt', Cymru lxii. 175 (gor-llewin Meir.). Cf. J. JONES: Llên Gwerin 303, Ystrelgi. —Creadur cythruddol ei nwyd, uchel ei glep, a pharod ei ddant; yn ysgyrnygu ar bawb ar yr achlysur lleiaf . . . a pun bynag ai pedwar-droed ai deudroed.

strem¹ [bnth. S. stream] eg.

(a) Nerth eithaf (grymoedd natur, yn enw. y gwynt), cerrynt neu lif pwerus: full force (of natural elements, esp. wind), strong current or stream.

1928. Ar lafar, 'Strem y Gwynt' 'the full force of the wind', Cymru xxxv. [233] (Cered.).

(b) Brys (gwyllt), ffwdan: (great) hurry, fuss.

20g. Ar lafar, 'Beth yw'r 'oll strem 'ma?' (Morg.).

strem², gw. ystrem.

stremar [?bnth. S. streamer] eg. Darn o wifren a bach bob pen iddo a phlwm yn ei ganol a ddefnyddir i bysgota am benfras: weighted piece of wire with a hook at each end used in cod-fishing.

Ar lafar, 'stremar' 'darn o wifren 18 modfedd o hyd â bach bob pen iddo a phlwm yn ei ganol: clymid lein wrth y wifren, a'i gollwng i'r dŵr i bysgota am benfras', B xxv. 56 (sir Gaern.); hefyd yn y ff. stremol (Llŷn).

stremiaf, ystrem(i)af: (y)stremio, ystremu [?cf. tremiaf, tremaf: tremio, tremu] bg.a. Edrych neu syllu (ar): to look or gaze (at).

1607 ClIH xiii, drwy stremio yn graff yn e llyver mewn lle gole ac ym pelydr yr haul herwyd fwythus oed yr scriven ai henet . . . minnev an Scrifennais allan o law yr vn rryw Risiart Langfford. **17g.** LlGC 13215, 335, Ystremio Obtueor. **17g.** ADLl Dinb 157, Dilech-did diwael wchder / Mwy o waith ystremio Sêr [marw-nad William Birchinshaw gan Wiliam Midleton].

stremit, ystremit [?cf. S. extremity; am golli -i mewn gair bnth. o'r S. a'r acen ar y rhagoben, cf. alcam, libert, seiat, a gw. B xvii. 271] eb. ll. stremits. Llanastr, stomp; camymddygiad, cyfeiliornad: mess, botch; misdemeanour, misconduct.

1761 ML ii. 376, Dyma fe [henaint] yn gwneuthur

pob ystremit a mi. Ar lafar ym Môn ac Arfon, 'gneud stremit ohoni hi', WVBD 505; 'Pam ddoth hwn-a-hwn yn 'i ôl o'r fan-a'r-fan?' 'Mae o wedi gwneud rhyw stremit' (Arfon); hefyd yn y ff. stremitsh. Cf. K. ROBERTS: G 54, a'r eiliad nesaf poerodd yntau sug baco yn stremits ar draws y pentan gloyw; T. H. PARRY-WILLIAMS: UG 22, Dyna stremit a fyddai petai ordeiniad yn dod / I ddirymu ar unwaith bob magned sydd a'i rhod.

stremol, gw. stremar.

stremp, ystremp [petrus yw dosbarthiad rhai o'r enghrau. isod, a dichon fod yma fwy nag un gair] eb.g. (bach. b. strempen, g. strempyn) ll. -iau, stremps.

(a) Strimyn, stribyn, ôl baw, marc budr, tasgiad (o faw, &c.); stomp, llanastr, swp; hefyd yn ddifr. am berson: streak, smear, smudge, splash (of mud, &c.); botch, mess, heap; also derog. of a person.

17g. LlGC 13215, 354, Stremp, Litura. **1803** P, Ystremp, s. f.—pl. iau . . . A dash, a stroke. Ar lafar, 'stremp' 'splash' (Môn); 'deilan a strempia gwyn arni hi', 'stremp o boeri', 'wedi gneud stremp ohono fo', 'gneud ryw hen stremp o waith', 'Taw yr hen stremp fudur', WVBD 505; 'stremp' 'tro trwstan', 'gnaeth stremp o honi', Cymru xlvii. [236] (sir Ddinb.); 'Mae stremp o baent ar dy got di', id. lxii. 175 (gorllewin Meir.). Cf. H. EVANS: CE 35, digon o amser i ddeall nad angyles a briodasai, namyn merch ddigon tebyg i'w fam a'i chwaer, ac fe allai yn fwy o hen strempen na'i chwaer; T. H. PARRY-WILLIAMS: M 11, yn yr hen adeg solet a sefydlog cyn i dynged wneud stremp o slachdar o bethau.

(b) Ystryw, cast; arfer drwg, anghymedroldeb, cyfeiliornad; ysbryd anturus, plwc: trick, prank; bad habit, excess, misconduct; adventurous spirit, pluck.

16-17g. PhA 159, I ddwy sowdl Anweddüsach / a gleissia bol y glas bach / pan el or Dafarn Arnaw / yn benn ystremp y nos Draw / os neidiar glas Anwadal / megis iwrch am gashaü wal. **1798** Cylchg LlGC ii. 65, rhai a ddywedant mai blinder meddwl ac tynodd [Dafydd Samwell] i ymarferaid ar Laudunum ac yfed . . . os bydd camp e fydd ystremp. **18-19g.** GABC 154, [G]yrru ei gwas yn fras ei frol, / Fel 'deryn drwg i dorri'i drol; / Ac ynte'n gorfod ufuddhau, / Arch ei feistres heb naccau; / Mae'n rhaid i'w gwas wneud rhag ei gwg, / Mewn hyll ystremp ei h'wyllys drwg. **1803** P, Ystremp . . . a trick. Ar lafar, 'Stremp,—pluck ysbryd annibynnol a di-ildio', Cymru liv. 131 (dwyrain sir Drefn.).

(c) Syniad, clem, crap, amgyffrediad, mewnwelediad: idea, notion, grasp, comprehension, insight.

1630 R. LLWYD: LlH 378, y mae ganddynt stremp fawr (deep insight) o gyfarwyddyd mewn pethau bydol. c. **1762-79** W. WILLIAMS: P 45, y mae yn hawsach i chwy ddodi'r werinos i gredu bod oes un wyneb ond un i'r Bŷd, na chredu nas gwyr yr Almanac ryw stremp fawr jawn am y Tywydd. Ar lafar, 'dos 'dag e ddim un stremp am bregethu', B iv. 303 (canolbarth Cered.).

strempiaf: strempio [bf. o'r e. stremp; tywyll yw'r engh. gyntaf isod] bg.a. Marcio neu faeddu â stremp(iau), marcio â baw, baeddu, tasgu (â mwd, &c.); gwneud stomp (o), gwneud llanastr (o); (geir.) dileu: to streak, smear, soil, spatter, splash (with mud, &c.); make a botch (of), make a mess (of); (dict.) obliterate.

1604-7 TW (Pen 228), yn strempio rhag ofn bob drydedh gair d.g. Tertiata verb[a]. Dchr. **17g.** J 10, 45b, Strempio. to dashe. **17g.** LlGC 13215, 354, Strempo Oblitero. Ar lafar, 'Cofia di beidio â strempio dy ddillad wrth wneud y gwaith' (Môn); 'Paid â strempio poeri hyd y llawr', 'Gwarthag yn strempio 'u baw hyd y ffordd', WVBD 505.

strempiog, ystrempiog [(y)stremp+-iog] a. Ac arno stremp(iau), ac arno ôl baw neu farc(iau) budr, ac iddo amlinell aneglur, blotiog: streaked, smeared, smudged, blotchy.
1916.

stremplyd [stremp+-lyd] a. Strémpiog, ac arno ôl baw neu farc(iau) budr, ac iddo amlinell aneglur: streaked, smeared, smudged.
1939.

strempyn, strenar, streniaf: strenio,

gw. stremp, straener, straeniaf[1]: straen-io.

streptococws [bnth. S. *streptococcus*] eg. ll. streptococi. *Biol.* Unrhyw facteriwm o'r tylwyth *Streptococcus*, gan gynnwys nifer sy'n achosi heintiau (e.e. niwmonia a'r dwymyn goch): *streptococcus*.
20g.

streptomeisin, streptomysin [bnth. S. *streptomycin*] eg. *Meddyg.* Gwrthfiotig a gynhyrchir gan y bacteriwm *Streptomyces griseus*, a'r cyffur cyntaf i drin y ddarfodedigaeth yn llwyddiannus: *streptomycin*.
20g.

strepyn, gw. strap.

stres (è) [bnth. S. *stress*] eg. Straen neu densiwn meddyliol neu emosiynol, pwysau: (*mental or emotional*) *stress*.
20g. Ar lafar, 'Man' nw dan *strés* difrifol yn yr uned'.

stresol, ystresol, strysol [?bnth. S. *stress* + -*ol*] a. Prysur, brysiog; dwys, difrifol: *busy, hasty; earnest, serious*.
1843. Ar lafar, '*stresol* 'yn brysur', *Cymru* xxxix. 96 (Brych.); '*strysol* 'llawn gwaith, ar hast', *BIBC* 46; 'Mae'r mab yn caru'n *stresol* iawn' (Morg.). Cf. *SE MS* [629]b, *ystresol* . . . busy full of bustle or business (SW); D. J. WILLIAMS: *ChHO* 23, ni pheidiai . . . bob dydd â bwrw i lawr i'r hewl fowr yn *stresol* iawn i gwrdd â'i hoff sparring partner am un bowt arall o ymryson. *id.* 61, lle'r oedd y plant yn gynnar iawn yn gallu bod o help i'w rhieni ar ddiwrnod *stresol* neu ar adeg cynhaeaf.

strêt [bnth. S. *straight*] a. a hefyd fel eg. ll. -s. Union, uniongyrchol, unplyg, plaen, onest; (person) confensiynol neu barchus; (person) heterorywiol: *straight, direct, straightforward, plain, honest; conventional or respectable (person); (a) heterosexual, (a) straight*.
20g. Ar lafar, 'Gwed wrtha' i'n *strêt*—'wyt ti isie mynd ai peidio?' (gogledd Cered.).
Gw. hefyd streit.

stretsh, strets [bnth. S. *stretch*] eb. Ymestyniad, hyd; gorliwiad, gormodiaith: *stretch, length; exaggeration*.
1916. Ar lafar, '*stretsh* 'a stretch . . . an exaggeration', 'Dyna *stretsh* o anwiradd', *WVBD* 505; 'Ma 'na *stretsh* nes 'mlân lle galli di baso'r lorri 'ma' (gogledd Cered.).

stretsiaf, ystretsiaf: (y)stretsio [bnth. S. (*to*) *stretch*] bg.a. Estyn, ymestyn; straenio, ysigo; gorliwio: *to stretch; strain, sprain; exaggerate*.
1769 TWM O'R NANT: *TChD* 4, Mi wranta yma lawer yn barnu'n lew, / Fy mod yn rhy dew i *ystretsio*. **1828** *Geir Pob* 30, *Ystretsio*, estyn, dirdynu. Ar lafar, '*stretsio*, 'to stretch . . . to exaggerate', 'Paid â *stretsio*', *WVBD* 505; '*stretsho* 'to stretch', *TGG* (1907-8) 110 (godre Cered.); ''Wi'n cretu bod rhi'n *stretsio* ticyn bæch ar y stori 'na 'nawr!', *GTN* 718.
Amr.: strejo. 20g. ar lafar yn Llŷn.

stretsier [bnth. S. *stretcher*] eg. ll. -i, -au, -s. Fframwaith o ddau bolyn a chynfas, &c., rhyngddynt at gludo claf, &c., ar ei orwedd, cludwely: *stretcher (for carrying sick persons, &c.)*.
1932. Ar lafar yn gyff.

streua, streugar, streuliaf: streulio, streullyd, streuon, gw. straea, straegar, ystreuliaf: ystreulio, straellyd, straeon.

streuthur, gw. strwythur.

strew, eg. ll. -s. *Adar.* Aderyn y to: *sparrow*.
1902. Ar lafar, '*strew* . . . appears to belong only to the western portion of the district', *WVBD* 505.

stribed, ystribed [?*strip* + -*ed*[1]] eg.b. (bach. g. *stribedyn*) ll. stribedi, stribedau. Darn hirgul, stripyn neu strimyn, stremp, streipen; rhes, cyfres: *strip, streak, stripe; row, series*.
1894. Ar lafar, 'bildio *stribed* o dai' (Llŷn); hefyd yn y ff. *strubad*, 'Mae o wedi deud *strubad* mawr amdanat ti', *strubad* o gelwydd' 'a monstrous lie', *WVBD* 506. Cf. T. H. PARRY-WILLIAMS: *Y* 62, Ymestyniad [polion teligraff] yn *stribed* hir a chyfyngau rhythmig a rheolaidd rhyngddynt; T. H.

PARRY-WILLIAMS: *S* 59-60, Nid oes dim cynhyrfus nac arbennig iawn yn y pethau hyn, meddwch. Nac oes, efallai, o'u henwi'n *ystribed* fel yna; D. J. WILLIAMS: *ChHO* 225, Onid oedd ei Union Jack ef, neu *stribedi* ohoni, yn chwifio uwchben to'r gwesty.
Cfn.: **stribed cartŵn (gartŵn):** *cartoon strip.* 20g. **stribed comic:** *comic strip.* 20g. **stribed ffilm:** *filmstrip.* 20g.
Gw. hefyd stribyn.

stribedaf: stribedu [bf. o'r e. *stribed*] bg.a. Cynhyrchu stribed neu ffrwd o, troi (rhywbeth) allan, rhestru (mewn dull mecanyddol), rhaffu (geiriau, &c.) ynghyd: *to produce a strip or stream of, churn out, list (in a mechanical fashion), string (words, &c.) together*.
20g.

stribedyn, gw. stribed.

stribyn [?*strip* + -*yn*[1]] eg. (b. striben) ll. -nau, strib(i)au. Stribed, strimyn, stremp, llain (o dir); rhes, rhesaid, rhestr, cyfres: *strip, streak, strip (of land); row, list, series*.
1932. Ar lafar, '*Stribyn* 'A long piece . . . A long account', *GDD* 274. Digwydd hefyd yn ddifr. am berson, 'hen *stribyn* main' (gogledd Cered.). Cf. D. J. WILLIAMS: *STC* 20, y muriau gwyngalch gynt, yn troi yn *stribynnau* gwyrddion hyll; D. J. WILLIAMS: *ChHO* 19, a'i gwallt brownddu . . . yn *stribynnau* hirion i lawr dros ei hwyneb.
Gw. hefyd stribed.

stric[1], **ystric** [bnth. S. *strick* 'strickle (for measuring)', S. taf. *strick* 'strickle (whetting tool)'] eg.b. ll. (y)striciau. Rhip (at hogi pladur), hogiad â rhip, hefyd yn *ffig.*; cyforbren; uned fesur sych o amrywiol faint; llinell, streipen: *strickle (for scythe), a sharpening with a strickle, also fig.; strickle (for measuring); strike (variable unit of dry measure); line, stripe*.
1455-6 *Llst* 28, 194, kais dros yr *ystrik*. **1547** *WS, Ystrik* Stryke. *c.* **1564** *RWM* ii. 874, *Ystric* (*GSC* [165], Ystrip) bron L yw'r gronyn, / Ll yw r ddaü a llaw ddyn [awgrym llaw]. **1604-7** *TW* (*Pen* 228), yr [sic] *stric* d.g. *Hostorium*. *c.* **1785-90 (1829)** *CBYP* 187, cynghanedd . . . yr *ystricciau* cyfain o'r vraich uchaf i'r isaf a ddangosant y cyvattebion. **1828** *Geir Pob* 30, *Ystric*, cyfor, pren hogi. Ar lafar, '*stric* 'math o galen hogi', *LlLlM* 102; '*stric* y cibyn', 'hogi pladur â *stric*', *WVBD* 505; '*stric* 'pren â grut arno i roddi min ar y bladur', B iii. 205 (Meir.); '*stric* 'pren hogi pladur', *Cymru* xlvii. [236] (sir Ddinb.); '*Stric* 'A hasty sharpening of a tool', 'Rhoi *stric* fach i'r fladur', *GDD* 275; '*Stric* 'the straight piece of stick the farmer used to turn over the wheat measure (bushel or ½ bushel) when corn was sold by volume capacity', *LlGC* 1173, 98 (Morg.).
Amr.: streic[2]. Ar lafar, '*streic* 'a strike or strickle used to level a measurement; level (of container, box of a cart, etc.)', *SC* vi. 133 (sir Benf.).

stric[2], **stricaf: strico**, gw. strict, striciaf[1]: stricio.

stricbren [*stric*[1] + *pren*] eg. ll. -nau. Rhip (at hogi pladur), stric: *strickle (for scythe)*.
Ar lafar, *Cymru* xlvi. 24 (sir Fflint).

stricer, ystricer [bnth. S. *striker*] eg. Cyforbren: *strickle (for measuring)*.
1828 *Geir Pob* 30, *Ystricer*, cyforbren, cyforydd. Ar lafar yn ne-ddwyrain Morg.; hefyd ym Môn yn yr ystyr 'ffon haearn ag iddi flaen main a dolen yn y pen arall a roddir drwy'r gwair wrth ei gario ar yr ysgwydd o'r das', *LlLlM* 102.

striciaf[1]: **stricaf: stric(i)o** [?bnth. S. taf. (*to*) *strick*, ff. ar (*to*) *strike*] bg.a.
(a) Torri â phladur, tocio (perth): *to cut with a scythe, trim (a hedge)*.
1855 TALHAIARN: *Gw* i. 24, yr oedd y llanciau, wrth gerdded yn eu holau ar hyd y cefn . . . yn *stricc*-io'r gwellt a'r twysenau a adawsid yn eu llawndwf. Ar lafar, '*stricio* gwrych' (sir Ddinb.); '*strico* ticyn ar ben y berth' (de-ddwyrain Morg.). Cf. T. G. JONES: *Brithgofion* (1944) 65, cymerid pladur i'w '*stricio*' [tas ŷd] a chael y gwellt i gyd yn gwbl union.
(b) Llochi, rhoddi mwythau i: *to stroke, fondle*.
Ar lafar, '*strico* 'canmol (creadur)', 'cæth idd 'i *strico* 'merch neu fenyw sy'n gweithio os caiff ganmoliaeth', *GTN* 718; hefyd yn yr ymad. '*strico* . . . yn gwrthwynab' 'peri i golli tymer', *ib*.
Gw. hefyd ystriciaf: ystricio.

striciaf[2]: **stricio** [?cf. S. *stricken*] bg. Gwaelu, nychu; to become ill, waste away.
Ar lafar, 'mae o wedi *stricio*'n arw'n ddiweddar', *ISF* 71; '*stricio* 'to be wasted, look ill', *WVBD* 505.

stricnin, gw. strychnin.

strict [bnth. S. *strict*] a. Caeth, llym: *strict, severe*.
1718 (1721) S. THOMAS: *HB* 119, a'r [sic] y cyntaf yn *Strict* ac yn ddiwyd jawn yn eu Defosiynau. *id.* 130, Y Gwyliau hyn a gynhaliwyd ymmhob plwyf yn *strict* ac yn ddefosionol. Ar lafar, 'Mân' nw'n deud 'mod i'n fam *strict* iawn'; hefyd yn y ff. *stric*, 'mi gawd llythyr *stric* o'r Midland', *Wês wês* 42.

strictrwydd [*strict* + -*rwydd*] eg. Caethder, llymder: *strictness*.
20g.

stricus [?*stric*[1] + -*us*] a. Ffrystiog, penderfynol: *bustling, purposeful*.
Ar lafar yng Ngherred. a sir Gaerf.

strif, ystrif [bnth. S. *strive*, ff. ar *strife*] e?g. Cynnen, ymrafael, dadl, anghytundeb: *strife, contention, argument, dispute*.
c. **1600** *March* C 10, Camboblascon . . . a enillodd o Electra . . Iasius a Dardanius. Hyn ody [sic] y Groegwyr celwyddog yn ei osod i Iubiter o Crete, yr hwn beth sydd mewn *ystrif*, ac a ellir ei ammheu. **1756** W. WILLIAMS: *GDC* 80, Ar cwbl oll mewn Heddwch, ac mewn Tawelwch mawr, / Heb etto *Strif* na Chunwrf [sic] o eitha'r Nen i lawr. Cf. D. J. WILLIAMS: *HW* 71, O ran ei liw, gallasai fynd yn ddadl gyndyn rhwng y bwch gafr a'r asyn, onibai fod y streipen ddu amlwg a redai dros ei benllinyn yn torri'r *strif* yn bendant o du'r olaf; D. J. WILLIAMS: *ChHO* 212, Gwlad dawel, heddychol ydoedd hon, a chwlwm pump go galed . . . fyddai'r cyfrwng parotaf i law i dorri '*strif*' yn gyflym.
Gw. hefyd striff.

strifaf, strifiaf: strif(i)o, gw. streifiaf: streifio.

striflyn, ystriflyn, striflin [bnth. rhyw ff. ar S. *starveling*] eg. (b. (y)striflen) ll. ystriflod, strifls, a hefyd fel a. Person, creadur (yn enw. ceffyl), neu beth tenau; tenau, llwglyd: *thin person, creature (esp. horse), or thing; thin, ill-fed*.
1604-7 *TW* (*Pen* 228), *strivlin* d.g. *Exilis*. **17g.** *LlGC* 13215, 333, *Ystriflen* . . . *Ystriflen* . . . ab Ang. straveling. *id.* 354, *Strivlin*, Dim. Clywir *strifls* yng ngodre Cered. i ddisgrifio dillad a rwygwyd yn yfflon. Cf. *SE MS* [629]b, *Ystriflyn*, m. *Ystriflen*, f. pl. *ystriflod* a lathy inelegant person . . . hen *ystriflen* fain—an awkward lath of a woman . . . (Ceredigion); D. J. WILLIAMS: *HW* 65, Eilliai ei wyneb yn lân ag eithrio rhyw *striflen* denau o farf lwytgoch yn ymyl ei glust ac o dan ei ên.
Amr.: strifl [olff.]. Dchr. 17g. *J* 10, 45b, *Strivl* iumentum coraginosum. 17g. *LlGC* 13215, 354.

strifus, gw. streifus.

striff, ystriff [bnth. S. *strife*] eg.b. Cynnen, ymrafael, dadl, anghytundeb; gwahaniaeth: *strife, contention, argument, dispute; difference*.
Diw. 15g. *CH* i. 185, Mynd da ar yfed mewn trefi / A thaliad oedd o'th law di. / Ni bu *ystriff* ba bost draw / Er a delaist o'r dwylaw (Ieuan Rhaeadr). Ar lafar, 'Faint o *striff* sy' rhyngoch chi?', 'Rhanu'r *striff* = to split the difference', *LlGC* 1173, 98 (Morg.). 'Ma *ystriff* mawr wedi bod bythdu dewish sgrifennydd' (dwyrain Morg.).
Gw. hefyd strif.

striffâg, gw. stryffîg.

string [bnth. S. *string*] eg. ll. -s. Cortyn, tant: *string (also of musical instrument)*.
Ar lafar, '*string* tene', 'string gitar'.

stringen [bnth. S. *string* + -*en*] eb. Gwraig (dal) denau: (*tall*) *thin woman*.
Ar lafar, 'hen *stringan*', *LlLlM* 112; 'Mae hi'n hen *stringan* dena', *WVBD* 506.

striliaf: strilio, strimantau, gw. ystreuliaf: ystreulio, strymantau.

strim-stram-strellach, ystrim-ystram-ystrellach, drim-dram-strellach, adf. a hefyd gyda grym ansoddeiriol. Blith draphlith, yn ddidrefn, pendraphen, pendramwnwgl: *topsy-turvy, higgledy-piggledy, helter-skelter, head over heels*.
1615 R. SMYTH: *GB* 102, lle y mae holl stad y

byd mevyn afrolaeth mavvr, sef ivv megis y dyvvaed-
vvn *drimdramstrellach*. **1808** TWM O'R NANT: *BB* iv,
Tai mawrion maent yn fynych yn lled ddi-drefn, sef
pob peth ar draws eu gilydd; felly, tebygol i hyny,
ydyw pen, ac ymenydd, llawer o rai trafferthus yn y
byd, mae 'r ysterniach mewn Crog-lofft yn gyffelyb
ac a dywedodd dyn . . . 'Ei fod gwedi myn'd yn
Garlibwst, *ystrim, ystram, ystrellach*. Fe fethodd neb
gyfieithu 'r geiriau hyny i Saesneg. Ar lafar, '*strim-
stram-strellach*' 'helter-skelter, higgledy-piggledy',
WVBD 505; '*Strim-stram-strellach*' 'pen-draphen',
Cymru xlvii. [236] (sir Ddinb.); '*Strim-stram-strellach*
lawr dros ochor y twyn' (dwyrain Morg.). Cf. W.
REES: *AFR* 205–6, [rh]edeg yn flaenaf gŵr i lawr y
graig, a'r holl gymdeithion yn ei ddilyn *ystrim ystram
ystrellach*; TALHAIARN: *Gw* i. 101, Chwippio, a
hiccio, a chiccio'r ci, / Yn *strim-stram-strellach* yn ei
spree; W. REES: *HBHD* 93, rhoddodd hergwd iddo
nes y syrthiai yn wysg ei gefn, *ystrim stram strellach*.
Amr.: strim-stram. **1905.** strim-stram-stremach. **20g.**
strim-stram-striman, strem-stram-strellan. Ar lafar yn y
rhigwm '*Strim stram striman* / *Strem stram strellan*, /
Y mwnci 'ma a'r mwnci 'na / Y mwnci striman strellan'
a ddywedir gan blant 'wrth gyfrif ei gilydd mæs o'r
cylch', *TNS* 195. ystrim-ystrellach. **1835.**
Gw. hefyd tinben—tinben strellach.

strimyn [?amr. ar *stribyn*] *eg.* ll. *-nau.*
Stribed, llain, stremp; rhes; afonig; hefyd
yn *ffig.*: strip (*also of land, water, &c.*), *streak,
stripe; row; stream; also fig.*
1897. Ar lafar yn Arfon yn yr ystyr 'dyn heglog'.

strimynnaf: strimynnu [bf. or e. *strimyn*]
ba. Rhaffu (geiriau, &c.) ynghyd: *to string
(words, &c.) together.*
20g.

strin, gw. ystrîn.

strip, ystrip [bnth. S. *strip*; ansicr yw'r
engh. gyntaf] *eg.* (bach. g. *stripyn,* b. *strip-
en*) ll. *stripiau, strips.* Stribed, llain (o dir);
person tal tenau: *strip (also of land); tall
thin person.*
16g. GSC [165], Ystrip (*RWM* ii. 874, Ystric)
bron L yw'r gronyn, / LL yw dau â llaw dyn [awgrym
llaw]. **1575–6** *ib.* l ystrip bron ll dav *strip.* **1703** E.
WYNNE: *BC* 81, Nid oes yma ronyn prîs, / Fynd
tros y *strlp* [sic] yn uwch ne'n îs. Ar lafar, 'strip o
dir', *Cymru* xlvii. [236] (sir Ddinb.); 'strips dwy
fodfadd o led' (Llŷn); 'Ma isia doti *stripyn* o bapar
wth y lle tæn', *GTN* 719. Digwydd hefyd yn yr ystyr
'cryn belltr', 'ma *stripyn* maith o Llanchâr i Bontfân',
GDD 275.
Gw. hefyd stribyn.

stripaf: stripo, stripen, gw. stripiaf:
stripio, strip.

striper [bnth. S. *stripper*] *eg.b.* ll. *-s.* Un
sy'n dadwisgo'n raddol o flaen cynulleidfa
fel adloniant; offeryn i dynnu llechi oddi ar
do: *stripper, striptease artist; stripper (for
removing slates).*
20g. Ar lafar.

**stripiaf, stripaf, ystripiaf: strip(i)o,
ystripio** [bnth. S. (*to*) *strip*] *bg.a.* Tynnu
(gorchudd, dillad, harnais, &c.) oddi am,
dadwisgo, noethi, dinoethi, tynnu ymaith,
gwagio, amddifatu (o); tynnu oddi am-
dano, ymddihatru, ymddiosg (hefyd fel
adloniant o flaen cynulleidfa): *to strip (cover-
ing, clothes, harness, &c.), undress, denude,
make bare, remove, empty, remove, deprive
(of); undress (oneself), strip (off), perform a
striptease.*
1672 R. PRICHARD: *Gw* 30, Ac hwy *stripient* [:-
Dihatru. diosc] Christ o'i ddillad. **1828** *Geir Pob* 29,
Ystripio, diosg, diwisgo. Ar lafar yn gyff., "Dwi'n
mynd i ddechra *stripio*'r papur wal 'na 'fory' (Arfon);
'Fe *stripws* y tŷ o bopith, cyn idd 'i frawd gyrradd';
"Y ngwaith i odd *stripo* a brwsio'r ceffyl', 'Ma'r
plentyn wedi *stripo* ginnich chi, fi wela'' 'h.y. yn
barod i'r gwely, yn ei ddillad nos', *GTN* 719. Clywir
stripo yn sir Benf., Morg., a Brych. yn yr ystyr 'ail-
odro', *LGW* [400]-1. Cf. D. OWEN: *GT*
97-8, Wedi i Wmphre wneyd tân brâf, tynodd ei
gôb a thorchodd lewys ei grys, ac archodd i'w feistr
stripio.
Amr.: strwpo. Ar lafar ym Morg. a Myn.

stripins [bnth. S. taf. *strippings*] *e.ll.* Llaeth
a geir o ailodro: *strippings (of milk), after-
ings.*
Ar lafar, *GDD* 275.

striplun [*strip+llun*¹] *eg.* ll. *-iau.* Stribed
ffilm: *film strip.*
20g.

stripyn, strit, gw. strip, stryd.

strob [bnth. S. *strobe,* ff. dalf. ar *stroboscope*]
eg. ll. *-au.* Strobosgop: *stroboscope.*
20g.

stroberi, strobersen, gw. strobri.

strobosgop [bnth. S. *stroboscope*] *eg.* ll. *-au.*
Cyfarpar sy'n cynhyrchu golau llachar
ysbeidiol, yn enw. dyfais o'r fath sy'n peri
i wrthrych sy'n cylchdroi ymddangos yn
sefydlog fel y gellir mesur ei gyflymder:
stroboscope.
20g.

strobosgopig [*stroboscop+-ig*²] *a.* O natur
strobosgop, yn perthyn i strobosgop: *strobo-
scopic.*
20g.

strobri, stroberi [bnth. S. *strawberry*] *eb.*
ll. *-s* (un. b. *strobersen*). Mefusen: *straw-
berry.*
20g. Ar lafar, '*strobris*' (Arfon); '*strob(y)ri*' (Llŷn);
'Dim ond dwy *strobri* oedd ar ôl' (gogledd Cered.);
"Dos dim byd fel *strobersen* fach i bwdin, 'os e?' (sir
Benf.).

stroc [?cf. S. taf. *strock* 'section of the
iron rim of a wheel'] *e?g.* (bach. b. *-en*).
Sbrag (ar gyfer olwyn): *sprag (for a wheel).*
1916. Ar lafar, *WVBD* 506, *Cymru* xlvii. 236 (sir
Ddinb.), *B* iii. 207 (Meir.).

strôc, ystrôc [bnth. S. *stroke*; tywyll yw
nifer o'r enghrau. llenyddol isod, a phetrus
yw'r dosbarthiad] *eb.* (bach. *strocen*) ll.
(*y*)strociau, (*y*)strôcs.
(*a*) Trawiad, ergyd, dull o daro'r bêl â
bat mewn chwaraeon, trawiad pêl â ffon
golff (fel uned sgorio); marc a wneir i'r un
cyfeiriad ar bapur, &c., gan bensil, pin,
brwsh, &c.; cyffyrddiad ysgafn, yn enw.
â'r llaw, anwesiad; symudiad cyfan o safle
gychwynnol yn ôl i'r safle honno, yn enw.
mewn cyfres (e.e. gan rwyf, adain, neu
biston), y dull neu'r weithred o symud
rhwyf, dull o symud y breichiau a'r coesau
wrth nofio: *stroke, blow, stroke (of bat, club,
in golf, &c.); stroke (of pencil, pen, brush,
&c.); a stroke or stroking (esp. with the
hand); stroke (of oar, wing, piston, &c.),
stroke (in swimming).*
15g. *IGE*² 229, Dysgais, ystriciais *ystrac,* / Deall
modd y sodïac. / A'r saith planed, dynged dygn, /
Diddicson a'r deuddecsygn (Ieuan ap Rhydderch).
1547 WS, Ystrok A stroke. **16–17g.** EDWARD AP
RAFF: *Gw* 97, O wych hyder a rhodiad / o mastr
klwch mae *strok* i wlad. **16–17g.** *GST* i. 141, Praff yw
ei hap, orhoff hydd, / Praffach fo'r hap i Ruffudd. /
Ni throir blaen, mwy o'r maen mwy, / Neu *stroc*
hwn, nes troi Conwy. *id.* 550, Y mae *stroc* ar y maes
draw, / Menig ellyllon Manaw. **16–17g.** *CRC* 323, mae
kybyddion yn dwyn *strok* / yn myny llog hyd ade /
hwnw a doro an hw [sic] awr / ni chaiff o fawr negese.
(*b*) Pwl sydyn o wendid, merwindod,
neu barlysiad ar y naill ochr i'r corff, a
achosir gan waedlif yn yr ymennydd neu
ddiwaededd, trawiad parlysol, ergyd o'r
parlys, y parlys mud: *stroke, apoplexy.*
1894 D. OWEN: *GT* 202, 'Doedd dim peryg i
Samuel Jones fynu o *stroc* neu flit—roedd o yn rhy
hamddenol. Ar lafar, 'Ma fa wedi cæl *stroc* a ma fa
wedi 'ffithio 'i leferydd a', *GTN* 719.
(*c*) (mewn cyd-destun neg.) Yr hyn lleiaf
(o waith, &c.), mymryn: (*in a neg. context*)
stroke (of work, &c.), the least bit.
20g. Ar lafar, "Ddofiodd o ddim yn un *strôc*',
"Ddaru o ddim brifo yr un *strôc*', "Dwi ddim yn
dyall 'r un *strôc*', *WVBD* 506; 'Ma llwyth o farco 'da
fi ond smo' i wedi neud *strocen* 'to' (sir Gaerf.).
(*d*) Ymdrech lwyddiannus neu fedrus,
gorchest, camp; tric (budr): *successful or
skilful effort, feat, coup; (dirty) trick.*
18g. TWM O'R NANT: *CO* 21, Wel, digon hyn o
fyrdwn, / Hwylied pawb yr Lecsiwn; / Bydd yno
lawer math o *ystrocs,* / Fe geiff pob rocs rhyw bricsiwn.
1828 *Geir Pob* 30, Ystrociau, dichellion. Ar lafar,
"Odd hi'n dipyn o *strôc* i guro'r Saeson ar 'u tir 'u

hunen', 'Nath o ddiawl o *strocen* ddy' Sadwrn!' (sir
Ddinb.); 'Di nethot ti *strôc* yn y cwrdd 'co, nithwr',
GTN 719. Cf. D. J. WILLIAMS: *STG* 75, mor ddifrifol
a phregethwr am wneud *strôc.*
Amr.: (y)strac [bnth. S. *C. strake*] **15g.** *IGE*² 229.
1547 WS, Ystrack A strake. Ar lafar, 'Strac' 'a stroke',
Cymru xxxiv. 180 (godre Cered.); 'Ma'r *strac* yn y
lle iawn, o leia'' [am y llinell o flaen y gair cyrch
mewn englyn].

strocad [*strôc+-ad*²] *trf. han.*] *eb.* (mewn
cyd-destun neg.) Strôc (o waith); strôc,
gorchest, camp: (*in a neg. context*) *stroke
(of work); stroke, feat, exploit.*
20g. Ar lafar, "Nath a ddim *strocad* o'i ddeg ewin
trw'r bora' (dwyrain Morg.); "Na'r *strocad* ora
'næth a eriôd' (dwyrain Morg.).

strocen¹,², gw. stroc, strôc.

strociaf¹, **strocaf, ystrociaf**¹: stroc(i)o,
strocan, ystrocio [bf. o'r e. (*y*)strôc] *ba.*
(*a*) Tynnu llaw dros, rhoddi mwythau i,
anwesu, gwenieithio i: *to stroke, pet, flatter.*
1937. Ar lafar, 'Paid a *strocio* gormod ar y gath 'na
—ma gynni hi chwain!' (Arfon); hefyd yn yr ymad.
'ei *stroco* hi' yn yr ystyr 'ymffrostio', "Odd a'n 'i
stroco 'i man 'yn' (dwyrain Morg.).
(*b*) Marcio â llinellau, llinellu: *to mark
with lines, rule.*
1828 *Geir Pob* 30, *Ystrocio* . . . llinellu.

strociaf², **ystrociaf**²: (y)strocio [cf.
stroc] *ba.* Sbragio (olwyn, &c.): *to sprag (a
wheel, &c.).*
1828 *Geir Pob* 30, *Ystrocio,* attegu olwyn. Ar lafar,
'strocio'r drol', *WVBD* 506.

stroclyd [*strôc+-lyd*] *a.* Llawn 'strôcs' (yn
enw. am gyfansoddiad neu arddull lenydd-
ol), a nodweddir gan ieithwedd chwithig
neu annaturiol, ffuantus: *full of, or character-
ized by, contrived diction or style, contrived,
phoney.*
20g.

strodur, stroduriaf: strodurio, gw.
ystrodur, ystroduriaf: ystrodurio.

strodwm, ystrodwm, (y)strodwm [?cf.
strytyn] *eg.* a hefyd fel *ba.* Baldordd, gwag-
siarad, cleber, stori gwmpasog, rigmarôl,
lol; prepian: *babble, prattle, jabber, round-
about story, rigmarole, nonsense; to babble.*
1754 *ML* i. 288, Mi sgrifenais atthoch ryw 'strodwm'
dydd arall a hanes ein colled ni'r cywiriaid. **1756** *id.*
411. **1757** *id.* 488, Ond ydywyf yn ddigon diwaith pan
sgrifenwn y fath *strodwm*? **1803** *P,* Strodwm, s. m.
. . . a roundabout story. Ar lafar, "Tydi o ddim yn
wir, ryw *strydwm* o stori ydi o', 'Paid â *strydwm* peth
fel 'na', *WVBD* 507; 'Ystrydwm' '[rh]ywbeth hir,
eiddil, &c. . . . rhywbeth hirfain neu hirgul', J. JONES:
*Gwerin-eiriau*² 65.

stroffiag [cfdds. o'r S. *stroph(ic)+-ig*²] *a.*
Ac iddi grwpiau o linellau'n ffurfio adran-
nau (am delyneg), yn defnyddio'r un dôn
ar gyfer pob pennill (am gân): *strophic (of
a lyric poem or song).*
20g.

strogonoff, stroganoff [bnth. S. *strogan-
off*] *eg.* Saig wedi ei choginio mewn saws
sy'n cynnwys hufen sur: *stroganoff.*
20g. Ar lafar, 'Ôn i'n difaru 'mod i 'di dewis
strogonoff pan welish i o'.

**stroiaf: stroio, stromeriaeth, strom-
ydd, stronllyd, stronmi,** gw. streiaf:
streio, astronomeriaeth, astronomydd
(At.), straefllyd, astronomi.

strontiwm [bnth. S. *strontium*] *eg. Cem.*
Elfen fetelaidd arianwen feddal (symbol
Sr; rhif atomig 38) a geir yn naturiol
mewn rhai mwynau: *strontium.*
20g.
Amr.: ystrontim. **1851.**
Cfn.: strontiwm-90: *strontium-90.* **20g.**

strop¹ [bnth. S. *strop* 'strap'] *eg.b.* (bach.
g. *-yn*; b. *-en,* ll. *-ni*) ll. *-iau, -s.* Lledr hogi;
strap; gwarthol: *strop; strap; stirrup.*
Ar lafar, '*stropen* . . . stropenni, stropyn . . . strops' 'a
strap; a stirrup (of a saddle); a razor-strap', *SC* vi.
133 (sir Benf.); 'Ryw sort o felt odd *stropp* i awchu
rasar 'en ffasiwn arno', *GTN* 719.
Gw. hefyd strap.

strop[2] [bnth. S. *strop* 'bad mood, temper'] *e?g. ll. -s.* Ffrae, helynt, trafferth; pwl o dymer ddrwg neu soriant: *quarrel, bother, trouble; fit of bad temper or pique.*

    20g. Ar lafar, 'Mae o bob tro'n câl *strop* pan 'di o 'm yn cal 'i ffordd 'i hun' (sir Ddinb.); 'Gath hi *strop* achos bod Siôn 'di mynd mas hebddi' (gogledd Cered.); 'brwydro a creu *strop*' (Morg.).

stropaf: stropo [bf. o'r e. *strop*[1]] *ba.* Hogi (ellyn) ar strop: *to strop (a razor).*

    Ar lafar, *SC* vi. 133 (sir Benf.), *GTN* 719.

stropen, stropyn, gw. **strop**[1].

strotyn[1,2], gw. **ystrodur, strytyn**.

strowl [bnth. S. *stroll*] *eg.* (bach. *-yn*). Crwydryn, trempyn: *vagabond, tramp.*

    Ar lafar, 'hen *strowlyn* cythral', *WVBD* 506; '*Strowl* 'A vagrant, a stroller', 'Dyn te Gwyddel yw'r hen *strowlin* na?', *GDD* 276.

strubad, strudfach, gw. **stribed, ystudfach**.

strufen [bnth. dysg. Llad. *instrūmentum*] *eb. ll. -nau.* Offeryn, moddion: *instrument, means.*

    p. **1584** G. ROBERT: *GC* [141], y ferf a phurfheir o'r . . . ermig ne'r *strufenn* o gwneler gwaith, [sic] y ferf a hi, mal; o draened, draenetta, o sauth seuthu, o chwip chwi/banu. **1618** J. SALISBURY: *EH* 150, perchi, ag anrhydeddu'r Creiriæ'r ydym fel hoff betheu, a fuont gynt yn ermigion, neu *stryfenneu* [sic] i'r eneidiæ santeidh, i wneuthur lhawer o weithredoedh da.

†strutiu [cf. H. Lyd. *strot*, H. Wydd. *sruith*; ansicr yw union rym y ff. orgraffyddol uchod] *?e.ll.* ?Rhai hen neu hybarch: *old or venerable people.*

    10g. (*Juv*) *VVB* 217, Strutiu, gl. *Antiquam gentem.*

strwmbwl, *eg.* Peth afrosgo, clamp o beth: *awkward or bulky thing.*

    Ar lafar, 'mae'r gôt dew yma'n un *strwmbwl* amdana' i', *AAST* (1984) 109; 'Mae o'n ormod o *strwmbwl*' 'it is too bulky', *WVBD* 506.

strwmpus, strwpaf: strwpo, strwtiaf: strwtio, strwtiaf: strwytho, gw. **stwmpus, stripiaf: stripio, strytiaf: strytio, ystrwythaf: ystrwytho**.

strwythur, ystrwythur [bnth. dysg. Llad. *structūra*] *eg.b. ll. -au.* Trefniant a chydberthynas elfennau sy'n ffurfio cyfanwaith neu system, adeiledd, adeiladwaith, adeilad: *structure.*

    20g.

    Amr.: streuthur. **20g.**

strwythuraeth [*strwythur*+*-aeth*] *eb.* Theori neu ddull sy'n ymwneud â strwythur(au) a chydberthynas elfennau system, gan eu hystyried yn fwy arwyddocaol na'r elfennau eu hunain, yn enw. mewn beirniadaeth lenyddol, ieithyddiaeth, a chymdeithaseg: *structuralism.*

    20g.

strwythuraf: strwythuro [bf. o'r e. *strwythur*] *ba.* Rhoddi strwythur i, adeileddu: *to structure, structuralize.*

    20g.

strwythuredig [bôn y f. *strwythuraf: strwythuro*+*-edig*] *a.bfl.* Wedi ei strwythuro, ac iddo strwythur: *structured.*

    20g.

strwythuriad [bôn y f. *strwythuraf: strwythuro*+*-iad*[1]] *eg. ll. -au.* Y weithred o strwythuro, adeiledd: *structuralization, a structuring, structure.*

    20g.

strwythurol, ystrwythurol [(*y*)*strwythur*+*-ol*] *a.* Yn perthyn i strwythur, yn ymwneud â strwythur (am ddadansoddi mewn beirniadaeth lenyddol, ieithyddiaeth, &c.), o natur strwythur (am organeb, &c.), o ran ei phriodoleddau mecanyddol neu ei ffurf yn hytrach na'i swyddogaeth): *structural.*

    20g.

strwythurwr [*strwythur* neu fôn y f. *strwythuraf: strwythuro*+*-wr*] *eg. ll. -wyr.* Un sy'n arddel strwythuraeth: *structuralist.*

    20g.

strybîb [elf. anh. (?cf. *stribed*)+*pib*] *eg.* Ffrwd, chwistrelliad; rhes, cyfres: *stream, squirt; row, series.*

    20g.

strychnin, stricnin [bnth. S. *strychnine*] *eg.* Alcaloid llysieuol chwerw a gwenwynig iawn a geir o blanhigion o'r tylwyth *Strychnos*, yn enw. *Strychnos nux vomica*: *strychnine.*

    1939.

stryd, ystryd, (y)strŷt [bnth. S. C. *stret*, *stred*, a S. *street*] *eb.* (bach. *strydan, stryden*) *ll.* (*y*)*strydoedd, strŷts, ?ystrytoedd*. Heol, ffordd gyhoeddus mewn dinas, tref, neu bentref, fe arweinir gan dai neu adeiladau o boptu iddi, y rhan o'r ffordd (rhwng dau bafin) a ddefnyddir gan gerbydau, y bobl sy'n byw neu'n gweithio ar stryd benodol, ffordd (fawr), hefyd yn *ffig.*: *street, (main) road, highway, also fig.*

    13g. *Brut B* 105, ar hyt er *estrydoed* a'r heolyd. **14g.** *GIG* 65, 'A welaist wŷr Cydweli?' / 'Gwiw olau *stryd*, gwelais dri'. id. 123, Ystig fydd beunydd ei ben, / Ystryd iach is traed ychen [am aradr]. **15g.** *GDID* 14, Ni chawn ar y ddaear ddu, / Ysywaeth, ein croesawu. / Ystryd anhyfryd yw hon, / Is daear aed, westeion. **15g.** *GLGC* 122, ystryd yn fy rhwystro yw [i afon Tywi]. id. 259, Y Fâl o Iospheth, ef a'i filioedd / a dry i Edwart yn *ystrydoedd*. **1488-9** *BSM* 13, yr oedd Varthin yn llosgi hen demyl arall yr gŵr ddvwiav oedd mewn *ystryd* or dinas. **15-16g.** *TA* 123, Ystrad Fflur, i *strŷd* a'i phlas, / A waharddwyd, a'i hurddas. id. 188, Main is troed mewn *ystrydoedd*! **1547** *WS*, Ystryt A strete. **16g.** (*LlEG*) *Mos* 158, 393b, i osod treuy/n ac ordyr ynn y pyrth ac ovewn yr *Essdrydoedd* i deerbyn [sic] y brenin ar dref. **1567** *TN* 111a, Dos allan ar ffrwst, ir heolydd ar gwigoedd [:- *ystrytoedd*] y dinas. id. 190b, vn heol [:- *ystryt*]. **1632** D, *Ystrŷd*, Platea, via, vicus, via vrbis. **1688** S. HUGHES: *TSP* 136, efe a giliodd ymaith i ystlys arall yr *ystrŷt* [:- Heol]. **1688** *TJ*, *Ystrŷd*, heol, prifforddl: a Street, a High-way. **1699** T. JONES: *TP* 188, Teuluoedd, ie *Ystrydoedd* cyfan. **1703** E. WYNNE: *BC* 9, Ar ohyd i'r tair [stryd] anferthol hyn, gwelwn *Stryd* groes arall, a honno nid oedd ond bechan a gwael wrth y lleill. **1725** T. BADDY: *CS* 18, A thrwy'r heolydd hirion maith, / gwna'n waith fy'nd trwy bob *Strydan*. **18g.** *W Ballads* 152B, 3, yn ymyl Heiгat yn Abergele . . . fel i gweloddd llawer groesi'r *Stryt* iddo ai fygwth. **1803** *P* d.g. *Ystryd*. Ar lafar yn gyff., 'cerad y *stryd*', *WVBD* 507; 'Dwy *strŷt* o dai, dyna odd y pentra 'ynny ar y pryd', *GTN* 719. Digwyddd hefyd yn yr ystyr 'ffordd wledig gul, yn enwedig un a gwrych o boptu iddi, sy'n arwain o'r brifffordd i fferm' (Penllyn), ac yn yr ymad. '*strydan* o dŷ' am dŷ main hir, J. JONES: *Gwerin-eiriau*[2] 189, *BILIE* 40. Cf. D. OWEN: *SP* 95, yr oeddynt yn byw mewn *stryt* ile yr oedd llawer o dai gweithwyr.

    Cfn.: **stryd (ystryd) fawr**: *high street, highway.* **14g.** *WM* 431. 22-5, Pa barth heb ynteu y tybygy di y uynet ef. Na vn nebun namyn yr *ystryt uaϭr* a gerdaϭd. **16g.** HUW ARWYSTL: *Gw* 19, tynnu n ei ol tan lawn wart / fry mae *strydfawr* [sic] meistr Edwart / pont i wyr ffyd pen tra fyo / Iarll waed hen ar llu tano. **1703** E. WYNNE: *BC* 9, [t]air *Stryd fawr*. **stryd unffordd (un ffordd)**: *one-way street.* **1935.**

strydfach, strydwm, gw. **ystudfach, strodwm**.

stryfaglach, strafaglach, *e.ll.* Pobl gynhennus: *cantankerous people.*

    Ar lafar, 'hen *strafaglach* yn tynnu rhyw groester ym mhob peth' (Arfon).

stryffâg, gw. **stryffîg**.

stryffagliaf, stryffaglaf, ystryffagliaf, straffagl(i)af, ystraffagl(i)af: stryffagl-(i)o, stryffaglu, stryffagl(i)an, stryffaglio, (y)straffaglio, (y)straffaglu, straffagl(i)an, straffaglach [cf. *stryffâg*] *bg.a.* Ymdrechu'n llafurus, stryglo (i), ymlafnio, bustachu (ymlaen): *to struggle (to), do (something) laboriously, make an effort, exert oneself, clamber, stumble (along or through), plod (on).*

    1913. Ar lafar, 'Be' ŵt ti'n *straffaglio* ffor' 'na?', *WVBD* 504; ''Odd a'n *straffaglach* i gario'r glo', *GTN* 718. Cf. T. H. PARRY-WILLIAMS: *OPG* 58, wedi bod am amser maith hyd y prifysgolion yn

pendroni a *stryffaglio* gydag ieithoedd a llenyddiaethau a phethau tebyg.

    Amr.: **styffagl(i)an, styffaglach, ystyffaglio.** *Diw.* **19g.** *SE MS* 631a, ystyffaglio . . . to move off—to foot it . . . (Lleyn). Ar lafar, ''Na lle odd rai'n *styffaglach* trw'r mŵd', ''Odd y plentyn yn *styffaglach* i 'nuthur 'i waith ysgol yn genol yr 'oll sŵn', *GTN* 721; hefyd yn y ff. *staffaglu*, 'Mân nw'n *staffaglu* i'w nuthur a' (de-ddwyrain Morg.).

stryffîg, straffîg, stryffâg, striffâg, *eg.b.* Helynt, helbul, trafferth: *bother, difficulty, trouble.*

    20g. Ar lafar, 'Tipyn o *stryffâg* oedd sleifio dolen dros y pen', *LILIM* 77; 'mae o mewn rhyw *stryffîg* yn dragwyddol', *ISF* 71.

    Amr.: **styffâg. 20g. styffîg** [cf. *styffigan*]. **1913.** Ar lafar, *B* xv. 25 (Meir.). **styffâg. 20g.**

stryffigan, straffigo [be. o'r e. *stryffig, straffîg*] *bg.* a hefyd fel *eb.* Trafferthu, poeni; gwingo, ymnyddu; anesmwytho, aflonyddwch, trafferth: *to bother, worry; fidget, squirm; uneasiness, restlessness, trouble.*

    20g. Ar lafar, 'stryffigan' 'to bother', *WVBD* 507.

    Amr.: **(y)styffigan** [cf. *styffig*]. **1897.** Ar lafar, 'Styffigan' 'Anesmwythder, gwewyr, aflonyddwch', 'Be wyt ti'n *styffigan*, mae digon o amser tan y trên', *Cymru* lxii. 175 (Meir.).

strygl (y≡ ə) [bnth. S. *struggle*] *eb.* Ymdrech: *struggle.*

    20g. Ar lafar, 'Mi orffennodd y gwaith ond 'odd 'i'n dipyn o *strygl*'.

stryglaf: stryglan, stryglo, stryglad, stryglach [bnth. S. (*to*) *struggle*] *bg.* Ymdrechu: *to struggle.*

    1864. Ar lafar yn gyff., 'Fydd rhaid rhoi clo newydd ar y drws 'ma—'ôn i'n *stryglo* hefo fo nithiwr' (Arfon); ''Wi wedi bod yn *stryglach* man 'yn ys awr i drio cæl y peth 'ma'n rydd', *GTN* 719.

    Amr.: **straglaf**[2], **straglaf**[2]: **straglan, straglio. 20g.** Ar lafar, 'straglio', *WVBD* 504; 'straglan' (dwyrain Morg.).

stryllwch, *eg.* Tywydd stormus, gwynt a glaw: *stormy weather, wind and rain.*

    Ar lafar, *B* iii. 198 (Meir.).

strym, strymant, gw. **ystrym, sturmant**.

strymantau, st(r)ymantiau, stramantau, &c. [?cf. *sturmant*] *e.ll.* Ystumiau (ar wyneb), clemau, gwepiau; symudiadau, castiau, giamocs, campau digrif: *grimaces; movements, pranks, capers, frolics.*

    1937. Ar lafar, 'Ma'r babi 'ma'n gneud *strymantia* ryfedda' wrth fyta' (Arfon); 'Strymante', D. J. EVANS: *HCS* 128 (gogledd Cered.); '*strimante*' 'campau digrif', *Cymru* xlvi. [21] (canolbarth Cered.); hefyd yn y ff. *symante* (sir Drefn. a gogledd Cered.). Cf. *CYLl* 119, *Stramante*—bad temper: Rodd e'n gneud shwd *stramante*.

strymantiaf: strymantio, gw. **sturmantaf: sturmantu**.

strymiaf: strymio, strymian [bnth. S. (*to*) *strum*] *bg.a.* Canu (gitâr, piano, &c.) drwy dynnu bawd, &c., dros y tannau neu'r nodau, yn enw. yn ddiofal, canu (cordiau, &c.) fel hyn: *to strum.*

    20g.

strysiau, ff. l., gw. **storws**.

strysol, strŷt, gw. **stresol, stryd**.

strytiaf[1], **ystrytiaf, strwtiaf: strytio, (y)strytian, strwtio** [bnth. S. (*to*) *strut*] *bg.* Torsythu: *to strut.*

    1911. Ar lafar, 'strytian', *WVBD* 507.

strytiaf[2]**: strytian,** gw. **stytraf: stytran**.

strytyn, strotyn[2]**, ystrytyn** [?cf. *strodwm, strydwm*] *eg.* Hanesyn, stori, si: *anecdote, story, rumour.*

    1938. Ar lafar, 'strotyn', *LILIM* 76; 'strytyn' (Môn a Meir.).

strywaf: strywo, strywgar, gw. **distrywiaf: distrywio, ystrywgar**.

strywgi [*ystryw*+*ci*] *eg.* Person cyfrwys: *crafty person.*

    Ar lafar, *Cymru* xlvii. 236 (sir Ddinb.).

strywiedig, gw. **distrywedig** (hefyd At.).

stuaf[1]: stuo [cf. S. (*to*) *stow*] *ba.* Stowio, llwytho, cronni, llanw: *to stow, load, accumulate, fill.*
1938. Ar lafar, '*stuo*'r lle 'ma hefo llyfra', *ISF* 71; hefyd yn Arfon.
Gw. hefyd **stowiaf: stowio.**

stuaf[2]: stuo, gw. **steuaf: steuo.**

stual, stuco, studfach, studi, gw. **ffustwial, stwco, ystudfach, stydi[1].**

studiaf: studio, gw. **astudiaf: astudio** (hefyd At.).

studiannwr [?ff. affetig ar fôn y f. *astudiaf: astudio*+*-iant*+*-wr*] *eg.* ?Cynlluniwr: *designer.*
15g. *DN* 40, Da *stvdianwr* dwy stad iownwedd [i Siasbar iarll Penfro].

studiwr, stulas, stumddrwg, gw. **astudiwr** (hefyd At.), **stilian[1], ystumddrwg.**

stumgar [?*stum(og)*+*-gar*] *a.* A chanddo archwaeth da at fwyd, smongar: *having a good appetite for food.*
Ar lafar, *WVBD* 508.
Gw. hefyd **stumongar.**

stumiaf: stumio, stumiau, stumiedig, gw. **ystumiaf: ystumio, ystum, ystumiedig.**

stumog, ystumog[1], &c. [bnth. S. *stomach*] *eb.g.* ll. *-au.* Organ fewnol mewn llawer o famoliaid lle dechreuir y proses o dreulio bwyd (sef mwyhad o'r bibell faeth sy'n cysylltu'r bibell fwyd a'r perfeddyn bach), cylla, un o bedair o'r organau hyn mewn cilfilod, bol, abdomen, cest; archwaeth (at fwyd), chwant bwyd; y stumog o'i hystyried fel safle'r emosiynau, y meddyliau, &c., calon; awydd neu barodrwydd (am fenter, &c.); hefyd yn *ffig.*: *stomach, belly, paunch; appetite (for food), stomach; stomach (seat of emotions, thoughts, &c.); stomach (for an undertaking, &c.), relish; also fig.*
15g. *GDID* 30, Gwisg wyrdd heb un gwregys gwasg, / A'i *stumog* megis damasg [i ddiolch am baun]. **16g.** SIÔN BRWYNOG: *C* 154, Y gwir Dduw 'nynnu, y gwreiddyn enwog, / Yn llenwi y dalaith yn llwyn deiliog, / A chynnwys Domas, achwyn *ysdumog,* / Arwydd Duw'n bennaf, iraidd dawn bannog. *id.* 158, Merch marchog rhywiog, rhew aeth i'w *stumog,* / Mewn llen' niwlog y mae'n llawn alaeth [marwnad Tomas Mostyn]. *c.* **1585** G. ROBERT: *DC* [2]a, gadel i wres yr [*sic*] *stymoc* neur cylha i weithio ef. *Diw.* **16g.** *WLB* 39, Rhac dolur o gylch kallon ac i beri *Stymok* i fwyta. **16–17g.** *DCR* 197, Cymrwch a berwch ordeiniwch ar dan / o gariad sancteiddiol trwy wlith ysbryd glan / . . . / pan elo n d*ystumog* ysgumia hi n boeth / a llwy o ffydd Abraam gweddia dduw n ddoeth. **17g.** HUW MORUS: *EC* i. 129, Mi a'i clywaf ar fy *stumog,* / Yn ymdroi fel draenog, / Arwydd euog fradog frwydyr [cwynfan am ei gariad]! **1749** G. JONES: *LlDdG* 18, Yr Athrawjaeth jachusaf, a fyddo . . . yn erbyn eu *hystymmog.* **1772** D. ROWLAND: *PP* 103, y rhai nid oes ganthynt *ystymmog* newynog am gael eu porthi. **1778** J. HUGHES: *BB* 177, Rhaid newyn ar *ystymog.* **1795** J. THOMAS: *AIC* 281, Flower of Sulpher Sydd lesol i Iachau 'r *Ystumog* a'r Bol. **1828** *Geir Pob* 30, *Ystumog,* cylla; chwant bwyd. Ar lafar, 'codi *stumog*' 'to get, give an appetite', *WVBD* 508; 'Ma wâc dda cyn bwyd yn dda i fagu *stymog*' (gogledd Cered.); 'Ma pwen fowr yn yng *stimog* i', 'Sta fi ddim blewyn o *stimog* at fwyd', *GDD* 273. Clywir *stumog* hefyd yn yr ystyr 'balchder, hunanbwysigrwydd', 'Ma ticyn o *stumog* yndyn' nw fel tulu', *GTN* 715. Clywir hefyd yr ymad. 'dŵad at 'i *stumog*' 'of one who has come to himself after having taken offence at some trifle', *WVBD* 508.
Amr.: **stomac. 1604–7** *TW* (*Pen* 228) d.g. *Aluus.* **stomog. 1657** *MLl* ii. 117, *Stomog* ddrwg, a llygaid llymion / Yn argeisio tanllyd goron. **(y)stwmog,** &c. **16g.** D. R. THOMAS: *DS* 155, ymarfer ag ychydig win ir mwyn dy *estwmoc* (*TN* 315a, dy gylla; **1588** 1 *Tim* v. 23, dy gylla). **1696** *CDD* 226, Goreu saws ŷw *stwmog* iachus. **1719** *TDP* 19, fy Nghalon oedd ddiarswyd, am meddwl yn ansigladwy, am *ystwmog* ydoedd Wrol. **1808** TWM O'R NANT: *BB* 10, A hwythau 'r Bon'ddigion . . . / . . . / A'u calonnau 'n rhŷ weiniaid, i fwyta tamaid, / Oddieithr ambell un boliog, oedd yn bur dda 'i '*stwmog.* Ar lafar, '*stwmog* dda' 'bon appetit', M. WILIAM: *DY* 19.
Gw. hefyd **stumogyn.**

stumogaf: stumogi [bf. o'r e. *stumog*] *ba.* (Gallu) bwyta, bod ag awydd i fwyta, treulio; goddef, dygymod â, dioddef: *to (be able to) eat, have an appetite, digest; tolerate, put up with, endure.*
1908. Ar lafar, '*stimogi*' 'to endure, put up with, tolerate', *SC* vi. 132 (sir Benf.); ''Odd 'i'n bita'r bwyd mor felys â'r gnuan, ond 'alswn i ddim o'i *stimoci* fa', ''Alla' i ddim *stimoci* ryw 'en fawradd felna', *GTN* 715. Cf. D. J. WILLIAMS: *ChHO* 131, Ond nid oes wadu ar grefft ei athrylith wyrdro, pwy bynnag a allo ei *stumogi.*
Amr.: **stwmogi** [cf. *stwmog*]. Ar lafar, *SC* vi. 132 (sir Benf.).

stumogol [*stumog*+*-ol*] *a.* Gastrig, cyllaol, yn perthyn i'r stumog; a chanddo archwaeth da at fwyd, smongar, barus: *gastric, stomachic; having a good appetite, greedy.*
1925. Ar lafar, 'dyn *stumogol*' (gogledd Cered.).

stumogus, ystumogus [(*y*)*stumog,* &c.+*-us*] *a.* A chanddo archwaeth da at fwyd, newynog, llwglyd; yn codi archwaeth at fwyd, blasus: *having a good appetite, hungry, starving; giving an appetite for food, appetizing, tasty.*
c. **1851.** Ar lafar, '*stimogus*' 'having a good appetite', *SC* vi. 132 (sir Benf.); 'gwaith *stymocus* = appetizing work', *LlGC* 1173, 102 (Morg.); ''Dyw'r 'en fwyd 'ma ddim yn dishgwl yn *stumocus* iawn', *GTN* 715.
Amr.: **stwmogus** [cf. *stwmog*]. Ar lafar, *SC* vi. 132 (sir Benf.); ''On i ddim *stwmocus* iawn ddo, ffilas bita 'ngino' (Myn.).

stumogyn [*stumog*+*-yn*[1]] *eg.* Person balch, hunandybus: *proud self-important person.*
20g. Ar lafar, '*stumocyn* o ddyn' (Morg.).

stumongar [?*stumog*+*-gar,* gydag *-n-* ymwthiol] *a.* A chanddo archwaeth da at fwyd, awchus, bwyteig, barus; yn codi archwaeth at fwyd: *having a good appetite for food, greedy, gluttonous, guzzling; giving an appetite for food.*
20g.
Gw. hefyd **smongar, stumgar.**

stur, gw. **styr.**

sturmant, ysturmant, (y)styrmant, &c. [bnth. S. *instrument*] *eg.b.* ll. *ystyrmantau.* Offeryn cerdd bychan, sef ffram fetel ar lun lyra a ddelir rhwng y dannedd ac a genir drwy daro tafod metel â'r bys, giwga, biwbaw; offeryn cerdd; hefyd yn *ffig.* ac yn ddifr. am ferch: *Jew's harp; musical instrument; also fig. and derog. of a woman.*
15g. (*Diw.* **16g.**) *Gwyn* 3, 145, Ystent flin estynnit floedd / *Ystyrmant* yr ystormoedd [Meredudd ap Rhys i'r gwynt]. **16g.** *TRP* [128], Tewch ach ssiarad a gwrandewch / ffrae *ystrwmant* (*Cer RC* 135, *stwrmant*) neb nis gwnewch. **16–17g.** *GHCEM* 83, Ystyr rhygas, ystrywgall, / *Ysturmant* celwyddfant call [i ofyn cwrtal yn llateies]. **1603** W. MIDLETON: *Ps* [285], Kenwch ir arglwydh foliant / Ar vtgorn ag *ysturmant:* / Ar y delyn moliennwch. **1620** *Mos* 204, [94], Mal min *ysturmant.* **17g.** *LlGC* 13215, 333, *Ysturmant* Crembalum. **1707** *AB* 221d, *Ystyrmant,* A Jew's harp. **1725** *SR, Ysturmant* d.g. *A Jew's Trump.* **18–19g.** IEUAN LLEYN: *C* 93, Bloeddied, ystormied ei '*sturmant*—glau fawr / Glafoeried ewyngant [i Borth Neigwl]. **1803** *P, Ystyrmant,* s. m.—pl. t. *au* . . . A jaws-harp [*sic*]. Ar lafar, '*stwrmant, styrmant, sturmant*' 'Jew's harp', *WVBD* 508. Cf. TALHAIARN: *Gw* i. 58, Belphegor oedd yn canu'r *sturmant,* / Mewn ceubren ellyll yn y ddunant; H. EVANS: *CE* 152, Wedi dodi'r cannwyllau yn eu lleoedd priodol . . . cafwyd unawd ar yr *ysturmant.*
Gw. hefyd **strymantau.**

sturmantaf, styrmant(i)af, strymantiaf: sturmantu, styrmantu, styrmantio, strymantio [bf. o'r e. *sturmant, styrmant,* &c.] *bg.a.* Canu fel petai ar sturmant, gwneud sŵn fel sturmant, sgrechian, rhuo: *to play as if on a Jew's harp, make a noise like a Jew's harp, scream, roar.*
1862–4 *Cymru Fu* 131–2, Y mae llwyn o goed . . . lle bydd y gwynt . . . yn *sturmantu* ei alarnad. Ar lafar, 'babi'n crio a *styrmantio* trwy'r nos', *ISF* 71.

stursiwn, stwal, stwbaf: stwbo, gw. **stwrsiwn, ffustwial, stwpiaf: stwpian.**

stwbiaf, styb(i)af: stwbio, styb(i)o [bnth. S. (*to*) *stub*] *ba.* Diffodd (sigarét, &c.) drwy wasgu'r pen yn erbyn arwyneb; bwrw ((bys) troed) yn erbyn peth caled: *to stub (out) (cigarette, &c.); stub (toe or foot).*
20g. Ar lafar, ''Well iti *stybio*'r ffag 'na allan 'rŵan —'chei di ddim smocio 'n fan'na' (Arfon); 'Nath e anghofio *stybo*'r ffag mas a fe ath y tŷ ar dân', '*Stybes* i 'n drod ar gos y gwely' (sir Gaerf.).

stwbiwm, stwbiwn [bnth. rhyw ff. ar S. *stibium*; â'r ff. yn *-n,* cf. *patrwm, patrwn*] *eg. Cem.* Ffurf fetelaidd ar antimoni: *regulus (metallic form of antimony).*
18g. *Llr* C 24, 271, Cais Werth dwy geiniog o *stwbiwn* a'i Rato ef yn fflwr mân. **1801** *MMf* 107, Cymmer werth ceiniog o *stwbiwm.*

stwbwrn [bnth. S. *stubborn*] *a.* a hefyd gyda grym enwol. Ystyfnig, pengaled, diildio: *stubborn, obstinate, unyielding.*
16g. (*LlEG*) *Mos* 158, 659a, yr esgottiaid . . . megis pobyl *stoburn* [*sic*] a gynullodd lu o niuer mawr o bobyl. **17g.** *IICRC* iii. 366, pen welwyf gnaf *stwbwrn* syth / ni fedrai byth ond digio. **1672** R. PRICHARD: *Gw* 489, Ir rhai ffyddlon edifeiriol, / Mae Duw 'n ffyddlon ac yn rassol; / Ond ir *stwbwrn,* câs, gwrthnyssig, / Mae Duw 'n greulon, ac yn ffyrnig. Ar lafar, 'Rai *stwbwrn* dychynllyd yw'r reina fel tulu, 'os dim troi arnyn' nw, unwaith mân' nw wedi pendarfynu!', *GTN* 721.
Amr.: **stwbwrth** [?dan ddyl. *swrth*]. Ar lafar yng nghanolbarth a godre Cered.

stwbwrnaf: stwbwrno, stwbwrndra, stwbwrth, gw. **stybyrnaf: stybyrno, stybyrndra, stwbwrn.**

stwbyn [bnth. S. *stub*+*-yn*[1]] *eg.* Stwmp (sigarét): (*cigarette*) *stub.*
20g. Ar lafar, ''Odd a'n smoco *stwbyn* lawr ar waelod yr ardd' (dwyrain Morg.).

stwc[1], ystwc[1] [bnth. S. C. *stok* 'trough, vessel'] *eg.b.* ll. (*y*)*styc(i)au* (*stwcau*). Bwced, yn enw. un pren at gario hylif, e.e. llaeth neu fwyd moch, cunnog (laeth), piser, twba (golchi), llestr ymenyn, hefyd yn *ffig.*: (*milk*) *pail, bucket, pitcher,* (*wash*)*-tub, butter cask, also fig.*
14g. *WML* 107, Pal ac *ystôc* helyc adysgyl lydan aridyll keinhaôc côta atal pop vn. **1547** *WS, Ystwck* ne grwck A payle. *Diw.* **16g.** *DCR* 218, kes i gigwen bigog / yn ytrafel keiniog / ag *ystwg* achvnog / ni thalen hw chwanen. **16–17g.** SIÔN MAWDDWY: *Gw* 344, Cawsa, yta, gwlana'n glir, / Cura a meidda, meddir. / Cylcho *stwc,* wael awchus daith, / Ceibio, cloddio, cywlyddwaith. **1615** R. SMYTH: *GB* 32–3, bran . . . a ganfu *stuc* [*sic*] vvrth pytevv yr hvvn a lanvvodd, gan fvvrvv cerrig yntho, megis y gallau [*sic*] yr dvvr godi i fynu. **1620** *Mos* 204, [136], Pa le n yr [*sic*] *stwcc* i mae r cwppan. **1632** *D, Ystwcc,* Vrna. **1661** E. LEWIS: *Drex* 166, Pa beth yw mil o flynyddoedd mewn cymmhariaeth i'r oesau aneirif ynt i ddyfod? Onid ydynt yn gyffelyb i ddefnyn lleiaf *ystwcc* (*bucket*) o'i cymmharu i ffynnon ddiwaelod? **1722** *Llst* 189, *Ystwcc.* f.p. *Ystyccau.* A bucket. **1784** M. WILLIAMS: *S* i. 103, lliaws mawrion o ysgadan . . . ar hyd orllewinol barthau Norway, lle gellir eu codi â *stwccau* mewn rhai cornelau. **1803** *P, Ystwc,* s. m.—pl. *ystyciau* . . . A shallow wooden vessel, a pail, a bucket. Ar lafar, '*Stwc*' 'A tub', *Cymru* xxxi. 258 (Meir.); '*stwc*' 'twb golchi', *id.* xlvi. [21] (canolbarth Cered.); '*ystwc, stwc*' 'math o fwced pren o waith y cowper ag un o'r estyll yn hwy na'r gweddill i gydio ynddi. Fe'i defnyddid i odro ac i gario dŵr', *Geir Geg* 156 (sir Benf., Brych., a dwyrain Morg.); '*stwc* lap' 'a small wooden vessel with a long handle, used in home brewing . . . to raise boiling water from the boiler on to the malt in the mashing tub, &c. *stwc* rython' 'cockle pail', *LlGC* 1173, 100 (Morg.).
Amr.: **ystwca** [bnth. S. C. *stoka*]. **15g.** *GTP* 84, Ysgwier hyder yw hwn, / *Ystwca* bras yw Dicwn. / Ys dêl iddo fonclust, was, / Ystwnt sawyrfrwnt surfras.
Cfn.: **(y)stwc (g)odro:** *milk-pail.* **1776** *W, Ystwc godro* d.g. *Milk-* . . . *pail.* Ar lafar, '*stwc otro*', *LlGC* 1173, 100 (Morg.). **stwc (l)laeth:** *milk-pail.* **1872.** Ar lafar yn nwyrain Morg.

stwc[2], ystwc[2] [bnth. S. *stook*] *eg.b.* (bach. g. *stwcyn, stycyn,* ll. *stycynnau*; b. (*y*)*stwcan, stocan,* ll. *stycanau, stwcanion, stocanau, stocanion*) ll. (*y*)*styciau, stwcau, stwcs.* Nifer o ysgubau wedi eu gosod yn eu sefyll yn erbyn ei gilydd mewn cae i sychu (weithiau hefyd ag ysgubau eraill yn gapan arnynt), hefyd yn *ffig.*: *stook, shock, also fig.*
1547 *WS, Ystwck* cogwrn o yd Shocke of corne, stacke. **1608** *CRC* 195, Vo vydd llawer aderyn / ar y gwenith yn disgyn / a llawer o glomennod / a bagad o ysgythanod. / A rhai yn lloffa mewn *ystykie* / a rhai/n/

pigo ysgybenne. *Dchr.* 17g. *J* 10, 45a, *Stwc.* shocke. **1774** *W*, *Ystwccan* d.g. *Hattock, Stook.* **1803** *P*, *Ystwc*, s. m.—pl. *ystyciau* . . . a shock of corn. Ar lafar, '*stwc*' 'deuddeg o ysgubau fel rheol, naw ar lawr wedi eu gosod fesul tair a thair ar y brig', *LlLlM* 103; '*stwc*' 'ysgubau ŷd frig ym mrig a bôn ar lawr', *Cymru* xlvii. [236] (sir Ddinb.); '*stwcan*' 'A shock of corn, consisting in N.E. Pembrokeshire of five sheaves standing on end, with two reversed for cope', *GDD* 276; '*stwcyn, stwcan*' 'a shock of corn consisting usually of four to six sheaves', *SC* vi. 133 (sir Benf.); '*stwc* . . . *stwcan*' 'twryn o chwe ysgub', *GTN* 720. Digwydd hefyd ym Môn yn yr ymad. *styciau degwm* am styciau ŷd a osodwyd ymhell oddi wrth ei gilydd. Cf. J. Jones: *Llên Gwerin* 67, hanner cant, mwy neu lai, o ddynion mewn maes yn medi, a nifer ereill o feibion a merched ar eu hol yn rhwymo'r ysgubau, ac yn eu codi yn '*styciau*.

Amr.: **stwcwl.** Ar lafar, '*Stwcwl*' 'Wyth ysgub o wenith wedi eu codi a'u rhwymo nghyd', *Cymru* xxxix. 96 (Brych.).

Cfn.: **yn ei styciau, yn ei stwc:** *gathered into shocks ((of a field) of corn, &c.).* **1930.** Cf. K. Roberts: *TMC* 189, Yn y waelod isaf yr oedd cae ŷd *yn ei styciau.*

stwc[3], **ystwc**[3] [?cf. *(y)stwc*[1] neu *(y)stwc*[2], ac o bosibl S. *stock* 'tree trunk', *stocky*] *eg.* (bach. g. *stwcyn*; b. *stwcen*, ll. *stwcennod*). Person neu greadur byrdew, stocyn, stacan: *stocky person or animal.*

16–17g. *GST* i. 486, Gelding gwrthun gwegildew, / Pwdr iawn ei duth, pedrain dew; / *Ystwc* hen, ystoc anhardd, / Gwae e ryw bwn gario bardd. Ar lafar, '*stwcyn* o ddyn', *WVBD* 507; '*Stwcyn*' 'Dyn cryno cryf, ond byr', *Cymru* lxii. 175 (gorllewin Meir.). Cf. *LlLlM* 113, Byddai ambell bwtan neu grotan o ddynas yn gallu gwneud mwy o waith na *stwc* o ddyn digon gweithgar.

stwcaf: stwco, gw. **styciaf: stycio.**

stwcaid, ystwcaid, ystycaid [*stwc*[1], *ystwc*[1] + *-aid*[1]] *eg.* ll. *stwceidiau, stwceidi, ystyceidiau.* Llond stwc, bwcedaid: *pailful, bucketful.*

1740 *DDF* 30, os doi i ymofyn am Grist trwy y rhai hyn, neu os gweli di Grist trwy dy Rasusau, di fyddi yn ei weled, megis un yn Gweled yr Haul mewn *ystycced* o Ddwr, yr hon dybygai ef fydd yn chwareu hwnt ac ymma fel y cyffroir y Dwr. **1778** *W*, *Ystyccaid* d.g. *Pailful.* **1798** *WR*, *ystwcaid* d.g. *Pailful.* **1800** W. Owen[-Pughe]: *CP* 83, mae yn arferol loesi rhai *ystyceidiau* o laeth newydd yn y llestr ceulo. **1803** *P*, *Ystycaid*, s. m.—pl. *ystyceidiau* . . . A pailfull.

stwcan, gw. **stwc**[2].

stwcanaf, ystwcanaf: (y)stwcanu, stwcano [bf. o'r e. *stwcan*] *bg.a.* Gosod (ysgubau) yn styciau, stycio: *to place (sheaves) in stooks, stook.*

[**1783**] *W*, *Ystwcannu* ŷd d.g. *To stook corn.* **18–19g.** *LlrC* 11, 248, Welsh Agricultural Terms, in Glamorgan . . . *stwccanu.* Ar lafar, '*stwcano*', *SC* vi. 133 (sir Benf.); 'Fe fuon' drw'r bora'n *stwcanu*' (dwyrain Morg.).

Gw. hefyd **stacanaf: stacano.**

stwceidaf: stwceido [bf. o'r e. *stwcaid*] *ba.* Llithio (lloi, &c.), paratoi llith mewn stwc: *to feed mash to (calves, &c.), prepare mash in a pail.*

Ar lafar yng nghanolbarth a godre Cered.

stwcen, gw. **stwc**[3].

stwciaeth [*stwc*[1] + *-iaeth*] *eb.* Llith (i loi, &c.): *mash (for calves, &c.).*

Ar lafar, '*stwcieth*', *B* iv. 303 (canolbarth Cered.); hefyd yng ngodre Cered.

stwco[1], gw. **styciaf: stycio.**

stwco[2] [bnth. S. *stucco*] *eg.* ll. *-s.* Plastr neu sment a ddefnyddir i orchuddio arwyneb wal neu i ffurfio addurn pensaernïol: *stucco.*

1846.

stwcwl, stwcyn[1], gw. **stwc**[2].

stwcyn[2], gw. **stwc**[3].

stwden, stwds, gw. **styd.**

stwetha [?cyw. o'r ymad. *ys diwethaf*] *adf.* Yn ddiweddar, ychydig yn ôl: *lately, a short while ago.*

1913. Ar lafar, *TGG* (1907–8) 88 (godre Cered.), *GDD* 276.

stwf, gw. **stof.**

stwff, ystwff [bnth. S. *stuff*] *eg.b.* ll. *stwff(i)au, (y)styffiau, ystwffiau*, a hefyd gyda grym ansoddeiriol. Defnydd (crai), sylwedd, sylwedd neu beth(au) o fath neu ansawdd amhenodol neu anhysbys, hefyd yn *ffig.*; brethyn (gwlân), ffabrig; stwffin (mewn coginio): *stuff, material, substance, stuff (of an unspecified or unknown type or quality), also fig.; (woollen) cloth, fabric; stuffing (in cookery).*

15g. *GDLl* 104, Mae pais, hwyr y cais rhag cort, / Llai *ystwff* am Iarll Staffort [i erchi pais]. **1547** *WS*, *Ystwff* Stwffe. *c.* **1566** *B* xv. 118, cocatris / sef yw hwnw yr haner ol yr capwld / gwedy y gysylldy wrth yr haner blaen yr parchell / ag *ystwff* val y dywedir ar ol. **16–17g.** *GST* i. 481, Ger ei fron, gerfer uniawn, / Fo dyr ŵydd yn hyfedr iawn, / A chwilio cylch ei chalon / Am yr *ystwff* ym mrest hon. *id.* 541, Wedi'r biff rhoi yn ddiffaith / Hwff drwy *ystwff*, diras daith. **17g.** *Brog* 6, 103b, styff i graen, o ryw *stwff* gre / mae elissen gael lassie [i ofyn siwt o ddillad]. **1672** R. Prichard: *Gw* 382, Yr aur y ladd y rhai derbynnant, / Y *stwff* [:– Dodrefn] y ddifa 'r maint ai medlant. **1684** T. Jones: *Alm* [ii], Cymraeg ddieithr, neu gymraeg front iw hon, ffei o honi, ai dymmar fâth *stwff* a gawni am ein harian. **1688** *TJ*, Camlad, (camlod), *ystwff* o flew Camel. Hair Chamlet. **1710** *LlGG (Gos)* 12, a'u hulio [byrddau] bryd Gwasanaeth Duw â Charbed o Sidan neu o ryw '*stwff* gweddol trefnus. **1718** *Llsgr R. Morris* 168, Wel mal fenaid gu rhaid arian yn gru / i brynnu *stwff* trefnus net tacclus yn tu / rhaid dysgle lliw yr tes ag efudd a phres / a silff a bwrdd llesdri ai rhoddi nhw yn rhes. **1736** S. Rhydderch: *Alm* [9], Brethynau Sir Ddyfneint . . . *Stuffiau* Norwich. **1754** *ML* i. 300, gwedi sgrifennu rhyw *stwff* at yr Aldramon Prichard. **1757** *id.* 450, Beth a wneir am *stwff* i orphen y pappir? **1761** *id.* ii. 358, Fe yrr Sion beth o'r *ystwff* [mwyn] yma cyn pen hir dyddiau [*sic*]. [**1761**] *GGJ* 35, Ynghylch Lliwio Sidanau *Styffiau* Brethynnau, Edafedd, a phethau eraill. **1762** *ML* ii. 521, Da mrawd am addaw chware teg i'r Côch . . . / Oes, oes, llawer gronyn o *ystwff* abl merfedd ynddynt [cerddi]. [**1763**] *id.* 577, Rhaid myned yn y man i geisio par neu ddau o sana, a sôn yr ydis am ŵn *stwff* i sparrio gronyn ar y rhai sydd rydda ir berfeddwlad. **1784** M. Williams: *S* i. 38, gwneuthur gwlennyn, brethynau, a *stwffau* eraill. **1795** *R. Crusoe* 24–5, arfau gwaith, *ystyffiau* seisnig, lliain, &c. Ar lafar yn gyff., '*stwff*' 'a kind of homespun . . . usually striped', 'pais *stwff*', *WVBD* 507; 'Ma ryw *stwff* newydd gintin' nw 'nawr at lædd whyn', 'Dyna *stwff* pert sy yn dy ffrog di', *GTN* 720. Cf. *Hen B* 55, Da gennyf fwyta'r rhain yn hwff, / Da gennyf *stwff* y gwyddau; W. Rees: *HBHD* 7, 'yn deiliwr y dylase fo fod' . . . fel pe bai'r teiliwr yn rhyw salach *stwff* na rhyw greadur arall; D. Owen: *RL* 178, dim ond just dangos ffasiwn *stwff* sy ynoch chi; T. H. Parry-Williams: *Y* 43, *Stwff* dieithr ac ansicr ydyw [tywod] iddo ef; J. G. Jenkins: *WWI* 219, fine bed covers called Cwrlidau *Stwff*, with warp of linen and weft of untwisted wool.

Cfn.: **(y)stwff cartref:** *homespun, home-made cloth.* **1869** Talhaiarn: *Gw* iii. 46, gown o *stuff cartref* yn rhesi mân mân. Ar lafar, '*stwff cartra*', *WVBD* 507. Cf. D. Owen: *D* 9, gwasgod o *ystwff cartref*; *id.* 166, [p]ais o *stwff cartref.* **(y)stwff (y) tŷ:** *household goods; homespun.* **17g.** *DCR* 166, *ystwff y ty* foi tyre / yn vfydd jawn fo gadwe / ag ni chae hi a droi wrth ben / i / bys / un ede nis gadawe. **1768** Twm o'r Nant: *CTh* 51, a raid i mi farw mewn Amser cyn fyrred, / A gadael fy Ngheffyle, a'm Gwartheg, a'm Defed; / Fy holl aur ac arian, a'm *stwff tŷ.* Cf. W. Rees: *HBHD* 12, coat o frethyn cartref, a gwasgod o *stwff tŷ.*

Gw. hefyd **stwffiach.**

stwffaf: stwffo, gw. **stwffiaf: stwffio.**

stwffiach [*stwff* + *-iach*[2] (At.)] *e.ll.* Stwff, pethach, hefyd yn ddifr.: *stuff, things, also derog.*

20g.

stwffiaf, stwffaf, ystwffiaf: stwff(i)o, stwffian, ystwffio [bnth. S. *(to) stuff*] *bg.a.* Pacio neu lanw'n dynn, gwthio neu sacio i mewn, llanw â defnydd meddal neu badin, llanw (croen anifail neu aderyn) er mwyn adfer ei ffurf wreiddiol, llanw (darn o gig neu lysieuyn) â stwffin, yn enw. cyn ei goginio; gorfwyta, claddu bwyd; llanw (dant); ymwthio ymlaen, yn enw. yn frysiog neu'n ddigywilydd; hefyd yn *ffig.*: *to stuff, fill, cram; stuff (oneself) (with food); fill (tooth); push forward, shove; also fig.*

15g. *HCLl* 84, Gwnaeth ef, o'i ddioddefaint, / Lawrens wyn lawer yn saint. / Un da oedd yn dioddef,—/ Ystyffan i *stwffio* nef. **16g.** *Pen* 86, 142, Kymer ddwbled ac *ys dwffia* hi ac wellt [*sic*]. *Diw.* **16g.** *WLB* 37, *ystwffio* y keiliagwydd yn dynn . . . ai wnio ai rostio ar fer prenn. **17g.** *TBM* 361, Mae y sadler egr iawn / A *stwffiai* gynt banelau'n llawn. **17g.** *LlGC* 10249, 201, Parodd, *ystwffiodd* ystôr / ysgübaü, ymhob yscübor. **17g.** *NBSF* 522, dringo ar farch i barch beth / wedi *stwffio* wâs diffeth (Rowland Jones). **1699** T. Jones: *Alm* [39], Tybiais mai ofer oedd i mi *ystwffio* 'r Llyfr hwn a hir ymadrodd ynghŷlch y pethau a ddigwŷddant yn Eithafoedd y Byd. **18g.** *W Ballads* 7, 7, fe geiff *stwffio* ei Gyfrw/y . . . a blew Dyfrgi. **1750** *ML* i. 168, *Stwffio* ddigon [*sic*] o ryw bethau yn y ffrencyn yna, na yrrwch monaw yn weili da chwitheu. **1756** *id.* 442, a rhan o ffosilod Mahon hefyd yn yr un rhyw gisten, a llawer peth gyda hynny a ellir eu *stwffiaw* i mewn rhwng y llyfrau i lestair iddynt rwbiaw gormodd wrth eu gilydd. *c.* **1762–79** W. Williams: *P* 87, Aderyn cyfan wedi ei *stwffio* a'i sychu. **1768** Twm o'r Nant: *CTh* 15, Ni chês i yn Ninbych am Frithyd odiaeth / Ond pedair-a-dimme gan ryw Gydymaeth [*sic*]; / A bôd gyda hynny ar fy ngoreu glâs, / Yn i *stwffio* fo i'r Siabas diffeth. **1772** D. Rowland: *TPEN* 39, ped fai teyrnas gyfoethog a llawn o bob daioni . . . pwy ni *ystwffiai* iddi â'i holl egni? **1781** I. Morgan: *HE* 6, Y mae y dynion sydd etto heb gael eu galw yn neillduol gan Iesu Grist, er *stwffio* mewn gorchest Efengyl Crist iddynt, yn debyg i Ddelwau'r Cenhedloedd. **1790** J. Thomas: *DY* 6, y Diafol . . . fe *stwffiodd* i gnawd a chyfrwystra 'r Sarph. **1808** Twm o'r Nant: *BB* 37, Fel pe b'asei fe 'n farwedd, gwedi '*stwffio* yn ei berfedd, / Ormodedd o fwydydd. Ar lafar, *WVBD* 507, *GTN* 720; hefyd yn yr ystyr 'cael cyfathrach rywiol â', 'Fe hoffwn i *stwffio* honna' (Cwm Rhondda). Cf. W. Rees: *AFR* 322, cipiasai y ddysgybles fechan ddireidus bâr o fenyg ac ysnoden, a *stwffiasai* hwynt i'w llawes; W. Rees: *HBHD* 111, *Stwffiodd* ei hun i wasanaeth porthmon merlynod, a chafodd y fantais i fyned i Gaer fel gyrwr; D. Owen: *GT* 95, ofnai y buasai y boneddigion yn y swper yn *ystwffio* diod iddo; D. Owen: *S* 82, ofni i rywrai dybied ei fod yn ceisio '*ystwffio* ei hun ymlaen'.

stwffiedig [bôn y f. *stwffiaf, stwffaf: stwff(i)o* + *-iedig*] *a.bfl.* Wedi ei stwffio, gorlawn, llawn dop: *stuffed, crammed.*

1851.

stwffin, ystwffin, ystwffing [bnth. S. *stuffing*] *eg.* Yr hyn a ddefnyddir i stwffio rhywbeth (e.e. cadair), cymysgedd o gynhwysion wedi eu malu a'u blasuso a ddefnyddir i stwffio darn o gig neu lysieuyn, yn enw. cyn ei goginio, hefyd yn *ffig.*: *stuffing, also fig.*

c. **1566** *B* xv. 120, llyma val y gwnair *ystwffin* parchell cymer wie . . . a gratio bara gwyn / a saffrwn / a halen a sinser. Ar lafar, '*Stwffin* o saej a winwns', *Cymru* liv. 131 (dwyrain sir Drefn.); ''Does dim *stwffin* yndo fe' (sir Gaerf., am ddyn); 'Bara a sæj a winwns 'wi'n iwso i nuthur *stwffin*', *GTN* 720.

stwffiwr [bôn y f. *stwffiaf, stwffaf: stwff(i)o* + *-iwr*] *eg.* (b. *stwffwraig*, ll. *stwffwragedd*) ll. *stwffwyr, stwffiwrs.* Un sy'n stwffio; person ymwthgar, ceffyl blaen; tacsidermydd: *stuffer; pushy person; taxidermist.*

1916.

stwffwl, stwffwlog, stwffwraig, gw. **ystwffwl, ystyffylog, stwffiwr.**

stwmaf, stwmiaf, stymaf, &c.: **stwm(i)o, stymo,** &c. [bnth. S. taf. *(to) stum* 'to bank up (a fire)'] *ba.* Anhuddo (tân): *to bank up (a fire).*

1863. Ar lafar, '*stwm(i)o, stymo, stomo*', *LGW* [162]–3 (godre Cered., sir Benf., a'r cyffiniau).

stwmaits, (y)stwmais, &c. [bnth. S. *stomach* 'stomacher'] *eg.b.* Math o ddilledyn tebyg i siaced neu wasgod, gorchudd addurnedig ar lun V neu U i'r frest, bronffoll, hefyd yn *ffig.*: *stomacher, also fig.*

15g. *DE* 28, pais luniaidd pwy sy lanach / dan wregis llai no bys bach / *stumaich* [*sic*] o grwys damasc / i roi gwe aur ar i gwasc [i ferch]. **15–16g.** *TA* 407, Bu arian byw obry 'n bais, / Braens damasg bron i *stwmais* [i ofyn march]. **16–17g.** *GST* i. 771, Nid oes dim yn dy *stwmaits* / Ond plu, a da fu dy faits [i yrru'r bronrhuddyn yn llatai]. **16–17g.** T. Prys: *Bardd* 86, da ddifyr yw dy ddwyfoch / damasg yw'r *ystwmes* go[ch] [am robin goch]. **1772** *Llsgr R. Morris* ciii, Mae ganddi staes o Ffansis Ffarwel / A '*Stwmage* [*sic*] gwiw, lan o liw, o Anhawdd yw madel ['gwisg meinwen o amryw Fesurau'].

stwmblaf, stwmbliaf, stymblaf, (y)stwmlaf: stwmbl(i)an, stymblo, (y)stwmlo [bnth. S. *(to) stumble*; cf. hefyd

S. taf. (*to*) *stummle* 'to perplex', ?a S. C. *stummel*] *bg.a.* Baglu (dros), hercian, hefyd yn *ffig.*: *to stumble (over), also fig.*

16–17g. *HG* 50, os sonid am ysgrythyr / i ddoedd en vyvyr yno / ag ve wnae ir gwyr o ddysg / pan vai ny mysg *ystwmlo*. Ar lafar, 'Bron iawn imi *stymblo* dros y slab rhydd 'ne' (sir Ddinb.); 'Ma'r sgidie 'ma lot rhy fawr—'dwi'n *stymblo* bob munud' (gogledd Cered.); 'Fi *stwmlas* drŵs y garrag', 'Fi gwelas a'n *stwmlo* mæs o'r 'en dafarn', *GTN* 720.

stwmbwl [bnth. S. *stumble*] *eg.* Maen tramgwydd: *stumbling block.*

20g.

stwmiaf: stwmio, gw. **stwmaf: stwmo.**

stwmlaf: stwmlo, stwmog, stwmogus, gw. **stwmblaf: stwmblo, stumog, stumogus.**

stwmp[1], **ystwmp, stymp** (*y≡ə*) [bnth. S. *stump*] *eg.* (bach. g. *stwmpyn*, b. *stwmpen, stympen*) ll. (*y*)*stympiau, stwmpiau, stymps, stwmps*, a hefyd fel *a.*

(*a*) Bonyn, bôn (coeden), boncyff; un o dair ffon unionsyth wiced (mewn criced); darn bach (byr) o rywbeth sy'n weddill (e.e. sigarét, afal, hoelen), gweddillion; person neu beth byrdew: *(tree-)stump; stump (in cricket); stump, stub, remains; stumpy person or thing.*

1547 *WS, Ystwmp* Stumpe. *Dchr.* **17g.** *J* 10, 45a, *Stwmp.* caudex. **1643** *LlGC* 7013, 134, the Eare mke of torri blaen y glust asw a hollti yr *stump* a chanwey yn y llall. **18g.** L. MORRIS: *LW* 175, Mae deg o *stympiau* 'sgidia / A chant o hoelion prennia. **1756** *ML* i. 413, 'rhan i mi', oedd y gair er's talm pan ddeuid i hyd i fottwm neu *ystwmp.* **1759** *id.* ii. 142, Rhyw lanc drwg a *stwmp* yn sawdl ei esgid a dorrodd enw Pabo wrth chwareu pan oedd yr eglwys yn ysgol Gymreig mae'n debyg, ni cherdd hwnnw byth lam rhwydd. **[1761]** *GGJ* 73, Curwch i mewn ir Mîr [*sic*] pennau *Stwmpiau* Hoilion. **1803** *P, Ystwmp,* s. m.—pl. *ystympiau* . . . A stump. **1828** *Geir Pob* 31, *Ystwmp,* bôn hoel, boncyff. Ar lafar, '*Stwmp*' 'Cnap, lwmp, bonyn', *Cymru* lxiii. 84 (gorllewin Meir.); '*stwmpyn*' 'the stump (of a tree, etc.); fag-end; a man of short stumpy figure', *SC* vi. 133 (sir Benf.); 'Fe fitws yr afal lawr i'r *stwmpyn*', *GTN* 721. Digwydd hefyd ym Morg. am swyddog neu reolwr gwaith neu siop, "Odd a'n *stwmpyn* yn un o'r ffatrïodd ar y stæt', *id.* 721. Yn y De-orllewin clywir *stwmps* yn yr ystyr 'ystudfachau', D. PARRY-JONES: *WCGP* 45. Digwydd yn yr e. lle *Cerrig-stympiau*, Nebo, sir Gaern., ELISG 43. Cf. D. OWEN: *GT* 10, yr hen geiliog oedd fy ffafryn i . . . Yr oedd gan cobyn *stympiau* cy'd â'm bys, ac fel y dywedais, gwyddai yn dda sut i'w defnyddio.

(*b*) Enw ar fath o nod clust ar ddefaid, sef toriad ym mlaen y glust o'r ochr uchaf i'r canol, ac yna tua'r bôn, ac yn olaf i'r ochr isaf: *earmark on sheep*, '*stub*'.

1874. Ar lafar yn y ff. *stwmp, WVBD* 507, *Cymru* lxiii. 84 (gorllewin Meir.), *LlG* xlix. 23 (sir Ddinb.). Cf. *CYLl* 97, Carrai step, a bwlch tri thoriad, / Picwarch fer a *stwmp* neu fachiad. Cf. ymhellach engh. 1643 uchod.

(*c*) Penbleth, syfrdandod, cyfyng-gyngor: *bewilderment, astonishment, quandary.*

Ar lafar, 'mewn *stwmp*', *Cymru* xxxiv. 180 (godre Cered.); 'Chi'n haloch i miwn *stwmp*' 'You put me in a quandary', *GDD* 276; 'Fi ddishgwlas arno mwn *stwmp*', 'Fe welws y *stwmp* yn 'i llecid 'i', 'Wel, ma'r newydd 'na wedi'm 'ela i i *stwmp*', 'Fi etho' i i *stwmp* a syndod pyn clwas i', *GTN* 720.

Fel *a.* Byrdew; mewn penbleth, pensyfrdan: *stumpy; bewildered, stumped, stunned.*

1909. Clywir *stwmp* yn yr ystyr 'pensyfrdan', *LlGC* 1173, 101 (Morg.).

Cfn.: **(y)stwmp ar (y)stumog:** (*cause of*) *nausea, also fig.* **1880.** Ar lafar, '*stwmp ar stumog*' '[rh]ywbeth neu rywun sy'n fwrn ar ddyn', *ISF* 71; 'Mae o'n dwad yma'n rhy aml—mae o wedi mynd yn *stwmp ar fy stumog* i', *WVBD* 507. Cf. T. H. PARRY-WILLIAMS: *OPG* 20, Bu meddwl am yr hen beth [llysywen] yn dipyn o *stwmp ar f'ystumog* am yn hir.

stwmp[2] [?cf. S. taf. (*to*) *stomp*, ff. ar (*to*) *stamp*] *eg.* Mwtrin, stwnsh (maip), sylwedd meddal mathredig: *mash, mashed potato (and swede), pulp.*

1860. Ar lafar, 'From a line drawn across the sources of the Clwyd and Conway, south to the sources of the Aeron and the Teifi, the regional word for a "mixed" mash is *stwmp*', *LGW* [174]–5; hefyd mewn ymad. megis '*stwmp* llaeth', '*stwmp* pys', *Geir Geg* 36–7, ac yn yr ymad. 'byw ar ei *stwmp* ei hun' 'byw ar eu liwt eu hun', *Mont Coll* xiii. 312.

stwmpaf: stwmpo, stwmpen, gw. **stwmpiaf: stwmpio, stwmp**[1].

stwmper [cf. *stomper*] *eg.* Stwnsiwr (llysiau, &c.), pwnner, ponner, stomper: *masher (for vegetables, &c.).*

20g. Ar lafar, hefyd yn y ff. '*stwmpar, stympar*', *Geir Geg* 152 (sir Drefn. a Chered.); clywir *stwmper* hefyd yn yr ystyr 'an implement used in winnowing to remove the beards from barley', *SC* vi. 133 (sir Benf.).

stwmpiaf, (y)stwmpaf, stympiaf[2]**: stwmpio, (y)stwmpo, stympio** [bf. o'r e. *stwmp*[2]] *ba.* Stwnsio (llysiau, &c.), pwyo: *to mash (vegetables, &c.), pound.*

1801 *MMf* 264, o bydd brath yn llawn gwaed, *ystwmpa'r* dail yn fâl a dod wrth y brath. Ar lafar, '*Stympio*'r tatws', *Cymru* liv. 131 (dwyrain sir Drefn.); '*stwmpo*' 'pwnio', *B* xiv. 282 (Llan-non, Cered.). Clywir *stwmpo* hefyd yn yr ystyr 'to remove the stub-feathers from (a fowl)', a 'to remove the ails from barley', *SC* vi. 133 (sir Benf.).

stwmpyn, gw. **stwmp**[1].

stwmyn [?bnth. S. **stumming*] *e?g.* Cymysgedd o lo mân, dŵr, a chlai a ddefnyddir i anhuddo tân: *mixture of small coal, water, and clay used to bank up a fire.*

20g.

stŵn [cf. S. (*to*) *stun*, a S. taf. *stun* 'a surprise'] *a.* Syfrdan, pensyfrdan, hurt gan flinder: *astonished, stunned, stupid with weariness.*

20g. Ar lafar, "Wi'n *stŵn* ar 'yn nræd o isia cisgi', 'Ma fa wedi gwitho nis bod a'n *stŵn*', *GTN* 721; 'Ma'r Ffrancwyr wedi'u bwrw nw'n *stŵn*' [am dîm rygbi Seland Newydd].

stwna, stwnan, ystwna [?cf. *stŵn*] *bg.* Bod wrthi'n gwneud rhywbeth mewn ffordd ddiamcan ond dymunol, piltran, ffidlan, tin-droi, loetran, crwydro'n ddiamcan; holi a stilio, rhygnu ymlaen: *to potter about, fiddle about, dawdle, loiter, wander idly about; pry, go on about something.*

Diw. **19g.** *SE MS* 631a, *Ystwna.* Ar lafar, "Rŵt ti'n hir iawn yn *stwna* hefo'r peth', '*stwna* tipyn yma ac acw', 'Be' ŵt ti'n *stwna* o gwmpas?', *WVBD* 507–8; 'holi a *stwna*' (Arfon); hefyd yn y ff. *stwnan, TGG* (1907–8) 96 (Eifionydd).

stwnd, gw. **stwnt.**

stwnsh, stwns [bôn y f. *stwnsiaf: stwnsio*] *eg.* Llysiau wedi eu pwyo neu eu stwnsio, yn enw. tatws a llysieuyn arall wedi eu stwnsio ynghyd, mwtrin, stwmp, sylwedd meddal mathredig, yn enw. bwyd, mwydion, pwlp, hefyd yn *ffig.*; llanastr, lol: *mash (esp. potatoes mashed with another vegetable), soft pulpy food or mass, pulp, also fig.; mess, nonsense.*

1898. Ar lafar yn y Gogledd-orllewin, yn enw. mewn ymad. megis '*stwnsh* rwdan', '*stwnsh* ffa', &c., *Geir Geg* 37, *LGW* [174]–5. Cf. I. C. PEATE: *DGC* 116–17, [m]alu'r eithin yn *stwns* a ellid ei fwyta'n rhwydd.

stwnsiaf, ystwnsiaf: (y)stwnsio, stwnsian, *bg.a.* Gwneud (llysiau, &c.) yn stwnsh drwy eu curo neu eu pwyo, stompio; cymysgu, gwneud yn flêr, swbachu; stwna; rwdlian, malu awyr: *to mash (vegetables, &c.); mix up, make a mess of, rumple; potter about; talk nonsense.*

1862 TALHAIARN: *Gw* ii. 65, Tattws a maip wedi eu *stwnsio* â phupur a halen. Ar lafar, '*stwnsio* tatws', 'Paid â *stwnsio*', *WVBD* 508. Clywir *stwnsio* hefyd yn yr ystyr 'stwna, tin-droi' (Môn).

stwnsiwr [bôn y f. *stwnsiaf*: *stwnsio*+*-iwr*] *eg.* ll. *stwnswyr.* Teclyn neu beiriant a ddefnyddir i stwnsio llysiau, &c., mwtrwr, pwnner, ponner, stomper; golchbren; rwdlyn, malwr (cachu): *masher (for vegetables, &c.); washing-beetle; one who talks nonsense.*

1906. Ar lafar, '*stwnshwr*' 'potato masher', *Geir Geg* 152 (Môn). Clywir *stwnsiwr* yn Arfon yn yr un ystyr, a hefyd yn yr ystyr 'rwdlyn'. Digwydd hefyd yn ardaloedd chwareli'r Gogledd am 'injan fach i dyllu', *B* xx. 380.

stwnt, stwnd, ystwnt[1]**, ystwnd** [bnth. S. C. *stond*, ff. ar *stand* 'barrel, tub, cask'] *eg.* ll. (*y*)*styntiau.* Casgen, twba agored (yn enw. at ddarllaw), cerwyn, llestr ar gyfer ymenyn, llaeth, &c., hefyd yn *ffig.*: *barrel, open tub (esp. for brewing), vat, vessel for butter, milk, &c., also fig.*

15g. *GTP* 84, Ysgwier hyder yw hwn, / Ystwca bras yw Dicwn. / Ys dêl iddo fonclust, was, / *Ystwnt* sawyrfrwnt surfras. **1545** *Cl* 80, a'r kwrw ne'r bir . . . wedi j hidlo a'i roddi mewn barile ne *ystyntie*, j gadw. *c.* **1548** *CM* 1, 710, kymer *sdwntt* gweddi [*sic*] bod waddod henn gwrw . . . ynn seuyll ynntho gymaint ag viij niwyrnod. **16g.** *LlGC* 1553, 611, kais hufen o sten i *stwnt* / korddech lle ni chessech wynt. **1574 (1604)** *Rhyddiaith Gymraeg* ii. 203, redeg at yr *stwnd* a'r ddiod y geiso gronyn o'r gwaddod y oyri y llaw. *Diw.* **16g.** *WLB* 37, kymer chwech galwyn o gwrwf kadarn ffres . . . dod ef mewn *stwnt* (*Llst* 82, 27, stond) hwylus. **16–17g.** *GST* i. 942, Golch dy *stwnt* rhyfrwnt, rhy efrydd—foddion, / A'r fuddai bob eilddydd [i slwt]. **17g.** (**18g.**) *CLlC* ii. 22, Y mae'r Cowper cylche brwnt / A sbwyliodd lawer stên a *stwnt*. **18g.** *Beirdd y Berwyn* 76, Rhaid cael twned i dylino, / A *stwnt* i roddi 'r ddiod ynddo. **1733** *ML* (Add) 33, O! roedd genif *stwnt* o gwrw Du godidog o drigain ngalwyn a gwell, ar eich medr. **18g.** L. MORRIS: *LW* 175, Rwy'n rhannu rhwng Tylodion / Er mwyn fy nghofio'n ffyddlon / Y *stwnt* a'r succan-sbigod bren / A darn o hen ganhwyllbren. **1769** TWM O'R NANT: *TChD* 38, Gwlau, a Dillad, *Styntie* a Phadelli. Ar lafar, '*stwnt*' 'math o lestr i ddal llaeth enwyn neu fenyn', *Geir Geg* 152 (Môn); '*stwnt*' 'a sort of vessel for keeping butter', *WVBD* 508; '*Stwnt*' 'Llestr pren at ddarllaw', *Cymru* xxxix. 96 (Brych.). Cf. TALHAIARN: *Gw* ii. 170, Ond gwraig y tŷ nesaf a'i 'biwsiodd hi 'n frwnt, / A churodd ei dannedd yng nghauad y *stwnt*.

Gw. hefyd **stond**[1].

stwnyn [bôn y be. *stwna*, &c.+*-yn*[1]] *eg.* Un sy'n stwna, person aflonydd: *one who potters about, fidget.*

1913. Ar lafar, 'Rho'r gora iddi, 'rwyt ti'n rêl *stwnyn*'.

stwpiaf, stwpaf, stowpiaf, &c.: **stwpian, stwpo, stowpio,** &c. [bnth. S. (*to*) *stoop*, S. taf. (*to*) *stowp*] *bg.* Gwargrymu, cwmanu, plygu yn ei gwman: *to stoop, hunch.*

1905. Ar lafar yn y ff. *stowpio, Cymru* liv. [84] (dwyrain sir Drefn.); hefyd yn y ff. *stwpo* (sir Gaerf.), a *stwbo* (dwyrain Morg.).

stŵr, ystŵr [bnth. S. *stour* 'tumult, uproar, commotion'] *eg.b.* ll. (prin) *styrau.*

(*a*) Sŵn, sain, cyffro, cynnwrf, mwstwr, ffwdan; ?lol: *noise, sound, stir, commotion, bustle, fuss; ?nonsense.*

1681 S. HUGHES: *AC* 23, oblegit nas mynnei idd ei frawd glywed, pa fath *stwr* yr ydym ni yn ei gadw yn y ty hwn. *id.* 41, fe gadwodd rhyw Ddiawl *stwr* fawr yn Eglwys Saint Stephen. **1683** H. EVANS: *CTF* 34, Cyn arferech ormod ddwndwr [:– *Stŵr*]. **1725** D. LEWIS: *GB* 23, Daeth Cymmydogion ynghyd . . . i Weddio ar Dduw yn y Tŷ ac ni bu yno fawr o *Stŵr* y Nôs honno. **18g.** E. T. RHYS: *DA* 142, Erioed ef ni haerodd fod haeddiant gweithredoedd / Yn dwyn dyn i'r nefoedd,—nis taerodd fath '*stwr*. *c.* **1762–79** W. WILLIAMS: *P* 478, y fath waeddi, a chwerthyn, rhedeg, a *stwr.* **1764** W. WILLIAMS: *Th* 17, Rhai dd'wedai ei fod e'n ynfyd i gadw gormod *stŵr*, / Ynghylch y tân a'r brwmstan, y rhew, a'r eira dŵr. **1765** *Cyf C* 118, Ag o flaen Duw distawed heb *ystwr.* **1773** M. RHYS: *G* [1], Dros y canol-fôr mawr / O wydyr crin a thân, / Er maint ei *stwr* a'i donnau cry', / Rhaid i mi fyn'd ym mla'n. **1785** D. LLWYD: *GP* 17, Hil Calfin, drablin dryblwr, / Trwy gynnen estynnen' *stwr* / I'm herbyn. **1787 (1812)** TWM O'R NANT: *PG* 11, Ond pan ddystawo pob *ystwr*, / Mae Gofid, yn siwr, mewn gafael. **1790** T. JONES: *TOS* 111, onid allwn ni fod yn gadwedig wrth lai o *stwr.* **1798** *WR, ystwr* d.g. *Pother.* **1803** *P, Ystwr,* s. m. . . . a stir. Ar lafar, 'Ma gin' ti *stŵr*!', 'Paid â chodi *stŵr*', *WVBD* 508 (*eg.*); 'cadw *stŵr*', *SC* vi. 133 (*eb.*) (sir Benf.). Cf. *Gardd Aberdar* 70, Dar . . . dywed rhai fod yr afon yn cael ei henwi o herwydd . . . bod *ystwr* mawr gan ei dyfroedd wrth ddisgyn dros y rhai hyn [creigiau a chlogwyni].

(*b*) Cerydd, dwrdiad: *rebuke, scolding.*

1898. Ar lafar, 'Ceso' *stŵr* 'dag e' (sir Gaerf.).

Amr.: **stwrw** [?dan ddyl. *twrw*]. Ar lafar, *B* iv. 132 (sir Drefn.).

Gw. hefyd **stwryn.**

stwraf[1,2]**: stwro,** gw. **stwriaf**[1,2]**: stwrio.**

stwrbans, stwrdi, stwrdiad, stwrdiaf: stwrdio, stwrdin, stwren, gw. **styrbans, styrdi, ystwrdiad, ystwrdiaf: ystwrdio, styrdi, stwryn.**

stwriaf¹, stwraf¹, ystwriaf: stwr(i)o, ystwrio [bf. o'r e. *stŵr, ystŵr*] bg.

(*a*) Gwneud sŵn, creu ffwdan neu gynnwrf: *to make a noise, create a fuss or commotion.*
1740 T. EVANS: *DPO* 146, un arall uwch ei ben a fydd yn darllen mewn Llyfr, tra fo y rhai o amgylch yn canu Clych ac yn *stwrio*. **1775** D. ROWLAND: *TP* 32, llynnoedd a phyllau yn *ystwrio* a swnio . . . o flaen gwlaw mawr. **1803** *P, Ystwriaw* . . . To make a bustle or stir.

(*b*) Ceryddu, dwrdio, dweud y drefn wrth: *to reprimand, scold, tell off.*
Ar lafar, 'Ma eishe i chi *stwro*'r plant ma' 'You ought to reprimand these children', *GDD* 276.

stwriaf², stwraf²: stwr(i)o [?ff. ar *styr-iaf*: *styrio,* ond cf. hefyd *ystwyriaf: ystwyrian*] bg.a. Troi (hylif, &c.), procio (tân); ymysgwyd, brysio: *to stir (liquid, &c.), poke (fire); bestir (oneself), hurry.*
20g. Ar lafar, 'Ma isia ifi *stwro* os odw i'n meddwl cwplo cyn daw Ifan o'r gwaith', '*Stwra* di 'merch i, a di dimlid lawar gwell', '*Stwra*'r cawl 'na am dicyn', '*Ma*'r tæn yn mynd i diffod! *Stwra* dicyn arno', *GTN* 721.

stwrllyd, ystwrllyd, styrllyd [*stŵr, ystŵr* + -*llyd*] a. Swnllyd, cythryblus: *noisy, turbulent.*
1848. Ar lafar, 'Byddwch ddistaw 'newch chi! 'Dach chi'n rhy *stwrllyd* o lawar' (Arfon); '*stwrllyd*' 'noisy', *SC* vi. 133 (sir Benf.).

stwrmant, gw. **sturmant.**

stwrsiwn, ystwrsiwn, ystwrsion, stursiwn [bnth. S. *sturgeon*] eg. ll. (*y*)*stwrsiynau, stursiynau.* Pysg. Unrhyw un o amryw fathau o bysgod tebyg i'r morgi o deulu'r *Acipenseridæ* a brisir fel bwyd ac fel ffynhonnell cafiar ac eisinglás: *sturgeon.*
1632 *D, Stwrsiwn* d.g. *Tursio.* **1722** *Llst* 189, *Stursiwn.* m.p. *Stursiynau.* A sturgeon (fish). *id. Stwrsiwn.* m.p. *Stwrsiynau.* The same. *id. Ystwrsiwn.* m.p. *siynau.* A sturgeon fish. **1794** *W, ystwrsiwn* d.g. *Sturgeon.* Ar lafar, '*stwrsiwn*', *WVBD* 508.

stwrw, gw. **stŵr.**

stwryn [*stŵr* + -*yn¹*] eg. (b. -*en*). Cecryn, grwgnachwr: *nag, grumbler.*
Ar lafar, '*stwran*' 'a nagging woman, a scold', '*stwryn*' 'one who is continually grumbling, nagging, harping about something', *WVBD* 508.

stwyriaf: stwyrian, stwythaf: stwytho, gw. **ystwyriaf: ystwyrian, ystwythaf: ystwytho.**

stybaf: stybiaf: styb(i)o, stwbiaf: stwbio.

stybyrnaf, stwbwrnaf: stybyrno, stwbwrno [bf. o'r a. *stwbwrn*] bg. Ystyfnigo; nogio, pallu: *to become stubborn; jib, stall.*
20g. Ar lafar, '*Stybyrnodd* y car' (sir Gaerf.); 'Fe *stwbwrnws* yr 'en gasag arno i wrth y glwyd' (dwyrain Morg.); 'Unwaith *stybyrniff* a 'os dim troi arno!', *GTN* 721.

stybyrndra, stwbwrndra [*stwbwrn* + -*dra*] eg. Ystyfnigrwydd: *stubbornness.*
20g. Ar lafar, 'Pam naga ôn' nw'n folon newid 'u meddwl?' 'O! 'u en *stybyrndra* nw odd 'ynny, dyna i gyd', *GTN* 721. Cf. D. J. WILLIAMS: *HDFf* 183, dweud ei les yn dew ac yn denau wrtho . . . pan fyddai ei *stwbwrnd*[*r*]*a* adwythig wedi bod yn fwy o rwystr nag arfer.

styc (*y≡ǝ*) [bnth. S. *stuck*] a. Sownd, ffast, caeth, hefyd yn *ffig.: stuck, fast, confined, also fig.*
20g. Ar lafar, ''Odd 'na gyment o fŵd yn y cae, ath y tractor yn *styc*' (gogledd Cered.).

styciaf, ystyciaf: (y)stycio [bf. o'r e. (*y*)*stwc²*] bg.a. Gosod (ysgubau) yn styc-iau: *to stook.*
1751 *ML* i. 181, Dyma fi wedi bod yn *ystyccio* fy ngoreu glas, tippyn o haidd i wneuthur brâg. Ar lafar, ''Welsoch chi ŷd wedi *stycio* ar cae?' (Llŷn); hefyd yn y ff. *stwco*, *SC* vi. 133 (sir Benf.).

stycyn, gw. **stwc².**

styd (*y≡ǝ*) [bnth. S. *stud*] eb. (bach. *styden, stwden,* ll. *stwds*) ll. -*iau,* -*s* (un. b. -*en*). Hoelen benfawr, bwlyn, &c., sy'n sefyll allan o arwyneb, yn enw. fel addurn; hoel glopa; math o fotwm dwbl a ddefnyddir i gau coleri, &c.; tlws bach a wisgir drwy'r glust, &c.: *stud (type of nail, button, earring, &c.).*
20g. Ar lafar, '*Stydsen*' 'a stud', *Cymru* liv. 131 (dwyrain sir Drefn.); 'Ymle ma'm *stydan* i?', 'Dyma focs iti gatw dy *stydz*', *GTN* 721; 'Mi golles i un *stydsen* o 'nghlust wrth olchi 'ngwallt'. Fe'i clywir hefyd mewn ymad. fel 'yfed hyd ei *styden*', 'bod lan at ei *styden*' i gyfeirio at gyflwr meddw, cf. *Wês wês* 22, '[y] dablen in codi mor belled â'i *stwden*'. Cf. W. WILLIAMS: *DP* 60, Ac 'roedd ei *stwds* yn siŵr o ddod yn rhydd [i bedlar].

stydi¹, ystydi, &c. [bnth. S. *study*] eb.g. Myfyrgell, llyfrgell; astudiaeth; hefyd yn *ffig.: study, library; study (of something); also fig.*
16g. *GGH* 333, Canu rhyw acennau rhawg, / Cadw *stydi*—caets odidawg,—/ Astudio pyncio nis paid [i ofyn ceiliog bronfraith]. **16g.** WILIAM CYNWAL: *Gw* (R. L. Jones) 755, Gŵr gwastad ei stad fu'n *ystudi*—'r rhain, / Gŵr yn Llundain gair fu yn digoni. **1583** *LlGC* 716, 25a, y mae ef [Duw] yn attolwg yddynt ymarferu ei hunen yn ddisgeilys yn y byunyuddol [*sic*] *stydi* ne'r ystyrieth o'r vn (*the continual studie and meditation of the same*): val y gellent ddyscu ofni yr Arglwydd. **16–17g.** E. PRYS: *Gw* 279, A mi'n eistau, byddau bwyll, / I'm *studi* yn was didwyll, / Oer fore ar fyfyriaw, / Cael gwneuthur llythyr â'm llaw. **16–17g.** *GST* i. 510, Drwy'r ffenest, am orchest mawl, / Yn ei *stydi*'n wastadawl. **17g.** (**17g.**) *CC* 63, *ystidi* chwith lyfr brith heb rôl / a stidir yn wastadol [Thomas Prys i ofyn tabler]. **1604–7** *TW* (Pen 228), *Studi* d.g. *Armariolum, Bibliotheca. Dchr.* **17g.** *Mos* 131, 145, pur hoff iaith lais perffaith lwyn / ystad maith *ystydi* mwyn [Robert ap Ieuan i ardd Plas Mysoglen]. **17g.** *Cylch g LlGC* vii. 310, Mi gerddais i'r gerddi, dan ado'r *ysdydi* . . . / Pa fatter sydd ichwi, ewch etto i'ch *stydy*. **1681** S. HUGHES: *AC* 34, Yn y stafell uwch ben honno, lle yr ydoedd fy *study*, mi gefais lawer gwaith rai o'm llyfre gwedi eu gosod ar y llawr. **1687** (**1715**) J. OWEN: *TB* 65, yn ei *Study* neu lyfr-stafe[ll]. **18g.** *W Ballads* 123, [3], Ow mae hi'n galon y gwybodeth ar [*sic*] pawb yw'n gwasaneth / mae hi'n *ystydi* fawr wasd[a]dol / A dwyl[o] [e]neino r corff anianol. *c.* **1762–79** W. WILLIAMS: *P* 342, fe ddaeth yn destyn o *study* eu holl ddysgedigion hwynt. **1774** H. JONES: *CH* 13, yn eu *Stydi,* a chanddo bin ac Ingc a phapur o'i flaen. Ar lafar, ''Dwi'n mynd i'r *stydi* am awr ne ddwy i orffan hwn' (Arfon).

stydi², gw. **stedi.**

stydiaf¹, ystydiaf: (y)stydio [bnth. S. (*to*) *study*; ansicr yw'r engh. gyntaf] bg.a. Astudio: *to study.*
16g. *Llst* 6, 87, awn *ystydio* (DAFYDD TREFOR: *Gw* .231, i *studio*) yn wastadawl [*sic*]. **1615** R. SMYTH: *GB* 201, gvvedi iddynt *stydio* a myfyrio. **17g.** *LlCy* iii. 105, iy mynd i mynd y *stydio* pregethe. Ar lafar, 'Dan ni 'di bod yn *stydio* hi'n ofnadwy' (Llŷn); 'Lan llofft mae a'n *stydio*' (dwyrain Morg.); hefyd yn yr ystyr 'meddwl, ystyried', ''Wi'n gorffod *stydio* pwy fish yw 'i witha' (dwyrain Morg.).
Gw. hefyd **astudiaf: astudio.**

stydiaf²: stydian, gw. **stytraf: stytran.**

styfnig, styfnigaf: styfnigo, styfnigrwydd, styff, styffaf: styffu, styffâf: styffâu, gw. **ystyfnig, ystyfnigaf: ystyfnigo, ystyfnigrwydd, stiff, stiffiaf: stiffio, stiffâf: stiffâu.**

styffâg, gw. **stryffîg.**

styffaglaf, styffagliaf: styffagl(i)an, styffaglach, gw. **stryffagliaf: stryffaglio.**

styffdra, styffîg, styffigan, styffni, styffylaf: styffylu, styffylog, gw. **stiffdra, stryffîg, stryffigan, stiffni, ystyffylaf: ystyffylu, ystyffylog.**

styffylwr [bôn y f. *styffylaf: styffylu* + -*wr*] eg. ll. -*wyr.* Staplwr: *stapler.*
20g.

Stygaidd, Stygiaidd, &c. [cfdds. o'r S. *Styg(ian)* + -(*i*)*aidd*] a. Yn perthyn i afon Styx, tywyll: *Stygian.*
1837.

styl, stŷl, gw. **stil², stil¹.**

stylc (*y≡ǝ*) [bôn y f. *stylciaf: stylcio*] e?g. Soriant, pwd: *sullenness, sulks.*
Ar lafar yn y Gogledd, 'wedi mynd i'r *stylc*'.

stylcaidd [*stylc* + -*aidd*] a. Sorllyd, pwdlyd: *sullen, sulky.*
1969 K. ROBERTS: *PD* 49, Dyma chdi yn poeni am . . . yr hislen ddefaid, y pendew *stylcaidd* iddo fo. Ar lafar yn y Gogledd.

stylci [*stylc* + *ci*] eg. Person pwdlyd neu sorllyd: *sulky or sullen person.*
Ar lafar yn y Gogledd, 'Mae o'n rêl hen *stylci*'.

stylciaf: stylcio [?cf. S. taf. (*to*) *skulk* 'to sulk'] bg. Pwdu, sorri: *to sulk, be in a huff.*
Ar lafar yn y Gogledd, 'Mi ath i *stylcio*'.

styliaf: stylio, stylws, gw. **stiliaf¹: stilio, stilws.**

stylytari [bnth. S. Diw. Cyn. *styllytary*] eg. Llestr distyllio, distyllbair: *still (for distilling).*
Diw. **16g.** *WLB* 65, kymer faen kallestr a thorr ef yn fan a thwymyn ef yn dda y mysc y marvor yn y tan a dyro hwynt mewn *stylytari* a dod ynddo amkan o finegr ac styllia ef i fyny yn ddwfr da. *ib.* gad iddo [perlysiau] orffwys mewn gwin ne ddwfr diwarnod ne noswaith ac yr ail dydd styllia ef mewn *stylytari*.

styllen, gw. **ystyllen.**

stylliaf, stilliaf²: styllio, stillio [ff. affetig ar *distylliaf: distyllio*] ba. Distyllio; hidlo: *to distil; strain (liquid).*
Diw. **16g.** *WLB* 65, kymer faen kallestr a thorr ef yn fan a thwymyn ef yn dda y mysc y marvor yn y tan a dyro hwynt mewn stylytari a dod ynddo amkan o finegr ac styllia ef i fyny yn ddwfr da. **1812** W. DAVIES: *RMB* 59, gadewch iddynt [dail] aros yn y llaeth un noswaith, ac yna *stilliwch* hwynt i ffwrdd.

stymaf: stymo, stymantiau, stymblaf: stymblo, stymog, stymogus, gw. **stwmaf: stwmo, strymantiau, stwmblaf: stwmblo, stumog, stumogus.**

stymp, stympar, stympen, gw. **stwmp¹, stwmper, stwmp¹.**

stympiaf¹: stympio, stympian [bnth. S. (*to*) *stump*] bg.a. Cerdded yn drwsgl, yn drwm, neu'n swnllyd, troedio'n drwm; sboncio; cael (batiwr) allan drwy dorri'r wiced a'r bêl yn ei law tra bo'r batiwr y tu allan i'r cris (am wicedwr); stwbio (sigarét, &c.): *to stump, stomp; bounce; stump (batsman in cricket); stub out (cigarette, &c.).*
20g. Ar lafar, '*stympio*' 'Ysboncio', 'Pêl dda am *stympio* ydi hon', '*stympio* bwrw' 'glawio'n drwm', *B* xv. 25 (Meir.).

stympiaf²: stympio, stympyn, gw. **stwmpiaf: stwmpio, stwmp¹.**

stynaf, styniaf, ystynaf: styn(i)o, ystyno [bnth. S. (*to*) *stun*] ba. Peri colli ymwybyddiaeth drwy daro ag ergyd drom, &c., hefyd yn *ffig.;* ?ergydio: *to stun, also fig.;* ? *batter.*
1667 C. EDWARDS: *FfDd* 67, Pan fyddo'r gwntoedd yn *styno* (**1677** id. 221, *ystyno*) yd yd wrth flodeuo . . . y mae Duw yn peri ir gronyn gwan lynu yn ei gafael. **18g.** *CM* 110, 45, Codi cwmpeini i chwalu ag i chwilio / Ple cawn fwya Dynion i ymofyn am dano / A chlampie o basdyne ar feder i *styno* / wrth glebrian mi dalien wrth glepian ein Dwylo. Ar lafar, ''Ges i gymint o sioc 'ôn i wedi'n *stynio*', 'Mân nw'n *stynio*'r bustych cyn 'u lladd nw' (sir Ddinb.); 'Chi fod i *stynio* fe i ddechre' (sir Benf.).

stynnol, gw. **estynnol.**

stynt (*y≡ǝ*) [bnth. S. *stunt*] eb.g. ll. -*iau,* -*s*. Peth anghyffredin a wneir i dynnu sylw, camp neu orchest sy'n arddangos medrusrwydd neu feiddgarwch eithriadol: *stunt.*
1937.
Cfn.: **stynt hysbysebu:** *publicity stunt.* **20g.**

styntiaid [*stwnt* + -*iaid²*] eg. Llond stwnt: *barrelful.*
1754 *ML* i. 285, Mae nhad wedi darllaw *styntiaid* o gwrw odiaethol.

styntiwr [*stynt* + -*iwr*] eg. (b. *styntwraig*) ll. *styntwyr.* Un sy'n perfformio styntiau

peryglus yn lle actor mewn ffilm, &c.: *stunt man*.
20g.

styr (*y*≡*ə*) [bnth. S. *stir*] *eb*. Cynnwrf, cyffro: *commotion, excitement*.
16g. LEWYS MORGANNWG: *Gw* 625, meistr lewys mae *stur* lawen / mae tair iaith berffaith ith ben. **17g.** *TBM* 361, Yn awr mae'n syr yn fawr ei *styr* / Yn rheoli tref a gwlad.

styrbaf: styrbo, gw. styrbiaf: styrbio.

styrbans, stwrbans [ff. affetig ar S. *disturbance*] *eg.b.* ll. *-ys*. Terfysg, cynnwrf, stŵr: *disturbance, commotion, fuss*.
20g. Ar lafar, 'Mi ddylwn i fod wedi cwyno am y bwyd ond 'dôn i ddim isio creu *styrbans*'.

styrbiaf, styrbaf: styrb(i)o [ff. affetig ar *distyrbiaf*: *distyrbio*] *bg.a.* Distyrbio, tarfu (ar), aflonyddu (ar), torri ar draws; bod yn ofidus, cynhyrfu: *to disturb, interrupt; be upset*.
1916. Ar lafar, 'Mae o wedi *styrbio*' 'he is upset', *WVBD* 509; "Wi'n gobitho nag yw'r 'oll fwstwr 'yn ddim yn ych *styrbo* chi', *GTN* 722.

styrbiol [bôn y f. *styrbiaf, styrbaf*: *styrb(i)o*+*-iol*] *a*. Yn distyrbio, annifyr: *disturbing*.
20g. Cf. T. H. PARRY-WILLIAMS: *OPG* 20, Yr oedd synio bod hen lyngyren o lysywen mor fileinig yr olwg mor agos i'r tŷ yn *styrbiol*.

styrblyd [bôn y f. *styrbiaf, styrbaf*: *styrb(i)o*+*-lyd*] *a*. Cynhyrflyd, dryslyd: *disturbed, flustered*.
20g.

styrdi, ystyrdi, (y)stwrdi [bnth. S. *sturdy* 'stern, harsh; strong'] *a*. Llym, caled, garw, sarrug, ystyfnig; cadarn, cydnerth, cryf: *stern, harsh, rough, surly, obstinate; firm, sturdy, strong*.
16g. (*LlEG*) *Mos* 158, 12a, drwy orchymynn I ddo ef vod yngreulon ac yn annhygar ac yn*ysdurdi* [*sic*] wrth gyffredin Normandi. *id.* 85a, Ir neb I buoch I *ysdwrdi* Ac annuudd [*sic*]. *id.* 653a, [d]au wr bengaled *ystwrdi*. **16g.** *B* xviii. 357, drwy amlhau yn anhygar ac yn *ysdwrdi* ac yn dra annosdyngedig y'w gwyr. **16–17g.** *RAGR* 344, doede yr holands yn *ystwrdi* / try parhatho gwaed na gwvthi / gida i gilidd yn vn galon / gwnawn gelanedd o'n gelynion. *Diw.* **17g.** *B* iii. 103, crintachwr mawr . . . llawn o eirie amherffeth ag anysparthus. a balch ag *ystyrdi*. *c.* **1754** *W Ballads* 161, 6, Pa fodd y Cefaist ti feichiogu, / Ond wrth canlyn eirich melyn, / Ti gest ti *styrdi* giw Basterdyn. **1786** TWM O'R NANT: *PCG* 18, Ac ni wiw i ni siarad, a gwneud trwyn sûr, / Mae'r 'stiwardied yn wyr *stwrdi*. / Rhaid i ddyn ddysgu pratio, / Tynnu het, a mynych fowio. **1790** TWM O'R NANT: *GG* 196, 'D oes odid 'r ol meddwi mwy '*stwrdi* am ei stôl. Ar lafar gynt yn yr ystyr 'stiff ac anghyfforddus (am frethyn)', 'Mae'n rhy *styrdi*' (sir Gaerf.).
Amr.: **stwrdin.** Ar lafar yn ne-ddwyrain Morg.

styren [bnth. S. *styrene*] *eg*. *Cem*. Hydrocarbon hylifol sy'n polymereiddio'n hawdd ac a ddefnyddir i wneud plastigau, &c.: *styrene*.
20g.

styrffâg, gw. stryffîg.

styriaf¹, stiriaf: styrio, stirio [bnth. S. (*to*) *stir*] *bg.a.* Ymysgwyd, brysio; troi (hylif); troi, symud: *to bestir* (*oneself*), *hurry; stir* (*liquid*); *turn, move*.
16g. MORUS DWYFECH: *Gw* 140, Yntau ar ffull natur ffo, / Os dŵr a roir i'w *styrio* [i ofyn maen melin]. [**1761**] *GGJ* 37, *styria* a chymmysg y Liccer. **1812** W. DAVIES: *RMB* 60, hanner pwys o white lead, a dwy owns o gŵyr melyn; berwch hwynt y'nghyd . . . a *stiriwch* yn dda. Ar lafar, '*Styria!*' 'make haste!', '*Styria* dy goed!' 'stir your stumps!', *WVBD* 509. Cf. *Adr Addysg* iii. xi, Ymarial—exercise, *stirio*, ymysgwyd.
Gw. hefyd **stwriaf²: stwrio, ystwyriaf: ystwyrian.**

styriaf²: styrio, gw. ystyriaf: ystyried.

styrin, styring [bnth. S. *stirring*] *a*. Llawn egni, egnïol: *full of energy, energetic*.
1776 H. JONES: *GC* 72, Yr ŷch chwi 'n *styrrin* wedi storio; [*sic*] / I Chwi ddigonedd, na wnewch gwyno. Ar lafar, 'Mae'r gwas newydd 'ma'n fachgian *styrin*, a llond i groen-o o waith', *B* xv. 25 (Meir.). Cf. S. WILLIAMS: *EN* 84, Dyn *styring*, sionc fel milgi.

styriol, styrllyd, styrmant, gw. ystyriol, stwrllyd, sturmant.

styrmantaf, styrmantiaf: styrmantu, styrmantio, gw. sturmantaf: sturmantu.

styrmiad [bôn y f. *styrmiaf*: *styrmio*+ *-iad¹*] *eg*. Sylliad, rhythiad: *a gazing, gaze, stare*.
16g. *Def Hen* 51, [p]orthi *styrmiad* (*gazing*) llygaid pob ffyliaid.

styrmiaf: styrmio [cf. *stremiaf*: *stremio*] *bg*. Syllu, rhythu: *to gaze, stare*.
16g. *Def Hen* 13, yr hain [tlodion] . . . allant borthi i llygaid wrth *styrmio* (*gazing*), eithr i bolie a allant farw o newin. *a.* **1600 (1681)** *Rhyddiaith Gymraeg* ii. 164, efe a'i canlynodd hi o bell, ac a *styrmies* trwy dwll arni, ac i grogi i'r dyn ond y cythrel oedd yno.

styrsions, gw. storsion.

stytraf: stytran [bnth. S. (*to*) *stutter*] *bg*. Siarad ag atal dweud, hefyd yn *ffig.*: *to stutter, also fig.*
20g.
Amr.: **strytiaf²: strytian.** Ar lafar, 'In the north-east midlands the indigenous word is *strytian*', *LGW* 505; hefyd yn sir Benf. **stydiaf²: stydian.** Ar lafar, *Cymru* xlvii. [236] (sir Ddinb.). **stytian.** Ar lafar, *Cymru* liv. 131 (dwyrain sir Drefn.).

stywdy, stewdy [bnth. S. *stew* 'brothel'+ *tŷ*] *eg*. ll. *stywdai*, ll. dwbl *stywdeiau*. Puteindy: *brothel*.
1672 R. PRICHARD: *Gw* 76, Nac ewch ir [*sic*] tafarne, a'r aflan *stywdeie* [:- Tai putteiniaid]. *id.* 263, Or dihangaist rhag putteindra, / Rhwng y *styw-dai* [:- Tai putteiniaid] yn Gomorra. *id.* 382, Os mewn tafarn, os mewn *stewdy* [:- Tŷ Puttain].

su [bôn y f. *suaf*: *suo*; ansicr yw'r engh. gyntaf isod] *eg*. ll. *-au, -on*. Sŵn sisiol dirgrynol hir fel sŵn gwenyn, mwmian, murmur, siffrwd; sôn, si: *buzz, hum, murmur, rustle; report, rumour*.
1790 TWM O'R NANT: *GG* 138, Rhwng pob peth, yn cyd blethu, / Mawl mawraidd sain, mil myrdd *su* / Yma'n datcan loywlan wledd. **1803** *P, Su*, s. m. r. . . . a buzz. Cf. TALHAIARN: *Gw* iii. 93, Awelon trist a wylant—a'u *suâu* / O ddu wyll angau i'w fedd ollyngant.
Gw. hefyd **si¹**.

suad [bôn y f. *suaf*: *suo*+*-ad²*, trf. han.] *eg*. ll. *-au*. Y weithred o suo, su, murmur, siffrwd: *a buzzing, humming, murmuring, rustle*.
Dchr. **17g.** *J* 10, 41b, *Suad*. Bombus. murmur. **1803** *P, Suad*, s. m. . . . A buzzing; a lulling; a lullaby.
Gw. hefyd **sïad**.

su-aderyn [*su*+*aderyn*] *eg*. *Adar*. Aderyn y si: *hummingbird*.
1899.
Gw. hefyd **si-adar.**

suaf: suo [?amr. ar *sïaf¹*: *sïo*] *bg.a.* a hefyd gyda grym enwol i'r be. Tawelu drwy gyfrwng seiniau mwyn isel, yn enw. er mwyn peri cwsg, canu (suo-gân), hefyd yn *ffig.*; sïo (fel gwenyn), siffrwd, hwmian, grwnan, murmur, sibrwd, hisian: *to lull* (*to sleep*), *sing* (*lullaby*), *also fig.*; *buzz, rustle, hum, drone, murmur, whisper, hiss*.
1604–7 *TW* (*Pen* 228) d.g. *Consopio, Lallo, Sopio*. *Dchr.* **17g.** *J* 10, 41b, *Suo*. to lull a sleepe. Lallo. sopio. **1632** *D, Suo* . . . soporare. **1632** J. DAVIES: *LlR* 208, ysgwyd ymaith y diofalwch peryglus yma, yr hwn y mae cig a gwaed yn arfer o *suo* i ddynion i gysgu ynddo. *id.* 394, Pan ddarffo i'r byd . . . yspeilio'r bydol am ei olwg ysprydol . . . yna y mae yn *suo* iddo, ac yn peri iddo gysgu mewn esmwythyd. **1658** R. VAUGHAN: *PS* 184, ellyllon o vffern . . . y rhai a fynnai i mi dorri y rhwymau hynny a *suo* a maethu y cyfriw yspryd ynof. **17g.** HUW MORUS: *EC* i. 223, A Satan a *süai* i'w syfrdan ben-glogau, / I gysgu er ys dyddiau, gwrs diddig. **1683** J. JONES: *TG* 243, felly y mae efe 'n *suo* pobl i gyscu mewn pechod hyd na byddo amser mwyach. **1703** E. WYNNE: *BC* 96, na'm byddaru â cherdd ac â chwmnhi, na'm *suo*, na'm synnu â syrthni anystyriol. **1718** *Cân o Senn* 2, y sain leia *sûa* inni lwl. **1752** G. OWEN: *L* 19, drygnad y Cywion Saeson, fy Nisgyblion, yn *suo*'n ddidor ddidawl yn fy Nghlustiau. **1753** *TR, Suo* . . . to whisper. **1759** T. THOMAS: *WWDd* 218, yn ceisio llonyddu eu cydwybodau (ond eu *süo* i gysgu y maent). **1795** JAC GLAN-Y-GORS: *SG* 17, a'r offeiriadau pabaidd yn *suo* yng nghlistiau'r [*sic*] frenhines, i dywallt gwaed y rhai a ddywedai air yn eu herbyn hwy. **1803** *P, Suaw* . . . To hush, to lull to rest. Cf. D. OWEN: *D* 167, gyda'i 'morgan' yn wastad yn *suo* ar y pentan; *Hen B* 75, Yn Sir Fôn mae *suo* tannau.
Gw. hefyd **sïaf¹: sïo.**

subdiacon, subdiagon, gw. swbdiacon.

subed, sublapsariad, subseidi, subsgreibiwr, gw. sibed, syblapsariad, sybsidi, sybsgreibiwr.

subsgribaf, subsgribiaf: subsgrib(i)o, gw. sybsgreibiaf: sybsgreibio.

subsgribiwr, gw. sybsgreibiwr.

subsgribsion, subsgribsiwn, gw. sybsgribsiwn.

subsidi, substans, subtopia, suburbia, gw. sybsidi, swbstans, sybtopia, swbwrbia.

sucan [?bnth. H. S. *sūcan* 'a sucking'] *eg.b.* ll. *-au*. Llymru; gruel, cawdel; math o win gwan, diod fain; hefyd yn *ffig.*: *flummery, sowens; gruel, caudle; type of weak wine, small beer; also fig.*
c. **1400** *R* 1357. 9–10, alltut secreulyt *sucan* eil breimyat. albrŏn gŏlat gŏlan. **16g.** *GSH* 101, Galw am *sucan* diflan du, / Gloddest ag ymgelwyddu (Gruffudd ab Ieuan ap Llywelyn Fychan). **1547** *WS, Suckan* ne ddiot vain Smal drinke. **16g.** WILIAM LLŶN: *Gw* (R. Stephens) 675, Ti, tyrchyn tir Llŷn a'r llost—yn llipa, / Llepian maidd y buost / A *sucan* tew, anian tost, / Eisin goegfin â gwagfost [i Wiliam Llŷn]. **16–17g.** (**17g.**) *CC* 68, gwnn yr yf Gawen i ran / o daw sacc nid vf [*sic*] *succan* (Thomas Prys). **1604–7** *TW* (*Pen* 228), *succan* haidh d.g. *Cremor*. *Dchr.* **17g.** *Troelus a Chresyd* 226, kymer vara toeslyd a *sukan* sur i'w yfed. **1632** *D, Succan*, Posca, [l]ora. **17g.** HUW MORUS: *EC* i. 335, Yfed cwrw a brandi chwilboeth, / Ac yfed *sucan* druan dranoeth. **1688** *TJ, Succan*: the smallest Drink made of Mault, also a Drink made of Vinegar and Water. **1750** *ML* i. 160, mae'r mennydd wedi mynd yn *succan*. **1753** *id.* 264, ond ydyw resyndod mawr fod dyn [Goronwy Owen] a ga'dd y fath dalent gan ei Greawdr yn ei chuddio mewn *succan*. **1771** *W* d.g. *Caudle*. **1801** *MMf* 203, *succanau* blawd ceirch gyda llaeth neu fêl. **1803** *P, Sucan*, s. m. . . . washbrew, gruel, flummery; small beer . . . Gwell *sucan* meziant no gwin cardawd. Ar lafar, '*sican*' 'sediment of oatmeal and water which has been left to stand', *WVBD* 490 (*eg.*); '*sucan*' 'sowens', *Geir Geg* 26 (gogledd Cered. a sir Gaerf.); '*sucan*' 'saws melys wedi ei wneud o flawd . . . unrhyw sylwedd tew megis uwd', *GTN* 739 (*eb.*); ceir y ff. *shucan* yn nwyrain sir Gaerf. Cf. *Hen B* 136, Myfi yw'r plwm, chwychwi yw'r arian, / Chwychwi yw'r sec, myfi yw'r *sucan*.
Cfn.: **sucan berw:** *flummery*. Ar lafar, *Folk Life* xii. 37 (Brych.). **sucan blawd:** *flummery; oatmeal porridge*. **1753** *TR*, Succan . . . *Succan blawd*, oatmeal and water boil'd, Caerm. **1803** *P*, Succan . . . *Sucan blawd*, cawl dwr, water gruel. Ar lafar, '*sucan blawd*' 'oatmeal porridge', *Geir Geg* 26 (gogledd Cered. a Brych.). Cf. *Folk Life* xii. 33, near Neath . . . *sucan blawd* . . . formed from the husks of oatmeal, roughly sifted out, soaked in water till it becomes sour, then strained and boiled when it forms a pale brown, sub-gelatinous mass, usually eaten with an abundance of new milk for supper. **sucan brithdwym:** *flummery*. **1760** *ML* ii. 242, yn Sir Faesyfed a Sir Frycheiniog . . . *succan brithdwym* yw bwdran. Ar lafar, *Geir Geg* 26 (Brych.). **sucan crai:** *tasteless flummery*. Ar lafar, *Geir Geg* 26 (gogledd Cered.). **sucan cwrw:** *flummery eaten with ale*. Ar lafar, *Geir Geg* 26 (godre Cered.). **sucan eisin:** *flummery*. **1604–7** *TW* (*Pen* 228) d.g. *Cremor*. **17g.** *KM Misc* 125, mae yma lonaid balir glan / o loewion *sukan eissin* / ag o bydd syched arnoch i / mi ai llenwaf i fo yn ddibrin. **sucan gwyn:** (*thin*) *flummery*. **1754** G. OWEN: *L* 110, pryd o fara haidd eisinog a *succan gwynn*. **1760** *ML* ii. 242, Sir Faesyfed a Sir Frycheiniog . . . succan ne uwd y gelwir llymru yno, a succan brithdwym yw bwdran (neu *succan gwyn* Môn) yno. [**1761**] *id.* i. 333, *succan gwyn* a gronyn o fêl a menyn, a bara ynddo, sydd well na physgod chwilod yn gwynos. **1803** *P*, Sucan . . . *sucan gwyn*, brwçan, caudle, made with soured or seethed oatmeal. Ar lafar, *Geir Geg* 26 (Môn, sir Gaern., a Meir.). **sucan hilo:** *flummery*. Ar lafar, *Geir Geg* 26 (gogledd Cered.); hefyd yn sir Gaerf. **sucan llaeth:** *flummery eaten with milk*. **1902 (1934)** *CYLl* 5, Ac fe aeth *succan llaeth* / Ma's o'r wlad. Cf. D. J. WILLIAMS: *ChHO* 39, 'R oedd dyddiau'r *sucan llaeth* a'r bwdran o flawd ceirch cartref bron darfod cyn cof gennyf i. **sucan felen:** *custard*. Ar lafar, 'Cystad o flawd llafur a diferyn nu ddou o saffron idd 'i liwo fa odd *sucan felan*. 'Ôn' nw'n 'i fita fa gida ffrwyth', *GTN* 739. **sucan felys:** *blancmange*. Ar lafar, '*Sucan felys* 'odd 'mam a reina'n galw blamonj', *GTN* 739. **sucan slic:**

flummery. Ar lafar, *Geir Geg* 26 (gogledd Cered.); hefyd yn yr ymad. '*sucan slic* a bola slac', *Folk Life* xii. 38, M. WILIAM: *DY* 36.

sucana [be. o'r e. *sucan*] *bg*. Diota, llymeitian, potio: *to booze, tipple*.

1547 *WS*, *Suckana*. **16–17g.** *PCWG* 288, Y naill ddrwg yw bod yn gnawd i bechadvr lygrv i gydymeth ai dynnv fo kentho ir vn fath bechod o dilyni di cwrydd [*sic*] foth ddena di i chware . . . o dilyni di r meddw foth ddysg di i *svkana*. **1604–7** *TW* (*Pen* 228) d.g. *perpoto* (hefyd *D*). **1722** *Llst* 189, *Succana*. To drink continually.

sucandy [*sucan*+*tŷ*] *eg*. ll. *-dai*. Tafarn: *tavern, public house*.

16g. *GST* i. 545, Cloch â naws croch, nis câr rhai, / Clips cyndyn, clap *sucandai*. **1753** G. OWEN: *L* 57, am fy mod yn ddyn go led sobr, heb arfer llymeitian hyd y *succandai* mân bryntion yma.

sucanwr [*sucan*+*-wr*] *eg*. ll. *-wyr*. Diotwr, llymeitiwr, meddwyn: *boozer, tippler, drunkard*.

15g. *DGGD* 60, Mae pawen gam, mae pen gŵr / I siac wyneb *sucanwr* (Robert Leiaf). **1545** *CI* 16, ffleam dyuryllyd [*sic*], megis ac j dengis poerion diodwyr a *ssuckanwyr* anhressymol. **1547** *WS*, *Suckanwr* A dronkarde. **16g.** (*LlEG*) *Mos* 158, 125b, Ac I maer ysgriuen ynn dangos . . . I dinoethai ef gyurinach I gyngor ynni gwmpniaeth ai vedddod Ir kyuriw *suckanwyr* ac a vai ynni gwmpniaeth. **1552** *Pen* 403, 24, *Sukanwyr* a disboerwyr (*drunkards & spuers*) ymysc pobyl suddedic mewn diovalwch a llownychrwydd. **1755** *ML* i. 364, Ned Hughes yn feddw felldigedig . . . *sucanwr* pendeneu a hwyaden sychedig.

succesor, sucori, sucr, sucriaf: sucrio, sucros, gw. **sycsesor, sicori, siwgr, swcraf: swcro, swcros.**

sucutor, sucwr, sud, gw. **secutor, swcwr, sut.**

sudaidd [*sud*+*-aidd*] *a*. Gweddaidd, addas: *becoming, suitable*.

Dchr. **15g.** *GSCyf* [91], *Sudaidd* iawn y'th osoded, / Seiliau dail glwydau dôl gled [Llywelyn ab y Moel i'r bedlwyn].

suder[1] [cf. S. C. *sudari*, Llad. *sūdārium*] *e?g*. ll. *-au*. Lliain at sychu chwys, dagrau, &c., o'r wyneb; darn o liain at lapio pen celain cyn ei chladdu; cefnlliain: *sudarium* (*face-cloth, or piece of linen used to wrap the head of a corpse before burial*); *horse-cloth, saddle-cloth*.

13g. *LlI* 94, *suder*, pedeyr k'. **14g.** *RC* xxxiii. 234, Ar *suder* oed am y ben a ossodes am ben y gwr marw. **1730** *Leg Wall* 582, *Suder*, a Lat. Sudarium. Sudaria apud infimae Latinitatis Scriptores usurpatur pro Tegumento Sellae supposito, ut a sudore vestimenta protegantur. Nostri Howsings. Gall. Housses. **1753** *TR*, *Suder*, K.H. a horse-cloth, a saddle-cloth, housings. **1780** *W*, *suder* d.g. *Pilch* [*the cover of a saddle*].

Amr.: **sudaer** [bnth. S. Diw. Cyn. *sudayr*; tebyg nad yma y perthyn *sudaer*, *R* 1290. 6, gw. *GSRh* 89]. **1608** *Pen* 217, 32, ynn y law y byddei *svdayr* o liein i sychv y rvddyev ay lygeit.

suder[2], **sudiagon,** gw. **seidr, swbdiacon.**

sudurmwd, sudwrnwot, gw. **siwdrmwdr.**

sudd[1] [?< **seu-d-*, o'r gwr. IE. **seuə-* 'gwasgu (hylif) allan', ?cf. H. Wydd. *suth*] *eg*. ll. *-(i)on, -oedd*. Hylif a geir o lysiau neu ffrwythau, y rhan hylifol o feinwe planhigion neu anifeiliaid, sug, nodd, hylif corfforol, hiwmor (yn ôl ffisioleg yr Oesoedd Canol); hylif, gwlybaniaeth; saws, grefi, cetsiyp, surop; hefyd yn *ffig*.: *juice, sap, bodily fluid, humour* (*according to medieval physiology*); *liquid, moisture*; *sauce, gravy, ketchup, syrup*; *also fig*.

14g. *YBH* 27a, Mi a atwen lyssewyn . . . ac nyt oes neb or a yfo dim oe *sud* ny bo medv. *c.* **1400** *MM* 12, Kymryt sud y syui a blonec iar. *id.* 38, Kymryt tronc hvrd . . . a *sud* yr onn. **15g.** **(1594)** *B* xvi. 264, [dy] gnawt tyner di yn llifaw ymaith a gwlybwr *sudd* dy amyscaroedd di a sychawdd y gyt oll. **1545** *CM* 1, 140, y kyuriw *suddoedd* aviachus Ara vo yngwneuthud llwgwr ac annesmwythdra Ar y *suddoedd* natturiol or tu mewn Ir korf. **16–17g.** *IMCY* 227, ag yn oes oessoedh sabhent dy leoedh yn dhilwgr / Hwy nag y sabhodh Carthago heb *svdh* (Siôn Dafydd Rhys). **1606** E. JAMES: *Hom* i. 11–12, ordeiniadau ein Christianogawl grefydd . . . Cilgnown hwy, fal y gallom gael y *sudd* [:– Sugn] melys. **1618** J. SALISBURY: *EH* 6, Duw . . . vn vnic naturiæth, *sudh* [:– Essence] neu fodedigaeth. *id.* 241, nyd oes yndhi [afrlladen] dhim o *sudh*, o sylwedh y bara oedh o'r blaen. **1632** *D*, *Sûdd*, Succus. **1688** *TJ*, *Sûdd* . . . Juice, Sap. **1717** IACO AB DEWI: *MN* 232, y Rhan fwyaf o'r *Suddoedd* duon (*black humours*) hynny, ac y mae'r Ysbryd drŵg yn arfer deor arnynt. **1718** **(1721)** S. THOMAS: *HB* 14, y *sûdd* a'r nôdd sy mewn Llysiau a Choedydd. **1725** D. LEWIS: *GB* 79, mâth o *Sudd* arall yn y Pancreas. *c.* **1740** *LlM* [45], Gravy neu *Sudd*. **1759** J. EVANS: *PF* 26, [G]arlleg, naill ai'n oêr, wedi ei cadw, neu gwneud yn *sûdd* [:– Syrup]. **1762** *ML* ii. 524, Ni yfais i lymaid o bwins er's llawer dydd, oblegyd bod *sŷdd* yr afal melynhir yn drygu fy anadliad. **1803** *P*, *Suz*, s. m.—pl. t. *ion*, moisture. Ar lafar, '*sudd*' 'juice', *WVBD* 512; 'Ma'r orinj 'yn yn sych! 'Os dim *sudd* yndo o gwbwl', ''Odd 'mang-gu'n arfadd nuthur *sudd* o wanol bethach a'i wyrthu fa i'r gwŷr mawr, cetsiyp mân' nw'n wed yn Sisnag am 'wnnw ond *sudd* 'odd 'mang-gu a'r 'en rai yn y pentra 'yn yn wed', *GTN* 742; hefyd yn yr ymad. ''Ddaw dim *sudd* o'r garrag', wrth sôn am rywun cybyddlyd, *ib.*

Amr.: **suf.** **18–19g.** *Llr* C 4, 148, *Sûf* . . . ye same as sûdd . . . per ei *Sûf* y mewn hufen, Gron. William ir syfi.

Cfn.: **sudd y cylla, sudd cyllaol:** *gastric juices*. **1820.** *Bot.* **sudd Daniel:** *Solomon's seal, Polygonatum multiflorum*. Ar lafar, G. AWBERY: *BM* 26 (sir Gaerf.). **sudd ffrwyth(au):** *fruit-juice*. Ar lafar, ''Odd 'mam yn arfadd iwso *sudd ffrwyth* i flasu uwd sugaethan', *GTN* 742. **sudd gastrig = sudd y cylla.** **20g.** **sudd grawn unnos:** *mushroom ketchup*. Ar lafar, *GTN* 742. **sudd yr heli:** *stock expression for something worthless*. Ar lafar, 'Châs hi ddim cwmint a *sudd-yr-heli* gida'r hen bobol pan briododd hi' 'Her parents gave her absolutely nothing on her marriage', *GDD* 277; 'Roiff a ddim *sudd yr 'eli* i neb', *BIBC* 46; hefyd yn y ff. '*sudd yr 'elig*', *GTN* 742. Cf. *CYLl* 120, Chawsech chi ddim o *sudd yr heli* gydag e. **sudd (y) pabi (du(on)):** *opium*. **1632** *D*, *Sûdd y pabi du* d.g. *Opium*. **1701** E. WYNNE: *RBS* 65, *Sûdd y pabi du*. *c.* **1730** *Thos. Lloyd D* (LlGC) 210b, *Sudd pabi*. Opium. O. **1770** *TG* ii. 7, megis *sudd y pabi duon* (Opium) fe ddylai [baco] gael ei arferyd yn unig pan fo rhaid wrtho. **suddion treulio, suddau traul:** *digestive juices*. **20g.**

sudd[2] [bôn y f. *suddaf*[1]: *suddo*] *e?g*. Suddiad: *a sinking*.

1688 *TJ* (At.) [14], *Sudd* neu suddiad, neu fynediad tan ddŵr. **1795** J. THOMAS: *AIC* 9, *Sudd* sef suddiad tan Ddwr.

suddadwy [bôn y f. *suddaf*[1]: *suddo*+*-adwy*] *a.bfl.* Y gellir ei suddo, yn suddo, hefyd yn *ffig*.: *sinkable, sinking, also fig*.

1727 J. JONES: *DFF* 355–6, i attegu ac i gynnal eich Calonnau *suddadwy*. **1803** *P*.

suddaf[1]**: suddo** [?cf. *soddaf*: *soddi*] *bg.a.* (Peri) disgyn, yn enw. o dan wyneb hylif neu sylwedd meddal, soddi (dan y dŵr), trochi, mynd yn is yn y ddaear (am adeilad, &c.), cwympo (am dir, &c.), hefyd yn *ffig*.; (?geir.) boddi; cloddio (pwll, &c.); buddsoddi, gwario: *to* (*cause to*) *sink, submerge, immerse, subside, also fig.*; (?*dict.*) *drown*; *sink* (*pit*, &c.); *invest, spend*.

14g. *DGG*[2] 146, Saith a'm casaodd fal Sais, / *Suddwyf* ar for os haeddais (Gruffudd Gryg). *c.* **1400** *RB* ii. 211, A *sudav* (*BD* 168, sodi) eu llogeu adiruavr gerryc. *c.* **1400** *R* 1287. 35–6, Swyd rwyd rodyat vat *sudei* vedelgyryf. *c.* **1400** (*SG*) *HMSS* i. 346, arganuot castell awnaethant. a mur kadarn yny gylch. namyn y uot wedyr *sudaw* haeach oll. *ib.* Paham . . . y *sudawd* yr ystlys racko . . . ar tir yny gylch. *c.* **1450** *B* v. 18, Tri gelyn y dyn, Duw Trindawt, yssyd / Yw *sudaw* mywyn pechawt. **1547** *WS*, *Suddo* Syncke. **1567** *LlGG* (*Sall*) 37b, Gwared vi allan o'r tom, val na *suddw*[*y*]*f* [:– soddwyf, lynwyf]. **1567** *TN* 23b, ef [Pedr] a rodiodd rhyd y dwfr . . . a' phan ddechreuawdd *suddo* [:– soddi] y llefawdd, gan ddywedyt, Arglwydd, cadw vi. **1632** *D*, *Suddo*, Sidere, subsidere, immergi. Item mergere. **1656** **(1745)** *MLl* ii. 145, Buan y *suddai* Llais Duw bum Synwyr Dŷn. **1688** *TJ*, *Suddo*: to sink or drown. **1741** *Cat Bed* 31, *suddo* neu drochi holl gorph y neb a fedyddier. **1790** T. JONES: *TOS* 97, byddai 'r meddylieu hyn yn *suddo* eu hysprydoedd. **1792** H. HARRIS: *H* 215, Gobeithiaf fod pob gwirionedd yn *suddo* yn ddyfnach i'ch ysprydd chwi. **1803** *P*, *Suzaw* . . . To sink in . . . to sink; to become sunk. Ar lafar, 'llong wedi *suddo*', 'dyn yn *suddo* i'r môr dros 'i ben', *WVBD* 512; '*suddo*'r arian' (Arfon). Cf. *Gardd Aberdar* 63, dechreuwyd *suddo* pwll gan yr un meistr ar dir Abernant-y-groesisaf; D. OWEN: *GT* 26, Aethom o gwmpas amryw siopau i edrych am y lle mwyaf manteisiol i *suddo* y geiniog; *id.* 180, Yr oedd Mr. Jones . . . wedi ei berswadio i *suddo* rhyw gymaint o arian ar long, y rhai a gollodd bob dimai.

suddaf[2]**: suddo** [bf. o'r e. *sudd*[1]] *ba.* Toddi (bloneg): *to render* (*fat*).

Ar lafar, '*suddo* bloneg', *GDD* 277; *Geir Geg* 114 (sir Benf.).

Suddasach [yr e. prs. *Suddas*+*-ach*[1]] *a.* yn y radd gmhr. Tebycach i Jwdas: *more Judas-like*.

16–17g. T. PRYS: *Bardd* 180, ni bv a swydd isel neb *svddasach* [dychan i'r siryfion].

Suddasaidd [yr e. prs. *Suddas*+*-aidd*] *a.* Tebyg i Jwdas, nodweddiadol o Jwdas: *Judas-like*.

p. **1584** G. ROBERT: *GC* [107], Eithr pan obennyddo henw syl/we[dd]awl, e dengys gyphlibbieth [*sic*] ir peth hwnnw mal: ciaidd, *Suddassaidd*, cassegaidd, tebig i'r rheini. **16–17g.** (**17g.**) *LlGC* 719, 36a, swyddwr koeg / iwr gwr heb gel. / *suddasaidd* / iw r swydd issel [Siôn Cain i'r gwŷr o gyfraith]. *c.* **1730** *Thos. Lloyd D* (LlGC) 209a, *Suddasaidd*. Iudas-like.

Gw. hefyd **Jwdasaidd.**

suddedig [bôn y f. *suddaf*[1]: *suddo*+*-edig*] *a.bfl.* Wedi (ei) suddo, soddedig, wedi ei drochi, hefyd yn *ffig*.; ar lefel is na'r lle oddi amylch; wedi suddo yn y pen (am lygaid); heb godi'n iawn (am gacennau, &c.); pruddglwyfus, isel ei galon; wedi ei fuddsoddi: *sunken, submerged, immersed, also fig.*; *sunken* (*below surrounding area*); *sunken* (*of eyes*); *not properly risen* (*of cakes*, &c.); *dejected, depressed*; *invested* (*of money*).

16g. (*LlEG*) *Mos* 158, 198a, hyd yr amser I dechreuo[dd] ef syrthio ynn *suddedig* mewn tri or vii bechod maruol. **1552** *Pen* 403, 24, pobyl *suddedic* mewn diovalwch a llownychrwydd. **1638** *HCRC* iii. 131, *Suddedig* wy agos duw cyfion yn d'aros / na illwng fi ir geuffos aniddos ininedd / fy llestr sy'n ffaelio rwy agos a sincio / mae'r cefnfor im curo heb drugaredd. **1727** J. JONES: *DFF* 161, Och rhag y Meddyliau duon . . . yr Ofnau *suddedig*. **1767** *Aberth Cym* 17, ei lewygfeydd *suddedig* (*sinking fits*). **1769** D. ROWLAND: *CG* 49, wedi syrthio tan ddigalondid *suddedig*. **1790–1** H. JONES: *T* 112, y pechadur *suddedig*. **1803** *P*, *Suzedig* . . . sunk. Cf. *Traeth* iii. (1847) 218, Yr holl arian *suddedig* mewn llaw-weithfâoedd o bob math.

suddfa [bôn y f. *suddaf*[1]: *suddo*+*-fa*, *ma*] *eb.* Dadleoliad (llifydd); pant: *displacement* (*of fluid*); *hollow, depression*.

1850.

suddfad [bôn y f. *suddaf*[1]: *suddo*+*bad*[2]] *eg.* Llong danfor: *a submarine*.

1921.

suddgloch [bôn y f. *suddaf*[1]: *suddo*+*cloch*] *eb.* ll. *-glych*. Cloch soddi, cloch blymio: *diving-bell*.

1861.

suddiad [bôn y f. *suddaf*[1]: *suddo*+*-iad*[1]] *eg.* ll. *-au*. Y weithred o suddo, soddiad, trochiad, boddiad; goleddf tuag i lawr, goriwaered; gogwydd nodwydd fagnetig tuag i lawr mewn man arbennig: *a sinking or plunging, immersion, a drowning*; *declivity, dip*; *dip* (*of magnetic needle*).

1688 *TJ*, Suddiant, *suddiad*, boddiad: a drowning or sinking. *id.* (At.) [14], Sudd neu *suddiad*, neu fynediad tan ddŵr. **1696** *GGTY* 377, taenelliad ni all fôd yn wîr fedydd Christ, eithr *suddiad* yw arwyddoccâad vniawn a phriodol y gair βαπτίζω. *c.* **1730** *Thos. Lloyd D* (LlGC) 210b, *Suddiad*, Sinking. **1795** J. THOMAS: *AIC* 9, Sudd sef *suddiad* tan Ddwr. **1803** *P*, *Suziad*, s. m. . . . A sinking, a plunging.

suddiant [bôn y f. *suddaf*[1]: *suddo*+*-iant*] *eg.* Suddiad, boddiad, plymiad, trochiad; bedydd (drwy drochiad): *a sinking, drowning, or plunging, immersion*; *baptism* (*by immersion*).

1632 *D*, *Suddiant*, Immersio. **1688** *TJ*, *Suddiant*, suddiad, boddiad: a drowning or sinking. **1696** *GGTY* 356, a *suddiant* ydyw'r weithred vniawn a phennodol o fedyddio. **1722** *Llst* 189, *Suddiant*. m. A sinking, drowning. **1753** *TR*, *Suddiant* . . . a plunging. **1789** B. EVANS: *LlG* 89, y Geiriau gweiddiol sy'n darlunio'r Ordinhâd hon [bedydd], yn arwyddo trochi a Throchiad . . . neu . . . soddi, *suddiant*. **1791** W. RICHARDS: *TDB* 6, yr y'm ni yn llwyr o'r meddwl mai *suddiant*, neu drochiad mewn dwfr ydyw [bedydd]. **1798** *WR* d.g. *Baptism*, *Demersion*. **1803** *P*.

suddig [?*sudd*[1]+*-ig*[1]] *eg.* yn yr ymad. *suddig y cerrig*. *Bot.* Unrhyw un o amryw fathau o blanhigion o'r tylwyth *Sedum*, yn

enw. pupur y fagwyr, *Sedum acre*: (*biting*) *stonecrop*.
Ar lafar, *GDD* 276.

suddlawn, gw. suddlon.

suddlong [bôn y f. *suddaf*[1]: *suddo* + *llong*[1]] *eb*. ll. *-au*. Llong danfor: *a submarine*.
1920.

suddlon, suddlawn [*sudd*[1] + *-lon*, *-lawn*] *a*. Llawn sudd, noddlyd: *succulent, juicy*.
1813.

suddlonedd [*suddlon* + *-edd*[1]] *eg*. Yr ansawdd neu'r cyflwr o fod yn suddlon: *succulence, juiciness*.
20g.

suddog [*sudd*[1] + *-og*] *a*. a hefyd fel *eg*. ll. *-ion*. Suddlon, noddlyd; surop: *succulent, juicy*; *syrup*.
1805.
Amr.: **sufog** [cf. *suf*]. **18–19g.** *Llr* C 4, 148, y syfi cochion *sufog*.

suddol [bôn y f. *suddaf*[1]: *suddo* + *-ol*] *a*. Yn suddo, wedi suddo; wedi suddo yn y pen (am lygaid); yn perthyn i drochiad (ynglŷn â bedydd): *sinking, sunken* (*also of eyes*); *pertaining to immersion* (*with ref. to baptism*).
c. **1730** *Thos. Lloyd D* (LlGC) 210b, *Suddol*. CW. 71. Plunged over head &c [*sic*] ears. **1803** *P*, *Suzawl* . . . sinking.

suddurn [bôn y f. *suddaf*[1]: *suddo* + (*add*)*urn*] *eg*. ll. *-au*. Addurn a wneir drwy osod darnau o bren, ifori, &c., i mewn i arwyneb dodrefnyn, &c., brithwaith: *inlay*.
20g.

suddurnaf: suddurno [bf. o'r e. *suddurn*] *bg.a*. Addurno â suddurn: *to inlay*.
20g.

suddwr [bôn y f. *suddaf*[1]: *suddo* + *-wr*] *eg*. ll. *-wyr*. Plymiwr; Bedyddiwr: *diver*; *Baptist*.
1848.

suf, gw. sudd[1].

sufet [bnth. Ffr. *civette*] *e?g*. Persawr cryf tebyg i fwsg a geir o chwarennau sawr y gath fwsg: *civet* (*perfume*).
1615 R. Smyth: *GB* 60, Gvvelvvch yma 'r mvvgdarth, y mvvsc, a'r *svfet* (*civettes*), a'r hvvnn i darfu i natur ornvddu dyn.

sufiedig [cfdds. o'r Llad. *sub*(*iectus*) + *-iedig*; cf. *sufieithedig*] *a*. Darostyngedig (i), tueddol (i), agored (i): *subject* (*to*), *liable* (*to*), *open* (*to*), *exposed* (*to*).
1609 R. Smyth: *CAC* 25, canys y corph yma sydd frau a hyfgwymp, ac yn *sufiedig* y lawer o glwyfau. *Dchr.* **17g.** *B* xxii. 136, [t]eyrnasoedd . . . a fvasent gynt yn *sufiedig* (*subditas*) i emrodreth Rvfen. **1615** R. Smyth: *GB* 21, i ba nifer o glyfydau y mae ef'n *sufiedig* (*à combien de maladies est-il subiect*)? *ib.* nid oes neb mvvy *sufiedig* i lid, a gelynasdra nag efe [dyn]. *id.* 68, ymysc yr holl greaduriaid a greavvdd duw nid oes un mor *sufiedig* i drueni a gvvendid a gvvraig. *id.* 112, pa ddedvvy[dd]vvch y sydd mevvn Breniniaeth? yr hon sydd yn fvvy *syfiedig* i . . . phortun, na dim ar y sydd ar y ddaear. **1636** *Pen* 321, 25a, [c]ustuddied ni . . . am yn bod yn wastad yn *sufiedig* i bechu (*subject to sinning*). *id.* 27a, heb fod mew[n] vn modd yn *sufiedig* (*lyable*) i ailadroddion. *id.* 167a, yn *sufiedig* (*exposed*) I newyn a syched. *c.* **1730** *Thos. Lloyd D* (LlGC) 209a, *Sufiedig*. Subject.

sufieithedig [cfdds. o'r Llad. *subiect*(*us*) + *-edig*; cf. *sufiedig*] *a*. Darostyngedig: *subjugated*.
1611 R. Smyth: *SG* 14, ef hefyd sy'n arglwy[dd]hau ar yr anuw: cans pob peth sydd *sufieithedig* dan i draed ef. *c.* **1730** *Thos. Lloyd D* (LlGC) 209a, *Sufieithedig* subject.

sufiet, syfiet, sifiet [bnth. Llad. *subiectum*, ?drwy gyfrwng y S. neu'r Ffr.] *eg*. Pwnc: *subject*.
1615 R. Smyth: *GB* 5, y mae dyn yn cael *sufiet* i ymarfer i hun (*vn assez ample suiet pour exercer*), os myn gvnhemlu yn graph, nid yn vnig adailadeth i gorph, eythr hefyd i ddirfavvr . . . drueni. *id.* 6, yr hvvn vvaith [llyfr] a gymerais yn hyfach yn fy llavv o ran fod y *syfiet* (*matieres*) yma megis dychan. *id.* 78, gedvvch i ni ymchvvelyd yn yn gvvrthgefn at y *sufiet* (*defauts*) cynta. **1707** *AB* 220b, *Siviet*, A subject.

Amr.: **sifiad** [adff. o *sifiet*] (ll. *-iaid*). **1725** *SR* d.g. *A Subject, Subjects*.

sufil, sufilrwydd, sufl, sufog, suful, gw. sifil, sifilrwydd, sifil, suddog, sifil.

sufulaf, sifilaf: sufulo, sifilo [bf. o'r a. *suful*, *sifil*] *bg.a*. Mynd neu wneud yn sifil neu'n ddof, sobreiddio: *to make or become civil or tame, sober down*.
20g. Ar lafar, 'Mae hwnna wedi *sufulo*', *WVBD* 514.

sufulrwydd, sufyl, suffraf: suffro, suffragan, suffragét, gw. sifilrwydd, sifil, syffraf: syffro, swffragan, swffragét.

sug [bnth. Llad. *sūcus*, H. Wydd. *súg*] *eg*. ll. *-ion*, *-au*. Sudd, nodd, hylif corfforol, hiwmor (yn ôl ffisioleg yr Oesoedd Canol); hylif, gwlybaniaeth; grefi; hefyd yn *ffig.*: *juice, sap, bodily fluid, humour* (*according to medieval physiology*); *liquid, moisture*; *gravy*; *also fig.*
13g. *Brut B* 130, kymyscv *svg* y llyssyevoed a gwneynt ac ef vrth yachav er rey brathedyc. **15g.** Bedo Aerddrem, &c.: *Gw* 116, Tros drwyn dau olwyn daliad, yn defyll / Fegis deufaen kawad / Dail o *sug* dwy ael is Iad / Yn dala Eigion dau lygad [Bedo Brwynllys i ddiolch am sbectol]. **1547** *WS*, Perre diot o *suc*peran [*sic*] Perre. *id.* *Suc* ne sugyn Juse. **16g.** *LlS* [3], *suc* y wermod Pontic. *c.* **1585** G. Robert: *DC* 63b, mae bywolieth a *sug* yn y pren i beri idho dyfu. **16–17g.** *Bl N* 205, *Sug* ffwrnbwll, soeg uffernboer, / Safn sugn ddafn, sugnedd oer [Siôn Phylip i ddŵr Abermo]. **1604–7** *TW* (*Pen* 228), *Suc* yn dyuot. [*sic*] odhywrth y pysc pelagia d.g. *pelagium*. **1632** *D*, *Sûg*, Succus. *id.* d.g. *Chylus*, *Humor*. **1653** *MLl* i. 263, [y] gelyn yn marchogaeth ar *sûg* ac ar humors ei cyrph nhwy. **17g.** E. Morus: *Gw* 79, Camp newydd, mewn cwmpnieth, / Yw sugno tybaco beth, / Ac heb ei gymryd bryd braidd / . . . / Na'i dynnu, ddanod uniawn, / Drwy fin *sûg* yn drefnus iawn. **1671** C. Edwards: *FfDd* [vii], ond ni rediff y *sûg* o'r aeron . . . nes eu dryllio a'u gwascu. **1688** *TJ*, *Sûg* . . . Sap. *c.* **1740** *LlM* [46], Torrwch ef [cig] yn dafellau . . . a gwesgwch arno ef *Sug* Afal Melynhir. **1803** *P*, *Sug*, s. m.—pl. t. *ion* . . . juice, sap. Ar lafar, '*sig*, *shig*' 'juice . . . sap', *WVBD* 489; '*sug*' 'sudd', '*sug* yn y pren', *Cymru* xlvii. [236] (sir Ddinb.).
Gw. hefyd **sugen.**

sugaeth [?olff. o *sugaethan*] *eg*. ll. *-au*. Pwltis, plastr; suddlonedd, lleithder: *poultice, plaster*; *succulence, moisture*.
1803 *P*, *Sugaeth*, s. m. . . . moisture; succulence.

sugaethan [gair geir. yn wr.; ?*sug* + *-aeth* + *-an*[1]] *eg.b.* Pwltis, plastr; llymru, sucan, gruel, uwd, ffrwmenti: *poultice, plaster*; *flummery, sowans, gruel, porridge, frumenty*.
1604–7 *TW* (*Pen* 228), *sygathan* [*sic*] . . . d.g. *pulmentum, puls, puls frumentarea*. **1632** *D*, *Sugaethan*, Demet. Puls, pultis. **1722** *Llst* 189, *Sugaethan*. m. Flummery, furmety; poultiss. **1803** *P*, *Sugaethan*, s. m. . . . washbrew, caudle; a poultice. **1813** *WB* 163, trwy ddodi ar y dolur blastr neu *sugaethan* o ddail y llysieuyn hwn. Ar lafar yn yr ymad. 'uwd *sugaethan*' 'thick porridge', *GTN* 739.

sugan [gair geir.; ?amr. ar *sucan* dan ddyl. *sug*] *e?g*. Math o win gwan, diod fain; nodd, sudd: *type of weak wine, small beer*; *sap, juice*.
Dchr. **17g.** *J* 10, 41b, *Suggan*. D. small drinke . . . lora. **17g.** *LlGC* 13215, 351, *Suggan* Lora. **18–19g.** *Llr* C 4, 85, *Sugan*, sap, Juice, Sil.

su-gân [*su* + *cân*[1]] *eb*. Suo-gân, hwiangerdd: *lullaby*.
1884.

suganaf: suganu, gw. syganaf: syganu.

sugdrwyth, gw. sug + trwyth.

sugen [*sug* + *-en*] *eb*. ll. *-nau*. Losinen, losen; darn o oren: *lozenge*; *segment of orange*.
1858. Ar lafar yn yr ystyr 'darn o oren' (dwyrain sir Gaerf.).

suger, sugeran, sugeryd, sugiestiwn, gw. siwgr, seguraf: segura, seguryd, syjestiwn.

suglawn [*sug* + *-lawn*] *a*. Suddlon, noddlyd: *succulent, juicy*.
1861.

suglïain [*sug* + *lliain*] *eg*. Plastr, cwyrlïain, pyglïain: *plaster, cerecloth*.
1604–7 *TW* (*Pen* 228) d.g. *Ceratum* (hefyd *D*). **1725** *SR* d.g. *Cerecloth, Searcloth*. **18g.** *Llr* C 24, 263, Y wneuthyr *sug liein* Rhag pob sort o wyniau. **1803** *P*, *Suglian*, s. m. . . . A cerecloth, a drawing plaister.

sugn [bôn y f. *sugnaf*: *sugno*, cf. Llyd. Diw. *sun*, ?a hefyd Crn. Diw. *sygan*] *eg*. ll. *-au*, a hefyd gyda grym ansoddeiriol.

(*a*) Sugnedd, sugniad (hefyd wrth y fron); tynfa (ddisgyrchol neu fagnetig), atyniad, hefyd yn *ffig.*; cerrynt dan yr wyneb sy'n llifo i gyfeiriad gwahanol i'r cerrynt ar yr wyneb; cors: *suction, suck, a sucking or suckling*; (*gravitational or magnetic*) *pull, attraction, also fig.*; *undertow*; *bog*.
14g. *WM* 52. 1–2, A mein *sugyn* yssyd ygbaelabt yr auon ny eill na llong na llestyr arnei. **14g.** *GDG*[3] 62, Rhugn *sugn* soeg gogoeg gegyrn—rhwth rwymfol, / Rhyfol rhwd heol, nid rhyw tëyrn [dychan i Rys Meigen]. *Diw.* **15g.** *Pen* 67, 18, dwr yw or halen drwy r heolydd / pob nant a rodyant waeredydd *svgnav* [Hywel Dafi am ddagrau]. **1632** *D*, *Sugn*, Suctus, linctus. **1688** *TJ*, *Sugn*: a suckling. **1725** D. Lewis: *GB* 136–7, Am Bwys, Gravity . . . Mâth o *sugn* yn y Ddaear yw'r Pwys ymma. *id.* 264, Pan y bo *Sugn* yr Haul a'r Lleuad yr un Ffordd, bydd y Llanw yn fawr. **1756** W. Williams: *GDC* 43, Ac oni bae fod *Sugn* diddiwedd yn ei Chrôth [yr haul] / . . . / Wrth droi hi chwalai yn chwilfriw. **1775** *W*, rhoddiad *sugn* d.g. *Lactation*. **1784** M. Williams: *S* i. 6, yr Hollalluog . . . gwedi gosod yn y ddaear fath o attraction neu *sugn*, pa un, megis loadstone, sydd yn sugno pob peth atti. **1793** Dafydd Ionawr: *CD* 58, Dygyfor wnai 'r Môr merydd / Drwy safnau y *Sugnau* sydd / O'i fewn. Ar lafar yn yr ystyr 'tynfa (mewn simnai)', "Does dim *sugyn* yn yr hen simne 'ma' (sir Drefn.); hefyd yn yr un ystyr yn y ff. *sygun* (canolbarth Cered.). Digwydd mewn e. lleoedd yn yr ystyr 'cors', e.e. *Sugn*, *Sugn Bach*, *Mynydd Sugn*, sir Gaern., *ELlSG* 115; ac fel e. prs., cf. *WM* 467. 19–20, *Sucgyn* mab sucnedut. Cf. C. Evans: *Alegoriau* (1864) 56, nid yw effaith y groes wedi darfod,—/ yr wyf yn teimlo rhyw *sugn* ynddi.

(*b*) Sudd, nodd, hylif corfforol, hiwmor (yn ôl ffisioleg yr Oesoedd Canol); hylif, gwlybaniaeth: *juice, sap, bodily fluid, humour* (*according to medieval physiology*); *liquid, moisture*.
p. **1500** *Pen* 57, 47, Gwascer ys *ugvn* [*sic*] y llysiav. **1547** *WS*, Suc ne *sugyn* Juse. *Diw.* **16g.** *WLB* 2, Kymer *sugun* rhisg y kegid. **1588** *Nu* vi. 3, nac yfed ychwaith ddim *sugn* grawn-win. **1588** *Salm* civ. 16, Prennau 'r Arglwydd ydynt lawn [o] *sugn*. **1604–7** *TW* (*Pen* 228), lhyseun a *succun* tostlym d.g. *Tithymalus*. **1604** R. Holland: *BD* 11, gan dybiaid fod ei cylhae Yn dhigon cymmwys i droi bwyd-da i *sugun* (*humours*) drwg afiachus. **1615** R. Smyth: *GB* 256, yn lle Inc . . . yr oeddynt yn arfer *sugun* mvvyar. **1632** *D* d.g. *Liquor*. **1661** E. Lewis: *Drex* 152, eraill â chwistrellau yn chwistrellu yn ei wyneb *sugn* tom dynion ac anifeiliaid. *c.* **1730** *Thos. Lloyd D* (LlGC) 210b, *Sugyn*. Sap. **1755** *ML* i. 331, Mae hi'n ddiwrnod teg, felly rhaid mynd ir ardd i weithio er mwyn cynhyrfu tippyn ar y gwaed a *sugn* y corphilyn brwnt yma. **1763** *DT* 240, *Sugn* o fel, saig Nefolion. Ar lafar, '*sugun* baco', *Cymru* xlvii. [236] (sir Ddinb.); '*sugn*' 'sudd', *Geir Geg* 66 (Meir.).
Cfn.: *Bot.* **sugn y geifr:** *honeysuckle, Lonicera periclymenum*; *lily of the valley, Convallaria majalis*. **1632** *D* (*Bot*), *Sugn y geifr*, vid. Llaeth y geifr. **1688** *TJ* (*Bot*), *Sugn y geifr*, llaeth y geifr: Lilly of the Valley, Bindweed, Honey-suckle. **1725** *SR* (*Bot*) d.g. *Wood bind*. **1813** *WB* 235, *sugn y geifr*, edr. Gwyddfid.
Gw. hefyd **sugnen.**

sugnad, gw. sugniad.

sugnaf: sugno [Llyd. C. *sunaff*, Llyd. Diw. *sunañ*, *suneiñ*: ?< **seuk-n-*, o'r gwr. IE. **seuə-* 'gwasgu (hylif) allan', ond anodd esbonio'r *-g-* (?cf. *sug*); gw. hefyd *disugnedig*] *bg.a*. Tynnu (hylif, &c.) i mewn i'r geg drwy greu gwactod rhannol ynddi, yfed; tynnu llaeth o('r fron), rhoddi'r fron i; rholio'r tafod o gwmpas (bawd, losinen, &c.); amsugno; tynnu (allan); tynnu (i mewn neu i lawr), llyncu; atynnu, tynnu (drwy ddisgyrchiant); hefyd yn *ffig.*: *to suck* (*liquid, &c.*) (*up*), *drink*; *suckle*; *suck* (*thumb, sweet, &c.*); *absorb*; *draw* (*out*); *suck* (*in or down*), *engulf*; *attract, pull* (*by gravity*); *also fig.*
13g. *Llst* 1, 25a, Koffa . . . e bronnev hynn er rey a *svgneyst* ty ac ath vaeth. **14g.** *WM* 467. 19–23,

Sucgyn mab sucnedut. A *sugnei* y moraôl y bei trychanllong arnaô hyt na bei namyn traeth sych. **14g.** *DB* 99, A phan aner y lleuat, o'r tragwres y cryn y tonnev ac y *sugyn* attei. **14g.** *Pen* 5, 26b, [y] mab newydyeni yn keissav bronneu yvam oe *sugnav*. **14g.** *GDG*[3] 205, Saethffrwd aig, trywanwraig trai, / Saig nawton a'i *sugn* atai [i ddymuno boddi gŵr eiddig]. *c.* **1400** *RB* ii. 193, anaôd vydei idaô ymdianc hyt nas *sucknei* y llyn ef yn daô (*BD* 151, heb eu [*sic*] lyncu o'r llynn). *c.* **1400** *MM* 84, Kymer laeth buch y bo llo gôrôf yn y *sugnaô*. **1547** *WS*, *Sucno* Sucke. *a.* **1561** *B* vi. 48, os tir gwlyb vydd, da yw gadel y rychiay yn ddyfnon y *sygno*'r [*sic*] dwr y wayred. **1567** *LIGG* (*Sall*) ivb, O enae rei bychein a'r rei yn *sucno* y pereist nerth. *Diw.* **16g.** *WLB* 2, uwd . . . ai roi ar gadach wrth y dolur ag ef ai *sugun* ag ai tynera. **1632** *D*, *Sugno*, Lactere, sugere. *id.* d.g. *Bibo.* **17g.** E. MORUS: *Gw* 79, Camp newydd, mewn cwmpnieth, / Yw *sugno* tybaco beth. **1661** E. LEWIS: *Drex* 93, y mae i chwi gysur yma . . . wedi ei *sugno* o amser y dioddefgarwch hwn. **1718** *Cân o Senn* 2, [y] Sawl ai *sygneu* [*sic*] [baco] nis Bendithieu [*sic*]. *c.* **1730** *Thos. Lloyd D* (LlGC) 209a, *Sugno* mewn ffafr ag un. To insinuate. **1759** J. EVANS: *PF* 60, *Sugnwch* i fynu 'r Ffroenau (*snuff up*) sûg Briallu. **1764** G. HOWEL: *DB* 11, Gwna fi 'n ddierth i'r gre'digaeth, / Na bo dim yn *sugno* mryd. **1766** *FfA* 44, y mae'r Tir-ddiffrwythwr, yn Sugnwr . . . yn *sugno* calonnau ymaith ac ireidd-dra oddiwrth y coet eraill. **1771** *PDPh* 56, dodwch ei droed yn y pwltis . . . fe *sugn* hyn y graian allan. **1784** M. WILLIAMS: *S* i. 6, yr Hollalluog . . . gwedi gosod yn y ddaear fath o attraction neu sugn, pa un, megis loadstone, sydd yn *sugno* pob peth atti. **1800** W. OWEN[-PUGHE]: *CP* 58, Y prîdd newydd ei droi â *sugna* y gwlîth. **1803** *P*, *Sugnaw* . . . To suck, to imbibe. Ar lafar, '*signo*' 'to suck', *WVBD* 489; ''Odd doti gelan i *shucno* gwæd dinnon tost yn beth cyffretin flynydda'n ôl', ''Wi'n trio *shucno*'r baw mæs o'r cwt 'yn ar 'y mys', *GTN* 764. Cf. D. OWEN: *D* 192, rhywbeth yn fy *sugno* i rywle na wyddwn i ba le.

sugnai [bôn y f. *sugnaf*: *sugno+-ai*[3]] *eb.g.* ll. *sugneion*. Sugnwr, sugnydd; (geir.) gelau; pwmp (sugno); amsugnydd; hefyd yn *ffig.*: *sucker*; (*dict.*) *leech*; (*suction*) *pump*; *absorbent* (*n.*); *also fig.*

1632 J. DAVIES: *LlR* 258, yn debyg i'r *sugneion* (*blood-suckers*) hynny mae'r gwr doeth yn crybwyll am danynt, y rhai sy'n llefain yn wastad Moes moes, heb gael eu gwala byth. **1722** *Llst* 189, *Sugnai.* c.p. *Sugneion.* A sucker. *c.* **1730** *Thos. Lloyd D* (LlGC) 210b, *Sugneion.* Leeches . . . Blood suckers. **1780** *W* d.g. *Pump.* **1803** *P*, *Sugnai* . . . that sucks or imbibes.

sugnbapur [*sugn+papur*] *eg.* Papur sugno: *blotting-paper.*

1770 *W* d.g. *Blotting paper.*

sugnbeiriant [*sugn+peiriant*] *eg.* ll. *-beiriannau.* Pwmp (sugno), hefyd yn *ffig.*: (*suction*) *pump*, *also fig.*

1770 *W*, Braich *sugn-beiriant* llong d.g. *Brake* [*the handle of a ship's pump*]. *id.* d.g. *Pump.* **1803** *P.*

sugnbib [*sugn+pib*] *eb.* ll. *-au.* Pwmp (sugno); chwistrell; piston; hefyd yn *ffig.*: (*suction*) *pump*; *syringe*; *piston*; *also fig.*

1780 *W* d.g. *Pump.* **1799** *TY* 56, er i'r *sugn-bibau* fod yn tynnu i fynu ddwy dunnell o ddwfr. *id.* 57, fe ysgafnhawyd y llong yn fuan drwy 'r *sugn-bibau.* **1803** *P*, *Sugnbib*, s. f. . . . A drawing pipe; a syringe.

sugnbibell [*sugn+pibell*] *eb.* ll. *-au.* Pwmp (sugno): (*suction*) *pump.*

1834.

sugnbwll [*sugn+pwll*] *eg.* ll. *-byllau.* Ceubwll, ceuffos, carthbwll; ?sugndraeth; hefyd yn *ffig.*; (geir.) pwll (o ddŵr): *engulfing pit*, *sink*, *cesspit*; ?*quicksand*; *also fig.*; (*dict.*) *pool.*

1636 *Pen* 321, 299b, yr wyf yn bechadur dirgel am calon sy *sugnbwll* diwaelod (*bottomless pit*) o bob llygredigeth. **1718** E. SAMUEL: *HDdD* (Gweddïau) 60–1, O Arglwydd, pa hyd y bydd Crêd . . . yn *sugnbwll* (*sink*) yr holl Halogedigaethau Erchyll. **1718** M. WILLIAMS: *P* 16, pe bai 'r holl Wasdadedd hynny dan Wenith a Haidd . . . byddai efe mwy buddiol nâ Thywod a *Sugnbyllau.* **1725** *SR* d.g. *A Pool.* *c.* **1730** *Thos. Lloyd D* (LlGC) 207b, *Sugn-bwll.* A sink. **1769** J. GRIFFITH: *A* 235, gweled y fath *sugn-bwyll* [*sic*] dwfn o bechod.

sugn-di-fign, &c. [*sugn+*di+mign*; ?cf. *sang-di-fang* o ran ffd.] *eg.* a hefyd fel *a.* Cors, siglen, mignen; corslyd: *bog*, *quagmire*, *marsh*; *boggy.*

18–19g. *Llr* C 2, 355, *Sugn dy fign*—all a quagmire, Boggy. Ar lafar, '*sign-di-fign*' 'llyn . . . wedi ei dagu gan chwyn a brwyn', 'Os iwch chi i Goed y Cotga cofiwch am y *sugn-di-figin.* Ma 'na lawar un wedi boddi yn 'wnna', *GTN* 739. Cf. GLANFFRWD: *PLl* [50], Y tyllau erchyll, a'r mawnbyllau . . . a llawer '*sugn-di-figen*' yn chware fel tyweirch ar wyneb llyn sydd yn gwneud Blaen Ffrwd yn lle i'w ochelyd.

sugndraeth [*sugn+traeth*[1]] *eg.b.* ll. *-au*, *-ydd.* Tywod gwlyb llac sy'n sugno i mewn unrhyw beth sy'n gorwedd arno neu'n syrthio iddo, traeth gwyllt, traeth byw, hefyd yn *ffig.*: *quicksand*, *also fig.*

14g. *GDG*[3] 205, O don i don, edn *sugndraeth*, / Od â i Ffrainc y du ffraeth, / Y sawl angheufagl y sydd, / Hoenyn fo ei ddihenydd [i ddymuno boddi'r gŵr eiddig]. **1547** *WS*, *Sugyndraeth* Quyck sandes. **1567** *TN* 218a, ofny a wnaethant rac syrthio mewn Syrtis [:– *sugyndraeth*]. **16–17g.** *PCWG* 148, pan ddel y gwynt ar dymestl y kvrir y llonge wrth y kreigie ne i bwrw ir *svgvndraeth.* **1606** E. JAMES: *Hom* iii. 264–5, yr hwn sydd yn enwi gwrthryfel . . . mae fe yn enwi holl bwll a *sugndraeth* yr holl bechodau yn erbyn Duw a dyn. **1630** R. LLWYD: *LlH* 96, Eithr yn ein mysc y mae llawer vn, debig i'r *sugn-draeth*, neu'r llyngc-lyn, ni wnânt gydwy/bod o lyngcu y cwbl a ddelont o hŷd iddo. **1696** *CDD* 323, O Ddaiarol gnawdol ddŷn, / Mewn *sugn-draeth*, a thomŷn glŷn, / Yn ymdrobaeddu ddŷdd a nôs. **1711** H. POWEL: *TY* 279, y *Sugun-draeth* beriglus hon. **1716** J. MORGAN: *MB* 14, pa gynnifer o Beryglon, o *sugndraethau* a Thymhestloedd a foriasant yn ddiangol drostynt. **1721** E. PUGH: *AC* 19, Ond wedi i rai dynnion ymdrechu, a llafurio yn erbyn pechod a methu cael yr oruchafiaeth, mae'n gorfod iddynt ymroi i angori yn y *Sugn-draeth*, a'r lle anobeithiol, gan gredu nad oes dim gallu i'w gael i ladd y pechod. [**1724**] G. WYNN: *YGD* 6, [t]ŵr ai sail ar *Sugndraeth.* **1793** L. REES: *MB* 37, ar hyd llwybr fo'n tywys i *sugn-draeth* dirgel. **1803** *P*, *Sugndraeth*, s. m.—pl. *sugndreuthyz* . . . A quicksand.

sugndwll [*sugn+twll*] *eg.* ll. *-dyllau.* Ceubwll, ceuffos, carthbwll, hefyd yn *ffig.*; siafft awyru: *engulfing pit*, *sink*, *cesspit*, *also fig.*; *ventilation shaft.*

1703 E. WYNNE: *BC* 112, oni chippiwyd ymaith Lucifer . . . a'r holl brif-gythreuliaid eraill, ac a'u pendifadwyd oll i ryw *Sugn-dwll* can ffeiddiach [*sic*] ac erchyllach ei olwg a'i archfa ofnadwy na dim oll a'r a welswn i. **1770** P. WILLIAMS: *BS*, *Job* xxviii, fod Duw wedi rhoddi gwybodaeth i ddyn . . . i fedru byw mewn pyllau dyfnion lle mae dwfr a thân, trwy ddefeisio offerynau i godi'r dwfr, torri *sugn-dyllau* i'r Aër, trwy greigiau hyllion, &c. [**1783**] *W* d.g. *Sink.*

sugn-dy-fign, gw. **sugn-di-fign.**

sugndyniad [*sugn+tyniad*] *eg.* Tynfa (ddisgyrchol neu fagnetig), disgyrchiant, atyniad, hefyd yn *ffig.*; sugnedd; amsugniad; tyniad (ar bibell, &c.): (*gravitational or magnetic*) *pull*, *gravity*, *attraction*, *also fig.*; *suction*; *absorption*; *draw* (*on a pipe*, *&c.*).

1794 *W* d.g. *Suction* [*a sucking*]. Cf. GW. MECHAIN: *Gw* ii. 270, fel ag y bu *sugn-dyniad* y blaned arni [seren] anhwylio ei chylch; *Traeth* i. (1845) 269, Os plygir y gwyfr yn amryw droellau, pan yrir y gallu gwefrol ar hyd-ddo, bydd ei *sugndyniad* yn ddigon cryf i godi darnau lled drymion o haiarn; D. OWEN: *S* 95, sefydlodd ei hun i lawr yn y gader, cymerodd *sugndyniad* neu ddau lled nerthol o'r bibell i sicrhau fod yno dân.

sugndynnaf: sugndynnu [*sugn+tynnaf*[1]: *tynnu*] *bg.a.* Tynnu, atynnu, hefyd yn *ffig.*; amsugno, sugno (i mewn); pwmpio (drwy sugnedd); holi a stilio, pwmpio (am wybodaeth): *to draw*, *attract*, *also fig.*; *absorb*, *suck* (*in*); *pump* (*by suction*); *pump* (*for information*).

1833.

sugndynnol [bôn y f. *sugndynnaf*: *sugndynnu+-ol*] *a.* Atynnol, atyniadol, deniadol; amsugnol; *Swol.* sugnol: *attractive*; *absorbent*; *suctorial* (*in zoology*).

1868.

sugndynnydd [bôn y f. *sugndynnaf*: *sugndynnu+-ydd*[3]] *eg.* Pwmp (sugno): (*suction*) *pump.*

1855.

sugnedig [bôn y f. *sugnaf*: *sugno+-edig*; dichon mai camgyfieithu a welir yn yr engh. gyntaf] *a.bfl.* Wedi ei sugno; yn sugno, sugnol: *sucked*; *sucking.*

1658 R. VAUGHAN: *PS* 130, [rh]oddaist fronnau a maeth cynnes iddo ath fwyniant ath ddifyrrwch di, dy gyffuriau *sugnedig* (*wretched Dugs*) [am y byd]. **1794** *W* d.g. *Sucked.* Cf. R. ROBERTS: *Daearyddiaeth* 132, amryw o lynau bychain yma ac acw yn nyffrynoedd Portugal . . . yn y rhan fwyaf o honynt [mae] [rh]yw dynfa *sugnedig* fel na nofiai na phren nag unrhyw ddefnydd ysgafn heb soddi yn ddiatreg i'r gwaelod.

sugnedydd, sugniedydd [bôn y f. *sugnaf*: *sugno+-(i)edydd*] *eg.* ll. *-ion.* Pwmp (sugno); sugnwr; *Swol.* sugnolyn; siglen; hefyd yn *ffig.*: (*suction*) *pump*; *sucker* (*also in zoology*); *quagmire*; *also fig.*

1775 D. ROWLAND: *TP* 53, Nid ydyw y dwfr yn dyfod o'r cymhylau yn yr un funud ag o'r *sygnydydd* [*sic*] neu bydew. **1780** *W* d.g. *Pump*, *Sucker.* **1803** *P*, *Sugnedyz*, s. m.—pl. t. *ion* . . . A sucker; a pump. Digwydd fel e. prs., cf. *WM* 467. 19–23, Sucgyn mab *sucnedut.*

sugnedyddaf, sugniedyddaf: sugn(i)edyddu [bf. o'r e. *sugn*(*i*)*edydd*] *bg.a.* Pwmpio (drwy sugnedd): *to pump* (*by suction*).

1842.

sugnedd [bôn y f. *sugnaf*: *sugno+-edd*[1]] *eg.* ll. *-au.* Cors, siglen; ceubwll, ceuffos, carthbwll; cynhyrchiad gwactod rhannol er mwyn sugno hylif i mewn neu beri glyniad, grym a gynhyrchir gan y proses hwn; amsugnad; ?tynfa (fagnetig); hefyd yn *ffig.*: *bog*, *quagmire*; *engulfing pit*, *sink*, *cesspit*; *suction*; *absorption*; ?(*magnetic*) *pull or attraction*; *also fig.*

16–17g. *Bl N* 205, Sug ffwrnbwll, soeg uffernboer, / Safn sugn ddafn, *sugnedd* oer [Siôn Phylip i ddŵr Abermo]. **1607** *Pen* 216, 60, Madoc ap Ywain Gwynedd oedd voriwr mawr a chwannoc i drafael ac am na alle o vodd arall entrio ir *Sygnedd*, gwnevthvr ac adeilad llong a orvc ef heb hayarn: ond i hoylio a chyrn keirw rhac llynkv or mor hwnnw hi. **1621** E. PRYS: *Ps* 32b, Yn eigion mor mae y ffordd dau, / a'th lwybrau mewn deifr *sugnedd.* **1630** *YDd* 51, O *sugnedd* pechod (*sinke of Sinne*) a mygn o fudreddi. **1658** R. VAUGHAN: *PS* 219, oddiwrth *sugnedd* o ymadawiad ysprydol, oddiwrth y diffwys . . . gwared fi. **1658** R. VAUGHAN: *YPS* 11, Alexandria . . . a wnaed yn wag o bobl oll, Antioch . . . a ddinistriwyd gan Ddauargrynfau: Megis pe bai Dduw yn mynnu vddynt . . . wybod wrth y *Sugneddau* (*Gulphs*) newyddion hynny, y fath waith gresynus oedd fod or hên Fradwriaeth. **1703** E. WYNNE: *BC* [3], A barhao 'n ffyrdd Rhinwedd, / . . . / Ni fedd a bortho 'r fflammffiedd, / Na phwys a'i sawdd i'r *Sugnedd.* *id.* 72, O'n Brenhinllys ar *sugnedd* yn y Fall-gyrch eirias. *id.* 128, peri i'r Diawliaid eu pendifadu bendramwnwgl i Gêg Annw'n, a'u cloi yn y *Sugnedd.* **1766** *CD* 117, Yn i gwaelod yn gorwedd, / Wedi boddi yn eu hanwiredd: / 'Roedd yn rhywir geni ymado, / Ar [*sic*] *Sugnedd* oedd yno! **1793** DAFYDD IONAWR: *CD* 344, Unfodd â pob rhai ynfyd / I *Sugnedd* gwagedd i gyd.

sugneli [*sugn+eli*] *eg.* Math o eli neu blastr at waredu marwgig: *type of ointment or plaster used to remove dead flesh.*

1630 R. LLWYD: *LlH* 43, [ll]awer o farw-gig chwyddedig . . . ac sydd raid beunydd a rhyw *sugn-eli* llym ei yssu ymmaith. *c.* **1730** *Thos. Lloyd D* (LlGC) 209a, *Sugneli* yssol. Corrosive medicine. ID. AZ.9. *id.* 211a, *Sugneli.* a Drawing plaister.

sugnen [*sugn+-en*] *eb.* Cors, siglen; pwmp (sugno): *bog*, *quagmire*; (*suction*) *pump.*

1800 W. OWEN[-PUGHE]: *CP* 23, [cafn] yn yr hwn y gosodir *sugnen*, i dynu ffwrdd y gwlybwr. *id.* 25, oddyno gellir ei godi [gwrtaith] â *sugnen* i faril.

sugnfor [*sugn+môr*[1]] *eg.* ll. *-oedd.* Trobwll, llynclyn; sugndraeth; hefyd yn *ffig.*: *whirlpool*, *vortex*; *quicksand*; *also fig.*

1603 W. MIDLETON: *Ps* 37, Roes i sylfain main a mwyniant / Ar y dwfr ior *sygnfor* sant. *id.* 140, Dy ffordh sydd dofydh difai, / Yn y môr*sugn-fôr* [*sic*] lle sai. **1632** *D*, *Sugnfor*, Syrtes. **1658** R. VAUGHAN: *GA* [iii], im tynnu allan o *sugnfor* cam ystyriaeth Duwioldeb. **1688** *TJ*, *Su*[*gn*]*-fôr*: Quick-sands or Shelves in the Water. **1732** *AABI* 5, y *sugn Fôr* o ddrygioni. **1803** *P*, *Sugnvor*, s. m. pl.—t. *oz* . . . A vortex in the sea; a quicksand.

sugniad, sugnad [bôn y f. *sugnaf*: *sugno+-iad*[1], *-ad*] *eg.* ll. *-au.* Y weithred o sugno neu yfed; sugnedd; amsugnad; atyniad; hefyd yn *ffig.*: *a suck*(*ing*) *or drinking*; *suction*; *absorption*; *attraction*; *also fig.*

1604–7 *TW* (*Pen* 228), *sugniat* d.g. *Suctus.* **1632** *D*, *sugnad* d.g. *Suctus.* *c.* **1730** *Thos. Lloyd D* (LlGC) 209a, *Sugniad.* Sucking. **1794** *W*, *Sugnad* d.g. *A sucking.* **1803** *P*, *Sugnad*, s. m. . . . A sucking, an imbibing. *id.* d.g. *Sugniad.*

sugniadol [*sugniad+-ol*] *a.* Sugnol (hefyd

mewn swoleg); amsugnol; atynnol, atyniadol; hefyd yn *ffig.*: *sucking; suctorial (in zoology); absorptive; attractive; also fig.*
1834.

sugniedydd, sugniedyddaf: sugniedyddu, gw. **sugnedydd, sugnedyddaf: sugnedyddu.**

sugnog [*sugn+-og*] *a.* Yn sugno: *sucking.*
20g.

sugnol [*sugn+-ol*] *a. Swol.* Yn gallu sugno, ac iddo sugnolyn; yn sugno, yn yfed; amsugnol: *suctorial (in zoology); sucking, drinking; absorbent.*
1803 *P, Sugnawl* . . . Sucking, imbibing.

sugnolyn [*sugnol+-yn*[1]] *eg.* ll. *-nau. Swol.* Unrhyw organ sy'n galluogi anifail i lynu wrth arwyneb drwy greu sugnedd; unrhyw organ wedi ei chymhwyso ar gyfer (am)sugno bwyd: *sucker (in zoology).*
20g.

sugnwr, sugnydd [bôn y f. *sugnaf*: *sugno +-wr, -ydd*[3]] *eg.* ll. *sugnwyr, sugnwrs, sugnyddion.* Un sy'n sugno neu'n yfed, hefyd yn *ffig.*; *Bot.* gwylltimp; *Swol.* sugnolyn; amsugnydd; (yn y ff. *sugnydd*) pwmp (sugno): *sucker, drinker, also fig.; sucker (in bot. and zoology); an absorbent; (suction) pump.*
1629 R. LLWYD: *P* 18, Paul oedd gynt . . . yn flaidd, yn erlidiwr, yn *sugn-wr* gwaed. **1766** *FfA* 44, y mae'r Tir-ddiffrwythwr, yn *Sugnwr* . . . yn sugno calonnau ymaith ac ireidd-dra oddiwrth y coet eraill. **1798** *WR, Sugnydd* d.g. *Absorbent.* **1803** *P, Sugnwr*, s. m.—pl. *sugnwyr* . . . One who sucks, or imbibes. Cf. R. WILLIAMS PARRY: *CG* 72, Y *sugnwr* sydyn yn y wasgod wen [i'r wenci].
Cfn.: **sugnwr gwaed:** *bloodsucker, fig.* **1629** R. LLWYD: *P* 18. **1727** RE: *CDd* 40, mwy nag yr oedd Hazael yn tybied y byddei efe y cyfriw *sygnwr gwaed.* **[1740]** T. BADDY: *DDGH* 69, Ahab Anghymmeradwy . . . a ymddarostyngodd, ac a wiscodd Sâch-liain . . . ac etto *sugnŵr gwaed* oedd. **sugnwr (sugnydd) llwch:** *vacuum cleaner.* **20g.**

sugnwydr [*sugn+gwydr*] *eg.* ll. *-au. Meddyg.* Gwaedwydr: *cupping-glass (in med.).*
1770 *W*, Gosod . . . *sugnwydr* d.g. *To apply cupping-glasses.* **1803** *P, Sugnwydyr*, s. m.—pl. *sugnwydrau* . . . A cupping-glass. Cf. GW. MECHAIN: *Gw* ii. 284, Meddyliwn hefyd y gallai *sugn-wydr* (cupping glass) fod yn effeithiol ar y briw.

sugnydd, gw. **sugnwr.**

sugnyddol [*sugnydd+-ol*] *a.* Amsugnol; atynnol: *absorbent; attractive (of force, &c.).*
1816.

sugnyr [bôn y f. *sugnaf*: *sugno+-yr*] *eg.* Pwmp (sugno): *(suction) pump.*
1851.

sugol [*sug*[1]*+-ol*] *a.* Suddlon, noddlyd: *juicy, succulent.*
1803 *P, Sugawl* . . . juicy; succulent. **1813** *WB* 79, Samphire-leaved Fleabane; Cedowys *sugawl.*

sugr, sugraf: sugro, sugraidd, gw. **siwgr, siwgraf: siwgro, siwgraidd.**

sugrwydd [*sugr+gwŷdd*[1]] *e.ll.* (un. b. *-en*). Cansenni siwgr: *sugar canes.*
1841.

sugyr, gw. **siwgr.**

Sul [bnth. Llad. *(dies) Sōlis*, Crn. C. *Sul*, Crn. Diw. *Zeel(l)*, Llyd. C. a Diw. *Sul*] *eg.* ll. *-(i)au.*

(*a*) Y dydd cyntaf o'r wythnos (yn dilyn dydd Sadwrn), a'r dydd a neilltuir gan y mwyafrif o Gristionogion ar gyfer addoli: *Sunday.*
12–13g. *GMB* 406, Duδ *Sul* . . . / Kyuodes o'e weryt. *id.* 459, Duw a'm gδnel goglyd selwyd *Sulyeu.* **13g.** *A* 35. 17–18, diu *sul* laueneu rud a at ranhet [*sic*]. **14g.** *WM* 104. 11, pan uythit ar yr aberth duδ *sul.* **14g.** *GDG*[3] 130, Ni bu *Sul* yn Llanbadarn / Na bewn, ac eraill a'i barn, / A'm wyneb at y ferch goeth / A'm gwegil at Dduw gwiwgoeth. *id.* 263, Cyd bwyf dalm, er salm, o'r *Sul* / Yn y glwysgor, un glasgul. *c.* **1400** *R* 1332. 39–41, Colli pregetheu. ac efferenneu. madeu vy *sulyeu* yr medw salwed. **15g.** *GDID* 87, Pob *Sul*, fy ngharw dulwyd, / Y cair, fal gŵyl Fair, dy fwyd. **1606** E. JAMES: *Hom* ii. 249, yn awr yr ydym ni yn cadw y dydd cyntaf o'r wythnos yr hwn yw ein dydd *sul* ni, ac yr ydym yn gwneuthur hwnnw yn Sabaoth ini, hynny yw yn ddydd gorphwysfa ini, er anrhydedd ein Iachawdwr Christ, yr hwn ar y dwthwn hwnnw a gyfododd o feirw i fyw. **1632** *D, Sûl*, Dies solis, dominica. **1703** E. WYNNE: *BC* 123, rhai am weithio ar y *Sul*, rhai am ddwyn eu Defaid a'u Gwartheg yn eu penneu i'r Eglwys yn lle ystyried y Gair. **1704** E. SAMUEL: *BA* 106, ar ddŷdd *Sul* (y dŷdd cyntaf or wythnos). **1764** DEWI NANTBRÂN: *CB* 35, Bod yn rhaid i ni ar y *Sûl* wrando'r Offeren. **1792** H. HARRIS: *H* 18, [y] boreuau *Suliau.* **1803** *P, Sûl*, s. m.—pl. t. *iau* . . . Dyz *sûl*, sunday; also called . . . dyz yr arglwyz, and simply *sûl.* Ar lafar, ''Dach chi isio cig at y *Sul*?', 'Gneud y gwair yn fydyla dros y *Sul*', *WVBD* 513; 'Pwy sy'n prigethu gida chi dy' *Sul*?', 'Ma dy' *Sula* odd ar gwelas i fa yn y cwrdd dwetha'', *GTN* 743; hefyd yn yr ystyr 'gwahoddiad i bregethu ar y Sul', 'Gas e *Sul* 'da'r sgrifennydd' (Cwmtawe). Digwydd yn yr ymad. 'Dweud (wrth rywun) faint sydd tan y *Sul*' 'Rhoi rhywun (hy a hunandybus) yn ei le', R. E. JONES: *LlIC* 279.

(*b*) (Yr) haul, hefyd yn *ffig.*: *(the) sun, Sol, also fig.*
14–15g. *IGE*[2] 144, Teca' planed yn rhedeg / Ar helw Duw wyd, yr haul deg. / *Sul* enw, ddisalw oleuni, / Siwrnai faith yw dy daith di (Gruffudd Llwyd). **15g.** *GGl*[2] 124, *Sul* arglwyddesau haelion, / Sêr y saint, hi a Syr Siôn [i Siân, gwraig Syr Siôn Bwrch]. **15g.** *GO* 299, Down i gael da ynn a'i ged, / Domas enwoc, dâm Sioned, / Haul Vôn hael a ovynir, / A fflaned *Sul* y Fflint sir [i Domas Salbri Ieuanc]. **1547** *WS, Sul* yr haul blanet Sol, the sonne. **1803** *P.*
Cfn.: **Sul a gŵyl, y Sul(i)au a'r gwyl(i)au,** &c.: *(on) Sunday(s) and holy day(s). Dchr.* **15g.** *B* viii. 140, ac na rodeis dylyedus anryded yr *sulyeu ar gwyleu.* **15g.** *GLGC* 458, Aur a gaf, er eu gofyn, / *Sul a gŵyl* gan Sisli Gwyn. **1551** W. SALESBURY: *KLl* d.d., *y Sulieu a'r Gwilieu* trwy'r vlwyddyn. *a.* **1561** *B* ii. 47, wyth wythnos yn *Sulay a gwylay.* **1685** *Art* 7, bôb *Sûl, a gwŷl.* Cf. **14g.** *GDG*[3] 262, Pa lan bynnag ydd elych, / Na Sul na gŵyl, f'annwyl fych. **Sul a gŵyl a gwaith,** gw. *Sul, gŵyl, a gwaith.* **Sul y Blodau:** *Palm Sunday.* **14g.** *BT (RB)* 224. **15g.** *GLGC* 50. Ar lafar, *WVBD* 513. Gw. hefyd *Dywsul—Dywsul y Blodau.* **Sul y Creiriau:** *Relic Sunday.* **1693** *Arch Camb* vi. 239 (1860), Caergybi ym Môn (ubi *Suliau 'r Creirie* . . . celebrantur). **1750** *ML* i. 157, Doe yr aeth Ellin Morris oddiyma [Caergybi], wedi bod i'n hymweled y *Sul y creiriau.* **1754** *id.* 298, Roedd tri Sul y'mis Gorphena ar ba rai y byddid yn dangos, ac mae'n debyg yn carrio o amgylch greiriau Saint Gybi, etc., ac er hynny hyd yr awron fe'i gelwid *Suliau'r Creiriau.* Byddai'r holl wlad yn dyfod yma i wylmabsanna arnynt. Gw. hefyd *Dywsul—Dywsul y Creiriau.* **Sul (y) Cymundeb (Cymun):** *Communion Sunday. c.* **1865.** Ar lafar, 'Yr unig adeg bydde Marged Tŷ-capel yn prynu bara gwyn oedd ar gyfer *Sul Cymundeb*' (gogledd Cered.). **Sul y Dioddefaint,** &c.: *Passion Sunday.* **14g.** *BT* 121, duw *sul y diodeiueint.* **Sul yr Erfyniad:** *Rogation Sunday.* **1684** T. JONES: *Alm* [14]. **1770** J. PRYS: *Alm* 14. **1779** *DS* 5. **Sul y Gweddïau = Sul yr Erfyniad. 1725** *SR* d.g. *Rogation Sunday.* **[1783]** *W* d.g. *Rogation-sunday.* **1803** *P* d.g. *Sûl.* **Sul y Gwreichion:** *Carling Sunday.* **16g.** *Pen* 75, 6, Ho[l] ap Morus ap Jeu. gethin, died & was buried Sunday (*sul y gwreichion*) 8th April 1481. Gw. hefyd *dydd—dydd Sul y Gwrychon.* **Sul, gŵyl, a gwaith, Sul a gŵyl a gwaith:** *every day of the year.* **1776** DEWI NANTBRÂN: *AN* iv, annog Christnogion swrth i'r duwiol ymarfer, ar y *Sul, Gwyl, a Gwaith.* **1803** *P*, Sûl . . . *Sûl, a gwyl, a gwaith*, sunday, holiday, and work day. Cf. D. OWEN: *GT* 199, mae o wrthi, wrthi o hyd, *Sul, gwyl, a gwaith.* **Sul y Mamau:** *Mothering Sunday, Mother's Day.* **20g.** **Sul y Pasg:** *Easter Sunday.* **16g.** *GHD* 40. Ar lafar, *WVBD* 513. Gw. hefyd *dydd—dydd (Sul) Pasg.* **Sul pen mis:** *Communion Sunday.* **1813.** **Sul (y) Pys:** (i) *the Greek kalends, never, for ever.* **20g.** Ar lafar, 'Mi fyddwch yn aros tan *Sul pys* 'ta'. Gw. hefyd *dydd—dydd Sul y pys.* (ii) *Carling Sunday.* **1871.** **Sul Sincyn = Sul pys** (i). Ar lafar, '*Sul Shincin*', *B* xiv. 282 (canolbarth Cered.). **Sul y Drindod:** *Trinity Sunday.* **14g.** *WML* 87, duδ *Sul y drindaδt.* **16g.** *GGH* 236, *Sul y Drindod.* **1794** *W* d.g. *Trinity sunday.* Gw. hefyd *dyw*[1]*—dyw Sul y Drindod, Dywsul—Dywsul y Drindod.* **Sul (yr) Ynyd:** *Quinquagesima Sunday, formerly Shrove Sunday.* **1780** *W, Sûl* . . . *ynyd, sûl yr ynyd* d.g. *Quinquagesima-sunday.* Gw. hefyd *Dywsul—Dywsul Ynyd.*

Gw. hefyd **dydd** (hefyd At.), **dyw**[1], **Dywsul.**

sulabws, gw. **sylabws.**

Sulaidd [*Sul+-aidd*] *a.* Yn perthyn i'r Sul, nodweddiadol o'r Sul, yn digwydd ar y Sul: *pertaining to, or characteristic of, Sunday, dominical.*
1798 *WR* d.g. *Dominical.*

sulffad, sulfferedig, sulffonamid, sulffur, sulffuraidd, sulffuredig, gw. **sylffad, sylffyredig, sylffonamid, sylffwr, sylffwraidd, sylffyredig.**

Sulgwaith [*Sul+gwaith*[2]] *eb.* a hefyd gyda grym adferfol. Dydd Sul: *Sunday.*
15g. *IGE*[2] 236, Dyw *Sulgwaith*, dewis ŵylgamp (Ieuan ap Rhydderch). *Diw.* **16g.** *LBS* iv. 400, Düwsülgwaith y damchwai nawdd [*sic*] yw rhieni hi [Gwenfrewi] fyned yr eglwys y wrando opheren. **1703** E. WYNNE: *BC* 94, Pa sawl prydnhawn *Sulgwaith* a roed i oferddadwrdd am betheu 'r Byd, neu gyscu, yn lle dyscu myfyrio a gweddio? **1763** *ML* ii. 581, Ai nid y fo a minnau a fuon y *Sulgwaith* arall ar ein meirch ymhen St. George's Hill yn syllu Julius Caesar's camp?

Sulgwyn, Sul Gwyn [*Sul+gwyn*[1]] *eg.* Pentecost; Pentecost yr Iddewon, Gŵyl yr Wythnosau: *Whitsun, Whit Sunday; Jewish Pentecost, Feast of Weeks, Shavuoth.*
12–13g. *GLlLl* 140, Duw *Sulgwynn* yδ hynn, hynt gyuwyre—glyδ. **13g.** *LlI* 2, Teyr gueyth pob blvydyn y delyant y petwar svydavc ar ugeynt . . . eu brethynwysc y gan y brenhyn . . . y Nodolyc a'r Pasch a'r *Sulgvyn.* **14g.** *WML* 87, Onos Sadδrn *sulgδyn* gδedy gosper. hyt duδ Sul y drindaδt. **14–15g.** *IGE*[2] 170, Y mae'r *Sul Gwyn*, syn fu'r sôn / Yng ngolau siampl angylion (Rhys Goch Eryri). **15g.** *GLGC* 439, a thair digwyl Fair yno a fydd; / tri Phasg, tri *Sulgwyn* fal pwynt o'r ffydd. **1547** *WS*, Dywsul y *sulgwyn* Wytsonday. **1567** *TN* 187b, Yr Epistol ar ddie Llun Pasc, a' ddie llun y *Sul gwyn. id.* 262a, mi a arosaf yn Ephesus yd Pentecost [:- y *sul gwyn*]. **1588** *Lef* xxiii. cs., Gwyliau y Sabboth . . . Y Pasc . . . Y barâ croiw . . . Y ffrwythau cyntaf . . . Y *Sul-gwynn.* **16–17g.** *HG* 91, dawn düw gwyn ddüw *sylgwyn* sydd / dilif aür dy lyferydd. **16–17g.** *NBSB* 123, Siâs hiraeth dros y siroedd, / Salw, gwae ni, ddydd *Sulgwyn* oedd (Siôn Mawddwy). **1618** J. SALISBURY: *EH* 65, y *Sulgwyn*, neu dhigwyl yr Yspryd glân. **1670** J. HUGHES: *AP* 2, Dy-llûn a dy-mawrth *Sulgwyn.* **1725** D. LEWIS: *GB* 21, Dydd Jou y *Sulgwyn* y dechreuwyd dyrnu. **1764** DEWI NANTBRÂN: *CB* 21, Pa bryd y descynnodd yr Yspryd Glân ar yr Apostolion? . . . Ar Ddydd *Sul-gwynn.* **1803** *P.* Ar lafar, '*Sulgwyn*' 'Whit Sunday', 'dy' Llun *Sulgwyn*', *WVBD* 513; 'dydd Llun *Sulgwyn*', 'dydd Mawrth *Sulgwyn*', 'wthnos *Sulgwyn*', *GTN* 740.

Gw. hefyd **dyw**[1]**—dyw Sul gwyn.**

Suliadur [*Sul+-iadur*] *eg.* Math o ddyddiadur a ddefnyddir i nodi cyhoeddiadau pregethu'r Sul: *Sunday diary (used to record preaching engagements).*
20g.

Suliol [*Sul+-iol*] *a.* Yn perthyn i'r Sul, nodweddiadol o'r Sul, yn digwydd ar y Sul: *pertaining to, or occurring on, Sunday, dominical.*
1846.

sulogism, sulphur, sulphurig, sultan, sulw, gw. **sylogism, sylffwr, sylffwrig, swltan, sylw.**

Sulwyl [*Sul+gŵyl*[1]] *eb.* Y Pasg; Saboth: *Easter; Sabbath.*
1547 *WS*, Pasc ner *sulwyl* Easter. **1604–7** *TW* (*Pen* 228) d.g. *pascha, Sabbathum.*

sulyn [*Sul+-yn*[1]] *eg.* ll. *-nau.* Papur newydd dydd Sul: *Sunday newspaper.*
20g. Yr oedd *Sulyn* yn enw ar bapur newydd dydd Sul 1982–3.

sum, sumaf: sumo, sumant, sumbal, sumblaf: sumblo, gw. **swm, symiaf: symio, sment, symbal, symbylaf: symbylu.**

sumbol, sumbolaeth, sumbolaidd, &c., gw. **symbol, symboliaeth, symbolaidd,** &c.

sumel, sumer, Sumeraidd, Sumeriad, sumffoni, sumgar, sumiad, sumiaf: sumio, gw. **syml, swmer, Swmeraidd, Swmeriad, symffoni, symgar, symiad, symiaf: symio.**

sumig [*?sum+-ig*[1]] *e?g.* Praffter, maint (mawr): *bulk, (large) size.*
1722 *Llst* 189 d.g. *Bigness.* **1760** E. WILLIAMS: *UYB* 64, Anathema maran-atha . . . mal pettae rhyw felltith bennodol ar bob aelod o'r Eglwys . . . gan ei fod yn cael ei osod cyferbyn a'r annerchiad, yr hyn beth yn y cyn-ddyddiau hynny oedd a mwy *summig* ynddo nag yrowan.

†**sumpl, sumposiwm, sumptom, sumyn,** gw. swmbwl[1], symposiwm, symptom, swm.

Sunamites [bnth. S. *Shunammite+-es*[1]] *eb. Beibl.* Un o drigolion benywaidd Sunem, ym Mhalesteina gynt: *Shunammite (woman).*
1588 1 *Br* i. 3, ceisiasant langces dêg . . . ac a gawsant Abisag y *Sunamites.* **1588** 2 *Br* iv. 12, efe a ddywedodd . . . galw ar y *Sunamites* hon. **1725** D. LEWIS: *GB* 44, Mab y *Sunamites.* **1739** D. ROWLAND: *LlY* 6, [p]lentyn y *Shunamites* gododd Elias.
Amr.: **Sunamees. 1752** 1 *Br* i. 3.

sundrom, sunoptig, sunsur, gw. syndrom, synoptig, sinsir.

suntur, sentur, &c. [?cf. S. *sinter*] *eg.* Pridd, isbridd, neu waelod graeanog, gro: *gravelly soil, subsoil, or bottom, gravel.*
18–19g. *LlrC* 16, 175, *Sentir*, gwaelod caled graeanog y mor neu'r afon . . . ym Môn, pob tir graeanog caled. Ar lafar, '*suntur*' 'gravelly earth', *WVBD* 513; '*suntur*' 'grafel, mângerrig a phridd', *Cymru* lxii. 175 (gorllewin Meir.); 'y gro o dan bridd yr wyneb yw *suntur* neu *suntir*', *BILIE* 40; 'Mae o'n galed fel *sentur*' (Meir.). Yn ardaloedd chwareli'r Gogledd, clywir *suntur* yn yr ystyr 'haen o graig galed a llawer o haearn ynddi', *B* xx. 377, a hefyd yn yr ystyr 'Rhewglai . . . o liw hufen', *id.* 378. Cf. T. H. PARRY-WILLIAMS: *Y* 43, y defnyddiau (megis calch a *suntur*) a fydd ar led pan adeilader tŷ.

suntheseiddiaf: suntheseiddio, sunthesis, sunthetig, gw. **syntheseiddiaf: syntheseiddio, synthesis, synthetig.**

suog [*su+-og*] *a.* Yn suo (i gysgu), suol: *murmuring, lulling.*
1860.

suo-gân [y be. *suo+cân*[1]] *eb.* ll. *-ganau*, ll. dwbl *-ganeuon.* Cân i suo plentyn i gysgu, hwiangerdd: *lullaby.*
1898.
Gw. hefyd **sïol—sïol gân.**

suoganaf: suoganu [y be. *suo+canaf: canu*] *bg.a.* Canu'n dawel, canu suo-gân; sïo (fel gwenyn), mwmian: *to sing quietly, sing a lullaby; buzz, hum.*
1863 CEIRIOG: *CG* 121, Clywid canu—*sïioganu*, / Yn nesâu o Ynys Môn: / Canu, canu, *sïioganu*, / Melus orfoleddus dôn.

suoganiad [bôn y f. *suoganaf: suoganu+-iad*[1]] *eg.* Suad (gwenyn): *a buzzing (of bees).*
1897.

suol [*su+-ol*] *a.* Yn suo (i gysgu): *murmuring, lulling.*
1887.
Gw. hefyd **sïol.**

superaf: superu, superffosffad, gw. **swperaf: swpera, swperffosffad.**

superlliaid, superllaid, superlaid, &c. [cfdds. o'r Llad. Diw. *superlātīvus*, cf. H. Wydd. *superlait*; cf. *posiaid*] *eg.* a hefyd gyda grym ansoddeiriol. *Gram.* (Ansoddair yn) y radd eithaf: *(adjective in) the superlative degree (in gram.).*
c. **1400** *GP* 4, Teir grad kymharyeit yssyd, possyeit, a chymeryeit, a *superleit* (*id.* 22, *superlleit*; *id.* 42, vchelrad) . . . *Superleit* yw yr hwnn y bo y synnwyr mwyhaf neu leihaf yndaw, ac ny aller drostaw, ual y mae goreu oll, neu gwaethaf oll. *a.* **1575** *id.* 95, Teirgradd kymheiriaid yssydd, nid amgen, possiaid, kymheiriaid, a *superlliaid* . . . Pa vodd yr adnabyddir *ssuperlliaid*? *Süperlliaid* a vydd pann vo henw gwann yn arwyddokav y mwyaf oll, nev y lleiaf oll. *Dchr.* **17g.** *id.* 155, [g]radd y *ssapwrlliaid* [*sic*] . . . y *ssybrilliad* [*sic*] radd. *c.* **1730** *Thos. Lloyd D* (LlGC) 207b, *Superlliaid.* Gradus Superlativus.

supersonig, gw. siwpersonig.

supin, sypyn[2] [bnth. dysg. Llad. *(verbum) supīnum*] *eg.* ll. *supineiau. Gram.* Dyleddfiad: *supine (in gram.).*
c. **1455** *GP* 81, [p]a gysstrowen bynnac vo ar verf yn gyffredin, honno vydd arni yn i holl ddychweliad, ac yn y gerwndinav, ac yn i *svpineiav*, ac yn i phartikipianav ac infineidiav. *id.* 88, Y *sypyn* kyntaf ysydd yn geni o ferf wnythvredig . . . Yr ail *sybpyn* sydd yn geni o'r ferf ddioddefedig. *p.* **1584** G. ROBERT: *GC* [196], Rhaid heb law hynn dal cof ar y fann y llunier y geiriau o hono, ai o'r amser presennawl, yntau, o'r *supin.* canys weithie o'r ferf symlig ladin, e phurpheir y gair cymra[e]g o'r *supin* . . . o facio, factu, e [dd]oedir tir phaith.

supina [bnth. S. *subpoena*; ansicr yw grym yr *-u-* yn yr enghrau. isod] *eg.* Gwŷs (i ymddangos mewn llys barn), hefyd yn *ffig.*: *subpoena, also fig.*
15–16g. *GLM* 197, Swyddog y tŵr caerog cau: / *supina* dros eu pennau [i Domas Salbri]. *id.* 253, Dos acw'r ŵyl, dŷ siecr hen; / dysg i ryfeilch d'ysgrifen: / *supina* bach, is pen bys, / sydd i ostwng swydd ustus [i Siôn Pilstwn Hen]. **16g.** (*p.* **1713**) *Pen* 124, 312, Duw o nêf doe'n i ofyn / A wnaeth dri *Supina* 'n un [marwnad Siôn Lewys gan Lewis Menai].

suposaf: suposo, gw. **sbosaf: sboso.**

supralapsariad [cfdds. o'r S. *supralapsar(ian)+-iad*[3]] *eg.* ll. *-iaid. Diwin.* Cyn-gwympydd: *a supralapsarian (in theol.).*
1759 T. THOMAS: *WWDd* viii, Mi a fwriedais . . . na ddilynwn i nêb enwau o ddynion, fel y cyfryw; megis . . . *Supralapsariaid.* **1799** M. WILLIAMS: *HHG* 67, Y *Supralapsariaid* sy'n barnu hefyd, i Adda bechu o'i rydd-did a'i ddewisiad ei hun.

supralapsariaeth [cfdds. o'r S. *supralapsar(ianism)+-iaeth*] *e?b. Diwin.* Cyn-gwympyddiaeth: *supralapsarianism (in theol.).*
1808.

supralapsariaidd, swpralapsariaidd [cfdds. o'r S. *supralapsar(ian)+-iaidd*] *a. Diwin.* Cyn-gwympol: *supralapsarian (adj.) (in theol.).*
1808.

sur [bnth. H. S. *sūr*] *a.* ll. *-ion*, hefyd gyda grym enwol ac fel *eg.* ll. *-(i)on.* Ac iddo flas asidig tebyg i flas lemon neu finegr, egr, siarp, chwerw; wedi troi neu suro drwy waith micro-organebau (am laeth, gwin, &c.); lefeinllyd; asidig ac anffrwythlon (am dir); yn dwyn ffrwythau sur; hefyd yn *ffig.*: *sour, sharp, tart, acidic, bitter; sour (of milk, wine, &c.), off; leavened; sour (of land); bearing sour fruit; also fig.*
13g. *LlI* 91, Auallen *sur*, eny del fruyth arney, iiii.k' a tal. **14g.** *WM* 467. 5–9, Pan elhynt y west . . . nyd edewynt 6y na theб nathеneu . . . na *sur* na chroyб nac ir na hallt. **14g.** *GIG* 168, Oes ar dy wawd, *sur* dy wên, / Os holir, eisiau halen [dychan i'r Gwyddelyn]. *c.* **1400** *MM* 158, kymerych y bбyt mбyhaf a gerych oe keffy ac yn enwedic bara *sur. c.* **1400** *Études* viii. 92, Eirin a sirian . . . Oerach vyd y rei *suryon.* **15g.** *GGl*[2] 199, Afal pêr Gwerful heb ball, / Afal *sur* oedd flas arall. **1547** *WS*, *Sur* Sower. *Diw.* **16g.** *WLB* 28, or trwnk *sura* ar ellir i gaffel. **1588** *Jer* xxxi. 29, y tadau a fwytasant rawn-win *surion*: ac ar ddannedd y plant y mae ddingcod. **16–17g.** *HG* 124, digovaint kras hoked *sür*, sy vrodyr yr genfigen. **16–17g.** *CRC* 109, O chais ddwyn klod am sadrwydd / hi a wna wyneb trist afrwydd / yn *svr* yn ddrych ffyrnigrwydd. **1632** *D*, *Sûr*, Acidus. **17g.** HUW MORUS: *EC* i. 65, Rhag Rolant, fu 'n rhy greulon, / A'r cledd *sur*—c'wilyddus son! **1725** D. LEWIS: *GB* 308, Am Betheu *Surion* a Chroyw. Acids and Alcal[i]es. *a.* **1735** *W Ballads* 64, [3], Gwraig y Tŷ cyn *sured*, a Finegr iw gweled. **1759** T. THOMAS: *WWDd* 111, ddim eisieu peth *sûr*, na pheth chwerw. **1771** *PDPh* 85, os na bydd finegr cymmerwch waelodion diod *sur.* **18–19g.** J. THOMAS: *EG* 108, Mi fyddaf wrth siarad yn *surach* fy nhrwyn. **1803** *P*, *Sûr* . . . a. Sour, acid; stale. Llaeth *sûr*, sour milk. Ar lafar, 'yn *sur* fel y ficws', 'cyn *surad* â chwsberis y clochydd', *WVBD* 513; 'Ma'r llæth yma'n *sur* iawn', 'Fe'i gwrthotws 'i'n *sur* ac yn swrth', *GTN* 743.

Fel *e.* Asid; finegr: *acid; vinegar.*
1788 J. ROBERTS: *AR* 27, *Sûr*, finegr. **1803** *P*, *Sûr*, s. m. . . . an acid. Ar lafar yn ardal Rhosllannerchrugog yn yr ystyr 'finegr'.
Cfn.: **sur blorig:** *nitric acid.* **1851. sur carbonaidd = sur carbonig. 1833. sur carbonig (carbonic):** *carbonic acid.* **1851. sur derwin = sur tannig. 1858. sur halig = sur helig. 1851. sur helig:** *muriatic acid.* **1851. sur llosfeinig:** *sulphuric acid.* **1851. sur llosg:** *phosphoric acid.* **1848. sur llosnurig = sur llosg. 1851. sur priddig:** *humic acid.* **1851. sur surig:** *acetic acid.* **1850. sur tannig:** *tannic acid.* **20g. sur ufelai = sur ufelig. 1914. sur ufelaidd = sur ufelig. 1869. sur ufelig:** *sulphuric acid, vitriol.* **1843. sur ulig = sur carbonig. 1866. sur ulwin = sur carbonig. 1848. sur ulyfig = sur carbonig. 1851.**
Gw. hefyd **surion**[3], **suryn.**

suraeth [*sur+-aeth*] *eg.* Asid: *acid.*
1826.

suraf: suro [bf. o'r a. *sur*; trafodir y ff. *surha* d.g. *surhaf: surhau*] *bg.a.* Mynd neu wneud yn sur, lefeinio, hefyd yn *ffig.*: *to (turn) sour, leaven, also fig.*
c. **1400** *RM* 123, nyt aruaeth kaffel botheu rinnon rin barnaбt [*sic*]. ny *sura* (*WM* 483. 8, surha) uyth llynn yndunt. *c.* **1400** *MM* 22, kymryt y llynn hбnnб y ar y llysseu gynneu . . . ae dodi ar darwed y mybn llestyr y *surho* [*sic*]. **1547** *WS*, *Suro* Waxe sower. **1567** *TN* 282b, Ychydic surdoes a *sura* yr oll does. **1620** *Hos* iv. 18, *Surodd* eu diod hwy, gan butteinio y putteiniasant. **1632** *D*, *Suro*, Acescere, acere. **1672** R. PRICHARD: *Gw* 222, Fe lwyda 'r bwyd, fe *Sura* 'r ddiod. **1696** *CDD* 245, Er meddiannu'r pêth melusa, / O hir sefŷll fe a *sura.* **1735** L. MORRIS: *T* 16, [P]obl Carêdig [*sic*] Onest . . . Er mwyn y rheini . . . y Cymerais y boen hon arnaf; Pam ynte y bydd raid i nêb arall *suro* mo'i drŵyn ynghylch hyn o waelbeth? **1753** *TR*, *Suro*, to grow sour or tart. **1778** J. HUGHES: *BB* 177, A phrofi ffrwythe pechod, / Yn sorod wedi *suro*, / Mae 'n henaid yn newynu. **1789** H. JONES: *EN* 44, Ni's gwn beth ddaw o'm henaid i 'dragwyddoldeb', sydd ddigon . . . i *suro* ein holl fwyniant. **1803** *P*. Ar lafar, '*suro*' 'to turn sour', *WVBD* 513; ''Wn i ddim beth sy ryntyn' nw yn y byd, ond ma rwpath wedi *suro*'r berthynas', *GTN* 743.

suraidd [*sur+-aidd*] *a.* Lled sur, asidig, hefyd yn *ffig.*: *sourish, acidic, also fig.*
16g. HUW ARWYSTL: *Gw* 443, nid byw vn astrus ond a benwestrych / . . . / na dim yn *suraidd* ne dwym nas oerych. **16–17g.** E. PRYS: *Gw* 222, *Suraidd* fardd, os oerodd fo, / Ys madws it symudo. / Troi o'r gŵr natur gerwin, / Tafod drwg sy'n tyfu trin [ymryson â Huw Machno]. **1603** W. MIDLETON: *Ps* 233, Twysogion dhigon a dhaw ae siarad / *Suredh* im kyhudhaw. **17–18g.** O. GRUFFYDD: *Gw* 71, Boed hefyd wiw bryd i'w bri—ddi gamrai / Dda Gymro 'n ddyweddi; / Nag ymwasgo gem wisgi / Un *suraidd* Sais a'i hais hi. **18g.** *W Ballads* 148, 8, Bydd pawb or un do'n / yn *suredd* nhw dro'n, / Pôb lodes wen dawel rydd ffarwel i Sion. **1759** *BC* 170, Ymadael a gormodedd, a phob pleserau *suredd.* [**1794**] M. WILLIAMS: *DUJ* 31, Pob gwagedd ac oferedd, anfwynaidd, *suraidd* sawr, / Oedd dan dy fron yn llechu—gad heibio rhei'ny 'nawr. **1803** *P*.
Gw. hefyd **suredd, sureiddiau.**

suran [*sur+-an*[1]] *e.ll.* (un. b. *-en*) a hefyd fel *eb.* ll. *surain, surans. Bot.* Planhigion (planhigyn) o'r tylwyth *Rumex*, yn enw. *R. acetosa*, sy'n dwyn dail chwerw a ddefnyddir mewn sawsiau a saladau, dail surion; planhigion (planhigyn) bach sy'n dwyn dail chwerw a blodau gwynion ac arnynt streipiau porffor, suran y coed, *Oxalis acetosella*; ?trwyth a wneir o'r suran: *(common) sorrel; wood sorrel; ?decoction made from sorrel.*
1547 *WS*, *Suran* y gog. **16–17g.** *GST* i. 549, Dail ffiol ffrwyth dan bwyth bod, / A *suran* a phob sorod. **1604–7** *TW* (*Pen* 228) d.g. *Oxalis, Rumex, Rumex acutus. Dchr.* **17g.** *J* 10, 41b, *Suran* wood sorell. *Dchr.* **17g.** *Card* 2.973, 216a, *Svrans* (*B* xv. 117, *Suran*) ditans avans hydr. **1632** *D* (*Bot*), *Suran* . . . oxylapathum. **1633** J. GERARDE: *Herball, suran*, sorrell. **1688** *TJ* (*Bot*), *Suran*: Sorrel, Sheep-sorrel. **1759** J. EVANS: *PF* 38, Neu ferwch ddau lonaid Llâw o Ddail *suran* mewn Pint o Faidd. [**1783**] *W* d.g. *Sorrel* [*in Botany*]. **1803** *P*, *Suran*, s. f.—pl. *surain* . . . The name of several sour plants; sorrel. *id.* d.g. *Suranen.* Ar lafar, G. AWBERY: *BM* 54 (Môn), *WVBD* 513.
Amr.: **suren** [adff.] (ll. *-s*). **1823.**
Cfn.: **suran y frân:** *wood sorrel, Oxalis acetosella; (common) sorrel, Rumex acetosa.* **1632** *D* (*Bot*), *Suran y frân*, Acedula [*sic*]. **1803** *P*, Suran . . . *surain y vrân*, crow sorrel. **1813** *WB* 235, *Suran . . . y Fran*; Rumex Acetosa; Common Sorrel. **suran clustiog = suran y cŵn. 1604–7** *TW* (*Pen* 228) d.g. *Oxalis.* **suran(en) godog:** *Chinese lantern, winter cherry, Physalis alkekengi.* **1632** *D* (*Bot*), Alkakengi, y *suranen godog.* **1770** *W*, Y *suranen godog* d.g. *Alkakengi* [*winter-cherry*]. **1803** *P*, Suran . . . *surain codawg*, alkekengi. **1813** *WB* 235, *suran godog*; physalis alkekengi; winter cherry. **suran y coed:** *wood sorrel, Oxalis acetosella.* **15–16g.** *Pen* 204, 4, svra[n] y gog nev *svran y coed.* **1632** *D* (*Bot*), *Suran y coed* vid. suran y gôg. **1803** *P*, Suran . . . *surain y coed.* **1813** *WB* 235. Ar lafar, G. AWBERY: *BM* 60 (sir Gaern., Meir., a Chered.). Gw. hefyd *surion*[3]. **suran (surens) y gog = suran y coed. 15–16g.** *Pen* 204, 4, *svra[n] y gog* nev svran y coed. **1547** *WS*, *Suran y gog.* **16g.** *LlS* 105, Oxis yn Groec a Llatin . . . Woodsorell yn Saesonaec a *Suran y goc* yn Camberaec. **1759** J. EVANS: *PF* 52–3, arferwch Dê o *Suran y Gôg* neu o Bîppin. **1803** *P*, Suran . . . *surain y gôg.* **1813** *WB* 235, *suran y gôg*, Oxalis Acetosella; wood Sorrel. **suran (surans, surens) y cŵn:** *(common) sorrel, Rumex acetosa.* **1813** *WB* 235, *suran y cwn* . . . Rumex Acetosa; common Sorrel. Ar lafar, '*suran y cŵn*', G. AWBERY: *BM* 54 (sir Gaern. a Meir.); '*surans y cŵn*', *WVBD* 513. **suran y garddau:** *(common) sorrel,*

Rumex acetosa. **16g.** (*LlEG*) *Mos* 158, 686b, berwi dail *Suran y gardde*. **suran y waun = suran y cŵn. 1801** *MMf* 109. **1813** *WB* 235. **suran hir(ion):** *water dock, Rumex hydrolapathum*. **1632** *D* (*Bot*), *Suran hirion*, tafol y dwr, Hydrolapathum. *c.* **1730** *Thos. Lloyd D* (LlGC) 207b, *Suran hir*. Hydrolapathum. **1803** *P*, Suran . . . *surain hirion*, tavol y dwr, water dock. **1813** *WB* 235, *suran hir*, edr. Tafolen y dwr. **suran y maes:** (*common*) *sorrel, Rumex acetosa; sheep's sorrel, Rumex acetosella*. **1604–7** *TW* (*Pen* 228) d.g. *Oxalis*. **1632** *D* (*Bot*), *Suran y maes*, Lapathum acutum. *c.* **1730** *Thos. Lloyd D* (LlGC) 207b, *Suran y maes*. Lapathum acutum. Sheep's Sorrel. **1813** *WB* 235, *suran y maes* . . . rumex Acetosa; common Sorrel. **suran y mynydd:** *mountain sorrel, Oxyria digyna*. **1840. suran tair dalen,** &c. **= suran y coed. 1604–7** *TW* (*Pen* 228), *Suran Tair Deilen* d.g. *Alleluia*. *id. suran Tair deilien* d.g. *Oxys*. **1632** *D* (*Bot*), *Suran tair dalen*, vid. suran y gôg. *c.* **1730** *Thos. Lloyd D* (LlGC) 207b, *Suran tair dalen*. Wood Sorrel. **1803** *P*, Suran . . . *surain tairdalen*, wood-sorrel. **1813** *WB* 235, *Suran Deirdalen*. **suran yr ŷd, suran yr ydau:** (*common*) *sorrel, Rumex acetosa; sheep's sorrel, Rumex acetosella*. **1547** *WS*, *Suran yr yd* Sower dock sorrell. *Diw.* **16g.** *WLB* 52, ychudig o suran y koed . . . ne *suran yr yde*. **1803** *P*, Suran . . . *Surain yr yd* . . . sour dock, sorrel. **1813** *WB* 235, *suran yr yd*; Rumex Acetosella; sheep's Sorrel. Ar lafar, 'Sorrel Rumex acetosa, R. acetosella . . . *suran yr ŷd*', G. AWBERY: *BM* 54 (sir Gaern.).

suranig [*sur+-an*[1]*+-ig*[2]] *a.* a hefyd gyda grym enwol. *Cem.* Ocsalig: *oxalic* (*in chem.*).
1851.

surawd [*sur+-awd*[4]] *e?g.* *Cem.* Asetad: *acetate* (*in chem.*).
1850.

surbair [*sur+-bair* (At.)] *e?g.* *Cem.* Ocsygen, ocsid, ?carbon deuocsid: *oxygen, oxide, ?carbon dioxide* (*in chem.*).
1850.

surbar [*sur+?pâr*[4]] *e?g.* *Cem.* Ocsygen: *oxygen* (*in chem.*).
1830.

surber [*sur+pêr*[1]] *a.* Sur a melys, chwerw a melys, egr, siarp: *sweet and sour, bitter-sweet, tart, sharp*.
1604–7 *TW* (*Pen* 228), Eneinio . . . min y cwpan a rhyw beth hyfrytber; megys a chroen yr aual orens, ne lyseun *surber* d.g. *Vas*. **1794** *W*, Aeron pereidd-sur (*sur-ber*) d.g. *Tamarinds*. *id.* d.g. *Tart*. **1803** *P*, *Surber* . . . of an acid sweetness. Cf. D. J. WILLIAMS: *HW* 15, wyneb ffres, gwridog fel afal *surber*.

surbren [*sur+pren*] *eg.* *Bot.* Pren melyn, eurddraenen, *Berberis vulgaris*; coeden grabas: *barberry* (*in bot.*); *crab-apple tree*.
1604–7 *TW* (*Pen* 228) d.g. *Malus sylvestris* . . . *Berberis* (At.). **17g.** (**18g.**) *LlGC* 9, 246, Ni ddygiff y *Sûrbren* un Afal pêr ffrwyth (Edward Morris). *c.* **1730** *Thos. Lloyd D* (LlGC) 209a, *Surbren*. Berberis. Barbery tree.

surbwch [*sur+*elf. anh.; ?cf. *surbwg*] *a.* a hefyd fel *eg.* (Person) sarrug, swta, neu ddiserch: *sullen, surly or churlish* (*person*).
1913. Ar lafar, '*surbwch*' 'surly', *WVBD* 513; 'rhyw *surbwch* o ddyn', *Cymru* xlvii. [236] (sir Ddinb.).

surbwchaidd, gw. **surbychaidd.**

surbwg, surbwc, &c. [?*sur+*elf. anh.; ?cf. *surbwch*] *e?g.* Llaeth sur; caws posed, ewyngaws; hefyd yn *ffig.*: *sour milk; syllabub; also fig.*
1609 *CRC* 82, mi weles nad bychan mom kroeso brynhawn / pen ddelwn i ir fvches mai *sirbwg* a gawn. *Dchr.* **17g.** *J* 10, 40b, *Sirbwc*. syllibwb × *Surbwg*. *id.* 41b, *Surbwg*. Oxygala. **17g.** *LlGC* 13215, 351, *Surbwc* x *surbwg*. **1707** *AB* 110c, *sŷr-bwk* d.g. *Oxygala*.

surbwll [*sur+pwll*] *eg.* Pwll o ddŵr sefyll, merbwll: *stagnant pool*.
1814. Cf. GW. MECHAIN: *Gw* i. 531, Ni fynent godi dwfr o *surbwll* drewedig.

surbychaidd, surbwchaidd [*surbwch+-aidd*] *a.* Sarrug, swta, diserch: *sullen, surly, churlish*.
20g. Ar lafar, 'edrach yn *surbwchaidd* a'no fo' (Llŷn).

surcyn, gw. **sircyn.**

surchwerw, surchwibl, gw. **sur+ chwerw, chwibl.**

surdan, gw. **syfrdan.**

surdeb [*sur+-deb*] *eg.* Surni, egrwch, asidedd, hefyd yn *ffig.*: *sourness, tartness, acidity, also fig.*
a. **1587** *Y* 171, Mi a ganaf amgenach, / Sen i'r beirdd, a'm synnwyr bach, / Nid er atteb, *svrdeb* sen, / I'th groes araith grâsaren. **1803** *P*, *Surdeb*, s. m. . . . Acidity, sourness; tartness.

surder [*sur+-der*] *eg.*
(*a*) Surni, egrwch, asidedd, yn aml yn *ffig.*; ocsidiad: *sourness, tartness, acidity, often fig.*; *oxidation*.
16–17g. T. PRYS: *C* 103, O daw trin gan rai blinion, / A chwerwder, *surder* sôn, / 'E bair hwn, yn bur hynaws, / Gan wŷr trwch, heddwch yn haws [i ofyn cleddyf]. **1615** R. SMYTH: *GB* 6, ymysc y rhosau 'r ydys yn cael llavver o ddrain pigog, llavver o *surder* a chvvervvder. **1683** H. EVANS: *CTF* 43, Os mewn pethau drwg mae'th hoffder, / Trist ochneidion a'i try 'n *surder*. **1696** *CDD* 300, I wneuthur y ddiod ni roddwŷd erioed, / Na brâg, na hoppŷsŷn, na ffrwŷth oddiar goed / . . . / Na dim o naws oerder, na *surder* yn hon [moddion i'r enaid]. **1704** J. MORGAN: *B* 42, Cellwair, a thrythyllwch, ac ymloddest, amharch cyfrwysgall a *surder*. *c.* **1730** *Thos. Lloyd D* (LlGC) 209a, *Surder* . . . Sourness. *id.* 211a, *Surder*. Acerbitas. **1795** J. THOMAS: *AIC* 271–2, yr Awel wedi ymrwymo . . . gyda *Surder*, Chwer'der, [*sic*] Brwmstanllyd &c. yn myg-darthu. **1798** *WR* d.g. *Acerbity*. **1803** *P*.
(*b*) Seidr; (geir.) ferdis, surlyn: *cider*; (*dict.*) *verjuice*.
1688 *TJ*, Aesel, (ferdus) *surder* a wnelir o grabbas. Verjuice. **1761** *ML* ii. 378, Par ddelw sydd ar y berllan dau? Par sawl faint o *surder* a wnewch chwi y leni? **1762** *id.* 447, bu agos imi a thagu neithiwr ar ol posel seider (*surder*). *id.* 489, Os y chwiw ladron a edy i mi fy afalau bydd gennyf lonaid y cyddugl y leni, rhaid dysgu gwneuthur *surder* mi wrantaf.

surdod [*sur+-dod*] *eg.* Surni, hefyd yn *ffig.*; asid: *sourness, also fig.*; *acid*.
17–18g. *Mos* 130, 228, Lwccŷs iw 'r neb syn leicciaw ych Cadw / ach cydwaith mor hylaw / E fydd ei fwyd heb lwydaw / *Syrdod* iw ddiod ni ddaw. **1704** *Cym Cr* 31, os rhaid troi allan bob anwes a *surdod* (*sourness and moroseness*), a raid troi allan bob Cymmedroldeb a Sobrwŷdd? **1778** CAIN JONES: *Alm* 15, Wrth ganfod drwg pechod a'i *surdod* gwaetha sawr.

surdoes [*sur+toes*] *eg.* Lefain, eples, burum, hefyd yn *ffig.*: *leaven, sourdough, ferment, also fig.*
1547 *WS*, *Surdoes* Souredoughe. **1567** *LlGG* 56b, Caniata i ni velly vwrw ymaith *surdoes* drugioni. **1567** *TN* 21b, Cyffelip yw teyrnas nefoedd y *surdoes* [:– lefen], yr hwn a gymer gwraic ac ei cudd mewn tri pheccet o vlawt, yn y sura oll. *id.* 26a, 'mogelwch rhac leven [:– *surdoes*] y Pharisaieit a'r Sadducaieit. *id.* 282b, Ychydic *surdoes* [:– leven] a sura yr oll does. **1588** *Ecs* xii. 15, Saith niwrnod y bwytewch fara croiw, y dydd cyntaf y gwnewch na byddo *sur-does* o fewn eich tai. **1604–7** *TW* (*Pen* 228) d.g. *Fermentum*. *Dchr.* **17g.** *J* 10, 41b, *Surdoes*. leaven. **1715** T. EVANS: *GC* 14, *surdoes* amryfusedd y Crynwyr. **1771** *PDPh* 27, cymmerwch dalp mawr o sialc, a dodwch mewn *surdoes* pan fyddoch yn gwneuthur bara ty. **1803** *P*, *Surdoes*, s. m. . . . Sour dough, leaven.

surdoesaf: surdoesi [bf. o'r e. *surdoes*] *bg.?a.* Lefeinio, suro, hefyd yn *ffig.*: *to leaven, sour, also fig.*
1604–7 *TW* (*Pen* 228) d.g. *Fermento*. **1653** (**18g.**) *Pant* 8, 40, [p]rofion dilys fod allorwyr Cymry a Lloegr wedi llwyr *surdoesi* . . . au bod wedi dirywio . . . oddiwrth hen egwyddorion eglwys Loegr. **1803** *P*, *Surdoesi*, v. a. . . . To leaven.

surdost, gw. **sur+tost**[2].

surdrwnc [*sur+trwnc*[1]] *eg.* (Hen) wrin: (*stale*) *urine*.
15g. (*c.* **1581**) *Pen* 72, 473, ssvr yw dy bibeu heb ssvttt / ssawyr *surdrwnk* yw r pwnc or pott / Selsigen o fewn hen hett / simnai o bren sy mewn bratt. [Dafydd ab Edmwnd i'r pibau]. **1547** *WS*, *Surdrwnk* Stale. **16g.** WILIAM CYNWAL: *Gw* (R. L. Jones) 670, Delf Iddew, gwefldew gafldom, / Dor *surdrwnc*, dyrras oerdrem [i'r llwynog]. *Diw.* **16g.** *WLB* 36, ai berwi [cegid] mewn dwfr a *surdrwnk*. *Dchr.* **17g.** *J* 10, 41b, *Sur-drwngc*. vrine. **1632** *D*, *Surdrwngc*, Vrina, lotium. **1688** *TJ*, *Surdrwngc*, (pission:) . . . Piss or Stale. **18g.** *Llr* C 24, 297, Cais floneg moch a *syrdrwnk* a berw ynghyd. **1759** *BC* x, dwyn i'r amlwg Dduwioldeb . . . yr hyn sydd fwy Clodadwy a pharhaus, na *Surdrwngc* Diodydd. **1803** *P*, *Surdrwnc*, s. m. . . . Stale urine.

surdrwyn [*sur+trwyn*] *eg.* a hefyd fel *a.* Trwyn sur, yn *ffig.*; trwynsur, trwynuchel: *sour nose, fig*; *sourfaced, disdainful*.
a. **1587** *Y* 222, Os sûr yw, mae yn sawr iach / Y borav, gwell na'i berach. / Dod â grym, od ydwyd gryf / Drwy nerth, dy *sûrdrwyn* wrthyf. Cf. *Cymru Fu* 445, Mr. *Surdrwyn* Pharisee.
Gw. hefyd **trwynsur.**

surealaeth, surealaidd, gw. **swrealaeth, swrealaidd.**

suredig [bôn y f. *suraf*: *suro+-edig*] *a.bfl.* Wedi (ei) suro, sur, asidig: *soured, sour, acidic*.
1803 *P*.

suredd [*sur+-edd*[1]; dichon mai ff. ar *suraidd* a welir yn rhai o'r enghrau. isod] *eg.* ll. *-au*. Surni, egrwch, asidedd, hefyd yn *ffig.*; asid: *sourness, tartness, acidity, also fig.*; *acid*.
1545 ELIS GRUFFYDD: *Ll* 166, Ac j gadw y gwin heb droi ar *ssuredd*, gwna i'r dynn [*sic*] a vo ynn kadw'r gwin vwrw kangen ne ii o'r llyshiewyn yma yn y gwin. **16–17g.** T. R. ROBERTS: *EP* 233, Creulon y galon galed, / Cablai Grist a'r cwbl o gred, / Anrhugaredd *suredd* sôn / Yn enwedig anudon. **1603** W. MIDLETON: *Ps* 102, Kan aethont ffordh front o fryntedh ae dug / A dwedyd gau ffug sarrug *suredh*. *Diw.* **17g.** *LlGC* 7191, 179, Nyni a gowsom siarad mwŷn heb *sûredd*. *c.* **1730** *Thos. Lloyd D* (LlGC) 207b, *Suredd*. Acerbitas, acor. [**1783**] *W* d.g. *Sourness*. **1800** W. OWEN[-PUGHE]: *CP* 78, maent [cafnau plwm] yn bur afiachus, o herwydd *suredd* y llaeth yn mânu ar y plwm. **1803** *P*, *Surez*, s. m. . . . Acidness, sourness.

sureg [*sur+-eg*[1]] *eb.* ll. *-ion*. Asid: *acid*.
1848.

sureiddiaf: sureiddio [bf. o'r a. *suraidd*] *ba.* Suro, asidio: *to sour, acidulate*.
1816.

sureiddiau [*suraidd+-iau*] *e.ll.* Asidau: *acids*.
1831.

suren, gw. **suran.**

surfedd [?cfdds. o'r S. *sherbet*, sef *sur+medd*[1]] *eg.* Surop; sierbet: *syrup; sherbet*.
1763 *DT* 177, Yfed *Surfedd* o'r Besychlys, / Yfed Posel o'r Gwin melys. [**1783**] *W* d.g. *Sherbet, or lemonade*. **1803** *P*, *Survez*, s. m. . . . A syrup.

surfeiwr, gw. **syrfëwr.**

surfelys [*sur+melys*] *a.* Sur a melys, wedi ei goginio mewn saws a wneir o finegr neu lemon a siwgr, &c.: *sweet-and-sour*.
1632 *D* d.g. *Dulcacidus*. **1773** J. ROBERTS: *GY*, Finegar, diod *Sûr felus*, i wlychu tammaid. **1803** *P*, *Survelys* . . . Of an acid sweetness.

surflorig [*sur+blorig*] *e?g.* *Cem.* Asid nitrig: *nitric acid* (*in chem.*).
1843.

surffed, surffetaf: surffeto, gw. **syrffed, syrffedaf: syrffedu.**

surgas [*sur+cas*[1]] *a.* Sur a hendrwm: *sour and musty*.
Ar lafar, 'biwyn *surgas*' 'a musty-sour kernel (of a nut)', *GDD* 277.

surgeirch, gw. **bara**[1]**—b. surgeirch.**

surgen [*sur+cen*[1]] *eg.* *Cem.* Tartar: *tartar* (*in chem.*).
1851.

surgennig [*surgen+-ig*[2]] *a.* *Cem.* Tartarig: *tartaric* (*in chem.*).
1883.

surgerfiad [*sur+cerfiad*] *eg.* Ysgythriad: *an etching*.
20g.

surhaf: surhau [*sur+-hau*] *bg.* Suro: *to* (*turn*) *sour*.
14g. *WM* 483. 7–9, kaffel botheu rinnon rin baruaɓt [*sic*] ny *surha* (*RM* 123, sura) uyth llyn yndunt. *p.* **1584** G. ROBERT: *GC* [362], ynte gan wynt oi genau, / a sawyr o hwn, yn *surhau* [dychan i gadach wyneb]. *c.* **1730** *Thos. Lloyd D* (LlGC) 210b, *Surhau*. To sour.
Gw. hefyd **suraf: suro.**

suriain, surian, gw. **sirian.**

surianbren, gw. **sirianbren.**

surig [*sur+-ig*[2]] *a.* *Cem.* Asetig: *acetic* (*in chem.*).
1850.

surinjaf: surinjo, surion[1,2], gw. syrinjaf: syrinjo, sirian, sur.

surion[3] [ll. yr a. *sur* fel e.] *e.ll.* yn yr ymad. *surion y coed. Bot.* Suran y coed, *Oxalis acetosella*: *wood sorrel* (*in bot.*).
14g. *ACL* i. [37], Allaluya. *suryon y coet. id.* 43, Panis cuculi, *suryon y coet. c.* **1400** *MM* 40, kymryt *suryon y coet*, a deint y lleб. *Diw.* **16g.** *WLB* 5, Kymer . . . dorfagl . . . a *sirion y koed. id.* 55, bwyta saws o sugun *sirion y koed* gida fob bwyd. **1725** D. LEWIS: *GB* 225, *Surion y Coed*, a Thafod yr Hŷdd. **18g.** *Llr* C 24, 22, Cymer selidonia a *syrion y coed* a Marchala[n].
Gw. hefyd **suran—suran y coed.**

surlas [*sur*+*glas*[1]] *e?g.* yn yr ymad. *surlas y cŵn. Bot.* Suran, *Rumex acetosa*; suran yr ŷd, *Rumex acetosella*: *sorrel*; *sheep's sorrel* (*in bot.*).
Ar lafar, G. AWBERY: *BM* 54 (Meir.).

surlyd, gw. **surllyd.**

surlym, gw. **sur+llym.**

surlyn, surllyn [*sur*+*llyn*[2]] *eg.* Ferdis; finegr; asid: *verjuice*; *vinegar*; *acid.*
18g. *Llr* C 24, 102, Cais y Meddygyn . . . ar [*sic*] *syrlyn.* **1794** *W*, *sûr-llynn* d.g. *Verjuice.* **1798** *WR*, *surlyn* d.g. *Verjuice.*
Cfn.: **surlyn (surllyn) grobos:** *verjuice.* **1794** *W* d.g. *Verjuice* (hefyd *WR*).

surllyd, surlyd [*sur*+*-llyd, -lyd*] *a.* (b. *-lled*). Sur(aidd), asidig, hefyd yn *ffig.*: *sour(ish)*, *acidic*, *also fig.*
c. **1600** *AP* 60, Casbethau Ieuan Brydydd Hir . . . [c]unoc *surllut.* **1632** *D* d.g. *Acetosus. c.* **1658** R. VAUGHAN: *E* 162, Nabal *surlyd* anfoesol. **17g.** HUW MORUS: *EC* i. 196, Gwelwn ryfedd giaidd gŵn, / A'u safnau tanllyd *surllyd* swn. **1677** R. JONES: *BB* 205, nid i fwrw ymmaith bob difyrrwch, ac i droi yn anghyfeillgar, anhynaws, a *surllyd. id.* 208, [b]uchedd *surllyd*, drwmbluog, bruddaidd. **1682** E. LLWYD: *EI* 100, yspryd aflonydd . . . a Chalon *surlled.* **1703** E. WYNNE: *BC* 41, Yn hyn dyma drwp o bobl o Stryd Balchder yn ddigon hŷ'n curo wrth y Porth, ond yr oeddynt oll mor warsyth nad aent byth i le mor isel heb ddiwyno 'u perwigeu a'u cyrn, felly hwy a rodiasant yn eu hol yn o *surllyd.* **1714** IACO AB DEWI: *CB* 8, a'r pryd hynny yr oeddwn i yn ynfyd yn wir i Meistres gan ei bôd o Ardymer *surlled* ac anhynaws. **1718** E. SAMUEL: *HDdD* 286, Rhieni, sy'n meddwl na ddylent edrych . . . ar eu plant ond ag wyneb *surllyd*, sarrûg. **1778** CAIN JONES: *Alm* 7, Fenws sydd yn ei natur yn fwyn, a thirion; Sadwrn yn *surllyd.* **1796** N. WILLIAMS: *HM* ii. 105, Weithiau fe ddigwydd . . . oddi wrth Anhwyldeb y Cylla, neu'r prîf Agoriadau, rhyw *surllyd* ddwfr . . . yn aros ynddynt. **1798** *WR* d.g. *Sourish, Sullenly.*

surllydrwydd [*surllyd*+*-rwydd*] *eg.* Surni, *ffig.*: *sourness*, *fig.*
18–19g. *MA* iii. 203, Tri pheth anhardd ar bob rhyw o ddŷn . . . dioglydrwydd, *surllydrwydd*, ac annysg herwydd ei râdd.

surllyn, surn, gw. **surlyn, swrn**[1].

surni [*sur*+*-ni*] *eg.* Y cyflwr neu'r ansawdd o fod yn sur, surder, egrwch, asidedd, hefyd yn *ffig.*: *sourness*, *tartness*, *acidity*, *also fig.*
1547 *WS*, *Surni* Sowernesse. **16–17g.** T. PRYS: *Bardd* 190, rhoe ym ogan yn anoeth / o *svrni* balch yn syrn boeth (Rhys Wyn). **16–17g.** *PhA* 311, grabs swrn a gair heb *surni* / pen yn y top arnad ti [i Wiliam Gruffydd]. **1604–7** *TW* (*Pen* 228) d.g. *Austeritas.* **1632** *D*, *Surni*, Acor. *id.* d.g. *Acerbitas*, *Acetositas.* **1672** J. LANGFORD: *HDdD* 332, Sarrugrwydd a *Surni.* **17g.** HUW MORUS: *EC* i. 227, Ymrowch i foddloni, er trwm bwys eich trethi, / Am ymladd a thrychni, mawr *surni* mae 'r son. **1704** *Cym Cr* 31, a raid i'n gwaith yn Croesawu y naill y llall [cymedroldeb a sobrwydd] fod yn achos o bechod neu *surni*? **1718** E. SAMUEL: *HDdD* 299, pob Anynadrwydd a *surni.* **1732** J. JONES: *C* 31, Beth yw y pummed Canlyniad drwg a ddaw i Ddigofaint pechadurus? . . . mae'n troi yn *surni* Ysbryd. **1753** *TR*, *Surni*, sourness, tartness. **1793** N. WILLIAMS: *HM* i. 53, Y mae'n dda iawn . . . i ddiffyg blys-bwyd, a *surni.* **1798** W. RICHARDS: *CC* 20, Y mae eu *surni* enllibus [Methodistiaid] . . . yn mron yn annyoddefol! **1803** *P.*

surnwy [*sur*+*nwy*[3]] *eg. Cem.* Asid carbonig: *carbonic acid* (*in chem.*).
1875.

surog [*sur*+*-og*] *a.* Sur: *sour.*
Dchr. **17g.** *RWM* ii. 149, vn wilog *svrog* ddrwgsawr ni cheisia (Thomas Evans, Hendreforfudd).

surol [*sur*+*-ol*] *a.* Sur, hefyd yn *ffig.*; sitrig: *sour*, *also fig.*; *citric.*
1803 *P* d.g. *Surawl.*

surop, syrop, syrup, &c. [bnth. S. *syrup*] *eg.* ll. *syrops*, *syrupau.* Hylif tew melys, yn enw. toddiant siwgr, a ddefnyddir fel melysydd, cyffeithydd, neu fwyd, neu fel cyfrwng moddion; sudd cansenni siwgr: *syrup.*
15g. *DE* 48, sawr powdr mewn *sirip* ydoedd [i'r cusan]. **1545** ELIS GRUFFYDD: *Ll* 32, ynn erbyn pesychu gouiduis kymer ii owns o bowdwr y llyshiewyn yma, a berw ef mewn hanner peint o veel . . . A dod lwyaid o'r *seirope* hwn j'r goddeuwr. *id.* 103, Kymer iiii owns o wraidd lickorus a maedda wynt Mewn mortter . . . bwrw wynnt mewn galwyn o ddwr pur a berw ef . . . a gwna j'r goddeuwr yved o'r *surrope* hwn. *id.* 184, berw bo[w]dwr o ddail seine a'r gymaint arall o suwgwr gwyn ne veel puredig oni el ef yn *syrrop* tew. **1545** *CM* 1, 680, lle ni bor kyuriw *syrrops* yw gaffel [*sic*] gwna Ir goddeuwr yved dwr or llyshiau . . . gellir kymerud hanner owns or *syrope.* *Diw.* **16g.** *WLB* 45, twymno [llysiau, triagl, a mêl] . . . oni font yn dew fal *surop.* **1604–7** *TW* (*Pen* 228), berwat dwr a lhawer o lyseû siopæ a lhyseuoedh ereilh, arveredic yn lhe *Syrupæ* d.g. *Apozema.* **1699** T. JONES: *Alm* [8], *Syrup* neu *Surop* a wneid o ddail Yscyrfi. *id.* [9], Goreu pêth a gefais yn erbŷn y Tymhigiadau oedd y *Surop* a sonies amdano. *c.* **1740** *LlM* 5, a rhoi *Surop* yn y ffroenau. *id.* 41, rhowch ynddo wns o *Syrop* Fiolet. **18g.** *Wy* 4, 132, *sûrop* o finegr su dda ei [*sic*] ddyn claf. **1759** J. EVANS: *PF* 41, [b]erwch bwys o Raisins . . . mewn . . . sûg Afalau . . . a gadewch iddo ferwi 'n fâth o *syrup.* [**1783**] *W*, vulgò *syrop* d.g. *Sirup or syrup.*
Amr.: **sirip** [bnth. S. Diw. Cyn. *syrip*]. **15g.** *DE* 48.

surplis, gw. **swrplis.**

surwas [*sur*+*gwas*[1]] *eg.* Dyn sarrug: *surly man.*
16g. HUW ARWYSTL: *Gw* 477, Ni adyd Rissiart enw Duw aed trossoch / neb or rai tynnion heb i roi tanoch / na *svrwas* gwaed wyllt nas oer ys[g]ydwoch. *Dchr.* **17g.** *Card* 12, 397, taersail i *surwas* torsyth / y rho i ddychan ferwgam fyth (Thomas Evans, Hendreforfudd). **17g.** *Plas Nantglyn* 2, 234, *Surwâs*, oferwâs yw fo Sion Edward. *c.* **1730** *Thos. Lloyd D* (LlGC) 209a, *Surwas.* A sour fellow. **1803** R. DAVIES: *B* 91, Pob cymro câs, bolchwydd bâs, / Dywyll *surwas*, nad eill siarad. [*sic*] / Iaith ei faethwlad.

surwin [*sur*+*gwin*] *eg.* Finegr: *vinegar.*
1604–7 *TW* (*Pen* 228), *Surwin* d.g. *Acetum.* **1632** *D*, *Sur-win* d.g. *Oxos.* **1688** *TJ* (At.) [23], Gwinegr neu *surwin.* **1725** *SR* d.g. *Vinegar.* **1732** *AABI* 157, Y neb ni fynno ffoi oddi wrth achlusuron, a hydoliaethau Pechod . . . yn fwy awchlym na *sûr-win.* **1759** *BC* 354, Pan ddioddefodd, *surwin* yfodd, / I roi i ni wleddoedd, gannodd Gwîn.

surwr [*sur*+*gŵr*] *eg.* ll. *-wyr.* Dyn sarrug; Chwig: *surly man*; *Whig.*
Diw. **16g.** M. KYFFIN: *DFf* 276, pob kerlun kun mawr i kad / pob *surwr* pawb ai siarad.

suryn [*sur*+*-yn*[1]] *eg.* ll. *-nau*, *-ion.* Asid, sylwedd asidig; dyn sarrug: *acid*, *acidic substance*; *surly man.*
1803 *P*, *Suryn*, s. m. dim. . . . Any acid thing.

susbensiwn, susmadig, sustans, sustem, sustematig, gw. **sysbensiwn, sgismatig, swbstans, system, systematig.**

susuraf, susuriaf: susur(i)o [cfdds. o'r S. (*to*) *sussur(ate)*] *bg.* Sibrwd: *to whisper.*
20g.

sut, sud [bnth. S. C. *sute*, neu'n uniongyrchol o Ffr. Lloegr] *eg.b.* a hefyd gyda grym ansoddeiriol ac fel *adf.*

(*a*) Math, siort, dull, tebyg; ffurf, golwg, ymddangosiad; cyflwr: *kind*, *sort*, *manner*, *like*; *form*, *appearance*; *condition.*
14g. *GDG*[3] 76, A'i gwedd, wyneprydd dyn gwâr, / A'i *sud*, ellylles adar [i'r dylluan]. **14g.** *GIG* 7, Tau olwg, ti a welud / Ystondardd—ys hardd o *sud.* **14–15g.** *IGE*[2] 129, *Sud* glwys ar osodiad glân; / Llyna *sud*, llwyn o sidan [Gruffudd Llwyd am farf Owain Amhredudd]. **15g.** *GTP* 52, Ail *sud* i farcud oedd fo, / Abl ei awydd, 'n ymbluo [dychan i'r pibydd]. **1488–9** *BSM* 34, hynaf gwr anrrydeddus i vodd ai *sut.* **15–16g.** *TA* 388, Meistr Lewis, meistrol awen, / Syttwn hil a *sut* Noe hen. **1570** *CRC* 385, I fynegi 'ch Ffrins i gŷd / Y *Sutt*, ar Bŷd sŷdd arnoch. **1609** R. SMYTH: *CAC* 7, ni ellir meddwl byth dim, na mwy, na gwell, na doethachnag [*sic*] ef 'i hun sy'n vn, ag yn symlig mewn *sud* ne naturiaeth. **1632** *D*, *Sûd*, & *Sutt*, Modus, forma, species. *id.* d.g. *Conditio.* **1672** R. PRICHARD: *Gw* 378, Ar fâth wangred a gau dduwiaeth, / Na bu 'ngrhed oi *sut* [:– O'i fath] ysyweath. **1688** *TJ*, *Sûd*, *sutt*: a form, shape, fashion, method. **1716** *Llsgr R. Morris* 60, Plasa parlyra pur loefion / a dyre a diwres fendithion / a gwyro daith y gwirion / a sai yr tai y *sut* hon. **1722** *Llst* 189, *Sûd.* f. An appearance . . . outward shew, state, way. **1745** *YABG* 20, ymadael â'r Byd hwn, â dim *sut* o Gysur. **1751** *GIA* xxiv, Oni bai fod gantho ef fatter am *sut* ein calonnau a'n bucheddau ni anfonnasai moi Fab i'n prynnu ni. [**1783**] *W*, *sud*, *sut* d.g. *Sort.* **1803** *P*, *Sud*, s. m . . . an exterior; appearance; condition, fashion, shape. A wyt ti yn za dy *sud*? Art thou in a good way? *id.* *Sut*, s. m. . . . An exterior; appearance; manner, condition, plight, shape. Ar lafar, 'wedi trio bob *sut*', *WVBD* 513.

(*b*) Cais neu ddeisyfiad, yn enw. un i berson mewn awdurdod; achos (cyfreithiol): *suit*, *petition*; (*legal*) *suit.*
16g. (*LlEG*) *Mos* 158, 22b, ynn twy [clerigwyr] . . . awnaethant *sutt* ar ybrenin amgaffael I Goruchauiaeth dracheuyn. *id.* 31a, [g]wneuthud *ssud* am gafael pardwn ybrenin I serttain or affei/thwyr. *id.* 253a, goruu ar yriarll dyledog Roddi I *sutt* I vynnv adyuod I loygyr yn ddiueddiant ar arglwyddiaethau a ckwittain [*sic*]. *id.* 686b, yngwneuthud y *sutt* mwyaf ary brenin am gaffel I help ef o wyr allongau. **16g.** *Pen* 181, 383, hevyt aydiw pawb ar addyly *svt* agwyssaneth ir llys yma heddiw // hevyt a ydys yn gwnethur *sut* i velinav yr argylwydd val i perthyno. **16g.** *GRCG* 57, Colli fy *sud* a'm hudo, / A'm hatwrnai ar ei fai 'fô. **1611** *CM* 49, 173, fo a wnayth *sut* at y brenin ar [*sic*] frenhines, am genad i fyned. *Dchr.* **17g.** *J* 10, 41b, *Sût.* sewte of law.

(*c*) (gyda grym ansoddeiriol o flaen e.) Y cyfryw, y fath, ffasiwn; pa fath: *such*; *what sort of.*
15g. *GLGC* 36, Swrn o bleidiau sydd i'w deidiau / a *sud* heidiau dros deheudir. **15–16g.** *TA* 415, Oes dâl am y *sud* elain / Amgen no mawl am gnyw main? **1567** *TN* 224a, yr ei y wnant gyfryw [:– *sut*] betheu. **16g.** WILIAM CYNWAL: *Gw* (G. P. Jones) 76, Saeth lwyd sy hywaith lediaw / *Sut* wybren ar drumen draw; / Ysgithrog lewes gethrydd, / A ffrwyna hwnt ffroenau hydd [i ofyn miliast]. *a.* **1587** *Y* 49, Edrych at hyn y drych tav, / Bath *sut* waith, beth sy i tithav. *c.* **1730** *Thos. Lloyd D* (LlGC) 210b, y *Sut* bethau. Talia. **1738** G. JONES: *GOG* 67, Peth a dâl *sut* waith a hyn? **1793** *Cylchg* 29, Ymdrechodd i brofi i'w holl gohebwyr [*sic*] . . . nad oedd dim *sut* beth ag undeb ffydd yn eu plith. Ar lafar, "Dwi'n gwbod *sut* ddyn ŵt ti', *WVBD* 514. Cf. W. REES: *CA* 8, Ni chlowist ti 'rioed â dy glustie *sut* ganu fu arno fo.

Fel *adf.* Pa fodd, pa ffordd: *how.*
1860. Ar lafar, '*Sut* ddaru chi ddeud cimint a chitha'n gwbod dim am y peth?', 'Mae o'n gwbod *sut* i' deut 'i', *WVBD* 513; "Wn 'im *sut* ddo' i adre' heno'; '*Sud* nest ti lwyddo i ddianc?'. Clywir *sut* ymhlith rhai siaradwyr yn y Gogledd i ofyn i rywun ailadrodd rhywbeth, e.e. 'Mae o'n hwyr', '*Sut*?', 'Mae'n hwyr, meddaf i'. Cf. **1988** 2 *Sam* i. 14, *Sut* (**1588** *ib.* pa fodd) na fyddai arnat ofn estyn dy law i ddistrywio eneiniog yr Arglwydd? Gw. hefyd y cfn. *sut mae hi*, *sut wyt ti*, *sut ydych chi* isod.
Cfn.: **y sut (sud) a'r modd(ion):** *the way and the manner.* **16–17g.** *CRC* 1, Gwrando fenaid gwrando yn rhodd / Gwrando dreuthu *r sutt ar modd.* **1705** T. WILLIAMS: *PD* 17, mae hynny yn dangos hefyd nad ydyw' *r sutt a'r moddion* sy'n perthyn i'w cybyddol Berchennogion, ddim tebyccach. **1759** *BC* 493. **sut bynnag:** *however.* **20g.** **sut mae hi?:** *how is it going?*, *how are things?*, *hello*, *hi.* Ar lafar, '*S'ma'i?*' **sut (sud) wyt ti?:** (*informal singular*) *how are you?*, *how do you do?* Ar lafar, '*Sud wyt ti* ers talwm?' **sut (sud) ydych chi?:** (*formal or plural*) *how are you?*, *how do you do?* Ar lafar, '*Su*' '*dach chi* heiddiw?', *WVBD* 513. **(y) sut yma:** *in this fashion*, *like this.* **1567** *TN* 336a, Wedi gosod yr rrain mewn ordr *y sut yma.* **16–17g.** *CRC* 359, bloisgi or tafod / mynd heb wybod / drwg dros da / *y svtt yma.* **1675** R. JONES: *HCh* 83–4, Ai sancteiddio 'r dydd Sabbath yw hyn; bod *sut ymma* yn cysgu ymmaith y rhan gyntaf a phennaf o hono? **sut yn y byd:** *somehow*, *anyhow*, *any way* (*at all*); *how on earth?* **1885** D. OWEN: *RL* 381, Mae yn werth i fachgen fyned i'r coleg, os gall *sut yn y byd.* Ar lafar, '*Sut yn y byd* 'wyt ti'n disgwyl i mi bacio mewn deng munud?' **(yr) un sut (sud):** (*the*) *same sort*, *manner*, *or appearance.* **14g.** *GDG*[3] 42, Arglwydd canon swydd *un sud*—Mordëyrn / A Dewi yng Ngwlad yr Hud. **14g.** *GIG* 28, Wynebau trist un abid, / *Un sud* â brawd ansawd brid. **15–16g.** *TA* 504, Ag *un sud*, mewn gŵn sidan, / Ydiw o liw, a dyn lân! **16g.** HUW ARWYSTL: *Gw* 163, dyn wyf fal samwel ddwyfawl / oedd *vn svt* ddewin i sawl. **1567** *TN* 350b, Elias dyn ydoedd or *vn sut* [:– gyflwr] a ninay. **1777** W. WILLIAMS: *DN* 13, ni's gallaf lai nâ charu pawb o'i flaen, *un sut* gwŷr a meibion. **1793** DAFYDD

IONAWR: *CD* 313, *Yr un sut* rhai 'n a Satan / Yn droiau 'n dorchau o dân. **ym mhob sut a modd:** *in every way.* **1849 (1878)** W. REES: *LlHFf* 129, Sion . . . chwedi misio i lladd [y Gymraeg] er gneyd i egni . . . Mi treiodd hi *ymhob sut a modd* . . . ond y cwbwl yn ofer.

Gw. hefyd **pa¹—pa sut, siwt.**

sutiaf: sutio [bf. o'r e. *sut*] *bg.a.* Dwyn achos cyfreithiol (yn erbyn), siwio; erfyn, ymbil; llunio, ffurfio, siapio, trefnu, addasu: *to sue (at law); entreat, beseech; fashion, form, shape, arrange, adapt.*

15–16g. *GLM* 135, Os at y dug, *suti* di; /os wyt ŵr, dos at Harri [i Syr Wiliam Gruffudd]. **1547** *WS, Sutio* Sewe. **16g.** (*LlEG*) *Mos* 158, 459a, Megis ac na orffo arnom Ni gerdded Amarchogaeth oddiyma I gaerludd I *sutti/io* [*sic*] am yr Eiddom Nehun. *id.* 679a, Ir maint ygolledd [*sic*] niellid hragkywillidd [*sic*] *suttio* . . . draacheuyn Namyn byw wrth y golled. **16g.** *CLl* 179, Siampler amlwg i drwg draw, / Sattan a fu 'n ei *syttiaw* [dychan Morys Dwyfech i'r dabler]. **16–17g.** *CRC* 428, yr oedd yno wy[r] bonneddigion / wedi myned mewn dyledion / yn *ssvttio* am drethi bevnydd / yn esgvs trwssio ponntydd. **16–17g.** *GST* i. 585, Sietwr a chrwner fo *sutir* atynt, / A breibio iddynt obry byddir. **16–17g.** (**17g.**) *CC* 65, o bob man gyrrwn annerch / dylynais *suttiais* mewn serch (Thomas Prys). **1636** *Pen* 321, 253b, mae n gnethur y gair drwy vfudddod gan J *sutio* (*framing*) J hun yn ol rheol y cariad hwn. *id.* 270b, y dyrned yma o lysie gwedi J pigo i *sutio* (*sorted*) ai rhwymo J fynu n bwysi. **1722** E. LLOYD: *MC* 58, An dagrau yr ydym yn dymuno, ac yn *suttio* am gael dyfod atatti. *c.* **1730** *Thos. Lloyd D* (LlGC) 207b, *Suttio.* To suit. **1803** *P, Sutiaw* . . . to adapt, to suit.

Gw. hefyd **siwtiaf: siwtio.**

sutiol [*sut*+-*iol*] *a.* Gweddus, addas, priodol, pwrpasol; ?dymunol: *suitable, fitting, proper, appropriate; ?pleasant.*

16–17g. T. PRYS: *C* 228, Ymbil yn gynnil â gwen, / O fawrgost, am y fargen; / Tew amal bâr, teimlo'i bol, / A setio ati'n *sutiol.* **16–17g.** EDWARD URIEN, &c.: *Gw* 347–8, Da yw bil fo'n dyblu'i fawl—/ Nes ei ateb yn *sitiawl* / Er mesur infformasiwn / O'r bardd, ac ni ŵyr ei bwn [i Risiart Phylip am geisio athrodi Gruffudd Hafren]. *Diw.* **17g.** *Mos* 96, 59, Pott a roe pette ar ol / Ar y siot i rai *suttiol* [i ofyn hwch]. *c.* **1689** *Pen* 153, 223, Os gweli y fath honno dos atti hi yn nes / Setia yno n *sitiol* hi wneiff itti les. **17–18g.** *Llst* 133, 68, Terwyn heb ddim dealltwriaeth / Swtta liw na *suttiol* iaith [cywydd dychan gan Siôn Prisiart i'w frawd]. **1712** T. WILLIAMS: *CDdG* 337, yr hon [prophwydoliaeth Malachi] y mae 'r holl Eglurwyr Cristianogol yn ei Chyfrif yn bur *suttiol.* *c.* **1730** *Thos. Lloyd D* (LlGC) 210b, *Suttiol* . . . Suitable, applicable. **1744** *CM* 120, 48, Ond mi a wna i'w swyn siol / O dalu am *sittiol* sottio. **1759** *BC* 208, Cyn bod yn rhaid na leddwch neb / Os leicciwch Wyneb *Sittiol.* **1769** TWM O'R NANT: *TChD* 4, Meddyliais y base yno Ymladd crŷ, / Pan glywais i daenu dewrach. / Mi neidiais attynt hwy'n o *sutiol,* / A gostegodd eu Cynwr pan ddois i'r Canol. *a.* **1771** *LlGC* 351, 9, I wrando arnai yn pyncio yn drwch / Yn *sitiol* neswch ata. **1789** TWM O'R NANT: *TChB* [3], D' oes dim yn derchafu ag yn Clymmu ymhob Clêr / Mor *Suttiol* a balchder, Sattan. **1790** TWM O'R NANT: *GG* 190, Mae'r ddau mor lwyr ddihir ni welir yr un, / Wna drydedd yn *sutiol* ond Satan ei hun. **1803** *P, Sutiawl* . . . adapted, suiting, befitting.

sutiwr [?cfdds. o'r S. *suit(or)* neu fôn y f. *sutiaf: sutio*+-*iwr*; tywyll yw'r enghrau. isod, a dichon fod yma fwy nag un gair] *eg.* ?Ymbiliwr, ymlidiwr; lluniwr, ffurfiwr: *suitor, pursuer; fashioner, former.*

16g. *YT* 83, Saith awr J buan / ynn kadw y berllan / kyn kyuyrdan Sattan / *suttiwr* taeyraf [*sic*] (*Gwyn* 3, 267, *syttiwr* tartara). **16–17g.** *GBF* 466, A llech lashaearn lle gweli Satan *sutiwr* ffyrnau. **17g.** *LlGC* 10249, 52, Dowad düw, r, gair, da ydyw, r, gân / maith *Syttiwr,* ymaith Sattan [Wmffre Dafydd ab Ifan]. **17–18g.** O. GRUFFYDD: *Gw* 97, Fe sigai 'n Physygwr, wych odiaeth Iachawdwr, / Ben Satan, hen *sitiwr,* oedd dwyllwr pob dyn.

sutorn, gw. **sitern.**

suwgr, suwgraf: suwgro, suwgraidd, suwgredig, &c., gw. **siwgr, siwgraf: siwgro, siwgraidd, siwgredig,** &c.

suwiaf: suwio, suwr, suwt, gw. **siwiaf: siwio, siŵr, siwt.**

sw [bnth. S. *zoo*] *eb.g.* ll. *sŵau.* Lle ar gyfer cadw anifeiliaid, eu hastudio, eu magu, a'u dangos i'r cyhoedd: *zoo.*

1939. Ar lafar, "Dwi'n meddwl a' i â'r plant i'r *sw* bore 'ma', "Dwi ddim wedi bod mewn *zw* ers blynyddoedd'.

swab¹, swob [bnth. S. *swab*] *eg.* ll. -*iau.* Darn bach o gotwm, lliain rhwyllog, &c., at sychu gwlybaniaeth, glanhau clwyf, cael sampl o secretiad, &c.: *swab.*

20g.

swab² [bnth. S. *swap*] *e?g.* Y weithred o gyfnewid cyllyll ar hap: *random swapping of knives.*

Ar lafar, '*Swab*' 'Gair a arferir gan fechgyn, yn fwyaf cyffredin, am gyfnewid cyllyll ar antur, naill ai o'r dwylo neu ynte dan gapiau', J. JONES: *Gwerin-eiriau²* 50.

swab³ [?cf. S. *swab* 'a naval officer; a term of abuse'] *e?g.* Person balch: *proud person.*

Ar lafar, 'yr hen *swab*', *Cymru* xlvii. [236] (sir Ddinb.).

swabart, *a.* yn yr ymad. adfl. *yn swabart.* Ar ei hyd gyd: *sprawling.*

c. **1870.** Ar lafar, 'cwympo'*n swabart*', *Cymru* xxxiv. 180 (godre Cered.).

swabiaf: swabio, gw. **swapiaf: swapio.**

swabiau, *e.ll.* Cyffiniau: *environs.*

Ar lafar, 'un o *swabia* Caergybi 'na', *ISF* 71; '*swabiau*' 'cyffiniau', J. JONES: *Gwerin-eiriau²* 186.

swabin, *eg.* Stwnsh tatws gydag ymenyn: *mashed potato with butter.*

Ar lafar, *GDD* 277.

swachau, yswachau [?cf. *smachd¹*] *e.ll.* Ystumiau corfforol (digrif); triciau, castiau: (*facetious*) *gestures; tricks.*

1858. Ar lafar, '*Swache*' 'exaggerated movements of the body', *TGG* (1907–8) 109 (godre Cered.).

swaden, yswaden [bnth. S. *swat*+-*en*] *eb.* Slapen, clusten, ergyd, hefyd yn *ffig.*: *slap, swipe, blow, also fig.*

18g. *LlGC* 833, 47, rhoi *swaden* nes itti waedu. Ar lafar, "Rois i *swadan* fechan iddo fo hefo cefn fy llaw', *WVBD* 511; '*swadan*' 'tarawiad, celpan', *Cymru* lxii. 176 (gorllewin Meir.).

Amr.: **yswadan** [adff.] (*eg.* ll. -*au*). **1803** *P, Yswadan,* s. m.—pl. t. *au* . . . A stroke, a slap.

swadyn [bnth. S. *swad* 'squat person'+-*yn¹*] *eg.* Person byrdew: *squat person.*

20g. Ar lafar, '*swadyn* bach o ddyn' (gogledd Cered.).

swae [bnth. S. *sway*] *eb.g.* ll. -*s,* a hefyd fel *a.* Sigl, siglad; rheolaeth, awdurdod, dylanwad; gogwydd, tuedd; sŵn, twrw, stŵr, ffwdan; jant, joli-hoet; rhodres, rhwysg; crand (am berson): *sway, swing; sway, domination, authority, influence; inclination; noise, tumult, row, fuss; jaunt; ostentation, show; swanky.*

1777 W. WILLIAMS: *DN* 41–2, elephantiaid . . . y fath greaduriaid a hyn a ddofwyd, ac a ddaliwyd . . . ond nid heb lawer o deganu ac ymddwyn yn garuaidd iawn i rai, a gorfod rhoi llawer o *sway* i rai eraill nes b'ont yn hytrach wedi dofi eu hunain. **1828** *Geir Pob* 26, *Sway,* rhwysg, awdurdod. Ar lafar, 'roedd o'n fawr ei *swau*', *Cymru* xlvii. [236] (sir Ddinb.); 'We na *swai* ofnadwy yn y tafarn neithwr' 'There was a great row at the public-house last evening', 'Dina *swai* sy gida nw am y babi' 'What a fuss they make about the baby', *GDD* 277; 'Y mae e'n *swae*', 'He is toffish', *Cymru* xxxiv. 180 (godre Cered.); '*swai* . . . *swaiz*', "Welast ti siŵd *swai* ariôd! 'Odd dim isia 'annar y ffwdan', *GTN* 754. Clywir *swae* hefyd yn yr ystyr 'sôn, si', 'Fe ath lot o *swae* am 'ny trw'r lle pry'nny' (dwyrain Morg.). Cf. *LlGC* 1173, 103, Fe fu rhyw *swai* ddigynig / Liw nos yn Abercynffig. / A dyn o'i gwsg fel lletrith llwyd / Yn acor clwyd y tyrnpig . . . Hen drib[an] Tondu.

swaeaf: swaeo, gw. **sweiaf: sweio.**

swag [bnth. S. *swag* 'blustering fellow'] *eg.* ll. -*s.* Dyn crand: *swanky person.*

1787 (1812) TWM O'R NANT: *PG* 21, Ac mae rhai cymmaint gan *swags* y dre', / Ac aerwyon llouau llawer. **1828** *Geir Pob* 26, *Swag,* dyn coegfalch.

swager, swagr, yswager [bnth. S. *swagger*] *a.* a hefyd fel *eg.* ll. *swagers.* Ffasiynol o drwsiadus, coegwych, crand, rhwysgfawr; teg, golygus: *fashionably elegant, flashy, ostentatious; fine, good-looking.*

1756 *W Ballads* 159, 7, Fe ddowed Rhau [*sic*] cynil im gwegil bob gwaith, / Fy mund i yn *yswager* yn ofer fy naith [*sic*]. **1768** TWM O'R NANT: *CTh* 18, Wel pwy ydiw hwnw Esther? / Sion feddal, mâb Sian fyddar. / Onid oedd ryfedd yn ddigon siwr, / Roedd hwnw yn ŵr, [*sic*] rhy '*swagar.* Ar lafar, 'dyn *swagar*—wedi cael corff clyfar nobl', *WVBD* 511. Cf. R. ROBERTS: *Seryddiaeth* ([1830]) 39, Y mae efe yn priodi gwraig, a gwraig wych a *swagar* fydd hi.

Fel *e.* Cerddediad rhodresgar, rhodres, rhwysg, ymffrost: *swaggering gait, swagger, show, boastfulness.*

1932. Ar lafar, 'Ma *swagar* ginto wth gerad fel morwr i'r dim', "Odd 'i'n llawn 'en *swagarz* ymlith y merchid, achos bod 'i'n forwn gida ryw wŷr mawr yn Llundan', *GTN* 754.

swagraf, swagriaf, yswagr(i)af: swagr(i)o, swagran, yswagr(i)o [bnth. S. (*to*) *swagger*] *bg.a.* Cerdded neu ymddwyn mewn ffordd rodresgar neu rwysgfawr, ymffrostio â llais uchel; afradu'n rhwysgfawr, gwario'n ofer: *to swagger, boast loudly; waste ostentatiously, squander.*

1609 *CRC* 327, Mi brynes ddysg mi a alla i brwfio / nad yw ond oferedd *Swagrio.* **1630** R. LLWYD: *LlH* 61, boneddigion o'u gwneuthur[ia]d eu hunain, â russiant, ac â *swaggriant* yn eu dillad megis Cowntesau. **17g.** *DCR* 237, mab y bregyn syn *yswagro* / ag yn mynd yn gwrtiwr trwyddo. **1656 (1745)** *MLl* ii. 176–7, Apocrypha Yscolheigtòd yw, yn *swaggrjo* mewn Geirjau chwyddedig, toeslŷd. **1688** S. HUGHES: *TSP* 258, Efe a *swagrau* [*sic*] [:- A arferai eiriau vchel]. *c.* **1730** *Thos. Lloyd D* (LlGC) 207b, *Swaggrio.* To swagger. **1741** E. DAVIES: *Alm* [26], dechre myddylio yn sad a chonsudro / wrth glowed rhai yn *swagro* ne floeddio yn rhy flin. **18g.** *W Ballads* 148, 6, Mi a ymrô i fynd yn hwsmon ni *yswagriai* [*sic*] fawr mwy / Mi a Gasgla Aur ac Arian yw Gyrru yn dynn mewn côd. **1762** *ML* ii. 500, Poed iach a fo'ch i *swagriaw* uch ben eich mwyn mawr! **1766** *CD* 77, Ar a glywais o gwynion, / Am waith Wttreswyr yn '*Swagrio. id.* 148, Yn *swagrio* mhob moddion, / Yn Ail ir mab Afradlon. **1770** *TG* iii. 118, 'Nol rhodio 'mlaen dan *swagro,* / Mi welwn dreisiad yno. **1786** TWM O'R NANT: *PCG* 12, Gwych yw gennych [merched] dan y rhôd, / Mewn iechyd fod yn wychion, / *Yswagro*'n fawr eich glendid / A rhodio mwy nâ'ch rhydd-did. **1828** *Geir Pob* 26, *Swagro,* coeg ymffrostio. Ar lafar, 'ceffyl yn campio ac yn *swagro*', '*swagro* arian', '*swagro* petha rŵun arall', *WVBD* 511; "Odd a'n *swagro* gida'r dinnon fel 'ta fa'n rŵun pwysig', 'Paid o *swagro*! Cera'n iawn', *GTN* 754; 'Dicon 'aws 'i napod a gen fel mae a'n *swagran*' (dwyrain Morg.).

swagrer [bnth. S. *swaggerer*] *eg.* Swagrwr: *swaggerer.*

?**1778** *LW* 5623, Ymddiddan rhwng *Swagrer* golygus ag Arlwyddes hawddgar, yn gosod allan y modd y ceisiodd ei themtio i odineb.

swagriaf: swagrio, swagriwr, gw. **swagraf: swagro, swagrwr.**

swagrog [*swagr*+-*og*] *a.* Yn swagro: *swaggering.*

1859.

swagrwr, swagriwr, yswagr(i)wr [bôn y f. *swagraf, swagriaf, yswagr(i)af: swagr(i)o, swagran, yswagr(i)o*+-(*i*)*wr*] *eg.* ll. (*y*)*swagrwyr.* Un sy'n swagro: *swaggerer.*

16–17g. *CLlC* ii. 24, Yn awr mae'r slaf [pedler] yn gowrtiwr braf / Er bod gynt hamper ar ei gefn / Fal *swagriwr* blin mae wrth ei din / Hanger loyw lydan lefn. **1636** *Pen* 321, 104a, *yswagrwyr* ag wtreswyr (*ruffians and swaggerers*). **17g.** E. MORUS: *Gw* 68, Pan elom ni i'r dafarn i yfed y bîr, / Yn amal mi wela rai'n eger yn wîr, / . . . / Fo fostie rhyw *swagriwr,* a fydde mor gry / Na phrisie fo welltyn mewn undyn yn tŷ. **17g.** (**18g.**) *J. Gwenogvryn Evans II* 5, 11a, oes ai [*sic*] ar ol y *swagrwr* glan / mi golla o arian beced. **1759** *BC* 406, Fe ddyfŷd rhai cynnil mai gwegil y gwaith, / Sy'n mynd yn *yswagriwr,* ond ofer yw'r daith. **1762** *ML* ii. 433, Lewis will make a poet and a musician, a *swagriwr,* dances surprizingly. **18g.** TWM O'R NANT: *CO* 26, Ac amal *yswagrwr,* canwr cu / A ga'dd ei gyrchu i garchar. **1790** TWM O'R NANT: *GG* 77, Un Dafydd o Segrwyd, hên '*Swagrwr* Cêg-laith; / Os 'dwaenwch y dynun, mae'n feddwyn mwyn faith. Ar lafar, '*swagrwr*' 'a fine-looking fellow', 'one who wastes time and money on foolish ostentation; a swaggerer', *WVBD* 511.

swang¹, *a.* Ysgafn a chras (am wair): *light and dry (of hay).*

Ar lafar, D. J. EVANS: *HCS* 129, *B* iv. 303 (canolbarth Cered.).

swang² [?cf. *swangiaf: swangio*] *e?g.* Corcyn mawr ar lein bysgota tua phedwar neu

bum gwryd dan fwi: *large cork on a fishing line some four or five fathoms under a buoy.*
20g. Ar lafar, *BILIE* 3.

swangiaf: swangio [?cf. *swang²*] *ba.* Angori (rhwyd) yn y môr gan adael un pen iddi'n rhydd: *to anchor (a net) in the sea leaving one end free.*
Ar lafar, '*swangio* rhwyd', *BILIE* 40.

swai, swalben, swalbiaf: swalbio, swae, swalbyn, swalpiaf: swalpio.

swalbyn, swalpyn¹ [?cf. *swalp*] *eg.* (b. *swalben, swalpen*). Peth o faint sylweddol, clamp o beth: *thing of considerable size, whopper.*
Ar lafar, '*Swalbyn*' 'Anything of a considerable size in relation to its own class. Fem. *swalben*. *Swalpyn* and *swalpen* are variants', *GDD* 277.

swalp [bôn y f. *swalpiaf: swalpio*; nid oes sicrwydd mai'r un gair a welir yn adran (b)] *eg.* ll. *-iau.*
(a) Llam neu naid (yn enw. am bysgod): *leap or jump (esp. of fish).*
20g. Ar lafar, 'Rois i *swalp* dros y clawdd . . . trawo 'y nulo ar ben y clawdd a taflyd y traed drosodd wedyn', *WVBD* 511.
(b) Darn (o garreg, &c.) a dorrir ymaith: *piece (of stone, &c.) cut off.*
Ar lafar, 'torri *swalp* o honi hi' [carreg], *WVBD* 511.

swalpen, gw. **swalbyn.**

swalpiaf, yswalpiaf, swalbiaf: (y)swalpio, swalbio [cf. S. C. *swalperen* 'to struggle in the water, splash about'] *bg.* ac yn eithriadol fel *ba.* Neidio, llamu; ymnyddu, gwyro, ysgwyd (am gynffon); symud yn afrwydd a thrwsgl megis drwy laid, ymdrochi, ysgeintio: *to jump, leap; wriggle, swerve, wag (of tail); flounder, splash.*
1604-7 *TW* (Pen 228), yn *yswalpio* d.g. *declinatus.* id. *yswalpio* d.g. *Salto.* Ar lafar, '*swalpio* dros y giât', 'pysgod yn *swalpio* mewn afon ne fôr', '*swalpio* i fyny o'r môr', 'yn *swalpio* ac yn neidio 'n y rhwyd', *WVBD* 511; '*swalpio*' 'neidio, gwingo', *Cymru* xlvii. [236] (sir Ddinb.).

swalpyn¹, gw. **swalbyn.**

swalpyn² [bôn y f. *swalpiaf: swalpio* + *-yn¹*] *eg.* Enw difr. ar un sy'n neidio o'r naill bwnc i'r llall: *derog. term for one who jumps from one subject to another.*
Ar lafar, 'hen *swalpyn* gwirion', *WVBD* 512.

swamp [bnth. S. *swamp*] *eg.* ll. *-iau.* Corstir: *swamp.*
20g.

swamplyd [*swamp* + *-lyd*] *a.* Corslyd: *swampy.*
Ar lafar, *Cymru* xlvii. [236] (sir Ddinb.).

swanc [bnth. S. *swank*] *a.* a hefyd fel *eg.* (bach. g. *swencyn*, b. *swancen*) ll. *-s.* Crand: *swank(y), posh.*
1938. Ar lafar, 'Wyt ti'n *swanc* 'eddi yn dy ddillad newydd', *GTN* 754.
Fel *e.* Rhodres, crandrwydd; person neu beth crand: *swank; swank person or thing, swell.*
1927. Ar lafar, "Odd ryw *swanc* afnadw yn y cwrdd y bora 'ma', *GTN* 754; "Chretswn i ariôd bysa fe'n troi mas yn 'en *swencyn* fel 'na' (dwyrain Morg.). Digwydd fel llysenw ar drigolion Llangollen, '*Swancs* Llangollen', *LIG* li. 17.

swancaf: swanco, swancan, gw. **swanciaf: swancio.**

swancen, gw. **swanc.**

swanciaf, swancaf: swanc(i)o, swancan [bnth. S. (*to*) *swank*] *bg.* ac yn eithriadol fel *ba.* Ymddwyn yn rhodresgar, dangos ei hun; gwneud (rhywbeth) yn rhodresgar: *to give oneself airs, show off; make ostentatious.*
1936 K. ROBERTS: *TMC* 108, 'Mi fydd yn *swancio* hyd y lle yma efo nhw.' '*Swancio*?' 'Ia, torri cyt'. Ar lafar, 'Wêdd i whelps o grwts bach wêdd yn *swanco* a cadw stŵr ffor'ny wrth 'u bodd', *Wês wês* 75; 'Dishgwl arni'n *swanco* yn i chot ffyr!', *GTN* 754; 'Ma 'i'n

swancan yn fudur yn 'i thŷ newydd, sbo' (dwyrain Morg.).

swantan, *bg.* Chwilmantan, busnesa, prowlan: *to pry, meddle, prowl.*
Ar lafar, *B* xiv. 282 (canolbarth Cered.).

swap¹ [bnth. S. *swap* 'blow'] *eb.* ll. *-s.* Ergyd, trawiad, (yn y ll.) cosfa: *blow, stroke, (pl.) thrashing.*
Ar lafar, 'cwpwl o *swaps*', *B* iv. 303 (canolbarth Cered.); '*Swaps*' 'Cosfa', 'Roes i gwpwl o *swaps* iddo', *CYLl* 118; 'Gath e itha *swaps* 'da'i dad' (godre Cered.). Cf. D. J. WILLIAMS: *HW* 54-5, a chyda rhyw bum neu chwe naid . . . a *swap* rymus i'w gynffon [milgi], yr oedd y gota hir-glust . . . yn gelain gynnes.

swap², swop [bnth. S. *swap*] *eg.* ll. *-s.* Y weithred o gyfnewid, peth a gyfnewidir: *a swap.*
20g. Ar lafar, "ti isio *swap*', "S gen' ti *swaps*'; "Alla' i gâl *swop*?' (gogledd Cered.).

swapaf¹: swapo [?bf. o'r e. *swap¹*] *bg.* Bwrw iddi'n egnïol: *to set about a task with gusto.*
Ar lafar "Odd 'i'n *swapo*'n fudur wrth gna'r tŷ bora 'ma' (dwyrain Morg.).

swapiaf, swapaf²: swop(i)af: swap(i)o, swop(i)o [bnth. S. (*to*) *swap*] *bg.a.* Ffeirio, trwco, cyfnewid: *to swap, exchange.*
1907. Ar lafar, 'Os 'di well gin' ti'r lliw yma, na' i *swopio* 'fo chdi' (Arfon); '*swapo*', *B* iv. 303 (canolbarth a godre Cered.).
Amr.: **swabio** Ar lafar, '*swabio*' 'to exchange', *WVBD* 511; '*Swabio*' 'Ffeirio', *Cymru* lxii. 176 (gorllewin Meir.).

swardiaf, swardaf: sward(i)o [?cf. S. taf. (*to*) *sward* 'to soil'] *bg.a.* Baeddu, staenio, llychwino, mynd yn siabi: *to soil, stain, tarnish, become shabby.*
1722 *Llst* 189, *Swardio.* To stain, tarnish. 1773 *W*, *swardio* d.g. *To foul, or make foul.* Ar lafar, '*swardio* dillad', *Cymru* xxxiv. 180 (godre Cered.); 'sgert yn *swardo*' (dwyrain Caerf.); 'Paid â *swardo* dy ddillad!' (gorllewin Morg.).

swas [bnth. S. *swash*] *e?g.* Sianel fechan: *small channel.*
Ar lafar, *WVBD* 512.

swasiaf: swasio, swasian [bnth. S. (*to*) *swash*] *ba.* Tasgu, ysgeintio: *to splash.*
Ar lafar, 'Pidwch a *swashan* y dŵr', 'Ma'r plant drwg yn *swasho*'r dwr ar draws y giddil', *LIGC* 1173, 103 (Morg.).

swastica [bnth. S. *swastika*] *eb.* ll. *-s.* Symbol hynafol, sef croes Roegaidd ac estyniad sgwâr-onglog gogyhyd i bob braich; fel arfer mae'r estyniadau'n glocwedd, ac yn y ffurf honno y mae'r symbol yn arwyddlun plaid Natsïaidd yr Almaen a rhai gwledydd eraill: *swastika.*
20g.

swat [bnth. S. taf. *swat*, amr. ar *squat* 'quiet, still; comfortable; hidden, secret'] *a.* Penisel, â'i gynffon rhwng ei goesau; tawel, distaw, llonydd; swta, ffwr-bwt; yn gorwedd yn isel, yn gorwedd yn glyd, wedi cwtsio, clyd, diddos: *cowed, with his tail between his legs; quiet, silent, still; curt, abrupt; low-lying, nestling, huddled-up, cosy, snug.*
1898. Ar lafar, 'ci *swat*', 'a dog with his tail between his legs', 'Mi ath yn *swat* ar unwath' 'he was cowed in an instant', 'he shut up at once', *WVBD* 512.

swaten, gw. **swatyn.**

swatiaf, yswatiaf: (y)swatio, swatian [bnth. S. taf. (*to*) *swat*, amr. ar (*to*) *squat*] *bg.a.* Cyrcydu, cwtsio (i lawr), mynd i orwedd, cysgodi, ymochel, cuddio, ymguddio, llechu; cyrcydu mewn ofn, gwingo; gwasgu yn ei gilydd, gwasgu neu ymwasgu (at), cwtsio, nythu('n erbyn) (ym)lapio (yn y gwely), setlo('n gyfforddus), ymlonyddu; gorwedd yn glyd (am dŷ, &c.); hefyd yn ffig.: *to crouch (down), squat, lie down; take cover, hide, lie low; cower, quail, cringe; huddle (up or together); snuggle, cuddle, tuck*

(*up*) (*in bed*), settle (*comfortably*), quieten (*down*); nestle (*of a house, &c.*); also *fig.*
1841. Ar lafar, '*swatio*' 'distewi, lled-ymguddio', *Cymru* xlvi. [236] (sir Ddinb.); 'yn mynd i ryw gongol ag yn *swatio*', '*Swatiwch* o dan y dillad', 'Mi *swatiodd* ar ôl imi ddeud hynny', *WVBD* 512; hefyd yn yr ystyr 'to make oneself pleasant and submissive to one in a higher station', '*swatio* i rwun', *ib.* Cf. D. OWEN: *GT* 317, Gwen ac Ann yn gwawdio [mewn breuddwyd] . . . cydiodd yn y ddwy ac a'u rhoddodd ym mhoced ei gôt . . . [p]an droai Robert ei ben tuag atynt *yswatiai* y ddwy i'r boced mewn eiliad; K. ROBERTS: *TG* 10, Ceisiai ei *swatio* [doli bren] yn ei chesail; *id.* 89, dyna lle'r oedd ei thŷ yn *swatio* dan gysgod twmpath.

swatiwr, yswatiwr [bôn y f. *swatiaf, yswatiaf:* (*y*)*swatio, swatian* + *-iwr*] *eg.* ll. (*y*)*swatwyr.* Ymgreiniwr, cynffonnwr; sgwatiwr: *fawner, toady; squatter.*
1852.

swatyn [*swat* + *-yn¹*] *eg.* (b. *-en*). Person neu anifail byrdew: *squat person or animal.*
Ar lafar, 'Mâ hi'n fuwch fach reit dda, dipin o *swaten* ydi hi', *Cymru* liv. 131 (sir Drefn.); '*Swatyn* bach odd Dalis' (canolbarth Cered.); "Na *swatyn* bach yw'r tarw blwydd' (godre Cered.).

swau, gw. **swae.**

swbach, sybach, *eg.* a hefyd fel *a.* Person neu anifail gwannaidd neu eiddil, person crebachlyd, hefyd yn ffig.; crychlyd: *weak or frail person or animal, weakling, wizened person, also fig.; crumpled.*
15g. *GDLl* 61, Tra fo Sais, sach *sybach* sêl, / Nac unsais yn ei gwnsel. 1696 *CDD* 317, Pa fath *swbach* afiach wŷt [y darfodedigaeth], sŷ'n peri i mi gasau fy mwýd. 1703 E. WYNNE: *BC* 63, dyma ryw *swbach* henllwyd bâch a glywsei fod yno Ddyn bydol yn syrthio wrth fy nhraed. 1716-18 *Llsgr R. Morris* 193, fo aeth ych gwas yn *swbach* cul / o waith y cefful cwta. 1768 TWM O'R NANT: *CTh* 39, Ac aml feddwyn ddygyn ddull, / Yn *swbach* hyll ansobor. *c.* 1802 *LIGC* 21671, 11a, Gweddw wyf fi, a gwedd fawaidd, / . . . / Rwi 'n *Swbach* fel bwbach byd / A drych hunlla dychrynllyd. Ar lafar, 'rhyw *swbach* bach', *Cymru* xlvii. [236] (sir Ddinb.); '*swbach*' 'creadur pendrwm, llegach', *id.* lxii. 176 (gorllewin Meir.).

swbachaf, swbachaf: swbachu, sybachu [bf. o'r e. *swbach, sybach*] *bg.a.* Crebachu, crychu, mynd allan o siâp; gwneud yn flêr, baeddu, difwyno: *to shrink, shrivel, crumple, become misshapen; make untidy, soil, dirty.*
1803 *P*, *Swbaçu* . . . To shrink up; to become shrunk up. Ar lafar, '*sbachu*' 'gwneud gwaith yn flêr' (Arfon); '*Spachu*' 'to disarrange', *Cymru* xliii. 230 (gorllewin Meir.).

swbachlyd, sybachlyd [*swbach, sybach* + *-lyd*] *a.* Wedi crebachu, crychlyd, blêr: *shrunken, crumpled, untidy.*
1657 *MLl* ii. 70, [c]orph naturiol, trwsgl, elementaidd, yr hwn yn y bywyd yma sydd debig ir elementau. Ag yn y corph *swbachlyd* yma mae 'r arw ar rhinwedd guddiedig. Ar lafar yn Arfon yn y ff. *sbachlyd*, a. (Mawddwy).

swbdiacon, swbdiagon [bnth. dysg. Llad. Diw. *subdiāconus* neu S. C. *subdiacon*; ansicr yw grym orgraffyddol nifer o'r englrhau. cynnar isod; â'r engh. gyntaf, ?cf. S. C. *soudeken*, H. Ffr. *soudiakne*; cf. *diacon, diagon*] *eg.* ll. *-iaid.* Is-ddiacon: *subdeacon.*
14g. *Pen* 5, 28b, Pan ytoed *ysudiagon* yn canu yr ebostol. 14g. *Bren Saes* 16, bu varw Egbirt vrenhin ac y glathpwyt ef yn eglwys Caer Wynt . . . ac yd oed Edulf, y vab, yn *subdiagon* yna. *c.* 1400 *B* v. 139, Pwy y *subdiagon* kyntaf a vu. Alobuus. 1547 *WS, Swbdiacon* Subdeachon [*sic*]. 16g. (*LIEG*) *Mos* 158, 86b, nynni awnawn ynngwriogaeth ynn vuydd ac ynnosdyngedig garbronn doethinbeb pandwlf y prelad ynymhyfawl *swbdiagon* y paab. 1611 R. SMYTH: *SG* 150, yrhai mwyaf unir urdau *Swbdiaconiaid*, Diaconiaid a'r opheiriaid. 1722 *Llst* 189, *Subdiacon*, m. A subdeacon. *c.* 1730 *Thos. Lloyd D* (*LIGC*) 210b, *Swbdiagon.* A subdeacon.

swberlachaf: swberlachu, swblachaf: swblachad, gw. **siwblachaf: siwblachu.**

swbmarîn, gw. **sybmarîn.**

swbstans, sybstans [bnth. S. C. *substance* neu'n uniongyrchol o Ffr. Lloegr; ansicr yw grym orgraffyddol yr *-u-* yn yr enghrau.

isod] *eg.* Sylwedd, hefyd yn *ffig.*: *substance, also fig.*
1346 *LlA* 9, allyna gallv corfforaƀl. *ysubstans* (*substantia*) ysbrydaƀl agredir yvot or tan ysbrydaƀl. *c.* **1400** *Études* viii. 92, Persic . . . [y] rei a vo hawd eu gwahanu y wrth yr esgyrn ac yn dynerus eu *substans* kynt y todir. **1545** *CM* I, 590, yrhwn aymddengys ynnygwydyr . . . yn wyn ne ynagos I wyn ai *swbstans*, ynn gymhedrol o dewdwr. *Diw.* **16g.** *B* ix. 121, priodolder pob *substans* yw kymryd yr hynn a allo gwrthwyneb iddo. *Diw.* **16g.** *WLB* 89, Tri *Substians* [*sic*] sydd ynddo [llaeth] . . . dauarawl i wneuthur caws . . . awyrawl i wneuthur ymenyn . . . ar trydedd [*sic*] dyfrawl i gwneir maidd. **1604** *RhRC* (At.) 228a, yn gweled gwisc bara a gwin, ond . . . yn Credy fod yno symm ne *swbstans* korff a gwaed Crist. **1766** E. SAMUEL: *A* 7, mae dau beth i ddal sulw arnynt yn *substans* yr scrythyr hon. **1828** *Geir Pob* 26, *Substans*, sylwedd.
Amr.: **sustans** [?ff. wallus]. **1615** R. SMYTH: *GB* 236, 267.

swbwrbaidd [cfdds. o'r S. *suburb(an)* + *-aidd*] *a.* Maestrefol: *suburban.*
20g.

swbwrbaneiddiaf: swbwrbaneiddio [cfdds. o'r S. (*to*) *suburban(ize)* + *-eiddio* (At.)] *bg.a.* Gwneud neu fynd yn faestrefol: *to suburbanize.*
20g.

swbwrbia, sybyrbia [bnth. S. *suburbia*] *eb.g.* Maestrefi, trigolion y maestrefi a'u ffordd o fyw, yn aml yn ddifr.: *suburbia, often derog.*
20g.

swbwrth, swbwrthaf: swbwrtho, gw. **sibwrth, sibwrthaf: sibwrtho.**

swc, siwc² [bnth. S. taf. *suck*] *ebd.* a hefyd fel *e?g.* Gair a ddefnyddir i alw lloi neu foch at eu bwyd: *word used to call calves or pigs to their food.*
Ar lafar, '*siwc*' 'call to calves', *WVBD* 519; '*Swc*' 'a calf call', *GDD* 140; '*Swc! Swc!*', *B* iii. 208 (Meir.); '*swc-swc*', *GTN* 751; '*swc*-y-bach', *B* iv. 303 (canolbarth Cered.).
Fel *e.* Diod: *drink.*
1816.

swca¹,², swcad, gw. **swci, swga, swci.**

swcan [bnth. S. (*to*) *suck*] *bg.a.* (Peri) sugno: *to (cause to) suck.*
Ar lafar, '*swcan*' 'to suck', *SC* vi. 133 (sir Benf.); hefyd yn yr ystyr 'rhoi bys i lo neu oen sydd i'w fwydo ar y botel, i'w ddysgu i yfed llaeth felly', 'Ma Mari wedi mynd i *swcan* y llo', *GTN* 751.

swci [cf. S. taf. *sooky, souky* 'call-word or pet name for a calf, &c.'] *a.* a hefyd gyda grym enwol ac fel *eg.* Llywaeth, dof, wedi ei fagu â llaw; llipa, diniwed; bwyd i loi: *pet, tame, hand-reared*; *feeble, simple*; *food for calves.*
1722 *Llst* 189, oen lloweth neu *swcci*, a mally-lamb. **18g.** E. T. RHYS: *DA* 86, Mae hwch gan y Clochydd . . . / . . . / A hon wrth ei chadw'n ddigonol o fwyd, / A'i saco, fe'i dysgwyd hi'n *swci*. **1762** *ML* ii. 489, Aie oenyn gwych oedd gan ddafad *swcci*? **1803** *P, Swci* . . . Oen *swci* . . . a lamb reared by hand. Ar lafar, 'oen *swci* penetrates as far as the southern boundary of Caernarvonshire. South of this line . . . oen *swci* is used almost exclusively', *LGW* 271; '*swci*' 'bwyd i loi', *GTN* 751. Digwydd *swci* hefyd mewn nifer o ymad. megis '*swci* mami', '*swci* babi', '*swci* merched', '*swci* mwci' yn yr ystyr 'babi mawr, cadi ffan'.
Amr.: **swca¹.** **1771** *W*, Oen . . . *swcca* d.g. *Cade-[house-] lamb.* Ar lafar, ''En griatur *swca* aethus yw a 'da merched' (dwyrain Morg.); clywir hefyd y ff. '*swcad*' a '*shwcan*', *LGW* 271.

swclyn [cfdds. o'r S. *suckl(ing)* + *-yn¹*] *eg.* (b. *-en*, ll. *-nod*) ll. *-nod, swclod.* Ebol sugno: *suckling foal.*
1838–9. Ar lafar, '*swclod*' 'young horses', *B* xiii. 139 (sir Drefn.); '*swclan* . . . *swclyn*', *GTN* 751.
Cfn.: **swclyn mami:** *sissy.* **20g.**

swcr, gw. **swcwr.**

swcraeth, swcriaeth [*swcr* + *-(i)aeth*] *e?b.* Swcwr, nawdd, ymgeledd: *succour, support.*
1606 *Bl B XVII* i. 136, Rhoes im i'w ôl mewn rhôl rhwydd / *Swcreth* obeth o'i sicrwydd [marwnad Simwnt Fychan gan Thomas Evans, Hendreforfudd]. **1621** E. PRYS: *Ps* 63a, Duw i frenhinoedd rhoi a wnaeth, / ei *swccraeth* at iawn reol. **1637** *HCRC* iii. 118, Os credu i rwytt trwy lownder ffydd / ynghrist llawenydd dynion / di a gei nawdd a *swcreth* bar / a gorchfygu ar dy elynion. **17g.** E. MORUS: *Gw* 27, Dwg gwyn i'r rhain, di gei'n rhwydd, / It iawn *swcraeth* tan sicrwydd. **1684** WILIAM BODWRDA: *Gw* 239, Priddo hawl i mawl ai maeth / ai sicrwydd am i *swcriaeth* [marwnad Siôn Bodwrda gan Owain Gruffydd]. *c.* **1730** *Thos. Lloyd D* (LlGC) 209a, *Swccraeth.* Succour. **1776** *B* vi. 4, Ni wiw iddi ddisgwyl am ddim ychwaneg o *swccraeth* gennyf fi.

swcraf, swcriaf: swcr(i)o [bf. o'r e. *swcr*] *bg.a.* Ymgeleddu, cynorthwyo, helpu, cefnogi, coleddu, llochesu; annog, cymell, denu, darbwyllo: *to succour, help, support, cherish, give refuge to*; *encourage, entice, persuade.*
15–16g. *GLM* 254, Siambrlen o Fwlen i Fôn, / *swcria*'r gaer, siecr i'r Goron [i Siôn Pilstwn Hen]. **16g.** *GGH* 60, Saer cofus y cyfan, / Secr y gwir i *swcro* gwan [i Rolant Gruffudd o'r Plasnewydd]. **1588** 2 *Mac* viii. 8, efe a scrifennodd at Ptolemeus . . . yw [*sic*] *swccrio* ef yn achosion y brenin. **16–17g.** *HG* 115, krist yn tostyrio, i nerthu ai *swkro* / rhag ofn i gloesio n, [*sic*] ffaintedig. **16–17g.** *B* i. 148, Dyma Ganiadae a chlymae 'mryson Cerddwriaeth o gelfyddyt a chywreindeb pencerddieit a henwed ymlaen hynn, au mesurae yw canlyn ag yw *swccrio.* **16–17g.** *DCR* 266, a ffallyr tlawd gwan o gardawd / y fay yn y geisio yddy *swkro.* **1604–7** *TW* (*Pen* 228), *succrio* a channorthwyor rhai a vo rhait d.g. *præsideo.* **17g.** E. MORRIS: *B* 40, Pa awr a'i dwg? Pa wŷr da? / Pa sicrwydd? Pwy a'u *swcra*? **1672** R. PRICHARD: *Gw* 102, Helpa, *swccra* dy elynion, / Na wna gam ag un-rhyw gristion. **1691** T. WILLIAMS: *YB* 208, Un drŵg arall sydd yn canlyn ar obeithio byw yn hir. Ydyw fod hynny yn *swccrio* pobl i bechu trwy wâg obeithio y byddant ddigon edifeiriol. **1752** *ML* i. 209, Dyma Nelly Morris wedi ymadael or Henblas . . . mae'n rhaid ei *swccrio* hi hyd na chaffo ryw le etto. **1794** *W, swcrio* d.g. *To succour* [*aid or relieve in distress, &c.*]. **1798** GW. MECHAIN: *D* 16, gan *swccrio* ac amddiffyn y sobr a'r diwyd. Ar lafar, ''Toeddwn i ddim yn 'i *swcro* hi' 'I did not encourage it', '*swcro* ci i fynd ar ôl defaid' 'to encourage a dog to go after sheep', 'Mae'n *swcro* ichi gysgu' 'it sends you off to sleep', *WVBD* 509; 'Lodes ddrwg am aros yn i llefydd ydi hi, a mâ arna i ofon fod i mam hi'n i *swcro* hi adre ormod o lawer', *Cymru* liv. 131 (sir Drefn.).
Amr.: **swcyrio.** **1561–2** *SChC* 560.

swcriaeth, swcriaf: swcrio, gw. **swcraeth, swcraf: swcro.**

swcros [bnth. S. *sucrose*] *eg.* *Cem.* Deusacarid gwyn grisialog melys a geir mewn planhigion, siwgr: *sucrose.*
20g.

swcrwr [bôn y f. *swcraf, swcriaf*: *swcr(i)o* + *-wr*] *eg.* ll. *-wyr.* Un sy'n swcro, cefnogwr: *succourer, supporter.*
1633 *Addysg i Farw* 196, Yr aneirif a'r diachos gyfreithiau, y rhain o chwant ychydig budr-elw gwael, digydwybod, sy yn mynnu ac yn cael allan yn y byd iddynt garnau a *swcrwyr* [drll.] cymhwys y'w maenteimio, y rhain sy yn cynyddu ac yn amlhau trallodau anghristianogaidd. *c.* **1730** *Thos. Lloyd D* (LlGC) 209a, *Swccrwr.* A succourer.

swc-sac, gw. **siwc-siac.**

swcsesiwn, swcsesion [bnth. S. *succession*] *e?g.* Olyniaeth: *succession.*
1591 *CM* 16, 28–9, *Swcsessiwn* a Ben/bendigedic [*sic*] olynoliaeth yr Apostolion. **1611** R. SMYTH: *SG* [266], da yw priodas drwy'r hon y cair hiliogaeth a *swgsession* i ddyn. **1670** J. HUGHES: *AP* 151, y dyn gwir Gatholic . . . yr hwn sy'n cadw ei hunan oddifewn ufydd-dod yr Eglwys Gyffredinol, yr hon a ddisgynnodd trwy *Sucçessiwn* [*sic*] Escobion.

swcsesyddaf: swcsesyddu [?bnth. S. Diw. Cyn. (*to*) *success* 'to be a successor' + *-yddu*] *ba.* Olynu: *to follow, succeed.*
1611 R. SMYTH: *SG* [156], [y]r opheiriaid, yrhain sy'n yr Eglwys, ag yn *swcsesuddu* [*sic*] yr Apostolion.
Gw. hefyd **sycsyddaf: sycsyddu.**

swcwr [bnth. S. C. *sucur*, neu'n uniongyrchol o Ffr. Lloegr *succour*] *eg.* Ymgeledd, cymorth, nawdd; anogaeth, deniad, croeso; ffynhonnell swcwr, lloches, noddfa, nodded: *succour, support*; *encouragement, enticement, welcome*; *source of succour, refuge, shelter, protection.*
14g. *GIG* 13, Brig bonedd bro Gwynedd gain, / Blodeuog o blaid Owain, / A'i cheidwad eurwych ydwyd, / A'i secr oll, a'i *swcwr* wyd [i Ieuan ab Einion]. **1547** *WS, Swckwr* Socoure. **16g.** (*LlEG*) *Mos* 158, 34b, Ynn yr amser I gadewis gwr aelwid gwillim olundain I kasdell Ir ydoedd ef ynni gadw ac a ffoes att I *swckwr.* **16g.** *THSC* (1923–4) (At.) 19, krist a ddoyth er help a *swkwr* y ninev bechadyriaid. **16–17g.** *HG* 55, ny wyr enaid tost i kryn, pan ddarffo i'r dyn ddiffodi / ble kaiff e na thy na thwr, na *swkwr* i wasgodi. **16–17g.** *Cer RC* 153, Fy meistir yw fy *swcwr*, / Fy mwcled i, a'm gwasgod. **1604–7** *TW* (*Pen* 228) d.g. *perfugium.* **1672** R. PRICHARD: *Gw* 126, Ni all neb ond Duw roi *swccwr* [:– Cynnorthwy]. **1688** S. HUGHES: *TSP* 235, A oes yn y lle yma lettu ac ymgeledd [:– *Swccwr*] i Bererinion lêsc lluddedig îw gael? **1712** T. WILLIAMS: *CDdG* 635, caffwyf drwy wilio a Gweddio dy gadarnaf nodded yn *swccwr* ac yn blaid imi. Ar lafar, 'rhoid *swcwr*', ''Does 'na ddim *swcwr* i neb fynd yno 'rŵan', *WVBD* 509; ''Wiw imi roid dim math o *swcwr* iti neu mi fydd y plismon yma'n fuan' (Arfon).
Amr.: **swcr.** **16g.** *GGH* 261, Troes cur dwys torri *swcr* da, / Tyfiant arglwyddwaed Hwfa. **1588** 1 *Mac* xi. 16. **1603** W. MIDLETON: *Ps* 154, Sickr di a gai *swckr* di-gêl / Yn dawel o gwrandewi. **1792** T. JONES: *GE* 196.

swcyriaf: swcyrio, gw. **swcraf: swcro.**

swch¹ [H. Grn. *soch*, gl. *vomer*, Crn. Diw. *zôh*, Llyd. C. *souch*, Llyd. Diw. *so(u)c'h*, Gwydd. C. *socc*, Gwydd. Diw. *soc*: < Clt. **sukko-*, o'r un gwr. IE. **sū-* < **suə-* 'mochyn' â *hwch*, cf. Llad. *sūcula* 'hwch fach', Sans. *sūkaráh* 'baedd, mochyn'; cf. ymhellach H. Ffr. *soc*] *eb.g.* (bach. g. *sychyn* (*swchyn*)) ll. *sychau* (*swchau*), *sychod*, a hefyd gyda grym ansoddeiriol.

(*a*) Llafn mawr aradr ar ôl y cwlltwr, hefyd yn *ffig.*: *ploughshare, also fig.*
10g. (*Juv*) *VVB* 218, vomis i. *such.* **10g.** (*Ox* 2) *B* v. 4, *suh*, gl. *uomer.* **13g.** *LlI* 24, E wreyc byeu e padell a'r trybed a'r weall ledan a'r gudyf a'r *svch* a'r llyn achlan. *id.* 59, Guedy buynt pryodoryon huenteu eu tydynneu a edyr udunt herwyd e delehoent, ac eu tyr amyn henne en tyr *such* a chulltyr erygthunt. **14g.** *GDG³* 238, Y *swch* i'm calon y sydd, / A chwlltr y serch uwch elltydd ['hwsmonaeth cariad']. *c.* **1400** *YCM²* 187, Enryued oed y aradyr; eur oed y *swch* a'r kwlltyr. **1547** *WS, Swch* A socke. **1620** *Eseia* ii. 4, hwy a gurant eu cleddyfau yn *sychau* (**1588** *ib.* geibiau). **1716–18** *Llsgr R. Morris* 75, os iw dy *swch* mewn chwant ir cwuse / . . . / galw di mi ddalia fine. **1777** W. WILLIAMS: *DN* 58, trwy ei difa hi gartref, a'i ddifa yntau o gartref, fe wnawd y *swch* yn swmbwl mewn dyddiau byrron. **1780** *W* d.g. *Ploughshare.* **1798** R. DAVIES: *CG* 56, A'r gwayw ffyn [*sic*] difrod, / Naws awchus yn *sychod.* **1800** W. OWEN-[-PUGHE]: *CP* 41, Yr Aradyr . . . Y *swch* sy debyg i ryw gŷn mawr. **1803** *P, Swç*, s. f.—pl. *syçod* . . . a soc [*sic*]. Ar lafar, *WVBD* 509 (*eb.*), *B* iii. 199 (Meir.), *Cymru* liv. 131 (sir Drefn.), *GTN* 753 (*eg.*).

(*b*) Trwyn (anifail), turs, hefyd yn *ffig.* ac yn ddifr.: *snout, also fig. and derog.*
1761 *ML* ii. 345, Och yn ei *swch* gyda ei weision ffeilsion! *id.* 346, Och yn *sychod* y fath bobl! **1768** (**1813**) TWM O'R NANT: *FF* 47, Hai fy'rth Sion â'r gweflau *swch.* [**1783**] *W* d.g. *Snout.* **1800** W. OWEN-[-PUGHE]: *CP* 114, bwrier i ffroenau y llo hanner llwyaid o ddistyll pyrwydd, yna tariwch *swch* y llo yn dda. **1803** *P, Sŵç* . . . A snout. Ar lafar, 'Croten â *swch* fach bert genti', *B* i. 40 (Cered.); '*swch*' 'cuwch, gwg', *id.* xii. 25 (ardal Llanelli); 'Ro'dd a'n g'neud *swcha* cyd a mraich i' 'He was making faces as long as my arm', *LlGC* 1173, 104 (gorllewin Morg.); ''Odd 'i'n gneud *swch* aethus' (dwyrain Morg.); 'Ma fa'r un *swch* â'i dæd' (Myn.). Cf. C. STEVENS: *AC* 100, Mae'r folant yma'n dangos / Shwt fachan wyti, Tomos; / Pwy all roi cusan fyth ar *swch* / Sy'n fwrfwch fel yr andros.

(*c*) Blaen (pigfain), pigyn, hefyd yn *ffig.*: (*pointed*) *end or tip, point, spike, also fig.*
13g. *A* 19. 9–10, *sychyn* yg gorun en tredar. gwr frwythlawn flamdur rac esgar. **13g.** *BD* 48, guneuthur *sycheu* heyrn plymedic (*palis ferreis atque plumbatis*) ar hyt canavl Temys . . . A phan ytoydynt yn dyuot ar Temys y briwys eu llongeu gan y *sycheu* kudyedic oed yn y dvuyr. **14g.** *WM* 39. 19–20, *sꝍch* y taryan y uynyd yn arꝍyd tangneued. *id.* 231. 31–3, dodi *sꝍch* vyn taryan ar ben vy march ae wꝍg. **14g.** *GIG* 90, Gem oedd y siroedd a'u *swch* / A thegan gwlad a'i thegwch [marwnad Dafydd ap Gwilym]. *c.* **1400** [*RB*] *WM* 214. 12–15, [c]ledyf . . . agꝍein ohydgen coch idaꝍ. asꝍch eureit ar y wein. **15–16g.** LLAWDDEN, &c.: *Gw* 191, O law'r gof y dof a dau / O'r llaw hwn yw'r ellynau; / Ei *swch* a'i wregys a'i wain / A'i liw'n wydr ar lun adain. **16g.** *GGH* 362, I gadw arnunt gadarnwch / Oes wain a loced a *swch* [i ofyn dagr]. **1803** *P, Sŵç* . . . *swç* esgid, the point of a shoe. Ar lafar yn yr ystyr 'blaen carrai, pill, pwynt', 'Ma'r ddou *swch* yn isia ar y las esgid 'ma' (dwyrain Morg.).

(d) Darn o dir (?ar lun swch aradr): *piece of land (?shaped like a ploughshare).*

c. **1700** E. LHUYD: *Par* i. 115, Rhan o vynydd Hiraethog; *Swch* o hono vo a elwir y Keven Brîth. Digwydd yn yr e. fferm *Swch Cae Draw* ger Llanarmon, Dyffryn Ceiriog, ac yn yr e. *Y Swch*, darn o dir yn Abergeirw, *B* xv. 31. Cf. H. EVANS: *CE* 74, Yr oedd *swch* fy nhaid yn ddeng acer wedi ei throi a'i thrin.

Amr.: **soch³** [?ff. wallus, ond cf. S. *sock* 'ploughshare']. 15g. *BB* 208, bagyl . . . a *ssoch* haearn ar y ben.

Cfn.: **swch (yr) aradr**: *ploughshare.* **1780** *W* d.g. *Plough-share.* **1803** *P* d.g. *Swç.* Ar lafar, *GTN* 753.

swch² [bnth. S. *sough* 'gutter, drain, sewer'] *e?g.* Draen: *drain.*

1707 *AB* 12c d.g. *Sulcus.* c. **1730** Thos. Lloyd D (LlGC) 207b, *Swch.* A Sough, drain. 18–19g. *Llr C* 16, 174, *swch*, a drain, or level for drawing the water from cole or lead mines [Gwynedd].

swchsyber [*swch¹* + *syber*] *a.* Difrifol; mursennaidd, gorlednais: *serious; fastidious, prudish.*

1915. Cf. *CYLl* 120, '*Swchsyber* 'serious': 'Rodd Jane yn *swchsyber* iawn heddi'; D. J. WILLIAMS: *STC* 64, Loti . . . yn mynd i'n fwy *swch-syber* ei Chymraeg o hyd.

swchyn, swd, swdan, gw. swch¹, siwt, sawden¹.

swdwrmwnd, swdwrwd, gw. siwdr-mwdr.

swdd [?olff. o *swdden*] *eb.g.* Ffrâm (bren): *(wooden) frame.*

1803 *P, Swz,* s. m. . . . A frame, beams put together to support anything.

swdden, *eb.* (g. *swddyn*) ll. *-ni.* Trawst: *beam.*

1760 *ML* ii. 160, Aie tebyg iw corph henddyn i garreg halen a grogai wrth *swddan* Pentrerianell. **1803** *P, Swzen,* s. f.—pl. t. *i* . . . A beam.

swed¹ [bnth. S. *suede*] *eg.* a hefyd gyda grym ansoddeiriol. Lledr ac iddo geden fel melfed: *suede.*

20g. Ar lafar, 'Côt *swed* faswn i'n lecio' (Llŷn).

swed², gw. swêds.

Swed, Yswed [bnth. S. *Swede*] *eg.* Swediad: *Swede.*

1906.

Swedaeg, gw. Swedeg.

Swedaidd [e.'r wlad *Swed(en)* + *-aidd*] *a.* Yn perthyn i Sweden neu i'r Swediaid, nodweddiadol o'r rhain: *Swedish.*

1814.

Swedeg, Yswedeg [e.'r wlad *Swed(en)* + *-eg¹*] *eb.* Iaith trigolion Sweden a rhannau o'r Ffindir: *Swedish (language).*

1932.

Amr.: **Swedaeg** [e.'r wlad *Swed(en)* + *aeg*]. **1848.**

sweden¹ [*siwed* + *-en*] *eb.* Peritonêwm defaid a gwartheg, llieingig y bol, perfeddlen, hefyd yn *ffig.*: *peritoneum of sheep and cattle, also fig.*

Ar lafar, Môn (1954) 11, *WVBD* 512; yn ardaloedd chwarelî'r Gogledd clywir *sweden* yn yr ystyr 'Canol craig dda solet', *B* xx. 380.

sweden², gw. swêds.

Swedenborgiad [yr e. prs. *Swedenborg* + *-iad³*] *eg.* ll. *-iaid.* Un sy'n arddel Swedenborgiaeth: *a Swedenborgian.*

1799 M. WILLIAMS: *HHG* 179, Am y *Swedenborgiaid*, neu'r Jerusalem Newydd.

Swedenborgiaeth [yr e. prs. *Swedenborg* + *-iaeth*] *eb.* Diwin. Cyfundrefn athronyddol a chrefyddol Emanuel Swedenborg (1688–1772) sy'n pwysleisio adeiladwaith ysbrydol y bydysawd, posibilrwydd cysylltu'n uniongyrchol ag ysbrydion, a dwyfoldeb Crist: *Swedenborgianism.*

1836.

Swediad, Yswediad [e.'r wlad *Swed(en)* + *-iad³*] *eg.b.* ll. *-iaid.* Un o drigolion Sweden, brodor o Sweden: *Swede.*

[**1740**] *ML* (Add) 861, Mae Rhyfel hefyd ymron torri allan rhwng y Muscoviaid a'r *Swediaid.* **1770** *TG*

iv. 120, pennaeth y wlad a anfonodd am negeswr y *Swediaid.*

swêds, swêj [bnth. S. *swedes*] *e.ll.* (un. b. *swedsen, swejen*). *Bot.* Planhigion ac iddynt wraidd crynedu melyn a ddefnyddir yn ymborth i ddynion ac anifeiliaid, rwdins, maip, *Brassica napobrassica,* hefyd yn *ffig.*: *swedes, also fig.*

1895. Ar lafar, "Dwi'n cofio mynd i'r trelyr a lluchio *swêj* i'r defed' (sir Ddinb.); '*sweds*', *B* xiii. 141 (canolbarth Cered.); '*Swedsen* . . . *Swedjen*', *GDD* 277; '*Swêdz* a garitsh a tatws sy gin' i i gino 'fory', *GTN* 754.

Amr.: **swêd²** (un. b. *-en*). **1931.** **swids** (un. b. *swid-en*). Ar lafar, "Odd a'n tyfu i bythdu maint *swidan*' (Myn).

Swedwys [e.'r wlad *Swed(en)* + *-wys¹*] *e.ll.* Swediaid: *Swedes.*

1800 W. OWEN[-PUGHE]: *CP* 20, Erfin Swedain [:– Y rhai a eilw y *Swedwys* ei hunain Ruta Baga].

sweiaf, swaeaf: sweio, sweian, swaeo [bnth. S. (*to*) *sway* a bf. o'r e. *swae*] *bg.* Siglo, simsanu, gwegian; dangos ei hun, rhodresa, ymffrostio: *to sway; show off, boast.*

1848. Ar lafar, 'Beth witi'n *sweian* abwti?' 'What are you making a noise about?', *TGG* (1906) 34 (sir Benf.); "Na lle 'odd 'i'n *sweio* . . . fel 'ta 'i odd wedi nuthur popith', *GTN* 755.

Amr.: **swyo.** **1861.** Ar lafar, 'gwylanod yn *swyo* ar y dŵr', *BILlE* 40.

sweipad [bnth. S. *swipe* + *-ad²*, trf. han.] *eb.* Ergyd: *blow.*

Ar lafar, *GDD* 277, *SC* vi. 133 (sir Benf.).

sweipen [bnth. S. *swipe* + *-en*] *eb.* ll. *sweips.* Ergyd: *blow.*

Ar lafar, *SC* vi. 133 (sir Benf.).

swêj, gw. swêds.

swel [bnth. S. *swell*] *eg.b.* (bach. g. *-yn,* b. *-en*) ll. *-s,* a hefyd fel *a.*

(a) Ymchwydd y môr; *Crdd.* dyfais mewn organ, &c., i greu cresendo neu ddiminendo: *swell (of sea); swell (device on organ, &c.).*

1828 *Geir Pob* 26, *Swêl*, ymchwydd y môr. Ar lafar, '*Swel*' 'ymchwydd y môr', *LILlM* 107.

(b) Person trwsiadus neu grand, hefyd yn *ffig.*: *swell, well-dressed person, also fig.*

1916. Ar lafar, '*swelan*' (Môn); "S 'a *swels* yn 'Berch o fydd?' (Llŷn).

Fel *a.* Crand, smart, trwsiadus, ffasiynol; da (iawn): *swell, grand, smart, well-dressed, stylish; (very) good.*

1896. Ar lafar, 'Ma 'i 'di gwisgo'n *swel* ofnadwy' (Arfon).

swencyn, swenta, gw. swanc, sywenta.

swerfiaf, swyrf(i)af: swerfio, swyrf(i)o [bnth. S. (*to*) *swerve*] *bg.a.* Newid cyfeiriad, yn enw. yn sydyn, troi('n sydyn), gwyro: *to swerve.*

20g. Ar lafar, "Odd y ci'n ganol y lôn, a mi fuo' raid imi *swyrfio* i' osgoi o' (Arfon); "S 'na neb drwy'r byd sy'n gallu *swyrfio*'r bêl fel tîm Brasil' (sir Ddinb.); 'Fe ath i'r clawdd wrth *swyrfo* i osgoi ci ar y ffordd' (gogledd Cered.).

sweter [bnth. S. *sweater*] *eb.* ll. *-i, -s.* Siwmper, jersi: *sweater, jersey.*

20g. Ar lafar, 'Mae wedi oeri heddiw—mi ro' i *swetyr* gynnas arno'.

swfdit [bnth. dysg. Llad. *subditus*] *a.* Gostyngedig, ufudd: *submissive, obedient.*

1609 R. SMYTH: *CAC* 33, bydd *swfdit* a darostwngedig i'r arglwydd.

swfenîr, swfynîr [bnth. S. *souvenir*] *eg.* ll. *swfenir(i)au, swfenîrs.* Gwrthrych sy'n dwyn lle, achlysur, neu berson arbennig i gof: *souvenir.*

20g. Ar lafar, 'Mae o'n le ofnadwy—'s'm byd yne ond siope *swfenîrs*'.

swfr [?olff. o *swfrdan*, amr. ar *syfrdan*] *eg.* Sŵn, twrw, murmur, siffrwd: *noise, din, murmur, a rustling.*

18–19g. *Llr C* 16, 163, *swfr* (Ystrad Dyfodwg), a murmur, sound of waters, wind, rustling of leaves, trees, &c. *id.* 30, 201, *swfr* Blaenau a murmur a din a noise as of falling water, distant carriages, the sea,

hollow winds, &c. the noise arising from the bustle of business of crowds, &c. 18–19g. *IM* 147–8, Words collected in Blaenau Morganwg, Anno 1770 . . . *swfr,* confused noise, a murmur. Ar lafar, "Odd *swfwr* mawr yn yr ysgol Sul 'eddi, 'alsat ti ddim clŵad gair ar glust', 'Dishtawrwdd! Ma gormod o *swfwr* yma', *GTN* 753.

swfrdan, swfwrdanaf: swfwrdanu, swfynîr, gw. syfrdan, syfrdanaf: syfrdanu, swfenîr.

Swffi [bnth. S. *Sufi*] *eg.* ll. *Swffiaid, Swffis.* Aelod o un o amryw urddau o fewn Islâm a nodweddir gan asgetigiaeth a chyfriniaeth: *Sufi.*

1848.

swffle [bnth. S. *soufflé*] *eg.b.* ll. *-s.* Saig ysgafn sbyngaidd a wneir drwy guro gwynwy'n stiff, ac ychwanegu ato felynwy ynghyd â chynhwysion sawrus neu felys, a phobi'r cymysgedd, saig debyg a wneir o wynwy wedi ei guro neu wedi ei setio â jelatin: *soufflé.*

20g. Ar lafar, "Odd y *swffle* tsioclet yn drychineb —mi fuo'n rhaid inni'i daflu fo'.

swffragan, swffragát, syffrigan, &c. [bnth. S. *suffragan,* S. Diw. Cyn. *suffrigan,* &c.; ansicr yw grym yr *-u-* yn rhai o'r enghrau. isod] *eg.* ll. *swffraganiaid, syffriganiaid.* Egl. Esgob sy'n cynorthwyo esgob esgobaeth wrth ei weinyddu, esgob esgobaeth sydd dan awdurdod metropolitan, rhagesgob: *suffragan (bishop).*

c. **1485** *J* 6, 144b, Dau archesgob caer gaint yma o wyth o esgyb yn lloeger. A. iiij. ynghymry megis *syffriganiet* Iddo. **1547** *WS, Swffryngam,* A suffragan. **16g.** *GP* 200, Pum rhyw ddoctor ysydd . . . pumed yw doctor y meirw, megis *swphragan* neu escob heb radd yscol. **16–17g.** *HG* 4, o daw haibo, esgob taido / na [*sic*] *swffrigan,* i wlad vorgan. **1710** LlGC (*Gos*) 8, Esgob neu *Suffragan.* id. 17, Esgob, *Swffragan,* Cangellwr, Commissari. **1746** T. RICHARDS: *CER* 31, yr Archesgob Prîffddinasol . . . a'i *Suffragaîniaîd.*

swffragét, swffrajét, syffragét, syffrajét [bnth. S. *suffragette*] *eb.* ll. *syffrajéts, syffragetiaid.* Merch sy'n ymgyrchu dros estyn yr etholfraint i ferched, yn enw. un a gymerai ran yn y gwrthdystio milwriaethus dros yr achos hwnnw ym Mhrydain ac Iwerddon ar ddechrau'r ugeinfed ganrif, un o ferched y bleidlais: *suffragette.*

1911.

swffrigan, swffryngam, gw. swffragan.

swg [?amr. ar *swga*] *a.* (b. *sog*). Brwnt, budr; gwlyb, llaith: *dirty, filthy; wet, moist.*

17g. LlGC 13215, 353, Sw Nepus. Squalidus. **1760** T. WILLIAMS: *AD* 38b, A gwaeth na dim mae sattan wg yn tynÿ f Enaid tan i fwg / Duw gwared ni rhag siglan *swg.* 18–19g. *Llr C* 4, 85, *Swg,* sil, fem *Sog,* moist, wet, sic corn.

swga, *a.* a hefyd gyda grym enwol. Brwnt, budr, aflan, slebogaidd, aflêr; gwlyb diferol, soeglyd; amhûr, ffiaidd, anllad: *dirty, filthy, foul, sluttish, slovenly, untidy; soaked, soggy; impure, base, obscene.*

c. **1400** *R* 1272. 12–14, Gwedy kael gauael ar geva wennllys lle ydoedd winllad deheulad wyrda. a barch gan gleroedd ae ba. **1547** *WS, Swga* verch Sluttyshe [*sic*]. id. *Swga* beth A slouen. **1552** *W.* SALESBURY: *Gw* 332, Antiphrasis Gwrthnebair yw dychwely[d] vn gair ar watwor vegis pe galwe[m] . . . vn swga dro[m] blûoc y Greirvyw. **1604–7** *TW* (Pen 228) d.g. *Immundus, Nepus.* **1632** *D,* Swga, Sordidus, squalidus. id. d.g. *Impurus, Turpis.* id. Budrog *swga* d.g. *Spilumenes.* **1688** *TJ, Swga:* filthy, sluttish. **1701** E. WYNNE: *RBS* 83, Mae ein corph ni yn wann ac yn *swga* (impure), yn bwrw allan o'i amryw garthleoedd fwy o frynti nac a ellid ei oddef oni bai fôd hynny yn naturiol ac yn angenrheidiol. c. **1715–28** *PRB* 4, Pum peth niweidiol i'r Llygaid . . . craffu 'n rhy hir a'r [*sic*] Ddarluniadau *swga.* **1722** *Llst* 189, *Swga.* Base, obscene, nasty. **1723** WM: *PGG* 104, O herwydd *Swga* a darfodedig ydyw'r Bŷd âi Bethau. [**1724**] G. WYNN: *YGD* 85, mewn dillad mor aflan gofus gur / I'r rhai *swga* rhy segur, / Gwlad ethol glyd i weithiwr / A chyflog serchog yn siwr. id. 96, Rhaid mewn egl`uredd, medd Ysgrythyr, / Roi cyfri o'n *swga* eirie segur. 18g. *W Ballads* 9, 4, fo wele i wraig ai saig yn *swga* gida gi mochyn yn [*sic*]. **1753** *TR, Swga,* slovenly. **1778** J. HUGHES: *BB* 18, Y mae 'r hen Adda

heddyw yma, / A'r sarph gam ellyll a'i cymhella, / I fwytta 'r *swga* saig. [**1783**] *W* d.g. *Sloven* [*a slovenly fellow*], *Slovenly*. **1796** T. JONES: *CCA* 383, rhag i'r goginiaeth *swga* beri gwrthod y bwyd. **1803** *P*, *Swga* . . . *soaked; filthy. Mor swga wyt ti! how filthy thou art!* Ar lafar yn yr ystyr 'trymaidd, mwll', 'Y mae'r awyr yn edrych yn o *swga'*, *B* iv. 132 (sir Drefn.).

Amr.: **swca²**. **1744** *CM* 120, 31, A lliw eu crwyn mor *swca* yn siwr / Yn waeth na 'sgubwr simnau.

Gw. hefyd **soga**.

swgaf: swgu, swgan, gw. **swgiaf: swgio, swgen.**

swgeiddrwydd [*swg*+-*aidd*+-*rwydd*] *a.* Budreddi: *filthiness.*

1710 *LlGG* (*Gos*) 13, [p]ob peth yno mewn trefn mor drwssiadus a glanwaith, oddiwrth lŵch, a phob lliw *swgeiddrwydd* ac anhardduch.

swgen, swgan [*swg*+-*en*, -*an*¹; ansicr yw'r drydedd engh. isod, a dichon mai adff. geir. yw *swgan*] *eb.* Slebog, slwt: *slattern, slut.*

c. **1689** (**1802**) L. WILLIAM: *Sherlyn Benchwiban* 32, Mae gennyf [Sherlyn y cybydd] ferch ofalus ddigon, / . . . / *Swgen* yw ei henw'n eglur. **1778** J. HUGHES: *BB* 306, O's gwelwch fursen *swgen* serth. **1782** M. WILLIAMS: *BM* 40, Fel cawr, O ben proffeswr mawr, / A'i feiau'i hunan a'r [*sic*] lled mor llydan / Ymhen pob tafarn a'i safn *swgan* sawr / Ddiddyspydd wenwyn aspaidd sy'n llanw ei wedd a'i wawr. **1803** *P*, *Swgan*, s. f. . . . *A slut, a slattern.*

swgiaf, swgaf: swgio, swgu [bf. o'r a. *swg*] *ba.* Mwydo, hefyd yn *ffig.*: *to soak, also fig.*

1803 *P.*

swgir, swglaf: swglo, swgleriaeth, swgliaf: swglio, swgr, gw. **siwgr, siwglaf: siwglo, siwgleriaeth, siwglaf: siwglo, siwgr.**

swïaeth, swiciaf: swicio, gw. **hyswïaeth, swigiaf¹: swigio.**

swiden, swîds, gw. **swêds.**

swidw, gw. **yswidw.**

swifl [bnth. S. *swivel*] *eg.b.* (bach. b. -*en*). Modrwy i'w rhoi drwy drwyn mochyn neu darw, cwirsen; modrwy dro, bwylltid: *ring for a pig's or bull's nose; swivel.*

20g. Ar lafar, 'dodi *swifl* yn drwyn mochyn' (Brych.); '*swifil* 'cylch i drwyn anifail', *GTN* 754 (eg.); "Ôn' nw'n doti *swifil* yn 'u trwyna rag ofan 'san' nw'n twrio gormod' (Myn.).

swiflaf: swiflo [bf. o'r e. *swifl* a bnth. S. (*to*) *swivel*] *bg.a.* Rhoddi swifl neu gwirsen yn nhrwyn (mochyn neu darw); troi (ar fwylltid, &c.): *to ring (a pig or bull); swivel.*

20g. Ar lafar, 'Ma fa wedi mynd i *swiflo*'r tarw', *GTN* 754.

swiflen, gw. **swifl.**

swig (*i*) [bnth. S. *swig*] *eg.b.* ll. -*iau.* Dracht, llwnc, cegaid; diod feddwol: *swig; intoxicating liquor.*

20g. Ar lafar, 'Gad 'mi gal *swig* o'r botel 'na'; '*Swig*' 'Diod feddwol', *Cymru* lxii. 176 (gorllewin Meir.).

swigaf: swigo, swigen, gw. **swigiaf²: swigio, yswigen.**

swigiaf¹, swiciaf: swigio, swigiad, swicio [bnth. S. (*to*) *swig* 'to move'] *bg.a.* Syflyd, symud, gwingo: *to budge, move, wince.*

17g. WILIAM BODWRDA: *Gw* 254, os cvro glawio yn glir / *swigiwn* rhag bod yn segir. **1667** C. EDWARDS: *FfDd* 18, Er ei fod [Polycarpus] yn oedranus, etto ni *Swicciodd* (**1677** id. 33, chwimiodd) ronyn tra yr oeddint [*sic*] yn ceisio ei losci ef. id. 46, rhoddodd ei enaid i law Dduw, ar ni âu [*sic*] gorph ef ddioddef angerdd y tân dri chwarter awr heb *swiccio*. **1750** *W Ballads* 147, 2, wedi i rhwmo cyn gadarned a Barre heyrn . . . nad oedd bossible i *swigio* drwy chware bychan. Ar lafar, '*Swigiad*' 'Symud, ysgwyd, gwingo', *Cymru* lxii. 176 (gorllewin Meir.). Cf. D. OWEN: *RL* 413, Un diwrnod, yn y cabstand, mi âth i grynnu'n sobor, a mi heliodd lot o bobol o gwmpas, a phawb yn dysgwyl bob mynyd iddo syrthio. Mi ddaru'n dynu o o'i cab, ond *swigie* fo beg.

swigiaf², swigaf: swig(i)o [bf. o'r e.

swig] *bg.a.* Drachtio, yn enw. o botel: *to swig.*

Ar lafar, "Dodd gin' i ddim cwpan, felly 'odd raid inni'i *swigio* fo'n syth o'r botal' (Arfon); '*Swigio*' 'yfed, drachtio', *Cymru* lxii. 176 (gorllewin Meir.).

swigw, gw. **yswigw.**

swing [bnth. S. *swing*] *eg.b.* ll. -*s.* Siglen (plentyn, &c.); sigl, siglad; symudiad (barn); math o gerddoriaeth boblogaidd rythmig iawn a chwaraeir gan fandiau mawr: (*child's, &c.*) *swing; a swinging, swing; swing* (*of opinion*); *swing* (*type of popular music*).

1862. Ar lafar yn gyff., 'Ma 'i'n mynd â'r plant i'r parc yn amal i wara ar y *swings*' (dwyrain Morg.).

swingiaf, swingaf: swing(i)o, swingian [bnth. S. (*to*) *swing*] *bg.a.* Siglo, pendilio, troi, rhoddi tro i, hefyd yn *ffig.*: *to swing, also fig.*

1894. Ar lafar yn gyff., 'Ma 'di *swingio* reit rownd' (Llŷn).

swinglen [?*swing*+(*sig*)*len*] *e?b.* Siglen (plentyn, &c.): (*child's, &c.*) *swing.*

Ar lafar, *Cymru* liv. 131 (dwyrain sir Drefn.).

swil¹, swcil (*i*), *a.* a hefyd gyda grym enwol. Heb fod yn gyffordus yng nghwmni pobl eraill, gostyngedig, gwylaidd, hunan-ymwybodol, ofnus, hawdd ei ddychryn, gwyliadwrus, hefyd yn *ffig.*: *shy, modest, bashful, self-conscious, apprehensive, timid, wary, also fig.*

1547 WS, *Yswil* A basshed [*sic*]. **1604-7** TW (*Pen* 228), *yswil* d.g. *Verecundus.* Dchr. **17g.** *J* 10, 42a, *Swil.* abashed. **1632** D, *Yswil*, Consternatus. **1661** E. LEWIS: *Drex* 83, Ni a edrychwn yn ddaear, gan daflu ein çolygon i lawr :u ar ddaiar. **1691** T. WILLIAMS: *YB* 209, a' dymma ryw fâth ar wylion bechaduriaid, sy *swil* ganddynt wneuthur drygioni. c. **1730** Thos. *Lloyd D* (LlGC) 207b, Mae'n *Swil* genni. **1760** *ML* ii. 195, fo am gwaddodd ac a dyngodd y mawr llw fod iddo fo wraig ieuanc ac y byddai yn *yswil* ganddo gynnwys fy math yn ei dy. **1770** *W*, *swil, yswil* d.g. *Bashful.* **1770** TWM O'R NANT: *GG* 71, Yr hên Satan ymhob City, / A'i farus egni heb fawr *yswil*, / Yn cadw cell mwy gwell nag Wil. **1803** *P*, *Yswil* . . . *Bashful* . . . *timid.* Ar lafar, '*swil*' '*shy*', *WVBD* 512; 'Y ti yn *swil*! 'Fuot ti 'riôd yn *swil*, yr 'en declyn balch ishtag 'wyt ti!', *GTN* 754.

Amr.: **swyl¹, yswyl** [gair geir.; ?drwy ei gysylltu â *gŵyl²* (cf. *yswyliaf: yswylio*)]. **1707** *AB* 220b, *Swyl*, Bashful. V. **1770** *W*, *swyl* d.g. *Bashful.* id. *yswyl* d.g. *Shy.*

swil² (*i*) [bnth. S. *swill* 'a rinsing'] *eb.* ll. -*s.* Golchiad neu ymolchiad cyflym, ystreuliad: *swill, quick wash, rinse.*

1933. Ar lafar, 'Dwi'n mynd i roid *swil* sydyn i'r dillad 'ma' (Arfon); '*swil*' 'a hurried wash', *SC* vi. 133 (sir Benf.); '*Cheson*' nw ddim amser i fatho, dim on' câl *swil* fach' (dwyrain sir Gaerf.).

swil³ (*i*) [bnth. S. *swill* 'liquid mess'] *eg.* ll. -*ion.* Golchion, bwyd moch: *slops, swill* (*for pigs, &c.*).

Ar lafar, '*swilion* y llestri te', *GDD* 278; 'cadw'r *swil* i'r moch' (Brych.).

swilad [bôn y f. *swiliaf²*, *swilaf: swil(i)o*+ -*ad*², trf. han.] *eb.* Golchiad neu ymolchiad cyflym, ystreuliad: *swill, quick wash, rinse.*

Ar lafar, 'Ro *swilad* dda 'ddo fe' (dwyrain sir Gaerf.); '*Swilad*' 'A hurried wash', *GDD* 278; 'Rho *swilad* i di wineb cyn mynd i'r siop', *SC* vi. 133 (sir Benf.); 'Fe roias *swilad* i'r lleina 'na gyd' (dwyrain Morg.).

swilaf: swilo, gw. **swiliaf²: swilio.**

swilder, yswilder [*swil¹*, *yswil*+-*der*] *eg.* Swildod, gostyngeiddrwydd, gwyleidd-dra, ofnusrwydd: *shyness, modesty, bashfulness, timidity.*

1604-7 TW (*Pen* 228), *yswilder* d.g. *Verecundia.* **17g.** *LlGC* 13215, 352, *Swilder* Verecundia. **1707** *AB* 220b, *Swilder*, Bashfulness. [S]. **1803** *P*, *Yswilder*, s. m. . . . Bashfulness, timidity.

Amr.: **swylder** [cf. *swyl²*]. **1762** *ML* ii. 445, Rwyn addef fod arnaf ronyn o 'swylder am fod fal hyn yn geubal lled ddiffrwyth. **yswylder** [cf. *yswyl*]. **1808.**

swildod, yswildod [*swil¹*, *yswil*+-*dod*] *eg.* Yr ansawdd neu'r cyflwr o fod yn swil, gostyngeiddrwydd, gwyleidd-dra, ofnus-

rwydd, hefyd yn *ffig.*: *shyness, modesty, bashfulness, timidity, also fig.*

1793 DAFYDD IONAWR: *CD* 48, Pechod, chwerw-dod, *swildod* synn, / Ofn, c'wilydd, fu'n eu ca'lyn [Adda ac Efa]. Ar lafar, '*swildod*', *WVBD* 512. Cf. D. OWEN: *GT* 168, yr oedd arnaf y fath gywilydd troi yn ol i'r capel wedi byw cyhyd mor benrhydd fel y bum yn hir iawn cyn gallu gorchfygu fy *yswildod*; D. J. WILLIAMS: *STC* 80, rhyw dipyn o *swildod* gwledig, clogyrnaidd bron.

swildra, yswildra [*swil¹*, *yswil*+-*dra*] *eg.* Swildod, gostyngeiddrwydd, gwyleidd-dra, ofnusrwydd: *shyness, modesty, bashfulness, timidity.*

1712 T. WILLIAMS: *CDdG* 353, Pa ham y gwrthod-odd St. Petr yr Anrhydedd fawr honno o gael golchi i [*sic*] draed gan ein Iachawdwr? O wir *swyldra* (*Modesty*), gan wybod mo'r [*sic*] anheilwng oedd. **1725** *SR*, Swildra d.g. *An abashment.* **1770** *W*, swildra d.g. *Bashfulness.* **1803** *P*, Yswildra, s. m. . . . timidity.

Amr.: **swyldra** [cf. *swyl²*]. **1712** T. WILLIAMS: *CDdG* 353.

swiliaf¹, yswiliaf¹: (y)swilio [bf. o'r a. *swil¹*, *yswil*] *bg.* ac yn eithriadol fel *ba.* Bod neu fynd yn swil neu'n ostyngedig, gwyl-eiddio, cywilyddio, ?bod yn ofnus; gwneud yn swil; (geir.) (peri) gwrido, (peri) synnu neu ryfeddu, cael ei ddychryn, hefyd yn *ffig.*: *to be(come) shy, modest, or bashful, be ashamed, ?be timid; make shy; (dict.) (cause to) blush, amaze, astonish, be amazed, aston-ished, or frightened; also fig.*

1604-7 TW (*Pen* 228), *yswiliaw* d.g. *Verecundor.* **1632** D, *Yswilio*, Consternari. **17g.** *LlGC* 13215, 352, *Swilio* Verecundor. **1688** *TJ*, *Yswilio*: to be astonished, to blush. **1691** T. WILLIAMS: *YB* 57, pwy na *swilieu* [*sic*] o fôd yn falch o'r fath gorph a hwn? **1722** *Llst* 189 d.g. To astonish, To make to Blush. id. *Yswilio.* To amaze, to be amazed. **1753** TW, *Yswilio*, to be aston-ished, or put in a frignt. [**1763**] *ML* ii. 579, Duw a roddo iddo ras i fod yn gywir ac yn onest, fal na bo iw garedigion *yswiliaw* oi blegyd achlan. **18g.** I. BRYDYDD HIR: *Gw* 64, Yn y gad . . . / Bydd Fyrsil, heb *yswiliaw*, / Ar farch dewr dihafarch daw. **1768** (**1813**) TWM O'R NANT: *FF* 5, Mi darawn y llangces accw yn ei balog, / 'Ran ni fum ys dalwm gydâ merched y dre', / Yn curo gaflau am gyflog. / . . . / Na yr mo'r merched i *yswilio.* **1790** TWM O'R NANT: *GG* 189, A gwr y tŷ'n br'olio heb *swilio* yn ei swydd. **1803** *P*, *Yswiliaw* . . . To induce bashfulness, to be abashed.

Amr.: **yswylio** [?drwy ei gysylltu â *gŵyl²* (cf. *swyl²*)]. **1607** *Rhyddiaith Gymraeg* i. 141, [p]eri y lawer o scolheicion y prifyscolion Rydychen a Chaer Grawnt . . . *yswylio* a gwladeidhio pan dhywetont dhyeithriaith wrth eu cytwladwyr o ulaen . . . y velus-ber Gymraec.

swiliaf², swilaf, yswiliaf²: swil(i)o, yswilian [bnth. S. (*to*) *swill*] *bg.a.* Ystreulio, rinsio, tynnu drwy ddŵr, golchi'n frysiog: *to swill (out), rinse.*

1722 *Llst* 189, *Yswilian.* To dabble, swill in water. Ar lafar, "Dwi'n mynd i *swilio*'r dillad 'ma gan bod 'n braf' (Arfon); '*Swilwch* y ddish na', *GDD* 278; '*swilo* fe â dŵr' (Myn.).

swiliaf³: swilio, swinas, gw. **noswyliaf: noswylio, yswinas.**

swinc [bôn y f. *swincaf: swinco*] *a.* Yn amrantu, yn wincio, cam neu groes (am lygad): *winking, squint(y)* (*of eye*).

Ar lafar yn sir Benf.

swincaf: swinco [cf. *wincaf: winco*] *bg.* Amrantu, smicio llygad: *to blink.*

Ar lafar yn ne-ddwyrain Morg.

swindlaf: swindlo [bnth. S. (*to*) *swindle*] *bg.a.* Cael arian, &c., (gan (rywun)) drwy dwyll, twyllo: *to swindle.*

20g. Ar lafar, 'Mae o "di cal sac am *swindlo*'r ffyrm' (Arfon).

swindler [bnth. S. *swindler*] *eg.* Twyllwr, hocedwr: *swindler.*

20g.

swindleriaeth [bnth. S. *swindler*+-*iaeth*] *e?b.* Twyll, hoced: *swindle.*

1867.

swineg, yswineg [?cfdds. o'r S. C. *swin(si)* +-*eg¹*] *e?g.* Meddyg. Ysbinagl, y fynyglog: *quinsy.*

16g. *LIS* 159, rhac y vynygloc yr *swineg* neir [*sic*] hychgruc. **1759** J. EVANS: *PF* 66, Y mae hefyd yn

iachau 'r *Yswineg*, a phob mâth o Chwydd gwynn ar y Cymalau. *id.* 75, *Yswineg* neu 'r Fynyglog, Quinsy ... Clwy yw 'r *Yswineg* ac anhawsdra i lyncu. Ar lafar, '*swineg* is the present-day name for the quinsy in parts of Powys', W. SALESBURY: *LIM* 233.

Gw. hefyd **ysgywinas**.

swinfri, gw. **swynfri**.

swîp [bnth. S. *sweep*] *eg.* yn aml yn yr ymad. *swîp (y) simnai*, &c. Ysgubwr (sim-neiau): *(chimney-)sweep*.
    17g. HUW MORUS: *EC* i. 287, Yn siwr mae Sion yn ben *Swîp* Simddai. **18g.** E. T. RHYS: *DA* 72, Bydd *swip* y sim'ai 'symol / Yn fwy rhagorol gwr. **1760** *ML* ii. 220, Rhobin, mab Wiliam Morys y *swip* simnai, is going to be married to Mother Williams. *id.* 222, Mother Williams wont have yᵉ *swip* simniau after all. *id.* 261, Mi ddywedais wrthoch yn fy llythyr Wyl Ifan, fod Rhobin ab William Morys y *swip* yna, am briodi hen wreigen gynnes. **1789** TWM O'R NANT: *TChB* 18, Sebonwr C'nwyllwr gweithiwr gwêr, a *Swip* a chobler, [*sic*] chwiblog. Cf. D. OWEN: *GT* 295, yr oedd fy ngwyneb ar ol tynu y lle tân i lawr cyn ddued a *swip* simdde.

Swisaidd, Yswisaidd [bnth. S. *Swiss* + -*aidd*] *a.* Yn perthyn i 'r Swistir neu i 'r Swis-iaid, nodweddiadol o 'r rhain: *Swiss (adj.)*.
    1814.

swish [bnth. S. *swish*] *e?g.* ll. *swision*. Siffrwd, si; sblash, fflatsh: *swish; splash*.
    1931. Ar lafar, '*Swish*' 'the sound produced by the falling of a large object into a pool of water', *GDD* 278.

swishlyd [*swish* + -*lyd*] *a.* Sïol: *swishing, swishy*.
    20g.

Swisiad, Yswisiad [bnth. S. *Swiss* + -*iad³*] *eg.* ll. -*iaid*. Un o drigolion y Swistir, brodor o 'r Swistir, un o dras neu genedligrwydd Swisaidd: *a Swiss*.
    1803.

swisiaf: swisio, swisian [bnth. S. (*to*) *swish*] *bg.a.* Siffrwd: *to swish*.
    1897.

Swistirol [e. 'r wlad *Swistir* + -*ol*] *a.* Swisaidd: *Swiss (adj.)*.
    20g.

Swistirwr, Yswistirwr [e. 'r wlad *Swistir* + -*wr*] *eg.* ll. -*wyr*. Swisiad: *a Swiss*.
    1916.

swît¹ [?gair yn dynwared sŵn] *eg.* Trydar, switian: *a chirping or twittering, tweet*.
    Dchr. **17g.** *J* 10, 42b, *Swit.* **17g.** LIGC 13215, 352, *Swu* Minuritio.
    Amr.: **switi**. 20g.
    Cfn.: Adar. **swit y waun, switi'r waun**: *meadow pipit, Anthus pratensis.* **1934.**

swît² [bnth. S. *sweet*] *a.* Pêr, peraidd, ffres, croyw, iachus, dymunol; persain; perarogl-aidd: *sweet, fresh, healthy, pleasant; sweet-sounding; sweet-smelling*.
    1762 *ML* ii. 450, ni fynnwn i am bris mochyn yrru un [ham] heb fod yn *swit*, onid i, mrawd ynghyfraith. **1828** *Geir Pob* 26, *Swit*, pêr, peraidd, aroglaidd. Ar lafar, "Tydi o ddim yn *swît* iawn' (Môn, am ddyn); '*swît*' 'sweet-smelling ... pleasant, pleasing', *WVBD* 512; 'Ma'r dillad wedi bod ar y lein a mân' nw'n gwynto'n *swît* unwaith 'to', *GTN* 754.

swît³ [bnth. S. *suite*] *eb.* ll. *switiau, swîts*. Set o bethau sy'n perthyn gyda'i gilydd, e.e. celfi o 'r un cynllun: *suite (of furniture, &c.)*.
    20g.

switi, gw. **swît¹**.

switiad, yswitiad [bôn y f. *switiaf¹*, *yswit-iaf*: (*y*)*switio*, (*y*)*switian* + -*iad¹*] *eg.* ll. -*au*. Trydar, chwît: *a chirp(ing), a twitter(ing)*.
    1803 P, *Yswitiad*, s. m.—pl. t. -*au* ... A chirping.

switiaf¹, yswitiaf: (y)switio, (y)switian [bf. o 'r e. *swît¹*] *bg.* Trydar, chwitio: *to chirp, twitter, cheep, tweet*.
    Dchr. **17g.** *J* 10, 42b, *Swittio.* to chirpe. **17g.** LIGC 13215, 352, *Switio* Pipilo. *ib. Switian* Minurizatio. *c.* **1730** Thos. Lloyd D (LIGC) 209a, pan ddechrau cywion *Swittian* a dŵad o 'r cibbau allan. **1803** P, *Yswitian* ... To chirp, to make a small noise. *id.*

Yswitiaw ... To chirp, to twitter. Ar lafar, '*switian*' 'to chirp, to twitter', *WVBD* 512.

switiaf²: switio [bf. o 'r a. *swît²*] *bg.* Mynd yn ffres neu 'n beraidd: *to become fresh or sweet*.
    1959 K. ROBERTS: *TG* 72, a hitha yn fora mor braf, meddylia fel y basan nhw [dillad gwely] yn *switio* yn yr haul. Ar lafar yn Arfon.

switnaf: switno [bnth. S. (*to*) *sweeten*] *bg.* Mynd yn ffres neu 'n beraidd: *to become fresh or sweet*.
    Ar lafar, 'Ar ôl ifi olchi'r llawr a acor y ffenast am sbel fe *switnws* y lle i gyd', *GTN* 754.

swîts¹ [bnth. S. *sweets*] *e.ll.* (un. b. *switsen*). Melysion, losin(s), fferins: *sweets*.
    20g. Ar lafar, 'In the Teifi valley and in Pembroke-shire, the loan form *swits* is attested in a localized scatter ... It is clear that the use of the loan *swits* is increasing', *LGW* 205; "Odd siop bach gydag e yn cadw tybaco a *swits*' (gogledd sir Gaerf.); '*swits*', *AGB* 215.

swîts², gw. **swît³**.

switsh, swits [bnth. S. *switch*] *eg.b.* ll. *swits(h)ys, switsiau*. Dyfais sy'n agor neu'n cau cylched drydanol, &c., hefyd yn *ffig.*: (*electrical*, &c.) *switch, also fig.*
    1939. Ar lafar 'Paid â twtsio'r teciall 'na, ma'r *swish* 'di torri' (Arfon).

switshfwrdd [*switsh* + *bwrdd*, ar ddelw'r S. *switchboard*] *eg.* ll. -*fyrddau.* Dyfais mewn cyfnewidfa ffôn, swyddfa, gwesty, &c., i reoli'r cysylltiadau rhwng llinellau ffôn â llaw, dyfais debyg i reoli rhai mathau o gyfarpar trydanol: *switchboard*.
    20g.

switsiaf: switsio [bnth. S. (*to*) *switch*] *bg.a.* a'i ddilyn yn aml gan *ymlaen*, i ffwrdd, *arno*, &c. Troi (dyfais drydanol) ymlaen neu i ffwrdd, hefyd yn *ffig.*; ailgyfeirio, newid (pwnc, &c.); cyfnewid: *to switch on or off, also fig.*; *divert, switch (subject, &c.); exchange, switch*.
    20g. Ar lafar, '*Switsia*'r teledu 'na i ffwrdd', '*Swits-ia*'r gola arno' (Arfon); "Odd y bregeth mor boring, 'ôn i 'di *switsio* i ffwr' ar ôl pum munud' (sir Ddinb.).

swiwrn [bnth. Ffr. Lloegr *sujurn*; ansicr yw grym yr -*i*- yn yr enghrau. isod, cf. *iubet, iwrnai*] *e?g.* Gorffwysfa, arhosiad dros dro: *rest, temporary stay*.
    14g. *YBH* 40a, y gyt ac y gwyl sebaƀt Josian. mynet ddƀylaƀ mynbgyl id a llawen fu ƀrthi. ac yno y tricyssant hƀy yn sƀiƀrn. *id.* 45a, Argloƀyd heb ƀynt. ysulgƀyn yƀ hƀnn. ni a dlyƀn marchogaeth yn meirch a sƀiƀrn. *id.* 48a, gƀedy bot yno wers yn sƀiƀrn medylyaƀ a oruc mynet racdaƀ.

swl [gair geir.; cf. *swla, swlog*] *a.* a hefyd fel *eg.* Diaddurn; wedi ei ddifwyno; person aflêr, slebog: *unadorned; soiled; slovenly person, slut*.
    17g. LIGC 13215, 352, *Swl* Acosmus. **1707** *AB* 220b, *Swl*, Undeck'd, untrim'd; a sloven. [S]. **1803** P, *Swl* ... soiled.

swla [gair geir.; cf. *swl*] *a.* a hefyd fel *e?g.* Aflan, brwnt, slebogaidd, ffiaidd; person aflêr: *unclean, dirty, slovenly, vile; slovenly person*.
    Dchr. **17g.** *J* 10, 42b, *Swlla.* **1725** *SR*, *swla* d.g. *A Sloven*. *c.* **1730** Thos. Lloyd D (LIGC) 207b, *Swla.* Impurus. *id.* 210b, *Swla.* Slovenly. **1803** P, *Swla* ... dirty. Sil.
    Amr.: **swlla** [ff. wallus, drwy gamddeall org. yr engh. gyntaf uchod]. **17g.** LIGC 13215, 352, *Swlla* Dim[.] Immundus. **1707** *AB* 220b, *Swlla*, Unclean. [S].

swlan, swlcaf: swlcan, gw. **swlian, sylc-iaf: sylcio**.

swlci [bnth. S. *sulky*] *a.* Pwdlyd, sorllyd: *sulky*.
    Ar lafar, *GDD* 278.

swlddanaf: swlddanu, swlddandod, gw. **syfrdanaf: syfrdanu, syfrdandod**.

swlffa, siwlffa [?cf. *solffa*, amr. ar *sofla*]

bg.a. Chwilota (am), chwilmentan, ffureta, twrio: *to rummage (for), pry, delve*.
    1912. Ar lafar, '*swlffa*' 'to pry into, to pry about in search of', *WVBD* 509; 'hwch yn *swlffa* am y mes o dan y coed', 'yn rhyw *swlffa* edrych 'oedd 'na rywbeth yn rhywle', 'chwilio a *swlffa* a phalfalu'n y tywyllwch' (Arfon); '*Swlffa*' 'Chwilio am rywbeth, chwilota', *Cymru* lxii. 176 (gorllewin Meir.).
    Amr.: **swmffa**. Ar lafar yn Arfon.

swlffad, swlffat, gw. **sylffad**.

swlffiwr [bôn y be. *swlffa* + -*iwr*] *eg.* Chwil-otwr, ffuretwr, twriwr: *rummager, delver*.
    Ar lafar, *WVBD* 509.

swlffonameid, swlffwr, gw. **sylffon-amid, sylffwr**.

swlian, swlan [?cf. *swnian*; tywyll yw'r engh. gyntaf isod] *bg.a.* Grwgnach, rhinc-ian, rhygnu (ar), preblan: *to grumble, harp on (about), prattle*.
    1766 *CM* 46, 15, peth am hon lliw r blode / pen foch yn *swlian* gartre yr silie, / ar i fen yn chwalu yr mwng / sudd yn tyfu rhwng ych glinie. **1769** TWM O'R NANT: *TChD* 57, O faint y heliais dan fy llaw! / Drwy gamwedd, draw ac yma. / O'r cerdded ar *swliau* [*sic*] y byddwn i'r Sulie! / I chwilio am fargeinion, fel y clywsoch i gynne. Ar lafar, 'Paid â *swlan* yr un peth', 'Paid â *swlian* o hyd yn 'y nghlust i', "Ydi o'n medru siarad?' 'Mae o'n dechra *swlian* siarad', *WVBD* 509.

swlog, *eb.* Slebog: *slut*.
    16-17g. *GST* i. 987, Rhoi meinwen hirwen a'i heuro—ddylid / I ddylyn a'i caro; / Rhoi i ddelff, rhydda iddo fo, / Sâl ei gwedd, *swlog* iddo. *J* 10, 42a, *Swllog*. **1759** *BC* [129], A galw pob *Swlog*, na fales [*sic*] ddwy Geiniog, / Anfoddog ynfydog, yn Fadam!

swlpran, *e?g.* Enw difr. ar berson: *term of abuse*.
    Ar lafar, "r hen *swlpran* budur', *WVBD* 509.

swltan, syltan [bnth. S. *sultan*; ansicr yw grym yr -*u*- yn rhai o 'r enghrau. isod] *eg.* ll. *swltanau*. Brenin gwladwriaeth Fwslim-aidd; ?darn o aur bath: *sultan (ruler); ?gold coin*.
    1547 WS, *Syltan*. **1728** T. BADDY: *DDG* 28, gosod fy hun yn nwylo dau o Arabiaid gwylltion ... a gymerasant arnynt fy nwyn i ... i Ddinas Cairo o Aur. *c.* **1762-79** W. WILLIAMS: *P* 122, palas y *Sultan*, neu'r brenin sŷdd ehang iawn.

swltana, syltana [bnth. S. *sultana*] *eb.* ll. -*s*, *swltanau*. Grawnwinen fach wen wedi ei sychu a ddefnyddir mewn teisennau, &c.: *sultana*.
    20g. Ar lafar, "Well gynna 'i *syltanas* na chyraints'.

Swlw [bnth. S. *Zulu*] *eg.* ll. -*iaid*, -*s*. Aelod o bobl ddu o dde-ddwyrain Affrica, yn enw. gogledd Natal: *a Zulu*.
    1882.

Swlŵeg [*Swlw* + -*eg¹*] *eb.g.* Iaith y Swlw-iaid: *Zulu (language)*.
    20g.

swlyn, gw. **siwlyn¹**.

swll¹ [?adff. o *syll*] *eg.* ll. -*oedd*. Golygfa (hefyd mewn drama): *scene (also in a play), prospect*.
    1803 P, *Swll*, s. m.—pl. t. *oz* ... a scene, a prospect.

swll², *e?g.* ll. -*i*. Math. Ffracsiwn: *fraction (in math.)*.
    1860.

swlla, gw. **swla**.

swlliad [*swll²* + -*iad¹*] *eg.* ll. -*au*. Math. Ffracsiwn: *fraction (in math.)*.
    1850.

swllt [bnth. Llad. llafar *sol'dus < solidus* 'darn o aur bath', H. Grn. *sols*, gl. *pecunia*, Crn. Diw. *zowlz*, H. Lyd. *solt (argant)*, gl. *soldum*, Llyd. C. a Diw. *saout* 'gwartheg'] *eg.* (bach. *syllityn (swlltyn), sylltan*) ll. *syllt-au, sylltoedd*.
    (a) Uned ariannol a darn o arian bath gynt a oedd yn gyfwerth ag ugeinfed ran o bunt neu ddeuddeg ceiniog, hefyd weithiau

am ddarnau bath eraill: *shilling, also occas. of other coins*.

13g. *HGK* 31, Ef a anfones ugein *swllt* y eglwys Grist yn Dulyn. **14g.** *LlB* 55, Gwenynllestyr, deu *swllt*. Bydaf yn y coet, deu *swllt*. *id.* 84, Y neb a talho vgein *swllt* yn y vlwydyn . . . A'r neb a talho dec *swllt*. **14g.** *BT* (*RB*) 154, offrymaw heuyt a oruc dyrneit o aryant, am gyfyl y dec *swllt*. *c.* **1400** *YCM*² 51, dyro gann *swllt* idaw yn y gyueir ehun, a chann *swllt* yg kyveir y uarch. **15g.** *GLGC* 238, Blodeuyn Siancyn ni chais encil / er bwrw yn *sylltau* fegis hau hil. **1547** *WS*, *Swllt* deuddec keinioc. A shyllyng. **16g.** (*LlEG*) *Mos* 158, 651a, wyth ar hugain o *sylld* o ariain lloigyr. *Dchr.* **17g.** *Card* 12, 487, dod *sylldan* kyfan o kofi fwynwas / pryn fenig da imi / par fwy syn dy haelioni / crintachder yw darfer di (Thomas Evans, Hendre-forfudd). **1632** *D*, *Swllt*, Solidus, i. **1688** S. Hughes: *TSP* [vi], Y mae Llyfr da, a elwir Trugaredd a Barn, o bris 9 d. heb ei findio, a *swllt* wedi ei findio. **17–18g.** O. Gruffydd: *Gw* 21, A mynd a'r *sylltyn* cwta, / Dan gyfri man badera, / Am bump a ffyrling hasting hynt. *c.* **1730** *Thos. Lloyd D* (LlGC) 209b, *Sylldan*. A shilling. **1759** J. Evans: *PF* 56, [c]ymaint ac y sai ar *swllt* o Rhubarb wedi ei ratio. **1760** *ML* ii. 182, Myfi a dalaf y *sylltyn* yn onest. **1768** J. Roberts: *R* 9, 12 Ceiniog a wna *Swllt*. **1803** *P*. Ar lafar, '*swllt* a grôt', *WVBD* 509–10; '*Swllt* a thair 'dalas i iddi', ''I æth â *syllta* lawar odd arno' i', *GTN* 752.

(*b*) Trysor, trysorfa; arian teyrnged: *treasure, treasury; tribute (of money)*.

13g. *LlI* 22, Try peth ny dele y brenhyn e kyuran a nep: e *svllt* a'e hebauc a'e leydyr. **13g.** *Brut B* 56, anreythyav e kyvoethogyon . . . a chynvllav antervynedyc *ssvllt*. *id.* 64, A phan gweles Wl Kessar ev bot evelly en y erbyn, ny mynnvs mynet y emlad pedrvs ac wynt, namyn agory y *ssvllt* a gwnaeth, a rody rodyon mavr y pavb onadvnt a orvc, ac evelly ev tangnhevedv ac ef. **13g.** *B* ix. 335–6, erchi e bop vn onadunt herwyd e allu en *swllt* er eglwys o eur ac areant e ganorthwyav. *id.* x. 29, e gist a gemereist ene traeth e mae gennyt yg kud adan dy *swlld*. **13g.** *GBF* 357, *Svllt* agorant, eur anregant a ragoreu. **13g.** *BD* 147, adav idav ynteu eu heur ac eu haryant ac eu holl *svllt*. **1346** *LlA* 17–18, ysgriuennv awnnaethpŵyt yr holl vyt ydalu *sŵllt* (*censum*) yrufein. **14g.** *WM* 499. 2–3, ar peir yn llaŵn o *sŵllt* iŵerdon gantunt. **14g.** *GDG*³ 19, Rhoist ym *swllt*, rhyw ystum serch, / Rhoddaf yt brifenw Rhydderch. **1547** *WS*, *Swllt* trysor Treasure. **1604–7** *TW* (*Pen* 228) d.g. *Tributum*. **1632** *D*, *Sŵllt*, Thesaurus, fiscus. **1650** *B* xxii. 145, i difudhio o gymaint ag a fedhant o *swllt* a chyfoeth. **1655** R. Jones: *PC* 115, *swllt* [:– trysor] anoeth: tyccia 'r cyfion. **1688** *TJ*, *Swllt*, Trysor y Brenin: a King's Exchequer or Treasure. **1753** *TR*, *Swllt* . . . the treasure of a prince. **1803** *P*, *Swllt* . . . money.

(*c*) (enghrau. *ffig.* a *thros.* ac mewn cyd-destun *ffig.*: *fig. and transf. exx. and exx. in a fig. context*).

1346 *LlA* 2, rac bot yn bechaŵt ym kudyaw yny daear *ysŵllt* (*talentum*) a orchymynnŵyt ym. **14g.** *GDG*³ 57, O gerddi *swllt*, agwrdd sâl, / Ni chaid un gistaid gystal. *id.* 153, Fy *swllt* tan futres elltydd, / Fy serch ar hon fwyfwy sydd. **14g.** *GB* 52, Gwae fi, som drygioni sail, / o'r *swllt* mewn cyswllt cesail (Llywelyn Fychan). *c.* **1400** *R* 1373. 16–17, maŵr vaŵl *sŵllt* didaŵl kysylltedic. **15g.** *IGE*² 226, *Swllt* ynial, Esyllt annerch, / Saith nobl aeron, siamplon serch [Ieuan ap Rhydderch am gnau]. **15g.** *DE* 48, mwy vwy serch y mae vy *swllt* / mewn kvsan minav kyswllt. *id.* 102, jr byd *swllt* ywr abad John / aur wellwell o rywallon. *Diw.* **16g.** *LBS* iv. 410, by[dd]wch lawen am y dyfodiad [Gwenfrewi] anrhydeddwch yr y [*sic*] *swllt* nefawl hwnn y sydd yn awch plith. **1607** *Rhyddiaith Gymraeg* i. 138, mor gyfreidiol a gwerthuawr yw'r *swlht* a'r anwyldlws yma [geiriadur].

Cfn.: **swllt a blotar**: *a shilling and a penny*. Ar lafar, '*swllt a blotar*' 'swllt a cheiniog: dyna a gâi crwt am wythnos o waith ers talwm', *Geir Glo* 144 (dwyrain Morg.). **swllt y Brenin**: *the King's shilling*. **1936. swllt coch = swllt y Brenin.** Ar lafar, *GDD* 278. **swllt doctor**: *shilling deducted from a quarryman's wage to pay for a doctor when needed*. Ar lafar, *B* xx. 380 (ardaloedd chwareli'r Gogledd). *Bot.* **swllt dyn tlawd**: *honesty, Lunaria annua*. **20g. swllt ffynd**: *shilling paid voluntarily by quarrymen to various charities*. Ar lafar, *B* xx. 380 (ardaloedd chwareli'r Gogledd). **swllt o fŵt**: *shilling to boot, shilling into the bargain*. Ar lafar, *TGG* (1907–8) 61 (sir Benf.).

Gw. hefyd sylltach.

swlltach, swllty, swlltyn, gw. sylltach, syllty, swllt.

swm, sym¹, sum (*y≡ə*) [bnth. S. C. *summe*, neu'n uniongyrchol o H. Ffr.; dichon mai ff. orgraffyddol yn unig a welir yn rhai o'r enghrau. o *sum*] *eg.b.* (bach. g. *symyn, swmyn, sumyn*) ll. *sym(i)au, swm(i)au, sumiau, syms*.

(*a*) Cyfanswm, nifer, maint (mawr), swmp, crynswth, cyfaint, maintioli: *sum, total, number, (large) amount, quantity, bulk, mass, volume, size*.

14g. *GB* 52, Gwae fi, *som* drygioni sail, / o'r swllt mewn cyswllt cesail (Llywelyn Fychan). *c.* **1400** *R* 1335. 37, Kovyl ovyl avyl sigylgur sur *sŵm*. **15g.** *IGE* 230, Talodd ddeugeincant weli, / Trwy *swm*, o'i nawdd, trosom ni [i'r grog yn Ystrywaid]. **15g.** *ID* 88, Y dderwenn o dday wryd / y ra risc ayr ar y hyd / *sswm* praff megis am ü prenn / Syr Ryssiart ssy or assenn. *ib.* mab ydwyd val am bader / a wyr y *swm* ar y ser. **1547** *WS*, *Sum* ne *swm* A somme. **16g.** *B* xi. 27, knwppa o hayarn . . . ynn llaw Erkwlf ni welid yn vwy *sum* J bwys ef no glaiff [*sic*] ysgauyn ynn llaw gwr kymhedrol o nerth. **16g.** *GGH* 366, Gŵr a phwys mawr gorff *sum* arth [i ofyn hwrdd]. **16–17g.** *GST* i. 313, Syr Raff eurgrys, sarff irgryf, / *Sym* asen gron Samson gryf. **1604–7** *TW* (*Pen* 228), *summ* d.g. *Quantitas*. **1632** *D*, *Summ*, Summa. **1701** E. Wynne: *RBS* 90, Mynych gyffesa i Dduw dy bechodeu, ac ystyr faint a *swmm* yr hôll ddrŵg. *c.* **1720** *CIF* 6, cewch *swm* neu rifedi y troedfeddau. **1725** D. Lewis: *GB* 129, bydd gennif Achos i sôn am Rifeu a *Symeu* mawrion. **1778** J. Hughes: *BB* 99, Ni fedrwn ni mo'i weled [Iesu] na'i ystyried megis Duw, / Er bod ei ddirgel yspryd, / Heb bwys na *swm* yn symud, yn ein bywyd anian byw. **1795** J. Thomas: *AIC* 276–7, Mynydd llosgedig . . . yn torri allan . . . gan daflu i fynu *Symmau* mawrion o Gerrig Cochboethion. **1798** *WR* d.g. *Totality*. **1800** W. Owen[-Pughe]: *CP* 62, Gellir gwneyd yr erfin i dyfu i *sym* (*size*) y dewiso y triniwr. **1803** *P*, *Sum*, s. m.—pl. t. *iau* . . . Amplitude, magnitude, bulk, size; sum. Nid oes ynzo vawr o *sum*, it is of no great bulk. Ar lafar, 'Ma *swm* mawr yni hi' [am wraig feichiog], *WVBD* 510; '*swm*' 'sum, total', *GTN* 752; '*Sum* (a sain yr "u")' 'volume', 'Yn fwy o bwyse, ond yn llai o *sum*', *Cymru* liv. 131 (dwyrain sir Drefn.).

(*b*) Crynodeb, casgliad, craidd, hanfod: *summary, conclusion, essential point, essence*.

1567 *LlGG* (*Sall*) 79b, mor annwyl genyf dy gycorae Ddew: mor vawrion yw ei *summae*. **1567** *TN* 372b, casclu ir llyfer rhagorol hwn grynodep [:– *sum, swm*] y prophetolaethe hyny. **1606** E. James: *Hom* i. 123, Dymma *sûm* gairiau S. Pawl. **1722** *Llst* 189, *Summ*. m.p. *Summau* . . . the subject of a discourse; an abridgement; a conclusion.

(*c*) Hyn a hyn (o arian), cofnod o'r cyfryw (e.e. fel dyled): *sum or amount (of money), record of this (e.g. as debt)*.

14g. *BT* (*RB*) 228, rodet y Lywelyn castell Buellt . . . a diruawr *swm* o aryant. **15–16g.** *GLM* 76, Hwyr fyth i Sais roi'r fath *swm*, / hwyr i ddug a rôi'i ddegwm. **1567** *LlGG* [ix], y nebun . . . na thalo y *swm* taladwy. **1588** 1 *Br* ix. 14–15, anfonase i'r brenin chwech vgain talent o aur . . . *swmm* y drêth yr hon a gododd y brenin Salomon. **1588** *Act* xxii. 28, â *swm* mawr o arian y prynais i y ddinas-fraint hon. **1591** *Rhyddiaith Gymraeg* ii. 130, Yscrifennwch yn dalgrwn ar gefn hwn, y *swm* a gascloch, ac enw eich plwyf. **1604–7** *TW* (*Pen* 228), Bath ne *swmm* o arian ymysc y Groecwyr d.g. *Talentum*. **1606** E. James: *Hom* iii. 297, [d]erbyn llawer mil o goranau aur, a . . . *summau* mawr o arian. **1632** *D*, Y *summ* a gaer ym menthyg d.g. *Sors*. **1632** J. Davies: *LlR* 422, Efe a arbedodd *swmm* mawr o arian beunydd allan o'i ormodedd a'i oferdraul. **1661** E. Lewis: *Drex* 54, efe a warriodd . . . *swm* mor fawr a hyn yma oll o arian ar un chwareyddiaeth. *id.* 55, Nero . . . a barodd roi atto *swm* arall cymmaint a hwnnw. **1710** *LlGG* (*Gos*) 18, Tabl o *Summie*'r Ffioedd i'w osod i fynu mewn Llysoedd a Chofdai. *c.* **1762–79** W. Williams: *P* [v], wedi rhoi *Swmmau* mawrion i Fonachlogydd, a Gwyryfdai. **1776** H. Jones: *GC* 76, Mae 'r Llyfrau Sioppau, yn llawn o *Symiau*, / O eisie' eu croesi, fe eir a'n Crysau, / Oddiam ein Cefnau; ond caeth? **1794** *W*, *Summyn* d.g. *Sum* [*of money*] . . . *A small sum*. Ar lafar, 'Ma *swm* mawr o arian ar ôl idd 'i dalu', 'Nw dalson' y ddylad yn *syma* mæn', *GTN* 752. Cf. *HVN* 740, Cytunwyd yn foddus a dau ddyn celfyddol / I wneud y gwaith maeswn am *symyn* rhesymol; *Traeth* v. (1849) 116, a llawer *swmyn* cryno wnaeth ein bardd [Williams Pantycelyn] o'i hymnau a'i odlau.

(*d*) Problem rifyddol, (yn y ll. *syms*) rhifyddeg: *sum (arithmetical problem), (pl.) sums, arithmetic*.

1768 J. Roberts: *R* 6, Nid oes dim gwahaniaeth yngosodiad [*sic*] y ddwy *swm* uchod. *id.* 11, Gan nad wyf fi yn gweled yn angenrhaid i mi roddi yr un Addysgiadau, ar lawr, lawer Gwaith; na llenwi y llyfr a gormod o *swmau* chwaith. **1795** J. Thomas: *AIC* 230, Gelli dreio *Symmau* anaws. Ar lafar, ''Dwi'n anobeithiol am wneud *syms*'. Cf. *Adr Addysg* ii. 46, i'w dwyn hwynt i ddeall gwreiddyn a haniad y rheolau Rhifyddeg yn gystal ag i fod yn rhugl yn y gwaith o weithiaw *sumau*; *id.* iii. 28, Ni fedrai'r plant osod *sym* ar lêch, o enau yr athraw; D. J. Williams: *STG* 60, Dai oedd yn helpu Twm i wneud *syms*; D. J. Williams: *ChHO* 62, Wedi dod yn ôl â'r mesuriadau ganddynt ar bapur fe dynnai'r athro â'i law ddeheuig siap y cae ar y bwrdd du. Yna gweithid allan y *sym*.

Amr.: **som²** [bnth. S. C. *somme*]. **14g.** *GB* 52. **16g.** (*LlEG*) *LlGC* 5276, 257a, A hranv *some* mawr o dda trysor y dinas Jr tylodion drwy gyngor a llauur saintt lowrans. **1615** R. Smyth: *GB* 88, *som* mavvr o arian.

Cfn.: **swm a sylwedd**: *sum and substance*. **1718 (1721)** S. Thomas: *HB* 166. **1776** I. Brydydd Hir: *P* i. 230. **1799** *TY* [5]. **swm (sum) y cwbl, swm o'r cwbl**: *sum (total), totality*. **1588** *Pr* xii. 14, *Swm y cwbl* a glywyd yw, ofna Dduw. **1609** R. Smyth: *CAC* 5, *swmm o'r cwbwl*, ar y sydd raid i ni credu [*sic*]. **1794** *W*, *summ y cwbl* d.g. *Totality*. Cf. *TN* 1a, Christ . . . ei angeu ai gyuodiat, yr hyn yw cwpl swm ein iechydwriaeth.

Gw. hefyd swmp¹.

swmaf: swmo, gw. **symiaf: symio.**

swmbel, swmbwl² [?bnth. S. *jumble*] *eg.* ll. *swmbwlau*. Parsel, bwndel, baich swmpus, telpyn, swmp, pentwr: *parcel, bundle, bulky burden, lump, bulk, pile*.

1869. Ar lafar yng ngogledd a chanolbarth Cered. yn y ff. *swmbel*, ac yn nwyrain Morg. a Myn. yn y ff. *swmbwl*, 'Gnæ fa'n *swmbwl* ifi fynd ag e o dan 'y ngesal', 'Ma *swmbwl* o ddillad golchi gin' i i fynd 'n ôl', *GTN* 752.

swmbl, swmblachaf: swmblachan, swmblaf: swmblo, swmbliad, gw. **swmbwl¹, siwblachaf: siwblachu, symbylaf: symbylu, symbyliad.**

swmbwl¹, swmbl, symbwl [?bnth. Llad. llafar *stum'lus < Llad. *stimulus*] *eg.b.* ll. *symb(y)lau, swmbylau, symbylon*, (prin) *swmbyl*. Gwialen flaenllem at yrru ychen, &c., ierthi, irai, blaen miniog, ysbardun, hefyd yn *ffig.*: *goad, prick, sharp point, spur, also fig.*

10g. (*Ox* 2) *B* v. 4, *sumpl*, gl. *stimulus*. *c.* **1400** *YCM*² 176, deuth tywyssawc ymladeu idaw y'r eglwys, a gwelet pilereu mein teckaf o'r byt . . . A'e annoc ynteu o *swmbyl* kebydyaeth, a chymryt ord hayarn . . . y vynnu torri y piler. **15g.** *LHDd* 21, a rodi yr enderic idi herŵyd y losgŵrn trŵy gelui rŵydrad ac or ty arall deu a dŵy *sŵmbul* yn bricaŵ [*sic*] o deu ty. **15g.** *GDID* 123, Deliais gan ei hudoliaeth / Feddwl fal *swmbwl* neu saeth. **15g.** *HCLl* 128, *Swmbwl* ynys a'm blaenawr, / Syr Water, moes o'r tir mawr. **15–16g.** Llawdden, &c.: *Gw* 183, Mae angau am a wingwyd / Os am blu aur y *swmbl* wyd [i Syr Rhys ap Thomas]. **1551** W. Salesbury: *KLl* lxxiia, Anhawdd yt' wingo ar y *swmbyl* (**1567** *LlGG* 90a, *symblae*; *TN* 184b, *swmbylæ*; **1588** *Act* xxvi. 14, *swmbylau*). **1588** *Pr* xii. 12, Geiriau'r doethion ydynt gyffelyb i *symbylau*. **1588** 2 *Cor* xii. 7, rhoddwyd i mi *swmbwl* yn y cnawd, cennad Satan i'm cernodio, rhac traymdderchafu o honof. **16–17g.** *GST* i. 120, Dy 'sbardun, wyd was byrdew, / *Swmbwl* oedd drwy f'ais a'm blew [i ofyn march]. **1629** R. Llwyd: *P* 43, yr anfeidrol nifer o bechodau a wnaethom, a ddylei fod yn gynnifer *swmbylau* yn ein ystlysau i'n cymmell i edifarhau. **1632** *D*, *Swmbwl*, Stimulus. **17g.** Huw Morus: *EC* i. 115, Penaf cydymmaith, i'm canlyn a'm coledd, / Yw hiraeth anhywaith . . . / Yn pigo fy meddwl, fel ŷch gan y *swmbwl*. **1688** *TJ*, *Swmbwl*: a prick or point set in a Goad to prick Oxen forward. **1723** WM: *PGG* 13, Canys heblaw *swmbwl* ei Gydwybod, buan y gwêl iddo gael ei siommi. *id.* 65, Y rhai swrth a diog a frethir â *Symbylau* tanllyd (*sharp scourges*). **1754** *ML* i. 272, [c]ael o honwyf innau labwst o lythyr oddiwrth y Bardd, yn atteb ir *swmbwl* a yrraswn atto. **1780** *W*, *Swmbwl* d.g. *Prick* [*of a goad*, &c.], *Spur*. *c.* **1788** *LlCy* v. 36, Dyrnwyn Cleddyf Rhydderch hael, os tynnai neb ond efe ei hun fe a enynnai'n dân o'i flaen ef hyd ei *swmbwl*. **1790** T. Jones: *TOS* 123, onid haws gweithio i Grist, na dioddef y *swmbwl* (*spur*)? **1795–6** *Trys Gym* 78, Os anesmwyth llwyth ŷch llôg, / Dau gwaeth Cydwybod euog. / *Swmbwl* dibwl Cydwybod / Sydd flin i feithrin a'i fod.

Amr.: **swml, swmwl¹** (bach. *symlyn*; ll. *sym(y)lau, swmwlau*). **14g.** *GDG*³ 88, Bawd a'i lluniodd, bedw llannerch, / Bagluryn a *symlyn* serch [i gae bedw Madog]. **14g.** *GIG* 105, Blina' col, blaenau celyn, / *Symlau* dur yn symlu dyn [i'r farf]. *Dchr.* **15g.** *GSCyf* 121, Ni beiddiaf, egluraf glod, / Syml iawn, roi *swmwl* ynod [Llywelyn ab y Moel i ateb Rhys Goch Eryri]. **1632** *D*, Swmbwl, Stimulus. Item *Swmmwl*, & *Swml*. **1803** *P*, *Swmwl*, s. m.—pl. *symlau* . . . A goad. *id.* *Swmyl*, s. m.—pl. *symlau* . . . A goad. **symbwl.** *Dchr.* **17g.** *J* 10, 37b, *Symbwl*. Stimulus.

swmbwl², swmbwlaf: swmbwlo,

swmbwledig, swmbwliad, gw. swmbel, symbylaf: symbylu, symbyledig, symbyliad.

swmbwliaf: swmbwlio, swmbyl, swmbyliad, swmbyliadol, swmbyliaf: swmbylio, gw. symbylaf: symbylu, swmbwl[1], symbyliad, symbyliadol, symbylaf: symbylu.

swmer [bnth. S. C. *sumer* '(pack carried by) packhorse; main beam', neu'n uniongyrchol o Ffr. Lloegr; petrus yw dosbarthiad rhai o'r enghrau. isod] *eg.b.* ll. *-au, -i, -ydd, symerau.*

(*a*) Pecyn, pwn, bwndel, llwyth, (?geir.) peth mawr, crynswth, cruglwyth; pynfarch, ceffyl pwn; hefyd yn *ffig.*: *pack, baggage, bundle, load,* (?*dict.*) *large thing, mass; packhorse; also fig.*

13g. *RC* xxxiii. 242, Ar lleot a gerdynt y gyt ac eu hessyn ac eu hychen ac eu *sumereu* y dwyn udun eu reidyeu. **14g.** *WM* 78. 11–12, llyma rỽtter. escob a ỽelei ay *sỽmereu* ay yniuer. *id.* 79. 1–3, aseith *sỽmer* yssyd yma. ar yseith meirch y maent arnunt. **14g.** *BT* (*RB*) 214, odyna yd arwedhawd y lu y Whyr dros y Mynyd Du, yn y lle y periglawd llawer oe *swmerev.* **14g.** *YBH* 27b, Arglỽyd heb hi a dygỽn dec *sỽmer* yn llaỽn o eur gyt a ni. *ib.* Yna y darchafyssant y *sỽmereu* ar y meirych. *id.* 54b, Ac yna yd erchis boỽn yr marchogyon peri trỽssau eu *sỽmereu.* *c.* **1400** *R* 1345. 35, athro cler *sỽmmer* sommi. *c.* **1400** [*RB*] *WM* 212. 3–9, nachaf ynteu yn dyuot ar uarch coch maỽr. gỽedy rannu y vỽng o boptu y vynỽgyl. a *sỽmer* maỽr teledyỽ gantaỽ . . . a thynnu kadeir eur or *sỽmer* a llenn o pali kaeraỽc. **15g.** *GDLl* 171, Syched a bair swrffed Siôn, / *Swmer* meddw, som yw'r moddion [dychan i Siôn Dafi]. **1604–7** *TW* (*Pen* 228) d.g. *Impedimenta.* **1632** *D* d.g. *Moles.* **17–18g.** *LlGC* 3107, 62, Bron brudd Crŷdd y Crwyn / O Serch i ferch a llannerch ei llwyn / Cryfa tyniad ar y twyn / Iw'r gludfa gre *symere* morwyn. **1707** *AB* 238c, *Svmer,* a sumpture. **1717** *W Ballads* 180B, 3, Gwele lun rhyw Long heb siglo, / Yn ei fryd megis cryd, / Heb symud fel *Swmer.* **1722** *Llst* 189, *Swmmer.* m.p. *merau* . . . a mass, burden. **1753** *TR, Swmer,* and *Swmmer,* a sumpture.

(*b*) Prif drawst, nenbren, trawst, trawst simnai, hefyd yn *ffig.*; ?ceibren: *summer* (*tree*), *ridge-piece, beam, manteltree, also fig.*; ?*rafter.*

16g. SIÔN BRWYNOG: *C* 72, *Swmerau* mewn caerau cwyr, / Simneiau sy mewn awyr [i blas Siôn ap Rhys, Trefeilir]. **16g.** WILIAM CYNWAL: *Gw* 244, Os mawr ced, *swmer* cadarn, / Dy glod heb wad, gwlad a'i barn [i Edwart ap Roesier]. *a.* **1587** *Y* 16, Ladinwr hael diweniaith, / A Groegwr wyd, Gregor iaith. / Os mawr oedd, *swmer* addysc, / Dy gorph, mae'n llawn dawn a dysc. **1588** *Can* i. 17, *Swmmerau* ein tai ydynt cedr-wŷdd. **16–17g.** *GST* i. 509, *Swmer* gloslwys, mur glaslwyn, / Simwr llaes am war y llwyn [am nyth y bi]. **1604–7** *TW* (*Pen* 228), [c]orbelæ yn bwrw . . . alhan y dherbyn, [*sic*] trawst ne *swmer* d.g. *Anconisci.* **17g.** E. MORRIS: *B* 109, Sel ddyogel [*sic*], sail ddigoll, / *Swmer* gwawd, sy' yma ar goll [marwnad Edward Morris gan Huw Morus]. **1677** C. EDWARDS: *FfDd* 95, Yr hwn sydd ddiclon am swccro Mahomet rhwymèd tenyn wrth *swmer* ei dŷ, ac ymgroged. **1701** J. WILLIAMS: *BG* 29, iownach . . . i ûn o'r Distiau [sorri] wrth y Pensaer, am na chowsei fôd yn Frenhinbôst, neu'n *Swmmer.* **1722** *Llst* 189, *Swmmer.* m.p. *merau.* The upper beam in an house; a mantle-tree. **1725** *SR* d.g. *A Beam, or great piece of timber.* **1768** J. ROBERTS: *R* 124, y Simeua . . . a fesurir, ar ei pen ei hunain, y Darn tan y *Swmmer* hefyd ar ei ben ei hun. **1794** *W* d.g. *Summer* [*the principal beam in a floor*]. **1803** *P, Swmer,* s. m.—pl. t. *-i* . . . a beam. Ar lafar, '*swmer*' 'y coedyn uwchben y simnai fawr mewn lle tân hen-ffasiwn', *ISF* 71; '*swmer*' 'trawst dan do', *Cymru* xlvii. [236] (sir Ddinb.); '*swmer*' 'trawst', *B* v. 114 (sir Drefn.).

swmera, simera, symera, smera(n), *bg.* a hefyd fel *eg.* Segura, loetran, tin-droi, ymdroi, stwna, ffidlan, chwarae; cerddetian, mynd dow-dow; busnes, gweithgaredd; (geir.) manion, petheuach: *to laze, loiter, dilly-dally, potter about, fiddle about, play; saunter, dawdle; business, activity;* (*dict.*) *trifles.*

16g. WILIAM LLŶN: *Gw* (R. Stephens) 577, Fo gâr pysg, natur dysg da, / Wres y môr i *simera.* **1604–7** *TW* (*Pen* 228), *simera* d.g. *Cunctor, Nugor.* *Dchr.* **17g.** *J* 10, 40b, *Simera.* toy . . . tricæ. **1632** *D, Simmera,* Ludere. **1688** *TJ, Simmera:* to play, to trifle away one's time. **1701** E. WYNNE: *RBS* 8, Bydded dy orchwyl o'r fath a weddei i ddyn synhwyrol, nid rhyw *simera* (*business*) cymmwys i blant neu rai hanner-côf. *id.* 56, o bydd dy enaid titheu ar waith, naill ai uwchben Llyfr, neu orchwyl corphorol neu ryw *simmera* (*employment*) diniweid arall, ni bydd le i un temtasiwn cnawdol ymgynnyg i'th flino. **1722** *Llst* 189, *Simmera.* To chat . . . trifle. **1803** *P, Simera* . . . To play or frisk about . . . to dally. Ar lafar, '*s*(*w*)*mera*', *LlLlM* 38; '*smera*', J. JONES: *Gwerin-eiriau*[2] 50; '*smera*', *B* xv. 24 (Meir.); '*swmera*', *Cymru* lxii. 176 (Meir.). Cf. *Traeth* v. (1849) 468, Nid yw [yr anghredadun] ond rhyw *symera* am ychydig fynydau i aros marwolaeth i ymaflyd ynddo; D. J. WILLIAMS: *ChHO* 16, *swmera* ddyddiau bwy gilydd yn Oriel Ddarluniau orau'r byd. Digwydd yn eithriadol fel bf. rediadol, cf. E. P. MORGAN: *Y Wisg Sidan* (1939) 96, *Swmerodd* i gyfeiriad y dyn a'r hyrdi-gyrdi a'r mwnci.

Gw. hefyd **gwag-symera.**

Swmeraidd [yr e. lle *Swmer+-aidd*] *a.* Yn perthyn i Swmer, ardal yn neheudir Babylonia gynt (bellach de Iraq), i'r Swmeriaid, neu i'w hiaith: *Sumerian.*

1926.

Swmereg [yr e. lle *Swmer+-eg*[1]] *eb.g.* Iaith y Swmeriaid: *Sumerian* (*language*).

20g.

swmerfarch [*swmer+march*] *eg.* ll. *-feirch.* Pynfarch, ceffyl pwn; (prin) ceffyl gwaith: *packhorse;* (*rare*) *workhorse.*

13g. *LlI* 82, Rvnsy ne *sumeruarch,* chue ugeynt yu y werth. **14g.** *LlB* 91, *Swmeruarch,* petwar vgeint. **1730** *Leg Wall* 582, *swmerfarch* vel *Swmmerfarch,* equus sarcinarius. **1753** *TR, Swmerfarch* or *Swmmerfarch* . . . a pack-horse, a sumpter-horse. **1803** *P, Swmervarç* s. m.—pl. *swmerveirç* . . . A sumpter-horse. **1814** W. DAVIES: *Agric* . . . *S. Wales* ii. 276, a strong working horse (*swmer-farch*).

Swmeriad [yr e. lle *Swmer+-iad*[3]] *eg.* ll. *-iaid.* Un o drigolion Swmer, ardal yn neheudir Babylonia gynt (bellach de Iraq), brodor o Swmer: *a Sumerian.*

20g.

swmfawr, symfawr [*swm, sym*[1]*+mawr*] *a.* Swmpus: *bulky.*

1845.

swmffa, swmiaf[1]**: swmio,** gw. swlffa, symiaf: symio.

swmiaf[2]**: swmio** [bnth. S. (*to*) *zoom*] *bg.* (Peri) newid yn llyfn o siot bell i siot agos neu i'r gwrthwyneb (am gamera), closio, hefyd yn *ffig.*: *to zoom* (*in*) (*of a camera*), *also fig.*

20g.

swml, gw. swmbwl[1].

swmo, &c., gw. **dim—dim o** (hefyd At.).

swmorffig, gw. **swomorffig.**

swmp[1] [amr. ar *swm;* cf. *chwim*[1], *chwimp*[1]] *eg.* ll. *swmp(i)au.* Swm (o arian), cyfanswm, hyn a hyn, nifer, maint neu faintioli (mawr), crynswth, cyfaint; prif ran, rhan fwyaf; crynodeb, casgliad; sylwedd, gafael, trwch, pwysau, llwyth, pentwr; hefyd yn *ffig.*: *sum* (*of money*), *total, quantity, number,* (*large*) *amount or size, bulk, mass, volume; main or greater part; summary, conclusion; substance, thickness, weight, load, pile; also fig.*

14g. *BT* (*RB*) 242, goruu arnaw rodi Damietam dracheuen y'r Saracinyeit, a diruawr *swmp* o aryant y gyt a hynny. **14g.** *YBH* 58a, yna yd enwis y brenhin *sỽmp* o dda. nyt amgen no chan meirch a chan pỽnn arnunt o eur ac aryant. *c.* **1400** *RB* ii. 408, *Sỽmp* kantrefoed gỽyned. xv. *c.* **1401** *AL* i. 504, Gỽerth racdant dyn yỽ pedeir arhugeint aryant gan tri drychauel a phỽy bynac a vynno gỽybod y drychyfaelion ar yr aryant, reit vyd idaỽ drychaf yny drychafael kyntaf kymeint ar drayan y *swmp* i fo y drychafaelion o honaỽ a gossot hỽnnỽ yn vn *swmp;* ar eil drychafel yỽ kymryt y trayan ar y *sỽmp* hỽnnỽ ay dodi yn vn *sỽmp.* **15g.** *ID* 55, enwi *sswmp* o win oy ssydd / llai yw enwi r holl winnwydd. **1567** *LlGG* (*Sall*) 79b, mor annwyl genyf dy gycorae Ddew: mor vawrion yw ei summae [:–*swmpe*]. **1567** *TN* [xlii], Pap . . . pe scrivenwn ganved ran yr iawn achosion y sydd yn y erbyn ef, vo dyvei yn vwy ei *swmp* na'r ddarn arall ir llyfr hwn. *id.* 372b, mynnei'r Yspryt glan megis casclu ir llyfer . . . hwn grynodep [:– *swmp*] y prophetolaethehyny [*sic*]. **1604** R. HOLLAND: *BD* 4a, *Swmp* y dhedhf yw'r deg gorchymyn, a osodwyd alhan yn helaethach yn lhyfreu Moesen. **1632** *D* d.g. *Summa.* **1661** E. LEWIS: *Drex* 54, caethweision, gweision, anifeiliaid, *swmpiau* mawr o arian, a llawer gwaith nifer mawr o dlysau. **1672** R. PRICHARD: *Gw* 222, Rychi'n trysto gwaeth meicheon, / Na mâb Duw am *Swmpau* [:– Summae, syrnau] mawrion. *id.* 562, Rhai sy'n tybied mae tân ffyrnig, / Rhai mae Tân a Dŵr berwedig, / Sy'n poenydio 'r sawl sy'm Hûrdân; / 'Does mawr cydfod ar ei llafan [:– Ar eu *swmp* o gelwydd]. **1725** *SR* d.g. *A Total sum.* **1776** *W* d.g. *Lot, Quantity.* **1801** *MMf* 197, dim llai na phedair pelen neu *swmp* hynny o'r cyffaith. Ar lafar, '*swmp*' 'swm, gafael', ''does dim *swmp* ynto fe', *Cymru* xlvi. 23 (gogledd Cered.); 'ychydig yw "*swmp*" y crop llafur', *id.* xxxiv. 180 (godre Cered.); 'dyn o *swmp*', *id.* xl. 243 (sir Gaerf.); '*Swmp*' 'Thickness', *GDD* 278; '*swmp*' 'pwysau, maint', 'Ma *swmp* yn 'wn, ferch', *GTN* 752. Digwydd hefyd yn yr ystyr 'bras amcan', 'Wês da chi ryw *swmp* faint sy na?', *GDD* 278. Ar lafar gynt yn yr ystyr 'help llaw', 'Rhowch *swmp* i fi' 'give me a helping hand', *LlGC* 1173, 106 (gorllewin Morg.).

Gw. hefyd **swmpach.**

swmp[2]**, symp** (*y≡ə*) [bnth. S. *sump*] *eg.b.* ll. *sympiau.* Pwll neu bant ar waelod gwaith mwyn, pwll glo, peiriant, &c., lle bydd hylif yn cronni, hefyd yn *ffig.*: *sump, also fig.*

c. **1730** *Thos. Lloyd D* (LlGC) 207b, *Swmp* . . . A sump of a lead mine. Ar lafar, 'Anghofish i wagio'r *symp* cyn tynnu'r ffiltyr oel' (Môn); 'y *swmp* ar waelod y pwll', *GTN* 752.

swmpach [*swmp*[1]*+-ach*[2]] *e?g.* (Un sy'n) rhwystr: (*one who is*) *a hindrance.*

Ar lafar, 'Dos o 'ma y *swmpach* anhwylus', 'dynion ne blant yn un *swmpach* ar y ffordd', *WVBD* 510.

swmpaf, swmpiaf: swmp(i)o [bf. o'r e. *swmp*[1]] *bg.a.* Teimlo neu drafod â'r llaw, trafod rhwng bys(edd) a bawd er mwyn canfod maint, pwysau, neu ansawdd, bodio, byseddu, dal (yn y llaw); ymbalfalu, palfalu, cyffwrdd neu anwesu'n dyner neu'n rhywiol; pwmpio (am wybodaeth); hefyd yn *ffig.*: *to feel with the hand, handle between finger(s) and thumb in order to ascertain size, weight, or quality, handle, finger, hold* (*in the hand*); *grope, fumble, fondle; pump* (*for information*); *also fig.*

a. **1561** *B* vi. 49, *swmpa* di y llestri, ac vn a glywych yn ysgawn kymorth ef o'y ymborth yn y modd hwn. **1722** *Llst* 189, *Swmpo.* To feel, grope. **1794** *W, swmpo* d.g. *To weigh with the hand.* Ar lafar, 'To Feel cloth . . . There is a concentration of instances of *swmpo* in the lower midlands, with a scatter of residual instances across the south', *LGW* [446]–7; '*Swmpwch* glun y ceffyl, gal gweld a wês whiddu indi', *GDD* 278; '*Swmpa* 'wn i weld mor drwm yw a', *GTN* 752; hefyd yn yr ystyr 'pwmpio am wybodaeth', 'Paid o *swmpo* dim arno' i, 'weta' i ddim', *ib.*, ac yn yr ystyr 'brysio, mwstro', '*Swmpa* i neud y llestri 'na' (Myn.).

Gw. hefyd **symiaf: symio.**

swmpgludydd [*swmp*[1]*+cludydd*] *eg.* ll. *-ion.* Llong sy'n cludo llwyth o un nwydd sych megis glo neu rawn heb ei bacio: *bulk carrier.*

20g.

swmpiaf: swmpio, gw. swmpaf: swmpo.

swmpog [*swmp*[1]*+-og*] *a.* Swmpus, trwchus: *bulky, thick.*

Ar lafar, 'Ma'r dunydd yn ry *swmpog* i nuthur ffrog, gnæ got og e', *GTN* 752.

swmpus [*swmp*[1]*+-us*] *a.* Sylweddol (o ran maint, gwerth, neu bwysigrwydd), o gryn faintioli, trwchus, anhylaw o fawr, llaes: *substantial* (*in size, value, or importance*), *sizeable, thick, bulky, baggy.*

18–19g. *Llr* C 30, 185, *Swmpus,* bulky, [Glam]. Ar lafar, '*Swmpus*' 'baggy', 'dillad rhy *swmpus*', *Cymru* xxxiv. 180 (godre Cered.); '*Swmpis*' 'bulky', *TGG* (1907–8) 108 (godre Cered.); 'Ma precath *swmpus* ginto wastod', *GTN* 752. Clywir y ff. *strwmpus* yn sir Gaerf. Cf. D. J. WILLIAMS: *STG* 88, [c]eisio gwasgu ei bilynnod du'r ddafad *swmpus,* a chael lle iddynt yn y bocs pren coch; D. J. WILLIAMS: *ChHO* 101, gallwn, mi gredaf, heddiw, ysgrifennu llyfr gweddol *swmpus* am hynny yn unig.

swmpwr [*swmp*[2]*+gŵr*] *eg.* Un sy'n gofalu am y peiriannau yn y swmp mewn pwll glo: *sump-man.*

1928.

swmraf: swmro, swmran [?ff. ar *slwmbraf: slwmbro*] *bg.* a hefyd fel *ba.* yn yr ymad. *ei swmro hi.* Hepian, pendwmpian, (hanner) cysgu: *to doze, slumber, sleep.*
20g. Ar lafar, 'Fuodd e'n *swmran* am 'bytu teirawr' (canolbarth Cered.); '*swmran* cisgu' (godre Cered.).

swmwl[1], gw. swmbwl[1].

swmwl[2], swmwldrops, gw. symwl.

swmyl, swmyn, gw. swmbwl[1], swm.

sŵn [bnth. S. C. *soun* 'sound'] *eg.* ll. *syn(i)au, swniau.* Sain neu seiniau (swnllyd neu annymunol), twrw, trwst, dadwrdd; sôn, si, siarad: *sound, noise, clamour, din; report, rumour, talk.*
15g. *GTP* 52, Rhygnu, syndremu, *sŵn* drwg, / Rhwth gaul, a rhythu golwg [dychan i dre'r Fflint]. **15g.** *GLGC* 388, a sain uwch allor gan bersoniaid, / a *sŵn* mewn eglwys gan ysweiniaid, / a sôn gwŷr gwynion gyda'r gweiniaid, / a sïens yn ôl a sens a wnaid [marwnad Rhys ap Dafydd]. **15g.** *GO* 155, Os tec llef kôr nef yn y nowved *sŵn*, / Vnllais y barnwn wenllys Berned. **1547** *WS* [xix], *swn* y llythyr hebrew a elwir schin. *id.* son ne *swn*, sounde. *id. swn* ne sain, sounde. **1567** *TN* 234b, Diau vynet o y son [:- sain, llais, *swn*] hwy [yr Efengylau] dros yr oll ddaiar. **1588** *Ecs* xxxii. 17, *sŵn* rhyfel yn y gwerssyll. **1588** *Esr* iii. 13, y bobl oeddynt yn bloeddio â bloedd fawr, a'r *sŵn* a glywid ym mhell. **1588** 1 *Mac* iv. 40, [g]wnaethant *sŵn* mawr ag vdcyrn. **1618** J. SALISBURY: *EH* 277, [d]yn anghelfydh . . . cyfwrdh y tannæ a dhichon, a pheri rhyw *swn*. **1632** *D, Sŵn,* Sonus, sonitus. **1656 (1745)** *MLl* ii. 149, Nid oes ond ûn Gair Gwir a bery bŷth . . . er bod llawer o *Swnjau*, Llythrennau, Geirjau a Chyfreithau ymmysc Dynjon. *c.* **1730** *Taith C* 32, rhaid i chwi wybod fod y *swn* (*talk*) am ei mhynediad hi a'i phlant ar Bererindod gwedi myned o'i blaen hi. **1759** J. EVANS: *PF* 44, Byddardod, a *sŵn*, a Dolur yn y Pen. **1762** *Bl BGC XVIII* 48, Rhyfedd am Graig yr Hwyad; / Gwell *synau* yn nyddiau 'nhad. / Mae'r adar mân, diddan dw', / Yn fudan trwy'r allt fedw [marwnad Siencyn Tomas gan Ioan Siencyn]. *c.* **1762–79** W. WILLIAMS: *P* 184, mae'n bur debig mae *sŵn* am Abraham yn gwneud y cyfryw weithred odidog . . . a annogodd y Paganiaid i roi eu plant trwy'r tân. **1803** *P, Sŵn,* s. m. —pl. *syniau* . . . A noise; a sound. Ar lafar yn gyff., 'gneud *sŵn* crio', ''Dwi wedi laru ar dy *sŵn* di', *WVBD* 510; 'Ma'r organ 'ma'n gneud *syne* rhyfedd' (sir Ddinb.); 'Beth yw'r *sŵn* sy drws nesa'?', *GTN* 754.
Gw. hefyd **sownd[3], swnyn.**

swnaf: swno, gw. **swniaf: swnio.**

swnd[1], swnt[1] [bnth. S. Diw. Cyn. *sond(e)*, ff. ar *sand*; dichon mai i *swnt[2]* y perthyn rhai o'r enghrau. isod] *eg.* Tywod, graean, hefyd yn *ffig.*: *sand, gravel, also fig.*
15g. *GLGC* 174, a *swnt* a marl y sydd—yn gaer falch, / a chrug o galch a cherrig a gwŷdd. *Diw.* **15g.** *Dwned* v. 81, Cydwnïad rhwng coed newydd, / Caer fawr plas y ficar fydd. / Bwrw *swnd* a beris yndi, / Briwio calch hyd ei brig hi (Hywel ap Dafydd). **15–16g.** *GRB* 30, Tydi gaer nid da dy gof, / Sain Dunwyd a'th *swnd* ynof. **16g.** DAFYDD AP LLYWELYN, &c.: *Gw* 5, Ffynnon o'r eigion a red, / Ragorol, i roi gwared; / Triagl heb *swnd* o'r grwndwal, / Ni ŵyr dyn yn aur a dâl [i Ddyfnog]. **1567** *TN* 396b, rrif y rrein 'sydd mal tyuod [:- twad, *swnd*] y mor. *a.* **1587** *Y* 154, Ysglendraist, ffraeaist yn ffrom, / Wr hynod, rai ohonom. / Praw bellach fai rhai yn rhydd, / *Swnd* gwael, ne sa'n dy gelwydd. **16–17g.** *GST* i. 351, Ba ryw dir hyd bro Daron, / Bryn a *swnt*, heb ran i Siôn? **1716** R. LLOYD: *LlGG* 9, Ar dorriad Awring Glass. Tra 'r oedd y Glas yn gyfa yr 'oedd yn cadw'r *swnd* ynddo, ond gan dorri o hono y mae'r *swnd* yn rhedeg allan. *c.* **1730** *Thos. Lloyd D* (LlGC) 207b, *Swnd.* Sand. **1756** W. WILLIAMS: *GDC* 36, Maintioli'r Haul a'r Lleuad a Bydoedd sydd uwchben / Rifedi *Swnd* y Moroedd yn chwareu yn y Nen. Ar lafar yn y ff. *swnd, WVBD* 510, *Cymru* xlvii. 236 (sir Ddinb.), *id.* liv. 131 (sir Drefn.), *B* xiv. 282 (gogledd Cered.), *Cymru* xxxiv. 180 (godre Cered.). Cf. *Hen B* 90, Llawn yw'r môr o *swnd* a chregyn; D. OWEN: *RL* 96, Yr oedd agos i bawb yn ysmocio ac yn poeri ar lawr, ar yr hwn yr oedd *swnd* gwyn wedi ei daenu; D. J. WILLIAMS: *HW* 16, Wrth lanhau'r rhip â chefn ei gyllell boced, cyn rhwto'r bloneg ynddi yn barod am y *swnd* y byddai Dafydd ar ei orau yn dweud stori.
Amr.: **sond.** Ar lafar, *WVBD* 498, *TGG* (1907–8) 88 (sir Benf.). **sownd[2].** **1672** R. PRICHARD: *Gw* 95, Fy meiau sy'n cyn amled, / A *Sownd* y môr er maned. Ar lafar, *TGG* (1906) 16 (Morg.).

swnd[2], gw. swnt[2].

swndog [*swnd[1]*+*-og*] *a.* Tywodlyd, yn *ffig.*: *sandy, fig.*
1725–6 *Madd Ed* 29–30, y mae'r cyfraithwyr difrif ciaidd ymma yn . . . codi drwg dŷb o'n Iachawdwr, ei fod yn gyfaill . . . i Ddynion drwg pechadurus . . . ein Iachawdwr yr hwn a allassau . . . ddangos sail *swndog* (*sandy*) eu holl Ddefnydd.

swnen, gw. swnyn.

swnfawr [*sŵn*+*mawr*] *a.* Swnllyd; mawreddog ei sain, seinfawr: *noisy; grand-sounding, imposing.*
1793 DAFYDD IONAWR: *CD* 160, Y Cawr yn *swnfawr* y sydd, / Ail i fôr ei leferydd. *id.* 167, *Swnfawr* y cwympai 'r Cawr certh, / Yr ynfyd Arwr anferth. **1798** R. DAVIES: *CG* 105, Os anferth d'ranau *swnfawr*, / Os g'leuo mellt, os gwlaw mawr, / Os llais udcorn, a chorned, / Eilw i'r maes, fyddin laes led. *id.* 120, Dau wynebog nid goglyd, / Diriaid yw gweilch beilch y byd; / Dwl *swnfawr*, diles ynfyd, / Dail di bwys yw deiliaid byd. **1799** DAFYDD IONAWR: *MB* 49, Och o'r nâd ddychrynnedig! / Dwys anferth ruad *swnfawr*! Cf. W. REES: *AFR* 390, yr oedd tician yr oriawr yn rhy *swnfawr* ganddynt.

swngar [*sŵn*+*-gar*] *a.* Swnllyd: *noisy.*
1901.

swniad [bôn y f. *swniaf, swnaf*: *swn(i)o*+*-iad[1]*] *eg.* ll. *-au.* Sŵn, sain, y weithred o swnio, caniad, murmur: *noise, sound, a sounding or ringing, murmur.*
1604–7 *TW* (*Pen* 228) d.g. *Murmur.* **1609** *Haf* 24, 498–9, Or rhain rhai a chwraessont [*sic*] *swnniad* ar y cymbals eraill ar y delyn. **1803** *P, Swniad* . . . A noising; a sounding.
Gw. hefyd **syniad[2].**

swniaf, swnaf: swn(i)o [bf. o'r e. *sŵn*] *bg.a.*

(*a*) Seinio, gwneud sŵn neu synau, dadwrdd; seinio (am gloch), atseinio, disbedain, canu; lleisio, ynganu, llefaru, datgan, sôn; arwyddo neu ddynodi drwy gyfrwng sŵn; cyfleu argraff benodol (am sŵn neu eiriau), ymddangos: *to sound, make a noise or noises, clamour; sound (of bell), resound, ring, sing; voice, pronounce, utter, proclaim, mention; signal or indicate by means of sound; sound (convey an impression), seem.*
1547 *WS, Swnio* val kloch ne beth llafar arall Ryng. *id. Swnio* ne sonio To sounde. *id.* Tinkio *swnio* val metel Tynke. **1588** *Doeth Sol* xvii. 4, yr oedd twrwf yn *swnio* o amgylch. **1595** M. KYFFIN: *DFf* [146], y gwyr hyn, fegis tongcio pres, ydynt yn *swnnial* yn eu heglwysi nhwy eirieu dieithr. **1604–7** *TW* (*Pen* 228), yn *swnio* ag yn rhuo val tonnæ d.g. *Undisonus.* **1615** R. SMYTH: *GB* 252, bob amser ag yr oedd haul y dvvyrai nyn [*sic*] llevvyrchu arni hi [delw Memnon], yr oedd yn *svvnio*, a rhyvv lais drist laun [*sic*] yn diellu allan o honi. **1661** E. LEWIS: *Drex* 79, y dref oedd . . . bob amser yn *swnnio* o fawl i dduw. **1732** *AABI* 180, fe allei na chae'r Efengyl *swno* byth mwy yn dy Glustiau. **18g.** *W Ballads* 109, [2], am dafod y dyn cnawdol . . . Mewn modd du angall meder dyngy a gwadu i hanes gwedi hyny / Fe feder *swnio* bydyr swynion, / A barny'n ddygyn ar gymydogion. **1753** *HFfS* 34, Nid yw'r Geiriau hyn . . . yn *swnnio* fel Geiriau anuwiol gwrthodedig. **1778** *W, swnio* d.g. *Noise, To make a noise.* **1788** J. ROBERTS: *AR* 18, [y] Fogail gyntaf . . . dylid ei *sŵnio*'n galed. **1790** TWM O'R NANT: *GG* 26, Fel hyn mae *swnio* am dano ar dîr, / A rhai 'n ei ganlyn dyma'r gwir. *a.* **1791** W. WILLIAMS: *GP* 784, Ac yn lle rhyw drwm och'neidio, / Caf fi *swnio*'r hyfryd gân. **1791** *Dialogous* 3, Fe *sŵnodd* Efengyl ar nefoedd ar ddydd y Pentecost. **1803** *P* d.g. *Swniaw.* Ar lafar, '*swnio*' 'to sound, pronounce', *WVBD* 510; ''Wyt ti'n *swno*'n gryg, 'os annwd arnot ti', 'Os pwnid di'r wal man 'yn, ma fa'n *swno*'n gou, fel 'ta rŵun wedi papro dros ddrws rwpryd', ''Wyt ti'n *swno* fel prigethwr 'nawr!', *GTN* 754. Cf. D. OWEN: *D* 140, Wnei di ddim byd o honi heb ffugenw, a hwnw yn un a fydd yn *swnio* yn dda; D. OWEN: *RL* 79, 'rwyt ti yn *swnio* yn debyg iawn i ddyn hunangyfiawn. *id.* 180, a chlywn lais na *swniasai* yn ein tŷ ni er ys deufis; J. MORRIS-JONES: *CD* 128, fe acennir sillaf drwy roi mwy o bwys arni, neu ei *swnio*'n fwy grymus na'r sillafau eraill yn y gair.

(*b*) Grwgnach, achwyn, cwyno'n barhaus: *to grumble, complain, whine.*
1768 TWM O'R NANT: *CTh* 34, Ac yna dechre ystuno'n enbyd, / Y Wraig a'r Plant i hel eu Bywyd; / A minneu gartre'n cadw'r Âl, / Ac yn *swnio* môd yn sâl. **1769** TWM O'R NANT: *TChD* 40, Porthmyn Llansanan glywais i yn *swnio* / Doe Brîs ar Gattal heb Attal etto. Cf. *Hen B* 155, Hogi'r bladur ddur yn chwyrn / A gyfyd gyrn ar ddwylo, / A'i chael wedi yn ddrwg ei min / A bair i Sionyn *swnio.*
Amr.: **swnial.** **1595** M. KYFFIN: *DFf* 146. *Dchr.* **17g.** *J* 10, 42b. **1803** *P.* **swnian** (ystyr adran (*b*)). **1855.** Ar lafar, 'Mae o'n *swnian* am 'i swpar ar hyd y bedlan', '*swnian* fel cacwn mewn bys coch', *WVBD* 510.
Cfn.: **swnio('r) (a)larwm:** *to sound the alarm.* **1792** H. HARRIS: *H* 79, Wrth weled felly nad oedd y gwaith yn cael ei ddwyn ymlaen yn effeithiol, ni's gallwn lai na *swnio'r alarwm*, a llefain allan, O wyliedyddion, beth am y nos? **1793** *Cylchg* 15, [d]anfonodd udganwr i *swnio larwm* wrth ddrws tŷ ei frawd.
Gw. hefyd **sowndiaf[1]: sowndio, syniaf[2]: synio.**

swniog, swnog, syniog [*sŵn*+*-(i)og*] *a.* Swnllyd, seinfawr, stwrllyd, uchel ei gloch: *noisy, loud, clamorous, vociferous.*
c. **1730** *Thos. Lloyd D* (LlGC) 212a, *Syniog.* Sounding, loud. Cf. E. P. MORGAN: *Y Graith* (1943) 38, Gwyddai y cawsai fonclust ar unwaith, a'i gorchymyn i beidio â bod mor *swniog*, yr hen beth fawr.

swniol [*sŵn*+*-iol*] *a.* Swnllyd: *noisy.*
1803 *P* d.g. *Swniawl.*

swniwr [bôn y f. *swniaf, swnaf*: *swn(i)o*+*-iwr*] *eg.* ll. *swnwyr.* Un sy'n gwneud sŵn, person swnllyd: *one who makes a noise, noisy person.*
1803 *P.*

swnllyd [*sŵn*+*-llyd*] *a.* Yn gwneud sŵn mawr neu barhaus, yn cadw sŵn, seinfawr, stwrllyd, uchel ei gloch, cegog; grwgnachlyd, tuchanllyd: *noisy, loud, clamorous, vociferous, loud-mouthed; grumbling, querulous.*
1832. Ar lafar, 'Mi odd 'i'n andros o *swnllyd* yno'; 'dyn *swnllyd*' 'of a grumbling disposition', *WVBD* 510; 'Dyma le *swnllyd* yw 'wn', *GTN* 752.

swnog, swnt[1], gw. **swniog, swnd[1].**

swnt[2], swnd[2] [bnth. S. *sound* 'narrow stretch of water'] *eg.* Sianel gul o ddŵr, yn enw. un sy'n cysylltu dau ddarn mawr o ddŵr, neu un rhwng ynys a'r tir mawr, culfor: *sound, strait.*
15–16g. *TA* 47, Tra fo heb peidio [*sic*] gair o'r Pader—hwnt, / Na heli 'n y *swnt*, na haul na sêr. **16–17g.** WILIAM BODWRDA: *Gw* 425, Haws na nofio tro trwy awydd y *sswnt.* **18g.** *IMCY* 237, Pan drows y *swnd* dros y sarn / Rhoe godiad rhy gadarn [am Gantre'r Gwaelod]. **1761** *ML* ii. 414, Collodd un llongbost ei main mast . . . aeth y drydedd drwy *swnd* yr ynys arw lle'r aeth y llyw oddiar ei fachau a diangodd y llong yn ddiangol. Digwydd fel elf. mewn e. lleoedd, e.e. *Swnt Enlli, EEW* 242.
Amr.: **sownd[2].** **20g.**

swnyddiaeth [*sŵn*+*-ydd[3]*+*-iaeth*] *e?b.* Acwsteg: *acoustics.*
1835.

swnyn [*sŵn* a bôn y f. *swniaf, swnaf*: *swn(i)o*+*-yn[1]*] *eg.* (b. *-en*). Grwgnachwr, cwynwr, ceintachwr; smic, mymryn o sŵn: *grumbler, complainer, misery; slight sound.*
1857. Ar lafar, '*swnyn*' 'a grumbler', *WVBD* 510; hefyd yn yr ystyr 'smic', 'dim un *swnyn*' (Cered.). Cf. T. H. PARRY-WILLIAMS: *M* 28, Ni byddai, hyd y gwn i, byth yn hel straeon nac yn hel tai . . . Y mae'n amlwg, felly, nad oedd hi'n frac ei thafod ac nad oedd hi'n hen '*swnen*' ychwaith.

swob, gw. swab[1].

swoblen [?cf. S. taf. (*to*) *swabble* 'to make a noise like liquid when shaken'] *eb.* fel arfer yn yr ymad. *swoblen tebot.* Enw cellweirus am wraig sy'n yfed llawer o de: *facet. term for a woman who drinks a lot of tea.*
Ar lafar yng ngorllewin Morg.

swog, gw. swyddog.

swoleg, sooleg [bnth. S. *zool(ogy)*+*-eg[1]*] *eb.* Gwyddor anifeiliaid, yn enw. o ran ffurfiant, ffisioleg, a dosraniad: *zoology.*
1936.

swolegol, soolegol [*swoleg, sooleg*+*-ol*] *a.* Yn perthyn i swoleg: *zoological.*
1936.

swolegwr, soolegwr, swolegydd, soolegydd [*swoleg, sooleg*+*-wr, -ydd[3]*] *eg.* (b. *swolegwraig, soolegwraig*) ll. *swolegwyr,*

soolegwyr. Arbenigwr mewn swoleg: *zoologist.*
20g.

swomorffig, soomorffig [cfdds. o'r S. *zoomorph(ic)*+*-ig²*] *a.* Ar lun anifail, yn cynrychioli anifail: *zoomorphic.*
1928.

swop, swopaf, swopiaf: swop(i)o, gw. swap², swapiaf: swapio.

swoplancton, sooplancton [bnth. S. *zooplancton*] *eg.* Plancton a gyfansoddir o fân organebau anifeilaidd: *zooplankton.*
20g.

swosh [?cf. *sash¹*] *eb.* ll. *-ys.* Gwregys, sash: *belt, sash.*
Ar lafar, 'gwisgo *swosh* drŵs 'i ddillad', "Odd ôl 'i *swosh* a drŵs y crotyn i gyd!', *GTN* 755.

swot [bnth. S. *swot*] *eg.b.* ll. *-iaid, -s.* Un sy'n swotio, hefyd yn ddifr.: *swot, also derog.*
20g.

swotiaf, swotaf: swot(i)o [bnth. S. (*to*) *swot*] *bg.a.* Astudio'n ddyfal neu'n ddwys, yn enw. dros gyfnod byr ar gyfer arholiadau: *to swot.*
1929.

swp, *eg.* ll. *sypiau* (*swpiau*), a hefyd gyda grym adferfol. Pentwr, bwndel, parsel, sypyn, talp, lwmp, bwnsiaid, clwstwr, grŵp, nifer, hefyd yn *ffig.*: *heap, pile, bundle, parcel, batch, mass, lump, bunch, cluster, group, number, also fig.*
15g. *GDLl* 158, Mi a rifais mor ofer / Dy swydd â rhifiad y sêr, / Mal y wraig gynt, dremynt dro, / Waith rhyfedd, aeth i'w rhifo; / Oddyno rhifodd unwaith / Yn un *swp*, ohonyn' saith! **1547** *WS*, *Swp* A heape. **16g.** MORUS DWYFECH: *Gw* 135, *Sypiau* mân yn sipio mêl [am wenyn]. **1561** *GST* i. 925, Llundain drist llawn wyd dan drip; / Plas hen saint aeth Powls yn *swp* [pan losgwyd Eglwys Powls]. **1588** 2 *Br* xx. 7, cymmerwch *swpp* o ffigus. **1588** 2 *Esd* ii. 9, Eu tîr a droed yn briddellau pŷg, ac yn *syppiau* o ludw. **1588** *Ecclus* xxi. 10, *Swpp* o garth yw cynnulleidfa y rhai anwir. **1620** *Nu* xiii. 23, a thorrasant oddi yno gangen, ac vn *swp* (**1588** *ib.* wryscen) o rawnwin. **1620** *Eseia* lxv. 8, megis y ceir gwin newydd mewn *swpp* (**1588** *ib.* cangen) o rawn. **17g.** HUW MORUS: *EC* i. [128], *Swp* o ffansi ffyddlon, / Ymgasglai ynghil-iau 'nghalon. **1703** T. BADDY: *PCh* 134, fy mod i y cyfryw dommen a *Swp* o bechod. **1718** E. SAMUEL: *HDdD* 156, nid yn unig yn gorchfygu un Pechod or fath honno, eithr *swpp* anferth o honynt ynghyd. **1722** *Llst* 189, *Swp.* m.p. *syppiau.* An heap, pile, bundle, lump, mass; cluster of grapes; core of a bile. *a.* **1791** W. WILLIAMS: *GP* 248, *Swpiau* grawnwin mawrion addfed / Sy'n dy aros yn y tir. **1800** W. OWEN[-PUGHE]: *CP* 22, yr ydis yn ei wasgu [tail] yn *swp* (*mass*) rhy drwm a dwys i awyr dreiddio rhan fawr o hono. **1803** *P*, *Swp* . . . A squeezed lump or mass; a heap; a pile; a bunch, a cluster. Gwnav di yn *swp* yn dy groen, I will beat thee all to a mummy. Ar lafar, '*swp*' 'bundle', '*swp* o wair', 'Mae o'n *swp* o ddled', *WVBD* 510; "Odd 'i'n *swp* gin ofid', *GTN* 752; hefyd yn yr ystyr 'bolt of cloth', "Odd y dunydd yno yn 'i *swp*', *ib.*, ac mewn ymad. megis '*swp* o annwyd'. Clywir *swp* hefyd gyda grym adferfol, 'Fe bangodd *swp*' 'He fainted suddenly', *GDD* 279. Cf. W. REES: *AFR* 381, cudynau hirion o wallt a dorasid ymaith yn *sypiau* yn ei hymyl; D. OWEN: *RL* 424, Efe, yr hwn a fuasai unwaith yn ŵr grymus, a welwn o fy mlaen yn *swp* diwerth.
Cfn.: **swp (o) sâl:** *very sick or ill, worried sick.* *c.* **1860.** Ar lafar, 'Mi syrthis yn *swp sâl*', 'yn *swp o sâl*', *WVBD* 510. Fe'i clywir hefyd mewn brawddeg-au megis 'Ma 'i'n *swp sâl* isio bod yn gadeirydd y pwyllgor'. Cf. *sâl¹*—*sâl swp.* **swp (o) sêr:** *constellation.* **16g.** (*LlEG*) *Mos* 158, 188a, *swp o seer.* **1632** *D*, *swpp o sêr* d.g. *Constella*[*t*]*io.* **yn (un) swp:** *all in a heap, huddled up, all in a lump, in a shapeless mass.* **1762** *ML* ii. 476, rwy mron cysgu'*n swp.* **1776** *W*, *yn swp* d.g. *Lump, All in a lump.* **1803** *P*, Swp . . . dyma vo *yn un swp*, here it is all in a heap. Ar lafar, 'syrthio'*n swp* ar lawr', *WVBD* 510; "Odd a'*n swp* ar y llawr', 'Fe gwmpws yr afal *yn swp*', *GTN* 752. Digwydd hefyd mewn ymad. megis 'blino'*n swp*'. Cf. hefyd *GDLl* 158 uchod.
Gw. hefyd **swpach, sypyn¹.**

sŵp [bnth. S. *soup*] *eg.* ll. *-s.* Cawl: *soup.*
1896. Ar lafar, 'Gesh i *sŵp* i ginio'.

swpach¹ [*swp*+*-ach²*] *eg.* Swp, clwstwr: *heap, cluster.*
1849.
Gw. hefyd **swplach.**

swpach² [*sŵp*+*-ach²*] *eg.* Bwyd moch: *pigswill.*
Ar lafar ym Myn.

swpaffaster, swpen, gw. **swperffosffad, sypyn¹.**

swper [bnth. S. C. *so(u)per*, neu'n union-gyrchol o'r H. Ffr.] *eg.b.* ll. *-au, -i.* Pryd o fwyd a fwyteir gyda'r nos, pryd o fwyd (ysgafn) a fwyteir fel pryd olaf y dydd, gwledd, hefyd am y Swper Olaf a'r Cymun, ac yn *ffig.*: *supper, evening meal, feast, also of the Last Supper and Communion, and fig.*
14g. *YBH* 19b, achyn vy *sopper* inheu mi a baraf dy grogi. *c.* **1400** *YCM²* 65, rac blinaw y datcanwyr, pan uu amser gantunt, y'w *swper.* A gwedy gwassan-aeth diwall ar bawb, a'r gwin yn amhyl, y brenhin a aeth y ystauell. **15g.** *GLGC* 418–19, a pheunydd at yr hydd hwn / i'n cinio yr amcanwn, / i'm *swper*, arfer fy iaith, / . . . / Fy mwyd, fy niod, fy medd, / y mae yno, a'm annedd. **15g.** *DE* 47, Sipior min yw *swper* mav / fal sipio r mel or sioppav [i'r cusan]. **15–16g.** *TA* 46, A naw ciniaw beirdd, a naw can bêr; / Naw llysiau, lliwiau llawer—ar fwydau, / Werth naw o siopau wrth un *swper.* **1547** *WS*, *Swper* A souper. **1551** W. SALESBURY: *KLl* xxxiiib, kymerth [Iesu] y calicl wedy daroedd *swpper.* *id.* liiia, Ryw wr a wnaeth *swpper* mawr. **1567** *LlGG* 108a, y *swpper* santeiddiol hon [y Cymun]. **1588** *Marc* xii. 39, A'r eisteddfeudd cyntaf yn y cymmanfaoedd, a'r eisteddleoedd cyntaf mewn *swpperau.* **1618** J. SALISBURY: *EH* 278, ef [dyn glwth] a ymlenwa, yn y modh na bydh fawr yn ôl i'w dhiotta, o fod yn gryn *swpper* cyflawn, neu gwynos cyfan. **1672** R. PRICHARD: *Gw* 472, Mae 'r duwiol mewn dedwyddwch, / Gogoniant a rhialtwch; / . . . / Maent hwy gydâ 'r oen bôb awr; / A *Swpper* fawr sydd ganthynt. **1757** *ML* i. 459, Dyma fi gefn y nos newydd fwytta afalau a llaeth im *swpper* rhag y fygydfa. **1759** J. EVANS: *PF* 17, Pobl dyner ni ddylent fwyta ond ychydig iawn o *swpper*, a hynny ddwy awr neu dair cyn mynd i'r Gwelu. **1760** *ML* ii. 242, daccw 45 o bobl gwedi bod ddoe yn medi . . . Cinio o lymru a llaeth . . . ond y *swpper* sef y pryd mawr, o loned padell ddarllo o gig eidion . . . a thattws a phottes. **1775** D. JONES: *HCY* 216, [C]yd-fwyta'n *Swpper* fawr yr Oen. **1794** *W* d.g. *Supper.* Ar lafar, '*swpar* . . . pl. *sbera*' 'supper', *WVBD* 510 (*eg.*); "Alla' i ddim cisgu ar ôl *swpar* trwm', *GTN* 753. Cf. D. OWEN: *GT* 59, Byddai *swper* i'r tenantiaid yn y Bedol ddiwr-nod talu rhent.
Cfn.: **swper adre:** *food given to women harvesters to take home.* **1814** W. DAVIES: *Agric . . . S. Wales* ii. 284. **Swper yr Arglwydd:** *the Lord's Supper.* **1551** W. SALES-BURY: *KLl* xxxiiib. **1672** J. LANGFORD: *HDdD* 61. **1790** T. JONES: *TOS* 306. **swper bach (fach, bychan):** *rere-supper, late supper; ?light supper.* **16–17g.** *GST* i. 828. **1617** *Minsheu* 477a d.g. *Supper*, a *reare-Supper.* **1632** *D* d.g. *Cœnula, Comessatio, Pocænium.* **1766** *CD* 97. **swper chwarel:** *meal eaten by quarrymen after coming home from work, high tea, supper.* **1936.** Ar lafar, 'Bwyd caniad fyddan ni'n galw *swpar chwaral*, pryd mawr tua chwech' (Arfon). **(y) Swper Ddiwethaf (Diwaethaf) = y Swper Olaf.** **16g.** *Pen* 192, 136, *y swper diwaetha.* *c.* **1585** *MCr* 91, yr addewid a'r bendith a wnaethosti y'th saint a'th apostolion yn *y Swper Ddiwethaf.* **1764** DEWI NANTBRÂN: *CB* 50, Iesu Ghrist ar ei *Swppr* [*sic*] *ddiwethaf.* **swper fferm:** *fry-up* (*for supper*). Ar lafar ym Môn. **swper fedel:** *harvest supper.* **19g.** Ar lafar gynt, *Carmarthen Antiquary* viii. 69. **swper neithior = swper priodas.** **1588** *Dat* xix. 9, *swpper neithior* yr Oen. **y Swper Olaf:** *the Last Supper.* **20g.** **swper ben fedi = swper fedel.** Ar lafar gynt, *Carmarthen Antiquary* viii. 69. **swper priodas, swper briodasol:** *wedding supper, marriage feast, also fig.* **1567** *TN* 395a, [g]wledd [:–*swper*] priodas yr Oen. **1655** WL: *DP* 137, *swpper-priodas* yr Oen. *c.* **1658** R. VAUGHAN: *E* 215–16, *swpper periodas.* **1790** T. JONES: *TOS* 306, *swpper priodas.* **swper unol:** *supper where people gather together for a 'noson lawen'.* Ar lafar, '*swpar unol*' 'swper a gymerai pobl wedi dod ynghyd i gynnal noson lawen . . . yn nhai eu cyfeillion a phob un yn dod â'i fwyd ei hun a gwraig y tŷ yn rhoi'r te', *GTN* 753.

swperaf: swpera, swperu [bf. o'r e. *swper*] *bg.a.* Bwyta swper; rhoddi neu ddar-paru swper (i), rhoddi porthiant i (anifail) gyda'r nos, hefyd yn *ffig.*: *to eat supper; give supper (to), provide supper (for), give (an animal) fodder in the evening, also fig.*
14g. *YBH* 27a, affan vo garsi . . . yn *soperu* dechreu nos mi a wassanaethaf arnaw ae getymdeithon or gwin hwnnw yn ehalaeth ddidlawt. *c.* **1400** *YSG* i. [15], A gwedy daruot udunt *superu* y nos honno, Galaath a ovynnawd udunt pa damwein a'e dugassei wyntwy yno. **15g.** *DE* 48, supio hun siop i hwyneb / *swperv* sawr siopavr sieb [i'r cusan]. **1547** *WS*, *Swpery* Soupe. **1567** *TN* 115a, Dos, ac eiste' i lawr y vwyta . . . Cyweiria hyn a *swperwyf.* *id.* 255a, cymerth ef y phiol, gwedy yddaw *swpery.* *id.* 377b, mi ddaf y mewn atto ef, ac y *swppera* gydac ef. **1606** E. JAMES: *Hom* i. 156, ni olchent [disgyblion Iesu] eu dwylo cyn ciniawa neu *swpperu.* **1661** E. LEWIS: *Drex* 210, Anedwydd ginniaw melldigedig, am yr hwn i'r haeddais i *swpperu* yn uffern lawer mil o flynyddoedd gwedi hynny. **1696** *CDD* 354, Yr wŷl wrth *swperu* caed amnaid gan Iesu, / Fôd brŷd iw fradychu, cwŷn difri cŷn dŷdd. **1759** J. EVANS: *PF* 15, *Swperwch* ar chwech neu Saith or Gloch. **1798** W. RICHARDS: *CC* 40, efe a *swpperodd*, ac a aeth yn lled ebrwydd i'r gwely. Ar lafar, '*sberu*', 'mynd cyn amser gwely i roi bwyd i'r gwartheg a'r anifeiliaid sydd dan do', *ISF* 66; "Dach chi wedi *sbera*?', '*Sbera* y gwarthag', *WVBD* 475; '*swpera*' 'cymryd swper', *GTN* 753. Cf. *SE MS* 471a, *Swperu* (N.W.) *Swpera* (S.W.) . . . to take supper; to give supper to.

swperffosffad, swperffosffet [bnth. S. *superphosphate*] *eg.* Gwrtaith a wneir drwy drin carreg ffosffad ag asid sylffwrig neu ffosfforig: *superphosphate.*
1919. Ar lafar yn y ff. *swpaffaster*, *GDD* 279.

swpersonig, swpflodeuog, gw. **siwpersonig, sypflodeuog.**

swp-hesgen [*swp*+*hesgen*; ansicr yw'r union blanhigyn yn y dfn. isod] *eb.* yn yr ymad. *swp-hesgen y fawnog.* *Bot.* Math o hesg, *Carex nigra*: *common sedge.*
1813 *WB* 88, Tufted Bog Sedge; *Swp-Hesgen y fawnog.*

swpiaf¹, sypiaf²: swpio, swpian, sypio [bnth. S. (*to*) *sup*] *bg.a.* Sipian, llymeitian, hefyd yn *ffig.*: *to sip, sup, also fig.*
c. **1730** *Thos. Lloyd D* (LlGC) 174b, yn pryssuro i *swppio* sorod . . . CW. 170. Ar lafar, 'A ninna jest yn *sypio* te' (Llŷn).

swpiaf²: swpio, gw. **sypiaf¹: sypio.**

swplach [?cf. *swpach*, *siwblachaf*: *siwblachu*] *eg.* Swp, hefyd yn *ffig.*: *heap, also fig.*
1884. Ar lafar yn yr ystyr 'rhywbeth gwael, di-ysbryd', *Cymru* lxii. 176 (gorllewin Meir.). Cf. *id.* xviii. 320, 'Ple a sut ma Grasi gin ti?'. 'Mae hi'n un *swplach* yn y gornal bron a starfio'.

swplancton, gw. **swoplancton.**

swplat, swplet [bnth. S. *soup-plate*] *e?g.* Plât cawl, llestr cawl: *soup-plate.*
20g.

swpralapsariaidd, swpren, gw. **supra-lapsariaidd, llysowtbren.**

swps, swpsaf: swpso, swpws, swpyn, swpynnaf: swpynnu, gw. **siwps, siwpsaf: siwpso, siwps, sypyn¹, sypynnaf: syp-ynnu.**

swrcot, swrcod, swrcwd [bnth. S. C. *surcot*, neu'n uniongyrchol o'r H. Ffr.] *eb.* (bach. b. *swrcodan*) ll. *swrcodau.* Math o gôt neu diwnig a wisgir dros ddillad eraill neu arfwisg, hefyd yn *ffig.*: *surcoat, also fig.*
14g. *WM* 181. 31–4, Crysseu o sidan gvin a oed am y vorvyn. Achayeu o rudeur rac y bron. A*srcot* o pali eureit ymdanei. *id.* 226. 25–8, dodi gvisc arall ymdanaf. Nyt amgen crys allavdyr or bliant. affeis a *svrcot* a mantell o bali melyn. *c.* **1400** *R* 1356. 37–9, Kyt bythvnbard [*sic*] a phrydyd adetwyd ar *svrcodeu.* hi awydyat vyntvyllav mynkynllav a thybieu. *id.* 1365. 3–4, [S]*vrcodan* druan adryved noethi. avu am venlli yn hen vonllavdyr. *ib.* 33–4, Gvisgavd ymdanav yvch dinnerth yn ros *svrcot* anidos. *c.* **1400** *SDR²* 75, Val yd oed y gwr yn dyuot o hela, bytheiades a oed idaw . . . a redawd ar ffwrwr y *swrkot.* *c.* **1400** *YSG* i. 5, peri tynnv y arueu y am y marchawc a oruc y gwr llwyt, a'e adaw ynteu y mywn peis o syndal coch a *swrcot* a ffwryr yndi o ermin gwynn. *c.* **1400** (*SG*) *HMSS* i. 250, y morynyon a dynnassant eu *swrcodeu* y rei oed ar warthaf eu crysseu. **1547** *WS*, *Swrkot* A surcote. **1604–7** *TW* (*Pen* 228), Gwisc y cnewilhin, pais a *swrcot* am danaw d.g. *Tunica . . . Nuclei tunica.* **18g.** *B* vi. 16, Adroddaf ddelw ac elwig / Y fleiddes, widdones ddig: / *Swrcwd* grech, bur-frech, barf-fraisg, / A hirion flew, bryntion braisg. **1789** TWM O'R NANT: *TChB* 23, Mae degpynt yn *Swrcwd* wedi gwnio yn fy Syrcun. Ar lafar yn y ff. '*sircwt*' 'vest', *Y Casglwr* xxv. 13 (sir Gaern.). Cf. W. REES: *AFR* 203, gwaeddai *swrcwd* o ddyn byr.

swrdan, swrdanaf: swrdanu, swrdan-dod, swrdanllyd, gw. **syfrdan, syfrdanaf: syfrdanu, syfrdandod, syfrdanllyd.**

swrddan¹,², swrddanaf: swrddanu, swrddandod, swrddanllyd, gw. syfr-

dan[1], **swrddyn, syfrdanaf: syfrdanu, syfrdandod, syfrdanllyd.**

swrddyn [olff. o *swrdd(an)*[1]+*-yn*[1]] *eg.* (b. *-en*). Clebryn: *chatterbox.*
Ar lafar, '*swrddan*' 'menyw glebrog, orsiaradus', '*Swrddan* ddychrynllyd o fenyw yw 'i ma 'i'n wilia'n ddi-stop', *GTN* 753; '*swrddyn*' 'dyn clebrog, gorsiaradus', 'Ma fa siŵd *swrddyn* 'alli di ddim cofio 'annar ma fe'n wed', *ib.*

swreal [bnth. S. *surreal*] *a.* Ac iddo nodweddion swrealaeth, rhyfedd, breuddwydiol: *surreal.*
20g.

swrealaeth, swrealiaeth [cfdds. o'r S. *surreal(ism)*+*-(i)aeth*] *eb.* Mudiad ym myd celfyddyd a llenyddiaeth yn yr 20g. sy'n anelu at fynegi'r isymwybod drwy amrywiol ddulliau megis cyfosod delweddau mewn ffordd afresymol, defnyddio symbolau rhyfedd, ac awtomatiaeth: *surrealism.*
20g.

swrealaidd [cfdds. o'r S. *surreal(ist)*+*-aidd*] *a.* Yn perthyn i swrealaeth, o natur swrealaeth, nodweddiadol o swrealaeth, swreal: *surrealist(ic), surreal.*
20g.

swrealiaeth, gw. swrealaeth.

swrealistig [cfdds. o'r S. *surrealist(ic)*+*-ig*[2]] *a.* Swrealaidd: *surrealist(ic).*
20g.

swrealwr, swrealydd [*swreal*+*-wr, -ydd*[3]] *eg.* ll. *swrealwyr, swrealyddion.* Un sy'n arddel swrealaeth: *a surrealist.*
20g.

swrfeier, swrffed, swrffedaf: swrffedu, swrffedig, swrffet, gw. syrfêwr, syrffed, syrffedaf: syrffedu, syrffedig, syrffed.

swrn[1] [petrus yw dosbarthiad rhai o'r enghrau. isod] *eg.b.* (bach. g. *syrnyn, swrnyn*) ll. *syrnau,* a hefyd fel *adf.,* ac o bosibl gyda grym ansoddeiriol. Llawer, nifer (mawr), swm mawr, amlder, cryn dipyn; (yn enw. yn y ff. bach.) ychydig, nifer bach: *many, (large) number, lot, (large) quantity, abundance, (considerable) amount, good deal; small amount or number.*

(*a*) (defnydd annib.: *independent usage*).
14–15g. *IGE*[2] 140, Gwae eurfab, gwiw ei arfaeth, / O aros gaeafnos gaeth, / A ŵyr *swrn* o eiriau serch / Ar ôl haf arail hoywferch (Gruffudd Llwyd). **15g.** *GLGC* 208, Pardynau'n puro dynion / sy yno *swrn* i Sain Siôn. *id.* 454, saledau is haul lydan, / *Swrn* teg o isarnau tân. **15g.** *GGl*[2] 33, A gallu'n sir gwell no *swrn* / Gaerfyrddin, gryf ei arddwrn. **15g.** *DE* 86, ai vrawd o bengwern vrodir / a ddygai *swrn* o ddec sir. **1551** W. SALESBURY: *KLl* lxiiia, aeth *swrn* [:– llawer] o eu ddiscipulon y gyd ac ef. **1567** *TN* 80b, ill dau gwedy myned mewn *swrn* [:– gwth, talm] da o oedran. *c.* **1585** G. ROBERT: *DC* 52b–53a, Os ceiph [lh]ong ar y mor wynt hwylus, hi alh fyned o vn pen ir byd ir lhalh mewn *swrn* ag amcan o dhiwrnodie. **1604–7** *TW* (*Pen* 228), *syrnyn* d.g. *Aliquantum, plerique.* **1605–10** *IICRC* iii. 30, *Swrn* o bobyl syn y byd. **1629** R. LLWYD: *P* d.d., ar ddymuniad *syrnyn* o ddynion duwiol. **1672** R. PRICHARD: *Gw* 222, Rychi 'n trysto gwaeth meicheon, / Na mâb Duw am Swmpau [:– Summau, *syrnau*] mawrion. **1677** *TC* 8a, *Syrnyn,* ychydigyn. **1753** G. OWEN: *L* 42, nid wyf . . . mor sarrug nad allwn faddeu rhyw *swrn* o'ch esceulusdra o ba'i [*sic*] raid. **1763** *ML* ii. 561, Dyma eich llythyr . . . ac er nad yw ond bychan, y mae yn cynnwys *swrn* fawr o fatterion. **1793** *Cylchg* 191, creffais ar un *syrnyn* bychan, yr hwn sydd gasgliad o'r holl anhwyldeb. **1803** *P, Swrn,* s. m.—pl. *syrnau* . . . a quantity, a little. *id. Syrnyn,* s. m. dim. . . . A some quantity, a very little, ever so little. Ar lafar, '*swrn*' 'sum', ''roedd yno *swrn* o honyn nhw', *Cymru* xlvii. [236] (sir Ddinb.). Cf. T. H. PARRY-WILLIAMS: *M* 62, a chanddi *swrn* o hanesion am ei thad ac am y lle; D. J. WILLIAMS: *STG* 38–9, [y] *swrn* o geirch gwyn, glân yng nghornel y preseb.

(*b*) (o flaen e.: *before a n.*).
14g. *GDG*[3] 150, Anhunog wyf, clwyf yw'r clo, / Anhunedd a wn heno. / Mi a ddeily *swrn* meddyliau, / Byth neud mul, am beth nid mau. **15g.** *DN* 21, Dy vaner a bryderant, / Dy *swrn* gwŷr, d'isarnav gant. **16–17g.** (**17g.**) *CC* 39, Euthym yn fflwch trwch fu r tro / *swrn* awydd i siwrneio (Thomas Prys). **1791** GW. MECHAIN: *Rh* 97, [t]rethu tros ddeg a deugain o amrywiolion bethau masnach, heblaw *swrn* rifedi o gyllidawg genhadau.

(*c*) (ar ôl e.: *following a n.*).
15g. *HS* 5, archodd dy fam ym erchi / archau *swrn* a erchais i. **15g.** (*Dchr.* **17g.**) *LBS* iv. 436, trwn delwav tirion dalwrn / talbwrdd saint tal byrddav *swrn* (Hywel Dafi). **15g.** *ID* 69, henwau *swrn* ar hwnn a sydd / howel manvel ywch mynydd. **15–16g.** *TA* 322, Y glêr *swrn,* galarus sain, / Nag ewch draw, gwae chwi, druain [marwnad Morys ab Ieuan]! **16–17g.** *Cer RC* 12, A rhoi arian ceimion *swrn* / Wrth bob arddwrn fal hudol? **17g.** HUW MORUS: *EC* i. 49, Oerni *swrn* arna'i sydd, / Aeth i'r man eitha o'r menydd.

Fel *adf.* Eithaf, iawn, tra (o flaen a.): *rather, quite, very (before an adj.).*
1589–93 *Rhyddiaith Gymraeg* ii. 137, *Swrn* gyffelib ydent [cyfreithwyr chwannog] i berthen ynghânol maes gole, at gyscod yr hon i rhêd y defaid triain yn amser yr oer gafod i gael clydwr a lletty tre i parhâtho hyd oni ddarfo iddi . . . i yspeilio am i cny gwlân ag yno i gyllwng ymaith yn noeth. **1691** T. WILLIAMS: *YB* 289, Mae cyflwr ún mâth arall o bechaduriaid yn *swrn* debyg i hwn a bassiodd, sef, y sawl a fo'nt yn ymadael a'r byd heb ganddynt ddim gobaith o gael trugaredd gan Dduw. *c.* **1740** *LlM* 11, Alm gwedi i losgi ai roi ynghyd yn *swrn* dew. **1749** *ML* i. 144, n[i] che's i erioed ond ychydig iawn o addysg, a minneu o ansawdd *swrn* fwngleraidd. **1752** G. OWEN: *L* 18, mi a wn fi yn *swrn* dda anwyled y gall fod genych y Llyfrau. **1753** *id.* 80–1, llawer dychryn . . . a gawsom oblegid yr Elin iefangc (er bod ei Mam . . . yn *swrn* iach). **1754** *ML* ii. 275, nid yw dâl na bèrr ond rhwydd ddynes, *swrn* foethus.

Amr.: **syrn** [ffrwyth cymryd elf. gyntaf gair cfns. (cf. *syrnir*) fel ff. gsf., cf. *cryn*[1]; dichon mai ff. l. a welir yn rhai o'r enghrau. isod]. *Diw.* **15g.** *Pen* 53, 51, May a wnel y bateloedd / Yn mydo *svrn* madys [*sic*] oedd. **16g.** *GGH* 169, A *syrn* faith yw'r siwrnai fau / O'r grodir i'w gaeredau. **1595** M. KYFFIN: *DFf* [95], pe y medrasem ym-roi i goelio ddarfod scrifenny gair Duw dros *syrn* o flynyddodd yn vnig. **1632** *D, Syrn* fawr d.g. *Subgrandis.* **1716–18** *Llsgr R. Morris* 24, ond dwad arnun groesus chwurn / ai mund nhw yn *surn* dylodion. **1803** *P, Syrn,* adv. . . . Partly, half. *Syrn* dêg, tolerably fair; *syrn* debyg, somewhat like; *syrn* galed, rather hard; *syrn* gryv, pretty strong.

swrn[2], *eg.* ll. *syrnau* (*swrnau*). Egwyd; migwrn, ffêr: *fetlock; ankle.*
Diw. **15g.** *Pen* 53, 10, dawr gwaet dros *syrneu* y gwyr ar meirch (Rhys Fardd). **16g.** RHISIART FYNGLWYD, &c.: *Gw* 146, Eryr o farch ar ei fyllt / Yn dwyn gŵr yn dân gorwyllt / I siwrnai bell â *swrn* byr, / Yn goesfain, yn negesfyr. **16g.** HUW ARWYSTL: *Gw* 52, lle yn dwyn llownaid anial / i bedwar *swrn* byw dros wal [i ddyfalu march]. **1632** *D, Swrn,* Malleolus. **1638** *Pen* 151, 76b, Carnav *syrnau* cryn sernydd / can cynt ar ei hynt nav hydd [Watgyn Clywedog i ofyn march]. **1688** *TJ, Swrn* . . . egwŷd y Troed . . . the Lock of the foot. **1722** *Llst* 189, *Swrn* . . . m.p. *Syrnau.* The ankle-bone of an horse, the fet-lock joint. **1770** *W* d.g. *The ancle, The fetlock-joint.* **1803** *P, Swrn.* s. m. —pl. *syrnau* . . . the postern-joint or fetlock-joint. Ar lafar, '*swrn*' 'the ankle', *Cymru* xlvi. 24 (Morg.); 'wedi troi ar 'i *swrn* wrth gamu acha' carrag', ''Odd a at 'i *syrna* mwn dŵr', *GTN* 753. Cf. *TM* 64, Mae Siams o Gefan Tylcha / A'i fwriad ar ofera, / Fe ddaeth yn ôl o lawer man / A'i sana am ei *syrna.*

swrnachaf, syrnachaf: swrnach(u), syrnach, *bg.* Ysgyrnygu, chwyrnu; bod yn biwis; ymgiprys; hefyd yn *ffig.*: *to snarl; be peevish; contend; also fig.*
18–19g. *Llr* C 4, 31, *Syrnach,* Glam, to conten[d], to be peevish. **1803** *P, Swrnaç* . . . to grin, to snarl.

swrnyn, gw. swrn[1].

swrplis, swrples, &c. [bnth. S. C. *surplis, surples,* neu'n uniongyrchol o'r H. Ffr. *surplis*] *eg.* Gwenwisg, hefyd yn *ffig.*: *surplice, also fig.*
c. **1400** *YSG* i. 61, Ac yndi ef a welei gwr oedawc tec, a *swrplis* ymdanaw, ac a diwyc offeiryat arnaw. **15g.** *GTP* 57, Sym ancr a ennill gancroen, / *Swrplis* du ffris hyd ei ffroen [i ofyn milgi]. **1547** *WS, Swrplys* A surplys. **1583** *LlGC* 716, 180b, Pwy a' ddychmygodd ac a 'orchmynodd ir Gwenidogeth'wyr wisco yr *Svrplyss*? **16–17g.** *LlCy* xi. 235, tr[y] fo Rhyfig dail ar brenn / no ffeyrad perchen *swrplüs.* **16–17g.** *GST* i. 527, Dy grys fal *siorplys* y sydd, / Du dano yw d'adenydd [i'r bi]. **1604** R. HOLLAND: *BD* 8, eraill . . . yn tybiaid . . . fod y *swrples,* y cap cornelog a'r fath megys yn arwydhion cyhoedhus o amryfusedhau pabaidh. **1604–7** *TW* (*Pen* 228), *Surplis* d.g. *dalmatica, Linteatus.*
Amr.: **syrplan** [?ff. lafar ar **syrplen,* sef cfdds. o'r S. *surpl(ice)*+*-en*]. **20g.**

swrth [dichon mai 'trwm' yw'r ystyr yn rhai o'r enghrau. yn adran (*b*) isod, gw. *GIG* 216] *a.* (b. *sorth*) ll. *syrthion* (*swrthion*), a hefyd gyda grym enwol ac fel *adf.*

(*a*) Diog, segur, disymud, di-fynd, diffrwt, diynni, difywyd, cysglyd, blinedig, lluddedig; difater, difraw; trist, sarrug, swta, garw, cas, ffiaidd; ?gwrthnysig: *lazy, idle, indolent, listless, inactive, inert, slothful, lethargic, sluggish, sleepy, weary, fatigued; apathetic, indifferent; sad, sullen, surly, curt, rough, hateful, foul; ?recalcitrant.*
14g. *GDG*[3] 16, I fwrw dadl *swrth* i wrthaw / Ofer dri wrth Ifor draw [i Ifor Hael]. *id.* 260, Dau lygad *swrth* yn gwrthgrif, / Diystyr wallawyr llif. **16g.** *TRP* 236, och rrac kywilidd tra fwy byw / *sswrth* yma yw geny hyny (*this state be a sorrow to me*). **1588** *Diar* xix. 24, Y dŷn *swrth* a gudd ei law yn ei fynwes. **16–17g.** *Cer RC* 15, Tro galonne'r dynion *swrth* / I ffwrdd oddiwrth i balchedd. ?**16–17g.** *P,* Fyz za i'n cadw 'n hof ziwerth, / O fwrn a savn ufern *sorth* . . . S[iôn] Mawzwy d.g. *Sorth.* **16–17g.** *HG* 124, drwy valch airau ffyrnig *swrth,* sy n tyvy wrth genfigen. **1615** R. SMYTH: *GB* 18, yr vvyt yn *svvrth* iavvn ag yn cyscu. **1618** J. SALISBURY: *EH* 337, pryd y bo'n phiaidh, ag yn *swrth* gan dhyn, wneuthur daeoni. **1630** R. LLWYD: *LlH* 73, pan fyddo dynion yn segur, yn *swrth,* ac yn ddiog . . . y maent yn agored i odineb. *id.* 190, Y mae y pechod hwnnw [medd-dod] mor *swrth,* ac mor anifeilaidd, ac y tybygei ddyn mai afraid fyddei ddywedyd yn ei erbyn. **1632** *D, Swrth,* Torpens, ignavus. **1672** J. LANGFORD: *HDdD* 375, nid digon yw i ni ewyllysio yn dda i Eneidiau ein Brodyr, nid yw hynny yn unic ond mâth *swrth* (*sluggish*) ar garedigrwydd. **1677** R. JONES: *BB* 173, O bechaduriaid *swrthion* a marw-galon. **1722** *Llst* 189, *Swrth.* p. *Syrthion,* Drowsie, lazie, torpid, unactive, foggy. *c.* **1730** *Thos. Lloyd D* (LlGC) 207b, *Sorth.* Fem. a *Swrth.* AF. 82. AY. 45. **1731** E. SAMUEL: *AE* 30, attal y Tueddiadau *syrthion* ar trymder Yspryd sy 'n tarddu 'n fynych oddiwrth lawnder a digonedd o luniaeth. **1753** *TR, Swrth,* slow . . . slothful . . . Also, roughly, in Glam. Dywedyd yn *swrth.* [**1753**] *Gron* 59, Ni bu (dref *sorth* tan orthrech) / Fy nhrem, am Gaersalem, sech. **1790** T. JONES: *TOS* 313, Ti a gei dy galon . . . mor *swrth* (*backward*) i'r gwaith hwn, ag un gwaith yn y byd. **1803** *P, Sorth* . . . rude, rough, fell. *id.* d.g. *Swrth.* Ar lafar, '*Swrth*' 'Sullen, abrupt of speech', *GDD* 279; 'Fe'm atepws i'n *swrth* reit', ''Nawr bydd di'n gwrtais, 'os dim isia wilia'n *swrth* sia dinnon', *GTN* 753.

(*b*) Sydyn, cyflym, disymwth, disyfyd; (geir.) yn sydyn: *sudden, quick, immediate, abrupt; (dict.) suddenly.*
13g. *LlI* 23, Vyth pynuarch brenhyn . . . maru en *surth* anuab. **14g.** *GDG*[3] 220, Ciliais yn *swrth* i'm gwrthol / I'r drws, a'r ci mws i'm ôl. **14g.** *GIG* 33, Syrthio, anghlod *swrth* anghlaer, / Syr Rhys aur yng ngwregys aer. *c.* **1400** *R* 1250. 19–21, Gϐae dyn kynn dyfyn dϐvyn waelaϐt kudugyl. o syrth ymperigyl *sϐrth* amharaϐt. **1594–6** *CLlH* 32, Mor *swrth* yw syrthiodd march Paen / Mewn graean dir grodir graen. **1604–7** *TW* (*Pen* 228) d.g. *Subitus.* **1630** R. LLWYD: *LlH* 33, [d]amunaf arnoch ddangos i mi pa fodd y digwyddodd fy nhwyllo mor *swrth* a hynny. **1632** *D, Swrth* . . . Subitò. *id.* Cwympo i lawr yn *swrth* d.g. *Procido.* **17g.** HUW MORUS: *EC* i. [103], *Swrth* oedd ei fyn'd, syrthiodd fo, / Drwy oer ing i dir ango' [marwnad Edward Samuel]. **1688** *TJ, Swrth* . . . suddenly. **1747** J. RICHARD: *HF* 12, Gan ddywedyd dwg fi ir nêf yn *Swrth.* **18g.** *W Ballads* 106, 8, Ac yno os doir ar [*sic*] llestri'n dowyll / Mewn dychrun *swrth* a dechrau sefyll, / Wrth ddrws trigaredd rhwyr cyro, / Medd ein prynwr wedi prenio. **1753** D. JONES: *SD* 93, Tor 'lawr y canol-fur yn *swrth* / A'm deil oddiwrth dy Gariad. **1784** M. WILLIAMS: *S* i. 100, nid oes yma na gwanwyn na hydref; ond y tywydd yn cyfnewid yn *swrth* o wres i oerfel. **1789** TWM O'R NANT: *TChB* 54, A rhaid chwilio am ddryll arian wedi colli 'n *Swrth.* Cf. J. MORRIS-JONES: *CD* 77–8, 'gwrthesgynfa' . . . nid yw'n addas o gymaint ag yr awgryma raddiad ar i waered. Yn hytrach, disgyniad ydyw, ac nid graddol ond *swrth*; fe'i gwneir yn gyffredin mewn un cam.
Cfn.: **yn ei (fy, &c.) swrth:** *immediately, straight away; ?in a recalcitrant manner.* **16g.** *IICRC* iii. 334, yn llechy megis llwfwr / dan ddeysif nerth a swkwr / yn gatw [*sic*] yn brydd *yn fy swrth* / bob dydd oddiwrth y bradwr. **1651** SIÔN TREREDYN: *MDD* 164–5, Christ . . . yn peri i chwi cwympo [*sic*] *yn eich swrth,* ac yn union, ac yn ddicyfrwng ar y cyfammod fhâd o râs. *id.* 264, i fyned *yn ei swrth* (*immediately*) at yr Arglwydd. **1714** D. LEWYS: *CN* 30, Na ad ir Arglwydd *yn ein swrth,* / Roddi Gwrth-ddadleuon. **1734** *YCTM* 20, Er iddo dd'wedyd felly, / Ni fynnai bagad gredu, / Ond mynd ymmaith *yn i swrth,* / Yn ddig oddiwrth y Jesu.

swrthâf: swrtháu [*swrth*+*-hau*] *ba.*

Gwneud yn swrth neu'n gysglyd, dylu: *to make drowsy or sleepy, dull.*
1849.

swrthbysg [*swrth+pysg*] *eg. Pysg.* Unrhyw un o amryw fathau o gathod môr trydanol, yn enw. o'r tylwyth *Torpedo*, sythbysg: *electric ray (fish), torpedo.*
18g. *Pant* 19, 88, *Swithbysc* [*sic*], cramp Ray. Ar lafar yn y Gogledd, 'Torpedo nobiliana . . . *Swrthbysg*', H. E. FORREST: *FNW* 517.

swrthdra [*swrth+-dra*] *eg.* Syrthni, cysgadrwydd: *sloth, drowsiness, sleepiness.*
1615 R. SMYTH: *GB* 3, Rai or hen phylosophyddion gynt a oeddynt yn mavvr achvvyn yn erbyn *svvrthdra* dyn. *id.* 51, esclysdra a *svvrth*[*d*]*ra* dyn.

swrthdrwm, gw. **swrth+trwm.**

swrthlamaf: swrthlamu [*swrth+llamaf: llamu*] *bg.* Rhoddi naid fach, gwingo: *to start (from fright).*
[**1783**] *W* d.g. *Start, To* [*give a*] *start.*

swrthlyd, swrthni, gw. **syrthlyd, syrthni.**

swrthws, *a.* Wedi suddo, wedi cwympo i mewn: *sunken, fallen in.*
Ar lafar, 'tir *swrthws*', *GTN* 753.

swrwd, gw. **siwrwd.**

sws [bnth. S. C. *souse*, neu efallai'n uniongyrchol o'r H. Ffr. *sous*] *eg.* Amryw rannau o fochyn wedi eu piclo, hylif piclo, hefyd yn *ffig.*: *souse (pickled parts of a pig), pickling liquor, also fig.*
c. **1400** *R* 1356. 26–8, Role *sôs* dyledan saôs daleu. ry laôn ffael annaôn uaôr ffolenneu. **1547** *WS, Sws* Souce. **1578–80** (**17–18g.**) *Cylchg LlGC* vii. 276, *Sws* gwyn sobr saws gwaun sybwll [dychan Hywel ap Syr Mathew i Fynydd Hirddywel]. *Dchr.* **17g.** *J* 10, 42b, *Sŵs.* souce. **17g.** *LlGC* 13215, 352, *Sws* Omasum concisium succidia.

sŵs [?gair yn dynwared sŵn] *eb.* (bach. *swsen*) ll. *-ys.* Cusan: *kiss.*
Ar lafar, '*sŵs*', '*swsan*', *WVBD* 511; '*Sws*' 'cusan', *Cymru* xliii. [230] (gorllewin Meir.); hefyd yn y ff. *shwsh*, *WVBD* 511.
Cfn.: **sŵs glec:** *smacking kiss, smacker.* **20g.** Ar lafar yn y Gogledd. **sŵs wlyb (wleb):** *soppy kiss.* **20g.** Ar lafar yn y Gogledd, '*sŵs lyb*'.

swsen, swser, gw. **sŵs, soser.**

swsiaf[1]**: swsian, swsio** [bf. o'r e. *sŵs*] *bg.a.* Cusanu: *to kiss.*
20g. Ar lafar.

swsiaf[2]**: swsio** [bf. o'r e. *sws*] *bg.* Piclo: *to souse, pickle.*
Dchr. **17g.** *J* 10, 42b, *Swsio.* to souse.

swsog [*sws+-og*] *eb.* ll. *-od.* Gwraig sy'n gwerthu treip neu ddarnau o gig wedi eu piclo, hefyd yn ddifr. ac yn *ffig.*: *tripewoman, woman who sells pickled meats, also derog. and fig.*
1552 *Pen* 403, 74, nid archassant i verched vod yn *Swssogod* / yn vudron / yn vowlyd / nac yn glyttioc. **16–17g.** *GHCEM* 84, Chwthoglen droten drwtial, / Chwith gelwyddog, *swsog*, sâl [i ofyn cwrtal yn llateies]. **1605–16** *Mos* 131, 718, O hortir fyfi o hurtog // y byd / o rann i bod yn *swssog* / Minne a ddeheurwn ddihirog / o dalie grair delw yr grog. *Dchr.* **17g.** *J* 10, 42b, *Swsog*, tripewoman. **18g.** *LlGC* 833, [44], A chwithe madam Sibili / nag ewch yn *swsog* sosi / chwi a wyddoch gynt yr haeddwn glôd / am fod yn nôd bod gynthi.

swt, swta[1] [bnth. S. *soot* a S. C. *sote*; ansicr yw'r ail engh. isod] *eg.* ?a hefyd gyda grym ansoddeiriol. Parddu, huddygl: *soot.*
14g. *GIG* 112, Llidiog blin daufiniog bla, / Llu Satan mewn lliw *swta.* **1578–80** (**17–18g.**) *Cylchg LlGC* vii. 276, Morlo fflwch meiriol a phla / Mwrn o waith Satwrn *swtta* [dychan Hywel ap Syr Mathew i Fynydd Hirddywel]. **1794** J. HARRIS: *Alm* [3], hanner dram o barddu neu *swt.* **1803** *P, Swta*, s. m. . . . soot. Ar lafar yn y ff. *swt*, *LGW* [164]–5 (godre Cered. a sir Benf.).

sŵt, swta[1], gw. **siwt, swt.**

swta[2], *a.* a hefyd fel *adf.* Cwta neu siort ei ymadrodd, ffwr-bwt, di-lol, yn siarad yn blwmp ac yn blaen, sychlyd, surbwch, sarrug; sydyn, annisgwyl; gwlyb a diflas (am y tywydd); (geir.) yn sydyn: *curt, short, abrupt, blunt, plain-speaking, terse, gruff, surly; sudden, abrupt; wet and unpleasant (of the weather); (dict.) suddenly.*
1547 *WS, Swtan. Dchr.* **17g.** *J* 10, 42b, *Swta*: Subitaneus. **1632** *D, Swtta*, & Diswtta: Subitus . . . subitò. **1688** *TJ, Swtta*, diswtta: sudden, suddenly. **1722** *Llst* 189, *Swtta* Sudden, hasty: wet, slabby weather [*sic*]. *c.* **1729** S. RHYDDERCH: *LlCD* 393, Gocheled ynte'r gwcha [*sic*], roe ei hyder gwael nai hwda, / Ar fydol ammod yma'n *Swtta* ai [*sic*] Serch. **18g.** (**1887**) *Traeth* 74, Mae 'n cadw 'Roundiaid', bleiddiaid blin, / I swatio i lawr yn *swta* eu min. **1803** *P, Swta* . . . sudden. Ar lafar, '*Swta*' 'abrupt', *Cymru* liv. 131 (dwyrain sir Drefn.); 'Fe'm atepws i mor *swta* a 'taswn i wedi nuthur ryw gam', *GTN* 753. Cf. D. OWEN: *D* 86, chawsech ch'i fawr o fyn'd mor *swta* dase Enoc Jones yn fyw; D. OWEN: *RL* 324, Wrth bregethu oni feddiannwyd ef gan ymdeimlad poenus fod y bregeth yn meinhâu at y diwedd, a'i bod yn diweddu yn *swta* ac anorphenol?
Amr.: **swtan**[1] [cf. *diswtan*, amr. ar *diswta*; ansicr yw'r engh. gyntaf]. **1547** *WS, Swtan.* **1604–7** *TW* (*Pen* 228) d.g. *Subitaneus.*

swtaf: swto, swtan[1], gw. **siwtiaf: siwtio, swta**[2].

swtan[2] [cfdds. o'r S. taf. *soot(er)+-an*[1]] *eg.* ll. *-od*, (geir.) *swtain. Pysg.* Pysgodyn môr bwytadwy o deulu'r penfras, *Gadus luscus*: *whiting pout, bib.*
1803 *P, Swtan*, s. m.—pl. *swtain* . . . A whiting pout. Ar lafar, 'dal *swtanod*', *AAST* (1988) 175–6. Dichon mai dyma'r elf. a welir yn yr e. *Porth Swtan* ac *Afon Swtan* ym Môn, gw. *EANC* 36–7.

swtr [?bnth. S. C. *souter*] *eg.* ?Crydd, yn ffig.: *cobbler, fig.*
14–15g. *IGE*[2] 302, Pob hudol, anfoddol fydd, / llwm hadl, a phob llamhidydd; / Pob ffidler law draw y dring, / Pob *swtr* tabwrdd, pob sawtring (Rhys Goch Eryri).

swtra, swtrach, swtrechyn, gw. **sitrach.**

swtrws, gw. **siwtrws.**

swtrwsaf: swtrwsu [bf. o'r e. *swtrws*] *ba.* Stwnsio: *to mash.*
1860.

swthernwd, swyaf: swyo, gw. **siwdrmwdr, sweiaf: sweio.**

swyd [olff. o *arswyd*] *eg.* ll. *-au.* Ofn, arswyd: *fear, awe.*
1803 *P, Swyd*, s. m. . . . awe.

swydaf: swydo [bf. o'r e. *swyd*] *bg.a.* Arswydo, ofni; codi arswyd ar, peri dychryn i: *to dread, fear; awe, intimidate.*
1803 *P, Swydaw* . . . To awe, to intimidate.

swydol [*swyd+-ol*] *a.* Arswydus, brawychus, dychrynllyd: *fearsome, dreadful, awful.*
1803 *P.*

swydus [*swyd+-us*] *a.* Arswydus, brawychus, dychrynllyd: *fearsome, dreadful, awful.*
1803 *P.* Cf. R. DAVIES: *DB* 18, Nid oes clwyfus *swydus* sain, / Na dyn iach, nad yw'n ochain!

swydd [bnth. Llad. *sēdes*; ansicr yw'r engh. gyntaf yn adran (*c*) isod] *eb.* (bach. *-en, -an*) ll. *-au, -i.*

(*a*) Safle (gyhoeddus) a dyletswyddau neu anrhydedd ynghlwm â hi, safle, statws, awdurdod, rôl, swyddogaeth, gwaith, gweithgarwch, job, proffesiwn, galwedigaeth, cyflogaeth, comisiwn, gweinidogaeth, gwasanaeth; gorchwyl, dyletswydd, neges; cynneddf (feddyliol): *(public) office, position, post, status, authority, role, function, work, activity, job, profession, calling, employment, commission, ministry, service; task, duty, errand; (mental) faculty.*
Dchr. **12g.** *GMB* 461, Ar Duw uy eneid, kyureid kyureu, / Eiryolwch, sefwch yn ych *swyteu*! **12g.** *GLlF* 134, Pa hyd y'th uolaf? Saf rac dy *sswit.* **13g.** *LlI* 18, e troedyavc . . . a'r *svyd* honno a dav o ureynt tyr ydav. *id.* 50, Gober brenhyn o tyr ny bo *suyd* ohonau, chue ugeynt; o tyr y bo *suyd* ohonau, mal penhebogydyaeth neu dysteynnyaeth neu kyghelloryaeth . . . punt. **13g.** *LTWL* 134, Nemo debet habere principalem sedem ex parte matris, id est, penkeueystet, nec dignitatem aliquam, id est, *swyd.* **14g.** *GDG*[3] 95, Rhoais iddi, rhyw *swyddau*, / Rhugl foliant o'r meddiant mau. *id.* 168, Mae i tithau [piogen], gau gofwy, / *Swydd* faith a llafur sydd fwy. *c.* **1400** [*RB*] *WM* 498. 31–3, [c]achamôri [*sic*] gôas arth[ur]. Sef oed y *sôyd* ef yn wastat ymdôyn peir arthur adodi tan ydanaô. **15–16g.** *TA* 300, Nid oes *swydd* im—Duw sy ddig—/ Ond wylo, ddyw Nadolig [marwnad Dafydd Llwyd ap Tudur]! **1547** *WS, Swydd* An office. **1551** W. SALESBURY: *KLl* lxxxib, O Ba bleit vod y nyny gyfryw *swydd* (**1588** 2 *Cor* iv. 1, weinidogaeth) . . . nyd ym ni yn lleddfy. **1567** *LlGG* 130a, *swydd* gwr a gwraic gwedy eu priodi, a ddatcenir ynol yr yscruthyr lan. **1606** E. JAMES: *Hom* i. 86, Er mwyn egluro'r hyn beth, deallwch fod dwy *swydd* i gariad . . . Un o *swyddau* cariad yw diddanu gwyr daionus dieniwed . . . A *swydd* Escobion a bugeiliaid yw canmol gwyr da . . . a cheryddu a chosbi. **1615** R. SMYTH: *GB* 53, phynon y synvvyrau a'r *svvyddau* eraill. **1632** *D, Swydd*, Munus, officium, magistratus. **1632** J. DAVIES: *LlR* 460, y mae galluoedd a *swyddau* (*faculties*) ein meddwl ni yn llygru yn fwy. **17g.** HUW MORUS: *EC* ii. 118, Digio 'r Gorucha', / Drwy gâs a chybydd-dra, / Yw 'r *swydd* er oes Adda i'r oes heddyw! **1687** (**1715**) J. OWEN: *TB* 139, derchafwyd Cromwel i uchel *swyddau* dan Harry yr wythfed. **1711** M. MAURICE: *YAD* 186, Pa beth yw *swydd*? Swyddogaeth gydag enwedigol orchymmyn ac ymddiried. **1735** S. THOMAS: *HP* [104], [y] rhai sydd mewn *Swyddi* uchel a Lleoedd anrhydeddus. **1790** TWM O'R NANT: *GG* 72, Ef allai y tru fe allan, / Pan ddel i nerth ac oedran, / J wneud rhyw *swyddan* er lleshad, / Neu fyn'd yn Brentis rhag ofn brad. **1803** *P.* Ar lafar, '*swydd*' 'occupation, employment', *WVBD* 511; 'Clerc yw a ran 'i *swydd*', *GTN* 751. Defnyddir *swydd* weithiau mewn ymad. fel 'Ma 'i *swydd* e'n sâl' pan na fydd rhywun yn gwneud yr hyn y disgwylir iddo ei wneud. Cf. J. MORRIS-JONES: *CD* 4, Fe ddywaid Aristoteles mai *swydd* y bardd ydyw efelychu gweithredoedd a theimladau dynion.

(*b*) Sir; ardal, tiriogaeth, neu uned o dir, yn aml yn dynodi arglwyddiaeth, cwmwd, neu gantref: *shire, county; area, territory, or unit of land, often denoting a lordship, commote, or cantred.*
12g. *GCBM* i. 257, Am gylch Kyminaôd kymynei —Saeson, / Ar *Swyt* Wynnogyon yd wynnygei. **13g.** *C* 66. 6–8, Bet llvch llaueghin ar certenhin avon pen saeson *suyt* erbin ny bitei drimis heb drin. **13g.** *BD* 91, nachaf teir llong hir yn disgynnu yn *svyd* Geint (*in partibus cantiae*) y'r tir. *id.* 93, y Heingyst eu tywyssavc y rodes yn *swyd* Lindysei (*in Lindesia . . . regione*) tir a daear. **14g.** *Bren Saes* [2], yna y symvdassant henweu y dinessyd . . . a'r randiroed, a'r cantrefoed, a'r *sswidev*, a'r ardaloed. *ib.* Hwndrwt y galweint cantref; ssire y galweint *sswyd.* **14g.** *GDG*[3] 323, Yma y doeth o *swydd* goeth Gaer, / Am ei erchi o'm eurchwaer. **14g.** *GIG* 30, Braw eisoes oedd i'r bresent / Suddo ei gorff yn *Swydd* Gent [marwnad meibion Tudur Fychan]. *c.* **1400** *R* 1233. 13–14, afrôyd *sôyd* sodlaôc trysglaôc treisglych [am uffern]. **15g.** *GLGC* 275, Clo'r Dre-hir, a'r sir, a'r *swydd*, / i'r Gelli dôr ac allwydd [i Siôn ap Hywel]. **15g.** *DE* 79, sorrais wrth gyfraith sarrvg / *Swydd* y wayn eos a ddvg. **15g.** *HCLl* 39, Y gŵr wrth y dŵr wrth daro—'n gadarn / a gedwis *swydd* Benfro [i Wiliam o Droea]. **1543–8** *B* xxiii. 165, siartyr . . . Edmwnt Jarll Arndel, yr honn a wnaeth ef i'w gyffredin o dir *swydd* y Wavn (*id.* 161, *terre de Chirk*'). **16g.** (*LlEG*) *Mos* 158, 11b, viij bennttir neu wth [*sic*] dyddynn a wna *swydd* neu vow/yd marcho[g]. **1632** *D* d.g. *Eparchia.* *c.* **1700** E. LHUYD: *Par* i. 8, Yn *Swydh* Dhinbych yr oedd 4 Llwyth. **1716** J. MORGAN: *MB* [2], At Blwyfolion Llanfyllin yn *Swydd* Drefaldwyn. **1725** *SR* d.g. *A County.* *c.* **1730** *Thos. Lloyd D* (LlGC) 213a, *Swydd.* Territorium. *Swydd* Ddinbech. Comitatus Denbighiensis. **18g.** L. HOPKIN: *FG* [iii], o Landefodwg, yn *swydd* Forganwg. **1798** T. ROBERTS: *CG* 22, y'mhlwyf Llanarmon yn *swydd* Gaernarvon. **1803** *P.* Digwydd weithiau yn enwau rhai siroedd yn Lloegr, e.e. *Swydd Efrog, Swydd Amwythig*, a hefyd fel elf. mewn e. lleoedd yng Nghymru, e.e. *Teirswydd*, cwmwd yn sir Drefn., *Swyddffynnon*, pentref yng Ngheredigion.

(*c*) Brawdlys: *assize.*
16g. *THSC* (1923–4) (At.) 55, Ac velly ydd oedd y jestys hwnn yn eistedd ddiwarnod yn y *swydd.* Ac yna y gwelai ef y verch deckaf yn y byd yn dyvod ger y vron. *c.* **1674** *GTP* 139, [d]yfod â deuddeg o wŷr i Ddadleudy Dinbych ar amser y *swydd* fawr a lladd Dikwn o Bemertoun y pen ustus.
Cfn.: **swydd wag:** *vacant post, job vacancy.* **20g.** **swydd (yr) offeiriadaeth (effeiriadaeth):** *priesthood, priestly office.* **1567** *TN* 333b, *svvydd yr effeiriadaeth* (**1588** *Heb* vii. 5, *swydd yr offeiriadaeth*). **1630** *YDd* 212, [d]echreuasant wasanaethu *swydd* eu *hoffeiriadaeth.* **1696** *GGTY* 279.

swyddaf: swyddo [bf. o'r e. *swydd*] *ba.* Penodi (i swydd, &c.): *to appoint (to a post, &c.).*
1588 *Jer* xl. 7, Pan glybu holl dywysogion y lluoedd . . . i frenin Babilon *swyddo* Gedaliah . . . ar y wlad. **1588** *Neh* xii. 44, A'r dwthwn hwnnw y *swyddwyd*

gwŷr ar gelloedd y tryssorau. **1588** 1 *Esd* ix. 14, Yna Ionathas . . . ac Ezecias . . . a *swyddwyd* o herwydd yr achos ymma. **1764** W. WILLIAMS: *Th* 140, Hi [Jesebel] *swyddai*, hi ddiswyddai, hi godai, hi dynnai lawr, / Frenhinoedd penna'r ddaear, ac Ymerawdwyr mawr.

swyddan, gw. swydd.

swydd-dŷ [*swydd+tŷ*] *eg*. ll. *-dai*. Swyddfa, hefyd yn *ffig*.: *office* (*place of business*), *also fig*.

1710 *LlGG* (*Gos*) 17, [p]ob Llythyrau-Cymmyn a gyflwyner i'w *Swydd-dy*. **1762** *ML* ii. 485, *Swydd-dy*'r Llynges, 28 Mai. **1778** *W* d.g. *Office* [*the room, or place, appropriated to any business*]. **1799** *TY* 56, fe ddarfu i'r 'sgrifen-weision, yn y *Swydd-dai* Cyhoedd, wrthod derbyn eu gwobrwyon dyledus. **1809** T. JONES: *CCA* 394, mae rhai yn dlawd, os oes eraill yn gyfoethog, o bob celfyddyd. Ond yn y farchnadaeth hon, am Grist a'i ras, mae *swydd-dŷ* wedi ei godi, i roi dïogeliad am y cwbl o'ch anturiad.

swydden[1,2], gw. swydd, eiswydd.

swyddfa [*swydd+-fa, ma*] *eb*. ll. *-feydd*, *-faoedd*, *-fâu*. Ystafell neu adeilad a ddefnyddir ar gyfer gwaith neu fusnes, yn enw. ar gyfer gwaith gweinyddol neu glerigol, neu at waith megis argraffu, gwerthu tocynnau, &c., adeilad y lleolir adran o'r llywodraeth ynddo, ystafell neu adeilad lle y mae person proffesiynol yn trafod busnes, hefyd yn *ffig*.: *office*, *place of business*, *also fig*.

1778 *W* d.g. *Office* [*the room, or place, appropriated to any business*]. **1803** *P*, *Swyzva*, s. f.—pl. *swyzvëyz* . . . A place of business, or office. Ar lafar, 'Mae o 'di mynd i Aberaeron, 'fydd o ddim yn ôl yn y *swyddfa* tan dri'. Cf. *Adr Addysg* i. 4, Yn y gweithfeydd, ni cheir byth mo'r Cymro mewn *swyddfa*; *id*. ii. 205, *swyddfa* Cymdeithas Haiarn; D. OWEN: *GT* 259, aeth yn ol i'r *swyddfa* at un o'r meistri.

Cfn.: **swyddfa argraffu:** *printing office*. **1864. Swyddfa Gartref(ol):** *Home Office*. **1815. Swyddfa Gymreig:** *Welsh Office*. **20g. swyddfa digolledaid, Swyddfa y Digolledaid:** *insurance office*, *Insurance Office*. **1833. Swyddfa Masnachu Teg:** *Office of Fair Trading*. **20g. Swyddfa Feteoroleg(ol), y Swyddfa Meteoroleg:** *Meteorological Office*. **20g. Swyddfa Forol:** *Navy Office*. **1817. swyddfa batent(au):** *patent office*. **20g. swyddfa bost, Swyddfa'r Post:** *post office*, *Post Office*. **20g. Swyddfa Dramor:** *Foreign Office*. **1937.**

swyddfaol [*swyddfa+-ol*] *a*. Yn perthyn i swyddfa neu swyddfeydd, nodweddiadol o'r cyfryw: *pertaining to*, *or characteristic of*, *an office* (*place of business*) *or offices*.

1850.

swyddfawr [*swydd+mawr*] *a*. Pwysig, amlwg: *important*, *eminent*.

17g. *CM* 21, 278, Prys addfed waed pur *swuddfawr* / a gorau môn trwy gur mawr. **1708** *EGE* 179, Myfi a wn yn siccr mai nid felly y meddyliei yr Apostol *swyddfawr* uchel-fraint [Paul] pan broffesai ar gyhoedd. **1790** Gw. MECHAIN: *Gw* i. 212, Attaliwn, ffrwynwn deyrn Ffrainc / Ar ei *swyddfawr* orseddfainc.

swyddfraint [*swydd+braint*[1]] *eb*. ll. *-freintiau*. Awdurdodaeth: *jurisdiction*.

1710 *LlGG* (*Gos*) 15, Ordinariaid eraill y perthyn o iawnder iddynt, yn eu hamryw *Swyddfreintiau* a Llysoedd, ac yn unig ar y rhai a fo'n byw o fewn eu Rheolgylch hwy. *id*. 16, ei Raglaw cyfreithlon a fo'n Rheoli tano ef [esgob], ac yn drigannol o fewn *Swyddfraint* y Barnwr dywededig. *c*. **1730** *Thos. Lloyd D* (LlGC) 212a, *Swyddfraint*. jurisdictio. **1775** *W* d.g. *Jurisdiction*.

swyddgar [*swydd+-gar*] *a*. Gorawyddus i gynnig help, cyngor, &c., neu i ymyrryd ym materion rhywun arall, swyddoglyd, busneslyd, busnesgar, ymyrgar, ffyslyd, ffwdanus; gofalus: *officious*, *interfering*, *meddling*, *fussy*; *careful*.

1686 FFOULKE OWEN: *Cerdd-lyfr* 25, Fe welai bren hawddgar ynghanol y ddaiar, / Oedd drig fan ir adar drwy *Swyddgarles* [*sic*], / Yn cyrraedd bob [*sic*] cangen hyd nefawl ffurfafen, / Nid ydoedd un ddeilen yn ddiles. **1770** *W* d.g. *Busy* [*meddling*, *officious* . . .], *Officious*. **1803** *P*, *Swyzgar* . . . Officious. Cf. Gw. MECHAIN: *Gw* iii. 424, Buaswn wedi ysgrifenu atoch er ys blynyddau oni bai ofn ymddangos yn rhy feiddgar a *swyddgar* i'ch annog i gyhoeddi eich barddoniaeth . . . canys beth yw ychydig bunnoedd i wr yn eich sefyllfa chwi [Dewi Wyn at Wallter Mechain]?

swyddgarwch [*swyddgar+-wch*[1]] *eg*. Gorawydd i gynnig help, cyngor, &c., neu i ymyrryd ym materion rhywun arall, ymyrgarwch: *officiousness*, *interference*.

1778 *W* d.g. *Officiousness*. **1803** *P*.

swyddgeisiwr, swyddgeisydd [*swydd+ceisiwr, ceisydd*] *eg*. ll. *-geiswyr*. Ymgeisydd; un sy'n trachwantu am swydd gyhoeddus: *candidate*; *one who is hungry for office*.

1818. Cf. DEWI WYN: *BA* 95, Ac os oedd dda gosod gwiw *Swyddgeiswyr* [yn y Senedd], / . . . / Ni a'u disgwyliwn, onid oes gwaelwyr, / . . . / Nid i ddifa 'n dyoddefwyr—tlodion, / Na dal yn gaethion dwylo ein gweithwyr; *Traeth* vi. (1850) 268, y cyffredin yn teimlo awydd i lanhau eu Tŷ oddiwrth *swyddgeiswyr*, a dadymchwelyd byrddau y cyfnewidwyr.

swyddgylch [*swydd+cylch*] *eg*. ll. *-au*, *-oedd*. Cylch neu faes arbennig o weithgarwch, dylanwad, &c., sffêr, sgôp, cwmpas; ardal gofrestru (priodasau): *sphere* (*of action*, *influence*, *&c*.), *scope*, *compass*; *registration district* (*for marriages*).

1701 E. WYNNE: *RBS* 96, Na frâth dy ben i fatterion rhai eraill, eithr cymmer dy lawn waith ynot dy hun, ac o fewn dy *swydd-gylch* (*spheres*) dy hunan. [**1783**] *W* d.g. *Sphere* [*the reach, or compass, of a person's knowledge or action*].

swyddgynneddf [*swydd+cynneddf*] *eb*. ll. *-gyneddfau*. Cynneddf, synnwyr, cynhysgaeth: *faculty*, *sense*, *endowment*.

1630 *YDd* 42, ei feddwl, ei reswm, ai gof, megis nefol *swyddgyneddfau* (*powers*) yr enaid, a gânt eu hysgwyd gan echrydus dymestloedd anobaith. **1675** R. DAVIES: *PY* [viii], y deall, y *swydd gynneddf* honno o'r enaid sydd i'n cyfarwyddo i bôb gwirionedd. **1677** R. JONES: *BB* 102, fel ped fai ein Rheswm a'n holl *swyddgyneddfau* (*faculties*) wedi eu rhoddi i ni yn ofer. *id*. 148, Heb wneuthur defnydd Sanctaidd o'n *swyddgynneddfau*, ni bydd y bywyd hwn ond breuddwyd neu faich. **1707** *CEBM* 8, Pob synwyr ac aelod, pob gallu a *swyddgynneddf*, o Enaid a chorph. **1711** H. POWEL: *TY* 216, yn son am deni [ffydd] fel am *swydd gynheddf* newydd rhoddi [*sic*]. **1735** S. THOMAS: *HP* 188, fod mewn Enaid Dyn amryw Bwerau neu Alluoedd, neu *Swydd-gynheddfau* Sef . . . y Deall, a'r Ewyllys, y Serchiadau, a'r Nwydau. **1743** D. ROWLAND: *T* 56, y Galluoedd a'r *Swŷdd Gynneddfau* Naturiol hyn . . . Arogli . . . Gweled . . . Clywed. **18g.** E. T. RHYS: *DA* 164, Y *swydd-gynneddfau* oddi fewn, / Oedd gynt yn llawn gwresogrwydd,—/ Dealldwriaeth, barn, a cho', / Heb nemawr o fywiogrwydd. **1752** J. THOMAS: *FG* [372], *Swyddgynheddfau*, Galluoedd neu Bwerau'r Enaid; sef, y Dyall a'r Ewyllys. **1774** S. HARRIES: *YAOC* 10, y mae'r efengyl yn tueddu i gyfoethogi deall a *swyddgynheddfau* rhesymmol dynion. **1777** W. WILLIAMS: *DN* 19, Y llysiau yn saethu allan o'r ddaear . . . ac megis am blesio pob un o'n *swyddgynneddfau*. **1788** J. OWEN: *TA* 8, A'r enaid yn enwedig o'i *swydd-gynheddfau* i gyd, / Fel mae fe'n dyrnad [*sic*] pethau fu er oesoedd yn y byd.

Gw. hefyd **swyngynneddf.**

swyddiadur [*swydd+-iadur*] *eg*. Llawlyfr swyddogol blynyddol Eglwys Bresbyteraidd (Methodistiaid Calfinaidd) Cymru: *official handbook of the Presbyterian* (*Calvinistic Methodist*) *Church of Wales*.

1929.

swyddiant [*swydd+-iant*] *eg*. Cyflawniad dyletswydd, gwasanaeth: *fulfillment of a duty*, *service*.

14–15g. *IGE*[2] 290, Cas gan grefyddwyr y côr / Cytal â'r tri secutor. / O'r trychan punt yn untal / A gawsant ar *swyddiant* sâl, / Balch fydd ei genedl dros ben / O pharant dair offeren (Siôn Cent).

swyddiog, gw. **swyddog.**

swyddle [*swydd+lle*[1]] *eg*. ll. *-oedd*. Swyddfa, lle busnes: *office*, *place of business*.

1690 *Ymofynion* 9, y Llechrês . . . o ffis a Osodwyd i fynu yn *swydd leu* [*sic*] y Registr. **1712** T. WILLIAMS: *CDdG* 386, Hel Trethi y Marchnattwyr a ddeuei hŷd fo'r [*sic*] Galilea, a'r Deyrnged a dale 'r sawl a ddeue dros y dŵfr, ar ba achos y cedwyd [*sic*] y *swydd-le* ymma ar lan y Môr. *c*. **1730** *Thos. Lloyd D* (LlGC) 212a, *Swyddle* . . . An Office, or place of business.

Cfn.: **Swyddle Rhyfel:** *War Office*. **1814.**

swyddog [*swydd+-og*] *eg*. (bach. *-yn*; b. *-es*, ll. *-au*) ll. *-ion*, a hefyd fel *a*.

(*a*) Un sy'n dal swydd o awdurdod neu ymddiriedaeth, yn enw. yn y lluoedd arfog, capten neu is-gapten (ar long), plismon(es), un sy'n dal swydd mewn cymdeithas (e.e. fel llywydd neu ysgrifennydd), un sy'n dal swydd gyhoeddus, un a apwyntir ar gyfer gwaith arbennig (e.e. swyddog etholiad); un sy'n dal swydd mewn corff cyhoeddus, adran o'r llywodraeth, &c., yn enw. mewn safle gymharol isel; ynad, barnwr; rheolwr: *officer*; *official*; *magistrate*, *judge*; *ruler*.

13g. *LlI* 1–2, Petwar *svydavc* ar ugeynt a dely bot yndy [llys]: Penteylu, Effeyryat, Dysteyn . . . Dysteyn y Urenhynes . . . A'r *svydogyon* kyntaf a ryuassam ny uchot yv rey y llys, a'r vyth dywethaf yv rey y urenhines. **14g.** *BT* (*RB*) 260–2, goresgynnawd [Llywelyn] holl gyuoeth Gruffud ap Gwenwynwyn . . . ac y gossodes y *swydogyon* ehun yn yr holl gyuoeth. **14g.** *WM* 4. 4–7, hyd na bo na guas ystauell na *s6yda6c* na dyn arall . . . a6yppo na bo miui uych ti. **14g.** *GDG*[3] 309, Ni'th ddeil *swyddog* na theulu / I'th ddydd, nithydd blaenwydd blu [i'r gwynt]. *c*. **1400** *Ymborth* 4–5, cas hustyng dychymycdrwc wrth vedyannyeit, neu *swydogyon*. **15g.** *GLGC* 218, Nid gwell ysgwier, myn llyfr Sieron, / na haid o ddugiaid a'u *swyddogion*. **1547** *WS*, *Swyddoc* An officer. **1567** *TN* 108a, Tra vych yn myned y gyd ath 'wrthnebwr at y llywyawdr [:– *swyddoc*]. **1588** *Nu* xxxi. 14, digiodd Moses wrth *swyddogion* y fyddin. **1588** 1 *Sam* ii. 25, Os gŵr a becha yn erbyn gŵr, y *swyddogion* ai barnant ef. **16g.** *Def Hen* 29, [p]ob brilin o *swyddogyn*. **1595** H. LEWYS: *PA* 9, os ni a ymgylchir . . . a chlefyd . . . ne gyfrydedd, ni ddylem ni roddi y bai o hynn . . . ar *swyd'og* (*magistrate*). **1618** J. SALISBURY: *EH* 269, i'r sawl a font yn myned i dhiodhe marwolaeth, drwy orchymyn y *swydhog*. **1632** *D*, *Swyddog* . . . Magistratus, officialis. **1703** E. WYNNE: *BC* 110, Codwchwitheu [*sic*] *Swyddogion* Destryw, Rheolwyr y tân anniffoddadwy. **1778** *W* d.g. *Officer*, [*A*]*n official*. **1793** DAFYDD IONAWR: *CD* 121, E ddygodd y *Swyddogiawn* / Y gwyr ar frys i'r Llys llawn. **1803** *P* d.g. *Swyzawg*. *id*. *Swyzoges*, s. f.—pl. t. *-au*.. Digwydd yn yr e. lle *Pwllswyddog*, Tregaron, Cered. Ansicr yw perthynas yr e. prs. *sedoc*, *LL* 146, 148, 149, 156, gw. *B* xxxviii. 51.

(*b*) (enghrau. ffig.: *fig. exx*.).

14–15g. *IGE*[2] 255, Tri gelyn i ddyn a ddaw / I roi dull ar ei dwyllaw; / Yr anysbryd, a'r byd bas, / Y cnawd, *swyddog* cnwd Suddas [Siôn Cent i'r saith bechod marwol]. **15–16g.** *TA* 508, Bum i'r gôg *swyddog*, ddyw Sul,—/ Bid ddiswydd y bedw, ddywsul! *id*. 512, Llas trysor llys y traserch, / Llawr Ebron *swyddogion* serch. *p*. **1500** *Pen* 57, 81, swn klok mewn perth nith werthir / *swydd oges* [*sic*] gwydd hav ddydd [*sic*] hir [i'r gog]. **16g.** *WLl* 26, *Swyddoges* glew eres glod / Trwy i swydd mae n treissio hyddod [i ofyn miliast wen]. **1615** R. SMYTH: *GB* [183], y man bryfed yr hain ynt *svvyddogion* cyfiavvnder duvv. **1715** T. EVANS: *CCG* 20, er bod cydwybod tros yspaid, yn llonydd . . . etto yn y diwedd, hi a fydd *swyddog* didwyll. **1721** J. P. PRYS: *DC* [xi], Gaiaf, Henaint . . . Musgrellni ac Anynadrwydd ynghŷd ag aml Rywiau eraill o *Swyddogion* Angeu.

Fel *a*. Yn dal swydd gyhoeddus, gweithredol, llywyddol; yn rhoddi hawl i swydd benodol (am dir, yn y cyfreithiau Cymreig): *holding office*, *officiating*, *presiding*; *conferring entitlement to a particular office* (*of land*, *in the Welsh laws*).

14g. *LlB* 15, Sarhaet brawdwr *swydawc*, herwyd breint y swyd y telir idaw. Sarhaet hagen brawdwr heb swed, namyn trwy vreint y tir. *id*. 16, ny dichaun brenhin dwyn breint brawdwr *swydawc*. **14g.** *WML* 55, Trefryd *s6yda6c* a thref ryd diss6yd. pedeir rantir auyd ym pop tref. **1803** *P*, *Swyzawg* . . . Having an office.

Amr.: **swog** (*ò*) (ll. *-s*). **20g.** Ar lafar ynglŷn â gwersylloedd Urdd Gobaith Cymru, 'Fues i'n *swog* yng Nglan-llyn droeon', 'Mân' nw'n câl trafferth ffindio *swogz* ar gyfer Llangrannog yr ha' 'ma'. **swyddiog** [*swydd+-iog*, ond dichon mai ff. wallus ydyw]. *c*. **1400** *RM* 3, *s6ydya6c* (*WM* 4. 5, *s6yda6c*).

Cfn.: **swyddog banerog:** *flag officer*. **1814. swyddog cyhoeddusrwydd:** *publicity officer*. **20g. swyddog cyllid:** *finance officer*. **20g. swyddog cymorth:** *relieving officer*. **1837. swyddog cynorthwyol = swyddog cymorth. 1878. swyddog cyswllt:** *liaison officer*. **20g. swyddog dychwelіadol = swyddog etholiad. 1863. swyddog etholiad:** *returning officer*. **20g. swyddog gweithredol:** *executive officer*. **20g. swyddog gwledig:** *state official*; ?*civil servant*, *magistrate*. **1703** E. WYNNE: *BC* 98, *Swyddogion gwledig* ac Eglwysig. **1735** S. THOMAS: *HP* 156, Y Magistrates, neu'r *Swyddogion gwledig*. **1797** D. DAVIES: *SEG* 31, Yr ydym yn cael amrywiol ag sydd yn cael eu galw yn dduwiau; megis eilunod y cenhedloedd . . . a'r *swyddogion gwledig*. **swyddog yr heddwch:** *constable*, *police officer*. *c*. **1822. swyddog iechyd:** *health official or inspector*. **1911. swyddog llety(a):** *accommodation officer*. **1939. swyddog llywyddol:** *presiding officer*. **1880. swyddog maes:** *field officer*. **1744** D. ROWLAND: *RY* 296. **swyddog personél:** *personnel officer*. **20g. swyddog prawf:** *probation officer*. **20g.**

swyddog profiannaeth = swyddog prawf. 20g. swyddog y dollfa: *customs officer.* **1762** *CGC* 5. **1803** *P* d.g. *Swyzawg.*

swyddogaeth [*swyddog*+*-aeth*] *eb.* ll. *-au.* Gweithgaredd priodol person neu beth, priod bwrpas neu rôl person neu beth, swydd; cylch neu faes arbennig o weithgarwch, dylanwad, &c., awdurdodaeth, ynadaeth; staff, swyddogion; ?ardal, talaith: *function, role, office; sphere (of action, influence, &c.), jurisdiction, magistracy; staff, officials, officers; ?area, province.*

16g. (*LlEG*) *Mos* 158, 634a, [c]appten oeglwys Olderwik o vewn *Swythogiaeth* [*sic*] brennartt o vewn Kyuoeth arttois. **1567** *LlGG* [x], oll a phop dyn y droseddant, o vewn neb vn o *swyddogaetheu* (*jurisdictions*) wy [*sic*] neu Escopaethe yn erbyn yr Act hon [am unffurfiad]. *id.* [xi], ac eraill Ordinarieit, ac yddwynt ohanredawl *swyddogaeth*, [*sic*] Ecclesic. **1567** *TN* 296a, Can ys ein gwladwriaeth [:– *swyddogeth*, helhynt] ni 'sy yn y nefoedd. **1595** *Egl Ph* 18, 'Nid yw ebh yn dwyn y cledh yn obher' . . . Y 'cledh' yw'r arwydh; a'r *swydhogaeth* yw'r peth a arwydhoceir wrtho. *id.* 79, Gorsedh y brenhin sydh 'ogonedhbhawr, eithr yn newidadwy. *Swydhogaethau* sy bhelus: er hynny yn enbydus. **1632** *D* d.g. *Functio, Magistratus, Munus.* **1677** R. JONES: *BB* 79, Pan nad yw eich *swyddogaeth* (*magistracy*) ond blynyddawl, neu tros fyrr Amser. **1711** M. MAURICE: *YAD* 186, Pa beth yw swydd? *Swyddogaeth* gydag enwedigol orchymmyn ac ymddiried. **1753** *TR, Swyddogaeth,* an office. **1768** RISIART AP ROBERT: *CB* 312, dylem fod yn ddiolchgar i'r Yspryd Glan . . . am y *swyddogaethau* a'r rheolau a ordeiniodd efe i'w chynnal [yr Eglwys]. **1773** *W* d.g. *Function, Magistracy, Office.* **1794** E. JONES: *CP* 80, y cwnstabl . . . a'i gâd [gwarant] . . . yn nhy pob un felly a bennodir o fewn ei *swyddogaeth* ef. **1803** *P, Swyzogaeth,* s. f.—pl. t. *au* . . . The sway or extent of any office . . . Had *swyzogaeth* a dyvant yn mhob tir. The seeds of office will grow in every land. Adage. Cf. D. OWEN: *B* 245, estroniaid yn ddiethriad [*sic*] a roddir yn *swyddogaethau* uchaf yr hen Eglwys Brydeinig; D. OWEN: *D* 93, fel y sylwodd Mr. Bevan mewn cyfarfod brodyr mai gwell fuasai i'r peth fod wedi dyfod oddiwrth y *swyddogaeth.*

Amr.: **swyddogiaeth** [*swyddog*+*-iaeth*]. **16g.** (*LlEG*) *Mos* 158, 634a. *id.* 657b, *swyddogiaeth* arglwyddiaeth ffeins.

swyddogaethaf: swyddogaethu [bf. o'r e. *swyddogaeth*] *bg.* Dal swydd gyhoeddus, gwasanaethu (fel swyddog); cyflawni swyddogaeth, gweithredu: *to hold office, serve (as officer or official); function, operate.*

1838.

swyddogaethol [*swyddogaeth*+*-ol*] *a.* Ac iddo swyddogaeth, yn ateb diben, ymarferol; yn perthyn i swyddogaeth; swyddogol: *functional, practical; functional, pertaining to function; official.*

1834.

swyddogaf: swyddogi, swyddoga [bf. o'r e. *swyddog*] *bg.a.* Penodi (i swydd, &c.), penodi swyddogion, staffio; dal swydd gyhoeddus, gwasanaethu (fel swyddog); cyflawni swyddogaeth, gweithredu: *to appoint (to a post, &c.), appoint officials, staff; hold office, serve (as officer or official); function, operate.*

1710 *LlGG* (*Gos*) 18, hyd oni ollyngont ymmaith y Dyfynnwyr a *swyddogasant* hwy felly. **1803** *P, Swyzogi* . . . To hold an office.

swyddoges, swyddogiaeth, gw. swyddog, swyddogaeth.

swyddoglyd [*swyddog*+*-lyd*] *a.* Gorawyddus i gynnig help, cyngor, &c., neu i ymyrryd ym materion rhywun arall: *officious.*

20g.

swyddogol [*swyddog*+*-ol*] *a.* Wedi ei awdurdodi neu ei bennu; yn perthyn i swydd (gyhoeddus); nodweddiadol o swyddogion, biwrocrataidd; ffurfiol, seremonïol; swyddogaethol; yn dal swydd (gyhoeddus), mewn grym: *official; pertaining to an office or post; characteristic of officialdom, bureaucratic; formal, ceremonial; functional, pertaining to function; having a post, holding office, in office, in power.*

1803 *P* d.g. *Swyzogawl.*

swyddogoliaeth [*swyddogol*+*-iaeth*] *e?b.* Swyddogion yn y crynswth, yn ddifr.: *officialdom, derog.*

1924.

swyddogyn, gw. swyddog.

swyddol [*swydd*+*-ol*] *a.* Swyddogol; yn perthyn i swydd (gyhoeddus); yn dal swydd (gyhoeddus): *official; pertaining to an office or post; having a post, holding office.*

1611 R. SMYTH: *SG* 246, prif rinweddau Cardinal . . . ef a elwir y rhinwe[dd]au yma *swy*[*dd*]*awl* am fod . . . rywogaethau swy[dd]au yn tyfu o honynt. **1711** M. MAURICE: *YAD* 349, Pa beth a ofynnir gogyfer a Chyflawni y Galwad? . . . Gwaith y Person a alwyd yn Cyhoeddi, ei fod ef yn foddlon i dderbyn y gofal *Swyddol* hynny. *c.* **1730** *Thos. Lloyd D* (LlGC) 212a, dyn *Swyddol.* AF. 268. *ib. Swyddol.* [Almanac] 1712. Pertinens ad officium. **1734** M. MAURICE: *BH* 57, Y mae gweinidog yn cael ei ordeinio yn yr Eglwys ac i'r Eglwys, y mae ef i ofalu trosti, felly ei *Swyddol* allu a saif yn ei berthynas i'r Eglwys honnaw [*sic*]. **1759** *BC* 233, A'i eiriau yn ddefnyddiol, yn cynghori / Yn addfwyneddol, a *swyddol* oedd ei senn. **1765** *Cyf C* 40, [T]ri gelŷn ysprydol a ddenant ryw ddynol, / I lwybrau traws *swŷddol* troseddus. **1778** *W* d.g. *Official.* **1789** B. EVANS: *LlG* 57, ni soniais I am Sefyllfa *swyddol* neb: megis Seneddwyr, &c. eithr am Sefyllfa bersonol. **1790** W. RICHARDS: *LlA* 79, Y mae yn gamweddys, mae'n debyg, am i mi son am blant seneddwyr, a marchogion, pan na soniodd ef [gwrthddadleuwr] am sefyllfa *swyddol* neb. **1797** B. EVANS: *CG* 358, os na wna'r eglwys osod yr achos ger eu bron, ac anfon ei chenhadau'n *swyddol.* **1803** *P* d.g. *Swyzawl.*

swyddolion [*swyddol*+*-ion*[1]] *e.ll.* Swyddogion: *officials.*

1775 *CY* 31, Pa Swyddwr y sydd yn eglwys Loegr dan y Brenin, yn erbyn pa rai y gwrthddadleua'r Ymneillduwyr?. . . commissariaid, *swyddolion* . . . swyddau na apwyntiodd Crist erioed.

swyddwaith [*swydd*+*gwaith*[1]] *eb.* ll. *-weithydd.* Swyddogaeth, gwaith, priod waith: *function, (appropriate) work.*

1711 M. MAURICE: *YAD* 326, Pa ham yr oedd y Cyhoeddiad ar yr Adnewyddiad Cyntaf mor ofnadwy?. . . Fel y byddeu ir [*sic*] Gyfraith ymddangos yn ei *swydd-waith* Briodol neu'r hyn oedd ganthi a wneleu [*sic*] hi a phechaduriaid. **1743** G. JONES: *HWI* ii. 187–8, [y] Seintjau yn y Bywyd tragywyddol . . . Moliannu'r Arglwydd . . . a fydd yn *Swyddwaith* hoff jawn a gwynfydedig iddunt.

swyddwïal [*swydd*+*gwial*] *eb.* (bach. *-wialen*) ll. *-wïail.* Teyrnwialen, ffon (swyddog, &c.), gwialen: *sceptre, (officer's, &c.) staff, rod.*

1567 *TN* 45a, eraill y trawsant ef a ei [*sic*] gwiail [:– *swiddwiail*]. **1632** *D, Swyddwial,* Sceptrum, caduceus. **1688** *TJ, Swŷddwial,* Teyrnwialen: a Scepter. **1753** *TR, Swyddwial,* a staff or white wand which an officer carries in his hand; a commanding staff. **1778** *W* d.g. *An officer's wand, Rod, An officer's rod* [*wand*], *or a rod of office, Sceptre. Diw.* **18g.** *AL* ii. 550, Tair dyrnawd arglwydd ar ei wr, yn ei reolii un a'i vrysyll, sev ei *swyddwialen.* **1803** *P, Swyzwial,* s. f.—pl. *swyzwiail* . . . A rod of office. *id.* d.g. *Swyzwialen.*

swyddwisg [*swydd*+*gwisg*] *eb.* ll. *-oedd.* Gwisg unffurf, lifrai, gwisg swyddogol: *uniform, livery, official dress, robes of office.*

1773 *W* d.g. *Formalities* [*robes of office or dignity, such as are worn by magistrates on solemn occasions*].

swyddwr [*swydd*+*gŵr*] *eg.* ll. *-wyr.* Swyddog, asiant; ynad; swyddog llys a weinyddai'r bwyd a'r ddiod (yn y cyfreithiau Cymreig), gweinydd, gwasanaethwr; hefyd yn *ffig.*: *officer, official, agent; magistrate; court officer responsible for serving food and drink (in the Welsh laws), server, attendant; also fig.*

13g. *LlI* 19, e ryghyll . . . a dele yuet ygyt a'r *svydwyr.* **13g.** *LTWL* 109, xx[ti] iiii[or] ministros officiales . . . nonus decimus medyd. vicesimus *suydwr.* vicesimus primus coccus. *id.* 112, Refugium *swydur* est ex quo ceperit cibos dividere donec ultimus homo habeat cibum suum, conducere hominem tanto tempore. *id.* 113, Hospitium dysteyn est proxima domus curie, quia ipse debet deservire curie et cocquine providere; et cum eo omnes *suydwyr* debent esse. **13g.** *GBF* 470, Pam nat ystyr y parch *sʋydwyr,* perchenn sʋydeu. **14g.** *BT* 27, gerald *swydwr* yr hwnn yrodessid pennaduryaeth kastell penuro ydaw. *id.* 43, richyard esgob llundein aoed *swydwr* yna yr brenhin yn amwythic. **14g.** *WM* 23. 27–35, Sef arch a archaf lloneit y got uechan . . . ouʋyt . . . riuedi maʋr ossʋydʋyr agyuodassant y uynyd adechreu llenʋi y got. *id.* 465. 1–11, os mab y mi [Cei] uyd . . . ny byd gʋasan[a]ythur na sʋydvr mal ef. **16g.** *Def Hen* 26, Yn gimint a bod *swyddwyr* pwintiedig i reoli yn yr eglwys a'r cyffredyn, nid udynt yn gwasneithy barnadigaeth dŷn eithr Duw i Hunan. **16–17g.** *GST* i. 141, *Swyddwr* cymwys, a'i haeddu, / Siryf yn y ddwysir fu [i Gruffudd Wyn o'r Berth Ddu]. *id.* 747, Solas byd, felyslais big, / *Swyddwr* a gwir gas Eiddig [i yrru'r fronfraith yn llatai]. **1615** R. SMYTH: *GB* 124, megis ag y mae y *svvyddvvyr* yn barnu yn bvvblic. **1620** *Barn* xviii. 7, nid oedd *swyddwr* yn y wlad, yr hwn a allei eu gyrru hwynt i gywilydd mewn dim. **1632** *D,* Swyddog, & *Swyddwr,* Magistratus, officialis. *id.* d.g. *Potestates.* **1672** J. LANGFORD: *HDdD* 297, yr ydyni [*sic*] yn rhwym i wneuthur yn ôl gorchymyn y *Swyddwr* (*magistrate*). *id.* 405, fel pe bydde fo yn ryw *Swyddwr* cyfrifol ym myddin Satan. **1759** T. THOMAS: *WWDd* 89, Crist . . . yn cael ei alw felly weithiau, fel *Swyddwr,* neu Gyfryngwr. **1776** *W* d.g. *Magistrate.* **1798** R. DAVIES: *CG* 32, Duw cadw Siôr ein pôr a'n pen, / A i holl *swyddwyr* yn ddi sen. **1800** C. EVANS: *EJU* 2, nifer luosog o *swyddwyr,* sef henuriaid a diaconiaid. **1803** *P.*

Cfn.: **swyddwr gwladol:** *state official; civil governor.* **1775** *CY* 20. [**1795**] W. RICHARDS: *YDY* 22. **swyddwr llys:** *court server (in the Welsh laws).* **14g.** *LlB* 2, 8, 12. **14g.** *WML* 2, 6, 27.

swyddyddiaeth [*swydd*+*-ydd*[3]+*-iaeth*] *eb.* Swydd, swyddogaeth; awdurdodaeth, ynadaeth; biwrocratiaeth: *office, function; jurisdiction, magistracy; bureaucracy.*

1664 *LlGG* sig. F iv, A dyro o'th Râs . . . i'r sawl a urdder i bob *swyddyddiaeth* sanctaidd-lân (*holy function*). **1722** *Llst* 189, *Swyddyddiaeth.* f. [Office, magistracy, jurisdiction].

swyddymgais [*swydd*+*ymgais*] *eb.* ac *a.* a hefyd fel *be.* Uchelgais; uchelgeisiol: *ambition; ambitious.*

1595 *Egl Ph* 61, Y dyn *swydhymgais* yn gyntabh a bhynnei bhod yn nessa at y goreu. **1604–7** *TW* (*Pen* 228) d.g. *Ambitio, Ambitus.* **1629** *RGYC* [7], ymcanion ofer . . . yrhai ydynt ddrygionus bob amser, a darostyngedig i aflendid, rhagrith, meluswedd, *swyddymgais,* gwâg-ogoniant. **1630** R. LLWYD: *LlH* 99, *swydd-ymgais* (*ambition*), cybydd-dod, a serch i'r byd hwn. **1677** R. JONES: *BB* 175, Ped faem ni'n gleifion o'r *Swydd-ymgais* neu'r cybyddus syched (*the ambitious or covetous thirst*). *id.* 184, Amser . . . nid erys ef tra fyddoch yn treulio blwyddyn neu fis . . . yn eich bydolrwydd, neu eich *swyddymgais,* neu yn eich trachwantau. **1704** E. SAMUEL: *BA* 163, [y]r Apostolion eraill . . . a sorrasant oblegyd *swŷdd-ymgais* y ddau frawd. **1716** E. SAMUEL: *GGG* 180, Dynion . . . anniwall o herwydd *Swŷdd-ymgais* . . . gwedi gwallgofi. [**1724**] G. WYNN: *YGD* 44, Pa blâau ne Ryfeloedd oedd debig i *Swydd-ymgais* (*ambition*) Herod a ddistrywodd gynnifer o Filoedd o Blant. **1725** *SR* d.g. *Ambition.* **1740** T. EVANS: *DPO* 326, Gwr chwannog i *Swydd-ymgais* a Rhyfyg. *id.* 337, y Gwyr mawrion yn ymwrthod a'i *Swydd-ymgais* a'i trahâ. **1775** *W* d.g. *A labouring for an office.* **1778** J. HUGHES: *BB* 114, Gorthrymder, trawster, cnafri. / Sydd yn rheoli 'n helaeth, / Am elw 'n cadw malais, / *Swydd-ymgais* am orchafiaeth. **1803** *P.*

Fel *be.* Ymgeisio am swydd gyhoeddus neu ddyrchafiad, canfasio (am bleidleisiau): *to seek for office or promotion, canvass (for votes).*

1632 *D* d.g. *Ambio.* **1771** *W* d.g. *To canvass, Office, To sue for an office, To seek for promotion.*

swyddymgeisiol, swyddymgeisol [*swyddymgais*+*-(i)ol*] *a.* Uchelgeisiol: *ambitious.*

1676 W. JONES: *GB* 107, dim hamdden i fôd . . . yn Fydol neu yn *swydd-ymgeisiol.* **1712** T. WILLIAMS: *CDdG* 393, fel na bo gennyf olygon uchel . . . nac amcanion *swydd-ymgeisiol* (*ambitious*) ond trwy fy ymgospi fy hunan oddiwrth wagedd a balchder. **1722** A. THOMAS: *DR* 29, [p]ob aflonyddwch, anioddefgarwch ac anfodlonrwydd, y rhai nid yw'r balch, cenfigennus, a'r dŷn *swyddymgeisol* . . . yn rhydd o ddiwrthynt. *c.* **1730** *Thos. Lloyd D* (LlGC) 212a, *Swyddymgeisiol* . . . Ambitious.

swyddymgeisiwr, gw. swydd+ymgeisiwr.

swyddymgeisol, gw. swyddymgeisiol.

swyddymgeisydd, gw. swydd+ymgeisydd.

swyf [bnth. Llad. *sēbum*; H. Grn. *suif,* gl. *aruina,* Crn. Diw. *soa,* H. Lyd. *soiu,* gl. *seuo,* Llyd. C. *soaff,* Llyd. Diw. *soa(v)*] *eg.* (bach. b. *-en*). Bloneg, gwêr, siwed; (geir. yn wr.) ysgum, burum; (geir.) ewyn; ?hef-

yd yn *ffig*.: *fat, tallow, suet*; (*orig. dict.*) *scum, yeast*; (*dict.*) *foam, froth*; ?*also fig*.
14g. *WML* 33, Maer bisweil ageiff y *swyf* ar blonec or llys. **14g.** *Cy* vii. 143, Keissio *swyf* ygwalua bleid. *c.* **1400** *R* 1292. 2–3, safyn pibyd *swyfen* pabwyr. safyn llo gwas ayf yn llwyr. *id.* 1353. 42, clwyf *swyf* ansyberw clawr herw horawc. **15–16g.** *GRB* 53, Mae clwyf yn llawer *swyfen* / mewn bar hir ym Mambri hen [marwnad Hywel Fychan]. **16–17g.** *B* ii. 238, *swybh* .i. ysgai. **1632** *D*, *Swyf*, &. *Swyfen*, Spuma, cremor. **1688** *TJ*, *Swŷf*, *swŷfen*, hufen, (burum:), Cream, Barm, Yest. **1722** *Llst* 189, *Swyf.* m. *Swyfen* . . . Barm, froth. **1803** *P*, *Swyv*, s. m. . . . yest; also suet. *id.* *Swyven*, s. f. . . . Scum, froth, or top.
Amr.: **swyfi** [gair geir.]. *c.* **1588** *B* ii. 238, *swyfi*: ysgai .i. swyfen. **1707** *AB* 220b, *Swyvi*, Froth. [V]. **1803** *P*.

swyfaidd [*swyf*+-*aidd*] *a*. Yn cynhyrchu sebwm; (geir.) yn perthyn i furum, eplesog: *sebaceous*; (*dict.*) *yeasty*.
1794 *W* d.g. *Yesty, or yeasty* [*barmy*].

swyfen, swyfi, gw. swyf.

swyl[1] [bnth. S. *soil*] *eg.b.* Pridd, daear; tail, gwrtaith, compost: *soil, earth*; *dung, manure, compost*.
1793 *Cylchg* 164, y dyffrynoedd, yn gyffredin, sydd yn gul a'r *swyl* yn denau. **1796** *Geirgrawn* 12, Yr wyf yn bwriadu . . . rhoi hanes yr holl daleithau, eu sefyllfa, *Swyl*, Marsiandiaith, &c. **18–19g.** *Llr* C 4, 84, *Swyl*, manure, Siluria. *id.* 11, 247, *Swyl.* compost. *id.* 44, 34, Tail . . . *swyl.* Gweryd. Glam. Ar lafar, 'Ma'r ran fwya' o ddinnon yn catw pentwr yng gornal yr ardd o ddail a 'wyn . . . i bydru man'na yn wrtaith i'r ardd . . . Dyna yw *swyl*', *GTN* 751 (*eg.*).

swyl[2], gw. swil[1].

swylaf[1]**: swylo** [bf. o'r e. *swyl*[1]] *bg.a.* Gwneud gwrtaith (o); gwrteithio: *to make compost* (*of*); *spread compost*.
Ar lafar, 'Ma gin' i bentwr i *swylo* gwastraff yr ardd', ''Wi'n mynd i'r ardd i *swylo*', *GTN* 751.

swylaf[2]**: swylo** [?yr un f. â *swylaf*[1]: *swylo*] *ba.* Arbed, gwneud y gorau o: *to save, make the most of*.
18–19g. *LlGC* 13221, 91, ni ellir dim heb fara 'chaws o leiaf, er *swylo* (to spare, or make the most of in Glam) 'r arian hyd eitha gallu. **1803** *P*, *Swylaw* . . . To save or to put by. *Swylaw* ar y cilyn diwezav. To save when reduced to the last scrap.

swylder, swyldra, swyliaf: swylio, gw. swilder, swildra, noswyliaf: noswylio.

swyn [bnth. Llad. llafar **sēgnum* < Llad. *signum* 'arwydd'; H. Wydd. *sén*] *eg.b.* ll. -*au*, -*ion*. Gweithred, ymadrodd, &c., y tybir bod iddynt bŵer goruwchnaturiol, swyngan; dewiniaeth, rheibiaeth; meddyginiaeth hudol, swyn iachaol; swynbeth, swyndlws, talisman; arwydd, seremoni, defod, bendithiad; yr ansawdd neu'r cyflwr o fod yn swynol neu'n hudolus, cyfaredd: *spell, incantation*; *sorcery, witchcraft*; *magic remedy, charm for healing*; (*magic*) *charm, amulet, talisman*; *sign, ceremony, ritual, blessing*; *charm, fascination*.
12–13g. *GMB* 461, Gwedy gwyth omet senet *swyneu*. **13g.** *LlI* 35, esef lle e rodyr e reyth honno, en e llan e bo e duuer *suen* a'e uara efferen. **1346** *LlA* 142, na wneler rinyev . . . na *swynev*. gwahardedic gann yr eglwys. **14g.** *GDG*[3] 300, Mygr *swyn* gerllaw magwyr sêr, / Maith o chwyldaith uchelder [i'r ehedydd]. *id.* 372, A chroesi rhag echrysaint / Y corff mau â *swynau* saint. *c.* **1400** *YCM*[2] 201, Nyt tebic a welaf i . . . y chware namyn y gyuarwydon. Ac y mae eu gweithretoed . . . yn dangos eu bot yn achub vyn teyrnas oc eu *swynnev*. **15g.** *NBSG* 51, *Swyn* o lurig dda ddigon / Siarlys hael sy ar lewys hon [Ieuan Llwyd Brydydd i ddiolch am bais ryfel]. **15g.** *GLGC* 229, yn d'aelod, Ieuan Deulwyn, / efô a'r saint a fwrw *swyn* [i iacháu Dafydd ap Siôn]. **15g.** *DE* 3, irimwyn [*sic*] riw *swyn* ysydd / bevnoeth ar j gwbenydd. **15–16g.** *TA* 535, Gutun Owain, sain *swynion*— gwrachïod, / Gŵr a chywydd gwirion. **1551** W. SALESBURY: *KLl* lxib, gweithredoedd y cnawt ynt eglur . . . delwaddoliat / *swynion*. **1567** *TN* 394b, ath cyfareddion [:- rinie, *swynion*, sybeldenweith, wiscrefft] y twyllwyd yr holl nasioney. *Diw.* **16g.** *WLB* 29, [c]adach llien ar y dolur a ffob gwaith ar i ttynner dowaid dy bader ar Colect yma arno . . . arfered or *swyn* hwnn . . . ac ymgadw rac swrffed a ffechod ac iach fydd. **1588** *Jer* viii. 17, seirph a gwiberod . . . y rhai nid oes *swyn* rhac-ddynt. **1606** E. JAMES: *Hom* iii. 140, os bydd diffyg iechyd arnom, i ba le yr aiff y bobl gyffredinawl ond at *swynau* a hudoliaethau . . . o ddichellion diawl. **1632** *D*, *Swyn*, Incantatio, incantamentum, fascinum. Item, Remedium, medela, pharmacum. *id.* d.g. *Venenum*. **1683** H. EVANS: *CTF* 58, I gael *swyn* iw Da, ai heiddo, / Rhag pob haint, a rhag eu rheibio. **1688** *TJ*, *Swŷn*: an Inchantment, a Remedy by Inchantment. **1703** E. WYNNE: *BC* 7, Yna dechreuasant sibrwd o glust i glust ryw ddirgel *swynion*. **1722** *Llst* 189, *Swyn*, Swyngyfaredd. f. . . . A charm, bewitching, conjuration, magick, sorcery, witchcraft. **1764** DEWI NANTBRÂN: *CB* 33, Pa beth arall mae 'r Gorchymmyn cyntaf yn ei wahardd? / Pob Gau-grefydd, pob Masnach a'r Cythraul, Dewindabaeth, Rhiniau, *Swynion*, a Chyfareddau. **1770** *W* d.g. *A bewitching*. **1798** *WR* d.g. *Fascination*. **1803** *P*. Cf. J. MORRIS-JONES: *CD* 19, fe gais barddoniaeth ymadroddion byw a grymus o hyd, yn cadw min a *swyn* yr iaith yn ei hieuenctid.
Cfn.: **swyn gyfaredd,** gw. *swyngyfaredd*. **swyn serch:** *love-charm, love-potion*. **14g.** *GDG*[3] 167. **1604–7** *TW* (*Pen* 228) d.g. *Amatorium, philtrum*. **1703** E. WYNNE: *BC* 26. Ar lafar, '*swyn serch*' 'love potion', *WVBD* 511; hefyd yn yr ystyr 'nodwedd ym mhersonoliaeth person sy'n denu hoffter pobl eraill', 'Ma *swyn serch* ginti, reit 'i wala, ma pawb yn 'i lico 'i', *GTN* 724. *Bot.* **swyn y Drindod:** *wood sorrel, Oxalis acetosella*. Ar lafar, *LlGC* 1173, 106 (Morg.), G. AWBERY: *BM* 60 (Morg.).

swynaf, swyniaf: swyn(i)o [bf. o'r e. *swyn*] *bg.a.* (a'i dilyn weithiau gan yr ardd. *i*) a hefyd gyda grym enwol i'r be. Cyfareddu, hudo, denu; bwrw swyn neu hud (ar), rheibio, ymarfer â dewiniaeth, dewinio; bwrw allan (ddiafol, &c.); creu, gwneud, ffurfio, llunio; bendithio, amddiffyn, iacháu (hefyd drwy hudoliaeth): *to charm, fascinate, allure*; *cast a spell* (*on*), *bewitch, practise sorcery, divine*; *exorcize, cast out*; *create, make, form*; *bless, protect, heal, cure* (*also by magic*).
12–13g. *GLlLl* 172, Duw o nef ry-th-*swynas*. **13g.** *C* 24. 6–7, Am *ssuinasseie* douit im dodath ar deunit. *id.* 83. 12–13, Sanffreid *suynade* inimdeith. **14g.** *T* 24. 7–8, pan *swynhwyt* godeu. **15g.** *GGl*[2] 119, Silin, gwell no ias eli, / Sant hael a *swyna* i ti. **1567** *TN* 283a, gweithrededd y cnawd . . . yr ei ynt, tori-priodas, godineb . . . *swyno* [:- cyvaredd, Rinie]. **1588** *Act* viii. 9, Simon, yr hwn a arferase o'r blaen *swyno* yn y ddinas honno, ac a hudase bobl Samaria. *a.* **1600 (1681)** *Rhyddiaith Gymraeg* ii. 166, eraill yn dywedyd weled o honynt hwy rai cleifion yn gwella ar ol *swyno* iddynt. *c.* **1600 (1681)** *id.* 165, yn adnabod llyseuach a chwedi dyscu rhyw wersi da i *swyno* a rheini. **1632** *D*, *Swyno*, Incantare; benedicere; remedium medelamque adhibere. *id.* d.g. *Effascino*. **1688** *TJ*, *Swŷno* . . . to heal. **1711** TP: *CG* 30, [m]enyw . . . a gwybodaeth ganthi ynghylch pethau dirgel, ac yn arferyd *Swynio*. **1716** T. EVANS: *DPO* 24, y gwersi neu'r Pennillion ag oedd eu Hoffeiriaid Yn *swyno* wrthynt, mo'r [*sic*] sanctaidd. **1766** *CD* 125, Hwy a aent yn gynhaig, / At Swynwr neu swyn wraig / . . . / I ddymuno arnynt *Swyno*, / Beth a wnaeth niwedd [*sic*] iw heiddo. **1769** E. ROBERTS: *GN* 43, Im *swynio* i gam synieth. **1770** *W* d.g. *To bewitch, To enchant*. **1800** C. EVANS: *EJU* 70, a *swyno* y diafol o honynt wrth eu bedyddio. **1803** *P*. Ar lafar, 'Ma 'i'n mynd at yr Apostolics yn y Bont a ma 'i wedi'i *swyno* gintin' nw, wedi ffoli arnyn' nw', *GTN* 751. Cf. D. OWEN: *GT* 71, yr oedd Gwen wedi ei *swyno* gymaint gan ei ymddangosiad parchus fel na ddywedodd air; J. MORRIS-JONES: *CD* 40, Y mae cyfatebiaethau hapus yn *swyno*'r meddwl.

swynaidd [*swyn*+-*aidd*] *a*. Swynol, cyfareddol: *charming, enchanting*.
1846.

swynair, swynber, gw. swyn+gair[1], pêr[1].

swynbeth [*swyn*+*peth*] *eg.* ll. -*au*. Gwrthrych y tybir bod iddo bŵer goruwchnaturiol, swyndlws, talisman: (*magic*) *charm, amulet, talisman*.
1886.

swyndlws [*swyn*+*tlws*] *eg.* ll. -*dlysau*. Swynbeth, talisman: (*magic*) *charm, amulet, talisman*.
20g.

swyndod [*swyn*+-*dod*] *eg.* Swyn, dewiniaeth: *spell, sorcery*.
1694 O. GRUFFYDD: *Gw* 34, Na thrin awch cethin uwch côr / *Swyndod* Dewines Endor. **18–19g.** R. DAVIES: *DB* 90, Gan haeru bod *swyndod* sain / Y duwiau yn cadw Owain.

swynedig [bôn y f. *swynaf, swyniaf*: *swyn*(*i*)*o*+-*edig*] *a.bfl.* Wedi ei swyno neu ei gyfareddu; swynol, cyfareddol; rheibiedig, hudoledig; hudol, rheibiol; wedi ei fendithio, bendigedig, dedwydd: *charmed, fascinated*; *charming, fascinating*; *bewitched*; *magic*(*al*), *bewitching*; *consecrated, blessed, happy*.
13g. (**17g.**) *B* xxiii. 315, Selyf *swynedig* sywedydd. **14g.** *T* 18. 16–17, pan safwynt galaned wrth eu hennyd. hyt yn aber santwic *swynedic* vyd. **1567** *TN* [xxvi], pendefigeth Escop Ruuain, dwr a' halen *swynedic*, a chyfryw oferedd. **1687 (1715)** J. OWEN: *TB* 21, Fel yr oedd ef a'r Swynwr ynghyd oddifewn i'r Gylchedd *Swynedig*, ymddangosodd y diafol iddo. *c.* **1730** *Taith C* 159, Cysgodwydd *swynedig* (*enchanted arbour*). **1769** J. GRIFFITH: *A* 54, ei fod [chwarae cardiau] yn neillduol ddianrhydeddus a *swynedig*. **1798** *WR* d.g. *Enchanted*. **1799** M. WILLIAMS: *HHG* 44, fod gan y Laplanders fath o offerynau *swynedig*. **1803** *P*, *Swynedig* . . . blessed; endued with a charm.

swynedigaeth [*swynedig*+-*aeth*] *eb.* Dewiniaeth, rheibiaeth: *sorcery, witchcraft*.
1741 G. JONES: *HWI* i. 47, Gwaith y diafol yw, *swynedigaeth*, a dewinjaeth. **1803** *P*.

swyneilun [*swyn*+*eilun*] *eg.* ll. -*od*. Swynbeth, swyndlws, talisman, hefyd yn *ffig*: (*magic*) *charm, amulet, talisman, also fig*.
1794 *W* d.g. *Talisman* [*a magical image or character*].

swynfawr [*swyn*+*mawr*] *a*. Swynol, cyfareddol: *charming, fascinating*.
1894. Cf. T. H. PARRY-WILLIAMS: *S* 60–1, yr oedd dau wrthrych *swynfawr* yn y cylch hwn. Y naill oedd clogwyn mawr wedi cwympo o entrychion y llechwedd trwy fur cefn capel bach ryw nos Sul . . . Y llall oedd pibell haearn enfawr, danddaearol yn disgyn o'r uchelder at gario dŵr i'r llyn.

swynfri, (y)swinfri, *eg.* *Bot.* Llygad y dydd, *Bellis perennis*: *daisy*.
18g. *Llr* C 24, 109, Con[s]olida minor y *Swinfri*. **1801** *MMf* 284, Concloida [*sic*] minor, *yswinfri*. **1813** *WB* 236, *Swynfri*, edr. *Yswinfri*. *id.* 246, *Yswinfri*; Bellis perennis; edr. Llygad y Dydd.

swynffon [*swyn*+*ffon*] *eb.* Hudlath: *magic wand*.
1887.

swyngan [*swyn*+*cân*[1]] *eb.* ll. -*au*, -*euon*. (Adrodd defodol) geiriau neu seiniau swyn, swyn; tôn swynol: *incantation, spell*; *charming tune*.
1604–7 *TW* (*Pen* 228), *swyngan* d.g. *Incantamentum*. **1632** *D* d.g. *Cantatio, Cantio, Carmen*. **1688** *TJ*, Gorchan, Swŷn, *Swŷn-gân*: a Charm or Inchantment. **1744** D. ROWLAND: *RY* 292, y *Swyn-gân* bêroriaethol ymma o eiddo yr Udgyrn. **1771** *W* d.g. *Charm* [*an inchantment, a spell*].

swyngar [*swyn*+-*gar*] *a*. Swynol, cyfareddol, dengar: *charming, fascinating, alluring*.
1725–6 *Madd Ed* 128, Pleserau Gloddest yn hudolaidd ac yn *swyngar*. **1750** J. THOMAS: *AIG* 12, Anfantais fawr i Wobrwyon a Chosbedigaethau y Bywyd arall, eu bod yn ol llaw . . . oherwydd fod y pethau presennol yn ymddangos i ni yn eu llawn faintioli, gyda'u holl Hudoliaethau *swyngar* o bobtu iddynt. **1771** *W* d.g. *Charming*. Cf. D. OWEN: *WBC* 77, gofynai . . . mewn llais per a *swyngar*.

swyngarwch [*swyngar*+-*wch*[1]] *eg.* Swyn, cyfaredd: *charm, fascination*.
1862.

swyngathl, gw. swyn+cathl.

swyngwsg [*swyn*+*cwsg*] *eg.* Hypnosis, hypnotiaeth: *hypnosis, hypnotism*.
1916.

swyngyfaredd [*swyn*+*cyfaredd*] *eb.g.* ll. -*au*, -*ion*. Dewiniaeth, rheibiaeth, hudoliaeth; swyngan, swyn; swynbeth, swyndlws, talisman; meddyginiaeth hudol, swyn iachaol; hefyd yn *ffig.*: *sorcery, witchcraft, magic*; *incantation, spell*; (*magic*) *charm, amulet, talisman*; *magic remedy, charm for healing*; *also fig*.
1606 E. JAMES: *Hom* i. 78, Gwagelwch bob delwaddoliad, *swyngyfaredd* (*witchcraft*) ac anudon. *id.* iii. 116–17, eglwys Rufain . . . yn credu na wneir mo hono [Bedydd] yn iawn ac yn drefnus, oddieithr iddynt arfer rhyw *swyn-gyfaredd* (*conjuration*). **1620** *Dat* xviii. 23, trwy dy *swyn-gyfaredd* (**1588** *ib.* cyfareddion) di [Babilon] y twyllwyd yr holl Genhedloedd. **1630** *YDd* 309, fe ddarfu ei [*sic*] Satan roi *swyn gyfaredd* i'm cnawd i drachwantu ar ol cnawd dieithr. **1658** R. VAUGHAN: *YPS* d.d., Ymddiffynniad rhag pla o Schism, neu *swyn gyfaredd* yn erbyn neullduaethau yr amseroedd. **1681** S. HUGHES: *AC* 40, Carcharau Mascon wedi ei llenwi â nifer fawr o wyr a gwragedd

. . . wedi eu indittio i gyd am *swyngyfaredd* neu witshio. **1687 (1715)** J. Owen: *TB* 21, Swynwr . . . a ddywe[d]-odd . . . nad oedd y wraig honno ond celain farw . . . Ac ar frys cymmerodd ymmaith y *swyngyfaredd* oedd tan ei braich ddehau hi, fel y syrthiodd i lawr yn gelain farw. *id.* 22, Mi a ddilynes *Swyngyfaredd* lawer blwyddyn, ac a roddais fy hun enaid a Chorph i'r diafol. *c.* **1689 (1802)** L. William: *Sherlyn Benchwiban* 10, 'Rwy'n credu'r dwr bendigaid, / A gŵyl y bara peilliaid, / *Swyn-gyfaredd* delw Fair, / Y Pab â'i gyngrair nodded. **1704** E. Samuel: *BA* 44, pan ganfu [Simon] fod rhyfeddodau Philip yn rhagori ar ei *swyngyfareddau* twyllodrus ei hun, cymmerodd ynteu arno gredu. **1711** TP: *CG* 7, Manasses . . . er ei fod yn arfer dewiniaeth, a *swyngyfaredd* . . . rhoddodd heibio'r fath ffyrdd. **1716** T. Evans: *DPO* 260, Hymnau a Salmau . . . y cyfryw Odlau Ysprydol yn *Swyn-gyfaredd* rhagorol rhag profedigaeth. **1722** *Llst* 189, Swyn, *Swyngyfaredd.* f. . . . A charm, bewitching, conjuration, magick, sorcery, witchcraft. *id.* d.g. *An Amulet.* *c.* **1730** *Taith C* 167, Dewinies yw'r Wraig hon, a thrwy natur ei *swyngyfaredd* (*sorceries*) hi y rheibiwyd y Tîr hwn. *c.* **1730** *Thos. Lloyd D* (LlGC) 213a, *Swyngyfaredd.* Incantatio. Witch-craft. Preservative. **1740** T. Evans: *DPO* 152, yn eu gwerthu [gleiniau nadroedd] i'r Bobl gyffredin i'w gwisgo megis *Swyn-gyfaredd* rhac Aflwydd. **1771** *W* d.g. *Charm.* **1773** J. Roberts: *GY*, *Swyngyfaredd*] Pob cynnig at Iachau dyn neu Anifail yn anrhesymol. **1798** *WR* d.g. *Enchantment.* **1803** *P*, *Swyngyvarez*, s. f.—pl. t. *ion* . . . An amulet; witchcraft.

swyngyfareddaf: swyngyfareddu [bf. o'r e. *swyngyfaredd*] *bg.a.* Bwrw swyn neu hud (ar), rheibio, ymarfer â dewiniaeth, dewinio; swyno, cyfareddu, hudo, denu: *to cast a spell (on), bewitch, practise sorcery, divine; charm, fascinate, allure.*

1803 *P*, *Swyngyvarezu* . . . To practise or deal in witchcraft.

swyngyfareddiad [bôn y f. *swyngyfareddaf*: *swyngyfareddu*+*-iad*[1]] *eg.* Rheibiad, dewiniaeth: *a bewitching, sorcery.*

1803 *P*, *Swyngyvareziad* . . . A practising of witchcraft.

swyngyfareddol [*swyngyfaredd*+*-ol*] *a.* Yn perthyn i ddewiniaeth, hudol, rheibiol; swynol, cyfareddol: *pertaining to sorcery, magic(al), bewitching; charming, fascinating.*

1716 E. Samuel: *GGG* 61, i brofi nad hudoliaethau *Swyngyfareddawl* oeddynt. **1728** T. Baddy: *DDG* 155, *Swyn-gyfareddol* . . . ddrygioni eu diweddar Gau Fessiah. *c.* **1730** *Thos. Lloyd D* (LlGC) 211b, *Swyngyfareddol.* Magicus. **1803** *P*, *Swyngyvarezawl* . . . Belonging to witchcraft.

swyngyfareddwr [*swyngyfaredd*+*-wr*] *eg.* ll. *-wyr.* Dewin, swynwr, rheibiwr: *sorcerer, magician, bewitcher.*

1620 *Dat* xxi. 8, a'r llofruddion, a'r puttein-wŷr, a'r *swyn-gyfareddwŷr* (**1588** *ib.* cyfaredd-wŷr). **1632** *D* d.g. *Incantator.* **1687 (1715)** J. Owen: *TB* 19, Barnedigaethau Duw ar Witches, *Swyngyfareddwyr*, a Swynwyr. **[1710]** Gw. ab Ierwerth: *SB* 18, Fe ddichon dyn fod yn butteiniwr, yn odinebwr, ac yn *swyngyfareddwr.* **1711** TP: *CG* [i], [c]anlyn Dewiniaid, a *Swyngyfareddwyr.* **1714** R. Prydderch: *GD* 140, Onid yw y cyfryw rai, ac y sydd yn myned at y *Swyngyfareddwŷr*, yn gwneuthur drwg, fel y delo dajoni . . . trwy hynny? **1722** *Llst* 189, *Swyngyfareddwr.* m. A charmer, conjurer, enchanter, magician. **1790** Twm o'r Nant: *GG* 107, Mae'r Cŵn a'r *Swyngyfr-eddwyr* eiddig, / Putteinwyr a llofruddwyr gwaedlyd, / A phob celwyddwyr, yfwyr hefyd. **1803** *P.*

swyngynneddf [*swyn*+*cynneddf*; cf. *swyddgynneddf*] *eb.* ll. *-gyneddfau.* Cynneddf, synnwyr, cynhysgaeth: *faculty, sense, endowment.*

1718 (1721) S. Thomas: *HB* [201], yna gweddiwn eithr heb lyfr, ond trwy osod holl Bwerau a *swyngynneddfau* ein heneidiau ar waith. **1735** S. Thomas: *HP* 45, Gras a Rhodd Duw ydoedd, ddarfod iddo . . . roddi i Ddyn Reswm a Deall, a'r *Swyngynheddfau* eraill a berthynent i Enaid rhesymol. **1767** W. Williams: *CAA* 11, holl *swyngyneddfau* ei henaid [Efa] a aethant yn hollol afreolus.

swyngysgiaeth [*swyngwsg*+*-iaeth*] *e?b.* Hypnosis, hypnotiaeth, swyngwsg: *hypnosis, hypnotism.*

1916.

swynhudaf: swynhudo [*swyn*+*hudaf*: *hudo*] *ba.* Swyno, cyfareddu, denu: *to charm, fascinate, allure.*

1893.

swynhudol [*swyn*+*hudol*] *a.* Swynol, cyfareddol, dengar: *charming, fascinating, alluring.*

1838. Cf. Talhaiarn: *Gw* i. 298, yn pêr-synnu at ei miwsig *swynhudawl.*

swyniad[1] [?bôn y f. *swynaf*, *swyniaf*: *swyn(i)o*+*-iad*[2]] *eg.* ?Dewin, swynwr, rheibiwr: *sorcerer, enchanter, bewitcher.*

c. **1400** *R* 1344. 35, *Sóynnyat* preid y dat.

swyniad[2] [bôn y f. *swynaf*, *swyniaf*: *swyn(i)o*+*-iad*[1]] *eg.* ll. *-au.* Rheibiad; swyn, cyfaredd: *a bewitching; charm, fascination.*

1803 *P.*

swyniaeth [*swyn*+*-iaeth*] *e?b.* Dewiniaeth, rheibiad; swyn, cyfaredd: *sorcery, a bewitching; charm, fascination.*

1851.

swyniaf: swynio, swyniol, gw. **swynaf: swyno, swynol.**

swynlath [*swyn*+*llath*] *eb.* Hudlath, hefyd yn *ffig.*: *magic wand, also fig.*

1860.

swynog, swynogl, gw. **myswynog, swynoglau.**

swynoglaf: swynogli [bf. o'r e. *swynogl(au)*] *ba.* Bwrw swyn neu hud ar, rheibio; (geir.) iacháu (drwy hudoliaeth); (geir.) swyno, cyfareddu, hudo, denu: *to cast a spell on, bewitch; (dict.) heal or cure (by magic); (dict.) charm, fascinate, allure.*

c. **1585** *MCr* 31, Y gairie hyny am *swynogloedd* [*sic*] i megis ag yroedd yn hir genyfi o aisey gweled y llys hoffaidd hynny, heb dybiaid fod yr arglwyddes yn amgenach nag yr oedd hi yn dwedyd ag yn dangos i bod. *id.* 37, iaith Gwaelder yw drwg hydoliaeth, trwy'r hon y may hi yn *swynogli* y phlant. **16–17g.** *HG* 86, nid gwêll i ti bregethu / nid oes nymmor i'th gredu / ddwyf j gwedi *swynogli* / y rhai sy'n dyfod i mi [ymddiddan rhwng yr eglwys a'r dafarn]. **1604–7** *TW* (*Pen* 228) d.g. *Excanto.* **1632** *D*, *Swynogli*, Demet. Incantare. **1688** *TJ*, *Swŷnogli*, swŷno: to inchant. **1722** *Llst* 189, *Swynogli.* To charm . . . cure. *id.* d.g. *To Bewitch.* **1803** *P*, *Swynogli* . . . to charm; to fascinate.

swynoglau [?cf. Llad. Diw. *signāc(u)lum* 'arwydd (y groes)'] *e.?ll.* Swynion, dewiniaeth, rheibiaeth, hefyd yn *ffig.*; (?geir.) swynbethau, swyndlysau: *spells, sorcery, witchcraft, also fig.; (?dict.) (magic) charms, amulets.*

14g. *HMSS* ii. 23, Mahumet . . . a wnaeth delw yn eilun y briodolder ehun. ac o geluydyt y gamgret ae *swynogleu* y dodes yn y delw lleg o dieuyl. **15g.** *GP* 35, *Swynogleu*, a dewindabaeth, a chwaryeu hudolyaeth, ny rwy berthyn ar prydyd ymyru yndunt. *c.* **1585** *MCr* 39, myfi a dybygwn fod y llys yn lle hoffaidd ag arogley peraidd, ag yn wir nyd oedd hyny gid ond *swynogley.* **16–17g.** *HG* 67, ag na ad ym rhoi vy mryd, yn vwy ar olyd bydol / trwy *swynoglau* trachwant kaeth nag ar vrenhinaeth nefol. *id.* 89, gwneuthur y ddwyd *swynogleu* / ar ddŵr a brâg es dyddieu. **1632** *D*, Swyn . . . Demetis pl. est *Swynoglau.*

Amr.: **swynogl** [?adff.] (*eb.*). *c.* **1730** *Thos. Lloyd D* (LlGC) 212a, *Swynogl* . . . Incantamentum. **1803** *P*, *Swynogyl*, s. f. . . . An amulet, a charm.

swynoglwr [bôn y f. *swynoglaf*: *swynogli*+*-wr*] *eg.* ll. *-wyr.* Dewin, swynwr, rheibiwr: *sorcerer, magician, enchanter.*

1567 *TN* 399b, Bendigedic yvv y rrei, y wnelo y 'orchymyneu ef . . . ac y gallont ddyfod y mewn trwy pyrth yr dinas . . . or tu allan y bydd cwn, ar cyfareddwyr [:– swynwyr, *swynoglwyr*, rhinwyr]. *c.* **1730** *Thos. Lloyd D* (LlGC) 211b, *Swynoglwr.* Veneficus. **1803** *P.*

swynol, swyniol [*swyn*+*-(i)ol*] *a.* Yn perthyn i ddewiniaeth, rheibiol; yn swyno, cyfareddol: *pertaining to sorcery, magic(al), bewitching; charming, fascinating.*

1799 M. Williams: *HHG* 44, yr hwn [drwm] y mae'r swynwr yn ei ffysto, yn mwmlan rhyw eiriau *swyniol* wrtho, nes . . . y byddo ef yn cwympo mewn llewig. **1803** *P.* Ar lafar, "Os dim llaish mawr ginti ond ma fa'n llaish *swynol*", *GTN* 751. Cf. D. Owen: *SP* 117, Yr oedd gan Doli lais *swynol* dros ben.

swynwr, swynydd [bôn y f. *swynaf*, *swyniaf*: *swyn(i)o*+*-wr*, *-ydd*[3]] *eg.* (b. *swynyddes*; *swynwraig*, ll. *-wragedd*) ll. *swynwyr*, *swynyddion.* Dewin, swyngyfareddwr, rheibiwr, daroganwr, hefyd yn *ffig.*: *sorcerer, magician, bewitcher, soothsayer, also fig.*

1567 *LlGG* (*Sall*) 31b, Yr hon ny chlyw lef y *swynwyr* [:– rrinwyr] er cyfrwyddet vo mewn rrinieu. **1567** *TN* 182b, gwr aei enw Simon, yr hwn ytoedd *swynwr*, ac a ampwyllesei bopul Samareia. *id.* 399b, Bendigedic yvv y rrei, y wnelo y 'orchymyneu ef . . . ac y gallont ddyfod y mewn trwy pyrth y dinas . . . or tu allan y bydd cwn, ar cyfareddwyr [:– *swynwyr*, swynoglwyr, rhinwyr]. **1588** 1 *Sam* xxviii. 3, Saul a yrrase ymmaith y *swynyddion*, a'r dewiniaid o'r wlâd. **1595** H. Lewys: *PA* 186, [c]eisio moddion anghyfreithlawn . . . gann redeg ar ol *swynwyr*, a chyfareddwyr. *c.* **1600 (1681)** *Rhyddiaith Gymraeg* ii. 162, yr wy yn tybiaid mai *swynwr* wyt a'th fod yn fy rheibio. *id.* 168–9, am *swynwyr* a *swynwragedd* . . . y maent hwy yn gwneuthyr llawer o ddaioni, ym mryd y rhan fwya, i dda ac i ddynion. **1604–7** *TW* (*Pen* 228), *swynwraig* d.g. *Hariola.* *Dchr.* **17g.** *J* 10, 42a, *Swynydd.* sorcerer. *ib.* *Swynwraig.* sorceresse. vene/fica. **1618** J. Salisbury: *EH* 143, y Cenhedloedh gynt . . . [yn] adhôli . . . yr haul, y lheuad . . . fel hyn hefyd y mae rheibiaid, a'r coeg *swynydhion* yn pechu. **1630** *YDd* 348, gochel di . . . ddanfon at *swynwyr*, dewiniaid, neu gonsurwyr, am ymwared. **1670** J. Hughes: *AP* 63, *Swynwy[r]* yn masnach a'r Cythraul. *id.* 85, Mynd at *Swyn-wragedd.* Witsys, neu ddewinion i gael cyngor. **1683** H. Evans: *CTF* 58, Mae rhai 'n myned pob nôs glammai, / At ryw *swynwr*, doeth ei chweddlau. **1687 (1715)** J. Owen: *TB* 19, Barnedigaethau Duw ar Witches, Swyngyfareddwyr, a *Swynwyr.* **1711** TP: *CG* 55, Caeth weision yw'r *Swynyddion*, sydd gan y Diawl anfuw, / Ei [*sic*] geisio tynnu Dynion, ei [*sic*] dorri Deddfau eu Duw. **1766** *CD* 125, Hwy a aent yn gynhaig, / At *Swynwr* neu *swyn wraig* / . . . / I ddymuno arnynt Swyno, / Beth a wnaeth niwedd [*sic*] iw heiddo. **1773** *W*, *Swynwr*, *swynydd* d.g. *Enchanter.* *id.* *Swyn-wraig* d.g. *Enchantress.* **1773** J. Roberts: *GY*, *Swynwr*] Un a lefaro eiriau o Iaith ddieithr er Iachau Dyn neu anifail: Neu adroedd [*sic*] rhyw adnodau o'r Ysgrythur, neu eu Scrifennu ar fara neu Bappur, er Iachau dolur, neu boeri a chwythu arno. **1780** Cain Jones: *Alm* 18, Fel y llyngcodd gwialen Aaron holl wiail y *swynyddion.* **1799** M. Williams: *HHG* 44, yr hwn [drwm] y mae'r *swynwr* yn ei ffysto, yn mwmlan rhyw eiriau swyniol wrtho, nes . . . y byddo ef yn cwympo mewn llewig. **1800** C. Evans: *EJU* 7, Sonir yno [y Beibl] am wraig yn feddw gan waed y saint, yn buttain hefyd—*swynyddes*, â chwpan aur yn ei llaw, yn meddwi yr holl genhedloedd. **1803** *P* d.g. *Swynwr*, *Swynwraig*, *Swynyz.* Ar lafar, "Odd rai'n gwed amdeni taw *swynrig* odd 'i", *GTN* 751; 'Yr un peth yw *swynwr* â dyn 'ysbys', *ib.* Cf. *CYLl* 77, Cawn heno eu cwmni yn ddiddos, / *Swynyddion* yr emyn a'r gân.

swynyddiaeth [*swynydd*+*-iaeth*] *eb.g.* Dewiniaeth, rheibiaeth, hudoliaeth: *sorcery, witchcraft, magic.*

1768 Risiart ap Robert: *CB* 60, pa fodd y dangosir roddi o hono ef [Crist] godwm i'r oraclau a phob *swynyddiaeth* arall mor ardderchog ym mhlith eu haddolwyr? **1770** P. Williams: *BS*, *Eseia* xlvii, eulun-addoliaeth, *swynyddiaeth.* **1794** *W* d.g. *Witchcraft* [*the practice and supposed power of witches*].

swynyddlys [*swynydd*+*llys*[5]] *e.ll.* *Bot.* Llysiau Steffan, mochlys, *Circæa lutetiana*: *enchanter's nightshade.*

1813 *WB* 236.

swynyddol [*swynydd*+*-ol*] *a.* Rheibiol, dewiniol: *bewitching, divinatory.*

1845.

swyraf: swyro, gw. **sawraf: sawru.**

swyrfaf, swyrfiaf: swyrf(i)o, gw. **swerfiaf: swerfio.**

swys [?bnth. Llad. *sēnsus*; ?cf. H. Wydd. *séis* 'synnwyr, arwyddocâd, cynllun, trefn'; ansicr yw'r union ystyr yn yr enghrau. llenyddol isod; geir. yn unig yw'r ff. un.] *eg.* ll. *-au*, *-on.* Cynneddf; profiad, teimlad: *faculty; experience, emotion.*

12g. *GCBM* ii. 307, Kynytòn ninheu, heb *swysseu* saeth, / Gan an Duò ury vreenhinyaeth! **12–13g.** *GLlLl* 42, Marcòlf a Chadò gadyr *swyson.* *Dchr.* **14g.** *GGDT* 152, Gwehelyth nis câr gwehilion—cerddau / Tabyrddau, *swysau* iangwyr Saeson. **1632** *D*, *Swyssau* . . . *Swyson.* q. **1803** *P*, *Swys*, s. m. . . . emotion. *id.* *Swyson*, s. pl. aggr. . . . Emotions, passions.

swysog [*swys*+*-og*; ansicr yw union ystyr yr engh. gyntaf isod] *a.* Teimladol: *emotional.*

12g. *GMB* 200, Bid *sswyssaòc* serchaòc, bannaòc breyr. **1803** *P*, *Swysawg*, a. . . . Having emotion.

sy, 3 un. prth. pres. myn. y f. *wyf*: *bod.*

syartrasau, gw. siartras.

syb[1] (*y*≡ *ə*) [bnth. S. *sub*, talf. o *subsistence*] *eg.* ll. *-s.* Cyfran o gyflog a delir ymlaen llaw, benthyciad a roddir ar sail incwm disgwyliedig: *sub* (*monetary advance or loan*).
Ar lafar yn gyff., *B* xx. 380, *Geir Glo* 144; "Dw i braidd yn brin o bres heddiw. 'Fedri di roi *syb* bach i mi?'

syb[2] (*y*≡ *ə*) [bnth. S. *sub*, talf. o *substitute*] *eg.* ll. *-s.* Eilydd (mewn pêl-droed): *sub, substitute* (*in soccer*).
Ar lafar.

syb[3] (*y*≡ *ə*) [bnth. S. *sub*, talf. o *subscription*] *eg.* ll. *-s.* Tanysgrifiad, hefyd yn *ffig.*: *sub, subscription, also fig.*
Ar lafar.

sybach, sybachaf: sybachu, sybachiog, sybachlyd, gw. **swbach, swbachaf: swbachu, sybachog, swbachlyd.**

sybachog, sybachiog [*sybach*+-(*i*)*og*] *a.* Crebachlyd, crychlyd, crychiog, anniben: *shrunken, wizened, rumpled, untidy.*
1916. Ar lafar yn Arfon yn y ff. *sbachiog.*

sybars [bnth. S. Diw. Cyn. *subbars* 'suburbs'] *e.ll.* Maestrefi: *suburbs.*
16g. (*LlEG*) *Mos* 158, 7a, sawdwyr o vewn dinas kaer Evrog . . . ynttwy a Roddasant daan yn y *Subbars* fflam a gwreichion y taan hwn a hedodd dros y mur ac a Ennynodd daan ynn y dinas.

sybed, gw. **sibed.**

syber, syberw [bnth. Llad. *superbus*; dichon fod dyl. yr a. S. *sober* ar ddtb. yr ystyr] *a.* ll. *-on*, weithiau gyda grym enwol.

(*a*) Balch (mewn ystyr gadarnhaol), bonheddig, urddasol, coeth, diwylliedig, gwych; hael, rhoddgar; llariaidd, tawel, digynnwrf, cwrtais, moesgar; didwyll, cywir, gonest, sobr, synhwyrol, gweddaidd, pur; glân, cymen, destlus: *proud* (*in a positive sense*), *noble, stately, refined, cultured, fine; generous, bountiful; gentle, placid, courteous; sincere, upright, decent, honest, sober, wise, seemly, pure; clean, tidy, neat.*
12g. *GMB* 77, Ceimiad cas agarw, *syberw* serchawg. **13g.** *C* 69. 9–10, Bet siaun *syberv* in hirerv. minit. **13g.** *A* 19. 5, bu doeth a choeth a *syberw.* **13g.** *BD* 30, a chymrut attav deu ugein marchavc ac ev kyweiryav yn hard *syberv* o ueirch a dillat. **14g.** *GDG*[3] 19, Da oedd a *syberw* dy ach [i Ifor Hael]. **15g.** *HS* 19, dau well wyd Roser dau *syberwach* / na deau haelion a dau haelach. **1547** *WS* [xii], *syberw* . . . w/ a dawdd ymaith ac velly y dywedyt a wnair . . . *syber.* **16g.** *WLl* 181, Ni bu galon gron o gred—a garwn / Ackw n ais barwn kyn *syberwed.* **1567** *TN* 200a, o 'roec wragedd *syberwon* [:- onest]. **1606** E. JAMES: *Hom* ii. 212, rhoi mwy am grŷs i ddawnsio ynddo, nag . . . i brynu dillad gweddaidd, *syber* i'w holl gorph. **1630** *YDd* 64, y rhai a fuant *syber* (*liberally relieved*) wrth dlôdion. **1632** *D, Syberw*, Sobrius . . . nunc Liberalis, munificus. **1672** R. PRICHARD: *Gw* 177, Cais un rasol [gwraig], hygar, hyfryd, / *Suber* [*sic*], Sanctaidd, lân ei bywyd. **1710** T. WILLIAMS: *AF* 13, y Bendigedig Iesu, *syberaf* rhoddwr Doniau. **1723** WM: *PGG* 238, Oth Law *syber* di y derbynniais yr hyn oll sydd gennif. **1731** T. LEWYS: *BMA* 119, nid yw'r ffordd hon o dorri [mynd yn fethdalwr yn fwriadol] ddim amgen na ffordd mwy *suber* [*sic*] o Ledratta (*a more neat way of thieving*). **1732–3** J. OWEN: *GB* 10, Dymma Ddarn o Wendid wedi ei hadrodd yn y fâth Glerwgaingc [*sic*] benffol ag y tebygai Ddŷn y buasai *syber* iddo, er ei fwyn ei hun a'i Gydymmaith, ei chadw yng Nghêl. **1753** *TR, Syberw*, sober; anciently proud; now liberal, bountiful, in N.W. Clean, cleanly, in S.W. and is pronounced *Syber.* **1803** *P* d.g. *Syber, Syberw.* Ar lafar, 'Ma gwynt *sypar* wth ddillad sy wedi bod ar y lein am sbel', 'menyw *sypar*' 'menyw lân yn ei pherson', *GTN* 758. Clywir *siber* yn yr ystyr 'Well-behaved, more especially in reference to behaviour at table', *GDD* 262.

(*b*) Balch (mewn ystyr wael), trahaus, ffroenuchel: *proud* (*in a pejorative sense*), *arrogant, haughty.*
12g. *GLlF* 540, Seithued [drwg], bỽrỽ gwyth lỽrỽ gweithlouet, / Geir *syberỽ* a berỽ yn y beruet. **13g. (1641)** *HGK* 28, yr hwnn a ddiyt y kywoethogyon *syberw* . . . ag a ddyrcheiff [*sic*] y rhei ufydd. **13g.** *GBF* 455, Gỽae *syberỽ* ar subet agheu. **13g.** *BD* 202, eu rydhaei y gan y llu *seberv* hvnnv ac y gan y creulavn tywyssavc oed arnadunt. **14g.** *WML* 111, Y neb a dywetto yn*syberỽ* ỽrth y brenhin neu yn hagyr. talet tri buhyn camlỽrỽ. **1346** *LlA* 148, yny gaffo yr vfud teyrnnas gỽlat nef trỽy vfuydaỽt. yr hỽnn a golles y *syberỽ* trỽy syberỽyt. *Diw.* **16g.** *B* ix. 118–19, A Duw a fydd ynn erbyn y rhai *syberw* ac a ddyry rad ir rhai vfuddion. **1632** *D, Syberw* . . . superbus antiquis. **1803** *P* d.g. *Syberw.*
Amr.: **sybr.** **1575 (1587)** W. MIDLETON: *B* 54, arglwyddes dda *sybr*, gwledd ddiseibiant [marwnad Catrin, iarlles Penfro]. **1636** *Pen* 321, 301b, dyro i ni olud cyfaddas o bethe anghenrheidiol y byd hwn ar gras iw harfer yn *sybr* (*soberly*) ith ogoniant di an diddanwch nine.

syberaf: syberu, gw. **syberwaf: syberwi.**

syberdda, gw. **syber+da.**

sybergeisiaf: sybergeisio [*syber*+*ceisiaf*: *ceisio*] *bg.* Ceisio neu gardota'n foesgar: *to beg politely.*
1873. Ar lafar gynt, 'Mynd i *sybargeisio*' 'going to attend on the benevolent. Going a begging', *Mont Coll* xi. 306.

sybergymeraf: sybergymryd [*syber*+ *cymeraf*: *cymryd*] *ba.* Dwyn yn dawel, chwiwladrata, bachu, hefyd yn *ffig.*: *to take quietly, pilfer, filch, also fig.*
18g. *Ll* xix. (1940) 92, gwlad boeth oedd Bicar llanidan . . . yn ei addaw immi onis ymgroeswn a pheidio a *sybergymryd* eiddo ereill. **[1753]** G. OWEN: *L* 74, [c]ael o honof gyfle i *sybergymeryd* gyda'm gwenllaw gynffon awr rhwng fy mrhegeth [*sic*] a'm ciniaw. **1759** *ML* ii. 129, ynteu a *sybergymerodd* y copi, mineu a gefais wynt arno, ac ai [*sic*] cefais i'm gafael; dyma lle y trig.

syberlan, gw. **syber+glân.**

syberol [*syber*+*-ol*] *a.* Hael, cwrtais: *generous, courteous.*
1606 *Bl B XVII* i. 135, Ffei o'r Angau oer Ffrengig, / . . . / Na 'sbarie yn *syberawl* / Brydyddion mwynion eu mawl [marwnad Simwnt Fychan gan Thomas Evans, Hendreforfudd]. *c.* **1730** *Thos. Lloyd D* (LlGC) 213a, *Syberawl* . . . Generous.

syberthol, syberw, gw. **sybyrthol, syber.**

syberwaf: syberwi [bf. o'r a. *syberw*] *bg.a.* Glanhau, tacluso, mynd yn daclus; sobri, sobreiddio; ?anrhydeddu, anrhegu: *to clean,* (*become*) *tidy; sober* (*up*); ?*honour, reward.*
15g. *HS* 20, wyd yn orau heb gau dorau / nos a borau yn *syberwi* / i gwrt Llechryd iarll i tyfyd / lle doe ennyd llu daioni. **15g.** *HCLl* 113, Ar nef lydan eirian flodau / Nos a borau i'n *syberwi* / Mae'n egori y man gorau / O'r iawn raddau, eirian roddi. **1672** R. PRICHARD: *Gw* 249, Cofia hefyd pwy ymolchi, / Pwy lanhau a phwy *syberwi*, / Y wnaeth Christ â'i ddwylo tyner, / Ar ei Saint cyn tasto'i swpper. *c.* **1730** *Thos. Lloyd D* (LlGC) 213a, *Syberwi* . . . Honoro. Ar lafar yn yr ystyr 'glanhau, puro', 'Ma'r cwtsh-dan-stâr wedi *syberwi* ticyn wir' (Morg.); hefyd yn yr ystyr 'mynd i arogleuo'n iach a glân (am ddillad)', 'Fi adawas y dillad mæs trw'r dydd . . . iddyn' nw gæl *syberwi*', *GTN* 755.
Amr.: **syberu** [bf. o'r a. *syber*]. **1880.**

syberwch [*syber*+*-wch*[1]] *eg.* Gwyleidd-dra: *modesty.*
1617 *Minsheu* 311b d.g. *Modestie.*

syberwhaf: syberwhau [*syberw*+*-hau*] *bg.* Mynd yn falch: *to become proud.*
13g. *BD* 76, *syberwhau* (*superbiuit*) a wnaeth Maxen o amylder eur ac aryant a swllt a marchogyon.

syberwych, gw. **syber+gwych.**

syberwyd [*syberw*+*-yd*[1]; petrus yw dosbarthiad rhai o'r enghrau. isod] *eg.b.*

(*a*) Balchder (mewn ystyr gadarnhaol), boneddigrwydd, moesgarwch, mwynder; sobrwydd, gweddusrwydd, gweddeiddra, gonestrwydd, parchusrwydd; haelioni, rhoddgarwch; glendid, glanweithdra: *pride* (*in a positive sense*), *nobility, courtesy, civility; soberness, decency, propriety, honesty, respectability; generosity, liberality; cleanness, cleanliness.*
13g. *GBF* 629, Dauyd ab Gruffud . . . ỽab Ywein ỽirein, ỽawr *syberwyt.* **13g.** *BD* 153, [C]ymeint oed *syberwyt* llys Arthur o uoes a gvybot a haelder a daeoni. **14g.** *GIG* 46, Llys barwn, lle *syberwyd*, / Lle daw beirdd aml, lle da byd [am Sycharth]. *c.* **1400** *R* 1035. 21–2, gỽnelit *syberỽyt* segur. *Dchr.* **15g.** *IGE*[2] 201, Arian a gwin, Urien ged, / Ac aur o'i law agored, / O ddwys bur dda *syberwyd*, / A rhoi'n ddi-ball rinwedd byd. **16g.** *WLl* 227, A chysur pur fal Sain Pawl / A *syberwyd* Siob wrawl. **1606** E. JAMES: *Hom* ii. 162, os bydd *syberwyd* ac honestrwydd. **1621** E. PRYS: *Ps* 18a, Gwyn ei fyd yr ystyriol frawd, / a wnel a'r tlawd *syberwyd.* **1630** R. LLWYD: *LlH* v, Mwy oedd y ddwy hatling i'r wraig weddw dlawd . . . o herwydd ei chalondid, a'i *syberwyd* na rhoddion mawrion. **1632** *D, Syberwyd* . . . vulgatiùs Beneficentia, liberalitas, munificentia. **1696** *CDD* 201–2, R'wŷf [*sic*] yn deisŷf ar Dduw hefŷd, / Anfon i ni, o'i *syberwŷd.* [*sic*] / Bôb beunyddiol angenreidiau. **1740** T. EVANS: *DPO* 51, Mynywettach ffôl, y rhai a fuasai yn well *Syberwyd* iddynt aros gartref wrth eu Rhôd a'i Cribau. **1753** *TR, Syberwyd* . . . It signifies cleanliness in S.W. **1765** J. EVANS: *CPE* 322, dangos ein haelioni mewn elusengarwch i'r tlodion yn hytrach, nag mewn *syberwyd* tu ag at y rhai nid ydynt mewn angen. **1774** H. JONES: *CH* 8, Byddwch demleu goleulan, / *Syberwyd* glir i'r Ysbryd Glan. **1778** J. HUGHES: *BB* 265, At wyr: A wnel *syberwyd* bur, / Myfi ddanfona, 'r cymhelliad yma. **1803** *P.* Ar lafar yn yr ystyr 'glanweithdra', '*Syberwyd* amboutu'r tŷ', *B* v. 336 (de-ddwyrain sir Gaerf.).

(*b*) Balchder (yn enw. mewn ystyr wael), traha, hunan-dyb, rhyfyg, rhodres: *pride* (*esp. in a pejorative sense*), *vanity, conceit, arrogance, pomp.*
12–13g. *GMB* 407, Wyth brifwyt yssyd (ys enbyt) / O'r wyth gỽyth, gỽaethaf *syberwyt.* *id.* 538, Gỽae a godỽy Duỽ trỽy *syberwyt.* **13g.** *C* 31. 11–32. 2, Bit chuero y talhaur iny diwet. *Syberuid.* A maurwrid. A maret. **13g.** *BD* 3, y dyal eu kamwed ac eu *syberwyt.* *id.* 51, A chymeint o *syberwyt* a gymyrth ynteu guedy caffael y uudugolyaeth honno. **1346** *LlA* 8, pannwelsant [*sic*] wy yrei drwc yn ethol drwc drwy *syberwyt.* *id.* 143, Achynntaf pechaỽt o honunt yỽ. *Syberỽyt.* ymryvygu odyn yny gevdaỽt. Acheissaỽ ymdyrchauel yn vch noc ydylyho. *c.* **1400** *R* 1284. 29–30, Gwael yỽ *syberwyt* dyn byt budyrdlaỽt. *c.* **1400** *YCM*[2] 126, gwarandewch y traha a'r *syberwyt* y mae Chyarlys yn y anuon . . . yn y llythyr hwnn. **1546** *YLlH* [27], *Syberwyd* neu valchedd. **1632** *D, Syberwyd*, Nonnullis antiquorum Superbia. **1722** *Llst* 189, *Syberwyd.* m. . . . Pride. **1803** *P.*

sybiliaid, ff. l., gw. **sibyl.**

syblachaf: syblachu, syblachad, gw. **siwblachaf: siwblachu.**

syblapsariad [cfdds. o'r S. *sublapsar*(*ian*) +*-iad*[3]] *eg.* ll. *-iaid. Diwin.* Isgwympedydd: *sublapsarian, infralapsarian.*
1759 T. THOMAS: *WWDd* viii, Mi a fwriedais . . . na ddilynwn i nêb enwau o ddynion, fel y cyfryw; megis . . . *Sublapsariaid*, Supralapsariaid, &c. Cf. T. LEWIS: *HPF* 391, rhai yn dal etholedigaeth uwchlaw y cwymp . . . ac ereill yn ei golygu islaw . . . ac yn cael eu galw *Sublapsariaid.*

sybmarîn, swbmarîn [bnth. S. *submarine*] *eb.* ll. *sybmarinau, swbmarinau, sybmarîns.* Llong danfor: *a submarine.*
1939.

sybordinat [bnth. S. *subordinate*] *a.* Israddol, darostyngol: *subordinate.*
1658 R. VAUGHAN: *YPS* 18, Heb fod yn *subordinat* neu dan-ragordeiniawl.

sybr, sybrilliad, sybrwd[1,2], **sybseidi,** gw. **syber, superlliaid, sibrwd**[1], **sibrydaf: sibrwd, sybsidi.**

sybsgreibiaf, sybsgreibaf, sybsgrib(i)af: sybsgr(e)ib(i)o [bnth. S. (*to*) *subscribe*] *bg.a.* Tanysgrifio (i lyfr, cylchgrawn, &c.); torri enw (wrth) fel arwydd o gydsyniaeth, cydsynio (i), cefnogi, cymeradwyo: *to subscribe* (*to book, magazine, &c.*)*; subscribe* (*to*)*, support, approve.*
1664 *LlGG* sig. c2v, bod i bwy un bynnac . . . na ddodo ei Enw wrth y Cyfryw sybscripsion golli a fforffetio ei Ddeoniaeth . . . a bydded pob rhyw ûn Ddeoniaeth . . . yn wâg, megis pe bai yr hwn na *sybscreibiodd*, wedi marw a threngu. *id.* sig. d1r, Fel na bo nêb ûn o'r rhai rhagddywededig yn rhwym o hynny allan i *subscreibo* neu ddarllain y rhan honno o'r Declarasiwn. *id.* sig. d1v, Ac os rhyw Lywodraethwr . . . a orfodogwyd am na *sybscreibiasai* i'r unrhyw Articlau a Llyfr . . . ni *sybscreibia* i'r Articlau a'r Llyfr dywededig . . . ar ben y chwe mis nesaf. **1751** *ML* i. 187, enwau subscribers to Richard's Lexicon . . . rwyf heb gael henw . . . llawer o rai eraill oedd yn sôn am *subscribio.* *c.* **1762–79** W. WILLIAMS: *P* 603, Amrywiol iawn o'r offeiriaid . . . a gyfnewidiasant eu barn, ac a *subscribasant* i'r grefydd babaidd. **1775** *CY* 19, hefyd i *subscribo* erthyglau athrawiaethol eglwys Loegr. **1776** *LlCy* i. 249, nid oes dim rhag-daliad i fod ir rheini, gan obeithio i bydd yn hawsach gan ddynion *subscribio.* **1828** *Geir Pob* 26, *Subsgreibio*, Is ysgrifenu. Ar lafar,

''Dwi'n brynu o yn y siop 'r̂wan, ond mi fues i'n *sybsgreibio* iddo fo am hir'.

sybsgreibwyr, sybsgribwyr [bôn y f. *sybsgreibiaf, sybsgreibaf, sybsgrib(i)af: sybs-gr(e)ib(i)o+-wyr*] e.ll. Tanysgrifwyr (i lyfr, cylchgrawn, &c.): *subscribers (to book, magazine, &c.).*
  1751 *ML* i. 186, geirlyfr y Meistr Richards . . . Dyma i chwi enwau'r *subscribwyr.* **1757** *id.* ii. 41, a pho isaf y pris mwya a geid y *subscribwyr.* **1758** *id.* 65, mae *subscreibwyr* yn ddigon bodlon i gymeryd y llyfr am hanner coron.

sybsgribaf, sybsgribiaf: sybsgrib(i)o, gw. **sybsgreibiaf: sybsgreibio.**

sybsgribsiwn, sybsgribsion [bnth. S. *subscription*] e?g. ll. *sybsgribsiynau (sybsgrib-siwnau).* Cytundeb drwy lofnod i dderbyn erthyglau crefydd, &c.; ?dogfen neu ddatganiad wedi ei lofnodi: *subscription or assent to articles of religion, &c.; ?signed document or statement.*
  1664 *LlGG* sig. c2v, bod i bwy un bynnac . . na ddodo ei Enw wrth y Cyfryw *sybscripsion* golli a fforffetio ei Ddeoniaeth. *ib.* [C]yn iddo wneuthur y cyfryw *subscribsion.* *c.* **1762-79** W. WILLIAMS: *P* 603, rhai eilwaith o wendid a wnaethant felly: ond pan aethant allan o berygl, hwy a alwasant yn ol eu *sub-scriptiwnau.* **1775** *CY* 11, heb lifeitheiriau llwon a *subscripsiynau.* *id.* 61, Am *Subscripsiwn* Erthyglau.

sybsgribwyr, gw. **sybsgreibwyr.**

sybsideiddiaf: sybsideiddio [cfdds. o'r S. (*to*) *subsid(ize)+-eiddio* (At.)] bg.a. Rhoddi cymhorthdal (i), noddi, gostwng cost (rhywbeth) drwy gymhorthdal: *to subsidize.*
  20g.

sybsidi, sybseidi [bnth. S. *subsidy*] eg.b. ll. *-s, sybsidïau.* Cymhorthdal; cymorth ariannol a fynnir gan reolwr, &c.: *subsidy; monetary aid exacted by a ruler, &c.*
  16g. (*LlEG*) *Mos* 158, 256a, Ir ydoedd y br/enin yn gouun *subsidis* I gan wyr llunddain [*sic*]. **1604-7** *TW* (*Pen* 228), *Subsidi* d.g. *Capitatio.* Ar lafar.

sybstans, gw. **swbstans.**

sybstansial, sybstansiol [bnth. S. *sub-stantial*] a. Sylweddol, helaeth, digonol: *substantial.*
  1828 *Geir Pob* 26, *Substansial,* cadarn, cyfoethog. Ar lafar, 'sgidie mwy *sybstanshal*', *Wês wês* 77.

sybstractiaf: sybstractio, gw. **sybtract-iaf: sybtractio.**

sybtil [bnth. S. *subtile,* ff. ar *subtle*] a. Craff: *subtle.*
  1615 R. SMYTH: *GB* 260, gvvyl mor *subtil* ag mor gyflym ivv dy enaid.

sybtilrwydd [*sybtil+-rwydd*] eg. Craffter, cywreinder: *subtlety, ingenuity.*
  1615 R. SMYTH: *GB* 242, *subtilrvvydd* cyflymdra a chra[ph]ter y llegaid. *id.* 249, beth a all anrhydedd *subtilrvvyd* [*sic*] synvvyr dyn i ddychymig ai vvneyth-yr.

sybtopia [bnth. S. *subtopia*] e?g. Term di-friol am faestrefi, yn enw. rhai sy'n ennill tir o ardaloedd gwledig: *subtopia.*
  20g.

sybtractiaf, sybtractaf: sybtract(i)o [bnth. S. (*to*) *subtract*] bg.a. Math. Tynnu allan neu oddi wrth: *to subtract (in math.).*
  1848.
  Amr.: **sybstractio** [bnth. S. (*to*) *substract*]. **1754** J. PRYS: *Alm* [33], ac yno *Substractiwch* neu dynwch ymaith. *id.* [24].

sybwb [cf. *ys(w)bwb,* (*h*)*wbwb*] ebd. a hefyd fel eg. Ffei!, ymaith!; gwaedd ac ymlid, wbwb: *fie!, away!; hue and cry, hubbub.*
  1576 *RWM* i. 515, *Sybwb* (*GDG*¹ 418, Yswbwb) or bobl ansyber. **1604-7** *TW* (*Pen* 228), phei, *sybwb,* ysbwb d.g. *Apage.* Dchr. **17g.** *J* 10, 38a, *Sybwb.* × fie. **1722** *Llst* 189, *Sybwb.* m. A hue and cry. **1770** *W* d.g. *Avant, Gone . . . be [get you] gone.*

sybwbiaf: sybwbio, gw. **sbybiaf: sbybio.**

---

sybwch [?cf. *sibwch;* tywyll yw'r ystyr yn y dfn. cyntaf a rhoddir yr ystyr ar sail y geir.] eg. Bwch gafr: *male goat, billy-goat.*
  c. **1400** *R* 1352. 21, kyfr̂ch kern *sybôch* corn sebon. **1547** *WS, Sybwch.* **1632** D, *Sybwch,* h.e. Ys y bwch. **1688** *TJ, Sybwch,* bwch: an He-goat. **1753** *TR.*

sybwchen, gw. **sibwch.**

sybwll [?elf. *sy-* (cf. *syfudr;* cf. ymhellach o bosibl *hy-*)+*pwll*] eg. ll. (geir.) *sybyllau.* Pwll (diwaelod), affwys, dyfnder, anoddun, llynclyn; pwll tro, trobwll; cors, siglen, tonnen, mignen, gwern, traeth sugn; merbwll, merllyn, merddwr; carthbwll; hefyd yn *ffig.: (bottomless) pit, depth, abyss, vortex; whirlpool, eddy; swamp, marsh, slough, quagmire, quicksand; stagnant pool or lake, standing water; cesspool; also fig.*
  14g. *T* 41. 16-18, gallaôc gallôgyd. anchwant *sybôll* symaduant. ban erdifel tan[t]. *c.* **1400** *R* 1238. 35-6, lleuyt syberôyt *sybôll* ffeu hirdrôc. uffern dywylloc môc megineu. *id.* 1333. 11-12, Rac tanllyt *sybôll.* tin-llôyth flam gynnôll. *c.* **1400** *YCM²* 91, A thitheu dy hun a vyrir y mywn *sybwll* uffern. *c.* **1475** *B* xiii. 183, eu taflu [y damnedigion] y dyfynder y *sybwll* ysgeler hwnnw [uffern]. **1562** *id.* ii. 238, *sybwll,* pwll savedic budr. **1587-80** (**17-18g.**) *Cylch LlGG* vii. 276, Sws gwyn sobr saws gwaun *sybwll* [dychan Hywel ap Syr Mathew i Fynydd Hirddywel]. **1611** R. SMYTH: *SG* 177, Pa Phordd sy'n towys dyn i *Sybw*[*ll*] Pechod? Dchr. **17g.** *J* 10, 38a, *Sybwll.* Lacus. stagnum. **1630** *YDd* 49, yn yr hwn *sybwll* o lygredigaeth . . . y gydawn y diffeithwas anheilwng. **1630** R. LLWYD: *LlH* 84, i ryw *sybwll* dyfn yn yr hwn y mae miloedd yn boddi. **1632** D, *Sybwll,* Gurges. **1722** *Llst* 189, *Sybwll.* m. A whirlpool, eddy; sink, jakes. **1752** *ML* (Add) 249, Aed i Annwfn, ei dwfn dwll, / gâs wiber i gau *Sybwll.* **1757** *ML* ii. 42, byddai yn ormod cywilydd gweled un o naddynt [esgobion] yn ymdreiglaw mewn *sybwll* budr cyn feddwed a mochyn. **1772** *W* d.g. *Depth . . . A swallowing depth, Eddy, A gulf, or swallowing gulf, Sink.* **1803** P, *Sybwll,* s. m.—pl. *sybyllau* . . . A puddle, a plash.

sybwrn, sybwrthaf: sybwrtho, gw. **sibwrn, sibwrthaf: sibwrtho.**

sybwydd [?bnth. diw. o'r H. Grn. *sibuit,* gl. *abies*] e.ll. (un. b. *-en*) Pinwydd: *pine trees, firs.*
  1803 P, *Sybwyz . . .* Pines, or fir-trees. *id. Sybwyzen . . . A pine-tree.*

sybylau, ff. l., gw. **sibyl.**

sybyllog [*sybwll+-og*] a. Pyllog, corsiog: *full of puddles, marshy.*
  1803 P, *Sybyllawg . . .* Having puddles, plashy.

sybylltir [*sybwll+tir*] eg. Tir corsiog: *marshy land.*
  18-19g. *Llr C* 41, 202, *Sybylldir,* ground lying low, or pooly. **1803** P, *Sybylldir . . .* Plashy ground. Digwydd yn yr e. lle *Sybylltir,* pl. Bodedern, Môn, a hefyd fel enw ar fesur, *W Ballads* 4, 5, *BC* xxvii, 231.

sybyrbia, sybyrnyn, gw. **swbwrbia, sibwrn.**

sybyrthol, sybyrthiol, syberthol, sab-yrthol [?ff. amr. ar fôn y f. *sybwrthaf: syb-wrtho+-(i)ol*] a. Pendramwnwgl (am gwymp), sydyn, disymwth, gwyllt, chwyrn; niweidiol, ysigol, cleisiol, ysgytiol, llethol: *headlong (of a fall), sudden, abrupt, wild, violent; injurious, bruising, jarring, crushing.*
  1831. Ar lafar ym Morg., 'Fi gwmpws yn *sybyrthol*', 'Fe gas farwola'th *sybyrthol* iawn', *LlGC* 1173, 107; ''Tasat ti ddim yn nuthur pethach mor *sabyrthol,* 'fasat ti ddim yn torri pethach', 'Fe ritws y car yn *sabyrthol* yn erbyn y wal', 'cwmpo'n *sabyrthol*', *GTN* 701; clywir hefyd 'ergyd *sybyrthol*' (sir Benf.).

sycaf: sycu, gw. **saciaf: sacio.**

sycamor, sycamwr [bnth. S. *sycamore*] eg. (bach. b. *-en*) Sycamorwydden: *syca-more tree.*
  17g. E. MORUS: *Gw* 54, Dail *sicymwr* gwrddion y gerddi drwy serch / Yw defnydd y wasgod a wisgiff y ferch. **1794** W, vulgô *sycamwren* d.g. *Sycamine, syca-more, or sycomore.* Ar lafar, '*sycamor(en)*', *LGW* 143; '*sicamoran*', *GTN* 739; '*sacamwren*', *GDD* 253. Clywir hefyd 'pren *sycamor*' a 'coed *sycamor*' yn nwyrain Morg.
  Gw. hefyd **jacmor, siacen.**

sycamorwydd, sycomorwydd [bnth. S. *sycamore, sycomore+gwŷdd*¹] e.ll. (un. b. *-en*) Bot. Coed masarn mawr, *Acer pseudo-*

---

platanus, ac iddynt ddail pumllabedog a ffrwythau adeiniog; *Beibl.* rhywogaeth o'r ffigysbren, *Ficus sycomorica,* sy'n tyfu yng ngogledd Affrica a dwyrain Asia, ac yn dwyn ffrwythau tebyg i ffigys: *sycamore maples, sycamores; (bibl.) sycomores (fig-trees).*
  1588 1 *Cr* xxvii. 28, ar *Sicomor-wŷdd* y rhai oeddynt yn y dyffrynnoedd. **1588** *Eseia* ix. 9, y *Sycomor-wŷdd* a dorrwyd. **1588** *Luc* xix. 4, a ddringodd i *sicomor-wydden* (*TN* 118a, fficusbren-gwyllt). **1632** D, *Sycomorwydd.* d.g. *Sycomorus.* **1739** D. ROWLAND: *LIY* 19, i ben y *Sycorfôrwydden* [*sic*]. **1771** *PDPh* 90, Cymmerwch wraidd *Sycamorwydden.* **1773** J. ROB-ERTS: *GY, Sycamorwydd*] Coed sydd yn tyfu yn yr Aipht a Judea, a dail llydain ac yn dwyn ffrwyth, tebig i ffygus. **1794** W, *Sycomor-wŷdden . . . sycamor-wydden* d.g. *Sycamine, sycamore, or sycomore.* **1813** *WB* 236, *Sycamorwydden;* Ficus Sycomorus; Syco-more tree, of Scripture. Ar lafar, '*sycamorwydd*', *GTN* 739.

sycamwr, sycamwren, gw. **sycamor.**

sycer [bnth. S. *sucker*] eg. Ebol bach, ebol sugno, swclyn, cyw: *young foal, sucking foal.*
  Ar lafar yn sir Drefn. a Meir. yn y ff. *sycer, sycar, sycyr.*

sycoesau, gw. **jacoesau.**

sycsesor, sycseswr [bnth. S. *successor*] eg. ll. *-iaid.* Olynydd: *successor.*
  1567 *LlGG* [viii], y Urenhines, hei etiueddion ai *successorieit.* **1588** 2 *Mac* xiv. 26, Iudas . . . a ordein-iodd efe yn *successor.* **1611** R. SMYTH: *SG* 69, ch[w]li a welwch i bod hwynt . . . yn diystyru . . . duw . . . yrhwn a ddylesent i wneuthur, i ofni ai anrhydeddu, yn yr Apostolion, ai *secessoriaid* [*sic*]. **1664** *LlGG* sig. d1r, ein Harglwydd Frenin, ei Etifeddion a'i *Sycsessor-iaid* yn Lloegr. **1670** J. HUGHES: *AP* 55, [b]ôd Duw wedi rhoi awdurdod . . . i'w Apostolion ac i'w *Sucçess-yriyd* [*sic*] hwynt . . . i ryddhau pechodau. **1761** *ML* ii. 290-1, Digrif ydyw Richards efo'i public library ymhlith mynyddoedd. Dde i un, chwedl chwithau, y deall ei *sycsessor* mor [*sic*] index.

sycsyddaf: sycsyddu [cfdds. o'r S. (*to*) *succeed*] bg. Olynu: *to follow, succeed.*
  Dchr. **17g.** *B* xxii. 135, Vther Bendragon, hwn a *sygsyddodd* ar ol Aurelius Ambrosius i frawd yn y dernas.
  Gw. hefyd **swcsesyddaf: swcsesyddu.**

sycsyddwr [bôn y f. *sycsyddaf: sycsyddu+-wr*] eg. Olynydd: *successor.*
  1650 *B* xxii. 146, y baeth [*sic*] milwrawl yma ni bydh i *sygsydhwr* ne i olyniawdr dhim tebyg idho, ond un yn hophi hedhwch.

sycusiwn, sycutor, sycyr, gw. **secusiwn, secutor, sycer.**

sych¹ [bnth. Llad. *siccus;* Crn. C. *segh, sygh,* Llyd. C. *sech,* Gwydd. C. *secc*] a. (b. *sech*) ll. *-ion,* a hefyd fel eg. ll. *-ion.*
  (*a*) Heb fod yn wlyb na llaith, heb wlybaniaeth ynddo, heb hylif, iraid, &c., ynddo neu arno, heb fod yn darparu dŵr neu hylif arall, hysb, disbyddedig, di-sudd, di-nodd, diddagrau; heb (lawer o) law, heb fod yn lawog (am dymor, hinsawdd, ardal, &c.); crin, cras, gwyw, diffrwyth (hefyd am fraich, &c.); wedi eu sychu (e.e. am ffrwythau); a syched arno, sychedig; heb gynhyrchu fflem (am beswch); dan lywodraeth 'sych-dwr' (yn ôl ffiseg a ffisioleg yr Oesoedd Canol): *dry, arid, dried up, exhausted; dry (of season, climate, area, &c.); scorched, withered (also of arm, &c.); dried (e.g. of fruit); thirsty; dry or unproductive (of cough); dry (according to medieval physics and physi-ology).*
  9g. (*MC*) *VVB* 215, arih, gl. *arentis.* **13g.** *Lll* 100, bressych . . . a gueyr *sych* . . . a chennyn. **13g.** *C* 91. 1, *Sich* guint gulip hint. **13g.** *GBI* 368, Corff a'e pump synnôyr, llwyr y llywych, / Caer ureu y doreu ual daear *sych.* **14g.** *T* 37. 19, Ef yn wlyp ef yn *sych* [am y gwynt]. **14g.** *GDG*¹ 239, Dan fy mron y mae'r gronllech, / Ni ad fy nerin seldrem *sech.* *c.* **1400** *DB* 25, y dayar, *sech* ac oer yw, ac a gytweda a'r dwfyr oer . . . Yr awyr, gwlyb a thwym yw, a gytweda y'r tan gwressawc a *sych. c.* **1400** *MM* 98, Tara̔ô dɷy gneuen a their or ffigys *sychyon.* **15g.** *GDLl* 57, Ar gwiail y ta . . . *sech* iddaw. **1547** *WS, Sych* Drye. **1567** *TN* 91a, y dyn oedd a'r llaw ddiffrwyth [:- *sech,* wyw] iddo. *Diw.*

16g. *WLB* 90, bo gwresoca vor gwin *sycha* fydd. **1632** *D, Sŷch,* Siccus, aridus. **1632** J. Davies: *LlR* 217, fel y bydd olwyn men yn llefain ac yn cwyno tan lwyth bychan tra fo hi *sŷch*; ond pan fwrier ychydig olew ynddi, hi a rêd yn llawen. **1703** E. Wynne: *BC* 25, O'r dynion p'le 'r adwaenych, / A'r [*sic*] ddaiar faith saith mor *sych*, / A'r goreu o'r rhain am gwrw rhudd, / Offeiriedyn a Phrydydd. **1725** D. Lewis: *GB* 132, heb Wlîth na Glaw, byddai 'r Ddaear yn *sych*, ac yn ddiffrwyth. **1754** *Gron* 65, Achwyn mawr, och ynn y modd! / Nid ael *sech* ond wylo sydd. **1771** *PDPh* 22, symmud i'r lle byddo 'r awyr yn *sechach*. **1803** *P*. Ar lafar, '*sych* . . . fem. *sech*, pl. *sychion*, comp. *sychach*', 'Mae'r dywydd yn *sych*', 'yn *sych* tan draed', 'berwi'n *sych*', *WVBD* 512; '*sych* . . . *sychad* . . . *sychach* . . . *sycha*'', 'Ni geson 'æf *sych* iawn y llynadd', *GTN* 742. Digwydd mewn sawl cymhariaeth, e.e. 'cyn *syched* (mor *sych*) â charth, â checsen, â chelffen, â'r corn, â sglodyn, â chorcyn', '*sych* fel carthen, &c.' a hefyd mewn nifer o ymadroddion megis '*sych* grimp, *sych* gorcyn, *sych* gecsen, &c.'.

(*b*) Diflas, anniddorol; dihiwmor, sych-dduwiol, diserch, digroeso, dideimlad, oeraidd, pell; diwerth; cynnil ac eironig (am hiwmor, &c.), ysmala; yn gwahardd gwerthu diod alcoholaidd (am wlad, ardal, deddfwriaeth, &c.), heb ddiod feddwol, dirwestol; heb fod yn felys (am win, &c.); parod (am arian): *dull, uninteresting; humourless, austerely religious, sullen, standoffish, unamiable, cold, distant; worthless; dry* (*of humour*); *dry* (*with ref. to the sale, &c., of alcohol*); *dry* (*of wine, &c.*); *ready, hard* (*of cash or money*).

14g. *GIG* 98, Dychanu'r Brem salwdrem *sych*. *a.* **1587** *Y* 196, Os ewch i, a *sech* awen, / Yn broctor i'r rhychor hen. **16–17g.** *GHCEM* 78, Mae'n blino'n siwrneio'n *sych* / I ryw fannau'n rhy fynych. **1657** *MLl* ii. 13, Digofaint Duw . . . sydd yn ei naturiaeth ei hun yn gwbl egwan, yn *sych*, ag heb allel arglwyddiaethu yn yr anian ddigllon. **1709** H. Powel: *G* 56, rhyw feddwl *sych* a diffrwyth am bethau Duwfol ac ysprydol. **1741** *ML* i. 55, dau swllt yn arian *sychion*. **1753** G. Owen: *L* 44, a'm bod yn fy nghyfrif fy hun yn ganwaith dedwyddach na phedfai genyf gan punt *sych* wrth fy nghefn. **1756** *W Ballads* 159, 7, Ni nillir fawr gariad wrth siariad [*sic*] yn *such*. **1772** *W* d.g. *Dry* [*as a jest, a wipe, &c. facetious*]. **1788** J. Thomas: *CS* 81, Y Lefiad a'r Offeiriad, / A aethant heibio 'n *sych*. *a.* **1791** W. Williams: *GP* 301, O ran mai trwy fy mhechod *sych*, / Y collais i'm gogoniant gwych. **1796** J. Harris: *Alm* 5, A'r ceffyl ganddo a brynai am dair o bynnau'n *sych*. Ar lafar, 'Mae o cyn *sychad* â sglodyn' 'He is a dry stick', *WVBD* 512; 'Ryw 'iwmor *sych* odd ginto', ''Ôn i'n *sych* iawn wthdo'n wir', *GTN* 742. Cf. T. G. Jones: *Brithgofion* (1944) [45], Sentars *sychion*, be na bw, / Neb yn gwybod ond y nhw; / Ffraeo â'i gilydd ac â phawb, / Byd o'i go rhwng brawd a brawd.

Fel *e.* Bwyd (gthg. *diod*); nwyddau sych; lle sych: *food* (*opp.* '*drink*'); *dry goods; dry place*.

14g. *WML* 54, Deudec erƀ atrychant y honno auyd yny rantir rȣg rȣyd adyrys a choet amaes a gȣlyp a *sych* eithyr yr oruot tref. *id.* 121. **1703** E. Wynne: *BC* 19, Mesurwyr gwlŷb a *sŷch*. Ar lafar, ''Dwi ddim wedi cæl gwlyb na *sych* oddar y bora', *GTN* 742. Gw. hefyd *gwlyb—gwlyb a sych*, a'r cfn. *sych trwyn* isod.

Cfn.: **sych ennaint:** *hot air bath, sweat-bath, sweating-bath*. *c.* **1400** *MM* 28. **1604–7** *TW* (*Pen* 228) d.g. *Laconicum*. **sych bilen:** *cataract* (*of the eye*); *xerophthalmia*. *c.* **1400** *MM* 48, Seith gelyn llygat yssyd.—Wylaƀ . . . a *sychbilen*, a mƀc. **16g.** *LlS* 61, saphron ac ychydic ddwfyr oer a wareda y *sych bilen* or lygaid. **1604–7** *TW* (*Pen* 228) d.g. *Cataracta, Hypochysis, Lippitudo . . . Sicca Lippitudo, Xerophthalmia*. **1725** *SR* d.g. *Blearedness*. **1771** *W* d.g. *Cataract* [*a disease of the eye*], *Xerophthalmy* [*a kind of red soreness of the eyes* . . .]. **1803** *P* d.g. *Pilen*. **sych dostedd:** *?dysuria, strangury*. *c.* **1400** *MM* 28, *Sychdosted*; o gyuot, a llynn, a llosceu, a sych enneint y gƀaredir. **sych trwyn:** *nasal mucus, snot, snivel, bogey*. *Dchr.* **17g.** *J* 10, 38a, *Sychion trwyn*. snevill. **17g.** *LlGC* 13215, 350, *Sychion trwyn* Mucus. Ar lafar ym Môn ac Arfon, ''Rodd 'i lawas o'n *sych trwyn* i gyd'.

sych[2,3], 3 un. pres. myn. ac 2 un. grch. y f. *sychaf*: *sychu*.

sychad, gw. sychiad.

sychaf: sychu [bf. o'r a. *sych*[1]; H. Lyd. *sech* 'fe sycha', Llyd. C. *sechaff, sec'ha*, Llyd. Diw. *sec'hañ*, Gwydd. C. *seccaid* 'fe sycha'] *bg.a.*

(*a*) Gwneud yn sych, crasu; draenio, dihysbyddu; mynd yn sych neu'n hysb, crino, gwywo; (peri) magu crachen (am glwyf, &c.); hefyd yn *ffig.*: *to* (*make*) *dry; drain, deplete; become dry, dry up, wither;* (*cause to*) *dry up or heal* (*of wound, &c.*); *also fig.*

13g. *C* 46. 10, a*sich* heul. A gulich edar. **13g.** *BD* 112, kenueinoed yr Alban a Chymry, y rei a *sychant* avon Temys gan y hyuet. **14g.** *WML* 24, Ef a *sycha* crƀyn ygƀarthec alather yny gegin. *c.* **1400** *B* ii. 13, Ae adel ynteu [tir gwlyb] y *sychu* kyn y heu. *Dchr.* **15g.** *GM* 12, Ynot y *sychawd* vy eneit i. **1547** *WS*, Krasy *sychy* Drye. **1588** *Gen* viii. 13, y darfu i'r dyfroedd *sychu* oddi ar y tir. **1615** R. Smyth: *GB* 37, yr ynt [morgrug] yn i *sychu* [gronyn ŷd] yngvvres yr haul. **1632** *D, Sychu,* Arescere, siccari . . . Arefacere, siccare. **1632** J. Davies: *LlR* 108, anniolchgarwch . . . yn *sychu* ffynnon dy drugaredd di. **1688** S. Hughes: *TSP* 28, Dallineb meddwl, a chaledrwydd calon . . . pan y bo pobl yn gorwedd dan y Barnedigaethau hyn, y maent yn crino ac yn *sychu*. **1759** J. Evans: *PF* 79, Ymhen trî Mis fe *sych* y Llinorod. **1801** *MMf* 93, Gwahana had yr egfaen oddiwrth y bywyn, a *sych* nhwy oni bont gras. **1803** *P*. Ar lafar, 'Mae'n go arw 'bora 'ma, ond ella *sychith* hi erbyn pnawn', 'Mi fydd raid i mi *sychu*'r dillad 'na cyn 'fory', 'Ma'r pistyll wedi *sychu* erbyn hyn'; hefyd yn yr ystyr 'To heal, to dry up (a wound)', 'Eli Treffynon sy'n gwella bob clwyfon, / Eli Tregwynt a'u *sichyth* [*sic*] nw'n gynt', *GDD* 263; 'clwyf yn *sychu*', *GTN* 755. Clywir hefyd ar lafar nifer o ymad. megis '*sychu*'n gorn, yn grimp, yn sych', a '*sychu* tri (naw) sychiad sach' (gw. *sychiad*).

(*b*) Rhwbio (arwynebedd, gwrthrych, &c.) â'r llaw neu â lliain, &c., er mwyn symud llwch, baw, dŵr, &c. oddi arno, glanweithio, golchi ymaith, glanhau: *to wipe* (*dry*), (*wipe*) *clean*.

c. **1400** *MM* 30, *sychu* y weli a dodi llin . . . ƀrthi. *id.* 156, *sych* dy danned a risc y coll sychyon. *c.* **1400** (*SG*) *HMSS* i. 206, gwaew yr hwnn a vyd ae benn yn waetlyt vyth yr mynychet y *sycher*. *id.* 309, a*sychawd* y hwyneb ae llygeit. **1488–9** *BSM* 2, a *sychv* i esgidiav. **1547** *WS, Sychy* a chadach ne dusw Wype. **1551** W. Salesbury: *KLl* lxxixb, ac ae *sychadd* a gwallt hi phen. **1632** *D, Sychu* . . . Sitire. **17g.** *TBM* 358, Mae y gof a'r siaced lom / Fu'n *sychu* traed y meirch o'r dom, / A'i ddau lygad fal y tân / Yn bygwth lladd pob mawr a mân (Siôn Gruffudd). **1714** D. Lewys: *CN* 7, Golchaf dy draed am dagreu hallt, / *Sychaf* am Gwallt yn gynnes. **1772** *W* d.g. *To clean* [*by wiping*], *To wipe*. **1803** *P*. Ar lafar, '*Sycha*'r bwr' 'na!'.

Amr.: **sychyd. 1853.**

Cfn.: **sychu buwch:** *to strip* (*a cow*). **1875.** Ar lafar, *GTN* 755. **sychu oddi wrth:** *to become estranged from*. Ar lafar, *GTN* 755. **sychu trwyn:** (i) *to wipe the nose*. **1604–7** *TW* (*Pen* 228) d.g. *Emungo*. **1632** *D* d.g. *Mungo*. **1803** *P, Syça* dy drwyn d.g. *Syçu*. Ar lafar, '*sychu*'r *trwyn*', *WVBD* 514; '*Sych* dy *drwyn*', *GTN* 755. (ii) *to put someone in his place, get the better of one*. Ar lafar, 'Ma fe'n mynd yn ormod o syr, ma isia *sychu*'i *drwyn* e', *GTN* 755; 'Ma 'i wedi *sychu*'u *trwyn* nw 'gyd'. (iii) *to cheat*. **1771** *W, sychu trwyn* un . . . Efe a'm twyllodd (a'm hudodd, a *sychodd* fy *nhrwyn*) yn lân am fy arian d.g. *To cheat*. **sychu ei drwyn yn ei lawes:** *to go away empty-handed, be disappointed*. **16g.** (*LlEG*) *Mos* 158, 679b, trysor . . . a gymerrid I vynu yn fforffett ynnenwr amerodyr ac ynnol I goruu ar Iork *sychu I drwyn ynni lawes* ac ymchwelud I loegyr . . . i wneuth[ur] I vrenin Lloigyr aidyrnas vyw wrth y golle[d]. Cf. W. Rees: *HBHD* 28, Ped ysgrifennai dyn yng Nghymru draethawd . . . cystal ag angel, bydd yr argraffydd a'r llyfrwerthydd yn myned a'r cwbl cydrhyngddynt, a gadewir i'r ysgrifenydd *sychu ei drwyn yn ei lawes*.

sychaidd [*sych*[1] + *-aidd*] *a.* Diserch, oeraidd, pell; diflas, anniddorol: *sullen, standoffish, cold, distant; dull, uninteresting*.

1862.

sychallt, gw. sych[1] + hallt.

sychbilen, gw. sych[1]—sych bilen.

sychboeth, gw. sych[1] + poeth.

sychbren [*sych*[1] + *pren*] *eg.b.* (g. *-bryn*). Person sych neu ddiserch, surbwch, person anniddorol neu ddiflas, sychgi, sychyn, syrffed: '*a dry stick*', *humourless, standoffish, or sullen person, bore*.

Ar lafar, '*sychbren*' '[rh]ywun sych syber, diserch', *B* xii. 25 (ardal Llanelli); 'Itha' *sychbryn* 'wy'n 'i weld e' (godre Cered. a'r De).

sychdagaf: sychdagu [*sych*[1] + *tagaf*: *tagu*] *ba.* Tagu, llindagu, hefyd yn *ffig.*: *to strangle, throttle, also fig.*

1725 *SR* d.g. *Throttle*. **1760** E. Williams: *UYB* 97, gan ddinistrio a *sychdagu* y cyssegrlan wirioneddau.

sychdarthaf: sychdarthu [*sych*[1] + *tarthaf*: *tarthu*] *bg.a.* *Cem.* Trawsnewid yn uniongyrchol o'r cyflwr solet i anwedd neu nwy: *to sublimate* (*in chem.*).

20g.

sychder [*sych*[1] + *-der*, cf. Crn. Diw. *zeghter*, Llyd. C. *sechder*] *eg.* ll. *-au*. Yr ansawdd neu'r cyflwr o fod yn sych; prinder neu ddiffyg glaw, sychdwr, sychin, crinder, craster; syched; lle sych; hefyd yn *ffig.*: *dryness; drought, aridity; thirst; dry place; also fig.*

1567 *LlGG* (*Sall*) 17a, am irder a ymchwelwyt yn *sychder* [:– grinder] haf. *id.* 62a, a'r ffynnoniae dyfredd yn hyspydd [:– syched, *sychder*]. **1588** *Jos* iii. 17, A'r offeiriaid . . . a safasant mewn *sychder* yng-hanol yr Iorddonen. **1588** *Barn* vi. 37, os gwlith fydd ar y cnû yn vnic, a *sychder* ar yr holl ddaiar. **1588** *Jer* l. 38, *Sychder* a ddaw ar ei dyfroedd hi fel y sychant. **1630** *YDd* 38, yn diflannu o *sychder* y cnawd. **1632** *D, Sychder,* Siccitas, ariditas. **1742** H. Harris: *SDS* 5, Dieithrwch yn canlyn rhwng Duw an Heneidiau, ynghyd ag Oerfelgarwch a *Sychder*. **1750** *ML* i. 153, Mae yma *sychder* mawr, dim gwlaw a tharanau mal yna. **1771** *PDPh* 50, y mae *sychder* yn yr holl groen. **1803** *P*. Ar lafar, 'Ma'r 'en foddion 'yn yn 'ela *sychtar* ryfadd trwyddo' i i gyd'.

sychdir [*sych*[1] + *tir*] *eg.* ll. *-oedd*. Tir sych, pridd sych, tir (gthg. *môr*); anialwch: *dry land or soil, land* (*opp.* '*sea*'); *desert*.

1567 *LlGG* (*Sall*) 53b, a' ei ddwylaw a ffurfiawdd y *sych-tir*. **1588** *Gen* i. 10, A'r *sych-dîr* a alwodd Duw yn ddaiar. **1588** *Ecs* iv. 9, cymmer o ddwfr yr afon a thywallt ar y *sych-dir*. **1588** *Eseia* xliv. 3, tywalltaf ddyfroedd ar y cras-dir, a ffrydau ar y *sych-dir*. **1604–7** *TW* (*Pen* 228) d.g. *Arida*. **1684** H. Owen: *DC* 157, rhag i'm henaid fod megis *sychdir* iti. **1706** *Cyf Cym* 137, Fe ddywedir, mai'r *sychtîr* mwya diffaeth sy' nesa' ir mŵyn cyfoethocca'. **1753** D. Jones: *SD* 171, Y dyfroedd oll ŷnt eiddo 'fo, / A'r *sychdir* bro a bryniau. **1790** T. Jones: *TOS* 303, y mor yn sefyll . . . ar y llaw ddeheu a'r aswy, a'r *sych-dir* yn ymddangos yn y canol. **1795** J. Thomas: *AIC* 352, [y] cyfryw hadau ag Sŷdd yn gofyn *Sych-dir*.

sychdod [*sych*[1] + *-dod*] *eg.* Sychder, sychdwr: *dryness, drought*.

15g. *Pen* 50, 24, a thrancedigaeth pyscawt a *sychdawt* avonydd. **1592** S. D. Rhys: *Inst* 12, 'Ch' . . . Non initiale & â se existens: vt sach, sechi, sych, *sychdod*.

sychdostedd, gw. sych[1]—sych dostedd.

sychdra [*sych*[1] + *-dra*] *eg.* Sychder: *dryness*.

c. **1730** *Thos. Lloyd D* (LlGC) 209b, *Sychdra*'r crwyn.

sychdraeth, gw. sych[1] + traeth[1].

sychdwr [*sych*[1] + *-dwr* (At.)] *eg.* Cyfnod hir o brinder neu ddiffyg glaw, tywydd sych, sychin, sychder, crinder, craster, hefyd yn *ffig.*; un o bedwar ansawdd mater (ynghyd â gwlybaniaeth, oerfel, a gwres) yn ôl ffiseg a ffisioleg yr Oesoedd Canol, yr ansawdd hwn fel rhan o natur y corff, bwyd, &c.: *drought, dryness, aridity, also fig; dryness* (*one of the four qualities of matter according to medieval physics and physiology*).

13g. *BD* 112, Gvrychyon y gynneu a symudir yn eleirch, y rei a nouyant yn y *sychdvr* megys yn auon. **14g.** *BY* 19, ac a duc deudeng mein o'r kanawl y'r *sychdwr*, a deudec ereill o'r *sychdwr* y'r kanawl. *c.* **1400** *Études* vii. 62, A llyma reol natur yr anieuleit a symut complexiwn rwng gwres ac oeruel a *sychdwr* a gwlybwr. *Diw.* **15g.** *Bren Saes* 238, y bu gymin o *sychdwr* ac na chad haiach o ffrwyth koed na maes. **1547** *WS*, Kraster *sychdwr* Drynesse. *c.* **1585** G. Robert: *DC* [5a], yr eneid sy n diodhe r *sychdwr* hyn. **1588** *Job* xxiv. 19, Fel y mae *sychdwr*, a gwres yn cippio dyfroedd eira. **1762** *ML* ii. 475, dyma hi'n pigo glaw o'r dehau ar ol pythewnos o *sychdwr* tost. **1769** J. Griffith: *A* 28, gelwir arnaf i ddarostwng fy hun o flaen Duw am *sychdwr* ac anffrwythlondeb fy nghalon yn y dyletswyddau ysprydol hyn. **[1794]** E. Roberts: *CDAA* 180, [d]agrau o wlith nefol ar ol tair blynedd a chwe mîs o *sychdwr*. Ar lafar, *WVBD* 514; hefyd yn yr ystyr 'ysbaid o dywydd gwych' (canolbarth Cered.). Cf. *DB* 63, Tymestyl awyraul a vegir o dra sychdur neu ormod gures er awyr.

sych-dduwiol [*sych*[1] + *duwiol*] *a.* Dilawenydd ei grefydd, diflas o dduwiol, dihiwmor:

austerely religious, humourlessly pious, humourless.
1893. Ar lafar, *WVBD* 512.

sychdduwioldeb [*sych-dduwiol*+*-deb*] *eg.* Yr ansawdd neu'r cyflwr o fod yn sych-dduwiol: *humourless piety, humourlessness.*
20g.

sych-ddysgedig, gw. sych[1]+dysgedig.

syched [*sych*[1]+*-ed*[1], Crn. C. *seghes*, Llyd. C. *sec'het*] *eg.* Yr angen corfforol i yfed diod neu'r teimlad o anghysur, &c., a achosir gan hynny, chwant diod; sychder, sychdwr; lle sych; yn *ffig.* awydd angerddol, dyhead, hiraeth, ysfa: *thirst; dryness, drought; dry place; fig. thirst, yearning, longing, craving.*
13g. *GDB* 389, A llawer *sychet* trỽydet trỽydaỽ. **13g.** *BD* 45, A ryuedu meint *sychet* a chuant gvyr Ruuein y'eur ac aryant. *id.* 165, a chymeint yv arnaf *sychet* eu guaet. **14g.** *T* 51. 23–4, mil cant riallu auu varỽ rac *sychet.* **15g.** *GDLl* 171, *Syched* a bair swrffed Siôn, / Swmer meddw, som yw'r moddion. / Sach lawn,—a welsoch ei led? / A fu sach fwy ei *syched?* **1547** *WS, Sychet* Thryste [*sic*]. **1551** W. SALESBURY: *KLl* xib, o bydd arno *sychet* / dyro ddiod iddo. **1567** *LlGG* (*Sall*) 62a, a'r ffynnoniae dyfredd yn hyspydd [:- *syched,* sychder]. **1588** *Deut* viii. 15, a *syched* lle nid oedd dwfr. **1632** *D, Syched,* Sitis. **17g.** *Bl B XVII* i. 219, Nhw yfan bawb ei siâr—/ *Syched* mawr a'i pâr (Siôn Prys). **1703** E. WYNNE: *BC* 40, [y] Gelyn echryslawn yna sy â'i gêg yn llosci o *syched* am eich gwaed. **1727** J. JONES: *DFF* 49, O mor beraidd yw'r Geiriau ymma i'r rhai sydd yn craspoethi . . . gan *syched* ysbrydol. **1760** *ML* ii. 227, O *syched* y bu farw'r hadau rheini. **1790** T. JONES: *TOS* 300, Mor felus yw diod mewn *syched* poethlym. **1803** *P.* Ar lafar, *WVBD* 514, *GTN* 755. Clywir yn gyff. hefyd y llinell 'Ar ôl yfed *syched* sydd'.

sychedaf: sychedu [bf. o'r e. *syched*] *bg.* a'i dilyn yn aml gan yr ardd. *am,* a hefyd yn eithriadol fel *ba.* Bod a syched arno, dioddef syched; yn *ffig.* chwennych yn angerddol, hiraethu (am), dyheu (am), ysu (am); peri syched i, gwneud yn sychedig, hefyd yn *ffig.*: *to be thirsty, thirst; fig. thirst (after), desire, yearn (for), long (for), crave; cause to thirst, make thirsty, also fig.*
16g. *Rhyddiaith Gymraeg* ii. 9, yna i'th ddoded yn vchel ar y Groes i *sychedv.* **1567** *TN* 136a, Pwy pynac a yfo o'r dwfr hwn, a *sycheda* drachefyn. *id.* 247a, ydd ym ni yn newynu, ac yn *sychedu.* **1588** *Ecs* xvii. 3, A'r bobl a *sychedodd* yno am ddwfr. **1588** *Salm* lxiii. 1, *sychêdodd* fy enaid am danat. **1606** E. JAMES: *Hom* iii. 92, i awyddu yn fynych am y bara hwn, ac i *sychedu* yn wastadol am yr ymborth hwn. **1629** R. LLWYD: *P* 27, *sychedu* yn ôl cyfiawnder. **1630** *YDd* 87, Y rhai sydd yn *sychedu* am wybodaeth. **1632** *D, Sychedu,* Sitire. **1709** H. POWEL: *G* 77, Peidio a bod yn *sychedu* am Newyddion. **1794** *W* d.g. *To thirst* [*be a-thirst or thirsty*], *To thirst after.* **1803** *P.*

sychedfod [?*syched*+*bod*[1]] *eg.* Syched neu yfed (mawr); sychder, sychdwr: *(great) thirst or drinking; dryness, drought.*
16g. *GSH* 102, Soredig fydd siaradwyr / *Sychedfod,* gwaddod a'u gyr. **1547** *WS, Sychetfod.* **1604–7** *TW* (*Pen* 228) d.g. *Bibacitas, Sitis.* **1632** *D, Sychedfod,* Siticulositas. **1688** *TJ, Sychedfod,* syched mawr: a great thirst. **1772** *W* d.g. *Drought, Thirst.*

sychedig [bôn y f. *sychaf*: *sychu*+*-edig*] *a.bfl.* a hefyd fel *eg.* ll. *-ion.* A syched arno; hoff o ddiod; sych, wedi (ei) sychu, cras, crin, crinsych; yn peri syched; hefyd yn *ffig.*: *thirsty; fond of drink; dry, dried, crisp, parched; causing thirst; also fig.*
1346 *LlA* 71, megys ffynnaỽn odỽfuyr melys yn dadebru llauurỽyr *sychedic.* *c.* **1400** *DB* 21, pan vych di yn *sychedic* y sugnaw mer drud yn yr yscruthur. **14–15g.** *IGE*[2] 282, Bûm *sychedig,* ddig ddygnedd, / Heb lety, gwely na gwedd (Siôn Cent). **15g.** *Med H* 32–4, canys y ddraic sydd mor *sychedic* val y mae braidd i'r dwr i dorri i syched. **1547** *WS, Sychedic* Thyrsty. **16g.** *TRP* 186, Moesswch wenwyn er dirmic / a bystyl hwerw *ssychedic* / ac wedi vod ef yn hwy / ni bydd e mwy *ssychedic.* **1567** *LlGG* (*Sall*) 34a, mewn tir diffaith hispydd [:- *sychedic*]. **1588** *Salm* xlii. 2, *Sychedic* yw fy enaid am Dduw. **16g.** *Def Hen* 12, [y] cowri cowaethogion a'r Mylfranod chwanog a'r cneifiadwyr o'r tir hwn, ar a wnaeth niferoedd o olyd y fath llyctyniaid ar i meddylie *sychedig.* **1632** *D, Sychedig,* Sitibundus. **1703** E. WYNNE: *BC* 24, cyfeddach rhwng saith o gymdogion *sychedig.* **1753** *ML* i. 227, Mrs. Williams o Fodafon . . . hen wreigen dew *sychedig.* **1803** *P.* Ar lafar, "Ôn i'n andros o *sychedig* ar ôl bod yn rhedeg'; digwydd hefyd mewn ymadd. megis 'tywydd *sychedig*', 'gwaith *sychedig*'.

Fel *e.* Un a syched arno, un sy'n dioddef gan syched: *thirsty person, one who suffers from thirst.*
13g. *BD* 108, a'e dauavt a hedycha y *sychedygyon.* **14g.** *BT* 139, dillat ynoethyon . . . diawt y *sychedigyon.* *Dchr.* **15g.** *B* viii. 140, ac na rodeis diawt yr *sychedigyon.* *c.* **1475** *id.* xiii. 181, bwyt y'r newynawc, diawt y'r *sychedic.* **1588** *Eseia* xxxii. 6, a chan dynnu ymmaith ddiod y *sychedic.* **16–17g.** T. R. ROBERTS: *EP* 285, Crist a rydd deunydd o'i bardynig—râd, / Ei ras a chariad i'r *sychedig.* **1618** J. SALISBURY: *EH* 303, Rhoi diod i'r *Sychedig.*
Amr.: **sychiedig** [bôn y f. *sychaf*: *sychu*+*-iedig*]. *c.* **1400** *R* 1337. 42, myn tlaỽt *sychyedic.*

sychedocâf: sychedocáu [*syched*+*-og*+*-hau*] *ba.* Sychedu am, ysu am: *to thirst for, crave.*
13g. *BD* 188, y rei a uydynt yn wastat yn *sychedocau* guaet a theruysc ac anuundeb.

sychfagaf: sychfagu [*sych*[1]+*magaf*: *magu*] *bg.a.* Magu (rhywun) yn ddiofal: *to raise (someone) carelessly.*
Ar lafar yn Arfon.

sych-foneddigaidd, gw. sych[1]+boneddigaidd.

sych-fonheddig [*sych*[1]+*bonheddig*] *a.* Crachfonheddig, snobyddlyd: *snobbish.*
1840. Ar lafar yn Arfon.

sychgaled, sychgall, gw. sych[1]+caled, call.

sychgernyn, sychgyrnyn [?*sych*[1]+elf. anh.; ansicr yw'r engh. gyntaf isod, ond tebyg mai hi yw man cychwyn y gair hwn yn y geir.] *eg.* Magl neu bilen ar y llygad, rhuchen: *cataract (of the eye).*
c. **1400** *MM* 12, Rac *sychgeruyn* [*sic*] . . . iraỽ dy lygeit ath amranneu yn da. **1604–7** *TW* (*Pen* 228), *Sychgyrnyn* d.g. *Pterygium.* *Dchr.* **17g.** *J* 10, 38a, *Sychgernyn.* Oculi ungula. pterigium. **17g.** *LlGC* 13215, 350, Sychrwyd × *Sychgernyn* Pterigium. **1803** *P* d.g. *Syçgernyn.*

sychgi [*sych*[1]+*ci*] *eg.* Person sych neu ddiserch, surbwch, person anniddorol neu ddiflas, sychbren, sychyn, syrffed: *humourless or standoffish person, sullen person, bore.*
1926.

sychgig [*sych*[1]+*cig*] *eg.* Cig wedi ei sychu, yn enw. cig eidion: *dried meat, esp. beef.*
1807.

sychgola [*sych*[1]+*cola*[1]] *a.* Sych iawn, cras; swta: *very dry, crisp; curt.*
Ar lafar, *TGG* (1907–8) 87 (sir Gaerf.).

sychgolaf: sychgoli [cf. *sychgola*] *bg.* Codi'n braf, hinoni; sychu'n galed (am bridd): *to clear up (of the weather); dry hard (of soil).*
Ar lafar yng nghanolbarth a godre Cered., a sir Benf., *GDD* 263.

sychgornaf: sychgorni [bf. o'r ymad. *sych gorn* neu *sych*[1]+*cornaf*: *corni*] *bg.* Sychu'n gorn: *to become bone-dry.*
1739 D. ROWLAND: *LlY* 8, yn ymofyn Irder a glybwr i'w ddwfrhau rhag ei *sychgornu* fel yr had a'r [*sic*] y graig.

sychgras [*sych*[1]+*cras*] *a.* Sych a chras, crasboeth, hefyd yn *ffig.*: *arid, torrid, also fig.*
15g. *GDID* 41, Priddlyd gaws hefyd, gaws hafog—*sychgras.* **1632** *D* d.g. *Aridus, Retorridus, Torridus.* *c.* **1730** *Thos. Lloyd D* (LlGC) 213a, *Sychgras.* Aridus, torridus. **1765** J. JOHN: *HY* 41, I oeri'm Tafod *sychgras* poeth, / (gwae fi fy anoeth gamrau). **1770** *W* d.g. *Arid, Scorched.*

sychgrasaf: sychgrasu [gair geir., sef bf. o'r a. *sychgras* neu *sych*[1]+*crasaf*: *crasu*] *bg.a.* Crasu'n sych, tostio, rhostio, crimpio: *to parch, toast, roast, crisp.*
1632 *D* d.g. *Torreo.* **1722** *Llst* 189, *Sychgrasu.* To parch, dry or bloat in the smoke or sun. **1770** *W* d.g. *To bloat* [*in an oven*], *To parch, To toast.*

sychgrin [*sych*[1]+*crin*] *a.* ll. *-ion.* Sych a chrin, cras: *dry and withered, parched.*
1604–7 *TW* (*Pen* 228) d.g. *Asper, Passus, Retorridus.* **1771** *W* d.g. *Burned, or burnt.*

sychgrinaf: sychgrino [bf. o'r a. *sychgrin* neu *sych*[1]+*crinaf*: *crino*] *bg.* Sychu a chrino, gwywo, nychu: *to dry out, wither, pine.*
1604–7 *TW* (*Pen* 228) d.g. *Contabeo, Torrefacio.* **1632** *D* d.g. *Contabeo.* **1722** *Llst* 189, *Sychgrino* To pine, wither. *c.* **1730** *Thos. Lloyd D* (LlGC) 213a, *Sychgrino* contabeo, marceo.

sychgroen, gw. sych[1]+croen.

sychgyrnyn, sych-hin, gw. sychgernyn, sychin.

sychiad, sychad [bôn y f. *sychaf*: *sychu*+*-iad*[1], *-ad*] *eg.* Y weithred o sychu, dihysbyddiad, dysychiad; y weithred o sychu arwyneb â lliain, &c.: *a drying (up), desiccation; a wiping.*
1604–7 *TW* (*Pen* 228) d.g. *Abstersio.* **1722** *Llst* 189, *Sychad* m. A drying, wiping. **1803** *P, Syçiad* s. m. . . . A drying, a siccation. Ar lafar yn yr ymad. 'tri *sychiad* sach' ynglŷn â 'diwrnod da i sychu dillad', yn enw. am 'gyfnod gwynt sychu ym mis Mawrth, yr adeg i olchi blancedi', 'rhaid i mi olchi heddiw; mae'n dywydd tri *sychiad* sach', *BILlE* 42; 'Sychu Tri *Sychiad* Sach' 'Gwynt y dwyrain a chwyth am ddyddiau ym mis Mawrth nes sychu popeth', *Môn* (Gwanwyn 1954) 10; clywir hefyd 'sychu naw *sychiad* sach', *WVBD* 514.

sychiant [bôn y f. *sychaf*: *sychu*+*-iant*] *eg.* Sychiad, dysychiad; amsugnad: *a drying, desiccation; absorption.*
1803 *P, Syçiant,* s. m. . . . Desiccation, siccation.

sychiedig, gw. sychedig.

sychin [*sych*[1]+*hin*[1]] *eb.* ac yn eithriadol *eg.* Tywydd sych, sychdwr, sychder: *dry weather, drought.*
c. **1400** *DB* 109, Os yn y perued, arwyd *sychin* ar y llawn lloneit. *id.* 112, os yn y chanawl, arwyd *sych-hin* ar y llawn lloer. **15g.** *GDLl* 112, *Sychin* wedi drycin draw. **1547** *WS, Sychin* Drought. **16g.** (*LlEG*) *Mos* 158, 273a, achosion i Roddi diolch . . . am y *sych hin* dymhoraidd a gowsom ni. **16–17g.** *GST* i. 829, Ac er maint a fo'r drycin / Hi â o'r diwedd yn *sych-hin.* **1632** *D* d.g. *Sudum.* **1761** *ML* ii. 286, pan ddel Duw a *sych-hin* mi dreiaf ar roddi iddo godwm. **1784** M. WILLIAMS: *S* i. 25, etto, nid y'm yn llwyr ddihangol oddi wrth hir *sychyn.* *id.* 249, a diwallu'r ddaear grasboeth, ac oedd o'r blaen wedi cornu gan hir *sychin.* **18–19g.** *Llr* C 30, 182, *Sychin,* drought [Glam]. **1803** *P, Syçin,* s. f. . . . Drought, or dry weather. Heu ar y *syçin,* plannu ar y gwlybin . . . Adage. Ar lafar, 'Os bydd pythywnos 'eb law yng Ngymru, 'ŷn ni'n mynd i wilia am *sychin*', *GTN* 755; '*sychin* (dry overhead)', *Y Geninen* (1890), 90 (Meir.); yng ngogledd Cered. clywir y ddihareb 'Hir wlybun [*sic*], hir *sychun* [*sic*]', D. J. EVANS: *HCS* 131.

sychinaf: sychino [bf. o'r e. *sychin*] *bg.* Codi'n braf, hinoni: *to clear up (of the weather).*
1604–7 *TW* (*Pen* 228) d.g. *Seresco.* *c.* **1730** *Thos. Lloyd D* (LlGC) 212a, *Sychino.* Sereno, seresco. Ar lafar ym Meir., 'Mae'n *sychino*'.

sychle, gw. sych[1]+lle[1].

sychlyd [*sych*[1]+*-lyd*] *a.* Sych; yn sychu; sych (am berson, hiwmor, &c.): *dry; drying; dry (of person, humour, &c.).*
1759 *DG* 147, tan faglau / Ciwput *sychlud* sûr. **1772** J. ROBERTS: *C* 6, Cyfrifir yn *Sychlyd* / awel oer hefyd. **1777** H. JONES: *M* 58, Ofer, a gwawl, a *sychlyd* yw pob Ordinhadau. **1798** *WR* d.g. *Exiccative.* Ar lafar, 'prygethwr *sychlyd*', *WVBD* 514; 'Dyn *sychlyd* yw a, 'dyw a byth yn gweld jôc', *GTN* 755.

sychmer [gair geir.; ?*sych*[1]+elf. anh.; cf. *nychmer*] *eg.* Twymyn hectig: *hectic fever.*
1604–7 *TW* (*Pen* 228) d.g. *Marasmodes, Marasmus.* *Dchr.* **17g.** *J* 10, 38a, *Sychmer.* × Nychmer. Marasmus. **1803** *P, Syçmer,* s. m. . . . The paroxysm of a hectic.

sychmurniaf, sychmyrniaf, sychmwrniaf: sychmurnio, sychmyrnio, sychmwrnio, *bg.a.* Tagu, llindagu, lladd; llarpio, llurgunio, (?geir.) rhoddi cosfa i, maeddu; (geir.) ymgodymu; hefyd yn *ffig.*: *to strangle, choke, throttle, kill; mangle, mutilate, (?dict.) beat severely; (dict.) struggle; also fig.*
16–17g. *PCWG* 77, felly ffydd fellir i *sychmyrnio* hi ai sigo. *id.* 122, bid parhav vnpryd ddigon er darostwng dyn nid er i *sychmvrnio.* **1604–7** *TW* (*Pen* 228), *sychmurnio* d.g. *Præfoco, Strangulo.* **1629** R.

LLWYD: *P* 58, bydd coeg-ddeillion y byd hwn yn tagu edifeirwch gan ei *sychmyrnio* drwy ymffoli a gobaith o fyw yn hir. **1677** *TC* 8a, *Sychmyrnio*, mogi. **1722** *Llst* 189, *Sychmurnio*. To dry-baste one, belabour, throttle, strangle. **1725** *SR*, *sychmyrnio* d.g. *To Struggle*. **1753** G. OWEN: *L* 84, Y mae'n resynol . . . weled mor ddigydwybod y mae poblach yn llurginio ac yn *sychmurnio* gwaith yr hen Ddafydd ap Gwilym druan. **1761** *ML* ii. 291, Cofiwch imi eich rhybuddiaw rhag i Langwm eich *sychmwrniaw*, ni ddaw mono ar eich cyfyl.

Amr.: **sachmwrnio. 1753** *TR*, *Sachmwrnio* . . . mangling, &c. R[ichard] M[orris]. **sagmurnio.** *Dchr.* **17g.** *J* 10, 36b, *Sagmurnio*. strangulo. Suffoco. **sagmwrnio. 1707** *AB* 220b, *Sagmwrnio*, To strangle. [S]. **1753** *TR*, Sachmwrnio, and*Sagmwrnio* [*sic*], mangling, &c. R[ichard] M[orris]. **1803** *P*, *Sagmwrniaw* . . . To strangle; to throttle. **segmwrnio.** *Dchr.* **17g.** *J* 10, 39a, *Segmurnio*. Jugulo. **sygmyrnio. 1725** *SR* d.g. *To Struggle*.

sychnant [*sych*[1] + *nant*] *eb.* ll. *-nentydd*. Nant heb ddŵr ynddi, ceunant sych, wadi: *dry valley, arroyo, gulch, wadi.*

19g. Digwydd yn gyff. fel e. lle. Cf. *LL* 182, diblain ir*sichnant*.

sychrwyd [gair geir., sef *sych*[1] + *rhwyd*] *eb.* Magl neu bilen ar y llygad, rhuchen: *cataract (of the eye).*

1604–7 *TW* (*Pen* 228) d.g. *Pterygium*. *Dchr.* **17g.** *J* 10, 38a, *Sychrwyd*. × Sychgernyn. **17g.** *LlGC* 13215, 350, *Sychrwyd* × Sychgernyn Pterigium. **1803** *P*, *Syçrwyd*, s. f. . . . A dry web, or film, on the eye.

sych-syber, sychwellt, gw. sych[1] + syber, gwellt.

sychwr, sychydd [bôn y f. *sychaf*: *sychu* + *-wr*, *-ydd*[3]] *eg.* (b. *sychwraig*) ll. *sychwyr*, *sychyddion*. Peiriant sychu; clwtyn neu gadach sychu, dwster; dyfais i sychu ffenestr car; sylwedd sy'n amsugno dŵr ac a ddefnyddir i dynnu lleithder, amsugnydd; (?geir.) person sy'n sychu: *drier; duster; windscreen wiper; a desiccant, absorbent; (?dict.) wiper, person who wipes.*

1794 *W*, *Sychwr* (fem. *sych-wraig*), *sychydd* d.g. *Wiper*. **1803** *P* d.g. *Syçwr*, *Syçyz*.

Cfn.: **sychwr ffenestr:** *windscreen wiper.* **20g.**

sychwydd [*sych*[1] + *gwŷdd*[1]] *e.ll.* Coed tân sych, cynnud, tanwydd: *dry firewood, kindling, fuel.*

1346 *LlA* 30, yrei agaffo ybyt hɵnn vrth ev kynghor . . . kanys vn ffunyt yd ys yn meithrin yrei hynny. *ysychwyd* (*arida ligna*) yev rodi arytan. **15g.** *BB* 187, enynnv . . . Megis tan gan *ssych wyd*. **1604–7** *TW* (*Pen* 228) d.g. *Lignum* . . . *Ligna cocta*. **1608** *Pen* 217, 109, a chynnullaw *sychwydd* o bob tu, ac ennynnu tan. **1630** R. LLWYD: *LlH* 238, ac megis *sych'wŷdd* i ennyn ei ddig ef. *id.* 358, cynnyd irion . . . o'u gosod a'r [*sic*] dân ynghyd a *sych-wydd*, hwy â loscant. *c.* **1730** *Thos. Lloyd D* (LlGC) 212a, *Sychwydd* . . . Ligna arida. *id.* 213a, *Sychwydd* . . . Dry wood. **1782** H. JONES: *GA* 16, Megis pentewynion . . . neu *sychwydd* i ennyn ei ddig ef. **1803** *P*, *Syçwyz*, s. pl. aggr. . . . Dry wood; fuel; also called tanwyz, and cynud.

sychwyn, sychwynt, gw. sych[1] + gwyn[1], gwynt.

sychyd, be., gw. sychaf: sychu.

sychydd, gw. sychwr.

sychyn[1] [*sych*[1] + *-yn*[1]] *eg.* Person sych neu ddiserch, surbwch, person anniddorol neu ddiflas, sychbren, sychgi, syrffed; peth sych: *humourless or standoffish person, sullen person, bore; dry thing.*

20g. Cf. D. PARRY-JONES: *WCGP* 140, what team . . . should have the option of going in first . . . What we did then was . . . to pick up a piece of broken slate, or pebble, spit on one side, and as we threw it up, shout—not heads or tails,—but 'Gwlychyn neu *sychyn*?'—wet or dry?

sychyn[2,3], gw. swch[1], sychin.

sychyr [*sych*[1] + *-yr*] *eg.* ll. *-ion*. Amsugnydd: *an absorbent.*

1850.

sydan[1], gw. sidan.

sydan[2], **syden,** gw. sydyn.

sydêt, sydetrwydd, Sydoniaid, gw. sidêt, sidetrwydd, Sidoniaid.

sydyn [bnth. S. *sudden*] *a.* Disymwth, disyfyd, annisgwyl; diymdroi, buan, cyflym: *sudden, abrupt, unexpected; prompt, quick.*

16–17g. *RAGR* 303, yn *syden* mi ddychrynais ar pared mi ymgripiais. **1637** *TBM* 215, O gau ei harch gwae lawer rhai / A'i rhoi mewn clai mor *sydyn* [marwnad Marged Lloyd gan Edward Owen]. **1701** E. WYNNE: *RBS* 32, ar ei *sydyn* ddyfodiad. **1703** E. WYNNE: *BC* 73, gyrr di hwynt yno 'n *sydyn*. **1753** *ML* i. 219, concerning old Nick—y byddai ef debyg o fyned yn ei le yn o *sydyn*. **1771** *PDPh* 37, pan y syrthiont yn *sydyn* i'r llawr. **1778** J. ROBERTS: *C* 13, Gwyntoedd *sydyn*. **1798** T. ROBERTS: *CG* 16, gan roddi *sydyn* benderfyniad ar eu nychdod. **1803** *P*, *Sydyn* . . . Abrupt, quick, sudden. Ar lafar yn y Gogledd a gogledd Cered., '*sydyn*' 'sudden': 'mynd yn *sydyn*' 'to go suddenly . . . to die suddenly', 'sharp, prompt': 'atab yn *sydyn*', *WVBD* 514.

Amr.: **sydan**[2]. **[1794]** M. WILLIAMS: *DUJ* 23, Duw mawr, 'rhwn wnaeth mor *sydan* i'r mudan draethu maes. Ar lafar, 'Fe fu farw 'n *sidan* bach', *GDD* 263; 'Dyna *sytan* bu a farw, 'ntafa? Licswn inna gæl mynd yn *sytan* fel'na pyn daw yr awr', *GTN* 758. Clywir yr ymad. 'Yn *sytan* daw dy' Satwn' 'Gall newid byd ddigwydd yn ddisymwth iawn. Dywedid yn aml wrth ferch oedd yn hir yn cael cariad', *BIBC* 55. Cf. *TM* 199, Tra paro mêr m'wn asgwrn / A charreg las m'wn pingwn, / A'r cilog coch yn cianu draw, / Yn *sytan* daw dy' Satwn. **syden. 16–17g.** *RAGR* 303. *c.* **1689 (1802)** L. WILLIAM: *Sherlyn Benchwiban* 16, [m]arw yn *syden*. Ar lafar yn sir Gaerf.; ac yng ngorllewin Morg. yn y ff. *syten*.

sydynrwydd [*sydyn* + *-rwydd*] *eg.* Yr ansawdd neu'r cyflwr o fod yn sydyn, disymythder; cyflymder, buandra, brys: *suddenness, abruptness; quickness, speed, expedition.*

c. **1730** *Thos. Lloyd D* (LlGC) 213a, *Sydynrwydd*. K. 65. Hastiness. **1795** J. THOMAS: *AIC* 256, mae Plwm a phluen, yn Cŷd ddisgyn mewn *Sydynrwydd* i'r gwaelod. **1803** *P*, *Sydynrwyz*, s. m. . . . Abruptness, suddenness. Ar lafar, *WVBD* 514.

sydyr, gw. seidr.

sydd[1], 3 un. prth. pres. myn. y f. *wyf*: *bod.*

sydd[2], gw. sudd[1].

syddyn, e(i)syddyn, &c. [?cf. *tyddyn*] *eg.* ll. *-nau*, *syddynion*. Rhandir, tir, gafael, tyddyn; annedd, trigfan, cartref, hefyd yn *ffig.*: *tenement, land, holding, smallholding; dwelling-place, habitation, home, also fig.*

12g. *GCBM* i. 24, Annwar var, vedgyrn *eissydyn*. **12–13g.** *GLlLl* 203, Kereis a seleis ker Dinsilwy, / *Eissytyn* gwylein, riein, yn rwy. **14g.** *LlB* 74, Odyna kymeret pob brawt *eissydyn* (*LTWL* 387, locum tydyn) ac wyth erw. **14g.** (**17g.**) *AL* ii. 584, Teir prif lys arbennic sydd ir tri theyrn hynn yn *essyddynneu* breynyawl iddunt. *id.* 686, mab brenin hagen o bydd hynaf a ddyly yr *essyddyn* pennaf. **14g.** *GDG*[3] 48, Llywelyn, o'r *syddyn* serch, / A roddes hon am Rydderch. *id.* 115, Erlynais nwyf ar lannerch / Y Penrhyn, *esyddyn* serch. *c.* **1400** *R* 1250. 7–9, Oesswed tyngnheued yng knaɵt meir berffeith. *eissydyn* gobeith gɵirdeith gɵyrdaɵt. **15g.** *GGl*[2] 115, Dy swydd o fewn dy *syddyn*, / A Duw a'i tâl, da wyt ynn. **16g.** *GGH* 39, Fy nydd innau sydd heb un *syddyn*, / Heb groes anghenloes yn fy nghanlyn. **1582** LLYWELYN SIÔN, &c.: *Gw* 434, bvrswydd ddoniav, bor *syddynion*, / bayn ofynion boen a venig. *Dchr.* **17g.** *Cylchg LlGC* xvii. 249, Item ar Hŵel Gryffydd a Ivan Tomos hwel ne eÿ assignes hwy am *Syddyn* o dir. **1632** *D*, *Eisyddyn*, Idem quod *Syddyn*. *id.* *Syddyn*, & *Essyddyn*, & *Yssyddyn*, Demetis est quod Venedotis Tyddyn, Tenementum. **1722** *Llst* 189, *Syddyn*. m.p. *ddynnau*. A tenement farm, inheritance, land. **1800** W. OWEN-[-PUGHE]: *CP* 127–8, Y maidd glâs ar ôl . . . â wedda yn ymborth anifeiliaid yr *eisyddyn*. **1803** *P*, *Eisyzyn*, s. m.—pl. t. *au* . . . A tenement. *id.* *Esyzyn*, s. m.—pl. t. *au* . . . A mansion, a dwelling place. *id.* *Syzyn*, s. m.—pl. t. *au* . . . A habitation; a tenement.

syddynnwr [*syddyn* + *-wr*] *eg.* ll. *syddynwyr*. Tyddynnwr: *smallholder, crofter.*

1793 R. POWELL: *ADV* 21, Gwych yw cyvlwr / Y llafurwr, / A'r *syddynwr* [:– Tyddynwr, neu un yn trin tir] / Syw ei ddoniau. **1803** *P*, *Syzynwr*, s. m.—pl. *syzynwyr* . . . a husbandman, a farmer.

syfa, gw. sife.

syfag, ?*e.* ll. *-au*, yn yr ymad. *polion syfag(au)*. Rhan o dŷ (?o'r to): *part of a house (?of the roof).*

13g. *LlI* 92, y *polyon suyageu* [*sic*] (amr. *syuac*; (*LlDW*) *ZCP* xx. 83, *seuac*) a'r keybreu, keynnyauc. **1803** *P*, *Syvag*, s. f. pl. t. *au* . . . That is out-spreading.

syfatan, gw. syfi[1].

syfêr, sefêr [bnth. S. *severe*] *a.* Llym, difrifol: *severe.*

Ar lafar, 'Ma golwg *syfêr* arno wastod', 'Un *syfêr* iawn odd 'i. 'Chelat ti ddim llawar o dynerwch ginti 'i', *GTN* 755; 'Ma 'i'n dwydd *sefêr*', 'Fe gas bwl *syfêr* iawn y tro dwetha''. Clywir hefyd *s(h)ifêr*.

syfi[1] [**swf* + *-i*[2], Crn. Diw. *sevi*, Llyd. C. *s(u)iuy*, Llyd. Diw. *sivi*; cf. H. Wydd. *sub*, ll. *subi*, Gwydd. Diw. *sú* 'aeron cochion', ?Gal. σουιβίτης '?iorwg': < Clt. **su-bh-ī-*, o'r gwr. IE. **seuə-* 'gwasgu (hylif) allan'; â'r tr. ml. yn y cfn. *syfi goch((i)on)*, cf. *afan gochon* a'r tr. ml. a all ddilyn ff. ll. yr e. *pobl*] *e.ll.* (un. b. *syfïen*) ll. dwbl (prin a diw.) *syfïod*.

(*a*) Mefus, hefyd yn *ffig.*: *strawberries, also fig.*

14g. *ACL* i. 40, Fragaria, gwydd ymevvs, *yssyui*. *c.* **1400** *MM* 12, Kymryt sud y *syui*. **15g.** *Glam Bards* 279, arfer ir wyf o glera / mewn fforest aür manffrys da / ag arnaf val iarll Gweruan / i saif mil o *syvi* man [Ieuan Du'r Bilwg i ofyn gown coch]. **1547** *WS*, Mefys ne *syfi* Strawberries. ?**16g.** *LlGC* 1560, 550, *syfi* mefvs ['geirie . . . sathredig yn Sîr Drefaldwyn']. **16g.** *LlS* 161, Strawberie yn Sasonaec a Mefys nei *Syfi* yn ein iaith ninnæ. **1632** *D*, *Syfi*, Fraga. Sing. *Syfien*. **1760** *ML* ii. 210, nid oes yma fawr ffrwythau, ond digon o *syfi* (mefus). **1770** *TG* ii. 31, cribau St. Ffraid a *syfi* a arwyddoccant ei fod yn dir cymmwys at goed. **18–19g.** *Llr* C 4, 148, y *syfi* cochion sufog. **1803** *P*, *Syvi* . . . Strawberries; also called 'mevys'. Lle amyl y *syvi* amyl y neidredd . . . Adage. *id.* *Syvien*, s. f. dim. . . . a single strawberry. *Syvien* yn mola hwç . . . Adage. Ar lafar yn y ff. *syfi*, *s(h)ifi*, *syfi(n)s*, a *sifins*, yn enw. yn yr ystyr 'mefus gwyllt', G. AWBERY: *BM* 59 (Cered. a'r De); ''Odd 'no fencyn yn y cæ yn goch o *syfi*', 'Fi brynas bywnd o *syfi* i de', *GTN* 755. Clywir y ff. fach. *syfatan* yn ne-ddwyrain Morg., ''Roews 'i ddim un *syfatan* fach ifi', *GTN* 755. Digwydd yn yr ymad. 'fel *syfïen* ym mola hwch' i ddynodi peth neu berson ansylweddol neu ddi-nod, ''Odd y ticyn bwyd fel *syfïan* ym mola 'wch i fi, a finna jest yn starfo', *GTN* 755; cf. 'fel *syfïan* mywn bola mochyn', M. WILIAM: *DY* 60.

(*b*) (geir.) Ffrwythau'r pren mefus neu'r arbwtws: (*dict.*) *fruits of the strawberry tree or arbutus.*

1604–7 *TW* (*Pen* 228), [p]renn *Syvi* d.g. *Arbuteus*. **1722** *Llst* 189, *syfien* d.g. *An Arbute (fruit)*.

Cfn.: **syfi pêr:** *?cultivated strawberries.* Ar lafar yn sir Gaerf. yn y ff. *shifi pêr*. **syfi coch(ion), syfi goch((i)on):** *wild strawberries, Fragaria vesca.* **18g.** *Llr* C 24, 18, gwydd *sivi gochion*. *id.* 24, Cymer ddail y mefys ereill ai geilw dail y *sifi cochion*. Ar lafar yn y ff. *syfi goch*, *s(h)ifi goch(on)*, G. AWBERY: *BM* 59 (Cered., sir Gaerf., a sir Benf.). **syfi gardd:** *cultivated strawberries.* Ar lafar yn ne-ddwyrain Morg. **syfi gwyllt(ion):** *wild strawberries, Fragaria vesca.* Ar lafar yn y De, G. AWBERY: *BM* 59; hefyd ym Mrych. yn y ff. *syfins gwyllt*, *ib.* **syfins bach:** *wild strawberries, Fragaria vesca.* Ar lafar, G. AWBERY: *BM* 59 (Brych.).

syfi[2], **syfiedig, syfïen, syfiet,** gw. seifys, sufiedig, syfi[1], sufiet.

syfilian, syfiliwn, gw. sifilian.

syfins, gw. syfi[1].

syfl[1,2], gw. sifil, syflaf: syflyd.

syflaf, sylfaf: syflyd, syflu, sylfyd, sylfu, *bg.a.* Symud, ystwyrian, hefyd yn *ffig.*; cyffwrdd â (theimladau rhywun), cael ei gyffwrdd (yn deimladol): *to move, stir, budge, also fig.; move or be moved (emotionally).*

15g. *W Best* 8, vnigkorn . . . nid oes yn y byd anivail a levys *ssylvv* ragddaw. **1488–9** *BSM* 8, ef a welid y korff yn *sylvv* i holl aelodav. **15–16g.** *TA* 104, Maen ni *sy*[*l*], mwy no sylfaen. *id.* 370, Sele[f] ddoeth, ni *sy*[*l*]*odd* air. **1547** *WS*, *Syflyd* ne *syl*/*fyd* Stere. **16g.** *GGH* 285, Ni fflagiodd er anfoddion, / Ni phlygodd, ni *sylfodd* Siôn. **1588** *Gen* xxx. 27, ôs [*sic*] cefais ffafor yn dy olwg na *syfl*. **1588** *Doeth Sol* xvi. 11, rhag iddynt trwy syrthio mewn dyfn angof, fyned fel na ellid eu *syflu* er dy ddaioni di. **1632** *D*, *Syflyd*, & *Sylfyd*, Mouere, moueri. **1667** C. EDWARDS: *FfDd* 53, rhyfeddodd llawer na *syflodd* ef ronyn yn y tân, er ei fod yn hen-wrbarf-wyn [*sic*]. **1672** R. PRICHARD: *Gw* 549, Llawer Christion gwael ni *syfla* [:– Chythryblir], / Pan y cabler Duw goruchaf. **1728** T. BADDY: *DDG* 100, Fê alwyd hefyd y Môr marw, ond odid am na fâg ef un Creadur byw, neu ei Ddyfroedd trymllyd, prin eu *Syflir* gan un math ar wynt. **1790** T. JONES: *TOS* 210, pan mae efe yn gwahodd ein calonneu i'r nefoedd, ni *syflwn* fodfedd. **1803** *P*, *Syvlyd* . . . To move, to stir; to be moved. Na *syvled*

un ozyna, let no one stir from there; o *syvli*, if thou stirrest. Ar lafar, ''*Syfla*' i ddim cam ar 'i ôl o', *WVBD* 516; 'Un bendarfynol yw 'i, 'os dim yn gallu'i *syflyd* 'i', *GTN* 756; ''Os dim isia i chi *syflyd* o'r man 'yn'.

syfrdan [?cf. Crn. Diw. *sowthan* 'syndod', H. Lyd. *soudan*, gl. *hebetudo*, Llyd. C. *s(a)ouzan* 'ofn', Llyd. Diw. *saouzan* 'ofn; syndod'; gw. hefyd *syfrdanaf*: *syfrdanu*] *a.* a hefyd fel *eg.?b.* ll. *-od.* Wedi hurtio neu ddrysu, syn; anymwybodol; chwil, penysgafn; hurt, twp, dwl; hurtiol, syfrdanol; hurtrwydd, syfrdandod, dryswch, syndod; penysgafnder, pendro; llafar dryslyd, clebar, baldordd, deliriwm; person chwil neu benysgafn: *stunned, stupefied, dazed, amazed, astounded; unconscious; dizzy, giddy, light-headed; stupid, dull; stupefying, astonishing; stupefaction, bewilderment, amazement, astonishment, surprise; dizziness, giddiness, light-headedness, vertigo; a raving, chatter, babbling, delirium; dizzy, giddy, or light-headed person.*

14g. *GDG*³ 131, Talmithr ym reg y loywferch, / Tâl bychan am *syfrdan* serch. **15g.** *GDLl* 97, Y mae *syfrdan* ym Manaw / A dynn y drwg yn dân draw. **15g.** *GDGor* [53], Y gigfran *syfrdan* ei sŵn. *Diw.* **16g.** *CRC* 351, oni ddoeth *syfrdan* satan serth / o frig y bereth [*sic*] ai tentio. *Dchr.* **17g.** *J* 10, 38a, *Syverdan* Sopor. **1632** *D*, *Syfrdan*, Vertiginosus, stupidus. **1696** *CDD* 312, Ac yno ceir clywed y fath gabl gân, / Fel a bo [*sic*] *syfrdân* eu gwrando. **1710** T. JONES: *Alm* [17], Cyflymmmu [*sic*] i dyrru da arian i rydu / Yr ydŷw rhai *syfrdan* [:– hurt]. **1722** *Llst* 189, *Syfrdan* Amazed, crazed, brain-sick, dizzy, dull, dozed, stupid. **18g.** *W Ballads* 186, 7, Mae Cwsg yn fy nal mor *syfrdan* / Nad wyf yn byw mo hanner f' oedran. **1780** *W*, Och Dduw! gynnifer mâth o *syfrdanod* y sydd mewn crefydd! d.g. *Quietists*. **1803** *P*, *Syvrdan* . . . Giddy, dizzy; stupified; delirious. Cf. R. WILLIAMS PARRY: *H* 18, *Syfrdan* y safodd yntau [llwynog].

Amr.: **sefrdan.** **1547** *WS*, *Sefyrdan* Leude, peuysshe. **1632** *D*, *Sefrdan*, vid. Syfrdan. **1753** *TR.* **surdan.** **18g.** *W Ballads* 164B, 5, 'Roedd yno chwerw lefan, ag ochan cwynfan cûr, / Yngwtur [*sic*] fudur uffern, / oer geulan *surdan* Sûr. Ar lafar yn yr ystyr 'penysgafnder, penfedd-dod', 'Mae rhyw hen *surdan* arna' i' (Llŷn). **swfrdan.** **1777** W. WILLIAMS: *DN* 49, Gorfod bod ym mhob cwmpni wrth eu hochrau, a gwrando eu *swfrdan* pan byddai pethau da yn cael eu llafaru mewn cyfeillach arall. **swrdan.** **1686** *Gwaseila* 954, Mawr yw'r sŵn a'r *swrdan* sydd am newydd dedwydd, da. **swrddan**¹. **1770** D. JONES: *DP* 16. **1786** M. WILLIAMS: *BM* 39, Gadewch inni weithian gael siarad ein cyfran, / Fel clap wrth yr hopran a'i *swrddan* fawr sain. **syfrddan.** **15–16g.** LLAWDDEN, &c.: *Gw* 189, Sôn cennyf y syn canu / *Syfrddan* fis i Fyrddin fu, / Arfer eto â'r Brutiau, / Mae a ddaw ym am dduw Iau. **16g.** *Llst* 6, 2. **16–17g.** *HG* 89. **syrddan.** **1827.** Ar lafar, '*Syrddan*' 'Moedro, ramblo', *Cymru* xxxix. 96 (Brych.). **syrfdan.** **1552** *Pen* 403, 24, i bot hwynt yn wastat ymysc divyrwch a *syrfdan* a chyveddach / a heb glywed vn amser ddim kyngor o vvchedd dda.

Gw. hefyd **seudan.**

syfrdanaf: syfrdanu [bf. o'r a. *syfrdan*; cf. Crn. C. *sowthanas* 'peri syndod, camarwain', Llyd. C. *souzany* 'synnu', Llyd. Diw. *saouzanin̄* 'dychryn; synnu', ?cf. Gwydd. C. *somairnid* 'syfrdanu, peri cysgu'] *bg.a.* Gwneud neu fynd yn syfrdan, hurtio, pensyfrdanu, synnu, drysu, mwydro; blino (â siarad, sŵn, &c.), byddaru; gwneud yn chwil neu'n benysgafn; lleddfu (poen, &c.), marweiddio; peri i (rywun) gysgu, gwneud yn anymwybodol; dioddef gan ddeliriwm, rhwyfo: *to make or become stupefied or dazed, stupefy, stun, amaze, astound, surprise, make or become confused or bewildered; tire (with talk, noise, &c.), deafen; make dizzy, giddy, or light-headed; dull (pain, &c.), numb; send to sleep, render unconscious, knock out; be delirious.*

1567 *TN* [xxxix], Brys sy arnafi i fynd ir penn rrac *sevrdanu* 'r darlleydd. **1604–7** *TW* (*Pen* 228), *syfyrdanu* gan dhyrnot d.g. *Sopio*. *Dchr.* **17g.** *J* 10, 38a, *Syverdanu.* sopio. **1620** *Luc* xviii. 5, rhag iddi yn y diwedd ddyfod a'm *syfrdanu* i. **1630** *YDd* 42–3, dy blant, dy wraig ath gyfeillion, âth *syfrdanant* dan ymbil a thi am osod trefn ar dy dda. *id.* 123, ymwelad dy gynyseifiaid a'th *syfrdana* di. **1632** *D*, *Syfrdanu*, Stupefacere, stupescere. **1656 (1745)** *MLl* ii. 134, fel yr Israëljaid yn *syfrdanu* yn Anjalwch eu Meddyljau. **1716** J. MORGAN: *MB* 19, Nid oes yno [uffern] na diod iw Boddi, na Difyrrwch iw *Syfrdanu*. **1733** T. EVANS: *PP* 132, beidio a blino ein hunain a *syfrdanu* ein pennau ynghylch yr hyn a ddigwydd rhaglaw. **1740** T. EVANS: *DPO* 271, yn cael eich *Syfrdanu* gan y Tonnau. **1768** RISIART AP ROBERT: *CB* 54, [rh]oddi gwin a myrrh i *syfrdanu* 'r teimlad. **1803** *P*, *Syvrdanu* . . . To make giddy, or dizzy, to stupify; to astonish; to become giddy, dizzy, or stupified. Ar lafar, '*syfrdanu*, *syfyrdanu*', *WVBD* 516.

Amr.: **sefrdanu** [cf. *sefrdan*]. **1567** *TN* [xxxix]. *Dchr.* **17g.** *J* 10, 39b, *Sevrdanu.* to be tedious. stupefacio. *c.* **1730** *Thos. Lloyd D* (LlGC) 207a, *Sefrdanu.* Syfrdanu. **sefrddanu.** **1567** *TN* 116b, rac o'r dywedd yddi vy *sevrddanu* [:– myddaru]. **swfwrdanu** [cf. *swfrdan*]. **1617** *Minsheu* 43a, i siarad oferedd, i *swfwrdânu* d.g. *Blabber lipped.* Ar lafar, ''Ôn' nw jest *swfwrdanu* 'men i gin fel 'ôn' nw'n cleprach', 'Fe'm *swfwrdanws* i fod siw' beth yn bosib', *GTN* 753. **swlddanu** [cf. *swlddandod*]. **1906.** **swrdanu** [cf. *swrdan*]. **1604–7** *TW* (*Pen* 228) d.g. *Obtundo, Tundo, Vacillo.* **1707** *AB* 220b. Ar lafar, ''Odd a'n *swrdanu* yn 'i gwsg' (de-ddwyrain Morg.). **swrddanu** [cf. *swrddan*¹]. **1672** R. PRICHARD: *Gw* 376. *c.* **1730** *Thos. Lloyd D* (LlGC) 213a, *Swrddanu.* To deafen. **18–19g.** *Llr* C 59, 378, *Swrddanu* — Brithchwalu — clochdarian — ymdafodi, Brabanu, clebran—Brablan. Ar lafar, *TGG* (1907–8) 89 (de-orllewin sir Gaerf.); ''Odd a'n *swrddanu* nithwr', 'O! bydd yn dawal! 'Wyt ti'n *swrddanu* 'men i', *GTN* 753. **syfrddanu** [cf. *syfrddan*]. **1630** R. LLWYD: *LlH* [xiii]. **1770** *TG* ii. 61. Ar lafar, 'Ma'r plant 'yn yn ddicon i *syfyrddanu* dyn', *BIBC* 47. **syrddanu** [cf. *syrddan*]. Ar lafar, 'Ma dŷn yn dueddol o *syrddanu* ar 'i wely anga', *BIBC* 47.

syfrdanaidd [*syfrdan*+*-aidd*] *a.* Narcotig, yn peri hurtrwydd; wedi syfrdanu neu hurtio; syfrdanol: *narcotic, stupefying; astonished, stupefied; astonishing.*

1711 T. JONES: *Alm* [25], Rhŷw ŵr Ardderchog a geiff ei dderchafu ar dir ynghŷlch hŷn o amser, holl frenhinoedd Europa ydŷnt *syfrdanaidd* yn eu datglymiad, Llawer a dderbŷnniant oruchafiaeth, ac eraill a ddiddymmir o'u hawdurdod. **1757** J. PRYS: *Alm* [12]. **1803** *P*, *Syvrdanaidd* . . . somewhat stupefied.

syfrdandod [*syfrdan*+*-dod*] *eg.* Yr ansawdd neu'r cyflwr o fod yn syfrdan, syndod, rhyfeddod; dryswch, penwendid, penbleth; hurtrwydd, syrthni, cysgadrwydd; penysgafnder, pendro; deliriwm: *astonishment, amazement, surprise, wonder; consternation, bewilderment, puzzlement; stupefaction, stupor; dizziness, giddiness, light-headedness, vertigo; delirium.*

16–17g. *IICRC* iii. 331, fym heni [*sic*] yn llawn *swrddandod* / Am genay fel y wermod. **1632** *D*, *Syfrdandod*, Vertigo, stupor. *id.* d.g. *Delirium.* **1688** *TJ*, *Syfrdandod*, syndod, hur[t]ni, a dulness, or stupidity. **1716** E. SAMUEL: *GGG* 170, mae'nt [yr Iddewon] byth yn aros yn Alltudion ac yn ddirmygus . . . Nid oes nac Arwydd nac Argoel o ddychwelyd . . . fel pettynt gwedi eu llenwi o Ysprŷd *Syfrdandod.* **1753** *TR*, *Syfrdandod*, giddiness, dizziness, dulness, senselesness. **1759** J. EVANS: *PF* 53, Ffefer Drom . . . A *Syfrdandod* [:– Ymleferydd] ac anghyscu yn ei dilyn. **1776** I. BRYDYDD HIR: *P* i. 33, a deffroi o drymgwsc ei ddiofalwch a'i *syfrdandod.* **1790** *Budd A* 147–8, cwsg ym mha un y mae'r enaid . . . yn cael ei gaethiwo bob nos i gylchynol *syfrdandod.* **1794** *W* d.g. *Stupefaction.* **1803** *P*, *Syvrdandawd* . . . Giddiness, dizziness; stupefaction; delirium; craziness.

Amr.: **swlddandod** [cf. *swlddanu*]. **1906.** **swrdandod** [cf. *swrdan*]. *c.* **1730** *Thos. Lloyd D* (LlGC) 213a, *Swrdandod.* Delirium. Syfrd[andod]. **swrddandod** [cf. *swrddan*¹]. **16–17g.** *IICRC* iii. 331. **1791** SIÔN LLYWELYN: *DD* 18, Ar waelod bedd 'rwy 'n dewis bod, / O bob *swrddandod* gerwin, / Mewn daear dew a dwfnder llawn, / Yn ddistaw iawn mewn ysgrin. **18–19g.** *Llr* C 59, 378.

syfrdanedd [*syfrdan*+*-edd*¹] *eg.* Penysgafnder, pendro: *dizziness, giddiness, light-headedness, vertigo.*

1803 *P*, *Syvrdanez*, s. m. . . . Giddiness, craziness. **1813** *WB* 195, ysgafndra mewn pen, neu *syfrdanedd.*

syfrdaniad [bôn y f. *syfrdanaf*: *syfrdanu*+*-iad*¹] *eg.* Hurtiad; hurtrwydd: *a stupefying; stupefaction.*

1794 *W* d.g. *Stupefaction.* **1803** *P*, *Syvrdaniad*, s. m. . . . a stupifying.

syfrdanllyd [*syfrdan*+*-llyd*] *a.* Syfrdanol, rhyfeddol; wedi synnu neu ryfeddu, syfrdan, syn; cysglyd; yn peri dryswch, hurtiol, cysgbair, hunbair, ?meddwol; yn dioddef gan ddeliriwm; dryslyd, ffwndrus; baldorddus: *amazing, astounding, surprising; amazed, astonished, astounded, surprised; drowsy; bewildering, stupefying, soporific, ?intoxicating; delirious; bewildered, doting; chattering, babbling.*

1630 *YDd* 38, henaint . . . yn dyfod tan ymgrymmu, yn *syfrdanllyd* (*under dotage*). *id.* 242, [b]wyta yn drwm, neu yfed gormodedd o wîn, neu ddiod gref, yr hyn a ddichon ein gwneuthur ni, yn *syfrdanllyd* (*drowsie*). **17g.** HUW MORUS: *EC* i. 182, Rhai gwragedd *syfrdanllyd*, mewn dadl sy 'n dywedyd, / Gael cyffwrdd â'r yspryd, mewn breuddwyd i'n bro. **1722** A. THOMAS: *DR* 18, tuhwnt i ddifyrrwch *syfrdanllyd* dynion ynfydion, a gwallgofus. *c.* **1730** *Thos. Lloyd D* (LlGC) 213a, *Syfrdanllyd.* Doating. **1775** *EDPP* 167, ni allai ei ben *syfrdanllyd* ef [Publican] edrych ddim pellach nâ'r tyb da oedd gantho am degwch a disgleirdeb . . . ei hunan-gyfiawnder.

Amr.: **swrdanllyd** [cf. *swrdan*]. **1885.** **swrddanllyd** [cf. *swrddan*¹]. **1688** S. HUGHES: *TSP* 170, o achos diffeithdra y cyfryw Ddynion *swrddanllyd* [:– Mawr eu siarad]. *c.* **1730** *Thos. Lloyd D* (LlGC) 213a.

syfrdanol [*syfrdan*+*-ol*] *a.* Yn peri syfrdandod neu syndod, rhyfeddol; hurtiol, cysgbair, hunbair, narcotig, meddwol: *amazing, astounding, surprising; stupefying, soporific, narcotic, intoxicating.*

1803 *P*, *Syvrdanawl* . . . stupifying.

syfrdanrwydd, syfrdanrhwydd [*syfrdan* +*-rwydd*, *-rhwydd*] *eg.* Penysgafnder, pendro; hurtrwydd: *dizziness, giddiness, light-headedness, vertigo; stupefaction.*

1630 *YDd* 146, wrth glywed dy wendid a'th *syfrdanrhwydd* (*dulnesse*). **1632** *D*, *Syfrdanrwydd* d.g. *Scotoma.* **1794** *W*, *syfrdanrwydd* d.g. *Stupefaction.*

syfrdanus [*syfrdan*+*-us*] *a.* Hurtiol, ?narcotig; wedi hurtio; hurt, dwl, twp; ffwndrus, dryslyd; ?baldorddus: *stupefying, ?narcotic; stupefied; dull, stupid; doting; ?babbling.*

1595 H. LEWYS: *PA* 231, anioddefgarwch syd' 'n maglu ac 'n rhwydo y meddwl, ac a wnaiff wr weithiau yn *syfrdanus*, ac agos allan oi gof (*dull and at his wit's end*). **1675** R. DAVIES: *PY* 92, er bod ynddo rai pethau y gallei dynion *syfrdanus* feio arnynt. **1731** T. LEWYS: *BMA* 217, bu farw yn *syfrdanus* . . . megis Plentyn, neu Oen. **1798** *WR* d.g. *Stupifying.* **1803** *P*, *Syvrdanus* . . . stupifying.

syfrddan, syfrddanaf: syfrddanu, gw. **syfrdan, syfrdanaf: syfrdanu.**

syfudr [?*sy-* (gw. *sybwll*)+*budr*] *a.* Budr, cas, gwael: *dirty, foul, vile, mean.*

14g. *OBWV* 73, Sefyll a'r cawell *syfudr* / Dan fonau 'neufraich, baich budr [Madog Benfras i'r halaenwr]. **14g.** *GGrG* 148, Rhai'n eu gorwedd, hagrwedd hyll, / Rhin *syfudr*, rhai'n eu sefyll [Ithel Ddu i'r celffaint]. **14g.** *GDG*³ 76, Pob edn *syfudr* alltudryw / A'i baedd; pond rhyfedd ei byw [i'r dylluan]? ?Cf. yr e. lle *Llyn Syfydrin*, Cered.

syful, syfulrwydd, syfydlaf: syfydlu, syfydledig, syfydlfa, syfydlog, syfyl, gw. **sifil, sifilrwydd, sefydlaf: sefydlu, sefydledig, sefydlfa, sefydlog, sifil.**

syfyllfach, gw. **sefyllaf: sefyllu.**

syffedaf: syffedu, syffetus, gw. **syrffedaf: syrffedu, syrffedus.**

syffgad, gw. **saffgart.**

syffgar [?elf. anh.+*-gar*] *a.* Ymdrechgar, egnïol: *striving, energetic.*

Ar lafar, 'dynas *syffgar*', *B* i. 101 (Arfon).

syffilis, syffilitig, syffinïar, gw. **siffilis, siffilitig, siffonïar.**

syffisiant [bnth. S. *sufficient*] *a.* Digonol; ?sylweddol: *sufficient; ?substantial.*

16–17g. (*Gesta Rom*) *LlGC* 13076, 69a, mi a rof yn *syffysiant* drosto ef, kans mi a rof vil o bynnav drosto ef. **17g.** *LlCy* iii. 105, Tystolaeth *syffisiantt* A geyre düwn warantt. **1712** T. WILLIAMS: *CDdG* 180, Tystiolaeth Tystion *Syffisiant* ar Cyfryw rai ar a heuddei yn dda ei Coelio . . . A hwnw a Gyfrifir yn dŷst *syffisiant.* **18g.** *IICRC* iii. 269, Os mynwn ynill Teyrnas Ne / . . . / Ef a ddenfyn un Duw Iôn in ddigon yn *syffisiant* / Fel y gallom yn dda hawl Roi i Grist dragwyddawl foliant. Ar lafar yn yr ystyr 'snobyddlyd, nawddoglyd, mawreddog, trahaus', 'Un *syffisiant* iawn yw 'i. Ma 'i'n trafod pawb fel 'tan' nw dan 'i thræd 'i', ''I ddishgwlws arno' i mor *syffisiant*—fel 'tan i'n faw wth wandda 'i sgitsia 'i!', *GTN* 756; 'Hen ddiawl hunanbwysig *syffisiant* yw e'. Cf. D. OWEN: *D* 163, Ydi'r hen Williams, tybed, ddim wedi gneyd digon o hums sydd yn *syffisiant* i

undyn byw, heb i ch'i fyn'd i foedro'ch pen hefo pethe felly?

syffon, gw. **seiffon.**

syffraf, syffriaf: syffr(i)o [bnth. S. (*to*) *suffer*] *bg.a.* Dioddef, goddef: *to suffer, bear.*
1769 TWM O'R NANT: *TChD* 34, Pe cawn i ef i'm Gafel siawns na chae gofio, / A thippyn gwell Saffrwydd, mi wnawn iddo *suffro.* **1776** H. JONES: *GC* 71, Nyni a fynnwn wneud fel fynnon'; / A gwnawn i chwitheu *syffro* drosto'n [*sic*]: / Ni godwn Renti, ni gawn rantio, / A gwnawn i chwitheu fod yn effro. **1828** *Geir Pob* 26, *Suffrio,* goddef, dyoddef. Ar lafar, '*syffro* efo cryd cymala' (Llŷn); hefyd yn yr ystyr 'gwneud ei orau', 'Mae hi'n *syffro* yn 'i dyletswydd' (Arfon). Cf. D. OWEN: *GT* 35, mae'n arw o beth iddo *syffro* ar gam.

syffragét, syffrajét, gw. **swffragét.**

syffriaf: syffrio, syffrigan, gw. **syffraf: syffro, swffragan.**

syffrwd, syffryd, gw. **siffrwd[1].**

syffylitig, gw. **siffilitig.**

syg [?bnth. Llad. Isel *sōca*; cf. Llyd. C. *sug* 'rhaff, tres', Llyd. Diw. *sug, such,* taf. Gwened *suyéü* (ll.)] *eb.* ll. -(*i*)*au.* Cadwyn, tid, tres: *chain, trace.*
16g. RHISIART FYNGLWYD, &c.: *Gw* 31, Rhoi yt hem ar hyd damasg, / A *syg* o aur is ei gwasg. **16g.** WILIAM LLŶN: *Gw* (R. Stephens) (At.), *Syc* kadwyn. **16g.** *Hop M* 195, mae vynghorff heb affaith gwryg, vel aderyn yny pyg / pechodau velly m dyg, pob un mal *syg* ym poeni. **1604–7** *TW* (*Pen* 228) d.g. *Catena.* **1632** *D.* **1688** *TJ, Sŷg,* Cadwŷn, Tîd: a Chain. **1722** *Llst* 189, *Sŷg.* f.p. *Sygau.* A chain. **1753** *TR, Sŷg,* a chain. Bon-syg, the chain which extends from the plough-beam to the yoke. Pl. *Sygiau,* chains; also, the traces of draught-horses. **1794** *W* d.g. *Tew* [*an iron chain*]. **18–19g.** *Llr* C 11, 247–8, Welsh Agricultural Terms, in Glamorgan . . . Tres, *Syg,* Rhau. **1803** *P, Sŷg,* s. f.—pl. t. *iau* . . . A chain formed of links; a trace; also called 'tid', and 'rhau'. Ar lafar yn yr ystyr 'a short chain, used for ploughing, between the plough and camrain (cam-bren)', *TGG* (1906) 16 (Morg.).

syganaf: syganu [?*sy-* (gw. *sybwll*) + *canaf: canu*] *bg.a.* Dweud, adrodd, datgan; (?geir.) sibrwd, mwmian; (?diw.) canu; ?ateb: *to say, tell, declare;* (?*dict.*) *whisper, mutter;* (?*late*) *sing;* ?*answer.*
14g. *GDG*[3] 168, *Syganai*'r bi, cyni cwyn, / Drwynllem falch ar y draenllwyn. *id.* 328, *Syganai*'r gwas soeg enau, / Araith oedd ddig, wrth y ddau. **15g.** *IGE*[2] 226, *Syganai* erfai eurferch / Wrthyf: 'Mae o siamplae [*sic*] serch / Cnau i'm llaw, brifardd hardd hwyl.' (Ieuan ap Rhydderch). **15g.** *HS* 27, *sygan* cariad rhianedd / gutto r mawl gyttywr medd. **1567** *TN* 225b, megis y '*sygana* rei ein bot yn dywedyt. **16g.** *LIS* 135, *sygany* y mae hen chwedl dorri or cythraul damaid o wreiddyn y llyseun hwn. *a.* **1587** *Y* 112, *Syganai* rhai yr awr hon / Yr vn fodd rai yn feddwon. **1595** *Egl Ph* 22, Ac o'r achos hynny y *syganeu* [*sic*] ebh ar watwargerdh wrthynt. **1632** *D, Syganai,* Aiebat, inquiebat. h.e. Ys a ganai, ys yngana. *id.* d.g. *Dico, Infit.* **1722** *Llst* 189, *Syganu.* To speak, declare, say. **1760** *ML* ii. 268, Nid allaf fi aros gweled mo'ch epystolau o'm blaen heb eu hatteb, o herwydd p'am, dyma fi yn rhoi'r glun i lawr i *syganu*'r eiddoch o Fedi 15, 27, 28, Hydref 18! **1767** *Gron* 117, Soniais, *sygenais* gwynion,—do ganwaith, / Am deg Wynedd wendon. **1803** *P, Syganu* . . . To whisper, to mutter.
Amr.: **seganu.** *Diw.* **16g.** *RWM* ii. 474. **siganu** [dan ddyl. *si*[1]]. *Diw.* **16g.** *GDG*[3] 170. **suganu** [dan ddyl. *su*]. **1789** *BDG* 283. Cf. T. E. NICHOLAS: *Salmau'r Werin* (1909) 82, Pan na fydd telynau'r meddwl / Yn *su-ganu* wrth dy dad. **ysyganu** [cf. *D* uchod]. **1567** *TN* 100b, yntef a*ysyganei,* Arglwydd, goddef i mi yn gyntaf vyned a' chladdu vy-tad. *id.* 197a, *ysyganei* Paul wrth Barnabas, Ymchwelwn drachefyn. **ysynganu** [cf. *D* uchod]. **1551** W. SALESBURY: *KLl* lxxxa, e a *ys ynganei* [*sic*] ynto ehunan.

sygmyrniaf: sygmyrnio, gw. **sychmurniaf: sychmurnio.**

sygn, sign, &c. [?bnth. dysg. Llad. *signum,* o bosibl drwy'r H. S. *segn* neu'r H. Ffr. *signe;* dichon fod enghrau. o e. un. yn *-edd*[1] wedi eu cynnwys yma fel e.ll. a bod yma hefyd enghrau. o *sein*[1]] *eb.* ll. -(*i*)*au, -edd, -oedd.* Arwydd (fel arfer o'r Sodiac); (yn y ll. *sygnedd*) Sodiac: *sign* (*usu. of the Zodiac*); (*pl.*) *Zodiac.*
12g. *GCBM* ii. 306, Bu Alexander, byd lywadur, / Hyd *sygnoet* nefoet, ny bu segur. **13g.** *DB* 65, megys pei et vei edyn en rot melin . . . yvelly y planedeu hyn en erbyn y *sygneu.* *id.* 67, deudec *sygyn.* **13g.** *GBF* 470, Pan wir uarner yg goleuder ser a *sygneu.* **14g.** *GDG*[3] 176, Coes garan ddygn dan *sygn* sêr, / Cynghafog, cangau ofer. *id.* 294, Nis tyn dyn dan wybr *sygnau,* / I mewn y galon y mae [am wayw]. *c.* **1400** *Études* vii. 310, Pan vo y lloer yn bennaf ar y Scorpiwn neu ar y Cancro neu ar y Pisce, ac wynteu dan arglwydiaeth y *sygyn* honno. *Diw.* **15g.** *Pen* 67, 20, knotyav or *svgnav* [*sic*] ar syr (Hywel Dafi). *Diw.* **15g.** *Pen* 53, 3, hanner y ser ar *sygnedd* a sygil mis gorffenna. **1546** *YLlH* [8], adnabot rheol y ser ar *seignyeu* a nattur pob p[e]th dayarol. **1567** *TN* 104a, ceisio *sygn* [:– sein, arwydd, argoel] y maent. *id.* 122b, a *signedd* [:– arwyddion] mawrion vyddant o'r nef. *c.* **1590** *RC* xlvi. 55, hwy a welynt yn eglurder y nyf a chyffroedigaeth y *sygnedd* i byddai y mab wr dihenydd. **1596** *Pen* 187, 39, Sef yw hyny devddeg rhan, yn lladin Signifer: yn gymraeg y *Svgnedd* [*sic*]. **1600** *Rhyddiaith Gymraeg* i. 134, pan vo glaw ne dymestl yn ymgasglü yn y ffyrfadden o natür y *sygnedd.* **1604–7** *TW* (*Pen* 228), Saith sydh o nadhunt, weithien vchel weithien isel yn y *Sygnedh* d.g. *planeta.* *id.* y *Sygnedh* d.g. *Zodiacus* (At.). *id.* arwydh or *Sygnedh* d.g. *dodecatemorium* (At.). **1632** *D, Sygn,* Signum cœleste. Pl. *Sygnau.* **1650** *B* x. 49, A chwerwedd dig dan *signedd* sêr. **1766** *CD* 116, Ai *Sign* neu arwydd / A oedd ynghrôg ar ei weledd [*sic*]. **[1783]** *W, sygn* d.g. *Sign* [*one of the 12 signs of the zodiac*]. **1803** *P* d.g. *Sygyn.*
Gw. hefyd **sein[1].**

sygot, seigot [bnth. S. *zygote*] *eg.* ll. *-au. Biol.* Cell sy'n ymffurfio o ganlyniad i ymasiad gamet gwryw a gamet benyw; organeb sy'n datblygu o'r fath gell: *zygote.*
20g.

syg-sag, syguraf: syguro, syguryd, sygyn, sygynnab, sygytoriaeth, gw. **sig-sag, seguraf: seguro, seguryd, sygn, segynnab, ysgutoriaeth.**

syjestiaf, syjestaf: syjest(i)o [bnth. S. (*to*) *suggest*] *ba.* Awgrymu, cynnig: *to suggest.*
20g. Ar lafar, '*syjestio* stopio'r llong'.

syjestiwn, syjestiyn [bnth. S. *suggestion*] *eg.* ll. *-au, -s.* Awgrym, cynnig: *suggestion.*
1670 J. HUGHES: *AP* 157, i *sugiestiwnau* yr hon yr oeddech . . . yn ufudd. Ar lafar, ''Sa i'n lico'r *syjestiyn* 'na'.

sŷl, syl [gw. *sylwedd;* ansicr yw'r ddwy engh. gyntaf isod, a rhoddir y diff. ar sail y geir.] *eb.* Daear, llawr, pridd; sylfaen: *earth, ground, soil; base.*
15g. *GGl*[2] 221, Seler gwin pêr gwyn parod, / *Syl* cloi a phrifei sêl clod. **15–16g.** HYWEL RHEINALLT: *Gw* 40, Siôn fawr braff sy'n nofio brig, / Sêl ar ddadl *sŷl* urddedig. *c.* **1730** *Thos. Lloyd D* (LlGC) 213a, *Syl.* Solum. **1803** *P, Sŷl,* s. f. . . . A surface, ground, or foundation.

sylabws [bnth. S. *syllabus*] *eg.b.* ll. *sylabysau.* Maes llafur, rhaglen waith: *syllabus.*
1937.

sylaf, sylafgoll, gw. **sillaf[1], sillafgoll.**

sylaft, sylaff, sylat, gw. **sillaf[1].**

sylciaf, sylcaf, swlcaf: sylcio, sylcan, swlcan [bnth. S. (*to*) *sulk*] *bg.* Pwdu, sorri, llyncu mul: *to sulk.*
Ar lafar yn y ff. *sylcio;* hefyd yn y ff. *swlcan, SC* vi. 133 (sir Benf.) a *sylcan* (Morg.).

sylch [gair geir.; cf. *sylchdan*] *eb.* ll. *-au.* Rhych, cwys: *furrow.*
1803 *P.*

sylchdan [?cf. Llad. *sulcus* 'cwys; y weithred o aredig'; rhoddir y diff. isod ar sail y geir.] *eg.* Modrwy aradr; aradr olwynog: *plough ring; wheel plough.*
Dchr. **17g.** *J* 10, 37b, *Sylchdan.* × modrwy aradr. **17g.** *LlGC* 13215, 350, *Sylchdan* × Modrwy aradr. *c.* **1700** E. LHUYD: *Par* i. 97, Fo gawd yn y Ffridh yn Hrymle lharne [*sic*] o aur etc[a] gyn ffyrfed a *sylchdan* aradr olwynog. **1803** *P, Sylçdan,* s. m. . . . A wheel plough.

sylddar, gw. **seilddar.**

sylddrych [?elf. **syl-* (gw. *sylwedd*) + *drych*] *e?g.* Goddrych: *subject.*
1905.

syleinsiaf: syleinsio, gw. **sialensiaf: sialensio.**

sylem [bnth. S. *xylem*] *eg. Bot.* Meinwe mewn planhigion sy'n cario dŵr a halwynau mwynol o'r gwreiddiau i'r rhannau eraill, yn rhoddi cynhaliaeth fecanyddol, ac yn ffurfio pren coed a phrysgwydd: *xylem.*
20g.

sylensiaf: sylensio, syler, gw. **sialensiaf: sialensio, seler.**

sylfa [elf. **syl-* (gw. *sylwedd*) + *-fa, ma*] *eb.* ll. *-on.* Sylfaen: *foundation.*
1803 *P, Sylva,* s. f.—pl. t. *on* . . . A foundation.

sylfaen [elf. **syl-* (cf. *sylwedd*) + *maen*[1]] *eb.g.* ll. *-feini, -faenau, -faenoedd, -fain.* Sail naturiol neu artiffisial y mae adeilad yn sefyll arni, yr hyn sy'n cynnal gwrthrych, &c., oddi tano, (carreg) sail, gwaelod, grwndwal, hefyd yn *ffig.*: *foundation(-stone), base, also fig. basis.*
14g. *GIG* 14, *Sylfaen* iaith sy o flaen neb, / Sein daioni sy'n d' wyneb. **15g.** *GLGC* 333, *sylfaen* grymus i Elfael, / saint teg a thri ffesont hael. **15–16g.** *TA* 69, Un o'i *sylfain* yn seilfawr / Nid ai ar fenn, Droea Fawr. *id.* 131, Nerth tŵr wyd, y milwr mau, / Ni sy[lf] un o'i *sylfaenau.* **1545** *Cl* 154, vmbyrs . . . yr hrain ydiw *syluaene,* ar yr hrain j mae ennioes korfforol dyn gwedi edeilad. **1547** *WS, Sylfaen Sylfan* Groundwerke. **16g.** *GGH* 371, Pen-meistri *sylfeini* serch, / Peris henw Prys eu hannerch. **1588** *Eseia* xxviii. 16, wele fi yn sylfaenu maen yn Sion, sef congl-faen gwerth-fawr profedic, sef *sylfaen* safadwy. **1588** *Dat* xxi. 14, A chaer y ddinas oedd â deuddec *sylfaen* iddi. **1632** *D* d.g. *Firmamen, Fundamen, Fundamentum, Fundus, Heana, Stirps.* *id. Sylfaen* polion mewn cors d.g. *Palatio.* **1688** S. HUGHES: *TSP* 285, y mae gan fy ngobaith i *sylfaen* dda. **1722** *Llst* 189, *Sylfaen.* m.p. *faenau, feini* . . . A foundation (stone.) ground, beginning, preliminary. **1730 (1755)** E. WYNNE: *PAC* 14, [c]ariad iddo Ef ai Gyfreithieu ac a wasanaetha yn *Sylfaen* iddo ef adeiliadu buchedd ddoeth a Sanctaidd arno. **1803** *P, Sylvaen,* s. f.—pl. *sylveini* . . . A foundation stone. Ar lafar, '*sylfan*', *WVBD* 513 (*eb.*); '*silfan*', 'Nw dorson' lawr at *silfeini*'r tŷ', *GTN* 740 (*eb.*).
Amr.: **seilfaen** [*sail*[1] + *maen*[1]] **1567** *TN* 92b. **1656 (1745)** *MLl* ii. 181. **1803** *P.* **seilfan** [*sail*[1] + *man*[1]]. **16g.** *Rhyddiaith Gymraeg* ii. 38. **1567** *LlGG* (*Sall*) 78b. **1808** TWM O'R NANT: *BB* 80. **sylfan** [ff. eir. yn wr., ?dan ddyl. *man*[1], cf. *seilfan*]. **1547** *WS,* Sylfaen *Sylfan* Groundwerke. *c.* **1730** *Thos. Lloyd D* (LlGC) 213a. **1803** *P.*

sylfaenaf: sylfaenu [bf. o'r e. *sylfaen*] *bg.a.* Seilio, sefydlu, grwndwalu, gosod (ar) sylfaen neu sylfeini, hefyd yn *ffig.*: *to found, base, ground, lay (on) foundation(s), also fig.*
15g. *DN* 26, O vonedd i'th *sylvaenwyd.* **16g.** (*LlEG*) *Mos* 158, 41a, I maer ysgr[i]uen yn dangos *syluaenv* Ethursdon Esgob kaer evrog yn yr amser yma gymain ac viii ovanachlogoedd. **1567** *TN* 92b, [p]an ddaeth rhyferthwy, y curawdd y llifddvvr ar y tuy, ac ny allei ei yscytwyt: o bleit ei sailiaw [:– *sylvayny,* ddysylu, rowndwaly] ar y graic. **1588** *Eseia* xxviii. 16, wele fi yn *sylfaenu* maen yn Sion, sef congl-faen gwerth-fawr profedic, sef sylfaen safadwy. **1632** *D* d.g. *Fundo, Substruo, Suffundatus.* **17g.** *DCR* 236, Ai gwady/r/ deilade / ar ol *sylfeyny* kyd / A llinio teilad newydd / Ai possible iddi ddal / Brysia/n/ dol ag ateb / Pwy garia/r/ Maen ir wal. **17g.** E. MORRIS: *B* 68, *Sylfaena*'r gwaith newydd a bery'n dragywydd. **1752** *ML* i. 198, Aent wedyn i'r wlad a fynnont, deg i un y gollyngent byth yn angof iaith eu bro, fal y mae mwya'r cywilydd gweled y Cymro coegfalch a'i dibrisia, o achos na cha'dd erioed moi *sylfaeni* ynddo. **1762** *CGC* d.d., Cofrestr o Gymdeithas y Cymmrodorion yn Llundain Gwyl Ddewi, 1762. A *Sylfaenwyd* Fis Medi, MDCCLI. *a.* **1791** W. WILLIAMS: *GP* 763, Tydi fy Nuw *sylfaenodd* gri / O'm mewn am bethau'r nefoedd fry. **1803** *P, Sylvaenu* . . . To lay a foundation stone; to found. Ar lafar, 'Ma'r bont 'di'i *sylfaenu* mewn lle sâl'.
Amr.: **seilfaenu** [cf. *seilfaen*]. **1656 (1745)** *MLl* ii. 201. **1764** J. POPKIN: *ABG* 45. **1769** J. GRIFFITH: *A* 49. **sylfanu** [cf. *sylfan*]. **1547** *WS,* Seiliaw *syluany* Grounde. *id. Sylfany* Grounde. *c.* **1730** *Thos. Lloyd D* (LlGC) 209b.

sylfaenedig [bôn y f. *sylfaenaf: sylfaenu* + *-edig*] *a.bfl.* Wedi ei sylfaenu, seiliedig, hefyd yn *ffig.*: *founded, based, also fig.*
1800 C. EVANS: *EJU* 12, Ond y mae aelodaeth yn eglwys y Testament Newydd, yn *sylfaenedig* ar enedigaeth oddi uchod. **1803** *P.*

sylfaeniad [bôn y f. *sylfaenaf: sylfaenu* + *-iad*[1]] *eg.* Y weithred o sylfaenu, sefydliad, sylfaen, sail, hefyd yn *ffig.*: *a founding, foundation, base, also fig.*
1567 *TN* 111a, gwedy darvot iddo 'osot y sail [:–

grwnd, grwndwal, *sylvaeniat*]. **1588** 2 *Cr* iii. 3, dymma fesurau *sylfaeniad* Salomon. **1728** T. BADDY: *DDG* 22, Gwybyddoch yn gyntaf fod *Sylfaeniad* Canol yr hên Ddinas ar Fynydd Sion a Mynydd Mariah [*sic*]. **1759** *BC* 70, A chryfa *Sylfaeniad*, yn dal yr Adeilad. **1767** J. THOMAS: *TFFf* 33, Ystyria, paham y mae y gelynion hun [*sic*] yn ymladd mor galed yn erbyn dy ddiogel sefydliad, a'th gysurus *sylfaeniad* ar Grist. **1803** *P.*

Amr.: **seilfaeniad** [cf. *seilfaen*]. **1567** *TN* 92b, ac a 'osodai y *sailvaeniat* ar graic. *id.* 287a, wedy eich adailad ar *sailvaeniad* yr Apostolion.

sylfaenle [*sylfaen*+*lle*[1]] *eg.* Sylfaen, sail; canolfan (gweithrediadau): *foundation, base; base (of operations).*
1850.

sylfaenol [*sylfaen*+*-ol*] *a.* Yn perthyn i sylfaen neu'n ffurfio sylfaen (haniaethol gan mwyaf), gwaelodol, gwreiddiol, hanfodol, elfennol; ?a sylfaen dda iddo: *fundamental, basic, basal; ?well-grounded.*

1604–7 *TW* (*Pen* 228), asgwrn *sylvaenol* y penn d.g. *Cunealeos* (At.). **1653** (**18g.**) *Pant* 8, 7a, [c]yfreithiau *sylfaenol* y deyrnas. **1723** J. JONES: *LlA* 262, O ni byddwn yn dda yn y Gwaelod, yn y Gwaith *sylfaenol*, O ni bydd y Sail wedi ei gosod mewn grâs yn y Galon, y mae ein holl Broffes ganlynol yn dyfod i ddim, y mae 'r Tŷ wedi ei adeiladu ar Sail dywodaidd. *c.* **1730** *Thos. Lloyd D* (LlGC) 212a, *Sylfaenol* . . . Fundamentalis. **1742** H. HARRIS: *SDS* 10, [y] gwirioneddau *Sylfaenol*. **1768** J. ROBERTS: *R* 52, Pedair Rheol *Sylfaenol*, ar ba rai mae yr holl Reolau eraill yn sefyll. **1774** W. WILLIAMS: *A* 6, gan fy mod yn awr wedi fy adferu, a'm bod nid yn unig yn *sylfaenol* mewn pyngciau, ond yn sobr ac onest mewn ymarfer, nid allaf lai nâ bod yn yr iawn ffordd i ffafr Duw. **1779** D. DAVIES: *BDED* ix, Pethau *sylfaenol*, h. y. pethau ynglyn wrth Iachawdwriaeth. **1792** TOMOS GLYN COTHI: *Ap* 35, [y] cyfeiliornad *sylfaenol* hwn [athrawiaeth y Drindod].

Amr.: **seilfaenol** [cf. *seilfaen*]. *c.* **1730** *Thos. Lloyd D* (LlGC) 207a. **1769** J. GRIFFITH: *A* 131, 227. **sylfeiniol** **1670** J. HUGHES: *AP* 200, ffwndamental neu *sylfeiniol* bynciau. **1711** H. POWEL: *TY* [iii], [62], 259.

sylfaenus [*sylfaen*+*-us*] *a.* Sylfaenol: *fundamental.*

1672 J. LANGFORD: *HDdD* 392, fe all ddangos i ni pa ryw ran arbennig a *sylfaenus* o gristianogrwydd yw'r Cariad hwn.

sylfaenwaith [*sylfaen*+*gwaith*[1]] *eg.* Sylfaen (haniaethol gan mwyaf), sail: *groundwork, foundation, basis.*

1722 T. EVANS: *PS* 27, y *Sylfaen-/waith* (*groundwork*) yma yn ein gwasanaeth ni. **1725–6** *Madd Ed* 334, gwir *sylfaenwaith* a Sail pob Cynnydd. *c.* **1730** *Thos. Lloyd D* (LlGC) 212a, *Sylfaenwaith* . . . Groundwork.

sylfaenwr, sylfaenydd [bôn y f. *sylfaenaf*: *sylfaenu*+*-wr*, *-ydd*[3]] *eg.* (b. *sylfaenyddes*) ll. *sylfaenwyr*, *sylfaenyddion*. Un sy'n sylfaenu, seiliwr: *founder.*

1604–7 *TW* (*Pen* 228), *sylfaenwr* d.g. *Conditor*. *id.* *sylvaenwr* d.g. *Fundator*. **1611** R. SMYTH: *SG* 10, *sylfaenwyr* o'r phydd gristnogawl. **1653** R. JONES: *TTN* 24, Iesu yw 'r *sylfaenydd*. *c.* **1730** *Thos. Lloyd D* (LlGC) 212a, *Sylfaenydd* . . . a Founder. **1784** M. WILLIAMS: *S* i. 143, Mahomet, *sylfaenwr* y grefydd Fahometanaidd. **1792** TOMOS GLYN COTHI: *A* 19, Crist yw *sylfaenwr* y grefydd gristianogol. **1799** DAFYDD IONAWR: *MB* vii–viii, fe orchymmynodd Awdwr a *Sylfaenydd* y wir Grefydd bregethu ei Efengyl Ef. **1803** *P*, *Sylvaenyz*, s. m.—pl. t. *ion* . . . A founder. Ar lafar, "Ôn' nw'n dathlu canmlwyddiant *sylfaenydd* 'u achos nw', *GTN* 757.

sylfaf: sylfyd, sylfu, gw. syflaf: syflyd.

sylfaij, sylfan, sylfanaf: sylfanu, sylfeiniol, gw. selfais, sylfaen, sylfaenaf: sylfaenu, sylfaenol.

sylfon [?elf. **syl-* (gw. *sylwedd*)+*bôn*] *eg.b.* ll. *-au*. *Gram.* a *Rhes.* Goddrych, testun; *Crdd.* gwreiddyn (cord), testun; person; pwnc, testun; sylfaen, sail, pedestal; hefyd yn *ffig.*: *subject (in gram. and logic); root (of chord), subject (in mus.); person; topic, subject; foundation, base, pedestal; also fig.*

1595 *Egl Ph* 10, Trawsenw r *Sylbhon* cadarn sydh, pan rodhir ar ymadrodh, neu araith glodebus, enw priod rhyw beth sylwedhawl, neu bhonsaghus, i arwydhocau rhyw beth darymsodhawl; neu pan roir y *Sylbhon* dros y Dharymsawdh. *id.* [106], *Sylbhon*. Subiectum. **1604** R. HOLLAND: *BD* 6, my fi a wneuthym lawn-gyphes o'm crefydh, a hynny mor oleu ac mor eglur . . . mal y tybiaswn y gallase yr hyn a dhywedaswn ar y *sylfon* (*subiect*) ymma mor syml ac mor dhiragrith yn y rhan gyntaf, gau safn y Momus rhodresgar mwya i genfigen. **1605** *NBSB* 150, Tŵr wyd ben, to euraid bais, / Tyrau cymen tir Cemais, / *Sylfon* glân, sêl fannog wledd, / Siors, tarian, siars y tiredd (Siôn Mawddwy). *Dchr.* **17g.** *J* 10, 37b, *Sylvon* person. **17g.** *LlGC* 13215, 350, *Sylvon* Persona. *c.* **1730** *Thos. Lloyd D* (LlGC) 209b, *Sylfon*. Subiectum. *c.* **1785–90** (**1829**) *CBYP* 14, bid cydwedd a chymmhar gair a gwrthddrych, ag ymadrodd a *sylfon*. **18–19g.** *Llr* C 55, 235, *Sylfon*, a subject, a sylw. **1803** *P*, *Sylvon*, s. m.—pl. t. *au* . . . A subject.

sylfonol [*sylfon*+*-ol*] *a.* Goddrychol (hefyd mewn gram.): *subjective (also in gram.).*
1858.

sylfuar, gw. syrfëwr.

sylffa—cyffur sylffa, gw. cyffur (At.).

sylffad, swlffad, sylffat, swlffat, sylffet [bnth. S. *sulphate*] *eg.* ll. *-(i)au*, a hefyd gyda grym ansoddeiriol. *Cem.* Unrhyw un o halwynau neu esterau asid sylffwrig: *sulphate.*
1931.

sylffal, sylffar, gw. sylffwr.

sylffat, sylffeid, sylffer, sylfferaidd, sylfferedig, sylffet, gw. sylffad, sylffid, sylffwr, sylffwraidd, sylffyredig, sylffad.

sylffid, sylffeid [bnth. S. *sulphide*] *eg.* ll. *-iau*, a hefyd gyda grym ansoddeiriol. *Cem.* Cyfansoddyn o sylffwr ac un elfen arall: *sulphide.*
1931.

sylffonamid, swlffonameid [bnth. S. *sulphonamide*] *eg.* ll. *-au*. *Cem.* Unrhyw un o ddosbarth o gyfansoddion (gwrthfacteriol) sy'n amidau o asidau sylffonig: *sulphonamide.*
20g.

sylffonig—asid sylffonig, gw. asid (At.).

sylffur, sylffuraidd, sylffuredig, sylffurig, sylffurus, gw. sylffwr, sylffwraidd, sylffyredig, sylffwrig, sylffwrus.

sylffwr, sylffur, swlffwr, sylffer, &c. [bnth. S. *sulphur*] *eg.* *Cem.* Elfen anfetelaidd hylosg (symbol S; rhif atomig 16) a geir yn naturiol mewn ardaloedd llosgfynyddig, brwmstan; un o'r pum sylwedd elfennol y credid gynt mai hwy oedd ansoddion pob sylwedd arall: *sulphur, brimstone; sophic sulphur (one of the five elementary principles of matter).*

15g. *Med H* 14, *sulffur* (*Pen* 127, 245, *swlphwr*; *Mos* 113, 24, *Swlphyr*) gwynn ac arian byw; a'r *sulffur* sydd dat meteloedd, a'r arian byw yw'r vam. **1707** *AB* 12c, *Swlfwr*, Brimstone. **18g.** *IMCY* 236–7, A saith fath ys eitha a fu / O *Sylphwr* edafwr du. **1756** W. WILLIAMS: *GDC* 52, [M]ellt . . . / . . . / Yn ennyn gan ryw *Sylphur* sydd yn yr Awyr frâs. **1770** P. WILLIAMS: *BS*, *Luc* xvii, Cofiwn wraig Lot; hi . . . a drowyd . . . yn golofn halen; awel boeth y gawod brwmstan a'i llosgodd, fel gloyn, ac mae'r golofn . . . yn aros hyd heddyw, megis craig o *sylphur*. **1777** W. WILLIAMS: *TEA* 61, meddyliau cableddus . . . Y rhai'n sydd fel mellten yn taro i mewn i 'stafell, yn peri dychryn mawr i bawb, ond nid yn y 'stafell yr oedd y nattur o honi, ond yn y *sulphur* gwenwynllyd ag oedd yn yr awyr. **1801** *MMf* 193, amcan fach o *swlffwr*. *id.* 213, dod ynddo gymaint o *swlffwr* pyloraid. Ar lafar, '*sylffar*', *Cymru* xlvii. [234] (sir Ddinb.); '*sylffar; sylffal*', *WVBD* 514. Clywir *sylffyr* yn gyff. yn y De.

Cfn.: **sylffwr (swlffwr) deuocsid (diocsid):** *sulphur dioxide.* **20g.**

sylffwraidd, sylffyraidd, sylffuraidd, sylfferaidd [*sylffwr*, &c.+*-aidd*] *a.* *Cem.* Yn perthyn i sylffwr, yn cynnwys sylffwr, ac iddo nodweddion sylffwr (llosg) (am fwg, &c.): *sulphurous, sulphureous.*
1837.

sylffwrig, sylffyrig, sylffurig [cfdds. o'r S. *sulphur(ic)*+*-ig*[2]] *a.* *Cem.* Yn cynnwys sylffwr chwefalent (am asid); sylffwraidd: *sulphuric (of acid); sulphurous, sulphureous.*
20g.

sylffwrus, sylffurus [cfdds. o'r S. *sulphur(ous)*+*-us*] *a.* *Cem.* Yn cynnwys sylffwr deufalent (am asid); sylffwraidd: *sulphurous (of acid); sulphurous, sulphureous.*
1937.

sylffyr, sylffyraidd, gw. sylffwr, sylffwraidd.

sylffyredig, sulfferedig, sylffuredig [*sylffwr*, &c.+*-edig*] *a.* *Cem.* Wedi ei drin neu ei gyfuno â sylffwr; sylffwraidd: *sulphuretted; sulphurous, sulphureous.*

1784 M. WILLIAMS: *S* i. 80, a mŵg dydew *sulpheredig*. [**1794**] M. WILLIAMS: *DUJ* 10, Yn awr ffenestri'r nefoedd agorir ar y gair, / Llifogydd *sulphuredig*, fel rhyw ferwedig bair, / A godant o'r mynyddoedd a'r llynnoedd ym mhob lle, / A'u fflammau'n codi fynydd annedwydd hyd y ne'. **1801** M. WILLIAMS: *BM* 30, Mae ef [Doctor Herchel] hefyd yn gosod allan fod yr elfen *sulphuredig* hon, weithieu'n deneuach na'u gilidd [am yr haul].

sylffyrig, sylgyngaf: sylgyngan, gw. sylffwrig, selgyngiaf: selgyngian.

sylogism, sylosism [bnth. S. *syllogism*] *eg.b.* ll. *-au*. *Rhes.* Cyfresymiad: *syllogism.*

1833. Cf. *Ll* vii. (1928) 204, Nodwedd arall yn y meddwl modern sy'n ei wahaniaethu oddi wrth yr hen ydyw na reolir ef i'r un graddau gan y *sylogism*. Cyfundrefn o athrawiaeth a adeiladwyd ar *sylogism* i raddau helaeth ydoedd cyfundrefn ddiwinyddol yr Oesau Canol (Jenkyn James).

syltan, syltana, gw. swltan, swltana.

sylw [trafodir enghrau. o'r ff. l. *sylwadau* d.g. *sylwad*] *eg.b.* ll. *-au*. Y weithred o ganolbwyntio'r meddwl (ar orchwyl, problem, &c.), hid, gofal manwl, triniaeth neu ystyriaeth arbennig; barn, syniad, teimlad, &c., a fynegir yn gryno ac weithiau'n ddidaro; golwg, edrychiad; ?gallu: *attention, notice; comment, remark, observation; sight, gaze; ?ability.*

14g. *YBH* 7b, ny ddodei y baed *sylẃ* arnun mẃy noc ar y pertris cẃtta. **15–16g.** *TA* 255, Dal *sylw* ar dy lys, Wiliam, / Dull Ffrainc yw dyall ei ffrâm. **16g.** *GGH* 78, Dal *sylw* erioed, lwyslew, 'r wyf, / Dewrwych galon, dra'ch gwelwyf. **1588** *Neh* ii. 13, deliais *sulw* ar furoedd Ierusalem y rhai oeddynt wedi eu dryllio. **1632** *D*, *Sylw*, vel *Sulw*, Visus, aspectus. **1656** W. JONES: *TPG* 10, Os bydd i neb o honochi ac sydd yn adnabod duw . . . ystyried *sylw* a maint y pechod, fe a wylia nid yn unic arno ei hun, ond hyd y gallo ar eraill hefyd. **1672** R. PRICHARD: *Gw* 155, Os caiff genyd fôd yn fodlon, / Ddwyn heb *sylw* enw criston, / Fe wnae felly yn ddiogel, / Wâs i Ghrist, yn wâs i gythrel. **1688** *TJ*, *Sylw*, *sulw*, golygiad: sight, a vision. **1722** *Llst* 189, *Sylw*. f. Notice, observation. **1731** T. LEWYS: *BMA* [3], yr ydych chwi . . . yn Wr o fanawl *sulw*. **1750** J. THOMAS: *AIG* 16, Y mae Josephus yn dal *Sulw* wrth sôn am Athrawiaeth yr Esseniaid ynghylch cyflwr Dynion dedwydd. **1753** *TR*, *Sylw* . . . Cymmeryd *sylw*, to take notice, to observe. **1759** J. EVANS: *PF* 8–9, a rheini [meddyginiaethau newydd] yn fwŷ-fwŷ anhawdd i wneuthur defnydd o honynt gan eu bôd yn fwy pell oddiwrth *sulw* Cyffredin. **18–19g.** *Llr* C 2, 340, *Sulwau*, observations. **1803** *P*, *Sylw*, s. m. . . . Observation, sight, view, regard, notice. Ar lafar, 'dal *sulw* ar', 'gneud *sulw* o', 'cymyd *sulw* o', 'erbyn dal *sulw*', *WVBD* 513; 'Ma'r 'en gêm yma wedi mynd â'u *silw* nw i gyd', 'Yr un rai sy'n cæl y *silw* i gyd', *GTN* 743.

Amr.: **selw** [?cf. *sêl*[4]]. **1527** *B* ii. 208, ryveddv a orvc a dal *selw* ar y brenin ar verenhines. **1595** *Egl Ph* 103, wrth edrych, a dal *selw*, ar wyr doeth. *c.* **1730** *Thos. Lloyd D* (LlGC) 208a, ni fedrent hwy fawr *Selw* ar reoli llestr. they knew little of steering a vessel. **1803** *P.*

sylwad, sylwiad [bôn y f. *sylwaf*, *sylwiaf*: *sylwi*, *sylw(i)o*+*-ad*[2], trf. han., *-iad*[1]] *eg.* ll. *-au*. Sylw (a wneir am rywbeth); sylw (a roddir i rywbeth neu a wneir o rywbeth): *comment, remark, observation; attention, notice.*

[**1740**] D. LLWYD: *YDD* 71, Ag am wirionedd y *sylwad*, yr wyf yn meiddio appelio at yr holl ymneilltuwyr. *id.* 201, ond mi ŵn fod eich Pwyll ach *sylwad* eich hunain yn ddigon eu hyspysu hwynt i chwi. *c.* **1762–79** W. WILLIAMS: *P* 612–13, yr Epistol a'r Efengyl pwrpasol i'r dydd . . . heb un agoriad na *sylwiad* ar yr un rhyw. *id.* 569, yr hwn wnaeth ddim ond cyfieuthu [*sic*] yr Apocripha, a rhoi rhai *sylwiadau* yn y margin. **1789** B. EVANS: *LlG* 65, y *sylwad* a wnaethym ar Gen. xvii. **1790** TWM O'R NANT: *GG* 115, Duw i ni roddo'r dawn arweddiad, / I gael

Sylwedd goleu o'i *Sulwad*. **1797** B. Evans: *CG* 10, y mae'n weddus i ni i ryfeddu dwyfol râs, yn anfon yr efengyl i'r Ynys hon . . . Y mae hyn yn *sylwad* da. **1798** *WR* d.g. *Animadversion, Observance*. **1799** *TY* iv, *Sylwiadau* byrion. **1800** W. Owen[-Pughe]: *CP* 6, *Sylwad* ar yr uchod, gan Young. *id.* 46, maent tan eich *sylwad*. **1803** *P, Sylwad*, s. m. . . . A regarding, or observing.

sylwadaeth [*sylwad*+*-aeth*] *eb.* ll. *-au.* Y weithred o sylwi (ar rywbeth), arsylliad, arsylwad; sylw (a wneir am rywbeth), sylwad: *a noticing, observation; comment, remark, observation.*
1848.

sylwadaf: sylwadu [bf. o'r e. *sylwad*] *bg.* Gwneud sylwadau: *to make remarks or observations, comment.*
1838.

sylwadol, sylwiadol [*sylwad, sylwiad*+*-ol*] *a.* Seiliedig ar sylwadaeth, arsylliadol, empeiraidd; y sylwyd arno, a nodwyd; ?cyfeiriadol: *observational, empirical; observed, noted; ?referential.*
1795 J. Thomas: *AIC* 271, Mae'n *Sylwiadol* gan y Dr. Halley . . . fôd yn derchafu yn Darth bob Dŷdd allan o Afon Lundain . . . 20 000000 o Dunnellau o Ddŵ 'r [*sic*]. **1799** M. Williams: *HHG* 103, pan fyddir yn pregethu heb nodau *sylwiadol*.

sylwadwy [bôn y f. *sylwaf, sylwiaf*: *sylwi, sylw(i)o*+*-adwy*] *a.bfl.* Y gellir sylwi arno, amlwg: *observable, noticeable.*
1789 J. Thomas: *DdS* 135, Yr ail beth *sylwadwy* yw, fel megis y mae pob gras yn dyfod allan o orseddfaingc Duw, eu bod yr un wedd yn dyfod allan o orseddfaingc yr Oen.

sylwaf, sylwiaf: sylwi, sylw(i)o [bf. o'r e. *sylw*] *bg.a.* Dal sylw (ar), gwneud sylw (o), ystyried, arsylwi; gwneud sylw (am), nodi: *to pay attention (to), take note (of), notice, regard, observe; comment or remark (upon), note, observe.*
c. **1720 (1793)** M. ab Robert: *CC* 11, *sylwiwch* fel y mae'r Yspryd Glân . . . yn tystiolaethu. *id.* 30, Y mae rhai yn *sylwi* hefyd, fod Duw yn ceryddu dynion yn ol dull eu pechod. **1722** A. Thomas: *DR* 90, pe bae't ti yn *Sulwo* hyd yr eithaf ar yr hyn sydd feius ynof. **1738** G. Jones: *GOG* 13, Pwy g'nifer sy'n agorir eu llygaid i weled rhyw bethau perthynol i'w cyflwr yng Ngair Duw . . . er na ddarfu iddunt *sulwi* ar y peth hwnnw. **1765** J. Evans: *CPE* 495, cauodd [y drws] yn ddistaw, heb ganniattâu i neb *sulwo*. **1772** D. Risiart: *HFP* 83, mewn gweddi *sulwais* yr Ysgrythur honno . . . Dy Dduw a orchmynodd dy nerth. **1773** J. Jenkin: *P* 13, a'r rhai a *sulwiasant* ar foesau ac ymarweddiad yr oes. **1790** T. Jones: *TOS* 294, *Sulwa* ar fatter a modd y pregethwr. **1793** Dafydd Ionawr: *CD* 163, Saul, dros ennyd, a *sylwiodd* / Ei faint, os caid wrth ei fodd. **1799** *TY* 150, *Sylwiwn*, 1. Y gelyn etc. **18–19g.** Ieuan Lleyn: *C* 84, Selyf ddoeth, gynt, a *sylwodd* / Einioes fèr mewn hynaws fodd. **1803** *P, Sylwi*, v. a. . . . To observe, to regard, to notice. Ar lafar, '*sylwi*' 'to notice', *WVBD* 514; '*Silwa* di ar 'yn 'nawr', ''Dyw a'n *silwi* ar neb', '*Silwus* a ddim bod car wth y drws', ''Sylsoch chi arno?', *GTN* 740; 'Ôn i 'di *sylwi* bod y llenni ar gau' (gogledd Cered.).
Amr.: **sylwyd.** **1853** W. Rees: *AFR* 337, a pham nad oes addysg i gael wrth *sylwid* ar y cwn a'r cathod hefyd?

sylwayw, selwayw [?elf. **syl-* (gw. *sylwedd*)+*gwayw*] *eg.* ?Math o afiechyd ar yr esgyrn: *type of disease of the bones.*
14g. *GDG*[3] 389, Nid gwayw yng nghefn, wiwdrefn wedd, / Nid *sylwayw*, onid salwedd (Gruffudd Gryg). **16–17g.** *GST* i. 306, *Selwayw* sy im solas waeth, / Soriant Rolant yw'r alaeth. **1604–7** *TW* (*Pen* 228), *Sylwaew* d.g. *Ostocopos*. **1803** *P, Sylwaew*, s. m. . . . A radical disease.

sylwddaliadau [*sylw*+*daliadau* (ll. yr e. *daliad*[1])] *e.ll.* Sylwadau: *remarks.*
[1783] *W* d.g. *Remarks*.

sylwebaeth [bôn y f. *sylwebaf*: *sylwebu*+*-aeth*] *eb.* ll. *-au.* Set o sylwadau neu nodiadau esboniadol; disgrifiad llafar o ddigwyddiad, perfformiad, &c.: *commentary.*
20g.

sylwebaf: sylwebu [*sylw*+?(*go*)*hebaf*: (*go*)*hebu*] *bg.* Gwneud sylwebaeth: *to commentate.*
20g.

sylwebwr, sylwebydd [bôn y f. *sylwebaf*: *sylwebu*+*-wr, -ydd*[3]] *eg.* ll. *sylwebwyr, sylwebyddion.* Un sy'n sylwebu: *commentator.*
20g.

sylwedig [bôn f. *sylwaf, sylwiaf*: *sylwi, sylw(i)o*+*-edig*] *a.bfl.* Y sylwyd arno; y gellir sylwi arno, amlwg: *observed, noticed; observable, obvious.*
1711 M. Maurice: *YAD* 221, Pa beth sydd *sylwedig* yn ymddigiad [*sic*] ei Elynion? **1803** *P, Sylwedig* . . . Being observed.

sylwedydd, sylwiedydd [bôn y f. *sylwaf, sylwiaf*: *sylwi, sylw(i)o*+*-(i)edydd*] *eg.* ll. *-ion.* Un sy'n sylwi, gwyliwr, syllwr; esboniwr (testunol): *observer, monitor, beholder, contemplator; (textual) commentator.*
1785 E. Barnes: *MH* v, I gaffael marw yn ddedwydd, fal y *Sylwedydd* hwn. **1796** J. Roberts: *C* [1], Mae rhyw *Sylwedydd* hynod, / Yn gwirio Geiriau parod.

sylwedd [elf. **syl-* (cf. *sylfaen, sŷl, syl*, H. Lyd. *sol*, gl. *bas(is)*, H. Wydd. *sol* 'sail, sylfaen', Llad. *solum*)+*gwedd*[1]; cf. H. Lyd. *solgued*, gl. *substantiam*] *eg.b.* ll. *-au.* Y mater sylfaenol y cyfansoddir peth ohono, mater, defnydd; math penodol o fater ac iddo gyfansoddiad cemegol (gweddol) unffurf; solid; soletrwydd, realiti diriaethol; cyfaint; difrifoldeb neu gysondeb cymeriad, saf, rhuddin, 'gwaelod'; hanfod, (gwir) ystyr, prif thema neu bwnc (dadl, &c.); *Athr.* y natur hanfodol y tu ôl i ffenomena, *Diwin.* natur hanfodol Duw; ?eiddo, meddiannau; ?sylfaen; hefyd yn *ffig.*: *substance, matter, material; a substance; a solid; solidity, reality; volume (of object, &c.); substance (with ref. to person's character, &c.), stability, moral fibre, 'bottom'; essence, (true) meaning, substance (of argument, &c.); substance (in philos. and theol.); ?property, possessions; ?foundation; also fig.*
10–11g. *DGVB* 305, *silgued*, gl. *crepidinem*. *c.* **1400** *R* 1208. 10, neut atuyt gwyndyt. gỽindei *sylwed*. *id.* 1332. 36, mythineb kideb kadỽ vy *syloed*. *Dchr.* **15g.** *GSCyf* [91], Caead ffawydd dyfiad ffyn, / Cyntedd *sylwedd* ceseilwyn [Llywelyn ab y Moel i'r bedlwyn]. *Dchr.* **15g.** *IGE*[2] 200, Meredudd . . . / Ab Ifan . . . / Sy lywydd teg, *sylwedd* tŵr, / Syth gwyn ymlaen saith gannwr. **15g.** *id.* 236, Os dyn wyd is dan adail, / Mae'n ddrwg dy wedd *sylwedd* sail (Ieuan ap Rhydderch). **1567** *LlGG* 8b, Nyd cymyscy o honam y personeu: na gohany y *sylwedd* [:– hanvod]. **1588** *Gen* vii. 23, efe a ddeleodd bôb *sylwedd* byw 'a'r [*sic*] a oedd ar wyneb y ddaiar. **1615** R. Smyth: *GB* 23, gan gyfnevvidio *sylvvedd* i accidens. **1632** *D, Sylwedd*, Substantia, hypostasis. **1657** *MLl* ii. 24, nid oes ond vn vnig Dduw yn *Sylwedd Sylweddau*. **1672** R. Prichard: *Gw* 145, Gweddi foreuol, iw harferu (o ran y *sylwedd* [:– matter] o honi) yn y man ar ôl codi ac ymolchi. **1715** T. Evans: *GC* 11, A wyt ti yn disgwyl am Grist, megis yr oedd efe yn Fâb Mair, i ymddangos oddi allan, mywn *sylwedd* gorphorol, i'th achub di? **1725** D. Lewis: *GB* 291, Y mae ef yn profi fod y Goleuni neu'r Tân yn Gorph, ac yn *sylwedd* neillduol. **1764** Dewi Nantbrân: *CB* 14, Ym mha le y cair *Sylwedd* ein Crêd? A. Yn Credo 'r Apostolion. **1765** JM: *DDdC* 16, yn llosci'r brasder, ac hyd yn oed *sylwedd* y cnawd. **1803** *P, Sylwez*, s. m. —pl. t. *au*, Substance. Ar lafar, 'Peidiwch â cymyd sylw ono fo, 'tos 'na ddim *sylwadd* yno fo', *WVBD* 514; 'Ma fa'n brigethwr dicon diddorol ond 'os dim llawar o *sylwadd* yn 'i brigetha fa 'r un siŵt', *GTN* 757.
Amr.: **sylwydd**[2]. **1630** *YDd* 290, Nid yw y geiriau dwywawl o fendith yn cyfnewid neu yn diddymmu *sylwydd* y bara ar gwîn. **1677** R. Jones: *BB* 176. **1681** S. Hughes: *AC* [51].

sylweddaf: sylweddu [bf. o'r e. *sylwedd*] *ba.* Gwneud yn sylweddol neu'n real, realeiddio, diriaethu, gwireddu, cyflawni; gosod sylfaen, sylfaenu, sefydlu, ordeinio; sylweddoli, dod yn ymwybodol (o): *to make substantial or real, realize, materialize, actualize, fulfil; lay a foundation, found, establish, ordain; realize, become aware (of).*
1611 R. Smyth: *SG* 78, gan *syl*[*w*]*eddu* (*lay and surelie ground ye fundatione*) 'r iawn phydd, ai chadarnhau ac yna adailadu arni bob peth ar ysydd angerhaidia'wl [*sic*] i'r phy[dd]loniaid i gael cyfiawnder Perphaith. *id.* 162, mewn priodas, y Sacrafen sydd santaiddiach, na phrwythlondeb y bru, ag y mae gwedi *sylweddu*, megis na ellir moi yscar, naidattod [*sic*] y rhwymyn yma. **1615** R. Smyth: *GB* 31, yr ynt [gwenoliaid] yn gynta yn gosod priciau cryfion i *sylvveddu* (*faire le fondement*) i nythod. *id.* 72, megis iddynthvvy *sylvveddu* (*ordonnerent*) cyfraith a elvvyd falcidica. *id.* 111, Romulus, hvvn a *sylvveddodd* (*fonda*) Rufain. **1727** J. Jones: *DFF* 348–9, perwch i'ch Ffydd *sylweddu* (*realize*), dwyn adref, a dwyn yn agos y Pethau yr ydych yn gobeithio am danynt. **1744** *CMC* 18, ffydd . . . yn *sylweddu* ac yn melusu 'r addewid. **1796** T. Jones: *CCA* 143, ffydd yn unig a fedr *sylweddu* (*realize*) a sefydlu yr egwyddor yma yn y galon. **1803** *P, Sylwezu* . . . To make of substance.

sylweddair [*sylwedd*+*gair*[1]] *eg.* ll. *-eiriau.* *Gram.* Enw (cadarn): *a substantive, noun.*
1815.

sylweddfawr, gw. sylwedd+mawr.

sylweddgynhwysiad [*sylwedd*+*cynhwysiad*] *eg.* Cyfaint: *volume (of object, &c.).*
1816.

sylweddiad[1] [bôn y f. *sylweddaf*: *sylweddu* +*-iad*[1]] *eg.* ll. *-au.* Realeiddiad, gwireddiad, cyflawniad; bod, bodolaeth; cadwraeth (gŵyl, rheol, &c.); un o elfennau'r Ewcharist (bara neu win): *realization, actualization, fulfilment; being, existence; observance (of feast, rule, &c.); one of the elements (bread or wine) of the Eucharist.*
1630 *YDd* 403, gan fod dychreuad dy *sylweddiad* (*being*), yn dechrau mewn poen. **1725–6** *Madd Ed* 26, Iuddewon cyffredinol . . . y rhai a fucheddasant fywyd cyffredinol heb ddim rhyw fanwl *sylweddiad* (*observation*) neu bennodol Nôd o wahaniaeth. **1784** M. Williams: *S* i. 189–90, Ethiopia . . . Yr ydys yma yn proffesu'r grefydd Grist'nogol . . . Maent yn cadw dydd Sadwrn a dydd Sul yn Sabbath; ac yn cyfrannu Swpper yr Arglwydd yn y ddau *sulweddiad*. **1803** *P, Sylweziad*, s. m.—pl. t. *au* . . . Substantiating.

sylweddiad[2] [bôn y f. *sylweddaf*: *sylweddu* +*-iad*[3]] *eg.* ll. *-iaid.* *Athr.* Realydd: *realist (in philos.).*
1853.

sylweddiaeth [*sylwedd*+*-iaeth*] *eb.* Soletrwydd; *Athr.* realaeth; ?realeiddiad (dramatig, &c.): *solidity; realism (in philos.); ?(dramatic, &c.) realization.*
1836.

sylweddnaws [*sylwedd*+*naws*] *e?b.* Tintur, trwyth: *tincture.*
Dchr. **19g.**

sylweddog [*sylwedd*+*-og*] *a.* Sylweddol, solet: *substantial, solid.*
[1783] *W* d.g. *Solid*. **1803** *P, Sylwezawg* . . . Having substance.

sylweddol [*sylwedd*+*-ol*] *a.* a hefyd fel *eg.*

(*a*) Ac iddo (gryn) sylwedd, (eithaf) mawr, praff, swmpus, cadarn, solet, diriaethol, materol; gwerthfawr, arwyddocaol, pwysig; yn perthyn i sylwedd, hanfodol, cywir (e.e. am ddadl), gwir, real (hefyd mewn diwin. am bresenoldeb Crist yn yr Ewcharist), *Athr.* a *Diwin.* yn perthyn i sylwedd (yn hytrach nag i arwedd): *substantial, solid, concrete, material; valuable, significant, important; pertaining to substance, essential, sound (e.g. of argument), true, real (also in theol. with ref. to Christ's presence in the Eucharist), substantial (in philos. and theol.).*
1595 M. Kyffin: *DFf* [146], Eithr eu hathrawiaeth nhwy o'r tu arall, ydyw, na ddichyn yn unig yr rhai echryslawn, anffyddlon, fwyta gwir gorph Crist yn ddeunyddiawl, ag yn *sylweddawl*. **1604–7** *TW* (*Pen* 228), heb dhefnydh *sylwedhawl* d.g. *Bullatus*. *id.* d.g. *Carnosus, Grandis, Substantiuus, Verus*. **1630** *YDd* 19, Abba enw o'r Syrianaec, yn arwyddocau Tâd . . . Hwn a gymmerir weithiau yn *sylweddol* (*essentially*), megis yngweddi yr Arglwydd, weithiau yn bersonol, megis y mae yn Mat. II. 25. **1632** *D, Sylweddawl*, Substantialis, hypostaticus. **1693** J. Owen: *BP* 23, Nid yw trochi na thaenellu yn *sylweddol* ir Ordinhad hon. **1717** Iaco ab Dewi: *CS* 144, Ai Dyled *sylweddol* (*essential*) Crefydd yw addoli Duw? **1775** *CY* 41, y farn o bresennoldeb *sylweddol* Crist yn y bara a'r gwin. **1790** J. Thomas: *DY* 8, Canys nid yw Uffern le anneddol, na *sylweddol* er bod y llê yn cael ei ddisgrifio, tan gyff'lybiaethau o bethau naturiol megis Llyn, pwll dwfn, Tân Brwmstan. **1800** W. Richards: *PA* ii. 11–12, Yr oedd pawb yn cyfaddef i'r hyn a soniwyd

yn y papuryn gael, yn *sylweddol*, ei ddywedyd, os nid mewn cynnifer o eiriau. **1803** P, *Sylwezawl* . . . Substantial; corporeal. Ar lafar, 'dyn *sylweddol* 'a man who talks sense', *WVBD* 514; 'Ma 'wn yn dŷ *sylweddol*', 'Fe ddæth dyn mawr *sylweddol* i gwrdd â ni', *GTN* 757.

(*b*) *Gram*. Yn dynodi sylwedd, cadarn (am enw), yn mynegi bodolaeth (am ferf); enw (cadarn), enwol: (*a*) *substantive* (*in gram.*); *substantival*.

1567 G. ROBERT: *GC* 86, A oes yn y gymraeg dri chynghordiad megis mewn ieithoedd erai[ll] . . . Oes vn rhwng y ferf ai henwedigawl, arall rhwng yr henw damweiniawl ai *sylweddawl*. p. **1584** *id*. [96-7], un [enw] a eilw rhai henw cadarn, ag a ellir i alw yn dda henw *sylwedda[w]l*. Canys ef asai [*sic*] mewn ymadrodd wrtho ihun heb gynhorthwy un arall . . . Vn arall sydd henw gwan, am na eill sefyll wrtho i hun mewn pleth ymadrodd heb y *sylweddawl* i'mgynnal [*sic*] wrtho. *id*. [144], rhaid yw gwybod, nad oes un ferf yn y gymraeg, (oddieithr y ferf *sylweddawl*. s[ef] wyf, wyt, buum . . . ai holl amserau genthi.

(*c*) Ciwbig: *cubic*.
1853.
Amr.: **sylweiddiol. 1703** T. BADDY: *PCh* 81, nid oedd Tragwyddoldeb o boenau *sylweiddiol* ir gosbedigaeth ddyledus i bechod.

sylweddolaf: sylweddoli [bf. o'r a. *sylweddol*] *bg.a.* Dod neu fod yn ymwybodol (o), dod i ddeall, dirnad; gwneud yn sylweddol neu'n real, (cael ei) realeiddio, gwireddu, cyflawni; realeiddio (asedau, swm o arian, &c.): *to realize, be(come) aware (of), (come to) understand, comprehend; make or become substantial or real, realize, be realized, achieve; realize (assets, sum of money, &c.).*
[**1783**] W d.g. *To realize* [*make real, &c.*]. **1803** P, *Sylwezoli* . . . To render substantial, to realize; to consolidate. Cf. D. OWEN: *D* 174, Pan *sylweddolais* fy ngwir deimladau at Miss Pugh, dywedais fy ystori wrthi oreu y gallwn.

sylweddoldeb [*sylweddol* + *-deb*] *eg.* Sylweddolrwydd, materoldeb, realiti: *substantiality, materiality, reality.*
1803 P, *Sylwezoldeb*, s. m. . . . Substantialness, reality; corporature, materiality.

sylweddoledig [bôn y f. *sylweddolaf: sylweddoli* + *-edig*] *a.bfl.* a hefyd gyda grym enwol. Wedi ei sylweddoli, wedi ei realeiddio: *realized, actualized.*
1838.

sylweddoliad[1] [bôn y f. *sylweddolaf: sylweddoli* + *-iad*] *eg.* ll. *-au.* Y weithred o wneud yn sylweddol neu'n real, realeiddiad, gwireddiad, cyflawniad; y weithred o sylweddoli, dirnadaeth, dealltwriaeth: *realization, actualization, fruition; realization, comprehension, understanding.*
1858.

sylweddoliad[2] [*sylweddol* + *-iad*[3]] *eg.* ll. *-iaid. Athr.* Realydd: *realist (in philos.).*
1853.

sylweddoliaeth [*sylweddol* + *-iaeth*] *eg.* ll. *-au.* Materoliaeth (hefyd mewn athr.); realaeth (hefyd mewn athr.); ?sylwedd: *materialism (also in philos.); realism (also in philos.); ?substance.*
1803 P, *Sylwezoliaeth*, s. m. . . . Materialism.

sylweddolrwydd [*sylweddol* + *-rwydd*] *eg.* Yr ansawdd neu'r cyflwr o fod yn sylweddol neu'n real, materoldeb, realiti; cywirdeb (dadl, &c.): *substantiality, materiality, reality; soundness (of argument, &c.).*
1722 Llst **189**, *Sylweddolrwydd*. m. Materiality. **1780** W d.g. *Pithiness, Reality, Substantialness.* **1803** P, *Sylwezolrwyz*, s. m. . . . Substantialness.

sylweddolwr [*sylweddol* + *-wr*] *eg.* ll. *-wyr. Athr.* Realydd: *realist (in philos.).*
1824.

sylweddran [*sylwedd* + *rhan*[1]] *e?b.* Trwyth (planhigion, &c.); *Gram.* cymal: (*plant, &c.*) *extract; clause (in gram.).*
1818.

---

sylweddwr [*sylwedd* + *-wr*] *eg.* ll. *-wyr. Athr.* Realydd: *realist (in philos.).*
1803 P.

sylweiddiol, gw. sylweddol.

sylwgar [*sylw* + *-gar*] *a.* Yn dal sylw, astud, craff: *observant, attentive, astute, perspicacious.*
1818. Ar lafar, "Odd a'n grwtyn bach dicon *sylwgar*".

sylwgarwch [*sylwgar* + *-wch*[1]] *eg.* Yr ansawdd neu'r cyflwr o fod yn sylwgar, galluoedd arsylwi, astudrwydd, craffter: *attentiveness, powers of observation, astuteness, perspicacity.*
1828.

sylwgraff, gw. sylw + craff.

sylwiad, sylwiadol, sylwiaf: sylwio, sylwiedydd, sylwiwr, gw. sylwad, sylwadol, sylwaf: sylwi, sylwedydd, sylwr.

sylwnod [*sylw* + *nod*[1]] *eg.* ll. *-au*, *-ion.* Nodyn, sylw, sylwad: *note, remark, comment.*
[**1783**] W, *sylw-nodau* d.g. *Remarks.*

sylwnodiad [*sylw* + *nodiad*] *eg.* ll. *-au.* Nodyn, anodiad: *note, annotation.*
1808.

sylwr, sylwiwr, sylwydd[1] [bôn y f. *sylwaf, sylwiaf: sylwi, sylw(i)o* + *-(i)wr, -ydd*[3]] *eg.* ll. *sylwyr.* Sylwedydd: *observer.*
1799 *TY* 43-4, Evans, yr un a anturiodd ymdaith i chwilio am y genedl hon [yr Indiaid Cymraeg]; ond yn 'ddidycciant' (medd y *Sylwiwyr* [*sic*]).

sylwyd, sylwydd[1,2], gw. sylwaf: sylwi, sylwr, sylwedd.

sylwyddgar [*sylwydd*[1] + *-gar*] *a.* Sylwgar, craff: *observant, attentive.*
1839.

syll[1] [gair geir., sef bôn y f. *syllaf*[2], *sylliaf: syllu, syllio*] *eg.* ll. *-ion,* a hefyd fel a. Sylliad, rhythiad, edrychiad, golwg; amlwg, gweladwy: *stare, gaze, look, view; clear, visible.*
Dchr. 17g. *J* 10, 39b, *Syll*. amlwg. 17g. *LIGC* 13215, 351, *Syll* Conspicuus. **1803** P, *Syll*, s. m.—pl. t. *ion* . . . A gaze, a stare; the act of beholding; sight, view.
Amr.: **syllt**[1] [cf. *syllt*[2], *holl*[1], *hollt*[2], *hyll*[1], *hyllt*[2], &c.]. 17g. *LIGC* 13215, 351, Syll . . . *syllt.* **1803** P.

syll[2,3], 3 un. pres. myn. ac 2 un. grch. y f. *syllaf*[2], *sylliaf: syllu, syllio.*

sylladur, sylliadur [bôn y f. *syllaf*[2], *sylliaf: syllu, syllio* + *-(i)adur*] *eg.* ll. *sylladuron, sylliadurion.* Y lens neu'r cyfuniad o lensys mewn offeryn optegol sydd agosaf at lygad yr edrychwr; telesgop, ysbienddrych: *ocular, eyepiece; telescope.*
1858.

syllaf[1], gw. sillaf[1].

syllaf[2], **sylliaf: syllu, syllio** [Llyd. C. a Diw. *sellet,* Llyd. Diw. *sellout,* Gwydd. C. *sell(a)id* 'fe syll': ?o'r gwr. IE. **ster-* < **ster-* 'seren', cf. *sêr*] *bg.a.* Craffu yn ddiwyro, yn enw. â'r llygaid yn llydan agored, rhythu, gwylio, edrych, rhoddi sylw (i), ystyried; cyfeirio (llygaid neu drem); ?dyfeisio: *to gaze, stare, watch, look, pay attention (to), consider; direct (the eyes or gaze); ?devise.*
12g. *GLlF* 13, Pan dyfu chwant *syllu* ar essillyt— Ymher / Aber Menwenϭer ucher echwyt. **12**g. *GCBM* i. 191, Rutbraf y ssaffwy, ny syll a'e olwc / O olud ny rotwy. **12-13**g. *GLlLl* 88, Moladwy y ryd rod y bore, / Moidyd essilyd ny *syll* eurde. *id.* 266, Dreic Prydein, *syll* ragod! **13**g. *GDB* 388, Didestyl oed eu lle llu ϭrth *syllyaϭ* / Dyd y kymerth Crist croc yn eidaϭ. **13**g. *Llst* I, 101b, e brenyn hvnnv a *syyllaϭd* ar kanhwrthw dyw (*ad diuinam respiciens auxilium*) a chet bey lley eyry y lwu [*sic*] noc vn peanda ef ar [*sic*] rodes wrwydyr ydaw. **14**g. *J* 29, 13-14, Gϭyduet coet kein eu *syllu.* **14**g. *WML* 40, Kyntaf o naϭ affeith lledrat yϭ *syllu* tϭyll acheissaϭ ketymdeith (*LIB* 34, amkanu wrth gedymdeith yr hyn a geisser yn lletrat). *id.* 112-13, Ac odyna *syllet* yr ygneit ae kϭbyl yllyssyant. **14**g.

GDG[3] 141, Swllt hoywfardd, *syll* di hefyd / Maint fu drugaredd, fy myd. *c.* **1400** *R* 1047. 37, Neur *sylleis* olygon ardirion dir. **1567** *LIGG* (*Sall*) 47b, Dew ein tarian *sylla*, ac edrych ar wynep dy Enneiniawc. **1567** *TN* 358a, gan gycori y ffydd[l]onieit nyd yn vnic dysgwyl yn ddyvai am Christ, anyd hefyt *syllu* yn gydrychiol ddydd y ddyuodiat ef. **1632** D, *Syllu,* Aspicere, inspicere, dispicere, intueri. **1760** E. WILLIAMS: *UYB* 114, hi [yr Efengyl] . . . a dry ei hwyneb hi [enaid], yn lle *syllio* ar nebrhyw ordinhadau, yn unig, yn union ar y galon. **1771** *PDPh* 86, Pan ddechreuo [cornwyd mewn buwch] y mae 'r anifail yn *syllu* ac yn malu ewyn a'i dafod allan. **1803** P d.g. *Syllaw, Syllu.* Ar lafar, "Odd o'n sefyll yne yn *syllu* arna' i".
Amr.: **syllt**[2] (2 un. grch.) [cf. *syllt*[1]]. **1575-6** B vi. 320, Pan vych eisteddawg ar vwrdd kyfoethawg, *sillt* (**1594-6** *id.* iii. 171, *sylht*) yn graff ddigon ar a ddel ger dy vron.

syllbeiriant [*syll*[1] + *peiriant*] *eg.* ll. *-beiriannau.* Telescop, ysbienddrych: *telescope.*
1803 P.

syllddrych [*syll*[1] + *drych*] *eg.* ll. *-au.* Telesgop, ysbienddrych; sbectol; golygfa (hynod); hefyd yn *ffig.*: *telescope; pair of spectacles, glasses; spectacle, sight; also fig.*
1760 E. WILLIAMS: *UYB* 91, Ef [Iesu] a'i ffyddloniaid lawer gwaith yn ymddangos . . . yn *syll-drych* i angelion a dynion. **1828** *Geir Pob* 30, Yspectol, *syll-ddrych.*

syllddrychol [*syllddrych* + *-ol*] *a.* Telesgopig: *telescopic.*
1842.

syllfa [*syll*[1] + *-fa, ma*] *eb.* Arsyllfa, gwylfa: *observatory, observation post.*
1814.

syllfan [*syll*[1] + *man*[1]] *eb.g.* Arsyllfa, gwylfa: *observatory, observation post.*
1848.

syllgar [*syll*[1] + *-gar*] *a.* Yn syllu neu'n rhythu, craff ei olwg: *gazing, staring, sharp-sighted.*
1803 P.

syllgraffaf: syllgraffu, gw. syll[1] + craffaf: craffu.

sylliad [bôn y f. *syllaf*[2], *sylliaf: syllu, syllio* + *-iad*] *eg.* ll. *-au.* Y weithred o syllu, rhythiad, golwg, arsylliad, sylw, ystyriaeth: *a gazing, gaze, staring, stare, view, observation, consideration.*
1632 D d.g. *Contuitus, Spectamen.* **1803** P.

sylliadur, sylliaf: syllio, gw. sylladur, syllaf[2]: syllu.

sylliog [*syll*[1] + *-iog*] *a.* Yn syllu neu'n rhythu, yn arsyllu: *gazing, staring, observing.*
[**1798**] M. JONES: *PAC* 7, Y byw yn ebrwydd a droant eu llygaid . . . yn *sylliog* ar yr arswydus . . . ymddangosiad [ailddyfodiad Crist]. **1803** P d.g. *Sylliawg.* Cf. GW. MECHAIN: *Gw* ii. 564, Edryched y Cymro *sylliawg* ar greigiau calchaidd y y [*sic*] Gogarth ac Ynys Seiriol Wyn.

sylliwr, syllt[1,2,3], gw. syllwr, syll[1], syllaf[2]: syllu, swllt.

syllta [bf. o'r e. *swllt*] *bg.* Cardota sylltau: *to beg for shillings.*
1863.

sylltach, swlltach [*swllt* + *-ach*[2]] *e.ll.* Sylltau, yn enw. yn ddifr.; arian mân: *shillings, esp. derog., small change.*
1823.

sylltan, gw. swllt.

sylltrem [*syll*[1] + *trem*] *eb.* Sylliad, rhythiad, golwg: *gaze, stare, look.*
Dchr. 17g. *J* 10, 37a, *Sylldrem.* 17g. *LIGC* 13215, 350, *Sylldrem* Contemplatio. [**1783**] W d.g. *Stare.*

sylltremaf, sylltremiaf: sylltremu, sylltremio [bf. o'r e. *sylltrem*] *bg.* Syllu, rhythu, craffu, arsyllu, hefyd yn *ffig.*: *to gaze, stare, look intently, observe, also fig.*
1632 D, *sylldremio* d.g. *Contueor.* 17g. *LIGC* 13215, 350, *Sylldrennmu* Inspecto. Cf. T. H. PARRY-WILLIAMS: *OPG* 40, Ar y cyfle mi *sylldremiais* innau yn eiddgar-lygadog i'r cyfeiriad.

syllty, swllty [*swllt* + *tŷ*] *eg.* ll. *sylltai,* a hefyd fel *a.* Siop, storfa, stôr; trysordy, y

Trysorlys, banc, bathdy; hefyd yn *ffig.*; (?*geir.*) (brethyn) du neu ddeuban: *shop, store(house); treasury, the Exchequer, bank, mint; also fig.;* (?*dict.*) *black or twice fulled (cloth).*

Dchr. **15g.** GSCyf [91], Siderog nen hwylbrenni, / *Syllty* teg is allt wyt ti [Llywelyn ab y Moel i'r bedlwyn]. **15g.** *Med H* 16, bydd brethynnwyr *sylltai* yn crogi brethyn coch uwch ben i ffenestri, val na allo y prynwyr adnabod rrywiogaeth y lliwieu. **15–16g.** *TA* 299, Esyllt, âi i glôg *syllty* glân, / Du, trosti wedi Trystan. **1547** WS, Brethyn *syllty.* ?**16g.** (**1789**) *BDG* 369, Y mae i minnau Doryn, / O'r un frithedd, 'r un frethyn; / Yr un bris yn y *sylldy* / Yr un draul wedi hynny. *c.* **1562** *B* ii. 238, *sylltyd*: brethyn du, F; brethyn deuban, K. **16g.** HUW CORNWY, &c.: *Gw* 83, gwin ac aur gan yr eryr: / howswallt oedd a *syllty*'i wŷr. **1604–7** *TW* (Pen 228) d.g. *Apotheca, Cimeliarchium, Euthera.* **1632** D, *Syllty*, h.e. *Swllt-dy, Fiscus, gazophylacium.* id. *Sylldy* dillad d.g. *Synthesis.* **1688** *TJ, Swlldŷ, sylldŷ,* Trysor-dŷ'r Brenin: the Exchequer. **1725** *SR* d.g. *A Store house.* **1770** *TG* iv. 34, [d]wyn i arlwyddi'r *Sylldŷ* yspysiad o brisiau gwenith, haidd. **1770** *W* d.g. *Bank.* **1803** *P* d.g. *Sylldy, Syllty.*

syllltyn, gw. **swllt.**

syllwr, sylliwr, syllydd [bôn y f. *syllaf²*, *sylliaf*; *syllu, sylio*+-(*i*)*wr*, -*ydd³*] *eg.* (b. *syllwraig*) ll. *syllkwyr.* Un sy'n syllu neu'n rhythu, gwyliwr, arsyllydd, sylwedydd: *starer, gazer, spectator, observer.*

1722 *Llst* 189, *Syllwr.* m. A spectator. **1768** J. JONES: *HC* 69, Gwna'n fawr o'th amser, *Syllwr*, / Ffo at dy Brynwr byw: / Dy waith a'th galon gwella; / Nac ofna farw, clyw. **1803** *P, Syllwr,* s. m.—pl. *syllwyr* . . . A spectator.

syllwydr [*syll*¹+*gwydr*] *eg.* (bach. -*yn*) ll. -*au.* Telesgop, ysbienddrych; drych; (yn aml yn y ll.) sbectol; hefyd yn *ffig.*: *telescope; mirror; (often pl.) pair of spectacles, glasses; also fig.*

1632 D d.g. *Speculare.* **1773** *W*, syll-*wydr* d.g. *Glass, A looking-glass, Spectacles.* **1803** *P, Syllwydryn* . . . A spyglass. id. *Syllwydyr,* s. m.—pl. *syllwydrau* . . . A spyglass.

syllydd, gw. **syllwr.**

sym¹,², gw. **swm, siomaf: siomi.**

symach, *eg.* Sylw, hid, ots: *notice, heed, difference.*

1933. Ar lafar yng ngodre Cered., sir Gaerf., a sir Benf., "Dyw nhw 'n gneyd dim un *simach* o'r dyn', *GDD* 263, a hefyd ym Morg., 'Dyw hi'n gn'ithyr dim *symach* o neb', *LlGC* 1173, 108. Cf. D. J. WILLIAMS: *STG* 116, "Wir, Rachel, mae hen lo bach nêt 'da ti leni yto", meddai Teimoth wedi dod maes i'r clôs, ac heb gymryd arno ddim *symach* am helynt y prynhawn. Cf. ymhellach *CYLl* 118, Hymachdid'nt care: Dodd naws hymach gydag e.

symaeth [*swm, sym*¹+-*aeth*] *e?b.* Crynodeb: *summary.*

1605–10 Pen 218, 179, llyma *symeth* llyfr o deithie Sʳ Sion mandefyl. *c.* **1730** Thos. Lloyd D (LlGC) 213a, *Symmeth* ac ystyr y llythyrau oedd II. 434.

symaf: symu, symail, gw. **symiaf: symio, syml.**

symans, symons, symens [bnth. S. *summons*] *eg.* ll. (prin) *symansiau.* Gwŷs (yn enw. i ymddangos mewn llys barn), gorchymyn: *summons* (*esp. to a court of law*), *command.*

1718 (**1721**) S. THOMAS: *HB* 148, Eithr Harry yr VIII, yn [diwyg.] lle ufuddhau i wys neu *Summons* i'r Pab, a alwodd ynghyd ei Barliament. **1744** D. ROWLAND: *RY* 66, Y Capteiniaid . . . a anfonasant trwy enau Udgan-wr Boanerges *summons* neu Wŷs i Mansoul i ymroddi ei hunan i fynu i'r Brenin. **1787** E. ROBERTS: *PCF* 50, Pan gaffwi *symens* or Nef i lawr, / Mi wnaf ni dirfawr derfyn. **1794** E. JONES: *CP* 114, Gwaith Cwnstabl neu Ringyll . . . yw . . . gwasanaethu *summons* ac erchiadau ei ustusiaid. Ar lafar, 'Ges i *symans* i fynd i'r llys ddoe'; 'Bydden' nhw wastad yn cael *symons* am bido anfon 'u plant i'r ysgol'; hefyd yn y ff. *simans, GDD* 263; ac yn y ff. *simwns,* 'Ma fa wedi cæl *simwns* i fynd i'r cwrt, rwpath abythdu'r car', *GTN* 740. Cf. D. OWEN: *RL* 159, Yr oedd Paul cyn ei argyhoeddi ar y ffordd i Damascus, â llon'd ei *symans* i garcharu pobol dda yn y carchar; id. 160, mi dyffeia fo i roi *symans* i mi ei cymin gŵr ydi o; D. OWEN: *GT* 34, un o'r pethau cyntaf a glywais oedd fod Twm i gael *symans* am fod yn nghoed y Plas yn prowla.

Amr.: **symon** [?drwy ddeall yn *-s* yn *symons* fel *-s*², ond ?cf. hefyd S. *summon* fel e. un.] **1881.**

symantau, gw. **strymantau.**

symas, simas [bnth. S. *zymase*] *eg. Cem.* Cymysgedd o ensymau a geir fel echdynnyn o furum ac sy'n eplesu siwgrau: *zymase.*

1937.

symbal, simbal [bnth. S. *cymbal*] *eg.b.* ll. -*au. Crdd.* Offeryn taro, sef plât ceugrwm o bres neu efydd a drewir yn erbyn un arall neu â ffon: *cymbal.*

1551 W. SALESBURY: *KLl* xvb, Pe ydd ymddiddanwn a thavodeu dynion ac angelion / a bot eb cariat ynof / ddwyf vi val elidn seiniawc / ne *cymbal* yn tingian. **1567** LlGG (Sall) 84b, Molwch ef a'r *cymbalae* (**1588** *Salm* cl. 5, â *symbalau*) soniarus: molwch ef a'r *cymbalae* llavar. **1632** D d.g. *Crotalum, Cymbalum.* **18g.** W *Ballads* 195, 3, *Symbal* ydynt [carolau] sain Baledeu, fel clycheu o brenieu braû. **1772** *W* d.g. *Cymbal.*

symbiont [bnth. S. *symbiont*] *eg.* ll. -*iaid.* Organeb sy'n byw mewn symbiosis: *symbiont.*

20g.

symbiosis [bnth. S. *symbiosis*] *eg.* Perthynas rhwng dwy organeb wahanol (e.e. dau blanhigyn, neu blanhigyn ac anifail) yn enw. pan fo'r naill yn dibynnu ar y llall, perthynas debyg rhwng pobl neu grwpiau cyd-ddibynnol, cydfywyd, hefyd yn *ffig.*: *symbiosis, also fig.*

1937.

symbiotaidd [cfdds. o'r S. *symbiot*(*ic*)+-*aidd*] *a.* Symbiotig, hefyd yn *ffig.*: *symbiotic, also fig.*

20g.

symbiotig [cfdds. o'r S. *symbiot*(*ic*)+-*ig²*] *a.* Yn byw mewn symbiosis, seiliedig ar symbiosis, yn perthyn i symbiosis, hefyd yn *ffig.*: *symbiotic, also fig.*

20g.

symblau, symblen, symbliaf: symblio, gw. **swmbwl¹, symbolen, symbylaf: symbylu.**

symbol [bnth. S. *symbol*] *eg.b.* ll. -*au.*

(*a*) Peth sy'n cynrychioli neu'n awgrymu peth arall, oherwydd perthynas, cysylltiad, arfer, tebygrwydd damweiniol, &c., yn enw. arwydd gweladwy o rywbeth haniaethol, arwydd confensiynol a ddefnyddir wrth ysgrifennu neu argraffu i gynrychioli gweithredoedd, niferoedd, perthnasau, neu ansoddau mewn maes penodol (e.e. cemeg neu gerddoriaeth), arwydd, arwyddlun: *symbol.*

c. **1762–79** W. WILLIAMS: *P* 176, [g]orchmynnodd i'w ddyscyblion i addoli Duw trwy y *symbol* hyn o dân. **1774** W. WILLIAMS: *AB* 7, y bwa hwn . . . yn *Simbol*, ac yn arwydd tragwyddol o gariad Duw at y byd. id. 9, defnyddir un bennaf yr arwydd hynod, *symbol* ei bresennoldeb, cysgod o bethau ag oedd i ddyfod yn yr eglwys; y golofn niwl, a thân. Cf. J. MORRIS-JONES: *CD* 215, Y gwir, wrth gwrs, yw mai'r hen *symbol* am -*g* derfynol oedd yr -*c*; T. H. PARRY-WILLIAMS: *S* 27, hen bethau bach . . . arhosant gyda ni yn rhywle yn *simbolau* cyfrin o rywbeth sy'n rhan ohonom, yn arwyddluniau digamsyniol o rywbeth sy'n gyfanswm y bod ac y bydo inni; D. J. WILLIAMS: *chHO* 51, 'R oedd yr ysgolfeistr ar adeg honno yn *symbol* o'r awch a'r dyhead am wybodaeth.

(*b*) Credo('r Apostolion): (*Apostles'*) *Creed.*

1764 DEWI NANTBRÂN: *CB* 14, Pwy a wnaeth y *Symbol* yr Apostolion?

Cfn.: **symbol ffalig**: *phallic symbol.* **20g. symbol statws**: *status symbol.* **20g.**

symbolaeth, gw. **symboliaeth.**

symbolaidd [*symbol*+-*aidd*] *a.* Yn perthyn i symbol(au) neu symboliaeth, yn gweithredu fel symbol, a fynegir drwy symbol(au), a nodweddir gan ddefnydd o symbolau neu symboliaeth: *symbolic.*

1923.

---

symboleiddiaf: symboleiddio [bf. o'r a. *symbolaidd*] *ba.* Gweithredu fel symbol(au) o, cynrychioli â symbol(au): *to symbolize.*

20g.

symbolen, symblen [cfdds. o'r Llad. *symbol*(*um*)+-*en*] *eb.* Credo('r Apostolion): (*Apostles'*) *Creed.*

p. **1584** G. ROBERT: *GC* [333], *Symblen* yr Abostolion, a eilw'r cymru, y gredo, a deuddeg prifbwnc ynddi, wedi i cynnwys mewn deuddeg englyn. **1609** R. SMYTH: *CAC* 5, Symbolum Apostolorum . . . y *Symbolem* [*sic*] hon sydd nod splenyddig drwy'r hon y gellir adanabod [*sic*] a barnu rhagoriaeth rhwng y cristion ac anuw . . . mae punciau [*sic*] y *Symbolen* yma? id. 29–30, yr Abostolig *Symbolen.* **1618** J. SALISBURY: *EH* 281, Angenrhaid yw credu yn yspyssawl holh bynciau'r *Symblen* neu'r Gredo.

symboliadol [*symbol*+-*iad*¹+-*ol*] *a.* Symbolaidd: *symbolic.*

1936.

symboliaeth, symbolaeth [*symbol*+-(*i*)*aeth*] *eb.* Cynrychioliad drwy gyfrwng symbol(au), priodoliad ystyr symbolaidd i beth, arwyddocâd symbolaidd, system o symbolau, defnydd o symbolau mewn celfyddyd neu lenyddiaeth, dulliau artistig y symbolwyr: *symbolism.*

1928.

symbolig [cfdds. o'r S. *symbol*(*ic*)+-*ig*²] *a.* Symbolaidd: *symbolic.*

1653 (**18g.**) *Pant* 8, 13a, Y Pentecost . . . i fysbeunodi [*sic*] i cyhoeddi Refformasiwn neu ddiwygiad ar yr hen deml-grefydd grefyddol, gan ei throi yn weinidogaeth Ysbrydol y Testament neu'r Cyfammod newydd.

symbolism [bnth. S. *symbolism*] *eg.* Symboliaeth: *symbolism.*

1922.

symbolistaidd [bnth. S. *symbolist*+-*aidd*] *a.* Yn perthyn i'r symbolwyr neu nodweddiadol ohonynt: *symbolistic.*

20g.

symbolwr, symbolydd [*symbol*+-*wr*, -*ydd*³] *eg.* ll. *symbolwyr, symbolyddion.* Llenor, arlunydd, &c., sy'n defnyddio symbolau yn ei waith, yn enw. un o grŵp o awduron âc arlunwyr yn Ffrainc yn niwedd y bedwaredd ganrif ar bymtheg a ddefnyddiai symbolau i gynrychioli neu ysgogi syniadau neu deimladau: *symbolist* (*in literature and art*).

1932.

symbwl, gw. **swmbwl¹.**

symbylaf, symbyliaf, swmbyliaf, swmbwl(i)af, &c.: symbylu, symbyl(i)o, swmbylio, swmbwl(i)o, &c. [bf. o'r e. *swmbwl*¹] *bg.a.* Gyrru neu annog â swmbwl, &c., procio, pigo, ysbarduno, hefyd yn *ffig.*; cynhyrfu â stimwlws, adfywio neu ysgogi (gweithgaredd neu un o'r synhwyrau), cynydda (gweithgaredd ffisiolegol), cymell, cyffroi, ysgogi: *to goad, prick, spur on, also fig.; stimulate, urge, stir, motivate.*

14g. *GDG*³ 358, Cysgu, gwedy *symlu* sôn, / A wnaethant, bobl annoethion. **1547** WS, *Swmbylio* Pricke. **16g.** WILIAM LLŶN: *Gw* (R. Stephens) 570, Gwn nad oedd gennad addas / Gynnwys Wil i ganu sias; / E orfydd, ych llonydd llog, / Ei *symbylio,* swm boliog. **16g.** WILIAM CYNWAL: *Gw* (R. L. Jones) 12, O biliwyd a'i *swmbwliaw,* / Fual trwm, ni faeliwyd draw. **1588** *Ecclus* xx. 22, Y mae a luddir i bechu trwy esie, yr hwn pan orphwyso ni *symbylir.* **1595** H. LEWYS: *PA* 21–2, i mae duw yn ceryddu . . . er yn *symbylu,* a'n gwthio finne yn flaen. **1609** R. SMYTH: *CAC* 14, Gwedi hyny ef an *sumbulir* [*sic*] i safedlu yn ddisgl y gwir a'r santaidd ogonedd. *Dchr.* 178. *J* 10, 37b, *Symbylio.* Extimulo. Instigo. stimulo. **1632** D, *Swmbylio* . . . Stimulare, instigare. *c.* **1762–79** W. WILLIAMS: *P* 444, o's byddai un yn ddiog i fyned, hwy a'i *symbylient* i'w fynd mlaen â chleddyfau. **1773** *W, swmbwlio* d.g. *To egg on or forward.* **1777** W. DAVIES: *CHl* 175, nid yw gweniaethwyr yn dyfod i'w agos i'r tlawd, ac ni si a choeg-ymadrodd dynion siaradus; nid ydynt yn cyfarfod â nemmawr . . . i *symbylo* eu balchder na thruthio eu gwragedd. Ar lafar, '*symbylu, sumbylu*' 'to stimulate', '*Sumbyla* fo'n 'i flaen', *WVBD* 514. Cf. J. MORRIS-JONES: *CD*

16, Nid yw cân yn haeddu'r enw ond cyn belled ag y *symbyla* trwy ddyrchafu'r enaid.

Amr.: **sumblo.** **1707** *AB* 154c d.g. *Stimulo.* **symblio.** **1552** *Pen* 403, 24, y rrai a gadwassant ddiweirdeb a glendid ac a roessant gopi o rrinweddev a ffrikiev i *Symblio* ac i gynhyrvv y bobl i barhav ynddvnt. **symlaf[1], symylaf: sym(y)lu** [cf. *swml, swmwl[1]*, amr. ar *swmbwl[1]*] **14g.** *GDG[3]* 358, *symlu.* **14g.** *GIG* 105, Blina' col, blaenau celyn, / Symlau dur yn *symlu* dyn [i'r farf]. **1552** *Pen* 403, 54, ef [meudwy] ai klywai i hvn lawer gwaith ac wyllys y knawd yni *symylv.* **1632** *D*, Swmbylio, & *Symlu*, Stimulare, instigare. **18–19g.** R. DAVIES: *DB* 84, Cludent ieuau caledion, / *Symylent*, briwent eu bron. **1803** *P* d.g. *Symlu, Symylu.*

symbylai [bôn y f. *symbylaf, symbyliaf,* &c: *symbylu, symbyl(i)o,* &c.+*-ai[3]*] *eg.* Diod, cyffur, &c., symbylol, symbylydd: *a stimulant.*
1860.

symbylaidd [bôn y f. *symbylaf, symbyliaf,* &c: *symbylu, symbyl(i)o,* &c.+*-aidd*] *a.* Symbylol (am ddiod, cyffur, &c.): *stimulant (adj.).*
1853.

symbyledig, swmbwledig [bôn y f. *symbylaf, symbyliaf, swmbwl(i)af,* &c: *symbylu, symbyl(i)o, swmbwl(i)o,* &c.+ *-edig*] *a.bfl.* Wedi ei symbylu, ysgogedig: *stimulated.*
1819.

symbylgar [bôn y f. *symbylaf, symbyliaf,* &c: *symbylu, symbyl(i)o,* &c.+*-gar*] *a.* Symbylol, ysgogol: *stimulating.*
20g.

symbyliad, swmbyliad, swmbwliad, &c. [bôn y f. *symbylaf, symbyliaf, swmbyliaf, swmbwl(i)af,* &c: *symbylu, symbyl(i)o, swmbylio, swmbwl(i)o,* &c.+*-iad[1]*] *eg.* ll. *symbyliadau.* Ysgogiad, cymhelliad, anogaeth, hwb ymlaen, adfywiad neu ysgogiad i weithgaredd neu i un o'r synhwyrau, stimwlws, cyffroad, ysbardun, prociad, swmbwl: *motivation, incentive, impetus, stimulation, stimulus, stirring, spur, prick, goad.*

1583 *LlGC* 716, 15a, Ethelbert brenin Kent, a[c] . . . Elffrit brenin Northwmber Land, yrhai a ddoedthont [*sic*] yn ddianot (trwy *swmbliat* y Ceythrel) am benn y Brytanieit. **1604–7** *TW* (*Pen* 228), *symbwliat* d.g. *Impulsio. id. swmbyliat* d.g. *Stimulatio.* **1632** *D, symbyliad* d.g. *Paroxysmus.* **1680** J. THOMAS: *UN* 2, dymma ysprydol *Symbyliad* naturiol Grefydd [am weddïo]. **1683** J. JONES: *TG* 50, [g]wingodd yn erbyn *symbyliadau* yspryd Duw. **1798** *WR, swmbwliad* d.g. *Egging.* Ar lafar, '*symbyliad*' 'incitement, inducement, followed by "at"', *WVBD* 514. Cf. J. MORRIS-JONES: *CD* 16, Nid yw cân yn haeddu'r enw ond cyn belled ag y symbyla trwy ddyrchafu'r enaid; a'r *symbyliad* dyrchafol hwn yw mesur ei gwerth fel cân.

symbyliadol, swmbyliadol [*symbyliad, swmbyliad*+*-ol*] *a.* Symbylol, ysgogol, yn cynyddu gweithgaredd ffisiolegol (am ddiod, cyffur, &c.): *stimulating, motivating, stimulant (adj.).*
1835.

symbyliaf: symbylio, gw. **symbylaf: symbylu.**

symbylol [bôn y f. *symbylaf, symbyliaf,* &c.: *symbylu, symbyl(i)o,* &c.+*-ol*] *a.* Yn symbylu, ysgogol, yn cynyddu gweithgaredd ffisiolegol (am ddiod, cyffur, &c.): *stimulating, motivating, stimulant (adj.).*
1836.

symbylwr, symbylydd [bôn y f. *symbylaf, symbyliaf,* &c.: *symbylu, symbyl(i)o,* &c.+ *-wr, -ydd[3]*] *eg.* (b. *symbylwraig*) ll. *symbylwyr, symbylyddion.* Un sy'n symbylu, ysgogwr, anogwr, calonogwr; peth sy'n symbylu gweithgaredd ffisiolegol, diod neu gyffur, &c., symbylol: *motivator, instigator, encourager; stimulus, stimulant.*

Dchr. **17g.** *J* 10, 37b, *Symbylwr.* Instigator. Stimulator.

symens, symént, symentaf: symento, symera, gw. **symans, sment, smentiaf: smentio, swmera.**

symetrig [cfdds. o'r S. *symmetr(ic)*+*-ig[2]*] *a.* Cymesur, cytbwys ei ffurf: *symmetric(al).*
20g.

symfawr, gw. **swmfawr.**

symffon [?bnth. Llad. Diw. (Fwlgat) *symphōnia* 'offeryn cerdd', cf. hefyd S. *symphony* 'musical instrument'] *eb.* ll. *-au.* Offeryn cerdd, yn enw. dwsmel; (?yn wallus) sacbwt: *musical instrument, esp. dulcimer;* (*?erron.*) *sackbut.*

1588 *Dan* iii. 5, sŵn y cornet, y chwibanogl, y delyn, y dulcimer, y saltringau, y *symphon* (**1988** *ib.* dwsmel). **1722** *Llst* 189, *Symphon.* f.p. *phonau.* A dulcimer. **1725** *SR* d.g. *Sackbut.* **1759** *BC* 373, A'r *Symphon* hithau, Holl Offrau Cistiau Cân. Cf. *Ll* ix. (1930) 137, Chwerthin yn y plasau a mynych seiniau telyn, / *Symffon* a dwlsimêr a phob rhyw gynnes gerdd (J. T. Jones).

Gw. hefyd **simpian, sinffan.**

symffoni [bnth. S. *symphony*] *eb.* ll. *symffoniau.* Cyfansoddiad cerddorol estynedig ar gyfer cerddorfa, sydd fel arfer yn cynnwys sawl symudiad ac un ohonynt o leiaf ar ffurf sonata, agorawd neu interliwd i gerddorfa mewn gwaith lleisiol neu opera, hefyd yn *ffig.*: *symphony, also fig.*
1919.

symffonig [cfdds. o'r S. *symphon(ic)*+ *-ig[2]*] *a.* Yn perthyn i symffoni, ar ffurf symffoni, tebyg i symffoni: *symphonic.*
1938.

symgar, sumgar [*swm, sym[1], sum*+*-gar*] *a.* Corffol, llond ei groen, swmpus, mawr; beichiog: *fleshy, bulky, large; pregnant.*

1835. Ar lafar, '*symgar*' 'pregnant', *WVBD* 515; '*sumgar*' 'mawr, "bulky"', *B* iv. 132 (sir Drefn.). Cf. DEWI WYN: *BA* (At.) 37, Siwan Southcott y Brophwydes . . . wedi mynd yn hen horgest *sumgar.*

symiad, sumiad [bôn y f. *symiaf, symaf, sum(i)af,* &c.: *symio, symu, sum(i)o,* &c.+ *-iad[1]*] *eg.* ll. *-au.* Y weithred neu enghraifft o symio, sym, adiad, crynodeb, amcangyfrif: *a summing, sum, addition, summary, estimate.*

1604–7 *TW* (*Pen* 228), *sumiat* d.g. *Aestimatio.* **1775** E. GRIFFITHS: *GF* vii, [y] *Symiad* byrr hyn o'r Hanes ysgrythurol. **1803** *P.*

symiaf, symaf, sim(i)af, swmiaf[1], swmaf, sum(i)af, &c.: **symio, symu, sim(i)o, swm(i)o, sum(i)o,** &c. [bf. o'r e. *swm, sym[1], sum*] *bg.a.* Amcangyfrif, tafoli, pwyso a mesur (gwerth), ystyried; teimlo, trafod; archwilio (yn feirniadol), beirniadu; adio, cyfrif, cyfansymio, crynhoi: *to estimate, assess, evaluate, consider; feel, handle; examine (critically), criticize; add, count, total, sum (up), summarize.*

c. **1400** *R* 1255. 8–9, Yrdeugeinsôllt not o ysterlingot. vyn namaes amot mi ae *symmeis.* **15g.** *GDID* 113, Eiste', fy ngem, i'm emyl, / Edrych a'm gwelych yn gul; / Sarrug yt ddrygsirio gŵr, / *Symia* fi dan fy simwr. **1547** *WS, Sumio* ne amkany Uewe, summe. *a.* **1587** *Y* 162, I Noe . . . / I bv drimaib drwy ymwan: / Sem, Cam, a'i *simio* cimaint, / A Siapheth frys hoffwaith fraint. *Diw.* **16g.** *B* ix. 119, vfuddodd yw i ddyn ymadnabod o ddyn ai *symio* ehun. **16–17g.** *GST* i. 519, *Simiais* ei het a'i simwr / Sicio wnaed socan o ŵr. **1604–7** *TW* (*Pen* 228), *sûmiaw* d.g. *Aestimo.* *Dchr.* **17g.** *J* 10, 41b, *Sumio.* to view. Palpo. Penso. Pondero. **1632** *D, Summio,* Summare. **1677** *TC* 8a, *Simio,* cyfrif. **1693** *HC* 98, pechod . . . *Sumia* drymmed yw, a maint y sydd o fwgythion Duw iw erbyn. **1696** *CDD* 31, Or merched siriolbrŷd yr ydwŷt iw erlŷd, / Yn nyddiau dy Jeuengtŷd, difantais y nghâr; / Ni thrôn wrth fynd heibio moi hwŷneb ith *simio* / Pan fŷch yn oer-dduo 'n y ddaiar. *id.* 295, Pan alwo Duw'r Enaid i raenio ger bron; / I wneuthur ei gyfri drwŷ *symu'r* nôs hon: / Pa bris fŷdd am gyfoeth mewn gofid ar hŷnt? / Er maint o serch arno oedd gantho'fe [*sic*] gŷnt. **1759** *BC* 229, Pan ddarffo i rheini *Sumio* ei thegwch / A'i harddwch clydwch clau. **1770** *TG* iv. 81, a *symmu'r* tystiolaethau yn ei erbyn. **1771** *W, summo* d.g. *To cast a reckoning.* **1775** M. WILLIAMS: *MC* 11, O's bydd gennych amryw Ddarnau i'w mesur a'u *symio* ynghyd, rhoddwch hwynt i lawr fel hyn. **1803** *P* d.g. *Sumiaw, Symu.* Ar lafar, '*swmio, symio*' 'to estimate the weight of something . . . e.g. by holding it in the hand', 'wth 'i *swmio* fo 'dach chi'n ama ac yn mynd wedyn i' bwyso fo', *WVBD* 510; '*simio*'r gwynt' 'profi'r gwynt i weld a yw hi am law', *BILlE* 38; '*simied*' 'teimlo, chwilio', '*simied* y ceffyl', *Cymru* xlvii. 196 (sir Ddinb.). Cf. D. OWEN: *GT* 174, a chyda chil fy llygad canfyddwn hi . . . yn *simio* dillad hwn a'r llall; D. OWEN: *SP* 125, Wedi i Ned *simio* gryn lawer ar y domen, deuthom i'r fargen fod i mi roddi iddo haner coron am ei symud.

Amr.: **jimio.** Ar lafar yn sir Drefn., *GST* ii. 482; "Oes gen' ti awydd prynu'r car 'ma? "Rôn i'n dy weld di yn 'i *jimio* fo gynne'.

Cfn.: **symio i:** *to amount to.* **1848.** **symio,** &c., **i fyny, swmo fynydd:** *to sum up, summarize; add up.* **1672** J. LANGFORD: *HDdD* 224, *summia* 'r cwbl *i fynu.* **1707** *CEBM* 6, A bod yn ddiwid dros gan mil myrddiwn o flynyddau / yn *swmmo fynydd* gynnifer can mil myrddiwn ac a allent. *c.* **1720** *CIF* 9, *swmio i fynu.* **1790** T. JONES: *TOS* 2, mae 'r apostol yn *symio* 'r cwbl *i fynu.*

symiog [*swm, sym[1]*+*-iog*] *a.* Swmpus: *bulky.*
1916.

symiol [*swm, sym[1]*+*-iol*] *a.* Meintiol; swmpus: *quantitative; bulky.*
1803 *P, Sumiawl* . . . Relating to amplitude.

syml [bnth. Llad. *simplus*] *a.* (b. *seml*) ll. *-ion,* a hefyd gyda grym enwol. Y gellir ei ddeall neu ei wneud yn hawdd, heb fod yn anodd, astrus, na chymhleth; anghyfansawdd, digymysg, heb ychwanegiadau nac addasiadau; absoliwt, diamwys; diffuant, diniwed; gwirion, ffôl, naïf, anwybodus, hurt; heb fod yn foethus na soffistigedig, plaen, dirodres, gwerinol; (?geir.) ffres, merfaidd: *simple, not difficult or complex; simple, uncompounded, unmixed, unchanged; simple, absolute, unambiguous, unequivocal; simple, sincere, innocent; simple, silly, foolish, naive, ignorant, stupid; simple, unsophisticated, plain, unpretentious, unassuming, homely;* (*?dict.*) *fresh, insipid.*

13g. *BD* 127, A wyrda . . . nyt ryued genyf ui allu o genedyl lesc anreithyav enys Brydein rac eu hynuytet ac eu *symlhet.* *c.* **1300** *B* ii. 28, Kanys *symyl* yw y dyn beiaw arall ar gyfryw ac a wnel ehun. **14g.** *GDG[3]* 380, A'm braich innau, somau *syml,* / Dan glust asw dyn glwys disyml. **14g.** *GIG* 166, Carl serth a'i fwth car ael Soch, / Cyhyrgorff *syml* cau hirgoch. **14–15g.** *IGE[2]* 333, *Seml* ar ddwyen awenydd / Dy weled gan ferched fydd. / *Syml* wyd, y farf finllwyd faith, / Symud liw neu dos ymaith [Rhys Goch Eryri i'r farf]. *c.* **1400** *Études* viii. 72, kymer veid geifyr yn *symyl,* a tharaw graf y geifyr arnaw. **1455–6** *B* xiii. 66, Tydi vorwyn *seml* trugarha wrth dy degwch a'th dynerwch a chydsynnia a myvi. **16g.** *LlS* 29, o bleit bleit [*sic*] bot y gwreiddin a blas *symyl* e ddysyf rhei gahel ei vwyta. *Diw.* **16g.** *WLB* 41, [m]aidd keulaidd *symyl* (sef yw hwnw maidd kroew glas). **1588** *Math* vi. 22, Goleuni'r corph yw'r llygad, am hynny o bydd dy lygad yn *syml,* dy holl gorph fydd yn oleu. **16–17g.** *B* ix. 109, *Syml* ai sympl? weithieu y cymerir yn lle gwirionffol, ac yn wrthwyneb i hynny y dywedir diseml dros ddoeth. **1606** *RWM* i. 1108, *syml,* blas gwyryf. **1632** *D, Syml,* fœm. *Seml,* Simplex. *id.* d.g. *Insipidus.* **1684** H. OWEN: *DC* 428, gyda 'rhai gostyngedic, a'r *symlion* y mae dy ymddiddan di. **1719** *TDP* 72, rhodiwch a Chalon ac a Meddwl *Syml.* [**1783**] *W,* yn *syml* d.g. *Sillily.* **1790** *Prif Crist* d.d., Prif Cristianogrwydd . . . er Addysgiad i'r rhai *syml.* Ar lafar, '*simil, sumyl*' 'simple, of simple habits, unassuming', 'Bachgan *simil* iawn ydi o', *WVBD* 490; 'Ma rhwbeth yn *syml* yndo fe'; 'Job digon *syml* yw honna'.

Amr.: **seml[2]** [trafodir uchod enghrau. o *seml* fel ff. f.]. **1567** *LlGG* (*Sall*) 66a, Ys caidw yr Arglwydd y rei *seml* [:– bychein, gwirion, semblon]. **1725** *SR,* Llaeth *semel* d.g. *Whay.* **1734** S. RHYDDERCH: *Alm* 4, [m]aidd *semel.* **semblon** (ff. l.) [cf. *semplder, semplrwydd,* a *seml[2]* uchod]. **1567** *LlGG* (*Sall*) 66a, Ys caidw yr Arglwydd y rei seml [:– bychein, gwirion, *semblon*]. **sumel.** **1688** T. JONES: *Alm* [27], A Glouw faidd *summel* sŷdd well na gwîn. Ar lafar, 'maidd *sumel*', *B* iii. 205 (Penllyn). **symail.** **18–19g.** *Burchinshaw* 15, td. olaf, maidd *symail.*

Gw. hefyd **simpl, symliaid.**

symlaf[1]: symlu, gw. **symbylaf: symbylu.**

symlaf[2]: symlu [?bf. o'r a. *syml;* am ymgais i gysylltu'r f. hon a'r f. *symlaf[1]*: *symlu,* gw. *B* i. 106–7] *bg.* yn yr ymad. *symlu ar.* Peri syndod i; bod yn syn gan, synnu, rhyfeddu, syfrdanu: *to surprise; be surprised, wonder, marvel.*

c. **1400** *YSG* i. 46, Ac na *symlet arnat* ti vyng gwelet i mywn abit kynndrwc a hwnn. *id.* 85, A phan glywss-

ant wy hynny, *symlu* a wnaeth *arnunt* yn uawr. *id.* 132, A phan weles ef y kalaned, ef a *symlawd arnaw* yn uawr, ac a gilyawd drachefyn megys dyn ac ofyn arnaw. *c.* **1400** (*SG*) *HMSS* i. 204, Yna *symlu arnaw* yn uawr aoruc gwalchmei pan weles hynny. *id.* 313, ny wyr duw *symlu arnaw* ef o dim oe darpar. *id.* 337, Ac ynteu adywawt ac aerchis na *symlei arnunt* dim.

symlaf[3]: symlu [bnth. dysg. Llad. *simulō* 'twyllaf, ffugiaf'] *ba.* Ffugio, cymryd ar: *to pretend.*

1567 *TN* 120b–121a, A' hwy ei dysgwyliesont, ac a ddanvonent gynllwynwyr a *symlent* (**1588** *Luc* xx. 20, a gymmerent arnynt) ey bot yn gyfion.

symlaidd [*syml+-aidd*] *a.* Syml; ?gor-syml: *simple*; ?*simplistic.*

1827.

symlant, symlau, gw. semlant, swmbwl[1].

symlder [*syml+-der*] *eg.* Symlrwydd, plaendra; diffuantrwydd, diniweidrwydd; gwiriondeb, ffolineb, naïfder, anwybodaeth, hurtrwydd: *simplicity, simpleness, plainness; sincerity, innocence; silliness, foolishness, naivety, ignorance, stupidity.*

14g. *GEO* 108, Nid drwy na *symlder* nac oferedd. *c.* **1400** *R* 1280. 1–2, abecheis beicheu o wacder. y bechu myƀn buched *symylder.* **15–16g.** LLAWDDEN, &c.: *Gw* 111, Llawer cusan ac annerch / Llawer o *symlder* yw serch. **1567** *TN* 264a, ein gorvoledd ni yw hyn, sef testiolaeth ein cydwybot, can ys yn *symlder* [:– diblyc, gwiriondeb] a' duwiol burdep. **1604–7** *TW* (*Pen* 228) d.g. *Rusticitas.*

Amr.: **semlder** [cf. *seml*[2]]. **1567** *TN* 263a, [d]odi gohan rhwng *semlder* yr Euangel, a' bocsach y gau pregethwyr.

Gw. hefyd **sympIder.**

symlddyn, gw. syml+dyn.

symledd [*syml+-edd*[1]] *eg.* Symlrwydd, plaendra; diffuantrwydd, diniweidrwydd; gwiriondeb, ffolineb, naïfder, anwybodaeth, hurtrwydd: *simplicity, simpleness, plainness; sincerity, innocence; silliness, foolishness, naivety, ignorance, stupidity.*

c. **1400** *R* 1214. 3–4, abylchu vyggeir abalched. heb olchi balch uedƀl *symled. id.* 1344. 11–12, Tewi a maƀrgi maƀrgaeth. tat *symled* nyt gƀed nyt gweith. **15g.** TUDUR PENLLYN, &c.: *Gw* 100, *symledd* y byd sy amlaf / son y rhai fis Mai yr haf. *a.* **1587** *Y* 113, Ni ddoedais ar gân ddidwyll / Air o'm pen ond o rym pwyll, / *Symledd* gwiriondd gwiw rês, / Sobreiddiaith syberw addas. **1588** *Act* ii. 46, a chan gymmeryd bwyd mewn llawenydd, a *symledd* calon. **1604–7** *TW* (*Pen* 228) d.g. *Acacia.* **1632** *D* d.g. *Simplicitas.* **1773** J. EVANS: *DC* iv, doeth reolau ymarweddiad, ac athrawiaethau goruch-naturiol, yn gymmysgedig i gyd mewn *symledd* digyffelyb, a rhagorol ddifrifwch ymadrodd. [**1783**] *W* d.g. *Silliness, Simpleness, Simplicity.* **1803** *P.*

symleiddiad [bôn y f. *symleiddiaf: symleiddio+-iad*[1]] *eg.* ll. *-au.* Y weithred neu'r proses o symleiddio: *simplification.*

1898.

symleiddiaf: symleiddio [bf. o'r a. *symlaidd*] *bg.a.* Gwneud neu fynd yn syml(ach): *to make or become simple(r), simplify.*

1848. Cf. J. MORRIS-JONES: *CD* 242, fe *symleiddiwyd* 'ae' i 'e' yn lled gynnar mewn rhai geiriau; *id.* 376–7, Un peth da a wnaeth Linnaeus yn ei gyfundrefn oedd *symleiddio'r* a chywiro'r enwau gwyddonol a arferir mewn llysieuaeth; *OIG* 24, Er bod 'ff', 'th', 'ch' bob un o darddiad dwbl, y maent mewn rhai ffurfiau'n bur hynafol; a thebyg eu bod wedi *symleiddio'*n fore; D. J. WILLIAMS: *STC* 34, Wedi'r maith a'r blin ymgodymu . . . *symleiddiwyd* y broblem ym meddwl Daniel.

symlen, gw. symlyn[1].

symlgalon, gw. syml+calon.

symlhad [bôn y f. *symlhaf: symlhau+-ad*[2], trf. han.] *eg.* Symleiddiad: *simplification.*

1924.

symlhaf: symlhau [*syml+-hau*; anodd cyfrif am yr ystyr a roddir yn *TW* (*Pen* 228) isod; 1925 yw dyddiad yr engh. nesaf] *ba.* Symleiddio; (geir.) ?anffurfio: *to simplify*; (*dict.*) ?*deform.*

1604–7 *TW* (*Pen* 228) d.g. *deformo.*

symliaf: symlio [bf. o'r a. *syml*] *ba.* Symleiddio: *to simplify.*

1803 *P* d.g. *Symliaw.*

symliaid [*syml+-iaid*[1]] *e.ll.* Ffyliaid, diniweitiaid: *fools, innocents.*

1871.

symlig [*syml+-ig*[2]] *a.* a hefyd gyda grym enwol. Syml, anghyfansawdd, digymysg; ?diffuant: *simple, uncompounded, unmixed; ?sincere.*

p. **1584** G. ROBERT: *GC* [186], Canys rhai honynt a leiha, ne a waethyga arwyddad y gair *symlig*, megis go, ne gor . . . Rhai eraill sydd yn gwrthnebu synnwyr y *sym*/*lig*, mal: gwrth. *id.* [196], canys weithie o'r ferf *symlig* ladin, e phurpheir y gair cymra[e]g o'r supin, a rhai oi cyfansoddion hefyd. *id.* [215], mi a [dd]ehe[ll]ais hefyd, na bydd ond un fogail *symlig*, yn flaenor, ag un *symlig* arall yn ddylynawl mewn diphdong rowiog. **1609** R. SMYTH: *CAC* 7, ni ellir meddwl byth dim, na mwy, na gwell, na doethachnag [*sic*] ef 'i hun sy'n vn, ag yn *symlig* mewn sud ne naturiaeth. **1618** J. SALISBURY: *EH* 158, Henwi Duw, neu, Fair, neu sant, yn *symlig* heb dhim ond ei henwi, aelhir ei wneuthur yn dha, neu'n dhrwg. *id.* 190, gan nad yw chwaith hynod iawn, ag amlwg fod Aniweirdeb *symlig* neu Ordherchiad yn gwneuthur colhed, na cham-niwed i neb. **1670** J. HUGHES: *AP* 211, yr wyf fi yn credu . . . yn *symlig* bethbynnag y mae'r Eglwys . . . Rufeinaidd yn ei ddysgu i mi.

symlogen [?*syml+-og+-en*] *eb.* ll. *-nod.* Hwren neu butain (fechan): (*little*) *whore or harlot.*

1604–7 *TW* (*Pen* 228) d.g. *Meretrix.* **1632** *D*, *Symlogen*, Leuiuscula, meretricula. Amlygach na *symlogen.* H[arri] H[ir] i Fair. **1655** R. JONES: *PC* 115, Gorchmynion cadw . . . doethder cais . . . / dull angall . . . llais *symlogen* [:– puttain]. **1688** *TJ*, *Symlogen*, putain fechan: a little Harlot. **1722** *Llst* 189, *Symlogen.* f.p. *gennod.* A vain wanton woman, drab, doxy. **18g.** L. MORRIS: *LW* 293, *Symlogen* lawen loyw-iaith, / A difai y gwydda 'i Gwaith. **1794** *W* d.g. *Strumpet, A young* [*little*] *strumpet.* **1803** *P.*

symlrwydd [*syml+-rwydd*] *eg.* Yr ansawdd neu'r cyflwr o fod yn syml; diffuantrwydd: *simplicity; sincerity.*

1567 *TN* 273b, bot eich meddyliae chwitheu yn llygredic a' diryvvio ywrth y *semlrwydd* [:– gwiriondep] ys ydd yn-Christ. **1588** *Rhuf* xii. 8, yr hwn a gyfranno, cyfranned mewn *symlrwydd.* **1588** *Col* iii. 22, Y gweision vfyddhewch i'ch mistred [*sic*] . . . mewn *symlrwydd* calon gan ofni Duw. **1632** *D* d.g. *Simplicitas.* **1658** R. VAUGHAN: *LlB* 3, Beth a ddeallwch chwi wrth yr unigrwydd neu r *symlrwydd* o anian Duw. **1693** J. OWEN: *BP* 56, yr oedd y Cyfammod yn sefyll yn ei *symylrwydd* cyntaf. **1718** E. SAMUEL: *HDdD* (Gweddïau) 27, ymarweddiad yn y byd mewn *symlrwydd* a duwiol burdeb. **1764** W. WILLIAMS: *GDC* 92, cariad yn teyrnasu, *symylrwydd* pur di-lith. **1776** I. BRYDYDD HIR: *P* i. 166, efe a'i traddododd ini gyda phob eglurder, a *symlrwydd.* **1798** R. DAVIES: *CG* 58, Chwantau Iengctyd, byd enbydus, / O'u ffyrdd peryglus ffo, / At *symylrwydd* syber sobrwydd, / Byd rhwydd dy wyneb tro. **1800** *TY* 275, os gwelir dim arwyddion o *symlrwydd* (*sincerity*) ar rai o honynt, yr ydym yn eu hannog i ddyfod i Society y plant. Ar lafar, '*similrwydd*', *WVBD* 490.

Amr.: **semlrwydd** [cf. *seml*[2]]. **1567** *TN* 273b. **symlrhwydd. 1685** G. GRIFFITH: *GA* 197.

Gw. hefyd **symplrwydd.**

symlwedd, gw. syml+gwedd[1].

symlyn[1] [*syml+-yn*[1]] *eg.* (b. *-en*, ll. *-nod*) ll. *-iaid.*

(*a*) Twpsyn, ffŵl, ynfytyn, rhywun gwirion, diniweityn, hefyd yn *ffig.*: *simpleton, fool, idiot, silly person, innocent, also fig.*

14g. *GDG*[3] 375, *Symlen* yw hon naws amlwg, / A *symlyn* yw'r dyn a'i dwg [i'r gainc]. **1604–7** *TW* (*Pen* 228), *Symlyn* d.g. *Idiota.* **1632** *D*, *Symlyn*, Simplicellus, idiota. *id. Symlen*, Simplicella. *id. symlyn, symlen* d.g. *Insipiens.* **1688** *TJ*, *Symlyn*, Cydafel, (ffŵl:) a Fool, an Idiot. *ib. Symlen*, ffolog: a She-fool or Idiot. **1722** *Llst* 189, *Symlen.* f.p. *lennod.* A she-idiot. *ib. Symlyn.* m. A blockhead, simpleton. **1760** E. WILLIAMS: *UYB* 96, *symlyniaid* o ddealltwriaeth drachanolig. [**1783**] *W*, fel *symlyn* d.g. *Sillily.* **1790** *Prif Crist* 15–16, Mae pobl yn wir yn arfer dywedyd, yn anghymmwys, am ddynion deillion, eu bod yn dywyll; gallwn alw naturiol neu *symlyn* (*ideot*) felly, o's mynnwn: eithr ym mh'le mae tywyllwch arall y dealldwriaeth, ym mhethau Duw? **1803** *P* d.g. *Symlen, Symlyn.*

(*b*) (?geir. yn unig) *Pysg.* Llyfrothen, gwyniad pendew, *Gobio gobio*: *gudgeon.*

1774 *W*, *symlyn* d.g. *Gudgeon* [*a small fish so called*].

Cfn.: **Symlen Ben Bys:** *the name of a Welsh air or measure.* **1604–7** *TW* (*Pen* 228), *Symlen benn bys* cainc ar delyn d.g. *Insipiens.* **1632** *D.* **1740** T. EVANS: *DPO* 158, *Symlen ben bys* oedd Gaingc gyffredin jawn. **1759** *BC* xxvii, *Symlen ben-bŷs.* Mael-Syms. *id.* 366, Molediw i Aeres Nannau, ar fesur a elwir, *Symlen ben bŷs.* **1794** E. JONES: *MPR* 163. **1803** *P.*

symlyn[2], symnel, gw. swmbwl[1], simnel.

symol [talf. o *rhesymol*] *a.* a hefyd fel *adf.* Rhesymol, gweddol, go lew; gwael (ei iechyd), sâl, llegach, claf, difrifol wael; eithaf, lled: *reasonable, fair, middling; poor(ly), ill, sickly, unwell, seriously ill; quite, fairly.*

18g. *CM* 212, 30, Rwiti yn ddigon doeth a *Symol* / a fedri di wneuthur gwaith a gorchwul. **18g.** E. T. RHYS: *DA* 72, Bydd swîp y sim'ai '*symol* / Yn fwy rhagorol gwr. **1757** *ML* i. 481, Fe fydd tad Will Williams . . . yn galw efo mi bob siwrnai i ofyn par sut yr ydych. '*Symol*,' meddai inneu [*sic*]. **1803** *P*, *Symawl* . . . middling. Pa sut yr wyt ti? *symawl*: How dost thou do? pretty well. Ar lafar, *WVBD* 515, *LGW* 218 (y Gogledd), *B* xiii. 141 (Edeirnion). Cf. **1841** TWM O'R NANT: *CTh* 34, Ond daeth rhyw stich i'm cefn i'm blino, / Mi ês adre yn sâl y noswaith honno. / A chartref bu'm yn byw'n o gûl, / Yn sâl trwy'r wythnos, ac yn *symol* (**1768** *id.* 33, resymmol) y Sul; D. OWEN: *D* 125, Mae pobol yn meddwl, Mr. Rees, os ydw i'n edrach yn *symol* na ddylwn i ddim cwyno; D. OWEN: *GT* 138, Ydio yn *symol* ffeind wrthot ti, dywed?; *id.* 281, rhaid i ti a minau edrach fod yr hen gredures yn cael ei chladdu yn *symol* barchus.

symon, gw. symans.

symonai, symoni, gw. simoni.

symoniaeth, symons, symp, sympl, gw. simoniaeth, symans, swmp[2], simpl.

sympIder [*sympl+-der*] *eg.* Symlder, symlrwydd, diffuantrwydd: *simpleness, simplicity, sincerity.*

1567 *TN* 173b, mewn llewenydd a *sympIder* [:– gwiriondeb] calon.

Amr.: **sempIder** [cf. *semblon, seml*[2], *semplrwydd*]. **1567** *TN* 290b, ac ofn ac echryn yn *sempIder* eich calonæ.

Gw. hefyd **symlder.**

symplrwydd [*sympl+-rwydd*] *eg.* Symlder, symlrwydd, diffuantrwydd: *simpleness, simplicity, sincerity.*

1567 *TN* 237a, rhwn a gyfranno, cyfranned yn *symplrwydd* [:– ddiblyc, wirion]. **1583** *LlGC* 716, 195a, a'r sy o ran anwybodeth a thrwy *symplrwyd* [*sic*] yn vnic, yn llwybru ar ddidro ac yn calyn yr Anti[ch]rist o Rvfen.

Amr.: **semplrwydd** [cf. *semblon, seml*[2], *sempIder*]. **1567** *TN* 301a–b, Y gweision, ymuvyddhewch ir ei 'sy yn arglwyddi . . . yn *semplrwydd* [:– gwiriondeb] calon.

Gw. hefyd **symlrwydd.**

symposiwm [bnth. S. *symposium*] *eg.b.* ll. *symposia.* Cynhadledd neu gyfarfod i nifer o gyfranwyr i drafod pwnc penodol: *symposium.*

20g.

symptom, symtom [bnth. S. *symptom*] *eg.* ll. *-au.* Arwydd (yn enw. o afiechyd): *symptom.*

1933.

symptomatig [cfdds. o'r S. *symptomat(ic)* + *-ig*[2]] *a.* Yn perthyn i symptom(au), yn gweithredu fel symptom, arwyddol: *symptomatic, indicative.*

20g.

symtom, gw. symptom.

symud[1,2], 3 un. pres. myn. ac 2 un. grch. y f. *symudaf: symud(o).*

symud[3], gw. symudaf: symud(o).

symudadwy [bôn y f. *symudaf: symud(o)* + *-adwy*] *a.bfl.* Y gellir ei symud, symudol, yn gallu symud; y gellir ei symud ymaith, trosglwyddadwy; symudol (am rym, &c.), ysgogol: *movable, mobile; removable, transferable; motive* (*of force, &c.*).

1596 *Pen* 187, 40, Maent hefyd lliniav *symydadwy* iw kyfri ymysg yrhain, arheini ni safant byth ar yr vn man ar yr wybyr . . . vn a elwir horison . . . Y llall a elwir meridianalis. **1620** 2 *Esd* vi. 3, Cyn gweled y blodau prydferth, cyn siccrhau y nerthoedd

symmudadwy (**1988** *ib.* y grymoedd sy'n troi'r bydysawd), cyn casclu ynghyd y lliaws aneirif o Angelion. *c.* **1730** *Thos. Lloyd D* (LlGC) 211b, *Symmudadwy.* Mobilis. **1776** *W* d.g. *Move-able.* **1794** E. JONES: *CP* 79, dêg . . . a gyfanneddo o fewn yr unrhyw randir, ac a feddont bôb un etifeddiaeth o dîr . . . neu eiddo *symmudadwy* werth 100 punt. **1803** *P, Symudadwy* . . . Capable of moving.

symudaf: symud³, symudo [bnth. Llad. *summūt(ō)*, ?a hefyd Llad. *summōt(us)* (yn ôl *B* v. 194)] *bg.a.* a hefyd fel *eg.b.* ll. (prin) *symudion, -iau.*

(*a*) Mynd o un lle i le arall, mynd â (rhywbeth) o un lle i le arall, newid lleoliad, safle, neu osgo (rhywbeth), (peri) bod ar fynd, mynd ar hyd (pellter penodol), cychwyn, mynd yn ei flaen, mynd yn gyflym, hefyd yn *ffig.*; bod ar waith (am beiriant, &c.), rhedeg; newid (preswylfa, &c.), mudo, ymfudo; gwneud cynnydd; troi (mewn cylch cymdeithasol penodol, &c.); gwneud symudiad neu symud (darn) mewn gêm fwrdd; (cael eu) gwerthu (am nwyddau); cyflwyno (cynnig mewn pwyllgor, &c.); peri (i'r corff) weithio: *to move, be in motion, move (a specified distance), proceed, start off, move quickly, also fig.; work or run (of machine, &c.); move (house, &c.), (e)migrate; move (in a specified social group, &c.); move, make progress; (make a) move (in board game); move ((of) merchandise); move (a motion in committee, &c.); move (the bowels).*

13g. *B* ix. 339, en syth vegys delw. hep allu *symudau* e droet o nep ryu vod. **13g.** *BD* 110, *Symut* eistedua bugeil y'r lle y disgyn llongeu. *c.* **1400** *MM* 60, ac os y droet deheu gyntaf a *symut*, mab a arѣydoccaa; os yr asseu, merch. **15g.** *HCLl* 84, Cyrff gwynion Simon a Sud / Y sy yma heb *symud.* **1488–9** *BSM* 34, A thrannoeth provi *symvdo* yr arch, Ac nis gellynt. Synn vv ganthvnt hynny, ac ofni a wnaethant yn vawr. **1547** *WS, Symudaw* Shyfte. **1588** *Gen* i. 30, [P]ôb bwyst-fil y ddaiar . . . [p]ob peth yn *symmudo* ar y ddaiar. **1618** J. SALISBURY: *EH* 86, Y petheu a font yn galhu *symud* o honynt eu hunain, a dhywedir eu bod yn fyw. **1632** *D, Symmud,* Mouere, loco mouere. *id. Symmudo,* Mouere, moueri. **1703** E. WYNNE: *BC* 24, mi ofnais y gallei gastie' butrach na rheini fod yn agos, ac a ddeisyfiais gael *symmud.* **1759** J. EVANS: *PF* 19, Bôd a Chorph yn rhwym . . . gofal a ddylid gymeryd i'w *symmud* yn y dechreu. **1803** *P* d.g. *Symud, Symudaw.* Ar lafar, 'dim yn *symud* mwy na pren', *WVBD* 515; 'Mae o fel mul—'neiff o 'm *symud* modfedd'; 'Ma'n rhaid inni'i *symud* hi, mae'n mynd yn hwyr' (gogledd Cered.); 'Man' nw wedi *simud* i Gwm yr Apar i fyw', '*Simud* dy gatar', *GTN* 740. Clywir y be. *smudyd* yn nhref Caernarfon.

(*b*) Cymryd ymaith, cael gwared o, dileu, diddymu, diswyddo: *to take away, remove, abolish, annul, dismiss.*

14g. *BY* 52, kauas medyant y gan y brenhin y gymrud treul y gan y tywyssogyon ac y *symudaw* y tywyssogyon. **14g.** *GDG³* 34, Dyfed a somed, *symud*—ei mawrair [marwnad Llywelyn ap Gwilym]. *c.* **1400** *R* 1265. 12–13, Tѣyll a*symut* pѣyll pell defnyd medѣl. mal dyn medѣ diaѣtryd. **1567** *TN* 334a, y gorchymyn oedd or blaen sy wedi y *symudo* [:- Gr. athetesis y ddadodwyt, ddirymiwyt]. **1588** 2 *Cr* xv. 16, A'r brenin Asa a *symmudodd* Maacha ei fam o fod yn dywysoges. **1588** *Job* xxxiv. 5, Canys dywedodd Iob, cyfiawn ydwyf: a Duw a *symmudodd* fyng-hyfiawnder. **1595** M. KYFFIN: *DFf* [68], Meddylied may'r eiddo fo yw'r rhai a wnaethant ddeddf na ddylid *symmyd* offeiriad o'i le am odineb. **1653** *MLl* i. 169, Pa warrant oedd gennit ti . . . i dorri pen y Brenin, ac i *symmud* Parliamentau wrth dy bleser dy hun. **1768** W. WILLIAMS: *HTS* 42, yr Arglwydd a *symmudodd* ei heddwch a'i dangnefedd heibio. **1803** *P* d.g. *Symud, Symudaw.*

(*c*) Newid, altro, trawsnewid, gweddnewid, cyfnewid: *to change, alter, transform, change in appearance, exchange.*

12g. *GCBM* ii. 268, Ef is nef, uch nef, uch naѣtraeth—yssyd / Ny *symut* y bennaeth. **13g.** *LlI* 99, O deruyd e den kyuaru ych a bot en well gan e den dody arall en y le, e kyureyth a dyweyt na dele ef e *symudau* ef hep ganhyat y kyuarwyr. **13g.** *DB* 79, Calixto . . . guedy y *symudaw* o Iuno hi en arth, y symudut ymplith y syr. **13g.** *BD* 29–30, erchi mynet a'e that odyno hyt y myvn dinas arall . . . a chymrut arnav y vot yn glaf . . . a *symudav* y dillat. *id.* 114, a darystyngedicyon a *symudir* yn anieueilyeit mor. **14g.** *BY* 35, drwy diruawr anryuedwch ef a *symudawd* y vvched yn well noc yr oed. **14g.** *BT* 226, gwnaeth edward vrenhin *symudaw* y vwnei ac y gwnaethpwyt ydimei ar fyrdling yn grynnyon. **1346** *LlA* 15, Ny allѣyt *symudaѣ* gossodedigaethev duѣ. **14g.** *WM* 83. 10–14, Aniueileit bychein guell eu kic no chic eidon. bychein ynt ѣynteu. Ac ymaent yn*symudaѣ* enѣeu. Moch y gelѣir ѣeithon. *c.* **1400** *YCM²* 61, A'r Sarassin a *symydwys* lliw, a'e lygeit yn troi yn y benn yn vuan. *c.* **1400** *Ked AA* 6, paham y *symudeist* gwisgoed a meirch. *c.* **1400** *Études* viii. 370, O'r byd coch y trwngk neu debyc y vrwnstan a'e welet yn *symudaw* yn vynych, cryt enbyt yw. **1508–10** *Rhyddiaith Gymraeg* i. 14, kymyrth Julius Cesar yr amherodraeth yn eiddaw, ac yna i *symvdwyt* pendevigaeth y Rvfeinwyr yn amherodron. **1606** E. JAMES: *Hom* i. 49, dywaid S. Awstin, fe a newidiwyd ac a *symmudwyd* (*changed*) yr amser, ac nid y ffydd. **1765** JM: *DDdC* 22, Os ni bydd da y Dwfr pan wneler, a *symmud* o hono ar liw un jach.

(*d*) Newid dydd(iad) (gŵyl, marchnad, &c.): *to change the day or date of (a feast, market, &c.).*

14g. *BT* 2, Wyth mlyned wedy hynny y*symudwyd* ypasc yr brytannyeid ac elbodius was duw yny *symudaw.* *id.* 237, *symudwyd* en wrexham y varchnad aoed gynt ar dywsul y *symudaw* ar difieu o hynny allan. **14g.** *Bren Saes* 10, *symudwyt* y Pasc yng Kymre [*sic*]. Ar lafar, 'Ma'r pwyllgor 'di câl 'i *symud* i nos Iau' (Arfon).

Fel *e.* Newid; symudiad (ymaith), dilead: *change; motion, move(ment), a (re)moving, removal.*

12g. *GMB* 228, Allwynin yssid o *ssymud* arglwyt. **13g.** *GDB* 468, Dygn yn *symmud,* Duw, ein Tad—ysprydol. **13g.** *B* xxi. 289, Seint Austin a doeth Loegyr en er eil ulwyden a phetwarugeint a phymcant o oet er Argluyd ac a wnaeth y *symut* honno o achaus amrysson er esgyp. **13g.** *DB* 83, Pan gocho goleuat y syr a dineu en flameu en e guregys llaethaul e tu a'r gogled, danllewychu *symut* ar y vrenhinyaeth, neu ryuel. **14g.** *GDG³* 230, Gyrraist fi yn un gerrynt / Gwaeddan am ei gapan gynt, / O hud a rhyw *symud* rhus, / A lledrith yn dwyllodrus. *c.* **1400** [*RB*] *WM* 214. 31–3, ual yd oedynt yndechreu y *symut* kyntaf ar y gѣare. *c.* **1400** *R* 1329. 1–2, Gweleis *symut* sut sidan ac awmael. *c.* **1400** (*SG*) *HMSS* i. 173, nat oed yny byt un arglwyd kymeint y glot ac ef yn y doeth *symut* ewyllys yndaw. **15–16g.** *GRB* 48, Dan groes fal dwyn dyn i grud / rhoi i farw Siâms,—oer fu'r *symud.* **1567** *TN* 2b, amser ei traigl [:- . . . dugiat, *symud*] i Uabilon. **1632** *D, Symmud* . . . Motio. **18g.** E. T. RHYS: *DA* 166, Ni ddaw gwynt, na gwlaw, na 'stormydd, / Nac un math o *symud* tywydd. **1753** *TR, Symmud* . . . A motion or moving. **1803** *P, Symud,* s. m.—pl. *ion* . . . Motion.

Amr.: **esmudo.** *c.* **1548** *CM* 1, 686. **smudo. 15–16g.** *GLM* 75. *c.* **1548** *CM* 1, 846. *Diw.* **16g.** *WLB* [1], 66. **1615** R. SMYTH: *GB* 21. **ysmudo. 15g.** *GGl²* 299. **1655** WL: *DP* 23. **ysmuto** [dichon fod *-t-*≡ *-d-* yn yr enghrau. isod]. **1551** W. SALESBURY: *KLl* xvb. **1604–7** *TW* (*Pen* 228) d.g. *Transfero.*

Cfn.: **symud ar:** ?*to be moved or affected (emotionally), be frightened or surprised.* *c.* **1400** *YSG* i. 21, Pan gigleu Galaath hynny, ny *symudawd arnaw* dim (*si n'est point esbahiz*). *id.* 127, nyt athoedynt wy haeach yndaw yny *symudawd arnunt* (*quand il furent tuit espoanté*). **symud ber (ei fer, &c.):** (*usu. with neg.*) *to move a muscle, move an inch, budge.* **1906.** Ar lafar, '*Symud dy fera*', *WVBD* 36. **symud pawl tid:** ?*to move, make a move, bestir oneself, make (someone) stir.* **1620** *Mos* 204, 102, Mi a *symudav* i *bawl tid* ev oddyno. **1753** G. OWEN: *L* 43, ni welir bellach mo'r danteithion gwladaidd hynny heb imi *symmud pawl* fy *nhid.* **1754** *ML* i. 301, Goronwy . . . mae'r gŵr byth yn Walton ac yno bydd hyd na *symud* y Bowys *bawl* ei *dîd* ef.

Gw. hefyd **symudyn.**

symudedig [bôn y f. *symudaf*: *symud(o)* + *-edig*; ansicr yw union rym yr engh. gyntaf isod, gw. *BD* 261] *a.bfl.* ll. *-ion.* Y gellir ei symud, symudol, yn gallu symud; y gellir ei newid, newidiol, cyfnewidiol; y gellir ei symud ymaith, cludadwy; wedi symud, wedi ei gymryd neu ei symud ymaith; wedi newid: *movable, mobile; changeable; removable, portable; moved, removed; changed.*

13g. *BD* 115, O *symudedigyon* aeruaeu (*Mutuis cladibus*) y darystvng y chvyn, dywalder hagen aniveil mor a racrymhaa. **14g.** *BT* 23, wedy diruawr ogonyant y byd *symudedic* hwnn. *c.* **1400** (*SG*) *HMSS* i. 347, y fforestyd ae kawssant mor *symudedic* ac mor amryuaelus ac na wydynt pa le yr oedynt. **15g.** (**1594**) *BY* 7, Y Jabel hwnnw gyntaf a wahanawd y kenveinyoed herwyd eu rywogaeth ac eu hoet, wedy kaffael ohonaw lluesteu *symudedic* y'r bugelyd o'y dychymic ehun. **1588** 2 *Sam* xxiii. 6, A'r rhai anwir fyddant oll fel drain *symudedic.* **1604–7** *TW* (*Pen* 228) d.g. *Abductus, Amotus.* **1696** *CDD* 356, Gorchmynodd ein meddig, trwŷ râd arferedig: / Wneud Arch *symudedig* sain dedwŷdd. **1776** *W* d.g. *Moved.* **1803** *P.*

Amr.: **ysymedecig** [?ff. wallus]. **1615** R. SMYTH: *GB* 242.

symudedigaeth [*symudedig* + *-aeth*] *eg.* Newid (ymddangosiad), gweddnewidiad, trawsnewidiad; symudiad (ymaith), dilead: *change (of appearance), transformation; a (re)moving, removal.*

13g. *B* ix. 148, A guede lloski e cirograff a chemryt o videco'. corff er argluyd yd echtywynygws [drll.] e wynep megys er heul. A phan weles paub deissyvyt *symudedigaeth* e gvr moli duw uwy uwy a orugant wynteu. **13g.** *BD* 104, E creuyd a dileyir eilweith, a *symudedigaeth* yr eisteduaeu penhaf a uyd. **14g.** *Bren Saes* 74, ef a ymdangosses yn yr awyr llawer o weledigaethev . . . megys faglev tan, ac ofyn maur ar baub o'r a'y gwelas rac dyuot *symvdedigaeth* [diwyg.] ar yr ynys. **14g.** *BB* 31, odiruawr vod *symudedigaeth* y gwehenir ykledyf ywrth ygoron. **1803** *P, Symudedigaeth,* s. m. . . . A removal.

symudedd [bôn y f. *symudaf*: *symud(o)* + *-edd¹*] *eg.* Y gallu i symud, symudoledd: *mobility.*

20g.

symudfa [bôn y f. *symudaf*: *symud(o)* + *-fa, ma*] *eb.* ll. *-feydd.* Symudiad, cwrs; newid, trawsnewidiad; symudiad tŷ; ?term technegol yng nghyfundrefn cerdd dant gynt: *move(ment), course; change, transition; a moving house; ?technical term in traditional Welsh string music.*

c. **1523** *Trans Liverpool WN Soc* 94, os Telynor raid iddaw wybod . . . dosbarth pob gwan a ragwan . . . ac *ysmudfa* pob gorhwynfa ar dyniad a chywairdant (**16–17g.** *B* v. 29, [p]ob *symvdfa* ar demheriad a chyweirdant; *id.* i. 154, pob symydiad ar dyniad a chyweirdant). **1803** *P, Symudva,* s. f.—pl. *symudvëyz* . . . A transition. Ar lafar, "Os *symudfa* o drws nesa' i chi 'ta?' (dwyrain Morg.); '*symutfa*' 'celfi'n cael e[u] symud o'r naill adeilad neu le i un arall', 'Fi welas 'u *symutfa* nw'n mynd', *GTN* 757.

Amr.: **ysmudfa** [cf. *ysmudo,* gw. *symudaf*: *symud(o)*]. *c.* **1523** *Trans Liverpool WN Soc* 94. **1545** *CM* 1, 33, y modd I maer wybyr yn treiglo or dwyrain ir gorllewin yr hwn aelwir y dyddiawl *ysmudua.* **16–17g.** *RAGR* 341. **1728** S. RHYDDERCH: *GC* 181.

symudiad [bôn y f. *symudaf*: *symud(o)* + *-iad¹*] *eg.* ll. *-au.* Y weithred neu'r proses o symud, y gallu i symud, newidiad safle, ymfudiad, crwydrad, cwrs; newid, cyfnewidiad; ystum gorfforol, osgo; y weithred neu'r proses o symud ymaith neu gymryd ymaith, y weithred o symud tŷ, &c.; newidiad safle darn mewn gêm fwrdd, tro chwaraewr i wneud hyn; (yn y ll.) lleoliad a gweithgareddau person neu grŵp ar adeg benodol; *Crdd.* un o'r prif adrannau hunangynhaliol mewn symffoni, sonata, &c., datblygiad graddol mewn darn o gelfyddyd, ?term technegol yng nghyfundrefn cerdd dant gynt; mudiad (gwleidyddol, crefyddol, celfyddydol, &c.); rhannau symudol mecanwaith cloc, &c., perfedd; teimlad, emosiwn: *movement, a moving, motion, locomotion, ability to move, change of position, migration, a wandering, course; change, alteration; posture, bearing; removal (also of furniture, &c.), a moving (house, &c.); move (in board game); (pl.) movements (of person, group, &c.); movement (in mus., also in work of art), ?technical term in traditional Welsh string music; (political, religious, artistic, &c.) movement; movement (of clock, &c.); feeling, emotion.*

15g. *GDLl* 44, Dolur ac eglur oglais / A gad o *symudiad* Sais. **15–16g.** *TA* 334, Oer fu roi 'r sêl ar fro 'r saint, / A rhoi eilsel ar Hollsaint; / Am *symudiad* mis Medi, / Mae 'n fis drud i'm henfeistr i [marwnad Robert Pilstwn]! **1545** *CM* 1, 19, myui a vynnagaf i chwi Am gynneddue y neuolion gorfforoedd ynni treigyliade ai *Symudiade* wynt. *c.* **1566** *B* i. 154, pob *symydiad* (*Trans Liverpool WN Soc* 94, symudfa) ar dyniad a chyweirdant. **1620** *Math* i. 11, y *symmudiad* (**1588** *ib.* caeth-gludiad) i Babilon. **1630** *YDd* 45, mal yr haul, yr hwn nid yw y llygaid yn ei ganfod yn symmud, er bod ei *symmudiad* or cyflymmaf. **1632** *D* d.g. *Migratio, Motio, Remotio.* *id. symmudiad* trigfa d.g. *Transmigratio.* **1658** R. VAUGHAN: *PS* 390–1, dychryn a therfysgedd ynghalluogaeth [*sic*] Gweithrediad, ac felly vn *symudiad* gorthrymedig, ofnog,

synnedig [am effaith petruster]. **1675** R. JONES: *HCh* 70, gweddia yn fwy am eu sancteiddiad hwynt [cystuddiau], nag am eu *summudiad* [*sic*] ymmaith. **1688** *TJ, Symmudiad*: a moving, a motion. **1768** W. WILLIAMS: *HTS* 44, fel yr oedd yn agoshau i'r bedd yr oedd yn agoshau i'r nefoedd; ac yr ydoedd yn meddwl cymmaint am ei *symmydiad*, fel yr ydoedd ei ewyllys diwedda yn barod er's blynyddau maith aeth heibio. **1803** *P*. Ar lafar, '*smudiad*' 'movement', *WVBD* 485; ''Odd 'i'n watsian pob *symutiad*, fel 'tasa 'i ofan a arni', *GTN* 757.

Amr.: **esmudiad** [cf. *esmudo*, gw. *symudaf*: *symud(o)*]. **1635** *Cylchg LlGC* iii. [69a]. **ysmudiad** [cf. *ysmudo*, gw. *symudaf*: *symud(o)*]. **1545** *CM* 1, 145, holl *ysmudiade* a helynt y neuoedd. **1551** W. SALESBURY: *KLl* xlvb, tad y goleuni / y gyd ar hwn nyt oes *ys mutiat* [*sic*] / neu wascawt y[m]choeliat. **1567** *LlGG* (*Sall*) 31a, Vy *ysmutiatae* [:– crwydr] a gyfrifes ti [*sic*]. *p*. **1584** G. ROBERT: *GC* [192], taflodiad sydd rann o'madrodd [*sic*], yn arwyddhau *ysmudiad* disymwth, ne fynudyn disyfyd ar feddwl. Cf. T. H. PARRY-WILLIAMS: *S* 58, Mewn ambell fangre ac ar ambell adeg yn fwy na'i gilydd, y mae cynyrfiadau'r ffin . . . yn haws eu synhwyro a'u profi'n *ysmudiadau* angerddol.

symudiadol [*symudiad*+*-ol*] *a*. Yn (perthyn i) symud: *pertaining to movement, motional, moving*.

1795 J. THOMAS: *AIC* 253–4, [g]eiriau . . . ynghylch Defnydd a'r Priodoliaethau sydd berthynasol i'r hôll Gyrph, neu Sŷlweddau, megis Ymystynniadol, Cyfranniadol, Agweddol, *Symudiadol* â Sylweddol.

Gw. hefyd **ysmudiadol**.

symudliw [bôn y f. *symudaf*: *symud(o)*+*lliw*[1]] *a*. a hefyd fel *eg*. Ac iddo liwiau amrywiol neu gyfnewidiol, amryliw, enfysaidd, yn golewyrchu, yn gallu newid lliw, hefyd yn *ffig*.; wedi ei weu i greu argraff symudliw (am frethyn); lliw amrywiol neu gyfnewidiol, lliw sy'n golewyrchu: *having varying or changing colours, multicoloured, iridescent, shimmering, chameleonic, also fig.*; *shot* (*of cloth*); *varied, changing, or shimmering colour*.

1547 *WS*, *Ysmudliw* Chaungeable color. **16g.** *GGH* 309, Glewgryf edn, galw garw a feidr, / A'i glog rhygnog liw grugneidr; / Ymysg aur a damasg gwiw / Asio medlai *symudliw* [i ofyn ceiliog coed]. **1588** 2 *Sam* xiii. 18, am deni hi yr oedd mantell *symmudliw*. **1588** *Esec* xvii. 3, eryr mawr, mawr ei adenydd, hîr ei ascell, llawn plû, yr hwn y mae *symmudliw* iddo. **16–17g.** *Cer RC* 153, Mastyr Mwndws pawb i'w alw; / Mae'n ddigon teg i henw: / A'i lifre yw *symudliw*, / Gwcha [*sic*] sieced sy helddiw. *Dchr*. **17g.** *J* 10, 37b, *Symudliw*. changeable. **1632** *D* d.g. *Variegatus, Versicolor*. **17g.** E. MORRIS: *B* 27, Oes yn ei wisg loywisg liw, / Oes medle a *symudliw* [i ofyn paun]. **1703** E. WYNNE: *BC* 140–1, mi a wrantaf y twylla hi [rhagrith] bawb . . . ac a'u tynn hwy yma 'n finteioedd chwapp a'r mwgwd *symmudliw* ar eu llygaid. **1740** T. EVANS: *DPO* 49, y Druidion . . . gwedi eu gwisgo mewn Gynau *Symmud-liw*. **1803** *P*. Ar lafar ''Odd ginti ffrog shitan *symudliw*', *GTN* 757.

Amr.: **ysmudliw** [cf. *ysmudo*, gw. *symudaf*: *symud(o)*] **1547** *WS*. **16–17g.** *GST* i. 320.

symudliwiog [*symudliw*+*-iog*] *a*. Symudliw, amryliw: *having varying or changing colour, multicoloured*.

1849.

symudol [bôn y f. *symudaf*: *symud(o)*+*-ol*] *a*. Yn symud, y gellir ei symud, heb fod yn sefydlog, yn gallu symud (hefyd yn gymdeithasol, e.e. rhwng dosbarthiadau gwahanol); y gellir ei newid, newidiol, cyfnewidiol; yn perthyn i symudiad, yn peri symudiad, ysgogol; cludadwy, crwydrol, ymfudol; yn amrywio o ran dyddiad (am ŵyl, &c.): *moving, movable, mobile* (*also socially*); *changeable, mutable*; *pertaining to movement, motive*; *portable, wandering, migratory*; *movable* (*of feast, &c.*).

1688 T. JONES: *Alm* [15], [y] *symmudawl* ympryd-iau yn y flwŷddŷn, 1688. **1711** *id*. [29], [planedau] mewn Arwŷddion *Symudol*. **1725** D. LEWIS: *GB* 245, Y mae Gwyntoedd ein Gwlâd ni, a Lleoedd eraill yn dra *symmudol*, yn chwythu o bob Cwr i'r Nefoedd. **1775** E. GRIFFITHS: *GF* 39, Math o adeilad *symmudol* (*moveable*) ydoedd [y tabernacl], a wnaethpwyd o golofnau a byrddau . . . a llenni o liain main . . . fel y gallent eu dattod a'u dwyn gyd â hwynt yn eu teithiau. **1800** W. OWEN[-PUGHE]: *CP* 63, gwneyd corlanau neu wa[n]asau erfin, a gosodi y gwanasau yn y modd ag y llunionf fath o gafyn, yn *symudol* (*moveable*) wrth angen. **1803** *P* d.g. *Symudawl*. Ar lafar yn yr ystyr 'agored i dderbyn galwad gan gapel arall (am weinidog)', 'Mi glywis i nithiwr fod yn gwnidog ni'n *symudol*' (sir Ddinb.). Cf. B. L. JONES: *R Williams Parry* (1997) 72, athro llenwi bylchau . . . 'athro *symudol*' oedd term Williams Parry.

Gw. hefyd **ysmudol**.

symudoldeb [*symudol*+*-deb*] *eg*. Yr ansawdd neu'r cyflwr o fod yn symudol, symudoledd, ymsymudiad: *movability, mobility, locomotion*.

1803 *P*.

symudolder [*symudol*+*-der*] *eg*. Symudoledd: *mobility*.

1803 *P*.

symudoledd [*symudol*+*-edd*[1]] *eg*. Y gallu i symud (o gwmpas), y posibilrwydd o symud i waith newydd, rhwng dosbarthiadau cymdeithasol, &c.: (*social*) *mobility, movability*.

20g.

symudolrwydd [*symudol*+*-rwydd*] *eg*. Symudoledd: *mobility, movability*.

1722 *Llst* 189, *Symmudolrwydd*. m. Mobility. **1776** *W* d.g. *Moveableness*. **1803** *P*.

symudwr, symudydd [bôn y f. *symudaf*: *symud(o)*+*-wr*, *-ydd*[3]] *eg*. (b. *symudwraig*) ll. *symudwyr, symudyddion*. Person neu beth sy'n symud (yn gyflym); un sy'n cymryd neu symud ymaith, un sy'n symud dodrefn, &c.; ymfudwr; cynigydd (mewn dadl, &c.); ysgogwr, symbylydd: *person who, or thing which, moves* (*quickly*), *mover*; *remover* (*also of furniture, &c.*); *migrant*; *mover* (*of motion in debate, &c.*); *mover, motivator, stimulator*.

1588 *Hos* v. 10, Bu dywysogion Iuda fel *symud-wŷr* terfyn. **1632** *D*, *symmudwr* d.g. *Submotor, Translator*. **1688** W. FOULKES: *EGE* 13, o na byddai efe [cariad nefol] y *symmudydd* naturiol a phwys fy nghalon, fel y gallai hi bob amser symmud tu ag attat ti. **1707** *AB* 90b, *Symmydwr* o van i van d.g. *Migrator*. **1776** *W*, *Symmudwr, symmudydd* d.g. *Mover*. **1796** *Geirgrawn* 167, hunan elw, yn ei farn ef, ydyw *symmydydd* unigol holl weithediadau [*sic*] dynol. **1803** *P*, *Symudwr*, s. m.—pl. *symudwyr* . . . A mover, remover. *id*. *Symudyz*, s. m.—pl. t. *ion* . . . A mover.

Cfn.: **symudydd cyntaf**: *prime mover*. **1633** *Addysg i Farw* 112, symmydiad gostingedig i ufydd-dod i'r *symmydydd cyntaf* [am y sêr].

symudyn [bôn y f. *symudaf*: *symud(o)*+*-yn*[1]] *eg*. ll. *symudion*. Math o gerflun neu addurn ar ffurf darnau o fetel, plastig, &c., sy'n gallu symud yn rhydd yn yr awyr: *a mobile* (*sculpture or decorative structure*).

20g.

symutgar [bôn y f. *symudaf*: *symud(o)*+*-gar*] *a*. Symudol, cyfnewidiol, gwamal: *mobile, changeable, fickle*.

1801 *MMf* 274–5, Un a fo ai ardymmyr o'r ager neu'r geri . . . anffyddlawn a *symudgar* y byddant y bob[l] o'r ardymmyr hwn.

symwl, swmwl[2]**, symyl**, *e.ll.* (un. b. *symylen*) *Bot*. Briallu Mair, dagrau Mair, sawdl y fuwch, *Primula veris*; briallu, *Primula vulgaris*: *cowslips*; *primroses*.

18–19g. *Llr* C 25, *swmwl*, a cowslop, tir iarll. **1803** *P*, *Symwl*, s. pl. aggr. . . . Cowslips. *id*. *Symylen* . . . A cowslip. Mor ziwair a *symylen*. **1813** *WB* 236, *Symwl*; *Symylen* . . . Primula vulgaris; Common Primrose. Ar lafar yn y ff. '*shwmbwls*' yn yr ystyr 'briallu Mair', G. AWBERY: *BM* 35 (Morg.); cf. hefyd *swmwldrops*, *ib*. (Morg.).

symylaf: symylu, symylaidd, symylau, symylen, symyn, gw. **symbylaf: symbylu, symlaidd, swmbwl**[1]**, symwl, swm.**

syn[1] [bôn y f. *synnaf*: *synnu*] *a*. ll. (prin) *-ion*. Wedi synnu neu ryfeddu, (pen)syfrdan, wedi hurtio, disynnwyr, brawychedig, dychrynedig; rhyfeddol, syfrdanol, hurtiol: *astonished, astounded, amazed, dazed, stunned, stupefied, senseless, aghast, frightened*; *amazing, astonishing, astounding, stupefying*.

13g. *GBF* 470, Nyt oes allu yn erbyn Iessu, na *synn* droeu. **14g.** *GIG* 60, Rhaid im ochel bugelydd, / A gorchymyn rhai *syn* sydd / Ar y ffordd erof i ffo [i ddiolch am farch]. **15g.** *GDLl* 141, Trafaeliais serch, trafael *syn* / Trwy ddolur sy i'm taer ddilyn. **1488–9** *BSM* 34, A thrannoeth provi symvdo yr arch, Ac nis gellynt. *Synn* vv ganthvnt hynny, ac ofni a wnaethant yn vawr. **15–16g.** *TA* 484, Ymrafaeliodd marfolaeth / Mor *syn* a phe 'mwrw â saeth. **1547** *WS*, *Synn* Astonyed. **16g.** *LlS* 40, Y mae [y winwydden wen] yn dda y ddyn cynhyrfawr ei veddwl ac yr nep a vo lletchwelan *synn*, penfeddw. **1632** *D*, *Synn*, Stupidus. **1632** J. DAVIES: *LlR* 200, yn sefyll yn *synn* (*astonied*), ac megys heb wybod oddiwrthynt eu hunain. **17g.** E. MORUS: *Gw* 99, Lle doe tranc, llaw Duw a'i trôdd, / Gwae heddyw a'i gwahoddodd; / Gwae ar anwyl garennydd, / Cyfathrach yn *synnach* sydd. **1672** R. PRICHARD: *Gw* 33, Dalie 'r Iddewon ê, â ffaglau ac a ffynn, / Pan oedd ê'n gweddio 'n ol Swpper yn *Syn* [:– Frawychys]. **1688** *TJ*, *Sŷnn*, hurt: dull, stupid. **1707** S. WILLIAMS: *ADA* 158, fel y daliwyd Belsazzar gynt gan yr ysgrifenlaw . . . golwg *syn* a brawychus pa un, a newidiodd ei liw ef. **1722** *Llst* 189, *Synn*. p. *Synnion*. Amazed, in a dump, senseless, sottish. **1788** J. GRIFFITH: *DCC* 2, yr hunandŷb, a'r *synn* anheimladrwydd o'r hyn a berthyn i'n dedwyddwch ysprydol. **1790** T. JONES: *TOS* 279, Pe llwyr gredem ni oddifrif [*sic*] fod y fath ogoniant . . . Pa amgyffrediadeu *synn* (*astonishing*) am y bywyd hwnnw a barai hyn! **1803** *P*, *Syn* . . . amazed; stunned; confounded. Ar lafar, 'Mae o'n edrach yn *syn*', 'Mae golwg *syn* arno', *WVBD* 513, ''Ôn i'n *syn* i' glŵad', *GTN* 740. Cf. D. OWEN: *D* 195, Yr oedd Becca am y tro cyntaf i mi ei gweled, yn segur, ac yn eistedd yn llonydd wrth y pentan, gan edrych yn *syn* i'r tân.

Gw. hefyd **san**[1].

syn[2]**, syna, synach,** gw. **synnaf: synnu, synna**[1]**, sinach.**

synadwy [bôn y f. *synnaf*: *synnu*+*-adwy*] *a.bfl*. Rhyfeddol, syfrdanol: *amazing, astonishing, astounding*.

1700 D. MAURICE: *AC* 31, Wele y Golwg mwya *synnadwy* . . . yn y Bŷd! Cariad yn Ymwared! *c*. **1730** *Thos. Lloyd D* (LlGC) 212a, *Synnadwy*. Stupendous. **1797** D. DAVIES: *SEG* iv, y mae'n beth *synnadwy* . . . i ddal sylw, i ba fath uchder y mae anghrediniaeth . . . wedi dyfod i mewn i'n hoes ni. *id*. 188, Pan y byddom yn groesawi meddyliau arswydus, *synnadwy*, a chariadol.

synaesthesia, gw. **synesthesia.**

synagog [bnth. S. C. *sinagog*] *eb*. ll. *-au*. (Addoldy a chanolfan gymunedol) cynulleidfa Iddewig, hefyd am addoldai eraill ac yn *ffig*.: *synagogue, also of other places of worship and fig*.

14g. *B* xiv. 272, A phaup onadunt a aethant yn ofualus ofnauc or *synagoga* parth ac eu cartref. **15g.** *FfBO* 45, y mab a a at yr offeiryat y'r *synagoc*. **1567** *TN* 8b, hwy a garant sefyll, a' gweddiaw yn y *Synagogae* [:– cymmynfae], ac yn-conglae yr heolydd. **1606** E. JAMES: *Hom* ii. 139, A'r mettelau hyn y gwnair eglwys ein Iachawdwr Christ yn harddach ac yn . . . deccach nag ydoedd y *Synagog* yn yr hên amser. **1630** *YDd* 205–6, offeiriadaeth Lefi tan y ddeddf, i gristianogawl weinidogaeth yr Efengyl: temlau a *Synagogau* yr Iuddewon, i Eglwysi a thai gweddi. **1725** D. LEWIS: *GB* 319, Yr oedd 460 o *Synagogau* yn Jerusalem, yn Amser ein Jachawdwr. **1762** *ML* ii. 470, Casr ydyw caer yn yr Aiphtiaeg cofiwch. Mae'r Person Pegg? Ac mae'r *Synagog* yn Nerpwl? *c*. **1762–79** W. WILLIAMS: *P* 2[9]1, Pa beth oedd y gwahaniaeth rhwng y *synagogau* hyn a'r deml? . . . Llawer, canys nid oedd y rhai'n ond cynnifer capel, neu eglwysi plwyfol. **1792** P. WILLIAMS: *TG* 41, Racovie (lle'r agorasid y *synagog* Sosinaidd gyntaf, ynghylch y flwyddyn 1590).

Amr.: **synagoga** [bnth. Llad. Diw. *synagōga*] **14g.** *B* xiv. 260, 264, 272. **synagwg** [bnth. S. Diw. Cyn. *synagoog*]. **17g.** *TBM* 443.

Cfn.: **Synagog Fawr**: *Great Synagogue* (*Jewish council*). **1833. synagog Satan**: *the synagogue of Satan*. **1567** *TN* 375a, mi adwen enllib melleigedic [*sic*] yr rein ydynt yn dywedyd y bod yn Jddewon ac nyd ydynt, ond y maent yn *Synagog Satan*. Ar lafar yn Llŷn yn yr ystyr 'tafarn'.

synamon, synamwn, gw. **sinamon.**

synaps [bnth. S. *synapse*] *eg*. ll. *-au*. Pwynt trosglwyddo ysgogiad nerfol o acson un nerfgell i ddendridau nerfgell arall gyfagos: *synapse*.

20g.

synaptig [cfdds. o'r S. *synapt(ic)*+*-ig*[2]] *a*. Yn perthyn i synaps: *pertaining to a synapse, synaptic*.

20g.

synasgal, gw. **synysgal.**

synclein, synclin [bnth. S. *syncline*] *eg*. ll.

syncl(e)inau. Drg. Plyg mewn creigiau a'r haenau'n goleddfu o'r ddwy ochr tuag at yr echelin: *syncline (in geol.).*
20g.

syncopedig [cfdds. o'r S. *syncop(ated)*+ *-edig*] *a. Crdd.* Trawsacennog: *syncopated (in mus.).*
20g.

syncopus [bnth. S. Diw. Cyn. *sincopis*] *e?g.* Llesmair, llewyg: *syncope (in med.).*
1545 Elis Gruffydd: *Ll* 115, gwywder a llesgedd ynn y korf . . . yr hynn a eilw'r ffysygwyr *syncopus. id.* 184, ynn erbyn y klwyf mawr, a *sincopus.*

syncretaidd [cfdds. o'r S. *syncret(ic)*+ *-aidd*] *a.* Yn perthyn i syncretiaeth, a nodweddir gan syncretiaeth: *syncretic, syncretistic.*
20g.

syncretiaeth [cfdds. o'r S. *syncret(ism)*+ *-iaeth*] *eb.* Ymgais (yn enw. un aflwyddiannus) i gyfuno athrawiaethau, credoau, neu arferion gwahanol grefyddau neu athroniaethau, y proses o wneud hyn: *syncretism.*
1899.

syncretig [cfdds. o'r S. *syncret(ic)*+*-ig*[2]] *a.* Syncretaidd: *syncretic, syncretistic.*
20g.

syncretistiaeth [bnth. S. *syncretist*+*-iaeth*] *eb.g.* Syncretiaeth: *syncretism.*
20g.

syncretistig [cfdds. o'r S. *syncretist(ic)*+ *-ig*[2]] *a.* Syncretaidd: *syncretic.*
20g.

syncretydd [cfdds. o'r S. *syncret(ist)*+ *-ydd*[3]] *eg.* ll. *-ion.* Un sy'n arddel syncretiaeth: *syncretist.*
1899.

syncronig [cfdds. o'r S. *synchron(ic)*+ *-ig*[2]] *a. Ieith.* Yn disgrifio iaith benodol ar un adeg yn ei hanes, yn hytrach nag o ran ei datblygiad hanesyddol (gthg. *diacronig*), disgrifiadol, yn dynodi'r dull hwn, hefyd weithiau am yr un dull mewn meysydd eraill: *synchronic (in linguistics, &c.).*
1925.

syndal [bnth. S. C. *sindal*, cf. Crn. C. *sendall, cendal*] *eg.* Math o liain main sidanaidd, hefyd yn *ffig.*: *sendal, also fig.*
12g. *GLlF* 446, Ar uab Nonn haeluronn, habt ogoned, / Ar Dewi uab Sant *syndal* duted. **13g.** *GBF* 356, Pali ny mynn, nyt vryael gbynn y gynhynneu, / Yn lle *syndal* ygkylch y wal gbelit carpeu. **14g.** *RC* xxxiii. 216, Yna y rodes yr escop vdunt *syndal.* a sidan. *c.* **1400** [*RB*] *WM* 216. 29–32, Cbnsallt y varch or gorof vlaen idab y vynyd yn*syndal* purgoch. Ac or gorof y waeret yn *syndal* puruelyn. *c.* **1400** *YSG* i. 5, peri tynnv y arueu y am y marchawc . . . a'e adaw ynteu y mywn peis o *syndal* coch. **15g.** *BB* 169, gwisgoed odidawc: o bali aphorffor a*ssyndal* ac ermyn. **15g.** *DE* 5, llenn an kvdd rag llvn yn kar / llwyn yw /r/ oed llawn or adar / dvg ar i vrig diagr fry / do *syndal* dewis hvndy. **15g.** *ID* 14, teml yr haf ty aml y ryw / ty o goedwydd teg ydyw / seler wydd salw arwyddion / *syndal* haf syn deilio hon [i'r fedwen]. **1547** *WS, Syndal* Sendall. **16–17g.** *HG* 143, nyd mewn *syndal* na phali / na grau teg yth grewyd ti. *Dchr.* **17g.** *J* 10, 40b, *Sindal.* Sindon. **1632** *D, Syndal,* Sindon. **1688** *TJ, Syndal,* lliain main: fine Linnen Cloth. **1775** *W, syndal* d.g. *Lawn* [*a sort of fine linen* . . .]. **1803** *P* d.g. *Sindal.*

synder [*syn*+*-der*] *eg.* Syndod, syfrdandod, braw: *astonishment, amazement, dread.*
1547 *WS, Synder* Amasyng. **16g.** *B* x. 287, na bu haiach o enyd ynn ol J vrenin Kritta ddiulanu a chymerud J shiwrnai nees J'r brenin Amffittrion ddyuod adref y'w gasdell att J vrenhines. Yr hyn a wnaeth J'r urenhines ac J'w holl bobyl gymerud *synder* mawr ynddunttJ hun, ac ynn wir nid heb achos. **1588** *Jer* viii. 21, daliodd *synder* fi. **1588** *Esec* iv. 16, wele fi yn torri ffon y bara yn Ierusalem, fel y bwyttânt fara tann bwys . . . ac yr yfant ddwfr dan fesur, ac mewn *synder.* **1639–40** (**18g.**) *CC* 278, dwys heddiw nid oes iddyn / cywir i gorff mor câr Huw Gwyn / tair cyfnither *synder* sydd / a chariad yn ail chwiorydd [marwnad Huw Gwyn gan Ddafydd Nanconwy]. **1803** *P.*

syndicalaidd [cfdds. o'r S. *syndical(ist)*+ *-aidd*] *a.* Yn perthyn i syndicaliaeth, nodweddiadol o syndicaliaeth: *syndicalist (adj.).*
1934.

syndicaliaeth [cfdds. o'r S. *syndical(ism)* +*-iaeth*] *eb.* Mudiad sy'n pleidio trosglwyddo perchenogaeth a rheolaeth ar foddion cynhyrchu a dosbarthu i'r undebau llafur: *syndicalism.*
1912.

syndicalwr, syndicalydd [cfdds. o'r S. *syndical(ist)*+*-wr, -ydd*[3]] *eg.* ll. *syndicalwyr, syndicalyddion.* Un sy'n arddel syndicaliaeth: *a syndicalist.*
1923.

syndicat, syndicet [bnth. S. *syndicate*] *eg.* ll. *syndicatau, syndicetiau.* Nifer o unigolion neu gwmnïau sy'n uno i hyrwyddo rhyw ddiddordeb cyffredin, cymdeithas neu asiantaeth sy'n cyflenwi defnydd i nifer o bapurau newydd, &c., ar yr un pryd, grŵp o bobl sy'n uno i brynu eiddo, i gamblo, i droseddu, &c., cynghrair: *syndicate.*
1929. Ar lafar, 'Pwy sy'n mynd i ddewis rhife'r *syndicet* mis yma'.

syndod [*syn*+*-dod*] *eg.* ll. (prin) *-au.* Yr ansawdd neu'r cyflwr o fod yn syn, syfrdandod, rhyfeddod, syrpréis, sioc, hurtni, braw, dychryn, arswyd; person neu beth sy'n peri cyflwr o'r fath: *astonishment, amazement, surprise, shock, stupefaction, dread, fright, horror; person or thing causing such a state.*
1551 W. Salesbury: *KLl* xlib, wy aethant allan ar vrys / ag a ffoysont o ywrth y vonwent / cann vot achryn a *syndot* arnaddunt. **1620** *Jer* xlii. 18, chwi a fyddwch yn felldith, ac yn *syndod,* ac yn rheg, ac yn warth. **1620** 2 *Esd* xiii. 30, er *syndod* meddwl (**1588** *ib.* mewn dieithrwch meddwl) y daw efe ar y rhai a bresswyliant y ddaiar. **1632** *D,* Synnedigaeth, & *Synndod,* Stupor, stupiditas. **1675** R. Jones: *HCh* [174], *syndod,* ynfydrwydd. **1687** (**1715**) J. Owen: *TB* 15, gosododd y Quaker ei ben ar Ysgwydd Spenser . . . gan ddywedyd derbyn yr Yspryd glan, yr hyn a wnaeth iddo neidio allan o'r gwely mewn *Syndod* mawr. **1688** S. Hughes: *TSP* 109, er dychryn a *syndod* [:- Disymmwth a brawychus rhyfeddu [*sic*]] i elynion Arglwydd y Bryn, ac er cyssur a diddanwch i Bererinion. **1703** E. Wynne: *BC* 86, yr anghyssondeb syfrdan, a *syndod* tywyll a'm dallasei i fyth, o ni basei i'm cyfaill noethi eilwaith ei nefol ddiscleirwisc. *id.* 141, beth yw Tobacco ond un o'm harfeu gwaelaf i, i ddwyn *syndod* i'r ymennydd? **1759** T. Thomas: *WWDd* 49, llawer o fraw, a dychryn, *syndod,* a gofidiau. **1762** *ML* ii. 514, mae rhyw *syndod* fyth yn fy mhen fel nad wyf abl i feddylio yn arferol. **1803** *P* d.g. *Syndawd.* Ar lafar, '*Syndod* mawr annwyl', 'Mi'i tarodd fi â *syndod*', *WVBD* 515; 'Pwy *syndod* yw a 'i fod a fel mæ fa? Dishgwl pwy yw 'i dylwth a', *GTN* 758. Cf. D. Owen: *GT* 342, Pe codasai un oddiwrth y meirw ni fuasai yn fwy o *syndod* i Gwen.

syndodol [*syndod*+*-ol*] *a.* Syfrdanol, rhyfeddol; ?perlewygol: *amazing, astonishing, astounding; ?ecstatic.*
1852.

syndodus [*syndod*+*-us*] *a.* Syfrdanol, rhyfeddol; wedi synnu neu ryfeddu, syn: *amazing, astonishing, astounding; amazed, astonished, astounded.*
20g.

syndon, gw. **sindon.**

syndra [*syn*+*-dra*] *eg.* Syndod, rhyfeddod, hurtni, sioc, braw; person neu beth sy'n peri cyflwr o'r fath: *amazement, astonishment, stupefaction, shock, dread; person or thing causing such a state.*
16g. (*LIEG*) *Mos* 158, 683b, ynny *syndra* J bu ef ynagos J syrthio oddiar i varch. **1588** *Deut* xxviii. 28, Yr Arglwydd a'th deru di ag ynfydrwydd, ac a dallineb, ac a *syndra* calon. **1588** *Jer* li. 37, Yna y bydd Babilon yn garneddau, yn drigfa dreigiau, yn *syndra,* ac yn aruthr. **1588** *Sech* xii. 4, Y diwrnod hwnnw medd yr Arglwydd, y tarawaf bob merch â *syndra. Dchr.* **17g.** *J* 10, 37b, *Syndra.* astonishement. **1630** *YDd* 174, ymarfer o bechod . . . a luscodd ar fy vchaf y fâth *syndra* (*dullnesse*) o synwyr, a chaledwch calon. *c.* **1658** R. Vaughan: *E* 9–10, Ac megis pe buasai hyn yn rhy fychan, oblegit ein *syndra* an aneallgarwch ni, ddywedyd y gair vnwaith, y mae yn ei ail nerthu ef drachefn. **1672** R. Prichard: *Gw* 396, Gwrês, a gwayw, crâch, cornwydon, / Crûd, a haint, a *syndra* calon, / Nychdod, Nodau, Mâll, difflanniad, / S'oddiwrth Dduw ei hun yn dwad. **1770** *W* d.g. *Astonishment.* **1803** *P.*

syndremaf, syndremiaf: syndremu, syndremio, gw. syn[1]+tremaf, tremiaf: **tremu, tremio.**

syndrom [bnth. S. *syndrome*] *eb.g.* ll. *-au.* Grŵp o symptomau cydamserol afiechyd, cyflwr, problem, &c., cyfrediad: *syndrome.*
20g.
Cfn.: **syndrom diffyg imiwnedd caffaeledig:** *acquired immune deficiency syndrome, Aids.* **20g. syndrom Down:** *Down's syndrome.* **20g.**

synddig, gw. syn[1]+dig.

synecdoche, &c. [bnth. Llad. *synecdochē*, cf. hefyd Llad. Prydain *synodochē, synedochē*, a S. C. *sinodoches*] *eb. Rhet.* Cydgymeriad (mewn ystyr estynedig): *synecdoche (in an extended sense).*
Dchr. **15g.** *B* ii. 190, ymadrawd a elwir *sinotoges* a honno a vyd pan vo ran aa chwbyl ac henw gwan yrygthunt a aller i dwyn ar bob un ar y ran ac ar y kwbyl a hwnnw yn ardangos molyant neu gabyl. *c.* **1455** *GP* 82, Bervav rrydd a lowia weithiav achvsiaid wedi hwynt drwy ffvgr a elwir *synechdoches* (amr. *sinottigies, ssinotigeies*), val y mae 'ego doleo caput'. *id.* 84, Bervav pasif a gonystrowennir gidac achussiaid o dair ffordd: yn gyntaf drwy ffvgr a elwir *synecdoche* (amr. *sinotteies, sinotssies*), val y mae 'iste truncatur nares'. Cf. *GP* 69, Ar y kwbwl nit ar y rhan y dyleir kyssylltu y gair gwann val y mae 'gwr gwynn i law, gwraic wenn i throeth [*sic*]' . . . ac velly ydd essgussir dros wrryw a banw mewn iaith drwy ffugr nev liw, a'r Llatin o'r ffugr honno a elwir synoteches.

synedig, sanedig [bôn y f. *synnaf: synnu, sannaf: sannu*+*-edig*] *a.bfl.* Wedi synnu neu ryfeddu, syn, (pen)syfrdan, wedi hurtio, disynnwyr, brawychedig, dychrynedig; syfrdanol, rhyfeddol: *astonished, astounded, amazed, dazed, stupefied, senseless, aghast, frightened; astonishing, astounding, amazing.*
1547 *WS, Sannedic* Amased. **1567** *TN* 174a, mal ydd oedd yr efrydd yr hwn a iachesit, yn attal Petr ac Ioan, y rhedawdd yr oll popul yn *sannedic* (**1588** *Act* iii. 11, *synnedig*) attwynt. **1604–7** *TW* (*Pen* 228), *sannedic* d.g. *Apoplectici, Consternatus, Obstupefactus.* **1632** *D, synnedig* d.g. *Confusus, Trepido.* **1658** R. Vaughan: *PS* 390–1, dychryn a therfysgedd ynghalluogaeth Gweithrediad, ac felly vn symudiad gorthrymedig, ofnog, *synnedig* [am effaith petruster]. **1722** *Llst* 189, *Sannedig.* Amazed, senseless. **1744** D. Rowland: *RY* 252, Pan glywodd Tref Mansoul nychled, y Rhybuddiwr ymma . . . nhwy a wnaethpwyd etto yn fwy *synnedig* (*yet more put to their dumps*). **1770** *W, sannedig* d.g. *Agast, Discouraged.* **1803** *P* d.g. *Sànedig, Synedig.*

synedigaeth[1], **sanedigaeth** [*synedig, sanedig*+*-aeth*] *eb.g.* Syndod, rhyfeddod, syrpréis, sioc, braw, dychryn, hurtni, dylni: *astonishment, amazement, surprise, shock, dread, fright, stupefaction, dullness.*
1547 *WS, Synnedigaeth* Astonysshednes. **1551** W. Salesbury: *KLl* xliia–b, A rei or gwragedd o hanom a yrrasont *sannedigaeth* arnom, gwedy eu bot wy yn vore yn y vonwent a eb caffael [*sic*] y gorph ef. **1567** *TN* 79a, dechryn ac irdang [:- *sanedigaeth*] oedd ynthynt [y disgyblion]. **1588** *Act* iii. 6–10, yn enw yr Iesu Grist o Nazareth, cyfot a rhodia . . . A chan neidio i fynu efe a safodd, ac a rodiodd . . . ac hwy a lanwyd o ofn a *synnedigaeth,* am y peth a ddigwyddasae iddo. **1604–7** *TW* (*Pen* 228), *sannedigaeth* d.g. *Stupor.* **1632** *D, Synnedigaeth* . . . Stupor, stupiditas. **1688** *TJ, Synnedigaeth,* syndod: amazement, dulness. **1721** J. P. Prys: *DC* 12, Pan ddelo barn eilwaith yn ôl dydd marwolaeth, / Och! pa *synnedigaeth* fodd helaeth fydd hon. **1727** J. Jones: *DFF* 252, Och gan y Dychryndod a'r *Synnedigaeth* y ddaeth ar warthaf y pechaduriaid difraw. [**1738**] E. Jones: *CE* 20, na fydd un lle i'r anuwiol a'r Pechadur i ymddangos ond hwnnw o *Synnedigaeth* a Dychryn. **1753** *ML* i. 222–3, llu o wyr wedi cymryd yr Esgair a mynd ar Llew i garchar . . . Yn wir ddiau ni fedraf ddywedyd i chwi faint oedd fy *sannedigaeth* or achos . . . rwyf wedi lled hurtio. **1762** D. Rowland: *PA* 100, Gwelai y pren têg hwn yn cael ei dorri i lawr . . . A phan, d' wetpwyd [*sic*] hyn i'r Prophwyd Daniel, y mae efe mewn *synnedigaeth* fawr. *c.* **1762–79** W. Williams: *P* 173–4, pan gwelodd yr Indiaid, hwy a gasclasant ynghyd mewn eitha *synnedigaeth,* gan ymbil ar y Saeson beidio a gwneud iddunt ddrŵg mor fawr. **1770** *W, Synnedigaeth* d.g. *Amazedness.* **1792** H. Harris: *H* 1[21], Neithiwr cefais *synedigaeth*

hyfryd, wrth dderbyn Llythyr oddi wrthych. **1803** *P*, *Sânedigaeth*, s. m. . . . Amazement. *id. Synedigaeth*, s. m. . . . astonishment.

synedigaeth[2], gw. syniedigaeth.

synedigol[1] [*synedig*+*-ol*] *a.* Syfrdanol, rhyfeddol, hurtiol; wedi synnu neu ryfeddu, syn: *astonishing, astounding, amazing, stunning; astonished, astounded, amazed.*

1760 *YTWN* 26, A ellwn ni adrodd y gwirionedde *synnedigol* ofnadwy hyn. **1803** *P*, *Synedigawl* . . . tending to stun.

synedigol[2], **synedd, syneddr,** gw. syniedigol, senedd, seneddr.

synergiaeth [cfdds. o'r S. *synerg(ism)*+*-iaeth*] *eb. Diwin.* Yr athrawiaeth fod yr ewyllys ddynol yn cydweithredu â'r Ysbryd Glân a gras dwyfol, yn enw. yn y weithred o dröedigaeth ac adenedigaeth: *synergism* (*in theol.*).

20g.

synesthesia [bnth. S. *synaesthesia*] *eg.* Y weithred neu'r proses o gynhyrchu synhwyriad sy'n perthyn i un synnwyr yn sgil symbylu synnwyr arall, ymdeimlad a symbylir yn un rhan o'r corff yn sgil symbylu rhan arall: *synaesthesia.*

1938.

synesthetig [cfdds. o'r S. *synaesthet(ic)*+*-ig*[2]] *a.* Yn perthyn i synesthesia, seiliedig ar synesthesia: *synaesthetic.*

1938.

synfawr [*syn*+*-mawr*] *a.* Syfrdanol, rhyfeddol; wedi synnu neu ryfeddu, syn, wedi hurtio: *astonishing, astounding, amazing; astonished, astounded, amazed, stupefied.*

16–17g. *GHCEM* 72, A chri rybell uwch Rhiwabon, / A chrio llawr, *synfawr* sôn [marwnad Doctor Powel a'i fab Samuel]. Cf. T. H. PARRY-WILLIAMS: *OPG* 30, Yr un olygfa a welir; ond rywfodd y mae'n hollol wahanol . . . ac yn fwy *synfawr*.

synfeddwl[1] [*syn*+*meddwl*[1]] *eg.* ll. *synfeddyliau.* Myfyrdod, synfyfyrdod, pensyndod, pruddglwyf: *meditation, reverie, a musing, melancholy.*

1547 *WS*, *Syn veddwl* A dumpe. **1604–7** *TW* (*Pen* 228) d.g. *Cogitatio. Dchr.* **17g.** *J* 10, 37b, *Synveddwl.* Musa. Dumpe. **1630** R. LLWYD: *LlH* 434, mi â welaf . . . eich bod mewn rhyw *synfeddyliau* (*melancholy humour*) . . . y mae gennifi lawer o lyfrau digrif, a difyrr: y rhai pe clywech eu darllain, a dynnai yn y fan y *synfeddyliau* (*melancholy passion*) hyn o'ch pen. **1632** *D* d.g. *Cogitabundus.* **17g.** *LlGC* 13215, 350, *Synveddwl* Myvyrdod. **1701** E. WYNNE: *RBS* 88, Mae rhai eneidieu coeg-falch a rodiant ar eu pen eu hun . . . treuliant lawer awr yn ymddigrifo yn eu *synnfeddylieu* (*imaginative pleasures*). *id.* 143, pentwr o *synn-feddylieu* athrist ammhennodol (*sad, tumultuous and indefinite thoughts*). **[1783]** *W* d.g. *Reveree.* **1796** T. JONES: *CCA* 28, mae ffydd yn cyffrôi'r Cristion o'i *syn-feddyliau* (*amazed thoughts*); lle y mae ei yspryd trallodus yn aros. **1803** *P*.

synfeddwl[2], gw. synfeddyliaf: synfeddylio.

synfeddylgar [*synfeddwl*[1]+*-gar*] *a.* Pruddglwyfus, synfyfyriol, myfyrgar: *melancholic, musing, pensive.*

1658 R. VAUGHAN: *PES* 31, y mae gwyr *synnfeddylgar* yn arfer o chwareu ar cymylau [*sic*]. *ib.* adwaenwn rai gwyr Hypocondriac . . . a ddychmygent iddynt eu hunain gyffyleu yn hedeg . . . yn gyffelyb ir dyn *synfeddylgar* yr hwn a dybiodd ei fod ei hun yn Vrinal. **1716** T. EVANS: *DPO* 172, Hereticiaid . . . pan welsont eu bod mywn diystyr ac amharch, a aethant yn athrist, ac yn *syn-feddylgar* jawn. **1718** E. SAMUEL: *HDdD* 152, nid allai neb ond rhyw Hurt-ddynion Pruddion *synn-feddylgar* (*melancholy*) fod yn anghariadus ganddo [Duw]. **1740** T. EVANS: *DPO* 203, efe [Diocletian] a aeth . . . i ryw Gwrr neu Gilfach ddirgel, lle y treuliodd efe y rhan ddiweddaf o'i Fywyd yn ben-drist ac yn *syn-feddylgar*.

synfeddyliaf: synfeddylio [*syn*+*meddyliaf*: *meddylio*] *bg.a.* Synfyfyrio, myfyrio, ystyried (yn ddwys), ymofyn; rhyfeddu, synnu: *to muse, meditate, consider* (*deeply*), *wonder; be amazed, astonished, or astounded.*

1547 *WS*, *Synfeddylio* Muse. **1552** *Pen* 403, 79, ni vynwn iddi [merch] *syn veddylio* / er daied . . . vai ar y dechrevad / anwadal vydd meddwl merch. *Dchr.* **17g.** *J* 10, 37b, *Synveddylio.* to gesse. to muse. **1632** *D* d.g. *Dubito, Euoluo.* **1727** J. JONES: *DFF* 234, Ei Atteb [Iesu] a barodd i'r Bobl *syn-feddylio* (*made the people astonished*), ac i'r Saduceaid wridio a chywilyddio. *c.* **1730** *Taith C* [6], Druan yr wyf yn *synnfeddylio* (*I wonder in my mind*) beth y mâent [*sic*] hwy yn ei wneuthur. **1760** E. WILLIAMS: *UYB* 27, y mae'n arferol gennom [*sic*] i *synn-feddylio* ar y pethau sy a thueddiad ganddynt i fod yn fanteisiol . . . i ni. *id.* 47, canys yr oedd e'n perthyn iddo ef [Iesu] i fod yn deimladwy ie o'r gofid hwnnw hefyd, sef cyflwr dyn pan fyddo yn *synn-feddylio* ac heb wybod beth a wnêl. **1803** *P*.

Amr.: **synfeddwl**[2] [*syn*+*meddwl*[2]]. **1885** D. OWEN: *RL* 150–1, Eisteddai fy mam yn llonydd a synfyfyriol . . . Cododd eilwaith . . . ac wedi *synfeddwl* ychydig eisteddodd wed'yn. **synfeddylied** [cf. *meddyliaid*, gw. *meddyliaf*: *meddwl*] **1567** *TN* 85b, a' phawp oll yn *syn-veddilied* yn ei calonoe [*sic*] am Ioan. **1722** *Llst* 189, *Synnfeddylied* . . . To meditate, muse, be in suspence.

synfreuddwydiol [*syn*+*breuddwydiol*] *a.* Synfyfyriol, myfyrgar, breuddwydiol, yn pensynnu: *musing, pensive, dreamy, daydreaming.*

1885 D. OWEN: *RL* 135, fy mam . . . Gallwn nodi llawer o fân bethau eraill a gyflawnai, y rhai a ddangosent ystâd *synfreuddwydiol* ei hysbryd.

synfyfyr [bôn y f. *synfyfyriaf*: *synfyfyrio*] *eg.* ll. *-ion*, a hefyd fel *a.* Synfyfyrdod, myfyrdod, pensyndod; synfyfyriol, myfyrgar: *a musing, meditation, daydream; musing, pensive.*

1930. Mae *Synfyfyrion* yn deitl ar gyfrol o ysgrifau, rhigymau, a sonedau gan T. H. Parry-Williams (1937).

synfyfyrdod [bôn y f. *synfyfyriaf*: *synfyfyrio*+*-dod*] *eg.* ll. *-au.* Y weithred neu'r arfer o synfyfyrio, pensyndod: *a musing, reverie, pensiveness, daydream*:

1776 *W* d.g. *Muse, In a deep muse, Reveree.* Cf. D. OWEN: *D* 215, yr oeddwn yn eistedd o flaen y tân . . . mewn *synfyfyrdod.*

synfyfyrgar [bôn y f. *synfyfyriaf*: *synfyfyrio*+*-gar*] *a.* Synfyfyriol, myfyrgar, yn pensynnu: *musing, pensive, daydreaming.*

1780 *W* d.g. *Plodding.*

synfyfyriaf: synfyfyrio [*syn*+*myfyriaf*: *myfyrio*] *bg.a.* Myfyrio'n ddwys (uwchben), ystyried yn ddwfn, ymgolli mewn myfyrdod, pensynnu: *to muse* (*on*), *ponder, be in a reverie, daydream.*

1703 E. WYNNE: *BC* 5, gorweddais ar y gwelltglas, tan *syn-fyfyrio* decced a hawddgared (wrth fy ngwlâd fy hun) oedd y Gwledydd pell. **1719** IACO AB DEWI: *TG* 186, Nac aros yn hwy yn *synfyfyrio* nac yn pettruso ynghylch petheu, onid tyred ymmeith at Jesu Grist. *c.* **1730** *Thos. Lloyd D* (LlGC) 211b, *Synfy*[*f*]*yrio*, To reflect with wonder. **1760** E. WILLIAMS: *UYB* 149, Ac felly 'n ddiattreg, ac heb *syn-fyfyrio* ymmhellach, fe ymbiliodd yn union, Arglwydd, cofia fi. **1780** *W* d.g. *To plod* [*think intensely upon, &c.*]. Cf. D. OWEN: *D* 221, Wedi gwario y swllt olaf, gadawodd ei holl gymdeithion ef i fwynhâu hyny o gysur a allai ei gael wrth *synfyfyrio* ar ei bwrs gwag; D. OWEN: *GT* 96, Arosodd Harri am agos i awr i *synfyfyrio* wrth dân y gegin.

synfyfyriol [bôn y f. *synfyfyriaf*: *synfyfyrio* +*-iol*] *a.* Yn synfyfyrio, myfyrgar, yn pensynnu: *musing, pensive, daydreaming.*

1776 *W* d.g. *Musing, Deeply musing, Pausing* [*in a brown study*], *Plodding.* Cf. D. OWEN: *D* 145, syrthiodd i ddystawrwydd *synfyfyriol*, ymha un y dychymygai weled ei hun yn nghader y golygydd; D. OWEN: *RL* 30, Sylwn y byddai fy mam wrth gyfrif yr arian ar rai adegau yn edrych yn llawen, ac ar adegau eraill yn brudd iawn; a phob amser ar ol eu cyfrif edrychai yn *synfyfyriol.*

synfyfyriwr [bôn y f. *synfyfyriaf*: *synfyfyrio* +*-iwr*] *eg.* (b. *synfyfyrwraig*, ll. *wragedd*) ll. *synfyfyrwyr.* Un sy'n synfyfyrio, pensynnwr, person myfyrgar: *muser, daydreamer, contemplative person.*

1912.

synhwyraf, synhwyriaf: synhwyr(i)o [bf. o'r e. *synnwyr*] *bg.a.* Canfod neu ddirnad drwy gyfrwng un neu ragor o'r synhwyrau, bod neu fynd yn ymwybodol o, yn enw. heb wybod pam neu sut, ymdeimlo â, canfod yn awtomatig (am beiriant, &c.), arogleuo, sniffian, ffroeni; gwneud synnwyr o, dehongli, egluro, amgyffred, ystyried; arwyddocáu; bod neu fynd yn synhwyrol, ymbwyllo, callio: *to sense, smell, sniff; make sense of, interpret, explain, grasp, consider; signify; be or become sensible, come to one's senses.*

12g. *GCBM* ii. 304, Deu edryt yssyt a *synhwyryaбr.* **12–13g.** *GMB* 513, Brenhin myr a syr a'm *synhбyro.* **13g.** *BD* 163, Ac vrth hynny *synnhvyrvch* yr avrhon a medylyvch pa atteb a dylyvn y talu yn erbyn yr ymadrodyon hyn. **14g.** *LlB* 1, dewissawd y brenhin y deudec lleyc doethaf . . . a'r vn yscolheic doethaf, a elwit yr Athro Vledgywryt, y lunyaethu ac y *synhwyraw* idaw, ac o'e teyrnas, kyfreitheu ac arueroed yn perffeith. **1346** *LlA* 160, Lyma synnбyr euegyl Ieuan ebostol herбyd ydy/yll ar synhбyr arodes duб yr neb ae troes o ladin ygkymraec . . . Geireu yneb ae troes ygkymraec *ysynnhбyraб* ac yamlyccav yr euegyl. **14g.** *SC* viii/ix. 183, Y boenn honno dihev yw na digawn dynyon y *synhwyraw* (*non possunt diffiniri*). canys bychan y *synhwyrir* (*minime possunt scire*)y poennev hynny y gan dynyon. *c.* **1400** *R* 1244. 13, *Synhбyra* yn da donyeu attaf. *c.* **1400** *YSG* i. 89, Bellach mi a dywedaf ytt beth a *synhwyra* (amr. *synhwyra* y ti beth a arwydocka) y llaw a weleist di . . . Llyna vi . . . gwedy eglurhau y chwi ych breudwydyon a *synhwyryaw* y llaw. *c.* **1400** (*SG*) *HMSS* i. 239, Duw adalo ytt heb y gwalchmei kanys *synhwyreist* ym yr hynn yr oedywn [*sic*] yn y vedylyaw yr ystalym. *Diw.* **15g.** *Pen* 53, 62, Rywyr medd ay*synhwyrei* / Da moes mil y daw mys mei / Bedwen glos a ddangossei / y deil addvwyn er mwyn mei (Rhys ap Tudur). **16g.** *GGH* 426, Dwedaf heb gêl ei helynt; / Dyna'r rhai a garai gynt. / Pwy a ŵyr, wrth *synhwyro*, / Pa fodd 'r ymrafaeliodd fo? **1551** W. SALESBURY: *KLl* xlviiia, Tervyn ar pop peth sydd yn agos: am hyny *synnwy*/*rwch* a gwiliwch yngweddie. **1803** *P* d.g. *Synwyraw.* Cf. T. H. PARRY-WILLIAMS: *EB* 5–6, nid i'r ymennydd i'w deall yr â [barddoniaeth] . . . Ei *synhwyro* a wneir, nid ei deall; T. H. PARRY-WILLIAMS: *C* 51, Onid rhag ofn i'r ddau sydd yn y gro / *Synhwyro* rywsut fod y drws ynghlo.

Amr.: **snwyro. 1913.** Ar lafar, 'To Smell . . . *snwyro*', *LGW* [448]–9; 'ci, dyn yn *snwyro*', 'Also fig. *snwyro* hanas', *WVBD* 497. **synhwyrian. 20g.**

synhwyraidd [*synnwyr*+*-aidd*] *a.* Synhwyrol, call; yn perthyn i synhwyro neu i'r synhwyrau, yn deillio o'r synhwyrau, yn trosglwyddo synhwyriad: *sensible; sensory.*

16g. WILIAM LLŶN: *Gw* (R. Stephens) 121, Seiliaist, cryf eiliaist, bob cur ofalon, / Seliaist, a deliaist ffordd yr hudolion; / Selu, anelu, yr ael yn wiwlon, / *Synhwyraidd*, llwyraidd, lle y cellweirion'. **16–17g.** (**17g.**) *CC* 85, aer Pyrs eryr pwrs euraid / aer diblŷg *synhwyraidd* blaid (Thomas Prys). **1710** *W Ballads* 173, 8, Un lan ag un luniaidd, un giwrus, un gwyredd, / Un ddoethedd, *synhwyredd*, heb ffoledd iw phen. **1803** *P*, *Synwyraiz* . . . Sensible.

synhwyrbell, synhwyrbwl, synhwyrbwyll, gw. synnwyr+pell, pŵl[1], pwyll[1].

synhwyrdeb [*synnwyr*+*-deb*] *eg.* Synwyroldeb, synnwyr cyffredin: *sensibleness, common sense.*

1803 *P* d.g. *Synwyrdeb.*

synhwyrddoeth, gw. synnwyr+doeth[1].

synhwyrddysg [*synnwyr*+*dysg*] *eb.* a hefyd gyda grym ansoddeiriol. Doethineb (hefyd wrth gyfeirio at lyfrau 'doethineb' yr HD, e.e. *Diar, Pr*): *wisdom* (*also with ref. to the sapiential books of the OT*).

16g. *GSOG* 39, *Synhwyrddysg* addysg oeddych,— sefydlaidd / A gweddaidd y gwyddych [i Lewis ab Owain]. **1701** E. WYNNE: *RBS* 43, gellir darllen rhyw rann o'r Scrythyr lân allan o'r Testament newydd, neu allan o Lyfreu *synhwyrddŷsc* (*Sapiential*) yr hên Destament; sef y Diharebion, y Pregethwr, &c. **1726** S. RHYDDERCH: *Alm* [3], er nad oedd Naturiolwaith, na *synhwyr-ddysg* y Gwrengfâb hwnnw i wneuthur y cyfryw foneddigeidd-waith a hynny, etto ef allai 'n gyfrwys-ddrwg fwriadbell ar bethau eraill.

synhwyreb [*synnwyr*+*-eb*] *eb.* ll. *synwyrebau.*

(*a*) Brawddeg, cymal, ymadrodd: *sentence, clause, phrase.*

1803 *P*, *Synwyreb*, s. f. . . . A sentence, a paragraph.

(*b*) *Athr.* Gwrthrych uniongyrchol un o'r synhwyrau, elfen o brofiad synhwyraidd, synhwyryn: *sense-datum* (*in philos.*).

1939.

synhwyredd [*synnwyr*+*-edd*[1]] *eg.* Synwyroldeb, synnwyr cyffredin, callineb,

doethineb; rhesymoledd: *sensibleness, common sense, prudence, wisdom; rationality.*
1803 *P, Synwyrez*, s. m. . . . Rationality.

synhwyreg [*synnwyr+-eg*¹] *eg.b.* ll. *synwyregau.* Brawddeg, cymal, ymadrodd; synnwyr, ystyr; sylwedd: *sentence, clause, phrase; sense, meaning; substance.*
1595 *Egl Ph* 39, pan roir dwy vnrhith . . . drobhaeg ymadrodh . . . yn yr vn *synhwyreg.* **1630** R. LLWYD: *LlH* [xii], diwygia di . . . yr hyn â Welych yn feius [yn y print]. Y *synhwyreg*, a dalltwriaeth y rheswm a ddengys i ti yn hawdd beth a ddylei fod. **1675** R. DAVIES: *PY* 25, fod Christ yn dywedyd am dano ei hun lawer o bethau sydd iw deall, nid yn llythrennol, ond yn foddol, neu drwy ddull o ymadrodd; drwy ba un y troir rhai geiriau oi hystyr, neu eu *synhwyreg* priodol eu hunain, i arwyddocâad arall, neu i osod allan bethau eraill, ni arddangosant yn eu arwyddocâad naturiol. Felly y mae Christ yn ei alw ei hun 'y ffordd' . . . nid oblegid ei fod felly mewn *synhwyreg* lythrennol [*sic*], ond mewn mâth ar ddull. *id.* 158–9, Yn y *synhwyreg* yma y cymmerir y gair. *id.* 214–15, A'r hwn . . . sydd yn rhyfygu rhoi ar yr yscrythur ei *synhwyreg* priodol ei hun, sydd yn arglwyddiaethu . . . ar ffydd yr Eglwys Gatholic. **1710** S. WILLIAMS: *UOY* 10, bod Cymmedrolder yn ei iawn a'i Apostolaidd *Synhwyreg* yn brofadwy. **1803** *P, Synwyreg*, s. f. —pl. t. *au* . . . A complete expression of the sense, or a sentence.

synhwyrfa [*synnwyr+-fa, ma*] *eb.* Y rhan o'r ymennydd sy'n derbyn ysgogiadau synhwyraidd gan y nerfau, aparatws synhwyraidd y corff: *sensorium.*
[**1783**] *W* d.g. *Sensory* [*the seat of sense, in the brain*]. **1803** *P, Synwyrva*, s. f. . . . A sensory.

synhwyrfain, synhwyrfawr, gw. synnwyr+main¹, mawr.

synhwyrgall [*synnwyr+call*] *a.* Call, synhwyrol, doeth, deallus, craff, pwyllog: *wise, sensible, prudent, judicious, intelligent, discerning.*
16g. *WLl* 64, Tomas byw urddas heb wall / Y sy n hirgarw *synhwyrgall. id.* 66, Gwr da i bawb a gair di ball / Yw Sion hirgorff *synhwyrgall. a.* **1584** *Rhyddiaith Gymraeg* i. 106, [d]anfon ati ddiwidwas *synhwyrgall*, parabl-groyw. **1604–7** *TW* (*Pen* 228) d.g. *Acute. id.* Celuyddyt . . . y dhywedyt yn dha ag yn *synhwyrgalh* d.g. *Rhetorica. id.* d.g. *Sagaciter, Sapiens.* **1631** O. THOMAS: *CC* 98, fel y gallwyf â chalon *syn/hwyr-gall* ddirnad y pethau sydd angenrheidiol i mi eu holrhein allan . . . o'r Scrythyrau. **1661** E. LEWIS: *Drex* 74, Pa sawl llywiawdr rhagddarbodus a lywodraethasant eu pobl yn *synhwyrgall* jawn! **1701** E. WYNNE: *RBS* 48, dyro i mi yspryd effro *synhwyrgall.* **1772** *W* d.g. *Discerning, Discreet, Judicious.* **1794** E. JONES: *CP* vi, llym-feirniaid *synwyrgall.* **1803** *P, Synwyrgall* . . . Keen-witted.

synhwyrgoeth, synhwyrgraff, gw. synnwyr+coeth, craff.

synhwyriad [bôn y f. *synhwyraf*: *synhwyro* +*-iad*¹] *eg.* ll. *synwyriadau.* (Cynneddf) canfyddiad drwy'r synhwyrau, cyflwr corfforol neu brofiad sy'n deillio o ysgogi un o'r organau synhwyro, teimlad, ymdeimlad, ymwybyddiaeth: (*bodily*) *sensation.*
1803 *P* d.g. *Synwyriad.* Cf. T. H. PARRY-WILLIAMS: *S* 16, Y mae pob gwir lenor . . . yn argyhoeddedig ar y pryd ei fod . . . wedi profi *synhwyriad* sy'n newydd iddo ef.

synhwyriaeth [*synnwyr+-iaeth*] *eb.* ll. *synwyriaethau.* Synhwyriad; *Athr.* synwyriadaeth: (*bodily*) *sensation*; *sensationalism* (*in philos.*).
1832.

synhwyriaf: synhwyrio, synhwyrian, gw. synhwyraf: synhwyro.

synhwyrion [*synnwyr+-ion*²] *e.ll.* (un. g. *synhwyryn*). *Athr.* Pethau synwyradwy, synwyrebau: *sensibilia, sense-data* (*in philos.*).
1939.

synhwyrlon, synhwyrlawn [*synnwyr+-lon, -lawn*] *a.* Ystyrlon; synhwyrol, doeth, call: *meaningful; sensible, wise, prudent.*
1803 *P, Synwyrlawn* . . . Pregnant with sense.

synhwyrlym [*synnwyr+llym*] *a.* A meddwl llym ganddo, cyflym ei feddwl, call, craff, treiddgar, hirben, henffel: *sharp-witted, quick-witted, keen, intelligent, discerning, penetrating, sagacious, shrewd.*
1604–7 *TW* (*Pen* 228) d.g. *Artificiosus.* **1632** *D* d.g. *Peracutus, Sagax.* **1722** *Llst* 189 d.g. *Acute in judgement.* **1772** *W* d.g. *Discerning, Keen* [*apply'd to the understanding* . . .], *Quick of wit, quick-witted, or quick, Ready, Of ready . . . wit.* **1803** *P* d.g. *Synwyrlym.*
Amr.: **synhwyrllym. 1632** *D*, tra *synhwyrllymm* d.g. *Persalsus.* **1765** J. EVANS: *CPE* 178, rhyw ddysgedigion ffraeth a *s*[*y*]*nhwyrllym.*

synhwyrol [*synnwyr+-ol*] *a.* a hefyd gyda grym enwol.
(*a*) Yn meddu synnwyr cyffredin, doeth, call, pwyllog, craff, deallus, rhesymol: *sensible, wise, sagacious, prudent, discerning, intelligent, rational.*
1346 *LlA* 139, iessu grist . . . yn duw perffeith. Ac yn dyn perfeith. o eneit *synnhwyrawl* dylyedus. **14g.** *GDG*³ 373, Pa anaf arnaf amgen / A wyddost ti, wddw ystên, / Ond a ŵyr pob *synhwyrawl* / O'r byd oll? Yty baw diawl! **15g.** *GDID* 14, Pam na ŵyr pob *synhwyrol* / Ofered ym fyw ar d'ôl? [**1547**] W. SALESBURY: *OSP* viii–ix, pa beth . . . yw diarebion, anyd dywediadeu byrrion *synnwyrol* kyngorus. **1551** W. SALESBURY: *KLl* xia, Na vyddwch *synnwyrol* yn ych barn ych ehunain [*sic*]. **1588** *Diar* xi. 29, ar [*sic*] ffôl a wneir yn wâs i'r *synhwyrol.* **1609** *CRC* 336, drwc yw dyn ni chymer gyngor / o ben addysc doeth *synhwyrol.* **1632** *D* d.g. *Ingeniosus, Intelligens, Prudens, Sagax.* **1661** E. LEWIS: *Drex* [75], Y gwyr *synhwyrolaf*, Penciwdawdwyr, Preladiad [*sic*], a Brenhinoedd. **1684** H. OWEN: *DC* 14, Pafaint mwy y bo dyn yn ostyngedic ynddo eihun . . . *synhwyrolach* ohynny y bydd ef ymmhob peth. **1704** E. SAMUEL: *BA* 43, ymadroddion pwyllog y gwr *synhwyrol.* **1723** WM: *PGG* 10, Gŵr doeth *synhwyrol* ni wnâ ddim . . . yn fyrbwyll. [**1783**] *W* d.g. *Sensible* [*that has good sense*]. **1803** *P* d.g. *Synwyrawl.*
(*b*) Yn perthyn i'r synhwyrau, synhwyraidd; yn medru canfod neu synhwyro, ymwybodol (o); *c.d.* seiliedig ar oferu'r ystyr o un llinell i'r nesaf (am gymeriad): *pertaining to the senses, sensory; able to perceive or sense, perceptive, sentient, conscious* (*of*); *based upon enjambment* (*of 'cymeriad' in Welsh prosody*).
1592 S. D. RHYS: *Inst* 251, Cymheriad . . . *Synnhwyrol*, bhall hynn: Goglais ganti pann giglau, / Trowswch y blew mawrbhwch mau. **1593** W. MIDLETON: *B* [1]–2, Kymhariad *synhwyrol* yw; pan fytho y braich kyntaf heb gyflawn synhwyr ynddo: eithr, gorfod i gyrchu at yr ail; i gyflowni y Synhwyr heb gymharu llythyrennau gwreiddiol fal hynn. Rhaid fydd lle rho Duw i far; / Dwyn eginyn da 'n gynnar. **1701** E. WYNNE: *RBS* 27–8, tebyg iawn y bydd y rhann arall o'th ddyfosiwn yn gyfattebol i'r cyfryw *synhwyrol* deimlad (*apprehension*) o Bresennoldeb mor ogoneddus. **1728** S. RHYDDERCH: *GC* 112, Cymmeriad *Synhwyrol* y sydd pan fyddo 'r Bann cyntaf o'r gerdd yn gofyn Synwyr or ail Bann i gordio ag ef. **1743** D. ROWLAND: *T* 56, Mewn Bywŷd *Synhwyrol*, y mae Anifailiaid y Maes yn rhagori a'r [*sic*] Ddŷn, canys y maent yn myned heibio iddo yn y Galluoedd a'r Swŷdd Gynneddfau Naturiol. **1784** M. WILLIAMS: *S* i. 8–9, dau fath o derfyngylch, un a elwir y mathematical, yr hon sy'n passio trwy blân yn gyfartal â chanol y ddaear . . . a'r llall yn *synhwyrol*, yr hon sy'n meddwl fod dyn yn sefyll ar wyneb y ddaear neu'r môr, ond etto, yn gallu canfod ond ryw ychydig filldiroedd o'i amgylch.

synhwyrus [*synnwyr+-us*] *a.*
(*a*) Synhwyrol, doeth, call, pwyllog, craff, deallus, rhesymol: *sensible, wise, sagacious, prudent, discerning, intelligent, rational.*
1346 *LlA* 150, Doeth *synnhbyrus* ybr neb aeirch ryddit yr hbnn yrodir rat ac yspryt bydawl. *c.* **1400** *YCM*² 195, mi a'e trossaf [afon] o'e chanawl yny vo llawn yr ystratoed a'r tei . . . nyt *synhwyrus* y dyn a dyweit ual hynn. *c.* **1400** *R* 1244. 10, *Synhbyrus* deus dub goruchaf. *c.* **1400** *SDR*² 57, a seithwyr kymhendoeth *synnhwyrus* a oedynt yn kadw . . . y dinas. **1567** *TN* 388a, Y sawl ysydd *synhwyrys* (**1588** *Dat* xiii. 18, sydd ganddo synnwyr), cyfrifed rrif yr enifel. *Diw.* **16g.** *B* ix. 123, Rhaid . . . i ddyn *synhwyrus* gwastadawl ei adnabod ehun. **1672** R. PRICHARD: *Gw* 418, Doctoriaid, Gwŷr *synhwyrus.* [**1783**] *W* d.g. *Sensible* [*that has good sense*]. **1803** *P* d.g. *Synwyrus.*
(*b*) Yn perthyn i'r synhwyrau, seiliedig ar y synhwyrau, yn apelio at y synhwyrau (yn enw. mewn modd esthetaidd), effro i brofiadau sy'n deillio o'r synhwyrau, teimladol, teimladwy, sensitif: *sensuous, sensitive.*
1924.

synhwyrwers [*synnwyr+gwers*] *eb.* ll. *synwyrwersi.* Brawddeg, cymal, ymadrodd; gwireb, doethair, dywediad, dihareb; paragraff: *sentence, clause, phrase; truism, gnome, saying, proverb; paragraph.*
1604–7 *TW* (*Pen* 228), *Synhwyrwers* vechan d.g. *Chria. id.* [d]ywediat ne 'madrodh, pann vont y *synhwyrwersi'*n mynet wrth radhæ a chamæ d.g. *Gradatio. id.* Gair, ymadrodh, adrodhiat, *synhwyrwers* gyfan neu dhywediat d.g. *Verbum.* **1632** *D*, *Synhwyrwers*, doethwers d.g. *Gnoma.* **1688** *TJ* (At.) [27], nodir dechreuad y gwahanod a'r nôd hwn ¶ . . . Wrth hŷn a [*sic*] gellwch weled mai *synhwŷrwers* ŷw gwahanod. **1710** *LlGG* sig. a1r, a dwy *synhwyrwers* yn unig wedi ei angwhanegu. **1722** *Llst* 189, *Synwyrwers.* f. A short pithy sentence, apophthegm, axiom, proverb, position, clause. **1772** *W* d.g. *Clause, Paragraph.*

synhwyrwr [bôn y f. *synhwyraf*: *synhwyro* +*-wr*] *eg.* ll. *-wyr.* Un sy'n synhwyro, un sy'n ymdeimlo â; un sy'n sniffian, hefyd yn *ffig.*: *one who senses or is sensitive to; sniffer, also fig.*
20g.

synhwyrydd [bôn y f. *synhwyraf*: *synhwyro* +*-ydd*³] *eg.* ll. *synwyryddion.* Dyfais sy'n canfod neu'n mesur priodoledd, cyflwr, &c., ac yn dangos, yn cofnodi, &c., yr wybodaeth honno; *Athr.* synwyriadydd: *sensor; sensationalist* (*in philos.*).
1899.

synhwyryn¹,², gw. synnwyr, synhwyrion.

syniad¹ [bôn y f. *syniaf*¹: *synio*, &c.+*-iad*¹; ansicr yw'r tair engh. gyntaf] *eg.* ac yn eithriadol *eb.* ll. *-au.* Amgyffrediad neu gynllun a ffurfir yn y meddwl, canfyddiad meddyliol, drychfeddwl, meddylddrych, cysyniad, meddwl, dirnadaeth, amcan, llyfeliaeth, clem; rhagdeimlad annelwig, greddf, ffansi; cred, barn, opiniwn, safbwynt; cydsyniad, cytundeb; bwriad, diben, pwrpas; synhwyriad, teimlad, ymdeimlad; ystyr, synnwyr; synnwyr cyffredin, callineb: *idea, concept(ion), thought, notion, guess; premonition, intuition, instinct, fancy; belief, opinion, viewpoint; agreement; intention, purpose; a sensing, feeling, sensation; meaning, sense; common sense, prudence.*
14g. *Bl B XIV* 97, Modd trist y'm gwnaeth Crist, croesteg nerthiad—llwyr, / Wanŵyr o'i synnwyr drwy lud *syniad* (Hywel ab Einion Lygliw). **1581** *B* ix. 105, gwyddiad pob *ssyniad* pawb sson / kaing naddwawd kynganeddion [marwnad Hywel ap Syr Mathew gan Lewys Dwn]. **1604–7** *TW* (*Pen* 228) d.g. *Intellectus.* **1611** R. SMYTH: *SG* 177, Ar hyd tri gris yn benaf, y doir i bechod, sef yw [ll]ythiant, dileithwch, a *syniad* . . . Cydsyniad yw, pen fo'r ewyllys a ddenwyd drwy lithiant a dilaethwch yn cydsynio â'r pechod. **1679** C. EDWARDS: *GGG* 157, Llawer Christion a ofidia . . . dan *syniad* ddyfn o'i angharedigrwydd. **1688** *TJ* (At.) [28], fe fŷddeu'r [*sic*] Barabliad arall o'i deutŷ hî [cromfach] yn ddianaf, ac yn gyfan, ac yn dda i *synniad* er hynnŷ. **1710** T. WILLIAMS: *AF* 28, Yn gyntaf mewn *Synniad* Caeth, Cyfreithiol. **1725–6** *Madd Ed* 45, o'i febyd yr addysgwyd ef mewn *synniad* o Dduwiolder. **1748** P. PUGH: *MDC* 3, ei Feddwl, a'i *Synniadau.* **1765** J. EVANS: *CPE* 480, ni fynnai ein Harg[l]wydd bylu ei *synniad* o'i boen. **1771** J. THOMAS: *TA* 316, a bod yn wastadol mewn *synniad* bywiol o'm pechodau. **1774** HUW AB HUW: *RBD* 65, dysg iddo ef bwyll a *synied.* **1776** DEWI NANTBRÂN: *AN* viii, Rhaid i ni weddio, gyda Sulw, a *Synniad* ar y Geirau. **1795** J. THOMAS: *AIC* 59, Na wnelo wastraffu neu ddifrodi euddo [*sic*] ei unrhyw Athraw na'u benthycca i nêb heb ei *Synniad.* **1803** *P, Syniad* . . . Sensation, feeling. Ar lafar yn gyff., 'Ma'n ddyn llawn *syniata*', ''Os ginnych chi *syniad* i ble ethon' nw?', *GTN* 758; ''Os rhyw *syniad* 'da chi be' allwn ni neud 'nawr?', ''Roedd rhyw *syniad* gen' i dy fod ti wedi symud o'r Bala', '*Syniad* y peth yw fod pobol yn cael mwy am eu pres'.
Amr.: **seiniad**² [nid oes sicrwydd nad engh. o *seiniad*¹ a welir yma]. **1574** *RhRC* (At.) 210b, hefyd Tertullianus yn affrica. yny lyfyr oy *seiniadae* yn erbyn yr opiniadwyr. **synied**¹. **1683** J. JONES: *TG* 15. **1716** E. SAMUEL: *GGG* 118. **1760** *ML* ii. 196.
Cfn.: **syniad (synied) y cnawd:** *carnal* (*i.e. not spiritual*) *mind.* **1620** *Rhuf* viii. 7. **1683** J. JONES: *TG* 15. **1753** *TR.* **1803** *P* d.g. *Syniad.* Gw. hefyd *syniaeth—syniaeth y cnawd, synnwyr—synnwyr y cnawd.*

syniad² [bôn y f. *syniaf*²: *synio*+*-iad*¹] *eg.* Sŵn, sain: *noise, sound.*
16g. *Def Hen* 65, nhwy a wnênt *synniad* mawr a'r

tabwrn a'r drwm. 1609 *Haf* 24, 369, yn Athens lle mae ynglan ifor lais a *synniad* telynaidd.

Gw. hefyd **swniad.**

syniad[3] [bôn y f. *synnaf*: *synnu*+*-iad*[1]] *eg.* Syndod: *surprise.*

1797 J. HARRIS: *Alm* 24, dyma addurn a bar lawer iawn o *syniad* ymhlith sywedyddion, ac y mae arnaf ofn y pery ei effaith lawer o ddychryn i rai pobl.

syniadaeth [*syniad*[1]+*-aeth*] *eb.* ll. *-au.* Corff o syniadau, ideoleg, dull o feddwl, dirnadaeth, meddwl, syniad, cysyniad; ymdeimlad, teimladrwydd, synwyrusrwydd: *body of ideas, ideology, (way of) thinking, understanding, thought, idea, concept; feeling, sensitivity, sensuousness.*

1760 E. WILLIAMS: *UYB* 192, nid oes ganddunt . . . ar y cyntaf mo'r *synniadaeth* egluraf ym mhwy y dylent gredu. *id.* 195, fy Nuw, a'm Hiachawdwr! I ddàl y ddwy *synniadaeth* ymma o'n blaen . . . dyna ydyw gwybod i bwy yr ydym yn credu.

syniadaethol [*syniadaeth*+*-ol*] *a.* Syniadol, cysyniadol: *conceptual.*

20g.

syniadaf: syniadu [bf. o'r e. *syniad*[1]] *bg.a.* ?Synhwyro, sylwi (ar), ystyried: *to sense, notice, consider.*

18–19g. *MA* iii. 202, 216, 217.

syniadigaeth, syniadigol, gw. **syniedigaeth, syniedigol.**

syniadol [*syniad*[1]+*-ol*] *a.* Yn perthyn i syniadau, cysyniadol, ideolegol; synhwyrol, call; sensitif, effro (i), ymwybodol (o); yn perthyn i'r synhwyrau, synhwyraidd: *pertaining to ideas, ideational, conceptual, ideological; sensible, prudent; sensitive, aware (of), conscious (of); pertaining to the senses, sensory.*

1712 T. WILLIAMS: *CDdG* 193, os yw pob peth ac a bo ynddo gynhyrfiad *synniadol* (*sensitive Perception*) yn anghorphorol. *c.* 1730 *Thos. Lloyd D* (LlGC) 212a, *Synniadol.* Sensitive. [1783] *W* d.g. *Sensible* [*that has good sense*]. 1803 *P*, *Syniadawl* . . . Sensitive; sensuous.

syniadwy [bôn y f. *syniaf*[1]: *synio*, &c.+*-iadwy*] *a.bfl.* Synwyradwy, amgyffredadwy; ymwybodol (o): *perceptible, comprehensible; conscious (of).*

1775 D. ROWLAND: *TP* 50, Yr oeddent yn *syniadwy* o fawredd ei [*sic*] pechodau. 1803 *P.*

syniaeth [bôn y f. *syniaf*[1]: *synio*, &c.+*-iaeth*] *eb.g.* Syniad, meddwl, canfyddiad, amgyffrediad, dirnadaeth, ystyriaeth: *idea, thought, perception, conception, comprehension, consideration.*

16g. SIÔN BRWYNOG: *Gw* 42, Ambros union am bur *sy[n]iaeth*, / A phur ydyw offeiriadaeth. 1688 W. FOULKES: *EGE* 63, cariad . . . yr hwn sydd yn naturiol yn cyfodi allan o wir *synnieth* ar ein anfeidrol ddaioni. 17–18g. O. GRUFFYDD: *Gw* 87, Clodforwn wasanaeth disegur dwysogaeth, / Y seren drwy *syniaeth* dawn odiaeth Duw Ne'. 1710 *CBGEL* 70–1, i ddal sulw ar gyflawn ddeall a *synniaeth* pob Erfynniad. 1714 S. RHYDDERCH: *DG* [5], Dyro i mi wir *syniaeth* or petheu y wnaeth ac y ddioddefodd er mwyn achub Pechaduriaid. *c.* 1729 S. RHYDDERCH: *LlCD* 374, Y rhai sy a *Syniaeth* helaeth hud, / O beth Bydol marwol mud. 1763 T. JONES: *RAH* 60, nid oes gennym fawr fri o'n proffes, fawr *syniaeth* o anrhydedd ein Iachawdwr. 1808 TWM O'R NANT: *BB* 56, O sôn a rhyw *syniaeth*, ynghylch iechydwriaeth.

Cfn.: **syniaeth y cnawd, syniaeth gnawdol:** *carnal (i.e. not spiritual) mind.* 1777 W. DAVIES: *CHL* 70, *synniaeth y cnawd.* 1788 J. GRIFFITH: *DCC* 118, *syniaeth gnawdol.* Cf. J. HUGHES: *BB* 161, cnawdol syniaeth. Gw. hefyd *syniad*[1]—*syniad y cnawd, synnwyr—synnwyr y cnawd.*

syniaf[1]**: synio, synied**[2]**, syniaid** [bnth. Llad. *sent(iō)*, cf. H. Grn. *sinsiat*, gl. *tenax*, Crn. C. *synsy* 'cadw, dal', Llyd. C. *sentiff* 'ufuddhau', Llyd. Diw. *sentiñ*; cf. ymhellach *synnaf*: *synnu, synnwyr*] *bg.a.*

(*a*) Tybio, tybied, meddwl, barnu, dychmygu, credu; bod yn ymwybodol o, ymglywed â, gwybod; ystyried, myfyrio, astudio, mynd ynghylch; chwilio, archwilio, gwylio('n syn), craffu, sylwi (ar): *to suppose, think, fancy, imagine, believe; be conscious of, be aware of, know; consider, contemplate, study, attend to; examine, look at (intently or in astonishment), notice.*

12g. *GCBM* ii. 270, Yn rƀytlƀyr yn synnƀyr *synnyeit.* 12–13g. *GMB* 446, Cannwyll Caduan lann, o lenn bali, / Canneid y *synnhyeid* ger Dissynnhi. 12–13g. *GLlLl* 62, Uy neges yƀ *synnhyeid. id.* 217, Llyw yssyn, *synhyƀch* ked tawo. *id.* 263, Kyn *synhyaƀ* enwiret. 13g. *GDB* 180, *Synnya* di roti, rwyf, gwaƀr—carannaƀc. 1346 *LlA* 20, Rei hagen a*synnyaƀd* ymae or pann uu varƀ ef yny gyuodes y bu ygyt ar etholedigyon yn vffernn. *c.* 1475 *B* xiii. 181, edrychwch a *synnywch* a diodefeis i o boeneu a dolureu dryssawch chwi. 1546 *YLlH* [4], ac am *synyeid* y bod a donyeu da o synwyr a deall. *id.* [21], Val y mae yti y *synied* y vlwydyn honn, nyd amgen M.D. xlvii. 1551 W. SALESBURY: *KLl* lxviia, megys y may yn iawn y my *synniet* [:– tybyeid barny] hynn am pawp o hanowch. 1567 *LlGG* (*Sall*) 68a, Yn dy orchymynion y meuyriaf, ac y edrychaf [:– *synniaf*, ystyriaf] ar dy lwybrae. 1567 *TN* 346a, tebig . . . i wr, a fai yn *synnio* [:– edrych] eu bryd genedigawl mewn drych. *Diw.* 16g. *WLB* 90, Raid ir meddyg . . . *synniaw* complexion dyn. 1604 R. HOLLAND: *BD* 5a, pan dharlheuoch y Scruthyr-lan . . . *synniwch* yn anrhydedhus y manneu tywylh nid ych yn i dealh yn dha. 1632 *D*, *Synniaw* . . . inspicere. 1776 I. BRYDYDD HIR: *P* i. 214, i mae ef [Satan] yn *synniaw* beth yw tymmer, gogwydd a thueddiad ein natur. 1800 W. OWEN[-PUGHE]: *CP* 10, O *synio* yr amgylchiadau hyn oll.

(*b*) Teimlo (poen, &c.), synhwyro (â'r corff), clywed (aroglau), arogli: *to feel (pain, &c.), have a bodily sensation of, sense, smell.*

13g. *Cylchg LlGC* v. 61, *synhyav* . . . arogleu kyn deket a chet darfei eu hirav a mir ac . . . ireit gverthvaur. *id.* 63, Ac o demestyl yr heint hvnnv yd yachaut val na *synnyvs* ef dim ohonav o henne allan. 1346 *LlA* 29, Odyna yach vyddant. megys na *synnyant* yma boen ygyt a dynyon. *c.* 1400 *MM* 114, ac na *synnyo* ef yna dolur or byt. 1567 *TN* 57a, hi a *synniawdd* [:– wybu] yn hei chorph ddarvot hiachay o'r pla honno. 1632 *D*, *Synniaw*, Sentire . . . Nid oedd yn *synniaw* dim o'r dolur, Non sentiebat. 1765 J. EVANS: *CPE* 451, Ni allai efe lai na *synniaw* poen ac esmwythdra.

Cfn.: **synio (synied, syniaid) ar:** (i) *to look at (intently or in astonishment), contemplate, take notice of, consider.* 12g. *GLlF* 142, A'm dewis synhwyr *synhyaƀ ar* ƀreicyeit. 13g. *GDB* 452, Cymmerwn, iolwn o iawl seiniau / A *syniwn ar* beth o'r pregethau. 14g. *GDG*[3] 74, *Synia arni* os gwely / Ystofwraig mydr gaer hydr hy [i'r eos]. *c.* 1400 *ChO* 10, nachaf y kwn heb *synnyeit ar* y cath. 1632 *D*, Synniaw . . . *Synniaw ar* yr ynys, Insulam inspicere. 1764 DEWI NANTBRÂN: *CB* 16, Pa Lês a gawn wrth *synniaw ar* y Pwngc hyn? 1778 *W* d.g. *To observe.* (ii) *to wonder, be astonished (with the logical subject governed by the prep.).* 1346 *LlA* 111, Sef aoruc hƀnnƀ mynet y eisted a *synnyaƀ arnaƀ* yn vaƀr. *ib.* Sef aoruc yr holl vrodyr pann ƀelsant hynny *synnyaƀ* yn vaƀr *arnunt. id.* 116. *c.* 1400 *YSG* i. 99, pei tebygwn i na *synnyei arnat* yn ormod ac na syrthunt mywn anobeith, mi a dywedwn ytt yr hynn a wnn i hyspyssaf am hynny. (iii) *to take charge of, care for, attend to.* 14g. *WM* 50. 11–13, Y seith hynny a drigƀys yn seith kyn ueissat [*sic*] y*synyaƀ ar* yr ynys honn. 1607 *Rhyddiaith Gymraeg* i. 139–40, val y bai ryvedh vy mod yn vyw a'm teulu olh, ond bod rhai'n *synio arnaf*, a Duw Celi'n vy mhorthi. 1712 T. WILLIAMS: *CDdG* 334, Gwna fi yn barod bob tro i *synnio ar* ei hanghenrheidiau Corphorol. **synio wrth:** *to take care of, attend to.* 13g. *LlI* 11, Ef a dele *synnyav vrth* e deodreven. 13g. *GBF* 592, Llywiadr braint y saint, *synnyet wrthaw*—Dduw. 14g. *WM* 33. 13–16, Mi ae gorchymynneis y ƀeisson y meirych . . . ac a ercheis *synnyaƀ ƀrthaƀ.*

syniaf[2]**: synio** [bf. o'r e. *sŵn*] *bg.a.* Gwneud neu gadw sŵn, swnio, seinio, dadwrdd, trystio; seinio (offeryn cerdd), canu: *to sound, make a sound or noise, clamour; sound (a musical instrument), play.*

15g. *GGl*[2] 45, Siôn a fynn *synio* ei fawl, / Edwart a Rhisiart rasawl. 1604–7 *TW* (*Pen* 228) d.g. *Astrepo.* 1621 E. PRYS: *Ps* 44a, Gan dy gerydd maent hwy yn ffo, / fel pan y *synio* taran. 1632 *D*, *Synio*, Sonare. *Diw.* 17g. *B* iii. 107, Pan fo yr coed yn *synio* ar ychydig wynt megis ag y *syniant* ar wynt a fae mwy. 1688 *TJ* (At.) [8], Cyfrifir ch bôb amser yn ddwŷ Lythyren yn y saesnaeg, ag nid ydŷnt un [a]mser yn *synio*, nag yn yspelio yn y Saes[n]aeg fel ag eu [*sic*] maent yn y gymraeg. *ib.* Dd bôb amser yn y saesonaeg a *synia*, ag a yspelir fel d yn y gymraeg. 1696 *CDD* 101, Cud-ffoeddiwn [*sic*] a *synniwn* Hosanna. 1699 T. JONES: *TP* 198, Ac ni chaiff neb ei throedio hŷdoni [*sic*] *synnio* 'r Udcorn diweddaf. 1703 E. WYNNE: *BC* 86, weithieu yn *synio* gan y rhaiadydd dyfroedd yn descyn ar y Taneu ac yn ei diffodd. 1759 P. WILLIAMS: *MC* 12, Mae rhain a'u Telynau 'r un dôn, / Yn gysson eu *synnio* y maent. 1764 W. WILLIAMS: *GDC* 55, Er rhoddi'r Daran *synio*'n ddychrynllyd iawn fel hyn / Fel oen yr aeth i'r lladdfa i ben Calfaria fryn. 1778 *W* d.g. *Noise, to make a noise.* [1794] E. ROBERTS: *CDAA* 9, Pan fo p yn dechreu gair o'i ddywedŷd y naill ffordd, ni wasanaetha ff iw [*sic*] ddechreu pan ddyweder ef ar ôl a, er ei fod yn *synio* fel ff rhaid ei ddechreu a ph fel yn . . . Pin, a phin, nid a ffin.

Gw. hefyd **swniaf: swnio.**

syniaid, gw. **syniaf**[1]**: synio.**

syniannol [*syniant*+*-ol*] *a.* Dyfaliadol, damcaniaethol; sentimentalaidd: *speculative; sentimental.*

1803 *P* d.g. *Syniannawl.*

syniant [bôn y f. *syniaf*[1]: *synio*, &c.+*-iant*; ansicr yw'r ystyr yn y dfn. llenyddol isod] *eg.* ll. *syniannau.* Syniad, dirnadaeth, meddwl; sentiment: *idea, conception, thought; sentiment.*

15g. *HCLl* 114, Sersiant o *synniant* Sain Siôr / Sariel holl gwnsel Gwinsor. 1687 *NBSF* 886, Dau wythgant mewn *synian[t]* sydd / Chwê dêg a thair gair di gêl / Ag wyth deirgwaith gwaith [ ] / Pan roed ynghyd hyfryd hedd / y ddau yma'n ddiomedd (Owen Gruffydd). 1803 *P*, *Syniant*, s. m. . . . sentiment.

syniatffurf [*syniad*[1]+*ffurf*] *eg.* ll. *syniadffurfiau.* Categori: *category.*

1897.

synic, synicaidd, synical, gw. **sinic, sinicaidd, sinical.**

synied[1,2], gw. **syniad**[1], **syniaf**[1]**: synio.**

syniedig [bôn y f. *syniaf*[1]: *synio*, &c.+*-iedig*] *a.bfl.* Yn medru canfod neu synhwyro: *able to perceive or sense.*

1346 *LlA* 11, Amegys y dyrcheif y llygad yedrych. velly y gwnaey yr aelaƀt *synnyedic* (*sensibile*) hƀnnƀ y wassannaeth.

syniedigaeth, syniadigaeth, synedigaeth[2] [*syniedig*+*-aeth*, a'r ail ff. dan ddyl. yr e. *syniad*[1], ?a'r drydedd dan ddyl. yr e. *synedigaeth*[1]] *eg.* Myfyrdod, synfyfyrdod, ystyriaeth, dyfaliad, damcaniaeth; cynneddf synhwyro, synhwyriad, teimlad; ysbrydoliaeth: *contemplation, a musing, consideration, speculation, theory; (faculty of) sensation, feeling; inspiration.*

1346 *LlA* 4, Drƀy *synnyedigaeth* (*interna inspiratione*) y dyƀeit ef ƀrth yr egylyon. drƀy yr egylyon ƀrth y dynyon. 1604–7 *TW* (*Pen* 228), Clefyt o'r penn, yn tynnv ymeith *synnyadigaeth* . . . or holh rannaû or penn d.g. *Analesia. id. Synnyadigaeth* d.g. *Contemplatio. id.* diwedhiat *synnyadigaeth* d.g. *paralysis. id.* vn yn ymroi studio *synnyadigaeth* a dyfnystyriaeth petheu d.g. *philotheoros. id. synnyadigaeth* d.g. *Theoretice. Dchr.* 17g. *J* 10, 37b, *Synnedigaeth.* Sententia. 1658 R. VAUGHAN: *PES* 11, Y trydydd peth a haeddai eich *Synniedigaeth* yw. 1661 E. LEWIS: *Drex* 306, a chyfodi ein meddyliau i *synniedigaeth* y pethau hynny ynt Dragywyddol. 1714 IACO AB DEWI: *CB* 4, myfi a ddymunwn arno gymhedroli fy *synedigaeth* (*my sensations*) neu ynteu adel i mi farw tan Deimlad galluog ei Bresenoldeb raslawn ef. 1803 *P*, *Syniedigaeth*, s. m. . . . The faculty of feeling or knowing by the sense; sensation; consideration; contemplation.

syniedigol, syniadigol, synedigol[2] [*syniedig*+*-ol*, a'r ail ff. dan ddyl. yr e. *syniad*[1], ?a'r drydedd dan ddyl. yr a.bfl. *synedig*[1]] *a.* Myfyriol, synfyfyriol; (geir.) yn medru canfod neu synhwyro: *contemplative, meditative; (dict.) able to perceive or sense, perceptive, sentient.*

1604–7 *TW* (*Pen* 228), *synnyadigawl* d.g. *Contemplatiuus, Spectatiuus.* 1632 *D*, *Synniedigawl* d.g. *Contemplatiuus. id. synnedigawl* d.g. *Spectatiuus.* 1676 W. JONES: *PGG* 37, pob brynti ac aflendid fyfyrdodol a *synniedigol* oddifewn. 1684 H. OWEN: *DC* 26, mor berffaith ac mor *synniedigawl* ar bethau ysprydol. 1778 *W* d.g. *Perceptive* [*having, or that hath, the power of perceiving*]. 1803 *P*, *Syniedigawl* . . . Cognitive, perceptive, sensitive; considerate; contemplative.

synigl, gw. **senigl**[1].

syniglaf, seniglaf: syniglo, seniglo [gair geir., sef bf. o'r e. *synigl, senigl*[1]] *ba.* Siglo, ysgwyd, cynhyrfu; rhwygo: *to shake, agitate, stir; tear.*

1604–7 *TW* (*Pen* 228), *seniglo* d.g. *discerpo. id.* yn *syniglo* d.g. *Micans. id. syniglo* d.g. *Moueo. Dchr.* 17g. *J* 10, 37b, *Syniglo.* Mico. 1722 *Llst* 189, *Syniglo.* as Siglo. 1803 *P*, *Syniglaw*, v.a. . . . To agitate.

synioq, gw. **swniog.**

syniol [bôn y f. *syniaf*¹: *synio*, &c.+-*iol*] *a.* weithiau gyda grym enwol. Yn medru canfod neu synhwyro, effro (i), ymwybodol (o); myfyriol, synfyfyriol; deallusol; synhwyrol, doeth; yn perthyn i'r synhwyrau, yn deillio o'r synhwyrau; yn arwyddocáu: *able to perceive or sense, perceptive, sentient, aware (of), conscious (of); contemplative, meditative; intellectual; sensible, wise; pertaining to, or derived from, the senses; signifying.*

1604–7 *TW* (*Pen* 228), peth byw, *synnyol* d.g. *Animal. id. syniawl,* yn arwydhocau d.g. *præsagus. id. Synniol* d.g. *Sensibilis. id. Synnyawl* d.g. *Theoricus* (At.). **1632** *D* d.g. *Contemplativus, Spectativus.* **1651** SIÔN TREREDYN: *MDD* 274, un math o hysbyssrwydd *synniol* (*intellectual power*), neu deall [*sic*] eglur. **1682** E. LLWYD: *EI* 107, Am hynny byddwch *Syniol,* a deallgar. *id.* 121, Ac am hynny gadewch i hynn [y Salmau], a rhan arall Sydd mewn mwy arfer gyffredin . . . gael eu darllen yn fynych, ai hystyried yn *Synniolaf* oll ar rhaint ynt 8. 15. 19. **1688** W. FOULKES: *EGE* 60, i wneuthur pôb ûn o honom yn *Synniol* o'n rhwymedigaeth. **1717** IACO AB DEWI: *MN* 173, Dychymmyg yn cymmeryd y lle hwnnw yn y *synniol* (*Sensitive*), ag y mae Rheswm yn gymmeryd yn yr Eneid Rhesymol. **[1725]** *TS* 63, Pa Deimlad neu Dostyri a all Cerrig fod yn *synniol* o hono? **1728** *GMJ* 4, gwrthddrychau *synniol* a daiarol. **1733** J. THOMAS: *CGGD* 33, i ddangos eich . . . bod yn *synniol* o'r hyn yr ydych yn ei gylch. **[1738]** E. JONES: *CE* 13–14, bid i'r Clâf edifeiriol gael ei wneud yn *synniol* o uchel-Freintiau ac Awdurdod y Swydd Offeiriadol. **1774** D. ELLIS: *GYGG* 49, yn *syniol* o'm Gwendid fy hun. **1803** *P, Syniawl* . . . Sensible; perceptive; considerate.

syniolaeth [*syniol*+-*aeth*] *eg.* Canfyddiad: *perception.*
1803 *P.*

synioldeb [*syniol*+-*deb*] *eg.* Synwyrusrwydd, sensitifrwydd: *sensibility, sensitiveness.*
1722 *Llst* 189, *Synnioldeb.* m. Sensibleness. **1803** *P.*

synllyd [*syn*¹+-*llyd*] *a.* Syfrdan, pensyfrdan, dryslyd; myfyrgar, myfyriol, synfyfyriol; trist; ?ofnadwy: *dazed, bewildered, confused; pensive, contemplative, rapt, absorbed; sad; ?dreadful.*
1765 L. MORRIS: *LW* lxxxii, Os mewn gweryd, *synllyd* sen, / Tryd Lewys trwyadl awen [marwnad Lewis Morris gan Rys Jones]. **1765** *W Ballads* 83, [4], Mae'n taro rhai mewn tiroedd, a'r cledde trwm, / A'i ddwylo plwm, i feirw mewn munud, / Dychrynllyd *synllyd* swm [am angau]. **1788** J. OWEN: *TA* 13, trwy'r t'wyllwch *synllyd* prudd. **1790** T. JONES: *TOS* 95, Gyda pha gyfnewidiad *synllyd* (*sad*) yr ymddengys mewn byd arall! *id.* 133, safant ger bron yr Arglwydd yn fud a *synllyd* (*confounded*)! **1792** T. JONES: *GE* 251, Pan f'och yn myfyrio ar ddull *synllyd* y dydd olaf. **1797** B. EVANS: *CG* 289, fel pechadur *synllyd* gwrthnysig. Cf. W. REES: *HBHD* 102, Trwy ystod y cyfarfod [gweddi], eisteddai'r hen wr yn *synllyd* ac yn surllyd, a'i ben i lawr . . . Tua canol gweddi Dafydd, gwelid agwedd astud iawn ar yr hen wr yn gwrando . . . ymddangosai wrth ei fodd.

synna¹ [2 un. grch. y f. *synnaf*: *synnu* fel adf.] *adf.* Dyna, wele, gwêl (gwelwch) yna: *there is (are), lo or behold there.*
1567 *TN* 44a, nycha [:- *synna,* yti], Iudas, vn or dauddec yn dyvot. *id.* 152a, Wely [:- *Synna*], mal yr oedd e yn y garu ef. *id.* 374a, a *syna* [:- ac wele], yr wyf yn vyw yn oes oesoedd. **1595** *Egl Ph* 6, Wrth y gair hauarn y dehelhir yr arbhau a wnaethpwyd o'r hauarn. *Syna*'r debhnydh yn lhe'r debhnydhedig. *id.* 32, Y prydydh a osododh y gair ymma Callon, honn sydh rann o'r dyn, dros gwbl o'r dyn. *Syna* dhodi y rhann yn lhe'r cybhan. **1632** *D, Synna,* Idem quod Wele, Ecce. **1753** *TR, Synna,* the same as Wele, lo, behold. **1778** J. HUGHES: *BB* 316, Och *synna* saeth a chaeth ochneidion, / Ymado a mine 'r merched mwynion.

synna²,³, 2 un. grch. a 3 un. pres. myn. y f. *synnaf*: *synnu.*

synnaf: synnu [?amr. heb -*i̯*- ar y f. *syniaf*¹: *synio*; trafodir rhai enghrau. posibl o'r 2 un. grch. *synna* fel adf. d.g. *synna*¹; ansicr yw'r engh. gyntaf yn adran (*b*)] *bg.a.*

(*a*) Rhyfeddu, bod yn syn; peri rhyfeddod neu syndod i, syfrdanu, hurtio (rhywun); sefyll mewn braw, brawychu, dychrynu, sobreiddio: *to wonder, be astonished or amazed; surprise, astonish, amaze, stun, stupefy; stand aghast, be frightened, frighten, sober.*
14g. *GDG*³ 382, Gweled serchawgddyn golau, / Drwy goed y glyn, ni'm *syn* serch, / Am y maenfur â meinferch. **1488–9** *BSM* 15, *Synnv* a wnaeth Marthin gan y geiriav hynn. **1588** *Gen* xxiv. 21, y gŵr a *synnodd* oi phlegit hi. **1588** 1 *Br* ix. 8, pawb . . . a *synna,* ac a chwibiana. **1588** *Jer* ii. 12, O chwi nefoedd *synnwch* wrth hyn, aruthrwch, a llwyr wladeiddiwch medd yr Arglwydd. **1604** R. HOLLAND: *BD* 9a, heb *synnu* rhac ofn marwolaeth deled angeu pan i mynno. **1615** R. SMYTH: *GB* 15, pavvb a *synnent* vveled y corph a ddioddefase gymeint. **1632** *D, Synnu,* Stupescere, stupefacere. **1683** H. EVANS: *CTF* 57, Y mae achos in-ni *synnu* [:- Frawychu]. **1688** S. HUGHES: *TSP* 2, Ar hyn ei dylwyth a'i Geraint ef a *synnasant* [:- Rhyfeddasant] yn ddirfawr. **1703** E. WYNNE: *BC* 96, na'm suo, na'm *synnu* â syrthni anystyriol. **1722** *Llst* 189, *Synnu.* To amaze, be amazed, cast (or have) a damp upon the spirits, dismay, be dismayed. **1798** W. RICHARDS: *CC* 23, Gwnaeth hyn i John Rees *synnu* peth. **1803** *P, Sỳnu* . . . to be amazed, or surprised; to be overpowered with feeling; to be stunned. Ar lafar yn gyff., “Roeddwn i'n *synnu*'i fod cystal’, *WVBD* 515; “Dwi'n *synnu* dim nag yw a byth yn mynd atyn' nw’, *GTN* 758; hefyd yn aml mewn ymad. megis “*Synnwn* i ddim’, *ib.,* “*Synnen* i fochyn (flewyn, daten, &c.)’. Clywir *synnu* hefyd yn yr ystyr ‘to look vacant’, ‘Peidiwch â *synnu*’, *WVBD* 515.

(*b*) Ystyried, rhoddi sylw (i), bod yn ofalus, gochel: *to consider, take notice (of), be careful, beware.*
12–13g. *GMB* 513, Koelwyf a *synnỽyf* a synnyo— kywreint. **15–16g.** *GRB* 17, *Synna* rhag ei lysenwi, / sant teg i fabsant wyt ti [i Gurig]. **1600** *DK* 244, od ydych yn amkanv bwrw'ch baich ar ysgwyddav Krist a gadael yddo ef drwy i vawr drigaredd gario'r kwbl, *synwch* beth a wneloch. **1606** E. JAMES: *Hom* i. 133, Am hynny *synnwn* yn ddiwall (*let us diligently foresee*) na ddyffygio 'n ffydd ni a'n gobaith. *id.* iii. 173, bydd ostyngedig i'th wr, *synna* ar (*take regard of*) ei ddymuniadau ef. **1683** H. EVANS: *CTF* 19, Os bydd e'n uchelwr, *Synna* [:- Gwilia]. **1688** S. HUGHES: *TSP* 118, *Synna* [:- Gwilia Gwachel] pa beth a wnelych. *c.* **1730** *Thos. Lloyd D* (LlGC) 209b, *Synwch.* Ystyriwch. **1753** *TR, Synnu* . . . To beware or take heed, in Glam. **1795** T. LEWIS: *CD* 23, *Synna* syrthio wrth dyrru sothach. **1803** *P, Sỳnu* . . . to beware. Ar lafar, ‘*Synna* di beth wyt ti'n nuthur’, *GTN* 758.

Amr.: **sannu.** **1547** *WS, Sanny* Amase. *a.* **1587** *Y* 107, Syr Sion, rhoes air i *sanv.* **1604–7** *TW* (*Pen* 228) d.g. *percitus, prætrepidans.* **1803** *P* d.g. *Sanu.* **synned.** **1606** E. JAMES: *Hom* iii. 129, A pheth y mae ei laferydd caredig mwyn ef . . . yn ei fanegi amgen, onid ei ddaioni ef yn unic heb *synned* [:- Edrych] am ein haeddiant ni. **synno.** **1567** *TN* 85b, synveddilied [:- *synnaw*]. **synnyd.** **1853** W. REES: *AFR* 75, Dene un peth oedd yn fy *synud* i.

Cfn.: **synnu ar:** *to wonder at, be astonished or amazed at; surprise, astonish, amaze.* **14g.** *GDG*³ 250, *Synnodd arnaf* eisiniaid / Sildrwm, gwewyr plwm ger plaid. **1488–9** *BSM* 11, A *synnv arnvnt* yn vawr a orvgant. *id.* 12, Ac yna *synnodd ar* y peganiaid weled y gwyrthiav hynny. **16g.** *B* xi. 88, yr hyn ni *synnodd* dim *ar* y Sennttawrs. **1567** *TN* 22a, ac ei dyscawdd yn y synagogae wy, yny *synnodd* [:- chwithodd] *arnynt.* **1588** *Act* viii. 13, ac fe *synnodd arno* wrth weled gwneuthur rhyfeddodau a gwyrthiau mawrion. **1632** J. DAVIES: *LlR* 333, rhaid i ni na *synno arnom* er tymmhestl yn y byd. **1655** WL: *DP* 240, *synnodd arno* [Job] wrth ystyried y barnwr hwn. **1728** T. BADDY: *DDG* 28, *synnodd arnaf* ac nis gwyddwn pa beth a wnawn. **1775** E. GRIFFITHS: *GF* 155, *synnodd arno* ar yr olwg hyn.

Gw. hefyd **syniaf**¹**: synio, synna**¹.

synnol [bôn y f. *synnaf*: *synnu*+-*ol*] *a.* Yn peri syndod, rhyfeddol, syfrdanol: *amazing, marvellous, astounding.*
1867.
Amr.: **sannol** [bôn y f. *sannaf*: *sannu*+-*ol*]. **1803** *P* d.g. *Sànawl.*

synnus [bôn y f. *synnaf*: *synnu*+-*us*] *a.* Yn peri syndod, rhyfeddol, syfrdanol; ?syn, syfrdan: *amazing, marvellous, astounding; ?surprised, astonished.*
1711 M. MAURICE: *YAD* 326, Dychrynniadau . . . *Synnus,* a Rhyfeddol. **1766** W. WILLIAMS: *FfW* ii. 52, Bydd rhai, 'r pryd hyn na allant lai, / Mewn *synnus* einau / 'N dweud wrth y Creigiau, / Dewch am ein pennau (Evan Powel o Lanfrynach).

synnwyr [bnth. Llad. *sentīre*; gw. hefyd *syniaf*¹: *synio*] *eg.b.* (bach. g. *synhwyryn*) ll. *synhwyrau,* (prin) *synhwyroedd,* a hefyd fel *a.*

(*a*) Doethineb (ymarferol), barn bwyllog, callineb, deall, gallu meddyliol, rheswm, iawn bwyll; teimlad, profiad, barn, ymwybyddiaeth, meddwl; hefyd yn *ffig.*: *sense, wisdom, sensibleness, prudence, understanding, mental ability, reason, sanity; feeling, experience, opinion, consciousness, mind; also fig.*
Dchr. **12g.** *GMB* 30, Lleuver *synhuir,* llauer a vyr, llvir id woriv. **12g.** *GLlF* 142, A'm dewis *synhwyr* synhyaỽ ar ỽreicyeit. *id.* 447, Y doeth ef y Uyniỽ, syỽ *synhwyreu* [i Ddewi]. **12–13g.** *GLlLl* 263, Crist uab Meir a'm peir pur uonhet—*synnhwyr* / Kyn synhyaỽ enwiret. **14g.** *T* 36. 1–3, Auacdu . . . ygkyfamrysson kerdeu. oed gỽell y *synhỽyr* nor veu. **14g.** *WML* 47, Agỽedy darffo yr henaduryeit racreithaỽ eu *synhỽyr* . . . yna ydyly y braỽtwyr mynet or lleilltu. **1346** *LlA* 17, Aoed *synnỽyr* gann grist Ac ef yn vychan. **14g.** *WM* 474. 10–15, Deu *Synhỽyr* a oed genthi. llawen a oed genthi dyuot y nei . . . attei . . . athrist oed genthi. kany rywelsei eiroet y uynet. *c.* **1400** [*RB*] *WM* 97. 12–14, collei ygỽyr eulliỽ ac eunerth . . . Ar meibon ar merchet a gollynt eu *synhỽyreu.* **15g.** *GGl*² 126, Syr Ffwg Morgannwg uniawn, / *Synhwyrau*'r Deau a'i dawn. *c.* **1475** *B* xiii. 178, Yna yd ymhoelant holl greaduryeit *synhwyr* y byt ac y credant yn yr vn Duw o'r Nef. **1630** *YDd* 100, Pwy bynnag gan hynny mewn oedran a *synwyr* ni wnêl weithredoedd da . . . ni eill ef fod yn gadwedig. **1632** *D,* Llymder *synwyr* d.g. *Sagacitas.* **17g.** *RWM* i. 139, Tri growndwal doethineb . . . Aml *synwyroedd* i ddatganv dvsg [*sic*]. **1760** *ML* ii. 181, Ond nid oedd arno eisiau na *synwyr,* dealltwriaeth, na chywreinrwydd. Gras oedd yn eisiau. **1803** *P* d.g. *Synwyr.* Ar lafar, ‘wedi drysu 'n 'i *snwyra*’, *WVBD* 515; “Wi'n gweld dicon o *synnwr* yn y peth’, “Fasa dim dyn yn 'i *synwyra* wedi nuthur siŵ beth ffôl’, *GTN* 758.

(*b*) Unrhyw un o'r cyneddfau sy'n galluogi'r meddwl i dderbyn gwybodaeth am y byd allanol neu gyflwr y corff (e.e. un o'r pum cynneddf draddodiadol, y gallu i weld, clywed, teimlo, blasu, ac arogli, ynghyd â'r cyneddfau y canfyddir safle gorfforol, tymheredd, poen, cydbwysedd, &c. drwyddynt): *sense (faculty of perception, sensation, &c.).*
13g. *GBF* 368, Corff a'e pump *synnỽyr,* llwyr y llywych. **1346** *LlA* 100, adỽynber arogleu ystor yn kyfuleỽni holl *synnỽyr* dyffroenev. **1606** E. JAMES: *Hom* i. 43, er nad ydynt [doniau] etto yn ymddangos i'n *synhwyrau* cnawdol ni. **1615** R. SMYTH: *GB* 124, y bobl gyphredin . . . mae genthynt *synvvyr* i aroglu ag i savvrio drvvg a da. **1618** J. SALISBURY: *EH* 19, y *synhwyreu* odhifewn, ag odhialhan. **1630** *YDd* 403, dy holl *synhwyrau* yn dechrau marw yn barod, oddieithr yn vnig *synwyr* i glywed poen. **1632** *D, synwyr* yr arogliad d.g. *Olfactus.* **1703** E. WYNNE: *BC* 6, â'i goriadeu plwm fe gloes ffenestri fy Llygaid a'm holl *Synhwyreu* eraill yn dynn ddiogel. **1790** T. JONES: *TOS* 234, A wyt ti 'n gaethwas i'th chwanteu a'th *synhwyreu*? **1795** J. THOMAS: *AIC* 266, nes gweithredu ynom y *Synnwyr* o Glywed.

(*c*) Ystyr, arwyddocâd, grym: *sense, meaning, signification, significance.*
13g. *GDB* 211, Gỽr a wyr yn llỽyr *synnỽyr* sened —seint. **13g.** *Cylchg LlGC* iv. 78, Passus sub Pontio Pilato . . . *Synhwyr* y geireu hynny yw: Jessu Crist a diodefwys y dan y braudwr, y[r] hwn a elwir Poncius [*sic*] Pilatus. **1346** *LlA* 160, [Ll]yma *synnỽyr* euegyl Ieuan ebostol herỽyd ydy/yll [*sic*] ar synhỽyr arodes duỽ yrneb aetroes o ladin ygkymraec. *c.* **1400** *YSG* i. 62, am y dwy wraged a weleist di drwy dy hun, y mae *synnwyr* mawr ar hynny. *id.* 104–5, reit yw dywedut ytt pa *synhwyr* yssyd y'r prenn drewyedic . . . Y prenn coch drewyedic .·. a arwydockaa Lionel dy vrawt. *c.* **1400** *GP* 13, Mywn tri lle ar gerd y gellir beiaw, nyt amgen, yn y kymeradeu, a'r kynghaned, a'r odleu, a chyt a hynny, yn yr ystyr, a'r *synnwyr,* a'r dechymic. *id.* 17, Tri pheth a wanhaa kerd: sathredic dechymic, a basder *synnwyr,* ac eisseu Kymraec. *Dchr.* **15g.** *GSCyf* 115, Mesur glân a chynghanedd / A *synnwyr* wiw, sain aur wedd (Llywelyn ab y Moel). **1547** *WS* [xiv], f, seicsonic ehun sydd gymeint o *synnwyr* ynthei ac mewn dwy f, f, gambereic wedy gwascy eu penneu yngkyd. **1588** *Neh* viii. 8, hwynt a ddarllenasant yn eglur yn llyfr cyfraith Dduw: gan osod allan y *synnwyr* fel y deallent wrth ddarllen. **1593** W. MIDLETON: *B* 2, Kymhariad Synhwyrol yw, pann fytho y llythyrennaú gwreidhiol yn kydateb, ag yn kymharú, or ún rhyw; ag yn kyflawni *synnwyr* ddiffygiol yn y braich kyntaf hefyd. **1793** *Cylchg* 26, yr y'ch chwi i gyd yn ymrannu ynghylch *synwyr* yr ysgrythur. **1803** *P* d.g. *Synwyr.*

(*d*) Brawddeg, cymal, ymadrodd: *sentence, clause, phrase.*
c. **1400** *RB* ii. 164, Ac yna ual ydoedynt yn amryuael . . . y kyfodes eidal escob. ac yny wed hon y teruynaỽd y *synhỽyr* (*BD* 124, ymadrodyon). **1567** *LlGG*

1a, Ar ddechrav y weddi voreuawl . . . bid ir Gwenidoc ddarllen a llef uchel rai or *synnwyre* hyn or scrythur lan. **1595** *Egl Ph* 48, Gwahannod yw rhann araitheb yn gobennydhu ar ei gorair ac yn perpheithio'r *synnwyr* i'r gybhannod. **1604-7** *TW* (*Pen* 228), darn *synhwyr* ne wers d.g. *Cæsura*. *id.* pann gyssylhter lhaweroedh o *synhwyrae* ag vn veru d.g. *Zeugma*. **1743** J. JONES: *LlAW* 114, Cofiwch y *Synnwyrau* nodedig yma, a'r Rhybuddion ymogelgar hyn.

Fel *a.* (yn y graddau cymhariaeth yn unig) Synhwyrol, call, doeth: *sensible, wise*.
15-16g. *GLM* 149, Ni bu, Siân hirwen, neb *synhwyrach*. **1648** *TBM* 345, Prynasant, gwae ninnau, y gwedill o'n pethau / Am naw mil o bunnau, bu annoeth y modd; / Na fuasem *synhwyrach* a byw'n llonyddach, / Mae'n rhywyr hyn bellach, fo ballodd. **1721** J. P. PRYS: *DC* 32, Ni ŵyr y *Synhwyra* mo fesur ei ddyddie. **18g.** *W Ballads* 138, [7], Y bobol *synhwyra* goreu sydd iw cael.
Cfn.: **synnwyr y fawd, synnwyr bawd**: *rule of thumb*. **1860.** Ar lafar, *B* i. 92 (sir Gaern.). **synnwyr y cnawd**: *carnal (i.e. not spiritual) mind*. **1567** *TN* 231a, Can ys *synnwyr* [:- doethineu, dyall] y *cnawt*, angeu yw. Gw. hefyd *syniad—syniad y cnawd, syniaeth—syniaeth y cnawd*. **synnwyr cyfeiriad**: *sense of direction*. Ar lafar, 'Synnwyr cyfeiriad gwael iawn sy gen' i'. **synnwyr cyffredin**: *common sense*. **1759** J. EVANS: *PF* 11. **1803** *P* d.g. *Synwyr*. Ar lafar. **synnwyr digrifwch**: *sense of humour*. **20g. synnwyr moesol**: *moral sense*. **1754** J. PRYS: *Alm* [46]. **synnwyr pen**: *acumen, insight, common sense*. **15g.** *GGl²* 133. **1547** W. SALESBURY: *GGl* d.d., Oll *Synnwyr pen* Kembero ygyd. **1604-7** *TW* (*Pen* 228) d.g. *Acumen*. **1740** T. EVANS: *DPO* 111. **1803** *P* d.g. *Synwyr*.
Gw. hefyd **synhwyrion**.

synnyd, gw. **synnaf: synnu**.

synod [bnth. S. *synod*] *eg.b.* ll. *-au*. Cyngor eglwysig a gynullir yn ffurfiol i drafod materion eglwysig, cymanfa (eglwysig): *synod, (church) council*.
16g. (*LlEG*) *Mos* 158, 10a, Ynn yr vnued vlwyddyn ar ddeg o wladychiad Wiliam y Kwngkwerwr I peris Ef allw *sinod* o esgobion I dyrnas yng haer ludd. *id.* 644b, kedwis ysgolheigiaeth sarmania ysdeddu[o]d a *sunod* tawr ynn y dref . . . lle I biassai ymddiuan adysput[t]ashiwn mawr amseuydlu [*sic*] kreuydd y krisdnogion. **1727** M. MAURICE: *WE* 48, Synod ymhlith Dissenters Ynghymru yw cyfarfod gosodedig pregethwyr. **1734** M. MAURICE: *BH* 88, oferedd a chamSynniad [*sic*] cyffredinol Synodau Presbyteraidd yr oes hon. *c.* **1762-79** W. WILLIAMS: *P* 360, heb awdurdod pa un [esgob Rhufain] nid yw un *synod*, na chonssil cyffredin o ddim awdurdod. *id.* 435-6, Onid yw cyfreithiau, counsils, a'u *synodau*, yn rhan o'u crefydd. Digwydd yn yr e. lle *Synod* (*Inn*) yng Nghered.

synodaidd [*synod* + *-aidd*] *a.* Yn perthyn i synod: *synodal, synodic*.
1871.

synofaidd [cfdds. o'r S. *synov*(*ial*) + *-aidd*] *a.* Yn perthyn i'r hylif iro tew di-liw a secretir o fewn cymalau a gweiniau'r tendonau: *synovial*.
20g.

synolygfa [*syn¹* + *golygfa*] *eb.* ll. *-feydd*. Ffenomen: *phenomenon*.
1850.

synonym [bnth. S. *synonym*] *eg.* ll. *-au*. Cyfystyr: *synonym*.
1658 R. VAUGHAN: *GA* 35, Eu *Synonimau* [*sic*] ai Periphrases . . . ar cyfriw y llenwir eu gweddiau ollawl.

synopsis [bnth. S. *synopsis*] *eg.* Crynodeb: *synopsis*.
1935.

synoptaidd [cfdds. o'r S. *synopt*(*ic*) + *-aidd*] *a.* Synoptig, gan mwyaf mewn diwin.: *Synoptic; synoptic*.
1915.

synoptig [cfdds. o'r S. *synopt*(*ic*) + *-ig²*] *a.* *Diwin*. Yn cyflwyno hanes bywyd Crist, ei weinidogaeth, &c., o safbwynt cyffredin ac yn cynnwys cyfatebiaethau agos o ran cynnwys, trefn, &c. (am efengylau Mathew, Marc, a Luc), yn perthyn i'r efengylau hyn neu nodweddiadol ohonynt, cyfolwg; yn perthyn i synopsis, a gyflwyno crynodeb: *Synoptic; synoptic*.
1926.

syns [tywyll yw'r enghrau. isod a dichon fod yma fwy nag un gair, ?cf. *sens¹*,²] *eb.*

?Teml, plas, ?hefyd yn *ffig.*: *temple, palace, ?also fig.*
16-17g. *HG* 109, pawl ne vyrgil mywn vengiloedd / *syns* y iaith ail sain sion oedd. **16-17g.** LLYWELYN SIÔN, &c.: *Gw* 488, os hen sain silian ai son *syns* hywliaeth, / o newydd degwch, ail nevadd dvgiaeth. *id.* 542, A braw gwymp fal bwrw brig onn, / Ergid *syns* ar goed Seinsion. *id.* 545, ag ny bv gwedy godwin / vn bwbach drawssach ar drin. / seiliwyd i lys soel od lan, / *syns* yw alwad, sain sylian. *id.* 549, gwaed fflemin melysswin mawl / o sain siorys *syns* wrawl. **17g.** *NBMM* 73, *Syns* o blas, sensibl i wŷr, / Siŵr enw, mawr seren morwyr; / Selerau, gwindeiau da, / Swyddau aml y sydd yma. *c.* **1730** *Thos. Lloyd D* (*LlGC*) 209b, *Syns* lawn nid Sain salw annerch. G. 185.

synsyr, gw. **sinsir**.

syntactig [cfdds. o'r S. *syntact*(*ic*) + *-ig²*] *a.* *Ieith*. Cystrawennol: *syntactic*.
20g.

syntagmatig [cfdds. o'r S. *syntagmat*(*ic*) + *-ig²*] *a.* *Ieith*. Yn ymwneud â'r berthynas gystrawennol rhwng elfennau neu unedau ymadroddol: *syntagmatic*.
20g.

syntir, gw. **swntir**.

synth [bnth. S. *synth*, cyw. o *synthesizer*] *eg.* ll. *-s*. Syntheseinydd: *synthesizer*.
20g.

synthesaf: synthesu [bnth. S. (*to*) *synthes*(*ize*)] *ba.* *Cem.* Syntheseiddio: *to synthesize (in chem.)*.
20g.

syntheseiddiaf: syntheseiddio [cfdds. o'r S. (*to*) *synthes*(*ize*) + *-eiddio* (At.)] *ba.* *Cem.* Cynhyrchu drwy synthesis; cynhyrchu (sain) yn electronig: *to synthesize (also in chem.)*.
20g.

syntheseinydd [cfdds. o'r S. *synthes*(*izer*) + *seinydd*] *eg.* ll. *-seinyddion, -seinwyr*. Offeryn cerdd electronig, yn enw. un ag allweddell, sy'n cynhyrchu amrywiaeth eang o seiniau drwy gynhyrchu a chyfuno signalau o wahanol amleddau: *synthesizer*.
20g.

syntheseisiaf, synthesisiaf: synthes(e)isio [bnth. S. (*to*) *synthesize*] *ba.* *Cem.* Syntheseiddio: *to synthesize (in chem.)*.
1937.

syntheseisydd [cfdds. o'r S. *synthesiz*(*er*) + *-ydd³*] *eg.* ll. *-ion*. Syntheseinydd: *synthesizer*.
20g.

synthesis [bnth. S. *synthesis*] *eg.b.* ll. *-au*. Proses o gyfuno elfennau gwahanol, yn enw. syniadau, yn gyfanwaith cysylltiedig, yn enw. yn ddamcaniaeth neu'n system, canlyniad y proses hwn; *Cem.* proses o gynhyrchu cyfansoddyn drwy adwaith neu gyfres o adweithiau cemegol sy'n cyfuno ei ansoddion; *Ieith*. proses o greu geiriau cyfansawdd a chymhleth, tuedd mewn iaith i ddefnyddio ffurfdroadau'n hytrach na grwpiau o eiriau, arddodiaid, &c.: *synthesis (also in chem. and linguistics)*.
1922 *Ll* i. 211-12, Gŵyr efrydydd sylwgar y Mabinogion fod cais ar esboniad neu *synthesis* yn gorwedd ar adegau yn glos wrth wraidd y stori, er enghraifft *synthesis* o enwau lleoedd yn hanes y Twrch Trwyth (G. P. Jones). Cf. D. J. WILLIAMS: *ChHO* 176, a'r mwynhad a gawn o gymathu a llunio'r pethau hyn, drachefn, yn fath o *synthesis* byw, o'r newydd . . . yn boen o syfrdandod pêr.

synthesisiaf: synthesisio, gw. **syntheseisiaf: syntheseisio**.

synthetig [cfdds. o'r S. *synthet*(*ic*) + *-ig²*] *a.* Yn perthyn i synthesis, yn cyfuno mewn synthesis, yn defnyddio synthesis fel dull, yn cynhyrchu synthesis; *Cem.* a gynhyrchir drwy synthesis, yn perthyn i synthesis, wedi ei wneud o bolymer neu ffibr a gynhyrchir drwy synthesis, artiffisial (yn enw. yn ddifr.), ffuantus, annidwyll (am deimlad-

au, &c.); *Rhes.* y gellir canfod ei wirionedd neu ei anwiredd ar sail profiad (am osodiad); *Ieith*. yn defnyddio ffurfdroadau'n hytrach na grwpiau o eiriau, yn creu geiriau cyfansawdd neu gymhleth, yn perthyn i synthesis: *synthetic (also in chem., logic, and linguistics)*.
1927 S. LEWIS: *WP* 75, meddwl *synthetig* ac athronyddol megis meddwl Sant Thomas neu feddwl Dante . . . meddwl a feithrinwyd ar resymeg ac ar gyfundrefn ddisigl, draddodiadol o ddiwinyddiaeth. *id.* 212, Cystrawen *synthetig*, wasgedig, yn glynu wrth hen ddulliau a phriod-ddulliau, nerth ac urddas ar ffurf gryno'r brawddegau ac ar drefn y geiriau [am ganu'r beirdd clasurol Cymraeg].

synwyradwy [bôn y f. *synhwyraf*: *synhwyro* + *-adwy*] *a.bfl.* Y gellir ei ddirnad gan y synhwyrau, dirnadadwy, canfyddadwy: *capable of being apprehended by the senses, sensible, apprehensible, perceptible*.
1935 T. H. PARRY-WILLIAMS: *O* 47, y gri yma ydyw'r peth mwyaf *synwyradwy* ysbrydol y gwn i amdano, ac y mae arnaf ei hofn yn fy nghalon, am na wn o ba le y daw na pha bryd.

synwyredig [bôn y f. *synhwyraf*: *synhwyro* + *-edig*] *a.bfl.* Wedi ei synhwyro; ac iddo gynneddf synhwyro: *sensed; having the faculty of sensation*.
1803 *P, Synwyredig* . . . Being endued with sense. Cf. T. H. PARRY-WILLIAMS: *S* 62, bywiocäwyd . . . yr argraffiadau *synwyredig* hyn in f'ymwybyddiaeth.

synwyriadaeth [*synhwyriad* + *-aeth*] *eb.* *Athr*. Y ddamcaniaeth mai unig ffynhonnell gwybodaeth yw'r gallu i ganfod drwy gyfrwng y synhwyrau: *sensationalism (in philos.)*.
1888.

synwyriadol [*synhwyriad* + *-ol*] *a.* Yn perthyn i synhwyro neu i'r synhwyrau, synhwyraidd; *Athr*. empeiraidd: *sensory; empirical (in philos.)*.
1861.

synwyriadydd [*synhwyriad* + *-ydd³*] *eg.* ll. *-ion*. *Athr*. Un sy'n arddel synwyriadaeth: *sensationalist (in philos.)*.
20g.

synwyriaethol [*synhwyriaeth* + *-ol*] *a.* Yn perthyn i synhwyro neu i'r synhwyrau, synhwyraidd; *Athr*. empeiraidd: *sensory; empirical (in philos.)*.
1858.

synwyrolaeth, gw. **synwyroliaeth**.

synwyrolaf: synwyroli [bf. o'r a. *synhwyrol*] *bg.a.* Mynd neu wneud yn synhwyrol, yn gall, neu'n ddoeth, callio: *to become or make sensible or wise*.
1595 M. KYFFIN: *DFf* [185-6], Ag os y rhai a ddylent fod yn ofalgar am Eglwys Dduw, ni cheisiant mor [*sic*] *synwyrolu*, erthi esceulusso'r peth a wedde iddynt, a chalettau eu calonneu yn-nerbyn [*sic*] Duw a'i Grist ef. **1629** R. LLWYD: *P* [10], y rhai a ddarfu iddynt . . . lithro i ddyfn-bwll . . . pechod, pan ddelont i wybod oddiwrthynt eu hunain, ac i gasclu eu synwyr ynghyd, yn *synwyroli* eilwaith, ac yn cymmeryd golal rhag syrthio yno drachefn. *c.* **1730** *Thos. Lloyd D* (*LlGC*) 213a, *Synwyroli*. Sapio. **1803** *P, Synwyroli* . . . To render sensible: to become sensible or rational.

synwyroldeb [*synhwyrol* + *-deb*] *eg.* Y cyflwr o fod yn synhwyrol, synnwyr cyffredin, barn ymarferol, callineb, doethineb, gallu deallusol, dealltwriaeth: *sensibleness, common sense, practical judgement, prudence, wisdom, intellectual capacity, understanding*.
1583 *LlGC* 716, 51b, Ac etto ni atolygwn ni ddim a'r y'r Arglwydd, a'r cael [*sic*] o honom nefol *synhwyroldeb*. *Dchr*. **17g.** *T Ch* 63-4, Mwyaf deall trwy eglurdeb / pob peth yw wrth i orthwyneb; / gwrthwynebys *synhwyroldeb* / i ddifaliais [*sic*] ffolineb. **1630** R. LLWYD: *LlH* 235, llywodraethwr . . . wedi ei gynysgaeddu a champau nodedig o gallineb, a *synwyroldeb*, cymmedrolder, haelioni, a chyfarwyddyd yn y gyfraith. **1632** D d.g. *Sagacitas, Solertia*. **1722** *Llst* 189, *Synwyroldeb*. m. Apprehensiveness, prudence, sagacity. **1725-6** *Madd Ed* 334, Gweithrediadau cyntaf Grâs Duw yn ei Galon yn adfywio gwir *Synhwyroldeb* Ysbryd ynddo . . . [rh]oddi iddo Faddeuant o'i holl Bechodau, a esyd rwym mor gadarned ar y *Synhwyroldeb* (ingenuity) hwnnw. *c.* **1730** *Taith C* 20, Ac yn

awr Mr. *Synwyroldeb* (*Mr. Sagacity*) a'm gadawodd i orphen fy Mreuddwyd wrthyf fy hun. **1770** *W* d.g. *Acuteness, Apprehensiveness, Sensibleness.* **1803** *P.*

synwyroledd [*synhwyrol+-edd*[1]] *eg.* Synwyroldeb, synnwyr cyffredin: *sensibleness, common sense.*
1803 *P.*

synwyroliaeth, synwyrolaeth [*synhwyrol+-(i)aeth*] *eg. Athr.* Synwyriadaeth; teimlad (corfforol), ymdeimlad; synnwyr, meddwl: *sensationalism (in philos.)*; (*bodily*) *sensation; sense, mind.*
?*Diw.* **16g. (1749)** *B* xxiv. 455, Llyma ymddiddanion a fu rhwng y *Synwyroliaeth* Cnowdol a Rheswm am Ddamweniau [*sic*] bydol.

synwyrolydd [*synhwyrol+-ydd*[3]] *eg.* ll. *synwyrolwyr. Athr.* Synwyriadydd: *sensationalist (in philos.).*
1852.

synwyrusaf: synwyruso [bf. o'r a. *synhwyrus*] *ba.* Synhwyro; gwneud neu fynd yn synhwyrus neu'n gnawdol; gwneud neu fynd yn synhwyrol: *to sense; make or become sensuous or sensual, sensualize; make or become sensible.*
1803 *P.*

synwyrusedd [*synhwyrus+-edd*[1]] *eg.* Synwyrusrwydd: *sensuousness.*
20g.

synwyrusrwydd [*synhwyrus+-rwydd*] *eg.* Y cyflwr o fod yn synhwyrus, teimladrwydd, hydeimledd; cnawdolrwydd; synwyroldeb: *sensuousness, sensibility, sensitivity; sensuality; sensibleness.*
[1783] *W* d.g. *Sensibleness.* **1803** *P.* Cf. T. H. PARRY-WILLIAMS: *EB* 17, Y mae gan amlaf ddau fwynhau, sef y mwynhad wrth ddarllen neu glywed a'r mwynhad ar ôl hynny: y mae'r peth yn 'gweithio' oddi mewn yn *synwyrusrwydd* dyn, yn ôl-fwynhad gorawenus.

synwyryddiaeth [*synnwyr+-ydd*[3]*+-iaeth*] *eb.* Teimlad (corfforol), ymdeimlad; *Athr.* synwyriadaeth: (*bodily*) *sensation; sensationalism (in philos.).*
1858.

synwyryddol [*synnwyr+-ydd*[3]*+-ol*] *a. Athr.* Yn perthyn i synwyriadaeth; yn perthyn i synhwyro neu i'r synhwyrau, synhwyraidd: *sensational (in philos.); sensory.*
1848.

synysgal, senesgal [bnth. S. C. neu H. Ffr. *seneschal*] *eg.* ll. *-iaid.* Stiward llys yn yr Oesoedd Canol a oedd yn gyfrifol am drefniadau'r tŷ; rheolwr dinas, sir, talaith, &c., un o nifer o swyddogion cyfreithiol neu weinyddol: *seneschal.*
14g. *BT* 211, ar padric hwnnw aoed *Synyscal* yr brenhin yng kaervyrdin. **14g.** *BT (RB)* 190, Y vlwydyn hono y kadarnhaawd *synyscal* Kaer Loyw gastell Buellt. *id.* 196, yna yd anuones y brenhin at *synysgal* Henford ac at Faukun, *synyscal* Caer Dyf. *id.* 252, menegi hynny a wnaethant y *synyscal* a chwnystabyl yr Arglwyd Lywelin. **14g.** *YBH* 7a, affan elych yn oetran gỽr mi ath vrdaf yn varchaỽc vrdaỽl ac ath wnaf yn *synsgal* [*sic*] ar vy holl gyuoeth. *id.* 51b, yr arglỽydes a anuones y *synyscal* y erchi vynet yn ebrỽyd y gyrchu y marchogyon. *id.* 56a–b, Chỽedyl iuor uu galỽ ar y *synyscal* attaỽ a gouyn kyghor idaỽ. *c.* **1730** *Thos. Lloyd D* (LlGC) 209b, *Synasgal* [*sic*], Seneschallus.

sypen, gw. **sypyn**[1].

sypflodeuog, swpflodeuog [*swp+blodeuog*] *a. Bot.* Tuswog, clystyrog, corymbaidd: *tufted, clustered, corymbose (in bot.).*
1813 *WB* 21, Tufted Loosestrife; Trewynyn *sypflodeuog. id.* 184, Dyfr-foronen *Swpflodeuog.*

sypiad [bôn y f. *sypiaf*[1]: *sypio+-iad*[1]] *eg.* ll. *-au.* Y weithred o sypio, swp, clwstwr, casgliad: *a heap(ing), cluster, collection.*
1722 *Llst* 189, *Syppiad.* m. A heaping together. *c.* **1730** *Thos. Lloyd D* (LlGC) 213a, *Syppiad* Cumulatio. **1803** *P.*

sypiaf[1]**: sypio** [bf. o'r e. *swp*] *bg.a.*

(*a*) Gwneud neu ffurfio'n swp, pentyrru, bwndelu, pacio, plygu ynghyd, lapio, rhwymo neu wasgu ynghyd, casglu, crynhoi, hefyd yn *ffig.*; mynd yn gefngrwm, gwargrymu, crebachu (am y corff): *to heap, pile, bundle, pack, fold together, wrap, bind or squeeze together, collect, gather together, also fig.; stoop, shrink (of the body).*
1547 *WS, Syppyo.* **1551** W. SALESBURY: *KLl* xlia, ef welei y llieineu yn gorwedd / ar ffunen a vysei ar ei ben / nyd yn gorwedd gyd ar llieinieu / eithyr ar enkil we[d]y'r *syppio* mewn man arall. *c.* **1585** G. ROBERT: *DC* [1b], Rydym wedi *syppio* a rhwymo ynghyd pyngcie eyn phydh: os mynnwn idhyn wneuthur daioni, rhaid yw i myscu ai dattod, ag edrych yn eyn medhwl ar bob vn o honyn ar i ben i hunan. *Dchr.* **17g.** *J* 10, 38a, *Syppio.* to thrust together. **1620** *Barn* vi. 38, cyfododd yn forau dranoeth, ac a *syppiodd* y cnû ynghŷd, ac a wascodd wlith o'r cnû, loneid phiol o ddwfr. **1632** *D, Syppio.* Aceruare, cumulare. *id.* d.g. *Agglomero.* **1688** *TJ, Syppio*: to heap together. **1722** *Llst* 189, *Syppio.* To pack or truss up, heap. **1771** *W* d.g. *To bundle up. c.* **1775** J. JENKIN: *P* 12, a oes dim i ni iw ddysgcu oddiwrth y cyfriw ymweliadau? . . . A wnawn i eu *syppio* ym mhlith cyffredinol gyfnewidadau [*sic*] bywyd? **1803** *P, Sypiaw* . . . Mi dy *sypiav* di, I will squeeze thee to a mummy. Ar lafar yn yr ystyr 'to stoop, to shrink (of the body), to become decrepit with old age', 'Mae o wedi *sypio*'n arw ers 'chydig', *WVBD* 515.

(*b*) ?Ymgasglu (am bobl): *to gather together (of people).*
c. **1689 (1802)** L. WILLIAM: *Sherlyn Benchwiban* 41, Pa beth yw'r dynion ofer, / Sydd yma'n dweud eu cleber, / Gwedi ymgasglu ynghyd heb ffael, / Yn *syppio* am gael eu swpper. **18g.** *W Ballads* 121, 8, I wneuthur daioni nid ynill fe'n siwr: / ni thyr yr Aur gore moi newyn ai eisie, / Er e[u] gweled nhw'n *syppio* yn nhy sioppwr. **1787 (1812)** TWM O'R NANT: *PG* 55, Ran yno mae'r lladron, egron ŵg, / A'r siopwyr drwg yn *sypio.* **1808** TWM O'R NANT: *BB* 18, 'R oedd natur y cyfan, i ymwrwst am arian, / Rhai 'n *sypio* 'n siopwyr, a rhai yn dafarnwyr, / A phawb yn llawn castiau, mewn mesur, a phwysau.
Amr.: **swpiaf**[2]**: swpio.** *c.* **1730** *Thos. Lloyd D* (LlGC) 213a.

sypiaf[2]**: sypio,** gw. **swpiaf**[1]**: swpio.**

sypiog [*swp+-iog*] *a. Bot.* Clystyrog: *clustered (in bot.).*
1867.

sypléi [bnth. S. *supply*] *eg.* ll. *-s.* Cyflenwad: *supply.*
20g. Ar lafar, 'Mae'n rhaid mynd i siopio am *sypléis* eto wsnos yma'; clywir hefyd yr ymad. 'ar *sypléi*' am athro neu athrawes sy'n gweithredu i lanw bwlch dros dro.

sypleiaf: sypleio [bnth. S. (*to*) *supply*] *bg.* Cyflenwi (nwyddau) (i); gweithredu fel dirprwy dros dro (am weinidog, &c.); cynorthwyo: *to supply (goods) (to); act as a temporary substitute; aid.*
1828 *Geir Pob* 26, *Syppleio*, cynnorthwyo. Ar lafar, 'Ma'i 'di mynd yn uffernol efo drygs yn y dre' 'ma, a ma 'na bobl yn gneud ffortiwn yn *sypleio*'r hogie ifinc'. Cf. D. OWEN: *SP* 70, Clywsant James yn pregethu, ac yr oeddynt wedi dotio ato. Yn mhen rhai misoedd . . . gwahoddwyd James i Lundain i *sypleio*, fel y dwedir . . . Toc ar ol hyn, clywsom ei fod wedi ei sefydlu yn weinidog ar eglwys flodeuog.

sypôrt [bnth. S. *support*] *eg.* Cefnogaeth, cynhaliaeth: *support.*
1828 *Geir Pob* 26, *Sypport*, cynnaliaeth, &c.

syportaf: syporto, gw. **syportiaf: syportio.**

syportar [bnth. S. *supporter*] *eg.* ll. *-s.* Cefnogwr: *supporter.*
20g.

syportiaf, syportaf: syport(i)o [bnth. S. (*to*) *support*] *ba.* Cefnogi; cynnal: *to support, back (up); support, hold up.*
1924 (1938) W. J. GRIFFITH: *SHF* 20, Cofia di fy *syportio* i hefo cael yr Eos [Eos y Pentan] yma. Ar lafar.

syposaf: syposo, sypréis, gw. **sbosaf: sboso, syrpréis.**

sypreswydden, sypryswydden, gw. **sipreswydd.**

sypwydd, swpwydd [*swp+gwŷdd*[1]] *eb.* Clwstwr (o blanhigion), clwmp: *clump (of plants).*
1852.

sypyn[1]**, swpyn** [*swp+-yn*[1]; ansicr yw'r engh. gyntaf] *eg.* (b. *sypen, swpen*) ll. *sypynnau.* Swp, pentwr, bwndel, pac, paced, parsel, bwnsiaid, clwstwr, casgliad, nifer, hefyd yn *dros.* ac yn *ffig.*: *heap, pile, pack, packet, parcel, bunch, batch, cluster, collection, number, also transf. and fig.*
Diw. **15g.** *Pen* 67, 52, Ni bydd kywydd mewn kawell / ni by *sipyn* englyn well (Hywel Dafi). **1547** *WS, Syppyn* A fardell. *id. Syppyn* o ddyn A dwarfe. *Diw.* **16g.** *LBS* iv. 407, ac ef a adewis y tonnaü ar y traeth ryw *syppynn* gwynn . . . A phann edrychawdd ef a gafas gapsül newydd heb wlychi dim arni. *Dchr.* **17g.** *J* 10, 38a, *Syppyn.* a litle bundell. fasciculus. **1632** *D, Syppyn*, Fasciculus, sarnicula, acervulus. *id.* d.g. *Globus.* **1688** *TJ, Syppŷn*, a little heap. **1696** *CDD* 64, Fel Cigfran afluniedd, yn tynnŷ at y gig-ledd, / Mae'r galon yn coledd, i galŷn ei chwant, / Fel gele heb gilio, ddrŵg *syppŷn* rwŷ'n sippio, / Y Cwrw i fynd tano, fel tenant. **1722** *Llst* 189, *Syppen* o fenyw. A dowdy. *id. Syppyn.* m.p. *pynnau.* A bundle, ball, pack, lock, wad. **1803** *P* d.g. *Sypyn.* Ar lafar, 'Mi syrthis yn *swpan*' 'I fell all of a heap . . . said by women', '*swpyn* o wellt, etc.', 'ista'n *swpyn* bach' 'to sit huddled up', 'wedi mynd yn *swpyn*' 'sypio', *WVBD* 510–11; 'Fe gwmpws yn *swpyn* wrth y glwyd 'co' (Morg.). Digwydd ym Morg. yn y ff. *swpyn* yn yr ystyr 'rholyn o ddeunydd', 'Fi finnas bump llæth odd ar y *swpyn*', *GTN* 753. Cf. D. OWEN: *RL* 151, *Sypyn* ydoedd mewn papyr llwyd, ac wedi ei lapio yn daclus. Cf. hefyd e.'r bardd *Sypyn Cyfeiliog*, gw. *GSCyf* [3]–4.

sypyn[2], gw. **supin.**

sypynnaf, swpynnaf, sypyniaf: sypynnu, sypynno, swpynnu, sypynio [bf. o'r e. *sypyn*[1]] *ba.* Sypio, pentyrru, bwndelu, pacio, parselu, byrnu, clystyru, casglu, crynhoi, hefyd yn *ffig.*: *to heap, pile, bundle, pack, parcel, bale, batch, cluster, collect, gather together, also fig.*
1588 *Barn* vi. 38, cyfododd yn forau, ac a *swppynnodd* y cnû. *c.* **1730** *Thos. Lloyd D* (LlGC) 213a, *Swppynnu.* **1771** *W, syppynnu* d.g. *To bundle up.* **1803** *P* d.g. *Sypynu.* Cf. H. EVANS: *CE* 112, cymeryd gafael mewn dyrnaid o wenith, sef *sypynno.*

sypynnog [*sypyn*[1]*+-og*] *a.* Clystyrog: *clustered.*
1866.

syr (*y≡ə*) [bnth. S. C. *sir(e)* neu H. Ffr. *sire*] *eg.* ll. *-s.* Teitl o barch a roddir i ddyn (hefyd fel cyfarchiad, e.e. i athro ysgol gan ei ddisgyblion), teitl a roddir o flaen enw marchog neu farwnig a hefyd gynt o flaen enw offeiriad; (?geir.) uchelwr, arglwydd: *sir, Sir;* (?*dict.*) *nobleman, lord.*
14g. *BT* 233, y perys *sur* hywe [*sic*] kassau y vren/ hynes. **14g.** *YBH* 43a, y naỽr y digaỽn *syr* don ymdrochi. *id.* 47a, *Syr* heb y boỽn ys drỽc achwedyl yssyd genhyt. **14g.** *GIG* 33, Syrthio, anghlod swrth anghlaer, / *Syr* Rhys aur yng ngwregys aer. **14–15g.** *IGE*[2] 174, *Syr*, eirdeg hyrr ardwy cadr, / Wiliam, arwraidd waladr (Rhys Goch Eryri). *c.* **1400** *R* 1287. 36–8, ny duc aryf na phennsel . . . saer hoewach no *syr* hywel. **15–16g.** *TA* 42, *Syr* Galâth hirfawr, *Syr* Gei, lith arfau, / *Syr* Gei o Warwig, os o ragorau; / *Syr* Gawain addfwyn, os ar gyneddfau; / *Syr* Urien addas, os o rinweddau. **1547** *WS, Syr* Syr. **16g.** *GHD* [40], Dwyn *Syr* mawr dan sêr a main, /—Du am wŷr —dyma'i arwain [marwnad Syr Rhoser Salbri]. *id.* 57, Tyniad y *Syr* tanad sydd, / Tarw mawr iawn tir Meirionnydd. **1630** *YDd* xiii, *Syr* Iohn Lloyd marchog. **1632** *D, Syr* . . . Domine. **17g. (18g.)** *CLlC* ii. 23, Y mae'r Glwfar gwlyb a sych / Yn lledu i draed fal marchog gwych / . . . / Yn awr mae *syr* yn fawr ei stir / Yn rheoli tre a gwlad. **1672** R. PRICHARD: *Gw* [ii], Barchedig *Syrs.* **1675** R. JONES: *HCh* 157, Yr Anrhydedd a'r Parch ymma sydd raid i Blant ei egluro . . . Drwy . . . roddi iddynt [rhieni] enwau cymmwys, megis Tâd, *Syr*, a'r cyffelyb. **1682** R. LLWYD: *LlH* 421, attolwg i'wch [*sic*] *Syr* pa feddwl sy gennych eu galw hwynt yn sothach. **1688** *TJ, Syr*, Syre, Arglwydd: a Lord. **1703** E. WYNNE: *BC* 60, Pa fodd y daethoch, Syre, eb rhyw furgyn o Angeu bâch oedd yno? Yn wîr, *Syr*, ebr fi, nis gwn i mwy na chwitheu. **1752** *Io* xii. 21, *Syr* (**1588** *ib.* arglwydd; **1620** *ib.* Syre), ni a ewyllysiem weled yr Iesu. **1773** J. ROBERTS: *GY, Syr*, Enw o barch i Athrawon. **1803** *P.* Ar lafar, 'Boi'r sefydliad ydi o, mae o siŵr o gael 'i neud yn *syr*'. Digwydd am ddyn awdurdodol, 'Hen *syr* ydi o', *WVBD* 515, ac ym Morg. am ddyn caled, hunanbwysig, 'Dyn neis odd a pyn odd a'n byw 'ma, ond ma fa wedi mynd yn itha *syr* erbyn 'yn', *GTN* 758. 'Yr Hen *Syr*' oedd llysenw John Williams (1745/6–1818), ysgolfeistr yn Ystradmeurig.
Gw. hefyd **syre.**

sŷr, syra, syran, gw. sêr, syre, suran.

syrcas, syrcws, &c. [bnth. S. *circus*] *eb.* ll. *syrcasau.* Sioe deithiol yn cynnwys clowniaid, acrobatiaid, anifeiliaid yn perfformio, &c., man lle perfformir sioe o'r fath; anhrefn, siop siafins, traed moch: *circus* (*also of disorderly activity, &c.*).

1923. Ar lafar. Cf. T. H. PARRY-WILLIAMS: *Y* 57, ymgolli yn sŵn mân-werthwyr ffeiriau a'r sioeau bach . . . a welir yma a thraw mewn ffair a *syrcas*; D. J. WILLIAMS: *ChHO* 133, buasai Ernest yn trafaelu'r wlad gyda *syrcas* enwog y Barnum and Bailey.

syrcasaidd [*syrcas*+*-aidd*] *a.* Tebyg i syrcas, nodweddiadol o syrcas: *circussy.*

20g.

syrcws, syrcyn, syrcys, gw. syrcas, sircyn, syrcas.

syrch, syrchus, gw. serch, serchus.

syrdrwnc, syrddan, syrddanaf: syrddanu, gw. surdrwnc, syfrdan, syfrdanaf: syfrdanu.

syre, syra [bnth. S. C. neu H. Ffr. *sire* a S. *sirrah*; ansicr yw'r engh. yn yr ail ddfn.] *eg.* Syr, syr; cyfarchiad difr. i ddyn neu fachgen; (?geir.) uchelwr, arglwydd: *Sir, sir; sirrah, derog.*; (?*dict.*) *nobleman, lord.*

14g. *BT* 232, *syre* hywe [*sic*] Jeu/wang . . . *Syre* Bartholomev o bad/desmere [*sic*]. **14g.** *GIG* 108, 'Dos i ddiawl,' wenwynawl naid, / 'Nac af, *syre*,' neges afraid. **16g.** *Cy* xxxi. 206, *syre* nid oes genyf i ddim y ti y dynnyr dwfr. **1567** *TN* 154a, Arglwydd [:– Tiwr, Hawr, *Syra*] (**1588** *Io* xii. 21, arglwydd; **1620** *ib. Syre*), ni a wyllysem 'weled yr Iesu. *a.* **1587** *Y* 77, Rhag doedyd, cyn cymryd cêd, / 'Nes, *syry*, yn is i wared!' **16–17g.** *CRC* 56, *syre* yfory down i ir ffair / a Dvw a Mair ach kroesso. **1604–7** *TW* (*Pen* 228), ha *Syrra* d.g. *Ehodum*. **1632** *D*, Syr, & *Syre*, Domine. **1688** S. HUGHES: *TSP* 188, *Syre, syre*, 'rychi 'n haeddu cael eich gosod i farwolaeth. **1688** *TJ*, Syr, *Syre*, Arglwydd: a Lord. **1703** E. WYNNE: *BC* 60, Pa fodd y daethoch, *Syre*, eb rhyw furgyn o Angeu bâch oedd yno? Yn wîr, Syr, ebr fi, nis gwn i mwy na chwitheu. [**1783**] *W* d.g. *Sirrah*.

Amr.: **syref.** **1591** *CM* 16, 151, *Syref* pa fodd y profwch, ac y dangoswch i mi drwy synwyr a dysc y dylwn i adael a gwrthod hên ffydd gwbl-vnawl yr Egwys Gatholic?

Gw. hefyd syr.

syren, syréw, syrf, syrfaeor, syrfdan, gw. seiren, siréw, serf, syrfëwr, syfrdan.

syrfeiaf, syrfeaf: syrfe(i)o [bnth. S. (*to*) *survey*] *ba.* Mesur (darn o dir, ardal, &c.) er mwyn gwneud map, cynllun, disgrifiad, &c., ohono: *to survey* (*land*).

1710 *CBGEL* 138, Geometri, Cyfrifyddiaeth, Astronomi, Longwriaeth [*sic*], *Surfeio*. **1800** *Eurgr* 54, lle mae'r tir yn cael ei roddi am ddim, ond talu am ei (*Syrfaio*), sef ei fesur.

syrfeifiaf: syrfeifio [bnth. S. (*to*) *survive*] *bg.a.* Goroesi: *to survive.*

20g. Ar lafar.

syrfëwr, syrfeier, &c. [bnth. a chfdds. o'r S. *survey(or)*(+*-wr*)] *eg.* ll. *-s, syrfewyr.* Tirfesurydd, arolygwr tai, eiddo, &c.; goruchwyliwr: *surveyor; supervisor.*

16g. (*LlEG*) *Mos* 158, 584b, a bricklaier, ac yn*swruaier* ar hynn o amser. **16g.** SIÔN BRWYNOG: *C* 54, Erioed (nid gair i'w wadu), / Ysgwïer, *Syrfeier* fu. **1604–7** *TW* (*Pen* 228), *Surveiwr* d.g. *Fabricensis*. **1754** *ML* i. 290, Y *Syrfaeor* sydd ar [*sic*] gwaetha' gallo ar ei droed, sef yw'r haint hwnnw y droedwst. Ar lafar; hefyd yn y ff. *sylfuar*, *EEW* 233 (sir Gaern.).

Cfn.: **syrfëwr siartredig:** *chartered surveyor.* **20g.**

syrfiaf: syrfio, syrfiét, gw. serfiaf[1]: serfio, serfiét.

syrffed, swrffed, swrffet, syrffet, surffed, &c. [bnth. S. *surfeit*] *eg.?b.* ll. (prin) *surffedau.* Gormodedd, yn enw. o fwyta neu yfed, gorfwyta neu oryfed sy'n gorlwytho'r stumog ac yn peri salwch, y gormodedd o fwyd a fwyteir neu o ddiod a yfir, llond bol, cyfog, diflastod, hefyd yn ddifr. am berson; afiechyd cructarddol ar geffylau, &c., sy'n ganlyniad gorfwyta, &c.: *surfeit, excess, satiation, nausea, boredom, ennui, also derog. of a person; surfeit* (*skin disease of horses, &c.*).

15g. *GDLl* 171, Syched a bair *swrffed* Siôn, / Swmer meddw, som yw'r moddion [dychan i Siôn Dafi]. **1545** ELIS GRUFFYDD: *Ll* 15, annesgymod ar a vo gwedi magv o herwydd *swrffet* o vwyd amrwd a diod aviach. *id.* 144, ynn erbyn incannttashiwn a *ssurffett* o ormod bwyd a diod, gwna j'r goddeuwr yved owns a haner ar vnwaith o'r dwr yma. **16g.** (*LlEG*) *Mos* 158, 132a, ynn yr a/amser I kauas vn or barwniaid yr hwn a elwid Sr Roedgier damri *surffed* ynn fo [*sic*] or hynn I bu Ef varw. **1547** *WS*, *Swrffet* Surfette. **1567** *TN* 123a, gloddest [:– vrwysc, *surffet*] a' meddot. **16g.** *LlS* 79, Bresych dofion sy dda ar les y boly . . . dyphoddy a wna pop *surphet*, ne niweidion a ddelont o achos gwin. *a.* **1587** *Y* 4, Y sarph a fwrw i *swrffed*, / Ag yn saeth gron hon a hêd. *Diw.* **16g.** *WLB* 12, arfered or ddiod honn drwy weddio dûw ar ymgadw rac annwydd [*sic*] a rac pob ryw *swrffed* ac ef a fydd iach. *id.* 99, Hyn sydd ddrwg ir y menydd [*sic*] . . . pob rhyw *surffet*, pob medddod swpper hwyr kysgu yn y fan gwedi. **1595** H. LEWYS: *PA* 110–11, pann gam arferom nineu, yn warthus, win, yd, bara a diod . . . er mantimio medd-dod, *surffedau*, gormodoed' ac wttres. **16–17g.** T. PRYS: *C* 195, Tario am faich, troi mae i fôr, / Gwingo wrth raff ac angor, / A derbyn, cyndyn y'i caid, / Ac ar lanw gŵyr ei lonaid, / A gillwng o'i frig allan / Ei *swrffed* ar led i'r lan [i ofyn cwch pysgota]. **16–17g.** *Cer RC* 94, Duw Iesu, ar *syrffeth* mae'n f'erbyn i rywbeth. **1658** R. VAUGHAN: *PS* 357, Ef a fynnai yr Awdur borthi dy enaid, nid ei sechu; ac am hynny y tyrr yn rhannau ei neullduol-draethiadau hwyaf, rhag *swrffed* neu ormod pwys ith ddwyfron. **1672** R. PRICHARD: *Gw* 397, Os o *Swrffet* [:– Diotta], os o Anwyd, / Neu Dŷ afiach y ceist glefyd. **1759** *BC* 396, Gochel meddwdod *surffed* gwael / A nâd dy gael, ar ladrad. **1759** J. EVANS: *PF* 99, Mygiadau, Sciatica, *Swrffet* yn ei dechreu. **1795** J. THOMAS: *AIC* 365, British Oil sydd dda i Wartheg rhag *Swrffet*. Ar lafar, 'y clep wedi mynd yn *syrffad*', *WVBD* 515, hefyd am rywun ffiaidd, 'y *syrffad* drewllyd', *ib.*, neu am rywun syrffedus; ''Wi' wedi cæl *syrffat* ar gig gweddar', *GTN* 758. Cf. D. OWEN: *D* 37, eto yr oedd yna rywbeth yn dyweyd wrtha i . . . fod o yn ei haeddu hi, y *syrffed* creulon, dideimlad; D. OWEN: *GT* 234, Mae o yn cnoi ei dafod, ac yn ffrothio o'i geg fel ci cynddeiriog, y *syrffed* gynofo.

syrffedaf, swrffedaf, &c.: **syrffedu, swrffedu,** &c. [bf. o'r e. *syrffed, swrffed,* &c.] *bg.a.* Cael syrffed (ar), peri syrffed (i), gorfwyta neu oryfed hyd syrffed, codi cyfog (ar), cael llond bol (ar), blino'n lân (ar), diflasu (ar), alaru (ar): *to surfeit* (*on*), *overindulge* (*in*), *suffer from overindulgence, nauseate, feel fed up* (*with*), *bore stiff, be bored stiff* (*with*), *be*(*come*) *sick and tired* (*of*).

1658 R. VAUGHAN: *PS* 166, llawenydd a leinw, ni lewyga, a fodlona ni *swrffeda* yn dragywydd. *c.* **1658** R. VAUGHAN: *E* 157, ydynt hwy yn ofni rhag vddynt eu dangos eu hunain yn rhy foesol, neu *swrffedu* ar ormodedd o fendithion? **1701** E. WYNNE: *RBS* 62, Yr hwn a yfo ychydic, a hynny yn ei orchfygu . . . euog yw efe o drymlwytho neu *sarffedu* (*surfeiting*). Ond y sawl a yfo lawer ac e'n gr$\hat{y}$f i ddal, heb gwbl golli ei synwyr, hwnnw sy'n euog o feddwdod. *c.* **1730** *Thos. Lloyd D* (LlGC) 212a, *Swrffedu*. To surfeit. **1756** *ML* i. 430, mi wn o'r goreu nad gweddus gwamalrhwydd i hynafgwr, ac na ddigymydd y fath saig a chylla gwr sydd wedi fal pettai *swrffedu* ar ddarllain a sgrifennu. **1761** *id.* ii. 301, Ai nid oes modd i roi peth chwerw yn ei ddiod fel y *swrffeda* fo arni? *c.* **1762–79** W. WILLIAMS: *P* 241, yfed gyda hwy y licwr mwya per, a'r gwin mwya melus a hyfryd; heb fod fyth yn feddw, neu yn *surffetto* arno. Ar lafar, '*syrffedu, syffedu*' '*syrffedu* ar fwyd', *WVBD* 515; ''Wi' wedi cæl jam nis *syffetu*'m stumog yn læn', *GTN* 756; hefyd yn y ff. *sarffedu*, *TGG* (1907–8) 86 (sir Benf.), ac yn y ff. *swrffedu* yn yr ystyr 'to be cold and stiff after long exposure to the weather', 'Ma'r tewy 'n ddigon i *swrffedi* dyn', *GDD* 279. Cf. D. OWEN: *SP* 83, yr oedd yn hoff iawn o'i fachgen, ac yn ei *syrffedu* 'mron â moethau.

syrffedig, swrffedig [bôn y f. *syrffedaf, swrffedaf*: *syrffedu, swrffedu*+*-ig*[2] neu ff. cyw. ar **syrffededig*, **swrffededig*, sef bôn y f. *syrffedaf, swrffedaf*: *syrffedu, swrffedu*+*-edig*] *a.?bfl.* Syrffedus, yn peri syrffed; wedi syrffedu: *causing surfeit; fed up.*

1703 E. WYNNE: *BC* 145, [p]lesereu darfodedig, *swrffedig*, ffol a gwradwyddus. *c.* **1730** *Thos. Lloyd D* (LlGC) 213a, *Swrffedig* . . . Surfeiting. K. 132.

syrffedlyd, syrffetlyd [*syrffed, syrffet*+*-lyd*] *a.* Syrffedus, yn peri syrffed neu ddiflastod, cyfoglyd; wedi syrffedu: *causing surfeit, boredom, or disgust, nauseating; fed up.*

1866.

syrffedol [*syrffed*+*-ol*] *a.* Syrffedus, poenus: *causing surfeit, tiresome.*

20g.

syrffedus [*syrffed*+*-us*] *a.* Yn peri syrffed neu ddiflastod, diflas, poenus: *causing surfeit, boredom, or disgust, boring, tiresome.*

1937. Ar lafar yn y ff. *syffetus* yn yr ystyr 'digonol, ar ben ei ddigon', ''Wyt ti'n *syffetus* iawn 'eddi, 'wyt ti ddim?', *GTN* 756, a hefyd yn yr ystyr 'balch, snobyddlyd', 'Un *syffetus* ofnadw yw 'i', *ib.*; 'golwg *syffetus*'.

syrffet, syrffetaf: syrffetu, syrffetlyd, syrffeth, gw. syrffed, syrffedaf: syrffedu, syrffedlyd, syrffed.

syrffiaf: syrffio [bnth. S. (*to*) *surf*] *bg.a.* Teithio ar (don, &c.) ar astell bwrpasol, hefyd yn *ffig.*: *to surf, also fig.*

20g. Ar lafar, 'mynd i Lŷn i *syrffio*', '*syrffio*'r We'.

syrffiwr [bôn y f. *syrffiaf*: *syrffio*+*-iwr*] *eg.* ll. *syrffwyr.* Un sy'n syrffio, hefyd yn *ffig.*: *surfer, also fig.*

20g.

syrhad, syrhaed, gw. sarhad.

syrhaedlon, syrhaf: syrhau, gw. sarhadlon, sarhaf: sarhau.

Syriac, Syriag [bnth. S. *Syriac*] *eb.g.* a hefyd fel *a.* Syrieg: *Syriac.*

16–17g. *IMCY* 242, ag Ebriw enwog Abram / aeth oy fin fal iaith y fam / y Kaldian meddan y mi / ar *Syriag* kyn y sorri [i Syr Water, ficer Brynbuga]. **1604–7** *TW* (*Pen* 228), Gair *Syriac* ac yn Arwydhochäu Tad d.g. *Abba*. **1701** J. OWEN: *YE* 150, cyfieuthwyd [*sic*] y Testament Newydd ir *syriac* yn foreu iawn.

Syriad [e.'r wlad *Syr*(*ia*)+*-iad*[3]] *eg.* ll. *-iaid.* Brodor o Syria, un o dras neu genedligrwydd Syriaidd: *a Syrian.*

1588 *Gen* xxxi. 20, Felly Iacob a aeth yn lledradaidd oddi wrth y *Syriad*. **1588** 2 *Sam* viii. 5, Yna y daeth y *Syriaid* o Ddamascus i gynnorthwyo Hadarezar brenin Zoba. **1701** J. OWEN: *YE* 151, y mae rhai Copiau, or [*sic*] Cyfieuthiad [*sic*] hwnnw heb y datcuddiad, ac Epistolau Petr, ac Ioan, a Iudas. Ac y mae'r *syriad* yn dywedyd na throwyd o'r rhain ar y Cyntaf ir jaith syriaeg.

Syriaeg, gw. Syrieg.

syriaf, syrraf: syrio, syrro [bf. o'r e. *syr*] *bg.a.* Cyfarch (rhywun) â'r term 'syr', dweud 'syr' (wrth), hefyd yn *ffig.*: *to sir, address* (*person*) *as* '*sir*', *say* '*sir*' (*to*), *also fig.*

1849 (**1878**) W. REES: *LlHFf* 86, Mi gipiodd Sian y gair mewn munud, a bob tro y galwa i arni hi, 'Syr', medde hi; a mau'r llancie yma yn fy *Syrio* i, ac yn chwerthin am y mhen i. Ar lafar, ''Odd pobun yn *syrro*'r doctor pryt 'ynny. 'S neb yn *syrro* neb 'eddi'. Cf. T. JONES: *AJ* 19, A gwylied y tylotyn / Pan fo'n eu pasio hwy ['relieving officers'] / Am fowio a *syrio* hefyd, / Neu golli swllt y plwy; T. H. PARRY-WILLIAMS: *Y* 19, *Syriaswn* drempyn ar y lôn bost y Sul hwnnw.

Syriag, gw. Syriac.

Syriaidd [e.'r wlad *Syri*(*a*)+*-aidd*] *a.* Yn perthyn i Syria neu i'r Syriaid neu i'w hiaith, nodweddiadol o Syria neu o'r Syriaid: *Syrian.*

1701 J. OWEN: *YE* 150, fel hyn y mae 'r Cyfieithwyr *syriaid* [*sic*] yn troi 'r lle Act. 16. 15. Bedyddiwyd hi a phlant ei thy. Y mae hyn y[n] dangos barn yr hen Eglwys Ghrist'nogol ynghylch bedydd plant, Canys cyfieuthwyd [*sic*] y Testament Newydd ir syriac yn foreu iawn.

Syrianaeg [bnth. S. *Syrian*+*aeg*] *eb.g.* a hefyd fel *a.* Syrieg: *Syriac.*

1588 2 *Br* xviii. 26, llefara attolwg wrth dy weision yn *Syrian-aec*. **1588** *Esr* iv. 7, scrifen y llythr a scrifennwyd yn *Syrian-aec*, ac a eglurwyd yn *Syrian-aec*. **1630** *YDd* 19, Abba enw or *Syrianaec*, yn arwyddocau Tâd. *c.* **1730** *Thos. Lloyd D* (LlGC) 213a, Syriaec. *Syrianaec*. Lingua Syra.

Syrieg, Syr(i)aeg [e.'r wlad *Syr*((*i*)*a*)+*-eg*[1], *aeg*] *eb.g.* a hefyd fel *a.* Un o dafodieithoedd yr Aramaeg a siaredid yn Syria hyd y drydedd ganrif ar ddeg ac a ddefnyddir hyd heddiw fel iaith litwrgaidd mewn

rhai eglwysi dwyreiniol; yn yr iaith honno, yn perthyn i'r iaith honno: *Syriac.*
1595 *Egl Ph* [ix], gwir yw'r bhrawdha/eg herwydh troelh ymadrodh. yn *Siraec.* **1620** *Eseia* xxxvi. 11, llefara attolwg wrth dy weision yn *Syriaec* (**1588** *ib.* Syrian-aec), canys yr ydym ni yn ei deall. **1701** J. OWEN: *YE* 151, y mae rhai Copiau, or [*sic*] Cyfieuthiad [*sic*] hwnnw heb y datcuddiad, ac Epistolau Petr, ac Ioan, a Iudas. Ac y mae'r syriad yn dywedyd na throwyd o'r rhain ar y Cyntaf ir jaith *syriaeg.* *c.* **1730** *Thos. Lloyd D* (LlGC) 213a, *Syriaec.* Syrianaec. Lingua Syra. [**1740**] D. LLWYD: *YDD* 11, y Cyfieithiadau *Syrjaeg,* Groeg, a Lladin. **1752** G. OWEN: *L* 17, Am y Grammadeg Arabaeg a *Syriaeg,* gadewch iddynt. *c.* **1762–79** W. WILLIAMS: *P* 193, am mai enw y blaned Satwrn yn y jaith *Syriaeg* cystal ac yn jaith y Persiaid yw Remphan. **1791** *Dialogous* 10, Ieithoedd y dwyrain, sef, Hebraeg, Galdeaeg [*sic*], a *Syriaeg.*

syrínj [bnth. S. *syringe*] *eg.* ll. *syrinjys.* Chwistrell: *syringe.*
20g. Ar lafar, hefyd yn y ff. *srinj,* ''Rodd y parc yn llawn *srinjys*'.

syrinjaf: syrinjo [bnth. S. (*to*) *syringe*] *ba.* Chwistrellu: *to syringe.*
Diw. **16g.** *WLB* 66, Kymer egrmwnt y dail . . . a *suringia* yn i mysc win gwynn ac ystylia hwynt ar dwfr hwn sydd dda i lygaid. Ar lafar, '*srinjo* clustia' (Arfon).

syrion, syrjant, gw. **surion**[3], **sarsiant.**

syrjeri, &c. [bnth. S. *surgery*] *eb.* ll. *-s.* Meddygfa, deintyddfa; sesiwn ymgynghori aelod seneddol, cyfreithiwr, &c.: (*doctor's, dentist's, MP's, lawyer's, &c.*) *surgery.*
20g. Ar lafar.

syrjon [bnth. S. *surgeon*] *eg.* Llawfeddyg, hefyd yn *ffig.*: *surgeon, also fig.*
20g. Cf. M. G. JONES: *Y Dewin* (1993) 30, Ef oedd y *syrjon*—/ y llawfeddyg geiriau / a ddaeth i'w chlafdy / i dorri ymaith y tyfiant / ar ei fwrdd [i Syr John Morris-Jones].

syrjyri, gw. **syrjeri.**

syrlwyn, sirlwyn, sirloin [bnth. a chfdds. o'r S. *sur*(*loin*)(+*lwyn, llwyn*[2])] *eg.* ll. *syrlwynau.* Toriad o gig eidion o'r lwyn, yn enw. o'r rhan uchaf, arlwyn: *sirloin.*
1760 *ML* ii. 271, Mi brynais heddy *sirloin* o fiff rhwydd dda am 1d. y pwys, a gwydd go frâs am 8d. Ar lafar, 'gofyn am brisget, rib, *syrloin*'.

syrlyn, syrn, syrnachaf: syrnach, syrnaf: syrnu, gw. **surlyn, swrn**[1], **swrnachaf: swrnach, sarnaf: sarnu.**

syrnâm, syrnêm, snâm, &c. [bnth. S. *surname*] *eg.* Cyfenw, enw teuluol, 'steil': *surname.*
1909. Ar lafar yn gyff. yn y Gogledd, '*snâm*', *Cymru* xlvii. 196 (sir Ddinb.), *id.* liv. [84] (dwyrain sir Drefn.); hefyd yn Arfon yn y ff. *snêm.* Clywir hefyd *syrnem* yng ngogledd sir Gaerf., a *syrnam* yn nwyrain y sir honno.

syrnell [gair geir., sef *swrn*[1]+*-ell*] *e?g.* Ychydig, tamaid bach, rhywfaint: *a little, small bit.*
1604–7 *TW* (*Pen* 228) d.g. *Aliquantum.* *Dchr.* **17g.** *J* 10, 37b, Syrnyn & *Syrnell.* somewhat. Portiuncula. **17g.** *LlGC* 13215, 350.

syrnêm, syrnhir, gw. **syrnâm, syrnir.**

syrniog [*swrn*[1]+*-iog*] *a.* Lluosog: *abundant.*
c. **1400** *R* 1233. 12–13, Arpryuet calet collyaỽcchỽrych *syrnyaỽc.*

syrnir, syrnhir [*swrn*[1]+*hir*] *a.* Eithaf hir, hir iawn, maith iawn: *quite long, very long.*
16–17g. T. PRYS: *C* 340, Llawer siwrnai, llwyr *syrnir,* / Ysywaeth a wnaeth yn wir / A'm gado, hawdd ganddo hyn, / I floeddio 'r hyd y flwyddyn [i yrru'r cyffylog at Pyrs Gruffydd]. **1604–7** *TW* (*Pen* 228), *Syrnhir* d.g. *Longulus.* *c.* **1730** *Thos. Lloyd D* (LlGC) 213a, *Syrnir* . . . Longiusculus.

syrnyn, gw. **swrn**[1].

Syroffeniciad, Syroff(o)enisiad, &c. [e.'r dalaith *Syrophoenic*(*ia*) a chfdds. o'r S. Diw. Cyn. *Syropheniss*(*ian*)+*-iad*[3]] *eg.* ll. *-iaid.* Brodor o Syrophoenicia, talaith Rufeinig yng ngorllewin Asia a gynhwysai Phoenicia a thiriogaethau Damascus a Palmyra: *a Syrophoenician.*
1567 *TN* 61b, A'r wreic oedd Groec, a' *Sirophenissiat* (**1620** *Marc* vii. 26, *Syrophæniciad;* **1988** *ib. Syroffeniciad*) o genedl.

syrop, gw. **surop.**

syrplan, syrplis, gw. **swrplis.**

syrpréis [bnth. S. *surprise*] *eb.g.* ll. *syrpreisys.* Digwyddiad neu beth dirybudd neu annisgwyl: *surprise.*
20g. Ar lafar yn y ff. *sypréis,* 'Fe drefnon' nhw barti fel *sypréis* fach iddi'; 'Mi gesh i andros o *sypréis* pan welish i nw'.

syrraf: syrro, syrrug, syrsieri, gw. **syriaf: syrio, sarrug, syrjeri.**

syrtan, syrten, gw. **sertain.**

syrtiffeiaf: syrtiffeio, syrtifficet, gw. **sertiffeiaf: sertiffeio, sertifficat.**

syrth[1] [bôn y f. *syrthiaf, syrthaf: syrth*(*i*)*o*] *eg.* ll. *-ion,* ?ac *e.ll.,* a hefyd gyda grym ansoddeiriol.

(*a*) Cwymp, syrthiad, hefyd yn *ffig.*: *a fall*(*ing*), *also fig.*
12g. *GMB* 152, Eil marth maỽr mor de, eil yrth, eil *syrth* se. **13g.** *GDB* 256, A rac pyrth bu *syrth* Saesson yg krein. **15g.** *OBWV* 117, Mawr *syrth* ar fy mro y sydd, / Mur gwelw o'r môr i gilydd [i'r eira]. **1567** *TN* 97a, a'r genvaint a ddygyrchawdd y ar ddibin [:– le *syrth*] i'r merllyn. **16–17g.** *HG* 56–7, ef a gymerth er yn mwyn or vorwyn vendigedig / knawd ag aned, kyviawn yw, yn ddyn ar ddüw moledig / er dwyn pymoes gwedy *syrth,* o uffer [*sic*] byrth kloedig / yn rhydd i bawb wedy bai, rhag bod pob rhai n golledig. **1604–7** *TW* (*Pen* 228) d.g. *Accidens* . . . Substantiv. **1655** R. JONES: *PC* 27, Midian . . . Balam . . . a gwragedd *syrth.* **1753** *TR, Syrth,* inclination, propensity. *Diw.* **18g.** *AL* ii. 484, Tri phrawv ynad: gwybod y gyvraith; gwybod devodau . . . a gwybod *syrth* ei amserau, a'u dichweiniau. **18–19g.** *Llr* C 48, 222, Tri pheth anhawdd eu gweled au deall yn gyflawn . . . *Syrth* Awen, *Syrth* Pwyll, a *Syrth* Cydwybod. *id.* 59, 171, *Syrth,* genius, disposition. **18–19g.** *MA* iii. 216, O dripheth y ceir doethineb: ystyried *syrth* ac anian. **1801** *MMf* 267, gwna ferwyn trwy flodau, ag yf dair wythnos . . . ag fel hynn ydd ei di yn nhrefn Duw a chyfarpar nattur, ag anian a *syrth* y flwyddyn. **1803** *P, Syrth,* s. m. . . . A fall, a chance, a lot; a sort; inclination, propensity.

(*b*) Pwysau; swm, sylwedd; hefyd yn *ffig.*: *weight; sum, substance; also fig.*
c. **1400** *RB* ii. 58–9, A llidiaỽ a ỽnaeth corineus adrychauel y kaỽr ar y ysgỽyd. achyrchu penn karrec vchel vch ben y mor. A bỽrỽ y*syrth* hỽnnỽ y ar y ysgỽyd. *c.* **1514** *B* v. 12, A phan ddodai ef i law ar un or kreigiau kyn ysgafned vyddai iddaw ef i bwrw oi lle a phe byddai heb *syrth*—ynddi. **1592** S. D. RHYS: *Inst* [xvii], Canys pann bhô nêb ryw Awdur ynn emcânu gossod rhyw 'waith neu lybhr i 'olwc y byd; yna y bydh pawb o'r a bhô a' dim *syrth* gantho (o'r bhâth betheu ac y bô yr Awdur hwnnw ynn medhylieid eu dangos) ynn danbhon pawb i gymhorth a'i athrâwaeth idho. **1597** (**18g.**) *Rhyddiaith Gymraeg* ii. 157, na roddwch mwyach ddim lliw achaws iddaw . . . ddannod ddim (a nemor o *syrth* ynddo) i chwi. **1606** E. JAMES: *Hom* ii. 13, a *syrth* [:– sum] y rheswn. *id.* ii. 21, y ddwy homili ddiwethaf . . . *syrth* a chynhwysiad y rhai, yw. *id.* ii. 136, holl sum a *syrth* (*sum and pith*) ein crefydd ni.

(*c*) Rhannau mewnol bwytadwy anifail megis y galon, yr iau, a'r tafod; glasog, iau, calon, a gwddf aderyn; perfeddion, coluddion; ysgarthion: *offal; giblets; entrails, bowels; excrement.*
1604–7 *TW* (*Pen* 228) d.g. *Acrocholia anseris, Excrementum, Resegmen.* **1632** *D, Syrth,* Interanea, exta. **1688** *TJ, Syrth,* y perfedd, y Coluddion: the Bowels, Inwards or Intrails. **1722** *Llst* 189, *Syrth.* p. The bowels, guts, pig's haslet. *id. Syrth* gŵydd. Goose giblets. **1773** *W* d.g. *Entrails, Garbage, Giblet or giblets, Offal, or offals.* **1798** *WR, syrthion* d.g. *Offals.* **1803** *P, Syrth,* s. m. . . . offal, small parts or cuttings off a carcase, as the feet, head, entrails, and the like. Ar lafar, '*syrth* mochyn' 'y 'senna, yr asgwrn blaen cefn, y sbawd, a'r ddau droed ôl', 'length, rack or loin of pork', *WVBD* 513. Cf. D. OWEN: *RL* 85, ai doeth wedi ei ladd [mochyn] a fyddai gwneyd pwdin gwaed a brawn; pa un ai cadw ai gwerthu y *syrth* a fyddai oreu.
Amr.: **serth**[2]. **1939.**
Gw. hefyd **serth**[1].

syrth[2], **syrthaf: syrtho,** gw. **syrthiaf: syrthio.**

syrthfa [*syrth*[1]+*-fa, ma*] *eb.* ll. *-feydd.* Cwymp, syrthiad; cwymp (mewn pwll glo, &c.), tirlithriad; clogwyn, dibyn; ceubwll (o ddrygioni, llygredd, &c.): *a fall*(*ing*)*; fall* (*in coalmine, &c.*)*, avalanche; cliff, precipice; sink* (*of vice, corruption, &c.*).
c. **1585** *MCr* 75, fe archoedd [*sic*] nerth a gwasgod gan ras Duw, yr hon . . . a'i [*sic*] dygoedd allan o *syrthfa* (*sink*) pechod. **1604–7** *TW* (*Pen* 228) d.g. *Casura.* **1780** *W* d.g. *Precipice.* **18–19g.** *IM* 147–8, Words collected in Blaenau Morganwg . . . *Syrthfa.* a falling in of the ground in the coal-works. **18–19g.** *Llr* C 16, 165, *Syrthfa,* a Cliffe . . . a fall in the side of a mountain, and in the Cole-works. **1803** *P, Syrthva,* s. f.—pl. *sy*[*r*]*thveyz* . . . A fallen state.

syrthglwyf [*syrth*[1]+*clwyf*] *eg.* Epilepsi, clefyd cwympo: *epilepsy.*
1771 *PDPh* 37, Yr Haint-digwydd, neu 'r *Syrth-Glwyf,* Epilepsy. **1772** D. RISIART: *HFP* 20, ei blino gan y *syrth glwyf,* neu ffitiau 'r Confwlsion.

syrthiad [bôn y f. *syrthiaf, syrthaf: syrth*(*i*)*o*+*-iad*[1]] *eg.* ll. *-au.*

(*a*) Y weithred o syrthio, cwymp(iad), hefyd yn *ffig.*; rhediad (tir), goleddf: *a fall or falling, also fig.; dip, gradient.*
16g. *GIIIV* 52, Mynediad fal *syrthiad* ser / Mewn trydiau mynd dau froder [marwnad Owain a Gruffudd, meibion Siôn ap Rhys ap Howel Coetmor]. **16g.** *NBSF* 44, Torwyd purion naturiaeth / Torw[y]d fy morddwyd am maeth / swrth oi blaid syrthio i blodau / *syrthiad* a wna /r/ farwnad fau (Tudur ap Wiliam Fychan). **1588** *Eseia* viii. 14, Ac efe [Arglwydd y lluoedd] a fydd . . . yn faen tramgwydd, ac yn graig *syrthiad* i ddau dŷ Israel. **16–17g.** *HG* 37, y may yn rhyfedd y bob gwr / am *syrthiad* twr pabilon. **1632** *D* d.g. *Decidium, Defluvium.* **1655** R. JONES: *PC* 180, Dammeg 'r hauwr . . . deongli'r hâd . . . *syrthiad* hedyn. **1765** JM: *DDdC* [8], *syrthiad* y gwlybwr i rannau isaf y Corph. **1775** *W* d.g. *Fall* [*the action of falling,* &c.]. **1777** W. DAVIES: *CHL* 109, Yr ydym ni'n trin llestri pridd a gwydr yn ofalus, ac yn ceisio eu cadw rhag ergydion a rhag *syrthiadau,* canys nyni a wyddom fod yn hawdd eu dryllio. **1803** *P, Syrthiad* . . . A falling, a tumbling.

(*b*) Llithriad (moesol), *Diwin.* Cwymp: (*moral*) *lapse, Fall* (*in theol.*).
1675 R. JONES: *HCh* 7, O achos amryw lithradau a *syrthiadau* pobl Dduw. **1696** *CDD* 8, Carol ar Greuad y Bŷd, *syr thiad* [*sic*] Dŷn, a'i ail bryniad drwŷ Jesu Grîst. [**1740**] D. LLWYD: *YDD* 183, *Syrthiad* oddiwrth y Sgrythur Esampl. **1777** W. WILLIAMS: *TEA* 19, nid da bod gwŷr yn gwybod *syrthiadau* y gwragedd, na'r gwragedd o'r tu arall yn clywaid am wendidau y gwŷr.

(*c*) *Gram.* Cyflwr: *case* (*in gram.*).
p. **1584** G. ROBERT: *GC* 98, Pessawl achos sy[dd]? . . . chwech, henwedigawl, genedigawl, dodawl, cyhuddiawl, galwedigawl, ag afliawl *syrthiad* ne achos. *id.* 100, Oes yn y gymraeg amrafel dreigliadau fal y ga[ll]er i hadnabod wrth *syrthiad* a therfyn y gair . . .? Nag oes ddim, oblygid mae gan y geiriau groeg a lladin amrafel derfyn i bob *syrthiad* ganmwyaf [*sic*], ag wrth derfyniad y *syrthiad* gene/digawl nhwy a wyddant pa dreigliad sydd i bob gair.
Cfn.: **syrthiad allan:** *a falling out, quarrel.* **1691** T. WILLIAMS: *YB* 160, a oes dim *syrthiad allan* rhyngddynt ag ûn dŷn yn y byd, heb ei wneud i fyny. **1720** *W Ballads* 62 d.d., Hanes digrif ynghylch *syrthiad allan* a ddigwyddodd rhwng Gwr Tauog [*sic*], a dau Hwrdd Calonnog. Cf. *LlGN* 5, rhagfynegu *syrthiad allan* rhyngoch ac un o'ch cymmydogion. **syrthiad y dail:** *autumn, fall.* **1698** T. JONES: *Alm* [26], llawer o bobl a glafychant ar *Syrthiad y dail.* *c.* **1730** *Thos. Lloyd D* (LlGC) 212a, [*Syrthiad*] *y dail.* G. 149. **syrthiad oddi wrth râs:** *fall from grace.* **1759** T. THOMAS: *WWDd* 149.

syrthiadol [*syrthiad*+*-ol*] *a.* Collddail: *deciduous.*
1858.

syrthiaf, syrthaf: syrth(i)o, *bg.a.*

(*a*) Disgyn drwy rym disgyrchiant, cwympo (i'r llawr), cael codwm, cwympo ar ei hyd, ymostwng yn ei hyd, ymdaflu, hefyd yn *ffig.*; disgyn neu bantio (am dir); adfeilio; disgyn allan (e.e. am wallt), hongian i lawr: *to fall* (*down*)*, have a fall, tumble, fall prostrate, prostrate oneself, throw oneself, also fig.; fall* (*of land*)*; fall* (*to pieces*)*; fall out* (*e.g. of hair*)*, hang down.*
12g. *GLlF* 75, Vuelyar tan trỽy ysgyr, / Ergyr o'r

syr yn *syrthyaỽ*. *id.* 447, Kyn *syrthei* urwynen ar urynneu—o nef, / Neuoet y gadeu o'e hanoteu. **13g.** *C* 47. 1–2, Gwin y byd hi y vedwen in diffrin guy. Asirth ychegev pop vn. pop dvy. **13g.** *Brut B* 44, o pob parth e syrthyey e gwyr en veyrv megys e gwelvt e keyrch en *syrthyav* y gan e medelwyr y'r llavr. **13g.** *GBF* 421, Pony welỽch chỽi'r syr wedy r'*syrthyaỽ*? *id.* 560, Am eryr kedwyr kyduraỽ—Meruynyaỽn / Mor dicllaỽn digraỽn deigyr yn *syrthyaỽ*! **13g.** *BD* 26, a phroui ehedec yny *syrthvs* [Bleiddudd] ar temyl Apollo yn Llundein, ac a yssigvs oll. *id.* 51, *syrthvys* nei y brenhyn ar y gledyf ehun yny aeth trvydav. *id.* 189, Pob teyrnas a ranner ac a wahaner yndi ehun a distrywir ac a diffeithir, a thy a *syrth* ar warthaf y gilydd. **1346** *LlA* 125, Sef aỽnaeth beuno yna. dyuot . . . hyt y lle yroed ycorff . . . a *syrthyaw* ar dal y linyeu. agỽediaỽ duỽ val hynn. **14g.** *WM* 478. 33–5, uy aeleu ry*syrthỽys* ar aualeu uy llygeit. **14g.** *GDG*³ 99, Er *syrthio* o'r gwallt, cwnsallt cur, / I ar fy iad, erfai awdur. *c.* **1400** *Études* vii. 66, Llawer o vlew yn *syrthyaw* ar bob ysgwyd a arwydockaa ffolineb. *c.* **1400** *B* v. 24, Ffwrn . . . ar weith ystauell heb glawr arnei. ny *syrth* na glaw nac eiry na chesseir vyth o vywn idi. *Dchr.* **15g.** *GM* 1–2, deuwch, adolwn, a *syrthiwn* rac bronn Duw. **1567** *TN* 205b, efe yn' orthrwmedic gan hunaw, a ddygwyddodd [:– *syrthiodd*, gwympodd] i lawr or trydyddloft. *id.* 393a, E *syrthioedd* . . . Babylon y gaer vawr hono, ac y mae hi yn drigadle yr cythreiled. **1632** *D*, *Syrthio*, Cadere, concidere. **1698** T. JONES: *Art* 17, Breuddwŷdio fôd yr holl ddannedd yn *syrthio* ar unwaith. **1759** J. EVANS: *PF* 7, Diferun o Gwm a *syrthiodd* oddi ar ûn o'r Coed. **1796** N. WILLIAMS: *HM* ii. 71, yr Haint Digwydd . . . y mae 'r Corph yn *syrthio* i'r ddaear, (oddiwrth hyn y daeth yr enw clefyd syrthiol). **1803** *P* d.g. *Syrthiaw.* Ar lafar yn y Gogledd a'r Canolbarth, *WVBD* 515, *LGW* [468]–9. Cf. D. OWEN: *D* 139, byddai y ddau ymron *syrthio* o eisieu ymborth.

(*b*) Peri cwympo, hefyd yn *ffig.*: *to cause to fall, also fig.*

12–13g. *GMB* 538, Gỽae a godỽy Duỽ trỽy syberwyt, / Traha a'e *syrth* ym poen, ym pell deincryt. ?Cf. *GBF* 560, Am dihirỽut prut yn preityaỽ—gormes, / Teyrnlles branhes Bryneich syrthyaỽ; R. PRICHARD: *Gw* 356, Mewn Tai o glai yr ym yn trigo, / Storom gron y bair eu syrthio.

(*c*) Disgyn (mewn brwydr), cwympo('n farw), marw: *to fall (in battle), fall down (dead), die.*

12g. *GCBM* i. 296, Ry-m-gỽnaeth yn athrist athreityaỽ—Pennant / A'e phennyadur wedy *syrthyaỽ*. **12–13g.** *GLlLl* 264, Riued syr *syrthyassant* yg creu / O'th gynnygyn o'th gyneuodeu. *ib.* Aerwyr syr, *syrthyws* eu riued / Ar y law a'e lafyn wyarlled. **13g.** *C* 99. 4–6, Gwin ab nut but. bitinaur. kint y *sirthei* kadoet rac carnetaur dy ueirch. no bruyn briw y laur. **13g.** *Brut B* 44, o pob parth e *syrthyey* e gwyr en veyrv. **13g.** *BD* 155, guedy guelet o Frollo ry *syrthav* yn y ran waethaf o'r ymlad. **14g.** *T* 14. 21–2, A mal balaon saesson *syrthyn*. **14g.** *YBH* 57b, tynnaỽd morglei y gledyf a rodi dyrnodeu maỽr ac ef ar eu taryaneu hyt pan *syrthynt*. neu ỽynteu a ledit yn gyflym. *c.* **1400** *R* 1266. 1–3, Ym naf agaraf a vedyr gỽyryaỽ gleif ac a seif heb *syrthyaỽ* . . . boet rỽyd ybyt draỽ. *c.* **1400** *YSG* i. 58, ef a vynnawd Duw idaw taraw y sarff . . . yny *syrth* yn varw y'r llawr. **15g.** *DN* 68, A'r hollwyr o gamp ar y llawr a gwympud. / Ac er yn oes Arthur, er vngwr ni *syrthud*. **1588** *Salm* xviii. 38, Archollais hwy fel na allent sefyll: *syrthiasant* dann fy nhraed. **16–17g.** *GHCEM* 62, Salbri waedau, sêl brodir, / Pan *syrthiodd*, synnodd y sir [marwnad Edward Bruwtwn]. **1672** R. PRICHARD: *Gw* 355, Felly diffydd bywyd dŷn, / Felly *syrthiwn* bob yr un. **1703** E. WYNNE: *BC* 49, dechreuodd y Pâp a'r Swyddogion daiarol eraill lechu allewygu, a'r Penaethiaid uffernol *syrthio* o fesur y myrddiwn. Ar lafar mewn ymadr. megis '*syrthio*'n gelain', '*syrthio*'n farw'.

(*d*) Cwympo'n ysbrydol neu'n foesol, ildio i demtasiwn, pechu, llithro; methu, lleihau; colli ei werth (am arian); cwympo (am bris): *to fall spiritually or morally, yield to temptation, sin, lapse; fail, diminish; depreciate (of money); fall (of price).*

14g. *GDG*³ 240, *Syrthiodd* y cariad mad maith; / Somed fi am osymaith. **15g.** *GLGC* 9, Nawdd Iesu a fu ac a fo—a'i Dad, / nawdd Duw rhag fy *syrthio.* **16g.** *Hop M* 203, tyngy er brad bwriadys / *syrthio* er ym ddamno [*sic*] ddys. **1588** *Gal* v. 4, pwy bynnac ydych yn ymgyfiawnhau yn y ddeddf a *syrthiasoch* oddi wrth y grâs. **1595** *Egl Ph* 21, Cyn i Adha *syrthio*, yr ydoedh ar dhelw Dhuw. **1672** R. PRICHARD: *Gw* 336, Fy nghraig i wyt, o nâd fi *syrthio*! **1696** *CDD* 97, y Mâb haeledd, a'n deil hŷd y diwedd, / Er bôd ein lle'n serthedd, rhag *syrtho.* **1720** *App DP* 63, pan *syrthiodd* Adda, efe gollodd ei Bennoliaeth. **1793** T. JONES: *SD* 50, Possiblrwydd o *syrthio* yn hollol a pharhaol, o gyflwr o wir ras.

(*e*) Mynd (i gyflwr drwg penodedig); mynd (yn): *to pass or fall (into a specified bad condition); become.*

14g. *T* 80. 10, py gynheil y byt. na *syrth* yn eissywyt. *id.* 12–13, Byt mor yỽ aduant. pan *syrth* yn diuant. *c.* **1400** *MM* 144, Or kymmer dyn ormod neu ry uychan o vwyt . . . gỽanhau a wna y gorff a *syrthyaỽ* y myỽn cleuyt. *c.* **1400** *YSG* i. 99, pei tebygwn i na synnyei arnat yn ormod ac na *syrthyut* mywn anobeith. *c.* **1400** *Ymborth* 7, Angkallder yw gochel ryw bechawt yny *syrthyer* yn aralh. **1488–9** *BSM* 14, Merch . . . gwedy *syrthio* ynghlevyd parlys val nad oedd hi yn meddv ar aelod na chymal o Reiddi [*sic*] i ymwasanaethv. **16g.** (*LlEG*) *LlGC* 5276, 371b, I maer ysdori hon ynn dangos *syrthio* or vorwyn ynn vrwysc. **1547** *WS* [xviii], S/ yn yr ieithoedd yma a *syrth* yn vn sain val hyn syr syr. **16g.** *B* xi. 90, pan J'r korf bwyso ar henaint y vo a *ssyrthiodd* mewn gouid. *a.* **1561** *id.* vi. 45, mynych y *syrth* y kyfoythoc mywn tlodi. **1630** R. LLWYD: *LlH* 81, mi â *syrthiaf* mewn penbleth . . . fel na wypwyf pa fodd y deuaf allan. **1630** *YDd* 97, Eglwys yr Iuddewon . . . *syrthiasai* hi oddiwrth Dduw i ddelw-addoliaeth. **17g.** HUW MORUS: *EC* i. 353, *Syrthio* a wnae 'r sylltau yn ddimeiau yn y man. **1684** T. JONES: *Alm* [11], buan ar ôl hyny y *Syrth* y tywydd yn eger iawn. **1767** J. THOMAS: *TFFf* 101, anghyfarwydd mewn profiad heb wybod pa 'r fodd i bledio yr cyfiawnder hwn yn erbyn achwynion y gyfraith, cydwybod a chyhuddwr y brodyr, ac am hynny yn dueddol i *sy*[*r*]*thio* i Yspryd deddfol. **1768** W. WILLIAMS: *HTS* 37, yr oedd Ffidelius . . . mor dyner, fel os byddai i un *syrthio* i ryw fai . . . nis gallai . . . ei roi ef i fynu. **18–19g.** *Iolo MSS* 99, Ar hynny *syrthwys* Syr Lawrens Berclos yn fud gan syndod. *id.* 267, Coronog Faban . . . / . . . / yn Rhufain dir ef a wna farddas / Ai gasogion a *syrth* mewn anras. Cf. D. OWEN: *RL* 238, O dipyn i beth *syrthiais* i sefyllfa ddiwaith.

(*f*) Digwydd, damweinio, darfod; digwydd (ar adeg benodol, e.e. am ŵyl): *to happen, occur; fall (of date, &c.).*

13g. *BD* 142, *syrthvs* y uudugolyaeth yn llav y Brytannyeit. **14g.** *BT* (*RB*) 200, A gwedy hir ymlad ef a *syrthyawd* y uudugolyaeth y vrenhin Ffreinc. **15g.** *HCLl* 34, Pe *syrthiai* bod rhai yn troi—yn ddiddim, / Ni adai Wilim eu deoli. **16g.** *Pen* 86, 192–3, y mab aner dan arwydd y tarw . . . ag a *syrth* iddo wreika a mawr les agaiff oddiwrthi. **1568** MORYS CLYNNOG: *AG* [iii], Yn ni[w]edd y [ll]yfr e ossodwyd y beiau a *syrthiodd* y gwneuthur wrth brintio. **17g.** *TBM* 295, Ar hyn fe *syrthiodd* bariaeth / Rhwng y ddau gydymaith. Gw. hefyd y cfn. *syrthio ar* (ii) isod.

Cfn.: **syrthio allan (â):** *to fall out or quarrel (with).* **1630** *YDd* 171, Os digwydda i ti vn dydd *syrthio allan â* neb. **1703** E. WYNNE: *BC* 124, hên Geraint a Chyfeillion gynt wedi *syrthio allan* yn chwilfriw. **1756** *ML* i. 403, y brawd or Deau . . . basai well iddo beidio a *syrthio allan a*'r hen gydnabod. **syrthio ar:** (i) *to fall upon, assault.* **1551** W. SALESBURY: *KLl* lxia, Ydd oedd gwr yn descen o Caersalem i Hierico ac a *syrthyodd* llatron *arno.* **1703** E. WYNNE: *BC* 89, oni base i ni oscoi'n sydyn *syrthiasei arnom* ganto/edd o ddynion anhappus. (ii) *to affect gradually, overtake, possess.* **1346** *LlA* 91, yna yboredyd y*syrthyaỽd* marỽhun ysbrydaỽl *ar* ybraỽt. *id.* 100, yny *syrthyo arnat* vynych berleỽycuaeu. *id.* 124, kyscu a*syrthyaỽd ar* yr vn bennes [*sic*]. **14g.** *Cy* vii. 138, Tri peth a *syrth ar* dyn heb y ỽybot idaỽ. hun. a heneint. a phechot. **1595** H. LEWYS: *PA* 58, Pharao yn sefyll . . . er yr oll ddialeddae, a *syrthient* ac a ddescynent *arnaw.* **1687 (1715)** J. OWEN: *TB* 16, eithr *syrthiodd* y fath fraw *arno* . . . fel y mygrogodd, ac y bu farw yn ei daith. **syrthio ar fy mai (ei fai, &c.):** *to acknowledge my (his, &c.) fault, own up.* **1885** D. OWEN: *RL* 75, Gwnaeth Thomas Bowen ei oreu i gael gan Bob *syrthio ar ei fai.* **1894** D. OWEN: *GT* 106, Harri a fyddai yn gorfod gofyn am amodau heddwch—yn gorfod *syrthio ar ei fai* a chydnabod mai Gwen oedd yn ei lle. *id.* 257, Yr oeddwn yn rhy ystyfnig i *syrthio ar fy mai* a gofyn ei bardwn. Ar lafar, *WVBD* 29. **syrthio ar y pot:** *to die.* **1866** HUW DERFEL: *Hynafiaethau Llandegai* 51, Oddiwrth yr arferiad hwn [claddu mewn potiau] y daeth yr hen air "*Syrthio ar y pot*", ac y dywedir am un a fu glaf iawn, "Bu agos iddo a *syrthio ar y pot*". **syrthio at:** *to become a follower of, attach oneself to, be drawn towards.* **14g.** *Bren Saes* 128, Ac y *syrthiawd attaw* anvedred o weision ieuweinc ynvyt o'r wlat honno. **1588** 2 *Cr* xv. 9, hwy a *syrthiassant atto* ef [Asa] yn aml o Israel. **syrthio i gysgu:** *to fall asleep.* *c.* **1400** *B* xiv. 190. **1675** R. JONES: *HCh* 74. Ar lafar, "Odd y bregeth mor ddiflas bore 'ma nes bod un o'r blaenoriaid 'di *syrthio i gysgu*!'. **syrth(i)o i lawr (i'r llawr):** *to fall down.* **12g.** *GLlF* 447, Ny *syrthei y'r llaỽr* uaỽr uilltireu. **1567** *TN* 205b, [d]ygwyddodd [:– *syrthiodd* . . .] *i lawr.* **1632** *D* d.g. *Decido*, *Succido.* **1773** *W*, *Syrthio i lawr* d.g. *To fall down.* Ar lafar, 'Nesh i *syrthio lawr* grisie ddoe'. **syrthio mewn cariad:** *to fall in love.* **1657** RE: *CDd* 354. **1790** T. JONES: *TOS* 289. Ar lafar, 'Fe *syrthiodd* dros ei ben a'i glustiau *mewn cariad*'. Cf. D. OWEN: *GT* 107, Gyda'r prydferth y *syrthir mewn cariad.* **syrthio mewn ffansi** = **syrthio mewn cariad.** Ar lafar gynt yn Arfon, *WVBD* 129. **syrthio rhwng dwy stôl (y ddwy stôl):** *to fall between two stools.* **20g.** Ar lafar. Cf. W. SALESBURY: *OSP*, Rwng y ddwy stol ydd a r din i lawr. **syrthio ymaith:** *to fall off or away, also fig.* **1604–7** *TW* (*Pen* 228) d.g. *Excido.* *id.* yr hoel a geidw'r olwyn wrth yr echel rhag *syrthio* honei *ymeith* d.g. *paxillus.* **1658** R. VAUGHAN: *YPS* 8, yr Aelodau a *Syrthiasant ymaith* trwy Schism ydynt Golledig. Cf. **1988** *Heb* vi. 6, os yw'r rhain . . . wedi *syrthio ymaith* (**1588** *ib.* Os llwyr-syrthiant), y mae'n amhosibl eu hadfer i edifeirwch. **syrthio'n fyr:** *to fall short.* **20g.** **syrthio'n glewt(en):** *to fall in a heap.* **20g.** Ar lafar, *WVBD* 515.

syrthiant [bôn y f. *syrthiaf*, *syrthaf*: *syrth*-(*i*)*o*+-*iant*] *eg.* Cwymp, syrthiad, hefyd yn *ffig.*: *a fall(ing), also fig.*

1790 J. THOMAS: *DY* 15, Gwaed sydd *syrthiant* allan a dicter, neu golled am gyfaill Anwyl [am arwyddocâd breuddwyd]. **1803** *P.*

Cfn.: **syrthiant allan:** *a falling out, quarrel.* **1790** J. THOMAS: *DY* 15, 17.

syrthiedig [bôn y f. *syrthiaf*, *syrthaf*: *syrth*-(*i*)*o*+-*iedig*] *a.bfl.* a hefyd gyda grym enwol. Wedi syrthio, cwympedig, yn aml yn *ffig.*; ansad: *fallen, often fig.*; *unstable.*

1588 *Esec* xxi. 12, *syrthiedic* ar gleddyf fyddant. **1713** D. THOMAS: *TSC* 5, nid aethant ond ychydig hwy gwympsan yn *syrthiedig* / i gors annobaith embyd. **1723** J. JONES: *LlA* 296, eithr Tir llithredig, a Thir *syrthiedig* (*failing ground*) yw Proffes ddirâs o Grefydd. *c.* **1730** *Thos. Lloyd D* (LlGC) 212a, *Syrthiedig.* Labilis. **1765** J. POPKIN: *Ll* 217, Crist . . . mewn gwrthwahaniaeth oddiwrth yr Angylion *syrthiedig.* **1773** *W* d.g. *Fallen.* **1790** W. RICHARDS: *LlA* 13, nid yw crefydd nattur yn rhoi i rieni na phlant, mewn cyflwr *syrthiedig*, hawl i un fraint yn y byd. **1792** H. HARRIS: *H* 216, am wrthgiliwyr a dynion *syrthiedig.* **1798** T. ROBERTS: *CG* 33, dyn oedd yntau . . . yn *syrthiedig* ac anianol; gan hynny yn troseddu yn erbyn ei Waredwr. **18–19g.** R. DAVIES: *DB* 142, Felly hil *syrthiedig* Adda / I'w ffordd ei hun aeth pawb i'w yrfa. **1803** *P*, *Syrthiedig* . . . Fallen, tumbled. Pawb a'i droed ar *syrthiedig.*

syrthiol [bôn y f. *syrthiaf*, *syrthaf*: *syrth*-(*i*)*o*+-*iol*] *a.* Yn syrthio, a nodweddir gan syrthio; collddail: *falling (adj.)*; *deciduous.*

1796 N. WILLIAMS: *HM* ii. 71, yr Haint Digwydd . . . y mae 'r Corph yn syrthio i'r ddaear, (oddiwrth hyn y daeth yr enw clefyd *syrthiol*). **1803** *P*, *Syrthiawl* . . . Falling, tumbling.

syrthiwr [bôn y f. *syrthiaf*, *syrthaf*: *syrth*-(*i*)*o*+-*iwr*] *eg.* ll. *syrthwyr.* Un sy'n syrthio, un a syrthiodd, hefyd yn *ffig.*: *faller, one who has fallen, also fig.*

1766 *FfA* 72, amhosibl i'r *Syrthwyr* ymaith hynny ymadnewyddu. **1803** *P*, *Syrthiwr* . . . One who falls or tumbles down.

syrthlyd, swrthlyd [*swrth*+-*lyd*] *a.* Swrth, diog, segur, llesg, disymud, difywyd, cysglyd; difater, difraw; hefyd yn *ffig.*: *slothful, lazy, idle, listless, lethargic, inactive, sluggish, drowsy*; *apathetic, indifferent*; *also fig.*

1709 H. POWEL: *G* 32, rhai . . . escud a bywiog allan o'r Eglwys . . . a gyfnewidiant eu nattyr yn ebrwydd, pan de/lont, neu yr arhossont yno ychydic. Megis pe byddai ryw anian *syrthlyd* yn cael ei gyfrannu iddynt trwy enwi y Testyn. [**1710**] GW. AB IERWERTH: *SB* 54, O's ydych yn farwaidd ac yn *syrthlyd* (*dull*), myfi . . . a roddaf i chwi rai hyfforddiadau, pa fodd y mae i chwi fywhau a deffroi eich calonnau. *c.* **1730** *Thos. Lloyd D* (LlGC) 211b, *Syrthlyd.* Torpid. **1732** J. JONES: *C* 41, Beth yw'r Ffordd gyntaf ar wastraffu Amser? . . . Bod o honof yn ddiog ac yn *syrthlyd.* **1740** G. JONES: *HOG* 89, Y nêb a weithio â llaw dwyllodrus a *syrthlyd*, a fydd dlawd. **1743** D. ROWLAND: *T* 92, [C]effylau *swrthlyd* diog. **1746** G. JONES: *HWI* iii. 81, y cyfryw Weinidogjon anffyddlon a *swrthlyd.* **1748** P. PUGH: *DGG* 46, Y Dymuniadau hyn ni fyddant Ddymuniadau *swrthlyd*, ddioglyd [*sic*], yn disgwyl i Grist gwympo i'w Geneuau heb iddunt ymofyn ar Ei ôl. **18g.** *Hop M* 306, Beth sydd i'r craff o'i drafferth / Ac o'i olud *swrthlyd* serth? *id.* 320, Gwell cerydd y call cywrain / Na chân ynfyd *swrthlyd* sain. **1792** T. JONES: *GE* 171, Yr enaid, yn foddion i fwynhau ei gwsg *syrthlyd* a wna esgusodion rhag codi i'w ollwng ef i mewn. **1796** H. JONES: *MPC* 121, Yr oedd yr eglwys mewn cyflwr trist a *swrthlyd.* **1803** *P*, *Swrthlyd* . . . Apt to be drowsy.

syrthni, swrthni [*swrth*+-*ni*] *eg.b.* Y cyflwr o fod yn swrth neu'n ddifywyd, llesgedd, marweidd-dra, cysgadrwydd, diogi, segurdod; diffyg sêl neu frwdfrydedd, difaterwch, difrawder; *Ffis.* inertia: *sloth, listlessness, lethargy, sluggishness, drowsiness,*

sleepiness, laziness, idleness; lack of zeal or enthusiasm, apathy, indifference; inertia (in physics).

1588 *Diar* xix. 15, *Syrthni* a bar drym-gwsc. *id.* xxxi. 27, ni fwytu hi fwyd mewn *syrthni* (W. SALESBURY: *KLl* lxxixb, ae bara nys bwyty yn segur). *Dchr.* **17g.** *J* 10, 37b, *Syrthni.* sluggishnes, idlnes . . . Desidia, Ignavia, Socordia. **1618** J. SALISBURY: *EH* 337, Diogi a elwir yn y groeg Acidia; sef gair yn arwydho megys *Swrthni.* **1632** *D*, Swrth, *Syrthni*, Torpor. **1632** J. DAVIES: *LlR* 493, O'r ffynnon ddiogi yma, y mae'n tarddu lawer o bethau sy'n rhwystro i'r diog roi ei fryd ar edifarhau. A'r cyntaf yw rhyw drymder a *syrthni* a gogysgu tu ac at bob daioni. **17g.** E. MORRIS: *B* 50, Bydd ysgafn ac effro, at *syrthni* na ddos. **1688** *TJ*, Swrth *Syrthni*: a slothful heaviness or dulness. *id. Syrthni*, diogi: drousiness. **1691** T. WILLIAMS: *YB* 238, weithie mae cafod o ddolur neu glefyd yn deffro dyn allan o *syrthni* pechod ag yn ei wneud yn ddyn newydd. **1701** E. WYNNE: *RBS* 65, disgwylir . . . ymdrwyno â sûdd y pabi du heb gael *syrthni.* **1703** E. WYNNE: *BC* 138, Yna cododd Belphegor, Pennaeth y Diogi ar [*sic*] Seguryd; Myfi . . . yw Twysog mawr y *Syrthni* a'r Diogi. **1703** T. BADDY: *PCh* 127, i'ch gadel i *Syrthni* a marweidd-dra calon. **1723** WM: *PGG* 180, Gŵr perffeth . . . yn myned drwy bôb Drysni bydol . . . nid trwy *Syrthni* dideimlad, ond trwy Gryfder Meddwl santeiddlan. **1724** S. WILLIAMS: *ADA* 36, Na adewch i *syrthni* ysprydol . . . rwystro eich gwaith a dŵyn eich cyflog. **1760** *HDY* 70, esamplau ofnadwy o ddigofaint Duw . . . i ddeffro a chyffroi y pechadur . . . oi *syrthni* ddinistriol. **1790** T. JONES: *TOS* 315, cei weld y bydd ith [*sic*] galon blygu . . . a'i *syrthni* droi 'n ufudd-dod llonn. **1803** *P* d.g. *Syrthni.* Ar lafar, 'Ma 'na ryw *syrthni* garw wedi taro arna' i', *WVBD* 516; hefyd yn yr ystyr 'sultriness', *ib.* Cf. D. OWEN: *GT* 220, buan y blinai ac yr ymollyngai i ryw *syrthni* ac ysbryd isel; R. WILLIAMS PARRY: *CG* 6, Pan gaeai *syrthni* safnau'r cŵn, / Nosâi Ynysfor yn eu sŵn.

syrup, gw. **surop.**

syrwrw, *e?g.* Sŵn, twrw, baldordd: *noise, prattle.*

18g. TWM O'R NANT: *CO* 16, O! gwyneb cath coediog [*sic*], anodd i'th gadw, / Ai dyma lle 'rwyt ti yn cadw *syrwrw*? **1786** TWM O'R NANT: *PCG* 51, Mi clywais hwy'n siarad, ac yn cadw *syrwrw.* **1787 (1812)** TWM O'R NANT: *PG* 43, Hawdd gen 'ti [*sic*] siarad rhyw hen *syrwrw.* Clywir *shirwrw* ar lafar yng ngodre Cered.

syrwyn, sirwyn [cf. S. C. *ciroin* 'plaster containing wax'] *eg.* Cymysgedd o gŵyr, pyg, resin, &c., i'w ddefnyddio fel pwltis: *mixture of wax, pitch, resin, &c., used as a poultice.*

Diw. **16g.** *WLB* 3, *Syrwyn* a wnair drwy gwyr a ffŷg ag ystor a gwer, ai doddi a wnair ai ferwi i gyd ai fwrw ar ddwfr ai faeddu ai dynnu ai demprio drwy sangwyn neu bowdrau i ddwyn lliw a sawyrau teg arno, oni fo gwydyn, a llyfn, a lliwgar. *ib.* Y *Syrwyn* sugno dwfr ag yssig drwy gymalau drwy gnawd kyfa yw i waith yntef, llei bo yssig. *ib.* kyflaeth . . . fal *sirwyn* ond na roir ef ar ddwfr ond rholio or ddesgil bygilidh.

syrymontaen, gw. **sirimontaen.**

sysbendar, sysbendyr [bnth. S. *suspender*] *eg.b.* ll. *-s.* Strap ar wregys, gardas, &c., i ddal hosan, &c., i fyny, llinyn gardas: *suspender.*

Ar lafar.

sysbéns [bnth. S. *suspense*] *eg.* Cyflwr o ansicrwydd neu ddisgwyliad pryderus, nodwedd(ion) mewn nofel, ffilm, &c., sy'n ennyn y fath gyflwr: *suspense.*

1908.

sysbensiwn, sysbension, sysbensiyn [bnth. S. *suspension*] *eg.* ll. *-s.* Esgymuniad neu waharddiad dros dro; crogiant (cerbyd): *suspension (temporary debarring); suspension (of vehicle).*

1723 E. SAMUEL: *PDdC* ii. 66, os gemmydd neb wneuthur felly, eu cospi â *Suspensiwn*, Escymmundod neu Farnedigaethau Eraill yr Eglwys. Ar lafar, "Rodd mynd 'n ôl a 'mlaen ar hyd yr hen lôn dyllog 'ne 'di difetha *sysbensiyn* yr hen Fini' (sir Ddinb.).

sysiaswn, sysifwl, Sysnigaf: Sysnigo, Sysnigaidd, gw. **sasiwn[1], sisyfwl, Seisnigaf: Seisnigo, Seisnigaidd.**

syst [bnth. S. *cyst*] *eg.b.* ll. *-iau. Meddyg.* a *Biol.* Coden: *cyst.*

20g.

system [bnth. S. *system*] *eb.g.* ll. *-au.* Cyfundrefn, trefn, dull: *system, method.*

1725 D. LEWIS: *GB* 320, Am Dair *System*; neu dri drŷch y Bŷd . . . sef *System* Ptolomy, a *System* Copernicus ar [*sic*] *System* newydd. **1756** W. WILLIAMS: *GDC* vii, y *Sistem* newydd o Astronomiaeth. **1793** M. WILLIAMS: *BM* 36, Pob seren sefydlog ynghyd â'u planedau yr wyf yn ei alw 'n *system* yr haul honno. **1799** M. WILLIAMS: *HHG* [3], yr hon ynddi ei hun yw gwreiddiol ddechreuad y *system* neu gyfundraeth yr Atheistiaid. **1800** C. EVANS: *EJU* 37, cymmysgedd anferth o Iuddewiaeth a Chris'nogrwydd . . . Gwel, ddarllenydd, fod *system* Mr. Edwards . . . yn diddymu ei hunan . . . Darfu nerth ei *system* ef am byth! Ar lafar, 'Ma *system* drafnidieth Cymru'n anobeithiol'. Cf. T. H. PARRY-WILLIAMS: *OPG* 10, Cyfraith . . . fel trefn gweinyddu cyfiawnder yn ein *sistem* wareiddiad; D. J. WILLIAMS: *STD* 45, Yr oedd ganddi ei *sistem* ei hun o drin y gwesteion, a chadwai ei chynllun yng nghêl hyd yn oed rhag Anne.

Cfn.: **system yr haul:** *solar system.* **1810** M. WILLIAMS: *BM* [20]. Cf. hefyd M. WILLIAMS: *BM* 36 uchod.

systemaidd [*system*+*-aidd*] *a.* Wedi ei gyfundrefnu; systematig; systemig: *systematized; systematic(al); systemic.*

1904.

systemataidd [cfdds. o'r S. *systemat(ic)* +*-aidd*] *a.* Systematig; wedi ei gyfundrefnu: *systematic(al); systematized.*

1840.

systemateiddiaf: systemateiddio [bf. o'r a. *systemataidd*] *ba.* Cyfundrefnu: *to systematize.*

20g.

systematig [cfdds. o'r S. *systemat(ic)*+*-ig[2]*] *a.* A nodweddir gan drefn a chynllun, trefnus, rheolaidd; dosbarthiadol: *systematic(al).*

1926.

systemeiddiaf: systemeiddio [bf. o'r a. *systemaidd*] *ba.* Cyfundrefnu, systemateiddio: *to systematize.*

20g.

systemig [cfdds. o'r S. *system(ic)*+*-ig[2]*] *a.* Yn effeithio ar yr organeb gyfan (am wenwyn, afiechyd, &c.), heb fod yn ysgyfeiniol (am gylchrediad y gwaed), yn perthyn i system; systematig: *systemic; systematic.*

1939.

systemwr [*system*+*-wr*] *eg.* Cyfundrefnydd: *systematizer.*

1840.

systifficat, gw. **sertifficet.**

systitis [bnth. S. *cystitis*] *eg. Meddyg.* Llid y bledren: *cystitis.*

20g.

sytai, sytifficet, gw. **siti, sertifficet.**

sytorn, sytor [bnth. rhyw ff. ar S. Diw. Cyn. *cyttern*, cf. S. Diw. Cyn. *citron*] *e?g.* Offeryn cerdd gynt tebyg i liwt ond bod ganddo gefn gwastad a thannau gwifrog a genid fel arfer â phlectrwm: *cittern.*

1605–10 *IICRC* iii. 21, Kampus rhagorol chwery hi r vyrginal / luwt, a bandor vawr i bri / *syttorn*, guttorn, organ vwyn / urddedic vorwyn gowrtli. *c.* **1730** *Thos. Lloyd D* (LlGC) 212a, yn brysur iawn a'i *Syttor* y rhoe ef imi gân. BM 217.

Gw. hefyd **gutern.**

syth, a. (b. *seth*) ll. *-ion*, weithiau gyda grym enwol, a hefyd fel *eg.*

(*a*) Heb fod yn gam, diwyro, uniongyrchol; di-oed, disyfyd; unionsyth, ar ei draed, yn ei sefyll, fertigol, sythlin; serth; stiff, anhyblyg, anystwyth, caletsyth; cadarn, disyflyd; hefyd yn *ffig.*: *straight, direct; straight (away), immediate; upright, erect, vertical, perpendicular; steep; stiff, rigid, unbending; steady; also fig.*

13g. *C* 25. 12–26. 2, Trydellv diuedit. *syth* leith gyweithit huilant iglithuir imparthred dievil. **13g.** *B* ix. 339, A phan ytoed e dywededic pab uchof en mynnv gneithur e gossot hvnnv herwyd deuaut en vn or gwyllyeu rac bronn drws er eglvys e seuis [drll.] en *syth* vegys delw. **14g.** *GDG[3]* 205, Adnebydd, saethydd sytharf, / Ei *sythion* flew feinion farf. **14g.** *GIG* 147, Ysgrîn saith gyfelin *seth* [i'r llong]. *c.* **1400** (*SG*) *HMSS* i. 299, ny weles i eirmoet na lawnslot nac arall *sythach* na thrymach y dyrnodeu noc ef. **15g.** *GLGC* 257, saethau rifedi'r sêr / . . . / arwyddion *sythion* ŷnt pan saether. **15g.** *GGl[2]* 235, Saethu nod yn *syth* / a wnaf. **1547** *WS*, *Syth* (ne)anystwyth [*sic*] Starke, styffe. **16g.** *LlS* 122, O berwir [gwenith] aei wneythyr mal ywd tenæ ne *syth* ai lyfy da fydd ir neb a vo yn bwrw peth gwaedlyd. **1588** *Ecs* xvii. 12, felly y bu ei ddwylaw ef *sythion* nes machludo haul. **1595** M. KYFFIN: *DFf* [60], Mae rhai o honynt yn doedyd y dichyn cwn, a llygod, wir-fwytta corph Crist: eraill yn gwadu hynny'n *syth* iawn (*steadfastly*). **1617** *Minsheu* 469b, *Syth*, ne annwydog d.g. *Stiffe for cold.* **1632** *D*, *Sŷth*, Rigidus, erectus. *id.* d.g. *Arrectarius, Arrectus, Durus, Elatus, Solidus.* **1710** T. JONES: *Alm* [2], Mi a fum yn llangc llawen cŷn *sythed* a derwen, / Rwi 'r awran fel ceubren helygen ar lawr. **18–19g.** IEUAN LLEYN: *C* 41, I mi gwnewch ei hanfon, os union a *seth* [i ddiolch am ffon]. **1803** *P*, *Sŷth* . . . Stiff, rigid; being set or put up; erect, upright. Ar lafar, 'yn strytian ar y strydodd cyn *sythad* ag un saeth', 'Mi dorrodd 'i phen hi'n *syth* hefo cryman' 'he cut her head clean off with a reaping-hook', *WVBD* 514; 'Fi ddetho'n *syth* yma ar ôl clŵad', *GTN* 743. Digwydd yn aml mewn cyffelybiaethau megis '*syth* fel brwynen ('styllen)', 'cyn *sythed* â saeth', ac yn y rhigwm 'Mwg yn *syth*, tywydd sych'.

(*b*) Cyfiawn, cywir, gonest: *upright, righteous, honest.*

14–15g. *IGE[2]* 249, *Syth* gynheiliad, nis gwada, / Sir y Gaer dir yw'r gŵr da [Ieuan Waed Da i Ieuan ab Einion ap Gruffudd]. **15g.** (**16g.**) *Gwyn* 3, 203, er hyn dyfyn diofal / rhaid im fyth wr *syth* fy sal [Ieuan Fychan ap Ieuan ab Adda i ofyn cwrwgl]. *a.* **1547** *GGH* 414, Ifan *syth* ni fynnai sôn / Euro clod i rai cledion (Siôn Brwynog). **16–17g.** EDWARD URIEN, &c.: *Gw* 16, Chwi'n gyfion, Syr Siôn, sy ŵr *syth*,— cadarn / Yn codi gwŷr dilyth. **1696** *CDD* 9, Ni chadwent orchmynnion y cadarn Dduw cyfion, / (Fal gweision da *sythion*) ond saith-awr. **1732–3** J. OWEN: *GB* 38, y Gweinidogion hynny ag nad oes neb yn y Byd yn ammeu na's gellir eu galw yn Independiaid cedyrn *syth* a chroiw. Cf. E. TEGLA DAVIES: *Gŵr Pen y Bryn* (1923) 161, wna chwarae plant mo'r tro, a'r goreu ydi i mi fod yn *syth* efo chi.

(*c*) Dirmygus, torsyth, balch; cyndyn, ystyfnig: *disdainful, haughty, proud; stubborn, self-willed.*

15g. *GLM* 322, Prydyddion *sythion* y sydd: / pawb dofach pe byw dafydd [marwnad Dafydd ab Edmwnd]. **16g.** HUW ARWYSTL: *Gw* 116, na vydd *syth* vyth ond i valch. **16–17g.** EDWARD URIEN, &c.: *Gw* 116, Y *sythion*, rhydrawsion draw, / Surion, oedd yn sarn iddaw. **1632** *D* d.g. *Contumax.* **1653** R. JONES: *TTN* 3, *Syth* genhedlaeth a ga[i]s arwyddion. **1661** E. LEWIS: *Drex* 100, Llawer . . . o wyr beilch *sythion* yn dyfod yn ddifeilch ac yn ostyngedig. **1714** D. LEWYS: *CN* 28, O plygwn am ein beieu *syth.* **1725** *SR* d.g. *Contumacious.* **1744** D. ROWLAND: *RY* 98, Mr. Anhawdd-gantho-ymostwng, Gŵr *syth* yn ei ffyrdd, a gweithredwr mawr dros Diabolus. **1777** W. WILLIAMS: *DN* 13, y plant yn noeth, yn cael eu dysgu yn *syth*, yn wargaled, ac yn gyndyn oddi wrth ein siamplau ni. **1790** TWM O'R NANT: *GG* 60, Pob *sŷth*, oer drwst Rhagrithiol drŷth, / Dadwreiddia o'm hyspryd, a dysg fi'n astud. **1803** *P*, *Sŷth* . . . disdainful.

Fel *e.* Startsh, glud, seis, past: *starch, glue, size, paste.*

1547 *WS*, *Syth* Starche. **1632** *D*, *Sŷth*, Glutinamentum, amylum. *id.* d.g. *Ferrumen.* **17g.** (**18g.**) *CLlC* ii. 20, Ni chae o byth moi wal o *sŷth* / I wneuthur brwchan da ar i les. **1722** *Llst* 189, *Sŷth* (sub) m Starch, glue, size, sadler's paste, soldering, any thing that stiffneth; a cement. **1773** *W* d.g. *Glue, Starch.* **1803** *P*, *Sŷth*, s. m. . . . size, or cement, as glue, starch, or paste; a stiffening. **1828** *Geir Pob* 19, Pâst, toes, glud, *sŷth.*

Cfn.: **yn syth bin:** *directly, straight (away), at once; stiff, straight (up), on end.* **1881** D. OWEN: *D* 51, Yr oedd o bob amser yn gwneyd i 'ngwallt i sefyll *yn syth bin*! Ar lafar yn y Gogledd, 'Dos di'*n syth bin* i'r graig acw', 'gwallt blêr *yn syth bin* ar 'i ben' 'rough hair sticking straight up', *WVBD* 430; 'yn *syth bin* fel llath bren', *id.* 514; *ISF* 71; *B* xv. 25 (Meir.). **yn ei (eu, &c.) syth:** (*standing up*) *straight*, (*bolt*) *upright, straight up, on end.* **1807.**

sythaf: sythu [bf. o'r a. a'r e. *syth*] *bg.a.*

(*a*) Gwneud neu fynd yn syth neu'n union, (ym)unioni, (rhoddi i) sefyll yn syth, lefelu; gwneud neu fynd yn stiff, stiffio, cyffio (yn enw. oherwydd oerfel), teimlo'n oer iawn, rhynnu, marw (o oerfel), rhewi; caledu; trymhau; taro'n anymwybodol, pensyfrdanu, cael ei barlysu neu ei fferru (ag ofn, &c.); ?torsythu: *to straighten (out or up), straighten oneself up, stand up straight,*

level; stiffen (esp. because of cold), feel very cold, die (of cold), freeze; harden; become heavy; stun, stupefy, be petrified (with fear, &c.); ? strut, swagger.

14g. B xiv. 263, rac y ofyn . . . y sythassam ni mal meirw. **14g.** RC xxxiii. 191, A phann glawssan hynny sythu a orugant ac ny lauassei nep dywedut dim. Dchr. **15g.** GSCyf [100], Bellach, sothach a'm syth-awdd, / Bu newid tost, byw nid hawdd [Llywelyn ab y Moel i'r pwrs]. **1588** 2 Br xvii. 14, sythasant eu gwarrau. **1615** R. SMYTH: GB 217, megis nad oes na membryn, nag aelod, na chymal, ynghorph dyn ni chryna na blevvyn hefyd ar i ben na sytha. **1632** D, Sythu, Rigere, rigescere; erectum facere. id. d.g. Diri-geo, Ingrauesco, Obrigeo, Torpedo. id. wedi sythu gan anwyd d.g. Horridus. **17g.** IICRC iii. 194, Os henwr a gerwch ai goryn yn llwyd / meddyliwch gael iddo beth twymyn yn frwd / a than iddo i ymdwmnaw rhag sythu oi draed / fo ddarfu i holl bleser fo oerodd i wad [sic]. **1687 (1715)** J. OWEN: TB 68, ar trydydd yn cyscu ar y ddaiar yn ymyl yr afon a Sythodd cyn y boreu. **1764** W. WILLIAMS: GDC 74, Y Torpedo sydd bysgodyn ag sydd yn sythu yn ddisymwyth, ac yn gwneuthur yn annlluog pa bysgodyn bynnag a gwrddo ag ef. **1803** P, Sythu . . . To stiffen, to make rigid or erect; to put up, or to set erect . . . to become stiff, rigid, or erect. Ar lafar yn gyff., 'sythu' 'to straighten', 'straighten oneself up', 'stiffen with cold', WVBD 516; 'sythu' 'marw', 'mae o wedi sythu', Cymru xlvii. [236] (sir Ddinb.). 'Sithws 'i pyn gwelws 'i'r 'en sgeran glecog a dishgwl lan ac i lawr iddi!', GTN 741; hefyd yn yr ystyr 'rhewi, fferru, rhynnu, &c.', 'Ma'r 'ata wedi sithu yn y tir gin mor ôr ma 'i wedi bod', ''Wi jest yn sithu yn y tŷ', ib. Clywir hefyd yr ymad. 'digon oer i sythu brain' am dywydd oer iawn.

(b) Pastio, startsio: to paste, starch.
1778 W d.g. To . . . paste. **1803** P, Sythu . . . to stiffen with size; to starch.
Cfn.: **sythu ati**: to set to, apply oneself to something, set about a task, &c., with gusto. **20g.** Ar lafar, Cymru xlvii. [236] (sir Ddinb.).

sythaidd [syth+-aidd] a.   Startshlyd: starchy, amylaceous.
1845.

sythardd, sytharf, gw. syth+hardd, arf.

sythawel [bôn y f. sythaf: sythu+awel] eb. ll. -on. Awel oerllyd: chilly breeze.
Ar lafar, "Roson ni ddim yn 'ir ar y træth oblecid bod sithawal fach yn 'wthu', GTN 741.

sythawelog [sythawel+-og] a. Awelog ac oerllyd: breezy and chilly.
Ar lafar, 'Ni geson wthnos sithawelog ddicon diflas', GTN 741.

sythbysg [bôn y f. sythaf: sythu+pysg; cf. swrthbysg] eg. ll. -od. Pysg. Unrhyw un o amryw fathau o gathod môr trydanol, yn enw. o'r tylwyth Torpedo: electric ray (fish), torpedo.
1858.

sythder [syth+-der] eg.
(a) Yr ansawdd neu'r cyflwr o fod yn syth, unioner, uniondeb; unionsyther, safiad syth, talsythni; anhyblygrwydd, anystwythder, stiffrwydd, cric; caledwch; hefyd yn ffig.: straightness; erectness; rigidity, stiffness, crick; hardness; also fig.
15g. Cy iv. 108, pandiskynnant o achos sythter kalonneu. **1545** ELIS GRUFFYDD: Ll 115, Ynn erbyn kledrwydd o'r gymale a'r kymale sydd yn y kymale. **1632** D d.g. Opisthotonos, Rigor, Tentigo, Tetanicus. **1716–18** Llsgr R. Morris 160, nid harddwch nid sythder nid gwchder yn siwr / a wneiff un gwen lodes goel gynnes gael gwr. c. **1730** Thos. Lloyd D (LlGC) 213a, Sythder. A crick. **1773** W d.g. Erectness, Hard-ness [in Painting and Sculpture, stiffness; or want of softness], Rigidity. **1801** MMf 140, Rhag yr yrwest, sef trymder yn yr ysgyff a'r aelodau, a sythder ynddynt. **1803** P, Sythder, s. m. . . . Stiffness, rigidity, erectness.
(b) Pensyfrdandod, rhyfeddod: astonish-ment, amazement.
13g. RC xxxiii. 247–8, wedy dyuot yessu yr ysgol . . . dysgei enteu maurweithredoed duw byw . . . Callon e bobyl hagen a oed en eisted ac en e warandau enteu en dywedut a dywedei a emchwelus yn sythder (in stuporem).

sythdod [syth+-dod] eg. Stiffrwydd, cric; oerfel rhewllyd: stiffness, crick; freezing cold.
c. **1574** GDG³ 295, sythdod (ib. 294, seithwawd). **1632** D d.g. Tetanicus, Tetanus. **1722** Llst 189, Syth-

dod gïau. The cramp. a. **1791** W. WILLIAMS: GP 853, Darfu'r gauaf chwerw hir, amser sythdod.

sythdoes [syth+toes] eg. Pwti: putty.
1780 W d.g. Putty. **1803** P, Sythdoes, s. m. . . . Putty.

sythdra [syth+-dra] eg. Anhyblygrwydd, anystwythder, stiffrwydd, cric; unionsyth-der, safiad syth, talsythni; caledwch; hefyd yn ffig.: rigidity, stiffness, crick; erectness; hardness; also fig.
1604–7 TW (Pen 228), Sythdra lhygotenæ'r cefn yn dala'r gwdhf mor gerth nas galho hefyd blycu d.g. Tetanicus. id. d.g. Rigor. **1773** W d.g. Erectness, Hardness [in Painting and Sculpture, stiffness; or want of softness], Rigidity. **1803** P, Sythdra, s. m. . . . Stiff-ness, rigidity, erectness.

sythedig, sythiedig [bôn y f. sythaf: sythu +-(i)edig] a.bfl. ? Sefydlog neu ddiwyro (am edrychiad); (geir.) wedi ei stiffio, starts-iog: ? fixed or unwavering (of gaze); (dict.) stiffened, starched.
13g. B ix. 145, em plith henne croc er argluyd. a delw er argluydes yn graff sythyedic. **14g.** WM td. 214. 35–6, Sef aoruc yr iarll yna edrych ar enyd yn graff sychedic [sic] (id. 428. 30, sythedic). [1783] W d.g. Starched. **1803** P, Sythedig . . . Stiffened.

sythfalch, sythfawr, gw. syth+balch¹, mawr.

sythfeinion [syth+meinion (ll. yr a. main¹)] a.ll. Pigfeinion: sharp-pointed.
16g. LlS 93, Rosmari a vyddir yn arfer ei blethy mewn garlanti a gwiail bychain sydd iddo a dail syth veinion y rhytddunt [sic] oe mewn yn wynnion ar tu allan yn wyrddion ac arogl trwm arnunt.

sythflaen, gw. syth+blaen.

sythflew [syth+blew; cf. saethflew] e.?ll. Blew garw syth; saethflew; (geir.) manflew: rough hair standing on end; kemps; (dict.) fine hair, down.
15g. Glam Bards 254, saethfarch rag amarch cymell / swrn byrr a wna siwrnai bell / sythflew hyddflew gwahoddflaen / swrn o vairch gorywch sarn vaen (Gruffudd ap Dafydd Fychan). Dchr. **17g.** J 10, 38a, Sythvlew. Lanugo. [1783] W d.g. Staring [as hair] . . . Staring hair. **1810** W. DAVIES: Agric . . . N. Wales 324–5, The third kind is peculiar to the Kerry Hills in Montgomeryshire; being, perhaps, the only species in North Wales, which produceth perfect wool; that of every other Welsh breed being, more or less, mixed with coarse long hairs, called by the manufactur-ers kemps [:– . . . the hairs themselves have had an-other apellative—sythvlew].

sythfryd [syth+bryd] eg. a hefyd fel a. Balchder, trahauster, traha; balch, trahaus: haughtiness, arrogance; haughty, arrogant.
? Dchr. **15g.** B i. 307, Llyma fyd rhag sythfryd Sais! / Mynych iawn y damunais / Cael arglwydd llawn arwydd llain / Ohonom ni ein hunain (?Iolo Goch). c. **1730** Thos. Lloyd D (LlGC) 213a, Sythfryd . . . Haughty.

sythgar [syth+-gar; tebyg mai gair gwa-hanol (?syth+câr¹) a geir yn DGG² 146] a. a hefyd gyda grym enwol. ?Parod: ready.
1595 Egl Ph 51, Bhy ghhallon sydh sythgar o Dhuw, bhy ghhallon sy sythgar Psal. 57.

sythi [syth+-i¹] eg.
(a) Startsh: starch.
1839.
(b) Prif drawst, swmer: summer (tree).
Dchr. **17g.** J 10, 38a, Sythi. Sommerbeame. Lacu-nar. **17g.** LlGC 13215, 352, Swmmer . . . × Sythi. **1803** P.

sythiedig, gw. sythedig.

sythlein, sythlin [syth+lein¹, lin] eb. a hefyd fel a. Perpendicwlar, fertigol: (a) perpendicular or vertical.
1768 J. ROBERTS: R 111, Lliosogwch y Gwaelod ADB â hanner y Sythlein DC: Neu hanner y Sythlein ar Sythlein oll. **1795** J. THOMAS: AIC 221, Y Rheol i'w mesur ydyw, lliosogi 'r Gwaelod a hanner y Sythlein, neu 'r Sythlein a hanner y gwaelod neu 'r Gwaelod a'r Sythlein i gid, a chymeryd hanner y [c]ynnyrch.

sythliain [syth+lliain] eg.   Bwcram (main): buckram, bocasin.
1770 W d.g. Bocasine, Buckram. **1798** WR d.g. Buckram.

sythlin, gw. sythlein.

sythlinell [syth+llinell] eb. Perpendicwlar, fertigol: a perpendicular or vertical.
1768 J. ROBERTS: R 99, Bydded Trionglog, a'i Waelod yn 30 Modfedd ai [sic] Sythlinell yn 40 Modfedd: Dymunaf [sic] gael gwybod hyd ei Ogwyddlinell ef?

sythlud [syth+glud¹] eg. Startsh: starch.
1829.

sythlyd¹ [bôn y f. sythaf: sythu+-lyd] a. Oer, oerllyd, rhynllyd, nesh, yn teimlo'r oerfel: cold, chilly, susceptible to cold, 'nesh'.
18–19g. Llr C 4, 17, Sythlyd, Glam. cold chilly. Ar lafar, 'Mae'n sithlyd ofnadwy heddy', GDD 264; 'Ma'r lle 'ma'n sithlyd afnadw ond yw a?', 'Dwyrnod dicon sithlyd yntafa', 'Un sithlyd iawn yw 'i wedi bod ariôd', 'Ma golwg sithlyd arnot ti', GTN 741.

sythlyd² [syth+-lyd] a. Startshlyd: starchy.
1831.

sythni [syth+-ni] eg. Anhyblygrwydd, anystwythder, stiffrwydd; sythder, union-der, uniondeb; unionsythder, safiad syth, talsythni; hefyd yn ffig.: rigidity, stiffness; straightness; erectness; also fig.
Dchr. **17g.** J 10, 38a, Sythni. Rigor. **1774** W d.g. Hardness [in Painting and Sculpture], Rigor or rigour [severity of temper or conduct; strictness, &c.] . . . Harsh-ness, Acerbity [severity].

sythochr, sythwalch, sythwastad, sythwayw, gw. syth+ochr, gwalch, gwastad, gwayw.

sythwelaf: syth-weld, sythweled [syth+ gwelaf: gweld, gweled] ba. Athr. Gwybod neu ganfod drwy sythwelediad: to intuit (in philos.).
1932.

sythwelediad [bôn y f. sythwelaf: syth-weld, sythweled+-iad¹] eg. (Cynneddf sy'n rhoddi) amgyffrediad uniongyrchol gan y meddwl heb ymresymu; Athr. (cynneddf sy'n rhoddi) amgyffrediad uniongyrchol drwy'r deall neu'r synhwyrau, enghraifft o hyn: intuition (also in philos.).
1934.

sythwelediadol [sythwelediad+-ol] a. Sythweledol (hefyd mewn athr.): intuitive (also in philos.).
20g.

sythweledol [y be. sythweled+-ol] a. Yn perthyn i sythwelediad, yn deillio o sythwel-ediad, a sythwelir (hefyd mewn athr.): intuitive (also in philos.).
20g.

sythweledwr [y be. sythweled+-wr] eg. ll. -wyr. Athr. Un sy'n arddel athroniaeth sythweliaeth: intuitionist (in philos.).
20g.

sythweliad [bôn y f. sythwelaf: syth-weld, sythweled+-iad¹] eg. ll. -au. Sythwelediad (hefyd mewn athr.): intuition (also in philos.).
1932.

sythweliadol [sythweliad+-ol] a. Sythwel-ediadol (hefyd mewn athr.): intuitive (also in philos.).
1930.

sythweliaeth [bôn y f. sythwelaf: syth-weld, sythweled+-iaeth] eb. Athr. Athrawiaeth sy'n dal mai drwy sythwelediad yr adwaenir gwrthrychau allanol neu a canfyddir rhai gwirioneddau sylfaenol, unrhyw ddamcan-iaeth foesegol a seilir ar sythwelediad: intu-itionism, intuitionalism (in philos.).
1930.

sythwelwr, sythwelydd [bôn y f. sythwel-af: syth-weld, sythweled+-wr, -ydd³] eg. ll. -welwyr, -welyddion. Athr. Sythweledwr: intuitionist (in philos.).
1930.

syw [? < IE. *su-u̯id-s (cf. hy-, gwn, gwybod, a drwy²); cf. Gwydd. C. suí 'ar-benigwr, dyn doeth'; dichon mai bnth.

Gwydd. ydyw *syw*] *a.* ll. *-ion*, a hefyd gyda grym enwol.

(*a*) Gwych, rhagorol, ceinwych, trwsiadus, destlus, twt; llawen, siriol: *excellent, splendid, elegant, smart, spruce, neat; merry, joyful.*

14g. *GDG*³ 98, Da Forfudd sinoblrudd *syw*, / Deune'r eiry, dyn oreuryw. **15g.** *GDLl* 56, Pryd edn y Mab Rhad ydyw, / Ple mae popinsiae mor *syw* [i ddiolch am ffon a llun aderyn ar ei phen]? **16g.** *CTC* 186, Urddas gobau heirdd esgobion, / Oes, aur siwels, aras *sywion*. / Ac aur yn gerygl nâf, eurnaf fernygl, / Tyrau a phinygl tair ffynnon [Lewys Morgannwg i Leision Tomas, abad Nedd]. **16–17g.** *Cer RC* 80, Cewch 'y ngweled ar ôl hyn / Mewn croes o liain meinwyn, / Wedi 'y nhrwsio 'n ddigon *syw* / A phob amryw lysieuyn. **1604–7** *TW* (*Pen* 228) d.g. *Apparate, Lætus, Nitide.* **1632** *D, Syw*, nunc significat Elegantem, elegantulum. Gwr *syw* ar y groes heol. Ll[ywelyn ap] Gut[tyn]. **1672** R. PRICHARD: *Gw* 60, Christ all wneuthur heb fawr drafel, / . . . / Hên ddŷn aflan, yn ddyn *syw*. **1722** *Llst* 189, *Syw*. p. *Sywion*. Dapper, handsom, quaint. **1740** T. EVANS: *DPO* 332, A pheth amgen yw dy waith di, yr Eneth, yn plethu dy wallt, yn lliwio dy wyneb, ac yn ymbingcio mor [*s*]*yw*, ond rhyfygu gwellhau ar Waith Duw. **1772** *W* d.g. *Clean, Elegant, Spruce.* **1790** TWM O'R NANT: *GG* 217, Ddelwau *Syw* [:- hardd, neat, or fine], o ddwylaw Saer. **1793** R. POWELL: *ADV* 9, Ar y dolydd, rai diwaelion, / *Syw* [:- Hoyw] yn tarddu—ys ynt heirddion. **18–19g.** *Llr* C 43, 446, *Syw*, Glam, neat, elegant, nice, &c. **1803** *P, Syw* . . . trim, smart. Ar lafar yn yr ystyron 'ysgafn, hunanhyderus', 'Fe gerws y plentyn bæch mor *syw* i'r Sêt Fawr i wed adnod am y tro cinta'', 'Dyna bishyn bæch *syw* o blentyn yw 'onna', 'Chi synnach mor *syw* adroddws y plant', 'A lawr i'r 'ewl ag e yn iawnda *syw*', *GTN* 741. Cf. W. S. G. WILLIAMS: *Caneuon Traddodiadol y Cymry* i. (1961) 44, Seren *syw*, clyw di'r claf; J. LLOYD WILLIAMS: *Hwiangerddi Cymraeg* (1928) 20, Ble'r ei di heddyw'r Deryn bach *syw*?

(*b*) Doeth, dysgedig, celfydd, deheuig: *wise, learned, skilful, dexterous.*

12g. *GLlF* 441, Mab Sant *syw* gormant, gormes heint. *id.* 443, Dewi maƀr Mynyƀ, *syw* sywedyt. *id.* 447, O anuot Boia bu diamheu / Y doeth ef y Uyniƀ *syƀ* synhwyreu. **14g.** *T* 3. 6, ƀyf *syƀ* amrysson. *id.* 7. 18–19, ƀyf saer ƀyf *syƀ*. *id.* 32. 11–12, lledyf lloned verlyn. A *sywyon* synhƀyr. *id.* 48. 18–19, Bum hƀch bum bƀch bum *syƀ* bum sƀch. **14–15g.** *IGE*² 309, Fab *syw* ieithydd, fab Sythan (Rhys Goch Eryri). *c.* **1585** *MCr* 40, yn cogyddion oedd yn *sywion*. **16–17g.** *CRC* 368, heb ddysk heb ddim heb ddoniay *syw*, heb lifr düw yn athro. **1632** *D, Syw* . . . Antiquis videtur significasse sapientem, doctum, peritum.

(*c*) ?Ofer: *vain.*

1346 *LlA* 134, kam syberƀyt ysyd aruthyrdrƀc. balch *syƀ*. *c.* **1400** *R* 1233. 37–8, Trahyƀ [*sic*] pop *syƀ* nasynhƀyran. trymder lucifer ae loes affan. *Diw.* **16g.** W. MIDLETON: *B* 78, Ry anllad drwy siarad *syw* / heb wadv i bai ydyw / Twyllaw merched y gwledydd / yn is y dail nos a dydd (Edward Maelor).

(*d*) Rheolaidd, cyson: *regular, constant.*

1803 *P, Syw* . . . a. Constant, stated, regular.

sywaeth, gw. **ysywaeth.**

sywbryd, sywdeg, gw. **syw + pryd**¹, **teg.**

sywder [*syw* + *-der*] *eg.* Ceinwychder, destlusrwydd, smartrwydd, tegwch; llawenydd, sirioldeb: *elegance, neatness, smartness, handsomeness; joyfulness, jollity.*

15–16g. *GRB* 7, Un achos y chwenychwn / i'm march y tlws mawrwych hwn: / *sywder* ymysg nifero[e]dd / ei sut ar farch Iorys oedd [i ofyn cyfrwy]. **1604–7** *TW* (*Pen* 228) d.g. *Concinnitas, Elegantia, Festiuitas.* **1722** *Llst* 189, *Sywder*. m. Elegancy, handsomness. **1772** *Hop M* 351, Orieu'n hedd eiriau ynt / iw [*sic*] *sywder* melys ydynt. **1772** *W* d.g. *Decency, or decence* [*becomingness, comeliness, propriety, modesty, cleanliness*], *Elegance, or elegancy.* *c.* **1785–90** **(1829)** *CBYP* 36, Rhiain a folir am gampau Rhieinaidd; fal am fonheddigfoes . . . a hawddgarwch, a haelioni, a *sywder*. **18–19g.** *MA* iii. 242, Tri pheth a wnant wraig yn dda ei chymmeriad: *sywder* yn ei gwisgodd, gwylder yn ei hymadroddion, a rhadlondeb yn ei hymarweddiad. *id.* 263, Tri pheth moladwy ar wraig: aravwch, tawedocrwydd, a *sywder*. **1803** *P, Sywder*, s. m. . . . smartness.

sywdraf: sywdro, gw. **sawduriaf: sawdurio.**

sywedydd, sywiedydd [*syw* + *-(i)edydd*] *eg.* ll. *sywedyddion*. Seryddwr, astronomydd; astrolegydd, sêr-ddewin; gweledydd, daroganwr; dewin; dyn neu fardd doeth neu ddysgedig, athro; hefyd yn *ffig.*: *astronomer; astrologer; seer, soothsayer, prognosticator; wizard; wise or learned man or poet, teacher; also fig.*

12g. *GLlF* 443, Dewi maƀr Mynyƀ, syw *sywedyt*. *id.* 446, Ar seint *sywedyt* dedwyt dyghed. **12–13g.** *GLlLl* 42, Marcƀlf a Chadƀ gadyr swyson / A Selyf, benn *sywedytyon*. **13g.** *A* 6. 8–9, mab syvno; *sywyedyd* ae gwydyei. a werthws e eneit er wyneb grybwyllyeit. **13g.** *GBF* 470, Pan wir uarner yg goleuder ser a sygneu / Geyr bronn Douyd a *Ssywedyd*, nyt oes wadeu. **14g.** *T* 4. 17–18, Armeint traethadur atraethƀys *sywedyd* llyfreu llƀyr lƀys. *id.* 20. 1, Doethur prif geluyd. dispƀyllaƀt *sywedyd*. *id.* 76. 7–8, Dysgogan *sywedydyon* ygƀlat y colledigyon. *c.* **1400** *R* 1244. 10–11, Synhƀyrus deus duƀ goruchaf. *sywedyd* dovyd diuei haelnaf. **1632** *D, Sywedydd*, Astronomus, astrologus, sapiens. **1684** T. JONES: *Alm* [vi], pawb a ddysgwyliant gan *sywedydd*, ymlaenllaw hysbysrwydd am bôb peth a ddigwyddo. **1716** E. SAMUEL: *GGG* 140, Mae'r *Sywedyddion* callaf yn cyfaddef nad yw Gwŷr Da Doethion tan reolaeth y Sêr. **1722** *Llst* 189, *Sywedydd*. m.p. *dyddion*. An astronomer, astrologer, prognosticator. **1746** *ML* i. 98, Tomos Dions, y *Sywedydd* chwyslyd. **1752** *Gron* 38, Oes a wâd o *sywedydd* / lle del, nad hyfryd lliw dydd? *c.* **1762–79** W. WILLIAMS: *P* 144 Dewinwyr, *Sywedyddion*, a Rhagddywedwyr tynged. **1803** *P, Sywedyz*, s. m.—pl. t. *ion* . . . an astronomer; an astrologer.

Amr.: **sywedyddwyr** [*sywedydd* + *-wyr*] (*e.ll.*). **1770** G. HOWEL: *Alm* 5, Yma gadewir i'r *Sywedyddwyr* roddi eu Barnedigaeth ar yr Addurn bawb yn ol eu Gwybodaeth a'u hamcan eu hunain. **ysywedydd. 14g.** *T* 21. 16–17, Talhayarn yssyd mƀyhaf *ysywedyd*.

Gw. hefyd **sywydd.**

sywedyddiaeth [*sywedydd* + *-iaeth*] *eb.g.* Seryddiaeth, astronomeg; sêr-ddewiniaeth, astroleg; darogan; gwyddoniaeth: *astronomy; astrology; prognostication; science.*

13g. *C* 87. 12–14, Kyffei bart pridit. Ar yssit in eluit. Ar hallt arechuit. Ar graean. ar mir. ar sir *syweditiaeth*. **1632** *D* d.g. *Astrologia.* **1681** T. JONES: *Alm* d.d., Thomas Jones . . . Studiwr yn *Sywedyddiaeth*. **1704** *Cym Cr* 15, nid ydyw *sywedyddiaeth* yn golygu ond Tommen mewn cyffelybiaeth ir hyn y mae Duwioldeb yn ei ganfod. **1722** *Llst* 189, *Sywedyddiaeth*. f. Astronomy, astrology, prognostication. **1740** T. EVANS: *DPO* 235, Dyfrig a agorodd ei Ysgol gyntaf ynghaerlleon ar wysc . . . lle y daeth i wrando arno, ac i'w dyscu ganddo, nid yn unig Feibion Gwyr cyffredin, ond Meibion Arglwyddi hefyd i ddyscu y Celfyddydau, megis *Sywedyddiaeth* a Dilechdid a Philosophi. **1760** *ML* ii. 186, dodwch chwitheu eu llonaid o *sywedyddiaeth* y Rhygdir. **1773** J. PRYS: *Alm* 15, Am Bedwar Chwarter y flwyddyn, a'u dechreuad; a sywedyddawl farnedigaeth ar bob Chwarter yn Neillduol, yn ol anianol *sywedyddiaeth*; i. e. Natural Philosophy. **1803** *P, Sywedyziaeth*, s. m. . . . Astronomy.

sywedyddol, sywedyddiol [*sywedydd* + *-(i)ol*] *a.* Astrolegol, sêr-ddewinol; seryddol, astronomegol: *astrological; astronomical.*

1684 T. JONES: *Alm* [16], Y flwyddyn *sywedyddawl*, sy'n dechreu bôb amser ar fynediad yr haul i arwydd yr hwrdd, a hyny yn ôl yr amser a [*sic*] gosododd duw 'r haul yn y ffyrfafen ar greuad y bŷd. **1688** *id.* [iv], Mae'r ysgrythŷr Lân hefŷd yn Tystiolaethu fôd y sêr iw styried mewn ffordd *sywedyddol*, ac onid ê paham y mae Debora a Barac yn dywedŷd fôd y sêr yn eu graddau yn ymladd yn erbŷn Sisera. **1716** T. EVANS: *DPO* 154, Y dinistr gwaethaf a wnaethpwyd ('penes nos') ydoedd llosgi y llyfrau godidog oedd gan y Brutaniaid y pryd hwnnw, sef hanesol, meddygol, Dwyfol, *sywedyddol*, &c. **1761** *ML* ii. 427, Aie gwybedyddion ych chwi yr almanacwyr . . . Poed gwir y *sywedyddawl* brophwydoliaeth einoch. **1803** *P, Sywedyzawl* . . . Astronomical.

Cfn.: **sywedydd(i)ol farnedigaeth:** *judicial astrology.* **1684** T. JONES: *Alm* [15], *Sywedyddawl farnedigaeth*. **1704** *id.* [3], *Sywedyddiawl farnedigaeth*. **1711** TP: *CG* 46, Celfyddyd arall pa un y maent yn alw Juditial [*sic*] Astrology, neu *Sywedyddawl farnedigaeth*. **1773** J. PRYS: *Alm* 15.

sywedyddwyr, gw. **sywedydd.**

sywenta, (y)swenta, *bg.* Gwag-symera, segura: *to potter about, while away time.*

Ar lafar, '*Swenta*' 'To idle', *Cymru* xxxvi. 258 (Cered.); '*sywenta, yswenta*' 'to idle, trifle, or while away time . . . Upper Cards', *SE MS*, 478a.

sywgr, sywgraf: sywgro, sywgraidd, gw. **siwgr, siwgraf: siwgro, siwgraidd.**

sywgu, gw. **syw + cu.**

sywgyr, sywidw, sywiedydd, gw. **siwgr, yswidw, sywedydd.**

sywigen, sywigw, gw. **yswigw.**

sywinaf: sywino, *bg.a.* Defnyddio (yn afradlon), gwastraffu; ymhél â, bod wrthi: *to use* (*prodigally*), *waste; meddle with, busy oneself.*

18–19g. *Llr* C 30, 194, *Sywino*, to meddle with, to busy one's self. **1803** *P, Sywinaw* . . . To use continually. *Sywinaw* yr arian yn zim. To dissipate the money to nothing. Adage.

sywjwr, gw. **sawdiwr.**

sywlyfr, gw. **syw + llyfr**¹.

sywnd, sywndraf: sywndro, sywr, sywriaf: sywrio, sywrnai, sywrneiaf: sywrneio, gw. **sownd**¹, **sawduriaf: sawdurio, siŵr, siwraf: siwro, siwrnai, siwrneiaf: siwrneio.**

sywser, sywseraid, sywt, sywtaf: sywto, gw. **soser, soseraid, siwt, siwtiaf: siwtio.**

sywydd, sywyd [?*syw* + *-ydd*³ (cf. *sywedydd*); anodd cyfrif am yr ail ff.] *e?g.* ll. *sywydd(i)on*. Dyn doeth neu ddysgedig, bardd dewiniol, derwydd: *wise or learned man, divinatory poet, druid.*

14g. *T* 20. 14–15, maƀrhydic. *sywyd* pan dygyfrensit. *id.* 26. 5, Am swynwys *sywyt sywydon* kyn byt. *id.* 32. 12–13, A sywyon synhwyr. A*sewyd* am loer. *id.* 64. 2–3, Ryfed hael o *sywyd* sywedyd.

Gw. hefyd **sywedydd.**

T

t, cytsain, a'r bedwaredd lythyren ar hugain yn yr wyddor Gymraeg; fe'i treiglir yn llaes, yn feddal, ac yn drwynol, gan ei throi yn *th*, *d*, *nh*, e.e. *tad, ei thad, ei dad, fy nhad.* O flaen y llaf. *i*, mae *ts* weithiau'n cynrychioli sain affrithiol orfannol-daflodol ddilais (= S. *ch*), e.e. *tsips*; defnyddir *tsi* o flaen llaf. eraill i ddynodi'r un sain, e.e. *tsiaen*, a'r cyfuniad *tsh* weithiau i osgoi amwysedd, e.e. *rwtsh*. Treiglir *ts(i)* yn feddal weithiau, gan ei throi yn *j*, e.e. *tsips, ei jips.*

-t, *trf. bfl.* 3 un. grff. mewn Cym. C., e.e. *cant*⁵, *gwant*², a hefyd (gydag aff.) 1 un. grff. mewn Cym. C., e.e. *ceint, gweint*; digwydd hefyd ar ôl *-r-* yn y ff. *-th*, e.e. *cymerth.*

ta¹, gw. **gan**¹**—gan nad beth** (hefyd At.), **taw**²**—ta yw.**

ta² (*à*), *eg.* yn yr ymad. *ta bach*. Anwes, 'o bach': *pat, stroke.*

Ar lafar, 'Rho *ta bach* i'r gath' (gogledd Cered.); clywir hefyd '*da*', 'rhoi *da bach* i'r ci' (sir Gaerf.).

'ta¹,², gw. **ynteu, petawn.**

tab¹ (*à*) [bnth. S. *tab* 'flap; bill'] *eg.* ll. *-iau*, *-s*. Llabed; bil, cyfrif: *tab, flap; tab, bill, account.*

20g. Ar lafar, ''Odd *tab* 'i got a'n 'ongad lawr 'i gefan a' (dwyrain Morg.).

tab² (*à*) [bnth. S. *tab(ulator)*] *eg.* ll. *-s*. Bysell ar fysellfwrdd cyfrifiadur sy'n symud y cyrchwr i safle benodedig, bysell debyg ar deipiadur, (arwydd neu symbol sy'n dynodi) un o'r safleoedd hyn: *tab, tab(ulator) key.*

20g.

tabaco, gw. **tybaco.**

tabar [bnth. S. C. *tabare*, neu'n uniongyrchol o'r H. Ffr.] *eg.* ac yn eithriadol *eb.* ll. *-au*, (geir.) *tebyr*. Math o diwnig neu swrcot laes, yn enw. un ddilewys (weithiau'n dwyn arfbais, &c.), gŵn, mantell, clogyn, côt hir, hefyd yn *ffig.*: *tabard, gown, mantle, cloak, long coat, also fig.*

c. **1400** *R* 1272. 31–4, gƀerthu r *tabar* yrbara. agƀerthu r baltoc du da. *id.* 1344. 43–4, Tarƀ yƀ hƀnn teƀ vƀn *tabar* du bradaƀc dibryd y esgar. *id.* 1345. 43–4, dƀrd

dyfƀn [*sic*] dabƀrd dan *dabar* dyrdan llanƀ o dan myƀndar. **15g.** *GTP* 55, Trum dâr yn ei *dabar* du, / Tabwrdd dadwrdd Cwmdadu [i ofyn tarw]. *Diw.* **15g. (1604–6)** *Pen* 224, 807, mantell o *dabar*, neu *dabar* o vantell (*de mantello, tunicam, vel supertunicam*). **15–16g.** *TA* 471, Tŷ o'r gwlân tua 'r gliniau, / *Tabar* hir, tew, i barhau [i ofyn gŵn]. **16–17g.** *RWM* i. 588, Prelad cyfar llavar laes / tew byrh llwyd mewn *tabar* llaes. **1632** *D, Tabar*, Tunica longa, chlamys, toga. Pl. *Tebyr*. **1688** *TJ, Tabar*, hugan neu go[chl] laes: a long Coat or Cloak. **1722** *Llst* 189, *Tabar*. d. p. *barau*. A long . . . robe, a gown, hukin. **1740** T. EVANS: *DPO* 156, y Bonedd a Goreuon y Deyrnas a wisgent *Dabarau* Symmud-liw yn tannu hyd y llawr . . . Yr oedd am dani [Buddug] *Dabar* Symmudliw. **1772** *W, Tabar* d.g. *Coat, A loose, long or riding coat, Pilcher, Simâr or simârr, T[a]bard or taberd*. **1803** *P, Tabar*, s. m.—pl. *tebyr* . . . A tabard. Cf. *GDG*³ 83, Hardd osglau wrth ffiniau ffyrdd, / Tew byrwallt was tabarwyrdd [i'r llwyn celyn].

Amr.: **tabard** [bnth. S. C. *tabarde*, neu'n uniongyrchol o'r H. Ffr.]. **15g.** GWILYM TEW: *Gw* 493, Oes dyn heb ei ystaenu / O Harbart, mewn *tabard* du.

tabernacl, tabernagl, &c. [bnth. S. C. *tabernacle*, neu'n uniongyrchol o'r H. Ffr., neu'r Llad. *tabernāculum*] *eg.b.* ll. *tabernaclau*. *Beibl.* Pabell neu adeiladwaith cludadwy, yn enw. y babell a ddaliai Arch y Cyfamod yn ystod ecsodus yr Israeliaid; *Egl.* math o gwpwrdd neu gilfach at gadw elfennau cysegredig yr Ewcharist; hefyd yn *ffig.*: *tabernacle* (*bibl. and eccl.*), *also fig.*

14g. *Cylchg LlGC* vi. 172, val yd oedynt [Adda ac Efa] y myvn *tabernakyl*. y lle buant seith niwarnavt yn wylav truy dolur maur. **16g.** LEWYS MORGANNWG: *Gw* 506, ty sy gaer twysog Urien / *tabernacl* (*Gwyn* 3, 230, *tabrnacl*) saint braint nicklas hen [marwnad Syr Rhys ap Thomas ap Gruffudd]. *id.* 599, ty rial val twr Jean / *tabernagl* i went barwn glan [i Syr Wiliam Morgan]. **1567** *TN* [181b], A' chvvi gymeresoch y chvvy *tabernacl* [:– pepyll lluesty] Moloch. *id.* [334]b, fod y ni gyfriw archeffeiriad, rrwn a eisteddavvdd ar ddeha[u] tron y mawredd yn y nefoedd, Gwasnaythwr y cyssegrfa, a'r gwir *dabernacl* [:– . . . tent] a osodes yr Arglwydd, ac nid dyn. *id.* 35[9]a, Can ys tybiaid y rwy fod yn iawn i mi, tra fwy yn y *tabernacl* hwn, ych cyffroi trwy ddwyn ar gof ywch. *p.* **1584** G. ROBERT: *GC* [355], Cael yn sedd, ag anneddfa, / Dy *dabernagl* ddifagl dda. **1588** *Ecs* xxvi. 1, Y *Tabernacl* hefyd a wnei di o ddêc llenn o sidan gwyn cyfrodedd. **1588** 2 *Sam* vii. 6, nid arhosais mewn tŷ er y dydd yr arweiniais blant Israel o'r Aipht, hyd y dydd hwn: eithr bum yn rhodio mewn pabell ac mewn *tabernacl*. **16–17g.** *GST* i. 668, Duw a roes gwrt yn dri sgwâr, / Dibrin clod, *dabrnacl* adar [i'r gelynnen]. **1722** T. EVANS: *PS* 100, [y] Sanctaidd Sancteiddiolaf yn y *Tabernacl* Juddewaidd. **1762** *ML* ii. 485, Pa beth sydd yn dyfod o grefydd newydd y Fentley o Nerpwl? . . . Mae'r *Dabernacl* ar ben mi glywaf. *c.* **1762–79** W. WILLIAMS: *P* 192, *Tabernacl* Moloc oedd y ddelw fawr honno elwid Moloc yn cael ei dwyn mewn blwch neu arch bychan. Digwydd yn gyff. fel e. capel, e.e. *Y Tabernacl*, Aberystwyth a Threforys.

Amr.: **tabernacul** [bnth. dysg. Llad. *tabernāculum*]. **1567** *TN* 196a, Yn ol hyn ydd ymchwelaf, ac yr adadeilaf *tabernacul* [:– pebyll] Dauid.

tabernaclaf: tabernaclu [bf. o'r e. *tabernacl*] *bg.* Trigo neu fyw (dros dro), hefyd yn *ffig.*: *to dwell or live* (*for a time*), *also fig.*
1824.

tabernacul, tabernagl, gw. tabernacl.

tabl [bnth. S. C. *table*, neu'n uniongyrchol o'r H. Ffr.; petrus yw dosbarthiad rhai o'r enghrau. isod] *eb.g.* ll. *-au*.

(*a*) Bwrdd neu ford (dodrefnyn); bwrdd (chwarae neu gamblo); hefyd yn *ffig.*: *table* (*item of furniture*); *board* (*for games or gaming*); *also fig.*

14–15g. *IGE*² 302, Yn treio pob pwynt trwyadl / *Tabl* a gwyddbwyll, didwyll ddadl (Rhys Goch Eryri). *c.* **1400** *YCM*² 175, y gyt a hynny distriw yr eglwys, a'e llyfreu, a'e *thableu*, a'e halmareu, a'e gwiscoed, a dwyn y hadurn ohonei. *c.* **1400** *YSG* i. 75, A'r neithyawr a'r wled a allwn y gyffelybu y *tabyl* Seint Greal, yn y lle y bwytaant y marchogyon urdolyon kywir. **15–16g.** *TA* 456, Tŵr a'i wyneb at drinoedd, / *Tabl* o waith Tubal of oedd [i ofyn bwcled]. **16g.** LEWYS MORGANNWG: *Gw* 486, ymiacher mae och werin / och dwbl och yn iach *dabl* win. **1547** *WS, Tabyl* A table. **1552** *Rhyddiaith Gymraeg* i. 48, yn trwsio y corph megis trwsio *tabyl* erbyn i phaentio drannoeth. **1632** *D, Tabl*, Tabula, mensa. **1688** *TJ, Tabl*:) bwrdd a Table. **1794** *W, tabl* d.g. *Table* [*a piece of furniture* . . .].

(*b*) Llechen neu dabled ac arni ysgrifen, tabled ysgrifennu; llun, darlun; cart achau; rhestr olynol neu drefnedig o ffigurau neu ffeithiau, yn enw. mewn colofn(au); hefyd yn *ffig.*: *inscribed tablet, writing-tablet; picture, painting; genealogical table; table* (*of figures or facts*); *also fig.*

14g. *GDG*³ 9, Rhoed yn lew mewn *tabl* newydd / Eilun wawr ar loywon wŷdd, / . . . / Da y lluniwyd Iesu lwyd Iôn, / O ddysg abl, a'i ddisgyblion, / Tyfiad agwrdd, twf digabl, / Tri ar ddeg, pand teg y *tabl* [i luniau Crist a'i apostolion]? **14g.** *GIG* 56, Pendefig, dridyblig *dabl*, / Personaidd pur rhesonabl. **15g.** *FfBO* 53, a phob vn a *thabyl* [*tabulam*] yn y law o deint eliphanyeit. **15g.** *DE* 87, galwn ddec o lin y ddav / gwawl a rhun galwer henwav / elsabeth ail siob weithion / er dyblv hil yw / r / *dabl* honn. **15–16g.** *GLM* 321, Achwyn y beirdd och na bu / o fewn *tabl* faint a wybu. / Y rhòl ddysg a'r rhuwl a ddug, / a thrwyddi waith Hiraddug [marwnad Dafydd ab Edmwnd]. **1545** *CM* 1, 122, y *dabyl* ogerddediav a threiglad y xij arwydd ai graddav wynt. **16g.** *THSC* (1923–4) (At.) 49, ac yno y roes jessu grist iddo ddwy *dabyl*, vn o vaen, ar llall o bridd, ac yn yr hai hynny y dec gorchymyn yn ysgrifenedic o law yr arglwydd ehvn. **1531** RHISIART FYNGLWYD, &c.: *Gw.* 133, Dwg riffwnts yn deg, Ruffudd, / *Dablau* gwaed ieirll, diblyg wŷdd [i Ruffudd Dwn a'i blas yn Ystradmerthyr]. **16g.** *WLl* 171, Tubal a wnaeth mewn *tabl* naf / A gyrdd gynt y gerdd gyntaf. **1575 (1587)** W. MIDLETON: *B* 56, rhodder llew hanner, henwant o sabl, / a geul yn y *dabl* glan a dybiant [marwnad Catrin, iarlles Penfro]. **1588** *Jer* xvii. 1, ag ewin o adamant y cerfiwyd ef ar *dabl* eu calon. **1592** S. D. RHYS: *Inst* [xvi], bhybhi bhyhûn . . . a dhechymygawdh drwy holh gorph Prydydhiaeth y *Tableu* . . . a''r Phurbheu lhinelhawc. **1604–7** *TW* (*Pen* 228), *Tabl* y scrivenu d.g. *Tabula*. **1630** *YDd* 218, Am hynny y gysododd [*sic*] Duw y gorchymmyn hwn ynghanol y ddwy lêch [:– Y ddau *dabl*]. **1710** *LlGG* (*Gos*) 14, Na phrioded neb o'fewn y Graddau a waharddodd Cyfreithieu Duw, ac a bennodwyd mewn *Tabl* a roed allan drwy Awdurdod ym mlwydd ein Harglwydd Dduw 1563. **1747** *ML* i. 109, *Tabl* (pl. *Tablau*) is a good word enough to answer the English Tables. . . . *Tablau* Arian, Pwysau, a Mesurau. *c.* **1762–79** W. WILLIAMS: *P* 272, mae ganthynt fath o *dabl* yn eu llyfrau, i ddangos o bob rhan o'r byd, pa ffordd y mae teml Mecca yn sefyll. **1795** J. THOMAS: *AIC* [ii], y dirfawr drael [*sic*] a'r gofal aeth i brintio Cymmaint o Ffugurau a *Thablau*. Clywir *tabl(au)* ar lafar yn gyff. yn yr ystyr 'tabl(au) lluosi', 'Un o 'nghas bethe fi yn yr ysgol oedd gorfod dysgu *table*' (sir Ddinb.), ''Den ni'n cael prawf ar *dabl* chwech 'fory' (gogledd Cered.).

(*c*) Rhestr gynnwys, mynegai: *table of contents, index.*

1561–2 *Pen* 155, 3, *Tabyl* ir llyfr hwnn. **1564–5** *Rhyddiaith Gymraeg* i. 68, [d]arfod ym nvthvr *tabel* ne absi yt i gael pob kowydd wrth y llythyren. **1567** *TN* [400]a, *Tabul* i gahel yr Epistolæ a'r Euangelon. **1606** E. JAMES: *Hom* [vii], Fe a ddengys y *Tabul* sydd yn canlyn iti pa Homiliau y sydd ymmhob rhan o'r llyfr. **17g.** *CM* 27, iii, Llyma *dabal* i amlygv pa ryw gywydd[av] owdlav ne englynion, ar bara achosion, i bwy y canwyd hwy ag ymha ddalen y maent yn scrifenedic, megis y gwelwch yn y drefn isod. **1672** J. LANGFORD: *HDdD* [xxiii], *Tabl* o'r pethau a grynhoir yn yr Amryw Bennodau neu Ddosparthiadau yn y llyfr hwn. **1672** R. PRICHARD: *Gw* 592, *Tabl* y Bedwarydd [*sic*] Ran. **1711** M. WILLIAMS: *LlLl* 9, *Tabl* y Pennodeu. **1775** *W* d.g. *Index, Table or index* [*of a book*]. **1786** B. FRANCIS: *A* ii. 104, *Tabl* i Gael Allan Unrhyw Hymn wrth y Llinell Gyntaf o Honi.

(*d*) Talcen (tŷ neu das): *gable-end* (*of house*), *also of corresponding part of a haystack.*

1828 *Geir Pob* 26, *Tabal*, ochr talfur. Ar lafar, '*Tabal* . . . *Tabal* tŷ; *tabal* tas' 'gable end', *Môn* (1954) 11. Clywir *dabal* yn Arfon yn yr ystyron 'the top of the wall of a house where the roof meets it', 'the outside of the roof corresponding to the spot where the wall meets it', a 'the part of the top of a hay-stack between the edge and the first rope running lengthwise', *WVBD* 69–70.

Amr.: **tabul** [bnth. dysg. Llad. *tabula*]. **1567** *LlGG* [xix], 3a. **1567** *TN* [400a]. **1604–7** *TW* (*Pen* 228) d.g. *pono*. **1664** J. DAVIES: *Art* [20]. **têbls** [bnth. S. (*multiplication*) *tables*] (*e.ll.*). **20g.** Ar lafar yn yr ystyr 'tablau lluosi'.

Cfn.: **tabl achau:** *genealogical chart, family tree.* **1936. tabl (yr) amser:** *timetable.* **1929. tabl (y) llanw(au):** *tidetable.* **20g.** *Math.* **tabl lluosi (lluosogi):** *multiplication table.* **20g.** *Math.* **tabl lluosgaidd = tabl lluosi.** **1768** J. ROBERTS: *R* 30. *Math.* **tabl lluosogiad (a chyfraniad):** *multiplication* (*and division*) *table.* **1775** M. WILLIAMS: *MC* [1], [*T*]*abl Lliosogiad a Chyfraniad.* **tabl Moesen:** *one of the two tablets of the Decalogue.* **15g.** *GLGC* 313, Duw . . . / a roes hen ysgrifen gron, / fal y rhoes yn *nhabl Moesen* / yng nghwr rhol y dengair hen. **16–17g.** *HG* 106, ag adewis i ni dal, o vewn i *dabal moesen* / gyfraith ir kreadüriaid byw. Cf. *taplas—taplys Moesen*. *Math.* **tabl multiplicasiwn = tabl lluosi.** *c.* **1720** *CIF* 83.

Gw. hefyd **tablen**¹, **taflen**¹, **taplas.**

tablaf: tablu [bf. o'r e. *tabl*] *bg.a.* Trefnu ar ffurf tabl: *to tabulate.*
1916.

tablaidd [*tabl*+*-aidd*] *a.* Ar ffurf tabl: *tabular.*
20g.

tablas, gw. taplas.

tabl-bir [bnth. S. *table beer*] *e?g.* Tablen: *small beer.*

1845 *HVN* 341, Fe fydd y labrer bach cyn hir, / A'i ginio dwym a'i *dabl bîr*, / A'r aur yn singlan yn ei god, / Mae gwaith y Railrod wedi dod.

Cf. **tablen**².

tabled, tablet [bnth. S. *tablet*; ansicr yw'r engh. gyntaf isod] *eb.* ll. *tabledau, tabledi, tablets*.

(*a*) Darn o emwaith neu addurn fflat a wisgir ar y corff: *tablet* (*ornament worn about the person*).

16g. *Llst* 40, 146, Tri Griffwnd sabl ar *dablad* / Trwy assyr koeth treisswr kad (Gruffydd Dwn). **16–17g.** *Cer RC* 93, A'i *thabled* a'i brasled, o'i mwnwgl i waered, / A Gwenno yno cyn deced a'r seren. **1609** *CRC* 64, gwell i ferch na mynd at ddrewiant / i thaflv ir mor dros y kevnant / a rhoi wrth i gwddw ar linin / yn lle *tablet* faen y felyn. *c.* **1621** *id.* 29, ai thiped ai chroes ai chalon / *tabled* o avr ar i dwyfron.

(*b*) Slab o garreg, pren, neu fetel, yn enw. un ag ysgrifen arno; pilsen: (*inscribed*) *tablet; tablet, pill.*

1892. Ar lafar, 'Mi a' i'n isel ar unwaith os na chymra' i'r *tabledi*'.

Cfn.: **tabled goffa (coffa), tablet coffa:** *memorial tablet or plaque.* **1938.**

tablen¹ [*tabl*+*-en*] *eb.* ll. *-nau, tabls.* Llechen neu dabled ac arni ysgrifen; carreg lawr, fflag; llun, darlun; tabl, mynegai, rhestr (gynnwys, &c.); cyllideb; hefyd yn *ffig.*: (*inscribed*) *tablet; flag*(*stone*); *picture, painting; table, index, list* (*of contents, &c.*); *budget; also fig.*

1606 E. JAMES: *Hom* ii. 52, delwau Petr a Phawl a'n Iachawdwr Christ ei hun gwedy eu peintio mewn *tablennau* (*tables to be painted*). **17g.** *CRC* 303, Pawb sv ai ffydd yn ol i pininiwn [*sic*] / y gwyr gore o ddysg ni choiliwn / nar gorchmynion ar y *dablen* / nid oedd mo hyn. **1672** R. PRICHARD: *Gw* 293, A'r rhai trwy ddwylo Moesen, / Y roes Duw ar ddwy *dablen* [:– Lêch]. **1677** C. EDWARDS: *FfDd* 348, [g]an fod yr Eglwys yn golofn y gwirionedd, neddir oddiwrthi hi bôb garwder anwireddus, fel y byddo yn *dablen* eglur iw darllen gan bawb. **1682** R. LLWYD: *LlH* 475, y llyfr hwn . . . yscrifennais *Dablen* yn ei ddiwedd yn ol trefn llythrennau'r egwyddor, i ddangos y dalennau lle ceir dechreuad yr ymadroddion ynghylch pyngciau rheitiaf. **[1703]** *YGDB* 5, [c]yfarwyddyd y Celfŷddydau . . . y mae Josephus yn dangos ddarfod Argraphu 'r hôll gyfarwŷddŷd mewn dwŷ-lêch neu *dablennau*, ûn o brês, ar llall o brîdd. **1722** *Llst* 189, *Tablen*. f.p. *-blennau*. A short table or index. **1725** D. LEWIS: *GB* 129, Gan y bydd gennif Achos i sôn am Rifeu a Symeu mawrion yn fynych, mi roddaf *Dablen* i'r Anghyfarwydd ymma. **1760** T. WILLIAMS: *AD* 51–2, yr oed/d 'rhen Baganiad yn Sgrifenu yn Llyfrau hesg llydain ac ar *Dablentau* [*sic*] mawrion. **1775** *CY* 57, Gwelwch y calendar a *thablen* y gwyliau. **1794** *W* d.g. *Tablet* [*a small table*], *Index*. Ar lafar, '*tablan*' 'fflagen (llawr) . . . *Tabls* . . . fyddai ar lawr y gegin', *BIBC* 48; clywir hefyd yr ymad. 'cwnnu *taplan*' 'cael arian annisgwyl' (deddwyrain Morg.).

Cfn.: *Beibl.* **y dablen gyntaf:** *the first table or division of the Decalogue, relating to religious duties.* **1630** R. LLWYD: *LlH* 1[41]. **[1740]** D. LLWYD: *YDD* 200. *Beibl.* **yr ail dablen:** *the second table or division of the Decalogue, relating to moral duties.* **1725** I. HARRI: *RD* 90. **1735** S. THOMAS: *HP* 198.

tablen² [cfdds. o'r S. *table* (*beer*)+*-en*] *eb.* ll. (prin) *-ni.* Cwrw (gwan), yn enw. cwrw cartref; mesur bach o gwrw: (*small*) *beer, esp. home-brewed beer; small measure of beer.*

1839. Ar lafar, *Cymru* xxxiv. [265] (godre Cered.), *GDD* 288; '*Tablan* fach nêt . . . yw hi', *LlGC* 1174, 111 (Morg.).

Cfn.: **yn dablen (fawr, sêrs):** (*very*) *drunk.* Ar lafar,

"Wedd e'n *dablen* neithwr' (godre Cered.); 'gleider yn cwmpo rai trodfeddi, fel sei'*n dablen*', *Wês wês* 34.

tablenna [be. o'r e. *tablen*²] *bg.* a'r be. hefyd fel *eb.* (Y weithred o) yfed cwrw: *to drink beer; beer-drinking.*

20g. Ar lafar yng ngodre Cered. a sir Benf., 'Stori obwti Twm Deina wê'n *tablenna*'n jogel', *Wês wês* 39.

tablennwr [bôn y be. *tablenna*+-*wr*] *eg.* ll. *tablenwyr.* Yfwr cwrw, llymeitiwr: *beer-drinker, tippler.*

20g.

tabler [bnth. S. C. *tabler*] *eb.* ac yn eithriadol *eg.* ll. -*i*, -*au*. Gêm fwrdd i ddau ac iddynt bymtheg o ddarnau bob un a symudir yn ôl tafliad dis(iau), ffristial, taplas, ?hefyd gynt am gemau eraill tebyg; bwrdd chwarae, yn enw. ar gyfer y gêm hon, set o ddarnau ynghyd â'r bwrdd a'r disiau i chwarae'r gêm hon, &c.; hefyd yn *ffig.*: *backgammon, ?formerly also of other similar games; board or set (for backgammon, &c.); also fig.*

14–15g. *IGE*² 301, Sies a chwarae â siswrn, / *Tabler* gris a dau ddis ddwrn (Rhys Goch Eryri). **15g.** *id.* 231, Gwnawn yn ynial, mal y mae / Gnawd yn ôl gwirawd gwarae / Tawlbwrdd yn graff, braff broffes, / *Tabler* mewn sïer a sies (Ieuan ap Rhydderch). **15g.** *GGl*² 192, Dyblwyd ar waith y *dabler*, / Dyblig o'r sirig a'r sêr [i ofyn pais o faelys]. **15–16g.** *TA* 255, Pyst Sîn yn gwmpas hyd sêr, / Peintiad dwbl, pwyntiau *tabler* [i dŷ Wiliam ap Siôn Edwart o'r Waun]. *id.* 466, Ceisied o Fôn, nid cost ferr, / Caead dwbl, fel cau *tabler* [i ofyn meini melin]. **16g.** *Llst* 6, 112, nycharaf vn ywch ayron / na ffwl o gred na ffel gron / na dis *tabler* nay gwerin. **1527** *B* ix. 315, yn ffaidd y tiria ef i Ynys Brydain . . . ac yna y dyry ei dylwyth ei hun yn *dabler* ac y bwrw ddis am y clawr. **1547** *WS*, *Tabler* Tables. **16g.** *LlCy* v. 38, Tawbwrdd [*sic*] gwenddolav Aur oedd J gwyr Ag Arian odd J glawr A phen Roi wenddolav y gwyr yn y *dabler* hwy hwaryen Tre myn nai [*sic*] hi vddvnt hwarae. *c.* **1588** *Rhyddiaith Gymraeg* ii. 85, Fel y gwely di y gwyr hyn yn faen yn y *dabler*, felly yr a dy ran di a'th eppil. **16–17g.** *GST* i. 439, Dyro, gwell yw na dwyrodd, / *Dabler*, Huw, on'd abl yw'r rhodd? / Pand teg iach, pwyntiau gwychion, / Paentiad teg y pwyntiwyd hon? / Rhowch im, heb ei orchymyn, / Ford ysgwâr i fwrw dis gwyn, / A'i gwŷr annwyl yn grynion, / Reiol yw'r rhif ar lawr hon. / Dau bymtheg rwydd-deg oedd raid / Ar *dabler* lle cair dwyblaid. **1604–7** *TW* (*Pen* 228), darnæ bychein anghyfliw, megys ar *dableræ* d.g. *Verniculor.* *id.* d.g. *Albeus, Alueolus, Magis, Tabula.* **1630** R. Llwyd: *LlH* 145, o bydd pregeth brydnawn . . . at y bowliau a'r *tableri* yr ânt hwy. **1653** *MLl* i. 194, yr ydych etto . . . yn dilyn tafarnau, a *thablerau*, a llwon, a melldith. **1672** R. Prichard: *Gw* 11, Mae Pennaethiaid gyda ninnau, / Ai *tableri* ar ei bordau, / Heb vn bibl, nac vn pylgain, / Yn eu tai, na neb i [dd]arllain. **1701** E. Wynne: *RBS* 227, Lladdodd Patroclus ei gyfaill yn ei gynddaredd newydd golli tro croes ar y *Dabler* (*a cross game at Tables*). **1722** *Llst* 189, *Tabler.* m.p. *blerau.* A pair of tables. **1772** *W*, math ar chwarae ar y *tabler* d.g. *Draughts* [*a sort of play or game on chequers*].

Cfn.: **tabler fraith:** *backgammon (board).* **16–17g.** *PhA* 160, a *thabler fraith* abl ar frys / ywch wyr Tal a chard dilys. **17g.** *TBM* 386, Chwarae cardiau a *thabler fraith*, / Fal dyna'i waith bob amser. Cf. *GST* i. 593, A thabler folfraith, ddeublyg.

tablera [be. o'r e. *tabler*] *bg.* Chwarae tabler neu gêm debyg: *to play backgammon or similar game.*

a. **1575** *GP* 135, Tri pheth a ddyly kerddor ev gochel: llynna nev ddiota, pvteinia, a dissio nev *dablera.* *c.* **1730** *Thos. Lloyd D* (LlGC) 213a, *Tablera.* To play at tables.

tablerwr [bôn y be. *tablera*+-*wr*] *eg.* Chwaraewr tabler, &c., ?hefyd am un o'r darnau: *backgammon, &c., player, ?also of one of the pieces.*

16–17g. *PhA* 358, yfwr *tablerwr* blowrwyn / bwngler ar dabler iw'r dyn (Siôn Phylip). **17g.** *LlGC* 13215, 382, *Tablerwr* Latrunculus.

tablet, gw. **tabled.**

tabliad¹ [*tabl*+-*iad*¹] *eg.* ?Lluniad, gosodiad: *formation, setting.*

14g. *GDG*³ 354, Cwlm cariad mewn *tabliad* dwbl, / Cwmpasgaer min campusgwbl [i'r cusan].

tabliad² [bôn y f. *tablaf*: *tablu*+-*iad*¹] *eg.* ll. -*au*. Trefniant ffigurau neu ffeithiau ar ffurf tabl: *tabulation.*

1916.

tablo [bnth. S. *tableau*] *eg.* ll. -*s*. Person neu grŵp sy'n sefyll yn stond ac yn ddistaw i gynrychioli golygfa, llun, &c., saib fer mewn drama pan fo'r perfformwyr yn sefyll felly, golygfa ddramatig: *tableau (vivant).*

20g.

tabloid [bnth. S. *tabloid*] *eg.* ll. -(*i*)*au*, -*s*, a hefyd fel *a.* Papur newyddion, yn enw. un hanner y maint mawr traddodiadol ac iddo arddull cryno dramatig; nodweddiadol o'r cyfryw: *tabloid (n. and adj.).*

20g.

tabls, gw. **tablen¹.**

tablun [*tabl*+*llun*¹] *eg.* ll. -*iau*. *Crdd.* Nodiant sy'n dangos byseddu ar gyfer y delyn, y liwt, y gitâr, &c.: *tablature (in mus.).*

20g.

tablwr [bôn y f. *tablaf*: *tablu*+-*wr*] *eg.* ll. -*wyr*. Person neu beth sy'n tablu data, un sy'n llunio tabl: *tabulator.*

1916.

tabrer [bnth. S. Diw. Cyn. *tabrer*, ff. ar *taborer*] *eg.* Tabyrddwr, drymiwr: *taborer, drummer.*

15–16g. *TA* 388, Wrth law 'r *tabrer* y chwery, / Wrth faner trwmper y try [i ofyn march]. **1547** *WS*, *Tabrer* ne vn a gan dabwrdd A taberer. **1592** S. D. Rhys: *Inst* 303, Pedwar Obhergerdhawr . . . Pibydh. Hudawl. *Tabrer.* Phidler.

tabret [bnth. S. Diw. Cyn. *tabret*] *eg.* ll. -*s*. (Un sy'n chwarae) drwm bychan: (*performer on a*) *tabret or small drum.*

1545 *CM* 1, 554, A chroth hrai ohonnaunt achwydda kyngletted ar *tabrett* [am effeithiau llyngyr]. **16g.** *B* xviii. 328, hrai ar drwmpets, eraill ar drwms a *thabretts*, eraill ar glariwns, sagbwtts a shialmys. **1567** *LlGG* (*Sall*) 84a, can-molant ef a'r tympan [:– *tabret*] a'r delyn. **1728** S. Rhydderch: *GC* 184, Pedwar Ofergerddawr . . . Pibydd, Hudawl, *Tabret* (S. D. Rhys: *Inst* 303, Tabrer), Ffidler.

tabrnacl, gw. **tabernacl.**

tabs [bnth. S. *dabs*] *e.ll.* (un. b. -*en*). *Pysg.* Amryw fathau o ledod bychain o deulu'r *Pleuronectidæ*, yn enw. lledod y llaid, lledod tywod, *Limanda limanda*: *dabs (small flatfish).*

Ar lafar, *WVBD* 520.

tabster, tabstr, gw. **tapster.**

tabul, gw. **tabl.**

tabŵ [bnth. S. *taboo*] *eg.* ll. -*au*, -*s*, a hefyd fel *a.* Y weithred neu'r arfer o osod peth neu berson ar wahân yn gysegredig neu'n waharddedig, gwaharddiad neu gyfyngiad a roddir gan gonfensiwn cymdeithasol ar ymddygiad arbennig, geiriau penodol, &c.; a waherddir neu a osgoir o ganlyniad i tabŵ: *taboo (n. and adj.).*

1919. Cf. T. H. Parry-Williams: *OPG* 32, Yr oedd y ffrwd hon yn *tabŵ* hefyd.

tabwrdd [bnth. S. C. *tabour*, neu'n uniongyrchol o'r H. Ffr.; ?a'r -*dd* dan ddyl. *bwrdd*] *eg.b.* ll. *tabyrddau.* Drwm (bychan), hefyd yn *ffig.*; tambwrîn: *tabor, also fig.; tambourine.*

Dchr. **14g.** *GGDT* 152, Gwehelyth nis câr gwehilion —cerddau / *Tabyrddau*, swysau iangwyr Saeson. *c.* **1400** *R* 1345. 43–4, dôrd dyfôn [*sic*] *dabôrd* dan dabar dyrdan llanô o dan myôndar. *c.* **1400** *YCM*² 103–4, Y paganyeit ynteu a yttoedynt yn marchogaeth yn drut, a chanu eu kyrn a wnaethant, a ffustaw *tabyrdeu.* **14–15g.** *IGE*² 302, Pob ffidler law draw y dring, / Pob swtr *tabwrdd*, pob sawtring (Rhys Goch Eryri). **15g.** (**16g.**) *Llst* 6, 99, tybiais pan ddayth y *tabwrdd* / atafi ym ty ay vwrdd / ym ty vod geny vwyd gwr / aborthai hwch aberthwr [dychan Syr Lewis Feudwy i Syr Phylip Emlyn]. **15g.** *DGG*² 80, Trwy ei hun y trawai hwrdd, / Tebig i ganu *tabwrdd* [i'r daran]. **15g.** *GTP* 55, Trum dâr yn ei dabar du, / *Tabwrdd* dadwrdd Cwmdadu [i ofyn tarw]. **1547** *WS*, *Tabwrdd* A tabour. **16g.** Dafydd Benwyn: *Gw* 652, Och y'r faiold goch, a'r gwr ddoe y kanai: / kwynaf hyd ymylfwrdd; / oerchwedl y'r mab a'r *tabwrdd*, / o vewn ty, da vaint y dwrdd. **1595** H. Lewys: *PA* 132, [y]r assyn, 'rhwn a roesid i groen, ar y drwm neu 'r *tabwrd*'. **1632** *D*, *Tabwrdd*, Tympanum. **1670** J. Hughes: *AP* 137, curo *tabyrddau*, tympanau a drymmau. **1688** *TJ*, *Tabwrdd*, offerŷn Cerdd: a Timbrel, a Taber. **1769** Twm o'r Nant: *TChD* 28, Yn gwrando ar *Dabwrdd* rhyw ffôl Gydwybod. **1771** *PDPh* 27, fe rydd sŵn isel fel *tabwrdd*, drwm, [*sic*] bychan. **1775** *W*, *Tabwrdd* brês (ar wêdd callawr) d.g. *Kettle-drum.* **1803** *P*, Mae *Tabyrddau'r Babongo* yn nofel gan Islwyn Ffowc Elis (1961).

Amr.: **tabwr.** **16–17g.** *B* v. 30. Ar lafar, *Cymru* xlvii. [236] (sir Ddinb.). **tabwrn** [â'r -*n*, cf. *siswrn, miswrn*]. **16g.** *Def Hen* 65.

Cfn.: *Adar.* **tabwrdd y baw:** (*European*) *bittern, Botaurus stellaris.* **20g.** **tabwrdd y glust (clust):** *eardrum, tympanic membrane.* **1816.**

tabyrddaf, tabyrddiaf: tabyrddu, tabyrddio [bf. o'r e. *tabwrdd*] *bg.a.* Drymio, curo (drwm), hefyd yn *ffig.*: *to drum, beat (a drum), also fig.*

1722 *Llst* 189, *Tabyrddio.* To drum, beat y[e] drum. **1756** *Gron* 83, Fel y cant y Corybantau / Y dydd pan y ganed Iau, / Hawdd fodd i'w ddyhuddo fu / O waith beirdd, a *thabyrddu.* **1772** *W*, *tabyrddio* d.g. *To drum, or beat a drum.* *id.* *Tabyrddu* d.g. *Tabor, To [beat the] tabor.* **1792** H. Harris: *H* 47, pan (meddaf) y dechreuais lafaru, yna gorchymynasant guro Drwm yn ein hymyl, cefais fy nghynnorthwyo i ddwyn fy nhystiolaeth yn erbyn eu dawns-gyfarfodydd . . . er bod un yn parhau i *dabyrddio*'r Drwm yn ddiattal, a'r Mab yn ein lluchio â phêr ac afalau, ac yn taflu cerrig a llacca arnom. **1799** Dafydd Ionawr: *MB* 18, Mawr swn berwddwfn, *tabyrddu* / Mewn dig, yn lloerig wna 'r llu. / Y gwyr tanbaid a gerwin, / Mewn ffoledd gwagedd a gwin. **1803** *P*, *Tabyrzu* . . . To tabour; to drum. Cf. D. J. Williams: *STG* 30–1, 'Gollyngwch fi maes o'r fan hyn'. . . meddai'r llais yn sydyn drachefn, yn cael ei ddilyn gan gicio a *thabyrddu* byddarol ar yr estyll.

tabyrddiad [bôn y f. *tabyrddaf, tabyrddiaf*: *tabyrddu, tabyrddio*+-*iad*¹] *eg.* ll. -*au*. Y weithred o ddrymio, hefyd yn *ffig.*: *a drumming, also fig.*

1772 *W* d.g. *A drumming.* **1803** *P*, *Tabyrziad*, s. m. . . . A tabouring; a drumming.

tabyrddiaf: tabyrddio, gw. **tabyrddaf: tabyrddu.**

tabyrddol [*tabwrdd*+-*ol*] *a.* Tebyg i ddrwm; yn drymio: *drum-like; drumming (adj.).*

1803 *P*, *Tabyrzawl* . . . Tabouring; drumming.

tabyrddwr [bôn y f. *tabyrddaf, tabyrddiaf*: *tabyrddu, tabyrddio*+-*wr*] *eg.* ll. -*wyr*. Un sy'n curo tabwrdd neu ddrwm, hefyd yn *ffig.*: *taborer, drummer, also fig.*

1632 *D* d.g. *Tympanista.* **1722** *Llst* 189, *Tabyrddwr.* m. A drummer. **1803** *P*, *Tabyrzwr*, s. m.—pl. *tabyrzwyr* . . . A tabourer; a drummer. Digwydd yn e.'r gyfrol *Y Tabyrddwr Cristionogol* (1812).

tac¹ [bnth. S. *tack* 'small nail; long stitch; change of direction (in sailing); &c.'] *eg.b.* (bach. g. *tecyn*, ll. -*nau*; b. *tacen*) ll. -(*i*)*au*, -*s* (un. b. *tacsen*).

(*a*) Hoelen fach bigog ac iddi ben llydan, hoelen esgid: *tack, hobnail.*

1828 *Geir Pob* 26, *Tacs*, hoelion esgidiau. Ar lafar, '*Tace*-man' 'Small nails with round heads', *GDD* 288; '*tacen*', *SC* vi. 134 (sir Benf.).

(*b*) Brasbwyth, hirbwyth: *tack, basting stitch.*

1931. Ar lafar, '*Tac*' 'Stitch', *Cymru* xxxiv. 265 (godre Cered.); "Wi wedi cwplo gwinio 'on, tyn di'r *tacs* i gyd mæs drosto' i', *GTN* 773; 'Fi ddota' *decyn* yng ngwaelod dy ffrog di 'nawr', *id.* 784.

(*c*) Cymal amherthnasol a ychwanegir at fesur cyllid yn y Senedd i sicrhau ei basio: *tack (clause appended to parliamentary bill).*

1927.

(*d*) *Llong.* Y weithred o dacio, gwyr-hynt, hwyldro, (newid) cwrs, hefyd yn *ffig.*: (*nautical*) *tack, (change of) course, also fig.*

16g. *GRCG* 50, Tynnu *tac* fal troed cacwn, / Rhwyfo cwrs fal boddi cŵn. **1828** *Geir Pob* 26, *Tac* . . . troad llong. Ar lafar yn yr ymad. 'rhoi ail *dac* arni' 'ail-ddechrau ar rhyw [*sic*] joban', *AAST* (1984) 109. Cf. O. Griffith: *MP* 43, [p]an ddoth y niwl i giddio [*sic*] y felin, troi yn ol o hud [*sic*] am ail *dac* [am long].

(*e*) Atalfa, rheolaeth: *check, control.*

1828 *Geir Pob* 26, *Tac*, Attalfa. Ar lafar, 'rhoi tipyn bach o *dac* arno fo' 'to pull him up a bit, to cause him to go slower', *WVBD* 521. Clywir hefyd yr ymad. '*Tac* dan i dafod' 'an impediment of speech', *LlGC* 1173, 111 (ardal Brynaman); 'Ma *tac* dan 'i dafod a' (de-ddwyrain Morg.).

Cfn.: **tac teil(i)wr:** *tailor's tack.* **20g.** Ar lafar.

tac² [bnth. S. taf. *tack* 'hired pasture'] *eg.* a hefyd gyda grym ansoddeiriol. Tir pori ar rent: *tack (hired pasture)*.

1822 *LlGC* 14944, Cytyndeb Dâ *tak*. Ar lafar, 'Fi geso *dac* lawr yn Dy'n y Wern', *GTN* 772; 'Fe rows dy dad *dac* i ucian o ddefid iddo fa' (dwyrain Morg.). Clywir yr ymad. 'defaid *tac*' yn y Canolbarth a'r De. Cf. D. J. WILLIAMS: *STG* 63, Talai Wil am ei phorfa [merlen] ar y mynydd. 'Cadw *tac*' y gelwid yr arfer yn ein rhan ni o'r wlad.

Cfn.: **ar dac:** *out to tack, at tack (of animals grazing on rented land).* **1931.** Ar lafar, 'Ma 'nyfilod i *ar dac* gin' i yn Dyffryn Isia'', *GTN* 772.

tac³ [gair geir.; ?cf. S. C. *tak* 'payment for pannage'] *e?g.* Hwch (?yn dâl am fesfraint): *sow (?as payment for pannage)*.

15g. *Pen* 51, 187, *Tak* hwch messobr. **1547** *WS*, *Tack*. *c.* **1588** *B* ii. 238, *tak* . . . hwch.

tac⁴ [bnth. S. *tack* 'tackle, gear'; dichon mai gair gwahanol a welir yn adran (*b*), ?cf. S. taf. *tack* 'thing of little value'] *eg.*

(*a*) Offer neu gêr (ceffyl): *(horse's) tack*.

Ar lafar, ''Ni wastod yn catw'r cyfrw yn tŷ, ond ma'r *tac* i 'ongad yn y stapal' (dwyrain Morg.).

(*b*) Peth, teclyn, bechingalw: *thing, thingummy, thingumabob, what-d'you-call-it*.

Ar lafar, 'yr hen *dac* 'na' (sir Benf.); 'Pasia'r *tac* 'na i fi' (gorllewin sir Gaerf.).

tac⁵ [?yr un gair â *tac¹* neu *tac⁴*] *eg.* (bach. g. *tecyn*) ll. *tacs*. Dyn gwaradwyddus neu od; dyn digrif, cellweiriwr: *contemptible or odd fellow; wag, joker*.

Ar lafar, '*tac*' 'a contemptible fellow', *SC* vi. 134 (sir Benf.); 'Dyna *dacs* ŷn ni' (sir Benf.). Clywir *tecyn* yn yr ystyr 'plentyn llwyd ei wedd', '*Tecyn* bach budur yw'r un 'ena'' (dwyrain Morg.).

tac⁶, gw. tàg².

tacad [bôn y f. *taciaf¹*, *tacaf²*: *tac(i)o*+ *-ad²*, trf. han.] *eg.* ll. *-au*. Tac, brasbwyth, hirbwyth: *tack, basting stitch*.

Ar lafar, 'Gwell doti *tacad* man 'yn, cyn bod a'n fwy o dwll' (dwyrain Morg.).

tacaf¹, taciaf²: tac(i)o [bf. o'r e. *tac²*] *bg.a.* Rhoddi (defaid, &c.) ar dac, cael eu cadw ar dac (am ddefaid, &c.): *to put (sheep, &c.) out to tack, be kept on tack (of sheep, &c.)*.

20g. Ar lafar, ''Oedden ni'n arfer *tacio*'r defed dros y gaea' yn Llanarth' (gogledd Cered.); '*Taco* mae fe 'n y gaeaf' (sir Benf.); 'Mae a'n 'ela bythdu gant o ddefid i *daco* aton ni' (dwyrain Morg.); ''Odd Pen-gros yn *taco*'i 'nyfilod lawr ar gaea Dyffryn Isia', bob gaea'', *GTN* 773.

tacaf²: taco, tacan, gw. **taciaf¹: tacio.**

taced [bnth. S. C. *taket* 'clasp; nail'] *e.* Clesbyn, gwäeg; (geir.) hoelen fechan, bachyn: *clasp, brooch; (dict.) small nail, hook*.

14g. *WM* 181. 34–6, yscin kyfryó a hi. a*thaccet* (*id.* td. 91a. 39, tac de [*sic*]) o rudeur yn y chynhal ymdanei. **1547** *WS*, *Tacked* hoyl hayarn vach. *c.* **1730** *Thos. Lloyd D* (LlGC) 213b, *Tacced*. A tack, a small nail. W.S.

tacen, gw. tac¹.

taci [bnth. S. *tacky*] *a.* Di-chwaeth, eilradd, di-raen: *tacky, tatty*.

20g.

taciaf¹, tacaf²: tac(i)o, tacan [bnth. S. *(to) tack* 'to change a ship's course; stitch lightly; fasten with tacks; &c.'] *bg.a.*

(*a*) *Llong*. Newid cyfeiriad (llong hwyliau) drwy droi'r pen blaen i'r gwynt nes bod hwnnw ar ochr arall y llong, symud ymlaen drwy gyfres o'r fath newidiadau, hefyd yn *ffig.*: *to tack ((of) a ship), also fig.*

1828 *Geir Pob* 26, *Tacio*, troi yn ol, &c. Digwydd hefyd (weithiau'n *ffig.*) mewn ymad. megis '*tacio* (yn agos) i'r gwynt', '*tacio* yn erbyn y gwynt'.

(*b*) Brasbwytho, lled-wnïo: *to tack or baste (in needlework)*.

20g. Ar lafar, '*Taca* ochra'r sgyrt 'yn', *GTN* 773.

(*c*) Sicrhau â thaciau neu hoelion byrion: *to tack, fix with tacks*.

1927. Ar lafar, ''We'r crydd yn *taco* nhw wedyn' (sir Benf.).

(*d*) Bod yn wyliadwrus: *to be circumspect*.

Ar lafar, ''Well i ti *dacio* hefo'r diod [*sic*] 'na, mae'n siŵr o dy ddyfetha ti', *WVBD* 521.

taciaf²: tacio, gw. **tacaf¹: taco.**

taciwr [bôn y f. *taciaf¹*, *tacaf²*: *tac(i)o*+ *-iwr*] *eg.* Un sy'n tacio neu'n brasbwytho: *tacker (in needlework)*.

1933.

tacl [bnth. S. *tackle*; ansicr yw ystyr a dosbarthiad rhai o'r enghrau. isod] *eg.b.* ll. *-au*.

(*a*) Rigin (llong): *(ship's) tackle, rigging*.

1547 *WS*, *Takyl* llong Tackelyng of a shyppe. **1567** *TN* 218a, a'r trydydd dydd y bwriesam an dwylaw ein hunain *daclae* y llong allan o hanei. **1672** R. PRICHARD: *Gw* 337, Nad im llong am *taccal* [:– Rhaffa[u] llong] dorri, / Bydd di borth ac Angor immi. **1772** *W*, *tacclau* . . . llong d.g. *Cordage [the ropes] of a ship*. *id.* Y *tacclau* d.g. *The riggings*. Ar lafar yn yr ymad. 'trin y *tacla*' 'to handle the ropes (on board ship)', *WVBD* 521.

(*b*) Saeth, hefyd yn *ffig.*: *arrow, also fig.*

1547 *WS*, *Takyl* i saythy. **16g.** *Def Hen* 56, mae'r bŵa gwedi i nyly, i mae'r *taclay* (*arrows*) o'i ddigofaint gwedi i tynny hyd at y pen. **16–17g.** *B* ii. 238, *tacl* . . . a prickshaft. **1603** W. MIDLETON: *Ps* 277, Gyrr dy saethau *daclau* da / . . . yw difetha. **1632** *D*, *Taccl*, Sagitta. **17g.** E. MORRIS: *Gw* 377, Dy lygaid yw'r *tacle*, awduriaeth di-chware / Yw'r pige sy 'nghilie fy nghalon. **17g.** HUW MORUS: *EC* i. 181, Eiff un i'w weddïau, yn lân ar ei liniau, / Ac eraill a'u garau fel *taclau* syth teg. **1688** *TJ*, *Taccl*, saeth: an Arrow, Shaft or Dart. **1722** *Llst* 189, *Taccl*. f.p. *Tacclau*. An arrow, dart. [**1783**] *W* d.g. *Shaft [an arrow]*.

(*c*) (fel arfer yn y ll.) Offer, gêr, celfi, cyfarpar; offer neu gêr ceffyl; dodrefn, celfi, stwff, trugareddau, pethach; hefyd yn *ffig.*: *(usu. pl.) tackle, gear, tools, kit, equipment; (horse's) tack; furniture, household fittings, stuff, paraphernalia, things; also fig.*

a. **1587** *Y* 214, Y clerwr *daclav* oerion, / Cynwal sûr, cynheli sôn. **16–17g.** *B* ii. 238, *tacl* .i. geare . . . furniture. **1632** *D*, *Tacclau*, Ornamenta. **1649** E. ROBERTS: *SCG* 25, aelodau y corph yn *dacclau* ac yn offerau ir meddwl i weithredu drwg. **1722** *Llst* 189, *Tacclau*. p. Accoutrements, harness, tackle, furniture. **1723** J. JONES: *LlA* 161, [P]rydferthwch ei *Daclau* (*trappings*) [am farch]. **1753** *TR*, *Tacclau* . . . accoutrements. **1773** *W*, *tacclau* . . . tê d.g. *Equipage* . . . *Tea-equipage*. *id.* *tacclau* d.g. *Furniture [any goods, necessaries, or materials proper to render a house, or thing convenient; &c.]*. **1803** *P*, *Tacyl*, s. m.—pl. *taclau* . . . an instrument, or tool. *id.* *Taclau*, s. pl. aggr. . . . Implements, tackling; accoutrements, equipage, furniture. **1828** *Geir Pob* 26, *Taclau*, offer. Ar lafar, '*tacla*' 'tools, odds and ends, tackle', *WVBD* 521; '*tacla*' 'offer; twls; gwrthrychau', *GTN* 773. Cf. W. REES: *LlHFf* 9, Erbyn i mi fyn'd i chwilio am y *tacle* syfenu.

(*d*) Mecanwaith o raffau, pwlïau, &c., ar gyfer codi pwysau, &c.: *tackle (for lifting weights, &c.)*.

1805 *Y Greal* 138, [t]òrri twll mewn hen wal vawr . . . ac yno rhoi darn o bren ar draws y twll . . . i roi chain i vachu y *tacl*, sev rhaf a blociau, a bachu y pen arall wrth y llong, a rhoi y cefylau wrth y rhaf i dynu. Velly hi ddaeth o'r clawdd.

(*e*) (yn y ll.) Dihirod, gweilch: *(pl.) rogues, scallywags*.

1872. Ar lafar yn gyff., yn enw. yn yr ymad. 'hen *daclau*', *B* xv. 25 (Meir.), *Cymru* liv. 131 (Maldwyn), *TGG* (1907–8) 89 (de-orllewin sir Gaerf.), *id.* 110 (godre Cered.), *GTN* 773. Cf. H. EVANS: *CE* 171, hen siopwyr a rhyw hen *daclau* felly, oedd yn cael eu bwyd heb weithio amdano!

(*f*) Y weithred o daclo (mewn rygbi, pêl-droed, &c.): *a tackle (in rugby, football, &c.)*.

20g. Ar lafar yn gyff., ''Gath e 'i anfon ffwrdd am *dacl* uchel' (gogledd Cered.).

Gw. hefyd **teclyn.**

taclad, gw. **tacliad.**

taclaf: taclu, taclo [bnth. S. *(to) tackle*] *bg.a.*

1. (*a*) (a'r be. fel arfer yn y ff. *taclu*) Tacluso, trefnu, cyweirio, cyflenwi, dodrefnu, paratoi, gosod (bwrdd), darparu tacl ar gyfer (llong), harneisio (ceffyl, &c.); addurno, harddu, tecáu; dilladu, gwisgo amdano (yn enw. i fynd allan), ymdacluso; trwsio, atgyweirio; trin neu rwymo (clwyf neu aelod o'r corff): *to tidy (up), order, arrange, equip, furnish, prepare, lay (table), rig (ship), harness (horse, &c.); decorate, adorn, embellish; clothe, dress, get dressed (esp. to go out), smarten oneself up; mend, repair; treat or dress (wound or part of body)*.

1547 *WS*, *Takly*. **1574** *RhRC* (At.) 292b, moyswch *dackly* y bedde. **1588** *Ecs* xiv. 6, efe a *daclodd* ei gerbyd. *id.* xxx. 7, pan *daclo* efe y lusernau. **1588** *Jer* xlvi. 3, *Tecclwch* chwi y tarian, a'r astalch. **1620** *Lef* xxv. 5, Na chynhaiafa 'r hyn a dyfo o honaw ei hun, ac na chasgl rawnwin dy winwydden ni *thecclaist*. **1632** *D*, *Tacclu*, Ornare, concinnare. **1707** W. EVANS: *EGG* [1], A'r cwbl wedi ei *dacclu* yn ôl y Drefn ac y Gosodwyd y Catechism hwn allan yn ddiweddar yn Saesonaeg. **1752** *ML* i. 201, yn rheoli y rhan oreu o saith ugeinyn o bobl i *daclu* y ffordd fawr bob dydd, ai gwneuthur fal ffyrdd y Werddon gin wastatted ar geiniog. [**1757**] *id.* 467, Rhaid mynd i *dacclu* bawd y dyn sydd wedi mortiffeio. **18g.** I. BRYDYDD HIR: *Gw* 204, Y mae yn ddrwg iawn genyf dros gyfieithwr Kettlewell, o herwydd myfi ac yntau a gymmerasom boen fawr i'w *daclu* i'r wasg. **1769** E. ROBERTS: *GN* 46, Yno yr aeth natur i olchi i lifre, / Ag i *daclu* i gwisg oedd dylle. **1771** *W* d.g. *To Adorn*, *To Array [clothe another]*, *To dress cloth*, *To dress a horse*, *To equip*, *To rig a ship [fit with tackling]*, *To trim [fit out or furnish] a ship*. **1793** *Cylchg* 194–5, nid ydynt yn gwneuthur dim ond adeiladu a *thaclu*'r tai. **1803** *P*, *Taclu* . . . To put in order, to accoutre; to dress, to deck, to trim; to repair, or to set right. *Taclu* melin, to repair a mill; *taclu* esgidiau, to mend shoes. Ar lafar, '*taclu*, *taclo*' 'to repair, tidy up', *WVBD* 521; '*taclu*' 'to get dressed, to prepare oneself by dressing', *SC* vi. 134 (sir Benf.); '*taclu* i fynd sia'r cwrdd mawr', '*taclu*'r ford', '*taclu*'r to', *GTN* 773.

(*b*) (enghrau. *ffig.*: *fig. exx.*).

1677 R. JONES: *BB* 60–1, Nid oes mor dychwelyd ymma drachefn i *dacclu* yr hyn a gamwnaethpwyd. Rhaid yw yn ebrwydd ddiwygio pob amryfusedd trwy Edifeirwch. *id.* 181, nid yw clyttio neu *dacclu* eich bucheddau (*no patching or mending of your lives*) drwy unrhyw gyneddfen gyffredin, yn gwasanaethu 'r trô. **1701** J. WILLIAMS: *BG* 56, By'd gwiw gennyt ddangos . . . i mi fy Nyledswydd, a *thaclu* ac unioni, yr hyn sydd allan o'r ffordd ynof. **1725–6** *Madd Ed* 370, mae'r dychweledig wedi ei *dacclu* â mwy o Ystyriaethau i'w wneuthur yn wasanaethgar i d[ro]edigaeth Eneidiau. **1735** S. THOMAS: *HP* [118], darfu iddynt . . . ei chwttogi [athrawiaeth Pelagius] . . . a'i *thaclu* a'i thrwssio, tu ag at ei gwneuthur yn fwy cymmeradwy. *c.* **1762–79** W. WILLIAMS: *P* 215–16, Sect y Magiaid yn Persia yr hon a fu gynt yn fawr iawn . . . fe'i hadferwyd, ac fe'i codwyd o'r newydd, ac fe'i *taclwyd* i'r radd fwyaf yn amser Darius Hystaspes. **1768** RISIART AP ROBERT: *CB* 129, Nid rhaid iddo ef . . . *daclu* ei burdeb na'i ffyddlondeb drwy dwyll.

2. (*a*) (a'r be. fel arfer yn y ff. *taclo*) Mynd i'r afael â, (ceisio) delio â: *to tackle, (try to) deal with*.

1672 R. PRICHARD: *Gw* 576, Gwir Gonfformist oedd dy feistir, / Ac am hynny ni'th scymmynir: / Ni throer arnat ti yn haerllic, / Waith dy *dacclu* gan ffanatic. **1791** SIÔN LLYWELYN: *DD* 12, Mae dwy o ffyrdd i wadu nattur, / 'Rwy 'nawr am *ddaclo* [*sic*] rhei'ny'n eglur. Ar lafar yn gyff., 'Mae'n hen bryd imi *daclo*'r dyn siwrans am arian y car' (sir Ddinb.).

(*b*) (a'r be. yn y ff. *taclo*) Atal neu dorri ar draws (chwaraewr rygbi, pêl-droed, &c.) i geisio cael y bêl, &c., oddi arno, hefyd yn *ffig.*: *to tackle (in rugby, football, &c.), also fig.*

1931. Ar lafar yn gyff., ''Oedden' nhw'n *taclo*'n wych yn y gêm dydd Sadwrn diwetha'' (gogledd Cered.).

Cfn.: **ei daclu ei hun (eich taclu eich hunain, &c.):** *to smarten oneself up, get oneself ready.* **1630** *YDd* 240, Vn agwedd yw y rhai sydd yn treilio y rhan fwyaf or [*sic*] dydd hwn [Sul], yn eu heillio, trwsio, a'*i taclu eu hunain*, megis Iesabel. **1675** R. JONES: *HCh* 94, chwi a ddylech geisio codi yn foreu . . . a bod cyn brysured ac y bo 'n bossibl yn *eich tacclu eich hunain*. **1798** W. RICHARDS: *CC* 40, [g]wedi *taclu ei hun* a'i geffyl.

taclen, gw. **teclyn.**

tacliad, taclad [bôn y f. *taclaf*: *taclu*, *taclo* +*-iad¹*, *-ad*] *eg.* ll. *-au*.

(*a*) Addurn(iad); atgyweiriad, trwsiad; trefniant, darpariaeth; ymwisgiad, gwisg, set o ddillad; rigin (llong): *decoration, adornment; repair(ing), mend; arrangement, provision; a dressing, outfit, equipage; rigging (of ship)*.

1552 W. SALESBURY: *Gw* 311, trwsiad godidoc

ne ynte ryw wych *dackliat* a lliaws o amryw eiriaü perthynasol yn estyn chwedyl byr o hyd y bwa, yr hwn a ellit ei draythy ar ddeüair neû dri. **1632** *D* d.g. *Cultus, Exornatio, Instructio, Paratus.* **1722** *Llst* 189, *Taccliad.* m. Adornment, trimming. **1725–6** *Madd Ed* 320, y mae efe . . . yn galw am y Wisg oreu . . . fe fyn iddo [Crist] ymddangos mewn *Tacliad* (*Equipage*) cyfaddas i Fab y fath Dad. **1770** *W, taccliad* d.g. *An accoutring, A dressing, Equipment* [*an equipping; equipage*]. **1803** *P, Tacliad,* s. m.—pl. t. *au* . . . A repairing. **1809** *Eurgr Wes* 66, Mr. Hall, yr hwn a'm canlynodd yn ymafaelyd â'r hwyliau, a yrrwyd yn fy erbyn gyd a'r fath angerdd, fel mae braidd y gallwn gadw fy ngafael ar y *tacliad.*

(*b*) Tacl (mewn rygbi, pêl-droed, &c.): *a tackle* (*in rugby, football, &c.*).
20g.

tacliwr, gw. **taclwr.**

taclus [*tacl*+*-us*] *a.* Trefnus, cymen, twt, cywair, mewn cyflwr da; parod, cyfleus, hwylus; addurnedig, trwsiadus; cefnog, cyfoethog: *orderly, neat, tidy, trim, well-kept, in good repair; ready, convenient, easy; decorated, well-dressed; well-off, rich.*

1588 *Jer* l. 42, ar feirch y marchogant yn *daclus* i'th erbyn di merch Babilon fel rhyfel-wŷr. **1604–7** *TW* (*Pen* 228), yn *daclûsach* d.g. *Accuratius.* **1632** *D, Tacclus,* Ornatus, concinnus. **1657** *MLl* ii. 114, Dynion llonydd, anghyfreithus. / A difalais *tacclus* trefnus. **1672** R. PRICHARD: *Gw* 13, Ond moeswch yn garcus, i'n [*sic*] bawb fôd yn *daclus,* / I fyned yn weddus, ni wyddom pa awr, / O flaen y Messias, yngwisc y briodas, / A thrwssiad cyfaddas i 'r neithawr. **1690** *Ymofynion* 1, oes gantho-chwi Letring, neu Ddarllenfa *daclus* i ddarllen y Gwasanaeth. **1703** E. WYNNE: *BC* 123, Ni choeliti rhawg *dacclused* escus oedd gan bôb un i guddio 'i fai. **1732–3** J. OWEN: *GB* 54, cyn *daclused* ag y mae ei Glôs ef yn eistedd ar ei Ffolenneu. [**1740**] L. ANWYL: *NG* 29, llyfrau o ddyfnach rhesymmau a *thaclusach* geiriau. **1748** P. PUGH: *DGG* 71, Ond mae fy Llinynnau sidanaidd, euraid, o Ffydd, i ddal arnunt y Perlau o Lawenydd . . .? Ni fyddaf byth *tacclus* nes bônt am danaf! **1751** *ML* i. 171, os medrwch helpu tippyn arno, gweithred enaid a fydd, nid *taclus* y trinwyd mono Ymodorgan. **1768** TWM O'R NANT: *CTh* 48, Wel, Matter digon *taclus* / Ydiw trîn y Bŷd yn gyfrwys; / Rhaid weithie ddondio a sowndio'n sûr, / A bod weithie'n bûr weniaithus. **1794** *W* d.g. *Tidy.* **1798** W. RICHARDS: *CC* 45, Yr oedd Foley wedi dilladu Siarl Prudhome yn drwsiadus ac yn *dacclus* iawn. **1803** *P, Taclus* . . . Being in order; accoutred; trim, neat, or tidy; complete, Dynes *daclus* iawn yw hi, she is a very tidy woman; dyna iti dro *taclus,* there is for you a pretty piece of business. **1828** *Geir Pob* 26, *Taclus,* trefnus; cyfoethog. Ar lafar, '*taclus*' 'tidy, trim, well-kept . . . well-off', *WVBD* 521; 'Ma fa wedi dodi 'ngardd i'n *daclus* iawn', *GTN* 773. Cf. D. OWEN: *D* 14, Yr oedd efe yn llefarwr rhwydd a llithrig, ac yn gallu cyfleu ei feddwl yn naturiol a *thaclus*; *id.* 190, cadwai y tŷ càn laned a chàn *daclused* â phin mewn papyr.

taclusaf: tacluso, taclusu [bf. o'r a. *taclus*] *bg.a.* Gwneud yn daclus, cymoni, cymhennu, cyweirio; tocio; paratoi, trefnu, cyfaddasu; addurno, harddu, tecáu: *to tidy* (*up*), *make neat, put in good order; trim, prune; prepare, arrange, adapt; decorate, adorn, embellish.*

1611 R. SMYTH: *SG* [283], darfu ini *daclysu* rhai penodau i bob un o'r [dd]wy ran. **1615** R. SMYTH: *GB* 22, natur ai *taclysodd* [malwod] mor gymvvys (*les a si bien accommodez*), megis i gallont yn esmvvyth arvvain i taiau ar i cefnau. *id.* 135, nad ivv gvvragedd, na llongau, fyth gvvedi i *tacclusu* mor gyflavvn (*ne sont jamais tant accomplies*), nad oes arnynt beunydd eisie i trvvssio. **1632** *D, tacluso* d.g. *Como, Concinno, Expolio.* **1658** R. VAUGHAN: *GA* 12, Ei fod [Gweddi'r Arglwydd] wedi ei *Dacluso* ar lawr mewn amryw eiriau gan y ddau Efangylwr ai scrifennodd. **1661** E. LEWIS: *Drex* 13, lleithder y lle, ac esceulusdra y rhai a ddylent ei *daccluso* (*look to it*). **1688** T. JONES: *Alm* [23], plennwch a *thacluswch* siettus Ieuaingc. **1703** E. WYNNE: *BC* 26, un arall yn *taccluso* 'i chwedl erbyn mynd atti hi [ei gariad], ac yn dywedyd yr un wers ganwaith trosti. *c.* **1729** S. RHYDDERCH: *LlCD* 337, Mewn mawr rwysc Ardderchog, pe doe ryw ddewr Dwysog, / Neu Frenin Coronog dra Enwog i Dre, / Pob man a *daclusur* [*sic*], yr Heolydd a hilur [*sic*]. [**1740**] L. ANWYL: *CA* iii, pa gynnifer o ddynion o helaeth [a] naturiol ddoniau, dynion gwedi eu *taccluso* gan natur, gwedi eu cynhysgaeddu â holl brŷdferthwch ogoneddus y meddwl ag sydd angenrheidiol i gwblhaü y tascau anhawsaf. **1762** D. ROWLAND: *PA* 38, Porth mawreddog . . . i ba un yr oedd saith colofn tâl, wedi eu *taclussu* i gyd â rhwyd waith [*sic*] Aur coeth. **1764** W. WILLIAMS: *GDC* [iii], mae llawer o wirioneddau pwysig wedi eu gosod i mewn, a rhai oedd o'r blaen wedi eu *tacclussu* yn rhagorach. **1770** *W, taccluso* d.g. *To Adorn, To sprucify, or spruce up.* **1803** *P, Taclusaw* . . . To put in order; to set to right; to render neat or tidy. Ar lafar, '*tacluso*' 'to tidy . . . to improve in circumstances', *WVBD* 521.

taclusaidd [*taclus*+*-aidd*] *a.* Taclus, twt, trefnus: *tidy, neat, orderly.*

1759 *BC* 127, Mae'n rhaid iddynt weithie, Ildio yr meddianne, / Neu chwarae am y clôse, yn *Daclusedd*! Cf. A. ROBERTS: *LlM* 120, Dyma 'r fàn y gwnawn ddymuno / Cael *taclusaidd* annedd yno.

taclusiad [bôn y f. *taclusaf*: *tacluso*+*-iad*[1]] *eg.* Y weithred o dacluso, trefniad: *a tidying or arranging.*

1803 *P, Taclusiad,* s. m. . . . A putting in order.

taclusrwydd [*taclus*+*-rwydd*] *eg.* Yr ansawdd neu'r cyflwr o fod yn daclus, cymhendod, trefnusrwydd; ceinder, godidowgrwydd, harddwch; addurn; ?manylder: *neatness, tidiness, orderliness; elegance, magnificence, handsomeness; decoration; ?punctiliousness.*

1632 *D* d.g. *Munditia.* **1688** *TJ,* Trecc . . . *taclusrwydd*: an Ornament. **1716** T. EVANS: *DPO* 266, [Ll]annoedd hoywach o ran eu Maintioli a'i *tacclusrwydd.* **1722** T. EVANS: *PS* 2, gosod allan y gorchwyl hwn . . . yn y Drefn weddeiddiaf, a'r *Tacclusrwydd* mwyaf a all fod, sef, mewn Prydferthwch Sancteiddrwydd. **1740** T. EVANS: *DPO* 154, Cymmaint a hyn am y Derwyddon. *Tacclus*[*r*]*wydd* eu Cerbydau rhyfel, eu Medr mewn arfau. *id.* 190–1, er cymmaint oedd o bethau manwl a godidog yno, er cymmaint o Gywrainwaith a *Thaclusrwydd* Celfyddyd . . . etto eu Difyrrwch mwyaf hwy oedd siarad . . . a Gwyr dyscedig. **1754** *ML* i. 286, hen eglwysig fechan ddrwg ei threfn ar syrthio ai phen ynddi, nid llawer amgenach ei *thaclusrwydd* na beudy. **1765** J. EVANS: *CPE* 223, er coffa am ei *thaclusrwydd* hi [Salome] yn y gamp honno, pan ddawnsiodd hi ben Joan oddi wrth ei gorph. **1773** *W* d.g. *Elegance, or elegancy* [*neatness of expression, of dress, &c. delicacy, good taste*], *Tidiness.* **1796** *Geirgrawn* 47, bu iddo fyned dros yr hanes uchod (gyd a llawer o *dacclusrwydd* mae 'n ddiammau). **1796** T. JONES: *CCA* 348, Y mae'r Diafol yn wir yn dysgu dynion i guddio arferion hyll âg enwau hardd . . . balchder mewn gwisgad, yn *dacclusrwydd* (*handsomeness*). **1803** *P, Taclusrwyz,* s. m. . . . Orderliness; neatness.

tacluster [*taclus*+*-der*; ansicr yw union ystyr yr engh. gyntaf isod] *eg.* Ceinder; (geir.) trefnusrwydd, destlusrwydd: *elegance; (dict.) tidiness, orderliness.*

1688 *TJ,* Addurn, figur sywedyddiaeth, *taclusder.* an ornament, a scheme. **18–19g.** *Iolo MSS* 160, ac yn yr ystafell pob costus [*sic*] o ddodrefn a phob *tacclusder* ardderchowgwych. **1803** *P, Taclusder,* s. m. . . . Orderliness; neatness.

tacluswr [bôn y f. *taclusaf*: *tacluso*+*-wr*] *eg.* ll. *-wyr.* Un sy'n tacluso neu'n atgyweirio, hefyd yn *ffig.*: *one who tidies* (*up*), *repairer, also fig.*

1725 *SR* d.g. *A Trimmer.* **1789** TWM O'R NANT: *TChB* 56, Mae duwiau 'r Sarph yn erbun cyflwr, / Hollawl bechadur, a hollawl achubwr; / Yna mae'r Hunan, yn codi mewn rhôch, / Fel y Clywsoch, yn *dacluswr.* **18–19g.** R. DAVIES: *DB* 268, Impiwr a *thacluswr* clau / Gardd y dôn a'r gerdd dannau. **1803** *P, Tacluswr,* s. m.—pl. *tacluswyr* . . . One who puts in good order or repair.

taclwr, tacliwr [bôn y f. *taclaf*: *taclu, taclo* +*-*(*i*)*wr*] *eg.* ll. *taclwyr.*

(*a*) Atgyweiriwr; (geir.) un sy'n rigio (llong): *repairer; (dict.) rigger* (*of ship*).

c. **1715–28** *PRB* 2, Ysgubwr Simneiau, Ysgubellwr' [*sic*] a *Thaclwr* hên Esgidiau. [**1783**] *W* d.g. *Rigger, Trimmer.*

(*b*) Un sy'n taclo (mewn rygbi, pêl-droed, &c.): *tackler* (*in rugby, football, &c.*).
20g.

taclyn, taclysaf: taclysu, gw. **teclyn, taclusaf: tacluso.**

tacnod[1]**, tacnot** [?bnth. S. *tack* 'tenure (of land)'+*nod*[1], *nôt*[1]] *e?g.* Trwydded neu gytundeb sy'n rhoddi'r hawl i fwyngloddio mewn lle penodol: *licence or agreement giving the right to mine in a particular area.*

1898. Ar lafar, 'cymryd *tacnod*' 'to establish a claim' (Meir.); '*tacnot*' 'cytundeb a roddai'r hawl i fwyngloddio ar dir penodol', *Geir Mwyn* 54.

tacnod[2] [bnth. S. *tacnode*] *eg.* ll. *-au. Math.* Man cyfarfod cromliniau neu arwynebau wrth dangiad cyffredin: *tacnode, osculation* (*in math.*).
20g.

tacnot, gw. **tacnod**[1].

tacograff [bnth. S. *tachograph*] *eg.* ll. *-au.* Dyfais sy'n cofnodi cyflymdra ac amser teithio cerbyd yn awtomatig: *tachograph.*
20g.

tacs [bnth. S. *tax*] *eg.* ll. *-ys.* Treth: *tax.*
20g. Ar lafar, 'Mae *tacs* y car wedi rhedeg mas'.

tacsen, gw. **tac**[1].

tacsi [bnth. S. *taxi*] *eg.* ll. *-s.* Car, &c., sy'n mynd â phobl i ben unrhyw daith benodedig am dâl ac sydd fel arfer â dyfais i fesur hyd y daith a'r tâl dyledus: *taxi*(*cab*), *cab.*
1929.

tacsidermi [bnth. S. *taxidermy*] *eg.* Celfyddyd paratoi crwyn anifeiliaid, eu stwffio, a'u trefnu i greu effaith naturiol: *taxidermy.*
20g.

tacsidermydd [cfdds. o'r S. *taxiderm*(*ist*) +*-ydd*[3]] *eg.* ll. *-ion, tacsidermwyr.* Un sy'n ymarfer â thacsidermi: *taxidermist.*
20g.

tacsonomeg [cfdds. o'r S. *taxonom*(*y*)+ *-eg*[1]] *eb.* Gwyddor dosbarthu (organebau byw, &c.); dosbarthiad neu gynllun dosbarthu (organebau byw, &c.): (*science of*) *taxonomy; a taxonomy.*
20g.

tacsonomegol [*tacsonomeg*+*-ol*] *a.* Yn perthyn i dacsonomeg, tacsonomig, dosbarthiadol: *taxonomic*(*al*).
20g.

tacsonomig [cfdds. o'r S. *tacsonom*(*ic*)+ *-ig*[2]] *a.* Yn perthyn i dacsonomeg, tacsonomegol, dosbarthiadol: *taxonomic*(*al*).
20g.

tacsonomwr, tacsonomydd [*tacsonom*(*eg*)+*-wr, -ydd*[3]] *eg.* ll. *tacsonomwyr, tacsonomyddion.* Arbenigwr mewn tacsonomeg, dosbarthwr: *taxonomist.*
20g.

tact [bnth. S. *tact*] *eg.* Deheurwydd wrth ymwneud â phobl eraill er mwyn ennyn eu hewyllys da neu osgoi eu tramgwyddo, tringarwch: *tact.*

1867. Ar lafar, 'Am beth i' ddeud! 'Dydi o 'm yn gwybod be' 'di ystyr y gair *tact*'.

tacteg [cfdds. o'r S. *tact*(*ic*(*s*))+*-eg*[1]] *eb.* ll. *-au.* Gwyddor trefnu lluoedd arfog a chynllunio a gweithredu symudiadau milwrol (yn enw. o ran manylion; gthg. *strategaeth*), cynllun(iau), dull(iau) medrus, neu ystryw(iau) a ddefnyddir i gyrraedd rhyw ddiben: *tactic*(*s*).
1938.
Gw. hefyd **tactics.**

tactegol [*tacteg*+*-ol*] *a.* Yn perthyn i dacteg(au), o safbwynt tacteg(au), a wneir i gynorthwyo byddin, &c., yn y maes (am fomio, &c.), i'w defnyddio i'r fath bwrpas (am arfau): *tactical.*
20g.
Amr.: **tachtegol. 20g.**

tactegwr, tactegydd [*tacteg*+*-wr, -ydd*[3]] *eg.* ll. *tactegwyr.* Un sy'n llunio tacteg(au): *tactician.*
20g.

tactics [bnth. S. *tactics*] *e.ll.* Tactegau: *tactics.*

1896. Weithiau clywir y ff. gellweirus *tictacs* ar lafar.
Gw. hefyd **tacteg.**

tach, gw. **tawch.**

Tachmoniad [yr e. prs. **Tachmoni* (?gwall am *Hachmoni,* cf. 1 *Cr* xi. 11)+

-iad[3]] *eg.* Un o lwyth Tachmoni neu Hachmoni: *a Tachmonite or Hachmonite.*

1620 2 *Sam* xxiii. 8, Dyma enwau y cedyrn oedd gan Ddafydd, y *Tachmoniad* (**1988** *ib.* Hachmoniad; amr. *Tachmoniad*) a eisteddai yn y gadeir yn bennaeth y tywysogion.

tachtegol, gw. tactegol.

tachwedd, Tachwedd [?cf. *argywedd, trachywedd*] *eg.* ll. *-au.*

(*a*) Lladdfa, hefyd yn *ffig.*; (geir.) diwedd, difodiad, diweddglo (drama, &c.): *slaughter, also fig.*; (*dict.*) *end, annihilation, catastrophe or denouement* (*of drama, &c.*).

12g. *GCBM* i. 328, Lloegyr *dachwet,* gyminet gymwyd, / Neu'm hirdreit hirdreul na adwyt. *id.* ii. 51, Oet tramaỽr tremynei *tachwet,* / Oet tremid kyfnewid cochwet. **12–13g.** *GLlLl* 263, Gnaỽd y luyt lat eu *tachwet* / Y lwydyon, canaon callet. **13g.** *LlI* 34, sef a dyweyt e keureyth, o vyl Yeuan hyt e kalan talu e kyc a'r kroen en lle e deuparth a'r traean ar er eneyt, canes yna e mae yavn amser *tachued.* **13g.** *GBF* 225, Llewelyn gelyn, galon *dachwet,* / Llary wledic gwynuydic Gwynet. **14g.** *GIG* 52, Cyfnitherw, dichwerw *dachwedd,* / I Hawd y Clŷr, hoywdeg gledd [i ddiolch am gyllell]. *c.* **1400** *R* 1313. 31–3, traws deyrn kymry . . . a beir y vryneich vranes *dachwed. id.* 1333. 9–11, Rac treis tragwydaỽl. tan trỽch kyllestraỽl: tanaỽl uffernaỽl ffyrnic *dachwed.* **15g.** *GGl*[2] 240, Ai rhyfedd, *dachwedd* dichwith, / Bod dy fawr glod fal dwfr gwlith? *Diw.* **15g.** *AP* 22, gado bryneirch [*sic*], brain *dachwedde.* **15–16g.** *TA* 277, Rhyfedd, *dachwedd* Rhydychen, / Enni dy bwyll yn dy ben! **1632** *D, Tachwedd* . . . Est & ferè idem quod Diwedd. *id. tachwedd* chwarae d.g. *Catastrophe.* **1722** *Llst* 189, *Tachwedd.* m. . . . end, conclusion. **1771** *W* d.g. *Catastrophe* [*the last act of a Play which unravels the plot, and concludes the piece*]. **1803** *P, Taçwez,* s. m. . . . an end or annihilation.

(*b*) (yn aml yn y cfn. *mis Tachwedd*) Yr unfed mis ar ddeg o'r flwyddyn, y mis du: *November.*

13g. *LlI* 11, A navuet dyd kalan gayaf e mae yavn ydav ef mynet y hely moch coet, ac o henne hyt kalan mys *Tachwed* e dele ef bot yn eu hele hvy . . . A chalan mys *Tachwed* e dele ef rannu y krvyn a thalu y pavb o'y kytsvydogyon eu delyet, a henne kyn rannu e krven a nep, ac yna ateb. **13g.** *BD* 204, Catwallavn urenhin yd aeth o'r byt hvn ym pymthecuetdyd o uys *Tachwed.* **14g.** *BT* (*RB*) 150, Ynn diwed y ulwydyn honno, mis *Tachwed,* y bu uarw Ywein Gwyned uap Gruffud ap Kynan. *c.* **1400** *MM* 68, Mis *Tachỽed.*—Na chymer uehin, kanys yna byd gỽaet pob dyn gỽedy keulaỽ yndaỽ yr hynn yssyd berigyl. **1547** *WS,* Mis *tachwedd* Nouember. *id. Tachwedd* vn or missedd, Nouember. **1588** *Tablau, &c.* [viii], *Tachwedd* sydd iddo xxx. o ddyddiau. **1632** *D,* Tachwedd . . . Diwedd. De eo dicitur quod ad finem tendit, vnde & penultimus Mensis Nouember dicitur *Tachwedd.* **1722** *Llst* 189, *Tachwedd.* m. . . . The month November. **1803** *P.* Ar lafar, *WVBD* 521, *GTN* 773. Digwydd hefyd mewn nifer o ddywediadau, &c., am y tywydd, gw. *LlG* ii. 15.

(*c*) (geir.) Swm neu faint (bychan), peth, ychydig, gweddill; aroglau, drewdod: (*dict.*) (*small*) *amount or quantity, some, a little, remnant; smell, stench.*

1604–7 *TW* (*Pen* 228) d.g. *Nonnihil. id. tachwedh* o arian, yyt [*sic*] ne beth arall d.g. *Summa.* **1632** *D, Tachwedd,* Quantitas, aliquantum, nonnihil, residuum. *Tachwedd* o arian, *tachwedd* o ŷd. **1688** *TJ, Tachwedd* neu twysgen, rhŷw faint. a quantity, a residue, something. **1722** *Llst* 189, *Tachwedd.* m. A quantity, measure, small deal: smell, stench. **1780** *W* d.g. *Quantity* . . . *Some quantity, Residue, Sum* [*of money &c.*], *Touch* [*a small quantity*]. **1798** *WR* d.g. *Little.* **1803** *P, Taçwez,* s. m. . . . a somewhat, a little quantity.

tachweddaf: tachweddu [bf. o'r e. *tachwedd*] *bg.a.* Lladd; (geir. yn wr.) diweddu, gorffen, dod i ben, terfynu, dirwyn i ben: *to kill;* (*orig. dict.*) *end, finish, terminate, conclude.*

c. **1400** *R* 1203. 9–10, llaỽch veird yor anghor enghyl *dachuedu.* **1632** *D,* Tachwedd . . . Habent Veteres & *Tachweddu,* Consummare, finire. **1688** *TJ, Tachweddu,* diweddu, gorffen: to consummate, to end. **1722** *Llst* 189, *Tachweddu.* To finish, conclude. **1772** *W* d.g. *To conclude* [*end, or finish*], *End, To draw towards an end, To be near* . . . *an end, To finish.* **1803** *P, Taçwezu* . . . to bring to an end; to terminate.

tachweddiad [bôn y f. *tachweddaf: tachweddu*+*-iad*[1]] *eg.* Diweddglo (drama, &c.); (geir.) y weithred o ddirwyn i ben: *catastrophe or denouement* (*of play, &c.*); (*dict.*) *a bringing to an end.*

1803 *P.*

tachweddol [*Tachwedd, tachwedd*+*-ol*] *a.* Tebyg i fis Tachwedd, nodweddiadol o'r mis hwnnw; (geir.) yn dirwyn i ben, diweddol: *like November, Novemberish;* (*dict.*) *concluding, ending.*

1803 *P.*

tad [H. Grn. *tat,* gl. *pater,* Crn. C. *tas,* Crn. Diw. *taz*(*e*), Llyd. C. *tat,* Llyd. Diw. *tad,* ?e. prs. Gal. *Tati*(*cenus*): < IE. **tat-,* 'tad', cf. Llad. *tata,* Gr. τατᾶ, Sans. *tatá-;* gw. hefyd *hendad, taid*[1]; petrus yw dosbarthiad rhai o'r enghrau. isod, a dichon mai i *taid*[1] y perthyn rhai ohonynt] *eg.* ll. *-au, taid,* ll. dwbl *teid*(*i*)*au.*

(*a*) Dyn yn ei berthynas â'i blentyn, anifail gwryw yn ei berthynas â'i epil; cyndad, hynafiad: *father, sire; forefather, ancestor, progenitor.*

12g. *GMB* 177, Ardwyrews uyn *tad* y ureisc vrenhindad. **13g.** *A* 9. 2, gwedy med gloew ar anghat ny weles vrun e *dat. id.* 22. 14–15, pan elei dy *dat* ty e helya . . . ef gelwi gwn gogyhwc. **13g.** *GBF* 356, Heb gnaỽtaỽl *tat,* hỽn yỽ'r Mab rat. *id.* 357, Gỽylynt wyr gynt o gof hirynt, herwyd *tadeu.* **14g.** *T* 25. 21, Nyt o vam *athat* pan ymdigonat. *id.* 67. 23, eissylut y *tat* ae *teit. id.* 74. 6–7, Deudec meib yr israel . . . Ac vn *tat* ae bu atheir mam udu. **1346** *LlA* 121, Ypeth arodes ych *teit* chỽi yduỽ yn ryd. Avynnỽch chỽitheu rodi mal ar ardreth. **15g.** *GDID* 70, Hael fu o'r blaen hilfawr blaid / Hen Ifor, dy hynafiaid; / Pwys eurfawr, Powys arfoll, / Penaethiaid yw dy *daid* oll [i Hywel o Heiliarth]. **1547** *WS, Tad* A fader. **1551** W. SALESBURY: *KLl* xliiia, Dauid . . . a hunawdd / ac a osodwyt y gyd ae *dait* [:- *dadeu*]. **1588** *Doeth Sol* xi. 11, Y rhai hyn a brofaist ti fel *tâd* gan eu rhybuddio. **1595** H. LEWYS: *PA* 11, o herwydd ein pechodae . . . ag anwi/reddau ein *tadau* ni, i dinistriwyd Caersalem ai phobl. **1632** *D, Tâd,* Pater, genitor. **1733** T. EVANS: *PP* 41, y mae'n Hiachawdwr Christ ei hun yn gosod o'n blaen Garedigrwydd *Teidau* tuag at eu Plant. **1803** *P.* Ar lafar, '*tad*' 'father', '*Nhad!*', *WVBD* 520; 'Ma fa'n *dæd* dæ idd 'i blant', *GTN* 783.

(*b*) (enghrau.'n cyfeirio at Dduw neu Iesu: *exx. with ref. to God or Jesus*).

12g. *GMB* 274, Hi yn ỽam wy *Thad,* hi yn wyry heb wad. **12g.** *GCBM* ii. 331, O ganiad y *Tad* teyrneiddiaf / A'r Mab a'r Ysbryd, glendyd gloywaf. **12–13g.** *GMB* 406, Duỽ Gwener, bu crei, bu creulyt / Croc an *Tat:* an treis y gyt. *id.* 529, Ef yỽ'r *Tat,* Ef yỽ'r mat mỽyhaf, / Ef yỽ'r Mab, Ef yỽ'r Pap pennaf. **14g.** *T* 79. 9–10, Gvolychaf vyn *tat.* vyn duỽ vyn neirthat. **1346** *LlA* 3, Paham ygelwir ef [Duw] yn *dat.* Amy vot yn ffynnyaỽn. ac yn vonhed ympob peth. *id.* 90, kyt boet duỽ *dat* yn *dat* yn. ar yspryt glan yn dadmaeth yn. *id.* 147, Pater noster qui es in celis . . . yn *tat* ni yrhwnn ysyd yny nefoed. *c.* **1400** *R* 1201. 18–19, yt varglwyd *dat.* yrdy garyat. eurdec eiryeu. **15g.** *GDID* 126, Arch i'r hael *Dad* o'i gadair / . . . / Maddau'r drygwaith a wneuthum. **1551** W. SALESBURY: *KLl* xxxvb, A llefain a wnaeth Ieshu a llef uwchel / can doedyt: Y *tat* / ith ddwylo di y dodaf vy espryt. *id.* lviia–b, chwi dderbynysoch yspryt mabwyseth / drwy'r hwn y llefwn / Abba y *tat.* **1567** *LlGG* 9a, vn *Tad* ys ydd, nid tri *thaid* [:- *thadc*], vn map, nid tri meip: vn yspryt glan, nid tri ysprytion glan. **1567** *Math* vi. 9, Ein *tâd* yr hwn ydwyt yn y nefoedd, sancteiddier dy enw. **1595** H. LEWYS: *PA* 3, Christ i hun a ddyweid, na ddescyn vn o adar y to, ar y ddayar, heb ewyllys ych *tad.* **1599** (**1677**) R. HOLLAND: *AB* 25, A arwyddoceuir wrth y titl hwn, *Tâd,* y Drindod yn hollawl, ai ynte vn person yn vnig o honaw? **1618** J. SALISBURY: *EH* 73, gan na dhichon y neb ni bo'r Eglwys idho'n Fam, gael mo Dhuw idho'n *Dâd.* **1630** *YDd* 4, Y Person cyntaf a elwir y *Tâd.* **1770** P. WILLIAMS: *BS* vii, yr amser a ragarfaethodd y *Tad.* Ar lafar, 'O *Tad!*', '*Nhad* tirion!', 'Gobeithio'r *Tad!*', 'Ia'n *Tad!*', *WVBD* 520; 'y *Tæd* gora' 'Duw', *GTN* 783.

(*c*) (Teitl) offeiriad (yn enw. yn yr Eglwys Gatholig Rufeinig); un o Dadau'r Eglwys: *Father,* (*title of*) *priest* (*esp. in the Roman Catholic church*); *one of the Fathers of the Church.*

15g. *GGl*[2] 15, *Tad* Riffri, ddifri ddofreth, / Ti a wnaeth wasanaeth Seth. *id.* 23, Af â mawl a fo melys / O'r tud yr wyf i'r *tad* Rys [i'r Abad Rhys]. **1567** *LlGG* [xiii], ys talym o vlyddynedd, y darvu newidio . . . [y] weddus drefn hon yma o waith yr hen *dadae.* **1703** E. WYNNE: *BC* 46, [T]raddodiadeu'r *Tadau* ac Eisteddfodau 'r Eglwys. **1709** H. POWEL: *G* 55, y Geiriau hyn, gan y *Tad* da a Duwiol Ioan Aurenau, yn un o'i Bregethau ar Efengil Ioan. **1723** E. SAMUEL: *PDdC* i. [v], y *Tâd* rhagorol yma [William Beveridge, esgob Llanelwy] o'r Eglwys. Ar lafar, "Wyt ti'n debyg o weld *Tad* John 'fory?'. Gw. hefyd y cfn. *Tadau Apostolaidd, Tadau'r Eglwys, Tadau Methodistaidd, Tadau Pererin* isod.

(*d*) (enghrau. *ffig.*: *fig. exx.*).

9g. *Hist Brit* c. 62, Tunc Talhaern *Tataguen* in poemate claruit. **12–13g.** *GLlLl* 96, *Tad* ked, cadoet rywneuthost. **13g.** *GDB* 190, Llyw ior, llew teudor, tutwaỽr, / Llawer echaỽs, *tat* maỽs maỽr. **1346** *LlA* 126, Mi a ỽelaf . . . holl *dadeu* nef. ar kannyadaeth yn dyỽedut. Gỽynuydedic yỽ yr hỽnn aetholeisti. **14g.** *GDG*[3] 78, Tydi'r Haf, *tad* y rhyfyg, / Tadwys coed brwys caead brig. **1588** *Gen* iv. 21, A henw ei frawd ef oedd Iubal, ac efe oedd *dâd* pob teimlydd telyn ac organ. **1588** 2 *Br* vi. 21, A brenin Israel a ddywedodd wrth Eliseus, pan welodd efe hwynt: gan daro adarawaf [*sic*] hwynt fy *nhâd?* **1588** 2 *Mac* xiv. 37, Razis . . . gŵr yn caru y ddinas, ac yn heuddu clod, ac am hynny o blegit ei ewyllys da, efe a elwid yn *dâd* i'r Iddewon. **1795–6** *Trys Gym* 19, Y Gymdeithas Dammaniaidd . . . Ein *teidau* anrhydeddus a ddiangasant . . . oddi wrth erledigaethau annioddefgarwch yspryd-cûl, a thrawslywodraeth. Gw. hefyd y cfn. *tad awen* isod.

Amr.: **dada, data** [?cf. Llyd. Diw. *dada,* Gwydd. C. *data*]. **1772** *W, data* d.g. *Dad, or daddy.* Clywir *dada* yng ngogledd Cered. yn yr ystyr 'tad', a chlywir *data* yn sir Benf. yn yr ystyr 'tad' a 'tad cu', ac yn enw'r gêm plant '*Data-meddw*', *GDD* 325. **dait.** Ar lafar, *GTN* 774–5. **tada, tata** [ff. dyddyblyg; ?cf. Llyd. Diw. *tada, tata*]. **1604–7** *TW* (*Pen* 228), *Tada* d.g. *papus. id. Tada,* iaith plant dioet wrth eu tadæ d.g. *Tatam.* **1707** *AB* 161a, Iaith plantos yn galw ey tâd; *tada* d.g. *Tata.* **1772** *W, tada* d.g. *Dad, or daddy, Papa.* **1798** *WR, tata* d.g. *Dad, or daddy.* Ar lafar yn Arfon yn y ff. *tada.* **teita** [ff. ddyddyblyg]. Ar lafar, *GTN* 775.

Cfn.: **y Tad a'r Mab a'r Ysbryd Glân (Tad, Mab, ac Ysbryd Glân):** (*the*) *Father,* (*the*) *Son, and* (*the*) *Holy Ghost.* **14g.** *WML* 142, gogonet *y tat ar mab ar yspryt glan.* **1508–10** *Rhyddiaith Gymraeg* i. 15, *Tad, Mab ac Ysbryd Glan.* **1672** J. LANGFORD: *HDdD* 517, i'r *Tâd,* i'r *Mâb, ac* i'r *Yspryd glân.* **1794** J. THOMAS: *AD* 5, *y Tad, a'r Mab, a'r Yspryd Glân.* **Tad annwyl!:** *good gracious!* **1851.** Ar lafar, *WVBD* 14. **Tadau Apostolaidd:** *Apostolic Fathers.* **1852. tad awen:** *father of inspiration, father of the muse* (*esp. as epithet*). **9g.** *Hist Brit* c. 62. **13g.** *C* 63. 7–8, Bet tedei *tad awen.* yg godir brin aren. **15g.** *GO* 321, Trvgaredd y winwledd wenn, / Tŷ Duw a gaiff *tad awen* [marwnad Dafydd ab Edmwnd]! **18–19g.** *MA* ii. 67, Tri Chynofydd Cenedl y Cymry: Hu Gadarn . . . a Dyfnwal Moel Mud . . . a Thydain *Tad Awen.* **tad bedydd:** *godfather, also fig.* **14g.** *GIG* 132, Eilwaith y rhoes ei olwg / I'r claf drem rhag clefyd drwg, / Ei *dad bedydd,* dud bydawl, / Dall wynepglawr, mawr fu'r mawl [i Ddewi]. **1547** *WS, Tad bedydd* God father. **1567** *LlGG* 121a, [y] *Tadau-bedydd* a'r Mammau bedydd. **1761** *ML* ii. 426, bum y dydd arall yn *dad bedydd* i wyres imi. **1803** *P* d.g. *Tâd.* Ar lafar. **tad y celwydd(au):** *the devil* (*lit. the father of lies, with ref. to John viii. 44*). **1595** M. KYFFIN: *DFf* i. [2], *Tad y Celwyddau* (*the father of lies*) a gelyn pob gwirionedd (y Cythrel). **1717** IACO AB DEWI: *MN* 206–7, y Diafol, yr hwn yw *Tâd y Celwydd,* a'r Celwyddogion hefyd, Joan viii. 44. [**1740**] L. ANWYL: *NG* [iii], [*T*]*âd y Celwŷddau.* **tad (y) cu, tad-cu** [Llyd. C. *tad-kuñv,* Llyd. Diw. *tad-cuñ*]: *grandfather* (*also occas. great-grandfather*); *ancestor; also fig. c.* **1558** *Rhyddiaith Gymraeg* ii. 79–80, dwedey ef wrth y *dad y ky,* 'Mae'n hysbyssol fod fy mam i yn ferch o briod y chochwi [*sic*]'. *c.* **1585** *MCr* 41, Lywsyffer, tad yr halogrwydd, *tadycy* y glothineb. *Diw.* **16g.** *Llr* B 6, 61a, Dyma varwnad Tomas ap Jenkin Herbert or panterys *Tadycky* Mr Wiliam Evans tresorwr Llandaf. **16–17g.** *HG* 6, ddoedd ddiw n karü, kenedl kymry / pan ych kavad, yn lle'chendad [*sic*] / o rhoes jesü, ych *tad y ky* / glan syr mathias, chwi ai kavas / i vawr gariad [i Syr George Herbert]. **1604–7** *TW* (*Pen* 228), *Tat cû* d.g. *Avus.* **1672** R. PRICHARD: *Gw* 513, Y gwynfyd gynt y gollsom, / 'Trwy wâll Adda ein *Tâd-cû.* **1778** J. THOMAS: *HB* 42–3, Ei daid, neu ei *dad y cu.* **1803** *P,* Tâd . . . *tâd cu* . . . an epithet for taid, or grandfather, in some parts of Wales; but in some districts of Powys tâd da . . . is a grandfather, and *tâd cu,* a great grandfather. Ar lafar yn y ff. *ta*(*d*) *cu* yn y Canolbarth a'r De, *LGW* [17], 307, *GDD* 288, *GTN* 779. Digwydd y ff. l. *tad-cuod* ar lafar, T. A. WATKINS: *Ieithyddiaeth* (1961) 128. **tad cyfaddefwr = tad cyffeswr.** *c.* **1762–79** W. WILLIAMS: *P* 397, 405. **tad cyffes = tad cyffeswr. 20g. tad cyffeswr:** *father-confessor.* **1703** E. WYNNE: *BC* 33, Eich pardwn y *Nhâd-cyffeswr* ebr hi. Gw. hefyd *tadgyffeswr.* **tad da:** *grandfather.* **1697** *LlGC* 7008, 12, y saith henafiaeth 1. Tad neu fam: 2 Taid, *tad da;* nain, mam dda. *c.* **1700** E. LHUYD: *Par* ii. 101, *Tât da* Grandfather [sir Drefn.]. **1803** *P,* Tâd . . . in some districts of Powys *tâd da,* or good father, is a grandfather. Ar lafar gynt mewn rhannau o sir Drefn. yn y ff. '*tatá*', *GST* ii. 62; hefyd yn y ff. *teta.* **Tadau'r (Teidiau'r) Eglwys, Tadau Eglwys Grist, Tadau Eglwysig:** *Fathers of the Church.* **1606** E. JAMES: *Hom*

i. 31, Mae holl *dadau eglwys Grist* yn cydnabod yr athrawaeth hon. **1767** *ML* (Add) 723, hen *Dadau yr Eglwys*, sef Origen, Basil, Ioan Aureneu . . . a chryn gant ychwaneg. **1790** T. JONES: *TOS* viii, [p]e b'asai [Richard Baxter] byw yn y prif oesoedd, y b'asai yn un o *dadeu 'r eglwys*. **1792** P. WILLIAMS: *TG* 38, Hanes ferr am feddyliau *Teidiau'r Eglwys*. **tad enaid:** *father-confessor, spiritual father, also fig.* **15g.** *GTP* 40, Doctor llwyd, dectai yw'r llys, / Dywaid, *dad enaid* ynys [am Syr Bened, person Corwen]. **16g.** *GHV* 28, Merch o syrck mawr i chas hi / Ai *thad enaid* aeth dani / Bwriwyd ef bur i dafawd / Bun ai gwnaeth i boini i gnawd / I chyffes broffes heb raid / A wnaeth dwyn i *thad enaid*. **16g.** *THSC* 1923–4 (At.) 19, myned at y *dad enait* (*schryft-fadyr*) ai gyffesv. **1606** E. JAMES: *Hom* i. 73, yn rhith vfydd-dod i'w *tâd enaid* (*father in religion*). **17g.** E. MORUS: *Gw* 30, A dânodd y daioni, / I *dadau'n eneidiau* ni [ar benodiad Humphrey Humphreys yn esgob Bangor]. **tad gwyn** [Crn. Diw. *taz gwydn* 'tad cu']: *stepfather; grandfather; also fig.* **1707** *AB* 3b, *Tâd gwyn*, A Step-father. **1803** *P*, Tâd . . . *Tâd gwyn*, a stepfather, in North Wales, but the same as tâd cu, in parts of the South. Ar lafar ym Mhenllyn yn yr ystyr 'llystad'. Cf. *Traeth* iii. (1847) 13, Gwynedd . . . tad yn nghyfraith . . . Powys . . . *tad gwyn*. **(o) dadidad, (o) dad i dad:** *patrilineal(ly).* **14–15g.** *IGE*² 266, O'r hwn [Dardan] y down ninnau rhawg / *O dad-i-dad* odidawg (Siôn Cent). **15g.** *GDID* 7, Cerais hwynt, cwbl o'm cwrs oedd, / Cariad *dadidad* ydoedd [i Rys ap Rhydderch ap Rhys]. **15g.** *GO* 261, Gweirdir, iach yttir ywch oedd, / Gwlad *o dad-i-dad* ydoedd [i Wiliam Eutun]. **15g.** *HCLl* 34, Ni chad *dadidad*, a'u dodi—'n ddewrion, / Neb o hil Einion hen haelioni. **15–16g.** LLAWDDEN, &c.: *Gw* 212, Dyna fai ras Duw yn ei frig, / Onid abl dyn yn debyg. / Marchog *dad-i-dad* ydwyd, / Megis dug am gostio wyd. **16g.** WILIAM LLŶN: *Gw* (R. Stephens) 191, Daw o deidiau, *dad-i-dad* / Gollwyn hen, nid gwell un had. **17g.** HUW MORUS: *EC* i. 52, Wyth ysgweier, glewder gwlad, / Wedi dodi—*dad-i-dad*. **1776** *W*, Yn (a fo'n) perthyn *o dâd i-dâd* i d.g. *Lineal* [*allied by direct descent*] to. **1801** *MMf* 298, Sion Jones, Feddyg o Fyddfai, yr hwn oedd y diweddaf *o dadidad* o'r Meddygon ym Myddfai. **tad maeth,** gw. *tadmaeth*. **Tadau Methodistaidd:** *founding fathers of the Methodist church.* **1897. Tad Nadolig:** *Father Christmas.* **1922. tad naturiol:** *natural father.* **1568** MORYS CLYNNOG: *AG* 41. **1595** H. LEWYS: *PA* 40. **1604** R. HOLLAND: *BD* [1]. **Tad Nefol:** *Heavenly Father.* **1567** *TN* 103b. **1595** H. LEWYS: *PA* 101. **1617** *Cat* 2. **1630** *YDd* 394. **Tadau Pererin(ol) (Pererindodol):** *Pilgrim Fathers.* **1849.** Gw. hefyd *pererin—Pererin(ion) Dadau*. **Tad San(c)taidd, Tad Sanct(eiddiol):** (i) *Heavenly Father.* ?**14–15g.** SIÔN CENT: *Gw* 51, Yn *Tad Sanctaidd*, buraidd barch (?Sion Cent). **1567** *TN* 161b, *Tat Sanct*. **1588** *Io* xvii. 11, *Tâd sancteiddiol*. (ii) *the Holy Father, Pope.* **1923. tad yng nghyfraith:** *father-in-law; stepfather.* **1551** W. SALESBURY: *KLl* xxxviia. **1595** H. LEWYS: *PA* 165. **1632** *D* d.g. *Socer, Vitricus*. **1722** *Llst* 189 d.g. *a step-father*. **1773** *W* d.g. *Father in law*. **1803** *P*. Cf. *Traeth* iii. (1847) 13, Gwynedd . . . *tad yn nghyfraith*: Powys . . . chwegrwn; *ib.* Gwynedd . . . *tad yn nghyfraith* . . . Powys . . . tad gwyn. **Tad yn Nuw:** *Father in God* (*title of bishop*). **1723** E. SAMUEL: *PDdC* i. d.d., O Waith y Gwir Ba[r]chedig *Dâd yn Nuw* William Beveridge . . . Arglwydd Esgob LlanElwy. **tad ysbrydol:** *spiritual father* (*also used of God the Father*). **12–13g.** *GMB* 390, Tut Yspryt an *Tat ysprydaɫol*. **1547** *WS*, *Tad ysprytol* Goostly father. **16g.** *THSC* (1923–4) (At.) 43, aeth hi at y *thad ysbrydol* y gyffessv. **1703** E. WYNNE: *BC* 32–3, gwelem Offeiriad wedi eillio 'i goryn . . . dyma globen o Wraig . . . yn mynd ar ei glinieu o'i flaen ef, i gyfadde'i phechodeu: Fy *nhâd ysprydol* ebr y Wreigdda. **1754** R. REES: *GGG* 50, Pan y cyfarfyddo y ffyddloniaid â'u *Teidau ysbrydol* . . . pwy all draethu yr Anwylder a fydd ganthynt am danynt.

tada, ta-da, gw. tad, ta-ta.

tadaeth [*tad*+*-aeth*] *eb.g.* ll. *-au*. Tadolaeth, tadogaeth, hefyd yn *ffig.*: *fatherhood, paternity, also fig.*
1803 *P*, *Tadaeth*, s. m. . . . Fatherhood, paternity.

tadaf: tadu [bf. o'r e. *tad*] *bg.a.*

(*a*) Cenhedlu, tadogi; enwi tad neu sefydlu tadogaeth (plentyn); (geir.) mynd yn dad: *to father* (*a child*); *name the father or fix the paternity of* (*a child*); (*dict.*) *become a father.*
1632 *D*, Tadogi, & *Tadu*, Paternare. **1737** R. W. JONES: *BCC* 61, ei gost ef [warden plwyf] yn myned a Chatrin David i Nanney i *Dadu* ei phlentyn o flaen dau Ustus o heddwch. **[1745]** W. ROBERTS: *FfM* 61, Rhyw Arwyddion rhyfedd, o'r Awyr, / Oedd digwydd disgrethen yr Ysgrythyr, / A phlannu 'r ffydd newydd, ar ei phen, / Lle *tadwyd* Owen Tudur. **1803** *P*, *Tadu* . . . To father; to become a father.

(*b*) Priodoli (i), tadogi (ar); etifeddu, derbyn; hawlio awduriaeth (llyfr, &c.); amddiffyn (fel tad): *to ascribe or attribute* (*to*), *father* (*upon*); *inherit, receive; claim authorship* (*of a book, &c.*); *protect* (*like a father*).
16g. *LIS* 67, gwilia di natur a rhinwedd y llyseun ne yr prên a vo yw veithrin e [y llindro], o bleit wrth natur hwnnw y *tadu* e lawer o ei gyneddfæ a ei rinweddæ. **1604–7** *TW* (*Pen* 228), *tadû* arh [*sic*] d.g. *Inscribo*. *id.* [y]r hwn a vo'n *tadû* lhyuræ ereilh, [*sic*] arno'i hvn d.g. *plagiarius*. **1633** *Addysg i Farw* 2, i 'rwyf yn deysyf ar y darlleuydd Cristianogaidd lle 'gwelo ddim ar fai i *dadu* hynny im gwendid. **1688** *TJ*, Tadogi, *tadu*, gwared rhai oddiwrth gam: to protect or defend them that are falsly accused, also to father. **1706** *Cyf Cym* 166, Y byd a *dâdu* gant o gelwyddau ar bobl Dduw. **1728** T. BADDY: *DDG* 176, Epistol a *Dadwyd* ar Barnabas. **1754** G. OWEN: *L* 123, Cywydd y Llwynog . . . Nid oes wybod pwy a'i gwnaeth. Ond y mae'r mab, neu ryw un arall wedi ei *dadu* o ar Hugh Lloyd Cynfel. **1763** T. JONES: *RAH* 30, megis . . . *tadu* gweddiau ar dafod Leferydd, ar yr yspryd Glân, yn dwyll digywilydd. **1773** *W* d.g. *To father* [*own, claim as one's own, take upon one's self, &c.*], *To father upon* [*impute or ascribe to*] *one*, *To palm a thing upon one.* **1796** T. JONES: *CCA* 137, wedi eu magu [cableddau] yn ei galon ei hun; ac nid yn hiliogaeth y Diafol, wedi eu *tadu* yn gelwyddog arno. *id.* 261, [c]ynnyg *tadu* eu dychymmygion anghenfilaidd ar bur a dihalog air Duw.
Amr.: **tado** [?ff. wallus]. **1727** J. JONES: *DFF* 205–6, Dychymmygion Dynion, wedi eu *tado* arno ef (*fathered upon him*) megis ei Air a'i Ewyllys ef.

tadaidd [*tad*+*-aidd*] *a.* Tadol: *fatherly, paternal.*
1599 (1677) R. HOLLAND: *AB* 24, [c]ofio . . . ei *dadaidd* ddaioni a'i garedigrwydd [am Dduw]. **1604** R. HOLLAND: *BD* 2, gan eich tyngedu yng-olwg duw, a thrwy'r *tadaidh* awdyrdod (*fatherlie authority*) y sydh i mi arnoch. **1604–7** *TW* (*Pen* 228) d.g. *paternus, patrius*. **1651** SIÔN TREREDYN: *MDD* 248, fod eich cystyddiau wedi dyfod arnoch fel penyd . . . credwch yn hytrach . . . ei dyfod hwy oddiwrth cariad [*sic*] *tadaidd* yr Arglwydd. **1655** WI.: *DP* 52, dy *dadaidd* gerudd. **1803** *P*.

tadair [*tad*+*gair*¹] *eg.* *Ieith.* Gwreiddair, gwreiddyn: *etymon, root* (*in linguistics*).
1773 *W* d.g. *Etymon* [*the primitive word whence another is derived*], *Theme* [*the root*] *of a word*.

tad-cu, gw. **tad—tad cu.**

tadeiddiad [*tadaidd*+*-iad*¹] *eg.* Tadolaeth, hefyd yn *ffig.*: *fatherhood, also fig.*
1658 R. VAUGHAN: *PS* 422, Nid holl lwyth Beniamin a dreisiodd ordderch y lefiad i farwolaeth, eithr a roddasant darian ac achles sef: cefn a chysgod ir rhai a wnaethai, ac felly y trais gwaedlyd a ddaeth yn eiddont twy [*sic*] trwy *Dadeiddiad*. **1789** B. EVANS: *LlG* 65–6, Yr oedd Abraham a'i Hâd babanol . . . yn un Corph yn y Cyfammod a wnaeth Duw ag ef . . . Am hynny, yr oedd [enwaediad] yn Insel Cyfiawnder y Ffydd iddynt oll; er fod *tadeiddiad* Abraham, yn perthyn iddo'i hun.

tadenw [*tad*+*enw*] *eg.* ll. *-au*. Enw sy'n deillio o enw tad neu hynafiad: *a patronymic.*
1778 *W* d.g. *Patronymic* [*an ancestral name, or a name given one from his father, grandfather, or some progenitor* . . .]. **1803** *P*, *Tadenw*, s. m.—pl. t. *au* . . . A patronymic.

tadenwol [*tadenw*+*-ol*] *a.* Yn deillio o enw tad neu hynafiad (am enw): *patronymic* (*adj.*).
1778 *W* d.g. *Patronymic*. **1803** *P*, *Tadenwogawl*, a. . . . Patronymical.

tadgyffeswr, tadgyffesydd [*tad*+*cyffeswr, cyffesydd*] *eg.* Offeiriad sy'n gwrando cyffes, yn enw. un breifat: *father-confessor.*
1858.
Gw. hefyd **tad—tad cyffeswr.**

tadladdiad [*tad*+*lladdiad*¹] *eg.* Gweithred person sy'n lladd ei dad ei hun: (*act of*) *patricide.*
c. **1730** *Thos. Lloyd D* (LlGC) 213b, *Tadladdiad*. Paricidium. **1778** *W*, o ansawdd *tâd-laddiad* d.g. *Parricidal*. **1798** *WR* d.g. *Parricide*. **1803** *P*, *Tadlaziad*, s. m. . . . A killing a father.

tadleiddiad¹ [*tad*+*lleiddiad*¹] *eg.* ll. *-iaid*. Un sy'n lladd ei dad ei hun: *patricide* (*person*).
1604–7 *TW* (*Pen* 228) d.g. *parenticida* (hefyd *D*). *Dchr.* **17g.** *J* 10, 153a, *Tadleiddiad*. Paricida. **1620** 1 *Tim* i. 9, Gan wybod . . . nad i'r cyfiawn y rhoddwyd y Gyfraith, eithr i'r rhai digyfraith . . . i *dâd-leiddiaid* (**1588** *ib.* lleiddiaid tad), a mam-leiddiaid. **1632** *D* d.g. *Patricida*. **1778** *W* d.g. *Parricide*.
Gw. hefyd **lleiddiad**¹**—lleiddiad tad.**

tadleiddiad² [*tad*+*lleiddiad*²] *eg.* Gweithred person sy'n lladd ei dad ei hun, tadladdiad: (*act of*) *patricide.*
1816.

tadleiddiadol [*tad*+*lleiddiad*²+*-ol*] *a.* Yn perthyn i dadladdiad, tueddol i gyflawni tadladdiad: *patricidal.*
1778 *W* d.g. *Parricidal*. **1803** *P*.

tadmaeth, tad maeth [*tad*+*maeth*¹; petrus yw dosbarthiad rhai o'r enghrau. isod] *eg.* ll. *tadmaethau, -od, -iaid, tadau maeth.*

(*a*) Dyn sy'n meithrin neu'n magu plentyn rhywun arall: *foster-father.*
12g. *GLlF* 64, Tat mat magaɫt gɫaɫt gɫaeɫrud, / *Tat maeth* myget Maredud [marwnad Cedifor ap Genillyn]. **13g.** *HGK* 10–11, llawer a dalyassant yn y vrwydyr,—Cerit y *datmaeth*, a Varudri, tywyssauc y Gwydyl. **13g.** *BD* 90, sef a wnaeth *tatmaetheu* y meibyon ereill, Emreis ac Vthyr Pen Dragon, fo ac vynt hyt yn Llydav. **14g.** *YBH* 4a, Sef aɫnaeth *datmaeth* y mab sabaoth oed y enɫ a marchaɫc deɫr kyuoethaɫc oed kyuodi y vyny ac achub y mab ae dyrchauel y vyny rɫg y ddɫylyaɫ [*sic*]. *id.* 6a, Sef aɫnaeth boɫn rac kyuaruot gofut ay *datmaeth* kyuodi oe lechua a dyuot rac bron y vam. *id.* 54a, yna y deuth *tatmaethen* y meibon ar meibon gyt ac ɫynt yr llys. *c.* **1400** [*RB*] *WM* 205. 16–19, pan ymgyrrei .i. yr amheraɫdyr arthur y venegi y vedraɫt y uot yn *datmaeth* ac yn ewythyr idaɫ. **1547** *WS*, *Tadmaeth* Foster father. **1585** *HCRC* iii. 258, Gwae ei *dadmeithiaid* ai holl ddeiliaid gweiniaid gida i gilydd [marwnad Gruffudd o'r Wernolau]. *Diw.* **16g.** *LBS* iv. 406, heb ymgeledd y *thadmaeth* [am Wenfrewi]. **1588** *Nu* xi. 12, yr holl bobl hyn . . . dwg hwynt yn dy fynwes (megis y dwg *tad-maeth* y plentyn sugno). **1604–7** *TW* (*Pen* 228) d.g. *Nutritius*. **1672** R. PRICHARD: *Gw* 36, A'i roi [i] orwedd yn y preseb, / Rhwng yr ŷch a'i *dadmaeth* Joseb. **1773** *W*, *Tadmaeth* d.g. *Foster-father*. **1803** *P* d.g. *Tadmaeth*.

(*b*) (enghrau. *ffig.*: *fig. exx.*).
14g. *BT* 185, blwydyn wedy hynny y bu varw rys ieuang ap gruffud . . . yn dat a bugeil a*thatmaeth* yr ysgolheigyon yn wastadrwyd. **1346** *LlA* 90, kyt boet duɫ dat yn dat yn. ar yspryt glan yn *dadmaeth* yn. **14g.** *GDG*³ 29, Mae'n waeth am *dadmaeth*; mae dôr —rhof ac ef / Yn gyfyng ym mlaen côr [marwnad Ifor Hael]. *id.* 67, *Tadmaeth* beirdd heirdd, a'm hurddai, / Serchogion mwynion, yw Mai. *id.* 281, Tyfais ei chlod hyd Deifi, / *Tadmaeth* serch y ferch wyf fi. *Diw.* **15g.** *Pen* 67, 106, Meirw r *tadmaeth* ar vamaeth va[v] / mi a vethais am voethav [marwnad Llywelyn ap Gwilym ap Rhys a'i wraig gan Hywel Dafi]. *id.* 125, brawdvaeth yw a *thadmaeth* yn / a brawd i gaw o brydyn [Hywel Dafi i Wilym ap Tomas ap Gwilym]. **1588** *Eseia* xlix. 23, Brenhinoedd hefyd fyddant dy *dadmaethod*, ai brenhinesau dy fammaethod [am Jerwsalem]. **1609** *CRC* 326, *tadmaeth* twyll yn labrio yn wastad / i ddal pawb mewn rhwyde kariad. **1630** R. LLWYD: *LlH* 117, pwy erioed â welodd y rhai hyn [adar y to] . . . yn meirw o newyn? y fath Dâd, a *thadmaeth* daionus sydd ganddynt. **1631** O. THOMAS: *CC* 110, Gwna yn Harglwydd frenin yn *Dad Maeth* . . . ith Eglwys. **1679** C. EDWARDS: *GGG* 111, brenhinoedd a swyddogion eraill tanynt hwy, y rhai a elwir . . . *Tadmaethod* yr eglwys. **1721** J. P. PRYS: *DC* [iii], gan obeithio . . . y bydd iddo [llyfr] gael ei groesawu ym mysc Cynnifer o *Dâdmaethod* Parchedig. **1778** J. HUGHES: *BB* 262, Plwy Corwen lawen lwys, / . . . y chwi wahodda, / O'r ddwy-dref isa, a'r Gwyr penna i gario 'r pwys, / I 'mddifaid ac i weddwdod, / Yn wir *dadmaethod* mwys. **1790** W. RICHARDS: *LlA* 60, Cyprian yr hwn oedd un o *dadmaethod* cyntaf Taenelliad Babanod.
Gw. hefyd **maethdad.**

tadmaethaf: tadmaethu [bf. o'r e. *tadmaeth*] *bg.a.* Gweithredu fel tadmaeth (i), meithrin, magu, maethu: *to act as a foster-father* (*to*), *foster, nourish.*
1588 *Eseia* lx. 4, dy feibion a ddeuant o bell, a'th ferched a *dadmeithir* (**1620** *ib.* a fegir) wrth dy ystlys. *c.* **1730** *Thos. Lloyd D* (LlGC) 213b, *Tadmaethu*. Nutrio. **1803** *P*, *Tadmaethu* . . . To act as a foster-father.

tadog [*tad*+*-og*] *eg.* (b. *-es*) ll. *-ion, -au*, a hefyd fel *a.* ll. *-ion.*

(*a*) Tad, fel arfer yn *ffig.*; noddwr; *Egl.* un a chanddo'r hawl i benodi i fywoliaeth eglwysig, glwysfuddiwr; plediwr (mewn llys barn), adfocad: *father, usu. fig.; patron;*

(*eccl.*) *patron of ecclesiastical benefice, advowee; pleader (in court of law), advocate.*

14g. *H* td. 350, *tadavc* gwent torment termyd gwar. *c.* **1400** *R* 1201. 4–5, ardeilong rat. ar dut y kat. eur *dadoc* kein. *Dchr.* **15g.** *GM* 35, Molyant mawr y'r Tat, *tadawc* pob defnyd. **15g.** *GLGC* 251, Gwyn yw byd Gwyndyd a'i gwŷr / gael *tadog* i gloi Tewdwr [i Syr Wiliam Herbert]. **16g.** *GGH* 122, Tadwys dwys bwys, dewis bwyll, / *Tadog* pob glendid didwyll [i Dudur ap Robert o Ferain]. *a.* **1587** *Y* 90, Doedaist, fal chwedl heb *dadawg*, / Gair o'r rhol nid gwir y rhawg. *id.* 213, Dod gywydd, *dadog* awen, / Dalwaith beirdd, ne awdl o'th ben. *Diw.* **16g.** *Gwyn* 3, 197, Mae'n deg ar wartheg ei waith / *tadog* tagellog gall-waith [am darw]. **1604–7** *TW* (*Pen* 228) d.g. *paracletus, patronus. id. Tadoges* d.g. *patrona.* **1722** *Llst* 189, *Tadawg.* m.p. *Tadogion.* An advocate, atturney, pleader. **1725** *SR* d.g. *A Patron.* **1725–6** *Madd Ed* 89–90, am rhein y [*sic*] a allant haeru fod Gweithredoedd mwyaf rhinweddol [diwyg.] Dynion diadgenhedledig yn Bechodau amlwg, hwy allant gymmeryd arnynt fod ganddynt y *Tadogion* (*Patrons*) a fynnont o'u Barn. **1727** J. JONES: *DFF* [x], Tra y mae lla[w]er o Awdwyr . . . yn anrhegu eu Llyfrau a hynny . . . at un *Tadog* yn unig . . . minnau . . . a gafais [*sic*] Gynnifer o honoch i fod yn *Dadogion.* **1730** J. LEWIS: *CCPG* [2], yn awr lle yr oedd amriw yn tybied am Galvin ac amriw o'r *Tadogion* hynny eu bod yn y Nêf fel gwir Iawn ffyddiaeth mae y Papurun . . . yn eu taflu hwynt i Uffern fel Hereticiaid. **1732–3** J. OWEN: *GB* 61, gwneuthur Duw yn *Dadog* ac yn Gymmeradwywr Pechod. **1746** T. RICHARDS: *CER* 53, ddarfod iddi [Eglwys Rufain] ysbeilio ein Brenhinoedd a *Thadogau* eraill o'u Hawl i bresentio o amser bwygilydd i Rai Bywiolaethau. **1770** *W*, *Tadog* bywoliaeth eglwysig d.g. *An advowee.* **1775** *CY* 66–7, pob un ag sydd â bywioliaeth gantho ar ei law (yr hwn a elwir yn batrwn neu yn *dadog*).

(*b*) *Gram.* Ffurf wreiddiol, cysefin; camp gyntefig neu wreiddiol; (geir.) patrwm: *original form, radical* (*in gram.*); *primitive or original feat*; (*dict.*) *pattern.*

c. **1455** *GP* 71, O'r rrain [rhagenwau] pedwar sydd *dadogion* ac vn ar bymthec sydd ddynogion [*sic*]. Y pedwar *tadoc* yw 'myvi, ti, ef, hwnn'. Y dynedigion [*sic*] yw 'myvi, tydi, evo . . . hwnnw'. **1547** *WS*, *Tadoc* Paterne. **17g.** *RWM* ii. 532, O 24 [camp] vchod: 4: sydd benna ag a elwir [*t*]*adogion*: Redeg: neidio: ymevlyd: nofio. **1773** *W* d.g. *Etymon.* **1784** T. PENNANT: *TW* ii. 309, ten were called Gwrolgampau, or manly games, of these six depended on bodily strength alone, and were styled *Tadogion*, ie Father games, because no instrument whatsoever was necessary to perform them. **1800** C. EVANS: *EJU* 116, Y mae'r gair bapto, yr hwn yw *tadog* (genus) y gair baptizo, yn cael ei gyfieithu yn drochiad.

Fel *a.* Gwreiddiol, cyntefig; *Gram.* cysefin, heb dreiglad; ?yn perthyn i dad; (?geir.) tadol, patronymig, yn perthyn i fabsant: *original, primitive; radical or unmutated* (*in gram.*); ?*pertaining to a father*; (?*dict.*) *fatherly, paternal, patronymic, patronal.*

1547 *WS* [vii–viii], rhait i chwi graffy byth pa lythyren a vo yn dechre r gair pan draether ar y ben ehun . . . Ac velly yn ol y *dadawc* naturiol draethiad y mae i chwi geisio o mynwch chwi gael pop gair yn y gairllyfer yma. **16–17g.** *PhA* 240, Dydi Gerdd *Dadawg* urddol / Wedi Sion Wynn dos yn ol [marwnad Siôn Wyn ap Huw o Fodwrda]. **1632** *D*, *Tadog*, & Tadol, Paternus. *id.* d.g. *Patronymicum.* **1632** *D* (*PCH*), Ac o'r chwêch hyn [gwrolgampau] pedair sy bennaf, ac a elwir *tadogion* gampau, sef Rhedeg, Neidio, Nofio, Ymafael. A hwy a elwir felly am nad rhaid wrth ddefnydd yn y byd i wneuthur yr vn o honynt, ond y dŷn fal y ganed. **1688** *TJ*, *Tadog*, tadol: fatherly. **1753** *TR*, *Tadog* . . . belonging to a father. **1780** *W*, Rhag-enwau *tadog* d.g. *Primitive pronouns. id.* Geiriau . . . *tadog* d.g. *Primitive words.* **1803** *P*, *Tadawg*, a. . . . patronal.

tadogaeth [*tadog*+-*aeth*] *eb.g.* ll. (prin) -*au.*

(*a*) Y cyflwr neu'r ffaith o fod yn dad, tadolaeth, tadaeth (hefyd am Dduw yn ei berthynas â'r ddynolryw), perthynas y tad a'r plentyn o safbwynt y plentyn; y weithred o bennu tadogaeth plentyn; mabwysiad; tylwyth neu linach (y tad); (hawl i) etifeddiaeth drwy'r tad; tarddiad, tarddle, ffynhonnell; patrwm, enghraifft; priodoliad (awduriaeth, &c.); *Egl.* adfowson; hefyd yn *ffig.*: *paternity, fatherhood* (*also of God in his relationship to mankind*); *affiliation* (*of paternity*); *adoption*; (*paternal*) *family or lineage*; (*right of*) *inheritance through the father*; *origin, source*; *pattern, example*; *attribution* (*of authorship, &c.*), *ascription*; *advowson* (*eccl.*); *also fig.*

13g. *DB* 69, O'r daear hyt y furuauent y messurir kywydolyaeth neuaul, ac ar *dadogaeth* honno [*ad cuius exemplum*] y caffat an kywydolyaeth ninheu. **1551** W. SALESBURY: *KLl* lxiiia, tat ewn Arglwydd Iesu Christ / o ywrth pwy y may *tadogaeth* pop peth. **16g.** HUW ARWYSTL: *Gw* 472, vyn hy wyd agos vy*nhadogaeth* / vynghanllaw tra vych vynghwrt rydd ydych [i Risiart ap Rhys ap Dafydd Llwyd]. **1567** *TN* [xxxix], nid rhaid arf well nor ddysc a gynhwysir yn y byr eiriau hynn, Y Mab rhad, ac yn yr [*sic*] scrythyr 'lan lle i cafas y geiriau hyn i dechreuad ai *tadogaeth. id.* 231b, Yspryt mabwysiad [:– *tadogeth*, mab gynwys], trwy'r hwn y llefwn Abba, Dat. *id.* 285a–b, Duw . . . yr hwn a'n rac dervynawdd ni, i vabwrieth [:– vab-wys, tadwys, *tadogeth*] (**1588** *Eff* i. 5, fabwysiad) trwy Iesu Christ yddo ehun. **16–17g.** LLYWELYN SIÔN, &c.: *Gw* 553, o ynyr hil enwir hwnn, / o *dadogaeth* da i dygwnn; / or gwilymaid ddwyblaid ddawn, / o ddewistras ddiestrawn [i gymodi Wiliam ap Rhys â'i briod]. **1604–7** *TW* (*Pen* 228) d.g. *Sacerdotium* . . . *Sacerdotium gentile vel gentilitium. Dchr.* **17g.** *J* 10, 153a, *Tadogaeth.* originall . . . origo. **1632** *D*, *Tadogaeth*, Paternitas, deriuatio. **1677** C. EDWARDS: *FfDd* 405, mal y bu 'r bŷd ar y cyntaf o'r un dafodiaith, *tadogaeth*, a thylwyth. **1685** G. GRIFFITH: *GA* 35, Duw yn unig ydyw ein Prif Dâd oll, ein hunig Dâd ar ôl perffeithrwydd *tadogaeth.* **1688** *TJ*, *Tadogaeth*: fatherhood, paternity. **1703** O. LEWIS: *ADC* 49, yn wreiddin ac yn *dadogeth* pob gwir deimlad o Dduw . . . sef y goleuni oddimewn. **1722** *Llst* 189, *Tadogacth.* f. . . . a patronizing. **1778** *W*, *Tadogaeth* eglwys d.g. *Patronage of a church-living.* **1789** *BDG* 422, *Tadogaeth* (*GDG*³ 252, Achau) Hiraeth. **1803** *P*, *Tadogaeth*, s. m. . . . Paternity, or fatherhood.

(*b*) Tarddiad (gair), geirdarddiad, etymoleg; ffurf wreiddiol (gair): *origin or derivation* (*of word*), *etymology*; *original form* (*of word*):

1567 G. ROBERT: *GC* 9, Beth yw Cyfiach[ydd-iaeth]? . . . Rhan o Ramadeg yn dangos megis iachau pob gair ar i ben ihun . . . mal manegi *tadogæth* epil, cenedl, rhif, trei/gliad gair cyn i roi mewn cymlheth [*sic*] ymadrodd. *a.* **1587** *Y* 165, rhoi'r iaith allan o'i *thadogaeth*: y gair 'anodd' yn lle 'anawdd', 'dallt' yn lle 'deall', a llawer o eiriav o'r fath. **1596** *Pen* 187, 31a, Ciel a ga/fodd i *dadogeth* or gair groeg hwn κυκλος. **1604–7** *TW* (*Pen* 228), *Tadogaeth geiriæ* d.g. *Etymologia.* **1632** J. DAVIES: *LlR* 141, Y trydydd enw Groeg yw . . . Tartaros, yn Sainct Petr. A'r gair hwnnw sydd yn cael ei *dadogaeth* o'r Ferf ταρτάσσω. **1722** *Llst* 189, *Tadogacth* . . . the original or etymologie of a word. **1803** *P*, *Tadogaeth* . . . the origin of a word, etymology.

tadogaethol [*tadogaeth*+-*ol*] *a.* Noddol (am sant); (geir.) tarddiadol, etymolegol; (geir.) yn perthyn i dadogaeth: *patronal* (*of saint*); (*dict.*) *etymological*; (*dict.*) *pertaining to paternity.*

1773 *W* d.g. *Etymological.* **1803** *P*, *Tadogaethawl* . . . Belonging to paternity; etymological.

tadogaf: tadogi [bf. o'r e. a'r a. *tadog*] *ba.* Priodoli (i), canfod awduriaeth; cenhedlu, creu; pennu neu briodoli tadogaeth (plentyn); olrhain tarddiad (gair), geirdarddu: *to attribute or ascribe* (*to*), *discover the authorship of*; *father, beget, create*; *determine paternity of* (*child*), *affiliate*; *trace etymology of, etymologize.*

1606 E. JAMES: *Hom* iii. 17, Duw, yr hwn sydd yn *tadogi* (*attributeth*) arnom ni a'n gorchwylion y peth trwy ei Ysprydd y mae ef yn ei weithio ynom. **1632** *D*, *Tadogi*, & Tadu, Paternare. **1688** *TJ*, *Tadogi* . . . to father. **1704** E. SAMUEL: *BA* 61, *Tadogwyd* arno [yr Apostol Pedr] amryw lyfrau ar ol ei farwolaeth. **1722** *Llst* 189, *Tadogi.* To father, father upon. **1740** T. EVANS: *LlA* 21, Y pryd hwnnw, Gwaith y Tywyllwch ei hun, a phob Ynfydrwydd a Gwallgof a *dadogid* ar sanctaidd Ysprydd Duw. **1756** *ML* i. 441, Mae Agrippa yn dywedyd ei fod . . . yn drafferthus iawn ynghylch gwaith mawr maith anniben, sef *tadogi* pob gair yn yr iaith Gymraeg. **1760** *id.* ii. 249, Rhyfedd na fedrai rai o honoch . . . *dadogi* y cerddi yna sydd amddifaid. **1763** *id.* 551, Llawer . . . a *dadogwyd* arno [Taliesin] na chanfu erioed ai lygaid. **1774** S. HARRIES: *YAOC* 25, O's na allwch ddeall rhyw fannau dyrys o'r ysgrythur, gadewch hwynt yn llonydd; na wnewch gam â hwynt trwy *dadogi* rhyw ffolineb ac anghyssondeb arnynt. **1800** C. EVANS: *EJU* 51, A fynwch chwi *dadogi* pob gwa[g] ddefodau ar Pedr? **1803** *P*, *Tadogi* . . . To assign a father to. Cf. *Adr Addysg* iii. 112, A pha beth os dygwydd fod y cariad yn anffyddlon . . . ac iddo ommedd priodi er fod plentyn i'w eni? Yna, daw *tadogi* y plentyn, ac yn ol fel ag y mae'r gyfraith yn awr, bydd raid dadguddio holl amgylchiadau ffiaidd y trythyllwch, yn gyhoedd, mewn llys barn. Ar lafar, '*tadoci*' 'hawlio bod rhywun yn dad i blentyn', ''Odd 'i wedi *tadoci*'r plentyn arno', *GTN* 773.

tadogair [*tadog*+*gair*¹] *eg.* ll. -*eiriau.* Gweiddair: *etymon, root-word.*

1773 *W* d.g. *Etymon* [*the primitive word whence another is derived*]. **1803** *P*, *Tadogair*, s. m.—pl. *tadogeiriau* . . . A radical word, or etymon.

tadoges, gw. **tadog.**

tadogiad¹ [bôn y f. *tadogaf*: *tadogi*+-*iad*¹] *eg.* (Y weithred o bennu) tadogaeth; priodoliad (gwaith, &c., i awdur, &c.); tarddiad, etymoleg: *paternity, affiliation; attribution* (*of work, &c., to author, &c.*); *etymology.*

1834.

tadogiad² [bôn y f. *tadogaf*: *tadogi*+-*iad*²] *eg.* ll. -*iaid. Egl.* Noddwr (bywoliaeth eglwysig): *patron* (*of ecclesiastical benefice*).

1859.

tadogol [*tadog*+-*ol*] *a.* ll. -*ion.* Gwreiddiol; cynhwynol (am afiechyd, &c.); o natur gwreiddair; yn perthyn drwy'r tad neu ar ochr y tad; tadol; noddol neu warcheidiol (am sant, &c.); (geir.) yn perthyn i adfocad: *original; congenital; of the nature of an etymon; paternal, related through the father or on the father's side, agnate; paternal, fatherly; patronal or tutelary* (*of a saint, &c.*); (*dict.*) *relating to an advocate.*

1604–7 *TW* (*Pen* 228), *Tadogawl*, perthynol yr datleuwr d.g. *patronalis.* **1623** *RWM* i. 1110, Llyma fy negfed lyfyr Geiriydd if . . . yr hwn sydd yn amgyffred *tadogolion* eiriau dau silltafa[w]g yn unig, ag nid a *tadogawl* air uwch law dau silltaf, ag o bydd gair o dri silltaf nid yu [*sic*] ef *Dadogawl* air. **1630** R. LLWYD: *LlH* 394, Lle ni byddo gweledigaeth y noethir y bobl: Felly y darllenir yn yr iaith *dadogawl* (*original*): Ond yr hen gyfieithiad ai trŷ fel hyn: Lle ni Phregethir gair Duw yno y metha'r bobl. **1709** H. POWEL: *G* 23, y Bibl, yr hwn yw *Tadogol* Air Duw. *id.* 46, Os ydych gwedi eich geni o newydd . . . yr ŷch yn . . . mawrchwennych, (Canys felly yr arwyddocca y Gair *Tadogol*,) pregethiad gwir ac iachus Athrawiaeth. **1711** H. POWEL: *TY* 1, Duw . . . *tadogol*, goruwchel [*sic*] ac anghyfartal Lywodraeth-wr pob peth. **1759** J. EVANS: *PF* 98, Y mae 'n attal cynny[dd] *tadogawl* neu wreiddiol, [*sic*] Barlys mud (*hereditary Apoplexies*) [am ymdrochi mewn dŵr oer]. **1762** T. WILLIAMS: *HHO* 76, Nid oedd ond tri meibion gan Noah 'n bennodol, / O'r isaf o'r rheini 'rwy fina [Albion Gawr] 'n *Dadogol.* **1778** *W* d.g. *Patronal.* **1803** *P*, *Tadogawl* . . . Patronal.

tadogydd [bôn y f. *tadogaf*: *tadogi*+-*ydd*³] *eg.* ll. *tadogwyr.* Noddwr: *patron.*

1658 R. VAUGHAN: *PS* 421, [c]roesawu y gweithredwr o hono [pechod] . . . hynny iw [*sic*] rhoddi . . . noddfa i fod yn batron [:– *Tadogydd* neu geidwad] neu brotector.

tadol [*tad*+-*ol*] *a.* ll. -*ion*, a hefyd gyda grym enwol. Tebyg i dad, nodweddiadol o dad, yn perthyn i dad, tadaidd; wedi ei etifeddu o'r tad, yn perthyn drwy'r tad neu ar ochr y tad; noddol neu warcheidiol (am sant, &c.); patronymig, tadenwol: *paternal, fatherly; paternal, inherited from the father, related through the father or on the father's side, agnatic; patronal or tutelary* (*of a saint, &c.*); *patronymic.*

13g. *Llst* 1, 29, Ac ena e kymyrth Gwen/dolev llywodraeth y teyrnas eny llaw ehvn. ac arverv o *tadavl* crev/londer. Ac erchy aorvc Gwendolev body essyllt ahafren y merch ener avon honno. **13g.** *HGK* 6, kerdus ynteu [Gruffydd ap Cynan] y lys Mvrchath a chvynav urthav ef . . . bot estravn genedloed en argluydi ar y *dadaul* deyrnas. **13g.** *BD* 49, guys dros vyneb enys Prydein . . . y wneuthur aberth ac y talu dyledus anryded a molyant y eu *tadolyon* dvyweu. **14g.** *H* 77b. 36, llew *tadawl* nefawl naf pob rei or byt (Hillyn). **14g.** *BT* (*RB*) 102–4, Henri vrenhin . . . anuon a wnaeth y deu vab yn vn o'r llogheu—vn ohonunt a anyssit o'r urenhines y wreic briawt; ac o hwnnw yd oed y *tatawl* obeith o'e vot yn urenhin yn gwledychu yn ol y dat. **16g.** (*LlEG*) *Mos* 158, 216b–217a, Bid ysbys a diogel I ch *taddawl* [*sic*] an hr/ydedd [*sic*] chwi vod yn harglwydd . . . wedi ynn danuon ni yma Ich kroysawy chwi Ir wlad. **16g.** *CTC* 187, Teml urddolwaith trwy rasolwaith, / Trwm nefolwaith tai'r nefolion, / Tŷ rheolwaith trwy fanylwaith, / Tŷ duwiolaeth y *tadolion* [Lewys Morgannwg i Leision Tomas, abad Nedd]. **1567** *LlGG* 132b, rhoddy yddaw [Duw] . . . ddiolwch am i *dadawl*

ymweliad. **1567** *TN* 263a, rac yddaw [Paul] yn erbyn ei *dadawl* gariadserch, 'orvod arver o'r gasgyfreith ac eithaf ei awdurdot. **1604–7** *TW* (*Pen* 228) d.g. *patrius*. *Dchr.* **17g.** *RWM* i. 106, y Brytaniaid ar Ysgotiaid a lliwiant [*sic*] y *tadolion* dyrnasoedd. **1630** *YDd* 340, yr wyt ti o Arglwydd yn ymweled â myfi a'r cyfryw gerydd *tadol*, ac a arferaist i ymweled a'th plant anwylaf. **1630** R. LLWYD: *LlH* 129, Efe [Duw] o'i *Dadol* ofal drosom a dynn y gyllell oddiwrthym. **1632** *D*, Tadog, & *Tadol*, Paternus. **1754** G. OWEN: *L* 126, Mi fum yn brysur . . . yn parottoi i gyfarfod yr Esgob i geisiaw ei *dadawl* ganiadhad i bregethu. *c.* **1762–79** W. WILLIAMS: *P* 506–7, y Metropolitaniaid, yr archesgobion, a'r esgobion yn ymddangos ar amserau nodedig . . . a'r bobl hwythau ar yr achos hwn fydd yn crynhoi . . . i dderbyn y fendith *dadol*. **1763** *DT* 260, Ei Hanfod mor barod bur, / *Tadawl* hil Owen Tudur, / Oedd Lywydd Pen Mynydd Mon, / Ag Wyr yn Aer y Goron [i groesawu Tywysog Cymru]. **1803** *P*, *Tadawl* . . . Belonging to a father; fatherly; tutelar, patronal. Ar lafar, "En ddyn *tadol* odd a', *GTN* 780.

Cfn.: **tadol(ion) dduwiau (ddwywau):** *tutelary gods.* **13g.** *Brut B* 108, *tadavl dwywev.* **13g.** *BD* 49, *tadolyon dvyweu.* **1716** T. EVANS: *DPO* 141, *Tadolion dduwiau.*

tadolaeth, tadoliaeth [*tadol*+-(*i*)*aeth*] *eb.g.* ll. (prin) -*au*. Tadogaeth, tadaeth (hefyd am Dduw yn ei berthynas â'r ddynolryw); tylwyth neu linach (y tad); teitl clerigwr uchelradd; hefyd yn *ffig.*: *fatherhood, paternity (also of God in his relationship to mankind)*; (*paternal*) *family or lineage*; *fatherhood (title of high-ranking cleric)*; *also fig.*

14g. *SC* viii/ix. 182, henri abbat o sertyse . . . chwi a orchymynnysawch ynn anuon . . . yr hynn a dywedeis y glybot ynn an kyttrycholder or purdan. Hyspys yw y gwnaf i hynny yn vodlonach o allu y gymell o arch ych *tatolyaeth* (*paternitatis*) chwi. *c.* **1400** *Ked AA* 2, wynt a doethant att y gwrda a oed Bab . . . ac a dywedassant wrthaw val hynn . . . y mae yma iarll Aluern a marchawc . . . yn adolwyn y'th *dadolyaeth* (*sanctitatis*) di, e bedydyaw an meibyon. *c.* **1400** *GP* 15, Duw a dyly y uoli o dwywolder . . . a *thatolyaeth*. **16g.** (*LlEG*) *Mos* 158, 156b, wrth yr hynn I trugarhaodd *taadolaeth* y paab. **1547** *WS*, *Tadolieth* Faderhed. **16g.** SIÔN BRWYNOG: *C* 158, Seiliad aur ddeiliad, urddoliaeth—eiliad, / Seiliad a deiliad sêl *dadoliaeth* [marwnad Tomas Mostyn]. **16g.** *B* xviii. 313, Myui adolygaf i'th *dadolaeth* di roddi j mi genniad i'th uendigo di. **1679** C. EDWARDS: *GGG* 22, Dengis Fôdd *Tadoliaeth* (*Fatherhood*) Duw, pa fodd y mae ef yn Dâd ini, sef drwy Jesu Grist. **1767** J. THOMAS: *A* 170, fod yr Efengyl i gael ei dwyn yn y blaen trwy Dylwythau a *Thadoliaethau* yn yr holl Genhedloedd. **1803** *P*, *Tadoliaeth*, s. m. . . . Fatherhood.

tadolaf: tadoli [bf. o'r a. *tadol*] *bg.a.* Tadogi (ar), priodoli (i); (geir.) mynd yn dad(ol): *to ascribe or attribute (to)*; (*dict.*) *become a father, become fatherly.*

1765 J. POPKIN: *Ll* 222, [y]r Egwyddorion erchyll hynny o lwyr Ddiwreiddiad, pa rai sydd yn dyfod yn atgas dau ddyblyg pan y dygir hwynt i mewn tan y Lliw annuwiol eu bod yn cael eu *tadoli* trwy Ewyllys cysegredig yr Iesu. **1803** *P*, *Tadoli* . . . To become fatherly; to become a father.

tadoldeb [*tadol*+-*deb*] *eg.* Tadogaeth, tadolaeth, tadaeth (hefyd am Dduw yn ei berthynas â'r ddynolryw); teitl clerigwr uchelradd; tadolrwydd: *paternity, fatherhood (also of God in his relation to mankind)*; *fatherhood (title of high-ranking cleric)*; *fatherliness.*

Diw. **18g.** *AL* ii. 486–7, Tri chyvrwym gwlad a chenedl: *tadoldeb*; maboldeb; a brawdoldeb: sev *tadoldeb*, teyrnedd yn govalu, ac yn lluniaethu, ac yn diwallu, er caingynnal brodoriaeth; maboldeb, yn uvyddau i'r *tadoldeb*, er trevn a dosparth gyviawn. **18–19g.** *MA* iii. 201, Tri pheth y dylai bob doeth ymarver ag wynt . . . tangnevoldeb, ynadoldeb, a *thadoldeb*. **18–19g.** *Llr* C 34, 273, o gysefin genedl y Cymry ydd han/oeddynt y Gwyddyl, herwydd *tadoldeb*. **1803** *P*, *Tadoldeb*, s. m. . . . Fatherliness.

tadoliaeth, gw. **tadolaeth.**

tadolrwydd [*tadol*+-*rwydd*] *eg.* Yr ansawdd o fod yn dadol, agwedd dadol, hefyd yn ddifr.: *fatherliness, paternalism, also derog.*

1939.

tadwlad [*tad*+*gwlad*] *eb.* Gwlad genedigaeth: *fatherland, native land.*

1851.

tadwys [*tad*+-*wys*[1]; petrus yw dosbarthiad rhai o'r enghrau. isod] *eg.* ll. (prin a geir.) -*ion*, a hefyd fel *a.*

(*a*) Tylwyth neu linach (y tad); (hawl i) etifeddiaeth drwy'r tad; (geir.) tadogaeth: (*paternal*) *family or lineage*; (*right of*) *inheritance through the father*; (*dict.*) *fatherhood.*

13g. *LlI* 59, Dyuenwal Moel Mut . . . mab oed hunnu e yarll Kernyu o uerch brenhyn Lloegyr. A guedy dyffody *tadues* e urenhynyaeth e kauas enteu hyhy o cogeyl, urth y uot en vyr e'r brenhyn. **15g.** *AL* ii. 302, Aoes vn dyn addylyo dyvot y tir heb *dadwys* heb vamwys heb ystyn arglwyd. **15g.** *DE* 83, kelfydd or dedwydd *dadwys* / karw oi dad kowir a dwys [marwnad Dafydd ab Ithel Fychan]. **15g.** BEDO AERDDREM, &c.: *Gw* 134, Marchogion a ddon bob ddau / Myn Duw i mewn ei dwy-iau / Dolau pur a dal eu pwys / A dwy did eu dau *dadwys* [Bedo Phylip Bach i bedwar mab Morgan ap Dafydd Gam]. **15g.** *HCLl* 99, Ei gorff a aeth cyn gorffwys, / Och lle doded eich holl *dadwys* [marwnad Philib, ŵyr Watgyn Llwyd]! **1567** *TN* 285a–b, Duw . . . yr hwn a'n rac dervynawdd ni, i vabwrieth [:– vab-wys, *tadwys*, tadogeth] (**1588** *Eff* i. 5, fabwysiad) trwy Iesu Christ yddo ehun. *id.* 287b, Iesu Christ, (o ba vn yr henwir yr oll tuylwyth [:– tadogeth, *tadwys*] (**1588** *Eff* iii. 15, deulu) yn y nefoedd ac yn y ddaiar). *a.* **1587** *Y* 207, Dyfod o *dadwys* difeth, / Rymvs wîr, yr ym o Seth. **1604–7** *TW* (*Pen* 228) d.g. *Natales, parentela.* **1725** *SR* d.g. *An Extraction, or descent.* **1775** *W* d.g. *Kinsmen by the father's side.* **1803** *P*, *Tadwys*, s. m. . . . A fatherhood, a father's side, connexion, or kindred.

(*b*) Tad, hefyd am Dduw: *father, also of God.*

14g. *GDG*[3] 34, Pryd glwys prudd *dadwys*, prif dud,—praff awdur / Proffwydair, balchsyth, drud [marwnad Llywelyn ap Gwilym]. *c.* **1400** *R* 1222. 41–1223. 1, paradwys *tatwys* tut pob g6ynnyeith. *id.* 1300. 17–18, naf ddauyd detwyd *datwys*. *id.* 1354. 4, Kyfr6ys y *datwys* ar odidaoc d6yll. **15g.** *GDLl* 81, Paun Tudur, penna' *tadwys*, / A eura pawb o aur pwys. **1547** *WS*, *Tadwys* ne dad aniual The syre. **1604–7** *TW* (*Pen* 228) d.g. *Genitor.* **1620** *Mos* 204, 159, Vn rhygyngiad yw r eboles, ar *tadwys*. **1632** *D*, *Tadwys*, Pater, genitor. Dicitur de omnibus animalibus. **1658** R. VAUGHAN: *PES* 7, Lle yr oedd creaduriaid eraill yn cymeryd eu dechreuad ai genedigaeth oddiwrth amryw *Dadwys*. **1688** *TJ*, *Tadwys*, tâd, a enillo enifail: a Father, or that which begets among Beasts. **1722** *Llst* 189, *Tadwys*. m.p. *wysion* . . . sire. **1758** *ML* ii. 90, ryw ddyn sydd a nai iddo . . . son of Richard Morris, nid y chwi y maen debyg oedd ei *dadws*.

(*c*) (enghrau. *ffig.*: *fig. exx.*).

14g. *GDG*[3] 78, Tydi'r Haf, tad y rhyfyg, / *Tadwys* coed brwys caead brig. ?**14g.** (**17g.**) *Pen* 49, 67, Nid oes gennad geladwy / . . . / *Tadwys* i ddwfr ond tydy [i'r brithyll]. **15g.** *GGl*[2] 27, *Tadws* golan [*sic*] tai disgeler, / Tresi a wneler trwy Sin eiliad [i abad Ystrad Fflur]. *c.* **1525** *GHD* [47], Tydai'n bwys Tad Awen bur, / *Tadwys* meddyliau Tudur [marwnad Tudur Aled]. **16g.** WILIAM CYNWAL: *Gw* (R. L. Jones) 39, Taw sôn, ystŵy sy anael, / *Tadwys* hap, tydi sy hael [i Siôn ap Rhys Wyn]. *a.* **1587** *Y* 182, Dodais yt, *dadwys*, ateb, / Nodav yn iaith, ni wadai neb. *Diw.* **16g.** *LBS* iv. 411, [y] gweryddon eraill yn kymryd *tadwys* anrhydedd ac vfüddawd genthi hi [Gwenfrewi]. **16–17g.** E. PRYS: *Gw* 244, Dydi sydd yn *dadwys* ym, / Ar y gwir eiriau gwiwrym [i ateb Siôn Phylip]. **1680** J. THOMAS: *UN* 36, ffydd Rufain filain a wyr foli 'r Pâb, / *Tadwys* pôb drygioni.

(*d*) (geir.) (Enw) patronymig neu dadenwol; (geir.) yn perthyn i'r tad, tadol: (*dict.*) (*a*) *patronymic*; (*dict.*) *paternal.*

1592 S. D. RHYS: *Inst* 51, Possessiua . . . Mammawl, mammwys, tadawl, *tadwys*, Arglwydhiawl, gwasawl. **1604–7** *TW* (*Pen* 228) d.g. *patronymicum.* **1722** *Llst* 189, *Tadwys* . . . name derived from the ancestors.

Cfn.: **o dadwys:** *by succession through the father, on the father's side.* **15g.** *BB* 94, custennyn vab constans . . . ef a delehey vod yn amherawdyr yn ruvein *o dadwys* gan iawn. **1527** *RWM* ii. 102, Arwyddion mab y dyn . . . Ef a vydd kymro *o dadwys* a Sais o Ennedigayth. **18–19g.** *Llr* C 1, 231, Tri char *o dadwys* y sydd, car o hynaif . . . Mal y bydd hendad a gorhendad . . . Car cyfiin fal y bydd ewythredd, Cefndyr, a Chyfrdyr . . . a char o Epil fal y bydd gorwyron.

tadwysaeth [*tadwys*+-*aeth*] *eg.* Tadogaeth: *paternity.*

14g. *GIG* 78, Primas wyd yn lle Asa, / Pennaeth o *dadwysaeth* da [i Ieuan, esgob Llanelwy].

'tae, gw. **petawn.**

taeawctref, taeler, gw. **taeoctref, teiler.**

taeliwr, taeliwraeth, gw. teiliwr, teilwriaeth.

taelwr, taelwriaeth, gw. teiliwr, teilwriaeth.

taen[1], *eg.b.* (bach. b. -*en*) ll. (prin) -*au*, -*ion*, a hefyd fel *a*. Lledaeniad, taeniad, gwasgariad, chwaliad, ?hefyd yn *ffig.* am berson; ysgeintiad, diferyn, tropyn; ehangder, gorchudd, haen; past (i'w daenu ar fara, &c.); ymledol, taenedig, gwasgaredig: *a spread(ing), dispersion, a scattering, ?also fig. of a person*; *a sprinkling, sprinkle, dash (of liquid)*; *extent, covering, layer*; (*culinary*) *spread*; *spreading, spread (adj.), scattered.*

13g. *A* 16. 6, Angor dewr *daen* (*id.* 32. 2, *dain*) sarph seri raen. ?**14g.** (**17g.**) *LlGC* 5269, 115b, Vn wedd berw o flaen *taen* toniar / ynof mae kof mi ai kar (?Madog Benfras). *c.* **1400** *R* 1207. 7–8, is grud glo gro graen. ger *taen* tonyar. *id.* 1335. 40–1, kedor *daen* kaat ar y dom. keudy droeth kaeat y drem. **1632** *D*, *Taen*, Vna conspersio, aspersio. **1688** *TJ*, *Taen*, taenell, taniad glybaniaeth: a sprinkling about. **1766** *CD* 134–5, A hwn [llawr teils] wedi ei fattio, / A glâs irfrwyn drosto; / Heb un mwy (a fydd) / Na llai nai gilydd! / . . . / Fel na lithrwn ar y *taen*, / Yn ol nag y mlaen [*sic*]. **1772** *W* d.g. *Dash* [*a mixture, an infusion* . . .]. **18–19g.** *Iolo MSS* 231, Nychdod i'm dwyn trwy gwyn trengaf, / Am liw od *taen* eiry gaen gaeaf. **1803** *P*, *Taen*, s. f.—pl. t. *ion* . . . A spread; a sprinkle; a layer. *Taen* toniar, the spread of a wave. Ar lafar, '*taenan* bach o rew' (Arfon). Cf. *Y Brython* (1861) 96, Glwys dros ben yw'r llawrwydd *taen*; *Y Geninen* (1888) 185, gellir yn awr olrhain eu *taen* o'r Gorllewin i'r India [am greiriau Gorsedd y Beirdd].

Cfn.: **ar daen:** *spread (out), unfurled, scattered.* **1595** H. LEWYS: *PA* [xx], mae holl leoedd yr Scrythur lan . . . i'r pwrpas hwnn, megys *ar dayn*, ac yn wascaredic. **1604–7** *TW* (*Pen* 228), *ar daen* d.g. *diffuse.* Ar lafar, "Ydi'r gwair *ar daen* gynnoch chi?' 'have you spread your hay?', *WVBD* 527.

Gw. hefyd **tan**[2].

taen[2], 3 un. pres. myn. y f. *taenaf*: *taenu.*

taenaf: taenu [bf. o'r e. *taen*[1]; dichon mai yma y perthyn *teinim*, *A* 34. 2] *bg.a.* Lledaenu, chwalu (ar led), gwasgaru, hefyd yn *ffig.* lledaenu (gwybodaeth, yr Efengyl, &c.); ysgeintio, taenellu, hefyd yn *ffig.*; rhoddi (sylwedd, e.e. ymenyn) yn haen ar; paratoi (e.e. ystafell ar gyfer ei defnyddio), cyweirio (gwely); rendro (wal); ymledu, mynd ar led, cael ei ledaenu: *to spread (out), strew, scatter, also fig. disseminate (information, the Gospel, &c.)*; *sprinkle, also fig.*; *spread (butter, &c.)*; *prepare (e.g. room for use), make (bed)*; *render (wall)*; *be(come) spread out, be disseminated or spread abroad.*

1547 *WS*, *Taeny* brwyn Strowe russhes. *id.* *Tayny* Sprede. **1567** *LlGG* (*Sall*) 57b, [Duw] ysy yn *tayny* (**1588** *Salm* civ. 2, tânu) y nefoedd val llen. **1595** H. LEWYS: *PA* 89, felly duw syd' yn *taunu* ac yn taenellu halen arnom nineu, drwy amryw brofedigaethae. *id.* 118, clod a chanmoliaeth rhinwedd . . . a *daenir* oddiamgylch, ac a wnair yn eglur. **1604–7** *TW* (*Pen* 228) d.g. *Aspergo.* *id.* *Taenû* gwely d.g. *Lectus* . . . *lectum sternere.* *id.* *taenu* ar let d.g. *Vagor.* **1632** *D*, *Taenu*, Sternere, d[i]ssipare. **17g.** HUW MORUS: *EC* ii. 277, Rhag bod yn ddi-obaith cael byth iechydwriaeth, / Efe [Duw] a *daenodd* grediniaeth i'r dynion. **1770** *Diar* i. 17, gwaith ofer yw *taenu* (**1588** *ib.* tânu) rhwyd yng olwg pob perchen aden. **1793** DAFYDD IONAWR: *CD* 222, Mawr ryfeddu wnai 'r llu llon / *Taenasant* eu hanesion [am y bugeiliaid adeg geni Iesu]. *id.* 257, Difera, defnynna 'r Nef / Olynol, *taen* y loywnef / Ar laswellt îr, i'w lesiaw, / Fawr fendith y gwlith a'r gwlaw. **1798** GW. MECHAIN: *D* 32, pechodau sydd yn cyffroi dial Duw . . . Fe ddylai pob dyn . . . ystyried . . . [p]a beth a ellir wneuthur i rwystro i'r haint dinystriol *daenu* yn lletach. **1800** W. OWEN-[-PUGHE]: *CP* 25, Y wâl gan grynôi y tail á luddia iddo *daenu* o gwmpas a cholli. **1803** *P*, *Taenu* . . . to expand; to sprinkle; to become spread, or scattered. Ar lafar, '*taenu*' 'to spread', *WVBD* 524. Digwydd yn enwau nifer o gymdeithasau, e.e. 'Y Gymdeithas er *Taenu* Gwybodaeth Gristionogol'. Cf. D. OWEN: *S* 51, Ar y Sul mae yn orselog—tŷn wêp / *Taenu* wae i'r euog.

Amr.: **teinio.** Ar lafar, '*teinio* menyn' (gogledd Cered.).

Gw. hefyd **tannaf**[1]: **tannu.**

taenedig [bôn y f. *taenaf*: *taenu*+-*edig*] *a.bfl.* Wedi ei daenu neu ei ledaenu, gwasgaredig, ar led, hefyd yn *ffig.*; wedi ei ysgeintio:

spread (out), scattered, widespread, also fig.; *sprinkled.*

1798 *WR* d.g. *Overspread.* **1803** *P*, *Taenedig* . . . Expanded; sprinkled. Cf. *Y Gwyliedydd* (1832) 17, eu bonau [deri] sydd fyrion, a'u brigau yn *daenedig*; *Y Gwladgarwr* (1839) 129, gwrthddrych y cofiant canlynol, clod yr hwn sydd yn *daenedig* dros yr holl fyd gwareiddiol.

Gw. hefyd **tanedig.**

taenedlafn [*taen*^{1} + ?-*ed*^{1} neu -*ed*^{6} + *llafn*] *e?g.* Ysbodol: *spatula.*
1831.

taenell [*taen*^{1} + -*ell*] *eb.g.* ll. -*au.* Ysgeintiad, taenelliad (hefyd fel dull o fedyddio), tasgiad; taenellwr (dŵr bendigaid), ysgeintell; (geir.) basged; hefyd yn *ffig.*: *a sprinkling, aspersion (as method of baptism), splash; aspergillum; (dict.) basket; also fig.*

1547 *WS*, *Taenell.* **16g.** *Card* 8, 255, dos ymaith ith waith onithwthir [*sic*]—yn dost / da iawn dyst ith elwir / ni ddywiswn or ddwysir / dy well am *daenell* odir [*sic*] [Huw ap Rhisiart ap Dafydd i'r anudonwyr]. ?**1584** (*c.* **1674**) R. White: *C* 56, Chwistrell yn *daenell* (*id.* 58, tanell) o dan / o ryw dwll a red allan [am wn]. **1604–7** *TW* (*Pen* 228) d.g. *Aspergo, Aspersio.* **1632** *D*, *Taenell*, Diminut. idem significans [Una conspersio, aspersio]. Alicubi *Taenell* est Sportula, canistrum. **1688** *TJ*, Taen, *taenell*, taniad glybaniaeth: a sprinkling about. **1722** *Llst* 189 d.g. *A Basket. id. Taenell.* m. A small or gentle sprinkling, dab of dust, flash of water. **1725** *SR* d.g. *Aspersion, or sprinkling.* **1773** *W* d.g. *Flash* [*of water*], *A sprinkling.* **1803** *P*, *Taenell*, s. f.—pl. t. *au* . . . A small spread; a sprinkle.

Gw. hefyd **tanell.**

taenellaf: taenellu [bf. o'r e. *taenell*] *bg.a.* Ysgeintio (yn enw. mewn cyd-destun crefyddol), bedyddio (drwy ysgeintiad), eneinio, arllwys, hefyd yn *ffig.*; taenu, lledaenu, chwalu (ar led), gwasgaru, hefyd yn *ffig.* lledaenu (gwybodaeth, yr Efengyl, &c.): *to sprinkle (esp. in a religious context), baptize (by aspersion), anoint, pour, also fig.*; *spread (out), strew, scatter, also fig. disseminate (information, the Gospel, &c.).*

1547 *WS*, *Taynelly* dufyr Sprenkyll. **1551** W. Salesbury: *KLl* xxb, [g]wa[e]d teirw a ceifr a lludw heffer wedy'r *daynelly.* *id.* xxvb, or poploedd nyd oedd vngwr y gyd a myvy: A myvy yn vy llit ae sathraf wy . . . eu gwaet a *daynellir* ar vymdillat. *id.* xxxb–xxxia, ef [Moses] gymerth wayd lloyaua [*sic*] ceifr / gyd a dwfyr a gwlan coch / ac ysop / ac ae *taynelladd* ar y llyfr ehun ag ar yr oll popul. **1567** *LlGG* (*Sall*) 52b, A'm corn a dderchefi val unicorn, a mi enneinir [:– *taenellir*] ac oleo irwydd. **16g.** *LlS* 23, Esparag . . . [y] llyseun hwnn a verwir . . . ac a ei *taenellir* a vinecr a halen ac oleo. **1588** *Ecs* xxix. 16, cymmer ei waed ef [hwrdd] a *thaenella* ar yr allor o amgylch. **1595** H. Lewys: *PA* 89, felly duw syd' yn taunu ac yn *taenellu* halen arnom nineu, drwy amryw brofedigaethae. **1604–7** *TW* (*Pen* 228) d.g. *Affundo, Respergo.* **1606** E. James: *Hom* ii. 262, Os hwy a ddaw i'r Eglwys ac a dascir [:– *Daenellir*] arnynt ddwfr bendigaid. **1632** *D*, *Taenellu*, Aspergere, conspergere. **1693** J. Owen: *BP* 24, weithiau yn trochi, weithiau yn *taenellu* y rhai a fedyddiwyd. **1703** T. Baddy: *PCh* 88, Tywalltwyd gwaed Christ ar y groes, ac a'i *taenellir* ef ar eich Cyd-wybod yn y Sacrament. **1704** E. Samuel: *BA* 71, St. Paul a gymerth Titus . . . ac a aeth rhagddo gyda Barnabas i Antioch . . . fel y gallent yn gyfleus *daenellu* eu hathrawiaeth ar-hyd y frô oddiamgylch. **1795** *R. Crusoe* 120, a chymmerodd fop gan ei drochi yn y pŷg, a *thaenellodd* arnynt [paganiaid], yr hyn a wnaeth iddynt groch-lefain. **1800** W. Owen[-Pughe]: *CP* 61, yr hâd á *daenellir* yn anwastad. **1803** *P.*

Gw. hefyd **tanellaf: tanellu.**

taenellawdr, taenelliawdr [gair geir., sef bôn y f. *taenellaf*: *taenellu* + -(*i*)*awdr*] *eg.* Taenellwr (dŵr bendigaid), ysgeintell: *aspergillum.*

1604–7 *TW* (*Pen* 228), *Taenelhiawdr* d.g. *Aspergillum* (hefyd *D*). **1722** *Llst* 189, *Taenellawdr.* m. A holy-water brush. [**1783**] *W*, tusw *taenellawdr* d.g. *Sprinkle* [*to sprinkle with*].

taenelledig [bôn y f. *taenellaf*: *taenellu* + -*edig*] *a.bfl.* Wedi ei daenellu neu ei ysgeintio; a wneir drwy daenelliad (am fedydd); bedyddiedig: *sprinkled; performed by aspersion (of baptism); baptized.*

1770 *W* d.g. *Aspersed.* **1803** *P*, *Taenelledig* . . . Besprinkled, aspersed. Cf. *Bl D* 327, Taena'r manwlith drifrith dros / Ddyffryniau, bryniau, rhiwiau, rhôs, / Yn dywalltedig, *daenelledig.*

taenelliad [bôn y f. *taenellaf*: *taenellu* + -*iad*^{1}] *eg.* ll. (prin) -*au.* Ysgeintiad (yn enw. mewn cyd-destun crefyddol), bedydd (drwy ysgeintiad); gwasgariad, chwaliad; taeniad, haen: *a sprinkling (esp. in a religious context), baptism (by aspersion); a scattering or strewing; a spread(ing), layer.*

1567 *TN* 342b, nesau a wnaythoch . . . at [I]esu cyfrwngwr y Testament newydd, ac at waed y *taynelliad. id.* 351b, Detholedic o racwybodaeth Dyw tad i sancteiddrwydd yr ysbryd, trwy vfuddtawd, a *thaynelliad* gwaed Iesu Christ. **1604–7** *TW* (*Pen* 228) d.g. *Aspersio.* **1632** *D* d.g. *Aspergo.* **1693** J. Owen: *BP* 23, Mae rhai yn barnu y dylid trochi'r holl gorph yn y dwfr . . . mae eraill yn barnu fod *taenelliad* dwfr ar wyneb yr hwn a fedyddir yn ddigon. **1696** *GGTY* [xxxiii], ymmha vn y mae Rhessymmau Mr. Owen dros *taenelliad* (*Baptism*), a'i wrthddadleuon yn erbyn . . . [t]rochiad yn cael eu cwbl atteb. **1699** T. Jones: *TP* 30, gwelaist y llangces yn gostwng y dŵst trwŷ *daenelliad* y Dŵfr rhŷd y llawr. **17–18g.** O. Gruffydd: *Gw* 46, Angel undod y cyfamod o'i ras am gamwedd a roes gymmod / Drwy weithrediad a *thaenelliad* ei waed santeiddiol rediad. **1701** J. Owen: *YE* iii, Mi a attebais ei wrthresymiadau yn erbyn *taenelliad* dwfr. **1790** W. Richards: *LlA* 24, athrawiaeth *taenelliad* babanod. **1803** *P*, *Taenelliad*, s. m. . . . A sprinkling, a strewing. Ar lafar, "Odd llawar o sôn am fetydd trw *daenelliad* a betydd trw drochiad pyn ôn ni'n blant', *GTN* 830.

Gw. hefyd **tanelliad.**

taenelliadol [*taenelliad* + -*ol*] *a.* A wneir drwy daenelliad (am fedydd): *performed by aspersion (of baptism).*
1833.

taenelliawdr, gw. **taenellawdr.**

taenellwr, taenellydd [bôn y f. *taenellaf*: *taenellu* + -*wr*, -*ydd*^{3}] *eg.* ll. *taenellwyr, taenellyddion.* Person neu beth sy'n taenellu, ysgeintiwr; un sy'n bleidiol i fedydd drwy daenelliad, un sy'n defnyddio'r dull hwn: *sprinkler; one who advocates baptism by aspersion, one who uses this method.*

1788 B. Evans: *LlG* 35, [p]rofi nad oes gan y Trochwyr ddim ond Casgliad i adeiliadu arno, mwy na'r *Taenellwyr.* **1789** W. Richards: *ABD* 71, pa faint llai gwrthyn a rhyfygus, yw ymddygiad *taenellwyr* babanod yng Nghymru, wrth gyflawni yr unrhyw orchwyl? *id.* 73, Y mae *taenellwyr* yn peri i'r 'sgrythur i siarad yn anniben ac yn ffol. **1803** *P*, *Taenellwr*, s. m. —pl. *taenellwyr* . . . One who sprinkles. *id. Taenellyz*, s. m.—pl. t. *ion* . . . A sprinkler.

taenellyddol [*taenellydd* + -*ol*] *a.* Yn perthyn i fedydd drwy daenelliad, pleidiol i'r dull hwnnw: *pertaining to, or advocating, baptism by aspersion.*
1891.

taenen, gw. **taen^1.**

taenfa [bôn y f. *taenaf*: *taenu* + -*fa*, *ma*] *eb.* Taeniad, gwasgariad; haen, ehangder, lle i daenu (rhwydau, gwair, &c.): *a spread(ing) or scattering; layer, expanse, place for spreading out (nets, hay, &c.).*

1746 *Esec* xxvi. 5, Tyrus, a'i thyrau a ddinystriant . . . Yn *danefa* [*sic*] (**1588** *ib.* estynfa; **1620** *ib.* danfa) rhwydau y bydd ynghanol y môr. Ar lafar, "Ydi'r gwair ar *daenfa* gynnoch chi?' 'have you spread your hay?', *WVBD* 531. Cf. D. Owen: *WBC* 38, ffwrdd â'r bobl wylltion yn un *daenfa*, gan ymwthio am y cyntaf i'r capel.

Gw. hefyd **tanfa^1.**

taenfawr, taenferw, gw. **taen^1 + mawr, berw^1.**

taeniad [bôn y f. *taenaf*: *taenu* + -*iad*^{1}] *eg.* ll. -*au.* Lledaeniad, ymlediad, gwasgariad, hefyd yn *ffig.*; taenelliad, ysgeintiad: *a spread(ing) or scattering, also fig.*; *a sprinkling, sprinkle.*

1604–7 *TW* (*Pen* 228) d.g. *Aspergo.* **1752** *Job* xxxvi. 29, a ddeall dyn *daeniadau* (**1588** *ib.* danadau; **1620** *ib.* daniadau) 'r cymmylau, a thwrf ei fabell ef? **1793** Dafydd Ionawr: *CD* 18, Y fradus ddrygionus Gâd, / A'u hadenydd ar *daeniad* [am luoedd uffern]. **1794** E. Jones: *CP* [i], yn yr oesau diweddar, trwy *daeniad* a chyflym-gyrch athrawyddiaeth . . . y perffeithiwyd . . . [c]yflwr y deiliaid yn gyffredinol. **1798** *WR* d.g. *Propagation.* **1803** *P*, *Taeniad*, s. m.—pl. t. *au* . . . A spreading.

Gw. hefyd **taniad^2.**

taenlen [*taen*^{1} + *llen*; a'r ail ystyr ar ddelw'r S. *spreadsheet*] *eb.* ll. -*ni.* Haenen dew o feinwe gyswllt sy'n amgáu'r esgyrn lle nad oes cartilag; rhaglen gyfrifiadur sy'n trafod data (rhifiadol) ar ffurf tabl(au): *periosteum; spreadsheet (in computing).*
1860.

taenol [*taen*^{1} + -*ol*] *a.* Ymledol, ar led, ar daen; eang: *spreading, unfurled, spread out; expansive.*

1803 *P*, *Taenawl* . . . Spreading, expansive.

taeoctir, gw. **taeog + tir.**

taeoctref, taeawctref, taeog dref [*taeog* + *tref*] *eb.* ll. *taeogdrefi, taeawgdrefydd.* Tref y taeogion (yn y cyfreithiau Cymreig), bileindref: '*taeog*' *townland (in the Welsh laws), villein township.*

13g. *LlC* 40, E brennyn a dyly o pob *tayauctref* ban el y lluyd gur a buyall y lluestu ydau. **13g.** *LTWL* 284, rusticana villa, id est, *taiauc tref. id.* 371, Tri dyn a gyuyd eu breint yn un dyt: *taeawctref* a gyssecrer eglwys yndi o ganhad brenhin, dyn or tref honno a uo y bore yn taeawc ar nos honno yn wr ryt. *Dchr.* **14g.** *AL* i. 726, Ny dyly neb o *tayaẃctref* eredic hyny gaffo paẃb or tref gyfar. **14g.** *LlB* 14, Kylch vn weith yn y vlwydyn a geiff [yr hebogydd] ar vilaeineit [*sic*] y brenhin; a phedeir keinnawc kyureith o bob *tayawctref. id.* 74, Or gwneir eglwys o ganhat y brenhin y mywn *tayawctref*, ac offeirat yn offerennu, a'e bot yn gorfflan hi, ryd vyd y tref honno o hynny allan. **14g.** *WML* 55, Teir rantir auyd yny *tayaẃc tref* . . . Seith tref auyd yny vaenaẃr or *tayaẃc trefyd.* **15g.** *LHDd* 57, Trydyd yẃ dyn a gynhalo perchnogaeth o dayaẃc dir dan y brenhin . . . yn llys y *tayaẃctref* y dyly atteb. **1753** *TR*, *Taeawgdref*, K[yfraith] H[ywel Dda] a manour possessed by tenants in villenage. **1803** *P*, *Taiogdrev*, s. f.—pl. t. *i* . . . A villain-town.

taeog [< Clt. **teges-āko-* (cf. **tegos* (gen. **tegesos*) > *tŷ*), cf. H. Grn. (*pobel*) *tiogou*, gl. *vulgus*, Crn. Diw. *tyack*, *tiak* 'ffermwr', Llyd. C. *tiec*, Llyd. Diw. *tieg* 'penteulu, ffermwr'] *eg.* (b. -*es*, ll. -*au*; bach. g. -*yn*) ll. -*ion*, -*au*, a hefyd fel *a.*

(*a*) Deiliad caeth i'r tir, bilain, caethwas; llafurwr, ffermwr, amaethwr, hwsmon, gwerinwr, gwladwr, dyn cyffredin; hefyd yn ddifr. ac yn *ffig.*: *serf, villein, slave; labourer, farmer, husbandman, peasant, common man; also derog. and fig.*

12g. *GCBM* i. 194, Nys craẃn ced esgud rac ysgwn / Na *thaeaẃc* mygaẃc na mygdẃn. **13g.** *B* iv. 6, Coss tin *taeauc* ynteu a gach yth vossy [*sic*]. **14g.** *WM* 66. 4–15, kyfrẃydyon . . . ni chyngorafi adaẃ y dref. namyn llad y *tayogeu* (*RM* 47, *taeogyon*) racco. **14g.** *GDG*^{3} 107, Gwelwn fy mod yn rhodiaw / A'm llu bytheiaid i'm llaw, / Ac i fforest yn gestwng, / Teg blas, nid tŷ *taeog* blwng. *id.* 163, Gan faint trwstgrwydr ar lwydrew / Dwy ffilog y *taeog* tew [i'r cyffylog]. **14g.** *GIG* 157, A'i bregeth, bawbeth o'r bibl, / *Taeog* anserchog surchwibl [dychan i'r Brawd Llwyd]. *c.* **1400** *R* 1292. 13–14, Safnoc di gorffoc *daeoc* orffẃyr lleibyr. kyhoedgẃybyr ki hydgẃyr. *id.* 1360. 22, clafres bres *taeoges* tẃyll [i Raeadr Gwy]. *c.* **1400** *YCM*^{2} 111, Ni vwyteynt hwy y ryw vwyt hwnnw yr mil o uorkeu eur . . . kanys bwyt y *dayogeu* porthmyn yw hwnnw. **15–16g.** *GIF* 75, Broesio gwraidd—bwriais ei grog—/ bron Duw y bu'r hen *daeog* [i Siôn Leision, clerwr o Fargam]. **15–16g.** *TA* 511, Mae arni, goleuni gwlad, / Mor gadarn a'r mur, geidwad, / Gŵr digus, gwir *daeogyn*, / Gwael barch, a ŵyr gwylio bun. *c.* **1588** *B* ii. 238, *taioc*: gwr kaeth. **16–17g.** Edward Urien, &c.: *Gw* 193, Ceryddwch, digiwch *daeogion*,—nid gwaeth, / Cawn yt air helaeth, cnot ar haelion. **1632** *D*, *Taeog*, Villanus, rusticus. **1707** *AB* 42a d.g. *Agricola.* **1718** M. Williams: *P* 16, pettai 'r Uchelwyr . . . yn gosod y *Tauogau* ar waith gartref yn lle eu gollwng hwynt yn Heidjau bob Blwyddyn I Bensylfania. **1725** *SR*, *tauogau, tauogion* d.g. *People* . . . *The Common people.* **1759** *DG* 5, [c]eisiodd gyfeirio at eu harchwaeth hŵy [cyfeillion yn Rhydychen] ŷn [*sic*] hytrach nog at archwaeth *taeogion.* Bai mawr yw hyn gan lawer yn Ghymru. **1778** *W* d.g. *Peasant, Villain.* **1803** *P* d.g. *Taiawg, Taioges, Taiogyn.*

(*b*) (enghrau. yn y cyfreithiau Cymreig: *exx. in the Welsh laws*).

13g. *LlI* 22, Try anhepcor *taeauc*: e kauen a'e trotheu a'e pentan. *id.* 23, Try peth ne delc *taeauc* y werthu hep ganhyat y arglued: amvs a mel a moch. *id.* 29, Gureyc *taeauc* ny eyll rody namen e penguuch na

benfygyau namen e gogyr. **13g.** *LlC* 35, pan ev pedeyr eru urth pob tedyn a wnaeth Hewel Da . . . deudec y'r uchelur, wyth y'r mab eyllt, a pedeyr y *tayauc* (*LlDW* 59. 10, godayauc). *id.* 40, Ny dyly *tayogeu* (*AL* i. 192, meybyon eyllyon) na porthy brennyn na porthy teulu . . . Vn o'r *tayogeu* a dyly bot en uaer y bysweyl. *ib.* *Tayogeu* a dylaant adeylat, nyt amgen neuat, a byty [*sic*], kegyn, hundy . . . a hynny o ueun y llys; ac escubaur ac odyn dyeythyr ar y uaertref. **14g.** *WML* 28, Kylch ageiff [y maer] . . . ar *tayogeu* ybrenhin dwy weith yny ulwydyn. *id.* 44, Galanas *tayawc* breyr: hanherawc uyd ar alanas *tayawc* brenhin. **14g.** *LlB* 28, Ef a rann yt y *tayogeu* ffoaduryonn a'e marwtei yrwg y brenhin, y maer, a'r kygkellawr.

Fel *a.* Anfoesgar, anghwrtais, sarrug, surbwch, gwladaidd, cynffongar, gwasaidd, ymgreiniol; yn perthyn i daeogion: *churlish, rude, sullen, surly, rustic, servile, fawning, cringing; pertaining to serfs.*

13g. *LTWL* 284, rusticana villa, id est, *taiauc* tref. **1588** *Diar* iv. 24, Bwrw oddi wrthit enau *tauog* (**1620** *ib.* tauogaidd). **1632** *D*, *Taeog* . . . Inurbanus, rudis; inhumanus, asper. **17g.** Huw Morus: *EC* ii. 83, Nid wyf mor *daeog*, annhrugarog, / Afael chwannog a chwychwi ['Ymddiddan rhwng Cybydd a Hael']. **1688** S. Hughes: *TSP* 155, Y mae fo ['Chwedleugar'] 'n Ddifennwr, ac mor Anfwyn, mor *Daeog* [:– Garw sarrug], ac mor afresymmol wrth ei Weision. **1724** S. Williams: *ADA* 126, Cydwybod fel Swyddog *taeog*, diofn, yn eich llindagu ac yn eich gwysio yn Enw'r Barnwr mawr i ddyfod a sefyll o flaen . . . y Frawdle. **1761** *ML* ii. 399, This lad . . . Rhyw beth tawedog *taeog* ydyw . . . obstinately honest . . . and surly. **1771** *W* d.g. *Bred . . . Ill-bred.* **1793** Dafydd Ionawr: *CD* 21, Satan aflan naws, / Dig'wilydd *daeog* Elyn. **1803** *P* d.g. *Taiawg.* Cf. D. Owen: *RL* 33, ni welswn neb erioed can hylled, *taiog*, a brwnt yr olwg.

Gw. hefyd **taeoctref.**

taeogaeth, taeogiaeth [*taeog+-(i)aeth*] *eb.* Statws neu gyflwr taeog: *serfdom.*

Diw. **18g.** *AL* ii. 504, Tri achaws *taiogaeth* y sydd ar wyr annosparthus, na bont yn wyr cyvraith a chymmrawd.

taeogaf: taeogi [bf. o'r e. a'r a. *taeog*] *bg.a.* Gwneud yn daeog neu'n ddeiliad caeth; (geir.) gwneud neu fynd yn wladaidd: *to make a serf of*; (*dict.*) *make or become rustic.*

1803 *P*, *Taiogi* . . . To make rustic; to become rustic.

taeogaidd [*taeog+-aidd*] *a.* Tebyg i daeog, nodweddiadol o daeog, anfoesgar, anghwrtais, sarrug, surbwch, gwladaidd, cynffongar, gwasaidd, ymgreiniol; yn perthyn i daeogion neu i daeogaeth: *like, or characteristic of, a serf, churlish, rude, sullen, surly, rustic, servile, fawning, cringing; pertaining to serfs or serfdom.*

16g. *GGH* 366, Tewgau ddull, *taeogaidd* wedd, / Torogwr cant o wragedd [i ofyn hwrdd]. **1604–7** *TW* (*Pen* 228) d.g. *Inexorabilis, peculiaris, Rusticatim.* **1618** J. Salisbury: *EH* 172, [d]yscu bod yn drugarog, a gresynnol wrth eu gweithwyr, ie ag wrth eu nyfeiliaid hefyd, a pheidio a bod yn greulon, *daeogaidh*, di-resyn. **1620** *Diar* iv. 24, Bwrw oddi wrthit enau *tauogaidd* (**1588** *ib.* taeog). **1632** *D* d.g. *Barbarus, Rusticus.* **1765** J. Popkin: *Ll* 39, pan yr ydych yn rhedeg i'r dull *daeogaidd* [*sic*] o lefaru, y mae eich scrifen yn ymddangos yn anfuddiol ac yn dramgwyddedig. **1770** *W* d.g. *Boorish.* **1798** *Cylchg LlGC* ii. 64, tyrchaidd *taeogaidd* . . . oedd llawer ohonynt tyngu a rhegu mai Twm or Nant oedd pen bardd Cymru oll. **1803** *P*, *Taiogaiz* . . . Somewhat rustic.

taeogeiddiaf: taeogeiddio [bf. o'r a. *taeogaidd*] *bg.a.* Gwneud yn daeogaidd; (geir.) gwneud neu fynd yn wladaidd: *to make servile*; (*dict.*) *make or become rustic.*

1803 *P*, *Taiogeiziaw* . . . To render rusticated; to become rusticated.

taeoges, taeogiaeth, gw. taeog, taeogaeth.

taeogol [*taeog+-ol*] *a.* Yn perthyn i daeogion neu daeogaeth; anfoesgar: *pertaining to serfs or serfdom; churlish.*

1803 *P*, *Taiogawl* . . . Appertaining to a villain.

taeogrwydd [*taeog+-rwydd*] *eg.* Gwaseidddra, ymostyngiad slafaidd, gwladeiddrwydd, anfoesgarwch, anghwrteisi, sarugrwydd; taeogaeth: *servility, servile compliance, rusticity, churlishness, rudeness, surliness; serfdom.*

1604–7 *TW* (*Pen* 228) d.g. *Rusticitas.* **1620** 1 *Sam* 25 cs., Dafydd . . . yn danfon at Nabal . . . a chwedi ei gyffroi trwy *daiogrwydd* (**1588** *ib.* Afrywiowgrwydd) Nabal, ar fedr ei ddifetha ef. **1632** *D* d.g. *Barbaries.* *id.* (*Diar*), Gwell bonedd nâ *thaeogrwydd.* **17g.** *CRC* 304, Yn lle gwir nid oes ond celwydd / yn lle bonedd mae *taiiogrwydd.* *c.* **1658** R. Vaughan: *E* 163, cyfarchiad rhywogaidd . . . oddiwrth benaethiaid y mae n dwyn ymaith y tybygoliaeth o falchder, a dirmyg: mewn rhai cydradd, neu iselradd, nod o *dauogrwydd* (*surliness*) ac anweddeidd-dra. **1672** J. Langford: *HDdD* 280, Mwynder a Moesgarwch yngwrthwyneb i'r *tauogrwydd* (*Churlishness*) sarrug hwnnw a ddywedir ei fod yn Nabal, yr hwn oedd or cyfryw dymmer nad allai ddyn ymddiddan ac efo. **1688** *TJ*, Anfri, *tauogrwŷdd*, ystifnigrwydd [*sic*]. Irreverence, stubbornness. **1722** *Llst* 189, *Taeogrwydd*: m. Rudeness in behaviour or speech, incivility. **1725–6** *Madd Ed* 211, y Dŷn penrhydd ac afreolus a gyfnewid ei Ysgafnder am *Dauogrwydd* (*morosity*). **1768** Risiart ap Robert: *CB* 155, pa beth os bydd i'n gobaith gael ei ddylu . . . trwy ddiofalwch neu *daeogrwydd* meddwl, neu feiau eraill mewn amryfusedd. **1770** *W* d.g. *Barbarity, Boorishness.* **1779** D. Davies: *BDED* 4, [e]u *taeogrwydd* i rai o'u huwch radd, a'u gwrthryfel yn erbyn eu llywodraethwyr . . . a fynnant yr enw o galondid crist'nogol. **1803** *P* d.g. *Taiogrwyz.* Cf. W. Rees: *AFR* 236, Y mae *taeogrwydd* y gwesyn yna wedi dyfod i bwynt sydd yn anyoddefol genyf fi.

taeogwas, gw. taeog+gwas[1].

taeogyn, taeos, gw. taeog, teios.

taer [Llyd. C. *taer* 'ffyrnig, bywiog, gwyllt'; ?cf. *haer*, ac o bosibl H. Wydd. *tár* 'sarhad'; petrus yw dosbarthiad rhai o'r enghrau isod] *a.* ll. *-ion*, a hefyd gyda grym enwol ac fel *e?g.* Dwys, dyfal (wrth erfyn, &c.), angerddol, tanbaid, brwd, awchus, selog; ffyrnig, treisgar, garw, cryf; yn gofyn brys (am broblem, &c.): *earnest, importunate, fervent, ardent, eager, zealous; violent, fierce, harsh, strong; pressing (of problem, &c.).*

12g. *GMB* 73, *Taer* tertyn asseu taleu treuyt. **12g.** *GLlF* 397, Rhag pum ieirll *taer* oedd ef yn gaer, yn gadfarchawg. *Dchr.* **14g.** *Ll Cyn* 42, Ar arglwyd a dyly eiste a'e keuyn ar yr heul neu ar y gwynt, rac rwystraw o'r heul o byd *taer*, ac o'r gwynt o byd mawr. **14g.** *GDG*[3] 192, I anfon llateion *taer*, / Dioferchwedl, dai f'eurchwaer. *c.* **1400** *R* 1316. 36–7, bod rod rotfflamdan daryan *dayraf*. *id.* 1345. 34–5, Ny anet o gret . . . athro cler sommer sommi. uthrach na *thaerach* no thi. **15g.** *DE* 30, (i fvn i kawn) ofyn ked / a roe yn hwyr yr vynh*ayrred*. *Diw.* **15g.** *Pen* 67. 133, y gwr yw gwraidd y gaer gronn / hwynthev yw r tyrav *taeryon* [Hywel Dafi i Forgan ap Gwallter ap Gwilym a'i fab]. **1547** *WS*, *Tayr* Importunate. **1595** H. Lewys: *PA* 80, hwy ai cymhellant i alw arnaw yn *daer* (*fervently*), ac 'n ddyfal. **16–17g.** *GST* i. 670, Nas torrer, yn oes *taerion*, / Gwir nas tyr gŵr onest hon [i'r gelynen]. **1632** *D*, *Taer*, Importunus, instans, vrgens, serius, sedulus. **17g.** Huw Morus: *EC* ii. 102, A gwae a wnêl gynnwr', am wobr gan fradwr, / I wneuthur *taer* fwrdwr trwy fawrdwyll. **1701** E. Wynne: *RBS* 79, nad oes o hôll beryglon y Cristion yr un blinach a *thaerach* (*pressing and troublesome*) na'r temtasiwnau i drythyllwch. **1752** *ML* i. 192, Lle mae Cornelius Agrippa a'i erddi yn mynd ymlaen yn Hafog? . . . Mae lle i ofni yn ddirfawr na thyf . . . oddigerth mieri a drain yn y tiroedd *taerion* hynny. **1803** *P.* Ar lafar, 'gofyn yn *daer*' 'to make urgent inquiries', *WVBD* 527; 'Bachan *târ* yw e' (sir Gaerf.); 'Un *tær* am y gwely yw'r un declyn pwdwr', *GTN* 784. Cf. D. Owen: *RL* 29, A wyt ti yn cofio, tybed, mor *daer* y byddai efe yn gweddïo drosom . . .?

Fel *e.* Brwydr: *battle.*

12g. *GMB* 177, A bu teruysc *taer* y haer holi. **12g.** *GLlF* 426, *Taer* tra *thaer* am drom aer, drom gymynu. **13g.** *C* 55. 3–5, A ffanvont ve corforion meibon eidauc. y bit bore *taer*. rac Kaer sallauc. **13g.** *A* 33. 22–34. 1, pan ladhei ae lavnawr ynysgoget yn *dayr* nyt oed wael men yt welet. ?**13g.** (**17g.**) *Bardos* 21, diengynt ai herchyll trewyll yn *taer*.

Cfn.: **bod yn daer(ion) ar:** *to press (someone), urge, implore.* **1588** *Gen* xix. 3, efe [Lot] a *fu daer* iawn *arnynt* hwy, yna y troesant atto. **1588** *Ecs* xii. 33, A'r Aiphtiaid a *fuant dairion ar* (**1988** *ib.* yn crefu ar) y bobl gan eu gyrru a'r [*sic*] ffrwst allan o'r wlad. **1632** *D* d.g. *Premo, Solicito, Vrgeo.* **1751** *GIA* 37–8, os *wyfi* hanner cyn *daered arnoch* ynghylch y pethau hyn.

taerad, gw. taeriad.

taeraf: taeru [bf. o'r a. *taer*] *bg.a.* Mynnu'n bendant, haeru, maentumio, honni, tyngu, dadlau, anghytuno, croes-ddweud: *to insist, assert, maintain, affirm, claim, swear, argue, disagree, contradict.*

14g. *Cy* vii. 148, na *thaera* gam yth erwyd / na thwg anudon yth dyd. **14g.** *GDG*[3] 220, Coel awen wrid, clywn y wrach, / Coelfain oedd waeth, mewn cilfach, / Yn *taeru* (ponid dyrys?) / Wrth ŵr y tŷ fry ar frys, / 'Mae'r dromddor yn egori, / Mae'n fawr, braich cawr, broch y ci'. **14–15g.** *IGE*[2] 181, Haeru bod gwin teuluaidd, / A medd, lle nid oedd ond maidd. / Hefyd *taeru* geir hoywfainc / Yn ffrom torri cestyll Ffrainc [dychan Siôn Cent i'r awen gelwyddog]. **15g.** *BB* 207, enrydedu enwired dros hygarwch . . . ac o bei yn gwr ffydlon : . . [*t*]*eiru* y vot yn vradwr. **1547** *WS*, *Tayru* Threpe. **1567** *TN* 213a, A'r Iuddaeon hvvythe hefyt a *daeresant*, gan ddywedyt vot y peth y modd hynny. **1595** M. Kyffin: *DFf* [20], torri 'r holl bethau yr ydis heb destiolaeth yr [*sic*] Scruth'r lan yn *teuru* eu traddodi gan yr Apostolion. **1604–7** *TW* (*Pen* 228) d.g. *Affirmo.* **1606** E. James: *Hom* iii. 159, Ystyriwn yn dda rhag *taeru* o honom fod yn peth yn sicer wir, yr hyn nid ydym yn ei wybod neu yn ei gofio 'n dda. *Dchr.* **17g.** *J* 10, 155a, *Teuru.* to avow, vouche affirme. **1632** *D*, *Taeru*, Asserere, vrgere, fortiter affirmare. *id.* d.g. *Insisto.* **1651** Siôn Treredyn: *MDD* 197, y maent hwy [y Deg Gorchymyn] iw [*sic*] *taeru* a'u gosod ar ddynion fal cynghorion a rhybyddion. **1677** C. Edwards: *FfDd* 358, Er i Bedr . . . *daeru* celwydd, a'i dyngu hefyd. **1701** E. Wynne: *RBS* 99, Bŷth na ddywed gelwydd, chwaethach ei *daeru* pan i'th gyhudder. **1722** *Llst* 189, *Taeru.* To assert, affirm confidently, outface, charge. **1803** *P.* Ar lafar, '*taeru*' 'to argue, insist, assert strongly and continuously', *WVBD* 531; 'Ma fa wastod yn *taeru* ta fe sy'n iawn!', *GTN* 830. Cf. W. Rees: *AFR* 179, gormod o sych *daeru* ynghylch athrawiaethau iach, a rhy fychan o ofalu am fywyd iach.

Cfn.: **taeru allan:** *to refute, argue against.* **1716** E. Samuel: *GGG* 43, nid tebyg y dywedai [Moses] ddim . . . ond y gwir am y pethau a wnaethpwyd yn ei amser Ef ei hun; o ran pe gwnaethai f'allesid yn hawdd ei *daeru allan* (*could be confuted*) trwy Dystiolaeth llaweroedd oedd yn fyw 'r pryd hwnnw. Cf. W. Rees: *CA* 53, Mi fuo'r cythrel yn ceisio *nhaeru* i *allan* lawer tro, mod i'n ormod o bechadur . . . i gael trugaredd. **taeru ar:** (i) *to accuse.* **14g.** *WM* 28. 36–29. 3, irwn y hwyneb hitheu riannon ar gwaet . . . a *thaerwn arnei* chun diuetha y mab. **14–15g.** *IGE*[2] 184, Toraist orn, *taeraist arnaf*, / . . . / Fy mod yn cadw geifr fy mam [ateb Rhys Goch Eryri i ddychan Siôn Cent]. **16g.** *GHW* 27, Fo *deirir* pob anwiredd / *Arnyn* wrth ymofyn medd. **1608** *CRC* 201, Dyma vlwyddyn i brydyddion / i ganv kelwydd ddigon / a *thevrv ar* wr bonheddic / i vod yn gythrel ffyrnic. **1632** *D* d.g. *Tribuo.* **1739** *AGN* 12, pan yr oedd yn *taeru* y Matter hwn *arno.* (ii) *to argue with.* Ar lafar, 'dau ddyn yn *taeru ar* 'i gilydd' 'two people arguing with each other', *WVBD* 531. **taeru('r) du yn wyn:** *to swear or argue that black is white.* **20g.** Ar lafar, 'Mae o'n hen daerwr garw—mi *daeruth y du yn wyn*'.

taeraidd [*taer+-aidd*] *a.* Taer, dyfal (wrth erfyn, &c.), angerddol, awchus; ffyrnig, llym: *earnest, importunate, fervent, eager; fierce, harsh.*

16g. Huw Arwystl: *Gw* 485, Glew fu'r *taeraidd* sogaidd swnt / Gloi yno ffyrdd glann a phant [dychan i'r niwl]. **17g.** Huw Morus: *EC* i. 32, *Taeraidd* waith o torai ddyn, / Afal da yn flodeuyn [marwnad Morus Lewys o'r Pant Glas]. **1696** *CDD* 61, Ir [*sic*] rheini'n gyfannedd fe fyddeu'n [*sic*] ufuddedd, / Iw [*sic*] calŷn, a'u coledd, yn *daeredd* bôb dŷdd. *id.* 87, Gwilia ryfygu rhŷ *daeredd* hyderu, / Ni chei di mor [*sic*] Jesu er hynnŷ yn rhâd. **1789** Twm o'r Nant: *TChB* 28, Naturiaeth nwy *taeraidd* Sy 'n llygraidd ei llun / Drwy 'n gwyniau drygioni 'n berwi 'mhob un. *id.* 31, Yn Siwr mae genti heddyw / Ryw ryfedd *daeraidd* dwrw. **1793** Dafydd Ionawr: *CD* 192, Da sydd gan y Cybydd câs, / *Taeraidd*, cy[n]henllyd, diras, / Ei dir a'i olud eurwawr. **1803** *P*, *Taeraiz* . . . Somewhat eager or urgent.

taerdan, gw. taer+tân[1].

taerdeb [*taer+-deb*] *eg.* Taerineb, taerni: *earnestness, importunity.*

1567 *TN* 103b, cyd nas cwnnei ef a' rroi iddaw, o bleit y vod ef yn gar iddo, eto yn sicr am ei *daerdeb* [:– gwyn, ddi gywilydder [*sic*], dyvalder [*sic*]], e gyfodei.

taerder [*taer+-der*] *eg.* Taerineb, taerni, erfyniad taer, angerdd, awch, sêl: *earnestness, importunity, entreaty, fervour, eagerness, zeal.*

a. **1587** *Y* 207, Ag am Wiliam, fŵg malais, / A'i *daerder*, drawsder, a'i drais, / Gallai fod, mewn gwall fedydd, / Yn beth o Gayn, bwythog wydd! **1606** E. James: *Hom* ii. 225–6, fe a wr[e]ndy arnom yn sicer yn y diwedd, pe ni byddai hynny am vn achos arall, ond ein *taerder* (*importunity*) ni. Cofiwn ddammeg y barnwr anghyfiawn a'r weddw dlawd, pa fodd y gwnaeth hi iddo trwy ei *thaerder* wneuthur â hi gyfiawnder. **1630** *YDd* 440, ni chaiff fy *nhaerder* ballu a galw, a churo megis y dŷn oedd yn ceisio y torthau ym menthyg. **1632** *D* d.g. *Importunitas, Improbitas, Vehementia.* *c.* **1658** R. Vaughan: *E* 17, oni eill *taerder* hyfedr yn hytrach erwino cyfiawnder na

mwynhau ffafor. **1661** E. Lewis: *Drex* 326, ni bydd iddo [Cain] gael chwaith cymmaint a defnyn bychan o ddwfr er iddo arfer gymmaint fyth ag allo o *daerder* (*so much intreaty*). **1684** H. Owen: *DC* 187, Buddiol weithiau ydyw arfer ymattal, ie hefyd yn y chwantau a'r bwriadau da: rhag iti trwy ormod *taerder*, ruthro i drawstynniadau meddwl. **1722** *Llst* 189, *Taerder*. m. Importunity, eagerness. **1725–6** *MaddEd* i 110, gobeithio am Ffafr . . . trwy *daerder* ei Weddiau yn unig, heb Gydwybod o ufuddhau i'w Orchymynion ef. [**1740**] D. Llwyd: *YDD* 198, Trwy bob modd o *Daerder* a Diwydrwydd. **1803** *P*.

taerdra [*taer*+*-dra*] *eg*. Taerineb, taerni, erfyniad taer, angerdd, awch, sêl: *earnestness, importunity, entreaty, fervour, eagerness, zeal*.

c. **1730** *Thos. Lloyd D* (LlGC) 212b, *Taerdra*. CW. 36. **1770** *TG* iii. 28, Fe ŵyr feddyliau dynion, / A'u gwaith trwy gudd fargenion, / A'm holl gyfrwysdra *taerdra* tynn. **1803** *P*.

taerddrud, taerddrwg, taerddwys, gw. **taer+drud[1], drwg, dwys.**

taeredig [bôn y f. *taeraf*: *taeru*+*-edig*] *a.bfl.* Taer, dyfal (wrth erfyn, &c.), awchus: *earnest, importunate, eager*.

16g. *GGH* 13, Brawd Beuno deg wyd, bryd bendigedig, / Brau wisgi tradoeth, brasgaw *taeredig* [i Elis Prys o Blas Iolyn]. **1803** *P*.

taeredd [*taer*+*-edd*[1]] *eg*. Taerineb, taerni, erfyniad taer, angerdd, awch, sêl; haerllugrwydd, hyfdra; ffyrnigrwydd: *earnestness, importunity, entreaty, fervour, eagerness, zeal; impertinence, boldness; ferocity*.

14g. *H* td. 351, Gwarandaw heit. bechaduryeit. beich o *daered*. a maddeu ynn. yn llusc dremynn. an llesc drymed (Gruffudd Gryg). **14g.** *GDG*[3] 264, Nid *taeredd* a wnaut erof, / Nid da, deg Efa, dy gof. *c*. **1400** *R* 1301. 27–8, *taered* adysge/is hydreis hoedryd. *id*. 1307. 2, Gŵr oed hŵnn ŵrth dŵr arth *odaered* gleŵ. **16g.** *Pen* 76, 63, nid oyddwn wr diddawn wedd / yw hanttiriaw ond *tavredd*. *a*. **1587** *Y* 102, Troes y byd fel trais heb wedd, / Trowch at wir, trech yw *taeredd*. **1603** W. Midleton: *Ps* 7, Ith erbyn ner wiwner wedh / Y traeturiant trwy i *taeredh*. **1604–7** *TW* (*Pen* 228) d.g. *Importunitas*. **1605–10** *CRC* 111, llattai glyd llawn o *daeredd* / hir y pery ei chynddrygedd [dychan i'r gwragedd]. **1632** *D*, *Taeredd* . . . Importunitas, improbitas, vehementia. **1722** *Llst* 189, *Taeredd*. m. Ardency, importunity, impertinence, sauciness. **1770** *W*, Gorchfygu un mewn dadl . . . drwy *daeredd* d.g. *To bear one down in discourse*. **1803** *P*.

taerfar, taergais, gw. **taer+bâr, cais[1].**

taeriad, taerad [bôn y f. *taeraf*: *taeru*+*-iad*[1], *-ad*] *eg*. ll. *-au*. Y weithred o daeru, haeriad, honiad, dadl: *insistence, assertion, argument*.

1488–9 *BSM* 22, Mi a lyvaswn drwy y gobaith sydd ynof yn yr arglwydd Jessv Grist addo i ti drvgaredd. O Duw dec, mor santaidd oedd y *taeriad* hwnnw o drvgaredd yr arglwydd. **1632** *D*, *taerad* d.g. *Assertio*. *c*. **1730** *Thos. Lloyd D* (LlGC) 213b, *Taerad*. Asseveratio. [**1783**] *W*, *taeriad* d.g. *A standing to it, or a standing it out*. **1803** *P* d.g. *Taeriad*.

taerineb [*taer*+*-ineb*] *eg*. Yr ansawdd neu'r cyflwr o fod yn daer, dyfalwch (wrth erfyn, &c.), erfyniad taer, angerdd, awch, sêl: *earnestness, importunity, entreaty, fervour, eagerness, zeal*.

1657 T. Powel: *CI* 14, Gydâ'r Weddi hon . . . mae yn rhaid bod gwir ffŷdd, duwiol *daerineb* (*fervent affection*), gostyngeiddrw[y]dd calon a gweddol barch. **1796** T. Jones: *CCA* 50, Mae ffydd yn cynnorthwyo'r enaid â *thaerineb* (*importunity*). *id*. 51, profa dy hun . . . wrth dy *daerineb* mewn gweddi.

taerlew, taerlud, gw. **taer+glew, glud[2].**

taerllyd [*taer*+*-llyd*] *a*. Taer, dyfal (wrth erfyn, &c.), angerddol, awchus, selog: *earnest, importunate, fervent, eager, zealous*.

1567 *TN* 126b, Yr Archoffeiriait ar Gwyr-llen a safasant ac ei cyhuddesont yn daerddrud [:– groch, *daerllyt*, yn dra dyval]. **16–17g.** T. R. Roberts: *EP* 286, Mynega'n wir mewn gwiw faes, / Pa fyd wr *taerllyd* torllaes [i'r llwynog]. **1630** *YDd* 363, fel y gallwyf yn fy hawddfyd dreilio [*sic*] fy iechyd mor grefyddol, yn dy wasanaeth, megis yr oeddwn yn fynghlefyd yn *daerllyd* (*earnest*) i ymbil am dano ar dy ddwylaw di. **1672** R. Prichard: *Gw* 338, Di roist help i'r wraig o Ganaan, / Y fu'n *daerllyd* yn ei feggian. **1721** J. P. Prys: *DC* 6, Y Cythraul yn *daerllyd* ar sawl a fo ehud, / Fe'i twylla fel ynfyd o'i anfodd. **1768** *Cyf W* 5, bydd Natur lygredig yn dra *thaerllyd* i'ch rhwystro i ddysgu eich Dyledswydd. **1775** *W*, yn *daerllyd* d.g. *Importunately*. **1789** *BDG* 165, Hug dorllaes mudwraig *daerllyd*, / A dŷn bob oen o boen byd [i'r frân]. **1790** Twm o'r Nant: *GG* 98, Er medr Begers gweddi *daerllyd*, / Rai go hyfion regu hefyd.

taerni [*taer*+*-ni*] *eg*. Taerineb, dyfalwch (wrth erfyn, &c.), erfyniad taer, angerdd, awch, sêl; haerllugrwydd, hyfdra: *earnestness, importunity, entreaty, fervour, eagerness, zeal; impertinence, boldness*.

1588 *Luc* xi. 8, er na chyfyd efe a rhoddi iddo, am ei fod yn gyfaill: etto yn ddiau rhag ei *deirni* (**1567** *TN* 103b, daerdeb), efe a gyfyd, ac a rydd iddo gymmaint ag a fyddo arno eu heisieu. **1630** *YDd* 273, A'r cyfryw ddifrifol ymbil a *thaerni* (*earnestness*) ei blant mewn gweddi, y bodlonir ein Tâd nefol. **1632** *D*, Taeredd, & *Taerni* . . . Importunitas, improbitas, vehementia. **1672** J. Langford: *HDdD* 377, [p]an na thyccia *taerni* (*importunities*) yn y bŷd . . . etto na phaid ti ac ymbil ar Dduw. **17g.** Huw Morus: *EC* ii. 49, O's rhynga fodd i ti, [*sic*] gyflawni fy *nhaerni*. *id*. [299], Adda o fusgrellni, trwy Satan a'i *daerni*, / A'n troes mewn mieri, i drueni di rus. **1677** R. Jones: *BB* 58, Moriwr halogedicçaf a syrth i weddio, pan ofno fod ei Amser ar ddarfod. Pe tycciai *deurni* y prŷd hynny, mor ddifrifol y gweddient hwy am gael Troi yr Amser yn ôl. **1722** *Llst* 189, *Taerni*. m. [Ardency, importunity, impertinence, sauciness]. **1790** T. Jones: *TOS* 169, Oni buasai i Dduw . . . gynnhyrfu gan ei dosturi ei hun yn gynt na chan ein *taerni* ni, buasem yn aros byth yn gaethweision i satan. **1803** *P*.

taerog [*taer*+*-og*] *a*. a hefyd gyda grym enwol. Taer, dyfal (wrth erfyn, &c.), angerddol, awchus: *earnest, importunate, fervent, eager*.

c. **1755** *Gron* 76, Gwr cestog yw'r *taerog* tost, / Dinam ti a'i hadwaenost [i ddiawl]. **1803** *P*, *Taerawg* . . . Being eager; importunate. Cf. Talhaiarn: *Gw* i. 140, Twrog awenog, *taerawg* ei wŷnau.

taerol [*taer*+*-ol*] *a*. Taer, dyfal (wrth erfyn, &c.), angerddol, awchus: *earnest, importunate, fervent, eager*.

1696 *CDD* 34, A gwrthladd chwant cnawdol y gelŷn dinistriol, / A'i *daerol* fanteisiol demtasiwn. *c*. **1730** *Thos. Lloyd D* (LlGC) 212b, *Taerol*. Importunate. FfO 20. **1803** *P*, *Taerawl* . . . Apt to be eager, or urgent.

taerwch [*taer*+*-wch*[1]] *eg*. Taerineb, taerni, angerdd: *earnestness, importunity, fervour*.

1547 *WS*, *Tayrwch*. **16g.** Wiliam Llŷn: *Gw* (R. Stephens) 87, Y byd a oerodd a byw o *daerwch*, / Y gwynion gaerau a'r tyrau, torrwch [marwnad Tomas Mostyn]. *Diw*. **16g.** *CRC* 264, hwn ai blyssiodd hi am y thegwch / A thrwy weniaeth a mawr *dayrwch*. **1604–7** *TW* (*Pen* 228), *taerwch* a haerlhucrwydh yn damwnaw peth d.g. *deliciæ*. *id*. d.g. *Importunitas*. *c*. **1730** *Thos. Lloyd D* (LlGC) 213b, *Taerwch* . . . Pertinacia. Ar lafar, *GDD* 295.

taerwr [bôn y f. *taeraf*: *taeru*+*-wr*] *eg*. ll. *-wyr*. Un sy'n taeru, dadleuwr; erfyniwr taer: *one who insists or asserts, arguer; importuner*.

1759 *DG* 45, Dor i *daerwyr* deriaid wirion [*sic*] [i'r Parch. William Wynne]. **18g.** Twm o'r Nant: *CO* 13, Wel, yr hen *daerwr* dewrwych, / Pa beth allai undyn wrthych? **1803** *P*, *Taerwr*, s. m.—pl. *taerwyr* . . . One who importunes; a contender. Ar lafar, 'Mae o'n hen *daerwr* garw—mi daerith y du yn wyn'. Cf. *Hen B* 65, Y mae'r *taerwr* wedi marw, / Cyfaill annwyl oedd i'r cwrw.

taerwres, taerwych, taerwyllt, gw. **taer+gwres, gwych, gwyllt.**

taets [bnth. S. *tache*] *eg*. Gwäeg, clesbyn: *clasp*.

1547 *WS*, *Taeds* Bach gwn A tache.

taetsiaf: taetsio, tafal, gw. **taitsiaf: taitsio, tafol[1].**

tafarn [bnth. Llad. *taberna*, Crn. C. *tavern*, Crn. Diw. *tavarn*, Llyd. C. *tauarn*, Llyd. Diw. *tavarn*; cf. Gwydd. Diw. *tábhairne*] *eb.g.* (bach. ?b. *-an*, *tafernig*) ll. *-au*, *tefyrn*. Adeilad â thrwydded i werthu diodydd alcoholaidd i'w hyfed yno, adeilad o'r fath sy'n darparu bwyd (a llety), tŷ tafarn, hefyd yn *ffig*.: *pub, public house, tavern, inn, also fig*.

13g. *GBF* 146, *Tauarn* llwyth cadarn Cadfor. **14g.** *GDG*[3] 233, Treiglais hefyd, bywyd bas, / *Defyrn* meddgyrn gormoddgas. *id*. 382, Difar hwyl, fawr ddisgwyl farn, / Dyfod yn frwysg o'r *dafarn*. **14–15g.** *IGE*[2] 175, Digrif, myn Pedr, oedd edrych / O nen ffurfafen wen wych / Ar y ddraig goch, gloch y glod, / O *defyrn* wybr yn dyfod [Rhys Goch Eryri i yrru'r ddraig goch]. *c*. **1400** *ChO* 6, [c]ael ar *dauarneu* ymdidan a phuteineit. **15g.** *GLGC* 225, Dafydd, rhoist win o *defyrn* / doe a gwaith heidiau o gyrn. **15–16g.** *TA* 362, Gwae 'r *tefyrn*, gwae 'r to ifanc [*sic*], / Gwenwyn yw ffrwyth gwin yn Ffrainc! **1547** *WS*, *Tafarn* A tauerne. **1567** *TN* 220a, Marchnat Appius, a'r Tair *tavarn*. **16–17g.** *HG* 81, mi glywn ymddadleu cadarn / rhwng yr eglwys a'r *tafarn*. **1604–7** *TW* (*Pen* 228), *Tauernic*, *Tauarnan* d.g. *Cauponula*. **1632** *D*, *Tafarn*, Ta[be]rna, caupona. **1688** S. Hughes: *TSP* 154, yn y *tafarn* (T. Jones: *TP* 91, y *dafarn*) ym mysg y Meddwon. **1692** *CRC* 206, gobaith na bydd ymladdau / ond a fo mewn *tyfarnau*. **1794** *W* d.g. *Tavern*. **1803** *P*. Ar lafar, *WVBD* 525 (*eb*.), *GTN* 780 (*eg*.). Digwydd hefyd fel elf. mewn e. lleoedd, e.e. *Tafarnau Bach*, Myn., *Tafarngelyn*, *Tafarn-y-gath*, sir Ddinb.

Amr.: **tafern** [bnth. S. *tavern*]. **1763** *ML* (Add) 966.

Cfn.: **tafarn goffi:** *coffee-house, coffee bar*. **1889. tafarnau gwerth:** *shops*. **1595** M. Kyffin: *DFf* [45], Temleu Duw a ddigwyddassant yn *dafarneu gwerth* (*shops to get money*). **tafarn win (gwin):** *wine tavern, wine bar*. **14g.** *GDG*[3] 233, Treiglais, gweais yn gywir, / *Defyrn gwin*, Duw a farn gwir. *c*. **1400** *ChO* 15, *tavarn gwin*. **15g.** *DE* 41, mae vn Iarlles mewn evrllin / difvrn wallt or *dafarn win*. **1789** *BDG* 508. Gw. hefyd *gwindafarn*. **tafarn laeth (llaeth):** *milk-bar*. **1939. tafarn smwglin:** *shebeen, unlicensed public house*. Ar lafar yn sir Benf. **tafarn datw(s):** *chip-shop*. **1929.**

tafarndy, tafarn-dŷ [*tafarn*+*tŷ*] *eg*. ll. *tafarndai, tafarndyau, tefyrn-dai*. (Tŷ) tafarn: *pub, public house, tavern, inn*.

16g. (*LlEG*) *Mos* 158, 647b, yr ydoedd sserttain o wyr ynnamser yr ysdorm honn yn chware kardie mewn *tauarndy*, yrhain aelwis ar verch y ty ambott o ddiod. **1604–7** *TW* (*Pen* 228) d.g. *popina, Taberna* . . . *diuersoria*. **1630** R. Llwyd: *LlH* 195, gweithwyr tlodion, crefftwyr . . . yn eistedd yn segur drwy'r dydd yn y *tafarndŷ*. **1630** *YDd* vi, mor gynefin ac yr arferir pibellau Tobacco mewn *tafarndai*. **1632** *D*, *Tafarndy*, [Ta[be]rna, caupona]. **1672** J. Langford: *HDdD* 50, Dydd yr Arglwydd . . . y rhai ydynt [y]n fanylach, ar y Dŷdd hwnnw yn y *Tafarn-dŷ*, nag yn yr Eglwys. **1677** R. Jones: *BB* 80, Onid oes *Dafarndai* (*Alehouses*) iw bwrw i lawr, a Meddwon a Gloddestwyr i'w ffrwyno. **1775** *W* d.g. *Inn*. **1778** J. Hughes: *BB* 186, Nid mewn diotta gwledda gloddest, / Y ceir cariad cywir gonest, / Mewn *Tafarn dŷ* mhlith un llu, / Sy 'n rhaffu sŵn rhyffest. **1787** E. Roberts: *PCF* 52, Nid rhyfedd fod eiddo Cybyddion, / Yn rholio i ddwylo rhai haelion; / a rheini yn ei cario nhŵ ir *Tefyrn Dai* / ag yn ei gwario nhŵ fel rhai gwirion. **1803** *P*, *Tavarndy*, s. m.—pl. t. *au* . . . A tavern. Ar lafar, '*tafarndy*' 'public-house', *WVBD* 525.

Gw. hefyd **tŷ—tŷ tafarn.**

tafarngar [*tafarn*+*-gar*] *a*. Hoff o dafarnau, diotgar; nodweddiadol o dafarnau: *fond of pubs, given to drinking; characteristic of pubs*.

1657 *MLl* ii. 116, Neu fonheddig tlawd aniolchgar / Ffol afradlon a *thafarngar*.

tafarniaeth [*tafarn*+*-iaeth*] *eb*. Bywyd neu ddiwylliant tafarn: *pub life or culture*.

1888.

tafarnol [*tafarn*+*-ol*] *a*. Yn perthyn i dafarn, nodweddiadol o dafarn, a gynhelir mewn tafarn: *pertaining to, or characteristic of, a pub, held in a pub*.

[**1740**] L. Anwyl: *NG* 8, ni wn i glywed un amser mewn cymdeithas *tafarnawl* . . . glodforu Duw am ei eiriau bendigedig.

tafarnreg, gw. **tafarnwr.**

tafarnwas [*tafarn*+*gwas*[1]] *eg*. Tafarnwr, gwerthwr gwin: *publican, innkeeper, vintner*.

14g. *GDG*[3] 351, Didlawd oedd pei'n diawdlyn, / Er claer dwf, o'r clared ynn. / Herwydd barn y *tafarnwas*, / Hir y'm câr a hwyr y'm cas. **1632** *D*, Tafarnwr, & *Tafarnwas*, Cauponarius. **1753** *Gron* 56, Diod gadarn *tafarnwas*, / Rhyw saig gan ei frwysgwraig fras. **1753** *TR*, Tafarnwr, and *Tafarnwas*, a vintner, an inn-keeper, an ale-house-keeper. **1770** *W* d.g. *An ale house-keeper*.

tafarnwr [*tafarn*+*gŵr*] *eg*. (b. *tafarnwraig*, *-reg*, ll. *-wragedd*, *tefyrnwragedd*) ll. *-wyr*, *-s*. Un sy'n cadw tafarn, gwerthwr gwin, hefyd yn ddifr.; un sy'n cadw siop, siopwr: *publican, innkeeper, vintner, also derog.; shopkeeper*.

1547 *WS*, *Tafarnor* [*sic*] A Tauernar. *id*. *Tafarnwraic*. **1583** *LlGC* 716, 50a, Y ddoeth [*sic*] dwy o pvteineit, nev *Tafarn-wragedd* at y brenin Salamon. **1588** *Ecclus* xxvi. 35, anhawdd yw tynnu marsiandwr heb fai, ac ni chyfiawnheir *tafarn-wr* oddi wrth bechod. **1604–7** *TW* (*Pen* 228) d.g. *Stabularius*. *id*.

Tauernwragedh [*sic*] d.g. *Stabulariæ mulieres.* **1632** *D*, *Tafarnwr* . . . Cauponarius. *id. Tafarnwraig* d.g. *Caupona.* **17g.** *TBM* 323, *Tafarnwr* oedd yn cadw cwrw / A chantho wraig a llances hoyw. **17g.** Huw Morus: *EC* i. 186, Fe fedr hwn yn rhyfedd, / Dwyllo 'r *tefyrn wragedd.* **1686** Ffoulke Owen: *Cerdd-lyfr* 35, Ymddifad a gweddwon sathra di 'n sarn, / Cais air y *tafarn-wragedd.* **1698** T. Jones: *Art* 10, Breudd-wŷdio fôd ganŷch [*sic*] Dalcen o Brês . . . sŷdd ddâ i *Dafarnwŷr*, a'r cyfrŷw rai ag sŷdd yn bŷw wrth Elw ac enill digwŷlidd [*sic*]. **1716–18** *Llsgr R. Morris* 73, fo ddoeda meister glan *dafarnwr* / fynd oi arian i law yr [*sic*] bragwr. **1756** G. Owen: *L* 183, Roedd y llechgi brwnt . . . yn cydgoethi a chablu arnaf gyda'r *dafarnwraig* biglas yma. **1775** *W* d.g. *Inn-holder.* **1803** *P.* **1828** *Geir Pob* 32, *Tafarnwrs, tafarnwyr.* Ar lafar, '*tafarnwr*', *WVBD* 525; '*tafarnrig* . . . *tafarnwr*', *GTN* 773. Cf. *Wês wês* 21, 'Nid i fi ifodd i cwrw i gyd ond i bara' minte fe wrth i *dafarnreg.*

Amr.: **tafarnydd** [*tafarn+-ydd*¹, ond dichon mai ll. yr e. *tafarn* a welir isod]. **1766** *CD* 170, Braidd drwy fawr orchest, / Ymgadwn i'n onest; / Gan faint oedd fy awydd, / I Gwrw *Tafarnydd.*

tafarnwriaeth [*tafarnwr+-iaeth*] *eb.* Gwaith tafarnwr, crefft cadw tafarn, lletygarwch: *publican's work, innkeeping, hospitality.*

14g. *GDG*³ 40, Gwyndir cryf lle tyf *tafarnwriaeth* —hoed, / A gwedr egin coed, gwiw diriogaeth [i Ieuan Llwyd o Enau'r-glyn]. **1632** *D* d.g. *Cauponaria.* **1770** *W* d.g. *An alehouse-keeping, Inn-keeping.*

tafarnydd, gw. **tafarnwr.**

tafarnyddiaeth [*tafarn+-yddiaeth*] *e?b.* Bywyd neu ddiwylliant tafarn, yn aml yn ddifr.: *pub life or culture, often derog.*

1893.

tafarnyddol [*tafarn+-yddol*] *a.* Yn perthyn i dafarn, a gynhelir mewn tafarn: *pertaining to, or held in, a pub.*

1890.

tafaw [?cf. H. Lyd. *antemeuetic*, gl. *incircumspecta*, gw. *DGVB* 68; dichon mai 2 ll. grch. y f. hon a welir yn *Teu/yỽchitheu*, *T* 12. 6–7, gw. *Bl BGCC* 199] *bf. 2 un. grch.* ?Edrych!: *look!*

14g. *T* 11. 26–12. 6, *Tafaỽ* ti vyndeu troet. mor tru eu hadoet. *Tauaỽ* dyr boenet escyrn vyn traet. *Tauaỽ* dy vyn dỽy vreich ny ny [*sic*] dybyd eu beich. *Tauaỽ* dy vyn dỽy yscỽyd. handit mor dyuyd. *Tauaỽ* dyr cethron ymyỽn vyg callon. *Tauaỽ* dy gethrat. [diwyg.] yrỽg vyn deu lygat. *Tauaỽyr* daallat coron drein ym iat. *Tauaỽ* dy oestru awanpỽyt vyn tu. *id.* 59. 20–2, *tauaỽ* gỽas yr drỽs a gỽarandaỽ py trỽst aedayar agryn ae mor adugyn.

tafell [bnth. Llad. *tabella*, Gwydd. C. *taball* 'tabled ysgrifennu'] *eb.* (bach. *-an*, *-ig*, ll. *-au*) ll. *-i*, *-au*, *-od*, *tefyll.* Darn tenau llydan neu hirgul a dorrir o rywbeth mwy (e.e. cig, bara, neu deisen), sleisen, fflawen, pluen (eira), darn, siten (o fetel), llain (o dir), hefyd yn *ffig.*: *slice, sliver, flake* (*also of snow*), *piece, sheet* (*of metal*), *strip* (*of land*), *also fig.*

14g. *OBWV* 90, Pob llysau rhwng cangau cyll / A dyfodd dan dy *defyll* [Gruffudd ab Adda i'r fedwen]. ?**14g.** **(1789)** *BDG* 410, Pasg a deu-lyn pysg dilwfr, / Pefr Frithyll o *defyll* dwfr. **14g.** *GDG*³ 143, Twf y dyn tyfiad Enid, / A'r *tefyll* aur, a'm tyf llid [i Forfudd]. *id.* 250, Cyllyll a rhew *defyll* dioer / Newyddlif yn niweddloer. *c.* **1400** *R* 1038. 13, Pan las pyll oed *teuyll* briỽ. *Dchr.* **15g.** *GSCyf* 105, Tyfaist yng nghysgod dwyfoch, / *Tafell* o fara cell coch [Llywelyn ab y Moel i'r tafod]. *Diw.* **15g.** *Pen* 67, 54, esgyll ar liw *tefyll* tan / isa edav yw sidan [Hywel Dafi i ddiolch am len]. **15–16g.** *TA* 450, Teisen wedi i sglatysu, / Torth, ar fort Arthur a fu; / *Tefyll* yn toi fy llaw, / Tŷ 'r dwrn, a'r twred arnaw [i ofyn bwcled]. *id.* 538, Caws du Llanbeudu mal hen badell—gwrâch / A gwrych ar i *dafell.* **1547** *WS*, *Tafell* o fara A shyue of brede. **16g.** *LlS* 57, Ei wreiddyn [marchalan] a godir yr haf ac aei sychir yn *dafellæ.* *Diw.* **16g.** *WLB* 4, Kymer y persli ar isop . . . a berw mewn hen gwrwf kadarn a dod ynddo *dafellau* o menyn gwyryf. *id.* 14, kymer bersli . . . ai ferwi mewn saim gwyn . . . A thor *dafell* vechan o hono a dod ar wyneb y ddiod. **1604–7** *TW* (*Pen* 228), *tauelhic* d.g. *Assula, Crustum.* **1632** *D*, *Tafell*, Segmen, segmentum, secamentum panis. **1688** *TJ*, *Tafell*: a piece or slice of any thing. **1722** *Llst* 189, *Tafell.* f.p. *fellau*, *Tefyll.* A slice, peece, cut, rasher of bacon; flake (of snow &c). *id. Tafellig.* f.p. *lligau.* A small slice. *c.* **1740** *LlM* [45], [*t*]*afelli* o Lemmons. **1753** *TR*, *Tafell* . . . chop. **1759** J. Evans: *PF* 31, Cymerwch Afal addfed, torrwch *Dafell.* *id.* 46, I leihau 'ch syched, daliwch yn aml ar eich Tafod, *Dafellig* deneu fechan o Fara. **[1783]** *W*, *tafellan* d.g. *Slice* [*a thin cut of bread* . . .]. **1801** *MMf* 155, Cymmer *dafellan* o harn, a dod yn y tân. **1803** *P* d.g. *Tavell, Tavellan.* Ar lafar yn gyff., '*tavall*' 'a round of bread', *WVBD* 525; '*tafell* o fara, teisen etc', *Geir Geg* 166; '*tafellan* . . . *tafellod*' 'sleisen o fara', *GTN* 773.

tafellaf: tafellu [bf. o'r e. *tafell*] *bg.a.* Rhannu neu dorri yn dafellau neu'n ddarnau, sleisio, hefyd yn *ffig.*: *to slice, cut into pieces, also fig.*

14g. *WM* 426. 2–3, [y] gỽas a *dauellaỽd* y bara ac a rotes diaỽt utunt. *c.* **1400** *MM* 28, Kymryt yr hylithyr . . . ae *dauellu* yn uan, ac vriỽaỽ y myỽn morter. **16g.** *LlS* 107, Marchredyn y derw . . . Y gwreiddyn yn vnic a wnair defnydd o hono, ei *dafelly* a wneir ai vwrw mewn dwfr twym. **1632** *D*, *Tafellu*, In segmine concidere. **1688** *TJ*, *Tafellu*: to cut to slices or pieces. **1722** *Llst* 189, *Tafellu.* To slice. **[1762]** E. Powell: *HEI* 23, un drachm o Rubarb wedi ei *dafellu*'n denau. **1803** *P.* Ar lafar, *GTN* 774. Cf. D. Owen: *D* 128, gofalwch am *dafellu* hen fara canreg yr efengyl i'r bobl, a gellwch fod yn siŵr y gwna ddygymmod âg ystymog eich gwrandäwyr.

tafellan, tafellig, gw. **tafell.**

tafellog [*tafell+-og*] *a.* Wedi ei dafellu, fflawiog, haenog: *sliced, flaked, stratified.*

1803 *P.*

tafellwr [bôn y f. *tafellaf*: *tafellu+-wr*] *eg.* ll. *-wyr.* Un sy'n tafellu, peiriant tafellu: *slicer.*

20g.

tafern, tafernig, gw. **tafarn.**

tafl¹ [bôn y f. *taflaf*¹: *taflu*, Llyd. C. *taoul*, Llyd. Diw. *taol*] *eb.g.* ll. *-au.* Arf syml, sef dolen ledr, &c., a ddefnyddir i chwyrlïo carreg cyn ei thaflu, ffon dafl, catapwlt; blif, magnel; tafliad, lluchiad, hyrddiad; hefyd yn *ffig.*: *sling, catapult* (*also as engine of war*); *throw, cast, fling; also fig.*

13g. *HGK* 20, burv ergydyeu a saytheu ac a chuareleu ac a *thafleu.* **14g.** *GDG*³ 373, Ni theflais ieir â *thafl* fain, / Ni fwbechais rai bychain. **1547** *WS*, *Tafyl* A slyng. **1588** *Diar* xxvi. 8, Fel vn yn rhwymo carreg mewn *tafl.* **1588** *Ecclus* xlvii. 5, [c]yfododd efe ei law a charreg *dafl.* **1588** 1 *Mac* vi. 51, efe . . . a wnaeth yno bôb math ar ryfel-offer . . . scorpionau i seuthu saethau o *thaflau* [*sic*]. **1620** *Mos* 204, [92], Mal carreg mewn *tavl.* **1632** *D* d.g. *Catapulta.* **1719** *TDP* 48, myfi [Juda] a lenwais fy nwylaw o gerig, ac ai ergidiais attynt a *thafl.* **1766** *CD* 135–6, Cyn eistedd itti bron / Gyffwrdd a hon [hen stôl]: / Hi dorrai ar ei *thafl*, / Asgwrn dy Afl. **18g.** I. Brydydd Hir: *Gw* 77, Ac o'r graig fawr i'r eigion / Dygaf gyrch i dyrch y don; / Ac o'r don egyr hyd annwfn / Af ar y *dafl* i fôr dwfn. **1803** *P*, *Tavyl*, s. m. pl. *tavlau* . . . a cast; a throw, a fling.

Amr.: **towl** [cf. *towlu* (gw. *taflaf*¹: *taflu*)]. **1722** *Llst* 189, *Towl.* m. A cast.

Cfn.: **tafl ben ffon:** *catapult.* **1547** *WS*, *Tafyl ben fon.* **1604–7** *TW* (*Pen* 228), *Tafl benn phonn* d.g. *Funda.*

Gw. hefyd **taflen**².

tafl², gw. **tafol**¹.

tafl³, 2 un. grch. a 3 un. pres. myn. y f. *taflaf*¹: *taflu.*

taflad, gw. **tafliad.**

tafladwy [bôn y f. *taflaf*¹: *taflu+-adwy*] *a.bfl.* Y gellir ei daflu (ymaith): *capable of being thrown* (*away*), *throwable, disposable.*

1803 *P.*

taflaf¹, **tawlaf,** &c.: **taflu, tawlu,** &c. [Crn. C. *teulel* (3 un. pres. myn. *tevyl*), Llyd. C. *teuleur*, *teurell* (rhang. grff. *taulet*), Llyd. Diw. *teurel* (rhang. grff. *taolet*): ?o'r un gwr. IE. â Gr. π(τ)όλις 'dinas'; â'r ff. yn *-aw-*, cf. *cawod*, *cafod*] *bg.a.*

(*a*) Gyrru (peth) drwy'r awyr, yn enw. o'r llaw gan symud y fraich a'r arddwrn yn rymus, lluchio, hyrddio, ergydio, gyrru, bwrw (allan); bwrw (ergyd); cael gwared o, gwaredu; dymchwel, cwympo (coeden); peri i (farchog) ddisgyn; betio (swm penodol); gyrru neu anfon (llythyr); hefyd yn *ffig.*: *to throw, fling, hurl, drive, cast* (*out*); *cast or throw* (*a blow*); *get rid of, throw out; overturn, fell* (*tree*); *throw or unseat* (*rider*); *bet or wager* (*a certain sum*); *send* (*letter*); *also fig.*

13g. *A* 21. 2–3, tavloyw. ac ysgeth *tavlet* wydrin. a med rac teyrned *tavlei* vedin. **13g.** *BD* 7, yd oed wyr y castell yn amdyffyn eu ty . . . gvers o *taflu*, gvers o saythy yd ymledynt vynteu. *id.* 151, A phan dreiho y mor yd chuydha ynteu megys mynyd mavr adan *taflu* ohonav y tonneu a gymerho yndav. **14g.** *B* ix. 225, guedy dyuot nathan truy vordvy truy auon tyber. y doeth gwynt gvrthvynnep or deheu ac y *tafulvys* [*sic*] (*id.* 230, *taflaỽd*) ef yr gogled. *c.* **1400** *DB* 51, Lleoed ereill yndi [uffern] a elwir Acheronta, nyt amgen, chwythyat yn *taflu* (*emittentia*) drycysprytoed. **15g.** *GDID* 8, Cyn dy flwydd cawn *daflu* aur / O'th roddion mawr a'th ruddaur [i Rys ap Rhydderch]. **1547** *WS*, *Tafly* Flyng. *id. Tafly* a thafyl Slyng. **1568** Morys Clynnog: *AG* [vi], i ddyscu . . . beth a *dafl* ddyn i vphern. **16g.** *Hop M* 162, os vel hynn or byd i ddawn [*sic*], di ddywt i cawn yn *tawlyd* / dros yn pechodau an cam, i genol fflam na ddiffyd. **1588** *Eseia* ii. 20, Yn y dydd hwnnw y *teifl* dyn ei eulynnod. *id.* xxxviii. 17, ti a *deflaist* fy holl bechodau tu ôl i'th gefn. **16–17g.** *GST* i. 595, Mastr Peg, feingeg, fwyngan, / Mae'r dis? Mi *teflis* yn tân. **16–17g.** *Cer RC* 159, Myfi a *dafla'* hyd at gant punt; / Y mae'n ddigon da fy helynt. **1615** R. Smyth: *GB* 8, pa airiau pigog, a oeddynt hvvy yn i *daflu* [*sic*] yn i herbyn. **1632** *D*, *Taflu*, Iacio. *id.* Chwistrell [i] *daflu* dŵr i ddiffodd tân d.g. *Sipho.* **1696** *CDD* 68, *taflu* bygythion, yn llymmion mewn llid. **1773** *W* d.g. *To fling* [*hurl, throw, &c.*]. *id. taflu* . . . ei farchog i lawr d.g. *To fling his rider.* **1803** *P.* **1816** *AUA* 51, *Tafl* lythyr y Sadwrn nesaf. Ar lafar, '*taflu, taflyd, towlu, towlyd*', '*Taflwch* 'r hen sothach 'na i'r tân', *WVBD* 525–6; '*towlu*', *Cymru* liv. 132 (dwyrain sir Drefn.); 'Paid â'i *dwlu* fe' (gogledd Cered.); '*towli*', *TGG* (1904) 62 (gogledd sir Benf.); '*Twl* e!' (sir Gaerf.); Fe'i clywir hefyd yn yr ystyr 'To hint at', '*Towlu* wêdd e fod yn bryd i fi fyn'd', *GDD* 306; ''Odd a'n *towlu* taw 'mai i odd a' (dwyrain Morg.); ac yn yr ystyr 'rhwystro', 'Fi geso' '*nywlu*'n afnadw 'eddi gintin' nw', *GTN* 833. Cf. D. Owen: *RL* 421, mi *dywlu* fy inverness i ffwrdd; D. Owen: *GT* 41, Mae o'n siwr o berswadio'r squire i'n *tywlu* ni o'r Nant.

(*b*) Taflu neu luchio (cerrig, &c.) at, llabyddio: *to throw or hurl* (*stones, &c.*) *at, pelt, stone.*

14g. *YCM*² 193, mi a *daflaf* a hi [pêl haearn] y gaer. **14g.** *GDG*³ 373, Ni *theflais* ieir â thafl fain, / Ni fwbechais rai bychain. **15g.** *LHDd* 105, Ny dyly amæth na *thoỽly* yr ychen nay briỽaỽ. **16g.** *THSC* (1923–4) (At.) 51, o wir lit ef ai *tawlodd* y gwr ef a thorth vara. **1551** W. Salesbury: *KLl* xxia, Yno cymerso[n]t wy vain yw *dafly* ef.

(*c*) Ymhyrddu (am donnau), ymsaethu (am fflamau); cicio neu dindaflu (am geffyl, &c.); gogwyddo, bolio, bargodi, ymestyn; cyfogi, poeri; blaguro: *to pound or surge* (*of waves*), *shoot* (*of flames*); *kick or fling out* (*of horse, &c.*); *slant, project, protrude, bulge, overhang, extend; vomit, expectorate; sprout.*

14g. *GDG*³ 396, Hobi hors ymhob gorsedd / A fu wych, annifa'i wedd. / Degle'n nes:—dwyglun esyth / Diflas yw, dan *daflu*'n syth [i ateb Gruffudd Gryg]. *c.* **1400** *DB* 53, Ampotis, kystal a morgerwyn neu weilgi anodun, o'e thragwres y *teiuyl* (*id.* 99, y cryn) y thonneu ac y tynn (*fluctus insolvit et removit*). **1488–9** *BSM* 13, val yr oedd Varthin yn llosgi hen demyl arall . . . ettywynion tanllyd a *deflis* am benn y tai nessaf yr demyl. **1588** *Tri Llanc* i. 47, A'r fflam a *daflodd* vwch law yr ffwrn, naw cufydd a deugain. **1740** T. Evans: *DPO* 31, fel y gwelwch chwi Darw yn *taflu* ac yn gwylltio ar ôl bod dau neu dri o Waed-gwn wrtho un hanner-awr. **18g.** *Llr C* 24, 11, O bydd gyfyngdwr a phesswch, a *thowly* ar ddyn Cais dri Marworyn. **1773** *W* d.g. *To fling* [*kick or wince, as vicious horses do*]. Ar lafar, 'Ma gwelydd 'en dai yn *tywlu*'n fudur', 'ceffyl yn *tywlu*', *GTN* 833.

(*d*) Esgor (cyn pryd) ar (anifail), erthylu: *to give* (*premature*) *birth to* (*an animal*), *abort.*

1771 *PDPh* 72, Mor gynted ag y *taflo* eich Casseg ebol dylech ei symmud hi. *id.* 96, Gadewch iddynt fwrw eu perchyll mewn twlc, yn amgen gallant eu *taflu* cyn yr amser. Ar lafar, '*twlu* ebol mas o amser' (sir Gaerf.); '*towlu* cnyw' (Morg.). Cf. *LGW* 285, East of the Cynin, in the south, the regional form is '*twlu* llo'. . . in the Cothi-Tywi area, and from the Llwchwr to the Nedd, a further distinction is made, in the form '*twlu* marllo', which refers to the spontaneous abortion of a dead calf.

Cfn.: **taflu, &c., allan:** (i) *to throw out, expel, cast out, eject, get rid of, also fig. c.* **1400** *MM* 120–2, dyro idaỽ lwyeit or dỽst hỽnnỽ ar diaỽt ac yuet ar y gythlỽng, a hynny a tyrr y maen ac ae *teiuyl allan.* **1551** W. Salesbury: *KLl* lxxxiia, [*t*]*aflwyt allan* y draic mawr / yr hen sarph / y elwir diavol. **1567** *LlGG* 14b,

A'r Iesu a aeth y mewn i teml Dduw, ac ei *taflawdd* hwynt y gyd *allan* yr ei oedd yn gwerthy. *c.* **1585** G. ROBERT: *DC* [6]a, rwyti n *taflu* Duw *alhan* oth gallon, ag yn derbyn diawl. **1683** H. EVANS: *CTF* 33, 'Rhwn a ddarfu 'th waith ei dreulio, / Na *thawl* [:- Fwrw] *allan* pan heneiddio [am hen was]. Ar lafar, 'Geson ni'n *taflu allan* tua hanner nos'. (ii) *to project, protrude, bulge, overhang.* **1632** *D*, Adeilad yn *taflu allan* o dai d.g. *Menianum.* **1703** E. WYNNE: *BC* 45, un rhan o'r Eglwys yn *tâflu allan* yn Groes glandeg [*sic*]. Ar lafar, 'dannadd yn *taflyd allan*', *WVBD* 526. (iii) *to sprout, blossom, also fig.* **1888.** Ar lafar, *WVBD* 526. Gw. hefyd *taflu maes* isod. **taflu,** &c., **ar y clwt:** *to throw out of work, throw (person) on the scrap heap.* **20g.** **taflu,** &c., **at:** *to cast aspersions on, hint at.* **1774** *W, Taflu* o hirbell *at* beth d.g. *To hint at a thing.* **taflu,** &c., **cap((i)au) (i fyny):** *to throw up one's cap.* **1672** R. PRICHARD: *Gw* 590, D[a]n roi bloedd, a *thaflu Cappe*, / Yn dra llawen dan grechwennu, / I roeso o Spayn Dywysog Cymru. **1703** E. WYNNE: *BC* 147, Hawddfyd . . . y Dyn a ymgadwo rhag ei Swynion mwynion hi, gellwch *daflu* 'ch *Cap* iddo. **taflu,** &c., **cilolwg:** *to glance.* **1824.** Cf. D. OWEN: *GT* 341, Gwen yn darn wirioni ynddo ac yn *taflu cilolwg* awgrymiadol arnaf. **taflu,** &c., **codwm (cwdwm):** *to wrestle, also fig.* **20g.** Ar lafar, *TGG* (1907–8) 90 (de-orllewin sir Gaerf.). **taflu,** &c., **coelbren:** *to cast lots.* **1900.** **taflu,** &c., **coetan(au),** &c.: *to play at quoits.* **1740** T. EVANS: *DPO* 33, digwyddodd i ddau Bendefig iefaingc o waed Brenhinol fyned allan i'r Gamp i ddifyrru; megis i ymaflyd Cwdwm, Neidiaw, *taflu Coetan.* Cf. *PT* 39, A *thawlu coeten* (*Hen B* 56, *coetan*), bar, a gordd, / A neidio ffordd y mynych. **taflu,** &c., **cusan:** *to blow a kiss.* **20g.** **taflu,** &c., **cylchau (ei gylchau,** &c.**):** *to be in a bad mood, be ill-tempered, throw a tantrum.* **1889.** Ar lafar yn y Gogledd a gogledd Cered., D. J. EVANS: *HCS* 127. **taflu,** &c., **dafnau:** *to start to rain, spot.* **1905.** **taflu,** &c., **dagrau = taflu dafnau.** Ar lafar, *ISF* 35. **taflu,** &c., **deisau:** *to stack hay, rick.* Ar lafar yng Nghered. **taflu('r),** &c., **dieithr (ymhell):** *to feign ignorance.* Ar lafar yn y Gogledd, Cered., a sir Gaerf. Cf. T. H. PARRY-WILLIAMS: *M* 21, ni chymerai ddim sylw o unrhyw ymholiad ynghylch hynny, dim ond '*taflu dieithr*', fel y dywedir, a sôn am y tywydd. **taflu('r),** &c., **drol:** *to overturn a (the) cart, also fig. throw in the towel, give up.* **1938.** Ar lafar, '*taflu drol*' 'to overturn a cart', *B* xiii. 141 (Edeirnion). **taflu,** &c., **dros ei throed (am graig):** *to overhang (of a rock).* **20g.** Ar lafar, *B* iii. 130 (Arfon). **taflu,** &c., **dŵr:** (i) *to fall (of dew).* Ar lafar, '*twlu dŵr*', *AGB* 39. (ii) *to pass water, urinate.* Ar lafar, '*towlu dŵr*' (canolbarth Cered.). **taflu,** &c., **dŵr (oer) ar (am ben):** *to throw cold water on or over, fig.* **1863.** **taflu dwst i lyga(i)d = taflu llwch i lyga(i)d.** **20g.** Ar lafar. **taflu,** &c., **ffwdan ar:** *to inconvenience.* Ar lafar, *GDD* 136. **taflu,** &c., **golau:** *to flash lightning.* Ar lafar yng ngodre Cered., sir Benf., a'r De, *LGW* 131. **taflu,** &c., **golau ar = taflu goleuni ar.** **1903.** **taflu,** &c., **goleuni ar:** *to shed light on, illuminate, fig.* **1913.** **taflu,** &c., **golwg:** *to cast a glance, take a look.* **1857.** Ar lafar, '*towlu golwg*' (sir Benf.). **ei daflu ei hun (dy daflu dy hun,** &c.**):** *to throw oneself, often fig.* **1676** W. JONES: *GB* 68, [dy] *daflu dy hun* i freichiau . . . dy Iachawdr. **1703** E. WYNNE: *BC* 37, a'i geraint . . . yn ei greu i beidio *ai daflu ei hun* i golli'r holl fŷd ar unwaith. **1735** S. THOMAS: *HP* 214, y Gwr ieuangc . . . a'*i teifl ei hun* i gyfeillach ofer Ddynion. *c.* **1762–79** W. WILLIAMS: *P* 345, amryw a *daflasant eu hunain* i lawr, rhai . . . foddodd. Ar lafar yn yr ystyr 'mynd i drafferth', 'Pidwch *towlu'ch 'unan* o gwbwl' (dwyrain Morg.). **taflu i ddannedd,** gw. *taflu yn ei ddannedd.* **taflu i maes,** gw. *taflu maes.* **taflu,** &c., **i fyny (lan):** *to throw up, vomit, be sick.* **1849.** Ar lafar yn gyff., 'Mi ddoth ato'i hun yn o lew wedi cial *towlu i fyny*', *B* xv. 27; '*twlu lan*' (sir Gaerf.). **taflu,** &c., **llais:** *to throw the voice, ventriloquize.* **20g.** **taflu,** &c., **(ei) llestr:** *to throw out the womb (in giving birth to a calf, &c.).* **1820.** Ar lafar, '*towlu llestar*', *B* xv. 27 (Meir.); '*taflu'i llestr*', *BILIE* 41. **taflu,** &c., **llwch i lyga(i)d:** *to throw dust in someone's eyes, fig.* **20g.** **taflu,** &c., **llyga(i)d ar (dros):** *to glance at, run one's eye over.* **20g.** **taflu('r),** &c., **maen:** *to put the shot (in athletics), also fig.* **1766** *CD* 125, Rhai'n *taflu maen* a Neidio. Ar lafar, '*taflyd maen*' 'to put the weight', *WVBD* 526. Cf. *Cymru Fu* (1864) 487, *taflu maen* a throsol hefo Ffowc Tŷ-du. **taflu,** &c., **(i) maes:** *to throw out, expel, cast out, eject, get rid of, also fig.* *c.* **1400** *Études* vii. 284, Y vwrw esgyrn twnn . . . yf sud y violet a thi ae *tefly y maes* or bydant mywn aclawt ar dy gorff. **20g.** Ar lafar yng Nghered. a'r De, 'Gath e 'i *dwlu mas* o'r Llew am ymladd'. Gw. hefyd *taflu allan* uchod. **taflu,** &c., **oddi ar ei echel (ei hechel,** &c.**):** *to disconcert, put (someone) off his (her, &c.) stride.* **1885** D. OWEN: *RL* 88, yr wyf yn synu na fuasai wedi *taflu* ambell un *oddiar ei echel.* **taflu,** &c., **ei (dy,** &c.**) bwysau o gwmpas:** *to throw one's weight about.* Ar lafar. **taflu,** &c., **tân:** *to flash lightning.* Ar lafar, *LGW* 131 (sir Benf.). **taflu,** &c., **dros y drws:** *to throw (someone) out.* **20g.** **taflu,** &c., **weips (weipen) (at):** *to cast aspersions (on).* Ar lafar yn y Gogledd. **taflu,** &c., **ymaith:** *to throw away, reject, also fig.* **1595** H. LEWYS: *PA* 22, fal pe i gwrthode ef ni, gann ein *taflu ymaith* yn ollawl. **1617** R. PRICHARD: *CE* [1], *Tawl ymith* [*sic*] bechod. **1734** *YCTM* 10, Heb Ympryd a Gweddi faith, / Ni *thewlir ymmaith* Satan. **taflu,** &c., **yn ei ddannedd (dy ddannedd,** &c.**), taflu,** &c., **i ddannedd:** *to reproach or taunt (someone).* **1672** R. PRICHARD: *Gw* 414, Na ddôd geiniog yn dy 'wllys, / O ddâ eraill yn gamweddys, / Rhag eu *taflu yn dy ddannedd*, / O flaen Duw, ar ddydd dy ddiwedd. **1778** *W, taflu . . . yn nannedd* un d.g. *To object to one [by way of reproach].*

taflaf²: taflo, gw. **tafolaf: tafoli.**

taflan, gw. **taflen¹.**

tafledig [bôn y f. *taflaf¹*: *taflu*+-*edig*] *a.bfl.* Wedi ei daflu neu ei luchio, wedi ei ysgytio: *thrown, flung, buffeted.*

1770 *W, Tafledig* . . . gan y gwyntoedd a'r dymmestl d.g. *Beaten, Weather-beaten. id. Tafledig* . . . i mewn d.g. *Injected.* **1803** *P.*

tafledigion [*tafledig*+-*ion²*] *e.ll.* Taflegrau: *missiles.*

1838.

tafledigol [*tafledig*+-*ol*] *a.* Y gellir ei daflu neu ei hyrddio, hyrddiol; allgyrchol; (geir.) yn taflu: *throwable, projectile; centrifugal; (dict.) throwing.*

1780 *W* d.g. *Projectile.* **1803** *P, Tavledigawl* . . . Tending to throw.

tafledydd, tafliedydd [bôn y f. *taflaf¹*: *taflu*+-(*i*)*edydd*] *eg.* ll. -*ion.* Taflwr, lluchiwr, hyrddiwr, ffondaflwr: *thrower, hurler, slinger.*

1604–7 *TW* (*Pen* 228), *Tafliedydh* d.g. *Fundibularius, Iaculator, Tortor.* **1605–18** *CLlH* 32, Mi a welais ddydd i'r march, / Ffriw hydd, *tafliedydd* (amr. *tafledydh*) towarch, / Na sangai neb ar i ên / Pan oedd dan Wên ap Llowarch. *Dchr.* **17g.** *J* 10, 153a, *Tavledydd* . . . a slinger. **1722** *Llst* 189, *Tafledydd.* m.p. *dyddion.* A caster, hurler, slinger. **1803** *P, Tavledyz*, s. m. pl. t. *ion* . . . A hurler, a slinger. *id. Tavliedyz*, s. m. pl. t. *ion* . . . A thrower.

Gw. hefyd **teflidydd.**

taflegryn [*tafl¹*+**legr* (cf. *cyflegr*)+-*yn¹*] *eg.* ll. *taflegrau.* Arf, &c., a deflir neu a saethir o beiriant, gwn, &c.; math o roced sy'n cario bom, arf niwclear, &c.; hefyd yn *ffig.*: *missile, also fig.*

20g.

tafleisiaeth [*tafl¹*+*llais*+-*iaeth*] *eb.* Y weithred o daflu llais, sef y grefft o gynhyrchu seiniau lleisiol sy'n ymddangos fel petaent yn dod o ffynhonnell arall, yn enw. mewn perfformiad: *ventriloquism.*

1916.

tafleisydd [*tafl¹*+*llais*+-*ydd³*] *eg.* ll. -*ion.* Un sy'n taflu ei lais, un sy'n ymarfer â thafleisiaeth; uchelseinydd: *ventriloquist; loudspeaker.*

1902.

taflen¹, taflan [bnth. dysg. Llad. *tabula*+-*en*, -*an¹*] *eb.* (bach. *taflennig*) ll. *taflenni, taflennau.* Dalen o bapur wedi ei hargraffu sy'n cynnwys defnydd hysbysebu neu wybodaeth am blaid wleidyddol, elusen, &c., ac a ddosberthir am ddim fel arfer, hysbyslen, dogfen a roddir i gynulleidfa, &c., fel ychwanegiad i ddarlith, &c.; dalen; llechen neu dabled (ac arni ysgrifen), plac; rhestr, tabl, mynegai; hefyd yn *ffig.*: *leaflet, handbill, flysheet, hand-out; folio; (inscribed) tablet, plaque; list, table, index; also fig.*

p. **1584** G. ROBERT: *GC* [131], Megis y gwelir wrth y *daflan* issod. rhaid yw marcio y modd y mae dy, yn newidio yn, th. *id.* [215], Moess[w]ch *taflan* ferr, i ddangos yn gyntaf blaenorion sy mewn diphdon rowiog. **1595** *Egl Ph* [99], Iob yn ysbyssu . . . ei bhod . . . heb pechu o hono ebh, yn gyhoedhus, yn erbyn yr ail *dabhlan* o'r gybhraith. **1670** J. HUGHES: *AP* [xx], *Taflan* i gael y Pasc. *id.* 83, *Taflan* o bechodau marwol a gorthrwm. **1688** *TJ* (At.) [50], Yn y gôfrestr o feiau sŷ'n canlŷn . . . fel ag i mae'r *daflen* ymma yn dangos. **1696** *CDD* 4, yn niwedd y llyfr gwneuthum *daflen* o'r hôll destŷnau mewn rhed wŷddorig. **1707** *AB* 23a, *Tavlen*, A Table. **1725–6** *Madd Ed* 62, Gwir yw na chyhoeddir pob Cyfreithiau yn yr un ffordd . . . Yr hen Rufeiniaid trwy *Daflennau* (*Tables*) wedi eu crogi i fynu yn y Farchnadfa. **1754** G. OWEN: *L* 122, Chwi gewch *daflen* o honynt [cywyddau] yn gyntaf i edrych a feddoch yr un o honynt ai peidio. **1760** *ML* ii. 161, [c]asgliad Thomas Wynn . . . yr hwn lyfr a welsai Edward Llwyd, ac a gymerasai *daflen* egwyddorig o'r enwau yn unig. **1794** *W, taflen* d.g. *Tablet.* **1803** *P, Tavlen*, s. f.—pl. t. *au* . . . a tablet; a table of figures. Ar lafar, "Dwi 'di bod yn rhannu *taflenni*'r Blaid'.

Cfn.: **taflen achau (achyddol):** *family tree, genealogical chart.* **1937.** **taflen amser:** *timetable, time sheet.* **20g.** **taflen waith:** *worksheet, jobsheet, timetable.* **20g.** **taflen sgorio (sgôr):** *score-sheet.* **20g.**

Gw. hefyd **tafwlan.**

taflen² [*tafl¹*+-*en*] *eb.* ll. -*ni.* Ffon dafl, catapwlt: *sling, catapult.*

Ar lafar, 'Ma *taflan* gin yr 'en grwtyn drws nesa' a ma fa'n ergidio at bob deryn', *GTN* 774; hefyd yn y cfn. *fforch daflan* (Arfon).

Gw. hefyd **tafler.**

tafleniad [bôn y f. *taflennaf*: *taflennu*+-*iad¹*] *eg.* ll. -*au.* Tabliad: *tabulation.*

1794 *W* d.g. *Tabulation.* **1803** *P* d.g. *Tavleniad.*

taflennaf: taflennu [bf. o'r e. *taflen¹*] *ba.* Tablu: *to tabulate.*

1794 *W* d.g. *Tabulate.* **1803** *P* d.g. *Tavlenu.*

taflennig, gw. **taflen¹.**

taflennol [*taflen¹*+-*ol*] *a.* Tablaidd; ar ffurf taflen: *tabular; in the form of a leaflet.*

1794 *W* d.g. *Tabular.* **1803** *P, Tavlenawl* . . . Tabular. Cf. *Adr Addysg* i. [iv], Crynodebau *taflenol.*

tafler [*tafl¹*+-*er²* (At.)] *e?g.* Ffon dafl, catapwlt: *sling, catapult.*

20g. Ar lafar yn y Gogledd yn y ff. *taflar, talfar*, a hefyd yn y cfn. *fforch taflar.*

Gw. hefyd **taflen².**

taflffon [*tafl¹*+*ffon*] *eb.* ll. -*ffyn.* Ffon dafl, catapwlt; picell, gwaywffon (fechan): *sling, catapult; dart, (small) javelin.*

1588 *Jud* vi. 12, pob gŵr a'r a oedd yn ergydio mewn *tafl-ffon. id.* ix. 7, ymddyriedasant i'r tarian, ac i'r bŵa, ac i'r *dafl-ffon.* **1604–7** *TW* (*Pen* 228), rhyw arf wedy rhwymo wrth Linyn neû hoenyn, megys *taflphon* d.g. *Aclys. id. Taflphynn* d.g. *Manobarbuli.* **1632** *D* d.g. *Sagitta, Spiculum.* **1661** E. LEWIS: *Drex* 233, Y mae ganddo bob math ar offerau distryw; Megis Gynnau, Bwau, Saethau, *Tafl-ffyn.* [**1783**] *W* d.g. *Sling [for throwing stones, &c.].*

Gw. hefyd **ffon—ffon dafl.**

taflhual [*tafl¹*+*hual*] *eg.?b.* ll. -*au.* Strap fer a glymir o gwmpas coes hebog, &c., wrth heboca: *jess.*

13g. *LlI* 7, e penhebogyd . . . Ef a dele kroen hyd er hydref, a'r guaanhven kroen ewyc, e wneythur menyc vrth arweyn e adar a *thauelhualeu.* **15g.** (**17g.**) *AL* ii. 724, Os edyn fydd, gwalch neu hebawg neu lamysten . . . tynget y Dduw yn y blayn may ef pioedd ef, ac ay gwnaeth yn ddof o wyllt ac wrth y *dafyl hual* y damdwng. **1730** *Leg Wall* 583, *Tafhualeu*, Compedes quibus Aucupes utuntur ne Accipitres inter praedandum ab avibus diffidantur. **1753** *TR, Taflhualeu*, K[yfreith] H[owel] the gesses of a hawk. **1803** *P, Tavlhual*, s. m. . . . The gesses of a hawk.

tafliad [bôn y f. *taflaf¹*: *taflu*+-*iad¹*] *eg.* ll. -*au.* Y weithred o daflu, lluchiad, hyrddiad (i'r ddaear), saethiad, ymdafliad; sigl, pendiliad; grym hyrddiol; echdoriad (llosgfynydd); ymestyniad, rhychwant; camdroad (mewn pren); *Drg.* a *Mwyn.* (maint symudiad) ffawt; anghyfleustra, rhwystr; awgrym, ensyniad; ebychair, ebychiad; hefyd yn *ffig.*: *throw, toss, a tossing, cast, fling, a hurling (to the ground), darting, throwing oneself; swing, oscillation; projectile force; eruption (of a volcano); projection, span; warp (in wood); fault or displacement (in geol. and min.); inconvenience, hindrance; hint, suggestion, insinuation; interjection, ejaculation; also fig.*

p. **1505** *GP* 154, parth, kysilldiad, arddodiad, a *thafliad* (*id.* 94, tafiodiad). **1621** E. PRYS: *Ps* 34a, Megis bwa a fai mewn câd, ac yntho *dafliad* gwyrdraws (*LlGG* (*Sall*) 44b, bwa twyllodrus). **1632** *D* d.g. *Iactus, Iaculamen, Missus.* **1687** (**1715**) J. OWEN: *TB* 76, yn disgwyl am *dafliad* llwyddiannus [o'r dis]. **1725** D. LEWIS: *GB* 364–5, [G]wth-nerth neu *Dafliad* Jou, yr hwn [s]y'n troi 25 Mil o Filldiroedd yr Awr. [*sic*] ac etto yn cael ei gadw ynghyd, gan fod ei Sugn-nerth yn fwy. *c.* **1730** *Taith C* 125, y mae ei edrychfa Glaer-wen ef gennych chwi, a *thafliad* o'ch Llygad fel yntef (*a Cast like his with your Eye*). **1771** *W* d.g. *A Casting, Fling, Jaculation.* **1775** *EDPP* 117, ym mynwes [Iesu] . . . y mae yn dodi'r enaid, lle y mae, tros yr amser, yn melus orphwys, ar ol ei holl *dafliadau* (*tossings*) rhyfeddol yma a thraw. **1790** TWM O'R NANT: *GG* 67–8, Ond hi aeth yn awr yn

eirias, / Uffernol unol wynias, / Elynol goeg alanas, / Oer *dafliad* eiriau diflas. **1796** T. JONES: *CCA* 124, pan fo *tafliadau* o ddidduwiaeth yn curo ar ei feddwl, fe ddywed yn ei galon, Y mae Duw mewn bod. *id.* 135, *tafliadau* oddi wrth Satan ydynt [cableddau]. *id.* 136, y *tafliadau* (*dartings*) disymmwth yma o feddyliau cableddus ydynt yn rhuthro trwy drais ar yr enaid. **1803** *P*, *Tavliad*, s. m.—pl. t. *au* . . . A throwing. Ar lafar yn yr ystyr 'ensyniad', 'hen *dafliad* cas' (Arfon). Cf. D. OWEN: *D* 185, yr oedd efe yn dechre teimlo effeithiau y *tafliad* a gawsai gan Jeremiah.

Amr.: **taflad** [bôn y f. *taflaf*[1]: *taflu*+-*ad*[2], trf. han.] **1798** *WR* d.g. *Cast.* **tawliad, tawlad**[1], &c. [cf. *tawlu*, *towlu* (gw. *taflaf*[1]: *taflu*)]. **1848.** Ar lafar, '*towliad*, *tawliad*' 'a throw', *WVBD* 538; '*towliad* yn i lygad o' 'cast in his eye', *B* xv. 27 (Meir.); hefyd yn yr ystyr 'anghyfleustra, anhwylustod', 'Fe fu'r anshawns yn *dowlad* mowr iddo', *GDD* 306; ''Ôn i wedi meddwl cwplo'r gwaith i gyd erbyn te, ond fe ddæth Meri 'nghnithdar a'n wir, 'i fu'n *dywlad* ifi', *GTN* 833; 'dywedid bod *twlad* yn y wythïen pan ddiflannai am ychydig ac yna bwrw'n sydyn tuag i fyny neu tuag i lawr, S. "fault"', *Geir Glo* 65.

Cfn.: **tafliad allan:** *a throwing out*, *ejection*; *projection.* **1632** *D* d.g. *Proiectus.* **(o fewn) tafliad carreg:** (*within*) *a stone's throw.* **1937.** Ar lafar, 'cyn bellad â *thowliad carrag*', *WVBD* 538; ''Ôn i'n câl 'magu *o fewn tafliad carrag* iddo fo'.

tafliadol [*tafliad*+-*ol*] *a.* Hyrddiol (am rym): *projectile* (*of force*).
1842.

tafliedydd, gw. **tafledydd.**

taflnerth [*tafl*[1]+*nerth*[1]] *eg.* ll. -*oedd.* Grym hyrddiol: *projectile force.*
1780 *W* d.g. *Projectile force.* **1803** *P*.
Amr.: **tawlnerth** [cf. *towl* (gw. *tafl*[1]) a *tawlu* (gw. *taflaf*[1]: *taflu*)]. **1850.**

taflod[1] [bnth. Llad. **tab'lātum* < *tabulātum*, Gwydd. C. *táibled* 'oriel; murfwlch'] *eb.g.* ll. -*ydd*, -*au.*

(*a*) Ystafell uwchben stabl, yn enw. un a ddefnyddir i storio gwair, &c., llofft (y gwair), storfa; ystafell wely neu lofft uwchben rhan o'r ystafell oddi tani, atig, croglofft; llwyfan (dros dro); clwyd (ieir), esgynbren; sgaffald, crocbren; hefyd yn *ffig.*: (*hay*)*loft*, *storehouse*; *bedroom or loft above part of the room beneath*, *attic*, *garret*; (*temporary*) *stage or platform*; *roost*; *scaffold*, *gallows*; *also fig.*

14g. *GDG*[3] 166, Megis angel y'm gwely / Ddyddbrawd uwch *taflawd* y tŷ, / Yn dyfod i gnocio'r drws: / 'Y mwdwl gwair, ai madws?' **14**g. *GIG* 90, Bwrier a wëer o wawd / A'i deuflaen ar y *daflawd* [marwnad Dafydd ap Gwilym]. **15**g. *GDLl* 149–50, Hynod fydd, hŷn ydyw fo, / Glog aur, na'r golwg arno; / Dwyflwydd, fel cledr y *daflawd*, / A chweugain aeth uwch ei gnawd (Llywelyn ap Gutun)! **16**g. WILIAM CYNWAL: *Gw* (G. P. Jones) 14, Tadmaeth clêr y'th gymerwyd, / *Taflod* y gerdd dafod wyd [i Syr Lewys, offeiriad Corwen]. *Dchr.* **17**g. *J* 10, 153a, *Tavlod.* a lofte. **1617** *Minsheu* 212b d.g. *a Garret in the toppe of a house.* **1632** *D*, *Taflod*, Tabulatum. **1672** R. PRICHARD: *Gw* 239, Y garthen rawn y fu ar wely, [*sic*] / Dy dâd wrth orwedd yn y beudy, / Y geidw'th fâb i tithe orwedd, [*sic*] / Ar y *daflod* cyn dy ddiwedd. **1688** *TJ*, *Taflod*: a Garret, a Loft or Scaffold. **1703** E. WYNNE: *BC* 39, Beth . . . yw 'ch anwyl Ddinas chwi ond *Taflod* fawr o boethfel uwch ben Uffern. **1739** *AP* 53, [*t*]*aflod* fwg dewglyd i gysgu ag Ymgrafgar garthen. **1751** J. PRYS: *Alm* [4], a Dedwydd yw y rhai sydd lawnion eu sguboriau ai *Taflodydd.* **1753** *TR*, *Taflod*, a loft, commonly a hay-loft. [**1783**] *W* d.g. *Stage.* **1795** JAC GLAN-Y-GORS: *SG* 20, Dowch, dowch, i wrando, dacew'r ffwl ar y *daflod.* **1800** W. OWEN[-PUGHE]: *CP* 25, Gwerth y tô . . . hawdd y troïr naill ai yn golomendy, yn gut y ieir, neu yn *daflod* (store) i fân geriach. **1803** *P*, *Tavlawd*, s. f.—pl. *tavlodyz* . . . the space next to the roof in a building; a loft, a garret. Ar lafar, '*taflod*' 'hay-loft', *WVBD* 525. Clywir hefyd y rhigwm 'Ein tad yr hwn wyt yn y *daflod* / Tyd lawr, ma dy swpar di'n barod!' (Arfon). Cf. D. OWEN: *D* 204, aeth i'r ystabl, wedi hyny aeth i'r gywlas, a thrachefn dringodd i fyny ysgol i'r *daflod*; *Hen B* 129, Beth wneir â *thaflod* heb ddim gwair?

(*b*) Rhan uchaf y geg (mewn anifeiliaid asgwrn cefn) sy'n gwahanu ceudod y geg oddi wrth geudod y ffroenau, taflod y genau, hefyd yn *ffig.*: *palate*, *roof of the mouth*, *also fig.*

c. **1566** *B* xv. 118, lladdiad garan y brathū a chyllell *yn haflod* y genay. *ib.* lladdiad yderyn y bwnn *yn haflod* y safyn. Ar lafar, *WVBD* 525. Gw. hefyd y cfn. *taflod y genau*, *taflod y safn* isod.

Amr.: **dowlad,** &c. Ar lafar yn y ff. *dowlad* (canolbarth a godre Cered.), *dwlod* (Brych.), a *dowlod*, *dewlod* (sir Gaerf.). **tawlod,** gw. *towlod.* **tewlad.** Ar lafar yng ngogledd sir Gaerf. **towlad**[2] [cf. *towlod*]. **1884** *Trans Liverpool WN Soc* 548, Dianc rhag y mwg i'r *dowlad.* Ar lafar, *TGG* (1904) 62 (gogledd sir Benf.), *id.* (1906) 16 (Morg.), *id.* (1907–8) 90 (de-orllewin sir Gaerf.), 111 (godre Cered.). **towlod,** &c. [?cf. *towlu*, *tawlu*, &c. (gw. *taflaf*[1]: *taflu*)]. **18**g. *Llr* C 24. 352. Ar lafar yn y ff. *towlod* (canolbarth a godre Cered.), ac yn y ff. *tywlod*, *GTN* 834. Cf. *Hen B* 129, A chadw'r *dawlod* nes dêl gwair, / A mynd i'r ffair â'r arian.

Cfn.: **taflod, &c., (y) beudy:** *cowshed loft.* **18**g. *LlGC* 57, 2, [*t*]*aflod y beudu.* **1800** W. OWEN[-PUGHE]: *CP* 92–3, y celloedd caws hyn á fyddant yn *nhaflodydd y beudyau.* Cf. *CYLl* 15, Cysgu ma's oedd hi bryd hynny, / Lofft y stabal—*towlad beudy.* **taflod galed:** *hard palate.* **20**g. **taflod goed:** *platform*, *stage.* **1632** *D* d.g. *Pegma.* **1706** *Cyf Cym* 116–17, Tebyg ydyw i ŷn a wnae *daflod goed* cufuwch [*sic*] a chlych-tŷ, pan foe ei waith ef ar lawr. **1725** *SR* d.g. *A Scaffold.* **taflod, &c., (y) genau (fy ngenau, &c.):** *palate*, *roof of the mouth*, *also fig.* *c.* **1566** *B* xv. 118, lladdiad garan y brathū a chyllell *yn haflod y genay.* **1567** *LlGG* (*Sall*) 78b, glyned vy-tavot wrth *daflot vy-genae.* **1567** G. ROBERT: *GC* 38, y trydydd teulu sy'n cynnwys y llythrennau taflodawl c. g. ch. o herwydd bod y tafod, wrth i llaferu hwynt; yn*nhaflod y genau.* **1604–7** *TW* (*Pen* 228), cigyn *ynhaflot geneu* dyn d.g. *Uva.* **1632** *D*, *Taflod y genau*, Palatum. **1724** S. WILLIAMS: *ADA* 76, Gwenwyn melus yw pechod . . . a arbedwch chwi ef, a'i attal o fewn *taflod eich genau?* **18**g. *Llr* C 24, 352, [*t*]*owlod y geneu.* **1803** *P* d.g. *Tavlawd.* Ar lafar, ''Odd dim *tywlod gena* ginto', *GTN* 834. **taflod, &c., y gwair, taflod, &c., wair:** *hayloft.* **1604–7** *TW* (*Pen* 228), *Taflot y gwair* d.g. *Fœnile.* **1632** *D*, *Taflod wair* d.g. *Fœnile.* **1725** *SR*, *Taflod wair* d.g. *A Loft* . . . *A Hay loft.* **1803** *P* d.g. *Tavlawd.* Cf. *Hen B* 111, Mae bechgyn Cei Newydd yn ddedwydd mewn ffair, / Yn cyrlio'u gwallt melyn yn *nhaflod y gwair*; D. J. WILLIAMS: *STG* 31, cysgu'n hapus ar y *dowlad wair* uwchben y ceffylau. **taflod hollt:** *cleft palate.* **20**g. **taflod, &c., (yr) ieir:** *hen-roost.* **1617** *Minsheu* 423b, *Tawlod-y* [*sic*] *iair* d.g. *a Roost, or henne-Roost.* **1803** *P* d.g. *Tavlawd.* **taflod feddal:** *soft palate.* **20**g. **taflod (y, ei, &c.) safn:** *palate*, *roof of the mouth.* *c.* **1566** *B* xv. 118, lladdiad yderyn y bwnn *yn haflod y safyn.* **1771** *PDPh* 68, Os dygir ceffyl attoch . . . edrychwch ar *daflod ei safn.* *id.* 84, Chwydd yn *nhaflod Safn* Anifail.

taflod[2] [bôn y f. *taflaf*[1]: *taflu*+-*awd*[3], -*od*] *e?g.* ?Ergyd neu hyrddiad (arf): *blow or throw* (*of weapon*).
c. **1400** *R* 1302. 19, Tefleist y6rthyt *tafla6t* ymwangeis.

taflodiad [*taflod*[1]+-*iad*[1]] *eg.* ll. -*au*, (prin) *taflodiaid.* Ebychair, ebychiad; adferf; sain daflodol; y weithred o daflodoli: *interjection*, *ejaculation*; *adverb*; *palatal* (*sound*); *palatalization.*

c. **1455** *GP* 75, Beth yw *taflodiad?* Rrann araith a arweddoka dehev[r]wyd meddwl dan lef gyhvddedic . . . rrai o'r *tavlodiadav* a arweddocka lywenydd, val y mae vah, euax. Rai a arweddoka dolvr, val y mae heu. **1547** *WS*, *Taflodiat* vn o wythran ymadrodd. An interiection. **1552** *LlCy* i. 265, *Taflodiat* (*adverbium*). *p.* **1584** G. ROBERT: *GC* [130], ei cyfansoddir hwynt [rhagenwau] a *thaflodiad*, mal: gwaefi, gwaedi [*sic*]. **1595** *Egl Ph* [70], *tabhlodiad* . . . dulh ar ymadrodh yw, pan bho 'r araithiwr megys yn dolebhu yn vchel, o ran rhyw gynnwrbh yn y medhwl a'r nwydau. **1604–7** *TW* (*Pen* 228) d.g. *Interiectio.* **1722** *Llst* 189, *Taflodiad.* m. Interjection. **18–19**g. *Llr* C 35, 610, *Taflodiaid*, (Palatials [*sic*]) C, G, Ch. **1803** *P*, *Tavlodiad*, s. m.—pl. t. *au* . . . Interjection.

taflodog [*taflod*[1]+-*og*] *a.* Taflodol: *palatal.*
Diw. **16**g. **(1605)** *GP* 208, [c]ytseiniaid . . . *taflodawg*, val g, k, ch.

taflodol [*taflod*[1]+-*ol*] *a.* ll. -*ion*, a hefyd gyda grym enwol. A gynhyrchir â rhan o arwyneb y tafod yn erbyn y daflod galed neu'n agos iddi; (geir.) ebychiadol: *palatal* (*sound*); (*dict.*) *interjectional.*

1567 G. ROBERT: *GC* 38, Y trydydd teulu sy'n cynnwys y llythrennau *taflodawl* c. g. ch. o herwydd bod y tafod, wrth i llaferu hwynt; ynn haflod y genau. *c.* **1730** *Thos. Lloyd D* (LlGC) 212b, *Taflodol.* Palatalis. **1803** *P*, *Tavlodawl* . . . Interjective.

taflodolaf: taflodoli [bf. o'r a. *taflodol*] *ba.* Llefaru (sain) gan roi rhan o arwyneb y tafod yn erbyn y daflod galed neu'n agos iddi: *to palatalize.*
20g.

taflofft [*tafl*(*od*[1])+*llofft*] *eb.* Taflod, atig: *loft*, *attic.*
1932.

taflog [*tafl*[1]+-*og*] *a.* Tueddol o wneud ensyniadau annymunol: *apt to make unpleasant insinuations.*
Ar lafar, 'hen beth *daflog* ofnatsan ydi hi', *B* i. 101–2 (Arfon); hefyd 'said of one who throws about his arms in walking', *ib.*

taflrym [*tafl*[1]+*grym*] *eg.* Grym hyrddiol neu allgyrchol: *projectile or centrifugal force.*
1780 *W* d.g. *Projectile* . . . *Projectile force.* **1803** *P*.
Amr.: **tawlrym. 1850.**

taflun [*tafl*[1]+*llun*[1]] *eg.* ll. -*iau.* Sleid ffotograffig (i'w thaflunio gan lusern hud); tafluniad: (*lantern-*)*slide*; *projection.*
20g.

tafluniad [bôn y f. *tafluniaf*: *taflunio*+-*iad*[1]] *eg.* ll. -*au.* Y proses neu'r weithred o daflunio delwedd, atgynhyrchiad delwedd, &c., ar arwyneb neu sgrin, hefyd yn *ffig.* hyrwyddiad delwedd benodol o berson, sefydliad, &c.; allanoliad (mewn seiciatreg); *Daearydd.* y weithred o daflunio, enghraifft o'r cyfryw: *projection* (*of image*), *also fig. and in psychiatry and geog.*
20g.

tafluniaf: taflunio [bf. o'r e. *taflun*] *ba.* Peri i (ddelwedd, &c.) ymddangos ar arwyneb neu sgrin, hefyd yn *ffig.* hyrwyddo delwedd benodol o (berson, sefydliad, &c.); allanoli (mewn seiciatreg); *Daearydd.* cynrychioli (rhan o arwyneb y ddaear neu gorff nefol) ar arwyneb plân: *to project* (*image*), *also fig. and in psychiatry and geog.*
20g.

tafluniwr [bôn y f. *tafluniaf*: *taflunio*+-*iwr*] *eg.* ll. *taflunwyr.* Un sy'n gweithio taflunydd: *projectionist.*
20g.

taflunydd [bôn y f. *tafluniaf*: *taflunio*+-*ydd*[3]] *eg.* ll. -*ion.* Cyfarpar sy'n cynnwys ffynhonnell golau a system o lensiau i daflunio sleidiau neu ffilm ar sgrin, cyfarpar sy'n taflu allan belydrau o oleuni: *projector.*
20g.

taflwr, taflydd [bôn y f. *taflaf*[1]: *taflu*+-*wr*, -*ydd*[3]] *eg.* ll. *taflwyr*, *taflyddion.* Un sy'n taflu (â ffon dafl), bwriwr, lluchiwr, hyrddiwr; ffon dafl, catapwlt; blif, magnel: *thrower*, *one who casts or flings*, *hurler*, *slinger*; *sling*, *catapult* (*also as engine of war*).

1588 1 *Mac* vi. 20, hwy a ddaethant yng-hyd . . . ac a wnaethant leoedd i'r *tafl-wŷr* i sefyll a rhyfel-offer. *id.* ix. 11, y *taflyddion* a'r saethyddion a gerddasant o flaen y llu. **1632** *D*, *Taflwr* carreg d.g. *Discobolus.* *id.* d.g. *Iaculator*, *Lapidator.* **1653** (**18**g.) *Pant* 8, 49b, Oni wyddoch, er nad oedd ond un Duw i ni ar Iuddewon, fod dau Destament, Hen a Newydd . . . nid oes yn Zion *daflwr* gwennol nas gwyr hyn. *c.* **1730** *Thos. Lloyd D* (LlGC) 213b, *Taflydd* . . . Iaculator, funditor. **1762** D. ROWLAND: *PA* 22, nid wyf yn ammau nad oes yn y dyrfa luosog hon, nid yn unig gyrr o wrthgloddwyr, *taflwyr* Tân ac arfau rhyfel, eithr hefŷd rai o bob lleng o'r gwarchau-wyr. **1771** *W*, *taflwr* d.g. *Caster*, *Flinger*, *Hurler.* *id.* *taflydd* . . . *taflyddion* d.g. *Slinger.* **1803** *P* d.g. *Tavlwr*, *Tavlyz.* Ar lafar, '*taflwr*' 'rhywun sy'n taflu (cerrig, &c.) â'i law neu â thaflan', *GTN* 774. Cf. I. MATHIAS: *Last of The Mwldan* (1998) 78, One of our toys was the *Taflwr*, or Thrower, a long piece of flattish wood with its top end wedged open to hold a piece of slate. A sudden jerk could send the slate flying clean across the river onto the St Dogmaels road.

Cfn.: **taflwr codwm:** *wrestler.* **1932.**

taflwybr [*tafl*[1]+*llwybr*] *eg.* ll. -*au.* Llwybr a ddilynir gan wrthrych sy'n symud drwy'r awyr neu'r gofod; *Math.* cromlin sy'n torri teulu o gromliniau neu arwynebau ar ongl gyson: *trajectory.*
20g.

taflyd, taflydd, gw. **taflaf**[1]**: taflu, taflwr.**

tafod [H. Grn. *tauot*, gl. *lingua*, Crn. Diw. *taves*, e. prs. H. Lyd. [*T*]*avod*(*ec*), Llyd. C. *teaut*, *teut*, Llyd. Diw. *teod*: < Brth. **tauāt-*, cf. H. Wydd. *teng*(*a*)*e*, H. Lad. *dingua* (> Llad. *lingua*), H. S. *tunge* (> S. *tongue*): o'r gwr. IE. **dn̥ghū-*; petrus yw

dosbarthiad rhai o'r enghrau. isod] *eg.b.* (bach. ?g. *-an*) ll. *-au*, (prin) *-ydd*.

(*a*) Talp o feinwe cyhyrol sy'n gysylltiedig â gwaelod y geg mewn anifeiliaid asgwrn cefn ac a ddefnyddir i flasu, i lyfu, i lyncu, &c., tafod rhai anifeiliaid fel bwyd: *tongue* (*also as food*).

13g. *LlI* 89, Am werth hyd . . . xii. goluyth keureythyaul . . . Sef yu e goluythyon henne, y am y duy uanec a'e deu corn a'e *tauaut*. **13**g. *B* x. 23, [p]an agoret eissyoes e bed e caffat e blodeuyn tecaf ene eneu ae *davaut* en gyuan ac en yach. **14**g. *T* 23. 22–4, gỽeint mil maỽrem. Arnaỽ yd oed can pen. Achat erdygnaỽt dan von *ytauaỽt*. **14**g. *B* ix. 329, dreic aruthyr . . . ac o'e ffroennev mvc a than yn kerdet a'e *dauot* a oed tanllvyth. **1547** *WS*, *Tafod* Tongue. **1567** *TN* 114a, danvon Lazarus, y drochy blaen ei vys mewn dwfyr, ac oeri vy-*tafawd*: can ys im poenir yn y flamm honn. **1588** *Sech* xiv. 12, hynfydd [*sic*] y blâ . . . ai llygaid a ddarfyddant yn eu tyllau, au *tafod* a dderfydd yn eu safn. **1615** R. SMYTH: *GB* 63, nid [oe]dd [Caligula] fodlon yn unig i ladd anirif o bobl, cythyr hefyd yr oedd ai *dafod* yn llufu i gleddau gvvedi iddo i drochi yn i gvvaed. **1632** *D*, *Tafod*, Lingua. *id.* Prŷf yn *nhafod* ci, a bair iddo gynddeiriogi d.g. *Lytta*. **1687 (1715)** J. OWEN: *TB* 84, yr Esgob ar ol rhoddi ychenaid drom a gafwyd yn farw yn y gwely, a'î *dafod* wedi estin allan o'i eneu. *c.* **1740** *LlM* [47], Ffordd Ragorol i gadw *Tafodau* mewn Heli. **1759** J. EVANS: *PF* 46, I leihau 'ch syched, daliwch yn aml ar eich *Tafod*, Dafellig deneu fechan o Fara. Ar lafar, *WVBD* 526 (*eg.* ac weithiau fel *eb.*), *GTN* 774 (*eg.*). Cf. D. OWEN: *D* 80, Ymddangosai Jim braidd yn siomedig; a phan drodd Mr. Pugh ei gefn, gwelais Jim yn estyn ei *dafod* allan arno.

(*b*) Y tafod o'i ystyried fel organ lleferydd, y gallu i lefaru, gallu mynegiant, hefyd yn *ffig.*: *tongue* (*considered as organ of speech*), *faculty of speech*, *power of expression*, *also fig.*

12g. *GMB* 101, Amdlaỽd uyn *tauaỽd* ar vyn tewi. **12**g. *GLlF* 120, Keueis-y wyth yn hal pwyth peth o'r waỽd—yr geint; / Ys da deint rac *tauaỽd*! **13**g. *GDB* 219, Goruchel arglwyd, gor-yth-yolaf, / Gorueddaỽt vyn *taỽaỽt*, gỽaỽt a ganaf. *id.* 390, Gnaỽt yỽ o'e elyn hylithyr wylaỽ / A gnaỽt vot *tauaỽt* diwyt idaỽ. **13**g. *LlI* 8–9, o dychavn e den hvnnv prouy bot en cam e uravt a uarnvs er egnat, collet e *tauavt* neu enteu a'e prynno e gan e brenhyn o'e werth kyureyth. *id.* 95, Am werth e nau aelaut gogyuurd . . . Guerth y *tauaut*, kymeynt yu a guerth henne oll, canys y *tauaut* ac eu hamdyffyn. **13**g. *GBF* 357, Kyn bot ettwa ewyllys da, dial eisseu, / Na gỽneuthur da, na thraethu da ar *dauodeu*. **14**g. *WM* 84. 14–18, Arglỽyd . . . ae guell ygỽna neb uy neges . . . no mi uu hun. Na ỽell heb ynteu *tauaỽt* laỽn da yỽ yteu di. **14**g. *GDG*[3] 285, Dirfawr fydd hoedl ar derfyn, / Ḍarfod a wna *tafod* dyn! *c.* **1400** *R* 1262. 38–9, paraỽt berth *dauaỽt* gan borth dovyd. *Dchr.* **15**g. *GSCyf* [104], A! Druan fawd lydan ledr, / Y *tafawd*, nid wyt hyfedr (Llywelyn ab y Moel). *a.* **1561** *B* vi. 46, kadw dy *dafod* rac dywedyd dirmic. **1567** *TN* [xxx], o herwydd bot y gair hwn Estefn gwedy treulio cymeint gan *davodae*'r bopul anllythyrenoc. **1588** *Jer* xviii. 18, ni fetha y gyfraith gan yr offeiriaid . . . na'r gair gan y prophwyd: deuwch, tarawn ef a'r *tafod*. **1595** *Egl Ph* [ix–x], adhebhed pob *tabhod*: sebh pob dyn. *id.* 97, Sawl nis adrodhan / Ar bhloesc *dabhodan* Hort, ag ni dhrygan / Gymmydog. **1672** J. LANGFORD: *HDdD* 159, cadw wiliadwraeth gaeth ar dy *dafod*, rhag iddo dorri allan i ryw eiriau digllon. **1693** J. OWEN: *BP* ii, Fy ewyllys . . . oedd ar i chwi, yr hwn y mae gennych *dafod* y dysgedic, i fod yn Ddadleuwr. **1741** *ML* i. 48, He is a good-natur'd man—dim bai mawr ond bod ei *dafawd* yn ddodrefnyn anwarddus a rhidwll. **1790** T. JONES: *TOS* 288, Oni haeddwn yn ddâ fy nghau allan o'r nefoedd, os cymmeraf fy nychrynu oddiwrthi gan ddirmyg *tafodeu*? Ar lafar, 'Mae gynno fo *dafod* lond 'i geg' 'he is very talkative', *WVBD* 249; '*tafod* llithrig', '*tafod* rhwydd', *id.* 526. Cf. D. OWEN: *GT* 343, y mae ganddo *dafod* llyfn a pharod; S. WILLIAMS: *EN* 85, *tafod* fel rasp, *tafod* fel chwip neu *dafod* fel rasel.

(*c*) Iaith, lleferydd, tafodiaith, acen; (yn y ll.) parabl ecstatig annealladwy (mewn cyd-destun crefyddol); *Ieith.* iaith fel system haniaethol o'i gwrthgyferbynnu ag ymddygiad ieithyddol unigolion (gthg. *mynegiant*); ffrae, llond pen, cystwyad; hyfdra, wyneb: *language*, *speech*, *dialect*, *accent*; (*pl.*) *tongues*, *glossolalia*; *langue* (*in linguistics*); *row*, *a telling off or scolding*; *impudence*, *cheek*.

15g. *FfBO* 47, yr hwnn [dinas Kanasia] y'n *tauawt* ni (*in nostra lingua*) a elwir Dinas Nef. **1547** *WS* [xiii], raid yw madde i bob *tafawd* i ledlef, a goddef i bob iaith i phriodoldeb. **1551** W. SALESBURY: *KLl* xva, Pe ydd ymddiddanwn a *thavodeu* dynion ac angelion / a bot eb cariat ynof / ddwyf vi val elidn seiniawc. *id.* xxiiib, Yn wir y ddwyt ti [Pedr] yn vn o honunt / o bleit may dy *dauot* ith vanegy. **1567** *LlGG* 103a–b, turfa vawr . . . or oll genetloedd a llwytheu a' phopuloedd, a' *thauodau* oedd yn sefyll geir bron yr eisteddfa. **1567** *TN* 209a, llavarawdd wrthynt yn y *tavot* Hebreo. *id.* 257a, donieu iachau, canhorthwywyr, llywodraethwyr, rhywiae *tavodydd* (**1988** 1 *Cor* xii. 28, llefaru â *thafodau*). *p.* **1584** G. ROBERT: *GC* [256], y *tafod* cyphredin sy trwy holl dir groeg, ne'r *tafod* athig sydd bennaf, eithr hefyd y *tafod* Iolig. **17**g. *LlGC* 13215, 315, Geirva *Tavod* Comroig Hoc est Vocabvlarivm Lingvæ Gomeritanæ. Ar lafar, 'Fydda' i'n cal tipyn o *dafod* yn amal iawn' 'I get a bit of scolding very often', *WVBD* 526; 'Be' nathon' nw ond iwso *tafod* arno a galw Ianc arno fe' (gogledd Cered.); ''Odd a'n wilia yn *dafod* y Sais', *GTN* 781. Cf. D. OWEN: *WBC* 161, hi aeth yn enbyd yn y cyfarfod casglu i Dai, ac ymadawodd pawb yn y terfysg mwyaf, a bu yn gryn *dafod* rhwng amryw o'r aelodau.

(*d*) Plediwr (mewn llys barn), adfocad: *pleader* (*in court of law*), *advocate*.

13g. *LlI* 34, canyt oes namen un *tauaut* e mach e erru arnau ef, na dele namen un *tauaut* e kynnogen o'e wadu. **14**g. (**17**g.) *AL* ii. 694, dyly y ceitwat ehun neu y *dafawt* drostaw, ddywedut un or tri arddelw cyfreithyawl. **15**g. *id.* 212, ydyly ylleidir pan dda[w] yr orset galỽ am*davawt* adwedut ivod yn wirion ac arddel kyfreithiol. *id.* 298, dyly yr howlwr neu y *davot* drosdo dywedut messur hawl y gwr hwn. Cf. *WVBD* 526, 'Rodd hi'n geg a *thafod* iddyn' nhw.

(*e*) (enghrau. *tros.*: *transf. exx.*).

14g. *GDG*[3] 178, Difwyn fo'i ben a'i *dafod* / A'i ddwy raff iddo a'i rod [i'r cloc]. **16**g. (*LlEG*) *Mos* 158, 479a, *Tauodau* yr hrain [clychau] aberis gwr kyuoethog or drev i tynnu allan. **1551** W. SALESBURY: *KLl* xlviiib, ymddangoses yddynt *tauodau* rannedic / mal yn dan. **1595** H. LEWYS: *PA* [xxi], eythr byw yn fudion . . . fal . . . clych heb *dafodeu*, ne gannwyll dann lestr. **1604–7** *TW* (*Pen* 228), *tauot* main o dir yn rhedec tua'r mor d.g. *Lingua*. **1618** J. SALISBURY: *EH* 64, Paham y lhunir yr Ysprvd-glân uwch ben yr Apostolion, yn rhith *tafodæ* tanlhyd? **1632** *D*, Llafn neu *dafod* a fo yn nibyn o ddeutu 'r goronbleth d.g. *Lemniscus*. **1697** *LlGC* 7008, 8, maes arian cwpl aur rhwng tri phen baedd giwls, *tafodau* tanllyd. **1725** D. LEWIS: *GB* 63, am ryw *Dafodeu*, neu Ddryseu bach yn caead, yn y Bibell sy'n dwyn y Maeth gyd âg Asgwrn y Cefn i fynu. **1794** *W* d.g. *Tenon*. Ar lafar, '*tafod*' 'in railways in slate quarries . . . point', *WVBD* 526; '*tafod*' 'ymyl colfachog; a hinged lip (on a box, etc)', *GTN* 781.

Cfn.: **tafod aur:** (i) *pleasant or witty talk*, *eloquence*. **1604–7** *TW* (*Pen* 228) d.g. *Sal* (hefyd *D*). **1632** *D* d.g. *Suaviloquentia*. Cf. *D*, yr aur dafod d.g. *Suada*. (ii) *name of measure in traditional Welsh string music*. **16–17**g. *SChC* 593–4, Llyma y saith vesur ar hugain . . . dilo hoew . . . *tafod aur*. **tafod bach (fach):** *uvula*. **1913.** Ar lafar, '*tafod bach*', *WVBD* 526; '*tafod fach*', *B* xiv. 282 (gogledd Cered.). **tafod front:** *coarse language*. Ar lafar yn y Gogledd. **tafod budr:** *foul mouth*, *obscene language*. Ar lafar, 'Mae gynno fo *dafod budur*', *WVBD* 526; 'Ma *tafod budur* ginto', *GTN* 781. Cf. *D*, budr ei dafod d.g. *Spurcidicus*. **tafod cloch (y gloch):** *clapper* (*of bell*), *also fig.* **14**g. *CMOC* 30, tobren arffed merchedau, / *tafod cloch* yw'r tyfiad clau [i'r gal]. **1617** *Minsheu*, 75a, *tafod y glóch* d.g. *a Clapper of a bell*. **1803** *P* d.g. *Tavawd*. Ar lafar, *WVBD* 526. **tafod (y) clorian:** *pointer of balance or scales*. **1604–7** *TW* (*Pen* 228), *tafawd y clorian* d.g. *Aequilibrium*. **1632** *D* d.g. *Canon*, *Libramen*. **1725** *SR* d.g. *The Tongue of a ballance*. **tafod drwg:** *abusive language*, *slanderous tongue*; *a scolding*. **1567** *TN* 313a, eu gwragedd yn honest, nid a *thafodau drwc*. **1609** *CRC* 344, gwaeth yw *tafod drwg* na chledde. **1632** *D* d.g. *Maledicus*. *c.* **1730** *Thos. Lloyd D* (LlGC) 213b, *Tafod drwg*. Foul language. **1803** *P*, Tavawd . . . *Tavawd drwg*, a scolding. Cf. W. REES: *LlHFf* 26, Mi gewch bregeth ar rw destyn o'r bibil . . . a *tafod drwg*, a senwe ar rwrai. Gw. hefyd *drwgdafod*. **tafod yr ebol:** *tissue on the forehead of a newly-born colt*. Ar lafar, *GDD* 288–9. **tafod esgid:** *tongue of shoe*. Ar lafar, *WVBD* 526, *GTN* 781. **tafod weli,** gw. *gweli—gweli tafod*. **tafod laferydd,** gw. *tafodleferydd*. **tafod fawr:** *coarse language*. Ar lafar, 'Ma hen *dafod fawr* 'dag e' (gogledd Cered.). **tafod pica:** *sharp or caustic tongue*, *impertinent manner*. Ar lafar, 'Ma *tafod pica* iawn da hi', *GDD* 223; 'Dyna *dafod pica* o'dd gen y tafarnwr yna!', *LlGC* 1171, 127 (Morg.). **tafod rudd,** gw. *tafodrudd*. **tafod tew (dew):** *lisp*, *inability to roll r's*, *rhotacism*. **1886.** Ar lafar, 'dyn a *thafod dew* (*tew*) gynno fo', *WVBD* [1]; 'Ma *tafod tew* ginto', *GTN* 781. Cf. *WG* 19, The trilled 'r' is a difficult sound to acquire . . . A few . . . substitute for it a guttural 'r'. . . This is almost the only defect of speech to be found among speakers of Welsh; it is called *tafod tew* 'thick tongue'. Gw. hefyd *tafotew*. **a'i dafod yn ei foch (a'i thafod yn ei boch, &c.), tafod-mewn-boch, tafod-ym-moch:** (*with*) *one's tongue in one's cheek*, *tongue-in-cheek*. **1936.** **ar dafod(au), ar y tafod, ar fy nhafod (ei dafod, &c.):** *oral*(*ly*), *verbal*(*ly*), *vocal*(*ly*), *in words*, *spoken*, *in colloquial use*; *by heart*. **13**g. *GBF* 357, Kyn bot ettwa ewyllys da, dial eisseu, / Na gỽneuthur da, na thraethu da *ar dauodeu*. *id.* 455, Y Gỽr a'n rodes rinnyeu—*ar dauaỽt* / Ac arawt a geireu. **13**g. *BD* 96, pa beth bynnac a dywetynt *ar eu tauaỽt* vynt a'e kedernheynt trvy y peunydyavl wyrtheu . . . a wnaei Duw yrdunt. **1630** R. LLWYD: *LlH* 167, wyth o lŵon, y rhai . . . ŷnt amlaf, a chynnefinaf *ar dafod* pob dyn. **1753** *ML* i. 249, roedd gennyf echnos lawenydd mawr—cerddoriaeth *ar dafod* a thant. *c.* **1762–79** W. WILLIAMS: *P* 162, Y llyfrau hyn y maent yn eu dysgu *ar eu tafodau*, er na ddeallir y rhan fwyaf o honunt ganthunt eu hunain. **1771** *W*, *Ar dafod* d.g. *By heart*. Ar lafar, 'disgi *ar i dafod*', *TGG* (1907–8) 89 (de-orllewin sir Gaerf.); hefyd yn yr ystyr 'ar flaen y tafod', 'Mae e *ar 'y nafod* i 'fyd' (dwyrain sir Gaerf.).

Bot. **tafod y fuwch:** *borage*, *Borago officinalis*; *bugloss*; *oxtongue*. **1604–7** *TW* (*Pen* 228) d.g. *Lingua* . . . *Bubula*. **1632** *D* (*Bot*), Tafod yr ŷch, *tafod y fuwch*, Buglossum verum, euphrosynum; ocimastrum, burnetta domestica. **1725** *SR* (*Bot*) d.g. *Bugloss*, *Ox tongue*. **1803** *P* d.g. *Tavawd*. **1813** *WB* 237, *Tafod y Fuwch*; Borago officinalis; Common Borage. **tafod y bwch:** *viper's bugloss*, *Echium vulgare*. **1632** *D* (*Bot*), *Tafod y bŵch*, Lingua hircina. **1688** *TJ* (*Bot*), *Tafod y bŵch*: Goats-tongue. **1803** *P* d.g. *Tavawd*. **1813** *WB* 236, *Tafod y Bwch* . . . Common Viper's Bugloss. **tafod y bytheiad:** *hound's-tongue*, *dog's-tongue*, *Cynoglossum officinale*. **1632** *D* (*Bot*). **1725** *SR* (*Bot*) d.g. *Hounds tongue*. **1813** *WB* 236. **tafod y ci:** *hound's-tongue*, *dog's-tongue*, *Cynoglossum officinale*; *broad-leaved pondweed*, *Potamogeton natans*. **14**g. *ACL* i. 44, Sinoglossa. *tauod y ki*. **16**g. *LlS* 77, *Tafod y ci* . . . Lingua canina yn Llatin, Houndes tongue ne Dogges tongue yn Saesonaec. **1813** *WB* 236, *Tafod y ci*; Potamogeton natans; Broad-leaved Pondweed. Ar lafar yn yr ystyr 'suran y cŵn, *Rumex acetosa*, *R. acetosella*', G. AWBERY: *BM* 54 (Meir.). **tafod y gors:** *butterwort*, *Pinguicula vulgaris*. **20**g. **tafod y ddraig:** *adder's tongue*, *Ophioglossum*. **1545** ELIS GRUFFYDD: *Ll* 92, Lingua Serpentes [*sic*] . . . ynn Lloeger serpentys twng . . . ynn y Gymraeg tauod y neidyr ne *dauod y ddraig*. **tafod yr ebol:** *snapdragon*, *Antirrhinum majus*. Ar lafar ym Morg., G. AWBERY: *BM* 26. **tafod yr edn:** *stitchwort*, *Stellaria holostea*; *chickweed*, *Stellaria media*; *water-pepper*, *Persicaria hydropiper*. **14**g. *ACL* i. 42, Lingua auis. *tauot yr eden*. **1547** *WS*, *Tafod yr edyn* Chycke wede. **16**g. *LlS* 50, *Tafod yr edyn* . . . Gramen yn Llatin, Great grasse yn Saesonaec. *id.* 184, *Tafod yr edyn* . . . Crateogonum Stitchwort Gramen. **1803** *P*, Tavawd . . . *tavawd yr eden* . . . stitchwort. **tafod yr edn leiaf:** *lesser stitchwort*, *Stellaria graminea*. **1632** *D* (*Bot*), *Tafod yr edn leiaf*, Pigula minor. **1688** *TJ* (*Bot*), *Tafod yr edn leiaf*: Pigula minor, Bird-tongue the less. **tafod yr ehedydd (hedydd):** *cumin*, *Cuminum cyminum*; *larkspur*, *Delphinium*. **1632** *D* (*Bot*), *Tafod yr hedydd*, vid. Llysiau 'r hedydd. **1688** *TJ*, *Tafod yr hedŷdd*, llysiau yr hedŷdd: Herb Cummin. **1813** *WB* 236, *Tafod yr Hedydd*. edr. Yspardyn Y Marchog. Ar lafar yn Arfon yn yr ystyr 'llysiau'r ehedydd, *Delphinium*'. **tafod yr afr:** *viper's bugloss*, *Echium vulgare*. **18**g. *Llr C* 24, 338, Cais *dafod yr afar*. **1813** *WB* 236, *Tafod yr Afr*; Echium vulgare; Common Viper's Bugloss. **tafod y gwragedd:** *aspen*, *Populus tremula*. **1852.** **tafod yr ŵydd:** *sneezewort*, *Achillea ptarmica*. **1813** *WB* 237. **tafod yr hedydd,** gw. *tafod yr ehedydd*. **tafod yr hydd:** *hart's tongue* (*fern*), *Phyllitis scolopendrium*; *ceterach*, *esp. C. officinarum*; *burdock*, *Arctium*. **14**g. *ACL* i. 41, Lingua ceruina. *tauot yr hydd*. *id.* 44, Scolependria. *tavot yr hydd*. **1547** *WS*, *Tafod yr hydd* Hertestong. **1632** *D* (*Bot*), *Tafod yr hŷdd*, Lingua ceruina, phyllitis, pyrgitis, helionium, scolopendria. **1688** *TJ* (*Bot*), *Tafod yr hŷdd*: Harts-tongue, Ceterach, Spleen-wort. Ar lafar, '*tafod yr hydd*' 'hart's tongue', *WVBD* 218. **tafod yr iâr:** *persicaria*, *redshank*, *Persicaria maculosa*. Ar lafar, G. AWBERY: *BM* 48 (Meir.). **tafod y llew:** *bristly ox-tongue*, *Picris echioides*. **1632** *D* (*Bot*). **1688** *TJ* (*Bot*), *Tafod y llew*: Lions-tongue. **1803** *P* d.g. *Tavawd*. **1813** *WB* 74, Picris; Ox-tongue; *Tafod y llew*. **tafod mam yng nghyfraith:** *mother-in-law's tongue*, *Sansevieria trifasciata*. **20**g. **tafod y march:** *horse-tongue*, *spineless butcher's broom*, *Ruscus hypoglossum*; *campanula*, *Campanula*. **1604–7** *TW* (*Pen* 228) d.g. *Uvularia*. **1688** *TJ* (*Bot*), *Tafod y march*: Throatwort, Bell-flower. **1725** *SR* (*Bot*) d.g. *Horse tongue*. **1803** *P*, Tavawd . . . *tavawd y març*, horse tongue. **1813** *WB* 237, *Tafod y March*; Ruscus hypoglossum; Horse-tongue. **tafod y merched, tafodau'r merched:** *aspen*, *Populus tremula*. **20**g. **tafod y neidr:** *adder's tongue*, *Ophioglossum*; *cuckoo-pint*, *Arum maculatum*. **1545** ELIS GRUFFYDD: *Ll* 92, Lingua Serpentes [*sic*] . . . ynn Lloeger serpentys twng . . . ynn y Gymraeg *tauod y neidyr* ne dauod y ddraig. **1604–7** *TW* (*Pen* 228) d.g. *Lucciola* (At.), *Ophioglossón*. **1771** *PDPh* 87. **1803** *P*, Tavawd . . . *tavawd y neidyr*, adder's tongue. Ar lafar yn sir Ddinb. yn yr ystyr 'pidyn y gog, *Arum maculatum*'. **tafod yr oen:** (*various species of*) *plantain*, *lamb's tongue*, *Plantago*; *costmary*, *Chrysanthemum balsamita*; *fat hen*, *goosefoot*, *Chenopodium album*. **16**g. *LlS* 15, Y mae rhyw Phranc . . . a vŷn bod rhyw canolic or Plantan a ei alw y mae ar enw Groec Arnoglosson sef *Tafod yr oen*. **1688** *TJ* (*Bot*), *Tafod*

yr oen: Plantain, Lambs-tongue. **1803** *P*, Tavawd . . . *tavawd yr oen*, lamb's tongue. **1813** *WB* 237, *Tafod Yr Oen*; Plantago media; Hoary Plantain. Digwydd ar lafar am nifer o blanhigion eraill, gw. G. Awbery: *BM* 20–1, 51, 54. **tafod y pagan:** *horse-tongue, spineless butcher's broom, Ruscus hypoglossum*. **1632** *D* (*Bot*), *Tafod y Pagan*, Idem quod Tafod y march. **1688** *TJ* (*Bot*). **1813** *WB* 237. **tafod yr ych:** *bugloss; oxtongue; borage, Borago officinalis*. **14g.** *ACL* i. 41, Lingua bouis. *tauot yr ych*. **1545** Elis Gruffydd: *Ll* 92, Y llyshiewyn yn Lloegyr a elwir oxtwng er lang de bif . . . *tauod yr ych* ynn y Gymraeg. *Dchr*. **17g.** *J* 10, 153b, *Tavod yr ych*. Buglossa, Circion. *c.* **1730** *Thos. Lloyd D* (LlGC) 213b, *Tafod yr ych*, prunella, self-heal, borrage. Bugloss. **1803** *P*, Tavawd . . . *tavawd yr yç* . . . borage. Digwydd ar lafar am rai planhigion eraill, gw. G. Awbery: *BM* 35, 62.

Pysg. **tafod yr hydd:** (*name for various species of*) *flatfish*. **1604–7** *TW* (*Pen* 228) d.g. *passer*. **1632** *D* d.g. *Lingulaca*. **1707** *AB* 151c d.g. *Solea*. **1725** *SR* d.g. *A Sole-Fish*. **18g.** *Pant* 19, 89–[90], *Tafod yr Hydd*, Tavod yr Ych, a species of Flounder called sole. **1770** *W* d.g. *Birt, Halibut, Sole* [*a flat fish*]. **1803** *P*, Tavawd . . . *Tavawd yr hydd*, the sole fish. Ar lafar ymhlith pysgotwyr ardal Aberdaron, '*tafod yr hydd*' 'flat-fish', *B* xxv. 56. **tafod yr ych:** *sole, ?turbot*. **18g.** *Pant* 19, 89–[90], Tafod yr Hydd, *Tavod yr Ych*, a species of Flounder called sole. **1803** *P*, Tavawd . . . *tavawd yr yç*, the burt fish. **lleden dafod yr hydd:** *sole*. **1803** *P* d.g. *Lleden*. **lleden dafod yr ych = lleden dafod yr hydd.** **1803** *P* d.g. *Lleden*.

Gw. hefyd **tafodig, tafodyn.**

tafodaeth, gw. **tafodiaeth.**

tafodaf: tafodi [bf. o'r e. *tafod*; tywyll yw'r ystyr yn y dfn. cyntaf isod] *bg.a.* Dwrdio, dweud y drefn (wrth), ceryddu, rhoddi pryd o dafod (i); *Crdd.* seinio (nodyn) yn glir ar offeryn chwyth gan ddefnyddio'r tafod i dorri ar draws y llif awyr; llyfu (am fflam): *to scold, rebuke, chide, berate, cheek, abuse* (*verbally*); *tongue* (*in mus.*); *lick* (*of flame*).

1605–10 *Haf* 24, 386, Eithyr ir nas klywir Pi/thagoras nai yskolheigion kyssyllta ynghyd a dod tros/sod achossion, a rhesymav rhesymav [*sic*] pa ham; naill herwydd bod yr organ yn fwy diokach val nas gellir moi *thafodi*: ai yr mean yn vwy pellach [:– vwch] nac i gellir i gyrhaeddyd. **1803** *P*, *Tavodi* . . . To tongue; to use the tongue; to scold. Ar lafar, '*tafodi*' 'to use the tongue; to be insolent to; to blackguard', *WVBD* 526. Cf. D. Owen: *GT* 255, O herwydd fy nhymer ddrwg a fy mod yn dueddol i *dafodi*, gwyddwn yn dda ddigon nad oedd un o'r llanciau yn y siop yn fy hoffi.

tafodan, gw. **tafod.**

tafodiad[1] [*tafod* a bôn y f. *tafodaf*: *tafodi*+ -*iad*[1]] *eg.* ll. (prin) -*iaid*. Y weithred o dafodi, dwrdiad; ynganiad; iaith; *Sein.* sain ddeintiol; *Crdd.* y weithred o dafodi: *a scolding or berating; pronunciation; language; a dental* (*in phonet.*); *a tonguing* (*in mus.*).

1547 *WS* [vi], y llytthyrenneu [*sic*] . . . y ddys yn datkan ac yn honny paddelw y darlleir ac y traythir hwy yn ol *tafodiad* y Sason. **1561–2** *Rhyddiaith Gymraeg* i. 60, [p]ob vn o'r rhai a dariont nemor oddi kartref yn kashav ac yn gillwng dros gof jaith i ganedic wlad a *thavodiad* i vam gnawdawl. **1604–7** *TW* (*Pen* 228) d.g. *Glossa*. *c.* **1730** *Thos. Lloyd D* (LlGC) 213b, *Tafodiad*. Pronunciatio. **18–19g.** *Llr* C 35, 610, *Tafodiaid*, (Linguals), T, Th, Nh, D, Dd, N. **1803** *P*, *Tavodiad*, s. m. . . . A tonguing.

tafodiad[2] [*tafod*+ -*iad*[2]] *eg.* Llefarydd: *speaker*.

c. **1400** *R* 1374. 6, kostyat *davodyat* adevedic.

tafodiaeth, tafodaeth [*tafod*+ -(*i*)*aeth*; dichon mai i *tafodiaith* y perthyn rhai o'r enghrau. isod] *eb.g.* ll. -*au*. Iaith, iaith frodorol, mamiaith; tafodiaith; ynganiad, cynaniad, mynegiant llafar; (geir.) gramadeg; tafodau (parabl ecstatig annealladwy): *language, vernacular or native language; dialect; pronunciation, articulation, verbal expression*; (*dict.*) *grammar; tongues, glossolalia*.

16g. *GGH* 12, Di-fud *dafodiaeth*, dawn glud iawn glodiaeth, / Dyn odiaeth doniedig. *id.* 461, Drwg *dafodieth*, beth a bair? / Enynnu i un anair. **1588** 1 *Cor* xiv. 26, pan ddeloch yng-hyd, pob vn sydd, ganddo psalm . . . sydd ganddo *dafodiaeth* (*TN* 259a, davot; **1620** 1 *Cor* xiv. 26, dafodiaith; **1988** *ib.* lefaru â thafodau). **16–17g.** T. Prys: *Bardd* 338, oni chredwn wych air odieth / Iawn *dafodiaith* [*sic*] nid o fvdion. **1604–7** *TW* (*Pen* 228) [i], Geiriadûr y *Tafodiaeth* Latin Ar Cymraec Vrutaneidh. **1631** O. Thomas: *CC* 18, achosion . . . i gydnabod trugaredd Duw . . . yn anad dim arall am ei Air Sanctaidd . . . i'w fwynhau yn eich *tafod-iaeth* eich hûn. **1680** J. Thomas: *UN* 3–4, Yn lle agoryd y geiriau hyn megis pregethwr, yn lle Phylosophyddiol a moesawl ymadroddion, a *thafodiaeth* hygoel; mi a ymegniaf . . . i atteb ir Cy[mr]o anllythrennog un Cwestiwn. *id.* 7–8, Y Papistiaid yn eu hofergoel dywyll, mewn *tafodiaeth* anadnabyddus . . . sy 'n rhuo ac yn mwmlio ugeuniau [*sic*] o Ave Mariau, a Phater Nosterau. **1735** S. Thomas: *HP* 16, Pelagius, er bod o hono yn Lladingwr gweddol, etto, ni ddangosodd ef ymma fod gantho Wybodaeth dra chywrain yn *Nhafodiaeth* ei Wlad ei hun. **1784** P. Williams: *YC* 55, Na roddech *dafodiaeth* (*language*) dramgwyddus, i'th gymmydog, i'w gyffroi ef i ddigofaint. **1803** *P*, *Tavodaeth*, s. m. . . . Language. *id.* *Tavodiaeth*, s. m. . . . The action of the tongue, articulation of the voice; enunciation. Cf. *SE MS*, 481b, *tavodaeth* . . . grammar.

tafodiaith, tafod-iaith [*tafod*+ *iaith*] *eb.g.* ll. *tafodieithoedd, tafodieithau*. Amrywiad ar iaith neilltuol a siaredir mewn ardal ddaearyddol benodol, gan ddosbarth cymdeithasol arbennig, &c., ac sy'n gwahaniaethu oddi wrth amrywiadau eraill ar yr un iaith ar sail geirfa, gramadeg, ynganiad, &c., iaith neilltuol yn ei chydberthynas â'r teulu o ieithoedd y mae'n perthyn iddo; iaith, iaith frodorol, mamiaith; ?gramadeg, cystrawen; tafodau (parabl ecstatig annealladwy); hefyd yn *ffig.*: *dialect; language, vernacular or native language; ?grammar, syntax; tongues, glossolalia; also fig.*

1551 W. Salesbury: *KLl* xlviiib, gwedy daroedd y lleferу[dd] hwn [llefaru â thafodau] ydd aeth y lliaws yckyt . . . can vot pop vn yn eu clywet wy yn ymddiddan yn eu [*sic*] *davodieith* ehunan. **1567** *LlGG* 122b, na bo confirmo neb rhac llaw anid cyfryw ac a vetro dywedyd yn *tavodiaith* ei mam vannau 'r ffydd. *c.* **1580** *GP* 203, O'r hon [addysg y beirdd] y mae tair prif gaink . . . ymadroddiaeth neu *dafodiaith* . . . Ymadroddiaith a drefna yr geirieu a'r ymadrodd yn gymwys ag yn weddaidd i'r naill i ddangos i veddwl i yr [*sic*] llall. **1588** *Esec* iii. 5, nid at bobl o iaith anhysbus, ac o *dafod-iaith* ddieithr i'th anfonir di. **1588** *Esth* iii. 12, yscrifennwyd at bob pobl yn ôl eu *tafodiaith*. **1604–7** *TW* (*Pen* 228) d.g. *Lingua*. **1620** 1 *Cor* xiv. 26, pan ddeloch ynghyd, y mae gan bôb vn o honoch Psalm, y mae ganddo athrawiaeth, y mae ganddo *dafodiaith* (*TN* 259a, davot; **1588** 1 *Cor* xiv. 26, dafodiaeth; **1988** *ib.* lefaru â thafodau). **1630** *YDd* xiii, ni allwn lai na gwneuthur fyngorau ar gyflawni eich dymuniad: sef, cyfieithu y llyfr hwn yn y *dafodiaith* arferedig i ni ym mro wynedd. **1632** *D* d.g. *Idioma, Os, oris, Sermo*. **1656 (1745)** *MLl* ii. 155, Mae fe [gair Duw] yn *Dafodjaith* wastadol ynot ti. **1718 (1721)** S. Thomas: *HB* [ii], mwynhau pur A[ir] Duw yn y cyfryw *Dafod jaith*, ac yr ydwyt yn [ei] deall. **1722** T. Evans: *PS* 12, newidwyd rhai Geiriau ac Ymadroddion a arferwyd gynt i wedd arall fel y baent ddeallgar yn ôl *Tafod-jaith* yr Amserau presennol. **1725** *SR*, *Tafodjaith* d.g. *An Idiom*. **1728** S. Rhydderch: *GC* [vi], [Lladin] yr hon Iaith, er ei Henwocced, nid oes Genedl dan y Nêf yn ei harfer yn eu Cyffredinol *Dafodjaith* naturiol, eithr ym mhlith y Dysgedigion yn unig. **1732–3** J. Owen: *GB* 19, O nid teg a mwynaidd yw'r Hanes hon, a'i chael gan Wr ag y fyn ei alw yn Weinidog Cristianus! Dymma'r Moesau a'r *Dafodjaith* y mae'r naill Frawd yn roddi i'w Frodyr eraill. **1775** *W* d.g. *Language* [*speech*], *Speech or language, Tongue* . . . [*speech*], *Vernacular* . . . *The vernacular tongue*. **1791** Gw. Mechain: *Rh* iv, y cyffredin bobl . . . esgeulusasant bob achlysur o addurno eu *tafodiaith*. **1793** Dafydd Ionawr: *CD* 262, Clywai 'r byddar lonwar lef / Haelionus Ior y loywnef / I fudion rhoes *dafodiaith*, / Molant Naf yn gyntaf gwaith. **1798** *WR* d.g. *Dialect*.

tafodieitheg [*tafodiaith*+ -*eg*[1]] *eb.* Gwyddor tafodieithoedd: *dialectology*.

1936.

tafodieithegol [*tafodieitheg*+ -*ol*] *a.* Yn perthyn i dafodieitheg: *dialectological*.

20g.

tafodieithegwr, tafodieithegydd [*tafodieitheg*+ -*wr*, -*ydd*[3]] *eg.* ll. -*ieithegwyr*. Arbenigwr mewn tafodieitheg: *dialectologist*.

20g.

tafodieithol [*tafodiaith*+ -*ol*] *a.* Yn perthyn i dafodiaith: *dialectal*.

1925 J. Morris-Jones: *CD* 25, Dirmygus i ddarllenydd diwylliedig a ŵyr lenyddiaeth ei wlad yw gair *tafodieithol* di-urddas fel 'dynes' mewn cerdd.

tafodieithwr, tafodieithydd [*tafodiaith*+ -*wr*, -*ydd*[3]] *eg.* ll. -*ieithwyr*. Tafodieithegwr; un sy'n ysgrifennu mewn tafodiaith benodol: *dialectologist; one who writes in a particular dialect*.

20g.

tafodig [*tafod*+ -*ig*[1]] *eg.* ll. -*au*. Tafod bach; gwrthrych ar lun tafod bychan: *uvula; small tongue-shaped object*.

1604–7 *TW* (*Pen* 228), *Tauotic* o brenn d.g. *Ligula*.

tafodigol [*tafodig*+ -*ol*] *a.* Yn perthyn i'r tafod bach, a gynhyrchir gan ddirgryniadau'r tafod bach: *uvular*.

20g.

tafodiog, tafodog [*tafod*+ -(*i*)*og*; cf. Crn. Diw. *tavasek* 'tafodrydd', e. prs. Llyd. C. *Tavodec*, Llyd. Diw. *Teaudec*] *eg.* ll. *tafod*(*i*)*ogion*, a hefyd fel *a.*

(*a*) Un sy'n llefaru('n gyhoeddus), siaradwr, llefarwr; lladmerydd; llefarydd (dros fudiad, sefydliad, &c.); (geir.) clepgi; (geir.) noddwr; Llefarydd (seneddol): *one who speaks, speaker, talker; interpreter; spokesman* (*for movement, institution, &c.*); (*dict.*) *blabber*(-*mouth*); *patron; Speaker* (*of parliament*).

12–13g. *GLlLl* 238, Dy gertaur byt goeth, doeth *dauodyauc*. **13g.** *GBF* 146, *Tauodyauc* breinnyauc, brondor. *c.* **1400** *R* 1262. 22–4, Da gerdur haulur haelyon agudywyt guydyat ffyryf amrysson: *dauotyauc* beird di vutyon [marwnad Iorwerth ab y Cyriog]. *id.* 1353. 31–3, Corfeu teu vuyt/eu, *tauodyauc* ieithwleb. kyueb godineb cof gatwynauc. **15g.** *GDLl* 167, *Tafodawg* hyd Daf ydwyd, / Taliesin, Merddin im wyd [Gruffudd ap Llywelyn Fychan i Ddafydd Llwyd]. **1547** *WS* [xix], rac ofyn na chyrayddo pawp o honawch gaffael wrth i law *tafodioc* seisnic yw haddyscy. **16g.** *GGH* 43, Ni chawn, tra fo haul na cheiniog —ar dud, / Fyth, od yw ef fud, fath *dafodiog* [marwnad Hywel ap Siôn ap Dafydd]. **1567** *TN* 194b, vvy alwasant Barnabas yn Iupiter, ac [*sic*] Paul, yn Mercurius, can ys vot ef yn ymadroddwr pennaf [:– *tavodioc*]. **1604–7** *TW* (*Pen* 228), megys *Tavodiawc* y parliament yn lhoecr d.g. *demiurgus*. *id.* d.g. *patronus*. **1632** *D*, *Tafodiog* d.g. *Interpres*. **1722** *Llst* 189, *Tafodiog* . . . A blab, that can keep no secret. Cf. D. J. Williams: *ChHO* 221, Lloyd George, *tafodog* Ymneilltuaeth Gymreig.

(*b*) Un o ddosbarth o dystion y gellir derbyn eu tystiolaeth yn ddiateg, un sy'n rhoddi tystiolaeth ar ran rhywun arall, plediwr (yn y cyfreithiau Cymreig): *one of a class of witnesses whose uncorroborated evidence is admissible, one who gives evidence on behalf of someone else, pleader* (*in the Welsh laws*).

13g. *LlI* 26, Pvebynnac a dycco moruen en llathlut, a chyn bot achaus a hy gouen o'r uorven, 'Beth a rody ty e my?' a meynholy ohanau ef a rody, a henne ar e kret, ket keyssyo ef e wadu, os e uorven a'e gyrr credadve yu, canys ena e mae nauuet *tauodyauc*, ac urth henne e mae credadve hy, urth nat oes neythyaurwyr. *id.* 32–3, e nau *tauodyauc*: sef yu e rey henne, argluyd erug e deu ur; effeyryat erug e deu uanach; tat erug e deu uab . . . Petweryd yu egnat ar eu uraut . . . Pemhet yu mach ar e uechnyaeth . . . Chuechet yu rodyat ar e rod . . . Seythuet yv moruen ar e guerendaut . . . Vythuet yu bugeyl trefgord . . . Nauuet yu lleyder urth e groc ar e kytlladron. **13g.** *LTWL* 128, Try *thauodyauc* yssyt yaun talu gwely tauaut hwdun: rex, iudex, sacerdos. **14g.** *LlB* 45, Pwy bynhac a uo gwell gantaw arall y dadleu drostaw yn llys noc ehunan, kanhat yw idaw ef tewi heb dadleu dim tra vynho kynhal *tauodyawc*. *id.* 113, Tri dyn a dyly *tauotyawc* yn llys: gwreic, ac alltut agkyfuyeithus, a chryc annyanawl. Vn dyn hagen a dyly dewis y *tauotyawc*—arglwyd; ac ef a dyly eu kymell y rei ereill. *c.* **1400** *CHDd*[2] 100, Dynyon anghyfyeith ny wyper pa dywettont, ac ny wypont wynteu pa dywetter wrthunt, nyt kymeredic eu hymadrawd namyn trwy eu *tauotogyon*. **15g.** *LHDd* 113, Tri dyn a dylu bod ynn *tafodiauc* apsen dros glaf . . . effeiriad: medic A porthaur. *c.* **1588** *B* ii. 238, *tauodioc*: advocatus. **1604–7** *TW* (*Pen* 228), *tauodiawc*. K[yfreith] H[owel] d.g. *Responsor*. **1632** *D*, *Tafodiog* . . . Aduocatus, qui clientis os & lingua est. **1688** *TJ*, *Tafodiog* . . . a Pleader or Solicitor. **1722** *Llst* 189, *Tafodiog* (sub.) m.p. *fodiogion*. An advocate, atturney, lawyer, pleader. **1730** *Leg Wall* 583, *Tafodjawg*, proprie Linguatus, Advocatus . . . Est etiam Testis solitarius cujus solum testimonium ad comprobandam rei de qua agitur veritatem sufficit. **1803** *P*, *Tavodiawg* . . . an epithet for an advocate or pleader.

Fel *a.* A chanddo dafod, yn medru llefaru, huawdl, (gor)siaradus, tafodrydd, bal-

dorddus, clebrog, yn hel clecs; dwrdiol, cegog, hy; *Her.* yn dangos tafod (o liw penodedig): *having a tongue, able to speak, vocal, loquacious, talkative, garrulous, blabbing, telling tales; scolding, cheeky, impudent; langued (in her.).*

16g. *GILlV* 41, Y dall ath wyl duw oll ith alwan / Ag yn *dafodiog* i gwnaed fudan / Y byddar feinwar i sonian—a glyw / Y marw n fyw yma roi yn fuan [i'r Iesu]. **16g.** *Hop M* 174, ni gawn vynd ir bradwys wenn, nyd abl penn *tavodog* / i goffae llawenydd hi, nyd ydym ni ddylyedog. **1595** *Egl Ph* 89, rhodhi i'r peth marwol mud, y peth sydh yn cybhanu [*sic*] a *thabhodiog*. **1604–7** *TW* (*Pen* 228), *tauodiawc* d.g. *Linguax, Lingulatus* (hefyd *D*). **1632** *D*, Gwraig *dafodiog* d.g. *Lingulaca*. **1688** *TJ*, *Tafodiog*, a fo Rhŷgŷl ei dafod: that is well spoken. **1697** *LlGC* 7008, 8, cwpl du rhwng tri phen cigfran diwreiddiedig or un, *tafodog* coch. **1712** T. WILLIAMS: *CDdG* 262–3, nid math yn y bŷd a'r [*sic*] dymer *dafodiog* neu Boethni diod gadarn, a ddichon wneuthur i ddyn lefaru mewn iaith ddieithir. *c.* **1730** *Thos. Lloyd D* (LlGC) 213b, *Tafodog*. Langued. **1753** *TR*, *Tafodiog*, that has a good tongue, well-spoken. **1775** *W*, *tafodog* d.g. *Langued* [*in Heraldry, with the tongue put forth*]. **1798** *WR*, hen wrach *dafodog* d.g. *Beldam*. **1803** *P*, *Tavodawg* . . . Having a tongue. *id. Tavodiawg* . . . Having a tongue, tongued; having a good tongue. Cf. D. OWEN: *SP* 68, Paid a bod mor *dafodog*, y ngwas i . . . paid a bod mor barod efo dy ateb, aros nes i mi ofyn i ti.

tafodlaes, gw. tafod + llaes.

tafod-leferydd [*tafod* + *lleferydd*[1]] *eg.b.* a hefyd gyda grym ansoddeiriol. Lleferydd, iaith (lafar): *speech, (spoken) language.*

13g. *LlI* 49, Llema paub o'r due pleyt en amheu guybydyeyt y gylyd: nas dygant e'r dygen, ket as dywettoent ar eu *tauaut leueryd*. **1714** R. PRYDDERCH: *GD* 131, Ynghylch dodi Plant i Weddio . . . mewn *Tafod leferydd* i'r Teulu. **1730** *Leg Wall* 583, *Tafodleferydd*, Linguae sermo. Proprie dicitur de testibus voce tenus, sine juramento, rem, de qua agitur, attestantibus. **1740** T. EVANS: *DPO* 6, Nid oedd ond un *Dafod-leferydd* o'r blaen drwy yr Byd. **1760** T. EVANS: *P* 11, Oes yr Efengyl oedd adnabyddus yn ol eu *tafod Leferydd* hwy wrth Oes y Byd a ddaw. **1770** R. JONES: *YC* 15, ni a ddarllenwn i'r unrhyw Apostol Paul, bod mor anfoesol yn Athen a tharo at ei bregeth *dafod-leferydd* ynghanol y farchnad. **1803** *P*. Cf. *Traeth* i. (1845) 235, cymaint o ymdrafod â negeseuau y bywyd hwn . . . yn y *tafod-leferydd* hwn.

Amr.: **tafod-laferydd** [*tafod* + *llaferydd*[2]]. **1567** G. ROBERT: *GC* 3. **1595** *Egl Ph* 103.

Cfn.: **ar (ei) dafod-leferydd (dafod-laferydd),** &c.: (*off*) *by heart, by rote, from memory, extempore; by word of mouth, viva voce, orally, verbally*. **13g.** *LlI* 51, Ket as dywettych *ar dy tauaut leueryd*, nys degy y'r dygen. *id.* 68, Sef yu mab deolef, mab a dywetto gureyc *ar e thauaut leueryd* y uot en uab y ur ac nas dyeco e'r dygyn. *id.* 75, Ket dywetto perchennauc lledrat ar arall *ar y tauaut leueryd* ac nas dycco y'r dygyn, ny barn keureyth namen llv er amdyffynnur o'y wadu. **1567** *LlGG* [xv], o erwyd ryw vynych atdywediat, y gwyddynt lawer peth *ar davot leferydd*. **1567** G. ROBERT: *GC* 2–3, chwi a gaech henafgwyr briglwydion a ddangossai iwch *ar dafod laferydd* bob gweithred hynod. **1595** *Egl Ph* 102–3, nad yw'r araith . . . a dharlhennir, yn gweithredu hanner cymeint ygh ghhallonnau 'r gwrandawyr . . . a phann draethir hi *ar dabhod labherydh*. **1609** R. SMYTH: *CAC* 30, [c]ynal . . . pob peth a fytho'r ysbryd glan yn i annirgelu . . . pa fodd bynag y gorchmyner nhwy, ai drwy scrifen ai trwy draddodiad n'*ar* [*sic*] *dafod* [*l*]*eferydd*. **1632** *D*, *ar dafod leferydd* d.g. *Memoriter*. **1710** *CBGEL* 25, ni ddywedodd Crist yn unlle, y traddodei efe ryw bethau *ar dafod leferydd*. **1725** *SR* d.g. *Extemprorary* [*sic*], *Heart . . . By Heart or without book*. **1778** *W* d.g. *Nuncupative*. **1803** *P*, Tavodleveryz . . . Dyweda *ar davodleveryz*, say it off by heart. Ar lafar, 'dysgu *ar dafod-leferydd*', *WVBD* 348.

tafodlyfn, tafodlym, gw. tafod + llyfn, llym.

tafodog, gw. tafodiog.

tafodogaeth [*tafodog* + *-aeth*] *eb.* *Cyfr.* Adfocatiaeth, dadleuwriaeth, plediad; swydd adfocad: *advocacy, pleading (in law); advocateship.*

?**15g.** (**16g.**) *RWM* ii. 1058, Cwyn lhatrat am varch . . . Am yr hawl a wnaeth N. yn llwrw *tavodogaeth*. **1632** *D*, *Tafodogaeth*, Aduocatura. **1688** *TJ*, *Tafodogaeth*,) dadleuaeth: Advocature, or the Office of a Pleader. **1722** *Llst* 189, *Tafodogaeth*. f. Advocateship, atturneyship: pleadings. *id.* d.g. *An advocates pleading*. **1770** *W* d.g. *Advocateship*.

tafodol [*tafod* + *-ol*] *a.* A roddir neu a droslglwyddir ar lafar, llafar; (geir.) yn perthyn i'r tafod: *oral, spoken, verbal; (dict.) lingual.*

a. **1587** *Y* 56, Di-fud yw cerdd *dafodawl*, / Ni wyr mud iawn wirio mawl. **1710** *CBGEL* 25, ni ddywedodd Crist yn unlle, y traddodei efe ryw bethau ar dafod leferydd . . . Nid oes ychwaith grybwyll am ûn gŵr . . . a arweinir . . . i ddwyn i lawr ini heb gamgymmeriad y Draddodiad *dafodol* hon. **1803** *P*, *Tavodawl* . . . Belonging to the tongue.

tafodrudd, tafod-rudd [*tafod* + *rhudd*; cf. *llofrudd, llygadrudd*] *eg.* a hefyd gyda grym ansoddeiriol. Un sy'n gyfrannog mewn llofruddiaeth, llosgiad, neu ladrad drwy roddi gwybodaeth lafar i'r troseddwr am y person y troseddir yn ei erbyn (yn y cyfreithiau Cymreig): *person considered accessory or party to murder, arson, or theft by giving verbal information to the criminal about the victim (in the Welsh laws).*

13g. *LlI* 69, nau affeyth galanas . . . menegy e den a ladher e'r nep a'e lladho, a hunnu a elwyr en *tauautrud*. **13g.** *D Col* 35–6, Ny deleyr llessu enat am dym onit am agkeureyth a wnel ef or datleu e byt er emtraethu ohonau, can ys *tauaut ryd* a bot cosb keureythyaul arnau o guna gam. **13g.** *LTWL* 121, nau affeyt galanas Primum eorum est indicare cuidam genti ubi sit homo ille quem occidere velit, id est, esse *tauaut rud*. *id.* 251, Menegi y nep a lader, nyt amgen *tauautrud*. **14g.** *LlB* 35, Holl affeitheu gweithret, o affeitheu galanas neu losc neu letrat, dirwyus vyd pob vn ohonunt; *tauawtrud* a llygatrud, heb weithret llaw neu troet, kamlyryus vyd. **1632** *D*, Llawrudd . . . Sic & *Tafawdrudd* dicit K[yfraith] H[owel Dda] eum qui occidendum homicidæ ostendit. q. d. Linguâ rubens, linguâ occidens. **1730** *Leg Wall* 188, Mynegi . . . y dyn a ladder i'r neb a'i lladdo: A hwnnw a elwir yn *dafawdrudd* [al. a elwir, Dirjaid *tafawdrudd*. S. 4.]. *id.* 583, *Tafodrudd*, ad literam est Linguam habens rubentem sive cruentatam. Dicitur de illo qui virum occidendum homicidae monstraverit & indicaverit. *c.* **1730** *Thos. Lloyd D* (LlGC) 213b, *Tafawdrudd*. Instigator ad caedem. **1803** *P*, *Tavodruz* . . . Red-tongued; in the laws, an accessary to murder by giving information of the one to be murdered.

tafodruddiaeth [*tafodrudd* + *-iaeth*] *eb.g.* *Cyfr.* Y drosedd o fod yn dafodrudd: *the offence of being a 'tafodrudd' (q.v.).*

c. **1300** *LTWL* 332, Ter ix affeitheu vero sunt cause quibus fiunt hec tria malefacta per consensum; unde omnes affeitheu sunt consensus . . . quidam per verba . . . id est . . . *tauawdrutyaeth*. *id.* 355, Tri geir kylus yssyt: geir y bo gweli tauawd; a gwallawgeir yn llys; a *thauawdrutyaeth* am lat neu losc neu lledrad. **14g.** *WML* 37. Kyntaf o nau affeith galanas. yw *tauawtrudyaeth* nyt amgen menegi y lle y bo y neb alather yr neb ae llatho. **14g.** *LlB* 30, kyttsynnyaw yw yr holl affeitheu; rei ohonunt trwy olwc, ereill trwy eireu, ereill trwy weithredoed, megys llygatrudyaeth neu *tauawtrudyaeth*. **1803** *P*, *Tavodruziaeth*, s. m. . . . a felonious information.

tafodrwydd, gw. tafod + rhwydd.

tafodrwym, tafotrwym [*tafod* + *rhwym*[1]] *a.* a hefyd fel *e?g.* (Un sydd) yn methu llefaru'n glir oherwydd nam neu gywilydd neu swildod; nam ar y lleferydd oherwydd camffurfiant y tafod, cwlwm tafod: *tongue-tied (person); tongue-tie.*

1604–7 *TW* (*Pen* 228), *tafotrwym* d.g. *Ancyloglossum, Atypus*. *Dchr.* **17g.** *J* 10, 152b, *Tavodrwym* . . . tongue tied. **1632** *D*, *tafodrwym* d.g. *Ancyloglossum, Atypus*. **1794** *W* d.g. *Tongue-ty'd*. **1803** *P*, *Tavodrwym* . . . Tongue-tyed.

tafodrydd, tafod-r(h)ydd [*tafod* + *rhydd*[1]] *a.* a hefyd gyda grym enwol. Llithrig, rhugl, siaradus, parablus; ysgafala, hy, di-flewyn-ar-dafod; aflednais, cwrs; hefyd yn *ffig.*: *fluent, glib, talkative, babbling; flippant, cheeky, outspoken; rude, coarse; also fig.*

1594–6 *B* iii. 171, *Tafo*[*d*]*rydh* ymrysongar a dhivreinir o gâr. *id.* 283, Val y bydhant drwg y ffyrdh graeanog wrth draet hen, velly bydh drygwraig *dafodrydh*. **1604–7** *TW* (*Pen* 228) d.g. *Futilis* (hefyd *D*). **1651** SIÔN TREREDYN: *MDD* 279, llywodraeth Eglwys neu ryw bwngciau amgylchaidd o [g]refydd, yn nghylch pa rai y maent hwy yn *dafod-rydd*, ac yn tra-pharod i ymrhesymmu. **1670** J. HUGHES: *AP* 60, er bod rhai, o ysgafndra naturiol, yn rhy *dafod-rhydd*. *c.* **1689** (**1802**) L. WILLIAM: *Sherlyn Benchwiban* 15, Wele! Celwydd *dafodrydd*, a dyn anedwydd ydy'. *c.* **1730** *Thos. Lloyd D* (LlGC) 212b, *Tafawdrydd*. Free of one's tongue. **1740** T. EVANS: *DPO* 291, Ond rhac i'r Llangcesau *tafod-rydd* hynny ym myse Cwakeriaid gymmeryd achlysur oddiyma i amddiffyn eu budr ffiloreg. **1746** G. JONES: *HWI* iii. 141, Dynjon *tafodrydd* a safnrhwth eu Geirjau. **1773** *W* d.g. *Flippant* [*apply'd to the tongue, &c. moving quickly; fluent; pert, talkative*]. *id.* Un . . . *tafodrydd* d.g. *Longtongue*. *id.* Siarad yn *dafod-rydd* d.g. *To prate pertly, Prate-apace*. **1791** W. RICHARDS: *TDB* 39, Fel hyn y mae cenedl y Ceecrod yn wastad yn ymddwyn: fel pe b'ai hawl ganddynt hwy i fod mor *dafodrydd* ag y mynnont, heb gan neb eraill unrhyw hawl i agoryd eu genau yn eu herbyn. **1793** DAFYDD IONAWR: *CD* 39, Y fedrus Sarph *dafodrydd*. **1803** *P*. Ar lafar, '*Tafodridd*' 'using rude or coarse language', *TGG* (1907–8) 89 (de-orllewin sir Gaerf.). Cf. DEWI WYN: *BA* (1869) 189, Y Mae'r aderyn gyda 'r dydd / Yn rhoi *tafodrydd* fawl.

Amr.: **tafotrydd. 1927.** Ar lafar, 'Man' nw'n rai *tafotrydd* fel tulu, 'yd yn od y plentyn bach 'ena' 'na, ma'i dafod yn mynd yn ddi-stop!', *GTN* 774.

tafodwr, tafodydd [*tafod* + *-wr, -ydd*[3]] *eg.* ll. *tafodwyr, tafodyddion*. Llefarwr, siaradwr; un sy'n llefaru â thafodau: *speaker, talker; one who speaks in tongues, glossolalist.*

p. **1584** G. ROBERT: *GC* [203], y neb a chwennycho fod yn hyodl, yn ymadroddus, ag yn *dafodydd* parablddoeth, yn y gamraeg rhaid iddo edrych yn gyntaf dim, a oes un gair arferedig ymlhith y cymru eussus, i yspressu i feddwl. **1588** 1 *Cor* xiv. 13, gweddied y *tafod-wr* (**1567** *TN* 258a, yr hwn a ymddiddan a thafod dieithr; **1988** 1 *Cor* xiv. 13, [y] sawl sy'n llefaru â thafodau) ar allu o honaw ef ei gyfieithu. **1803** *P*, *Tavodwr*, s. m.—pl. *tavodwyr* . . . One who uses his tongue. *id. Tavodyz*, s. m.—pl. t. *ion* . . . a declaimer.

tafodwraig [*tafod* + *gwraig*] *eb.* ll. *-wragedd*. Cecren, hen geg: *scold.*

19g.

tafodwst [*tafod* + *gwst*[1]] *eb.g.* Llyffandafod, llid ar y tafod, poen tafod: *barbles, glossitis, pain in the tongue.*

c. **1400** *R* 1278. 36–7, mae r *dauaudost* gŵst gest achlaf oedaoc. arneidyon [*sic*] debygaf. **1722** *Llst* 189, *Tafod-wst*. m. Pain of the tongue. **1803** *P*, *Tavodwst*, s. m. . . . The tongue disease, incident to cattle, which swells the tongue so as to cause suffocation. It is called y bothell, in South Wales.

tafodydd, gw. tafodwr.

tafodyn [*tafod* + *-yn*[1]; gair geir. yn wr.] *eg.* Tafod bychan, hefyd yn *dros.*; epiglotis: *little tongue, also transf.; epiglottis.*

1604–7 *TW* (*Pen* 228) d.g. *Epiglossis, Lingula*. *Dchr.* **17g.** *J* 10, 153a, *Tavodyn*. Epiglottis. flappe. **1722** *Llst* 189, *Tafodyn*. m. A little tongue; a tenon. **1725** *SR* d.g. *Lingel, A sklice*. *c.* **1730** *Thos. Lloyd D* (LlGC) 213b, *Tafodyn* . . . A slice. **1773** *W* d.g. *Flap of the throat, Languet* [*a tongue-like figure*].

tafol[1]**, tafal, tafl**[2]**,** &c. [bnth. Llad. *tabula*, Llyd. C. *taul, taoll*, Llyd. Diw. *taol* 'bwrdd'] *eb.* ac yn eithriadol *eg.* ll. *taf(o)lau*, (geir. a phrin) *tafeli*. Clorian, mantol, plât clorian, hefyd yn *ffig.*; (yn y ll.) clorian; *Ser.* y seithfed arwydd yng nghylch y Sygnau yr â'r haul iddo adeg cyhydedd yr hydref, y Fantol; ?cart (achau), taflen: *balance, scales, scale-pan, also fig.; (in pl.) scales; Libra, the seventh sign of the Zodiac; ?(genealogical) chart, table.*

c. **1400** *YCM*[2] 170, Y gwr o 'r Galis . . . a duc y sawl vein a gwyd oed yn y eglwysseu ef ac eu dodi yny *taval* (*HMSS* ii. 116, vantawl). A mwy y tynnawd hynny ar da no'e bechodeu ef. **15g.** *DN* 108, Gefell, *Tafyl*, Dyfyrwr gofyn—twymyn gwlyb / Awyr gwlad gorllewyn. **15g.** *GLGC* 314, Dau enw, er nad ŷnt unoed, / yn fy rhol o nef y rhoed: / Henw Iesu fu ac a fydd / yn y *dafl* a henw Dafydd. **15g.** *ID* 34, eneid wyf yny *dafal* / anoday jnk yny dal [i ferch]. **16g.** *TRP* 250, edolwg yr wyf wrth fy rhayd / yn erbyn yr oll gethreylayd / yn y *dafal* bwyso yr enayd. **1567** *LlGG* (*Sall*) 33b, ys celwydd yw'r pennaethyeit: o'i dodi yn y clorianeu [:- vantol, *tavl*], yscafnach ytynt y gyt oll na'r gwegi. **1604–7** *TW* (*Pen* 228), *Tauul* d.g. *Libra*. **17g.** *LlGC* 13215, 382, *Taval* Libra. **17g.** *IG* 515, Pwyssaw /n/ drwm . . . / yn y *dafl* a wna dieflaid. **1672** R. PRICHARD: *Gw* 378, Duw a'th ddododd yn y *taflau*, / Duw a'th gafodd lai nâ phwysau. **1707** *AB* 220c, *Tavol*, A scale or balance. **1718** (**1721**) S. THOMAS: *HB* 179, y Frenhines Elizabeth pan ddaeth hi i reoli a droawdd y *Dafl* i'r tu arall. **1722** *Llst* 189, *Tafol*. f. p. *folau*. A pair of scales. **1725** D. LEWIS: *GB* 89, Rhaid i'w Nherth [cyhyrau] fod yn wastad yn fwy na'r Pwys a fônt yn godi . . . gan ei bod megis yn tynnu 'r Fraich feraf i'r *Dafl*. *c.* **1730** *Thos. Lloyd D* (LlGC) 213b, *Tafal* Dem. Bilanx. **1778** M. WILLIAMS: *BM* 36, arwydd y Fantol, sef y *Dafol*. **1803** *P*, *Taval*, s. f.—pl. *taveli* . . . A balance. *id. Tavyl*, s. m. . . . a balance . . . *tavlau*, a pair of scales. Ar lafar

yn y De, *LGW* 228; "I bwysws y cig ar y *dafol*', *GTN* 781.

Cfn.: **(bod) yn y dafol:** (*to be*) *in the balance or at stake.* **1886.**

tafol² [H. Grn. *tauolen*, gl. *dilla*, Crn. Diw. *tavolan*, Llyd. C. *teaul(enn)* 'morel', Llyd. Diw. *teol*, *teal* '(dail) tafol': < Brth. **tauāl*-] *e.ll.* (un. b. *-en*, g. *-yn*). *Bot.* Unrhyw un o amryw o fathau o blanhigion o'r tylwyth *Rumex* ac iddynt ddail llydain, dail tafol; suran (y cŵn), *Rumex acetosa*; hefyd yn *ffig.*: *dock* (*plant*); (*common*) *sorrel*; *also fig.*

13g. *LlI* 87, Teythy dauat yu blyth, ac oen y uot genthy, a'y goruot hyt kalan Mey rac er auat, eny gaffo e theyr guale o'r *tauaul* newyd. **14g.** *GIG* 44, Ni thyfodd gwellt na *thafol* / Hefyd na'r ŷd ar ei ôl [i Owain Glyndŵr]. *c.* **1400** *R* 1028. 6–7, llydan lloergan glas *tauaol*. *id.* 1041. 30, Yraelwyt honn neus cud *tauaol*. *c.* **1400** *MM* 36, a gbreid y *tauol* . . . hynny yssyd da rac y crugyn. *id.* 46, Kymryt y ueidyabc las ae dodi y mybn *tauolen* dan y deint. *c.* **1400** *Études* vii. 54, lappa. *tauolen*. *ib.* lapacium acutum, trethon y wenn neu *dauol*. *id.* 56, patella lappa, *tauolen*. **1547** *WS*, *Tafolen* A docke. **16g.** *LlS* 88, *Tafol* . . .Yr enwæ. / Rumex yn Llatin, A Docke yn Saesonaec. *Tafolen* yn Camberaec. **16–17g.** *DCR* 198, chwna diwreiddia bob ffuant gwag Rith / yr Efre ar *tafol* rhag tyfy yn i blith. **1604–7** *TW* (*Pen* 228) d.g. *Lapathos*. **1632** *D* (*Bot*), *Tafol*, Rumex, lapathum. **1688** *TJ* (*Bot*), *Tafol*: Sorrel, or sour-dock. **1760** *ML* ii. 250, Dyma finna yn dechreu cynh'afa, hâd *tafol*, hoecys, y gingroen. **1803** *P*, *Tavawl* . . . an epithet for the various kinds of the dock plant. *id.* d.g. *Tavolen*.

Amr.: **tawl⁵**. *c.* **1460** *Pen* 204. 36, y *tawl* Cochion. **17g.** *LlGC* 8499, 71a, [d]ail y *tawl*. **tyfol²** (un. b. *-en*). *Diw.* **16g.** *WLB* 30, owns o had y *tyfol*. **1604–7** *TW* (*Pen* 228), plwmlys, ai deilen mal Suran, ne . . . mal y *dyfolen* d.g. *plumbago*. *Dchr.* **17g.** *J* 10, 154b, *Tyvol* Mair. Bistorta.

Cfn.: **tafol, &c., arfor:** *golden dock, Rumex maritimus.* **20g. tafol, &c., blaenfeinion (blaenfain):** ?*patience dock, Rumex patientia.* **1770** *TG* ii. 7, dwfr wedi berwi Tobacco ynddo, gyd â *Thafol blaenfain*, ac Alym. **1771** *PDPh* 35, hanner pwys o wraidd *Tafol blaenfeinion* (*sharp pointed Dock roots*). **tafol, &c., coch((i)on):** *wood dock, red dock, Rumex sanguineus*; (*dict.*) *tobacco.* **15g.** *Pen* 205, 39, Rac pob gwayw kymer dalyne ovlodav y bannadl . . . a gwraidd y *tavol kochion* a mortera a gwna eli drwy ymenyn. *c.* **1460** *Pen* 204, 36, y *tawl Cochion*. *Diw.* **15g.** *Pen* 326, sypyn 6, 14b, Rac gwayw kymer ffennigl ar *tavol koch* . . . ai ffrio drwy ymenyn mai. *Diw.* **16g.** *WLB* 4, y *tyvol cochion*. **1632** *D* (*Bot*), *Tafol cochion*, Tapacum [*sic*]. **1688** *TJ* (*Bot*), *Tafol cochion*: Tobacco. **1801** *MMf* 97, Cymmer wraidd *tafol cochon* (*Llr* C 4, 263, *cochion*), a hallta nhwy. **1803** *P*, Tavawl . . . *tavawl coçion*, tobacco. **1813** *WB* 237, *Tafolen Gôch*; Rumex sanguineus; Bloody-veined Dock. **tafol, &c., crwthddail (crythddail):** *fiddle dock, Rumex pulcher.* **20g. tafol, &c., crych:** *curled dock, Rumex crispus.* **1813** *WB* 237, *Tafolen Grych*; Rumex crispus; Curled Dock. **tafol, &c., y cŵn:** *broad-leaved dock, Rumex obtusifolius.* **18g.** *Llr* C 24, 294, Gwna Oylment trwy *dafol y Cŵn* a dynad. **1813** *WB* 237, *Tafolen Y Cwn*; Rumex obtusifolius; Broad-leaved Dock. **tafol, &c., crythddail,** gw. *tafol crwthddail*. **tafol, &c., duon:** *unknown species of dock.* *c.* **1400** *Études* vii. 276, Rac crach a thrysgli: kymer wreid y *tauol duon*. **17g.** *Pen* 206, 70. **tafol, &c., y dŵr (dwfr):** *water dock, Rumex hydrolapathum.* **1604–7** *TW* (*Pen* 228), *Tyfolen y dwr* d.g. *Hydrolapathum*. **1632** *D* (*Bot*), *Tafol y dwr*, vid. Suran hirion. **1759** J. EVANS: *PF* 95, [g]olchwch ac Iscell *Tafol y Dwfr*. **1803** *P*, Tavawl . . . *tavawl y dwr*, water-dock. **tafol, &c., gwaedlyd:** *wood dock, red dock, Rumex sanguineus*; *patience dock, Rumex patientia.* **1632** *D* (*Bot*), *Tafol gwaedlyd*, tafol hirion, Patientia. **1725** *SR* (*Bot*) d.g. *Patience or garden dock*. **1753** *TR* (*Bot*), *Tafol gwaedlyd*, tafol hirion a sort of dock having red veins or streaks. **1803** *P*, Tavawl . . . *tavawl gwaedlyd* . . . a kind of docks with red fibres. **tafol, &c., hir(ion):** *patience dock, Rumex patientia*; *water dock, Rumex hydrolapathum*; *wood dock, red dock, Rumex sanguineus.* **1632** *D* (*Bot*), Tafol gwaedlyd, *tafol hirion*, Patientia. **1725** *SR* (*Bot*) d.g. *Dock* . . . *Patience or garden dock*. *c.* **1730** *Thos. Lloyd D* (LlGC) 212b, Gwraidd *Tafol hirion* . . . Sharp pointed dock. **1803** *P*, Tavawl . . . *tavawl hirion*, a kind of docks with red fibres. **1813** *WB* 237, *Tafolen Hir*; Great Water Dock. **tafol, &c., llydanddail:** *broad-leaved dock, Rumex obtusifolius.* **1813** *WB* 35, Broad-leaved dock . . . *Tafolen lydanddail*. **tafol, &c., Mair:** (i) *patience dock, Rumex patientia*; *wood dock, red dock, Rumex sanguineus*; *clustered dock, Rumex conglomeratus.* **1547** *WS*, *Tafolen vair* Blode worte. **16g.** *LlS* 88, Pedwar rhyw Tafol . . . y cyntaf a elwir yn Llatin a Groec Oxilapathon sef Pacience yn Saesonaec ac [*sic*] *Tafolen Vair* yn Cambraeg. *id.* 89, *Tafol Mair* a dyf mewn corsydd. **1604–7** *TW* (*Pen* 228), *Tyfolen Vair* d.g. *Lapathos*. *Dchr.* **17g.** *J* 10, 153a, *Tavol Mair*. Blood worrte. **1772** *W* d.g. *Dock* . . . *sharp-pointed dock.* (ii) (*common*) *sorrel, Rumex acetosa.* *Dchr.* **17g.** *J* 10, 153a, *Tavol Mair*. Oxylapathum. **1632** *D* (*Bot*), *Tafol Mair*, Oxylapathum. **1688** *TJ* (*Bot*), *Tafol mair*: sour Sorrel [*sic*] Ditch-dock. **1803** *P*, Tavawl . . . *tavawl mair*, ditch dock. **1813** *WB* 237, *Tafolen Mair*; Rumex acutus; Sharp Dock. (iii) *bistort, Persicaria bistorta.* **1604–7** *TW* (*Pen* 228) d.g. *Bistorta* (At.). *Dchr.* **17g.** *J* 10, 154b, *Tyvol Mair*. Bistorta. **1633** J. GERARDE: *Herball*, *Tafol Mair*. Bistort. **tafol, &c., y môr:** *bear's-breech, Acanthus mollis*; *stinking hellebore, Helleborus fœtidus*; *golden dock, Rumex maritimus.* **16g.** *LlS* 20, Acantha yn Groec ac yn Llatin, a Branke vrsine, Beare breeche nei Cutbert-ol yn Saesonaec. Pawen yr arth, ne *Tafol y môr* yn Camberaec. **1632** *D* (*Bot*), Crafange yr Arth, troed yr Arth, *tafol y môr*, Elleborus niger, veratrum nigrum, acantha . . . branca vrsina. **1688** *TJ* (*Bot*), *Tafol y môr*, crafange yr arth: black Hellebore, Brankursin. **1803** *P*, Tavawl . . . *Tavawl y mor*, bear's foot. **1813** *WB* 237, *Tafolen Y Môr*; Rumex maritimus; Golden Dock. **tafol, &c., y traeth:** *shore dock, Rumex rupestris.* **20g.**

Gw. hefyd **dail—dail tafol.**

tafolaf: tafoli [bf. o'r e. *tafol¹*] *bg.a.* Pwyso (mewn clorian), cloriannu, mantoli; simsanu, siglo; gwrthbwyso, troi'r fantol, gorbwyso; hefyd yn *ffig.*: *to weigh* (*in a scales*); *teeter, seesaw*; (*counter*)*balance, turn the scales, outweigh*; *also fig.*

1722 A. THOMAS: *DR* 20, hynny yn unig [buchedd dda] fydd ddigonol i wrthbwyso oll er *Tafoli* pwŷs un Trallod dirfawr. **1730** IACO AB DEWI: *YL* 13, nid oedd Clorianeu'r Meddwl nac yn derchafu tu â'r Trawst . . . nac yn cael eu pwyso i lawr . . . onid yn *tafoli* yn gytbwys ac yn ddiyscog (*hanging equal*) rhwng y ddau. **1770** P. WILLIAMS: *BS*, *Rhuf* viii, Y mae gobaith o'i fwynhau [cariad Iesu] yn y nefoedd yn fwy nâ digon i *dafolu* â phoenau angau. **1788** J. GRIFFITH: *DCC* 100, tra mae' r meddwl megis yn y clorian, yn *tafoli* rhwng gwrthod a derbyn. **1794** *W* d.g. *To weigh* . . . [*try in weighing-scales: balance in the mind, &c.*]. Cf. *AUA* 315, Bydd hyny [eisteddfod] . . . yn fwy o fantais i chwithau i'n pwyso a'n mesur—neu ein '*tafoli*!'; D. J. WILLIAMS: *ChHO* 140, ei bartner, ag un llaw ar ystlysbost y gwely, yn *tafoli*'n ôl a blaen yn beryglus o ansicr.

Amr.: **taflaf²: taflo** [bf. o'r e. *tafl²*]. **1756** W. WILLIAMS: *GDC* 133–4, I dalu am bechod eilwaith ni all Cystudd o un rhyw, / Ond y fath all cydbwyso [*sic*] Cyfiawnder pur fy Nuw; / Ai roddi yn y Clorian a *daflo* yno 'n lan, / Ar holl bechodau wnaethom trwy 'n Bywyd oll or blaen. **1764** W. WILLIAMS: *Th* 129, Duw a thithau fu yn y glorian, / Gynt yn *taflo*. Ar lafar yn yr ystyr 'sefyll ar siglen i'w wthio'n ôl ac ymlaen', 'Pyn ôn i'n wara siglan, 'odd y bechgyn yn *taflo* yn 'u tro', *GTN* 774. Cf. *SE MS* 485a, *Taflo*, v. to balance; to play evenly like the beam of a balance. (S.W); D. J. EVANS: *HCS* 98, hoff gyrchfan plant yr ysgol ydoedd chwarae *taflo* ar draws y pwll llif.

tafolen, gw. **tafol².**

tafoliad [bôn y f. *tafolaf*: *tafoli*+*-iad¹*] *eg.* Y weithred o dafoli, mantoliad, clorianiad, yn *ffig.*: *a balancing or weighing, fig.* **1803.**

tafolog [*tafol²*+*-og*] *a.* Llawn tafol: *full of docks.*

1803 *P*, *Tavolawg* . . . Abounding with docks. Digwydd yn yr e. lle *Cwm Tafolog*, pl. Cemais, sir Drefn.

tafolwr [bôn y f. *tafolaf*: *tafoli*+*-wr*] *eg.* Beirniad: *adjudicator.* **1851.**

tafolyn, gw. **tafol².**

tafotew [*tafod*+*tew*] *a.* Ac iddo dafod tew, yn methu seinio 'r' yn iawn: *unable to pronounce 'r' properly, rhotacistic.* **1867.**

Gw. hefyd **tafod—tafod tew.**

tafotrwg, tafod-ddrwg [*tafod*+*drwg*] *a.* Brwnt ei iaith, rheglyd, cwrs; digywilydd, hy, haerllug: *foul-mouthed, coarse*; *impudent, cheeky.*

1723 WM: *PGG* 204, Dŷn *tafod-drwg* sydd yn gwneud Niwaid iddo ei hûn ac nid iti. *c.* **1730** *Thos. Lloyd D* (LlGC) 213b, *Tafodtrwg* . . . Foul-mouth'd. **1754** G. OWEN: *L* 96, y rhai a wadant neu ddirmygant eu gwlad . . . mi glywn arnaf eu galw yn anifail cors, yr enw mwyaf *tafod-ddrwg* a glywais erioed o ben fy mam. *id.* 127, Drwg yw'r byd fod yr Awen cyn brinned ym Môn nad ellid gwneuthur i'r carp safnrhwth *tafod-ddrwg* hwnnw wastattu. **1786** TWM O'R NANT: *PCG* 21, Taw hên hŵr *dafodtrwg*, ni fu erioed dy futrach. **1791** B. EVANS: *AD* 24, [y]r Apostol Jude . . . yn dangos yr anghyffelybrwydd oedd rhwng rhai Dynion *Tafod-drwg* a Michael yr Arch-angel, pan oedd yn ymddadleu a Diafol. Ar lafar, '*tafodrwg, tafotrwg*' 'foul-mouthed, using bad language . . . saucy', *WVBD* 526.

tafotrwm, gw. **tafod+trwm.**

tafotrwym, tafotrydd, taful, gw. **tafodrwym, tafodrydd, tafol¹.**

tafwlan, tafulan, tafulen [bnth. dysg. Llad. *tabula*+*-an¹*, *-en*] *eb.* Tabl, rhestr, mynegai, catalog; llechen neu dabled ac arni ysgrifen: *table, list, index, catalogue*; (*inscribed*) *tablet.*

1567 G. ROBERT: *GC* 16, Maer llun ar henw sydd i bob lythyren [*sic*]? . . . [W]rth y *dafwlan* yma e geir gwybod pobun o honynt. *ib.* delluch [*sic*] yn dda ar y *dafulan* yma. **1568** MORYS CLYNNOG: *AG* [iii], O flaen y traethiad e gair y pynciau hynottaf mewn *tafulan*. **1583** W. MIDLETON: *B* 10–11, hoff iawn yw gennyf a glywais o newyddion y gan Mr. Babington sef ichwi gyfieithv yn gymroaidd y *dafulan* ferr o grefydd Christ a wnaethai ef yn Saesonaeg. *p.* **1584** G. ROBERT: *GC* [199], pan fo bogail, ne ddiphdong yn nessaf oi blaen, mal y gwelir yn y *dafwlann* yma. *c.* **1585** G. ROBERT: *DC* [xxxii], I ddyall y *Dafulen* yma . . . nodwch fod y rhif cyntaf a r [*sic*] y llaw ddeheu yn dangos rhifedi r ddolenn i bo r peth nodadwy ynddei. **1618** J. SALISBURY: *EH* 135–6, Am ba achos y mae gorchmynion y lhechen neu'r *dafúlan* gyntaf yn dri? . . . O ran bod yn dysgu i ni garu Duw a'r galon, a'r tafod, ag a gweithred. **1707** *AB* 220c, *Tavwlan*, An index. V. *c.* **1730** *Thos. Lloyd D* (LlGC) 213b, *Tafwlan*. Tabula. **1771** *W*, *tafŵlan* d.g. *Catalogue, A little catalogue, Table or index.*

Gw. hefyd **taflen¹.**

tafyl, taffata, taffen, gw. **tafol¹, taffeta, taffi.**

taffeta, taffata [bnth. S. *taffeta*, *taffata*] *eg.* Defnydd main sidanaidd gloyw o wead plaen: *taffeta.*

1547 *WS*, *Taffata* rywogaeth ar sidan Tafata.

taffi [bnth. S. taf. *taffy*, amr. ar *toffee*] *eg.* (bach. b. *taffen*) ll. *taffi(n)s*. Toffi, cyflaith; (yn y ll.) melysion: *toffee*; (*pl.*) *sweets.*

1886. Ar lafar, *WVBD* 520, *GTN* 774, *Geir Geg* 56, *LGW* [204]–5.

Cfn.: **taffi a ffani:** *white- and cream-coloured toffee.* Ar lafar, *Geir Geg* 56 (Morg.). **taffi cnoi:** *chewing-gum.* **20g. taffi ragman:** *treacle toffee given by a ragman in exchange for rags.* Ar lafar, *GTN* 774.

Gw. hefyd **toffi.**

tag¹ [bôn y f. *tagaf¹*: *tagu*] *eg.* ll. *-au*, *-ion*, a hefyd fel *a.* Tagiad, mygfa, mygiad, llindagiad, hefyd yn *ffig.*; yn peri tagu, taglyd, myglyd: *choke, a choking, suffocation, strangulation, also fig.*; *choky, choking.*

c. **1400** *R* 1269. 44–1270. 1, cas vegyr kest egyr cos *dageu*. **16g.** *GGH* 359, Llinyn *tag* fyddag a fydd, / Lle i'w ben felly beunydd [i ofyn bwa]. **1661** E. LEWIS: *Drex* 230, y mae *tag* ar ysprydion y bywyd (*Vital Spirits are suffocated*). **1722** *Llst* 189, *Tâg*. Choaky, choakly. *c.* **1730** *Thos. Lloyd D* (LlGC) 213b, *Tâg* . . . Strangulatio. *c.* **1785–90 (1829)** *CBYP* 140, I falldorf, plant y felldith, / Sydd yma'n *dâg*, plag i'n plith. **1803** *P*, *Tâg*, s. m.—pl. t. *ion* . . . The state of being stuffed, or clogged; a strangle.

Gw. hefyd **tagaradr.**

tag², gw. **tagaf¹: tagu.**

tàg¹ [bnth. S. *tag*] *eg.* ll. *tagiau*, *tags*. Math o label neu ddyfais electronig a gysylltir wrth berson, anifail, neu beth at bwrpasau adnabod, &c.; label maes (mewn testun), marcio disgrifiadol; ymadrodd stoc, *Ieith.* ffformiwla ofynnol a ddefnyddir i newid gosodiad yn gwestiwn: *tag, label*; *tag, field marker, descriptive mark-up*; *tag* (*stock phrase*) (*also in linguistics*).

1932 *CRC* [lxxxiv], Arferir pob math o *dagiau* yn enwedig ar ddechrau a diwedd y cerddi,—ymadroddion fel 'A m'fi', 'Fal yr oeddwn', 'Gwrandewch', 'Dowch yn nes', etc., ac 'O daw gofyn pwy a wnâi'r carol'.

tàg², tac⁶ [bnth. S. *dag*] *eg.* Math o bistol trwm: *dag* (*type of handgun*).

16–17g. *Cer RC* 126, Fo ddoeth i'r court i neges, / Ar odde lladd yn brenhines: / Y *tac* (*BC* 257, *Tag*) dûr ollyngodd ati: / Angel a roes rybudd iddi. **1636** *Pen* 321, 320a, darostyngaist wrthryfel Gyhoedd . . .

bwriaist heibio ergid y *tag* . . . rhago/daist frath y ddager.

tàg³, gw. tua.

tagaf¹: tagu [Crn. C. *tage*, Llyd. C. *tag(u)-aff*, *tagaf(f)*, Llyd. Diw. *tagañ*, H. Wydd. *tachtad*, Gwydd. Diw. *tachtadh*: ?o'r gwr. IE. **tak-* 'bod yn ddistaw', cf. Llad. *taceō* 'yr wyf yn ddistaw', Goth. *þahan*; petrus yw dosbarthiad rhai o'r enghrau. isod] *bg.a.*

(*a*) (fel *ba.*) Llesteirio neu atal (person neu anifail) rhag anadlu (nes iddo farw), mygu, mogi, llindagu: *to choke* (*to death*) (*tr.*), *stifle*, *suffocate*, *strangle*, *throttle*.

14g. *YBH* 30b–31a, Yna agori y safyn yr lleϐ ar vessur *tagu* (*estrangler*) boϐn. **14g.** *B* ix. 228, Rei onadunt gan eu poeni a ladassant a gvavar [*sic*]. Ereill gan rodi gwin egyr vdunt a *dagassant*. neu a vygassant. **14g.** *GDG³* 144, Teg oedd weled mewn rhedyn / Tegau dwf yn *tagu* dyn [am wallt Morfudd]. ?**14g.** (**18g.**) *id.* 419, hir yw blew i dynewyn / gwair gwag ai *tag* fel i tunn. **14–15g.** (*Diw.* **16g.**) *Gwyn* 3, 167, *tagu* paun cu ar ben cwys [dychan Rhys Goch Eryri i'r llwynog]. **15g.** *FfBO* 45–6, Or dyweit ynteu [cythraul] y byd marw [y claf], yr offeiryat a daw att y claf, a rodi tudedyn llein a wna ar y eneu. ac velly y *dagu*. **1547** *WS*, *Tagy* Choke. **1567** *TN* 97a, [y] genvaint a ddygyrchawdd y ar ddibin i'r merllyn, ac a *degit* (**1588** *Luc* viii. 33, ac a foddwyd). **1630** *YDd* 44, y tafod . . . ni eill . . . dymuno ar gyfaill dynnu a'i fys y carnboer sydd ym mron ei *dagu*. **1632** *D*, *Tagu*, Strangulare, suffocare, jugulare. **1687** (**1715**) J. OWEN: *TB* 161, aeth gwybedun i mewn iw safn, ac a'i *tagodd* ef. **1688** *TJ*, *Tagu*: to strangle. *c.* **1730** *Taith C* 19, dymma lle y bu fy Ngŵr . . . debyg o gael ei *dagu* gan y Llaid. **1753** *TR*, *Tagu* . . . to throttle, to strangle, to stifle. **1803** *P*, *Tagu* . . . to stifle, to strangle, to choak. Ar lafar, ''Swn i'n gallu'i *dagu* o' (sir Ddinb.); 'Fe *daciff* 'wnna'r plentyn os lliniciff a fa', *GTN* 780. Cf. D. OWEN: *D* 84, [p]ob gair fel pe buasai yn ei *dagu*.

(*b*) (fel *bg.*) Dioddef gan atalfa ar yr anadl (a marw o'r herwydd), methu anadlu, cael trafferth i anadlu, mygu, mogi; pesychu: *to choke* (*to death*) (*intr.*), *stifle*, *suffocate*; *cough*.

14g. *Bren Saes* 70, yr aur y dodes y bara yn y enav, ef a aeth kythreul yndaw, ac ny chavas arvot o'r byt onyt ymchweilit y lygeit a *thagu*. *c.* **1400** *R* 1336. 14, penn mab gavyr yn*tagu*. *id.* 1359. 13–15, A llei nomdiawt otlaϐt atleis yn llowrud o brud breid na*thegeis*. Maϐr oed vy sychet pessycheis am lynn. *c.* **1400** (*SG*) *HMSS* i. 234, ar dwrn arall ef a gymerth y mab erbyn y wdyf. ae gwasgawd yny *dagawd*. **15g.** *GDID* 44, Gyrrer Siôn, estron fystrych—Llanidloes, / Groes ynghroes dwygoes oni *degych* [dychan i'r lleidr a ddug wartheg y bardd]. **1632** *D*, *Tagu* . . . strangulari, suffocari. **17g.** HUW MORUS: *EC* i. 278, A yfo ormodedd, o'r diwedd fo *dâg*. **1688** S. HUGHES: *TSP* 63, fe gododd cymmaint o lwch o amgylch, ac y bu Cristion agos a *thagu* gantho. *c.* **1689** (**1802**) L. WILLIAM: *Sherlyn Benchwiban* 22, 'Rwy ym mron *tagu* o syched. **1703** E. WYNNE: *BC* 35, Gwnaent iti dybio 'u bôd yn *tagu* ar wyneb, ond hwy a fedrant lyncu Llyffaint rhag angen. **1753** *TR*, *Tagu* . . . to be choaked . . . stifled. **1757** G. OWEN: *L* 196, Ni welwyd erioed fwystfil o ddyn gwaeth na'r pennaeth. Y mae yn gorfod arnom er ys pythefnos yfed dwr drewllyd neu *dagu* (canys nid oes diferyn o ddiod fain yn y llong). Ar lafar, 'Nesh i ddechra *tagu* wrth fyta'n swper'; 'Ma'n raid ifi gæl llymid o ddŵr, 'wi jest yn *tacu*', *GTN* 780. *Diar.* 'Brawd *tagu* yw mogi'. Cf. D. OWEN: *D* 101, [c]lywais Jim yn dyweyd wrth Mr. Pugh, gan hanner *tagu*, fod ei fam 'just a marw, ac isio gweld y 'gethwr'.

(*c*) (enghrau. *ffig.*: *fig. exx.*).

1567 *TN* 54b, [p]eth [hadau] a gwympiawdd ymplith y drain, a'r drain a dyfeson ac ei *tageson*, val na roddes ffrwyth. *id.* 55a, somiant golud a' chwantae pethae ereill yn dyvot y mewn ac yn *tagy*'r gair. **1629** R. LLWYD: *P* 58, Mal hyn y bydd coeg-ddeillion y byd hwn yn *tagu* edifeirwch gan ei sychmyrnio drwy ymffoli a gobaith o fyw yn hir. **1630** *YDd* xiv, a chyd â hynny amled yw Cenawon Momus wenwynllyd, ni buasai neb doeth yn rhyfeddu i hynny *dagu* fy amcannion gweiniaid yn eu dechreuad. **1632** J. DAVIES: *LlR* 355, [y] byd a chwbl ac sydd yntho . . . pa fodd y maent hwy yn ein *tagu* ac yn ein mygu ni. **1672** J. LANGFORD: *HDdD* 159, *taga*'r fflamm, ac na âd iddo dorri allan. **1688** S. HUGHES: *TSP* 298, gan ddirmygu a *thagu* y cyfryw ddychryniadau. **1778** J. HUGHES: *BB* 103, Pan ddweudodd [*sic*] y gwir brophwyd, / Mae efe oedd bara 'r bywyd, y rhain a *dagwyd*, / Yn eu dysg. **1796** T. JONES: *CCA* 112, Pan ddywedo temtasiwn, Enaid, ti a elli godi dy hun yn y byd . . . os gwnai ond celu dy broffes . . . ffydd i *dagu*'r fwled (*chokes the bullet*), a ettyb, O fy enaid, cofia eiddo pwy ydwyt. **1800** W. OWEN[-PUGHE]: *CP* 107, Purion yw gosodi rhywbeth uwch tu yn ôl y rholen i lanâu y rhintiau, onide nhw á *dagant* ac nis gwnânt y rhilliau ddigon dyfnion i dderbyn yr ŷd. **1803** *P*, *Tagu* . . . To obstruct, to stop or clog up. Ar lafar, 'ffoes wedi *tagu*', 'a choked-up ditch', *WVBD* 520; 'Ma'r 'en fashîn yn *tacu* mwn dim amsar', *GTN* 780.

tagaf²: tago, gw. tagiaf: tagio.

tagaradr, tag (yr) aradr [*tag¹* + (*yr¹*) + *aradr*] *eb. Bot.* Unrhyw un o amryw fathau o blanhigion gwydn eu gwreiddiau o'r tylwyth *Ononis*, yn enw. *O. repens*, camog, hwp yr ychen: *rest-harrow*.

16g. *LlS* 24, Y *Dagaratr* . . . Yr enwæ Anonis et Ononis yn Llatin, Cammok, Rest harrow, Grounde whine, nei litle whine yn Saesonaec. Hwb yr ychen, Cas gan ardwr, Eithin yr ieir, nei y *Dagaratr* yn Camberaec. **1604–7** *TW* (*Pen* 228), *Tagaratr* d.g. *Ononis*. **1632** *D* (*Bot*), *Tagaradr*, vi[d]. Hwp yr ychen. **1725** *SR* (*Bot*), *tâg aradr* d.g. *Rest harrow*. **1803** *P*, Tâg . . . *Tag aradyr*, restharrow, also called hwp yr yçain. **1813** *WB* 238, *Tagaradr*; Ononis arvensis; Rest-harrow, Camock. Ar lafar, '*tag aradr*', G. AWBERY: *BM* 50 (Cered.).

Cfn.: *Bot.* **tagaradr bach:** *small rest-harrow*, *Ononis reclinata*. **20g.**

tagedig [bôn y f. *tagaf¹*: *tagu* + *-edig*] *a.bfl.*, weithiau gyda grym enwol. Wedi ei (lin)dagu, hefyd yn *ffig.*; a nodweddir gan dagu, yn peri tagu: *choked*, *strangled*, *also fig.*; *characterized by*, *or causing*, *choking*.

14g. *BT* (*RB*) 50, A phan deuth kytymdeithon Gwgawn attaw tagu Hwel a orugant; a'r *tagedic* yn varw hayach a dugant at y Freinc. **1547** *WS*, *Tagedic* Choked. *Diw.* **16g.** *WLB* 61, Rhag pyssychu sych *tagedig* a fydd yn dryllio y ddwyfron. *id.* 86, Mel . . . sychedig, *tagedig*, ac alarus yw. **1588** *Act* xxi. 25, ymochel . . . rhag gwaed, rhag peth *tagedig*. **1604–7** *TW* (*Pen* 228), prenn gelhyc *tagedic* d.g. *piraster*. **1700** *TDP* 132, Ydd ydwyfi yn Grogedic neu yn *Dagedig*, naill ai myfi a doraf fy Ngwddf, neu mi am bodda fy hun. **1707** *AB* 287a d.g. *Strangled*. *c.* **1762–79** W. WILLIAMS: *P* 122, [ffrwyth] y Pren Bara . . . nid oes na chniwllŷn [*sic*] na charreg ynddo, ond sylwedd bur fel bara; ond o's cedwir ef tros 24 o oriau, mae yn bwyta yn galed ac yn *dagedig*. **1764** J. POPKIN: *ABG* 46, y mae ymarbediad oddiwrth waed a Phethau *tagedig* yn cael ei rwymedig Orchymmyn. [**1783**] *W* d.g. *Stoaked or stopped* [*as a pump*]. **1803** *P*, *Tagedig* . . . Clogged; strangled, choaked.

tagell [*tag¹* + *-ell*, Llyd. Diw. *tagell* 'magl, byddag; coler'; ?cf. yr e. lle Crn. *Tintagel*] *eb.* ll. *-au*, *-i*, *tegyll*. Plyg llac o groen sy'n hongian o dan wddf tarw, &c., plyg tebyg o dan wddf anifail arall, neu aderyn, neu berson, hefyd yn *dros.*; organ anadlu mewn pysgod, &c., sef meinwe fasgwlar sy'n cymryd ocsygen o'r dŵr sy'n llifo drosti, cragen, crogen; unrhyw un o'r ffurfiannau rheiddiol tebyg i ddail a geir o dan gap madarchen ac sy'n cynhyrchu sborau; (corn) gwddf; adfach, magl: *dewlap*, *jowl*, *wattle*, *double chin*, *also transf.*; *gill* (*in fish*, *&c.*, *and in fungi*); *throat*, *windpipe*; *barb*, *snare*.

c. **1400** *R* 1407. 38–40, *Tagell* hir teg oll y himp alarchwed gron ϐyϐ lercheϐimp [i ferch]. **15g.** *CMOC²* 126, Dygn yw pwn dy gŷn pennoeth, / dwy gaill yn un *dagell* noeth [dychan Dafydd ab Edmwnd i geilliau Guto'r Glyn]. **15g.** *GDID* 53, A llawfron *dagell* hyfryd / A dorrai gae derw i gyd [i ofyn eidion]. **16g.** MORUS DWYFECH: *Gw* 139, Un a'i rhydd i weini rhawg, / Ar *dagell* ffrwd redegawg [i ofyn meini melin]. **1589–93** *Rhyddiaith Gymraeg* ii. 136, fel y dyn a ymgylcho lladron, a rotho yn rhwydd i bwrs vddynt rhag torri i *dagell* wrth nerth i cryfdwr. **16–17g.** *HG* 168, kodi rhwff kyd a rheffyn / castell am *dagell* pob dyn. **1617** *Minsheu* 61a d.g. *the Cannell or winde-pipe*. *id.* 490a d.g. *the Throte*. **1630** *YDd* 42, holl brif ddeunyddiau y corph megis môr a fai yn llenwi, a ruant ac a chwrnant yn ei *dagell* [am ddyn ar ei wely angau]. **1632** *D*, *Tagell*, Palear, ruma. **1688** *TJ*, *Tagell*: a double Chin. **1722** *Llst* 189, *Tagell*. f.p. *gellau*. A double chin, dewlap, chook, waddle, gills of a fish. **1753** *TR*, *Tagell* . . . a pig's wattle. *Tagellau* ceiliog, a cock's wattles. **1773** *W* d.g. *Gill* [*the red flap hanging down from the beak of a fowl*, *&c.*], *Gills of fish*, *Rattles* [*waddles*] *of a cock*. **1778** J. HUGHES: *BB* 298, Rhaid llifo 'r ddwy efell fel *tagell* y Tyrci [i ofyn pâr o olwynion]. *id.* 307, Wrth ffoi rhag Arth cyfarfod Llew, / Mwy dig a thew ei *dagell*. *c.* **1785–90** (**1829**) *CBYP* 198, Twyll awdl . . . Llynn o ddwfr a'm lleinw o ddŵr / Llonaid *tagell* Llynn Tegid. **1803** *P*, *Tagell*, s. f. dim.—pl. t. *i* . . . A barb, any thing growing to the throat; a double chin; a dewlap; a wattle. Ar lafar, 'Mi gydias i yn 'i *dagull* o nes odd o'n gelan', *WVBD* 520; 'Ma *tacall* yn 'ongad wth 'i gên 'i', *GTN* 780. Fe'i clywir yn nwyrain sir Gaerf. a gorllewin Morg. yn yr ystyr 'magl, hoenyn'.

tagellog [*tagell* + *-og*] *a.* A chanddo dagell (am darw, aderyn, person, &c.); a chanddo dagellau (am bysgodyn, &c.), ar ffurf tagell(au); adfachog: *having a dewlap*, *jowled*, *wattled*, *double-chinned*; *having gills* (*of fish*, *&c.*), *in the form of a gill or gills*; *barbed*.

15g. (*Diw.* **16g.**) *Gwyn* 3, 197, Mae'n deg ar wartheg ei waith / tadog *tagellog* gall-waith [Huw Dafi i ofyn tarw du]. **16–17g.** T. PRYS: *Bardd* 218, taerfeistr berchen ty oerfwyd / *tagellog* ysgellog llwyd [Rhisiart Phylip i ateb Tomas Prys]. **1722** *Llst* 189, *Tagellog*. Having a double chin &c. **1803** *P*, *Tagellawg* . . . Barbed; having a double chin; having a dewlap, or wattle. Cf. D. OWEN: *WBC* 139, hen geiliog *tagellog* coch; D. OWEN: *RL* 153, Gŵr tew, *tagellog* a rhadlawn.

tagfa [*tag¹* + *-fa*, *ma*] *eb.* ll. *-feydd*. Tagiad (hyd farwolaeth), llindagiad, hefyd yn *ffig.*; mygdarth, &c., sy'n tagu; *Meddyg.* darwasgedd, rhwystr; (rhan gul o heol, &c., sy'n achosi) atalfa traffig: *a choking* (*to death*), *a throttling*, *strangulation*, *also fig.*; *suffocating fumes*, *&c.*; *constriction or obstruction* (*in med.*); (*traffic*) *congestion*, *bottleneck*.

14g. *YBH* 39b, eissoes ny bu copart vncam o bedestric ϐrthaϐ a rodi *tacua* idaϐ a gouyn ystyr ar achos yd oedit yn llosgi tan kymeint a hϐnnϐ. **1547** *WS*, *Tagfa* Chokyng. **16g.** *LlS* 165, Blodæ yr Ederal pan yw yn dra chwerw a ellwng *dagfa* yr avy. *Diw.* **16g.** *WLB* 12, Rhag pyssychu a *thagfa* a chyfyngdra yn y ddwyfron. *a.* **1593** *HCRC* iii. 37, ampryd Hester savio ath gâr / rhoes vawr i vâr mewn *tagfa* [i'r Grawys]. **1632** *D*, *Tagfa*, Iugulatio, strangulatio. **1688** *TJ*, *Tagfa*: a strangling. **1703** E. WYNNE: *BC* 88, tarawodd y fâth archfa fi o fygfeydd a *thagfeydd* ac a'm gorphenasei. *id.* 91, yna 'n ôl i anferth lifeiriant o frwmstan berwedig, i'w trochi mewn llosgfeydd, a mygfeydd, a *thagfeydd* o ddrewi anaelef. **18g.** *W Ballads* 186, 2, Mi fum yn buw yn hir amser ar gwrw a gwin a Braster, / . . . / Ond mi chwenychwn yma gaul soeg y môch yn fara, / A mynd o *dagfa*'r ddalfa ddu. **1767** E. THOMAS: *HR* viii, suddais . . . i'r pwll diwaelod . . . ymaflodd *tagfeuydd* uffern ynof. **1803** *P*, *Tagva*, s. f.—pl. *tagvëyz* . . . An obstructed place; an obstruction. Ar lafar, 'Mi gafodd o eitha' *tagfa*', *WVBD* 520.

Cfn.: **tagfa y fam:** *hysteria*. **16g.** *LlS* 16, 19. **1604–7** *TW* (*Pen* 228) d.g. *Zibethum*. **tagfa draffig:** *traffic jam*. **20g.**

tagfagl [*tag¹* + *magl¹*] *eb.* ll. *-au*. Magl, hoenyn, trap, byddagl: *snare*, *noose*, *trap*, *gin*.

1753 *TR*, *Tagfagl*, a snare. **1773** *W* d.g. *Gin* [*a trap* . . .], *Trap*. **1803** *P*, *Tagvagyl*, s. f.—pl. *tagvaglau* . . . A springe.

tagiad [bôn y f. *tagaf¹*: *tagu* + *-iad¹*] *eg.* ll. *-au*.

(*a*) Y weithred o dagu, llindagiad, mygiad, mogiad, hefyd yn *ffig.*; *Meddyg.* darwasgedd, rhwystr: *a choking or throttling*, *strangulation*, *stifling*, *suffocation*, *also fig.*; *constriction or obstruction* (*in med.*).

16g. *LlS* 152, y mae yn dda rhac *tagiad* yr avy ar Dduec. *id.* 161, *Tagiat* y chwysigen ar arennæ a ddattodir. **1604–7** *TW* (*Pen* 228) d.g. *Strangulatio*, *Suffocatio* (hefyd *D*). **1771** *W* d.g. *Choking*. **1803** *P*, *Tagiad*, s. m. —pl. t. *au* . . . A choaking.

(*b*) *Crdd.* Dull o ganu nodyn neu nodau ar y delyn: *manner of playing a note or notes on the harp*.

c. **1566** *B* i. 143, Dowetter bellach am grychiadau / a fflethiaday / a chysylltiaday / a *thagiaday* / ag ystopiaday . . . a llyma yr achos y cafas *tagiad* y henw oherwydd bod yn ystopio rhwng cywir dant a thyniadau ryw amser pen ddel i mewn cerdd crychiadau sydd yn cyflowni rwng cywir danc a thyniaday. **17g.** *Musica* 35, *tagiad* dwbl. **18–19g.** R. DAVIES: *DB* 66, Dysgu pob mwchwl dwysgerdd, / Crychiadau, *tagiadau*'r gerdd.

tagiaf, tagaf²: tag(i)o [bf. or e. *tàg¹*] *ba.* Rhoddi tâg neu label ar: *to tag*, *label*.

20g. Ar lafar, ''Gath e 'i ryddhau o'r carchar yn gynnar, ond 'odd e 'di câl 'i *dagio*' (gogledd Cered.); 'Mân nw'n gorfod *tago* defed dyddie 'ma' (sir Gaerf.).

taglyd [*tag¹* + *-lyd*] *a.* Yn (peri) tagu, myglyd, hefyd yn *ffig.*: *choking*, *stifling*, *suffocating*, *also fig.*

1727 J. JONES: *DFF* 262, [y] fâth Fwg afiach

gwenwynig, drygsawrus *taglyd*. **1771** *W* d.g. *Choky, or choking*. **1776** CAIN JONES: *Alm* 22, Têg Chwi glywsoch, y Cân ungloch, / Ond hi a fydd *Daglyd* pan ddêl Dwygloch. **1778** J. HUGHES: *BB* ix, Bara Haidd . . . / . . . Tew-glem Tammaid sŷch *taglyd*. *id.* 202, Pa mo'r [*sic*] ddwys / A *thaglyd* yw'ch erthygle, / Mae genych galed glymme, / Mewn pyngcie a barrie o bwys. **1793** CAIN JONES: *Alm* 15, Gwae'r tyngwr, rhegwr rhŷdd . . . / . . . / Caiff loesau, poenau pur, dan *daglyd* fyglyd fur. **1798** J. THOMAS: *CIC* 102, y maent [gofalon y byd] o nattur *daglyd*.

taglys [*tag*[1] + *llys*[5]] *eg.* *Bot.* Unrhyw un o amryw fathau o blanhigion dringol o'r tylwythau *Convolvulus* a *Calystegia*, yn enw. cynghafog y maes, *Convolvulus arvensis*; orfanc, gorfanadl, corn y bwch, *Orobanche*; gwyddfid, llaeth y gaseg, *Lonicera periclymenum*: *bindweed, esp. field bindweed; broomrape; honeysuckle, woodbine.*

1604–7 *TW* (*Pen* 228) d.g. *Eruangina* (At.). **1801** *MMf* 287, Liliastrwm, y *taglys*. *id.* 294, Volucrwm major, *taglys*. **1813** *WB* 238, *Taglys*; Convolvulus arvensis; Small Bindweed. Ar lafar, 'Bindweed' '*taglys*', G. AWBERY: *BM* 29 (Meir. a Chered.).

Cfn.: **taglys mawr:** *hedge bindweed, Calystegia sepium*. **1813** *WB* 238, *Taglys Mawr* . . . Convolvulus sepium; Great Bindweed. **taglys yr ŷd:** *black bindweed, Fallopia convolvulus*. **1813** *WB* 238, *Taglys Yr Yd*; Polygonum Convolvulus; Black Bindweed.

tagnwy [*tag*[1] + *nwy*[3]] *eg.* Nwy myglyd (mewn pwll glo): *choke-damp, after-damp* (*in a coalmine*).

1852.

tagwm [? *tag*[1] + elf. anh.] *eg.* Math o lyffethair i ddefaid, &c., hefyd yn *ffig.*: *type of fetter for sheep, &c., also fig.*

1842 DEWI WYN: *BA* 79, Pechodau, a chwymp chwai Eden,—a'u dug / I *dagwm* yr angen: / Yn rhôdd anfonodd Nef wên, / O law Iesu Elusen. *id.* 302, A'th godi o'r trueni trwm, / Holl *dagwm* colledigaeth, / O'r nef y deuodd gwir Fab Duw, / Dan waelaidd ryw dynoliaeth. Ar lafar ym Meir. Cf. EBEN FARDD: *Gw* 195, Rhydlawd oer odlig, / Swm o *dagwm* dig, / Ceir o gauedig 'Hir Gyhydedd'.

tagwr, tagydd [bôn y f. *tagaf*[1]: *tagu* + *-wr*, *-ydd*[3]] *eg.* ll. *tagwyr, tagyddion*. Un sy'n tagu, llindagwr; dyfais yng ngharbwradur peiriant tanio mewnol sy'n rheoli'r cymysgedd o betrol ac awyr, yn enw. er mwyn rhoddi rhagor o betrol wrth danio'r peiriant: *choker, strangler; choke* (*in internal combustion engine*).

1771 *W* d.g. *Choker*. **1803** *P*, *Tagwr* s. m.—pl. *tagwyr* . . . A choaker. Cf. H. S. OWEN: *Calon Gron a Thraed Cathod* (1990) 80, Y *tagwr* oedd yr erfyn i wasgu edyn at ei gilydd wrth osod camogau. Roedd coes rhyw bedair troedfedd bron o hyd iddo a mortais o fewn rhyw droedfedd i'w flaen.

Cfn.: *Bot.* **tagwr y garddwr:** *rest-harrow, Ononis repens*. Ar lafar, G. AWBERY: *BM* 50 (sir Gaern.).

tagwydd [*tag*[1] + *gwŷdd*[1]] *e.ll.* *Bot.* Taglys, *Convolvulus* neu *Calystegia*; orfanc, *Orobanche*: *bindweed; broomrape.*

1813 *WB* 238, Taglys Mawr; *Tagwydd*; Convolvulus sepium; Great Bindweed.

Cfn.: **tagwydd mawr:** *hedge bindweed, Calystegia sepium*. **1906.**

tagwyg [*tag*[1] + *gwŷg*] *e.ll.* *Bot.* Orfanc, *Orobanche*; math o wycbys, *Vicia cracca*: *broomrape; tufted vetch.*

1604–7 *TW* (*Pen* 228) d.g. *Orobanche*. **1632** *D* (*Bot*), *Tagwyg*, Orobanche. **1688** *TJ* (*Bot*), *Tagwŷg*: Broom, [*sic*] Rape. *c.* **1730** *Thos. Lloyd D* (LlGC) 213b, *Tagwyg*. choak-fitch. Orobanche. **1794** *W* d.g. *Strangle-weed*. **1803** *P*, *Tagwyg*, s. m. aggr. . . . Broomrape. **1813** *WB* 238, *Tagwyg*; Vicia Cracca; T[u]fted Vetch.

tagydd, gw. **tagwr.**

tang[1]**,** gw. **tanc**[1]**.**

tang[2] [bnth. S. *tang*] *e?g.* Blas neu aroglau cryf, smachd, hefyd yn *ffig.*: *tang, also fig.*

1938. Cf. T. H. PARRY-WILLIAMS: *M* 73, Er mor ddeniadol yw'r enw [Tawelfor], fe gollir peth o *dang* y gair Pasiffig wrth ddefnyddio'r enw hwnnw.

tangal [bnth. S. *tangle*] *eg.b.* Dryswch, clymau, yn aml yn *ffig.* penbleth, trafferth, helbul: *tangle, often fig. predicament, trouble, bother.*

1923. Ar lafar, '*Tangal*' 'a tangle, a row or quarrel', *Cymru* xxxiv. [265] (godre Cered.); 'Ato' i ma Beti'n dod yn 'i *thangal*', ''Dyw a byth yn dod aton ni ond pyn bo ryw *dangal* arno', *GTN* 774; 'Mae Dafydd, druan, m'wn *tangal* a 'r anga' heno' 'Poor David is fighting with death tonight', *LlGC* 1173, 113 (Morg.); ''Wi mwn *tangal*, 'elpa fi i dynnu'r ffrog 'ma o 'ngylch' (dwyrain Morg.).

tangddef, tangdde [*tang*[1] + elf. anh.] *e?g.* Heddwch, tangnefedd: *peace.*

13g. *C* 25. 7–8, A widy *tagde* teernas arvere. *id.* 71. 1, Caraw voli pedyr avedir *tagtew* iaun. ae pelltaun. y gid ac ew. **13g.** *A* 26. 14, en adef *tangdef* collit. adef led buost lew en dyd mit.

tanghysen, gw. **tangs.**

tangiad [cfdds. o'r S. *tang*(*ent*) + *iad*[1]] *eg.* ll. *-au*. *Math.* Ffwythiant trigonometrig, sef cymhareb hyd yr ochr gyferbyn ag ongl lem i hyd yr ochr gyfagos mewn triongl ongl sgwâr, cymhareb sin i cosin; llinell, cromlin, neu arwyneb sy'n cyffwrdd â chromlin neu arwyneb arall wrth un pwynt heb ei groestorri, cyffyrddlin: *tangent* (*in math.*).

20g.

tangiadol [*tangiad* + *-ol*] *a.* Yn perthyn i dangiad, ar ffurf tangiad, yng nghyfeiriad tangiad, ar hyd tangiad: *tangential.*

20g.

tangins, gw. **tangs.**

tanglaeth [bnth. S. *tangle* + *-aeth*] *eb.* Trafferth, helbul: *trouble, bother.*

1863–5 D. OWEN: *WBC* 126, Yr oedd rhyw *danglaeth* fawr wedi bod rhwng Mr. Jones a rhyw fenyw. Ar lafar, 'Mae e miwn rhyw hen *dangleth* neu gily o hyd' 'He is in some old bother or other continually', *GDD* 289.

tangnafeddaf: tangnafeddu, tangnafeddus, tangnafeddwr, gw. **tangnefeddaf: tangnefeddu, tangnefeddus, tangnefeddwr.**

tangnedd, tangneddef, tangneddefaf: tangneddefu, &c., gw. **tangnef, tangnefedd, tangnefeddaf: tangnefeddu,** &c.

tangneddiad [*tangnedd* + *-iad*[1]] *eg.* Heddwch, tangnefedd: *peace.*

c. **1601** *DCR* 181, dvw ai amal fendith rad / rhwydd *ddangneddiad* [*sic*] i ti.

tangneddus, tangneddyf, tangneddyfaf: tangneddyfu, &c., gw. **tangnefus, tangnefedd, tangnefeddaf: tangnefeddu,** &c.

tangnef [*tanc*[1], *tang*[1] + elf. anh.] *eg.b.* Heddwch, tangnefedd, llonydd, hefyd yn *ffig.* am berson: *peace, tranquillity, also fig. of person.*

12g. *GCBM* ii. 181, Par eurglaỽr, erglyw uy martlef, / Peir Prydein, profwn yn *tagnef*. *id.* 332, Ac Ef, Arglwydd nef, *tangnef* tynged, / A'n dug o gyfrgoll pan archolled. **12–13g.** *GLlLl* 287, Fyscyolin byddin, bud achref—kerddeu, / Kerddwys hael yn *tangnef* / Carno ỽro, ỽreinyaỽl addef, / A gỽedy Carno, caer nef. **14g.** *T* 67. 11, Neu gynt noc ef. pỽy uu *tagnef* ar redyf gefel. **14g.** *LlB* 6, O'r pann safho y distein yn y neuad, a dodi naud Duw a'r honn y brenhin a'r vrenhines a'r gwyrda, ac eu *tagnef*, ar y llys a'r nyuer, a torro y *tagnef* honno, nyt oes ydaw nawd yn vn lle. *id.* 43, ymlad a wnelher yn llys lle y bo eistedua brenhin . . . torri *tagnef* llys yw. **14g.** *GIG* 94, Athro da, neur aeth â'r dysg / I'r lle mae'r eang *dangnef*, / Ac aed y gerdd gydag ef [marwnad Llywelyn Goch ap Meurig Hen]. *c.* **1400** *R* 1319. 6–8, Tristyt amkyuyt kovyon llef adeigyr . . . kan aeth y wlat tat *tangnhef*. **1632** *D* d.g. *Pax*. **1688** *TJ*, *Tangnef*, tangnefedd: Peace. **1722** *Llst* 189, *Tangnef*. f. . . . Peace, rest. **1793** DAFYDD IONAWR: *CD* 376, Ein Brenin in a brynawdd / Lân *Dangnhef* y Nef a'i Nawdd. **1803** *P*, *Tangnev*, s. m. . . . tranquillity.

Amr.: **tangnedd** [cf. *nodd*, *nof*; dichon mai gwall am *tangnefedd* a geir yn *RM* isod] *c.* **1400** *RM* 38, gỽedy daruot y *dangued* [*sic*] (*WM* 55. 7, y tangneued). *Dchr.* **15g.** *GM* 22.

tangnefaf: tangnefu [bf. o'r e. *tangnef*] *bg.a.* Gwneud heddwch, heddychu, cymodi, tawelu, llonyddu, dyhuddo; lleddfu (poen, &c.); bod yn dangnefeddus, ymdawelu; lleddfu (am boen, &c.): *to make peace, reconcile, pacify, calm, assuage, placate; ease* (*pain, &c.*); *be peaceful, grow calm; ease* (*of pain, &c.*).

c. **1400** *R* 1056. 25, ny*thangnef* gỽynnaỽn agodeith. *id.* 1303. 45–6, caffỽyf nef lle y*tangnheuir* drỽy nerth geir ywyry ueir wir. **18–19g.** *MA* iii. 299, nis gellir *tangnevu* cenedlodd yn rhyvel. **1803** *P*, *Tangnevu* . . . To tranquillize.

Amr.: **tangnofi** [cf. *tangnofedd*]. **1824.** Ar lafar yn nghanolbarth Cered. ynglŷn â'r tywydd, 'Ma'r tywydd wedi *tangnofi* peth'. Cf. D. OWEN: *WBC* 28, bu gorfod ar Nansi gompowndo wy a noggin o Jamaica rum iddo cyn *tangnofi* y bile yn ei ystumog. **tengnofi.** **1779** D. DAVIES: *BDED* 6, megis teyrnged . . . i *de*[*n*]*gnofi* dwyfol gyfiawnder. **tyngnofi** [cf. *tyngnefeddu* (gw. *tangefeddaf: tangnefeddu*)]. **1784** M. WILLIAMS: *S* i. 66, awelon hyfryd o wynt ac sy'n *tygnofi*'r [*sic*] gwres.

tangnefedd [*tangnef* + *-edd*[1]] *eg.b.*

(*a*) Heddwch (meddwl), hedd, llonyddwch, tawelwch, gorffwys; cymod, cytundeb heddwch, cadoediad; (geir.) ffafr; hefyd yn *ffig.*: *peace* (*of mind*), *quiet, tranquillity, rest; reconciliation, peace treaty, armistice;* (*dict.*) *favour; also fig.*

Dchr. **12g.** *GMB* 30, Gorpo gvr gulet druy *tagnevet* het o hetiw! **12g.** *GCBM* i. 21, Duv dinac, dinas *tagneued*, / Duỽ, dy naỽd, na'm kaỽd y'm kamwed! *id.* 117, Ny charws Tyngyr *tagneuet*. **13g.** *Brut B* 28, Ac oet a gwnaeth Membyr . . . y gwnevthvr *tagneved*, ac ena o vrat trwy rey o'r kennadev y lladavd. **14g.** *BT* 179, y kymry ny mynneint kytsynyaw ar *dangneued* (*BT* (*RB*) 216, a'r *tagneued*) . . . o achaws . . . eu tremygu wynt ay dielwi. yny *dangneued* (*ib.* kymot) honno. **14g.** *WML* 115, Ym pop dadleu ydyly bot y pump hyn. Guys a haỽl ac atteb a barn a*thagneued*. **14g.** *WM* 88. 3–5, a cheissaỽ ymdangneuedu agỽystlaỽ aỽnaeth pryderi ar y*tangneued*. *id.* 401. 37–8, ar y *dyngneued* honno y trigwyd. **15g.** *GLGC* 434, ei ferch ef yw'r *dangnefedd*, / ei fab yw rhoi gwin neu fedd [i Owain Fychan ap Gruffudd]. **1632** *D*, *Tangnefedd*, Pax. **1718** *Llsgr R. Morris* 136, *tangnhefedd* ar y ddauar gla / ag ewyllus da i ddynion. **1722** *Llst* 189, Tangnef. f. *Tangnefedd*. m. Peace, rest. **1793** DAFYDD IONAWR: *CD* 221, *Tangnhefedd*, oleuwedd lu, / Roisant am eni 'r Iesu. **1803** *P*, *Tangnevez*, s. m. . . . heavenly tranquillity; tranquillity. Cf. *Traeth* xiv. (1945), 184, Yr ydym wedi llithro'n araf deg i gymryd heddwch fel peth allanol, a *thangnefedd* fel cyflwr mewnol. Ond hyd y medraf i weld, mae heddwch a *thangnefedd* yn rhyfeddol o debyg i'w gilydd yn iaith yr oes o'r blaen (Ifor Williams).

(*b*) *Beibl.* Cyfarchiad cyffredin, 'Heddwch (i chwi, &c.)!': (*bibl.*) *common form of greeting*, '*Peace* (*be unto you, &c.*)!'.

1551 W. SALESBURY: *KLl* xlivb, *Tangneddyf* [:– Heddwch] ywch. **1588** *Barn* vi. 23, *tangneddyf* (**1752** *ib.* *Tangnefedd*) it, nac ofna. **1699** T. JONES: *TP* 40, yn cyfarch gwell iddo, gan ddywedŷd *Tangneddŷf* i ti. **1704** E. SAMUEL: *BA* 165, [d]ywedodd wrtho, *tanghneddyf*, fy Mab, *tanghneddyf* i ti a maddeuant pechodau. Fe'i clywir weithiau'n gellweirus wrth ffarwelio, '*Tangnefedd*, 'nawr 'te'.

Amr.: **tangneddef.** **1672** R. PRICHARD: *Gw* 73. **1714** D. LEWYS: *CN* 10. **1722** A. THOMAS: *DR* 30. **tangneddyf.** **1551** W. SALESBURY: *KLl* lxxviiia. **1567** *TN* 286b. **1588** *Hag* ii. 10. **1632** *D*, Tangnefedd, Pax. Mendosè W[ilielmus] S[alesburius] & eum sequuti Bibliorum interpres, & alij, *Tangneddyf*. **1778** J. THOMAS: *HB* 111. **tangnefydd** (ll. *-ion*). **1595** M. KYFFIN: *DFf* [65]. **1617** *Cat* 16. **1790** TWM O'R NANT: *GG* 158, *Tangnefyddion* rhoddion rhad. **tangnofedd.** **13g.** *C* 34. 10, *dagnouet* (*R* 1159. 2, tangneued). **13g.** *LTWL* 247. **1346** *LlA* 77. *c.* **1400** *RB* ii. 26. **tengnefedd** [ansicr yw'r engh. gyntaf isod (? *te-* ≡ *ty-*)]. **13g.** *C* 58. 11, *tegnevet*. **1567** *TN* 357b, 362a.

tangnefeddaf: tangnefeddu [bf. o'r e. *tangnefedd*] *bg.a.*

(*a*) (fel *bg.*) Gwneud neu adfer heddwch, heddychu, cymodi: *to make or restore peace, be reconciled.*

13g. **(1641)** *HGK* 27, Oddyna ydd anfones kennadeu hyt ar yr yarll Hu, ag y *tangnefeddws* ag ef. **13g.** *BD* 23–4, A Membyr eissoes a wnaeth dadleu a'e uravt ar uessur *tanghneuedu* ac ef. *id.* 33, A guedy llaver o gynhen a dadleu y *tagneuedvyt* trvy gedymdeithyon . . . a Lloegyr a Chymry a Chernyv genthi. *id.* 115, Vrth hynny y *tangneuedant* kenedloed y deyrnas a'r llew. **1346** *LlA* 24, Aallant wy *dagneuedv* (*placare*) a duỽ dros ybopyl. *c.* **1400** *RM* 64, clymu a wnaethant. acheissaỽ *tangneuedu* (*WM* 88. 3, ymdangneuedu). a gỽystlaỽ a wnaeth pryderi ar y dangneued. **16g.** *B* v. 120, Ag yno i *tyngnyfeddodd* arthvr a march ap meirchiawn. **1632** *D*, *Tangnefeddu* . . . pacem inire. **1688** *TJ*, *Tangnefeddu*, heddychu: to make peace. **1722** *Llst* 189, *Tangnefeddu* . . . be friends. **1776** *W*, *Tangnefeddu* d.g. *To make peace*.

(*b*) (fel *ba.*) Cymodi (person) ag arall,

cymodi (pechadur) â Duw, heddychu; llonyddu, tawelu (llid, cydwybod, &c.), dyhuddo; esmwytháu (dolur neu fan poenus), lleddfu, lliniaru, llarieiddio; setlo, torri (dadl, &c.); gwneud yn heddychlon, dwyn (gwlad, &c.) dan wastrodaeth, darostwng, goresgyn: *to reconcile (person with another, also sinner with God); calm, pacify (anger, conscience, &c.), appease, placate, propitiate; alleviate (pain), allay, soothe, assuage; settle (difference, dispute, &c.); make peaceful, pacify (country, &c.), subdue, subjugate.*

13g. *HGK* 16, Gruffud . . . guede llad y uelly y elynyon . . . yd emchuelus yu briodolder a thref y dat e hun, y'u medu ac y'u *thangneuedu*. **13g.** *B* ix. 336, keissyav keny bei amgen e *dagneuedu* o rodyon. *c.* **1400** *YCM²* 13–14, Chyarlys . . . Y rei noethon a wisgwys. Yr herwyr a *dagneuedwys*. *c.* **1400** *RB* ii. 176, hedychu *athagnefedu* holl teyrnassoed y gogled. *c.* **1400** *Études* viii. 90, Tauot yr hyd . . . *Tangneuedu* a wna dolur ystlysseu ac arenneu. **16g.** (*LlEG*) *Mos* 158, 223b, O/ni ddarffai Iddo Ef mewn hryw vodd *dynghneueddu* y matte[r]. *Diw.* **16g.** *LBS* iv. 420, erchi yr gwr a *dangnefeddoedd* tymestl y mor *dangnefeddii* y rhai oedd yny herbyn. **1604–7** *TW* (*Pen* 228) d.g. *paco.* **1632** *D, Tangnefeddu*, Pacificare, conciliare. *id.* d.g. *Sedo.* **1722** E. Lloyd: *MC* 65, Duw gwedi ei *dangnefeddu*. **1753** *TR, Tangnefeddu* . . . to reconcile, to appease. **1772** D. Risiart: *HFP* 104, y gwnawn fy ngoreu i *dangnefeddu* a boddloni Duw. **1779** *DBW* 5, I'r diben . . . oi [*sic*] *tangnefeddu* [y disgyblion] erbyn y driniaeth galarus [*sic*]. **1799** *TY* 152, Yr un gwrthddrych mawr sydd gan yr Yspryd Glân i ddangos i'r gydwybod iw [*sic*] *thangnefeddu* yma, sef . . . Crist a'i aberth. **1803** *P, Tangnevezu* . . . To tranquillize.

Amr.: **tangnafeddu** [cf. *tangnafeddus*]. **14g.** *Bren Saes* 138, 192. **tangneddefu** [cf. *tangneddef*]. **1588** 2 *Mac* xiii. 23. **tangneddyfu** [cf. *tangneddyf*]. **1672** J. Langford: *HDdD* 511. **tangnefyddu** [cf. *tangnefydd*]. **1814. tangnofeddu** [cf. *tangnofedd*]. **1346** *LlA* 145. **14g.** *WM* 53. 24–5, ef a *tangnoueda* athi. *c.* **1400** *RB* ii. 252.

tangnefeddgar [*tangnefedd*+*-gar*] *a.* Yn caru heddwch a chymod, heddychlon: *peace-loving, peaceable.*

1834 Iolo Morganwg: *Salmau* ii. [1], Mae'n Heglwys, mewn anialwch mawr, / Ar ymdaith drwy ddyfnderau'r nos, / . . . / Wyneb, er hynny, 'n gwenu 'n ber, / Yw wyneb *tangnefeddgar* honn.

tangnefeddgarwch [*tangnefedd*+*-garwch*] *eg.* Heddychlonrwydd: *peaceableness.*

1718 E. Samuel: *HDdD* 356, Mae un rhan o *Dangnhefeddgarwch* (*Peaceableness*) na wneir fawr gyfrif o honaw ymmysc Dynion, a hynny yn achos Troseddiadau Cyfreithgar.

tangnefeddiad [gair geir. yn wr., sef bôn y f. *tangnefeddaf*: *tangnefeddu*+*-iad*[1]] *eg.* Heddychiad, llonyddiad: *pacification, a tranquillizing.*

1632 *D* d.g. *Pacificatio.* **1778** *W* d.g. *Pacification.* **1803** *P, Tangneveziad*, s. m. . . . A tranquillizing.

tangnefeddol [*tangnefedd*+*-ol*] *a.* Heddychlon, heddychol, cymodol, tawel, llonydd; (geir.) llonyddol: *peaceable, peaceful, conciliatory, quiet, tranquil*; (*dict.*) *tranquillizing.*

15g. *BB* 213, Ac yna y bu catwallawn yn gwledychu yn dagnavedus caredic (amr. heddychol *dangnevedd-ol*). **17g.** Huw Morus: *EC* ii. 232, Y faenol dragywyddol yn *dangnefeddol* fyd. **1718** E. Samuel: *HDdD* [xxiii], a gymmer arno ymddiddan yn *dangnefeddol* â ni. **1793** Dafydd Ionawr: *CD* 237, *Tangnhefeddol* rasol Ri. **1803** *P, Tangnevezawl* . . . Tranquillizing.

Amr.: **tangneddefol** [cf. *tangneddef*]. **1595** M. Kyffin: *DFf* [80]. **1606** E. James: *Hom* iii. 250. **1710** *LlGG* sig. 21r. **tangneddyfol** [cf. *tangneddyf*]. **1664** *LlGG* sig. X1v. **1689** E. Morus: *RC* 53. **tengnefeddol** [cf. *tengnefedd*]. **16g.** D. R. Thomas: *DS* 150. **tangnefyddol** [cf. *tangnefydd*]. **1743** G. Jones: *HWI* ii. 131, Cydfod *tangnefyddol* a Llywodraeth weddaidd ym mhob peth.

tangnefeddus [*tangnefedd*+*-us*] *a.* Heddychlon, heddychol, cymodol, tawel, llonydd: *peaceable, peaceful, conciliatory, quiet, tranquil.*

13g. *HGK* 13, guedy lledu hwyllyeu ar e mor, a'r gvynt en hyrwyd oc eu hol, a'r mor en *dangneuedus*. **13g.** *BD* 61, ny bu yn enys Prydein urenhin well a anrydedei dyledogyon y teyrnas nogyt Coel, nac a'e catwei yn wastat yn *tagneuedussach*. **14g.** *LlB* 105, Os brawdwr a odef gwystyl yn erbyn y varn yn *tagnefedus*, heb rodi gwrthwystyl yna, dygwydedic vyd y varn. *c.* **1400** *YCM²* 113, A Chyarlys . . . a rodei idaw hanner yr Yspaen yn ryd *dagneuedus*. *Dchr.* **15g.** *GM* 22, *Tagnefedus* oedwn gyt a digassogyon y dagnefed; / Pan ymdidanwn ac wynt y'm gwrthledynt ual trwy gywryssed. **1588** 1 *Thes* v. 13, Byddwch *dangnefeddus* yn eich plith eich hunain. **1632** *D, Tangnefeddus*, Pacificus. **1688** *TJ, Tangnefeddus*, heddychol: peacable, quiet. **1759** T. Thomas: *WWDd* 210, eu nerthu hwy [credinwyr] wrth weddio, i lefain Abba, Dâd; a hynny gyd â messur o hyder *tangnefeddus* o fod Duw yn Dâd iddynt. **1803** *P, Tangnevezus* . . . Tranquillous.

Amr.: **tangnafeddus** [cf. *tangnafeddu*]. **15g.** *BB* 29. *Diw.* **15g.** *Bren Saes* 4. **tangneddefus** [cf. *tangneddef*]. **1567** *TN* 6b, 276a. **1778** J. Thomas: *HB* 296. **tangneddyfus** [cf. *tangneddyf*]. **1551** W. Salesbury: *KLl* lxxxva. **1672** J. Langford: *HDdD* 401. **1756** W. Williams: *GDC* iv. **tangnefyddus** [cf. *tangnefydd*]. **1711** H. Powel: *TY* 75. **1781** J. Jones: *LlA* 76. **tangnofeddus** [cf. *tangnofedd*]. **1346** *LlA* 151. **14g.** *SC* viii. 192. *c.* **1400** *RB* ii. 63.

tangnefeddusrwydd [*tangnefeddus*+*-rwydd*] *eg.* Heddychlonrwydd, llonyddwch: *peaceableness, tranquillity.*

1778 *W* d.g. *Peaceableness.* **1803** *P, Tangnevezusrwyz*, s. m. . . . Tranquillousness.

tangnefeddwr [bôn y f. *tangnefeddaf*: *tangnefeddu*, a *tangnefedd*+*-wr*] *eg.* ll. *-wyr.* Heddychwr, cymodwr; heddychwr, pasiffist: *peacemaker, pacifier, conciliator, reconciler; pacifist.*

14g. *BT* 88, [Gruffudd ap Cynan] amddiffynnwr *athangnefedwr* kymry oll. *c.* **1400** *YCM²* 202, duc Duw nyni yn *dangneuedwyr*, a charyat yryngom. **1632** *D* d.g. *Pacificator.* **1753** *TR, Tangnefeddwr*, a peace-maker. **1764** *Perl* 3, ei *dangnhefeddwr* bendigedig a'i feichiau Crist Iesu. **1793** Dafydd Ionawr: *CD* 258, Ac hefyd, gwyn fyd y gwyr / A fyddant *dangnhefeddwyr*! **1803** *P.* Cf. W. Rees: *CA* 127, Yr oedd yn hynod fel cymedrolwr a *thangnefeddwr* yn y gymydogaeth; W. Williams: *DP* 41, Gwyn eu byd tu hwnt i glyw, / *Tangnefeddwyr*, plant i Dduw.

Amr.: **tangnafeddwr** [cf. *tangnafeddu*] **14g.** *Bren Saes* 142. **15g.** *BB* 94. **tangneddyfwr** [cf. *tangneddyfu*]. **1588** *Math* v. 9, Gwyn eu bŷd y *tangneddyf-wŷr* (**1551** W. Salesbury: *KLl* lxxxva, y Rei tangneddyfus; **1567** *TN* 6b, yr ei [*sic*] tangneddefus): canys hwy a elwir yn blant Duw. **1676** W. Jones: *GB* 14, ond wyti yn *dangnheddyfwr*? **1744** D. Rowland: *RY* 164. **tangnefyddwr** [cf. *tangnefyddu*]. **1711** H. Powel: *TY* 117. **1774** D. Ellis: *GYGG* 90. **1790** T. Jones: *TOS* 280. **tyngnefyddwr. 1615** R. Smyth: *GB* 134.

tangnefgar [*tangnef*+*-gar*] *a.* Heddychlon, heddychol, cymodol: *peaceable, peaceful, conciliatory.*

Diw. **18g.** *AL* ii. 490, Tri deivnogion cywladoldeb: cydamddifyn; cyvnawdd gwybodau a chelfyddydau; a chadarnau cynneddvau ac arverau *tangnevgar*. **18–19g.** *MA* iii. 215, Tri pheth o'u cael y'nghyd â wnânt ddoethineb: deall ystyrgar, diwydrwydd ymgeisgar, ac addvwynder *tangnevgar*. **18–19g.** *Iolo MSS* 270, ynnill yr holl fyd yn y diwedd a wna'r Grefydd Gristnogawl ai hegwyddorion *tangnefgar*.

tangnefgarwch [*tangnefgar*+*-wch*[1]] *eg.* Heddychlonrwydd: *peaceableness.*

18–19g. *MA* iii. 202, Tair arwydd *tangnevgarwch* ar ddyn: trugaredd at ei ysgrubl, caru cartrev, a chanu gyda ei orchwyl. *id.* 215, Tri devnyddion anhebgor addvwynder: *tangnevgarwch*, llawenydd serchogaidd, ac uvydddawd gwylderus.

tangnefol [*tangnef*+*-ol*] *a.* Heddychlon, heddychol, cymodol, tawel, llonydd: *peaceable, peaceful, conciliatory, quiet, tranquil.*

1609 *Haf* 24, 489–90, onid ydiw yr de/lyn at y lawrel ar gorchafieth i lywenydd *tyngnefol*. **1776** H. Jones: *GC* 27, Hwn yw 'r Tâd tragwyddol, a elwir Rhyfeddol; / Cynghorwr ei Bobol, y cadarn Dduw nefol, / Tywysog *tangnhefol* iawn hefyd. **1795–6** *Trys Gym* 136, Y Dig wr ffyrnig uffernawl,—gwastad / Heb osteg *dangnefawl*, / Sydd well na dichell y diawl, / (Bradwrus) bro daearawl. **1803** *P, Tangnevawl* . . . Tranquillous.

tangnefolaf: tangnefoli [bf. o'r a. *tangnefol*] *bg.a.* Gwneud neu fynd yn dawel neu'n llonydd: *to make or become quiet or tranquil.*

18–19g. *MA* iii. 267, Tri chyvergyr doethineb: gwerinaw gwlâd a chenedl, *tangnevoli* meddwl a chynneddv, a medru ar wynvyd tragywydd. **1803** *P, Tangnevoli* . . . To render tranquil; to become tranquil.

tangnefoldeb [*tangnefol*+*-deb*] *eg.* Heddychlonrwydd, llonyddwch: *peaceableness, tranquillity.*

18–19g. *MA* iii. 201, Tri pheth y dylai bob doeth ymarver ag wynt yn ei dŷ, a'i deulu, a'i gymmodogaeth: *tangnevoldeb*, ynadoldeb, a thadoldeb; sev o'r deddvau hyn y bydd heddwch. **1803** *P, Tangnevoldeb*, s. m. . . . Tranquillousness.

tangnefus [*tangnef*+*-us*] *a.* Heddychlon, heddychol, cymodol, tawel, llonydd: *peaceable, peaceful, conciliatory, quiet, tranquil.*

1606 E. James: *Hom* iii. 281, ein *tangnheddusaf* a'n trugaroccaf frenhin. *Diw.* **18g.** *AL* ii. 508, nis gellir cyvannedd a gwerindawd *tangnevus* heb gelvyddydau a gwybodau moliannus. **18–19g.** *MA²* 718a. 54–7, Aeddan ab Blegwryd a gafas oresgynnaeth ar Wynedd o synwyr a deall, ac efe a lywodraethodd Gwynedd yn *dangnefus* ddeuddeg mlynedd. **1803** *P, Tangnevus* . . . Tranquillous.

Amr.: **tangneddus** [cf. *tangnedd*]. **1606** E. James: *Hom* iii. 281.

tangnefydd, tangnefyddaf: tangnefyddu, tangnefyddol, &c., gw. **tangnefedd, tangnefeddaf: tangnefeddu, tangnefeddol,** &c.

tangnofaf: tangnofi, tangnofedd, &c., gw. **tangnefaf: tangnefu, tangnefedd,** &c.

tangs, tangys [bnth. S. *tang(e)s* 'spikes, prongs'] *e.ll.* (un b. *tanghysen*). Gweill (dwbl) at sicrhau'r sgilpiau neu'r rhaffau ar do gwellt neu das: (*double*) *skewers for securing rods or ropes on a thatched roof or rick.*

1722 *Llst* 189, *Tanghysen.* f.p. *Tanghys.* A tang (to thatch.). Ar lafar, '*Tangs*' 'the double skewer used to keep the "scilps" in position on a thatched roof', *TGG* (1907–8) 89 (de-orllewin sir Gaerf.); hefyd yn y ff. '*Tangins*' 'Bent or hooked hazel rods used in thatching straw cottages and ricks for the purpose of securing the rope', *GDD* 289.

tangwystl [*tanc*[1], *tang*[1]+*gwystl*, ?sef yr e. prs. *Tangwystl* (*Tancoystl*, *EWGT* [9]; H. Grn. *Tancwoystel*, H. Lyd. *Tancoystl*) fel e.c.] *eg.* ll. *-on.* Gwystl (heddwch); system yn Lloegr yn yr Oesoedd Canol lle delid pob aelod o dref ddegwm yn gyfrifol am ymddygiad yr aelodau eraill: (*peace*) *hostage; frank-pledge.*

1632 *D, Tangŵystl*, Vas, vadimonium & arrha pacis. **1722** *Llst* 189, *Tangwystl.* m. An hostage. **1774** *W* d.g. *Hostage.* **1803** *P, Tangwystyl*, s. m.—pl. *tangwystlon* . . . A pledge of tranquillity; a hostage of peace.

tangys, Tahitaeg, gw. **tangs, Tahiteg.**

Tahitaidd [e.'r ynys *Tahit(i)*+*-aidd*] *a.* Yn perthyn i Tahiti, nodweddiadol ohoni neu o'i thrigolion: *Tahitian (adj.).*

1844.

Tahiteg, Tahit(i)aeg [e.'r ynys *Tahit(i)*+*-eg*[1], *aeg*] *eb.g.* Iaith trigolion Tahiti: *Tahitian (language).*

1827.

Tahitiad [e.'r ynys *Tahit(i)*+*-iad*[3]] *eg.* ll. *-iaid.* Brodor o Tahiti, un o dras neu genedligrwydd Tahitaidd: *a Tahitian.*

1827.

tai, 'tai, gw. **tŷ, petawn.**

taid[1] [?cf. Gwydd. C. *dait* 'tad (maeth)', Gwydd. Diw. *daid* 'tad cu'] *eg.* ll. *teid(i)au, teidoedd.* Tad mam neu dad, tad cu; ((hen) hen) hen dad cu, cyndad, hynafiad; hefyd yn *ffig.*; *Bot.* creulys, *Senecio vulgaris*: *grandfather*; ((*great-*)*great-*)*great-grandfather, forefather, ancestor; also fig.; groundsel.*

12–13g. *GLlLl* 7, Mab an Tad, an tud Rwyf hollawl, / Ac an *Teid* ac an Tad dôywawl. **14g.** *Pen* 5, viiib, Zacheus vyn *teit* (*Pen* 14, 88, hendat) .i. . . . ae menegis ym tat .i. amtat inheu ae menegis ymynheu. **15g.** *BB* 185, awch tadeu ac awch *teideu* (*BD* 177, ryeni; *RB* ii. 222, hen dadeu) a gynheliis ruvein. **15g.** *GLGC* 272, mae wythran yn lân lonaid—y dengwlad, / mam, henfam, hendad a thad a *thaid*. *id.* 406, Y wraig orau'i gŵr i dre Gaer gain, / hithau yn orau ei *thaid* a'i nain [i Efa ferch Lywelyn]. **15g.** *GGl²* 33, Mae campau'r *teidiau* a'r tad, / Mae swrn o'u moesau arnad. *Diw.* **15g.** *Pen* 41, 19, Pan holo dyn dir ryd ar a vv gynt yn llaw i dat nev i *dait*. **1547** *WS, Tait* A graunt father. **16g.** *WLl* 55, Kollwyd urddol kall dewrddoeth / Kwmpniwr a dyddiwr doeth / A thad duwoliaeth ydoedd / A *thaid* pob kwmniaeth oedd. **1588** *Ecclus* (Prolog) 3–4, Fy *nhaid* i Iesus . . . A ddygwyd rhagddo i scrifennu peth o'r pethau cymmwys i addysc a doethineb. **16–17g.** Ieuan Tew

Ieuanc: *Gw* 367, I'th iawn dad o'th hen *deidoedd* / Chwech urddol ôl yn ôl oedd [i Antni Stanlai, Harlech]. **16–17g.** *GST* i. 802, Mi fûm gyda'r rhai gorau, / Yn oes y tadau a'r *teidiau* ['Hanes y Trwstan']. **1629** R. Llwyd: *P* 53, neu fel y gwnaeth eu tadau, au *teidiau* or blaen. **1632** *D, Taid,* Auus. *id.* d.g. *Pappus, Progenitor, Prosocer.* **1672** R. Prichard: *Gw* 583, Cans o rodio 'n ffyrdd eu *Teide,* / Maent hwy [yr ifainc] 'n dweid [*sic*] y maes yn ole. *c.* **1762–79** W. Williams: *P* 230, Korais, gwr o hil Ismael mab Abram: hwy ddywedant fod ei dad, ei dad cu, a'i *daid,* yn dywysogion o'i llwyth hwy. **1799** M. Williams: *HHG* 35, creodd ef *deidau* holl ddynolryw. **1803** *P, Taid* . . . a grandfather. But in parts of Powys, and South Wales, *taid* is a great great grandfather; in others it is a father in the fifth degree, hendaid in the sixth, and gorhendaid in the seventh degree. Ar lafar yn y Gogledd yn yr ystyr 'tad cu', *LGW* 307; hefyd mewn ebychiadau, ''N eno'r *taid* annwl!', *WVBD* 520.

Amr.: **teida, deida** [cf. *tada, dada,* ?a *tad da*]. **1756** *ML* i. 429, fy neugyw i yn darparu mynd i Bentrerianell i ymweled a *deida.*

Gw. hefyd **hen—hen daid, hendaid¹, tad—tad da.**

taid², ff. l., gw. **tad.**

taiga [bnth. S. *taiga*] *eg.* Coedwigoedd conifferaidd sy'n ymestyn dros lawer o ogledd America ac Ewrasia isarctig: *taiga.*
20g.

tail [Crn. Diw. *teil,* Llyd. C. a Diw. *teil*; gw. hefyd *buarthdail* (At.)] *eg.* ll. (prin a diw.) *teiliau.* Tom, carthion, ysgarthion, cach; gwrtaith, compost: *dung, excrement, faeces, shit; manure, compost.*
13g. *LlI* 58, Ny dele nep attal gardeu ganthau herwyd breynt e *teyl* namen un uluyden. **14g.** *WM* 479. 36–480. 1, y garth maẇr draẇ . . . diwreidyaẇ hẇnnẇ or dayar ae loski ar vyneb y tir hyt pan hydeclo [*sic*] hẇnnẇ. ae ludu a uo *teil* idaẇ. **14g.** *GDG³* 163, Treiddiai yn ffrom wrth domawg, / Trwyddew *tail* a rhew yrhawg [i'r cyfflyog]. *c.* **1400** *R* 1344. 42–3, llust [*sic*] y *teil* llesc y telir. yth blant adorrant o dir. **15g.** *GO* [331], Och am barodrwydd o fachav a ffyrch, / A fferchen kertwenav, / A men i ddwyn y *tail* mav, / Tre kaid tin-kerddiaid kerddav! **1547** *WS, Tail* Dunge. *Diw.* **16g.** *B* ix. 122, Ystyria hefyd os sidan yw dy wisgoedd . . . beth vyddant or diwedd namyn *tail* pryfed. **1588** *Salm* lxxxiii. 9–10, Gwna di iddynt fel i Madian . . . Yn Endor y difethwyd hwynt, ac y buant yn *dail* (*LlGG* (*Sall*) xlviia, dom) i'r ddaiar. **1588** 2 *Esd* xv. 36, A *thail* dyn hyd wasarn y camel. **1632** *D, Tail,* Fimus, stercus. **1757** *ML* ii. 49, gerwin o'r *tail* poeth myglyd maent yn ei gario i'r tir. **1776** *W* d.g. *Manure.* **1795** J. Thomas: *AIC* 351, os bŷdd y tîr o nattur Clai-dir, cymysga ychydig Dyfod ysgafn a'r pridd, a gwna fe'n Bastai gyda *Thail* i fraenu drŵy 'r Gaia. **18–19g.** *Llr C* 44, 34, *Tail,* Trwsiad, swyl, Gweryd, Glam. **1803** *P, Tail,* s. m. . . . manure; dung, muck. Ar lafar, '*tail*' 'manure', *WVBD* 520; 'Fi brynas lwyth o *dail* i'r ardd', *GTN* 774. Cf. *LGW* 125, in the south east a distinction is drawn between 'horse dung' (*tail*) and 'cow dung' (tom).

tailiwr, gw. **teiliwr.**

tain [gair geir. yn wr.] *eg.* ll. *teiniau,* a hefyd fel *a.* (?Ymchwydd) afon; gwastad: (*?swell of*) *river; flat.*
c. **1588** *B* ii. 238, *tain* . . . gogyvodiad afon. **1632** *D, Tain,* Volunt quidam esse Afon. **1688** *TJ, Tain,* Afon: a River. **18–19g.** *BL Add* 15024, 329–30, *Tain* anciently signified a river and it is very probable the Thames was called Llun/dain (ie) the river of the Godess Llun. **18–19g.** *Llr C* 2, 293, *Tain,* llydan flat . . . A dichwith a dau ychain / Y tynn gwys hir mewn tir *tain* . . . here it seems to signify flat, even, plain, &c. Cf. Dewi Wyn: *BA* (1869) 32, Y llynoedd a'r *teiniau.*

tair, gw. **tri.**

tairblwyddol, tairblynyddol, gw. **tair + blwyddol, blynyddol.**

tairconglog, gw. **trichonglog.**

tairdalennog, gw. **tair + dalennog.**

tairdyblyg, tairfforchog, gw. **tridyblyg, trifforchog.**

tairieithog, tairieithiog, teirieith(i)og [*tair iaith* + -(*i*)*og*] *a.* Yn medru siarad tair iaith, yn enw. yn rhugl, (wedi ei ysgrifennu) mewn tair iaith (am Feibl, &c.), yn defnyddio tair iaith: *trilingual, triglot.*
c. **1300** *B* iv. 118, Pan vo *teir ieithyawc* taeawc ymon / ac uab yn gunachawc. **1803** *P, Teirieithawg,* a. . . . Having three languages.

tairoes, tairongl, taironglaidd, tairongliad, taironglog, gw. **teiroes, triongl, trionglaidd, triongliad, trionglog.**

tairpig, gw. **teirpig.**

taits [?bnth. S. *tache* '(moral) spot or blemish'] *eg.* ?Bai, drygioni: *fault, vice.*
16–17g. *PCWG* 287, mae llawer yn yn mysg ni . . . a ron gwynion llid yn y llysoedd er kael i trawsdadl ai kekreth mewn record ag mae r *taits* yma wedi goresgin a cherdded y wlad kyn gwppled.

taitsiaf, tatsiaf²: ta(i)tsio [bnth. S. (*to*) *tache* 'to arrest'] *ba.* Dal (person), arestio: *to apprehend (person), arrest.*
1547 *WS, Taidsio* lleitr Tache a thefe. **16–17g.** (*c.* **1647**) *Llst* 53, 537, siriff a ddaw/n/ sarff o ddig / sal wann iawn, siol wenwynig / i *daetsio* / i / well, ar dwyts wann / bwynt diras am bynt arian (Siôn Cain). **16–17g.** *GHCEM* 150, O daw cwest yn ffest am dy ffydd —a'th dwitsio / A'th *datsio* o newydd [Morus ab Edwart i Edwart Maelor]. **1604–6** *RWM* i. 1048, Pwy bynnac a el i hela . . . rraid iddo wybod naw rrann helwriaeth . . . ac oni vedr ef i henwi ai dosbarthv mae / n / rrydd ir neb ai *taetsio* ac ai sialeinsio gymryd i gorn. *c.* **1730** *Thos. Lloyd D* (LlGC) 209b, *Taitsio.* To attache.

taitsment [bnth. S. *tachment*] *e?g.* ?Atafaeliad (eiddo) neu gipiad (person) drwy awdurdod cyfreithiol: (*judicial*) *seizure of goods or person.*
1547 *WS, Taitsment* Attachement.

taith¹ [H. Lyd. (*an*)*teith,* gl. *mortem,* H. Wydd. *techt* 'mynd, cychwyn, ymadael, dod', Gwydd. Diw. *teacht* 'dod': o'r gwr. IE. **steigh-* 'camu, codi'; cf. Sans. *stighnóti* 'dring, cyfyd', Gr. *στείχω* 'camaf, af', Goth. *steigan* 'dringo, codi'] *eb.* ll. *teith(i)au, teith(i)oedd, ?teithi.*

(*a*) Y weithred o deithio o un man i'r llall (yn enw. un pell i ffwrdd), siwrnai, hynt, cylchdaith: *journey, voyage, tour, progress, circuit.*
12g. *GLlF* 13, Bendigeid a *deith* o'e gyweithyt / Pan doeth y'r kyuoeth beunoeth beunyt. **12–13g.** *GLlLl* 25, Gѡell ytt wyf, hael rwyf, no rivedi—meirch / Marchogwyr hyd bell ar dy *deithi.* **13g.** *C* 2. 5–8, Moch guelher y niuer gan elgan. Och oe leith maur *ateith* y deuthan. **14g.** *GDG³* 185, Haws cerdded nos ar rosydd / I *daith* nog ar niwl y dydd. *c.* **1400** *R* 1288. 25–6, Cartref digeird. doeth y wann veird. *deith* di wynvyt. **15–16g.** *TA* 5, Aethost . . . / . . . / . . . i'th iawn *deithoedd,* / A thylwythoedd, i'th ol weithiau [i Siôn, abad Llanegwest]. **1547** *WS,* Veyads *taith* A vyage. *id. Taith* ne siwrnai A iourney. **1551** W. Salesbury: *KLl* xivb, Nos a dydd y bum [Paul] yn yr eigyawn: mewn *teitheu* yn vynech: ym perygloedd llifeiriaint. **1588** *Gen* xiii. 3, efe [Abram] a aeth yn ei *deithoedd,* or dehau hyd Bethel. **1588** *Ecs* iii. 18, gad i ni fyned attolwg *daith* tri diwrnod yn yr anialwch. **1588** *Nu* xxxiii. cs., *Teithiau*'r Israeliaid. **1632** *D, Taith,* Iter. *id.* d.g. *Expeditio.* **1688** S. Hughes: *TSP* d.d., *Taith* Neu Siwrnai Y Pererin. **1761** *ML* ii. 392, Dyma fi newydd ddyfod adref o *daith* anferth (fal y dywaid y falwen pan aeth hi i'r pen arall i'r ardd). **1803** *P.* Ar lafar, '*taith*' 'More often siwrna', '*taith* pregethwrol [*sic*]', *WVBD* 521; ''Odd Porth-cawl yn *daith* bell pryt 'ynny', *GTN* 775.

(*b*) (enghrau. *ffig.*: *fig. exx.*).
13g. *GDB* 136, A minneu, bwyf teu, bwyf *teith*—ddiarsswyd. **14g.** *T* 4. 14–15, glan ieith glan *teith* dy teithi. *c.* **1400** *R* 1199. 21–2, Goruc ave. doeth arwyre. *deith* oreuraẇl. **15g.** *IGE²* 237, *Taith* o ddig, tithau a ddaw / I'r ddaear i'th orddwyaw ['Cywydd Ymddiddan â'r Ysbryd' gan Ieuan ap Rhydderch]. **16–17g.** Ieuan Tew Ieuanc: *Gw* 282, Ydd wyf fal y bu Ddafydd / Yn dwyn bâr Unduw yn brudd; / 'E fu rywyr â'i friwiau / O fâr Hwn edifarhau; / I'r iawn daeth o'r hen *deithiodd,* / Am hyn dewisddyn Duw oedd [i geisio cymod Cadwaladr Prys, Y Rhiwlas]. **1618** J. Salisbury: *EH* 328, ar eyn *taith,* a'n siwrnæ yn y byd hwn. Ar lafar, 'Mae o ar 'i *daith*' 'he is on the point of death', *WVBD* 521.

(*c*) Math o wledd briodas neu neithior (at godi arian i'r pâr sydd newydd briodi): *type of wedding-feast* (*used to raise money for the newly-weds*).
1848. Cf. *CEG* (1895) 286, Bydd y *daith* yn dod ymlaen ym mhen rhyw dair wythnos ar ol i'r gwahoddiad fynd allan, ac anfonir y gwahoddiad pan fydd y gostegion yn cael eu rhoi allan. Nid oes ddal pa un ai yn nhŷ rhieni y wraig ieuanc ai yn nhŷ rhieni y gwr ieuanc y bydd y *daith* yn cael ei chynnal. Yn *nhaith* y dyddiau hyn bydd darpariadau helaeth a gwleddoedd mawrion. Y rhieni fydd yn dwyn treuliau y wledd yma oll, a cha y pâr ieuanc yr elw. Gwneir degau os nad ugeiniau o bunau o el w [*sic*] weithiau ['Casgliad o Len-Gwerin Sir Gaerfyrddin'].
Cfn.: **taith gerdded:** *walk,* (*walking*) *tour.* Ar lafar, ''Dan ni'n mynd i neud *taith gerddad* dros yr ysgol'.

taith², gw. **teithi¹.**

taithdrwydded, gw. **taith¹ + trwydded.**

taithfintai, gw. **teithfintai.**

taithgerbyd, gw. **taith¹ + cerbyd.**

taithlyfrau, taithlyfryn, gw. **teithlyfr.**

tal¹ [bnth. S. C. *tal* 'large; valiant'] *a.* ll. -(*i*)*on,* weithiau gyda grym enwol. Hir (o ran corffolaeth), a'i uchder yn fwy na'r cyffredin, uchel; glew, hy, hyderus, talog: *tall, high; valiant, bold, confident, jaunty.*
14g. *GDG³* 17, O fwrw dyn, fwriad anial, / Ofer deg wrth Ifor *dal* [i Ifor Hael]. **14–15g.** *IGE²* 250, Yn gaer *dal,* yn geirw dilyth, / Yn gadernyd i'r byd byth [Ieuan Waed Da i Ieuan ab Einion ap Gruffudd]. **15–16g.** *TA* 327, Gŵr *tal,* dewr, gowrtli doriad, / Galawnt, hael, galon y tad [marwnad Siôn ap Maredudd]. **1618** J. Salisbury: *EH* 86, [b]agad o blant, heb fod o'r vn faint a'u gilidh; ond y nailh yn fwy ag yn *dalach* na'r lhalh. **1620** 2 *Esd* ii. 43, gŵr ieuangc *tal* (**1588** *ib.* hir) o gorpholaeth. **1632** *D, Tal,* Altus, procerus. **1672** R. Prichard: *Gw* 18, Am dreulio ein dyddie, mewn pechod mor *dal.* **1688** *TJ, Tal:*), tall, high of stature. **1716–18** *Llsgr R. Morris* 128, Rwi yn *dalach* om pen nam hen fodrub gwen. **1740** T. Evans: *DPO* 259, edrych o hono [Awstin] yn dynn ac yn *dal* ei ffriw. **1784** M. Williams: *S* i. 100, Mae'r trigolion yn ddynion o gyrph teg . . . ac yn bobl *dalon* [am bobl Denmarc]. **1803** *P.* Ar lafar, '*tal* o'i oed', *WVBD* 521; 'Ma 'i'n *dalach* lawar na fi', *GTN* 775; hefyd yn yr ystyr 'balch, hyderus', 'A dyna ddŵad a, yn *dal* iawn', *ib.* Cf. W. Rees: *AFR* 140, cuddid y planigfeydd o'i olwg gan y cedrwydd *talion.*

tal², gw. **tâl².**

tâl¹ [bôn y f. *talaf*: *talu*; cynhwysir enghrau. o'r ff. l. *taliadau* d.g. *taliad*] *eg.* ac yn eithriadol *eb.* ll. *talau,* -(*i*)*on,* -*oedd.* Swm o arian, &c., a roddir yn gyfnewid am nwyddau, gwasanaeth, &c., taliad, cyflog, ffi, gwobr; treth; gwerth; iawndal, iawn; dial, cosb; hefyd yn *ffig.*: *payment, wage, fee, reward; tax, tribute; value; compensation, recompense, reparation, atonement; retribution, punishment; also fig.*
12g. *GLlF* 229, Kigleu am *dal* medd mynet pleit—Gattraeth. **12–13g.** *GMB* 446, Gnaẇd oet *dal* eur mal yr y moli [marwnad Nest ferch Hywel]. **13g.** *LlI* 36, Sef yu guestel keureythyaul, e tracan en well no'r *tal.* **1346** *LlA* 11, duw arodes rydit vdunt y dethol yda. A*thal* (*remuneratione*) mawr owrthot ydrẇc. *id.* 56–7, Ty duẇ yẇ gẇelet duẇ dat holl gyuoethaẇc. Ac yny gẇelet hẇnnẇ y llyẇenycha y seint . . . A*thaleu* dros ygobrẇyev (*pro meritis remunerationes*). **14g.** *GDG³* 131, Talmithr ym reg y loywferch, / *Tâl* bychan am syfrdan serch. *c.* **1400** *R* 1279. 13–14, Gwnaeth crist ollẇng wyar teilẇng wi or *taleu.* *Dchr.* **15g.** *GM* 4, Ac am eu cadw [barnau Duw], diruawr iawn vyd y *tal* (*retributio*). **15g.** (**1594**) *B* xvi. 259, gwneuthur lhwyr *dâl* dros vyngcamweithredoedh. **15g.** *GLGC* 258, Syr Rhisiart Herbart yw'r iawn a'r *tâl,* / Dinefwr dewdwr, iddo y dêl. *id.* 279, ym Manbri y bu'r dial / ar Gymru deg a'r mawr *dâl.* **1547** *WS, Tal* . . . A payment. **1567** *TN* 229b, Can ys cytloc [:– *tal,* taliad, taledigaeth] pechot yw angeu. **1599** (**1677**) R. Holland: *AB* 99, [c]ymeryd marwolaeth a dioddefaint Crist yn gwbl *tâl* ac yn gyfnewid am bechodau dyn. **1632** *D, Tâl* . . . Solutio, compensatio, pensio. **1632** J. Davies: *LlR* 11, *tâl* (*reward*) am ddaioni, a chospedigaeth am ddrygioni. **1707** *AB* 288b d.g. *Tribute.* **1746** T. Richards: *CER* d.d., Hanes o'r *Taloedd* dirfawr a'r Gorthrymderau a osodai 'r Pabau ar y Deyrnas hon. **18g.** I. Brydydd Hir: *Gw* 39, Annedwydd, dilwydd fu'r *dâl* / I Efa am yr afal. **18–19g.** *IAW* (LlGC) 101, 33, Dos agor dy galon i honno liw'r hinon / Cai *dalon* yn gysson o'i gwiwserch. **1803** *P, Tâl,* s. f.—pl. t. *ion* . . . pay, reward, requital. Ar lafar, *WVBD* 521, *GTN* 783. Clywir hefyd y ff. l. *tæls,* *BIBC* 51.
Cfn.: **tâl aelodaeth:** *membership fee.* **20g. tâl cyfran(nau):** *dividend.* **1897. tâl cyfreithiol (cyfreithlon):** *legal tender.* **1833. tâl goramser:** *overtime pay.* **20g. tâl llafur (ei lafur, &c.):** *payment for one's labour, wage.* **13g.** *LlI* 21, ef a dele *tal e lawur.* *c.* **1400** (*SG*) *HMSS* i. 235, [*t*]*al dy lafur* ti ae keffy. **16g.** *B* xi. 29, y meirch, yr hrain a addewaisd J hroddi J mi y*nhal uy llauur.* **1588** *Sech* viii. 10, nid oedd *tal llafur* i ddŷn, na thâl i anifail. **1604–7** *TW* (*Pen* 228) d.g. *Operæprecium* (hefyd *D*).

tâl mynediad: *admission fee*. 20g. **tâl pen(nau):** *poll tax*. 1780 *W*, *Tâl pen* d.g. *Poll-money, or poll-tax*. 1784 M. Williams: *S* i. 147, mae *tal pennau* . . . yn cael eu codi ar bawb nad yw'n dilyn eu ffyrdd hwynt. **tâl pen pâl:** *payment made to a sexton after a funeral*. Ar lafar yn Arfon. **tâl plwyf(ol):** *parish relief*. 1899. Ar lafar, '*tâl plwyf*' (dwyrain Morg.). **tâl pwyth:** *payment, recompense, reward*. 12g. *GLlF* 120, Keueis-y wyth yn *hal pwyth* peth o'r wabd—yr geint. 15g. *OBWV* 107, Dy dâl, rhag ofn dy dylwyth, / Dail parch, wyf heb *dâl pwyth*. 1632 *D* d.g. *Compensatio*. 1746 T. Richards: *CER* 8, na dderbynient am yr hôll Weithredoedd da hyn ddim yn *Dâlpwyth* [*sic*] on'd drwg. 1775 *W* d.g. *Like for like*. **tâl salwch:** *sick pay*. 20g. **tâl sefydlog:** *fixed or standing charge*. 20g. **tâl ymlaen llaw:** *prepayment, payment in advance*. 20g.

tâl² [H. Grn. *tal*, gl. *frons*, Crn. C. *tal*, *taal*, Crn. Diw. *tal*, e. lle H. Lyd. *Tal* (*en Huet*), Llyd. C. a Diw. *tal*, e. prs. Gal. (*Tano*)*talos*: ?o'r gwr. IE. *telə- 'llawr', cf. H. Wydd. *talam* 'daear, llawr', Llad. *tellūs* 'daear', Sans. *tala-* 'arwyneb, gwaelod'; ?cf. hefyd Gwydd. C. *tul*, *taul*; ceir engh. bosibl o ff. l. *talawr*, *T* 10. 22; ynglŷn ag enghrau. â llaf. fer, gw. *OIG* 28] *eg.* ac yn eithriadol *eb.* ll. *talau*, *-oedd*.

(*a*) Un pen i rywbeth, talcen (adeilad), pen pellaf neu uchaf, pen draw, pen eithaf, top; ochr, ymyl; rhagfur, gwrthglawdd; blaen, wyneb (tarian), ?tarian: *end (of object), gable end, furthest or highest end, extremity, top; side, edge; rampart; front, face (of shield), ?shield.*

10g. (*Juv*) *VVB* 218, Or guithlaun *tal*, gl. *fronte duelli*. *Dchr.* 12g. *GMB* 73, Taer tertyn asseu *taleu* treuyt. 12g. *LL* 122, behet *tal* ir fos. *id.* 173, *tal* irbrinn. 12g. *GMB* 74, Cad rac *tal* Prydein, prennyal Uechyt. 12g. *GLlF* 228, Diarchar aryal a dan *daleu*. 13g. *LlI* 49, Ket barner ydau dyuot e'r tyr, ny kychuyn e gur a oed en e ulaen eno erdau o geyll caffael tu a *thal* ydau en er un lle. c. 1400 *YSG* i. 120, edrych y gwely a orugant a gwelet ry wneuthur y deu erchwyn a'e deu *tal* o tri amryw brenn. 15g. *GLGC* 406, o deirllith y gwnaf darllain—clod Efa, / o *dalau* India hyd wal Lundain. 15–16g. *TA* 414, Dirynnwr fry draw 'n y fron, / Deil i'r haul *dalau* 'r hoelion [i ofyn march]. 1707 *AB* 238c, *Tal* . . . the front or fore part of anything. 18g. I. Brydydd Hir: *Gw* 80, Teg i mi rhoddi rhuddaur / Tros ei *dal* trwsiadau aur; / A chyda'r *dal* o'r mal-aur, / Ei gefn oll a gaf yn aur [i ofyn beibl]. 1803 *P*, *Tal*, s. m.—pl. t. *oz* . . . a front. Digwydd mewn e. lleoedd, e.e. *Trwyn y Tâl*, sir Gaern., *Tal-y-bont*, Cered., *Tal-y-llyn*, Meir.

(*b*) Talcen (person neu anifail), pen, hefyd yn ffig.: *forehead, brow, head, also fig.*

12g. *GCBM* i. 196, *Tal* tra *thal*, trannyal tra chaled. 13g. *DB* 77, En *tal* (*fronte*) e tarw e mae seith seren. 13g. *GBF* 440, Ac yn *tal* pob sant y galender. 14g. *GDG*³ 360, Myn y Gŵr a fedd heddiw, / Mae gwayw i'm pen am wen wiw, / Ac i'm *tâl* mae gofalglwyf, / Am aur o ddyn marw ydd wyf. 14g. *GIG* 112, A'r goron, hoelion hylud, / O ddrain am y *tâl* yn ddrud. c. 1400 [*RB*] *WM* 228. 19–23, gbr du mabr . . . yn troet yssyd idab. Ac yn llygat yggnebillin y *tal*. 15g. (1594) *BY* 7, ef a orûu arnaw [Adda] geisiaw ei vwyt trwy chwys ei *dâl*. 15g. *GLGC* 338, i hon ni ddêl dim o haint, / i *dâl* hwn y dêl henaint [i Fedo Chwith a Gwenllian]. 1547 *WS*, *Tal* talken A fore heed. 16g. *YT* 69, 'Wele *dal* Jesin!' Seef yw hynny, 'taalken kannaid' . . .'Taaliesin bid!' 1551 W. Salesbury: *KLl* vib, wele oen yn sefyll ar vynyth Tsiion / a chyd ac efo cant a deugain o viloedd ac a'e dat yn escrivenedic yn y *taleu* (1588 *Dat* xix. 1, talcennau). 1632 *D*, *Tâl*, Frons. 1696 *CDD* 325–6, Gwŷnt ar hŷnt a'u chwŷth, a'u chwâl, / Pan roir grauan ar dy *dâl* [:- Talcen]. 1760 *ML* ii. 194, daeth i'm cof gael o honof . . . lythyr oddiwrth ŵr a'i geilw ei hun Capt. Thomas . . . ac oedd ganddo *dâl* go galed pan ryfygai anfon attaf fi ynghylch ei wag faterion. 1803 *P*, *Tal* . . . the forehead.

Cfn.: **tâl bainc (mainc, y fainc), talbainc:** *end of bench, usu. fig.; place of honour; best kind, first class.* 13g. *LlI* 21, E le [y gof llys] yn e llys yv en *tal y ueync*, en nessaf e'r effeyryat teylu. 13g. *A* 12. 7–8, penn gwyr *tal being* a dely. 14g. *LlB* 60, Teir bu a telir yn sarhaet teuluwr breyr, nyt amgen tri buhyn *tal beinc* (*LHDd* 20, *talbeinc*). 14g. *GDG*³ 375, Dysgais ryw baradwysgainc / A'r dwylo mau ar *dâl mainc*. 1730 *Leg Wall* 583, *Talbaingc* . . . *Tal beinc*. Gw. hefyd *talfainc*. **tâl ei ddeulin (fy neulin, &c.):** (*bended*) *knees*. 13g. *LlI* 14, Ny dele cysted en e neuad namen ar *tal y deu glyn* guneythur y neges vrth e brenhyn. 13g. *BD* 95, guedy adoli idav ar *tal y deu glin* (*flexis genibus*). 1346 *LlA* 85, Adygbydab ar *dal ydeulin* yadoli y draet yr arglbyd. c. 1400 [*RB*] *WM* 204. 13–14, o penn ydbygoes a*thal y deulin* y waeret yn las. 1775 *W*, Ar *dâl* . . . *fy neu-lin* d.g. *Knee* . . . *On my bended knees*. **tâl glin (gliniau, ei lin(iau), &c.):** (*bended*) *knee(s), also fig.* 12g. *GMB* 459, Can gur a dolur ar *dal glinnyeu*, / Can gymryd penyd pennelineu. 13g. *LlI* 20, hvch a allo ef erbyn e gurych e dyrchauael a'e un llav ene uo kyuuvch a thraet a *thal e glyn* ef. 13g. *HGK* 13, digvydaf ar *dal vy glinyeu*. 14g. *GIG* 112, Yno bydd Mair, air eirian, / Ar *dalau ei gliniau* glân. 15g. *BB* 113, disgynnv ar*dal y glin* (*flexis genibus*) gerbron y brenhyn. [1547] W. Salesbury: *OSP* [vii], gestyngwch ar *dal glinieu* ych calon. 1775 *W*, Ar *dâl fy ngliniau* d.g. *Knee* . . . *On my bended knees*. **tâl maen,** gw. *talmaen*. **tâl parth,** gw. *talbarth*. **tâl pentan (y pentan, ei bentan, &c.), talpentan:** (*?front of*) *hearth, fireside; (dict.) fireback; homespun*. 14g. *WML* 45, teir kyfelin o vrethyn gbyn *tal pentan* ywneuthur peis idab. 14g. *WM* 474. 37–8, Agori kib a oruc y wreic yn *tal y pentan*. *Diw.* 15g. (15–16g.) *B* xvii. 80, mae cist fawr lytan islaw *tal y bentan* [Y Nant i ofyn cist gan Wilym ap Ieuan]. 1730 *Leg Wall* 583, Brethyn gwyn *talpentan* . . . Homespun Cloth. 1774 *W*, *tal-pentan* d.g. *Home-spun*. 1803 *P*, *Talpentan*, s. m. . . . The fire-back. *Diar.* Gorau cymydog *tâl pentan*. **tal dal,** gw. *taldal*. **tâl tra thâl = tâl yn nhâl.** 12g. *GCBM* i. 196. **tâl yn nhâl, talynnal:** *forehead to forehead, tête à tête, face to face, hand to hand*. 14g. *B* ix. 329, ymlad *talyntal* a'r neb a ymerbynno a mi. 15g. *GDLl* 133, Ys da law gŵr nis deil gwal, / O deil onnen *dalynal* [marwnad Thomas ap Gruffudd]. 15g. *DN* 66, A'th wayw rrudd, Davydd hyd lâl,—â'th isarn, / Wrth ossod *dalynnal*. *id.* 79, Jr mwyn kyvarvod â merch / *Dal ynal* rrwng dwy lanerch. 1604–7 *TW* (*Pen* 228), *dalynnal* d.g. *Cominus*. *Dchr.* 17g. *J* 10, 151a, *Tâl en nhâl*. Cominus. 1632 *D*, *dâl ynnal* d.g. *Cominus*. Gw. hefyd *taldal*. **ar dâl:** *at the top, end, or extremity (of), on; by the side (of), near*. 13g. *GBF* 603, Gwr harddeddyf dileddyf *ar dal* branar. 14g. *WML* 11, *Ar tal* yneuad ydeisted ypenteulu. 14g. *WM* 49. 9–11, meithryn ederyn drydben a bnaeth hitheu *ar dal y* noe gyt a hi. *id.* 120. 29–30, *ar tal* y pebyll y gbelei bbrd. 14g. *RC* xxxiii. 222, dyuot y kynnadev *ar dal* y lle yddoedynt. *Dchr.* 15g. *GSCyf* [94], Da 'dd oeddem y dydd heddiw, / Deulu rhwydd, *ar dâl* y rhiw (Llywelyn ab y Moel). 15g. *GGl*² 52, A adeilo hudoliaeth, / Adeiled dref *ar dâl* traeth. 1752 *Gron* 41, Cei fod *ar dal* y ddalen [i'r Calan]. 18–19g. R. Davies: *DB* 259, Adeilad hardd *ar dâl* teg / Bron gwlad a bryn goleudeg. **yn nhâl:** *at the top, end, or extremity (of); by the side (of), near; also fig.* 13g. *LlI* 21, E le [y gof llys] yn e llys yv *en tal* y ueync. 14g. *WM* 140. 18–19, gwalch wyllt gbedy ryfad hbyat *yn tal* y kudygyl. 14g. *GIG* 6, Ac ystondardd hardd hirddu / *Yn nhâl* tŵr, da filwr fu. 15g. *GLGC* 247, o'i hil y bu'*n nhâl* ei bedd / naw a'u henwau'n frenhinedd. 15–16g. *TA* 330, Ni helir hydd *yn nhâl* rhiw. 16g. *GP* 202, ef a dynn y gleddyf . . . ac a saif *ynhal* yr allor ynghweryl Duw a'r Evengil a'r Phydd Gatholic. 16g. Owain Gwynedd: *Gw* 130, Llwyn o winwydd llawn ynoch, / Llew'*n nhâl* gwaed, llin Hywel Goch [i Rys ab Ifan o Abergwidol]. 1603 W. Midleton: *Ps* [iii], [rh]ois nôdau *yn-nhâl* y llyfr, i'w canu h[wy]nt [salmau]. 18g. (1818) R. Jones: *GP* 71, Heli mawr *yn nhâl* Meirion! / Heli mwy yn hilio Môn!

taladwy, taliadwy [bôn y f. *talaf*: *talu*+-(*i*)*adwy*] *a.bfl.* Yn ei lawn werth, gwerthfawr, da ei gyflwr, di-feth, perffaith; i'w dalu, dyledus; haeddiannol: *of full value, valuable, precious, in good condition, flawless, perfect; payable, due; deserved.*

14g. *LlB* 89, Buch a vyd *taladwy* (*LTWL* 359, *reddibilis*) o'e heil llo hyt y pymhet. 14g. *WML* 34, bugeilgi . . . eidon *taladwy* atal. 14g. *GDG*³ 121, Dim yn fy nghalon nid â, / Eithr ei chariad *taladwy*; / O rhoid ym oll, ai rhaid mwy? c. 1400 *R* 1259. 34, Dewrwib teledib *taladwy* rodyon. *id.* 1291. 10–12, Camp oliver. kbympei n yngber. cant oe lewd[er]. cun *taladwy*. 15g. *GLGC* 275, cynta' dillad *taladwy* / ym a roes Siôn o'u mars hwy. 15g. *GDID* 17, Gwirod *taladwy* a gâi'r tlodion, / Gwin osai a fydd gan ei weision. 15–16g. *GRB* 27, Mam a thad fy mamaeth i, / mab *taliadwy* 'mhob tlodi. 16g. *GGH* 357, Ni wnaf, brelad *taladwy*, / Is bron y Mars brynu mwy [i ofyn ychen dros Syr Pirs ap Dafydd ap Rhys]. 1567 *LlGG* [ix], y nebun . . . na thalo y swm *taladwy* . . . bot yno y bop nep velly . . . ddyoddef ei garcharu dros yspait vi. mis. 1567 *TN* 101a, teilwng [:- *taladwy*] ir gweithiwr ei gyfloc. 17g. E. Morris: *B* 70, Am hyn, cyn adfydwch, cais wir edifeirwch, / . . . / 'Rhag trawiad dyledol, *taladwy*. 1778 *W* d.g. *Payable*. 1803 *P*.

taladdurn [*tâl*²+*addurn*] *eg.* ll. *-au*. Pelen addurnol a roddir ar het neu yn y gwallt; ymyl addurnol ar flaen adeilad, &c., cornis: *pompon; cornice.*

1780 *W* d.g. *Pompoon, or pompon* [*a sort of ornament worn by ladies in the fore part of their hair*]. 1803 *P*, *Taladdurn*, s. m.—pl. t. *au* . . . A front ornament; a moulding.

talaeth, talaethol, gw. **talaith, taleithiol.**

talaf: talu [Crn. C. *tal* 'fe dâl', H. Lyd. *tal*[*ont*], gl. *dependunt*, Llyd. C. *taluout*, Llyd. Diw. *talvout*, *tallout*, *talvezout*] *bg.a.*

(*a*) Rhoddi tâl (i), rhoddi (swm o arian, &c.) yn dâl, rhoddi'r hyn sy'n ddyledus o ran (cyflog, pris, &c.), clirio (dyled); rhoddi tâl am: *to pay (person, price, debt, &c.); pay for.*

12g. *GCBM* i. 326, Teilbg y'm *talu* a'm roter / Treth volaud, traethaud naud nausber. *id.* ii. 123, Gwal teilu, *tal* ym a ganaf! 13g. *Cy* xvii. 133, O lladant hby anyueileit ereill: hby ac *talant*. c. 1300 *LTWL* 392, Or llygrir yd nep dyn yn emyl trefgort, ac na kaffo un llwtyn arnaw, kymered y creir a doed yr tref, ac or tygant llw diarnabod, *talent* y rif llwtyn. Ar gyureith honno a elwir '*telhutor* gwedy halawc lw'. 14g. *BT* (*RB*) 198, Ac ar hynny gwneuthur gwrogaeth gann tygu *talu* y bawp o'r eglwysswyr y gollet a *thalu* mil o vorckeu bop blwydyn y Eglwys Rufein. 14g. *GDG*³ 19, Telais yt wawd tafawd hoyw, / *Telaist* ym fragod duloyw. c. 1400 (*SG*) *HMSS* i. 229, ar marchogyon adoethant attaw [Gwalchmai] ac aarchassant idaw *dalu* dros y letty. 15g. *GGl*² 31, Mawr o dâl am aur o'i dŷ / A gaiff Rys o goffr Iesu. / *Talodd* i ganmil filiwn, / Telid Duw, ni bydd tlawd hwn [marwnad Rhys, abad Ystrad-fflur]. 1547 *WS*, *Taly* Pay. 1632 *D*, *Talu*, Pendere, soluere. 17g. Huw Morus: *EC* i. 327, *Talu* yn rhy lithrig—rhoi f' arian ym menthyg, / . . . / Ac ambell ddyn gwydyn a'u gwadai. 1703 E. Wynne: *BC* 29–30, gwell genni *dalu* i chwi lôg, na chael arian yn rhâd gan neb arall. 1778 *W* d.g. *To pay*. 1803 *P*, *Talu* . . . to discharge, or to pay. Ar lafar, 'Mi *dala*' i iddo fo eto', '*talu*'i ddyledion', *WVBD* 522; 'Un dæ i *dalu* yw a', *GTN* 781.

(*b*) (enghrau. ffig.: *fig. exx.*).

12g. *GCBM* i. 158, Ry *talaf* y'm rwyf o'm rwylweith—molabd, / Nyd molyant o uriwyeith. 13g. *C* 31. 11–32. 1, Bit chuero y *talhaur* iny diwet. 13g. *A* 5. 14–15, kwydyn gyuoedyon. eg cat blymnwyt . . . divevyl as *talas*. 13g. *HGK* 12, En er emladeu ereill y bu vudugaul enteu, ac y *talws* e'r Saesson a'r Fichtyeit y ormeswyr, ket bei henwr ef, chuyl teilung en e gurthuynep. 13g. *GBF* 470, Yna y *telir* (aghenn ys tir ennbir eneu) / Y bob tbyllbr ac ethrodbr eu gbeithredeu. *id.* 480, Bot yn dir *talu* ger bronn yr Iessu: / Lle gbelo trillu, trallawt a wna. 13g. *BD* 22, Ae yuelly, Locrinus, y *tely* di ymi y savl vrath a gveli a gymereis y dros dy tat ty. 14g. *T* 16. 10–12, Dychyrchbynt gyfarth mal arth ovynyd. y *talu* gbynyeith gbaet eu hennyd. 14g. *GDG*³ 19, *Telais* yt wawd tafawd hoyw, / Telaist ym fragod duloyw. c. 1400 *RB* ii. 199, achbfeint o werydon yn *talu* molyant y dub yndi yn wastat dyd a nos. c. 1400 *YCM*² 58, Otuel . . . a *dalwys* y dyrnawt y Rolant drachefyn, a Rolant idaw ynteu yn ehalaethach. *id.* 150, Yma y mae goleu y colledeu a deuthant o anfydlonder Gwennwlyd yn ymdangos etwa. Ac ys da y *talwyt* idaw ynteu y uradwryaeth. c. 1400 *Ked AA* 13, yr Duw, y gwr yssyd barawt y *dalu* y bawp y weithret da. 15g. *GGl*² 31, Mawr o dâl am aur o'i dŷ / A gaiff Rys o goffr Iesu. / Talodd i ganmil filiwn, / *Telid* Duw, ni bydd tlawd hwn [marwnad Rhys, abad Ystrad-fflur]. 1551 W. Salesbury: *KLl* lxxxiiia, *talet* yr Arglwydd iddo yn ol i weithredoedd. 1567 *LlGG* (*Sall*) xxxivb, Wrthy-ti Ddew y dysgwyl mawl yn Tsijon, ac y ti y *telir* addunet. 1655 WL: *DP* [1]94, *Talodd* Duw i Job bôb peth yn ddwbl ond ei blant, canys cuddiedig nid colledig oeddynt hwy. 1768 J. Roberts: *R* 92, Lleihad Degrannau. Benthycwch a *Thelwch* yn y Rheol hon, Megis y Rhifedi Cyfan. 1770 R. Jones: *YC* 6, *talu* dyledus addoliad i Dduw. 1803 *P*, *Talu* . . . to requite. Ar lafar, 'Gei di *dalu* am hyn, y cythrel bach digwilydd' (sir Ddinb.).

(*c*) Trosglwyddo, rhoddi i fyny, ildio; adfer: *to hand over, deliver, give up, surrender; restore.*

14g. *T* 60. 15–16, Acheneu vab coel bydei kymbyabc leb. kyn as*talei* obystyl nebabt. 14g. *BT* 196, agwedy gwneuthur kedernyt mawr yn y gylch y*talawd* [Gilbert] y kastell dracheuyn rac ouyn yr arglwyd lywelyn. 14g. *BT* (*RB*) 196, Ac velly y kymhellwyt arnunt kynn prynnhawn *talu* y castell. 14g. *YBH* 44b, mi a *deleis* yt dy gyfoeth ath gestyll. 14g. *RC* xxxiii, 220–1, [C]rist argluyd. yn yr honn y *telir* iechyt pobyl yr Israel. c. 1400 *Ked AA* 3, A gwedy y'r gwrda sant kynghori y vab yn y wed honno, ef a gymerth y rinwedeu a berthynynt ar yr Eglwys, a *thalu* y yspryt y'r Creawdyr. c. 1400 (*SG*) *HMSS* i. 176, *tal* di y kanhwyllbrenn drachevyn. ac onis *tely* yd wyf yth rybudyaw. Llyma vyngeret heb ynteu nas *talaf* nammyn y dwyn yn anrec yr amherawdyr arthur. c. 1514 *B* xviii. 133–4, [c]affael yn i gwydd hwyntev *dalu* vy enaid i'r nefoedd. 1567 *LlGG* (*Sall*) xxxviia, yr ei am diuethent . . . ysy yn gedyrn, yn y *thelais* [:- advereis] yr hyn ny chymrais. *Diw.* 16g. *LBS* iv. 413, *talawdd* y henaid yn llaw y Creawdyr.

(*d*) Teilyngu, haeddu, ennill; bod yn werth, bod o fantais neu o fudd, bod yn

addas, ateb (diben): *to be worthy of, merit, deserve, earn; be worth, be advantageous or of benefit, be suitable, answer (a purpose).*

12g. *GCBM* i. 60, Nyd af-y ar hird6f ny *dal* hirdeith / Y ar draed awel y drydeweith! *id.* ii. 20, Teyrnged y'th law (taw *telitor*). 13g. *A* 1. 10–11, diffun y mlaen bun med a *dalhei*. 13g. *B* iii. 27, Ny*tal* dim drycemraec. 1346 *LlA* 42, Beth a *dal* kyffes. kymeint ac a*dal* bedyd. 14g. *GDG*³ 158, Gwawd a *dâl*, gwiwdo deillwyn, / Gwyrdd gylch a ddiylch ei ddwyn [i'r het fedw]. 15g. *FfBO* 52, a mein margarit a *dalo* (*valent*) deng mil o floringot. 15g. *GGl*² 58, Tŷ'r medd o goed derw a main, / *Talai* holl windai Llundain [i dŷ Edward ap Hywel ap Ieuan Llwyd o'r Faenor]. 16g. *TRP* 170, Beth a *dal* i ti gar bron / vod yn pregethy yn grevlon. 1567 *TN* [xxxiv], Beth a *dal* (*id.* 26b, pa les; 1588 *Math* xvi. 26, pa lesâd) i ddyn ynill yr oll fyd ae ddistrowio . . . i hun? *c.* 1585 G. ROBERT: *DC* [viii], Am fod y rhann fwyaf o r bonheddigion heb fedru na darllain nag yscrifennu cymbraeg . . . hyn sydd yn peri i r Saeson dybieid a doydyd fod yr iaith yn salw . . . heb *dalu* dim. 1615 R. SMYTH: *GB* 165, [c]ymeryd deg pynt [*sic*] am y peth a *dalau* [*sic*] gant punt. 1689 E. MORUS: *RC* 44, gochelwch ledratta dim er lleied a *dalo*. 1703 E. WYNNE: *BC* 7–8, nage crogyn ystyfnig taflwn ef i'r Llynn, ni *thâl* mo'i ddangos i'n Twysog mawr. 1750 *ML* i. 159, Er hynny, mae'n fawr gwerthu dodre'n a gostiodd lawer, am hanner a *dalont*. 1803 *P*, *Talu* . . . to be worth; to answer a purpose . . . Beth a *dal* hwna? What is that worth? Pa beth a *dâl* sôn am hyny? What is the use of talking about that. Ar lafar, ''*Thalith* o ddim', 'it will not do, it will not be any good', *WVBD* 522; 'Fe *dale* iti fynd i weld yr hen wraig 'ne cyn iddi fynd yn rhy hwyr' (sir Ddinb.).

(*e*) (enghrau. a ddilynir gan eiriau sy'n enghreifftio pethau di-werth, gan amlaf mewn cst. neg.) Bod yn werth (ffeuen, pìn, &c.): (*exx. followed by words typifying something worthless, usu. in a neg. construction*) *to be worth (a bean, a pin, &c.).*

c. 1400 (*SG*) *HMSS* i. 201, ny *thal* nytwyd dy esgussot ti drostaw ef. *Dchr.* 15g. *GSCyf* 115, A'r gair, genwair Dôl Gynwal, / Nid oedd deg, nodwydd a *dâl* [ateb Llywelyn ab y Moel i Rys Goch Eryri]! 16g. *GGH* 418, Cynnen aeth o'r cân a wnâi, / Cweryl heb *dalu* carrai. 16g. *TRP* 170, Beth a dal i ti gar bron / vod yn pregethy yn grevlon / ni wn i *tal* i ti bin / vod yn vrenin iddewon. 16–17g. *CLlC* iii. 24, Ag yn gwerthu yma a thraw / Ryw hen wâr na *thalant* faw [am bedler]. 1630 R. LLWYD: *LlH* 120, oni bydd efe y[n] gefn i ni, yna ni wna dim arall ronyn llesâd i ni; ni *thâl* y cwbl nodwydd. 17g. *GDG*³ 361, Ni *thâl* dy gyngor am forwyn / Garrai i mi y gŵr mwyn. 17g. HUW MORUS: *EC* i. 298, Ei gyfrwy sy'n garpiau, gwae 'r ceffyl a'i cariai, / Tra *talai* fo gàrai fe a'i gyrodd. 17g. *id.* ii. [368], Ni *thâl* ei ffydd beunydd bin, / Heb wir fron bur i'w frenin. 1683 H. EVANS: *CTF* 47, Salmon fawr ei gyfoeth, gwr doetha ar bob llwyth, / Pan cydiais [Angau] yn ei goryn, ni *thale*'i synwyr bwyth.

Amr.: **taled.** 14g. *T* 16. 3–4, heb *talet* odynget meint ageffyn. **talyd.** Ar lafar, *TGG* (1904) 47 (dwyrain sir Ddinb. a'r cyffiniau). Cf. W. REES: *AFR* 153, doedd raid iddo fo *dalud* hyn a hyn yn 'chwaneg am dano fo ar gownt i grefydd.

Cfn.: **talu (hyd) adref:** *to pay back, repay, requite, make recompense or restitution (for), also fig.* 1567 *LlGG* (*Sall*) xxb, Yr andewiol a echwyna ac ny *thal adref*. 1604–7 *TW* (*Pen* 228) d.g. *Reddo.* 1655 WL: *DP* 83, Teilyngu o honot . . . sicrhau i mi fy iechidwriaeth, fal y *talwyf* fy enaid *adref* yn gwnffwrddus, ac yn ewyllysgar. 1672 J. LANGFORD: *HDdD* 426, Ni *thelaist* ti *adref* bechodau'r dydd hwn mor union ac y gallesit. 1719 *TDP* 57, mi ai cymerais hi yn Wraig imi . . . Ond yr Arglwydd a *dalodd* imi *hyd adref* am hynny, canys ni chefais i lawenydd oddiwrth y Plant a ddug hi imi. 1800 W. OWEN[-PUGHE]: *CP* 8–9, yn y dull hyn o roddi calch, y mae yn hîr cyn *talu adref* y draul. **talu ar law (fy llaw, &c.):** *to pay cash (down), pay on the nail.* 1778 *W*, *talu . . . ar law* d.g. *To pay one down money upon the nail.* Ar lafar, 'Ma raid ichi *dalu ar 'yn llaw* i, nu, 'chiwch chi ddim o nw', '*Talu ar law* 'wi'n lico, 'os byth 'en gywnt gin' i, os galla' i', *GTN* 781. Cf. W. REES: *HBHD* 44, Gallaswn gael faint a fynaswn ar goel gan fy hen gyfaill sy'n cadw siop y llan, pe buaswn yn dewis, ond y mae yn bwnc genyf fi bob amser erioed i *dalu ar law* am bob peth. **talu at:** *to contribute towards (upkeep, maintenance, &c.).* *c.* 1700 E. LHUYD: *Par* i. 87, Mae ymma ysgol Rhâd, a Mr Parry . . . sydh yn *taly atti* hi o leia bedeir pynt ar higein yn y Vlwydhyn. Ar lafar, 'Mae e'n gorfod *talu at* 'i wraig', 'Erbyn imi *dalu at* yr Eglwys, 'fydd genna' i ddim ar ôl'. **talu'r clwb:** *to pay into a club (e.g. Friendly Society, Christmas Club).* Ar lafar. **talu'r gymwynas olaf:** *to pay one's last respects.* 1830. Ar lafar. **talu diolch (diolchau, &c.):** *to give thanks.* 13g. *B* ix. 338, A phan gigleu er abat henne *talu ddiolcheu* [*sic*] e dduw a orvc. 14g. *YBH* 44a, a bo6n adala6d dioloch ida6. *c.* 1400 *RB* ii. 10, [*t*]*alu diolch* bob eil6ers. 1632 *D*, *Talu diolch* d.g. *Redostio.* 1740 T. EVANS: *DPO* 117, Emrys Ben-aur . . . a barodd *dalu Diolch* cyffredinol i Dduw. Ar lafar, 'Pwy odd hwnna odd yn *talu diolchiade* i'r siaradwr heno?'. **talu drwg am dda,** gw. *talu drwg dros dda.* **talu drwg am ddrwg,** gw. *talu drwg dros ddrwg.* **talu drwg dros (am) dda:** *to repay good with evil.* 13g. *BD* 194, dangossassant eu tvyll ac eu brat idav, gan *talu druc tros da.* *c.* 1400 *Ked AA* 15, keissyaw llad vym meibyon, a *thalu drwc* im *dros* vyn da a'm enryded itt. 1567 *LlGG* (*Sall*) xixa, *Talesont* ymy *ddrwc dros dda.* 1588 *Gen* xliv. 4, pa ham y *talasoch ddrŵg am dda?* **talu drwg dros (am) ddrwg:** *to repay evil with evil, retaliate.* 1551 W. SALESBURY: *KLl* xia, Na *thelwch ddrwc dros ddrwc* (1588 *Rhuf* xii. 17, *am ddrwg*) i nebun. **talu('r) echwyn, &c. (adref):** *to pay back a loan (with interest), repay, often fig.* 1604–7 *TW* (*Pen* 228), *talu'r echwyn* d.g. *Reddo, Retribuo. Dchr.* 17g. *J* 10, 151a, *Talu r Echwyn* . . . retalio. 1630 *YDd* [xix], oni byddaf fi yn *talu y nechwyn adref* i ti, fe fydd rhywyn [*sic*] ai gwna yn ddiammau. 1632 *D*, *Talu 'r echwyn adref* d.g. *Reluo.* 1672 J. LANGFORD: *HDdD* 78, mor annheilwng yn *talu'r echwyn* i'w drugareddau anfeidrol ef. 1765 *BDGU* 21, Peth addas iawn i bôb ryw Ddŷn, / Iw *talu'r Nechwyn adre.* Ar lafar, '*talu'r echwyn adra*' 'to pay the loan back; to retaliate', *WVBD* 121. Cf. G. ROBERT: *DC* 45b, ni chysgech na nos na dydh, ond medhwl para fodh i galhech dalu pwyth ag echwyn am gymeint o gariad. **talu('r) ffordd, talu ei (fy, &c.) ffordd:** *to pay one's way; be worth(while).* 1894 D. OWEN: *GT* 110, A mi wyddost na feder neb ddeyd dim yn erbyn ein teulu ni—rydan ni bob amser wedi *talu'n ffordd.* Ar lafar, 'Wel, 'wi wedi byw acha' arian bæch ariôd, ond 'wi wedi llwyddo i *dalu'r ffordd*', 'Fe *daliff y ffordd* iti ryndo ar dy dæd a nuthur fel ma fe'n gwed', *GTN* 781. Cf. K. ROBERTS: *LW* 78, Yr oedd [fy nain] yn gynnil ryfeddol, yr oedd yn rhaid i bawb bron fod yn yr oes honno os oeddent am *dalu eu ffordd.* **talu'r hen chwech (yn ôl):** *to settle an old score, get one's revenge, pay (person) out.* 1828. Ar lafar, '*Hen Wrech* [*sic*]' 'to pay one back in his own Coin', 'Mae a Wedi *talu'r hen wêch* iddo o'r diwadd' 'He is even with him at last', *LlGC* 1169, 124. Cf. J. JONES: *Gwerin-cirian* 161, *Talu'r hen chwech.* Fel mae gwaethaf yr hanes, nid gydag ysbryd a llwydd goreu cymdeithas yr arferid '*Talu yr hen chwech yn ol*', ond mewn chwerwder yn herwydd hen gwerylon. **talu hyd adref,** gw. *talu adref.* **talu('r) iawn:** *to make recompense, pay compensation, atone; pay ransom.* 12–13g. *GMB* 486, Kyn bod ym oerglat, boed ym Arglwyt! / Ry*dalwyf ya6n* yn radla6n rwyt. 1606 E. JAMES: *Hom* i. 25, os carcharwr a *dâl iawn* (*ransom*), nyd ydyw ef yn myned yn rhâd. 1632 *D*, hawdd *talu iawn* iddo d.g. *Propitiabilis. id. talu r iawn* d.g. *Hostio.* 1672 J. LANGFORD: *HDdD* 9, edrych . . . ar ddyfodiad Crist i *dalu iawn* troson 'i. 1703 E. WYNNE: *BC* 7. **talu iddo (iddi):** *to tuck in (to food), eat heartily.* 1870 *Traeth* xxiv. 107, Gellid sylwi mai dau bryd o ymborth . . . oeddym yn gael ar hyd y daith . . . a'r modd yr oeddym yn cyfarfod â'r brofedigaeth hon oedd hyn; gwneyd i fyny yn y swm am y lleihâd yn y nifer; *talu iddi* yn dda y ddau bryd a gaem, ar gyfer y ddau arall a gollem. Ar lafar, '"*talwch iddo fo*" meddir wrth rai o gwmpas y bwrdd bwyd, h.y. ewch ati i fwyta o ddifri', *ISF* 71. **talu (i) lawr:** *to pay cash (down), pay on the nail.* 1778 *W* d.g. *To pay one down money upon the nail.* Ar lafar yn nwyrain Morg. **talu('r) pwyth ((hyd) adref, yn ôl):** *to pay back, repay, requite, make recompense or amends, compensate (for); get even (with), retaliate, pay (person) out.* 13g. *GDB* 255, *Talu pwyth* dyt gwyth Gweith Canysca6l. 14g. *BT* (*RB*) 96, A phan ymhoelych drachefen, mi a *dalhaf y bwyth* yt yn teilwg. 14g. *YBH* 44b, bo6n heb ef . . . gi6n dy dat am kara6d yn wedus. a dr6c y *teleis* y *b6yth* oe vab. *c.* 1400 *YCM*² 181, val na bo anawd ytt *talu pwyth* dy gelwyd. *Diw.* 15g. *Pen* 67, 68, vgain dolef gann delyn / a *dal pwyth* dros dy help ynn (Hywel Dafi). *c.* 1585 G. ROBERT: *DC* 45b, ni chysgech na nos na dydh, ond medhwl para fodh i galhech *dalu pwyth* ag echwyn am gymeint o gariad. *Dchr.* 17g. *J* 10, 130b, Pwyth . . . *Talu 'r pwyth.* to recompense. 1618 J. SALISBURY: *EH* 181, rhyfynech y gwelir . . . fod y plant heb gyf-atteb, na *thalu'r* [*p*]*wyth adref* a gariad [*sic*], a serch tuag at eu rhieni. 1632 *D*, Pwyth . . . *Talu'r pwyth*, Compensare, hostire. 1717 IACO AB DEWI: *MN* 127, yn y Dydd mawr . . . o Berygl a *thalu 'r Pwyth* (*Retribution*). 1747 *ML* i. 107, wedi *talu'r pwyth yn ol* o amarch, etc., gida llog! 1772 *W* d.g. *To pay back or again, To Retaliate.* 1778 J. HUGHES: *BB* 214, I attal barn cyfiawnder digter du, / Rhag disgyn yn ein penne, / I *dalu 'r pwyth hyd adre*, / Am fynych feie a fu. 1803 *P*, Pwyth . . . *Talu pwyth*, to pay a point, or to return like for like. Ar lafar, '*talu'r pwyth yn ôl*' 'to retaliate', *WVBD* 450; 'Fi *dala' i'r* 'en *bwyth yn ôl* iddo fe am 'yn, fe all fentro 'i gecas ar 'ynny!', 'Wel, chi nethoch chi ddrwg iddyn' nw a dyna nw'n *talu'r pwyth yn ôl* ichi', *GTN* 781. **talu('r) pwyth(i)on:** *to give wedding presents (in return for presents received).* 1823. **talu('r) siot:** *to pay the bill for drinks; pay into a kitty for drinks.* 1547 *WS*, Gildio *taly siot* Pay the shotte. 16–17g. *GST* i. 939, Mae sôn y *talem y siot*, / Yn siŵr ni wn i pa sut. 1716–18 *Llsgr R. Morris* 205, χweχ o wyr a aethent i saethu ag i yfed cwrw. Tri o wrecsam a thri o Ruwabon, ag i gwnaethent y tri o Wrecsam gytyndeb ai giliô y sawl ni wnae erχiad ei wraig a gae *dalu'r Siot* sef saith swlld. Ar lafar gynt, cf. *LlG* lvi. 16, Mallwyd oedd y pentref olaf i ddilyn yr hen draddodiad sydd yn nodweddiadol o Fawddwy, sef *talu y 'siot'*. Nid oedd hwn ond esgus i anfon yr ymadawedig ar ei ffordd mewn môr o gwrw. Cf. D. OWEN: *GT* 332, Mi fydde pawb yn *talu shot*, hyny ydi, yn dropio chwech neu swllt at y ddiod, a phan orphenai y ddiod mi fydden yn gneud shot newydd. **talu sylw:** *to pay attention.* 1770 R. JONES: *YC* 16. **talu teyrnged:** *to pay tribute, also fig.* 13g. *Brut B* 60, A havd ew kymhell arnadvnt *talv teyrnget* y wyr Rvueyn. 15g. *BB* 189, deledogeon ryd y dalu *teyrngedoed* ydunt. 1551 W. SALESBURY: *KLl* [xxxiv]a, gohardd *talu teyrn*[*g*]*et* i Caisar. 1725 T. BADDY: *CS* 65, Nid llai yr Achos na'r Ddyled / i *dalu'r Deirnged* iddo, / Gan Bererinion ar eu Taith, / mewn gobaith o gyd-tario. Cf. D. OWEN: *RL* 210, anfoddlawn ydwyf i fyned heibio heb geisio *talu* y *deyrnged* sydd ddyledus arnaf i dy goffadwriaeth. **talu drwy ei drwyn (eu trwynau, &c.):** *to pay through the nose.* 20g. Ar lafar, 'Mi fuo raid iddo fo *dalu drwy'i drwyn* am y tŷ 'na'. **talu wrth ennill:** *PAYE.* 20g. **talu ymlaen (llaw):** *to pay in advance.* 1604–7 *TW* (*Pen* 228), *talu mlaen lhaw* d.g. *prærogo.* Ar lafar, 'Dou dalu drwg sydd—*talu 'mlæn llaw* a pido talu o gwbwl', 'Talu drwg yw *talu 'mlæn llaw*', *GTN* 782. Cf. M. WILIAM: *DY* 77, Dou dalu sydd ddrwg; *talu mlân* a pido talu o gwbwl. **talu ymweliad:** *to pay a visit.* 1868. **talu'n hallt:** *to pay dearly, fig.* 1629 R. LLWYD: *P* 38, fe gaiff y cyfeillion hyn *dalu yn hâllt* am en [*sic*] rhyfig. 1803 *P*, Hallt . . . Cei *dalu yn hallt* am dano, thou shalt pay severely for it. **talu'n ôl:** *to pay back, repay, also fig.* 1632 *D* d.g. *Refundo, Renumero, Repono, Rescribo, Restituo.* *c.* 1730 *Thos. Lloyd D* (LlGC) 185a, Ol, *Talu yn Ol.* To repay. Ar lafar, 'Fydd o'n siŵr o *dalu'n ôl* iti am gario cleps' (sir Ddinb.).

talai [bôn y f. *talaf*: *talu*+-*ai*³] *eg.* ll. *taleion.* Person y mae siec, &c., yn daladwy iddo, person y telir, neu y dylid talu, swm o arian iddo; ffi, tâl: *payee; fee, payment.*

1835.

talais¹ [bnth. S. *tallage*] *e?g.* Un o nifer o dollau neu drethi, yn enw. treth a godir gan arglwydd ffiwdal ar ei ddeiliaid: *tallage.*

c. 1730 *Thos. Lloyd D* (LlGC) 213b, *Talais* . . . Taillage. M. 61. 62. 1776 *Pant* 22, 57a, [p]ob cyfryw doll Stalais, Passais, Pontais, *talais* a Murais.

talais² [bnth. S. *tales* 'substitute jurors'] *eb.* Rheithgor, hefyd yn *ffig.*: *jury, also fig.*

a. 1587 *Y* 31, Tynais o feirdd cyttvnion / *Talais* hardd (band tilys hon?): / *Talais* a ŵyr maentoli, / Trefn hardd, rhwng fy mardd a mi. *id.* 36, A davddeg o brydyddion / Yn *dalais* deg, dilys dôn. *id.* 71, A *thalais* oedd etholawl / O'i stâd i hvn, astvd hawl. *id.* 102, Treiaf fi'r gwir trwy ferw gais / A thi, Wiliam, a *thalais.* 1803 *P*, *Talais*, s. f. . . . An empanneled jury.

talaith [?*tâl*²+elf. anh.; ?cf. H. Lyd. *heith*, gl. *sceptrum*] *eb.g.* ll. *taleith(i)au, taleithion.*

(*a*) Un o nifer o ardaloedd neu gymunedau hunanlywodraethol sy'n ffurfio ffederasiwn o dan lywodraeth sofran, rhanbarth, tiriogaeth, ardal; rhanbarth eglwysig dan awdurdod archesgob; tywysogaeth; hefyd yn *ffig.*: *state (within a federation), province, district, area; (ecclesiastical) province; principality; also fig.*

13g. *GBF* 227, Seuit Brenin nef breinya6l gyureith / Gan eurwawr aerbeir y teir *taleith.* 14–15g. *IGE*² 301, Hir y bu Ruffudd ruddbar / . . . / Yn gorwedd . . . / A'i *dalaith* llwybr goddaith llaw, / Ffynnodd gynt, yn celffeiniaw [Rhys Goch Eryri i Robert ap Meredudd]. 15g. *GO* 147, Talv aur, heb vn tâl is, / Tai'r *dalaith*, val tir dilis. 15–16g. *GLM* 301, *Taleithiau* yt a lithiwyd: / tair gynt, a chyd-diriog wyd [i Edwart Grae]. 1588 *Esr* iv. 15, [d]inas wrthryfelgar, niweidiol i frenhinoedd, a *thalaithau* [am Jerwsalem]. 1664 *LlGG* sig. b2v, a'r Confocasionau o'r ddwy *Dalaith*, Caer Gaint a Chaer Efrawc. 1681 S. HUGHES: *AC* 48, Nyni y Bugeiliaid a Henuriaid Eglwysydd y Protestantiaid o *Dalaith* Burgundy. 1696 *CDD* 98, Rhodiwch trwŷ'r *dalaith* cewch fflattring a gweniaeth. 1707 *AB* 238c, *Taleith*, A principality. 1795 J. THOMAS: *AIC* 294, Mae America yn Cynnwys 2 *Dalaith* yn fwya nailltuol sef Gogledd a Deheu. 1803 *P*, *Talaeth*, s. f.—pl. *taleithiau* . . . a province, or dependent territory. Cf. T. LEWIS: *HPF* 28, Egbert . . . yr hwn a wnaeth deyrnas Cent yn *dalaith* o Wessex; W. REES: *AFR* 39, Ohio, yr Iorddonen hôno sydd yn gwahanu rhwng y *taleithiau* caethion a'r rhai rhyddion.

(*b*) Diadem, coronig, coron; coronbleth, garlant, blodeudorch; penwisg, rhwymyn

pen, ffunen, rhactal, cap; penwar, penffrwyn; rhwymyn, cadach; hefyd yn *ffig.* ac yn *dros.*: *diadem, coronet, crown; garland, wreath; head-dress, headband, frontlet, cap; headstall; band (of cloth, &c.), bandage; also fig. and transf.*

12g. *GLIF* 318, Oet ysgon, oet tonn *taleith*—y daryan, / Oet talaro kyuarweith. **12g.** *GCBM* i. 86, Oet diuarn gadarn gedymdeith—vnbyn, / Oet dyrn yn heyrn, haearn *daleith.* **13g.** *GBF* 420, Eur dilyfn a delit o'e lao / Eur *daleith* oed deilong idaw. **14g.** *TYP²* 228, Ynys Brydein . . . Sef y dylyir y daly vrthi: Coron a Their *Taleith.* Ac yn Llundein gvisgav y Goron, ac ym Penryn Rionyt yn y Gogled vn o'r *Taleithieu*, ac yn Aberfraw yr eil, ac yg Kerniv y dryded. **14g.** *GDG³* 91, Blaen *talaith*, bliant hyloyw, / Blodau hardd o blu da hoyw [i'r gerlant o blu paun]. *id.* 257, Diamau weddïau waith, / Duw a'th eilw, du ei *thalaith* [i Ddwynwen]. *c.* **1400** *MM* 30, Maen calet, ual hynn y garedir . . . roymao *taleith* am y deu ardorn, ac am y warr. **15g.** *GDLl* 175, *Talaith* o latwm tewlwyd, / Trafn mawr iawn, trefnu môr wyd [i Ddyfi]. **16g.** WILIAM CYNWAL: *Gw* (R. L. Jones) 703, A gwayw a *thalaith* y Ffydd Gatholig, / Iawn arddel odiaeth iôn urddoledig [i Thomas Davies, esgob Llanelwy]. **1584** *LlCy* ii. 220, y Tri Thywysog Taleithiog . . . because everie (one) of them did weare upon his bonet or helmet a coronet of gold . . . which in the Brytish or Welsh speach is called *Talaeth.* *Diw.* **16g.** *WLB* 35, Gollwng waed ar gefn y troed . . . a chwlwm yr esgair a *thalaith* fal klymiad braich. **1632** *D, Talaith*, Sertum, corona, fascia, tiara. **1696** *CDD* 17, Bŷdd ddyfal a difeth yn ôl d'alwedigaeth, / Chwanega dy *daleth* a dilin. **1722** *Llst* 189, *Talaith.* f. p. *leithiau.* A garland; head-band, coif, &c. the headstall of a bridle; the brow of a wall, cornish of a bed; head piece of an arrow. **1772** *W* d.g. *Coronet.* **1798** *WR* d.g. *Cordon.* **1803** *P, Talaith*, s. f.—pl. *taleithion* . . . A band worn round the head; a frontlet, a headband; a chaplet; a radial crown; a diadem.

(*c*) Rhwymyn pen i faban: *baby's headband.*

1584 *LlCy* ii. 220, to this daie nurses doo name that broade headband, wherewith a child's head is bound uppermost upon some other linen cloathes, *Talaeth.* **1617** *Minsheu* 41a, *Taleth* d.g. *a Biggin or coife for a childe.* **1753** *TR, Talaith*, properly a headband such as that wherewith a nurse ties the head of a little child. Ar lafar gynt, '*talath*' 'a square or triangular piece of linen placed, underneath a cap, on a baby's head before the closing of the suture', '*talath* i gadw'r iad yn gynnas', *WVBD* 521 (*eg.*); Cf. G. OWEN: *DP* iii. 248, the chaplet or head covering, which is tied round an infant's head for the first few months after birth, is still known in many parts of S. Wales as *talaith*. Digwydd hefyd yn yr ymad. '*talaith* fagu', cf. D. WILLIAMS: *Cofiant J. R. Jones* (1913), 55, benthycciodd y goronig yr enw, oddiwrth y rhwymyn a osodai mamaeth am dalcen y baban, yr hwn a elwid *talaith* fagu. Arferir yr enw ar y rhwymyn crybwylledig, mewn mannau o Ddeheudir Cymru, hyd y dydd hwn.

(*d*) *Her.* Bend, traean uchaf tarian: *bend or chief (in her.).*

16g. *DWH* i. 366, maes sabl a *thalaith* o arian yn y kwrr uchaf. **17g.** *ib.* 3 powdr arian kwpl aur *talaith* ariant. **1770** *W* d.g. *Bend* [*in Heraldry*], *Chief* [*in Heraldry*. . .].

Cfn.: **Taleith(i)au Unedig:** *United States (of America).* **1882.**

Gw. hefyd **taleithig.**

talar [*tâl²*+*âr*; H. Lyd. *talar*, gl. *ans*] *eb.g.* ll. *-au, taleri*, (prin) *talerydd.* Rhimyn o dir ar hyd ymyl cae a adewir heb ei aredig i adael lle i'r aradr droi, hefyd yn *ffig.*; (geir.) ffin: *headland (of ploughed field), also fig.; (dict.) boundary.*

13g. *LlI* 19, e ryghyll; ef a dele . . . [y] wyall kennut, a'r *talar* ((*LlDW*) *ZCP* xx. 46, ar *dalar*) o'r yt en e dayar. **14g.** *LlB* 28, ac or byd yr yt heb vedi, ef [rhingyll] a geiff y *talareu* oll. **14g.** *GDG³* 254, Ardded fy ngran graeanfylch, / *Dalar* gŵydd, ef deily ar gylch. *Diw.* **15g.** *Pen* 67, 89, Mae y mric keredigion / bar a dry r *talar* drwy r tonn (Hywel Dafi). **15–16g.** *TA* 288, Saeth a gwayw onn o'r saith gant / Sy 'n *nhalar* Siôn o Holant. **1604–7** *TW* (*Pen* 228) d.g. *Limes* (hefyd *D*). **1632** *D, Talar*, Aruum frontale, quod in fronte agri est. **1696** *CDD* 277, Ar Rhew ac Eira hagar, / Hŷd *talar* yn lle tês. **1722** *Llst* 189, *Talar.* m.p. *larau, leri*, An head-land. **1758** *ML* ii. 95, Mae fal y ceisiwch gan rai o'r dysgedigion yna ddeongl synnied y ddau bennill sydd yn y *dalar.* **1770** *W* d.g. *The bound* [*bounding ridge*] *of plow'd land, Head-land* [*in Ploughing*], *Ridge, The cross-ridge at the end of plow'd land.* **1803** *P, Talar*, s. f.—pl. *taleri* . . . A headland in a field, at the end of ridges; a cross-ridge. Ar lafar, 'marcio'r *dalar*' 'to mark the headland', *WVBD* 521; 'Y *dalar* yw'r lle 'wyt ti'n troi wth retig', *GTN* 781; hefyd yn yr ystyr 'targed, nod', "Odd crug o grots yn tywlu cerrig at y *dalar* odd gintin' nw ar wal cæ'r felin', *ib.*

talaraf: talaru [bf. o'r e. *talar*; Llyd. Diw. *talarat*] *bg.* Cyrraedd pen y dalar, fel arfer yn *ffig.* dod i ben, diweddu; (geir.) gosod ffin: *to reach the headland, usu. fig. end, finish; (dict.) set a boundary.*

Dchr. **17g.** *J* 10, 151a, *Talaru*, limito. **1803** *P.* Ar lafar, 'Un peth odd a'n amal yn wed ar 'i weddi, "Dyro ræs inni ritag yr yrfa nis *talaru* mwn gogoniant"', *GTN* 775.

talarw, talaur, gw. **tâl²+garw, aur.**

talawdr, taliawdr [bôn y f. *talaf*: *talu*+ *-(i)awdr*] *eg.* ll. (prin) *talodron.* Talwr, gwobrwywr; dyledwr (yn y cyfreithiau Cymreig), (?gwallus) echwynnwr: *payer, rewarder; debtor (in the Welsh laws), (?erron.) creditor.*

c. **1300** *LTWL* 371, Tri tawedawc gorset: arglwyt gwir yn gwarandaw ar y wyrda yn eu kyureitheu; ac ygnad yn gwarandaw hawl ac attep; a mach yn gwarandaw ar y kynogyn ar *talawdyr* yn ymattep. **14g.** *LlB* 39, *Talawdyr* ar ny thalo cwbyl o'e dylyet, ef a dyly y talu. O'r byd rwg *talawdyr* a'r dylyawdyr dyd gossodedic y talu y dylyet, ef a dyly arhos y dyd. *id.* 40, Ac wrth hynny or kymer y dylyawdyr ffyd y *talawdyr*, ar talu y dylyet . . . pob vn ohonunt a dyly gwrtheb o'e amot y'r dylyawdyr. *id.* 42, Ny dyly neb rodi alltut yn vach . . . na gwreic onyt arglwydes y *talawdyr.* **15g.** *AL* ii. 266, ar dydd hwnnw bot yn well gan y mach no roy y llw ac nochymell ar y *talyawtr* talv ehvn. **15–16g.** *CH* 139, Ein *talawdr* a'n penteulu / A'm iarll wyd, emyr y llu [Ieuan Brechfa i John Herbert]! **16g.** LEWYS MORGANNWG: *Gw* 471, Holl win o delai'ch llaw'n *dalawdr.* **1632** *D, Talawdr*, Solutor, compensator. **1722** *Llst* 189, *Talawdr.* m. a pay-master; rewarder. **18g.** *B* xxi. 319, na bo iddo i ovyn dieithr y wlat e hun ony myn ymrwymo ygkyvraith y wlat i bo y *talawdr* (**1548** *ib.* kynogion) yndi. **1772** *W* d.g. *Defrayer, Payer, or pay-master.* **1803** *P, Talawdyr*, s. m.—pl. *talodron* . . . A payer.

Amr.: **talodr.** *Diw.* **15g.** *Pen* 67, 23, os mis hydref y genir *talodr* drwc vydd dros da.

talawnt, gw. **talent.**

talawr¹·², gw. **talaf: talu, tâl².**

talbainc, gw. **tâl²—tâl bainc.**

talbar [*tâl¹*+?*pâr⁴*] *e?g.* ll. *-au, talberion.* Drafft neu archeb (ariannol), siec: *(money) order, draft, cheque.*

1850.

talbarth, tâl parth [*tâl²*+*parth*] *eg.* Llwyfan isel (e.e. mewn neuadd): *dais (e.g. in a hall).*

14g. *GIG* 6, Gwŷr beilch yn chwarae, gaer barth, / Tawlbwrdd a secr uwch *talbarth* [i Syr Hywel y Fwyall]. **14–15g.** *IGE²* 136, Ni châi berchen Gwen, gwannwr, / Gefryn yw, mo'i gyfri'n ŵr, / Ond lle bai gware mewn gwarth / Gŵr towlbwrdd ar gwr *talbarth* (Gruffudd Llwyd). *Diw.* **16g.** *Pen* 65, 10–11, hen fwth . . . fel ac ybay yn debygach ytti dori vn ne bedwar piler dy gorff . . . kyn y delynt yr *Tal parth.* *c.* **1730** *Thos. Lloyd D* (LlGC) 212b. cyn dy Ddyfod ir *Talbarth.* X. 246.

talben [olff. o *talbennig* a'i ddeall fel *tâl¹*+ *pen¹*] *eg.* ll. (prin) *-noedd.* Gwerth (ariannol) safonol; safon: *standard (monetary) value; standard.*

1803 *P, Talben*, s. m.—pl. t. *oz* . . . A settled price, or standard value. In order to adjust transactions of barter, the law affixed to every thing a settled mean value; and if any article given in payment fell short of its standard, the deficiency was made good in money.

talbennig [?ffrwyth deall *talbenic* (gwall am *talbeinc* (gw. *tâl²*—*tâl bainc*)) fel *tâl¹* neu *tal¹*+*pen¹*+*-ig*] *a.*

(*a*) O werth safonol neu gyfredol: *of standard or current value.*

1803 *P, Talbenig* . . . Of current value.

(*b*) Uchel, amlwg: *prominent.*

18–19g. *IM* 248, *Talbenig*,—eminent. lle *talbenig* an eminence. a chwedi hir ymdaith o gydgylch efe a welai dderwen fawr lydanben gaeadfrig, ar le *talbenig* o'r twyn.

talberion, ff. l., gw. **talbar.**

talbo [?bnth. S. *tallboy* 'tall-stemmed goblet'] *eg.* (Llestr pren yn dal tua) chwart: *(wooden vessel holding about) a quart.*

18–19g. *Llr* C 55, 404, *Talbo*, a quart, (Nantglyn Denbʳ]). Ar lafar, '*talbo*' 'a wooden measure containing about a quart (dry or liquid)', *WVBD* 521; '*talbo*' 'Llestr i fesur cwsberis', S. WILLIAMS: *EN* 85; hefyd ym Môn yn yr ystyr 'gwydraid o gwrw', *Geir Geg* 167. Cf. K. ROBERTS: *LW* 15, bwndeli o foron, dau *dalbo* o eirin . . . a phwysi o afalau.

talbos [gair geir.; ?cf. *talwas¹*, *talfas*] *e?g.* Tarian (gron), bwcler: *buckler, shield.*

16g. WILIAM LLŶN: *Gw* (R. Stephens) (At.), *Talbos* bwkled. **1604–7** *TW* (*Pen* 228) d.g. *Clypeum.* *Dchr.* **17g.** *J* 10, 151b, *Talbos.* Buckler. **1632** *D*, **Talbos*, Clypeus. [William] Ll[yn]. **1688** *TJ, Talbos*, edrŷch tarian: a Shield or Buckler.

talbot [?*tal¹*+*pot¹*] *eg.* Costrel, fflagon: *flagon.*

1710 *LlGG* (*Gos*) 6, yr hwn Wîn yr ŷm yn gofyn ei ddwyn i Fwrdd yr Allor mewn *Tàl-bot* glân a pheraidd. **1722** *Llst* 190, 1b, *Talbot* (canonau eglwysig . . .) A flaggon. *c.* **1730** *Thos. Lloyd D* (LlGC) 212b, *Talbot.* A flagon.

talbren¹ [*tâl²*+*pren*] *eg.* ll. *-ni.* ?(Carreg) aelwyd: *(hearth)stone.*

13g. *LTWL* 126, Try anhepcor tayauc: scilicet, troththyw [*sic*], cawyn, *talbren* (*LlI* 22, pentan). **1730** *Leg Wall* 583, *Talbren*, Q. an idem quod Pentan, Lapis focarius? Triad. xvi. **1753** *TR, Talbren*, K[yfraith] H[ywel Dda] Q. wh. the same as Pentan. For where some copies of K. H. have Pentan, others have *Talbren.* Lapis focarius. **1803** *P, Talbren*, s. m.—pl. t. *i.*

talbren² [*tal¹*+*pren*] *eg.* Coeden dal, darn tal o bren: *tall tree or piece of timber.*

1888. Clywid *talbren* gynt yn yr ystyr 'A meting rod, a perch long', *GDD* 289.

talc [bnth. S. *talc*] *eg.* *Drg.* Mwyn meddal gwyn, llwyd, neu wyrdd golau, sef magnesiwm silicad hydradol; powdr mân a wneir o'r mwyn hwn i'w ddefnyddio at amrywiol ddibenion cosmetig, &c., yn enw. wedi ei bersawru: *talc (in geol.); talcum powder, talc.*

1688 *TJ* (At.) [23], Torriadau wrth Nodau Meddyginiaeth . . . *Talc.* Ar lafar, "Dwi ddim yn iwsio *talc*—mae o'n sychu 'nghroen i'.

talcen [?cf. Llyd. C. *talguen* 'rhwymyn pen', Llyd. C. *talpenn*, Llyd. Diw. *talbenn* 'blaen (adeilad)', H. Wydd. *tálcend* 'pen neddyf'; ansicr yw eu hunion brth.] *eg.* ll. *-nau, -ni, -non.*

(*a*) Y rhan o'r wyneb rhwng y llinell gwallt naturiol a'r llygaid, tâl, y rhan gyfatebol mewn anifeiliaid: *forehead, brow.*

14g. *GDG³* 328, Mynych dwyll amwyll ymwrdd, / Fy *nhalcen* wrth ben y bwrdd. **14–15g.** *IGE²* 135, Pe cynddrwg . . . / Gan Eiddig . . . / A thorri (gwn iaith eurwych) / Y croen ar y *talcen* crych (Gruffudd Llwyd). *id.* 272, Afraid i ddyn fryd ar dda, / A'i ryfig, a'i wareufa, / A'i dolciog gorff, a'i *dalcen*, / A'i bwys o bridd, a'i bais bren (Siôn Cent). **15g.** *FfBO* 44, Yn y wlat honno y mae gwyr a gwraged tec, ac ych a adolant yn lle duw udunt, a delw ych a dygant yn eu *talken.* **15g.** *DN* 105, Y trydydd Ebrilldydd dan bren, —nag agor / Na gwegil na *thalken.* **1547** *WS*, Tal *talken* A fore heed. **1567** *TN* 381a, Na ddrygwch y ddayar, na'r mor, na'r coed, yni sely gwasnaethwyr yn Dyw ni yn y *talceni.* **1595** *Egl Ph* [ix], Ar dy ei lhygaid. dyna'r modh y galwant hwy'r *talcen* ar dro/ elh ymadrodh. **1632** *D*, vn a *thalcen* mawr d.g. *Cilo.* **1698** T. JONES: *Art* 10, Breuddwŷdio fôd y *Talcen* yn iâch ac yn gigog, sŷdd ddâ i bawb . . . Breuddwŷdio fôd ganŷch *Dalcen* o Brês, o haiarn, neu o garreg, sŷdd ddâ i Dafarnwŷr. **1759** J. EVANS: *PF* 59, rhowch ef [eli] wrth yr Arleisiau a'r *Talcen.* **1803** *P, Talcen*, s. m.—pl. t. *i* . . . the forehead. Ar lafar, 'crychu'i *dalcan*', *WVBD* 522; "Odd *talcan* ychal, llytan ginto', *GTN* 775.

(*b*) (enghrau. *ffig.* a *thros.*: *fig. and transf. exx.*).

?**15g.** *DGG* 12, Ysgared Gwen, *dalcen* dis, / A'i chymar cyn pen chwemis. **15g.** *GTP* 59, Cynnal yr wyd ddau cannyn, / Cenau llew, '*nhalcen* y llyn. **15g.** *GLGC* 63, aur ar *dalcen* dy benwn, / aur hyd y wasg ar dy ŵn, / aur am *dalcen* pen pob bys, / aur a drig ar dy wregys [i Ddafydd ap Tomas]. **16g.** HUW ARWYSTL: *Gw* 237, kwn ievaingk a wna i Ewig / o *dalken* kwm owdl kynn kig [i ofyn bytheiaid]. *a.* **1561** *B* vi. 47, wedy y rifer y kwysay yn llwyr y bydd chwech milldir o hyd yndynt pai roid pob kwys wrth *dalken* y gilydd. **1604–7** *TW* (*Pen* 228), Cerric wedy gossot mal y bont eu *talcenue* ai parthæ a welir wedy lhyfnhau d.g. *Emplecton* (At.). **1630** *YDd* 13, Iehouah

. . . [yr] enw rhyfeddol hwn, â argrephir ar *dalcen* (*forehead*) y dêg gorchymmyn. **1658** R. VAUGHAN: *GA* 16, Y Psal. 92. a genid bob Sabboath [*sic*], megis y gwelwn yn ei *thalcen*. **[1762]** E. POWELL: *HEI* 29, Cais Afal mawr blodwy, a thorr Nobl o'r *Talcen* uchaf. **1790** T. JONES: *TOS* 114, efe [rhagrith-iwr] a ddengys fod ei grefydd yn ei *dalcen* ac nid yn ei galon. **1803** *P*, *Talcen* . . . The fore part or end of anything . . . the head, of a barrel, and the like. Ar lafar, 'Rhowch ych het ar *dalcan* y drws', *WVBD* 522; 'Fe ddotws y ford ar 'i *thalcan*', 'Dod y planca ar 'u *talcenna*'n erbyn y wal', *GTN* 775; '*Talcen* y ddram' 'pen blaen', *Geir Glo* 119 (sir Gaerf.); ''Odd cerddi ar *dalcen* y llifer' (sir Gaerf.). Clywir *talcen* yn ardaloedd chwareli'r Gogledd yn yr ystyr 'Pen "clwt". . . o lechfaen', *B* xx. 381. Digwydd yn e.'r mynyddoedd *Talcen Eithin*, Llanfor, Meir., a *Talcen Llwyd*, Penmachno, sir Gaern.

(*c*) Mur a'i ran uchaf ar lun triongl (ym mhen adeilad a'i do ar oleddf), piniwn; un o ddau ben (adeilad, llong, &c.): *gable-end, pine-end; either end (of building, ship, &c.)*.

14–15g. *IGE*[2] 285, Pablon dŵr pob eilun diawl. / . . . / Dwy leg oedd hyd, bryd bradwr, / Ei nen o'r *talcen* i'r tŵr (Siôn Cent). **16g.** (*LIEG*) *Mos* 158, 352b, fennestyr o wydyr . . . ynn y *talken* or tu gorll[e]win Ir Eglwys. **1588** *Esec* xlvii. 1, *talcen* y tŷ oedd tua'r dwyrain. **1588** 1 *Mac* iv. 57, harddasant *dalcen* y Deml â choronau. **1659** *TBM* 228, Gorchmynnodd ei gladdu yn *nhalcen* y clochdy [marwnad Hari Ifans, rheithor Llanfechell]. **17g.** HUW MORUS: *EC* i. 230, Royal Sun enwog, eu llong fawr alluog, / . . . / Wyth a phum ugain o Ganans y gynnen, / O'i deutu a'i dau *dalcen*, yn llefain—hyll oedd. *c.* **1700** E. LHUYD: *Par* i. 43, Ty mawr wrth *dalken* yr Eglwys. **1710** *LIGG* (*Gos*) 12, y Dêg-gorchymmyn wedi eu gosod ar y *Talcen* dwyrain (*East end*) i bob Eglwys a Chapel. **[1725]** *TS* 12, *talcen* y Deml tua'r dwyrain. **1740** T. EVANS: *DPO* 324, Fe adeiladid eu Llannoedd fel y bai'r naill *Dalcen* gyfeirio'n uniawn-gyrch at y Dwyrain. **1763** *DT* 112, Cei roi dy Blant i 'mrantu, / Meinwen, yn *Nhalcen* fy Nhy. **1803** *P*, *Talcen* . . . the end, of a building. Ar lafar, '*Talcan* y tŷ sy siag at yr 'ewl', *GTN* 775; 'Feddylis i bod *talcan* capal 'di dŵad i lawr' (Llŷn). Dywedir am berson digywilydd fod ganddo 'wyneb *talcen* tas', neu ei fod 'fel *talcian* tas', *ISF* 60. Cf. *Hen B* 96, A thra bo calch ar *dalcen* plas / Ac ar y g'lomen bluen las.

(*d*) Y man lle torrir y glo mewn pwll glo, hefyd yn *ffig.*: *stall (in colliery), also fig.*

1820. Ar lafar, 'Acor *talcan* 'wi 'nawr', 'Ma gin' i *dalcan* 'co a *talcan* sy'n berwi'n nêt 'ed', *GTN* 775; 'Ôn ni'n gwitho dou mywn *talcan*, crotyn a dyn', *BIBC* 49; 'Yn gyffredin off o'r 'edings 'odd y *talcen*' (sir Gaerf.). Digwydd hefyd yn y diwydiant glo mewn nifer o ymad. megis '*talcen* ar y bac', '*talcen* carto', gw. *Geir Glo* 39–41. Cf. GLYNFAB: *Ni'n Dou* ([1920]) 65, I ddiciiws wrth y gwinitog, a rwng poppath fi [*sic*] wnnw ddim yn 'ir cyn cwnni i back ar i gefan, a mynd i wilo am *dalcan* arall.

Cfn.: **talcen caled:** *difficult challenge, hard task, hard row to hoe.* **20g.** Ar lafar, 'Mi fydd yn rhaid inni ganol-bwyntio ar ganfasio yn y dre—fanno 'di'r *talcan calad*'. **talcen hwca:** *large protruding forehead, high fore-head, overhanging brow.* **1604–7** *TW* (*Pen* 228) d.g. *Cilo.* **1722** *Llst* 189, Hwcca . . . *Talcen Hwcca*, A high forehead. **1803** *P*, Hwca . . . *Talcen hwca*, a frowning forehead, or hanging eyebrows. **talcen presaidd:** *brazenness (lit. brazen forehead, with ref. to Isa. xlvii. 4).* **talcen slip:** (i) *sloping or receding forehead.* **1853.** **1869.** Ar lafar, *WVBD* 522. Fe'i clywir hefyd yn y diwydiant glo yn yr ystyr 'darn o'r wythïen lle y gorweddai'r haenau glo tuag allan', *Geir Glo* 31 (sir Gaerf. a Morg.). (ii) *doggerel* (*adj. usage*), *second-rate* (*of poem, poet, &c.*). **1850.** Ar lafar, 'bardd *talcan slip*' 'a sorry rimester', *WVBD* 32; 'Penillion *talcan slip* odd a'n nuthur, 'li, næci barddoniath', *GTN* 745. Cf. TALHAIARN: *Gw* i. 336, Nis gwn i, pe'm blingid, pa un a hoffwyf fwyaf, ai campwaith y prif Feirdd, ai trwsglwaith y Beirdd *talcen slip*; *CLC*[2] 37, Bardd *Talcen Slip*, ymadrodd a fathwyd tua chanol y bedwaredd ganrif ar bymtheg gan Dalhaiarn . . . i ddisgrifio cyfansoddwr rhigymau disylwedd diffygiol eu mynegiant a'u saernïaeth. Dywed Robert Griffith . . . yn ei 'Llyfr Cerdd Dannau' . . . i Dalhaiarn godi'r enw o bennill gan Huwcyn y Cowper yn disgrifio murddun yn Llanddoged, Dinb. **talcen tarw:** *thick bed of iron found in carboniferous limestone.* Ar lafar yn y diwydiant mwyngloddio, *Geir Mwyn* 55. Digwydd hefyd ym Môn ac Arfon mewn ymad. megis 'mor ddigywilydd â *thalcen tarw*', 'fel *talcian tarw*', *ISF* 60. **ar ei dalcen (fy nhalcen, &c.):** (*down*) *in one* (*of a drink*). **1890.** Ar lafar, 'Mi yfith o *ar 'i dalcan*', *WVBD* 522; 'Mi rois i o lawr *ar 'y nhalcan*' (Arfon); 'Dwi'n gwbod bod blas annifyr ar y ffisig 'ma, ond lawr â fo —*ar 'i dalcen*' (sir Ddinb.); 'Fe ifws y glasid cwrw *ar 'i dalcan*', *GTN* 775.

talcendo [*talcen*+*to*[1]] *eg.* ll. *-doau, -doeon.* To a'i ddeupen ar oleddf yn ogystal â'i ochrau: *hip-roof.*

20g.

talcennaf: talcennu [bf. o'r e. *talcen*] *bg.a.* Rhoddi talcen ar (adeilad), rhoddi clawr ar (gasgen): *to put a gable on (building), put the head in (barrel).*

1722 *Llst* 189, *Talcennu*. To head a barrel. **1774** *W* d.g. *To head a barrel, &c.* **1803** *P*, *Talcenu* . . . *Talcenu* ty, to raise the gable end of a house; *talcenu* baril, to put in the end of a barrel.

talcennol [*talcen*+*-ol*] *a.* Yn perthyn i'r talcen: *pertaining to the forehead, frontal.*

1803 *P*, *Talcenawl* . . . belonging to the forehead.

talcenslipaidd [*talcen slip*+*-aidd*] *a.* Talcen slip, eilradd, tila: *doggerel, second-rate, feeble.*

1894.

talclawr [*tâl*[2]+*clawr*[1]] *e?g.* Bwrdd a roddir ar dalcennau gwartheg i gyfyngu ar eu symudiadau: *board placed on the foreheads of cattle to restrict movement.*

18–19g. *Llr* C 30, 188, *Talclawr*, a blind-board on a bull's forhead, [Glam.]. *id.* 194, *Talclawr*, a fore-head board. Glam. *talclawr* ar dalcen eidon. Ar lafar, '*Talclawr*' 'Astell, neu glawr, roddid gynt fel mwgwd ar dalcennau dâ aflonydd er eu rhwystro i fyned dros y perth i'r gwair a'r ŷd', *Cymru* xxxix. 96 (Brych.).

talcwaith, gw. **talgwaith.**

talch[1] [H. Grn. *talch*, gl. *furfures*; cf. Rwsieg *toloknó* 'blawd ceirch mâl'] *e.ll.* (un. g. *telchyn*, b. *talchen*) a hefyd fel *eg.* ll. *teilch(ion)*, *talchon*, ac fel *a.*

(*a*) Rhynion(yn), blawd (ceirch) bras, hefyd yn *ffig.*; carth neu freisgion llin: *groat(s), hulled oats, coarse (oat)meal, also fig.; tow, oakum (from flax).*

1547 *WS*, *Talch* ne siliad Shillynge. **16g.** *RWM* ii. 576, Rac gwynt yn y kolvdd kymer *dalch* keirch. **16–17g.** *HG* 5, ar gwannyd a gan wynt pan gwnner / ny velin ef an *dalch* ban valer. **1604–7** *TW* (*Pen* 228), Gronyn o Silieit yw'r Frwyth, *Talch*, *Telchyn* yw'r gronyn, Silgeirch, hilgeirch o honaw d.g. *Auena*. *id.* *teilchion* d.g. *Linum*, *Rasura*, *Resegmen*. *id.* *Telchyn* d.g. *Granum*. **1632** *D*, *Talch*, Sing. *Telchyn*, Granum contritum. **17g.** HUW MORUS: *EC* i. 312, Cynhes-rwydd i'w galon, a digon o *dalch*, / A wnaent y cecrysyn o'r felin yn falch. **1688** *TJ*, *Talch*, rhynion: Groats or great Oat-meal. **1722** *Llst* 189, *Talch*. s. *Telchyn*. m. Broken grains of corn, grots. **1774** H. JONES: *CH* 43, er iddo ei ffustio a'i gnoccio [ŷd] yn ddwys dros ychydig, fel pettei 'n ddig wrtho: etto fe gymmer ofal rhag gwneuthur niweid iddo, na sigo 'r *dalchen* ond lleia ac a allo. **1776** *W*, Curo . . . yn *delchyn* d.g. *Mummy*, *To beat to mummy*. **1803** *P*, *Talç*, s. m.—pl. *teilçion* . . . grit, or coarse meal. *id.* *Telçyn* . . . A small fragment. Ar lafar, '*talch*' 'gronyn wedi tynnu'r croen yn lân', *B* iii. 208 (Penllyn); hefyd yn y ff. l. *talchon* yn yr ystyr 'y blawd a arhosai yn y gogr wedi'r gwegryn' (godre Cered.).

(*b*) (yn y ff. ll. *teilch(ion)*) Darnau mân, yfflon, cyrbibion, tipiau mân, hefyd yn *ffig.*: *small pieces, fragments, smithereens, also fig.*

18g. *Gron* 107, Tyrr dyrrau caerau cerrig, / Yn *deilch* lle'r ennynno'i dig. **1799** DAFYDD IONAWR: *MB* 20, D[inystrio, a darnio 'n *deilch* / Dorfoedd dinasoedd dewrfeilch. **1803** *P*, Talç . . . Dyna vo wedi tori yn *deilçion* man, there it is broken all to shatters. *id.* *Teilçion* . . . Fragments, pieces, shatters. Ar lafar, 'Mae o wedi torri'n *deilchion* mân', *WVBD* 528. Cf. D. OWEN: *RL* 22, Yn fy m[ra]w, gollyngais y watch i lawr, nes oedd y gwydr yn *deilchion*.

Fel *a.* (geir.) Toredig, drylliedig, malur-iedig: (*dict.*) *broken, shattered, pulverized.*

1632 *D*, *Talch* . . . Tritus, contritus, comminutus, attritus. **1722** *Llst* 189, *Talch*, (adj.) Bruised, broken small, ground. **1753** *TR* d.g. *Talch*.

Gw. hefyd **didalch, tariandalch.**

talch[2], gw. **tolch.**

talchaidd [cfdds. o'r S. *talc(ose)*+*-aidd*, ?dan ddyl. *talch*[1]] *a.* Wedi ei wneud o dalc, yn perthyn i dalc, yn cynnwys talc: *talcose.*

1851.

talchen, gw. **talch**[1].

taldal, tal dal [*tâl*[2]+*tâl*[2]] *adf.* Talcen yn nhalcen, tâl yn nhâl, benben, wyneb yn wyneb, hefyd yn *ffig.*: *(fore)head to (fore)-head, at loggerheads, tête-à-tête, face to face, also fig.*

14g. *WM* td. 219. 25–7, Ac gyrchu agƙayƙ. agossot yny taryan hyny vyd y paladyr yn vriƙ ar meirch *taltal*. **14g.** *GDG*[3] 140, Dielw o serch, deuliw sêr, / *Daldal*, dy anwadalder. *id.* 143, A'm daliawdd, bu hawdd bai hy, / *Daldal* yng nghongl y deildy. **16g.** *GGH* 326, Dau lwydliw frawd *daldal* fry, / Dordor mewn crynwal derwdy [i ofyn meini melin]. *c.* **1574** *Rhyddiaith Gymraeg* i. 88–9, eithr kyrch di hwynt ony fo y mayrch *daldal* a'r gwaewyr fronfron a'r kleddyfau finfin. **1773** *W*, *Dal-dal* d.g. *Full but.* **1803** *P*, *Taldal* . . . Front to front, tête-à-tête. Ar lafar yng ngogledd Cered. yn yr ymad. 'yn *dal dal*', 'Cwrddon ni'n *dal dal* am yn gilydd'.

Gw. hefyd **tâl**[2]**—tâl yn nhâl.**

talder [*tal*[1]+*-der*] *eg.* Taldra, uchder, hefyd yn *ffig.*: *tallness, height, stature, also fig.*

[1724] G. WYNN: *YGD* 29–30, os cyrhaed [*sic*] ef Henaint . . . mae ei galon ef yn gystuddiol, ei Ben yn yscwyd . . . ei *dalder* (*stature*) yn Crymmu. **1762** *ML* ii. 510, da gweled eich bod yn iach, h.y. yn *dalder* i'r fygydfa; pwy a wyr na rowch chwi godwm iddi! **1803** *P*, *Talder*, s. m. . . . Loftiness; tallness, stature.

tâl-diolch [*tâl*[1]+*diolch*] *eg.* Diolchgarwch; mawlgan (yn enw. yng Ngweddi'r Arglwydd): *thanksgiving; doxology (esp. in the Lord's Prayer).*

1606 E. JAMES: *Hom* iii. 101, Ynghyfraith Moses, y gwr a fwytae o'r aberth *tâl-diolch* (*thanksgiving*) a'i aflendid arno, a ddifethid o fŷsc ei bobl. **1630** R. LLWYD: *LlH* 78, gan arfer gweddi, a *thâl-diolch* wrth ddechreu, ac ar ddiwedd eu gwaith. *c.* **1688** *SCG* 30, Beth yw y *tal diolch* yngweddi yr Arglwydd? . . . Canys eiddot ti yw y deyrnas. **1691** *ESGG* 33, Beth yr ydym yn ei ddysgu oddiwrth y *tal-diolch*? Sef canys eiddot ti yw'r deyrnas, &c. . . . Y *tal diolch* sydd yn dysgu i ni foliannu Duw yn ein gweddiau. **1711** M. MAURICE: *YAD* 365–6, Swpper yr Arglwydd . . . *Tal-diolch* yr Eglwys ydy, neu ordinhâd o Fawl a Diolchgarwch. **1740** G. JONES: *HOG* xxxi, off-rymmu'ch Gweddïau a'ch *Tâl-diolch* i Dduw. **1746** G. JONES: *HWI* iv. 58, Fe ddylai Gweddi a *Thâl-diolch* gydgerdded yn wastad.

taldlws, gw. **tâl**[2]**+tlws.**

taldra [*tal*[1]+*-dra*] *eg.* Y cyflwr neu'r ansawdd o fod yn dal, uchder: *tallness, height, stature.*

c. **1730** *Thos. Lloyd D* (LlGC) 209b, *Taldra*. Tallness, height. **1794** *W* d.g. *Tallness.* **1803** *P*, *Taldra*, s. m. . . . Loftiness; tallness, stature. Ar lafar, 'Mae o dros ddwy lath o *daldra*', 'yn fwy na mi o ran *taldra*', *WVBD* 521; 'Beth yw dy *daldra* di 'nawr?', *GTN* 775. Cf. D. OWEN: *GT* 208, Sylwais fod rhywrai . . . yn chwerthin wrth weled clamp o lanc braf dros ddwylath o *daldra* fel Wmphe [*sic*] yn crïo.

taldrwch [*tâl*[2]+*trwch*[2]] *a.* a hefyd fel *eg.* ll. *-drychion.* A dorrir (am wallt, mewn gthg. â gwallt a dynnir allan wrth y bôn); (geir. yn wr.) talgudyn, blaengudyn, blaen mwng: *cut (of hair, as opp. to hair pulled out by the roots); (orig. dict.) forelock (also of a horse).*

14g. *LlB* 57, E neb a gnithyo dyn, talet y sarhaet yn gyntaf . . . [c]einhawc dros pob blewyn bonwyn a tynher o'e pen, a phedeir ar hugeint yg kyfeir y gwallt *taldrwch*. **1730** *Leg Wall* 583, *Taldrwch*: Gwalld *taldrwch*, Idem quod Talgudn, Antiae, anteriores capilli. **1753** *TR*, *Taldrwch*: Gwallt *taldrwch*, K[yf-raith] H[ywel Dda] The same as Talgudyn, the fore-locks, the hair that is laid upon the forehead. **1803** *P*, *Taldrwç*, s. m.—pl. *taldryçion* . . . a forelock.

taldrws, gw. **talddrws.**

taldy [*tâl*[2]+*tŷ*] *eg.* Talcen (tŷ, &c.), piniwn: *gable-end, pine-end.*

1773 *W* d.g. *The gable-end of a house, Pitch, in Architecture.* Ar lafar gynt yn yr ystyr 'llofft wair', 'Ma isia arno' i fynd i gaead drws y *taldy*' (dwyrain Morg.).

tâl-ddogn [*tâl*[1]+*dogn*] *eg.* ll. *-au.* Pensiwn: *pension.*

1833.

talddrws, taldrws [*tâl*[2]+*drws*] *eg.* ll. *-ddrysau.* Drws ym mhen isaf y neuadd (yn y cyfreithiau Cymreig); (geir.) drws (cefn neu ffrynt), clwyd, llidiart; hefyd yn *ffig.*: *door at the lower end of the hall (in the Welsh laws); (dict.) (back or front) door, gate; also fig.*

13g. *LlI* 3, E penteylu a dely eysted ar y tal yssaf

y'r neuad a'y lav assv ar y *taldrws*. **1604–7** *TW* (*Pen* 228), *taldrws* d.g. *pseudothyrum*. **17g.** *TBM* 826, Tirion lle mae yn tario / A fyth y *talddrws* yw fo [Edward Wyn i Huw ab Ifan]. **1730** *Lcg Wall* 583, *Talddrws*, Janua. **1773** *W*, *talddrws* d.g. *Gate*. **1803** *P*, *Talzrws*, s. m.—pl. *talzrysau* . . . A front door.

taleb [bôn y f. *talaf*: *talu*+-*eb*] *eb.* ll. -*au*, -*ion*. Derbynneb; siec: *receipt*; *cheque*.
1850.

taled, gw. **talaf: talu.**

taledig, taliedig [bôn y f. *talaf*: *talu*+-(*i*)*edig*] *a.bfl.* A delir, wedi ei dalu, y talwyd amdano; taladwy, dyledus; rhoddedig; hael; (?geir.) gwerthfawr, teilwng: *paid* (*for*); *payable*, *due*; *rendered*; *generous*; (?*dict.*) *valuable*, *worthy*.
12g. *GCBM* i. 133, Goual tal *teledic* brenhin. **15g.** *GGl*[2] 51, Ef a dâl ei fwyd a'i win, / Wrth brynu, ddeuwerth brenin. / *Taledig* fu i'r tlodion, / Teulu nef a'i tâl i'n iôn [marwnad Robert Trefor]. **16g.** *GILlV* 23, Och i Sissar frochus ai weission / Am yr eiddigedd mawr a ddugon / Wrthaw herwydd i wyrthiau hirion / Ai rad *taledic* (*Gwyn* 3, 14, *taliedic*) ir tylodion. **16g.** (*LlEG*) *Mos* 158, 86b, Ar dreth . . . o ddwyuil ovorkiav . . . yn *daledig* ar dda/u daal I eglwys Ruuain. *id.* 201b, y dreth hon a vago[dd] lawer o o [*sic*] ang[h]ariad hrwng y kyffredin ar bonneddigion kynn i bod hi oll ynn *daledig*. **16g.** *WLl* 119, *Taledic* ond hael ydwyd / Talo Duw i bob tlawd wyd [i Edwart Conwy]. **1594** (**17g.**) *CC* 336, Avr *taledig* ir tlodion / fowrgcd hael y farged honn (Edward Brwynllys). **1604–7** *TW* (*Pen* 228), Acquitans am arian *taledic* d.g. *Apocha*. *id.* d.g. *Numeratus*. *Dchr.* **17g.** *J* 10, 151a, Talediw. × *Taledig*. worthie. Solutus spectabilis. **1784** M. Williams: *S* i. 165, Y Bonges . . . maent yn benthycca arian oddiar y trigolion, ac yn rhoi 'promissary notes', yn *daledig* am danynt yn y byd a ddaw. **1795** J. Thomas: *AIC* 59, Arian Brydain fawr iddo efe yn *daledig* iw law. **1803** *P*, *Taledig* . . . Being paid; requited, rewarded. Cf. D. J. Williams: *ChHO* 210, Yn nyfroedd yr Iorddonen nid oedd dim trymach na'r beic *taledig* hwnnw yn pwyso ar fy nghydwybod.
Amr.: **teledig.** **12g.** *GCBM* i. 133.

taledigaeth [*taledig*+-*aeth*] *eb.g.* ll. -*au*. Tâl, taliad, cyflog, gwobr, iawn, iawndal, ad-daliad, hefyd yn *ffig.*: *payment*, *remuneration*, *wage*, *reward*, *recompense*, *compensation*, *repayment*, *also fig.*
13g. *Llst* 1, 52–3, ef aladavd ebrenyn ac aores/gynnvs egwlat ac ae kymhellvs ar y hen *taledygaeth* teyrn/get ydav. **1547** *WS*, Tal ne *taledigaeth* A payment. **16g.** (*LlEG*) *Mos* 158, 23b, Ac ar vyrder y/nnol gwnneuthud hrwymedigaethau ar y *taledigaethau* y vo a gy/merth I genniad I gan henri . . . ac arglwyddi lloygyr. **1551** W. Salesbury: *KLl* lxviib, ef orchymynodd e Arglwydd yddynt y werthy ef aeu wreic ae blant / a chymeint oll oedd ar i elw / y wneuthy [*sic*] *taledigaeth*. **1588** *Jud* vii. 14, Fel hyn y teli di iddynt hwy *daledigaeth* ddrygionus. **1599** (**1677**) R. Holland: *AB* 99–100, diffaith-iawn a chythreulig yw'r athrawiaeth, y mae eglwys Rufain yn ei ddyscu am *daledigaethau* dynion yn y byd hwn am bechod. **1630** *YDd* 279, Am *daledigaeth* (*rewards*) Elusenau, a gweithredoedd da. **1632** *D*, Tâl . . . *Taledigaeth*, Solutio, compensatio, pensio. *id.* d.g. *Pensa*, *Stipendium*. **1703** E. Wynne: *BC* 29, a'r henddyn accw sy 'n siarad âg ef, un ydyw o Stryd yr Elw, sy ganddo arian ar hôll dîr yr Arglwydd agos, a heddyw 'n dyfod i orphen *taledigaeth*. **1743** *LlCy* x. 34, Math ar Dyddyn yw hwn ag a ddelir dan Arglwyddiaeth, a dyma arfer a dull *taledigaeth* y cyfryw Dyddynnod; Am y 30 mlynedd cyntaf o'm hoes, nid wyf i dalu dim Ardreth. **1795** Jac Glan-y-gors: *SG* 36, pedwar esgob yn cael *taledigaeth* fawr am gymmeryd arnynt bregethu i bobl, na fedr yr esgob ddarllen 'mo'i bader yn eu hiaith hwy. **1803** *P*, *Taledigaeth*, s. f.—pl. t. *au* . . . Payment, remuneration.
Cfn.: **taledigaeth adref:** *repayment*, *fig.* **1700** D. Maurice: *AC* 66, ath fod ti [Duw] uwch-law derbyn neb rhyw Fantes oddiwrth y *Taledigaeth-adref* gorau ag a allaf fi eu gwneuthur [*sic*]. **1722** E. Lloyd: *MC* 95, nid yw marwolaeth ddim amgen ond *taledigaeth adref*, y pethau a fenthycciwyd i ni tros ychydig amser.

taledigol [*taledig*+-*ol*] *a.* Yn talu, addaliadol: *remunerative*, *retributive*.
1803 *P*, *Taledigawl* . . . remunerative.

taledigwr [*taledig*+-*wr*] *eg.* Talwr, tâlfeistr, hefyd yn *ffig.*: *payer*, *paymaster*, *also fig.*
1711 M. Maurice: *YAD* 233–4, i dalu Dyled y Gwr hwn neu arall, ac i gael ei gymmeryd ae dderbyn yn Ddyledwr ac yn *daledigwr* yn ei le ef, ac etto er hyn oll, os ny ryddheur ir Gwr ffyrlling oi Ddyled, rhaid i hyn fod yn ymddygiad creulon anghyfiawn tiagat [*sic*] Ghrist ar Pechadur hefyd.

talediw, talediwrwydd, gw. **telediw, telediwrwydd.**

taleithiaf, taleithaf: taleith(i)o [bf. o'r e. *talaith*] *ba.* Coroni (â thalaith, garlant, &c.), hefyd yn *ffig.*; *Her.* torchi, amdorchi; (geir.) rhwymo (â rhwymyn, &c.): *to crown* (*with diadem*, *garland*, *&c.*), *also fig.*; *wreathe* (*in her.*); (*dict.*) *bind* (*with bandage*, *&c.*).
15–16g. Llawdden, &c.: *Gw* 206, Mae gobaith y'th *daleithir*, / Madws cael yn d'wysog hir [i Risiart Herbert]. *Dchr.* **16g.** *Pen* 127, 2, Marchudd gowls penn gwr diwreiddiedic . . . wedi *daleithio* o arian nev mewn modd arall. **16g.** Siôn Brwynog: *C* 95, Nid wyt, Rys, yn dywod draw / Ond o lwyth iawn *daleithiaw*; / Ni cheir rhyw ynoch yrhawg / Na thŷ is na thywysawg [i Rys Fychan, Corsygedol]. **16g.** *GP* 201, Ac yn Aberphraw *talaithaw* pob tywyssoc kynn i fod yn deilwng i gael coron. **1604–7** *TW* (*Pen* 228), wedy *daleithyaw* d.g. *Redimitus*. **1632** *D*, *Taleithio*, Coronare. *id.* *taleithio* d.g. *Fascio*. **1688** *TJ*, *Taleithio*, Coroni, hardd drwsio'r pen: to Crown, to set a Garland on. **1722** *Llst* 189, *Taleithio* . . . To crown. **1772** *W*, *taleithio* d.g. *To crown*.

taleithig [gair geir., sef *talaith*+-*ig*[1]] *eb.* ll. -*ion*. Diadem bach, coronig; penrhwymyn, rhwymyn bach, bronllïain, bib; *Her.* bend culach na'r cyffredin: *small diadem or crown*; *headband*, *small band*, *bib*; *bendlet*, *scarp* (*in her.*).
Dchr. **17g.** *J* 10, 151a, *Taleithig*. Corolla. **1632** *D* d.g. *Fasciola*. **1722** *Llst* 189, *Taleithig*. f. dim: of Talaith. *id.* d.g. *A little Band*. **1725** *SR* d.g. *A Bib*. **1770** *W* d.g. *Band*, *A little band*, *Bendlet* [*in Heraldry*], *Scarp*, *in Heraldry* [*a narrow band or fillet*]. **1803** *P*, *Taleithig*, s. f. dim.—pl. t. *ion* . . . A fillet, a bandlet; a bandlet, in heraldry.

taleithiog, taleithog [*talaith*+-(*i*)*og*] *a.* ll. *taleithogion*, a hefyd gyda grym enwol. Yn gwisgo diadem, coronog; ?tebyg i ddiadem neu goron; *Her.* rhanedig; rhanbarthol: *wearing a diadem*, *coronetted*, *crowned*; ?*like a diadem or crown*; *divided* (*in her.*); *provincial*.
13g. *GBF* 227, *Taleithauc* deifnauc dyfynyeith—Aberfrau, / . . . / *Talheithauc* aruauc aerbeith—Dinefur, / . . . / *Talheithauc* Mathraual, meith—yw dy deruyn. **13g.** *TYP*[2] 37, Tri *Thaleithyavc* Cat Enys Prydein: Drystan mab Tallwch, a Hueil mab Caw, a Chei mab Kenyr Keinuaruavc. **14–15g.** *IGE*[2] 318, Urddol rhwydd arddelw yrhawg / Wyt o lwythau *taleithiawg* [Rhys Goch Eryri i Syr Gruffydd Fychan]. **15g.** *DN* 64, A holl ffrwythav / O'th dylwythav / Wyt o lwythav pob *taleithioc*. **15g.** *GLGC* 290, A daly wythoes, a bydd *daleithog*, / a deulu a gâr dy wal gaerog. **16g.** Lewys Morgannwg: *Gw* 639, o varchogion i dwysogion / *talaithogionn* tal i thyger. **16g.** *GP* 201, Yn nessa i vrenhin tywyssoc *taleithoc*, ac ef a ddyly wisgaw y dalaith ynn Aberphraw ym Mon mam Gymry. **1584** *LlCy* ii. 220, y Tri Thywysog *Taleithiog* . . . because everie (one) of them did weare upon his bonet or helmet a coronet of gold . . . which in the Brytish or Welsh speach is called Talaeth. **16–17g.** Edward Urien, &c.: *Gw* 163, Byw wna Rhys yn ben yrhawg, / Bwrdd tâl iaith, beirdd *taleithiawg*. **1632** *D* d.g. *Coronatus*, *Diadematus*. **1740** T. Evans: *DPO* 49, y Druidon (heb ddim arfau Rhyfel) a gadwent y blaen gwedi eu gwisgo mewn Gynau Symmud-liw, Cappan côr *taleithiog* am eu pennau. **1790** W. Richards: *LlA* 62, Yma, syr, ymysg y paganiaid, y gwelir ach, neu dadogaeth, / pabau, patrieirch, archesgobion, esgobion *taleithog* a rhaglawaidd, offeiriaid, &c. **1791** *AUA* 14–15, yr wyf [Dafydd Ddu Eryri] yn debyg o gael fy urddo yn fardd *taleithiog* Morganwg Gwent ac Euas Ergyng a Phywys, sef yn aelod o'r Gyfrinach na wyr y Byd am dani. **1803** *P*, *Taleithiawg* . . . Wearing a diadem.

taleithiol, taleithol [*talaith*+-(*i*)*ol*] *a.* Yn perthyn i dalaith, rhanbarthol; nodweddiadol o dalaith neu ranbarth, yn ddifr., ansoffistigedig, cyfyng: *provincial*, *regional*; *provincial* (*derog.*), *unsophisticated*, *limited*.
1712 T. Williams: *CDdG* xv, gwŷr Eglwysig yn eu cyd-gyfarfod *Daleithiol* (Convocation). *c.* **1730** *Thos. Lloyd D* (LlGC) 212b, *Taleithiol*. Provincialis. **[1740]** D. Llwyd: *YDD* 209, Eglwysydd *Talaithiol* a Theyrnasol. *c.* **1761** *CBF* 12, Mae'n debygol nad oedd ac na allasai Escob fod yn Swyddwr *taleithiol* yn yr Amseroedd Cyntaf. **1775** *CY* 31, esgobion *taleithiol*. **1776** *DALl* 4, ymarferiad or gallu a ymddiriedwyd I mi Gyfodi *Taleithiol* Fyddinoedd. *id.* 18, Mewn *Taleithiol* Gyfarfod Water town, Ebrill 26. 1775. **1794** *W*, *Taleithiol* d.g. *Provincial*. **1798** *WR*, *taleithawl* d.g. *Provincial*. **1803** *P* d.g. *Taleithiawl*. Cf. D. Owen: *SP* 28–9, mewn cyfarfod *taleithiol* fe wnaeth gais am gael ei ystyried yn uwchrif.

taleithioldeb [*taleithiol*+-*deb*] *eg.* Yr ansawdd neu'r cyflwr o fod yn daleithiol, yn ddifr.: *provincialism*, *derog.*
1888.

taleithiwr, taleithydd [*talaith*+-*iwr*, -*ydd*[3]] *eg.* ll. *taleithwyr*, *taleithyddion*. Un sy'n byw mewn talaith, gwladwr; pennaeth: *a provincial*, *countryman*; *chief*.
16g. Wiliam Cynwal: *Gw* (R. L. Jones) 692, Tewdwr, *taleithiwr* tylwythog—yr aeth, / Helaeth gwawr odiaeth, ŵyr Gariadog. **1803** *P*, *Taleithyz*, s. m.—pl. t. *ion* . . . A provincial.

taleithog, taleithol, taleithydd, gw. **taleithiog, taleithiol, taleithiwr.**

talelin, tâl-elin [*tâl*[2]+*elin*] *eg.* Penelin: *elbow*.
1718 (**1721**) S. Thomas: *HB* 187, Y Gweddwyr a'u gosodent e'u [*sic*] hun i lawr a'r y gwelau hyn megis yn eu llêd orwedd neu ar eu *tal-elin*, fel ac yr ydoedd ysgwyddau y naill yn tueddu tuac at Ddwyfron y llall. **1770** P. Williams: *BS*, *Esth* i, lle yr eisteddent yn eu lled-orwedd sef ar eu *tal-elin*. **1773** *W*, pwyso . . . ar y *tâl-elin* d.g. *Elbow*, *To lean on the elbow*.

talent, talen [bnth. Llad. *talentum*, o bosibl drwy'r H. Ffr. neu'r S. C. *talent*, cf. Llyd. C. *talent*, H. Wydd. *tallan*] *eb.g.* ll. *talentau*, *talennau*, *talenti*, *talents*.

(*a*) Dawn, cynysgaeddiad, medr, gallu; pobl o'u hystyried yn ôl eu hapêl rywiol neu fel partneriaid rhywiol posibl: *talent*, *gift*, *aptitude*, *ability*; *talent* (*of people*, *with ref. to sexual attractiveness*, *&c.*).
1661 E. Lewis: *Drex* [iv], clod a llafur yr ysgolheigion ardderchog hynny . . . y dreuliasant ran o'i *talent* yn troi y Bibl. **1672** J. Langford: *HDdD* 173, Grasau Duw . . . y mae'n rhaid i ni ofalu am wneuthur y defnydd goreu o bób ún o'r rhain, gan ei bód hwynt yn *Dalentau* a ymddiriedwyd i ni i'r diben hwnnw. *id.* 442, fy amser a'r holl *dalentau* a roddaist ti mewn ymddiried i mi. **1672** R. Prichard: *Gw* 13, Heb oyl yn ein llestri, heb gownt o'n *talenti*. *ib.* Yn wasto ein *talentau*, i borthi 'n trachwantau. **1691** *TBM* 684, Am wraig weddol fuddiol fu / Ei *thalent* ymysg ei theulu [marwnad Lowri Williams, Bodlew gan Owen Gruffydd]. **1718** (**1721**) S. Thomas: *HB* 56, Y moddion o Râs *talent* arbennig ydynt. **1725–6** *Mudd Ed* 117, Ail *Dalent* Dynolryw ydyw Meddwl neu Gydwybod. **1759** T. Thomas: *WWDd* iii, yn ôl y *Dalent* a welodd Duw yn ddâ . . . ei chyfrannu i mi. **1776** I. Brydydd Hir: *P* i. 185, Bydded ini felly drîn ein *talentau*, tra byddo moddion grâs yn ein dwylo. **1793** Dafydd Ionawr: *CD* 376, Awen war gymmen, wr gwyl, / . . . / Y *Dalent* ge's i'm dwylaw. **1798** Gw. Mechain: *D* 29, gallu, neu ddysg, neu ryw *dalent* lesol arall. **1799** Dafydd Ionawr: *MB* xi, yn y râdd isel honno, drwy gymmorth G[r]âs Duw, myfi a iawn ddefnyddiais, hyd eitha fy ngallu, y *Dalent* ymddiriedwyd i mi. Ar lafar, 'Ma'r grotan 'yn yn dwmpyn o *dalant*, 'os dim 'all 'i ddim o'i nuthur!', *GTN* 775; ''Sdim lot o *dalent* 'ma heno, ma'r dynnon i gyd yn y Llew'. Cf. D. Owen: *RL* 384, Y pethau hyn, ynghyd â diffyg *talent*, a'm cadwodd rhag enwogi fy hun yn yr arholiadau.

(*b*) Unrhyw un o nifer o unedau pwys neu arian bath hynafol, hefyd yn *ffig.*: *talent* (*of silver*, *gold*, *lead*, *&c.*), *also fig.*
14g. *BY* 39, Gwedy hwnnw y gwledychawd Manaen y vab naw mlyned. A hwnnw wedy rodi o honaw mil o *dallenneu* y Phul, brenhin Assiria, yr kael mynet y wrthaw. *id.* 54, Symon, wedy kynnic ohonaw kann *tallen* o aryant. **1508–10** *Rhyddiaith Gymraeg* i. 15, Anthigonus . . . a roes i vrenhin Parthia mil o *talennev* aur er i helpv. **1567** *TN* 29b, [d]ylet o ddec mil o *talentae* [:- yncylch lx.li. oedd pop *talent* cyffredin]. *id.* 41a, i vn y rhoddes bemp *talent* [:- pop *talent* gyffredin a dalei drugeinpunt]. *id.* 391b, A chwympo y wnaith cenllys [*sic*] mawr, mal pwyse [:- *talentae*]. **1588** *Sech* v. 7, wele *dalent* o blwm wedi ei godi i fynu. **1595** H. Lewys: *PA* 4–5, ni ddyle neb fod yn anfodlawn, neu 'n anwllyscar i aildalu y *dalent* ne 'r gwystl . . . Duw sy yn rhoddi bowyd . . . dros amser. **1605–10** *RC* xlviii. 76, A gofyn bychan *talen* / O aur hen am y llyfrau. **1632** *D*, *Talent*, *Talen* d.g. *Talentum*. **1715** G. Lewis: *P* 7, Os derbyniodd ef bum *talen*, mae'n rhaid iddo cyfrif [*sic*] am bump. *c.* **1720** *CIF* [103], *Talent*. 62 Pwys. **1720** *App DP* [iv], gwell ydyw gronyn o wybodaeth wedi ei Sancteiddio na *Thalent* o wybodaeth falch ddirmygus. **1765** J. Evans: *CPE* 406, Pedwar cant a dêg a deugain Punt o arian Lloegr oedd y *dalent* arian; a saith mil a dau cant o bunnau oedd y *dalent* o aur. **1790** *Prif*

Crist 25, Ai ydyw yn fai yr ŷd yn y gell, nad yw yn rhoddi cynnydd; neu y *dalent* yn y napcin, nad yw yn cael ei defnyddio? **1794** *W*, *Talent* (*pl. talentau*), *talen* d.g. *Talent* [*a certain sum of gold or silver* . . .].

(*c*) *Her.* Besawnt: *bezant* (*in her.*).
16g. LEWYS MORGANNWG: *Gw* 637, Erklys alont jork hil seiliawdr / or llwyth heiliawdr jarll ith weler / arfau *talawnt* a vateiliawdr / aurtorch ailiawdr artr a choler. **16g.** *Med H* 68, Ac os yr arwyddion hyn a vyddant kyfan, krynion, ac aur, hwynt a elwir yn Lladin talenta, ac yn Ffrangeg besawnte, ac val hyn i dysgrir: I mae yn dwyn gowls, tair *talent* (*Mos* 113, 45, dri *Talents*), nei dair besawnt. Ac nid rraid dowedud o aur, kans pob *talent* nei besawnt a vydd o aur.
Amr.: **talawnt** [cf. S. C. *talaunt*]. **15–16g.** LLAWDDEN, &c.: *Gw* 238. **16g.** LEWYS MORGANNWG: *Gw* 637. **tallten. 1346** *LlA* 67.

talentog [*talent* + *-og*] *a.* Dawnus: *talented.*
1843. Ar lafar, "Odd reina'n dulu *talentog* o gantorion', *GTN* 775. Cf. D. OWEN: *WBC* 1, Mae Wil yn credu nas gall neb brydyddu fel y Cymry, ac nad oes genedl ar wyneb y ddaiar mor *dalentog* a chenedl y Cymry.

taleri, talerydd, ff. ll., gw. **talar.**

talfa[1] [*tâl*[1] + *-fa, ma*] *eb.* Tâl, yn *ffig.*: *payment, fig.*
1655 *Llst* 170, 7, Idd im /i/ [*sic*] plant Adda: yn pechv am yr eitha, / heb ystvr, pa *dalfa* sv am bechod, / Na hefvd pa ranswm, a roes Iesv dvw yn dalgrwn, / in tynv ni, or poethffwrn diwaelod.

talfa[2] [*tâl*[2] + *-fa, ma*] *eb.* ll. *-feydd, -fâu.* Pediment, talog: *pediment.*
1778 *W* d.g. *Pediment, in Architecture.* **1803** *P*, *Talva*, s. f.—pl. *talvëyz* . . . a pediment.

talfain, gw. **tal**[1] + **main**[1].

talfainc [*tâl*[2] + *bainc, mainc*] *eb.* ll. *-feinciau.* Prif sedd, sedd anrhydedd, gorsedd: *chief seat, seat of honour, throne.*
14g. *WM* 476. 18–20, Dygyrchu y ty a oruc [Olwen] ac eisted kyfrŵg kulhŵch ar *dalueinc.* **14–15g.** *IGE*[2] 314, Rhad elfydd, rho Duw, *dalfainc*, / Rhwysg uchel, ffriw mangnel Ffrainc [marwnad Gwilym ap Gruffudd o'r Penrhyn gan Rys Goch Eryri]. **15g.** *DN* 18, Ef fydd llawenydd, llowned—yw'r *dalfaink*, / O'r ddevlew iefaink, irwydd Aled. **15g.** *GLGC* 305, Efo yw'r dewraf â'r gwayw ufel, / efo yw'r haelaf yn cadw'i afel, / o *dalfainc* Brusto dros dwy Elfel, / o odre Llëyn dros dir Llywel. **15g.** *GGl*[2] 11, Gwnawn Ffrainc ar y *dalfainc* dau, / Ymladdwn ag aml wleddau! **16g.** *GGH* 338, Gorau rhodd a gair yrhawg, / Gwe o ruddin gorweiddiawg, / Ydoedd fwrdd, dyweddi fawr, / I *dalfainc* llys adeilfawr. **16g.** WILIAM CYNWAL: *Gw* (R. L. Jones), 538, Lleon y *dalfainc*, llanw hyd Elfel. **16–17g.** *GST* i. 379, Holl Ffrainc a'i *thalfainc* a'i thir / A'i choron iwch a yrrir [i'r Frenhines Elisabeth]. **16–17g.** EDWARD URIEN, &c.: *Gw* 217–18, Yr holl wres, o'r gynnes gainc, / Wyd, Olfir, ar y *dalfainc.* *Dchr.* **17g.** *J* 10, 151b, *Talvaingc.* Sedes. *c.* **1730** *Thos. Lloyd D* (LlGC) 212b, *Tâlfainc* . . . Upper bench. **1803** *P*, *Talvainc*, s. f.—pl. *talveinciau* . . . A front form; a throne.
Gw. hefyd **tâl**[2]**—tâl bainc.**

talfar, talfas, gw. **tafler, talwas**[1].

talfedel [?*tal*[1] + *medel*[1]] *eb. Bot.* Unrhyw un o amryw fathau o blanhigion wmbelifferaidd persawrus o'r tylwyth *Angelica*, yn enw. *A. archangelica*, a ddefnyddir wrth goginio ac mewn meddyginiaeth, llysiau'r angel: *angelica.*
1813 *WB* 238, *Talfedel.* edr. Llys yr Angel Per.

tâl-feistr [*tâl*[1] + *meistr*, ar ddelw'r S. *paymaster*] *eg.* Swyddog sy'n gyfrifol am dalu cyflogau: *paymaster.*
1844.

talfer, gw. **talfyr.**

talfilwr [*tal*[1] + *milwr*] *eg.* ll. *-wyr.* Aelod o gorff milwrol a ddewisir ar sail eu taldra, grenadwr: *grenadier.*
1774 *W* d.g. *Grenadier.*
Cfn.: **Talfilwyr Gwarchodol:** *Grenadier Guards.* **1834.**

talfoel [*tâl*[2] + *moel*[1]] *a.* Moel (ei dalcen): *bald* (*at the forehead*).
1588 *Lef* xiii. 41, os o du ei wyneb y moela ei benn ef, efe a fydd *tâl-foel.* **1632** *D* d.g. *Caluaster.* *c.* **1730** *Thos. Lloyd D* (LlGC) 213b, *Talfoel.* Calvus. **1770** *W* d.g. *Bald before.* **1803** *P*, *Talvoel* . . . Having a bald front.

talfoelaf: talfoeli [bf. o'r a. *talfoel*] *bg.* Mynd yn dalfoel: *to become bald* (*at the forehead*).
1722 *Llst* 189, *Talfoeli.* To be or grow bald before. **1803** *P*, *Talvoeli* . . . to become bald-fronted.

talfoeledd [*tâl*[2] + *moeledd*] *eg.* Moelni('r talcen): *baldness* (*at the forehead*).
1588 *Lef* xiii. 42, pan fyddo anafod gwyn-goch yn y pen-foeledd, neu yn y *tâl-foeledd.* **1632** *D* d.g. *Caluitas.* **1770** *W* d.g. *Baldness.* **1803** *P*, *Talvoelez*, s. m. . . . A bald-fronted state.

talfoelni [*talfoel* + *-ni*] *eg.* Moelni('r talcen): *baldness* (*at the forehead*).
1803 *P*, *Talvoelni*, s. m. . . . Front-baldness.

talfort [*tâl*[2] + *bort*] *eb.* ll. *-au.* Bwrdd uchel (mewn neuadd, &c.): *high table* (*in hall, &c.*).
14g. *WM* 443. 3–5, ydoed Gereint ar elor wely ar ar [*sic*] *daluort* a oed yny neuad. **1632** *D*, *Talfort*, Mensa aulæ frontalis, seu suprema. **1688** *TJ*, *Talfort*, y bwrdd ucha mewn neuodd: the upper Table in a Hall or Room. **1722** *Llst* 189, *Talfort.* f.p. *fortau.* A front-table. *c.* **1730** *Thos. Lloyd D* (LlGC) 212b, *Talfort.* Upper table. **1770** *W* d.g. *Bed, A table-bed, Table, The upper . . . table.*
Gw. hefyd **talfwrdd.**

talfrig, talfrigog, gw. **tal**[1] + **brig, brigog.**

talfrith, talfriw, gw. **tâl**[2] + **brith**[1]**, briw.**

talfur [*tâl*[2] + *mur*] *eg.* ll. *-iau.* Rhan drionglog talcen (tŷ, &c.): *triangular part of a gable-end.*
1768 J. ROBERTS: *R* 112, Pa un bynnag a fyddo y Triongl, a'i [*sic*] Tir, Bwrdd, Gwydr, Cerrig, *Talfyr* Ty, &c. *id.* 123, Y *Talfur* sydd iw fesur, ar ei ben, megis Triongl . . . Ond os bydd Dau *Dalfur* . . . y maent yn Ysgwar, pe troid y pen cula, at y lletta. **1775** M. WILLIAMS: *MC* 78, Y *Talfur* uwchlaw Ysgwar sydd i'w fesur ar ei ben ei hun. **1795** J. THOMAS: *AIC* 225, *Talfuriau* a fesurir ar eu pennau eu hunain.

talfwrdd [*tâl*[2] + *bwrdd*] *eg.* ll. *-fyrddau.* Bwrdd uchel (mewn neuadd, &c.): *high table* (*in hall, &c.*).
14–15g. *IGE*[2] 302, Pennaf bwyd, garw blymlwyd gwrdd, / Dolfort a ddaw i'w *dalfwrdd* [Rhys Goch Eryri i Robert ap Maredudd]. **1803** *P*, *Talvwrz*, s. m. —pl. *talvyrzau* . . . The front or upper table in a hall.
Gw. hefyd **talfort.**

talfyr [*tâl*[2] + *byr*[1]] *a.* (b. *-fer*). Cryno, byr, cynnil, diwastraff, talfyredig: *brief, succinct, concise, laconic, abbreviated.*
1567 *TN* 302b, [m]an y cyuodedigeth o veirw: am yr hyn y mae ef [Paul] yn y haddyscu hwy yn *dalvyr* beth a goeliant. **1596** *Pen* 187, 45b, [c]imint a hyny . . . yn *dálfyrr* am hwyl a rhedi/ad y saith blaned. **1604–7** *TW* (*Pen* 228) d.g. *Breuis.* *id.* wedy dhywasgu'n *daluyrh* ag ar ychydic eiriæ d.g. *Rotatus* . . . *Sermo rotatus.* *Dchr.* **17g.** *J* 10, 151b, *Talvyr.* Brieflie. **1618** J. SALISBURY: *EH* 134, hyfryd a fydhe gennyf dhealh yn *dal-fyrr* grynnodeb, a threfn y gorchmynion hyn. *id.* 251, Dangosaf i chwi hynny yn *dal-fyrr.* *id.* 279, O'r hain eugyd [*sic*], mae yn fym-mryd rodhi i chwi Athrawaeth *dalferr.* **1632** *D*, yn *dalfyrr* d.g. *Circunscriptè, Præcisè, Pressè.* *id.* Eglurhaad *talfyrr* cryno ar beth d.g. *Scholium.* **1707** *GREE* 28, Am hynny myfi a ddangosaf i chwi yn *dal-fyrr*, fod Gorchymmynion Ghrist [*sic*] yn gofyn oddiwrthym y Sancteiddrwydd a'r Duwioldeb helaethaf a mwyaf. **1722** *Llst* 189 d.g. *Abbreviated.* **1771** *W* d.g. *Brief, Epitomised, Laconic.* *c.* **1785–90 (1829)** *CBYP* 199, Unic a Lliossawc . . . mynych y cynhwysser ceinciau o'r bai hwnn . . . drwy esgus; sef yw hwnnw bod yn deccach y cam no'r iawn, achos i vod yn y rhesswm yn *dalfyrrach*, ac yn ddiwytnach. **1803** *P*, *Talvyr* . . . brief, abrupt.

talfyredig [bôn y f. *talfyrraf*: *talfyrru* + *-edig*] *a.bfl.* Wedi ei dalfyrru neu ei grynhoi: *abridged, abbreviated, summarized.*
1770 *W* d.g. *Abbreviated, Abstracted.* **1803** *P*, *Talvyredig* . . . abridged.

talfyriad [bôn y f. *talfyrraf*: *talfyrru* + *-iad*[1]] *eg.* ll. *-au.* Crynodeb, crynhoad; byrfodd, cywasgiad: *abridgement, summary, abstract; abbreviation, contraction.*
1588 2 *Mac* ii. 24–7, Y pethau hefyd a ddatclariodd Iason Cyrenæus mewn pûmp llyfr, ni a brofwn eu talfyrrû mewn vn folum . . . ni a gymerasom arnom y drafael flin hon, wneuthur y *talfyriad* hwn. **1723** J. JONES: *LlA* 11, Dymma *Dalfyrriad* a chynnwysiad o Amddeffin a Dadl yr Apostol Paul drosto ei hun. *c.* **1730** *Thos. Lloyd D* (LlGC) 213b, *Talfyrriad.* Abbreviatio. **1770** *W* d.g. *An abbreviation, or abbreviating, Decurtation.* **1793** *Cylchg* 59, o blegid y gellir trwy *dalfyriad* roddi sylwedd amryw o lyfrau. **1796** J. GRIFFITHS: *H* 80, ond y mae llawer o *Dalfyriadau* a Llythrennau ac sydd yn angenrheidiol eu deall. **1803** *P*, *Talvyriad* . . . abbreviation; recission.

talfyriadol [*talfyriad* + *-ol*] *a.* Talfyredig, cryno: *abbreviated, concise.*
1841.

talfyrnod [bôn y f. *talfyrraf*: *talfyrru* + *nod*[1]] *eg.* Byrfodd: *abbreviation.*
1849.

talfyrraf: talfyrru [bf. o'r a. *talfyr*] *bg.a.* Lleihau (gwaith ysgrifenedig, araith, &c.) drwy hepgor darnau neu ailysgrifennu'n fwy cryno, crynhoi, cywasgu; byrhau (gair, ymadrodd, &c.) drwy hepgor llythrennau, seiniau, geiriau, &c.; byrhau; dod i ben, diweddu; *Math.* cyfrifo (isradd): *to abridge, condense, summarize; abbreviate* (*word, phrase, &c.*); *shorten; come to an end, conclude; extract* (*root, in math.*).
1547 *WS* [xxi], Ond maddeuwch ym rhac hyyd [*sic*] y trawschwedyl yma a mi a *dalfyraf* yn gynt am y sydd yn ol or llythyren [*sic*] ereill. **1567** *TN* [xxxviii], rhaid i mi *dalvyrru*'r araith rhac bod yn rhyhir. *id.* 73a, o ddyeithr vesei i Dduw vyrhay [:— *dalvyrry*, advyrru, cwtogi] 'r dyddiae hyny. **16g.** *LlS* 56, y *dalfyrru* y llyseun hẃn a wna/r/vn gyfaredd ar Gentian. **1588** 2 *Mac* ii. 24, Y pethau hefyd a ddatclariodd Iason Cyrenæus mewn pûmp llyfr, ni a brofwn eu *talfyrrû* mewn vn folum. *Dchr.* **17g.** *J* 10, 151b, *Talvyrru.* to abridge, conclude. **1632** *D* d.g. *Abbreuio, Brevio, Compendifacio.* **1632** J. DAVIES: *LlR* 395, i *dalfyrru*'r pwngc yma, gwnewch cymmaint [*sic*] oll ac a alloch tros y byd yma. **1677** C. EDWARDS: *FfDd* 161, scrifennodd [Gildas] lyfr Ladin . . . darfu i mi ei *dalfyrru*, ai [*sic*] gyfeithu o'r Ladin ir [*sic*] Gymraec. **1768** J. ROBERTS: *R* 108, *Talfyrwch* wreiddin ysgwar 64 . . . cewch 8. **1782** P. WILLIAMS: *CC* 26, [C]yfamod newydd . . . Y mae'r swm o hono wedi ei *dalfyrru* yn y geiriau rhai'n, 'Efe a yssiga dy ben di'. **1789** W. RICHARDS: *ABD* 72, Wrth gydmaru y gair Llydaweg â'r un Cernyweg, fe geir lle i feddwl mai bedfuddiant neu badfuddiant, oedd y gair am fedydd ar y cyntaf ym Mhrydain. Mewn amser cafodd y gair ei *dalfyrru*, er mwyn gwneud y sain yn fwy esmwyth. **1793** *Cylchg* 197, Yn awr mae'n fadws im' *dalfyru.* **1803** *P*, *Talvyru* . . . to abridge. Cf. D. OWEN: *D* 144, Ar ol yr holl drafferth a'r llafur yr oedd ef wedi ei gymeryd gyda'r hanes, yr oedd y Gol. afresymol wedi ei *dalfyru* i ddim ymron.

talfyrraidd [*talfyr* + *-aidd*] *a.* Cryno, cynnil: *brief, concise.*
1659 *GIA* 5, Gwedi agoryd y Testyn gar bron eich llygaid yn yr eglur draethiadau hyn, yn y man nesaf mi a lefaraf beth am bob ûn o honynt mewn trefn, er hynny yn *dalfyrraidd* iawn.

talfyrrog [*talfyr* + *-og*] *a.* Cryno, cynnil: *brief, concise.*
1849.

talfyrrol [*talfyr* a bôn y f. *talfyrraf*: *talfyrru* + *-ol*] *a.* Cryno, cynnil; yn talfyrru; talfyredig: *brief, concise; summarizing, abridging; summarized, abridged.*
1797 B. EVANS: *CG* 72, gan nad yw'r 'sgrythur yn dweyd hynny, y mae y rheswm hwn yn rhyfygus . . . Y mae hefyd yn *dalfyrrol*; am ei fod yn dybiad [*sic*], na's gallwn ddeall y Mawredd, ond pan y llefaro mewn rhyw un modd neu ddull.

talfyrrwr, talfyrrydd [bôn y f. *talfyrraf*: *talfyrru* + *-wr, -ydd*[3]] *eg.* ll. *talfyrwyr.* Un sy'n talfyrru (llyfrau, &c.), cwtogwr: *abridger, abbreviator.*
1803 *P*, *Talvyrwr*, s. m.—pl. *talvyrwyr* . . . an abbreviator.

talffrwyn, gw. **tâl**[2] + **ffrwyn.**

talgaffaelydd [*tâl*[1] + *caffael*[1] + *-ydd*[3]] *eg.* Pensiynwr: *pensioner.*
1778 *W* d.g. *Pensioner.*

talgainc [*tâl*[2] + *cainc*] *eb.* ll. *-geinciau.* Y gangen isaf o gorn carw: *brow tine or antler.*
1771 *W* d.g. *Brow-antlers.* **1803** *P*, *Talgainc*, s. f.—pl. *talgeinciau* . . . A browantler.

talgell [?*tâl*[2] + *cell*[1], cf. H. Grn. *talgel*, gl. *cellarium*] *eb.* ll. *-oedd.* ?Penty, stordy; (geir.) pantri: ?*lean-to, storeroom;* (*dict.*) *pantry.*
14g. *LlB* 96, Buarth, a *thalgell* (*LTWL* 363, Kell ante frontem domus), a chreu moch, a ffalt deueit, dec ar hugeint a tal pob vn. **1730** *Leg Wall* 583, *Tal-*

gell, Cella. **1753** *TR*, *Ta[l]gell*, K[yfraith] H[ywel Dda] a buttery, a pantry. **1803** *P*, *Talgell*, s. f.—pl. t. *oz* . . . A pantry.

talgellog [?*talgell*+-*og*, ond gthg. *God An* 24–5] *e?g*. ?Gweinydd, darparwr, hefyd yn *ffig*.: *server, provider, also fig*.

13g. *A* 38. 17–18, ig cin uaran edeiuinieit ballauc *tal gellauc* cat. Digwydd hefyd fel epithet, cf. *WM* 464. 16, athegyr *talgellauc*.

talgib [?*tâl*²+*cib*; ?cf. H. Wydd. *tulchube* 'casgen; cwpan'] *e?b*. ll. -*ed*. Llestr (gwin), cwpan: (*wine*) *vessel, cup*.

9g. (*MC*) *VVB* 219, *Talcip*, gl. *cratere*. **14g.** *T* 32. 18–20, A mall ameuued. Amynych adneued. Agoin *tal kibed*. O rufein hyt rossed.

talgoed, talgraig, gw. tal¹+coed, craig.

talgrats [?*tâl*²+*crats*¹] *eg*. Math o resel a osodir ar du ôl cert, &c.: *type of manger placed at the rear of a cart, &c.*

Ar lafar gynt, '*Talgratsh*' 'Rhesel i'w osod ar ben ôl cart neu wagen pan yn myned i siwrneu bell. Ei wasanaeth oedd dal gwair, &c., i'r ceffylau ar y daith', *Cymru* xxxix. 96 (Brych.).

talgref, gw. talgryf.

talgrib¹ [gair geir., sef *tâl*²+*crib*] *eb*. ll. -*au*. (Morwyn) troell; nyddwraig: (*stander, upright support, or front board of*) *spinning wheel; female spinner, spinster*.

c. **1588** *B* ii. 238, *talgrib*: morwyn troell. **1604–7** *TW* (*Pen* 228) d.g. *Rotalis*. **1707** *AB* 220c, *Talgrib*, Morwyn troelh, V. A spinster. **1725** *SR* d.g. *A Spinning Wheel*. **1803** *P*, *Talgrib*, s. f.—pl. t. *au* . . . The front-board that holds the spindle of a spinning-wheel.

talgrib², **talgribog,** gw. tal¹+crib, cribog.

talgron, gw. talgrwn.

talgronleddf [*talgron*+*lleddf*] *a*. ll. *talgrynionleddf*. *Gram*. Yn diweddu â deusain leddf ac *w*: *ending in a 'lleddf' diphthong and 'w'*.

14g. *GP* 41, Pan vo sillaf yn teruynu yn teir bogal y gyt, a'y dechreu yn lledyf a'y diwed yn *dalgronn*, honno a elwir diptonn *dalgronnleddyf*, val y mae 'gloyw', 'hoyw'. *id*. 58, Teir diptonn ledyf ryued ysyd, nyt amgen: diptonn *dalgronnledyf*, a diptonn dawdledyf, a diptonn vydarledyf. **1560–87** *id*. 153, Pan fo silldaf mewn dwy ne dair o'r bogalied a'i dechrav yn benngamleddf, a'i diwedd yn terfynv mewn dipdon dalgron, fal y mae 'gwaew', 'gwyw', 'gloew', a'r Rai hyny a elwir dipdoniaid *talgrynionleddf*. **1592** S. D. Rhys: *Inst* 143, Diphthogh ny cheir prôest a'i hattêbo, Tawdhledhbh. *Talgronnledhbh*. Gwib.

talgrwn [*tâl*²+*crwn*] *a*. (b. -*gron*) ll. -*grynion*, a hefyd gyda grym enwol.

(*a*) *Gram*. Yn cynnwys llafariad neu ddeusain esgynedig (am sillaf); yn cynnwys llafariad a ddilynir gan *w* neu *u* (am ddeusain): *containing a vowel or rising diphthong* (*of syllable*); *containing a vowel followed by 'w' or 'u'* (*of diphthong*).

14g. *GP* 40, Rei hefyt o'r sillafeu a uydant *talgrynnyon*, ereill a uydant ledyfon. Sillaf *dalgronn* a vyd pan vo vn vogal e hunan yn y sillaf, beth bynnac a vo o'r kytseinannyeit yn ol nac ymlaen y vogal, val y mae 'glan', 'glas', 'glut'. *ib*. Pymp diptonn *dalgronn* ysyd nyt amgen, 'aw', 'ew', 'iw', 'yw', 'uw'; 'aw', val y mae 'llaw', 'ew', val y mae 'llew', 'iw', val y mae 'lliw', 'yw', val y mae 'llyw', 'uw', val y mae 'duw'. Ac 'eu' heuyt ysyd diptonn *dalgronn*, val y mae 'kleu'. *id*. 53, Bei ar gerd yw lledyf a *thalgrwnn*, sef yw hynny, bot y neill bann yn lledyf a'r llall yn *dalgrwnn*. **16g.** *GIIIV* 20, Y mae silldau mewn daufodd / Yscafnion mudion i modd / Trymion yw llawer eraill / *Talgrynnion* lleddfon yw r llaill. **1567** G. Robert: *GC* 27, *Talgron* y gelwir, au, a phob dyphddong rowiog y bo, u, dylynawl ynddi a hefyd ymbell dyphddong a frowiog [*sic*], mal, gwas, gwin, gwych. *a.* **1575** *GP* 89–90, Rai [sillafau] a vyddant *dalgrynnion* o vn gossodiad, nev vn vogal; ac weithiav o ddwy . . . val y mae 'gwas' neu 'gwych'; ac o vn vogal, val y mae 'kas' nev 'dan' . . . ac yn ddipton *dalgronn*, 'aw' val y mae 'llaw', 'ew', val y mae 'llew' . . . Ac yn ddipton *dalgronn* ddieithr, val y mae 'iar', 'ias', 'ior', 'iwrch'. Sef yw yr achos y gelwir hwynt yn ddieithr ddiptoniaid, am allv o ssilldaf *dalgronn* odli i gyd a phob vn onaddynt. **1588** *B* ii. 186, Pedair or hanner bogalieit yssydd lythyr tawdd nit amgen l.n.r.f. Sef achaws y gelwit hwynt velly kanys toddi a wnant pan vwynt ar ol llythyr mut. sef mal y toddant gwneuthur o ddwy sillaf *dalgron* un sillaf val y mae 'hagyr'. os val hynn y silleuir. 'hagyr' dwy sillaf *dalgronn* vyddant ac wrth hynny y bwrir ymaith 'y'. or sillafat . . . ac ydd yscriuennir val hynn 'hagr'. **1592** S. D. Rhys: *Inst* 142, Syllaba diphthongata talgronica cutta, (coniunctisona truncata,) . . . Sylhabh dhiphthoghoc *dalgronn* losgyrniog . . . mall y mae 'Gwiâlen', 'gwiêlyn'. **1593** W. Midleton: *B* 3–4, anian a rheol y sillafau oll . . . nas vnodla a sillaf *dalgron*, ond *talgronn* arall; a hynny or un bwys, o bydh y dhwy o aken dhyrchafedig. Cf. R. Davies: *GC* 27, Sill unseiniog *dalgron* yw, pan fyddo un gosodiad ar y llais, pa nifer bynag o gydseiniaid a fydd o amgylch un llafariad yn y sill, a'u seinio yn gryno a diŵyrni; megys, 'glân', 'teg'; J. Morris-Jones: *CD* 235, Lle ni bo un o'r deuseiniaid [lleddf] hyn yn y sillaf, ond ei llafariad yn dyfod yn union o flaen ei chytsain ddiweddol, gelwir hi'n 'sillaf *dalgron*,' megis 'gwâr', 'bod', 'brân', 'tlws'. Gwelir ar unwaith mai sillafau *talgrynion* yw 'bys', 'llys', 'crys', 'chwŷs'. Ped odlid y sillaf leddf 'glŵys' â'r sillaf *dalgron* 'chwŷs', fe geid y bai a elwir 'lleddf a *thalgron*.' Y sain leddf 'ŵy' yw'r ddeusain ddisgynedig—y llafariad ynddi yw 'ŵ'; y *dalgron* 'wŷ' yw'r ddeusain esgynedig—y llafariad ynddi yw 'ŷ'; *id*. 240, *Talgrynion*: 'wy'.

(*b*) Cryno, cynnil, cwta, byr (hefyd am hyd llafariad); pendant, sicr, manwl, trefnus; llwyr, cyfan gwbl, hollol; syth, di-oed, uniongyrchol; gweddus, pert, teg: *brief, concise, terse, short* (*also of vowel length*); *definite, sure, precise, orderly; complete, thorough, entire; straight, immediate, direct; apt, pretty, fine*.

15g. *DGG*² 62, Oed â'm rhiain addfeindeg / A wnaethwn yn *dalgrwn* deg. [**1547**] W. Salesbury: *OSP* [vi], Ac ny vynwch ymado yn *dalgrwn* dec a fydd Christ. **16g.** (*LIEG*) *Mos* 158, 37b, hroddassantt twy atteb *talgrwn* i[r] brenin nabyddaint twy anghowir yw pennaeth trauaintt tw/y ynn vyw ynny byd. **16g.** *B* xi. 29, Yr hyn a wrthodes y brenin drwy roddi Jddo ef atteb *talgrwn* na chae ef ddyuod o vewn y dreff. **1567** *LIGG* (*Sall*) 28a, Y pethae hyn y wneythost . . . ac ei gesotaf ger dy vron yn gyfwlch [:- *dalgrwn*]. **1567** *TN* 215b, nid oes genyf ddim *talgrwn* (**1588** *Act* xxv. 26, ddim siccrwydd; **1988** *ib*. ddim byd pendant) yw escrivenny at vy Arglwydd. **16–17g.** *DCR* 70, Rhyw ederyn a welwn yn hedeg yn *dalgrwn* / tu ag at lle yr oeddwn i'n rhodio. **1604–7** *TW* (*Pen* 228), Torri n *dalgrwn* d.g. *Abbreuio*. *id*. Atcopha *talgrwn* d.g. *Anacephalæosis*. **1608** *GP* 222, Hir a byrr . . . mae llawer gair pan ddywetter yn hirllaes yn perthynu i un peth, a phan ddywetter yn vyrr ac yn *dalgrwn*, ir i vod wedi i scrivennu o'r un llythrenne, yn perthynu i beth arall; mal pette un yn dywedud val hynn, mae tan da tan y krochan. *Dchr.* **17g.** *CRC* 445, a chael y bayly yn *dalgr*[*w*]*n* / y wneuthur y seckisiwn. **1722** *Llst* 189, yn *dalgrwn* d.g. *Short, In short*. **1771** *W* d.g. *Brief, Short*. **1803** *P*, *Talgrwn* . . . a. Precipitate, straightway.

(*c*) Crwn, crwn ei ben; (geir.) chwyrlïog: *round, round-ended or -headed*; (*dict.*) *swirling*.

16g. (*LIEG*) *Mos* 158, 59a, Ai walld wedi I dori ynn *dalgrwnn* ynn amgylch I benglog. **1604–7** *TW* (*Pen* 228), dyfn *talgrwn* d.g. *Abyssus*. *id*. yn *dalgrwnn* d.g. *Voluens*. **1632** *D*, Yn *dalgrwn* d.g. *Rotundè*. **1696** *CDD* 314, Oni wŷddost i mi huno, / Mewn arch *talgrwn*, wrth y ffasiwn, fy rhoi i orffwŷso. **1718** (**1721**) S. Thomas: *HB* 18, y Ddaiar . . . o ran dull ei Corpholaeth [*sic*] sydd *dalgrwn* neu Rownd (yn gron bob ffordd.). **1725** *SR* d.g. *Round*. **1759** *BC* 189, Pan ddelych i'r bedd *talgrwn*, a'r [*sic*] ol passio byd a nasiwn / Yno yr ysir dy holl gnawd. [**1783**] *W* d.g. *Round at the end*. **1784** J. Roberts: *C* [1], Ein Daear ni sy' *dalgron*.

talgrych [*tâl*²+*crych*] *a*. ll. -*ion*. Cuchiog, gwgus; (geir.) crychiog ei wyneb, garw ei wallt: *frowning, scowling*; (*dict.*) *wrinkle-faced, rough-haired*.

c. **1400** *R* 1233. 16–17, Diryeit uyd teleit *talgrych* wythlonder. **1771** *W*, *Tal-grych* d.g. *Brow, That knits . . . his brows, Wrinkly, That has a wrinkly or wrinkled face*. **1803** *P*, *Talgryç* . . . Rough-fronted; frowning. Dyna genawon *talgryçion*, those are rough-headed whelps.

talgrychaf: talgrychu [gair geir., sef bf. o'r a. *talgrych*] *bg*. Crychu'r talcen, cuchio: *to frown, scowl*.

1632 *D* d.g. *Capero*. **1722** *Llst* 189, *Talgrychu*. To frown, look grim. **1775** *W* d.g. *To knit one's brow, To look grim or grimly*. **1803** *P*.

talgrychedd [*talgrych*+-*edd*¹] *eg*. Drysni: *tangle*.

14g. *GDG*³ 167, Y bi, ffelaf edn o'r byd, / Yn adeilad, brad brydferth, / Yn *nhalgrychedd* perfedd perth. **15–16g.** *TA* 438, Tarw gewyndew trwy 'r gweundir, / . . . / Odid, o gwŷl did a gwedd, / Y deil gwrych i *dalgrychedd*.

talgryf [*tal*¹+*cryf*] *a*. (b. -*gref*) ll. -*ion*. Wynebgaled, digywilydd, hy, penderfynol, cadarn; tal a chydnerth, cadarngryf: *impudent, shameless, bold, determined, resolute; tall and sturdy, robust*.

1588 *Esec* iii. 7, tŷ Israel ni fynnant wrando arnat ti . . . o blegit *tal-gryfion*, a chaled galon ydynt hwy. **1753** *TR*, *Talgryf*, impudent. **1778** *W* d.g. *Overbold*. **1803** *P*, *Talgryv* . . . impudent. Cf. D. Owen: *RL* 274, [d]wy rês o goedydd *talgryf*; H. Evans: *CE* 125, gŵr *talgryf*, esgyrniog a nerthol.

talgryfder [*talgryf*+-*der*] *eg*. Digywilydd-dra, wynebgaledwch, hyfdra: *effrontery, impudence, cheek*.

1770 *W* d.g. *Brazenness, Effrontery*. **1803** *P*, *Talgryvder*, s. m. . . . Effrontery.

talgryniad [bôn y f. *talgrynnaf*: *talgrynnu* +-*iad*¹] *eg*. ll. -*au*. Crynodeb, talfyriad; (geir.) toriad, tociad, y weithred o wneud yn grwn; *Math*. y weithred o dalgrynnu (rhif): *summary, abridgement*; (*dict.*) *cut, a clipping, a making round; rounding* (*in math.*).

1604–7 *TW* (*Pen* 228) d.g. *Concinnatio, Resectio, Resegmen, Rotundatio*. **1632** *D* d.g. *Epitome*. **1653** R. Jones: *TTN* [vii], ddarfod i wyr dyscedig . . . gasglû ynghyd y prif byngciau or holl Beibl [*sic*] . . . ag i eraill . . . er mwyn helpio coffadwriaeth y darllennydd drefnu *talgrynniad* ô hynny mewn cynghanedd. **1658** R. Vaughan: *GA* [84], hon yw r *Talgrynniad* [:- Crynodeb] or holl weddiau craill. **1725** *SR* d.g. *A Paring off*. **1770** *W* d.g. *An abbreviation, An abridgement, Breviary*. **1803** *P*, *Talgryniad*, s. m.—pl. t. *au* . . . a rounding the front.

talgrynnaf: talgrynnu [bf. o'r a. *talgrwn*] *bg.a*. Gwneud yn grwn; torri gwallt yn gwta o gwmpas (y pen), torri, pilio, tocio; talfyrru, crynhoi; *Math*. mynegi (rhif) yn llai manwl i hwyluso cyfrif: *to make round; cut hair short round* (*the head*), *cut, pare, clip; abbreviate, abridge; round off* (*in math.*).

15g. *DE* 19, yr haf mi a wiliaf wenn / ar gayaf dan fric ywenn / adail gronn a *dalgrynnodd* / vn llaw mab yn well i modd. **15–16g.** *TA* 407, Caeriwrch brith ar y ceirch brau, / Cnyw a'i hug fal ceiniogau; / Dail y gron a *dalgrynnwyd* / Gan roi lliw gwyn ar y llwyd [i ofyn march]. **1588** *Esec* xliv. 20, gan *dalgrynnu talgrynnant* eu pennau. **1588** *Lef* xix. 27, Na *thalgrynnwch* odrau eich pen. **1604–7** *TW* (*Pen* 228) d.g. *Abrado, Rotundo, Turbino*. *Dchr.* **17g.** *J* 10, 151b, *Talgrynnu* . . . corrotundo. **1632** *D* d.g. *Distringo, Reseco*. **1655** R. Jones: *PC* [xiv], cnewyllin yr Scrythur lân wedi '*dalgrynnu*, mal y gelli ganfod llawer ar un golygiad. **1770** *W* d.g. *To abbreviate, To epitomise, To poll* [*cut hair off the head* . . .], *Round, to* [*make*] *round*. **1803** *P* d.g. *Talgrynu*.

talgrynrwydd [*talgrwn*+-*rwydd*] *eg*. Uniondeb; (geir.) crynder, cymesuredd, addasrwydd: *rectitude*; (*dict.*) *roundness, proportion, aptness*.

1567 *TN* 221b, gan ddyscu pawb i rodio mewn *talgrynrwydd* cydwybot. *id*. 266b, Mae ef yn datcan ei ddiyscaelusrwydd ai *dalgrynrwydd* yn ei swydd. **1604–7** *TW* (*Pen* 228) d.g. *Concinnatio, Eurythmia, Volubilitas*. **1803** *P*, *Talgrynrwyz*, s. m. . . . Roundness of front . . . *talgrynrwyz* cydwybod . . . rectitude of conscience.

talgudyn [*tâl*²+*cudyn*] *eg*. ll. -*nau*. Cudyn hir o wallt sy'n tyfu'n union uwchben y talcen, cudyn o fwng ceffyl sy'n tyfu o'r pen ac yn hongian dros y talcen; penglwm: *forelock; topknot*.

13g. *LII* 83, march . . . Guerth y uug, un werth a'e fruyn; e kebyster a'e *talkudyn*, un werth ynt. **15g.** *LTWL* 486, Precium *talgudin* . . . Similiter mug et *targudin* [*sic*] eque. **1604–7** *TW* (*Pen* 228) d.g. *Caprona, Frontale*. **1632** *D*, *Talgudyn*, Cincinnus frontalis. **1688** *TJ*, *Tâlgudŷn*, Cudŷn talcen: a Top-knot, a Womans Tower. **1753** *TR*, *Talgudyn*, a lock laid on the forehead, a fore-lock. **1774** *W*, *Tal-gudynnau* crychion d.g. *Heart-breakers* [*love-locks*]. **1803** *P*.

talgwaith [?*tâl*¹+*gwaith*¹] *eg*. Sifft neu stem o waith (a roddir fel cymorth), cymorth: *shift of work* (*given as help*), *help*.

Ar lafar gynt, '*Talgwaith*' 'cymorth, help', 'Rhoi *talgwaith* i gymydog', *Cymru* xlvi. 22 (godre Cered. a gorllewin sir Gaerf.); hefyd yn y ff. *talcweth*, '*talcweth* o redig', *id*. xxxiv. [265] (godre Cered.); '*Talcweth*' 'half a day's work with a team of horses', *TGG* (1907–8) 110 (godre Cered.).

talgwympaf: talgwympo [*tâl*²+

cwympaf: *cwympo*] *bg*. Baglu, cael codwm: *to stumble, trip.*

1824. Ar lafar yng nghanolbarth a godre Cered.

tâl-gyfran [*tâl*[1]+*cyfran*[1]] *eg*. Rhandal, difidend, llog, hefyd yn *ffig*.: *dividend, interest, also fig.*

1850.

talgyngu, talgyngo, *bg*. Simsanu, gwegian; gwamalu: *to swing, sway; vacillate.*

1740 G. JONES: *HOG* xxvii, Trefn . . . i'ch harwain . . . rhagddoch yn y blaen, heb *dalgyngu* draw ac ymma bôb yn ail gam, fel dall neu feddw na wêl mo'i ffordd.. **1770** P. WILLIAMS: *BS, Escia* xxiv, Am fod dynion yn *tal-gyngu* mewn balchder . . . y tir a *dalgynga* danynt. **1772** D. ROWLAND: *PP* 102, *talgyngo* o ffydd i ffydd . . . fel dyn meddw o bared i bared.

tali [bnth. S. *tally*] *eg*. ll. *-s*. Cofnod o ddyled, credyd, sgôr, &c., rhicbren, pren cyfrif: *tally(-stick).*

1908 J. JONES: *Llên Gwerin* 22, a chyfrifid pum' score neu bum nôd yn *tali* (tally) sef pedair llinell yn sefyll yn syth, ac un yn groes iddynt. Ar lafar yn ardaloedd chwareli llechi'r Gogledd, '*Tali*' 'Cyfrif o gerrig', *B* xx. 381.

taliad [bôn y f. *talaf*: *talu*+*-iad*[1]] *eg*. ll. *-au*, (prin) *-on*. Y weithred o dalu, tâl, rhandal, iawndal, hefyd yn *ffig*.: *a paying, payment, instalment, remittance, recompense, also fig.*

15g. *GGl*[2] 237, Tlos fu anrheg Taliesin, / Talawdd fawl teuluaidd fin. / . . . / Af innau, *taliadau* teg, / Â'r unrhyw eiriau anrheg. **15g.** *HCLl* 98, Duw yn ei radd a'i gwnaddoedd, / Duw a'i dug rhag daed oedd. / Dichon, llai dychan y llwyth, / Duw roi *taliad* i'r tylwyth [marwnad Llywelyn ap Ieuan]. **15–16g.** *TA* 36, Di-grynu dwylaw, digrwn *daliad*, / Di-grwn o'r rhuddaur, digon rhoddiad. **15–16g.** *GRB* 59, Paderau nerth Pedr yn wir, / at Illtud y'u tywelltir. / *Taliadav* y tylodion / a ofyn gras nef yn gron [marwnad Lewys Raglan]. **16g.** *GGH* 205, Darfu daearu dwyran, / A chloi pob cyfeddach lân. / Y glod, *taliad* gild helaeth, / I'r llawr o Landrillo aeth [marwnad Robert ap Rheinallt]. **1567** *LlGG* (*Sall*) 52a, a' gobr [:- thal, *thaliat*] yr andewolion y wely. **16g.** *Cy* xxxi. 207, at neb yssydd yn medi ac yn kymryd y *taliad* ac yn kassgly ffrwyth y vywyd tragwyddawl. **16–17g.** *HG* 100, ond mae luc ai airau per, ny chweched chiapter droson / yn dwedud vel i rho r dyn, i kaiff er un *taliadon*. **1604–7** *TW* (*Pen* 228), perthynol yr *taliat* hwnnw d.g. *Vicesimarius*. **1632** *D*, Tâl, & *Taliad* . . . Solutio, compensatio, pensio. **1672** R. PRICHARD: *Gw* 107, Fe fyn Duw y barnwr cyfion, / Am bob pechod y wnel dynion, / Naill ai Angeu'r dyn a becho, / Neu Angeu Christ yn *daliad* drosto. **1768** W. WILLIAMS: *HTS* 10, ai 'n fynych i'w gyfarfod ef daith tri diwrnod, ac a fynnai i holl ddled yn yr un *taliad*, gan ei yspeilio ef. **1790** T. JONES: *TOS* 172, Ai hyn yw 'th *daliad* pennaf am ei gariad? **1803** *P*, *Taliad*, s. m.—pl. t. *au* . . . A clearing, discharging, or paying; payment; remuneration. Ar lafar, 'Pryd ma'r *taliad* nesa' i'r catalog i fod?' (Arfon); ''Yn ni bron wedi cwplo'r *taliata* ar y celfi', *GTN* 783.

taliadol [*taliad*+*-ol*] *a*. Yn talu, yn dod ag elw: *remunerative, profit-making.*

1803 *P* d.g. *Taliadawl*.

taliadwr [*taliad*+*-wr*] *eg*. ll. *-wyr*. Talwr, tâl-feistr, ?cyflogwr: *payer, paymaster, ?employer.*

1801 *MMf* 275, y rhan fwyaf o'r bobl a font duegawl . . . a fyddant . . . anhawdd eu gwasanaethu . . . *taliadwyr* drwg a thwyllodrus fyddant.

taliadwy, gw. **taladwy.**

talïaidd [elf. anh.+*-aidd*; ?cf. *telïaidd*] *a*. Gweddus, moesgar, cwrtais, parchus, llednais; gwych, smart, golygus, twt, taclus: *decent, polite, courteous, respectable, refined; fine, smart, handsome, neat, tidy.*

1849 (1878) W. REES: *LlHFf* 10, Ma'n emddanggos i fi taw hen fachen *taliedd* iw e, dan i fod e'n tendo doi gwrdd Cwarter-Seisiwn handrunning. Ar lafar, '*Taliedd*' 'graceful', *Cymru* xxxiv. 265 (godre Cered.); 'Merch *dalïedd* yw Ann y Wern' 'Ann, of Wern, is a handsome, kind, and industrious lass', *GDD* 290; '*taliedd*: hospitable', 'Mae'n wr *taliedd* ombeidus (between Tawe & Llychwr)', *LlGC* 1173, 115. Cf. D. J. WILLIAMS: *ChHO* 88, uwch plethen lefn y berth ar y clawdd *talïaidd* odanodd; *id.* 180, nid lodjers sy gyda fi, ond bechgyn glân, *talïedd* o'r wlad.

talian [ff. affetig ar S. (*I*)*talian* (*iron*)] *eg*. Haearn smwddio silindraidd, ac ynddo le gwag i dderbyn gwresogydd, at grychu les, ffriliau, &c.: *Italian iron.*

Ar lafar gynt, *GDD* 289.

taliant [bôn y f. *talaf*: *talu*+*-iant*] *eg*. ll. *-au*. Taliad, ad-daliad, hefyd yn *ffig*.: *payment, recompense, also fig.*

1787 J. ROBERTS: *C* 24, Nes derbyn llawn faddeuant, am *daliant* yn eu dôl. **1803** *P*.

taliawdr, taliedig, gw. **talawdr, taledig.**

taliedydd [bôn y f. *talaf*: *talu*+*-iedydd*] *eg*. Tâl-feistr, talwr, hefyd yn *ffig*.: *paymaster, payer, also fig.*

1778 *W* d.g. *Payer, or pay-master.*

Taliesinaidd [e.'r bardd *Taliesin* (diw. 6g.)+*-aidd*] *a*. Yn perthyn i farddoniaeth Taliesin neu nodweddiadol ohoni: *pertaining to, or characteristic of, the poetry of Taliesin.*

1932.

taligrafft, taligram, gw. **telegraff, telegram.**

tali-ho, tali-o [bnth. S. *tally-ho*] *ebd*. a hefyd gyda grym adferfol. Gwaedd heliwr pan wêl lwynog, hefyd yn *ffig*.: *tally-ho, also fig.*

c. **1850** *HVN* 342, Pawb sy'n caru'r / Railroad Newy, / Dewch i waeddi *Taliho*. Ar lafar, *GTN* 776. Clywid *tali-o* gynt yn yr ystyr 'Diligently, busily', 'Ma bobol y gwmdogeth yn rhwmo *talio* heddy', *GDD* 290.

talipot, talipat [bnth. S. *talipot, talipat*] *eg*. ll. *-iau*. *Bot.* Palmwydden Indiaidd dal, *Corypha umbraculifera*, sy'n dwyn dail mawr a ddefnyddir fel cysgodlenni, i doi tai, &c.: *talipot.*

1872.

talisman, talismon [bnth. S. *talisman*] *eg*. ll. *-au*. Swynbeth, swyndlws: *talisman.*

20g.

talismanaidd [*talisman*+*-aidd*] *a*. Talismanig: *talismanic.*

20g.

talismanig [cfdds. o'r S. *talisman(ic)*+*-ig*[2]] *a*. Yn perthyn i dalisman, yn gweithredu fel talisman: *talismanic.*

20g.

talismon, gw. **talisman.**

taliwr [?cfdds. o'r S. *tally(man)*+*-wr*] *eg*. Un sy'n cadw tali neu gyfrif, pwyswr: *tallyman, weigher.*

1895 *Cymru* ix. 278, Yr oedd dwy o swyddi a ystyrrid yn gyfrifol ynglŷn â symudiad y copr i'r odyn ac o'r odyn [ym Môn], sef *taliwr* ('tally man') neu bwyswr a hwyliwr 'samples'. Ar lafar yn ardaloedd chwareli llechi'r Gogledd, '*Taliwr*' 'Y gweithiwr sy'n cadw'r "tali". . . o'r llwythi cerrig', *B* xx. 381.

tâl-lïain, gw. **tâl**[2]+**lliain.**

talm [petrus yw dosbarthiad rhai o'r enghrau. isod] *eg*. ll. (prin) *-au*, a hefyd gyda grym adferfol.

(*a*) (Cryn) ysbaid (o amser), cyfnod; nifer (o flynyddoedd, &c.): (*considerable*) *period* (*of time*), *interval, while; number* (*of years, &c.*).

13g. *BD* 53, ket ryuelei *talym* ar Auarvy . . . na mynnei ef eissoes y agheu ef yr hyny. **1346** *LlA* 91, Agôedy llithraô *talym* o amser. ôedy hynny hyt ynydoeth gôyl ydrindaôt ynyr haf. **14g.** *WM* 30. 30–1, treulaô *talym* or ulôydyn aônaeth. **14g.** *YBH* 49a, ymphen *talym* nachaf boôn a therri yn dyuot y geissaô iosian. **14g.** *BT* (*RB*) 52, ymgudysynt yn yr ynys *dalym* o vlynedoed. **14g.** *GIG* 56, Cydwersog, cof diweirsalm, / Fûm ag ef yn dolef *dalm* [i ofyn march gan Ithel ap Robert]. *c.* **1400** [*RB*] *WM* 234. 5–8, deffroi aoruc arthur. agofyn a gysgassei hayach. Do arglôyd heb yr owein *dalym*. *c.* **1400** *RB* ii. 38, rac tymhestleu maôr yny lludyas y goruu arnunt drigyaô yno *dalam* o diôarnodeu. *c.* **1400** *B* ii. 23–4, ef a dichawn llithraw y gennyt yn ychydic o amser. yr hynn a geisseist yn *talym* o amser. **1567** *LlGG* 65a, Yno y deifesont [*sic*] arnaw aros gyd ac wynt *dalm* (W. SALESBURY: *KLl* xlixb, serten; *TN* 188b, niver; **1588** *Act* x. 48, enyd) o ddyddiae. *c.* **1590** *Cewri* 292, gwedy i *dalym* pymthec erailh o dhydhiev bhyned heibiaw ebh a [dh]oethant bedwar erailh o gewri. **1632** *D*, *talm* o amser d.g. *Intercapedo*. **1707** *AB* 238c, *Talym* . . . A good while. **1733** J. THOMAS: *CGGD* 30, gan appwyntio, ar ben *Talmau* cyfaddas o Amser, y cyfryw Ddarnau o hono ag sydd anghenrhaid. **1803** *P* d.g. *Talym*.

(*b*) (Eithaf) pellter, ehangder (o dir), cwrs: (*considerable*) *distance, tract* (*of land*), *course.*

13g. *LlI* 16, penguastravt e urenhynes . . . E navd yv . . . hyt ar penguastravt e brenhyn. Ereyll a dyweyt panyv hyt e parhao *talym* e march kentaf e'r urenhynes. **14g.** *WM* 69. 4–6, Sef a ônaeth ynteu adaô y berth achilyaô *dalym* y ôrth ygwyr. *id.* 145. 33–5, arwein y varch tu ar coet ac am *talym* or coet. *id.* 149. 19–21, Peredur ynteu agerdaôd y bore tranoeth racdaô *talym* maôr odiffeith. **14g.** *YBH* 18b, am *dalym* or fford ef awyl damascel y dinas. **14g.** *SC* viii/ix. 189, a phann oed *dalym* y wrth y ty . . . ef a gymerth ofyn rac meint y gwres. **15g.** *GGl*[2] 240, Y mae'r glod yt am roi gwledd / Ym Môn a *thalm* o Wynedd. *Diw.* **16g.** *LBS* iv. 409, yntaû ehûn ai hebryngawdd *dalm*. **1697** *LlGC* 7008, 55, Tri meib Tudur Trefor a bioedd *dalm* mawr o Bowys. **1753** *TR*, *Talm*, K[yfraith] H[ywel Dda] the same as Rhedeg, a running, a course.

(*c*) Rhan neu gyfran (sylweddol), peth (o), hyn a hyn, nifer, llawer, lliaws, torf; darn, talp: (*substantial*) *part or portion, some, a certain amount, number, great deal, many, multitude, crowd; piece, mass.*

14g. *Bren Saes* 158, aeth Madoc, tywyssauc Powys, a *thalm* o lu y brenhin gyt ac ef. **14g.** *WM* 394. 14–15, rôg dôylaô y uorôyn yd oed *talym* o uara gwynn. **14g.** *YBH* 31a, aeth y draet a *thalym* or breicheu y ôrth y corff. **14g.** *GDG*[3] 53, Bu ddewr hy, ni bydd y rhawg, / Ormail mydr, ŵr mal Madawg / O fedru *talm* o fydroedd, / O gerdd dda, ac arwydd oedd [marwnad Madog Benfras]. *id.* 358, Twrf eirthgrwydr, mal torf wrthgroch, / *Talm* mawr megis teulu moch. **14g.** *GIG* 55, Talai im ddoe *talm* o dda, / Heno'n farw fel hen furia [i ofyn march gan Ithel ap Robert]. *id.* 61, Teilyngorff tawel angerdd, / *Talm* a'i gŵyr, da y tâl am gerdd [i ddiolch am farch gan Ithel ap Robert]. *c.* **1400** *Études* viii. 352, Rac pob kyfryw waew: kymer *dalym* o vlodeu y banadyl. **15g.** *DN* 31, Y gŵr vchel j grechwen, / Eurlliw i sêl, iarlles wen. / Rys y'r ynys a ranai / *Dalm* o aur, megis dail Mai. **15g.** *GLGC* 224, cael pardwn memrwn i *dalm* o Wŷr. **1567** *TN* 80b, ac ill dau gwedy myned mewn swrn [:- gwth, *talm*] da o oedran. *id.* 219b, gwedy caselu o Paul *talm* o vriwydd. *Diw.* **16g.** *WLB* 97, golch hwynt a *thalm* da o wermod. **1595** M. KYFFIN: *DFf* [36], *talm* o eirieu canfodedig neu gweledig, ydiw'r Sacramenteu hynny. **16–17g.** SIÔN MAWDDWY: *Gw* 280, *Talm* i'r dref aeth tan lefain, / *Talm* oedd yn tawlu â main, / *Talm* dan gri wrth weddïaw / Ar draeth, a lesmeiriodd draw. **1632** *D*, *Talm*, Aliquot, aliquantam, pars. **1800** W. OWEN[-PUGHE]: *CP* 97, dodir y *talym* dymchweledig o gaws ac y llian dano yn y cawsellt. **1803** *P*.

Amr.: **talwm.** *Diw.* **16g.** *CRC* 417. **18g.** *CLlC* v–vi. 57. Ar lafar, ''Odd pethe'n wahanol es *talwm*'; 'Ma gento *dalwm* o arian' (Cwm Rhondda).

Cfn.: **talm o'r dydd, talm o nos:** *well into day or night.* **14g.** *WM* 424. 36–9, A chynal dy ragor ual y kynheleist doy ac ar *dalym or dyt* adaô y coet a orugant. **14g.** *YBH* 38b, trannoeth y bore y dothant y varchogyon ae vaccôyeit yghylch drôs yr ystauell ac erchi y milys kyfodi y vyny canys *talym or dyd* oed. **15g.** *BB* 160, sevis y saesson yn da yny uu *dalym o'r dyt*. **16g.** DAFYDD BENWYN: *Gw* 623, dyred, lhe dhwyf yn d'aros: / mae'n oed ac yn *dalm o nos*. **ar dalm:** *for a while, for some time; at some distance.* **13g.** *BD* 144–5, ket boet eissyeu arnav *ar dalym*, ny at Duw wastat achanoctit y argywedu idav. **1346** *LlA* 115, Ac escussaô aoruc ef *ar dalym* o enkyt vrthunt. **14g.** *WM* 392. 37–8, ef a welei *ar dalym* or dref hen llys atueiledic. *c.* **1400** *RB* ii. 240. **ers (er ys, &c.) tal(w)m:** *in times past, in days gone by, long ago; for a long time, for some time, at one time.* **14g.** *GDG*[3] 21, Duw a'i gŵyr, dieuog wyd, / Fy mod *es talm*, salm Selyf, / Yn caru dyn uwch Caerdyf. *c.* **1400** *RM* 6, bu digryf gantaô ymwelet ae niuer . . . kanys gôelsei *yr ystalym*. **1547** *WS*, *Er ystalym* Long ago. *ib. Ystalym* A good while a goe [*sic*]. **1567** *TN* 126b, ydd oedd yn hir gantaw am ei weled ef *er es talm* [:- llawer dydd]. **1803** *P* d.g. *Talm, Talym*. Ar lafar, ''Odd pethe'n wahanol *es talwm*'. Cf. W. REES: *HBHD* 9, Nid oes fawr o weithio o dŷ i dŷ fel fyddai *er's talwm*; D. OWEN: *D* 55, wedi llwgu y basech *es talwm*. **ers (er ys, &c.) tal(w)m byd = ers talm.** **1567** *LlGG* (*Sall*) 81a, yr ei vysei vairw *ys talm byt*. **1567** *TN* 17a, gyn̂t [:- *ers talm byt*]. *id.* 361b, y nefoedd *ir ystalm byd* trwy air Duw. **1770** *W*, *er ys talm bŷd* d.g. *Ago, Long ago.* **ers (er ys, &c.) talm o amser = ers talm.** **14g.** *WM* 144. 31–2, y gôr y buost *ystalym o amser* yn y geissaô. **14g.** *BT* (*RB*) 146, gwystlon a uuassei yg karchar gantaw *yr ys talym o amser* kyn no hynny. **17g.** HUW MORUS: *EC* ii. 159, Ni a welsom siamplau lawer, / *Er ystalm* hir *o amser*. **1716** E. SAMUEL: *GGG* 90, nid yn ddiw-

eddar y bu hyn eithr *er ys talm o amser*. **1770** *W* d.g. *Ago, Long ago.*

talmadwy [bôn y f. *talmaf*: *talmu*+ *-adwy*] *a.bfl.* Y gellir ei benderfynu: *determinable.*

1721 RD: *CFf* 109, o digwydd dadleu y fâth achos rhwng Crist'nogion, a'r nad yw yn eglur *dalmadwy* trwy yr Ysrythurau [*sic*].

talmaen, tâl maen [*tâl*²+*maen*¹] *eg.* ll. *talmeini.* Pig talcen (tŷ, &c.): *apex of gable-end.*

1827. Ar lafar, '*tâl maen*' 'the apex of a gable . . . whatever be the material', *WVBD* 521; '*talmaen*' 'rhan uchaf talcen tŷ sy'n codi'n bigfain'; S. "apex stone"', *B* xxiv. 180 (Môn); '*tal-maen*' 'y rhan o dalcen tŷ sy'n codi'n bigfain', *ISF* 72.

talmaf: talmu [bf. o'r e. *talm*; ansicr yw *Rytalmaf, T* 32. 2] *bg.a.*

(*a*) Gorffen, cwblhau, tynnu i'w derfyn, dod i ben, marw; penderfynu: *to finish, complete, draw to a close, come to an end, die; decide, resolve.*

1527 *B* ii. 206–7, Gwedi tervynnv y dadle yr ayth yr ymerrodyr yw ginio. Ac wedi *talmv* ar y pryd . . . y hi a ovynnodd iddo. **16–17g.** *RAGR* 362, y wraig oedd wedi *talmu* / ai lan bryn mair iw chladdu (Wmffre Dafydd ab Ifan). **1604–7** *TW* (*Pen* 228) d.g. *Expedio.* **1632** *D, Talmu*, Ad finem appropinquare. **1721** RD: *CFf* 19, Y Barnydd goruche[l], gan yr hwn y mae pob Ymrafaelion Crefydd i'w *talmu*. *id.* [104], *Talmu* dibennu dadl. **1722** *Llst* 189, *Talmu.* To draw towards the end, conclude, finish. **1729** *ML* (Add) 3, Yr ydwy'r awrhon yn myned ymlaen arno [llyfr gramadeg] gynta' ag allwy, ac mewn gobaith o'i *dalmu* cyn Calanmai. **1743** G. Jones: *HWI* ii. 72, [d]ysgu i ni wneuthur a allom dros Jechydwriaeth ein Tylwyth, a *thalmu* ein gwaith yn y byd cyn darfod ein bywyd. **1773** *W* d.g. *To finish.* **1803** *P.*

(*b*) Effeithio (ar), gwneud argraff (ar), dylanwadu (ar): *to affect, make an impression (on), influence.*

1651 Siôn Treredyn: *MDD* 129–30, ni fyddei fwyach gennif ronin, ac nid yw yn *talmu* ar fy nghalon hyd y dydd heddyw, i mi pechu. **1711** H. Powel: *TY* 253, Yr Arglwydd . . . a rydd iddynt Galon i'w ofni ef byth . . . A hyn pan nad oedd dim yn *Talmu* ernynt. **1753** *TR, Talmu* . . . This word in some places signifies, to make an impression, to move, to work upon. Nid oes dim yn *talmu* arno. *c.* **1785–90 (1829)** *CBYP* 32, yn menu ag yn *talmu* ar y galon [am yr awen]. **18–19g.** *MA* iii. 249, Tri pheth ni waeth gan veddwyn ronyn o'u tòri . . . gorchymynion Duw heb ronyn yn *talmu* arno. **1803** *P, Talmu* . . . to make impression, to move, to work upon. Ar lafar gynt, "Does dim yn *talmu* arno', *TGG* (1906) 16 (Morg.).

Cfn.: **talmu ar henaint:** *to grow old.* **1604–7** *TW* (*Pen* 228), *talmu ar heneint.* Brut. d.g. *Seneo.* **1632** *D* d.g. *Seneo.* **1722** *Llst* 189, *Talmu ar henaint.* To grow old. **1770** *W* d.g. *Aged, To become aged.* **1803** *P*, Talmu . . . Wyv yn *talmu ar henaint*, I am drawing to an old age.

talment [?*tâl*¹+S. (*pay*)*ment*; ansicr yw'r engh. gyntaf isod] *eg.* ll. *-oedd, -au, ?-s.* Taliad, ad-daliad, rhent, treth, hefyd yn *ffig.*: *payment, repayment, rent, tax, also fig.*

1587 T. Jones: *HB* ii. 35, I will that mine executors . . . shall dwell together and spende in all honest means all such *talments* that I leave or bequeath to them in mayntaynyng my house and family. **1688** S. Hughes: *TSP* 29, Ystyriwch yn nessaf, nad yw cospedigaethau yr annuwiol yn y byd yma, yn gyflawn *dalment* a Duw am eu pechodau hwynt. *c.* **1730** *Thos. Lloyd D* (LlGC) 213b, *Talment.* Dem. Payment. **1743** G. Jones: *HWI* ii. 100, Fe fydd Dydd y Farn yn ddydd o *dâlment* i Bechadurjaid. **1760** E. Williams: *UYB* 199, 'Rwy'n credu fod ei werthfawr Waed / O'r anfeidrolaf Rym a rhâd, / Yn llenwi holl Drysorau Duw, / Ac uchod fyth yn *Dalment* gwiw. Ar lafar, '*talmentoedd*' 'taxes', *TGG* (1907–8) 110 (godre Cered.); '*Talmen*' 'Disbursements, expenditure, with special reference to rates and taxes', *GDD* 290; hefyd yn yr ymad. 'hen *dalment*' yn yr ystyr 'credit; debt', 'Prynu ar 'en *dalmant* 'odd 'i yn siop Isaac', 'Ma ginti 'en *dalmant* sylweddol yn y siop', *GTN* 776. Cf. D. Owen: *WBC* 85, Rhyfedd y fath *dalment* y mae wedi roddi i ni am ein holl garedigrwydd iddo.

Cfn.: **ar dalment:** *on hire purchase, by instalments.* Ar lafar, 'Ma'n 'awdd i ddinnon i brynu celfi 'eddi waith mân' nw'n prynu *ar dalmant*', *GTN* 776.

talmentwr [*talment*+*-wr*] *eg.* Talwr, addalwr, hefyd yn *ffig.*: *payer, repayer, also fig.*

1683 H. Evans: *CTF* 14, Y mae gennit wŷch Fachniwr, / Duw ei hun fydd dy *Dalmentwr.* **1770** P. Williams: *BS, Diar* xix, bod y rhai a gyfrannant i'w hangenrheidiau, yn rhoddi i *dalmentwr* da.

talmithr, talmerth, talmyrth, *a.* a hefyd gyda grym enwol ac adferfol. Sydyn, cyflym, annisgwyl; creulon, gerwin: *sudden, swift, unexpected; cruel, rough.*

13g. *GBF* 226, Aer *dalmithyr* hylithyr haeloni. **14g.** *GDG*³ 131, *Talmithr* ym reg y loywferch, / Tâl bychan am syfrdan serch. *c.* **1400** *R* 1353. 43, Croth *talmithyr* hylithyr halaoc hudyglyt. **16g.** *LlS* 162, Darfod a wna *talmerth* ei phrwyth [mefus]. **16–17g.** *PCWG* 107, bob ychydig yr ei di yn iach er i ti glyfychv yn *dalmerth.* **1604–7** *TW* (*Pen* 228), yn *dalmerth* d.g. *Exopinato, Repente. id. talmerth* d.g. *Repentinus, Subitus.* **1632** *D*, **Talmithr*, Alijs corruptè *Talmyrth*, Improuisò, repentè, subitò. A Talm, & Eithr. **1688** *TJ, Talmithr, talmyrth*, ebrwŷdd, disymmwth: suddenly. **1722** *Llst* 189, *Talmerth. Talmithr.* Suddenly. **1770** *W*, yn *dalmyrth* (rectiùs yn *dalmithr*) d.g. *All on a sudden.*

Talmud, Talmudaidd, &c., gw. **Talmwd, Talmwdaidd,** &c.

Talmwd, Talmud [bnth. S. *Talmud*] *eg.* ll. *-au.* Casgliad awdurdodol o gyfreithiau, traddodiadau, a chwedlau hynafol yr Iddewon: *Talmud.*

c. **1762–79** W. Williams: *P* 301, mae dau *Dalmud* ganthynt, un alwant *Talmud* Jerusalem yr hwn a orphenwyd 300 wedi amser Crist; a'r llall, *Talmud* Babilon, yr hwn orphenwyd 500 mlynedd ar ol ein Iachawdwr. **1799** M. Williams: *HHG* 18, Cynhulliad o athrawiaethau crefyddol a moesol yr Iuddewon yw'r *Talmud.* **1800** C. Evans: *EJU* 15, ofer-goelion a gwag-freuddwydion y *Talmudau.*

Talmwdaidd, Talmudaidd [*Talmwd, Talmud*+*-aidd*] *a.* Yn perthyn i'r Talmwd neu nodweddiadol ohono, wedi ei gynnwys yn y Talmwd, tebyg i'r Talmwd: *Talmudic(al).*

1848.

Talmwdiad, Talmudiad [*Talmwd, Talmud*+*-iad*³] *eg.* ll. *-iaid.* Talmwdydd: *Talmudist.*

1838.

Talmwdydd, Talmudydd [*Talmwd, Talmud*+*-ydd*¹] *eg.* ll. *-ion.* Arbenigwr ar y Talmwd; un o awduron y Talmwd: *Talmudist.*

1653 (18g.) *Pant* 8, 63, ef a ddywaid y *Talmudyddion.*

talmyrth, gw. **talmithr.**

talnod [*tâl*¹+*nod*¹] *eg.* (bach. *-yn*) ll. *-au.* Papur banc; siec: *banknote; cheque.*

1828 *Y Brud a Sylwydd* 28, nid oedd *tâlnodau* yr Ariandy a fyddant mewn cylchnewid tros 400, 000 p.

talo [bnth. S. *tallow*] *eg.* Gwêr: *tallow.*

20g.

talodr, gw. **talawdr.**

talog¹ [*tal*¹+*-og*] *a.*

(*a*) Bywiog, hunanhyderus, gobeithiol, optimistig, llon, llawn bywyd, penuchel, hyderus, hy, haerllug: *jaunty, self-assured, hopeful, optimistic, cheerful, high-spirited, haughty, confident, bold, brazen.*

[1745] W. Roberts: *FfM* 60, A ninnau 'n Wyr *talog*, ym mhob teulu, / Yn cael mawr groeso, a bara wedi grasu. **[1753]** *ML* i. 229, Par sut y mae'r penwyn *talog* yn ymddwyn ar yr achos yma? Ai tybied na bo yn rhoddi benthyg llaw i'w gydwladwyr gonest, dan din? **1756** G. Owen: *L* 173, os cewch y gwr *talog* yn glôff yn ei esgus, rhowch iddo wers. **1797** E. Charles: *EC* 13, ymddangos yn fwy, ne *dalogach* nai feistr. **18–19g.** *GABC* 111, Pan ddaw'r fath fyddin a'i dobrau dibrin, / Bydd achos chwerthin, fe geiff y rhimyn rhwth, / Yn sydyn delyn *dalog* a chrothog yn ei chrwth. **1803** *P, Talawg* . . . bold-faced. Ar lafar, '*talog*' 'insolent', *WVBD* 522; "Odd o'n reit *dalog* yn gwynebu'r gynulleidfa' (Arfon); '*talog*' 'hunanol', 'un *talog* ofnadwy', *Cymru* xlvii. 236 (sir Ddinb.). Cf. D. Owen: *GT* 172, pwy a welwn yn cerdded yn *dalog* drwy y pentref ond Twm; T. H. Parry-Williams: *C* 53, Ni wêl y teithiwr *talog* mono bron / Wrth edrych dros ei fasddwr ar y wlad [i Lyn y Gadair]; T. H. Parry-Williams: *S* 22–3, treiais ddrws y capel yn hy . . . a mynd oddi yno yn ddigon *talog.*

talog² [gair geir., sef *tâl*²+*-og*] *a.* a hefyd fel *eg.* ll. *-au.* Ac iddo dalcen llydan, yn taflu allan; ac iddo dalcen (am adeilad): *having a broad forehead, projecting; having a gable-end.*

1604–7 *TW* (*Pen* 228) d.g. *Frontatus. Dchr.* **17g.** *J* 10, 151a, *Talog.* & *Talawg.* Cilo. **1632** *D, Talog*, Amplam habens frontem. *id.* d.g. *Fronto, Frontosus.* **1688** *TJ, Talog*, talcen uchel: having a large forehead. **1753** *TR, Talog* . . . standing or hanging out like a forehead. **1773** *W* d.g. *Gable, Having a gable-end.* **1803** *P, Talawg* . . . High-fronted.

Fel *e.* (*a*) Pediment: *pediment.*

1778 *W* d.g. *Pediment.*

(*b*) Tarian gron, bwcler: *buckler.*

1707 *AB* 220c, *Talawc*, A buckler. **1771** *W* d.g. *Buckler.*

talogrwydd [*talog*¹+*-rwydd*] *eg.* Y cyflwr o fod yn dalog, hunanhyder, rhodres, trahauster: *jauntiness, self-confidence, swagger, haughtiness.*

1740 T. Evans: *DPO* 29, Chwi a welwch mor anfoesol a Sarrug i'm hattebasant, ond odid ni [a] wnawn iddynt laesu peth o'r Dewrder a'r *Talogrwydd* hyn. **1803** *P, Talogrwyz*, s. m. . . . Haughtiness.

talp [?cf. S. C. *talpa* 'morbid swelling, abscess'] *eg.* (bach. g. *-yn*, ll. *-nau, telpyn*, ll. *-nau*; b. *talpen*) ll. *-(i)au.* Corff cydlynol o fater heb ffurf benodol (e.e. o glai, toes, ymenyn), lwmp, darn, slab, priddell, cnepyn, dernyn, cwlff, clobyn, pentwr; chwydd, tyfiant; toriad o gig; hefyd yn *ffig.*: *lump, mass, bit, piece, slab, knob, clod, nugget, chunk, whopper, pile; swelling, growth, tumour; cut of meat; also fig.*

1567 *TN* 233b, Anyd oes meddiant ir crochenydd ar y priddgist y wneuthur o'r vn *telpyn* pridd vn llestr i barch, ac arall i amparch. *id.* 235b, a's y blaenffrwyth ys y sanctaidd, velly y mae y cyffeith [:- clamp, *telpyn*]. *id.* 282b, Ychydig surdoes a sura yr oll does [:- *delpyn*]. **1604–7** *TW* (*Pen* 228), *telpyn* d.g. *Gleba, Later, Massa.* **1606** E. James: *Hom* iii. 28, megis nad oedd ef yn awr ond *telpyn* o bechod. *Dchr.* **17g.** *J* 10, 151b, *Talp.* Massa. **1630** R. Llwyd: *LlH* 286, nad ŷm ni ddim amgen yngolwg Duw, ond megis *telpynnau*, a swppiau o bechod, a phob vn o honom megis clamp o drueni. **1632** *D, Talp*, Massa, frustum. *id. Talp* o gnawd afluniaidd a fâg ynghroth gwraig d.g. *Mola.* **1632** J. Davies: *LlR* 374, medrai Dduvv vvneuthur *telpyn* o bridd mor deg ac mor gariadus. **1675** R. Davies: *PY* [x], Yr hwn [cancr] sydd mewn ychydig ennyd yn suro 'r holl *dalp.* **1688** *TJ, Talp, telpŷn*: a lump. **1722** *Llst* 189, *Talp.* m.p. *Talpau.* A bit, chop, cut, lump, plug, sow of lead, wedge of mettal, billet or ingot of gold. *id. Telpyn.* m.p. *Talpau*: A small cut, chop of meat, lump, soad [*sic*], piece, plug. **1725** D. Lewis: *GB* 309, Toddwch Aur ac Arian ynghŷd, a phan oeront ânt yn un Fettel, neu *Delpyn* caled. **1740** T. Evans: *DPO* 103, yr Esgobion yr Offeiriaid &c. a ferthyrwyd megis eraill; lle y byddai eu Haelodau yn gymmysc blith draphlith a *Thalpau* chwilfriw yr Adeilad! *c.* **1740** *LlM* 43, [c]ymmer y Dail ar sug, a *thalp* o Ymenyn, a gwna yn rholyn. *c.* **1762–79** W. Williams: *P* 37, yr ydys yn cael graian Aur yn eu hafonydd, ac weithiau *dalpiau* mawrion. **1771** *PDPh* 54, math o chwydd neu *delpyn* caled. **1790** T. Jones: *TOS* 12, Mor belled ag y mae corph ysprydol, mwy disglair na'r haul, yn rhagori ar y *talp* gwael afiach hwn o gnawd. **1800** W. Owen-[-Pughe]: *CP* 86–7, tórir y caws yn amryw *dalpiau* oglych wyth modfedd neu naw o gyfdrwch. **1803** *P* d.g. *Talp, Talpen, Telpyn.* Ar lafar, '*talp* o rew, eira, garrag', *WVBD* 522; '*telpyn*' o glai', *id.* 528; '*telpyn* o bridd', *Cymru* xxxiv. [265] (godre Cered.); "Odd y crwts bæch yn tywlu *talpa* o bridd at 'i gilydd', 'Ma'r plentyn fel *telpyn* o dæn', *GTN* 784. Cf. D. Owen: *RL* 15, Yr oeddwn yn *dalp* o blentyn tewdrwm; M. Wiliam: *DY* 26, Dioloh yn *dalpe.*

Amr.: **tolpyn** (b. *tolpen*; ll. *tolpiau*). *Diw.* **19g.** *SE MS* 544b, *Tolpen* o fenyw (Cered.). Ar lafar, '*tolpyn*' 'sod', *WVBD* 535; '*Tolpan*' 'Tywarchen, mopan, pelen o eira', *Cymru* lxiii. 81 (gorllewin Meir.). **twlpyn** (b. *twlpen*; ll. *twlpau*). **19g.** Ar lafar yn yr ystyr 'cnepyn (o lo)', '*twlpyn*', *LGW* 321, 357 (Cered.), *Geir Glo* 59 (sir Gaerf. a gorllewin Morg.); hefyd gan bysgotwyr cwrwgl afon Tywi, '*twlpyn*' 'a sewin of 2–3 lb.', *B* vi. 313. Cf. *SE MS* 544b, *Twlpyn* . . . a small lump or or [*sic*] mass *Twlpyn* o ddyn . . . (Cered.).

talpa [bnth. Llad. *talpa*, o bosibl drwy'r S. C.] *eg.* Gwadd, twrch daear, yn *ffig.*: *mole (animal), fig.*

15g. *GDLl* 66, Taer oedd ddechrau trwy ddychryn / Talu pwyth i'r *talpa* hyn [i Harri VII]. **17g.** *CRC* 236, Rhvs ap rhvs a chwerv /i/ bart / efo i lewpart ymma / ag yno /i/ ffoiph y *talpa* blin / tan faen ai din yn vcha.

talpen, gw. **talp.**

talpentan, gw. **tâl**²**—tâl pentan.**

talpiaf: talpio [bf. o'r e. *talp*] *bg.a.* Gwneud neu fynd yn dalpiog: *to make or become lumpy.*
1800 W. OWEN[-PUGHE]: *CP* 107, [t]îr o dueddiâd i *dalpio* neu hollti. **1803** *P, Talpiaw* . . . To form into lumps.

talpiog, talpog [*talp*+-(*i*)*og*] *a.* Lympiog, priddellog; plorynnog: *lumpy, cloddy; pimply.*
1722 *Llst* 189, *Talpog.* Cloddy, massy. **1776** *W* d.g. *Lumpy.* **1800** W. OWEN[-PUGHE]: *CP* 45, [d]arn arall o chwech erw . . . o achaws rhew hir a chaled, nid allasem ei droi cyn Chwefror; mae o mor *dalpiog* ac afrywiog. **1803** *P, Talpiawg* . . . Being in lumps.

talpyn, gw. **talp.**

talsawdd [*tâl*¹+*sawdd*¹] *eg.* Math o gronfa ariannol y cyfrennir iddi'n ysbeidiol er mwyn talu dyled yn raddol, cronfa ad-dalu: *sinking fund.*
1860.

talsgrif, gw. **tâl-ysgrif.**

talsyth [*tal*¹+*syth*] *a.* Tal ac unionsyth, yn ei sefyll, ar ei draed, syth, serth: *tall and upright, erect, vertical, steep.*
1834. Cf. D. J. WILLIAMS: *ChHO* 109, gŵr *talsyth,* golygus.

talsythaf: talsythu [bf. o'r a. *talsyth*] *bg.* Sefyll yn dalsyth neu'n stiff, stiffáu: *to stand tall and upright, stiffen.*
1924.

taluchel, gw. **tal**¹+**uchel.**

talwas¹, **talfas** [gair geir., sef bnth. S. C. *talewaz, talvas*] *e?g.* Tarian (gron), bwcler: (*round*) *shield, buckler.*
1547 *WS, Talwas* ne bwcled. *c.* **1562** *B* ii. 238, *talfas*: bwcled. *c.* **1588** *ib. talwas* [bwcled]. **1604–7** *TW* (*Pen* 228), *talwas* d.g. *Ancile, Clypeum, Miliares Clauiculæ.* **1632** *D,* **Talwas,* Clypeus. [William] Ll[yn]. **1688** *TJ, Talwas,* edrych tarian, a shield, or buckler. **1725** *SR* d.g. *A Buckler.*
Gw. hefyd **talbos.**

talwas² [*tâl*¹+*gwas*¹] *eg.* ll. *-weision.* Gwas cyflog; pensiynwr: *hired servant; pensioner.*
1843.

talwerth, gw. **tâl**¹+**gwerth.**

talwisg [*tâl*²+*gwisg*] *eb.* ll. *-oedd.* Penwisg; talgudyn: *head-dress; forelock.*
1632 *D* d.g. *Antiæ.* **1766** *FfA* 15, rhodio a gyddfau estynnedig, bronnau noethion, *tal-wisgoedd* (gwisgoedd talcen) crychlyd (*frizzled foretops*). **1803** *P, Talwisg,* s. f.—pl. t. *oz* . . . a head-dress.

talwm, gw. **talm.**

tâl-wobr [*tâl*¹+*gwobr*] *eg.* ll. *-au.* Pensiwn: *pension.*
1807.
Gw. hefyd **gwobr-dâl.**

tâl-wobrwy [*tâl*¹+*gwobrwy*] *e?b.* ll. *-on.* Pensiwn: *pension.*
1844.

talwr [bôn y f. *talaf: talu*+-*wr*] *eg.* ll. *-wyr, talwrs.* Un sy'n talu, ad-dalwr, tâlfeistr, ariannwr, hefyd yn *ffig.*: (*re*)*payer, paymaster, cashier, also fig.*
?**15g.** *IGE*² 259, Nid gwell ceidwad, rad roddi, / Nyth aur, dan awyr no thi; / Na *thalwr* well dros ellmyn. / Fy mhwrs, gormersi am hyn! **15–16g.** *Cy* xxiii. 552, yn nef rwydd o naf roddiad / ar y ddayar aur i ddeuad / Y[n] roddwr anharweddiad / a *thalwr* o etholiad / yn bellaf at uchaf twng / yn deilwng yn i daliad (Dafydd ap Hywel). **16g.** *WLl* 32, Teler kost wyt *talwr* ked / Talo Duw ytt dy haeled [i Siôn Salbri]. **1604–7** *TW* (*Pen* 228), *talwr* adref d.g. *pensator.* **1606** E. JAMES: *Hom* iii. 44, Christ . . . fe fu wiw gantho ef fod [y]n *dalwr* trosom, a'n rhyddhau ni yn gwbl. **1672** J. LANGFORD: *HDdD* 384, nhw a ddewisasant yn hytrach gael dynion yn *dâl-wŷr* (*paymasters*) iddynt na Duw. **1684** H. OWEN: *DC* 155, Myfi yw *talwr* yr holl ddynion da, a phrofwr caled yr holl rai defosionol. **1701** E. WYNNE: *RBS* 19–20, mae'n arwydd mai gwaith iddo ef yr wyt yn eu [*sic*] wneud, ac nad wyt yn disgwil ond êf yn *dalwr.* *c.* **1730** *Thos. Lloyd D* (LlGC) 212b, *Talwr.* A paymaster . . . Payer. **1759** *DG* 134, Fe aeth yn feichniwr, bu deilwng o *dalwr* / Tros Adda droseddwr, fe brifiodd yn brynwr / Achubwr a nadwr eneidiau. **1778** *W* d.g. *Payer.* **1803** *P.* **1828** *Geir Pob* 32, *Tâlwrs, tâlwyr.* Ar lafar, ''Di o ddim yn *dalwr* da iawn' (Arfon); hefyd yn yr ystyr 'rhan gefn cart neu lori a symudir (neu ei ostwng, mewn lori) i ddadlwytho', *GTN* 782. Cf. D. OWEN: *GT* 63, Dywedai Dafydd, y saer, mai fy ewyrth oedd y *talwr* goreu o bawb o'i gwsmeriaid.

talwrn, *eg.* ll. *talyrnau,* (prin) *talyrni.* Maes, tir agored, tir glas, dôl, llannerch, lle agored, llain, llecyn; cwrt, iard; llawr dyrnu; gwely (gardd); lle amgaeedig a ddefnyddir i ymladd ceiliogod, cadlas (ceiliogod); ymryson y beirdd, fforwm: *open field or ground, grassland, meadow, clearing, open space, plot* (*of land*), *spot; court, yard; threshing-floor; bed* (*in garden*); *cockpit* (*for cock-fight*); *poetic contest, forum.*
14g. *GDG*³ 65, Deugwr *talwrn* y digwydd / Delw ei yn adolwg gŵydd [i'r llwynog]. **14–15g.** *IGE*² 123, Drylliaist, duliaist ar *dalwrn,* / Dy ddart hyd ymron dy ddwrn [Gruffudd Llwyd i Owain Glyndŵr]. **15g.** (*Dchr.* **17g.**) *LBS* iv. 436, trwn delwav tirion *dalwrn* / talbwrdd saint tal byrddav swrn [Hywel Dafi i Ynys Enlli]. **15g.** *HCLl* 116, Ef a fydd cynydd is cannaid —heulwen / I'r *talwrn* bendigaid [i'r Drindod]. **16g.** *RWM* i. 219, mynned adref or Eglwys yrhon ysydd ynn gorwedd ar *dalwrn* o dir gymaint ac ergid sayth or tu allan Jr gaer. *c.* **1588** *B* ii. 236, *talwrn* . . . llanerch. **16–17g.** *CRC* 359, mia fvm esgvd / gynt i mevlvd / chware ar *dalwrn* / gledde devddwrn. **1604–7** *TW* (*Pen* 228) d.g. *Aditio, Area, Cauaedium, pomœrium, Viridia.* **1632** *D, Talwrn,* Areola. **1688** *TJ, Talwrn,* llawr bychan, gwelu gardd: a little floor, a bed in a Garden. **1688** S. HUGHES: *TSP* 113, Pun oedd oreu iddo ef, ai dychwelyd yn ei ôl, ai yntau sefyll ar ei *Dalwrn* [:– Aros yn y man lle yr oedd e arno]. **1725** *SR* d.g. *A Court, or Yard.* *c.* **1730** *Taith C* 25, pa ham yr wyt ti'n cadw'r fath Gi creulon ar dy *dalwrn* (*Yard*) . . .? **1753** *TR, Talwrn,* a bare pl[o]t of ground without any building upon it. **1803** *P.* Digwydd fel e. lle, e.e. ym mhlwyfi Llanddyfnan, Môn, ac Esclusham, sir Ddinb.
Cfn.: **Talwrn y Beirdd:** *broadcast poetic contest* (*for which the tasks are given out beforehand*). **20g.** Cf. *CLC*² 695, *Talwrn y Beirdd,* cyfres boblogaidd a ddarlledwyd gan y BBC ar Radio Cymru er 1979 gyda thimau o feirdd yn cystadlu ar lunio cerddi. **talwrn (y) ceiliogod:** *cockpit* (*for cock-fight*). **1884. talwrn rhodio (i rodio):** (*dict.*) *walkway.* **1604–7** *TW* (*Pen* 228) d.g. *Ambulacrum.* **1725** *SR* d.g. *A Gallery, Tarrass Walk.* **1770** *W* d.g. *An alley* [*walk in a garden*], *Walk* [*a place for walking*].

talwyn¹, gw. **tal**¹+**gwyn**¹.

talwyn², gw. **tâl**²+**gwyn**¹.

tâl-wyneb [*tâl*²+*wyneb*] *eg.* ll. *-au.* Blaen neu wyneb (adeilad), ffrynt, hefyd yn *ffig.*: *façade, front* (*of building*), *also fig.*
1604–7 *TW* (*Pen* 228) d.g. *Frontispicium.* **1672** J. LANGFORD: *HDdD* 176, Diweirdeb neu Burdeb, yr hon a ellir yn dda ei osod yn *Nhâl-wyneb* y Dledswyddau hynny sŷdd yn ddledus arnoni i'n Cyrph. **1728** T. BADDY: *DDG* 54, is law hyn o le i mae bagad o ddalfaoedd o ddwfr, ac amryw *dal-wynebau* Gappelau [*sic*].

talyd, gw. **talaf: talu.**

talynnal, gw. **tâl**²—**tâl yn nhâl.**

talyrnol [*talwrn*+-*ol*] *a.* Yn perthyn i Dalwrn y Beirdd: *pertaining to 'Talwrn y Beirdd'.*
20g.

talyrnwr [*talwrn*+-*wr*] *eg.* ll. *-wyr.* Bardd sy'n cystadlu yn Nhalwrn y Beirdd: *poet competing in 'Talwrn y Beirdd'.*
20g.

tâl-ysgrif, talsgrif [*tâl*¹+(*y*)*sgrif*] *eb.* (bach. *tâl-ysgrifen*) ll. *tâl-ysgrif*(*i*)*au, talsgrifau.* Derbynneb, taleb; prydles, les; hefyd yn *ffig.*: *receipt; lease; also fig.*
[**1783**] *W, tâl-'sgrif* d.g. *Receipt* [*given for money received*].

tallten, gw. **talent.**

tam [Crn. C. *tam,* Llyd. C. *tam,* Llyd. Diw. *tamm,* cf. Gwydd. C. *teinm* 'torri, cnoi', be.'r f. *teinnid*: o'r gwr. IE. **tend-* 'torri', cf. Gr. τένδω 'cnoaf'] *eg.* ll. *-au,* (geir.) *-ion.* Tamaid, cegaid, talp, mymryn, rhan: *morsel, mouthful, chunk, bit, part.*
13g. *B* iv. 4, Alussen *tam* or carw. **14g.** *GDG*³ 315, Nid *tam* o ginio amaeth, / Nid fal ynyd ciglyd caeth. *c.* **1400** *J* 1, 1068, Hoff *tam* mab ny charer. *c.* **1400** *R* 1270. 2–3, keis gnap agôna glap. glippyôr *tammeu* casgyl. *c.* **1400** *Études* vii. 286, Kymer wyeu brau . . . a llosc wynt yn bwdyr, a bwrw y pwdyr hwnnw arnaw, gwedy byro y *dam,* a thegach vyd y greith. **1547** *WS, Tam.* **1632** *D, Tam,* & Tammaid, Bolus, offa. *id.* d.g. *Buccella.* **1632** *D* (*Diar*), Llwmm o fann, a *tham* o dorth, ni cheidw ei wyneb ys gwna gwarth. **1688** *TJ, Tam*: tammaid, a bit or mouthful. *c.* **1760** *Gron* 127, Twm yw'n tŵr bob *tam* o'n tud, / Twm o aingc yrr Ffraingc i'r ffrwd. **1803** *P, Tam,* s. m. pl. t. *ion* . . . as much as can be bitten off; a morsel, a bite. Ar lafar ym Morg. a sir Gaerf. yn yr ymad. '*tam* bach', ''Gaf i *dam* bach o disian 'ta?'
Gw. hefyd **temig**¹.

tamaid [*tam*+-*aid*¹] *eg.* (bach. *tameidyn, tameityn*) ll. *tameid*(*i*)*au.* Tafell neu gegaid fach o fwyd, pryd bychan, byrbryd, rhan, darn, dernyn, tipyn, mymryn, hefyd yn *ffig.* ac mewn cyd-destun *ffig.*: *small morsel or mouthful of food, small meal, snack, part, piece, fragment, scrap, smallest possible amount, bit, also fig. and in a fig. context.*
1346 *LlA* 25, Agymerant wy gorff yr arglôyd . . . Judas ae kassaaôd. Ac vrth hynny. ynn ol y*tameit* hônnô ydaeth ykythreul yntev yndaô. *id.* 48, Ygann ba beth ydyôedir anghev. ygann chôerôed. neu ygann *dameit* yrafual gôahard[e]dic. *c.* **1400** *B* ix. 113, O odineb y baed hwnnw y genir kynawon y rei a ymchoelant yn eu tat o gwnolyon *tameideu.* *c.* **1400** *id.* iii. 11, hir gnoir *tameit* chwerw. *c.* **1400** *YSG* i. 93, tri *thameit* o'r bara drwy y dwfyr. **1547** *WS, Tameid* A morsell. **1588** *Diar* xvii. 1, Gwell yw *tammed* o fara sych, â llonyddwch gyd ag ef: na thŷ yn llawn o aberthau. **1588** *Esec* xiii. 19, A halogwch chwi fi wrth fy mhobl er dyrneidiau o haidd, ac am *dameidiau* o fara. **1592** S. D. RHYS: *Inst* [xv], na alhwyd erioed bhwyta pryd o bhwyd ynn vn *tameid.* **1604–7** *TW* (*Pen* 228), *Tameityn* bach d.g. *prandium* . . . *Abstemium.* *Dchr.* **17g.** *J* 10, 152a, *Tameidyn.* Morsiuncula, offella. **1632** *D,* Tam, & *Tammaid,* Bolus, offa. **1688** *TJ,* Tam: *tammaid,* a bit or mouthful. **1723** WM: *PGG* 62, Hwn yn Syrthio o le uchel ac yn torri ei wddf, ar llall yn marw ai *Dammaid* yn ei Benn. **1763** *ML* ii. 581, Yr oedd arnaf fi eisieu ymgom ag ef ynghylch y llyfr milod yma, ond i ddiawl *dammaid* hyd na ddelo eisiau rhyw gymwynas etwa. **1766** *CD* 197, Teg edrych tuag adre; / Ni bu mi well o *damed,* / Er maint a gefais weled. **1775** *W, Tameidyn* o faccwn d.g. *Lardon.* **1803** *P* d.g. *Tamaid, Tameidyn.* Ar lafar, 'llyncu *tamad* o chwithig', 'hen grafwr go sownd am 'i *damad* ydi o', *WVBD* 522; 'yr hen *damed* ag e' (am faban, canolbarth Cered.)'; 'Myn *damid* bach i brofi', 'Wel, ar ôl yr oll a wetson' nw, 'dwi *damid* c[a]llach', *GTN* 776; ''Synnwn i *damed*'. Fe'i clywid gynt ar Enlli yn yr ystyr 'cacen goch'. Cf. D. OWEN: *GT* 179, *tamaid* blasus i'w adrodd wrth y Person ac yn y tafarnau a fuasai ymddygiad Nansi at y gweddïwyr; *id.* 255, Ni phrofais *damaid* y diwrnod hwnw; H. EVANS: *CE* 47, *Tamaid* y gelwid y pryd a alwn ni yn de.
Cfn.: *Bot.* **tamaid (y) cythraul:** *devil's bit* (*scabious*), *Succisa pratensis.* *c.* **1400** *Études* vii. 54, morsus dyalvli [*sic*], *tameit y kythreul.* **1545** ELIS GRUFFYDD: *Ll* 106, Y llyshiewyn a elwir ynn y Saesneg fforbit, ynGhymraeg *tamaid kythrel.* **18g.** *LlrC* 24, 111. **1761** *ML* ii. 413. **1813** *WB* 238. *Bot.* **tamaid (y) diafol, tamaid y diawl = tamaid y cythraul.** **16g.** *LlS* 135, Succisa yn Llatin . . . ar Gaswenwyn ynCamberaec./ A hwn yw yr llyseun y mae llawer Nasiwn yn ol phûc rhyw hên chwedl yn ei alw *Tammaid Diauol.* *c.* **1730** *Thos. Lloyd D* (LlGC) 212b, *Tammaid y Diawl* . . . G. 67. **1771** *PDPh* 43, *Tammaid y Diafol.* Ar lafar gynt yn Arfon. **tamaid i aros pryd:** *snack, also fig. foretaste.* **20g.** Ar lafar. **tamaid praw(f):** *foretaste, sample.* **1574** *Rhyddiaith Gymraeg* ii. 208, *tammed praw.* *c.* **1585** G. ROBERT: *DC* 59b. **1606** E. JAMES: *Hom* ii. 288, [*t*]*amed prawf.* **1632** *D* d.g. *Gusto.* *c.* **1730** *Thos. Lloyd D* (LlGC) 213b, *Tammaid prawf* a foretaste. **1754** G. OWEN: *L* 123.
Gw. hefyd **tameidiach.**

tamarind [bnth. S. *tamarind*] *eg.* ll. *-au.* Coeden fytholwyrdd drofannol, *Tamarindus indica,* ffrwyth y goeden hon sy'n cynnwys mwydion asidig a ddefnyddir wrth wneud bwydydd a diodydd: *tamarind* (*tree*).
1794 *W,* aeron y pren *Tamarind* yn yr India ddwyreiniol d.g. *Tamarinds.*

tamarisg [bnth. S. *tamarisk*] *eb.* *Bot.* Grucbren, grugwydd, *Tamarix*: *tamarisk.*
1722 *Llst* 189, *Tamarisc.* f. Tamerisk (shrub). **1771** *PDPh* 94–5, *Tamarisc* (planhigyn bychan yw, rhisgl coch a dail fel grug). **1794** *W,* y llysieu-bren *Tamarisc* d.g. *Tamarisk.* **1813** *WB* 238, *Tamarisc.* cdr. Grugbren.

tambaid, tambedu, gw. **tanbaid, tanbeidiaf: tanbeidio.**

tambwrîn, tamborîn, twmbarîn, &c.

[bnth. S. *tambourine*] *eg*. ll. *tambwrinau*, *-s*. Offeryn taro, sef cylch ac arno barau o ddisgiau metel tincialog a chroen tyn ar draws un ochr iddo i'w daro: *tambourine*.

1860. Ar lafar. Digwydd hefyd yn y rhigwm, 'Haleliwia bonetsi / Ac Amen strings / Calon Fendigedig / A *thambori* tins', *LlG* l. 18 (Meir.).

tamchwa, gw. tanchwa.

tameidiach, tameidach, tameit(i)ach [*tamaid*+*-iach*[2] (At.), *-ach*[2]] *e.ll.* Mân dameidiau, gweddillion: *small morsels, scraps*.

1933. Ar lafar, '*Tameitach*', *GDD* 290; 'Ryw 'en *damitach* bach o gig odd 'no', *GTN* 776.

tameidiaf: tameidio [bf. o'r e. *tamaid*] *bg.a.* Torri'n dameidiau, darnio, dryllio: *to cut into morsels, break or tear into pieces or bits*.

1547 *WS*, *Tameitio*. **16g.** *LlS* 136, blodæ rhuddion a gwreiddyn lluchdduy val petei wedyr *dameidio*. **1632** *D*, *Tammeidio*, Buccellarc. **1688** *TJ*, *Tammeidio*: to cut in morsels or bits. **1770** *W* d.g. *Bit*, *To tear a thing all to bits*, *Morsel*, *To cut in morsels*. **1803** *P*, *Tameidiaw* . . . To break into mouthfuls, to make morsels, to take bites; to bite off a morsel.

Amr.: **tameita. 20g.**

tameidiog [*tamaid*+*-iog*] *a*. Yn dameidiau, drylliog, darniog, pytiog, wedi ei wneud o ddarnau anghyswllt (am gyfansoddiad), gwasgaredig, anghyflawn: *piecemeal, in pieces, fragmentary, bitty* (*of composition*), *scrappy, scattered, incomplete*.

1723 J. Jones: *LlA* 166, Y mae Ufudd-dod rannol, Crefydd *dammeidiog*, pan yw Dyn yn ufuddhau i Dduw mewn un Gorchymmyn, ac nid mewn un arall.

tameidiol [*tamaid*+*-iol*] *a*. Tameidiog, drylliog, darniog, pytiog, anghyflawn: *piecemeal, fragmentary, bitty, incomplete*.

1723 J. Jones: *LlA* 167, nid Ufudd-dod yw'r Ufudd-dod honno a'r nad yw ond Ufudd-dod rannol a *thammeidiol* (*partial and piece-meal*). **1803** *P* d.g. *Tameidiawl*.

tameidyn, tameita, tameit(i)ach, tameityn, gw. **tamaid, tameidiaf: tameidio, tameidiach, tamaid.**

tamhigaf: tamhigo, gw. **tymhigaf: tymhigo.**

Tamileg, Tamilaeg [e.'r iaith *Tamil*+ *-eg*[1], *aeg*] *eb.g.* a hefyd fel *a*. Iaith Ddrafidaidd a siaredir yn ne'r India a Sri Lanka; yn perthyn i Damileg, yn yr iaith honno, yn siarad yr iaith honno: *Tamil* (*language*); (*in*) *Tamil, Tamil-speaking*.

1866.

tamp[1] [bnth. S. *damp*; am *d-* > *t-*, cf. *tracht, tropyn*] *a*. a hefyd fel *eg*. Llaith (ac oeraidd); lleithder, tamprwydd: *damp, dank; dampness*.

1924. Ar lafar, *WVBD* 522.

tamp[2] [bôn y f. *tampaf*[1], *tampiaf*[1]: *tamp(i)o, tampan*] *eg*.

(*a*) Hwyl ddrwg, pwl o dymer ddrwg: *bad temper, tantrum*.

1888 Glanffrwd: *PLl* 182, 'Wn i ddim oes ar ddyn onest eisieu gwybod busnes pawb,' ebe Rosser, a ffwrdd ag ef ar *damp* lled ffromus. Ar lafar, ''Odd dim reswm dros iddo fa fynd i sẁd *damp*' (dwyrain Morg.).

(*b*) Bowns, adlam, hefyd yn *ffig.*: *bounce, rebound, also fig.*

20g. Ar lafar, 'Gofnws gwestiwn i fi ar y *tamp*', *BIBC* 49; 'Os na bydd *tamp* yn y bêl 'dyw hi fawr gwerth', *LlGC* 1173, 116 (Morg.).

tampaf[1], **tampiaf**[1]: **tamp(i)o, tampan** [bnth. S. (*to*) *tamp*] *bg.a.* Bownsio, adlamu, sboncio, symud yn gyflym a bywiog, brysio, hefyd yn *ffig.*; cynhyrfu, gwylltio'n gacwn, fflamio, digio; pacio (twll) â thywod, pridd, &c., yn enw. dros ffrwydryn, stwffio yn dynn: *to bounce, rebound, leap, move smartly and in a lively way, hurry, also fig.*; *be excited, be in a raging temper, fly into a rage, take offence*; *tamp*.

19g. Ar lafar, 'Mae o'n *tampio* mewn munud', *WVBD* 523; 'Fe dy fwra di nes bo ti yn *tampan*', *Cymru* xxxiv. [265] (godre Cered.); 'Mae a'n *tampo* fel pêl. Spoken of anyone bounding about when excited over anything . . . Dewch o'ddna, *tampwch!*', *LlGC* 1173, 116 (Morg.); '*tampo* mwn natur ddrwg', ''Odd ryw blant yn *tampo* pêl am draws y wal', 'Fe *dampws* y garrag o dan y lorri at ffenast 'y 'nghar i', *GTN* 776; 'Odd cleran wedi *tampo* ar yn llaw i', *BIBC* 49. Cf. *Y Trwmpyn* 25, Ma gwyr Cardydd yn *tampo* / I gyd gan falchder mawr, / Ma'r Prins yn dyfod yno / I aros am ddwy awr!

tampiaf[2], **tampaf**[2]: **tamp(i)o** [bf. o'r a. *tamp*[1]] *bg.a.* Gwneud neu fynd yn damp, lleithio, gwlychu, bwrw glaw mân, hefyd yn *ffig.*: *to dampen, make or become moist or wet, drizzle, also fig.*

20g. Ar lafar, '*tampio*' 'to damp', *WVBD* 523.

tamplyd [*tamp*[1]+*-lyd*] *a*. Tueddol i fod yn damp, llaith: *dampish*.

1848. Ar lafar, *WVBD* 523.

tampon [bnth. S. *tampon*] *eg*. ll. *-au*, *-s*. Plwg o ddefnydd meddal a ddefnyddir i amsugno secrediadau, yn enw. yn y wain: *tampon*.

20g.

tampr [cf. *tapr*; ansicr yw'r engh. gyntaf] *eg*. ll. *-au*. Tapr, cannwyll gŵyr fain: *taper* (*candle*).

14g. *GDG*[3] 54, A *thampr* o ddewis mis Mai, / A thrwmpls y gerdd a'i thrimplai [marwnad Madog Benfras]. *Diw.* **15g.** *Pen* 27, ii. 33, A dechre llevain ac wylaw a oruc achyffroi i vam yn gimint ar lid ac i mayddodd hi ef a*thampr* kwyr kan nid oyd wial/en genthi. **16g.** *B* xv. 272, [c]ymerth *dampyr* o gwyr o gappel o'r dref. *Dchr.* **17g.** *J* 10, 152a, *Tampr* . . . tapre. **1615** R. Smyth: *GB* 105, Platina sy'n scrifenu o bab a vvenvvynvvyd ar y brifai a phappyr a ystynodd i vvas iddo, eraill a vvenvvynvvyd a mvvg *tamper*. **1803** *P*, *Tampyr*, s. m.—pl. *tamprau* . . . A taper.

Gw. hefyd **tapr.**

tamprwydd [*tamp*[1]+*-rwydd*] *eg*. Yr ansawdd neu'r cyflwr o fod yn damp, lleithder (ac oerni): *dampness, dankness*.

20g. Ar lafar, *WVBD* 523.

tamtara, gw. **tantara.**

tan[1], **dan** [cf. *adan*[1], *i dan, o dan*, ?ac *amdan-*] *ardd. rhed.* gyda'r ff. prs. *tanaf* (*danaf*), *tanad* (*tanat, danad, danat*), *tano* (*tanaw, dano, danaw*), *tani* (*dan(a)i, deni*), *tanom* (*danom*), *tanoch* (*danoch*), *tanynt* (*danynt, danunt*) a'r ff. amhrs. adf. *tano* (*tanaw*), *tanodd* (*danodd*), hefyd gyda grym enwol; a hefyd fel *cys*.

(*a*) Mewn safle is na, i safle is na, yn uniongyrchol islaw, y tu mewn i (arwyneb, &c.), llai na, am bris neu gost is na: *under, below, beneath, underneath, on the inside of* (*a surface, &c.*), *less than, for a lower price or cost than*.

12g. *GCBM* ii. 222, Bed Pyll . . . / . . . / *Dan* len ddirgel oeruelauc. **14g.** *LlB* 65, a'r kerwyneu oll, ac a uo *danunt* o'r dillad gwely. **14g.** *WM* 1. 14–15, kyuodi a oruc adyuot ylynn cuch i ellŵng egŵn *dan* y coet. **14g.** *YBH* 9b, aeth y gŵayŵ trŵydaŵ . . . ynydygŵyd rodeson yn varŵ *dan* draet y varch. **14g.** *GDG*[3] 336, A'm dylud o'r ŵydd lud lai, / A'm dinistr a'm bwrw *danai*. **14–15g.** *IGE*[2] 276, Meirch buan y sydd *danad*, / Swyddau, gwleddau pob gwlad (Siôn Cent). *c.* **1400** *Études* vii. [270], [c]ymer wynwyn . . . a dot y llyngher yn yr wynwyn a dot y bobi *dan* y lludw. **15g.** *GGl*[2] 27, Awn hyd yno a'n dilyno, / Anrhaid tyno yn rhiw *tanad* [i Abad Ystrad-fflur]. **1547** *WS*, *Tan* ne *tanaw* Under nethe. *id. Danat* Under the. *id. Danunt* Under them. **1574** *RhRC* (At.) 99, [t]an yr vn henw vffern y gelwir yr holl leoedd yr Reini *dan* y ddayar or gair llading infernus hyn yw issel ne *danodd*. **1586–7** *LlCy* v. 44, Yrail oedd lenn arthûr y neb a elai *deni* ef a gai weled pob dyn ac nis gwelai neb efo. **1588** 2 *Sam* xxii. 37, Ehanghaist fyng-herddediad *tanaf*. **16–17g.** *CRC* 441, gwelwn rhai yn ym lysco [*sic*] / at y gornel y bysso / a merch y ty a ddoede / darfod y rwy dyn [*sic*] ddwynio *tano*. **16–17g.** *GST* i. 527, Dy grys fal siorplys y sydd, / Du *dano* yw d'adenydd [i'r bioden]. **1604–7** *TW* (*Pen* 228), y rhai ynt *danom* i [*sic*], ne'n ufern d.g. *Inferi*. **1632** *D*, *Tàn*, Sub, subter, infra. *id. Tanodd*, Infrà. Adverb. *id.* geneth *tan* oedran d.g. *Impuber*. **1672** R. Prichard: *Gw* 26, Hwyntau laddsont yr hôll fechgin, / . . . / Fach a mawr *dan* ddwy-flwydd oedran. **17g.** Huw Morus: *EC* i. 319, *Danaf* deled,—madws gweled—mi a'i disgwylia' [i ofyn ceffyl]. *c.* **1720** *CIF* 48, Rh[o]wch y swm cyntaf i lawr fel hyn . . . rh[o]wch yr ail swm *tanodd* fel hyn. *c.* **1730** *Thos. Lloyd D* (LlGC) 212b, oni êl *Dan* ei draian . . . Till it be reduced to one 3[d]. **1753** *TR*, *Tàn* . . . below. **1768** J. Roberts: *R* 47, [rh]oddi lein gam, rhwng y Cyfranwr ar Cyfranedig, a lein union *tanynt*. **1775** *W*, Bod (gorwedd, &c.) *tan* d.g. *To lie under*. **1800** W. Owen[-Pughe]: *CP* 46, Rhoddaf iddo ragor o galch . . . cyn ei roi i lawr *dan* wellt. Ar lafar yn gyff., '*dan* y goedan i mochal glaw', *WVBD* 523; ''Odd o'n gwisgo fest *dan* 'i grys', 'Mi gyma' i os ydi o *dan* ddecpunt'; 'Ma dy disian di wedi cwmpo *dan* y ford', ''Wn i ddim beth yw 'i oedron a on' ma fa *dan* drician ôd', *GTN* 273. Digwydd yn gyff. mewn e. lleoedd, e.e. *Tan-y-bwlch* (Meir. a Chered.), *Tanygrisiau* (Meir.), *Tan-y-groes* (Cered.), ac mewn e. caeau, e.e. 'y cæ *dan* tŷ', *GTN* 776.

(*b*) Darostyngedig i oruchwyliaeth, awdurdod, rheolaeth, neu ddylanwad; (yn dynodi'r dull neu'r amgylchiadau sy'n bodoli): *subject to the supervision, jurisdiction, control, or influence of*; *under* (*denoting manner or attendant circumstances*).

13g. *GDB* 482, Herwydd trymfryd byd bod *tan* Saeson. **15g.** *LHDd* 57, Trydyd yŵ dyn a gynhalo perchnogaeth o dayaŵc dir *dan* y brenhin . . . yn llys y tayaŵctref y dyly atteb. **15g.** *GLGC* 50, arno mae pwys y ddwysir, / *dano* y saf deunaw sir. *id.* 94, Tyrnog Catheiniog wrth ddewiniaw—'n iawn / a'r tai a'r dyniawn a'r tir *danaw*. **15–16g.** *TA* 97, Tros dyrau Cent, trwst Draig Coch, / Teirsir a dynnir *danoch*. **1551** W. Salesbury: *KLl* xib, mae genyf vilwyr [:–sawdwyr] *danaf*. *Diw.* **16g.** *Gwyn* 3, 117, *Dan* dy fendith fyth fy vn duw y Drindod [i Beblig]. **1595** H. Lewys: *PA* 92, *Dann* Iosua yr enillod' plant yr Israel, [*sic*] lawer maes. *id.* 142, pwy bynac sydd a chwilydd arnaw oblegit y groes, ne syd' riddfanus *tani*. *id.* 165, duw ai ymddeffynnod' ef *tann* i nodded. **16–17g.** *GST* i. 112, Eled bawb i'r wlad y boch, / Liwtenant, mae'r wlad *tanoch*. **1672** R. Prichard: *Gw* 498, [c]ael fyngadel am rhoi i fynu i fod *tan* ewyllys . . . gelynion. **1679** C. Edwards: *GGG* 214, gwybyddwn fod y gorchmynion yn reidiol . . . *tan* yr Efengyl. **1701** E. Wynne: *RBS* 220, Na ymddiried dy 'lusen i law ganol, ac na osod rannwr *tanat*. **1723** H. Rowlands: *MAR* 171, Un Goron Arbennig a Gynhelir yn yr ynŷs hon . . . A thair Talaith a Gynhelir *tani*: un yn Ghymrû Benbaladr. **1730** **(1755)** E. Wynne: *PAC* 106, or anhebcor rwymedigaeth hwnnw yr 'ŷch *tanodd*, i wledda gŷda'ch bendigedig Arglwydd. **1752** G. Owen: *L* 12, Ni waeth gan y Bobl yma . . . er yr hwyed y cadwont ddyn *danodd*. **1755** *Gron* 57, Per awen i nenn a naid, / Boed *tanodd* i butteiniaid. **1768** W. Williams: *HTS* 13, A pha fodd y gallasai well, *tan* y fath ofnau digymmar. **1813** *WB* 175, *Tan* ryw fath o fyddardod, ewin garlleg . . . a'i ddodi yn y glust, a gafwyd yn feddygiaeth effeithiol. Cf. J. Morris-Jones: *CD* 117, Tipyn o wrthryfel bachgennaidd *dan* gyfaredd gau-athrawiaeth oedd hyn.

(*c*) Cyfrifol am: *responsible for*.

14g. *LlB* 64, Or byd rodyeit ar wreic y wr, bit y gwr *dan* y gwadawl hyt ympen y seith mlyned. **1661** E. Lewis: *Drex* [v], [p]arodrwydd eich ewyllys i fyned *tan* ran ragorol o'r draul, tu ag at ei osod ef allan mewn print. *c.* **1730** *Thos. Lloyd D* (LlGC) 212b, bod *Dan* y gôst. Subsistere sumptui.

(*d*) Hyd (adeg benodol), nes digwydd, yn ystod y cyfnod cyn; ?cyn belled â, hyd (y): *until, till*; ?*as far* (*as*).

1586 **(1604)** *B* v. 322, a ffob un ai darlleno / kymred hyn *dan* a dalo / heb edrych ar i feie. **16–17g.** *GST* i. 81, Yn iach weithian *dan* y dydd / Y gwelom bawb ei gilydd. **1632** *D*, *Tàn* . . . Usque ad. **1656** **(1745)** *MLl* ii. 146, Myrddiwnau o 'r Cenhedloedd dallaf . . . i adel y rhai'n *tan* eu Tymmor i'r Goleuni. **1675** R. Jones: *HCh* 132, na ddylit oedi gwneuthur dy heddwch gydâ Duw *tan* (ney hyd) dy Wely-marwolaeth. **1677** *TC* [ix–x], Ni bydd y cwbl yn barod *tan* flwyddyn gyfan etto ar y lleiaf. **1703** E. Wynne: *BC* 67, bod ymbell Sul wedi gwasanaeth yn y tafarn-dy *tan* dranoeth. **1710** *CBGEL* 15, ac am hynny nid oedd mor achos i sôn am danynt *tan* ar ôl y Refformasiwn. *c.* **1730** *Thos. Lloyd D* (LlGC) 212b, *Dan* ddyddiau'r Pâsg. Till Easter. *id.* 213b, *Tan* y borau. Till the morrow. **1753** *TR*, *Tàn* . . . until, till; as *Tan* Yleni, till this year. **1753** G. Owen: *L* 77, er hynny ni welais neb *tan* ddydd Gwener y bore. **1776** I. Brydydd Hir: *P* i. 180, ai oedi gorchwyl ein iechydwriaeth *tan* yr hwyr a wnawn ni? **1803** *P*, *Tan* . . . *Tan* yr oes hon, till this age. Ar lafar, 'Mi 'steddis i lawr *tan* iddi ddŵad yn deg', *WVBD* 527; ''Fydda' i ddim yne *tan* chwech', ''Ôn i ddim yn 'i nabod hi *tan* iddi ddechra gweithio yma'.

(*e*) Ac yntau (hithau, &c.) yn (o flaen be.): *while* (*used before a vn.*).

13g. *BD* 169, y dywavt vrthav *dan* iguon ac vylav. **1346** *LlA* 36, dôy boen a gaffant. vn dros ytremyc am bechv onadunt *dan* ywybot. **14g.** *YBH* 14a, boŵn a ysgynnaŵd ar y varch a*than* ganu kerdet racdaŵ. *c.* **1400** *YCM*[2] 53, A gellwg neit y uarch . . . a wnaeth, ac ymchoelut at Chyarlys drachefyn *dan* chwerthin. **1567** *TN* 384b, mi eythym at yr Angel, *dan* ddwedyd wrtho. *Diw.* **16g.** *Gwyn* 3, 98, Codes yntef *dan* lefain, /

ar draws rhedynos a drain [am gi]. **1632** *D*, *Dan grychneidio* d.g. *Exultim*. **1632** J. DAVIES: *LlR* [x], oedi rhoi ein bryd ar edifarhau . . . *tan* obeithio y gallwn wneuthur hynny yn well . . . ryw amser arall. **1672** R. PRICHARD: *Gw* 373, Tair gwaith o leia, gwasnaethwn ni 'r bola, / Bôb dydd pan bo byrra, *dan* bori ein bwyd. **17g.** HUW MORUS: *EC* i. 92, *Dan* addoli Duw'n ddilys, / Dylech roi diolch i Rys. **1699** T. JONES: *TP* 9, Fellu *dan* ymwthio fe a ymegniodd i ymlusco tua'r ochr hwnnw o'r Gors oedd bellaf. **1764** W. WILLIAMS: *Th* 19, Fe redodd tua'r bywyd *tan* hyfryd lawenhau. **1803** *P*, *Tan* . . . A verb, of the infinitive mode, preceded by *tan*, forms a participle. Dyna hi yn myned *tan* ganu, there she is going singing along. Ar lafar, 'Mi fasach chi'n mynd yno *tan* chbianu', 'gneud rwbath *tan* gysgu', *WVBD* 523.

(*f*) Oherwydd, oblegid, gan: *because, since*.

1651 SIÔN TREREDYN: *MDD* 174–5, *tan* ych bod wedi cyhoeddi yn amlwg . . . ych bod chwi yn un o'r rhai a etholodd Duw. **1672** R. PRICHARD: *Gw* 9, *Dan* i Dduw roi inni 'r Cymru, / Ei air sanctaidd i'n gwir ddyscu, / Moeswch inni fawr a bychain, / Gwympo i ddyscu hwn ai [*sic*] ddarllain. *c.* **1730** *Taith C* 141, Y naill oedd yn ammeu o's oedd ef Cyfreithlon iddynt fyned i Dîr Anghyssegredig, arall a ddywedei y gallent *tan* fod eu diben yn dda. **1764** DEWI NANTBRÂN: *SAG* 45–6, *Dan* fod yr Offeren wedi ei hordeinio er Coffa sefydlog o Farwolaeth a Dioddefaint Christ, ac *dan* ei bod mewn Sylwedd yr un Aberth honno a'r honno a offrymmodd Christ ar y Groes . . . nid all bod gwell Drefn o wrandaw 'Fferen, na thrwy fyfyrio ar Farwolaeth a Dioddefaint Christ. Cf. W. REES: *LlHFf* 10, Ma'n emddang-gos i fi taw hen fachen taliedd iw e, *dan* i fod e'n tendo doi gwrdd Cwarter-Seisiwn handrunning.

Fel *cys.* (*a*) (mewn cfn. â'r gn. neg., *tan na*) Hyd, nes, yn ystod y cyfnod cyn, oni, tra na(d): (*in comb. with neg.*) *until, till, while . . . not*.

1677 R. JONES: *BB* 190, Na threuliwch ddim o'ch Amser mewn seguryd a phethau anffrwythlon, *tan na* byddoch heb bethau gwell ac angenrheittiach (*till you have no better and more necessary things*) iw [*sic*] dreulio ef ynddynt, a *than na* byddo gennych amser (*till you have time*) iw [*sic*] hepcor oddiwrth waith mwy pwysfawr. **1701** E. WYNNE: *RBS* 118, wrth hynny nid oedd ond rhesswm i ni adel i Dduw lywodraethu ei Fyd ei hun, fel y mynno: a goddef yn amyneddgar nes y dêl ymwared o'r blinder, neu *tan na* ymddangoso'r achos o hono. **1703** E. WYNNE: *BC* 59, ni aethom ymlaen i weled y Wlâd yn ddirwystr; *tan na* welwn i rai 'n troi ac yn edrych arnai. **1704** E. SAMUEL: *BA* 29, [d]ewis yn hytrach anturio i fyned atto ar hyd y Dwfr, nag aros oddiwrtho *tan na* ddeuai'r llong a'i gymdeithion eraill gydag ef ir lann. *id.* 116, Fælix wedi . . . derbyn y carcharor a orchymmynodd ei gadw ef yn nadleudy Herod, *tan na* ddelai ei gyhuddwyr ef yno hefyd. **1710** *CBGEL* 15–16, ac am hynny nid oedd mor achos i sôn am danynt tan ar ôl y Refformasiwn, *tan na* throed Pabyddieth allan or Deyrnas hon trwy lwyr sefydlu y ffydd Brotestanaidd. **1721** J. P. PRYS: *DC* 152, I hwn *tan na* huno y sawl a'i perch'nogo, / Fei [*sic*] ceidw i wâg rwyfo 'n ddigrefydd. **1754** *ML* i. 302, rhaid gadael y llyfr heb ei rwymaw *tan na* cheffir y darluniadau a'r ymyla prydferth iw rhoddi ynddaw. **1760** *id.* ii. 208, Nag oes . . . dim o'r ariant gan Grosse, ac ni fydd *tan na* chaffo ddiben am ei gyfraith. [**1761**] *GGJ* 58, I doddi Amber . . . dod o yn ddarnau mewn . . . Vinegar Cru . . . a gadewch iddo boethi a chlongcian *tan na* ferwo i fynnu. **1763** *ML* ii. 582, Fel yr oedd yn y dechreuad, y mae, ac y bydd, *tan na* ddelo'n bridd a lludw, os adwaen y gwalch. **1792** T. JONES: *GE* 24, ond *tan na* theimlont y ddau wirionedd hyn, nid ellir eu tynnu i geisio happusrwydd yn Nuw.

(*b*) Hyd, nes, yn ystod y cyfnod cyn, oni: *until, till*.

1677 R. JONES: *BB* 74, Nac arhoswch *dan* y byddo Angeu wedi cau eich geneuau chwi. **1708** *EGE* 39, efe a arhosodd ar y Groes cŷd yn grogedig *tan* a ymadawoodd [*sic*] â'r yspryd, neu *tan* a fu farw. **1716** R. LLOYD: *LlGG* [3], *tan* y ddelont or diwedd i Draeth Marwolaeth. **1719** T. EVANS: *CDW* 45, Ac ni chynhwyswyd Anghrediniaeth y deu-part [*sic*] *tan* gaent Gyfleusdra i gredu. **1730** (**1755**) E. WYNNE: *PAC* 7, fe ddylid eu tywŷs ymhellach fŷth, *tan* or diwedd y caffont gyflawn addŷsg. *id.* 136, hwy a bwysant arnŷnt *tan* elont 'n warth a gwradwydd. Ar lafar, '*tan* ddaw o', ''Rhoswch *tan* bydd hi'n braf', *WVBD* 523; 'Mi 'rosa' i *tan* ddaw o adra''.

Amr.: **tanaddynt** [ff. eir. 3 ll.; ar ddelw *onaddynt*]. **1803** *P* d.g. *Tanav*.

Cfn.: **dan arfau (eirf):** *under arms, armed, also fig.* **1790** T. JONES: *TOS* 158, rhaid bod bob amser *dan arfeu* yn gwilio. **dan yr awyr, tan (yr) awyr:** *under the sky, in the open air.* **12–13g.** *GMB* 328, *Tan awyr*. **1632** *D*, *dan yr awyr* d.g. *Dium*. **1759** J. EVANS: *PF* 15, *tan yr Awyr*. **1798** W. RICHARDS: *CC* 16. **dan (tan) gochl:** *disguised, covert, under the cloak of.* **1604–7** *TW* (*Pen* 228) d.g. *pallio*. Cf. *GDG*³ 372, A gochel glaw dan gochl glas / Y fedwen, fal ynfydwas. **dan (tan) (y) ddaear:** *underground, under the earth or ground.* *c.* **1300** *B* iv. 120, dy olo di *dan daear*. **14g.** *YBH* 28b, gogof braf a meith yƀ *dan y ddayar*. **1567** *TN* 379a, yr holl creadyried y rrein ydynt yny nef, ac ar y ddayar, a *than y ddayar*. **1632** *D*, ceudwll *tan y ddaear* d.g. *Antrum*. **1653** *MLl* i. 212, Canys er iddynt sefyll ar y ddayar, nhwy fynnent y prŷd hwnnw gael i cuddio *dan y ddayar*. **1661** E. LEWIS: *Drex* 46, Trwst hefyd a glyw[i]d *tan y dda*[*e*]*ar*, fel pe gwnaethei daranau. Y mor a ruodd ac a wnaeth dwrwf: y Nefoedd a daranodd (thundred) fel ped fuasei 'r mynyddoedd gwedi ymgyfarfod ynghyd yn taro a'i gilydd. Ar lafar, 'gwitho *dan ddaear* ma fa', ''Dwi ddim 'mofyn i'm mlant i witho *dan ddaear*' h.y. bod yn golier', *GTN* 330. **tan ddydd y farn (ddyddfarn):** *till doomsday, until the crack of doom.* **1547** *WS*. **dan (tan) obaith:** *in hope* (*of*). *Dchr.* **15g.** *B* viii. 139, *dan obeith* madeueint. **1588** 2 *Mac* v. 9, wedi iddo fyned at y Lacedemoniaid, *tann obaith* i gael yno swccr. **1588** *Rhuf* viii. 21, *Tann obaith* y rhyddheir y creatur . . . o gaethiwed llygredigaeth. **dan yr ordd (y gyrdd):** *under the hammer, also fig., under the lash of criticism.* **20g.** Ar lafar, 'Mae rhywun *dan yr ordd* o hyd ganddi hi'; 'Ma'i mam yng nghyfreth 'i *dan y gyrdd* yn amal'. **dan (tan) y wialen:** *under the rod, also fig.* **1588** *Lef* xxvii. 32, [p]ôb degw[m] eidion, neu ddafad yr hyn oll a elo *dan y wialen*. **1630** *YDd* 35, fe ath gadwed allan o law *dan y wialen*, dan ofn tâd, a mam. **1672** J. LANGFORD: *HDdD* 308. **dan (tan) wrogaeth (wriogaeth, warogaeth):** *under the feudal system, under subjection, in bonds.* **1632** *D*, deiliad *tan wrogaeth* d.g. *Beneficiarius*. *id.* *dan warogaeth* . . . Mynd *tan warogaeth* d.g. *Emancipo*. **1774** *W*, Deiliad *tan wriogaeth* d.g. *Homager*. *id.* Dwyn talaith, &c. *tan warrogaeth* d.g. *Obedience*, *To bring* [*reduce*] *a province*, *&c. to one's obedience*. **dan (tan) (yr) haul:** *under the sun, beneath the sun, ?in the open air; in existence, on earth.* ?**15g.** *IGE*² 105, Ni wnaeth mab Mair, mowrgrair mwyn, / Miragl erioed er morwyn / *Dan yr haul*, daioni rhaid, / Degach o dŵr bendigaid [i Ffynnon Wenfrewi]. **15–16g.** *TA* 111, Llwyn nid oes, llawn dewiswyr, / Rhyw lwyn, *dan yr haul*, o wŷr. **1588** *Pr* i. 9, Y pêth a fu a fydd . . . ac nid oes dim newydd *dann yr haul*. *ib.* 14, Mi a welais yr holl weithredoedd y rhai sydd *tann haul*. *id.* ii. 20, fy holl lafur yr hwn a gymmerais i *tann yr haul*. **1592** S. D. RHYS: *Inst* [xiv], na[d] oes nebryw 'wybôdaeth . . . *dann yr haul*. **16–17g.** *HG* 53, *dan yr haul* un rhodd an hwy, / ny vegir mwy ai pasa. **1656** (**1745**) *MLl* ii. 172, O's gofynnir i rai sŷdd *tan yr Haul*, Bêth yw Gair Duw. **1687** (**1715**) J. OWEN: *TB* 168, Nid oes ûn Genedl Brotestanaidd *tan yr haul* mewn mwi o ddyffig [*sic*] llyfrau [na'r Cymry]. **1703** E. WYNNE: *BC* 26, mi fedraf . . . ei chyffelybu hi [angyles] i bob côch a gwyn *tan yr Haul*. **1770** *W*, *tan yr haul* d.g. *Below* [*Prep.*] . . . *below the sun*. Ar lafar. **dan (tan) law (llaw):** (i) *secret*(*ly*), *underhanded*(*ly*), *stealthy, stealthily, unreliable, untrustworthy; ?in ignorance.* **13g.** *GDB* 454, mi ni allaf / Ymguddiaw *dan llaw*. **14g.** *WM* td. 208, 23–4, yny yttoed ymodƀrd a gogan arnaƀ *dan llaƀ* gan tyloyth ylys. **1551** W. SALESBURY: *KLl* ixb, galwadd Herod *dan llaw* [:– yn ddirgel] am y dewinion. **1604–7** *TW* (*Pen* 228) d.g. *Celatim, Clanculum*. *c.* **1762–79** W. WILLIAMS: *P* 506, byddent yn arferyd plotto yn erbyn yr ymerawdwr yn ei absenoldeb, neu *tan law* yn cefnogi gelynion pellennig. *a.* **1791** W. WILLIAMS: *GP* 637, Rwi'n dywyll, llesg, a gwan, / Yn gweithio *tan fy llaw*. **1794** *W*, Gweithiad . . . *dan llaw* neu dan dîn d.g. *Underhand dealing*. Ar lafar mewn ymad. megis 'dyn *dan llaw*', 'creadur *dan law*', 'menyw *dan law*' (Cered. a sir Gaerf.). (ii) *under the authority of, under the charge of, in the hands of* (*a doctor, &c.*). **14g.** *WM* 485. 7–8, Sef yƀ yr achaƀs. *dan uy llaƀ* i y mae ef. **15g.** *GLGC* 306, Hwn yw'r gorau'n dwyn swyddau dan sêl, / hithau'n ail orau *dan law* Uriel. **1588** 1 *Sam* xvii. 22, Dafydd a adawodd y mûd oddi wrtho *tann law* ceidwad y dodrefn. **1631** O. THOMAS: *CC* 17, Porthwch braidd Duw yr hwn sydd *tan* eich *llaw*. **1701** E. WYNNE: *RBS* [ix], rhaid i ti fyw megis *tan law*'r Physygwr yn wastadol. **1722** *Llst* 189, Un clâf *tan law* meddyg d.g. *A patient*. **1740** T. EVANS: *DPO* 56. Ar lafar, 'Ma fa wedi bod *dan law*'r doctor ys misiodd', *GTN* 273. (iii) *signed by, written by, under the hand of.* *c.* **1585** G. ROBERT: *DC* [vi], Mi a welais gopi o Siarter yr ynys *dan law* Pab Rufain. **1675** R. JONES: *HCh* 56–7, Chwi a gewch ymma . . . Fil *dan law* Dduw ei hunan. **1710** *LlGG* (*Gos*) 7, yn gyntaf addaw hynny mewn 'sgrifen *tan* ei *law*. **1798** W. RICHARDS: *CC* 5, yr hyn a gadarnhaodd ef, gwedi hynny, *dan* ei *law* ei hun . . . mewn ysgrifen. Ar lafar, 'Ma 'da fi ddigon o lithiron *dan 'i law e*'. (iv) *near at hand; in the hand; by hand.* **14g.** *GDG*³ 134, Heb gael cydymddaith *dan llaw* / I addef pob dim iddaw. **1588** 1 *Sam* xxi. 3, beth sydd *dann dy law*. **1681** S. HUGHES: *AC* 35, efe a osododd fodrwy aur, yr hon oedd y pryd hynny gantho *tan law*, ar y bwrdd. **1773** *W*, pannu *dan llaw* d.g. *To felt*. Ar lafar gynt yn yr ymad. 'ceffyl *dan llaw*: y ceffyl nesaf at ddyn wrth arwain y wedd', *B* iv. 294 (canolbarth Cered.). Cf. D. J. WILLIAMS: *STG* 10, Er eu bod, ar y cyfan, yn cyd-dynnu'n rhyfeddol o dda, Ifan yn y rhych ac Esther *tan law*. **tan law a sêl:** *under the hand and seal* (*of*). **1675** R. JONES: *HCh* 65. **1687** (**1715**) J. OWEN: *TB* 137. Cf. *tan sêl* isod. **dan llef (lef):** *crying, in uproar.* **14g.** *GDG*³ 345, Mae cŵn *dan lef* ny dref draw. *c.* **1400** *R* 1241. 12, or goet tref *dan llef* dƀyn lleƀ. **15g.** *HS* 5. **dan (tan) liw (y lliw), &c.:** *under some pretence, under the pretence of, under the guise of, under the appearance of.* **1346** *LlA* 145, corff crist ynhollaƀl o eneit. Achorff . . . Ahynny oll *dan liƀ* ybara ar gƀin. **1567** *TN* 310b, y gorchestwyr hyn, yr ei *y dan liw* awyddserch ir Ddeddyf, a aflonyddent yr ei dwywol. **1604** R. HOLLAND: *BD* 14a, pan rodheir farn safadwy yn erbyn rhyw bartion arbennig, *tan liw* (*under colour of*) cyfraith gyphredinol. **1651** SIÔN TREREDYN: *MDD* 199, un arall a gais un amser *dan liw* (*under a pretence*) o'ch bod chwi yn Ghrist, ych rhyddhau. **1658** R. VAUGHAN: *GA* 45, [rh]oddant hwy [gweddiwyr] gyfrif ar lawr yn neullduol iddo ef [Duw] oi mân angenrhei[d]iau. Ac yngwirionedd *tan liw* o neullduoli. **1689** E. MORUS: *RC* 37, Na oddefwch . . . mo'ch tynnu eich hunain ymmaith *tan liw* yn y bŷd, naill ai gan Bapistiaid neu Wahanwŷr. **1765** J. POPKIN: *Ll* 222, dygir hwynt i mewn *tan y Lliw* annuwiol eu bod yn cael eu tadoli trwy Enw cysegredig yr Jesu. **tan (dan) lw:** *under oath.* **1670** J. HUGHES: *AP* 87. **dan (tan) feichiau:** *under surety, on bail, on recognizance.* **1604–7** *TW* (*Pen* 228), wedy rwymo, ne *dann veichiæ* d.g. *Vadatus*. **1632** *D*, *tan feichiau* d.g. *Satisdato*. *c.* **1730** *Thos. Lloyd D* (LlGC) 174a, bod *Tan Feichiau*. To be on Recognizance. **1770** *W* d.g. *Bailed*. **1798** W. RICHARDS: *CC* 15. **dan feichniafon = dan feichiau.** **1843. dan y morthwyl:** *under the hammer* (*at an auction*). **1853.** Ar lafar. Cf. W. REES: *AFR* 418, diwrnod yr arwerthiad, pan oedd cyrff ac eneidiau y creaduriaid [caethweision] . . . i fyned *dan y morthwyl*. **dan (tan) (y) nef:** *under heaven, on earth.* **14g.** *GDG*³ 356, Pentwr y glod, rhod rhyddfyw, / Pentref, *dan nef*, y dawn yw [i dref 'Niwbwrch]. **16–17g.** E. P. ROBERTS: *TUB* 40, Ond un a wnaeth *dan y nef* / Tŵr â'i nen tua'r nawnef (Siôn Phylip). **1728** S. RHYDDERCH: *GC* [vi], [Lladin] yr hon Iaith, er ei Henwocced, nid oes Genedl *dan y Nêf* yn ei harfer yn eu Cyffredinol Dafodjaith naturiol, eithr ym mhlith y Dysgedigion yn unig. **1768** W. WILLIAMS: *HTS* 25, na's gwelais . . . *tan y nef* ragor o ffyddlondeb i benteulu. [**1795**] W. RICHARDS: *YDY* 24, Nid oes y fath halogrwydd ymysg un genedl *tan y nef*. **dan (tan) bared, dan y pared:** *beneath the wall, below the wall, outside the wall.* **14g.** *WM* 91. 32–3, llyma y clyƀyn kyuarthua cƀn *dan paret* yr ystauell. **15g.** *OBWV* 137, Dyn ni bu ar dyno bach / *Dan bared* wyneb oerach (Dafydd ab Edmwnd). **1588** *Can* ii. 9, wele ef yn sefyll *dann* ein *pared*. Gw. hefyd *carol—carol dan bared*. **tan berfeddion (y nos):** *until very late at night, till all hours.* **20g.** Ar lafar, ''Ôn i'm adra *tan berfeddion*'. **dan (tan) boen:** (i) *on pain of* (*losing*), *under penalty of* (*losing*). **14g.** *BT* (*RB*) 160, [g]wahard vdunt *dan boen* eu holl da. *id.* 250, rodes kynnulleitua . . . lw ffydlonder y Lywelin ap Gruffud *dan boen* ysgymundawt. **1567** *LlGG* [x], *dan boen* bot y bop vn yn troseddu velly, fforfeictio . . . xii. d. **1630** *YDd* 138, gwneuthur llawer o'r drygioni . . . *tan boen* cospedigaeth dy ddigofaint. **1632** *D*, peth nid rhydd gwneuthur niweid neu ammarch iddo *dan boen* hoedl d.g. *Sacrosanctus*. *id.* *dan boen* dial d.g. *Sancio*. **1710** *LlGG* (*Gos*) 6, *tan boen* a pherygl y Gyfraith. *c.* **1762–79** W. WILLIAMS: *P* 71, eu gyrru . . . i'r afon i'w bedyddio, *dan boen* o gael eu lladd os pallent. **1795** J. THOMAS: *AIC* 63, *dan boen* ei ddirwyo o'r cyfryw Swm. (ii) *in pain.* **1774** H. JONES: *CH* 14, Ger bron yr Oen, a fu *dan boen*, / Iw dwyn o ffroen y ffwrnas [*sic*]. **dan (tan) bris:** ?*for a* (*particular*) *price, at a price.* **1588** 1 *Br* x. 28, marchnadyddion y brenin a gymmerasant y lliain main *dan bris*. **1632** *D*, Bod *tan bris* d.g. *Liceo*. **1672** R. PRICHARD: *Gw* 465. **1779** W. WILLIAMS: *BH* 42. **tan (dan) rif:** *by number, in number, numbered.* **1588** *Ecclus* xxxviii. 32, ai holl waith ef [crochenydd] fydd *tan rif*. *id.* xlii. 7, Pan roddech beth at arall, dod *tann rif* a phwys. **1632** *D*, *dan rif* d.g. *Numeratus, Numeratò, Numerosè*. **1676** W. JONES: *PGG* 40, Pa sawl Dymuniad sydd yn Gweddi 'r Arglwydd? . . . Chwech *tan rif*. **(yn) dan sang:** *crowded, crammed, packed, full, in heaps; underfoot, downtrodden, also fig.* **1604–7** *TW* (*Pen* 228), *dan sang* d.g. *Fartim*. **1632** *D*, *dan sang* d.g. *Confertus, Refertus, Suffarcinatus*. Ar lafar, 'Roedd y lle *dan 'i sang*', *WVBD* 472; 'roedd y lle *dan sang*', *Cymru* xlvii. [195] (sir Ddinb.). Cf. TALHAIARN: *Gw* i. 241, yr oedd yr ochrau *yn dan sang* o wyddfodolion; D. OWEN: *SP* 57, Yr oedd y capel *yn dan sang*. **dan sec = dan sang.** **1909. dan (tan) sêl:** *sealed, under* (*the*) (*hand and*) *seal* (*of*), (*in*) *secret.* **15g.** *HS* 2, ni wnae iddew ne wyddel / a wnaeth dyn a saeth *dan sel*. **15g.** *GLGC* 36, Aed *dan* ei *sêl* y byd yn bêl, / iddo yr êl y ddaear ir. **15g.** *DE* 79, y swydd pam na rovt *tan sel* / ith eos gyfraith howel. **15–16g.** *GIF* 82, llythyrau'n samplau *dan sêl*, / llawenhawyd llin Hywel. *a.* **1587** *Y* 35, I fam oedd ferch, serch *dan sel*, / O Lan Tywi, lyn tawel. **1591** *Rhyddiaith Gymraeg* ii. 130, Yr hon a roddwyd yn Llundain yn vchel-freiniol lys yr Admiralaieth Loegr *tann* ei *Sel* fawr yr Vnfed dydd ar ddec ar hugain o fis Gorphennaf. **1710** *LlGG* (*Art*) 1, wedi cael cennad yn gyntaf *tan* ein *Sêl* lydan i wneuthur felly. *a.* **1791** W. WILLIAMS: *GP* 544, Mi wela fyrdd

tan sêl / Fu yn ofni fel fy hun, / 'Nawr wedi dringo'r creigydd serth / Eu gyd, trwy nerth yr un. Cf. *dan law a sêl* uchod. **tan (dan) (fy, ei, &c.) siars:** (i) *in (one's) charge or care.* **1636** *Pen* 321, 316a, gwna i mi fod yn ffyddlon . . . yn trefnu y cyfriw bethe ag a roddwyd *dan fy siars* gen y meistr. **1672** J. LANGFORD: *HDdD* 336, fe berthyn i bôb penteulu wneuthur ei oreu ar fod i bawb *tan ei siars* ef gael ei haddysgu. **1701** E. WYNNE: *RBS* 202, Beth bynnac a wnelech dy hun ar sy angenrheidiol rhaid i ti edrych ar y eraill hefyd a fo *tan dy siars* di . . . wn euthur [*sic*] yr unrhyw. **1708** EGE [iv], Addyscu 'r Bobl a roddwyd *dan ein Siars*. [**1738**] E. JONES: *CE* 26, heb ganddo un ystyriaeth arall ger ei fron, namyn . . . jechydwriaeth yr Enaid *dan ei siars* ef. (ii) *charged (with sin, &c.).* **1685** *Art* 16, nid gwiw iddynt ddisgwyl yr eiff yr Escob *tann siars y pechod hwnnw*. **1710** *LIGG (Gos)* 15, [pob] cyfryw Feiau ac a oedd *dân eu siars* hwy. (iii) *under orders, ordered, enjoined.* **16–17g.** *Cer RC* 97, Galw help y duwie i gyd, / A hyn sy'n bryd i henwi,—/ Castor, Pollux, Neptune, Mars, / Dowch *dan siars* i'm helpu. **1706** *Nat Con* 9, y maent *tan eu Siars* i'n dwyn ni yn ofalus at yr Escob i'n Conffirmio ganddo. **dan (tan) swmp:** (i) *in bulk, wholesale, en masse.* **1722** *Llst* 189, Swmp, *Dan Swmp. By the great.* **1774** *W* d.g. *Gross, In the gross.* id. Prynu . . . *dan swmp* d.g. *To lump a thing [buy, or sell, by the lump].* id. Gwerthu *tan swmp* d.g. *Bulk, To sell by the bulk.* id. d.g. *By wholesale.* (ii) *by guess, by touch; in ignorance, 'in the dark.'* **1722** *Llst* 189, Swmp, *Dan swmp* . . . *by guess; by feeling.* Ar lafar yn y De-orllewin. **dan (tan) sylw:** *under or for consideration, debate, or investigation, in hand.* **1828.** Cf. *AUA* 217, Nid oes genyf ddim gwaith prydyddol o deilyngdod digonol i'w gynyg *dan eich sylw.* **dan (tan) ei therfynau:** *within its boundaries, in its entirety.* **15g.** *AL* ii. 582–4, Tri mechdeyrn dyledoc a ddyly gwladychu Cymru oll *dan y therfynau.* **1588** *Nu* xxxiv. 2, dyma yw / . . . sef gwlâd Canaan *tan ei therfynau.* **dan (tan) din:** *sneaky, sneakily, deceitful(ly), stealthy, stealthily, secret(ly), illicit(ly), underhanded-(ly), ?behind the back, in the backside.* **15–16g.** *GIF* 85, *Dan din* pob dyn yw ei dad, / dan obaith y daw'n abad. [**1753**] *ML* i. 229, Ai tybied na bo yn rhoddi benthyg llaw i'w gydwladwyr gonest, *dan din*? **1766** *CD* 148, Dwyn y Bara ay y menyn, / A dwyn y Cig iw Calyn: / Ai [*sic*] gwerthu *dan din*, / I'r Hawccers Cyffredin. **1794** *W*, Gweithiad . . . dan llaw neu *dan din* d.g. *Under-hand dealing.* Ar lafar, 'Mae 'o'n gneud petha *dan din*', *WVBD* 523; 'Dyn *tan din*, tro *dan din*', *B* xv. 25 (Meir.); 'Rai *dan din* ôn' nw fel tulu; 'alsat ti ddim o'u tristo nw', *GTN* 273. **dan y don:** *under water, also fig.* **1778** J. HUGHES: *BB* 251–2, Gwir weddw ydyw hon, bur unig ei bron, / A'i phen *dan y donn.* **dan (tan) draed:** *underneath the feet of, underfoot, also fig.; in the way (of); cheap.* **13g.** *BD* 104, mynyglеu yr estronyon a sathyr *dan y traed.* **14g.** *WM* 463. 30–1, ny flygwys konyn *dan y draet.* **14g.** *GIG* 132, Cyfodes, nid oedd neiwaith fryn, / *Dan draed* Dewi Frefi fryn. **15g.** *GDLl* 55, Ac yr ân', ar gweryl I, / Dracturiaid *dan draed* Harri. **15g.** *DE* 148, ar ddav gwnkwerwr ryw ddydd / a *than draed* tithav n drydydd. **1611** R. SMYTH: *SG* 14, ef hefyd sy'n arglwy[dd]hau ar yr anuw: cans pob peth sydd suficitthedig *dan i draed* ef. **1615** R. SMYTH: *GB* 251–2, megis pen roddvvyd ef i sefyll ynghanol ne yncentr y cyfryvv vvydyr, er yd oedd ef oddyno yn gvveled y ser ivvch i ben, a *than i draed*, megis pe i biasau [*sic*] yn e[i]stedd yn centr y ddaear. **1655** WI: *DP* 28, mathru gward dy gyfammod *tan draed.* **1703** E. WYNNE: *BC* 66, y ddaiar yn ymagor, a'r Dw'r-diluw; a *than ei draed* nid oedd ond coroneu. **1707** S. WILLIAMS: *ADA* [ii–iii], Iaith-Mam (sy wedi myned . . . *tan draed* . . . mysg pobl goeg-feilchion) a Genhedlaeth serch-newyddiawg hon). **1771** *W*, Mi a'i gwerthais ef *dan draed* d.g. *Cheap, I sold it dog cheap.* id. d.g. *Under foot.* Ar lafar, 'mynd *dan draed*', 'sych *dan draed*', *WVBD* 549; "Wyt ti *dan draed* yn dragwyddol'. **dan fy nhrwyn (ei drwyn, &c.):** *under one's nose.* **20g.** Ar lafar. **dan (tan) (yr) un:** *at the same time, together; at once, suddenly; for good.* **15g.** *Glam Bards* 189, dynion a fag drudaniaeth / Yn y tir i gwnant waeth / deuant ag offrwm Dewi / *dan un* dawn pysgod i ni / ag yna gwnn gwna o gel / i treisir y tir isel. **15–16g.** *GLM* 59, Torri 'nghlust-iau â'th glau golud / *dan un* o down i Wynedd! **16g.** *GGH* 22, 130, 150. **1703** E. WYNNE: *BC* 99, [rh]wygent . . . â'u dannedd yr holl wrid gosod, a'r ysmottieu, a'r crwyn, a'r cig *tan un.* **1760** E. WILLIAMS: *UYB* 224, Gwelaf Joan *dan yr un* / Ar Fonwes Jesu fun. **1768** RISIART AP ROBERT: *CB* 307, nad allai'r neb oedd yn llafaru mor cyfieithu *tan un.* Ar lafar ym Môn, Arfon, a sir Gaerf., *GLM* 403. **dan (tan) (yr) unto (undo):** *under the same roof (also of a semi-detached house or terrace), in the same house, in one house.* c. **1400** *CHDd²* 92, or keffir lledrat *dan undo* ac ef. Ar lafar, 'Mae o'n byw *dan unto* â ni' 'he lives in the same row as me', *WVBD* 573. **yn dan sang,** gw. *dan sang.*

Gw. hefyd **adan¹** (At.), **go¹** (hefyd At.), **i⁴—i dan.**

tan², tân² [bôn y f. *tannaf¹, tanaf¹*: *tan(n)u*;

---

dichon fod rhai o'r enghrau. isod yn perth-yn d.g. *taen¹*] *e?g.* Taen, lled: *spread (n.).*

Dchr. **17g.** *J* 10, 152a, *Tân* spreading. [**1783**] *W, Tann* d.g. *Spread [Subst.].*

Cfn.: **ar dân, ar dan:** *spread (out), scattered, abroad; spreading, diffuse. Dchr.* **17g.** *J* 10, 152a, *Ar dân.* all abroade. c. **1729** S. RHYDDERCH: *LICD* 323, O'nd [*sic*] gwael ydyw enghrau fod Cariad mor oered, / A Balchder mor dynned *ar dann.* **1765** J. EVANS: *CPE* 481, [g]yrrasant y chwedl *ar dan.* **1772** *W*, ar dann d.g. *Diffuse, Adj.* id. gortho gwely a wnaed o ddwy lenlliain . . . â gwlân neu gottwm *ar dann* rhyngthynt d.g. *Quilt.* **1785–90** (**1829**) *CBYP* 5, yn gweled y cyfryw oferbwyll gerddi disylwedd a disynwyr *ar dann* dros y holl dir.

Gw. hefyd taen¹.

tan-, (i)dan- [gw. *tan¹*] *rhgdd.* a ddefnyddir yn gfns. mewn enwau, ansoddeiriau, a berfau, ac a gyfetyb i'r S. *infra-, low(er), post-, sub-, under-,* gan ddynodi safle, swydd, swyddogaeth, gradd, gweithgaredd, &c., is, diweddarach, neu lai, e.e. *tanadeiledd, tanddaearol ((i)danddaearol), tanganolig (danganolig), tangwympedydd, tanleuadol, tanseiliaf: tanseilio, tanswyddog.*

1794 *W, Tan,* ìs; ail-, ad- d.g. *Sub-, in composition* [*under; second to* . . .]. id. *Tan-,* is-, ail d.g. *Under-* [*in Composition with a Noun, signifying Inferior, Deputy, &c.*].

tân¹ [H. Grn. *tan*, gl. *ignis vel focus*, Crn. C. a Diw. *tan*, H. Lyd., Llyd. C. a Diw. *tan*: o'r gwr. IE. **tep-* 'bod yn dwym', cf. H. Wydd. *tene*, *?ten*, Llad. *tepor* 'gwres cymedrol', Afesteg *tafnu-* 'gwres twymyn'] eg. (bach. g. *tenyn*; b. *tanen* (ll. *-ni*) ll. *tanau.*

(*a*) Y cyflwr neu'r proses o hylosgi pan fydd sylweddau'n cyfuno'n gemegol ag ocsygen o'r aer ac yn cynhyrchu golau llach-ar a gwres fel arfer, yr egwyddor weithredol yn y cyflwr neu'r proses hwn, fflam, gwyn-iasedd, llosgfa ddinistriol (e.e. mewn coed-wig neu adeilad), tanwydd (yn llosgi) mewn grât, ffwrnais, &c., dyfais a ddefnyddir i gynhesu ystafell, &c., coelcerth, fflam neu wreichionyn (a ddefnyddir i gynnau neu danio (sigarét, &c.)), matsien; gwres (oher-wydd twymyn, &c.): *fire, conflagration, bonfire, flame, spark, light (for a cigarette, &c.), match; high temperature arising from fever, &c.*

12g. *GLlF* 75, Mor diffeith nys rydiffabd, / Rac meint eu fraôd, frydyeu *tan.* **12–13g.** *GMB* 406, Duc Mab Duô o *dan* ac ergryt, / O oerwern uffern, wem weglyt. **12–13g.** *GLlLl* 155, Einyoes drang llew cyf-rang, llawr / Ânyan chwefrin dan Chwefraôr. **13g.** *Lll* 80, Nau affeyth *tan* . . . Pymhet yu llad *tan* . . . Seythuet yu chuythu a *tan* ene enynho. **14g.** *LlB* 114, Tri *than* digyureith . . . tan godeith . . . a *than* trefgord, a *than* geueil trefgord. c. **1400** *MM* 28, Ac odyna dodi y llyn hônnô y myôn padell ar y *tan.* c. **1400** *YCM²* 60, taraw Otuel ryuelwr ar warthaf y helym, yny neity6ys y *tan* o'r cledyf ac o'r helym. id. 163, A gwneuthur arwylant mawr idaw o ganveu, a chwynuaneu, a gwedieu, a thapreu kwyr, a *thaneu* a goleuni ar hyr y koedyd. **15g.** *DN* 67, A'th wewyr a theirfflam hyd wrth ddorav Harfflud, / A'i thai'n ewyllyscar a *thanav* i llosgud. **15g.** *GGl²* 278, Mi a wn lle mae ennaint / A dynn hwn o *danau* haint. **1588** *Marc* ix. 47, dy daflu i *dân* uffern. *Dchr.* **17g.** *J* 10, 155b, *Tenyn.* Igniculus. **1632** *D, Tân,* Ignis, rogus. *id. tenyn, tanen* d.g. *Igniculus.* **1698** T. JONES: *Art* 18, y breuddwyd ymma sÿdd yn arwyddo niweid neu ddrŵg yn eu tai, drwy *dân.* **1722** *Llst* 189, *Tanen. f. A sparke, spark of fire.* id. *Tenyn, m. A spark of fire.* **1760** *ML* ii. 202, Onid rhaid . . . chwynnu'r goedwig, er mwyn cael coed hefyd i roi ar y *tan?* **1803** *P* d.g. *Tân, Tanen.* Ar lafar yn gyff., 'pricia i ddechra *tân*', 'rhoi *tân* ar y llawr', 'tanllwyth o *dân*', *WVBD* 523; 'Fi ddota'r *tæn* 'nawr a ni allwn 'i gynnu fa 'eno', 'Fi nudda'r *tæn* kyn myn' mæs', 'Odd 'i gruddia 'i'n goch fel *tan*', *GTN* 1023; hefyd am y boen a deimlir wedi llosgi, &c., 'Peth nêt yw llæth i dinnu'r *tana* o losg', id. 776. Cf. D. OWEN: *D* 181, yr oedd y *tân* yn ennill nerth, a lledai yn gwneyd cais at ei ddiffoddi.

(*b*) Un o'r pedair (weithiau saith) elfen (yn ôl ffiseg yr Oesoedd Canol): *one of the four (sometimes seven) elements (according to medieval physics).*

12–13g. *GLlLl* 63, O dôfyr ac awyr ac eneid—a phrit / A fraôtus *tan* ny pheid. **14g.** *T* 79, 11–12, Am goruc an gôylat, vy seith llafanat. o *tan* adayar ardufyr ac awyr. c. **1400** *B* ii. 129, Am oed ym *dan* a gweryt / A dwfyr a daear a gyt. **1547** *WS, Tan* vn or pedwar

---

element fyre. **1606** E. JAMES: *Hom* iii. 133, Pa fodd y gallai yr element fyre . . . gyfuno ac aros ynghýd mewn heddwch . . . pa fodd na loscai ac na ddifai y *tân* y cwbl oll.

(*c*) (enghrau. ffig. ac mewn cyd-destun ffig.: *fig. exx. and exx. in a fig. context*).

12g. *GCBM* i. 296, Rwyuan *tan* taerwres, trachwres trinna6. *id.* ii. 181, Bradw ysgwyd bryd ysgein ôrth lef, / Brydeu *tan*, treulwan, trin wotef. **15g.** *GLGC* 252, a'i wyneb *ar dân* ar farch anwar, / a'i olwg mawrwych fal aig marwar. **1588** *2 Esd* xvi. 4, *Tân* a ddanfonwyd yn eich plith, a phwy a'i diffodd ef? c. **1730** *Taith C* 40, nid yw eu Calonnau dda i ddim ond i fod yn Denryn i Denderbocs y Diafol. **1740** *ML* i. 42, Y *tan* a losco yr Arglwydd Cathcart. **1793** DAFYDD IONAWR: *CD* 225, Cododd Satan yn *dân* y. Ar lafar, 'Ath 'i'n *dân* rhyntyn' nw'. Dywedir hefyd bod rhywun 'yn *dân* wy'n fwg' pan fydd yn llawn brwdfrydedd dros dro.

Cfn.: **tân a brwmstan (brwnstan, &c.):** *fire and brim-stone, also fig.* **1346** *LlA* 64. **1567** *LlGG* 141b. **1776** I. BRYDYDD HIR: *P* i. 61. **tân a chleddyf:** *fire and sword.* c. **1400** *YCM²* 17. **tân annwn:** *will-o'-the-wisp, jack-o'-lantern, ignis fatuus.* **1717** IACO AB DEWI: *MN* 174. **1723** J. JONES: *LlA* 120. **tân ar groen (ar fy nghroen, &c.):** *thorn in one's flesh, annoyance, aggravation, ex-asperating or irritating occurrence, situation, &c.* **1840.** Ar lafar, 'Ma gorfod mynd atyn' nw'n *dân ar* 'i *gro̊n* a', *GTN* 783. Cf. D. OWEN: *WBC* 154, os byddai crwtyn yn ddarllenwr gweddol yn ei Feibl . . . yr oedd hyny yn *dân ar* groen Dai. **tân ar lawr:** *fire on the hearth without any bars or grating.* **1935.** Ar lafar, *B* xv. 25 (Meir.). **tân bach (diniwed):** *glow-worm.* **1847.** Ar lafar, *B* xv. 25 (Meir.). **tân ben-digaid:** *erysipelas, Saint Anthony's fire; gangrene. Diw.* **16g.** *WLB* 62. *Dchr.* **17g.** *J* 10, 152a, *Tân bendigaid.* × Cig drŵg. **tân byw:** *intense light, flash, also fig.* **16g.** HUW ARWYSTL: *Gw* 143, awch tra aniann ywch trinoedd / a *thân byw* . . . a *thân byw* yw mhawn oedd. **1703** E. WYNNE: *BC* 104. Ar lafar, 'dyn wedi mynd yn *dân byw*', 'yn edrach fel *tân byw*', *WVBD* 523. **tân corff:** *corpse-candle.* *?*1692 *TCAS* xxv. (1934) 73, There is a certain thing in Wales . . . seen no where but in the Diocese of St. Davids . . . *Tan-Corph*, English, Fetch-Candle. **tân cwlwm:** *culm fire.* *?c.* **1850.** Ar lafar. **tân eiddew,** gw. *tân iddew.* **tân (mewn) eithin:** *gorse fire, also fig. flash in the pan.* **15g.** *GLGC* 82. **tân ellyll = tân annwn.** **1630** *YDd* 399. **1725** *SR* d.g. *Will with a whisp.* **18g.** *Gron* 108. **1781** J. JONES: *LlA* 56. **tân glo:** *coal fire; charcoal fire.* c. **1400** [*RB*] *WM* 238. 29. **1551** W. SALESBURY: *KLl* xxxviib. **1771** *PDPh* 17. Cf. D. OWEN: *RL* 197, Pan fyddwch ar hirnos gauaf yn mwynhau eich *tân glô*—nid mawn—cofiwch fod yr hyn a fwynhewch yn aml yn werth gwaed! **tân goddaith:** *heath fire.* **14g.** *LlB* 114. **tân golau:** *flaming fire, also fig.* **15g.** *HCLl* 75, Da fu enynnu yn iau / Dawn Gwilym yn *dân golau.* c. **1590** *RC* xlvi. 70, peris i mam ordaino *tan golav* geyr i bronn. **1766** *CD* 6. Ar lafar, 'Hyd yn ond os ydyn nhw wedi ffraco'n *dân golau*, dydyn nhw byth yn anwybyddu ei gilydd', M. WILIAM: *DY* 45. **tân golosg:** *charcoal fire.* **1831. tân gwidw:** *small fire.* Ar lafar, M. WILIAM: *DY* 72 (sir Benf.); '*Tæn gwitw* yw tæn bæch yng gwaelod y græt', *GTN* 783. **tân gwyllt:** (i) *raging or uncontrollable fire, also fig.; wildfire (highly flammable material, formerly used in warfare); volcanic fire; firedamp, methane (in a coalmine).* **13g.** *LlC* 25, Puyhennac a losgo ty, a llosgy o hunnu ty arall, talet ef y ty a ennynnus ganthau . . . ac ny dyly ef talu e tey ereyll, canys *tan guyllt* oed o hunny n holy allan. **14g.** *BB* 196, dal-iasant adar y to A Roi *tan gwyllt* mewn blisc knav wrthynt a hynny a lo[s]gеs y dref oll. **14–15g.** *IGE²* 287, Chweched dial gofalus, / *Tân gwyllt* o'r wybr, rhyw lwybr rhus (Siôn Cent). **1693** J. OWEN: *BP* vii, *tan gwyllt* idyw . . . c. **1762–79** W. WILLIAMS: *P* 124, daear-grynfau ofnadwy, y rhai yr ydys yn gyffredin yn tybied eu bod yn dyfod oddiwrth y *tân gwyllt* tan y ddaear. **1770** *TG* iv. 110, Llettybiwyd bod nattur y *tân gwyllt* yn y pwll . . . (ii) *fireworks, pyrotechnics, pyrotechnic dis-play.* **1934.** Ar lafar yn gyff., *WVBD* 523. (iii) *gan-grene; erysipelas, Saint Anthony's fire.* c. **1406** *MM* 78, Medeginyaeth rac y *tân gwyllt*—sef yô hônnô nyt kic drôc. **16g.** *LlS* 90, E geir yn cenol y Ddanatlen ar blodeun gwyn beth a iachaa y *tân gwyllt*. **1771** *PDPh* 91. y Clefyd a elwir *Tân Gwyllt* neu'r Pryf rhedegog ar Ddefaid. Math o Ysfa danllyd ydyw. **tân gwyrdd:** *green fire (pyrotechnical compound which burns with a green flame).* **1873. tân iddw(f), tân (e)iddew:** *erysipelas, Saint Anthony's fire; (?erron.) shingles, herpes.* c. **1550** *RWM* ii. 107, Rag y nan iddew. **16g.** *LlS* 14, Da yw [y fywfyth] i wediginiaethy *tan iddew* ar cruc dardd. *id.* 77, Cecyten . . . Da yw y ladd *tân iddw.* *Dchr.* **17g.** *J* 10, 155b, *Tân iddw.* Ignis sacer. pusula. **1632** *D, Iddwf, & Tân iddw̷f*, Erysipelas. **1725** *SR* d.g. *The Shingles.* **1760** *ML* ii. 153, ar gownt yr Election yma y mae'r ysbryd drwg yn codi yn eu mysg fal *tân Iddw*. Ar lafar, *WVBD* 227, *B* xv. 25 (Meir.); hefyd yng ngogledd Cymru. gw. **tân llachar,** gw. *tanllachar.* **tân llewyrn = tân annwn.** c. **1400** *R* 1354. 42. **tân llwynog = tân annwn.** **16g.** *GLM* 204, Aeth eu rhwysg i fethu rhawg, / aeth un llun â *thân llwynawg.* a. **1587** *Y* 169. c. **1588** *B* ii. 147, llywyrn: llwynoc; yn

llwynoc yw yr pren powdwr o fedwen ne goed arall a fydd goleu yn nos . . . yn enwedig bonkyffion o goed derw wedi braenu oddi tanodd. *c.* **1730** *Thos. Lloyd D* (LlGC) 212b. **tân marw:** *damped-down fire.* **1909. tân mawn (o fawn):** *turf fire.* **14g.** *GIG* 76. **y tân mawr:** (*fire of*) *hell.* Ar lafar, *TGG* (1907–8) 81 (de-orllewin sir Gaerf.); "I aiff i'*r tæn mawr*, ys gwythirodd!", *GTN* 783. **tân mellt (myllt):** (*fire caused by*) *lightning.* **14g.** *BT* (*RB*) 6, lloscet Deganwy o *dan myllt.* **1632** *D, tân mêllt* d.g. *Fulmen.* **tân mewn eithin,** gw. *tân eithin.* **tân mud:** *smouldering fire.* [**1783**] *W* d.g. *A smould'ring fire.* **tân myllt,** gw. *tân mellt.* **tân nefol:** *heavenly fire.* **1657** *MLl* ii. 39, os bydd y *tân nefol* yn y meddwl fe ddiscleiria allan. **1677** C. EDWARDS: *FfDd* 217, bod elfen y *tân nefol* hwn uchod. **tân o fawn,** gw. *tân mawn.* **tân oer:** *prepared fire, fire laid but not lit.* **1896.** Ar lafar yn y Gogledd a'r Canolbarth, *LGW* 319; 'Mi nei di'n iawn tra bydda' i i ffwrdd 'fory, achos mi osoda' i *dân oer* iti erbyn doi di adre". **tân pelau:** *fire made of balls of culm and coal.* **1928.** Ar lafar yn y De. **tân poeth:** *flaming fire;* (*fire of*) *hell.* **1632** J. DAVIES: *LlR* 60, [y]r holl ffurfafen yn hollti 'n ddryll-iau, a'r holl'fyd yn llosgi yn *dân poeth.* Ar lafar, hefyd yn yr ymadr. 'cris cros *tæn poth*', *GTN* 783. Cf. D. OWEN: *RL* 19, Os byddwn yn aflonydd a chwareugar, dywedai fy mam fod Iesu Grist yn ddig wrthyf, ac na chawn byth fyned i'r nefoedd, ond y byddai iddo Ef fy nhaflu i'r '*tân poeth*'. **tân pur:** *purgatory. Diw.* **15g.** *B* v. 111. **1672** R. PRICHARD: *Gw* 474. **tân Sant Anton (Antwn):** *Saint Anthony's fire, erysipelas; herpes.* **1604–7** *TW* (*Pen* 228), *Tan S. Anton* d.g. *Herpes.* **18g.** *Llr* C 24, 315, *Tân St. Anton* (*MMf* 170, *tan St. Antwn*). **tân segur = tân oer.** Ar lafar, '[*t*]*ân secur*' 'tân a osodwyd yn barod yn y parlwr ond nas cyneuir oni ddigwydd i rywun pwysig alw', M. WILIAM: *DY* 72 (gorllewin Morg.). **tân siafins:** *fire that burns quickly and then goes out, also fig. flash in the pan, nine days' wonder, impulsive or rash person.* ?**1920.** Ar lafar, '*tân shafins* o ddyn', M. WILIAM: *DY* 72; "Phariff a ddim yn 'ir. 'Os dim ma 'wnna'n nuthur yn para'n 'ir—*tæn siafins* yw popith', *GTN* 762. **tân tywarch:** *turf fire.* Ar lafar, *Cymru* xl. 243 (sir Gaerf.). **tân yn ei fol (yn eu boliau,** &c.**):** *fire in one's belly.* **20g. ar dân:** *on fire, also fig.* **15g.** *HCLl* 123, Cadarn fwlc neu dwlc *ar dân,* / Coesdew, aeldew, cest lydan. ?**17g.** (**18g.**) *CLlC* ii. 38, Mae fy mwyall etto *ar dân* / I ddifa'r mân gangheni. **1776** *W, Ar dân* i (am) wneuthur peth d.g. *Mad on doing a thing.* **1790** T. JONES: *TOS* 281, Onid oes yma danwydd ddigon i gadw cariad byth *ar dân?* Cf. D. OWEN: *GT* 13, Yr oeddwn *ar dân* yn disgwyl am Harri. **fel tân gwyllt:** *like wildfire.* **1854.** Ar lafar. Cf. H. EVANS: *CE* 59, Aeth y newydd *fel tân gwyllt* drwy y lle, pawb ar flaenau eu traed yn disgwyl amdanynt.

tân², gw. tan².

tanad¹,²,³, gw. taniad¹,², tan¹.

tanadeiledd [*tan-*+*adeiledd* (At.)] *eg.* ll. *-au.* Adeiledd sylfaenol, yn enw. adeiladweithiau a gwasanaethau megis ffyrdd, pontydd, ffatrïoedd, carthffosiaeth, &c., o'u hystyried fel sylfaen economaidd gwlad, isadeiledd: *infrastructure.*
20g.

tân-addoliad, tân-addolwr, gw. tân¹+addoliad, addolwr.

tanaddynt, gw. tan¹.

tanaf¹: tanu, tanaf²: tano, tanu, gw. tannaf¹: tannu, taniaf: tanio.

tanaf³, gw. tan¹.

tanaidd [*tân¹*+*-aidd*] *a. Drg.* Igneaidd; (geir.) tanllyd: *igneous* (*in geol.*); (*dict.*) *fiery.*
1803 *P, Tanaiz* . . . Somewhat fiery, partly fiery.

tanamcangyfrifaf: tanamcangyfrif [*tan-*+*amcangyfrifaf: amcangyfrif*] *ba.* Gwneud amcangyfrif rhy isel o: *to underestimate.*
20g.

tanategaf: tanategu [*tan-*+*ategaf: ategu*] *ba.* Cynnal neu ategu oddi isod, atgyfnerthu, cadarnhau: *to underpin, support, strengthen.*
20g.

tanaw, gw. tan¹.

tanbaid [?*tân¹*+?bôn y f. *peidiaf²: peidio*] *a.,* weithiau gyda grym enwol.

(*a*) Poeth (iawn), tanllyd; llachar; hyfflam; brwd (am galch): (*very*) *hot, fiery; bright; inflammable; unslaked* (*of lime*).
1604–7 *TW* (*Pen* 228) d.g. *Feruens, Feruidus.* **1632** *D, Tanbaid,* Ignitus. **1672** R. PRICHARD: *Gw* 77, Nid oedd lûn gwaredu enaid / Vn pechadur o'r pwll *tanbaid* [:- Tanllyd]. **1688** *TJ, Tanbaid:* hot, fiery. **1701** E. WYNNE: *RBS* 82, a'r Seinctau rhagorawl ac oeddynt yn eu cenhedlaeth yn oleuadau *tanbaid* a disclair. **1703** E. WYNNE: *BC* 103, eraill yn ffrio ac yn fflammio mewn Simnai syrn *dambaid.* **1790** T. JONES: *TOS* 102, os bydd y coed yn sychion, mor *danbeid* y llysg. **1795** J. THOMAS: *AIC* 282–3, peth *tanbaid* iawn am Dân y'w hwn [petroliwm] fe ennyn pelydr yr Haul ef mewn byr amser, a channwyll os daw yn agos atto. **1800** W. OWEN[-PUGHE]: *CP* 13–14, calch . . . Pan yw yn y cyflwr *tanbaid* llosgedig hwn (*acrid caustic state*) fo á ysa flew a chîg mewn mynyd. *id.* 70, Hyn á ddaw â chnwd yr hâd yn fwy i ganol Hâf, pan yw y tês yn *danbaid.* **1803** *P, Tanbaid* . . . Llosgi yn *danbaid,* to burn vehemently. Ar lafar, 'Mi sbrediodd y tân nes fod pob man yn *dambaid*' (sir Gaern.); 'Ma'r 'oul yn *dambid* 'eddi', *GTN* 776. Cf. D. OWEN: *D* 182, [g]oleuni *tanbaid* y tân; T. H. PARRY-WILLIAMS: *OPG* 48, Troir goleuni *tanbeitiach* uwchben.

(*b*) Angerddol, brwd, eiddgar, selog, dwys, chwyrn, gwyllt; difrifol (am salwch, &c.), llym, eithafol: *fiery* (*of persons*), *passionate, fervent, ardent, vehement, zealous, intense, violent, wild; acute* (*of illness,* &c.), *severe, extreme, intense.*
14g. *GDG³* 62, Anwr yn sawdwr, ys edyrn—yn rhaid, / Amnaid delw *danbaid,* nid ail Dinbyrn [dychan i Rys Meigen]. **14g.** *GIG* 79, Nid rhaid it ofn *tanbaid* dyn, / Adwy brwydr, od ei Brydyn. **15g.** *DN* 103, Pan na ffaid, ry *danbaid* radd, / Yn ehvdlem a'n hadladd [i'r blaned Sadwrn]? **15–16g.** *TA* 195, *Tanbeidiach,* tan byw ydwyd, / No 'r mor chwyrn, ar y march wyd. **16g.** *WLl* 206, Yn fyw orflwng yn fyrrflew / Yn *danbaid* a llygaid llew [i ofyn march]. **1604–7** *TW* (*Pen* 228) d.g. *Furiosus. id.* Clefyt blaenlhym, *tanbeit* d.g. *Oxia.* **1606** E. JAMES: *Hom* i. 66, Yn erbyn y sectau hynny . . . y gwaeddodd Christ yn *danbeitach* nag yn erbyn vn rhyw ddynion eraill. **1630** *YDd* 133, achlesu ein heneidiau oddiwrth yr oerni *tanbaid,* yr hwn a bair wylofain a rhingcian dannedd. *id.* 364, gwna fi yn fryttach, ac yn fwy *tanbaid* yn fy nghrefydd. **1632** *D, Tanbaid* . . . violentus, vehemens. **1672** R. PRICHARD: *Gw* 251, Bwyd yw Christ i borthi'r enaid, / Yn ysprydol trwy ffydd *dambaid.* **1723** WM: *PGG* 37, Mor *danbaid* oedd eu Hawydd am ychwaneg o Sancteiddrwydd. **1778** *W* d.g. *Over-violent, Violent, Violently.* **1803** *P.* Ar lafar, '*tambad*' 'vehement, impetuous', *WVBD* 522; "Rodd 'i araith o'n *dambaid*" (sir Gaern.); "Odd a'n prigethu'n *dambid* iawn", 'Ma wilia am grefydd yn 'ela rai yn *dambid*', *GTN* 776; '*Tambed*' 'high-spirited', *TGG* (1907–8) 89 (de-orllewin sir Gaerf.). Cf. D. OWEN: *RL* 157, 'bydawn i byw am gan mlynedd feder neb altro fy meddwl i am hyny,' ebe fy mam yn *danbaid;* TALHAIARN: *Gw* i. 21, pan oedd hi yn rhewi yn *danbaid.*

tanbeidiaf: tanbeidio [bf. o'r a. *tanbaid*] *bg.a.* (Peri) gloywi neu ddisgleirio, pefrio, tywynnu, pelydru, gwreichioni, melltennu, serennu, hefyd yn *ffig.*: *to* (*cause to*) *glow or shine, gleam, radiate, beam, glitter, flash, sparkle, also fig.*
[**1761**] *GGJ* 18, Am y Coch gwan . . . mae'r Varnish gwedi hyn a *Dambeda*'r Lliw. **1773** *W, tanbeidio* d.g. *To glow.* **1803** *P* d.g. *Tanbeidiaw.*
Amr.: **tambedu.** [**1761**] *GGJ* 18. **tanbedu. 1832.**

tanbeidiol [*tanbaid*+*-iol*] *a.* Tanbaid, llachar, disglair; poeth iawn, tanllyd; angerddol, eiddgar: *bright, brilliant, gleaming; very hot, fiery; passionate, ardent.*
1803 *P* d.g. *Tanbeidiawl.*

tanbeidrwydd [*tanbaid*+*-rwydd*] *eg.* Disgleirdeb, tywyniad, llewych; poethder, tanllydrwydd; sêl danbaid, angerdd, eiddgarwch, dwyster; gwyllltineb; llymder (poen, &c.): *brightness, glare, brilliance; heat, fieriness; fiery zeal, passion, ardour, intensity; ferocity; acuteness* (*of pain,* &c.).
1611 R. SMYTH: *SG* i[45], cael gras . . . i o[dd]ef drwy fawr ymynedd *tanbaidrwydd* a chreulondeb i glefyd. **1777** W. WILLIAMS: *TEA* 51, Tri math o rai wedi syrthio, y cyntaf i'w dioddef yn y societi o ran *tanbeidrwydd* eu profedigaethau. **1798** *WR* d.g. *Glare.* **1803** *P, Tanbeidrwyz,* s. m. . . . Violence. Ar lafar, '*tambeidrwydd*', *WVBD* 522.

tân-beiriant [*tân¹*+*peiriant*] *eg.* ll. *-beiriannau.* Injan dân; roced: *fire engine; rocket.*
1803 *P, Tanbeiriant,* s. m.—pl. *tanbeiriannau* . . . A fire-engine. Cf. D. OWEN: *D* 183, yn y fynyd gwelem y *tânbeiriant* yn gwneyd ei ymddangosiad, yn cael ei ddilyn gan y fire brigade.

tanbel [*tân¹*+*pêl*] *eb.* ll. *tân-belau, -beli.* Pelen dân, bom, siel, llawfom: *fire-ball, bomb,* (*bomb*)*shell, grenade.*
18–19g. R. DAVIES: *DB* 21, Nid *tân-beli,* lli, na lluwch, / Na'i fanerau f'ai 'n oruwch; / Gwrolion oedd lon i'w Lŷs,—/ Gwroniaid fâg yr Ynys.

Gw. hefyd **tân-belen.**

tân-belaf: tân-belu [bf. o'r e. *tanbel*] *bg.a.* Sielio, bombardio, magnelu, hefyd yn *ffig.*: *to shell, bombard, also fig.*
1850.

tân-belediad [*tân¹*+bôn y f. *peledaf: peledu*+*-iad¹*] *eg.* ll. *-au.* Tân-beleniad, bombardiad: *bombardment.*
[**1912**].

tân-belen [*tân¹*+*pelen*] *eb.* ll. *-belennau, -belenni.* Pelen dân, bom, siel, llawfom: *fire-ball, bomb,* (*bomb*)*shell, grenade.*
1774 *W, tân-belen* d.g. *Granado, or grenado.*

Gw. hefyd **tanbel.**

tân-beleniad [bôn y f. *tân-belennaf: tân-belennu*+*-iad¹*] *eg.* Y weithred o dânbelennu, bombardiad: *bombardment.*
1855.

tân-belennaf: tân-belennu [bf. o'r e. *tân-belen*] *bg.a.* Sielio, bombardio, magnelu; *Ffis.* cyfeirio gronynnau egni uchel neu ffotonau yn erbyn (atomau, &c.): *to shell, bombard* (*also in physics*).
1854.

tanbel-long, gw. tanbel+llong¹.

tanboer [gair geir., sef *tân¹*+*poer*] *a.* Yn poeri tân: *fire-spitting.*
1604–7 *TW* (*Pen* 228) d.g. *Igniuomus.* **1722** *Llst* 189, *Tanboer.* Spitting fire. **1803** *P.*

tanboeth [*tân¹*+*poeth*] *a.* Tanbaid, eirias-boeth; tanbaid (am berson), angerddol, brwd, selog: *fiery, red-hot; fiery* (*of person*), *passionate, ardent, zealous.*
15g. HUW CAE LLWYD, &c.: *Gw* 143, Dyn *tanboeth* anoeth ni bydd ynad / byth / tra vo bath ar ddillad. **1615** R. SMYTH: *GB* 7, Hefyd yn y bregeth 33. ar y cantica canticorum lle i serriodd megis a haiarn *tanboeth* i archollion ai gvvydiau. *id.* 144, ioeri [*sic*] 'r gvvres aruthravvl a oedd yn llosci icyrph [*sic*] o'r tu mevvn, megis rhyvv haiarn *tanboeth. id.* 257–8, Pa ryfeddod ivv hvvn fod dyn yn rhoddi i gnavvd tyner yn erbyn mettel mor *danboeth.* **1684** H. OWEN: *DC* 79, Yno y caiff y rhai anllad . . . eu trochi mewn pŷg *tanboeth.*

tanborth [gair geir., sef *tân¹*+*porth¹*] *eg.* Tanwydd, cynnud: *fuel, kindling.*
1632 *D* d.g. *Fomes.* **1722** *Llst* 189, *Tanborth.* m. Fuel; tinder. **1725** *SR* d.g. *Fuell.* **1773** *W* d.g. *Elden* [*fuel*].

tân-borthwr [*tân¹*+*porthwr¹*] *eg.* ll. *-wyr.* Stocer, taniwr: *stoker.*
1850.

tanbrawf [*tân¹*+*prawf¹*] *eg.* a hefyd fel *a.* Diheurbrawf tân; yn gwrthsefyll tân, gwrthdan: *ordeal by fire; fireproof.*
1840.

tanbren [*tân¹*+*pren*] *eg.* Dernyn o goed tân: *piece of firewood.*
1716 T. EVANS: *DPO* 216, Ffon S. Cyric, yr hon a jachai (ond ei chyffwrdd) . . . Ond ê fyddai raid talu arian i'r Offeiriaid pabaidd, canys ped amgen, ni fyddai fwy o rinwedd ynddi na mywn *tan-bren. c.* **1730** *Thos. Lloyd D* (LlGC) 212b, *Tân-bren.* **1740** T. EVANS: *DPO* 250, Yr oeddid yn credu fod mwy o Rhinwedd mewn pob *tân-bren* a maen a wneid ar ddull y Groes, wneuthur Gwyrthiau.

tanbrisiad [bôn y f. *tanbrisiaf: tanbrisio*+*-iad¹*] *eg.* Y weithred o danbrisio, amcangyfrif rhy isel: *undervaluation, underestimation.*
1830.

tanbrisiaf: tanbrisio [*tan-*+*prisiaf: prisio*] *ba.* Iselbrisio, isbrisio, amcangyfrif yn rhy isel; codi rhy ychydig ar: *to undervalue, underrate, underestimate; undercharge.*
1794 *W* d.g. *To under-prize, under-rate, or under-value.* **1798** *WR* d.g. *Undercharge.*

tanbwnc [*tân¹*+*pwnc*] *eg.* ll. *tân-bynciau.* Ffocws (mewn opteg, &c.), canolbwynt: *focus* (*in optics,* &c.).
1850.

tanc[1] [?cf. yr e. prs. ?Brth. *Tancorix*] *eg.* Tangnefedd, heddwch: *peace, truce.*
9g. (*LISC*) *LL* xliii, imguodant ir degion guragun *tagc* rodesit elcu guetig equs . . . namin ir ni be câs igridu. 12g. *GMB* 276, Rac an twyllaw byth o beth hebred / Y golli teithi *tanc* afneued. 12g. *GCBM* ii. 308, Archaf *danc* kyn tranc trwc eiryoled—Meir, / Hyd na'm gȣnel kellweir coll agkyffred. 12–13g. *GLlLl* 26, Dydel, kyn ryuel y rott a mi, / Engyl tagneuet *tanc* heb drengi. 13g. *C* 30. 1–2, Teyrn uron. *tanc* y romne. heb imomet. 14g. *T* 57. 1–2, Vn ynt [*sic*] *tanc* gan aethant golludyon [*sic*]. 1632 *D*, *Tangc*, Pax. 1803 *P*, *Tanc*, s. m. . . . peace.
Amr.: **tang**[1] [?cf. yr e. prs. *Tangwystl*]. 13g. *A* 31. 2–3, yg kyvrang nyt oed *dang* as gwnehei.

tanc[2] [bnth. S. *tank* 'receptacle'] *eg.* ll. *-iau.* Cynhwysydd (mawr) a ddefnyddir i storio hylifau neu nwyon: (*water-, oil-, &c.*) *tank.*
1846. Ar lafar, "Cha' i ddim bath am sbel—ma'r *tanc* yn oer', 'Ma'r *tanc* dŵr oer wedi gorlifo' (Arfon); 'Llanwa'r *tanc* petrol os wyt ti'n mynd ar siwrne bell', 'Ma isie dŵr glân yn y *tanc* pysgod' (sir Gaerf.); hefyd yn niwydiant chwareli'r Gogledd yn yr ystyr 'Y peiriant sy'n codi llwythi o'r twll, neu o un bonc i'r llall, ac ar yr un pryd yn anfon gwagen wag i lawr. Fe red ar reiliau gan weithio'n debyg i'r "caets" mewn glofa', E. JONES: *Canrif y Chwarelwr* 158. Cf. D. J. WILLIAMS: *ChHO* 102, Wyt ti wedi dod ag afon Teifi gyda ti yn y *tanc* 'na i dorri dy sychad?

tanc[3] [bnth. S. *tank* 'armoured vehicle'] *eg.* ll. *-iau.* Cerbyd durblatiog milwrol sy'n symud ar ei draciau ei hun ac yn cario gynnau, &c.: (*armoured*) *tank.*
20g.

tancad [bôn y f. *tanciaf, tancaf*: *tanc(i)o*+*-ad*[2], trf. han.] *eb.* Llond bol o ddiod feddwol: *skinful* (*of alcoholic drink*).
20g. Ar lafar, "Gafodd e' *dancad* dda neithwr' (sir Gaerf.).

tancaf: tanco, tancar, gw. **tanciaf: tancio, tancr.**

tancard, tancerd [bnth. S. *tankard, tankerd*] *eg.* ll. *tancardiau.* Llestr yfed (cwrw), yn enw. un metel, &c., ac iddo un handlen, pot cwrw; llond tancard; twba, siwg; hefyd yn *ffig.*: *tankard; tub, jug.*
1604–7 *TW* (*Pen* 228), hwnw . . . sy'n dwyn y pot ne'r *tancerd* d.g. *Amphorarius.* *id.* *Tancard* d.g. *Cantharus.* Ar lafar, 'Mi gafodd o *dancard* arian am ennill y twrnament' (Arfon). Cf. D. GWENALLT JONES: *PB* 7, Talodd Myrddin Tomos am *dancard* o gwrw i'r Sersiant, a chymerodd yntau lemwnêd.
Amr.: **tanced.** 1688 *TJ*, Paeol, (*Tangced*:) a Tankard. 1722 *Llst* 189, *Tanced.* m.p. *cedau.* A tankard. 1794 *W* d.g. *Tankard.* Ar lafar ym Mrych.
Gw. hefyd **tancr.**

tancer[1], gw. **tancr.**

tancer[2] [bnth. S. *tanker*] *eg.* ll. *-i, -s.* Llong, lorri, neu awyren a ddefnyddir i gludo llwythi mawr o olew, &c.: *tanker.*
20g. Ar lafar, 'Ma gormod o *dancars* ar lôn dyddia 'ma' (Arfon); '*tancer* slyri'.

tancerd, gw. **tancard.**

tanciaf, tancaf: tanc(i)o [bnth. S. *to tank* (*up*)] *bg.a.* Yfed yn drwm, potio, diota: *to tank up, booze.*
20g. Ar lafar, "Fydd 'na fawr o siâp arno fo heddiw —fuodd o'n *tancio* dipyn neithiwr' (Arfon); 'Buon' nhw'n 'i *thanco* 'i nithwr' (sir Gaerf.). Clywir *tanco* yn yr ystyr 'sugno dŵr i lestr neu beiriant', "Ôn' nw'n *tanco* o 'yd—'odd y dŵr yn myn' lawr peth' (sir Gaerf.).

tanciw, gw. **thanciw.**

tanclys [elf. anh. (?cf. Llad. C. *tanacētum*) +*llys*[5]] *eg.* *Bot.* Un o amryw fathau o blanhigion o'r tylwyth *Tanacetum,* yn enw. *T. vulgare* sy'n dwyn blodau melyn a dail persawrus chwerw, ac a ddefnyddid gynt yn feddyginiaethol ac wrth goginio, tansi, gystlys, ystrewlys: *tansy.*
1801 *MMf* 131, Cymmer y *tanclys* gwyllt neu'r dôf. *id.* 282 d.g. *Athanasia.* *id.* 286 d.g. *Garaseca.* 1813 *WB* 238, *Tanclys.* edr. Gystlys.

tancr, tancar, tancer[1] [cf. *tancard*; 1601 yw dyddiad yr engh. gyntaf o'r ff. *tanker* yn *OED*[2] d.g. *tankard*] *eg.* ll. *tanceri.* Tancard, pot cwrw; twba, stên, siwg; hefyd yn *ffig.*: *tankard; tub, pail, jug; also fig.*
14g. *GDG*[3] 392, Yn nhafarn cwrw anhyful / Tincr a'i cân [telyn] wrth foly *tancr* cul. 14g. *GIG* 168, Twncl ar y tafod tancern, / Tincer gwawd, wyneb *tancr* gwern. *Diw.* 16g. M. KYFFIN: *DFf* 277, ar sur dussw sion Dasswn / rhyw biser kryn *danker* krwn. 16–17g. T. R. ROBERTS: *EP* 240–1, Mae yn ei bron, fal myn bras, / A renid ar ei wanas, / *Tanceri* tynciau arab, / Fal twmffed, am arffed mab [i ofyn galigasgyn]. 1763 *DT* 164, Roedd gantho Ddysgl Biwtar, / A Thymblan pren, a *Thancar*; / A deng ngalwyn o hen Fir, / Heb yn y Sir mo'i gymmar.
Gw. hefyd **tancard.**

tanctop [bnth. S. *tank top*] *eg.* ll. *-s.* Math o siwmper ddilewys a digoler: *tank top.*
20g. Ar lafar, 'Mang-gu 'nath weu y *tanctop* 'ma'n anrheg i mi'.

tancwd [?*tan-*+*cwd*[1]] *eg.* ll. *tancydau.* Ceillgwd, sgrotwm, hefyd yn ddifr. am berson, ac yn *dros.*; ?tor neu dethi (hwch); (?geir.) caill: *scrotum, also derog. of person, and transf.*; ?(*sow's*) *udder or teats*; (?*dict.*) *testicle.*
14g. *IGE*[2] 125, A fu dincwd, hwd hudawl, / Y sy bencwd, *tancwd* diawl [Gruffudd Llwyd i Owain Glyndŵr]. c. 1400 *R* 1336. 1–2, Llech rech rȣt *tankȣt* tingkyr gwarth tlodi gwyr gwir vu yr gwynt dy grogi. *id.* 1338. 24–5, Adaf dinkyr *dankȣt* hȣydyedic: odof dauaȣt nyt auan vyrdic. 15g. *CMOC*[2] 112–14, Ni chair i'n oes chwarae'n well / uwch ei ffwrch, hwch a phorchell; / chwarae, dysgwch i'ch wyrion, / *tancwd* hwch uwch tincwd hon [Llywelyn ap Gutun i fab a merch yn caru]. *id.* 126, torcyn fal Iorwerth Teircaill, / *tancwd* pŵl fal tincwd paill [dychan i geilliau Guto'r Glyn gan Ddafydd ab Edmwnd]. 15–16g. *GIF* 74, Mal *tancwd* yn moli tincerdd / mae heb ddull cân, mabddall cerdd [Wiliam Egwad i Siôn Leision]. 1547 *WS*, *Tankwt* A balocke. 16g. *LIS* 142, ai phrwyth yn tyfy goruch bôn y dail yn *dancydæ* bychain [am y ffigysbren]. 1632 *D*, *Tancwd*, Scrotum. Suffiscus, *Tancwd* hwrdd. 1688 *TJ*, *Tancwd*, croen cŵd y dirgelwch: the outward skin of a man or beasts Cods. c. 1689 (1802) L. WILLIAM: *Sherlyn Benchwiban* 26, Ei blattiau cryfa fo ydyw crefion, / Trwsiwr hylaw, toes yw'r hoelion; / Dan ymwafyn, dyna arfer / Segur *dancwd*, Sarrug Dincer. 1722 *Llst* 189 d.g. *Tancwd.* m. The outward skin of y[e] testicles. 1803 *P.*

tancwr [bôn y f. *tanciaf, tancaf*: *tanc(i)o*+*-wr*] *eg.* ll. *-wyr.* Un sy'n tancio, potiwr: *boozer.*
20g. Ar lafar, cf. L. EBENEZER: *Dim Heddwch* (2000) 41, Ie, Joe Jenkins, bohemiad, bardd a *thancwr.* *id.* 71, [c]yrchfan i bob iob . . . Adferwyr, Undeb y *Tancwyr*, Bois y Bont, Bois Ffostrasol.

tanchwa, tamchwa, damchwa [?*tân*[1] a *dam-*+*chwa*[1]; tebyg fod yma ddau air gwahanol yn wr., a bod y naill wedi dylanwadu ar y llall] *eb.g.* ll. *tanchweydd, tanchwaoedd.* Ffrwydrad (yn enw. mewn pwll glo), tanfa; llosgnwy, nwy tanllyd (mewn pwll glo); hwrdd (o wynt), awel, chwa, chwythiad, pwff; tawch, tarth, nawsiad, arllwysiad, llif, gorlifiad; hefyd yn *ffig.*: *explosion* (*esp. in a coalmine*), *blast; firedamp, methane* (*in a coalmine*); *blast* (*of wind*), *breeze, breath, puff; vapour, exhalation, a pouring forth, flow, overflow; also fig.*
1604–7 *TW* (*Pen* 228), *damchwa* gwynt d.g. *Afflatus.* *id.* *Tamchwa* d.g. *Aura.* *Dchr.* 17g. *J* 10, 152a, *Tanchwa.* dampe. 1701 E. WYNNE: *RBS* 203, bendithion . . . yn fawr *damchwêydd* (*great effluxes*) o drugareddau Duw. *id.* 214, yn cefnogi'n diwydrwydd âg ymbell *damchwa* fechan (*little overflowings*) o lawenydd ysprydol. 1703 E. WYNNE: *BC* 86, gwelit *damchwa* o dân yn torri allan. *id.* 110, dyblwch y tân a'r berw oni bo'r peirie'n codi'n *damchweydd* tros eu penneu. 1722 *Llst* 189, *Damchwa.* f. A blast of wind. 1760 *YTWN* 5, O pa *damchweydd* o orfoledd a leinw ein Calonnau. 1771 *W*, *damchwa* d.g. *Breath.* 18–19g. IEUAN LLEYN: *C* 26, Hi [yr ysgrifen ar y mur] a'th gorddiwes, boeth agwrdd awel, / Ei *damchwa* hi a'th dymchwel—mal gwyntyll / Deryll, ti a phebyll dy hoff Fabel [am wledd Belsasar]. 1803 *P*, *Damçwa*, s. f. . . . An overturn. *id.* *Tançwa*, s. m. . . . Fire blast, the fire damp, or noxious vapour in mines.
Amr.: **tanchwaw** [cf. *chwaw*, amr. ar *chwa*[1]]. 17g. *LlGC* 13215, 382.

tân-chwydfa [*tân*[1]+*chwydfa*] *eg.* ll. *-chwydfâu.* Echdoriad folcanig; llosgfynydd: *volcanic eruption; volcano.*
1845.

tanchwydd, gw. **tynchwydd.**

tân-darawydd [*tân*[1]+*tarawydd*] *eg.* Clicied clo gwn, cnicyn: *cock of gun.*
1794 *W*, *tan-darawydd* d.g. *Cock of a gun.*

tandarth [*tân*[1]+*tarth*] *eg.* Llosgnwy, nwy tanllyd (mewn pwll glo); nifwl: *firedamp, methane* (*in a coalmine*); *nebula.*
1883.

tandem [bnth. S. *tandem*] *eg.* Beic ac iddo ddwy set o bedalau a dau gyfrwy wedi eu gosod y naill tu ôl i'r llall; unrhyw drefniant gyda dau berson neu ddau beth ynghyd: *tandem.*
20g.

tandod [*tân*[1]+*-dod*] *eg.* Tân mawr, coelcerth; taniad: *conflagration, bonfire; ignition.*
14g. *T* 31. 14, Gwellt atho tei. ty *tandawt.* 14g. *SC* viii/ix. 187, a chyweiraw *tandawt* mawr yn y ty. 1632 *D*, *_Tandawd_, Incendium, rogus. 1688 *TJ*, *Tandawd*, eiries o dân: a great fire or flame. 1722 *Llst* 189, *Tandawd.* m. A conflagration. 1753 *TR*, *Tandawd*, a bonefire, a great fire. 1803 *P*, *Tandawd*, s. m. . . . Ignition; a conflagration.

tandwf [*tan-*+*twf*] *eg.* Coed neu brysgwydd sy'n tyfu o dan goed neu dyfiant tal arall: *undergrowth.*
20g.

tandwng, gw. **damdwng** (hefyd At.).

tandwll [*tân*[1]+*twll*] *eg.* Twll tanio: *touch-hole.*
1794 *W*, *Tân-dwll* gwnn saethu d.g. *Touch-hole.*

tandwyraf: tandwyro, gw. **twymdwyraf: twymdwyro.**

tân-dyniad [*tân*[1]+*tyniad*] *eg.* Trydan: *electricity.*
1816.

tanddaearol, (i)danddaearol [*tan-, (i)dan-*+*daearol*] *a.* ll. *-ion,* a hefyd gyda grym enwol. Yn bodoli, yn digwydd, wedi ei leoli, &c., dan wyneb y ddaear; cudd, dirgel, cyfrinachol, (yn perthyn i grŵp neu fudiad sydd) yn gweithio'n gudd er mwyn tanseilio'r drefn lywodraethol, yn perthyn i isddiwylliant sy'n cynnig ffyrdd radicalaidd o fyw, o weithredu, o feddwl, &c.: *underground, subterranean.*
1551 W. SALESBURY: *KLl* xxia, ynny bo yn enw yr Iesu / i pop glin estwng er eiddo neuolion / dayarolion ac *y dan/ddayarolion* (1588 *Phil* ii. 10, [y] pethau tan y ddaiar). 1604–7 *TW* (*Pen* 228), *dandhaearawl* d.g. *Subterraneus.* 1794 *W* d.g. *Subterranean or Subterraneous.* 1803 *P.*

tanddaearwr [*tan-*+*daear*+*gŵr*] *eg.* ll. *-wyr.* Gweithiwr dan ddaear, mwynwr: *underground worker, miner.*
Ar lafar, 'Ma'r *tanddaearwyr*, druin, yn gwynepu llawar o byryclon', *GTN* 777.

tandde [*tân*[1]+*de*[1]] *eg.* a hefyd fel *a.* Tân fflamllyd, goddaith, coelcerth; *Meddyg.* llid, enyniad; fflamllyd, eirias, hefyd yn *ffig.*: *blaze, conflagration, bonfire; inflammation, irritation* (*in med.*); *flaming, blazing, also fig.*
12g. *GMB* 263, Y dygyfȣrw enwir yn enwerys goll / Yg kyllestric *dande.* 12g. *GCBM* ii. 272, Dychymer ufelyar bar bann, / Dychrys gȣrys gȣres *tande* allan. 12–13g. *GLlLl* 88, Moleis-y rwyf Kemeis kamre—ysgaylan / Yn amwyn garthan gyrth y *dandde.* *id.* 141, Klywaf uyg callonn tonn ual *tande* / Yn llosgi yrdi ar detyf kynne. 13g. *A* 17. 20–1, Moch dwyreawc y more. kynnif aber. rac ystre bu bwlch bu twlch *tande.* c. 1400 *R* 1044. 10, llys benn gȣern neut *tande.* 1604–7 *TW* (*Pen* 228) d.g. *Collectio, Cynicauma, paralis.* *Dchr.* 17g. *J* 10, 152a, *Tande.* inflammation. Phlegmone. 1632 *D*, *Tandde*, Inflammatio, empyreuma. *id.* d.g. *Condyloma, Deflagratio, Pyriasis.* 1688 *TJ*, *Tandde*, llîd tanbaid, tardd o wrês: an Inflammation. [1762] E. POWELL: *HEI* 41, Rhag y *Tandde*, Tarddwreinin, neu'r Darddwden. 1770 *W* d.g. *A blistering heat, Heats in the face.* 1803 *P.*
Cfn.: **tandde chwyddedig:** *carbuncle* (*skin abscess*). 1771 *W* d.g. *Carbuncle.* 1813 *WB* 237, [y] Boethfflam neu'r *tandde chwyddedig.*

tân-ddefnydd, gw. **tân**[1]+**defnydd.**

tanddefnyddiaf: tanddefnyddio [*tan-*+*defnyddiaf*: *defnyddio*] *ba.* Defnyddio rhy

ychydig ar, gwneud defnydd annigonol o: *to underutilize*.
20g.

tanddeiliad [*tan-*+*deiliad*[1]] *eg.b* ll. *-iaid*. Isddeiliad, istenant: *subtentant, undertenant*.
1658 R. VAUGHAN: *PC* 19, Y cyfriw ddyledion a gyflawnir ag enwedigol barch i benaethiaid, ir *tanddeiliaid*, ac in cystadlwyr. **1794** *W* d.g. *Under-vassal, or under-tenant*.

tân-ddewiniaeth [gair geir., sef *tân*[1]+ *dewiniaeth*] *eb.* Dewiniaeth drwy (arwyddion yn deillio o) dân: *pyromancy*.
1794 *W* d.g. *Pyromancy.* **1803** *P*.

tân-ddiffoddwr, tân-ddiffoddydd [*tân*[1] + *diffoddwr, diffoddydd*] *eg.* ll. *-ddiffoddwyr*. Aelod o frigâd dân, dyn tân; teclyn cludadwy ar lun silindr sy'n cynnwys cemegolion hylifol, dŵr, &c., i'w chwistrellu ar dân i'w ddiffodd, sylwedd a ddefnyddir i ddiffodd tân: *fire-fighter, fireman; fire extinguisher, substance used to extinguish fire*.
1850.

tanddryll [*tân*[1] + *dryll*] *eg.* ll. *tân-ddrylliau*. Canon, magnel, morter: *cannon, mortar*.
1816.

tanddwr [*tan-*+*dŵr*] *a.* Yn bodoli, yn digwydd, wedi ei leoli, &c., dan wyneb y dŵr: *underwater, subaqua*.
20g.

tanddyfrol [*tan-*+*dyfrol*] *a.* Tanddwr: *underwater*.
1863.

tanedig [bôn y f. *tannaf*[1], *tanaf*[1]: *tan(n)u* +*-edig*] *a.bfl.* Wedi ei daenu neu ei ledaenu, gwasgarog, gwasgaredig, ar led; wedi ei orchuddio: *spread (out), dispersed, scattered, widespread; covered*.
16g. *B* xi. 85, ac Jr ydoedd y mor yn *dannedic* o longav. **1708** *EGE* 57, nad ydyw'r Eglwys yr Awrhon wedi ei chaethiwo . . . ond mae'n Gatholic neu'n Gyffredinol, neu yn *Danedig* tros y byd. **1744** D. ROWLAND: *RY* 297, nhwy a orweddasant yn *Dannedig* ar y Ddaiar fel Dynion Meirw. **1794** *W* d.g. *Stretched abroad.* **1801** *MMf* 184, a dod arno wynn wi yn *dannedig* ar y lliain. **1803** *P*.
Gw. hefyd **taenedig**.

tanell, tannell [*tân*[2], *tan*[2]+*-ell*] *e?b.* *tanellau*. Taenellwr, ysgeintell, hefyd yn *ffig.*: *aspergillum, also fig*.
1584 R. WHITE: *C* 58, chwistrell yn *danell* (id. 56, daenell) o dan / o rhyw [sic] dwll ared [sic] allan [am wn]. **1651** SIÔN TREREDYN: *MDD* 290, y mae'r eneidiau gweigion fal *tannellau* allwys yn barodol i dderbyn pob peth a fwrier iddynt.
Gw. hefyd **taenell**.

tanellaf: tanellu [cf. *taenellaf: taenellu*, ac ymhellach *taenaf: taenu, tannaf*[1], *tanaf*[1]: *tan(n)u*] *ba.* Taenellu (yn enw. mewn cyd-destun crefyddol, e.e. bedydd), ysgeintio; taenu, lledaenu, gwasgaru, chwalu: *to sprinkle (esp. in a religious context, e.g. baptism); spread (out), diffuse, scatter, strew*.
1567 *LlGG* 40b, a ei gwaet a *danellir* (**1588** *Eseia* lxiii. 3, daenellir) ar vymdillat, a'm oll wyscoedd a halogaf. **1675** R. JONES: *HCh* 133, *Tanella* dy enaid a gwaed Jesu Grist. **1675** R. DAVIES: *PY* 169, felly y dylid trochi y rhain yn nwfr y bedydd, neu eu *tanellu* ag ef. **1677** E. EDWARDS: *FfDd* 110, Ac wrth ddyfod iw [sic] gweddiau golchant eu dwylo a'u traed, a *thanellant* ddwfr ar eu pennau deirgwaith. **1700** *TDP* 37, a *thanella* dy holl Aberthau a Halen. *id.* 45, a Gogoniant a Gorucha a *denellir* allan arno efe. **1719** *EGBG* 3[9], y cyrph nefol yn *tanellu* i lawr oleuni a gwres. **1723** J. JONES: *LlA* 174, Rhaid i ni fod ein Calonnau wedi eu *tannellu* oddi vvrth Gydvvybod ddrvvvg, a'n Cyrph vvedi eu golchi a Dvvfr glan. **1728** T. BADDY: *DDG* 55, yr [sic] Penadur . . . a *dannellodd* ni a Dwfr bendigaid. **1759** J. EVANS: *PF* 28, lloscwch a *thanelltwch* y Lludw am hyd-ddo. **1778** J. THOMAS: *HB* 60, fe'm *tannelltwyd* in Faban, ac mi a fedyddiwyd mewn oedran. Ar lafar ''Ôn'' nw'n *tanellu* dou fabi bora dydd Sul' (dwyrain Morg.).
Gw. hefyd **taenellaf: taenellu**.

tanelliad [bôn y f. *tanellaf: tanellu*+*-iad*[1]] *eg.* Taenelliad (yn enw. mewn cyd-destun crefyddol, e.e. bedydd), ysgeintiad; lledaen-

---

iad: *a sprinkling (esp. in a religious context, e.g. baptism); a spread(ing)*.
1657 *MLl* ii 79, Jesu cyfryngwr y Testament newydd, a gwaed ei *tanelliad*. **1672** R. PRICHARD: *Gw* 278, trwy *danelliad* gwaed Christ. **1683** J. JONES: *TG* 156-7, Nid ydych chwi 'r Cwaceriaid yn Bedyddio mo'ch plant . . . os dy feddwl ydyw'r *Tanhelliad* ar blant bychain. **1688** S. HUGHES: *TSP* 64, megis ac y gwelaisti y llangces yn gostwng y dwst, trwy *danelliad* y dwfr ar hyd y llawr. **1716** E. SAMUEL: *GGG* 90, [y] Grefydd Grist'nogol . . . nid llai ei hymgyrch ai *thanelliad* hyd Asia oll. **1723** J. JONES: *LlA* 201, ac od vvyf yn ymbil am *danelliad* ei Waed ef ar fy Ngydvvybod. [**1751**] J. THOMAS: *AUR* 33, nad oedd ei *Dannelliad* yn ei Febyd yn 'scrythurol Fedydd.
Gw. hefyd **taenelliad**.

tanen, gw. **tân**[1].

taneraf, taneriaf: taneru, taner(i)o [bf. o'r e. *tanner*] *bg.a.* Cyweirio (crwyn), barcio: *to tan (hide)*.
1784 M. WILLIAMS: *S* i. 101, ac o'i groen yr ydys yn gwneuthur lledr hynod, wrth ei *danheru*. Ar lafar, ''Odd crôn trig ddim yn *taneru*'n iawn'', ''Ôn ni'n mynd mewn â nw i'r tanerdy i gâl dechre *tanero* nw' (gogledd sir Gaerf.).

tanerdy [*tanner*+*tŷ*] *eg.* ll. *-dai*. Gweithdy cyweirio crwyn, barcty: *tannery*.
1875. Ar lafar, ''Ôn ni'n mynd mewn â nw i'r *tanerdy* i gâl dechre tanero nw' (gogledd sir Gaerf.); hefyd yn y ff. *tanierdy*, *GDD* 291. Mae *Tanerdy* yn bentref yn sir Gaerf.

taneriaf: tanerio, gw. **taneraf: taneru**.

tân-ermig [*tân*[1] + *ermig*] *eg.b.* Injan dân: *fire engine*.
1848.

tanerwr [*tanner*+*-wr*] *eg.* ll. *-wyr*. Tanner, barcer: *tanner (of hides)*.
1597 (18g.) *Rhyddiaith Gymraeg* ii. 158, ac megis o'r croen a gyweiriawdd y croenydd neu'r *tannerwr*.

tanfa[1] [bôn y f. *tannaf*[1], *tanaf*[1]: *tan(n)u*+ *-fa, ma*, cf. *taenfa*] *eb.g.* ll. *-fâu, -feydd* *-faoedd, -feuau, -feuon*. Taenfa, taeniad, gwasgariad; haen, pentwr; lle i daenu (rhwydau, gwair, &c.), rhenc (o wair, ŷd, &c.), carfan, gwanaf; darn (o dir), ehangder: *a spread(ing), dispersion; layer, heap; place for spreading out (nets, hay, &c.), windrow, swath; tract (of land), expanse*.
c. 1400 *YCM*[2] 153, Ac eu hymlit a oruc Rolant udunt a'e wyr, ac eu hatleas o *danuaen*. *a.***1587** *Y* 45, Topia'r gwŷr, ti piav'r gad, / *Tanfa* llwgr, tyn fy llygad! **1588** Exec xlvii. 10. A bydd i'r pyscod-wŷr sefyll arni o En Gedi, hyd En Eglaim, y rhai fyddant yn *danfa* (**1746** *ib.* tanefa [sic]) rhwydau. **1604-7** *TW* (*Pen* 228), yn danvaæ d.g. *Sparsim*. **1722** *Llst* 189, Tanfa. f. p. *fâau*. A spreading abroad, a lay. **1735** S. THOMAS: *HP* 153, fod Heresiau a Chau [sic] Athrawiaeth yn debygol i dorri arnynt fel *Tanfa* ofnadwy o Lifeiriant. [**1783**] *W*, *tanfa* . . . o dir d.g. *A space [tract] of land, A tract of land*. Ar lafar yng Nghered., sir Benf., a'r De yn yr ystyr 'rhenc (o wair, &c.), carfan', 'Ar ôl iti dorri'r gwair, ma fa'n 'sgaretig ar 'yd y cæ, ond yw a? Wel, wedi 'ny, 'wyt ti'n 'i ddoti fa *tanfeua*. Y resteri fflat 'na o wair a weli di ar gæ gwair, dyna yw'r *tanfeua*', *GTN* 777; '*Tanfa*' 'A row of hay or corn', *GDD* 291 (eb.); 'Wech chi'n gadel y *tanfeue* dros nos wedyn' (sir Benf.); hefyd yn yr ystyr 'Lle i daenu mawn', *B* xv. 25 (Meir.).
Gw. hefyd **taenfa**.

tanfa[2] [bôn y f. *taniaf, tanaf*[2]: *tan(i)o*+ *-fa, ma*] *eb.* ll. *-feydd*. Ffrwydrad: *explosion*.
1803 *P*.

tanfaen [*tân*[1]+*maen*[1]] *eg.* ll. *tân-feini*. Pyrit, callestr, ?silica; sylffwr (heb ei buro): *pyrites, flint, ?silica; (unpurified) sulphur*.
1604-7 *TW* (*Pen* 228), Brymston byw, Tan-vaen fob odhef tan or blaen d.g. *Apyrum Sulphûr*. **1780** *W*, tân-faen, callestr d.g. *Pyrites*. **1803** *P*, Tanvaen, s. m. —pl. tanveini . . . A fire-stone, a pyrite.
Gw. hefyd **maen**[1]—**maen tân**.

tanfeuau: tanfeuo [bf. o'r e. *tanfa*[1]] *ba.* Rhencio (gwair, ŷd, &c.), ystodi, carfanu, gwaneifio: *to make rows of (hay, corn, &c.), lay in swaths*.
Ar lafar, ''Wyt ti'n llædd y gwair a wedi 'ny 'wyt ti'n 'i *danfeuo* fa, dyna'r peth nesa'. Yr un peth yw *tanfeuo* â doti tanfeua', *GTN* 777; '*Tanfaio*' 'To gather hay or corn into rows or ridges several yards apart', *GDD* 291; hefyd yng ngodre Cered. Cf. *AGB*

85, *tanfio* . . . gair ydoedd 'pan och chi'n torri â'r bladur'.

tanflwch [*tân*[1]+*blwch*] *eg.* Blwch tân, goleuar: *tinder-box*.
1794 *W* d.g. *Tinder-box*.

tanfollt, gw. **tân**[1]+**bollt**.

tanfor [*tan-*+*môr*[1]] *a.* Yn bodoli, yn digwydd, wedi ei leoli, &c., dan wyneb y môr: *submarine (adj.)*.
1935.

tanforol [*tan-*+*morol*] *a.* Tanfor: *submarine (adj.)*.
1850.

tanforwr [*tan-*+*morwr*] *eg.* ll. *-wyr*. Aelod o griw llong danfor: *submariner*.
1915.

tanfre [*tân*[1]+*bre*] *eg.* ?Bryn ac arno wyldan neu goelcerth; (geir. yn wr.) tanllwyth, goddaith: ?*hill with a beacon or bonfire*; (orig. dict.) *blaze, conflagration*.
12-13g. *GLlLl* 88, Molawt yw ygnif mal yn *tanure*. **1803** *P, Tanvre*, s. m. . . . A pile of fire.

tân-fwdwl [*tân*[1] + *mwdwl*] *eg.* ll. *-fydylau* (*-fwdwlau*). Gwyldan, begwn: *beacon*.
1813.

tanfyd [*tan-*+*byd*[1]] *eg.* Isfyd, hefyd yn *ffig.*: *underworld, also fig*.
20g.

tân-fynydd [*tân*[1] + *mynydd*] *eg.* ll. *-oedd*. Llosgfynydd: *volcano*.
1866.
Gw. hefyd **mynydd—mynydd tân**.

tanffagl [*tân*[1]+*ffagl*] *e?b.* ll. *tân-ffaglau*, a hefyd gyda grym ansoddeiriol. Ffagl danllyd, pentewyn, tanllwyth, hefyd yn *ffig.*: *flaming torch, firebrand, blaze, also fig*.
1755 *Gron* 74, A gwrthffyrch tinflyrch *tanffagl*, / Ceimion wrth y gynflon gagl.
Gw. hefyd **ffagl—ffagl dân, ffaglidan**.

tanfflam [*tân*[1]+*fflam*] *a.* a hefyd fel *eb.* ll. *-au*. Tanllyd, tanbaid, eirias; tanllwyth, goddaith; hefyd yn *ffig.*: *flaming, fiery, blazing; blaze, conflagration; also fig*.
c. 1400 *R* 1360. 25, tristch(o)edyl blin doet yrdinas *tanfflam* dr6y raeadyr gôy gas. **14-15g.** (*Diw.* 16g.) Gwyn 3, 169, mab *tan fflam* pryddlam preiddlyth / mud marwar grud mor-war grwth [Rhys Goch Eryri i'r llwynog]. ?**15g.** *B* i. 302, Dial mae'r ddraig gynhaig coch / Ei cham, sarff *danfflam* dinffloch. *a.***1587** *Y* 210, Clyw di, Wiliam *danfflam* dâl, / Cefn gwan, cyfenw o Gynwal. **1604-7** *TW* (*Pen* 228) d.g. *Feruidus*. **1632** *D* d.g. *Incandesco*. **1803** *P, Tanflam*, s. f.—pl. t. *au*. A fiery flame.
Gw. hefyd **fflamdan**.

tanffon [*tân*[1]+*ffon*] *eb.* ll. *-ffyn*. Procer; ffon neu far hir at brocio'r tân mewn ffwrn neu odyn; (geir.) ffon hir yn dal matsh, &c., at danio canon, ffon danio; hefyd yn *ffig.*: *poker; long stick or bar for poking the fire in an oven or kiln*; (dict.) *linstock; also fig*.
1776 *W* d.g. *Linstock*. **18-19g.** *Llr* C 7, 192, *Tanffon*. A poker. [Caerm], so in glam, but mostly used for the long Iron barr used to stir a lime kiln, or an oven rod, &c. **1803** *P, Tanffon*, s. f.—the long iron. A poker. Ar lafar yn yr ystyr 'darn o bren hir i brocio'r tân yn y ffwrn wal', *Geir Geg* 152 (dwyrain Morg.); hefyd yn yr ystyr 'person, yn enw. merch sy'n achosi cwervla neu sy'n cynddeiriogi'n hawdd', ''Na 'en *danffon* fach yw' i'n gallu bod' (dwyrain Morg.).

tanffordd [*tan-*+*ffordd*] *eb.* Twnnel, darn o heol sy'n mynd dan heol arall, rheilffordd, &c.: *tunnel, underpass*.
1828.

tanffrwd [*tân*[1]+*ffrwd*] *eb.* ll. *tân-ffrydiau*. Llif losgfynyddol, lafa: *volcanic flow, lava*.
1872.

tanganoledig [*tan-*+bôn y f. *canolaf: canoli*+*-edig*, ar ddelw'r Llad. C. *submedius*, cf. *tanganolig*] *a.* Her. Tanganolig 'submediary' (see 'tanganolig').
16g. *Pen* 127, 242, d av [sic] liw bennaf y sydd nid Amgen gwynn a dv Canes or ddav hynn i gwneir drwy gelvyddyd bob lliw Canoledic. / Ac or ddav hynn pennaf Ac vr/ddassaf ywr gwynn. o blegid tri achos, y kyntaf yw I vod ef yn rowndwal bob lliw ac

ef a ellir i droi i bob lliw Canoliedic a*thann ganoledic* (*Med H* 8, a than ganolic). *id.* 127, 244, Ac velly y mae yn eglurhad y lliw hwnn yn bennaf ymysc yr holl liwiev Canolidic [*sic*] a *thann ganoledic*.

tanganolig, danganolig [*tan-, dan-*+ *canolig*^{2}, ar ddelw'r Llad. C. *submedius*, cf. *tanganoledig*] *a. Her.* Yn dynodi dosbarth o liwiau, e.e. gwyrdd, y gellir eu gwneud o liwiau canolig, e.e. glas, aur, neu goch (yn ôl cyfundrefn liwiau ganoloesol): '*sub-mediary*', *denoting a class of colours, e.g. green, which can be made from the 'mediary' colours, e.g. blue, gold, or red (in her., according to a medieval colour system)*.

15g. *Med H* 8. pennaf ac urddassaf yw'r gwynn . . . ac ef a ellir i droi i bob lliw kanolic a *than ganolic*. *id.* 14, y lliw hwnn [euraid] a gair mewn modd o un o'r lliwieu ysgeilussaf, nid amgen noc o'r gwyrdd, yr hwnn sydd liw *danganolic*. *id.* 18–20, O'r lliwieu, rrai ysydd bennaf ohonunt ehun, rrai ysydd ganolic, a rrai *danganolic*. Lliwie pennaf ynt gwynn a du: lliwie canolic ynt assur, aur, coch: lliwie *danganolic* yw gwyrdd a'r gyfryw od oes. . . . A'r lliw hwnn a elwir *danganolic* o achos na ellir i wneuthur o'r ddau liw bennaf, nid amgen, gwynn a du, ond o'r lliwie kanolic assur ac aur wedi'r gymysgu i gyt. Ac am hynny i gorvydd i alw ef yn lliw *danganolic*.

tangarîn, gw. **tanjerîn.**

tangell [*tân*^{1}+*cell*^{1}] *eg.* ll. *tân-gelloedd, -gellau.* Stof, ffwrn: *stove, cooker.*
1822.

tangena [bnth. S. *tangena*, amr. ar *tanghin*] *eg.* (Gwenwyn a geir o gnewyllyn ffrwyth) y planhigyn *Cerbera tanghin* o Fadagascar: *tanghin.*
1842.

tangerîn, gw. **tanjerîn.**

tanglai [*tân*^{1}+*clai*] *eg.* Clai sy'n gallu gwrthsefyll gwres uchel ac a ddefnyddir i wneud brics tân, &c.: *fireclay.*
1875.

tanglawdd [bôn y f. *tangloddiaf*: *tangloddio* a *tan-*+*clawdd*] *eg.* ll. *-gloddiau.* Mwynglawdd; y weithred o dangloddio, cloddiad, tanseiliad: (*underground*) *mine*; *a mining, excavation, undermining.*

[1783] *W* d.g. *Sap* [*an undermining*]. **1803** *P*, *Tanglawz*, s. m.—pl. *tanglozïau* . . . An undermine, a mine.

tangloddiaf: tangloddio [*tan-*+*cloddiaf*: *cloddio*] *ba.* Cloddio (dan ddaear), tanseilio, hefyd yn *ffig.*: *to mine, undermine, sap, also fig.*

1617 *Minsheu* 102a d.g. *to Countermine*. *id.* 511a d.g. *to Un-Der-mine* [*sic*]. **[1783]** *W* d.g. *To sap*. **1803** *P.*

tangloddiwr [bôn y f. *tangloddiaf*: *tangloddio*+*-iwr*] *eg.* ll. *tangloddwyr.* Un sy'n tangloddio, cloddiwr: *sapper, digger.*
1617 *Minsheu* 365a d.g. *a Pioner or vnderminer.*

tango [bnth. S. *tango*] *eg.* (Darn o gerddoriaeth ar gyfer) dawns o dde America mewn amser dyblyg a nodweddir gan seibiau sydyn: *tango* (*music and dance*).
20g.

tangoch, tân-gochni, gw. **tân**^{1}**+coch, cochni.**

tangoel [gair geir., sef *tân*^{1}+*coel*^{1}] *eb.* Tânddewiniaeth: *pyromancy.*
1632 *D* d.g. *Ignispicium*. **1722** *Llst* 189, *Tangoel*. f. Divination by fire.

tangwympedydd, tangwympiedydd [*tan-*+*cwymp*+*-(i)edydd*] *eg.* ll. *-ion. Diwin.* Isgwympedydd: *sublapsarian, infralapsarian, postlapsarian* (*in theol.*).
1794 *W*, *Tangwympedyddion*, sing. *tangwympedydd* d.g. *Sublapsarians*. **1798** *WR*, *tan-gwympiedydd*: pl. *tan-gwympedyddion* d.g. *Sublapsarian*.

tanhwydin [?*tân*^{1}+elf. anh.+*-in*^{1}] *a.* ?Tanllyd, fflamllyd: *fiery, flaming.*
14g. *T* 47. 20, Ef iolen o duch llaŵr tan *tanhoydin* gbaŵr uch awel uchel uch no phop nyfel. *id.* 63. 8, mal rot *tanhoydin* dros eluyd.
Gw. hefyd **tanwydyn.**

tani, gw. **tan**^{1}.

taniad^{1}**, tanad**^{1} [bôn y f. *taniaf, tanaf*^{2}: *tan(i)o*+*-iad*^{1}, *-ad*^{2}] *eg.b.* ll. *-au.* Y weithred o danio, cyneuad; ffrwydrad, tanchwa (yn enw. mewn pwll glo); saethiad (gwn), ergyd; crasiad (crochenwaith); hefyd yn *ffig.*: *a firing, ignition; explosion (esp. in coal-mine); a firing (of a gun), shot; a firing (of pottery); also fig.*

1776 *DALl* 23, y trigolion a ddaethant yn ein hol, ar ba rai'r ymosodasom, ac a roisom y *taniad* cyntaf. **1803** *P*, *Taniad*, s. m.—pl. t. *au* . . . A firing; ignition. Ar lafar, ''Odd 'næd yn gwitho ar dop y pwll amsar *tanad* Tŷ Mawr a fe welws y pwll yn tano a pump o'i fibon lawr, ond nw ddethon' i gyd mæs yn fyw, diolch i Dduw', *GTN* 782; 'Amsar y *tanad* mawr yn Senghennydd odd 'i' (dwyrain Morg.). Clywir *tanad* (*eb.*) yn yr ystyr 'digon o goed neu lo i wneud tân', 'Dim ond *tanad* ne ddwy o god sy wedi'u torri' (dwyrain Morg.).

taniad^{2}**, tanad**^{2}**, tannad** [bôn y f. *tannaf*^{1}, *tanaf*^{1}: *tan(n)u*+*-iad*^{1}, *-ad*^{2}] *eg.b.* ll. *tan(i)adau.* Taeniad (ar led), lledaeniad, gwasgariad; taenelliad, ysgeintiad; haen; cyweiriad (gwely); ymlediad (haint, &c.); lledaeniad (yr Efengyl, gwybodaeth, &c.): *a spreading (out), diffusion, dispersion, scattering; a sprinkling, sprinkle; layer; a making (of bed); a spreading (of disease, &c.); dissemination (of Gospel, knowledge, &c.).*

1545 *CM* 1, 13, gorffena Ynny Mis I gossodir y ffrwythau Ar *daniad* ar y llawr ner daiar [*sic*] ynny so/uyl dan yrhaul i gledur grawn. **1588** *Job* xxxvi. 29, Hefyd a ystyria dŷn *danadau* (**1620** *ib. daniadau*; **1752** *ib.* daeniadau) y cwmylau? *Dchr.* **17g.** *J* 10, 152a, *Tanad* spreading. **1632** *D*, *Taniad*, Dispersio. *id. taniad* d.g. *Diffusio*. *id. taniad* gwely d.g. *Lectisternium*. **1651** Siôn Treredyn: *MDD* 230, [d]yfroedd meddiginiaethol y rhai sy felly yn puro ac yn golchi brwnti'r archoll, hyd onid oerant hefyd y gwrês, ac a rhagflaenant *tanniad* yr adwyth a'r gwenwyn. **1688** *TJ*, Taen, taenell, *taniad* glybaniaeth: a sprinkling about. **1688** *TJ* (At.) [24], Stratum Superstratum, neu *daniad* ar *daniad*. **1725** D. Lewis: *GB* 135, Ei *Danad* [goleuni] . . . Y mae'n mynd i Ddiben Bŷd, i Bellder anfessurol . . . Oni bai ei *Dannad* [*sic*] tra rhyfeddol, nis gallem ni ddim gweled Petheu pell. **1745** *LW*, rhif 261, Ordinhaad gan ei Fawrhydi yn y Cyngor . . . am ragflaenu yn fwy effeithiol *danniad* yr Haint sydd yr awron yn gerwino ymmysg anifeiljaid cyrnig y Deyrnas hon. **1774** W. Williams: *AB* 24, Nid yw yr holl ryfeloedd a ddigwyddodd yn Asia, Europ, ac America, ond cyflawniad o air yr Arglwydd, ac i fod yn arwydd o *danniad* yr efengyl trwy'r byd. *c.* **1785–90 (1829)** *CBYP* 23, am y gwallt . . . am ei fodrwyogrwydd, a'i *danniad* ar groen harddwynn. **1803** *P*, *Taniad*, s. m.—pl. t. *au* . . . A spreading. Ar lafar, 'Rhowch nhw'n *daniad*' (Llŷn); clywir *tannad* (*eb.*) yn nwyrain Morg., 'Ma'ch gwely pluf chi wedi cal itha' *dannad* 'eddi ta beth'.

Cfn.: **ar daniad:** *spread out; widespread, spread abroad.* **1545** *CM* 1, 13. **17–18g.** O. Gruffydd: *Gw* 15, Wrth ddilyn cwerylon mewn llid, ag ymryson, / *Ar daniad* rhwng dynion, 'd yw ffrae ond ei ffrwyth. **18g.** *W Ballads* 154, 5, Medd dod sydd mae'n chware chwith, / *Ar danied* [*sic*] ymhlith dynion.

Gw. hefyd **taeniad.**

taniadur [bôn y f. *taniaf, tanaf*^{2}: *tan(i)o*+*-iadur*] *eg.* ll. *-on.* Ffrwydrydd (i danio ffrwydryn), taniwr: *detonator.*
20g.

taniaf, tanaf^{2}**: tan(i)o, tanu** [bf. o'r e. *tân*^{1}] *bg.a.* Cynnau, goleuo, rhoddi ar dân, llosgi; ffrwydro (hefyd am losgfynydd); (peri) cymryd cynnau'r petrol, &c., ynddo (am beiriant tanio mewnol, &c.); crasu (crochenwaith); serio (clwyf); saethu (gwn, &c.); hefyd yn *ffig.* ennyn (nwyd, dychymyg, &c.), ysgogi, cynhyrfu, angerddoli, ymfflamychu: *to ignite, light, set fire to, burn; explode, erupt; fire (of internal combustion engine, &c.); fire (pottery); cauterize; fire (gun, &c.); also fig. fire (passion, imagination, &c.), stimulate, excite, impassion, flare up, become excited or impassioned.*

c. **1600** *NBSBM* 121, Y gŵr am fwyd ac arian / A'i lety a'i dŷ a'i dân: / A'i groeso i *danio* bob dydd, / A'n lluniaeth a'n llawenydd (Lewys Dwnn). **1604–7** *TW* (*Pen* 228), *tanu* d.g. *Igneo*. **17g.** E. Morris: *B* 39, Pob dalen, gwelen g'wilydd, / Yn *tanio* tobacco bydd. **1722** *Llst* 189, *Tanu* . . . to fire, set on fire. *c.* **1730** *Thos. Lloyd D* (LlGC) 212b, *Tanio* . . . Incendo. Ignesco. **1752** J. Thomas: *FG* 366, y mae yn *tano* fy Nghariad, yn llonni fy Ngobaith, yn rhoi Adenydd i'm Gweddiau. **1770** *W*, *tânu* d.g. *To break out into a passion, To catch* [*as fire*]. *id.* Cordyn . . . i *danu* gynnau rhyfel d.g. *Lintel*. **1771** *PDPh* 63, Os bydd am ei *dano* ef, hynny yw tynnu haiarn poeth eirias yn gylch fel swynwr, o ddeutu i'r bothellau o chwydd, gan eu llosgi agos trwy'r croen. Y mae hyn, meddant yn ei attal rhag ymledu, ac y maent yn ei alw yn *Dano*. **1790** T. Jones: *TOS* 234, A wyt ti'n ddyn poethlyd drwg ei natur, yn barod i *danio* wrth bob gair, ac i ddigio ar ychydig achos? **1795** *R. Crusoe* 16, ond mi gymmerais i fynu un o'r gynnau, ag a *daniais* arno. **1798** W. Richards: *CC* 28, yn gymmaint ag y gorfu ar y milwyr, o'r diwedd, i *dano* i mewn attynt. **1803** *P* d.g. *Taniaw, Tânu.* Ar lafar, '*tanio* matsian, cetyn', '*tanio* gwn', *WVBD* 523; ''Wyt ti'n gorfod 'i drafod a'n ofalus, waith un rwydd i *dano* yw a, a unwaith *taniff* a, dyna ti yn genol ffrae!', ''I *danws* yn bwll y Weston y noswith 'ny', 'Ma raid *tano*'r injin gynta, cyn gall a starto i witho', '*Tana* matshyn ifi gæl gweld be' sy man 'yn', *GTN* 782; hefyd yn ardaloedd chwareli'r Gogledd yn yr ystyr 'Saethu neu ffrwydro'r "twll"', *B* xx. 381. Cf. D. Owen: *GT* 38, Troais fy mhen, a gwelwn ef yn anelu ataf, a *thaniodd*.

Cfn.: **tano lan:** *to strike up* (*tune, &c.*). Ar lafar, cf. *Wês wês* 43, biti marce'r cwarter i—dyma'r F.R.C.O. yn *tano lan* 'Here comes the bride'.

taniedig [bôn y f. *taniaf, tanaf*^{2}: *tan(i)o*+*-iedig*] *a.bfl.* Ar dân, yn llosgi: *on fire, alight, burning.*
1803 *P.*

taniog [*tân*^{1}+*-iog*] *a.* Tanllyd, hefyd yn *ffig.* am berson: *fiery, also fig. of person.*
1899.

taniol, gw. **tanol.**

taniwr, tanwr [bôn y f. *taniaf, tanaf*^{2}: *tan(i)o*+*-(i)wr* a *tân*^{1}+*gŵr*] *eg.* ll. *tanwyr, tan(i)wrs.* Un sy'n rhoddi ar dân, cyneuwr, enynnwr, hefyd yn *ffig.*; un sy'n tanio (gwn, &c.), saethwr; cynudwr, deliwr mewn coed tân; dyn tân, diffoddwr tân; un sy'n gyfrifol am ffwrnais neu dân, stocer, un sy'n gyfrifol am odyn; un sy'n tanio crochenwaith; un sy'n gyfrifol am danio neu am archwilio rhag llosgnwy (mewn pwll glo, &c.); dyfais i danio sigarêts, &c., leitar; ffrwydrydd, taniadur: *one who sets on fire, kindler, igniter, also fig.*; *firer (of gun, &c.); gatherer of fuel, dealer in firewood; fireman, fire-fighter; fireman, stoker, kilnman; one who fires pottery; fireman (in coal-mine); cigarette-lighter; detonator.*

15g. *DN* 40, Deddwn [*sic*] *danwr*, dydd nid anwr, / Dioganwr wrth dai Gwynedd. **1604–7** *TW* (*Pen* 228), *Tanwr* d.g. *Lignator*. **1632** *D*, *Tanwr*, Lignarius, lignator, calo. Madog *danwr*. *id. tanwr* d.g. *Focarius*. **1722** *Llst* 189, *Tanwr*. m. A wood-monger or cleaver, seller of fuel: fire-man. **1753** *TR*, *Ta*[*nw*]*r*, one that goeth forth to get wood or to provide fuel. *c.* **1755** *Gron* 77, Dyna yt, Suddas *dânwr*, / Un neu ddau o gastiau'r gwr. **1773** *W*, *tân-wr* d.g. *A gatherer of fewel*. *id. Tanwr* d.g. *Stoaker*. **1796** T. Jones: *CCA* 352, y fath *daniwr* yw pechod, fel y mae'r fflammau a ennynir ganddo, yn 'hedeg nid yn unig o'r naill dŷ cymmydog i'r llall, ond o'r naill wlad i'r llall. **1803** *P* d.g. *Tanwr*. Ar lafar, '*tanwr* . . . *tanwyr*' 'a fireman', *GTN* 782; '*Tanwr* ar y lein yw'r mab' (dwyrain Morg.); '*Taniwr* ar y top' 'y gweithiwr a ofalai am losgi'r garreg galch', *B* xx. 381 (ardaloedd chwareli'r Gogledd).

tanjerîn, &c. [bnth. S. *tangerine*] *eg.* ll. *-s, tanjerinau*, a hefyd fel *a.* Coeden sitrws, *Citrus reticulata*, sy'n dwyn ffrwythau tebyg i orenau bychain; un o'r ffrwythau hyn; orengoch: *tangerine (tree, fruit, and colour); tangerine(-coloured).*

20g. Ar lafar yn gyff., 'Ma hwn yn *danjerîn* bach blasus' (Arfon); ''Rŷn ni'n câl lot o *danjerîns* amser Nadolig' (sir Gaerf.).

Amr.: **tangarîn,** &c. **1942** D. Gwenallt Jones: *CC* 10, Cyneuwch, wŷr, eich cetynnau / Ac agorwch y lager a'r gwin, / Ewch, wragedd, i nôl eich pecynnau / Siocled a *thangarîn*.

tanlestr, tân-lestr, gw. **tanllestr.**

tanleuadol [*tan-*+*lleuadol*] *a.* Isleuadol, isloerol: *sublunary.*
1794 *W* d.g. *Sublunary.*

tanlinell [*tan-*+*llinell*] *eb.* ll. *-au.* Llinell a dynnir o dan air: *underline, line drawn under a word.*
1849.

tanlinellaf: tanlinellu [bf. o'r e. *tanlinell*] *ba.* Tynnu llinell o dan (air, &c.), hefyd yn *ffig.* pwysleisio: *to underline, also fig. emphasize.*
1850.

tanlong [*tân*[1] + *llong*[1]] *eb.* ll. *tân-longau.* Llong wedi ei llwytho â defnyddiau hylosg neu ffrwydron a gyfeirir tuag at longau'r gelyn i'w rhoddi ar dân a'u dinistrio: *fire-ship.*
1822.

tân-losgiad, gw. **tân**[1] + **llosgiad.**

tanlwydd [?*tan-* + elf. anh.] *eg.* ll. *-iaid.* Deiliad, dinesydd: *subject, citizen.*
1595 *Egl Ph* xi, Duw a'ch rhwydho olh i bhod yn Gristianogion dibalh, yn *danlwydhie[i]t* phydhlon yn bhrodur anescor. *id.* 41, Gwascod y prenn, oedh yn egluro ymdhiphyndawd ei *danlwydhieit.* **1658** R. Vaughan: *PS* 37, Duw, a dyn, ei debyg neu ei *Dan-lywydd* [*sic*] ef. **1684** H. Owen: *DC* 192, Am vfudd-dod *tanlwydd* gostyngedig ynol esampl Jesu Christ. *id.* 314–15, pa vn bynnac ai Pennaeth, ai *Tanlwydd,* ai Cydradd a geisia neu a ddymuna rywbeth gennyt. *c.* **1730** *Thos. Lloyd D* (LlGC) 212b, *Tanlwydd.* Subditus . . . Subject . . . pl *-iaid.*

tanlyd, gw. **tanllyd.**

tanllachar, tân llachar [*tân*[1] + *llachar*] *a.* a hefyd fel *eg.* Yn disgleirio fel tân, yn fflachio, gwreichionog; tanllyd, fflamllyd, eirias, tanbaid; tân disglair neu danbaid, gwreichion; hefyd yn *ffig.*: *fire-bright, burning bright, flashing, emitting sparks; fiery, flaming, blazing, intense; bright or intense fire, sparks; also fig.*
13g. *C* 23. 11–13, Oetun. *tan. llachar.* pan im roted par. **13g.** *GBF* 544, Aryf Prydein ysgein, ysgarlat—wasgar, / Ysgwyt *tanllachar,* car kynifyat. *id.* 603, Duw, dy nawd rac tawd *tanllachar*—ffern. **13g.** *BD* 122, Yna y guelit y *tanllachar* yn ysgeinnyav o'r arueu ganthunt megys mellt ymlaen taran. **14g.** *WM* 466. 30–4, Gwadyn odeith kymeint ar uas twym pan dynhet yr eueil oed *tanllachar* y wadneu pan gyuarfei galet ac ef. *c.* **1400** *R* 1333. 14–15, Rac poen athrugar. poeth verw *dan llachar.* pwll bydar. daear duoer vigned. *c.* **1400** [*RB*] *WM* 100. 26–7, angerdawl ymlad avu y rygtunt. yny oed y *tan llachar* yn ehedec or arueu. **15g.** *BB* 177, ef a welei y dreic yn bwrw *tanllachar* ar yr arth. ac yny losgi yn ylw. **15g.** *GLGC* 351, llew â'i awchus gledd yn *dân llachar,* / llaw yw ac arddwrn i'r holl gerddwyr. **1604–7** *TW* (*Pen* 228), Lhewychedic, dysgleir, yn *dan lhachar* d.g. *Coruscus.* **1707** *AB* 238c, *Tanllachar,* Fiery. **1740** T. Evans: *DPO* 60, Yn Y flwyddyn 228 y gwelwyd yn y Misoedd Tachwedd a Rhagfyr, Seren-y-Gynffon yn estyn ei Phelydr megis *Tân llachar* yn ofnadwy ac yn aruthrol ei ganfod. **1803** *P, Tanllaçar* . . . Fire-gleaming.
Amr.: **tanllychar.** ?**14g.** *MA*[2] 584. 36. **1455–6** *B* xiii. 69.

tanlled, gw. **tanllyd.**

tanllestr [*tân*[1] + *llestr*[1]] *eg.* ll. *-i.* Lamp, llusern, golau; padell dân, padell dwymo; hefyd yn *ffig.*: *lamp, lantern, light; chafing-dish, warming-pan; also fig.*
14g. *GDG*[3] 65, Taradr daeargadr dorgau, / *Tanllestr* ar gwr ffenestr gau [i'r llwynog]. *id.* 181, Na dwyn o'm blaen *danllestri,* / Na thyrs cwyr, pan fo hwyr hi. **14–15g.** (*Diw.* **16g.**) *Gwyn* 3, 167, Chwys gallestr *tanllestr* tin-llwm, / chwerw beunladd, creig-radd, cryg-rym [Rhys Goch Eryri i'r llwynog]. **1551** W. Salesbury: *KLl* xxxvib, e ddaeth yno a canto *tanllestri* [*sic*] (*LlGG* 51a, *dan-llestri* [:- lanterni]) / ac yntwynion [*sic*] / ac arfeu. **16–17g.** (**17g.**) *CC* 73, callestr *tanllestr* te wnllyd [*sic*] / o waith gof yn boeth i gyd [Thomas Prys i ofyn dau bistol]. **1632** *D* d.g. *Dimyxos, Lampas, Laterna, Lucerna.* **1707** *AB* 220c, *Tanlhestr,* A lantern. S. **1801** *MMf* 91, Cymmer goch yr wden a sych ef, a gwna'n lwch mor fâl ag y gellych, yna dod ef ar farwor mewn *tanllestr,* a dod y llestr mewn cadair gist, ac eiste uwch ei ben. **1803** *P, Tanllestyr,* s. m.—pl. *tanllestri* . . . A lanthorn.
Amr.: **tanlestr, tân-lestr.** **1707** *AB* 34a, Tshofar, A Chaffingdish, *Tanlestr. id.* 75c, *tan-/lestr* d.g. *Lampas.* **1789** *BDG* 97, *dân-lestri* (*GDG*[3] 181, danllestri). **1798** *WR, tân-lestr* d.g. *Chafing-dish.*

tanlliw, tanlli(f) [*tân*[1] + *lliw*[1]; am gynnig i gysylltu *tanlliw* â *tenlliw,* gw. *B* xi. 80–1; ansicr yw'r engh. gyntaf isod, a dichon nad yma y perthyn] *a.* ll. (prin) *tanllifaid,* a hefyd fel *eg.* O liw'r tân, fflamliw, eiriasgoch, gwynias; angerddol, tanbaid, brwd, tanllyd; newydd sbon; (geir.) lliw'r tân, disgleirdeb: *of a fiery colour, flame-coloured, glowing; ardent, fervent, fiery; brand-new; (dict.) the colour of fire, glow.*
14–15g. *IGE*[2] 328, Traensiwr, bwytgyn tirionswch, / *Tanllif* nod rhif rhag naid trwch. / . . . / *Tanllif* gallestr gur dur dôn, / Ufel wrych efail wreichion [Rhys Goch Eryri i'r faslart]. **1547** *WS,* Newydd *tanlliw* Fyre new. **1604–7** *TW* (*Pen* 228), lhygeit dyscleirloew, *tanlhiw* d.g. *Glaucus.* **1632** *D, Tanlliw,* Ignescens, ab igne calens, nouus. **1722** *Llst* 189, *Tanlliw,* Glowing, fiery hot: span-new. **1755** *ML* i. 387, Llyma lythyr i wrth Risiart Morys o Fathafarn a hanes newydd *tanlli* fod i'r Llew bwmp o ŵyr arall. **1803** *P, Tanlli,* s. m. . . . A fire glow. a. Ignifluous; span new. *ib. Tanlliw,* s. m. . . . Flame-colour. a. Of flame-colour; bran new. Ar lafar yn yr ymad. 'newydd sbon *danlli* (grai)', *WVBD* 523. Cf. I. Ff. Elis: *Ffenestri Tua'r Gwyll* (1955) [204], Yr oedd y ffrynt yn *danlli* gan flodau.
Cf. **lliwdan.**

tanllwyth [*tân*[1] + *llwyth*[1]] *eg.b.* ll. *-au, -i.*
(*a*) Tân mawr, tân tanbaid a chwyrn, 'ranjin o dân' (sir Benf.), tân dinistriol, goddaith, coelcerth (yn enw. fel arwydd neu rybudd), begwn; coed tân, cynnud, tanwydd: *great fire, blaze, roaring or destructive fire, conflagration, bonfire (esp. as a sign or warning), beacon; firewood, fuel.*
13g. *Llst* 1, 168, [c]yrchv penn emynyd ac ny chavas eno dym eythyr e *tanllwyth* a welssynt kyn no henny. **14g.** *Cy* vii. 142, Hawd kynneu tan yn lle y *tanllwyth.* *c.* **1400** (*SG*) *HMSS* i. 329, dreic yr honn oed yn gollwng *tanllwytheu.* afflam drwydi. **15g.** *FfBO* 35–6, Nyni a wnawn *tanllwyth* ac a'ch bwrywn chwi yn y tan. **1588** *Jud* vii. 5, Yna pob vn a gymmerth ei arfau rhyfel, ac a loscâsant *dân-llwythau* ar eu tŷrau, ac a arhosâsant yn gwilied ar hŷd y nosson honno. **1632** *D, Tanllwyth,* Incendium, focus, rogus. **1716–18** *Llsgr R. Morris* 10, Rhowch *danllwuth* ar y tan o fawn. *a.* **1791** W. Williams: *GP* 256, Yno 'rwyf fi yn ymdeithio, / Yno mae fy Mrenin mawr, / Can goleuach nag yw'r *danllwyth* / Yn disgleirio uwch y llawr. **1803** *P, Tanllwyth* s. m.—pl t. *i* . . . A great blazing fire. Ar lafar, 'Mi ath yn un *tanllwyth* gola', *WVBD* 523; ''Odd mynydda *tanllwth* yn yr 'en amsar, lle 'ôn' nw'n cinnu *tanllwth* i roi gwpod i'r ardalodd am ryw ddigwyddiad nu ryw newydd', ''Widdian ni 'ma ddim byd am Gei Ffôcs ond noswith y pumad o fish Tachwadd 'odd gŵŷr y pentra 'yn yn cinnu *tanllwth* ar y Graig', *GTN* 777; 'Sef di nes bo'r glo 'yn yn citsio—fydd *tanllwth* 'ma' (dwyrain Morg.).

(*b*) (enghrau. *ffig.* ac mewn cyd-destun *ffig.*: *fig. exx. and exx. in a fig. context*).
1346 *LlA* 23, velle ypobet krist ymyon *tanllwyth* y diodeifueint. *Diw.* **15g.** *Pen* 67, 51, Tanllyt yn lle kyfyfyt [*sic*] kam / *tannllwyth* wyt hen llwyth adam (Hywel Dafi). *id.* 53, *Tan llwyth* ddi adwyth ydwyt / o dan onn mab y dyn wyt (Hywel Dafi). *id.* 78, ar kledd a droych or klawdd draw / ath waew n *dan[ll]wyth* yn [d']vnllaw (Hywel Dafi). **1654** *LlCy* iii. 101, Ny ellyr yn serten gael graps ar y ddraynen / na ffiggs ar ysgallen ni thyfa / Am Hyny Hwy dorrir Rhyw amser yn sickir / yr *danllwyth* Hwy dewlir ydd y difa. **1657** *MLl* ii. 19, Pan escynno ysbryd Duw i fynu fel *tân-llwyth* a fflam o gariad. **1727** J. Jones: *DFF* 42, O'r modd y byddant i gyd ŷn un *Danllwyth* yn llosgi o Gariad a Mawrserch, pan ddelont i weled yr Arglwydd Jesu Grist ei hun. **1777** W. Williams: *DN* 11, a phan treuliem ni ddiwrnod neu ddau heb weled ein gilydd, ni fyddem yn ennyn yn *danllwyth* o chwant i ddyfod ynghyd drachefn. *id.* 51, ond minnau o'r tu arall, ar y groes leiaf, neu'r gair distadla i'm herbyn, af yn *danllwyth* mewn munud. *id.* 69, fe ennyn yn *danllwyth* o lid, cenfigen, ac eiddigedd. **1793** B. Francis: *I* 21, Ti a'n cedwaist rhag neidio / i'r *danllwyth* ofnadwy. Cf. D. Owen: *RL* 46, yr oedd fy nghydwybod yn *danllwyth* ynof.
Cfn.: **tanllwyth gorfoledd:** *bonfire.* **1725** *SR* d.g. *A Bonefire.* **1770** *W* d.g. *Bon-fire, or bonefire.* **tanllwyth o dân:** *blazing fire.* ?**15g.** *MA*[2] 540a, 49, Ac eno oynt a welynt *tanllwyth* mawr *o dan* yg korun e mynyd. **1545** *CM* 1, 81, Ac or deuynu/dd tanllydd [*sic*] I mae Kallon pob dyn gwedi moldio ar l/un *taanllwyth o daan.* **1684** H. Owen: *DC* 390, Neu pwy gan sefyll wrth *danllwyth* mawr *o dan,* na chlyw beth gwrês oddiwrtho? **1716** E. Samuel: *GGG* 169, mae'r Juddewon . . . heb Deml, ac os ceisiasant weithieu adeiladu un newydd, hwy a luddiwyd bob amser; yn gymmaint â bod *tanllwythi o Dân* yn torri allan tan y Sylfeini. Ar lafar, ''Odd *tanllwth o dæn* lan i'r shimla gintyn' nw', *GTN* 777.

tanllwythaid [*tanllwyth* + *-aid*[1]] *eb.* Tân mawr, tanllwyth; cynnud, tanwydd: *great fire, blaze; firewood, fuel.*
1806.

tanllychar, gw. **tanllachar.**

tanllyd [*tân*[1] + *-llyd*] *a.* (b. *-lled*).
(*a*) Yn fflamio, yn llosgi, ar dân, eirias, gwynias; o liw'r tân, fflamliw, eiriasgoch, gloyw, yn fflachio; yn perthyn i dân, a achosir gan dân, yn cynnwys tân, wedi ei wneud o dân, yn dwyn tân; folcanig, igneaidd; hefyd yn *ffig.*: *fiery, flaming, burning, alight, blazing, red-hot, white-hot; of a fiery colour, flame-coloured, bright red, gleaming, flashing; pertaining to or caused by fire, containing or composed of fire, fire-bearing; volcanic, igneous; also fig.*
12g. *GCBM* i. 26, O'e ataf etewyn *tanllyt* / Y dyfu, a deil ar y hyt. **1346** *LlA* 3, Edrych di yr heul ynyr honn ymae tri pheth. nyt Amgen. gallu *tanllyt.* Agoleuni. Agwres. *id.* 69, megys pei dottit hayarnn *tanllyt* gwynnyas arbenn yryw dyn. *c.* **1400** *R* 1333. 11, Rac *tanllyt* sybwll tinllwyth flam. *c.* **1400** (*SG*) *HMSS* i. 329, Marchawc y dreic *danllet* a argannu baredur. *c.* **1400** *Études* viii. 372, O'r byd deuawt ganthaw ynteu vot yn *danllyt* y liw, a dolur pan bisser, hynny a arvydockaa na thawd yndaw y vwyt a'e diawt. **15g.** *GO* 111, Lloer y drin, eilliai ŵyr draw, / Llath *danlled* yw llwyth d'vnllaw. **1551** W. Salesbury: *KLl* ivb, E wna yn genadon yr ysprytoedd / ac wasanaythwyr y fflam *danllyd. id.* lxvib, oll saytheu *tanllyt* y Uall. **1567** *LlGG* (*Sall*) xia, Ti gwnai hwy val ffwrn *danllyt* yn amser dylit. **1588** 2 *Br* ii. 11, wele gerbyd *tanllŷd* [*sic*], a meirch *tanllyd.* **1595** *Egl Ph* 91, Megys pei dywed e [*sic*] vn am dhiglhonedh; ei bod yn bhrudni'r [*sic*] gallon, yn gwneuthud yr wylh yn las, y lhygaid yn *danlhyt,* a'r corph yn grynlhyt. **1604–7** *TW* (*Pen* 228), rhywogaeth garrec *danllyt* a elwir Garamantites d.g. *Sandastros.* **1618** J. Salisbury: *EH* 207–8, os y Lhith a'r echrys, a geiff gennad i nynnu, ag i fyned rhagdhi yn *danlhyd,* heb ei diffodhi. **1656 (1745)** *MLl* ii. 201, Ac o'r Dŷdd cyntaf i'r Seithfed mis y dechreusant offrymu poeth Offrymmau *tanllŷd* i'r Arglwydd. **1672** R. Prichard: *Gw* 77, Nid oedd lûn gwaredu enaid / Vn pechadur o'r pwll tambaid [:- *Tanllyd*]. **1725** D. Lewis: *GB* 287, Pa gynnifer o Fynyddoedd *tanllyd* sydd yn y Bŷd? Ac a pha nerth y mae'r Tân yn dyfod allan o honynt? **1765** *CyfC* 18, Pastun [*sic*] tinllwm, pistol *tanllyd,* / Twrw creglais, tarw cryglyd. **1790** T. Jones: *TOS* 105, [t]rwst taraneu, neu fellt *tanllyd.* **1803** *P, Tanllyd* . . . Fiery, full of fire. Ar lafar yn yr ystyr 'tebygol i beri ffrwydrad (am wythïen lo)', ''Odd 'i'n wythïen *danllyd* ofnadw' (de-ddwyrain sir Gaerf.).

(*b*) Tanbaid, brwd, taer, angerddol, selog, bywiog, ffyrnig, llym: *fervent, ardent, intense, passionate, zealous, vigorous, fierce, harsh.*
Diw. **15g.** *Pen* 67, 51, *Tanllyt* yn lle kyfyfyt [*sic*] kam / tannllwyth wyt hen llwyth adam (Hywel Dafi). **16g.** *THSC* (1923–4) (At.) 70, Kans o cheri di dduw, ti a ddywedy eirav *tanllyd* wrth dy gid gristion. **1588** *Deut* xxxiii. 2, ac efe a ddaeth gyda myrddiwn o sainct a *thanllyd* gyfraith oi ddeheulaw iddynt. **1620** 2 *Esd* xvi. 68, digofaint *tanllyd* lliaws mawr a gynnewyd arnoch chwi. **1672** R. Prichard: *Gw* 58, Er it ddigio Duw yn *danllyd;* / Cred yn Ghrist, fe geidw'th fywyd. **1735** S. Thomas: *HP* 192, y Nwydau *tanllyd,* afreolus; megis Digofaint, Chwerwedd, Llid, Cenfigen, Malais, Ymddial. **1753** *HFfS* 36, Fe fu ynghylch dau Fîs yn y Cyflŵr hwn, mewn gwastadol Losciad . . . yn llefain yn *danllyd* am Ddiod. **1767** *AADdG* 149, Yn chweched . . . ei fod wrth natur yn ddarostyngedig i holl fendithion, damnedigaethau, a tharanau y Cyfammod *tanllyttaf* hwnnw. **1768** W. Williams: *HTS* 40, fy serchiadau hyn sydd un pryd yn dymuno yn rhy *danllyd* un peth ag na fo er lles i mi. **1790** T. Jones: *TOS* 285, yn wyneb y profedigaetheu mwyaf *tanllyd.* **1799** A. ab D. Sion: *CR* 10, Pa sawl gwladgarwr . . . *tanllyd* . . . oedd barod i waeddi ac ymladd dros eu gwlad. Ar lafar, 'Mae o'n siaradwr *tanllyd* iawn' (Arfon); ''Odd rini llŵer mwy *tanllyd* cyffile na'r cyffile erill' (de-ddwyrain sir Gaerf.). Cf. D. Owen: *RL* 313, Gwyddwn fod amryw yn ystyried y dylai yr hwn sydd yn dadgan dymuniad am gael pregethu, fod â'i ysbryd yn *danllyd,* ei brofiad yn uchel, a'i zel yn gyfryw ag a roddai wedd gymhelliadol ar yr hyn a ddywedai.

(*c*) *Meddyg.* Llidus, llosg; poeth (am sbeisys, bwydydd sbeislyd, &c.); a'i natur dan lywodraeth 'tân' (yn ôl ffiseg a ffisioleg yr Oesoedd Canol): *inflamed (in med.), burning; hot (of spices, spicy food, &c.), fiery; fiery (according to medieval physics and physiology).*
c. **1400** *Études* viii. 82, Kanys o tyf yr heint . . . os o'r colera y byd, yr hwnn yssyd chwerw a *thanllyt* a sych, medeginyaether ynteu o betheu melys, gwlyb, oer. **1545** *CM* 1, 81, Ac or deuyn/udd *tanllydd* [*sic*] I mae Kallon pob dyn gwedi moldio ar l/un taanllwyth o daan. **16g.** *LS* 112, Wy [gwlydd] a wnant les . . . y boethfeydd or ni bont rhy *danllyd.* **1749** J. Prys: *Alm*

[25], Y 12 arwyddion hyn, sydd o Bedwar Naturiaeth *Tanllyd*, Daiarol, Awelog, a Dyfrllyd. Arwyddion, *Tanllyd* sych a phoeth ei [*sic*] Nattur. **1771** *PDPh* 91, y Clefyd a elwir Tân gwyllt neu'r Pryf rhedegog ar Ddefaid. Math o Ysfa *danllyd* ydyw. **1777** M. Williams: *BM* 36, ond o ran ei fod yn digwydd yn un o'r arwyddion *tanllyd*, ac yn agos at y Cyfarchafael, y mae fy awdwr yn dywedyd y bydd colledion ar bob math o anifeiliaid, megis dâ, defaid, cyffylau, a'r cyfryw bethau.

Amr.: **tanlyd** [*tân*[1] + *-lyd*]. **1588** *Ecclus* xlviii. 9, [Elias] a godwyd i fynu mewn tro-wynt o dân, ac mewn cerbyd meirch *tânlyd*. **1725** D. Lewis: *GB* 148. **1801** M. Williams: *BM* 30.

tanllydrwydd [*tanllyd* + *-rwydd*] *eg*. Yr ansawdd neu'r cyflwr o fod yn danllyd, croendeneurwydd: *fieriness, touchiness*.

1794 *W*, *tanllydrwydd* d.g. *Touchiness*. **1803** *P*, *Tanllydrwydd*, s. m. . . . Fieriness.

tannad, gw. taniad[2].

tannaf[1], tanaf[1]: tan(n)u [tebyg fod yma ddwy ferf, gw. *OIG* 105] *bg.a.*

1. (fel *ba.* ac yn *abs.*) (*a*) Taenu (ar led), lledaenu, lledu, agor ar led, dadblygu, estyn allan, dal ar led; taenu (ymenyn, eli, &c.); ysgeintio, taenellu; gwasgaru, chwalu, gyrru ar ffo; paratoi (e.e. ystafell ar gyfer ei defnyddio), cyweirio (gwely), codi (pabell); hefyd yn *ffig.*: *to spread (out), open wide, unfold, extend, stretch out; spread (butter, ointment, &c.); sprinkle; scatter, disperse, put to flight; prepare (e.g. room for use), make (bed), pitch (tent); also fig.*

13g. *Ll* 10, a guedy ed el y guneythur y wely a *thanu* e dyllat arnav ene tenno trannoeth y arnav. **13g.** *HGK* 15, Gruffud gentaf emladwr a gyrchus y vrwyder en gyffelip y gaur ac e lew, hep orfowys o *danu* y urthuynepwyr o gledyf lluchyadennaul. **14g.** *T* 8. 14–15, Mal *tannu* engỽyn [*sic*] ar traeth. *c.* **1400** *YCM*[2] 34, Ac yno y *tannwys* y Cristonogyon eu pebylleu hyt trannoeth. *c.* **1400** (*SG*) *HMSS* i. 319, a pharedur a *dannawd* y dwylaw ar uedyr y hamdiffyn. **1547** *WS*, *Tany* Sprede. **1567** *TN* 336a, Oblegid os gwaed teirw, a' geifr a lludw heffr, wedi y *danu* (W. Salesbury: *Kll* xxb, daynellu) ar y llygredigion, a deilynga ar ran puredd y knawd. *Diw.* **16g.** *WLB* 6, gwna blastr brwd . . . *tann* y wialen ag ef a fydd iach. **1588** *Salm* civ. 2, Yr hwn sydd . . . yn *tânu* y nefoedd fel llen. **1588** *Diar* i. 17, Gwaith ofer yw *tânu* rhwyd yng-olwg pôb perchen aden. **1588** *Eseia* xlv. 1, [*t*]*anu* (**1620** *ib.* darostwng) cenhedloedd oi flaen ef. **1588** *Marc* xiv. 15, stafell fawr wedi ei *thânu* yn barod. **1606** E. James: *Hom* i. 45, Canys fe fydd megis pren gwedy ei blannu a'r [*sic*] lan y dwfr, yr hwn a *danna* ei wraidd a'r [*sic*] lled tuar [*sic*] irder. **1620** *Sech* ii. 6, *tenais* (**1588** *ib.* gwascerais) chwi fel pedwar gwynt y nefoedd. **1632** *D*, *Tanu*, Sternere, spargere, dispergere. **1672** R. Prichard: *Gw* 125, Côd d'olygon, plûg dy liniau, / *Tann* dy ddwylo, agor d'enau. **17g.** Huw Morus: *EC* i. 353, Heddyw yn cynhilo, fel Pharo' ddi ffy[dd], / Y foru yn gwasgaru, neu *danu* trwy 'r dydd. **1693** *HC* 94, *Tana*'r cwbl o flaen golwg dy gydwybod, nes ith galon ath lygaid ymollwn. **1696** *CDD* 202, *Tanu* trosom ei drugaredd. **1759** J. Evans: *PF* 22, Neu, Ferwch Lysiau'r gwaedling mewn Llaeth newydd odro, hyd oni byddont mor fêddal ac y galler eu *tanu* 'n Blaster. *a.* **1791** W. Williams: *GP* 302, *Tanwyd* ei freichiau sanctaidd pur, / A rhoddwyd ynddynt hoelion dur. **1803** *P* d.g. *Tannu*, *Tanu*. Ar lafar, '*tannu*'r rhwyd ar y polion sychu ar y lan', *B* xxv. 56 (Nefyn); ''I *dannws* 'i llycid arno' i mwn syndod pyn clwws 'i', *GTN* 777; 'Amser ôn' nw'n cwpla toi, 'ôn' nw'n neu' cap ar ben y mwdwl a 'ôn' nw'n 'i *dannu* e rownd' (de-ddwyrain sir Gaerf.).

(*b*) Lledaenu (gwybodaeth, si, newyddion, yr Efengyl, &c.), cyhoeddi, dosbarthu: *to spread (information, rumour, news, the Gospel, &c.), propagate, disseminate, distribute.*

1567 *TN* 126b, Mae ef yn cynnurfu'r [*sic*] popul, gan *dany* dysc tros oll Iudaia. **1595** M. Kyffin: *DFf* [53], Ni a wyddom yn dda am y gair a hynododd Crist, ag a *danodd* yr Apostolion ar lled. **1609** R. Smyth: *CAC* [iii], a gau athrawyaeth a oyscarodd ag a *danodd* y gelyn. **1620** *Math* xxviii. 15, a *thanwyd* y gair hwn ym mhlith yr Iddewon. **1651** Siôn Tre-Redyn: *MDD* [v], er bod y gelyn wedi hau hefyd ei efrau ymhlith y gwenith ac wedi *tannu* llyfrau, ac yscrifenniadau enbeidus. **1667** C. Edwards: *FfDd* 43, cyfieuthodd a phreintiodd yr scrythurau yn saesonaec, ac anfonodd hwynt yw *tanu* yn Lloegr. **1696** *CDD* [383], Sais meddw a *danodd* bapurau yn ffair Wrexham, iw gyhoeddi ei hun yn brintiwr Ynghaer. **1740** T. Evans: *LlA* 16, Y mae Golygiad dra chyssurus o *danu* 'r Efengyl yngHymru. *c.* **1762–79** W. Williams: *P* 454, darfu i Hussiaid Bohemia *dannu* eu crefydd yma yn y flwyddyn 1500. **18g.** (**1818**) R. Jones: *GP* 193, Gwadu'i grym dwys ŷm di sieb, / A *thanu* annoethineb. **1776** I. Brydydd Hir: *P* i. 214, yn cynnyddu ac yn *tannu* ar lêd annuwioldeb a dryg-ioni. **1799** M. Williams: *HHG* 4, amcanodd *dannu*'r athrawiaeth hon yn Ffraingc. Ar lafar, '*tannu* stori', *WVBD* 524.

2. (fel *bg.*) Mynd ar led, cael ei ledaenu, ymehangu, lledu, ymledu, ymestyn, agor ar led, gwasgaru: *to become widespread, be widely disseminated, spread (out), extend, open wide, scatter.*

1567 *TN* 303b, eich ffydd chvvi hefyt yr hon 'sy ar Dduw, aeth ar lled [:- a *danodd*] ym-pop ban. **1672** J. Langford: *HDdD* 269, oblegid yr hwn a dderbynnio'r cyfryw chwedl megys péth cyfrinachol gan ûn, a feddwl foddhau rhyw ún arall hefyd, trwy ei draethu fo megys péth cyfrinachol iddo ynteu hefyd, ac felly mae fo'n myned o'r naill law i'r llall, nes iddo *danu* a'r diwedd trwy'r hôll Drêf. **1725** D. Lewis: *GB* 73, Y mae'r Arterieu yn dechreu yn un fawr, ac wedyn yn mynd yn Gangheneu llai wrth *dannu* dros y Corph. **1730** (**1755**) E. Wynne: *PAC* 93, megis y dylei Physygwyr yn amser haint . . . arfer pôb moddion fel na *thano* ymhellach. **1740** T. Evans: *DPO* 156, a'i gwallt melyn yn *tannu* dros ei hysgwyddau hyd ei Sodlau. *c.* **1762–79** W. Williams: *P* 182, a chanddo wyneb ŷch, a'i ddwylaw yn *tannu* ar llêd fel dŷn, a'u hestyn allan i dderbyn rhyw beth gan un arall. **1774** B. Francis: *A* 39, Mor erchyll yw'r tywyllwch du / Sy'n *tannu* dros blant dynion! **1777** W. Williams: *DN* 65, o'r teulu hwn dechreuodd eulunaddoliaeth i *dannu* dros wyneb yr holl ddaear. **1785** D. Llwyd: *GP* 6, Rho'ist derfynau i'r môr a'i ewyn, / Nad allo'i lidiog donnau trystiog *dannu* trostyn'. *a.* **1791** W. Williams: *GP* 195, Mae yno adenydd fy Ion / Yn *tannu* fel nefoedd ar led. **1798** W. Richards: *CC* 38, Yr oedd torf o'r Ffrancod yn dyfod tu ag attynt â lluman a gwr ar farch gyd â hwynt; a *thanasant*, yn y cyfamser, tu a'r garn. Dywedir fod 'y lluad yn *tannu*', sef 'yn mynd yn grwn', ''Odd y lluad wedi *tannu* erbyn 'ynny a 'odd 'i'n noswith ola luad nêt', *GTN* 777.

Amr.: **tennu** [?ff. wallus]. ?**16g.** *LlGC* 1560, 550, *tennv* r gwely kweirio Dehevbarth ['gairie . . . sathredig yn Sir Drefaldwyn']. **tynnaf[2]: tynnu** [dichon mai'r f. *tynnaf*[2]: *tynnu* a welir yn rhai o'r enghrau. isod]. **13g.** *BD* 168, doethant y aber Barbeflvy . . . ac yn y lle hvnnv *tynnv* y pebylleu vrth arhos eu llu attadunt. **14g.** *B* v. 210, llenn o bali . . . wedy ry*dynnu* ar bedwar piler. **14g.** *HMSS* ii. 45, *tynnwys* (*YCM*[2] 34, tannwys) y cristonogyon eu pebylleu. Ar lafar, *GTN* 777.

Cfn.: **tan(n)u dillad:** *to spread or hang clothes out to dry*. **20g.** Ar lafar, *WVBD* 524, *B* xv. 25 (Meir.), *Cymru* xxxiv. [265] (godre Cered.), a hefyd yng ngorllewin Morg. **tan(n)u gwely:** *to make (up) a bed.* **14g.** *WML* 22, Ef [gwas ystafell] a*tan* g*ỽely* y brenhin. *c.* **1400** *CHDd*[2] 5, Nawd y gwas ystauell yw o'r pan elher y wruynna a *thannu gwely* y brenhin o'r brwyn a'e gudyaw a dillat. **1681** S. Hughes: *AC* 33, gelwais ar y forwyn i *dannu gwely*. **1722** *Llst* 189, *Tanu gwely*. To make a bed. **1795** *R. Crusoe* 33, ag a *dannais* un o'r *gweluau* ar y llawr. Ar lafar, ''Ôn i ar y lofft yn *tannu*'r *gwlya* pyn dethon' nw'n ôl', 'Cofia bot ti'n *tannu* dy *wely*!', *GTN* 777; '*Tannu gwely* rŵm y bac' (sir Gaerf.).

Gw. hefyd **taenaf: taenu.**

tannaf[2]: tannu [bf. o'r e. *tant*] *bg.a.* Llinynnu (offeryn cerdd, rhwyd, &c.), tantio: *to string (musical instrument, net, &c.)*.

1803 *P*. Ar lafar yn y diwydiant pysgota yn yr ystyr 'rhoi (tant) wrth rwyd', '*tannu*'r leine top a'r gwaelod', *B* xxv. 51 (Trefdraeth).

Gw. hefyd **tantiaf: tantio.**

tannell, gw. **tanell.**

tanner [bnth. S. *tanner* (of hides)] *eg.* ll. *taneriaid, tanerwyr.* Cyweiriwr crwyn, barcer: *tanner (of hides)*.

1567 *TN* 187b, efe 'sy yn lletya yn-tuy Simon y barker [:- *tanner*] yn-glann y mor. **16–17g.** *HG* 171, tynnu a wnair tonnen aûrych / *tanner* uchlaw sgwier gwych. **1672** R. Prichard: *Gw* 365, Mae'r *tanner* [:- Barcer] a'r twccwr, a'r baccer a'r bwtsiwr. *id.* 464, Nawr am dreisio 'r fâth wirionaid [*sic*], / Fe'm tôst ffystir gan Gythreuliaid, / Yn gan gwaeth nag y bydd *Tanner* [:- Barcer], / A'r Pawl mawr yn ffysto 'r lleder. **1771** *PDPh* 14, a gellwch ddodi ychydig o risgl *Tanneriaid*. Ar lafar.

tannig—asid tannig,—sur tannig, gw. asid (At.), sur.

tannin [bnth. S. *tannin*] *eg.* ll. (prin) *taninau*. *Cem.* Un o ddosbarth o gyfansoddion cymhleth organig a geir mewn llawer o blanhigion ac a ddefnyddir mewn amryw brosesau diwydiannol megis cyweirio crwyn, gwneud inc, &c., asid tannig: *tannin*.

20g.

tannog [*tant* + *-og*] *a.* Ac iddo linynnau neu dannau (am offeryn cerdd), llinynnog: *stringed (of musical instrument), strung.*

1794 *W*, Telyn *dannog* d.g. *Stringed* . . . *A stringed harp*.

tannoi [bnth. yr e. masnachol S. *Tannoy*] *eg.* ll. *-s.* System chwyddo sain, yn enw. un ar gyfer annerch nifer mawr o bobl (e.e. mewn adeilad mawr): *Tannoy, public address system.*

Ar lafar.

tannorth [ffrwyth camddehongli *dannorth*, amr. llsgr. ar *damorth*, gw. *GDB* 389] *eg.* Person neu beth sy'n cymryd lle un arall, dirprwy: *substitute.*

1803 *P*.

tannws [bnth. S. *tan-house*] *eg.* Tanerdy, barcerdy, barcty: *tannery.*

20g. Ar lafar, '*Tannws*', *Cymru* liv. 132 (dwyrain sir Drefn.).

tano, tanoch, tanodd, gw. tan[1].

tanol [*tân*[1] + *-ol*] *a.* ll. *-ion.* Tanllyd, eirias; tanlliw, yn disgleirio fel tân, gloyw, llachar; hyfflam; yn perthyn i dân, a achosir gan dân, yn cynnwys tân, wedi ei wneud o dân, yn dwyn tân; tanllyd (yn ôl ffiseg a ffisioleg yr Oesoedd Canol); folcanig, igneaidd; *Meddyg.* llidus, llosg: *fiery, flaming, blazing; of a fiery colour, shining like fire, glowing, bright; inflammable; pertaining to, or caused by, fire, containing or composed of fire, fire-bearing; fiery (according to medieval physics and physiology); volcanic, igneous; inflamed (in med.), burning.*

12–13g. *GMB* 376, Arglỽyd nef a llaỽr, Gwaỽr gwerinaỽl, / Ardelwaf o'th naỽd rac taỽd *tanaỽl* (Elidir Sais). **13g.** *DB* 61, O'r tan lliw *tanaul*, o'r duuyr lliw coch, o'r awyr lliw guyrd, o'r daear lliw glas. *id.* 65, Corff y lleuat enteu ual pellen yu, ac annyan *tanaul*, a chymysc duuyr ac ef. **13g.** *Llst* 1, 32, Ac a dan er enne/ynt hvnnv egossodes ef tan hep dyffody byth en wrychyon nac en llvdw. namyn pan dechrevey dyffody ena eylweyth ed emchweley en *tanavlyon* pellenev kerryc. **13g.** *BD* 97, erchi a wnaeth dineu delv euydeit trvy *tanavl* geluydyt. *id.* 113, Canys dav pryf *tanavl* anadyl, yr hvnn a lysc y gvyd yn y bo gvrthladedic y gvlybvr. *c.* **1400** *R* 1333. 9–10, Rac treis tragywydaỽl. tan trỽch kyllestraỽl: / *Tanaỽl* uffernaỽl ffyrnic dachwed. *c.* **1400** (*a.* **1416**) *B* iii. 88, Ar seirff a ogyffredynt kyrn *tanolyon* yn fustaw y gwraget. **15g.** *Llst* 3, 427, yr caryat crist vrenhin a gymreth *tanawl* boen ar y gorth [*sic*]. *c.* **1514** *Pen* 182, 122, y Rai Arweddant *Tanawl* wallt ar ev pennav hyny arddockaa kyflownder o gariad perffaith kwbwl Ryngthunt hwy a duw ag a dyn. **1545** *CI* 5, dyn kolorick y sydd o anian *tanaawl*. **16g.** *B* xi. 90, krys . . . o anian y gwenwyn a oedd yntho a wnaeth y'w gorff eff losgi . . . a chwyddo o *dannawl* anian yr ireidiav. **1604–7** *TW* (*Pen* 228) d.g. *Igneus*. **1803** *P*, *Tanawl* . . . igneous, fiery.

Amr.: **taniol** [*tân*[1] + *-iol*]. **1863.**

tanom, gw. tan[1].

tanraddog [*tan-* + *graddog*] *eg.b.* ll. *-ion.* Myfyriwr israddedig: *an undergraduate.*

1858.

tanre, gw. tanrhe.

tân-reffyn [*tân*[1] + *rheffyn*] *eg.* ll. *-nau.* Cordyn tanio (canon, &c.), ffiws: *fuse or match (for firing cannon, &c.)*.

1810 T. Lewis: *HPF* 354, bwledau, *tân-reffynau*, mwsgedi, gwayw-ffyn, pig-ffyrch, bêrau, cleddyfau . . . i ladd, ac i ddinystrio y protestaniaid.

tanrew, gw. tanrhew.

tanruthr [*tân*[1] + *rhuthr*] *eg.* Ffrwydrad; ?echdoriad folcanig: *explosion; ?volcanic eruption.*

1818.

tân-ruthriad [*tân*[1] + *rhuthriad*] *eg.* ll. *-au.* Ffrwydriad; echdoriad folcanig: *explosion; volcanic eruption.*

1835.

tanrhe, tanre [*tân*[1] + *rhe*[1]; gair geir. yn

wr.] *a.* a hefyd fel *eb.* Tanllyd; fflach o dân: *fiery; flash of fire.*

Dchr. **17g.** *J* 10, 152a, *Tanrhe.* × Tanllud. **1707** *AB* 220, *Tanrhe,* Fiery. V. **1803** *P, Tanre,* s. f. . . . A fire course. a. Pervaded by fire. Cf. *CLl* 234, *Tanrhe* yw'r achre echrys—ac eglwg / Drwy'r gogledd ymddengys; / Llem a brwd llamu â brys, / Darweinfollt baladr enfys [Twm Pedrog i'r seren wib].

tanrhew, tanrew [*tân*[1] + *rhew*] *eg.* Rhew deifiol, oerfel sy'n gafael, ?hefyd yn *ffig.*: *severe frost, biting cold, ?also fig.*

15g. *GLGC* 409, Tew o led, motlai ydyw, / tyner rhag y *tanrhew* yw [i ofyn gwely gan bedair gwraig]. **16g.** Huw Arwystl: *Gw* 374, Durgylch llwyd ir morddwydydd / Darged fal dôr gauad fydd / Durgafn ir ddautu dewrgar / Dwy n rhôb yn *danrhew* bâr. **1604–7** *TW* (*Pen* 228), *Tanrhew* calet d.g. *Gelu.* **17g.** *HCRC* iii. 143, Pan fo r *tanrew* pigog oerddu / bydd y ceiliog coch yn canu. **1803** *P, Tanrew,* s. m. . . . A nipping frost. Ar lafar, '*Tân-rhew*' 'Bitter cold, extreme cold, sereing vegetation', *Mont Coll* xiii. 327 (sir Drefn.).

tansangaf: tansangu, gw. **damsangaf: damsang** (hefyd At.).

tansangiad [*tan-* + *sangiad*] *eg. Rhet.* Rhagflaeniad: *prolepsis* (*in rhetoric*).

1595 *Egl Ph* 95, *Tansaghiad* neu bhlaenoriaeth yw phygr lunwedhol, pann bho'r araithiwr yn gweled o bhlaen lhaw, beth a elhid ei bhwrw yn ei erbyn iw [*sic*] bhriwo: gann dhirymmio, a dinerthu, cyn cael o'r casdhyn, neu'r gwrthbleidiawc amser na ham/dhen i bhwrw hynny yn ei dhescil. *id.* 96, Dulh aralh ar *dansaghiad* sydh, pann bho 'r araithiwr yn rhoi atteb i'r peth a obhynnodh ebh ei hun; ac hi elwir Lhedymdhwyn. *id.* [105], *Tansaghiad,* Subiectio. Cf. *SE MS* 488a, *Tansangiad* . . . prevention or anticipation (in rhet.).

tanseiliaf: tanseilio [*tan-* + *seiliaf*[1]: *seilio*] *bg.a.* Niweidio (ffydd, dylanwad, &c.) drwy ddulliau cyfrinachol neu ddichellgar, niweidio (iechyd, &c.) yn raddol neu'n ddiarwybod; (prin) tangloddio (seiliau, &c.): *to undermine, sap, subvert, fig.*; (*rare*) *undermine* (*foundations, &c.*).

1907.

tanseiliol [bôn y f. *tanseiliaf*: *tanseilio* + *-iol*] *a.* Yn tanseilio (ffydd, dylanwad, &c.): *undermining* (*faith, influence, &c.*), *subversive.*

20g.

tansgrif, tansgrifeniad, tansgrifiad, &c., gw. **tanysgrif, tanysgrifeniad, tanysgrifiad,** &c.

tansi [bnth. S. *tansy*] *eg.b. Bot.* Tanclys, gystlys, ystrewlys, *Tanacetum*: *tansy.*

c. **1400** *Études* vii. 56, taneceta, *tansi.* **16g.** *LlS* 18, Y trydy rhyw or Ganwraidd a elwir Artemisia monoclonos ac a elwir heddy y *Tansi. Diw.* **16g.** *WLB* 5, Kymer gaswenwyn, ar ben galed, ar drŷw . . . ar *tansi* . . . ai berwi oll mewn dwfr. **1604–7** *TW* (*Pen* 228) d.g. *parthenium, Tanacetum.* **1632** *D* (*Bot*), *Tansi,* Athanasia, tanacetum. **17g.** Huw Morus: *EC* i. 119, Fy nghalon i sydd, / Yn danfon bob dydd, / At flodau brig *dansi,* lon ffansi, lawn ffydd. **1688** *TJ* (*Bot*), *Tansi*:) Tansy. *c.* **1740** *LlM* 26, ac oni cheir y Pelydr cymmerid brig *Tansi* au pwnio'n dda. **1759** J. Evans: *PF* 57, Berwch gymaint ac y ddalioch rhwng Bŷs a Bawd o *Dansy* mewn chwarter Pint o Mountaine Wine. **1795** J. Thomas: *AIC,* 347, *Tansi* neu Mint y Gerddi a hauir neu a blanir ac a barheith yn hir. **18–19g.** R. Davies: *DB* 237, Oedd neb heneiddiach i angau afiach / A'i gefn yn grymach, freuach fri, / Nag impyn heini, ysgawn gwisgi, / Flodau 'r *dansi* fel dydi? **1801** *MMf* 123, Cymmer y tri llysewyn a enwir yma, nid amgen y llysau llwydon, gystlys, sef y *tansi,* a ffenigl cochon. Ar lafar, G. Awbery: *BM* 27 (sir Ddinb., Meir., sir Drefn., Cered.).

Amr.: **tansli. 18g.** *Llr* C 24, 267, 279, 366. Ar lafar, G. Awbery: *BM* 27 (Cered.). Yn Arfon clywir '*dansli* felen' yn yr ystyr 'tansi', a '*dansli* lwyd' yn yr ystyr 'dail arian, tansi gwyllt'.

Cfn.: **tansi (tansli) gwyllt((i)on):** *silverweed, wild tansy, Potentilla anserina.* **16g.** *LlS* 115, Potentilla yn Llatin, Wylde tansie yn Saesonaec, *Tansi gwyllt,* y Dorllwyd, ne Lwyd y dîn yn Camberaec. **18g.** *Llr* C 24, 280, Cymer ychydig or *Tansli gwlltion* (*MMf* 124, o'r dinllwyd, sef y *tansi gwyllton*) ag ystampa hwynt gyda gwin.

tansierîn, tansli, gw. **tanjerîn, tansi.**

tansoddaf: tansoddi [*tan-* + *soddaf*: *soddi*] *bg.a.* Suddo (dan y dŵr), soddi: *to submerge, swamp.*

1803 *P, Tansozi* . . . To submerge.

tansuddaf: tansuddo [*tan-* + *suddaf*[1]: *suddo*] *bg.a.* Suddo (dan y dŵr), soddi; bedyddio drwy drochiad: *to submerge, swamp; baptize by immersion.*

1828.

tansuddedig [bôn y f. *tansuddaf*: *tansuddo* + *-edig*] *a.bfl.* Suddedig (dan y dŵr), soddedig: *submerged.*

1859.

tansuddiad [bôn y f. *tansuddaf*: *tansuddo* + *-iad*[1]] *eg.* Suddiad (dan y dŵr), soddiad; bedydd drwy drochiad: *submergence, submersion; baptism by immersion.*

1864.

tansuddol [bôn y f. *tansuddaf*: *tansuddo* + *-ol*] *a.* Suddedig (dan y dŵr), soddedig: *submerged.*

1851.

tanswyddog [gair geir., sef *tan-* + *swyddog*] *eg.* ll. *-ion.* Swyddog is(af), is-swyddog: *lower or minor official or officer, subordinate, subaltern.*

1604–7 *TW* (*Pen* 228), rhyw *danswydhocion* mewn asgelh rhyuel d.g. *parastatæ.* **1794** *W* d.g. *A subaltern, Underling.* **1803** *P* d.g. *Tanswyzawg.*

tant [H. Lyd. *tantou,* gl. *fides,* H. Wydd. *tét,* Gwydd. Diw. *téad*: < Clt. **tņt-* o'r gwr. IE. **ten-* 'estyn', cf. Llad. *tentus* 'tyn', Sans. *tántu-*] *eg.* ac yn eithriadol *eb.* ll. *tannau.*

(*a*) Llinyn o goludd, weiren, &c., ar offeryn cerdd megis telyn, feiolin, neu biano, a dynnir yn dynn fel y gellir ei ddirgrynu i gynhyrchu nodyn, hefyd yn *ffig.*: *string* (*of musical instrument*), *also fig.*:

9g. (*MC*) *VVB* 219, *tantou,* gl. *fides.* **12–13g.** *GLlLl* 219, Can uolawd a thauawd a *thant,* / Kein deyrn, kyn bych digreiuyant. **14g.** *T* 23. 17–18, bum *tant* yn telyn lletrithawc naw blwydyn. **1346** *LlA* 66, megys ymae digrif gwaranndaw amryuaelon leisseu ynyr organev nev yny *tannev.* **14g.** *DGG*[2] 147, Garw a fydd ai dydd ai dau, / Ei dyniad heb ei *dannau* [marwnad Rhys ap Tudur gan Ruffudd Gryg]. *c.* **1400** *YCM*[2] 29, Megys y mae tri pheth yn y delyn pan uo yn kanu, nyt amgen, keluydyt, a *thanneu,* a llaw. **15g.** *DGG*[2] 8, Casbeth gan Eiddig fethiant / Glywed bytheied a *thant.* **15g.** *GLGC* 393, Torres *tant,* ar feddiant fu / yn y canol yn canu [marwnad Hywel Goch ap Rhys]. **16g.** *THSC* (1923–4) (At.) 67–8, Eithr y mae llawer yn well gantynt wrando ar gywydd gan *dant. Diw.* **16g.** *WLB* 10, Kymer *dant* lledyr a fu mewn telyn yn kanu or blaen. **1632** *D, Tant,* Chorda, chordula, fides, is. **1788** J. Thomas: *CS* 20, Cyn i chwi fyn'd oddi yma i bant, / Fel rhai sydd arnoch ryw fawr chwant / I chwarae'r *dant,* teilwng yw'r Oen! **1803** *P, Tant,* s. m.—pl. *tannau* . . . a string of a musical instrument. Ar lafar, 'Canu hefo'r *tanna*' 'to sing to the harp', *WVBD* 524.

(*b*) Rheffyn, llinyn, cordyn; tendril: *string, line, cord; tendril.*

14g. *GDG*[3] 176, *Tant* rhwyd a fwriwyd o fâr, / Telm yw ar lethr pen talar. *c.* **1400** *MM* 24, Rwymaw y teir ohonunt a *th*[*ant*]. **15g.** (*Diw.* **16g.**) *Gwyn* 3, 199, dwy ffon ydiw ei ffynniant / yw diwyd waith a dau *dant.* / . . . / brwydrau 'r dwr bwriwyd ar *dant,* / bryccynu aber ceunant [Meredudd ap Rhys i ofyn rhwyd]. **15–16g.** *TA* 496, Meined dy wasg mewn y *tant,* / Chwi, ymdroech i'm dau rychwant. **16g.** *LlS* 66, Llindro . . . wedy ymaelo ym bric rhyw lysæ ydd a ympenbleth ai vamaeth gan ymaflyd yn ei thopyn a ei bwyso tu ar ddayar ai thagy a ei *dannæ.* **1588** *Salm* cxl. 5, Y beilchion a guddiasant faglau i mi, ac a estynnasant rwyd wrth *dannau* ar ymmyl y llwybrau. **1632** *D, Tant* . . . funis. **1728** T. Baddy: *DDG* 19, mi ddaliais sulw ar gant (o leiaf) o linynau a *thannau* yn dibynnu oddiallan i'r Porth. **1778** J. Hughes: *BB* 302, Pan fo gŵr heini, 'n berwi o chwant, / Mae 'i [*sic*] chwithau gofio ysgriwio 'r *tant.* [**1783**] *W,* bod ar y *tant* d.g. *Ropes . . . To be upon the high ropes.* **1803** *P, Tant* . . . a string. Ar lafar, '*tant*' 'net-line (at the top and bottom of a net)', *WVBD* 524; hefyd gynt yn Nant Conwy clywid *tant* (ll. *tantiau*) am fath o linyn pysgota, 'nid oedd ond un bach wrth west, tra yr oedd amryw wrth *dant*', *Cymru* xxii. 316. Digwydd hefyd ymhlith pysgotwyr y glannau, '*tant*' 'rhaff ar rwyd samwn', *B* xxv. 56 (Caernarfon, Llandudoch, Glandyfi); 'y *tanne*' 'y rhaff a red ar hyd pen ucha'r rhwyd', *ib.* (Llandudoch, Trefdraeth); 'rhoi trodfedd o *danne* i'r rhwyd' 'sicrhau bod y rhaff uchaf, pan fyddid yn cysylltu'r rhwyd wrth y rhaffau, droedfedd yn hwy na'r rhaff waelod', *ib.* (Llandudoch); hefyd yn sir Ddinb. am y llinynnau tyn ar ben uchaf a gwaelod rhwyd hir at ddal cwningod. Cf. W. H. Roberts: *Aroglau Gwair* (1981) 233, Yr oedd busnes trin Morhesg ar ddarfod pan gyrhaeddais i'r pentref, a dim ond teulu Tir Mawr a ddaliai i wneud '*tannau*'—rhaffau oedd y rheiny. Gw. hefyd y cfn. *tant cyrcs, tant godre, tant isaf, tant rhwyd, tant uchaf* isod.

(*c*) Llinyn bwa: *bowstring.*

1603 W. Midleton: *Ps* 175, Na saeth gelyn na saethydh / A hed o *dant* hyd y dydh. **1688** *TJ, Tant*: a bow string. **1760** T. Williams: *AD* 7a, dy Lwbur [*sic*] sydd fel saeth o *dant.*

(*d*) Clunheciant; (geir.) nerf, gewyn, tendon: *stringhalt* (*lameness in horses*); (*dict.*) *nerve, sinew, tendon.*

1707 *AB* 282a, A Nerve, *Tant.* **1812** W. Davies: *RMB* 71, Rhag y Chords neu y *Tant* ar Gymmalau Ceffyl.

Cfn.: **tant coludd:** *gut-string.* **20g. tant cyrcs:** *head-rope* (*of fishing net*). Ar lafar, *B* xxv. 56. **tant godre:** *foot-rope* (*of fishing net*). Ar lafar, *ISF* 72. **tant isaf** = **tant godre.** Ar lafar, *B* xxv. 56. Cf. J. G. Jenkins: *NC* 245, When hemp and cotton nets were used, Dyfi seines were equipped with two head-ropes (tannau uchaf, sing. tant uchaf) and two foot-ropes (*tannau isaf,* sing. *tant isaf*) to prevent kinking while arranging the net on the boat transom. **tannau'r llais:** *vocal cords.* **20g. tant rhwyd:** *net-line.* **14g.** *GDG*[3] 176. **1632** *D* d.g. *Epidromis.* **1803** *P,* Tant . . . *tant rhwyd,* a net-line. **tant uchaf** = **tant cyrcs.** Ar lafar, *B* xxv. 56. Gw. hefyd *tant isaf.* **tant telyn, tant y delyn:** *harp-string.* **1547** *WS, Tant telyn* A harpe strynge. ?**16g.** *IG* 446, Nid aeth vy llaw hiraethlawn / Ar *dant telyn* rymiant rawn. **1803** *P,* Tant . . . *Tant telyn,* a harp string. Ar lafar, '*tant y delyn*' 'a harp string', 'fel *tant y delyn*' 'yn dynn iawn, yn rhy dynn', ''Dwi ddim yn lico gweld dillad fel *tant y delyn* acha' merchid, 'n enwetig trywzeri', 'Dyma 'en ffrog angyffwrdus yw 'on! Ma 'i fel *tant y delyn* arno' i', *GTN* 777. **ar dant (i)** [ansicr yw'r engh. gyntaf isod]: *opposed* (*to*), *in conflict* (*with*). **15g.** *ID* 86, o bu air heb i warant / gorau dim oedd gau *ar dant.* **16g.** Huw Arwystl: *Gw* 93, gwr oedd hwn gwaraidd hynaws / *ar dant* yr ioed ir dyn traws. / ni fynai er a wnai neb / ordrio yw synwyr drawsineb [i Lewys ab Owain].

Gw. hefyd **tennyn.**

tantara, tamtara [bnth. S. *tantara*] *eg.b.* Ffanffer (ar utgorn, &c.): *tantara, fanfare.*

1672 R. Prichard: *Gw* 189, Lle bo mwya 'r gynlleidfa, fe gân y *dantara* [:- Gan y trwmpet, neu ffyst y drwm]. **1732–3** J. Owen: *GB* 52, ac a gurodd y *Tantara* yn ddisymmwth i alw Gwŷr i Ryfel. Ar lafar yn yr ystyr 'tymer ddrwg', 'Yr oedd arni *damtara*', *Cymru* xxxiv. [265] (godre Cered.); '*Tamtara*' 'in a great sweat', *TGG* (1907–8) 110.

tanter [ffrwyth trafod H. Grn. *tanter,* gl. *procus,* fel gair Cym.] *eg.* ll. *-iaid.* Un sy'n ceisio llaw merch, cariadfab, carwr, hefyd yn *ffig.*: *suitor, wooer, lover, also fig.*

1604–7 *TW* (*Pen* 228), *Tanter,* li[ber] lh[an] daf d.g. *procus.* **1632** *D.* **1688** *TJ, Tanter,* carwr merched: a Wooer or Suiter to Women. **1722** *Llst* 189, *Tanter.* m.p. *teriaid.* A suiter, lover. **1789** *LlCy* i. 43, Tebyg eu [*sic*] bod yn ymfoneddigo o herwydd bod gwyr Llundain yn ymarddelw a hi [yr awen], gan hyderu ar gael eu [*sic*] hadwisgo yn wŷch a mwy amledd o *danteriaid.*

tantiaf: tantio [bf. o'r e. *tant*] *ba.* Llinynnu (offeryn cerdd, &c.), tannu, hefyd yn *ffig.*: *to string* (*musical instrument, &c.*), *also fig.*

1803 *P, Tantiaw* . . . to string. Ar lafar yn y diwydiant pysgota yn yr ystyr 'rhoi tant wrth rwyd', *B* xxv. 56 (Aberdaron, Moelfre); 'gwennol i *dantio* rhwydi', *WVBD* 524.

Gw. hefyd **tannaf**[2]**: tannu.**

tantiwr [*tant* + *-iwr*] *eg.* Pysgotwr a saif ar y lan yn dal un pen i rwyd samwn tra bo dau arall yn bwrw'r rhwyd i'r dŵr o gwch: *fisherman who stands on the shore holding one end of a salmon net, while two others throw the net into the water from a boat.*

Ar lafar, '*tantiwr*' 'y pysgotwr a saif ar y lan yn ystod "ergyd" ac sydd yn gafael mewn un pen i'r rhwyd', *B* xxv. 56 (Glandyfi).

tantor [*tant* + *-awr*[3], *-or*] *eg.* ll. *-ion.* Un sy'n canu offeryn llinynnol, telynor: *player of stringed instrument, harpist.*

18–19g. *MA* iii. 12, Nerth *tantor* ei vys. **1803** *P,*

Tantawr . . . pl. *tantorion* . . . A player on a stringed instrument; a musician.

tantraf: tantro [bnth. S. taf. (*to*) *tanter* 'to quarrel, argue; rage'] *bg.* Rhefru, arthio, dwrdio, hefyd yn *ffig.*: *to rail, rant, scold, also fig.*

1881 D. OWEN: *D* 54, Ydach chi'n dechreu *tantro* mewn mynyd, Becca Prŷs? Ar lafar, ''Roedd hi'n *tantro*'n ofnadwy pan glywodd y newydd' (Môn); '*tantro*' 'to grumble with great heat, to protest strongly', *WVBD* 524; ''Roedd hwn a hwn yn *tantro* yn ofnadwy neu yn hel a dweyd y drefn' (sir Ddinb.); '*Tantro*' 'Dwrdio, dweyd y drefn, tafodi', *Cymru* lxii. 176 (gorllewin Meir.).

tantrym (*y*≡*ə*) [bnth. S. *tantrum*] *eg.* ll. *-s.* Pwl o dymer wyllt, yn enw. mewn plant: *tantrum.*

Ar lafar, 'Ma'r hogan bach 'na'n mynd i *dantrym* os na cheith 'i 'i ffordd 'i hun' (sir Gaern.); ''Odd 'i yn 'i *thantryms* gwyllt pan welas i 'i ddwetha'' (dwyrain Morg.).

tantur, gw. **deintur** (hefyd At.).

tanwaith [*tân*[1]+*gwaith*[1]] *eg.b.* ll. *-weithydd, -weithoedd, -weithiau.*

(*a*) Tân gwyllt: *firework.*

[1783] *W*, Mâth ar *dân-waith* hedegog d.g. *Rocket.* **1803** *P*, *Tanwaith*, s. m. . . . Fire-work.

(*b*) (geir.) Y proses o enamlio: (*dict.*) *enamelling.*

1604–7 *TW* (*Pen* 228) d.g. *Encaustice.* **1688** *TJ*, Owmal, *Tân-waith*: Enamelling. **1773** *W* d.g. *Enamelling.*

tanwent [*tân*[1]+elf. anh.] *eg.* (bach. *-yn*). Coed tân, cynnud, tanwydd; ?tanllwyth, coelcerth: *firewood, fuel*; ?*blaze, bonfire.*

1735 J. EVANS: *YMS* 131, wedi cymmeryd llawer o boen i ennyn tân, ac i beri iddo fflammio mewn *tanwent* iraidd. **1798** *WR* d.g. *Fuel.* Ar lafar, '*Tanwent*' 'firewood', *Cymru* xxxiv. [265] (godre Cered.); '*Tanwent* . . . Firewood. Sing. *tanwentyn*', *GDD* 291.

tanwenta [bf. o'r e. *tanwent*] *bg.* Casglu coed tân, cynuta: *to gather firewood.*

Ar lafar, 'We' mam yn arfer hala ni mas i *danwenta* bob bore Sadwrn' (sir Benf.); '*Tanwenta*' 'to gather firewood', *TGG* (1907–8) 89 (de-orllewin sir Gaerf.).

tanwentyn, gw. **tanwent.**

tanweryddol [*tan*[1]+*gwerydd*[2], ?*Werydd*+*-ol*] *a.* Tanfor, ?o dan Gefnfor Iwerydd: *submarine*, ?*subatlantic* (*e.g. of cable*).

1856.

tanwr, gw. **taniwr.**

tân-wybed [*tân*[1]+*gwybed*[1]] *e.ll.* (un. g. *-yn*). Pryfed tân: *fireflies, glow-worms.*

1848.

tanwydyn [ffrwyth camddehongli *tanhwydin*] *eg.* Seren wib, awyrfaen: *meteor, meteorite.*

1803 *P*, *Tanwydyn*, s. m. . . . A fiery meteor.

tanwydd [*tân*[1]+*gwŷdd*[1]] *eg.* ll. *-(i)on, -au,* a hefyd fel *e.ll.* Defnydd a losgir i gynhyrchu gwres neu ynni, e.e. coed, glo, neu betrol, sylwedd ymbelydrol a ddefnyddir i gynhyrchu ynni niwclear, cynnud, coed tân, hefyd yn *ffig.*; tanllwyth: *fuel, firewood, also fig.*; *blaze.*

15–16g. *TA* 23, A chertweini gwin a chario *tanwydd.* **1630** R. LLWYD: *LlH* 358, Megis y mae cynnyd [:- *Tanwydd*] irion . . . yn anhawdd ganddynt losci. **1632** *D* d.g. *Fomes.* **1653** *MLl* i. 203, Ac fel y mae pôb calon fudr yn grochan i'r cythrel ar dân vffern felly mae efe yn ofalus i gadw *tânwydd* dano. **1672** J. LANGFORD: *HDdD* 159, Pan ganfyddoch di gan hynny ei gynnhyrfiad lleiaf ef [digofaint] ynoti, bydd mor bryssur i'w ysdwrdio ac i'w attal ef ac a fydditi i ddiffodd Tân yn dy dŷ; ond edrych yn ddyfal rhag dwyn o honot *danwydd* atto ef, trwy groesawu dim meddyliau a ddichon ei anghwanegu ef. *p.* **1674** *RWM* i. 19, Agoryd genau gwirion, a mygu / Megys *tanwydd* irion / Ag yfed mwy nag afon / A thyngu yn rhwydd yw swydd Sion. **1707** *AB* 220c, *Tanwydh*, Fuel. [V]. **1725** T. BADDY: *CS* 46, Eiddigedd sy' fel creulon fedd / a'i farwor rhyfedd tanlly[d], / a fflam angerddol iddynt sydd / fel *tanwydd* poeth-chwyrn gynnud. **1753** G. OWEN: *L* 73, ni bydd arnaf ddim diffyg am *danwydd*, oblegid mae genyf eisoes ddau lwyth certwyn o lô a roed i mi gan rai o'm plwyfolion. **1773** *W* d.g. *Elden.* **1790** T. JONES: *TOS* 48, A ydym lân a hardd? pa *danwydd* i falchder! *id.* 102, Ni lysg y tân oni bydd y *tanwydd* yn llosgadwy; ond os bydd y coed yn sychion, mor danbeid y llysg! *id.* 281, Onid oes yma *danwydd* ddigon i gadw cariad byth ar dân? **1803** *P*, *Tanwyz*, s. m. . . . Fire-wood. Ar lafar, '*tanwydd*' 'fuel', *WVBD* 524. Cf. *GTN* 777, *tanwydd*; firewood . . . digon prin. Yr ym[adrodd] arferol yw 'coed tæn bora'.

Amr.: **tanwedd. 1746** G. JONES: *HWI* iii. 120. **1752** J. THOMAS: *FG* 125. **1784** M. WILLIAMS: *S* i. 118.

Cfn.: **tanwydd ffosil:** *fossil fuel.* **20g. tanwydd niwclear:** *nuclear fuel.* **20g.**

tanynt, gw. **tan**[1].

tanysgrif, tansgrif [*tan-*+*ysgrif, sgrif*] *eb.g.* ll. *-(i)au.* Tanysgrifiad (i elusen, cyfnodolyn, &c.); llofnod(iad), ysgrifen islaw ysgrifen, &c., arall neu ar ddiwedd dogfen, &c.: *subscription* (*to charity, periodical, &c.*); *subscription* (*to document, &c.*).

1707 *AB* 157a, *Tansgriv*, ysgrivenniad wrth beth. A subscription d.g. *Subscriptio.* **1794** *W*, *tansgrif*, rhoddiad ei enw (ei law) wrth bapur d.g. *Subscription.* **18–19g.** *Llr* C 4, 271, *Tan-ysgrif*—subscription. **1803** *P*, *Tanysgriv*, s. f. . . . A subscription.

tanysgrifaf: tanysgrifo, gw. **tanysgrifiaf: tanysgrifio.**

tanysgrifeniad, tansgrifeniad [*tan-*+*ysgrifeniad, sgrifeniad*] *eg.* ll. *-au.* Tanysgrifiad: *subscription.*

1810.

tanysgrifiad, tansgrifiad [bôn y f. *tanysgrifiaf, tansgrifiaf*: *tan(y)sgrifio*+*-iad*[1]] *eg.* ll. *-au.* Y weithred o danysgrifio (i gymdeithas, elusen, cyfnodolyn, llyfr sydd i'w gyhoeddi, am gyfranddaliadau, &c.), arian a danysgrifir, tâl aelodaeth (cymdeithas, clwb, &c.); cytundeb drwy lofnod i gynnwys dogfen, ysgrifen islaw ysgrifen, &c., arall neu ar ddiwedd dogfen, llyfr, &c., coloffon: *subscription* (*to society, charity, periodical, book, &c., for shares, &c.*); *subscription or assent* (*to a document, &c.*), *subscription* (*below anything or at the end of a document, book, &c.*), *colophon.*

1794 *W*, *Tansgrifiad* d.g. *Subscription.* **1799** A. AB D. SION: *CR* 24, Fe ellid casglu digon i lanw cynnwysiad llyfr . . . yn condemnio rhyfel yn gyffredinol: ac hyd yn hyn (er mor rhyfedd ac estronol yw) fe ofynir *tansgrifiadau* (subscription) ymhob urddiad, (ordination,) yr hyn sy'n cael ei ddala'n fynychaf bedair gwaith ymhob blwyddyn gan y swyddymgeiswyr. **1803** *P*, *Tanysgriviad*, s. m.—pl. t. *au* . . . An underwriting. Cf. T. LEWIS: *HPF* 611, Cyfarfu'r parliament ddechreu'r flwyddyn 1798, lle y cytunwyd i fawrion y deyrnas wneud *tansgrifiadau* gwirfoddol i ddwyn y rhyfel yn mlaen: rhoddodd y brenin ugain mil o bunnau ei hun, a'r frenhines bum mil.

tanysgrifiadol, tansgrifiadol [*tanysgrifiad, tansgrifiad*+*-ol*] *a.* Tanysgrifiol: *subscription* (*adj. use*).

1842.

tanysgrifiaf, tanysgrifaf, tansgrifiaf: tanysgrif(i)o, tansgrifio [bf. o'r e. *tanysgrif, tansgrif*] *bg.a.* (Addo) cyfrannu (i gymdeithas, elusen, &c.), (addo) talu (ymlaen llaw) (am gyfnodolyn, llyfr sydd i'w gyhoeddi, &c.), cynnig neu addo talu (am gyfranddaliadau); llofnodi, torri (enw (wrth)) fel arwydd o gydsyniaeth, ysgrifennu islaw; arddel (syniad, &c.), rhoddi cefnogaeth (i), cydsynio (i), cefnogi, cymeradwyo: *to subscribe* (*to a society, charity, &c., for a periodical, book, shares, &c.*); *subscribe* (*one's name to a document, &c.*), *sign, write below*; *subscribe* (*to* (*an idea, &c.*)), *support, approve* (*of*).

1794 *W*, *tansgrifio* d.g. *To subscribe.* **1798** M. JONES: *DG* 3, Yn y Cyfarfod hwnnw *tansgrifiwyd* 740 p. **1803** *P*, *Tanysgrivaw* . . . To underwrite.

tanysgrifiol, tansgrifiol [*tanysgrif, tansgrif*+*-iol*] *a.* Yn perthyn i danysgrifiad(au), yn cael ei gynnal gan danysgrifiad(au), yn talu tanysgrifiad(au): *subscription* (*adj. use*).

1842.

tanysgrifiwr, tanysgrifwr, tansgrifiwr [bôn y f. *tanysgrifiaf, tanysgrifaf, tansgrifiaf*: *tanysgrif(i)o, tansgrifio*+*-(i)wr*] *eg.* ll. *tan-(y)sgrifwyr.* Un sy'n tanysgrifio (i elusen, cyfnodolyn, am gyfranddaliadau, &c.); un sy'n torri ei enw (wrth ddogfen, &c.), llofnodwr; gwarantwr (yswiriant, &c.); un sy'n arddel neu'n cefnogi (syniad, &c.): *subscriber* (*to charity, periodical, for shares, &c.*); *subscriber* (*to document, &c.*), *signatory*; *underwriter* (*of insurance, &c.*); *subscriber* (*to idea, &c.*).

1794 *W*, *Tansgrifiwr* (pl. *tansgrifwŷr*) d.g. *Subscriber.* Cf. D. OWEN: *B* 241, Diammeu bod amryw o'r hen Drioedd Derwyddol yn cynnwys syniadau na chaniatteir gan y grefydd Gristionogol; ond gadawyd yr hen dybiau a'r hen syniadau cyfeiliornus allan gan *danysgrifwyr* Cristionogol.

Taoaeth [cfdds. o'r S. *Tao(ism)*+*-aeth*] *eb.* Athroniaeth grefyddol y Tsieinead Laoze (Lao-tse) (*c.* 605–530 C.C.) sy'n pleidio bywyd syml mewn cytgord â byd natur: *Taoism.*

20g.

Taoydd [cfdds. o'r S. *Tao(ist)*+*-ydd*[3]] *eg.* ll. *-ion.* Un sy'n arddel Taoaeth: *Taoist* (*n.*).

20g.

tap[1] [bnth. S. *tap* 'faucet'] *eg.* (bach. *tepyn*) ll. *-(i)au, -s.* Dyfais ar ffurf falf sy'n agor a chau i reoli llif hylif neu nwy o biben neu lestr, dwsel, feis, hefyd yn *ffig.*: *tap, faucet, spigot, also fig.*

c. **1689** *RWM* ii. 1144, Medd-dod su 'n dyfod o *dapp.* **1696** *CDD* 65, Gwŷr Jefengc, g[wŷ]r ofer, sŷ'n saelio i'r seler, / Clywch gyngor yn dyner, i'ch denu o'r drŵg, / Toppiwch y *teppŷn*, na cheisiwch ymofŷn, / Am fygŷn, sef gelŷn y golwg. **1828** *Geir Pob* 26, *Tâp*, dwsel, gollyngfa diod. Ar lafar yn gyff., '*tap* . . . *tapia*' 'tap', *WVBD* 524; '*tap* . . . *taps*', 'Tu fæs odd y *tap* am flynydda yn bob tŷ yn y pentra', *GTN* 777.

Cfn.: **tap dŵr:** *water tap.* **1937.** Ar lafar yn gyff., 'Cau'r *tap dŵr* na'n dynn—mae o'n gollwng' (Arfon); '*taps dŵr*', *GTN* 778.

tap[2] [bnth. S. *tap* 'light blow'] *eg.* ll. *-iau.* (Sŵn) ergyd neu guriad ysgafn: *tap* (*light blow*).

1935.

tap[3]**, tep**[1] [bnth. S. *tap* (for repair of shoe, &c.)] *eg.* (bach. *-ig*; *-yn*, ll. *-nau*), ll. *-(i)au, tepys.* (Darn o ledr, &c., a ddefnyddir i drwsio) gwadn neu sawdl esgid; penguwch (ffust): *tap, sole, or heel* (*of shoe*); (*flail-*)*cap, caplin.*

1547 *WS*, *Tep* A typpe. *id.* *Tepys* Typpes. *c.* **1588** *B* ii. 234, penguwch: *tepp* ffust; penguchie, *teppie* ffust, ffuste. *Dchr.* **17g.** *J* 10, 156a, *Tep.* × Caplûr [*sic*]: Typpe. *Tepis.* **1722** *Llst* 189, *Tappyn.* m.p. *pynnau.* The iron (horn or leathern-) capping of a flail. *id.* *Teppyn.* m.p. *pynnau.* A tap or sole of a shoe. **18g.** *Traeth* v. (1849) 379, Rhowch i mi bar o *dapau* / Rhai tewon, nid rhai tenau, / A ddalio i fyn'd o fan i fan / Yn wydnon dan fy ngwadnau (Dafydd Jones o Gaeo). **1753** *TR*, *Tep*, *Teppyn* i osod dan esgid. **1771** *W*, *Tappyn*, *tappig*, cap (cappan) ffust d.g. *The capping of a flail.* *id.* *Teppyn* sowdl d.g. *Heel-piece.* **1803** *P*, *Tap*, s. m.—pl. t. *iau* . . . *Tap* esgid, the heel of a shoe. *id.* *Tapyn* . . . *Tapyn* fust, *tapig* fust, the capping of a flail. Ar lafar, '*tep*' 'the capping of a flail', *WVBD* 529; '*tep*' 'darn o ledr gwyn cryf ar y lemffust', *B* iii. 208 (Penllyn), a hefyd 'darn o fetel sy'n cysylltu dwy gadwyn' (sir Ddinb.); '*tapa*' 'pieces used to tap shoes', *GTN* 777; '*tepyn*' 'the piece of leather used to tap a shoe', *id.* 786; '*Tapin*' 'the sole of a boot, i.e., the layer of leather used', *TGG* (1907–8) 111 (godre Cered.); hefyd yng nghanolbarth a godre Cered. clywir *tapyn* yn yr ystyr 'y croen caled ar flaen trwyn mochyn'. Cf. *SE MS* 488b, Lledr *tapau*—sole-leather; thick strong leather used for the soles of shoes (S.W); *B* ii. 234, In West Denbighshire, *tep* means any kind of wedge used to fix parts of implements.

tap[4]**, tep**[2] [?bnth S. taf. *tap* 'top', gw. *B* xv. 25–6] *eg.* (bach. *-yn, tepan*) ll. *-iau.* Craig neu silff o graig yn taflu dros ei throed, 'pincyn' (Arfon): *projecting rock, ledge, or shelf.*

1803 *P*, *Tap*, s. m.—pl. t. *iau* . . . A projecting ledge or shelf; a projecting rock. *id.* *Tapyn* . . . A small projection, ledge, or shelf. *id.* *Tepyn* . . . A small ledge or step. Ar lafar, 'ar ryw *dep* ar y graig', *Cymru* xlvii. 237 (sir Ddinb.); '*tap, tapiau*' '[c]raig fydd yn ffurfio dibyn bychan ar ochr mynydd neu ochr craig serth', 'Mi welais y ddafad ar ben y *tap* sydd oddiar y gorlan uchaf', *B* iii. 198 (Meir.); '*tap*' 'Craig a fo'n taflu allan "dros ei throed" o ochr mynydd . . . Y

mae'n air cyffredin gan fugeiliaid ac amaethwyr . . . o'r Obell Fawr ac Abergeirw at Ddyfi a throsodd i Benllyn a'r Aran i Fawddwy, a wedyn dros Waun y Gadfa i gornel orllewinol Maldwyn i gyffiniau Llanwddyn a Llangynog', *id.* xv. 25; '*Tepan*' 'Astell ar graig, man i sefyll arno', *Cymru* lxiii. 84 (gorllewin Meir.). Digwydd hefyd mewn e. lleoedd, e.e. *Tap y Gigfran*, *Tap y Bedol* (Meir.), *Tap Carreg-hau*, *Tap y Gell* (sir Drefn.), gw. *B* xv. 25–6.

tâp, têp [bnth. S. *tape*] *eg.* ll. *tap(i)au*, *tâps*, *têps*. Stribed o ddefnydd ar gyfer rhwymo, clymu, &c., stribed adlynol o bapur, ffilm blastig, &c., ar gyfer sicrhau, ynysu, &c., incil; stribed o ddefnydd, metel, &c., wedi ei farcio ar gyfer mesur hyd; stribed hyblyg tenau iawn o blastig, &c., ac iddo briodoleddau magnetig fel y gellir ei ddefnyddio i recordio seiniau, lluniau, neu ddata, ril neu gasét llawn o'r defnydd hwn, recordiad ar y defnydd hwn: *tape*.

1725 *SR*, *Tâp*, math ar linin, neu ysnoden d.g. *Tape*. **1828** *Geir Pob* 26, *Tâp*, Llinynwe, ysnoden. Ar lafar yn gyff., '*tæp* . . . *tæps*' 'llinyn mesur', 'Ym mle ma'r *tæp* ifi gæl mesur 'wn?', *GTN* 783; 'Rho damad o *dâp* rownd y parsal 'na', 'Ma isio rhoid *tâp* newydd yn y fidio' (Arfon); 'Dal di'r *têp* ar dop y drws ac fe ddala' i'r ochor arall', 'Ma isie *têp* newydd i recordo'r ffilm i gyd' (sir Gaerf.).

Cfn.: **tâp coch:** *red tape* (*lit. and fig.*). **20g. tâp magnetig:** *magnetic tape*. **20g. tâp mesur:** *tape-measure*. **20g. tâp ynysu:** *insulating tape*. **20g.**

tapaf[1,2,3,4]: tapo, gw. **tapiaf[1,2,3,4]: tapio.**

tapar[1], taper[1] [bnth. S. *taper*] *eg.* Yr ansawdd neu'r cyflwr o fod yn tapro: *taper, a tapering*.

1795 J. THOMAS: *AIC* 360, cymer Flaguryn o'r nattur a ewyllysiot, a nadda ei fôn ar *dapar* a dyro fe yn yr hollt. **1798** W. JONES: *LlG* 74, Dyfeisiwyd a lluniwyd y lle,—ei deupen / Ar *daper* y creigiau [am bont]. Ar lafar, 'Mae 'na dipyn o *dapar* yn y wal' 'the wall tapers a little', *WVBD* 524.

tapar[2,3], gw. **coch** (At.)—**coch tapar, tapr.**

tapddawnsiaf: tapddawnsio [*tap[2]*+ *dawnsiaf*: *dawnsio*] *bg.* Dawnsio dawns step lle tepir y llawr yn rhythmig â blaen y droed neu'r sawdl: *to tap-dance*.

20g.

tapddawnsiwr [bôn y f. *tapddawnsiaf*: *tapddawnsio*+*-iwr*] *eg.* (b. *-ddawnswraig*, ll. *-ddawnswragedd*) ll. *-ddawnswyr*. Un sy'n tapddawnsio: *tap-dancer*.

20g.

taped, tapet [bnth. S. *tappet*] *eb.g.* ll. *-i*, *-au*, *tapets*. Braich neu roden symudol sy'n symud yn ôl ac ymlaen mewn peiriant gan dderbyn neu drosglwyddo symudiad ysbeidiol, yn enw. rhan o beiriant tanio mewnol sy'n trosglwyddo symudiad o'r camsiafft: *tappet*.

20g.

taper[1,2], gw. **tapar[1], tapr.**

tapestri, tapstri [bnth. S. *tapestry*; 1932 yw dyddiad yr engh. nesaf ar ôl *TW* (*Pen* 228)] *eg.* ll. *tapestrïau*, *tapestrïoedd*, *tapestris*. Brethyn addurniadol trwchus a wehyddir i greu llun neu gynllun, darn o'r cyfryw, brodwaith sy'n efelychu hyn, hefyd yn *ffig.* am amgylchiadau, &c., cymhleth neu ymblethedig: *tapestry*, *also fig.*

16g. (*LlEG*) *Mos* 158, 108a, yrhrain oll a ddaruoedd I treuyyn/v Ai trwshio A ssidan a melued . . . gida brethynn seisnig o bob amryw liwiau gidag ares a *thappstri* ynn y modd gwycha a galowntta ar aellid I deueisio. *id.* 353a, brethynnau oaur ac o arian ac o *dapstri* ac o areys. **1604–7** *TW* (*Pen* 228), *Tapestri* d.g. *Aulæa*. Ar lafar, ''Rodd un wal o 'stafall y castall wedi'i gyfro 'fo *tapestri*' (Arfon).

tapestrïaidd [*tapestri*+*-aidd*] *a.* Tebyg i dapestri: *tapestry-like*.

1932.

tapet, gw. **taped.**

tapiaf[1], tapaf[1]: tap(i)o [bf. o'r e. *tap[1]*] *ba.* Gosod tap ar (gynhwysydd) neu dorri twll mewn (cynhwysydd) er mwyn tynnu (hylif), e.e. gosod tap ar (gasgen, &c.) er mwyn tynnu diod ohoni, torri i mewn i (goeden, &c.) er mwyn i'r nodd ddiferu ohoni, gollwng metel tawdd o (ffwrnais), hefyd yn *ffig.*; tynnu hylif o (geudod corfforol, &c.); cysylltu dyfais glustfeinio neu recordio gudd â (ffôn, &c.), clustfeinio ar (sgwrs ffôn, &c.) drwy ddefnyddio dyfais o'r fath: *to tap*, *broach*, *also fig.*; *tap* (*bodily cavity*, *&c.*); *tap* (*telephone*, *&c.*), *listen in secret to* (*telephone conversation*, *&c.*) *by means of a tap*.

1722 *Llst* 189, *Tappio*. To set at broach, tap a vessel. Ar lafar, '*Tapo*'r Gasgen', *Cymru* xxxiv. [265] (godre Cered.); '*tapo* ffwrnesh' (de-ddwyrain sir Gaerf.); hefyd yn yr ystyr 'tynnu corcyn', '*tapio* potal', *WVBD* 524. Cf. D. OWEN: *D* 170, Yn y cyfarfod darllen yr oedd chwyddedigaeth Aelod Jones yn cynnyddu mor enfawr fel yr ofnai Noah fod perygl i ymrwygiad gymeryd lle; ac er mwyn arbed llanastr, tybiodd yn ddoeth ei *dapio*; T. H. PARRY-WILLIAMS: *S* 68, 'R wy'n mynd yn rhywle, heb wybod ym mh'le, / Ond mae enw'n fy nghlustiau—Santa Fe, / A hwnnw'n dal i *dapio* o hyd / Y dagrau sydd gennyf i enwau'r byd.

tapiaf[2], tapaf[2]: tap(i)o [bnth. S. (*to*) *tap* 'to strike lightly'] *bg.a.* Taro yn ysgafn (dro ar ôl tro), rhoddi ergyd ysgafn (i): *to tap*, *strike lightly*.

1923. Ar lafar. Cf. T. H. PARRY-WILLIAMS: *Y* 17, twyllir ef allan gan enweiriwr trwy guro pren i'r ddaear a'i *dapio* a gwneuthur i'r creadur feddwl bod gelyn gerllaw.

tapiaf[3], tapaf[3]: tap(i)o [bf. o'r e. *tap[3]*] *ba.* Rhoddi trwch o ledr ar wadn neu sawdl (esgid) i'w thrwsio: *to tap* (*shoe*).

1895. Ar lafar, 'lleder *tapo*', D. J. EVANS: *HCS* 130; '*Tapo* Esgidiau' 'to sole boots', *Cymru* xxxiv. [265] (godre Cered.); ''Wi'n mynd â'm sgitsia i gæl 'u *tapo*', *GTN* 778. Cf. *SE MS* [488]b, *Tapio* esgidiau —to sole shoes.

tapiaf[4], tapaf[4]: tap(i)o [bnth. S. (*to*) *tape*] *bg.a.* Recordio ar dâp (fideo): *to tape*(*-record*), *videotape*.

20g. Ar lafar, 'Cofia *dapo* Pobol y Cwm ifi', ''Ydi'r fidio 'di gorffen *tapio*?'.

tapiaf[5]: tapio [?bf. o'r e. *tap[4]*] *bg.* Mynd yn sownd ar silff o graig (am anifail): *to become trapped on a ledge of rock* (*of an animal*).

c. **1700** E. LHUYD: *Par* ii. 73, Karreg yr Aderyn (Kraig serth Lhe *Tappia* Chwynogod [*sic*] ar vynydh y dhyalt). Ar lafar gynt, 'Dafad wedi *tapio*' 'wedi mynd ar ôl blewyn glas i astell craig, ac yn methu dod oddi yno', *B* xv. 26 (Penllyn).

tapig, gw. **tap[3].**

tapin, tapina [?bnth. rhyw ff. ar H. Ffr. *tapon*] *eg.* ll. *tapinau*. Blanced, cwrlid, gwrthban, huling, gorchudd, cwilt, tapestri, carped: *blanket*, *coverlet*, *counterpane*, *cover*, *quilt*, *tapestry*, *carpet*.

14g. *LlB* 65, Y gwr a geiff y gallawr, a'r *tappin* (*LHDd* 23, *tapyneu*) neu y bryccan. *c.* **1400** *YSG* i. 51, [g]wely tec gwedy y adurnaw o *dapineu* a sidan eureit. **15g.** *GLGC* 491–2, Mae Elin ymy eilwaith / o'i llaw yn frau'n rhoi llen fraith, / *tapin* o ddail y gwinwydd, / torsed gogyfled â'r gŵydd. / Y mae'n y llen ym naw lliw, / naw edn ar frethyn ydiw [i ofyn huling]. **15g.** *GDID* 100, Dau gapan heb wlân, heb lin, / Dau diped fal dau *dapin*. **1604–7** *TW* (*Pen* 228), *Tapina* d.g. *Velamen*. *Dchr.* **17g.** *J* 10, 152b, *Tapin* . . . Huling. Aulæa. plagula. Stragula. **1632** *D*, *Tapin*, Tapetum. *id.* *Tapina*, Idem. H[owel] D[afydd ap Ieuan ap Rhys]. **1688** *TJ*, *Tapin*, *tapina*, hiliad, brethŷn lluniog i wisgo (siambrau:) Tapestry, also a covering. **1722** *Llst* 189, *Tapin*, *pina*. m. Tapestry, carpet, hangings, quilt of a bed, coverlet. Cf. *GSC* 94, Y tarw penfras tapinfrych.

tapinwe [*tapin*+*gwe*] *eg.* ll. *-weydd*. Tapestri: *tapestry*.

1794 *W* d.g. *Tapestry*.

tapinwr [gair geir., sef *tapin*+*-wr*] *eg.* Gwëydd tapestrïau, cwrlidwr: *tapestry-weaver*, *coverlet-maker*.

Dchr. **17g.** *J* 10, 152b, *Tapiwr* [*sic*] × Huling wr [*sic*], Cwrlidiwr. **1632** *D*, *Tapinwr*, yw Cwrlidiwr, ait [William] Ll[yn]. Tapetum textor. **1688** *TJ*, *Tapinwr*, cwrlidwr: a Tapestry Weaver. **1722** *Llst* 189, *Tapinwr*. m. A tapestry-weaver; coverlet-maker.

tapioca [bnth. S. *tapioca*] *eg.* Sylwedd startshlyd ar ffurf gronynnau caled a geir o wreiddiau casafa ac a ddefnyddir mewn pwdinau, &c.: *tapioca*.

1850. Ar lafar.

tapir [bnth. S. *tapir*] *eg.* ll. *-iaid*, *-od*. *Swol.* Unrhyw famolyn carnol nosol o'r tylwyth *Tapirus*, a chanddo drwyn ystwyth a ddefnyddir i ymborthi ar blanhigion, a'i gynefin yng nghanolbarth a de America a de-ddwyrain Asia: *tapir*.

1834.

tapiwr [bôn y f. *tapiaf[2]*: *tapio*+*-iwr*] *eg.* ll. *tapwyr*. Person neu beth sy'n tapio neu'n taro'n ysgafn: *tapper*, *person who*, *or thing which*, *taps*.

20g.

taplas, taplys, tablas [bnth. S. C. *tables*] *eb.g.* ll. *-au*, *-on*.

(*a*) Tabler, hasard; adloniant o ganu, dawnsio, ac yfed, cyfeddach, sbri (feddw), parti: *backgammon*, *hazard* (*game*); *entertainment consisting of singing*, *dancing*, *and drinking*, *revelry*, (*drunken*) *spree*, *party*.

13g. *BD* 163, yn y guledycho meddavt a charyat y gurageđ a seguryt a *thaplys* a gvydbvyll (*RB* ii. 205, aruer or gydbvyll ar *daplas*), colli y glevder a'r nerthoed a'r kedernyt. *c.* **1300** *B* ii. 27, Na ware *dapplys* rac colli dy da. *c.* **1400** *id.* 18, Gware dopp. na chware *daplas*. **15g.** *BB* 185, ymdidan a gwraged. a gware gwydbwyll a sseec a *thapplys*. **1604–7** *TW* (*Pen* 228), *tapplys* d.g. *Alea*. **1722** *Llst* 189, *Taplas*. m. A ball or dance. *c.* **1730** *LlCy* iii. 48, *Taplas* Gwainfo. **1772** *W*, *taplas* d.g. *Dance*, *Game*. **18–19g.** *IAW* (LlGC) 125, 43, *Taplas*, recreation dancing. **1803** *P*, *Taplas*, s. m. —pl. t. *on* . . . A gambol; a dance. Ar lafar yn yr ystyron 'sbri feddw, trafferth, llanastr, annibendod'; ''Odd *daplas* ofnadw 'na', *BIBC* 23; ''Welas i siŵd *daplas* ariôd ag odd ar y lle ar 'u 'ôl nw', 'Dyna *daplas* odd 'co! 'Ôt ti'n clŵad y mwstwr mæs i'r 'ewl', 'Dyna lle 'ôn i yng genol y *taplas*, y nw wedi mynd a 'ngatal i i giro ar 'u 'ôl nw', *GTN* 777–8; hefyd yn yr ystyr 'sgôr', 'cyfrif y *daplas*', 'gwylad y *daplas*', *id.* 778. Cf. D. OWEN: *WBC* 68, [c]ostiodd y *daplas* bob o dri swllt ar ddeg; *id.* 125, bu yno *daplas* gysurus o de.

(*b*) (yn y cfn. *taplys Moesen*) Tabled, llech: *tablet*.

Gw. isod.

Cfn.: **taplas haf:** *summer evening entertainment*. **18–19g.** *IM* 40, Cwrdd Cerdd pob nos Sadwrn o ddydd llun Pasc hyd galan gauaf, a elwir hefyd *taplas hâf*. Cf. *Gardd Aberdar* 41, [*t*]*aplasau haf*, sef canu a dawnsio, a'r cerddor yn chwareu ei offeryn cerdd iddynt. **taplys Moesen:** *the tablets of the Decalogue*. *c.* **1400** *R* 1238. 11. Cf. *tabl—tabl Moesen*.

taplasu, taplasa [bf. o'r e. *taplas*] *bg.* Mynychu taplasau, dawnsio, chwarae, prancio: *to attend 'taplasau'*, *dance*, *play*, *gambol*.

1773 *W* d.g. *To game*. **18–19g.** *IAW* (LlGC) 125, 43, *Taplasu* to dance. **1803** *P* d.g. *Taplasa*, *Taplasu*. Cf. D. OWEN: *WBC* 113, y maent yn cael *taplasu* a chnapo . . . a difrïo.

taplaswr [bôn y be. *taplasu*, *taplasa*+*-wr*] *eg.* (b. *-wraig*) ll. *-wyr*. Un sy'n mynychu taplasau, cyfeddachwr, galwr dawnsio gwerin: *one who attends 'taplasau'*, *reveller*, *folk-dance caller*.

1773 *W*, *taplaswr* d.g. *Gamester*. *id.* *taplas-wraig* d.g. *Gamester*, *A woman-gamester*. **1803** *P*, *Taplaswr* . . . *taplaswyr* . . . A person who gambols. Cf. *Hen B* 102, Pan oeddwn ar ddydd yn cydrodio / A'r bachgen bach glana'n y byd, / A welais yn bennaf *daplaswr* / Lle byddai'r holl ienctid ynghyd. Ar lafar, '*Taplaswr* iawn yw Wil Lewys, fe ganiff trwy'r dydd os caiff a fod yng ngwynt y ddiod' (Morg.).

tâp-lyngyr [*tâp*+*llyngyr*] *e.ll.* (un. b. *-en*). *Swol.* Unrhyw lyngyr lledog o ddosbarth y *Cestoda* a chanddynt gyrff ar lun rhubanau, sy'n byw fel parasitiaid yn y coluddion, llyngyr rhuban: *tapeworms*.

1851.

taplys, gw. **taplas.**

tapr [bnth. S. C. *taper*, *tapre*] *eg.* ll. *-au*. Cannwyll gŵyr fain, hefyd yn *ffig.*: *taper*, *also fig.*

14g. *YBH* 18a, yn ystauell y Grthaỽ y gwelei lugyrn a *thapreu* yn llosgi. **14g.** *BT* (*RB*) 54, ennynnv *tapreu* a than yn y tei wrth y llosci. **15g.** *DGG[2]* 79, Twpr a fâg *taprau* o fellt. **15g.** *GLGC* 325, pond da fal pennau

tywys / *daprau* aur Phelpod ap Rhys? **15–16g.** *GIF* 44, *Tapr* rhullfawr, topia'r hollfyd: / top ac oll, ti piau i gyd. **1581** *B* ix. 104, dwyn *tapr* kerdd duw n topir kan / dwyn torts aeth dawn tyrts weithian [marwnad Hywel ap Syr Mathew]. **16–17g.** *HG* 86, nid oes ynod na *thapreu* / na phax na phich [*sic*] na delweu [i eglwys]. Ar lafar ym Morg. yn y ff. *tapwr*, ac yng nghanolbarth Cered. yn y ff. *tapar*, 'mor goched â'r *tapar*'.

Cfn.: **tapr cwyr:** (*wax*) *taper, also fig.* *c.* **1400** *YCM*[2] 40, yn y llaw asseu y bop un onadunt *tapyr cwyr* yn llosgi. *c.* **1400** *YSG* i. 37, canhwyllbrenn o aryant, a *thapar kwyr* yn llosgi yndo. **15g.** *GGl*[2] 25, Câr fawrddysg *tapr cwyr* fyrddiwn, / Corf urddas tir Caerfyrddin [i Abad Ystrad-fflur]. **15–16g.** *AAST* (1935) 100, *Taprau cwyr* pabwyr er pwyll [Dafydd Trefor i Ddwynwen]. *Bot.* **tapr dunos:** *common or great mullein, Verbascum thapsus.* **16g.** *LIS* 159. **1604–7** *TW* (*Pen* 228), *taper dunos* d.g. *Verbascum.* **1813** *WB* 238. *Bot.* **tapr y dŵr:** *reed-mace, cat's-tail, bulrush, Typha latifolia.* **1604–7** *TW* (*Pen* 228) d.g. *Typha.* **1813** *WB* 238. *Bot.* **tapr Mair = tapr dunos.** **1604–7** *TW* (*Pen* 228) d.g. *Lucernalis, Lychnitis, Verbascum.* **1725** *SR* (*Bot*) d.g. *Mullein.* **1813** *WB* 238.

Gw. hefyd **tampr.**

tapraf, tapriaf: tapr(i)o [bnth. S. (*to*) *taper*] *bg.a.* Blaenfeinio, mynd neu wneud yn fain tua'r pen neu'r pig: *to taper.*
1784 M. WILLIAMS: *S* i. 101, Y Rein-deer yw math o Ewigiaid, neu geirw, ond bod eu pennau'n îs, a'u gyrnau [*sic*] yn *tapro* mwy mlaen.

tâp-recordiaf: tâp-recordio [*tâp*+ *recordiaf: recordio*] *ba.* Recordio (seiniau, &c.) ar dâp magnetig drwy ddefnyddio tâp-recordydd: *to tape(-record).*
20g.

tâp-recordydd [*tâp*+*recordydd*] *eg.* ll. *-ion.* Peiriant sy'n recordio seiniau, &c., ar dâp magnetig ac yn eu hatgynhyrchu wedyn: *tape recorder.*
20g.

tapriaf: taprio, gw. **tapraf: tapro.**

tapster, tapstr [bnth. S. *tapster*] *eg.* Un sy'n tynnu ac yn gweini diodydd mewn bar, barman: *tapster, barman.*
16–17g. *GST* i. 797, Mi euthum i'r tafarnau, / Lle treuliaswn gant o bunnau, / Ac ymlewydd â'r *tapster*, / A chyfaddau fy mhrinder. **16–17g.** *HG* 171, okrwr ywr raibwr rybell / *tapster* ag ostler nid gwell / yr hain aeth or rann waetha / o dir holl Cymru ai da. **17g.** (**18g.**) *CLIC* ii. 24, Y mae'r *Tapstr* egr iawn / A lenwa ymbell bott yn llawn / Ag a reda fal y mwg / I dderbyn llawer cyfri drwg. **1687** (**1715**) J. OWEN: *TB* 59, Ymhen tridiau gwedi, fel yr oedd y lladron yn yfed diod mewn t[ŷ] tafarn . . . Clywodd y *Tapster* ei [*sic*] hymddiddanion hwynt. *c.* **1730** *Thos. Lloyd D* (LlGC) 209b, *Tapster.* A tapster. **1766** *CD* 147, Mynd yn Brentis o Dafarnwr / . . . / Cael bod weithie 'n *Dapster* / Ac Weithie yn Osler.

tapstri, tapwr, tapyn[1,2], gw. **tapestri, tapr, tap**[3,4].

tar [bnth. S. *tar*] *eg.* Hylif tywyll trwchus hylosg a ddistyllir o bren, glo, &c., ac a ddefnyddir fel cadwolyn pren a haearn, wrth wneud ffyrdd, &c., sylwedd tebyg, e.e. un a ffurfir wrth losgi tybaco, &c., eli sy'n cynnwys tar: *tar.*
16g. (*LIEG*) *Mos* 158, 473a, [d]al y kyuriw lwdwn dauad ynn ddiargoedd Erbynn i goes Ac a vo . . . ynnauiach o gleuri ne o aviechyd arall ymhlidth [*sic*] y diadell ac ar y/w koluro wynt a *tharr* ac ar kyuriw Eli ac a vai gymhesur I venig/naethu y kyuriw auiechyd. *Diw.* **16g.** *WLB* 48, J wneuthyr eli crach. Kymer hiddigl, brwmstan a *tharr* . . . ai briwo mewn morter. **1712** T. WILLIAMS: *CDdG* 437, y mae cyn hawsed i ddŷn gymmeryd tân i'w fonwes heb ei losgi, neu ymhel a phitch neu *darr* heb ei ddiwyno, a myned i gwmpeini ofer drwg . . . heb dderbyn niwed oddiwrthynt. **1725** D. LEWIS: *GB* 264–5, amryw Ffynhoneu yn berwi i fynu yn wastadol . . . beth tebyg i Byg a *Thar.* *c.* **1740** *LIM* 17, Cymmer Bosel deu-laeth ac Wyau . . . a Bloneg Twrch a *Tharr* . . . ai wneuthur yn Blastr, ai roddi yn oer wrtho. **1757** *ML* ii. 55, Fe weddai fod yn rhaid i'r *tar* ddyfod from the Plantations directly without being landed anywhere else. **1759** *BC* 265, A tharo dwy Lythyren; / Mewn sylwedd dêg fel sêl o *darr.* **1759** *ML* ii. 130, Wele Wilym eich brawt fal gwenhynen mewn baril o *dar*, nis gwyr o druan gwr par droed i roddi ar lawr. **1771** *PDPh* 88, Y ffordd i wneuthur *tar* i'w ddodi wrth grach ar Ddefaid. **1794** *W* d.g. *Tar.* Ar lafar, *WVBD* 524.
Amr.: **ter** [?ff. wallus]. **1801** *MMJ* 248.
Cfn.: **tar Barbadoes (Barbadws):** *Barbados tar.* **1759** J. EVANS: *PF* 28, Llŵy dê o *Dar barbadws.* **1771** *PDPh* 10, Enneiniwch y fan â *Tharr Barbadoes.* **tar glo:** *coal tar.* **1852.**

ta-ra, gw. **ta-ta.**

taradr [Crn. C. *tardar*, Llyd. C. *tarazr*, *talazr*, Llyd. Diw. *talar*, Gwydd. C. *tarathar*: < IE. *terətrom, o'r gwr. *terə- 'rhwbio, troi, tyllu', cf. Llad. Gâl *taratrum*, Gr. τέρετρον] *eg.* (bach. g. *taredryn*) ll. *terydr*, (prin) *taradron.*

(*a*) Erfyn ac iddo flaen ar ffurf sgriw a ddefnyddir i durio tyllau mewn pren, ebill, erfyn tebyg a ddefnyddir i durio tyllau yn y ddaear, dril, tyllwr, mynawyd, gwimbled, (geir.) trepan: *auger, drill, borer, awl, gimlet,* (*dict.*) *trepan.*
10g. (*Ox* 2) *VVB* 219, *Tarater*, gl. *foratorium* vel *rostrum.* **13g.** *LlI* 92, Bvyall ledan, iiii.k' . . . *Tarader* perued, k'. **14g.** *LlB* 96, *Taradyr* mawr, dwy geinhawc kyfreith. **1547** *WS*, Rwmp *taradyr.* **1632** *D*, *Taradr*, Terebrum. **1688** *TJ*, *Taradr*, ebill carn trô: a wimble or piercer. *c.* **1762–79** W. WILLIAMS: *P* 357, rhai tyllwyd eu pennau a *therydr.* **1773** *W*, *taredryn* d.g. *Gimlet, Trepan.* **1803** *P*, *Taradyr*, s. m.—pl. *taradron* . . . a piercer; an auger.

(*b*) (enghrau. *tros.* a *ffig.* ac mewn cyd-destun *ffig.*: *transf. and fig. exx., and exx. in a fig. context*).
14g. *GDG*[3] 65, *Taradr* daeargadr dorgau, / Tanllestr ar gwr ffenestr gau [i'r llwynog]. *id.* 283, Pand diriaid bod llygaid llon / Yn dyllau *terydr* deillion? *id.* 402, Duw a ran rhwng dau angerdd, / Dyred i'r cyrch, *daradr* cerdd [Gruffudd Gryg i Ddafydd ap Gwilym]. **14g.** *GIG* 22, Teirw gryd, wyarllyd orllin, / *Terydr* aer, taer ar y drin [i feibion Tudur o Fôn]. *id.* 139–40, A Duw o fewn aeth yn dy fynwes / Fal yr â drwy'r gwydr y *terydr* tes, / Megis bagad o rad rodres. *Dchr.* **15g.** *GSCyf* 125, A'r ddraig gadr *daradr* dyrys, / Felen ei rhawn o flaen Rhys (Llywelyn ab y Moel). **15g.** *GGl*[2] 50, *Taradr* oedd ddyrnod hiraeth / Trefor ywch, trwof yr aeth. **15g.** *ID* 16, ni ad serch y ferch im fod / heb draylo ymhedwar aelod / *taradr* yw yn torri o drais / dir newydd drwy y nwyais. **16–17g.** *GST* i. 198, Paladr *taradr* at wyrain, / Piner gwyllt heb hanner gwain [i ofyn gwn]. **1632** *D*, *Terydr*, Radij solis, sed translatitiè propter similitudinem, est enim pl. à Taradr. **1688** *TJ*, *Terŷdr*, pust yr haul: the Sun beams. **1759** *DG* 2, Gyrr Messias urddasawl / . . . / A'i belydr fal *terydr* tân / Yn trywanu trwy anian. **1793** R. POWELL: *ADV* 6, Daeth [yr haul] yn hydyr â'i *derydyr* da. **18–19g.** *Iolo MSS* 43, yn Enw yr Yspryd glan yr hwn a fydd fal *terydr* y Tes yn gyrru goleuni Duw ir man yddelo. **1803** *P* d.g. *Taradyr.* Digwydd fel e. afon, cf. **12g.** *LL* 43, adblain *taratyr*; a gw. *GLIF* 434.
Amr.: **tarad** [cf. *palad*[1], amr. ar *paladr*] **16g.** *GSH* 70, Yn rhuad fal *tarad'* tery—tua'r wybren, / Yr Urddonen freuwen, am Wenfrewy. **1630–6** *AAST* (1937) 55, for a *tarad* 6[d]. *c.* **1762–79** W. WILLIAMS: *P* 76. Ar lafar, *B* iv. 303 (canolbarth Cered.), *Cymru* xxxiv. [265] (godre Cered.), *id.* xlvi. 22 (gorllewin sir Gaerf.), *GTN* 778.
Cfn.: *Adar.* **tarad(r) y coed:** *woodpecker.* **1725** *SR*, *tarad y coed* d.g. *A Wood Pecker.* **1753** *TR*, *Taradr y coed*, a woodpecker, in Cardiganshire. **1803** *P* d.g. *Taradyr.* Ar lafar, *GTN* 778.

taradraf: taradru [bf. o'r e. *taradr*] *bg.a.* Tyllu â tharadr, ebillio, drilio, trydyllu, hefyd yn *ffig.*: *to bore with an auger, drill, pierce, also fig.*
1707 *AB* 271c d.g. *To Boar.* **1803** *P.*

taraf[1], **taraf**[2]: **taro, tarafaf: tarafu,** gw. **tarf, trawaf: taro, tarfaf**[1]: **tarfu.**

tarafus [*taraf*[1]+*-us*] *a.* Gofidus, trallodus: *distressed, troubled.*
1871.

taragon [bnth. S. *tarragon*] *eg.* *Bot.* Perlysieuyn, *Artemisia dracunculus*, a chanddo ddail persawrus a ddefnyddir i roddi blas ar saladau, finegr, sawsiau, &c.: *tarragon.*
17–18g. *Pen* 123, i. 17. Ar lafar, 'Gesh i gyw iâr efo saws *taragon* i ginio'.

taran[1] [H. Grn. *taran*, gl. *tonitruum*, Crn. C. *taran*, H. Lyd. *taran*, gl. *tonitru*, Llyd. Diw. *taran*, H. Wydd. *tora(i)nn*, Gwydd. Diw. *torann*, Gal. ταρανοου, e.'r duwiau Gal. *Taranu(cnos)*, *Taranis*: < Clt. *toran-, ?o'r gwr. IE. *terə- 'rhwbio, troi, tyllu', cf. Gr. τορός 'sŵn'] *eb.* ll. *-au.* Sŵn mawr uchel neu sŵn trystiog dwfn a achosir gan ehangiad cyflym nwyon atmosfferig a dwymir yn sydyn gan fellt, taran ynghyd â mellten, hefyd yn *dros.* ac yn *ffig.*: *thunder, thunderclap, thunderbolt, also transf. and fig.*
12g. *LL* 166, dir*taran* pull. **13g.** *A* 4. 11–12, en gynnan mal *taran* twryf aessawr. **13g.** *DB* 59, hwnnw a vac tymestleu a *tharaneu* a mellt. **14g.** *BT* (*RB*) 6, yna y bu *daran* vawr ac a wnaeth llawer o loscuaeu. *c.* **1400** *R* 1201. 31–8, Rac tan uffern . . . Ac tharth ac lloch. ae thiryonoch. ac*tharaneu.* **1547** *WS*, *Taran* trwst wybrol A thonder. **1567** *TN* 154b, daeth llef or nef . . . Yno y popul oedd yn gorsefyll, ac yn clywet, a ddyvot *taran* [:- trwst] ytoedd hi: yr-eill a ddywedent, Angel a lavarawdd wrthaw. **1632** *D*, *Taran*, Tonitru. **1703** E. WYNNE: *BC* 47, dyma 'r Awyr oll wedi duo, a'r Ddinas wedi tywyllu 'n waeth nac ar Ecclips, a *Taraneu* 'n rhuo a'r Mêllt yn gwau 'n dryfrith. **1761** *ML* ii. 313, Hi wnaeth yma demestl fawr . . . *taranau* a mellt a gwynt mawr . . . un *daran* fwyaf ar y glybuwyd yn ein hoes. **1803** *P.* Ar lafar, *WVBD* 524.
Amr.: **tarian**[2]. **13g.** *C* 25. 5, lluch a*tharian.* **13g.** *A* 25. 9, *Taryaneu* bann am dal hen bann bv edryssed. **14g.** *SC* viii–ix. 191, y gwynhoed mawr. ar *tyrryaneu.* **1803** *P*, *Tarian* . . . Lluç a *tharian*, lightning and thunder. **tranau** [ff. gyda chyw.] (*e.ll.*). **1615** R. SMYTH: *GB* 97. Ar lafar, *WVBD* 524. Cf. W. REES: *AFR* 45, Dos i'r *t'rane*, lodes; be wyt ti 'n feddwl ydw i?

taran[2], *adf.* a hefyd fel *a.* Gweddol, cymharol, lled, go, eithaf, iawn, tra; go fawr: *fairly, moderately, somewhat, rather, quite, very; fair-sized.*
14g. *WM* 90. 28–30, yna ykymerth ehutlath ac y trebis giluathoy yny uyd *daran* ebic. **15g.** *GLGC* 15, bod pedwar marchog aruthr / draw'n ei weithiaw'n *daran* uthr. *id.* 111, Troed Mabedrud argoedwys, / tëyrn i Dduw, *taran* ddwys. **15–16g.** *GLM* 270, Yn wâr y doi'n euraid ynn, / y naill dydd yn wyllt uddun: / yn fwyn iawn o fewn unawr, / yn *daran* wyllt yr un awr. **1545** *CI* 8, yvo a gaif gysgv yn *daran* (*metely*) dda ac yn esmwyth. **1545** ELIS GRUFFYDD: *Ll* 106, j mae j arogyl ef [morel lleiaf] ynn *daran* ffiaidd. **1547** *WS* [xiv], G, seisnic a ch/ o saesnec ynt *daran* debyc eu sain. *id.* *Tarandda* [*sic*] Metely well. **16g.** *LIS* 8–9, dail bychain yddyn yn *daran* grynion yn ol gwedd y Parietori. **1630** R. LLWYD: *LlH* 158, Cyfaddeu yr wyf fy môd i . . . yn gwrando yn *daran* esceulus (*somewhat negligent*), ac yn darllain yn ddiofal. **1672** R. PRICHARD: *Gw* 46, A chnawd dŷn y gymmerth ein prynwr yn brydferth / O Fair yr eneth anwyla, / Yn *daran* rhyfeddol trwy 'r ysbryd sancteiddiol, / Heb weithred dyn cnawdol na 'i goffa. *id.* 89, Nid oes dim ffydd gan hwn, ond ffrôst, / Yn twyllo 'i hun yn *daran* dôst. **1753** *TR*, *Taran* . . . somewhat; as, *Taran* oer, somewhat cold: also, very. **1766** *CD* 89, Roedd yno wragedd y Tafarne / Yn *daran* (*CRC* 432, sswrn) ddigwilydd hwythe. **1776** *W* d.g. *A little* [*somewhat*], *Pretty, Adv.* *id.* *taran* . . . gôch d.g. *Reddish.* Ar lafar, 'Mae'n *daran* llaith i fynd i rwmo', *GDD* 97.
Amr.: **taren.** **1604–7** *TW* (*Pen* 228) d.g. *Admodum.* **taron** [?ff. wallus]. *Dchr.* **17g.** *J* 10, 151b, *Taron.* × Sarn. **1632** *D*, *taron* fawr d.g. *Aliquantus.* **tran**[1]. *c.* **1585** *MCr* 52, yn *tran* dori gorchmynion Duw. **1731** T. LEWYS: *BMA* 65, pa fodd i ddiange y gospedigaeth, (hyn oedd yr amser hwnnw yn *dran* galed). **1753** *TR*, Taran, and by contraction, *Tran*, somewhat. **1765** J. EVANS: *CPE* 479, gwahaniaeth . . . rhwng côch a gogôch, neu *dran* gôch, yn ein iaith ni. **1776** *W* d.g. *A little* [*somewhat*]. *id.* *t'ran* gôch d.g. *Reddish.* **1784** M. WILLIAMS: *S* i. 216, a'u parottoad erbyn oerfelgarwch y gauaf sy'n *dran* rhyfeddol. **18–19g.** *Llr* C 30, 161, *Tran, tran* oer, *tran* felus very cold, very sweet. Gl[am].

taranad, gw. **taraniad.**

taranadaf: taranadu [*taran*[1]+*nadaf*[1]: *nadu*] *bg.* Taranu, rhuo: *to thunder, roar.*
1595 *Egl Ph* 57, Lhais yr Arglwydh aruwch y dybhroedh; lhais y cadrdhuw aruwch y dybhroedh lhuossog sy'n *taranadu.* *c.* **1730** *Thos. Lloyd D* (LlGC) 212b, *Taranadu* . . . to thunder, roar. **1803** *P.*

taranaf: taranu [bf. o'r e. *taran*[1]] *bg.a.* a hefyd gyda grym enwol i'r be. Atseinio â tharanau, gwneud sŵn uchel atseiniol fel taran, rhuo, mynegi (cerydd, &c.) yn uchel a grymus, crochleisio, achosi neu gynhyrchu taran(au): *to* (*sound with*) *thunder, roar, fulminate, vociferate, cause or give forth thunder.*
1567 *LlGG* (*Sall*) 9a, Yr Arglwydd hefyd a *daranawdd* yny nef, a'r Goruchaf y roddes ei leferydd. **1588** 1 *Sam* ii. 10, efe a *darâna* yn eu herbyn hwynt o'r nefoedd. **1588** *Salm* xxix. 3, Duw y gogoniant a *darâna.* **1620** 1 *Sam* vii. 10, a'r Arglwydd a *daranodd* â tharanau mawr yn erbyn y Philistiaid. **1632** *D* d.g. *Detono, Intono, Tonitruo.* **1661** E. LEWIS: *Drex* 46, Trwst hefyd a glyw[i]d tan y dda[e]ar, fel pe gwnaethei daranau. Y mor a ruodd ac a wnaeth dwrwf: y Nefoedd a *daranodd* (*thundred*) fel ped fuasei 'r mynyddoedd gwedi ymgyfarfod ynghyd yn taro a'i

gilydd. **1718 (1721)** S. THOMAS: *HB* 210, dyfal weddio a disgwyl a'm [*sic*] Gyflawniad o'r Bygwthion a *daranwyd* e'r [*sic*] ystalm yn ei erbyn. **1741** *Cylchg CHMC* iv. 13, ni ddarfy Iddo *Drany* nemor lawn ond fe fy yn Efyngyledd yn ymddi[dd]an. *c.* **1752** I. BRYDYDD HIR: *Gw* 65, Daw â'i faran darandrwst / I gad iaith Roeg gyda thrwst. / Clywir a gwelir ar g'oedd / Yn *taranu* mewn trinoedd; / Llai anfad na'i ruad rhyn / Ydyw oer-groch daiargryn. **1753** *TR*, *Taranu*, to thunder; thundering. *c.* **1762–79** W. WILLIAMS: *P* 618, chwedleuasant am *daranu* allan eu hanathemas yn erbyn y prifi cownsil. **1803** *P*. Cf. D. OWEN: *RL* 22, Yr oeddym yn yr act o osod ein penau ynghyd . . . pryd y *taranodd* llais uwch ein penau . . . Y taranwr ydoedd Abel Hughes yr arolygwr . . . a edrychai yn ddig dros ymyl y sêt.

Amr.: **tranu** [ff. gyda chyw.]. **1741** *Cylchg CHMC* iv. 13. Ar lafar.

taranaidd [*taran*[1]+*-aidd*] *a.* Taranllyd, rhuol, crochleisiol: *thundery, roaring, vociferous.*

1727 J. JONES: *DFF* 293, o's bydd i un Pechadur cysglyd ddechreu trawsne[w]idio gyd a'r fâth *daranaidd* Fyllt y Farn.

tarandoriad, tarandrwst, tarandwrf, taranfloedd, gw. **taran**[1]+**toriad, trwst, twrf, bloedd.**

taranfollt [*taran*[1]+*bollt*] *eb.* ll. *-au, taranfyllt.* Fflachiad mellten sy'n digwydd ar yr un adeg â tharan, hefyd yn *ffig.*: *thunderbolt, also fig.*

1843.

taranfolltiaf, taranfolltaf: taranfollt(i)o [bf. o'r e. *taranfollt*] *bg.* Melltio, symud fel taranfollt: *to flash lightning, move like a thunderbolt.*

1885.

taranfolltol [*taranfollt*+*-ol*] *a.* Tebyg i daranfollt neu nodweddiadol ohoni: *similar to, or characteristic of, a thunderbolt.*

1851–2.

tarangwmwl [*taran*[1]+*cwmwl*] *eb.g.* Cwmwl llawn trydan sy'n cynhyrchu mellt a tharanau: *thundercloud.*

1839.

taraniad, taranad [bôn y f. *taranaf*: *taranu*+*-iad*[1], *-ad*] *eg.* ll. *-au.* Y weithred o daranu, trwst taran, rhu, sŵn mawr fel taran(au): *a thundering, clap of thunder, roar, loud noise like thunder.*

1775 *W* d.g. *Intonation* [*the act of thundering*]. **1803** *P* d.g. *Taranad, Taraniad.*

taranllais, taranllef, gw. **taran**[1]+**llais, llef**[1].

taranllyd [*taran*[1]+*-llyd*] *a.* Yn perthyn i daran(au), tebyg i daran(au), nodweddiadol o daran(au), yn argoeli taran(au), stormus, yn gwneud sŵn fel taran(au), crochleisiol, yn ceryddu'n uchel a grymus; ?ffrwydrol: *thundery, thunderous, like thunder, stormy, thundering, vociferous, fulminant; ?explosive.*

1630 *YDd* 41, try yr haul yn dyvvyllwch . . . a'r awyr a fydd yn llawn tymestloedd, a dreigiau *tranllyd*. **1744** D. ROWLAND: *RY* 20, yr hên ŵr bonheddig a'i Sŵn yn uchel, a'i Eiriau yn *daranllyd* (*thundering*). *id.* 44, Boanerges, un o'm nerthol a'm *taranllyd* Gapteniaid. **1748** P. PUGH: *DGG* 14, rhyfeddais pa fodd y gallai neb oddef gwrando y Gweinidog *taranllyd* hwnnw, o's byddent heb brofi bod Duw ar waith yn eu Calonnau. *c.* **1762–79** W. WILLIAMS: *P* 551, pregethau *taranllyd* pa un ni's gellid eu clywed heb ddychryn. **1790–1** H. JONES: *T* 143, [p]regeth lem, *daranllyd*. **1798** *WR* d.g. *Fulminant.*

Amr.: **tranllyd** [ff. gyda chyw.]. **1630** *YDd* 41. **1773** J. ROBERTS: *GY*, Beor] *Tranllyd* neu Gynddeiriog.

taranog [*taran*[1]+*-og*] *a.* ll. (gyda grym enwol) *-ion.* Taranllyd, tebyg i daran(au), nodweddiadol o daran(au), yn argoeli taran(au), yn gwneud sŵn fel taran(au), rhuol, hefyd yn *ffig.*: *thundery, thunderous, like thunder, thundering, roaring, also fig.*

12g. *GLlF* 229, *Taranogyon* toryf, teruysc dysgeit, / Trinheion vaon, trawš ardwyeit. **1788** M. WILLIAMS: *BM* [22], Cymmylau . . . castellog / a rheini'n *daranog*. **1803** *P* d.g. *Taranawg.*

taranol [*taran*[1]+*-ol*] *a.* Taranllyd, tebyg i daran(au), nodweddiadol o daran(au), yn argoeli taran(au), yn gwneud sŵn fel taran(au), crochleisiol: *thundery, thunderous, like thunder, thundering, vociferous.*

14g. *Pen* 5, xiib, Y pymhet [haul] oed dyšyll aguaedaul. Ac yndau megys llugorn yn *taranaŭl* dywyll/uch. **17–18g.** O. GRUFFYDD: *Gw* 25, Y twrwf *taranol*, wers sydyn arswydol. **1759** *BC* 94, Ac er na wrandawan, a'r [*sic*] feibion y Daran, / Er hynny hwy grynan yn fuan pan fo; / Y tyrfau *taranol*, wers sydyn arswydol, / Mor nerthol eu rheol, yn rhuo. **1773** *W* d.g. *Fulminant* [*thundering, &c.*]. **1803** *P* d.g. *Taranawl.*

tarantiwla, tarantwla [bnth. S. *tarantula*] *eg.* ll. *-od.* *Swol.* Unrhyw bryf copyn mawr blewog trofannol o deulu'r *Theraphosidæ*, pryf copyn mawr du o dde Ewrop, *Lycosa tarentula*, y credid gynt y byddai ei frathiad yn achosi'r dwymyn ddawnsio: *tarantula.*

1866.

taranus [*taran*[1]+*-us*] *a.* Taranllyd, tebyg i daran(au), nodweddiadol o daran(au), yn argoeli taran(au), yn gwneud sŵn fel taran(au), crochleisiol, rhuol: *thundery, thunderous, like thunder, thundering, vociferous, roaring.*

1692 *BM* 49, 88a, lle nis gwypo nêb fy hynt / ar agwedd gwynt *taranus*. *c.* **1730** *Thos. Lloyd D* (LlGC) 212b, *Taranus* . . . Loud as thunder.

taranwr, taranydd [bôn y f. *taranaf*: *taranu*+*-wr, -ydd*[3]] *eg.* ll. *taranwyr.* Un sy'n taranu (yn aml am Dduw neu dduw), areithiwr grymus; llysenw ar bapur newydd Llundain y *Times*: *thunderer* (*often of God or a god*), *powerful orator; sobriquet of the London newspaper 'The Times'.*

1703 E. WYNNE: *BC* 110, Er na threchei neb ond y *Taranwr* Hollalluog fy nerth i am dichell. **1760** T. WILLIAMS: *AD* 65–6, Abraham sef Tad y Ffyddloniad a dechreuad Plant Duw yn Feibion y Daran sef Meibion . . . *Taranwr* Hollalluog. **1793** DAFYDD IONAWR: *CD* 226, y *Taranwr*, taer Ynad, / Ar ol yr angerddol gâd, / Bwriadodd, Fe geisiodd gau / Torf Annw 'n [*sic*] mewn terfynau. **1803** *P*, *Taranwr*, s. m. —pl. *taranwyr* . . . A thunderer. *id.* *Taranyz*, s. m.—pl. t. *ion* . . . A thunderer. Cf. D. OWEN: *RL* 22, Yr oeddym yn yr act o osod ein penau ynghyd . . . pryd y taranodd llais uwch ein penau . . . Y *taranwr* ydoedd Abel Hughes yr arolygwr . . . a edrychai yn ddig dros ymyl y sêt.

Amr.: **tranwr** [ff. gyda chyw.]. **1788** J. OWEN: *TA* 12, [y] *Tranwr* a ddistrywia drwy farn y cyfryw fyd.

tarawad, tarawaf: tarawo, tarawedig[1,2], gw. **trawiad, trawaf: taro, trawedig**[1,2].

tarawgar, tarawiad, tarawiadol, tarawr, tarawydd, gw. **trawgar, trawiad, trawiadol, trawr, trawydd.**

tarbŵsh [bnth. S. *tarboosh*] *eg.* ll. *tarbwshys.* Cap tebyg i ffès a wisgir weithiau fel rhan o dwrban: *tarboosh.*

1912.

tardd[1] [bôn y f. *tarddaf*[1]: *tarddu*, cf. Llyd. Diw. *tarzh* 'ffrwydrad'] *eg.* ll. (prin) *-ion*, a hefyd fel *a.* Tarddiant (ar groen), cructardd, enyniad, brech, dolur, llinoryn; yr hyn sy'n tarddu, dylifiad, ffrydiad, byrlymiad, blaguriad; tarddiad; yn tarddu, ffrydiol, cructarddol; tarddiadol; hefyd yn *ffig.*: *eruption (on skin), inflammation, rash, sore, pustule; emanation, an issuing, a flowing, bubbling, budding; source; emanating, flowing, eruptive (of disease); derivative; also fig.*

c. **1400** *R* 1246. 37–8, Bydinlet hirget hŵyrgard yŭ ieuan. baed rŵydgan rudgoch *dard*. **1547** *WS*, *Tardd.* **1552** *Rhyddiaith Gymraeg* i. 48, pa gywilidd a vydd os . . . hapio iddo [colur] amliwio drwy chwys nev *dardd*, a dangos y croen noeth? **16g.** *LlS* 89, Da vydd hefyd ei berwi mewn gwin ai hiro rhyd pwngæ ne *dardd* ne chwrnellæ yw iachau. *id.* 156, o mynny veddiginiaethy *tardd* pwtrwlyb cur y dail sychion yn vân a thaen arno. *Diw.* **16g.** *WLB* 57, [t]ynny *tardd* or knawd. *id.* 98, Rhag *Tardd* ne gankyr gwlyb. **1632** *D*, *Tardd*, Ebullitio, emanatio, egressio, pullulatio, germinatio. *c.* **1740** *LlM* 12, Rhag *Tardd* neu Grach mewn Pen. **18g.** *Llr* C 24, 342, Rhag *Tardd* afrifed, Cais floneg a sebon du ac arian byw . . . a gwna eli ac ef. **1753** *TR*, *Tardd*, a bubbling, flowing or issuing from, a springing, a budding or sprouting, a breaking out. **1773** *W* d.g. *Effluence, or efflux.* **1803** *P*, *Tarz*, s. m.—pl. t. *ion* . . . A state of breaking through, issuing, or proceeding from; an issue, or vent . . . flow, or spring.

Cfn.: **tardd gwahanol:** *leprosy.* **1604–7** *TW* (*Pen* 228) d.g. *Leprosus.* **18g.** *Llr* C 24, 343.

Gw. hefyd **tardden, tarddyn.**

tardd[2], 3 un. pres. myn. y f. *tarddaf*[1]: *tarddu.*

tarddad, gw. **tarddiad.**

tarddaf[1]**: tarddu** [Crn. C. *tarȝe*, H. Lyd. *tardom*, gl. *clangor*, Llyd. Diw. *tarzhañ* 'ffrwydro'] *bg.a.* a hefyd gyda grym enwol i'r be. Dod allan neu ymddangos (yn sydyn), dod neu ddeillio (o ffynhonnell), dod i fodolaeth, hanfod; datblygu, tyfu, ffynnu, blaguro; tasgu, ffrwydro, hollti, neidio; olrhain tarddiad (gair, &c.); ffrydio, llifo, tywallt, diferu, (peri) cructarddu, crawnu: *to emerge, issue, or appear (suddenly), emanate, originate, descend; develop, grow, flourish, sprout, bud; spurt, explode, split, jump; derive (word, &c.); spring, gush, flow, pour, ooze, (cause to) erupt (of rash, &c.), suppurate.*

Dchr. **12g.** *GMB* 73, Taer *tertyn* asseu taleu treuyt, / Torri calchdoed tiret Trenyt. **14g.** *T* 24. 10–11, dyar gardei bun. *tardei* amatgun. **1346** *LlA* 17, ffynnaŭn oolew a *dardaŭd* or dayar. **14g.** *YBH* 5b, Sef a wnaeth y mab yna llidyaŭ a sorri ac rac llit *tardu* y gwaet drŵy y eneu ae dŵy ffroen. **14g.** *WM* 478. 17–20, Ac odif ynteu ae wan yn alauon y dŵyuronn. Hyn pan *dardaŭd* yr mein gefyn allan. *c.* **1400** *MM* 40, Sef a wna hŵnnŭ, *tardu* cornŵydon trŵydaŭ a sugnaŭ y gŵenŵyn y maes. *c.* **1400** (*SG*) *HMSS* i. 184, kyhwrd eu kyrff wrth y gilyd yny yttoed eu llygeit yn disserennu ar gwaet yn *tardu* allan fford eu ffroeneu. *c.* **1400** *Études* viii. 80, Y sanguis a *dard* y'r froeneu, y colera y'r clusteu, y malencoli y'r llygeit, a'r fleuma y'r geneu. **1547** *WS*, *Tarddy* val pren Budde. *id.* *Tarddy* val ffynnon Sprynge. **16g.** *LlS* 48, E ddilea hefyd grugynæ y vrech wên ar vrech goch pan *darddan* ar y pên. *Diw.* **16g.** *WLB* 51, Rhag llinfrwd a *thardu* ar gorff dyn agos tebig ir kig drwg fydd. **1588** *Eseia* lviii. 8, dy iechyd a *dardda* yn fuan. *id.* lxi. 11, felly y gwna 'r Arglwydd Iôr i gyfiawnder, a moliant *darddu* ger bron yr holl genhedloedd. **1606** E. JAMES: *Hom* i. 29, o'r hon ffydd y *tardda*, y ffrydia, neu y tŷf gweithrewdoedd [*sic*] da. **1632** *D*, *Tarddu*, Ebullire, emanare, pullulare, germinare. **1670** J. HUGHES: *AP* [xxii], geiriau yn *tarddu* o'r Lladin. **1679** C. EDWARDS: *GGG* 73, *Terddiff* pob math ar bechodau gwneuthurol allan o hwn, megis ac y tyfiff pob math o ŷd a phlanhigion oddiwrth eu hâd eu hun. **1703** E. WYNNE: *BC* 97, Palff o 'Sgweir a chanddo . . . femrwn sef ei gart acheu, ac yno 'n datcan o ba sawl un o'r pymthegllwyth Gwynedd y *tarddasei* ef. *c.* **1740** *LlM* 12, Rhag *tarddu* neu Ddyfrwriant. **1771** *PDPh* 72, Mor gynted ag y taflo eich Casseg ebol dylech ei symmud hi i'r borfa oreu ag a feddoch . . . i beri i'w llaeth *darddu.* **1803** *P*, *Tarzu* . . . To pervade; to cause to break out; to break out, to issue, to proceed, to emanate; to spring, to bud, to sprout. Dacw y wawr yn *tarzu*, yonder see the dawn appearing. Ar lafar, 'egin yn *tarddu* o'r ddaear', 'O bwy 'ŵt ti'n *tarddu*?', *WVBD* 524; 'Ma ffynnon o ddŵr yn *tarddu* man 'yn', 'Ma'r clwyf 'yn yn para i *darddu*', *GTN* 778.

Amr.: **tarfaf**[2]**: tarfu.** **1741** S. THOMAS: *DY* 34, Ffynnon o ba un y mae'n *tarfu* ac yn dylifo.

tarddaf[2]**: tarddu,** gw. **tarfaf**[1]**: tarfu.**

tarddair [*tardd*[1]+*gair*[1]] *eg.* ll. *-eiriau.* *Gram.* Gair sy'n tarddu o air arall; gair, &c., y terddir gair, &c., arall ohono, gwreiddair: *a derivative (in gram.); etymon.*

1852.

tarddant, gw. **tarddiant.**

tarddedig [bôn y f. *tarddaf*[1]: *tarddu*+*-edig*] *a.bfl.* a hefyd fel *eg.* ll. *-ion.* Yn dod allan neu'n ymddangos, yn deillio, deilliadol; *Gram.* tarddiadol, tarddair; yn cructarddu (am groen): *emerging, issuing, appearing, emanative; derived, (a) derivative (in gram.); erupting (of skin).*

1575–6 *B* vi. 315, wyneb krych pilennog alhoglyd llychwinvrwnt *tarddedig*. **16–17g.** *HG* 116, golaini a thywylle, dyddiau vel nose / llavuriaint ffynnonne, *tarddedig* / hinon ar vaesydd, tymerys, lawogydd / pob kyfrif trwy jawnffydd ffrwythedig. **18g.** *Llr* C 24, 333, Rhag Pen *tarddedig* o Waith Tes. *ib.* y ddyn fo a phen *Tarddedig*. **1771** J. THOMAS: *TA* viii, heddwch Duw, sydd a'i breswylfa yn y dymmer blentynaidd ostyngedig *darddedig* o wir ffydd. **1791** GW. MECHAIN: *Rh* iv, yr oedd anwybodaeth, *tarddedig* o ddi-

galondeb, wedi magu a dwfnwreiddio. **1803** *P* d.g. *Tarzedig*.

tarddeisiaf: tarddeisio [?bf. o'r e. *tardd*[1] + *ais* (ll. yr e. *asen*[2])] *bg*. Torri, hollti: *to break, shatter*.
c. **1400** (*SG*) *HMSS* i. 184, ynyttoed y gwaewyr yn *tardeissyaw* ac yn holli.

tarddell [bôn y f. *tarddellaf*: *tarddellu*] *eb*. ll. *-au*, *-i*. Man lle bydd dŵr, olew, &c., yn codi ac yn ffrydio o'r ddaear, (llygad) ffynnon, tarddle, ffynhonnell, hefyd yn *ffig*.: *spring, springhead, well, source, also fig*.
1803 *P*, *Tarzell*, s. f. dim.—pl. t. *i* . . . An issue; a spring.
Amr.: **tarell** [cf. *tariad*[2]]. **1803** *P*, *Tarell*, s. f. dim. . . . An issue, a spring.

tarddellaf: tarddellu [bf. o'r e. *tardd*[1] + *-ell*] *bg*. Tarddu, deillio (am ddŵr, &c.), codi a ffrydio o'r ddaear, byrlymu, pistyllio, llifo: *to issue, emanate* (*of water, &c.*), *spring up from the ground, bubble, gush, flow*.
1604–7 *TW* (*Pen* 228) d.g. *Emano*. *id*. Carreg or honn y rhet fynon o dhwr, ne or honn y mae dwr yn *tardhelhû* d.g. *Lapis* . . . *Manalis*. **1632** *D*, *Tarddellu*, Ebullire more salientis aquæ. *id*. d.g. *Scateo*, *Scaturio*. **1661** E. Lewis: *Drex* 346, bydded i bydrni ddyfod i mewn i'm hesgyrn, a bydded iddo *darddellu* yn fy ngwadnau fel [ff]ynhonnell. **1688** *TJ*, *Tarddellu*, berwi megis dŵr y môr ar wynt uchel: to boil or bubble up like the Seas in a storm. **1722** *Llst* 189, *Tarddellu*. To bubble or break out as water, flow out, issue. **1803** *P*. Cf. Gw. Mechain: *Gw* ii. 340, Y Nedd, a *darddella* allan o welyau tywod a chalchfaen Brycheiniog.

tarddelliad [bôn y f. *tarddellaf*: *tarddellu* + *-iad*[1]] *eg*. ll. *-au*. Tarddell, llif, tarddle, ffynhonnell, hefyd yn *ffig*.: *spring, flow, source, also fig*.
1604–7 *TW* (*Pen* 228) d.g. *Scatebra*. **1661** E. Lewis: *Drex* 21, Pa beth yw Tragywyddoldeb? byth fywiol *darddelliad* yw, o'r hwn y mae dyfroedd yn ll[i]feirio yn wastadol. **1803** *P*.
Cfn.: **tarddelliad gwaed:** *haemorrhage*. **1770** *W*, sychu *tarddelliad* . . . *gwaed* d.g. *Blood, to staunch* . . . *blood*. **1803** *P*.

tardden [*tardd*[1] + *-en*] *eb*. Tarddell, ffynnon (fechan): *spring*, (*small*) *well*.
18–19g. *Llr* C 43, 411, *tardden*, a little spring, or oozing of water out of the ground. **1803** *P*. Am y defnydd o'r gair fel elf. mewn e. lleoedd, gw. *EANC* 213.

tarddfa [*tardd*[1] + *-fa*, *ma*] *e?b*. ll. *-oedd*. Tarddle, ffynhonnell, hefyd yn *ffig*.: *source, also fig*.
1835.

tarddiad, tarddad [bôn y f. *tarddaf*[1]: *tarddu* + *-iad*[1], *-ad*] *eg*. ll. *-au*.

(*a*) Lle, person, neu beth y mae rhywun neu rywbeth yn tarddu ohono, ffynhonnell, man cychwyn, dechreuad, ymddangosiad (sydyn), tarddell, ffynnon; *Gram*. olrheiniad gair, &c., i'w wraidd neu ei wreiddiau, ffynhonnell hanesyddol (gair, &c.); tarddiant (ar groen), cructardd: *source, starting-point, origin, emergence*, (*sudden*) *appearance, spring, well; derivation* (*in gram*.); *eruption* (*on skin*).
16g. *WLl* 106, Mal yr haul y dydd lle rrydd Duw n rrad / Mal y ssyr y nos gwiwros gariad / Mae gras Duw urddas *darddiad*—pob ffynnu / O bru n tywynnu n Aber Tanad. **1567** *LlGG* (*Sall*) 62b, Trachefyn e dry y diffeithwch yn lynn dwfyr, a r tir sych yn ffynnoniae [:– *darddiadeu*]. **16**g. *LlS* 77–8, Tafod y ci . . . Da ydyw rhac *tarddiat* or genau a rhac dryc clefri. *id*. 87, Da ynt [galingal] hefyd yw dodi wrth gornwydydd ne *darddiat* a vo anawdd creithio. *id*. 162, suc . . . Y Mefys . . . sy dda a chyfaredd rinweddol ar les *tar*[*dd*]*iat* yr wynep. **1656 (1745)** *MLl* ii. 204, Ac yno yr ehengodd Duw ar Isaac, wedi iddo fudo oddiwrth yr Ymryson, Canys wedi 'r Câe y mae Ehengdra yn dyfod: Ac yn yr Ehangdra [*sic*] ma[e] *Tarddjad* nefol, ie yn yr Anialwch. **1700** *TDP* 74, yr hwn a Fendithiodd y Ddaiar a chynydd, ac a newydd *darddiad* (*spring*) ffrwythau. **1778** *W* d.g. *Origination*. **1803** *P*. Ar lafar, '*tarddiad*' 'source . . . of a river . . . derivation', *WVBD* 524; hefyd yn y ff. *tarddad*, 'Ym'le ma *tarddad* afon Tæf?', *GTN* 778. Cf. D. Owen: *GT* 151, credai fod pob pechod newydd oedd yn y wlad o *darddiad* Seisnig.

(*b*) *Math*. Y proses neu'r dull o gyfrifo (isradd): *extraction* (*of root, in math*.).
1768 J. Roberts: *R* 95, *Tarddiad* (*Extraction*) o Wreiddin Ysgwar. **1795** J. Thomas: *AIC* 142, Gyda *Tharddiad* o Wreiddin, Yscwâr a Chyflawn ochr.
Amr.: **tariad**[2] [cf. *tarell*]. Ar lafar ym Mrych.

tarddiadaeth [*tarddiad* + *-aeth*] *eb*. *Gram*. ?Tarddiad (gair): *derivation* (*in gram*.).
1871.

tarddiadol [*tarddiad* + *-ol*] *a*. Yn dod o ffynhonnell neu'n tarddu ohoni, yn ymwneud â tharddiad neu a nodweddir gan darddiad, wedi ei gopïo, yn enw. mewn ffordd ddynwaredol, deilliadol; *Gram*. wedi ei ffurfio o air arall; a nodweddir gan darddiad neu yn cynhyrchu tarddiant (ar y croen), cructarddol; ?llifol: *derived, derivative, emanative; derivative* (*in gram*.); *eruptive* (*of disease*); ?*flowing*.
1789 W. Richards: *ABD* 68, y geiriau Groeg *tarddiadol*, (derivatives) yn terfynu yn Zo. **1803** *P*, *Tarziadol* . . . Effluent, effusive, efflorescent.

tarddiannol [*tarddiant* + *-ol*] *a*. Tarddiadol; a nodweddir gan darddiant neu'n cynhyrchu tarddiant (ar y croen), cructarddol: *derivative; eruptive* (*of disease*).
1772 *W* d.g. *Derivative* [*derived from another*]. **1803** *P*, *Tarziannawl* . . . eruptive; tending to issue; derivative.

tarddiant, tarddant [bôn y f. *tarddaf*[1]: *tarddu* + *-iant*, *-ant*[2]] *eg*. ll. *tarddiannau*. Ymddangosiad brech neu blorynnod ar y croen, cructardd, cochni (smotiog) ar y croen a achosir gan enyniad neu anaf, llosg danadl; tarddell, llifeiriant, ffynnon: *eruption* (*on skin*), *rash, erythema, nettle-rash; spring* (*of water, &c.*), *flow, well*.
1722 *Llst* 189, *Tarddant*. m. A breaking out in any part of the body. **1728** T. Baddy: *DDG* 41, yn y lle yr oedd ei Ffynnon ef [Jeremiah], *tarddiant* o ddwfr gloywlâs melus. **1735** S. Thomas: *HP* 126, Pa bella y rhed y Dwfr hwnnw o'i *darddiant* cyntaf yn llygad y Ffynnon. **18**g. *Llr* C 24, 291, Rhag pob rhyw crach a *Tharddant* ar y croen . . . fe ddifa crach y pen a phob *tarddant* arall a fo ar y corph. **1803** *P*, *Tarziant*, s. m.—pl. *tarziannau* . . . An issuing, or proceeding; an emanation, an effluvium. Ar lafar yng Nghered. a'r De yn yr ystyr 'ffynnon', *LGW* [406].
Cfn.: **tarddiant annwyd:** *cold sore*. Ar lafar, *GDD* 291.

tarddiol, tarddol [*tardd*[1] + *-(i)ol*] *a*. Tarddiadol (hefyd mewn gram.), yn ymwneud â ffynhonnell neu ddechreuad pethau, yn codi ac yn ffrydio o'r ddaear (am ddŵr, &c.), pistylliog: *derived, derivative* (*also in gram*.), *fontal, originating, springing up from the ground* (*of water, &c.*), *gushing*.
1792 Tomos Glyn Cothi: *Ap* 32, yr athrawiaeth o fod Crist yr un hanfod a'r Tad . . . etto mae 'o ddim y crewyd ef,' megis pob bodau *tarddiol* eraill. **18–19**g. R. Davies: *DB* 247, Amserol *tarddiol* air teg—dyn o rym, / Dyna rodd helaethdeg.
Gw. hefyd **tarddolion.**

tarddle [*tardd*[1] + *lle*[1]] *eg*. ll. *-oedd*. Tarddell, (llygad) ffynnon, ffynhonnell, man cychwyn, hefyd yn *ffig*.: *spring, springhead, well, source, starting-point, also fig*.
1858.

tarddlin [*tardd*[1] + *llin*[1]] *eb*. ll. *-iau*. Llinell lle bydd y tabl dŵr yn cyrraedd yr arwyneb a lle ceir nifer o darddellau dŵr, llinell darddiad: *spring line*.
20g.

tarddol, gw. **tarddiol.**

tarddolair [*tarddol* + *gair*[1]] *eg*. ll. *-eiriau*. *Gram*. Tarddair: *derivative* (*in gram*.).
1818.

tarddolion [*tarddol* + *-ion*[2]] *e.ll*. *Crdd*. Deilliaid: *derivatives* (*in mus*.).
1863.

tarddwden, gw. **tarwden.**

tarddwreinyn [*tardd*[1] + *gwreinyn*] *eg*. (b. *tarddwrein(i)en*) ll. *tarddwraint*. Tarwden, tarddiant (ar groen), cructardd, llinoryn: *ringworm, eruption* (*on skin*), *pustule*.
1604–7 *TW* (*Pen* 228), *Tardh wreinien* d.g. *Impetigo*, *Lichen*, *Ophiasis*. **1632** *D*, *Tarddwreinyn* a gerdd dros gwbl o wyneb dŷn d.g. *Petigo*. **1725** *SR*, *tardd wreinyn* d.g. *A Ring worm*. **1753** *TR*, *Tardd-wreinyn*, and in S.W. Tarwden, a tetter or ring-worm. **1803** *P* d.g. *Tarzwraint*, *Tarzwreinnen*, *Tarzwreinnyn*.

tarddydd, gw. **tarfwr.**

tarddyn, terddyn [*tardd*[1] + *-yn*[1]] *eg*. (fel rheol mewn cst. neg.) Diferyn (o ddiod), llymaid: *drop* (*of drink*).
Ar lafar, ''Os dim *terddyn* o lath 'ma 's bo amsar godro' (dwyrain Morg.). Cf. *CYLl* 119, Chawd dim *tarddyn* wedi tê.

taredryn, gw. **taradr.**

taredrynnaf: taredrynnu [bf. o'r e. *taredryn*] *b?a*. Torri (twll neu rigol) â threpan, trepanio: *to trepan*.
1794 *W* d.g. *To trepan*.

tarell, taren, gw. **tarddell, taran**[2].

tarennog [*tarren* + *-og*] *a*. Twmpathog, bryncynnog: *hillocky*.
1775 *W* d.g. *Knappy*. **1803** *P* d.g. *Tarenawg*.

tarewydd, gw. **trawydd.**

tarf [bôn y f. *tarfaf*[1]: *tarfu*] *eg*. Cyffro, cynnwrf, cythrwfl, chwaliad, gwasgariad, ffoad, enciliad (anhrefnus), brys; ysgryd, dychryn; gwasgarwr: *excitement, commotion, tumult, dispersion, scattering, flight, retreat, rout, haste; start, fright; scatterer*.
12g. *GLlF* 319, Gwelei doryf ar doryf y gilit, / Gwelei *daryf* ar dyrrua osswyt. **12**g. *GCBM* i. 4, *Taryf* am gelennic toryf am Galan. *id*. 85, Twryf gruc yg gotuc, yg goteith, / *Taryf* esgar, ysgwyd yn dyleith. *id*. 231, Esid ym arglwyt argledyr cad—a *tharyf* / A theruyn ar gywlad. *id*. ii. 119, *Taryf* taeruar trydar uaỽr yndaỽ, / Tarỽ bytin dylin dyludaỽ, / *Taryf* ar ysgwydaỽ, terrwynnyaỽ—adysc. **14**g. *GSCyf* [26], Heb friw gan arf, *darf* derfyn, / Ond cariad lladrad fellŷn (Sypyn Cyfeiliog). **14**g. *GDG*[3] 160, Brad hy, mewn llety lletollt, / Bradog *darf*, belldarf â bollt. *c*. **1400** *R* 1052. 1, *taryf* ar uaryf o uarwaỽl lyfyrder. *id*. 1203. 38, *taryf* kun rỽyf alun yn ryuelu. *a*. **1587** *Y* 34, A bob, diareb ydoedd, / Byth, enaid iaith, beth nid oedd, / Arnaf ofn d'arf, *tarf* bob tv, / Cwyn noeth iawn, cyn i thynnv. **16–17**g. *GST* i. 1008, Tabwrdd, trwst agwrdd dugell,—dychryngwsg, / *Tarf* trwblgwsg, twrf treblgell [am gorddi]. **16–17**g. (**18**g.) *CC* 224, Pan fo gweithio Castell heb ddichellion / Or Derw a dyfodd yn Aberdarron / Ac achwyn bod *tarf* wrth Dref Gaernarfon (Thomas Prys). **1604–7** *TW* (*Pen* 228) d.g. *Fuga*. *Dchr*. **17**g. *J* 10, 151b, *Tarv* . . . flight. **1632** *D*, *Tarf*, Dispersio. **1688** *TJ*, *Tarf*, chwaliaid [*sic*]: a scattering. **1790** Twm o'r Nant: *GG* 213, Tair congl, pwy all ddeongli, *tarf* [:– scattering] moesau, / Twrf rymusaidd ganddi [i'r delyn]? **1803** *P*.
Amr.: **taraf**[1]. Ar lafar, 'Ma gormod o *daraf* arna i nawr i aros i sharad a chi', *GDD* 291; 'Stim *taraf*' 'there's no hurry', *TGG* (1907–8) 89 (de-orllewin sir Gaerf.).
Cfn.: **tarf y cryd,** gw. *tarfgryd*. **ar darf:** *scattered, dispersed, spread abroad, in flight*. **14**g. *GDG*[3] 396. **14–15**g. *IGE*[2] 124. **1604–7** *TW* (*Pen* 228) d.g. *Fugatus*. [**1783**] *W* d.g. *To scamper*.

tarfacadam, gw. **tarmacadam.**

tarfaf[1]**: tarfu** [?o'r gwr. IE. **tergu̯-* 'dychryn', cf. Gr. ταρβέω 'dychryn'] *bg.a*. Aflonyddu (ar), cynhyrfu, anesmwytho, bwrw (rhywun) oddi ar ei echel, blino (rhywun), brawychu, dychryn; gyrru ar ffo, hel i ffwrdd, erlid, gyrru ar chwâl, gwasgaru; gwingo, symud neu godi'n sydyn (am adar, &c., o guddfan); brysio: *to disturb, perturb, make uneasy, disconcert, trouble, vex, frighten, scare; put to flight, drive away, banish, disperse, scatter; start, move or rise suddenly* (*of birds, &c., from cover*); *hurry*.
13g. *GBF* 73, Aerwalch eiryf, ny *theiryf*, ny thech. **14**g. *GDG*[3] 76, Er *tarfu* y dylluan / I wrthyf, mae gennyf gân. **14**g. *GIG* 105, Ai dydy, farf, a *darfodd* / Y ferch a'm cusanai o fodd? *c*. **1400** *R* 1050. 33–4, ysgein dros uoroed rif toruoed *taruant*. *Dchr*. **15**g. *GSCyf* 97, Digrifach . . . / Oedd i fab arab a bun / . . . / Orwedd ymysg irwydd mân / . . . / A *tharfu* llid a therfysg (Llywelyn ab y Moel). *id*. 110, Cneifio 'marf rhag ei *tharfu* (Llywelyn ab y Moel). **15**g. *GGl*[2] 147, Dewrfab anodd ei *darfu*, / Derfel y ddwy fatel fu. **1547** *WS*, Gwlltio *tarfy*. **1551** W. Salesbury: *KLl* xxviia, Trawaf y bugail / a *thervir* y deueit. *c*. **1585**

MCr 54, yno y dayth yr helwyr a'y hyaid . . . Y cwn oedd yn barod wrth emnaid, fo *darfwyd* yr ysgyfarnog. **1588** *Ecclus* xxii. 23, Yr hwn a deifl garreg at adar ai *tarfa* hwynt. **1599 (1677)** R. Holland: *AB* 50, a *Tharfwn*, a bwriwn ymaith on [*sic*] gweddiau, bôb meddwl sy'n gwibio ac yn crwydro yn ôl y bŷd. **1604–7** *TW* (*Pen* 228), *Tarvû* neû yrrv ymeith d.g. *Abigo*. **1632** *D*, *Tarfu*, Arcere, dispergere, absterrere. *id*. *Teirf*, 3 persona Fut. a *Tarfu*. *id*. d.g. *Deterreo*, *Procieo*. **1661** E. Lewis: *Drex* 243, er hynny nid ydys yn *tarfu* dim ar ddynion oddi wrth bechod. **17g**. Huw Morus: *EC* ii. 425, Meddylion trymion a'm troes'—i wylo, / O weled term hiroes; / Tra dinerth yw troed einioes, / *Tarfu* 'wnaeth at derfyn oes. **1688** *TJ*, *Tarfu*, chwalu, tanu: to scatter or disperse. **1766** *FfA* 69, yr oedd dy gydwybod yn *tarfu* oddiwrth brofedigaeth i ddrygioni (*startled at the temptation*). **1771** *PDPh* 54, Pan fo'ch am brynu ceisiwch gennad i'w farchogaeth . . . i edrych a fydd yn cerdded wrth eich bodd, neu a ydyw yn tramgwyddo ac yn *tarfu*. **1803** *P*. Ar lafar, '*Tarfu*' 'strancio, cicio', *TGG* (1904) 47 (Morg.). Cf. D. Owen: *D* 116, Gwn oddiar brofiad fod mwy nag un o'r dosbarth hwn wedi eu *tarfu* o'r Ysgol, am nad allent oddef gwawd ac ucheldrem y bechgyn; D. Owen: *RL* 228, yr anhawsder ydyw gallu pontio y dyeithrwch heb *darfu* eu hysbryd.

Amr.: **tarafu** [cf. *taraf*[1]]. Ar lafar yn sir Benf. a'r cyffiniau yn yr ystyr 'brysio', *TGG* (1907–8) 89, *LGW* 451. **tarddaf**[2]**: tarddu.** Ar lafar, '*tarddu* brain', *GDD* 291; 'Ma'r 'en gi'n *tarddu*'r iair', 'Ma rwpath wedi *tarddu*'r defid yn y cæ 'co', 'ceffyl yn *tarddu*' 'ceffyl yn neidio mewn braw', *GTN* 778. **terfu.** Ar lafar, *TGG* (1904) 47 (Morg.).

tarfaf[2]**: tarfu,** gw. **tarddaf**[1]**: tarddu.**

tarfbryf [*tarf*+*pryf*[1]] *eg*. Meddyginiaeth at ddifa neu fwrw allan lyngyr o'r coluddion: *vermifuge*.

1794 *W* d.g. *Vermifuge*.

tarfedig [bôn y f. *tarfaf*[1]: *tarfu*+-*edig*] *a.bfl*. a hefyd gyda grym enwol. Wedi ei yrru i ffwrdd, wedi ei fwrw allan, dychrynedig: *driven away*, *cast out*, *scared*.

1588 *Eseia* xiii. 14, Babilon fydd megis ewig *darfedic*. **1588** *Esec* xxxiv. 16, Y colledic a geisiaf: a'r *tarfedic* a ddychwelaf. **1710** *LlGG* sig. Nnnn3r, Cynnal y llesg, iachâ y claf, rhwyma y briwedig, dychwel y *tarfedig*. **1803** *P*, *Tarvedig* . . . Expelled, dispelled, chased, driven away, put to flight; scared.

tarfgi [*tarf*+*ci*] *eg*. *Swol*. Sbaniel, sbaengi, llamgi: (*springer*) *spaniel*.

1722 *Llst* 189, *Tarfgi*. m. A starter.

tarfgryd, tarf y cryd [*tarf*(+*y*[1])+*cryd*] *eg*. *Bot*. Y wermod wen, *Tanacetum parthenium*; rhisgl yr India: *feverfew*; *Jesuits' bark*, *cinchona bark*.

1604–7 *TW* (*Pen* 228), *Tarf y Cryt* d.g. *parthenium*. *Dchr*. **17g**. *J* 10, 151b, *Tarvgryd*. Parthenium. femella. **1707** *AB* 220c, *Tarvgryd*, Feaver few. **1770** *W* d.g. *The bark, or Jesuit's bark*, *Febrifuge*. **1803** *P* d.g. *Tarvgryd*. **1813** *WB* 238, 255.

tarfiad [bôn y f. *tarfaf*[1]: *tarfu*+-*iad*[1]] *eg*. ll. -*au*. Y weithred o darfu neu aflonyddu, ymyriad, dryswch, dychryn: *disturbance*, *interruption*, *upset*, *scare*.

1803 *P*.

tarfutan, tarfudan [gair geir. yn wr., sef ffrwyth trafod H. Grn. *tarnutuan* [*sic*], gl. *phantasma*, fel gair Cym.] *eg.b*. Drychiolaeth, ysbryd, bwgan, rhith, bwgan brain: *phantom*, *spirit*, *ghost*, *apparition*, *scarecrow*.

1604–7 *TW* (*Pen* 228), *taruutan* li[ber] lh[an] daf d.g. *phantasma*. *Dchr*. **17g**. *J* 10, 151b, *Tarvudan*. Phantasma. **1632** *D*, **Tarfutan*, Li[ber] [L]and[auensis] Phantasma. *id*. *Taruudan* d.g. *Phantasma*. **1688** *TJ*, *Tarfutan*, gwâg yspryd, bwbach: a Vision, a Phantasie. **1707** *AB* 119c, †*Tarnydan* [*sic*], Li[ber] Land[auensis] d.g. *Phantasma*. **1722** *Llst* 189, *Tarfutan*. f. An apparition. *id*. *Taruudan*. m. A phantom. **1725** *SR* d.g. *A Ghost, or Spirit*.

Amr.: **tarfhutan** [ffrwyth dehongli'r ff. *tarfutan* fel *tarf*+ *hutan*] **1803** *P*, *Tarvhutan*, s. m. . . . A scarecrow.

tarfwgan [*tarf*+*bwgan*] *eg*. *Bot*. Planhigyn sy'n dwyn blodau melyn pumrhan a dail ac arnynt smotiau tryloywon, *Hypericum perforatum*: *St. John's wort*.

1813 *WB* 238.

tarfwr, tarfydd [bôn y f. *tarfaf*[1]: *tarfu*+ -*wr*, -*ydd*[3]] *eg*. ll. *tarfwyr*, *tarfyddion*. Aflonyddwr, cyffröwr, trafferthwr, erlidiwr, dychrynwr: *disturber*, *agitator*, *troubler*, *pursuer*, *scarer*.

14g. *GDG*[3] 247, Darfu'r awen am wenferch, / Darfu'r sôn am *darfwr* serch. **15g**. *GHC* 10, *Tarfwr* ydyw torf ar frwydr, / Taer goludog, tarw gloywydr. **1588** *Deut* xxviii. 26, A'th gelen a fydd bwyd i holl ehediaid y nefoedd, ac i anifeiliaid y tir, ac ni bydd *tarfudd*. **1588** *Seff* iii. 13, hwynt a borthir, ac a orweddant, ac ni bydd *tarfudd*. *Dchr*. **17g**. *J* 10, 151b, *Tarvwr*. Expulsor. **[1783]** *W* d.g. *Starter*. **1803** *P*, *Tarvwr*, s. m. —pl. *tarvwyr* . . . A putter to flight; a scarer. *id*. *Tarvyz*, s. m.—pl. t. *ion* . . . That puts to flight; a scarer.

Amr.: **tarddydd** [bôn y f. *tarddaf*[2]: *tarddu*+-*ydd*[3]]. **1588** *Nah* ii. 11, yno y trigodd y llew, ac nid oedd *tarddudd*.

targap [?bôn y f. *taraf*[2]: *taro*+*cap*] *eg*. ll. -*iau*. Papur neu gap metel tenau yn cynnwys sylwedd sy'n ffrwydro pan drewir ef ac a ddefnyddid gynt mewn rhai arfau tân, capsen daro: *percussion cap*.

1851.

targed, target [bnth. S. C. *target* neu H. Ffr. *targete*] *eg.b*. ll. -*au*, -*i*, *targets*, a hefyd gyda grym ansoddeiriol.

(*a*) Tarian (gron) ysgafn, *Her*. tarian, hefyd yn *ffig*.: *light* (*round*) *shield*, *escutcheon* (*in her*.), *also fig*.

14g. *GIG* 23, Arwain a wnaf i'm eurwalch / Gwayw a phenwn, barwn balch, / A *darged*, benadurgorff, / Gydag ef i gadw ei gorff. *c*. **1400** *R* 1277. 13, gbelet y *darget* ae lafyn durgoch. **15g**. *GLGC* 30, tair saled ar *darged* oedd / a thri edn a tharw ydoedd. *id*. 105, Cafas griffwnt mewn cyfoeth / Llawdden â'r fwyall ddu noeth; / arwedded mewn *targed* tân / lew o aestalch Elystan. **15g**. *Pen* 57, 39, Mawr *darget* mvr dieir goll [i Wilym ap Tomas ap Gwilym]. **15g**. *HCLl* 70, Rhyfedd Saith Doethion Rhufain, / Rhagor im wyd, rhygarw main, / Yr wythfed, *targed* Teirgwent, / Selyf, un wyd, sylfaen o Went. **1547** *WS*, *Target* A target. **16–17g**. T. R. Roberts: *EP* 241, Tanceri tynciau arab, / Fal twmffed, am arffed mab. / Er bod *targed* gyffredin, / Gloch laes, o amgylch ei lin [i ofyn galigasgyn]. **16–17g**. *GST* i. 778, Tarian gwerthfalch twrn gwyrthfawr, / Tew irgoed caets, *targed* cawr [i'r gelynnen]. **1803** *P*, *Turged*, s. f.—pl. t. *i* . . . A target.

(*b*) Marc neu bwynt yr anelir neu y saethir ato, yn enw. arwyneb ac arno gylchoedd consentrig, saethnod, rhywun neu rywbeth yr anelir neu y tanir ato, gwrthrych ymosodiad (milwrol): (*military*) *target*.

1843. Cf. *Hen B* 153, Wrth saethu *targed* ar das wair, / Fe laddodd dair o'r gwydde.

(*c*) Gwrthrych beirniadaeth, sylwadau sarhaus, &c.; nod, amcan, neu ganlyniad yr anelir ato: *target* (*of criticism*, *&c*.); *aim*, *objective*, *or result aimed at*.

1887. Ar lafar, "Dydyn' nhw'n sôn am ddim byd ond *targeda* yn y coleg dyddia 'ma'.

(*d*) *Ffis*. Sylwedd neu wrthrych yr anelir gronynnau ato: *target* (*in physics*).

20g.

Amr.: **darged. 14g**. *GIG* 23. **16g**. *GGH* 244–5, A llew arian i gannu / A rodded ar *ddarged* ddu, / A bordr o aur, breuder iaith, / Engreuled mewn gwroliaith. **16g**. *WLl* 183, Eson a Siason kyn rasused / Egtor yn ddurgorff gadarn *ddarged*.

targedaf: targedu [bf. o'r e. *targed*] *ba*. Gwneud yn darged, nodi neu ddewis fel gwrthrych sylw: *to target*.

20g.

targededig [bôn y f. *targedaf*: *targedu*+ -*edig*] *a.bfl*. Wedi ei dargedu, yr anelwyd ato: *targeted*.

20g.

target, targi, gw. **targed, tarwgi.**

Targwm, Targum [bnth. S. *Targum*] *eg*. ll. *Targymau*, *Targwm*(*i*)*au*, *Targumau*. Cyfieithiad, dehongliad, neu aralleiriad Aramaeg o ran o'r Hen Destament: *Targum*.

c. **1762–79** W. Williams: *P* [291], oddi yma y daeth dechreuad y *targymmau* Iuddewig. *id*. 292, pryd hyn cyfansoddwyd amryw o'r agoriadau hyn, (gyfenwir gan yr Iuddewon *Targum*) ar amryw rannau o'r Ysgrythur lan . . . *Targum* Onkelos ar gyfraith Moses, a *Thargum* Jonathan Ben Uzzel ar y prophwydi.

tarhustra, gw. **trahaustra.**

tariad[1] [bôn y f. *tariaf*[1]: *tario*+-*iad*[1]] *eg*. Arhosiad, dyfalbarhad: *stay*, *persistence*.

16–17g. Edward Urien, &c.: *Gw* 15, Deliwch deiliad, dylwch diloes, / Dirion deiroes, derwen *dariad*. **1803** *P*.

tariad[2,3]**,** gw. **tarddiad, trawiad.**

tariaf[1]**: tario** [bnth. S. C. *tarien*] *bg.a*. Aros (mewn lle), preswylio, trigo, parhau (mewn rhyw gyflwr), ymdroi, oedi, bod yn hwyrfrydig i weithredu, llesteirio: *to stay* (*in or at a place*), *sojourn*, *dwell*, *remain or continue* (*in some condition*), *linger*, *procrastinate*, *delay*.

14g. *GDG*[3] 331, Pan glybu hon, fron fraenglwy, / Nithio'r main, ni *thariai* mwy. **14g**. *GIG* 14, Llawnwych frenhinlle hynod, / Llety'r glêr lle *tariai* glod. *id*. 24, *Tariaf* i Fôn tra fwyf fyw. **14–15g**. *IGE*[2] 131, Ym Mathafarn, mwy'i thyfiad, / Y mae'i lys rydd, lle aml rhad, / . . . / A medd, nid rhyfedd y tro, / Bob unawr i bawb yno, / A chroeso i *dario* dydd / A nos yno'n oes henwydd (Gruffudd Llwyd). **15g**. *DGG*[2] 42, Na *tharia*, ymdaith wryd, / Oni welych befrddrych byd. **15g**. *GDLl* 144, Pa dir, gwn pwy a *dariwyd*, / Pa le draw, pa wlad yr wyd? **15g**. *DE* 31, er pan wyf lown nwyf lanwawr / eithr yw serch ni *theriais* awr. **1547** *WS*, Lingrio *tario* yn ol Lyngar. *id*. *Tario* trigo Tarye. **16g**. *B* xi. 24, Nynni a *dariasom* yma yn ddigon J hyd, ac J mae ynn wir mae gweell o lawer yw J ni vyned J drauaelio. **16g**. *Rhyddiaith Gymraeg* ii. 41, Erastws a *dariodd* ynGorynthia. **1567** *TN* [xxxviii], ond ni chafi *dario*, rhaid i mi dalvyrru'r araith rhac bod yn rhyhir. **16g**. *Hop M* 166, y bradwys beraidd ffrwyth lon [*sic*], / er na *thariyson* yndi / pan doryson ddeddfau düw, hwy droed yn vyw yn cosbi. *c*. **1585** G. Robert: *DC* 49a, rhaid ir lle fod yn fawr, ag yn deg, a wnaeth ef yn y byd aralh i'r enaid i *dario*, nid dros ennyd bach, ond dros byth. **16–17g**. *Cer RC* 143, Mi af oddiyma i Fethlem, / I ddifetha meibion Siwdi: / *Teriwch* chwi (*TRP* 148, trigwchi) yng Nghaersalem. **1615** R. Smyth: *GB* 160, o fevvn pump mylynedd ni bu haiach o revv a *darriodd* fvvy nag un divvrnod ne ddau. **1632** *D*, *Tario*, Manere, morari. **17g**. Huw Morus: *EC* i. 9, Twyll a sai, tywyll y sir, / *Taried* arswyd trwy deirsir. **1688** *TJ*, *Tario*: to dwell, to stay, to remain. **1752** *ML* i. 205, Daethom i hyd ir hen rieni yn iachus dda iawn, *terriais* yno ddwynos. **1803** *P* d.g. *Tariaw*. Cf. T. H. Parry-Williams: *OPG* 35, neb ond yr hogyn bach hwnnw a fyddai gynt yn defosiynol *dario* dan gangau gwyngyll yr hen Goed Bach.

Gw. hefyd **taringaf: taring.**

tariaf[2]**, tarraf: tario, tarro** [bnth. S. (*to*) *tar*] *ba*. Rhoddi tar ar, gorchuddio â thar: *to tar*.

c. **1585** *MCr* 33, y gwr a dailia y dir, ag a *darra* y ddefaid (*tarreth his sheep*), ag a impia y goed. **1800** W. Owen[-Pughe]: *CP* 114, bwrier i ffroenau y llo hanner llwyaid o ddistyll pyrwydd, yna *tariwch* swch y llo yn dda. **1828** *Geir Pob* 26, *Tario*, pygu â phŷg gwlyb. Ar lafar yn gyff., 'Maen' nhw'n *tario*'r ffordd fawr oddi yma i Walchmai 'rŵan'; 'Ma isia *tarro* cwtsh y glo'n dost', *GTN* 778.

tarian[1] [bnth. H. S. *targe*+-*an*[1] neu fnth. ff. draws ar yr H. S.] *eb.g*. (bach. b. -*ig*, ll. -*au*; -*en*) ll. -*au*.

(*a*) Darn o arfogaeth i'w gario ar y fraich neu yn y llaw i amddiffyn y pen neu'r corff rhag ergydion, &c., yn enw. bellach un ar lun calon (a'r pen uchaf iddi'n syth), bwcled; *Her*. tarian yn dwyn arfbais, llun o'r cyfryw; gwobr mewn cystadleuaeth neu fathodyn ar ffurf tarian; gorchudd amddiffynnol (e.e. cragen crwban): *shield*, *buckler*; *escutcheon* (*in her*.); *shield* (*competition trophy*), *badge* (*in the form of a shield*); *shield*, *protective covering*.

12g. *GLlF* 318, Oet ysgbn, oet tbnn taleith—y *daryan*, / Oet talarb kyuarweith. **12g**. *GCBM* i. 346, Etnyued, aerllew a dan eurlliw—claer / A'r *daryan* daer daluriw. **13g**. *GDB* 257–8, Toruoet yg kyhoet yg kyflabnder, / *Taryaneu* goleu ual y gweler. **13g**. *LlI* 94, Kledyf . . . xii.k' . . . *Taryan*, viii.k'. **13g**. *BD* 46, A phan weles Nynnyav hynny, erbyn ar y *taryan* y dyrnavt a oruc. **14g**. *YBH* 56a, dryllybyt y llurugeu. a hollti y *taryaneu*. **14g**. *GDG*[3] 133, A lliwiau glân ychwaneg / A lluniau *tarianau* teg. *c*. **1400** *YCM*[2] 52, A gwedy hynny a dodyssant am y vynwgyl *daryan* drom gadarn. **16g**. *Med H* 74, yn y drydedd rann or *darian* arveu i vam. *ib*. Mae rrai yn dwyn *tariann* mewn *tariann* arall. **1588** *Salm* xxxv. 2, Ymâfel yn y *tarian* a'r astalch. **1632** *D*, *Tarian*, Clypeus, scutum. **1688** *TJ*, *Tarrian* [*sic*], pren crwn megis caead crochan a drantol wrtho, iw [*sic*] ddal mewn llaw asswf i dderbyn neu droi heibio ddyrnodiaur [*sic*] gelŷn wrth ymladd:

a Shield or Buckler. **1707** *AB* 113b, *Tarianen* d.g. *Parmula.* **1722** *Llst* 189, *Tariannig.* f.pl. *-nigau.* A little buckler, little escutcheon. **1725** D. LEWIS: *GB* 174, y Creaduriaid eraill, y rhai nid oes Resswm ganthynt, sy'n cael eu cynnysgaeddu yn rhyfeddol ag amryw fâth o Arfeu a *Tharianeu* naturiol i ymddiffyn eu hunein. **1803** *P.*

(*b*) (enghrau. *ffig.*: *fig. exx.*).

12g. *GCBM* i. 85, Dor ysgor, ysgwyd ganhymdeith, / *Taryan* yn aerwan, yn eurweith [marwnad Madog ap Maredudd]. **13g.** *GDB* 179, Rys uyg, Loegyr westyng, lary westi—toruoet, / *Taryan* Ystrad Tywi. **14g.** *LlB* 109, Tri phetwar yssyd . . . Eil petwar yw: y pedeir *taryan* a a rwg dyn a reith gwlat rac hawl letrat. Vn yw cadw gwesti yn gyfreithawl. **14g.** *SC* viii/ix. 187, amdifferet a *tharyan* y ffyd. a bit gledyf yr yspryt glan gantaw. **14g.** *BT* (*RB*) 26, Gruffud ap Llywelyn, pen a *tharyan* ac amdiffynwr y Brytanyeit. **15g.** *GLGC* 304, Morgan oedd *darian* ei dir / a braich hendaid Brychandir. *id.* 415, Dwylaw eu deulan, / deu dŵr, dwy *darian*, / deufan, dwy winllan o'r un wenllys [marwnad dau fab Phylip ap Rhys]. **16–17g.** *GST* i. 668, *Tarian* fert yw'r to irwydd, / Giwls yn ei goleuo sydd [i'r gelynnen]. **1630** *YDd* 113, O blegid pan argyoedder dynion, yn gyfion am eu pechodau, yn ebrwydd y maent hwy yn cymmeryd yr ymddiffyn iddynt: y *darian* yma, sef y mae Crist yn drugarog. **1753** *TR*, *Tarian* . . . Also metaphorically a defence, an exception. **1758** *ML* ii. 75, [e]i awen, yr unig dlws a ydoedd yn perthyn iddaw, y hi oedd ei gleddyf ai *darian.* Yr oedd *Tarian y Gweithiwr* yn enw ar bapur newydd wythnosol a gyhoeddid yn Aberdâr, 1875–1934, gw. *CLC*² 697.

Cfn.: **tarian geg:** *gum-shield.* **20g.** **tarian iechydwriaeth (iachawdwriaeth):** *shield of salvation.* **1588** 2 *Sam* xxii. 36, Rhoddaist hefyd i mi *darian* dy *iechydwriaeth.*

tarian², gw. **taran¹**.

tarianaf: tarianu [bf. o'r e. *tarian¹*] *ba.* Amddiffyn neu guddio rhag perygl neu niwed: *to shield.*

[1783] *W* d.g. *To shield.* **1803** *P.*

tarianaidd [*tarian¹* + *-aidd*] *a.* Tebyg i darian, ?yn cario tarian; thyroid(aidd): *shield-like, ?bearing a shield; thyroid(al).*

15g. *GDLl* 81–2, Paun Tudur, penna' tadwys, / A eura pawb o aur pwys. / Y baedd yn o Fleddyn flaidd, —/ Tarw ewinog, *tarianaidd.* **1803** *P*, *Tarianaiz* . . . Like a shield.

tariandalch [*tarian¹* + *talch¹*] *a.* Chwilfriw ei darian: *having a smashed shield.*

c. **1400** *R* 1315. 35–6, paraᴕt loryf toryf *taryandalch.* *id.* 1416. 4–5, Dor *taryandalch.* digrif dremwalch. **[1783]** *W* d.g. *Shielded . . . Broken-shielded.*

tariandir [*tarian¹* + *tir*] *eg.* ll. *-oedd. Drg.* Llwyfandir mawr anhyblyg sefydlog o greigiau cyn-Gambriaidd sydd fel arfer yn ffurfio craidd cyfandir: *shield* (*in geol.*).

20g.

tarianddwyn [*tarian¹* + *dwyn¹*] *a.* Yn cario tarian: *carrying a shield.*

1771 *W* d.g. *Buckler, Bearing . . . a buckler.*

tarianen, tarianig, gw. **tarian¹**.

tarianlas, gw. **tarian¹** + **glas¹**.

tarianog [*tarian¹* + *-og*] *a.* ll. *-ion,* a hefyd gyda grym enwol. Yn cario tarian, wedi ei arfogi â tharian: *bearing a shield, armed with a shield.*

12g. *GCBM* i. 243, *Taryanaᴕc* enwaᴕc, ennweir—agkynnwys, / Argoedwys Bowys beir. *id.* ii. 211, Asswynaf naᴕt haᴕt haelon—Deheubarth, / . . . / A'th dwryf o'th *daryanogyon,* / A'th doryf o'th deyrn ueibyon. **13g.** *HGK* 15, a'r Gwyndyt gleiuyauc *tareanauc.* **15g.** *GDLl* 38, Nes dêl llew o'r gorllewin, / Marchog traws *tarianog* trin. **15g.** *GGl*² 3, Syr Risiart, goethwart Gethin, / Serchog faedd *tarianog* trin. **1488–9** *BSM* 13, ef a ddoeth att Varthin dav angel yn *darianoc* o vilyriaeth nevol. **15–16g.** *TA* 40, Marchawg *tariannawg,* trinwyr—ar drallawd, / Er dryllio Corneuwyr. **1632** *D* d.g. *Clypeatus, Parmatus, Peltatus.* **1771** *W* d.g. *Buckler, Bearing . . . a buckler, Shielded.* **1793** DAFYDD IONAWR: *CD* 158, O flaen y Cawr aflonydd / *Tarianog* wâs arfog sydd. **1803** *P* d.g. *Tarianawg.*

tarianwr [*tarian¹* + *gŵr* neu *-wr*] *eg.* ll. *-wyr.* Un sy'n cario tarian; gwneuthurwr tarianau; hefyd yn *ffig.*: *one who bears a shield; shield-maker; also fig.*

15g. *Bl N* 121, Y mae plant, meddant i mi, / Heinyf iddaw o honi, / Yn frodyr, *tarianwyr* trin, / O farwnwaed i frenin [Ieuan Gethin i Owain Tudur yng ngharchar]. **16–17g.** *GST* i. 249, Glanaf gŵr, *tarianwr* trin, / Law a bron ar lu brenin. **1604–7** *TW* (*Pen* 228) d.g. *parmularius.* **1632** *D* d.g. *Scutarius.* **1803** *P*, *Tarianwr* s. m.—pl. *tarianwyr* . . . One who makes use of a shield.

tariar, tarier, gw. **terier¹**.

tariff [bnth. S. *tariff*] *eg.* ll. *-(i)au.* Rhestr neu raddfa o dollau, prisiau sefydlog, cosbau, iawndaliadau, &c.; toll: *tariff, schedule; tariff,* (*excise, &c.*) *duty.*

1828. Cf. *CYLl* 32, Rhowch glust, a chewch hanes rhyw ddwy oes yn ôl, / Am Shôn Bach y Teiliwr oedd yn byw yn Nhy'n Ddôl: / 'Roedd pob peth bryd hynny dan *dariff* go drwm, / A Shôn oedd dilledydd holl ddynion y Cwm.

tarigaf: tarigo, gw. **tarugaf: tarugo.**

taringaf: taring [?bnth. S. C. *tar(i)ing* 'a delay(ing)'] *bg.* a hefyd gyda grym enwol i'r be. Aros (mewn lle), trigo, preswylio, parhau (mewn rhyw gyflwr), oedi, bod yn hwyrfrydig i weithredu: *to stay* (*in or at a place*), *dwell, sojourn, remain or continue* (*in some condition*), *procrastinate, delay.*

15g. *GDLl* 30, *Taringed* y tarw angall / A wnêl llid yn ôl y llall. **15g.** *GLGC* 239, Gofyn ym ar gyfenw Iau / heb *daring* oedd baderau. **1527** *B* ii. 227, [y] vran a *darryngodd* gidar vannw ac ai helpiodd hi. **16g.** *TRP* 132, Adolwc ywch na ddigioch / am y *taring* a gosoch [*sic*] / ewch yn hy gidar genad / mawr ywr rhad ffordd y doethoch. **16g.** *B* xi. 30, doethantt twy J'r tir; ynn y lle ni wnaeth Erkwlf a'i bobyl haiach o *daring* nes dyuod ohonnauntt att y brenin Esdriws. **1551** *DCR* 227, a gwae y vnbrawd. or diwarnawd / *daring* ny ol yn y byd bydol. **16g.** *Rhyddiaith Gymraeg* i. 82, hwy a ddaissifassant arno ef *daring* gidac hwynt; ac ef a *daringoedd* [*sic*] yno ddav ddiwarnod. **1567** G. ROBERT: *GC* 57, Eithr pan ddel; w, o flaen. r, heb gyssain yn nessaf ar ihol hi a *daring* yn yr ailddiwaethaf, mal bwrw bwriawdd, gwr gwrol. *c.* **1585** G. ROBERT: *DC* [4]a, pei bay dy stafelh di yn llawn nadroydh yn barod i'th gnoi di, nid aiti vn troedfedh tuar drws i fyned alhan, ond fe fydhe dhigon bodlon gynnyt *daring* i mewn, wrth weled poene vphern. *a.* **1587** *Y* 26, Doedyd arnaf, gwaethaf gwad, / Dori 'ngair, *daring* irad. **16g.** *Haf* 22, 370, Ac ef a *daringwys* yno y aros syddas. **16–17g.** *Cer RC* 142, Efô archodd yr angel / I ni fynd i'r Eifft yn ddirgel, / A *tharing* (*TRP* 146, thrigo) nes yn galw / Ac ymgadw yn ddiogel. **1606** E. JAMES: *Hom* i. 46, Hon a wnaeth i Abraham ymadel â'i wlad a'i holl geraint, a myned i wlad bell i *daring* (*dwell*) ymmlhith diaithriaid. **1681** R. HOLLAND: *DG* 457, Dau Gymro Yn *Taring,* Yn Bell O'i Gwlad. **1722** *Llst* 189, *Taring.* for Tario. **1752** *ML* i. 199, mae'n *taring* mewn man a elwir Donnington. **[1783]** *W*, Y mae *taring* ar y lleuad heno d.g. *To stay or tarry . . . The Moon stays tonight.* Ar lafar gynt, *ACL* iii. 45 (sir Benf.).

Amr.: **tarin. 16g.** *WLl* 28, Vo ddoe i *Darin* vodd dyrys / Vardd o Lŷn iw vwrdd ai lys. **16–17g.** *HG* 177. *c.* **1730** *Taith C* 66. Ar lafar, '*tarin* ar y lleuad' (Morg.).

Gw. hefyd **tariaf¹: tario.**

tarisglyn, gw. **trysglyn.**

tarlais [bôn y f. *tarleisiaf: tarleisio*] *eg.* ll. (prin) *-leisiau.* Hollt, agen; sŵn uchel: *split, fissure; loud noise.*

1547 *WS*, *Tarlais. Diw.* **16g.** *RWM* ii. 143, tri chyfing byd—krav nodwydd ddvr a*tharlais* ar gelffaint acheniog mab y krinwas. **1604–7** *TW* (*Pen* 228) d.g. *Crepitus, Fissio. Dchr.* **17g.** *J* 10, 151b, *Tarlais.* chyne. **1803** *P*, *Tarlais,* s. m.—pl. *tarleisiau* . . . a piercing noise.

Cfn.: **ar darlais (y) dydd:** *?at the break of day.* **16g.** WILIAM LLŶN: *Gw* (R. Stephens) 531, Cydfwynlais *ar darlais dydd.*

tarleisiaf, darleisiaf: tarleisio, darleisio [bf. ansicr ei tharddiad a ailddehonglwyd fel *dar-* + *lleisiaf: lleisio*] *bg.* Hollti; (geir.) seinio, atseinio: *to split;* (*dict.*) *sound, echo, resound.*

1547 *WS*, *Tarlaisio* Chyne. **1551** W. SALESBURY: *KLl* xxva, nycha llen y templ yn rwygo . . . ar ddayar a grynadd / ar main a *darleisiadd* [:– aenthon [*sic*] yn ddryllie]. **1604–7** *TW* (*Pen* 228), *tarleisio* d.g. *Crepito, Findo.* **1632** *D*, *Tarleisio,* pro *Darleisio,* A Lleisio. *id. darleisio* d.g. *Reboo.* **1688** *TJ*, *Tarleisio,* atebleisio: to eccho, or sound again. **1753** *TR*, *Tarleisio,* for *Darleisio,* from Lleisio, to make a noise. **1803** *P* d.g. *Darleisiaw, Tarleisiaw.*

tarlwnc, tarlwng [bôn y f. *tarlyncaf: tarlyncu*] *eg.* Dracht, llowciad, llymaid, llond ceg; bytheiriad: *draught, gulp, mouthful; belch.*

1547 *WS*, *Tarlwnk* Supping. **1604–7** *TW* (*Pen* 228), *tarlwnc* d.g. *Haustus. Dchr.* **17g.** *Pen* 170, 56, asgwrn afal y gwddwf a hwnw foi geilw Rhaif asgwrn y *tarlwng. Dchr.* **17g.** *J* 10, 151b, *Tarlwngc.* × Travlwng. **1632** *D*, *Tarlwng,* Vel, *Tarlwngc,* pro Darlwngc, Idem quod Traflwngc. **1688** *TJ*, *Tarlwng, tarlwngc,* darlwngc, traflwngc, trangcell, llwngc: a draught, a draught of drink. **1803** *P*, *Tarlwnc,* s. m. . . . An eructation. *id.* d.g. *Tarlwng.* Ar lafar, 'dim ond un *tarlwnc* oedd y gwin', *Geir Geg* 167 (godre Cered.).

tarlyncaf: tarlyncu [?cf. *darlyncaf: darlyncu, traflyncaf: traflyncu;* cf. ymhellach Llyd. C. *tarloncaff* 'bytheirio'] *bg.a.* Drachtio, llowcio, llyncu; (geir.) bytheirio: *to drink deeply, gulp, devour, swallow;* (*dict.*) *belch.*

1547 *WS*, *Tarlynky* To syppe. **1599** (**1677**) R. HOLLAND: *AB* 11, Ac ni a wyddom fod y tîr sydd wedi boethi gan dês . . . megis yn safn-ruthu [*sic*] tu ar nefoedd, mal pe *tarlyngcei* 'r cymmylau o herwydd eisiau gwlybaniaeth. **1632** *D*, *Tarlyngcu,* Sorbere, deglutire. Arm. Ructare. *id.* d.g. *Exorbeo.* **1688** *TJ*, *Tarlyngcu*: to swallow down. **1722** *Llst* 189, *Tarlyngcu.* To swallow, devour greedily, gulp, swill. **1753** *TR*, *Tarlyngcu,* to swallow down. Arm. To belch. **1803** *P*, *Tarlyncu* . . . To belch, to eructate.

tarmac [bnth. yr e. masnachol S. *Tarmac*] *eg.* Defnydd palmantu, sef cerrig wedi eu malu a'u rhowlio ynghyd â chymysgedd o dar a bitwmen, a ddefnyddir i wneud ffyrdd, rhedfeydd meysydd awyr, &c.: *Tarmac, tarmacadam.*

1932. Ar lafar, 'ma'r *tarmac* yn rhuthro lan, paid gwthio'r gleider lawr, cadw hi lan', *Wês wês* 36.

tarmacadam, tarfacadam [bnth. a chfdds. o'r S. *tarmacadam*] *eg.* Tarmac: *tarmacadam.*

1939.

tarmaciaf: tarmacio [bf. o'r e. *tarmac*] *bg.a.* Gosod tarmac (ar): *to Tarmac.*

20g. Ar lafar, 'Man' nw newydd fod wrthi'n *tarmacio*'r ffor''.

tarnaf: tarnu, ?terni [o'r un gwr. **terə-* 'rhwbio, troi, tyllu' â'r e. *taradr;* cf. Llad. *terō* 'rhwbiaf, glanhaf drwy rwbio, treuliaf'] *ba.* Sychu, (am)sugno, ?rhwbio; cyfrif: *to dry, wipe, absorb, ?rub; count, reckon.*

10g. (*Cpt*) *B* iii. 256, is gur tum *tarnetor* ir loc guac haibid post .o. haccet. nitegid. di. a. hit niri*tarnher* irdid hinnuith id est irloc quac [*sic*] habid post .o. Irnidibid ir loyr di. a. hit niri*tarner* rann. irbissei. *ib.* bihit. dir *terni* ir loc guac hai bid in irgueleri nitegid ad serenn arall. ?**14g.** (**17g.**) *EWSP* 414, Llywarch hen na fydd diwyl / trwydded a geffi di anwyl / *tarn* dy lygaid taw nac wyl. **14g.** *B* xiv. 265, a *tharnnu* vy wynep a oruc iessu a mynet dᴕlav mynwgyl ym. *c.* **1400** *R* 1365. 27–8, Hi a vu yn *tarnu* turnen wreic uab pyll. **1400–50** *B* xiv. 105, Peiryan vaban *darn* [*sic*] dy dagreu. / nyt digrif wylaw nyt ef oreu. **1803** *P*, *Tarnu* . . . To absorb, to dry up.

tarneidio, tarneit(i)o [?cf. *dar-* a *neidiaf, neit(i)af: neidio, neit(i)o*] *bg.* Neidio, sboncio: *to jump, spring.*

1870. Ar lafar gynt yng ngodre Cered., 'Yr oedd y scwarnog yn *tarneitio*', *Cymru* xxxiv. [265]; '*tarneito*', *TGG* (1907–8) 111.

tarniad [bôn y f. *tarnaf: tarnu* + *-iad¹*] *eg.* ll. *-au.* Amsugnad: *absorption.*

1803 *P.*

tarnol [?bôn y f. *tarnaf: tarnu* + *-ol*] *a.* a hefyd fel *eg.* ll. *-ion.* Amsugnol, yn sychu; amsugnydd: *absorbent, drying; an absorbent.*

1803 *P* d.g. *Tarnawl.*

taro¹ [bnth. S. *taro*] *eg. Bot.* Planhigyn bwyd trofannol, *Colocasia esculenta,* a dyfir er mwyn ei gloron a'i ddail: *taro.*

1841.

taro², gw. **trawaf: taro.**

taroden, gw. **tarwden.**

tarogennog, tarogyn, gw. **torogennog, torogen.**

tarole [? < **to-are-upo-leg-* (cf. *lleas*)] *?e.* ?Dinistr: *destruction.*

12–13g. *GLlLl* 88, Ef yn freu tereu, *tarole*—Saysson.

taron, gw. **taran².**

tarpowlin, tarpwlin, tarpolin [bnth. S. *tarpaulin*] *eg.* ll. *-au, -s.* Defnydd diddos cryf a ddefnyddir fel gorchudd amddiffynnol rhag lleithder, darn o'r defnydd hwn: *tarpaulin.*

1828 *Geir Pob* 26, *Tarpowlin,* pyglen. Ar lafar,

'tanu *tarpolin*', 'Fe ddŵad wrtho' i bysa fa'n dodi *tarpowlin* drosto fa'; hefyd yn y ff. *trapywlin*, *GTN* 806. Cf. TALHAIARN: *Gw* i. 345, Englyn i'r *Tarpowlin*, sy'n dô ar y tent . . . *Tarpowlin* a bowliodd / Fel Camel o Gimel, / Yn Llanfair fe stoppiodd / Yng nghanol ein hardal, / Fe gafodd ei grogi / Uwchben y gwern cregin, / Yn dô ar y babell / Yn nannedd y dryccin.

tarraf: tarro, gw. **tariaf²: tario.**

tarren, *eb.* ll. *tarenni, tarennydd, tarennau.* Bryncyn, bryn serth, llethr, bryn creigiog, craig, clogwyn, twyn tywod, darn o dir (gwael neu wyllt): *hillock, steep hill, scarp, rocky hill, rock, cliff, sand dune, piece of (poor or wild) land.*

c. **1400** [*RB*] *WM* 489. 16–18, py holydi y mi pryt nam gedy yny *tarren* honn. **15g.** *HS* 21, ar i ran fo roir yno / or braidd grys dan bridd a gro / ystyrriwch is y *darrenn* / y gedi balch heb godi i benn. **15g.** *FfBO* 56, Yn y dyffryn hwnnw, ar y naill hanner ym, o ystlys *tarren* (*saxo*) vawr, mi a welwn arlun wyneb dyn. *c.* **1475** *B* xiii. 177, gan dyuryssyaw a ffo y ogofeu y daear, y greigeu a *tharrenni* (amr. *tharennau*) a diffeith-wch elldyd. **16g.** *LlS* 164, cewch welet lawer *tarren* lathraidd oedd yn luossawc o ampl ddail a blodæ. **16–17g.** *GST* i. 553, Trumen ydyw'r tir yma, / *Tarren* dost heb un tiryn da. *id.* 559, *Tarren* hardd lle tariai'n hon. **16–17g.** (**17g.**) *CC* 71, gyrraist pan fynnaist fe fydd / tirion i ffô ir *tarrenydd* (Thomas Prys). **1604–7** *TW* (*Pen* 228) d.g. *Tumulus, Terra.* **1703** E. WYNNE: *BC* 115, a'r tair byddin Damniaid hyn yn darnio'u gilydd . . . ar draws y *tarennydd* eirias danheddog. **1753** *TR, Tarren*, a knap, a rocky tump. Glam. **1803** *P* d.g. *Taren.* Ar lafar yn yr ystyr 'darn o dir gwael neu wyllt yng nghanol tir da', *B* i. 295 (Edeirnion); 'Lle'r ymwthio craig i'r wyneb', *ib.* (Dyffryn Clwyd); hefyd yn yr ystyr 'twyn tywod' (Môn). Cf. *ISF* 72, 'o ba *darran* y mae o'n dŵad',—ffordd o ofyn o ble y daw rhywun. Digwydd yn gyff. mewn e. lleoedd, cf. *ib.* Y *Darren* yw'r enw ar y banc tywod sy'n cau Traeth Dulas o'r môr; *FfBO* 82, Y mae *tarren* yn air digon cyffredin yng Nghwm Tawe am graig, ac fe'i ceir mewn enwau lleoedd, megis Mynydd y *Darren*, *Tarren* Widdon, *Tarenni* Gleision (sef fferm â'i thir yn greigiog iawn), Pen y *Darren.* Gw. hefyd I. WILLIAMS: *ELl* 22–3.

tarrug, *a.* Llym, garw, eithafol; powld, haerllug: *severe, harsh, extreme; bold, impudent.*

1672 R. PRICHARD: *Gw* 565, O pecha un o'r detholedig, / Mae yspryd Duw 'n ei gyffro 'n *darrig* [:- Daer], / I 'difarhau trwy dduwiol dristwch. **18g.** E. T. RHYS: *DA* 127, Pryd hyn, nid llonydd oedd y llyn, / Ond tònau *tarug*, / Yn swnio yn sarug. **1764** W. WILLIAMS: *Th* 147, Mae erlyd cas a chelwydd yn nod diddadl elir, / O falais Satan *darrug*, ac o bererin gwir. Ar lafar, 'sychu'n *darrig*', *Cymru* xxxiv. [265] (godre Cered.), *GDD* 98, *AGB* 47. Cf. *SE MS* 489b, *Tarug*, a. . . . saucy.

Amr.: **tarring. 1784** M. WILLIAMS: *S* i. 12–13, Y sôn boethlyd . . . sef o dropic y Crangc hyd dropic yr Afr. . . . Yr oedd yr henafiaid yn meddwl fod hon yn annhrigfannol, o herwydd bod y gwres mor *daring.*

Gw. hefyd **terrig.**

tarsier [bnth. S. *tarsier*] *eg.* ll. *-od. Swol.* Unrhyw breimat bychan llygadfawr cynffonhir nosol o'r tylwyth *Tarsius*, a'i gynefin yn Indonesia a'r Pilipinas: *tarsier.*

20g.

tart [bnth. S. C. *tart* 'sharp'] *a.* Llym, garw, eithafol: *severe, sharp, extreme.*

14–15g. *IGE²* 186, Taer fur ferw ful turtul *tart*, / Tomas oer lambas Lwmbart (Rhys Goch Eryri). Ar lafar gynt yn yr ystyr 'uchel (am bris), drud', 'Ma 'ch prish chi'n rhy *dart*' 'Your price is too high', *LlGC* 1173, 119 (Morg.); 'Un iawndda *tart* yw e 'n iwso bod' 'A very clear man he used to be', *ib.* (Pen-y-bont); hefyd yn yr ystyr 'sydyn', 'Dyna un *tart* yw e', *Cymru* xxxiv. [265] (godre Cered.).

tartan [bnth. S. *tartan*] *eg.* Patrwm o streipiau lliw yn croesi ei gilydd yn sgwâr-onglog, yn enw. brethyn plàd a wisgir gan Ucheldirwyr yr Alban i ddynodi eu tylwyth: *tartan.*

20g.

tartar [bnth. S. *tartar*] *eg.* Gwaddotgen; cen caled sy'n ffurfio ar ddannedd: *tartar, argol; tartar, scale (on teeth).*

1916.

Tartar [bnth. S. *Tartar*] *eg.* ll. *-iaid.* Aelod o grŵp o bobloedd yng nghanolbarth Asia sy'n cynnwys Mongoliaid a Thwrciaid; Tartareg; person blin neu anystywallt: *Ta(r)tar (person and language); irritable or intractable person.*

1615 R. SMYTH: *GB* 25, Y *tartariaid*, 'y [*sic*] Persiaid, hefyd y groegvvyr, addercha/fasont feddvvdod. **1728** T. BADDY: *DDG* 77, Y Dêg llwyth a ddygwyd ymmaith yn Gaethweision . . . [e]i Dŷb ef ydyw y gellid taro wrthynt ym mysg y *Tartariaid*, o ran y Gair 'Tartar' yn Iaith y Syriaid sy'n Arwyddoccau gweddillion.

Amr.: **Tartariad** [olff. o'r ff. l.]. **1794** *W* d.g. *Tarter* [*sic*].

Tartaraeg, gw. **Tartareg.**

Tartaraidd [*Tartar*+*-aidd*] *a.* Yn perthyn i'r Tartariaid: *Ta(r)tar (adj.).*

1728 T. BADDY: *DDG* 78, Fe breswylir y Dinasoedd *Tartaraidd* hyn gan gymmaint ac sy o allu iw hamddiffyn rhag gelyniaeth y Persiaid.

Amr.: **Tataraidd** [bnth. S. *Tatar*+*-aidd*]. **1850.**

Tartareg [*Tartar*+*-eg¹*] *eb.g.* Iaith Dwrcaidd y Tartariaid: *Ta(r)tar (language).*

20g.

Amr.: **Tartaraeg** [*Tartar*+*aeg*] **1814.**

Tartariad, gw. **Tartar.**

tartarig [cfdds. o'r S. *tartar(ic)*+*-ig²*] *a.* Yn perthyn i dartar, a gynhyrchir ganddo: *tartaric.*

1860.

tarten [bnth. S. *tart*+*-en*] *eb.* ll. *-ni.* Cas crwst, heb gaead weithiau, ac ynddo lenwad melys neu sawrus: *tart, pie.*

1828 *Geir Pob* 26, *Tarten*, pastai aeron. Ar lafar, *Geir Geg* 41–2. Cf. D. J. WILLIAMS: *ChHO* 104, [d]arn o *darten* neu ryw amheuthyn arall.

Amr.: **tartau** (*e.ll.*). **1604–7** *TW* (*Pen* 228), melysuwytydh, megys *Tartæ* d.g. *Bellaria.* **tart(y)s** (*e.ll.*). *c.* **1548** *CM* 1, 800, mogelud bwytta kackenne / na fassteiod *Athartys.* Ar lafar, '*tarts*', *WVBD* 524.

Cfn.: **tarten afal(au):** *apple tart.* **1883.** Ar lafar yn gyff., '*tartan fala*', *WVBD* 524; '*tarten 'fale*', *Geir Geg* 42. **tarten lygaid:** *limpet pie (with bacon and leeks).* Ar lafar gynt, *Geir Geg* 53 (godre Cered.). **tarten riwbob:** *rhubarb tart.* **1894.**

tartled [bnth. S. *tartlet*] *eb.* ll. *-i.* Tarten fach: *tartlet.*

20g.

tarts, tartys, gw. **tarten.**

tarth [?cf. H. Wydd. *tart* 'sychder, syched' < **trstu-*, o'r gwr. IE. **ters-* 'sychu', cf. H. S. *thurst* (> S. *thirst*)] *eg.* ll. *-(i)au, -oedd, -ion.* Anwedd, stêm, tawch, caddug, niwl, nwy, mwg, tagnwy, tanchwa; ?arogldarth; hefyd yn *ffig.*: *vapour, steam, haze, mist, fog, gas, smoke, fume, (choke-)damp; ?incense; also fig.*

13g. *A* 32. 14–15, kywuyrein bard kemre tot *tarth* rac garth merin. **14g.** *WM* td. 216. 16–17, Ahi awelei yny hol *tarth* a nyŵl maŵr. **14g.** *T* 38. 18–19, Mal tan tŵym *tarth* yn yt vo. *id.* 64. 24–5, gŵnn gŵres. *tarth* gŵres gŵres *tarth* tragynnis yd eghis heb warth. **14g.** *GDG³* 184, Clwydau uchel a welir, / Clais mawr uwch garth, *tarth* y tir [i'r niwl]. *c.* **1400** *R* 1201. 31–8, Rac tan uffern . . . Ae *tharth* ae llŵch. ae thiryonŵch. aetharaneu. **1567** *TN* 349b, Cans beth ydiw ych enioes chwi? *Tarth* . . . ydyw rrwn a ymddengys ychydig amser, a chwedi hynny a ddiflanna. **1588** *Salm* cxlviii. 8, Tân a chenllysc, eira a *tharth*: a gwynt ystormus yn gwneuthur ei air ef. **1588** *Act* ii. 19, arwyddion yn y ddaiar isod, gwaed, a thân, a *tharth* mwg (*TN* 172a, mug-darth). **16–17g.** *GST* i. 147, Toreth siwgr, *tarth* o seigiau, / Tunnell o win tan wellhau. **1606** E. JAMES: *Hom* ii. 216, ni all na'th berarogláu na'th *darthau* di na chuddio na gorchfygu dy anifeiliaidd-dra di. **1615** R. SMYTH: *GB* 54, [g]vveled fod *tarth* canvvyll a ddiphoddvvyd, yn peri i'r fam golli i beichiogi. *id.* 148, yr ager ar *tarth* gvvenvvynig a oedd 'n y ddaear. **1632** *D, Tarth*, Vapor, exhalatio. **1672** R. PRICHARD: *Gw* 94, I Hyfyd [*sic*] ai charawsio, / A sugno *tarth* Tobacco, / Fu fy swydd dros ennyd fawr, / Gwae finneu nawr ei gofio. **1688** S. HUGHES: *TSP* 213, ai myned i lawr i gloddio 'r mwyn arian, neu ynteu gael o honynt eu tagu gan y *tarth*, sy'n arferol i godi or Mannau hynny. **1725** D. LEWIS: *GB* 133, Nid yw 'r Cymmyleu a'r Glaw ond *Tarth*, a'r *Tarth* ond Pledrenni bach anweledig o Ddwfr. **1756** *ML* i. 403, mae o [y peswch] yn ddigon tost wrthyfi, sydd yn cael yngwala o awel denau iachus, chwaethech y chwi sydd yn bwyta mwg a *tharth*. **1803** *P, Tarth*, s. m.—pl. t. *oz* . . . Vapor, exhalation. Ar lafar, 'Ma 'na *darth*, 'toes?'; 'ceffyl yn chwys ac yn *darth*', *WVBD* 524.

Cfn.: **tarth du:** *black damp, choke-damp, carbon dioxide.* **1892. tarth gwyn:** *white-damp, carbon monoxide.* **1874.**

tarthadwy [bôn y f. *tarthaf*: *tarthu*+*-adwy*] *a.bf.* Yn gallu tarthu, anweddol: *evaporative.*

1803 *P.*

tarthaf: tarthu [bf. o'r e. *tarth*] *bg.a.* a hefyd gyda grym enwol i'r be. Troi o fod yn solid neu'n hylif i fod yn anwedd, trawsnewid i anwedd, stemio, cynhyrchu mwg; chwythu, anadlu allan, anadlu'n fyr a chyflym (gan ddiffyg anadl), chwythu'n fyr, peuo: *to evaporate, vaporize, steam, give off smoke or fumes; blow, exhale, breathe heavily, puff and blow, pant.*

1604–7 *TW* (*Pen* 228) d.g. *Vaporo.* **1632** *D* d.g. *Exhalo.* **17g.** *HCRC* iii. 7, Y golwg llymystenaidd, y madrodd medryssaidd / i hanadl mor beraidd, yn gwlithio i mün [*sic*] / fel argardd [*sic*] a *tharthu*, o fel a fayn berwü / ne sywgyr yn toddi ar faroryn. **1725** *SR* d.g. *To Exhale.* **1738** *ML* (Add) 71, dyma loned Bwydty o bob math o adar a physgod ag anifeiliaid yn *Tarthu* ar fyrddau om blaen. [**1761**] *GGJ* 48, Rhwbia fo a Brws, fel gwahano ac y *Tartho* y Mercury a gadel yr Aur yn felyn gwan. **1771** *W* d.g. *To breathe out, To evaporate, A Reeking.* **1803** *P, Tarthu* . . . To exhale, to rise in vapor.

Amr.: **tarthain, tyrtha(i)n. 1771** *W, tarthain* d.g. *To breathe out. id. tarthain* (vulgò *tyrthain*) d.g. *To blow, or puff and blow.* **18–19g.** *Llr* C 16, 158, *Tyrthan*, to puff and blow, to pant, [Glam]. **1803** *P, Tarthain* . . . To cause a continual exhalation; to puff out the breath. Ar lafar, ''Rodd a'n *tyrthan* 'n fudur' 'He was breathing heavily' (dwyrain Morg.). **tarthio. 1805.**

tarthfadd, tarthfwg, gw. **tarth+badd, mwg.**

tarthgwmwl [*tarth*+*cwmwl*] *eg.* ll. *-gymylau.* Stratocwmwlws: *stratocumulus, cumulostratus.*

1851.

tarthiad [bôn y f. *tarthaf*: *tarthu*+*-iad¹*] *eg.* ll. *-au.* Y weithred o darthu, anweddiad; anadliad allan; chwysiad; arogldarthiad: *evaporation, vaporization; exhalation; perspiration; a burning of incense.*

1655 R. JONES: *PC* 15, Llun allor *darthiad* tros bobl iawn. **1778** *W* d.g. *Perspiration, Vaporation.* **1803** *P.*

tarthiaf: tarthio, gw. **tarthaf: tarthu.**

tarthiant [bôn y f. *tarthaf*: *tarthu*+*-iant*] *eg.* Tarthiad, anweddiad: *evaporation, vaporization.*

1859.

tarthiog, gw. **tarthog.**

tarthlen, gw. **tarth+llen.**

tarthlyd [*tarth*+*-lyd*] *a.* Niwlog, llaith (am y tywydd); yn cynhyrchu mwg neu darth: *foggy, misty, damp (of the weather); giving off smoke or fumes.*

[**1783**] *W* d.g. *Reeking.* **1803** *P.*

tarthog, tarthiog [*tarth*+*-(i)og*] *a.* Niwlog, llaith (am y tywydd); yn cynhyrchu mwg, tarth, neu anwedd, yn cynnwys anwedd, tebyg i anwedd, nodweddiadol o anwedd: *foggy, misty, damp (of the weather); giving off smoke, fumes, or vapour, vaporous.*

1803 *P* d.g. *Tarthawg.* Cf. D. J. WILLIAMS: *STG* 52, yr iseldir a'r dyffryn fel llyn gwyn, *tarthog.*

tarthol [*tarth*+*-ol*] *a.* Yn cynhyrchu anwedd neu stêm, yn cynnwys anwedd neu stêm, tebyg i anwedd neu stêm, nodweddiadol o anwedd neu stêm, llawn anwedd neu stêm, wedi ei orchuddio gan stêm: *vaporous, steamy.*

1803 *P* d.g. *Tarthawl.*

tarugaf: tarugo [?bf. o'r a. *tarrug*] *bg.a.* Gwneud neu fynd yn ddolurus (yn enw. am y croen ar dywydd oer): *to make or become sore (esp. of the skin in cold weather).*

c. **1870.** Ar lafar, *B* iv. 303, xiv. 280 (canolbarth Cered.), *Cymru* xxxiv. [265] (godre Cered.).

Amr.: **terigo. 20g.**

tarw [Crn. C. *tarow*, H. Lyd. *taruu*, Llyd. C. *taru*, Llyd. Diw. *tarv*, Gwydd. C. *tarb*,

Gwydd. Diw. *tarbh*, Gal. *taruos*: < Clt. **taruos* < IE. **tauros*; cf. Llad. *taurus*, Gr. *ταῦρος*; ffrwyth chwarae â'r geiriau S. *bull* 'uncastrated male ox' a (*papal*) *bull* a welir yn adran (*d*)] *eg*. ll. *teirw*.

(*a*) Ych gwryw annisbaddedig; *Her*. llun o darw fel dyfais: *bull, uncastrated male ox; representation of bull as heraldic device.*

12g. *GCBM* i. 281, Keveis gan dreth ortethol / *Taro* tec Talgarth yg gwarthal. **13g.** *Ll* 101, Ny dele-yr dale y *teyru* o hanner haf hyt Aust nac ar yt nac ar wellt. **13g.** *BD* 94, A chymryt croen *taro* a wnaeth ynteu, a holldi hvnnv yn un garrei. **15g.** *GLGC* 30, Y *tarw* a'r ceiliog o'r tiredd—oll gynt / a'r llew gwyn o'r gogledd [am arfbais Edmwnd Tudur]. **1547** *WS*, Bwla *tarw* A bull. **1551** W. SALESBURY: *KLl* xxb, O bleit o bu i waed *teirw* a ceifr . . . santeiddo yr alo/gedigion. **1588** *Job* xxi. 10, Y mae ei *darw* ef [yr annuwiol] yn cyfloi, ac ni chyll ei hâd. **16–17g.** *FfH* 35, Mae fo'n rhodio â rhediad,—waeth orig / Na *tharw*'r offeiriad. **17g.** *TBM* 874, A myn ennill mewn unawr / O nerth y ffon moelrhon mawr; / . . . / O chwennych fo ladd 'chwaneg / Pob rhyw o geirw a'r *teirw* teg [Robert ap Huw i ofyn ffon badl]. **1763** *ML* ii. 579, angau ai trawodd yn ei dalcen mal y gwelech i gigydd yn taro *tarw* teryll. **1803** *P*. Ar lafar, 'Mae'r *tarw* yn puo', 'Heiddiw fel gog [*sic*], 'fory fel *tarw*' 'said of some one of a changeable disposition', *WVBD* 525; *GTN* 783; clywir hefyd y ff. l. *tarwod* (godre Cered. a gorllewin sir Gaerf.).

(*b*) (enghrau. ffig., yn enw. am bennaeth dewr neu arwr ffyrnig, ac fel enw ar y Mab Darogan: *fig exx., esp. for a valiant leader or fierce hero, and as a name for the Prophesied Hero*).

12g. *GCBM* i. 96, Canys bu marw *tarw* trydar / Ac nid byw fy llyw llawhir. **12–13g.** *GMLl* 252, Ny chelir na'e wir na'e vrhydri / Am bob treis rydue ar bob *tarw* caduc. **13g.** *A* 8. 20–1, Pan gryssyei garadawc y gat . . . *tarw* bedin en trin gomynyat. **14g.** *T* 25. 2–3, gvyros gvyn y vyt. *taro* trin teyrn byt. *c*. **1400** *R* 1281. 18–19, Travs *daro* brvydyr agarv. ?**15g.** *Cywyddau Brud* 181, *Tarw* a grym gwr taer i gred / Brut enwir or Brutanied. **15g.** *GDGor* 45, *Tarw* a diria, aur darian, / Fynyw wlad i fin y lan [am Harri Tudur]. **15g.** *GGl*[2] 157, Mae'r *tarw* mawr o'r Mortmeriaid? / Myn o waed Bleddyn dy blaid. / Tri o *deirw* rhag troi d'arwydd / Yw'r *teirw* a wna'r tir yn ŵydd. **15–16g.** *GIF* 27, Y *Tarw* a lwnc, nid da'r wledd, / gyrff gŵyr lle gorffo gorwedd. **17g.** *TBM* 350, Fe ddaw'r *tarw* a'r ceiliog / Gyda'r mab coronog / Efo ych i roi'r un llw / Yng nghwmni *tarw* gwridog (Siôn ap Huw). **1703** E. WYNNE: *BC* 100, Uffern, a dwbl Uffern i'r *Tarw* cynddeiriog o Wr bonheddig.

(*c*) *Ser*. (a'i ragflaenu gan y fannod) Yr ail o ddeuddeg arwydd y Sodiac; y cytser *Taurus*: *Taurus, the second of the twelve signs of the Zodiac; the constellation Taurus.*

15g. *DN* 105, Haul yn y *Tarw* fal marwar, / Braint *Tarw* yw'r breuant a'r warr. **1546** *YLlH* [12], Aprilis . . . Yr haul yn y *tarw*. **1795** J. THOMAS: *AIC* 333, Arwyddion y Gogledd ydynt, yr Hwrdd, y *Tarw*, y Gefeilliaid.

(*d*) Gwarant neu orchymyn y Pab, llythyr Pab, bwl: *papal bull.*

1658 R. VAUGHAN: *YPS* 3, Yn ol amser y fren. mari y Papistiaid . . . a'ddeuai in heeclwys ni nes i . . . [P]ius 5 ai *darw* eu cornio. **1680** J. THOMAS: *UN* 36, a llawer Pâb a alwyd Leo, maent yn rhuo drwy eu eu [*sic*] Bul-lau neu eu *Teirw* am waed.

Cfn.: **tarw du**: (i) *black bull*. **15–16g.** (*Diw*. **16g.**) *Gwyn* 3, 196, I ofyn *tarw dŷ* . . . (Huw Dafi o Wynedd). (ii) *name for the Prophesied Hero*. ?**15g.** *Cywyddau Brud* 196, 208. **tarw dur**: *bulldozer*. **20g.** *Bot*. **tarw y mynydd**: *mountain club moss*. *c*. **1400** *MM* 32. **tarw parc**: *children's game in which one or more players attempt to catch the others*. Ar lafar, cf. E. TEGLA DAVIES: *Rhys Llwyd y Lleuad* (1925) 128, *Tarw Parc* . . . Chwarae lle y ceisia nifer redeg o'r naill iâl (goal) i'r llall ac un yn y canol yn ceisio eu dal. A phob un a ddelir yn ei helpu i ddal y gweddill. **tarw potel**: *artificial insemination (of cow)*. **20g.** Ar lafar yn gyff.

tarwaddoliad, gw. **tarw + addoliad.**

tarwaidd [*tarw* + *-aidd*] *a*. Tebyg i darw, yn perthyn i darw, o natur tarw: *taurine*. **1858.**

tarwden, derwyden, darw(y)den, taroden, &c. [Llyd. Diw. *dervoeden, darouedenn*, taf. Treger *tarwed* (ll.); cf. Gwydd. C. a Diw. *deir* 'afiechyd ar y croen' < IE. **der-* 'tynnu ymaith, blingo', cf. ymhellach H. S. *teran* (> S. (*to*) *tear*), H. S. *teter* (> S. *tetter*) (< IE. **dedru-* 'afiechyd ar y croen', o'r un gwr.); ?cf. Llad. Diw. *derbita* 'crachen' (?bnth. Gal. **dervēta*] *eb*. ll. *tarwdenni, tarw(y)dennau, darwdenni, darwdennau, darwydenni*. Unrhyw un o amryw fathau o afiechydon ar y croen sy'n tarddu allan yn gylchoedd llidus: *ringworm*.

c. **1400** *MM* 38, Rac *derwhyden* wlyb. **1604–7** *TW* (*Pen* 228), *Tarroden, darwden* d.g. *Impetigo*. *id*. *tarrwden* d.g. *Lichen*. *id*. *Tarroden* yn rhedec dros wynep yn d.g. *petigo*. **1722** *Llst* 189, *Darwden*. f.p. *dennau*. A tetter. **18g.** *Llr C* 24, 62, Rhag *Tarwdeneu*. **1794** *W*, *tarwden, darwden, dyrwden* d.g. *Tetter*. **1801** *MMf* 268, wedi iachau y maenwynnon, a'r *ddarwyden* fawr, a elwir yn Lladin lepra. **1803** *P* d.g. *Taroden*. Ar lafar yn y ff. *tarwden, d(a)rwden, darw(y)den, darwten, darwtan, tyrfden*, *LGW* [216]–17 (Cered., Brych., a'r De); hefyd yn sir Benf. yn y ff. *r(h)wden, rwten*, *ib*., *GDD* 251, *TGG* (1907–8) 84.

Amr.: **tarddwden** [ffrwyth ei gysylltu â'r e. *tardd*[1]]. **1771** *PDPh* 22, Rhag Cryg yr Eryrod, neu'r *Darddwden*.

tarwedd, gw. **darwedd**[1] (hefyd At.).

tarwgi, targi [*tarw* + *ci*] *eg*. ll. *targwn*. Math o gi cydnerth byrdew ac iddo ben mawr: *bulldog*.

1771 *W*, *tarw-gi* d.g. *Bull-dog*. **1803** *P* d.g. *Tarwgi*.

tarwhaid [Llyd. Diw. *tarvhed*, H. Wydd. *tarbšaithe*: < Clt. **taruo-satios*, cf. *tarw, haid*] *eb*. ll. *-heidiau*. Yr ail haid o wenyn i adael y cwch: *second swarm of bees to leave the hive*.

13g. *Ll* 89, guerth kyntheyt, xvi.; guerth *taruheyt*, xii.k'. Heyt y kyntheyt, xii.k' a tal; heyt y *taruheyt*, viii.k'. **1730** *Leg Wall* 254, Haid y *Darwhaid*. *id*. 583, *Tarwhaid*, Examen apum secundum. Ab Haid, Examen, & Tarw, idem quod Dara, quod Hibernis Secundum denotat. **1803** *P*, *Tarwhaid*, s. f.—pl. *tarwheidiau* . . . The issue swarm, the second swarm of bees that leaves the hive.

tarwod, tarwr, tarwyden, taryf, tarysglyn, gw. **tarw, trawr, tarwden, tarf, trysglyn.**

tas [amr. ar *das*; dichon fod rhai enghrau. wedi eu cynnwys d.g. *das*] *eb*. ll. *teisi, tasau*. Das (o ŷd, gwair, gwellt, &c.); pentwr (trefnus), twr, cruglwyth: *rick, stack; heap, pile*.

1803 *P*. Ar lafar yn y Gogledd, gogledd a chanolbarth Cered., a Brych., *LGW* [392]–3, *AGB* 91–3; ll. '*teisi*', *B* iii. 208 (Meir.), a '*tase*' (canolbarth Cered.). Cf. D. OWEN: *GT* 309, llithrais inau i'r ydlan a llechais tu ol i un o'r *teisi*.

Gw. hefyd **das.**

tasaf, tasiaf: tasu, tas(i)o [bf. o'r e. *tas*; ansicr yw ystyr yr engh. gyntaf] *bg.a.* Gwneud tas (o ŷd, gwair, &c.); pentyrru, bwndelu: *to stack, rick; pile or heap up, bundle*.

18g. *W Ballads* 142, 6, A phob merch addfed gowled gu, / sy'n chwonnych [*sic*] ceisio *tasio*'n ty / . . . / Na wystlwych mo'ch wâr / un dŷn ach Câr. **1803** *P*, *Tasiaw*, v. a. . . . To tye together, to combine. Ar lafar, '*tasu*', *B* xv. 26 (Meir.). Cf. *Traeth* iv. (1848) 383, Mawr hoffai y Doctor bentyru 'r anrhegion, a gwneuthur rhyw fath o das fawr o honynt, gan eu gosod un ar y llall, fel pe buasai yn myned i *daso* mawn.

Amr.: **teis(i)o** [bf. o'r e. *teisi* (ff. l. yr e. *tas*)]. **1916.**

Gw. hefyd **dasaf: dasu.**

'tasai, 'tasan', 'tasech, gw. **petawn.**

tasel[1], **tasl** [bnth. S. C. *tassel*] *eg*. ll. *-au, taseli, tasilau, tasls*. Cwlwm o edefynnau, &c., rhydd a osodir fel addurn ar ddillad, clustogau, llenni, &c., siobyn, hefyd yn *dros*. ac yn *ffig*.; hem (daselog): *tassel, also transf. and fig.*; (*tasselled*) *hem*.

15g. *GTP* 55, Bwla ceurwrth, boly cerwyn, / Bogel yn *dasel* i'w dwyn [i ofyn tarw du]. **15g.** *GLGC* 293, Aur yw ei *dasel* fal rhyw d'wysog, / aur yw ei fonwes o'r gaer fannog [i Syr Tomas ap Syr Rhosier Fychan]. **15g.** *OBWV* 154, Dwy did lle y dodid awdl, / Dau *dasel* hyd ei dwysawdl [Dafydd Nanmor i wallt Llio]. **15g.** *DN* 40, Avr *dasselav* ynghornelav, / O'i ryvelav kawn orvoledd [i Siasbar, Iarll Penfro]. **15g.** *GDID* 98, Twysg o d'ansadd cyfaddef / *Tasel* gwreichion nefol nef; / A'r *tasel*, pes câi'r t'wysawg, / Odd ar yr het nid âi'r rhawg [i Forus ap Robert]. **15g.** *GO* 107, Dyro goed ar lvn draic wyllt, / A *thasel* o waith Esyllt, / Dyro wayw rryvel, Melwas, / A dyro glo o'r dur glas [i ofyn gwaywffon]. **15g.** *GGl*[2] 248, I Abel wrth *dasel* du, / Nid i Gaem yn degymu [i ddiolch am baderau]. **15–16g.** *TA* 192, Trig yn Iâl, tarw gwineulwyd, / *Tasel* aur Tysilio wyd [i Ddafydd Llwyd ab Elisau]. **1547** *WS*, *Tassel* ne siobun Tassell. **1588** *Diar* vii. 16, Mi a drwsiais fyng-wely â chortinau, ac â *thasselau*, a llieiniau o lin yr Aipht. **16–17g.** *GHCEM* 143, *Taselau* t'wysau hin tesaidd—trosot, / Trysor tafarn lathraidd [i haidd wedi gorwedd]. **1707** *AB* 220c, *Tasel*, The hem of a garment. **1715** W. JENKINS: *GOZ* 15, eich rybane lawer, eich bottyme arian, ach *tassilau* yn eich hettiau. **1803** *P* d.g. *Tasel*. Ar lafar, ''Dwi isio clustog ond 'dydwi ddim isio un hefo rhyw hen *dasls* arno fo' (sir Gaern.); 'Smoi'n lico'r *taslz* ar y menig 'ny' (sir Gaerf.).

Amr.: **tosl** (bach. g. *-yn*, ll. *-nau*; ll. *tosls*). Ar lafar, '*tosl* . . . *toslz*', *GTN* 802. Cf. K. ROBERTS: *LW* 152, Yr oedd gennyf gap llongwr gwinau a *thoslyn* sidan ar ei gorun. **tolsyn** [drwy drsd.]. **20g.**

tasel[2] [bnth. S. C. *tassel(-hawk)*] *eg*. *Adar*. Ceiliog hebog: *tiercel, tassel-hawk*.

15g. *GLGC* 306, Dau osog a gyrch wrth ddau *dasel* / i dyrau'r awyr drwy yr awel.

taselog [*tasel*[1] + *-og*] *a*. Ac arno dasel(au), yn tyfu'n daselau: *tasselled*.

1803 *P* d.g. *Taselawg*.

'tasem, 'taset, gw. **petawn.**

tasg [bnth. S. C. *task*, neu o bosibl o'r H. Ffr.; ansicr yw'r engh. gyntaf isod] *eb.g.* ll. *-(i)au, -oedd, -(i)on, -ys*.

(*a*) Treth, hefyd yn *ffig*.: *tax, also fig.*

1547 *WS*, Task *Taske*. *c*. **1600** *March C* 12, mab y Brenin Selyf . . . oedd yn blinhau ac yn gortrechu y bobl â thaloedd a *thasgoedd*. **1632** *D*, *Tâsg*, Census. *id*. d.g. *Pensum*. **1740** T. EVANS: *DPO* 44, Teyrnged i Rufain; sef *Tasc* o aur ac arian bob blwyddyn. **1753** *TR*, *Tâsg*, a tax, subsidy or tribute. **1759** *DG* 93, Am feiau fu; doeth Jesu i dalu 'r *dasg*. **1770** *W* d.g. *An assessment, Cess, Custom, Imposition, Impost*.

(*b*) Darn (penodol) o waith a osodir neu yr ymgymerir ag ef fel dyletswydd, darn o waith (yn enw. gwaith caled, anodd, neu amhleserus) y mae'n rhaid ei wneud, gwaith, gorchwyl; darn o waith a osodir gan athro, ymarfer (ysgrifenedig), gwaith cartref; hefyd yn *ffig*.: *task, piece of work, job; (written) exercise, homework; also fig.*

14g. *GDG*[3] 61, Gwasg *dasg* desgldraul caul cawlai, / Gwar gwrcath gwydn chwiltath chwai [dychan i Rys Meigen]. **15g.** (*Diw*. **16g.**) *Gwyn* 3, 29, discaf ganu fel discybl / *dasc* deg odl befr, dwys digabl / disclaergerdd, duw discleir-gwbl [Ieuan ap Rhydderch i Fair]. **15g.** *OBWV* 145, A'i fwtler yw'r pedwerydd, / Mwya'i *dasg* hyd y mae dydd [Dafydd Nanmor i wledd Rhys ap Maredudd]. **15g.** *GO* 219, Gwae'r truain val gwŷr Troya! / Wylo yw *tasc* y wlad honn [marwnad Tudur ap Ieuan Llwyd]. **15g.** *GGl*[2] 241, Dysgu ym (Llyna *dasg* iawn!) / Dalm mawr o odlau Meiriawn. **1588** *Ecs* v. 14, pa ham na orphennasoch eich *tasc* ar wneuthur pridd-feini . . .? **1630** *YDd* 145, Os wyt ti yn tybied fod y gweddiau hyn yn ormod *tasc*. **17g.** E. MORRIS: *B* 21, Y *dasg* oedd faith dysgodd fi, / Paun llednais, mewn penllwydni. **1672** R. PRICHARD: *Gw* 109, Dôd *dasg* arnad nôs a boreu, / Foli Duw ar ben dy linieu. **1693** *TBM* 690, Yno 'roedd o'i *dasgoedd* da, / Boen eurfawl, ben ei yrfa (Owen Gruffydd). **1698** T. JONES: *Alm* [41], Bum naw mlynedd union yn dysgu pôb *tasgion*, / Nes dirnad gorchmynnion da tirion Duw tri. **1703** E. WYNNE: *BC* 25, a disgwyl yn ofnus fel 'Scolheigion yn dangos eu *Tâsc* i'w Meistr. **1704** E. SAMUEL: *BA* 188, gorphenodd efe [Philip] ei *dasg* wrth ddioddef merthyrdod er mwyn yr Efangyl. **1722** T. EVANS: *PS* 45, fy *Nhasc* presennol i yw dal sulw ar y drefn odiaeth a'r cyssondeb sydd rhwng pob rhan a'i gilydd yn y Weddi Gyffredin. **1735** S. THOMAS: *HP* 132, Fe fyddai yn *dasg* rhy drwm i'w gymmeryd yn llaw, roddi cyflawn hanes o'r holl Opiniwnau a'r Camsyniadau sy'n gwneuthur i fynu Athrawiaeth yr Eglwys hon [Eglwys Rufain]. **1778** J. HUGHES: *BB* 158, Y llwybr hyffordd pawb a'i hoffo, / Mae'n *dasg* reidiol dysgu i rodio. **1794** *W*, Yr hyn a rodder ar, neu a orchymmynner i, un i'w wneuthur . . . *tâsg* d.g. *Task*. **1803** *P*. Ar lafar, 'Mae hi'n sgwennu'i *thasg*', *WVBD* 525 (*eg*. ll. *tasga*); '*Tasc*' 'Home lesson given to school children', *GDD* 291 (*eg*. ll. *tasgys*); *GTN* 779 (*eb*. ll. *tasga*).

Cfn.: **ar dasg**: *at work; by rote; by task, by the piece, on piece-work, also fig.* **15g.** *GLGC* 381, Canu a wnaf yt, Dafydd, / hon *ar dasg* cyn hanner dydd. **15g.** *DE* 5, minav sydd mewn y syddyn / mal *ar dasg* yn moli /r/ dyn. **15–16g.** *TA* 139, Can gwin, rhai 'n cywain gwenith; / Certi *ar dasg* i'r cwrt o'r don. **1604–7** *TW* (*Pen* 228), rhoi gwaith *ardasc* [*sic*] d.g. *Loco*. **1632** *D*, cymmeriad neu osodiad gwaith *ar dâsg* d.g. *Locatio*. **1677** C. EDWARDS: *FfDd* 99, adrodd geiriau ladin *ar dâsc* heb ddirnad, na theimlad. **1798** GW. MECHAIN: *D* 25, pe gweithient mor ddiwyd wrth y dydd ac y maent *ar dasc*. **1803** *P*, Tasg . . . Medi *ar dasg*, to reap by the piece. Ar lafar, *Geir Glo* 133 (y Parlwr Du, sir Ffl., a gorllewin Morg.); 'rhoi gwaith *ar dasg*' 'to

arrange for something to be done by piece-work', *WVBD* 525; 'gwitho *ar dasg* mæ fa, næci ar 'ur', *GTN* 779; hefyd yn yr ystyr 'yn ddi-stop', 'Mae *ar dasg* cyd â bod 'i yn y tŷ. 'All 'i ddim bod yn llonydd funad', *ib.*

tasgad, gw. tasgiad[2].

tasgaf[1], tasgiaf: tasgu, tasgio [bnth. S. C. *tasken*] *bg.a.*

(*a*) Codi treth (ar), trethu: *to impose a tax (upon), tax.*

15g. *LHDd* 85, Sef achos y mæ braint dyn disg[yf-reith] ydo ef am nadoes y neb *dasgy* arno. **1547** *WS*, *Tasky* To taxe. **1632** *D*, *Tasgu*, Taxare, censere. **1722** *Llst* 189, *Tasgu*. To rate, tax, assess, charge. **1770** *W* d.g. *To assess, To cess, To rate, or tax.* **1803** *P.*

(*b*) Gosod tasg neu ddarn o waith (ar), pennu gorchwyl; rhoddi straen ar, rhoddi dan bwysau, creu anawsterau (i): *to impose a task or piece of work (upon); tax, put a strain upon, stress, make difficulties (for).*

15g. *GLGC* 133, Ymysg y dysg a *dasgwyd*—oedd, / wedy gwleddoedd doe a gladdwyd [marwnad Tomas ap Rhydderch]. *a.* **1587** *Y* 139, Draw, rheitiach oedd, drwy'r ty i'w chav, / *Dasgv* doethion, dysg dithav. **1701** E. Wynne: *RBS* 3, er na *thescir* arnat (*it cannot be enjoined*) fwrw y rhann fwyaf o'th fywyd mewn gweithredoedd priod o ddyfosiwn. *id.* 65, gâd . . . rhyw faint o'th wrês naturiol heb ei *dascio*. *c.* **1730** *Thos. Lloyd D* (LlGC) 209b, *Tasgio* . . . To employ. **1778** J. Hughes: *BB* 277, Cyfrwy newydd 'rwi 'n ei feggio, / O'r fâth a fynnoch nid wi'n *tasgu*, / Ond boddio 'ch hunain wrth ei brynu. **1790** R. Thomas: *PAD* 77, yn gorfod llafurio yn galed . . . yn cael *tasgu* arnynt i wneud mwy nag yr oedd modd iddynt ddyfod i ben iddo. **1794** *W* d.g. *To task one.* **1803** *P.*

tasgaf[2]: tasgu, *bg.a.* Byrstio allan, ffrydio, llifo, sboncio, adlamu, sblasio, ysgeintio, taenellu; ffaglu, gwreichioni (am dân); gwingo, neidio (yn enw. am geffyl); hefyd yn *ffig.*: *to burst out, gush, stream, spurt, spatter, rebound, splash, sprinkle; flare, spark (of fire); start, bolt (esp. of horse); also fig.*

c. **1400** *R* 1203. 3–4, lloryf koryf kat keimyat kamon *dasgu*. **1567** *LlGG* 40b, a ei gwaet a danellir [:- *dascir*] ar vymdillat [*sic*]. **1606** E. James: *Hom* ii. 262, os hwy a ddaw i'r Eglwys ac a *dascir* [:- Daenellir] arnynt ddwfr bendigaid. *id.* iii. 297, nid oes vn wlad yn-Ghred yr hon ni *thascwyd* erni waed deiliaid trwy eu gwrthrhyfel. **1707** *AB* 220c, *Tasgy*, To rebound or spring; to start. **1722** *Llst* 189, *Tasgu* allan. To stream (start, bolt) out. **1727** J. Jones: *DFF* 96, efe a wnai naill ai dibrisio fy Ngeiriau, neu *dasgu* allan i gynddaredd yn fy erbyn i. **1760** E. Williams: *UYB* 233, Oddiwrthyt Ti ni *thasgwn* [:- Ni ddychrynwn, ni chiliwn ynol]. **1765** J. Evans: *CPE* 69, cyffrôdd ei hymysgaroedd, a *thasgodd* y plentyn yn ei brû hi. **[1783]** *W*, hawdd ganddo . . . *dasgu* d.g. *Skittish*. **1790** T. Jones: *TOS* 83, ein geiriau fydd fel cerrig a fwrid yn erbyn mur, yn *tasgu* 'nôl yn ein hwynebeu. **1803** *P.* Ar lafar, 'Ceffyl drwg i *dasci*', 'Paid bwrw cerig i'r afon, ma'r dwr yn *tasci* arna i', *GDD* 292; ''Odd y glaw'n *tasgu* odd ar yr 'ewl', 'Ma'r 'en blant yn *tasgu* bothdu'r lle'n ddi-stop', 'Ma'r tæn yn ddanjerus 'eno a'r 'oll wrychon yn *tasgu* mæs', *GTN* 779.

tasgell [?bôn y f. *tasgaf[2]*: *tasgu*+-*ell*; dichon fod yma fwy nag un gair] *eb.* ll. -*i*, -*au*, *tesgyll.* Sypyn neu fwndel bach, llond llaw, tusw bach (o ŷd, cywarch, &c.), hefyd yn *ffig.*; (geir.) sbring; (yn y ll.) stac, swp, ystod, tywysennau: *small bunch or bundle, handful, wisp (of corn, hemp, &c.), also fig.; (dict.) spring; (pl.) stack, bundle, swathe, ears of corn.*

14g. *GDG[3]* 319, Tusw gwyrdd hudolgyrdd deil-goff, / *Tesgyll* yn sefyll ar soff [am fedwen]. *Diw.* **15g.** *B* ii. 238, *tesgyll*: tywys. *c.* **1588** *ib.* *tesgyll* . . . kyff lloffa, swp, ystod. **1604–7** *TW* (*Pen* 228), *Tesgylh* d.g. *Spicilegium*. **1632** *D*, *Tesgyll*, yw ystacc, ait [William] Ll[yn]. **1688** *TJ*, *Tesgŷll* . . . a stack. **1722** *Llst* 189, *Tascell*. f.p. *Tescyll*. An handfull of unstript hemp. *id.* *Tesgyll*, f. [*sic*] A stack or mow of corn. **1725–6** *Madd Ed* 328, da a doeth y gwneir, yn gyntaf, i dorri pen a Chorph cyfan y Gelyn, ac yno bydd yn hawdd i loffa i fynu y *tasgellau* (*to glean up the straglers*). **1794** *W*, *tasgell* d.g. *Whisk* [*a sort of small besom, so called*]. **1803** *P*, *Tasgell*, s. f. dim. . . . a bunch, a whisk; a handful . . . *Tesgyll* o vlodau, bunches of flowers; *tasgell* o wellt, tusw o wellt, a whisk of straw; *tasgell* clo, the spring of a lock. Ar lafar, '*tasgell* o frwyn', '*tasgell* o wellt' (ll. *tasgelli*) (canolbarth Cered.). Cf. D. J. Evans: *HCS* 162, i loffa riw *dasgell* fychan o hanes eich anwyl frawd.

tasgellaf: tasgellu [bf. o'r e. *tasgell*] *ba.* Gwneud yn fwndel neu'n sypyn bach: *to make into a small bundle or wisp.*

1803 *P.* Cf. D. Silvan Evans: *Blodau Ieuainc* (1843) 69, *Tasgellai* o'r flodeufa dlôs / Amliwion flodau'r wawr, / O flaen ei thegwch gwridai'r rhôs / A'r crinllys peraidd sawr.

tasgfeistr [*tasg*+*meistr*] *eg.* ll. -*i*, -*iaid*. Un sy'n gosod tasg(au), gorchwyl(ion), neu waith, yn enw. yn gyson neu mewn ffordd arw: *taskmaster.*

c. **1730** *Taith C* 52, hwy a ddugasant i fynu Ddrygair i'ch Harglwydd, gan berswadio eraill mae *Tasgfeistr* yw efe.

tasgiad[1] [bôn y f. *tasgaf[1]*, *tasgiaf*: *tasgu*, *tasgio*+-*iad[1]*] *eg.* Trethiad: *taxation.*

1632 *D*, *tasgiad* d.g. *Taxatio*. **1722** *Llst* 189, *Tasgiad*. m. Taxation. **1770** *W* d.g. *An assessment, A cessing, or cessment.* **1803** *P.*

tasgiad[2], tasgad [bôn y f. *tasgaf[2]*: *tasgu*+-*iad[1]*] *eg.* ll. -*au*. Ffrydiad sydyn, sblash, ysgeintiad, gwreichioniad; gwingiad, naid: *spurt, splash, a flying (of sparks); a starting, jump.*

1796 N. Williams: *HM* 103, yr achosion o Bendro . . . megis troi oddiamgylch, ofn disymmwth, *tasgiad*, meddwdod. **1798** *WR*, taenell, *tasgiad* d.g. *Splash.*

tasgiaf: tasgio, gw. tasgaf[1]: tasgu.

tasgion[1], tasgon [bôn y f. *tasgaf[2]*: *tasgu*+-(*i*)*on[2]*] *e.ll.* Chwistrelliadau, sblashys, diferion: *squirts, splashes, drops.*

1929. Ar lafar, '*Tascion*' 'Squirtings', '*Tascion* y ffordd' 'The squirts of the road . . . the mud squirts caused by a vehicle', '*Tascion*-menyn' 'drops of liquid which spurt from butter when it is beaten by the hand', *GDD* 292; 'Dacw y tonau anferthol fel mynyddau enfawr yn rholio i gyfarfod a'u gilydd, a'r tarth, a'r *tascon* yn codi yn afenau erchyll', *LlGC* 1173, 121 (Morg.); ''Odd cefna 'i sana 'i'n *dasgon* i gyd' (dwyrain Morg.).

tasgion[2], gw. tasg.

tasglu [*tasg*+*llu*] *eg.* Uned o bobl a drefnir ar gyfer pwrpas arbennig: *task force.*

20g.

tasgon, gw. tasgion[1].

tasgwaith [*tasg*+*gwaith[1]*] *eg.* Gwaith a wneir fel tasg; llafur gorfod; gwaith ar dasg: *task(work); forced labour; piece-work.*

18g. *Beirdd y Berwyn* 67, Cefais i hyn, cofus hwyl, / Mwy o *dasgwaith* na'm disgwyl. **1773** *W*, *tasg-waith* d.g. *Exercise* [*any thing required to be performed as a task*].

tasgwr[1] [bôn y f. *tasgaf[1]*, *tasgiaf*: *tasgu*, *tasgio*+-*wr*] *eg.* ll. -*wyr*. Un sy'n gosod neu'n penderfynu swm y dreth; tasgfeistr: *taxer; taskmaster.*

1594–6 *RWM* ii 1056, Tri pheth nyd ymprydian byth, llygoden *Tasgwr*, a cheiliog melinydd, a Chath gwraig vsgrell. **1770** *W* d.g. *An assessor of taxes, Censor, Cessor.* **1803** *P*, *Tasgwr*, s. m.—pl. *tasgwyr* . . . One who assigns a task.

tasgwr[2] [bôn y f. *tasgaf[2]*: *tasgu*+-*wr*] *eg.* Un sy'n tasgu, gwasgarwr: *disperser, scatterer.*

c. **1400** *R* 1206. 38–9, llaw dreis *dasgwr* gryt. llwyr drist ysgar. **16g.** *GGH* 135, Taro deitl trwy waed Eutun, / *Tasgwr* glod twysowgryw Glyn.

tasiaf: tasio, tasilau, tasiwr, tasl, gw. tasaf: tasu, tasel[1], taswr, tasel[1].

tasliaf, taslaf: tasl(i)o [bnth. S. (*to*) *dazzle*; am S. *d*- > C. *t*- cf. *tropyn* < S. *drop*] *bg.* Disgleirio, llewyrchu: *to shine, glitter.*

Ar lafar, 'Mae'r haul yn *taslo* ar y ffenast', '*taslo* fel arian', *WVBD* 525.

tast [bnth. S. C. *tast*] *eg.* ac yn eithriadol fel *eb.* ll. -*on*. Blas, sawr; chwaeth (esthetig); cyffyrddiad; hefyd yn *ffig.*: *taste, savour; (esthetic) taste; a touch(ing); also fig.*

15g. *GHC* 22, Hael o'r aur o hil Ririd, / Tost i lu yw *tast* ei lid [i Ieuan Gethin o'r Rhiwlas]! **15g.** *GDID* 32, Blin yw *tast* y blaned hon—/ I'r gwaed yn bwrw ergydion. **15g.** *GLGC* 279, Dan faner arglwydd Herast / y bu'r tor a'r briw a'r *tast*. *id.* 451, egin Gruffydd y Cinast, / ag onwayw dur y gwnâi *dast*. **15g.** *GGl[2]* 247, Nid oes draul, neu *dast* ar win, / Nas caffwyf yn oes Cyffin. **15–16g.** *GLM* 17, siwgr at win, os gorau *tast*; / sew ceirw tywysog Herast. *c.* **1548** *CM* 1, 844, bywydydd [*sic*] ai *taasd* ynn leewion ne yn ffraeth ar y tauod. **16–17g.** *GST* i. 291, Y ffrwyth iach o ffrith uchel / A rydd *dast* o wraidd y dêl. **16–17g.** *CRC* 322, mynd y gwledvdd teg yn wast / ni dydoedd [*sic*] *dast* or bregeth. **1739** D. Rowland: *LlY* 14, [m]aeth y llaeth, y ddylem chwennych, fe ai ceir yn y text dan yr enw didwyll, Laeth [*sic*], yn ei *dast* ai weithrediad. **1828** *Geir Pob* 26, *Tâst*, archwaeth, blâs. Ar lafar, ''S 'da ti ddim *tast* mewn dillad' (sir Gaerf.).

Cfn.: **at ei (dy, &c.) dast:** *to one's taste.* **1768** J. Roberts: *R* 8, fel y gellit gymmeryd, yr un a welit ti fwya cymmwys *at dy dast*. Cf. D. Owen: *GT* 141, Fydda i'n hidio dim am y Testament Newydd,—dydio ddim *at y nhâst* i.

tastiaf, tastaf: tast(i)o [bf. o'r e. *tast*] *bg.a.* Blasu, archwaethu, profi, rhoddi prawf ar: *to taste, experience, try, test, put to the test.*

15–16g. *GLM* 8, Dacar mab Elin wedi'r mabolaeth: / Duw'n *tastio* Elin a dwyn tystiolaeth. *id.* 41, ni fynnud, Rys, o Fôn draw, / unwaith d'ostwng na'th *dastiaw*. **1547** *WS*, Blasy ne *dastio* Taste. **1567** *TN* 111a, na bydd ir vn o'r gwyr hyny a 'ohawddwyt chwaythu [:- orchwaeddu, *dastio*, brovi] dim om cwynos i. **16–17g.** *CRC* 327, kariad sydd fel mel yn *tastio* / ag fel gwenwyn pvr yn gweithio. **1615** R. Smyth: *GB* 106, mor ofnys megis na feiddiant roddii [*sic*] bvvyd yn i safnau cyn i un i *tastio* o'r blaen. **1672** R. Prichard: *Gw* 70, Yr Afal hi gymrodd, a'r tammaid hi bwyttodd, / Ac Adda ni pheidiodd a'i *dasto* [:- Brofi]. **1759** *BC* 79, A *thastia* di a'th Enau, [*sic*] ei Ddoethineb. **1828** *Geir Pob* 26, *Tastio*, profi, archwaethu. Ar lafar, ''Ti'n mynd i *dastio*'r deisan?' (Arfon), ''Odd 'i 'di roi resait am disien i'r B.B.C. a 'odd y B.B.C. yn gweud bo' nw wedi'i *thasto* 'i' (sir Gaerf.).

tastiwr [bôn f. *tastiaf*, *tastaf*: *tast*(*i*)*o*+-*iwr*] *eg.* Blaswr, profwr, hefyd yn *ffig.*: *taster, also fig.*

15g. *GDID* 87, *Tastiwr* dy gerdd a'i tystia—/ Tydi yw'r perchen tŷ da. *Diw.* **15g.** *RWM* i. 424, menestr yw *tastywr* gwin. **1588** *B* ii. 230, menestr: *tastiwr* llynn. **1604–7** *TW* (*Pen* 228) d.g. *Gustator.*

tastus [*tast*+-*us*] *a.* Blasus; chwaethus: *tasty; tasteful.*

Ar lafar yn yr ystyr 'blasus', 'Mae'r bwyd 'ma'n *dastus* iawn' (Cered.); ''Dyw e' ddim mor *dastus* ar ôl 'i rewi' (gogledd sir Gaerf.); hefyd yn yr ystyr 'chwaethus' (de-ddwyrain Morg.).

'taswn, gw. petawn.

taswr, tasiwr [bôn y f. *tasaf*, *tasiaf*: *tasu*, *tas*(*i*)*o*+-(*i*)*wr*] *eg.* ll. *taswyr*. Un sy'n tasu, helmwr: *stacker, one who makes a rick or stack.*

1931. Ar lafar, '*Taswr*' 'y sawl a fo ar ben y das wellt neu'r das wair yn "derbyn" gwellt (gwair) gan y codwr; efo sydd fwyaf cyfrifol am ei ffurf a'i chadernid', *B* xv. 26 (Meir.).

Amr.: **teisiwr, teiswr** [bôn y f. *teisiaf*, *teisaf*: *teis*(*i*)*o* +-(*i*)*wr*]. **1858.** Ar lafar, *WVBD* 528; hefyd ym Mhenllyn.

Gw. hefyd **daswr.**

tata, gw. tad.

ta-ta [bnth. S. *ta-ta*] *ebd.* Hwyl fawr: *good-bye.*

c. **1890.** Ar lafar yn gyff., '*Ta-ta* 'wan, wela' i di 'fory' (Arfon), a hefyd yn yr ymad. '*ta-ta* tan toc'. Fe'i clywir hefyd mewn ymad. megis 'Roedd hi'n *ta-ta* arna' i' 'That was the end of me', 'wedi *ta-ta* arna' i', 'Lwcus 'mod i'n medru nofio pan 'sgynnis i i'r afon, ne mi fasa wedi *ta-ta* arna' i' (Arfon). Clywir hefyd y ff. *ta-ra* a *ta-da* yn gyff., 'Cer i weud *ta-ra* wrth dy frawd cyn mynd' (sir Gaerf.). Digwydd fel e. cân '*Ta! Ta!* (Cân o Ffarwel)', H. Williams: *CB* 165. Cf. W. J. Griffith: *SHF* 132, 'Rwyt ti fel hen geffyl â drwg yn ei feingefn. Mi dynni ymlaen yn weddol ddidramgwydd, ond gyda y dechreuir dy facio dyna hi'n '*ta-ta* Meri Ann'.

tatá, gw. tad—tad da.

Tataraidd, gw. Tartaraidd.

taten, tato, gw. tatws.

tatsiaf[1]: tatsio, tatsian [dichon fod yma fwy nag un ferf, ?bnth. S. (*to*) *touch*, (*to*) *tache* 'to stain', neu (*to*) *tache* 'to arrest'] *bg.a.* Tasgu, sboncio, sblasio, ffrydio; curo'n galed (am law); ?hefyd yn *ffig.*: *to spatter, spurt, splash, gush; beat down (of rain); ?also fig.*

1862. Ar lafar, 'mi gafodd o slap ar 'i drwyn nes oedd y gwaed yn *tatshan*', *B* i. 102 (Arfon); '*tatcho* bwrw' 'bwrw'n ofnadwy', *LlG* xix. 19 (sir Ddinb.);

'Mae'r dŵr yn *tatsio* o'r bwced', 'Mae hi'n *tatsian*', 'Ma'r saim 'di *tatsio* i bob man'; hefyd yn yr ystyr 'estyn at fwyd a bwyta'n harti', 'Nawr fechgyn, ma'r bwyd o'ch blân chi, *tatshwch* nawr', *GDD* 292; ac yn yr ystyr 'cecru, cweryla', 'Dim ond *tatsho* a'u gily' mâ nw byth a hefyd', *ib.* Cf. H. EVANS: *CE* 117, byddai'r haidd yn *tatsio* rhwng y cyllyll ac yna'n barod i'w nithio.

tatsiaf[2]**: tatsio,** gw. **taitsiaf: taitsio.**

tatw, gw. **tatws.**

tatŵ[1] [bnth. S. (military) *tattoo*] *eg.* ll. *-au, -s.* Galwad hwyrnos gan fiwgl neu ddrwm fel arwydd i filwyr i ddychwelyd i'w gwersyll; adloniant a ddatblygwyd o'r alwad filwrol drwy ychwanegu ati gerddoriaeth, ymarferion, ac ymdeithio milwrol: (*military*) *tattoo.*

20g.

tatŵ[2] [bnth S. *tattoo* (on skin)] *eg.* ll. *-au, -s.* Marc, llun, neu batrwm a wneir ar y croen drwy ei dyllu â mân bigiadau a'u llanw â lliwiau, hefyd yn *ffig.*: *tattoo* (*on skin*), *also fig.*

1842.

tatws, tatw, tato [ff. affetig ar *pytatws, potatws, pytato,* &c.; cf. S. taf. *tato*; ansicr yw'r engh. gyntaf] *e.ll.* (un. b. *taten, tatysen*). Planhigion *Solanum tuberosum*, cloron y planhigion hyn a goginnir fel bwyd, hefyd yn *dros.*: *potatoes, also transf.*

c. **1562** *B* ii. 234, pidonws: *tatw.* **1796** *Cylchg LlGC* xvi. 49, Swm arian y bytatws cynnar oedd hun [*sic*]: tri swllt a chwe cheiniog a *tatws* ping ceis yn yr ardd. **18–19g.** R. WILLIAMS: *LlA* 36, Betti bwt o'r Bettws, / Rhy dwt i dynu *tatws.* Ar lafar yn gyff., '*tatws* wedi'u stwnsio', '*tatws* wedi'u berwi trw'u crwyn', *WVBD* 525; '*Tatw*, yn Lleyn am "*tatws*"', *TGG* (1907–8) 96; '*Tato* . . . *taten*', *GDD* 292; 'Fi gwnnas ddicon o *datws* o'r ardd i ni i ginno 'fory', *GTN* 779. Clywir hefyd yr ymad. 'fel *taten* oer' am bregeth ddiflas (gogledd Cered.).

Amr.: **twten**[1] [ansicr yw'r engh. gyntaf]. **1765** *BDGU* 61, Ow, Dafydd ai chwi sy'n ceisio / Pobl i drafaelio? / Oes arnatti Eisie Lodes wen / A gododd dy *Dwten* di etto? / . . . / Rhaid iti fynd yn wisgi / A hyn o Lythur trostwy i'r Armi. Ar lafar yng ngogledd Cered. **tysen** [ff. affetig ar *tatysen*]. **1897.** Ar lafar yn y ff. *tysen, tysan*, *WVBD* 561, *EEW* 231, *TGG* (1902) 26 (y Gogledd); 'Ma gin' ti *dysan* yn dy hosan'.

Cfn.: **tatws a chig:** (*cooked meal with*) *potatoes and meat.* Ar lafar, ''Wi'n mynd sia thre' 'nawr i gæl *tatws a chig*', *GTN* 779. **tatws a llaeth,** gw. *tatws llaeth.* **tato a llaeth enwyn:** *potatoes mashed with buttermilk.* Ar lafar, *Geir Geg* 37 (Cered., sir Gaerf., a sir Benf.). **tatws a phwynt:** *sliced potatoes and onions.* Ar lafar, ''Ôn ni'n nuthur siaw o *datws a phwynt* ffynydda'n ôl pyn odd y dinnon mæs o waith a chig yn brin', *GTN* 667. **tato bwts:** *potato and swede mash.* Ar lafar, *LGW* [174]–5 (godre Cered.). **tatws cynnar:** *early potatoes.* Ar lafar. **tato drwg:** *rotten potatoes.* Ar lafar yng nghanolbarth a godre Cered. **tatws had(yd):** *seed potatoes.* **20g.** Ar lafar. **tatws, &c., (a) llaeth:** *potatoes in buttermilk, also fig. mess.* **1853** W. REES: *AFR* 481, a tasc gynthwn ddim ond *tatws a llaeth* . . . y basen ni i gid yn bur fodlon arno. Ar lafar, *Geir Geg* 37 (y Gogledd); ''Roedd 'nain yn gneud *tatws llaeth* yn amal estalwm, ond 'rodd gas gin' i laeth enwyn' (Arfon). **tatws, &c., melys(ion):** *sweet potatoes.* **1848. tatws menyn:** *potatoes with butter.* Ar lafar, *Geir Geg* 37 (sir Gaern.). **tatws, &c., moch:** *small potatoes.* **1938** W. J. GRIFFITH: *SHF* 126, pregethu ar gribddeilio yn y sêt fawr ddy' Sul a gwerthu sachad o datws i'w cymdogion ddy' Llun â'u [*sic*] hannar nhw'n *datws moch!* Cf. *LlG* lxiii. 7, *Tato Moch*: Tato bychain wedi eu berwi yn y pair. Digon o swets i mewn gyda'r tato rhag ofn i'r mochyn 'ffogo'. **tatws, &c., newydd:** *new potatoes.* **20g.** Ar lafar yn gyff., *GTN* 589; ''Dwi'n licio *tatws newydd* efo bacyn a ffa', 'Dyle 'i fod yn amser *tato newydd* cyn bo hir'; hefyd yn Arfon am dyllau mewn sanau, 'Ma gin' ti *datws newydd* yn dy sana'. **tatws plannu:** *seed potatoes.* **20g.** Ar lafar. **tatws, &c., pob:** *baked potatoes.* Ar lafar yn gyff., ''Dwi'n mynd i gael *tatan bob* a chaws i swpar', ''Allet ti gâl *tato pob* ne reis 'da'r prif gwrs'. **tato pobi:** *kind of roast potatoes with onions and bacon.* Ar lafar, 'tatws a wynwyn wedi'u coginio rhwng dau haen o gig mochyn mewn crochan neu sosban haearn. Byddid yn eu mudferwi'n araf mewn ychydig o ddŵr gan adael i'r dŵr sychu ac i'r tato gochi yn saim y cig moch', *Geir Geg* 37 (Cered. a sir Gaerf.). **tatws (yn) popty:** *potatoes roasted with meat and onions.* Ar lafar, 'tatws wedi'u rhostio ynghyd â darn o gig ffres mewn tun yn y popty. Byddid yn malu 'nionyn a thywallt ychydig o ddŵr drostynt gan adael i'r tatws gochi yn saim y cig', *Geir Geg* 37 (Môn ac Arfon). **tato, &c., potsh:** *mashed potatoes.* Ar lafar, 'Ma *tato potsh* i ginno 'eddi' (godre Cered., sir Gaerf., a gogledd sir Benf.). **tatws, &c., pum munud:** *thinly sliced potatoes cooked slowly in a frying pan, with a little water, flour, and a layer of bacon; thinly sliced potatoes and onions covered with milk or cream and cooked in the oven.* Ar lafar, '*tatw pum munud*', *LlG* x. 10 (Môn a Llŷn); 'Os sleisi di nw ddigon tena allwn ni gal *tatws pum munud* i swpar' (Arfon). **tato pwno:** *mashed potatoes.* Ar lafar yng nghanolbarth Cered. **tatws, &c., rhost:** *roast potatoes.* Ar lafar yn gyff., ''Odd y *tatws rhost* 'di llosgi', ''Dyw'r ffwrn ddim digon twym i'r *tato rhost* 'to'; hefyd yn yr ystyr 'tatws a wynwyn wedi'u coginio rhwng dwy haen o gig mochyn mewn crochan neu sosban haearn', *Geir Geg* 38 (Cered.). **tatws stêm:** *kind of boiled potatoes with onions and bacon.* Ar lafar, 'tatws a 'nionod, haen ar haen, mewn sosban, eu gorchuddio ag ychydig o flawd a dŵr, rhoi haen o gig mochyn ar y wyneb a'u mudferwi', *Geir Geg* 38 (sir Gaern.). **tatws, &c., stwmp:** *mashed potatoes.* Ar lafar ym Môn a Chered., *Geir Geg* 38. **tatws stwnsh:** *mashed potatoes.* Ar lafar, *Geir Geg* 38 (Môn a sir Gaern.). **tatws, &c., trwy'r (trwy eu, yn eu) crwyn:** *potatoes boiled in their skins; potatoes baked in their jackets.* Ar lafar yn gyff., *Geir Geg* 38, *AGB* 213, *LGW* [346]–7, *GTN* 821; ''Dwi 'di berwi sosbennad o *datws trw'u crwyn* i ginio' (Arfon); 'Ma isie awr dda i gwca *tato trw'r crôn* yn y ffwrn' (sir Gaerf.). **tatws trwy'r (trwy eu) pil** = **tatws trwy'r crwyn.** Ar lafar yng Nghered., sir Benf., Brych., a'r De, *Geir Geg* 38, *LGW* [346]–7, *AGB* 213. **tatws yn eu crwyn,** gw. *tatws trwy'r crwyn.* **tatws yn popty,** gw. *tatws popty.*

Gw. hefyd **pytatws.**

tau[1] [< *teu* < Clt. **toue* < IE. **teue*, gen. y rh. prs. 2 un.; cf. Gwydd. C. *tai*, Sans. *táva*; anodd penderfynu ai i adran 1 (*a*) ynteu i 2 (*a*) y perthyn rhai o'r enghrau.] *rh. medd.* 2 un. a hefyd fel *e?g.*

1. (defnydd annib.: *independent use*).

(*a*) (heb y fannod) Yn perthyn i ti, dy ran di, eiddot (ti): (*without the def. art.*) *yours, thine.*

12g. *GLlF* 49, Neut *teu* o'r bareu a beryd—y'm pleit, / Y'm plygu heb defnyd. **12g.** *GCBM* ii. 182, Ti hebof, nyd hebu oet *teu.* *id.* 241, Cefeist a dofaist yn *dau* / Cad anhawdd y Coedaneu. **12–13g.** *GLlLl* 7, *Teu* y'th lys lestri eurinyaŵl, / *Teu* uyg kert angert engiriaŵl. *id.* 238, Y Deheu neud *teu* ual teithyaŵc. **13g.** *GDB* 416, Dy faddeu nid *teu*, teg y rhoddy. *c.* **1300** *B* ii. 35, Pan vuchedokeych yn yawn. pathawr eiriev y rei drwc. kanys *tev* di y vrawt. **14g.** *WM* 487. 22–4, yr hŵnn a uo da genhyt ti malpei *teu* uei gŵna arnaŵ. **14g.** *GDG*[3] 335, Arfau drwg i ddigoni / Yw'r cywyddau sydd *dau* di. *id.* 373, Ymogel, *tau* y magl tost, / Rhag addef rhawg a wyddost [i'w gysgod]. *c.* **1400** *R* 1200. 18–19, temyl y grist *tev* amlŵc rat. **15g.** *GLGC* 397, M'redydd ap Dafydd, mae'n *dau*, / Fychan, yr holl brif achau. **15g.** *GGl*[2] 126, Ystiwart dros y Deau, / Iustus doeth, eiste' sy *dau* [i Syr Wiliam o Raglan]. **15g.** *ID* 65, llain yw y tir lle nad *tau* / llai sy weddill o swyddau [i'r Arglwydd Herbert]. **15–16g.** *GLM* 123, newid sêl yn d'oes, Wiliam: / swydd dy dad y sydd *dau* di. **1547** *WS* [xx], Y . . . y dyphthong (ei) val hynn thyne ddein *tau* ne eiddot. **16g.** *GGH* 27, Teiroes gŵr yt, rwysg Urien, / *Tau* swyddau byd, ti sydd ben. **1567** *TN* 41b, am hyny ydd ofneis, ac ydd aethym ac a guddieis dy dalent yn y ddaear: wel 'dyma iti, ys ydd yn *dandi* [:- a bieffy].

(*b*) (gyda'r fannod) Yr hyn (yr hwn, yr hon, neu'r rhai) sy'n perthyn i ti (gan gyfeirio fel rheol at enw a nodwyd eisoes): (*with the def. art.*) (*what is*) *yours or thine* (*usu. with ref. to a previous noun*).

12g. *GLlF* 508, Dyn wyt galon rwyd, goleu—y deruyn, / Nyd arueit nep y *teu.* **13g.** *LlI* 77, Kubylwat nat oes dym o'r *teu* dy ema. **13g.** *B* ix. 147, em kemellir e wediav trugared yessu grist ar *deu* ditheu. **13g.** *BD* 75, edrych bot yn gystal y dylyet a'r *teu* ditheu ar enys Prydein. **14g.** *WM* 104. 4–5, guell uyghof i ŵrth ymoglyt nor *teu* di. *id.* 393. 9–10, A uaccŵyf heb ef pa uedvl yŵ y *teu* di. **14g.** *GDG*[3] 300, Cathl lân a diddan yw'r *dau.* **14g.** *GIG* 52, Un afael im, un ofeg —/ Mi biau'r *tau*, mab iôr teg [i ddiolch am gyllell]. *c.* **1400** *R* 1330. 32–3, heb na diwed wled wledic. na dechreu yŵr *teu* ior tec. *c.* **1400** *YCM*[2] 194, gwac uocsach yw y *deu* di. *ib.* hen esgyrn yw y *teu* di. **15g.** *GLGC* 383, Darogenais Sais heb swydd, / a chaer eglur ywch, arglwydd, / a thŵr teg a thai i'r *tau*, / a barwniaeth a'i breiniau. **15g.** *Pen* 57, 36, Ryw yt gael wyd hael or *teu* / Rann gwr gydar hwnn goreu [i Siancyn ap Tomas ap Dafydd]. **1488–9** *BSM* 28, o gorchymynny di ym sefyll yn yr vn gofal ar vn llavur dros y *tav* di ni wrthodaf . . . gyflowni yn ddwyvol dy orchymyn di. **1567** *LlGG* (*Sall*) 39a, [c]offâf am dy gyfiawnder, ys am y *taudi* yn vnic. **1594–6** *B* iii. 282, Be rhann yt gwplau d'ewylhus dy hun, o'r *tau* dy hun y gwnelut. Ba achos pan gwplaut i d'ewylhus ar yr einym ni? **1753** *TR*, Tau . . . sometimes with Y only before it: as, Y *tau*, thine. **18–19g.** *IMCY* 225, Dy glod ym mhlith dy flodau / Wr teg a ganant i'r *tau.*

2. (defnydd dib.) Sy'n perthyn i ti, dy: (*dependent use*) *your, thy.*

(*a*) (heb y fannod: *without the def. art.*).

12g. *GLlF* 49, Yng Karnedeu *teu* Teon. **14g.** *GLlG* 57, Ysywaeth deg famaeth *dau* / A'i tyngodd cyn oed d'angau. **14g.** *GIG* 7, *Tau* olwg, ti a welud / Ystondardd—ys hardd o sud. *id.* 87, Tref tad i tithau yw'r Trum, / *Tau* gastell teg ei ystum. *c.* **1400** *R* 1343. 42, torch llŵyf *teu* glŵyf nyt teŵ glot. **15g.** *IGE*[2] 233, Tybiwyd, da gludwyd dy glod, / *Tau* fydr, taw ti oedd Fedrod (Ieuan ap Rhydderch). **16g.** *MTA* 384, cyronav avr ceirw a nan / arfe ifarr o fyfyrian / *tau* olau at henaelwyd / tid avr rys ar tvdvr wyd (Dafydd Alaw). **16g.** *CLl* 161, Rhydyd têg yw rhediad *tau* / Rhann Addysg a Rhinweddau (Morys Dwyfech). **16–17g.** *GST* i. 143, *Tau* diroedd, trumoedd tramawr, / Tudur, mwy na'r Tewdwr mawr. **17g.** E. MORRIS: *B* 97, Ach Brogyntyn terfyn *tau*, / Ag Eifionydd, gwae finau [marwnad Hywel Fychan o Lan-llyn].

(*b*) (gyda'r fannod: *with the def. art.*).

13g. *BD* 29, mor wir yr ymadravd *teu* di. *c.* **1300** *B* ii. 32, Pan gymhello dolur di yn irlloned rac kared dy weissyon. kymedrola dyhvn hyt pan ellych arbet y rei *teu* di. **14g.** *HMSS* ii. 101, kymer dy gyfloc yr awr hon yn uffern am wassannaethu yr *teu* arglwyd hwnnw. **14g.** *GDG*[3] 141, Na fydd, teg yw'r crefydd *tau*, / Grynwraidd tros gryn eiriau. *c.* **1400** *YCM*[2] 11, ef a doeth . . . ar y drugeinuet marchawc . . . wrth hynny dyrct titheu attaw ef ar dy drugeinuet, o'r rei *teu* ditheu. *c.* **1400** *R* 1220. 35–6, gŵaet or vron doll archolleu. y redec or cnaŵt tec *teu.* *id.* 1331. 44, kedernyt rat y tat *teu.* **15g.** *OBWV* 106, Ac na thewy ny tŷ *tau*, / Wythliw sêr, â'th laswyrau [i'r lleian]? **15g.** *GLGC* 56, Morgan wrth y darian *dau* / mewn trin mân yw tariannau. **15g.** *GGl*[2] 23, 'Nag ef,' heb ef, 'hy o beth / Ydiw brig y *dau* bregeth'. **16g.** *GIIJV* 45, Oerach ydoedd ferch hoywdeg / Y weithred *tau* nath air teg. **1552** (*Diw.* **16g.**) *B* ii. 116, y gyd ar lluddedic ysgwydd *dau*dy. *a.* **1587** *Y* 49, Edrych at hyn y drych *tav*, / Bath sut waith, beth sy i tithav. **1753** D. JONES: *SD* 185, Un bythol ddydd yw'r blwyddau *tau.* **1753** *TR*, Tau . . . It is used after its substantives with Y, or Yr, before them: as, Y tâd *tau*; Yr Arglwydd *tau.* **1758** *ML* ii. 68, Nid oedd fawr ganu ar y galon *dau.* **18–19g.** IEUAN LLEYN: *C* 81, Rhyw Faen, os adwaen ei swm, / Teg auraidd y *tau* gwrwm?

(*c*) (yn ategu rh. bl. 2 un. neu r. m. 2 un.: *supplementing 2nd pers. sing. prefixed or infixed pron.*).

c. **1400** *R* 1202. 15–16, yth wlat rat rec. yth windei tec yth wyndut *teu.* *id.* 1303. 32, Yr gwaet dy gallon hygron donn *deu.* *c.* **1400** *RB* ii. 67, mor wir yŵ dy ymadraŵd *teu* di. **15–16g.** *TA* 290, Wyth liw dy win o'th law *dau*, / O'th fyned, wyth wae finnau. **16g.** *GGH* 118, Was dewr chwyrn, oes dâr ywch êl, / I'th gaer *tau* a'th gwrt, Hywel. **18g.** **(1818)** R. JONES: *GP* 44, Taer Ringyll wyd ti'r Angau, / Difrod tôst, yw dy fryd *tau.* *id.* 163, Dy fri uchel di frychau [*sic*], / Wych hŷdd teg, a'th achau *tau* [i Wiliam Wynn Garnons]. **1793** DAFYDD IONAWR: *CD* 130, Duw ydwyf dy holl dadau, / A'th holl feibion tirion *tau.* Cf. HEDD WYN: *CB* 22, Ac yn ing drycin angau / Tybiais ddiwedd dy wedd *dau.*

Fel *e.* Eiddo, meddiant: *property, possession.*

c. **1400** *YSG* i. 60, nyt yttoed heuyt y llew yn *deu* ytti.

tau[2]**, tauog,** gw. **tawaf: tewi, taeog.**

taw[1] [Llyd. Diw. *tav*, H. Wydd. *táue* (goddr. ll. *tuai*), Gwydd. C. *tóe, tó*: < IE. **taus-* 'distaw', cf. Sans. *tūṣṇīm* 'yn ddistaw'] *eg.* a hefyd fel *a.* Distawrwydd, tawelwch, heddwch; distaw, tawel, llonydd: *silence, hush, quiet, peace; silent, quiet, calm.*

12g. *GLlF* 15, Molaf Duŵ uchaf, archaf weti—itaŵ: / Athreitaŵ kyn *taŵ* a chynn tewi. **12g.** *GCBM* ii. 20, Teyrnged y'th law (*taw* telitor). *id.* 119, Teyrnet yn *taŵ*, yn teŵ daearglas. **13g.** *GDB* 388, Merweryd echwyd ac vcher *daŵ.* **13g.** *C* 68. 5–6, Bet milur mirein gnaud kelein oelav. kin bu. *tav.* y dan mein. **13g.** *A* 27. 11, eny vwyf y dyd *taw.* **13g.** *GBF* 420, Ys meu y garchar heb *daŵ*, heb *daŵ.* **14g.** *GDG*[3] 217, Caliwr dig, er cael awr *daw.* *c.* **1400** *R* 1246. 24–5, llauuryŵn kanŵn keinyeit heb *daŵ.* **1632** *D*, *Taw*, Silentium. **17g.** **(1692)** *B* x. 45, Moeswch i mi osteg *taw* / mi ddangosaf ymma a thraw. **[1783]** *W* d.g. *Silence.* **1803** *P.* Ar lafar, ''Toes 'na ddim *taw* ar 'i glep o', 'Rois i *daw* iddo fo', *WVBD* 525; ''Os 'm *taw* arno fe' (canolbarth a godre Cered.); *GTN* 779.

Cfn.: **taw (a'i) piau hi:** *mum's the word.* *a.* **1877.** Ar lafar, ''Dwi'n mynd i gal 'y nyrchafu yn y gwaith—ond *taw pia 'i* am y tro' (Arfon); *WVBD* 525; *Mont Coll* xi. 316; '*Taw pia 'i*, bois' 'silence is best', *GTN* 779; a hefyd yn yr ymad. '*Taw a'i piau hi*, ond nid y

taw a'i caiff hi bob amser', D. J. EVANS: *HCS* 127. Digwydd fel e. cân, gw. H. WILLIAMS: *CB* 165.

taw^{2} [cf. H. Wydd. *tá-* 'y mae', o'r gwr. IE. **stā-* < **staə-* 'sefyll'; cf. *safaf*: *sefyll*; cynhwysir yma hefyd enghrau. o *y taw* â'r un swyddogaeth â *taw*] *gn*. Geiryn yn cyflwyno cymal isradd heb ferf ddechreuol, mai: *particle introducing a dependent clause headed by a part of speech other than a verb, that* (*it is*).

10g. (*Juv*) *VVB* 168, Issit padiu *itau* gulat. **14g.** *YBH* 24b, mi a gredỽn ac a ddywedỽn *y taỽ* ti oed boỽn. *id.* 59a, a medylyeit awnaeth *taỽ* hir y buassei yn llywyaỽ y vrenhinyaeth. **15g.** *IGE^2* 233, Tybiwyd, da gludwyd dy glod, / Tau fydr, *taw* ti oedd Fedrod (Ieuan ap Rhydderch). **1567** *TN* 126b, A' phan wybu mae [:– *taw*] o gyvoeth Herod yr hanoedd. *id.* 311b, Nyni a wyddom, eisus *taw* [:– may] da y gyfraith. **1632** *D*, *Taw* . . . Mai. **1688** S. HUGHES: *TSP* 67, Mi a welaf yn awr . . . *taw* [:– Mai] gwell yw disgwyl am y pethau sydd i ddyfod. [**1740**] D. LLWYD: *YDD* [viii], Gochelwch coelio *ta*[*w*] gwaith Duw yn gwbl, i gyd ydyw Edifeirwch. **1794** *W* d.g. *That* [*a Conjunction*]. **1803** *P*. Ar lafar, 'Ond ma rhai in gweud *tow* lan yn Trefasser . . . ga's e 'i eni', *Wês wês* 13; ''Wi'n meddwl *taw* Llanelli yw'r tîm rygbi gore yng Nghymru' (de-ddwyrain sir Gaerf.); ''Wi'n cretu *taw* yn Garffili gæs a 'i gwnnu', 'Gæd inni gnoco ar y drws os *taw* dyna'r lle', *GTN* 779.

Amr.: **ta yw** [ffrwyth dehongli *taw* fel ff. gyw. yn cynnwys *yw^1*] *c.* **1585** G. ROBERT: *DC* 18a, Wrth hyn gwelwch *ta yw* ewylhys . . . Duw syn ych cadw chwi odhiwrth dholurieu.

Cfn.: **taw beth:** *whatever*. **1925.** Gw. hefyd *gan^1*—*gan taw beth*. **taw 'te:** *that it is so*. Ar lafar, 'Mae'n debyg gen i *tawte*' 'I am of the opinion that it is so', *GDD* 293.

taw^{3}, gw. **tawaf: tewi.**

'ta waeth, gw. **petawn—petai waeth.**

tawaf: tewi [bf. o'r e. *taw^1*, cf. Crn. C. a Diw. *tewel* (be.), *taw* 'taw di', Llyd. C. *teuell* (be.), *tauaff* 'tawaf', Llyd. Diw. *tevel* (be.), *tavet* (rhang. grff.), Gwydd. C. *toaid* 'fe dawa'] *bg.* a hefyd gyda grym enwol i'r be. Distewi, tawelu, mynd yn fud, peidio â sôn, llonyddu: *to be or become quiet or silent, hush, hold one's peace or tongue, stop talking, shut up, be or become mute, keep silent, be or become still.*

12g. *GMB* 76, Py *dawant* anant, na phrydant wawd / . . .? **12g.** *GLlF* 15, Molaf Duỽ uchaf, archaf weti—itaỽ: / Athreitaỽ kyn taỽ a chynn *tewi*. *id.* 318, Ny *thaỽn*, pei bytỽn keluyt, / O uoli Mab Duỽ diwenyt. **12g.** *GCBM* i. 255, Ry hir y *tawaf*, tawel wyf i, / Ny bytaf dawel, nyd meu *tewi*. **12–13g.** *GLlLl* 25, Na'm gad ar gychuyn dytyn *dewi*. **13g.** *C* 42. 10–12, Am gadu y traethu traethaud. yth voli kin *tewi* tawaud. **14g.** *WM* 20. 29–30, *Taỽ* hyt y mynnych heb y riannon. **14g.** *GDG^3* 96, Ni *thau* y gog â'i chogor, / Crygu mae rhwng craig a môr. *id.* 372, Dywed, a phaid â'th *dewi*, / Yma wyt ŵr, pwy wyt ti. *c.* **1400** *R* 1328. 31–2, Ny wnaf kyt bỽyf nỽyf naỽtal. *tewi* achlot dyn taỽel. *c.* **1400** (*SG*) *HMSS* i. 310, ac ar hynny y *tawawd* y llef. **15g.** *B* iv. 319, *Tawed* ef uwch tu Dyfi. **15g.** *GLGC* 285, a *dawo* a wrandewir, / o *dewi* gwers y daw gwir. **15–16g.** *TA* 71, Ti a'u toddaist hyd heddyw, / *Tawen* â'u bost yn eu byw! **1547** *WS*, *Tewy*. **1604–7** *TW* (*Pen* 228) d.g. *Musso*, *Reticeo*. **1620** *Eseia* liii. 7, fel y *tau* (**1588** *ib. tawe*) dafad o flaen y rhai a'i cneifiei, felly nid agorei yntau ei enau. **1632** *D*, *Tewi*, Tacere, silere. **1703** E. WYNNE: *BC* 93, *Tewch* gorgwn, ebr cimmwch o Gythraul mawr oedd yn eu clywed, *tewch*. **1753** G. OWEN: *L* 83, Ond *tawant* hwy os mynnant, ni *thau* mo'm safn i. **1803** *P*, *Tewi*, s. m. . . . A keeping silent, a holding one's tongue. v.a. To keep silent, to hold one's tongue. Ar lafar, '*Taw*, ne mi gei glustan!', '*Tewch*!' 'you don't mean it!', *WVBD* 530; 'y calla', *tewad*!', *GTN* 787.

Cfn.: **tewi (â) sôn:** *to be quiet or silent, hush, stop talking, shut up*. **14g.** *YBH* 12b, *taỽ asson* ỽrthyf a gat ym orfowys. **15g.** *OBWV* 140, Ti sydd yn *tewi â sôn*, / Telyn aur telynorion [marwnad Siôn Eos gan Ddafydd ab Edmwnd]. **1588** *Barn* xviii. 19, *taw-sôn*, gosot dy law ar dy safn. **1588** *Diar* xvii. 28, Y ffôl tra *tawo a son* a gyfrifir yn ddoeth. **1604–7** *TW* (*Pen* 228) d.g. *Consilesco*, *Obmutesco*, *Reticeo*, *Silens*, *Taceo*, *Teneo*. **1632** *D* d.g. *Obticeo*. **1656** W. JONES: *TPG* 15, chwi a *dawech a son* am ddynion, ag a sonniech am dano efe [yr Arglwydd] yn unic. **1687** (**1715**) J. OWEN: *TB* 113, gorchmynnodd iddi *dewi sôn*, a rhoddi'r plant at fammaeth. **1699** T. JONES: *TP* 76, Ond fe a *dawodd a sôn*, ac a edrychodd arno ef ag wŷnebprŷd gwrol. **1778** *W*, *taw â sôn* d.g. *Peace*! [*a word commanding silence*]. *id.* a fo . . . yn *tewi â sôn* d.g. *Silent*. Ar lafar, '*Tewch â sôn*' 'Don't mention it', *WVBD* 530; '*Taw* di *sôn* 'nawr!', *GTN* 779; ''Wyt ti'n *tewi sôn*?', *id.* 787; '*Taw sôn* gair', *LlGC* 1173, 121 (dwyrain Morg. a Myn.).

tawch, *eg.* ll. *-ion*. Tarth, niwl, niwlen, anwedd, ager, stêm; nwy myglyd; drycsawr, aroglau cryf; hefyd yn *ffig.*: *haze, mist, condensation, vapour, steam; suffocating fumes; stink, strong smell; also fig.*

14–15g. *IGE^2* 149, Anoff awdl, oni pheidir, / Môr *tawch* a dyr muriau'r tir [Gruffudd Llwyd i Dduw]. **15g.** *GTP* 81, Dyro dy gleddau, Ieuan / Dur *tawch* rhwng y dŵr a'r tân. **15–16g.** LLAWDDEN, &c.: *Gw* 164–5, Llu 'r pil brad mil bord y mort / Llanw gweilgi llwyn gwialgort. / Rhwyd seithwynt, rhodau sythawch, / Rhaffau, clochdyau, clych *tawch*. *c.* **1525** *TA* 737, Dŵr a wylais drwy wyliad, / Dafnau *tawch* wedi f' un tad [marwnad Tudur Aled gan Lewys Morgannwg]. *c.* **1600** *IGE* 218, Enfys garth anfoes gorthir, / Unwedd *tawch* yn nofiaw tir [i'r niwl]. **1722** *Llst* 189, *Tawch* . . . Steam, stench. **1725** D. LEWIS: *GB* 261, fel na bo i'r Moroedd lygru, a mynd yn gynnifer o Lynoedd drewllyd, i wenwyno 'r Bŷd a'i *Tawch* afiach. **1740** T. EVANS: *DPO* 173–4, Bydded i ddyn dybied ei fod yn arogli y Drewdod a'r Sawr a'r *Tawch* yn barod i wenwyno agos bawb. **1759** J. EVANS: *PF* 19, Attaliad *Tawch* y Corph (yr hyn a alwir yn gyffredin yn Anwyd) sydd yn achos mawr o Glefydau. [**1783**] *W* d.g. *Smother* [*a suffocating vapour or smoke*]. *a.* **1791** W. WILLIAMS: *GP* 529, Tân y pydew a'm dihunodd, / *Tawch* y ffwrn gynddeiriog gref. **1803** *P*, *Tawç*, s. m.—pl. t. *ion* . . . vapor, exhalation, steam, damp; haze, fog. Ar lafar, '*Tawch*' 'Smell; it is never used here as the equivalent of vapour . . . *Tawch* cryf yn codi o'r bedd', *GDD* 292; ''Alsan ni ddim gweld trw'r ffenast gin *dawch* anal', 'Ma *tawch* ar y pysgod 'yn—'dyw 'rein ddim ffit i fyta', a hefyd yn yr ystyron 'blas cas', *GTN* 780; a 'haen orchuddiol ar dafod' (Morg.).

tawchaf, tawchiaf: tawchu, tawch(i)o [bf. o'r e. *tawch*] *bg.* Anweddu, tarthu, niwlo, hefyd yn *ffig.*: *to vaporize, evaporate, give off mist, become misty, also fig.*

1873. Ar lafar, 'Ma'r afon yn *tawchu*'r bora 'ma', a hefyd yn yr ystyr 'arogleuo'n gas (am glwyf)', 'Ma'r clwyf ar 'i gos a'n *tawchu*'n drwm', *GTN* 780. Cf. D. J. WILLIAMS: *ChHO* 190, rhin mewnol, dwfn ei darddiad, ydyw pob urddas naturiol. Ffug a phaent ydyw pob urddas arall. Mae'n *tawcho* gydag amser.

Gw. hefyd **tochaf: tochi.**

tawchaidd [*tawch*+*-aidd*] *a.* Niwlog, tarthog: *misty, vaporous.*
1842.

tawchiaf: tawchio, gw. **tawchaf: tawchu.**

tawchlyd [*tawch*+*-lyd*] *a.* Niwlog, tesog, tarthog, agerog, hefyd yn *ffig.*: *misty, hazy, vaporous, steamy, also fig.*

1773 *W*, Hîn . . . *dawchlyd*, fygedig d.g. *Faint* [*sultry*] *weather*. *id.* Tarth *tawchlyd* d.g. *Smother* [*a suffocating vapour or smoke*]. **1803** *P*.

tawchog [*tawch*+*-og*] *a.* Niwlog, tarthog, agerog: *misty, vaporous, steamy.*
1873.

tawchus [*tawch*+*-us*] *a.* Niwlog, tarthog: *misty, vaporous.*
1848.

tawd, tod [?cf. yr e. prs. *Gendawd* (gw. *TYP^2* 355), H. Grn. *mor tot*, gl. *oceanum*, a'r Llad. *tōtus*; ?dileer yr er. ar *blwyddyndod*] ?*a.* ?Cyfan: *whole, complete.*

13g. *A* 32. 14–16, kywuyrein bard kemre *tot* tarth rac garth merin. **13g.** (**17g.**) *B* iv. 46, bluittyn*daud* parahaud bruydir beynit. **14g.** *T* 23. 4–5, bum y arwadaỽt. yracdaw bum *taỽt*.

tawdd^{1} [bôn y f. *toddaf*: *toddi*] *a.* a hefyd fel *eg.b.* ll. *toddion*.

(*a*) Toddedig, rhedegog, hylifol; wedi ei foldio (am fetel, &c.), bwriedig; pur, coeth (am aur, &c.); y weithred o doddi; y weithred o fwrw, castio, neu foldio; sylwedd toddedig, (yn y ll.) diferion toddedig (yn enw. braster cig), dripyn, saim; nychdod, darfodedigaeth; tristwch, trymfryd; hefyd yn *ffig.*: *molten, melted, liquid; cast* (*of metal, &c.*)*; pure, refined* (*of gold, &c.*)*; a melting; a casting* (*of metal, &c.*)*, founding; molten substance,* (*pl.*) *melted drippings* (*esp. fat from meat*)*, dripping; a wasting, consumption* (*in med.*)*; sadness, melancholy; also fig.*

12–13g. *GMB* 376, Arglỽyd nef a llaỽr, Gwaỽr gwerinaỽl, / Ardelwaf o'th naỽd rac *taỽd* tanaỽl. **13g.** *GBF* 603, Duw, dy nawd rac *tawd* tanllachar—ỽffern. **14g.** *SC* viii/ix. 168, a phob kyfryw *dawd* brwt yn dygwydaw arnadunt yn dafneu. **14g.** *GIG* 111, A gwyn ei fyd, cyd cadarn, / Cain *dawdd* fodd, cyn dydd y Farn, / A wnêl urddas, deyrnas deg, / Yng ngwyliau, dyddiau'r deuddeg. **14–15g.** *IGE^2* 121, Diau y gyrrai'r garreg / Ym aur *tawdd* am eiriau teg (Gruffudd Llwyd). **15g.** *OBWV* 151, Y côr, efô a'i cweiriawdd / Â dorau teg o wydr *tawdd* [Dafydd Nanmor i Abaty Ystrad-fflur pan atgyweiriwyd ef gan yr Abad Morgan]. **15–16g.** *GRB* 68, Dirwyn tid o arian *tawdd*, / da i'th lanw—Duw a'th luniawdd. *c.* **1500** *GO* [341], Aeth mydyr o waith ymadrawdd, / Aeth ynn dysc a'n hiaith ynn *dawdd* [marwnad Gutun Owain]. **1547** *WS*, *Tawdd* Melt. **1588** 1 *Br* vii. 16, Ac efe a wnaeth ddau gnapp o brês *tawdd*, i'w rhoddi ar bennau y colofnau. **1604–7** *TW* (*Pen* 228), *todhion* d.g. *Liquamen*. *id.* d.g. *Tristitia*. **1632** *D*, *Tawdd*, Liquefactio. **1651** SIÔN TREREDYN: *MDD* 212, pa fath ddadleithiad a *thawdd* y sy yn awr yn ei galon edifeiriol? **1722** *Llst* 189, *Tawdd* (sub) m.p. *Toddion*. The meltings or droppings of fat; a melting, pining; founding of metals. *id.* *Tawdd* (par:) melted, molten. **1759** J. EVANS: *PF* 33, rwbiwch y Traed . . . a *Thoddion* Bloneg Môch. [**1762**] E. POWELL: *HEI* 14, Mae'r *Toddion* neu'r Saim du oddiwrth droell Certwyn neu Wagen, yn Eli da wrth Glwy neu Archoll. **1771** *W* d.g. *Cast* [*as metal*], *A dissolving*, *Dripping*, *Fat that drops from meat in roasting*, *Liquid* [*apply'd to substances or bodies that are in a dissolved, fluid, or melted state*], *Melted*, *A melting*, *Molten*. **1801** *MMf* 209, Cymmer falwod duon a phob hwynt o flaen y tân mewn llestr pridd, a chadw y *tawdd* mewn llestr glân. **1803** *P* d.g. *Tawz*. *id.* *Tozion* . . . Meltings; dripping. Ar lafar yn y ff. '*toddion*', *WVBD* 534, D. J. EVANS: *HCS* 130, *Geir Geg* 66 (Meir.), *GTN* 798; ''Och chi'n arllwys y *toddion* . . . i badell' (sir Gaerf.).

(*b*) *Sein.* (Sain) yn perthyn i unrhyw un o amryw grwpiau o'r parhaolion, ac weithiau *d*, ac a gyferbynnir fel arfer â seiniau mud: (*sound*) *belonging to any of several groups of continuants, and sometimes 'd', and usually contrasted with mute sounds,* (*a*) *liquid or continuant* (*in phonet.*).

14g. *GP* 39, Rei o'r kytseinannyeit ysyd lythyr *tawd*, ereill ysyd lythyr mut. Seith ysyd o'r llythyr tawd, nyt amgen, 'd', 'f', 'l', 'm', 'n', 'r', 's', a sef achaws y gelwir wynt yn llythyr *tawd*, kanys todi a wnant y mywn kerd. Sef yw megys y todant, gwneuthur o dwy sillaf dalgronn vn ledf, pan ysgriuenner 'y' neu 'w' yrwng dwy lythyren *dawd*, 'y', val y mae 'mydyr', neu yrwng llythyrenn vvt a llythyrenn *dawd*, val y mae 'mygyr' . . . Ac wrth hynny y bwrir ymeith 'y' o'r sillafat pan sillafer kerd, ac yr ysgriuennir val hynn, 'mydr', 'mygr'. **16g.** *GIIV* 20, Mad yw medru yr ymadrawdd / Medru tec or mud ar *tawdd*. **1560–87** *GP* 152, Rai o'r kydssoniaid sydd lythr *tawdd*, nid amgen, 'd', 'dd', 'f', 'ff', 'l', 'll', 'm', 'n', 's', 'r'. **1567** G. ROBERT: *GC* 37, tair *taw*[*dd*] yw l.n.r. canys yrhani [*sic*] a doddant w ag y pen ddelont oi blaen mewn rhyw sillafau. *Diw.* **16g.** *GP* 145, Rai a ddywaid am 'd' i bod yn vud o achos bod sain y vogal yn i diwedd. Yn *dawdd* y bernir o achos i bod yn gwneuthur silldaf dowddleddf, nid amgen, 'bedw', 'edw'. **1775** *W*, llythyrennau *tawdd* d.g. *Liquids* [*in Grammar, the consonants l, m, n, r, and s, according to some*]. **1793** M. J. RHYS: *CA* 9, Y Cyseiniaid . . . *Tawdd*. Cf. J. MORRIS-JONES: *CD* 208, Pan na bônt gyfunrhyw ni bydd y cytseiniaid *tawdd* caled 'ff', 'th', 'ch', 'll', 's' yn caledu'r ddwy feddal 'f', 'dd' mwy nag 'l' . . . Ar ôl *tawdd* galed mewn gair y mae cytsain fud yn feddal: ysgrifennir yn gyffredin 'st', 'llt', 'fft', 'cht', 'thd', 'sg', 'sb'.

Amr.: **todd.** **1768** W. WILLIAMS: *HTS* 22, Dyna'r swpper sy iddo heno, / Brwmstan *todd* yn danllwyth lâs. / Bwytta hwnnw, hwnnw'n tarddu / Trwy bob twll o'i gorph i ma's.

Cfn.: **tawdd corff:** *discharge, consumption* (*in med.*). **1632** *D* d.g. *Colliquatio*, *Tabes*. **1725** *SR* d.g. *A Consumption a disease*. **1772** *W* d.g. *Consumption* [*the disease so called*]. **toddion mochyn:** *lard*. Ar lafar, *GTN* 798. Cf. J. EVANS: *PF* 33, Thoddion Bloneg Môch.

Gw. hefyd **toddiad.**

tawdd^{2}, tawddadwy, tawddbot, tawddbwynt, gw. **toddaf: toddi, toddadwy, toddbot, toddbwynt.**

tawddchwalaf: tawddchwalu [*tawdd^1*+ *chwalaf*: *chwalu*] *ba.* Hydoddi: *to dissolve.*
1805.

tawddchwaliad [bôn y f. *tawddchwalaf*: *tawddchwalu*+*-iad^1*] *eg.* ll. *-au*. *Cem.* Hydoddiant: *solution* (*in chem.*).
1831.

tawdd-dy, gw. **todd-dy.**

tawdd-ddelw, gw. tawdd[1]+delw.

tawddedig, tawddfa, gw. toddedig, toddfa.

tawddffrwd [*tawdd*[1]+*ffrwd*] *eb.* ll. *-ffrydiau.* Llif llosgfynyddol, lafa, llif toddedig: *volcanic flow, lava, molten flood.*
1833.

tawddffwrnais, tawddffwrnes [*tawdd*[1]+ *ffwrnais, ffwrnes*] *eb.* ll. *-ffwrneisi, -ffwrnesau.* Ffwrnais neu waith lle toddir mwynau, &c., i dynnu'r metel ohonynt, todd-dy: *smelt-furnace, smeltery.*
1846.

tawddgrych, gw. **tawddgyrch.**

tawddgyffur [*tawdd*[1]+*cyffur*] *eg.* ll. *-iau.* Meddyginiaeth solet i'w gosod yn y wain, y rectwm, neu'r wrethra, lle tawdd gan ollwng y sylweddau gweithredol: *suppository.*
20g.

tawddgyrch [?*tawdd*[1]+*cyrch*[1]] *eg.b.* ll. *-oedd,* yn aml yn yr ymad. *tawddgyrch cadwynog. c.d.* Un o'r pedwar mesur ar hugain, sef dau bennill o rupunt hir â'r un brifodl (am ddiff. cyflawn, gw. J. MORRIS-JONES: *CD* 344–8): *one of the twenty-four strict metres of Welsh prosody, consisting of two stanzas of 'rhupunt hir' with the same end-rhyme.*
14g. *GP* 51, Gwedy hynny y dychymygawd Dauyd Du Athro tri messur ereill, nyt amgen, kyrch a chwta, hir a thodeit, a *thawdgyrch* kadwynawc. *id.* 51–2, *Tawdgyrch* kadwynawc a vyd o gypleu hiryon oll o bedeir sillaf a thrugeint pob vn onadunt; ac yn y kwpyl hir hwnnw y byd pedwar pennill hiryon o vn sillaf ar bymthec pob vn onadunt. Ac ym pob pennill hir o'r rei hynny y byd pedwar pennill byrryon o bedeir sillaf pob vn onadunt. A'r pennill byrr kyntaf o'r pennill hir kyntaf yn atteb y'r pennill byrr kyntaf o'r eil pennill hir, a'r eil y'r eil, a'r trydyd y'r trydyd, a'r chwech phennill hynny yn y deu bennill hiryon diwaethaf yn atteb pob vn y'w y gilyd, a diwedawdyl pob vn o'r pedwar pennill hiryon yn kytatteb y gyt. Ac nyt reit bot mwy no'r kwpyl hir pedwarpennillawc yn kytatteb yn vnawdyl ony mynnir, ac yn gynghogyon y dyly bot yr awdyl oll, a diwed y kwpyl yn dechreu y llall. **1455–6** *B* iv. 213, *Towddgyrch* a genir val hyn. **15g.** *GGl*[2] 171, Ni chân neb *dawddgyrch* yn iawn / Gadwynawg wedi Einiawn [marwnad Einion ap Gruffudd]. *c.* **1500** *GO* 343, Y gŵr a'i kant â gair kyrch / Yw'r diwedd gael [*sic*] ar *dowddgyrch* [marwnad Gutun Owain]. *p.* **1584** G. ROBERT: *GC* [320], y pennaf o wyth sillaf ymhob braich yw *towdd gyrch* cadwynog. *a.* **1587** *Y* 99, Rhan *tawddgyrch,* odl gynyrch gûdd, / Cadwynog, gwead anvdd. **1718** *Cân o Senn,* 6, hên fessyr, cynnil Gorchestol, / Canmoladwy ymhlith y Cymry gynt, yr hwn a alwent hwy y *Tawddgyrch* Cadwynog. **1794** E. JONES: *MPR* 30, *Tawddgyrch* cadwynog . . . Lyric Metre . . . Soft concatenated incursive. **1803** *P.* Cf. J. MORRIS-JONES: *CD* 365, Os tybiai L[ewys] M[organnw]g mai dull ar hanner cyntaf *tawddgyrch* oedd cadwynfyr, fe ddichon nad ystyriai mono'n fesur ar wahan.
Amr.: **tawddgrych** [dan ddyl. *crych* mewn cfn. megis *crych a chwta, crych a llyfn*]. **15g.** *GO* 321, Treio gwawd rowiawg ydoedd, / Toddi gair chwyrn *tawddgrych* oedd [marwnad Dafydd ab Edmwnd]. **15–16g.** *GLM* 321, Y dull o'i gerdd, deall gwych, / yw diweddgreffi ar *dawddgrych* [marwnad Dafydd ab Edmwnd]. **1564** *GGH* 460, Gweodd i gant gywydd gwyn, / Gwead ydoedd gwawdodyn; / Gweodd *dawddgrych* yn gywir, / Gwaith gwyredd gyhydedd hir [marwnad Gruffudd Hiraethog gan Syr Owain ap Gwilym]. *Diw.* **16g.** *GP* 216, *Towddgrych* kadwynog.

tawddle, gw. **toddle.**

tawddleddf [*tawdd*[1]+*lleddf*] *a.* ll. *-on. Gram.* Yn diweddu ag *-w* neu *-y* ar ôl cytsain barhaol, &c., (am sillaf): *ending in a continuant, &c., followed by either '-w' or '-y' (of syllable).*
14g. *GP* 40, Y dryded ford y byd sillaf ledyf pan vo 'y' neu 'w' yn ol llythyrenn dawd, ac ymlaen y llythyrenn dawd bogal, 'y' val y mae 'ciry', 'w' val y mae 'berw'. A'r kyfryw sillaf honno a elwir *tawdledyf,* o achaws y llythyr tawd a vyd yn y sillaf. *id.* 58, Teir diptonn ledyf ryued ysyd, nyt amgen: diptonn dalgronnledyf, a diptonn *dawdledyf,* a diptonn vydarledyf. *Diw.* **16g.** *id.* 145, Rai a ddywaid am 'd' i bod yn vud o achos bod sain y vogal yn i diwedd. Yn dawdd y bernir o achos i bod yn gwneuthur silldaf *dowddleddf,* nid amgen, 'bedw', 'edw'. **1592** S. D. RHYS: *Inst* 143, Diphthogh ny cheir prôest a'i hattebo, *Tawdhledhbh.* Talgronnledhbh. Gwib. **1803** *P.*

tawddleddfiaid [*tawdd*[1]+*lleddf*+*-iaid*[1]] *e.ll. Sein.* Seiniau yn perthyn i unrhyw un o amryw grwpiau o'r parhaolion, ac weithiau *d,* llythrennau tawdd: *sounds from any of several groups of continuants, and sometimes 'd', liquids, continuants (in phonet.).*
1839.

tawddlestr, toddlestr [*tawdd*[1]+*llestr*[1]; cf. Llyd. Diw. *teuzlestr*] *eg.* ll. *-i.* Llestr toddi metelau, &c., pair, crwsibl, hefyd yn *ffig.*: *crucible, melting-pot, also fig.*
1588 *Diar* xvii. 3, Y *tawdd llestr* [*sic*] sydd i'r arian, a'r bibell i'r aûr. *id.* xxvii. 21, Fel y *tawddlestr* i'r arian, ar ffwrnes i'r aur. **1722** *Llst* 189, *Tawdd lestr.* m. A crucible, firing pot. **1772** *W* d.g. *Crucible.* **1803** *P, Tawzlestyr,* s. m.—pl. *tawzlestri* . . . A melting-pot. Cf. D. J. WILLIAMS: *ChHO* 113, Fel y bu i Unol Daleithiau'r America, ar raddfa fawr, fod yn *dawddlestr* i bobl o bob rhan o'r byd, gan wneud un genedl ohonynt.

tawddlif [*tawdd*[1]+*llif*[2]] *eg.* (Llif) lafa: *lava (flow).*
1833.

tawddlun, toddlun [*tawdd*[1]+*llun*[1]] *eg.* ll. *-iau.* Gwrthrych o fetel, &c., a wneir mewn mold, cast: *(metal, &c.) cast, a casting.*
1621 E. PRYS: *Ps* 46b, Yn Horeb gwnaethant *dawdd-lun* llo.

tawddluniaf: tawddlunio [bf. o'r e. *tawddlun*] *ba.* Llunio (metel, &c., tawdd) ar ffurf arbennig drwy ei arllwys i fold, castio, hefyd yn *ffig.*: *to cast, also fig.*
1886.

tawedig [bôn y f. *tawaf: tewi*+*-edig*] *a.bfl.* Distaw, tawel, dywedwst, tawedog, wedi ei ddistewi: *silent, quiet, taciturn, silenced.*
18–19g. *Iolo MSS* 181, fe eisteddwys i lawr, a chan fyfyrio rhywfaint yn *dawedig*—fe ai clywid ar fyrr yn llafaru. **1803** *P, Tawedig* . . . Silenced, being hushed.

tawedigrwydd [*tawedig*+*-rwydd*] *eg.* Distawrwydd, pall ymadrodd: *silence, taciturnity, reticence.*
18–19g. *MA* iii. 210, Tri pheth moladwy ar ieuanc: *tawedigrwydd,* diwydrwydd, a boneddigrwydd. *id.* 233, Tri nôd santeiddrwydd: cariad perfaith, uvydddawd gwrol, a *thawedigrwydd* serchawg.

tawedog [Llyd. Diw. *tavedek*; cf. *taw*[1]] *a.* ll. *-ion,* a hefyd gyda grym enwol. Distaw, tawel, dywedwst, diymateb, mud; (geir.) trist, prudd: *silent, quiet, taciturn, incommunicative, dumb; (dict.) sad, melancholy.*
12g. *GMB* 72, Ken myned mur ked yn *dawedawc* / Dy-m-guc, neu'm goruc yn oludawc. **13g.** *GBF* 314, Mynawc *dawedawc* dec kyfnewid. **14g.** *LlB* 110, Tri *thawedawc* gorsed: arglwyd gwir yn gwarandaw y yneit yn barnu eu kyfreitheu; ac ynat yn gwarandaw hawlwr, ac amdiffynnwr yn ymatteb; a mach yn gwarandaw y kynnogyn, a'r talawdyr yn ymatteb. **14g.** *GDG*[3] 377, *Tawedog* enwog anwych, / Tew ei ddrwg, mul wg, mal ych [i'r cleddyf]. **15g.** *HCLl* 76, *Tawedog* wyd o'r tewdir, / Nid da 'nhyb o tewy'n hir [marwnad Gwilym Fychan]. **15–16g.** *TA* 498, Annoeth yw 'r hwn ni thau rhawg, / A doeth wyd a *thawedawg* [i ferch]. **1547** *WS, Tawedoc* Styll. **1604–7** *TW* (*Pen* 228) d.g. *Melancholicus, Mutus, Tacens.* **1632** *D, Tawedog,* Tacitus, Taciturnus. **18g.** *AL* ii. 532, Tri *thawedogion* llys: arglwydd yn gwrandaw ar yngnaid a brawdwyr. **1759** *ML* ii. 135, rhyfedd eich bod mor *dawedog* a hithau yn eich blino, mi fyddwn i . . . yn achwyn ac yn gridwst. **1773** *W* d.g. *Gloomy, Glum, Incommunicative, Silent.* **1803** *P* d.g. *Tawedawg.* Cf. D. OWEN: *RL* 144, Tipyn yn *dawedog* ydyw yntau yn y seiat. Ar lafar, ''Ti'n *dawedog* iawn y bore 'ma' (sir Ddinb.).

tawedogrwydd [*tawedog*+*-rwydd*] *eg.* Distawrwydd, pall ymadrodd, mudandod: *silence, taciturnity, reticence, dumbness.*
1632 *D* d.g. *Taciturnitas.* **1725** *SR* d.g. *Taciturnity.* **1772** *W* d.g. *Closeness* [*reservedness, taciturnity*], *Gloom, Reticence, Silence or secrecy.* **1803** *P, Tawedogrwyz,* s. m. . . . Taciturnity. Goreu o gampau doethineb *tawedogrwyz.* Adage.

tawedwst, gw. **dywedwst.**

tawel [H. Lyd. *taguel guiliat,* gl. *silicernium*; cf. *taw*[1]] *a.* ll. *-ion.* Llonydd, digynnwrf, di-stŵr, distaw, heddychlon: *quiet, calm, tranquil, silent, peaceful.*
12g. *LL* 146, y bryn diblain nant *tauel.* arhyt yr nant bet lyfni. *id.* 168, usque ad rivulum *tauguel.* **12g.** *GCBM* i. 255, Ry hir y tawaf, *tawel* wyf i, / Ny bytaf *dawel,* nyd meu tewi. **13g.** *BD* 9, a rannu y lu yn teyr bydyn a gorchymyn y bavb kerdet yn *dawel.* **14g.** *WM* td. 215. 24–5, Ac yn *tawel* araf ydywawt vrthaw. Arglwyd heb hi deffro. *c.* **1400** *R* 1041. 12, *Tawel* awel tu hirglyw. odit auo moledіw. **15g.** *GLGC* 306, Yno y dywaid hi yn *dawel* / obry â'i blasus barabl isel. **1547** *WS, Tawel* val yr a[r]dymyr Calme. **1567** *TN* 12b, goharddawdd ef y gwyntoedd a'r mor: ac yno ydd aeth hi yn araf [:- *dawel*] hin. **1604–7** *TW* (*Pen* 228) d.g. *Lenis, Serenus, Solutus, Tranquillus.* **1632** *D, Tawel,* Tacitus . . . taciturnus. **1703** E. WYNNE: *BC* 5, trwy 'r awyr deneu eglur ar [*sic*] tês ysplenydd *tawel.* **1771** *W* d.g. *Calm, Moderate, Quiet, Serene, Silent or calm.* **1803** *P.* Ar lafar yn gyff., 'Bydd *dawal,* 'nei di, blentyn' (Arfon); 'Man' nw'n byw mywn lle *tawal* 'yfryd', 'Menyw fach *dawal* fwyn odd Meri'm wær yng ngyfrath', *GTN* 780.
Cfn.: **yn dawel fach (bach):** *slowly; quietly; secretly.* **20g.** Ar lafar, '*Yn dawal bach,* rhyngthan ni'n dwy, glywis i stori dda heddiw' (Arfon); 'Cer *yn dawel fach* yn y car 'na' (sir Gaerf.).
Gw. hefyd **tawelyn.**

tawelaeth, gw. **taweliaeth.**

tawelaf: tawelu [bf. o'r a. *tawel*] *bg.a.* Llonyddu, gostegu, distewi: *to quieten, make or become calm, silence.*
1588 *Marc* vi. 51, Yna yr aeth efe attynt i'r llong, a'r gwynt a *dawelodd.* **1604–7** *TW* (*Pen* 228) d.g. *Quiesco.* **1632** *D* d.g. *Placo, Tranquillo.* **1725–6** *Madd Ed* 177, tra'r oedd Gwynt a Llanw yn ei ffafro [yr afradlon], a'i bethau'n llwyddo, ni wnaeth efe ddim Adfyfyrdod ac ni ymostyngodd i ddim; ond yn awr a'r Llanw yn ei adel y mae'n *tawelu,* ac yna yn ystyried. **1759** J. EVANS: *PF* 20, Hyd oni bo'r Nwyd a barodd y Clefyd wedi ei *thawelu* (*calmed*), ofer yw arfer Meddiginiaeth. **1770** *W* d.g. *To assuage* [*to calm, applied to the wind*], *To calm, or make calm.* **1803** *P.* Ar lafar, ''Odd hi'n brysur yma bora 'ma ond ma hi 'di *tawelu* 'rŵan' (Arfon); ''Ody'r môr 'di *tawelu* digon i fynd ar y bad?' (sir Gaerf.); 'Fe lefws y plentyn am oria cyn *tawelu*', 'Un gwyllt iawn odd a'n ifanc ond ma fa wedi *tawelu* getyn 'nawr', *GTN* 780. Cf. D. OWEN: *SP* 122, i *dawelu* ei gydwybod, mae'n debyg, byddai yn canu hymnau ar fore Sabboth.

tawelaidd [*tawel*+*-aidd*] *a.* Tawel, llonydd: *quiet, calm.*
16–17g. *IMCY* 226, mae 'n lhawenychv wrth esmwyth gysgv dann gysgod *taweleidh* cybhlwr carveidh. **1794** E. JONES: *MPR* 101, Divyrwch, didrwch, didrais, *tawelaidd,* / Yw Telyn hyvrydlais. **1797** B. EVANS: *CG* 222, Trwy râs yr ydym yn *dawelaidd* siriol. **1803** *P, Tawelaiz* . . . Calm in a small degree.

tawelbrudd, tawelddoeth, gw. **tawel**+ **prudd, doeth**[1].

taweledig [bôn y f. *tawelaf: tawelu*+*-edig*] *a.bfl.* Tawel, llonydd, wedi ei dawelu neu ei ddistewi: *quiet, tranquil, calmed, silenced.*
1803 *P, Taweledig* . . . Calmed, tranquillized. Cf. ISLWYN: *Gw* 6, Bu llawer brawd a chyndad hoff i mi, / Na edwyn neb eu henwau mwy na'u clod, / Ond *taweledig* rith yr oes a'u dug; *id.* 90, pan na hanfoda mwy / Ond enaid *taweledig* yn ei Dduw.

taweledd [*tawel*+*-edd*[1]] *eg.* ll. *-au.* Llonyddwch, tawelwch, distawrwydd; lle tawel: *tranquillity, quiet(ness), silence; quiet place.*
1803 *P, Tawelez,* s. m. . . . Calmness, serenity. Cf. ISLWYN: *Gw* 40, Y cerubaidd fewnol fryn / A ymheula mewn ucheledd / A Duw-huliad o *daweledd.*

tawelfor [*tawel*+*môr*[1]] *eg.* Môr tawel; y Cefnfor Tawel: *calm sea; the Pacific Ocean.*
1630 R. LLWYD: *LlH* 179, Y dynion hyn . . . lle y byddant arafaf tebig i graig beryglus guddiedig tan *dawel-fôr* digyffro. Cf. ISLWYN: *Gw* 753, Yn y *Tawelfor* myn eto hwylfa / I ynysoedd Polynesia.

tawelfrig, gw. **tawel**+**brig.**

tawelfryd [*tawel*+*bryd*] *eg.* a hefyd gyda grym ansoddeiriol. Tawelwch (meddwl, &c.): *equanimity, calmness (of mind).*
1772 *W* d.g. *Dispassionate* [*cool of temper, calm, moderate, &c.*], *Even of temper.*

tawelfrydedd [*tawelfryd*+*-edd*[1]] *eg.* Tawelfryd, tawelwch (meddwl, &c.): *equanimity, calmness (of mind).*
1852.

tawelfwyn, tawelgain, gw. tawel+ mwyn[1], cain[1].

tawelglaer [*tawel+claer*[1]] *a.* Mwyn, tymherus, teg, clir, gloyw: *mild, temperate, fair, clear, bright.*

1604–7 *TW* (*Pen* 228), *tawel glaer* d.g. *Serenus.* **1605–10** *AP* 39, gan vy mod yn tario gar llaw glan afon o raianddwr rryddgawg mewn *tawelglaer* ddyffryngoed. *id.* 40–1, ni allwn wadu na bai lawen geny weled boregwaith *tawelglaer* a byrwlith ar laswellt. **1722** *Llst* 190, 30b, Awel *dawelglaer* neu arafdeg. **1771** *W* d.g. *Calm* [*undisturbed by tempests, or passions*], *Clear* [*calm and undisturbed*], *Halcyon-* [*in Composition . . . quiet, &c.*], *Temperate.*

taweliaeth, tawelaeth [*tawel+-(i)aeth*] *eb. Crf.* Tawelyddiaeth: *quietism.*

1919.

tawelion[1,2], gw. tawel, tawelyn.

taweloer [*tawel+oer*] *a.* Lledoer, oeraidd: *cool, coldish.*

1632 J. DAVIES: *LlR* 201, ni bu erioed na'r *taweloer* gysgod mor hyfryd ar ddydd tesog, poeth. **1773** *W* d.g. *Fresh* [*apply'd to air . . .*].

tawelog [*tawel+-og*] *a.* Tawel, llonydd, digynnwrf, heddychlon: *quiet, still, calm, peaceful.*

1618 J. SALISBURY: *EH* 99, fal hyn y bydh y deyrnas honno yn hedhychlawn *dawelog*, trwy fedhiannu yn dhiofal dhedwdhwch perffaith tragwydhol. **1803** *P*, *Tawelawg* . . . Abounding with calmness.

tawelwch [*tawel+-wch*[1]] *eg.* ll. (prin) *tawelychau.* Yr ansawdd neu'r cyflwr o fod yn dawel, llonyddwch, gosteg, distawrwydd, heddwch: *quietness, stillness, calmness, tranquillity, silence, peace.*

13g. *A* 3. 1, a gwedy elwch *tawelwch* vu. **1567** *TN* 56a, Yna y goystegawdd y gwynt, ac hi aeth yn *dawcelvvch* [*sic*] mawr. **1604–7** *TW* (*Pen* 228) d.g. *Quies, Serenitas, Tranquillitas.* **1632** *D*, *Tawelwch* . . . taciturnitas. **1632** J. DAVIES: *LlR* 307, fel y mae *tawelwch* yn fwy hyfryd gan y morwyr yn ôl tymmestl drafferthus. **1658** *Examen* 10–11, esmwythder calon, a *thawelwch* cydwybod. **1703** E. WYNNE: *BC* 43, Bu ryfedd genni'r Distawrwydd a'r *Tawelwch* hawddgar oedd yma wrth i wared. **1759** T. THOMAS: *WWDd* 87, mi a gefais ryw fessur o *Dawelwch* yn fy meddyliau. **1759** J. EVANS: *PF* 20, A thrwy 'r anrhaethadwy Lawenydd a pherffaith *dawelwch*, hyfrydwch a llonyddwch. **1771** *W* d.g. *Calmness, Quietness, Silence or stilness.* **1803** *P*. Ar lafar, *WVBD* 526; "Odd y lle mewn *tawelwch* pan gyhoeddodd e'r newyddion' (sir Gaerf.); "Odd dim 'yd yn ôd bref dafad yn tarfu ar y *tawelwch* yno', *GTN* 780.

Cfn.: **tawelwch meddwl:** *equanimity, peace of mind.* **1772** *W* d.g. *Composure* [*tranquillity*] *of mind or spirit.*

tawelydd, tawelwr [bôn y f. *tawelaf*: *tawelu+-ydd*[3], *-wr*] *eg.* ll. *tawelyddion, tawelwyr.*

(*a*) Person neu beth sy'n gwneud yn llonydd neu'n ddistaw; *Meddyg.* cyffur i leihau gofid neu dyndra; teclyn i leihau sŵn (gwn neu beipen fwg cerbyd modur), gostegwr: *person who, or thing which, calms or silences; tranquillizer, sedative* (*in med.*); *silencer* (*for gun or motor vehicle exhaust*).

1803 *P*, *Tawelwr*, s. m.—pl. *tawelwyr* . . . A calmer, one who makes still.

(*b*) *Crf.* Un sy'n pleidio ac yn ymarfer tawelyddiaeth, gorffwysydd: *quietist.*

1866.

tawelyddiaeth [*tawelydd+-iaeth*] *eb. Crf.* Math o gyfriniaeth grefyddol a ddeilliodd o Sbaen yn yr ail ganrif ar bymtheg sy'n pwysleisio agwedd oddefol at fywyd, myfyrdod ar berffeithrwydd Duw, ac ymroddiad llwyr i'w ewyllys, gorffwysyddiaeth, llonyddiaeth; cyflwr o oddefoldeb a llonyddwch corff neu feddwl: *quietism.*

1916.

tawelyddol [*tawelydd+-ol*] *a. Crf.* Yn perthyn i dawelyddiaeth neu nodweddiadol ohoni: *quietistic.*

1916.

tawelyn [*tawel+-yn*[1]] *eg.* ll. *-ion, tawelion. Meddyg.* Tawelydd: *tranquillizer, sedative* (*in med.*).

20g.

tawgar [*taw*[1]*+-gar*] *a.* Tawedog, tawel, distaw: *taciturn, silent.*

18–19g. *MA* iii. 270, Tri pheth nid hawdd eu gweled: tân gwlŷb, dwr sych, a benyw *dawgar.* **1803** *P*, *Tawgar* . . . Disposed to be silent.

tawiad [bôn y f. *tawaf*: *tewi+-iad*[1]] *eg.* Y weithred o fynd neu o aros yn dawel; y weithred o wneud yn ddistaw: *a becoming or remaining silent; a silencing.*

1632 *D*, *tawiad* â son d.g. *Reticentia.* **1684** T. JONES: *GG* 10, Y pumed [*sic*] nôs, y gelen / Mewn garw fôdd y garien / O drê lunain [*sic*] tuar wlâd / Ar *dawiad* nhw ai gadewen. **1803** *P*, *Tawiad*, s. m. . . . A quelling, a silencing.

Cfn.: **tawiad â sôn:** *silence.* **1632** *D* d.g. *Reticentia.* [**1783**] *W* d.g. *Silence or secrecy.*

tawl[1], *eg.* ll. *-ion.* Arbediad, cyniliad, toliad, hepgoriad; ataliad, peidiad; lleihad, gostyngiad; mesur, terfyn; rhan, cyfran: *a saving, frugality, economization, omission; cessation, stoppage; abatement, decrease; limit, end; part, portion.*

12g. *GCBM* i. 131, Kertaur huenyt huanaw—auch maul, / Kert hep *dawl*, hep dwyllaw. *a.* **1587** *Y* 120, Prifardd, arwyddfardd roddfawl, / A phosfardd, nid anardd *dawl.* **1604–7** *TW* (*Pen* 228), *Tawl*, toliat d.g. *Cessatio.* **1605–10** *GP* 205, Llythyrgynhwyssiad sydd fath ar yskrifennuad [*sic*] wedi ei dieithro oy wrth y ffordd gyffredin yn ddifarn eskusodol. Hwnn a ddigwydd o dri modd, sang, *tawl*, a chyfnewid. *Dchr.* **17g.** *J* 10, 151a, *Tawl.* × Dogn. **1621** E. PRYS: *Ps* 8b, Rhoist dy fendithion vwch pob *tawl.* **1632** *D*, *Tawl*, Cessatio, diminutio, ademptio. **1722** *Llst* 189, *Tawl.* m. Abatement, decrease, decay; cessation. **1771** *W* d.g. *A bringing down, Decrease* [*a growing less, a decay*]. **1778** J. HUGHES: *BB* ix, Ceir Briwsion *Tawlion*, ond hel, / Byrddau Achau Beirdd uchel. **1803** *P.*

Cfn.: **heb dawl:** *without stint, limitation, or restriction, unlimited, measureless, ceaseless.* **12g.** *GCBM* i. 131. **12–13g.** *GLlLl* 7, Vy Reen a'm rotes *heb dawl*, / . . . mawrdawn ysbrydawl. **14g.** *GDG*[3] 7, Megis perth, wiwnerth weini, / Mawl *heb dawl*, y molaf di. **15g.** *IGE* 136, Y dydd y rhanner *heb dawl* / Terfynau tir y faenawl [i Owain Glyndŵr]. **1632** J. DAVIES: *LlR* 193, Yn y deyrnas yma eiddoti, y mae . . . dedwyddwch *heb dawl.* **1710** *LlGG* (*Gos*) 13, A'r clochyddion . . . a dderbyniant eu Hên Gyflogau, *heb* na thwyll na *thawl.* **1772** *Hop M* 364, E gynnwys pob Datgeiniad / Fyth *heb dawl* ei fawl yn fâd.

tawl[2] [bnth. S. *toll*] *e?b.* Toll, tâl: *toll, payment.*

?**16g.** *LlGC* 1560, 550, *tawl* yngwynedd tôl ['gairie . . . sathredig yn Sîr Drefaldwyn']. **1688** *TJ*, *Tawl*,) toll . . . a Tole. **1725** *SR* d.g. *Toll.*

Gw. hefyd **tôl.**

tawl[3,4,5], gw. **tolaf: toli, taflaf**[1]**: taflu, tafol**[2].

tawlad[1,2], gw. **tafliad, taflaf**[1]**: taflu.**

tawlaf: tawlu, gw. **taflaf**[1]**: taflu.**

tawlbwrdd, &c. [cf. H. Nor. *taflborð*] *eb.g.* Gêm fwrdd gyda brenin ac wyth (neu ddeuddeg) o wŷr ar un ochr yn chwarae yn erbyn un ar bymtheg (neu bedwar ar hugain) o wŷr ar yr ochr arall sy'n ceisio atal y brenin rhag symud; y bwrdd a'r darnau a ddefnyddir i chwarae'r gêm hon, bwrdd chwarae; gwyddbwyll; bwrdd drafftiau neu wyddbwyll; hefyd yn *ffig.*: *board game with a king and eight* (*or twelve*) *men on one side playing against sixteen* (*or twenty-four*) *men on the other side aiming to prevent the king's movement; the board and pieces used to play this game, game-board; chess; chessboard, draughtboard; also fig.*

13g. *LlI* 8, er egnat llys . . . Ef a dely *tavlbvrd* o ascvrn moruyl e gan e brenhyn a modrve eur e gan e urenhynes ac arall e gan e bard teylu, a'r ouertlesseu henny ny dele ef nac eu rody nac eu guerthu tra uo byv. *id.* 92, *taulburd* ((*LlDW*) *ZCP* xx. 55, *tawlburt*), o byd ascurn moruyl, lx; o byd ban hyd, xxiiii.; o byd corn eydyon, deudec keynnyauc; o byd pren (*ib. taulburd* bren), iiii. k'. **13g.** *D Col* 44, *Taulburd* e brenyn, cxx a tal, ac ual hyn e rennyr hynny: lx ar y weryn wennyon, a lx ar y brenyn a'y weryn; a sef mal e rennyr hynny, xxx ar y brenyn a xxx ar y weryn; ac ual hyn e rennyr ar neyllwyr, teyr ceynnyauc a theyr ffyrdllyg ar pob gur, a'r gemeynt arall ar pob un o'r weryn guennyon. Sef achaus e gedyr xxx ar y brennyn, urth ware ohonau en erbyn wythwyr. A hanner heny ar *taulburd* mab uchelur. **14g.** *Cy* vii. 138, Tri chyffredin byt: gwreic. a chlawr *tawlbwrd.* a thelyn. **14g.** *GIG* 6, Gwŷr beilch yn chwarae, gaer barth, / *Tawlbwrdd* a secr uwch talbarth. *c.* **1400** (*SG*) *HMSS* i. 246, Ac yn ymyl penn y gwely ydoed *tawlbwrd* ar werin arnei wedy eu gossot. **15g.** *IGE*[2] 231, Gwnawn yn ynial, mal y mae / Gnawd yn ôl gwirawd gwarae / *Tawlbwrdd* yn graff, braff broffes, / Tabler mewn sïer a sies (Ieuan ap Rhydderch). **15g.** *GLGC* 236, gware *tawlbwrdd* ag eraill, / gware a lladd gwŷr y llaill; / *tawlbwrdd* gwŷr duon Talbod, / tros y bwrdd gwnaed Rhys eu bod [i Rys ap Siôn ap Rhys]. **15g.** *GDID* 40, Ei *dawlbwrdd* di'mwrdd, domog,—ei wyddbwll, / A'i fual trydwll oedd fail troediog [dychan Madog Amhadog]. **15–16g.** *AL* ii. 304, Tri gwystyl nyt angyffraith ev mwynhav kyn digwydaw nyt amgen blith athelyn a*thawlbwrd.* **16g.** *GLD* 41, *Tawlbwrdd* ar ei fwrdd efô, / Croniel, fo a'u cair yno [moliant Owain ap Meurig, Bodeon]. **1587** *THSC* (1941) 194, Y *talbwrdd* [*sic*] ychod afydd raid ichwarau abrenin yn y kanol adeyddeg owyr yn ylleoedd nesa eto [*sic*] ef a ffedwar gwyr ar higain ai disgwilioddef yw ddal, sef gosod yr hai hyny chwech ynghanol pob talken yn ychwe lle kanolig. a dau afydd yn ysmudaw y gwyr am ychwarau, ag asdaw urun irbyrenin rwng ydisgwilwyr marw yw ai daflu or gwarau, ag os daw yr un or disgwilwyr rwng dau ir brenin yr un modd. as y brenin i hun a ddaw rwng dau or disgwilwyr, ag odoedwch kyn ysmudo ir kyflau hwnw gwiliwch eich brenin, ag yntau heb allel ffo chwiellwch i ddal. os dowaid un gwrheill [*sic*] amynd rwng dau nidoes niwed os gall y brenin fynd ar hyd yllinell . . . enillodd y ty hwnw y chwarau. **1604–7** *TW* (*Pen* 228), *Towlbwrdh* d.g. *Abacus. id.* gwerin . . . ne wyr *Towlbwrdh* ne'r Sies d.g. *Latro, onis* . . . *Latrones.* **1632** *D*, *Tawlbwrdd*, Abacus, alucus, i. **1703** E. WYNNE: *BC* 27, pôb mâth o chwareuon *tawl-bwrdd* ffristial, disieu, cardieu. **1770** *W*, Chwarae . . . ffristiol a . . . *thawlbwrdd* d.g. *Back-Gammon.*

Amr.: **tawlbord,** ?**tawlbordd** [cf. *bord*]. **13g.** *LTWL* 127–8, *Taulborth* [*sic*] . . . regis dimidium libre valet, et brecchan similiter. *Taulborth* [*sic*] de ossibus marine belue lx[a] denarios valet; si de cervinis cornibus, xx[ti]iiii[or] denarios; si de bovinis cornibus, xii denarios; si de lignis, iiii[or] denarios legales valet. *Taulbort* optimatis lx[a] denarios valet, et brecchan similiter. **14g.** *LlB* 17, dylyir rodi ouertlysseu idaw [brawdwr llys]: *tawlbort* y gann y brenhin. *ib. Tawlbord* o ascwrn moruil. **14g.** *YBH* 54a, gwedy daruot y bown eu gwahanu. y chware *tawlbort* yd aethant. **tawlfwrdd, towlfwrdd, tolfwrdd** (ll. *tawlfyrddau*). [**1783**] *W*, *Towlfwrdd* d.g. *Shovel-board.* **1803** *P*, *Tawlvurz*, s. m.—pl. *tawlvyrzau* . . . A board for playing at a certain game, seemingly like the present game of draughts. Cf. W. REES: *AFR* 355, Beth feddyliech am i ni gael chwareufa *tolfwrdd*? **tolbwrdd** [testunau golygedig diw. yw ffynonellau'r ddwy engh. gyntaf]. **14g.** *GDG*[3] 22, Gwarae ffristiol a *tholbwrdd* (*Pen* 76, 6, ffristial a thowlbwrdd), / Yn un gyflwr â'r gŵr gwrdd? **15g.** *OBWV* 115, Gwerin ffristiol a *tholbwrdd* (*DGG*[2] 66, ffristial a thawlbwrdd), / Claer eu gwaith, clawr awyr gwrdd [i'r sêr]. **16g.** *RWM* i. 862, Myfi a chwereais y dissie a gwedi hynny y dabler yr awrhon myfi a af ir *dolbwrdd.* **1604–7** *TW* (*Pen* 228), *Tolbwrdh* Frustiol d.g. *Fritillus.* **1688** *TJ*, *Tolbwrdd*, bwrdd chwaryddiaeth: a pair of Tables or Chesboard. **1770** *W*, Chwarae . . . ffristiol a *tholbwrdd* d.g. *Back-Gammon.*

tawlgylch [*tawl*[1]*+cylch*] *eg.* ll. *-au. Ser.* Colrod: *colure* (*in astron.*).

1850.

tawliad, tawlnerth, tawlod, tawlrym, gw. **tafliad, taflnerth, taflod, taflrym.**

tawlyd, gw. **taflaf**[1]**: taflu.**

'tawn, gw. **petawn.**

tawni [bnth. S. *tawny*] *a.* a hefyd fel *eg.* (O liw) melynfrown neu oren, hefyd mewn her.; defnydd o liw tawni: *tawny, tenné* (*in her.*); *material of a tawny colour.*

1547 *WS*, *Tawni* [T]awny. *c.* **1548** *CM* 1, 634, Dwr gwraig veichiog ynn yr hwn I bydd megis hressi eglur | Ar hran vwyaf yn drwblus | Alliwr trwbwl yn troi ar gochni | megis gwine ne *dawni.* Ac ni ffaeliar arwydd hwn byth. **16g.** *B* xviii. 315, shiackedau o *dawni* o liw aval o'r Ysbaen. **16g.** *DWH* i. 335, *Tenny*, ne *tawney* lliw Aval, / oreng. *c.* **1588** *B* ii. 238, *tawni*: decoris, color. **1604–7** *TW* (*Pen* 228), *Tawni* d.g. *Ceruinus* . . . *Ceruinus color.* **1756** W. WILLIAMS: *GDC* 68, amrywioldeb eilwaith o lysiau yn y ma's / . . . / un melyn, a *thawni*, gwyn, a glâs. **1784** M. WILLIAMS: *S* i. 150, amryw fath o drigolion . . . llawer o liw olewydd, a rhai *tawni.*

Amr.: **tenni** [bnth. S. *tenny*]. **16g.** *DWH* i. 335.

tawnod [*taw*[1]*+nod*[1]] *eg.* ll. *-au. Crdd.* Arwydd yn dynodi saib o hyd penodol: *rest sign* (*in mus.*).

1938.

tawnt [?bnth. S. *taunt*] *e?g.* Pwl o anfod-

lonrwydd neu angerdd; ystyfnigrwydd: *fit of dissatisfaction or passion; stubbornness.*

18–19g. *Llr* C 30, 178, *Tawnt*, Glam. Stubborness. Ar lafar, '*Tawnt*' 'taunt, uproar due to great dissatisfaction', *TGG* (1907–8) 111 (godre Cered.). Cf. *SE MS* 492b, *Tawnt*, sm. . . . a fit or heat of passion (Dyfed).

tawr[1], gw. **doraf: dori.**

tawr[2], *eg.* ll. *torion.* Gorchudd, (ar)wyneb: *a covering, surface.*

1789 *BDG* 157, Awn i'r llwyni arllônaidd, / A thecced *tawr* y llawr llaidd. **1803** *P*, *Tawr*, s. m.—pl. *torion* . . . A covering, a surface.

täwr, gw. **töwr.**

tawrus [bnth. dysg. Llad. *taurus*] *eg.* Tarw, yn *ffig.*: *bull, fig.*

15g. *GLGC* 38, *Tawrus* cornutus tri natur—ydiw / wedy'r brenin Arthur [i Siasbar Tudur]. *id.* 44, llin Dardan tarian, *tawrus*—tair talaith, / llin Troea eilwaith a llin Troilus.

tawtoleg [cfdds. o'r S. *tautol(ogy)*+*-eg*[1]] *eb.* ll. *-au.* Y weithred o ailadrodd yr un peth mewn geiriau gwahanol, yn enw. fel gwendid arddull, adeiriad; gosodiad sydd o angenrheidrwydd yn wir o ganlyniad i'w ffurf resymegol: *tautology.*

20g.

tawtolegaeth [*tawtoleg*+*-aeth*] *eb.* Tawtoleg: *tautology.*

20g.

tawtolegol [*tawtoleg*+*-ol*] *a.* A nodweddir gan dawtoleg, ailadroddol, adeiriog: *tautological.*

20g.

tawtologaidd [cfdds. o'r S. *tautolog(ical)* +*-aidd*] *a.* Tawtolegol: *tautological.*

20g.

t'di, gw. **tydi.**

te [bnth. S. *tea*] *eg.* Llwyn neu bren bychan, *Camellia sinensis*, a'i gynefin yn nwyrain a de Asia, sy'n dwyn dail a sychir ac a dorrir yn fân a'u defnyddio i wneud diod drwy eu trwytho mewn dŵr berwedig, y dail hyn neu'r ddiod hon, diod debyg a wneir o ddail planhigion eraill neu o sylweddau eraill; prynhawnbryd (ysgafn): *tea.*

1722 *Llst* 189, *Tê.* m. Tea. **1741** *CAG* 90, Siarad gwageddol (fel yn y Dyddiau ymma uwch ben Bwrdd o *Dê*). **1753** *ML* i. 253, Dyna i chwi rai or dail sychion yn sampl . . . mi fyddaf fi yn yfed *tea* o honynt bob yn awr, nid drwg iawn mo'i flas. **1754** *id.* 311, mi addewais fyned i yfed *tê* at ryw ferchettos. **1759** J. Evans: *PF* 17, *Tê* a Choffi sydd niweidiol iawn i Bobl a Gewynnau gweinion. **1760** *ML* ii. 246, mae ganddo lonaid boccys mawr o *dea* a sêsiodd o er's llawer dydd. *c.* **1762–79** W. Williams: *P* 136, Arglwydd Arlington . . . ddaeth a *Thea* gynta ymma o Holand yn y flwŷddyn 1666. **1768** J. Roberts: *R* 5, Am *Dea* a Rym £5602. **1778** J. Hughes: *BB* 318, Mae gan i *dea* [*sic*] Coffi, Rum, Brandi yn eich bro, / Mewn lle anghyfannedd yn gorwedd dan go. **1794** *W* d.g. *Tea.* Ar lafar, 'Mae'r *te*'n gryf fel trwyth parddu', *WVBD* 527; 'Mi gyma' i banad o *de*'; "Wi wedi cæl 'y ngwawdd 'no ar *de*', 'doti *te* ar y tepot', "Wi'n cæl mynd yno i *de*'n amal', *GTN* 787–8; hefyd ymhlith gweithwyr alcam ardal Llangennech yn yr ystyr 'cwrw', '*Te* 'ôn' nw'n galw cwrw a coffi odd porter'. Clywir hefyd nifer o ymad. ynglŷn â the gwan, e.e. '*te* fel dŵr pwll', '*te* nyrs', '*te* piso cath', '*te* dwybig', '*te* main'; ac ynglŷn â the cryf, e.e. '*te* fel troed stôl', '*te* breci', '*te* piwc', '*te* manus haidd'. Cf. D. Owen: *GT* 267, yr oedd program y diwrnod i gynwys *tê* a bara brith i'r plant.

Cfn.: **te bach:** *snack, light refreshment, afternoon tea.* **20g.** Ar lafar yn ardaloedd chwareli'r Gogledd, 'Byd dai'r [*sic*] chwarelwr yn cymryd ychydig fwyd o'i dyn bwyd ar adegau arbennig ac arferid ei alw yn "*de bach*"', *B* xx. 381. **te balm (bawm):** *balm tea.* **1759** J. Evans: *PF* 54, Cwpaned o *Dê Balm.* **te camomil (gamamil):** *camomile tea.* **1759** J. Evans: *PF* 54, *Tê cammomil* cryf. **1771** *PDPh* 7, a chymmerwch *De Gamamil.* Ar lafar yn y ff. *te ga(w)mil*, *Geir Geg* 90. **te cardws:** *carduus tea.* **1759** J. Evans: *PF* 59. **te colsyn:** *cinder-tea.* Ar lafar, S. Williams: *EN* 86. **te dail:** *leaf tea; herb tea.* **1894** D. Owen: *GT* 316, byddai Nansi'r Nant yn tywallt chwartiau o *dê dail* i lawr y twll. **te d(d)eg:** *tea, usu. with light refreshment, taken about 10 a.m.* **20g.** Ar lafar yn sir Benf. **te gamamil,** gw. *te camomil.* **te padi:** *tea made in the cup.* Ar lafar ym Meir. a Chered. **te parti,** gw. *te-parti.* **te senna:** *senna-tea.* **20g.** Ar lafar. **te slecyn = te colsyn. 1885** D. Owen: *RL* 15, bu raid iddi godi gefn nos i wneyd *tê slecyn* i mi. Ar lafar yn gyff., '*te slecyn*' 'rhoi colsyn neu slecyn glân o'r tân mewn ychydig o ddŵr oer. Ei adael nes bod y tân wedi diffodd a'r dŵr wedi tawelu. Tywallt y dŵr hwn i gwpan glân, ychwanegu siwgr ato a rhoi llond llwy ohono i faban pan fo'n dioddef o boen gwynt', *Geir Geg* 90. **te tramp = te padi. 20g.** Ar lafar. **te wermod (wermwd, wermwnt):** *wormwood tea.* **1885** D. Owen: *RL* 233, waeth i mi beidio na gofyn i ti gymryd tipyn o'r *tê wermod* ene. Ar lafar yn gyff., *Geir Geg* 90, *GTN* 844.

'te[1,2], gw. **ond**[1]**—ond e, ynteu.**

tebed, debed [?cf. *godeb*; geir. yw'r ff. yn *d-*] *eg.* a hefyd fel *be.* ?Encil, ffoëdigaeth, taith, (?geir.) dychweliad; (geir.) ymadael, mynd i ffwrdd: *?retreat, flight, journey, (?dict.) return; (dict.) to depart, go away.*

12g. *GMB* 199, Gʋeleis o aruod aeruab Gruffut / Rialluoet trwch *tebed* ossut. **13g.** *C* 82. 7–9, Y mae vimrid ar*debed.* arowun ar mor wyned. etyl butic bitaud ked. **14g.** *T* 64. 15, hʋyrwedaʋc gʋallaʋc ar*tebet.* *id.* 77. 16–17, pell *debet* byhyt o iwerdon. *ib.* 25, Gʋelet ar*tebet* y gʋyr brychwyn. *c.* **1400** *R* 1058. 35, Auo y vryt ar *debet* ny wna da kynn y uet [*sic*]. **1632** *D*, *Debed.* A fo ei fryd ar *ddebed*, ni wna dda cyn ei fyned. **1722** *Llst* 189, *Debed* . . . A return. **1753** *TR*, *Debed*, to go away. A fo ei fryd ar *ddebed*, Ni wna dda cyn ei fyned . . . He that is minded to go away, will do no good before he goes. An expression concerning a servant that hath a list to go away and is about to change his master. **1772** *W* d.g. *To depart* [*go away*]. **1795** *P*, *Debed* . . . To go away, to depart.

tebedog [*tebed*+*-og*] *a.* ?Yn peri encilio, yn gyrru yn ôl: *causing retreat, repelling.*

13g. *A* 20. 6–7, Mat vudic ysgavynwyn asgwrn aduaon. ae lassawc *tebedawc* tra mordwy alon.

têbls, 'tebol, gw. **tabl, atebol.**

tebot, tepot [bnth. S. *teapot*, ?a *te*+*pot*] *eg.* ll. *tebot(i)au.* Llestr (ac iddo ddolen, pig, a chaead) y rhoddir te ynddo i drwytho cyn ei dywallt ohono: *teapot.*

c. **1740** *LIM* 41, a thywelltwch allan yngwaelod *Tea Pot* neu ryw Gwppan bach. **1759** J. Evans: *PF* 86, Rhowch ddau lonaid Llwy dê o hwn mewn *Tê Pot* hanner Pint. Ar lafar yn gyff., '*tebot*', *WVBD* 527; 'Fi geso' *depot* arian yn rodd briotas', *GTN* 789 (ll. *tebotau*). Cf. W. Rees: *HBHD* 77, Nid oedd wiw meddwl cael *tepot* a chwpanau te i'r tŷ; D. Owen: *SP* 26, yfed cwrw o big y *tebot.*

Cfn.: **tebot oel:** *oilcan.* Ar lafar yn ardaloedd chwareli'r Gogledd, *B* xx. 381.

tebotaid, tebotiaid [*tebot*+*-aid*[1], *-iaid*[2]] *eg.* Cynnwys neu lond tebot: *teapotful.*

20g. Ar lafar yn gyff., *Geir Geg* 167.

tebyg[1], *a.* a hefyd fel *eg.* ll. *-(i)on.*

(*a*) A chanddo rai nodweddion yn gyffredin (â rhywun neu rywbeth arall), cyffelyb (i), o'r un fath neu'r un natur (â), yn ymdebygu (i): *similar (to), resembling, like.*

12g. *GCBM* i. 60, Naʋued rann y'm poen, yr pan aned, / Nys ryborthes nep, na'e *thebyked!* *id.* 96, A lle teg *tebyg* i draeth / A wnaeth fy hiraeth fwyfwy! **13g.** *HGK* 5, *Tebycaf* oed y Cinnar, march Achelarw. **14g.** *YBH* 53b, a wely di y *tybycket* ef y sabaot. **14g.** *GDG*[3] 353, Nid oedd *debyg*, Ffrengig ffriw, / Dyhuddiant doe i heddiw. *c.* **1400** *RB* ii. 13, [*t*]*ebic* y dat offuruf aphryt. ac anhebic o anyan. *c.* **1400** *Ked AA* 3, a'ch bot yn gyn *debycket* o bryt a gosged a meint, ac nat oes dyn a wypo gwahan y rynghoch rac awch *tebycket.* **15–16g.** *GLM* 66, nid *tebyg* un—tyb a gaid—/ mewn ffwr i'r mân offeiriaid. **1551** W. Salesbury: *KLl* xiiib, *Tebic* yw teyrnas neuoedd i wr tuy. **1632** *D* d.g. *Similis.* **1703** E. Wynne: *BC* 61–2, A ph'run meddi di rwan *debycca* ai Cyfreithiwr i Gigfran reibus, ai Prydydd i Forfil? **1776** *W* d.g. *Like, Adj.* **1803** *P* d.g. *Tebig, Tebyg.* Ar lafar, "Tydan' nw ddim yn *debyg* i'w gilydd', *WVBD* 527; "Wyt ti'n mynd yn *debycach* i dy fam bob dydd', *GTN* 789.

(*b*) Y disgwylir iddo ddigwydd neu ddod yn wir, tebygol: *likely, probable.*

12–13g. *GMB* 348, No cholled alaf elw freuner—o'm tâl, / *Tebygach* ym lawer, / . . . / Oes wogawn hwyldawn haelder. *c.* **1400** *R* 1026. 16–17, Eiry mynyd gʋynt deheu. kanys traethaf prif eiryeu: *tebyckaf* yʋ mae angheu. **1488–9** *BSM* 19, yr oedd yn vawr i ddolvr ac yn *debic* i varw. **16g.** *B* x. 296, pwy bynac or ddwy balaid a vai yn *debic* J gaffel y gwaetha. **1615** R. Smyth: *GB* 12, yn *debig* i odef [*sic*] mavvrddrvvg ari [*sic*] lavv ef. **1630** *YDd* 365, Os bydd dy glefyd di yn *debyg* i gynnyddu i farwolaeth. **1718** E. Samuel: *HDdD* 228, Nid ydynt *debyg* yn y diwedd i gael ond ychydig lawenydd ou hysglyfaeth. **1759** T. Thomas: *WWDd* 120, Mae 'n eglur, i mi, mai 'r prŷd *tybycca* fod Enaid Crist yn Uffern, oedd yr amser yr oedd efe yn dioddef Cospedigaeth heddwch ei bobl. **1776** *W*, *Tebyg* (yn *debyg*. . .) i farw d.g. *Like to die.* **1803** *P*, *Tebyg* . . . *Tebycav* peth, the most likely thing. Ar lafar, '*tebyg* o fynd', *WVBD* 527; "Wyt ti'n *depyg* o fynd?', *GTN* 789. Digwydd hefyd gyda gryn adfl., '*Debyg* iawn!' 'I should just think so', *WVBD* 527. Cf. D. Owen: *D* 36, Ddoi di acw heno hanner awr wedi wyth gael i ti gael rhywbeth i dy fam . . . Wel, do' *debyg!*

Fel *e.* Barn, tybiaeth; tebygolrwydd; tebygrwydd, person neu beth tebyg (i un arall); cyffelybiaeth, cymhariaeth: *opinion, supposition; likelihood; likeness, (his, her, &c.) like; simile, comparison.*

12g. *GLlF* 120, Am Nest dec *debic* afallulaʋd. **12–13g.** *GLlLl*, Wyf *tebic* Eliffant. **13g.** *BD* 45, Ac eissoes . . . o'm *tebic* y neu deryv udunt digenedlu y vrthym ni. **14g.** *YBH* 5b, mi a rodeis tri dyrnaʋt idaʋ ar y ben ac om *tebic* i nys goruyd. **14g.** *WM* 128. 6–9, Vyn *tebic* i yʋ heb y peredur y gallei y gʋas melyn ermeitin gʋneuthur gʋaet ar y gʋas gʋineu pei asmynnei. **14g.** *GDG*[3] 372, Tebygach wyd, *tebyg* chwith, / I ddrychiolaeth hiraethlawn. *c.* **1400** *Ked AA* 4, y gwr, o'm *tebic*, ny phalla. **16g.** *Def Hen* 60, Terfyn Melancton. Eithr ni adawn y gwyr dyscedig yma a'i dysceidiawl *dybygion*, yr hwn frawdwriaeth sydd etto yn fwy dioddefgar na'r gwatorwyr yma ar i mae St. Pedyr yn son amdanyn. Ar lafar, "Welis i 'rioed 'i *debyg* o', *WVBD* 527; '*Tebigon*' 'Comparisons . . . Mor felined a'r olden', *GDD* 293.

Cfn.: **tebyg at ei debyg:** *like (will) to like, birds of a feather (flock together).* **20g.** Ar lafar. **tebyg gennyf i (gennyt ti, &c.):** *it seems to me (you, &c.).* **13g.** *BD* 119, a *thebygach ganthav* gallu goruot arnadunt. **14g.** *WM* 129. 20–2, pei kaʋn dysc . . . *tebic* oed *genhyf* y gʋybydʋn. *id.* 227. 21–2, [b]u *debic gan* y gʋr bot yn well genhyf i ymdidan no bʋytta. **1680** J. Thomas: *UN* 4, yn yr hwn atteb (*tebyg gennifi*) y mae'n gynnwysedig . . . Athrawiaeth Gweddi. **18g.** E. T. Rhys: *DA* 88, Mae eisieu bailiod, mae'n *debyg gen'i.* Ar lafar, 'Mae'n *debyg gen i* tawte', *GDD* 293. Gw. hefyd *decin.* **yn ôl pob tebyg:** *in all likelihood, in all probability.* **1872.** Ar lafar, '*Yn ôl pob tebyg* mae o'n câl affêr hefo gwraig y gwnidog' (sir Ddinb.).

tebyg[2], **tebygaeth,** gw. **tebygaf: tebygu, tebygiaeth.**

tebygaf, tebygiaf: tebygu, tebyg[2] [bf. o'r a. *tebyg*[1]] *bg.a.*

(*a*) Tybied, bwrw, cymryd yn ganiataol, cyfrif, barnu, credu, meddwl, dychmygu: *to suppose, presume, assume, take for granted, regard, judge, believe, think, imagine.*

13g. *GDB* 51, Gwladoed ny *debyc* (glut etliʋ—ym byt) / Madaʋc oed kynn hediʋ. **13g.** *B* ix. 339, Ac odena em penn yspeit e doeth neb un amperavder a *thebygv* y orthrymv or devaut honno. **13g.** *BD* 45, hyt y *tebygaf* y havd yv eu kymell y talu teyrnget. **14g.** *BT* (*RB*) 20, yn gyflawn o amylder da a dynyon, hyt na *thybygit* bot na thlawt nac eissiwedic yn y holl wladoed. *id.* 96, Ystrat Tywi, y lle y *tybygynt* vot Gruffud vab Rys yn trigyaw. **14g.** *YBH* 75a, *tybygyssynt* y mae kythreul oed ef. **14g.** *GDG*[3] 132, Ni *thebygir*, gwir gofiad, / Mewn peth teg fod breg na brad. *c.* **1400** *YCM*[2] 199, Ac ny omedit wynt yn llys Hu o dim o'r a erchynt, ac o'r a *debyckit* y vynnv ohonunt. *c.* **1400** *Ked AA* 5, Amlyn, y gwas a *debygafi* y vot yn gywirach y garyat noc vn gwreic o'r byt. **1551** W. Salesbury: *KLl* lxivb, Pa beth a *tybygwch* chwi am Christ? **1567** *TN* 95a, Pwy 'n o hanynt . . . y car ef yn fwyaf . . . Tybiaf [:– *Tybyga* vi] mai hwn, a vaddeuawdd ef iddaw vwyaf. *c.* **1585** G. Robert: *DC* 14b, Na *thybygiwch* gael o Grist na i dwylho na e somhi wrth roddi mwy am yr enaid nag a dalei. **1604–7** *TW* (*Pen* 228), ef a *debygir* d.g. *Videtur.* **1630** *YDd* 127, Na *thebyg* fod yn Gristion digon da, o blegit dy fod di yn gwneuthyd fel y mae rhan fwyaf. **1651** Siôn Tre-redyn: *MDD* 89, A ydych chwi, Syr, yn *tebyg* roddi 'or scrifennyddion 'ar Pharisaeaid 'au heppil hwy, ufyddhaed perffaith 'ir cyfraith [*sic*] yn ol eu deongliadau eu hunain? **1688** S. Hughes: *TSP* 73, Mi a *dybygswn* vnwaith, fy mod i yn y ffordd ir Ddinas nefol. **1725** D. Lewis: *GB* 231, Yr ydys yn *tebyg* fod rhai Llysieu, megis Tafod yr Hŷdd, Rhedyn, a Mwsswm yn dwyn Miliwn o Hadeu. **1803** *P* d.g. *Tebygu.* Ar lafar, '*Debycswn* i 'mod i'n gweld rwpath yn simud 'wnt 'co yn yr ardd', *GTN* 784; "Wi'n *tepyg*' 'used to give a very definite reply', 'A dyma'r babi! Fe fydd yn Gymro bach?' 'Bydd, 'wi'n *tepyg*!', *id.* 789.

(*b*) Bod neu fynd yn debyg neu'n gyffelyb (i), ymdebygu (i); gweld yn debyg, cymharu; cymathu: *to be(come) similar (to), resemble; liken, compare; assimilate.*

12–13g. *GLlLl* 180, Y'th ysgwyd *tebygʋyd*, toryf wyn, / Ysgwyd ball guall Guhelyn. **13g.** *GDB* 500, Gruffud arueu rud, ry*debygir*, / Greit barch, y Lywarch uab Elidyr. **14g.** *GLlG* 45, Rhy*debygu* Lleucu Llwyd /

I hardd flodeuros gardd gain. **15g.** *BB* 136, yr hwnn *adebic* oe gevyn yn ssarff. **15g.** *Med H* 12, a'r lliw hwnn y mae Ovydd yn i *debygu* i vaen glas a elwir adamas. **15g.** *GGl²* 234, *Tebygu* i dŷ ei dad / Y mae'r gŵr, mawr ei gariad. **15–16g.** *TA* 421, *Tybygaist* at hebowgwalch, / Ti a roud gis troed y gwalch. **1567** *TN* 8b, can ys tybiant y clywir wy dros ei haml 'airiae. Am hynny na *thybygwch* yddynt wy. **1588** *Eseia* xlvi. 5, I bwy y'm gwnewch yn debyg, ac i'm cystedlwch, ac i'm cyffelybwch, fel i'm *tebyger* iddo? **1606** E. JAMES: *Hom* i. 123, yn cyffelybu ac yn *tebygu* ein bywyd ni yn y byd hwn i bererindod. **1632** *D* d.g. *Aequiparo, Similo.* **1732** *RE* 7–8, gan adel siampl ini u [sic] *dybygu* iddo. **1753** *TR*, *Tebygu*, to be like. **1803** *P* d.g. *Tebygu.* Ar lafar, 'Dyna *debycu* idd 'i dæd ma fa', 'Ma'n *tebycu* glaw, cera â dy frelo', *GTN* 784; "Wi'n 'i weld a'n *tybycu* idd 'i datcu', *id.* 829.

Amr.: **tygaswn,** &c. [ff. gyw. (amser grb.)]. **14g.** *GDG³* 163, *Tygesym*, dwyn deugwyn dig, / Trist oeddem, mai trwst Eiddig. *id.* 175, I geisio, lle *tygaswn*, / Hawdd hud o gawdd hyd y gwn. *id.* 380, Gwae a'th weles, *dygesynt*, / Yn gyfannedd gyfedd gynt. **15g.** *ID* 67, er dwyn Thomas *degasen* / eto mae saig Thomas hen. **16g.** *B* xi. 27, yn gymaintt ac J *tugassai* yr ydrychwyr J suddo wynt yn yr ysgraff. *a.* **1587** *Y* 203, *Tygasyd* gael, gwael yw'r gwydd, / Hyn ar glôd, henwi'r gwledydd. **1595** M. KYFFIN: *DFf* [17], bod mwy o rym a nerth yn eyn hachos ni nag a *dygassent.* **1677** C. EDWARDS: *FfDd* 302, ail-adrodd y gweithredoedd drwg . . . y *tygasid* na chlywid byth mwy oddiwrthynt. **1740** T. EVANS: *DPO* 49, hwy a *dygasont* y dangosai y Rhufeiniaid Barch iddynt. *id.* 329, Ni *thygasant* unrhyw Draul yn rhy gostfawr. **1753** G. OWEN: *L* 30, Mi *ddygaswn* [sic] fod Huw yn lewach dyn na hyn. Cf. H. EVANS: *CE* 36, Atebodd ei dad yn ôl yn derfynol, '*gasai* ef.

tebygddiwedd, tebygddiweddiad [*tebyg¹* + *diwedd(iad)*] *eg.* Ffigur mewn rhethreg, sef cyfres o eiriau ac iddynt yr un terfyniad neu derfyniadau tebyg: *homoeoteleuton.*

1552 W. SALESBURY: *Gw* 300, Homoeoteleüton, *Tebic ddyweth* id pa[n] osoter llawer o eirieü ynghyd, y von yn tervyny yn vnodl neü or vn ffyny[d]. **1595** *Egl Ph* 61, pann osoder lhawer o 'eiriau yghyd, a bhont yn terbhynu yn vnodl . . . [*T*]*ebigdhiwedhiad* y gelwir. *id.* [105], *Tebigdhiwedhiad*, Homoitoleuton [*sic*]. **1604–7** *TW* (*Pen* 228), *tebycdhiwedh* d.g. *Homoteleuton.*

tebygiad [bôn y f. *tebygaf*: *tebygu* + *-iad¹*] *eg.* ll. *-au.* Tybiaeth, damcaniaeth; tebygrwydd, cymhariaeth; cymathiad: *supposition, theory*; *similarity, comparison*; *assimilation.*

1789 W. RICHARDS: *ABD* 46, Braidd, yn ddiau, y dichon un dyn yn ei bwyll, dybygu, i fod yn apostolion . . . yn cyfeirio eu hymadrodd at fabanod. Byddai'r fath *dybygiad* ymron, os nid yn llwyr mor wrthun a chwedl Sant Ffrancis, yr hon a ddywed iddo ef yng nghwrs ei weinidogaeth i fyned i bregethu i'r pysgod, ac i'w bregethiad gael effaith fawr iawn arnynt. **1790** W. RICHARDS: *LlA* 31, [y] *tybygiad* (*supposition*) fod sail iddo [taenelliad babanod] yn y Testament Newydd. **1794** *W* d.g. *A supposing, Supposition.* **1800** C. EVANS: *EJU* 60, o herwydd y mae *tebygiad* mwy cadarn o lawer yn ymgynnyg i'r meddwl. **1803** *P*, *Tebygiad.* s. m.—pl. t. *au* . . . A likening, a comparing; a thinking probable. *id.* d.g. *Tybygiad.*

tebygiaeth, tebygaeth [*tebyg¹* + *-(i)aeth*] *eb.g.* ll. *-au.* Tebygrwydd; tebygolrwydd; tybiaeth, barn, drwgdybiaeth, ?amheuaeth: *similarity*; *likelihood, probability*; *supposition, estimation, suspicion,* ?*doubt.*

c. **1585** *MCr* 132, O tybygy dy fod yn ddifaiedig, na phrisia dy hynan, er hyny, yn well na'r dyn a fo baiys, a gwybod dy fod o'r vn ryw ddefnydd ag i gwnaethbwyd yntay, ie, ag er dy *dybygaeth* di yn bechadyr ag yn faiys megis yntey, ag yn raidiol y'ch gwellay ych day. **1606** E. JAMES: *Hom* i. 13, pa *dybygaeth* a bri gostyngedig issel (*humble and lowly estimation*) oedd ganthynt am danynt eu hunain. *id.* 190, gall dorri ymmaith y *dybygaeth* [:- dyb] honno, o'r hon y mae 'r enllib ymma yn tyfu. **1608** *CRC* 210, Kawn y Gwyr wrth *debygaeth* / Bawb yn ol ynatyriaeth [*sic*] / Rai y fydd mwynaydd a serchog / Rai yn afrwyog waeth waeth. **1651** SIÔN TREREDYN: *MDD* 37, nid oedd yr anifeiliaid, nes i Adda cwympo, wedi eu darostwng tan farwolaeth, na mewn *tebygaeth* iw lladd. *id.* 109, wedi ymarfer o hynny [yr Efengyl] yn ddibaid, gan ddarllen a scrifennu nes fy mod i mewn *tebygaeth* yn rhydd oddiwrth hyn o dyb annuwiol. *id.* 156, pe baech chwi yn dduwiol . . . ni fyddech chwi mewn un *tebygaeth* nac o'ch Galwedigaeth, nac o'ch Cyfiawnhaad. *c.* **1785–90 (1829)** *CBYP* 17, y cyfryw *debygaeth* rhwng llawer o eiriau Cymraeg a rhai Saes'neg mewn sain a synnwyr. **1803** *P*, *Tebygiaeth*, s. m. . . . The act of likening or comparing.

tebygiaf, gw. **tebygaf: tebygu.**

tebygol [*tebyg¹* + *-ol*] *a.* Yn ymddangos fel gwirionedd neu ffaith, yn ymddangos fel petai'n mynd i ddigwydd neu i gael ei gyflawni neu ei brofi'n gywir, y disgwylir iddo ddigwydd neu ddod yn wir; yn ymddangos yn rhesymol neu'n ddilys, dychmygadwy, honedig; tebyg, cyffelyb: *likely, probable*; *plausible, conceivable, reputed*; *like, similar.*

1595 H. LEWYS: *PA* 16–17, tebig ym i blant bychain, 'rhain os damwain i wr . . . dorri ar i chwareu . . . yn ebrwyd', hwy a esclusant y cwbl . . . felly i byddem ninne *debygol* (*probable*) i wneuthur, pann ddigwyd' rhyw anffawd ini. **16–17g.** *Cy* xxvii. 124, cyd boed bhod yn *debygolach* y bhod yn bhedh y cledhyssid Idris yndaw gynt. **1615** R. SMYTH: *GB* 34, y mae yn *debygawl* fod genthi ryvv athravv musig. **1632** *D*, *tybygol* d.g. *Opinus.* *c.* **1658** R. VAUGHAN: *E* 138, Job allan o wlad vz o blith y cenedloedd *tebygol* (*reputed*), eill eilwaith fod yn batrwm i feistred teuluoedd. **1679** C. EDWARDS: *GGG* 247, dylaem . . . wneuthur ei ewyllys ef â chymaint o burdeb ac a fo cyttunol â'n cyflwr yn y bywyd hwn, a *thebygol* . . . i'r hwn y maent hwythau yn byw ynddo. **1681** S. HUGHES: *AC* 43, Eithr yr achos *tybygolaf* yw hyn. **1687 (1715)** J. OWEN: *TB* 109, dywedodd ei wraig wrtho dan wylo, nad oedd *debygol* y gallent fyw ynghyd. **1699** T. JONES: *TP* 50, Mor *debygol* yw hi i nosi arnafi yn fy nhaith o'th achos di! **1725** D. LEWIS: *GB* 321–2, System Copernicus . . . Y mae 'r System hon yn cael ei dewis gan y Dysgedigion yn awr, o flaen y llall, gan ei bod yn fwy naturiol, yn fwy Perffeith, ac yn fwy *tebygol.* **[1740]** L. ANWYL: *CA* vi, nid yw hŷn yn aflwydd *tebygawl* mono . . . ond un sicer a gwir yw. *id.* 102, [plant] drwy esgeulustra a drygioni eu rhieni . . . yn fwy *tebygawl* i ebolion gwŷlltion . . . na rhai a rhieni rhesymmol a naturiol. **1748** P. PUGH: *DGG* 116, pe bawn i farw y Funud hon, y mae nid yn unig yn bossibl, ond yn *debygol* y byddai i mi fod yn gadwedig: a hyn yr wyf fi yn alw yn Sicrwydd *tebygol.* **1776** *W* d.g. *Like, or likely.* **1798** *WR* d.g. *Conceivable.* **1803** *P*, *Tebygawl* . . . Tending to be like or similar; likely, probable, presumptive. *id.* d.g. *Tybygawl.* Ar lafar, '*tybygol, tebygol*' 'likely', '*tybygol* o fynd', *WVBD* 558; 'Dyna'r peth mwya' *tebycol* i ddicwdd', *GTN* 784.

Gw. hefyd **tebygolion.**

tebygolaeth, gw. **tebygoliaeth.**

tebygolaf: tebygoli [bf. o'r a. *tebygol*] *bg.a.* Bod neu wneud yn debyg neu'n gyffelyb (i), ymdebygu (i); efelychu; cymharu; *Diwin.* cysgodi, rhagarwyddo: *to be or make similar (to), resemble*; *imitate*; *compare*; *typify, prefigure (in theol.).*

1762 D. ROWLAND: *PA* 19, rhoisant heibio Jawn ei Angau ef, yr hyn oedd y cysgodau yn *debygoli* (*figured out*), er ys dros 4 mîl o flynyddau, a barnasant yn aflan waed y cymmod. **1790–1** H. JONES: *T* 213, Y mae dynion yn arferol o hoffi y plant ag sy'n *tebygoli* yn fwyaf iddynt. **1803** *P*, *Tebygoli* . . . To render similar . . . to compare. *id.* d.g. *Tybygoli.*

tebygoldeb [*tebygol* + *-deb*] *eg.* Tebygolrwydd; tebygrwydd: *probability*; *similarity.*

1803 *P* d.g. *Tebygoldeb, Tybygoldeb.*

tebygoleg [*tebygol* + *-eg¹*] *eb.* (Cangen o fathemateg sy'n astudio) tebygolrwydd: *probability (theory).*

20g.

tebygoliad [bôn y f. *tebygolaf*: *tebygoli* + *-iad¹*] *eg.* Tebygolrwydd; cymathiad: *probability*; *assimilation.*

1797 B. EVANS: *CG* 72, Os dywedir, Y mae benywod yn abl cael mantais crefyddol, &c. Y mae hynny yn wir; ond y mae yn distrywio y rheswm uchod ar yr un waith, am eu bod felly yn ganniattaol mewn ffordd o gasgliad a *thebygoliad.*

tebygoliaeth [*tebygol* + *-iaeth*] *eb.g.* ll. *-au.*

(*a*) Tybiaeth, barn, meddwl, damcaniaeth, dyfaliad, tyb: *supposition, opinion, thought, theory, conjecture, surmise.*

c. **1400** *RM* 197, a *thebygolyaeth* (*WM* 122. 14, tebic) oed gantunt na wnaei neb ehoaen kyn ehofnet a hynny ony bei uot arnaw vilwryaeth. ac angerd. *c.* **1400** *B* ii. 18, Saf yn dadleu. Barn yn iawn. Kynnal dy *debygolyaeth.* **16g.** *id.* xi. 90, ynn ol *tybygoliaeth* dyn oherwydd nattur ac aruer y bobyl yn yr amser yma o'r byd, kyfflyba yw hyn J'r gwir. **1630** *YDd* 371, [rh]edeg ar flaen ei gleddyf, fel y gallent (yn ol eu *tybygoliaeth* hwynt) gael meddiannu y gorfoledd hwnnw. **1632** *D* d.g. *Conjectura, Opinatio.* **1672** J. LANGFORD: *HDdD* 45, byw fal Dynion y rhai sydd ganddynt yn ddifrifol y fath *debygoliaeth* (*esteem*) uchel o Dduw. *id.* 106, y mae yn dangos, yn gyntaf *dybygoliaeth* wael ac issel iawn o Dduw. *id.* 151, ymddarostwng dy hun, ac i dynnu i lawr y *tebygoliaeth* uchel honno [*sic*] o honot dy hûn. **1675** R. JONES: *HCh* 163, Yn fy *nhybygoliaeth* mi a glywaf ryw rai yn dywedyd, eu bod hwy yn cwbl goelio fod y ddyledswydd [gweddïo] yn angenrheidiol. **1696** *GGTY* vi, fe ddichon peth fod yn wirionedd mewn *tebygoliaeth* (*opinion*) dyn. **1704** E. SAMUEL: *BA* 138, [g]wrthwynebol i *dybygoliaethau* Dr. Cave. **1718** E. SAMUEL: *HDdD* 244, dwyn Cymmaint o ddrwg ar un arall, ar bob gwag *dybygoliaeth* (*surmize*) a dychymmyg ofer. Yn enwedig pan ystyrier fod y Cyfryw *dybygoliaethau*'n fynych 'n tarddu oddiwrth ryw ragfarn. **1722** *Llst* 189, *Tybygoliaeth.* f. . . . Supposition. **1728** T. BADDY: *DDG* 77, y mae amryw *Debygoliaethau* i ba Wledydd y dygodd yr Assyriaid y Dêg Llwyth. **1765** J. POPKIN: *Ll* 191–2, nad oes gennyf achos i fwhwman ymhlith *tebygoliaethau* gyd a'r Academiaid. **1803** *P*, *Tybygoliaeth*, s. m. . . . Supposition.

(*b*) Tebygolrwydd: *probability, likelihood.*

1672 R. PRICHARD: *Gw* 316, Ir cyfryw yr wyfi yn atteb, fôd *tybygoliaeth* y dichon rhai pobl anwybodus, o'r cyffredin Gymru, gael ei twyllo i droi yn Bapistiaid. **1677** R. JONES: *BB* 57, diau na ddichon ûn Rheswm ddangos i ni y *debygoliaeth* (*probability*) leiaf, o wneuthur ein gwaith, pan ddarfytho ein Hamser. **1688** S. HUGHES: *TSP* 51–2, Nis gwaredodd efe [deddfoldeb] neb erioed etto, ac nid oes *tybygoliaeth* y gwareda efe vn dyn byth. **1722** *Llst* 189, *Tybygoliaeth* . . . probability. **1732** *RE* 19, siccirhau Trochiad oddiwrth ddim *tybygoliaeth* o ddim perigl. **1753** *TR*, *Tebygoliaeth* . . . likelihood. **1776** I. BRYDYDD HIR: *P* ii. 251, rhag pob *tebygoliaeth* a phossiblrwydd o'r cyfryw berygl. **1776** *W* d.g. *Likelihood.*

(*c*) Tebygrwydd, cyffelybrwydd, cyfatebiaeth, cydweddiad, cymhariaeth; ?ymddangosiad: *similarity, resemblance, likeness, analogy, comparison*; ?*appearance.*

1545 *CM* 1, 27, ynnol maer awdur tolomews yn dangos o vaintioli a helaethrwydd y pedwar Kleimats Ac o dd/elw a *thybygoliaeth* y ddaiar Ar ffurff ar m/ odd J mae pob vn or vij blaned ynosodedig. **1594–6** *B* iii. 280, Gwraic a dhyelhir o *debygoliaeth* i wybrenn gynnes dyner. **1595** H. LEWYS: *PA* 32, *Tebygoliaethae* (*similitudes*), a chyfflybon yn dangos, pa fod' y mae duw in cospi. **1604–7** *TW* (*Pen* 228) d.g. *Homœosis.* **1632** *D* d.g. *Parilitas, Similitudo.* **1661** E. LEWIS: *Drex* 202, gwasgodwyd allan eisoes ei anfeidrolder ef, trwy fâth ar baentiadau a *thybygoliaethau* (*Resemblances*). **1676** W. JONES: *PGG* 42, A'r ini . . . wneuthur ewyllys Duw, fel y gwneir gan yr Angylion . . . Nid yw y gair bychan (Fel) yn y Dymuniad hwn, yn nôd o gyfartalwch neu gystadledd, ond o *debygoliaeth* a chyff'lybrwydd. **1679** C. EDWARDS: *GGG* 222, Trosedd yw ini ddychymyg *tebygoliaeth* i Dduw. **1711** M. MAURICE: *YAD* 195, [ffydd yr archoffeiriaid] yn *debygoliaethau* bywiol, [ll]ûniau a chyscodau y Gwir Arch. **1753** *TR*, *Tebygoliaeth*, likeness. **1790** T. JONES: *TOS* 245, Mae astudio a phregethu am y nefoedd yn debyccach i fywyd nefolaidd, nac yw meddwl a llefaru am y byd; a'r *debygoliaeth* (*resemblance*) sydd fwyaf tueddol i'n twyllo. **1799** M. WILLIAMS: *HHG* 119, Wrth yr hen grefydd yr y'm ni yn meddwl y *tebygoliaeth* sydd ynddi i'r brif eglwys. Cf. W. REES: *AFR* 275, A ydyw hyn yn dwyn *tebygoliaeth* i'r gaethwasiaeth Americanaidd?

Amr.: **tebygolaeth** [*tebygol* + *-aeth*]. **1696** *GGTY* 202.

Cfn.: **mewn pob tebygoliaeth:** *in all probability, in all likelihood.* **1672** R. PRICHARD: *Gw* [xvii], 283. **1688** S. HUGHES: *TSP* 181. **1763** T. JONES: *RAH* iv. **wrth bob tebygoliaeth = mewn pob tebygoliaeth. 1725** D. LEWIS: *GB* 62, 216. **[1740]** D. LLWYD: *YDD* 86. **1793** M. J. RHYS: *CA* ii. **ym mhob tebygoliaeth = mewn pob tebygoliaeth. 1718** E. SAMUEL: *HDdD* 88. **1759** J. EVANS: *PF* 66.

tebygoliaethol [*tebygoliaeth* + *-ol*] *a.* Tebyg; yn perthyn i debygolrwydd: *similar*; *pertaining to probability.*

1835.

tebygolion [*tebygol* + *-ion²*] *e.ll.* Dyfaliadau: *conjectures.*

1728 T. BADDY: *DDG* d.d., Amcan a *Thebygolion* (*Probable Conjectures*) pa beth a ddaeth o'r Dêg Llwyth a Gaethgludodd yr Assuriaid.

tebygolrwydd [*tebygol* + *-rwydd*] *eg.* ll. (prin) *-au.* Y cyflwr o fod yn debygol, digwyddiad neu beth tebygol, *Math.* mesur sy'n dangos pa mor debygol yw digwyddiad penodol, sef cymhareb yr achosion gwirioneddol i'r holl achosion posibl; y cyflwr o ymddangos yn rhesymol neu'n ddilys; tebygrwydd, cyffelybiaeth; (geir.) tybiaeth: *probability (also in math.), likelihood*; *plausi-*

bility; *similarity*, *resemblance*; (*dict.*) *supposition.*

1722 *Llst* 189, [*Tyby*]*golrwydd.* m. Supposition, probability. **1728** T. BADDY: *DDG* 46, gan anghofio . . . bod Cerrig yr hên Wal mewn *tebygolrwydd* mo'r [*sic*] ddyfned tan y Ddaear. *id.* 90, mae 'r Athraw Manasseh yn ymegnio i wneud allan *Debygolrwydd* fod rhann o r Dêg Llwyth wedi 'u sefydlu yn America. **1759** T. THOMAS: *WWDd* 281, Yr wyf yn pregethu . . . gyd â golwg ar . . . [b]eri i'r meirw glywed llef Mab Duw . . . Mae rhyw *debygolrwydd* rhwng hyn a gwaith Crist yn galw ar Lazarus farw, am iddo ddyfod allan o'r bêdd. **1776** *W* d.g. *Likelihood, Resemblance.* **1786** W. WILLIAMS: *I* 29, Ynghylch y Pwngc o gyffelybrwydd a *Thebygolrwydd* (*likeness*). **1790–1** H. JONES: *T* 213, Y mae *tebygolrwydd* yn fynych rhwng y tad a'r plentyn, rhyw radd o ddelw y naill i'w weled ar y llall . . . Y mae Crist yn desgrifio plant y diafol wrth eu *tebygolrwydd* iddo yn eu cynheddfau. **1798** W. RICHARDS: *CC* 21, gan nad oes un sail yn y byd i feddwl, nac un rhith o brawf, neu *debygolrwydd*, i'w gael, i fod un dyn o fewn ein gwlad wedi bod yn margena â'r Ffrancod. Cf. D. OWEN: *D* 4, Mae cryn *debygolrwydd* rhwng y ddau weinidog Wesleyaidd o ran eu personau a'u gwisgiad.

Cfn.: **yn ôl pob tebygolrwydd:** *in all probability, in all likelihood.* **1866.**

tebygolwr [*tebygol*+-*wr*] *eg.* ll. -*wyr. Athr.* Un sy'n arddel yr athrawiaeth nad yw sicrwydd yn bosibl ond bod tebygolrwydd yn sail ddigonol i gredu a gweithredu; rhywun neu rywbeth sy'n debyg i rywun neu rywbeth arall: *probabilist* (*in philos.*); *resembler.*

1871.

tebygrwydd [*tebyg*[1] + -*rwydd*] *eg.* Y cyflwr o fod yn debyg (o ran ymddangosiad, natur, &c.), cyffelybrwydd; tebygolrwydd; tybiaeth, dyfaliad, syniad: *resemblance*, *similarity*, *likeness*; *probability*, *likelihood*; *supposition*, *conjecture*, *idea.*

13g. *GDB* 427, Cam y gorug Duw o *dybygrwydd*, / Cyn bai trwch, na bai trychanmlwydd. **1776** *W* d.g. *Likeness, Resemblance.* **1803** *P*, *Tebygrwyz*, s. m. . . . Similitude; likelihood; probableness; conjecture. Ar lafar, "Chretat ti ddim taw dou frawd ŷn' nw, waith 'os dim *tebycrwdd* ryntyn' nw, yn 'u golwg na dim', *GTN* 784. Cf. J. MORRIS-JONES: *CD* 41, Trosiadau'n ddiau yw'r rhain, yn gorffwys ar *debygrwydd* y gwrthrych i'r peth y rhoir ei enw arno. *id.* 317, nid oes dim *tebygrwydd* bod yr un o'r rhain yn hŷn na diwedd yr hen gyfnod.

tebygwr [bôn y f. *tebygaf*: *tebygu*+-*wr*] *eg.* ll. -*wyr.* ?Ymhonnwr; (geir.) tybiwr: ?*impostor*; (*dict.*) *supposer.*

18g. *Musica* 7, yr hwn a wyppo 'r yspysrwydd heb ddysg Celfyddyd, ni bydd ef athro namyn *tebygwr* Cerdd. **1803** *P*, *Tybygwr*, s. m.—pl. *tybygwyr* . . . A supposer, one who imagines.

tecâd [bôn y f. *tecâf*: *tecáu*+-*ad*[2], trf. han.] *eg.* Harddiad, addurniad; dymunoldeb: *an adorning*, *adornment*, *embellishment*; *pleasantness.*

1632 *D* d.g. *Charientismus.* *c.* **1785–90 (1829)** *CBYP* 44, Tri *theccad* Cerdd; hardd Grebwyll, hardd Berthynas, a hardd Gywreingamp ar Fydryddu. **18–19g.** *Iolo MSS* 210, Dosparth Aberffraw, dan wellhâd a mwyhâd ac amlhâd, a *theccâd.* **1803** *P* d.g. *Tecâad*, *Tegâad.*

tecâf: tecáu [*teg*+-*hau*] *bg.a.* Gwneud neu fynd yn deg neu'n goeth, harddu, addurno, gwychu, hefyd yn *ffig.*; gwenieithio, ffalsio; (geir.) dyhuddo: *to make or become fair or fine*, *beautify*, *adorn*, *decorate*, *embellish*, *also fig.*; *flatter*, *dissemble*; (*dict.*) *appease.*

13g. *Llst* 1, 53, ef a cladwŷt eg kaer llyon ar wysc er hon gwedy marv y tat a lafvryassey ynteu y hanrydedv ac *thekav* o adeyladev a mvroed. **14g.** *BY* 35, a *thekau* o honaw plasseu Kaervssalem o waet y prophwydi. **14g.** *WML* 3, Breint argloyd dinefor heuyt *atecceir* o warthec govynyon aphen pop vn borth loscorn y llall. **14g.** *GP* 46, Mydr neu brydyat yw kyuansodyat ymadrodyon perfeith kyuyawn, a *dekaer* o eiryeu gwann arderchawc, adwyn, adurn. *c.* **1400** *YCM*[2] 168, Music a ysgythrwyt yno, a honno a dysc keluydyt y ganu. A thrwydi y *teckeir* gwassanaeth yr eglwys. *c.* **1566** *B* i. 143, lle y savo y bys y cyfrifir y tolciaday sydd yn gwsnaythu yn lle bwadau ar plethiaday yn *tegcay* rwng tyniaday a chowirdanay. **1567** *TN* 204b, Alexander a amneidiodd a llaw, ac a vynesei escusodi [:- *decay*] y peth wrth y popul. *Diw.* **16g.** *LBS* iv. 397, gulad a elwir Cymry . . . a Saint gynt ynni chyfanheddu ac er hynny hyd heddiw yny *theckaii* o wyrthiau cyfwlch. **1588** *Jer* ii. 33, Pa ham yr wyt ti yn *teccau* dy ffordd i geisio caredigrwydd. **1604–7** *TW* (*Pen* 228), y Tynniat cyntaf wrth baintio ne scythru cynn *teccau* nag adhurno dim arno d.g. *Umbra.* **1615** R. SMYTH: *GB* 18, yr vvyti yn llafurio cymaint i *deccau* ag i faithri/no dy gorph. **1630** R. LLWYD: *LlH* 194, Myfi a welaf yr ewyllysiech chwi *deghau*'r matter; ac a geiriau hygoel coluro y peth. **1632** *D*, *Teghau*, [Serenare, decorare]. Item Pacare. **1632** J. DAVIES: *LlR* 101, harddu, a *theghau*, a chyfoethogi ein heneidiau â'i fendigedig râs ef. **1688** *TJ*, *Teghau*: to beautifie, &c. also to pacifie. **1759** *BC* 245, A phan ddarfu i Wraig y Tŷ, / Gael ei chyfri yn union; / Llenwi'r Fflagen fawr a'r [*sic*] fyrr, / I'w gwneuthur nhw'n gymdeithion: / Yfed attyn drwy *deccau* / Cymryd arna i gyd y bai. **1788** J. GRIFFITH: *DCC* 58, llunio rhyw fath o resymmau dros y fath esgus, ac yn ceisio 'u *teccau* trwy dwyll. **1803** *P* d.g. *Tecâu*, *Tegâu.* Ar lafar ym Mrych. yn yr ystyr 'codi'n braf', ac ym Morg. yn yr ystyr 'mynd yn eiddil yr olwg', 'Ma 'i wedi *tecáu* 'dd ar cas 'i'r pwl 'na'.

têc-awe [bnth. S. *take-away*] *eg.* ll. -*s*, a hefyd gyda grym ansoddeiriol. Pryd o fwyd neu fyrbryd parod a brynir mewn siop neu fwyty i'w fwyta mewn lle arall, lle sy'n gwerthu prydau o'r fath: *a take-away.*

20g. Ar lafar, "Dwi ry ddiog i neud bwyd—gawn ni *dêc-awe*', 'Mae 'na *dêc-awe* newydd 'di agor ar y Stryd Fawr'.

tecel, teceled, tecell, tecellaid, gw. **tegell, tegellaid, tegell, tegellaid.**

teceter, tecetl, gw. **tegell.**

tecidled, gw. **tegellaid.**

tecil, tecildar, gw. **tegell.**

teciled, gw. **tegellaid.**

tecilt, tecilter, tecl, gw. **tegell.**

teclid, tecltyr, gw. **tegellaid, tegell.**

teclyn [*tacl*+-*yn*[1]] *eg.* ll. -*nau.* Offeryn, erfyn, celficyn, patent, dyfais, contrapsiwn; ?dodrefnyn; hefyd yn ddifr. am berson: *instrument*, *implement*, *tool*, *device*, *gadget*, *appliance*, *contraption*; ?*item of furniture*; *also derog. of person.*

1547 *WS*, Trekyn *teklyn.* *c.* **1585** G. ROBERT: *DC* 29b–30a, Barrabas, dyn o 'r gwaethaf ar a alhei fod . . . y *teclyn* hyn a gwplysodh Pilat ynghyd an Prynwr ni. **1710–11** *WDS*, (Llandaff), Cerdda, cerdda y *tecklin*, ffwrdd, ffwrdd y *tecklin* drwg, y gwsney front . . . ye meaning . . . of ye Welsh word *Tecklin* is a whore, harlott, or adultress. **1803** *P*, *Teclyn*, s. m. dim. . . . A tool, an instrument. Ar lafar, "R hen *declyn* glew!', 'Hen *declyn* garw ydi hwn a hwn, 'fedar neb neud dim byd ohono fo', *WVBD* 521; 'y *teclyn* drwg iddo fo', *B* xv. 25 (Meir.); '*Teclyn* bach nêt yw 'wn', *GTN* 784. Clywir hefyd y ff. *taclyn*, *SC* vi. 134 (sir Benf.). Cf. D. OWEN: *D* 154, tystient yn bendant wrth y paentiwr nad oeddynt yn cael unrhyw bleser yn y ffaith fod eu tai yn wagach o amryw *declynau* wedi i'w weithwyr ef fod yn talu ymweliad â hwynt.

tecneg, tecnegol, gw. **techneg, technegol.**

tecno [bnth. S. *techno*] *eg.* Math o gerddoriaeth boblogaidd a nodweddir gan guriad dawns cyflym a thrwm, a seiniau wedi eu syntheseiddio: *techno* (*music*).

20g.

tecnocrat, tecnocrataidd, tecsiwn, gw. **technocrat, technocrataidd, protecsiwn.**

tecst [bnth. S. *text*] *eg.* Testun (geiriol), darn (byr) o'r Ysgrythur, hefyd yn *ffig.*: (*biblical*) *text*, *also fig.*

15–16g. *TA* 207, Oedd yn y secst yn *tecst* tynn, / Air a thafod wrth ofyn? **1550** W. SALESBURY: *BWD* [1], Lhyma heued *Text* o Gufreith [*sic*] Howel da. **16–17g.** *GST* i. 373, Cweiriaist, ordeiniaist air Duw, / Cost dibrin, troi'r *tecst* Ebryw. **1604** R. HOLLAND: *BD* 5a, Bydhwch hy-dhysc yn y *text.* **1653** *MLl* i. 186, Ond nid ydym ni yn darllain iddo gymmeryd erioed vn *text* o'r bibl, ond vnwaith allan o Esay. A thrwy na bo y rhain yn pregethu ond y gwir, nid oes fatter am ddilyn llythyren vn *text. Text* pregethwr yw gwirionedd. Testyn gŵr Duw yw'r holl fibl. **1735** S. THOMAS: *HP* 91, un *Tecst* o'r Ysgrythur . . . trwy yr hwn yr oeddent yn pryfio fod Pechod gwreiddiol oedd Rhuf. 5. 12. **1763** *DT* 198, Mae 'r *Tecst* yn amlwg ddigon, / I'w weled yn Nhregaron; / Mae 'r Cnawd yn drech nâ 'r Yspryd Glân, / Ag Arian nâ dŷn gwirion. **1828** *Geir Pob* 26, *Tecst*, testun.

tecstil [bnth. S. *textile*] *eg.* ll. -(*i*)*au.* Defnydd neu frethyn wedi ei wehyddu, edefyn neu edau a ddefnyddir i wehyddu brethyn: *textile.*

20g.

tecstwr [*tecst*+-*wr*] *eg.* ?Un sy'n ysgrifennu â llaw tecstwra: *one who writes in textura or text-hand.*

c. **1600** *LGCD* xi, Kothi lladingwr da yn y amser a *thegstwr* or gorau oll. Ny sgrifennwys Lewys y glynn ar joed ar bapur ond ar barsment, kans *tegstwr* da oedd ef yn wir.

tecstwra [bnth. S. *textura*] *eg.* a hefyd gyda grym ansoddeiriol. Llaw lawysgrifol (Gothig) a ddefnyddid ar gyfer testunau a llyfrau ffurfiol yr Oesoedd Canol: *textura*, *text-hand.*

20g.

tectoneg [cfdds. o'r S. *tecton*(*ics*)+-*eg*[1]] *eb. Drg.* (Gwyddor) y prosesau sy'n effeithio ar adeiladwaith cramen y ddaear ar raddfa eang: *tectonics* (*in geol.*).

20g.

tectonig [cfdds. o'r S. *tecton*(*ic*)+-*ig*[2]] *a. Drg.* Yn perthyn i adeiladwaith cramen y ddaear neu i unrhyw brosesau sy'n effeithio arni ar raddfa eang: *tectonic* (*in geol.*).

20g.

tecylter, tecyn[1,2], gw. **tegell, tac**[1,5].

tech [bôn y f. *techaf*: *techu*; cf. Llyd. C. *tech*, Llyd. Diw. *tec'h* 'ffoedigaeth'] *eg.* Enciliad: *retreat.*

12g. *GMB* 153, Lliaws *tech* rac trech tra briwwys / A bytin a bedrawd tu eglwys. **1803** *P.*

Gw. hefyd **godech.**

techaf: techu [Llyd. C. *techet*, Llyd. Diw. *tec'hel*, *tec'hout*: o ff. yn -*s*- ar yr un gwr. **tek*[u]- 'rhedeg, mynd' ag a welir yn *godeb* ac yn H. Wydd. *te*(*i*)*chid* 'ffy'; cf. Sans. *tákti* 'fe frysia'] *bg.* Encilio, ffoi; (geir. yn wr.) ymguddio, llercian, ystelcian: *to retreat*, *flee*; (*orig. dict.*) *hide*, *lurk*, *skulk.*

13g. *A* 5. 6–7, arth en llwrw byth hwyr e *techei. id.* 31. 16–17, ath uodi gwas nym gwerth na *thechut. id.* 33. 20, ny phorthassan warth wyr ny *thechyn.* **13g.** *GBF* 73, Eurwawr, llew yg gawr, llafyndrwch, / Aerwalch eiryf, ny theiryf, ny *thech* / Ny *thechei* ner fer, frawtus, / Mab Ywein, bro goeluein brys. **14g.** *T* 15. 23–4, Seis arhynt hyt gaerwynt kynt pwy kynt *techyn.* *c.* **1400** *R* 1037. 17–18, a minneu armaaf ysgwyt bryt briw kynn *techaf. ib.* 27–8, Gwen wrth lawen yd welas neithwyr athuc ny *techas. id.* 1056. 38–9, ny *rydecho* rydygir. **1632** *D*, *Techu*, Idem quod Llechu, Latere, Latitare. *id.* d.g. *Deliteo*, *Lateo*, *Oblitesco.* **1688** *TJ*, Dechu, *techu*, llechu. To lie hid. **1722** *Llst* 189, *Techu.* To lye hid, lurk, sculk. **1770** *W* d.g. *To abscond*, *Cave*, *To lurk in caves*, *To lie hid*, *To mich*, *To Sculk.* **1803** *P*, *Teçu* . . . To sculk, to lurk, to lie hidden. Cf. DEWI WYN: *BA* (At.) 125, Yn *techu* is gwerchyr, O! dristwch!

Amr.: **dechu** [ff. eir.]. **1632** *D.* **1688** *TJ.* **1753** *TR.*

techneg [?cfdds. o'r S. *techn*(*ique*)+-*eg*[1]] *eb.* ll. -*au*, (prin) -*ion.* Dull o berfformio neu weithredu, medrusrwydd neu allu mewn maes penodol, dull medrus neu effeithiol o wneud rhywbeth: *technique.*

1929.

Amr.: **tecneg. 1931.**

technegiaeth, technegaeth [*techneg*+-(*i*)*aeth*] *eb.* Technoleg; techneg: *technology*; *technique.*

1928.

technegol [*techneg*+-*ol*] *a.* Yn perthyn i'r gwyddorau cymwysedig neu ddiwydiannol, yn perthyn i bwnc, crefft, neu gelfyddyd benodol neu i'w technegau, yn defnyddio priod dermau gwyddor neu bwnc penodol, yn gofyn gwybodaeth arbenigol i'w ddeall, seiliedig ar gymhwysiad caeth rheol, geiriad, &c.; technolegol: *technical*; *technological.*

1929. Cf. G. ROBERT: *GC* [205], amlygu iawn dôn, a chymwys fessurau 'madrodd, a phob math ar gerdd dafod, sy dechnigawl, ag yn gymradwy ymysg beirdd awduredig a phencerddied cymru.

Amr.: **tecnegol** [*tecneg*+-*ol*]. **1924.**

technegwr, technegydd [*techneg*+-*wr*,

-ydd³] eg. (b. technegyddes) ll. technegwyr, technegyddion. Arbenigwr ar gymhwysiad ymarferol gwyddor, un deheuig wrth ddefnyddio technegau celfyddyd neu grefft benodol, un a gyflogir i ofalu am offer technegol ac i gyflawni gwaith ymarferol mewn labordy, &c.; mecanydd: technician; mechanic.
1938.

technen [bnth. dysg. Llad. techn(a)+-en] eb. Techneg: technique.
p. **1584** G. ROBERT: GC [206-7], e ddysg dyn gystrawenu'r geiriau cymraeg yn gynt, wrth i glust . . . nog wrth reolaethau' [sic] celfyddyd, neu ddogsennau [sic] technen.

technennig [technen+-ig²] a. Technegol: technical.
p. **1584** G. ROBERT: GC [207], yna i byddai gymhwyssach, roi allan reolaethau technennig i gystrawenu'r fruttaniaith. id. [208], Da oedd yn gyntaf, ysponi geiriau technnennig. (a eilw'r lladinwyr terminos artis) sy'n perthynu att y rhann yma. id. [224], nid yw cynghanedd ddim amgen, no chynghordiad, ne gyssondeb, technennig .s. celfyddus rhwng, amrafael sillafau, ne lythrennau, a font yn cyfatteb, mewn unrhyw, ne cyphelib swn. **1633** RWM i. 1111, Dwnedawl eiriau Technennic . . . Rithegawl eiriau technennic.

technig [?cfdds. o'r S. techn(ique)+-ig²] a. Technegol: technical.
1926.

technigol, gw. technegol.

technocrat, tecnocrat [bnth. S. technocrat] eg. ll. -iaid. Pleidiwr technocratiaeth, un a chanddo rym mewn technocratiaeth: technocrat.
20g.

technocrataidd, tecnocrataidd [technocrat, tecnocrat+-aidd] a. Yn perthyn i dechnocrat(iaeth), tebyg i dechnocrat(iaeth): technocratic.
20g.

technocratiaeth [technocrat+-iaeth] eb. ll. -au. Llywodraeth neu reolaeth gan arbenigwyr technolegol, enghraifft o'r cyfryw neu grŵp o'r fath arbenigwyr: technocracy.
20g.

technocratig [cfdds. o'r S. technocrat(ic) +-ig²] a. Technocrataidd: technocratic.
20g.

technoleg [cfdds. o'r S. technol(ogy)+ -eg¹] eb. Astudiaeth neu ddefnydd o'r gwyddorau cymwysedig neu ddiwydiannol, y pynciau hyn fel cyfangorff, un o'r pynciau hyn: technology.
20g.
Cfn.: **technoleg gwybodaeth:** information technology. **20g. technoleg amgen:** alternative technology. **20g.**

technolegeiddiaf: technolegeiddio [technoleg+-eiddio (At.)] bg.a. Gwneud neu fynd yn dechnolegol: to technologize.
20g.

technolegol [technoleg+-ol] a. Yn perthyn i dechnoleg, yn defnyddio technoleg: technological.
1936.

technolegwr, technolegydd [technoleg+ -wr, -ydd³] eg. ll. technolegwyr. Arbenigwr ar dechnoleg: technologist.
20g.

tedi [bnth. S. teddy] eg. ll. -s. Tedi-bêr, hefyd yn ffig.: teddy bear, also fig.
20g.

tedi-bêr [bnth. S. teddy bear] eg. Tegan meddal ar lun arth: teddy bear.
20g.

tedi-boi [bnth. S. Teddy boy] eg. ll. -s. Llanc, yn enw. yn ystod pumdegau'r ugeinfed ganrif, a wisgai ddillad Edwardaidd eu steil, megis siaced hir a thrywser main: Teddy boy.
20g.

---

tedish [bnth. S. tea-dish] eg.b. ll. -ys, tedisiau. Cwpan te: teacup.
20g. Ar lafar, SC vi. 134 (sir Benf.); 'Estyn y tedish a'r sawsar inni gâl te gyta'n gilydd' (Morg.).

tedd [gair geir. yn wr.] eg. Ehangder; arddangosiad: spread; display.
1803 P, Têz, s. m. . . . A spread; a display . . . A'r gwreigez eurwez, tez teg (SIÔN CENT: Gw 24, tud aurwedd têg) . . . S[iôn] C[ent].

teddaf: teddu [gair geir. yn wr., sef bf. o'r e. tedd] ba. Taenu, arddangos; Cyfr. dwyn (achos): to spread, display; bring (case, in law).
1803 P.

teddfaen [?tedd+maen¹] eg. Sinidr: sinter.
1858.

teddyf [ansicr yw ff. ac ystyr y gair hwn, 'and the text is clearly corrupt', LTMW 234] eg. ?Soced (ym mhen bwyall): socket (of axe-head).
13g. Lll 21, kant kvllter a pen guaeu a thedyf bvyall kennut. **15g.** LTWL 504, tedif bwyal. **1730** Leg Wall 66, Vox Theddyf corrupta videtur pro Neddyf. **1803** P, Teddyv, s. m. . . . A socket, or hollow for receiving a handle, or the like.

tefig [olff. o (pen)defig; ansicr yw tefig, GIG 83, a thebyg nad yma y perthyn] a. Sofran, goruchaf: sovereign.
1803 P.

teflidydd [bôn y f. taflaf: taflu+-idydd (At.)] eg. Taflwr, lluchiwr: thrower, hurler.
14g. GDG³ 205, Tithau'r albrasiwr, tuthia, / Teflidydd defnyddwydd da.

teflyn [tafl¹+-yn¹] eg. ll. -nau. Unrhyw wrthrych a deflir neu a saethir, taflegryn: projectile, missile.
20g.

tefyll, tefyrn, gw. tafell, tafarn.

tefflon [bnth. yr e. masnachol S. Teflon] eg. Polymer gwydn ac iddo gyfernod ffrithiant isel iawn; y mae'n gallu gwrthsefyll effeithiau cemegol, ac fe'i defnyddir i wneud seliau a berynnau ac fel haen anlynol ar offer coginio: Teflon.
20g.

teg [H. Grn. teg, gl. pulcher, Crn. C. tek; petrus yw dosbarthiad rhai o'r enghrau. isod] a. a hefyd gyda grym enwol.

(a) Prydferth, hardd, tlws, golygus, glandeg, gwych, destlus; hyfryd, hawddgar, rhadlon, annwyl, dymunol; braf (am y tywydd), sych, poeth; glân, pur; gwenieithus (am eiriau, &c.), ymddangosiadol gredadwy: fair, beautiful, pretty, handsome, fine, neat; agreeable, amiable, dear, pleasant; fine (of the weather), dry, hot; clean, pure; flattering (of words, &c.), plausible.
Dchr. **12g.** GMB 7, Haelaw, lariaw, levaf, teccaf o Adaw plant. **12g.** GCBM i. 62, Ny ryweles tec nwy ryöelwy! **1346** LlA 3, yr egylyon yr rei ysyd yn wastat degach seithwreith nor heul. **14g.** GDG³ 9, Tyfiad agwrdd, twf digabl, / Tri ar ddeg, pand teg y tabl [i luniau Crist a'i apostolion]? c. **1400** [RB] WM 205. 21-5, A phan dywettei arthur yr ymadraöd teckaö örthyf or aallei. y dywedwn ynneu yr ymadraöb honnö yn hacrraf a allön örth vedraöt. c. **1400** (SG) HMSS i. 389, ar dyd aoed yndec ar dyn eglur. ar awyr aoed pur a glan. c. **1400** Études vii. 286, bwrw y pwdyr hwnnw arnaw . . . a thegach vyd y greith. Diw. **16g.** WLB 35, ai briwo oll yn fân ai kymyscu . . . ac yna i berwi ai wasku drwy liain teg, ai gadw yn anwyl. id. 74, berw hwynt mewn dwfr teg Rhedegog. **1588** Jer xii. 6, na choelia hwy er dywedyd yn deg wrthit. **1615** R. SMYTH: GB 135, O chymeri di un deg [gwraig] y mae hi'n sein ar dy ddrvvs i ddenu cvvmpeini iti. **1632** D, Têg, Pulcher, bellus, venustus, serenus. **1632** J. DAVIES: LlR 38, y mae 'r llafurwr yn ofalus am fwrw ei hâd yn y ddaiar tra fo'r hin yn dêg. **1676** W. JONES: GB 109, Y cwbl a dâl cfe itti am yn holl lawenydd a addawodd yn dêg. **1703** E. WYNNE: BC 5, Ar ryw brydnhawngwaith têg o hâ hir telyn tesog. **1718** M. WILLIAMS: P 17, Meddyliwch am yr hên Ddiareb Nes Elin nag Arddwrn. Gwedi treiglo trwy bob Tre', / Teg edrych tu ag Adre'. c. **1762-79** W. WILLIAMS: P 238, yna fe osododd bedwar copy i gael eu scrifennu i maes ym deg ac yn llythrennol. **1803** P. Ar lafar, 'dyn teg yr olwg', 'Mi 'steddis i lawr tan iddi ddŵad yn deg', WVBD 527; 'dwyrnod teg', GTN 788. Fe'i clywir hefyd yn yr ystyr 'eiddil', 'Ma

---

'i wedi mynd i ddishgwl yn deg iawn ond yw 'i' (dwyrain Morg.).

(b) Rhydd oddi wrth ragfarn, dichell, &c., union, amhleidiol, cyfiawn, cywir, rhesymol; ?ufudd: fair, equitable, impartial, just, right, reasonable; ?obedient.
12g. GLlF 441, Ef kymerth yr Duw diotcifyeint— yn dec / Ar domn a charrec. **12g.** GCBM ii. 92, Mor dec moli mor deilyg, / Milwr maör mal Maelogyg. **12-13g.** GMB 539, Na'm gatto Reen ry'n tec prynnas / Yn rewin Kayn can Sathanas. **13g.** GDB 452, Gwedi llarydad, Duw deg cyfreithiau. **13g.** Lll 74, ynteu a eyll kemryt teyr keynnyauc am e teyr punt . . . ac en tec y kyureyth. **13g.** GBF 264, Dwys acrgwys, Powys poed eityaö, / Detfeu tec, tygu o'e eurllaö. **1346** LlA 60, pell yvrthaö [Duw] vyd pop peth dybryt gôann. Ac agos idaö pop peth kyfuyaön. Athec. c. **1400** YCM² 110, Chwi a ellwch, hagen, adolwyn ym yn gyn decket ac y delwyf avory. **15g.** GGl² 174, Gŵr un fetel â'r garreg, / Doeth yw a chaled a theg. **1551** W. SALESBURY: KLl xxvib, Hi weithiadd weithred dec [:– da] arno [sic] vi. **1592** S. D. RHYS: Inst [xiv], Eithr nyd yw y bhursennaidh sorod hynn o Gymry (o's efe doydyd gwir,) onyd gohilion. **1661** E. JONES: Drex [xiv], nid ydwyf yn amcanu myned (er bod i mi achlysur teg) tros y rhestr o'ch rhinweddau Christionogol. **1696** CDD 114, Pan fernir y lladron, ger bron y swyddogion, / Gan ofud dy galon têg ddialedd a gân; Ac yno'r difeirwch, fŷdd rhwyddwr i'r heddwch, / A phlant y tywyllwch [sic] allan. **1747** T. EVANS: DDM [1], ymddwyn yn deg yn onest, ac yn gydwybodol a'n Cymydog. **1773** W d.g. Fair [apply'd to the character, just, honest, equal], Fair [apply'd to dealing . . .]. ar lafar, 'dwrnod teg o waith', 'gneud yn deg â phawb', WVBD 527; 'Ranna'r afal yn deg 'nawr, ryntot ti a dy frawd', GTN 788.

(c) Cyflawn, llwyr: complete, entire.
Diw. **16g.** KLl 41, kans ba ryw eli bynnag a ddechreuer i roi ar lose, hwnw a fynn ef oni fo iach, ac o newidir ni fydd teg y feddyginieth. **1691** T. WILLIAMS: YB 175, da[u] beth yw byw a' bôd, ag mae rhagor têg rhyngthynt yn eu hystyriaeth au cyfrif (of a distinct consideration and account). Ar lafar, ''Wi wedi ffaelu'n deg â nuthur y peth 'yn', GTN 788. Cf. T. LEWIS: HPF 319, wedi gofyn am ei gwr, aethant i chwilio y tŷ; ond methasant yn deg a chael gafael ynddo; W. REES: AFR 15, wedi gwrthod yn deg ei gwerthu hi.

tegaidd [teg+-aidd] a. ll. tegeiddion. (Eithaf) teg, tlws, hardd; hyfryd, dymunol; braf (am y tywydd); ?teg (am ddadl, &c.), ymddangosiadol gredadwy: (quite) fair, pretty, beautiful; agreeable, pleasant; fine (of the weather); ?plausible.
1670 J. HUGHES: AP 109-10, Adam wrth fwytta'r Afal gwaharddedic . . . darfod iddo fflattru eihunan gan ddywedyd . . . Oni all ef greu mil o'r vnrhyw brenniau? A llawer mwy o resymmau tegaidd fel y rhain (ysgrithwyneb i Orchymmyn eglur Duw) **1725-6** Madd Ed 2, [d]al sulw ar degaidd neu Serchogaidd wedd y pethau a osodir allan iddo [yn yr Ysgrythur]. **1772** D. RISIART: HFP 184, Ond gennych, coelia, nid oes calon, / La degaidd fwrw mewn myfyrion; / . . . / Ond mi arhosaf etto ennyd, / I ddilyn tegaidd, rwydd, a hyniaidd, lwybrau ie'ngctid. Cf. ISLWYN: Gw 754, Eu swynion tegeiddion yw'r . . . D. OWEN: WBC 31, [p]lant glân a thegaidd iawn.

tegair, gw. teg+gair¹.

tegan [teg+-an¹] eg. ll. -au, a hefyd gyda grym ansoddeiriol.

(a) Gwrthrych i blant neu eraill chwarae ag ef, atgynhyrchiad (bychan) o rywbeth, peth a lunnir er difyrrwch yn hytrach na defnydd ymarferol; addurn bach rhad, ffigari, tlws (diwerth), gem; cywreinbeth, sbesimen, arddangosyn; hefyd yn ffig.: toy, plaything; bauble, knick-knack, trinket, jewel, gem; curio, specimen, exhibit; also fig.
14g. GIG 43, Ni ddug degan o'i anfodd / Gan fab ond a gâi o'i fodd [i Owain Glyndŵr]. Diw. **15g.** Pen 67, 106, Noblev vv n hegannav gynt / cissiav aryan es hirynt (Huw Dafi). **15-16g.** TA 521, Rhoi ocdau, Gwen, rhy deg oedd, / Rhoi i dlawd am yr hoedl ydoedd; / . . . / Rhoi teganau, mwynau mân, / Rhoi cae Esyllt, rhoi cusan. **1547** WS, Tecan An ouche. **16g.** (LlEG) Mos 158, 481a, hroddi kockwll gwraig weddw ar y ddoor yr hwn aoedd arwydd ne degan arglwydd fferis. **1588** Jud x. 4, hi a . . . wiscodd fraichledau, a llewis, a modrwyau, a chlust-dlysau, ai holl degan. Dchr. **17g.** J 10, 156a, Tegan . . . iuell. Gemma: Margarita. **1632** D, Tegan, locale, monile. **1632** J. DAVIES: LlR 36, Arfer plantos yvv gwneuthur cyfrif mwyn o ryw degan dibris, nag o'r tlws gyverthfawroccaf. **17g.** E. MORUS: Gw 47, Tlws purlan, tegan y tai, / Tŷ ar dyfiad, twr difai [i ofyn paun].

1703 E. WYNNE: *BC* 106, masweddwyr, teganwyr, a mil fyrddiwn o bôb rhyw *deganau*. *id.* 145, Pa ŵr yn ei gô a helici *deganeu* a phlesereu darfodedig, swrffedig. **1722** *Llst* 189, *Tegan*. m.p. *ganau*. A bauble, toy: a tablet of gold or silver; jewell. **1725** *SR* [iii], Edward Llwyd A. M. Diweddar geidwad Tryssor-gell y *Teganau* a'r peth mwya' dieithr a rhyfeddol. **1757** *ML* (Add) 894, Almari (Cabinet for Curiosities) . . . yn Hon y mae Ffosilod, Cregyn, Mwynau . . . ac ar fyr eiriau pob anianawl dlysau a *theganau* destlus. **1766** *CD* 144, Cael moethe ddau ddigon, / A *Theganau* gwychion. **1773** *W* d.g. *Gewgaws, Knack, or knick-knack, Trinket. a.* **1791** W. WILLIAMS: *GP* 768, Mae holl *deganau*'r ddaear hon, / . . . / Yng ngwydd fy Iesu yn gwywo eu gyd. **1803** *P*, *Tegan*, s. m. dim.—pl. t. *au* . . . A pretty thing, a toy, a bauble, a jewel. Ar lafar, 'mynd ar ôl pob *tygana*', *WVBD* 527; '*Tegana* plant yw reina', *GTN* 788; hefyd yn yr ystyr 'a good hit, hard blow', 'hen tsiap yn rhoi *tegan* i rŵun', *WVBD* 527.

(*b*) Anwylyd, cariad, ffefryn, anwesyn: *darling, loved one, favourite, pet.*

14g. *GDG*³ 50, Cyd bai llawn, dawn dywenydd, / O berffrwyth, gweddeiddlwyth gwŷdd, / Y bydd cerdd fydr, o hydr hoed, / Heb loyw *degan* blodeugoed [marwnad Gruffudd ab Adda]. *id.* 425, Dafydd, *degan* rhianedd, / Dyfna' clod, daufiniog gledd [marwnad Dafydd ap Gwilym gan Fadog Benfras]. *c.* **1400** *R* 1415. 37–8, Daryan gôyr. *degan* clerôyr. **15g.** *NBSBM* 55, Teca' tri rhwng dau briawd, / Tri *thegan* Morgan a Mawd [Hywel Dafi i dri mab Morgan o Frycheiniog]. **15g.** *GLGC* 512, Un mab oedd *degan* i mi; / Dwynwen, gwae'i dad o'i eni. / . . . / fy *nhegan* oedd, fy nghannwyll, / fy enaid teg, fy un twyll [marwnad Siôn y Glyn]. **15–16g.** *GIF* 57, Diddig wyd, dy dda a gaid, / Dafydd, moes hwrdd i'm defaid: / *tegan* gwlangyfan goful, / tyb am ei oen, twba mul [i ofyn maharen]. **17g.** HUW MORUS: *EC* i. 13, Digiodd bawb, dygodd i'w bedd, / Dygn y gŵyn, *degan* Gwynedd [marwnad Barbara, gwraig Richard Miltwn]. **1778** *W* d.g. *Pet* [*a fondling*]. **18–19g.** *IMCY* 239, Ei rodd rhag gorfod goddef / *Degan* aur a'n dwg i nef. Digwydd hefyd fel epithet, e.e. 'Ieuan *degan*', *EWGT* 149.

Cfn.: *Bot.* **tegan y baban:** *yellow rattle, Rhinanthus minor.* **1934.** **tegan meddal:** *soft toy.* **20g.**

Gw. hefyd **tegins.**

teganaf: teganu [bf. o'r e. *tegan*] *bg.a.* Anwylo, maldodi, mwytho, difetha; gweniaith io: *to caress, pamper, indulge, spoil; flatter.*

1777 W. WILLIAMS: *DN* 41–2, nid heb lawer o *deganu* ac ymddwyn yn garuaidd iawn i rai. *id.* 46, os bydd ef mewn nattur boeth ac uchel, gwna naill a'i [*sic*] *deganu* â geiriau hawddgar, neu attal dy ymadrodd hyd onis byddo ei ddigofaint ef heibio. Ar lafar, 'Mae'r ferch fach yn cael gormod o'i *theganu*' (Cered.).

teganaidd [*tegan*+-*aidd*] *a.* Tebyg i degan, plentynnaidd: *toylike, childish.*
1803 *P.*

tegandy [*tegan*+*tŷ*] *eg.* Siop deganau, hefyd yn *ffig.*; ?tŷ dol; cwpwrdd (ar gyfer cywreinbethau, &c.): *toyshop, also fig.*; ?*doll's house; cupboard (for curios, &c.).*

1760 *ML* ii. 276, Ymhle mae'r gragen a addawodd y Meistr Jones o'r Barley Mow i'w ufudd wasanaethwr? Gwiliwch iddi lithraw i Almari y Cymmrodorion. 'E welodd y gwrda hwnnw y rhai gwcha yn fy *nhegendy* [*sic*] i. **1794** *W* d.g. *Toy-shop.*

teganllyd [*tegan*+-*llyd*] *a.* Plentynnaidd; addurnedig, coegwych: *childish; ornate, flashy.*
18–19g. *MA* iii. 238, Tri pheth à ddangosant buten: min moethus, gwisgoedd *teganllyd*, a thavawd rhedegawg.

teganwr, teganydd [*tegan*+-*wr*, -*ydd*³] *eg.* ll. *teganwyr.* Gwneuthurwr neu werthwr teganau; gemydd: *toy-maker or -seller; jeweller.*

Dchr. **17g.** *J* 10, 156a, *Teganwr*. Cimeliarchus. Gemmarius. **1703** E. WYNNE: *BC* 105–6, Plesser a'i Merch Ffolineb, yn arwain ei deiliaid . . . masweddwyr, *teganwyr*, a mil fyrddiwn o bôb rhyw deganeu. **1759** *DG* 51, Tegan llaw teg yni llun / *Teganwr* wyt i ganun [i ofyn am ffon]. **1760** *ML* ii. 265, Llyma wahodd i giniawa . . . ynghyd a'r Doctor Owen ac Elis Puw'r *teganydd*, yn nhy Silvanus Bevan y crynwr. **1803** *P*, *Teganwr*, s. m.—pl. *teganwyr* . . . A toyman.

tegaswn, gw. **tebygaf: tebygu.**

tegeiddiaf: tegeiddio [bf. o'r a. *tegaidd*] *bg.a.* Gwneud neu fynd yn hardd neu'n ddymunol, codi'n braf (am y tywydd): *to make or become fair or pleasant, clear up (of the weather).*

1897. Ar lafar, 'Mae hi fel 'tasa hi'n rhyw *degeiddio* 'rŵan' (Arfon).

tegeirian [*teg*+*eirian*] *eg.* ll. -*au*. *Bot.* Unrhyw un o amryw fathau o blanhigion o deulu'r *Orchidaceæ*, sy'n dwyn blodau lliwgar hynod eu ffurf ac iddynt un petal sy'n fwy na'r lleill: *orchid.*

1632 *D* (*Bot*), *Tegeirian*, vid. y Galdrist. **1688** *TJ* (*Bot*), *Teg eirian*, y galdrist: Dogs-stones. **1725** *SR* (*Bot*) d.g. [*Dragon*], *The Common or great Dragon.* **1803** *P*, *Tegeirian*, s. m. . . . Orchis, bistort.

Cfn.: **tegeirian bera:** *pyramidal orchid, Anacamptis pyramidalis.* **1813** *WB* 81. **tegeirian broga gwyn:** *small white orchid, Pseudorchis albina.* **20g.** **tegeirian brych:** *heath spotted orchid, Dactylorhiza maculata.* **20g.** **tegeirian coch (y gwanwyn):** *early purple orchid, Orchis mascula.* **1906.** **tegeirian coch yr haf = tegeirian bera.** **1813** *WB* 81. **tegeirian y gors:** *early marsh orchid, Dactylorhiza incarnata; southern marsh orchid, Dactylorhiza prætermissa.* **1925.** **tegeirian y waun:** *green-winged orchid, Orchis morio.* **1813** *WB* 238. **tegeirian y gwenyn, tegeirian gwenynen (y wenynen):** *bee orchid, Ophrys apifera.* **1934.** **tegeirian llydanwyrdd:** *greater butterfly orchid, Platanthera chlorantha.* **20g.** **tegeirian llydanwyrdd bach:** *lesser butterfly orchid, Platanthera bifolia.* **20g.** **tegeirian nyth aderyn:** *bird's-nest orchid, Neottia nidus-avis.* **20g.** **tegeirian pêr:** *fragrant orchid, Gymnadenia conopsea.* **20g.**

tegeirianaidd [*tegeirian*+-*aidd*] *a.* Yn perthyn i deulu'r *Orchidaceæ*, sef y tegeirian: *orchidaceous.*
1851.

tegel, tegelter, tegeltyr, gw. **tegell.**

tegell, tecell [bnth. rhyw ff. ar S. *tea-kettle* (?cf. S. taf. sir Benf. *teakle*)] *eg.* ll. *tegelli.* Llestr metel, plastig, &c. (ac iddo ddolen, pig, a chaead) a ddefnyddir i ferwi dŵr: *(tea-)kettle.*

1759 J. EVANS: *PF* 67, [t]ywalltwch Ddwfr allan o *Dê Cettle* ar ei ben ef. Ar lafar yn y Gogledd, '*tegell, tegall, tec(i)all*', *LGW* [342]–3. Cf. D. OWEN: *RL* 174, Yr oedd y llestri te ar y bwrdd, y deisen wedi ei chrasu, a'r dwfr yn *tegell* wedi berwi.

Amr.: **tecel,** gw. *tegel.* **tecell. 1759** J. EVANS: *PF* 67. Ar lafar yn nwyrain Morg. a Myn., *Geir Geg* 153. **tecil, tecilt, tecilter, tecl,** gw. *tegil, tegilt, tegelter, tegil.* **tegel, tecel** (ll. *tegeli*). Ar lafar yn y De yn y ff. *tegel*, *LGW* [342]; hefyd yn y ff. *tecel* (Brych.). **tegelter, tegilter, tecilter,** &c. **20g.** Ar lafar yn sir Gaerf. a Morg., '*tegeltyr*', *LGW* [342]; '*teceter*', *TGG* (1901) 38; '*tegilter*', *B* xii. 25; '*tecildar*', *Geir Geg* 153. **tegidl** (ll. -*au*). **1866.** Ar lafar yng nghanolbarth a godre Cered., Morg., a Myn. **tegil, tec(i)l** (ll. *tegilau*). **1898.** Ar lafar yng ngodre Cered. a'r De, *LGW* [342], *SC* vi. 134 (sir Benf.), *GTN* 784. Cf. D. J. WILLIAMS: *STG* 95, esgus clywed y *tegil* yn berwi i'r tân. **tegilt, tecilt.** Ar lafar, '*tegilt*', *B* v. 337 (dwyrain sir Gaerf.); '*tecilt*', *GTN* 617.

Cfn.: **tegell trydan:** *electric kettle.* **20g.**

tegellaid, tecellaid, tegiltaid, &c. [*tegell, tecell, tegilt,* &c.+-*aid*¹] *eg.* ll. *tegelleidiau, tecelleidiau.* Llond tegell: *kettleful.*

Ar lafar yn gyff., '*tegellaid, tecellaid, teceled, tecidled*', '*tegelled* o ddŵr', *Geir Geg* 167; '*tegilted* o ddŵr', *B* v. 337 (dwyrain sir Gaerf.); ''Odd *teclid* o ddŵr berw wastod ar y pentan' (dwyrain Morg.).

tegfam [*teg*+*mam*] *eb.* Llysfam, mam wen: *stepmother.*
1527 *B* ii. 204, drwy ddysyvu j *degvam* a gorchymyn j dad natturriol.

tegfan, tegfodd, gw. **teg+man**¹**, modd.**

tegid [gair geir. yn wr., sef *teg*+-*id*⁵ (At.); ?cais i esbonio'r e. prs. Tegid] *eg.* Harddwch: *beauty.*
1803 *P.* Cf. ISLWYN: *Gw* 458, Dyga anfarwol *degid* / Delw yr Oen a'i di-ail wrid.

tegidl, tegil, tegilt, gw. **tegell.**

tegiltaid, gw. **tegellaid.**

tegilter, gw. **tegell.**

tegins, tegis [?cf. *tegan*] *e.ll.* Darnau toredig o tsieni; llestri, addurniadau; teganau: *broken bits of china; crockery, ornaments; toys.*
1931. Ar lafar, ''Doedd dim llwchyn i'w weld ar y *tegins* ar y silff ben-tân', *ISF* 72; 'plant bach yn chwara *tegis*' (Môn); '*tegins*' 'broken bits of crockery, etc., used by children in "chwarae tŷ bach"', *WVBD* 527.

tegmentwm [bnth. dysg. Llad. *tegmentum*] *eg.* ll. *tegmenta.* Haen allanol amddiffynnol naturiol, e.e. pilen (o groen), masgl, plisgyn: *integument.*
20g.

tegrwydd [*teg*+-*rwydd*] *eg.* Harddwch, tegwch (hefyd am y tywydd); tegwch (moesol), cyfiawnder: *beauty, fineness (also of weather); (moral) fairness, justice.*
1784 M. WILLIAMS: *S* i. 127, Y benywod . . . sy'n hynod am eu glendid, *tegrwydd*, a chymmydroldeb; ond nid y rhai goreu mewn diweirdeb. **1803** *P*, *Tegrwyz*, s. m. . . . Fairness, fineness. Cf. D. OWEN: *B* 164, Nid yn unig y mae y dymmestl i dawelu, ond *tegrwydd* hin ddymunol y nef i'w mwynhau dros byth.

tegwaidd, gw. **tegwedd.**

tegwch [*teg*+-*wch*¹; petrus yw dosbarthiad rhai o'r enghrau. isod] *eb.* ll. (prin) *tegychau.*

(*a*) Y cyflwr o fod yn deg neu'n atyniadol (yr olwg), harddwch, gwychder; hyfrydwch, dymunoldeb; (yn y ll.) ceinbethau, moethau; hefyd yn *ffig.*: *fairness (of appearance), beauty, fineness; pleasantness, agreeableness; (pl.) fineries, luxuries; also fig.*

13g. *BD* 22, teir morvyn anryued eu pryt ac eu *tegvch* a gauas yn y llongeu. *id.* 114, *Tegycheu* (*deliciae*) a diwreidya y tywyssogyon. **1346** *LlA* 6, ragori rac yrholl raddeu yr egylyon o ogonyant. A*thegôch* (*decore*). **14g.** *BT* (*RB*) 112, Meredud ap Bledyn, *tegwch* a diogelwch holl Pywys. **14g.** *GDG*³ 313, Dilwch yw dy *degwch* di, / Darn fel haul, dyrnfol heli [i'r wylan]. *c.* **1400** *Études* vii. 68, Y neb y bo ymadrawd melys ganthaw, kynghoruynnus vyd a thybyus, a *thegwch* y ymadrawd a dengys ynuytrwyd ac anosparth a balchder. **1547** *WS*, Flur *tegwch* Fayrnesse. **1592** S. D. RHYS: *Inst* [xvi], dodi alhan mywn print . . . *degwch* a' phrydbherthwch y Brydydhiaeth Gymreic. **1632** *D*, *Tegwch*, Pulchritudo. **1703** E. WYNNE: *BC* 11, Merched y Twysog Belial, a'u holl *degwch* a'u mwynder sy 'n serenni 'r Strydoedd. *a.* **1791** W. WILLIAMS: *GP* 901, Mwy ei rwysg, ei bomp, a'i *degwch*, / Nâ 'merawdwyr mwya' eu harddwch. **1803** *P*, *Tegwç*, s. m. . . . beauty. Ar lafar, '*tegwch*' 'beauty', *WVBD* 527; hefyd yn y diwydiant glo ym Morg., '*tecwch*' 'a shield attached to a naked light to protect it from the wind', *B* viii. 223; '*tecwch*' 'math o lamp gole noeth', *Geir Glo* 98.

(*b*) Tywydd braf, hindda, heulwen, mwynder: *fine weather, sunshine, mildness.*
14g. *BT* 169, kymeint vv *degwch* yr awyr ar hinda ac na welet eiry. **14g.** *BT* (*RB*) 206, Ac ar yr hynt hwnnw y bu arauwch o hedwch a *thegwch* hinon y gayaf. **1604–7** *TW* (*Pen* 228), adeg o *degwch* d.g. *Tempestas.* **1632** *D*, *Tegwch* . . . serenitas. **17g.** HUW MORUS: *EC* ii. 163, Gweddîwch, chwi' gewch *degwch*, / Duw 'r heddwch a dry yr hin. **1688** S. HUGHES: *TSP* 202, Y mae Duw 'n rhoddi Glaw weithiau, a *Thegwch* (*Sun-shine*) weithiau eraill. **1688** *TJ*, *Tegwch* . . . fair weather. **1790** T. JONES: *TOS* 304, Pa fywyd a ddylaem ni fyw, pe caem law neu *degwch* yn ôl ein gweddieu. **1803** *P*, *Tegwç* . . . fine weather. Clywir y rhigwm 'Enfys y pnawn, *tegwch* a gawn' yn Arfon.

(*c*) Yr ansawdd neu'r cyflwr o fod yn deg (yn foesol), amhleidgarwch, cyfiawnder: *fairness, equitableness, impartiality, justice.*
12g. *GCBM* ii. 124, A'th tir a'th *degôch* a'th elyf a'th elôch / A'th wolwch a'th alaf. *id.* 181, Dor yscor ysewydeu amdrwch, / Doeth a drud am dud, am *degwch*. *c.* **1400** *GP* 15, Personyeit a uolir o doethineb . . . a boned a *thegwch* ac adfwynder. **1703** E. WYNNE: *BC* 63, ni cheir byth Wir lle bo llawer o Feirdd, na *Thegwch* lle bo llawer o Gyfreithwyr. **1719** IACO AB DEWI: *TG* 94, [y] Wraig o Ganaan . . . h'i a'i daliodd ef [Crist] fel hyn ar ei Eiriau ac efe a gymmer hynny yn *degwch*, ac ni bydd efe yn ddig wrthyti. **1733** T. EVANS: *PP* 152, *tegwch* ac onestrwydd a chyfiawnder. **1773** *W* d.g. *Fairness* [*impartiality, honesty, freedom from fraud,* &c.]. Ar lafar, 'Gnæ *decwch* o dy frawd', *GTN* 788.

Cfn.: *Bot.* **tegwch Meinwen:** *rest-harrow, Ononis.* **1813** *WB* 238.

tegwedd [*teg*+*gwedd*¹] *a.* a hefyd fel *eb.* Teg (yr olwg), hardd, glandeg; ffafriol; braf (am y tywydd); harddwch: *fair (of appearance), beautiful, handsome; favourable; fine (of weather); beauty.*
16–17g. *GST* i. 32, Bonedd *tegwedd* nis tygia / Ond trwy ddysg a natur dda. **1688** *TJ*, Gwŷmp, *tegwedd*, hawddgar, glân iawn. **1696** *CDD* 337, Mair *degwedd* a fage y Brenin a'i bronne. **1721** J. P. PRYS: *DC* 40, Pan ganfu'r fall gynta mor *degwedd* lle Adda, / Cenfigen

ai [*sic*] llenwe ymwenwyne mae 'n wir. **1754** *Gron* 18, Pa radau gant? Pryd a gwedd, / Digon i fenyw *degwedd*. **1759** *BC* 366, Duwies wyt dewisol lâd, / O Lin Cadwgan *degwedd*. **1776** H. Jones: *GC* 14, Sanctedd, sanctedd, fawl orfoledd, / O Dduw i'th *degwedd*, [*sic*] Di. *c.* **1785–90 (1829)** *CBYP* 130, Y ty mawr a'r to mirain, / Ty *tegwedd* a'r cyntedd cain. **1793** Dafydd Ionawr: *CD* 20, Safent, hwy cilient hoywlân / Emyn pêr i Ner a wnaeth / *Degwedd* y Greadigaeth. *id.* 53, Deugain bu'r ddeuddyn *degwedd* / O ddyddiau yn mwynhau hedd. **1803** *P*, *Tegwez*, s. f. . . . A fair appearance. a. Of a fair appearance. Cf. *OBWV* 92, Dygiad Tegwedd fonheddig / Ydwyd fry, da yw dy frig [Gruffudd ab Adda i'r fedwen yn bawl haf].

Amr.: **tegwaidd** [adff.]. **1694** T. Jones: *Alm* [18].

tegweddaf: tegweddu [bf. o'r a. *tegwedd*] *bg*. Ffynnu, gwella; codi'n braf, hinoni: *to prosper, improve; clear up (of the weather)*.

1840.

tegweddol [*tegwedd*+-*ol*] *a*. Ffafriol; teg (yn foesol), cyfiawn: *favourable; fair, just*.

1791 Gw. Mechain: *Rh* 84, Y ddangoseg hynaf ydyw cynghrair yr arglwyddi yn y fl. 1213 . . . Yno y mae cynluniau o'r holl osodedigaethau *tegweddol*.

tegwen, tegwyn, gw. **teg + gwyn**¹.

tegychaf: tegychu [gair geir., sef bf. o'r e. *tegwch*] *bg.a*. Harddu, addurno; codi'n braf, hinoni: *to beautify, decorate; clear up (of the weather)*.

1547 *WS*, *Tegychy* Make fayre. **1632** *D*, *Tegychu*, Serenare, decorare. *id.* d.g. *Expolio*. **1688** *TJ*, *Tegychu*: to beautifie, to adorn, also to clear up, or become fair weather. **1722** *Llst* 189, *Tegychu*. To beautifie; clear up. **1753** *TR*, *Tegychu*, to clear up or become fair weather, to adorn, to embellish. **1803** *P*.

tegylder, tegylter, tegyltyr, gw. **tegell**.

tengl, teng [gair geir., sef ymgais i esbonio'r ff. ansicr *dengl* (cf. *Gwyn* 3, 167, par dengl sengl siop, chwerw dop chwŷs) drwy ei chysylltu â *cengl*] *eb*. ll. -*au*. Cengl: *girth*.

1632 *D*, *Tengl* q. Pâr dengl sengl siop chwerwdop chwŷs. **1773** *W*, *tengl* (vulgò *teng*) d.g. *Girth, Surcingle*. **1803** *P*, *Tengyl*, s. f.—pl. *tenglau* . . . A girth.

tengnefedd, tengnefeddol, tengnofaf: tengnofi, gw. **tangnefedd, tangnefeddol, tangnefaf: tangnefu**.

tei [bnth. S. *tie*] *eg.b*. ll. -*s*. Stribedyn o ddefnydd a wisgir dan goler crys, ac a glymir mewn cwlwm yn agos at y gwddf: (*neck*) *tie*.

1905. Ar lafar yn gyff., *WVBD* 528, *GTN* 830.

Cfn.: **tei bo (bow):** *bow tie*. **20g**. **tei fwa = tei bo. 20g**.

teiach [*tai* (ll. yr e. *tŷ*) + -*ach*²] *e.ll*. Tai bychain, ?yn ddifr.: *little houses*, ?*derog*.

1756 *ML* i. 432, Rwyf wedi bod drwy'r boreu mewn oerfel a dryghin yn ceisio fforddio'r boblach i nadel i'r gwynt fyned a tho gwellt ac ysglattus i ffordd oddiar yr hên *deiach* accw. **1763** *id.* ii. 600, mae wedi myned efo ei fodryb chwaer ei daid . . . yr hon a roddes y *teiach* yma, etc., i ngwraig.

teiar, teier [bnth. S. *tyre*] *eg*. ll. -*s*, (prin) *teierau*. Gorchudd rwber (yn enw. un a lenwir ag aer, neu un sy'n amgáu tiwb gwynt) a osodir o gwmpas olwyn i ffurfio cyswllt meddal â'r ddaear: *tyre*.

1936. Ar lafar yn gyff., 'Rho aer yn y *tiars* 'na—mân' nw'n edrach yn fflat', 'Edrach yn y bŵt i weld be' 'di cyflwr y *tiar* sbâr' (Arfon).

teiau, gw. **tŷ**.

teicŵn [bnth. S. *tycoon*] *eg*. ll. -*s*, *teicwniaid*. Dyn busnes ariannog a phwerus: *tycoon*.

20g.

teicyn, gw. **ticin**.

teid, teit¹ [bnth. S. *tide*] *eg*. ll. -(*i*)*au*. Llanw; adeg, tymor, cyfnod; hefyd yn *ffig.*: *tide; time, season, period; also fig*.

15g. (16–17g.) *Mos* 161, 198, doed wyr mens ar *deit* ir mor / del long hyd i deil angor (Robert Leiaf). **16g.** (*LlEG*) *Mos* 158, 483a, ynnol vddunt twy dd/ yuod o vewn a von demys agweled nadoedd y gwynt ar *teid* yn gwsnauthu vddunt twy I vyned i lundain. *id.* 519a, ar y *teid* hwnnw I doeth y llew I hanyn galais drwy boen a fferigyl mawr. **1547** *WS*, *Teid* Tyde. **16g.** Huw Cornwy, &c.: *Gw* 134, nofia'r bar ac nac aros: / erbyn y *teid* i'r bont dos [i anfon y gleisiad i Aberystwyth]. *id.* 139, Bwrw wiw *deid*—glân brodiad glog / pwff—i roi paff i'r eog [i anfon moelrhon i ladd gleisiad]. **16–17g.** T. Prys: *C* 362, Dewis di'r *deit*, dos di i'r don, / A nofia Gonwy afon [i yrru'r gleisiad yn gennad i Gymru]. **16–17g.** *PCWG* 36, nid oedd y prophwydi yma ond aros gida r gwragedd yma dros *deit* bychan. **1610** (*c.* **1730**) *CRC* 81, Im [*sic*] dŵy Ystlys mae hi'n Morrio / 'Rwŷ rhwng Gŵynt a *Theit* yn Dottio. *c.* **1729** S. Rhydderch: *LlCD* 367, Ar Mor yn ddiymaros yn dangos ei *Deit*. **1755** *ML* i. 338, Mi ddof i or goreu 'n enw Duw fal y llongau yn y *teidiau* mawr. *c.* **1785** *BELl* 41, Oedd gwritt y Brenhin gantho heb rus / I'r ustus yn ei hystyn. / . . . / Gael cadw'r Dean dano am *deit* / Na chae yno yn gweit moi gwittio. Ar lafar ymhlith pysgotwyr y glannau, 'pysgota *teitia* bora', *B* xxv. 59 (Nefyn, Caernarfon, Aberdaron); 'cal *teid* gwag', *ib.* (Caernarfon); 'Dim on' fflwcs allwch chi weud sy'n sefyll yn y *teid* fan 'yn' (dwyrain sir Gaerf.). Clywid gynt yr ymadr. 'Mae *teide* arno fe' am geffyl anhydrin (gogledd Cered.). Cf. *AUA* 258, gwir a ddywedwch, *teitiau* yw pob peth . . . Ar *deit* o ugain mlynedd y blodeuodd Eschylus . . . Mewn *teit* canlynol daeth Demosthenes, Aristotle.

teida, teidau¹, gw. **taid**¹.

teidau², gw. **tad**.

teidi [bnth. S. *tidy*; ansicr yw'r engh. gyntaf isod] *a*. Twt, taclus, destlus, cymen, trefnus; gweddus, parchus; boddhaol, sylweddol: *tidy, neat, orderly; decent, respectable; satisfactory, substantial*.

1716–18 *Llsgr R. Morris* 160, Rwi ñ rhedeg rwi ñ rhodio gin *deittiad* ar bi. **1828** *Geir Pob* 27, *Teidi*, cryno, glanwaith. Ar lafar, 'dyn bach *teidi*', '*teidi*'n 'i ddillad, hefo'i waith, etc', *WVBD* 528; 'Wedd e'n grwt eitha' *teidi* erbyn iddo adael', 'Ma fe'n dod o deulu *teidi*' (sir Benf.); ''Ôn' nw'n fechgyn *tidi* 'efyd, cofiwch chi' (sir Gaerf.); 'Ma 'itha a'r plant wastod yn læn ac yn *deidi*', 'byw'n læn ac yn *deidi*', *GTN* 830. Cf. D. Owen: *RL* 162, rwyt ti yn ysgrifenu yn *deidi* anwêdd; *id.* 380, ddaru mi siarad yn o *deidi*?; D. Owen: *D* 88, edrach mor lân a *theidi* â phin mewn papyr; D. J. Williams: *ChHO* 222, un a fynnai brynu llyfrau a byw yn weddol *deidi* o fewn ei gyflog fechan.

teidiaf: teidio [bnth. S. (*to*) *tidy*] *ba*. Tacluso, twtio, cymoni, cymhennu: *to tidy up*.

20g. Ar lafar, 'in the north-east midlands there is a concentration of instances of *teidio*, which is attested sporadically in the south, and in the West Cleddau region of Pembrokeshire', *LGW* [324]–5; '*Tidia* dy stafell cyn i dy ffrindie ddod' (sir Gaerf.). Clywir y ff. *teidïo* yn sir Gaerf.

teidiau¹˒², gw. **taid**¹, **tad**.

teidïwch [*teidi*+-*wch*¹] *eg*. Taclusrwydd, twtrwydd: *tidiness*.

1936 D. J. Williams: *STG* 97, *Teidïwch*. Ie, bod yn lân ag yn deidi ynglŷn â phob dim.

teier, gw. **teiar**.

Teifis [e. afon *Teifi*+-*s*²] *e.ll*. ll. dwbl -*iaid*. Trigolion Ceredigion (sir Aberteifi), Cardis: *inhabitants of Ceredigion (Cardiganshire)*.

1754 G. Owen: *L* 96, Digrif eich dweydiad nad oes gan y *Teifisiaid* ddim bodiau. **1756** *ML* (Add) 876, y fath ddihenydd oedd y *Teifis* yn ei bennu i'r Llewod. Torri clustiau gan rai, crogi gan un arall. **1757** *id.* 923–4, Johnes o Lanvair ei Gefnder oedd dechreu'r drwg . . . dyna *deifisiaid* uffernol yn torri gyddfau eu gilydd! **1764** *id.* 647, Mae ganddo ewyllys i fyned i bregethu'r ffydd ymhlith y *Teivisiaid* sydd gwedi myned dros y gwaharddon a chwedi troi yn anifeiliaid.

teiffoid, tyffoid [bnth. S. *typhoid*] *eg*. Twymyn heintus a achosir gan y bacteriwm *Salmonella typhi* ac a nodweddir gan gruc-tardd gwridog ar y frest a'r abdomen a llid perfeddol llym: *typhoid (fever)*.

1929.

teiffŵn [bnth. S. *typhoon*] *eg*. ll. *teiffwnau*. Storm drofannol yng Nghefnfor India ac yng ngorllewin y Cefnfor Tawel: *typhoon*.

20g.

teiffws, tyffws [bnth. S. *typhus*] *eg*. Twymyn heintus a achosir gan facteria o'r tylwyth *Rickettsia* ac a nodweddir gan gruc-tardd porffor, cur pen, a deliriwm: *typhus*.

1834.

teiger, teigeraidd, gw. **teigr, teigraidd**.

teigr, teiger, tigr [bnth. S. *tiger*] *eg.b*. (b. *teigres*) ll. *teigrod*, *teigers*, (prin) *teigraid*, *teigri*. *Swol*. Mamolyn cathaidd mawr, *Panthera tigris*, a chanddo gôt felynfrown â streipiau du, sydd â'i gynefin yn fforestydd Asia, llun o deigr (yn enw. fel dyfais herodrol), hefyd yn *ffig.*: *tiger, representation of a tiger (esp. as a heraldic device), also fig*.

c. **1600** L. Dwnn: *HV* ii. 18, Lord Paigett sydd yn rhoi *teigr* ar peckock. **1632** *D*, *teigr* d.g. *Tigris*. **1672** R. Prichard: *Gw* 39, O gramp y llew, o ene 'r wiber, / O Rwyd y fall, o balfe 'r *Teiger*, / O 'r pwll, o 'r pair, o 'r deyrnas aflan, / Y tynnodd Christ ei ddefaid allan. *id.* 150, Cryfder llew, ffyrnigrwydd *Teiger*. **1696** *CDD* 324, Mae'n waeth dy nattur wrth dy drin, / Na'r Crocodil, neu'r *Teigr* blin. **1707** *AB* 164a, *Teigar* d.g. *Tigris*. **1730** Iaco ab Dewi: *YL* 64, llawer Plentyn sydd o rywogaeth i aflonyddu ei Nyth ei hun, ac o wir Ddeoriad Gwibereidd, fel pe rhoddasei'r *Deiger* greulawn (*fell Tigres*) sugn iddynt. **1746** T. Richards: *CER* 43, y rhai a wnânt Ddŷnion, yn lle bôd yn Greaduriaid cyfeillgar, yn *Deigraid* a Bwystfilod Ysglyfaeth. **1750** J. Thomas: *AIG* 29, dofi Bleiddiaid a *Theirgri* [*sic*]. **1753** G. Owen: *L* 57, weithian am hanes y Llew. Y mae'r hen *deigar* a minnau 'n cyttuno'n burion hyd yn hyn. *c.* **1762–79** W. Williams: *P* 447, yr oedd yno lewod, *teigers*, eirth. **1784** M. Williams: *S* i. v, Yn hwn cewch weld y Byd o Fan i Fan, / . . . / Heb ofni Eirth, na *Thyger*, [*sic*] cyndyn cas. **1789** *PMP* 12, y cyfryw wragedd . . . sydd waeth nâ'r *tigr* fenyw. **1794** *W* d.g. *Tiger*. *id.* *Teigr* fenyw d.g. *Tigress*. **1798** *WR*, *teigres* d.g. *Tigress*. Ar lafar yn gyff., 'Ma fe wedi gweld *teigrod* yn fyw mæs yn Affrica', *GTN* 830. Cf. D. Owen: *RL* 322, cyffelyb mewn dyddordeb i ddal elephant gwyllt neu ymdrechfa gyda *theigr*. Cf. ymhellach *LlA* 165, Griffones. Tygres; *id.* 169, tygrydot (*tyros*).

Cfn.: **teigr yr ardd:** *tiger moth*. **20g**.

teigraidd, teigeraidd [*teigr*, *teiger*+-*aidd*] *a*. Tebyg i deigr neu nodweddiadol ohono, creulon: *tigerish, cruel*.

18–19g. *Llr* C 2, 340, *Teigeraidd*.

teigres, gw. **teigr**.

teil, teilad¹˒², **teiladaeth, teiladaf: teiladu,** gw. **teils, adeilad, teiliad, adeiladaeth, adeiladaf: adeiladu**.

teilaf, teiliaf¹**: teil(i)o** [bf. o'r e. *tail*] *bg.a*. Chwalu tail neu wrtaith (ar), gorchuddio â thail neu wrtaith; baeddu: *to spread dung (on), manure, cover with dung or manure; soil*.

13g. *LlI* 58, Ny dele nep attal gardeu ganthau herwyd breynt e teyl namen un uluyden, canys pob bluyden e deleyr eu *teylau*. **13g.** (*LlDW*) *ZCP* xx. [84], kauell *teylyau*. *c.* **1400** *B* ii. 14, Na *theila* yn ry ebrwyd. **15g.** *GO* 333, Lle rhyg ni ellir i hav / A *deilwyd* hyd i aeliav. **1547** *WS*, *Tailo* Donge. **1567** *TN* 108b, ne's i mi gloddiaw yn ey gylch [ffigysbren], a' ei *deilo*. **1595** H. Lewys: *PA* 209, Arddwr, neu lafurwr a eiff allann i'r maes a *deiliff* (*dungheth*), a erddiff, a lyfniff ei dir. **16–17g.** *GST* i. 794, Blin oedd gennyf feddylio / Am fraenaru a *theilo*. **1632** *D*, Tail . . . *Teilo*, Stercorare. **1681** T. Jones: *Alm* [37], *teiliwch* a branerwch eich Gerddi. **1753** *TR*, [Tail], *Teilo*, to dung or lay compost. **1778** J. Hughes: *BB* 298, Dafydd Prys a geiff y Swydd; Pedoli rhain i *deilo* 'n rhwydd. **1803** *P* d.g. *Teilaw*. Ar lafar, '*teilio*, *teilo*' 'to manure', *WVBD* 528; 'Ma raid *tilo*'r ardd yn gyson, i gatw'r pridd yn ddæ', *GTN* 795; hefyd yn yr ystyr 'tomi, ysgarthu', 'ceffyl yn *tilo*', 'buwch yn *tilo*', *ib*.

teilai [gair geir. yn wr.] *eg*. *Bot*. Unrhyw un o amryw fathau o blanhigion o'r tylwyth *Dipsacus*, yn enw. *D. sativus*, sy'n dwyn pennau mawr pigog a sychid gynt a'u defnyddio i godi ceden ar frethyn wedi ei wehyddu: *teasel*.

17g. *LlGC* 13215, 382, *Teilai* gwyllt × Corlew Chamæleo. **1803** *P*.

Cfn.: **teilai gwyllt:** *wild teasel, Dipsacus fullonum*. **17g.** *LlGC* 13215, 382. **1753** *TR*, *Teilai gwyllt*, a kind of thistle. **1803** *P*. **teilai lleiaf:** *small teasel, Dipsacus pilosus*. **20g. teilai mawr:** *fuller's teasel, Dipsacus sativus*. **1803** *P*, Teilai . . . *teilai mawr*, the great teasel.

teilbord [bnth. S. *tailboard*] *eg*. Tinbren: *tailboard*.

Ar lafar ym Morg., *LGW* [120]–1.

teilchion, gw. **talch**¹.

teilchionaf: teilchioni [bf. o'r e. *teilchion* (ll. yr e. *talch*¹)] *bg.a*. Torri'n deilchion, chwalu, hefyd yn *ffig.*: *to break into fragments, smash, disperse, also fig*.

1898.

teilen, gw. teils.

teiler, tiler[1], taeler [bnth. S. C. neu Ffr. Lloegr *tiler*] *eg.* (bach. *teileran*) ll. *tileriaid.* Un sy'n gosod teils ar do, töwr, hefyd yn *ffig.*: *tiler, roofer, also fig.*

14g. *GDG*[1] 179, A fu sadler crwper crach / Neu *deiler* anwadalach [i'r cloc]? **15g.** *GO* [331], Ifan *deileran*, dal eiriav postvs / pastwn ffair y gwleddav [i dri phrydydd]. **15g.** *GGl*[2] 192–3, Teils dur Owain ab Urien, / Tebyg i do cerrig hen. / Taelwriaeth metel eurych, / Taeliwr a gof, *taeler* gwych [i ofyn pais o faelys]. **15g.** *HCLl* 71, *Tiler* yn rhoi bateloedd, / Gwst yw ei lun, gwas diawl oedd [i ofyn âb]. **15–16g.** *TA* 536, *Teiler* aeliau gwêr, dan goron—fawmoch, / Fumustl y prydyddion, / Treulud forter a hoelion,—/ Cyfod,—i doi ceudy, dôn! **1672** R. PRICHARD: *Gw* 365, Gwaydd, gôf, a thaylwr, a *thiler* a chrŷdd. **17g.** HUW MORUS: *EC* i. 362, Y Turner, a'r Cowper, a'r Sadler a sai', / Y Gwydrwr mewn balchder, a'r *Tiler* pen tai. **1722** *Llst* 189, *Tiler.* m.p. *leriaid.* A tiler. **1794** *W*, Töwr main . . . vulgò *tiler* d.g. *Tiler.* Ar lafar, '*tilar* . . . *tileriid*', '*Tilar* man' nw'n wed 'nawr am ddyn sy'n toi ond töwr 'ôn ni'n wed, 'slawar dydd', *GTN* 795.

Amr.: **tyler** [cf. *tylau*, amr. ar *teils*] (ll. *-iaid*). **1911.**

teilfforch, teilgart, gw. **tail+fforch, cart[1].**

teiliad, teilad[2] [bôn y f. *teilaf, teiliaf*[1]: *teil(i)o+-iad*[1], *-ad*] *eg.* Y weithred o deilo, chwaliad tom: *a spreading of manure, a muck-spreading.*

1604–7 *TW* (*Pen* 228), *teilad* d.g. *Stercoratio.* **1632** *D*, *Teiliad* d.g. *Stercoratio.* **1722** *Llst* 189, *Teiliad.* m. A manuring wth dung. **1800** W. OWEN[-PUGHE]: *CP* 46, Rhoddaf iddo ragor o galch . . . a *theiliad* cyflawn cyn ei roi i lawr dan wellt. **1803** *P* d.g. *Teiliad.*

teiliaf[1]: teilio, gw. **teilaf: teilo.**

teiliaf[2], teilsiaf: teil(s)io [bf. o'r e. *teil(s)*] *bg.a.* Gorchuddio â theils, gosod teils: *to cover with tiles, lay tiles.*

1931. Ar lafar, 'Fo sy 'di *teilio*'r gegin 'i hun'.

teiliau, gw. **teils.**

teiliedig [bôn y f. *teilaf, teiliaf*[1]: *teil(i)o+-iedig*] *a.bfl.* Wedi ei deilo neu ei wrteithio: *manured.*

1803 *P.*

teiling, gw. **teilwng.**

teiliog [*tail+-iog*] *a.* Wedi ei deilo neu ei wrteithio, llawn tail: *manured, full of manure.*

20g.

teiliwr, teilwr[2], &c. [bnth. S. C. neu Ffr. Lloegr *taillour*; ansicr yw'r enghrau. a ddyfynnir o *ID* isod] *eg.* (b. *teilwres*; bach. g. *teil(i)wryn*) ll. *teil(i)wriaid, teilyriaid, teilwyr, teiliwrs,* &c.

(*a*) Gwneuthurwr dillad (yn enw. dillad allanol a wneir wrth fesur i ddynion), hefyd yn *ffig.*: *tailor, also fig.*

1368 *Caernarvon Court Rolls* 47, [Gwilym] *Deiliwr.* **14g.** *GIG* 90, A *thaeliwr* serch i ferch fu / A thelyn llys a'i theulu [marwnad Dafydd ap Gwilym]. **15g.** *OBWV* 104, Daroedd, ni bu wisgoedd waeth, / I *deiliwr* o hudoliaeth, / Deuliw nyf, peth nis dlâi neb, / Duo hon ond ei hwyneb. **15g.** *GGl*[2] 193, Taelwriaeth metel eurych, / *Taeliwr* a gof, taeler gwych [i ofyn pais o faelys]. **15g.** *ID* 47, *telwyr* [*sic*] (amr. *teilwyr*) ynt bob tal yr iay / *tylwryaid* ü tylaray [i erchi chwech o ychen]. **16g.** (*LlEG*) *Mos* 158, 150a, Ai ko/ckyllau ynn amliwiog ynnyrun modd gwedi I gweithio o w/aith *taylwyr* o doriadau llyssiau ac adar a llythrennau. **1547** *WS*, *Tayliwr* A tayllyour. **1592** S. D. RHYS: *Inst* [xv], at *Deilwrieit*, i wneuthur dulhbhesurau dilhâdos a' hwynt [am lyfrau]. **16–17g.** *CRC* 216, Ni Gawn *daylwyr* Gorweigion / Pob Creft yn Goyka ar allon / Ny Cheyr fawr o frethyn da / Ryn Panwyr a Gwehyddion. **16–17g.** *DCR* 255, Y *tailiwr* ni ddygiff na brethyn na lâs. **1632** *D*, *Taeliwr*, Sutor vestiarius, sartor. **1667** C. EDWARDS: *FfDd* 74, y mae Talmud yr Juddewon, fal clustogau *tailiwriaid* wedi eu cluttio a darnau o honynt. **1672** R. PRICHARD: *Gw* 365, Gwaydd, gôf, a *thaylwr*. **17g.** HUW MORUS: *EC* i. 50, Cap rhywiog, glasog o liw, / Tegan caeadlan cydliw. / *Tailiwr*, o wnïad hylwydd, / A wnaeth y gwaith. fel nyth gŵydd. **1715** T. EVANS: *GC* 17, Y maent [Crynwyr] yn caniattau wneuthur gwaith cyffredin, megis agor Siopau, a gwerthu, ac i *Dailyriaid* bwytho dillad a'r [*sic*] Ddydd yr Arglwydd. **18g.** *W Ballads* 152B, [7], Y wraig ai gwnaeth yn waeth i fri y *tailiwr* du fetelys, / Ni by or blayn o fewn i blwy *Dylwryn* mwy dolyrys. **1758** *ML* ii. 101, y *tailiwryn.* **1789** TWM O'R NANT: *TChB* 56, Mae gweniaeth diawl yn gwneuthud Eulyn, / Clwt newydd a'i Wnïo i fritho 'r hen frethyn / Un diawl Pharisead yn gweled gwall / A diawl arall, yn *Daiiwryn.* **1803** *P* d.g. *Teiliwr.* Ar lafar, '*teiliwr*' 'tailor', *WVBD* 528 (ll. *teilwriad*); '*tilwr, teilwr*', 'Fi fuo'n gwinio gyda *tilwr* yn y Bont am sbel a fi ddisgas siaw bothdu nuthur dillad dinnon', *GTN* 795 (ll. *tilwriid*). Digwydd yn yr ystyr 'gwas priodas', *TGG* (1907–8) 89 (de-orllewin sir Gaerf.), D. E. JONES: *HLlP* 367. Digwydd hefyd yn yr e. lle *Tai Teilwriaid*, *ELlSG* 47. Cf. D. OWEN: *D* 229, Dengys arwynebedd y dynsawd hwn na fu yn ymweled â'i *deiliwr* na'i grydd er ys blynyddau.

(*b*) *Swol.* Lindysyn: *caterpillar.*

1906. Ar lafar, 'Ma'r *teilwriid* wedi bita 'annar 'y mresyg i 'leni', *GTN* 830; hefyd yn yr ymad. '*teilwr* yn 'i gwd' 'a chrysalis', *ib.*

Cfn.: *Swol.* **teiliwr blewog:** (*hairy*) *caterpillar.* **1834.** *Swol.* **teiliwr cantroed:** *caterpillar.* **1814.** *Adar.* **teil(i)wr Llundain:** *goldfinch, Carduelis carduelis; bullfinch, Pyrrhula pyrrhula.* **1907.** Ar lafar, '*Teilwr Llinden*' 'bullfinch', *TGG* (1907–8) 89 (de-orllewin sir Gaerf.); '*Teilwr Llenden* [*sic*]' 'goldfinch', *GDD* 295. *Swol.* **teil(i)wr main tenau:** *daddy-long-legs, crane-fly.* **20g.**

teiliwriaeth, teiliwriaethol, gw. **teilwriaeth, teilwriaethol.**

teiliwriaf: teiliwria, teiliwrio, gw. **teilwraf: teilwra.**

teiliwryddiaeth, teiliwryn, gw. **teilwryddiaeth, teiliwr.**

teils, teilys[1], tils [bnth. S. C. *teils, tiles*] *e.ll.* (un. b. *teil((s)en)*, ll. *teilsennau*), a hefyd gyda grym ansoddeiriol. Clytiau tenau o goncrid, clai wedi ei danio, &c., a ddefnyddir mewn rhesi i orchuddio to, i wneud pafin, &c., clytiau tebyg o grochenwaith, corc, linoliwm, carped, &c., a ddefnyddir i orchuddio wal, llawr, &c., hefyd yn *ffig.*; peipiau byr o briddlestr, concrid, neu blastig a ddefnyddir i ddraenio tir, &c.: *tiles, also fig.*; *drainage tiles.*

14g. *GIG* 47, To *teils* ar bob tŷ talwg, / A simnai lle magai'r mwg [i lys Owain Glyndŵr yn Sycharth]. **15g.** *DGG*[2] 15, Gwneuthum dŷ i garu gwen, / Diynfydwaith, dan fedwen. / . . . / A'i do dail, mân wiail mwyn, / Mal *teilys* ym mol tewlwyn. **15g.** *GLGC* 365, Adeilad a wnaeth megis Dulyn, / adail yw ysgwâr dan *dils* gorwyn. **15g.** *GGl*[2] 192, *Teils* dur Owain ab Urien, / Tebig i do cerrig hen [i ofyn pais o faelys]. *id.* 275–6, Pont i'r dŵr, pentwr o dai, / Plas *teils*, pa lys a'i talai? **15–16g.** *TA* 24, Ys da lys, nawoes, o *deils* newydd, / A phur i llynnau a'i pherllennydd. **1545** *CM* 1, 841–2, [*t*]*eil* ne ys/glaatt a o ddeuor [*sic*] taan. **16g.** *B* xviii. 322, murriav namyn o liain gwedi j baentio ynn vrith yn gyffelib i waith brick a *theilys.* *Diw.* **16g.** *WLB* 71, a chymer *deils* yn frwd wnias . . . dod un arall yn y tân erbyn oeri y *deil* honno. **1604–7** *TW* (*Pen* 228), *teilsen* trewsion [*sic*] d.g. *Ambrices.* **1633** *LlGC* 731, 289, fy mychedd sydd, fel aflan lên [*sic*] / neu garreg *deilsen* briddlûd. **c. 1740** *LlM* 10, Cymmer Bryfaid Genwair a llosg ar *Deilsen* goch. **1766** *CD* 134, [Ll]awr *Teils* neu gerrig. Ar lafar, '*teilsan* fras', *B* xxiv. 180 (Môn); 'Ma gynnyn' nw lawr *teils*'.

Amr.: **teiliau. 20g. tylau[1]** [cf. *tyler*, amr. ar *teiler*]. **1848.**

teilsiaf: teilsio, gw. **teiliaf[2]: teilio.**

teilsiog [*teils+-iog*] *a.* Wedi ei orchuddio â theils: *tiled.*

20g.

teilwng [?cf. H. Wydd. *tualang* 'galluog, cymwys, cyfarwydd'] *a.* ll. *teilyngion*, a hefyd gyda grym enwol ac fel *eg.* ll. (prin) *teilyngau.* Yn meddu ar haeddiant neu werth digonol, haeddiannol, dyledus, cymwys, gweddus, priodol, urddasol; yn haeddu (gwobr, clod, cosb, &c.); yn haeddu clod neu wobr, clodfawr; haeddiant: *worthy, deserving, due, competent, becoming, appropriate, fit, proper, dignified; deserving (of); praiseworthy, meritorious; merit.*

12g. *GMF* 257, Dygychwyn, gennad, gadyr ardal—teulu / *Teilog* met o bual. **12g.** *GCBM* ii. 182, Teilu Rys, *teilog* gwrys, gŵrysswych! **13g.** *C* 42. 3–4, Hid impen yn brin erbin ev barnv. or teulv *teilyghaw.* **13g.** *HGK* 20–1, Rydhav Gvyned a oruc o'e chestyll a chemryt y gyuoeth idav e hun, a thalu eu chuyl en *deilung* y'u urthuynebwyr. **13g.** *Cylchg LlGC* v. 60, *teilyngach* credu e peth a brouet o weithret noc a glywet o datcanyat. **c. 1300** *B* ii. 34, *Teilyngyon* damweinnyeu na vynn eu dyborthi yn vlwng. **14g.** *LlB* 81, penkenedlaeth . . . swydd . . . eisydyn arbenhic . . . *teilygach* eissoes yw kaffel o dyn o pleit mam y rei hynny noc eu kaffel o estrawn. *id.* 104, Teir fford y gellir gyrthot brawdwr *teilwg.* **14g.** *GDG*[3] 89, *Teilwng* seren bedwenni, / Talm mawr, ef a'i tâl i mi [i'r cae bedw]. **c. 1400** (*SG*) *HMSS* i. 181, y lle y mae y capel yssyd gyn*deilynget* ac nat oes neb anghynghorus or ael yno adel heb gynghor odyno os gat duw ef yn iach odyno. *Dchr.* **15g.** *GM* 20, Yny vom *deilwg* y gael edewedigyon Crist . . . dyro y wediaw drossom: ni a adolygwn ytt o'th *teilygeu.* **1547** *WS*, *Teilwng* Worthy. **16g.** *GGH* 103, Da radd ustus, dewr ddistaw, / Enaid deiliaid, oen *teilwng.* **1551** W. SALESBURY: *KLl* xib, Arglwydd nid wyf i yn *deilwng* i ddewot o honoti y dan vyccronglwyd i / ond dywed y gair / am gwas aiff yn iach. **1567** *TN* 7a, A' phwy pynac a ddyweit, Ha ynvyt, a vydd 'euoc [:- *deilwng*] o dan yffern. **1632** *D*, *Teilwng*, Dignus. **1672** R. PRICHARD: *Gw* 253, Nid wyt *deilwng* byth i ddwad, / I ford Crist heb berffaith cariad. **1793** *Cylchg* 180, y maent yn dywedyd fod llywodraeth Lloegr yn ymddwyn yn *deilwng* o fwrddwyr tu ag attynt. **1803** *P.* Ar lafar, '*teilwng*' 'worthy . . . honest', *WVBD* 528; 'Ma fa'n itha' *tilwng* o'r wobor wetswn i', *GTN* 795.

Amr.: **teilwm.** Ar lafar, *WVBD* 528. **teilyng. 12g.** *GCBM* i. 298, Llew llaŵr llid enweir, llydw beir bergig, / Llwrŵ trylew llaŵr, llew lluric *deilig.* *id.* ii. 92, Mor dec moli mor *deilyg* (*R* 1393. 15, *deiling*). **1617** *Cat* 8–9, bod yn *teilyng* [*sic*] gantho yn cadw . . . ym hob einbeidrwydd [*sic*]. **1632** *D*, Teilwng . . . Antiqui *Teilyng.* **1803** *P* d.g. *Teiling.*

teilwngrwydd, teilwm, gw. **teilyngrwydd, teilwng.**

teilwr[1] [bôn y f. *teilaf, teiliaf*[1]: *teil(i)o+-wr*] *eg.* ll. *-wyr.* Un sy'n teilo, gwrteithiwr: *manurer.*

1604–7 *TW* (*Pen* 228), *teilwr* d.g. *Extercorator.* **p. 1609** *BM* 36, 48a, Carl pwdwr, gweld *teilwr* tom, / Carthgwd trwynffrwd tarian-ffrom. **1803** *P*, *Teilwr*, s. m.—pl. *teilwyr* . . . A manurer; a dungman, a muckman.

teilwr[2], gw. **teiliwr.**

teilwraf, teil(i)wriaf: teilwr(i)a, teil(i)wrio [bf. o'r e. *teilwr*[2], *teiliwr*] *bg.a.* Dilyn galwedigaeth teiliwr, llunio (dillad) fel teiliwr, hefyd yn *ffig.*: *to (work as a) tailor, also fig.*

1803 *P*, *Teiliwriaw* . . . To work as a taylor.

teilwraidd [*teilwr*[2]*+-aidd*] *a.* Teilwrol: *sartorial.*

1793 *Cylchg* 200, a deisyf arno na sonio byth mwyach am y gelfyddyd *deilwraidd.*

teilwres, gw. **teiliwr.**

teilwriaeth, teiliwriaeth, tael(i)wriaeth [*teilwr*[2], *teiliwr*, &c.*+-iaeth*] *eb.g.* Crefft neu fusnes teiliwr, gwneuthuriad dillad, cynnyrch teiliwr, hefyd yn *ffig.*: *a tailoring, also fig.*

14g. *GDG*[3] 425, Dwyn naf nod Duw nef a wnaeth, / Da lawrodd cerdd *daelwriaeth* [marwnad Dafydd ap Gwilym gan Madog Benfras]. **15g.** *GGl*[2] 193 *Taelwriaeth* metel eurych, / Taeliwr a gof, taeler gwych [i ofyn pais o faelys]. **1547** *WS*, *Taylwrieth* Taylers crafte. **1688** *TJ*, Ysginyddiaeth, (*Taelwriaeth:*) Tayloring, or the Taylors Trade. **1722** *Llst* 189, *Taelwriaeth* . . . Tailor's trade. **1803** *P*, *Teiliwriaeth*, s. m. . . . A taylor's trade.

teilwriaethol, teiliwriaethol [*teilwriaeth, teiliwriaeth+-ol*] *a.* Yn perthyn i deilwriaeth, teilwrol: *sartorial.*

1850.

teilwriaf: teilwria, teilwrio, gw. **teilwraf: teilwra.**

teilwrol [*teilwr*[2]*+-ol*] *a.* Yn perthyn i deilwr neu deilwriaeth: *sartorial.*

1877.

teilwryddiaeth, teiliwryddiaeth [*teilwr*[2], *teiliwr+-ydd*[3]*+-iaeth*] *eb.* Teilwriaeth: *a tailoring.*

1850.

teilwryddol, teiliwryddol [*teilwr*[2], *teiliwr+-ydd*[3]*+-ol*] *a.* Teilwrol: *sartorial.*

1890.

teilwryn, teilyng, gw. **teiliwr, teilwng.**

teilyngaf: teilyngu [bf. o'r a. *teilwng*] *bg.a.* Bod yn deilwng o, haeddu, cyfrif yn deilwng; ymostwng i (wneud peth), gweld yn dda, caniatáu; gwneud yn deilwng, perffeithio, sancteiddio: *to be worthy of, deserve,*

merit, deem worthy; vouchsafe, be pleased to, grant; make worthy, perfect, sanctify.

13g. *Cylchg LlGC* v. 62, Em plith e gwyrthyeu eraill o dwywaul allu trwy euyrllit e sant ef e *teilyngus* llavuryau yechyt em perved e daear yd eglurws gwyrth tec er hvnn a volir ar gof trwy er escobot. **13g.** *B* ix. 146, hyt ban vo hitheu [Mair] a *deilyngo* an rydhav ninhev o flammeu uffern. **14g.** *BB* 12, ac vrth hynny kyffroa odrugaret a*theilynga* canhyadu oth ehelaethder y ryddit agollassant. **14g.** *AL* i. 342, y edrych a oed dim yn erbyn kyfreith Dyꝺ o honei hi ac am nadoed dim yn gꝺrthneby idi, hi a *deilyngꝺyd* ac a elꝺid yn gyfreith Hꝺel [*sic*] dda hi o hynny allann. *c.* **1400** *YCM²* 159, velly, Arglwyd, y *teilyghych* ditheu rydhau uy eneit ynneu y nef rac ageu tragywydawl. *Dchr.* **15g.** *GM* 40, *Teilyga* vi, gyssecredic veir wyry, y'th voli di. **15g.** *GLGC* 169, Llin i Siancyn Llwyd, / lloer oll a eurwyd, / hi a *deilyngwyd* o law angel [moliant Dafydd ap Llywelyn a Lleucu]. **1567** *LlGG* 10b, Nyny bechadurieit atolygwn y ty ein gwrando, Arglwydd dduw, a'*theilyngy* o hanot gadw, Reoli a' llywedraethy dy lan Eglwys yn hollawl yn y ffordd vnion. **1567** *TN* 337a–b, ni ddichin vyth *deilyngu* [:-'lanhau] y devodiaid drwy yr vnrrywaberthay [*sic*] hyny. **1632** *D*, *Teilyngu*, Dignari. **1688** *TJ*, *Teilyngu*: to vouchsafe, to think worthy. **1768** *Cyf W* 14, O Arglwydd Dduw . . . *teilynga* i'm cymmorth a'm nerthu a'th yspysol Râs di, fel y gallwyf yn ddiffuant beunydd gyflawni fy Nyled tuag attat ti. **1803** *P*, *Teilyngu* . . . To render worthy; to think worthy; to vouchsafe. Ar lafar, "Odd sawl un yn *tilyngu*'r wobor", *GTN* 796; "Ôn i ddim yn cretu bod 'onna'n *tylyngu*'r 'oll gamoliath 'gæs 'i', *id.* 831. Cf. D. Owen: *D* 40, nid clorianu ydau, bustachu i symud sachau, llwytho tail, a gwrteithio, oedd yn unig yn *teilyngu* yr enw gwaith.

teilyngder [*teilwng*+-*der*] *eg.* Teilyngdod, haeddiant: *merit.*

c. **1400** (*SG*) *HMSS* i. 211, o achaws *teilyngder* y bererindawt adaroed idaw y chymryt.

teilyngdod [*teilwng*+-*dod*] *eg.* ll. (prin) -*au.* Yr ansawdd neu'r cyflwr o fod yn deilwng, haeddiant, anrhydedd, urddas, braint: *worthiness, merit, desert, honour, dignity, privilege.*

12g. *GMB* 275, *Teilygdaꝺd* adaꝺd, adef gwiryn, / Treithitor tra mor, tra maꝺr deruyn. **14g.** *BT* 128, ac val yr oed y deu esgob drannoeth yn ymrysson am eu *teilyngdodeu* yng gwyd ykardinal ar llys oll. **14g.** *WM* 2. 22–4, nyt *teilygdaꝺt* uy anryded am etteil am hynny. **14g.** *BT* (*RB*) 40, ac yna y drychefis Henri vrenhin ef ar *teilygdawt* vch yn archescob yg Kaer Efrawc. *c.* **1400** *R* 1199. 18–21, Pan gat maᵇ meir. henꝺ o vardeir. hynaf urdawl. O *deilyngdaꝺt.* gꝺir uorwyndaꝺt. gꝺyryf vireindaꝺl. **15g.** *BB* 100–1, Ac yna y doeth cof ydaw yr hen *teilyngdawd* y gollassei yngwlat ruvein. **1547** *WS*, *Teilyngdot* Worthynesse. **1632** *D*, *Teilyngdod*, Dignitas. **1688** *TJ*, *Teilyngdod*: dignity, worthiness. **1776** I. Brydydd Hir: *P* i. 1–2, efe sydd yn rhoddi un enaid . . . ac yn mynegi ei bod hi mewn godidowgrwydd a *theilyngdod* yn rhagori ac yn talu mwy na'r holl greadigaeth. **1794** *W*, *teilyngdod* d.g. *Worth, or worthiness.* **1803** *P*, *Teilyngdawd*, s. m. . . . Merit, desert, right, deservedness, worthiness.

teilyngdra [*teilwng*+-*dra*] *eg.* Teilyngdod, haeddiant: *worthiness, merit.*

1595 *Egl Ph* 52–3, Lhaweroedh a heurant bhod yr opheren . . . o'i *theilyghdra* yn galhu . . . rhaelydhu, nid yn vnic madheuant pechodau; eithr hebhyd iachau rhei cleibhion. **1599** (**1677**) R. Holland: *AB* 11, Nis dyle ddyn offrymmu ei weddiau i Dduw yn *nheilyngdra* [*sic*] ei haeddedigaethau ei hun. **1618** J. Salisbury: *EH* 35, maintioledh yr iawndal a fesurir, wrth fesur *teylyngdra*'r hwn a fo'n gwneuthur yr iawn. **1803** *P*, *Teilyngdra*, s. m. . . . Meritoriousness.

teilyngedd [*teilwng*+-*edd*¹] *eg.* Teilyngdod, haeddiant: *worthiness, merit.*

1803 *P*.

teilynghaf: teilynghau [*teilwng*+-*hau*] *ba.* Gwneud yn deilwng, sancteiddio: *to make worthy, sanctify.*

1611 *Pen* 217, 415, Abraham yn tad ni yr hwnn oedd wr kanmoladwy gan y tad or nef, ai blant ef a vvant gad/wedic drwy y bedydd gwaed, a thrwy hynn y *teilvnghawyd* hwynt pann ddywawt y tad or nef wrth Abraham: y sawl ni chymerant y bedydd gwaed kolledic vyddant wrth hynn.

teilyngol [*teilwng*+-*ol*] *a.* Teilwng: *worthy.*

1803 *P* d.g. *Teilyngawl.*

teilyngrwydd, teilwngrwydd [*teilwng*+-*rwydd*] *eg.* Teilyngdod, haeddiant: *worthiness, merit.*

1611 R. Smyth: *SG* 97, etto er hyny ni ddylem fyth feddulio na thybied, fod y sacrafen yn sefyll ar *deilwngrwy*[*dd*] a buchedd y gwanidogion [*sic*]. **1794** *W*, *teilyngrwydd* d.g. *Worth, or worthiness.* **1803** *P*, *Teilyngrwyz*, s. m. . . . Worthiness.

teilyngus [*teilwng*+-*us*] *a.* Teilwng: *worthy.*

1803 *P*.

teilyngwiw, gw. teilwng+gwiw.

teilyngwr [*teilwng*+*gŵr*, a bôn y f. *teilygaf*: *teilyngu*+-*wr*] *eg.* ll. -*wyr.* Un teilwng neu glodfawr; (geir.) un sy'n gwneud yn deilwng, un sy'n cymeradwyo: (*praise*)*worthy person*; (*dict.*) *one who makes worthy, approver.*

1604–7 *TW* (*Pen* 228), *teilyngwr* d.g. *Approbator.* [**1740**] L. Anwyl: *CA* 123, Gadewch ini . . . elfyddu y *Teilyngwyr* groegaidd hynny. **1793** *Cylchg* 199, bydded hyspys i chwi, nad wyf ddim yn meddwl fod y dynion hyn a soniais, yn *deilyngwyr* i bregethu'r efengyl. **1794** *W* d.g. *Worthy, A worthy* [*a person eminent for his virtues.* . .]. **1803** *P*, *Teilyngwr*, s. m. . . . One who makes worthy.

teilys¹, gw. teils.

teilys² [?*tai*¹+*llys*⁵] *eg.* yn y cfn. *teilys gwyllt. Bot.* Ysgallen ddreinwen, ysgallen Siarl, gellast, *Carlina vulgaris*: *carline thistle.*

1515 *Llst* 10, 38, cardones siluestres y *teilys gwyllt* nev yr ystall [*sic*]. *Dchr.* **17g.** *J* 10, 154b, *Teilys gwyllt.* Chameleo. **17g.** *Llst* 82, 8, selestys *teilys gwyllt* sgallmair.

teim, tîm² [bnth. S. *thyme*] *eg.* a hefyd fel *e.ll. Bot.* Unrhyw un o amryw fathau o blanhigion bychain persawrus o'r tylwyth *Thymus*, yn enw. *Th. vulgaris* a dyfir fel perlysieuyn, gruw, hefyd yn *ffig.*: (*garden*) *thyme, also fig.*

15g. *GLGC* 209, Tomas fal *tîm* sy felys, / tymyr i holl wŷr y llys. **1547** *WS*, *Teim* llyseun Tyme. **16g.** *Llst* 40, 81, tair erwav at orwyrion / *teim* sŷ i waed tomas sion. *c.* **1566** *B* xv. 120, a roi yr isgell ag wyniwn y verwi / a llyssic gardde / persli / *teim.* **16g.** *LlS* 154, Thymus yn Llatin, Thyme yn Sasonaec. *Teim* yn Cambraeac. *Diw.* **16g.** *WLB* 42, Jssop a *thim* a rossmari. **16–17g.** *GST* i. 66, Gwych wyrdd lwyn ac iach ardd las, / Ucha' *teim* chweched Tomas. **1632** *D* (*Bot*), *Teim*, Thymus. *c.* **1740** *LlM* 6, Cymmer Ystol Fair ar Dorfagl, Chribau [*sic*] St. Ffraid, a *Theim*, a Rosmari. **1794** *W*, *Teim* d.g. *Thyme.* Ar lafar, 'Rho dipyn bach o *deim* a parsli i neud blas ar y stiw 'na' (Arfon).

Cfn.: **teim gwyllt(ion)**, &c.: *wild thyme, Thymus polytrichus.* **1545** Elis Gruffydd: *Ll* 6, *teim gwylldion.* **1547** *WS*, *Teim gwyllt.* **1632** *D*, *Teim gwŷllt* d.g. *Serpyllum.* **17g.** *Bodley Welsh e* 9, 8b, Cais y *tim gwllton* a briwo yn fan ai berwi mewn gwaddod cwrw cadarn. **1770** *TG* ii. 31, *Teim gwyllt.*

teimlad [bôn y f. *teimlaf*: *teimlo*+-*ad*¹, trf. han.] *eg.* a hefyd yn eithriadol fel *eb.* ll. -*au.*

(*a*) (Synnwyr) cyffwrdd, cyffyrddiad, y weithred o drafod â'r llaw, ansawdd gwrthrych a drafodir felly; synnwyr (cynneddf canfod, synhwyro, &c.), synhwyriad (corfforol): (*sense of*) *touch, a touching, handling, or feeling, feel* (*of object*); *sense* (*faculty of perception, sensation, &c.*), (*physical*) *sensation.*

1488–9 *BSM* 15, A phob ychydic drwy i *deimlad* ef ar bob kymal ac aelod iddi y dychrevodd vowiogi hyd pann gyvodes yn holl iach. **1547** *WS*, *Teimlad* Handlyng. **1604–7** *TW* (*Pen* 228) d.g. *discussio, Tactus, Tractatio.* **1632** *D* d.g. *Palpatio.* **17g.** *TBM* 853, Dall a byddar yw'r allor, / A mwy, drwg hwyl, mud yw'r côr. / Heb arogl weddi'n buraw / Na *theimlad* llygad na llaw / Nid oes dast dewis testun / Yng nghengau eglwysau'r glyn. **1688** *TJ*, Cnith, ysgafn *deimlad.* A little soft touch. [**1724**] G. Wynn: *YGD* 186, Y Synwyr o *Deimlad* Megis ac y mae yn cyrhaeddyd bella o'r Synhŵyrau ôll, felly y caiff ei phoeni fwya yn y Tân purboeth hwnnw. **1725** D. Lewis: *GB* 37, Enaid teimladol yw Bywyd Annifail; ac y mae ymma Dyfiad a *Theimlad* . . . Enaid rhessymol yw Enaid a Bywyd Dŷn; ac ymma y mae'r tri, sef, Tŵf, *Teimlad*, a Rhesswm. *id.* 158, Synwyr arall yw'r *Teimlad* . . . Y mae'r Synwyr hyn yn fawr jawn mywn rhai, canys dywedir fod rhai a adnabyddant Liwieu wrth ei *Teimlad.* **1759** J. Evans: *PF* 71, Y Palsi, yw colli yscog[ia]d neu *Deimlad*, neu bob un, mewn pa Ran neullduol bynnag o 'r Corph. **1771** *PDPh* 37, pan y syrthiont yn sydyn i'r llawr, y mae'r bodfysedd yn cael eu cae ynghledr y llaw, y llygaid yn troi yn y pen, a phob *teimlad* yn cael ei golli, yn y cyfrwy fodd, fel na's gellir trwy un Sŵn, hyd yn oed pinsio'r Corph, eu dwyn iddynt eu hunain. **1773** *W* d.g. *The feeling* [*the sense so called*], *Sensation* [*perception by the senses*]. **1803** *P*, *Teimlad*, s. m. pl. *au* . . . A sensation.

(*b*) Unrhyw un o'r serchiadau meddyliol greddfol naturiol (e.e. ofn, cariad, tosturi), cyflwr meddwl, argraff feddyliol, ymwybyddiaeth, ymdeimlad, emosiwn, ymateb emosiynol (penodol), sensitifrwydd emosiynol neu foesol, tyb neu gred (yn enw. un nad yw'n seiliedig ar reswm): (*a*) *feeling, emotion.*

1599 (**1677**) R. Holland: *AB* 9, Fel hyn hefyd y gweddiodd y Publican, sef, gydâ *theimlad* o'i bechod a'i drueni. *c.* **1618** *Bl B XVII* i. 195, Ceimion wrachïod cymwys / Yn siarad bob *teimlad* dwys [Huw Machno i ofyn telyn]. **1657** *MLl* ii. 79, fel hyn y cyrhaeddodd yr vn tragwyddol *deimlad* a gwahaniad, gan ymddwyn allan eilwaith gida 'r *teimlad* drwy angau mewn mawr lawenydd, fel y byddai hyfrydwch tragwyddol yn yr vndeb anfeidrol. **1679** C. Edwards: *GGG* 32, bydded ir rheini yn ddifrif ystyried, fod *teimlad* ofidus o lygredigaeth yn arwydd o wir râs. **1684** J. Davies: *LlR* 381, Dwfn *Deimlad* o rifedi a bryntni eu pechodau. **1719** T. Evans: *CDW* 68, megis nad oes gan Blant ddim *Teimlad* o'r peth, ddim ffŷdd. **1731** E. Samuel: *AE* 190, yr oedd arno syched a Newyn, a *theimlad* o boen a Gofid. **1767** J. Thomas: *TFFf* 164, Attolyga ir Arglwydd dy nerthu i rodio wrth ffydd, ac nid wrth *deimlad.* **1776** I. Brydydd Hir: *P* i. 226, esamplau . . . yn yr ysgrythurau santaidd, i ddyscu ini fod yn ofalus a gostyngedig gyda *theimlad* dyladwy o'n gwendidau. **1777** H. Jones: *M* 78, y mae cynhyrfiadau yr yspryd, yn cael eu teimlo, eu profi a'u hamgyffred mewn amrywiol a gwahanol *deimladau.* **1790** Twm o'r Nant: *GG* 16, Nid eill yr un dyn, o'i haeddiant ei hun, / Fyth achub ei Enaid mewn *teimlad* cyttun. **1793** T. Jones: *SD* 29, Am *deimladau* oddifewn, yr ydym yn barnu y dichon fod amryw fath o honynt, pa un bynnag ai tristwch, ai llawenydd, neu pa beth bynnag arall, fo eu teimladol nattur. **1796** J. Owen: *MP* 99, Dug [*sic*] i mewn iddi ddeddf sanctaidd Duw, a gosod dy lygredd gogyfer â hi; a llefa am iawn olwg ar, a *theimlad* o'th drueni. Ar lafar, 'ryw hen *deimlad* cas tuag atach chi', *WVBD* 528; "Os dim llawar o *dimlad* rynto fe a'i frotyr, waith gin 'i dat-cu a'i fang-gu cæs e 'i gwnnu', 'Un i wed pethach sy'n brifo *timlata* yw 'i', *GTN* 796.

Amr.: **teimliad** [bôn y f. *teimlaf*: *teimlo*+-*iad*¹]. **1703** C. Ellis: *CG* 10. **1803** *P*.

Cfn.: **dan deiml(i)ad:** *affected* (*by emotion*), *emotional.* **1703** C. Ellis: *CG* 10. **1759** T. Thomas: *WWDd* 206.

teimladaeth [*teimlad*+-*aeth*] *eb.* Teimlad, sensitifrwydd, teimladrwydd; synhwyriad (corfforol): (*a*) *feeling, sensitivity, sensibility*; (*physical*) *sensation.*

1853.

teimladaidd [*teimlad*+-*aidd*] *a.* Teimladol, sensitif: *sensitive.*

1803 *P*.

teimladeiddiwch [*teimladaidd*+-*iwch*¹ (At.)] *eg.* Teimlad, sensitifrwydd, sentiment: *feeling, sensitivity, sentiment.*

20g.

teimladol [*teimlad*+-*ol*] *a.* a hefyd gyda grym enwol. Sensitif, emosiynol, teimladwy, synhwyrus; yn medru teimlo neu ganfod, ymwybodol; yn perthyn i'r teimlad(au); canfyddadwy, synwyradwy: *sensitive, emotional, feeling, sensuous; sentient, capable of feeling, sensible, conscious, aware; pertaining to feeling*(*s*); *perceptible, sensible.*

1707 S. Williams: *ADA* [x], ein *teimladol* ddynessâd . . . at byrth Angau. **1725** D. Lewis: *GB* 37, y mae tri mâth o Enaid; sef, Enaid Tyfol, Enaid *teimladol*, ac Enaid rhessymol . . . Enaid tyfol yw bywyd Pren, a'r cyfryw . . . Enaid *teimladol* yw Bywyd Annifail . . . Enaid rhessymol yw Enaid a Bywyd Dŷn. **1760** E. Williams: *UYB* 121–2, nid oes gan y bobl eraill ddim arall a wnelont, onid yn unig archwaethu eu marwolaeth yn dra-dwys a *theimladol*; canys y maent yn wastadol yn llawn ffwdan a gofal ynghylch pethau, ag sydd yn cynhyddu'r poen a'r atgoffâd. [**1783**] *W* d.g. *Sensitive* [*having sense or perception*]. **1790** *GY* 22, Gweddi yw difrifol, *deimladol*, a gwresog dywalltiad y galon neu 'r enaid allan ger bron Duw. **1790** *RHD* 109, [p]leserau cig a gwaed, a difyrrwch *teimladol* y ddaear. **1793** T. Jones: *SD* 29, Am deimladau oddifewn, yr ydym yn barnu y dichon fod amryw fath o honynt, pa un bynnag ai tristwch, ai llawenydd, neu pa beth bynnag arall, fo eu *teimladol* nattur. *id.* 30, Gellir dywedyd hefyd mai o Dduw yr oedd y gweithrediadau *teimladol* a ddisgynodd ar y torfeydd, a lefasant, Hosanna i fab Dafydd. **1796** H. Jones: *MPC* 102, beichia dy gydwybod; ac na âd lonydd iddi hyd oni byddo yn gwbl *deimladol* o euogrwydd

dy dufewnol lygredd. **1796** T. Jones: *CCA* 10, rhyw arwyddion *teimladol* (*sensible expressions*) o gariad Duw y mae'n ymwrando am danynt. *id.* 377, Gwyddom rai pethau wrth synwyr *teimladol* (*by sense*), y rhai ni's dyallwn y rheswm am danynt . . . Rhai pethau a ddyallwn wrth reswm, nad yw ein synhwyrau *teimladol* ddim yn medru eu dirnad. **1803** *P*, *Teimladawl* . . . Of a feeling nature.

teimladoldeb [*teimladol*+*-deb*] *eg.* Sensitifrwydd, teimladrwydd, synwyrusrwydd: *sensitivity, sensibility, sensuousness.*
1858.

teimladrwydd [*teimlad*+*-rwydd*] *eg.* Teimlad, emosiwn, sentiment, sensitifrwydd, synwyrusrwydd; ymwybod, ymwybyddiaeth: (*a*) *feeling, emotion, sentiment, sensitivity, sensibility; consciousness, awareness.*
1773 J. Jenkin: *P.* 18, a thyner *deimladrwydd* y galon gymmwynasgar, a ymhyfryda i ymdrechu'n garedig er gwared yr hwn fyddo'n dioddef. **1777** W. Davies: *CHL* 81, y mae rhai pethau yn ei brofiad presennol ar y rhai ysgatfydd y dichon edrych yn ol gyd ag hiraeth yn ol hyn . . . Yn enwedig *teimladrwydd* ac awchlymrwydd y blŷs sydd ganddo i ddisgwyl wrth ordinhadau grâs. **1790** *GY* 24, Y mae *teimladrwydd* o amrywiol bethau mewn gweddi. **1803** *P*, *Teimladrwyz*, s. m. . . . Feelingness.

teimladus [*teimlad*+*-us*] *a.* Teimladol, sensitif, emosiynol: *sensitive, emotional.*
1874.

teimladusrwydd [*teimladus*+*-rwydd*] *eg.* Yr ansawdd neu'r cyflwr o fod yn deimladus neu'n emosiynol, sensitifrwydd: *sensitivity, emotionalism.*
20g.

teimladwy [bôn y f. *teimlaf*: *teimlo*+*-adwy*] *a.bfl.* a hefyd gyda grym enwol. Sensitif, emosiynol, teimladol, gordeimladol; yn medru teimlo neu ganfod, ymwybodol (o); y gellir ei deimlo neu ei gyffwrdd: *sensitive, emotional, feeling, sentimental; capable of feeling or perception, sensible, conscious, aware; capable of being felt or touched, palpable.*
1588 *Heb* xii. 18, O blegit ni ddaethoch chwi at y mynydd *teimladwy* (*TN* 342a, teimledig), a'r tân poeth. **1599 (1677)** R. Holland: *AB* 7, yr oedd efe yn *deimladwy* o'i bechodau, gwrei[dd]iol a gweithredol, ac am hynny eb efe, yr wyf yn cydnabod fy nghamweddau. **1632** *D*, *Teimladwy*, Contrectabilis. **1657** *MLl* ii. 78, Mae 'r bywyd ei hunan yn sefyll mewn ymryson fel y gwneler ef yn hysbys, yn amlwg ag yn *deimladwy*, ag fel y gwneler y Ddoethineb yn wahanedig ag yn adnabyddus. **1687 (1715)** J. Owen: *TB* 91, gofynnodd cristion iddo, pa fodd y gallei ef ddioddef mor gyssurus y cyfryw boenau, attebodd ynteu, nad oedd ef yn *deimladwy* ond o ychydig neu ddim poen. **1688** *TJ*, *Teimladwy*: palpable, that may be handled, or felt with the hand. **1711** M. Maurice: *YAD* 289, Ynteu a ydy profiadau *teimladwy* Plant Duw yn ddiddeunydd mewn perthynas i Sicrwydd? **1717** Iaco ab Dewi: *MN* 230, Duw . . . wedi rhag-ddarparu Adferiad i bôb Creadur *teimladwy*. **1744** D. Rowland: *RY* 172, nid wyfi ddim yn arfer a rhoddi Barn ehud, ond am fod eu Beiau rhain mor hynod, ar [*sic*] Tystion mor *deimladwy*, fel y mae 'n rhaid fod y Dyn hynny yn gib-ddall o'i fôdd, na ddywedo nad ydyw y Carcharorion yn haeddu marw. *c.* **1762–79** W. Williams: *P* 648, y frenhines Elisabeth, yr hon oedd yn *deimladwy* o berygl y grefydd brotestanaidd, ac o'i choron ei hun. **1773** *GBC* 26, Mae ei ganu i'w henaint a'i feibion yn drymfrydig a *theimladwy*. **1803** *P*, *Teimladwy* . . . Capable of feeling, sensible; capable of being felt.

teimlaf: teimlo, *bg.a.*

(*a*) Canfod neu archwilio drwy gyffwrdd (â), cyffwrdd (â), trin, trafod, archwilio (rhan o'r corff) drwy gyffwrdd; ymbalfalu (am); trafod (pwnc, &c.); trin (pobl, &c.); hefyd yn *ffig.*: *to feel, touch, handle, palpate; grope (for); discuss; treat (people, &c.); also fig.*
13g. *B* x. 21, yd anvones kennadeu y *deimlav* e chroth en graff. **13g.** *GBF* 441, Lle yr danned yn dɓnn pan geisser, / Lledyr y grud, yn grin pan *deimlher*. **1346** *LlA* 20–1, Pysawl gweith yd ymdangosses ef [Iesu] . . . Y naɓuet weith . . . pann *deimlaɓd* (*palpavit*) Thomas y archollev. **14g.** *WM* 139. 35–140. 1, Ac y gyt a mi y bydy yspeit yn dyscu itt varchogaeth dy varch a *theimlaɓ* dy arueu. **16g.** (*LlEG*) *Mos* 158, 252a, ynn y lle Ir ysdeddasant twy yn *teimlo* y matter/ ion hrwng y ddwy dyrnas. *id.* 253a, gweddi I ddo [*sic*] Ef ai gyng/or *deimlo* y matter yn ysdig. *id.* 477b, paham i daruoedd iddo ef *deimlo* marshiandwyr y dinas mor greulon. **1547** *WS*, *Teimlo* Fele. *id.* *Teimlo* palfaly Handle. **1551** W. Salesbury: *KLl* vb, yr hyn a glywsom / yr hyn a welsom an llygaid / yr hyn a edrychasam arno ac a *deimlaw*[*dd*] en [*sic*] dwylo. **1567** *TN* 200b–201a, byddei yddwynt gan ymbalfaly [:- *deimlo*] y gaffael ef [yr Arglwydd]. *c.* **1585** G. Robert: *DC* 25a, Gwir yw farglwydh eu bod wy yn dy *deimlo* yn amharchus megis lheidr, am dy fod yn dhiodhef dros ladron. **1588** *Gen* xxxi. 34, Laban a *deimlodd* yr holl babell ac nis cafodd hwynt. **1632** *D*, *Teimlo* d.g. *Tracto*. **1656 (1745)** *MLl* ii. 135, yna di elli *deimlo* Pilerau 'r Pechod ynnot, a'u tynnu i'r llawr fel Sampson. **1658** R. Vaughan: *PES* 3, Cyn i mi ddechreu dilyn yn gyflawn neu *deimlaw* fyn [*sic*] Nhesdyn, y mae yn anghenrheidiol i mi ddywedyd yr achos or cyfarfod hwn. **1672** R. Prichard: *Gw* 308, yn swpper yr Arglwydd . . . nid oes yno na chig na Gwaed iw weled â llygaid, iw *deimlo* â dwylo . . . nac iw ollwng ir cylla. **1688** *TJ*, *Teimlo*: to feel with the hand. **1704** E. Samuel: *BA* 203, bodloni ei betrustra wrth adael iddo weled a *theimlo* creithiau'r hoelion. **1803** *P*, *Teimlaw* . . . to feel by the touch. Ar lafar, 'Gæd ifi 'i *dimlo* fa', *GTN* 796.

(*b*) Ymwybod â (theimlad (corfforol), synhwyriad, emosiwn, &c.), ymwybod â bod (yn iach, yn sâl, yn dwym, yn oer, &c.), profi, canfod, synhwyro; ymwybod â bod (yn fath arbennig o berson); bod o'r farn, tybied, credu, ystyried; rhoddi'r synhwyriad o fod (yn dwym, yn oer, &c., am wrthrych, &c.): *to feel (sensation, emotion, &c.), feel (healthy, ill, warm, cold, &c.), experience, perceive, sense; feel like a (certain type of person); feel (that), consider; feel (warm, cold, &c., of object, &c.).*
1588 *Ecs* x. 21, estynn dy law tua 'r nefoedd fel y byddo tywyllwch ar dir yr Aipht: ac y gellir *teimlo* y tywyllwch. **1595** H. Lewys: *PA* 28, Oh na allem *deimlaw*, gweled, ac ystyriaw, ewyllys, a meddwl Crist. **1703** E. Wynne: *BC* 91, Dim llewygu na llesmeirio nid oes yno . . . ond nerth gwastadol i ddiodde ac i *deimlo*. **1725** D. Lewis: *GB* 234, [P]wys Awyr . . . ond nid ydym ni yn *teimled* nac yn dirnad hyn, mwy nag y *teimlem* Bwys Dwfr yngwaelod Llyn, gan fod yr Awyr yn pwyso ym mhob Ffordd, ac felly yn cydbwyso ei hun. **1771** *PDPh* 57, teithiwch yn eich blaen . . . nes llaeso 'r chwydd, ac yntau [ceffyl] yn dechreu *teimlo* ei goesau. **1777** H. Jones: *M* 78, y mae cynhyrfiadau yr yspryd, yn cael eu *teimlo*, eu profi a'u hamgyffred mewn amrywiol a gwahanol deimladau. **1803** *P*, *Teimlaw* . . . to be sensible. Ar lafar, ''Dwi'n *teimlo*'n well heno', '*teimlo*'n ddigalon', *WVBD* 528; ''Wyt ti'n *timlo*'n ôr?', ''Ôn i'n *timlo* iasa'n mynd trwyddo' i pyn clŵas i'r sgrech', *GTN* 796.
Amr.: **teimled. 1725** D. Lewis: *GB* 205, 234. **twmlaf**[2]: **twmlo.** Ar lafar, ''Wi'n *twmlo*'n dost heddi' (sir Gaerf.).
Cfn.: **teimlo ar fy nghalon (ar dy galon,** &c.**):** *to feel disposed or inclined.* Ar lafar, 'Fel bydda' i'n *teimlo ar 'y nghalon*' 'as I feel disposed', *WVBD* 528; 'Os wt ti'n *teimlo ar dy galon* na fedri di siarad yn gyhoeddus o flaen cymint o bobl, gyrra air yn lle hynny' (sir Ddinb.). **teimlo dros:** *to feel (sympathy) for.* **1919.** Ar lafar, ''Ôn i'n *teimlo drosto* fo'n gorfod aros yn y tŷ ar ôl torri'i goes a'i ffrindie fo i gyd allan yn chware' (sir Ddinb.). **teimlo fel:** *to feel like ((doing) something); feel like (of substance, material, &c.).* Ar lafar, ''Wyt ti'n *teimlo fel* mynd allan heno?', ''Dwi'n *teimlo fel* hufen iâ', 'Mae'n *teimlo* fel melfed' (sir Ddinb.). **teimlo i'r byw:** *to feel deeply.* **20g.** Ar lafar, '*timlo i'r byw*' 'teimlo'n ddwfn', *GTN* 796. **teimlo pwls:** *to feel a pulse, also fig.* **1713** T. Baddy: *DDGH* 30, [p]rin *deimlo* eu *pwls*. **1725** D. Lewis: *GB* 78, [*t*]*eimlo* ei *Bwls* a'i fys. **teimlo tant (tannau):** *to play strings, string playing.* **15–16g.** *TA* 382, Yn iach eto *teimlo tant* [marwnad Gruffudd Llwyd]. **1545** *CM* 1, 114, ithrylith i ddysgur geluyddyd aelwir musig Ac ynn gystall Ar tauode ac ai dwylo megis I *deimlo tann/e* pibe organne. **16g.** *GGH* 296, Aed i'r hyddod a'i rhoddant / Y glod tra fo *teimlo tant* [i ofyn march].

teimledig [bôn y f. *teimlaf*: *teimlo*+*-edig*] *a.bfl.* Y gellir ei deimlo neu ei gyffwrdd, teimladwy: *capable of being felt or touched, palpable.*
1567 *TN* 342a, O blegid nid at y mynydd *teimledig*, y nesayasoch. **1615** R. Smyth: *GB* 179, Y ddaear sydd fvvy *teimledig* o'r holl elefenae. **1691** T. Williams: *YB* 247, gweled pethau gweledig . . . teimlo pethau *teimledig* . . . clywed sŵn. **1793** Dafydd Ionawr: *CD* 148, Dudew garchariad ydoedd, / A du gylch *teimledig* oedd. **1803** *P.*

teimledigaeth [*teimledig*+*-aeth*] *eb.g.* Teimlad, ymwybyddiaeth, sensitifrwydd; (synnwyr) cyffwrdd, (geir.) y weithred o drafod (â'r llaw): (*a*) *feeling, consciousness, awareness, sensitivity; (sense of) touch, (dict.) a handling.*
1346 *LlA* 70, Ewyllys ev *teimledigaeth* (*Voluptas tactus*) agaffant yny mod hɓnn . . . ef a gyfueruyd ac ɓynt pob peth yn glaer hynaɓs. **1604–7** *TW* (*Pen* 228), *Teimledigaeth* d.g. *Tactus* (hefyd *D*). **1689** E. Morus: *RC* 5, Ufudd-ymbiliwch a Duw ar iddo eich gwneuthur chwi . . . yn deimladwy o'ch pechod a'ch perygl, a chadw o honaw ef y *deimledigaeth* honno mor dynn at eich meddyliau. *id.* 23, lle ni chânt hwy fŷth nac ofn na *theimledigaeth* o fâth yn y bŷd ar ddrygioni na phoendod . . . a hwy a gânt *deimledigaeth* o gariad Duw. **1722** *Llst* 189, *Teimledigaeth*. f. A handling. **1733** J. Thomas: *HYB* 59, Nas gellir yn wêll roi barn, am Gyflwr a Thymmer bresennol ein Heneidiau, nag oddiwrth Fynegiaethau cywir a *Theimledigaeth* fywiog ein Cydwybod. **1760** E. Williams: *UYB* 20, nid oes yndduntt na naws na *theimledigaeth* o'u Prynwr. *id.* 186, [y] fath *deimledigaeth* wreiddiol a phriodol o'r Ysbryd. **1803** *P*, *Teimledigaeth*, s. m. . . . A being endued with feeling.

teimledydd [bôn y f. *teimlaf*: *teimlo*+*-edydd*] *eg.* ll. *-ion.* Teimlydd, tentacl: *antenna, feeler, tentacle.*
1773 *W*, *teimledydd* d.g. *Feeler*. **1798** *WR*, *teimledydd* d.g. *Feeler*.

teimledd [bôn y f. *teimlaf*: *teimlo*+*-edd*[1]] *eb.* ll. *-au.* Synhwyriad (corfforol); ansawdd arwyneb neu sylwedd o gyffwrdd ag ef (hefyd am olwg yr arwyneb neu'r sylwedd): (*bodily*) *sensation; texture.*
1853.

teimliad, gw. **teimlad.**

teimliawdr [bôn y f. *teimlaf*: *teimlo*+*-iawdr* (At.)] *a.* Ymwybodol (o), sensitif (i): *conscious (of), sensitive (to).*
1346 *LlA* 42, Yrei drɓc ynteu ynn drɓc eu kytɓybɓt ochɓerɓed ev callonnev yn wyneb trist. . . . yn *deimlyaɓdyr* eu tristit (*tristitia mordaces*). yn annɓadal ev kerdedyat.

teimlwr, teimlydd [bôn y f. *teimlaf*: *teimlo*+*-wr*, *-ydd*[3]] *eg.* ll. *teimlwyr, teimlyddion.* Un sy'n teimlo neu'n cyffwrdd, triniwr; canwr (offeryn cerdd); un o bâr o atodiadau symudol ar bennau pryfed, cramenogion, &c., sy'n sensitif i gyffyrddiad a blas, tentacl: *feeler, toucher, handler; player (of musical instrument); antenna, feeler, tentacle.*
15g. *GGl*[2] 11, *Teimlwr* gŵyr, teml iôr gwiwrent, / Tomas, post a gwanas Gwent. **1588** *Gen* iv. 21, A henw ei frawd ef oedd Iubal, ac efe oedd dâd pob *teimlydd* telyn ac organ. **1725** D. Lewis: *GB* 205, Am . . . *Deimlwyr* Pryfed . . . Y mae'r Antennæ neu 'r *Teimlwyr* yn gwasanaethu at lanhâu'r Llygaid, ac hefyd i Deimled o'r blaen, gan na welant. **1758** *ML* ii. 85, anherchwch fi at y chwaer a Sion *teimlydd* telyn. **1773** *W*, *Teimlwr*, *teimlydd* d.g. *Feeler*. **1789** *BDG* 505, *Teimlwr*, a phalfalwr fydd / Em wênawg dan y manwŷdd; / *Teimlwr* bol, gwibiol gwiwber, / *Teimlwr* coes bun eirioes bêr. **18–19g.** R. Davies: *DB* 269, Eos bro Glwyd lleisber glân—yw Parry, / Peraidd *deimlydd* organ. **1803** *P*, *Teimlwr*, s. m. . . . A feeler. *id.* *Teimlyz*, s. m.—pl. t. *ion* . . . A feeler, a toucher.

teimlyr [bôn y f. *teimlaf*: *teimlo*+*-yr*] *eg.* ll. *-au.* Teimlydd, tentacl: *antenna, feeler, tentacle.*
20g.

teimtebl [bnth. S. *timetable*] *eg.* ll. *-s.* Amserlen: *timetable.*
1933. Ar lafar, 'Peth cynta' bora Llun yn yr ysgol 'roeddan ni'n câl *teimtebl* yr wsnos', ''Oes gen ti gopi o *deimtebl* y trên?'

teiniaf: teinio, †teinim, gw. **taenaf: taenu.**

teins(h), gw. **tensh.**

teios [*tai*[1]+*-os*] *e.ll.* Tai bychain neu dlawd: *small or poor houses.*
1592 S. D. Rhys: *Inst* 51, Deriuatiua species continet . . . Contemptiua . . . *teios* . . . taeos. **1719** T. Evans: *CDW* v, Pregethu mywn *Teios*. **1722** T. Evans: *PS* 36, os ni attebant yn y Psalmau, ni wnânt y chwaith mo'r attebion yn un rhan o'r Gwasanaeth, eithr hwy a fyddant yn yr Eglwysydd, megis hwynt hwy yn y *Teios* Cyfarfod, yn wrandawyr yn unig, nid gwneuthurwyr. **1722** *Llst* 189, *Teios*. p. Poor mean houses. **1763** *DT* 130, Gwych gan Bobl onest lân, / Oleuni Tân a Chanwyll; / Gwych gan Wylliaid fod y Nos / Mewn

Teios yn y Tywyll. **1791** GW. MECHAIN: *Rh* 54, fe â ddiboblodd ran o wlad Hamtwn, gan dýnu *teios* y gwreng a llysoedd y bonheddig i'r llawr. **18-19g.** *Llr* C 2, 344, Os . . . diminitive, mostly used in North Wales . . . Perthios, Plantos, gwrageddos, merchettos, *Teios*. Brwynos. Llwynios. & admitted in the literary dia[l]ect and as such known in South Wales.
Amr.: taeos [?dan ddyl. *taeog*]. **1592** S. D. RHYS: *Inst* 51. **1722** *Llst* 189, *Taeos*. p. Mean pitiful houses. *c.* **1730** *Thos. Lloyd D* (LlGC) 213b, *Taeos* . . . Domiculæ.

teip [bnth. S. *type*; ansicr yw grym orgraffyddol yr enghrau. o *typ* a welir isod] *eg.b.* ll. -(i)au, teips.

(*a*) Arwydd, symbol, *Diwin.* ffigur, symbol, &c., yn enw. yn yr Hen Destament, sy'n rhagddarlunio person, digwyddiad, &c., yn y dyfodol, yn enw. yn y cyfnod Cristionogol, cysgod: *type (also in theol.), symbol.*

1651 SIÔN TRFREDYN: *MDD* 33-4, gelwir Adda yn *dyp*, neu yn arwydd o Ghrist, fel y dywedodd yr Apostol, yr hwn oedd ffurf yr un oedd ar ddyfod. **1653** *Wy* 12, 323b, rhwng y ddelw yn y drych a wynebpryd, rhwng y *Teip* ar Anti:teip. **1655** R. JONES: *PC* 129a, Is deddf pôb *Typ.* **1696** *CDD* 349, Pais ein pen ceidwad, oedd newydd. ddi-wniad, / Yn *deip* ddi-wahanniad, o gariad pan gô. **1709** H. POWEL: *G* 62, Pawb ac oedd allan o'r arch a ddinistrwyd yn y Diliw gynt; yr hon oedd *Deip* o'r Eglwys, yr hon y daw pawb yn fyr o iechydwriaeth a'r gauôr [*sic*] allan o honi. **1719** *EGBG* 8-9, Y mae cydsynniad rhwng yr hên destament a'r newydd. Cydsynniad rhwng y *typau* a'r cyscodau tan y gyfraith, a'r pethau a gysgodir tan yr Efengyl. *c.* **1729** S. RHYDDERCH: *LlCD* 429 Enwaedwyd ar yr Wythfed Dydd, / Mae'n *Deip* o ddeunydd ddoniol, / Ei Gorph hardd er gwirio'n Ffydd, / A'n Bedydd yn Wybodol. **1753** D. JONES: *SD* 152, Dafydd, fy etholedig Was, / Fu'n cadw 'mhraidd, fu'n cospi 'nghas: / I'r orseddfaingc a godais i, / Nid oedd ond *Teip* o honot ti. **1759** *BC* 500, Y didwyll Dâd y Meibion, yr Hwsmon A'r Afradlon sydd *Deip* neu arwydd Union o Dduw Ne. **1765** J. EVANS: *CPE* 14, *Tŷp* neu eilun neu gynddelw nef y nefoedd oedd y Cyssegr Sancteiddiolaf. **1778** J. HUGHES: *BB* 152, Mae 'r hâf yn dwyn cyff'lybieth, / O ddyddiau 'r efengyl berffeth, / A'r gauaf oer naturieth, / Yn *deip* [:— Cyffelybiaeth] o'r gyfreth gaeth. **1789** B. EVANS: *LlG* 323, y mae'r Apostol yn gwneuthur amgylchiadau Eglwys Israel, yn y Môr ac yn yr Anialwch, yn *Deipau* (tupoi) neu'n Gysgodau o Amgylchiadau yr Eglwys Gristnogol.

(*b*) Math, siort, rhywogaeth: *type, sort, kind.*

1919. Ar lafar, *Cymru* xlvii. 237 (sir Ddinb.).

(*c*) Darnau metel, &c., a llythrennau, &c., dyrchafedig ar eu harwyneb uchaf, a ddefnyddir i argraffu; llythrennau, &c., wedi eu hargraffu â'r darnau hyn: *type (in printing).*

1924.
Cfn.: teip cadw: *standing type.* **20g.** teip symudol: *movable type.* **20g.**
Gw. hefyd teipyn.

teipaf: teipo, gw. teipiaf: teipio.

teipar [bnth S. *typer* 'typewriter'] *eg.* Teipiadur: *typewriter.*
20g.

teipiadur [bôn y f. *teipiaf, teipaf: teip(i)o* + -iadur] *eg.* ll. -on. Peiriant sy'n cynhyrchu llythyren ar bapur pan bwysir ar fotwm sy'n peri i deipyn ar far neu bêl daro drwy ruban wedi ei incio yn erbyn y papur hwnnw: *typewriter.*
20g.

teipiaf, teipaf: teip(i)o [bnth. S. (*to*) *type*] *bg.a.* Defnyddio teipiadur, cynhyrchu ar deipiadur: *to type.*
1920. Ar lafar, 'Dysgu *teipio* odd y peth gora 'nes i, 'dwi'n sgwennu mor flêr' (Arfon).

teipiedig [bôn y f. *teipiaf, teipaf: teip(i)o* + -iedig] *a.bfl.* Wedi ei deipio: *typed.*
1934.

teipiedydd [bôn y f. *teipiaf, teipaf: teip(i)o* + -iedydd] *eg.* Teipiadur: *typewriter.*
20g.

teipograffeg [cfdds. o'r S. *typograph(y)* + -eg¹] *eb.* Celfyddyd neu broses cysodi ac

argraffu; diwyg gwaith argraffedig: *typography.*
20g.

teipograffi [bnth. S. *typography*] *eg.* Teipograffeg: *typography.*
20g.

teipograffig [cfdds. o'r S. *typograph(ic)* + -ig²] *a.* Yn perthyn i deipograffi: *typographic.*
20g.

teipograffydd [cfdds. o'r S. *typograph(er)* + -ydd³] *eg.* ll. teipograffwyr. Arbenigwr ar deipograffeg: *typographer.*
20g.

teipoleg [cfdds. o'r S. *typol(ogy)* + -eg¹] *eg.b.* Astudiaeth neu ddansoddiad o deipiau (yn enw. rhai Beiblaidd); gwyddor dosbarthu teipiau, dosbarthiad (yn ôl teip): *typology.*
20g.

teipolegol [teipoleg + -ol] *a.* Yn perthyn i deipoleg: *typological.*
20g.

teipreitar, teipreityr [bnth. S. *typewriter*] *eg.* Teipiadur: *typewriter.*
20g. Ar lafar, 'Dwi 'di blino sgwennu'r holl betha 'ma, 'dwi'n mynd i brynu *teipreityr*' (Arfon).

teipsgript [bnth. S. *typescript*] *eg.b.* Teipysgrif: *typescript.*
20g.

teipydd [bôn y f. *teipiaf, teipaf: teip(i)o* + -ydd³] *eg.* (b. -es, ll. -au) ll. -ion. Un sy'n teipio, yn enw. fel galwedigaeth: *typist.*
20g.

teipyn [teip + -yn¹] *eg.* ll. -nau. Llythyren, symbol, neu farc arbennig, wedi ei argraffu neu ei ysgrifennu, un o'r llythrennau, &c., sy'n perthyn i ffownt penodol, darn o deip: *(written or printed) character, sort (in printing).*
20g.

teipysgrif [teip + ysgrif, ar ddelw'r S. *typescript*] *eb.g.* ll. -au. Copi teipiedig o ddogfen: *typescript.*
1923.

teirach, gw. tri + ach.

teiraf: teiro, gw. teiriaf²: teirio.

teiran¹, tair rhan [tair + rhan¹] *e.ll.* a hefyd fel *a.* Tair o rannau; ?tri chwarter; un rhan o dair, trydedd ran, traean; tair gwaith cymaint; ac iddo dair rhan, wedi ei rannu'n dair rhan: *three parts, ?three quarters; third (part); three times as much; tripartite.*

14g. *WMl.* 25-6, Medyd ageiff ytir yn ryd . . . athrayan y coyr adiotter or gerbyn ved. kanys y deu parth arennir ynteir ran. ydoy ran yr neuad. ar tryded yr ystauell. **14g.** T 79. 17-18, Seith awyr yssyd oduch sywedyd. Adeir ran ymyr mor ynt amrygyr. **14g.** *WM* 183. 31-2, ellog genadeu teir blyned y teir ran (id. t. 92a. 36, deir bann) y byt. **14g.** *OBWV* 94, Pob uchenaid, rynnaid ran, / A dorrai graig yn deirran [Gruffudd Gryg i'r lleuad]. **14g.** *GIG* 72, Hysbys ymhob llys a llan / Dorri'r ddaear yn deirran. *c.* **1400** *R* 1321. 4-5, Ucheneit rann gelein *deirann* galonn dorri. *c.* **1400** *Llst* 27, 26a, Y llyvyr honn yo y trydyd llyvyr or llyvyr aelwir kyssegyvlan buched, ac aelwir ymborth yr eneit, ac yndao y mae *teir rann* goahanredaol. **15g.** *BB* 82, ac arodes ydav teyr ran o wlad iudea. **15g.** *GLGC* 185, Tair afon Pumlumon lân / o'r un tir a wna *teirran*. **15g.** *CSTB* 2, Pa air, y ferch loywserch lân, / A dorrai'i chred yn *deirran*? **15g.** *DE* 1, dyro ti a gai *deiran* / dy wisc dy gardod i man. *Diw.* **15g.** Pen 67, 17, Dihir ym yw'r tir *tairan* / y gwylyav lle gwelais gael aryan (Howel Dafi). **1606** E. JAMES: *Hom* ii. 46, Ac yr ydys yn yr histori eglwysig *dair-rhan* . . . yn tystiolaethu i Epiphanius . . . wneuthur llawer o wrthiau. **1632** D, Yn *deir-rhan* d.g. Tripartito. **1794** *W*, teir-rhan d.g. Tripartite. **1803** *P*, *Teirrhan*, s. pl. aggr. — Three parts or shares. a. Of three shares.

teiran², gw. teirant.

teirannaf: teirannu [bf. o'r e. a'r a. *teiran*] *ba.* Rhannu neu dorri yn dair rhan (gyfartal), traeanu: *to trisect.*
20g.

teirannog, teir-rhannog [teiran, tair rhan + -og] *a.* Wedi ei rannu neu ei dorri yn dair rhan, ac iddo dair rhan: *tripartite.*
1794 *W*, teir-rhannog d.g. Tripartite. **1798** *WR* 370, teir-rhanawg d.g. Tripartite.

teirant, tyrant [bnth. S. *tyrant*] *eg.* ll. teiraniaid, teirantiaid, tyraniaid. Un sy'n llywodraethu neu'n ymarfer awdurdod mewn modd gormesol, teyrn, gormeswr, gorthrymwr, gormesteyrn: *tyrant.*

1545 *CM* 1, 576, y gouid a hennwir y ngroaeg / phthiryasys . . . bur *teirant* Sylla varw or dialedd yma. **1588** *Doeth Sol* viii. 15, Teiranniaid aruthrol a'm hofnant i. **1606** E. JAMES: *Hom* iii. 246, naill ai yn llywodraeth-wyr angall, ai yn *dyranniaid* o'r creulonaf. id. 247, Nabuchadonosor . . . y brenhin hwnnw oedd genhedl-ddýn a *thyrant* a chreulon orthrymmudd. **1615** R. SMYTH: *GB* 101, [D]yonysius y *tyrrand* o sisilia. **17g.** *LlGC* 10249, 152, Rhag brâd taer wasgiad terfysgwyr, diriaid / Düw dyro in gyssŷr / Teraniaid [sic] Peganiaid pŷr / anrhaith Sied, yn Rhith Sawdŵyr. **17g.** HUW MORUS: *EC* i. 217, Gwnaed y Meistr-Tir yn denant i lawer *teirant* taer, / A'r tenant a fu tano, a eill etto nofio 'n Aer. **1718** (**1721**) S. THOMAS: *HB* 28, Teirant neu Orthrymmwr tuac at ei Ddeiliaid ydyw. **1722** *Llst* 189, Teiran, *Teirant*. m.p. ranniaid. A tyrant. **1746** T. RICHARDS: *CER* 19, y Gorthrymwyr (Teiranniaid) beilchion. id. 24, o herwydd fod y cyfryw un yn gadael bôd yn Frenin, a yn dyfod i fôd yn Ormesdwyn (Teirant). **1759** *BC* 460a, I minnau yn oleu yn elyn fe a ymrodd, / Ac allan o'm meddiant fel *Teirant* fe am trodd. **1771** J. THOMAS: *TA* 327, Ni ddichon grym y *teirant* llym ger llaw, / Y ddraig a'i hil, er eitha ei seil a'i braw. *Amr.*: **teiran²** [bnth. S. *tyrane*]. **1588** 2 Mac iv. 25. **1632** J. DAVIES: *LlR* 253. **1722** *Llst* 189. *c.* **1729** S. RHYDDERCH: *LlCD* 366. **tirant** [bnth. S. *tirant*] (ll. *tiranod*). *Diw.* **16g.** *B* xxii. 138, [ll]awer o *diranod* a gormesiaid. **1740** T. EVANS: *DPO* 195, *Tirant* anhywaith a elwid Dioclesian. **tyron** [?ll. *wallus*]. **1606** E. JAMES: *Hom* iii. 290.

teirawd [tair + -awd³] *eb.* ll. -odau. Crdd. Triawd: *trio (in mus.).*
1886.

teirawr, teirban, gw. tri + awr, ban¹.

teirbenyw [tair + benyw] *a.* Bot. Ac iddo dri phistil: *trigynous (in bot.).*
1813 *WB* 14, Ordo III. Trigynia.—Llwyth III. *Teirbenyw.* id. 38.

teirblwydd, teirblwyddol, teirblynyddol, gw. tri + blwydd, blwyddol, blynyddol.

teirbys, gw. tribys.

teircaill [tair + caill] *eg.* a hefyd fel *a.* Bot. Unrhyw un o amryw fathau o degeirian o'r tylwyth *Spiranthes*, yn enw. caineirian troellog, S. *spiralis*; creulys, *Senecio*: (autumn) *lady's tresses; ragwort.*

16g. *LlS* 103, Triorchis yn Groec Testiculus yn Llatin, Ragwurtz yn Saesonaec: ac yn ol pwyll y Groec mi aei galwaf y *Teirceill* yd yw gaphwy enw a vo Cambraegeiddiach iddo. **1632** *D* (Bot), *Teircaill*, Triorchis minor. **1688** *TJ* (Bot), *Teircaill*: Triple-lady-traces the lesser. **1753** *TR* (Bot), *Teircaill*, the small ragwort. **1801** *MMf* 294, Triorchis, *teircaill*. **1803** *P*, *Teircaill*, s. m. — The small ragwort. **1813** *WB* 238, *Teircaill*; Ophrys spiralis; Spiral Ophrys, Ladies' Traces.

Fel *a.* Ag iddo dair caill neu gloronen: *having three testicles or tubers.*

1604-7 *TW* (Pen 228), rhyw hebawc *teircaillh*. hevyt llysseun *teircaillh* a wraidh, caillh y ci d.g. Triorches. **1632** *D*, Rhyw walch *teircaill* d.g. Buteo.

teircainc, teircoes, gw. tri + cainc, coes.

teirconglog, gw. trichonglog.

teircwys, gw. aradr—aradr deircwys.

teirdalen, tair dalen, tair deil(i)en [tair + dalen] *a.* a hefyd fel *eg.* ll. teirdalennau. Bot. Ac iddo ddail â thair deiliosen; unrhyw un o amryw fathau o blanhigion o'r tylwythau *Trifolium* a *Lotus* ac iddynt ddail teirdalen: *trifoliate; trefoil.*

c. **1400** *Études* vii. 282, kymer llyssewyn a elwir *teirdalen* a dyro y'r claf y'w yfet. **1604-7** *TW* (Pen 228), Suran Tair deilen d.g. Alleluia. id. y Suran Tair deilien . . y Suran taur dalen d.g. Oxys. **1632** *D*, meillion *tairdalen* yr yspaen d.g. Medica. id. Meillion tair dalen d.g. Trifolium. **1803** *P*, *Teirdalen* . . . trefoil.

Surain *teirdalen*, wood sorrel. **1813** *WB* 21, Ffaen y gors *teirdalen*.

teirerw, gw. **tri+erw.**

teires, gw. **telyn—telyn deires.**

teirffordd, teirffurf, gw. **tri+ffordd, ffurf.**

teirgwaith, tair gwaith [*tair+gwaith*[2]] *adf.* a hefyd fel *eb.* ac *e.ll.* Ar dri achlysur, tair o weithiau, tri thro; (gwell, &c.) dair o weithiau, (gwell, &c.) o ffactor o dri: *on three occasions, three times, thrice; three times (better, &c.).*

13g. *C* 50. 11–13, Ryssorri guassauc guaessaf. meufit Duyweith *atheirgueith*. pedeirgueith in vn. dit. **14g.** *T* 51. 3–4, ef torres ar dar *teir gweith* yg kat. **1346** *LlA* 6, Kanys yny naw ybyd tri *deirgweith*. *id.* 23, yny dwfuyr y bedyd . . . yssodir *teir gweith* ar gyfeir y teir persson. *c.* **1400** *DB* 43, A honno a elwit Imbria, a daw ffrwyth arnei *teirgweith* yn y ulwydyn. *c.* **1400** (*SG*) *HMSS* i. 206, marchawc urdawl. yr hwnn yd ymdangosses seint greal idaw *deirgweith*. **1551** W. SALESBURY: *KLl* xivb, *Teirgwaith* im curwyd a gwiail / vnwaith a main: *Teirgweith* y tores llong arnaf. *id.* xxiia, [y] nos heno cyn canu'r ceiloc / y gwedy vi *teirgweith*. **1595** *Egl Ph* 51, Y gair yma 'nebh' a luawssogwyd *deirgwaith* yn yr vn bhrawdhaeg gybhanodawl. **1618** J. SALISBURY: *EH* 130, Hyfryd a fydhe gennyf gael gwybod, pam y toneir cloch yr Aue Maria, *deir-gwaith* yn y dydh. **1632** *D*, vn a briodwyd *deirgwaith* d.g. *Trigamus*. **1707** *AB* 162b, *Teirgwæth* [*sic*]. Thrice d.g. *Ter.* **1718 (1721)** S. THOMAS: *HB* 8–9, Fenus . . . Yr ydys yn gadel ei fod oddeutu *tair gwaith* yn llai na'r ddaiar. *c.* **1762–79** W. WILLIAMS: *P* 277, [m]ur issel . . . amgylcha hon 7 waith; *y tair gwaith* gyntaf gydâ brys. **1803** *P*, *Teirgwaith*, s. pl. aggr. . . . Three times. Ar lafar, 'Man' nw wedi bod yma *deirgwaith* oddi ar 'ynny', *GTN* 830. Cf. R. ROBERTS: *Dacaryddiaeth* 30, mae parhâd diffyg cyflawn ar y lleuad yn dangos bod cysgod y ddaear yn ddigon eang i orchuddio y lleuad pe byddai ei thryfesur yn *deir-gwaith* mwy nag yw, yn brawf eglur o ragoriaeth maintioli.

teirgwlad, gw. **tri+gwlad.**

teiriad [bôn y f. *teiriaf*[1]: *teirio+-iad*[1]] *e?g.* (Y weithred o deirio â) morter calch a blew gwartheg: (*a pointing with*) *lime hair mortar.*

Ar lafar ym Meir. a sir Ddinb., E. WILIAM: *TFB* 97; 'Ma'r lluwch yn dod i mewn yn arw wrth nad oes 'ma ddim *teiriad*' (Meir.).

teiriaf[1]**: teirio** [bnth. S. taf. (*to*) *tire* 'to plaster'] *ba.* Pwyntio (ochr fewnol to llechi) â morter: *to point (the inside of a slate roof) with mortar.*

1931 H. EVANS: *CE* 102, Yr oedd llawer o'r hen dai wedi eu hadeiladu heb forter—tyllau yn y muriau, a'r to heb ei *deirio*, os llechau a fyddai, ac felly yn oerion iawn. Ar lafar ym Meir. a sir Ddinb., E. WILIAM: *TFB* 97; 'Ma'r lle 'ma'n llawer cynhesach wedi'i *deirio*' (Meir.).

teiriaf[2]**: teirio** [bnth. S. (*to*) *tire*] *bg.a.* Blino, lluddedu: *to, tire, wear out, become tired or fatigued.*

c. **1761** *W Jew* 2, wedi *teirio* yn trefailio. Ar lafar, '*Teirio*' 'to get fatigued, or tired', *Cymru* liv. 132 (dwyrain sir Drefn.); 'Ma fa'n ddicon i *diro* ysbryd dyn yn læn', *GTN* 797.

teiriaith, teiriau, gw. **tri+iaith, iau**[1].

teirieithiog, teirieithog, gw. **tairieithog.**

teirllath, teirllith, teirllys, teirmil, teirnos, gw. **tri+llath, llith**[1]**, llys**[1]**, mil**[1]**, nos.**

teirnosig [*tair+nos+-ig*[2]] *a.* Tair nos oed: *three nights old.*

14g. *WM* 483. 30–2, mabon mab modron. a ducpwyt yn *teir nossic* y wrth y vam.

teirodl, teiroes, gw. **tri+odl, oes**[1].

teirongl, teironglog, gw. **triongl, trionglog.**

teirpig, teirpunt, gw. **tri+pig**[1]**, punt.**

teir-rhannog, gw. **teirannog.**

teirs [awgrymir yn *GGl*[2] 357 mai bnth. S. C. *targes* 'shields' a welir yma] *e.?ll.* ?Rhyw fath o orchudd(ion) (?disglair): *some kind of (?bright) covering(s).*

15g. *Glam Bards* 275, krynoi peth or ceinbleth van / kribo roi bangk or ruban / ac eilwaith rroi gwisc alawnt / dros i liw o *deirs* a lawnt [Gruffudd ap Dafydd Fychan i wallt merch]. **15g.** *GGl*[2] 258, Y Dean rhwyddlan a'u rhydd / Yn *deirs* arian dros irwydd [i ofyn ysglâts]. **15g.** *GOLIM* 16, Tŷ pridd ar y top rhuddaur, / tros wallt lle y bu'r *teirs* aur [marwnad Elen, gwraig Gruffudd ap Hywel]. *id.* 45, Seirioel wyn, sêr oleuni, / aeth i roi sŷr i'w *theirs* hi [i'r Plasnewydd ym Mhorth-aml]. **15–16g.** *GLM* 53, Mwy cennyd, fal mwg henaur / am d'air, sant, nog am *deirs* (amr. dyrs) aur. **16g.** *GLD* 54, Taled Mair, (Nid tlawd morwyn); / Os cair ywch Mair er eich mwyn. / A'r *teirs* aur i'r tair seren. / Bendith y tair, Mair, Amen.

Gw. hefyd **tors.**

teirsill, gw. **trisill.**

teirsir, gw. **tri+sir**[1].

teirton, teirthon [bnth. Llad. *tertiāna*, cf. Llyd. C. *terzyen(n)*, S. C. *tercian*] *eb.* Cryd neu dwymyn, yn enw. un sy'n taro bob yn eilddydd (e.e. malaria): *tertian ague or fever.*

c. **1400** *MM* 16, Pedeir *teirthon* yssyd, ac a hanyw y boned or haf. Nyt amgen: *teirthon* uut, a *theirthon* gryt, a bratgyfaruot, ar twymyn, ar pymhet *teirthon* yw gwall twymyn ac or penn panyw honno. *id.* 52, Rac pob *teirton*. *c.* **1400** *Études* vii. 72–4, Rac *teirton* ar wreic: gwneuthur ysgriuen a'e roi am y mynwgyl o'r geireu yssyd yn ol. *id.* 286, Rac y *Teirton* a del beunyd y dyn. *c.* **1400** *Llst* 27, 136a, a blwydyn y bu glaf martha or *deirthon*. **15g.** *RWM* i. 381, llyma swyn rac y *deirthon*. **1551** W. SALESBURY: *KLl* lxviia, Doe ar y seithvet awr / yr ymadawadd y cryd [:– *deirton*] ac ef. **1567** *TN* 12a, yn glaf or cryd [:– *deirton*, twym, o'r haint gwres]. **1604–7** *TW* (*Pen* 228), or *deirton* d.g. *Amphemerinos*. *Dchr.* **17g.** *J* 10, 154b, *Teirton*. Tertian ague. tertiana febris. **1803** *P*, *Teirthon*, s. f. . . . An ague fit.

Cfn.: **teirton dridiau:** *tertian ague or fever.* **20g.** Gw. hefyd *deirton—deirton dridiau*.

Gw. hefyd **deirton.**

teirtref, gw. **tri+tref.**

teirtroed, teirthon, gw. **trithroed, teirton.**

teirus [bôn y f. *teiriaf*[2]: *teirio+-us*] *a.* Blinedig, gorflinedig, aflonydd; diflas: *tired, overtired, fidgety; tiresome.*

Ar lafar, '*Teirus*' 'Tiresome, fidgetty [*sic*]', *GDD* 295; 'Ma'r plentyn 'ma'n *dirus* reit, 'chaiff neb lonydd ginto tra bo fa ar dd'un', *GTN* 797; 'Odd y plant yn *deirus* a sawl un yn llefin' (Morg.).

teirw, gw. **tarw.**

teirwyf, gw. **llong**[1]**—llong deirwyf** (At.).

teisaf: teiso, gw. **tasaf: tasu.**

teisan, teisand, gw. **tisan.**

teisban [?elf. anh. (?cf. H. Gym. *tiis* ((*Ox* 2) *VVB* 221), gl. *staptum*, Llyd. Diw. (taf. Gwened) *tes-pleg* 'clustog, gobennydd') + ?bôn y f. *pannaf*: *pannu* (cf. *gwrthban*)] *eg.b.* ll. *-nau.*

(*a*) Gorchudd, cwrlid, cwilt, gwrthban, blanced, clustog, tapestri, carped, hefyd yn *ffig.*: *cover, coverlet, quilt, counterpane, blanket, cushion, tapestry, carpet, also fig.*

13g. *Ll* 95, am y dyllat . . . *Teyspan*, viii.k. **13g.** *B* x. 28, A guedy y lehav ene wely dodi y *deispan* arnav a dodi e benn en araf ar e gobennyd. **14g.** *WML* 94, Ygwr bieu auo or dillat guely yrydaw ar llawr. ar wreic bieu y *teispan*. *c.* **1400** *J* 1, 1066, Gwaethaf ryuel, ryuel *teispan*. **1562** *B* ii. 238, *teisban* . . . torsed neu garthen. **16–17g.** *ib.* *teisban* i. hiling gwely; nyd oedh un *teispin* [*sic*] yn y ty. **1604–7** *TW* (*Pen* 228), *teisban* d.g. *Lodix* . . . *Lodix Lanea*. *Dchr.* **17g.** *J* 10, 154b, *Teisban*. covering, lodix lanea. Stragula. **1632** *D*, *Teisban*, Tapetum. *id.* d.g. *Stragula*, *Toral*. **1688** *TJ*, *Teisban*, brethyn llawn lluniau . . . a Tapestry. **1722** *Llst* 189, *Teisban*. m. Tapestry; carpet; quilt of a bed; coverlet. **1780** *W*, *Teisban* d.g. *Quilt*. **1803** *P*, *Teisban*, s. f.—pl. t. *au* . . . a piece of tapestry; a quilt; a hassock.

(*b*) *Biol.* Gwahanfur (y ffroenau): (*nasal*) *septum.*

1632 *D*, *Teisban* . . . Cartilago quae nares diuidit. **1688** *TJ*, *Teisban* . . . y madrŷddun rhwng y ffroenau . . . the Gristle that parts the Nostrils. **1722** *Llst* 189, *Teisban* . . . the gristle that divides the nostrils.

Cfn.: **teisban y ddwyffroen:** *nasal septum*. **1632** *D*. **1753** *TR*. **1803** *P*. **teisban teulu = teisban tyle.** **1803** *P* d.g. *Teisbanteilu*. **teisban tyle:** *?defender or guardian (in the Welsh laws)*. *c.* **1300** *LTWL* 335, Teir kyulauan a wna dyn en y wlad y dyly y uab colli tref y tad oe achaws o gyureith: llat y arglwyt; neu lat y penkenetyl; neu lat y *teisban tyle*; rac trymhed y kyflauaneu hynny. **14g.** *WML* 140, Tri cheffredin kenedyl, penkenedyl, *atheispantyle*. A mab ywreic arother o rod kenedyl y eu gelyn. **14g.** *AL* i. 784, Tri anhebkor kenedyl: *teisban tyly* a dialwr kenedyl ac hardelwr. **1803** *P*, *Teisbantyle*, s. m. . . . representative of a family.

teisblu, teisbluf [**tais* (gw. *P* d.g.)+ *plu(f)*] *e.ll.* Bonblu: *wing covert.*

1866.

teisen, *eb.* (bach. *-nan, -nig*, ll. *teisenigau*) ll. *-nau, -non, -ni, -nod, teision, teisys.* Bwyd melys (fel arfer ar ffurf torth neu haenau) a wneir drwy grasu cymysgedd o flawd, menyn, wyau, siwgr, &c., cacen, tarten, torth (wastad), bisged, bynsen, afrlladen; sylwedd (e.e. had cotwm neu lin) a gywesgir yn delpyn gwastad fel bwyd i anifeiliaid; placenta, brych; hefyd yn *dros.* ac yn *ffig.*: *cake, tart, (flat) loaf, biscuit, bun, wafer; cake (animal foodstuff); placenta, afterbirth; also transf. and fig.*

13g. *Ll* 21, e poburyes; hy a dele e bvyt o'r llys, a'e dyllat, a seyc pan uo y brenhyn a *theyssen* dywed poby o pob amrev ulavt a poppo. *c.* **1400** *Études* vii. 302, kymer vlawt ryc, a dot gyt ac ef sud y walwort, a gwna ohonaw dwy *deissen* a chras wynt dan y lludw. *id.* 328, a gat ar y tan yny el val kwyr yn vwygyl, a gwna o hwnnw *deissenneu*, a gossot wynt ar dwel wrth y voly. **15–16g.** *TA* 450, *Teisen* wedi i sglatysu, / Torth, ar fort Arthur a fu [i ofyn bwcled]. **1547** *WS*, *Teisen* A cake. *a.* **1561** *B* vi. 49, Par wlychy *taisenon* o vran gwenith, nay rynon blawd kayrch, trwy vel. **1588** *Ecs* xxix. 23, Ac vn dorth o fara, ac vn *deisen* o fara olewedic. **1615** R. SMYTH: *GB* 123, O chvvilivvn yn fanvvl beth 'r ydys yn i vvneythyr 'n y stad ddinasavvl . . . cavvn vveled fod iddynthvvy i rhan o'r *deisen* megis i eraill. **1618** J. SALISBURY: *EH* 239, Yr aferlhaden a welwch ar yr Alhor, cyn ei chyssegru, nyd yw dhim ond ychydig fara, a grased yn rhith *tisennau* [*sic*] dene, neu waffrysen. **1632** *D*, *Teisen*, Placenta, farreum, adorea. *id.* *Teisennig* a roir i blant d.g. *Crustulum*. **1722** *Llst* 189, *Teisennig*. f.p. *nigau*. A small cake. **1766** *CD* 166, Melinydd dan lonni, / Bwriada y Mhriodi, / Nid awn i, [*sic*] iw Lwyfen, / I doesi mo'i *deisen*. **1803** *P*, *Teisen*, s. f. dim.—pl. t. *i* . . . A cake. Ar lafar, '*teisan*, s.f. pl. *teisys*, *teisenna*' 'cake', *WVBD* 528; '*tisian* . . . *tisiennon*', *GTN* 797; hefyd yn yr ystyron 'torth fach wastad' a 'pastai plât' (Llŷn).

Cfn.: **teisen Aberffraw (Berffro):** *type of shortbread.* **1908.** **teisen afal(au):** *apple tart.* Ar lafar, '*teisen afal*, *teisen afol*, *teisen fala*', *Geir Geg* 42 (Môn a Morg.). **teisen ar y maen:** (*large*) *Welsh cake or fruit tart, baked on a bakestone.* **20g.** Ar lafar, *GTN* 797. **teisen fach:** *Welsh cake.* Ar lafar, *AGB* 205, *GTN* 797. **teisys bach:** *small savory pancakes eaten with bacon and mushrooms.* Ar lafar yn Arfon. **teisen fara:** (i) *cake made from enriched bread dough.* Ar lafar, *Geir Geg* 43 (Morg.). (ii) *white bread.* Ar lafar ym Morg. **teisen ferem,** gw. *teisen furum*. **teisen Berffro,** gw. *teisen Aberffraw*. **teisen frau:** *crumbly cake made from a mixture similar to Welsh cakes.* Ar lafar, *AGB* 205, hefyd ym Morg. a Myn. **teisen furum (ferem):** *yeast cake, rich fruit cake.* Ar lafar, '*teisen ferem*', *Geir Geg* 43 (Cered. a sir Gaerf.). **teisen gaws:** *cheesecake.* **20g.** *Bot.* **teisen geiniog:** *navelwort, Umbilicus rupestris.* Ar lafar, G. AWBERY: *BM* 47 (Cered.). **teisen geirch:** *oatcake, bannock.* **1798** *WR* d.g. *Bannock*. **teisennau coch:** *gingerbread biscuits.* Ar lafar yn y Gogledd. **teisen gri:** *enriched bread dough baked on a griddle, griddle cake, Welsh cake.* **1815.** Ar lafar yn y Gogledd, *Geir Geg* 18. **teisen grin:** *shortcake.* Ar lafar, *Geir Geg* 43 (Morg.). **teisen griwsion:** *cree cake.* Ar lafar, *Geir Geg* 43 (sir Gaerf. a gorllewin Morg.). **teisen gron (grwn):** *small round cake similar to a Welsh cake.* Ar lafar, '*teisen grwn*', *AGB* 205, *Geir Geg* 18 (Morg.); '[*T*]*ishan gron*', *LlGC* 1173, 130 (Morg.). **teisen gwnnad:** *kind of batch loaf baked on a bakestone.* Ar lafar, '*tisian gwnnad*' 'a kind of batch loaf made from what remains after bread making', *GTN* 797. **teisen gwstart:** *cheesecake.* **1771** *W* d.g. *Cheesecake*. **teisen ddim:** *buttermilk scone (or loaf made from the same mixture).* Ar lafar, *Geir Geg* 18 (Brych.). **teisen erfin:** *rape-cake.* **1851.** **teisen ffenest:** *Battenberg cake.* Ar lafar yn Arfon. **teisen ffwrn:** *rich fruit cake.* Ar lafar, '*tisian ffwrn*' 'farmhouse cake', *GTN* 797; *Geir Geg* 43 (gorllewin Morg.). **teisen radell = teisen gri.** Ar lafar, *Geir Geg* 19 (sir Gaern.). **teisen weddog:** *wedding cake.* **1798** *WR* d.g. *Bride-cake*. **teisen wyliau:** *Christmas cake.* **1888.** Ar lafar, *GTN* 797; hefyd ym Myn. **teisen heb ei throi:** *unturned or half-baked cake.* **1588** *Hos* vii. 8, Ephraim sydd fel *teisen heb ei throi*. **1693** *HC* 31, Y maent fel *teisen heb ei throi*, ai [*sic*] hanner wedi crasu, a'r hanner arall yn does. **teisen heb wybod i'r siop:** *cake made with whatever ingredients happen to be available.* Ar lafar ym Morg. a Myn., M. WILIAM: *DY* 96, *LlGC*

1173, 130. **teisen hufen:** *rich cake made from batter containing cream.* Ar lafar, *Geir Geg* 18 (Morg.). **teisen lap:** *type of (fruit) cake made from a runny mixture, baked on a plate, &c., in the oven or on a bakestone.* **1885.** Ar lafar, *Geir Geg* 43 (sir Gaerf.), *GTN* 797. **teisen lechfaen (lechwan) = teisen ar y maen. 1864.** Ar lafar, *Geir Geg* 19 (Morg.); hefyd ym Myn. **teisen lysieuog:** *(spiced) bun or cake, plum cake.* **1632** *D* d.g. *Collyra.* **1725** *SR* d.g. *A Bunn.* **1771** *W* d.g. *Cake, Spice- or sweet- cake, Plum-cake.* **teisen blanc = teisen gwnnad.** Ar lafar, *Geir Geg* 18 (Brych.), *GTN* 797. **teisen blât:** *fruit tart baked in the oven.* Ar lafar, *Geir Geg* 42 (Môn a Morg.), *GTN* 797. **teisen blwmbryd:** *plum cake.* **18–19g.** *Llr C* 30, 244, *Teisen blwmbryd*, Glyn nedd. Ar lafar yn y ff. '*teisen brwmlid*', *Geir Geg* 18 (Morg.). **teisen boeth:** *type of baguette eaten hot spread with butter and brown sugar.* Ar lafar, *Geir Geg* 42 (sir Gaern.). **teisen briodas(ol):** *wedding cake.* **1771** *W*, *teisen briodas* d.g. *Bride-cake.* **1803** *P*, Teisen . . . *Teisen briodas.* Ar lafar, *GTN* 797. Cf. ISLWYN: *Gw* 149, y *deisen briodasol.* **teisen brwmlid,** gw. *teisen blwmbryd.* **teisen brŷn:** *shop cake.* Ar lafar, *GTN* 797. **teisen rown(d) = teisen gron.** Ar lafar, *Geir Geg* 19 (Morg.), *AGB* 205. **teisen y Sacrament:** *(Eucharistic) host.* **1724** E. WELLS: *CC* 30. **teisennau serch:** *cakes used to divine one's true love.* **18g.** L. MORRIS: *LW* 144, *Teisenau Serch*, white of an Egg; meal, & Salt each; part mix'd into 2 cakes, eat one & put ye tother under your pillow & you'll dream of your true love. **teisen sinsir:** *ginger cake.* **20g. teisen siwgr:** *type of short-bread.* Ar lafar, *Geir Geg* 44 (Môn). **teisen daicar:** *thin cake made on a bakestone and cut into diamond-shaped pieces.* Ar lafar, *LlGC* 1173, 131 (Morg.). **teisen datws:** *potato-cake.* Ar lafar, *Geir Geg* 42 (Morg.). **teisen dinca:** *type of Welsh cake with diced apple instead of currants.* Ar lafar, *Geir Geg* 18 (Morg.). **teisen does = teisen fara.** Ar lafar, *Geir Geg* 42 (sir Gaern.); hefyd yn yr ymad. '*teisen does* cwnnad', *id.* 43 (Morg.). **teisen dorth:** *rich fruit cake.* Ar lafar, *Geir Geg* 43 (Morg. a Brych.). **teisen trwy'r toes = teisen does.** Ar lafar, *Geir Geg* 44 (gorllewin Morg.). **teisen whîls = teisen gron.** Ar lafar, *Geir Geg* 19 (gorllewin Morg.).

teisennaf: teisennu [bf. o'r e. *teisen*] *bg.a.* (Ym)ffurfio'n delpyn neu'n hacnen galed: *to (form into a) cake.*

1800 W. OWEN[-PUGHE]: *CP* 9, os gadawer [calch] . . . i yfed cymmaint o leithdra mal y rhedo yn dolcheni, neu *deisenu* yn dalpiau mawrion, nid ellir yna byth ei ailfriwsioni mor fân. **1803** *P*, *Teisenu* . . . To form into a cake.

teisennan, teisennig, gw. teisen.

teisiaf: teisio, teision, teisiwr, teisteb, teiswr, teisys, gw. **tasaf: tasu, teisen, taswr, tysteb, taswr, teisen.**

teit^{1}, gw. **teid.**

teit^{2} [bnth. S. *tight*] *a.* Tyn; cybyddlyd; galluog: *tight*; *tight-fisted*; *capable.*

1828 *Geir Pob* 27, *Teit*,—tŷn. Ar lafar, '*teit*' 'Close-fisted, miserly', *GDD* 295; 'Wêdd 'i gwefuse hi'n *deit*, a wên i'n gwbod trwy brofiad y galle'r storom dorri unrhyw funud', *Wês wês* 15; '*teit*' 'capable, able; stingy, close-fisted', *SC* vi. 134 (sir Benf.); 'Un *teit* yw a! 'Roiiff a ddim du 'i ewin i neb!', 'Ma'r sgitsia ma'n ry *deit* i fi', *GTN* 831. Clywir hefyd yr ymad. 'yn bwti *deit* ar' ynglŷn ag amgylchiadau celyd neu le cyfyng, ''Odd 'i'n bwti *deit* arno' i a phawb arall yn y pentra amsar y dirwasgiad', ''I fydd yn bwti *deit* arnot ti i gæl y coffwr 'na trw'r drws', *GTN* 831; hefyd yn yr ystyr 'meddw', ''Rodd John yn itha' *teit* pan ddath e adre' nithwr' (Morg.).

teita, gw. **tad.**

teitl, tit(y)l, titul, &c. [bnth. S. C. *title*, *titul* (neu efallai'n uniongyrchol o Ffr. Lloegr *titil*, *titule*) a S. Diw. *tittle*] *eg.* ll. *t(e)itlau.*

(*a*) Enw a roddir ar lyfr, celfyddydwaith, &c., pennawd, (adran mewn) cyfrol; arysgrif ar wrthrych yn rhoddi ei enw neu ddisgrifiad ohono; pwnc, testun, mater; enw (disgrifiadol), epithet, enw a ddefnyddir wrth annerch neu gyfeirio at rywun, enw yn dynodi safle, hawl, &c.; hawl (gyfreithiol): *title (of book, &c.), heading, (division of) volume; title (descriptive inscription); subject, matter; title (of person); title (in law), (legal) entitlement.*

13g. *Llst* 1, 84, dyrchavael maen mavr a gwnaeth en arwyd bvdvgolyaeth . . . ac en emaen hwnnw ed escryvennwyt *tytyl* e vudvgolyaeth honno. **14g.** *B* xiv. 262, dodi vch y benn yn y groc y *tityl* a yscriuennassei ehun o lythyr eurey. a grocc. a lladin. heruyd mal y dywedassei yr ideon. hvnn yv brenhin yr ideon. **14g.** *GIG* 85, Mawr o fraint wyd, ym Mair fry, / Mawr hy *ditl*, mwy roed yty: / Iarll Mars—gorau iarll ym myd —/ Iarll Llwdlo, iôr llaw waedlyd. **14–15g.** *IGE*^{2} 152, Mal y dywaid, lathraid le', / Loyw *deitl* salm Laudate [Gruffudd Llwyd i'r Drindod]. *id.* 183, Neu lyfr Durgyrs, gadrfrys fro, / Mwyn ei *ditl* ond mynd ato [dychan Siôn Cent i'r awen gelwyddog]. **15g.** *id.* 229, E' rannwn, gwypwn gapitl, / Eres Aristotles *ditl* (Ieuan ap Rhydderch). **1547** *WS*, *Tityl* Tytle. **16g.** (*LlEG*) *Mos* 158, 21b, William basdard o herwydd *teitl* I wraig . . . a uu Iarll o fflandys [*sic*] trauu Ef vyw. **16g.** HUW ARWYSTL: *Gw* 2, ple doer gler, plad o avr glan / pei byw heb hvw ap Ievan / ple gosodaf gloiwnaf gwlad / iawn *deitl* yngherdd ond atad. **1574** *RhRC* (At.) 110a, Onyd os gofynwch y wr dysgedic catholic ef a ddwed y chwi na does *dittle* y ny weithred yma. **1599 (1677)** R. HOLLAND: *AB* 56, Y Mae 'r gair Enw yn arwyddoccau yma bedwar peth . . . *Titlau* Duw, megis Jehofa, Arglwydd, &c. **16–17g.** EDWARD URIEN, &c.: *Gw* 378, Yn hen a fydd, hyn sydd siŵr, / Garw *deitl*, yn gardotwr. **1606** E. JAMES: *Hom* i. 13, Yn llyfr Genesis mae yr holl-alluog Dduw yn rhoddi ini *deitul* neu enw ein hên dâd Addaf. **1632** *D*, *Titl*, Titulus. **1632** J. DAVIES: *LlR* 82, y mae efe 'n colli ei dreftadaeth, a'i glaim, a'i *ditl* yn nheyrnas nef. **1688** *TJ*, *Titl*,) testŷn, neu henw llyfr: a Title or Inscription. **1718 (1721)** S. THOMAS: *HB* 71, Llyfr y Psalmau a elwir yn gyffredinol, Psalmau Dafydd o herwydd mai ef yw Awdwr y rhan fwyaf o honynt Eithr rhai o honynt a gyfansoddwyd gan eraill . . . Fel y mae y *teitlau* yn dangos. **1794** *W*, *titl* d.g. *Style.*

(*b*) Gronyn, y mymryn lleiaf; marc neu strôc fechan mewn ysgrifen neu brint: *tittle, particle, whit; tittle (in writing or print).*

16g. (*LlEG*) *LlGC* 5276, 233b, na adaa heibio yn *titil* na silldaf or gyvraith heb I chyvlowni. **1547** *WS* [xx], y^{e}, a *thityl* val, e, vach vch i phen a wna the o saesnec val hyn ye man dde man, y gwr. **1567** G. ROBERT: *GC* 15–16, cynnhwyssach yw . . . roi *titl* dan odre .d. yn [ll]e dd. *id.* 31, [W]eithiau e gymrir .i. o flaen y bogeiliaid ner dyphddongiaid hyn a'r [*sic*] i phen ihun ag yna nid dyphddong eithr dwy si[ll]af fyddant mal yma, priod, dial a da oedd yn y cyphelib leoedd, roi dau *ditl* uwch i pennau falhyn prïod, dïal. *id.* 54–5, pabryd y bo'r sillaf yn drom ne'n yscafn . . . Rhai . . . a roddant *deitl* naill ai uwch ben y gyssain ne'n i hystlys. **1567** *TN* 7a, ny phalla vn iod, na *thitul* or Ddeddyf. **1574** *RhRC* (At.) 120b, doedd vn nag arall or hen ffordd alle ddangos vn Reswm vn gair ne vn *tittyl* mewn llyfyr / nag ysgrifen o fiawn y . 6. c. kyntaf o flynyddoedd ar ol crist. **1606** E. JAMES: *Hom* ii. 303, pob gronyn a *thitul* o'r scruthur sanctaidd. **1609** R. SMYTH: *CAC* [66], Gryphyth Robert . . . sy'n athrawy roddi pric ne *titl* [*sic*] dan bob un ohonynt yn lle i dublu, drwy galyn yr Hebreiaid yrhain sy'n arfer yn i hiaith ddublu llythrennau ag yn lle i dublu, y mae'ntwy yn arfer y pric yma hwn a alwant Dages. **1632** J. DAVIES: *LlR* 182–3, gan nad yw'r holl ddaiar i gyd ond megis pwngc neu *ditl* bychan wrth y maint rhyfeddol sydd yn y nefoedd. **1721** B. MEREDITH: *PJ* 112–13, nid uw ef ûn *titl* nag ûn mymryn dlottach. **1768** J. ROBERTS: *R* 43, rhof, [*sic*] *ditl* tan y 9 a dygaf ef i lawr at y 14 i wneuthur 149 yn Gyfranfa newydd. **1788** J. ROBERTS: *AR* 18, Gosodir weithieu uŵch bèn rhai o'r Bogeiliaid, Ddau *ditl*, y rhai a elwir Bogeïl-gydŷdd, sef ä, ë, ï, ö.

Cfn.: **teitl meddiannol:** *possessory title.* **1848.**

teitlaf, titl(i)af, titulaf: teitlo, titl(i)o, titulo [bf. o'r e. *teitl*, *tit(u)l*] *bg.a.* Rhoddi teitl i, enwi, galw; hawlio, ymhonni; gosod atalnod neu farc uwchben (llythyren); ?cofnodi, nodi: *to title, entitle, name, call; lay claim (to), pretend (to); place a (punctuation) mark, &c., above (letter, &c.); ?record, note (down).*

1567 *LlGG* [vii], Llyver, wedy'r *titulo*, Llyver gvveddi Gyffredin. **1567** *TN* 1a, Ac am hyn y *titlant* [:- envvant], ei historia yn Euangel. **1716–18** *Llsgr R. Morris* 134, mi fynna gwest o wardra i *ditlio* yr matter yma. **1733** T. EVANS: *PP* 8, Diammeu fod y Bobl hyn yn *titlo* mewn (*pretend to*) rhyw Oleuni newydd, pan y maent gymmaint yn dadwrdd yn erbyn gweddio allan o Lyfr. **1740** T. EVANS: *LlA* 15, yn ymhonni ac yn *titlo* i Ysprydd o Brophwydoliaeth. **1760** T. EVANS: *P* 7, Yr ail ddawn gynnefin a all pob rhyw Christion *ditlo* Hawl ynddi, yw . . . goleuo ein Dealldwriaeth ynghylch ein Diffyg a'n hanallu. **1784** M. WILLIAMS: *S* i. 136, Mae'r grand seignior yn cael ei *ditlo* gan ei ddeiliaid, yn gysgod y Duw Mawr, Duw ar y ddaear, Brawd yr Haul a'r Lleuad. **1788** J. ROBERTS: *AR* 18, Gosodir weithieu uŵch bèn rhai o'r Bogeiliaid, Ddau ditl, y rhai a elwir Bogeïl-gydŷdd, sef ä, ë, ï, ö . . . Eithr pàn fyddo'r Fogäil gyntaf wedi ei *thitlio* felly, dylid ei sŵnio'n galed. **1790–1** H. JONES: *T* 92, Y mae hefyd amryw bethau eraill a fyn rhai ei *deitlo* [*sic*] yn ras Duw.

teitledig, tituledig [bôn y f. *teitlaf*, *titulaf*: *teitlo*, *titulo* + *-edig*] *a.bfl.* Wedi ei deitlo, ac iddo'r teitl, teitlog: *titled, entitled.*

1567 *LlGG* [vii], Act o Parliament . . . *tituledig*, Act am vnffurfiat ar Gyffredin vveddi a ministrat y Sacramentae. **1722** *Llst* 189, *Tituledig*. Entituled. **1767** R. EFAN: *ABW* d.d., Act o Barliament . . . *tituledig* Act o Rhyddhad [*sic*].

teitlog [*teitl* + *-og*] *a.* Ac iddo'r teitl, teitledig: *titled, entitled.*

1838.

teitnaf: teitno [bnth. S. (*to*) *tighten*] *ba.* Tynhau: *to tighten.*

Ar lafar, ''Odd e'n rhoi plwc i'r cordyn i *deitno*'r brethyn' (gogledd sir Gaerf.); 'Fydd gofyn *teitno*'r wast fodfadd ne ddwy' (dwyrain Morg.).

teits [bnth. S. *tights*] *e.ll.* Dilledyn o wlân neu neilon tenau sy'n ffitio'n dynn am y traed a'r coesau a rhan isaf y corff: *tights.*

20g. Ar lafar, 'Mae'n braf câl peidio gwisgo *teits* yn yr ha'' (Arfon).

teitul, gw. **teitl.**

teithdrwydded, gw. **taith^{1} + trwydded.**

teitheb [*taith^{1}* + *-eb*] *eb.* ll. *-au.* Pasbort; arnodiad ar basbort, &c., sy'n cadarnhau ei ddilysrwydd at ddibenion penodol: *passport; visa.*

1851.

teithfa [*taith^{1}* + *-fa*, *ma*] *eb.* Ffordd, llwybr, taith: *route, way, journey.*

1841 R. WILLIAMS: *GE* 144, Aethom a daethom . . . / . . . / Hyd aml rodfa, *deithfa* deg, / O'n rhandir yn orhoendeg.

teithfarch [*taith^{1}* + *march*] *eg.* Ceffyl ar gyfer marchogaeth ar y ffordd, ceffyl cyfrwy: *roadster (of horse).*

1848.

teithfintai, taithfintai [*taith^{1}* + *mintai*] *eb.* ll. *-finteioedd.* Mintai o fasnachwyr, pererinion, &c., yn Asia neu ogledd Affrica, sy'n teithio gyda'i gilydd er diogelwch, yn enw. ar draws y diffeithwch, mintai o bobl yn teithio ynghyd, carafán: *caravan (of merchants, &c.).*

1835.

teithfwyd [*taith^{1}* + *bwyd*] *eg.* Bwyd ac angenrheidiau eraill ar gyfer taith, yn *ffig.*: *viaticum (food and other necessities for a journey), fig.*

1611 R. SMYTH: *SG* 124, Hwn [bara'r Cymun] yu'r [*sic*] bara addoeth o'r nef, ag sy'n rhoi bywyd i'r byd . . . hwn yw *taith fwyd* yn periniaethni [*sic*] tre fythom yn yr ynialwch a rhyfel y byd a'r bowyd yma. *id.* 168, Rhinwedd yr Allor sydd fwyd a diod, a *thaithfwyd* i ddyn yn i berindotaeth yn y byd yma.

teithgerbyd, gw. **taith^{1} + cerbyd.**

teithglud [*taith^{1}* + *clud*] *eb.* ll. *-au.* Cerbyd sy'n cludo teithwyr; bagiau, &c., sy'n dal eiddo teithiwr; teithfintai: *carriage for carrying travellers; luggage; caravan (of merchants, &c.).*

1851.

teithi^{1} [?cf. Crn. C. *teythy*, *tythy* 'priod le', Gwydd. C. *techt* 'meddiant', neu H. Wydd. *téchtae* '(peth) priodol neu iawn (yn ôl y gyfraith)'; petrus yw dosbarthiad rhai o'r enghrau. isod] *e.ll.* a hefyd (?geir.) fel *eg.*

(*a*) (Priod) nodweddion, ansoddau, priodoleddau, priodweddau, cyneddfau, natur; (priod d)dyletswyddau; mislif, misglwyf: *(proper) characteristics, qualities, properties, attributes, traits, nature; (proper) duties; menstruation, period.*

12g. *GMB* 198, Caraf gaerwys vun venediw *deithi*, / Cas gennyf genthi ny gynhelwy. **12g.** *GLlF* 74, Trydyd ar dec, trỽy *deithi*, / Maỽr uthret gỽelet gỽeilgi. **12g.** *GCBM* i. 21, Duỽ doeth y *deythi* teyrned, / Teyrnas wennwas wirioned. **13g.** *LlI* 35, Pa uach bynnac a urthtygho ar y kynnogen, byt ryd o'r haul ac o'r uechny, canes gunaeth *teythy* mach. *id.* 87, *Teythy* dauat yu blyth, ac oen y uot genthy. **13g.** *C* 37. 1–2, vn guirth oe *teithi*. un duu diuoli. **14g.** *LlB* 64, a'e dyuot hitheu yn vorwyn attaw ef, or oed aeduet hi o vronneu a chedor a dyuot *teithi* oetran gwreic idi. **14g.** *WML* 78, *Teithi* gỽr yỽ gallu kyt agureic a bot

yn gyuan y aelodeu oll. *Teithi* gure/ic yǒ dyuod arǒyd etiued idi . . . *Teithi* treis yǒ llef ach/orn achǒyn. *Teithi* keilaǒc yǒ canu ach/chocoyaǒ [*sic*]. *Teithi* iar yǒ dodi agori. *c.* **1400** *B* iii. 10, A glyweist di a gant dewi. / gwr llwyt llydan y *deithi*. / goreu deuawt daeoni. *Diw.* **16g.** *RWM* i. 1122, *Teithi* = officium, dutie. **1632** *D, Teithi* . . . vid. an sit Qualitas & virtus inesse debita, quod ad aliquid suâ naturâ spectat. **1753** *TR, Teithi*, this word seems to signify the qualities that are required to be in some animals, and in some other things. **1803** *P, Teithi*, s. pl. aggr. . . . Faculties, qualities, characteristics; the peculiar traits, which distinguish one thing from others; the peculiar state of a being, or its perfections. **1813** *WB* 243, mewn perthynas i fenywod; ni wna yr un o gyffyriau y meddygon gyffelyb les, tu ag at rwyddhau a dwyn ymlaen eu *teithi*.

(*b*) Hawl(iau) (yn ôl y gyfraith), priod hawliad: *right(s) or entitlement(s)* (*in law*), *proper claim*.

12g. *GMB* 152, Medressid maǒr ri maǒr rann gan *deithi*, / Arwystli arwystyl rad. *id.* 176, Ardwyreaf hael o hil Rodri, / Ardwyad gorwlad, gǒerlin *teithi*. *id.* 229, Canhysgaeth Douyt y gynnif Dauyt / Y gynnhal y *deithi*. **12g.** *GLIF* 446, Ac nad ve yn y uro breint a *theithi* / Eithyr tri mǒc yn anlǒc o'e amlenwi. **13g.** *A* 5. 17, *Teithi* etmygant tri llwry nouant. **14g.** *T* 72. 15, Ri rygeidǒ *yteithi*. **14g.** *GDG*[3] 6, Gwaed Crist rhag yn drist, dros *deithi*,—a wna, / Fy neol a'm colli. **1604–7** *TW* (*Pen* 228), *Teithi* d.g. *Iustitia*.

(*c*) Gwerth (cyfreithiol), pris: (*legal*) *value, price*.

13g. *LlI* 86, Dynawet . . . ot ard hyt echuyd o'r bore. byt ryd e nep a'e guerthoe; ac onyt ard en erbyn y kytwedauc, xxx. poh bluydyn yu e *teythy*. **1604–7** *TW* (*Pen* 228), *Teithi* d.g. *pretium* (hefyd *D*). *Dchr.* **17g.** *J* 10, 155a, *Teithi* . . . iustitia pretium. **1688** *TJ, Teithi*, (pris,) gwerth: a price. **1722** *Llst* 189, *Teithi*. m. A price.

Amr.: **taith**[2] (ff. un. ansicr). **13g.** *A* 11. 6, teiling *deith* gwrthyad gawr. **14g.** *T* 43. 22–3, ni lafarafi *deith* reith ryscatǒn.

Cfn.: **teithi gwraig:** *menstruation, period*. **1632** *D*. **1803** *P*. **1813** *WB* 229. Cf. *LlB* 64, dyuot teithi oedran gwreic idi: *WML* 78, Teithi gure/ic yǒ dyuod arǒyd etiued idi. **teithi'r iaith:** *characteristics or idiosyncrasies of the (Welsh) language, 'Sprachgefühl'*. **1877. teithi meddwl:** *mental attributes, ways of thinking*. **1872. teithi meddyliol = teithi meddwl. 1884.**

teithi[2], gw. taith[1].

teithiad[1] [bôn y f. *teithiaf*: *teithio*+-*iad*[1]] *eg.* ll. -*au*. Y weithred o deithio, taith, siwrnai: *a travelling, travel(s), journey*.

15g. *GO* 43, Adwythedic i *deithiadav* / A vwrw bradav drwy vawr brydiad. **16–17g.** Llywelyn Siôn, &c.: *Gw* 336, och ir dydd, baenydd, ag i big / angav / a wna *daithiadav* yn adwythig! **1803** *P, Teithiad*, s. m.—pl. t. *au* . . . A travelling.

teithiad[2] [bôn y f. *teithiaf*: *teithio*+-*iad*[2]] *eg.* Teithiwr: *traveller*.

15g. *DE* 33, atat i [*sic*] ar y ty tau / atat wyd *teithiad* tithau [i anfon bytheiad at ei gariad]. **17–18g.** O. Gruffydd: *Gw* 24, Ofer meddwl arfer moddion / Heb gyfrodiad, da fwyn *deithiad*, dy fendithion.

teithiadur [*taith*[1]+-*iadur*] *eg.* ll. -*on*. Llyfr sy'n disgrifio taith neu deithiau, teithlyfr; (geir.) un a gyflogir i deithio, negesydd: *journal or account* (*of travels*), *travel-book*; (*dict.*) *person employed to travel, courier, messenger*.

18–19g. *Llr* C 42, 486, *Teithiadur*, one employed for travelling, an express, a Postman, a messenger, a Travelling Clerk.

teithiaf: teithio [bf. o'r e. *taith*[1]] *bg.a.* Mynd neu symud o'r naill le i'r llall, bod neu fynd ar daith, trafaelu, siwrneio, gwneud cylchdaith (e.e. fel gweinidog); teithio ar hyd (ffordd, pellter penodol, &c.); hefyd yn *ffig.*; mynd â (sioe, &c.) ar daith: *to travel, journey, itinerate* (*e.g. as a minister*); *travel* (*a certain route or distance*); *take* (*show, &c.*) *on tour; also fig.*

1547 *WS, Taithio* Jorney. **1632** *D*, Taith . . . *Teithio*, Itinerari. *id. teithiaw, teithio* d.g. *Ambulo, Proficiscor, Vio*. **1688** S. Hughes: *TSP* [6], canys y mae digon a gwargred iw gael, yn y llê yr wyfi yn *teithio* tuag atto. **1688** *TJ*, Taith . . . *Teithio*: to take a Journey, or ride a Circuit. *id. Teithio* . . . to travel. **1703** E. Wynne: *BC* 104, Ymlaen ar i wared fyth yr oeddem ni 'n *teithio* hyd y Gwŷllt dinistriol. **1775** *W, Teithio* d.g. *To journey*. **1803** *P*.

teithiant [bôn y f. *teithiaf*: *teithio*+-*iant*] *eg.* Y weithred o deithio, taith, siwrnai: *a travelling, travel(s), journey*.

1803 *P*.

teithiog [*taith*[1]+-*iog*] *a.* a hefyd gyda grym enwol. Teithiol; symudol, ansefydlog, anwadal: *travelling; movable, unstable, inconstant*.

1688 *TJ, Teithiawg*: movable, unstable. **1707** *AB* 238c, *Teithyawc*, Travailing, wayfaring. **1725** *SR, teithiawg* d.g. *Inconstant*. **1730** (**1755**) E. Wynne: *PAC* 178, Os da ir blinderog, / ar *Teithiog* gael Tŷ. **1753** *TR, Teithiawg*, travailing, wayfaring. From Taith.

teithïog [*teithi*[1]+-*og*] *a.* a hefyd gyda grym enwol. A chanddo hawliau (yn ôl y gyfraith), iawn, dilys, cyfreithlon, priodol; ac iddo (briod) deithi neu nodweddion: *having rights or entitlements* (*in law*), *right, rightful, lawful, proper; having* (*proper*) *attributes or characteristics*.

12g. *GMB* 176, *Teithiaǒc* Prydein, twyth auyrdwyth Ywein. *id.* 241, Gollewin wledic, wlad *teithiaǒc*—hael. **12g.** *GLIF* 442, A phobloet Kymry a gymer attaǒ / Ac a ryt yn llaǒ llwyr *deithiaǒc*. **12g.** *GCBM* i. 244, Arglwyt *teithiaǒc*, twythuaǒr—yn arueu. **12–13g.** *GHL1* 238, Y Deheu neud teu ual *teithyaǒc*, / Urehennin gǒrt drin, gwyr dreul uodaǒc. **13g.** *C* 100. 3–5, Ny buum lle llas gwallauc mab goholheth *teithiauc*. attwod lloegir mab lleynnac. **13g.** *A* 22. 8, mab teyrn *teithiawc*. **14g.** *T* 11. 7, *teithiaǒc* afar. Ac eryf trǒy alar. *id.* 72. 15–16, Ynys vel veli *teithiaǒc* oed idi. **14g.** *WM* 480. 19–23, Gouannon . . . ny wna ef weith oe uod namyn y urenhin *teithiaǒc*. *c.* **1400** *R* 1277. 35–6, Yn attethol plant vn *teithyaǒc* henuon yn well nor eidyon callon keilyaǒc. **1803** *P. Teithïog* . . . Having faculties, qualities, or traits; characteristic; perfect as to character.

teithiol, teithol [*taith*[1]+-(*i*)*ol*] *a.* a hefyd gyda grym enwol. Yn teithio, yn siwrneio, yn (gofyn) teithio o le i le (oherwydd gwaith neu alwedigaeth arbennig): *travelling, journeying, itinerant, peripatetic*.

1604–7 *TW* (*Pen* 228), *teithiol* d.g. *Itinerarius*. *id. teithiawl* d.g. *Viatorius*. **17–18g.** O. Gruffydd: *Gw* 10, A'r byd amserol *deithiol* dô, / Gad eto im' dopio dipyn. **1775** *W, Teithiol* d.g. *Itinerant*. **1792** H. Harris: *H* 25, Yr oeddwn y pryd hwnnw mewn mawr drwbl meddwl o blegid fy ngwaith yn myned o amgylch, fel pregethwr *teithiol*. **1793** L. Rees: *MB* 32, Clywais am amryw o'r pregethwyr hyn, a droisant oddi wrth yr egwyddorion efangylaidd i'r farn arall . . . a chan roddi heibio eu llafur *teithiol*, hwy aethant yn ddisymmwyth yn sefydledig ac oerllyd. **1803** *P, Teithawl* . . . Wayfaring, itinerant. *ib. Teithiawl* . . . Journeying, travelling.

teithïol [*teithi*[1]+-*ol*; ansicr yw *teithyawl*, *A* 29. 3–4] *a.* Ac iddo (briod) deithi neu nodweddion, yn cwrdd â gofynion safonol, cymwys, cyflawn, perffaith: *having* (*proper*) *attributes or characteristics, meeting standard requirements, qualified, complete, perfect*.

13g. *LTWL* 232, Vitulus . . . Si aret, illo die xvi denarii ei adduntur; qui omnes sunt xliiii denarii, quia tunc est *teithiaul*. *c.* **1300** *id.* 359, Teithi ych yw eredic yn rych ac yg gwelld, ac yn alld, ac yg waered; a hynny yn didonrwyc. Ac ony byt y uelly, ny byt *teithiawl*. **14g.** *LlB* 90, ych . . . ony byd *teithiawl*, atueret y neb a'e gwertho trayan y werth y'r neb a'e prynho. *c.* **1400** *R* 1200. 8–9, Yn vrenhin wybyr. hael doeth ewybyr. hwyl *deithiaǒl*. *c.* **1401** *AL* ii. 464, byǒch duy *deithiaǒl* or yn ryǒ bris. **1604–7** *TW* (*Pen* 228), march carrh . . . *Teithïawl* d.g. *Equus* . . . *Halcyarius*. **1803** *P, Teithïawl* . . . Of perfect concurrency, character, faculty, or quality; characteristic; perfect.

teithïor [*teithi*[1]+-*awr*[4]] *a.* A chanddo hawliau (yn ôl y gyfraith), dilys: *having rights or entitlements* (*in law*), *rightful*.

13g. *A* 25. 20, Gwr *teithiawr* o blith porfor.

teithiwr, teithydd [bôn y f. *teithiaf*: *teithio* +-*iwr*, -*ydd*[3]] *eg.* (b. *teithwraig, teithreg*) ll. *teithwyr, teithyddion*. Un sy'n teithio, siwrneiwr, twrist, hefyd yn *ffig.*: *traveller, voyager, passenger, tourist, also fig.*

16–17g. E. Prys: *Gw* 225, Troes o ryw gwych, trasau'r gŵr, / Troi waeth-waeth y mae'r *teithiwr*, / A'i dda iraidd a wariwyd, / O hon i'r llall, henwr llwyd (Huw Machno). **1604–7** *TW* (*Pen* 228), *teithwraic* d.g. *Viatorius*. **1632** *D, Teithiwr* d.g. *Hodæporus, Viator*. **1759** *DG* 44, Ein hareithydd / A'n perffeithydd / A wna'i *deithydd* wu'n odiaethol [awdl foliant i'r Parchedig William Wynne, Llangynhafal, gan Edward Jones]. **1766** *CD* 199, Ni welodd Camden, ac Edward Llwyd ond [diwyg.] peth yn ein Gwlâd, ac felly am *daethyddion* [*sic*] eraill er ei myned i'r un Wlâd. **1794** *W* d.g. *Traveler*. **1803** *P, Teithiwr*, s. m.—pl. *teithwyr* . . . A journeyer, a traveller. *id. Teithyz*, s. m.—pl. t. *ion* . . . A traveller. Cf. T. H. Parry-Williams: *C* 53, Ni wêl y *teithiwr* talog mono bron / Wrth edrych dros ei fasddwr ar y wlad [i Lyn y Gadair].

Cfn.: **teithiwr (teithydd) masnachol:** *commercial traveller*. **1815.**

teithlety [*taith*[1]+*llety*] *eg.* ll. -*au*. Gwesty mawr (yn rhai o wledydd y Dwyrain) ac iddo gwrt canolog i deithfinteioedd aros: *caravanserai*.

1850.

teithlu [*taith*[1]+*llu*] *eg.* Teithfintai (o fasnachwyr, &c.): *caravan* (*of merchants, &c.*).

1852.

teithlyfr [*taith*[1]+*llyfr*[1]] *eg.* (bach. *taithlyfryn*) ll. -*au, taithlyfrau*. Arweinlyfr; teithiadur; ?dyddiadur: *guide(book); journal* (*of travels*), *itinerary; ?diary, journal*.

1604–7 *TW* (*Pen* 228), *teithlyfr* d.g. *Hodæporicum*. *id.* Teithlyuer yn cynnwys pelhder lheoedh d.g. *Odæporicum*. **1632** *D* d.g. *Itinerarium*. **1725** *SR* d.g. *An Itinerary*. **1770** P. Williams: *BS, Salm* lv, Gellir meddwl wrth ddarllain y salmau . . . fod Dafydd yn cadw *taith-lyfr* (Journal) ac yn manwl goffau ei lwyddiant a'i aflwyddiant. **1775** *W* d.g. *Itinerary* [*a book of travels, describing the road to places, &c.*], *Travel* . . . *A book of travels*. **1803** *P, Teithlyvyr*, s. m.—pl. *teithlyvrau* . . . A journey-book, an itinerary.

teithnawdd [*taith*[1]+*nawdd*] *eb.* Saffcwndid: *safe-conduct*.

1858.

teithradd [*taith*[1]+*gradd*] *eb.* ll. -*au*. Cyfnod, adeg, pwynt, &c. (mewn proses neu ddatblygiad): *stage* (*in a process or development*).

1818.

teithran [*taith*[1]+*rhan*[1]] *eb.* ll. -*nau*. Cyfnod, adeg, pwynt, &c. (mewn proses neu ddatblygiad); y pellter rhwng dwy arhosfan (ar daith); dosbarth, ardal: *stage* (*in a process or development*); *stage* (*in a journey*); *district*.

1828 *Geir Pob* 8, District, dosparth, *teithran*.

teithreg, teithwraig, teithydd, gw. teithiwr.

teithyddol [*teithydd*+-*ol*] *a.* Yn perthyn i deithio; yn cludo teithwyr: *travel(ling)* (*adj.*); *passenger* (*adj.*).

1838.

teithysgrif [*taith*[1]+*ysgrif*] *eb.* Pasbort, hefyd yn *ffig.*: *passport, also fig.*

1870.

tejws, tetsiws, twtshus, &c. [?bnth. S. *tedious* a chfdds. o'r S. *touch(y)*+-*us*] *a.* Teimladwy, byw, sensitif, tyner, llidus, dolurus, gogleisiog; pigog, piwis, croendenau: *sensitive, tender, painful, ticklish; touchy, tetchy*.

19g. *Cymru* x. 215, Dyna i chwi farnwr blin / Yn taro dyn s'yn [*sic*] *detchws* [:- Saesneg, touchy]. Ar lafar, 'Mâ'r dolur mewn lle reit *dejws*, rhaid i ti i dendio fo, weldi', *Cymru* liv. 132 (dwyrain Maldwyn); '*Tejws*', *id.* xxxi. 195 (Meir.); '*tytsios, tytshus, tejus*', 'Peth *twtshus* iawn ydi'r llygad' (Arfon); 'Paid â sôn am y swydd—mae o reit *detsiws* ynglŷn â'r peth' (y Gogledd).

tel, *eg.* (bach. -*an*) ll. -*au*. Teth (hwch, gast, &c.); ebill (ar offeryn cerdd): (*sow's, bitch's, &c.*) *teat; peg* (*of musical instrument*).

18–19g. *Llr* C 2, 294, *Tel* (a teat or dug,) *telan* hwch (Glam) probably from being strained by the milk, or by the young that strain for it. (Glam) *Telau* 'r Delyn *Telau* Crwth the straining or winding pins. i.e. the strains. **1803** *P, Tel*, s. m. . . . *telau* are also teats, as of a sow, and of a bitch. Ar lafar yn yr ystyr 'teth hwch' (gorllewin Morg.).

têl, *eg.b.* ll. *telau*. Mesur sych amrywiol ei faint, llestr yn dal y cyfryw fesur; (geir.) mesur hyd: '*teal*', *dry measure of varying capacity, vessel used as a measure of this*; (*dict.*) *measure of length*.

15g. *ID* 65, o dri *thêl* mae r dorth Wilim / wrth roi r dorth ni werthir dim. **16g.** Siôn Brwynog: *C* 68,

Torthau drwy y tri thŷ draw, / Tri *thêl* ymhob torth aelaw. **1567** *TN* 104b, Nyd enyn neb ganwyll a'i dodi yn-cudd, nac y dan vail [:– *tel*, hob, bwsiel]. **16–17g.** *RAGR* 380, dau *del* a hanner. **1632** *D*, *Têl* . . . Modius. Mesur o ŷd yn Neheubarth o 8 chwart Cymreig, neu 16 Seisnig. **17g.** *LIGC* 13215, 372, Hestor Modius × *Têl*. **1722** *Llst* 189, *Têl* . . . f.p. *Telau* . . . A teal, bushel (measure). **1725** *SR* d.g. *A Bushell, A Teal of Corn*. **1725–6** *Mudd Ed* 341, i fwy na *Thêl* (*Bushel*) o Fodrwyau gael eu cymmeryd gan y Gorchfygwyr. **1765** J. EVANS: *CPE* 326, [c]an Corws o wenith . . . oedd gymmaint âg wyth-gant a deg a deugain o lestreidiau Caer-wynt, (Winchester;) neu gymmaint a dau cant a deuddeg a hanner o *Delau* Caerfyrddin. **1770** *TG* iv. 120, Os bydd i'r dychymmyg gael ei annog, fe allai y bydd yn foddion i achub llawer *têl* o ŷd. **1803** *P*, *Têl* . . . a regulator, or standard measure of capacity, and of length; in South Wales a corn measure, equal to 5½ bushels, and in North Wales 4 bushels, divided into 8 parts. In some places *Têl* is for capacity, and Ystaca for long measure; but in others they are reversed. **1814** W. DAVIES: *Agric* . . . *S. Wales* ii. 172, Teal (*têl*) is a measure on the same subdivisionary scale as the Brecon barrel, being four provincial bushels of ten gallons each. *id.* 173, in Cardiganshire, that of four bushels is called *têl*-bach; another of eight bushels is termed *têl*-mawr, being a Winchester quarter. **1820** *CWM* 34–5, Teal, *Têl* . . . S. Wales: Llandovery, 4 bushels of 10 gallons each, making 5 Winchester bushels. Llanbedr, or Lampeter: 4 quarters, each of 2 pecks, each of 5 gallons, making again 5 W. bushels . . . Cardiganshire: in some parts 3 W. b. in others 6, called *têl* mawr and *têl* bach. Brecknockshire and Caermarthenshire: of lime, in some parts, 4 bushels of 10 gallons each = 5 W. b. equal to the Irish barrel used for coals and salt. Pembrokeshire: 4 or 5 bushels, called a barrel; a long teal contains 8 W. bushels. Ar lafar, 'Pum winshin a phum pecad / Yw *têl* da i ginwyshiad', *GDD* 295; '*Têl* o lafir = 8 pks', *TGG* (1907–8) 111 (godre Cered.); yng nghanolbarth Cered. yn yr ystyr 'wyth bwsiel o lafur'; yn ne-ddwyrain sir Gaerf. yn yr ystyr 'whilberaid (o galch)'. Cf. *Llst* 6, 99, achist lawn achystal oedd / a naw*tel* o vlawt ytoedd [Syr Lewis Meudwy i ddyn rhwth]; *Arch Camb* xiii. (1913) 238–9, Lleyn, the chief market town of which is Pwllheli. The old local measures here are the phiol or phiolaid, the cibyn, the storad or bushel, the *têl* or telaid, and the quarter . . . Dyffryn Ardudwy. The local measures here formerly in use were the cibyn, *têl* or telaid, bushel, and occasionally the phiolaid.

telaid[1] [*têl*+-*aid*[1]] *eg.b.* ll. *teleidiau*. Llond têl, mesur sych amrywiol ei faint: '*teal*', *dry measure of varying capacity*.

1604–7 *TW* (*Pen* 228), tair *teleit* d.g. *Trimodius*. *Dchr.* **17g.** *J* 10, 155a, *Telaid* × Hestoraid, Meiliaid modiatio. **1632** *D*, Têl, & *Telaid*, Modius. Mesur o ŷd yn Neheubarth o 8 chwart Cymreig, neu 16 Seisnig. **17–18g.** O. GRUFFYDD: *Gw* 14, O'r pigion ceir peged i'r teulu ymhris *teled*. *id.* 21, Pan elwy i dalu am *deled*, / Di-sylwedd fach o silied. **1722** *Llst* 189, Têl, *Telaid*. f.p. . . . *Teleidiau*. A teal, bushel (measure). **1803** *P*, *Têlaid*, s. m.—pl. *teleidiau* . . . The measure, or contents, of a têl, a têl-full. **1814** W. DAVIES: *Agric* . . . *S. Wales* ii. 500, The provincial teal (*telaid*) Quarts 160 = 5 Wi[n]ch. bush. Cf. *Arch Camb* xiii (1913) 238–9, Lleyn, the chief market town of which is Pwllheli. The old local measures here are the phiol or phiolaid, the cibyn, the storad or bushel, the têl or *telaid*, and the quarter . . . Dyffryn Ardudwy. The local measures here formerly in use were the cibyn, têl or *telaid*, bushel, and occasionally the phiolaid.

telaid[2] [?cf. *telediw*] *a.* a hefyd fel *eg.* ll. *teleidiau, teleidion*. (Person neu beth) teg, hardd, neu ragorol: *fair, beautiful, or excellent (person or thing), a beauty*.

12–13g. *GLIII* 63, Ef haelaf, ef teccaf *teleid*. **13g.** *GBF* 194, Gŵr *teleid* teiluoet lochi. *id.* 132, Oet kywir y eir eiryoed, / Oet hael twym-ddiwael *teleid* / *Teleid* yn reid, yn rin gŵrys. *id.* 227, Telediw, gad gywiw gyfyeith, / *Teleid* balch a bylchlafyn eurweith. *c.* **1400** *R* 1028. 24–5, Eiry mynyd hyd arneit gochwiban gŵynt yŵch gŵenbleit; uchel gnaŵt taŵel yn*deleit*. *id.* 1233. 16–17, Diryeit uyd *teleit* talgrych wythlonder. *Dchr.* **15g.** *GM* 15, Bendigwch Duw *teleit*, seint o gallonneu. **1632** *D*, *Telaid*, Adject. videtur esse idem quod Telediw. **18–19g.** *Beirdd y Bala* 86, Iaith ei wlad a'i *theleidion*, / A wyr y bardd, ie o'r bôn. **18–19g.** IEUAN LLEYN: *C* 79, Y'mhlaid iaith, *delaid* ddoeth dâl. **1803** *P*, *Telaid* . . . Fair, beautiful, graceful. *Teleidion*, graceful ones, the graces.

telaidd [?ffrwyth camddeall engh. o'r a. *telaid*[2]] *a.* Cryno; persain: *compact, concise; harmonious*.

18–19g. *Llr* C. 2, 304, Caraidd—careiddiwch—*Telaidd*, or talaidd. **1803** *P*, *Telaiz* . . . Somewhat strained, tight, even, or compact; harmonious.

telan[1], gw. **tel.**

telan[2] [*tel(yn)*+-*an*[1]] *eb.* ll. -*au*. Lyra, telyn: *lyre, harp*.

1803 *P*, *Telan*, s. f.—pl. t. *au*. . . A harp; but telyn is now the general name for it.

telaraf: telaru, gw. **teleraf: teleru.**

telathrebol [*telathreb(u)*+-*ol*] *a.* Yn perthyn i delathrebu: *telecommunications (adj.)*.

20g.

telathrebu [**tel* (cf. S. *telecommunication(s)*)+(*cyf*)*athrebu*] *eg.* a hefyd fel *bg.* Cyfathrebiad drwy gyfrwng cêbl, telegraff, teleffon, darlledu, &c., y gangen o dechnoleg sy'n ymwneud â'r cyfryw gyfathrebu; cyfathrebu drwy'r dulliau hyn: *telecommunication(s); to communicate using telecommunications*.

20g.

telchyn, gw. **talch**[1].

teleargraffydd [cfdds. o'r S. *tele(printer)* +*argraffydd*] *eg.* ll. -*ion*. Dyfais sy'n trosglwyddo negeseuon telegraff wrth iddynt gael eu teipio ac sy'n argraffu negeseuon wrth iddynt gael eu derbyn: *teleprinter*.

20g.

telecs [bnth. S. *telex*] *eg.* ll. -*au*. System ryngwladol o delegraffiaeth sy'n defnyddio teleargraffyddion i drosglwyddo a derbyn negeseuon printiedig ar y rhwydwaith delathrebu gyhoeddus; teleargraffydd a ddefnyddir yn y cyfryw system; neges a drosglwyddir neu a dderbynnir gan y cyfryw system: *telex*.

20g.

teledadwy [bôn y f. *teledaf*: *teledu*+-*adwy*] *a.bfl.* Y gellir ei deledu, addas (iawn) i'w deledu: *televisable, transmittable by television, televisual*.

20g.

teledaf: teledu[2] [bf. o'r e. *teledu*[1]] *bg.a.* Darlledu neu drosglwyddo (rhaglen, &c.) drwy deledu: *to televise*.

20g.

teledfa [bôn y f. *teledaf*: *teledu*+-*fa, ma*] *eb.* Stiwdio deledu: *television studio*.

20g.

telediad [bôn y f. *teledaf*: *teledu*+-*iad*[1]] *eg.* ll. -*au*. Darllediad neu drosglwyddiad teledu: *television broadcast or transmission*.

20g.

teledig, gw. **taledig.**

teledigrwydd [*teledig*+-*rwydd*] *eg.* Harddwch, tegwch; ?eiddilwch: *beauty, handsomeness; ?delicateness*.

1793 *Cylchg* 91, Mr. Howard . . . *Teledigrwydd* ei gorph, dros ychydig, a'i hannogodd i fyw yn y wlad; a'i ofal pennaf, dros ychydig, oedd adferyd ei iechyd. **1796** *Geirgrawn* 174, pan ddewisech wrthddrych mwy rhagorol i weithredu arno, ac yr ymddifyrrech yn diwyllio 'r meddwl ei hun; pan fyddech megis ffynnon fywiol yn dylifo iddo, ac yn ei lenwi a'r cyfryw *deledigrwydd*, ac nad oes un gwrthddrych arall yn addas i'w derbyn, yna yr wyt yn ymddangos yn hawddgar yn wir. **1803** *P*, *Teledigrwyz*, s. m. . . . Handsomeness.

telediw [bôn y f. *talaf*: *talu*+-*ediw* (At.)] *a.bfl.* Hardd, prydferth, teg, cain, golygus, cydnerth; llawnwerth, o'r ansawdd gorau, corfforol berffaith, mewn cyflwr da, graenus, difefl, teilwng, addas: *beautiful, fair, elegant, handsome, well-built; of full value, prime, physically perfect, in good condition, flawless, fit, apt*.

13g. *LlI* 33–4, os maru uyd er anyueyl tryccet er aruestel yn dylys en e le; os byu uyd enteu a'e welet en yach *teledyu* kemeret paub er eydau mal kynt. **13g.** *LTWL* 153, Sciendum est quod vacca erit *teledyw* (*id.* 359, *reddibilis*) a secundo vitulo usque ad quintum. Bos vero erit *teledyw* a tercio iugo usque ad sextum. *id.* 286, Precium cervi est bos optimus, id est, *thelediu* [*sic*]. **13g.** *GBF* 227, *Telediw*, gad gywiw gyfyeith, / Teleid balch a bylchlafyn eurweith. **14g.** *WM* 37. 24–8, magŵyt pryderi uab pŵyll pen annŵn yn amgeledus ual yd oed dylyet yny oed *deledi̇ŵhaf* gŵass a theccaf a chŵpplaf o pob camp da a oed yny dyrnas. *id.* 62. 32–4, Er amser y bu hitheu yny deŵred ny bu ŵreic *deledi̇ŵach* no hi. *id.* 127. 3–5, ar tu arall yr llyn yd oed llys vaŵr achaer *teledi̇ŵ* yny chylch. *c.* **1400** *R* 1259. 34, Dewrwiŵ *telediŵ* taladwy rodyon. *c.* **1400** *SDR*[2] 69, Yd oed marchawc gynt a welei y uot beunoeth y mywn twr uchel, yn ymgaru ac arglwydes ieuanc *delediw*. **15g.** *BB* 195, gwr mawr *telediw* oed vaelgwn. **15g.** *GO* 293, Pedair merched *tyledyw* [*sic*], / Lân oll ynt o lvn a lliw. **15g.** *DE* 73, Dyn o adail dawn ydoedd / *dylediw* a di wladaidd. **1632** *D*, *Telediw*, Dignus, pulcher, speciosus, spectabilis, venustus. **1730** *Leg Wall* 583, *Telediw*, Integer, perfectus. **1772** *W* d.g. *Clever* [*well-made, handsome*], *Elegant, Safe and sound*. **1803** *P*, *Telediw* . . . perfect; of fair aspect, comely, handsome, beautiful. Gwâs *telediw*, a handsome youth; rhian *delediw*, a beautiful woman: Eidion *telediw*, a beast that is perfect in its kind.

Amr.: **talediw** [ff. gyda dych.] **1604–7** *TW* (*Pen* 228), *Talediw* vu yr tlodion tâlu. nef ai tal in ion. G[utto'r] Gl[ynn] d.g. *Solutus*. *id.* nyt tlawd vy mun *talediw* [*sic*] / (LLAWDDEN, &c.: *Gw* 107, delediw), o chaiph bvn ei lhun ai lhiw d[auydh ap] G[wilim]. hon yw'r seithued *talediw* (*OBWV* 156, ddiledryw) / bvn vain a wnel beuno'n vyw. T[udur] Al[et] d.g. *Virgo*. **1632** *D*. **1753** *TR*.

telediwaf: telediwo [bf. o'r a. *telediw*] *ba.* ?Ychwanegu (at), cynyddu, gwella: *to enhance, augment, improve*.

14g. *WM* 44. 34–5, Mi *adelediŵaf* dy iaŵn heuyt yt.

telediwrwydd [*telediw*+-*rwydd*] *eg.* Harddwch, prydferthwch, tegwch, gosgeiddrwydd; gwerth llawn, ansawdd gorau, cyflwr perffaith: *beauty, handsomeness, gracefulness; full value, prime, perfect condition*.

13g. *LlI* 93, Eydyon guedy yd emadawo a'e *teledyuruyd*, dam[dug]. **13g.** *BD* 91, ragor oed arnadunt o pryt a gosged a thvf a *theledivrwyd* rac y lleill. **14g.** *WM* 393. 29–33, a diheu oed ganthaŵ na welsei eiroet un uorŵyn gyflaŵnach o amylder pryd a gosked a*thelediŵrŵyd* no hi. **15g.** *BB* 111, Agwedy gwelet or brenhyn *telediwrwyd* y gwyr. **1632** *D*, *Telediwrwydd*, Dignitas, venustas, pulchritudo, speciositas. **1722** *Llst* 189, *Telediwrwydd*. m. Beauty, comeliness, sightliness, seemliness. **1770** *W* d.g. *Beauty, Genteelness, Worth or Worthiness*. **1803** *P*, *Telediwrwyz* . . . comeliness, handsomeness; gracefulness.

Amr.: **talediwrwydd** [*talediw*+-*rwydd*]. *Dchr.* **17g.** *J* 10, 151a. **1753** *TR*.

teledol [bôn yr e. *teledu*[1]+-*ol*] *a.* Yn perthyn i deledu: *televisual, television (adj.)*.

20g.

teledreg, gw. **teledwr.**

teledu[1] [**tel* (cf. S. *television*)+(*darll*)*edu*] *eg.* ll. *teledau*. System i atgynhyrchu ar sgrin ddelweddau gweledol a drosglwyddir (fel arfer ynghyd â sain) drwy signalau radio; dyfais ac iddi sgrin i dderbyn y signalau hyn, teledydd; y weithred neu'r arfer o ddarlledu drwy'r system hon: *television (set)*.

20g. Ar lafar, "Dos ne'm byd ar y *teledu* heno'.

Cfn.: **teledu cêbl:** *cable television*. **20g.** **teledu cylch caeedig:** *closed-circuit television*. **20g.** **teledu digidol:** *digital television*. **20g.** **teledu du a gwyn:** *black and white television (set)*. Ar lafar, 'Hen *deledu du a gwyn* sgynno fo'. **teledu lliw:** *colour television (set)*. Ar lafar, "Dodd dim set deledu gyda ni pan ôn i'n fach. Esgus 'Mam odd bod ni'n aros nes bod *teledu lliw* i' gâl'. **teledu lloeren:** *satellite television*. **20g.** Ar lafar, "Dyw gêm Chelsea ddim ar *deledu lloeren* wedi'r cwbwl'.

teledu[2], gw. **teledaf: teledu.**

teledwiw [?*telaid*[2]+*gwiw* dan ddyl. *telediw*] *a.* ?Hardd, gosgeiddig: *beautiful, elegant*.

1844.

Gw. hefyd **teleidwiw.**

teledwr [bôn y f. *teledaf*: *teledu*+-*wr*] *eg.* (b. *teledwraig, teledreg*) ll. *teledwyr*. Person sy'n darlledu ar y teledu, person neu gwmni sy'n cynhyrchu rhaglenni teledu; person sy'n gwylio'r teledu: *telecaster, television broadcaster or producer; (television) viewer*.

20g.

teledydd [bôn y f. *teledaf*: *teledu*+-*ydd*[3]]

eg. ll. -ion. Set deledu, teledu: *television* (*set*).
20g.

teledyddol [*teledydd*+-*ol*] a. Teledol: *tele-visual, television* (*adj.*).
20g.

telefision, telefisiwn, telifision, &c. [bnth. S. *television*] eg. Teledu: *television.*
Ar lafar, ''Welsoch chi hwnna ar *telefision?*'

teleffon, teliffon [bnth. S. *telephone*] eg. ll. -*au.* Dyfais drydanol ac iddi ficroffon a derbynnydd a ddefnyddir i drosglwyddo sain (yn enw. lleferydd) drwy gyfrwng gwifren neu radio, yn enw. drwy drosi dir-gryniadau sain yn signalau trydanol, ffôn; system gyfathrebu sy'n defnyddio rhwyd-waith o'r dyfeisiadau hyn: *telephone.*
1896. Ar lafar.
Cfn.: **teleffon di-wifr (diwifrau):** *radio.* **1930.**
Gw. hefyd **ffôn¹.**

teleffoniaf, teliffoniaf: teleffonio, teli-ffonio [bf. o'r e. *teleffon, teliffon*] bg.a. Siar-ad â (pherson) dros y teleffon, anfon (neges) drwy'r teleffon, gwneud galwad teleffon, ffonio: *to telephone.*
1924. Ar lafar, ''Odd 'na ryw ffarmwrs yn *teliffonio*' (Llŷn).
Gw. hefyd **ffoniaf²: ffonio.**

teleffoniwr [bôn y f. *teleffoniaf: teleffonio* +-*iwr*] eg. ll. teleffonwyr. Person sy'n siarad drwy'r teleffon, ffoniwr: *one who telephones.*
20g.
Gw. hefyd **ffoniwr².**

teleffonydd [bôn y f. *teleffoniaf: teleffonio* +-*ydd³*] eg. (b. -*es*, ll. -*au*) ll. -*ion.* Person sy'n gweithio mewn cyfnewidfa deleffon neu ar switshfwrdd: *telephonist.*
20g.

teleffoto, gw. lens (At.)—lens teleffoto.

telegoni [bnth. S. *telegony*] eg. Dylanwad honedig tad blaenorol ar epil a enir gan fam i dadau eraill: *telegony.*
1932.

telegraff, teligraff [bnth. S. *telegraph*] eg. ll. -*au.* Dyfais i drosglwyddo negeseuon neu signalau, yn enw. un sy'n gweithio drwy greu a thorri cysylltiad trydanol; system sy'n defnyddio'r cyfryw ddyfais; neges a drosglwyddan gan y cyfryw system; telegram: *telegraph; telegram.*
1860.
Amr.: **taligrafft** [cf. *taligram, teligrafft*]. Ar lafar, *RC* xii. 148. Cf. GLYNFAB: *ND* 33, odd *taligrafft* weti cyrradd yn gwed fod y n [sic] Ridgemant ni i fynd i'r front. **teligrafft** [cf. *sil(l)afft* a'r S. taf. (*to*) *telegraft*]. Ar lafar yn sir Gaern., *EEW* 250; ac ymhlith llongwyr Moelfre yn yr ystyr 'y cysylltiad rhwng y ''whilws'' a'r peiriannau', *LILlM* 107.

telegraffaf: telegraffu, gw. telegraffiaf: telegraffio.

telegraffaidd [*telegraff*+-*aidd*] a. Telegraff-ig: *telegraphic.*
1864.

telegraffiaeth [*telegraff*+-*iaeth*] eb.g. Yr wyddor neu'r arfer o ddefnyddio neu greu systemau cyfathrebu ar gyfer trosglwyddo neu atgynhyrchu gwybodaeth; y proses o weithio telegraff, y gallu i wneud hynny: *telegraphy.*
20g.

telegraffiaf, telegraffaf, teligraffaf: telegraff(i)o, telegraffu, teligraffo [bf. o'r e. *telegraff, teligraff*] bg.a. Anfon (neges) drwy delegraff, hefyd yn *ffig.: to telegraph, also fig.*
1858. Ar lafar, ''Wi wedi bod yn *teligraffo* at wær Ifor yn Gardydd', *GTN* 784.
Amr.: **teligraffio** [bf. o'r e. *teligrafft*]. **1868.** Ar lafar, *WVBD* 528.

telegraffig [cfdds. o'r S. *telegraph(ic)* +-*ig²*] a. Yn perthyn i delegraff; cryno, byreir-iog: *telegraphic; concise.*
20g.

telegraffydd [bôn y f. *telegraffiaf, telegraff-af: telegraff(i)o*+-*ydd³*] eg. ll. -*ion.* Arbenig-wr mewn telegraffiaeth, un a gyflogir mewn telegraffiaeth: *telegraphist.*
20g.

telegram, teligram [bnth. S. *telegram*] eg. ll. -*au.* Neges a anfonir drwy delegraff ac a ddosberthir fel arfer ar ffurf ysgrifen-edig neu brintiedig: *telegram.*
1874.
Amr.: **taligram** [cf. *taligrafft*]. c. **1920** GLYNFAB: *PD* 99, Gobeetho na lynciff i ddim o'r pegs wrth gâl start pan fydd y taligrafft messenjar yn ando'r *taligram* idd' i [sic].

telegramaidd, teligramaidd [*telegram, teligram*+-*aidd*] a. Tebyg i delegram, cryno, byreiriog: *telegrammatic, like a tele-gram, concise.*
1929.

teleidiol [*telaid²*+-*iol*] a. Hardd, pryd-ferth, teg: *beautiful, fair.*
1803 P d.g. *Teleidiawl.*

teleidrwydd [*telaid²*+-*rwydd*] eg. Hardd-wch, prydferthwch, tegwch, gosgeidd-rwydd, cyfaredd; tegwch (moesol): *beauty, handsomeness, gracefulness, charm; (moral) fairness.*
14g. *DPh* 8, kanys ymdiret a wnaei ef caffel clot oe *deleidrwyd* gwedy y gorffei ar y alon. c. **1400** *RB* ii. 131, ragor oed arnadunt o bryt a gosged a *theleitrwyd* (13g. *BD* 91, teleidvrwyd) rac y rei ereill. **1771** *W* d.g. *Charmingness.* **1803** P, *Teleidrwyz,* s. m. . . . Comeli-ness; elegance; gracefulness.

teleidwiw [*telaid²*+*gwiw*] a. Hardd, pryd-ferth, teg: *beautiful, fair.*
1834.
Gw. hefyd **teledwiw.**

teleiddyn [*telaid*+-*yn¹* neu *dyn*] eg. ll. -*ion.* Canwr: *singer.*
18–19g. *Llr* C 2, 304, Teleiddwch—teleiddyn. **1803** P, *Teleizyn,* s. m.—pl. t. *ion* . . . A songster. Sil.

teleoleg [cfdds. o'r S. *teleol(ogy)* +-*eg¹*] eb. Athr. a Diwin. Yr athrawiaeth fod tystiol-aeth i bwrpas neu gynllun yn y bydysawd, ac yn enw. fod hyn yn brawf o fodolaeth Cynllunydd; y gred fod rhai ffenomenau i'w hesbonio orau yn nhermau bwriad neu bwrpas yn hytrach nag achos; astudiaeth o'r cyfryw ffenomenau: *teleology (in philos. and theol.).*
20g.

teleolegol [*teleoleg*+-*ol*] a. Yn perthyn i deleoleg, dibenyddol: *teleological.*
1938.

teleologaidd [cfdds. o'r S. *teleolog(ical)* +-*aidd*] a. Teleolegol, dibenyddol: *teleologic-al.*
1939.

telepatheg [cfdds. o'r S. *telepath(y)* + -*eg¹*] eb. Telepathi: *telepathy.*
1939.

telepathi [bnth. S. *telepathy*] eg. Y gallu i gyfathrebu drwy ddulliau na ellir mo'u hesbonio yn nhermau deddfau gwyddonol gwybyddus (yn enw. am gyfathrebu union-gyrchol rhwng meddyliau), yr arfer o wneud hynny: *telepathy.*
1934.

telepathig [cfdds. o'r S. *telepath(ic)* + -*ig²*] a. Yn perthyn i delepathi, yn medru cyfathr-ebu drwy delepathi: *telepathic.*
1925. Ar lafar, 'Rhaid iti weud be' wt ti isie—'wi ddim yn *delepathig*'.

teler, eg.b. ll. -*au.* Amod; safle neu statws person mewn perthynas ag eraill, perthyn-as; tymer, temper, hydwythedd (am fetel, &c.); tymheredd; natur, tymer, hwyl; (?yn wallus) swm a sylwedd: *condition, term; footing, relation, terms; temper (of metel, &c.); temperature; temperament, nature, mood; (?erron.) tenor, drift.*
15–16g. *GlF* 40, Oes farchog un blât a Syr Water? / Oes neb byw hefyd sy'n un bwfer? / Oes wŷr un

dylwyth sy'r un *deler?* / Oes o'r oes eiloes ŵr un seler? **16g.** WILIAM LLŶN: *Gw* (R. Stephens) 61, Cefaist air grasol wrth ganmoliaeth, / Cymer y *deler,* hen waedoliaeth; / Cymro o waedryw, cai 'merodraeth, / Cadw air y ddwywlad, coed urddoliaeth. **1709** H. POWEL: *G* 72, A hyn sydd yn dwyn i 'm cof y chweched peth ar [sic] olaf . . . os ymfodlonwch ar wrando ac esceulysso eich dyledswydd, yr eich [sic] yn rhedeg yngwrthwyneb i gyfraithiau a threfn y farn olaf, ac i *deleran* ac ammodau Happusrwydd. **1711** M. MAURICE: *YAD* xiv, [b]od eraill, ag ydynt yn myned tan Enw Protestaniaid, yn dal i fod Dyn yn cael eu [sic] Gyfiawnhau ar *Deler* neu Gondisiwn ffydd, ac ufydd dod ffydd. **1730** M. MAURICE: *YDG* 41, Nad oedd Duw yn y Cyttundeb neu y Cyfammod yn gofyn dim a'r [sic] law Adda megis *teler* neu ammod bywyd mewn addewid ond yr hyn ydoedd Duw fel pendefig grasol gwedi rhoddi iddo eusys nerth iw gyflawni. **1751** *GIA* 60, Mae *Teler* (tenor) yr Efengyl yn profi 'r pwngc. **1762** W. WIL-LIAMS: *LIMP* 2, buaswn bodlon ddigon . . . i gardotta fy Mara ar *deler* cael fy ngwared oddi wrth Ddamned-igaeth. **1786** W. WILLIAMS: *I* 13, hwynt hwy y rhai o'r blaen oedd yn sefyll ar y *tylerau* uwchaf o elyniaeth, a ddaethant, nid yn unig i fyw mewn heddwch, ond hefyd i gysylltu eu rhaniadau ynghyd mewn un corph a gwladwriaeth. **1798** W. RICHARDS: *CC* 10, [c]ydsyn-io â'r *teleran* uchod, a rhoi eu hunain i fynu yn garchar-orion rhyfel. **18–19g.** *Llr* C 16, 163, Words collected in Ystrad Dyfodwg, Glam. . . . *Teleran,* conditions, sic Caerm. & Brecon. **18–19g.** *Llr* C 55, 405, *Teleran,* Caerm & Blaenau Morg, terms, condition [sic]. **1803** P, *Teler,* s. m.—pl. t. *au* . . . a compact, or condition . . . Ar y *teleran* hyny, on those conditions. Dyved. Ar lafar yn gyff. yn yr ystyr 'amod', 'Ar bwy *delera*?' 'on what terms?', *WVBD* 528; 'Nw geson' rentu ran o'i thŷ ddi ond 'odd gofalu am yr ardd yn y *telera*', *GTN* 784; hefyd yn yr ystyr 'temper (am fetel, &c.)', 'Odd yr 'en 'yrns smwddo'n colli'u *telar* 'tasan' nw ddim wedi cæl 'u 'iwso am sbel, fel ma llechwan yn colli 'i *thelar*, 'Bydd raid dod â'r llechwan i *delar* cyn 'i 'iwso 'i, waith 'dwi ddim wedi'i 'iwso 'i es bothdu dou fish', id. 788; 'On i'n gwbod pryd odd y *delar* nad oeddyn wneud trwst fel ag i'w rhwystro hi i gysgu; id. 128, Gwyddai Harri yn burion fod Gwen ar *delerau* cyfeillgar â Nansi'r Nant.
Amr.: **deler².** **1720** *App DP* 58, Ni ddichon Ffydd fod yn *Ddeler* neu'n Gondisiwn i'r Cyfammod Newydd. **1735** S. THOMAS: *HP* 223, i dderbyn Dyn i'w ffafr drachefn ar ryw Derms, *Delerau,* neu Gyfrifon. **tilerau** (*e.ll.*). **1767** J. THOMAS: *TFFi* 124, Ar gyfri yr hyn yr oedd efe iw wneuthur ac iw ddioddef yn natur dyn yn ol *tilerau* cyfamod y fyth fendigedig Drindod efe oedd creawdwr a chynhaliwr yr holl greadigaeth. **1788** J. OWEN: *TA* 16, Pob rhan ac amgylchiadau'r cyfammod ehang mawr, / *Tilerau* a'r cyttundeb pryd hynny roid i lawr; / Rhyfeddir yn dragywydd anfeidrol gariad Duw, / A'i anchwiliadwy olud o ras at ddynolryw. **1793** *Cylchg* 239, eu bod yn cadw'r Cylchgrawn yn agored i dderbyn llythyrau oddiwrth bob plaid o grefyddwyr . . . ar y *tilerau* na byddo neb i 'sgrifennu geiriau sarrug enllibaidd. **1797** B. EVANS: *CG* 187, Y mae yr Yspryd Glân yn datgan y cyfammod grâs trwy y gair diathece, sy'n arwyddo 'trefnad testamentaidd'; dim *tilerau* o gyttundeb, dim rhoddion rhad.

teleraf: teleru [bf. o'r e. *teler*] bg.a. Gosod yn amod, cytuno: *to set as a condition, agree.*
1842. Ar lafar yn yr ystyr 'dod â (rhywbeth) i'r tymheredd iawn e.e. am laeth i'w wneud yn gaws', '*teleru* llæth', *GTN* 784; ac yn y ff. *telaru* yn yr ystyr 'tempro, tymheru', 'Ma'r llechwan wedi colli telar, raid 'i *thelaru* ddi cyn galla' i nuthur tisian arni', ib.

telesgop, telisgop [bnth. S. *telescope*] eg. ll. -*au,* -*s.* Offeryn optegol sy'n defnyddio lensys neu ddrychau i beri i wrthrychau pell ymddangos yn nes ac yn fwy, ysbien-ddrych: *telescope.*
1722 *Llst* 189, *Telescop.* m. pl. *-scopau.* A telescope.
Cfn.: **telesgop optig:** *optic(al) telescope.* **20g. telesgop radio:** *radio telescope.* **20g.**

telesgopaidd [*telesgop*+-*aidd*] a. Telesgop-ig: *telescopic.*
1834.

telesgopiaf: telesgopio [bf. o'r e. *telesgop*] bg.a. Cywasgu, yn *ffig.: to telescope, fig.*
20g.

telesgopig [*telesgop*+-*ig²*] a. Yn perthyn i delesgop; y gellir ei weld drwy delesgop (yn unig); yn gallu gweld ymhell; ac iddo ddarnau sy'n gwthio i'w gilydd: *telescopic.*
20g.

teletestun [cfdds. o'r S. *tele(text)*+*testun*]

eg. Gwasanaeth newyddion a gwybodaeth ar ffurf testun a graffeg syml a drosglwyddir i setiau teledu pwrpasol: *teletext.*
20g.

telging, gw. **telgyng.**

telgord [*tel(yn)* + *cord*[1], ar ddelw'r S. *harpsichord*] *eg.b.* Harpsicord: *harpsichord.*
1858.
Gw. hefyd **telyngord.**

telgorn, gw. **tolgorn.**

telgyng [?cf. *pergin(g)*, *gweilging*; tebyg fod yma gymysgu rhwng 'gwymp' a 'cwymp'] *a.* a hefyd fel *eg.* (Dyn) gwych neu ysblennydd; dewr, glew; yn cwympo; cwymp: *excellent or splendid (man)*; *brave, stout*; *falling*; *fall.*
15g. *LGC* 55, Cael [diwyg.] i'th alon burthion barth, / Naw *telging*; enaid Talgarth! **16**g. WILIAM LLŶN: *Gw* (R. Stephens) (At.), *Telging* kwymp. **1604–7** *TW* (*Pen* 228), *telging* . . . wyt *telging* eneit Talgarth. / Lle rhydh gwerthû cywydh cain. / pei drwg er pedwar vgain. G[uto'r] Glyn d.g. *Candidus. Dchr.* **17**g. *J* 10, 155a, *Telging.* × Gwymp: Candidus homo. **1632** *D*, *Telging*, yw Cwymp, ait [William] Ll[yn]. Yw gwŷch, ait T[homas Guilielmus]. **1688** *TJ*, *Telging*, cwymp: a fall. **1722** *Llst* 189, *Telging*, A fall (say some:) Stout, brave (say others.). [**1783**] *W*, taraw . . . hyd oni bô *telgyng* d.g. *To shock, or give a shock to* [*strike a thing 'till it shake or totter*]. **1803** *P* d.g. *Telging.*

telgyngaf: telgyngu [bf. o'r e. *telgyng*] *bg.* Haldian, gwegian, stagro, baglu: *to reel, totter, stagger, stumble.*
1773 *W* d.g. *To falter in one's legs or gait, To hobble, or hobble along, To indent* [*go from side to side, as a reeling drunken man, something in the form of the letter S*], *To shock, or give a shock to, To totter. id.* d.g. *Steadily* [*without tottering, &c.*]. **1803** *P*, *Telgyngu* . . . To crimple; to stagger, to falter. Cei zyrnawd â wna i ti *delgyngu*, thou shalt have a blow that will cause thee to stagger.

teli[1] [?olff. o'r a. *telïaidd*] *eg.* ll. *telïau.* Manyldeb, celfyddyd, medrusrwydd, deheurwydd; ceinder; gwerth: *exactness, art, skill, dexterity*; *elegance*; *worth.*
18–19g. *Llr* C 42, 186, *Teli,*—Telïaidd, Glam ingenious, dexterous, elegant, convenient. qu? from tal as teledwiw, *teli* worth as culi, tlodi. **1803** *P*, *Teli*, s. m.—pl. t. *au* . . . exactness; an art. Cf. **1842** DEWI WYN: *BA* 54, Y bedysawd, ei haddawd a'i heiddi; / Prïod aelod o hon pob rhyw *deli.*

teli[2] [bnth. S. *telly*] *eg.* Teledu: *telly, television.*
20g. Ar lafar, 'Be sy ar y *teli* heno?'

telïaidd [?cf. *talïaidd*] *a.* Dyfeisgar, celfydd, deheuig; hardd, cain: *ingenious, skilful, dexterous*; *beautiful, elegant.*
16–17g. *HG* 182, heb vaiddaw son is ton teg / vwyn order am vun irdeg / na bri *telyaidd* na braint / hoenys ond a vynn henaint. **18–19**g. *Llr* C 1, 29, y modd y gwneir Coelbren y Beirdd . . . [c]ofio bod y pen trwsiedig addurnwaith at y llaw ddeheu fal y gellir o honno droi pob un ohonynt yn hawdd ag yn *delïaidd.* **18–19**g. *Llr* C 42, 186, Teli,—*Telïaidd*, Glam ingenious, dexterous, elegant, convenient. **1803** *P*, *Telïaiz* . . . ingenious. Dyn *telïaiz* iawn, a very ingenious person. Sil.

telid [*teli*[1] + *-id*[5] (At.)] *eg.* ll. *-au.* Ceinder, gosgeiddrwydd: *elegance, gracefulness.*
1803 *P.*

telifision, telifisiwn, gw. **telefisiwn.**

teliffon, teliffoniaf: teliffonio, gw. **teleffon, teleffoniaf: teleffonio.**

teligraff, teligraffaf: teligraffo, teligrafft, teligraffiaf: teligrafftio, gw. **telegraff, telegraffiaf: telegraffio, telegraff, telegraffiaf: telegraffio.**

teligram, teligramaidd, gw. **telegram, telegramaidd.**

telin-off [bnth. S. (*a*) *telling off*] *e?g.* Dwrdiad, cystwyad: *a telling off.*
Ar lafar, 'Ges i *telin-off* am gwmpo mas 'da 'mrawd' (sir Gaerf.). Cf. W. OWEN: *Chwedlau Pen Deitsh* (1961) 117, Neuso fi fynd i fyny grisia i roid *telin off* i'r diawlad bach.

telisgop, gw. **telesgop.**

telitor, gw. **talaf: talu.**

telm[1] [H. Lyd. *talmorion*, gl. *cum funditoribus*, Llyd. C. a Diw. *talm* 'ffon dafl', Gwydd. C. *teilm*, *tailm* (gen. *telma*) 'ffon dafl': ?o'r gwr. IE. **telə-* 'codi', cf. Gr. *τελαμών* 'carrai'] *eb.* ll. *-au.* Magl, llyffethair, hefyd yn *ffig.*: *snare, gin, trap, springe, also fig.*
14g. *GDG*[3] 176, Tant rhwyd a fwriwyd o fâr, / *Telm* yw ar lethr pen talar [i'r fiaren]. **15–16**g. *GLM* 106, Mae'n oed i'r rhain [cardwyr a diswyr] mynd i'r rhwyd: / moes hwy i'r *delm*, siri dulwyd [i Faredudd ap Tomas]. **15–16**g. LLAWDDEN, &c.: *Gw* 176, Ych dala'n walch duloyw a wnaid, / (On'd tâl mawr?) mewn *telm* euraid / Meiliad rhwym Elidir Hen / Magl y pysg am gôl Pasgen. **16**g. *Pen* 76, 170, blodevn Rosgolvn nis gwelais er talm / o fewn *telm* i glynais. **16**g. WILIAM LLŶN: *Gw* (R. Stephens) 32, Nid un rodd safri gerddi gwyrddion / Â dail mieri *delmau* oerion. *id.* 642, Clo *telm* megis clwyd talmerth [i'r fiaren]. **1588** *Pr* ix. 12, Ni ŵyr dŷn ei amser . . . mwy na'r adar a ddelir yn y *delm.* **16–17**g. *PCWG* 37, i fyned bevnydd dynnach dynach y *nhelme* yn drygionvs enwiredd. **1621** E. PRYS: *Ps* 15a, Syrthied a glyned iw [*sic*] *delm* rwyll, / a'i drapp o'i dwyll ei hunan. **1632** *D*, *Telm*, Laqueus. *id.* d.g. *Decipula, Pedica, Tendicula.* **1711** M. WILLIAMS: *LlLl* 36, Mae llawer Pwll a *Thelm* ar eu ffordd hwynt [defaid], a llawer o ddynion cyfrwysddrwg a gynllwynant i'w twyllo hwynt. **1773** *W* d.g. *Gin* [*a trap* . . .], *Snare.* **1803** *P*, *Telm*, s. f.—pl. t. *au* . . . a springe.

telm[2], gw. **telmyn.**

telmyn [?*talm* + *-yn*[1], ond dichon fod yma fwy nag un gair] *eg.* ll. *telmau*, *telmi.* Mân addurn (diwerth), ornament, ffigiari, tlws, tegan; dernyn, ychydig; talp; ysbaid fer: *knick-knack, ornament, trinket, toy*; *small piece, a little*; *mass*; *short period (of time).*
1604–7 *TW* (*Pen* 228), *telmyn* o amser d.g. *Curriculum. id.* d.g. *Nonnihil, portiuncula, Quantitas.* **1800** W. OWEN[-PUGHE]: *CP* 96, y maidd á ddyspyddir neu a loesir i ffwrdd, a gedir y caws yn un *telmyn* (*mass*) ar waelod y llestyr. **1803** *P*, *Telmyn*, s. m. . . . A little toy. Ar lafar, 'ryw hen *delmi* fel hyn', *WVBD* 528; '*telmyn*', 'dan 'i faich o bacia a basgedi a *thelma*' 'mân-bethau, "knick-knacks"', *ISF* 72; *B* iv. 132 (sir Drefn.).
Amr.: **telm**[2] [?olff.]. **1803** *P.*

telor, gw. **delor** (hefyd At.).

teloraf: telori [bf. o'r e. *telor*] *bg.a.* Canu'n gwafriog, trydar, trilio, crychleisio, hefyd yn *ffig.*: *to warble, trill, quaver, also fig.*
1803 *P*, *Telori* . . . To warble, to be warbling. Cf. D. OWEN: *RL* 365, *telora* yr adar yn y llwyn gerllaw.

telorog [*telor* + *-og*] *a.* Yn telori, yn trydar, yn crychleisio: *warbling, trilling, quavering.*
1897.

telorydd [bôn y f. *teloraf*: *telori* + *-ydd*[3]] *eg.* *Adar.* Corhedydd: *pipit.*
20g.
Cfn.: **telorydd y waun:** *meadow pipit, Anthus pratensis.* **20**g.

telpyn, gw. **talp.**

telsen [bnth. y ff. l. S. *teals* + *-en*] *eb.* *Adar.* Corhwyad(en), crach-hwyad(en), *Anas crecca*: *teal.*
Ar lafar, H. E. FORREST: *FNW* 281, *Cymru Fydd* ii. 494 (sir Benf.).
Amr.: **tilsen.** Ar lafar, *GDD*, 298. **tilsyn** (*eg.*). **20**g.

telwm, gw. **tenon.**

telyn [H. Grn. *telein*, gl. *cithara*, Llyd. Diw. *telen(n)*; ?cf. Gwydd. C. *teillén* 'haid o wenyn'] *eb.* ll. *-au.* Offeryn cerdd trionglog ac arno dannau a genir fel rheol â'r bysedd, yn enw. un ac iddo seinfwrdd a llorf flaen, hefyd mewn ystyr ehangach, e.e. am y lyra, ac yn *ffig.*; llun neu fodel o delyn; hanner carcas gan gynnwys yr asennau: *harp, also used in a wider sense, e.g. of the lyre, and fig.*; *representation or model of a harp*; *half of a carcass including the ribs.*
13g. *LlI* 4, E penteylu . . . Ef a dely dodi y *telyn* en llav y bard teylu en e teyr gvyl arbennyc. *id.* 22–3, Try anhepcor gurda: e *telyn* a'e ureccan a'e kallavr . . . Teyr *telyn* kyureythyavl esyd: *telyn* e brenhyn a *thelyn* penkerd a *thelyn* gurda. Guerth e due gyntaf chue ugeynt, a pedeyr ar ugeynt ar eu keweyrgorn; *telyn* gurda try ugeynt, a deudec keynnyauc ar e kyweyrgorn. **13**g. *GBF* 370, Y'th uolyant sonyant son clych—a llyfreu, / Kerdeu, *telyneu*, crastanneu crych. *Dchr.* **14**g. *GGDT* [151], Agarw oedd glybod eigion—*telynau* / O gau wisg fleiddiau, tannau tynion. **14**g. *T* 23. 17, bum tant yn *telyn.* **1346** *LlA* 70, Gỽaranndaỽ keinadaeth velys. Ac ymadrodyonn kysson. A*thelynev.* Asawtringhev. Affibeu. **14**g. *GDG*[3] 364, Pan fo cystal gan bob dyn / Glywed pader gan *delyn* / . . . / Mi a ganaf, myn fy llaw, / Y pader fyth heb beidiaw. **15**g. *GLGC* 284, Nadolig a Phasg, gan *delyn*—gywair, / Calan gaeaf, Sulgwyn, / goleuhau mae'r gwyliau hyn / yt gytgerdd eto Gwatcyn. **1561–2** *LlCy* ii. 130, Dai nan klyn [*sic*] a wnaethpwyd yn athro a Rroddi ariandlws *telyn* iddaw [yn Eisteddfod Caerwys, 1523]. **16–17**g. *CRC* 357, kanv karol mwyn mesurol / kanv englyn gida *thelyn.* **1609** *Haf* 24, 479–80, Eraill sydd Ethical a moral, sef i veddwl am iawn wybodaeth, vel y Cymbals, *telynau*, a Luwtiau y rhain a dowys y meddwl i serchu rhinwedd. **1632** *D*, *Telyn*, Lyra, cithara. **1703** E. WYNNE: *BC* 22, y Dwysoges Pleser . . . Twysoges lân iawn yr olwg oedd hon, â gwîn cymmysc yn y naill law, a chrŵth a *thelyn* yn y llall. **1724** T. WILLIAM: *OL* 110, Gryffudd ab Conan oedd y Cyntaf a osododd *Delunau* ar Offer Cerdd sy mewn arferiad yng Nghymru. **1755** G. OWEN: *L* 159, dyma'r hogyn Rhobin . . . yn cadw cwrnad ynghylch rhyw *delyn.* **1790** T. JONES: *TOS* 147, Yr enaid llawnaf o râs, tra nid yw ar waith, fydd fel *telyn* yn llawn tanneu, mewn cywair, yr hon, tra adewir yn llonydd, ni wna fwy o beroriaeth nac astyllen gyffredin; ond pan chwareir arni gan delyniwr cywraint, bydd ei lleisieu yn hyfrydol. **1799** *TY* 31, Ar nosau Sadwrn, yn enwedig yn yr haf, y byddai ieuenctyd, meibion a merched, yn cadw pethau a elwid, Nosweithiau canu, ac yn difyrru eu hunain, wrth ganu efo 'r *Delyn* a'r ddawns, hyd dorriad y wawr ddydd Sabbath. **1803** *P*, *Telyn* . . . a harp; also the ribs and whole side of a carcase, when divided into two. Sil. Ar lafar, *WVBD* 529; 'Ma'r *delyn* wedi dod 'nôl i'r ffasiwn unwaith 'to, ond yw 'i?', 'Man' nw'n dishgwl am *dylyna* ar gyfar dysgu plant yn yr ysgol Gymræg', *GTN* 788. Digwydd yn gyff. mewn e. lleoedd am nodweddion ar ffurf triongl, e.e. *Llyn y Delyn*, pl. Uwchygarreg, sir Drefn., *Erw Delyn*, *Parc y Delyn*, *Llain(-y-)delyn.*
Cfn.: **telyn arian(t):** *silver harp, usu. as an eisteddfod prize.* **14**g. *GDG*[3] 231, Da dlyy, wen gymhenbwyll, / *Delyn ariant*, tant y twyll. **1594** *LlCy* ii. 134, Oi dai rhoddir gowir gan / Yn wir y *delyn arian* / A dyfod eisteddfod ynn / Yma dal am y delyn [Sion Mawddwy i ofyn i Siors Owain, Henllys, geisio eisteddfod]. **16–17**g. *B* v. 26, yr Arglwydh Rys . . . ar wedh dav dlws ariant, a ossodes i bhvdhvgolion yr ymryssonev, nyd amgen colar ariant i'r prydydh; *telyn ariant* i'r telynior; a chrwth avr i'r crythor [Ystatud Gruffudd ap Cynan]. **16–17**g. *GST* i. 556, Od aeth hwnt, mae'n adwyth hyn, / Duw â'n huncloc, Dai Nanclyn, / Dug y gŵr, bu deg ei gân, / Dylai'n wir *delyn arian* [yn Eisteddfod Caerwys, 1523]. **1636** *Ll* v. 101, yn yr eisteddfod honno [Caerfyrddin, *c.* 1450] yr enillodd Cynrig Bencerdd o Dreffynnon, [*sic*] y *Delyn arian.* Gw. *LlCy* ix. 81. **telyn Arthur:** (i) *Lyra* (*astron.*). **18–19**g. *Llr* C 2, 333. **18–19**g. *Llr* C 13, 29. (ii) *virginal* (*in mus.*). **18–19**g. *Llr* C 63, 128, *Telyn Arthur* a ddug Arthur amherawdr o Gonstinobl ag mewn Cist y mae'r tannau yn gyflawr ac efyddaid ydynt au gilydd, amyrjinal [*sic*] ai gelwir yn Saesneg. **telyn aur:** *golden harp, also fig.* **15**g. *OBWV* 140, Ti sydd yn tewi â sôn, / *Telyn aur* telynorion [marwnad Siôn Eos gan Ddafydd ab Edmwnd]. *a.* **1791** W. WILLIAMS: *GP* 687, Oll a dderfydd, &c. / Onid swn y *delyn aur.* **telyn geffylau (ceffylau):** (i) *rattle to frighten horses.* Ar lafar, *GDD* 259; '*Telyn Cyffyla*', *LlGC* 1173. 126 (Brych.). (ii) (*horse*) *gag.* Ar lafar yng ngorllewin Morg. **telyn Geltaidd:** *Celtic harp.* **20**g. **telyn Gymreig:** *Welsh harp, now usu. with ref. to the triple harp.* **18–19**g. *Llr* C 59, 418, Y mae rhai er amser Sion Siams hyd heddyw ym Morganwg, yn ymarfer a'r delyn deir rhes. eithr nid aml ydynt, ond aml iawn y rhai a gannant [*sic*] yr hen *delyn Gymreig.* **telyn ddwyres:** *double-strung harp.* **1914.** **telyn ledr:** *leather(-covered) harp.* **14**g. *GIG* 143. **1740** T. EVANS: *DPO* 158, Crwth a Thelyn oedd y Gerddoriaeth bennaf ym mysc yr hen Bobl . . . Lledr oedd dros wyneb y cafn; ac o achos hynny a gyfenwyd y *Delyn Ledr.* Digwydd fel e. llsgr., sef *BM* 55, cf. G. OWEN: *L* 122. **telyn bedal:** *pedal harp.* **20**g. **telyn bedol = telyn bedal.** **1892.** **telyn rawn:** *horsehair-strung harp, also transf.* **13**g. (*LlDW*) *ZCP* xx. 95. **14**g. *GIG* 143. *Dchr.* **17**g. *CRC* 439. **1754** G. OWEN: *L* 88, I must not expect to see these things till the Antiquated Crwth a *Thelyn Rawn* are in fashion again. **18–19**g. *Llr* C 59, 418, Dafydd Wiliams o Bont Run (yn awr 1802 ynghylch 40 mlwydd oed[)] a fu'n berchen *telyn rawn* yn ei ieuenctid ag a wyr ei gwneuthur. bychan yw hi, eithr ar yr un ddull, a'r delyn gyffredin, peraidd dros benn, eithr main a gwannaidd ei llais. *id.* 419, Gruffudd Evan o Nant Trystan yn Llanwynno, oedd delynior, ag yn byw yng nghylch 1730. *Telyn rawn* oedd ef bob amser yn ei chanu. ag efe a wyddai ffordd i nyddu rhawn yn dannau mawrion, at delyn o'r maint a fynnit. ond y mae'r ffordd i wneuthur hynny wedi myned ar goll. **telyn siengl = telyn unrhes.** **18**g. L. MORRIS: *LW* 182–3, Mae mewn *telyn* (*siengel*) . . . ynghylch deuddeg ar hugain o dannau . . . a'r llaw ddehau y troi'r [*sic*] ebillion *telyn*

siengel . . . neu unpar. **telyn deires:** *triple harp.* **18–19g.**
Llr C 59, 418, Y mae rhai er amser Siôn Siams hyd
heddyw ym Morganwg, yn ymarfer a'r *delyn deir
rhes.* eithr nid aml ydynt, ond aml iawn y rhai a
gannant [*sic*] yr hen delyn Gymreig. **telyn Teirtud
(Teirtu)** [cf. yr e. lle (*Castell*) *Teirtud*, *Ll.* 134, 8;
gw. *GSRh* 184]: *the harp of Teirtud, also fig.* **14g.** *WM*
482. 1–4, *Telyn teirtu* ym didanu y nos honno pan
uo da gan dyn. canu a wna ehunan. pan uynher idi,
te6i a6na. **14g.** *GSRh* 146, *Telyn.* ni bu a'i talai, / *Deirtud,*
nid mud yn oed Mai [i ofyn telyn]. **15g.** *OBWV* 140,
Rheinallt nis g6yr ei hunan, / Rhan g6r er hynny a
gân. / Ef aeth ei gymar yn fud, / Yn dortwll *delyn
Deirtud* [marwnad Siôn Eos gan Ddafydd ab
Edmwnd]. **1604–7** *TW* (*Pen* 228) d.g. *Turtur.* **telyn
drebl** = **telyn deires.** **18g.** L. MORRIS: *LW* 182–3,
Mae mewn telyn (siengel) . . . ynghylch deuddeg ar
hugain o dannau. (Ond mewn un Drebel bydd o
ddeutu triugain a phedwar) . . . Wrth ganu *telyn
Drebel*, chwith a chwery y cildannau. **telyn driphar
(dannau)** = **telyn deires.** **18g.** L. MORRIS: *LW* 183,
a'r llaw chwith a'r dehau [*sic*] y troi'r [*sic*] ebillion
telyn Driphar. **1758** *Cylchg LlGC* (1943) (At.) 19, ac
wele yn awr *Delynau dri phâr Danau* gan bob math
agos. **18–19g.** *Llr C* 59, 417, Elis Siôn Siamas, gwr o
Lanfachreth ym Meirion, oedd y cyntaf a wnaeth
delyn driphar dannau, yn amser y Frenhines Anne,
yr oedd ef yn delynior iddi. Cf. **17–18g.** (**1784**)
E. JONES: *MPR* 104, Y digynnwr' g'weiriwr gorau, /
Tra phêr dynniad Tri phar dannau (Cadwaladr
Roberts). **telyn droetsain** = **telyn bedal.** **1869. telyn un-
rhes (unres):** *single-strung harp.* **1838.**

Gw. hefyd **telynan.**

telynaf, telyniaf: telynu, telyn(i)o [bf.
o'r e. *telyn*] *bg.a.* Canu'r delyn, canu
(cerddoriaeth) ar y delyn, hefyd yn *ffig.: to
play the harp, play (music) on the harp, also
fig.*
1793 DAFYDD IONAWR: *CD* 137, *Telynu* a nablu
wnant. Ar lafar, "Odd y ddou frawd Ritsiad a Eli
Ddæll yn *tylyno* bothdu'r tafarna', *GTN* 831. Cf.
TALHAIARN: *Gw* i. 209, A'i llais [storom] gynhyrfa
y llwyn / I *delynu* dylanwad / Y nefol a'r dwyfol Dad.

telynaidd [*telyn*+-*aidd*] *a.* Yn perthyn i'r
delyn, tebyg i delyn; telynegol: *pertaining
to the harp, like a harp; lyric (of poetry, poet,
&c.).*
1605–10 *Haf* 24, 369, a glowsoch ryfeddod wrth
sydd yn Athens lle mae ynglan ifor lais a synniad
telynaidd. **1798** *WR* d.g. *Lyric.* **1803** *P, Telynaiz . . .* Of
the form of a harp.

telynan [*telyn*+-*an¹*] *eb.* Telyn fechan,
lyra; sitern, gutern; clerwr: *small harp,
lyre; cithern, gittern; minstrel.*
1604–7 *TW* (*Pen* 228) d.g. *Fidicula* (hefyd D).
1722 *Llst* 189, *Telynan.* f. A minstrel. **1772** *W* d.g.
Cittern.

telyneg [*telyn*+-*eg¹*] *eb.* ll. *-ion.* Cerdd
gryno sy'n mynegi teimladau'r bardd,
cerdd a gyfansoddwyd i'w chanu gyda'r
lyra: *lyric (poem).*
1844. Cf. J. MORRIS-JONES: *CD* 5, Yn y *delyneg*
bur profiad neu deimlad un person a adroddir.

telynegaeth, gw. **telynegiaeth.**

telynegaf: telynegu, telynega [bf. o'r e.
telyneg] *bg.a.* Cyfansoddi telynegion, ysgrif-
ennu, dweud, neu siarad yn delynegol, yn
emosiynol, neu'n frwdfrydig: *to compose
lyric verse, write, say, or speak lyrically,
emotionally, or enthusiastically.*
1933.

telynegiaeth, telynegaeth [*telyneg*+
-(*i*)*aeth*] *eb.* Ansawdd neu arddull telyneg-
ion, mynegiant emosiynol neu frwdfrydig:
*lyricism, emotional or enthusiastic mode of
expression.*
1858.

telynegol [*telyneg*+-*ol*] *a.* Yn perthyn i
delyneg(ion), tebyg i delyneg(ion), yn
cyfansoddi telyneg(ion): *lyric (of poetry,
poet, &c.).*
1865.

telynegrwydd [*telyneg*+-*rwydd*] *eg.* Telyn-
egiaeth: *lyricism.*
1930.

telynegwr, telynegydd [*telyneg*+-*wr,
-ydd³*] *eg.* ll. *telynegwyr.* Bardd telynegol:
lyric poet, lyrist.
1858.

telynfardd [*telyn*+*bardd*] *eg.* Telynegwr:
lyric poet, lyrist.
1776 *W* d.g. *A lyric poet, A lyrist.*

telyngerdd [*telyn*+*cerdd¹*] *eb.* Telyneg:
lyric (poem).
Diw. **16g.** M. KYFFIN: *DFf* 274, Mowrddysc mêr
addysc mor rwyddwych: Maelwr / melwawd tannau
llafrgrych / mydr *telyngerdd* meidrwych / mawrgoel
wnai marwglaf yn wych.

telyngord [*telyn*+*cord¹*], ar ddelw'r S.
harpsichord] *eg.b.* Harpsicord: *harpsichord.*
1877.
Gw. hefyd **telgord.**

telyniaf: telynio, telynior, gw. **telynaf:
telynu, telynor.**

telyniwr, telynwr, telynydd [*telyn*+
-(*i*)*wr*, -*ydd³*] *eg.* (b. *telynwraig*) ll. *telynwyr.*
Telynor: *harpist.*
16–17g. LLYWELYN SIÔN, &c.: *Gw* 598, Siôn
telyn melyn a maith / Sy ddwyffordd mewn swydd
ddiffaith, / Yn *delynwr* siwr llawn sôn, / Yn Brydydd
drwg yn brydon [am Siôn Mawddwy]. **1615** R.
SMYTH: *GB* 271, yn son am *delyni6vr* a elvvid
Timotheus. *c.* **1650** *CC* 3, os *Telyni6vr* (*Trans Liverpool
WN Soc* (1904–9) 94, Telynor) a fydd rhaid iddo
wybod tri mwlch [*sic*] odidog. **17g.** HUW MORUS:
EC i. 49, Cwch gwenyn am goryn gwr, / Cut o lun
cod *telyni6vr* [i ofyn cap mownturo]. **1688** *TJ, Telyn-
i6vr:* a Harper. **1696** *CDD* 327, Ar du Orpheus [:-
Tylyni6vr] a rôdd gri, / Oedd yn canu lwli i mi. **1729**
S. RHYDDERCH: *Alm* [48], Evan Wiliam *Delyni6vr* o
Langybi yn Sir Gaernarfon. **1756** *ML* (Add) 878,
Dyma Dic Gray y *Telyni6vr* ar saer wedi dyfod tu ag
aberystwyth i ymofyn gwaith. **1769** TWM O'R NANT:
TChD 45–6. Neu os nad oes arnat ond rhyw
Drymder, / Do's, gwrando ar hoff Adlais *Telyni6vr*
neu Ffidler; /Yf Gwrw a Licers d'ore glâs, / Ti elli
gael Blâs ar Bleser. **1790** T. JONES: *TOS* 147, Yr
enaid llawnaf o râs, tra nid yw ar waith, fydd fel
telyn yn llawn tanneu. mewn cywair, yr hon, tra
adewir yn llonydd, ni wna fwy o beroriaeth nac astyll-
en/gyffredin; ond pan chwareir arni gan *delyni6vr*
cywraint, bydd ei lleisieu yn hyfrydol. **1803** *P, Telyn-
wr*, s. m.—pl. *telynwyr* . . . A harper. Ar lafar, "Odd
Danial y Roc a'i fechgyn yn *delyni6vr* ac ar 'u 'ôl nw
'odd Eli Ddæll a Ritsiad 'i frawd', *GTN* 785. Cf.
TALHAIARN: *Gw* i. 253, Trown hi'n jig yrwan,
chwedl Malan Salisbury'r *Delyni6vraig*; D. OWEN:
GT 332, mi fydde rhwfun yn myn'd efo'r het o
gwmpas i hel pres i'r ffidlar ne'r *telyni6vr* ddwywaith
neu dair yn ystod y noswaith.

telynogrwydd, telynowgrwydd [*telyn*+
-*og*+-*rwydd*] *eg.* Telynegiaeth: *lyricism.*
20g.

telynol [*telyn*+-*ol*] *a.* Telynegol: *lyric (of
poetry, poet, &c.).*
1839.

telynor, telynior [*telyn*+-(*i*)*awr³*, -(*i*)*or*
(hefyd At.), cf. H. Grn. *teleinior,* gl. *citha-
rista*] *eg.* (b. *telynores,* ll. *-au*) ll. *telynorion.*
Un sy'n canu'r delyn: *harpist.*
13g. *HGK* 21, ena y diguydust Gellan *telynyaur*
penkerd o barthret Gruffud en e llynges. *Dchr.* **14g.**
GGDT [151], Pan ddoethant i'r tir, terfyn Môn,—ar
drai, / Dimai nis talai i'r *telynorion!* **14g.** *T* 72. 1–2,
6yf bard ac 6yf *telynaor.* **14g.** *BT* 128, or *telynoryon*
gwas yeuang o lys rys agafas y vvdygolyaeth [Yn
Eisteddfod Aberteifi, 1176]. **15g.** *DN* 24, Gwae'n
faith garw o'r iaith gan crythawr—o'r cri! / Gwae
hwynt yleni gan *telynnia6y!* **15g.** *GGl²* 101, *Telynior,*
tâl awenydd, / Trwytho beirdd mewn traethau bydd.
c. **1523** *Trans Liverpool WN Soc* (1904–9) 94, os
Telynor raid iddaw wybod tri mwchwl odidoc. **1547**
WS, Telynior A harper. **16g.** *GGH* 295, Trosglwyddo,
mynd tros glawdd mawr, / Talai einioes *telynawr* [i
ofyn march]. **16–17g.** *B* v. 26, colar ariant i'r prydydh;
telyn ariant i'r *telynior*; a chrwth avr i'r crythor [Ystat-
ud Gruffudd ap Cynan]. **1604–7** *TW* (*Pen* 228),
Telynores d.g. *Citharistria.* **1632** D, *Telyniawr,* Lyri-
cus, citharædus, fidicen. **1746** *ML* i. 97, St. Cybi is a
good tune enough, but then the parts . . . are of too
large compass for our voices . . . Ond bynnag, par
fodd, mae'r *Telynior* yn well barnwr yn y pethau
hyn na myfi. [**1752**] G. OWEN: *L* 18, Rhaid yw yn
awr arbed yr Arian tu ag at fagu'r Bardd a'r *Telyniawr.*
1803 *P, Telynawr,* s. m.—pl. *telynorion* . . . A harpist.
Ar lafar, 'Ma 'i'n *delynoras ddæ'*, *GTN* 784; 'Daeth
telynor i gyfeilio i'r côr cerdd dant yn yr eisteddfod'.
Digwydd fel enw (ffug)enwau, &c., e.e. *Ifan
Dylynior* (?–1567), Y *Telynor Dall* (John Parry,
?1710–82), *Telynor Cymru* (John Roberts, 1816–
94), *Telynores Maldwyn* (Nansi Richards Jones,
1888–1979), *Telynor Cymru II* (Robin Huw Bowen,
1957–).

telynoraf: telynori [bf. o'r e. *telynor*] *bg.a.*
Canu'r delyn, canu (cerddoriaeth) ar y
delyn, hefyd yn *ffig.: to play the harp, play
(music) on the harp, also fig.*
1858. Cf. T. H. PARRY-WILLIAMS: *OPG* 72, yr
oedd hi'n hyddysg yn y celfyddydau hefyd, megis
telynori a chanu a chyfansoddi barddoniaeth [am
Farged ferch Ifan].
Gw. hefyd **telynoriaf: telynorio.**

telynores, gw. **telynor.**

telynoriaeth [*telynor*+-*iaeth*] *e?b.* Y gelf-
yddyd o ganu'r delyn: *the art of harp playing.*
16–17g. *B* v. 26, Hebbyd na bei i neb gynnal dwy
gelbhydhyd, megis prydydhiaeth a *thelynoriaeth,* nev
dhatceiniaeth. **18–19g.** *MA* iii. 283, Tair Clud gyv-
arwedd a sydd: barddoniaeth, govaniaeth, a *thelynor-
iaeth.*

telynoriaf: telynorio [gair geir., sef bf.
o'r e. *telynor*] *bg.* Canu'r delyn: *to play the
harp.*
1604–7 *TW* (*Pen* 228) d.g. *Citharizo* (hefyd D).
1722 *Llst* 189, *Telynorio.* To harp. **1774** *W* d.g. *Harp,
To [play on the] harp.* **1803** P d.g. *Telynoriaw.*
Gw. hefyd **telynoraf: telynori.**

telynowgrwydd, gw. **telynogrwydd.**

telynwr, telynwraig, telynydd, gw.
telyniwr.

tellwedd, gw. **tyllwedd.**

têm, gw. **tîm¹.**

teman [bnth. S. *teaman*] *eg.* Marchnadwr
te: *tea merchant.*
Ar lafar, *SC* vi. 134 (sir Benf.).

temer, gw. **tymer¹.**

temest, temestl, gw. **tymestl.**

**temheriad, temhestlaf: temhestlu,
temhestlog,** gw. **tymheriad, tymhestlaf:
tymhestlu, tymhestlog.**

temhigaf, temhigiaf: temhig(i)o, gw.
tymhigaf: tymhigo.

temhoraidd, gw. **tymhoraidd.**

temig¹ [*tam*+-*ig*; cf. Crn. Diw. *temmig,*
Llyd. C. *tamic,* Llyd. Diw. *tammig*] *eg.*
(bach. *-yn*) ll. *-au, -ion.* Gronyn, mymryn,
darn bach, cyfran; atom, moleciwl: *particle,
morsel, small part, portion; atom, molecule.*
18–19g. *Llr C* 16, 211, *Temig,* a morsel, a little, a
tâm, Glam. **1803** *P, Temig,* s. m. dim.—pl. t. au . . . A
particle, a small part, or portion. Yn *demigau,* by
parts, by morsels, severally, or particularly. Sil.

temig²·³, gw. **tymig¹·².**

temigaf, temigiaf: temig(i)o, gw. **tym-
higaf: tymhigo.**

temigiawdr [bôn y f. *temhig(i)af: tem-
hig(i)o* (gw. **tymhigaf: tymhigo**)+-*iawdr*
(At.)] *a.* Yn peri llid, yn llosgi: *causing
inflammation or irritation, burning.*
c. **1400** *MM* 114, Trwnc yr heint g6res.—O byd
temigya6dyr a hala6c a ll6ch ynda6 megys g6ada6t . . .
hir nychda6t a dengys.

temigol [*temig¹*+-*ol*] *a.* Atomig, moleciwl-
ar: *atomic, molecular.*
1836.

temigyn, gw. **temig¹.**

teml [bnth. Llad. *templum,* H. Wydd.
tempul, Gwydd. Diw. *teampall;* petrus yw
dosbarthiad rhai o'r enghrau. isod] *eb.* ac
yn eithriadol fel *eg.* (bach. -*ig*) ll. *-au, -oedd.*

(a) Adeilad neu le wedi ei gysegru i
addoliad duw(iau), &c., adeilad neu le a
ystyrir yn drigfan duw(iau), &c., eglwys,
mosg, hefyd yn *ffig.: temple, church, mosque,
also fig.*
13g. *BD* 30, A'r *temhyl* honno ry wnathoed Lyr yn
anryded y'r duw a elwit yna Biffrontis Iani. **14g.** *T*
46. 11–12, yn ran eluyd yn *temhyl* selyf seil ogyffraint
. . . ty mynu. **14g.** *GDG¹* 137, Y gain eglurfain glaerferch / Yn dyfod yn
deg ddiseml, / Nwyf g6yr, aur dymyr, i'r *deml. c.* **1400**
RB ii. 40, 6yth prif dinas arhugeint . . . Arei o nadunt

hediɓ yssyd diffeith . . . ac ereill etɓa ynseuyll yn iach. a*themleu* seint yndunt yn moli duɓ. **1547** *WS*, *Temyl* A temple. **16**g. *B* xi. 87, [d]echreuodd gymrud y bobyl o serttain o oedrann, y hrain a barai ef J dwyn J'r *temloedd* a'i diennyddu wyntt. **1588** *Marc* xiv. 58, mi a ddinistriaf y *deml* hon o waith llaw, ac mewn tridiau yr adeiladaf arall heb fod o waith llaw. **1632** *D*, *Teml*, Templum, fanum. **1658** R. VAUGHAN: *YPS* 33, Ecclwys yr Inddewon [*sic*] oedd yn yr anialwch, cyn bod *Teml*. **1696** *CDD* 113, Nid wŷt ti'r corph priddlud, ond *temel* i'r ysprŷd. *c.* **1700** E. LHUYD: *Par* i. 113, Kerrig Druidion A gavas i enw, hyd yr ydys yn i vedhwl odhiwrth y Drydion ne'r Derwydhon . . . Mae dwy *Demmel* iw gweled etto a'r [*sic*] dîr havod y maydh. **1756** *ML* i. 435, clywaf fod pawb o honych yn dringaw gorifynu i *deml* bri ac anrhydedd. *id.* ii. 74–5, sefais i fynu ymhlaid y *Deml* ar plwyfolion. **1774** HUW AB HUW: *RBD* x, fod mewn rhyw 'Stafell yn y *Deml* Ardderchog honno [yn Lhasa, Tibet] lyfrau o hen Goffadwriaeth. **1803** *P*, *Temyl*, s. m. . . . a temple.

(*b*) Crug, pentwr; sedd, gorsedd; cynulliad; hefyd yn *ffig.*: *mound, pile*; *seat, throne*; *assembly*; *also fig.*

14g. *GDG*[3] 40, Neud *temlau*, byrddau, beirdd ysgafaeth, / Neud teulu eirian teuluwriaeth [i Ieuan Llwyd o Lanfihangel Genau'r-glyn]. *id.* 78, Tadmaeth wyd, proffwyd priffyrdd, / *Teml* daearlwyth, garddlwyth gwyrdd. / . . . / A gwybod o'r method maith, / Euraid *deml*, yr aut ymaith [i'r haf]. *id.* 84, Trefn adar gwlad Baradwys, / *Teml* gron o ddail gleision glwys [i'r llwyn celyn]. *c.* **1400** [*RB*] *WM* 223. 24–8, Ac ymperued llaɓr yr ystauell ydoed yr amheraɓdyr arthur yneisted. ar *demyl* oirvrɓyn allenn obali melyngoch ydanaɓ. *c.* **1400** *R* 1229. 19, Vry ar deheu. o rɓym bedeu. *temleu* tomlyt. *Dchr.* **15**g. *GSCyf* 115, Dug y blaen heb un draen drwg, / Draw'n y *deml*, dri nod amlwg: / Mesur glân a chynghanedd / A synnwyr wiw, sain aur wedd [Llywelyn ab y Moel i ateb Rhys Goch Eryri]. **15**g. *DN* 23, Mredydd, Tomas, Rhys, gymerodedd—*teml*, / Tomas a'i etifedd; / Mewn un gaer maen' yn gorwedd. / Mae yno bump mewn un bedd. **1707** *AB* 238c, *Temhyl*, A seat. **1803** *P*, *Temyl* . . . a seat, a place of sitting or of holding an assembly.

Amr.: **templ. 15**g. *BB* 87. **1551** W. SALESBURY: *KLl* lxxia. **1773** J. JENKIN: *P* 12.

temlaf: temlu [bf. o'r e. *teml*; tywyll yw'r engh. gyntaf isod] *bg.a.* Trigo neu amgáu mewn teml, hefyd yn *ffig.*; (geir.) ffurfio teml: *to dwell or enclose in a temple, also fig.*; (*dict.*) *form a temple.*

16–17g. EDWARD URIEN, &c.: *Gw* 5, Ni wn bryd o'm byd a'm bodd—ef a'm dwg; / Duw amlwg a *demlodd.* / Lle i rai gwirion a'i llwyr garodd, / O dylodion, a 'deiladodd [i Iesu]. **1803** *P*, *Temlu* . . . to form a temple.

temlaidd [*teml+-aidd*] *a.* Yn perthyn i deml, tebyg i deml: *pertaining to, or like, a temple, templar* (*adj.*).

1789 J. THOMAS: *DdS* 102, fe adferwyd addoliad *temlaidd* dan yr efengyl i'w 'stad gyntaf.

temlig, gw. **teml.**

temlog [*teml+-og*] *a.* Tebyg i deml: *like a temple, templar* (*adj.*).

1852.

Temlwr, Temlydd [*teml+-wr, -ydd*[3]] *eg.* ll. *Temlwyr.* Un o Farchogion y Deml, sef urdd grefyddol filwrol a sylfaenwyd yn Jerwsalem c. 1118 i amddiffyn Eglwys y Bedd Sanctaidd a phererinion Cristionogol ac a ddiddymwyd yn 1312; *Cyfr.* bargyfreithiwr, &c., a chanddo siambrau yn y Deml yn Llundain: (*Knight*) *Templar*; *Templar* (*in law*).

14g. *BT* 180, brenhin kaervssalem aphadriarch kaervssalem ac athro y*temylwyr*. **1794** *W*, *Temlydd* d.g. *Templar* [*a student of the Temple, one of the Inns of court, so called*].

Cfn.: **Temlwyr Da:** *Good Templars.* **1868.**

Temlyddiaeth [*Temlydd+-iaeth*] *eb.* Egwyddorion y Temlwyr neu Farchogion y Deml: *Templarism.*

1875.

Cfn.: **Temlyddiaeth Dda:** *Good Templarism.* **1885.**

temlyddol [*teml+-ydd*[3]*+-ol*] *a.* Yn perthyn i deml: *templar* (*adj.*).

1870.

temoreiddiaf: temoreiddio, temoreiddwch, temp, gw. **tymoreiddiaf: tymoreiddio, tymoreiddiwch, tymp.**

temper, tempr [bnth. S. *temper*] *eg.b.* Tymer, natur, anian, tueddfryd; tymer ddrwg, hwyl ddrwg; ansawdd neu gyflwr priodol neu iawn; tymer (metel): *temper, nature, temperament*; (*bad*) *temper*; *fit or proper condition or quality*; *temper* (*of metal*).

16g. HUW ARWYSTL: *Gw* 333, oth gaf mi a ddiala'r' drafael / o lvs byth henn elsbeth hael / dalaf *denpr* gwg ith benpryd / deilgar hen dolgav a rhyd. **1567** *LlGG* 124b, Cadw ve-corph mewn cymedroldeb [:– *temper*]. **1672** R. PRICHARD: *Gw* 133, Ym-hôb cyflwr, ar bôb amser, / Y mae Gweddi yn ei *Themper.* *id.* 214, Ac yn rhoi i'r rhain i gyd, / Eu bwyd mewn prŷd a *themper.* **1759** *BC* 77, Mi a balla y Ciw pwyllig, y Golwg tra ffyrnig, / O'th *demper* ystyfnig, maith ryfig mi ath [*sic*] rô. *id.* 266, I gofio'r Garddwr cloddiwr clir / Rhag ofn i'r Lleidir, llidiog; / Mewn *temper* drwg fynd heibio a'r [*sic*] drô, / Fel blaidd a'i ddwylo blewog. **1795** J. THOMAS: *AIC* 285, Wrth Ddurio Arfau, pan fynych boethir y Dûr; da y'w ei rwbio yn aml mewn Tyfod iw [*sic*] gadw . . . mewn *tempr* ddâ. **1828** *Geir Pob* 26, *Temper*, tymmer, naws. Ar lafar, '*tempar*' 'temper . . . bad temper . . . temperament', *WVBD* 529 (*eg.b.*); hefyd yn yr ystyr 'tymheredd (cywir)', ''On' nw'n gwbo' pryd 'odd 'i 'di dod i'r *tempyr*' (sir Gaerf.). Fe'i clywir hefyd ynglŷn ag ansawdd metel, ''Simo'i *demper* e digon caled' (sir Gaerf.).

tempera [bnth. S. *tempera*] *eg.* Emwlsiwn (e.e. o bigment a melynwy) a ddefnyddir fel cyfrwng arlunio, dull o arlunio sy'n defnyddio'r cyfrwng hwn: *tempera.*

20g.

Cfn.: **tempera wy:** *egg tempera.* **20**g.

temperaf: tempero, temperu, gw. **tempraf: tempro.**

temperus, gw. **temprus.**

tempest [bnth. S. *tempest*] *eg.b.* Tymestl: *tempest.*

1567 *LlGG* (*Sall*) 27b, E ddaw ein Deo . . . tân [*sic*] a ys o'i vlaen ef, a' *themþest* ddirvawr (**1588** *Salm* l. 3, [t]emhestl) a gyffroir o'i amgylch. **16–17**g. *LlCy* viii. 226, Hyn oedd *tempest* digwestiwn, / Embaid hir, yn y byd hwn, / Yn torri'r maen a'r tyrau, / Eglwysydd a breisgwydd brau, / A'r wybren, ddiawen ddull, / Yn duo drosti'n dywyll. / . . . / Tewi wnâi'r gwynt, a'r tywydd, / A'r *tempest*, mor ffest y ffydd (Siôn Mawddwy). **1681** T. JONES: *Alm* [39], oerfel a *thempest.* **1683** H. EVANS: *CTF* 49, Rwi fi fel dyn ar *dempest*, fae 'n ceisio cuddio'i ben.

tempestl, tempestlog, templ, gw. **tymestl, tymhestlog, teml.**

templed, templat [bnth. S. *template*] *eg.* ll. *templedi.* Darn o bren, metel, plastig, cardbord, &c., a ddefnyddir fel patrwm i sicrhau cywirdeb wrth dorri, drilio, siapio, &c.: *template.*

1933.

tempo [bnth. S. *tempo*] *eg.* *Crdd.* Cyflymder darn o gerddoriaeth, yn enw. y cyflymder nodweddiadol neu'r un a nodir, hefyd yn *ffig.*: *tempo* (*in mus.*), *also fig.*

1935.

tempor, temporaidd, gw. **tymor**[1]**, tymhoraidd.**

temporeiddiaf: temporeiddio, temporeiddrwydd, tempr, gw. **tymoreiddiaf: tymoreiddio, tymoreiddrwydd, temper.**

temprad, tempriad [bôn y f. *tempraf, tempriaf: tempr(i)o, tempru+-ad, -iad*[1]] *e?g.* Tymerusrwydd, mwynder (tywydd); cymysgedd: *temperateness* (*of weather*); *mixture.*

16–17g. *HG* 129, i ddwyn glaw a gwlith i'r tir, a thywydd jr a *themprad.* **1604–7** *TW* (*Pen* 228), *tempriad* d.g. *Achyrosis.* *id.* *tempriat* d.g. *Missura.* Ar lafar yn y ff. *temprad* yn yr ystyr 'dwrdiad, cystwyad', *TGG* (1907–8) 110 (godre Cered.).

tempraf, tempriaf: tempr(i)o, tempru [bnth. S. (*to*) *temper*; petrus yw dosbarthiad rhai o'r enghrau. isod] *bg.a.*

(*a*) Tymheru (metel, &c.), sesno (pren), hefyd yn *ffig.*: *to temper* (*metal, &c.*), *season* (*wood, &c.*), *also fig.*

1547 *WS*, *Tempery temprio* Tempre. **1571** *ClIC* v–vi. 47, A chyn wnned ydyw i thal, / A'r grissial, wedi i *demprio.* **1672** R. PRICHARD: *Gw* 105, *Tempra* 'th lester tra fo 'n newydd / A 'r gwîn gwyn o dduwiol grefydd. **1778** *Coff HH* 12, Geiriau dwys, sylweddol, gloyw, / Wedi ei *tempru* yn y tân. **1828** *Geir Pob* 27, *Tempro*, tymmheru. Ar lafar, '*Tempro*' 'Caledu arfau', *B* xx. 381 (ardaloedd chwareli'r Gogledd); '*tempru*'r offer pren drwy eu rhoi mewn dŵr berw ac yna mewn dŵr oer i'w cael i'r naws a'r cyflwr priodol cyn eu defnyddio i drin menyn', *Geir Geg* 114–15 (Cered., sir Benf., a'r De); '*tempru* ffwrn drwy ei chael i'r gwres priodol i grasu ynddi', *ib.* (Cered.); 'Os wyt ti'n mynd i nuthur tisian fæch, gwell iti *dempro*'r mæn cyn dychra, waith ma sbel odd ar iwsas i fa, a ma fa siwr o fod wedi colli telar', '*tempro* 'arn' 'dod â haearn i deler', '*tempro* ffwrn' 'dod â ffwrn i deler', *GTN* 785.

(*b*) Aerio, crasu, neu galedu (dillad, &c.): *to air* (*clothes, &c.*).

Ar lafar, '*tempro, tempri*', *LGW* [336]–7 (Cered., Brych., a'r De); ''Odi'r dillad wedi *tempru*?', *GTN* 785; hefyd yn yr ystyr 'torri'r ias, claearu, cynhesu', ''Odd 'i'n ymolch y plentyn mwn dŵr ôr, 'æf a gaea', 'eb gymid a *tempru* ticyn arno', 'Mae'n ôr 'ma, 'nd yw 'i? Cyn dicyn o dæn i *dempru*'r aer', *ib.*

(*c*) Paratoi (sylwedd) drwy ei gymysgu â sylwedd arall (yn enw. hylif), teneuo, gwanhau, blendio, cymysgu, cael ei gymysgu; blasuso, sesno; hefyd yn *ffig.*: *to temper* (*substance*), *thin, dilute, blend, mix, be mixed*; *flavour, season*; *also fig.*

c. **1400** *MM* 102, kymer gen march ar dannet oll yndi, a llosc gɓpaneit ohɓnnɓ, a chymysc ef a phybyr ac a blonec ac ir a hɓnnɓ a *themþra* drɓy saes. *id.* 120, Kymer saxifraga .i. tormaen . . . a *themþra* drɓy win a phybyr. *c.* **1548** *CM* 1, 709, alle i gwelych di yvo ynn mynned ynn hrydew *tempria* Ef ag/win gwyn. **16**g. *Mos* 113, 34, cymerth ef [ymherodr] liw aür yn ei arfeü i *dempro* (*Med H* 36, kymyrth yn dempraidd liw euraid) ac i estwng i greülonder. *c.* **1566** *RWM* i. 921, Dysc i *dempro* ney y ardymhery lliwiau oll. *c.* **1566** *B* xv. 119, mortraws brawn y wnair val hyn / cymer gapwld a chic pork a verwer yn dda ai *temprio* a llaeth almons. *Diw.* **16**g. *WLB* 11, wedi darffo i morteru yn dda *tempria* hwynt drwy wyn wye. **1604–7** *TW* (*Pen* 228), wedy *demprio* 'nghyt d.g. *Admistus.* *id.* wedy *demprio* a phyper d.g. *piperatus.* *id.* pyc a dynner o dhywrth Longæ, ag a *demprier* a chwyr a halen d.g. *Zopissa.* *c.* **1740** *LlM* 20, Cymmer Rawn yr Eiddew . . . au stompio yn dda a Saim gwydd, gan eu *temprio* wrth Tan yn feddal. Ar lafar, ''Todd y mortar ddim wedi *tempro*'n iawn' 'there was not enough water mixed with the mortar', *WVBD* 529.

Amr.: **tempero. 1898. temperu. 1547** *WS.* **1567** *TN* 66a, a's bydd yr halen yn ddivlas, a' pha beth y *temperir* (**1588** *Marc* ix. 50, helltir) ef?

tempraidd [*tempr+-aidd*] *a.* Cymedrol; tymherus (am dywydd, &c.): *moderate, temperate* (*also of weather, &c.*).

16g. *Med H* 36, na wedda i'r emherodr vod yn greulon ar bob peth, onid bod yn hynaws ac yn drugaroc mewn rryw betheu. Am hynny y kymyrth yn *dempraidd* liw euraid (*Mos* 113, 34, cymerth ef liw aür yn ei arfeü i dempro ac i estwng i greülonder). **1672** R. PRICHARD: *Gw* 164, Hinon *dempraidd*, gwrês cymmedrol. *id.* 200, Bydd yn *dempraidd* [:– Cymmesurol] megis Daniel. *id.* 297, A chadw 'nghorph yn *dempraidd*, / Yn sobor ac yn sanctaidd.

temprans [bnth. S. *temperance*] *e?g.* Gwesty dirwestol; dirwest, llwyrymwrthodaeth: *temperance hotel*; *temperance, teetotalism.*

1929. Cf. K. ROBERTS: *LW* 75, Yr oedd brecwast priodas fy nain mewn *temprans* ym Mhen Deitsh, Caernarfon.

tempriad, tempriaf: temprio, gw. **temprad, tempraf: tempro.**

tempritsiyr, gw. **tempyretsiyr.**

temprol [bnth. S. *temporal*] *a.* Lleyg, seciwlar: *temporal, secular.*

1554 *RWM* ii. 923, Ysbrydol *demprol* ywr don ar dyri [ymddiddan rhwng y bardd a'r eos]. **16–17**g. *HG* 34, ac saith bechod gan y drindod / saith bechod un yn saith gelyn / ar saith hyny y sydd heddy / bena y*nhemprol* [*sic*] ac yn ysbrydol.

temprus, temperus [*temp(e)r+-us*] *a.* Cras neu galed (am ddillad, &c.); tymherus (am dywydd, &c.); wedi cyrraedd y tymheredd cywir; wedi ei dymheru (am fetel, &c.); cymedrol, rhesymol, addas, cymwys; drwg ei dymer: *well-aired* (*of clothes, &c.*); *temperate* (*of weather, &c.*); *at the right temperature*; *tempered* (*of metal, &c.*); *moderate, temperate, reasonable, suitable, appropriate*; *bad-tempered.*

1567 *TN* 306b, gwiliwn, a' byddwn ddiwyd [:– sobr, *temperus*]. *id.* 322a–b, dir yw i Episcop vot . . .

yn rhoi-lletuy, vn yn caru dayoni, doeth, cyfiawn, sanctaidd, *temperus* (**1588** *Tit* i. 8, yn ddianllad). **16g.** *Hop M* 201, pe rhoid aton, ddysgil ffrwythlon / o vwyd *tempryS*, peraidd jachys. Ar lafar, 'gwair yn *dempris*', *Cymru* xl. 243 (sir Gaerf.); 'Bydd yn garcus fod a'n *demprus* cyn iti wishgo fa', *BIBC* 49; 'Ma'r dŵr yn *demprus*', 'Ma'r llechwan newydd yn *demprus* erbyn 'yn' (dwyrain Morg.); hefyd yn yr ymad. cellweirus "Wyt ti'n dishgwl yn *demprus*!' am rywun gwlyb iawn, *GTN* 785.

tempt [bôn y f. *temptiaf*, *temptaf*: *tempt(i)o*] *e?g.* ll. *-iau.* Temtasiwn: *temptation.*

16–17g. *DCR* 180, Arol vn o *demptiav* r vall. **1603** W. Midleton: *Ps* 146, Drwy *demptiau* brifiau brofiad.

temptaf: tempto, temptasiwn, temptiad, temptiaf: temptio, temptiedig, gw. temtiaf: temtio, temtasiwn, temtiad, temtiaf: temtio, temtiedig.

temptiwr, temptreg, temptydd, gw. temtiwr.

tempyretsiyr, tempritsiyr [bnth. S. *temperature*] *e?g.* Gwres y corff, yn enw. un uwch nag arfer: *(body) temperature (esp. above normal).*

Ar lafar yn gyff., 'Well iti nôl y doctor—ma'i *dempritsiyr* o'n ychal' (Arfon); "O' gynni *dempyretsiyr*' (Llŷn).

temtasiwn, temptasiwn, tem(p)tasion, tentasiwn, &c. [bnth. S. *temptation*; â'r ff. yn *-n-*, cf. S. *tentation*] *eb.g.* ll. *tem(p)tasiynau (tem(p)tasiwnau), temtasionau, tentasiwnau,* &c. (Person neu beth sy'n achosi) awydd i wneud rhywbeth, yn enw. peth drwg, gwaharddedig, neu annoeth, y weithred o demtio, y cyflwr o fod wedi ei demtio, temtiad, prawf, hefyd yn *ffig.*: *temptation, a tempting, test, also fig.*

1567 *TN* 103a, nac arwein ni i *temptation* [:– ymprovedigaeth]. *id.* 206a, yn goasonaethy yr Arglwrydd gyd ac oll gestyngeiddrwydd-meddwl, a' llawer daigr, a' phrovedigaethae [:– *themtasione*]. *id.* 253b, Nyd ymavlawdd ynoch *demtation* [:– provedigeth]. *id.* 329b, Na chaledwch ych calonau, megis yn yr emryson, ar ddull dydd y *tentasiwn* yn y diffaithvych. *id.* 345a, Cymerwch yn lle dirfawr lewenydd fym/rodyr, pan ddigwyddoch mewn amryw profedigaythay [:– *dentatione*]. *a.* **1587** *Y* 189, *Tentasiwn* yn nasiwn ni / Rhy hygoel yw ar wegi. **1618** J. Salisbury: *EH* 12, holh brofedigaetheu, a *thentasiwneu'r* Cythreul. **1632** J. Davies: *LIR* 33, oblegid nad oes i'r angylion, gan eu bod eisus mewn gogoniant, na *themptasiwn* pechod i'w wrthwynebu, na gweithred dda ar a allont eu [*sic*] gwneuthur. **1670** J. Hughes: *AP* 19, ymddiffyn fi y dydd hwn rhag holl ddichellion a *themptasiwnen* [*sic*] y Cythraul. **1696** *CDD* 150, Gwn fôd rhŷw *demptasiwn* tôst, / (A arlwŷ gôst ar lawer) / Yn y cwrrw, och o'i drîn. **1701** E. Wynne: *RBS* 79, o blegid nad oes o hôll beryglon y Cristion yr un blinach a thaerach na'r *temtasiwneu* i drythyllwch. **1703** T. Baddy: *PCh* 108, pe edrychech yn ôl y modd yr oedd [gras] gydâ chwi ar y cyfryw amser wrth y Sacrament, gallech yrru 'n ôl y *temptasiwn* hwn. **1714** R. Prydderch: *GD* 160, Er drutted a fo'r Ddiod hi yfir, Canys *temtasiwn* yw hi, ni fedrir ymadel a hi, pan yr elir atti. **1759** T. Thomas: *WWDd* vi, A chan fod yr oes hon yn llüosogi mewn *Temptasiynau* a Chyfeiliornadau. **1764** Dewi Nantbrân: *CB* 29, H. Am beth hefyd y gweddiwn? A. Ar y Duw Hollalluog roddi Grâs a Nerth i ni orchfygu pob *tentasiwn* neu brofedigaeth pa bynnag. **1794** *W, vulgô temtasiwn* d.g. *Temptation.* Ar lafar, '*temtasiwn*', *WVBD* 529 (*eb.*); 'Paid doti *temtasiwn* yn 'i ffordd a', *GTN* 785 (*eb.*).

temtedig, gw. temtiedig.

temtiad, temptiad, tentiad [bôn y f. *temtiaf*, &c.: *temtio*, &c.+*-iad*[1]; ansicr yw'r engh. gyntaf isod] *eg.* ll. *-au.* Y weithred o demtio, temtasiwn, prawf: *a tempting, temptation, test.*

15g. *Glam Bards* 247, ni wnai siasbar drugaredd / nas caffo pan fon ei fedd / twyllodd walch difalch dyfiad Peredur / pur ydoedd y nerthiad / i gastell Gwent mewn *tentiad* / iw loes nis gorfydd y wlad [marwnad Syr Rhosier Fychan gan Lywelyn Goch y Dant]. **?15–16g.** *MTA* 435, Ni all vn o honvn hynod // ynafys / eniwed na gorfod / heb *dentiad* fwriad i fod / kythrel akw ai athrod [Robert ab Ifan o Frynsiencyn i dri gelyn enaid dyn]. **1567** *TN* 87a, gwedy gorphen o'r diavol yr oll *temptiat* [:– prawf]. **16–17g.** *PCWG* 37, arfog yw r kythrell [*sic*] o *dentiade* a hvdolieth. **16–17g.** *CRC* 355, mawr iwr *tentiad* sy n pyrhaü / na feidr daü ymadel. **1632** *D, tentiad* d.g. *Tentatio.* **1658** R. Vaughan: *PS* 24, Nêrtha fi mal na byddo *temptiadau* yr amser im gorescyn. **1672** R. Prichard: *Gw* 85, Gan hynny ymgadw arnad, / Rhag tramwy lle bo 'r *temptiad* [:– Profedigaeth]. **1722** T. Evans: *PS* 19, Canys heb Barottoad, och! beth a fyddai ein Dynesiad at Orseddfaingc Duw ond *Tentiad*? **1764** *CDTN* 5, Ei oed a'i Achau uchel / O ochor Joseph fwyn, / Ei Weinidogaeth gyhoedd: / A'i *Demtiad* er ein mwyn. **1793** Dafydd Ionawr: *CD* 244, Ni welodd fodd i feiddiaw / Ei *demtiad* a'i frâd gan fraw.

temtiaf, temptiaf, tem(p)taf, tentaf[2], **tentiaf: tem(p)t(i)o, tent(i)o** [bnth. S. *(to) tempt*; â'r ff. yn *-n-*, cf. S. *(to) tent*] *ba.* Denu neu annog (rhywun) i wneud peth drwg, gwaharddedig, neu annoeth, rhoddi (person) ar ei brawf, profi; denu, hudo: *to tempt, put (person) to the test, try; attract, allure.*

1547 *WS, Temptio* Profi. **1567** *LlGG* 74a, Ac na *themptiom* [:– phrovwn] Christ. **1567** *TN* 87a, Ys dywetpwyt, Na *themtia* yr Arglwydd dy Dduw (**1988** *Luc* iv. 12, Paid â gosod yr Arglwydd dy Dduw ar ei brawf). *id.* 145a, hyn a ddywedent y'w *demto* [:– brofi] ef. *id.* 329b, Lle y *tentiason* (**1588** *Heb* iii. 9, *temtiodd*) ych tadan [*sic*] chwi fi. **16g.** *Hop M* 172, hevyd mae gelynion dri, düw harchwn ni nan gato / ar gyfrgoll y byd ar cnawd, ar cythrel gnawd ywn [*sic*] *tempto.* **1588** *Salm* xcv. 9, Lle y *temptiodd* eich tadau fi. **1615** R. Smyth: *GB* 7, o hervvydd iddynt geisio *temtio* yr yspryd glan. **1617** R. Prichard: *CE* [3], Y sawl a *dempta* wraig cymmodog. **17g.** *DCR* 238, nad dy *dento* byth y dafarn. **1683** H. Evans: *CTF* 11, Na *thempt* Demptiwr i dy *demptio.* **1688** S. Hughes: *TSP* 116, na *themptia* mo honofi mwyach i ddychwelyd i'th wasanaeth di. **1714** R. Prydderch: *GD* 41, Y mae'n cnawd yn ein *temtio* i bechu, heb Sattan. **1790** T. Jones: *TOS* 175, Y diawl a'u *temtia* ddydd a nôs. Ar lafar, "Dwi ddim i fod i fita tisian o gwbwl achos 'ym stumog ond mæ tisian fŵar yn 'y *nemto* i!', *GTN* 785; "On i 'm isio bwyd ond mi gesh i '*nhemtio* gan y fflapjacs'.

temtiedig, temtedig, temptiedig [bôn y f. *temtiaf*, &c.: *temtio*, &c.+*-(i)edig*] *a.bfl.* a hefyd gyda grym enwol. Wedi ei demtio, wedi ei roddi ar brawf (am berson), wedi ei brofi; yn temtio, temtlyd: *tempted, put to the test (of person), tested; tempting.*

1688 S. Hughes: *TSP* 69, peth anhawdd ydyw, ir *temptiedig* i weled, pa fodd yr ydys yn cynnal y grâs yma yn eu heneidiau. **[1725]** *TS* 148, Y mae efe yno hefyd yn dadleu ei Waed tros ei Rai *temptiedig.* **1772** D. Risiart: *HFP* 113, Cymmeryd fy llygaid . . . oddiwrth wrthddrychau *temtiedig.* **1774** W. Williams: *A* 19, fy enaid tlawd, blinderus a *themtiedig.* **1775** *EDPP* 5, pobl dlodion, cystuddiedig, gorthrymedig a *themtiedig* Duw. **1790** *Budd A* 152, Happus ysprydoedd, a waredwyd ac a ddiogelwyd oddiwrth y diafol a'r byd ar unwaith, ac oddiwrth eu holl *demtiedig* a niweidiol ddylanwadau! **1792** *AE* 32, Oni ofidiwyd hwy oll â chalon ddrwg, byd *temtiedig*, a diafol dichellgar megis chwithau?

temtiol [bôn y f. *temtiaf*: *temtio*+*-iol*] *a.* Yn temtio, temtlyd: *tempting.*

1798 R. Davies: *CG* 96, Collasant fwyniant Nef wen, / Tro nt [*sic*] ir byd, cy'd a'u cadwen, / Yn *demtiol* elynol lû / Digllon,—i weision Iesu.

temtiwr, tempt(i)wr, temptydd, &c. [bôn y f. *temtiaf*, &c.: *temtio*, &c.+*-(i)wr, -ydd*[3]] *eg.* (b. *temtwraig, tem(p)treg*) ll. *temtwyr.* Un sy'n temtio: *tempter.*

1567 *LlGG* 31b, Yno y daeth *temptiwr* [:– provwr, methlwr] attaw, ac a ddyvot, a's ti yw map Duw, arch ir ceric hynn vod, [*sic*] yn vara. **1567** *TN* 3[05]a, ys auvonais [*sic*] ef y wybot y wrth eich ffydd, rrac darvot ir *temptiwr* eich temptio [:– methlwr eich [m]ethlu] . . . a' myned o ein gwaith yn wac. **1632** *D, Tentiwr* d.g. *Tentator.* **1655** R. Jones: *PC* 121a, cynhorthwy yw . . . rhag *temptydd.* **1683** H. Evans: *CTF* 11, Na thempt *Demptiwr* i dy demptio. *id.* 12, Paid a gweithio dros y *temptiwr.* **1709** H. Powel: *G* 40, Yr hyn [anghrediniaeth] y mae'r *Temptwr* maleisus yn ddigon da yn ei wybod, ac am hynnu . . . y mae efe yn dyfod ac yn dwyn ymmaith y Gair. **1751** *GIA* 152, Pa *demtiwr* cyfrwys yw Satan. **1793** Dafydd Ionawr: *CD* 252–3, Yr ynfyd *Demtiwr* anferth / Ga'dd lawn atteb cyfiawn certh: / Na themtia, arswyda 'r Swydd, / D'oreuglod Dduw dy Arglwydd. Ar lafar, '*temtiwr*', *GTN* 785.

temtlyd [bôn y f. *temtiaf*, *temtaf*: *temt(i)o*+*-lyd*] *a.* Yn temtio: *tempting.*

Ar lafar yn Arfon.

temtreg, temtwraig, gw. temtiwr.

temyr, temystl, gw. tymyr[1], tymestl.

tenant[1] [bnth. S. *tenant*] *eg.* (b. *-es*) ll. *-iaid*, ?a hefyd gyda grym lluosog. Deiliad (eiddo, tir, &c.), hefyd yn *ffig.*: *tenant, also fig.*

15g. *DGG*[2] 15, Gwneuthum dŷ i garu gwen, / Diynfydwaith, dan fedwen. / . . . / Ac yn y tŷ mwyngu maith / Dau *denant* diwyd uniaith; / Dau geiliog serchog eu sôn, / Firain frithlwyd fronfreithion. **15g.** *GGl*[2] 96, Os y glêr a gasgl arian, / Ni chasglent na'm rhent na'm rhan. / Ni chânt na'm *tenant*, na'm tir, / Na'm trysor, oni'm treisir. *id.* 197, Un *tenant* yng nglan Tanad / A dâl dros ei fam a'i dad. *id.* 290, Llwyddiant i'r *tenant*, a'r tai—a'r wengaer, / A'r ungwr a'm porthai [i Ddafydd, abad Llanegwest]. **15g.** *GO* 279, Ar d'ynav yr adweinir / Wyth gant o *denant* dy dir [i Rosier ap Sion Pilstwn o Emral]. **15–16g.** *TA* 229, Ba dir cŵys o bedwar cant, / Ba dŷ annedd heb *denant*? / . . . / Aml *denant* mal ôd Ionawr, / A'th wŷr am Foel Orthrwm fawr. **16g.** (*LlEG*) *Mos* 158, 430a, Ynn y ll/e Jr attebodd y *tennanttiaid* gymaint a ffedwar vgain or shiale/nswyr. **16–17g.** *Cer RC* 184, Hael ysgweieried, uchelwyr, *tynantied* / Sy'n achwyn yn galed am arian. **17g.** *LlGC* 1554, 100, At M[r] owen Salesbury o Rug. fe ddigwyddodd i mi wrth ddisgyn gidach *tenantes* weled brethyn llwyd da a hyn o gerdd frys a wneuthum ar hyder cael gwisg o hono. **1672** J. Langford: *HDdD* 246, Ac fal hyn hefyd y mae yn fynych gydâ meistred tîr cribddeiliaidd, y rhai, pan na ŵyr ei *tenantiaid* tlodion pa fôdd i gael lle mewn mann arall, a'i gwasga nhw. **1701** E. Wynne: *RBS* 10, ymwrandewch â beichieu eich *Tenantiaid.* **1760** *Cylchg LlGC* xvi. 158, llawer o *denantied* mawr yn cwuno yn dost am arian. **1774** H. Jones: *CH* 56, Un o ofalon pennaf y *Tenant* drwy'r flwyddyn yw, edrych am foddion ac ymbarottoi erbyn diwrnod talu rhent. Ar lafar, *WVBD* 529; 'Yn fferm y Celyn, 'ôn' nw'n *denantjid* i'r Marcws o Biwt', 'Ma *tenant* dæ ginto yn 'i dŷ', *GTN* 788. Cf. D. Owen: *GT* 59, Byddai swper i'r *tenantiaid* yn y Bedol ddiwrnod talu rhent.

Amr.: **tenont** [bnth. S. C. *tenaunt*]. **15g.** *GLGC* 236, 340. **15–16g.** Llawdden, &c.: *Gw* 252.

Cfn.: **tenant wrth ewyllys:** *tenant at will.* **1655** WL: *DP* 175, Nid ydym ond *Tenantiaid wrth ewyllys*, ac nis gwyddom gynted y daw ein Meistr-tîr i'n taflu-allan.

tenant[2] [bnth. S. *tenant (saw)*, amr. ar *tenon (saw)*] *e?g.* ll. *-iaid.* Llif dyno: *tenon saw.*

Ar lafar yng nghanolbarth Cered.

tenantaf: tenantu [bf. o'r e. *tenant*[1]] *bg.a.* Anheddu fel tenant, hefyd yn *ffig.*: *to tenant, also fig.*

20g.

tenantes, gw. tenant[1].

tenantiaeth [*tenant*[1]+*-iaeth*] *eb.* Statws tenant, meddiant fel tenant, cyfnod y cyfryw statws neu feddiant: *tenancy.*

c. **1877.**

tenantol [*tenant*[1]+*-ol*] *a.* Yn perthyn i denantiaid neu denantiaeth, a chanddo denantiaeth: *pertaining to tenants or tenancy, having a tenancy.*

1885.

tenau [Crn. C. a Diw. *tanow*, Crn. Diw. *tanaw*, Llyd. C. *tanau*, Llyd. Diw. *tanav*, *tano*, taf. Gwened *tenaü*, H. Wydd. *tana(e)*: o'r gwr. IE. **ten-* 'estyn', cf. Llad. *tenuis*, Gr. *ταναϝός*, Sans. *tanú-*, H. S. *þynne* (> S. *thin*); gw. hefyd *tenewyn*; petrus yw dosbarthiad rhai o'r enghrau. isod] *a.* ll. *teneuon*, a hefyd gyda grym enwol.

(*a*) Ac iddo arwynebau cyferbyniol cymharol agos i'w gilydd (am wrthrych), o drwch neu dryfesur bychan, cul, main, gwastad: *thin (of object), slender, slim, flat.*

1346 *LlA* 94, disgleirüin gloyügoch yn disgleiryaü drüy lestyr güydrin *tenev.* *c.* **1400** *Études* vii. 280, kymer hat y morgelyn, a hat y kenhin, ac ystor, a dot wynt ar vaen *teneu* a vo gwynyas. **15g.** *GGl*[2] 211, *Tenau'n* ei chorff, tew'n ei chil, / A'i gogwydd ar ei gwegil [i ofyn wtgnaiff]. *id.* 256, Tlysau o'r allt, teils a rydd / *Teneuon* i'm tŷ newydd [i ofyn ysglâts]. **1588** 1 *Br* vi. 32, [g]yrrodd yr aur yn *dene* ar y Cerubiaid. *id.* vii. 29, oddi tann y llewod a'r ŷchen yr oedd cyssylltiadau o waith *teneu.* **1595** H. Lewys: *PA* 104, Dryll o hayarn, ne arian, rhwn a gurir, ne a gymynir a mwrthoyl, a wnair yn lledach yn *denevach*, yn llyfnach ac 'n feddalach. **1604–7** *TW* (*Pen* 228), Gwrteithiwr crwyn *teneuon* d.g. *Alutarius.* *id.* lhynghyr hirion, lhytein a *theneuon* d.g. *Tænia, orum.* **1615** R. Smyth: *GB* 53, croenyn *tene* bychan agos cyphelyb i 'r hvvn sy 'n nesa at bliscin vvy. **1632** *D, Ten[a]u*, Tenuis. *id.* torri yn *deneuach* d.g. *Stringo.* *c.* **1740** *LlM* 20, cais

Ledr *tenau* ystwyth ai gyfledu'n Blastr. **1759** J. EVANS: *PF* 35, Piliwch felyn-groen Orange yn *deneu*. *id.* 97, Y mae hwn yn llâdd Llynger *teneuon* (*flat*) a'r rhai crynnion hefyd. **1779** J. ROBERTS: *C* 14, Eira lled *denau* ar ben y bryniau. **1794** *W* d.g. *Thin* [*not thick*]. **1803** *P* d.g. *Tenau, Teneu*. Ar lafar, ''M ond sleisen *dene* o fara gesh i i fyta'; 'Ma 'i'n gallu torri bara mor *dena* â deilan', *GTN* 788; hefyd am ddŵr yn yr ystyr 'bas', 'dŵr *tena*', *WVBD* 529.

(*b*) Ac iddo ychydig (iawn) o fraster, cig, neu gnawd (am berson, anifail, rhan o'r corff, &c.), heb fod yn dew (hefyd am dywysen, &c.), main: *thin* (*of person, animal, part of the body, &c.*), *lean, slim, slender* (*also used of ear of corn, &c.*).

14g. *WM* 467. 5–7, Pan elhynt y west . . . nyd edewynt ɓy na theɓ na*theneu*. *c.* **1400** *R* 584. 24–5, *Teneu* ymes teɓ y hyt. *c.* **1400** *Études* vii. 70, Traet bychein *teneu* arwyd kaledi yw. *Dchr.* **15g.** *GSCyf* 110, Tin âb gul *tenau* heb gig, / Twyn o forfrwyn oferfrig [Llywelyn ab y Moel i'r farf]. **1588** *Gen* xli. 23, saith dwysen *teneuon*, meinion, wedi eu deifio gan ddwyrain-wynt. **16–17g.** *CC* 311, hen grybach yn gefn gribin / Cene a fai yn *dene* i din [Thomas Prys i ofyn ceffyl]. **1632** *D, Ten[a]u* . . . macilentus. **1698** T. JONES: *Art* 15, breuddwŷdio fôd y bochau yn *deneu*, yn gul, ac yn llawn crychni. **1703** E. WYNNE: *BC* 57, Y nesa oedd scerbwd *teneu* a elwid Angeu Ofn. **1740** T. EVANS: *DPO* 249, yr Awstin hwn . . . fe ddywedir mai Climmach hir, tal, main, *teneu*, oedd efe. **1760** *ML* ii. 199, Cilffyn o hen ŵr, *tenau*, gwyneblwyd. **1775** *W* d.g. *Lean* [*not fat*]. Ar lafar, 'Ma 'i wedi mynd fel sgyryd o *dena*', *GTN* 788; 'Mae golwg *dene* ar y gath 'na'. Digwydd hefyd mewn cyffelybiaethau megis 'mor *denau* â rhaca', 'cyn *deneued* â iâr yn ei thalcen', 'yn *denau* fel weffar', 'yn *denau* fath â brân ar dywydd caled', 'yn *denau* fel lantern'.

(*c*) Heb fod yn drwchus (e.e. am wallt), annniferus (am gynulleidfa, poblogaeth, &c.), prin: *thin* (*e.g. of hair*), *sparse* (*of audience, population, &c.*), *scanty*.

13g. *C* 62. 7–8, *Tenev* gvallt vy pen. *c.* **1400** *Études* vii. 66, Y neb y bo idaw aeleu *teneu*, kymessur o hyt a byrder, ac wynteu yn vawr, arwyd yw ethrylith a dyall. **1604–7** *TW* (*Pen* 228), gwalht hylh, *teneu* d.g. *Raripilus*. **1632** *D, Ten[a]u* . . . rarus. **1672** J. LANGFORD: *HDdD* 393, hwsmon ansynhwyrol iawn, yr hwn er mwyn arbed ychydig hâd yn y cyfamser a haua mor *deneu*, ac i anrheithio ei gnŵd. **1711** H. POWEL: *TY* 132, oni buasei Etholedigaeth, nu [*sic*] buasei gan y Cyntaf anedig ond cynlleidfa *denau* i'w rhioli. **1718 (1721)** S. THOMAS: *HB* 22, Tartaria . . . Tra-anial ac oerllyd ydyw, ac o achos hynny y mae'r trigolion yn *deneuach* nac mewn gwledydd eraill. *id.* 40, Gwledydd oerfelog ydynt, a *theneuon* o drigolion. **1740** T. EVANS: *DPO* 17–18, Ar hynny y tosturiodd y Brenin wrth eu Chwedl, a rhoddes gennad iddynt fyned i'r Jwerddon, oblegid fod y wlad yn ehang ddigon, ac yn lled *deneu* o Drigolion y pryd hwnnw. **1759** *BC* 77, Mi wna dy laes Locsie, ath dynnion gudune, / Yn gwttws gwyn *tene*. *c.* **1762–79** W. WILLIAMS: *P* 85, nid oedd y Wlad hyn pryd hynny ond *tenau* jawn o Ddynion, ond yn awr meddylier fod yn Virginia tros gan mil o Eneidiau. **1794** M. J. RHYS: *T* 14, Yn 1798 y bydd dinystr mawr, ne's byddo trigolion y byd yn *deneu*. **1794** *W* d.g. *Thin* [*thinly scattered, one here and one there*]. Ar lafar, 'Wedd hi'n *dene* iawn 'na neithiwr' (sir Benf.); hefyd yn yr ystyr 'anfynych, anaml', 'Yn *dena* iawn 'ŷn ni'n gweud pobol—dynnon 'ŷn ni'n weud' (dwyrain Morg.); '*Tene* iawn fydda' i'n dy weld ti'r dyddie 'yn' (sir Gaerf.).

(*d*) Heb fod yn ddwys (am aer, anwedd, &c.), hefyd yn *ffig.*: *thin* (*of air, vapour, &c.*), *rare, tenuous, also fig.*

10–11g. *DGVB* 278, or *teneu* creaturou, gl. *subtilioribus elementis*. **13g.** *DB* 63, A herwyd e mae gloewach a *theneuach* (*tenuior*) e duuyr no'r daear, a *theneuach* a gloewach er awyr no'r duuyr euelly e mae *teneuach* a gloewach e tan no'r awyr. **1346** *LlA* 5, Ypysgaɓt yny rann deɓaf or dɓfyr. Ar adar yny rann *deneuaf*. sef yɓ hynny. yr aɓyr. **15–16g.** *TA* 133, Tân a ddofud ti'n ddifwg,—/ O'r tân mawr, *teneu* yw mwg. **1588** *Doeth Sol* ii. 3, a'n hanadl a wascerir fel awyr *deneu*. **1588** *id.* vii. 23, yn myned trwy bob yspryt dehallgar, pur, *teneu* (**1988** *ib.* gwir goeth). **1615** R. SMYTH: *GB* 173, ryvv darth *tene*, llym (*subtile*). *id.* 229, avvel o vvynt *tene* a subtil. **1703** E. WYNNE: *BC* 5, trwy 'r awyr *deneu* eglur ar tês ysplenydd tawel canfyddwn ymhell bell tros Fôr y Werddon, lawer golygiad hyfryd. **1712** T. WILLIAMS: *CDdG* 397, a hwy a ddywedent eu bod [angylion] wedi eu gwneuthur o'r corph *teneuaf* (*finest*) ac sydd iw gael. **1725** D. LEWIS: *GB* 131, ni all Dŷn nac Anifail fyw mewn Awyr ry dew na rhy *denau*. *id.* 365, Yr ydys yn tebyg fod y Cyrph nefol, pa bellaf oddiwrth yr Haul, yn *deneuach* eu Defnydd. *c.* **1762–79** W. WILLIAMS: *P* 74, Yr Awyr sydd mor oer, mor *denau*, ac yn trywanu i mewn gymmaint ar ben y rhain, nas gall un Creadur na gwyllt na dof yma i fyw. **1774** W. WILLIAMS: *AB* 4, Ether, neu dân ysgafn, *teneu* ag sy ymhob rhyw gyrph is yr wybr. **1794** *W, Tenau* . . . yr awyr *denau* d.g. *Thin or rare* . . . *The thin air*. **1795** J. THOMAS: *AIC* 259, Arogliad Sŷdd fath o Darth *teneu* yn Derchafu oddi ar bethau Noddedig ac yn ehedeg gyda 'r Awel i'n Ffroenau.

(*e*) Heb fod yn dew na gludiog (am hylif, sylwedd pastiog, &c.), hylifol: *thin* (*of liquid, or of pasty, &c., substance*), *liquid, runny*.

c. **1400** *MM* 118, O byd teɓ [gwaed], gellyngher yny uo *teneu*. **1604–7** *TW* (*Pen* 228), Eli *teneu* d.g. *Enchrysta*. *id.* bysweil *teneû* d.g. *Foria*. *id.* prenn alhan or hwn y rhet lhynn ne Liquor *teneuach* na'r pyc d.g. *Teda*. **1675** R. JONES: *HCh* 121, nid ydoedd waed *teneu* dyfrllyd. **1688** *TJ*. Brwchan, màth ar lymru *teneu*. **1765** JM: *DDdC* [5], fe farnir dwfr-*teneu* fel dwfr arall yn arwydd o'r Dropsi. **1771** *PDPh* 49, Rhaid i'r claf arfer ymborth isel iawn, cawl dwfr *teneu* gwan. **1793** N. WILLIAMS: *HM* ii. 37, melusgawl *teneu* o gorn Carw. Ar lafar, 'yn *dena* fel glastwr' (Arfon), 'Ma'r grefi 'ma'n *dene*, ma fe fel dŵr' (sir Gaerf.).

(*f*) Wedi ei wehyddu'n glòs, manŵaidd; o frethyn neu ddefnydd main: *fine* (*of cloth, &c.*), *finely woven, sheer; made of thin cloth or material*.

13g. *C* 59. 1–2, *tenev* vy llen. imi nyd llonit. **14g.** *WM* 142. 22, peis o uliant *teneu* ymdanat. *c.* **1400** [*RB*] *WM* 213. 2–4, adɓy hossan o vrethyn gɓyrd velyn *teneu* am y traet. *c.* **1400** *YSG* i. 72, Ac nyt oes yny byt crys yr *teneuet* vei ac a uei ymdanaf i yn y tan racko, a vei waeth vyth no chynt. **16–17g.** *DCR* 233, Mi ai gwelwn lliw'r blode'n i chamrig lôn *tene*. **1632** *D*, Brethyn neu liain hyll *teneu* d.g. *Leuidensa*. **1633** *LlGC* 731, [x], Bydded ysbŷs iddynt, y crebycha, ac i corra, y weh [*sic*] de*fnâu* hon, pan wlŷchir hi gyntaf. *c.* **1770** *LlGC* 352, 30, Esgidie *Teneuon* . . . rhad ystuno am batens danun. Ar lafar, ''M ond côt *dene* mae o'n wisgo yn y tywydd oer 'ma', 'hen sgidia *tena*'.

(*g*) Annigonol, diffygiol, ansylweddol, gwael, tlawd; gwan, gwanedig; gwan (am ddiod alcoholaidd); caled (am amgylchiadau): *insufficient, lacking, deficient, unsubstantial, mean, poor; weak, weakened; weak* (*of alcoholic drink*); *hard* (*of circumstances*).

1346 *LlA* 46, Yrei hen obennydyaɓ welet. achlyɓet avyd pɓl ysynnɓyr. Ac auyd *tenev* (*attenuatus*) drɓy vedylyev llaɓer. **1604–7** *TW* (*Pen* 228), Gwin main, *teneu* d.g. *Villum*. **1672** J. LANGFORD: *HDdD* 393, os trwy arbed ein heluseni, y gwnawn ni i ni ein hunain gynhayaf *teneu* ar ôl hyn. **17g.** HUW MORUS: *EC* i. 95, Anudonwr, wên *dene*'—/ Gwarth oer naws, sy'n gwerthu 'r ne'. **1774** H. JONES: *CH* 36, Amser gauaf ymhob lle, / Yr haul sydd *dene*' d'wnniad. Ar lafar, 'Ma 'ngwybodeth i'n *dene* iawn ar y pwnc'.

(*h*) Llym (am y gwynt), treiddgar, main; uchel (o ran traw), main, gwichlyd; craff (am y synhwyrau), treiddgar, main: *keen or biting* (*of wind*); *high-pitched, squeaky, shrill; keen* (*of senses*), *sensitive, sharp, acute*.

c. **1400** *R* 1048. 7, *Teneu* awel tew lletkynt. **1777** J. ROBERTS: *C* 6, Awel *deneu* / . . . / rai boreuau. **1778** *id.* 4, Awel go *denau* / yn oeri aelodau. Ar lafar, 'Ma'r gwynt yn *dena*', *GTN* 788; 'Llais bach *tene* sydd gyda hi' (sir Benf.). Cf. ISLWYN: *Gw* 187, Yr oedd ei glyw yn *deneu* iawn bryd hyn / Deallai iaith yr awel ar y bryn; K. ROBERTS: *RhB* 3, y llaeth i ddechreu yn disgyn yn las ac yn fain i'r piser a'i swn yn *denau*.

tenc, *a.* a hefyd fel *adf.* (Yn) sydyn: *sudden*(*ly*).

Dchr. **17g.** *Card* 12, 489, Yf chwip ataf daliaf *denck* / ddiod fwynaidd lariaidd lwnk / morys dafydd di a rydd donk / ar yfed glased yn glink. **17g.** *LlGC* 13215, 382, *Tengc* Subito. **1736 (1812)** *YRW* 13, Enter Syr Sigil-din-*dengc*.

tenci, tendaf: tendo, gw. thanciw, tendiaf: tendio.

tendans, tendens [bnth. S. *tendance*, ff. affetig ar *attendance*] *eg.* Gofal, sylw, gwasanaeth: *care, attention, service*.

16–17g. *CRC* 305, Rhaid iw cig a bir ir trwper / march a *thendans* arian lawer. **1716–18** *Llsgr R. Morris* 134, nhw ymgynghoran gartre ple caen nhw yr *tendens* gore. *id.* 192, heb gaffael nan gwelu nan *tendens* yn iawn / ag yma ni ddoethan gobeithio rwi cawn. **1750** *ML* i. 161, Rwy finneu yn cadw tŷ a *thendans*, ond er hyny yn ddigon drwg fy nhrefn lawer trô. Nid yw fy housekeeper ond ieuanc, ag heb erioed gael fawr hyfforddiant. **1763** *id.* ii. 533, y fygfa . . . ni ddylae gymdeithraig o'r fath honno ryfygu dyfod ond i'r fan y bo digon o *dendans* iddi iw [*sic*] gael, y peth nid yw ym meifod. Ar lafar, 'Un odd isio lot o *dendans* fuo' fo 'rioed' (sir Ddinb.); 'Dyn yw a sy'n moyn lot o *dendans*' (dwyrain Morg.).

Amr.: **tendars. 1929** K. ROBERTS: *RhB* 15, 'Mae'n ddrwg gin i ych cadw chi', ebe hi, 'mi 'roedd y bobol yna'n gofyn *tendars* yn arw'. **tendrans.** Ar lafar, ''Odd y ferch odd yn gweini yn llawn *tendrans*' (sir Gaerf.). **tendwns.** Ar lafar, ''Wyt ti'n mofyn *tendwns* 'wyt ti ddim? 'Wyt ti'n ddicon mawr i allws dy de d'unan!', *GTN* 785.

tender[1] [bnth. S. *tender* 'not tough, delicate'] *a.* Heb fod yn wydn (am fwyd), tyner; tyner neu sensitif (am groen, &c.); tyner, addfwyn, gofalus: *tender* (*of food*); *tender or sensitive* (*of skin, &c.*); *tender, gentle, careful*.

Diw. **16g.** *WLB* 60, oni fo y llysse yn digon *tender*. **1604–7** *TW* (*Pen* 228) d.g. *Apalos, Tener, Vitulus*. **1766** *CD* 144, A Siarsio fy Meister, / Yng'hymeryd i yn *dender*. **1768** TWM O'R NANT: *CTh* 4, Cymerwch yn *dender*, a pheidiwch a dondio. **1808** TWM O'R NANT: *BB* 16, Mae ffreinsib i'r rhei'ny, gydâ Thwrne' neu faili, / Dim ond chwerthin mewn dichell, ac edrych tan 'sgafell, / A'i dondio 'n hwy 'n *dender*, dyna ddiwedd ar y mater. **1828** *Geir Pob* 27, *Tender*, tyner, tirion. Ar lafar, 'cerddad yn *dendar* 'to walk gingerly', *WVBD* 529; 'Ma 'mraich i reit *dendar* ar ôl disgyn ddoe', 'Ma'r stecan 'ma'n fwy *tendar* na'r un ges i wsnos dwytha'' (Arfon).

tender[2], **tendr**[1] [bnth. S. *tender* 'boat; attendant'] *eg.*

(*a*) Llong sy'n cludo teithwyr neu nwyddau, &c., i long fwy; wagen sy'n cludo tanwydd, dŵr, &c., ac a gysylltir wrth injan trên stêm: *tender* (*ship or boat*); *tender* (*of steam locomotive*).

1740 *ML* i. 24, Dyma ni'n barod er's dyddiau i fynd i lawr i'r Nore, ond eisiau gwynt têg, a dyna'r peth sy'n cadw'r *tender* hefyd rhag dyfod oddi-yna. **1760** *id.* ii. 271, Dyma *dendar* o bedair [*sic*] can tunell yn y Borth, full of marines Gwyddelig.

(*b*) Gweinydd, cynorthwywr, gwas: *attendant, helper, servant*.

1765 *BDGU* 9, Fe Ur un oi Weision / Di Achosion i'w cheisio; / Mae hithe'r fyn weddol, / Mor fuddiol i'w foddio. Ac yno'r ddau *dender* / Trwy fod mewn Cydundeb, / O warth Anudonedd, / Gwnan wrthyn Odineb. Ar lafar yn ne-ddwyrain Morg. yn yr ystyr 'helpiwr'.

tender[3], **tendr**[2] [bnth. S. *tender* 'offer'] *eg.* ll. *tenders, tendrau*. Cynnig ffurfiol i wneud gwaith, darparu nwyddau, &c., am dâl penodedig: *tender, offer*.

20g. Ar lafar, ''Gest ti'r *tender* i neud y gwaith ar y tŷ?' (sir Gaerf.).

tender[4], **tinder** [bnth. S. taf. *tender*, S. *tinder*] *eg.* Sylwedd sych hyfflam sy'n cynnau yn hawdd o wreichionen, golosged, gosgymon: *tinder*.

1828 *Geir Pob* 27, *Tinder*, golosg. Ar lafar, 'bocs *tendar* a'r clwt yno fo', *WVBD* 529.

tendiaf, tendaf: tend(i)o, tendied, tendian [bnth. S. (*to*) *tend*; ansicr yw'r engh. gyntaf isod] *bg.a.*

(*a*) Gofalu (am), edrych ar ôl, cymryd gofal (o), nyrsio, magu, meithrin; gweini (ar), gwasanaethu (wrth y bwrdd); ymorol am (fusnes, dyletswyddau, &c.): *to tend, look after, care* (*for*), *take care* (*of*), *nurse, foster, cultivate; wait* (*upon*), *serve, wait* (*at table*); *attend to* (*business, duties, &c.*).

16g. HUW ARWYSTL: *Gw* 129, kwrs dawn o wyrth krist a wnel / yt ras gwych at rwysg vchel / bo ith harddlvn ffortvniad / *dendio* yw dwyn yd wyn dy dad. **16–17g.** *CRC* 180, Holl gymdeithion weigion bwrse / sydd yn waitio nos a bore / ag yn *tendio* yn ddifal iawn / /yr/ holl bornhawne [*sic*] dvwk Hunfrey. **16–17g.** *HG* 138, ve rhoes gwedy n rhyddhae n glür, gyvlogau wyr eglwysig / er manegi i arrau i ni, an *tendo* n ddi ffaeledig. **1672** R. PRICHARD: *Gw* 133, [*T*]*endo* eu busnes [:- Gofalu am eu achosion] a gweddio. *c.* **1716** S. RHYDDERCH: *CEH* 23, A phan nad ydym ni yn ddiesceulus ac yn gydwybodol yn *tendio* ar holl Ordinhadau Duw. *id.* 24, Ordinhadau Jesu Ghrist, y rhain yr ym ni yn ei halogi, pan Esceulus-wn, neu pan fyddwn y[n] oerllyd yn *tendio* arnynt. **1735** J. EVANS: *YMS* 18, y bwriad a gymmerais i *dendio* wrth dy fwrdd! **1747** *ML* i. 125, Gwr go anwybodawl yw'r Baynter. Bu ymma yn hir yn gla' a minnau yn ei *dendio* gin fynyched ag a allwn. **1751** *id.* 171, Dyma Ddic Morris . . . roedd yn dymunaw arnoch ymorol ymhlith eich ffrindiau am wasanaeth iddo . . . fe wnae'n burion i *dendio* ar rhyw hen ddynan

neu hen forwynig. **1752** *id.* 195, nid oes ar neb ffordd yna eisiau hen ddynan gonest yw [*sic*] *dendio.* **1777** W. WILLIAMS: *DN* 26, pa un bynnag wnait ti yr ochr arall ai cyflawni un o'th ddyledswyddau atto ef [y gŵr], neu beidio: na'i *dendio*, na'i fwyda, na chadw ei ddillad yn lân, nac ymgynghori ag ef mewn dim. **1828** *Geir Pob* 27, *Tendio*, gweinyddu, gwasio. Ar lafar, '*tendio* pobol sâl', 'nyrs *tendio*' 'monthly nurse', ''Dwi wedi'i *dendio* fo fel babi', *WVBD* 529; 'pawb yn *tendio*'i fusnas 'i hun' (Llŷn); 'Pwy sy'n *tendo* dy fam tra bo 'i'n dost?', *GTN* 785; hefyd yn yr ystyr 'to wait (at table)', *WVBD* 529.

(*b*) Gwylio (rhag), gochel (rhag), cymryd gofal (i beidio â gwneud rhywbeth), bod yn ofalus (ynghylch): *to beware (of), take care or mind (not to do something), look or watch out (for), be careful (of).*

1830. Ar lafar, '*Tendiwch* rhac ofn ichi syrthio', '*Tendiwch* chi syrthio', '*Tendiwch* â syrthio', '*Tendia* iti frifo', '*Tendiwch* i'r glo syrthio arnoch chi', '*Tendia*, machgan i, ne mi drydd y pwn', '*Tendiwch* dorri'r ffenast', '*Tendiwch* chi'r plentyn', '*Tendia* dy hun, dacw darw rhuthrog!', *WVBD* 529; '*Tendiwch* y step', *Cymru* liv. 132 (dwyrain sir Drefn.); '*Tendia*' 'Gwylia, saf draw, cilia', *id.* lxiii. 84 (gorllewin Meir.). Cf. K. ROBERTS: *TMC* 33, *Tendia* di rhag ofn iti landio yng nghanol yr afon.

(*c*) Mynychu (cyfarfod, dosbarth, &c.), ymbresenoli (yn rheolaidd) (yn): *to attend (meeting, class, &c.).*

1786 TWM O'R NANT: *PCG* 26, Wel, mi allaf wneuthur yn ddilai, / R un synwyr a rhai Personied. / Beth sydd i'w wneud, ond darllen ambell Sulgwaith, / A *thendio* Bedydd a Chladdedigaeth? Ar lafar, '*tendio*' 'to attend', *WVBD* 529; 'Ma 'i'n lico'r ysgol a 'dwi'n cæl dim traffith idd 'i chæl 'i i *dendo*'r ysgol', *GTN* 785; ''Ôn' nw'n roi'r arian nôl i chi os biddech chi'n *tendo* bob tro' (sir Gaerf.).

(*d*) Gweithio fel cynorthwyydd (i): *to work as an assistant (to).*

1938. Ar lafar, '*tendio*' 'gwasanaethu ar y saer cerrig wrth ei waith', *B* xxiv. 180 (Môn); '*Tendo* masiwned yw i waith e', *SC* vi. 134 (sir Benf.); '*tendo* misiwnied' 'gweithio fel labrwr i seiri maen' (gorllewin Morg.). Cf. D. TEGFAN DAVIES: *O Ganol Shir Gâr* (1940) 69, cydsyniodd Josi â'r alwad i *dendio*'r miswniaid.

Cfn.: **tend(i)o (l)law a throed (thraed):** *to wait on hand and foot.* **20g.** Ar lafar, ''Wi'n 'i *dendo* fa *law a throd*', *GTN* 785. **tendio llinynnau (llinynnon):** *to look after strips of sacking used to tie the feet of sheep in shearing, and pass them to the shearer.* **20g.** Ar lafar yn sir Ddinb. a sir Drefn. **tendio stemiau:** *to take the place of an absent worker.* Ar lafar, *Geir Glo* 145 (Rhosllannerchrugog).

tendiriwbob, gw. **tintur—tintur r(h)iwbob.**

tendiwr, tendwr [bôn y f. *tendiaf, tendaf*: *tend(i)o+-(i)wr*] *eg.* ll. *tendwyr.* Un sy'n tendio, gwasanaethydd, gweinydd, cynorthwyydd: *attendant, tender, waiter, assistant.*

1759 *PYAG* 8, clywais Arglwydd chwantau ieuengctid yn gorchymyn i'w weision wahodd ei holl Gyfeillion . . . i wledd . . . Enw'r cŵc oedd Mr. Blŷs . . . Enw'r Dysgleidiau oeddynt Melyswedd Natur, ac Enw'r *Tendwyr* oeddynt Mr. Torrw'r [*sic*] y Gyfraith a Mr. Aflan. Ar lafar, '*tendiwr*' 'y dyn sydd yn cludo cerrig, cymysgu mortar ac yn estyn ei offer ac yn y blaen i'r saer cerrig', *B* xxiv. 180 (Môn); '*Tendiwr* (ar fasyniaid)' 'y dyn fydd yn cario'r brics a'r morter', *Cymru* liv. 132 (dwyrain sir Drefn.).

Amr.: **tendriwr** [bôn y f. *tendraf*[1], *tendriaf*: *tendr(i)o+-iwr*] (ll. *tendrwrs*). Ar lafar yn y Gogledd.

tendon [bnth. S. *tendon*] *eg.* ll. *-au, -s.* Gewyn: *tendon.*

1756 W. WILLIAMS: *GDC* 100, Y *Tendons* gwan ei Sylwedd.

tendr[1,2], gw. **tender**[2,3].

tendraf[1], **tendriaf: tendr(i)o** [?bnth. S. (*to*) *tender* 'to care for'] *bg.* Gweini (ar), gwasanaethu; ?mynychu (cyfarfod, dosbarth, &c.), ymbresenoli (yn rheolaidd) (yn): *to wait (upon), serve; ?attend (meeting, class, &c.).*

16–17g. *RAGR* 292, rhai sü /n/ rhith dyfosiwn / i *tendrio* o bligasiwn / yn fwy i gofal düw ai gwyr / rhag toddi y kwyr nag offrwm. Ar lafar, 'yn *tendro* ar y giang' (Llŷn); ''Ôn' nw'n pampro a *tendro* lot yn y siop' (sir Gaerf.).

tendraf[2]: **tendro** [bnth. S. (*to*) *tender* (*for*)] *bg.* Rhoddi tender (am): *to tender (for).*

20g. Ar lafar, ''Ôn i'n gorfod *tendro* am y bar'.

tendrans, gw. **tendans.**

tendriaf: tendrio, gw. **tendraf**[1]: **tendro.**

tendril [bnth. S. *tendril*] *eg.* ll. *-au. Bot.* Math o eginyn main di-ddail sydd gan rai planhigion dringol ac sy'n helpu i'w cynnal drwy ymgordeddu am unrhyw ateg addas: *tendril (in bot.).*

20g.

tendriwr, tendwns, tendwr, gw. **tendiwr, tendans, tendiwr.**

tenement, teniment [bnth. S. *tenement*] *eg.* ll. *-au.* Rhan o dŷ, &c., sy'n ffurffio preswylfa ar wahân, adeilad mawr wedi ei rannu'n fflatiau: *tenement.*

1937.

tener, gw. **tyner.**

teneuad [bôn y f. *teneuaf*: *teneuo+-ad*[2], trf. han.] *eg.* Y weithred o deneuo, prinhad, gwanhad: *a thinning, attenuation, rarefaction, dilution.*

1835.

teneuaf: teneuo [bf. o'r a. *tenau*] *bg.a.*

(*a*) Gwneud neu fynd yn denau neu'n deneuach, colli pwysau, culhau: *to make or become thin(ner), lose weight, slim.*

1632 *D* d.g. *Tenuo.* **1803** *P*, *Teneuaw* . . . to become thin, to emaciate. Ar lafar, '*tyneuo*' 'to become thin', *WVBD* 559; 'Ma hi 'di *tenuo* dipyn ar ôl mynd ar y deiat 'na' (Arfon), 'Ma hi 'di *teneuo* lot 'da'r holl ofid sy 'da 'i' (sir Gaerf.). Cf. *Cymru* xvi. 226, Yr oedd [y ferch] o natur dewychlyd, a cheisiwyd ei *theneuo* trwy ei chlemio.

(*b*) Gwneud neu fynd yn llai niferus (am boblogaeth, cynulleidfa, &c.); tynnu nifer o (eginblanhigion, ffrwythau, &c.) o'r cnwd er mwyn gwella'r gweddill, senglo; mynd yn brin (am wallt): *to make or become smaller (of population, audience, &c.), dwindle; thin (seedlings, fruit, &c.); thin (of hair).*

1632 *D* d.g. *Rarefacio.* **1795** J. THOMAS: *AIC* 359, Afalau . . . os llwyddant hŵy a eginant i fynu yn Mai, yno chwnna a *theneua* hwynt. **1800** W. OWEN-[-PUGHE]: *CP* 56, geill ryw blantos eu *teneuo* [erfin] yn y rhesi. **1800** *TY* 317, amryw drefydd . . . wedi eu *teneuo* o wŷr a meibion. Ar lafar, '*tyneuo*' 'to thin out . . . (of turnips, &c.)', *WVBD* 559; 'Ma'r ardal 'ma wedi *tynuo* lot yn ddiweddar—llawar wedi mynd odd 'ma' (Llŷn); 'Ma'i gwallt 'i 'di *teneuo* lot es pan fuo hi'n sâl' (Arfon); 'Ma'i wallt e 'di *teneuo*'n ifanc' (sir Gaerf.); 'Ma isia *tynuo*'r letys', *GTN* 832. Cf. D. OWEN: *B* 214, mae ein cyrph gwedi llesghau, y gwallt yn *teneuo* ar y siol, a'r llygaid yn pylu.

(*c*) Gwneud neu fynd yn deneuach (am hylif), glastwreiddio; gwneud neu fynd yn llai dwys (am aer, &c.); hefyd yn *ffig.*: *to thin (of liquid), dilute, water down; rarefy (of air, &c.); also fig.*

14g. *DB* 99, a thrwy y daear y gwehenir, a thrwy yr awyr y *teneir* [y dŵr]. **1759** J. EVANS: *PF* 29, Fe a *deneua* (*dissolves*) hwn hefyd ac a chwala Wâed a fo wedi ceulo yn y Cylla. *id.* 70, I *deneuo* (*resolve*) Llaeth Bronnau a fo wedi tewhau. Ar lafar, 'Fyddan ni'n arfar rhoi tyrps yn y paent i' *deneuo* fo es talwm' (Arfon); 'Rho damed o ddŵr i *deneuo*'r grefi 'na' (sir Gaerf.)'; 'Paid roi racor o ddŵr ne fe *deneuiff* ormodd' (dwyrain Morg.).

(*d*) Moeli (clustiau): *to prick up (ears).*

1879. Cf. D. OWEN: *RL* 400, meddylwn fy mod yn clywed rhywun draw yn cerdded ar y palmant, a *theneuais* fy nghlust i wrando.

teneuder [*tenau+-der*] *eg.* Yr ansawdd neu'r cyflwr o fod yn denau (hefyd am hylif, &c.), meinder, hefyd yn *ffig.*; prinder, anamlder; meinder (am y clyw): *thinness (also of liquid, &c.), leanness, slenderness, also fig.; rareness, scarcity; keenness (of hearing).*

c. **1400** *Études* vii. 322, na vwytaet dyn yny darffo y'r kylla waccau, a hynny a elly y adnabot ar dy chwant y vwyt ac ar *deneuder* (*MM* 162, deneu r(w)yd [*sic*]) dy boer. **1547** *WS*, *Teneuder* Thynnesse. **16g.** *LIS* 11, Y Camæmil o *teneuder* sy tebic ir rhos. *id.* 19, Y ddeuryw Artemisia . . . a barant wres a *theneuder.* **1632** *D*, *Teneuder*, Tenuitas, raritas. **1677** C. EDWARDS: *FfDd* 54, Gweithrediad cythreiliaid sydd er dinistr dyn . . . Eu *teneuder* au gwna yn barodol i fyned i fewn pob vn o'r ddwy sylwedd ysydd yn nŷn. **1688** *TJ*, *Teneuder*: slenderness, also rarity. **1722** *Llst* 189, *Teneuder.* m. Leanness, scantiness, thinness. **1795** J. THOMAS: *AIC* 253–4, Priodoliaethâu sydd berthynasol i'r hôll Gyrph, neu Sŷlweddau, megis . . . Tewder a *Theneuder* . . . Cal[e]dwch a Meddalwch. **1803** *P*, *Teneuder*, s. m. . . . Thinness; leanness.

teneudra [*tenau+-dra*] *eg.* Teneuder, meinder, hefyd yn *ffig.*; prinder, anamlder: *thinness, leanness, slenderness, also fig.; rareness, scarcity.*

1604–7 *TW* (*Pen* 228) d.g. *Exilitas, Raritas, Tenuitas.* *Dchr.* **17g.** *J* 10, 155b, *Teneudra.* Thynenesse. Tenuitas. **1725** D. LEWIS: *GB* 379, Nid yw Goleuni'r Lleuad, o herwydd ei *Deneudra* a'i Wendid, yn gwneuthur dim Gwrês ag a allwn ni ei Ddirnad, yn y Llosg wydr goreu. **1803** *P*, *Teneudra*, s. m. . . . Thinness; leanness. Cf. W. REES: *AFR* 381, yr oedd gwrid ei bochau yn fath o gyferbyniad poenus i wyndra ei chroen, a *theneudra* meinaidd ei haelodau.

teneuedig [bôn y f. *teneuaf*: *teneuo+-edig*] *a.bfl.* Tenau, wedi ei deneuo neu ei wanhau (am hylif, &c.), wedi prinhau, wedi teneuo (am aer, &c.), hefyd yn *ffig.*: *thin, thinned (of liquid, &c.), diluted, depleted, rarefied (of air, &c.), also fig.*

1799 *TY* 125, y maent wedi bod yn dra darostyngol i'r Ffrangcod; ac y mae eu byddinoedd *teneuedig* wedi gorfod cilio y'mhell yn ol. **1803** *P*, *Teneuedig* . . . Being thinned. Cf. ISLWYN: *Gw* 375, Ei hawyr *deneuedig* yn addas elfen sydd / I dderbyn ymweliadau angylion derfyn dydd.

teneufaen [*tenau+maen*[1]] *eg.* ll. *-feini. Drg.* Siâl: *shale.*

1828 *Geir Pob* 25, Siâl, plisgfaen, *teneufaen.* Cf. GW. MECHAIN: *Gw* ii. 345, y mae yr holl afonydd o du y gogledd i'r Wysg a'r Teifi yn llifo dros welyau o *deneufaen*, llech, a chraig lwyd y mynydd.

teneufain, gw. **tenau+main**[1].

teneugroen [*tenau+croen*] *eg.* Croenen denau, pilen, gwe: *thin skin, membrane, web.*

1604–7 *TW* (*Pen* 228), Cyphelyp yr memrwn, yr *teneugroen* d.g. *Membranaceus.* **1632** *D*, y *teneugroen* a fydd rhwng y rhisg a'r pren d.g. *Philura.* **1778** *W* d.g. *Pellicle, Rind, A thin . . . rind.* Cf. R. ROBERTS: *Daearyddiaeth* 21a, Y Llostlydan . . . y rhai ol [traed] ydynt a *theneu-groen* rhwng y bysedd i'w gynnorthwyo i nofio.

teneuhad [bôn y f. *teneuhaf*: *teneuhau+-had*] *eg.* Y weithred o deneuhau neu feinhau, teneuad; lleihad; teneuad (aer, &c.): *a becoming thin(ner), lean(er), or (more) slender, a thinning or slimming; diminishment; rarefaction (of air, &c.).*

1604–7 *TW* (*Pen* 228) d.g. *Attenuatio.* **1770** *W* d.g. *Attenuation, Emaciation, Rarefaction.* **1784** M. WILLIAMS: *S* ii. 31, Ei *theneuhad* [aer] sy'n hawdd i brofi trwy osod pledren wâg lle tebygech na fyddai'n cynnwys ynddi ddim aer. **1803** *P*, *Teneuâad*, s. m. . . . Attenuation.

teneuhaf: teneuhau [*tenau+-hau*] *bg.a.* Teneuo, meinhau; prinhau; teneuo (am hylif, aer, &c.), gwanhau: *to make or become thin(ner), lean(er) or (more) slender; make or become rare or scarce; thin ((of) liquid, &c.), dilute, rarefy ((of) air, &c.).*

c. **1400** *DB* 51, Y dwfyr yw yr eil defnyd annyanawl . . . Trwy auonoed y rwymir, trwy y dayaroed y gwesgerir, trwy yr awyr y *teneuheir* neu yd hidlir. **1545** *CI* 184, y deiet kyffredin a vydd ynn hraid jddo vod o'r kyuriw ac a vo j nattur j *denehau*, a thrwy resymol evackuwaishiwn j droi ac i ddynnu'r vmbyrs j vaintioli hresymol. **1547** *WS*, *Teneuheu* Make thinne. **16g.** *LIS* 11, y veddalhau y peth ny bo tra chalet, y *teneuhau* ney oyscary y peth a vo wedy/r/ ceulo ne peleny ynghyt. *id.* 45, mae grym yntho y ally gwresogy y corph ac y *deneuhay* gwlybyroedd tewion o y mewn ac y oyscary llysnafedd. *Diw.* **16g.** *WLB* 26, na atter iddo fyned yn dew, ac od a o anvodd roer lefrith ynddo oi *deneuhau* ai roi ir claf yw yfed. **1604–7** *TW* (*Pen* 228) d.g. *Accido, Rarefacio.* **1632** *D*, *Teneuhau*, Attenuare, rarificare: attenuari, rarificari. *id.* d.g. *Gracilesco.* **1688** *TJ*, *Teneuhâu*: to make thin or slender, also to make scarce. **1722** *Llst* 189, *Teneuhau* . . . To make or grow thin, unthicken, grow or make scarce. **1725** D. LEWIS: *GB* 132, [p]an fo rhan o honi [aer] yn *Teneuhâu*, ac yn ysgafnhâu trwy Wrês. **1772** *W* d.g. *To dilute, To emaciate* [*make lean: become or grow lean*]. **1803** *P* d.g. *Teneuâu.*

Amr.: **tenhau** [drwy gyw.]. **1789** M. WILLIAMS: *BM* 35.

teneuol [*tenau+-ol*] *a.* Yn teneuo neu'n gwanhau (hylif, &c.); wedi ei deneuo neu

ei wanhau (am hylif, &c.); yn peri teneuder: *thinning, diluent, attenuant; diluted; causing thinness.*

1796 N. WILLIAMS: *HM* ii. 21, Yn ol Gwaedu a Chyfogi, y mae'n ofynol teneuhau 'r gwaed, ac mae 'n rhaid arfer gwlybriau [*sic*] oeriog, *Tenheuol* a Sûr. **1803** *P*, *Teneuawl* . . . Tending to thinness, attenuating, emaciating.

teneurwydd [*tenau+-rwydd*] *eg.* Teneuder (hefyd am hylif, &c.), meinder; prinder, anamlder; hefyd yn *ffig.*: *thinness (also of liquid, &c.), slenderness; rareness, scarcity; also fig.*

c. **1400** *MM* 162, Heuyt na vbyta yny darfo yr kylla wackau, a hynny a elly y adnabot ar dy chwant yr bbyt ar *deneu rbyd* [*sic*] (*Études* vii. 322, deneuder) dy oleb. **1794** *W* d.g. *Subtility.* **1803** *P*, *Teneurwyz*, s. m. . . . Thinness; leanness.

teneuwch [*tenau+-wch*[1]] *eg.* Teneuder (hefyd am hylif, &c.), meinder; prinder, anamlder: *thinness (also of liquid, &c.), slenderness, leanness; rareness, scarcity.*

1830. Cf. D. OWEN: *D* 133, Os dygwyddai i gwsmer y gwyddai Mr. Rogers ei fod yn meddwl yn lled uchel o Aelod Jones alw ei sylw at *deneuwch* y llanc.

teneuwe [*tenau+gwe*] *eb.g.* a hefyd fel *a.* Defnydd tenau ei wead, lliain rhwyllog, crêp, gwe fain, rhwyllwaith tenau, hefyd yn *ffig.*; tenau ei wead, main: *thin-woven fabric, gauze, crêpe, fine web, thin mesh, also fig.; thin-woven, fine.*

1722 *Llst* 190, Amaerwy *teneu-weu* rwyllog. Gimp lace. **1773** *W*, Mâth ar sein-we (*deneu-we*) o lin neu sidan d.g. *Gauze.* *id.* Mâth ar sidan *teneu-we* d.g. *Love* [*a sort of silk so called*], *Sarcenet.* *id.* d.g. *Sleazy* [*thin-woven or ill-wrought*]. **1803** *P*, *Teneuwe*, s. f. . . . A fine web. **1813** *WB* 175, Tan ryw fath o fyddardod, ewin garlleg, mewn rhyw *deneu-we* o lin neu sidan, a'i ddodi yn y glust, a gafwyd yn feddygiaeth effeithiol.

teneuwen, gw. **tenau+gwyn**[1].

teneuwr [bôn y f. *teneuaf*: *teneuo+-wr*] *eg.* (b. *-wraig*, ll. *-wragedd*) ll. *-wyr.* Un sy'n ceisio colli pwysau, yn enw. drwy fynd ar ddeiet pwrpasol; teneuydd: *dieter, weight-watcher, slimmer; thinner(s), a diluent.*

20g.

teneuwyn, gw. **tenau+gwyn**[1].

teneuydd [bôn y f. *teneuaf*: *teneuo+-ydd*[3]] *eg.* ll. *-ion.* Hylif a ddefnyddir i deneuo paent, inc, &c., i'r dwysedd priodol, cyfrwng teneuo (hylif, &c.): *thinner(s), a diluent.*

1816.

teneuyr [*tenau+-yr*] *eg.* Teneuydd, cyfrwng teneuo: *thinner(s), a diluent.*

1851.

tenewyn, tynewyn [*tenau+-yn*[1] (â'r *-ew-*, cf. *brychau, brychewyn*); H. Grn. *tenepen*, gl. *latus*, Crn. C. *tenewyn*, Crn. C. a Diw. *tenewen*, Crn. Diw. *ternewan*] *eg.* ll. *-nau*, (prin a diw.) *tynewynion.* Ystlys corff rhwng yr asennau a'r glun, lwyn, gafl, iliwm: *flank, loin, groin, ilium.*

?**14g.** (**18g.**) *GDG*[3] 419, hir yw blew i *dynewyn* / gwair gwag ai tag fel i tunn. *c.* **1400** *R* 1355. 1–3, rynn *dynewyn* dinawett. ry druan dilydan let. **1545** *CM* 1, 102, Ar blanned yma y/ssydd ynnhrioli [*sic*] y morddwyddydd y *tennewyne* Ar bolaf. *Diw.* **16g.** *WLB* 24, os bydd y kornwyd yn nes ir *tynewyn* nac ir gaill gollwng waed rhwng y ffêr ar sowdl. *id.* 59, golchi i fol bob nos ai arffed ai *deuewnne* [*sic*] ac iach fydd. **1588** *Job* xv. 27, [g]wnaeth dyrch o floneg ar ei *dynewyn* (**1620** *ib.* *dynewynnau*). **1604–7** *TW* (*Pen* 228), *tenewyn* d.g. *Varix.* *Dchr.* **17g.** *J* 10, 155b, *Tenewyn.* flanke. Ile. Inguen. **1620** *Lef* iii. 4, A'r ddwy aren, a'r gwêr a fyddo arnynt, hyd y *tenewyn*, a'r rhwyden hefyd a fydd oddi-ar yr afi, a dyn efe ymmaith. **1632** *D*, *Tenewyn*, Ile, ilia. *id.* *tenewyn* d.g. *Bubones, Lumbus.* *id.* ceseiliau a *thenewynnau* defaid d.g. *Oesypum.* **1719** *TDP* 10, [d]arfod i['r] Arglwydd fy nharo i a dolurus blaue yn fy *Nhewynau* [*sic*] (*flanks*), dros yspaid saith Mis. **1722** *Llst* 189, *Tenewyn.* m.p. *ewynnau.* The flank, groin, loin. **1795** J. THOMAS: *AIC* 116, a'r Baudd [*sic*] a'i brathodd ef yn 'i *Denewyn* ag a'i lladdodd. **1803** *P*, *Tenewyn*, s. m. . . . a flank of an animal. Ar lafar, '*tynewyn*' 'the part of an animal which lies between the ribs and hind-quarters', 'Mae'i ddau *dynewyn* yn 'i gilydd' 'said of a very thin animal', 'Cael slap yn y *tynewyn*', *WVBD* 559; '*Tenewyn*' 'flank, side', *Cymru* xlvii. 237 (sir Ddinb.).

tenhaf: tenhau, teniment, tenis, gw. **teneuhaf: teneuhau, tenement, tennis.**

tenlli, tenllif [am awgrym mai *tan-*+ **lli(f)* (cf. *dylif*[1]) a welir yma, gw. *B* xi. 91] *eg.* Brethyn garw (tenau), winsi, llinwlanen, ffabrig cymysg, wadin, gwlân cotwm; (?geir.) leinin: *(thin) coarse cloth, wincey, linsey-woolsey, mixed fabric, wadding, cotton wool; (?dict.) lining.*

13g. *LlI* 19, ryghyll . . . navuet dyd kalan gayaf peys a chrys a llavder hep *tenllyf* a dele e gaffael. **13g.** *LTWL* 119, Precco non debet habere *tenlyf* in braccis suis. **14g.** *LlB* 28, Gwayw righill, ny byd hwy no their llath, rac y arganvot pan del y wyssyaw. Ny byd *tenullif* ynn y lawdyr. **15g.** *GLGC* 205, o *denlli* y Nordd y gwna danllwyth—gwyn, / ac o gan gelyn y gwna golwyth. **1604–7** *TW* (*Pen* 228), *Tenlhi* d.g. *Linostema.* *id.* *tenlhif* d.g. *Leuidensa.* **1632** *D*, *Tenllif*, Leuidensa, linostema, T[homas] [Guilielmus] Vestis suffultura, pannus subductitius. **1688** *TJ*, *Tenllif*, gwe o Lîn a gwlân: Linsie-Wolsie. **1722** *Llst* 189, *Tenllif.* m. Linsie-woolsy. **1725** *SR* d.g. *Course cloth.* **18g.** *WLl* (*Geir*) 285, *tenllif* winsi. **1753** *TR*, *Tenllif*, coarse slight cloth; linsy-woolsy, saith T[homas ab] W[illiam]. A lining of a garment, saith [John] D[avies]. [**1783**] *W* d.g. *Say* [*a sort of silk-stuff, so called*], *Sleazy stuffs, Shalloon, Wadding.* **1803** *P*, *Tenlli*, s. m. . . . Linsy-woolsy.

tenni, gw. **tawni.**

tennis, tenis [bnth. S. *tennis*] *eg.b.* Enw ar amryw gemau rhwng dau (neu bedwar) chwaraewr sy'n taro pêl â raced, bellach yn benodol am gêm a chwaraeir ar gwrt hirsgwar dros rwyd, hefyd yn *ffig.*: *(real, lawn, &c.) tennis, also fig.*

15g. *GGl*[2] 234, Gware mae y gŵr a'i medd / *Tenis* a chlod dwy Wynedd. **1545** *CI* 118, ymaaruer o llauur chwyrn, bywiog . . . hredeg, chware ac aruau . . . *tennis*, taulu peel, tuthio. **1547** *WS*, *Tenis* Tenyse. *a.* **1587** *Y* 130, Bwriwn wawd a berw yn is, / Blaid iawn, fel y bêl *denis.* **16–17g.** *GHCEM* 81, Gwiw hediad falch gwalch yw'r gwedd, / Gwyllt, a rhawn gwallt rhianedd. / *Tenis* i'r sarnau tano, / Troed o'i garn, trawiad y go'. **16–17g.** *CRC* 360, bvm yn arfer / chware/r/ dabler / chware *tenis* / oedd ynewis. **1604–7** *TW* (*Pen* 228), rhwylh y chwaræ *tenis* d.g. *Reticulum.* **1630** R. LLWYD: *LlH* [xii], gad ymmaith y twmpath chwareu, a'r bowliau, ar [*sic*] tafarnau, a'r bêl-droed, ar [*sic*] *denis.* **1688** *TJ*, Hummanŷdd, chwareŷdd (*tennis*:) a Tennis-player. **1722** *Llst* 189, *Tennis.* m. Tennis-play. **1760** T. WILLIAMS: *AD* 4a, Am wael ddyfyrwch ar y silia [*sic*] / chwara *tenis* Caelus Coitio. Ar lafar yn gyff., 'Mân' nw'n chwara *tennis* yn yr ha''.

Cfn.: **ten(n)is bwrdd (bord):** *table tennis.* **20g.** **ten(n)is lawnt:** *lawn tennis.* **20g.** **ten(n)is real:** *real tennis.* **20g.**

tennyn [*tant+-yn*[1]] *eg.* ll. *tenynnau, tenynnod.* Rhaff, cadwyn, &c., a ddefnyddir i glymu anifail yn yr unfan, neu i'w arwain, ei ddal, neu ei reoli, penffrwyn, llinyn, tant, cortyn, cebystr, rhaff (grogi), magl, hefyd yn *ffig.*: *tether, leash, lead, halter, string (also of musical instrument), cord, rope, noose, snare, also fig.*

13g. *B* ix. 338, a dwyn *tennyn* kewarch heuyt hep wybot A phan ouynnws er abat idav beth ry wnathoed ar *tennyn.* enteu a dywavt panyv rwymav e groth e gyuartalu e uwyta. **1547** *WS*, *Tennyn* A halter. **16g.** *GRCG* 34, Dau dwll yng ngwastad ei dâl / A wnaeth delor wrth dalar; / Mae, er hyn, *tennyn* a'i tag, / Ar ei fentyn mae'r fintag; / Bwbach â gwefl noe bobi / Ceisiwch a moeswch i mi. **1567** *LlGG* (*Sall*) 8a, Y rhaffeu mesur [:- tanne, *tennyneu*, mesurae] a ddygwyddawdd y mi mewn lleoedd tirion. **1567** *TN* 13[3]b, ef a wnaeth ffrewyll o reffynnae [:- yscwrs o *dennynod*, o chwipcord]. *c.* **1585** G. ROBERT: *DC* 27a, clymu ei dhwylo ef o amgylch y pyler a chort neu *denhyn* calet. **16–17g.** (**17g.**) *CC* 55, cei o frâd yn anad neb / *dennyn* i grogi d'wyneb (Thomas Prys). **1604–7** *TW* (*Pen* 228) d.g. *Capistrum.* **1632** *D*, Tant . . . *Tennyn*, Funiculus. **1688** *TJ*, *Tennŷn*: a Cord, a String, a Halter. **1693** *HC* 24, Nid yw yn . . . ei gymeryd ef [Crist], fel y mae'r hwn a gaffo ei arbed ar y pren-dioddef, yn cymeryd y wraig ai hachubo ef oddiwrth y *tenyn*: ond dewisiff Grist oi wirfodd. **1722** *Llst* 189, *Tennyn.* m.p. *nynnau.* A gin, slip for a dog, lace, lash, line, springle. **1761** *ML* ii. 327, y *tennyn* sydd o amgylch y bocs a'r papur glas tew a bwyswyd gyda'r suwgr. **1803** *P*, *Tennyn*, s. m. dim.—pl. t. *od* . . . A cord, a rope, a halter. Ar lafar, '*tynnyn, tennyn*' 'leash; halter with a slip-knot round the snout and another behind the ears', *WVBD* 560; 'gneud *tennyn* o'r gwellt' (Llŷn). Digwydd yn aml mewn ymad. fel 'ar ben fy *nhennyn*', gw. *pen*[1]—*pen ei dennyn.* Cf. D. OWEN: *EH* 129, Pan mae *tenyn* dyn wedi myn'd mor gwta fel nad ydyw yn rhoi dim wrth ei dynu, a phan deimla mai yr unig beth mawr sydd o'i flaen yn y byd hwn ydyw marw.

Amr.: **tentyn.** **1796** *AUA* 18, Minnau fel llawer Monyn—direol / Heb darrawiad *Tentyn* [am delyn].

Cfn.: **tennyn pen bawd:** *rope made by twisting hay or straw round the thumb, thumb-rope, also derog. doggerel.* **1803** *P* d.g. *Tennyn.* Cf. DEWI WYN: *BA* (At.) (1869) 35, er fod beirdd ai darllenasant, un wedi ei galw—a'r llall yn *denyn pen bawd.*

tenon, tenwn, tenwm [bnth. S. *tenon*; â'r ff. yn *-m*, cf. *patrwm, patrwn*] *eg.* ll. *tenonau, tenynau.* Tyno (sy'n ffitio mewn mortais, &c.), hefyd yn *ffig.*: *tenon, also fig.*

1604–7 *TW* (*Pen* 228), y Cyn ne'r *Tenwn* a rodher yn y morteis d.g. *Cardo.* *id.* *Tenon* a rodher mewn morteis ne rwylh d.g. *Impages.* **1722** *Llst* 189, *Tenwn.* m.p. *nynnau.* A culvertail, tenon; the part that is put in the mortaise. Ar lafar gynt, 'y *tenwm* yn y fortais' (Arfon).

Amr.: **telwm** (ll. *telymau*). **1820.** Ar lafar gynt yng ngorllewin sir Ddinb. Cf. W. REES: *AFR* 313, a chymdeithas yn ymasio yn ei gilydd, fel *telymau* a morteisiau.

Gw. hefyd **tenant**[2].

tenont, gw. **tenant**[1].

tenor [bnth. S. *tenor*] *eg.* ll. *-iaid, -s.*

(*a*) *Crdd.* Llais canu uchaf arferol oedolyn gwrywaidd, rhwng y bariton a'r alto neu'r uwchdenor, canwr ac iddo'r cyfryw lais, rhan ar gyfer y llais hwn neu a genir ganddo, offeryn, &c., a'i gwmpas yn cyfateb yn fras i'r llais hwn, hefyd yn *ffig.*: *tenor (voice), also fig.*

15–16g. *TA* 463–4, Llyna 'r tôn, llai no'r *tenwr*,—/ Llais a gân yn llaw asw gŵr; / Llef ar gort, llafar i gyd, / Llyna organ llawn ergyd [i ofyn bwa yw]. **1615** R. SMYTH: *GB* 34–5, yr Eos . . . ynavvr y mae yn anrhydyd y bas, yn y man y trebl, gvvedi y *tenor*, ag yn y divvedd y descant. **1763** L. MORRIS: *LW* 276, Duw a alwodd ei Deulu, / Pen Cantorion loywon Lu, / I ganu Cerdd Gogoniant; / Ac yn eu plith Genau Plant; / A rhaid oedd ar gyhoedd Gôr / Dynan, a ganai *Denor.* Ar lafar yn gyff., ''Odd a'n canu *tenor* yn y côr', ''Os dim llawar o *denorịid* 'eddi, myddan' nw', *GTN* 788; 'Ma llishwyr dæ ymhlith y *tenors*' (Morg.).

(*b*) Ystyr gyffredinol neu thema lywodraethol dogfen, araith, &c.: *tenor (general purport or drift).*

1539 *Arch Camb* vii. 223 (1876), vy ewyllys yw kaffel o Rowland ap Mered . . . [y]r holl diroedd . . . arol *tenor* fy owillis [*sic*]. **1718 (1721)** S. THOMAS: *HB* 169, *Tenor* neu swmm y Gyfraith hon oedd fel hyn. **1741** S. THOMAS: *DY* 81, nid all neb fod yn gyfrannogion o honynt, hyd oni byddo farw y Testamentwr: Canys y cyfryw yw natur a *thenor* Testament a Thestament-Roddion. *id.* 85, darfu i'r naill eu haeddu trwy weithio yn ol *tenor* y cyfammod.

Amr.: **tenur** [bnth. S. Diw. Cyn. *tenure*]. **1567** *LlGG* [vii]. **tenwr** [bnth. S. Diw. Cyn. *tenour*]. **15–16g.** *TA* 463.

tenoraidd [*tenor+-aidd*] *a.* Yn perthyn i denor neu lais tenor, nodweddiadol o'r cyfryw: *pertaining to, or characteristic of, a tenor (voice).*

1911.

tenorydd [*tenor+-ydd*[3]] *eg.* Tenor (canwr): *tenor (singer).*

1884.

tenpr, gw. **temper.**

tensh, tens, teins(h) [bnth. S. *tench*] *eg.* ll. *tensiaid.* *Pysg.* Pysgodyn dŵr croyw Ewropeaidd, *Tinca tinca*, o deulu'r carp, ysgreten, gwrachan: *tench.*

15–16g. *GLM* 305–6, Pysgod yn dyfod o'r dŵr, / pawb â'i lamprai, pobl emprwr: / *tensiaid* llonaid eich llynnoedd, / a'ch brêms mawr uwch y bryms oedd. **1547** *WS*, *Teins* pyscodyn A tenche. *c.* **1566** *B* xv. 119, Yr ail cwrs yw gleisied a draynoged . . . penne hwyaid / *tensied* a brems / a lampreied. **1604–7** *TW* (*Pen* 228), *tens* d.g. *Merula* . . . *Merula Lacustris, Tinca.*

tensiwn [bnth. S. *tension*] *eg.* ll. *tensiynau.* Tyndra (emosiynol, &c.), straen, pwysau; tyndra (llinyn, &c.), tyniant: *(emotional, &c.) tension, tenseness; tautness, tension.*

20g.

tenson [bnth. S. *tenson*] *eg.b.* ll. -*au*. Pennill ar gyfer ymryson trwbadwriaid: *tenson.*
20g.

tent[1] [bnth. S. *tent*] *eb.g.* ll. -*iau*, -*i*, -(*y*)*s*. Pabell, gwersyll, pafiliwn, tabernacl, hefyd yn *ffig.*: *tent, camp, pavilion, tabernacle,* also *fig.*

15g. *GLGC* 257, nid llai no'r dengmor na'i *dent*—na'i drysor, / nid llai no Winsor na'i stôr na'i stent; / . . . / nid af o'i neuadd nac o'i *dent*—sidan / yni elwyf dan fan o'r fynwent [i Syr Rhisiart Herbert]. id. 284, A chadw Herast yn llewychedig, / a Duw'n dy gadw i'th *dent* gaeëdig [i Watgyn ap Tomas]. **15g.** *CSTB* 22, C'weiriad, lun caeau arian, / Brennac Mai fal y brwyn mân; / Bwrw *tent* a wna' yn fentyll / O bedwar cae bedw a'r cyll. **15g.** *DE* 25, *tent* haul fal tannau telyn [i wallt merch]. **16g.** *Pen* 76, 132, ath gorff pedrowglan dan *dent* / neithwyr fvn aeth ir vonwent. **1547** *WS*, Gwersyllt *tent* Tente. **16g.** *B* xv. 275, vo a gyuoddes [sic] vn o'r kymedogion nesa J wneuthud i ddwr i ddrws yr haul neu'r *tentt.* id. xviii. 324, Ar y man i daruoedd gosod *tent* ne bauiliwm kywaethog o vrethynn aur a sidan. **1567** *TN* 390a, Tabernacl [:-lluest, *tent*, tyley] y tustolaeth. **1603** W. MIDLETON: *Ps* 145, Croes ei dyfroedd ffrydoedd ffres, / Yn waed rhudh-waed lle rhodhes: / Fal na allent iw *tenti,* / Gael diod dhwr. **1766** *CD* 45, Cael trestyl gar fy mronn, a lliain gwyn arno, a *Thentys* neu bebyll uwch i ben rhag Syrthio brychau or Nenn. **1803** *P*, *Tent,* s. m.—a tent. Ar lafar, 'reit handi i'r *dent*' (Llŷn); 'Ma rywun wedi cwnnu *tent* lawr yn y cwm' (dwyrain Morg.).

tent[2] [bnth. S. C. *tent*(*e*) 'lint', neu efallai'n uniongyrchol o'r H. Ffr.] *eg.* Darn o lint, &c., a ddefnyddir i gadw clwyf neu agorfa ar agor: *tent (piece of lint, &c.).*

c. **1400** *Etudes* vii. 292, dot ar y *tent* pwdyr o alym a gossot ar y brath.

tent[3] [bnth. S. *tent* 'wine'] *e?g.* Gwin melys coch tywyll, o Sbaen yn bennaf, a ddefnyddir yn aml fel gwin cymundeb: *tent (sweet red wine).*

1719 *EGBG* 401, fe ymddengys ei fod yn dra chymmessur a gweddus i arwyddoccau gwaed Crist, pan y byddo'r Gwin o liw coch, megis y gwin a'i Enw *Tent* neu Glaret.

tent[4] [?cf. S. *tent* 'stretching frame'] *a.* hefyd fel *eg.* Tyn, wedi ei dynhau; tyndra, tensiwn, pwysau: *tight, taut; tautness, tension, weight.*

1803 *P*, *Tent* . . . a. Tightly drawn. Ar lafar, 'Stim *tent* ar y polion' 'The supports have no weight upon them. Referring to the supports (poles) placed against a rick of hay or corn to prevent its leaning over-much', *GDD* 290; ''Odi'r peth yn ddigon *tent* 'da ti?', 'Mae isie i'r whîls fod yn *dent* cyn starto' (sir Benf.).

tentacl, tentagl [bnth. S. *tentacle*] *eg.* (bach. g. *tentaclyn*) ll. -*au.* Swol. Unrhyw un o amryw fathau o organau hirfain hyblyg a geir mewn rhai anifeiliaid ac a ddefnyddir ar gyfer teimlo, gafael, neu symud: *tentacle.*
1924.

tentaclog [*tentacl*+-*og*] *a.* A chanddo dentacl(au), yn perthyn i dentacl(au), tebyg i dentacl(au): *tentacled, tentacular.*
20g.

tentaclyn, gw. tentacl.

tentaf[1]: **tento** [bf. o'r a. *tent*[4]] *ba.* Tynhau (rhaff, nyten, &c.): *to tighten (rope, nut, &c.).*
Ar lafar, ''Wedd e wedi *tento*'r rhaff gormod', 'Cofia *dento*'r sgriw 'na cyn tano'r car!' (sir Benf.).

tentaf[2]: **tento,** gw. temtiaf: temtio.

tentagl, tentasiwn, tentiad, tentiaf: tentio, gw. tentacl, temtasiwn, temtiad, temtiaf: temtio.

tentigl, gw. tentacl.

tentiriwbob, gw. tintur—tintur riwbob.

tentiwr, tentr, tentur[1,2], **tentyn, tenur,** gw. temtiwr, deintur[1] (hefyd At.), tintur, tennyn, tenor.

tenwm, tenwn, gw. tenon.

tenwr, gw. tenor.

tenymaf: tenymu [cf. *tenwm*] *ba.* Torri (pren, &c.) i ffurfio tyno: *to tenon.*
1552 (*Diw.* 16g.) *B* ii. 116, ti a weli na wnethym i amdanunt wy [ffigurau rhethreg] eto anid megis Sayr yn dechrey koyta koyt defnydd . . . ysquario rei ae naddy wrth linyn, morteisio a *thenymmy* rei ereill.

tenyn, gw. tân[1].

tenynnaf: tenynnu [gair geir., sef bf. o'r e. *tennyn*] *ba.* Rhoddi tennyn neu goler ar; tantio: *to put a halter or collar on; string (a musical instrument).*
1604–7 *TW* (*Pen* 228) d.g. *Capistro.* **1722** *Llst* 189, *Tennynnu.* To cord up, string, lace. **1794** *W* d.g. *To string a harp.*

teo [be. o'r e. *te*] *ba.* Rhoddi te (prynhawn) i: *to give (afternoon) tea to.*
Ar lafar, ''Tasat ti'n 'u *teo* nw 'ôn' nw ar dy ben di o 'yd', ''Wi'n blino *teo* rwun byth a beunydd', 'y mae ansawdd ychydig yn wawdlyd yn y gair *teo*', *GTN* 788.

tep[1,2], gw. tap[3,4].

tep[3], *gw.* Gwep, wynepryd, edrychiad: *face, countenance, expression.*
20g. Ar lafar, '*tep*' 'term diraddiol am wyneb . . . Digwydd aml mewn perthynas â babi ar dorri i wylo', 'O! dyna *dep*!', 'Dishgwl ar y babi 'na'n nuthur *tep* i lefin', 'Di ddylsat weld 'i *thep* 'i achos bod 'i'n gorffod dod i'elpu!', *GTN* 786.

têp, tepan, gw. tâp, tap[4].

te-parti [bnth. S. *tea party*] *eg.* ll. -*partïon,* -*s.* Parti amser te, ymgynnulliad cymdeithasol lle ceir te a bwyd ysgafn: *tea (party).*
1886. Ar lafar, 'Dydd Llun Sulgwyn 'ôn ni'n arfadd cael y *téparti* yn dŷ cwrdd Nantgarw, bara menyn gwyn, bara menyn brywn, tisian ffwrn a tisian garwei', *GTN* 789. Cf. D. OWEN: *SP* 32, Wedi cael llawer cyngherdd, darlith a *thê parti,* casglwyd yr arian.

tepot, tepyn[1,2,3], **ter,** gw. tebot, tap[1,3,4], tar.

-ter, gw. -der (At.).

têr[1], *a.* ll. (prin) *terion.* Glân, pur, wedi ei buro, gloywedig, clir, llachar, disglair, teg, hardd: *clean, pure, refined, clarified, clear, brilliant, bright, fine, beautiful.*
14–15g. *IGE*[2] 137, A chesiio, mwyn ei chusan, / O cheri glod, iwch wr glân, / A rhoi diowryd, tyrchbryd *têr,* / Coeg un gyda'r cig, Wener [Gruffudd Llwyd i Eiddig]. **15–16g.** *TA* 6, Aml saig, mae aml ber, a'r bwyd, aml bêr. / Aml tast mêl *têr,* aml tyst mil, tau. a. **1587** *V* 5, Llawe a ystyn, testyn *têr,* / Hên gymod, hon a gymer. **1632** *D, Têr,* Tersus, purus. Mêl *têr,* Mel tersum purgatum. **1688** *TJ, Têr,* glân, hardd, (pûr:) pure, clean, neat. **1753** *TR, Têr,* clean, pure, fine, clear. Mêl *têr,* clear purified honey. **1770** *TG* iii. 22, Am hon, 'r un dirion *derau*—'r un ddifan / Fwyn hoylan fanolaf, / Yr eneth fad eirianaf, / Au fwyn glau, yr wyf yn glaf. [**1783**] *W* d.g. *Refined.* **1790** TWM O'R NANT: *GG* 180, Gwnawn lawenydd cynnydd cain, / Tannau *têr* swyddber sain. **1803** *P, Têr* . . . Clear, fine, transparent; pure, clarified, purified. Cf. TALHAIARN: *Gw* i. 209–10, Yna daw'r awelon dan *der* eilio / I'r llwyni sywion a'r llanau i suo.

têr[2] [bnth. S. *tare* 'weight deducted'] *eg.* ll. *teri.* Rhes o lechi mewn wagen chwarel: *row of slates in a quarry wagon.*
20g. Ar lafar yn ardaloedd chwareli'r Gogledd, 'Têr' 'Rhes o lechi mewn "tryc". . . Yn ôl y rhif a'r math o lechi gallai'r llw ythwr' [sic] roi amcan-gyfrif o'r pwysau yn y tryc', *B* xx. 381.

teracota, gw. terracota.

teraf[1]: **teru** [bf. o'r a. *têr*[1]] *bg.a.* Puro, coethi, glanhau, gloywi, gwneud neu fynd yn glir, diwaddodi, hefyd yn *ffig.*: *to purify, refine, cleanse, clarify, make or become clear, fine,* also *fig.*
1604–7 *TW* (*Pen* 228) d.g. *Excoquo.* id. wedy *derü* ai buro d.g. *Liquefactus.* **1632** *D, Teru,* Purgare, elimare. *Teru* mêl. id. d.g. *Defæco.* **1688** *TJ, Teru,* glânhau, (pûro:) to purifie, to make clean. **1722** *Llst* 189, *Teru.* To clarifie, fine, refine, clear, purge. **1772** *W* d.g. *To depurate.* **1799** A. AB D. SION: *CR* 7, [p]awb ag sy'n cynnal yr athrawiaeth . . . o gyfreithlondeb rhyfel . . . pa fodd bynnag ag y maent hwy yn gwahaniaethu oddi wrth yr eglwys Rufeinaidd mewn pethau eraill, neu'n *teru*'r (*refine*) naill ar y llall . . . mae'n ddiammeu nad ydynt ddim yn ddeiliaid Tywysog heddwch mewn gwirionedd. **1803** *P, Têru*

. . . to purify, to clear, to clarify; to render fine, or smooth.

teraf[2]: **teru** [?cf. *der*[1]] *bg.* Gwneud ceg gam, pwdu, bod neu fynd yn sarrug; gweld bai (ar), anghymeradwyo: *to pout, sulk, be(come) sullen; find fault (with), take exception (to).*
1672 R. PRICHARD: *Gw* 368, A'n begers mor foethus yn *teri* ar farlish, / Ni phrofent ond canish haychen. **1722** *Llst* 189, *Teru* . . . to powt. **1732** *J.* JONES: *C* 31, Rheswm yn erbyn surni Ysbryd. O herwydd ei fod yn peri i Blant (pan yw un peth wedi eu gwneuthur hwynt yn ddig) beidio na bwyta nac yfed, na dywedyd, na bod a llun gwên arnynt, ond myned heibio i ryw gonglau i *deri.* **1753** TR, *Teru,* to grow sullen, to pout. S. W. **1773** *W* d.g. *To glout.* **1803** *P, Têru* . . . to act sullenly; to grow sullen, to pout, to sulk. *Teru* ar vwyd, sori ar vwyd, to quarrel with the victuals. Sil. Ar lafar, 'Un disach iawn yw a. 'Wi wedi'i weld a'n *teru* am wthnos wth 'i wraig', *GTN* 789.

teraffiaid [cfdds. o'r Heb. *t*[h]*rāph*(*īm*)+ -*iaid*] *e.ll.* Teraffim: *teraphim.*
1588 *Barn* xvii. 5, efe a wnaeth Ephod a *Theraphiaid.* id. xviii. 14, oni wyddoch chwi fod yn y tai hyn Ephod, a *Theraphiaid.* a delw gerfiedic, a thoddedic.

teraffim [bnth. Heb. *t*[h]*rāphīm*] *e.ll.* Delwau bychain, &c., a ddefnyddid fel duwiau aelwyd neu oraclau gan bobloedd Semitig gynt, hefyd yn *ffig.*: *teraphim,* also *fig.*
1588 *Hos* iii. 4, llawer o ddyddiau 'r erys meibion Israel heb frenin . . . ac heb Ephod na *Theraphim.*

teraidd [*têr*[1]+*aidd*] *a.* Pur, clir: *pure, clear.*
1803 *P.*

terapin [bnth. S. *terrapin*] *eg.* Swol. Unrhyw un o amryw fathau o fôr-grwbanod bychain o deulu'r *Emydidæ,* yn enw. *Emys orbicularis: terrapin (in zoology).*
20g.

teras [bnth. S. *terrace*] *eg.* ll. -*au, teresi,* a hefyd gyda grym ansoddeiriol. Un o gyfres o lefelau gwastad ar lethr a ddefnyddir i amaethu neu arddio, tir gwastad wedi ei balmantu gerllaw tŷ, rhes o dai ar lefel ddyrchafedig neu ar ben neu ar ochr llethr, rhes o dai a godwyd mewn arddull unffurf, rhes o risiau isel llydain ar gyfer gwylwyr ar ymyl maes chwarae; Drg. cyfordraeth: *terrace (also in geol.).*
1921. Ar lafar, 'Mae o'n byw mewn tŷ *teras* yn y dre'.

terasog, teresog [*teras, teres*(*i*)+ -*og*] *a.* Ar ffurf teras(au), wedi ei drefnu neu ei adeiladu ar ffurf teras(au): *terraced.*
20g.

terau, gw. trawaf: taro.

terch [?gair geir.] *eb.* ll. -*au.* Twll casgen; ?topyn; torch, cadwyn, dolen: *bung-hole; ?bung, stopper; torque, collar, chain, loop.*
1547 *WS, Terch* Bung. **1604–7** *TW* (*Pen* 228) d.g. *Orificium.* id. *Terch* Costrel . . . Lhvniwyt ar dhwr a lhanerch / Lhyn twr gyta lhvniat *terch* (HUW ARWYSTI: *Gw* 239, *tyrch*) Tho[mas] [Der]lh[ys] yr Bwclet[.] Costrel a *therch* wrth erchwyn Gan dhiotwr d.g. *Os, oris. Dchr.* 17g. *J* 10, 155b, *Terch.* orificium. os. **1632** *D, Terch,* Fœm. à Torch. **1722** *Llst* 189, *Terch.* f. of Torch . . . A chain, collar. **1803** *P, Terç,* s. f.—pl. t. *au* . . . a loop.

terddyn, gw. tarddyn.

terebinth [bnth. S. *terebinth*] *eg.b.* ll. -*au.* Bot. Coeden fechan, *Pistacia terebinthus,* sy'n tyfu yn ne Ewrop ac sy'n cynhyrchu resin a ddefnyddid gynt fel ffynhonnell tyrpentein: *terebinth.*
1819.

terebinthus [bnth. Llad. *terebinthus*] *eg.* Bot. Terebinth: *terebinth.*
1588 *Ecchus* xxiv. 18, Mi a estynnais fyng-hanghennau fel *Tarebinthus* [sic] (**1620** id. 16. *Terebinthus* [sic]). **1813** *WB* 238, *Terebinthus.* edr. Pren Terpentin.

terelin, terem, teresog, terfaf: terfu, gw. terylen, term, terasog, tarfaf[1]: tarfu.

terfan [?*ter*(*fyn*)+*man*[1]] *eb.* ll. -*nau.* Math. Pwynt neu werth y gellir peri i gyfres,

ffwythiant, &c., agosáu iddo'n raddol nes bod mor agos ag y dymunir: *limit* (*in math.*).
20g.

terfel [têr¹+mêl¹] *eg.* Mêl gloywedig, mêl hidl: *clarified honey*.
1621 E. Prys: *Ps* 8a, Melysach hefyd ynt na'r mel, / sef dagrau *terfel* tyner (1567 *LlGG* (*Sall*) 10b, dil mel; 1588 *Salm* xix. 10, diferiad diliau mêl). 1722 *Llst* 189, *Terfel*. m. Clarified honey. 1774 *W* d.g. *Honey*, *Clarify'd honey*.

terfenydd, *eg.* a hefyd fel *a.* (Yn ei) gwres (am fuwch, &c.), gwasod(rwydd): (*in*) *heat* (*of cow, &c.*).
13g. *LlI* 101, Ny deleyr dalc y teyru o hanner haf hyt Aust nac ar yt nac ar wellt, canys en er amser hunnu y byd *teruenyd* e guarthec prouadwy, nac o Aust hyd vyl Ueyr gyntaf, canys yna y byd *teruenyd* y kynflythed. Nyt yaun dalc taru un amser en ol buuch *teruenyd*. 1604–7 *TW* (*Pen* 228), hydref, pryt cydio, *tervenydh* buwch d.g. *Admissura*. 1615 R. Smyth: *GB* 251, [c]aseg dan *derfenydd*. 1632 *D*, *Terfenydd* buwch, K[yfraith] H[owel Dda] Buwch *derfenydd*. K[yfraith] H[owel Dda] Dicitur de vacca taurum cupiente. 1688 *TJ*, *Terfenŷdd*, gwasod: a Cow desiring a Bull. 1722 *Llst* 189, Buwch *Derfenydd*. A tufty cow. *id.* *Terfenydd* (sub) m. The tuftiness of a cow. 1803 *P*, *Tervenyz*, s. m. . . . the time of copulation of cattle. Ar lafar, 'Mae'r *terfenydd* arni', *B* i. 40 (sir Ffl.); hefyd ym Môn ac Arfon yn y ff. *tryfenydd*, *tyrfenydd*, *LGW* [280]–1.

terfyll [?cf. *teryll*] *a.* ?Dewr, penderfynol, cyndyn: *brave, determined, obstinate*.
17g. *TBM* 820, Siôn *derfyll* drythyll ei dro,— eginyn, / Rhoed Duw gynnydd arno. / Siôn gannaid, f'enaid yw fo, / Siôn fy ŵyr sy'n fy euro. 1763 *DT* 132, Ac oni chrogwch cyn yr Haf, / Ddihiraf Dyrfa *derfyll*. 1773 J. Roberts: *GY*, Potiphar] Tarw *Terfyll*. Ar lafar, 'dyn go *derfyll* oedd ych tad', *ISF* 72. Cf. *LIHM* 121, Ych taid glywis in rhoi reli i Dafydd riw dro. Un o fil odd on mentro hefyd, ran hen gena câs odd Dafydd, nanwedig yn i ddiod. Dûn go *derfull* oudd ych taid Mistar Jôs.

terfyn [bnth. Llad. *terminus*; Gwydd. C. *termonn* 'tir llan; nodded'] *eg.* ll. *-au*, (prin) *-oedd*, *-ion*, a hefyd gyda grym ansoddeiriol.

(*a*) Llinell sy'n nodi ffin ardal, tiriogaeth, &c., llinell sy'n gwahanu dwy ardal wleidyddol neu ddaearyddol (yn enw. dwy wlad), ffin, goror, carreg derfyn, tir cyffiniol, tiriogaeth, lle; blaen, pigyn; hefyd yn *ffig.* am berson: *boundary(-stone), border, frontier, bordering land, territory, place; point, tip; also fig. of person*.
9g. (*MC*) *VVB* 220, *Termin*, gl. *ora*. 12g. *GMB* 275, Teilygdaỽd adaỽd, adef gwiryn, / Treithitor tra mor, tra maỽr *deruyn*. 12g. *GLlF* 228, Echetỽynt rac teruysc y *teruynen*. *id.* 508, Dyn wyt galon rwyd, goleu —y *deruyn*, / Nyd arueit nep y teu. 12g. *GCBM* i. 132, Kynnetyf y Bowys ban el—ar dremyn / Y *deruyn* diogel. 13g. *GDB* 285, Dethol, ymplith seint doethon,—Lewelyn / Ar *derỽyn* gỽiryn y gỽerydon. 13g. *GBF* 47, Mwyth doryf *derỽyn* ehachdỽr / Meyth blas yn was ac yn wr. 14g. *LlB* 71, Pan teruyno tref ar y llall, ny dylyir dwyn rantir yn gwbyl y wrthi gyt a'r *teruyn*. 14g. *WM* 475. 21–4, A daỽ hitheu yn*th eruyn* [*sic*] (*RM* 117, yn *teruyn*) y gweler. Hi adaỽ yma pob dyỽ sadỽrn y olchi y fenn. 14g. *GDG*³ 84, Dail ni chrinant ond antur / Celyn un *derfyn* â dur. *id.* 270, Teifi deg, tyfiad eigiawn, / Gad i'r dyn gadeirio dawn. / Durfing drwy'r afon *derfyn* / Yr êl ac y dêl y dyn. 1547 *WS*, *Terfin* [*sic*] ar dir A meyre. 1588 *Job* xxiv. 2, Y mae rhai yn symmudo *terfynau*. 1621 E. Prys: *Ps* 24b, A bod ein Duw yn farnwr ar / y ddaiar a'i *therfynoedd*. 1703 E. Wynne: *BC* 62, Nid oedd yn eich amser chwi, Syr, ond bargeinion bol clawdd, a llêd llaw o scrifen am dyddyn canpunt, a chodi carnedd neu goeten Arthur yn goffadwriaeth o'r pryniant a'r *terfyneu*. 1770 *W* d.g. *Bound, bounds, or boundary*. 1790 T. Jones: *TOS* 26, Beth sydd yn gosod *terfyneu* i ddyfroedd tymmhestlog y moroedd mawrion? Ar lafar, '*terfyn* y ddwy blwy'', 'Mi eith y bwch dros y *terfyna*'n union', *WVBD* 530; 'Ma hwnnw'n *derfyn* rhwng 'Berch a plwy' Llanarmon' (Llŷn).

(*b*) Diwedd, terfyniad, cyfyngiad (amser), adeg neu gyfnod penodedig, marwolaeth, hefyd yn *ffig.* am berson; penderfyniad: *end, termination, (time) limit, specified time or period, death, also fig. of person; decision*.
12g. *GLlF* 379, Oedd *terfyn* cardd, oedd car deuddyblig, / Oedd calon Calan Nadolig. 13g. *GBF* 591, Ys *tervyn* byt, trymvryt tro, / Ys diriait nit ystyrio. 14g. *LlB* 77, na rodi dim ohonaw ar yspeit heb *teruyn* gossodedic y gallo y etiuedyon y dillwg. 1346 *LlA* 45, Aoes *teruynn* am hoedyl dyn megys na aallo vyỽ dros hynny. na marỽ kynn ohynny [*sic*]. *Diw.* 14g. *HMSS* ii. 270, yna yd erchis yr amherawdyr y rody y garchar yny bey *teruynn* ymdanaw o gygor doethon. pa dihenyd a dylyei y gaffel. *c.* 1400 *RB* ii. 29–30, adolỽyn kygreir aỽnaeth dec mỽarnaỽt arhugein. val y gellynt yn hynny o *dervyn* cladu yrei meirỽ. *c.* 1400 *B* xiv. 188, pan nessaawd *teruyn* y buched y kyuarwydawd Duw attei mynach. 1547 *WS*, *Terfyn* diwedd An ende. 1551 W. Salesbury: *KLl* lviiia, wedy'r escriuenny er rybydd y nyny / ar bwy y syrthiawdd *tervyne* yr oesoedd. 17g. Huw Morus: *EC* i. 13, Braw dirfawr fu 'r byr *derfyn*, / Ber a brau oes Barbara Wynn! 1803 *P*, *Tervyn*, s. m.—pl. t. *au* . . . a termination. Ar lafar, 'Mae o'n tynnu at y *terfyn*' 'he is approaching his end', *WVBD* 529; 'Ma'r cwrdd yn tinnu at y *terfyn* 'nawr', 'tinnu at *derfyn* y daith', *GTN* 786.

(*c*) Ffin neu gyfyngiad, yn *ffig.*: *boundary or limit, fig.*
1567 *TN* [xxvi], Y Chrystynogaeth a ddug Awstin ir Sayson a lithrasai beth o ddiwrth puredd yr Efengel, a' *thervynay* 'r hen Eglwys. 1595 H. Lewys: *PA* 102, felly mae duw yn lleihau, ein cyfoeth . . . ein awdurdod, a'n gallu ninneu, rhag myned o honno tros ein *terfynae*. 1632 *D*, a êl tros y *terfynau* d.g. *Parabates*. 1710 *LlGG* (*Gos*) 7, Y Cymmun dywededig i'w wasanaethu ar yr amserau ac wrth y cyfryw *derfynau* ac a bennodwyd yn y Llyfr Gweddi Gyffredin. 1733 J. Owen: *TBG* 133, o fewn *terfynau* eu Galwedigaeth hwynt. 1759 J. Evans: *PF* 20, [c]adw'r Nwydau eu hunain o fewn *terfynau* cymwys. 1776 *W*, gosodiad *terfyn* (*terfynau*) d.g. *Limitation*. 1776 I. Brydydd Hir: *P* i. 101, ni chauir digofaint Duw i fynu o fewn y *terfynau* yma. Cf. J. Morris-Jones: *CD* 116, Ond ar Fater rhyddiaith ni osodwyd *terfynau*.

(*d*) *Gram.* Terfyniad; atalnod llawn: *ending (in gram.); full stop*.
c. 1455 *GP* 73, Kyvraniad o amser perffaith wrth i synnwyr a'i *dervyn* yr adnabyddir. *a.* 1575 *id.* 140, A bid digon hynn o essampl o'r gair dioddevol, gan nad oes mwy o amravael gyfnewid ar *dervynav* y perssonav yn y moddion a'r amsserav eraill. *p.* 1584 G. Robert: *GC* [100], mae gan y geiriau groeg a lladin amrafel *derfyn* i bob syrthiad ganmwyaf. *ib.* yn y gymraeg nid oes eithr un *terfyn* ir gair tr[w]y gwbl o'r rhif unig, ag [u]n arall yn y lliossawg. 1608 *GP* 221, Llyma lun y tri phrif bwynt | , | : | . | ; pwyntie, node, *terfyne*, kymale, arwiddion . . . y rrai y mae gwyr dyscedic yn arfer o'i rroi mewn scrivenade, mal i galler yn haws i hysbyssu a'i deall yn eglur. Ar lafar yn yr ystyr 'atalnod llawn', '*Terfyn* sy man 'yn 'li, ond 'wyt ti'n 'i wed a fel 'ta crwmach 'no', *GTN* 786.

Cfn.: **terfynau'r ddaear**: *the ends of the earth*. *Dchr.* 15g. *GM* 1. 1567 *LlGG* (*Sall*) 2b. Cf. E. Prys: *Ps* 24b, y ddaear a'i therfynoedd. **am y terfyn (â)**: *adjoining, bordering*. 1604–7 *TW* (*Pen* 228) d.g. *Collimitor*. 1632 *D* d.g. *Confinis*. **ar derfyn**: (i) *on the point of*. 1583 *LlGC* 716, 196a, hefyt mae yr Pabeddol'wyr yn ceyt'gyttvno, a'rheen Gavlith-wyr yr Herecleamits, parrei a ddychmygasont eilio, [neu ennointio] yrrei a fae *ar terfyn* 'angae. 1789 H. Jones: *FfH* 10, 'r wyf *ar derfyn* newynu. (ii) *at an end; about to end, almost finished*. 14g. *GDG*³ 285. Dirfawr fydd hoedl *ar derfyn*, / Darfod a wna tafod dyn. 15g. *GLGC* 227, Darfu roi Lloegr *ar derfyn* / fal y derfydd dydd pob dyn. 1604–7 *TW* (*Pen* 228), mae'r mater *ar deruyn* d.g. *Transactum*. 1696 *GGTY* 171, y mae'ch gwaith *ar derfyn*. 1803 *P*, Tervyn . . . Mae yr amser *ar dervyn*, the time is just at an end; wyv *ar dervyn*, I am just at an end. (iii) *at the end (of)*. 17g. *CC* 227, *ar derfyn* dydd. [1801] J. Roberts: *Awdyl* d.d., *ar derfyn* y ddeunawfed ganmlwydd. **yn ei therfyn(au)**: *from end to end, completely*. 14g. *WML* 1, Hywel da . . . oed eidaw ef Kymry *yn y theruyn*. 14g. *WM* 106. 22–4, rodyaỽ gỽyned aỽnaeth aphoỽys *yny theruyn*. *c.* 1400 [*RB*] *WM* 201. 2–4, Madaỽc uab maredudd a oed idaỽ powys *yny theruynev*. 16–17g. *RWM* i. 721, Cymry *yny therbhyn* .i. cymry olh.

terfynadwy [bôn y f. *terfynaf*: *terfynu*+ -*adwy*] *a.bfl.* Y gellir ei derfynu, yn terfynu; y gellir ei benderfynu: *terminable, terminating; determinable*.
14g. *LlB* 73, Nyt reit arhos nawuetdyd am teruynu tir, namyn pan vynho y brenhin a'r gwyrda, *teruynadwy* vyd. 1773 *W* d.g. *Endable*. 1803 *P*, *Tervynadwy* . . . Determinable.

terfynaf: terfynu [bf. o'r e. *terfyn*] *bg.a.*

(*a*) Rhoddi terfyn ar, dod i derfyn, dod neu ddwyn i ben, darfod, gorffen, diweddu, trengi, marw: *to terminate, (bring or come to an) end, finish, conclude, expire, die*.
12g. *GLlF* 397, A gwr tra gwr, a thwr tra thwr yn trachwynaw, / A gwyth tra gwyth, a gwaith tra gwaith daith *derfyniaw*. 13g. *GDB* 65, Gretuaỽl Lywelyn, grym gorober—toryf, / *Teruynwyd* y amser. 13g. *LlI* 22, o'r pan dechreuho ef e canu kentaf en e llys hyt ene *teruynho* e dywethaf. *id.* 32, Ac uelly e *teruena* keyreyth [*sic*] e guraged. 13g. *BD* 63, Ac ym plith y gueithredoed da hynny y *teruynvs* Lles uab Coel y uuched yg Caer Gloev. 14g. *LlB* 1, Ac o'r gynnulleitua honno, pan *teruynawd* y Grawys, y dewissawd y brenhin y deudec lleyc doethaf. 14g. *YBH* 67b, ac ar hynny y *teruynassant* ỽyll deu. Ac y doeth . . . gant o egylyon y dỽyn eu heneideu yr nef at duỽ. 14g. *GP* 41, Pan vo sillaf yn *teruynu* yn teir bogal y gyt . . . neu ynteu yn *teruynu* yn dwy gonsonans. *c.* 1400 *Études* vii. 314, reit idaw [dyn] vwyt a diawt bob amser, ac onys keiff *teruynu* a wna. 1547 *WS* [xiii], yr hyn eirieu ac ereill a *deruynant* yn vn odyl. 1632 *D*, *Terfynu* . . . finire. 1651 Siôn Treredyn: *MDD* 265, y mae yn rhaid i chwi fyned yn eich cyfer at Dduw yn eich gweddiau, nid oes i chwi ddiogelu eich gweddiau ar Christ, na'u *terfynu* hwy yno. 1661 E. Lewis: *Drex* 298, Tragywyddoldeb . . . Yr hwn ni *therfyna* byth, ni ddibenna byth, ni ddiwedda byth. 1796 T. Jones: *CCA* 5, Mae gair Duw yn cyfarwyddo ein ffydd at Grist, ac yn ei *therfynu* arno ef. 1803 *P*, *Tervynu* . . . to conclude. Ar lafar, 'Fe gwnnws y gwynitog i *derfynu*'r cwrdd', *GTN* 786. Digwydd hefyd yng Nghered. yn yr ystyr 'diswyddo', 'Dai yn cael 'i *derfynu* dydd Sadwrn'.

(*b*) Nodi, gosod, pennu, neu ffurfio terfyn neu ffin; ffinio (ar); hefyd yn *ffig.*: *to mark, set, determine, or form a boundary or border; border (on); also fig.*
12g. *GLlF* 426, Taer tra thaer am drom aer, drỽm gymynu, / Am deruysc am deruyn am *deruynu*. 13g. *LlI* 53, Ryd yu *teruenu* pob amser. 13g. *DB* 39, Germania uchaf . . . Kyfarwynep a'r gorllewin, Reno auon a'e *teruyna*, y tu a'r gogled auon Albia a'e *teruyna*. 13g. *GBF* 250, Bolchlafyn lud am dud a *deruyno*. 14g. *LlB* 15, Pan *teruynner* tir, pedeir ar hugeint a geiff ef. *id.* 71, Pan *teruyno* tref ar y llall, ny dylyir dwyn rantir yn gwbyl y wrthi gyt a'r teruyn. *ib.* Hanher punt a daw y'r brenhin pan *teruynher* yrwg dwy tref. 1588 *Ecs* xix. 23, ti a destiolaethaist wrthym gan ddywedyd, *terfyna* y mynydd, a sancteiddia ef. 1588 *Deut* xix. 14, Na symmut derfyn dy gymydog, yr hwn a *derfynodd* y rhai a fuant o'r blaen. 1604–7 *TW* (*Pen* 228) d.g. *Adiaceo*. 1630 *YDd* 297, Y mae'r vndeb hon rhwng y ffyddloniaid mor ehang, nad oes na chyphiniau na rhiniau mangre yn y byd, i'w *therfynu*. 1632 *D*, *Terfynu* . . . limitare. 1677 R. Jones: *BB* 183, Serch a Zêl gwahan-blaid, yr hon a *derfynwyd* i blaid. 1688 *TJ*, *Terfynu*, to set a Bound . . . to partition between. *c.* 1700 E. Lhuyd: *Par* i. 2, Mowdhach o blwy Trawsvynydh a chan *dervyny* rh[wng] pl[wy] Lh[an] Dhwywe a Lh[an] Bvachreth [*sic*]. 1725–6 *Madd Ed* 283, yr ydym ym mhell oddi wrth . . . *derfynu* (*limiting*) Trugareddau Duw. 1740 G. Jones: *HOG* xl, gwaith proffeswyr cnawdol, yn *terfynu* eu golwg ar Ddyledswyddau . . . Crefydd. 1776 I. Brydydd Hir: *P* i. 102, o herwydd na *therfynwyd* mo'i allu ef o fewn cyffiniau y byd hwn. 1784 M. Williams: *S* i. 235, Califfornia. Mae'r lle hwn yn gorwedd rhwng 23 a 43 o raddau yn ogleddol . . . yn cael ei *therfynu* yn ddeheuol gan Hen Fecsico. 1803 *P*, *Tervynu* . . . to fix a bound, to limit. Cf. H. Evans: *CE* 16–17, yn meddu etifeddiaeth yn y cyffiniau, ac yn *terfynu* ar un Nana Wyn.

(*c*) Setlo, penderfynu, (rhag)ordeinio, pennu, sefydlu, dyfarnu: *to settle, decide, fix, determine, (pre)ordain, appoint, establish, adjudge*.
13g. *LlC* 10, Ny byt ryt dyn o'y oruodogaeth hyt epen un dyt a bluydyn, eny *teruen* ar a uo lley pan el en oruodauc. 14g. *LlB* 37, Tri achaws yssyd y lyssu tyston . . . Eil yw o vot dadyl am tir yrydunt heb *teruynu*. *c.* 1400 *YCM*² 38, Ac o deruyd damweinyeu ny aller eu *teruynu* . . . yn yr Eisteduaeu ereill . . . yn y teir Eistedua pennadur hynny y trychir ac *teruynir* yn deduawl. *Dchr.* 15g. *B* vii. 375, Eissyoes na *theruynet* yr offeiryat yn y lle hwnnw ryw y pechawt rac dysgu ohonaw ef bechu. 15g. *GGl*² 177, Doeth a mawrgoeth yw Morgan, / Dewr yw, ac nid air â'i ran. / Dysg a llywodraeth ei dir / Drwy ei fin a *derfynir*. 1567 *LlGG* 1a, Y Boreuawl ar Pyrnhawnawl weddi a arferir yn y defodedic le or Eccleis Capel neu Cancell, o ddieithr ir Ordinari *derfyny* yn amgenach. 1606 E. James: *Hom* i. 9, gostyngeiddrwydd a chwilia . . . ac ni *therfyna* hi ddim nas gwypo yr rhyfygus ac yn ddibwyll. *Dchr.* 17g. *J* 10, 155b, *Tervynu*. to determyne. termino. 1632 *D*, Peth wedi ei sicrhau a'i osod a'i *derfynu* d.g. *Statutum*. 1725–6 *Madd Ed* 228, Nid oedd dim yn fy *nherfynu* neu yn gwneuthur yn anghenrheidiol i mi . . . bechu. 1774 T. Jones: *DG* 252, efe a *derfynodd* aros yn lle diangc. 1803 *P*, *Tervynu* . . . to determine.
Amr.: **terfynio**. 12g. *GLlF* 397.

terfyndir, gw. **terfyn+tir**.

terfynedig [bôn y f. *terfynaf*: *terfynu*+ -*edig*; petrus yw dosbarthiad rhai o'r enghrau. isod] *a.bfl.*

(*a*) Wedi ei drefnu, gosodedig, wedi

ei bennu, (rhag)ordeiniedig, penodedig, penodol: *appointed, set, fixed, determined, (pre)ordained, specified, definite.*

13g. *BD* 99, Ac yn y dyd *teruynedic* a'r amser gossodedic, vynt a doethant pavb yn y gyueir. **14g.** *RC* xxxiii. 194, erchi a oruc ynteu oe was torri prenneu herwyd y messur a adawsei ef ar gwas ny chetwis y mod *teruynedic* namyn gwneuthur un onadunt yn uyrrach nor llall. **14g.** *BT* (*RB*) 50, a galw y Ffreinc ataw, a menegi vdunt *teruynedic* le ar aros amser yn y nos. **15g.** *BB* 178, betwyr . . . o dydy truanhaf y dynghetven. Ef ath dihenedir yr awr honn; o angheu *tervynnedic.* **1567** *TN* 172b, Iesu . . . wedy ei roddi gan *dervynedic* gyccor, a' rac wybodaeth Dew, a groges-och. **1588** 2 *Sam* xx. 5, Amasa a aeth i ddyfyn Jwda: efe a drigodd yn hwy na'r amser *terfynedic* yr hwn a osodase efe iddo. **1630** *YDd* 60–1, y dŷn adgenedledig . . . [p]an ddêl amser *tyrfynedig* (*appointed*) ei ym-ddattodiad . . . y mae ef yn canu . . . ei Nunc dimittis. **1632** *D* d.g. *Certus.* **1710** *CBGEL* 43, nid yw Duw yn gorchymmyn imi ufyddhau ir Eglwys, ond yn y cyfryw bethau nad ydynt *derfynedig* gan ei gyfraith ef. **1721** RD: *CFf* 24, Yr Angylion a'r Dynion hynny a ragluniwyd ac a a [*sic*] ragordeiniwyd fel hyn a fwriad-wyd yn neilltuol, ac yn anghyfnewidiol, a'u rhif cyn sicred a *therfynedicced*, ac nad ellir na'i 'chwanegu na'i lleihau. **1803** *P*, *Tervynedig* . . . Determined.

(*b*) A chanddo ffin(iau) neu derfyn(au), o fewn terfynau, wedi ei derfynu, cyfyng-edig, heb fod yn annherfynol, meidrol: *having a border or boundary, having borders or boundaries, bounded, within limits, limited, restricted, finite.*

15g. *GLGC* 51, Tad caredig, tai rhwymedig, / *terfyn-edig*, tref a nodir. **1604–7** *TW* (*Pen* 228), rhyw le *teruynedic* or awyr d.g. *Templum . . . Augurratum tem-plum.* **1661** E. LEWIS: *Drex* 114, nid oes rhwng y peth *terfynedig* (*finite*) a'r peth annherfynedig ddim cymmhariaeth. **1675** R. DAVIES: *PY* 222, Gwybydd-wch fod pôb hæresi yn *derfynnedig* mewn rhyw fannau o'r byd. **1676** W. JONES: *PGG* 5, Nid oes gan y creadur sydd ganddo y godidowgrwydd mwyaf a goreu, ond mesur *terfynedig.* **1710** *LlGG* (*Gos*) 18, Esgobion, ar rybudd eu Huwch, a ddiswyddant y rhai a fo dros ben y rhifedi *terfynedig* (*limited*) felly. **1716** E. SAMUEL: *GGG* 129, mae Trugaredd fel y byddo Cyfiawn yn *derfynedig.* **1723** J. JONES: *LlA* 162, Cariad attaliedig a *therfynedig* yw Cariad Dyn cnawdol at y Sainct. [**1725**] *TS* 139, nyni, sef y rhai a achubir, a gadwn ein Nhattur ac a barhawn yn wastad-ol yn Hanfodau *terfynedig.* **1776** *W* d.g. *Limited.* **1784** M. WILLIAMS: *S* i. [1], yn *derfynedig* gan fath o len las, pa un a alwent y Ffurfafen.

(*c*) Gorffenedig, wedi dod i ben; terfynol: *finished, ended; final.*

13g. *B* ix. 148, Ac ene diwed o vreid ene bei *tervyn-edic* e molyant e detwydaf vicedonus a gyvodes . . . e adolwyn idaw peri lloski er yskymunedicaf sartrys honno. **14g.** *LlB* 44, kany ellir gwybot o vn fford kyn barn *teruynedic* ae vn ohonunt a uo kylus, ae ell deu. **14g.** *WM* 8. 12–15, neut *teruynedic* angheu y mi nit oes ansaŵd y mi ych kynnal chŵi bellach. **1567** *LlGG* 114b, val yn eyn oll weithredoedd dechreuedic, an-terfynnedic a'*therfynnedic.* **1803** *P*, *Tervynedig* . . . ended.

(*d*) *Gram.* a *c.d.* Ac iddo derfyniad penod-edig (am air, odl, &c.); ?'cyfyngedig' (mewn ystyr ansicr am ragenw): *having a specified ending* (*of a word, rhyme, &c.*); ?*'finite'* (*in uncertain sense of a pronoun*).

Dchr. **15g.** *B* ii. 193, Englyn *teruynedic* yn dipton dalgron a chonsonans . . . Lledyf awdyl *teruynedic* yn dipton ledyf a chonsonans. *c.* **1455** *GP* 70–1, Dwy ansodd sydd i rakenw, nid amgen, vn *dervynedic* ac vn anhervynedic: vn *dervynedic* val y mae 'mi', 'tydi', 'evo', vn anhervynedic val y mae 'mav', 'tav', 'eiddo'. Vn *dervynedic* a gymer person, vn anhervyn-edic ni chymer person. *p.* **1584** G. ROBERT: *GC* [119], henwau *terfynedig* yn ed . . . mal: cynn galetted a'r dur. **1592** S. D. RHYS: *Inst* 66, Dwy ansawdh yssydh i Ragenw . . . Arbennig a *therbhynnedig*: megys 'mi', 'ti', 'ebh'. Disgynnedic ac Anherbhynnedic: megis 'mau', 'taû', 'eidhaw'. **1728** S. RHYDDERCH: *GC* 16.

terfynedigaeth [*terfynedig*+*-aeth*] *eg.* Y weithred o bennu: *a determining.*

1711 M. MAURICE: *YAD* 65, rhag-wybodaeth . . . y sydd am bethau ag a Siccir fyddant, neu ny [*sic*] fyddant i ganlyn, am hynny fe ae [*sic*] Seilyr yn-Nuw ar ei *derfynedigaeth* ef o bethau. **1803** *P*, *Tervynedig-aeth*, s. m. . . . Determination.

terfynedigol [*terfynedig*+*-ol*] *a.* Cyfyngol: *restrictive, limiting.*

[**1783**] *W* d.g. *Restrictive.* **1800** T. PRICE: *RT* 71, Mae'r geiriau hyn, cynnifer ag a alwo yr Arglwydd ein Duw ni . . . yn aelod o ymadrodd a'r sy'n terfynu, ac yn estyn allan effaith *terfynedigol* (*restrictive*) i'r gair 'plant'. *id.* 72, Y mae i hwn, fel pob addewid arall, ddau derfyn, ac mae'r ddau hyn wedi eu sefydlu trwy ddau ymadrodd *terfynedigol* (*limiting clause*). **1803** *P.*

terfynell [*terfyn*+*-ell*] *eb.* ll. *-au.* Peth sy'n terfynu, eithaf, pen draw; pwynt cyswllt ar gyfer cau cylched drydanol; cyfarpar sy'n trosglwyddo negeseuon rhwng defnyddiwr a chyfrifiadur, system gyfathrebu, &c.; *Swol.* organ derfynol: *a terminal* (*also of electric circuit, computer, &c.*); *end organ* (*in zoology*).

20g.

terfynfa [*terfyn*+*-fa, ma*] *eb.* ll. *terfynfeydd, -oedd.* Terminws, hefyd yn *ffig.*; (clawdd) terfyn, ffin; safle ar ddiwedd piblin neu mewn porthladd, ar gyfer storio olew: (*train, bus, &c.*) *terminus, also fig.*; *boundary* (*hedge*), *border*; *oil terminal.*

18–19g. *MA* ii. 473, gwnaeth Offa Brenin y Mers y clawdd mawr a elwir Clawdd Offa yn *derfynfa* (*Bren Saes* 10, dervyn) rhwng Gwlad Gymru ar Mers. **1803** *P*, *Tervynva*, s. f. . . . a boundary spot.

terfynfaen, gw. **terfyn**+**maen**[1].

terfynflaen [*terfyn*+*blaen*] *eg.* *Serdd.* ?Pwynt cychwynnol neu fynedfa (tŷ): *cusp* (*in astrol.*).

1706 T. JONES: *Alm* [31], mewn Perdrogledd dremiad a *therfynflaen* yr ail . . . ac mewn Cyfyrbell dremiad a *therfynflaen* y Pummed tŷ. **1770** J. PRYS: *Alm* 15, ar *Derfynflaen* y 6ed tŷ yn arwydd y Llew. **1779** *DS* 10, ar *derfyn-flaen* y 6 tŷ or addurn.

terfyngylch [*terfyn*+*cylch*] *eg.* ll. *-oedd.* Gorwel, terfyn, cylchyn, hefyd yn *ffig.*: *horizon, boundary, circumference, also fig.*

1632 *D* d.g. *Horizon.* **1661** E. LEWIS: *Drex* 255, pan ddelom ni am ben marwolaeth, ac felly myned tros *derfyngylch* (*Horizon*) y byd hwn, ac ymadael i un arall nid i ddychwelyd byth Drachefn. **1725** *SR*, Y *terfyngylch* d.g. *The Horizon.* **1725–6** *Madd Ed* 123, megis y gwelwn yr Haul yn rhoddi peth goleuni i'r rhei'ny, ar Horison neu *Derfyn-gylch* pa rai nid yw yn ymddangos. **1727** J. JONES: *DFF* 203–4, mwy possibl ydyw i'r Haul pan ydyw wedi machludo, drigo'n dragwydd y tu arall i'r Ddaear, ac heb ymddangos byth mwyach yn ein *Terfyngylch* (*hori-zon*) a'n Hardal ni. **1775** M. WILLIAMS: *MC* 114, mae amryw Linellau eraill yn croesi o'r Gyhydded [*sic*] i'r Trophic, pa rai a elwir Azimuths, Ecliptic, neu'r diffyg Lain, Horizon, neu 'r *Terfyngylch.* **1784** M. WILLIAMS: *S* i. 7, Drachefn, mae'r glob yn wastad yn cael ei gosod mewn cylch, a elwir y *terfyn-gylch.* **1790** W. RICHARDS: *LlA* 101, y gwirionedd yw *terfyn-gylch*, a rheol, brawdgarwch efangylaidd. **1791** GW. MECHAIN: *Rh* 37, [d]inas Alba, a gogoniant Lasinium Eneas, yn ymachluddo gan ddisgyn goris *terfyngylch* enwogrwydd. [**1791**] J. THOMAS: *GB* 20, Y mae'r arfaeth hon yn sicr o ran nifer, mesur, a *therfyn-gylch* etholedigaeth; canys y mae etholedig-aeth a gwrthodedigaeth yn cylchynu holl ddynolryw. **1803** *P*, *Tervyngylç*, s. m.—pl. t. *oz* . . . A horizon. Cf. TALHAIARN: *Gw* i. 331, tu hwnt i *derfyngylch* goleuni ein llênyddiaeth ogoneddus.

terfyngylchol [*terfyngylch*+*-ol*] *a.* Yn perthyn i'r gorwel, wedi ei leoli ar y gorwel neu'n digwydd yno, llorweddol: *pertaining to the horizon, at the horizon, horizontal, parallel to the horizon.*

1774 *W* d.g. *Horizontal.* **1803** *P.*

terfyniad [bôn y f. *terfynaf*: *terfynu*+*-iad*[1]] *eg.* ll. *-au.*

(*a*) Penderfyniad, dyfarniad, ?rhag-ordeiniad; y weithred o derfynu, diwedd-(iad), marwolaeth; ffin, terfyn, cyfyngiad; amser gosodedig neu benodedig: *decision, determination, ?preordination; termination, end(ing), death; boundary, border, limit-(ation), restriction; set or appointed time.*

1547 *WS*, *Terfyniad* Endyng. **1588** *Job* xiv. 13, O na osodit fi mewn bedd . . . na osodit ti *derfynniad* i mi. **1630** *YDd* 42, gan ddisgwyl beunydd am *derfyniad* (*end*) galarus ar y cyfryw ddechreuad dychrynadwy. **1632** *D* d.g. *Determinatio, Dijudicatio, Terminatio.* **1651** SIÔN TREREDYN: *MDD* 17, am ei fod yn dis[gwy]l ar law dyn, iw vfyddhau [*sic*] o ddeall . . . nid trwy anghen ordeiniol neu *terfyniad* [*sic*] (*deter-mination*) hollawl. **1661** E. LEWIS: *Drex* 2, pa fodd y gellir terfynû hwnnw [tragwyddoldeb], yr hwn nid oes iddo na chyffinydd na *the*[*r*]*fynniad* (*limits*)? **1675** R. DAVIES: *PY* 213, ymddarostyngwch yn hytrach i farn, a *therfyniad* Tadau dysgedig yr Eglwys. **1687** (**1715**) J. OWEN: *TB* 75, Y coelbren a arferid mewn modd crefyddol, i dderbyn eglurhâd oddiwrth Dduw er *terfyniad* a dibenniad pethau o bwys. *c.* **1700** E. LHUYD: *Par* ii. 51, Alwen sy'n kody ym mynydh Hiraethog. O *dervyniad* Korwen a Lh[an] vor. **1725** *SR* d.g. *Decision.* **1735** S. THOMAS: *HP* [93], Pob Person neilltuol, ag a ddaeth erioed o Lwynau Adda, ag a ddaw etto hyd *derfyniad* yr Oesoedd. **1776** *W* d.g. *Limitation, Limiting.* **1778** J. THOMAS: *HB* 242, Felly gosodwyd y gyffes a'r *terfyniadau* hynny, fel sail y gymmanfa a'r diben o honi. **1784** M. WIL-LIAMS: *S* i. 42, yna yr ydys yn danfon aelodau o bob tŷ i'r ystafell baentiedig i ymresymmu, ac i dreio dyfod â'r matter i *derfyniad.* **1803** *P*, *Tervyniad*, s. m. . . . a terminating. Cf. D. OWEN: *D* 142, Bu codwm Walter yn *derfyniad* ar weithrediadau y noswaith.

(*b*) *Gram.* Rhan derfynol gair, yn enw. elfen derfynol a ychwanegir at air neu fôn geiriol i fynegi perthynas neu newid ystyr, ôl-ddodiad (ffurfdroadol); *c.d.* diwedd llinell (fydryddol): *termination* (*in gram.*), *ending*, (*inflexional*) *suffix*; (*metrical*) *line-ending.*

15g. *B* ii. 196, yn un wed a hynny y byd y pennill hir o wawtotyn. Ac yn un *deruynyat* ar gair todeit wedy yr awdyl y byd y gair a gyrcher wedy. *c.* **1455** *GP* 85, O'r bervav personol Rai ysydd a *thervyniad* actif arnvnt, Rai a *thervyniad* pasif. *c.* **1560–87** *id.* 184, Kynghanedd lvsc yssydd vnawdl, ac a vnodla pan fo *tyrfyniad* aken yn ateb i'r silldaf nessaf at yr odl. *a.* **1575** *id.* 112, o bydd yr awdl gyntaf yn tervynv yn y sseithved ssilldaf, bid y gair kyrch yn dair ssilldaf . . . Os yn y nawved y tervyna, bid y gair kyrch yn vn ssilldaf. A'r *tervyniad* hwnnw a elwir gwahan. *p.* **1584** G. ROBERT: *GC* [100], mae gan y geiriau groeg a lladin amrafel derfyn i bob syrthiad ganmwyaf [*sic*], ag wrth *derfyniad* y syrthiad gene/digawl nhwy a wyddant pa dreigliad sydd i bob gair. **1732** J. JONES: *C* xiv, oddi eithr bod (u) yn y *Terfyniad* (au) neu (eu). Cf. W. OWEN[-PUGHE]: *CIG* 13, Mae tair trefn ar y moddion o gyfansoddi y geiriau tarddedig . . . gydag arddodiaid, a *therfyniadau*, ac y ddwy yn nghyd. *id.* 14, Y *terfyniadau* â arferir i gyfansoddi geiriau tarddedig ynt y rhai hyn . . . Ach deb en id ydd; T. A. WATKINS: *Ieithyddiaeth* (1961) 36, mae tueddiad cryf i olddodiaid ffurfdroadol fod yn derfyn-ol. Am y rheswm hwn fe'u gelwir yn *derfyniadau.*

terfyniadol [*terfyniad*+*-ol*] *a.* Terfynol; *Gram.* yn perthyn i derfyniad(au), yn ffurfio'r cyfryw: *final; terminational* (*in gram.*).

1833.

terfyniaeth [*terfyn*+*-iaeth*] *e?b.* *Athr.* Teleoleg; *Diwin.* yr athrawiaeth fod Duw wedi ordeinio cyfnod cyfyngedig ym mywyd pob unigolyn iddo edifarhau, a bod iachawdwriaeth yn amhosibl ar ôl hynny; diwedd, terfyn: *teleology* (*in philos.*); *terminism* (*in theol.*); *end, termination.*

1653 R. JONES: *TTN* 50, Gwraig Abram . . . ei oed . . . hil Ismael . . . ai *derfyniaeth.* **1716–18** *LlsgrR. Morris* 168, os tynnwch chwi yn groes chwi am rhoddwch mewn loes / nesau mae gwahaniaeth *terfyniaeth* fy oes.

terfyniaf: terfynio, gw. **terfynaf: ter-fynu.**

terfynlin [*terfyn*+*llin*[1]] *eg.* Gorwel: *hori-zon.*

1850.

terfynnod [*terfyn*+*nod*[1]] *eg.* Ffin, terfyn, cyfyngiad; diwedd, terfyn: *boundary, limit; end, termination.*

1710 *LlGG* (*Gos*) 9, *Terfynnod* ar Genhiadu mwy nag un Rhent (*Licenses for plurality of Benefices Limit-ed*).

terfynol [*terfyn*+*-ol*] *a.* (Yn bod, yn di-gwydd, yn dod, &c., yn) olaf; angheuol (am glefyd); yn penderfynu canlyniad, yn rhoddi terfyn ar amheuaeth, pendant; ac iddo derfynau, cyfyngedig, meidrol, dros dro; yn perthyn i ffin neu gyfyngiad, yn ffurfio'r cyfryw, cyfyngol; ?o un pen i'r llall, yn ei gyfanrwydd: *final, ultimate, ter-minal* (*also of illness*); *decisive, conclusive, definite; having limits, limited, restricted, finite, transitory; pertaining to, or forming, a boundary or limit, restrictive; ?from one end to the other, in its entirety.*

16g. SIÔN BRWYNOG: *C* 175, Gruffudd, trwy 'Fionydd *terfynol*—fel Iôn, / Gam union gymynol. **1588** *Dan* viii. 17, y weledigaeth sydd dros amser

terfynol (**1620** *ib.* yn amser y diwedd). **1604–7** *TW* (*Pen* 228), yn *dervynol* d.g. *Abscisse.* **1630** *YDd* 54, y mae dwfr y môr yn beth *terfynol* (*finite*), eithr wylofain y gwrthodedig a fydd an-herfynol. **1632** *D* d.g. *Definitivus, Finitè, Limitaneus, Terminalis.* **1657** *MLl* ii. 104, Mae saith ysbryd Duw tragwyddol / Ar saith seren ynt *derfynol.* **1688** S. HUGHES: *TSP* 31, nid oes dim cymmesurwydd a chyfattebiad rhwng cospedigaethau Dynion *terfynnol* a chyfiawnder annherfynnol y goruchaf Dduw. **1717** IACO AB DEWI: *MN* 78, gan eu bod [cyfreithiau] wedi eu gwneuthur yn unig i Greadurieid *terfynol* (*finite*). **1771** J. THOMAS: *TA* 267, gallem farw y dydd [*sic*] hwn . . . rhaid fy mharottôi a'm perffeiddio erbyn yr awr *derfynol* honno. **1796** T. JONES: *CCA* 343, mewn ystyr *derfynol* (*limited*) addas y mae i ni ddyall, Nad yw y neb a aned o Dduw yn pechu. **1803** *P, Tervynawl* . . . Conclusive, ending.

terfynolaf: terfynoli [bf. o'r a. *terfynol*] *bg.a.* Cyfyngu; gwneud yn bendant; (geir.) gwneud neu fynd yn derfynol: *to restrict; make definite;* (*dict.*) *make or become conclusive.*

1803 *P, Tervynoli* . . . To render conclusive; to become conclusive.

terfynoldeb [*terfynol*+-*deb*] *eg.* Yr ansawdd neu'r cyflwr o fod yn derfynol; meidroldeb, cyfyngiad; pendantrwydd: *finality; finiteness, limitation; definiteness.*

1630 *YDd* 8, Anherfynoldeb y duwiol anian ni chyfrennir ir dynol anian, na *therfynoldeb* (*finitenes*) y dynol ir duwiol. **1711** M. MAURICE: *YAD* 51, y mae anhybarthiad mewn gwahanol Sylweddau yn perthyn i amherffeithrwydd y creadur, gan ei fod oddiwrth *derfynoldeb*, a rhannau i ba rai y gellyr [*sic*] ei wahanu. *id.* 179, ny all anherfynnoldeb, a *therfynnoldeb* [*sic*], tragwyddoldeb ac amser, anfessyroldeb, a chylchynniad gael ei hymchweliad y naill i'r llall, na chael ei cymmyscu ynghyd. **1803** *P, Tervynoldeb,* s. m. . . . Finiteness.

terfynolder [*terfynol*+-*der*] *eg.* Meidroldeb; cyflwr gorffenedig neu gaboledig: *finiteness; finish, polish.*

1803 *P, Tervynolder,* s. m. . . . Finiteness.

terfynolrwydd [*terfynol*+-*rwydd*] *eg.* Meidroldeb, cyfyngiad; yr ansawdd neu'r cyflwr o fod yn derfynol, terfynoldeb; penderfyniaeth: *finiteness, limitation; conclusiveness, finality; determinism.*

1803 *P, Tervynolrwyz,* s. m. . . . Conclusiveness.

terfynwr, terfynydd [bôn y f. *terfynaf: terfynu*+-*wr*, -*ydd*[3]; ansicr yw'r ystyr yn yr engh. gyntaf isod] *eg.* ll. *terfynwyr, terfynyddion.* Un sy'n terfynu, gorffennwr, cwblhawr; (peth sy'n nodi) terfyn neu ffin, gorwel; un sy'n gosod neu'n nodi terfyn neu ffin, un sy'n pennu; cystadleuydd mewn rownd derfynol: *terminator, finisher, completer; boundary* (*marker*), *horizon; one who marks or sets a boundary, determiner; finalist* (*in competition*).

Diw. **15g.** *Pen* 41, 17, Rai oi datlevoed Iawn yw ev dilit herwyd kwest Ac ereill a vo kynt ymediant arall o dilit gwirioned drwy lw y *tervynnwyr.* **15–16g.** *TA* 40, Trewaist bâr trinwyllt, trwst berw taranau, / Trwy faner y Baedd, *terfynwr* beddau [i Syr Rhys ap Tomas]. **1596** *Pen* 187, 40, horison nev *terfynydd* . . . sydd yn parthv yrhan a welir or wybr uwchlaw r ddaiar o i wrth yrhan nis gwelir. *id.* 40b, fo allfod [*sic*] yr vn llin hanerddydd i ddwy wlad, os byddant tv ar gogledd nev r deav y naill y iwrth ylla11., [*sic*] eithr yr vn *terfynydd* ni all fod i ddwy wlad byth oni bydd y bobl ynddynt yn wrthdroediawg. *id.* 50a, Yrhai sy yn preswilio ydan y gyhydedd mae dwy bôl yn *derfynydd* vddynt. ar havl yn dyfod ddwywaith yn yflwy/ddyn dros i penav yn vnion. **1604–7** *TW* (*Pen* 228), y Circul a elwir Horizon. y *Teruynydh* d.g. *Finiens. Dchr.* **17g.** *J* 10, 155b, *Tervynydd.* Horrizon [*sic*]. **1632** *D, terfynwr* tir d.g. *Mensor.* **1661** E. LEWIS: *Drex* 4, Tristmegistûs [*sic*] sydd yn dywedyd, mai 'r enaid yw *Terfynûdd* (*Horizon*) amser, a Tragwyddoldeb [*sic*]. **1803** *P, Tervynwr,* s. m.—pl. *tervynwyr* . . . One who concludes or terminates. *id. Tervynyz,* s. m.—pl. t. *ion* . . . A concluder, a finisher, a determiner.

terfysg[1] [H. Wydd. *tairmesc* 'ataliad, gwaharddiad': o'r un gwr. IE. **meik*- 'cymysgu' ag a welir yn *mysg*] *eg.b.* ll. -*oedd*, -*au.* Cythrwfl, aflonyddwch (meddwl), cynnen, anghydfod, anghytgord, ymrafael, gwrthdaro, helynt, anhrefn, stŵr (yn enw. gan dorf afreolus), reiat, cynnwrf (cyhoeddus), gwrthryfel, ymladdfa, brwydr, hefyd yn *ffig.* am berson; tyrfedd, tywydd stormus: *commotion,* (*mental*) *agitation, strife, dissension, discord, contention, conflict, trouble, disorder, tumult, riot,* (*public*) *disturbance, revolt, insurrection, mutiny, fight, battle, also fig. of person; turbulence* (*of weather*), *stormy weather.*

12g. *GMB* 151, Tyrrua toryf *teruysc* heb diuwyn, / Heb diwad y orwlad orllwyn. *id.* 177, A dreic Mon mor drud y eissylud yn aer, / A bu *teruysc* taer y haer holi. **12g.** *GCBM* ii. 231, Ry-m-gelwir yn fyryf yn fysc —arab hwyl, / Yn arab-hawl *deruysc.* **14g.** *DB* 99, A rei hynny oc ev gwynt a diuant dyfred y mor a ymgwyn trwy y gogouev y dayar, ac eilweith y crynnant o vawr *teruysc.* **14g.** *BT* (*RB*) 228, o achos *teruysgeu* a vagyssit rwg Llywelin ap Ioruerth a'r brenhin, y llosges Llywelin tref Castell Baldwin. *c.* **1400** *Ymborth* 6, *Teruysc,* neu gynnwryf, yw anwastatrwyd llithredic gnawdolyaeth a del o vrevolyaeth medwl. *c.* **1400** (*SG*) *HMSS* i. 283, ny weleis i eirmoet y vrenhines yn gymeint y *theruysc* ae phryder ac y mae yr awrhonn. **15g.** *LHDd* 43, Sef y6 *tervysk* ymlad ac arueu. **1567** *LlGG* 43b, ydd oedd vn a elwit Barabbas, yr hwn oedd yn rhwym gyd ei gyd-dervyscwyr, ac yn y *dervysc* (W. SALESBURY: *KLl* xxixa, kyfodiat) a wnaethent laddiat. **1567** *TN* 122a, son am ryveloedd a' *thervyscoedd.* **1595** H. LEWYS: *PA* 97–8, pa fod' i cospodd duw lawruddiaeth a godineb Dafyd', drwy *derfyscac,* cyfrysed', celaned'. **1632** *D, Terfysg,* Tumultus. **1688** *TJ, Terfysg,* helbul, Cyffro, Cythryfwl: a Tumult, an Insurrection, Disturbance. **1733** J. THOMAS: *CGGD* 11, gall Dynion drwg godi *Terfysgau* . . . a pheri Rhwygau ynddi [teyrnas]. **1778** *W,* peri (codi, cyfodi) *terfysg* d.g. *To mutiny.* **1790** T. JONES: *TOS* 242, dy falchder a leinw dy enaid a *therfysg* dibaid. **1803** *P, Tervysg,* s. m.—pl. t. *oz* . . . Confusion, commotion, tumult, disturbance. Ar lafar, 'codi *terfysg*', *WVBD* 530; ''Ôn' nw wedi mynd lawr 'na yn 'u 'unig swydd i dinnu *terfysg* rwng y dinnon a fe ddæth y plismyn a'r cwbwl', *GTN* 786; hefyd ynglŷn â tharanau, ''Dwi'n meddwl bod *terfysg* yni hi', *WVBD* 530.

terfysg[2], gw. **terfysgaf: terfysgu.**

terfysgaeth, terfysgiaeth [*terfysg*[1]+-(*i*)*aeth*] *eb.* Defnydd systematig o drais, &c., i gyrraedd nod gwleidyddol, &c., gwrthryfel, anarchiaeth: *terrorism, revolution, anarchy.*

1911.

terfysgaf: terfysgu [bf. o'r e. *terfysg*[1]] *bg.a.* Achosi terfysg, creu cythrwfl neu gynnen, mynd yn derfysglyd, cythryblu, cynhyrfu, aflonyddu (ar), blino, brawychu, creu helynt, codi stŵr, creu reiat neu derfysg milwrol, &c., neu gymryd rhan yn y cyfryw, gwrthryfela; ymdaflu (am donnau, &c.): *to cause tumult, create commotion or strife, become disorderly, make or become agitated, stir, disturb, trouble, alarm, make mischief, cause uproar, riot, mutiny, rebel; toss* (*of waves, &c.*).

13g. *GDB* 257, *Teruysc* tonn dilysc, dyleinô aber / Dylad anwastad ny osteker. *id.* 302, Mal tors, ny6 *teruysc* alaeth, / Mal tonn, treis trylonn, tros draeth. **13g.** *BD* 33, yna y doeth meibyon anuundeb y *teruysgu* y rygunt [*sic*]. **14g.** *BT* 124, y brenhin yeuang a *deruysgawd* yn vawr tir ydat. **14g.** *BT* (*RB*) 166, A gwedy meithrin kynnhwryf y rwg archescop Keint ac archescop Iorc, y *teruysgwyt* y kyghor. *c.* **1400** *YCM*[2] 73, Kanys pan debycko dyn vwyhaf gael llonydwch a damwein da ohonaw, nessaf vyd idaw yna y *deruysgu.* *id.* 83, uelly y bydynt yn ymfust ar y maes yny wypit teruyn ar hynny, pei na bei traniver a'e *teruysgwys.* *c.* **1400** [*RB*] *WM* td. 98. 15–17, bot y kythreul yn eullesteiryaô. Ac yn *teruyscu* tr6y ycorn. **1567** *LlGG* (*Sall*) 2a, Paam y *tervysca* y cenedloedd, ac y bwriada y poploedd yn over? *id.* 81b, saetha dy saethae, a *thervysca* hwy. **1588** *Jer* xxxi. 35, yr hwn sydd yn rhwygo yr môr fel y *terfysco* ei donnau. **1604** R. HOLLAND: *BD* 9, heb na gwrthnebu awdurdod, na thorri cyfraith y deirnas: ac yn enwedig heb *derfyscu* yn wrthryfelgar (*sturring any rebellion*), nac ymwahanu neu ymrwygo. **1632** *D, Terfysgu,* Tumultuari. **1688** *TJ, Terfysgu,* Cyffroi: to disturb, to make a Sedition or Tumult. **1696** *GGTY* [323], nid oes ini *derfyscu* (*trouble*) mo honom ein hunain ynghylch y fâth bethau dirgel. **1790** T. JONES: *TOS* 44–5, Nid oes yn y porthladd hwnnw ddim o'r tonneu sydd yma 'n *terfysgu* (*toss*) i fynu ac i wared. **1803** *P, Tervysgu* . . . To raise a tumult; to become tumultuous, to be in an uproar. Ar lafar, 'Nw *derfysgon*' trw'r dre' a fe laddwd rai', *GTN* 786.

Amr.: **terfysgio.** *c.* **1300** *B* ii. 33, llit a *deruysgya* dyn yn erbyn y annyan.

terfysgaidd [*terfysg*[1]+-*aidd*] *a.* Yn achosi terfysg neu gythrwfl, cynhyrfus, aflonydd, cynhennus, gwrthryfelgar, chwannog i greu reiat neu i gymryd rhan mewn reiat: *tumultuous, turbulent, agitated, disturbed, causing commotion, factious, rebellious, riotous.*

1588 *Diar* xx. 1, Gwatwarus yw gwin, a *therfyscaidd* yw diod gadarn. **1655** R. JONES: *PC* 195, Brawd traeth ei drô ai alwad ef / *terfyscaidd* lef carcharwyd. **1677** R. JONES: *BB* 191, A ydyw hwn ddeisyfiad Schismaticiaidd neu *Derfysgaidd*? **1759** T. THOMAS: *WWDd* 211, Mae 'n bossibl y gall rhyw Gristion *terfysgaidd* yn ei yspryd, ddarllain yma am yr heddwch hwn. **1803** *P, Tervysgaiz* . . . Apt to be riotous.

terfysgblaid [*terfysg*[1]+*plaid*] *eb.* ll. -*bleidiau.* Carfan (derfysgaidd), gwahanblaid: (*turbulent*) *faction.*

1773 *W* d.g. *Faction.* **1803** *P, Tervysgblaid,* s. f. . . . A tumultuous faction.

terfysgddeddf [*terfysg*[1]+*deddf*] *eb.* Deddf (1715) a'i gwnaeth yn drosedd (tan 1967) i gynulliad o fwy na deuddeg o bobl beidio ag ymwasgaru ar ôl i ynad, &c., ddarllen y rhan briodol ohoni: *Riot Act.*

1819.

terfysgedig, terfysgiedig [bôn y f. *terfysgaf: terfysgu*+-(*i*)*edig*] *a.bfl.* ll. (gyda grym enwol) *terfysgedigion.* Wedi ei gynhyrfu neu ei aflonyddu, dryslyd, wedi ei fwrw oddi ar ei echel: *agitated, disturbed, confused, disconcerted.*

9–10g. (*Ox* 1) *VVB* 220, *Termisceticion,* gl. *sollicitos.* **1771** G. HOWEL: *Alm* 5, Sadwrn hefyd sydd mewn cyferbyniad a Fenws yn arwydd y Dyfrwr, golygiadau *terfysgiedig* at gynhyrfu Rhyfeloedd. **1798** *WR, terfysgedig* d.g. *Disconcerted.* **1803** *P, Tervysgedig* . . . Being made tumultuous. Cf. **1809** T. JONES: *CCA* 131, Ymrysonau mewn teulu, maent yn rhwystr i yspryd gweddi . . . Ysprvd tangnefedd a chariad yw Ysprvd Duw; ac am hynny nid yw'n hoffi anadlu mewn awyr *derfysgedig* (*troubled*).

terfysgedd [*terfysg*[1]+-*edd*[1]] *eg.b.* Yr ansawdd neu'r cyflwr o fod yn derfysglyd, terfysg, aflonyddwch (meddwl), dryswch, hefyd yn *ffig.*; tyrfedd: *tumultuousness, tumult,* (*mental*) *agitation, confusion, also fig.; turbulence* (*of weather*).

1658 R. VAUGHAN: *PES* 3, [p]ob cyfriw *derfysgedd* wradwydduswyllt. **1658** R. VAUGHAN: *PS* 390–1, siglo a chrynu a dychryn a *therfysgedd* ynghalluogaeth Gweithrediad. **1658** R. VAUGHAN: *PC* 9, Ofn, a *therfysgedd* yn y cydwybod. **1735** J. EVANS: *YMS* 139, y cuddiedig ddŷn, sydd yn hollol wedi ei orchguddio â thywyllwch, wedi ei wisgo â *therfysgedd.* **1748** P. PUGH: *DGG* 12, Gwibiad a *Therfysgedd* Meddyliau. **1803** *P, Tervysgez,* s. m. . . . Tumultuousness.

terfysgiad [bôn y f. *terfysgaf: terfysgu*+-*iad*[1]] *eg.* ll. -*au.* Y weithred o derfysgu, terfysg, cythrwfl, aflonyddwch (meddwl), cynnen, gwrthdaro, reiat, gwrthryfel, terfysg milwrol, &c.; dirgryniad (daear), daeargryn: *tumult, commotion,* (*mental*) *agitation, strife, conflict, revolt, insurrection, riot, mutiny;* (*earth*) *tremor, earthquake.*

1740 *DDF* 29, Dal Sylw ar bob *Terfysciad* Sanctaidd a fo yn dy Enaid. *c.* **1762–79** W. WILLIAMS: *P* 94, [*t*]*erfysgiad* anghyffredin yn y Dwr a'r Tir. *id.* 565, mi wn bod *terfysgiadau* ofnadwy, dioddefiadau, a merthyrdod creulon cyn gosod i fynu eglwys yn Scotland. **1774** W. WILLIAMS: *AB* 8, Ni's gadawodd efe na môr, na thir, daear, nac wybr heb wneud rhyw *derfysgiadau* ynddynt. *id.* 14, arwyddion o flaen amrywiol ymddangosiadau ein Harglwydd Iesu; sef rhyw *derfysgiad,* ac ymgynhyrfiadau yn y ddaear. **1783** P. WILLIAMS: *FfA* 30, Y mae efe yn gweled holl feibion dynion ar unwaith, ac yn gwybod pa gyfrinach sydd rhyngddynt . . . yn peri i'w trallodau, a'u *terfysgiadau,* wasanaethu ei ddiben mawr ei hun. **1788** J. THOMAS: *CS* 184, Pan b'o blinderau'n dod yn llî. / Rhyw *derfysgiadau* o bob tu; / Ym mhob rhyw stormydd yma sydd, / Tŵr cadarn. **1803** *P.*

terfysgiaeth, terfysgiaf: terfysgio, terfysgiedig, gw. **terfysgaeth, terfysgaf: terfysgu, terfysgedig.**

terfysglu [*terfysg*¹ + *llu*] *eg.* ll. *-oedd.* Torf afreolus, ciwed: *mob, rabble.*
1850.

terfysglyd [*terfysg*¹ + *-lyd*] *a.* Yn achosi terfysg, a nodweddir gan derfysg, yn achosi cythrwfl neu aflonyddwch (meddwl), blinderus, cynhennus, afreolus, gwrthryfelgar, chwannog i greu reiat neu derfysg milwrol, &c., neu i gymryd rhan yn y cyfryw; dryslyd, cynhyrfus, trwblus; garw (am y tywydd, y môr, &c.), tymhestlog, tyrfus: *tumultuous, causing commotion or (mental) disturbance, troublesome, factious, unruly, rebellious, riotous, mutinous; confused, disturbed, troubled; rough (of weather, sea, &c.), tempestuous, turbulent.*
1704 E. Samuel: *BA* 14, yr oedd ffydd yr Apostol . . . yn rhy egwan i ymryson a rhyfel wynt [*sic*] *terfysglyd. id.* 84, amcanu dal yr Apostol [Paul], a'i draddodi ef i lidiawgrwydd y dorf *derfysglyd* anhosturiol. *c.* **1762–79** W. Williams: *P* 236, fe fyddai arferol o fynegu iw wraig y lleisiau fyddai yn glywed . . . yr hyn oll oedd hi yn edrych arno fel gwag dybiau, dychymmygion *terfysglyd*, neu hudoliaethau 'r ysbryd drwg. **1771** J. Rees: *H-A* 78, tŷ'r hwn [tafarnwr] sy'n agored i bawb a ddelo; pa mor lleisiog, haerllug a *therfysglyd (troublesome)* bynnag y byddont, ni all efe gael gwared o honynt. **1771** J. Thomas: *TA* 283, os dechreui fod yn ddiog ac yn *derfysglyd*, heb ymgadw yn agos at Grist. **1778** *W* d.g. *Mutinous.* **1790** T. Jones: *TOS* 304, byd drygionus a *therfysglyd* (*confused*) yn cael ei gadw mewn trefn. **1803** *P, Tervysglyd* . . . Apt to be tumultuous; riotous, mutinous. Ar lafar, 'sbel o dwydd *terfysglyd*', 'Os bydd e yn y cwrdd eclws, cwrdd *terfysglyd* fydd a', *GTN* 786.

terfysgog [*terfysg*¹ + *-og*] *a.* Terfysglyd, tymhestlog, tyrfus, stormus, garw: *tumultuous, tempestuous, turbulent, stormy, rough.*
1793 Dafydd Ionawr: *CD* 377, Crochlef (a llif y crychwlaw) / Y Daran o'i du oror / Mal berwawg *derfysgawg* Fôr. **1803** *P, Tervysgawg* . . . Full of tumult.

terfysgol [*terfysg*¹ + *-ol*] *a.* Terfysglyd; yn defnyddio terfysgaeth fel arf gwleidyddol, &c., yn perthyn i derfysgaeth, brawychol: *tumultuous; terrorist(ic).*
1588 1 *Br* i. 41, pa ham y mae twrwf y ddinas yn *derfyscol? * **1588** *Eseia* xxii. 2, Yn llawn terfysc, ac yn ddinas *derfyscol* yr aeth y ddinas lawen. **1803** *P* d.g. *Tervysgawl.* Cf. Talhaiarn: *Gw* i. 121, Rhag y *derfysgawl* gâd, / Duw cadw hi [y Frenhines Victoria].

terfysgus [*terfysg*¹ + *-us*] *a.* Terfysglyd, yn achosi cythrwfl neu aflonyddwch (meddwl), cynhennus, afreolus, gwrthryfelgar; dryslyd, cynhyrfus, trwblus; garw (am y tywydd, y môr, &c.), tymhestlog, tyrfus: *tumultuous, causing commotion or (mental) disturbance, disturbed, factious, unruly, rebellious, riotous, mutinous; confused, disturbed, troubled; rough (of weather, sea, &c.), tempestuous, turbulent.*
14g. *BT* 122, bu diruawr daraneu a diruawr gawadeu *atheruysgus* gorwynt. **14g.** *BT (RB)* 118, A phan gigleu Ywein hynny, a bot y vrawt yn ryd, *teruysgus* kynhorof a wnaeth arnunt, a'e kyrchu yn diennic a oruc. *c.* **1400** *Ymborth* 3, Anodef yw anwahard *teruysgus* gyffro gwylltineb medwl heb y ffrwynaw. *c.* **1400** *Etudes* vii. 66, Y neb y bo trwyn byrr *teruysgus* vyd. **1588** *Diar* xvii. 11, Y dyn *terfyscus* sydd ai fryd ar ddrwg yn vnic. **1604–7** *TW* (*Pen* 228) d.g. *Commotus, Factiosus, Tumultuosus.* **1620** 2 *Esd* xvi. 12, Y ddaiar a gryna, a'i sylfeini, y môr a gyfyd ei donnau o'r dyfnder, a'i donnau sy *derfyscus* (**1588** *ib.* afrolus). **1677** R. Jones: *BB* 107, [Rh]agrithwyr ystyfnig, *terfysgus* (*factious*), beilchion. *id.* 138, cynhennus, hereticiaidd, Schismaticiaidd neu *derfysgus* (*seditious*). **1722** *Llst* 189, *Terfysgus.* Disturbed, enraged, factious, tumultuous, stormy. **1740** T. Evans: *DPO* 120, Uthur Ben-dragon yno a goronwyd ar ffrwst; ac ar y fath amser *terfyscus* a hwn, nid oedd dim Cyfle nac adeg i lawer o Seremoni. *id.* 326, Os Offeiriad . . . a ymneilldua . . . escymmuner ei Ganlynwyr, gan eu bod yn *derfyscus*, ac yn euog o Scism neu ymranniad. **1785** E. Barnes: *MH* 2, Hên adeilad . . . ynghanol claddfa fawr; ymmhell oddiwrth bob trwst, a swn bywyd *terfysgus* (*tumultuous*). **1793** T. Jones: *SD* 75, [y] modd y llusgir dynion gontest [*sic*]; weithiau, i ganlyn torf *derfysgus* (mob) a fo â'u bryd ar ddrwg. **1803** *P.*

terfysgwr [bôn y f. *terfysgaf*: *terfysgu* + *-wr*] *eg.* ll. *-wyr.* Un sy'n creu terfysg, cynnen, neu anghydfod, aflonyddwr, un sy'n creu helynt, gwrthryfelwr, anarchydd, un sy'n defnyddio terfysgaeth fel arf gwleidyddol, &c., brawychwr, hefyd yn *ffig.*: *one who creates commotion, strife, or dissension, agitator, troublemaker, rebel, insurrectionist, rioter, mutineer, anarchist, terrorist, also fig.*
15g. *BB* 45, yna y doeth *teruysc wyr* (*BD* 33, meibion anuundeb) drwc yscumvnllyt abwrw athrot yrygthunt. **15g.** *GDLl* 54–5, Na chysg, y mae *terfysgwr* / Yngod yn dyfod i'r dŵr; / Mae o ffeilsion anianol / Mwy na rhif yma'n y rhôl. **16g.** *Hop M* 200, balchedd ywr penn, cadpenn celfydd / *terfysgwr* blin, yn trin poblydd. **1588** *Marc* xv. 7, Barabbas, yr hwn oedd yn rhwym gyd â *therfysc-wŷr* eraill. **1595** H. Lewys: *PA* 203, Fe allase Scipio ei amddeffyn, ai ddial i hun ar y *Terfyscwyr* cynddrygeddus. **1604–7** *TW* (*Pen* 228) d.g. *Rebellator.* **1632** *D* d.g. *Turbator.* **1703** E. Wynne: *BC* 126, Wel', ebr Lucifer . . . trowch gyda mi i gystwyo'r *Terfyscwyr* eraill. **1778** *W* d.g. *Mutineer, Rioter.* **1779** W. Williams: *BH* 35, yr oedd terfysg mawr ymhlith y gwehyddion; fel yr oedd ofn arnaf i adael fy ngwraig i weithio, rhag ofn iddynt wasgu arnaf i gynnorthwyo y *terfysgwyr.* **1803** *P.* Ar lafar, "Odd Wiliam Endri wastod yn *derfysgwr* yn 'i ifad', "Ôn' nw'n arfadd galw'r Gwyddelod yn *derfysgwyr* pyn ôn' nw'n ymladd i ddod â'u gwlæd yn rydd', *GTN* 786.

terhustra, teri, teribl, gw. **trahaustra, teraf²: teru, terribl.**

terier¹, tarier [bnth. S. *terrier* a S. taf. *tarrier* 'small dog'] *eg.* ll. *-s.* Daeargi, hefyd yn *ffig.* am berson taer neu ddygn: *terrier, also fig. of an eager or tenacious person.*
[1920] Glynfab: *PD* 81, y boys bach brown na o India—y Gwrkhas. Na chaps i chi, na *darriars* bach o ddynon! Ar lafar, '*tarier*', *Cy* vi. 121; '*Teriar* s' gin Ann' (Arfon). Cf. D. J. Williams: *ChHO* 99, Wrth geisio'i alw i gof heddiw, ei ben a'i gorff hir a'i goesau cymharol fyr, a'i farf frithwen, gota, nid oedd yn annhebyg o gwbl i *darier* Sealyham ar ei wrych, yn barod at unrhyw beth unrhyw funud.

terier² [bnth. S. *terrier* 'rent roll'] *eg.* Tirlyfr, stent: *terrier, rent roll.*
1685 *Art* 13, A oes gennych chwi lawn *Terrier* ar Barchmant yn cynnwys holl Diroedd, gwairgloddiau, perllannau. **1690** *Ymofynion* 2, *Terrier* neu Stent (hyny ydyw, Cyfrif a mesur o'r Taî a'r Tîr sydd yn perthyn i'r Bersonolieth . . .).

terigaf: terigo, gw. **tarugaf: tarugo.**

term [bnth. S. C. *terme*, neu'n uniongyrchol o'r H. Ffr.] *eg.b.* ll. *-au*, (prin) *-iau, -i, -(y)s.*

(*a*) Cyfnod (gosodedig neu benodedig), adeg, tymor; tymor (ysgol, llys barn, &c.); terfyn (cyfnod neu fodolaeth), diwedd: *(set or appointed) period, time, season; (school, court of law, &c.) term; end (of period or existence).*
14g. *GDG*³ 57, O gerdd euraid gerddwriaeth / Doe 'r ŷm i gyd yn *derm* gaeth [marwnad Gruffudd Gryg]. **15g.** *IGE*² 228, Bûm'n yr art dau drimwart *derm* / Yn registr soffistr sywfferm (Ieuan ap Rhydderch). **15g.** *GLGC* 134, Tydi angau, ti a dyngwyd, / ti a'n lleddaist, gynt y'n lluddiwyd. / Tost fydd bröydd brwyd—marwolaeth, / *term* ein hiraeth trwm y'n hiriwyd. **15g.** *HCLl* 97–8, O'i dai na'i fwyd nid awn fis / Wedi'r tramwy drwy'r trimis. / Troi yma 'r hyd *term* yr haf, / Trigo'n hwy trwy gynhaeaf. **15–16g.** Llawdden, &c.: *Gw* 155, Rhown weithian, nid rhan waetha' / Diwedd y *derm* a'r dydd da. ?*Dchr.* **16g.** *Coed Coch* 573, abod yn amod ir Res adu Gwair ysydd yn ywern vawr yn llaw John ap Gruff' ap Belyn' i Ieuan ac i yncharad *derym* vi bylynedd am ddyledion oedd ar Isabell vz Gruff' ap Ieuan. **16g.** (*LlEG*) *Mos* 158, 121a, [d]yuod o serttein mawr o ben/aethiaid ysgottlond Ir parlementt I wesmystyr ynn y *term* w/yl uiangel. **1567** *LlGG* [xxviii], Declarat byr pa pryt y dechry, ac y tervyna pop *Term* yn Westmynstr. *a.* **1587** *Y* 90, A hyn oedd o hen addysg, / Oes *derm* deg, yn feistr o'm dysc. **16–17g.** *HG* 65, ni gawn vywyd hir di drain, nyd *term* o jgain mlynedd. **16–17g.** *GST* i. 565, Lle'r wyf moes i'm plwyf a'm plaid / Llyfrau, heb ennill afraid. / Pan ddoir i'r *term* dan ermain / O gwr y rhos gyr y rhain [Edmwnd Prys i ofyn dwned a phrognosticasiwn]. **1630** *YDd* 120, Clyw (farnwr pwyllig) cyn pen ychydig *dermau*, y daw terfyn dy enioes i'th oddiwes. **1710** *LlGG* (*Gos*) 17, i'r dywededig Broctorion ymattal oddiwrth bob uchel-ddadwrdd . . . dan boen eu rhoi i dewi dros y ddau *Derm* cyfan nesa'i [*sic*] ddyfod. **1795** J. Thomas: *AIC* 77, I gael *Termau* Cyfraith y Gorllewin Fonachlog [Westminster] tros byth . . . *Term* y Pasg. **1803** *P.* **1828** *Geir Pob* 27, *Term* . . . amser pennodol, tymmor. Ar lafar yn y ff. *tyrm* (*y* ≡ ə), 'Ma *tyrm* yr ha' yn dechra wsnos nesa'' (Arfon). Cf. *CLlH* [v], cyfres o ddarlithiau cyhoeddus yng Ngholeg y Gogledd, Bangor, ddechrau *term* y gwanwyn.

(*b*) Sesiwn yfed, noson fawr, sesh, sbri (feddw): *drinking bout, bender, (drunken) spree.*
1760 *ML* ii. 203, Ieuan Fardd wedi myned naill ai yn ddiog, ai yn foneddigaidd, neu yntau yn anniolchgar; mi glywais ei fod mewn *term* yn ddiweddar, ffei o'r sut. **1803** *P, Term* . . . a drinking bout. Ar lafar, 'ar 'i *derm*' 'on the spree', *WVBD* 529. Cf. Talhaiarn: *Gw* i. 312, Dywedir fod Robert Davies o Nantglyn ar ei *derm*, ryw dro, yn y 'Royal Oak', Dinbych; D. Owen: *SP* 41, Byddai yn cael *term* hir weithiau, a chlywais ef yn dweyd ei fod wedi colli tri diwrnod o'i oes na wyddai ddim am danynt.

(*c*) (yn y ll.) Misglwyf, mislif; llif misglwyfol: (*pl.*) *menstruation, period; menstrual flow.*
16g. *LIS* 56, Blasæ chwerwon a ylch ac a garthant ac a laddant y ceulet a vo yn y gwythi./ Ac wrth hynny y gwaredant *termæ* (W. Salesbury: *LlM* 96, *termie*) y merchet. *Diw.* **16g.** *WLB* 98, I lanhau y fammog . . . ac i beri iddi gael i *thermys.*

(*d*) Amod; (yn y ll.) telerau (da, drwg, &c., â rhywun arall): *term, condition;* (*pl.*) *(good, bad, &c.) terms (with another person).*
1672 J. Langford: *HDdD* 8–9, Rhaid gan hynny i'r Ffydd hon o'r Addewidion yn Cynnhyrfu ni i gyflawni'r Cyfammod cyn gallon'i [*sic*] mewn rheswm ddisgwyl dim daioni trwyddynt hwy: ac i' [*sic*] ni ddisgwyl bûdd oddiwrthynt ar *dermau* eraill ydyw 'r unrhyw ryfy[g] Ffôl a phe gofynnei gwâs wobr gan ei feistr am escluso gwneuthur ei waith ef. *id.* 148–9, Golud, Anrhydedd, a'r cyffelyb . . . Os yn anghyfre[i]thlon, yr ydyni yn ei perchennogi nhw ar y cyfryw *dermau*, nad oes i ni ond achos fechan i ymffrostio o honynt. **1735** S. Thomas: *HP* 223, [b]od yn fodlon i dderbyn Dyn i'w ffafr drachefn ar ryw *Derms*, Delerau, neu Gyfrifon. **1751** *GIA* 9, os sefwch chwi â Duw ar y *termau* hyn, myfi a'ch gadawaf, nes iddo efe eich trin mewn ffordd fwy dwys-ddadl. **1778** J. Hughes: *BB* 203–4, Pa beth yw 'r *termau* trymion, / Cyfreithiau a'r llyfre brithion / Swyddogion a'u bygythion mawr i gyd. **1828** *Geir Pob* 27, *Term* . . . ammod.

(*e*) Gair neu ymadrodd a ddefnyddir mewn ystyr bendant neu fanwl mewn pwnc neu ddisgyblaeth benodol, gair neu ymadrodd technegol, gair neu grŵp o eiriau sy'n mynegi (cy)syniad neu a ddefnyddir mewn cyd-destun penodol, ymadrodd; ?cerydd, pryd o dafod: *(technical) term, expression; ?rebuke, scolding.*
1567 *LlGG* 126a, bod wedi ei confirmo [:- sef gwedy cahel betydd Escop yn ol y *term* ancymessur]. *a.* **1587** *Y* 108, Ydolwyn, dowaid, Wiliam, / Eb air o hûd ba ryw ham / Genyd, ar *derm* goeg anoeth, / Anglav nâd, 'y ngalw i yn noeth. **1603** W. Midleton: *Ps* 252, Llyna dôn oer a llanwyd ni / A dirmig dirfawr o *dermi.* **1606** E. James: *Hom* i. 74, y *term* twyllodrus dichellgar hwnnw 'proprium in communi', hynny yw priodol mewn cyffredinolrwydd. **1708** *EGE* [vii], er eu bod yn clywed pregethu 'r Efengyl yn aml . . . nid ydynt yn deall y pyngciau 'r ŷm yn eu mynegi ag yn eu trin, nag yn Deall y geiriau âr [*sic*] *termau*, yr ym yn eu harferu. **1828** *Geir Pob* 27, *Term*, gair. Cf. D. Owen: *RL* 188, Er yn blentyn yr oedd fy mam wedi fy nhrwytho mewn syniadau crefyddol a *thermau* duwinyddol.

(*f*) *Math.* Un o'r ddau swm mewn cymhareb neu ffracsiwn, unrhyw un o'r symiau mewn cyfres, unrhyw un o'r symiau mewn hafaliad, &c., a gysylltir â'r gweddill gan '+' neu '−': *term (in math.).*
1892.

(*g*) *Rhes.* Unrhyw un o'r ddwy elfen (goddrych a thraethiad) mewn gosodiad, unrhyw un o'r tair elfen (prif derm, term canol, is-term) mewn cyfresymiad: *term (in logic).*
1857.

Amr.: **terem.** *c.* **1525** *MTA* 162, Hydref bychan trwy bechod / Nid *terem* Mair troi mae rhod. **1672** R. Prichard: *Gw* 375. **1716–18** *Llsgr R. Morris* 32. *c.* **1762–79** W. Williams: *P* 215.

Cfn.: **term bywyd (fy mywyd, &c.)**: *life(time), allotted span.* **15g.** *GLGC* 217, ar *derm bywyd* i ware / mae'n ei ôl ym yno le. **16g.** *Llst* 40, 80, [t]rymder ac oerder i gyd / trwm ym yw *term ymywyd.* **1759** *BC* 449, Pa ddydd yn Awr, pa fan pa funud, / Y terfynir *term ein bywyd.* **term canol:** *middle term (in logic).* **1857.** **term einioes (f'einioes, &c.) = term bywyd.** **15g.** *GLGC* 379, Dydd da ir wreigdda a roes / draw ym win ar *derm einioes.* **16g.** *GGH* 237, *Termau einioes*, trwm annerch, / Fu boen i'w fab a'i un ferch [marwnad

Owain Eutun]. *id.* 259, Trwm f'awenydd *term f'einioes*, / Tewi a wnaf fi yn f'oes. **16–17g.** *GST* i. 187, Trom yw calon hon i'w hoes, / Trwm i hon *term ei heinioes* [marwnad Pyrs Gruffudd]. **term lleiaf:** *minor term (in logic)*. **1857.** **term mwyaf:** *major term (in logic)*. **1857.** **term oes = term bywyd.** **15g.** *GGl*^{2} 29, Rhyfedd oedd i'r gŵr hoywfoes / Dorri â mi ar *derm oes* [marwnad Rhys, abad Ystrad-fflur]. *c.* **1525** *TA* 727, Ethrylith aeth ar elawr, / A *therm oes* yr athro mawr [marwnad Tudur Aled gan Ruffudd ab Ieuan ap Llywelyn Fychan]. **16g.** Huw Cornwy, &c.: *Gw* 76, Trais Duw ydoedd tros deudir; / *term oes* Siôn trwm i'w sir [marwnad Sion ab Ifan]. **term technegol:** *technical term*. **20g.** **yn nhermau, mewn termau:** *in terms (of)*. **1922.**

Gw. hefyd **termig**.

termad [bôn y f. *termaf*: *termo*+-*ad*^{2}, trf. han.] *eg.* Cerydd, pryd o dafod: *a scolding, rebuke.*
Ar lafar yng Nghered. a sir Benf., 'Fe gâs *dermad* yn iawn am 'i ddrigioni', *GDD* 296; ''Wên nw'n haeddu *termad* ac fe geson' nw un'.

termaf, termiaf: term(i)o, termu [bf. o'r e. *term*] *bg.a.*

(*a*) Enwi, galw: *to term, call, name.*
1567 *TN* 1a–b, Ioan ysy vwy yn llavurio datcan y ddysc ef [Iesu] . . . Erwydd pa bleit yr vnryw a *derma* yr Euangel yscrivennedic gan Ioan, yr agoriat yr hwn a agor y drws y ddyall y llaill. **16g.** *Hop M* 196, mi ar vrys, dros y salmvs / gan ddaed gennyf, airau silyf / mae n *termo* un, [*sic*] bür o hanun / yn vwy na neb, gwir ddoethineb. **16–17g.** *LlCy* xi. 223, Mab y forwyn lana y ffaig / y gas ynn wraig y *thermo* (Edward Dafydd). Ar lafar yn yr ystyr 'ceryddu, tafodi, dweud y drefn (wrth), cweryla', '*Termo*' 'cweryla', *Cymru* xlvi. 23 (gogledd Cered.); 'Peidwch a *termo*'r crwt fel 'na am ddim yn y byd', *GDD* 297; 'a hen fenyw 'i fam yn *termo* a blagardo', *Wês wês* 14; '*Termi*' 'to scold', *TGG* (1907–8) 89 (de-orllewin sir Gaerf.).

(*b*) Aros, oedi, treulio (amser); diota, bod ar sbri feddw: *to stay, wait, spend or pass (time); (be on the) booze.*
1742 *ML* i. 76, Gwych y darfu i ni *dermio* am un noson. **1747** *id.* 124, Pwy a welais yn y fangre yma heddy ond W. Roberts or Ddrydwy . . . fo weddai ei fod ymma er's deuddydd neu dri yn *termio* efo Hughes or Neuaidd. **18g.** Twm o'r Nant: *CO* 16, 'Rydwi'n madde i mi fy hun y tro, / Ped fawn i'n *termio* diwrnod. **1803** *P*, *Terniaw* . . . to keep up a drinking bout. **1828** *Geir Pob* 27, *Termio*, diotta.

(*c*) ?Terfynu: *to terminate.*
15g. *GOLlM* 15, Tri mesur *termu* oesoedd: / tryma dim tor amod oedd [marwnad Elin gwraig Gruffudd ap Hywel]. **15–16g.** *GLM* 7, Trosti, ddoe, Elin, troes Duw ddialaeth; / *termu* gwaed teirw, magiad hiraeth [marwnad Elin Bwlclai]. **16g.** Huw Arwystl: *Gw* 352, O *thermodd* bâr wyth arnad / nid ar oes dyn dreis Tad [i ofyn gleifiau].

termaint, termant, gw. terment.

termeg [*term*+-*eg*^{1}] *eb.* Terminoleg: *terminology.*
1939.

terment, terma(i)nt [bnth. S. C. neu Ffr. Lloegr *terment*, ff. affetig ar *enterement*] *eg.b.* ll. *termants.* Angladd, cynhebrwng, claddedigaeth; gwylnos; arian, cwrw, &c., a roddir mewn angladd: *funeral, burial, interment; wake; money, ale, &c., given at a funeral.*
14g. *GIG* 70, Llyna *dermaint* da'i armerth / A wnaeth Duw iddo o'i nerth [marwnad Ithel ap Robert]. **15g.** *GLGC* 247, Nid llai'n mynnu du 'ngwlad Went / no theirmil yn ei *therment* [marwnad Gwladus ferch Syr Dafydd Gam]. **15g.** *GDID* 107, Plant Melwas, *dermaint* mil ystormydd, / Pan na thry Hafren gan y glennydd [marwnad Dafydd ap Dafydd]? **15–16g.** *GLM* 92, Tir Môn teg, i'r *terment* aeth, / tyrfa odrom uwch Trefdaeth [marwnad Ieuan ap Llywelyn]. **16g.** (*LlEG*) *Mos* 158, 26a, ynn y lle ar amser . . . I bu varw mawd ne valld I vrenhines Ef varw [*sic*] ac ar vyrder ynnol I *therma*[*n*]*t* hi y vo a gymerth I longe. **1632** *D*, *Terment*, Dicitur de exequijs magnatum, inhumatio. **1722** *Llst* 189, *Terment.* m. The dole at funerals, funeral rites: a burying. **1773** *W*, *terment* d.g. *Funeral.* Ar lafar, '*Termant* n. fem. pl. *termants*' 'Wake. The custom of sitting up with a corpse. Called in Mid. Glam. Gwylnos (Aberdare)', *LlGC* 1173, 127; '*Terment*' 'Funeral ale', *GDD* 296.

termiaf: termio, gw. termaf: termo.

termig [?*term*+-*ig*^{1}] *eg.* ll. -*au.* Mymryn, tipyn, gronyn, atom: *smallest possible amount, whit, jot, atom.*
1893.

terminoleg [cfdds. o'r S. *terminol*(*ogy*)+-*eg*^{1}] *eb.g.* Corff o dermau technegol (a ddefnyddir mewn pwnc arbennig), gwyddor termau technegol: *terminology.*
20g.

terminolegol [*terminoleg*+-*ol*] *a.* Yn perthyn i derminoleg: *terminological.*
20g.

terminws [bnth. S. *terminus*] *eg.* Gorsaf derfynol i drenau, bysiau, &c., pen draw taith trên, bws, &c., pen draw'r lein: (*train, bus, &c.*) *terminus.*
20g. Cf. D. J. Williams: *ChHO* 168, a chodi ticed i'r *terminws*, Brynaman.

†**termisceticion,** gw. terfysgedig.

termit [bnth. S. *termite*] *eg.* ll. -*iaid*, -*od.* *Swol.* Pryfyn bach cymdeithasol o urdd yr *Isoptera* sy'n byw yn y trofannau gan mwyaf ac sy'n peri difrod i bren, morgrugyn gwyn: *termite.*
20g.

termiwr [bôn y f. *termaf*, *termiaf*: *term*(*i*)*o* +-*iwr*] *eg.* ll. *termwyr.* Diotwr, un ar sbri feddw: *drinker, person on the booze.*
1810. Ar lafar yn Arfon.

termog [*term*+-*og*] *a.* Terminolegol: *terminological.*
1890.

termud [?elf. anh.+*mud*^{1}; cf. *tremud*, *trimud*^{2}] *a.* ll. -*ion*, a hefyd fel *eg.* Tawel, tawedog, neu ddistaw (iawn); gostegwr: (*very*) *quiet, taciturn, or silent; silencer.*
12–13g. *GLlLl* 35, *Termud* torment, terrwyn deyrn. *id.* 42, Rei tra llỽfyr tra llafar eu son / Ac ereill taerleỽ *termudyon*. *ib.* Ym o'm daỽn y'm daỽ kyflaỽdon / Am olud *termud* Teyrnon. *id.* 111, Caeth, faeth y ueirt maeth mỽth ner, / Coeth, doeth, drud, *termud*, tyner. **14g.** *H* td. 350, tadaỽc gwent torment *termyd* gwar tadmaeth. *Dchr.* **17g.** *J* 10, 155b, *Termud.* × Tawedog. **1632** *D*, *Termud*, Taciturnus. Ferè idem quod Mûd. Semper in bonam partem sumitur. **1722** *Llst* 189, *Termud.* Contentedly silent. [**1783**] *W* d.g. *Silent.* **1803** *P*, *Termud* . . . Tacit, silent.

termyddiaeth [*term*+-*ydd*^{3}+-*iaeth*] *eb.* Terminoleg: *terminology.*
1916.

ternaf: terno, ternas, ternasaf: ternasu, ternasol, terni, gw. terniaf: ternio, teyrnas, teyrnasaf: teyrnasu, teyrnasol, tarnaf: tarnu.

terniaf, ternaf: tern(i)o [tywyll yw'r enghrau. isod a phetrus iawn yw'r ystyr a gynigir; anodd derbyn cynnig *DN* 201, oherwydd rhesymau amseryddol] *ba.* ?Niweidio, drygu, andwyo: *to harm, injure, ruin.*
15g. *GTP* 98, Marw Dafydd Nanmor dyfiad, / Marw cerdd Gymräeg a'i had. / Hi a *derniwyd* hyd arnoch, / Holl Gymru a glybu'r gloch. **15g.** *GLGC* 105, Mawr ydoedd fryd M'redudd Fras / ar *dernio* rhai o'r deyrnas. **15g.** *ID* 94, dyw llyn rwi n deall as / yno *yterniwyd* yn tyrnas [marwnad Syr Risiart Herbart]. **15–16g.** *GLM* 37, Pwy a roes hwp ar y sias / pan *derniwyd* pen y deyrnas? *id.* 149, Tu Godwin, byddin fal baeddod, / teyrnas yn *ternio* C[y]minod. **16g.** Lewys Morgannwg: *Gw* 256, aut arnynt wedi *terniaw* / jarll ar gair dros jairll lloegr draw.

terodactyl [bnth. S. *pterodactyl*] *eg.* ll. -*iaid.* *Swol.* Unrhyw un o amryw fathau o ymlusgiaid adeiniog darfodedig o'r tylwyth *Pterodactylus* a thylwythau perthynol eraill: *pterodactyl.*
20g.

terog [bôn y f. *teraf*^{2}: *teru*+-*og*] *a.* Pwdlyd, sorllyd: *sulky.*
1773 *W* d.g. *Glouting, A pouter, or pouting fellow.* **1803** *P* d.g. *Tèrawg.* Ar lafar, 'Rai *terog* yw reina fel tulu', *GTN* 789.

terorist [bnth. S. *terrorist*] *eg.* ll. -*iaid.* Brawychwr, terfysgwr: *terrorist.*
20g. Ar lafar, 'Mân' nw'n meddwl taw *terorist* osododd y bom yn Llunden' (sir Gaerf.).

terpentin, terpintin, gw. tyrpentein.

terra [bnth. Llad. *terra*] *e?b.* (Y) byd, (y d)daear, (y) tir: (*the*) *world, earth, or land.*
12g. *GCBM* ii. 270, Ffrwyth lỽythlenn, wastatwen westua / Yn ffrỽythlaỽn o ffrỽytheu *terra*. **14g.** *T* 36. 17, Afon ae hechrys gỽrys gỽrth *terra*. *id.* 51. 17, Ac anreithaỽ gỽladoed gỽry[ll]yoed *terra*. *id.* 68. 26, Difa gỽledic or bendefic ae tu *terra*. *id.* 79. 23, Rygoruc duỽ da. pymp gỽregys *terra*. **14g.** *GIG* 69, Eres y torres *terra* / Yr awr hon planhigion pla. *c.* **1400** *R* 1154. 37, o tan ac awyr allyr a *therra* [diwyg.]. *id.* 1253. 35–6, Ereill arodei arwyd rwyd vyd rei. peit uei aedyrrei mor y *derra*. **15g.** *DE* 127, dwr tan awyr ser *terra* a main / a wnaeth mab maria.

terracota [bnth. S. *terracotta*] *eg.* a hefyd gyda grym ansoddeiriol. Priddwaith (browngoch) heb ei wydro a ddefnyddir yn bennaf ar gyfer teils a brics addurniadol ac i fodelu: *terracotta.*
1896.

terribl, teribl [bnth. S. *terrible*] *a.* Ofnadwy: *terrible.*
1567 *LlGG* (*Sall*) 25a, ath ddeheulaw a dysc yty bethae *terribl* [:- orn, aruthyr]. *id.* 26a, Can ys yr Arglwydd 'sy 'oruchel a' *therribl* [:- ofnadwy]. Ar lafar, ''Rodd y rhaglen nithwr ar yr etholiad yn *teribl*' (sir Gaerf.).

terrig [?cf. *tarrug*; ansicr yw ystyr a dosbarthiad rhai o'r enghrau. isod, a dichon fod yma fwy nag un gair] *a.* ll. (geir.) *terigion*, a hefyd fel *e?g.*

(*a*) Llym, llymdost, creulon, didostur: *harsh, severe, cruel, pitiless.*
c. **1400** *R* 1338. 34–5, kany pheit tarỽ dirreit *terric*. *id.* 1353. 30–1, kythreuluaỽ kennwric *derric* dorraỽc. **15g.** *HCLl* 115, Diriaid i'r diriaid ar *derrig*—achos / Dir i bawb aros dewr bob orig. **16–17g.** *HG* 150, y maiche ve dorred, yr addewid ny chadwed / mae arnaf j fforffed, dylyodig / ar proffes yn dyvod, ar ateb ddiwarnod / ar Swyddog yn gwarched [*sic*], yn *derig*. **1632** *D*, *Terrig*, Rigidus, austerus, seuerus. **1688** *TJ*, *Terrig*, creulon, garw: rough, severe. **1718 (1721)** S. Thomas: *HB* 50, a'r Oerfelwch yn y gaiaf mor *derrig* o'r tu arall. *id.* 114, os bydd mor *derrig* a chwbl ddiffoddi Cariad tuag at Dduw a Dŷn. **1722** *Llst* 189, *Terrig.* p. *rigion.* Austere, cruel. *c.* **1751** G. Owen: *L* 4, Hawdd gwg o haeddu gogan / Deall y gwr dwyll y gân, / Un *terrig* yw, nid hwyrach / Gwn y chwardd am ben bardd bach. **1774** *W* d.g. *Harsh* [*apply'd to the Temper* . . .]. **1781** M. Williams: *BM* 37, Tri o wyr a'u tir ar werth, / *Terrig* wedd yw tyrru gwarth. **1785** D. Llwyd: *GP* 15, Er rhoi can och yn groch grŷg, / Gwiw torrodd y gwayw *terrig*. **18–19g.** Ieuan Lleyn: *C* 28, Dy aur glân fydd *derrig* lid, / Dy gyfoeth fydd dig ofid ['ymddiddan rhwng y cybydd a'r angau']. Digwydd fel e. ar afon yn sir Ffl., gw. *EANC* 197.

(*b*) Caglog, diblog, bawlyd; baw: *caked, thick, or stiff (with dirt, &c.), dirty; dirt.*
16g. *GGH* 46, Bollt haearn gadarn gaeëdig—arno, / Ebestl i dario, baw sawdl *derrig* [dychan i'r ffrir]. **1562** *B* ii. 238, *terric*: tomgrest. **1632** *D*, *Terrig* . . . *Terrig* ar sodlau, Rimæ calcium, fœditas calcium. **1725** *SR* d.g. *Dirt.* **18g.** *LlGC* 833, 18, Ni weleis i na chroen na marwgig / ond pentwr neu dwrr o *Derrig* / Modfedd o dêw a blêw yn blâu / yn llawn o Lau Mileinig. **18g.** *LlGC* 83, 18a, mae i foche fo yn *Derig* ffiedd / ni ymolchodd o ers peder blynedd. **1759** *DG* 107, Pe rhoech yn barod berwig i guddio ei war ar llau sydd ar / Ei gernau budron llymrig llawn *terrig* o liw tar. **1783** H. Jones: *PN* 26, Mae arni hi dyrre o *derrig*, / A rhogle trwm gythreulig. **1803** *P*, *Teryg*, s. m. . . . An incrustation, a crust, or any thing clotted on the surface, incrusted dirt. Mae *teryg* ar dy sodlau, there is a crust of dirt on thy heels. Ar lafar, 'yn *derrig* o faw' 'used e.g. of a garment which has fallen from the line into the mud', *WVBD* 529; '*terrig*' 'caked, stiff, with mud', J. Jones: *Gwerin-eiriau*^{2} 187; 'Roedd ei ddwylo yn *derrig* o faw', *B* iii. 198 (Meir.). Cf. *ISF* 73, trywsus yn *derrig* o faw . . . coesau trywsus wedi stiffio pan fo mwd wedi sychu'n galed arnynt. Dywedir hefyd fod dillad 'yn *derrig*' pan fyddant wedi rhewi'n stiff ar y lein.

(*c*) Helaeth, lluosog, niferus: *abundant, copious, numerous.*
Diw. **19g.** *SE MS* 498b, Defnyddir y gair ar lafar gwlad dros rannau helaeth o siroedd Arfon, Meirion, a Dinbych . . . Llefai bachgen o ysgol Clynnog wrth hel cnau, 'O y mae y cnau yn *deryg* fan yma.' *id.* 499b, y mae yno bobl yn *derig*—there are throngs of people (Meiri[o]n). *ib.* y mae y cnau yn *derig* eleni—nuts are thi[c]k or in abundance this year (Meiri[o]n). Ar lafar, 'Roeddan nhw [gwybed] yn *derrig* hyd wyneb y caws', *B* iii. 198 (Meir.).

terrwyn (*ŵy*) [?yr un gair â *terwyn*, ac ansicr yw dosbarthiad y ddwy ff.; gw. ymhellach *GMB* 85] *a.* ll. *terwynion*, a hefyd

gyda grym enwol. Ffyrnig, tanbaid, taer, chwyrn; cryf, nerthol, cadarn, dewr: *fierce, ardent, fervent, vehement; strong, powerful, steadfast, brave.*

Dchr. **12g.** *GMB* 6, *Terruin* trochiad, torwoet ueitad, vab Goronwy. **12g** *id.* 150–1, Trylew uabr ualch *derrwyn*; / Tyrrua toryf teruysc heb diuwyn. **12g.** *GCBM* i. 244. Gnabd gretyf ar ysgwyd ar ysgbn—*terrwyn*, / Y'm prafdwyn, y'm pryffwn. **12–13g.** *GMB* 438, Tbrbf torredwynt mabr mis Chwefrabr chwyrn, / Tud ammwyn *terrwyn*, tir eurdeyrn. **12–13g.** *GLlLl* 112, Eigyabn mwyn *terrwyn* tyrrua, man—a bras. **13g.** *GDB* 452, Am ei ddwyn, *terwyn* torf amrhyffleu. **13g.** *A* 29. 2–3, kyueiliw nac eiliw etvrwyn nac emmel dy dywal a *therwyn*. **14g.** *GDG*[3] 262, Torri fy llygaid *terrwyn* / Ar dy hyd, f'anwylyd fwyn. **14g.** *GIG* 153, Llid addau, lled a wyddost, / Llyma'r cwyn *terrwyn*, pand tost? *c.* **1400** *R* 1317. 34–5, Gbr advwyn *terwyn* yn torri aergat. **15g.** *GLGC* 443, Teirawdl a ddygaf drwy dir *terwyn* / i 'stiwart Edwart ffordd yr adwyn. **1632** *D*, **Terrwyn*. Fortis, audax. T[homas] [Guilielmus], Feruens. **[1767]** *Gron* 120, Olrheiniodd, chwiliodd yr uchelion, / Llwybrau 'r taranau a'r *terwyn*-*ion*.

Gw. hefyd **terwyn.**

tertaidd, tertiaidd [cfdds. o'r S. *tert(iary)* + -*(i)aidd*] *a.* Trydyddol: *tertiary.*
20g.

terwyn (*w*) [gw. *terrwyn*] *a.* a hefyd gyda grym enwol. Ffyrnig, tanbaid, taer, chwyrn; cryf, nerthol, cadarn, dewr: *fierce, ardent, fervent, vehement; strong, powerful, steadfast, brave.*

12g. *GMB* 73, Ni wyr kychwilueirt kyhusseityabc / Tymp pan dreing *terwyn* toryf difreityabc. **13g.** *GDB* 256, Llywelyn, *terwyn* toryf agkyngein, / Bieu'r gwyr a'e goreu bacheu bychein. **14g.** *BT* (*RB*) 122, Run ap Ywein . . . [*t*]*erwyn* garw wrth y elynnyon. **14g.** *GIG* 43. Arglwydd *terwyn* o'r Glyn glwys / Yw'r Pywer Lew, iôr Powys. *id.* 60, Pe dda'r hyn, *derwyn* dyrrwyf, / Profi ei ddofi ydd wyf. *c.* **1400** *R* 1316. 38–9, dirvrec rec ragor. dor *derwynnaf*. **15g.** *GLGC* 33, mae Ffrainc yn wag iawn am ffraeth—flodeuyn, / mae Prydyn *derwyn* heb bleidwriaeth. **15g.** *GDID* 44, Rhoi rheffyn *terwyn* nis torrych—â'th ben / Tripheren a gwden a ergyddych. *Diw.* **15g.** *Pen* 53, 6, gwreskinwr or herwr ar y twr *terwinna* (*LlCy* viii. 79, *ter*[*wyna*]) (Rhys Fardd). **16g.** Wiliam Llŷn: *Gw* (R. Stephens) (At.), *Terwyn* kadarn ai dewr. **16–17g.** *CRC* 226, gael bloden ar y llysewyn / balch a fydd y kebydd a *therwyn*. **1604–7** *TW* (*Pen* 228) d.g. *Feruens, Firmus.* **1683** H. Evans: *CTF* 34, Rhai bonddigion cadarn *terwyn* [:- Nerthol], / Ddigeffylwyd gan eu ffwytmyn. *id.* 41, Byth ysgatfydd ni ddigwyddа, / Mo'r trallodion y ddisgwylia / D'enaid arnat . . . / Felly am ddim mae 'th drwbwl *terwyn* [:- Poeth]. **17–18g.** *Llst* 133, 2b, Siangcyn mor *derwyn* â'r dur / Yw fy nis o faen assur. **1793** Dafydd Ionawr: *CD* 363, Dychryn *terwyn* wna'n taraw.

Gw. hefyd **terrwyn.**

terwynaidd [*terwyn* + -*aidd*] *a.* Lled danbaid: *fairly ardent.*
1803 *P*, *Terwynaiz* . . . Somewhat ardent.

terwynder [*terwyn* + -*der*] *eg.* Tanbeidrwydd, chwyrndra: *ardency, vehemence.*
1803 *P*.

terwyniaf: terwynio [bf. o'r a. *terrwyn* neu *terwyn*] *bg.* Ffyrnigo, llidio: *to become enraged or angry.*
12g. *GCBM* ii. 119, Taryf ar ysgwydab, *terrwynyab*—adysc.

terwynnaf: terwynnu [gair geir. yn wr., sef bf. o'r a. *terwyn*] *bg.* Bod neu fynd yn danbaid, poethi, tywynnu, berwi (drosodd): *to be(come) ardent or hot, glow, boil (over).*

1547 *WS*, *Terwynny* To be feruent. **1604–7** *TW* (*Pen* 228) d.g. *Ferueo* (hefyd *D*). **1688** *TJ*, *Terwynnu*, poethi: to grow hot. **1722** *Llst* 189, *Terwynnu* . . . To boil and bubble up, cast up fome, ferment. **1770** *W* d.g. *To boil* [*bubble, or seethe as a pot*], *To glow.* **1803** *P*, *Terwynu* . . . To render ardent; to become ardent; to glow. Cf. Dewi Wyn: *BA* (At.) 20, Os tanllyd mewn byd y bu / Trwy anian yn *terwynu*.

terwynol [*terrwyn* neu *terwyn* + -*ol*] *a.* Taer, tanbaid: *fervent, ardent.*
12g. *GCBM* ii. 270, *Terrwynabl* Yechedabl yacha. **1803** *P*, *Terwynawl* . . . Of an ardent tendency.

tery, terydr, gw. **trawaf: taro, taradr.**

terydd [?bnth. Llad. *torridus* 'cras, crin'] *a.* weithiau gyda grym enwol. Tanbaid, taer, angerddol, nwyfus, ffyrnig; fflamllyd, gwenfflam; (?geir.) cyflym, buan, sionc: *ardent, fervent, passionate, spirited, fierce; flaming, blazing;* (?*dict.*) *fast, swift, nimble.*

12g. *GMB* 202, Neu dremyrth Eurabc Caer ar *deryt*. **12g.** *GCBM* ii. 122, Tbrch *teryt* y ar uwyd. **13g.** *A* 35. 13, tebihic tan *teryd* drui cinneuet. **13g.** *GBF* 79, Bolchlafyn yn aer daer, *deryt*. **14g.** *T* 53. 10, namyn toruoed *teryd* eugabr. *id.* 69. 9, Mydbyf taliessin *deryd* gbabt. **14–15g.** *IGE*[2] 184–5, Twrn iawngamp, têyrn angerdd, / Taliesin Cadair Fyrddin cerdd, / Yw'r trydydd, ar *derydd* dir / Gwyddno gryno Garanir (Rhys Goch Eryri). **15g.** *GGl*[2] 23, Torri 'dd wyf, *terydd* afael, / Oedau â Rhys, awdur hael. **15–16g.** *GLM* 335, Os da'i aui, einioes *derydd*, / os teg yr anrheg a rydd. **16g.** Wiliam Llŷn: *Gw* (R. Stephens) (At.), *Terydd* bvan. **1604–7** *TW* (*Pen* 228) d.g. *Agilis*. **1632** *D*, **Terydd*, Agilis, velox, ait [Wil'iam] Ll[yn]. Acer. **1722** *Llst* 189 d.g. *Brisk*. **1803** *P*, *Teryz* . . . Ardent, vehement, full of activity, volatile; swift, nimble.

terylen, terylin, terelîn, &c. [bnth. yr e. masnachol S. *Terylene*] *eg.* Ffibr polyester neu ddefnydd ysgafn wedi ei wneud ohono sy'n gwrthsefyll crychu: *Terylene.*
20g. Ar lafar, '*Terylin* odd 'y mlowsus ysgol i es talwm' (Arfon).

teryll, *a.* a hefyd gyda grym enwol. Treiddgar (am lygad), cuchiog, sarrug, bygythiol, didrugaredd, ffyrnig, ofnadwy: *piercing (of eye), frowning, gruff, grim, merciless, fierce, terrible.*

14g. *WM* 166. 5–6, Ar neill lygat yn vrithias *tra-theryll*. **1604–7** *TW* (*Pen* 228), *terylh* olwc d.g. *perspicax*. *id.* d.g. *Toruus*. **1632** *D*, *Teryll*, Truculentus. **1722** *Llst* 189, *Teryll*. Grim, gruff, merciless. [*c.* **1752**] *Gron* 25, Nesaf, *teryllaf* mewn trin, / Homer fydd, a mawr fyddin. **[1763]** *ML* ii. 579, angau ai trawodd yn ei dalcen mal y gwelech i gigydd yn taro tarw *teryll*. **1774** *W* d.g. *Haggard* [*wildly disordered*] *eyes*, *Piercingly, Rueful, or hideous, Truculent* [*terrible of aspect; fierce of look or countenance*; *&c.*]. **1799** Dafydd Ionawr. *MB* 26, Yn chwannog hwy gychwynnan' / O'u Gwersyll yn *dervll* dân. **18–19g.** Ieuan Lleyn: *C* 127, Gwel ermyg digwl armerth, / *Teryll* sain gwyntyll sy'n gerth. **1803** *P*, *Teryll* . . . Ardently glancing. Golwg *teryll*, an ardently-glancing eye, a piercing eye. Digwydd yn yr ymad. '*teryll* y coed' 'nuthatch', *GTN* 789.

Gw. hefyd **terfyll.**

teryllaf: teryllu [bf. o'r a. *teryll*] *bg.a.* (Peri) cuchio: *to (cause to) frown.*
1803 *P*.

teryrraf: teryrru [gair geir., sef ?elf. **ter* (?cf. *terrwyn, terwyn*) + *gyrraf: gyrru*] *ba.* Alltudio: *to banish.*

Dchr. **17g.** *J* 10, 155b, *Teryrru*. to banishe. **1707** *AB* 220c, *Terryrry*, To banish. [S.]. **1770** *W* d.g. *To banish.*

tes [H. Grn. *tes*, gl. *feruor*, H. Lyd. *a tes*, gl. *fotu*, Llyd. Diw. *tez, tès*, H. Wydd. *tess*, Gwydd. Diw. *teas*: < Clt. **te(p)stu-*, o'r gwr. IE. **tep-* 'bod yn dwym', cf. Llad. *tepor*, Sans. *tāpas-*] *eg.* ll. (prin) -*oedd*. Gwres (yr haul, &c.), cynhesrwydd, (adeg) tywydd twym, heulwen, hefyd yn *ffig.*; tarth (a achosir gan wres), niwlen: *heat (of the sun, &c.), warmth, (period of) warm weather, sunshine, also fig; (heat) haze, mist.*

12g. *GMB* 255, A gbely a thy a *thes* aelwyd. **13g.** *C* 89. 10, oer llinnev eu llyu heb *tes*. **14g.** *H* 78a. 14, peir *tes* eureir is aeron (Hillyn). **14g.** *GDG*[3] 251, *Tes* gloyw tew, twysgliw tywyn, / A haul a ddatodo hyn [i'r rhew]. **15g.** *GLGC* 282, Od â'r haul i'r dŵr heli, / od â *tes* hyd atai hi. **1547** *WS*, *Tes* Heet. **16g.** *IMCY* 229, Yr 'ardh gysgodawl sy'n troi heibyo gormodhyon *dessoedh* yr hevlwen yno a hynny yn dhidhiphig. **1599** **(1677)** R. Holland: *AB* 11, Ac ni a wyddom fod y tir sydd wedi boethi gan *dês*, yn ymagoryd ei hun yn holltau ac yn agennau. **1632** *D*, *Tês*, Æstus solis. **17g.** *TBM* 354, Fe dry y Twrc yn ufudd / At Grist i gael ei fedydd, / Pan fo'r Fengyl yn ei gwres / Ni gawn *des* ysblennydd. **1701** E. Wynne: *RBS* [iii–iv], pan gododd Haul y Cyfiawnder adfywiodd yr Amser trancedic gan *Dê*[*s*] ysplenydd yr Efengyl. **1755** *ML* i. 349, Nyni a gawsom wrth ein hangen law odiaethol yma y dyddiau diweddaf, a dyma *dês*, ie, moeldes ar ei hol, yr hyn a bair im [*sic*] gardd iawenychu a'r blodau, etc., sydd ynddi guro eu dwylaw ynghyd. **1803** *P*, *Tês*, s. m. . . . sun-heat, sunshine; hot weather. Ar lafar, '*tes*' 'heat . . . with reference to the weather', "mochal *tes*' 'to shelter from heat', *WVBD* 530; hefyd yn yr ystyr 'tarth (a achosir gan y gwres)', *TGG* (1907–8) 89 (sir Gaerf.); "Shgwl ar y *tes* yn codi' (de-ddwyrain sir Gaerf.); 'Ma'r *tes* dros y cwm 'eddi, gin y gwres'. *GTN* 789; 'Ma'r *tes* yn wara gyta ochor y nant, 'weli di a?' (dwyrain Morg.).

Amr.: **tesg**[1]. Ar lafar, *WVBD* 530.

Cfn.: **tes bach cyn gaeaf = tes Mihangel.** Ar lafar ym Mrych. **tes (y) glennydd:** (*heat*) *haze, mist.* **1672** R. Prichard: *Gw* 190, Dechreuan yn llonydd fel haulwen foreuddydd, / Nes cwnnu *tês glennydd* a thwymo. Ar lafar, '*tes-y-glennydd*' 'tarth ysgafn', *B* iv. 303 (canolbarth Cered.); a hefyd i ddisgrifio rhywun tawel digyffro, "Odd Wncwl Jêms fel *tes y glennydd*' (canolbarth Cered.). **tes Mihangel,** &c.: *Indian summer, St. Martin's summer, St. Luke's summer.* **1788** J. Roberts: *C* 11, [*t*]*ês Mihengel*. Ar lafar, '*tes bach Gwilingel*' (canolbarth a godre Cered.); '*tes bach* (*Gŵyl*) *Mihangel*', *AGB* 37. Cf. *Mont Coll* xii. 297, *Tês Mihangel.* (Michaelmas sunshine.) A hot autumnal season. Dairymaids speak of '*Tês Mihangel*' as most prejudicial to the dairy.

tesach [?*tes* + -*ach*[3]; petrus yw dosbarthiad rhai o'r enghrau. isod] *eg.* a hefyd fel *bg.a.* Trythyllwch, anlladrwydd; chwareusrwydd, hoenusrwydd: *wantonness, lechery; playfulness, friskiness.*

15–16g. *TA* 410, Llemynt y waun, lle maent iach, / Llun dasau 'n llawn o *desach* [i ofyn chwech o gesig]. **1547** *WS*, *Tesach* Wantonnesse. **16–17g.** *CRC* 246, llawn o *desach* vydd morwyn. **1632** *D*, *Tesach*, Lascivia, quia sunt quædam animalia quæ in sole tantum lasciuiunt. **1701** E. Wynne: *RBS* 80, Ffô rhag pôb achlysur a themtasiwnau, a rhydd-did cyfeillach, chwareuon ac ymloddest, *tesach*, [*sic*] anrhefnus, a dawnsiau gwammal (*undecent mixture of wanton dancings*). **1722** *Llst* 189, *Tesach*. m. Lasciviousness, leachery. **1759** *BC* 511, Bu'n hynod gynt Wr heini, / Am *desach* y mysg Lodesi. **1766** *CD* 126, Yn debygcach i berthynas, / Neithiar Priodas. / Neu Dwmpath chwareu, / Neu *desach* rhwng Hogieu. **1770** *W*, a *thesach* (dyre) arno d.g. *Amorous, Burning with leachery.* **1803** *P*, *Tesach*, s. m. . . . wantonness.

Fel *bf.* Bod neu ymddwyn yn drythyll; ofera, gwag-symera; maldodi, mwytho, difetha: *to be wanton, act wantonly; behave frivolously, gad about; indulge, pamper, spoil.*

1632 *D* d.g. *Lascivio*. **1655** Wl.: *DP* 177, Y Philistiaid wrth *desach* yn y chwarwyfa, Barn. 16. 30. **1688** *TJ*, *Tesach*: to sport and play the wagg, gadding. **1722** *Llst* 189, *Tesach* . To dally, play the wanton, ramp. **1780** *W* d.g. *To play the wanton*. Ar lafar yn yr ystyr 'maldodi', "Ych chi'n *tesach* llawar gormod ar y plentyn 'ma. Dotwch fwyd o'i flæn a, a os næ fituff a fa, gadiwch iddo, dyna'r ffordd', "Wi wedi blino dy *desach* di! Os næg wyt ti'n lico'r peth 'wi'n nuthur, o 'yn i mæs, wel bydd 'eptho!', *GTN* 789.

tesaint [*tes* + -*aint*[1]] *eg.* ?Angerdd, sêl; (geir.) gwres, cynhesrwydd: ?*passion, zeal;* (*dict.*) *heat, warmth.*
12g. *GCBM* i. 22, A'e balchwyr a'e balchwyr *tesseint*. **1803** *P*, *Tesaint*, s. m. . . . A state teeming with warmth.

teser [*tes* + elf. anh.] *eg.* Tarth (a achosir gan wres), (tyrrau) tes: (*heat*) *haze.*
Ar lafar, *GDD* 297.

tesg[1,2], gw. **desg, tes.**

tesgant [*tes* + *cant*[2]] *eg.* Cylchfa grasboeth; heulwen: *torrid zone; sunshine.*
18–19g. *Llr* C 19, 62, *Tesgant*, / Cymmedrolgylch. **18–19g.** *Llr* C 41, 474, *Tesgant*, Torrid Zones. **18–19g.** *Llr* C 43. 77, Gwae'r Haf ni ymlafuriant / Tra bo'r hinon a'r *Tesgant*, / Dwr i bob rhai ai carant / Câr au cynnail hwy ai cant. Cf. *Ysten Sioned* (1894) 72, A mynych yn [*sic*] byddant yn rhodio dirgelbant / Lle tywyn y *tesgant* ar hirnant yr hêl.

tesiad [bôn y f. *tesiaf*: *tesio* + -*iad*[1]] *eg.* Cynhesiad: *a warming.*
1803 *P*, *Tesiad*, s. m. . . . A dispensing warmth.

tesiaf: tesio [bf. o'r e. *tes*] *bg.* Tywynnu neu ddisgleirio (am yr haul), hefyd yn *ffig.*: *to shine (of the sun), also fig.*
1759 *BC* 302, A'r Haul yn Clir ddiscleirio, / Wrth Wresog wridog rodio, / Mae'n *tesio* i'n twymno'n Tŷ. **18–19g.** *IAW* (LlGC) 97, 11, pan fo gwenau gwen yn *tesio* / enaid ynof y cal deimlo / Pan fo gwg ar wen lliw 'r hinon / torri agos mae fy nghalon.

tesment, gw. **testament.**

tesni[1] [bnth. S. *destiny*] *eg.* ll. *tesniau.* Ffawd, tynged, ffortiwn, ffortun; ?dewiniaeth, swynbeth: *destiny, fortune; ?magic,* (*magic*) *charm.*
1672 R. Prichard: *Gw* 410, Ceisio 'r Diawl i

ddarllain *tesni*, / Yw â dewin ymgynghori. **1687 (1715)** J. OWEN: *TB* 25, Gvvelvvn ymma gyfiavvn farn Duvv ar y rhai sydd yn darllen *tesni*, ac ar y rhai sydd yn myned attynt i vvybod ei *tesni*. **1700** *B* iii. 98, Os iw *Tesni* yn rhieoli [*sic*] dyn. **1707** *AB* 220c, *Tesni*, Fate, destiny: Darlhen *tesni*, To tell one's fortune. **1711** TP: *CG* 4, i lawer o ddynion ieuaingc o fyned i ymgynghori a dewiniaid a brudwyr ynghylch eu *tesni*. **1718 (1721)** S. THOMAS: *HB* 11, A'r bobl jefaingc ddylion druain; O pa mor ebrwydd y rhedant attynt i ddarllain eu *Tesni* . . . Nid oes mor cyfryw wybodaeth i'w chael oddiwrth y Ser na'r Planedau chwaith. **1749** *ML* i. 141, *Tesni* llyfrau Cymreig Pabo Post Prydein ai gwerthu a wna'r weddw ai peidiaw. **18g.** *W Ballads* 155B, 7, Fy *nhesni* oedd pan ddois ir Byd / Yn dweud yn glir y down ir glyd. **1766** *CD* 126, I ymofyn a rheini, / Eu ffortyn neu e'u [*sic*] *Tesni*. **1786** TWM O'R NANT: *PCG* 24, Darllenaf *desni* mawr a mân. **1790** TWM O'R NANT: *GG* 62, Considrwch hyn a Sai, / Na wiw mo'r bwrw bai, / Ar daerni dyn, na'ch *Tesni* 'ch hun. Ar lafar, J. JONES: *Gwerineiriau*[2] 187; 'deud *tesni*' 'to tell one's fortune (destiny)', *B* iii. 198 (Meir.); 'deud *tesni*' 'dweud ffortiwn', *id.* xv. 27 (Meir.). Cf. *ib.* Dyry Bodfan groes ar *tesni*, eithr clywir yr ymadrodd hwn o hyd gan hen drigolion y cylch (Pan fyddan ni'n blant 'roeddan ni'n arfar mynd at Feudy Dolchadda i glywed Teulu Abram Wd yn deud *tesni*) (Meir.).

Gw. hefyd **destni**.

tesni[2] [*tes*+-*ni*] *eg.* Gwres (yr haul, &c.), cynhesrwydd: *heat* (*of the sun, &c.*), *warmth*.
1903.

tesnïaeth [*tesni*[1]+-*aeth*] *e?b.* Darogan, dewiniaeth, darllen tesni: *prognostication, fortune-telling*.

1714 R. PRYDDERCH: *GD* 142, Onid y Cythrael oedd dychmygwr Cyntaf Dewiniaeth, a *thesniaeth*. *id.* 143, Onid mâth o Odineb ysprydol, yw Dewiniaeth, a *Thesniaeth* . . .?

tesnïaf: tesnïo [bf. o'r e. *tesni*[1]] *bg.* Dweud ffortiwn: *to tell one's fortune*.

16–17g. LLYWELYN SIÔN, &c.: *Gw* 597, Cynnen fodd, canu'n feddal, / Coeg *desnio*, swyno'n sâl. **1714** R. PRYDDERCH: *GD* 141, Ynghylch Dewinio, a *Thesnio* wrth y Ser, ac Amser y Genedigaeth.

tesnïwr, tesnïydd [bôn y f. *tesnïaf*: *tesnïo* +-*wr*, -*ydd*[3]] *eg.* ll. *tesniwyr*, *tesniyddion*. Un sy'n dweud ffortiwn: *fortune-teller*.

1714 R. PRYDDERCH: *GD* 142–3, Onid yw y rhai a ant at y *tesniwyr* a r Dewinwyr yn torri Gorchymyn Duw. *id.* 143, Y mae 'r *tesniwr* yn dywedyd llawer o wir, er eu bôd yn camgymeryd weithieu. *c.* **1715–28** *PRB* 8, Pum mâth o Bobl sy'n Rheoli 'r Bŷd. Y neb a wertho Eiddo drwg am Arian da, a'r neb a rodio 'r Wlâd tan enw *Tesniwyr*. **1718 (1721)** S. THOMAS: *HB* 12, Fe ddywedir, ysgatfydd, y dywed y *Tesni-wyr* yma Lawer o wir. **1725** *SR*, *tesniwr* d.g. *A Fortune-teller*. **1773** *W*, *Tesniwr* d.g. *Fortune-teller*. **1795** J. THOMAS: *AIC* 252, Mae 'r Athistiaid, *Tesniwyr* a'r Rhŷdd-dybwyr, yn drâ chwannog i gynnal i fynu, ac i bwyso ar y Rheolau hyn.

tesog [*tes*+-*og*] *a.* Poeth (am yr haul, &c.), heulog, hefyd yn *ffig.*; mwll, trymaidd: *hot* (*of the sun, &c.*), *sunny*, *also fig.*; *close, sultry*.

14g. *BT* (*RB*) 242–4, Y ulwydyn racwyneb y bu gymeint gwres yr heul ac y ssychawd yr holl dayar gantaw, hyt na thyfawd hayach dim ffrwyth ar y coet na'r maes ac na chaffat pyscawt na mor nac auonyd. A'r haf hwnnw a elwit yr Haf *Tessawc*. **16g.** (*LlEG*) *Mos* 158, 113a, I mae vynghoppi I ynn dangos I bu haaf *tesog* sych. **1547** *WS*, *Tesoc* Hote. **1551** W. SALESBURY: *KLl* lxxvi, O bleit cody or haul yn *desoc*. **16–17g.** *PhA* 278, plannwyd hap a haelioni / oth fawr ystad ith fres[d] di / plannwyd Dysg had *tesawg* hedd / plenigion pawl un Agwedd. **1615** R. SMYTH: *GB* 37, pen fytho divvrnod *tesog* yr ynt yn i sychu [grawn ŷd] yngvvres yr haul. **1632** *D*, *Tesog*, Æstu solis feruens. **1688** S. HUGHES: *TSP* 226, yr oedd efe weithie ar dywy[dd] *Tesog* yn cael ambell llwgfa [*sic*]. **1703** E. WYNNE: *BC* 5, Ar ryw brydnhawngwaith têg o hâ hir felyn *tesog*, cymmerais hynt i ben un o Fynyddoedd Cymru. **1759** *BC* 491, Y wan wenynen enwog / A dynn o'r dwysen *desog*, fywiog Fêl. **1803** *P*, *Tesawg* . . . Abounding with heat; abounding with sunshine, sunny, hot. Ar lafar yn yr ystyr 'tawchlyd, mwll', 'Dwyrnod *tesog* geson ni', *GTN* 789.

tesol [*tes*+-*ol*; ansicr yw'r engh. gyntaf isod] *a.* Poeth (am yr haul, &c.), tesog, heulog, hefyd yn *ffig.*: *hot* (*of sun, &c.*), *sunny*, *also fig.*

17g. E. MORRIS: *Gw* 179, Dasau dwysion *desol* dwysau, / Dasel duswau disal dasied, / Dirion doreth darren dyrrau, / Dawel deiau diwaeldäed. **1788** IOAN SIENCIN: *MTLl*, Yn ddisgleiriach nag yw'r haulwen, / Drwsiad *tesol*, hoffaidd siriol o'r ffurfafen. **1789** GW. MECHAIN: *Gw* i. 233, Un eon ffraeth o anian ffrom, —*tesawl*, / Yw'n t'wysog, fel gwyddom. **1791** GW. MECHAIN: *Rh* 32, yr olau *desawl* gânaid â ail lewyrchodd. *id.* 124, yn canfod haul iechydwriaeth wedi chwalu ymmaith niwl anwybodaeth . . . yn *tesol* dywŷnu arnynt.

test[1] [bnth. S. *test*] *eg.* ll. -*iau*, -*s*. Prawf: *test*.

1710 *CBGEL* 11, Hefyd y maent yr amser ymma yn cymmeryd y *Test*, yn ymwrthod a Thrawssylweddiau. *id.* 162, Y Llyfon o Uchafiaith [*sic*] ac Ufudd-dod, ar *Test*. Ar lafar, 'Ma raid imi fynd am *dests* i'r 'sbyty' (Arfon); 'Newydd basio'i *thest* odd 'i' (Llŷn).

test[2], gw. **tyst**.

testa [bnth. S. *testa*] *eg.* *Bot.* Hatgroen: *testa* (*in bot.*).
20g.

testaf: testo, gw. **testiaf[1]: testio**.

testafen [bnth. dysg. Llad. *testāmentum*] *eg.b.* *Beibl.* Testament: (*bibl.*) *Testament*.

p. **1584** G. ROBERT: *GC* [195], sacramentum sagrafen, testamentum, *testafen*. **1611** R. SMYTH: *SG* 83, Saint Hierom yn testiolaethu, yddydym . . . yn cymeryd awdurdod y *testafen* newydd. **1618** J. SALISBURY: *EH* 168, yn y *Destafen* hên, gorchmynodh Duw gael o'r difenwyr eu lhabydhio a cherrig. *id.* 173, y *Destâfen* newydh. *id.* 225, yn amser yr hên *Destafen*.

testament [bnth. S. *testament*] *eg.* ll. -*au*. Ewyllys (olaf), llythyr cymyn; *Beibl.* un o ddwy brif ran y Beibl, sef yr Hen Destament a'r Testament Newydd, copi o'r Testament Newydd; cyfamod, goruchwyliaeth: *testament, will*; (*bibl.*) (*copy of the New*) *Testament*; *covenant, dispensation*.

1551 W. SALESBURY: *KLl* xixb, y rein ynt y ddau *testtament* [:– yddwy [*sic*] dde/ddf]. **1567** *LlGG* 45a, Lle bynac y bo *testament*, angenrait yw bot angae y testamentwr. Can ys y *testament* vydd mewn grym pan fo meirw dynion. **1567** *TN* 180a, Ac ef a roddes iddaw ddygymbot [:– *testament*] yr enwaediat. *id.* 386a, A themel Dyw oedd yn agored yn y nef, ac arch y *Testament* [:– ystafn, yr ammot] ef y welspwyd yny demel. **17g.** *TBM* 849, Trwm arw oedd, tra mawr weiddi, / Trwy dai Crist y rhed y cri. / Tost yw mynd *testamentau* / Tan gwmwl yn ddwl y ddau. **1696** *CDD* 56, Mae amrŷw ganiadau drwŷ'r ddau *Destamentau*. **1725** D. LEWIS: *GB* 17, Y Bibl yw Ewyllys Duw, neu *Destament* Jesu Grist. **1741** S. THOMAS: *DY* 114, yn lle y gair *Testament*, yr hwn yw gair Duw; darfu i ddynion . . . ossod y gair Cyfammod. **1758** *ML* ii. 62, Mi a yrrais yr holl *Destamentau* iddo fo oddigerth haner dwsing. **1759** T. THOMAS: *WWDd* 207, Gwêl a darllen ei *Destament* neu ei Ewyllys ef [Iesu]. **1795** J. THOMAS: *AIC* 71, Appwyntiedig o Ewyllys a *Thestament* diweddaf C. D. Cf. D. OWEN: *GT* 65, darllenodd Mr. Jones *destament* olaf fy ewyrth.

Amr.: **tesment** [ansicr yw'r engh. gyntaf isod] (ll. -*i*). **16g.** *TRP* 188, yr rwi yn gwnythyr *tessmant* ffraeth / er kael om penaeth venaid. **16g.** *Hop M* 197–8, os cawn llyna, neges wraig dda / i caid oi nerth, le mor brydferth / hi haedda glod, gan bob tavod / a lle delo, i choflaido / ny vedrais j, vawr mawl yddi / mae ny *tesment*, y deg cyment. *c.* **1762–79** W. WILLIAMS: *P* 581, A bod i'r offeiriaid hefyd i gymmell y bobl i fod yn elusengar i'r tlawd, ac wrth wneud eu *tesmenti* i adael o'u hol yn haelionus at y cyfryw achos. **testment** [bnth. S. Diw. Cyn. *testment*]. **16–17g.** SIÔN MAWDDWY: *Gw* 272, Troist y ddau *Destment* [drll.] trostynt / Yn Gymräeg, hoywdeg hynt. **1604** R. HOLLAND: *BD* 13. **1741** S. THOMAS: *DY* 76.

Cfn.: **Testament Newydd**: *New Testament*. **1567** *TN* d.d. **1630** *YDd* 19. **1754** *ML* i. 299, Ag nid yw Mr. Owen ein person ni yn gorphwyso gan sôn am ei *Destamentau Newydd*. **Hen Destament**: *Old Testament*. **1567** *TN* 266b. **1588** *Y Beibl* d.d. **1672** J. LANGFORD: *HDdD* 53. **1741** S. THOMAS: *DY* 119.

testamentaidd [*testament*+-*aidd*] *a.* Yn perthyn i gyfamod, seiliedig ar gyfamod; yn perthyn i'r Testament Newydd; yn perthyn i ewyllys (olaf) neu lythyr cymyn: *pertaining to, or based on, a covenant*; *pertaining to the New Testament*; *testamentary*.

1730 M. MAURICE: *YDG* 47, a phob peth ynglyn wrth iechydwriaeth sydd iw ystyriaid fel rhodd *destamentaidd*. **1741** S. THOMAS: *DY* 83, yn gymmaint ac i Dduw . . . arfaethu y cyfryw o ddynol-Ryw i fwynhau Happysrwydd tragwyddol, ac i'r ail Berson yn y Drindod gymmeryd arno gyflawni gwaith yr Oruchwyliaeth hon . . . efe (sef Crist) a elwir yn Gyfryngwr . . . yn yr Oruchwyliaeth *Destamentaidd* yma. **1744** *CMC* 55, Y mae'r Cyfammod o Râs fel ac y mae yn Ngoruchwiliaeth allanol yr Efengyl, yn gyffelyb i Scrifen *destamentaidd* fawr lle mae digon o le wedi ei adael i bob un i scrifennu ei Enw a Llaw Ffŷdd. **1797** B. EVANS: *CG* 187, Y mae yr Yspryd Glân yn datgan y cyfammod grâs trwy y gair diathece, sy'n arwyddo 'trefnad *testamentaidd*'; dim tilerau o gyttundeb, ond rhoddion rhad.

testamentwr [*testament*+-*wr*] *eg.* (b. -*wraig*) ll. -*wyr*. Ewyllysiwr, cymynnwr (yn enw. yn *ffig.* am Iesu Grist): *testator* (*esp. fig. of Jesus Christ*).

1567 *LlGG* 45a, Lle bynac y bo testament, angenrait yw bot angae y *testamentwr*. **1632** *D*, Hwn a gaffo dda 'r *testamentwr* tan ammod colli 'r cwbl os efe a wna 'n erbyn y llythyr cymmyn d.g. *Euerriator*. **1711** M. MAURICE: *YAD* 12, Ewyllys Dat[c]uddiedig *Testamentwr*. **1719** *EGBG* 14, Christ *Testamentwr* y testament newydd. **1741** S. THOMAS: *DY* 77, Jesu Grist . . . ydyw y *Testamentwr*. *id.* 81, nid all neb fod yn gyfrannogion o honynt, hyd oni byddo farw y *Testamentwyr*: Canys y cyfryw yw natur a thenor Testament a Thestament-Roddion. **1767** J. THOMAS: *A* 29, [y] Cyfamod newydd, wedi ei ddiogelu a'i gadarnhau trwy Farwolaeth y *Testamentwr*. **1794** *W*, *testamentwr* d.g. *Testator*. *id.* *Testamentwraig* d.g. *Testatrix*. **1795** J. THOMAS: *AIC* 56, ysgrifennu ein hennwau megis Tystion ymhresenoldeb y *Testamentwr*. **1803** C. EVANS: *FfYI* 37, sicrhaodd marwolaeth y *Testamentwr* holl fendithion y Testament . . . nid rhyw beth gwag oedd marwolaeth y *Testamentwr*.

tester[1] [bnth. S. *tester* 'person who, or thing which, tests; sample'] *eg.* ll. -*s*. Un sy'n rhoddi prawf gyrru; sampl i gwsmer (e.e. o bersawr mewn siop): *driving-test examiner*; *tester* (*sample*).

20g. Ar lafar, ''On i 'di drysu ar ôl trio'r holl *destyrs*'; hefyd yn yr ystyr 'Offeryn i brofi bod gwifren y trydan yn iawn cyn saethu ac felly gwneud yn siwr y bydd y powdwr yn derbyn y wreichionen o drydan', *B* xx. 382 (ardaloedd chwareli'r Gogledd).

tester[2], testr [bnth. S. *tester* 'coin'] *eg.* ll. *testeri*. Darn o arian bath gynt a oedd yn gyfwerth â swllt yn wr., pisyn chwech, hefyd yn *dros.* ac yn *ffig.*: *tester* (*coin orig. worth a shilling*), *sixpenny bit*, *also transf. and fig.*

16g. *GGH* 87–8, Rhagor graen, rhywiog yw'r gras, / Aur nobl wrth *destr* wyneblas [i Elisau ap Morys o Glenennau]. *id.* 349, Grod ystum, o graig, arw *destr*, / Gwrid chwelliw grud a challestr [i ofyn meini melin]. **16g.** SIÔN BRWYNOG: *C* 108, Rhoi eto'n drwm, rhad Duw'n drech, / Ni bo anllai'n y Benllech. / Ystôr, fel y *testeri*, / Diddowt in nad oeddit ti / Y gwŷr drwg, gwyrwyd yr iaith, / Aur amur a roir ymaith. *a.* **1587** *Y* 215, Dod *destr*, onid wyd hwstriaith, / Am bob iach gam, bwbach gwaith. **16–17g.** *CRC* 428, yn chware am bob *tester* (*CLlG* ii. 213, y *tester*) / ag yn breibio yn ysgeler. *id.* 432, er bwyta o ddyn yn syber, / hwy ['gwragedd y tafarne'] a goden *dester* am i sswper. **17g.** *Beirn* iii. 167, Mae aur demestl am aur *destr* / Am ostwng Powls a Westmestr [marwnad Siarl II gan Wiliam Phylip]. **1722** *Llst* 189, Os na rowch chwi i mi *dester*, a rowch chwi i mi geiniog Dwsied? d.g. *Then . . . If you give me not six pence, will you give me a penny Then?* **1725** *SR*, *Testr* d.g. *A Tester in Money*.

testiad, gw. **tystiad[1]**.

testiaf[1], testaf: test(i)o [bnth. S. (*to*) *test*] *ba.* Profi: *to test*.

Ar lafar, '*testio* llgada' (Llŷn); 'Mân' nw'n dod i *desto*'r llath 'fory' (godre Cered.).

testiaf[2]: testio, gw. **tystiaf: tystio**.

testimoni [bnth. S. *testimony*] *e?g.* ll. *testimonïau*. Tystiolaeth: *testimony*.

1595 H. LEWYS: *PA* 70, *Testimoniae* o hynn allan or Scrythur lan. *id.* 99, wrth hyn ir ystyr y ffyddlon, fod y trancedig ddialeddae hynn, yn arwyddion ac yn *destimoniae* eglur or cospedigaethae tragwyddol.

testimonial [bnth. S. *testimonial*] *e?g.* Tystlythyr: *testimonial* (*letter*).

1567 *LlGG* [xi], am y nebun pynac yn troseddu yn y premisseu, vod yddo yn gyntaf dderbyn poen y gan yr Ordinari, a' *testimonial* ganto o hyny y dan ddywededic sel yr Ordinari.

testiolaeth, testiolaethaf: testiolaethu, gw. **tystiolaeth, tystiolaethaf: tystiolaethu**.

testis [bnth. S. *testis*] *eb.* Caill: *testicle*.
20g.

testiwb [bnth. S. *test tube*] *eg.* Tiwb prawf, tiwb profi: *test tube*.
20g.

testlaethaf: testlaethu, testment, gw. tystiolaethaf: tystiolaethu, testament.

testosteron [bnth. S. *testosterone*] *eg.* Hormon steroid sy'n hyrwyddo datblygiad y nodweddion rhywiol eilaidd gwrywaidd ac a gynhyrchir yn bennaf gan y ceilliau: *testosterone.*
20g.

testr, gw. tester[2].

testun [bnth. Llad. *testimōnium,* H. Wydd. *teistimin,* cf. H. Grn. *tistuni,* gl. *testimonium,* Crn. C. *dustuny,* Llyd. C. a Diw. *testeni*] *eg.b.* ll. *-(i)au, -ion.*

(*a*) Corff o eiriau sy'n ffurfio prif ran gwaith ysgrifenedig neu argraffedig (gthg. nodiadau, atodiadau, lluniau, &c.), geiriau ysgrifenedig neu argraffedig (yn enw. fel cyfanwaith cydlynol), data geiriol a brosesir gan brosesydd geiriau, &c., geiriau gwreiddiol awdur neu ddogfen o'u cyferbynnu â diweddariad neu gyfieithiad ohonynt, neu ychwanegiad atynt; darn o'r Beibl a ddefnyddir fel sail i bregeth neu fel prawf o athrawiaeth; pwnc, mater, thema, thesis, gosodiad, dadl; teitl, arysgrif: (*original*) *text;* (*Biblical*) *text; subject, matter, theme, thesis, proposition, argument; title, legend, inscription.*

c. **1400** *R* 1331. 15–16, Govul y dyn ac ouer. gbaravun *destun* dostur. y dued nef a daear. **1567** *TN* 344b, Epistol gyffredinawl Iaco. Y *destyn.* **1588** *Esth* iv. 8, efe a roddodd iddo *destynn* scrifen y gorchymyn. **1618** J. Salisbury: *EH* 255, Pænyd y gelwir pob poen . . . a gymero dyn, er mwyn gwneuthur iawn i Dhuw . . . Ag ar y *testyn* hwn y dywedir fod rhyw dhyn yn gwneuthur Pænyd mawr, am ei fod yn poeni'r corph, trwy ymprydio. **1631** O. Thomas: *CC* 14, dewis . . . y cyfryw *destyn* i bregethu, arno. **1632** *D, Testun* . . . Orationis argumentum, Epigraphe, inscriptio. **1709** H. Powel: *G* 52, [mae] yn fyddiol i'n Gwrandawyr nid yn unig edrych ar y *Testynnau* hynod hynnu, eithr hefyd blygu yr ddalen ernynt yn eu Biblau: o herwydd y gwneur iddynt trwy hynnu fod yn fwy cydnabyddus a'r Scrythurau Sancteidd. **1722** *Llst* 189, *Testun* m.p. *tuniau, tunau.* An argument, thesis, proposition, title . . . an epigraph: text. *c.* **1762–79** W. Williams: *P* 542, fe losgodd yn gyhoeddus *destynau* Luther, ynghyd â'r bregeth a 'sgrifennodd ef ynghylch indulgences. **1775** *W* d.g. *Legend of a coin, Matter* [*a subject, or topic*], *Proposition, or thesis, Subject-matter.* **1803** *P, Testun,* s. m. . . . A theme, or subject of investigation. Ar lafar, '*testun*' 'text . . . subject', *WVBD* 530; 'Pyn ôn ni'n blant, 'ôn ni wastod yn gorffod cofio'r *testun*', 'Beth odd *testun* 'i arith a?', *GTN* 787.

(*b*) Dychan (barddonol), gwatwar, (cyff) gwawd, sen; ffraetheb, cellwair: (*poetic*) *satire, mockery,* (*object of*) *ridicule, derision, taunt; witticism, quip.*

14g. *OBWV* 73, Yntau, diamau ymwad, / Un *destun* ganthun' nyw gad [Madog Benfras i'r halaenwr]. **14g.** *GSCyf* [23], Na dwyn *testun* rhag wyneb / Na husting yn ing â neb (Sypyn Cyfeiliog). **14g.** *GDG*[3] 98–9, Rhyddwys, fy mun rieddawg, / Y rhoist y *destun* yrhawg. / . . . / Erioed o gwelais yr un, / Euraid wystl, a rôi *destun,* / . . . / Berw enwog nwyf, burwen gnawd, / Bwrw yr un *destun* barawd. *id.* 398, Llyma'r dyst, lle mae'r *destun,* / Gwardd hir, yn ei gerdd ei hun [ymryson â Gruffudd Gryg]. **15–16g.** *TA* 532 Cwyn, ddoe, a rwymwyd can Ddeon—Bangor, / Heb ungair yn gyfion, / Nis cred gwŷr na merched Môn—/ Nid oes dyn heb *destunion* [dychan i Ddeon Bangor a'i feirdd]. **16g.** *GGH* 455, Na choelied un dyn â chalon —y rhain / Yn rhannu *testunion* ['mewn neithior yn Rhiwedog']. *a.* **1587** *Y* 112, Ffestus gynt, grâff vstus gwŷr, / Yn i *destyn* diystyr. *id.* 113, Doethost a'th *destyn* dithav / Yr vn fodd ar [*sic*] awen fav. *id.* 145, Beth a wyddost, dôst *destyn,* / Wedi rhawg nad yw wir hyn? **1588** *Job* xxx. 9, eu cân hwy ydwyfi: ac myfi ydwyf yn *destyn* iddynt. **1604–7** *TW* (*Pen* 228) d.g. *dedecus, Improperium, Vituperatio.* **1632** *D, Testun,* Scomma. **1688** *TJ, Testyn* . . . a scoff or mocking-stock. **1722** *Llst* 189, *Testun* m.p. *tuniau, tunau* . . . A scoff, flout, a witticism. **1725** *SR* d.g. *A Quib or quip, A witticism.* **1753** *TR, Testun,* a scoff, a jeer, a reproach or taunt. **1770** *W* d.g. *Banter* [*jeer*], *By-word, Flout* [*a mock* . . .], *Quib.*

Cfn.: **testun beirniadol:** *critical text.* **1926. testun diolch:** *reason to be thankful.* **1942** T. H. Parry-Williams: *Ll* 90, Diolch am *destun diolch.* Ar lafar, 'Wel, *testun diolch* sy ginnyn ni fod pethach wedi troi mæs cistal', *GTN* 787; 'falle bod gida fi *destun diolch* wedi'r cyfan, iddo fe, am gwmryd Marjori oddiar y nwylo i', *Wês wês* 19. **testun gwawd:** *laughing-stock, figure of fun.* **1732** J. Jones: *C* 21. **testun sbort** = **testun gwawd. 1937. testun siarad:** *talking-point, subject of conversation, object of common talk.* Ar lafar, ''C ofn i mi fynd yn *destun siarad*', *WVBD* 530. Cf. D. Owen: *GT* 212, llofruddiaeth Dafydd Ifans oedd *testyn siarad* yr holl gymydogaeth.

testunaf: testuno, gw. **testuniaf: testunio.**

testungar [*testun*+*-gar*] *a.* Difyr, huawdl; dychanol, gwawdlyd: *entertaining, eloquent; satirical, mocking.*

15g. *Glam Bards* 298, na ddwg yn gwlad rad verlys / anglod er bod rod a rys / *tustungar* [*sic*] mewn tost angerdd / i keny kywely kerdd [Ieuan Du i Ieuan Gethin]. **16g.** Morus Dwyfech: *Gw* 212, Da iawn ei wawd awen wâr, / Dwys da iawngerdd *destungar* [marwnad Morus Dwyfech gan Siôn Phylip]. **1632** *D* d.g. *Argutus.* **1722** *Llst* 189, *Testungar.* Full of jeers, lepid. **1773** *W* d.g. *Flout, Full of flouts.*

testuniad [?bôn y f. *testuniaf, testunaf: testun*(*i*)*o*+*-iad*[1]] *eg.* ?Taerineb, ple, cwyn: *earnestness, plea, complaint.*

c. **1400** *R* 1310. 3–5, Clywet awneuthost dost *dystunyat.* vy llef hyt ynef ehut nofyat.

testuniaf, testunaf: testun(i)o [bf. o'r e. *testun*] *bg.a.* a hefyd gyda grym enwol i'r be. Dychanu (mewn barddoniaeth), gwawdio, sarhau; ?barddoni; nodi (mewn ysgrifen), marcio: *to satirize* (*in poetry*), *mock, insult; ?compose poetry; note* (*in writing*), *mark.*

14g. *GP* 46, Teir keing ereill a berthynant ar deuluwryaeth, nyt amgen, *testunyaw,* a daualu wers tra gwers yn deulueid araf, a gorderchgerd deulueid drwy eiryeu ymwys. **14g.** *OBWV* 73, Y rhyw, i mewn rhwym annoeth, / Ddyn fel halaenwr a ddoeth, / A'r tylwyth, brwydr ddiffrwyth braw, / Dwys dôn, yn ei *destuniaw* [Madog Benfras i'r halaenwr]. **15g.** *GDLl* 158, Tost in fod (*testuniai* fil) / Unben, fel cyw yn ymbil! **15g.** *GLGC* 398, bwrw eniwed, Meredudd, / na ddown ŵyl i annedd Nudd; / fy *nhestunio*'n ddiöir / a bwrw hawl am Siasbar hir. **15g.** *GIBH* [28]–9, Tost iawn yw, lle'i *testuniwyd,* / Trwyn ellyn, was toryn llwyd / . . . / *Testuniwch* ef! Tost na chaid / Rhyw ddifa ar ei ddefaid [i ddychanu Tudur Penllyn]. ?**15–16g.** *TA* 617, ystaeniwyd y *testuniaw,* / ys da gwnâi osteg, â naw. *a.* **1547** *GGH* 411, Oes dyn heb ei *destunio?* / Oes fan nas goganes fo [i Goch y Pwyts am ddychanu Tegeingl]? *id.* 451, Trwy iaith, och wŷr, traethu chwant, / Tystio yno *testuniant* ['mewn neithior yn Rhiwedog']. **16–17g.** *HG* 114, ne glywed krwth ne delyn, a chael dyn i *dystuno* / ag yno ny byddai vûl, o chai bybŷl a chwarddo. **1604–7** *TW* (*Pen* 228) d.g. *Annoto.* **1632** *D* d.g. *Argutor, Impropero, Inuehor, Vitupero.* **1725** *SR* d.g. *To inveigh.* **1775** *W* d.g. *To jeer.*

testuniwr, testunwr [bôn y f. *testuniaf, testunaf: testun*(*i*)*o*+*-*(*i*)*wr*] *eg.* Dychanwr (barddol), gwawdiwr: (*poetic*) *satirist, mocker.*

15g. *GO* 171, Nid oes dyn nev *destvniwr,* / Ni allai neb well yn ŵr [i Ddafydd, abad Llanegwest]. **16–17g.** *GST* i. 748, Dos di yno, *destunwr,* / Dwg ryw gas er dig i'r gŵr [i yrru'r fronfraith yn llatai]. **18–19g.** *MA* iii. 192, Tri dyn ni ddylai wr eu gwahawdd i'w ciniaw: twyllwr gwenieithus, *testynwr* (*id.* 234, *tystyniwr*) gwatwarus, a bradwr cenvigenus.

testunlyfr [*testun*+*llyfr*[1]] *eg.* ll. *-au.* Gwerslyfr: *textbook.*
1824.

Gw. hefyd **llyfr**[1]**—llyfr testun.**

testunol [*testun*+*-ol*] *a.* Yn perthyn i destun; seiliedig ar destun Beiblaidd; yn cadw at y testun gosodedig (am gerdd, &c., mewn cystadleuaeth eisteddfodol): *textual; based on a Biblical text; adhering to the set subject* (*of poem, &c., in eisteddfodic competition*).

1780 *W* d.g. *Propositional, Textual.* **1803** *P* d.g. *Testunawl.*

testunolaf: testunoli [bf. o'r a. *testunol*] *ba.* Peri i (gerdd, &c.) gadw at y testun gosodedig (mewn cystadleuaeth eisteddfodol): *to cause* (*poem, &c.*) *to adhere to the set subject* (*in eisteddfodic competition*).
20g.

testunoldeb [*testunol*+*-deb*] *eg.* Yr ansawdd neu'r cyflwr o fod yn destunol; ymlyniad wrth y testun gosodedig (mewn cystadleuaeth eisteddfodol): *textuality; adherence to the set subject* (*in eisteddfodic competition*).
1936–7.

testunwr, testyn, teta, gw. **testuniwr, testun, tad.**

tetanedd [cfdds. o'r S. *tetan*(*y*)+*-edd*[1]] *eg.* Cyflwr corfforol a nodweddir gan sbasmau ysbeidiol yn y cyhyrau ac a achosir gan ddiffyg calsiwm yn y gwaed o ganlyniad i nam ar y parathyroid: *tetany.*
20g.

tetanws [bnth. S. *tetanus*] *eg.* ll. *tetanysau.* Afiechyd heintus llym a achosir gan y bacteriwm *Clostridium tetani* ac a nodweddir gan anystwythder a sbasmau dybryd yn y cyhyrau rheoledig (hefyd am un o'r sbasmau hyn), genglo, gengload: *tetanus, lockjaw.*

20g. Clywir *tetanys* ar lafar am y pigiad a roddir yn erbyn yr afiechyd hwn, ''Dwi 'di gneud apointment i gâl *tetanys* 'fory'.

tetraclorid [bnth. S. *tetrachloride*] *eg. Cem.* Unrhyw gyfansoddyn sy'n cynnwys pedair atom o glorin ym mhob moleciwl: *tetrachloride.*
20g.

tetrafalent [bnth. S. *tetravalent*] *a. Cem.* Ac iddo falensi o bedwar: *tetravalent.*
1937.

Tetragramaton [bnth. S. *Tetragrammaton* neu fnth. dysg. Gr. *Τετραγράμματον*] *eg.* Enw Hebraeg ar Dduw a ysgrifennir â phedair llythyren, sef I H F H neu I H W H, ac a ystyrir gan yr Iddewon yn rhy sanctaidd i'w ynganu; fe'i trawslythrennir fel Jehofah, Iehofa, Iafe, &c.: *Tetragrammaton.*

15g. *IGE* 232, *Te* (at hyfryd dad difreg) / *Tra grama ton,* tri grym teg [i'r Grog yn Ystrywaid]. *Dchr.* **17g.** *YT* 137, Mi a vum ynghaer Gwdion gyd a *Thetragramaton.*

tetrahedrol [cfdds. o'r S. *tetrahedr*(*al*)+*-ol*] *a.* Yn perthyn i detrahedron, ar ffurf tetrahedron: *tetrahedral.*
20g.

tetrahedron [bnth. S. *tetrahedron*] *eg.* ll. *-au.* Ffigur solet ac iddo bedwar arwyneb plân trionglog, pyramid trionglog: *tetrahedron.*
20g.

tetramorff [bnth. S. *tetramorph*] *eg.* ll. *-au.* Ffigur cyfansawdd sy'n cyfuno symbolau'r pedwar efengylwr, hefyd yn *ffig.*: *tetramorph, also fig.*
20g.

tetramorffig [cfdds. o'r S. *tetramorph*(*ic*)+*-ig*[2]] *a.* Yn perthyn i detramorff, ar ffurf tetramorff, hefyd yn *ffig.*: *tetramorphic, also fig.*
20g.

tetraploid [bnth. S. *tetraploid*] *a.* a hefyd fel *eg.* ll. *-au.* (Organeb, cell, niwclews, &c.) yn cynnwys pedair set haploid o gromosomau: *tetraploid* (*adj. and n.*).
20g.

tetrarch [bnth. S. *tetrarch*] *eg.* ll. *-iaid, tetreirch.* Llywodraethwr pedwaredd ran o wlad neu ranbarth (yn yr Ymerodraeth Rufeinig), rheolwr isradd, un o bedwar rheolwr ar y cyd: *tetrarch.*

1567 *TN* 22b, Y Pryd hynny y clybu Herod y *Tetrarch* am Iesu. *id.* 85a, Herod yn *Tetrarch* Galilaia, a'ei vrawt Philip yn *Tetrarch* Ituraia. **1722** *Llst* 189, *Tetrarch* m. p. *Tetreirch.* A tetrarch, governour of y[e] 4th part of a countrey. **1765** J. Evans: *CPE* 94, *Tetrarch* oedd bennadur o lai urddas na brenin. **1770** P. Williams: *BS,* [Tablau i], *Tetreirch,* y rhai oedd ganddynt Awdurdod frenhinol mewn pedair Talaith. **1794** *W* d.g. *Tetrarch.*

tetrarchiaeth, tetrarchaeth [*tetrarch*+*-*(*i*)*aeth*] *eb.* ll. *-au.* Lle a reolir gan detrarch(iaid): *tetrarchy, tetrarchate.*

1794 *W, tetrarchaeth* d.g. *Tetrarchy.*

tetrocsid [bnth. S. *tetroxide*] *eg.* ll. *-au. Cem.* Unrhyw ocsid sy'n cynnwys pedair

atom o ocsygen ym mhob moleciwl: *tetroxide*.

20g.

tetsiws, gw. tejws.

teth [?bnth. Llad. llafar *titta*, Crn. Diw. *tethan*, Llyd. Diw. *tezh*, taf. Gwened *teh*] *eb*. (bach. *-en*) ll. *-au*, *-i*. Y darn hwnnw o'r chwarren laeth mewn mamoliaid benyw a sugnir gan rai ieuainc, y darn cyfatebol ar fron y gwryw, diden, didi, hefyd yn *dros*. ac yn *ffig*.: *teat, nipple, also transf. and fig.*

13g. *LlI* 85, llo a dele emdeyth nau cam a dedyllu groyssyn o'y pedeyr *teth*. **13g.** *LTWL* 233, Precium *teth* kynflith: iiii denarii sine elevatione. Precium *teth* vacce: iiii denarii legales. **14g.** *WML* 70, Nabuetdyd mei ydyly bot yn teithiabl dyuot llaeth o pen pop *teth* idi. Ac ymdeith oe llo. **1547** *WS*, *Teth* A tete. **1588** *Esec* xxiii. 3, yno yr yssigasant *dethau* eu morwyndod. **1604–7** *TW* (*Pen* 228) d.g. *papilla*. *Dchr.* **17g.** *J* 10, 156a, *Têth*. Teate. Bumamma. **1632** *D*, *Têth*, Ruma, rumis, rumen, mamma, vber, mastus. *id.* d.g. *Mammula*. *id.* *tethau* yn y cyfeistedd a elwir clwy 'r marchogion d.g. *Marisca*. **1701** E. WYNNE: *RBS* iii–iv, I'r Parchedicçaf Dâd yn Ghrist, Humphrey, Arglwydd Escob Bangor . . . un o bedair *Têth* ysprydol y Praidd Cymreig. **1716–18** *Llsgr R. Morris* 201, a da gan wen dygun wâna / sugno peth or *deth* a da. **1725** D. LEWIS: *GB* 110, Yr ydys yn tebyg fod Llestri ac Offeryneu'r Archwaeth, neu'r Blâs, yn yr holl Eneu, ond yn enwedigol yn *Nhetheu* bach, a Garwineb y Tafod. *id.* 111, y *Tethcu* bach, trwy ba rai y mae chwŷs a Tharth y Corph yn dyfod allan. **1803** *P*, *Teth*, s. f.—pl. t. *au* . . . A teat, a dug, or pap. Ar lafar, '*teth* . . . *tethi*' 'teat', *WVBD* 530; '*tethan* o oren' 'segment', *BILlE* 41; ''Odd 'i 'riôd wedi gotro buwch, waith dafad, ond 'i gitsiws yn *deth* y ddafad a dychra'i gotro a 'ngwir, fe ryws y ddafad 'i llæth', *GTN* 789.

Cfn.: *Bot.* **teth y fuwch:** *cowslip, Primula veris*. Ar lafar, G. AWBERY: *BM* 35 (sir Drefn.). *Bot.* **teth y gaseg:** *lousewort, Pedicularis sylvatica*. Ar lafar, G. AWBERY: *BM* 46 (Meir.). *Bot.* **tethau'r gaseg:** *honeysuckle, Lonicera periclymenum*. **1632** *D* (*Bot*), *Tethau 'r gaseg*, vid. Gwyddfid. **1707** *AB* 46b d.g. *Caprifolium*. **1813** *WB* 238. *Bot.* **tethi'r gaseg:** *yellow rattle, Rhinanthus minor*. Ar lafar, G. AWBERY: *BM* 62 (sir Gaerf.). **tethau caws:** *small lumps on cheese*. Ar lafar, 'The small lumps seen on home-made cheese, produced by the holes in the vat when the new cheese is under pressure', *GDD* 297. **teth lwgu:** (*baby's*) *dummy*. Ar lafar, *ISF* 73.

tethog [*teth*+*-og*] *a*. ll. *-ion*, a'r ll. hefyd fel *e.ll.* Ac iddo deth(au), hefyd yn *dros.*; mamolaidd; mamoliaid: *having a teat* (*teats*) *or nipple*(*s*), *also transf.*; *mammalian*; *mammals*.

14g. *NLA* ii. 106, Cambrice enim vsque in hodiernum diem 'cloch *tethauc*' appelatur, quod 'mamillata campana' interpretatur. **1632** *D* d.g. *Mammeatus, Mammosus*. *c.* **1764** *RWM* i. 262, Buwch grothog, dorrog, dirion; un *dethog*. **1803** *P* d.g. *Tethawg*.

tethol [*teth*+*-ol*] *a*. ll. *-ion*, a'r ll. hefyd fel *e.ll.* Yn perthyn i deth; mamoliaid: *mamillary*; *mammals*.

1803 *P* d.g. *Tethawl*.

teulu[1] [< *teilu* drwy gmth.; H. Grn. *teilu*, gl. *familia*, Gwydd. C. *teglach*, Gwydd. Diw. *teaghlach*: < Clt. **tego-slougo-* neu **tegeso-slougo-* (gw. *tŷ* a *llu*); petrus yw dosbarthiad rhai o'r enghrau. isod] *eg*. ll. *-oedd*.

(*a*) Rhieni a'u plant fel uned, pobl sy'n perthyn i'w gilydd drwy waed, priodas, mabwysiad, &c., tylwyth, plant rhywun; llwyth, cenedl; grŵp o bobl sy'n byw gyda'i gilydd mewn un tŷ, tyaid; grŵp o bobl a unir gan glymau cymdeithasol, crefyddol, gwleidyddol, &c., unrhyw grŵp o bethau, organebau, &c. sy'n perthyn i'w gilydd (hefyd fel dosbarthiad tacsonomig rhwng urdd a thylwyth): (*nuclear or extended*) *family*; *tribe, nation*; *household*; *family* (*related group of persons, things, organisms, &c., also as taxonomic classification*).

14g. *GIG* 72, Gwae di Iolo, gwae'i *deulu*, / O'r pyllaid aur i'r pwll du [marwnad Ithel ap Robert, archddiacon Llanelwy]. **15g.** *GLGC* 8–9, Mab a Thad ni wna adwaith, / . . . / Mab gwir Fair, Mab gwyry ei fam. / Nawdd *teulu*'r Iesu yn rasol—arnaf. **1567** *LlGG* 26b, Arglwydd atolwc yti gadw dy Eccles a'th *tuyly* yn wastat yn dy wir greddyf. **1567** *TN* 40a, Pwy wrth hyny 'sy was ffyddlon a' doeth, yr hwn a 'osodawdd ei Arglwydd yn or'chvvilivvr ar ei *duylu* [:- dulwyth]. **1567** G. ROBERT: *GC* 37, Digon yw hyn ynghylch y llythrennau tawdd, ond mae'n rhaid clowed mwy o son am y mu[d]iaid oblegid chwi a ddoedassoch ymlaen llaw fod tri *theulu* onynt. **1588** *Gen* xxviii. 14, holl *deuluoedd* y ddaiar a fendithir ynot ti. **1588** 1 *Sam* xv. 17, gwnaed ti yn benn ar *deuluoedd* Israel. **1595** H. LEWYS: *PA* 95, ef a edrych n sarug ar ei wraig, e fyd' chwerw wrth i blant, anynad wrth ei *deuluy* [*sic*] (*household*). **1595** M. KYFFIN: *DFf* [54], Beth a scrifennodd vn o'n *teuleu* [*sic*] (*company*) ni er ioed, ar a alle gyttuno . . . ag ynfydrwydd yr Hereticiaid hyn? **1632** *D*, *Teulu*, Familia. **1672** J. LANGFORD: *HDdD* 120, Ail máth ar Weddi Gyffredin yw honno yn y *Teulu* . . . [mae] yn perthyn iddo ef [penteulu] yn gystal baratoi i Enediau [*sic*] ei Blant a'i Wasanaethyddion, a pharatoi ymborth i'w Cyrph hwynt. **1699** T. JONES: *TP* 17, Fe a ofynnodd i mi i ba le yr oeddwn yn myned, ac fe a'm holodd i a oedd *Teulu* gennif? **1725** D. LEWIS: *GB* 128, Yr ydys yn sôn am Bentref yn Spain o Gan *Teulu* neu ragor, wedi dyfod i gŷd o'r un Gŵr, ac yntef ei hunan yn fyw. **1778** *Coff HH* 6, Trefnodd Duw e [Howell Harris] 'n ben ar *Deulu*. **1800** *TY* 244, Os yw 'r gair, *teulu*, i'w gymmeryd yma yn yr ystyr helaethaf, sef am genedl wedi tarddu o'r un gwreiddyn. **1803** *P*, *Teulu* . . . A family, or household; a clan, or tribe. Ar lafar, *WVBD* 531; ''Doedd dim *teulu* gan Anti Gwen, felly ni, y neiaint, oedd yn edrych ar 'i hôl hi' (Cered.); 'Mân' nw'n meddwl dechre *tulu* wap ar ôl priodi' (sir Gaerf.); '*Teuluodd* mawr odd, flynydda 'nôl, ond *teuluodd* bæch sydd 'eddi', *GTN* 795. Cf. *SE MS* 506a, In some parts of Wales (Cwm Rheidol, e.g.) *teulu*, a family, is generally pronounced *toilu* or *toili*. Rhys).

(*b*) Dilynwyr, gweision, neu gymdeithion brenin, &c., gosgordd, gwarchodlu, llu rhyfel; llu, torf, pobl: *royal, &c., retinue, retainers, or entourage, comitatus, bodyguard, household troops, war-band*; *host, crowd, people*.

9g. (*Juv*) *B* vi. 102, mitelu nit gurmaur. **12g.** *GLlF* 257, Dos, was, a chyghor na chygein—an toryf / Ual teiluoet bychein. **12–13g.** *GMB* 383, A'm dyuynno Duw y'm dyvynnu—nef / Ar y nawd a'e *teulu*. **12–13g.** *GLlLl* 238, Yn rwyuan *teulu*, rwyf teuluawc. **13g.** *LlI* 8, er egnat llys . . . Ef a dele o'r anreyth a wnel e *teylu* eg gorwlat. *id.* 22, Try anhepcor brenhyn ynt e effeyryat . . . a'r egnat llys . . . a'e *teylu*, urth y agheneu. **13g.** *A* 35. 8, gnaut rac *teulu* deor em discinhei. **13g.** *BD* 28, A dywedvyt a wnaeth heuyt nat oed reit y vr kyuoet ac ef vn lluossogrvyd y gyt ac ef na *theulu* namyn vn gvr a'e guassanaethei. **14g.** *BT* 34, anuon awnaeth y*deulu* y anreithyaw kyfoeth robert yarll. **14g.** *GDG*[3] 309, Ni'th ddeil swyddog na *theulu* / I'th ddydd, nithydd blaenwydd blu [i'r gwynt]. *id.* 358, Twrf eirthgrwydr, mal torf wrthgroch, / Talm mawr megis *teulu* moch. **14g.** *GIG* 95, Puror telyn, pôr *teulu*, / Serchog, edifeiriog fu [marwnad Llywelyn Goch ap Meurig Hen]. *c.* **1400** *R* 1045. 16, Stauell gyndylan ystywyll heno. heb *deulu*. **15g.** *GLGC* 454, Hwn fal hen Faelgwn a fu, / hyn a'i dilyn o *deulu*. / Ef a eilw ar ei filwyr, / ef a dry i'r gwindy â'r gwŷr. **16g.** *GIIW* 23, Ymroi o Iessu heb ymryson / I *deulu* issel ai daliasson. **16g.** *Rhyddiaith Gymraeg* i. 30, Ac ynn ol J'r ddau benaeth ddyuod J'r man a'i dau *deulu*, J gwnaethbwyd amod. **1595** *Egl Ph* 85, gan dharbhod ei hanialu gan y *teulu*; gan dhybhodieit, gan wlad Chittim. **1793** DAFYDD IONAWR: *CD* 313, Y Diawl a'i erchyll *deulu*. Cf. *PKM* 108, Aml dro ym Môn clywais gyfarch mintai o wŷr gyda'r geiriau, 'Sut ydach chi, *deulu*?' a sonnir am *deulu*'r fan a'r fan, 'the people of such and such a place, chapel, village', etc. lle dywedid pobl yn Arfon, fel rheol.

Amr.: **tuylu** [amr. org., cf. *tuy*, amr. ar *tŷ*]. **1551** W. SALESBURY: *KLl* lxxxixb. **1567** *LlGG* 26b. **1567** *TN* 40a.

Cfn.: **teulu Abram Wood:** *gypsies* (*lit. the family of Abram Wood* (?–*1799*)). Ar lafar. Gw. E. AC A. O. H. JARMAN: *SC* 63. **teulu agos:** (*a*) *close family*. Ar lafar, 'Mân' nw'n *deulu agos* iawn' (gogledd Cered.); 'Dim ond y *tulu agosa*' gadd ddod i'r briodas' (sir Gaerf.). **teulu Alabeina = teulu Abram Wood.** Ar lafar. Gw. E. AC A. O. H. JARMAN: *SC* 73. **teulu brenhinol:** *royal family*. **[1783]** *W* d.g. *The royal family*. Ar lafar, ''S dim amser 'da fi i'r *tulu breninol*. 'M ond llincu'n arian ni mân' nw' (sir Gaerf.). **teulu'r glep:** *gossips*. **1855. teulu'r codwm:** *fallen mankind*. Ar lafar yn iaith y capel. **teulu Duw:** *the family of God*. **15–16g.** *TA* 168. **1679** C. EDWARDS: *GGG* 184, Gan ein bod ni drwy fedydd wedi ein corpholi i *deulu Duw*. **1760** E. WILLIAMS: *UYB* 49, y Distain ar *deulu Duw*. **18–19g.** ANN GRIFFITHS: *Gw* (1905) 44, Caiff Hottentots, Goraniaid dua ei lliw, / Farbaraidd lu, ei dwyn i *deulu Duw*. Ar lafar yn iaith y capel. **teulu estynedig:** *extended family*. **20g. teulu'r ffydd:** *the family of faith*. **1735** S. THOMAS: *HP* 70. **teulu('r) nef:** (*the*) *heavenly host, family of heaven*. **12g.** *GLlF* 341, Handid tegach *teulu nef*. **15g.** *GGl*[2] 51, Ef a dâl ei fwyd a'i win, / Wrth brynu, ddeuwerth brenin. / Taledig fu i'r tlodion, / *Teulu nef* a'i tâl i'n iôn [marwnad Robert Trefor]. *id.* 276, Tŵr i ymladd rhag tromlef, / Talwyn, o waith *teulu nef*. **1672** R. PRICHARD: *Gw* 3, Y gair yw'r hâd sy 'n adgenhedlu, / Yn blant i Dduw, yn frodyr Iesu, / Yn *deuly 'r nef*, yn demle ir yspryd, / yn wir drigolion tir y bywyd. **teulu niwclear:** *nuclear family*. **20g.** *Math.* **teulu o gromliniau:** *family of curves* (*in math.*). **20g. teulu'r don:** *large family, crowd*. Ar lafar, 'Ma' *teulu'r don* yn dod', *BIBC* 50. **teulu un rhiant:** *one-parent family*. **20g. teulu yng nghyfraith:** *family by marriage, in-laws*. **1883.** Ar lafar, 'Ddoth y *teulu yng nghyfrath* i 'ngweld i ddoe' (Arfon).

teulu[2], gw. toulu.

teuluaeth [*teulu*[1] + *-aeth*] *eb.g.* Rheolaeth ar gartref, gofal tŷ, hwsmonaeth; trefn neu gyfansoddiad (mewnol); (geir.) teulu, tyaid; (geir.) cynefindra, cyfarwydd-deb: *household management, housekeeping, husbandry*; (*internal*) *organization or constitution*; (*dict.*) *family, household*; (*dict.*) *familiarity*.

1604–7 *TW* (*Pen* 228), *Tuyluaeth* d.g. *Familia, Familiaritas*. *id.* *teuluaeth* d.g. *Vsura*. **1605–10** *GP* 204, *Teulyaeth* yw rran sydd yn dysgu llywodraethu ty a thylwyth a meithrin rrei iefaink yn weddaidd, llafurio yr ddayar, magu anifeilieit, a cheisio pob kyfreidieu anhepkor i vyw yn y byd. **1630** *YDd* 7, Oni bae'r drefn oruchel hon, neu'r *Deuluaeth* (*Oeconomy*), nid oes na chyntaf na diwaethaf, nac vwch nac is ym mhlith y tri phersonau. **1632** *D* d.g. *Familia*. **1725** *SR* d.g. *a House hold*. **1773** *W* d.g. *Family* [*a household* . . .]. **1796** *GDTD* 112, fod Cyfammod y gyfraith a'r Efengyl yn ddau Gyfammod o ras, a'u bod yn un mewn natur a rhyw, ac yn gwahaniaethu yn unig mewn *teuluaeth*, llywodraeth, a'r amryw weinidogaethau o honynt. **1803** *P*, *Teuluaeth*, s. m. . . . Domestic economy.

Amr.: **t(u)yluaeth** [ff. org., cf. *tuylu*, amr. ar *teulu*]. **1604–7** *TW* (*Pen* 228) d.g. *Familia*. *Dchr.* **17g.** *J* 10, 156a.

teuluaf: teuluo, teulua [bf. o'r e. *teulu*[1]] *bg*. Codi teulu; rheoli cartref: *to raise a family*; *run a household*.

1923.

teuluaidd [*teulu*[1] + *-aidd*] *a*.

(*a*) Teuluol, cartref(ol); gwladol (gthg. *tramor*): *family* (*adj.*), *familial, household* (*adj.*), *domestic, domestic* (*opp. 'foreign'*).

1604–7 *TW* (*Pen* 228) d.g. *domesticus* (hefyd *D*). **1672** J. LANGFORD: *HDdD* 120, Gweddiau *Teuluaidd*. **1677** R. JONES: *BB* 168, *Teuluaidd* ddyledswyddau. **1688** *TJ*, *Teuluaidd* . . . domestick. **1704** *Cym Cr* [iii], [dyletswyddau] dirgel, *Teuluaidd* a Chyhoeddus. **1721** G. JONES: *GB* 7, yn cynnal y Cynnulleidfeydd mewn Tai *Teuluaidd*. **1753** *TR*, *Teuluaidd*, belonging to a houshold or family, domestick. **1772** S. PHILIPPS: *ET* 6, [g]orchymmyn Crefydd *Deuluaidd* i chwi. **1776** I. BRYDYDD HIR: *P* ii. 203, ir oedd gofalon *teuluaidd* yn gwascu mor drwm arni. **1790** T. JONES: *TOS* vii, yn cadw addoliad *teuluaidd*. **1795** *R. Crusoe* 96, dywedais idaynt fy hanes, a pha fodd y byddwn yn ymdrin a'm matterion *teuluaidd*. **1803** *P*, *Teuluaiz* . . . Belonging to a family, or household; domestic.

(*b*) Cynefin, cyfarwydd, cydnabyddus, agos, cyfeillgar, lletygar, diddanus, hyfryd, bonheddig, gwych, graslon; moesol; dof (am anifeiliaid); noddol (am sant); ?yn perthyn i deuluwr (bardd): *familiar, intimate, friendly, hospitable, entertaining, pleasant, noble, fine, graceful*; *moral*; *domestic* (*of animals*), *tame*; *patronal* (*of saint*); ?*pertaining to a 'teuluwr'* (*poet*).

14g. *GP* 46, Teir keing ereill a berthynant ar deuluwryaeth, nyt amgen, testunyaw, a daualu wers tra gwers yn *deulueid* araf, a gorderchgerd *deulueid* drwy eiryeu ymwys. **14g.** *GDG*[3] 306, Talofyn gwych *teuluaidd*, / Llamwr allt, llym yw ei raidd [i'r carw]. **14g.** *GIG* 81, Gŵr digrif, gŵr rhif, rhwyf tylwythawg, / Gŵr *teuluaidd* doeth, gŵr cyfoethawg [i Ddafydd ap Bleddyn, esgob Llanelwy]. **14–15g.** *IGE*[2] 181, Haeru bod gwin *teuluaidd*, / A medd, lle nid oedd ond maidd [dychan Siôn Cent i'r awen gelwyddog]. *c.* **1400** *GP* 17, Tri pheth a berthynant ar deuluwr: kyuanhedu, a haelyoni, ac eruyn da yn *deulueid* heb rwy ymbil amdanaw. *Dchr.* **15g.** *GSCyf* [119], Rhos dy liw, Rhys *deuluaidd*, / Rhuthr Edlym â'i ruddlym raidd [Llywelyn ab y Moel i ateb Rhys Goch Eryri]. **15g.** *GGl*[2] 237, Tlos fu anrheg Taliesin, / Talawdd fawl *teuluaidd* fin. **1547** *WS*, *Teuluaidd* Homely, famylier. **1602** *GST* i. 904, Tal oedd, fab *teuluaidd* farn, / Tal braich gwaed Howlbwrch gadarn [marwnad Siôn Tudur gan Siôn Phylip]. **1604–7** *TW* (*Pen* 228) d.g. *Commercium, Compositus, Coniunctus, Familiaris, Obuius, Vtor*. **1630** *YDd* 217, Oherwydd bod yr holl resymmau am y gorchymmyn hwn yn *deuluaidd* (*morall*) ac yn dragwyddol. **1632** *D*, *Teuluaidd* . . .

hospitalis. **1733** T. EVANS: *PP* vi, Jaith gynnefin, *deuluaidd* ac hawdd ei deall. **1753** *TR*, *Teuluaidd* . . . familiar, hospitable, entertaining, pleasant, delightful. **1770** *W* d.g. *All in all, or very familiar with one, Grace, With a good grace, Graceful, Hospitable.* **1776** D. ELLIS: *HI* 157, St. Marc a gymmerir yn Geidwad ac yn Sanct *teuluaidd* [yn Venezia]. **1803** *P*, *Teuluaiz* . . . familiar.

teuluedd [*teulu*¹ + *-edd*¹] *eb.g.* Cynefindra, cyfarwydd-deb; cytgord, heddwch: *familiarity; concord, harmony, peace.*

1604–7 *TW* (*Pen* 228) d.g. *Compositio, Coniunctio, Contubernium.* *id.* gwneuthur *teulŭedh* mewn gwrthdhatl d.g. *decido.* *id.* hophedh a thuedh a *theuluedh* vawr gyta gwyr dyletoc d.g. *dignatio.* **1632** *D*, *Teuluedd* . . . Pax, concordia. **1688** *TJ*, Cyttŷaeth, *teuluedd*, cymdeithas tŷ. Familiarity, fellowship in one house. *id.* *Teuluedd* . . . heddwch, Cyttundeb: peace, concord. **1722** *Llst* 189, *Teuluedd.* f. Concord, unity. **1753** *TR*, *Teuluedd* . . . peace, concord. **1755** *GAGC* 12, ar gynnal o honom gyttundeb a *Theuluedd* didor yn ein plith ein hunain. **1773** *W* d.g. *Familiarity.* **1803** *P*, *Teuluez*, s. m. . . . Familiarity; concord.

Amr.: **teluedd** [gair geir.]. **1632** *D* d.g. *Teuluedd.* **1753** *TR* d.g. *Teuluedd.* **1772** *W* d.g. *Concord.*

teulueiddrwydd [*teuluaidd* + *-rwydd*] *eg.b.* Lletygarwch; cynefindra, cyfarwydd-deb: *hospitality; familiarity.*

1632 *D* d.g. *Hospitalitas.* **1722** *Llst* 189, *Teulueiddrwydd.* m. as Teuluwriaeth. **1773** *W* d.g. *Familiarity, Hospitality.* **1793** M. WILLIAMS: *BM* 40, Ag ni char gwanar gennym, / Ond *Teuluaiddrwydd* [*sic*] rwydd rym. **18–19g.** *MA* iii. 201, Tri pheth y dylid eu hystyried yn bybyrbwyll deirgwaith bob dydd: deddvau cariad haelionus, dyled *teulueiddrwydd*, a govynion Duw.

teulues [*teulu*¹ + *-es*¹] *eb.* ll. *-au.* Gwraig tŷ: *housewife.*

1875.

Amr.: **tylues. 1851.**

teulugarwch [*teulu*¹ + *-garwch*] *eg.* Cariad at deulu: *love of family.*

1929–30.

teuluog [*teulu*¹ + *-og*] *a.* a hefyd gyda grym enwol. A chanddo deulu neu osgordd, yn perthyn i deulu neu osgordd: *having, or pertaining to, a family or retinue.*

12–13g. *GMLl* 238, Yn rwyuan teulu, rwyf *teuluaƀc.* *c.* **1401** *AL* ii. 378, Ar dyd hƀnnƀ y kyll y neill y haƀl, ac y keiff yllall ar dyd hƀnnƀ ydylyant rodi gƀystlon ar tangneved *teuluaƀc.* *Diw.* **18g.** *id.* 548, ceiniog baladr . . . sev hyny dogned . . . y gan bob *teuluawg* o'r genedl. **18–19g.** *Llr* C 37, 261, yn wr *Teuluawg*, sef yn berchen gwraig a phlant o briodas deilwng. **18–19g.** *MA* iii. 274, Tri brodyr gwladoldeb: *teuluawg*, llonyddgar, a gwelleugar.

teuluogion [*teuluog* + *-ion*¹] *e.ll.* ?Gosgordd, gwarchodlu: *retinue, bodyguard.*

18–19g. *Llr* C 1, 157, Caradawc ab Bran ai *deuluogion.*

teuluol [*teulu*¹ + *-ol*] *a.* Yn perthyn i deulu, teuluaidd: *family (adj.), familial.*

1681 S. HUGHES: *AC* [51], mewn Gweddiau a Diolchgarwch neilltuol a *theuluol.* **1743** J. JONES: *LIAW* d.d., i adferu Crefydd *Deuluawl.* **1746** G. JONES: *HWI* iv. 2, Gweddi *Deuluol.* **1803** *P*, *Teuluawl* . . . Belonging to a family. Ar lafar, 'Beth yw enw Dai Llangrallo?' 'Dafydd Rosar. Rosar yw 'i enw *tyluol* a', *GTN* 831.

teuluwas [*teulu*¹ + *gwas*¹; petrus yw'r dosbarthiad isod] *eg.* ll. *-weision.*

(*a*) *c.d.* Teuluwr: '*teuluwr*' (*poet*).

14g. *GDG*³ 149, Do do law, da *deuluwas*, / Dawn i'w bardd, do enau bas. *id.* 428, Dewisodd Duw *deuluwas*, / A gwrthod cydfod y cas [marwnad Dafydd ap Gwilym gan Ruffudd Gryg]. **14g.** *OBWV* 93, Gwnaeth ei *theuluwas* lasryw / I'w hael dyfu tra fu fyw [Gruffudd Gryg i'r ywen uwchben bedd Dafydd ap Gwilym]. **14g.** *GIG* 93, Nis gŵyr Duw am *deuluwas*, / Yn athro grym aeth i'r gras [marwnad Llywelyn Goch ap Meurig Hen]. *id.* 99, A moli'r salm, aml yw'r sias, / Da gan Dduw gael *teuluwas* [marwnad Ithel Ddu]. **14–15g.** *IGE*² 120, Awen a rydd o iawn ras / Duw â'i law i'w *deuluwas* (Gruffudd Llwyd). **15g.** *GLGC* 124, Ei garu y mae ei *deuluwas*, / agoriad rhyfel a gwayw eirias; / galwer yn Emrys mewn golas wydrin, / a minnau Ferddin main ei farddwas [i Lywelyn ap Gwilym]. **16g.** WILIAM LLŶN: *Gw* (R. Stephens) 581, Didaer ar dwrn da ydwyd, / A thaer a du i athrod wyd. / *Teuluwas*, ti a liwiai / Les carw gwyn o lys Caer-gai [ymryson ag Owain Gwynedd]. **1605–18** *GDG*³ 416, ys gwyr Duw ith *deuluwas* / awr daw ond wylaw glaw glas. Digwydd hefyd fel epithet, e.e. 'Gavell *Teuluwas*', *B* iii. 45.

(*b*) Gwas teulu, cyfaill, cydnabod: *household servant, friend, acquaintance.*

1604–7 *TW* (*Pen* 228) d.g. *Familiaris.* **1632** *D*, *Teuluwas*, Famulus, familiaris. **1688** *TJ*, *Teuluwas*: a servant, an houshold-servant. **1753** *TR*, *Teuluwas* . . . a servant of the family. **1772** *W* d.g. *Domestic* [*one in the service and family of a person of distinction*]. **1803** *P*, *Teuluwas*, s. m.—pl. *teuluweision* . . . A domestic servant.

teuluwr [*teulu*¹ + *gŵr*] *eg.* (b. *-wraig*) ll. *-wyr.*

(*a*) *c.d.* Bardd wedi ei hyfforddi yng nghelfyddyd cerdd dafod ac iddo safle rhwng clerwr a phrydydd yn nhair cainc draddodiadol cerdd dafod, bardd teulu, ?bardd llys; aelod o osgordd neu warchodlu brenin, &c.: *trained poet (belonging to the middle rank of the three traditional branches of Welsh poetry), household poet, ?court poet; member of king's, &c., retinue or bodyguard.*

c. **1300** *LTWL* 321–2, Si rex dimiserit aliquem familiarem, id est, *teuluwr.* **14g.** *LlB* 22–3, bardd teulu . . . Rann gwr a geiff, mal pob *teuluwr.* **14g.** *GP* 57, disgybyl y brydyd yw *teuluwr.* **14g.** *GDG*³ 89, Yn dwyn nwyf, nid un ofeg / Fy mrodyr, *teuluwyr* teg [am Fadog Benfras ac Iorwerth ab y Cyriog]. **14g.** *GIG* 161, A thra da wyd. ni thry dyn, / A *theuluwr* iaith Lŷn [am Ithel Ddu]. *c.* **1400** *GP* 17, Tri ryw gerdwr yssyd: clerwr, *teuluwr*, a phrydyd. *ib.* Tri pheth a berthynant ar *deuluwr*: kyuanhedu, a haelyoni, ac eruyn da yn deulueid heb rwy ymbil amdanaw. **15g.** *GTP* 34, Dilawen i *deuluwr*, / A cherddwriaeth aeth heb weithiwr [marwnad Mallt ferch Hywel Selau]. **15g.** *GLGC* 262–3, Tri ffrwythlon gerddor a ragorant: / un yw bardd ei hun ag a henwant, / ail yw storïawr ag a alwant, / trydydd *teuluwr*, cywydd os cant; / . . . / Penceirddiaid a'i câr lle ymgymharant, / haid o dinceriaid fyth nis carant; / *teuluwyr* a'i câr, darpar cerdd dant, / erestyn nis câr ef a'i grastant. **15–16g.** *TA* 236, *Teulŵwr* wyf, tâl yr allt, / Taliesin it, ŵyl Oswallt [i Risiart Llwyd, cwnstabl Croesoswallt]. **16–17g.** *B* v. 27, Ar y *tevlvwr* y perthyn testvnniaw, dybhalv, a digribhav, a phrydv gordherchgerdh, ac erbyn da yn devluaidh, ac yn dhigribh heb nebryw ymbil amdanvnt a rhodhi testvn ar gyph cler mywn neithorev brenhinawl. **17g.** EDWARD DAFYDD, &c.: *Gw* 216, Awn, *deuluwyr* byr, i'r bedd, / Na chanwn mwyach unwedd. **1784** T. PENNANT: *TW* i. 461, When a song is called for, the Cadeir-fardd, or the bard who has got the badge of the chair, is first to sing a hymn in glory of God; after that, another in honor of the prince. When those are over, the *Teuluwr*, or bard of the hall, is to sing some other subject. If the princess calls for a song after she has retired from table to her apartment, the *Teuluwr* must sing to her highness in a low voice, least he should disturb the performers in the hall. **1794** E. JONES: *MPR* 82, Tri rhyw gerddor y sydd: / Clerwr; *Teulŵr*; a Phrydydd.

(*b*) Stiward (tŷ); meistr (y tŷ), perchen tŷ, penteulu: *steward (of a house); householder, paterfamilias.*

1551 W. SALESBURY: *KLl* lviiia, Ydd oedd neb gwr goludoc ac iddo tuy-lywyawdyr [:– estiwart ynat llys *tuylwr*]. **1567** *TN* 31b, Canys teyrnas nefoedd 'sy debic y berchen tuy [:– *duyluwr*]. *Dchr.* **17g.** *J* 10, 156a, *Tyluwr.* oeconomus. **1688** *TJ*, *Tylŵr* . . . pen teulu: the Father or Master of a Family. **1725** *SR*, *Teuluwr* d.g. *The Master of a House.* **1753** *TR*, *Tyluwr*, a housholder. **1774** *W*, *teuluwr* d.g. *House-steward.* **18–19g.** *Llr* C 30, 1, Tri Dedwyddyd Cyfathref, Gwarcheidwad [ch]wilgar, cenhadwr cywir, a *Theuluwr* doeth. **1803** *P*, *Teuluwr*, s. m.—pl. *teuluwyr* . . . Household man. *id.* *Teuluwraig*, s. f. . . . A housewife.

Amr.: **t(u)yluwr** [cf. *tuylu*, amr. ar *teulu*], gw. adran (*b*) uchod.

teuluwriaeth [*teuluwr* + *-iaeth*] *eg.b.*

(*a*) *c.d.* Priod swydd a gwaith teuluwr, yr ail o dair cainc draddodiadol cerdd dafod (rhwng clerwriaeth a phrydyddiaeth), hefyd yn *ffig.*; ?aelodaeth o osgordd neu warchodlu brenin, &c.: *profession and function of a 'teuluwr', the second rank of the three traditional branches of Welsh poetry, also fig.; ?membership of king's, &c., retinue or bodyguard.*

14g. *WML* 311, Nyt a gaianas yn ol *teuluƀryaeth.* **14g.** *GP* 46, Teir keing ysyd o gerd dauawt, nyt amgen, klerwryaeth, *teuluwryaeth*, a phrydydyaeth . . . Teir keing ereill a berthynant ar *deuluwryaeth*, nyt amgen, testunyaw, a daualu wers tra gwers yn deulueid araf, a gorderchgerd deulueid drwy eiryeu ymwys. ?**14g.** (*a.* **1577**) *Pen* 49, 5, Sef y gwnaeth *deuluwriaeth* dail / yr eos vygr ar wiail (?Madog Benfras). **14g.** *GDG*³ 40, Neud temlau, byrddau, beirdd ysgafaeth, / Neud teulu eirian *teuluwriaeth* [i Ieuan Llwyd o Enau'r Glyn]. **15g.** *GLGC* 101, Arwain eryr o'r henwriaeth / *deuluwriaeth* hyd elorau [i Rys ap Dafydd]. **16g.** *B* v. 27, Tair gradh ysydh ar gerdhwriaeth, nyd amgen; prydydhiaeth, *tevluwriaeth* a chlerwriaeth. **1795** J. THOMAS: *AIC* 16, Tair o Geingciau cerdd Dafawd sydd, sef Clerwriaeth, *Teuluwriaeth* a Phrydyddiaeth, clera llawenychu a phrydyddu sef canu.

(*b*) Rheolaeth ar gartref, gofal tŷ, hefyd yn *ffig.*; lletygarwch, croeso; cynefindra, cyfarwydd-deb; ?trefn neu gyfansoddiad (mewnol): *household management, housekeeping, also fig.: hospitality, welcome; familiarity; ?(internal) organization or constitution.*

1604–7 *TW* (*Pen* 228), *teuluwriaeth* d.g. *Hospitium, Vsus.* **1632** *D*, *Te*[*u*]*luwriaeth*, Hospitalis, œconomia. **1688** *TJ*, *Teuluwriaeth*, trefn lusendai: houshold order or government. **1753** *TR*, *Teuluwriaeth*, entertainment of friends or guests, hospitality, œconomy, houshold order and government. **1760** E. WILLIAMS: *UYB* 150, Ymma y dechreuodd *teuluwriaeth* arall, Teyrnas newydd, ac am yr hon y disgwyliasid er ys talm. Fe a'i gelwir yn Deyrnas y Groes. **1770** P. WILLIAMS: *BS*, *Eff* vi., y mae *teuluwriaeth* crefyddgar ac ymddugiad bucheddol ym mysg tylwyth, megis hadle ffrwythlon, neu wyrddlan araul. **1773** *W* d.g. *Hospitality, Houshold-government.* **1783** P. WILLIAMS: *EfA*, 29, gan gyfrif y llywodraeth neu'r *teuluwriaeth* honno [*sic*] yn oreu a ddewisir gan Ddoethineb annherfynol. **1803** *P*, *Teuluwriaeth*, s. m. . . . Household economy, domestic order; hospitality.

teuluyddes [*teulu*¹ + *-ydd*³ + *-es*¹] *eb.* ll. *-au.* Gwraig neu ferch a gyflogir i gadw tŷ, howsgiper, gwraig tŷ: *housekeeper, housewife.*

1774 *W* d.g. *House-keeper* [*a woman domestic, who hath the management of a family*]. **1803** *P*, *Teulüyzes*, s. f.—pl. *au* . . . A housewife.

teuluyddiaeth [*teulu*¹ + *-ydd*³ + *-iaeth*] *eg.* Rheolaeth ar gartref, gofal tŷ: *household management, housekeeping.*

1778 *W* d.g. *House-keeping* . . . [*the keeping or managing a house and family*], *Oeconomy* [*the government of a house or family*]. **1803** *P.*

Teutonaidd, &c., gw. **Tiwtonaidd,** &c.

Teuthoneg, gw. **Tiwtoneg.**

tew [Crn. C. a Diw. *tew*, Llyd. C. *teu*, Llyd. Diw. *tev*, H. Wydd. *tiug*, Gwydd. Diw. *tiubh*: < IE. **tegu-*, cf. H. Islandeg *þykkr*, H. S. *picce* (> S. *thick*)] *a.* ll. *-(i)on*, a hefyd gyda grym enwol ac fel *eg.* ll. *-(i)on, -iau.*

(*a*) Ac iddo arwynebau cyferbyn cymharol bell oddi wrth ei gilydd (am wrthrych), mawr ei drwch neu ei dryfesur, trwchus; wedi ei wneud o frethyn, &c., trwchus; cryf, cadarn, grymus; hefyd yn *ffig.*: *thick; made of thick cloth, &c.; strong, sturdy, powerful; also fig.*

13g. *GDB* 390, A chaer *dew* virein yn diuuryaƀ. *id.* 519, Tyreu *teƀ* eu mur, teruysc eu llauur. **14g.** *GDG*³ 24, Menig gwynion *tewion* teg, / A mwnai ym mhob maneg. **14g.** *GIG* 44, Dwyn paladr, gwaladr gwiwlew, / Soced dur a siaced *tew.* *c.* **1400** *R* 1048. 7, Teneu awel *tew* lletkynt pereid y rycheu. *c.* **1400** *Etudes* vii. 70, Da yw dwyvronn ac ysgwydeu *tewon.* **15g.** *GLGC* 409, *Tew* o led, motlai ydyw, / tyner rhag y tanrhew yw [i ofyn gwely]. **15g.** *HCLl* 59, Ni thorrai ganwaith herwyr / Dy ford *dew*, dy fara a'i tyr. **16g.** *GSC* 113, Neu dorri'r mur derw a'r main, / Y wal *dew*, i weld Owain. **16g.** *GGH* 362, Torrai oll, fal tor ellyn, / Trwy bais *dew* led tri bys dyn. **1632** *D*, *Tew*, Crassus, spissus. **1725–6** *Madd Ed* 398, [rh]ai o nerthoedd *tewaf* [*gross powers*] y Corph. **18g.** *Traeth* v. (1849) 379, Rhowch i mi bar o dapau, / Rhai *tewon*, nid rhai tenau. **1771** *PDPh* 17, dodwch hwynt mewn padell *dew.* *id.* 31, gwlanen *dew.* **1776** J. ROBERTS: *C* 3, Dillad *tewion* / i r Bon'ddigion. *a.* **1791** W. WILLIAMS: *GP* 616, Gad im' gloddio trwy'r parwydydd / *Tewon*, trwodd at fy Nuw. **1793** DAFYDD IONAWR: *CD* 285, *Tew* Allu y tywyllwch. **1803** *P*, *Tew* . . . Thick. Ar lafar, 'gwal *dew*', 'torri bara menyn yn rhy *dew*', *WVBD* 530; "Dwi'n gwishgo sane *tew*" (sir Gaerf.).

(*b*) Trwchus (am (haenen o) bridd, eira, &c.), dwfn: *thick (of (a layer of) earth, snow, &c.), deep.*

12g. *GLlF* 286, Tremynyat mynyd, manot *tew*— ny'th lud. **15g.** *GDLl* 46, Cof ydyw ynof cyfodi—yn

wir, / Dan oror Cwm Brefi / Yn dir *tew* dan dy draed di / Y ddaear yn Llanddewi [i Ddewi]. **15g.** *DE* 41, tir ar *tew* i oraurad / ar yr ar hwn aur yw r had. *a.* **1561** *B* vi. 48, kymer di gwys bedrogl *dew*. **16g.** *WLl* 40, Kwyn deulu plith kenedl plaid / Roi *tew* gwys ar waed dugiaid. **16g.** *GHCEM* 25, Y sy'n fud iso'n ei fedd / Tan y gweryd *tew*'n gorwedd. **16–17g.** EDWARD URIEN, &c.: *Gw* 4, Diflennaist, ysbeiliaist bwll, / *Dew* ffwrn boen du, uffern bell [i Iesu]. **17g.** *Bl B XVII* i. 132, Durew *tew* ar dor y twyn / A gwnog dymysgl gwanwyn (Hugh Roberts). **1759** J. EVANS: *PF* 28, Neu, Loscwch Liain a thanwch y Lludw 'n *dêw* hyd Liain arall. *id.* 77, Twymwch Fiswel Gwartheg yn ddâ. Tânwch ef yn *dêw* ar Ledr. **1789** *BDG* 137, A rhew yn *dew* ar y dail, / A gwywaw coed a gwiail. Ar lafar, 'Mae'r eira'n *dew*' 'the snow is deep (= trwchus)', *WVBD* 530; ''Odd y menyn yn *dew* ar y bachdan'.

(*c*) Ac iddo lawer (iawn) o fraster, cig, neu gnawd (am berson, anifail, rhan o'r corff, &c.), llawn (am dywysen, &c.), cnodiog, praff, corffog, corffol, gordew; parod i'w ladd (am anifail a fegir i'w fwyta), pasgedig; bras, seimllyd, blonegog: *fat, plump* (*also of ear of corn, &c.*), *stout, thick-set, burly, corpulent, obese*; *ready for slaughter* (*of animal reared for food*), *fatted*; *fatty, oily, greasy*.

14g. *GSRh* 145, Prelad cyfarf braenarfaes, / *Tew*, byr, llwyd mewn tabar llaes. **14g.** *WM* 467. 5–7, Pan elhynt y west . . . nyd edewynt 6y na *the6* natheneu. **14g.** *GDG*[3] 135, Pand ballasg *tew* eu cnewyll, / Pefr benglymau cangau cyll [am chwarae cnau i'm llaw]? *id.* 163, Gan faint trwstgrwydr ar lwydrew / Dwy ffilog y taeog *tew* [i'r cyffylog]. **14–15g.** *IGE*[2] 294, Felly uddun', fall Iddew, / Fal twrch am ei fola *tew* [Siôn Cent i'r cybydd]. **15g.** *DN* 54, A bragod y ty, brig ydau *tewion*. **15g.** *GO* [69], *Tew* anivail tenevvwng / A dry yn vlaidd pan dro yn vlwng [i ofyn march]. **15–16g.** *GRB* 58, Duw a ddug i'r wraig *dew* dda / ymgerydd am ei gwra [marwnad Lewys Raglan]. **1588** *Gen* xli. 2, saith o wartheg têg yr olwg, a *thewon* o gig. **1595** H. LEWYS: *PA* 110, Pann wypo 'r Physygwr, y bwytu y claf sy dann i law ef ormod, ac i'r [*sic*] aiff yn rhy *dew*, ef a ddechreu scario arnaw, a rhoi iddaw i fwyd wrth fesur. **1632** *D*, *Tew* . . . Pinguis, obessus. **1672** R. PRICHARD: *Gw* 414, Rhai fwyttassant ei ddâ *tewon*, / Heb fôd llawnach eu colyddion. **1773** *W* d.g. *Fatty*. **1803** *P*, *Tew* . . . fat, plump. Ar lafar, 'cyn *dewad* â mochyn', '*tew* fel afol', '*tew* fel 'r hwch yn 'r haidd', 'lwmp o ddyn *tew*', *WVBD* 530; ''Odd 'ym wær yn arfadd bod yn *dewach* na fi', *GTN* 787. Digwydd hefyd fel epithet, e.e. 'Ieuan *Tew*', 'Gwilym *Tew*', 'William *Dew*', *Treigladau* 116. Cf. D. OWEN: *RL* 302, does dim gobaith i ti byth fod yn ddyn *tew*, achos does dim natur pesgi yn ych teulu chi.

(*d*) Trwchus neu doreithiog (am goeden, planhigyn, &c.), trwchus neu fflwchog (am wallt); moethus, gwych: *thick, bushy, or luxuriant* (*of tree, plant, hair, &c.*); *luxurious, splendid*.

13g. *C* 89. 12–13, gosgupid g[u]int blaen guit *tev*. **1346** *LlA* 166, Ar tired hynny tired coeda6c ynt megys helygos *de6*. **14g.** *GDG*[3] 83, Hardd osglau wrth ffiniau ffyrdd, / *Tew* byrwallt was tabarwyrdd [i'r llwyn celyn]. *id.* 176, Goryw treigl, gariad traglew, / Gael gwyll y coed tywyll *tew* [i'r fiaren]. **14–15g.** *IGE*[2] 281, O'r gwallt *tew* ni bydd blewyn / Yn eisiau yn ddiau i ddyn (Siôn Cent). **15g.** *DE* 109, ti yw i ffrenn *tew* ai ffrwyth / ti a elwir penn tylwyth. *id.* 112, perth arw vawr porthor wy vi / perth *dew* oedd porth dyw iddi. **15–16g.** *TA* 272, Nid *tew* dail ond dy dylwyth, / Sy winllan ffres yn llawn ffrwyth. **16g.** *GGH* 43, O waed urddas, gras gwresog,—ddigrinwydd, / Ac o *dew* winwydd aurgadwynog. **1567** *TN* 393b, ar holl pethey breision [:– *tewion*], a gwychion aethant ffwrdd oddiwrthit. **1795** *R. Crusoe* 105, safasant, yn ymyl coed *tewion*. Ar lafar, ''Tydi hi'n lwcus cal mop o wallt *tew* neis?' (Arfon); 'Ma gwallt *tew* yn galed 'i frwsio' (sir Gaerf.).

(*e*) Niferus, aml, helaeth, lluosog; wedi eu crynhoi'n ddwys, agos i'w gilydd; hysbys (am si, &c.): *numerous, plentiful, abundant, manifold*; *closely concentrated, thickset*; *well-known* (*of rumour, &c.*).

12g. *GLlF* 119, Caraf y theilu a'e *thew* anhet—yndi, / Ac 6rth uot y ri rwyfa6 dyhet. **12g.** *GCBM* ii. 52, Gwersyll toruoet *te6*, lle6 llatei. **13g.** *GDB* 256, Oet *te6* peleidyr creu, creynt kicurein. **13g.** *BD* 149, ac o uuan ruthyr kyrchu yn y lle *tewaf* y guelei uydinoed y Saesson. **14g.** *GDG*[3] 377, Tawedog enwog anwych, / *Tew* ei ddrwg, mul wg, mal ych [i'r cleddyf]. **14–15g.** *IGE*[2] 275, Tydi ddyn, *tew* dy ddoniau, / Trais taer yw'r natur traws tau (Siôn Cent). **15g.** *GGl*[2] 262, *Tew* ei blaid, llonaid pob llys, / Trwy Wynedd a'r tair ynys [i Wiliam Gruffudd ap Robin o Gochwillan]. **15g.** *HCLl* 59, Dy ras aeth mor *dew* â'r sêr, / Hyd at ras dy dad, Rhoser. **16g.** *GGH* 66, Enw Rholant yn y Rhiwlas. / Dy glod yn *dew* a gludir, / A chlod Siân, uwchlaw dwy sir. **1588** *Eseia* xxx. 23, bara cnwd y ddaiar fydd yna'n *dew*. **16–17g.** EDWARD URIEN, &c.: *Gw* 62, Aer Rhisiart wyd rhoes aur *tew*, / Ac ŵyr Rolant goreulew. **16–17g.** *NBSBM* 407, Tŷ rhydd lle mae *tew* rhoddion (Lewys Dwnn). **1752** J. THOMAS: *FG* 183–4, a'u hailadrodd [anogaethau] mor *dew* . . . fel na allo un Meddwl pechadurus . . . daro i mewn. *c.* **1753** *Gron* 93, Cyfyd fal yd o fol âr, / Gnwd *tew*, eginhad daear. **1759** *DG* 52, Pan glyw'r Sir dy glir *dew* glod. **1794** *W* d.g. *Thick or crowded*. **1795** J. THOMAS: *AIC* 348–9, Gellir eu hau hwynt [wynwyn] bûr *dewion* i'w tynny 'n ifaingc. **1803** *P*, *Tew* . . . frequent, or abundant. Ar lafar, 'yn *dew* o floda', *WVBD* 530; 'Haua'r hada 'na'n *dew* 'nei di? Ma'r ar' ma'n go foel' (Arfon); ''Odd y morgrug yn gweu drwy'i gilydd yn *dew* pan godes i'r garreg' (sir Ddinb.).

(*f*) Trwchus (am hylif, &c.), gludiog, trioglyd; trwchus neu ddwys (am niwl, cymylau, mwg, aer, &c.); dudew (am dywyllwch); cryf (am aroglau); *Ffis.* dwys; hefyd yn *ffig.*: *thick* (*of liquid, &c.*), *viscous*; *thick or dense* (*of fog, clouds, smoke, air, &c.*); *profound* (*of darkness*); *strong* (*of smell*); *dense* (*in physics*); *also fig.*

1346 *LlA* 5, Y pysga6t yny rann *de6af* (*in crassiore parte*) or d6fyr. Ar adar yny rann deneuaf. sef y6 hynny. yr awyr. **14g.** *GDG*[3] 185, Tywyllwg, un *tew* allardd, / Delli byd i dwyllo bardd [i'r niwl]. *id.* 251, Tes gloyw *tew*, twysgliw tywyn, / A haul a ddatodo hyn [i'r rhew]. *id.* 337, Fy mod, mau ei chlod achlân, / Mewn tywyllwg *tew* allan. *c.* **1400** *MM* 108, y tr6nc . . . ae welet yn *dewach dewach*. *id.* 118, g6aet . . . O byd *te6*, gellyngher yny uo teneu. **15g.** *DE* 50, nid trwch y trowsswch i traidd / *tew* aroglav triaglaidd [i'r cusan]. **1588** *Ecs* xix. 9, A'r Arglwydd a ddywedodd wrth Moses, wele mi a ddeuaf attat mewn niwl *tew*. **1588** *Hab* ii. 6, y clai *tew*. **1703** E. WYNNE: *BC* 48, a Belial ei hun yn y cwmmwl *tewa*. **1725** D. LEWIS: *GB* 131, ni all Dŷn nac Anifail fyw mywn Awyr ry *dew* na rhy deneu. *id.* 302, nid yw Aur ond 8 *Tewach* ei ddefnydd na Gwydr. *c.* **1740** *LlM* 5, ai berwi ynghyd [olew olewydd, mêl, a myrr] oni bont *tew*. **1759** J. EVANS: *PF* 70, Mwydwch mewn Dwfr Wraidd Rhedyn y Dwfr, hyd oni bo 'r Dwfr yn *dêw* ac yn glydio. **1771** *PDPh* 39, Cymmerwch wyn ŵy a Phersli a phwniwch hwynt ynghyd, nes byddont mor *dewed* ag ennaint. *id.* 80, dodwch fanadl gleision . . . mewn o ddautu deg galwyn, a gadewch iddo ferwi'n bwyllig hyd nes bo mor *dewed* a Jelly. **1772** J. ROBERTS: *C* 10, Rhai cymylau / . . . *tewion* weithiau. **1794** *W* d.g. *Thick* [*not very fluid*; *not thin, &c*]. Ar lafar, 'niwl *tew*', *WVBD* 530; ''Dwi 'im yn licio stiw *tew*', ''Welwn ni 'm byd yn y car hefo'r niwl *tew* 'ma', ''Rodd yr awyr yn *dew* o fwg pan ath y tŷ ar dân' (Arfon); 'Ôs ferwi di fe'n hirach gei di grefi *tew*' (sir Gaerf.). Cf. *Folk Life* xii. 38, As a child I often heard my own mother describing thick gravy as being 'mor *dew* â sucan'.

(*g*) Aneglur (am leferydd), bloesg; trwm (am glyw); araf (o ran meddwl); anodd (am anadliad): *thick* (*of speech*), *inarticulate*; *hard* (*of hearing*); *slow* (*of mind*); *difficult* (*of breathing*).

10g. (*Juv*) *VVB* 220, *Teü*, gl. *Obt*[*u*]*so*. **16–17g.** *Cer RC* 70, Pan fo hi ddica', bydd hi daera', / Dan *dew* feddwl, dyfal call. **1771** *PDPh* 50, Twymyn boeth . . . y mae'r anadliad yn *dew*, yn anhawdd ac yn fuan. **1794** *W* d.g. *Thick, To speak thick*. Ar lafar, 'siarad yn *dew*', 'clust *dew*', *WVBD* 530; 'Ma andros o ddolur gwddw ar Sioned a mae'i llais hi'n swnio'n *dew*' (sir Ddinb.); 'wilia'n *dew*', *GTN* 787.

Fel *e*. Trwch, dyfnder: *thickness, depth*.

12g. *GLlF* 426, *Tew* tra *thew* dra thro o dra thrychu —trin. **1658** *Celtica* v. 18, Hanner modfedd o *dew*. **1759** J. EVANS: *PF* 75, Rhowch Dôst helaeth o Fara gwynn hanner modfedd o *dêw*. **1768** J. ROBERTS: *R* 134, Plangc yn 12 Modfedd o Led, ac yn 6 Modfedd o *Dew*. **1795** J. THOMAS: *AIC* 351, gwnâ 'nhw [pridd, tywod, a thail] 'n Welu at Droedfedd o *dêw*. Ar lafar, 'chwe modfadd o *dew*', 'hollti plyg at *dew* neilltuol', *WVBD* 530; hefyd yn ardaloedd chwareli'r Gogledd yn yr ystyron 'trwch o lechfaen sydd o'r un ansawdd', a 'trwch carreg neu drwch haen neu wythïen o graig', *B* xx. 382 (ll. *tewion*, *tewiau*); hefyd yng ngweithfeydd tun de-ddwyrain sir Gaerf. yn yr ystyr 'haenen o haearn a ddaw o ffwrnais i'w rholio'.

Cfn.: **tew asgell gwybedyn:** *hair's breadth*. **1848.** Ar lafar, ''Dodd 'na ddim *tew asgall gwybedyn* rhwngtho fo a châl 'i ladd', *WVBD* 530. **tewion llymru:** *decoction of flummery meal with water and buttermilk, soured and strained*. Ar lafar, *Geir Geg* 66 (sir Gaern.). **drwy dew a thenau, drwy'r tew a'r tenau:** *through thick and thin*. **1595** H. LEWYS: *PA* 226–7, eychr [*sic*] ny ni a redwn ar i ol ef . . . byth *trwy dew, a thene*. **1733** T. EVANS: *PP* 187, Pe bai rwymau yn tynnu Dyn megis *drwy'r tew a'r teneu* i wneuthur y peth sydd dda. **1800** W. RICHARDS: *PA* ii. 11. Ar lafar, ''I welws ddicon o draffith gida fa, a fynta'n ifad, ond 'i 'rosws gida fa *trw'r tew a'r tena*', *GTN* 787. **yn dew ac yn denau:** *common talk, common knowledge*. **1923.** Ar lafar, 'Hen hogan goman 'di—ma'i hanas hi'*n dew ac yn dena* trwy'r pentra 'ma' (Arfon). Digwydd hefyd yn yr ymad. cellweirus 'Diolch *yn dew ac yn denau*'.

Gw. hefyd **tewed**.

tewaidd [*tew*+-*aidd*] *a.* Eithaf trwchus: *thickish*.

1803 *P*.

tewban [*tew*+*pan*[2]] *a.* Trwchus (ar ôl ei bannu), hefyd yn *ffig.*: *thick* (*after fulling*), *also fig.*

17g. E. MORRIS: *B* 54, Pe cae Wrthban *tewban*, tybiai / Y byddai caletach—/ Y can hawsach a'i cynhesai. **1773** *W* d.g. *Freeze, or frize*. **1803** *P*.

tewbanog [*tew*+*panog*[1]] *eb. Bot.* Enw ar amryw fathau o blanhigion o'r tylwyth *Verbascum*, panog: *mullein*.

16g. *LlS* 159, Y Banoc . . . Verbascum yn Llatin, Moleyne, Higges taper, ne Longe wurt, yn Sasonaec, a'r Banoc, y *Dew banoc*, ne Taper dunos yn Camberaec. **1604–7** *TW* (*Pen* 228) d.g. *Verbascum, Abedomc* (At.). *Dchr.* **17g.** *J* 10, 155a, *Tewbanog*. Phlomus. **1632** *D* (*Bot*), y *Dewbanog*, y banog, hannerpan, tapr dunos, tapr Mair, Sirkyn y melinydd, dail y melfed, clûst y fuwch, clûst y tarw, canwyll yr adar, Tapsus barbatus. **1633** J. GERARDE: *Herball*, *Y dew bannoc*, v. Cynffon Llwynoc. **1725** *SR* (*Bot*) d.g. *Mullein*. **1803** *P*, *Tewbanawg* . . . Y *dewbanawg* . . . hightaper. **1809** T. JONES: *HB* ii. 778, Verbascum nigrum. Black mullein. Y *Dewbannog*. **1813** *WB* 238, *Tewbannog*; Verbascum Thapsus; Great Mullein, High Taper.

Cfn.: **tewbanog fechan:** *cowslip*, *Primula veris*. **1632** *D* (*Bot*), y *Dewbanog fechan*, llysiau 'r parlys, Herba paralysis. **1725** *SR* (*Bot*) d.g. *Cowslip*. **1813** *WB* 238. **tewbanog wen wryw:** *rose campion*, *Lychnis coronaria*; *stock*, *gillyflower*, *Matthiola*; *wallflower*, *Erysimum cheiri*. **1632** *D* (*Bot*), y *Dewbanog wenn wr-ryw*, gwynddail, Leucophyllon. **1688** *TJ* (*Bot*), y *Dewbanog wenn wrŷw*, gwŷnddail, rhôs campau: Stock-gillyflowers. **1773** *W* d.g. *Gilly-flower, A wall-*[*stock-*] *gillyflower, July-flower, The winter July flower*. **1813** *WB* 238, *Tewbannog Wen Wrryw*; Agrostemma Coronaria; Rose-campion.

tewben, gw. **twymyn—y dwymyn doben.**

tewblaid, tewbleth, tewblyg, gw. **tew**+ **plaid, pleth, plyg**[1].

tewder [*tew*+-*der*] *eg.* Yr ansawdd neu'r cyflwr o fod yn dew neu'n drwchus (hefyd am hylif, &c.), trwch, dyfnder, dwysedd; yr ansawdd neu'r cyflwr o fod yn dew (am berson, anifail, &c.), tewdra, corffoldeb, gordewder; trymder (clyw); hefyd yn *ffig.*: *thickness* (*also of liquid, &c.*), *depth, density*; *fatness, corpulence, obesity*; *hardness* (*of hearing*); *also fig.*

14g. *Cy* vii. 145, *te6der* y daear y6. vn vil ar dec o villtiroed. *c.* **1400** *RM* 280, gossot a g6ae6 yn *te6der* (*WM* 419. 34, de6red; *id.* td. 210. 15–16, perued) y daryan. **15–16g.** *GIF* 40, Bwriwch ei dewfwrdd, barch diofer, / bwydydd diodydd sy'n ei *dewder*. **1588** 1 *Br* vii. 23–6, Ac efe a wnaeth gerwyn dawdd . . . Ei *thewder* hi hefyd oedd ddyrnfedd. *Dchr.* **17g.** *J* 10, 155a, *Tewder*. Thicknes. Crassamen. Spissitas. **1620** *Esec* xli. 9, A *thewder* (**1588** *ib.* Llêd) y mûr . . . oedd bum cufydd. **1632** *D*, Tewedd, & *Tewder* . . . Crassities, spissitudo; Densitas; Pinguedo, obesitas. **1688** *TJ*, *Tewder* . . . thickness, grosness, fatness. **1759** J. EVANS: *PF* 89, Cymhscwch [*sic*] sûg Llym y Llygaid am ben Mêl hyd *dewder* Hufen. **1765** JM: *DDdC* 19–20, dylai dwfr iach i fod o *dewder* canolig, nid yn rhy dew, nac yn rhy deneu. **1772** *W* d.g. *Corpulency, or corpulence* [*bulkiness of body*]. **1803** *P*, *Tewder*, s. m. . . . Thickness; denseness, density; fatness. Ar lafar, ''Dyw *tewdar* ddim dæ i neb', *GTN* 787. Cf. D. OWEN: *RL* 192, mae *tewder* y tywyllwch yn fy sicrhâu o hyny.

tewdor [*tew*+?*tor*[2]] *eg.* Cadernid; caer, amddiffynfa, amddiffyniad; hefyd yn *ffig.* am berson: *might*; *stronghold, fortress, defence*; *also fig. of person*.

Dchr. **12g.** *GMB* 7, Llugirn *deudor*, lluoet agor, gur bangor breint. **12g.** *GLlF* 13, Ny chollir o'e thir nac o'e *the6dor*—annhet / Troeduet yr dyhet, diha6t hepcor. **12g.** *GCBM* i. 117, G6rt uytin, ueityeid yn *te6dor*, / Gwyr Weirnya6n g6rhyd diachor. *id.* 192, Brwysc rwysc rwyf, *teudor* dor Dygen. *id.* ii. 121, Pan wesgir ar Lloegyr, pan gosbir—*teudor*. **12–13g.** *GLlLl* 287, Ysg6yt eurglut, balchdrut, berth, / Ysgemyd,

tewdor Ioruerth. **13g.** *GDB* 190, Llyw ior, llew *teudor*, tutwaȣr, / Llawer echaȣs, tat maȣs maȣr. **13g.** *A* 19. 16, ef dodes rac trin *tewdor*. **14g.** *T* 68. 11–12, pan doeth aedon o wlat wytyon seon *teȣdor*. *id.* 69. 18–19, Cȣynitor *teȣdor* teȣdun diarchar. **1803** *P*, *Tewdor*, s. m. . . . a thick shelter or defence.

tewdra [*tew+-dra*] *eg.* Tewder, corffoldeb, gordewder; trwch, dyfnder, dwysedd; braster, saim: *fatness, corpulence, obesity; thickness, depth, density; fat, grease.*

1725 D. LEWIS: *GB* 88, *Tewdra* 'r Corph. *id.* 98, y mae'r Llygad yn grwn, ac mywn Twll cyffelyb, fel y gallo droi ym mhob Ffordd, a *Thewdra* wrth ei gefn, fel y gallo droi'n gynt ac yn haws. **1798** *WR* d.g. *Corpulence.* **1800** W. OWEN[-PUGHE]: *CP* 92, cylch o bren, agos yn gyfled â *thewdra* (*thickness*) y cosyn. **1803** *P*, *Tewdra*, s. m. . . . Thickness, density. **1812** W. DAVIES: *RMB* 7, yn lân oddiwrth fudreddi, *tewdra* (*GGJ* 8, Tewdwr), ac anmhuredd.

Cfn.: **tewdra'r goes:** *calf* (*of leg*). Ar lafar yn sir Benf. a'r cyffiniau.

tewdrwch, tewdrwm, tewdwn, gw. tew +**trwch**[1], **trwm**[1], **twn**[1].

tewdwr [*tew+-dwr* (At.)] *eg.* Trwch, tewder (hefyd am hylif, &c.), dyfnder, dwysedd; tewdra, corffoldeb, gordewder; braster, saim: *thickness* (*also of liquid, &c.*), *depth, density; fatness, corpulence, obesity; fat, grease.*

14g. *CR* 236, Ac ar hynny ymoralw a oruc y pagan —y budygawl—a'e gymydeithion a dielwi y Freinc ac erchi vdunt torri *tewdwr* eu bydinoed. *c.* **1400** *YSG* i. 97, nachaf uarchawc urdawl aruawc . . . yn mynet a hi [morwyn] racdaw y *dewdwr* y fforest. **1545** ELIS GRUFFYDD: *Ll* 4, dod wynt [llysiau] ar waelod badell gymaint a iii modvedd o *dewdwr*. **1547** *WS*, Kyhwfan val knawd ar anifal o dra *thewdwr* Swagge. *id.* *Tewdwr* Thycknesse. **16g.** WILIAM CYNWAL: *Gw* (R. L. Jones) 325, Pe cawn wen feinwen [ ]—[ ] / I *dewdur* [*sic*] llwyn perffaith. *Diw.* **16g.** *WLB* 1, Kymer lefrith . . . a thor ddau neu dri o wye ynddo . . . ai ferwi yn fest ar y tân ai ymodi a [*sic*] wneuthur o *dewdwr* fal ywd. **1615** R. SMYTH: *GB* 79, nad oedd onid lled dvvy fodfedd ne dair, ryngthynt a marvvfolaeth, sef ivv *tevvdvvr* y styllen ar yr hon y mae'nthvvy [*sic*] yn nofio. **1632** *D*, Tewedd . . . *Tewdwr*, Crassities, spissitudo; Densitas; Pinguedo, obesitas. **18g.** *Llr* C 24, 300, Cais y rhyw ar comin a *thewdwr* cig moch. [**1761**] *GGJ* 8, [g]lân oddi wrth fydreddi *Tewdwr* (W. DAVIES: *RMB* 7, tewdra) ac Amhuredd. **1789** TWM O'R NANT: *TChB* [55], Ac mae ymma bridd a cherig bras; / Yn *dewdwr* cas; lle 'i dodwyd. **1803** *P*, *Tewdwr*, s. m. . . . That is a thick heap. Ar lafar, '*Tewdwr*' 'thickness, fatness', *WVBD* 530.

tewdws, tewdwst, gw. **twr—Twr Tewdws.**

tewddail, tewddu, gw. **tew+dail, du.**

tewed [*tew+-ed*[1], ?a hefyd *-ed*[3], *-hed*] *e?g.* Trwch, tewder, dyfnder; braster: *thickness, depth; fat.*

13g. *LlI* 64, enhorop hallt a llet try bys en e *thewet*. **14g.** *BY* 12, a deugein kufyd oed *tewet* y mur. **14g.** *T* 20. 23–4, dayar pȣy y llet. neu pȣy *ythewhet*. **14g.** *LlB* 69, riscen emenyn . . . teir dyrnued o let a their dyrnued *tewhet* heb voel. **1346** *LlA* 44, Adec kyfuyt adeugeint ymur. *teȣet* ymur. *c.* **1400** *R* 1054. 13, pȣy vessur. uffern. pȣy *tewet* yllenn. *c.* **1400** *DB* 33, *Tewet* y mur oed o dec kyfut a deugeint, a deucant kyfut yn y huchet. *id.* 45, *Tewet* (*latitudo*) y mur uu deu gyfut ar bymthec. **1707** *AB* 239a, *Tewet* [*sic*], Thickness.

tewedd [*tew+-edd*[1]] *eg.* Trwch, tewder (hefyd am hylif, &c.), dwysedd; tewdra, corffoldeb: *thickness* (*also of liquid, &c.*), *density; fatness, corpulence.*

1604–7 *TW* (*Pen* 228), Argaeat cymmal ne attaliat rhac ymmot, yn dyvot o *dewedh* ne argae d.g. *Ancyla*. *id.* d.g. *densitas*. **1632** *D*, *Tewedd* . . . Crassities, spissitudo; Densitas; Pinguedo, obesitas. **1688** *TJ*, Tewder . . . *tewedd*: thickness, grosness, fatness. **1722** *Llst* 189, *Tewedd*. m. as Tewder. [**1783**] *W* d.g. *Spissitude* [*thickness of liquids, &c*].

tewfael, gw. **tew+mael**[3].

tewfawr, tewfras, tewfrig, tewfrigog, tewfrith, tewfwg, gw. **tew+mawr, bras, brig, brigog, brith**[1], **mwg.**

tewglyd [*tew+clyd*[1]] *a.* (b. *-gled*). Diddos, cysurus, cysgodol; cefnog, da ei fyd; trwchus, tew: *snug, comfortable, sheltered; well-off, well-to-do; thick.*

15g. *GGl*[2] 289, Dwylys a deuled, dwy eglwys *dewgled* / Dan Fened neu Feuno [i Ddafydd, abad Llanegwest]. **16g.** HUW ARWYSTL: *Gw* 374, Rhyddnig kyffaith lanwaith lŷn / Rhwysgl yw *dewgled*, rhisgl dwyglyn / Rhyw hûg deilwng rhag dolur / rhyw grefwe dew rhag arf dur [i'r bais bwffledr]. **1718** E. SAMUEL: *HDdD* 200, mae un dilledyn *tew-glŷd* a roddech am gefen Dyn Tlawd, yn llawer harddach i ti nag Ugain o rai gwychion a wisgech am danat dy hun. **1739** *AP* 53, Dewisbethau Howel Lygad Cwsg . . . a thaflod fwg *dewglyd* i gysgu. **1793** *Cylchg* 125, gall y Bugail mynyddig ddyfod mor ddoeth a'r Dinasydd *tewglyd*. Ar lafar, '*tewglyd*' 'well off; in prosperous, comfortable circumstances', 'Sut mae hwn a hwn?' 'Mae o'n *dewglyd* iawn', *WVBD* 530.

tewgnwd, tewgoch, tewgoed, gw. **tew+ cnwd, coch, coed.**

tewgroen [*tew+croen*] *a.* ll. *-grwyn*, a hefyd fel *eg.* Ac iddo groen trwchus neu galed, croendew; croen trwchus neu galed; *Swol.* anifail pedwartroed croendew, un o'r tewgroenogion: *thick-skinned, hard-skinned; thick or hard skin; pachyderm.*

1595 H. LEWYS: *PA* 88, I galed ac i *dewgroen* march ne assyn, nid oes dim well na ffrewyl' dost yw fflangellu. **1604–7** *TW* (*Pen* 228) d.g. *duricorius*. [**1783**] *W* d.g. *Skin*, *Thick skin.*

Gw. hefyd **croendew.**

tewgroenogion [*tewgroen+-og+-ion*[2]] *e.ll.* *Swol.* Anifeiliaid pedwartroed carnog (e.e. eliffantod, rhinoserosod) nad ydynt yn cnoi cil ac sy'n perthyn i'r urdd (anarferedig bellach) *Pachydermata*: *pachydermata.*

1862.

tewgron, tewgrwn, gw. **tew+crwn.**

tewgrych, gw. **tew+crych.**

tewhaf: tewhau [*tew+-hau*] *bg.a.* Gwneud neu fynd yn dew neu'n gorffol, tewychu, pesgi, ennill pwysau; gwneud neu fynd yn dew neu'n drwchus (hefyd am hylif, &c.), tewychu, ceulo, cyddwyso; mwyhau, cynyddu: *to make or become fat or corpulent, fatten, put on weight; thicken* (*also of liquid, &c.*), *congeal, coagulate, condense; increase, grow.*

13g. *DB* 59, A'r rei henne [gwyntoedd] oc eu chuythat a dynnant y duvyr y'r awyr, ac eno a *dewheir* yn gestyll ac wybyr. **13g.** *BD* 46–7, A rac ruthyr y bydinoed yn *tevhau* am eu pen y bu reit y'r amheravdyr adav y gledyf y Nynnyav. *c.* **1400** *MM* 108, O byd nywlaȣc y trȣnc a gȣyrd . . . Os mȣyvȣy a uyd yr arȣydon heb *dewhau*, hir heint uyd. **15g.** *ID* 73, Af yn gul i fin Gwili / Ag i *dewhau* gyda hi. **1588** *Eseia* xxxiv. 6, Cleddyf yr Arglwydd a lawnwyd o waed *tewhaodd* o fraster. **1604–7** *TW* (*Pen* 228) d.g. *Crassesco, Spissesco, Spisso.* **1632** *D*, *Tewhau*, & Tewychu, Pinguescere. **1688** *TJ*, *Tewhâu*, tewychu: to fatten or wax fat, to thicken. **1722** *Llst* 189, *Tewhau*. To fatten, wax or make fat or thick, condense, congeal. **1759** J. EVANS: *PF* 29, I chwalu Gwaed a fo wedi ceulo, neu *dewhau*. *c.* **1762–79** W. WILLIAMS: *P* 455, Mae ganddynt hefyd borfeydd cyfoethog ag sy'n *tewhâu* aneirif o anifeiliaid. **1772** *W* d.g. *To condensate, or condense, Fat, To grow fat, To fatten* [*make, or feed fat*], *To thicken* . . . [*grow thick or be thickened*], *To thicken* [*make or render thick*]. **1793** DAFYDD IONAWR: *CD* 57, Miloedd o ddu gymmylau / Ynt o hyd etto 'n *tewhau*. Ar lafar, 'sucan yn *tewhau* wrth ei ferwi', *Geir Geg* 115 (Cered. a sir Gaerf.); 'Un tena odd a'n arfadd bod ond ma fa wedi *tewâu*'n ddychynllyd yn ddiweddar', '*tewâu* moch', *GTN* 787; ''Wyt titha wedi *tw-æ* odd ar welas i di ddwetha'', *id.* 828; 'Ma isie *tewâu*'r grefi 'na'n drenus' (sir Gaerf.).

tewi, tewlad, gw. **tawaf: tewi, taflod**[1].

tewlaeth [*tew+llaeth*; ansicr yw'r ystyr yn *Llr* C 24 isod, a chynigir y diff. bot. ar sail *P*] *eg.* Llaeth tew, ?hefyd yn *dros.*; *Bot.* clychlys, *Campanula*: *thick milk, ?also transf.; campanula.*

15g. *GIBH* [31], Tudur (drwyn pawl, tid ar draws, / Teg awengerdd tŷ gwyngaws, / Pŵl yw'r tâl, piler *tewlaeth*) / Penllyn, dwyn fy nyn a wnaeth. **16–17g.** *GST* i. 542, Oni all ffriw henllo ffraeth / Fwrw dwylo fyw ar *dewlaeth* [Wiliam Cynwal i ofyn Rhys Grythor yn rhodd]. **18g.** *Llr* C 24, 111, Lobgyry, *tewlaeth*. **1803** *P*, *Tewlaeth*, s. m. . . . Thick-milk. Llwyn y *tewlaeth*, the bell-flower.

tewlen, tewlu, tewlwyd, tewlwyn, gw. **tew+llen, llu, llwyd, llwyn**[1].

tewlyd [*tew+-lyd*] *a.* Tew(aidd), (eithaf) trwchus; dwys, yn *ffig.* am sylwedd materol (mewn gthg. â'r ysbrydol, &c.): *fat(tish), thick(ish); gross, fig. of material substance* (*opp.* '*subtle*').

1657 *MLl* ii. 70–1, Ag fel y difethir y ddayaren *dewlyd*, ag ni ddychwel hi, felly y difeir corph *tewlyd* (*gross Flesh*) dyn, ag ni chaiff hwnw fyw byth. **1803** *P.*

Tewton, Tewtonaidd, Tewtoneg, Tewtonig, gw. **Tiwton, Tiwtonaidd, Tiwtoneg, Tiwtonig.**

tew-wydn, gw. **tew+gwydn.**

tewy, gw. **tywydd.**

tewychaf: tewychu [*tew+-ychu*] *bg.a.* Gwneud neu fynd yn dew neu'n gorffol, tewhau, pesgi, ennill pwysau; gwneud neu fynd yn dew neu'n drwchus (hefyd am hylif, &c.), ceulo, cyddwyso; hefyd yn *ffig.*: *to make or become fat or corpulent, fatten, put on weight; thicken* (*also of liquid, &c.*), *congeal, coagulate, condense; also fig.*

12g. *GCBM* ii. 52, Gwyrt heli Teiui *tewychei*, / Gwaedlan gwyr, a llyr a'e llanwei. *c.* **1566** *B* xv. 119, Siarled a ellir y wnythyr bob amser y vlwyddyn . . . pan y gwelych yn *tewychy* / bwrw ychydic cwrw yndo ay dygo ynghyd. **1567** *TN* 20b, Can ys brasawyt [:- *tewychwyt*] calon y popul hyn, ac aei clustiae pwl y clywant. **1588** *Deut* xxxii. 15, A'r inion a aeth yn frâs, ac a wingodd, brasseaist, *tewychaist*, pwyntiaist. **1604–7** *TW* (*Pen* 228) d.g. *Coagulo, denso, Obeso, Spisso.* **1630** *YDd* 171–2, Cymmedroldeb o gyscu sydd yn es-cydhau [*sic*] y meddwl, ac yn bywhau y corph: eithr anfesurol gwsc sydd yn trymhau y naill, ac yn *tewchu* y llall. **1632** *D*, Tewhau, & *Tewychu*, Pinguescere. **1722** *Llst* 189, *Tewychu*. [To fatten, wax or make fat or thick, condense, congeal]. **1735** S. RHYDDERCH: *Alm* [13], ef [tarth] a *dewychir* wrth rwymiad dylanwad sylwedd oer. *c.* **1762–79** W. WILLIAMS: *P* 129, Opium . . . Sûdd cyffelyb i wîn y Balmwydden, yr hwn . . . sydd yn *tewychu* fel y gallent ei wneud yn Bills. **1772** *W* d.g. *To condensate, or condense, Fat, To grow fat, To fatten* [*make, or feed fat*], *To thicken* . . . [*grow thick or be thickened*], *To thicken* [*make or render thick*]. **1796** T. JONES: *CCA* 21, dwys feddyliau . . . fel cymmylau duon, *tewychant* fwyfwy at dymmhestl. **1803** *P.* Ar lafar, 'Dod flawd yn y grafi idd 'i *dewychu* fa', ''Ôn ni'n *tewychu*'r sylsic o flawd circh', 'llæth wedi'i *dewychu*' 'junket', *GTN* 787; hefyd yn y ff. *twchu*, 'Mae o'n byta'n dda dyddia 'ma—sbiwch fel mae o 'di *twchu*' (Arfon); '*twchu* llaeth' 'cadw llaeth at gorddi', *LlLIM* 103; '*twchu*' 'to thicken . . . of milk when churned . . . to grow fat', *WVBD* 554; 'Mae'r jam wedi *twchu*' (sir Drefn.).

tewychaidd [bôn y f. *tewychaf*: *tewychu+ -aidd*] *a.* Eithaf tew neu drwchus, hefyd yn *ffig.*: *thickish, also fig.*

1803 *P.*

tewychder [bôn y f. *tewychaf*: *tewychu+ -der*] *eg.* Trwch, dwysedd: *thickness, density.*

1850.

tewychedig [bôn y f. *tewychaf*: *tewychu+ -edig*; tywyll yw'r engh. gyntaf isod] *a.bfl.* Wedi ei dewychu neu ei ddwysáu, cyddwysedig; tew (am berson neu anifail), corffol: *thickened, concentrated, condensed; fat, corpulent.*

1609 *Haf* 24, 488–9, pam imae kerddawl gerdd gyffyriawl *twchedic* ar anadyl, a serch y kerddawr nad ydynt yn dwyn hynny i benn mewn meddyliau dynion. **1722** *Llst* 189, *Tewychedig*. Thickned; fat; condensed. **1772** *W* d.g. *Condensed, or condensated, Incrassated, Thickened.* **1803** *P*, *Tewyçedig* . . . Condensed; spissated.

tewychedd [bôn y f. *tewychaf*: *tewychu+ -edd*[1]] *eg.* Tewedd, dwysedd, neu ansawdd (hylif, &c.); trwch: *thickness, density, or consistency* (*of liquid, &c.*); *thickness* (*of object*).

[**1783**] *W* d.g. *Spissitude* [*thickness of liquids, &c.*]. **1803** *P*, *Tewyçez*, s. m. . . . Spissitude.

tewychiad [bôn y f. *tewychaf*: *tewychu+ -iad*[1]] *eg.* ll. *-au.* Y weithred o fynd neu wneud yn dew neu'n drwchus (hefyd am hylif, &c.), ceulad, cyddwysiad; tewychwr (hylif, &c.); y weithred o dewychu (am

berson neu anifail), pesgiad; dwyster, yn *ffig.* am sylwedd materol (mewn gthg. â'r ysbrydol, &c.): *a thickening (also of liquid, &c.), coagulation, condensation; thickener, thickening agent; a fattening; grossness, fig. of material substance (opp. 'subtlety').*

1547 *WS*, Pann *tewychyad* ar vrethyn A thycknyng. 1604–7 *TW* (*Pen* 228), *Tewychiat* mygdarthæ wybrol d.g. *Nubes*. *id.* d.g. *Spissamentum*. 1632 *D* d.g. *Congelatio*. 1657 *MLl* ii. 71, rhaid i ni yma ddeall wrth hyn [sylwedd] y fath rym a rhinwedd sylweddol ddefnyddiol, sylwedd yr hwn nid iw ond vnig rinwedd, tebig ir defnyddiol liwiad . . . *Tewychiad* (*Grossness*) yr hwn a ddifethwyd ymhob peth. 1772 *W* d.g. *A condensing, or condensation, A fattening, Incrassation*. 1803 *P*, *Tewyçiad*, s. m. . . . A thickening.

tewychlyd [bôn y f. *tewychaf*: *tewychu*+ -*lyd*] *a.* (Eithaf) tew neu drwchus (am hylif, &c.); yn tueddu i fod yn dew neu'n gorffol; trymaidd (am dywydd, &c.); aneglur (am leferydd), bloesg: *thick(ish) (of liquid, &c.); tending to be fat or corpulent; close (of weather, &c.); thick (of speech), inarticulate.*

1773 J ROBERTS: *GY*, Lasea] *Tewychlyd*, neu Ddoeth. Cf. *Cymru* xvi. 226, Yr oedd [y ferch] o natur *dewychlyd*, a cheisiwyd ei theneuo drwy ei chlemio.

tewychol [bôn y f. *tewychaf*: *tewychu*+-*ol*] *a.* Tew neu drwchus (hefyd am hylif, &c.); yn tewychu (hylif, &c.); yn tueddu i fod yn dew (am berson): *thick (also of liquid, &c.); thickening (a liquid, &c.); tending to fat (of person).*
1803 *P*.

tewychus [bôn y f. *tewychaf*: *tewychu*+ -*us*] *a.* Tew neu drwchus (hefyd am hylif, &c.); tew (am berson neu anifail), corffol: *thick (also of liquid, &c.); fat (of person or animal), corpulent.*
1827.

tewychwr, tewychydd [bôn y f. *tewychaf*: *tewychu*+-*wr*, -*ydd*^{3}] *eg.* ll. *tewychwyr*. Teclyn neu lestr i gyddwyso ager, &c.; sylwedd tewychu (hylif, &c.): *condenser (for steam, &c.); thickener, thickening agent.*
1842.

tewyn [ff. affetig ar *etewyn*, &c.] *eg.* ll. -*ion*, -*au*. Pentewyn, ffagl, tors, marworyn, hefyd yn *ffig.*: *firebrand, torch, ember, also fig.*

?15g. *MA*^{2} 511b. 44–6, namyn atkynnullab eylbeyth y vydynoed ae torvoed attab ac emdangos en *tewyn* dystrybedygaeth e gwladoed. 15g. *DN* 36, Owain a'i blant yn un blaid / Yw *tywynion* Brytaniaid. [1547] W. SALESBURY: *OSP*, Ys gwell y llysc dau *tewyn* nac vn. 1567 *TN* 162b, Archoffeiriait, a'r Pharisaiait, a ddeuth yno a' chanthwynt dan-llestri a' *thewynion* [:– ffaculae, tyrs] ac arvae. 1604–7 *TW* (*Pen* 228) d.g. *Titio*. 1606 E. JAMES: *Hom* iii. 32, ni y rhai oeddym wrth naturiaeth yn blant digofaint, a *thewynnion* tân vffern. 1621 E. PRYS: *Ps* 43a, Fy esgyrn poethant achos hyn, / fal *tewyn* ar yr aelwyd. 1632 *D* d.g. *Torris*. 1672 R. PRICHARD: *Gw* 21, Rwyt ti 'n *dewyn* uffern isod, / Nes dêl Christ i olchi'th bechod. 1722 *Llst* 189, *Tewyn*. m.p. *wynnau*. A fire-brand. 1770 *W* d.g. *Brand, or fire-brand*. 1803 *P*. Ar lafar yn yr ystyr 'cyfnod byr o haul (ar ddiwrnod gwlyb)' (Brych. a dwyrain Morg.); a hefyd am blentyn drwg, '*Tewyn* o blentyn yw'r un bach llia'', 'Cera sia thre'r *tewyn* afiach', *GTN* 787.

Cfn.: **tewyn o dân**: *firebrand, ember, spark*. c. 1762–79 W. WILLIAMS: *P* 335, [t]aflodd *dewyn o dân* poeth trwy'r ffenestr. 1776 *W*, Bob un â'i *dewyn o dân* d.g. *Match . . . With match lighted [as in marching out of a place delivered up]*. 1782 D. WILLIAM: *GMS* 10, fel *tewyn* poeth *o dân*. Ar lafar, ''Todd 'na ddim *tewyn o dân* yn y grât', *WVBD* 531.

tewynol [*tewyn*+-*ol*] *a.* Yn ffaglu, fflamllyd, hefyd yn *ffig.*: *burning, flaming, also fig.*
1803 *P* d.g. *Tewynawl*.

teyrn [< *tëyrn*; H. Lyd. *tiarn*, Gwydd. C. *tigern*, e. lle Lladin Gâl (*Castrum*) *Tigernum*: ?< Clt. **tigern*-; am y dystiolaeth gynharaf mewn e. priod, gw. *LHEB* 446–7; gw. hefyd *mechdeyrn*] *eg.* ll. -*edd*, -(*i*)*aid*, -*oedd*, -*ain*, -*ion*, a hefyd fel *a.* Rheolwr goruchaf gwlad, &c., monarc, sofren, brenin, tywysog, arglwydd, pennaeth, arweinydd, unben, gormeswr, hefyd yn *ffig.*; goruchaf, sofran, brenhinol: *monarch, sovereign, king, prince, lord, ruler, leader, dictator, tyrant, also fig.; sovereign (adj.), royal.*

Dchr. 12g. *GMB* 6, Bei na chaned y *teyrned* anhyed rvy! 12g. *id.* 176, *Teyrnein* ny grein, ny grabn rei. 12g. *GLlF* 427, Am *deyrn*, am gedyrn heyrn heu. 12g. *GCBM* i. 21, Dub doeth y deythi *teyrned*, / Teyrnas wennwas wirioned. 13g. *BD* 36, doeth a chymen . . . ac ethrylithus vrth hely a chvn ac adar mal y dylyei *teyrn*. 14g. *T* 45. 26–46. 1, *Tegyrned* truan crinyt rac kynan. 14g. *GDG*^{3} 79, *Deyrn* byddin, dioer ni byddy / Yn gyfuwch, fryn wybrluwch fry [i'r haf]. 15g. *GDLl* [25], Bid Syr Rhys, a bod sy raid, / Atwrne i'r *teyrnaid*. 16g. *YT* 74, A ffan ddel yr ymryson / yngwydd y *tehyrnion* / a gwys J'r kerddorion / am y gerdd gywir gysonn. 1588 *Doeth Sol* xiv. 16, ac wrth orchymyn *teyrnaid* yr addolwyd delwau cerfiedic. 1595 *Egl Ph* 48, Rhaid yw canmawl *teyrnoedh* am ei doethineb, crebhydh, cybhiawnder. 1632 *D*, *Teyrn*, Rex, tyrannus. 1722 *Llst* 189, *Teyrn*. m.p. *Teyrniaid*. A monarch, emperour, king; tyrant. 1753 *Gron* 33, Rhi honnaid ar frenhinoedd, / Praff *deyrn*, a phen proffwyd oedd [am Solomon]. 1775 *W* d.g. *King*. 1803 *P*. Ar lafar yn yr ystyr 'an arrogant, authoritative person', ''Rodd o'n dipyn o *deyrn* hefo pawb', *WVBD* 531; 'Ma hi rêl *teyrn*' (Arfon).

Gw. hefyd **teyrnaf, teyrnes, teyrnon.**

tëyrn, gw. **teyrn.**

teyrnach [*teyrn*+*ach*^{5}] *eb.* ll. -*au*. Llinach frenhinol, brenhinllin: *royal line, dynasty.*
1850. Cf. EBEN FARDD: *Gw* 304, Trwy linach ein *teyrnâch* tyrr / Al estronol ystrinwyr!; *id.* 306, A'i Dywysog di eisiau—fe'n twyllodd, / A dir wanychodd ein hen *deyrnachau*! Cf. ymhellach *DE* 88, teyrn ach val tair yn un.

teyrnachaeth [*teyrnach*+-*aeth*] *eb.* Llinach frenhinol, brenhinllin: *royal line, dynasty.*
1896.

teyrnachol [*teyrnach*+-*ol*] *a.* Yn perthyn i linach frenhinol: *pertaining to a royal line, dynastic.*
1852.

teyrnaddurnau [*teyrn*+*addurnau* (ll. yr e. *addurn*)] *e.ll.* Addurniadau neu dlysau brenhinol neu ddinesig, teyrndlysau: *(civil or royal) regalia.*
1810.

teyrnaf [< *teÿrnaf*, sef *tëyrn*+-*af*^{1}, -*haf* neu *naf*] *a.* yn y radd eithaf neu *eg.* Mwyaf brenhinol, arglwydd brenhinol: *most royal, royal lord.*

12g. *GMB* 177, Ardwyreaf dechaf o deyrnet Prydein / A *theyrnaf*, kein Ywein eurwas. 12g. *GCBM* i. 170, Teyrneit hael *teyrnaf*, / Teyrnet orset orsaf. *id.* ii. 123, Brydeu anaraf brythwch gaeaf—garw, / Bytin darw *deyrnaf*.

teyrnaidd [< *teÿrnaidd*, sef *tëyrn*+-*aidd*] *a.* Yn perthyn i deyrn, nodweddiadol o deyrn, monarchaidd, brenhinol, brenhinaidd, tywysogaidd, mawreddog, urddasol: *monarchical, royal, kinglike, kingly, princely, majestic, dignified.*

12g. *GCBM* i. 170, *Teyrneit* hael teyrnaf, / Teyrnet orset orsaf. *id.* ii. 331, O ganiad y Tad *teyrneiddiaf*! . . / . . . dedwydd fyddaf. 13g. *GDB* 404, Gwreidd, *teyrneidd*, taer ym mrwydrin, / Gwrawl ei fflamdo am fro Freiddin. 14g. *WM* 157. 25–6, diheu oed ganthab na welsei eiroed maccbyy kyteyrneidet ac ef. 14g. *GDG*^{3} 91, *Tëyrnaidd* waith, twrn oedd wiw, / Tyrrau, tröellau trilliw [am dorch o blu paun]. *id.* 341, Rhed hyd ei chlust a hustyng / I'w thwf *tëyrnaidd*, a thyng. 15g. *GLGC* 264, Gwell wyd Trahaearn, darn *deÿrnaidd*, / nog wythwyr o wŷr ysgwieriaidd. 1547 *WS*, *Teyrnaidd* Royall. 1604–7 *TW* (*Pen* 228) d.g. *Regalis*. 1632 *D*, *Teyrnaidd*, Regius. 1661 E. LEWIS: *Drex* 151–2, Ymmerawdr, gwedi ei goroni a choronbleth *deirnaidd*. 1688 *TJ*, *Teÿrnaidd*, Brenhinol . . . Kingly, Imperial. 1704 E. SAMUEL: *BA* 73, mor rhwysgfawr a *theyrnaidd* yw Rheolaeth tywysog y tywyllwch. 1775 *W* d.g. *Kingly, or king-like, Princely, prince-like*. 1803 *P*.

Amr.: **teyrniaidd** [*teyrn*+-*iaidd*]. c. 1400 *R* 1377. 39. a. 1577 *Pen* 49, 52.

teyrnas [< *teÿrnas*, sef *tëyrn*+-*as*^{2}; cf. Gwydd. C. *tigernas*] *eb.g.* ll. -*oedd*, -*au*, (prin) *teyrnesydd*. Gwladwriaeth a lywodraethir gan deyrn, brenhiniaeth, arglwyddiaeth, hefyd yn *ffig.*: *monarchy, kingdom, realm, dominion, also fig.*

12g. *GCBM* ii. 119, Cart brthryn y brth Aberfrab / Canys tec *teyrnas* idab [i Hywel ab Owain Gwynedd]. 12–13g. *GLlLl* 26, *Teyrnas* uirein uaran Bennlli. 13g. *C* 26. 8–9, Mynymae ebestil am*teernas* uwil. 13g. *BD* 59, [b]renhined holl *teyrnassoed* y byt. 14g. *LlB* 105, kanys brenhin bieu tir y *teyrnas* oll. 15g. *GLGC* 124, Pob tir o Wynedd, pob *teÿrnas* / a edwyn ei blwyf a'i dai'n ei blas [i Lywelyn ap Gwilym]. *Diw.* 15g. *Pen* 41. 12, ynyr vnvet vlwydy[n] ar dec o oet yn *tyyrnas* ni. 1567 *TN* 9a, Ein Tad yr hwn wyt yn y nefoedd . . . Dauet dy *deyrnas*. 1599 (1677) R. HOLLAND: *AB* 68. Yn ail fe gymmerir y gair *Teyrnas* yn fwy neillduol, ac yna y mae 'n arwyddoccau llywodraeth Crist Pen llywydd yr eglwys. 1630 *YDd* 178, Gweinidogion a Swyddogion o'r, [*sic*] Eglwys ar [*sic*] *Teyrnasau* hyn. 1632 *D*, *Teyrnas*, Regnum. 1722 *Llst* 189, *Teyrnas* f.p. . . . *nesydd*. A kingdom, state, realm. 1774 T. JONES: *DG* 228, [m]ynediad i mewn i *deyrnas* gogoneddus y Duw byw. 1793 *Cylchg* 9, Satan a osododd i fynu ei *deyrnas* o dwyll a thywyllwch. 1803 *P*. Ar lafar, '*tyrnas* . . . clywir *teyrnas* hefyd yn aml', *GTN* 833. Fe'i clywir weithiau ynglŷn â gwraig dew iawn, 'Ma 'i 'di mynd fel *teyrnas*' (sir Ddinb.).

Amr.: **tyrnas, ternas.** 13g. *BD* 6, *tyrnas*. *id.* 46, *ternas* 14g. *WM* 8. 31–3, [*t*]*yrnas*. c. 1585 G. ROBERT: *DC* [xi], *ternas* nef. 1621 E. PRYS: *Ps* 20a, *tyrnesydd*. 1703 E. WYNNE: *BC* 7, [*T*]*yrnasoedd*. Ar lafar, '*ternas*, *tyrnas*', *WVBD* 529; '*tyrnas*', *GTN* 833.

Cfn.: **y Deyrnas Gyfunol:** *the United Kingdom*. 1810. **teyrnas D(d)uw:** *the Kingdom of God*. 1551 W. SALESBURY: *KLl* xixa, *teyrnas ddeo*. *id.* lxiib, *teyrnas Deo*. 1717 IACO AB DEWI: *CS* 257. 1765 *CBC* 33. Ar lafar, 'Trio bod yn dilwng o *deyrnas Dduw* yw'n busnas ni, yntafa?', *GTN* 830. **teyrnas, &c., nef(oedd):** *the kingdom of heaven*. 12g. *GLlF* 163, Oy a bn Mab Duw o *deyrnas—nef*. 1567 *TN* 4b, *teyrnas nef*. c. 1585 G. ROBERT: *DC* [xi], *ternas nef*. 1606 E. JAMES: *Hom* i. 98, *tyrnas nef*. 1653 *MLl* i. 211, *teyrnas nefoedd*. 1768 W. WILLIAMS: *HTS* 38, [*t*]*eyrnas nefoedd*. **y Deyrnas Unedig = y Deyrnas Gyfunol.** 20g.

teyrnasaf: teyrnasu [bf. o'r e. *teyrnas*; hefyd yn y ff. *tëyrnasaf*: *tëyrnasu*] *bg.a.* Rheoli (gwlad, &c.) fel teyrn, llywodraethu, dal awdurdod (dros), hefyd yn *ffig.*: *to reign (over), rule, govern, hold dominion (over), also fig.*

1455–6 *Llst* 28, 187, duw gwener y *tyrnasa* Jubiter yr honn sydd beriglvs ac enbyd. 15–16g. *TA* 29, Tair o ynysoedd, *tëyrnasoch*, / Triael a rusai traul a roesoch [i Roser Salbri o Ddinbych]. 1567 *TN* 228a, megis y *teyrnasawdd* pechawt ir angeu, velly bot hefyt i rat *deyrnassu* drwy gyfiawnder i vywyt tragyvythawl. 1604–7 *TW* (*Pen* 228) d.g. *Vigeo*. 1632 *D*, *Teyrnasu*, Regere, imperare. 1672 R. PRICHARD: *Gw* 73, O byddwch gariadus, wrth fodd Duw a'i wllys, / Chwi gewch fôd yn ddilys yn rhaino [:– *Teyrnasu*]. 1703 E. WYNNE: *BC* 107, gwell gan ysprydion o'n uchder ni *deyrnasu* mewn penyd na gwasanaethu mewn esmwythyd. 1768 W. WILLIAMS: *HTS* 30, Cyfeillach Ffidelius oedd hyfryd, a nefol; cariad oedd yn *teyrnasu* yngwedd ei wyneb. 1773 *W* d.g. *To govern [as a king]*, *To reign [be king]*. 1803 *P*. Ar lafar, 'Mae'r prifathro yn *teyrnasu* dros bawb dan 'i ofal' (canolbarth Cered.); ''Wi wedi gweld pedwar yn *teyrnasu* yn Lloegr yn 'y mywyd i', *GTN* 830.

Amr.: **ternasu** [cf. *ternas*, amr. ar *teyrnas*]. 1574 *RhRC* (At.) 104b. **tyrnasu** [cf. *tyrnas*, amr. ar *teyrnas*]. 1455–6 *Llst* 28, 187. 15g. *Pen* 109, 92, Ysgotieit brytanieit da. / Draean nos a *dyrnassa* (*GLGC* 227, deyrnasa). 1707 *AB* 138a d.g. *Regno*. Ar lafar, 'Yr 'en Victoria odd yn *tyrnasu* pyn ôn ni'n blant', *GTN* 833.

teyrnasaidd [< *tëyrnasaidd*, sef *teÿrnas*+ -*aidd*] *a.* Monarchaidd, brenhinol, urddasol; cenedlaethol, gwladwriaethol, gwladol, sifil: *monarchical, royal, dignified; national, state (adj.), civil.*

14g. *GDG*^{3} 143, Tâl moeledd, talm o alaw, / *Tëyrnasaidd* lariaidd law [i Forfudd]. 1712 T. WILLIAMS: *CDdG* 359, pa fodd iw hymddwyn ei hunain yn yr amryw ystâdau y [*sic*] fuchedd *deyrnasaidd*, a'r Gristianogol. 1722 *Llst* 189, *Teyrnasaidd* . . . Belonging to a kingdom, national. c. 1762–79 W. WILLIAMS: *P* 653, maent [yr henuriaeth] i beri bod yr ordinhadau wneir gan y cymmanfaoedd ardalaidd a *theyrnasaidd* i gael eu cyflawni.

teyrnasiad [bôn y f. *teyrnasaf*: *teyrnasu*+ -*iad*^{1}] *eg.b.* ll. -*au*. Cyfnod teyrn ar ei orsedd, brenhiniaeth, rheolaeth, llywodraethiad, hefyd yn *ffig.*: *(period of a monarch's) reign, rule, government, also fig.*

1567 *LlGG* 1a, yr ail vlwyddyn o *deyrnasiad* y brenhin Edward y chwechet. 1588 1 *Br* xv. cs., *Teyrnasiad* Abiam ar Iuda. 1632 *D* d.g. *Regnum*. 1685 *Art* 8, yr Statute a wnaed yn yr 21 flwyddyn o *Deyrnassiad* y Brenin James y Cyntaf. 1703 E. WYNNE: *BC* 72, O'n Brenhinllys ar sugnedd yn y Fall-gyrch eirias yn y Flwyddyn o'n *Teyrnasiad* 5425. 1775 *CY* 4–5, Brenhines Mair . . . hi a ddadymchwelodd yr hyn a wnaethpwyd yn y *teyrnasiadau* blaenorol. [1783] *W* d.g. *Reign [the time during which royal authority is exercised; &c.]*. 1799 D. JONES: *AP* 8–9, 'A'r ddinas sanctaidd a fathrant hwy ddau fis a deugain' 'Wrth y

'ddinas sanctaidd' y mae i ni ddeall holl deyrnasoedd Ewrop . . . rhaid deall y bydd iddi gael ei hangyfaneddu, ei hyspeilio a'i difrodi . . . ac y mae y *deyrnasiad* orthrymmus . . . hon i barhau 'ddau fis a deugain'. **1803** *P.*

Amr.: **tyrnasiad** [cf. *tyrnasaf*: *tyrnasu*]. **16g.** *Yst Kym* 3, ar emil pob dalen i mae y flwyddyn o *dyrnassiad* pob brenin kyn geni Crist. **1612** *LlP* 2. Ernweu holl Frenhinoedd Loegr ai*tyrnasiad* [*sic*] ar a fu er amser y Cwnquerwr.

Cfn.: **teyrnasiad braw:** *reign of terror*; *Reign of Terror (1793–4, during the French Revolution)*. **20g.**

teyrnasiaeth [*teyrnas*+*-iaeth*] *eg.* Teyrnlywodraeth, monarchiaeth, brenhiniaeth, sofraniaeth, goruchafiaeth, awdurdod, rheolaeth; teyrnasiad: *monarchy, sovereignty, supremacy, authority, rule*; *reign.*

1794 E. Jones: *CP* iv, Mr. Locke, yn ei draethawd ar *deyrnasiaeth*, neu wladwriaeth, a ddywedodd, 'Lle nad oes Cyfraith nid oes Rhyddid'. **1803** *P*, *Teyrnasiaeth*, s. m. . . . The rule of a kingdom; a reign.

teyrnasol [*teyrnas*+*-ol*] *a.* Yn perthyn i deyrn neu deyrnasiad, brenhinol, mawreddog, urddasol; yn rheoli, llywodraethol; cenedlaethol, gwladwriaethol, gwladol, sifil: *pertaining to a monarch or reign, regnal, regal, noble, dignified; ruling, governing; national, state (adj.), civil.*

15g. *HCLl* 83, Af i roi rhif ar y rhol / Oedran Iesu'n *deyrnasol*. **1711** M. Maurice: *YAD* xxii, fod Dyscyblaeth Cynylleidfaol . . . yn niweidiol ir Llywodraeth Wladaidd neu *Deyrnassol*. **1727** J. Jones: *DFF* 309, chwi gewch eich gwaredu oddi wrth Allu *teyrnasol* Pechod yn y fan. **1768** Rhisiart ap Robert: *CB* 136, Efe [Duw] hefyd sydd yn anfon tramgwyddiadau *teyrnasawl* a gwledig. **1790** M. Williams: *BM* 37, swn am ryfeloedd rhwng rhai o'n cymmydogion *teyrnasol*. **1803** *P*, *Teyrnasawl* . . . Belonging to a kingdom.

Amr.: **ternasol** [cf. *ternas*, amr. ar *teyrnas*]. **16–17g.** *HG* 132. **tyrnasol** [cf. *tyrnas*, amr. ar *teyrnas*]. **16g.** *LlSt* 6, 182.

teyrnaswr, teyrnasydd [*teyrnas*+*-wr*, *-ydd*[3]] *eg.* ll. *teyrnaswyr, teyrnasyddion.* Un sy'n teyrnasu, llywodraethwr, rheolwr: *one who reigns, governor, ruler.*

?**15g.** *B* i. 306, Dyred i'n gwlad dur dân gledd, / *Deyrnaswr* drwy ynysedd. **15g.** *GDLl* 98, Oedran Iesu *deyrnaswr*, / Yn bymtheg cant, gwarant gŵr. **1696** *CDD* 126, Hwn ydyw'n achubwr garedig Greawdwr, / Jesu *deŷrnaswr* iawn noddwr or [*sic*] nêf. [**1783**] *W*, *Teyrnaswr, teyrnasydd* d.g. *Reigner.* Cf. *DPh* 20, ac erchi a wnaeth ef y aich yn y demyl y gyt teyrnaswyr.

Amr.: **tyrnaswr** [cf. *tyrnas*, amr. ar *teyrnas*]. **15–16g.** *TA* 78, *Tyrnaswyr* terwyn, ysig,—/ Tân a brain atyn i'w brig!

teyrnben, teyrnbennaeth, teyrnblas, gw. teyrn+pen[1], pennaeth, plas.

teyrndlws [*teyrn*+*tlws*] *eg.* ll. *-dlysau.* Tlws brenhinol, (yn y ll.) arwyddluniau brenhinol, yn enw. y goron, y deyrnwialen, &c., a ddefnyddir mewn seremoni goroni: *royal jewel, (pl.) regalia.*

14g. *WM* 6. 11–14, llyna y llys diwallaf o ubyt a llynn ac eur lestri a *theyrn dlysseu*. *id.* 48. 7–11, Ny doey 𝔟r ma𝔟r . . . ni rodei hi [Branwen] ae cae ae modr𝔟y ae *teyrndl𝔟s* cad𝔟edic yda𝔟. **1604–7** *TW* (*Pen* 228) d.g. *Monile*. **1803** *P*, *Teyrndlws*, s. m.—pl. *teyrndlysau* . . . A jewel or part of regalia.

teyrndoll, teyrndrec, teyrndreth, teyrndud, gw. teyrn+toll[1], trec[1], treth, tud.

teyrnedd[1] [*teyrn*+*-edd*[1]] *eb.g.* ll. *-au.* Monarchiaeth, brenhiniaeth, sofraniaeth, penarglwyddiaeth; teyrnasiad: *monarchy, kingship, sovereignty, dominion; reign.*

15g. *RWM* i. 394, y kauas y trydy Edward dr𝔟y dd𝔟ya𝔟l rybudd y decuet ul𝔟yddyn oy *teyrnedd*. **1728** S. Rhydderch: *GC* 99, Aeth drwy Fyd waith d' orfodedd, / Jôr dewr nerth ar y *Deyrnedd*. **1772** *W* d.g. *Dominion* [*lordship, government, empire, sovereign authority, rule*]. *Diw.* **18g.** *AL* ii. 488, er cadarnau cymmrawd ar wlad a chenedl a *theyrnedd* ddosparthus. **1803** *P*, *Teyrnez*, s. m. . . . Sovereignty, kingship.

teyrnedd[2], gw. teyrn.

teyrnes [< *teÿrnes*, sef *tëyrn*+*-es*[1]] *eb.* ll. *-au.* Monarc benyw, brenhines, hefyd yn *ffig.*: *female monarch, queen, also fig.*

14g. *GIG* 139, Mair diornair wyd, Mair *deÿrnes*, / Mair oleudrem hael, Mair lywodres. **15g.** *DE* 88, teyrn ach val tair yn vn / *teyrnes* rrad duw arnun. **1604–7** *TW* (*Pen* 228) d.g. *Regina*. *Dchr.* **17g.** *Y* 10, 155a, *Teyrnes*. × Rhwyvanes. **1694** *Cylchg LlGC* viii. 28, F'yngau [*sic*] rhai, nad all angau (yn Lloegr / mor llygru'n Brenhinau: / Ah, nid gwir am *Deirnesau*! / Er mwyn y byd. ô na bau [*sic*] [marwnad y Frenhines Mary II gan Edward Lhuyd]! **1722** *LlSt* 189, *Teyrnes.* f. p. *nesau*. A queen. **1780** *W* d.g. *Queen*. **1803** *P.*

teyrnfab, teyrnfainc, teyrnfar, teyrnfardd, teyrnfoes, gw. teyrn+mab, mainc, bâr, bardd, moes[2].

teyrnfrad [*teyrn*+*brad*] *eg.* Teyrnfradwriaeth: *high treason.*

1630 R. Llwyd: *LlH* 121, Rhai a wnânt lofruddiaeth, a *theyrn-frâd*, ac a gollant y cwbl ar unwaith. **1657** RE: *CDd* 89, *Teyrnfrâd* yn erbyn y Duw goruchaf. **1704** J. Morgan: *B* 40, os deuwch i graffu ar labuddiwr gwaedlyd euogddrwg, neu ddyn am *deyrnfrâd* wedi ei fwrw. **1716** T. Evans: *DPO* 85, Yr oedd mâb i Wrtheyrn . . . hwnnw a wnaeth *deyrn-frad* yn erbyn y Llywodraeth. **1723** J. Jones: *LlA* 11, Ni phregethodd efe [Paul] ddim *Teyrnfrâd* ac ni hauodd efe ddim Rhwygiad. **1765** J. Evans: *CPE* 53, Herod . . . yn rhoi barn marwolaeth ar ei fab Antipater am *deyrnfrad*. **1774** *W* d.g. *High or capital* . . . *High treason.* **1803** *P*, *Teyrnvrad*, s. m. . . . Treason against a sovereign; high treason.

teyrnfradol [*teyrn*+*bradol*] *a.* Yn perthyn i deyrnfradwriaeth neu euog ohoni: *pertaining to, or guilty of, high treason.*

1794 *W*, bradwriaethol; *teyrn-fradawl* d.g. *Treasonable*. **1798** W. Richards: *CC* 11, y gwaith o brofi euogrwydd *teyrnfradol* y carcharorion diofrydedig.

teyrnfradwr [*teyrn*+*bradwr*] *eg.* ll. *-wyr.* Un sy'n euog o deyrnfradwriaeth: *person guilty of high treason.*

1689 E. Morus: *RC* 19, y cyfryw ddrwg-weithredwŷr a Lladron a Lleiddiaid, *Teyrnfradwŷr* a Gwrthryfelwŷr. **1722** *LlSt* 189, *Teyrn-fradwr*. m. A traitour. **1746** G. Jones: *HWI* iii. 72, Gwrthwynebu, neu ymosod yn erbyn yr Awdurdodau goruchel a ordeiniodd Duw; megis y gwnâ *Teyrnfradwyr*. **1770** *W*, Cyhuddiad *teyrn-fradwr* ger-bron dyledogion y deyrnas d.g. *An attainder*. *id.* d.g. *Traitor* . . . *A stote traytor* [*one guilty of high treason*]. **1775** *EDPP* 117, Gadewch fod dyn, o *deyrn-fradwr*, ag a ddylai farw wrth y gyfraith am ei bechod. **1803** *P.*

teyrnfradwriaeth [*teyrn*+*bradwriaeth*] *eb.* Bradwriaeth yn erbyn teyrn(as), llywodraeth, &c.: *high treason.*

1630 R. Llwyd: *LlH* 5, Megis y bydd Pennaethiaid drwy wneuthur *teyrn-fradwriaeth* [:– Brad yn erbyn y brenin], yn drygu nid eu hunain yn vnig, ond eraill hefyd, trwy halogi eu gwaedoliaeth. **1688** S. Hughes: *TSP* 213, Fe grogwyd dy Dâd di am *deyrn-fradwriaeth*. **1722** *LlSt* 189, *Teyrn-fradwriaeth*. f. Treason. **1732** J. Jones: *C* 97, Abiathar . . . Yr Archoffeiriad a fwriwyd allan o'i Swydd gan Solomon oblegid *Teyrnfradwriaeth*. **1770** *W*, dwyn lledrwy i'r gwaed, megis y gwnâ *teyrn-fradwriaeth* d.g. *To attaint* [*taint, corrupt, debase*]. *id.* d.g. *High or capital* . . . *High treason.* **1790** *GY* 84, Yr ydych yn ei gyfrif yn *deyrnfradwriaeth* i lefaru ond gair yn erbyn y brenhin. **1803** *P*. Cf. D. Owen: *RL* 241, eisieu ein clywed yn dyweyd y gwir y mae [Duw], hyd yn nôd pe byddai y gwir hwnw cân hylled a *theyrnfradwriaeth* yn ei erbyn ef ei hun!

teyrnfradwrus [*teyrn*+*bradwrus*] *a.* Teyrnfradol: *pertaining to, or guilty of, high treason.* **1834.**

teyrnfraint, teyrnfro, teyrnfron, gw. teyrn+braint[1], bro, bron[1].

teyrngadair [*teyrn*+*cadair*] *eb.* Gorsedd(fainc), hefyd yn *ffig.*: *throne, also fig.*

1588 *Gen* xli. 40, ar dy fin y cusana fy mhobl oll: yn y *deyrn-gader* yn vnic y byddaf fwy na thy di. **1588** *Deut* xvii. 18, pan eisteddo ar *deyrngader* ei frenhiniaeth yna scrifenned iddo goppi y gyfraith hon. **1604** R. Holland: *BD* 4, fym-mab huna [*sic*] . . . i eiste yn fyn-*nheirnga-dair* [*sic*] ar fy ôl i. **1632** *D* d.g. *Solium*. **1632** J. Davies: *LlR* 357, a bod ei orseddfaingc ef [Solomon] a'i *deyrngadair* o ifori, wedi ei gwisgo ag aur. **1672** J. Langford: *HDdD* 447, Sefydla dy *Deyrngader*, a rheola byth yn ein Heneidiau ni. **1718 (1721)** S. Thomas: *HB* 168, Yn nesaf at Edward VI ei Chwaer Mary a osodwyd i eistedd a'r [*sic*] *Deyrngadair* Lloegr. **1757** *ML* ii. 59, Brenhin Prwsia fydd yn yr Almanac nesaf yn eistedd ar ei *deyrnagadair* ai deyrnwiail yn ei law. **1776** I. Brydydd Hir: *P* i. 24, Iddo ef, yr hwn a fu mor isel ag ymostwng oddiwrth *deyrngadair* gogoniant i breseb. [**1783**] *W*, *Teyrn gadair* d.g. *Royal* . . . *Royal throne.*

teyrngar [*teyrn*+*-gar*] *a.* Ffyddlon, cywir, triw; ffyddlon neu bleidiol i deyrn, &c., brenhingar: *loyal, faithful, true; loyal to, or supportive of, a monarch, &c., royalist.* **1850.**

teyrngarchar, gw. teyrn+carchar.

teyrngaredd [*teyrngar*+*-edd*[1]] *eb.* ll. *-au.* Teyrngarwch, ffyddlondeb: *loyalty, faithfulness.* **1850.**

teyrngarol [*teyrngar*+*-ol*] *a.* Teyrngar, ffyddlon, cywir, triw; ffyddlon neu bleidiol i deyrn, &c., brenhingar: *loyal, faithful, true; loyal to, or supportive of, a monarch, &c., royalist.* **1837.**

teyrngarwch [*teyrngar*+*-wch*[1]] *eg.* Yr ansawdd neu'r cyflwr o fod yn deyrngar, ffyddlondeb; ymlyniad wrth fonarchiaeth, breningarwch: *loyalty, faithfulness; monarchism, royalism.*

1837. Cf. Eben Fardd: *Gw* 312, Yn erbyn malais trais trwch, / Tarian gwyr yw *teyrngarwch*; / *Teyrngarwch* at 'r hen Goron, / A'r iawn Aer i arwain hon.

teyrngarwr [*teyrngar*+*-wr*] *eg.* ll. *-wyr.* Person teyrngar, cefnogwr ffyddlon; monarchydd, brenhinwr: *loyal person, staunch supporter; a monarchist, a royalist.*

1850. Cf. Talhaiarn: *Gw* i. 265–6, Yr oedd ef [Huw Morris] yn *deyrn-garwr* gwresog, ac yn chwipiwr tost ar y Pengryniaid a'r Puritaniaid.

teyrnged [< *teÿrnged*, sef *tëyrn*+*ced*] *eb.* ll. *-oedd, -au.* Tâl a wneir yn rheolaidd gan un wladwriaeth neu arweinydd i un arall, yn enw. fel arwydd o ddibyniaeth, tâl a wneir gan ddeiliad i'w sofren neu gan daeog i'w arglwydd, treth, toll, breindal, tâl, hefyd yn *ffig.*; (ffynhonnell) incwm; peth a wneir, a roddir, neu a ddywedir fel arwydd o barch, hoffter, &c.: *tribute, tax, duty, royalty, payment, also fig.; (source of) income; tribute (sign of respect, affection, &c.).*

12g. *GLlF* 446, A theyrnet ethynt a *theyrnged* / Ar uab Nonn haeluronn, ha𝔟t ogoned [i Ddewi]. **12–13g.** *GLlLl* 265, O bob teyrnas *teyrnged*—y'n rwyf, / Nwy rotwy, gogeled [i Rys Gryg o Ddeheubarth]. **14g.** *B* xiv. 270, y byt daearaul a vu darystyngedic yni hyt hynn yn wastat. ac a ellyngei y *teyrngedoed* y an aruer ni. nyt anuones ef eiroet yni y ryv dyn hvnn yn var𝔟 [am Iesu yn disgyn i Uffern]. **14g.** *BB* 51, arodi llauwer o eur ac aryant yn *deyrnged* pob blwydyn ydunt yr caffel hynny. ?**15g.** *MA*[2] 543a. 21–2, *teyrngetoed* a doethant i Ruvein o bob g𝔟lat. **1567** *TN* 70b, Ai cyfreithlawn rhoddi *teyrnget* i Caisar, ai nyd yvv? **1604–7** *TW* (*Pen* 228) d.g. *Telos, Tributum, Vectigal* (hefyd *D*). **1672** J. Langford: *HDdD* 45, Canys rhaid i' [*sic*] ni dalu ei anrhydedd ef . . . ei *Deyrnged*, neu ei ardreth. **1703** E. Wynne: *BC* 50, Y Byd / Ei gaer a'i gyrrau i gyd. / . . . / A roed, ô Ddyn! yn Ddeiliedi, / Er *teyrnged* fach, i ti. **1722** *LlSt* 189, *Teyrnged*. f.p. *gedau*. A custom, tribute, duty, excise, subsidy. **1740** T. Evans: *DPO* 28, Cenhedlaeth rydd ydym ni, ac nid oes arnom *Deyrnged* nerth na Gwystl i ti nac i Senedd Rufain. **1772** *W* d.g. *Custom* [*the king's duties on imports and exports, tribute, &c.*], *Tribute*. **1803** *P*. Ar lafar, 'talu *teyrnged* i'r nyrsys' (Llŷn); "Rodd yr araith yn *deyrnged* deg 'ddo fe' (sir Gaerf.).

Cfn.: **tan (dan) deyrnged:** *obliged to pay tribute or tax, tributary*. **1588** *Gen* xlix. 15. **1604–7** *TW* (*Pen* 228) d.g. *Vectigalis*. **1758** J. Morgan: *AL* 11.

teyrngedaf: teyrngedu [bf. o'r e. *teyrnged*] *bg.a.* Talu teyrnged (i) (o ran parch, &c.): *to pay tribute (to) (as sign of respect, &c.).* **1874.**

teyrngedol [*teyrnged*+*-ol*] *a.* Yn talu teyrnged neu dreth, dan orfodaeth i dalu teyrnged neu dreth, yn perthyn i deyrnged neu dreth, trethol, hefyd yn *ffig.*; yn llifo i nant neu afon fwy (am nant, afon, &c.): *paying, required to pay, or pertaining to, tribute or tax, tributary (also of river, &c.), also fig.*

13g. *BD* 162, goresgyn . . . holl enyssed yr eigyavn y rei oed trethavl a *theyrngedavl* y Rueinavl amherodraeth. **1595** M. Kyffin: *DFf* 198, nhwy a fynnassont wneuthyr yr holl deyrnas ymma 'n *deyrn-gedawl* iddynt hwy, a chodi ar y wlad hon dreth ag ardreth. **1604–7** *TW* (*Pen* 228) d.g. *Tributarius, Vectigalis* (hefyd *D*). **1760** E. Williams: *UYB* 112, Mae pob

dyn sy'n ddarostyngedig i wyniau cnawdol . . . yn gaethwâs neu o'r lleiaf yn *deyrngedol* i'r diafol. **1794** *W* d.g. *Tributary [subject to tribute or taxes; having the nature of a tribute].*

teyrngennad, teyrngerbyd, teyrngerdd, teyrngleddyf, teyrngoron, gw. teyrn+cennad[1], cerbyd, cerdd[1], cleddyf, coron.

teyrngrwys [*teyrn*+*crwys*] *e?b.* yn yr ymad. *dan (ei) deyrngrwys.* Yn cael ei arddangos mewn rhwysg (am gorff marw cyn ei gladdu): *lying in state (of body).*
[**1783**] *W*, *Bod . . . dan ei deyrn-grwys* d.g. *State . . . To lie in state.*

teyrngyngor [*teyrn*+*cyngor*] *eg.* Cyngor llywodraethol gwlad, cabinet: *council of state, cabinet.*
[**1783**] *W*, *teyrn-gyngor* d.g. *State, The council of state.*

teyrniaeth [*teyrn*+*-iaeth*] *eb.* Monarchiaeth: *monarchy.*
1848.

teÿrniaf: teÿrnio [bf. o'r e. *tëyrn* (gw. *teyrn*)] *bg.a.* Rheoli, bod yn bennaeth (ar): *to rule, be the head or ruler (of).*
15g. *LlCy* iii. 111, *tëyrnio* brud tir ein bro; / trwy gennad beirdd tri gyno [Gruffudd Dafydd Fychan i ateb marwnad Ieuan ap Hywel Swrdwal gan Hywel ap Dafydd ap Ieuan]. **16g.** LEWYS MORGANNWG: *Gw* 27–8, llew gwynn bwyall ac onnen / a llew brut iarll herbert hen / mae dyrnod am *deÿrniaw* / ar dial iarll ar dy law.

teyrniaidd, gw. teyrnaidd.

teyrniarll [*teyrn*+*iarll*] *eg.* Iarll neu arglwydd a chanddo awdurdod a breintiau brenhinol, breiniarll: *(earl or count) palatine.*
1778 *W* d.g. *Palatine . . . or count palatine.* **1798** *WR* d.g. *Margrave, Palsgrave.*

teyrniarllaeth [*teyrniarll*+*-aeth*] *eb.* ll. *-au.* Tiriogaeth teyrniarll, breiniarllaeth: *county palatine, palatinate.*
1778 *W* d.g. *Palatinate, or county palatine.*

teyrnladdiad [*teyrn*+*lladdiad*[1]] *eg.* ll. *-au.* Y drosedd o ladd teyrn, &c.: *regicide (crime).*
1850.

teyrnladdwr [*teyrn*+*lladdwr*] *eg.* ll. *-wyr.* Teyrnleiddiad: *regicide (person).*
1852.

teyrnleiddiad [*teyrn*+*lleiddiad*[1]] *eg.* ll. *-iaid.* Un sy'n lladd teyrn, &c.: *regicide (person).*
1850.

teyrnles, teyrnlid, teyrnlin, teyrnlinach, teyrnlw, teyrnlwyth, teyrnlys, gw. teyrn+lles, llid[1], llin[1], llinach, llw, llwyth[2], llys[1].

teyrnlywodraeth [*teyrn*+*llywodraeth*[1]] *eb.* Monarchiaeth, weithiau'n ddifr.: *monarchy, sometimes derog.*
1770 *TG* ii. 73, a rhowch wybod pa fath *deyrnlywodraeth* sydd yno. **1775** *PHBA* 13, prif allu ymerodraeth, pa un ai dwyfol-lywodraeth, neu *deyrnlywodraeth* [:– Monarchy].

teyrnllaw, teyrnlles, teyrnllew, teyrnllid, teyrnllin, teyrnllw, gw. teyrn+llaw, lles, llew, llid[1], llin[1], llw.

teyrnllwyth, teyrnllys, teyrnllyw, gw. teyrn+llwyth[2], llys[1], llyw.

teyrnog [< *tëyrnog*, sef *tëyrn*+*-og*; cf. Gwydd. C. *tigernach*] *a.* Brenhinol, uchelwrol, bonheddig: *royal, lordly, noble.*
15g. BEDO AERDDREM, &c.: *Gw* 109, Dyrn garw sydd dwrn gorseddog / Drwy gaderydd [*sic*] draig *deyrnog* [i Hywel Ddu]. Digwydd hefyd fel enw (cf. *Tegernacus, LHEB* 447) ac fel epithet, 'Peredur *Teyrnog', B* iii. 48.

teyrnogaeth [*teyrnog*+*-aeth*] *eb.* Brenhiniaeth, monarchiaeth; teyrnas, gwladwriaeth; breindal: *kingship, monarchy; kingdom, state; royalty (payment).*
1595 *Egl Ph* 18, Y gair *teyrnwalen* (sy arwyd

teyrnogaeth) sy'n dwyn ar dhealh yn hydhysc . . . y bhrenhinawl awdurdawd oedh ar barhau odhumywn [*sic*] lhwyth Iehwda. **1630** R. LLWYD: *LlH* 260, a chynllwynion ystrywgar, y rhai a ddychymygwyd yn fynych yn erbyn ein *teyrnogaeth* (state) . . . ac yn erbyn enioes . . . ein Brenin. **1803** *P, Teyrnogaeth,* s. f. . . . A kingly office.

teyrnol [*teyrn*+*-ol*] *a.* Brenhinol, urddasol, mawreddog: *royal, stately, majestic.*
16g. (*IEG*) *Mos* 158, 134b, ynn y man [i] dinoethasantt twy y vo oi *deiyrnawl* aruau. **1793** DAFYDD IONAWR: *CD* 138, Gorseddau golau bu gynt / *Deyrnawl* Gerubiaid arnynt. **1803** *P. Teyrnawl . . .* Belonging to royalty. Cf. ISLWYN: *Gw* 235, Pan ddodai Rhagfyr oer ar *deyrnol* ben / Y santaidd Wyddfa goron eira wen.

teyrnolion [*teyrnol*+*-ion*[2]] *e.ll.* Teyrndlysau; breindaliadau: *regalia; royalty payments, royalties.*
[**1783**] *W* d.g. *Regalia.*

teyrnon [< *tëyrnon*, sef *tëyrn*+*-on*[2] ?ac *-on*[1]] *e.ll.* ?a hefyd fel *eg.* Monarchiaid (?monarc), brenhinoedd (?brenin): *monarchs (?monarch), kings (?king).*
12g. *GMB* 241, Kyflauan taerdan rac *teyrnon.* **12g.** *GCBM* i. 258, Can etyw an llyw, llew *teyrnon.* **14g.** *T* 53. 24–5, Mab *teyrnon.* bu gna6t berthon oe gyweith-vd. **1803** *P, Teyrnon,* s. m. . . . A princely one. Digwydd *Teyrnon* fel e. prs., gw. *PKM* 145–6.

teyrnormeswr, teyrnorsedd, teyrnreolwr, teyrnswyddwr, teyrnwaed, gw. teyrn+gormeswr, gorsedd, rheolwr, swyddwr, gwaed.

teyrnwal, teyrnwalch, teyrnwas, teyrnwawd, teyrnwawr, gw. teyrn+gwâl[2], gwalch, gwas[1], gwawd, gwawr.

teyrnwialen [*teyrn*+*gwialen*] *eb.* (g. *-wielyn*) ll. teyrnwïail, -wialenni. Gwialen seremonïol a ddelir gan deyrn fel arwydd o'i awdurdod, byrllysg, brysgyll, hefyd yn *ffig.: sceptre, mace, also fig.*
13g. *Lll* 59, Kyn no duyn Coron Lundeyn a *theyrnwyalen* o Saeson, Dyuenwal Moel Mut a oed urenhyn ar er ynys hon. **13g.** *BD* 89, Gortheyrn ysyd teilvng o amherodraeth ac o *teyrnwialen* enys Prydein. c. **1400** *YCM*[2] 38–9, Chyarlymaen . . . gwisgei goron y deyrnas am y benn, a *theyrnwialen* yn y law. **1547** *WS, Teyrn wialen* A sceptre. **1588** *Esec* xix. 11, [t]*eyrnwiail* llywodraethwŷr. **1588** *Doeth Sol* vi. 21, ô frenhinoedd y bobl os melus gennych orseddfeingc, a *theyrn-wielyn,* anrhydeddwch ddoethineb fel y yrthinasoch byth. **1595** *Egl Ph* 18, Y gair *teyrnwialen* (sy arwydh teyrnogaeth) sy'n dwyn ar dhealh yn hydhysc . . . y bhrenhinawl awdurdawd oedh ar barhau odhumywn [*sic*] lhwyth Iehwda. **1632** *D, Teyrnwialen,* Sceptrum. **1676** W. JONES: *GB* 52, O bechadur . . . rhêd a Ghrist, ymafael yn ei gyfiawnder ef, ymostwng i'w *Deyrn-wialen* ef. **1722** *Llst* 189, *Teyrn-wialen.* f. A scepter, mace. **1724** S. WILLIAMS: *ADA* 79, Lleoedd anghyfannedd yw Llysoedd Brenhinoedd, yn barod i fyned yn garneddau: Coronau a symmudir o ben i ben: *Teyrnwiail* ydynt yn myned o'r naill law i'r llall. **1757** *ML* ii. 59, Mae'n debyg mai Brenhin Prwsia fydd . . . yn eistedd ar ei deyrngadair ai *deyrnwiail* yn ei law. [**1783**] *W* d.g. *Sceptre or scepter.* **1803** *P.*

teyrnwisg, teyrnwr, teyrnwychder, teyrnystryw, gw. teyrn+gwisg, gŵr, gwychder, ystryw.

Teythoneg, gw. Tiwtoneg.

TGAU, gw. tystysgrif.

ti[1]**, di**[5] [Crn. C. *ty, te,* Crn. Diw. *ty,* H. Lyd. *ti, te,* Llyd. C. a Diw. *te,* Gwydd. *tú:* < IE. **tu*-*;* dichon mai *y* (glir) oedd sain y llaf. yn rhai o'r enghrau. cynnar; dileer yr erthygl ar *di*[5] rh. prs. annib. syml a dib. ôl ategol (2 brs. un.).

1. Yr un (e.e. cyfaill, plentyn, perthynas, gwas, Duw, anifail, &c.) a gyferchir (gthg. *chwi*); hefyd fel rh. amhrs.: *you, thou, thee (2nd prs. sing. and familiar form of address); also used as an impers. pron.*

(*a*) (fel rh. annib. a gn. rhagferfol: *as independent pron. and preverbal particle*).
9g. (*Juv*) *B* vi. 206, omnipotens auctor *ti*dicones. **12g.** *GLlF* 142, Dewis gennyf-y di; beth y6 gennyt-ty ui? *id.* 507, Neb ny oruc Duw . . . / . . . teyrn uad ni *ti.* **12–13g.** *GLlLl* 264, Reuet teyrnet *ti* bieu—y dreis / Ar dra6sualch agfrieu. **13g.** *GDB* 416, Dy fyrddoedd cyhoedd *ti* a'i cehy. **13g.** *A* 6. 14–15, pan disgynnei bawb *ti* disgynnvt. **14g.** *T* 12. 8–9, A wledic ny

wydem. pan oed *ti* agrogem. **1346** *LlA* 165, Ac velle *di* a elly aaruerv [*sic*] on amled ni. **14g.** *GDG*[1] 310, Dos fry, *ti* a wely wen, / Dos obry, dewis wybren. **14-15g.** *IGE*[2] 174, *Di* aud drwy'r wybr yn dawel, / Na chudd dy wreichion, na chêl [Rhys Goch Eryri i yrru'r ddraig goch]. **15g.** *GLGC* 225, *Ti* o'r sir yw'r tors euraid, / neu'r ddraig goch, yn ddewr y caid. **15g.** *TA* 181, Nid rhaid, nid hir i oedi, / Ofn na chewch a fynnoch chwi; / *Ti* sy gnot dysg a natur, / Tithau yw 't poet, athro pur [i Syr Risiart Hanmer]. **1547** *WS, Ti* Thou. **1588** *Eseia* xlviii. 10, dewisais *di* mewn pair cystudd. **1588** *2 Sam* xii. 7, Yna y dywedodd Nathan wrth Ddafydd, *ti* yw'r gwr. **1595** H. LEWYS: *PA* 13–14, *Ti* a haeddaist yn dda oddef gwbl allu a chreulondeb diawl. **1632** *D, Ti,* Tu. **1653** *MLl* i. 181, *Di* a ddylit wneuthur fel hyn . . . *D.* ddywedaist ddigon. **18g.** D. J. ODWYN JONES: *DR* [159], Rwyf i yn ddu, *ti* wyddost Di, / Yn nychu mewn neusoldeb. **1794** *W* d.g. *Thee, Thou.* **1803** *P.* Yn lafar, '"Chi" fydda' i wastad yn 'ddeud wrth fy rhieni, ond "*ti*" ydw i gin y plant 'cw bob gafel' (sir Ddinb.); '*Ti* sy nesa', 'Ma fa'n galw "*ti*" ar 'i dæd a'i fam', *GTN* 794.

(*b*) (fel rh. dib. ôl yn ategu rh. bl., rh. m., neu ff. 2 brs. un. bf. neu ardd. rhed.: *as dependent affixed pron. supplementing prefixed pron., infixed pron., or 2nd pers. sing. form of vb. or conjugated prep.*).
9–10g. (*Ox* 1) *VVB* 192, Nerthi *ti,* gl. *hortabere.* **12g.** *GLlF* 142, Dewis gennyf-y di; beth y6 gennyt-*ty* ui? *id.* 227, Dywalla6-*dy*'r corn. **12–13g.** *GMB* 475, Cret ni y daw rac llaw yn llwrw anfa6d / Un dy*t* (a Douyt ynni a'e dywa6d). **13g.** *GDB* 179, Pa gam a gefeisty arnaf? **13g.** *C* 35. 2–3, Athuendicco *de* eglus. a chagell. **13g.** *HGK* 14, Pwy . . . y brenhined a gerdant trwy dy wyr *di* . . .? **14g.** *WM* 484. 21–2, ny cheffy *ti* [RM 124, *di*] ef byth. **15g.** *GO* 49, Am danad *ti* yn briod / Wylo 'r wyf, eiliw yr ôd. **16g.** *GGH* 125, Wrth ddysg a chyfraith wisgi, / Wrth ystent yr aethost *ti.* **1567** *TN* 233a–b, Eithyr a ddyn, pwy wy [*sic*] ti rhwn ymaddadleuy yn erbyn Duw. **1588** *Ecs* ii. 14, pwy a'th osododd *di* yn bennaeth-wr . . . arnom ni? **1653** *MLl* i. 183, Fy nhwyllo meddi *di.* **1672** R. PRICHARD: *Gw* 58, Er dy fod *ti* 'n haeddu 'th ddamnio, / Ath droi i vffern i'th boenydio. **1703** E. WYNNE: *BC* 30, na welais*ti* etto foes, ac na chlywaist yma air, ond o wersi Rhagrith. **1768** W. WILLIAMS: *HTS* 16, Mae eraill yn gwasgaru a gesglaist *ti* trwy b'on [*sic*]. Ar lafar, 'Wyt *ti*'n mynd i'r pictiyrs heno?' (Arfon); 'Wyt *ti*'n dod?', *GTN* 794; '*Ti* ddim yn gwerthfawrogi iechyd da nes '*ti*'n mynd yn sâl go iawn'.

Amr.: **chdi** [?cf. *th'di, amr.* ar *tydi*]. **1907.** Ar lafar yn y Gogledd, *WVBD* 327; 'Chdi sy'n chwara'r organ heno?' (Arfon). Cf. K. ROBERTS: *PD* 49, Dyma *chdi* yn poeni arnom . . . yr hislen ddefaid, y pendew stylcaidd iddo fo. Gw. hefyd T. A. WATKINS: *Ieithyddiaeth* (1961) 163.

ti[2] [bnth. S. *te*] *eg.* Crdd. Seithfed nodyn y raddfa sol-ffa: *te (in tonic sol-fa).*
1821.

ti[3] [bnth. S. *tee*] *eg.* Darn o dir gwastad ar ddechrau pob twll ar gwrs golff, sef y man lle trewir yr ergyd gyntaf bob tro; math o beg plastig, &c., a ddefnyddir i ddal pêl ar y cyfryw ddarn tir: *(golf) tee.*
1939.

tiara [bnth. S. *tiara*] *eg.* ll. *-s.* Math o goron fach (emog) a wisgir gan wragedd yn y gwallt uwchben y talcen; coron driphlyg y Pab; hefyd yn *ffig.: tiara, also fig.*
20g.

Tibetaidd [*e.'r wlad Tibet*+*-aidd*] *a.* Yn perthyn i Tibet, nodweddiadol o'r wlad honno neu o'i thrigolion: *Tibetan.*
20g.

Tibeteg [*e.'r wlad Tibet*+*-eg*[1]] *eb.* Iaith trigolion Tibet: *Tibetan (language).*
20g.

Tibetiad [*e.'r wlad Tibet*+*-iad*[3]] *eg.* ll. *-iaid.* Brodor o Tibet, un o dras neu genedligrwydd Tibetaidd: *a Tibetan.*
1816.

tibia [bnth. S. *tibia*] *eg.* Asgwrn y grimog: *tibia, shin-bone.*
1851.

tiblaf: tiblo, tiblau, gw. diblaf: diblo, dibl.

Tiboeth, gw. llyfr[1]—llyfr (y) Tiboeth, maen[1]—maen y Tiboeth.

tic[1] [bnth. S. *tick* (of clock, &c.)] *eg.* ll. *-iau*, *-s*.

(*a*) Sŵn cyflym ysgafn rheolaidd a gynhyrchir gan ddau beth caled yn taro yn erbyn ei gilydd, yn enw. sŵn felly sy'n nodweddu cloc neu oriawr, hefyd yn *ffig.*: *tick (of clock, watch, &c.), also fig.*

1839. Ar lafar, "Wi'n clŵad pob *tic*', "Odd dim *tic* idd 'i glŵad', *GTN* 789; 'Ma *tics* y cloc 'na 'di arafu lot fowr' (sir Gaerf.). Cf. W. Rees: *AFR* 4[53], yr oedd y dystawrwydd y fath ac yr oedd *ticiau* yr hen gloc i'w clywed.

(*b*) Marc neu symbol ysgrifenedig (bellach √) a ddefnyddir i ddynodi cywirdeb neu wrth siecio eitemau ar restr, &c.: *tick (denoting correctness, &c.).*

c. **1785–90 (1829)** *CBYP* 187, y *ticciau* cyfres o'r un vraich i'r llall a ddangosant y cyvnewidiadau. Ar lafar, 'Rho *dic* wrth 'i enw fo, gan 'fod o 'di talu' (Arfon); "Rôn i'n lico gweld *tics* mowr ar 'y ngwaith ysgol i' (sir Gaerf.).

(*c*) Gêm i blant lle bydd un plentyn yn rhedeg ar ôl y lleill nes cyffwrdd ag un ohonynt a hwnnw wedyn yn cymryd ei dro i redeg ar ôl y gweddill, y cyffyrddiad neu'r gri a waeddir pan gyffyrddir â phlentyn wrth chwarae'r gêm hon: *tick (children's game), touch, tag.*

1938. Ar lafar, "Ti'n cofio'r gêm 'na lle 'ot ti'n rhedag at rywun a rhoi *tic* ar 'i ysgwydd o?' (Arfon); 'chwareu *tic*' 'plentyn yn rhedeg ar ol y lleill, ac yn gwaeddi "*tic*" pan lwydda i gyffwrdd un ohonynt a'i law, ac yna cymer hwnnw ei le ef', *Cymru* liv. 132 (dwyrain sir Drefn.). Clywir hefyd y ff. *tig*, 'Fy hoff gêm i yn yr ysgol fach odd chware *tig*' (gogledd Cered.).

Cfn.: **mewn tic:** *in a jiffy*. **20g.** Ar lafar, 'Rho wbod pan fyddi di isie lifft a fydda' i 'na *mewn tic*' (sir Gaerf.).

tic[2] [bnth. S. *(bed)tick*] *eg.* ll. *-au*, yn aml yn yr ymad. *tic gwely* (*gwelâu*). Ticin; matras neu wely plu: *bedtick, ticking; feather mattress or bed.*

1547 *WS*, *Tick gw[e]ly* Tycke. *Dchr.* **17g.** *J* 10, 156b, *Tic.* Ticke. **17g.** *LlGC* 13215, 383, *Tic* Culcitra. **1736** S. Rhydderch: *Alm* [9], Hettiau, Rwgiau, *Tic Gwelau.* **1794** *W*, twygyn, vulgò *tic*, ticcyn d.g. *Tick . . . [the case which holds the feathers or flocks of a bed].* **1828** *Geir Pob* 27, *Tic gwely*, twygliain. Ar lafar yng nghanolbarth a godre Cered.

Gw. hefyd **ticin.**

tic[3] [bnth. S. *tick* 'credit'] *eg.* Credyd (ariannol): *tick, credit.*

1881 D. Owen: *D* 71, nid y rheswm lleiaf ag oedd yn rhoddi cyfrif am ei boblogrwydd oedd, fod *tic* i'w gael os dygwyddai i boced cwsmer cyson fod yn wag.

tic[4] [bnth. S. *tic*] *eg.* ll. *-iau*. Gwingo ysbeidiol grŵp o gyhyrau: *(muscular) tic.*

1849.

Cfn.: **tic dolerŵ (dolorŵ, talarŵ,** &c.) [bnth. S. *tic douloureux*]: *neuralgia.* **1849.** Clywir *dic talarŵ* yn Llŷn a Morg.

tîc [bnth. S. *teak*] *eg.* a hefyd fel *a.* Coeden fawr, *Tectona grandis*, sy'n tyfu yn yr India a de-ddwyrain Asia; pren caled tywyll y goeden hon; wedi ei wneud o'r pren hwnnw: *teak.*

20g.

ticaf: tican[1], **tico**[1], gw. **ticiaf: tician**[1].

tical, tican[2], gw. **tician**[2].

ticbryf [*tic*[1]+*pryf*[1]] *eg.* Chwilen fechan, *Xestobium rufovillosum*, sy'n cynhyrchu sŵn tician cyflym: *death-watch beetle.*

1850.

tic-doc, tic-toc, tic-tic [bnth. S. *tick-tock, tick-tick*] *eg.* Sŵn tician cloc, &c., hefyd yn *ffig.* calon: *tick-tock, tick-tick, also fig. heart.*

1931. Ar lafar, "Rydw i wrth 'y modd yn eistedd yn y gegin a gwrando ar sŵn *tic-toc* y cloc mawr' (sir Ddinb.).

Gw. hefyd **dic-doc, tic tac.**

ticed, ticet [bnth. S. *ticket*] *eg.* ll. *-au*, *ticedi, ticets.* Tocyn (teithio, mynediad, parcio, &c.); ?addaweb: *ticket; ?promissory note.*

1722 *Llst* 189, *Ticcet.* m.p. *cetau.* A ticket. **1725–6** *Madd Ed* 350, arferol oedd i'r cyfryw ag a orchfygent yn y Campau Olympiaidd, gael arwydd neu *Dicced* wedi ei roddi iddynt, yn amlygu eu Henwau. **1758** *ML* ii. 74, Dyma i chwi *dicket* y Gambold wedi seinio, cymerwch allan o'r arian yr hyn a weloch yn weddus. **1783** P. Williams: *EfA* 61, Ni ddyd y cebydd geiniog i gadw heb *dicced*, neu ganiattad dan law Duw, i'w dwyn allan o'i drysor-dŷ. Ar lafar, '*ticad . . . ticedi*', 'codi *ticad*' 'to buy a ticket', *WVBD* 531 (*eg.*); "Wi wedi prynu dou *dicat* inni i'r consart', *GTN* 790; "S dim *ticets* ar ôl i weld y ffilm'.

Cfn.: **ticet pai:** *pay slip.* Ar lafar, *Geir Glo* 145 (dwyrain Morg.). **ticed raffl:** *raffle ticket.* **20g.**

ticiadau [bôn y f. *ticiaf, ticaf*: *tic(i)an*[1]+*-iad*[1]+*-au*] *e.ll.* Ticiau cloc, &c., tipiadau, hefyd yn *ffig.*: *ticks (of clock, &c.), also fig.*

1913.

ticiaf, ticaf: tic(i)an[1], **ticio, tico**[1] [bf. o'r e. *tic*[1]] *bg.a.* Cynhyrchu ticiau neu diciadau (am gloc, &c.), tipian, hefyd yn *ffig.*; marcio neu nodi â thic: *to tick (of clock, &c.), also fig.; (mark with a) tick.*

1850. Ar lafar, 'Ma'r hen gloc taid 'ma'n *ticio*'n go gry" (Arfon); "Smo'r athrawes 'di *tico* 'ngwaith i gyd' (sir Gaerf.); 'Ma'r cloc 'na wedi sefyll. 'Dwi ddim yn 'i glŵad a'n *tican*', *GTN* 790. Cf. D. Owen: *D* 201, Mor gryf y mae y cloc yn *tician*; hefyd ynglŷn â'r gêm 'tic', T. V. Jones: *Chwaraeon* 221, defnyddid y gair tic yn gyffredinol yng ngogledd Cymru fel enw ar y chwarae a'r trawiad ei hun. *Ticio* fyddai'r weithred.

tician[2], **tican**[2], **tic(i)al, ticel, tico**[2], **tincian**[2], **tincial**[2], &c., *bg.a.* a'r be. hefyd fel *eg.* Ailodro, stripio, hefyd yn *ffig.*; y diferion olaf o laeth a geir drwy ailodro: *to strip (a cow), also fig.; strippings, afterings.*

1803 *P*, *Ticial . . .* to drain the last drops, in milking. Ar lafar yn y Gogledd a gogledd Cered. (am yr amrywiol ff. a'u dosbarthiad daearyddol, gw. *LGW* [400]–1). Clywir hefyd y ff. *dic(i)al* (Llŷn), *ticial, titial, titian* (sir Ddinb.).

ticin, ticyn[2] [bnth. S. *ticking*, a *tic*[2]+*-yn*[1]] *eg.* ll. *ticynnau.* (Brethyn ar gyfer) rhan allanol matras neu glustog: *ticking, bedtick.*

1794 *W*, *ticcyn* d.g. *Tick, ticken, or ticking [the case which holds the feathers or flocks of a bed].* Ar lafar, D. J. Evans: *HCS* 129; *GDD* 297; '*ticin* gwely' (de-ddwyrain Morg.); hefyd yn y ff. *teicyn*, "Wy wedi prynu cas i gatw'r *teicyn* yn lân' (dwyrain Morg.).

ticlaf: ticlo [bnth. S. *(to) tickle*] *bg.a.* Goglais, cosi, hefyd yn *ffig.*; saethu (marblen), niclo: *to tickle, also fig., knuckle (a marble).*

c. **1920.** Ar lafar, 'Ma 'nghrôn i'n *ticlo* i gyd', 'Ma'r sane 'ma'n *ticlo*'n drad i' (sir Gaerf.).

Cfn.: **ticlo ffansi:** *to tickle the fancy.* *c.* **1920.** Ar lafar, 'Dewis di ta beth sy'n *ticlo* dy *ffansi*' (sir Gaerf.).

ticlis, ticlus [bnth. S. *ticklish* a bôn y f. *ticlaf*: *ticlo*+*-us*] *a.* Lletchwith (yn enw. am sefyllfa neu dasg): *ticklish (esp. of a situation or task).*

18g. L. Hopkin: *FG* 74, Cyson, clywch yw'r câs clo, / Ond mae'n *diclus* i'w ddaclo. Cf. D. J. Williams: *STC* 67, nid oedd fy eisiau i altro dillad . . . er . . . pryd bynnag y byddai rhywbeth mwy *ticlis* na'i gilydd i'w wneud, ataf i y bydden' nhw'n hala bob amser.

tico[1,2], gw. **ticiaf: tician**[1], **tician**[2].

tictac [bnth. S. *tick-tack*] *eg.* Tic-doc; system o ystumiaith a ddefnyddir gan fwcis ar gaeau rasio i gyfnewid gwybodaeth: *tick-tack.*

20g.

Gw. hefyd **tic-doc.**

tictacs, gw. **tactics.**

tic-tic, tic-toc, gw. **tic-doc.**

ticyn[1] [elf. anh. (?cf. *tic*[1])+*-yn*[1]] *eg.* ll. *-nau.* Ychydig, tipyn (bach), tamaid, gronyn, mymryn; cryn dipyn; ychydig (amser), cryn ysbaid: *a little, particle, scrap, least bit; quite a lot; (short) while, quite a while.*

1632 *D*, y *ticcyn* lleiaf d.g. *Atomus.* **1661** E. Lewis: *Drex* 225, os bydd . . . brych mewn wyneb, *ticcyn* o amliw mewn cap, yn ddioed arferwn ryw fodd i'w gael oddi yno. **1707** *AB* 220c, *Tikkin*, A little. Dimet. **1721** B. Meredith: *PJ* 127, y *ticcin* lleia o flinder a bair iti ollwng ymmaith. **1722** *Llst* 189, Y *Ticcyn* lleiaf. The least jot, atome. **1770** *W* d.g. *An atom, or atomy, Jot.* **1803** *P*, *Ticyn*, s. m. dim.—pl. t. *au*, A particle, a small bit, a little scrap. Ar lafar, '*Ticyn* o amser', *Cymru* xlvi. 23 (gogledd Cered.); 'Fi finnas *dicyn* o gig idon ginto i ddy' Sul', 'Ma *ticyn* bach o disian ar ôl gin i', "Wi'n dod i ben â'r gwaith o *dicyn* i beth', 'Talu bob a *dicyn* mân' nw am y celfi', *GTN* 790; 'Gallan nw wcud sopyn mewn *ticyn* bêch o amser', "Gwi ddim wedi bod 'no '*sdicyn*', *BIBC* 51. Clywir hefyd *ticinnach*, "Odd 'na lawar yn yr angladd?' 'Odd wir, 'rodd 'na *dicinnach*' (Cwm Rhondda).

ticyn[2], gw. **ticin.**

tid, *eb.* ll. *-(i)au*, (prin) *-ion.* Cadwyn, tsiaen, rhaff, harnais, tres, hefyd yn *dros.* ac yn *ffig.*: *chain, rope, harness, trace, also transf. and fig.*

14g. *GIG* 14, Tor di gŵys mewn troedog aur, / Tad arwyddion, *tid* ruddaur, / Teÿrnedd Gwynedd i gyd [i Ieuan ab Einion]. *c.* **1400** *RB* ii. 168, ymodi aorugant paöb . . . y geissaö diot y mein. Rei a dodei raffei. ereill a*thidyeu* ereill ac yscolyon. **15g.** *OBWV* 154, Dwy *did* lle y dodid awdl, / Dau dasel hyd ei dwysawdl [Dafydd Nanmor i wallt Llio]. **15g.** *GGl*[2] 250, Dau eidion (Duw i'w adael!) / A dyr *tid*, Siôn Edwart Hael. **15g.** *GOLIM* 32, Tyn y wlad tan iau lydan, / tra fych ni bydd tyrfa wan: / *tidau* dolau dy dylwyth / tair llong o'r tir yw eu llwyth. **15–16g.** *TA* 157, Torr y *did*, tarw du ydwyd, / Treulio pren Trolop yr wyd. **1584 (18g.)** *CC* 293, Yn ôl Cors y Gedol gûn / Ardudwy oedd aur *didion* [marwnad Rhisiart Fychan gan Huw Pennant]. **1588** *Job* xxxix. 10, A rwymi di vnicorn ai *did* mewn rhŷch? **1604–7** *TW* (*Pen* 228) d.g. *Cohum, Subiugium.* **1632** *D*, *Tid*, Catena. **17g.** Huw Morus: *EC* i. 326, Nid allai ond llaw gadarn, fy nhynu â *thid* haearn, / Ffwrdd allan o'r dafarn wawd ofer. **1756** W. Williams: *GDC* 33, Ond yw'th Fendithion, Arglwydd, yn gymmwys megis *Tid*? / Wrth Râs Grâs wedi rwymo ymlaen i Ddiwedd Byd. **1759** *ML* ii. 112, Gobeithio na edy'r Goruchaf i'r Ffrancod roddi eu traed ar dir Prydain oddigerth y bont mewn *tidau.* **1770** *W* d.g. *Bond, or band, Chain.* **1803** *P*. Ar lafar, '*tid*' 'cadwyn ferr', *Cymru* xlvii. 237 (sir Ddinb.); '*Tid . . . tidie*' 'traces (usually of chain)', *TGG* (1907–8) 89 (de-orllewin sir Gaerf.); '*Tidie* . . . The iron collar of the forehorse of a team; now used generally of any iron horse-collar', *GDD* 297.

Cfn.: **tid fôn:** *chain connecting the hindmost ox, &c., to the yoke, usu. fig.* **15g.** Bedo Aerddrem, &c.: *Gw* 103, Tydi o vaint yw *tid vôn* [i Watgyn Fychan o Hergest]. **15–16g.** Hywel Rheinallt: *Gw* 54, Ardded hyd fôr Iwerddon, / Ardudwy fawr yw'r *did fôn.* **18g. (1818)** R. Jones: *GP* 46, Bu 'n cwyso bannau cysson, / Diwyd fardd wrth y *did fôn.*

-tid, gw. **-did** (At.).

tidaf, tidiaf: tid(i)o [bf. o'r e. *tid*] *bg.a.* Cadwyno, rhwymo, clymu, llyffetheirio, maglu, hefyd yn *ffig.*: *to chain, bind, tie, fetter, snare, also fig.*

13g. *LlI* 101, O deruyd e den *tydau* cassec en emyl yt, a'r ebaul en llygru er yt ac na chaffer y dale. **15g.** *CMOC*[2] 92, Torri dryll, gwaith y tir draw, / o'r crys er eu careisiaw, / a'i *didio* wedi dodi / mewn gwlân am fy mwnwgl i (Ieuan Gethin). **15–16g.** *AAST* (1935) 92–3, Gweddus oedd *dido* gwiddon, / Beth a dâl hual ar hon [Dafydd Trefor i ofyn caseg]. **16g.** (*LlEG*) *Mos* 158, 450b, annafwyd serttein o w/yr gan I meirch i hun kyn gallu o honnaunt twy illwng nai tr/aed nei dwylo oddiwrth y hraffe ner kybystre aoedd ynn hrwym w/rth i traed ne i dwylo wynnt yn *tido* I meirch. **1547** *WS*, *Tido* Tye. **1604–7** *TW* (*Pen* 228), *tido* d.g. *Alligor, Capistro, Illaqueo, Ligo, Obstringo.* **1716–18** *Llsgr R. Morris* 48, a braidd na fynna i thâd i *thido* / wrth bost y gwelu yn ffast ai gwilio. **1722** *Llst* 189, *Tido.* To bind, tye: ensnare. **1768** J. Roberts: *R* 146, Gwr mwyn a roes genad yn wastad ar ffair, / Iw Gar *dido* Ceffyl, yn syfyl mewn Gwair; / Pa hyd rhoir y Cortyn, dywedwch y gwir, / Na chyredd y Ceffyl, ond Acr o Dir. **1770** *W*, *tido* d.g. *To bind, To chain, To enchain.* **1786** Twm o'r Nant: *PCG* 31, Rhaid i ni o'n gwydd trwy guddio'n dyfais, / O's mynwn fantais yma i fyw, / Wrth ddweud yn dêg a *thido*'n dost, / O ddelio'n rhydost mae'r Mawrhydi, / I gadarn godi a lloni ein lliw. **1791** Gw. Mechain: *Rh* 22, Pum cant o'r caethion hyn fyddai 'n aml yn yr un carchar . . . wedi eu *tido* wrth y llawr. **1803** *P* d.g. *Tidaw.* Ar lafar, 'bara wedi *tido*' 'llinynnau neu didau gwynion yn y bara', *ISF* 73; 'bara wedi *tido*' 'bread which is badly baked and become stringy', *WVBD* 531.

tidaur, gw. **tid+aur.**

tidfa [*tid*+*-fa*, *ma*] *eb.* Cadwyn, rhwymyn, hefyd yn *ffig.*: *chain, a fastening, also fig.*

15–16g. *GLM* 348, Nid dig ym ond dy gymar, / nid aud o'i fraich *didfa*'r iar [*sic*]. **16–17g.** *RWM* i. 721, troedoc, clymy y troed ol yn dynn wrth *didfa.* **1604–7** *TW* (*Pen* 228) d.g. *Ligatura.*

tidiad [bôn y f. *tidaf, tidiaf*: *tid(i)o*+*-iad*[1]] *eg.* Rhwymiad: *a binding.*

1632 *D* d.g. *Ligatura.* 1722 *Llst* 189, *Tidiad.* m. A binding. Also as Tid.

tidiaf: tidio, gw. tidaf: tido.

tidliwinc, tidli-winc [bnth. S. *tiddlywink*] *eg.* ll. *-s.* Disg plastig y gwesgir ei rimyn â rhimyn disg mwy i beri iddo sboncio i mewn i ddysgl, &c., (yn y ll.) y gêm a chwaraeir fel hyn: *tiddlywink, (pl.) tiddlywinks (the game).*
20g.

tidog [*tid*+*-og*] *a.* Tebyg i gadwyn, yn ffurfio cadwyn, cadwynog; ac iddo gadwyn(i): *like a chain, forming a chain, linked; having a chain or chains.*
1752 *Gron* 38, A'r tewdws, dwrr ser *tidawg,* / A thid nas rhifid y rhawg. 18–19g. IEUAN LLEYN: *C* 15, Rhagorol yw rhoi geiriau, / A *thidog* wir blethiadau. 1803 *P* d.g. *Tidawg.*

tidol [*tid*+*-ol*; ansicr yw'r engh. gyntaf, gw. *IGE*[2] 366] *a.* ?Yn gwisgo cadwyn; (geir.) yn perthyn i gadwyn, tebyg i gadwyn: *?wearing a chain; (dict.) pertaining to a chain, like a chain.*
14–15g. *IGE*[2] 174, Ystad marchawg, oes *didawl,* / Yw rhoi medd i'r rhai a'i mawl (Rhys Goch Eryri). 1803 *P* d.g. *Tidawl.*

tidraff, gw. tid+rhaff.

tifedd, gw. etifedd.

tìg, gw. tic[1].

tiglist, diglist, tiglys, &c. [?bnth. S. C. *tigeles* 'tiles'; â'r ff. yn *-t,* ?cf. *ffalst, pendist, trwst*] *e.ll.* (un. b. *tiglysen*) a hefyd fel *eg.* Teils, brics; (?geir.) math o glai, bitwmen: *tiles, bricks; (?dict.) kind of clay, bitumen.*
13g. *LlI* 81, Try than ny dywygyr: tan godeyth Maurth, a than geueyl trefgord a uo seyth uryt erygthy a'r tey a hytheu en peythento neu en *tyglys* neu en tywarch (*LlC* 25, guedy e thoi o uanadyl neu o deweirch neu o beydhyndo), a than enneynt trefgord a uo seyth vrhyt erygthau a'r tey. 1346 *LlA* 44, Pale ybu babel. yny lle ymae babilon vaƀr yraƀr honn. Aadeilaƀd semiramis vrenhines o *diglist.* Aphridgist (*de latere et bitumene*) mal ygƀrthƀynebei *ytiglist* yr tan. Ar pridgist yr dƀfuyr. 1604–7 *TW* (*Pen* 228), parwytydh y bo ynthunt dhwy grawen or *ticlis,* ne'r peithynæ pridh berwedic d.g. *diplinthij parietes. id. ticlysen,* pridhyn berwedic wedy galetu'n garrec d.g. *Later.* 1632 *D, Diglist,* Bitumen, later. *Diglist* a phriddgist. 1688 *TJ, Diglist,* mâth ar glai. A kind of clay used for morter. 1722 *Llst* 189, *Diglist.* m. A kind of clay or morter, brick-stuff. 1770 *W, diglist* d.g. *Bitumen, Brick-stuff, or brick-clay.* 1803 *P, Dyglist,* s. m. . . . A kind of clay . . . bitumen.

tigr, gw. teigr.

til[1], tul (*i, ü*) [bnth. S. *till* 'cash-box'; ansicr yw'r engh. gyntaf isod; 1848 yw dyddiad yr engh. nesaf] *eg.* ll. *tiliau, tils.* Drôr neu flwch i gadw arian (mewn siop, &c.), cist arian: *till, cash-box.*
1762 H. JONES: *HCF* 19, Beth felly, Gybydd gwar-ddu, / Ai ni chodwch ddim o'ch gwelu? / Dowch ymma i edrych ar y Bul, / A cheisiwch *dul* ei dalu. Ar lafar, 'Cer lan i'r *til* i dalu', ''Sdim lot o *dils* yn y siop 'ma' (sir Gaerf.); hefyd yn y ff. *tul* yn yr ystyr 'bocs tyn hirgrwn i gadw canhwyllau brwyn', *B* iii. 209 (Penllyn).

til[2] (*i*) [bnth. S. *till* 'clay'] *eg.* Clai caled anystwyth, clog-glai: *till, boulder-clay.*
20g.

til[3] (*i*), *a.* Difeddwl, anghofus; hapus: *thoughtless, forgetful; happy.*
1849. Ar lafar, 'Daeth adref yn ddigon *til* hebddo', D. J. EVANS: *HCS* 129; ''Odd e'n mynd yn *dil* heb 'i hat', ''Rodd e'n mynd yn *dil* heb feddwl am dalu' (canolbarth Cered.); '*Til* . . . cerdded yn *dil*' 'cerdded yn fain . . . heb aros', *Cymru* xxxv. [233] (godre Cered.).

tila, *a.* Gwanllyd, eiddil, egwan, llesg, llegach, musgrell, pitw, gwael, dibwys, distadl: *weak, frail, feeble, puny, poor, paltry, insignificant, unimportant.*
1724 O. GRUFFYDD: *Gw* 110, Mae breg yn y breichia, mae 'r dwylo mor *dila,* / Mae 'r cefn a'r cymala a'r clinia heb ddim clod. Ar lafar, 'Mae'n edrach yn ddigon *tila*', 'Araith go *dila* sy gynno fo', 'Mae'r trowsus yn edrach yn *dila*', *WVBD* 532; '*tila*' (*i*), 'Ma'i wedi bod yn *dila* 's wthnosa ar ôl y ffliw gæs 'i', ''Dyw a ddim crefftwr dæ—ma'i waith a'n ddicon *tila*', *GTN* 795. Cf. W. REES: *HBHD* 7, Os bydd rhywun salach na'i gilydd mewn ardal, 'yr hen deiliwr *tila,*' meddant am dano; D. OWEN: *EH* 118, 'rydach chi'n edrach mor *dila,* ddyn, a bydaech chi'n byw ar bot pâst.

tiler[1], gw. teiler.

tiler[2] [bnth. S. *tiller* (of boat)] *e?g.* Braich llywio cwch, &c., braich llyw: *tiller (of boat).*
20g.

tilerau, tils, gw. teler, teils.

tilsen, tilsyn, gw. telsen.

tilt[1] [bnth. S. *tilt* 'tent'] *eg.* ll. *-(i)au, -s.* Pabell: *tent.*
1899. Ar lafar, '*Tilt* y padis' 'the gipsies' tent', *Cymru* xxxiv [265] (godre Cered.): '*Tilt*' 'Strictly limited to the beer tent which, once upon a time, was a regular feature of country fairs', *GDD* 298; '*Tilt*' 'a gipsy tent', *TGG* (1907–8) 90 (de-orllewin sir Gaerf.); ''Ôn' nw wedi cwnnu *tilt* ar y Graig', *GTN* 791.

tilt[2], gw. tylt.

tiltaf[1]: tilto [bf. o'r e. *tilt*[1]] *bg.* Gwersyllu: *to camp.*
Ar lafar, ''Odd a'n arfadd mynd gyda'r milisia i *dilto* ym Borth-cawl', *GTN* 791.

tiltaf[2]: tilto [?bnth. S. taf. (*to*) *tilt* 'to totter'; cf. hefyd S. taf. *tiltish* 'apt to kick (of horse)'] *bg.* Nogio (am geffyl, &c.), jibio, hefyd yn *ffig.*: *to jib (of horse, &c.), balk, also fig.*
Ar lafar, 'Fe *diltws* yr 'en geffyl ar y tila', ''Alli di ddim gorwitho mwlsyn. Fe *diltiff* e, a wara teg iddo', 'O! Fi *diltu*' i yn y diwadd . . . os gwela' i fod a'n doti gormod o waith arno' i', *GTN* 791.

tiltran, *bg.* Stwna, piltro, ffidlan: *to potter about, fiddle.*
20g.

tîm[1] [bnth. S. *team*] *eg.* ll. *tim(i)au, timoedd.* Set o chwaraewyr sy'n ffurfio un ochr mewn gêm neu gystadleuaeth, dau neu ragor o bobl sy'n cydweithio, pâr neu wedd (o anifeiliaid gwaith): *team.*
1931. Ar lafar yn gyff., '*Tîm* rygbi Llanelli yw'r gore yng Nghymru' (ardal Llanelli). Clywir *tîm* a *têm* ym Morg. yn yr ystyr 'Team of horses', *LGW* 101.

tîm[2], gw. teim.

timpan[1], tinpan[1] [?*tin*+elf. anh.] *eg.b.* ll. *-(n)au.* Tin, pen ôl; pad neu ffrâm a wisgir dan sgert i'w thaflu allan; clustog, stôl droed, (?geir.) hasog; hefyd yn *dros.* ac yn *ffig.*: *bottom, posterior; bustle; cushion, footstool, (?dict.) hassock; also transf. and fig.*
c. 1588 *B* ii. 239, *tinpan*: klustog. 16–17g. *NBSF* 817, Tebig ar godiad deuben / y teifl huw mewn tafol hen / I gyfrwy yn foel gweifr un fath / yntau /n/ *dinpan* tindwmpath [Siôn Phylip i ddiolch am farch]. 1615 R. SMYTH: *GB* 53–4, [y]r etifedd pen fytho yngrhoth i fam . . . nid ivv yn ymgarthu i hun drvvy i *dimpan,* am nad ivv yn cymeryd dim lliniaeth ivv safn. c. 1730 *Thos. Lloyd D* (LlGC) 153b, Iwcc. A yoke. f'a hwch a Iwcc 'n y *thinpan,* pan fo'hi hunan gartref. C. 200. 1768 J. ROBERTS: *R* 61, Gwladwr fenthyccodd, gan ei Gymmydog, *Dimpan* o Wair 10 Troedfedd, o hyd, lled, ac uchder. Ar lafar, '*timpan*', 'posterior', 'a cushion, placed on the "plocyn tîn", or on the four-legged stool (which is now substituted for it) in slate-quarries', 'cushion . . . or footstool (without legs)', 'in slate-quarries, a projecting base of the "clogwyn" formed by the cutting away of the upper part = "step"', 'any projecting part of the "clogwyn"', 'a patch of ground; apparently a bit of fertile amid stony ground, or dry amid wet ground', *B* i. 102 (Arfon); '*timpan* o rolia' 'tipin o wlan mae nw 'n i gymyd o'r gyfnas i nyddu', *ib.* Clywir *timpan* hefyd fel e. difr. am ferch, *LlLlM* 114, *B* i. 102 (Arfon). Cf. K. ROBERTS: *TMC* 8, Yr oedd ei gwasg gyda'r meinaf o ferched y gynulleidfa . . . Ei *thimpan* hi oedd y fwyaf ar y cae, sidan ei ffrog hi oedd y trymaf.
Amr.: **tinpen** [ff. eir., ?drwy ei gysylltu â *pen*[1]] (ll. *-(n)i*). 1803 *P, Tinpen,* s. f.—pl. t. *i* . . . A hassock or straw stool. *Tinpen* vagu, a nursing-stool.

timpan[2], gw. tympan.

timpani [bnth. S. *timpani*] *e.ll.* *Crdd.* Tympanau: *timpani.*
20g.
Gw. hefyd **tympan.**

timpwl, timyn, gw. tinpwl, dim (hefyd At.).

tin [Crn. C. *tyn,* Crn. Diw. *teen,* Gwydd. C. *tón,* Gwydd. Diw. *tóin*: ?< Clt. **tūknā,* o'r IE. **teuk-,* est. ar y gwr. **teu̯(ə)-* 'chwyddo'; cf. Llad. Gâl *tucca, tuccētum* 'math o selsigen', H. S. *pēoh* (> S. *thigh*)] *eb.g.* ll. *-au.*

(*a*) Pen-ôl, part ôl, ffolennau, cynffon; anws, rhefr; hefyd yn *ffig.*: *arse, buttocks, bottom, rump, behind, backside, bum, tail; anus; also fig.*
13g. *B* iv. 6, Coss *tin* taeauc ynteu a gach yth vossy [*sic*]. *id.* 10, Gwell bot yn ben ar yr yerchot noc yn *din* ar yr hydot. *Dchr.* 14g. *AL* ii. 206, hi adyly ƀynebwerth sef ƀynebwerth adyly, keinaƀc kyflet ae *thin.* 14g. *GDG*[3] 65, Llym ei ruthr, llamwr eithin, / Llewpart â dart yn ei *din* [i'r llwynog]. *id.* 287, Palmer budr, pŵl marw bidyn, / Paeled oer heb bil y *din* [i'r galon]. c. 1400 *MM* 38, Kymryt keilaƀc byƀ, a dodi y *din* ƀrth y brath, ae gynnal uelly. 15g. *GGl*[2] 93, Nac yn ŵr heb gnoi'i eirin, / Na chal dew uwchlaw ei *din.* 1547 *WS, Tin* An ars. 1632 *D, Tin,* Podex, anus. 1688 *TJ, Tîn*: Brich or Fundament. 1716 T. EVANS: *DPO* 36, Canys y fath arswyd ai perchennogodd hwy i weled y destryw hwnnw a'r [*sic*] eu cydwladwyr, onid oedd Calon pob un yn ei *dîn.* 1803 *P, Tîn,* s. f.—pl. t. *au* . . . A tail, a bottom, a breech; the arse. Ar lafar yn gyff., 'syrthio . . . a'i *din* am 'i ben', 'Py syrthiwn ar 'y *nhin* 'fedrwn i mo'i gneud hi', *WVBD* 532 (*eb.*); 'Fe ryws gic iddo yn 'i *din*', 'Dyna'r gora alli di nuthur, ynta fa, yw ishta ar dy *din* trw'r dydd', 'Man' nw'n ishta ar 'u *tina* a gatal i rywun arall nuthur y gwaith', *GTN* 796 (*eg.*); hefyd mewn ymadr. *ffig.* megis 'Mae a ar 'i *din*' am rywun wedi colli ei arian (dwyrain Morg.). Cf. *GTN* 796, Ystyrir '*tin*' yn air cras nas disgwylir gan fenywod, ond rhai comon iawn ac a hepgorir gan ddynion mewn cwmni parchus. Y gair parchus yw 'pen-ôl'.

(*b*) Gwaelod, rhan isaf, rhan ôl, diwedd: *bottom, lower part, rear, end.*
16g. (*c.* 1621) *CRC* 162, Yno i gwelech i slettenne / yn kodi i moel *dine* / ag yn neidio rhyche / fal geifr yn rhechain. 1632 *D, Tin* . . . pars rei infima. 18g. *W Ballads* 167, 5, A than fanwl chwilio yn *nhîn* pob bryn. 1755 G. OWEN: *L* 148, yr wyf yn cofio dynyn yn y Mwythig a arferai ddywedyd rhywbeth yn Saesoneg . . . ond gan roi ch yn *nhîn* pob gair, fe fynnai ei fod yn ddifai Cymraeg, a hynny am fod y Llythyren ch yn tra mynychu yn yr Iaith Gymraeg. Ar lafar yn gyff., '*tin* y drol' 'the back of the cart', '*tin* y mynydd', ''u taflu nw a'u *tina* i'r gwynt' 'to place (the corn) with their stalks to the wind', '*tin* 'i gôt' 'the bottom of his coat', '*tin* dorth' 'fag end of a loaf', 'peth heb ben ac heb *din*', *WVBD* 532; hefyd ymhlith pysgotwyr y glannau yn yr ystyr 'canol rhwyd samwn', *B* xxv. 56 (Aberdyfi); 'gwaelod cawell', *ib.* (Aberdaron); 'rhan ôl y cwch', *id.* 58 (Aberdaron).
Amr.: **tinten** [*tin*+*-en*; cf. *tintws*]. Ar lafar yng ngogledd Cered. **tintws** [*tin*+*-ws*[1], ?ar ddelw *deintws*; cf. *tinten*]. 20g. Ar lafar yn y Gogledd.
Cfn.: **tin âb (âp)**: (i) *an error in a 'cywydd' couplet, where both end rhymes are monosyllabic and accented (in Welsh pros.).* 14g. *GP* 54, Bei heuyt ar ynglynn vnawdyl yw y vot yn *din ab,* sef yw hynny, bot pob vn o'r deu bennill vyrryon hynny yn vnsillafawc, sef yw hynny, bot vn sillaf ym pob vn onadunt . . . Ac wrth hynny y dyly awdyl y neill bennill byrr vot yn vnsillafawc, ac awdyl y llall yn llyaws sillafawc. *a.* 1587 *Y* 57, Trwm ag ysgafn, bai safnol, / *Tîn âp,* gorav tewi'n ol! *id.* 98, A thynny cam Frythoniaith, / A *thin âp* ne rythv yn iaith. 1803 *P,* Tin . . . *Tin ab,* the ape's breech, a fault in prosody, being the full rhyme, as used in English versification. (ii) *ape's bottom, also fig. Dchr.* 15g. *GSCyf* 110, *Tin âb* gul tenau heb gig, / Twyn o forfrwyn oferfrig [Llywelyn ab y Moel i'r farf]. 16g. *Pen* 76, 76, wyneb bydr hen abades / ne *din ab* be devav nes [am dylluan]. **tin clawdd:** *base of a hedge.* Ar lafar, 'toman o ruglon wedi'u hel i *din clawdd*', 'cerddad ar hyd *tin* y *clawdd*', *WVBD* 532. **tin y glêr, tin-glêr:** *lowest class of poets.* 15g. *GTP* 52, Ymsgrwtian, ymysg rhowter, / Tan ei glog fal *tin y glêr* [dychan i dre'r Fflint ac i'r pibydd]. 18g. *LlGC* 833, 85, Canwn glod, J *din y glêr,* am fwrw ei fêr / o nifer nôd, yn barod ar fin y bêdd. Clywir weithiau ymadr. fel 'Wedi myn'd i *din-y-gler* [*sic*]' 'i blith gwehilion cymdeithas', J. JONES: *Gwerin-eiriau*[2] 198. Gw. hefyd *tingler.* **tin y cwd:** *the bottom of the sack, the end of one's resources.* 1787 (1812) TWM O'R NANT: *PG* 36, Ac os priodai siopwraig, / Fe allai gwnai ddrwg ychwaneg; / Taflu'r cyfan at *din y cŵd,* / I dalu hen rŵd ar redeg. Cf. M. WILIAM: *DY* 92–3, Nid yw'n anodd cynilo pan fydd blawd yn llond y sach ond pur anaml y bydd dyn yn meddwl am wneud y pryd hynny. Os bydd rhywun Gardi yn esgeuluso'r rhybudd uchod a phethau'n mynd yn nos arno 'Mae wedi mynd i *din y cwd* arno fe'. Gw. hefyd *tincwd.* **tin y nyth:** *youngest or weakest of hatch, brood, litter, or*

family, runt. **16–17g.** *GST* i. 162, Lwc yw bod, fal laci bach, / Un gwaelfab yn y gilfach, / A'i chwiorydd gwych eraill, / Aeth *tin y nyth* tan y naill. **1803** *P*, Tin . . . *Tin y nyth* . . . the tail of the nest, or the least of the brood. Ar lafar ym Môn ac yn y Gogledd-ddwyrain. **tin y sach = tin y cwd. 18–19g.** JAC GLAN-Y-GORS: *Gw* 71, Os ewch i *din y sach* / Cyn mynd i grafanc angeu, / Ni bydd ond colled bach, / A chwithau heb ddim yn dechreu. **tin dros ben:** *head over heels, arse over tip, upside down, also fig.* **14g.** *SC* viii/ix. 190, ac y dygwydassant y dieuyl *tin dros penn* yn y pydeu. **1547** *WS*, *Tin drosben* Upsyde downe. **1567** G. ROBERT: *GC* 72, I wneuthwr pen ar y phugrau, doedwch beth yw trawsymansawdd ne draws-ymsymud? . . . Phordd i droi, *din drospen*, y naill lythyren yn lle'r llall, a'r llall yn i lle hithau, mal llass-wyr, tros sallwyr, or gair psalterium. **1803** *P*, *Tindros-ben*, adv. . . . Arse over head. Ar lafar, 'Fe gwmpws *din dros ben*', *GTN* 796. Gw. hefyd *tinben—tinben drosben*. **a'i din ar ei arrau:** *having trouble making ends meet.* Ar lafar gynt, *Mont Coll* x. 361. **a'i din ar y did:** *workaholic (adj.).* Ar lafar gynt, *Mont Coll* x. 361. **na thin na phen, tin na phen:** *(neither) head nor tail, beginning nor end, (no) proper sense (in a neg. construction).* **1757** *ML* (Add) 912. **1758** *id.* 943. Ar lafar yng ngogledd Cered.

Gw. hefyd **tinion.**

tìn, gw. **tun¹.**

tinad [*tin+-ad²*, trf. han.] *eb.* Curfa, cot, cweir: *a beating, thrashing, hiding.*

Ar lafar, 'Fe gas e *dinad* yn iawn 'da'r tad am 'na' (dwyrain Morg.).

tinaf, tiniaf²: tin(i)o [bf. o'r e. *tin*] *bg.* Cachgïo, tynnu addewid, cytundeb, &c., yn ôl, mynd yn ôl (ar addewid, cytundeb, &c.), troi cefn (ar): *to turn coward, go back (on a promise, agreement, &c.), turn one's back (on).*

1814. Ar lafar, '*Tino*' 'to turn coward', *TGG* (1907–8) 90 (de-orllewin sir Gaerf.); '*tino*' 'to back out of an argument' (dwyrain Morg.), 'Mae a wedi *tino* ar y i [*sic*] fargan' 'He has gone back on his bargain', '*Tino* ar y gwaith' 'Turn his back on the work', *LlGC* 1173, 129.

tinagored [*tin+agored¹*] *a.* a hefyd fel *e?g.* Ac iddo gefn neu waelod agored: *having an open back or end.*

1768 TWM O'R NANT: *CTh* 20, Clocs *tin agored* a hen facssie. **18–19g.** JAC GLAN-Y-GORS: *Gw* 58, Yn llusgo hen glocs *tin-agored*. **1803** *P*, *Tinagored* . . . Open-tailed. Cf. *D*, Afal tin egored d.g. *Mespilum*.

Fel *e. Bot.* Morwydden, *Morus*; merys-bren, *Mespilus germanica*: *mulberry*; *medlar.*

Dchr. **17g.** *J* 10, 156b, *Tinagored*. mulberie. Morum. **1813** *WB* 239, *Tinagored*; Mespilus germanica; Common Medlar. Cf. *WA* 362, 'Tindoll', 'holey-arsed', and '*tinagored*' 'open-arsed' seem the ordinary words for 'a medlar'.

tinbais [*tin+pais¹*] *eb.* ll. *tinbeisiau.* Pais, gwisg merch neu diwnig dyn, swrcot, trywser; gwlân a adewir heb ei gneifio ar ran ôl dafad: *petticoat, kirtle, surcoat, trousers; wool left unshorn on the hind part of a sheep.*

1547 *WS*, *Tinbais* A surcote. **1604–7** *TW* (*Pen* 228) d.g. *Bracca*, *Subminia*. *Dchr.* **17g.** *J* 10, 156b, *Tinbais*. surcoate. kyrtle. **1632** *D*, *Tinbais*, Subminia. *id.* d.g. *Semicinctum*. **1688** *TJ*, *Tinbais*, pais merch: a Petticoat. **1722** *Llst* 189, *Tinbais*. f. An under-petticoat. *id.* *Tinbais* dafad. A parcel of wool left unshorn about the hinder part of a sheep. **1740** T. EVANS: *DPO* 30, Canys am y glewion Frutaniaid, rhai a safasont ar bennau y Creigydd, rhai a ddescynnasant i'r Traeth, Eraill a aethont hyd eu *Tin-beisiau* i'r môr. **1803** *P*.

tinben [*tin+pen¹*] *adf.* Pen wrth gynffon: *head to tail.*

1803 *P*, *Tinben* . . . Head to tail.

Cfn.: **tinben strellach:** *higgledy-piggledy, pell-mell, topsy-turvy.* **1703** E. WYNNE: *BC* 114, daccw'r Tyrciaid, y Papistiaid a'r Rowndieid llofruddiog, yn dair byddin yn llenwi holl wastadedd y Fagddu, ac yn gwneud y mawrddrygeu 'n gyrru pôb pêth *dinben-strellach*. **1722** *Llst* 189, *Tinben-strellach*. Topsit. [*sic*] turvy. *id.* yn *dinben strelluch* d.g. *Arse-versie*. Gw. hefyd *strim-stram-strellach*, *tin-dram-strellach*. **tinben drosben:** *topsy-turvy, head over heels, ?head to tail.* **1703** E. WYNNE: *BC* 129, a pheri gwneud lle o amgylch Cêg Annwn i'r Rhodreswr a'r Farchoges drwyn-drwyn, ac i'r terfyscwyr eraill yn rhwym *dinben dros-ben*. **1749** *ML* i. 144, taflu a lluchio ydau poblach rhyd y meusydd *dinben, drosben*! **1803** *P*, Tinben . . . *Tinben-drosben* . . . topsy-turvy. Ar lafar, 'mynd (bwrw, &c.) *dinben, drosben*' (Arfon). Gw. hefyd *tin—tin dros ben*.

tinbleth [*tin+pleth*] *a.* Da i ddim, diwerth, analluog, llipa, llegach: *good-for-nothing, worthless, impotent, limp, feeble.*

c. **1400** *R* 1273. 30–1, Cringrys traet efyrllys tra dyfyrllyt *tinbleth*. **1736** *Beirn* iv. 19. Gwneist ryw araith *dinbleth* danbaid gyrrith [Owen Gronw]. **1756** *ML* i. 442, nhw fyddant yn rhoddi rhywfaint i'r Aldramyn a fydd yn mynd yn *dinbleth*. **1759** *BC* 148, Attebai Fab bregyn, taw a'th bregeth, / Tennŷn tanwydd twyn blwydd *tin bleth* [ymryson rhwng Cwrw a Thybaco]. **1763** *DT* 223, Fy Mhren plannu darfu 'n dêg, / Ei flaen nid a drwy floneg; / Aeth y Rhuddin yn *dinbleth*, / Ni phlanna na Ffa, na pheth! **1803** *P*.

tinboeth [*tin+poeth*] *a.* ll. *-ion*, a hefyd fel *eb.g.* ll. *-iaid*. Chwantus, blysig, anllad, trythyll, nwydwyllt (am wraig neu ferch): *lecherous, lascivious, lustful, wanton, randy (of woman or girl).*

17g. HUW MORUS: *EC* i. 84, Coflaid cawr tanbaid *tinboeth*, / Arlwy gwledd, pair perfedd poeth! **1722** *Llst* 189, *Tinboeth*. Lascivious, rampant. **18g.** *LlGC* 19, 220–1, 'Rwyt di'n gynghorwr purion, / I Whores, a Rogues *tinboethion*; / A u dwyn yn ol rhifedi eu plant, / I lawen fwyniant cysson. **1763** *DT* 148, Ebyr Selyf, ddewrgryf, ddoeth, / Ba'nd enbyd yw Bun *dinboeth*. **1773** *W*, *tin-boeth* d.g. *Giggling*. **1803** *P*, *Tinboeth* . . . Hot-tailed. Ar lafar, *WVBD* 532.

Fel *e.* (*a*) (fel *eb.*) *Bot.* Llysiau'r din, poethlys y dŵr, *Polygonum hydropiper*; llysiau'r din, dail y groes, coesgoch, elinog goch, *Polygonum persicaria*; creulys Iago, *Senecio jacobæa*: *arsesmart, water-pepper, culrage; arsesmart, persicaria; ragwort.*

1515 *Llst* 10, 39, Y *dinboeth*. **1604–7** *TW* (*Pen* 228), y *dinboeth* lyseun d.g. *persicaria*. *Dchr.* **17g.** *J* 10, 156b, *Tinboeth* . . . Piperitus. **1632** *D* (*Bot*), y Bengoch . . . y *dinboeth* . . . Persicaria. **1633** J. GERARDE: *Herball*, Y *Dinboeth*. Arsmart. **17g.** *RWM* ii. 531, Pan friwo kefn dy farch ar dy daith: kymer y llysewyn a elwir y *dinboeth*. **17g.** *Mos* 56, 3. **17g.** *Llst* 82, 164. **1688** *TJ* (*Bot*), y *Dinboeth*, y Bengoch: Arsesmart, [C]ulerage. **1803** *P*. **1813** *WB* 239, *Tinboeth*; Polygonum Hydropiper; Biting Persicaria, Arsemart. Ar lafar yn yr ystyr '*Senecio jacobaea*', G. AWBERY: *BM* 49 (Môn).

(*b*) (fel *eb.g.* ll. *-iaid*) *Adar.* Tingoch, *Phœnicurus phœnicurus*; coch y berllan, *Pyrrhula pyrrhula*: *redstart, red-tail; bullfinch.*

1632 *D*, *Dinboeth* [*sic*], Phœnicurus, rubicella, auis. **1688** *TJ*, *Dinboeth*[*sic*], math ar aderŷn. A bird called a Red-tayl. **1722** *Llst* 189, y *Dinboeth*. f. The bulfinch (bird). **1753** *TR*, *Dinboeth* [*sic*], a bird called a red-tail, a red-start, a bull-finch. **1803** *P*.

(*c*) (fel *eg.*) Clwyf neu glefyd gwenerol: *venereal disease.*

Ar lafar, *WVBD* 532.

Cfn.: *Adar.* **tinboeth du:** *black redstart, Phœnicurus ochrurus.* **20g.**

tinbren [*tin+pren*] *eg.?b.* ll. *-ni*, *-nau.*

(*a*) Cambren (ar aradr, cart, trol, &c.), sgilbren: *swingletree, whippletree, spreader.*

1858. Ar lafar, '*timbran*' 'the piece of wood behind a horse or each of two horses ploughing, to keep the traces apart; swingle-tree, single-tree', *WVBD* 532; '*Timbren*' 'y darn pren y rhwymir ceffyl wrtho cyn dechreu aredig; bydd yna "*dimbren*" tu ol i bob ceffyl', *Cymru* liv. 132 (dwyrain sir Drefn.); *B* i. 40 (Cered.); '*timbran*' 'y darn o bren y tu ôl i geffylau sy'n aredig i'w cadw ar wahan', *GTN* 791.

(*b*) Astell ar gefn cart, trol, &c., y gellir ei chodi a'i gostwng er mwyn hwyluso llwytho, caead, tincar, tincart, cratsh, cretsh: *tailboard (of cart, &c.), backboard.*

Ar lafar, *LGW* 121 (dwyrain sir Gaern. a sir Ffl.); '*timbren*' 'caead darn ol [*sic*] trol', *Cymru* xlvii. 237 (sir Ddinb.); '*Timbran*' 'Caead i gau pen y wagen yn y chwarel garreg galch', *B* xx. 382 (ardaloedd chwareli'r Gogledd).

Cfn.: **tinbren bach:** *swingletree.* Ar lafar, cf. *B* xv. 27, rhag i'r tresi grafu coesau'r ceffylau, defnyddir dau *dinbren bach*, gan gydio un ymhob pen i'r tinbren mawr (Meir.). **tinbren mawr:** *doubletree.* Ar lafar, '*tinbren mawr*' 'pren i fachu'r tresi wrtho', *B* iii. 199 (Penllyn); '*tinbren mawr*' 'y pren a ddefnyddir pan fo dau geffyl yn gweithio ochr yn ochr (megis wrth aredig) er mwyn sicrhau digon o le iddynt dynnu heb daro'i gilydd', *id.* xv. 27 (Meir.).

tinc [bnth. S. *tink*] *eg.b.* ll. *-iau*, *-ion.* Sŵn a gynhyrchir wrth daro metel, gwydr, &c., caniad (e.e. cloch), hefyd yn *ffig.* goslef, islais, awgrym, arlliw: *tink, clink, tinkle, ring, also fig. (under)tone, hint, trace, nuance.*

Dchr. **17g.** *J* 10, 156b, *Tingc*. Tinnitus. **1632** *D*, *Tinc*, Vox fictitia tinnitum significans. **1688** *TJ*, *Tingc*: a tinkle or blow on a Bell, Pot, or Kettle. **1794** *W*, *Tingc* d.g. *Ting*. **1803** *P*, *Tinc*, s. m.—pl. t. *ion* . . . A tink, a tinkle. Ar lafar, 'Rhowch *dinc* ar y gloch', 'Rhowch i mi *dinc*' 'a bit of song', ''Rodd gynno fo'r *dinc* iawn' 'he had a "hwyl" of the genuine stamp', *WVBD* 533; 'Dyna *dinc* cloch yr ysgol', *GTN* 790; hefyd yn yr ystyr 'diffyg', 'Mae 'na ryw *dinc* yn 'i hanas o' (Arfon); ac yn yr ystyr 'sôn anffafriol' 'Mae o a'i *dinc* ar bawb', *WVBD* 533. Dywedir 'Ma' *tinc* y dywarchen o'i gwmpas' 'am rywun a golwg wael iawn arno neu arni', *BIIE* 41. Cf. *Bl G* 176, Ni leddfir *tinc* y chwerthin melys rhydd (W. J. Gruffydd); S. LEWIS: *WP* 185, Wedi'r datguddio hwn aeth ffarwelio â chnawd a byd yn chwerthinllyd hawdd, a chlywir *tinc* dirmyg diamynedd yn ei gyfeiriadau atynt.

tincal [bnth. S. *tincal*] *eg.* Boracs crai: *tincal, crude borax.*

1844.

tincan, gw. **tician².**

tincar [*tin+car¹*] *eg.* Tinbren cart, trol, &c.: *tailboard (of cart, &c.), backboard.*

1939. Ar lafar, *LGW* 121 (sir Ddinb. a Meir.); '*tincar*' 'back-board', *B* iii. 209 (Penllyn); '*Tinciar*' 'y darn ôl symudol, a dynnir i ddadlwytho', *id.* xv. 28 (Meir.); a hefyd yn yr ystyr 'rhan ôl car llusg', *Cymru* xxxix. 96 (Brych.).

tincart [*tin+cart¹*] *eg.* Tinbren cart, trol, &c.: *tailboard (of cart, &c.), backboard.*

20g. Ar lafar, *LGW* 121 (gogledd a chanolbarth Cered.), D. J. EVANS: *HCS* 129.

tinced, tincied [?be. o'r e. *tinc*] *ba.* Cael hyd i, ffeindio: *to find.*

1899. Ar lafar, 'Methu 'i *dinced* e' (Cered.).

tinceirddiaeth, tinceirddiaf: tinceirddio, gw. **tinceriaeth, tinceraf: tincera.**

tinceirddiaidd [*tincerdd¹+-iaidd*] *a.* Tinceirddiol: *pertaining to, resembling, or characteristic of an inferior poet or his poetry.*

16–17g. *LlCy* viii. 218–19, *tinkeirddiaidd* a synnwyr ddrwg [Siôn Mawddwy am awdl gan Lewys Dwnn]. **1794** E. JONES: *MPR* 82, Tri braint y sydd i bennill o Gowydd: Penceirddiaidd; Ddysgyblaidd; ac isel-râdd, neu *dînceirddiaidd*.

tinceirddiol, tincerdd(i)ol [*tincerdd¹+-(i)ol*] *a.* Yn perthyn i dincerdd neu i'w farddoniaeth, tebyg i dincerdd neu i'w farddoniaeth, nodweddiadol o dincerdd neu o'i farddoniaeth: *pertaining to, resembling, or characteristic of an inferior poet or his poetry.*

1592 S. D. RHYS: *Inst* 252, Cruciformis transiliens, Gróes draws . . . Gradus Magistralis, Benceirdhiol. Disciplinaris, Dhyscyblaidh, Vulgaris, Iselradhol neu *Dinceirdhiol*. **1728** S. RHYDDERCH: *GC* 115, Tair Rhyw Groes Draws, sef . . . Iselraddol neu *Dinceirdd-iol* . . . Cynghanedd ddiffygiol o'r Perfedd yw dull pob Cynghanedd draws, megys Cynghanedd Benceirddiawl, Ddisgyblaidd, neu *Dinceirddiawl*. **1755** G. OWEN: *L* 144, yn cynnwys athrawiaeth arbennig i ganu'n *ddinceirddiawl* [*sic*] gymmeradwy, yn ol rheol ac arfer y Gofeirdd godidoccaf o'r oes.

tincen [?bnth. S. *tick+-en*] *eb.* ?Lleuen: *louse.*

Ar lafar, '*tincen*' 'a mite which infests the hair, etc., louse', *SC* vi. 134 (sir Benf.).

tincer¹, tincr [bnth. S. C. *tinker*] *eg.* (*b. tinceres*) ll. *tinceriaid, tincers.* Crefftwr (teithiol) sy'n cyweirio offer metel megis tegelli a phadelli, gweithiwr trwsgl neu aneffeithiol, eurych, crwydryn, hefyd yn *ffig.* ac yn ddifr.: *tinker, tramp, also fig. and derog.*

14g. *GDG*³ 392, Yn nhafarn cwrw anhyful / *Tincr* a'i cân wrth foly tancr cul [ymryson â Gruffudd Gryg]. **14g.** *GIG* 168, Twncl ar y tafod tancern, / *Tincer* gwawd, wyneb tancr gwern [dychan i'r Gwyddelyn]. *c.* **1400** *R* 1336. 1–2, Llech rech rot tankot tingkyr gwarth tlodi gwyr, / gôir vu yr goynt dy grogi. **15g.** *GLGC* 147, curo gwas oer cryg i'w said, / tyngu y curai'r *tingceriaid* [dychan i'r glêr]. **1547** *WS*, Aurych ne *dinker* A tynkar. *id.* *Tinker* A tynker. **16g.** R. WHITE: *C* 32, Yn lle yr kreiriwr *tinker* tost / yn gwnevthvr bost oi gnafri. **1604–7** *TW* (*Pen* 228), *tincer* d.g. *Aeramentum*, *Aerarius*. **1672** R. PRICHARD: *Gw* 11, Pob merch *tincer* [:- Eurych] gyda 'r Saeson, / Feidir [*sic*] ddarllain llyfrau Mawrion. **1734** *YCTM* 17, Fe a'th 'Fengyl Duw bendigaid / Gan Fwynwyr a

Thinceried. **1777** W. WILLIAMS: *DN* 14, pa lun sydd arnaf heddyw! fy ngwisgoedd yn garpog, saith tlottach nâ gwraig y *tincer.* Ar lafar, '*tincar* . . . *tincars*', *WVBD* 533; 'Næci sipswns yw'r rai sy'n dod bothdu 'ma 'nawr, 'en *dincars* ŷn' nw, a man' nw'n llawar mwy 'erllug na sipswns', *GTN* 790; hefyd yn y Gogledd am bobl ffraellyd neu flin, mewn ymad. fel 'maen nhw . . . fel dau *dincar*', M. WILIAM: *DY* 69; 'Mân' nhw'n ymladd fel *tincars*' (Rhosllannerchrugog); ''Roedd hi fel *tincar* o flin' (Arfon); digwydd fel enw difr. y glöwr ar y gweithiwr alcam, 'Y *tincers* odd yn gwishgo'r crys bach' (de-ddwyrain sir Gaerf.).

Amr.: **tincerdd**[2] [cf. *tincerdd*[1]] (ll. *tinceirddion*). **1803** *P*, *Tincerz*, s. m.—pl. *tinceirzion* . . . a tinker.

tincer[2], gw. tincerdd[1].

tinceraf: tincera [bf. o'r e. *tincer*[1]] *bg.a.* Dilyn galwedigaeth tincer, cyweirio neu addasu (offer metel, &c.), yn enw. mewn ffordd drwsgl neu amherffaith, poitsian, ffidlo, ymhél â; crwydro: *to work as a tinker, tinker (with); wander.*

1872. Ar lafar, *WVBD* 533; hefyd yn yr ystyr 'to wander as a vagrant', 'yn *tincera* hyd y gwledydd yn canu cerddi' (Arfon); ''Dyw a ddim crefftwr, di welid 'ynny wth y ffordd ma fa'n *tincera* gyda phopith; 'os byth græn ar 'i waith a', *GTN* 790.

Amr.: **tinceirddio. 1803** *P.* **tincerio. 1851. tincran. 20g.** Ar lafar. **tincro. 1894** D. OWEN: *GT* 236, yn gwario ac yn *tincro* na ŵyr neb lle i'w gael o.

tinceraidd [*tincer*[1] + *-aidd*] *a.* Ac iddo nodweddion tincer, lletchwith, bwnglera-idd, anghelfydd, o ansawdd gwael, isel, gwael: *typical of a tinker, clumsy, of poor quality, poor.*

1824. Ar lafar, ''En bethach *tinceridd* sy' ginto; 'pharan' nw ddim yn 'ir', 'Gwaith *tinceridd* dychyn-llyd sy man 'yn. Næci crefftwr næth 'wn!', *GTN* 790; hefyd am wisg yn yr ystyr 'comon, gorliwgar', 'Mae'n gwishgo'n *dinceridd*', ''Odd ffrog *dinceridd* yn 'i chylch 'i', *ib.*

tincerdd[1] [*tin*+*cerdd*[1]] *eg.* ll. *-iaid.* Bardd israddol: *inferior poet.*

15g. *GO* [331], A men i ddwyn y tail mav, / Tre kaid *tin-kerddiaid* kerddav [i dri phrydydd]! **15–16g.** *GIF* 74, Mal tancwd yn moli *tincerdd* / mae heb ddull cân, mabddall cerdd [Wiliam Egwad i Siôn Leision]. **16–17g.** SIÔN MAWDDWY: *Gw* 375, Od wyf *dincerdd* chwerwgerdd chwith, / Byddaf bencerdd, blaengerdd bleth; / Gwell mi no'r dryw, cyw min cath, / *Tincerdd* ni bydd bencerdd byth. **16–17g.** *B* i. 148, Lhyma henweu y prif Geinciae ar athrawon au gwnaeth hwynt . . . Cas gan *Dincerdh* o waith Cyhelyn. **16–17g.** T. R. ROBERTS: *EP* 299, a dod i gyd arfodi / a gyrdd mawl *dinkerdd* a mi. **1604–7** *TW* (*Pen* 228), *tincerdh* d.g. *Ignobilis poeta.* **17–18g.** *Llst* 133, 223b, Gwell *tin-cerdd* ai gerdd ai god / Heno na phen cerdd hynod (Edward Morus). **1710** *F* 86, Gwell gan adyn llwyr-falch lled-ffol, / Fod yn *Din-cerdd* yn wastadol, / Na dysgu bod yn Bencerdd hynod, / Gan un a fyddo gwell ei wybod (Iaco ab Dewi). **1732–3** J. OWEN: *GB* 84, Pabyddiaeth yw hynny, cant i un onid ê, rhaid ymfwyn [*sic*] rhagddi o blegid Arfer Gwyr Rufain ydoedd, ac fel na byddom ni yn gyffelyb iddynt hwy mewn dim, nyni a ddodwn y *Tincerdd* o flaen y Pencerdd, a'r Car o flaen y Cel, o ni wnawn ni?

Amr.: **tincer**[2] [tra ansicr yw'r engh. hon a dichon mai i *tincer*[1] y perthyn] (ll. *-iaid*). **15g.** *GLGC* 263, Penceirddiaid a'i câr lle ymgymharant, / haid o *dincer-iaid* fyth nis carant.

tincerdd[2], **tincerddiaeth,** gw. tincer[1], tinceriaeth.

tincerddiol, tincerddol, gw. tinceirdd-iol.

tinceres, gw. tincer[1].

tinceriaeth, tincerddiaeth, tinceirdd-iaeth [*tincer*[1], *tincerdd*[2] + *-iaeth*] *eb.g.* Gwaith tincer: *the work of a tinker, tinkering.*

1803 *P*, *Tincerziaeth*, s. m. . . . Tinkery. *ib. Tinceirz-iaeth*, s. m. . . . Tinkery.

tinceriaf: tincerio, gw. tinceraf: tin-cera.

tinciad [bôn y f. *tinciaf*[1]: *tincio*+*-iad*[1]] *eg.* ll. *-au.* Tinc: *tinkle, clink.*

1773 I. LEWIS: *EG* 6, rhyw ddirnod hynod oddi wrth yr Arglwydd o'r Nef, yr hyn yn ddiammeu yn ei amser pwyntiedig, a eglura ac amlyga, i'r cryniad o bob Calon, yn perthynu iddo, a'r *tingciad* o bob clust a glyw am dano. **1803** *P*, *Tinciad*, s. m. . . . A tinking, a tinkling. Ar lafar yn yr ystyr 'chwinciad, eiliad', 'Fydda fo ddim *tingciad* ynglan mor na chau o lond pob man o brog, mestus llonga, darna o hen iarda', *LIWM* 121; 'fydda i ddim *tinciad*', *ISF* 73.

tinciaf, tincianaf: tincio, tincian[1], **tinc-ial**[1] [bnth. S. *to tink*] *bg.a.* (Peri) cynhyrchu tinc, seinio (am gloch, piano, &c.), atseinio, canu (cloch, piano, &c.), symud gyda sŵn tincian, hefyd yn *ffig.*; poitsian: *to tinkle, clink, ring ((of) bell, &c.), play ((of) piano, &c.), move with a tinkling sound, also fig.; tinker (about).*

1547 *WS*, *Tinkio* swnio val metel Tynke. **1551** W. SALESBURY: *KLl* xvb, Pe ydd ymddiddanwn a thavodeu dynion ac angelion / a bot eb cariat ynof / ddwyf vi val elidn seiniawc / ne cymbal yn *tingian.* **1604–7** *TW* (*Pen* 228), *tincio* d.g. *Crepito.* **1632** *D*, *Tincian*, Tinnire. **17g.** *HCRC* iii. 127, ond ryfedd iw J farnwr na wrendu ar bob kam / Pan glowo yr gwan yn gwiddi a mynu gwybod pam / Ond bod twrw ryw beth yn *tinkian* yn J glust / Pan ddelir at y matter ni chlowir blas ar dust. **1688** *TJ*, *Tingcian*:) to ring or tinkle. **1707** *AB* 164a, Tinnio, *Tinkio*, synio, rhinkian, *tinkian.* To ring and make a clear sound, to tingle. **1736 (1812)** *YRW* [iii], Daw yma'n gynta' i greu digrifwch / . . . / Un Syr Sigil-din-dengc, dan *dingcian.* **1753** *TR*, *Tincian*, to tingle or tinkle, to ring and make a clear sound, as metal doth. **1757** *ML* i. 469, a tinker (un yn *tincian* pedyll hyd y stryd). **1772** *W* d.g. *To clink, Gingle, To gingle, To tinkle.* **1794** E. JONES: *CP* 4–5, Ac i mae yn arferol hanner awr cyn y cyfryw gyfarfod, *dincian* un o glychau yr eglwys i roddi rhybudd i'r plwyfolion. **1803** *P*, *Tincial*, v. a. . . . To tinkle, to tingle. *ib. Tincian*, v. a. . . . To tink, to tinkle. *ib. Tinciaw*, v. a. . . . To tink, to ring. Ar lafar, '*tincian*' 'to sound, tinkle (of a bell); to chink (of money), to clank (of a chain)', 'Ma 'na ryw *dincian* ymhlith y bobol bod . . .' 'there is a (bad) report about that . . .', *WVBD* 533.

tincial[2], **tincian**[1,2], gw. tician[2], tinciaf: tincio, tician[2].

tincianaf: tincian, tincied, gw. tinciaf: tincio, tinced.

tincl [bnth. S. *tinkle*] *eg.* Tinc, tincian; galwad ffôn: *tinkle; phone call, tinkle.*

1925. Ar lafar.

tinclaf[1], **tincliaf: tincl(i)an** [bnth. S. (*to*) *tinkle*] *bg.* Tincio: *to tinkle.*

c. **1920** GLYNFAB: *ND* 37, Ma' gloch [*sic*] yn *tincklan.* Ar lafar, 'Neud sŵn *tinclian*' (Llŷn).

tinclaf[2]**: tinclo** [bnth. S. (*to*) *tingle*] *bg.* Ysu, brathu, llosgi: *to tingle, sting, smart.*

Ar lafar, 'Ma' cansen y sgwlyn yn *tinclo*', 'Ma'n nwylo i'n *tinclo* 'da'r oerfel', *SC* vi. 134 (sir Benf.).

tinclawr [*tin*+*clawr*[1]] *eb.* Tinbren cart, trol, &c.: *tailboard (of cart, &c.), backboard.*

1927. Ar lafar yng nghanolbarth sir Gaerf., *LGW* 121.

tincliaf: tinclian, tincr, gw. tinclaf[1]: tinclan, tincer[1].

tincraf: tincran, tincro, gw. tinceraf: tincera.

tinctur, gw. tintur.

tincwd [*tin*+*cwd*[1]] *eg.* (Cynnwys) gwaelod cwdyn neu sach, ychydig, gweddill, hefyd yn *ffig.*; pen-ôl: *(contents of) bottom of bag or sack, small amount, remainder, also fig.; bottom, buttocks.*

14–15g. *IGE*[2] 125, A fu *dincwd*, hwd hudawl, / Y sy bencwd, tancwd diawl (Gruffudd Llwyd). **15g.** *CMOC*[2] 112, chwarae, dysgwch i'ch wyrion, / tancwd hwch uwch *tincwd* hon. *id.* 124, torcyn fal Iorwerth Teircaill, / tancwd pŵl fal *tincwd* paill [dychan Dafydd ab Edmwnd i geilliau Guto'r Glyn]. **1620** *Mos* 204, 16, A vo bencwd, y sydd *dincwd* / A vo *dincwd*, y sydd bencwd. **1632–44** *Brog* 11, 29, A fu bencwd aeth yn *dincwd.* Rythm. Quod fuit os sacculi. factum est postremum sacculi. Hinc ortum est, quod attrito sacculi. postremo, fundo, quod fuit os consuitur &c fit fundus. **17g.** *LlGC* 13215, 382, *Tincwd* Blwyddyn Finis anni. **18–19g.** *MA* iii. 241, Tri *thincwd* â dybiant eu hunain yn bencwd: cyvoethawg o ledrad a chrib-ddail, gwybodus ar ddichellion dihirdawd, a mab â gredwys y cyvan â ddywed ei vam am dano. **1803** *P*, *Tincwd*, s. m. . . . The bottom of a bag. Ar lafar gynt yn sir Gaern. yn yr ymad. '*Tincwd* wedi myn'd yn bencwd', J. JONES: *Gwerin-eiriau* 162, sef, o bosibl, 'Gwas wedi dringo i fod yn feistr', J. JONES: *Gwerin-eiriau*[2] 197; digwydd yn yr ystyr 'ychydig o rywbeth ar waelod cŵd', *B* iv. 303 (canolbarth Cered.); 'Cer â *tincwd* o lafur i Fron-parc' (canolbarth Cered.); a hefyd yn yr ystyr 'ychydig, gweddill', 'dim ond *tincwd* o flawd sydd ar ôl', *Geir Geg* 167 (godre Cered.). Cf. *AUA* 73, Dywedwyd i mi ddyrchafu '*Tincwd* yn Bencwd'.

Gw. hefyd **tin—tin y cwd.**

tinchwith [*tin*+*chwith*] *a.* Trwstan, trwsgl, lletchwith, afrosgo: *blundering, clumsy, bungling, lumbering.*

p. **1584** G. ROBERT: *GC* [188], ni byddai chwaith *tinchwith* iawn, ddoedyd: anglan, angwir, ammwyn. **16–17g. (1637)** *RWM* ii. 491, Gwrandewch arna i yn trevthv swm / o gerdd ddiresswm *dinchwith* iawn (Thomas Evans). Ar lafar, '*tinchwith*' 'blundering', *WVBD* 532; *Cymru* xlvii. 237 (sir Ddinb.).

tindaflaf: tindaflu [*tin*+*taflaf*[1]: *taflu*] *bg.* Lluchio carnau, bwrw pedolau, neidio, cicio, rhoddi naid (fach), gwingo; siglo neu bendilio fel y bo'r blaen yn symud i fyny ac i lawr, rholio neu (gael ei) daflu yn aflonydd o'r naill ochr i'r llall (am gwch, &c.): *to fling (out) (of horse), kick, flounce, plunge, start, wince; pitch, plunge, or toss (of boat, &c.).*

17–18g. O. GRUFFYDD: *Gw* 60, A main wich front mewn awch fry, / Dôn diflas i *din-daflu* [i'r march]. **1769** E. ROBERTS: *GN* 10, Gwell diflas *din daflu* gwn hynu fy hun, / Na gorwedd mewn gwun [*sic*] hefo gwas. **1771** *W*, *tin-daflu*, *tîn-daflu* d.g. *A charging, To fling, To flounce, To jerk, To plunge.* **1803** *P*, *Tindavlu*, v. a. . . . To throw the tail; to winch. Ar lafar yn yr ystyr, 'cerdded yn lletchwith, gan symud y coesau'n ormodol', ''Odd a'n *tindowlu*'n fudur wrth fynd lawr 'ibo fel 'yn' (dwyrain Morg.).

tinder, gw. tendar[4].

tindere [*tin*+?*dere*, 2 un. grch. y f. *deuaf*: *dyfod*] *eg.?b.* Un sy'n araf yn dod, llusgwr traed: *one who is slow coming, dawdler.*

Ar lafar yn yr ystyr 'un araf yn dod, ei din yn ei gadw'n ôl' (godre Cered.).

tindew [*tin*+*tew*] *a.* Tew ei ben-ôl: *fat-bottomed.*

15g. *HCLl* 123, Twrc di-enbyd difyda, / *Tindew*, cnecog, diog, da [i ofyn ceffyl diog]. **16g.** (*LlEG*) *Mos* 158, 607b, llawer marshiandwr boluras *tindew.* **16g.** DAFYDD AP LLYWELYN, &c.: *Gw* 235, Gwell ydyw dyn dondyn, *dindew*,—hafaidd, / A hefyd yn fondew, / No dyn g'wradwydd, ysgwydd-dew, / Rhyw dwrch a'i foly yn rhy dew. **16–17g.** *GST* i. 950, What mater, differ ei phen,—*dindew*, / Dwndog aflawen. **16–17g.** T. R. ROBERTS: *EP* 240, Cysgod gysgod, blychod blew, / A wnai dandi yn *dindew* [i ofyn gali-gasgyn]. **1803** *P.*

tindin [*tin*+*tin*] *adf.* a hefyd gyda grym ansoddeiriol. Pen-ôl wrth ben-ôl, cynffon wrth gynffon: *bottom to bottom, tail to tail.*

c. **1757** *Bangor* 1733, 47, mi fedra fi ar fur o dro / yn dender daro *dindin.* **1803** *P*, *Tindin* . . . Tail to tail. Ar lafar gynt, 'dondio a chysgu'n *dindin*' 'to scold and sleep arse to arse', *WA* 366 (y Gogledd).

tindoll, gw. tindwll.

tindon, gw. tin+ton[3].

tindost, gw. dail—dail y dindost.

tin-dram-strellach, tin-dram-stellach [gair geir., cf. *strim-stram-strellach*, *tinben strellach*] *adf.* A'i ben i lawr, a'i wyneb i waered: *topsy-turvy, upside down.*

Dchr. **17g.** *J* 10, 156b, *Tin dram stellach.* Topsie torvie. *id.* 165b, Troi *dindramstellach.* to turne upside downe. **17g.** *LlGC* 13215, 383, *Tindramstrellach* Præseps.

Gw. hefyd **strim-stram-strellach, tinben—tinben strellach.**

tindraws [*tin*+*traws*] *a.* Gwyrdroëdig, ystumiedig, gwrthun, afresymol: *perverted, distorted, absurd, preposterous, unreasonable.*

Dchr. **17g.** *J* 10, 156b, *Tindraws.* præposterus. **17g.** *LlGC* 13215, 383. **1758** *ML* (Add) 951, digwydd a wnaeth i ryw fatter *tindraws* fy mlino a nigio yn erchyll, yr hyn a barodd im yn union fynd at fy lloches am llythyrau au llosgi achlan. **1763** *DT* 174, Mae 'n *dindraws*, ac yn geingciau, / Anniddig, ar Amserau [am henaint].

tindres [*tin*+*tres*[2]] *eb.* ll. *-i.* Strap lledr cryf o amgylch pedrain ceffyl siafft sy'n ei alluogi i wthio tuag yn ôl, britsyn: *breeching, leather strap round hindquarters of shaft-horse.*

1850. Ar lafar, '*tindras*' 'breeching (part of the harness)', *WVBD* 532; 'dwy tsiaen wedyn yn dod 'ru' fath i'r drol i facio'r drol, efo 'i ben-ôl fel 'a, *tindras*, *tindresi* man' nw'n galw nw' (Llŷn); '*tindres*'

'y dres ferr, a'r llain lledr a'i deil am ben ôl ceffyl wrth drol', *B* i. 40 (sir Ddinb.).

tindro [*tin+tro*[1]] *eb.g.* Cefn gwan neu anghyffredin o bantiog (yn enw. am geffyl neu oen), clefyd diffyg copr mewn ŵyn ieuainc sy'n effeithio ar y system nerfau ac yn achosi parlys: *swayback.*

20g.

tindroed [*tin+troed*; cf. S. *arsefoot*] *eb.g. Adar.* Gwyach fawr gopog, *Podiceps cristatus*; gwyach fach, *Podiceps ruficollis*: *great crested grebe; little grebe, dabchick.*

1604–7 *TW* (*Pen* 228), Gwylan vechan yn ymdrochi'n vynych ag yn taro dan y dwr, a elwir *Tindroet*, oherwydh bot ei thraet wrth ei thin d.g. *Mergulus.* **1632** *D.* **1688** *TJ*, *Tindroed*, henw aderyn bychan: a little Bird called a Diver, Didapper, Arsefoot. **1753** *TR*, *Tindroed*, a little diver or didapper called an arsefoot, because his feet do join close to his arse. **1798** *WR* d.g. *Dab-chick.* **1803** *P.*

Cfn.: **tindroed fach (fechan):** *little grebe, dabchick, Podiceps ruficollis.* **1830.**

tin-droi [*tin+troi*] *bg.a.* Troi wyneb i waered, troi o chwith; loetran, chwilbawan, sefyllian, symud yn ddigyfeiriad, segura, gwastraffu amser, oedi, bod yn betrusgar, chwarae (â syniad, &c.): *to turn upside down, reverse; loiter, dawdle, drift, waste time, (dilly-)dally, linger, be undecided, play (with an idea, &c.).*

Dchr. **17g.** *J* 10, 156b, *Tindroi.* Elico. **17g.** *LlGC* 13215, 383. Ar lafar, '*tin-droi* yn yr un fan o hyd 'ŵt ti 'r un fath â llwdwn bendro', '*tin-droi* hefo'r gwaith yn lle 'neud o', '*tin-droi*' 'to hesitate, e.g. as to whether one will go or not', *WVBD* 532; 'Lle buost ti o hyd yn *tin-droi*? Fasa'n ffitiach i chdi fod yma ers oria' (Arfon); '*Tindroi*' 'Fussing about doing nothing; much ado about nothing', *GDD* 299; 'Beth wyt ti'n *tin-droi* man 'yn? Mwstra gyda dy waith', *GTN* 791; '*tin-droi*' 'to be undecided' (de-ddwyrain Morg.).

tindrom, gw. tindrwm.

tin-dros-ben, gw. tin—tin dros ben.

tindrwm [*tin+trwm*[1]] *a.* (b. *-drom*) a hefyd gyda grym enwol. Trwm ei ben-ôl; trwsgl: *heavy-bottomed, pear-shaped; clumsy.*

16g. *GRCG* 29, Rhedeg y bydd yr hyddod, / Ar y glaw mae'n fawr ei glod, / A lladd grugiair â'i gynffon, / Naw gwryd, hyd yn hon. / *Tindrwm* o chyrredd afael / Ar garw mawr, fo gair mael. *c.* **1689 (1802)** L. WILLIAM: *Sherlyn Benchwiban* 33, P'le mae cwnstabl y dre ddegwm, / Gelwch yma'r swyddog *tindrwm*, / A raid cyd ddwyn fel hyn â rôgs? **18g.** *LlGC* 833, 54, Di ruthraist yn orthrwm, Dan droi yn o *dindrwm* / Di roist imi godwm gad imi godi, / Tyrd etto Gogmagog, Er uched dy benglog / rhof itti drô chwilog, Jr môr ith dychwela. **1803** *P*, *Tindrom* . . . Heavy-tailed. *id. Tindrwm* . . . Heavy-tailed. Ar lafar, '*tindrwm*' 'clumsy', *WVBD* 532. Cf. B. JONES: *Rhwng Taf a Thaf* (1960) 39, Maldoden yw'r haden hon: / Rhy *dindrwm* rhododendron.

tindwll [*tin+twll*[2]] *a.* (b. *-doll*) a'r ff. f. hefyd fel *eb.* A chanddo ben-ôl neu waelod tyllog, hefyd yn *ffig.*; *Bot.* merysbren, *Mespilus germanica*: *having a holey bottom, also fig.*; *medlar (in bot.).*

c. **1400** *R* 1277. 31–2, Moel grauangmyr byr bareuaoc *tindoll.* **1604–7** *TW* (*Pen* 228), Crochan *tindwlh* y dhyfrhau gardh d.g. *Harpagium.* **1803** *P*, *Tindoll* . . . Having the tail sink. Afal *dindoll*, a medlar. **1813** *WB* 239, *Tindoll*; Mespilus germanica; Common Medlar. Cf. *WA* 362, '*Tindoll*', 'holey-arsed', and 'tinagored' 'open-arsed' seem the ordinary words for 'a medlar'.

tindwn, gw. tin+twn[1].

tindwyro, tindwyran [?*tin*+elf. anh.] *bg.a.* Maldodi, tolach, difetha, sbwylio; ystyried; chwilbawan, tin-droi, gwastraffu amser: *to pet, fondle, mollycoddle, spoil; ponder; dawdle, waste time.*

Ar lafar, 'yn *tindwyro* ynghylch rhywbeth ddaw â bara a menyn i mi yn y dyfodol' (Arfon); '*tindwyro*' 'whilibawan; dim byd yn dod o'i waith' (godre Cered.); '*Tindwyro*' 'to pet, to fondle', *TGG* (1907–8) 90 (de-orllewin sir Gaerf.); 'paid â *tindwyro*'r plentyn', *BIBC* 51; ''Odd 'i'n *tindwyro*'r crotyn nes bo fa yn 'i faint' (dwyrain Morg.).

tinddu [*tin+du*] *a.* a hefyd gyda grym enwol. Du ei ben-ôl, ei waelod, neu ei gynffon: *black-bottomed, black-tailed.*

1575–6 *B* vi. 322, Gwraig vynyglwen megis y glomen, / yn vlewog obry mel yr afr *dinddy.* **1716–18** *Llsgr R. Morris* 210, Mae yn y crochan *tinddu* / gig i chwi i swperu. Ar lafar, '*tinddu*' 'black-rumped', *WVBD* 532; hefyd mewn ymad. diarhebol megis '*tinddu* medd y frân wth yr wylan' 'the pot calls the kettle black', *ib.*; 'Tecil (tegell) yn galw *tinddu* ar y crochan', M. WILIAM: *DY* 71 (gorllewin Morg.). Cf. *ML* i. 53, Tîn ddu medd y fran wrth yr wylan.

tinedig [cfdds. o'r Llad. *tin(ctus)*+*-edig*] *a.bfl.* Wedi ei lifo neu ei liwio: *dyed or coloured.*

9–10g. (*Ox* 1) *VVB* 221, Ir *tinetic*, gl. *tincta.*

tinfain [*tin+main*[1]] *a.* ll. *-feinion.* Main ei ben-ôl, ei waelod, neu ei gynffon; llechwraidd, slei: *narrow-bottomed, thin-tailed; furtive, sly.*

16g. *WIJ* 173, Ffilog draw ni fflyg y drain / Ffiled anferth ffel *dinfain* [i'r neidr]. **16–17g.** T. PRYS: *Bardd* 180, ni bv o naw oes neb aniwiach / e fydd yn gelfydd yn ryw gilfach fain / ai bittain *dinfain* yn llydanfach / ni bv in amser neb oferach. **1620** *Mos* 204, 104, Mwy na breuan *din vain* (*D* (*Diar*), dinfoel). **1677** *RWM* i. 211, Taw byttain *dinfain* led ynfyd gledren. **17–18g.** O. GRUFFYDD: *Gw* 60, Gwelwn fael o'i gael yn fawr / Y pwt *tinfain* potenfawr [i ofyn march].

tinfoel, gw. tin+moel[1].

tinfoll [*tin+boll*, cf. *ffroenfoll*] *a.* A chanddo ben-ôl chwyddedig neu waelod mawr: *having a swollen or big bottom.*

15g. *CSTB* 27, O daw tynfarch du *tinfoll* / Dan was drwg i'w dinistr oll. **15–16g.** *GIF* 77, F'allai gael, felly gwelynt, / yn y 'mardd gorff Morudd gynt; / felly fwt *tinfoll* y fen, / felly fola'r Fall Felen. **1604–7** *TW* (*Pen* 228), *Tinvolh* d.g. *Equus* . . . *Sompes.* **1632** *D*, *Tinfoll*, vid. Mwll.

tingam [*tin+cam*[2]] *a.* Cam ei ben-ôl, ei waelod, neu ei gynffon, hefyd yn ddifr.; cam, heb fod yn sgwâr, blêr: *having a crooked bottom or tail, also derog.*; *crooked, not right-angled, untidy.*

16g. BEDO HAFESB, &c.: *Gw* 47, ef orfydd draws wawdydd sal / i mi trwy amod treial / olchi ffetangi *tingam* / a cherdd fal na chwardd i fam. **1733** *ML* (Add) 32, nag oes yma na du na gwyn ond a welsoch, ebr rhyw Grangces *dingam* o hen wrach. **1759** *ML* ii. 124–5, dan addewid nad arallir un attaliad na llythyren o'i ysgrifen, yn enwedig ceisio'r 'y' *dingam* yma. *id.* 132, Gresyn bod y Bardd Gwyn mewn carriad [*sic*] ai lythyren *dingam.* *c.* **1785** *BELl* 45, Yr andros ir Gwyddel *tingam.* **18–19g.** *LlGC* 346, 60, Mae Angeu ar fy ngwartha mi brofa i chwi yn brŷdd / Rwi 'n myned yn wargam, yn *Dingam* bob Dydd. Ar lafar, 'naddu'n *dingam*' 'naddiad blêr ar lechen' (Ffestiniog); 'Carreg *dingam*' 'carreg heb fod yn sgwâr', E. JONES: *Canrif y Chwarelwr* 158; ac mewn ymad. i edliw i chwarelwr bod ei gerrig allan o sgwâr, 'yn *dingam* fel hŵrs', *ib.*

tingler [cf. *tin—tin y glêr, tin-glêr*] *a.* Caled, main, cyfyng (am amgylchiadau); anfedrus: *hard, difficult (of circumstances); clumsy.*

1897. Ar lafar, 'Ma hi'n ddigon *tin-gler* arno', *BILIE* 41; 'y tacle *tin-gler*', *Cymru* xlvii. 237 (sir Ddinb.).

Gw. hefyd tin—tin y glêr.

tingloff [*tin+cloff*] *a.* Cloff o'i ddwyglun: *lame in the hips.*

1774 *W*, *tin-gloff*, *tîn-gloff* d.g. *Halt*, *Vulcan.* **1803** *P*, *Tinglof* . . . Lame in the hip. Ar lafar, 'Ma rywun *tingloff* yn cloffi o'r ddwy glun, nis bo gwaelod 'i gefan a'n shiglo'n lletwith wth bod a'n cerad. Ma rwun *tingloff* yn gloff iawn', *GTN* 790.

tingnwpa [*tin+cnwpa*] *a.* Untroed, ungoes (am stôl): *one-legged (of stool).*

16g. *AP* 7, kadair ni bu er ioed; ystol *din gnwpa* (amr. un troediog) a gaud. **1766** *CD* 135, Hên 'Stol *din gwnappa* [*sic*], / Serfyll gam lippa.

tingoch [*tin+coch*] *a.* ll. *-ion*, a hefyd fel *eb.g.* ll. *-iaid.* Coch ei din neu ei gynffon; *Adar.* aderyn bychan Ewropeaidd coch ei gynffon, *Phœnicurus phœnicurus*; coch y berllan, *Phyrrhula pyrrhula*: *red-rumped, red-tailed; redstart; bullfinch.*

1771 *W*, y *dingoch* d.g. *Bul-finch.* **1803** *P*, *Tingoç* . . . Red-tailed. Aderyn *tingoç*, aderyn rhawngoç, gwas y seiri, the bullfinch.

Cfn.: **tingoch du:** *black redstart, Phœnicurus ochruros.* **20g.**

tingrach, gw. tin+crach.

tingrechi [gair geir., sef *tingrach*+*-i*[1]] *eg.* Craciau neu ddoluriau ar y pen-ôl: *chaps or sores on the bottom.*

1604–7 *TW* (*Pen* 228), *Tingrechi* d.g. *Ragades. Dchr.* **17g.** *J* 10, 156b, *Tingrechi.* Ragades ani. **1632** *D*, *tin-grechi* d.g. *Ragades.* **1803** *P*, *Tingreçi*, s. m. . . . Scabbiness of the tail.

tingregyn [*tin+cregyn*; cf. *cragen—cragen gar*] *a.* ?Esgyrnog ei ben-ôl: *bony-rumped.*

16g. *GRCG* 35, Crogwr o farch *tingregyn* / A geisie dynnu wysg ei din [Robin Clidro i ofyn march]. **18g.** *GDG*[3] 419, Ai ir gwina tena *tin gregin*—llwyd / lleidr gwair pob dyffryn [am farch]. *a.* **1771** *LlGC* 351, 8, Gida ych cenad bob Dyn cwnin / Tene grugwd pob rog *Tin gregin.*

tingrynaf: tingrynu [*tin+crynaf*: *crynu*] *bg.* Crynu (gan ofn), ysgwyd: *to tremble (with fear), shake.*

18g. E. RICHARD: *E* 18, Pont grîn yn *tîn grynu*, pont dwr yn pentyrru, / Pont hâf, a phoen Teifi, pan lifo hi ar led.

tinhwygaf: tinhwygo [*tin*+?*(r)hwygaf*: *(r)hwygo*] *bg.a.* ?Bygro, sodomeiddio: *to bugger, sodomize.*

c. **1400** *R* 1358. 30–1, Rei aorderchei a ordercheis. rac kael arnaf ỻyc y *tinhwygeis.* **15g.** *CMOC*[2] 114, *Tinhwygwch*, cenwch eich cainc, / trychefwch tra foch ifainc (Llywelyn ap Gutun). **16g.** (*LlEG*) *Mos* 158, 313a, Jr bod y marchogion hynn gwedi gwneuthud llw nafferiodda/i neb ohonnaunt twy na gwraig na morwyn ir mwyn kaffe/l byw yn segur heb wneuthud vnn weithred dduwiol namyn tr/eishio a *thinhwygo* gwragedd a merched a morynnion yr ardaloedd. *id.* 626a, nidoedd y/ma ynnamser y ffranckod . . . onidd . . . o weddedd a glotthinneb i *dinhwygo* ynn ffiaidd, val niveillied heb gywillidd.

tiniaf[1,2]**: tinio,** gw. tuniaf: tunio, tinaf: tino.

tinion [*tin+-ion*[2]] *e.ll.* Manyd, gwehilion: *tail corn, small corn.*

1859. Ar lafar, '*tinion*' 'the corn or hay which forms the base of a cock', '*tinion* gwair, *tinion* ŷd', *WVBD* 532; '*tinion*' 'yr ŷd salaf wrth ddyrnu', *Cymru* liv. 132 (dwyrain sir Drefn.); '*tinion*' 'the smallest grain and seeds when threshing and winnowing', *B* xiii. 141 (Meir.).

tinionaf: tinioni [bf. o'r e. *tinion*] *bg.* Syrthio ar ochr bellaf twr grawn (am dinion): *to fall at the far side of a pile of grain (of small or tail corn).*

Ar lafar, 'Disgynnai'r grawn ysgafnaf ar ochr bellaf y twr grawn, proses a adweinir yn fy ardal i fel *tinioni*', I. C. PEATE: *DGC* 115 (sir Drefn.).

tinllach [?< **tinllech*, sef *tin+llech*[3]] *eg.* Plentyn direidus, gwalch, cnaf; person eiddil neu ddistadl, hefyd yn ddifr.: *mischievous child, rascal, rapscallion; puny or insignificant person, also derog.*

20g. Ar lafar, 'y *tinllach* bach' 'am blentyn direidus', *ISF* 73; '*tinllach* yw creadur bychan di-sylw a braidd yn ddirmygedig,—o leia, gan y sawl sy'n ei alw'n *dinllach*', *LlG* iv. 19 (Môn); 'Hen *dinllach* bach ydi Ned, mae o mewn rhyw ddireidi byth a hefyd' (Môn); '*tinllach*' 'a puny, insignificant little fellow', 'yn *dinllach* o ddyn', ''r hen *dinllach* lartsh', *WVBD* 532.

tinllaes [*tin+llaes*] *a.* ll. *-ion*, a hefyd gyda grym enwol. Tew ei ben-ôl; da i ddim, diwerth, llegach: *fat-bottomed; good-for-nothing, worthless, feeble.*

15–16g. *AAST* (1935) 93, Pibau llaeth mewn pebyll onn, / Tunellesau *tin-llaesion* [Dafydd Trefor i ofyn geifr]. **17g.** HUW MORUS: *EC* i. 66, Rolant a wnae wrolaeth, / O'r maes, yn *dinllaes*, nid aeth. **1763** *DT* 174, Mae 'n fethiant, ac yn boethlyd, / Mae 'n *dinllaes*, ac yn danllyd [am henaint]. **1776** E. RICHARD: *B* 8, Pan gollo fe 'r gwirfaes yn oerllwm a hirllaes / Ni chlyw ond—Ffei *dinllaes* ffwdanllyd!

tinllipa [*tin+llipa*] *a.* Penisel, digalon: *crestfallen.*

Ar lafar, 'Mi ath i ffwr' yn *dinllipa* iawn—wedi methu câl 'i negas', *WVBD* 532.

tinllom, gw. tinllwm.

tinllwch, gw. tin+llwch[2].

tinllwm [*tin+llwm*] *a.* (b. *-llom*) ll. *-llymion*, a hefyd gyda grym enwol. Noeth ei ben-ôl neu ei waelod, hefyd yn *ffig.*: *bare-bottomed, also fig.*

14–15g. (*Diw.* **16g.**) *Gwyn* 3, 167, Chwys gallestr tanllestr *tin-llwm* [dychan Rhys Goch Eryri i'r

llwynog]. 16g. RHISIART FYNGLWYD, &c.: *Gw* 77–8, Yno heb gêl y gwelyn / Y Bedo'n geldingo dyn, / A thawlg hwn, llawnbwn llwyth, / Yn *dinllwm* o'r y danllwyth. 1617 *Minsheu* 452b, *Tinllwm*, Brwntyn d.g. *a Slaue*. 17g. *Card* 23, 431, Ail Sodom *dinllom* danllyd trig mawr / tre Gomorra fyglyd [Edward Morris am Ddolgellau]. *c.* 1689 (1802) L. WILLIAM: *Sheriyn Benchwiban* 23, A rowch chwi lymmaid bach o succan? / Hwrswn *tinllwm* yfwch dwfir: / Erchylla gwr, ewch allan. 18g. L. MORRIS: *LW* 10, Y Creadur berfain, anghenus. *tinllwm* hwn, gwelir bod o hono driugain mlynedd. *id.* 194, Y *tinllwm* ag yn gefnllwm ag yn groenllwm. 1763 *DT* 103, Fal Llwdn *tinllwm* af gefn Rhos, / Yn poeni, o achos Pannwr [Lewys Morris i ofyn dillad]. 1765 *Cyf C* 18, Pastun [sic] *tinllwm*, pistol tanllyd, / Twrw creglais, tarw cryglyd [am ddryll]. 1766 *CD* 12, ir [sic] Cefn llednoeth, ac i Bont Aber *Tinllwm*, ac i'r Esgair noeth ['Achau'r Cwrw']. *id.* 80b, Ac i'r hafod lom: / Newydd ddanlli [sic] *dinllom* ['Achau'r Cwrw']. 1770 *W*, *tin-llwm* d.g. *Bare-tailed*. 1803 *P*, *Tinllom* . . . Bare-bottomed. *id. Tinllwm* . . . Bare-bottomed. Ar lafar, 'edrych yn *dinllwm* iawn' 'scantily clothed' (Arfon).

tinllwyd [*tin+llwyd*] *a.* a hefyd fel *eb.g.* Llwyd ei waelod neu ei gynffon; *Bot.* dail arian, tansi gwyllt, *Potentilla anserina*: grey-bottomed, grey-tailed; silverweed, goosegrass, wild tansy.

c. 1400 *R* 1201. 36–7, Ae phyrth heyrn. ae thanllyr gyrn. ae *thinllwyt* geu [am uffern]. ?15g. *WLl* 243, Ni chenaist rroddaist bob rrwyd / Yr vn onid unllais vran *dinllwyd* [i'r gog]. *Dchr.* 17g. *J* 10, 156b, *Tinllwyd. Potenilia.* 1632 *D* (*Bot*), Y *Dinllwyd*, llwyd y din, y dorrllwyd, tansi gwyllt, gwyn a merched, Potentilla, agrimonia syluestris, tanacetum syluestre, argentaria, inguinaria. 1688 *TJ* (*Bot*), y *Dinllwyd* . . . wild Agrimony, wild Tansey, Cudwort, Starewort. 1753 *TR* (*Bot*), Y *Dinllwyd* . . . silver-herb, wild agrimony. 1770 *W*, Y *dinllwyd* d.g. *Agrimony*, *Silver-weed*. 1801 *MMf* 124, Cymmer ychydig o'r *dinllwyd*, sef y tansi gwylltion. 1813 *WB* 239, *Tinllwyd*. edr. Gwyn Y Merched.

tinman, tinnaf: tinno, gw. **tunman, tuniaf: tunio**.

tinnoeth [*tin+noeth*] *a.* ll. **tinoethion**, a hefyd gyda grym enwol. Noeth ei ben-ôl, hefyd yn *ffig.*: *bare-bottomed, also fig.*

15g. *GDLl* 172, Carl ni ddwg cweryl yn ddoeth, / Costog potennog, *tin-noeth* [dychan i Siôn Dafi]! 1545 ELIS GRUFFYDD: *Ll* 108, gwna j'r goddeuwr eiste yn *dinoeth* ar ysdool gav vwchben y dwr berwedig. 1575–6 *B* vi. 320, Ni chyflogwyd (*B* iii. 171. yspeiliwyt) *tinnoeth* am na chafad kyfoeth. 1588 *Eseia* xx. 4, [c]aethiwed vr Aipht . . . yn noethion, ac heb escidiau, ac yn din-noeth. 1722 *Llst* 189, *Tin-noeth*. Having the Buttocks uncovered. 1732–3 J. OWEN: *GB* 20. Pa ryw Gyfreithiau gwammal a maent hwy yn fynych yn eu gwneuthur, mewn Maswedd ac Ymgellwair fel hyn? Dymma waith gormesol *Tinnoeth* mewn Gwirionedd! Nid digon am Mr. M. chwyrni ac edrych arnynt, ond rhaid iddo ef fod yn greulon fel dyn, a'u gwneud yn *dinnoeth* i'w gwareidio. 1745 *ML* i. 89, pe daetha chwe' mil neu saith o Highlanders *tin noethion* ar eich cefnau. 1766 *CD* 144, I gael ei hôl Gyfoeth, / Er y môd yn awr yn *dinnoeth*. 1770 *W*, *Tin-noeth* d.g. *Bare-tailed*. 1776 E. RICHARD: *B* 11, A gwrthod y garthen a wnaeth y wenithen / Yn laswen ei thonnen a *thinnoeth*. 1798 *WR*, *tin noeth* d.g. *Buttock . . . Bare-buttocked*. 1799 DAFYDD IONAWR: *MB* 11, Pob rhemmwth, mewn budrfwth baw, / *Tin-noeth*, pawb yn putteiniaw! 1803 *P*, *Tinnoeth*. . . . Bare-tailed.

tinog [*tin+og*] *a.* Mawr ei ben-ôl: big-bottomed.

1771 *W* d.g. *Buttock, Large buttocked*. 1803 *P*.

tinpan[1,2], **tinpen, tinplat**, gw. **timpan**[1], **tympan, timpan**[1], **tunplat**.

tinpwl, *bg.a.* Maldodi, dandlwm, diddanu, tendio, cefnogi: *to pamper, dandle, amuse, dance attendance on, support*.

20g. Ar lafar, 'Gwell *tinpwl* na tantro' (Môn); 'Mae'n rhaid i *dinpwl* o hyd os am gael gwaith ohono', S. WILLIAMS: *EN* 87; 'paid â'i *dinpwl* o', *ISF* 73; 'Waeth iti heb â *timpwl* efo hwnnw', J. JONES: *Gwerin-eiriau'* 187–8.

tinrhwth, tinrwth [*tin+rhwth*] *a.* (b. -r(h)oth) A chanddo ben-ôl agored neu chwyddedig, hefyd yn *dros.*: *having an open or distended bottom, also transf.*

14g. *GDG*[3] 380, Tydi, y bwth *tinrhwth* twn, / Yrhwng gweundir a gwyndwn [i'r adfail]. 14g. *GIG* 161, Henddyn fam Wyddelyn wefr, / Hers *dinroth* hir estynnefr [dychan i Herstin Hogl]. *a.* 1400 *R* 1343. 22, Kystec yd dy vyb uarch geueil *tinroth* oet vy goth atuugeil. *a.* 1575 *GGN* lxi, moelgwd *tinrhwth* garwglwch giw / a mwdwl o saim ydiw [i ofyn moelrhon].

1803 *P*, *Tinroth* . . . Open-tailed. *ib. Tinrwth* . . . Open-tailed.

tinsang [*tin+sang*[1]] *e?g.* Tawddgyffur (i'r rectwm): (rectal) suppository.

1604–7 *TW* (*Pen* 228), *tinsang* d.g. *Glans . . . Suppositori*. 1632 *D. Tinsang, tinsang* d.g. *Glans, Suppositorium.* 1759 J. EVANS: *PF* 56, Rhoddwch suppository ['*Tynsang*' i. e. peth a hyrdder i fynu 'r Eisteddle] o Liain wedi ei wlychu mewn Aqua Vitæ. 1794 *W*, *tinsang* d.g. *Suppository*. 1798 *WR*, math o *dinsang* d.g. *Suppository*.

tinsel [bnth. S. *tinsel*] *eg.* (bach. -ach). Stripiau, edafedd, &c., o ddefnydd metelaidd gloyw a ddefnyddir i addurno, hefyd yn *dros.* ac yn *ffig.*: *tinsel, also transf. and fig.*

1933.

tinselaidd [*tinsel+-aidd*] *a.* Llawn tinsel, disglair, coegwych, rhad: *tinselled, tinselly*

20g.

tinselog [*tinsel+-og*] *a.* Tinselaidd: *tinselled, tinselly*

20g.

tinsigl [*tin+sigl*[1]] *eg.b.* ll. -au, a hefyd fel *a. Adar.* Sigl-di-gwt, sigldin, siglen, *Motacilla*: *wagtail.*

1547 *WS, Tin sigyl ygwys dderyn* [sic] Wagtayle. 1604–7 *TW* (*Pen* 228), *Tinsigl* d.g. *Cinclus. Dchr.* 17g. *J* 10, 156b, *Tinsygl* . . . *Motacilla motacologus. culiculeag.* 1794 *W, tin-sigl* d.g. *A wag, or wag-wanton, Wriggle-tail.* 1803 *P, Tinsigyl*, s. m. . . . A wagtail.

Fel *a.* Anllad, trythyll: *lascivious, wanton*.

1722 *Llst* 189, *Tinsigl*. Lascivious, wanton.

Cfn.: Adar. tinsigl brith: pied wagtail, Motacilla alba yarrellii. 1833. *tinsigl y gŵys:* (pied) wagtail, *Motacilla (alba yarrellii).* 1547 *WS.* 1604–7 *TW* (*Pen* 228) d.g. *Motacilla, Trochilos.* 1632 *D, Tinsigl y gŵys,* Motacilla, motacula, codatremula, culiculeag. 1688 *TJ, Tinsigl y gŵys,* sigl tin y gwŷs: a Bird called a Wagtail. 1707 *AB* 94c, Motacilla, *Tinsigil y gûys,* brith y vyches, brith yr oged. A bird call'd a wag-tail. 1794 *W* d.g. *Wagtail.* 1803 *P*, Tinsigl . . . *Tinsigyl y gwys,* brith y vuces, the field wagtail. **tinsigl y dwr:** *water wagtail, pied wagtail, Motacilla alba yarrellii;* kingfisher. Alcedo atthis. 1722 *Llst* 189, *Tinsigl y dŵr:* A water-wagtail. 1794 *W, Tinsigl y dwr* d.g. *Water-swallow.* 18–19g. *IAW* (LlGC) 101, 49a, King fisher, *Tinsigl y dwr.* 1803 *P*, Tinsigyl . . . *tinsigyl y dwr,* water wagtail or kingfisher. **tinsigl wen:** *white wagtail, Motacilla alba alba.* 20g. **tinsigl (l)lwyd:** *grey wagtail, Motacilla cinerea.* 1832. **tinsigl melyn, tinsigl felen:** *yellow wagtail, Motacilla flava.* 1832.

Gw. hefyd **sigldin.**

tinsiglaf: tinsiglo [*tin+siglaf: siglo*] *bg* Siglo'r pen-ôl neu'r cluniau (wrth ddawnsio, cerdded, sgio, &c.): *to swing one's bottom or hips (in dancing, walking, skiing, &c.), wedelu.*

16–17g. *HG* 181, dansiol wna dyn yn dawnso / . . . / tin siglo a gwyro gwawr / troed trawsy dyrnu daiar. 1803 *P*, *Tinsiglaw* . . . To shake the tail.

tinslip [*tin+slip*[1]] *a.* Cywilyddgar, a'i gynffon yn ei afl, penisel, wedi torri ei grib: *sheepish, with his tail between his legs, cowed, crestfallen.*

18–19g. JAC GLAN-Y-GORS: *Gw* 58, Bu gynt yn wared anwrol. / Yn *dinslip* ryfeddol ei fodd. Ar lafar, 'tinslip' 'sheepish, down in the mouth', 'Mi a'th ordw tha' i'n dinslip iawn', yn din-slip', *WVBD* 532.

tinsyth [*tin+syth*] *a.* Syth ei ben-ôl neu ei waelod, torsyth: *straight-bottomed, strutting.*

[1750] *ML* (Add) 200, ag am y cwrwgl *tinsyth* / sych y bo ei swch ef byth. Ar lafar, 'tinsyth' 'balch ei gerdded', *Cymru* xlvii. 237 (sir Ddinb.). Cf. TAL-HAIARN: *Gw* i. 61, A Chadi *dinsyth* yno'n dawnsiaw.

tintac, tinten, gw. **tuntac, tin.**

tintur, tentur[2]**, tinctur** [bnth. S. *tincture*] *eg.* ll. **tinturiau.** Toddiant meddyginaethol o gyffur (llysiau yn bennaf) mewn alcohol: *tincture.*

1771 *PDPh* 8, Cymmerwch lwyaid fawr o *Tinctur* o Hiera Picra bob dydd. *id.* 11, Cymmerwch ddeg diferyn ar hugain o *Tinctur* Elebor du. Ar lafar, 'tentur'. *Cymru* xlvii. 237 (sir Ddinb.); hefyd yn y ff. *tenturiwbob, tintiriwbob, tintariwbob.*

tintws, gw. **tin.**

tinwan, gw. **tin + gwan**[1].

tinwyn [*tin+gwyn*[1]] *a.* a hefyd fel *eg.* (b. -wen, ll. -nod) ll. -ion. Gwyn ei ben-ôl, ei waelod, neu ei gynffon; *Adar.* cynffonwyn, Œnanthe œnanthe; *Bot.* dail arian, tansi gwyllt, *Potentilla anserina*: white-bottomed, white-tailed; wheatear (in ornith.); silverweed, goosegrass, wild tansy.

14g. *GDG*[1] 160, Rhydain iwrch, rhedai yn Iâl, / Rhy *dinwyn* lwdn rhedynwal. 1575–6 *B* vi. 317, Pan gilo'r afr a myn, e welir yn *dinwyn*. 16g. WILLIAM CYNWAL: *Gu* (R. L. Jones) 668, Madog, dyn oediog, *dinwen*,—wergest [dychan i'r llwynog]. 1604–7 *TW* (*Pen* 228), *Tinwyn*, cynphonwyn, ne gadnaw d.g. *Lampurus.* *id.* Carw'r brwyn, *tinwyn* yw d.g. *phalangium. Dchr.* 17g. *J* 10, 156b, *Tinwyn* . . . *Pygargus.* 18g. *Beirdd y Berwyn* 89, Yr hen fadyn *tinwyn*, os rhaid i mi achwyn, / Cyn hanner y gwanwyn gwnai wenwyn y gwaith. 1801 *MMf* 282, Argentaria, y *dinwen*, y dinllwyd.

Cfn.: Adar. tinwyn (tinwen) y garn: wheatear, Œnanthe œnanthe; stonechat, Saxicola torquata. 1832. **tinwyn y cerrig, tinwen y garreg (cerrig):** *wheatear, Œnanthe œnanthe; stonechat, Saxicola torquata; sometimes derog.* 1830. Ar lafar, 'tinwan y garrag' 'wheatear', *WVBD* 533. **tinwyn cwynfanllyd, tinwen gwynfanllyd:** *whinchat, Saxicola rubetra.* 1896.

tip[1] [?bnth. S. *tip* 'extremity or end; small piece attached to the end of a thing'] *eg.* ll. -iau. Darn (toredig), dryll; pen neu bwynt (eithaf), blaen: (broken) piece, fragment; tip, extremity, end.

16g. *LlS* 97, yn y cibæ blodeoc y mae ychydic *tipiæ* y rhei a welir yn velynleision yn ei cenol a gwedy syrthio y rheini y tyf connyot nei gwrychynot rhuddleision yn ei hol [am hocys]. *Dchr.* 17g. *J* 10, 157a, *Tip.* Mica. Segmen. 1672 J. LANGFORD: *HDdD* 149, Y mae 'n debyg i blant y rhai a dynnan yn *dippia*[?]l y pethau a fo nwyaf hôfl gandddynt. 1704 E. SAMUEL: *BA* 114, gorfod ar Lysias orchymyn ei gippio efo i'r Castell rhag iddynt ei dynnu ef yn *dippiau.* 1742 *ML* i. 72, Ni safiwyd fawr or petheua, pob peth trwm yn y gwaelod, a phob peth ysgafn yn *dippiau* triog r y gwely i greigiau. 1757 *Cylchg LlGC* (1943) (At.) 6, Mae f'argraphwasg i yn *dippiau* ar Gyfyrgoll ers llawer dydd. 1790 TWM O'R NANT: *GG* 72, Ystrapiau dewrwych am wddf y dŷn, / I siopo'i Glôs tros *dip* ei glun. 18–19g. *Llr C* 16, 177, *Tip.* a little piece . . . [Gwynedd]. 1803 *P, Tip,* s. m.—pl. *t. iau* . . . A particle, a bit, or small fragment. Dyma wo wedi tori yn *dipiau* mân, here it is broken all to shatters. Ar lafar, 'Mae o wedi mynd yn *dipia*' 'it is broken to bits', *WVBD* 533; '*tipia*' 'chwiltriw mân', 'Torri 'n dipia', *Cymru* xlvi. 21–4 (sir Ffl.); 'malu yn dipia, chwil *dipia*', *TGG* (1907–8) 96 (Eifionydd); dywedir bod rhywun sy'n teimlo'n sâl yn 'teimlo'n *dipia*', *B* xx. 382 (ardaloedd chwareli llechi'r Gogledd). Cf. J. FF. ELIS: *Ffenestri Tua'r Gwyll* (1955) 241–2, Ym mwlch y dadrith, lle mae'r breuddwydion yn *dipiau* a'r bwriadau'n deilchion.

Cfn.: tipiau mân (potes): small pieces or fragments. 18–19g. *Llr C* 16, 177, Tip . . . yn *dipieu* mân [Gwynedd]. 1803 *P* d.g. *Tip.* Ar lafar, 'I orrwch o'n *dipie* mân' (Rhoslannerchrugog). Cf. W. REES: *LlHFf* 30, mi torwn nhw yn *dipie mân potes* bob un.

Gw. hefyd **tipyn.**

tip[2] [bnth. S. *tip* 'light stroke'] *eg.* ll. -iau. Ergyd ysgafn, tic: *tip, light stroke, tick.*

1827. Ar lafar, 'tip' 'tick (of a clock)', *WVBD* 533. Clywir *tip* hefyd yn yr ystyr 'gêm i unrhyw nifer . . . gydag un plentyn yn rhedeg ar ôl y gweddill', *LlG* xi. [4] (Penmachno).

Gw. hefyd **tipiadau.**

tip[3] [bnth. S. *tip* 'dumping-ground'] *eg.b.* ll. -au, -s. Man lle caiff gwastraff, &c., ei ddadlwytho, tomen (wastraff): *dumping-ground, tip.*

1907. Ar lafar, 'Tip' 'Blaen y domen', *B* xx. 382 (ardaloedd chwareli llechi'r Gogledd); '*tip*' 'lle i daflu neu grynhoi gio yn bennaf', 'Fe æth y *dip* ar dæn', 'Gwitho ar ben y *dip* ma fa yn y pwll' 'gweithio allan nid dan ddaear', *GTN* 792, '*Tip*' 'rubbish tip', *B* viii. 223 (dwyrain Morg.); 'Ma'r lle 'ma'n edrych fel *tip*' (sir Ddinb.).

Cfn.: tip glo: coal-tip. 1931. Ar lafar, 'Ma *tip* glo'r pwll yn gwmws o flaen 'u tŷ nw', *GTN* 792. **tip sbwriel:** *rubbish tip.* Ar lafar.

tip[4] [bnth. S. *tip* 'small present of money; special information'] *eg.* ll. -s, -iau. Rhodd ariannol fechan, yn enw. am wasanaeth, cildwrn; peswar o wybodaeth arbennig yn enw. ynglŷn â betio neu fuddsoddi: *tip, small present of money; tip, special information.*

1938.

tipaf¹: tipan, tipaf²,³,⁴: tipo, gw. **tipiaf¹: tipian, tipiaf²,³: tipio, dipiaf: dipio** (hefyd At.).

tiped, tipet [bnth. S. *tippet*] *eg.b.* ll. *-au, -i.* Darn hirgul o frethyn sy'n rhan o hwd, &c., neu'n rhydd fel sgarff, dilledyn tebyg yn rhan o wisg swyddogol, yn enw. gwisg clerigwr, dilledyn o ffwr, &c., sy'n gorchuddio'r ysgwyddau ac a wisgid gynt gan ferched, clogyn, hefyd yn *dros.*: *tippet, also transf.*

15g. *GDID* 100, Dau gapan heb wlân, heb lin, / Dau *diped* fal dau dapin [i ofyn bytheiaid]. **15–16g.** *GLM* 364, Oer weled mewn *tiped* du / wyneb ellyll yn pyllu. **1547** *WS*, *Tippet* effeirat A preestes typpet. **16g.** *Cy* ix. 365, [d]ay *diped* amliw ar odre y fferengris . . . [d]ay *diped* amliw ar y ddwy lawais . . . [y] *tiped* amliw ar yr yffedoc. **16–17g.** *GST* i. 485, A'i *diped*, a'i ddwbled dda, / A'i het im eto yma [i ofyn mortwari Syr Tomas Goch]. *c.* **1600** *RWM* i. 1054, a phob gwr a vû vaior bob gwyl vchel mewn gwn o scarlat coch, a *thiped* [drll.] o velvet dû. *c.* **1621** *CRC* 29, ai *thiped* ai chroes ai chalon / tabled o avr ar i dwyfron [i ferch]. **1710** *LIGG* (*Gos*) 10, Er hynny bid rhydd i'r cyfryw Weinidogion nad ŷnt Raddolion, wisgo ar eu Gwenwisg, yn lle Hydiau, ryw *Dipped* weddus o Ddu, trwy na bo 'n Sidan. *id.* 12, Hydiau neu *Dippedau* o Sidan neu Sarsned. **1722** *Llst* 189, *Tipped.* f.p. *pedau.* A tippet. Ar lafar, '*tipad* . . . *tipedi*' 'tippet', '*tipad* dros 'i 'sgwydda', *WVBD* 533; '*tiped* . . . *tipedi*' 'tippet', *Cymru* xlvii. 237 (sir Ddinb.); '*tip-et*' 'tippet, a cape', *TGG* (1907–8) 90 (de-orllewin sir Gaerf.).

Amr.: **tybed².** **16–17g.** *Cer RC* 93, Minne fwyneiddwas mewn brethyn goleulas, / A'm *tybed* goweithas o las hyd y 'nglin.

tipi [bnth. S. *tepee*] *eg.* Math o babell o grwyn, brethyn, rhisgl, canfas, &c., ar fframwaith o bolion a ddefnyddid yn wr. gan rai o Indiaid gogledd America: *tepee.*

20g.

tipiadau [bôn y f. *tipiaf¹*, *tipaf¹*: *tip(i)an, tipio*+*-iad¹*+*-au*] *e.ll.* Ticiadau (cloc, &c.), curiadau: *tick(s)* (*of clock, &c.*), *a ticking, beats.*

1893. Ar lafar, '*tipiada*' 'tick (of a clock)', *WVBD* 533. Cf. D. Owen: *GT* 320, gan symud ei ben megys i ganlyn *tipiadau* y watch; I. Ff. Elis: *Ffenestri Tua'r Gwyll* (1955) 94, Dyn . . . a fedrai wrando *tipiadau*'i chalon heb fynd yn fwrlwm o emosiwn.

tipiaf¹, tipaf¹: tip(i)an, tipio [bnth. S. (*to*) *tip* 'to strike lightly'] *bg.a.* Tician, taro neu gyffwrdd yn ysgafn: *to tick, strike or touch lightly.*

1791 J. Harris: *Alm* 32, Y gwenholiodd [*sic*] . . . yn *tippian* y dwfr â'u hadenydd. Ar lafar, 'y cloc yn *tipian*', *Cymru* xlvii. 237 (sir Ddinb.); "Ôn i'n clŵad sŵn fel cloc yn *tipan* yno', *GTN* 792. Cf. W. Rees: *AFR* 9, does gyntho fo [cloc] ddim llawer o waith *tipian* a chlochian eto hyd nes bydda ine chwedi myn'd o gyredd i swn o.

tipiaf², tipaf²: tip(i)o [bnth. S. (*to*) *tip* 'to overturn, empty'] *bg.a.* Troi wyneb i waered, gogwyddo, goleddfu, arllwys neu ddadlwytho cynnwys cart, trol, wagen, dram, &c., drwy ei gogwyddo: *to tip* (*up*), *overturn, empty* (*by tipping*).

1670 J. Hughes: *AP* 150, pe bai eich enaid ynawr [*sic*] hyn wedi ei diosg [*sic*] o'r corph a'i *dippio* i fynu, a'i osod o flaen Tribunal Duw i dderbyn barnedigaeth ynol [*sic*] eich gweithredoedd. **17–18g.** O. Gruffydd: *Gw* 90, Er uched dy wrychyn, mi a *dipia* dy dopyn, / O flewyn i flewyn yn sydyn dan ser. Ar lafar yn gyff., *LGW* 123; '*Tipio*' 'Gwagio'r rwbel ar y domen', *B* xx. 382 (ardaloedd chwareli llechi'r Gogledd); '*tipio*' 'dadlwytho trwy gantio'r llwyth', *id.* xxiv. 180 (Môn); 'Fe *dipws* y siesbenid dŵr twym drŵs 'y nrod i', *GTN* 793.

tipiaf³, tipaf³: tip(i)o [bnth. S. (*to*) *tip* 'to give a tip'] *bg.a.* Rhoddi cildwrn (i): *to tip, give a tip* (*to*).

1895 D. Owen: *SP* 20, gwyddem y byddai raid i ni *dipio* y gyrwr am y fraint. Ar lafar yn gyff.

tipiaf⁴: tipio, tipi-down, gw. **dipiaf: dipio** (hefyd At.), **pipi-down** (hefyd At.).

tipiog [*tip¹*+*-iog*] *a.* Llarpiog, rhacsiog: *torn, tattered.*

c. **1863.**

tipit [bnth. S. *tip-it*] *eg.* Gêm a chwaraeir gan ddau dîm o ddau neu dri aelod; cuddir botwm, &c., yn llaw aelod o un tîm, a rhaid i aelod o'r tîm arall ddyfalu ym mha law, gan ei chyffwrdd a dweud 'tipit': *tip-it.*

20g. Ar lafar, "Ôn ni'n chwarae *tipit* y noson 'no'.

tipiwr [bôn y f. *tipiaf²*, *tipaf²*: *tip(i)o*+*-iwr*] *eg.* ll. *tipwyr.* Gweithiwr sy'n arllwys neu'n dadlwytho cynnwys wagen, dram, &c.: *tipper* (*workman*).

20g.

tiplaf: tiplan [bnth. S. (*to*) *tipple*] *bg.* ?a hefyd gyda grym enwol. Diota, potio, llymeitian: *to tipple.*

1672 R. Prichard: *Gw* 14, Mae'r ffeiriaid yn loytran, mae'r barnwyr yn bribian / Mae'r bonedd yn *tiplan*, o Dafarn i Dwlc. **1724** E. Wells: *CC* 34, trwy yfed a *thiplan* yno [yn yr eglwys] ar y[r] amseroedd y byddir yn canu'r clychau. **1770** *TG* iii. 60, Da gweddaidd ymgadw, / Gwaith hoyw yw hyn: / Ond *tiplan* tafarnau, / Off'rynnau tra ffyrnig / Gan wario mewn malldod, / Yn wir felldigedig.

tipton, gw. **dipton.**

tip-top [bnth. S. *tip-top*] *a.* Rhagorol, gwych: *tip-top.*

1848.

tipyn [*tip¹*+*-yn¹*] *eg.* ll. *-nau*, a hefyd gyda grym adferfol. Tamaid, dernyn, gronyn, mymryn (lleiaf); hatling; pen neu bwynt (eithaf), blaen; llabed clust; ychydig, peth (amser); llawer, cryn lawer: *a bit, small piece, tittle, whit; mite* (*small coin*); *tip, extremity, end; ear lobe; a little, some* (*time*); *much, great deal.*

16g. Bedo Hafesb, &c.: *Gw* 146, dal *dipin* dan dyewin [*sic*] [i'r dyn ffôl]. **1567** *TN* 122a, Ac ef a welawdd hefyt ryw vvreic-weddw dlawd, yr hon a vwriawdd y mywn yno ddwy hatling [:– dau vitym, dau *dipin*, dryllyn, getyn]. **16g.** *LlS* 124, yn ei genol yr ymddengys *tipynnæ* blodeuoc melynion ynglyn wrth draedæ meinedigion. **1588** *Hos* viii. 10, a dechreuasant ddeffygio *tippin* ar faich brenin y tywysogion. **1588** *Doeth Sol* xi. 23, O blegit megis *tippin* allan o gloriannau yw'r holl fŷd. **1588** *Math* v. 18, ni dderfydd vn iod, nac vn *tippin* o'r gyfraith hyd oni chwpleir oll. **1599 (1677)** R. Holland: *AB* 3, oblegit nad oes cymaint a'r *tippyn* lleiaf o air Duw yn ein dyscu i wneuthur felly. **1604–7** *TW* (*Pen* 228), *tipin* d.g. *Lobus.* **1632** *D*, *tippyn* d.g. *Aliquantum, Segmentum.* **1658** *Examen* 21, Ti ai gwrthodaist ef am . . . *dippin* o elw. **1677** C. Edwards: *FfDd* 342, y naill mewn llestr *dipyn* mwy na'r llall. **1703** E. Wynne: *BC* 143, nid oes ond chwerthin *tippyn* am ben cestyn anllad. **1722** *Llst* 189, *Tippyn.* m.p. *pynnau.* A small deal, jot, whit, grain, little. **1730** *ML* (Add) 6, gobeitho fod ych mam yn *dipyn* gwell heddiw na dou [*sic*]. **1743** *ML* i. 77, Gresyn na sobreiddia'r hurthgan *dippyn.* **1754** G. Owen: *L* 90, Cymmaint ag oedd o'm tu, oedd, fy mod yn medru'r Iaith yn dda, a chennyf gryn *dippyn* o ryw dueddiad naturiol at y fath bethau. **1764** *Cylchg LlGC* xvi. 48, 8 hobed a hanner peced ar dir y tu yn y ffordd a rhuw fan *dipyne* erill. **1792** Gw. Mechain: *Gw* ii. 128, Llyna Bywys Fadog wedi ei rhanu yn *dipynau.* **1803** *P*, *Tipyn*, s. m.—pl. t. *au* . . . A small particle, bit, or piece; a little bit, *Tipynau* crynion, round particles. Ar lafar yn gyff., '*tipin*' 'a little, a bit', 'Mae *tipin* yn oer heiddiw', 'Mae'n g'leuo *dipin*', '*tipin* uwch', 'mewn *tipin* o oed'; "Dach chi wedi hel *tipin* go lew (*tipin* go dda) o fêl i'r cwch', 'pob *tipin*' 'every scrap'; 'Mae 'na gryn *dipin* odd acw i'r cnebrwn' 'it is a good long way to the funeral from my home', *WVBD* 533.

Cfn.: **tipyn bach:** *a little* (*bit*), *a little while.* **1606** E. James: *Hom* iii. 166, fe a brawf diawl bob peth i geisio rhwystro a lluddio eich calonnau a'ch bwriadau duwiol chwi, os rhowch iddo *dyppŷn* [*sic*] *bach* o le. **1661** E. Lewis: *Drex* 12, gadewch i ni droi oddi ar hyn tros *dippyn bach* attom ein hunain. **1696** *CDD* 191, Cadw yn lân dy law bôb amser, / *Tippŷn bâch* 'all ddiwŷno llawer. **1744** D. Rowland: *RY* 33, yn awr, ar ôl myfyrio *tippyn bach*, efe a Ddibennodd ar y Pedwar peth hyn. Ar lafar yn gyff., '*tipin bach*' 'a little bit', *WVBD* 29; "Fedrwch chi siarad Cymraeg?' '*Tipin bach*', 'ymhen *tipin bach*' 'after a little time', *id.* 533; 'Faint yw'ch oedran chi? / Yr un oed â bawd fy nhroed / A *dipyn bach* hynach na 'nannedd', M. Wiliam: *DY* 52 (sir Gaern.). **tipyn y glust:** *ear lobe.* **1632** *D* d.g. *Lobus.* **1722** *Llst* 189, *Tippyn y glust.* The tip of yᵉ ear. **1771** *W* d.g. *Burr of the ear, Flap . . . Flap of the ear, The lobe* (*tip*) *of the ear.* **y tipyn lleiaf:** *ever so little.* **1776** *W*, *Y tippyn . . . lleiaf* d.g. *Little, Ever so little.* **i'r tipyn:** *exactly, precisely.* **1859.** **o dipyn:** *by far, by a great deal.* Ar lafar yn gyff. **o dipyn i beth:** *bit by bit, little by little, gradually, progressively.* **1798** T. Roberts: *CG* 38, a chan iddynt weled haelioni y werin, nhw a welsant yn dda fyned yn rhanog a'r tlodion *o dipyn i beth.* **1803** *P*, Tipyn . . . *O dipyn i beth*, from a little to some. Ar lafar, *WVBD* 221. Cf. W. Rees: *AFR* 146, *O dipyn i beth*, daethant yn hyfion y naill ar y llall; D. Owen: *D* 224, Ymddygai y doctor a'r nurse yn garedig iawn ataf, ac *o dipyn i beth* dechreuais gryfhâu; D. Owen: *RL* 238, *O dipyn i beth* syrthiais i sefyllfa ddiwaith, bendrymaidd, a phruddglwyfus; D. J. Williams: *HW* 24, Siôn Wiliam . . . *o dipyn i beth* magodd ddigon o steil i gael ei alw yn John Williams. **o dipyn i dipyn = o dipyn i beth.** **1661** E. Lewis: *Drex* 269, Eithr er hynny ef a gynnyddodd *o dippin i dippin*, ac aeth yn un o ysgolheigion Pachomius. **1701** E. Wynne: *RBS* 270, mi ymrois *o dippyn i dippyn*, nes fy mynd yn iwin eilwaith. **1712** T. Williams: *CDdG* 247, O herwydd os gwnawn bob peth ar a geisiont hwy . . . hwy a ddeuant *o dippin i dippin*, drwy ei hîr arferu yn fwythol i ennil [*sic*] cymmaint o Awdurdod trosom. **1803** *P*, Tipyn . . . Taled imi *o dipyn i dipyn*, it has been paid to me by little and little.

Gw. hefyd **tipynnach.**

tipynnach [*tipyn*+*-ach²*] *e?g.* ac *e.ll.* Darn(au) bach; llawer: *small bit(s)*; *many.*

1719 T. Evans: *CDW* 68, Tystiolaethau 'r Awdwyr . . . O's mynnwch chwi eu darllen yn gyfiawn . . . yr hyn i'm Tŷb i, sydd lawer gwell na darllen *Tippynnach* yma ac accw. Ar lafar, 'man-ddrylliau, *tipynach*, &c.', J. Jones: *Gwerin-eiriau* 23; '*tipynach*' 'llawer', *B* iv. 303 (canolbarth Cered.).

tir [H. Grn. *tir*, gl. *tellus*, Crn. C. *tyr*, Crn. Diw. *teer*, H. Lyd. *tir*, gl. *agellus* .i. *terra*, Llyd. C. a Diw. *tir*, H. Wydd. *tir* (diryw; bôn yn *-s-*), Gwydd. C. a Diw. *tír*: ?o'r gwr. IE. **ters-* 'sychu'; cf. Llad. *terra* 'daear', H. Wydd. *tirim* 'sych'] *eg.* (bach. *-yn*) ll. *-oedd, -edd,* (prin) *-ioedd.* Rhan soled arwyneb y ddaear (gthg. *môr, awyr*), daear, pridd, tywarch; stad, eiddo tiriog; maes, darn helaeth o wlad, ardal, tiriogaeth, gwlad, y ddaear; grwn; hefyd yn ffig.: *land* (*opp.* '*sea*', '*air*'), *ground, soil, turf; estate, landed property; open land, expanse of country, region, territory, domain, country,* (*the*) *earth; ridge, selion; also fig.*

9g. (*LlSC*) *LL* xliii, Surexit tutbulc . . . dierchim. *tir* telih. **10g.** (*Juv*) *VVB* 222, Fundum ir *tir. Dchr.* **12g.** *GMB* 7, Terruin am *tir*, ri reith kywir o hil Morgant. **12g.** *id.* 73, Taer tertyn asseu taleu treuyt, / Torri calchdoed *tiret* Trenyt. *id.* 446, Dewi maɞr ar y mor, mynych noted, / Ry gelwir ar y *tir* rac dyɞrthred. **12g.** *GCBM* i. 24–5, *Tir* gɞreid gorɞyf rac vnbenn, / Tiryon Mon, meillon y morbenn. **13g.** *LlI* 59, try neyt en e *tyr* (sef yu e *tyr* eg Kemraec newyd, grun); a myl o'r *tyr* yu e mylltyr. **13g.** *GBF* 421, Pony welɞch chɞi'r mor yn merwinaɞ—'r *tir*? / . . . / Och hyt attat Ti, Duɞ, na daɞ—mor tros *dir*! **14g.** *YBH* 47a, A phan gigleu boɞn hynny gɞrtheb aoruc vdunt a dywedut y gyniuer *tiryoed* ym gɞasanaethaɞd .i. y march yndunt. *c.* **1400** *R* 1047. 37–8, Neursylleis olygon ardirion *dir.* oorsed orwynnyon. *c.* **1400** [*RB*] *WM* 499. 16, gɞedy disgynnu arthur yr *tir.* *c.* **1400** *RB* ii. 400, Ac am uot arthur yn etiued ar lawer o *diroed* yn teyrnas ffreinc. **1547** *WS*, *Tir* Lande. **1588** *Salm* xix. 4, I bob *tîr* yr aeth eu sain hwynt. **16–17g.** *GST* i. 553, Trumen ydyw'r *tir* yma, / Tarren dost heb un *tiryn* da. **16–17g.** Edward Urien, &c.: *Gw* 217, Hwn fu pen, hyd ben y bedd, / Gwlad Arwystl a'i gloyw *diredd* [marwnad Olfir Llwyd o'r Berthlwyd]. **1632** *D*, *Tir*, Terra, prædium. *id.* d.g. *Ager, Fundus, Solum.* **1672** J. Langford: *HDdD* 243, ei Ddâ ef, tan ba air cyffredinol y cynnhwysir ei Dŷ ef, a'i *Dîr*, a'i Anifeiliaid, a'i Arian, a'r cyffelyb. **1688** *TJ*, *Tir*: Land, an Inheritance, a Farm or Tenement. **1723** WM: *PGG* [xxvi], Yn lle hyn y mae'n ceisio arwain pôb Enaid i *Dîr* uniondeb, gan ddangos iddynt Lwybrau hyfryd yr Efengyl. **1752** G. Owen: *L* 12, 'rwyf yn dal rhyw ychydig o *Dir.* **1803** *P*, *Tir*, s. m.—pl. t. *oz* . . . Land; earth, soil, ground. Ar lafar yn gyff., *WVBD* 533, *GTN* 796. Digwydd fel elf. mewn e. lleoedd, e.e. *Tirymynach* (pl., Cered.).

Cfn.: **tir a daear,** &c.: *land and earth, lands.* **12g.** *LL* 120, yholl cyfreith didi hac dy *thir. hac* di *dair* . . . y*thir hay dayr* dy luyd. **13g.** *BD* 93, ac a rodeist ym eisteduaeu amyl ehalaeth o *tir a dayar.* **14g.** *WM* 7. 13–16, A fob un o honunt yssyd haɞlɞr ar y gilyd a hynny am *dir adayar.* **16g.** (*LlEG*) *Mos* 158, 26a, Ynn yr amser I gwnaeth pendeuigi/on normandi wriogaeth I William dros dros [*sic*] *diroedd a deiery/dd* a chyuoythydd normandi. **tir yr addewid, tir y gaddewid:** *land of promise, promised land.* **1567** *TN* 339b, Trwy ffydd yr arosawdd ef yn *tir yr addewid*, megis yn lle dierth. **1595** H. Lewys: *PA* 71, sef pann ddelent i *dir y gaddewid* na allent ddoedyd, fyngallu i fy hun. **y tir a'r môr:** *land and sea. c.* **1400** *R* 1294. 43. **1618** J. Salisbury: *EH* 20. **tir aeriaeth:** *hereditary estate.* **1856.** Ar lafar (Arfon). **tir agored:** *open country, unenclosed land.* **1903.** **tir âr:** *arable land.* **14g.** *WM* 145. 28–30, aɞstat ydyffryn oed yn weirglodeu. a*thired ar. c.* **1400** *R* 1345. 40–1, bloedleidyr twr ereidyr *tir ar*

blif bleidyeu rochgeu rech gar. **15g.** *OBWV* 117, Grut oer yw gweryd *tir âr*, / Gweren dew ar groen daear. **1604–7** *TW* (*Pen* 228), *tir âr* d.g. *Aphaca.* **1803** *P*, Tîr . . . *tir âr*, arable land. Ar lafar. Gw. hefyd *ardir.* **tir aradwy = tir âr. 1846. tir aredig:** *arable land, fallow* (*land*). **1547** *WS*, Ar *tir aredic*, Fallowe. **tir awdud:** *crown land.* Ar lafar yn y Gogledd. **tir beihowlt:** *land let or held for one year.* Ar lafar, '*Tir-beihowlt*' 'Land held for one year. A farmer who has too much land for his own use, or who is "gone back in the world," is obliged to let his spare land, and he usually does so by auction about Michaelmas. This is called *tir-bei-howlt*', *GDD* 300. **y Tir Bendigaid:** *the Holy Land.* **1594–6** *Brog* 15, 384, Awrelianys a wnaeth ermes *y tir bendigaid.* **1728** T. BADDY: *DDG* 4, anialwch Arabia, yr hwn yr oedd yn rhaid i mi fyned trosto, cyn y gallwn ddyfod i'r *Tir bendigaid.* **tir bord,** gw. *tir bwrdd.* **tir breiniol:** *privileged or allodial land.* **13g.** *GDB* 255, Gwenwyn yn amwyn am *dir breinnyawl* Powys. **1793** *P*, Breiniawl . . . *Tir breiniawl*, land free from rent, or service. **tir bwrdd, tir bord, tir y ford:** *bord-land, demesne, mensal land.* **13g.** *LlI* 62–3, Maer e bysweyl . . . a dele tegu tros *tyr burd* e llys a'e hauottyr. **14g.** *GIG* 47, A'i *dir bwrdd* a'i adar byw, / Peunod, crehyrod hoywrywg. *a.* **1561** *B* vi. 46, pa gymaint y sydd yn *dir bord* ytt, a ffa sawl erw o borfa. **1632** *D*, Tir . . . *Tir bwrdd*, Terra mensalis. **1770** *W*, *tir bord, tir y ford* d.g. *Bord-lands* [*lands which lords keep in their hands for the maintenance of their board or table*]. **1803** *P*, Tîr . . . *tir bwrz* y llys, land for the table of the palace. Gw. hefyd *byrdd-dir.* **tir byw:** (i) *solid earth, earth or land that has not been loosened or stirred; virgin soil or land. c.* **1400** *B* ii. 12–13, kanys or keiff yr aradwr llet deuwys or *tir byw* yna y byd diogel yr hat . . . os kwys lydan a erdy ac adaw y tir yn uyw y rygtunt. twylleist y tir a cholleist yr hat . . . yr oget a tynn yr hat yr *tir byw.* **15–16g.** *TA* 164, Torri brig y *tir byw* 'r wyt, / Tarw o frud trwy fôr ydwyt [i Hywel ap Gruffudd ap Rhys]. (ii) *earth above ground floor level near to or touching the wall of a building.* Ar lafar, '*tir byw*' 'daear fyw' (gogledd a chanolbarth Cered.). **tir y (rhai) byw(ion):** *land of the living.* **1567** *LlGG* (*Sall*) lxvia, Rodiaf rhac bron yr Arglwydd, yn-*tir y bywion.* **1588** *Eseia* liii. 8, ef a dorrwyd o *dir y rhai byw.* **1655** WL: *DP* 83, fal y moliannwyf di etto yn *nhîr y rhai bywion.* **1743** D. ROWLAND: *T* 29, *Tîr y Byw* yw Tîr Gobaith. **1789** *PMP* [2], Mae ef etto ar *dir y byw.* Ar lafar, 'Mae'n dal ar *dir y* (*rhai*) *byw*'. **tir caeth:** *bond-land, also fig. c.* **1400** *R* 1309. 1–2, Deu ogennadeu gbynnyon ydynt *dir kaeth* lloegyr aaeth boet ffraeth ffrbythynt. **tir canol:** *middle or neutral ground.* **19–20g.** *SE*, Canol . . . *Tir canol*, neutral ground. **tir caregog:** *stony soil, also fig.* **1567** *TN* 20a, Ar ei [had] a gwympodd ar *dir caregog*, lle ny chawsant vawr ddaiar. Ar lafar. **tir claddu:** *burial ground.* **1866. tir coch:** *arable, ploughed, or tilled land; dry or barren land; reddish soil.* **1936.** Ar lafar, '*tir coch*' 'ploughed land, tilled land' (canolbarth a godre Cered.); '*tir coch*' 'lle y mae'r pridd yn gochlyd' (dwyrain Morg.); '*tir coch*' 'dry, barren land', *WVBD* 533; '*tir coch*' 'ploughed land', *TGG* (1907–8) 90 (de-orllewin sir Gaerf.); '*tir coch*' 'land that has been ploughed before', *GTN* 796. Cf. D. J. WILLIAMS: *STC* d.d., Storïau'r *Tir Coch.* **tir coed:** *wooded land.* **13g.** *LlI* 58, *Tyr coet*; wyr euelly. **tir coedwyr** [?ffrwyth camddeall yr engh. fl.]: *land cleared of trees and ploughed.* **1730** *Leg Wall* 584, *Tir coedwyr*, Arvum quod ex silva caedua sit. **1753** *TR*, Tir . . . *Tir coedwyr* . . . plowed land where wood had been cut down. **tir comin:** *common or unenclosed land.* **1931.** Ar lafar. **tir corflan (corddlan):** *nuclear land, hamlet land.* **13g.** *LlI* 58, *Tyr cordlan* (amr. *coflan* [*sic*], *corthlan*) ny deleyr eu rannu herwyd tydynneu namen herwyd gardeu. **tir cornchwiglen:** *wet or poor land.* Ar lafar yn sir Ddinb.; cf. *LlG* xlviii. 13, *Tir Cornchwiglen.* Tir gwlyb, gwael. Arferid dweud . . . yn ardal fynyddig Pentrellyncymer na chynhaliai ambell dir dair cornchwiglen. Rhaid oedd i un farw er mwyn i'r ddwy arall gael digon o fwyd i fyw! **tir y goron:** *crown land.* **1848. tir crai:** *fertile land.* Ar lafar, '*tir crei*' (sir Drefn.). **tir cras:** *dry land.* **1588** *Salm* cvii. 35, Gosododd yr anialwch yn llynn dwfr: a'r *tîr crâs* yn ffynhonnau dwfr. *Dchr.* **17g.** *J* 10, 156b. Ar lafar yn yr ystyr 'tir caled yn cynnwys mwyn a chwar', *Geir Glo* 58 (dwyrain Morg.). **tir cryf:** *rich or fertile land.* Ar lafar, '*tir cry*'', *WVBD* 533. **tir cyd:** *common land. Dchr.* **14g.** *AL* i. 760, Pob *tir kyt* adylyir y gynhal allb ac a da. **15g.** *LHDd* 82, *Tir kyd* hagen ef a ellir y rany a nai. **1730** *Leg Wall* 584, *Tir cyd.* Idem quod Cyttir cenedl. **1778** *W*, *tîr cŷd* d.g. *Parceners . . . To hold land in parcenery.* Gw. hefyd *cytir.* **tir(oedd) cydiol:** *continent, mainland.* **1725** *SR*, Y *Tir cydiol* d.g. *The Main Land.* **1762** D. ROWLAND: *PA* 134, gwahanu . . . ynysoedd oddi wrth y *tir cydiol. id.* 135, yn ymmyl y môr yn agos i'r *tir cydiol* . . . Yr achos o fod ynysoedd iw [*sic*] cael gerllaw'r *tîr Cydiol.* **1799** *Trysorfa* 44, yn preswylio yn y rhan fwyaf o'r *tir cydiol* hwn. **tir cyfrif:** '*reckon land*', *geldable or copyhold land, a non-hereditary unfree tenure.* **13g.** *LlI* 54, a rody e paub kystal a'e gylyd en e tref; ac urth henne e gelwyr en *tyr kyuryf.* **13g.** *D Col* 18, Ny deleyr talu tug o *tyr kyfryf*; sef achaus na deleyr, urth na deleyr cuynos ohonau. . . . Ny byt erv dyffodedyc en *tyr kyfryf*, cany dely neb prenhu [*sic*] erv e vab y gylyd. Keureyth *tyr kyfryf* ev na bo muy ran un gur no'e gylyt o'r tyr. *c.* **1400** *AL* ii. 64, Un mab nyt reit idab arhos agheu y dat yr estynnu tref y dat idab: mab gbr o *dir kyfrif.* **1753** *TR*, Tir . . . *Tir cyfrif* . . . land liable to pay yearly rent to the king; a servile tenure, tenure in villenage. **1803** *P*, Tîr . . . *tir cyvriv* . . . land liable to a tax or rent, copyhold land. **tir cyffredin:** *common land, fig. common ground.* **14g.** *LlB* 76, Or byd tir rwg gwelygord heb rannu, kyn bwynt meirw oll, eithyr vn dyn, yr vn hwnnw a geiff y *tir kyffredin* oll. **tir cyllidus:** *geldable or copyhold land, a non-hereditary unfree tenure.* **13g.** *LlI* 54, *Tyr kyllydus* hagen ny deleyr e rannu herwyd brodyr namen maer a chyghellaur a deleant e rannu. **1753** *TR*, Tir . . . *Tir cyllidus*, land liable to pay yearly rent to the king. **1803** *P*, Tîr . . . *tir cyllidus*, land liable to a tax or rent, copyhold land. **tir cynnif:** ?*acquired land.* **13g.** *LlI* 50, ny dele kemryt *tyr kennyf* en lle pryodolder. **14g.** *Cy* xvii. 136, Nyt a ebedib yn ol *tir kynnif.* **14g.** (**17g.**) *AL* ii. 658, ac am bob llythyr egoret am dir a daear a wnel lle rhoddo y brenhin *dir cynnf* [*sic*] pedeir ceiniog a geiff. **1730** *Leg Wall* 584, *Tir* cynnydd, vel *cynnyf*, Terra crescens. Dicitur de fundis quorum possessores nondum proprietarii evaserunt. **tir cynnydd ? = tir cynnif. 1334** *HD* 203, Wele Griff' ap Mereduth', redd. per annum de Tung'. . . Et nulla alia servicia faciunt quia *Tyrkennyth* a tempore Principis Lewelini ap Ior' vt dicunt. **15g.** *AL* ii. 422, trydyd yb dyn a dyly ystyn o *dir kynyd* a enillo trbydab ehyn. **15g.** *ID* 76, drwg gennyv o *dir kynnydd* / na bai rent ir neb ai rydd. **1730** *Leg Wall* 584, *Tir cynnydd*, vel cynnyf, Terra crescens. Dicitur de fundis quorum possessores nondum proprietarii evaserunt. **tir chwâl:** *friable or light earth.* Ar lafar, '*tir wæl*' 'easily broken up soil', *GTN* 797. **tir dawn:** *gift of land to a church or monastery.* **12g.** *GCBM* ii. 34, Krynei Uaes Carnet rac carnnyal y ueirch, / Rac taryf diheueirch tyweirch *tir dabn.* **13g.** *Brut B* 80, a'r tyr a'r dayar a'r kyvoeth a oed kynt em medyant e gevdwywev gynt a emchwelvs entev en arver oed gwell . . . ac a'e kanhyadvs en *tyr davn* tragywydavl y Dyw a'r sseynt. **1346** *LlA* 151, Agerdych ygyrchu offeren sul bot yn gystal itt aphei as roditt odref dy tat yn *dirdabn* ydub. **1604–7** *TW* (*Pen* 228) d.g. *donatus.* **tir diffaith:** *waste land.* **14g.** *LlB* 70. **14g.** *WM* 631. 9–11, ac ykerdawd [Peredur] an/vedred o*dir diffeith* heb dim kyvan/ned. **15g.** *Pen* 191, 16, Mybn *tir diffaith* didbfyr. Mae *Y Tir Diffaith* (1946) yn enw cyfrol gan Aneirin Talfan Davies. Gw. hefyd *diffeithdir.* **tir diffoddedig:** *escheated land, land escheated to the king for lack of an heir.* **13g.** (*LlDW*) *ZCP* xx. 94. **1730** *Leg Wall* 584. **1753** *TR.* **1803** *P.* **tir dilys:** *undisputed land.* **15g.** *AL* ii. 396. **tir eglwys:** *church land, glebe.* **13g.** *LlI* 53, Nyt cayedyc keureyth am *tyr egluys* un amser erygthunt ehun. **14g.** *LlB* 70, Pan dechreuher kynhen am teruyn tired . . . os yrwg *tir eglwys* a thir y wlat, eglwys a teruyna. **1753** L. OWEN: *ADdE* 2–3, [y] . . . [*T*]*ir-Eglwys* a roddwyd gan Bobl dduwiol er amser allan o goffadwriaeth. Cf. T. LEWIS: *HPF* 70, canys rhoddodd y *tiroedd-eglwys* yn yr un sefyllfa â thir arall. **tir eglwysig = tir eglwys. 14g.** *LlB* 74. **tir fel y gloch:** *hard land.* Ar lafar, '*tir fel y gloch*' 'tir caled, solet', *Geir Glo* 58 (sir Gaerf. a Morg.). **tir y gaddewid,** gw. *tir yr addewid.* **y Tir Glân:** *the Holy Land.* **14g.** *BT* 206, Blwydyn wedy hynny yr ymchwelawd yr arderchawc lywis vrenhin freing o gaer vssalem wedy y vot yny *tir glan* chwe blyned. **14g.** *GIG* 3, Od ei Roeg mae darogan, / Darw glew, y ceffi *Dir Glân.* **tir glas:** *grassland.* **1853** W. REES: *AFR* 29, yn disgyn ar ei gefn ar y *tir glas*, amryw droedfeddi o'r fan. Cf. *SE MS* 47a, *Tir glas*—green sward; leyland (S.W.). Ar lafar yn gyff., '*tir glas*' 'land covered with grass, turf, lawn', *WVBD* 533; hefyd yn yr ystyr 'carreg neu graig a ffurfiwyd o glai, carreg glai', ''Ôn' nw'n myn' drw'r garreg a 'ôn' nw wedi cal y *tir glas*' (gorllewin Morg.); '*tir glas*' 'tir a oedd yn hawdd i'w gael i lawr; ffurfiai dop nad oedd mor galed â thop cwar', *Geir Glo* 58 (sir Gaerf. a Morg.). Cf. D. J. WILLIAMS: *STG* d.d., Storïau'r *Tir Glas.* Gw. hefyd *glastir, tirglas.* **(y) tir golau:** (*the*) *open* (*countryside*), *also fig.* **1684** T. JONES: *GG* 11, Nes datguddio cyn pen hîr / Y gelen i *dîr gole.* **1791** DAFYDD DDU: *A* 20, Mae'n puro 'r eglwys mewn per aroglau, / O'r lli a'r godwrdd, a'r holl rwygiadau; / Duw mawr tramawr dettyd rwymau —hên ragrith, / Er tarò y gaulith i'r *tir golau* [i ryddid]. **tir gores(t), tir ores(t):** *unenclosed or waste land.* **1753** *TR*, Gores, and Gorest . . . *Tîr Ores*, waste ground, land not well inclosed and fenced. **1803** *P*, Gorest . . . *Tîr orest*, waste land. **tir gwan:** *infertile land.* Ar lafar yng nghanolbarth a godre Cered. **tir gwely = tir gwelyog. 1897. tir gwelyog:** *land held by free tenure under which it passed to the sons, &c., on the holder's death, 'gwely' land.* **13g.** *LlI* 54. **1730** *Leg Wall* 584, *Tir gwelyawg*, Terra libera, inter fratres, vel consobrinos, vel consobrinorum filios dividenda. **1753** *TR*, *Tir gwelyawg* . . . freehold land to be divided between brothers or cousin-germans, or the sons of cousin-germans. **1803** *P*, Tîr . . . *tir gwelyawg*, land held by gavel kind. **tir gwndwn:** *uncultivated land, fallow land, ley, lea-land, grassland.* **1892. tir gwrthgiliad:** *state of apostasy.* **1859. tir gŵydd:** *uncultivated land, scrub land, fallow land, ley, lea-land, also fig.* **13g.** *LlI* 58, Brynar, due ulyned e deleyr y eredyc . . . *tyr guyd*, wyr yuelly. **14g.** *GIG* 98, Deryw'r gerdd, aeth yn *dir gŵydd* / Uwch yr Eifl —och o'r aflwydd [marwnad Ithel Ddu]. *c.* **1400** *CHDd*[2] 97, Or deruyd bot yrwng deu gyfarwr amrysson am *dir gwyd* ac arall ffaeth, a'r neill yn mynnu eredic *tir gwyd*, a'r llall yn mynnu peidyaw a'e eredic. **1604–7** *TW* (*Pen* 228), *tir gwydh* d.g. *Nouale.* **1775** *W*, *Tîr gwydd* d.g. *Lay, lay-land, land in lay, or lay-ground.* **1803** *P*, Tîr . . . *tir gwyz* . . . wood land turned into arable. **tir gwyllt:** *waste land, wilderness, uncultivated land, also fig.* **15g.** *ID* 82, davgi taer gweiddi *tir gwyllt* / dyhvnwyr karw dv henwyllt. **15–16g.** *TA* 96, Y *tir gwyllt*, natur gwalltan, / Heddychol yw heddyw achlân. **18–19g.** *MA* iii. 305, Tri rhydd cenedyl . . . mesori *tîr gwyllt.* Ar lafar, '*tir gwyllt*' 'land which has never been cultivated', *WVBD* 533; '*tir gwyllt*' 'a wilderness; neither pasture nor cultivated', *GTN* 796. Gw. hefyd *gwylltir.* **tir gwystl = tir prid. 15g.** *GLGC* 418, Yr eryr o war Arwystl, / aur a gostia ar *dir gwystl.* **16g.** *GSC* [52], On'd da i'r gwestwyr, *tir gwystl*, / Yw Tŵr Eryr tir Arwystl? **tir hafog:** (*dict.*) *common land.* **1803** *P* d.g. *Havawg.* Gthg. *GLGC* 220. **tir iâl:** *open land,* (*cultivated*) *upland.* **1803** *P* d.g. *Iâl.* **tir llafur:** *arable or ploughed land.* **1545** ELIS GRUFFYDD: *Ll* 62, Yr hwn a elwir ynn Saesneg brudisnest, ac eraill a'i gejlw ef y ttanck mwyaf . . . Ac y vo yuo a dyff mewn meusudd a *thiroedd llauur.* **16g.** *LlS* 24, Tyfy a wna yr llyseun hwnn [llysau Simeon] mewn *tir llafur* bras cypheithlyd. **1588** *Pr* v. 8, wrth *dir llafur* y mae y brenin yn byw. *c.* **1730** *Thos. Lloyd D* (LlGC) 157b, *Tir Llafur.* Plow'd land. Ar lafar, '*tir llafur*' 'tilled land', *WVBD* 533. Gw. hefyd *llafurdir.* **tir llan:** *church land, glebe.* **13g.** *LlI* 43, Pob perchennauc *tyr llan* a deleant deuot ar pob brenhyn newyd a del, e datcanu ydau ef eu breynt ac eu delyet. **1632** *D*, Tir . . . *Tir llan*, Terra ecclesiæ dicata. **1753** *TR*, Tir . . . *Tir llan*, glebe-land or church-land. **1772** *W* d.g. *Church-lands, Glebe, or glebe-land.* **1803** *P.* Gw. hefyd *llandir.* **tir y lleuad** [gw. *GDGor* 84]: *epithet used for England, Wales, and Ireland together; ?also for Turkey.* **15g.** *GDGor* 39, Darlleais o *dir y lleuad* / Darian lew o'r dwyrain wlad. *Dchr.* **17g.** *B* xxi. 330, daw mab y dyn nid amgen no brenin Lloegyr yn dwyn yn i arve tri anivail gwyllt nid amgen no thri llew yr hwn a heinw o *dir y llevat* nit amgen Kymrv a Lloegyr ag Ywerddon. **tir llwyd:** *land containing fireclay.* Ar lafar, *Geir Glo* 58 (sir Gaerf.). **tir maerdref, tir y faerdref:** *land of the 'maerdref', demesne land.* **13g.** *LlI* 54, dely maer y bysweyl e wneythur [rhannu tir] am *tyr e uaertref*, can adael paub en e tedyn herwyd y gallo oreu. **13g.** *LlDW* 65. 15–16, y duydrew a dyly bot yn reyt brenhyn. Vn onadunt adyly bot yn *tyr maertrew.* **1753** *TR*, *Tir y Faerdref* . . . the king's demesne lands. **1803** *P.* **tir mân:** *difficult place to work because of fragmented rock* (*in a slate-quarry*). Ar lafar yn ardaloedd y chwareli llechi, *B* xx. 382. **tir marl:** *land rich in marl, productive land, fertile soil, also fig.* **15g.** *DN* 16, Lled a hyd holl Deheudir, / Erw nid oes heb rann o'i dir. / Ac etto y dwc atvn / O *dir marl* deirerw am vn [i ofyn i Bedrog yrru'r tywod o'r Tywyn]. **15g.** GWILYM TEW: *Gw* 474, Wrth *dir marl* mae'n daly parlment / Ym mrig, y mwyaf ei rent [mawl i Edmwnt Malffawnt]. *id.* 490, Cnith am Siancyn a Tomas, / Cyfiawnder lawer a las. / Un chwedl ac un genedl gynt, / Un ferw dydd, un fryd oeddynt; / . . . / Un rhif â doethion Rhufain, / Un *dir marl* mewn daer a main. **15g.** *Pen* 57, 38, Dvw a roes nyt eryssi / ytt yr ystat wttres di / A*thir marl* atherm o oes / A dawn ddiwedd dy einoes. *a.* **1561** *B* vi. 48, os *tir marl* vydd, ardd ef yn ddyfwn, kans natyr y marl yw kodi a natyr y dom yw gostwng oherwydd anian. Gw. hefyd *marldir.* **tir mawr:** *mainland.* **15g.** *HCLl* 128, Swmbwl ynys a'm blaenawr, / Syr Water, moes o'r *tir mawr.* **16g.** (*LlEG*) *Mos* 158, 486b, hrwng y *tir mawr* ar draethell. **1604–7** *TW* (*Pen* 228), *tir mawr* d.g. *prymnesium.* **tir montais:** *higher ground.* Ar lafar, '*Tir montish*', *LlGC* 1171, 43 (Morg. a Myn.). **tir neb:** *no man's land, also fig.* **1858. tir nerthol:** *rich or fertile land.* Ar lafar, *WVBD* 533. **tir oer:** *wet, undrained land.* Ar lafar, *WVBD* 533. **tir ores(t),** gw. *tir gores(t).* **tir porfa = tir pori. 1848. tir pori:** *grazing or pasture land, grassland.* **1850.** Ar lafar, *WVBD* 438–9, 533. **tir prid:** *land transferred by 'prid'.* **15g.** *GLGC* 128, Y gŵr â'r swyddau lle gorseddid / a esyd ei aur a ystorid, / ar gestyll hefyd er a gostid, / ac ar dyrau praff ac ar *dir prid* [i Henri ap Gwilym]. **15g.** *GGl*[2] 197, O chollais rent a chyllid, / Aeth i'r pridd aur a *thir prid.* **16g.** *AP* 10, Ni cheissiaf na thir prynn, na *thir prid.* **1632** *D*, *Tir prid* d.g. *Antichresis. c.* **1730** *Thos. Lloyd D* (LlGC) 196a, *Tir Prid.* Mortgaged land . . . Antichresis. **tir y promision:** *land of promise, promised land. c.* **1400** (*SG*) *HMSS* i. 362. **tir prŷn (pryn):** *purchased land.* **15–16g.** *TA* 220, Prifiaist ymhob rhyw ofyn, / I roi d'aur praff ar *dir pryn.* **16g.** *AP* 10, Ni cheissiaf na *thir prynn*, na thir prid. **1588** *Lef* xxvii. 22, os ei *dîr prynn* yr hwn ni bydd o dîr ei etifeddiaeth, a sancteiddia efe i'r Arglwydd. **16–17g.** (**17g.**) *CC* 382, Da aeth i ti doeth at honn / tir hefyd devtv r afon / tretad y tir vt ydoedd / a *thir prynn* at hynn vt oedd (Huw Machno). *c.* **1730** *Thos. Lloyd D* (LlGC) 195b, *Tir Pryn.* Puchased land. **1794** E. JONES: *CP* 33, a thrigfanu o hono ynddo ddeugain niwrnod, a ennill iddo sefydlfa, dan ammod mewn *tîr prŷn.* **tir y rhai byw,** gw. *tir y byw.* **tir rhydd:** (i) *free land, freehold land.* **15g.** *GLGC* 402, Paradwys i bob prydydd / yw tai y rhain a'u *tir rhydd*

[i Ddafydd ap Meredudd ac Efa]. *Diw.* **15g.** *Pen* 41, 19, Pan holo dyn *dir ryd* ar a vv gynt yn llaw i dat. (ii) *light or soft soil.* Ar lafar, *WVBD* 533, *B* xx. 382. **y Tir Sanctaidd:** *the Holy Land.* **1588** *Doeth Sol* xii. 3. **1728** T. BADDY: *DDG* 74. **tir sied:** *escheated or forfeited land, also fig.* **14g.** *GDG*[3] 425, O ganmol serch ugeinmerch / Yn *dir sied* y deryw serch [marwnad Dafydd ap Gwilym gan Fadog Benfras]. **tir swch a chwlltwr:** *arable land, perhaps as a form of unfree tenure;* (*dict.*) *'tir cyfrif'.* **13g.** *LlI* 58–9, yd a alltudyon e meybyon uchelwyr en petwaregur en pryodoryon . . . Guedy buynt pryodoryon huenteu eu tydynneu a edyr udunt herwyd e delehoent, ac eu tyr amyn henne en *tyr such a chulltyr* erygthunt. **1730** *Leg Wall* 584, *Tir swch a chwlldr*, Idem quod Tir cyfrif. **1753** *TR*, Tir . . . Tir cyfrif . . . land liable to pay yearly rent to the king; a servile tenure, tenure in villenage . . . It is also called *Tir swch a chwlltr.* **1803** *P*, Tir . . . *tir swç a çwlltyr*, land under socage tenure. **tir sych:** *dry land, shore, also fig.* **15g.** *FfBO* 43, ac o'r mor y neittyant y'r *tir sych* y'r lann. **16g.** *B* xi. 28, Ac ynna J kymerth Erkwlf y vorwyn erbynn J llaw, ac a'i tywyssodd hi o'r dwuyr J'r *tir sych.* **1588** *Ecs* xiv. 16, aed meibion Israel trwy ganol y môr a'r [*sic*] *dîr sych.* **1803** *P*, Tir . . . *Tir syç*, syçdir, dry land. Cf. D. OWEN: *D* 222, Wedi i mi gael rhoi fy nhroed ar *dir sych*, cefnais ar y capten caredig. Gw. hefyd *sychdir.* **tir ton:** *uncultivated land, fallow land, ley, lea-land, upland pasture.* **1775** *W*, *tir tonn* d.g. *Lay, lay-land, land in lay, or lay-ground.* **18–19g.** *Llr* C 2, 341, *Tir tonn*, upland pasture. Gw. hefyd *tondir.* **tir tro = tir âr.** **1923. tir tyn:** *clayey soil, heavy ground.* Ar lafar, *WVBD* 533. **tir uchel:** *highland, high ground.* **1839.** Gw. hefyd *ucheldir.* **tir wast:** *waste land.* *c.* **1872.** Ar lafar, *GTN* 842. **ar dir:** *from the point of view of, on grounds of, from a . . . standpoint, on a . . . basis.* **20g. ar y tir:** *on the basis.* **1923.** Cf. R. E. JONES: *LlIC* 288, Dadleuai Mr. Jones na ddylid penodi neb i'r swydd *ar y tir* nad oedd ymgeisydd cymwys. **ar dir i:** *in a position to, eligible to.* **20g. ar yr un tir:** *in the same situation, on an equal footing, on a par.* **1872.** Cf. R. E. JONES: *LlIC* 288, Mae pawb *ar yr un tir* ger bron y gyfraith.

tiraf: tiro, tirant, gw. **teiriaf**[2]**: teirio, teirant.**

tirarglwydd, tirberchennog, gw. **tir+ arglwydd, perchennog.**

tirdra [*tir+-dra*] *eg.* Cynnen neu ddadl am dir, cadw neu atal tir: *land feud, withholding of land.*

13g. *LlI* 51, e mae yaun ydau dody un o'r try pung esyd keureythyaul en e erbyn [tyst]: ae *tyrdra* ae gelynyaeth ae kerennyd nes e'r haulur noc ydau ef. **13g.** *LTWL* 251, Nau affeith galanas *Dirdra* [*sic*] guereictra, sarhaet, tewessiau. **14g.** *LlB* 128, gwedy hynny llysser wynt megys tyston. ae o elynyaeth, ae o odineb, ae o *tirtra.* **14g.** *WML* 127, O teir fford y llyssir tyston. o*tirdra.* A gal^an^astra. agƀreictra. **15g.** *AL* ii. 132, Nyt oes llys ar guybydyeit namyn . . . [*t*]*yrdra* neu treys am tyr. **1730** *Leg Wall* 584, *Tirdra*, Una ex tribus caussis ob quas Testes recte rejici possunt; cum controversia de fundo inter testem & rejicientem nondum determinatur. **1753** *TR.* **1803** *P*, *Tirdra*, s. m. . . . Land detention, one of the three causes for rejecting witnesses in trials respecting land, which was when the witness had an issue undetermined upon it.

tirdriniad, tirdriniaeth, tirdriniwr, gw. **tir+triniad, triniaeth, triniwr.**

tirddaliad [*tir+daliad*[1]] *eg.* Daliad (tir): *holding* (*of land*).

1890.

tirddaliadaeth [*tir+daliadaeth*] *eb.g.* Daliadaeth tir: *land tenure.*

1884.

tirddaliwr [*tir+daliwr*] *eg.* ll. *-ddalwyr.* Deiliad tir, tenant: *landholder, tenant.*

1858.

tirddarlun [*tir+darlun*] *eg.* ll. *-iau.* Tirlun: *landscape.*

1775 *W*, *tîr-ddarlun* d.g. *Landscape* [*in Painting* . . .].

tirddeiliad [*tir+deiliad*[1]] *eg.* ll. *-ddeiliaid.* Deiliad tir, tenant: *landholder, tenant.*

1838.

Gw. hefyd **deiliad**[1]**—deiliad tir.**

tirddiwyllawdr, gw. **tirddiwylliawdr.**

tirddiwylliad [*tir+diwylliad*[1]] *eg.* Triniaeth tir, amaethiad: *cultivation* (*of land*), *agriculture.*

1803 *P*, *Tirziwylliad*, s. m. . . . A practising of agriculture. Cf. Gw. MECHAIN: *Gw* i. 41, Diwydrwydd yw llwydd a llad, / Dda allwedd *tirddiwylliad.*

tirddiwylliawdr, tirddiwyllawdr [*tir+ diwylliawdr, diwyllawdr*] *eg.* ll. *tirddiwyll*(*i*)*odron, tirddiwyll*(*i*)*awdron, tirddiwyllodr*(*i*)*on.* Un sy'n trin y tir, hwsmon, amaethwr; ?preswylydd: *cultivator* (*of land*), *husbandman, farmer; ?dweller.*

13g. *BD* 195, a llosgi y dinassoed ac eu hanreythyav, a llad y bileinllu a'r *tirdiwyllodron.* *Dchr.* **15g.** *GM* 22, Diruawr *dirdiwyllawdyr* (*multum incola*) vu uy eneit ymplith y giwdawt anhegar. **1604–7** *TW* (*Pen* 228), *tirdiwylhiawtron* [*sic*] d.g. *Ampelitis.* *id.* *tirdywylhiawdur* [*sic*] d.g. *Ruricola.* **1632** *D*, *tirddiwylliawdr* d.g. *Agricola, Colonus, Ruricola.* **1722** *Llst* 189, *Tirddiwylliawdr.* m. A husbandman, farmer. **1774** *W*, *tir-ddiwylliawdr* . . . *Tîr-dywyllodron* [*sic*] d.g. *Husband-man.* **1803** *P*, *Tirziwylliawdyr*, s. m.—pl. *tirziwylliodron* . . . An agriculturist.

Amr.: **tirddiwylliawdwr.** **1567** *TN* 120a–b, Gwr oedd a blannei winllan, ac y llocawdd hi y *dir-ddiwylliawdwyr* [:– lafurwyr]. **1803** *P.*

tirddiwyllodraeth, tirddiwylliodraeth [*tir+ diwyllodraeth, diwylliodraeth*] *eb.g.* Triniaeth tir, amaethyddiaeth: *cultivation* (*of land*), *agriculture.*

c. **1400** *RB* ii. 40, kyflaƀn yƀ or maes tired llydan amyl. abrynneu arderchaƀc adas y *dir dyƀyllodraeth.* **1800** W. OWEN[-PUGHE]: *CP* [3], Amaethiad, Diwyllodraeth, *Tirddiwyllodraeth*, Tirdriniaeth. **1803** *P*, *Tirziwylliodraeth*, s. m. . . . The practice of agriculture.

tirddyfrol [*tir+dyfrol*] *a.* Amffibiaidd: *amphibious.*

1848.

tirf, tyrf [ansicr yw'r engh. gyntaf] *a.* ll. *-ion*, a hefyd gyda grym enwol. Ffres, croyw, ir, ffrwythlon, toreithiog, ffyniannus, bras, tew, trwchus; bywiog, buan: *fresh, verdant, fruitful, fertile, flourishing, luxuriant, fat, thick; lively, brisk.*

13g. *A* 5. 13–14, nyt oed *diryf* y ysgwyt gan waywawr plymnwyt. **16g.** *GGH* 293, Torfron llew *tirf* o'r un lled, / Teg, nid cul, tewgnawd caled [i ofyn march]. **16g.** *AAST* (1935) 91, Dyn *tyrf* ar ddiwrnod teg, / Dyn yn blino dwyn bloneg / Dyn hoff gan bawb 'i offis, / Dyn dêr ar dabler a dis [Dafydd Trefor am gogydd y Myfyrian]. **1567** *LlGG* (*Sall*) 52b, Y sawl y blanwyt yn-tuy yr Arglwydd . . . Dygant eto ffrwyth yn ei heneint: *tirfion* [:– breision] (**1588** *Salm* xcii. 14, *tyrfion*) ac iraidd vyddant. **1632** *D*, *Tirf*, Viuidus, vegetus, pinguis. *id.* *tirf* d.g. *Floridus.* **17g.** *LlGC* 13215, 382, *Tyrv* Turgidus. **1688** *TJ*, *Tirf*, bywiog, buan, tew: lively, quick, fat. **1722** *Llst* 189, *Tirf.* p. *Tirfion.* Flourishing. lively, verdant, bloomy. **1753** *TR*, *Tirf*, lively, fresh, brisk, fat. Pl. *Tirfion.* **1778** J. HUGHES: *BB* 370, A dewr-feirch, iraidd *dyrfion.* **1803** *P*, *Tirv* . . . Fresh, vigorous, luxuriant, rich, lively, fat.

tirfa [bôn y f. *tiriaf*[1]: *tirio+-fa, ma*] *eb.* Glanfa: *landing-place, landing-stage.*

1798 *WR* d.g. *Landing, Landing-place.*

tirfarc [*tir+marc*[1]] *eg.* ll. *-iau.* Tirnod: *landmark.*

1877.

tirfawr, gw. **tir+mawr.**

tirfder [*tirf+-der*] *eg.* Y cyflwr o fod yn ffres, yn ir, yn ffrwythlon, neu'n fywiog: *freshness, verdancy, fruitfulness, liveliness.*

1773 *W* d.g. *Floridness.*

tirfdra [*tirf+-dra*] *eg.* Tirfder: *freshness, verdancy, fruitfulness, liveliness.*

1771 *W* d.g. *Briskness, Floridness.* **1803** *P*, *Tirvdra*, s. m. . . . Freshness, richness.

tirfeddiannaeth [*tir+meddiannaeth*] *e?b.* Perchenogaeth tir: *ownership of land.*

1848.

tirfeddiannol [*tir+meddiannol*] *a.* Yn perchen ar dir: *landowning, landed.*

1889.

tirfeddiannwr, tirfeddiannydd [*tir+ meddiannwr, meddiannydd*] *eg.* ll. *-feddianwyr.* Perchennog tir: *landowner.*

1850.

tirfeddiant [*tir+meddiant*] *eg.* ll. *-feddiannau.* Tirfeddiannaeth; eiddo ar ffurf tir: *ownership of land; real or landed property.*

1836.

tirfeistr [*tir+meistr*] *eg.* (b. *-es*) ll. *-iaid, -i.* Meistr tir, landlord: *landlord.*

1737 (1766) *OU* 92, yr holl Arglwyddi-tir, neu *Dir-feistriaid* hynny. *id.* 93, chwi *Dir-feistriaid* meddw, balch.

tirfesur [*tir+mesur*] *eg.* Geometreg, tirfesuriaeth: *geometry,* (*land-*)*surveying.*

1604–7 *TW* (*Pen* 228), or [*sic*] ne'n perthynû yr Geometri, ne'r *tiruesur* d.g. *Geometricus.*

tirfesuriaeth [*tir+mesuriaeth*] *e?g.* Y weithred neu'r arfer o fesur a mapio tir (yn enw. fel galwedigaeth): (*land-*)*surveying.*

1848.

tirfesurydd, tirfesurwr [*tir+mesurydd, mesurwr*] *eg.* ll. *-fesuryddion, -fesurwyr.* Un sy'n mesur ac yn mapio tir (fel galwedigaeth), mesurydd tir, syrfëwr: (*land-*)*surveyor.*

1776 *W*, *Tîr-fesurydd* d.g. *Measurer, A land-measurer or surveyor.*

Cfn.: **tirfesurydd siartredig:** *chartered surveyor.* **20g.**

tirfwrdd [*tir+bwrdd*] *eg.* ll. *tirfyrddau.* Byrdd-dir, llwyfandir: *tableland, plateau.*

20g.

tirffurf [*tir+ffurf*] *eg.b.* ll. *-iau.* Nodwedd naturiol ar wyneb y ddaear: *landform.*

20g.

tirglas [*tir+glas*[1]] *eg.* a hefyd gyda grym ansoddeiriol. Porfeldir, glaswelltir: *grassland.*

1922. Ar lafar ym Mhenllyn ac yn sir Ddinb.

Gw. hefyd **glastir, tir—tir glas.**

tirgryniad [*tir+cryniad*] *eg.* Daeargryd, daeargryn bychan: *earth tremor.*

20g.

tirgwymp [*tir+cwymp*] *eg.* Tirlithriad: *landslide, landslip.*

1866.

tiriad [bôn y f. *tiriaf*[1]: *tirio+-iad*[1]] *eg.* Glaniad, dyfodiad i dir: *a landing or coming ashore, disembarkation.*

1722 *Llst* 189, *Tiriad.* m. A landing, arrival. **1775** *W* d.g. *Landing.* **1798** W. RICHARDS: *CC* 24, ynghylch *tiriad* y Ffrancod yn Nghymru. **1798** *WR* d.g. *Disembarkation.* **1803** *P*, *Tiriad*, s. m. . . . A landing, a making land.

tiriaf[1]**: tirio** [bf. o'r e. *tir*] *bg.a.* Glanio, dod i dir, dwyn i dir, cyrraedd, hefyd yn *ffig.*: *to land, come ashore, disembark, bring to land, arrive, reach, also fig.*

13g. *GBF* 225, Ryw itaƀ *diriaƀ* ereill diret, / Rwyd galon, golofyn teyrnet. *c.* **1400** *R* 1339. 17, gƀedy ry *diryaƀ* yn ryt wryal. *c.* **1400** (*SG*) *HMSS* i. 428, kanys ny wydynt wy ym pa wlat y *tiriei* y llong. **15g.** *GTP* 41, Nofio'r oedd pob anifail, / Eithr yr ŵyn, ni *thiriai*'r ail. **1547** *WS*, *Tirio* Lande. **1567** *TN* 60a, a myned i dir Genezaret, a' dyvot ir 'lan [:– *thirio*]. *c.* **1585** G. ROBERT: *DC* [xxiii], Yn y mann ar ol *tirio* r lhyfr a dyfod yn hoeth ag yn anrhefnus wedy ei wlychu gann fordwy a heli, i dhwylo Cymbry, cafodh (fal y clywais) wisc yn ei gylch ai sychu ai ymgledhu yn ewyl'ysgar ag yn chwannog dhigon. **1604–7** *TW* (*Pen* 228), *tirio* d.g. *Aduenio, Appello.* *id.* Goleuat . . . y gyfarwydho'r morwyr . . . y *dirio*'r lann d.g. *pharus.* **1632** *D*, *Tirio*, In terram è naui descendere. **1688** *TJ*, *Tirio*, dyfod i dîr: to land or come ashore. **1740** T. EVANS: *DPO* 73, Pobl grwydredig bellenig oeddent o Sythia, y rhai a *diriasant* . . . ym Mrydain. **1772** *W*, *Tirio* d.g. *To dis-embark, To get to land.* **1803** *P*, *Tiriaw* . . . To land . . . to come to land, to come ashore.

Cfn.: **tirio llong:** *to strand a ship.* **1770** *W* d.g. *Aground, To run a ship aground.*

tiriaf[2]**: tirio,** gw. **turiaf: turio.**

tiriarll [*tir+iarll*] *eg.* ll. *-ieirll, -iarllod.* Iarll yn yr Almaen: *landgrave.*

1858.

tiriedig [bôn y f. *tiriaf*[1]: *tirio+-iedig*] *a.bfl.* a hefyd fel *eg.* ll. *-ion.* Tirfeddiannol; tirfeddiannwr: *landowning, landed; landowner.*

18–19g. *Llr* C 42, 185, *Tiriedig, Tiriedigion*, Land owners. **1803** *P*, *Tiriedig* . . . landed.

tiriog, tirog [*tir+-*(*i*)*og*] *a.* hefyd fel *eg.* ll. *-ion.* (Un) a chanddo dir helaeth, (un) yn perchen ar dir: (*one*) *having extensive*

lands, (*one*) *owning land*, *landowning*, *landed*.
12g. *GMB* 241, Tormennoet anlloet an llyw *tiryaƀc*: / Toruoet eurdorchoet am eurdorchaƀc. 13g. *GBF* 104, *Tiriaƀc*, rywaƀc Ros ƀrthrych. 14g. *LlB* 106, Reith gwlat yw llw deg wyr a deu vgeint o wyr *tiryawc* (*AL* ii. 498, o *dirogion*) dan y brenhin. 15g. *GLGC* 51, *Tiriog* ydoedd, tarw i gadau, / tyr fwriadau trwy ei frodir [i Ruffudd ap Nicolas]. 15g. *GGl*^{2} 291, I dref Egwestl, dai arfogion, / Iarll *tirogion* a'r lle trigaf [i Ddafydd, abad Llanegwest]. 1547 *WS*, *Tirioc* Landed. 1604–7 *TW* (*Pen* 228), *tirioc* d.g. *Agrosus*. *Dchr.* 17g. *J* 10, 156b, *Tiriawg*. landed man. 1632 *D*, Tir, *Tiriog*, Diues agri. 17g. E. MORUS: *Gw* 62, Uchelwr yw uwchlaw'r iaith, / *Tiriog* yn medru teir-iaith [i John Parry Prichard o Gwmpernant]. 1688 *TJ*, *Tiriog*, cyfaethog o dîr: rich in Land. 18–19g. *Iolo MSS* 33, Teyrnedd rhwng Gwy a Hafren Brenin *Tiriogion* Gwlad gan Bencenhedloedd. 1803 *P* d.g. *Tiriawg*.

tiriogaeth [*tiriog*+-*aeth*] *eb*. ll. -*au*. Tir dan awdurdod rheolwr, gwladwriaeth, dinas, &c., rhaniad cyfundrefnol gwlad, yn enw. un nad oes ganddo hawliau llawn fel talaith, ardal y mae person, cwmni, &c., yn gyfrifol amdani, ardal a amddiffynnir gan anifail neu anifeiliaid rhag eraill o'r un rhywogaeth, ardal a amddiffynnir gan chwaraewr neu dîm mewn gêm, teyrnas, rhanbarth, darn (helaeth) o dir, tir, hefyd yn *ffig*.: *territory*, *realm*, *district*, *tract*, (*piece of*) *land*, *also fig*.
12g. *GCBM* i. 192, Gorpo teyrnuar tywyssogaeth —brut / Ar Brydein *diryogaeth*! 14g. *GDG*^{3} 40, Gwyndir cryf lle tyf tafarnwriaeth—hoed, / A gwedr egin coed, gwiw *diriogaeth*. 15g. *DN* 61, A oes gwlad is gwiail on / Gadarnach nag Edeirnion? / Ni thrig yn i *thiriogaeth* / Vn gŵys ohoni yn gaeth. 15g. *GGl*^{2} 97, Fy nhrigfan, fy *nhiriogaeth* / Ym Môn, lle gorau fy maeth. 1551 W. SALESBURY: *KLl* lxxixa, Hon a vwriada am *tiriogaeth* ac ae pryn. 1632 *D*, Tir, *Tiriogaeth*, Territorium. *id*. d.g. *Ora*, *Pomœrium*, *Saccaonia*. 1688 *TJ*, *Tiriogaeth*, y tîr a berthyno i drê neu ddinas neu lus [*sic*]: a Territory. 1753 *TR*, *Tiriogaeth* . . . a district. 1803 *P*. Cf. ISLWYN: *Gw* 289, Mae 'n awr yn hanner dydd / Ar holl *diriogaeth* ffydd.

tiriogaethol [*tiriogaeth*+-*ol*] *a*. Yn perthyn i diriogaeth(au), cyfyngedig i diriogaeth benodol, leol, neu ranbarthol, yn perthyn i fyddin sy'n darparu milwyr wrth gefn mewn argyfwng, yn tueddu i amddiffyn ei diriogaeth (am berson, anifail, &c.): *territorial* (*adj*.).
1794 *W* d.g. *Territorial*.

Tiriogaethwr [*tiriogaeth*+-*wr*] *eg*. ll. -*wyr*. Aelod o'r Fyddin Diriogaethol: *a Territorial*, *member of the Territorial Army*.
20g.

tiriol, gw. **tirol**.

tirion^1, *a*. Heb fod yn arw, addfwyn (a chymodlon), mwyn, tyner, trugarog, graslon, moesgar, hynaws, llariaidd, caredig, hoffus, hawddgar, hyfryd; dymunol (yr olwg), prydweddol, deniadol, gosgeiddig; cynnes, mwynaidd (am y tywydd, &c.): *gentle*, *mild*, *tender*, *lenient*, *gracious*, *courteous*, *good-natured*, *kindly*, *kind*, *affectionate*, *amiable*, *agreeable*; *pleasant* (*in appearance*), *attractive*, *graceful*; *warm*, *mild* (*of the weather*, *&c*.).
Dchr. 12g. *GMB* 74, Cad yn Iwerton *diryon* dreuyt. 13g. *GDB* 136, Dydaw Mihangel, ual y gweler, / Rac llu egylyon *tiryon* tyner. 13g. *A* 7. 13, a chyn edewit en rydon gan wlith eryr tith *tiryon*. 14g. *GDG*^{3} 53, Cad daradr, ceudod *tirion*, / Canwyr y synnwyr a'r sôn. 14–15g. *IGE*^{2} 130, Gwyn ermoed, gwn i, yw'r mab, / Na thyfawdd barf, gufarf ged, / Ar wyneb cyn *dirioned* (Gruffudd Llwyd). 15g. *HS* 19, Ith wledd da rinwedd *dirionach* na Nydd / i daw dy wledydd dŷ diledach / cwrt Llechryd ennyd diwannach i caid / dyry i weiniaid yn *dirionach*. 15g. *GDLl* 138, Gwae'r mwynwr a gâr meinwen / Heb fedru digaru Gwen; / Dŵr a wnaeth y *dirion* Wen, / Ddyn hudliw, ar ddanhadlen! 15g. *DE* 42, brig gwinwydd yn bark ynial / avr goron am *dirion* dal [am wallt merch]. 15g. *HCLl* 48, E dröes cawadau ar draws coedydd, / E dry yn dawel yn *dirion* dywydd. 15–16g. *TA* 154, *Tirionaf* print, ar wyneb, / Tomasîn, tu yma i Siêb. 1567 *TN* 297a, aberth gymradwy a' *thirion* gan Dduw. *id*. 319a, gwas yr Arglwydd dir yw nad ymrysono, amyn bot yn *dirion* [:- voneddigaidd, llednais] i bawp. 1604–7 *TW* (*Pen* 228) d.g. *Tener*. 1632 *D*, *Tirion*, Comis, vrbanus, amœnus. Lle *tirion*, Locus amœnus; Gwr *tirion*, Vir vrbanus. 1688 *TJ*, *Tirion*: gentle, courteous, pleasant. 1703 E. WYNNE: *BC* 27, [Ll]ys anferthol o faint, a *thirion* iawn yr olwg cynta. 1771 *PDPh* 39, irwch y llygaid yn *dirion* ag ef. 1803 *P*. Ar lafar, 'dwrnod *tirion*', *WVBD* 533; 'Byddwch yn *dirion* 'da 'wnna ne gwmpo 'rwth 'i gilydd naiff a' (dwyrain Morg.); hefyd yn yr ystyr 'truenus', 'Ma golwg *dirion* ar y tŷ erbyn 'yn', 'Un bach *tirion* o ifanc yw'r gwynitog newydd', *GTN* 793. Cf. D. OWEN: *D* 24, cefais ef yn un o'r dynion mwyaf hynaws a *thirion* a welswn erioed.

tirion^2 [*tir*+?-*ion*^{1} neu -*ion*^{2}; ?cf. Llyd. Diw. *trion*, *tirien* 'braenar'] *e.ll*. neu *eg*. ?Tiroedd; tiriogaeth, gwastadedd, tir glas: *lands*; *territory*, *plain*, *grassland*.
12g. *GLlF* 444, Haelon a *thiryon* a thec drefyt / A gƀerin a gwin a gwirodyt / . . . / Rac creiryeu Dewi yd gryn Groec / Ac Iwerton *tiryon*, tir Gwytelec! 12g. *GCBM* i. 24–5, Tir gƀreid gorƀyf rac vnbenn, / *Tiryon* Mon, meillon y morbenn. *id*. 27, Y Hynaf henyƀ o'e *thiryon*, / Handit ryd rƀng y dƀy auon. *id*. ii. 53, A metyant ar *diryon*. 12–13g. *GMB* 336, Dƀyn Dauyd o'e dut ac o'e *diryon*. 13g. *C* 26. 3–4, Myny nae meillon a gulith ar *tirion*. 13g. *A* 27. 9–10, kyvret kerd wyllyon. ar welling *diryon*. Digwydd fel elf. mewn e. lleoedd, e.e. *Tirion Pelyn*, sir Gaern., a *Tirion-bach* a *Tirion-mawr*, gogledd Cered.

tirionaf: **tirioni**^{1} [bf. o'r a. *tirion*^{1}] *bg.a*. Gwneud neu fynd yn dirion neu'n addfwyn, mwyneiddio, tyneru, gwneud neu fynd yn hoffus, yn hawddgar, neu'n ddymunol, dyneiddio, cymedroli, trugarhau (wrth); mynd yn fwynaidd (am y tywydd, &c.): *to make or become gentle*, *mild*, *or tender*, *make or become affectionate*, *amiable*, *or pleasant*, *humanize*, *moderate*, *be lenient* (*towards*); *become mild* (*of the weather*, *&c*.).
14g. *WM* 63. 5–11, Ac yna dechreu kydeisted ac ymdidan . . . Ac or ymdidan *tirioni* aƀnaeth yuryt ay uedƀl ƀrthi. a hoffi yny uedƀl na ƀelsei eiryoed ƀreic digonach y theket . . . no hi. *id*. 460. 6–7, mae uyg kallon yn *tirioni* vrthyt. 15g. *GB* 84, gwyddiad, nis diwad, distewi—cleiriach, / diwair eneth bach, wrth *dirioni* [marwnad Ieuan Gethin i'w ferch]. 15g. *W Best* 6, euthvm mewn anobaith am nad ydwyt ti yn mynnv edrych arnaf . . . ti a vynassut *tirioni* wrthyf ymhob lle. 15g. *GIBH* [54], Torri'r gorchymyn (taerddrwg fu'r dychryn!) / *Tirioni*'r gelyn heb ddydd golau. 1767 *Aberth Cym* 96, Ond fe allai gwrthadleuai rhai, fy mod yn yr ymadrodd hwn . . . yn rhy lym a barngaled; ac oni ni [*sic*] bydd i mi *dirioni* (*moderate*)'r llinellau hyn a rhyw beth mwyneiddach . . . y gallaf ddigalonni ll awer [*sic*] enaid onest. 18g. I. BRYDYDD HIR: *Gw* 78, A llygad Gwen, Elen ael, / Yn dduon dan y ddwyael: / Trwyn addwyn taran eiddil, / Trwyn mwyn yn *tirioni* mil. 1774 *W* d.g. *To humanize*, *To relent*. 1777 W. DAVIES: *CHL* 189, Y mae priodoliaethau gogoneddus ac ofnadwy 'r Duwdod yn cael ei [*sic*] *tirioni*, os gallaf lefaru felly, a'u gwneuthur yn gyfeillgar. 1799 DAFYDD IONAWR: *MB* xx, Byddinoedd Gog, wrth ddynesu at yr Hyfryd Wlad, yn canfod y Nefoedd a'r Ddaear yn *tirioni* f[wy]-fwy. *id*. 6, Hafaidd yw'r Wybren hefyd, / *Tirioni* mae hi o hyd. 1803 *P*. Cf. T. H. PARRY-WILLIAMS: *Y* 43, Ni *thirionodd* fy nghalon wrtho [tywod] erioed, am fod yn gas gennyf fôr.

tirionaidd [*tirion*^{1}+-*aidd*] *a*. Tirion, addfwyn, mwyn, tyner, hynaws, dymunol: *gentle*, *mild*, *tender*, *good-natured*, *pleasant*.
1615 R. SMYTH: *GB* 134, cavvn vveled fod . . . ymysc y glavv *tyrionaidd* [*sic*], lavver o genllyst yn discin. 17g. HUW MORUS: *EC* i. 267, I'ch mwyn air *tirionaidd* mawr rinwedd a roed. *id*. ii. 238, Ac Elsbeth geneth geinwedd, wych walches, / Baunes bonedd, wawr *dirionaidd* euraid yw. 1793 DAFYDD IONAWR: *CD* 194, *Tirionaidd* y troi annyn, / Tydi sydd yn hoffi hyn. 1803 *P*.

tiriondeb [*tirion*^{1}+-*deb*] *eg*. Y cyflwr o fod yn dirion, addfwynder, mwynder, tynerwch, caredigrwydd, hynawsedd, moesgarwch, gostyngeiddrwydd, hyfrydwch, dymunoldeb: *gentleness*, *mildness*, *tenderness*, *kindness*, *good nature*, *courteousness*, *meekness*, *agreeableness*, *pleasantness*.
1567 *LlGG* 78b, Eithyr ffrwyth yr Yspryt yw cariat, llawenydd, tangneddyf, an-mynedd, *tiriondep*. 1567 *TN* 269a, Eithyr ym-pop peth ydd ym ni yn ein provi ein hunain . . . gan hirddyoddef, gan *diriondeb* [:- vwynder]. *id*. 323b, Na chablant nep, na bot yn ymladdwyr, anyd llednais, gan ddangos pop *tiriondep* i bop dyn. 1595 H. LEWYS: *PA* 52, Gorthrymder ac adfyd, sy . . . yn ein cynhyrfu i wellant buched', i ofni duw, i vfud'-/dod, ymyned', dianwadalwch, *tiriondeb* (*gentleness*), sobrw[y]d'. 1604–7 *TW* (*Pen* 228) d.g. *Affabilitas*. 1632 *D*, *Tiriondeb* . . . Comitas, vrbanitas, amœnitas. *id*. d.g. *Benignitas*. 1672 J. LANGFORD: *HDdD* 15, ei Anfeidrol Drugaredd a'i *Diriondeb*. 1688 *TJ*, *Tiriondeb*: courteousness, mildness, also pleasantness. 1704 E. SAMUEL: *BA* [iv], trwy 'ch tadol *diriondeb* ach gofal tros braidd Crist. 1721 J. P. PRYS: *DC* 96, Mae Gwobr tra siccir iw [*sic*] gael pan i'n gelwir, / Arweinir ni i Randir *tiriondeb*. 1790 T. JONES: *TOS* 172, rhaid i'r gwâs gwaelaf gynghori ei feistr . . . ar achosion llwyr angenrheidiol, a chyda phob gostyngeiddrwydd, cymmedrolder, a *thiriondeb* (*meekness*). 1803 *P*. Cf. D. OWEN: *RL* 285, Yr oedd y dyhiryn yn ewythr i mi . . . ond nid oedd ar y cyfrif hwnw yn haeddu dim *tiriondeb* oddiar fy llaw; canys iddo ef yr oedd yn rhaid i mi briodoli y rhan fwyaf o'r profedigaethau a'm cyfarfyddasant.

tiriondeg, gw. **tirion**^{1}+**teg**.

tirionder [*tirion*^{1}+-*der*] *eg*. Tiriondeb, addfwynder, caredigrwydd, dynoliaeth, cariad, gostyngeiddrwydd, dymunoldeb: *gentleness*, *kindness*, *humanity*, *love*, *meekness*, *pleasantness*.
1567 *TN* 288a, [rh]odio yn teilwng o'r 'alwedigeth ich galwyt, ym-pop gestyngeiddtra-meddwl, a' *thirionder* [:- lledneisrwydd, mwynder] mewn dyoddefgarwch. 1588 *Hos* ii. 19, dyweddiaf di â mi fy hun mewn cyfiawnder, ac mewn barn, mewn *tirionder*, ac mewn trugaredd. 1606 E. JAMES: *Hom* iii. 44, y mae *tirionder* (*kindness*) Christ yn ymddangos yn fwy o lawer am fod yn wiw gantho roi heibio ei holl anrhydedd dduwiol. *id*. 243, gobeithio . . . y gallant yn hawdd orescyn eu gwendid a'u *tirionder* (*gentleness*) hwy. *id*. 253, Megis nad oedd Saul o'r fath oreu . . . ar dywysogion, am ei fod allan o ffafor Duw am ei anufydd-dod yn erbyn Duw yn arbed, trwy gam-dosturi, y brenin Agag . . . mae'r *tirionder* (*humanity*) pechadurus hynny . . . yn greulonach gar bron Duw, nag ydyw lladd a cholli gwaed pan fyddo Duw yn gorchymmyn. 1632 *D* d.g. *Charientismus*, *Mansuetudo*. 1722 *Llst* 189, *Tirionder*. m. as Tiriondeb. 1773 *W* d.g. *Gentleness*. 1803 *P*.

tirionedd [*tirion*^{1}+-*edd*^{1}] *eg*. Tiriondeb, addfwynder, caredigrwydd, dynoliaeth, dymunoldeb: *gentleness*, *kindness*, *humanity*, *pleasantness*.
1606 E. JAMES: *Hom* iii. 171, a gamarfer hi fwynder a *thirionedd* (*humanity*) ei gwr? 1773 *W* d.g. *Gentleness*. 1803 *P*, *Tirionez*, s. m. . . . Pleasantness; kindness.

tiriongar [*tirion*^{1}+-*gar*] *a*. Tirion, addfwyn, mwyn, hynaws: *gentle*, *mild*, *good-natured*.
16–17g. *IMCY* 228, Eithr darlhain yn *diriongar* bhy awenydhawl brydyad.

tirioni^1, gw. **tirionaf**: **tirioni**.

tirioni^2 [*tirion*^{1}+-*i*^{1}] *eg*. Tiriondeb, addfwynder, caredigrwydd: *gentleness*, *kindness*.
1822. Cf. ISLWYN: *Gw* 208, Lleferi *dirioni* i druenus, / Acw anfoni dy wên i'r cwynfannus.

tirionol [*tirion*^{1}+-*ol*] *a*.
(*a*) Tirion, addfwyn, hynaws, dymunol: *gentle*, *good-natured*, *pleasant*.
16–17g. EDWARD URIEN, &c.: *Gw* 147, Band oer iawn,—bu'n *dirionol*—/ Byd y rhain bod ar ei hôl?
(*b*) *Meddyg*. Rhyddhaol: *laxative* (*in med*.).
1816.

tirionrwydd, **tirionrhwydd** [*tirion*^{1}+ -*rwydd*, -*rhwydd*] *eg*. Tiriondeb, addfwynder, caredigrwydd, tynerwch; ?ysblander: *gentleness*, *kindness*, *tenderness*; ?*splendour*.
14g. *GIG* 3, Cyn dy farw y cei arwain / Y tair coron cywair cain / A ddugon' gynt ar hynt rwydd / Ar deirgwlad er Duw Arglwydd, / *Tirionrhwydd* y tair anrheg, / Â'th gledd, hil teÿrnedd teg [i'r Brenin Edward III]. 15g. *GGl*^{2} 273, Duw a roes ym o dir saint / Damweiniau da i'm henaint. / Dwy dreth o galondid rhwydd, / Dau ŵr unrhyw *dirionrwydd*. 16g. *GGH* 147, Troes o'r rhad Duw, trysor teg, / *Tirionrwydd* o'u tair anrheg: / Myrr a thus am wyrthiau sydd, / A'r rhodd drud, aur, oedd drydydd. 1567 *TN* 272b, gwarder a' chymesurdap [:- *tirionrwydd* a' b[o]neddigeiddrwydd] Christ.

tirionus [*tirion*^{1}+-*us*] *a*. Tirion, addfwyn, dymunol: *gentle*, *pleasant*.
1803 *P*.

tirionwch [*tirion*^{1}+-*wch*^{1}] *eg*. Tiriondeb, addfwynder, mwynder, tynerwch, hynawsedd, caredigrwydd, cyfeillgarwch, moesgarwch, hyfrydwch, dymunoldeb; mwynder (am y tywydd, &c.): *gentleness*, *mildness*, *tenderness*, *good nature*, *kindness*, *friendliness*,

courteousness, agreeableness, pleasantness; mildness (of the weather, &c.).

14g. *BT* 124, ykaffei ef *diryonwch* ygan y brenhin. **14g.** *WM* 6. 23–5, trannoeth *tirionwch* ac ymdidan hygar auu y ryngthunt. **14g.** *GDG³* 86, Pan ddêl edn, / poen ddeiliadaeth, / I Fôn gyfagos dros draeth, / Yr adnebydd, drarydd dro, / *Dirionwch* dyfrdir yno. **15g.** *BB* 207, kywilydiaw aoruc catwallawn adiolwch ydaw y *dirionwch* ay enrydedd. **1606** E. JAMES: *Hom* ii. 106, rhai o honynt [delwau] er eu bod yn gerrig, ac yn galed, a wylasant o wir *dirionwch* calon, a thosturi. **1632** D, Tiriondeb, & *Tirionwch*, Comitas, vrbanitas, amœnitas. id. d.g. *Charientismus*. **1756** Gron 17, Pan fo Mon a'i *thirionwch*, / O wres fflam yn eirias fflwch. **1773** W d.g. *Gentleness, Softness*. **1790** T. JONES: *TOS* 318, Gad iddynt wel'd iti ... ymborthi ar win a llaeth, wrth *dirionwch* dy dymmherau, a melusdra dy ymddiddanion. **18–19g.** *Iolo MSS* 164, a *thirionwch* yr awr ar cyfarwel yn nechre mandes dydd haf ysplennydd. **1803** *P*.

tirionwedd, tirionwych, gw. tirion[1]+gwedd[1], gwych.

tirlithriad [tir+llithriad] *eg.* ll. -au. Llithriad talp mawr o greigiau, pridd, &c., i lawr ochr mynydd, &c.; mwyafrif llethol i un blaid mewn etholiad: *landslide (also in election)*.
1926.

tirlun [tir+llun[1]] *eg.* ll. -iau. Darlun o olygfa naturiol, math neu arddull sy'n cynnwys darluniau o'r fath; tirwedd, golygfa; hefyd yn *ffig.*: *landscape (picture and genre); landscape (topographical features, &c.), scenery; also fig.*
1851.

tirluniad [tir+lluniad] *eg.* Tirwedd, golygfa: *landscape (topographical features, &c.), scenery.*
1851.

tirluniaeth [tirlun a bôn y f. *tirluniaf: tirlunio*+-iaeth] *e?b.* Tirlun (math neu arddull); y weithred neu'r arfer o dirlunio (gardd, &c.): *landscape (genre); landscaping.*
20g.

tirluniaf: tirlunio [bf. o'r e. *tirlun*] *bg.a.* Gosod allan (ardd, &c.) o safbwynt tirwedd a golygfa, cuddio neu harddu adeilad, &c., drwy ei wneud yn rhan o dirwedd gydnaws, garddlunio; darlunio tirluniau: *to landscape; make pictures of landscapes.*
20g.

tirluniol, tirlunol [tirlun+-(i)ol] *a.* Yn perthyn i dirwedd a golygfa; yn perthyn i dirluniau (darluniau): *relating to landscape and scenery; relating to landscapes (pictures).*
20g.

tirluniwr [bôn y f. *tirluniaf: tirlunio*+-iwr] *eg.* ll. tirlunwyr. Arlunydd sy'n darlunio tirluniau: *landscape artist.*
20g.

tirlunol, gw. tirluniol.

tirlwydd [tir+(arg)lwydd] *eg.* ll. -i. Landlord, meistr tir: *landlord.*
1765 *Rhed* Y 29, Myfi briodais Wraig, y mae gennyf syddyn o Dir, mi anfodlonaf fy *Nhir-lwydd* (Landlord), mi anfodlonaf fy Meistr.

tirlyfr [tir+llyfr[1]] *eg.* ll. -au. Llyfr yn cofnodi safle, terfynau, &c., tir unigolion neu gorfforaethau, rhol rent, casgliad o dderbynebau deiliaid neu denantiaid arglwyddiaeth, llyfr tir; llyfr stent: *terrier (of land).*
1710 *LlGG (Gos)* 13, *Tirlyfr* Eglwysidir, a Meddiannau eraill perthynol i Eglwysau ... Rentrol a *Thirlyfr* cywir o bob Glebau. **1722** *Llst* 189, *Tir-lyfr*, m. A terrier (of land). **1794** *W* d.g. *Terrar*.

tirmon [tir+-mon (At.), ar ddelw'r S. *groundsman*] *eg.* ll. tirmyn. Un sy'n gyfrifol am gynnal a chadw maes chwarae: *groundsman.*
20g.

tirnod [tir+nod[1]] *eg.* ll. -au. Gwrthrych hawdd ei weld mewn ardal, &c., gwrthrych sy'n nodi terfyn neu ffin ystad, gwlad, &c.,

carreg derfyn, hefyd yn *ffig.*: *landmark, also fig.*
1852.

tirog, gw. tiriog.

tirol, tiriol [tir+-(i)ol] *a.* a hefyd fel *eg.* ll. tirolion. Yn perthyn i'r tir, daearol, amaethyddol, (yn byw) ar y tir; a chanddo dir, tirfeddiannol; ar ffurf tir (ac adeiladau) (am eiddo); deiliad: *pertaining to the land, terrestrial, agrarian, (living) on land; having land, landowning, landed; real (of property); subject (person).*
1547 *WS*, Tirawl Landysshe. **16g.** *GGH* 51, Ail tylwyth ffrwyth â phur hawl, / Ywch y deiryd iach *diriawl*. **16g.** WILLIAM CYNWAL: *Gw* (G. P. Jones) 22, Pa enw *tiriol*, paun teiriaith, / Pwy yn y rhôl yw'n penrhaith? **1754** *Gron* 112, Derbyn ddwys ofyn ddeisyfiad—Maon / Drudion *dirolion* dy oreuwlad. **1803** *P*, Tiriawl ... Terreous, or earthly.

tirolygfa [tir+golygfa] *eb.g.* ll. -feydd. Tirwedd, golygfa: *landscape (topograhical features, &c.), scenery.*
1834.

tirs, tirsgrif, tirus, gw. turs, tirysgrif, teirus.

tirwedd [tir+gwedd[1]] *eb.g.* ll. -au. Nodweddion gweladwy ardal o dir, yn aml o'u hystyried o ran eu hapêl esthetig, golygfa; *Daearydd.* amrywiad o ran uchder mewn ardal, y gwahaniaeth rhwng y lefel uchaf a'r lefel isaf; hefyd yn *ffig.*: *landscape (topographical features, &c.), scenery; relief (in geog.); also fig.*
18–19g. *Llr* C 4, 246, *tirwedd*, a landskape.

tirwr [tir+gŵr] *eg.* (b. -wraig) ll. -wyr. Un sy'n byw neu'n gweithio ar y tir (gthg. *morwr*), un nad yw'n forwr: *landsman.*
1815.

tirwriaeth [tirwr+-iaeth] *e?b.* Amaethyddiaeth: *agriculture.*
1796 *Geirgrawn* 149, Ein *tirwriaeth* (agriculture) sy'n gwellhau'n rhyfedd.

tirwystl [tir+gwystl] *e?g.* ll. -au, -on. Morgais: *mortgage.*
1850.

tirwystliad [tir+gwystliad] *eg.* Morgais: *mortgage.*
1850.

tiryn, gw. tir.

tirynys [tir+ynys] *eb.* ll. -oedd. Gwerddon: *oasis.*
1848.

tirysgrif, tirsgrif [tir+(y)sgrif] *eb.* Tirlyfr: *terrier (of land).*
1794 *W* d.g. *Terrar*.

tis [bôn y f. *tisiaf: tisian*] *eg.* ll. -ion. Tisiad; *?*sŵn gorfoleddu: *sneeze; ?sound of rejoicing.*
17g. *LlGC* 13215, 383, *Tis* × Untrew Dystrew. **[1783]** *W* d.g. *Sneeze.* **18–19g.** *Llr* C 4, 267, *Tis* the voice of rejoicing. **1803** *P*, *Tis*, s. m.—pl. t. *ion* ... A sneeze.

tisan, tisen, teisan(d) [bnth. S. *tisane*] *e?b.* Diod faethlon gynt a wneid o haidd, &c., a dŵr, dŵr haidd: *tisane, barley water.*
?16g. *RWM* ii. 1012, a ffan vo gwres yfed *teissand.* Diw. **16g.** *MlLB* 24–5, mae modd ar ddiod a elwir *tisan* hono sydd iach yn yr amser hwnw. id. 42, Llyma diod [*sic*] a elwir *Teisan* ar ddiodd [*sic*] honn y sydd eda i ddyn gwan ar ol brath ne ddyrnod ne glefyd anial. id. 83, *Tisen* a wneler o flawd gwenith da yw rhag sychedd ... *Tisen* a wneler ne haidd oer a gwlyb yw ... i mae yn y llyfr yma ddysgu gwneuthur *teisan* lays hynn.
Amr.: ptisan [tebyg mai ff. org. yn unig ydyw]. **16g.** *LlS* 96, od yfir, nei ei iscell gyd a *ptisan.* **1604–7** *TW (Pen* 228), *ptisan*, y sef yw, haidd wedy wisgioni ai verwi mewn dwr d.g. *ptisana.*

tisiad [bôn y f. *tisiaf: tisian, tisio*+-iad[1]] *eg.* ll. -au. Y weithred o disian, sŵn tisian: *a sneezing, sneeze.*
Dchr. **17g.** *J* 10, 156b, *Tisiad.* sternutatio. **1632** D d.g. *Sternutāmentum.* **1688** *TJ*, Trew, *tissiad*: sneezing. **1803** *P*, *Tisiad*, s. m.—pl. t. *au* ... A sneezing.

tisiaf: tisian, tisio [?gair yn dynwared y

sŵn] *bg.a.* a hefyd gyda grym enwol i'r be. Chwythu aer allan o'r trwyn a'r geg yn anwirfoddol, taro untrew, *?*ffroeni, hefyd yn *ffig.*: *to sneeze, ?snort, also fig.*
1547 *WS, Tisio* Nese. **1562** *B* ii. 240, untrew: *tissio.* **1588** 2 *Br* iv. 35, a'r bachgen a *disiodd* hyd yn saithwaith. **1588** *Job* xli. 9, Ei *disian* ef [lefiathan] a gynneu yn ffagl. **1604–7** *TW (Pen* 228), *Tisio* d.g. *Sternuo.* **1606** E. JAMES: *Hom* ii. 95, wrth yr vn a fytho yn entrewi [:– Distrewi. *tisio*] y dywedir Duw a saint Ioan. **1632** D, *Tissio*, Sternutare. **1710** *CBGEL* 66, yr ŵyf yn cyfri fod y Defodau arferol o ymgrymmu i un a ddelo i mewn ... neu'r sawl a disio ... yn gyfryw Foes ar a ellid or [*sic*] goreu, ac a ddylid ei harbed. **1722** *Llst* 189, *Tissian.* m. A neezing, sneezing. id. *Tissio.* To sneeze, snort. **1740** T. EVANS: *DPO* 283, pan fo dyn a'r Hun-llef arno, y mae efe yn deimladwy o'i flinder, ac a chwennychai *disio* ac ymgyfodi. **1759** J. EVANS: *PF* 60, [c]ymerwch ryw beth a baro i chwi *Dissio.* **1777** E. ROBERTS: *DG* 67, Daeth pwff o *disian* arnai'n brysur. **1803** *P* d.g. *Tisian, Tisiaw.* Ar lafar yn gyff. Cf. W. REES: *AFR* 62, Dim ond i gi bach ddangos ei ddannedd, neu i gath bach *disian* arni, yr oedd yn ddigon i'w thaflu i lewyg braidd; D. OWEN: *D* 182, nid oedd yr holl gawgiadau o ddwfr a deflid ar y tân ond yn unig yn peri iddo *disian* ac ymgynddeiriogi.

tisiw [bnth. S. *tissue*] *eg.* ll. -s. Darn taflladwy o bapur tenau meddal amsugnol a ddefnyddir i sychu, &c., hances bapur, macyn papur; math o frethyn drudfawr: *tissue, paper handkerchief; tissue, rich cloth.*
16g. *DCR* 234, Cael parlwr a gwelv o holant a manblv a chyfle i ymwasgv a meingan / hiling or *tisiw* tuddede'r gwaith evrlliw ar cwrtens ariannliw o sidan. **1604–7** *TW (Pen* 228) d.g. *Trilix.* Ar lafar yn gyff., 'Cofia brynu *tisiws*'.

'tisiwn, gw. petisiwn.

tisiwr [bôn y f. *tisiaf: tisian, tisio*+-iwr] *eg.* ll. tiswyr. Un sy'n tisian: *sneezer.*
[1783] *W* d.g. *Sneezer.* **1803** *P*.

tisiyrt [bnth. S. *T-shirt*] *eg.b.* ll. -s. Crys T: *T-shirt.*
20g. Ar lafar, 'hen *disiyrt* fudr'.

tislwch [tis+llwch[1]] *eg.* Snisin: *snuff.*
1851.

tist [gwaith Gruffudd ap Maredudd yw pob un o'r enghrau. isod; anodd esbonio'r ff. fel amr. ar *tyst*; diwygir *tist*, *R* 1227. 25, yn *trist* gan *GGDT* [57]; dileer yr engh. gyntaf d.g. *dist*] *?eg.*
c. **1400** *R* 1197. 16–17, Kovyl gwanec dec *dist.* kofyon di athrist. id. 1200. 16–17, *Tist*, arwyrein y gleindyt. id. 1209. 4–5, Arglwyd didrist grist gŵir *dist* gŵarder. id. 1215. 18–19, regeu diathrist *tist* lle tyster.

tit [bnth. S. *tit*] *eg.* ll. -s. Bron (gwraig neu ferch), hefyd yn ddifr. am berson: *(woman's or girl's) breast, also derog. of person.*
20g. Ar lafar, 'Ma fe'n *dit*' (gorllewin Morg.).
Gw. hefyd titen.

Titan [bnth. S. *Titan*] *eg.* ll. -iaid. Aelod o deulu o gewri yn chwedloniaeth Groeg; (duw) yr haul; person tra chryf, deallus, &c.: *Titan; the sun(-god); extremely strong, intelligent, &c., person.*
1729 L. MORRIS: *LW* 333–4, gwybyddwch fod amrafael enwau i'r Celtae, neu'r Ceiltiaid, yn yr amryw oesoedd o'i llywodraeth: megis *Titaniaid*, Celtae, Cimbriaid, Gauli. **1759** *BC* 346, Canmoliaeth i Ferch, drwy gymeryd yr Haul, neu'r *Titan* tirion yn Fardd hirgorn i alw yr lleill o'r Miwsis ynghyd i'w chanmol hi ... *Titon* [*sic*] lon dirion lân dorriad. **1790** P. WILLIAMS: *BS*, *Esec* xxx, dynion o faintioli anghyffredin, a elwid *Titaniaid.*

Titanaidd [*Titan*+-aidd] *a.* Yn perthyn i'r Titaniaid, anferthol, aruthrol: *Titanic, gigantic, colossal.*
1814.

titanig [cfdds. o'r S. *titan(ic)*+-ig[2]] *a.* *Cem.* Yn cynnwys titaniwm, yn enw. yn ei ffurf detrafalent: *titanic (in chem.).*
20g.

Titanig [cfdds. o'r S. *Titan(ic)*+-ig[2]] *a.* Titanaidd, anferthol, aruthrol: *Titanic, gigantic, colossal.*
20g.

titaniwm [bnth. S. *titanium*] *eg.* *Cem.* Elfen fetelaidd lwyd (symbol Ti; rhif atomig

22) sy'n digwydd yn naturiol mewn cleiau, &c., ac a ddefnyddir i wneud aloiau ysgafn cryfion gwrthgyrydiad: *titanium.*
20g.

titen [bnth. S. Diw. Cyn. *tytte*+*-en*] *eb.* ll. *-nau.* Teth, pen bron (gwraig neu ferch): *teat, nipple.*
1547 WS, *Titen* bron gwraic A tete. 1604–7 TW (Pen 228) d.g. *Bumamna, Mamilla. id.* bronnæ ne *ditennæ* gwraic d.g. *Nutrix. Dchr.* 17g. J 10, 157a, *Titen.* × Dyden. 1632 D, *Titten,* Jdem quod Diden. 1688 TJ, *Titten,* diden: a Breast or Tett. 1722 Llst 189, *Titten.* f.p. *tennau.* A breast, pap, teat, dug. 1753 TR, *Titten,* a nipple or teat. Ar lafar gynt, 'rhoi *titen*', GDD 300.
Gw. hefyd **tit**.

titêt [cf. *cy(n)têt, gitêt*] *eg.* Amser chwarae (i blant ysgol): *(school) playtime.*
Ar lafar gynt yng Nghered.

titi [bnth. S. *titty*] *eb.* Teth rwber neu blastig i fabi ei sugno, dymi: *(baby's) dummy.*
20g. Ar lafar, SC vi. 134 (sir Benf.); hefyd am 'sugnad o'r fron', 'Ma 'mam yn dweud 'roeddwn yn dwlu câl *titi* ganddi pan ôn i'n faban' (Morg.).

titiad[1] [bôn y f. *titiaf: titio*+*-iad*[1]] *eg.* Ditiad, cyhuddiad ffurfiol (cyfreithiol): *indictment.*
16g. TRP 174, Barabas yn Rydd aed gar bron / heb na *thitiad* na holion.
Gw. hefyd **ditiad** (At.).

titiad[2], *eg.* ll. *-iaid.* Gwybedyn mân, piwiad: *gnat, midge.*
1604–7 TW (Pen 228), Cylchlenn y gadw r gwybet ar *Titieit* ymeith d.g. *Conopeum. id. Titiat* d.g. *Cynips.* 1632 D, *Titiaid,* Idem quod Propriaid. 1688 TJ, *Titiaid,* propriaid, gwŷbed mân: little Flies like Gnats. 1803 P.

titiaf: titio [bnth. S. C. *diten;* am *d-* > *t-*, cf. *tesni*[1], *tociaf: tocio*] *ba.* Ditio: *to indict.*
14g. GIG 18, Ni *thitid* câr amharawd, / Odid od wttleid tlawd [marwnad Tudur Fychan]. 1547 WS, *Titio* Endyte. *a.* 1577 Pen 49, 2, nythod ddwyn kyt nithyt ddeil / ni *thitiwyd* (GDG³ 309, Ni'th dditia) ti nith atteil [i'r gwynt]. 1588 2 Mac x. 22, efe ai lladdodd hwynt wedi eu *titio* o draeturiaeth. 16–17g. GST i. 834, Dyma flwyddyn i yncwestwr / I edrych lle bo wyneb gŵr, / A ci *ditio* gwirioniaid, / A ci gadw gwylliaid. 1630 R. Llwyd: LlH 266, O na baem ni yn ein cyhuddo ein hunain, ein *titio* ein hunain . . . fel na'n cyhuddo, na'n *titid* . . . byth gan yr Arglwydd.
Gw. hefyd **ditiaf: ditio**.

titial, titian[1], gw. **tician**[2].

titian[2] [?cf. S. *(to) tittle*] *ba.* Sgwrsio'n gyfrinachol, hel clecs: *to chat confidentially, gossip.*
20g. Ar lafar ym Morg., 'Beth ma'r ddou yna'n *ditian* o hyd?'

titiedig [bôn y f. *titiaf: titio*+*-iedig*] *a.bfl.* Wedi ei dditio, ditiedig: *indicted.*
1567 LlGG [xi], yddaw ef . . . yn anghyfraithiaw . . . bot o hyny yn *ditietic* yn y Session gyffredin.
Gw. hefyd **ditiedig**.

titifetio [bnth. S. *(to) titivate*] *bg.* Twtio, sbriwsio: *to titivate.*
Ar lafar, '*Titifetio*' 'to tittivate, rhoi mân bethau mewn trefn', Cymru liv. 132 (dwyrain sir Drefn.); ''Roedd hi'n eiste' yno am orie'n *titifetio* o flaen y drych'.

titing [bnth. S. *diting;* am *d-* > *t-*, cf. *titiaf: titio*] *e?g.* Ditiad, cyhuddiad ffurfiol (cyfreithiol): *an indicting, indictment.*
16g. (LlEG) Mos 158, 509b, na chay wr o vewnn kymru ddwyn nachledde Na dager . . . i lys i sennedd na *thitting* dan boen dirwy drom ai gorf i garchar y brenin.

titil, gw. **teitl**.

titiwr [bôn y f. *titiaf: titio*+*-iwr*] *eg.* Ditiwr: *indicter.*
1548 B xxi. 320, Hevyd am bob *titiwr* a ddel J ovynn kydfod bod J ddylifro yn rrydd. *c.* 1620 Card 16, 236, Da for naws Dyfi er neb / Di *dittiwr,* Doed yw Atteb [Tudur Owen i ateb Robert Dyfi].
Gw. hefyd **ditiwr**.

titl, gw. **teitl**.

titlaf, titliaf: titl(i)o, gw. teitlaf: teitlo.

---

titmant, titment [bnth. S. Diw. C. *ditement;* am *d-* > *t-*, cf. *titiaf: titio*] *eg.* Ditiad, cyhuddiad ffurfiol (cyfreithiol): *indictment.*
1547 WS, *Titment* Endytement. 1630 YDd 42, ar cythraul yn rhoi bil o *ditmant* cyn helaethed a llyfr Zachariah.
Gw. hefyd **ditmant**.

titót [bnth. S. *teetot(al)*] *eg.* Llwyrymwrthodwr, dirwestwr: *teetotaller.*
1869 TALHAIARN: Gw iii. 51, Diwygiodd yn drwyadl a throdd yn *Ditot,* / Gan wrthod bir, cwrw, rum, gin a hot pot; / A'i garitor sydd heb un brychyn na blot. Cf. D. OWEN: RL 411, ar ol i mi fynd yn *ditót* mi drois yn regular cybydd.

titotal [bnth. S. *teetotal*] *a.* a hefyd fel *eg.* ll. *-iaid, titotliaid, -s.* Llwyrymwrthodol, dirwestol (hefyd weithiau yn gellweirus am ddiodydd eraill megis te); llwyrymwrthodwr, dirwestwr: *teetotal (sometimes also facet. of other drinks, e.g. tea); teetotaller; teetotalism.*
1836. Cf. TALHAIARN: Gw i. 160, Y twaddlers o *Ditotliaid;* D. OWEN: RL 280, *titotals* ydyn' nhw i gyd yn y byd arall; CYLl 79, A minnau yn awr yn di-to-tal o'r tê, / Am diced y shwgir—na'i ddim byd ag ê; D. J. WILLIAMS: ChHO 172, fel mater o ddisgyblaeth arnaf fy hun byddwn weithiau'n *didotal* llwyr am fisoedd.
Amr.: **total** [?ff. affetig; ond cf. S. *total abstainer*]. 1908. Ar lafar, BIBC 51.

titotalaidd [*titotal*+*-aidd*] *a.* Llwyrymwrthodol, dirwestol, titotal: *teetotal.*
1838.
Amr.: **totalaidd** [?ff. affetig; ond cf. S. *total abstinence*]. 1838.

titotaliaeth [*titotal*+*-iaeth*] *e?b.* Llwyrymwrthodaeth, dirwest: *teetotalism.*
1837. Cf. D. OWEN: GT 217, nid oedd yn orselog dros *ditotaliaeth.* A chymaint Cristion oedd efe fel na chlywid ef ynghylch edliw beiau . . . euogion pan ddigwyddai eu cyfarfod mewn tafarndy.
Amr.: **totaliaeth** [?ff. affetig; ond cf. S. *total abstinence*]. 1838.

titotaliedydd [*titotal*+*-iedydd*³] *eg.* ll. *-ion.* Llwyrymwrthodwr, dirwestwr: *teetotaller.*
1838.

titotaliedyddiaeth [*titotaliedydd*+*-iaeth*] *e?b.* Llwyrymwrthodaeth, dirwest: *teetotalism.*
1838.

titotalydd [*titotal*+*-ydd*³] *eg.* Llwyrymwrthodwr, dirwestwr: *teetotaller.*
1856.

titotler [bnth. S. *teetotaller*] *eg.* Llwyrymwrthodwr, dirwestwr: *teetotaller.*
1932. Cf. D. J. WILLIAMS: HW 32, Ar y sgiw ger y tân eisteddai'r Siopwr â'i unig lasaid cwrw'r flwyddyn o'i flaen—cynnig agosaf yr Hen Ardal at y *titotler.*

titr, *eg.* Elfen yn enwau rhai o bedwar mesur ar hugain Cerdd Dant: *element in the names of some of the twenty-four metres or measures of traditional Welsh string music.*
16g. Pen 60, 40, xvj *Tyttyr* bach tt kk tt kk. 16–17g. B i. 144, Pa ryw vesur yw gwydhor *Titr* ne drwsgwl? id. 145, *Tytyr* bach. id. 146, *Titr* bach. 17g. Musica 104, anrheg ddewi—*tytyr* bach. 18g. id. 3, Os *Titt* a fydd, Dau gowirdant a daudyniad. 1803 P, *Tityr* . . . *Tityr Baç,* the name of one of the 24 measures in music.

titrïwr, gw. **didrdfwr**.

titsiar, titsiyr [bnth. S. *teacher*] *eg.b.* (b. *titsieres*) ll. *-s.* Athro neu athrawes: *teacher, schoolmaster, schoolmistress.*
20g. Ar lafar, 'Mae'n fwy na thebyg mai'r hen *ditsiars* 'ma sy' ar fai bod petha wedi dirywio mor enbyd hefyd', LlG li. 19; 'Ma'r hen *ditsiyrs* ma'n ddigwilydd'; 'dwy *ditsieres*'. Cf. E. L. ROBERTS: *Merch yr Oriau Mawr* (1981) 21, Hi oedd y *ditsiar* ora ges i 'rioed.

titsio [bnth. S. *(to) teach*] *bg.?a.* Dysgu, gweithio fel athro neu athrawes: *to teach.*
20g. Ar lafar, '*Titsio* 'rodd hi'.

titsiyr, gw. **titsiar**.

titul, titulaf: titulo, tituledig, gw. teitl, teitlaf: teitlo, teitledig.

titw¹, **ditw**¹ [cf. S. *tit* 'small horse; young

---

woman; small songbird' a'r S. *tit* 'puss'] *eb.* Enw anwes ar gath (fach), pws: *pet name for a cat or kitten, puss.*
16–17g. CRC 380–1, fyn *itw* fwvnaidd anian / A fegais er yn fechan. id. 382, Pan ddelych *ditw* bvrwen / ymhlith y tevlu llawen. 17g. LlGC 13215, 383, *Titw* hac voce allicimus felem. 1716–18 Llsgr R. Morris 50, Pan aeth ir lle ai *thitw* wen / ai chenod yno oedd uwch i phen. 1722 Llst 189, *Ditw.* f. A cat. 18g. L. MORRIS: LW 137, *titw*—a puss, a familiar name for a cat. 1803 P, *Titw,* s. f. dim.—Puss, a fond name for a cat. Ar lafar, WVBD 534, TGG (1904) 48 (Meir.), hefyd yn yr ymad. '*titw* pytatan, applied to a kitten', WVBD 534.

titw², **ditw**² [cf. *titw*¹, *ditw*¹; ansicr yw'r engh. gyntaf; 20g. yw dyddiad yr engh. nesaf] *eg.b.* ll. *-od. Adar.* Unrhyw un o amryw fathau o adar cân bychain, yn enw. o deulu'r *Paridæ: tit (in ornith.).*
1755 ML i. 396, Gwaed y *ditw* lâs! Ar lafar, 'Ma na ddau *ditw* ar y bwr' adar'.
Cfn.: **titw barfog:** *bearded tit, Panurus biarmicus.* 20g. **titw'r gors = titw'r wern.** 20g. **titw cynffon (gynffon) hir:** *long-tailed tit, Ægithalos caudatus.* 20g. **titw'r wern:** *marsh tit, Parus palustris.* 20g. **titw mawr:** *great tit, Parus major.* 20g. **titw pendil:** *penduline tit, Remiz pendulinus.* 20g. **titw penddu:** *coal-tit, Parus ater.* 20g. **titw tomos (las), ditw tomos (domos) las:** *blue tit, Parus cæruleus.* 1907. Ar lafar, 'titw tomos las, ditw domos las' 'tomtit', WVBD 534.

titw³ [cf. *titw*¹,² a'r S. *titty* 'diminutive, insignificant'] *eg.* Person neu beth bychan neu ddi-nod, person tila, peth ansylweddol: *diminutive or insignificant person or thing, puny person, unsubstantial thing.*
1908. Ar lafar yn y Gogledd, 'yr hen *ditw*', Cymru xlvii. 237 (sir Ddinb.); 'yr hen *ditw, titw* bychan' 'said of a small man', WVBD 534.

tityl, tith, gw. **teitl, tuth**.

tithau, dithau [?adff. o'r rh. *ti*¹, cf. *chwithau, (h)wyntau, yntau*¹] rh. prs. cysylltiol annib. a dib. ôl ategol (2 brs. un.). Ti hefyd, ti'n ogystal; ti hyd yn oed; ti ar y llaw arall; ti o'th ran dy hunan: *you (thou, thee) too, you (thou, thee) also; even you (thou, thee); you (thou, thee) on the other hand, you (thou, thee) on the contrary; you (thou, thee) for your (thy) part.*
(a) (fel rh. annib.: *as independent pron.*).
12–13g. GLlI 78, A *thitheu,* aryf cadeu kydlid, / Athrugar, kertgar, kyuerdelid. id. 180, Mi Lywarch, *titheu* Lywelyn! *c.* 1300 B ii. 29, rybuchaw da y dynyon da ac wyntev a rybuchan da y *titheu.* 14g. WM 76. 29–30, Na ŏeleis . . . un dyn yma onyt pedŏar dyn diholedic a *thitheu* ar y aŏr honn. id. 162. 10–11, Mae y neill peth. Ae tydi yn ŏr o bell. ae *titheu* yn ynuyt. id. 456. 2–4, a *thitheu* ny bo teu dy benn pyr y kyuerchy di. id. 473. 11, Neu *titheu* pŏy vyt. id. 479. 33–4, pan gaffŏyf *titheu* a varch ŏy'r arnat ti *titheu* a geffy uy merch. 14g. BT (RB) 70, *Titheu* a trigyy gyt a mi y dan yr amot hwnn yma. 14g. GDG² 205, *Tithau*'r anhun, tuthia, / tuthia, / Tefiddydd defnyddwydd da. *c.* 1400 YCM² 91, A *thitheu* dy hun a vyrir y mywn sybwll uffern. *c.* 1400 [RB] WM 261. 3–5, darogan oed dydyuot ti yma ym darestong i. a *thitheu* adeuthost. 15g. IGE² 237, Taith o ddig, *tithau* a ddaw / I'r ddaear i'th orddwywaw ['Cywydd Ymddiddan â'r Ysbryd' gan Ieuan ap Rhydderch]. 15–16g. TA 181, Ti sy gnot dysg a natur, / *Tithau* yw'r poet, athro pur. *a.* 1587 Y 75, A rhai o'th art yn rhwth wav, / O'th waith yn waeth na *thithav.* 1595 Egl Ph 12, moes imi lathen; *tithau* a gei fod. 16–17g. B xxvii: Gw 225, *Dithau* fardd . . . / Â rhigwm a'm anrhegai (Huw Machno). 1632 D d.g. *Tute.* 1632 J. DAVIES: LlR 98, a *thitheu* heb fod ond telpyn o bridd a chlai yn y blaen. 1675 R. JONES: HCh 47, Po mwyaf o ddaioni a gyfrannech di i eraill, mwyaf a gyfranna Duw i chwi. 1703 E. WYNNE: BC 128, O fy Mrenin . . . mae i mi air â chwi. Mae i mi un neu ddau â *thitheu* ondodid, ebr y Fall. 1753 TR, *Tithau,* and thou, thou also. 1764 W. WILLIAMS: Th 129, Duw a *thithau* fu yn y glorian, / Gynt yn pallu. 1803 P. Ar lafar, 'Ond yw 'i'n bryd inni wed ti a *titha* wth ny gilydd?' [pan fo person yn ceisio lleihau ffurfioldeb rhyngddo â rhywun arall], GTN 793. Cf. R. WILLIAMS PARRY: H 100, Tyner yw'r lleuad heno tros fawnog / Trawsfynydd yn dringo: / *Tithau*'n drist a than dy rô / Ger y Ffos ddu'n gorffwyso.

(b) (fel rh. dib. ôl yn ategu rh. bl., rh. m., rh. medd., neu ff. 2 brs. un. bf. neu ardd. rhed.: *as dependent affixed pron. supplementing prefixed pron., infixed pron., poss.*

pron., or 2nd pers. sing. form of vb. or conjugated prep.).

12g. *GCBM* i. 60, Ac yrod *titheu*, na'm amheued! **12–13g.** *GMB* 459, Kyd bwyf drwc, byt drugar *ditheu*. **13g.** *B* ix. 147, em kemellir e wediav trugared yessu grist ar deu *ditheu*. **1346** *LlA* 78, prydera *ditheu* am vyn diwed ynhev. **14g.** *WM* 11. 26–8, ny buost gyn hygaret guas *ditheu*. *id.* 457. 26, deu parth uy oet a dodyu. A deuparth y teu *ditheu*. *c.* **1400** *SDR*² 69, Ac ual y somes y urenhines y brenhin gynt am y marchawc, velly y soma dy wreic *titheu* tydi. *c.* **1400** *YCM*² 159, velly, Arglwyd, y teilyghych *ditheu* rydhau uy eneit ynneu y nef rac ageu tragywydawl. *c.* **1400** *YSG* i. 28, Yna ef a baratoes geir dy vronn coron o eur. Ac yr awr y gweleist *ditheu* hi, ti a'i chwenycheist. *id.* 102, Ac o gedy *ditheu* yni oll varw am beth kyn vychanet a hynny, ny wnaeth marchawc urdawl eiryoet pwngk vilyeinyach [*sic*]. *c.* **1400** *ChO* 19, A dyret *titheu* y gyt a mi adref heno. *Dchr.* **15g.** *GM* 9, Oll a'th uawl *ditheu*, Rieu ryyd. **15g.** *GDLl* 48, A'th weddïaw *dithau* Ddewi, / Rwydd-dad, a wnaeth rydd-did inni. **15–16g.** *AAST* (1935) 90, Pwy wyt *titheu*, hygleu hawnt, / Simwr welw, sy mor alawnt [Dafydd Trefor i ofyn alarch]? **1588** *Saln* xlv. 11, efe yw dy Ior di: ymostwng *dithe* iddo ef. **1593** *HCRC* iii. 208, Os gwîr Coel, 'r ŵyd *titheu*'r glŵyfus. **1701** E. WYNNE: *RBS* 107, Pan fo rhyferthwy o ryw Anffortun yn curo ar dy yspryd *titheu*, yspia ryw fantais arno. [**1745**] W. ROBERTS: *FfM* 8, Ped fei ti'n darllen yr un Llyfrau, / Llawn synn[w]yr, ac a ddarll[e]nais inneu, / Di ddwedit *titheu*, tra bae chwyth, / Mi wranta byth yr un pethau. Ar lafar, ''Ôt *titha* yno 'efyd, 'ôn i'n clŵad', *GTN* 793. Cf. R. WILLIAMS PARRY: *CG* 76, Gan bwyll y bwytawn, o dafell i dafell betryal, / Yr academig dost. Mwynha *dithau*'r grual.

Amr.: **chdithau** [cf. *chdi*, amr. ar *ti*¹]. **1907.** Ar lafar yn y Gogledd, *WVBD* 327. **tithef** [cf. *minnef*]. **1567** *TN* 114a.

tithiaf: tithio, gw. **tuthiaf: tuthio.**

tithian, *ba.* yn yr ymad. *tithian chwerthin.* Pwffian chwerthin: *to snigger.*
1914.

tiwb [bnth. S. *tube*] *eg.* (bach. g. *-yn*, b. *-en*; ll. *-nau*) ll. *-iau*, *-s.* Silindr gwag, yn enw. un a ddefnyddir i ddal nwy, hylif, &c., silindr meddal (ac un pen iddo wedi ei selio, a chap sgriw ar y pen arall) i ddal sylwedd lled-hylifol parod i'w ddefnyddio; *Swol.* organ silindraidd wag; system reilffordd danddaearol, yn enw. un Llundain, twnnel neu geubont reilffordd; hefyd yn *ffig.*: *tube* (*also in zoology*); *underground railway system, esp. the one in London, railway tunnel or tubular bridge*; *also fig.*
1920.
Cfn.: **tiwb gwynt:** *inner tube* (*of tyre*). **20g. tiwb prawf:** *test-tube.* **1937. tiwb profi = tiwb prawf. 20g. tiwb siarad:** *speaking-tube.* **20g.**

tiwba [bnth. S. *tuba*] *eg.* ll. *tiwbâu.* *Crdd.* Offeryn chwyth pres falfog bas, stop organ ac iddo ansawdd sain tiwba: *tuba.*
1938.

tiwbaidd [*tiwb*+*-aidd*] *a.* Ar ffurf tiwb, ac iddo diwbiau: *tubular.*
20g.

tiwben, tiwbercwl, &c., **tiwbyn,** gw. **tiwb, twbercwl,** &c., **tiwb.**

tiwl [bnth. S. *tulle*] *eg.* Rhwydwe sidan fain feddal a ddefnyddir i wneud fêls, ffrogiau, &c.: *tulle.*
1927.

tiwlip [bnth. S. *tulip*] *eg.* ll. *-au*, *-s*, a hefyd fel *e.ll.* *Bot.* Unrhyw blanhigyn (blanhigion) oddfog o'r tylwyth *Tulipa*, yn enw. un (rhai) sy'n dwyn blodau cwpanog amrywiol eu lliwiau a'u marciau yn y gwanwyn: *tulip*(*s*).
18g. I. BRYDYDD HIR: *Gw* 100, A'r *tiwlip* ar eu tyle, / Mor wych eu llewych a'u lle! **1794** *W* d.g. *Tulip.* **1813** *WB* 239, *Tiwlip*; Tulipa sylvestris; Wild Tulip. Ar lafar yn gyff., 'Ma gin' i *diwlips* coch 'yfryd yn yr ardd', *GTN* 793; hefyd yn yr ystyr 'plentyn drwg, direol', '*Tiwlip* o blentyn yw'r crotyn llia', ma fa'n genol ryw ddrygioni wastod', *ib.*
Amr.: **tiwlib** (ll. *-iaid*). **1794** *W* d.g. *Tulip.*

tiwmor [bnth. S. *tumour*] *eg.* ll. *-au.* Chwydd annormal, yn enw. un a achosir gan dyfiant gormodol (malaen neu anfalaen) mewn meinwe: *tumour.*
20g.

tiwn [bnth. S. *tune*] *eb.g.* ll. *-iau*, *-s.* Dilyniant o seiniau cerddorol unigol, alaw, tôn, hefyd yn *ffig.*: *tune, also fig.*
1547 *WS*, *Tun* ton Tune. **16g.** *Card* 64, 111a, [M]enn a threbl wnaeth Robert / *Tiwniau* pûr or tannau pert [i ofyn crwth]. **1696** *CDD* 157, Clowch danne mân, clau *diwnie* maith, / A'u hyfrŷd lwŷs waith leisie. *id.* 158, Miwsig nefol, ddoniol ddŷsg, / Oedd yno ymŷsg eu mawredd; / Ni chlybwŷd gwedi mewn un lle, / Mor ffasiwn *diwnie* dawnedd. **1799** M. WILLIAMS: *HHG* 123, fe fyddai'n well ganddynt glywed yr erfyniwr yn chwiban *tiwn* llawen, nâ chanu hymn neu salm. Ar lafar, '*tiwn* . . . *tiwnia*', *WVBD* 534 (*eb.*); ''Yn ni'n disgu *tiwn* newydd ar yr emyn 'yn', 'Ma *tiwnz* bach, pert yn y llyfyr newydd', *GTN* 794 (*eg.*); 'Chi fydd raid talu am y *diwn*', 'Yr un *diwn* sy 'dag e wastod'. Cf. D. OWEN: *RL* 414, Heb feddwl, mi ddechreues hwmian canu. A be ddyliet oedd y *diwn*? Yr hen 'Flotyn Du,' a dydw i ddim yn meddwl i neb erioed gael bendith wrth i chanu hi blaw fi; J. MORRIS-JONES: *CD* 121–2, [y] Botocudos yn Neheu America . . . Nid yw'n ymddangos fod gan dylwythau anwar fel hyn fawr grap ar *diwn*—aflafar ydyw eu canu; ond y maent yn cadw amser yn berffaith.
Amr.: **tun**². **1547** *WS.* **1605–10** *Haf* 24, 610–11, Kanys yn anwedic fal i kanhiadwyd i ddynion gerddaidd vessuraidd *athuniau* velly ir rhain ar y sydd yn dwyn bath a chyffylybiaeth o ddyn, yn vynych y kaniateir uddunt lais melyssaidd gytsonaidd.
Cfn.: **tiwn gron:** *round* (*in mus.*), *also fig. of subject harped upon tediously.* **1851.** Ar lafar, 'Yr un hen *diwn gron* sy gynno fo wastad'; 'Mae o fel *tiwn gron*'. **allan o diwn:** *out of tune, also fig.* **1913.** Ar lafar, 'Mae o wastad *allan o diwn*'. **maes o diwn = allan o diwn.** Ar lafar, 'Ma isia cæl rwun i diwno'r piano, ma fa *mæs o diwn*', *GTN* 794. **mewn tiwn:** (i) *in tune, also fig.* **1862** TALHAIARN: *Gw* ii. 37, Pan oeddwn yn blentyn, heb ofal na gelyn, / Yn chwareu 'n y dyffryn fel telyn *mewn tiwn*. Ar lafar, 'Cân fo eto—'toedd y re ddim cweit *mewn tiwn*'. (ii) *in a bad mood.* Ar lafar, ''Odd Twm *mywn tiwn* yn cwnnu o'r gwely 'eddi a *mywn tiwn* ma fa'n para', *GTN* 794.

tiwna [bnth. S. *tuna*] *eg.* *Pysg.* Unrhyw bysgodyn môr o deulu'r *Scombridæ* sy'n byw mewn dyfroedd cynnes ac a ddefnyddir fel bwyd: *tuna.*
20g. Ar lafar, 'Well gynna' i *diwna* na samon'.

tiwniaf, tiwnaf: tiwn(i)o [bnth. S. (*to*) *tune*] *bg.a.* Addasu (offeryn cerdd neu ran newidiadwy ohono) i draw penodol, addasu (nodyn, &c.) i'w ddwyn i harmoni neu gyseinedd, addasu (injan, peiriant, &c.) yn fanwl er mwyn sicrhau'r perfformiad gorau posibl, addasu (radio, &c.) i amledd neilltuol signal a fynnir; canu, telori, llanw â chân, ?llafarganu; hefyd yn *ffig.*: *to tune*; *sing, warble, fill with song, ?chant*; *also fig.*
1547 *WS*, *Tuno* Tune. *Diw.* **16g.** *HCRC* iii. 321, miawelwn [*sic*] eos bradwys Iaith / yn *tywno* mywsig arayth. **16–17g.** (**17g.**) *CC* 101, mae r Llinosen felen fau / geinwych yn fwyn oi genau / mae r brithglog yscydogyll / i *duwnio* cerdd dan y cyll (Thomas Prys). **1605–10** *Haf* 24, 621, Yr Alarch ar a gân kynn i marw . . . hi a *duwnia* ac ai gossod i hun a llawenaidd gân ai thafod yn emyl pallu. **17g.** *TBM* 324, Gŵr y tŷ a *diwniai* iddyn' / 'Gobler Jig' neu 'Country Bumpkin'. **17g.** HUW MORUS: *EC* ii. 215, Lle byddai dawnsio, a thannau a *thiwnio*, / Tyst ar olwg tostur wylo. **1696** *CDD* 115, Ti geilog têg eilwad plygeiniol ei ganiad, / Sŷ'n dilŷn dy fwriad arferol dan gô; / Deffroi ar foreuddŷdd, rhoi fawl i'n gwaredŷdd, / Dan yscwŷd dy adenŷdd i *diwnio.* **17–18g.** O. GRUFFYDD: *Gw* [9], Dydd da fo i'r Gwcw loew, lân, / A'th firi gân ar forau; / . . . / I *diwnio*'r twyn, am danat ti, / 'Roedd mwy na mi'n ymofyn. ?**1757** *ML* ii. 43, Gwych yw'r adar mân am *diwnio* yn y côr. A ydych i yn cofio cân Robin Goch ar fedd y Frenhines Mari? **1763** *id.* ii. 541, ni chaf gaingc newydd . . . felly mi fyddaf yn *tiwnio* hen rai. **1778** J. HUGHES: *BB* 52, Nid sôn am Grist sy'n tyccio, / Nid canu a *thiwnio* i'w gofio gynt, / Nage, nage, awn atto fe, / 'N lle adrodd geirie gwynt. **1794** *W*, *tiwno*, *tiwnio* d.g. *To tune* [*sound musical notes*]. Ar lafar yn gyff., 'Ma isia cæl rwun i *diwno*'r piano, ma fa mæs o diwn', *GTN* 794. Cf. TALHAIARN: *Gw* ii. [3], Cawn eilio melus gân yn ddiwahardd, / Tra bo yr hedydd mwyn yn *tiwnio* 'i delyn; D. OWEN: *RL* 264, Bydaet ti yn canu wrth ymresymu efo rhwfun ar y stryt, ne yn y tŷ, ne o flaen y magistrates, mi dy gymen di i'r seilam yn syth. Mi fydd clywed pregethwr yn i *thiwnio* hi run fath a bydae o mewn concert . . . yn gneyd i mi feddwl mai dodge ydi hi; *id.* 379, rhw nâd ddigon rhyfedd fydd y ceiliog od ifinc yn 'i neyd am gryn bedwar mis . . . Ond . . . mae nhw yn dŵad bob yn dipyn i *diwnio* yn nobyl.
Amr.: **tuno.** **1547** *WS.*

tiwnig, tiwnic [bnth. S. *tunic*] *eb.* ll. *tiwnigau*, *tiwniciau.* Gwisg (lac) yn ymestyn hyd y glun neu'r pen-glin; siaced plismon, milwr, &c.; *Bot.* a *Swol.* gorchudd, leinin, neu bilen orchuddiol: *tunic, loose garment*; *tunic, jacket*; *tunica* (*in bot. and zoology*).
1931.
Amr.: **tunig.** **1888** CEIRIOG: *OO* 34, Mae [llysgennad y Pab] 'n gwisgo *tunig* 'sgarlad.

tiwniwr [bôn y f. *tiwniaf*, *tiwnaf*: *tiwn*(*i*)*o* +*-iwr*] *eg.* ll. *tiwnwyr.* Un sy'n tiwnio offerynnau cerdd neu beiriannau: *tuner* (*of musical instruments or engines or machines*).
20g.

tiwpi, gw. **topî.**

tiwrîn [bnth. S. *tureen*] *eg.* ll. *-s.* Dysgl fawr â chaead: *tureen.*
20g. Ar lafar, ''Odd Nain yn rhoid y bwyd mewn *tiwrîns* amsar cinio dy' Sul' (Arfon).

Tiwton, Tewton [bnth. S. *Teuton*] *eg.* ll. *-iaid.* Aelod o bobl o Ogledd Ewrop a ymosododd ar yr Ymerodraeth Rufeinig tua diwedd yr ail ganrif C.C.; aelod o genedl Diwtonaidd, yn enw. Almaenwr: *Teuton.*
1816. Cf. I. WILLIAMS: *ELl* 27, Cesglir fod rhai o'r *Tewtoniaid* a dorrodd i mewn i Ffrainc . . . yn arfer dod drosodd i ymladd am dâl yng Nghymru ganrifoedd cyn i'r Normyn lanio yn Lloegr.

Tiwtonaidd, Tewtonaidd [*Tiwton*, *Tewton*+*-aidd*] *a.* Yn perthyn i'r Tiwtoniaid gynt; Germanaidd, yn tarddu o'r Germaneg neu'r Diwtoneg (am iaith), yn perthyn i'r ieithoedd Germanaidd neu Diwtonaidd neu i'w siaradwyr, nodweddiadol o un o'r rhain, yn enw. yr Almaenwyr: *Germanic, Teutonic* (*adj.*), *esp. German.*
1816. Cf. J. S. LEWIS: *Daniel Owen* (1936) 60, Pan ddywedo rhai beirniaid fod 'Plasau'r Brenin' gan Mr. Gwenallt Jones yn rhy fyr i'w alw'n nofel, dangosant eu bod yn barnu llên Cymru wrth safonau estron, *Tiwtonaidd*, ac nad oes ganddynt afael ar safonau na thraddodiad eu hiaith eu hunain, nac ychwaith ar draddodiad Ewrop.

Tiwtoneg, Tewtoneg, &c. [cfdds. o'r S. *Teuton*(*ic*)+*-eg*¹] *eb.g.* a hefyd fel *a.* Germaneg: *Germanic, Teutonic* ((*of*) *language*).
1816.
Amr.: **Teuthoneg.** **1707** *AB* [xix], [g]e[i]rie *Teythoneg* ne Ellmyneg. *ib.* gan vod y Saesneg ynn yn or ieithoedd *Teythoneg.*

Tiwtonig, Tewtonig [cfdds. o'r S. *Teuton*(*ic*)+*-ig*²] *a.* Tiwtonaidd: *Teutonic* (*adj.*).
1867.

tiwtor [bnth. S. *tutor*] *eg.* (b. *-es*, ll. *-au*) ll. *-iaid*, *-ion.* Athro sy'n hyfforddi disgyblion unigol fel arfer ac a gyflogir yn breifat yn aml, aelod o staff sy'n gyfrifol am ddysgu a goruchwylio nifer penodol o fyfyrwyr (mewn prifysgolion a cholegau); gwarchodwr, gwarcheidwad: *tutor*; *guardian, custodian.*
1551 W. SALESBURY: *KLl* viia, tra yw'r etivedd yn vachken nad oes ohan rhyngto a gwas / er i vot yn arglwydd ar y cwbyl: eithyr may ef y dan *tutorion* ac ymgleddwyr. **1650** *B* xxii. 141, difa dynion dann i *tiwtorion* a'i lhyfodraethwyr. **1664** *LlGG* sig. c2r, a phob Meistr, a phen, Brodyr, Capplan a *Thiwtor* ac ymhob Clâs, Awl, yscol, neu Elusendy . . . a phob ûn yn dyscu ac yn Athrawu nêb ryw Ieuenctyd mewn un Ty neu Deulu Preifat, megis *Tiwtor* neu Feistryscol. *id.* sig. c2v, A phob ûn o'r dywededig Feistriaid, ac eraill Bennau Brodorion, Capplanniaid, a *Thuwtoriaid.*
Amr.: **tutor** (ll. *-iaid*, *-ion*). **1551** W. SALESBURY: *KLl* viia. **1604–7** *TW* (*Pen* 228), y neb a attalier ywrth ei etivedhiæth wrth awdûrdawt ei *Dûtor*, sef Ceitwad ne Arphedoc d.g. *Abstentus.* *c.* **1762–79** W. WILLIAMS: *P* 225, a rhyw rai o lwyth yr offeiriaid fyddai yn wastad yn *Dutoriaid* ac yn Gapteniaid ym mhalas y brenhin.

tiwtora, tiwtro [bnth. S. (*to*) *tutor*] *bg.a.* Gweithio fel tiwtor (i), dysgu, disgyblu: *to tutor, teach, discipline.*

[1919]. Ar lafar, 'Mae'n disgu'r piano 'odi ddi? Pwy sy'n 'i *thiwtro* 'i?', *GTN* 794.

tiwtoraidd [*tiwtor+-aidd*] *a.* Yn perthyn i diwtor neu i hyfforddiant (preifat): *tutorial (adj.).*
20g.

tiwtores, gw. tiwtor.

tiwtoriaeth [*tiwtor+-iaeth*] *eb.* Swydd neu swyddogaeth tiwtor, gwarchodaeth: *tutorship, guardianship.*
1939.
Amr.: **tutoriaeth.** 1604–7 *TW* (*Pen* 228) d.g. *Curatio.*

tiwtorial [bnth. S. *tutorial*] *eg.* a hefyd fel *a.* Cyfnod o hyfforddiant a roddir gan diwtor (prifysgol, coleg, &c.) i unigolyn neu grŵp bychan, tiwtoraidd: *tutorial (n. and adj.).*
20g.

tiwtro, gw. tiwtora.

tlawd [Gwydd. C. *tláith* 'gwan, meddal': < Clt. **tlā-ti-*, o'r gwr. IE. **telə-* 'codi', cf. Gr. τλητός 'yn dioddef, amyneddgar', Llad. *lātus* (< **tlātos*) 'wedi ei gario, wedi ei godi'] *a.* ll. *tlod(i)on* (*tlawdion*), a hefyd gyda grym enwol. Prin o arian digonol neu'r modd i fyw'n gyfforddus, anghenus, truenus, gwael, sâl, distadl; claf; hefyd yn *ffig.*: *poor, needy, miserable, inferior, paltry; ill, sick; also fig.*

12g. *GCBM* i. 159, Nyd wyf *dlaỽd* o'm gwaỽd, o'm gỽeiuryeith. *id.* ii. 179, Breisc rebyt, yn ryt, yn rwytnaỽd / Y gwna Rys rietaỽc o *dlaỽd.* 1346 *LlA* 29, Arei drỽc yn*dlodyonn* Ac yn wann. Ac yn heinus. 14g. *WM* 155. 14–16, bei bydut *tlaỽt* yn dyfot yma. kyfoethaỽc uydyt bellach o tressor y gỽr du aledeist. c. 1400 *R* 1374. 1–2, yn vd orỽy vud a vu vedic. y *dlodyon* dynyon adywynnic. c. 1400 (*SG*) *HMSS* i. 302, Arglwyd heb y marchawc urdawl *tlawt* yr hwnn y gweleist di y morynyon *tlodyon* yn chwioryd idaw yny castell *tlawt.* *id.* 340, ny by eiryoet yn varchawc urdawl yr *tlottet* uei ny bei idaw ryw dyn. 15g. *GLGC* 469, tref y saith bechod heb neb *dlodach*, / tref gaerog fylchog heb neb falchach. 15–16g. *GLM* 141, i'r truan rhout dân a'r tŷ, / i'r *tlotaf* y rhout lety. 1547 *WS, Tlawd* Poore. 1551 W. SALESBURY: *KLl* ib, lhyma dy vrenhin yn dywod yn *dlawt* [:– llednais] ac yn eistedd ar asen. *id.* lxxxva, Gwyn eu bydd [*sic*] y *tloton* yn yspryt. 1591 *Rhyddiaith Gymraeg* ii. 129, [t]osturi a gresyndod wrth weled ei *dlawd* ofidus gyflwr. 1615 R. SMYTH: *GB* 129, ni vvnaethont gyfiavvnder a'r *tlavvdion.* 1632 *D, Tlawd,* Pauper, inops. 17g. *Bl B XVII* i. 78, Nid wyt, Duw gwyn, *dlotach* ronyn, / Nac yn digio er in geisio (Risiart Dafydd). 1753 *TR, Tlawd,* poor . . . miser, miserable. 1757 *ML* i. 454, Dyma ni yn anfon llwythi llongau o ydau beunydd i Gaer . . . ar *tlodion* gartref, medd rhai, yn ffaeliaw cael cibyned o yd am ei ceiniawg. 1803 *P.* Ar lafar, 'cyn *dlotad* â llgodan eglwys', 'cyn *dlotad* â lleuan', *WVBD* 534. Cf. D. OWEN: *SP* 141, y canlyniad fu fod Jones yn myn'd *dlotach dlotach* bob dydd, a Bellis yn gyfoethocach.

Amr.: **clawd** [drwy ddadf., cf. *tlws, clws*]. Ar lafar, *WVBD* 261; 'mor *glawd* â llygotan eclws', 'Ma'r tæn yn wæs da ond yn fishtir *clawd*', ''Wi'n timlo'n itha' *clawd* 'eddi', *GTN* 171. **tylawd** [am y llaf. lusg, cf. *dled, dyled*] (ll. *tylodion*). 15g. *GGl*[2] 27, Adeiladau i *dylodion.* 1588 *Ecclus* xxix. cs., am gartref er *tylotted* fyddo. 1655 R. JONES: *PC* 107, fe gyfyd y *tylotta* ei gyd . . . / iw gosod uwch Pennaethiaid byd. 1803 *P* d.g. *Tylawd.*

Cfn.: **tlawd (clawd) a balch:** *poor and proud.* Ar lafar, '*Tlawd a balch*' 'Proud and ostentatious without ability to support it', *Mont Coll* xiii. 328; 'Shwd ŷch chi heddi?' '*Clawd a balch* yn byw mywn gopath', M. WILIAM: *DY* 20 (Myn.). Digwydd fel llysenw ar drigolion Pen-y-bont ar Ogwr, *LlG* li. 17. **tlawd o:** *poor in, poor of, lacking in.* c. 1400 *YSG* i. 80, 85, 93. 1632 *D, Tlawd o* ddillad d.g *Pannosus.*

Gw. hefyd **tloden, tlotyn.**

tlawd-dŷ, tlawd-ddyn, gw. tloty, tlotyn.

tlodaf: tlodi[1] [bf. o'r a. *tlawd*] *bg.a.* Gwneud neu fynd yn dlawd neu'n anghenus, amddifadu, diraddio, adfeilio, distrywio; gwneud (pridd, &c.) yn wan neu'n wael ei ansawdd: *to make or become poor or needy, impoverish, deprive, degrade, decay, destroy; impoverish (soil, &c.).*

c. 1400 *YSG* i. 12, pei arall a *dlodei* vy llys i yn y mod y *tlodeist* di, ny bydwn vodlawn idaw. c. 1400 (*SG*) *HMSS* i. 379, yn y vedwl y doeth bot y lys wedy *tlodi* yn vawr o achaws marwolyaeth y vrenhines. *Diw.* 15g. *Pen* 67, 56, aet tlawt os duw ai *tlota* / yr lle ddel eraill ai dda (Hywel Dafi). 15–16g. *TA* 89, Y minstr, o wall, mewn oes drwch, / A *dlodes*, adeiledwch [i Esgob Llanelwy]. *id.* 123, Dau dŷ, gynt, y doid â gwin,—/ *Tlodes* pob tŷ o Ladin!—/ Ystrad Fflur, i strŷd a'i phlas, / A waharddwyd, a'i hurddas. 1588 *Lef* xxv. 25, Os *tloda* dy frawd a gwerthu dim oi etifeddiaeth. 1588 1 *Sam* ii. 7, Yr Arglwydd sydd yn *tlodi*, ac yn cyfoethogi. 1588 *Mal* i. 4, *tlodwyd* ni, etto dychwelwn, ac adailadwn yr anghyfannedd. *Dchr.* 17g. *J* 10, 161a, *Tlodu* [*sic*]. to impoverishe. 1632 *D, Tlodi,* Depauperare, depauperari. 1703 E. WYNNE: *BC* 20, Gwrthodwyd y Stiwardiaid y cynnyg cynta, rhag iddynt *dlodi* 'r holl Stryd. 1722 *Llst* 189, *Tlodi* (ver) To grow or make poor, beggar, impoverish. 1803 *P.* Ar lafar, *WVBD* 534.

Amr.: **tylodaf: tylodi**[1] [cf. *tylawd*]. 1589–93 *Rhyddiaith Gymraeg* ii. 132. 1604–7 *TW* (*Pen* 228) d.g. *depaupero.*

tlodaidd [*tlawd+-aidd*] *a.* Tlawd, braidd yn dlawd, anghenus, begeraidd, truenus, di-raen (yr olwg), gwael, sâl, cyfyng (am iaith, &c.): *poor, beggarly, miserable, shabby (in appearance), inferior, limited (of language, &c.).*

1658 R. VAUGHAN: *PS* 21, dy blentyn *tlodaidd* di. 1701 E. WYNNE: *RBS* 14, Pechodau *tlodaidd* (*beggarly sins*), sef y rhai y mae tlodi a seguryd yn hudo dynion iddynt, megis Celwydd, Gwenieithio, Lladratta, a Rhagrithio. 1743 *ML* (Add) 124, [b]udrgwt o hongldy *tlodaidd*, pwdrwael, rhidwll, anniddos. 1759 *DG* 60, Trwy lwys synniad rhoi eluseni / Eitha ystyried a thosturi / . . . / Dros Wiliam Huw sy'n byw 'n *dlodaidd*, hawddi [*sic*] adnabod / Un anmharod anhymoraidd. 1803 *P, Tlodaiz* . . . Somewhat poor, or needy. Cf. D. OWEN: *S* 40, ieithwedd *dlodaidd* a lliprinaidd y bodau iswybrenol, a elwir y werinos; D. OWEN: *SP* 60, Sylwodd rhai o'r brodyr fod ei ymddangosiad yn *dlodaidd*, a'i gotwm yn llwm anwêdd.

Amr.: **tylodaidd** [cf. *tylawd*]. 1658 R. VAUGHAN: *PS* 106. 17g. E. MORRIS: *B* 56. 1759 *DG* 103. 1803 *P.*

tlod-ddyn, gw. tlotyn.

tlodedd [*tlawd+-edd*[1]] *eg.* Tlodi: *poverty, poorness.*

13g. *GDB* 566, Paham nat edrych tlaỽt yn y *dloded* / Mor vyd hoedyl egin y brenhined. c. 1400 *B* iii. 12, nyt roi da a wna *tloded.* 17g. *EWGP* 36, bid heneint i *dlodedd.* 1803 *P, Tlodez,* s. m. . . . Poverty, poorness.

Amr.: **tylodedd** [cf. *tylawd*]. c. 1400 *R* 1292. 37, y deledaỽc tec heb *dyloded.* 16–17g. *HG* 108. 1803 *P.*

tlodeiddiaf: tlodeiddio [bf. o'r a. *tlodaidd*] *ba.* Gwneud yn dlawd, tlodi: *to impoverish.*
1886.

tloden [*tlawd+-en*] *eb.* Gwraig neu ferch dlawd: *poor woman or girl.*
1803 *P.*
Gw. hefyd **tlotyn.**

tlodfa [*tlawd+-fa, ma*] *eg.* ll. *-feydd.* Slym, hofel: *slum, hovel.*
1915.

tlodi[1], gw. tlodaf: tlodi.

tlodi[2] [*tlawd+-i*[1]] *eg.* Y cyflwr o fod yn dlawd, diffyg cyfoeth ac eiddo materol, angen, amddifadrwydd, prinder, diffyg, eisiau: *poverty, poorness, need, destitution, scarcity, deficiency, want.*

12–13g. *GLlLl* 26, Gogwyr doethyon doỽyn nad ofyn *tlodi.* 13g. *B* x. 28, Ef a damweinnyus eissyoes trwy lunyeth duw o lawer o oludoed y vynet ar *dlodi* gormod. Ac urth henne wedy y gymhell o anghen ef a doeth ar idew. 13g. *BD* 14–15, bu reit udunt yna o *tlodi* bvyt a dyavt mynet y'r tir. 14g. *GDG*[3] 8, Da fu'r Drindod heb *dlodi* / A wnaeth nef a byd i ni. c. 1400 (*SG*) *HMSS* i. 248, gwalchmei a uarchockaawd yn drist ac yn aflawen. yny doeth y dir oed diruawr y sychet. a*thlodi* o bop da yndaw. 1547 *WS, Tlodi* Poorenesse pouertie. 1567 *TN* 72a, hitheu o hei *thlodi* [:– phrinder] a vwriodd y mewn gymeint oll ac oedd iddi, ysef i holl vywyt hi. 1595 H. LEWYS: *PA* 3, pwy vn bynac fyddom yn byw, ai mewn *tlodi*, ai mewn cyfoeth. 1606 E. JAMES: *Hom* i. 48, llawer a gollassont eu da ac a fuont fyw mewn *tlodi* mawr. 1632 *D, Tlodi,* Paupertas, inopia. 1632 J. DAVIES: *LlR* 371, hwy a dybiasant yn y man . . . mai rhyw dywysog mawr fyddai efe: ac am hynny hwy a wrthodasant Grist a ddaeth attynt mewn *tlodi.* 1688 *TJ, Tlodi*: poverty, need. 1760 *ML* ii. 188, Mae yno *dlodi* hyll, a digon o falchder er hynny i gyd. 1803 *P.*

Amr.: **clodi** [cf. *clawd*]. Ar lafar, ''Odd pawb yn y pentra'n ddicon clawd ar y pryd, ond 'odd neb yn gatal i'r *cloti* ddishgwl trw'r ffenast', *GTN* 171. **talodi** [cf. *tylodi*[2]]. 15g. *LHDd* 61–2, y neb a el yn vach dros dyn ny allo sefyll ỽrth gyfreith o blegid *talodi.* 16g. *Yst Kym* 20, godde angenocktyd a *thalodi.* **tylawdi** [cf. *tlawdion, tylodi*[2]]. 1615 R. SMYTH: *GB* 159, y cyfryvv orthrvvmder, *tylavvdi*, a thrueni. **tylodi**[2] [cf. *tylawd*]. 16g. *YT* 68, oherwydd bod J daad ef gwedi ssyrthio mewn *tylodi.* 1803 *P.*

tlodiad [bôn y f. *tlodaf: tlodi+-iad*[1]] *eg.* Y weithred o dlodi: *impoverishment.*
1722 *Llst* 189, *Tlodiad.* m. Impoverishment. 1803 *P.*

tlodion, gw. tlawd.

tlodus [*tlawd+-us*] *a.* a hefyd gyda grym enwol. Tlawd, anghenus, truenus: *poor, needy, wretched.*
1655 WL: *DP* 69–70, dwyn hwynt allan a garchar wyd, roddi ymborth i'r *tlodus.* 1803 *P.*
Amr.: **tylodus** [cf. *tylawd*]. 1759 *BC* 184, Ac yno dioddeu poen wradwyddus / Rhwng dau leidr mor *dylodus.* *id.* 519, Ni buoch yn haelionus, i'm brodur oedd *Dylodus.* 1803 *P.*

tlodusrwydd [*tlodus+-rwydd*] *eg.* Tlodi, angen: *poverty, need.*
1803 *P.*
Amr.: **tylodusrwydd** [cf. *tylodus*]. 1803 *P.*

tlodyn, tlos, tlosaidd, gw. tlotyn, tlws, tlysaidd.

tlosen, tlysen [*tlos, tlws+-en*] *eb.* Gwraig neu ferch fach dlos: *pretty little woman or girl.*
1722 *Llst* 189, *Tlysen.* f. A fair little woman. 1803 *P, Tlosen,* s. f. dim. . . . A pretty little female.
Gw. hefyd **tlysyn.**

tlosfain, tlosgain, tloswych, gw. tlws+ main[1], cain[1], gwych.

tloty [*tlawd+tŷ*] *eg.* ll. *tlotai.* Sefydliad cyhoeddus lle câi tlodion a phobl ddigartref plwyf fwyd a llety yn gyfnewid am waith, wyrcws: *workhouse, poorhouse.*
1844.
Amr.: **tlawd-dŷ.** 1819. **tyloty** [cf. *tylawd*]. 1848.

tlotyn, tlodyn [*tlawd+dyn, -yn*[1]] *eg.* Person tlawd iawn, un sy'n dibynnu ar elusen (gyhoeddus), cardotyn, truan: *pauper, beggar, wretch.*
1620 *Mos* 204, 143, Pob chwannogyn sydh *dlodyn.* 1760 E. WILLIAMS: *UYB* 102, 'Rhwn, mewn chwys a phrinder *Tlodyn,* / O serch i ni, gâdd ei feithrin. 1778 *W, tlodyn* d.g. *Pauper.* 1803 *P* d.g. *Tlodyn.* Cf. D. OWEN: *RL* 327, Sylwais arno lawer gwaith pan yn estyn rhodd i *dlotyn* y byddai bob amser yn siarad am rywbeth arall.
Amr.: **tlawd-ddyn.** 1778 *W* d.g. *Pauper.* **tlod-ddyn.** 1849. **tylodyn** [*tylawd+-yn*[1]]. 1828. **tylotyn** [*tylawd+dyn*]. 1803 *P.*
Gw. hefyd **tloden.**

tlws [cf. Gwydd. C. *tlus* 'da byw, eiddo': ?< **tlu-stu-*, o'r gwr. IE. **telə-* 'codi'] *eg.* ac yn eithriadol fel *eb.* ll. *tlysau* (*tlwsau*), *tlysod,* a hefyd fel *a.* (b. *tlos*) ll. *tlysion.* Gem, maen gwerthfawr, addurn, darn o emwaith, clustlws, trysor, medal, gwrthrych addurniadol a roddir fel gwobr mewn cystadleuaeth, &c.; (darn o) anifail, planhigyn, craig, &c., a gesglir ac a gedwir, arddangosyn, peth hynod, cywreinbeth, rhyfeddod; hefyd yn *ffig.*: *jewel, precious stone, ornament, piece of jewellery, earring, treasure, medal, trophy; specimen, exhibit, curiosity, wonder; also fig.*

12g. *GCBM* ii. 183, Brwydyr orchwyt, ny orchut *tlysseu* / Nac aryant nac eur yn adneu. 13g. *LlI* 58, Try *thlus* kenedel e gelwyr melyn a choret a pherllan. 13g. *BD* 54, rodyon mavrweirthyavc o eur ac aryant a *thlysseu* mavrweirthyavc. 14g. *WM* 176. 26–37, Ar karỽ agyrchaỽd peredur . . . Ac a trewis y pen y arnaỽ achledyf . . . A vnben heb hi ansyberỽ y gỽnaethost. llad y *tlws* teccaf oed ym kyfoeth. 14g. *GDG*[3] 233, Treuliais, nid fal gŵr trylwyn, / *Tlysau* o'r mau er ei mwyn. *id.* 283, Hadlyd liw, hudol o *dlws,* / Hudolion a'i hadeilws [i'r drych]. *Dchr.* 15g. *HVN* 475, ni by ym ty vry ny vronn / *dlysod* o gŵn klvst laeson (Ieuan Gethin). 15g. *LlCy* v. 35, henwav y tri*thlws* ar ddec / a oedd yn y gogledd . . . llenn arthur kledde Rydderch hael / Mwys gwyddno . . . pais padarn. 1547 *WS,* Kae ne *dlws* An ouche. *id. Tlws* A iewell. 1567 *LlGG* (*Sall*) 19b, a'thi a roddy yddwynt ddiot o avon dy *dlysae* [:– digrifwch velyster]. 1588 *Esec* xvi. 12, Rhoddais hefyd fiswrn ar dy wyneb, a *thlysau* wrth dy glustiau. 1606 E. JAMES: *Hom* i. 28, fe fu fodlon gan ein tâd nefol . . . ddarparu gwerthfawroccaf *dlws,* corph a gwaed ein Jachawdwr Christ. 1632 *D, Tlŵs,* Iocale,

monile. 1672 J. LANGFORD: *HDdD* 400, trwy geisio sefydlu ynghalon pôb dŷn o'n cydnabyddiaeth wîr brîs y *Tlŵs* gwerthfawr hwnnw, Tangnheddyf. 1672 R. PRICHARD: *Gw* 129, Ffôl yw ceisio bydol bethau, / Pan galler cael nefolion *dlwssau*. 1688 *TJ*, *Tlŵs*, Tegan Clust: a Jewel. 1704 E. SAMUEL: *BA* 99, hwy a wnaethent Deml ardderchog iddi [Diana] . . . yr hon a gyfrifid yn un o saith *dlws* y byd. 1735 L. MORRIS: *T* d.d., *Tlysau* yr Hen Oesoedd. [1740] T. BADDY: *DDGH* 141–2, Duw . . . a grogodd yn ddirgel *Dlŵs* o amgylch eich gwddf, ac a archodd i chwi eich dadwregysu eich hunain . . . fel y caech y *Dlŵs* a rwymodd efe yno . . . onis dadwregyswch eich hunain . . . i weled a grogodd Duw y *Dlws* yno? . . . mae'n *ddlws* mwy gwerthfawr na'r Byd. 1761 *ML* ii. 355, Chwilio ydd oeddym am deganau a *thlysau* o bob rhyw: adar, llysiau a phob math o Natural History. 1778 *W*, *Tlysau* d.g. *Ornaments* [*women's*]. 1803 *P*. Ar lafar, 'Pwy 'nillodd *dlws* y ddrama 'leni?'.

Fel *a*. Deniadol yr olwg, golygus, del, pert, propor, destlus, atyniadol, hyfryd, teg, gwych, cyfareddol, hefyd yn eironig neu'n watwarus: *pretty, handsome, smart, neat, attractive, lovely, fair, fine, enchanting, also ironically or derisively.*

14g. *GDG*³ 70, Bangaw llais eos *dlosaf* / Bwyntus hy dan bentis haf. *id.* 81, Adlais lon o *dlos* lannerch, / Odlau a mesurau serch [i'r ceiliog bronfraith]. *id.* 313, Ei charu'r wyf, gwbl nwyf nawdd, / Och wŷr, erioed ni charawdd / Na Myrddin wenieithfin iach, / Na Thaliesin ei *thlysach*. 15g. *ID* 4, ni ellir o fe i nir [*sic*] fach / dan dlyssau roi dyn *dlossach*. 1547 *WS*, yn *dlws* Delycyousely. 1606 E. JAMES: *Hom* ii. 149, Onid ydyw y rhai hyn yn llyfrau ac scrythyrau *tlysion* (*pretty*). *Dchr.* 17g. *J* 10, 161a, *Tlŵs*. propre. 1632 *D*, *Tlŵs*, Elegans, lepidus. 1672 R. PRICHARD: *Gw* 26, Fe ddisgynne 'r Seren *dlws* [:- Teg]. 1703 E. WYNNE: *BC* 98, os bydd yno nac Ebol *tlŵs*, na Buwch foddgar, rhaid i Meistres eu cael rhag blys. *id.* 119, ymbell ddisiwr a chardiwr, ymbell dyngwr *tlŵs*. 1753 *TR*, *Tlŵs*, neat, fine, pretty, fair. 1803 *P* d.g. *Tlos*, *Tlws*. Ar lafar.

Amr.: **clws** [drwy ddadf., cf. *tlawd*, *clawd*] (b. *clos*; ll. *clysion*). 17g. *DCR* 235, fy rhiain addfain *glws*. 1716–18 *Llsgr R. Morris* 15, 143. 1740 E. DAVIES: *Alm* [11], Y Lleuad goleuad *glôs*. [1745] W. ROBERTS: *EfM* 39, Yn *glysion* Wych Eglwysydd. 1794 *P* d.g. *Clws*. Ar lafar, 'hogan *glws*', 'dyn bach *clws*', *WVBD* 270; '*clysa* clusta', *GTN* 185. Cf. W. REES: *AFR* 349, Mi 'roedd hi'n flodeuyn rhy dender, a rhy *glws*, i fod yn hir yn awyr y ddyar yma, heb wywo.

Cfn.: *Bot.* **tlws yr eira**: *snowdrop, Galanthus nivalis.* 1908. Ar lafar, G. AWBERY: *BM* 26 (sir Gaern.).

Gw. hefyd **tlosen, tlysyn.**

tlwsty, tlwswaith, gw. tlysty, tlyswaith.

tlysaf: tlysu [bf. o'r e. a'r a. *tlws*] *ba.* Gwneud yn dlws; cyflwyno tlws i: *to make pretty, prettify; present with a trophy.*

1803 *P*.

Amr.: **clysu** [cf. *clws*]. 1794 *P*.

tlysaidd [*tlws*+*-aidd*] *a.* (b. *tlosaidd*). Tlws, del, pert, deniadol: *pretty, attractive.*

16–17g. *GST* i. 734, Ni chysgaf un nos am ddyn *dlosaidd*, / Ni chwarddaf fy ngwên yn llawenaidd. 17g. *IICRC* iii. 8, Ar i ffenprüd mae tyfiaid, o fanol gwallt eüraid / yn *dlyssaidd* i gwrliaid, yn weddüs bob man. 1790 TWM O'R NANT: *GG* 209, Y wiw Nôdd Awenyddaidd wawl rhinwedd, / Olrheiniwyd yn ddoethaidd, / Gan Daliesyn gain *dlysaidd*, / Brawdol rwym, ysprydol wraidd. 18–19g. *MA* iii. 278, Tri pheth à weddant ar bob gwraig dda: llawenydd diargywedd, sywder *tlysaidd* ar ddillad, a mwythusder didwyll iaith ac ymadrawdd. 1803 *P*.

Amr.: **tylysaidd** [cf. *tylawd*, *tylodi*¹,²]. c. 1730 *LlCy* iii. 49, Gwaith trasaidd gwych *tylysaidd* gain.

tlysedd [*tlws*+*-edd*¹] *eg.* Tlysni, pertrwydd, smartrwydd: *prettiness, smartness.*

1780 *W* d.g. *Properness, Spruceness.* 1803 *P*.

tlysen, gw. tlosen.

tlysfad [*tlws*+*bad*²] *eg.* ll. *-au*. Iot (llong): *yacht.*

1794 *W* d.g. *Yacht.*

tlysfaen [*tlws*+*maen*¹] *eg.* ll. *-feini*. (Maen gwerthfawr a ddefnyddir fel) gem, tlws: *gem(stone).*

1834.

tlysfain, tlysgain, gw. tlws+main¹, cain¹.

tlysgawg [*tlws*+*cawg*] *eg.b.* Fas: *vase.*

c. 1858.

tlysgell [*tlws*+*cell*¹] *eb.* Cabinet (cist): *cabinet (chest).*

1727 J. JONES: *DFF* 148–9, fel y sathrem Emmau a Gloywleiniau tan ein Traed . . . ac yn eu lle hwynt a ddodem Sothach a Thom i gadw yn ein *Tlysgell*?

tlysgist [*tlws*+*cist*] *eb.* ll. *-(i)au*. Cabinet (cist): *cabinet (chest).*

1771 *W* d.g. *Cabinet* . . . *A cabinet for jewels.*

tlysi [*tlws*+*-i*¹] *eg.* Tlysni, tegwch pryd: *prettiness, beauty.*

1803 *P*. Cf. TALHAIARN: *Gw* i. 194, Llun del iesin llawn o *dlysi*.

tlysineb [*tlws*+*-ineb*] *eg.* Tlysni, tegwch pryd, harddwch: *prettiness, beauty.*

1853.

Amr.: **clysindeb** [cf. *clws*, *tlysindeb*]. 1860. **clysineb** [cf. *clws*]. 1919. **tlysindeb** [dan ddyl. yr oldd. *-deb*]. 1860.

tlysni [*tlws*+*-ni*] *eg.* Y cyflwr o fod yn dlws, pertrwydd, tegwch pryd, prydferthwch, harddwch, y cyflwr o fod yn ddeniadol, ceinder, destlusrwydd: *prettiness, beauty, attractiveness, elegance, neatness.*

1604–7 *TW* (*Pen* 228) d.g. *Condecentia*. 1632 *D* d.g. *Elegantia*. 1780 *W*, *Tlysni* . . . moesau neu ymddygiad d.g. *Polish* [*apply'd to manners*]. *id.* d.g. *Prettiness*. 1803 *P*.

Amr.: **clysni** [cf. *clws*]. [1740] L. ANWYL: *MW* 87, nad yw pob Cnawd a'i *glysni*, ond megys glâs welltyn.

tlysog [*tlws*+*-og*] *a.* Wedi ei wobrwyo â thlws neu dlysau, yn dwyn tlws neu dlysau, gemog, medalog, hefyd yn *ffig.*: *awarded a trophy or trophies, bearing a trophy or trophies, (be)jewelled, medalled, also fig.*

1803 *P* d.g. *Tlysawg*. Cf. Gw. MECHAIN: *Gw* i. 251, *Tlysawg* bo oes Taliesin.

tlysol [*tlws*+*-ol*] *a.* Tlws, taclus, twt; ?ar ffurf medal neu dlws: *pretty, neat; ?in the form of a medal or trophy.*

1803 *P* d.g. *Tlysawl*.

Amr.: **clysol** [cf. *clws*]. 1789 TWM O'R NANT: *TChB* 32, Gwraig dacclus foddus fuddiol, / A drwsiëi gloseu'n *glysol*.

tlysty, tlwsty [*tlws*+*tŷ*] *eg.* Tŷ, adeilad, neu ystafell i gadw tlysau neu emau, hefyd yn *ffig.*: *jewel-house, also fig.*

c. 1580 E. P. ROBERTS: *TUB* 28, Un *tlysdy* ar lawnt lasdeg; / Is y lawnt hon oes lyn teg [Simwnt Fychan i ardd Plas-y-ward]. 1722 *Llst* 189, *Tlysdy*. m. A jewel-house. 1773 *W* d.g. *Gemmellary, gemmary.*

tlyswaith, tlwswaith [*tlws*+*gwaith*¹] *eg.* Gemwaith; addurn (mewn pensaernïaeth, argraffu, &c.): *jewellery; ornament (in architecture, printing, &c.).*

1789 J. THOMAS: *DdS* vii, Yr hyn a'th foddio derbyn e', / Fel *tlws-waith* de' [*sic*] dy gyfaill. Cf. TALHAIARN: *Gw* i. 224, yn nodedig am ei orwychder, maintioli, a *thlyswaith* adeiladyddol [am Senedd-dy San Steffan].

Amr.: **clyswaith** [cf. *clws*]. 1923.

tlyswr [*tlws*+*gŵr*] *eg.* ll. *-wyr*. Gŵr golygus; gemydd: *handsome man; jeweller.*

15g. *GGl*² 260, Gad, Dduw gwyn, gydwedd y gŵr, / Gad Elisau gu *dlyswr*. 16–17g. *PhA* 125, Deiliw llywch ar dal y llyn / Delw aur . . . forwyn / Dial Iessu ar *dlyswyr* / Dialedd wyd a ladd wyr ['Cowydd camholieth i ferch']. *a.* 1765 L. MORRIS: *CR* 406, *Tlyswr*, i.e., pretty man. Ierwerth ap Ieuan *Dlyswr*.

tlyswych, gw. **tlws+gwych.**

tlysyn [*tlws*+*-yn*¹] *eg.* Tlws, brôtsh; person neu beth bychan pert; ?tegan: *jewel, brooch; pretty little person or thing; ?toy.*

1595 *Egl Ph* [72], pann bhor [*sic*] galar yn bhawr, a'r achos yn bhycan [*sic*]; mal y gwna plantys [*sic*] wrth wylo 'n hidl am golhi 'r *tlysyn* lheiabh. *Dchr.* 17g. *J* 10, 161a, *Tlysyn*. jewell. 1632 *D* d.g. *Pulchellus*. 1722 *Llst* 189, *Tlysyn*. m. A fair little man. 1803 *P*, *Tlysyn*, s. m. dim. . . . A pretty thing.

Amr.: **clwsyn** [cf. *clws*]. Ar lafar, ''Odd *clwsyn* ar 'i ffrog 'i a sopyn o gerrig arno', '*clwsyn* clust' 'clustlws', *GTN* 185.

Gw. hefyd **tlosen.**

to¹ [H. Grn. *to*, gl. *tectum*, Llyd. C. *toenn*, Llyd. Diw. *to*, H. Wydd. *tugae*: o'r gwr. IE. **(s)teg-* 'gorchuddio', cf. Llad. *toga* 'dilledyn', H. S. *þeccan* 'gorchuddio' (> S. *(to) thatch*)] *eg.b.* (bach. b. *toeen*, *töen*) ll. *-(e)au*, *-eon*.

(*a*) Gorchudd allanol uchaf adeilad, nenfwd, canopi, defnydd toi, e.e. gwellt, cyrs, dail palmwydd, &c.; ystod o ŷd, ysgub (o wellt gwenith wedi ei ddyrnu); haen: *roof, ceiling, canopy, roofing, (straw) thatch; swathe of corn, sheaf (of threshed wheat); layer.*

12–13g. *GLlLl* 216, Llys Elysmer, bu fer, bu fwyrgno, / Llwyr llosged y thydwed a'e *tho*. 13g. *LlI* 92, Ar *to* e ty a'e achure, trayan guerth y ty. 14g. *LlB* 28, Righill a geiff o'r marwtei y mehin bwlch . . . ac o'r yt y *do* nessaf y'r llawr (*WML* 30, ar *to* nessaf yr dayar or veiscaỽn). *id.* 130, athan gefeil auo naỽ kam yỽrth ytref. a*tho* banadyl neu tywarch erni. c. 1400 *B* ii. 13, Casgla dom yn da. a dot prid ar y dom *do* tra *tho*. 15g. *OBWV* 152, *Toau* a phlwm trwm, tramawr, / Tŷ deri maint Tewdwr Mawr [Dafydd Nanmor i Abaty Ystrad-fflur]. 16g. *RWM* i. 847, ir oedd yllawr [*sic*] wedi pafio o geric ysgwar . . . *to* o glai yn gyntaf *to* o dywod yn nessaf i *tho* o galch ac yn hwnnw y keric ysgwar wedi gossod. 1588 *Ecs* xxvi. 14, gwna *dô* i'r babell-len o grwyn hyrddod. 1632 *D*, *To*, Tectum. *id.* *To*, Ordo rerum sibi inuicem impositarum, vnâ aliam ordine quasi tegente. '*To* mewn ysgafn o yd. I'r Bedo yn ddeudo ydd ân.' L[ewys] G[lyn Cothi]. *id.* d.g. *Culmen, Imbricium*. 1688 *TJ*, *Tô*: the Tyle or Thatch of a House. *id.* *Tô*, ysgafn, magwŷr: a Lay or Pile. 1722 *Llst* 189, *To*. m. Tile of a house, thatch, roof: a lay of one thing over another . . . thatch-straw. *id.* *Toien*, f. A sheaf of thatch. 1756 *ML* i. 432, Rwyf wedi bod drwy'r boreu mewn oerfel a dryghin yn ceisio . . . nadel i'r gwynt fyned a *tho* gwellt ac ysglattus i ffordd oddiar yr hên deiach accw. 1758 *id.* ii. 62, Echryslon o'r gwynt a ddygodd *dôau* teia poblach neithiwr. 18–19g. *BLAdd* 15023, 81b–82a, Ffermyddiaeth ym Morganwg . . . *To*, Ysgub, Helm, Ystwccan . . . Das. 1803 *P*. Ar lafar yn gyff., '*to* . . . *toia*', 'rhoi *to* am 'u penna nw', *WVBD* 534 (*eg.*); 'llechi Cymru sy ar *do*'r tŷ 'yn', *GTN* 802; hefyd yn yr ystyr 'brwyn . . . mewn perthynas â thoi tas', 'Dyna glwt da o *do* 'fan'na', 'Mae 'nhad allan yn torri *to*', 'chwe charad o *do*', *B* xv. 27 (Meir.). Cf. *B* iv. 303, *toien*, lluos. *tô*, *toion*: gwellt wedi ei ddyrnu a'i dynnu'n drefnus a'i glymu'n ysgubau mawr. Yr oedd pob *toien* i fod yn 14 lb. (canolbarth Cered.); W. WILLIAMS: *DP* 27, Neu'r tynnu o deir draw ar y weun drom; *Gwyddor Gwlad* iv. 32, Yn fynych 'lladd i mewn' [â phladur noeth] a wneid, a byddai rhywun yn gorfod dilyn i 'dynnu mâs' a gosod yr hyn a dorrwyd yn '*doeon*' (ystodau) fel pe wedi ei daro â chader.

(*b*) (enghrau. *tros.* a *ffig.* ac mewn cyd-destun *ffig.*: *transf. and fig. exx. and exx. in a fig. context*).

14g. *GDG*³ 179, Gofyn i'r dyn dan aur *do* / A ddaw hun iddi heno [am wallt merch]. *id.* 323, Nid oedd yna, myn Duw mawr, / Ond aur oll yn *do*'r allawr. c. 1400 *R* 1206. 5–6, o vot klot klytno dan *do* dayar. Trist wyf murnglwyf maỽr. 16g. *WLl* 253, Mae ty gwar mae *to* garreg / Dan i *do* mae dy wen deg [marwnad Gruffudd Madryn]. 1588 *Salm* cv. 39, Efe a estynnodd gwmwl yn *dô*, a thân i oleuo liw nôs. 17g. HUW MORUS: *EC* i. 50, Tŷ da eglur, *tô* dwyglust, / A nâd i'r g'law neidio i'r glust [i ofyn cap mownturo]. 1703 E. WYNNE: *BC* 31, Bellach, pa sawl *tô*, pa sawl plŷg a roes Rhagrith yma ar wyneb y Gwirionedd!

(*c*) To ar ogwydd mewn tennis real lle bwrir y bêl i ddechrau gêm, yn aml mewn cyd-destun *ffig.*: *penthouse (sloping roof in real tennis), often in a fig. context.*

15g. *CSTB* 13, Bwried chw'rëydd, ddydd iddaw, / Bêl i *do*—ni ŵyr ble daw, / Ai ataw y daw o dŷ, / Ai at arall a'i tery. 1753 *ML* i. 231, Perhaps, after he has been awhile aboard, some of you may do something for him. Dyma fi wedi rhoddi hi ar *dô*. Chwarewch chwitha'. *id.* 243, peth digon anghysurus yw dwyn ar gof yr anhwsmonaeth a wnaethom o ddyddiau ein hieuenctyd; pa beth na roddem er cael ei rhoi hi ar *dô* unwaith etto? ond och druain gwyr, nid ellir galw doe yn ol. 1754 G. OWEN: *L* 126, am na buaswn yn gyrru ryw awgrym, i ddangos fy mod yn fyw, cyn hyn; ond bellach, dyma fi yn ei rhoi hi ar *dô*, ac mi orphennaf fy llythyr y foru. 1758 *ML* ii. 67, Yr awron am dani hi, os caiff hi *dô* (chwedl y chwareuyddion tenis). 1761 *id.* 385, ni chefais na'm cof na'm cyfrif . . . i roi pin ar bappir i atteb eich llythyr Dygwyl Iago, ond dyma bêl ar *do* unwaith doed a ddelo.

(*d*) Set; rhes: *set; row.*

13g. *LlI* 6, pedeyr pedol ac eu *to* o hoyllyon. 14g. *WM* td. 225. 28–9, athorri *to* o peleidyr aorugant. A thorri yr eil. A thorri ytryded. 14g. *DB* 88, yno y mae manticora, anieuil a drych dyn arnaw, a their *to* o danned idaw (*trilex in dentibus ordo*).

(*e*) Cenhedlaeth; llinach; urdd (angylion); ?cyfnod: *generation (of people); lineage; order (of angels); ?period.*
12g. *GMB* 74, Ny ỽtant vanueirt ny maỽr gynnyt / Pwy a ennillo o'r *do* yssyt. **14g.** *T* 46. 25–6, Ef yssyd gafael clayar nifer *toeu*. **15g.** *GLGC* 163, lle brwysgyn' bob dyn o'r *do* / gan lawned gwin ŵyl yno. *id.* 225, Un gwreiddyn o Hopcyn hael / wyt o Ŵyr â'r *to* urael. **15g.** *GGl*[2] 152, Llu Dwywent oll a'u diail, / Lled yw'r *do* no'r lludw a'r dail. **15g.** *HCLl* 101, Ni wŷs i'r hen eisiau rhodd. / Llaw a ry da i wellhau'r *do*, / Llaw a'i hennill yw honno. *Diw.* **15g.** *Pen* 67, 13, Dwyn y naill on dynyon ni / yw dadwreiddio r *do* drwyddi (Hywel Dafi). **15–16g.** *TA* 167, Nid gwiw nerth, ond gwan wrthyn, / Yn oes y *to* nesa at hyn. [**1547**] W. Salesbury: *OSP* [v], kyn daruod am y *to* ys ydd heddio. **1551** W. Salesbury: *KLl* iib, Yn wir mi ddywedaf wrthych na dderfydd y *to* yma nes bod y petheu hyn i gyd oll. *c.* **1600** L. Dwnn: *HV* ii. 97, Ag o vlaen y *tô* hwnnw yr oedd hên ysgrivenyddion eraill o bencerddiaid Guttun Owain. **1632** *D*, *To*, & *Do*, Cuiusque æui seculique & ætatis homines se inuicem ordine sequentes, vnâ ætate aliam quasi tegente; ætas, seculum. **1701** E. Wynne: *RBS* 69, torri allan yn fflammeu cariad sancteiddlan hyd oni losco fel y Cherubiaid neu'r *To* (*order*) pêr-wresoccaf o ysprydion sanctaidd anllygredic. **1722** *Llst* 189, *To*. m. . . . a succession of men, progeny, lineage. **1763** *ML* ii. 573, Claddwyd Twm Rolant, Sian'ch Sion Oelfer . . . ac wmbwrdd o'r diweddar *dô*. **1803** *P*. Ar lafar, "Wi'n gweld y *do* sy'n cwnnu'n ryfadd iawn—'falla bod pob *to* yn gweld y *do* ifanc fel'ny', *GTN* 802. Cf. H. Evans: *CE* vii, magu gewynnau yn y *to* sydd yn codi.
Cfn.: **to bach:** *circumflex accent.* **20g.** Ar lafar. **to brat:** *roof with reduced number of slates.* Ar lafar yng Nghered. a sir Gaerf. Gthg. *to clòs.* **to clòs:** *fully-slated roof.* Ar lafar yn sir Gaerf. Gthg. *to brat.* **to gwellt:** *thatched roof, thatch.* **1632** *D*, tai *tô gwellt* d.g. *Mapalia.* **1756** *ML* i. 432. Ar lafar, *WVBD* 534. **to haul:** *sun-roof (of car, &c.).* **20g.** **(y) to (do) ieua(i)nc (ifa(i)nc, iefainc):** *the younger generation.* **15g.** *GHC* 3, Tywyll fydd i'r *to ieuainc* / Roi'r farn pan eler i'r fainc. **15g.** *GLGC* 441, athro fu'r pennaeth ar fainc / o'r deau i'r *do ieuainc*. **15–16g.** *TA* 333, A'r tafod i'r *to iefainc* / Yn araf iawn ar y fainc. *id.* 362, Gwae 'r tefyrn, gwae '*r to ifanc*. **16g.** *GGH* 84, Band hyfedr ben *to ifainc*? **1770** *W*, *Y do ieuangc* d.g. *Age, An age of men . . . The rising age.* Ar lafar, '*y to ifanc*', *WVBD* 534; '*y do ifanc*', *GTN* 802. **tan (dan) do:** *indoor(s).* **1839.**

to[2] [bnth. S. *taw* 'large marble'] *eg.* Marblen fawr: *taw, large marble.*
1900. Ar lafar, *WVBD* 534, *GTN* 802, 803. Cf. *LlHM* 86, *To* fyddai gennym i daro'r marblis o'r cylch, wedi ei gael o wddf potel bop, y rhan amlaf.
Gw. hefyd **togo.**

'to, gw. **eto.**

toad, toead [bôn y f. *toaf*: *toi*+*-iad*[1], *-ad*] *eg.* To, defnydd toi, e.e. gwellt, cyrs; gorchudd; haen: *roof, roofing, thatch; covering; layer.*
1346 *LlA* 169, *toat* yneuad a henyỽ o ryỽ lysseu aelỽir hebenus. **14g.** *WM* 180. 34–5, *toat* yneuad atebygei y vot yn eur oll. **15g.** *GLGC* 194, ugain tŷ ag un *toad*, / ac yn y tŷ gwin y tad. **16g.** Siôn Brwynog: *C* 192, Rhediad, rhyw *doead* rhod ewybr—rhadlawn, / Rhydlin wisg ariangrwybr; / Rhod wenllaes ar hyd iawnllwybr, / Rhyw gribau yn rhwygo'r wybr [i'r draenllwyn]. **16g.** Wiliam Cynwal: *Gw* (R. L. Jones) 662, Gŵr duwiol â gair Dewi, / Gwna Dewi eurgnu *doead* [i Esgob Llanelwy]. **1707** *AB* 239a, *Toat*, The covering of a House, whether Slat, Thatch, Shingles, or Lead. **1753** *TR*, *Toad.* The same as To. **1803** *P* d.g. *Töad.*

toaf: toi[2] [bf. o'r e. *to*[1]; *toi* < *töi*; cf. Crn. C. *ty* 'fe orchuddia; gorchuddia (di)', Crn. Diw. *t(e)y*, Llyd. Diw. *teiñ*, *toi*] *bg.a.* a hefyd gyda grym enwol i'r be.
(*a*) Gorchuddio â tho, gorchuddio (to neu adeilad) â gwellt, teils, &c., gorchuddio, cuddio, hefyd yn *ffig.*: *to roof, thatch, tile, cover, hide, also fig.*
13g. *C* 89. 14, Ottid eiry *tohid* istrad. *id.* 106. 6–7, Seithenhin sawde allan. ac edrychuirde varanres mor. maes guitnev ry *toes*. **14g.** *T* 8. 15–16, Mal *toi* neuad adeil. *id.* 20. 17–18, pan yỽ *toi* tir. *toi* tir pỽy meint. **14g.** *WM* 104. 19–21, gỽneuthur cromglỽyt uch benn y gerỽyn ay *thoi* yn da didos. **14g.** *YBH* 14a, nyt oed nathor nathy na chaer yn yr holl dinas ny ddarffei y eu *toi* oll o eur ac aryant. **15g.** *FfBO* 51, a muroed oll wedy y *toi* o'r crwyn koch bonedickaf. **15g.** *DE* 2, du law a wna dialedd / defni yngwallt difwynaw ngwedd / drwyr ffenestr dyror ffunen / dy vam hael i *doi* vym henn [i ferch]. **1547** *WS*, *Toy* ty Thack a house. **1551** W. Salesbury: *KLl* xlviiia, cariat a *doa* [:- cudd] liaws o pechoteu. **1567** *LlGG* (*Sall*) 3b, A' bit bawp a ymddirietant ynoti, lawenhau a' bot yn hyfryt yn dragywyth, a' *thoa* di hwy. **1588** *Ecs* xv. 5, Y dyfnderau ai *toasant* hwynt [byddin Pharo]. **1588** *Job* xv. 27, *tôdd* efe [yr annuwiol] ei wyneb ai frasder. **1588** *Eseia* vi. 2, Y Seraphiaid oeddynt yn sefyll oddi ar hynny: chwech aden ydoedd i bôb un: â dwy y *toe* ei wyneb, ac â dwy y *toe* ei draed. **1632** *D*, *Toi*, Tegere. *id.* d.g. *Intego.* **1688** *TJ*, *Toi*: to thatch, to tyle. **1703** E. Wynne: *BC* 73, Oblegid mae 'r Creigieu dûr a diemwnt tragwyddol sy 'n *toi* Annwn yn rhy gedyrn o beth iw [*sic*] malurio. **1793** Dafydd Ionawr: *CD* 147, Cuddiasant, *toisant* y tir. **1803** *P*. Ar lafar; '*toi* cwt mochyn', *WVBD* 534; '*toi*'r ddæs', *GTN* 798.
(*b*) Paru (â('r fenyw)), marchogaeth: *to serve, copulate (with).*
14g. *WML* 80, Gỽerth ystalỽyn: march a allo *toi* achassec oe ulaen ac arall yny ol. **1722** *Llst* 189, *Toi* . . . to leap or cover as a stallion a mare.

toawl [*to*[1]+*-awl*] *a.* Yn perthyn i do neu orchudd: *pertaining to a roof or covering.*
1803 *P.*

tobaco, tobacwr, tobecyn, gw. **tybaco, tybacwr, tybaco.**

tobogan [bnth. S. *toboggan*] *eg.* ll. *-au.* Sled hirgul ysgafn ar gyfer sglefrio i lawr llethr, yn enw. dros eira cywasgedig neu rew: *toboggan.*
1927.

toboganio, tobogana [bf. o'r e. *tobogan*] *bg.* Mynd ar dobogan: *to toboggan.*
20g.

tobren [*to*[1]+*pren*] *eg.b.* ll. *-ni*, *-nau.* Ffon fforchog a ddefnyddir wrth doi â gwellt, brwyn, &c., hefyd yn *ffig.*: *thatching-fork, also fig.*
14g. *CMOC*[2] 26, *tobren* arffed merchedau, / tafod cloch yw'r tyfiad clau [Dafydd ap Gwilym i'r gal]. **15g.** *HVN* 474, Aeth Ieuan ddilan ddolef, / A'i *dobren* o'r nen i'r nef [marwnad Ieuan Döwr gan Ieuan Gethin]. **1547** *WS*, *Tobren.* **18g.** *W Ballads* xix, Hi gipiodd y mopren ar *to-bren* fel turn / A chlamp o ganwyllbren a chambren yn chwyrn / Hi luchiodd y rheini dan weiddi ar ei ol / Ac ynte'n myn'd allan a'i ffwdan yn ffol. **1753** *TR*, *Tobren*, a thatcher's stick, a thatcher's board. **1787** E. Roberts: *PCF* 38–9, Rwi rwan yn myfyrio fod y byd mor farus, / Ag y bwytaen nhw f'Esgyrn pe'i caen nhw esgus / Ag yn llâdd arnai bod agun un [*sic*], / Fy mod i yn *dobren* o hên ddŷn dibris. **1803** *P*. Ar lafar, '*Tobran*' 'pren at doi tas neu dŷ to gwellt. Y mae'n fforchog yn un pen', *Môn* (Gwanwyn 1954) 11; '*Tobren*' 'Pren pwrpasol at doi tŷ tô gwellt neu frwyn', *Cymru* xxxix. 95 (Brych.). Cf. *Y Genhinen* xxix. 176, y '*tobren*' neu'r '*dobren*' fel y gelwid ef yn y Gogledd.
Amr.: **toibren** [y be. *toi*[2]+*pren*]. Ar lafar, cf. *Y Genhinen* xxix. 176–7, Dechreuai'r töwr ar ei waith trwy blannu'r *toibren* yn y to . . . cymerai ddyrnaid o frwyn, gan dynnu tair neu bedair brwynen allan, a'u troi o gwmpas pen y ddyrnaid a'u gwthio i mewn, gan ffurfio bwndel bach tua throedfedd a hanner o hyd â'i ben wedi'i glymu. Gelwid y ddyrnaid hon yn dwsw (tusw). Yna byddai'n hanner-tynnu'r *toibren* o'r to, a gyda'r llaw arall yn gosod blaen y twsw i orwedd wrth ei ochr . . . Gan fachu'r clwm ar flaen y twsw yng ngheg y *toibren*, gwthiai'r offeryn yn galed i mewn i'r twll. Wedi tynnu'r *toibren* allan, byddai'r twsw yn dynn yn y to (canolbarth Cered.). **topren** [*top(yn)*[1]+*pren*] Ar lafar, cf. H. Evans: *CE* 101, Cymerai [y towr] erfyn . . . a elwid *topren*, darn o bren, oddeutu deunaw modfedd o hyd, a mesen ar ei ben . . . Lledai yn ei ganol, yn denau a fflat yn debyg i rwyf, ond bod ei flaen yn culhâu. Gwneid bwlch yn ei flaen fel V, a thipyn o gamder yn ei ganol fel y rhedai yr un ffordd â'r to tra gallai'r towr ddal ei law ychydig uwchlaw.

toc[1] [?cf. *toc*[2], *tociaf*: *tocio*] *adf.* a hefyd gyda grym enwol. Cyn bo hir, yn fuan, ar fyr o dro, yn y dyfodol agos, gyda hyn, yn ddi-oed: *shortly, soon, in a (short) while, in the near future, presently, immediately.*
1672 R. Prichard: *Gw* 28, A chlûst Malchus gwedi dorri, / Y Jachaws ef *toc* [:- Yn ebrwydd] heb eli. *id.* 437, Y mae Angeu *toc* [:- Yn ebrwydd] yn dattod / Enaid o'r corph caeth i bechod. **1688** *TJ*, *Tocc*: immediately. **1716–18** *Llsgr R. Morris* 99, ond heddiw rhaid imi ñ ddiatteg / roi fy hoedel *tocc* i hedeg. **1752** *ML* i. 207, fe fydd gennyf filoedd o bunnau yma *tocc*. **1753** *TR*, *Tòc*, instantly, forthwith. **1755** *ML* i. 376, Fe ddaw'r Brenin yma *tocc*. **1760** *id.* ii. 195, mi aethym yno *toc* ar ol geni iddo wyr ac y dynnais siapri arno. *id.* 203, Bwyta ag yfed yn iachus . . . ond musgrell gan henaint, agos yn drigain oed! Chwi ddowch chwitheu *tocc tocc*. **1760** E. Williams: *UYB* 139, mae 'r cyfryw un *tocc* yn deimladwy o'i fod yn golledig. **1763** *DT* 170, Hai, Pwy sy'n Drws yn curo? / Ewch *tocc*, agorwch iddo. **1800** W. Owen-[-Pughe]: *CP* 20, deallaf fod ei ddaioni yn dybènu ar iddi wlawio *toc* (*soon*) ar ol ei danu [gwrtaith] ar y tir. **1803** *P*, *Toc*, adv. . . . Instantly, forthwith, presently, shortly. Mi av yno *toc*, I will go there presently. Ar lafar, *TGG* (1904) 47 (dwyrain sir Ddinb. a'r cyffiniau); '*toc*' 'soon, presently', 'Mi ddo' i yno *toc*' 'I'll come soon', 'Mi ân ni sbel eto *toc*' 'we'll go on for a bit presently', *WVBD* 534; 'Mi ddo i acw *toc*', 'Oedden ni'n i ddisgwyl o, a wir, *toc*, ymhen hir a hwyr, dyma fo'n dwad', *Cymru* liv. 132 (dwyrain Maldwyn); *id.* xlvi. 23 (gogledd Cered.). Digwydd hefyd yn yr ymad. 'ta-ta tan *toc*'. Cf. Talhaiarn: *Gw* iii. 51, Mae angeu yn dyfod, fe dery cyn *toc*; D. Owen: *RL* 177, yr ydw i yn credu y troiff Bob i fyny o rywle *toc*; D. Owen: *GT* 160, Er's faint o amser y mae Mr. Ernest yn tori i dy gyfarfod di, Gwen? . . . Er's wythnosau—er's *toc* ar ol iddo ddod adre' o Oxford.
Cfn.: **toc a da:** *soon, in good time.* **1803** *P*, Toc . . . *toc a da*, presently and in good time. Ar lafar, 'Mi ddaw *toc a da*' 'it will come soon', *WVBD* 534. Cf. W. Rees: *LlHFf* 77, tae'r ffarmwrs i gid yn gneyd run fath, mi ddoe pethe i drefn *toc y da.*

toc[2] [cf. S. *dock* 'a cut end of anything'] *eg.* (bach. *-yn*) ll. *-(i)au*, a hefyd fel *a.*
(*a*) Pentwr, tomen, twmpath, swp, clwstwr; cynffon gwta; (yn y ll.) torion: *pile, heap, mound, cluster; short tail; (pl.) cuttings.*
15g. *HCLl* 120, Cwnnu mewn blewach cynin / Ei *thoc* a dangos ei thin [i'r geifr]. **1795** J. Thomas: *AIC* 357, casgla hadau, a *thocciau* 'r cyfryw Lysiau a eill atteb i'r Gaiaf. **1803** *P*. Ar lafar yn y Gogledd, '*tocyn* . . . *tocia*' 'heap', '*tocyn* o gerrig' 'a heap of stones', *WVBD* 535; '*Tocyn* o gerrig' 'Cerrig sy'n dod i lawr o'r graig oherwydd "rwb" (tanchwa)', *B* xx. 382 (ardal chwareli'r Gogledd). Cf. K. Roberts: *RhB* 67, Gwnâi ei gwallt yn *docyn* ar dop ei phen.
(*b*) Pecyn neu barsel o fwyd (fel arfer yn cynnwys bara (ymenyn)) i'w fwyta oddi cartref, yn enw. ar gyfer gweithiwr neu blentyn ysgol; darn neu dafell o fara, o gacen, &c.; hefyd yn *ffig.*: *packed food (usu. containing bread (and butter)) for consumption away from home, esp. for workman or schoolchild; piece or slice of bread, cake, &c.; also fig.*
1848 *Traeth* iv. 377, Yr oedd maint y *tocyn*—fel y gelwid y tamaid a ddygid i'w fwyta ganol dydd gan yr ysgolëigion—ar gyfer ciniaw y rhai hyn, yn brawf poenus o'u tlodi [am ysgol Neuadd-lwyd, Cered.]. Ar lafar, '*toc* o fara menyn', *Geir Geg* 167 (y De); '*Tocyn*' 'bwyd a garia'r gweithiwr gydag ef', D. J. Evans: *HCS* 129; clywir hefyd '*toce* o gaws' a '*tocyn* torth' 'crwst torth' (canolbarth Cered.). Cf. W. J. Davies: *HPLl* 258, Dydd Calan yw hi heddyw, / 'Rwy'n dyfod ar eich traws, / I ofyn am y geiniog / Neu *doc* o fara chaws; D. J. Williams: *STG* 59, [d]echrau gwasanaethu ar hyd ffermydd yr ardal i ennill eu *toc.*
(*c*) *Crdd.* Tolciad: '*tolciad*' *in traditional Welsh string music.*
18g. *SChC* 578, Krychiadau y sydd yn kyflonwi rhwng cowyr dannau a thyniadau, ac weithia [*sic*] lle safo r bus y cyfrifir *tokiau* neu dolkiadau a sydd yn gwasanaethy yn lle bwyada [*sic*].
Fel *a.* Wedi ei docio; swta, siort: *docked, trimmed; abrupt, curt.*
1780 *W*, Coed *tocc* d.g. *Pollard . . . Pollards.* Cf. D. J. Williams: *STG* 37, yr hen gobyn coch bach hynny â'r gynffon *doc*; *Wês wês* 15, mynte hi'n *doc* reit, 'Pam sech chi mewn pryd, Ifan Defi?'
Cfn.: **tocyn morgrug:** *anthill.* **1863.** Ar lafar, *WVBD* 535. **tocyn twrch (daear):** *molehill.* **20g.** Ar lafar yn ardal Pwllheli.
Gw. hefyd **tocion.**

toc[3], *eg.* ll. *-iau.* Corlan, ffald: *sheepfold.*
Ar lafar yng ngorllewin sir Benf., *LGW* [112]–13.

toc[4] [gair geir.; ffrwyth trafod Llyd. C. *toc* (a nodir fel gair Llyd. yn *D*), fel gair Cym.] *eg.b.* Het, cap, bonet: *hat, cap, bonnet.*
1688 *TJ*, *Tocc*, (het, capp:), a Hat or Cap. **1722** *Llst* 189, *Tocc* (sub). f. An hat, cap. **1753** *TR*, *Tocc*, a hat, cap, or bonnet. So in Arm. **1803** *P*, *Toc*, s. m. . . . a hat, a cap, or bonnet.

tôc [bnth. S. *toque*] *eg.* ll. *-s.* Het fechan heb gantel i ferch, het gola: *toque.*
1916. Ar lafar, "Odd *tôc* 'da phawb yr amsar 'ny' (Morg.). Cf. K. Roberts: *TMC* 49, Yr oedd ganddi *dôc* du am ei phen a phethau bychain du fel cen pennog yn disgleirio arno.

tocaf: toco, gw. **tociaf: tocio.**

tocar [bôn y f. *tociaf*: *tocio*+-*ar* (At.)] *eg*. ll. -*s*. Cyllell fawr at docio maip, &c.: *large knife for trimming turnips, &c.*
20g. Ar lafar, '*tocars* maip' (sir Drefn.).

tocbren [*toc*^{2}+*pren*] *eg*. ll. -*nau*. Coeden wedi ei thocio: *pollard*.
1780 *W* d.g. *Pollard*.

tociad [bôn y f. *tociaf*, *tocaf*: *toc*(*i*)*o*+-*iad*^{1}] *eg*. ll. -*au*.
(*a*) Y weithred o docio, toriad: *a trim*(*ming*) *or cut*(*ting*).
[1783] *W* d.g. *A snipping off*. **1803** *P*, *Tociad*, s. m. . . . A cutting off; clipping.
(*b*) *Crdd*. ?Tolciad: '*tolciad*' *in traditional Welsh string music*.
17g. *Musica* 35, *tokiad* fforchog. Cf. *ib*. toked y fawd.

tociaf, tocaf: toc(i)o [bnth. S. (*to*) *dock* 'to cut short'; am *d*- > *t*-, cf. *titiaf*: *titio*] *bg.a*. Twtio neu dorri i'r maint neu'r ffurf a fynnir, yn enw. drwy dorri ymaith rannau dianghenraid, torri neu gael gwared o (ran neu rannau o rywbeth cyfan), yn enw. torri canghennau o goeden, twtio (coeden, &c.) drwy dorri ymaith ganghennau sydd wedi tyfu'n wyllt neu wedi marw, torri brig (coeden neu blanhigyn), torri neu fyrhau (cynffon), torri gwallt neu flew (person neu anifail), gwelleifio, torri â siswrn neu wellau (er mwyn twtio neu dacluso), clipio (darn arian), torri('n fyr), cwtogi, lleihau, hefyd yn *ffig*.: *to trim*, *lop*, *prune*, *poll*, *dock* (*tail*), *cut the hair of* (*person or animal*), *clip* (*with shears*), *clip* (*coin*), *cut* (*short*), *curtail*, *shorten*, *reduce*, *also fig*.
15g. *GGl*^{2} 313, Dal co' ar fedr dala cant / I'n bro neu *docio* deucant. *Dchr*. **17g.** *J* 10, 159b, *Toccio*. to tucke. Prætrunco. **1632** *D*, *Toccio*, Tondere. **1686** WJ: *TR* 36–7, [p]a ham yr ydych chwi yn attal y naill hanner o'r Cymmun oddiwrth y bobl . . . Nid ydyw hyn ddim amgenach nag i un wedi *toccio* ymmaith hanner arian y Brenhin, ddywedyd i fod etto yn arian dilys. **1688** *TJ*, *Toccio*: to clip or shear. **1693** *HC* 97, ofer yw *toccio* 'r canghennau tra fyddo 'r bôn heb dderbyn un dyrnod. **1722** *Llst* 189, *Toccio*. To dock, crop, lop. **1723** J. JONES: *LlA* 73–4, y mae Gweiriddyn pob pechod yn y Galon, er na byddo 'r Ffrwyth i'w weled yn y Fuchedd; y mae 'r pren yn fyw, er darfod *toccio* yr Cangau. **18g.** *Beirdd y Berwyn* 42, Nid oes boncyff lle mae'n rhodio / Na bu'r clwpa efo i dwca yn un o'i *docio*. **1725** *SR*, *Toccio* Arian d.g. *To Clip Money*. **1732** J. JONES: *C* 91, Brenin Bezec yng Nghanaan, yr hwn a *docciodd* ymmaith Fysedd Traed a Bawd Fysedd deng Mrenin a thrigain. **1733** J. OWEN: *TBG* 87, Darfu i'r dinystrîwr mawr wanhâu grym llâweroedd ar y ffordd, ac a *docciodd* eu hadenydd hwynt yn dôst. **1770** *W* d.g. *To barb*, *To notch hair*, *To poll*, *To prune*. **1790** TWM O'R NANT: *GG* 105, Mae'r Saer celfydd ymhob cilfach, / Am dy *doccio* i'th wneud yn deccach. **1803** *P*. Ar lafar, '*tocio* marliod', '*tocio* clawdd', '*tocio* coed', *WVBD* 534; '*Tocio* maip', '*Tocio* slâts', *Cymru* liv. 132 (dwyrain sir Drefn.); '*tocio* gwrych', *B* iii. 208 (Penllyn); '*tocio* shetin', *id*. xiv. 282 (gogledd Cered.); 'Ma isia *toco*'r berth, mae'n mynd yn ry ychal', '*toco* cwt a mwng y ceffyl', 'Fi dy *doca*' i di yn y diwadd!' 'I'll finish you off in the end!', *GTN* 798.

tociedig [bôn y f. *tociaf*: *tocio*+-*iedig*] *a.bfl*. Wedi ei docio neu ei glipio (am arian bath), clipiedig: *clipped* (*of coins*).
1727 RE: *CDd* 134, Gadewch i ddŷn gael pwysau twyllodrus, fe a ellir ei siommi ef yn resynol ag aur ysgafn; parham? oblegid bôd ei bwysau yn rhy ysgafn: felly y dynion ymma sydd ganthynt bwysau rhy ysgafn i farnu o bwys gwîr râs. Am hynny fe a'u twyllir hwynt a darnau o aur ysgafn *tocciedig*, sef a rhith râs yn lle gwîr râs. **1803** *P*.

tocion [bôn y f. *tociaf*: *tocio*+-*ion*^{2}] *e.ll*. Toriadau (yn enw. o bapur newydd): *cuttings* (*esp. from newspapers*).
Diw. **19g.** Ar lafar am y torion gwair o ymylon a chorneli cae, *B* xv. 27 (Meir.).

tociwr [bôn y f. *tociaf*: *tocio*+-*iwr*] *eg*. ll. *tocwyr*. Un sy'n tocio llwyni, &c.; barbwr; gwellau at docio llwyni, &c., siswrn: *pruner*; *barber*; (*pruning*) *shears*.
1770 *W* d.g. *Barber*, *Trimmer*. **1803** *P*, *Tociwr*, s. m. —pl. *tociwyr* [*sic*] . . . A clipper, one who clips, cuts off or docks.

tocsemia [bnth. S. *toxaemia*] *eg*. *Meddyg*. Gwenwyn gwaed, cyflwr metabolaidd annormal yn ystod beichiogrwydd sy'n arwain at (gyn)eclampsia: *toxaemia* (*also of pregnancy*).
20g.

tocsicoleg [cfdds. o'r S. *toxicol*(*ogy*)+-*eg*^{1}] *eb*. *Meddyg*. Gwyddor gwenwynau, gwenwyneg: *toxicology*.
20g.

tocsicolegol [*tocsicoleg*+-*ol*] *a*. *Meddyg*. Yn perthyn i docsicoleg, gwenwynegol: *toxicological*.
20g.

tocsicolegydd [*tocsicoleg*+-*ydd*^{3}] *eg*. ll. *tocsicolegwyr*. *Meddyg*. Arbenigwr mewn tocsicoleg, gwenwynegydd: *toxicologist*.
20g.

tocsin [bnth. S. *toxin*] *eg*. ll. -*au*. Gwenwyn a gynhyrchir gan blanhigion neu anifeiliaid, ac yn enw. gan ficro-organebau: *toxin*.
20g.

tocyn^{1} [bnth. S. Diw. Cyn. *tokyn*, ff. ar *token*; petrus yw dosbarthiad rhai o'r enghrau. isod] *eg*. ll. -*nau*, -*nod*, -*ion*, -*s* (ll. dwbl -*ach*).
(*a*) Arwydd, arwyddnod, symbol, peth sy'n atgoffa, memento, bathodyn, &c. (yn dynodi teyrngarwch i blaid arbennig, &c.): *token*, *sign*, *symbol*, *reminder*, *memento*, *badge*, *&c*. (*indicating party allegiance*, *&c*.).
1547 *WS*, *Tokyn* A tokyn. **16–17g.** *GST* i. 595, Rhowch *docynion*, dynion dig, / Ni dalwn y Nadolig. *id*. 846, Lle cynigir *tocynion* / Fe fydd gwraig y tŷ'n ddicllon. **17g.** HUW MORUS: *EC* i. 121, Ac oni chaf chwi, hoff rosyn yn ffri, / Caf *docyn* cyn c'lanmai, diammeu ydyw i. / Mi a'i gwisgaf bob dydd, tra bo'ch a'ch llaw'n rhydd, / I gofio 'ch hawddgarwch, difyrwch a fydd. *c*. **1700** D. MAURICE: *CGG* 7, nid iw siccrwydd ffydd ond megis *toccyn*, neu arwydd o gariad. **1722** *Llst* 189, *Toccyn*. m.p. *cynion*. A token. **1736 (1812)** *YRW* 54, Meistr Ffitsroi, wr gwych ei synwyr, / Mi roesym beth i bawb o'ch llongwyr; Dyma i chwithau *docyn*, wr teca'i glod, / Am i chwi fod mor gywir. **1758** *DPMB* 29, Er cymmaint a wahoddwyd [i briodas] ni ddaeth neb ond y rhai a gafodd *doccŷn* o gariad, a' rhai a gafodd y *toccyn* neu y rhôdd, ac enw y rhôdd oedd Perl gwerthfawr ffŷdd. **1798** *WR*, *tocyn*, arwyddyn, arwydd nôd d.g. *Ticket*. Cf. *Cymru* ii. 161, Yr oedd yr athraw wedi dweyd wrthyf yn ddistaw am beidio siarad gair o Gymraeg . . . Gydag i mi ddweyd fy Nghymraeg cryf, chwarddodd pawb, a rhoddwyd llinyn am fy ngwddf, a *thocyn* pren trwm wrtho [am y 'Welsh Not'].
(*b*) Coelbren, ?hefyd yn *ffig*.: *lot*, *omen-stick*, ?*also fig*.
16g. *HCRC* iii. 286, Mawr yw r gras ar ffortyn / ferodded [*sic*] ymi hyn o *dokyn* [ymddiddan rhwng yr offeiriad a'r gŵr bonheddig]. **1611** *CM* 49, 99, Pan ddarfv i blant yr Israel orchfygv i gylynion; beth a wnaeth Joshua . . . rhanv y tir wrth *docynod*. *id*. 114, Ym ha le y dywised fo [Benjamin] . . . Ym Mispah wrth *docyn*. *Dchr*. **17g.** *J* 10, 154a, *Tyccyn*. lotte. *id*. 159b, *Toccyn* . . . Coelbren. **1803** *P*, *Tocyn* . . . Tynu *tocyn*, to draw a lot. Ar lafar, 'tynnu *tocyn*' 'to draw lots', *WVBD* 535.
(*c*) Darn o bapur ysgrifenedig neu brintiedig sy'n rhoddi'r hawl i gael mynediad, teithio ar drafnidiaeth gyhoeddus, &c., darn o bapur y gellir ei gyfnewid am nwyddau, pryd o fwyd, &c., darn o bapur ac arno wybodaeth, &c., ticed; tystysgrif neu gerdyn aelodaeth eglwysig, &c.; cerdyn pleidleisio; hefyd yn *ffig*.: *ticket*, *token*, *voucher*; *church*, *&c*., *membership certificate or card*; *voting card*; *also fig*.
1762 *ML* ii. 506, daeth attaf ringyll i wrth wr 'nheddig yn deusyf fy nghwmni, bod gantaw *doccyn* i wrth fy mrawd o'r Nafi Offis. **1794** E. JONES: *CP* 139, Os cwnstabl a esgeuluso barotoi *tocynau* llettyaeth tros ddwy awr, wedi yn gyntaf dderbyn digonol rybudd cyn dyfodiad y lluoedd. **1794** *W*, *toccyn*, vulgò ticced d.g. *Ticket*. **1803** *P*, *Tocyn*, s. m. dim.—pl. t. *od* . . . a ticket. Ar lafar yn gyff., 'Mae o'n mynd fel malwan trw' Bonterwyd ar ôl câl *tocyn* yno'; 'dŵad â'i *docyn* o Salam' (Llŷn); ''Oes gen' ti *docyn* i fynd mewn i'r sioe?' (gogledd Cered.); ''Wyt ti 'di prynu *tocyn* loteri?', 'Ma *tocynna*'r gyngerdd i gyd 'di mynd' (sir Gaerf.). Cf. D. OWEN: *D* 102, Cymysgai a throai un o'r dynion swp o *docynau*, tebyg o ran maint i *docynau* cyngherdd; D. OWEN: *RL* 87, yr oedd ganddo [Seth] drwydded i fyned i bobman, gan na ofynid *tocyn* iddo gan un enwad na phlaid.
(*d*) Disg metel bychan (yn enw. un sy'n cynrychioli darn arian), darn o arian bath, papur banc, (yn y ll.) arian (cochion), arian mân, hefyd yn *ffig*.: *token* (*metal disc*), *coin*, *bank note*, (*pl*.) *money*, *coppers*, *small change*, *also fig*.
1760 *ML* ii. 242, *Toccins* yw arian cochion yn Sir Faesyfed a Sir Frycheiniog. **1795** JAC GLAN-Y-GORS: *SG* 34, yng nghymdeithas y gwyneddigion [wrth ethol aelod] mae ganddynt *docynau* crynion, agos o faintioli swllt o arian. Ar lafar, '*Tocyns*' 'Ceiniogau, tokens', *Cymru* xxxix 96 (Brych.); '*tocins*' 'money', *id*. xlvi. 24 (Morg.); '*tocyns*' 'copper coins', ''Os *tocyns* ginnit ti am y pishin swllt 'yn?', ''Wi'n ennill 'y *nocyns* yn yr 'en bwll 'na fi alla' wed wthdoch chi', *GTN* 798. Clywir hefyd y ff. *tocynsach*, *LlGC* 1173, 133.
Amr.: **docyn.** Ar lafar, *WVBD* 535. **tycyn. 16–17g.** *CRC* 54, ni roes i erioed mor *tycynne* / i wr Jfangc da i rinwedde. *Dchr*. **17g.** *J* 10, 154a, *Tyccyn*. lotte.
Cfn.: **tocyn aelodaeth:** *membership certificate or card*. **20g. tocyn deuben:** *return ticket*. **1916. tocyn dwyffordd** = **tocyn deuben. 20g. tocyn pae:** *pay slip*. Ar lafar, *Geir Glo* 145 (Cwm Rhondda). **tocyn parcio:** *parking ticket*. **20g.** Ar lafar, ''Dwi 'di cael dau *docyn parcio* o fewn pythefnos 'rŵan'. **tocyn unffordd:** *one-way ticket*, *a single*. **20g.**

tocyn^{2}, gw. **toc**^{2}.

tocynnwr [*tocyn*^{1}+-*wr*] *eg*. ll. *tocynwyr*. Gwerthwr, casglwr, neu archwiliwr tocynnau (ar fws, &c.): *conductor* (*on bus*, *&c*.).
20g.

tochaf: tochi [bf. o'r e. *tawch*] *bg.a*. Mwydo, socian, trochi, gwlychu, lleithio; (geir.) tewychu: *to steep*, *soak*, *wet*, *moisten*; (*dict*.) *thicken*.
1725 D. LEWIS: *GB* 56, Y mae'n beth rhyfedd, fod cynnifer o Ffynhoneu Poer yn y Genau, i wlychu, i dyneru ac i *dochi*'r Bwyd, fel y cnoer ac y llyngcer yn haws. *id*. 59, ond pan laeso 'r bwyd, trwy *dochi* a threulio yntho [cylla]. **1753** *TR*, *Tochi*, to soak. **1775** *W*, *To imbody* . . . [*thicken into a body*]. **1784** M. WILLIAMS: *S* i. 245, ac yr ydys yn ei gymmeryd (math o de) naill ai wedi ei *dochi* mewn dwfr twymn, neu yntau ei gnoi fel dail yr India. **1803** *P*, *Toçi* . . . To render moist, to soak; to thicken. Ar lafar yn sir Gaerf. Cf. *B* viii. 325, *tochi* (soak). Gair sydd ar fin diflannu yn yr ardal [Cwm-tawe], ond clywais ei arfer yn ddiweddar, '*tochi* 'mara yn 'y nhe'.
Gw. hefyd **tawchaf: tawchu.**

Tochareg [cfdds. o'r S. *Tochar*(*ian*)+-*eg*^{1}] *eb.g*. Iaith Indo-Ewropaidd a siaredid yng nghanolbarth Asia yn y mileniwm cyntaf O.C.: *Tocharian* (*language*).
1935.

tochleth, tochlleth, *eg*. Lle anniben, annibendod: *untidy place*, *untidiness*.
Ar lafar, '*Tochleth*' 'A ramshackle bedroom . . . it refers more to the room in its confused state than to the actual confusion', *GDD* 302; ''Welsoch chi erioed y fath *dochlleth*!' (sir Benf.).

tochyn, *eg*. Blawd ceirch, neu gytew o flawd ceirch, &c., wedi ei ffrio mewn braster: *oatmeal*, *or batter made from oatmeal*, *&c*., *fried in meat fat*.
18–19g. *Llr* C 30, 181, *Tochyn*, a kind of pudding, made in the frying-pan, of oatmeal and the fat of meat, &c. [Glam]. Ar lafar ym Morg., *TGG* (1906) 16, *LlGC* 1173, 133; hefyd yn y ff. *twchyn*, 'gwneud cytew o flawd gwyn neu flawd ceirch, halen a dŵr a'i ffrio mewn saim cig moch', *Geir Geg* 39.

tod, -tod, gw. **tawd, -dod.**

todi^{1} [bnth. S. *toddy*] *eg*. Diod o chwisgi neu wirod arall ynghyd â dŵr poeth, siwgr, &c.: *toddy*.
1760 *ML* ii. 263, Diod gyffredin y Monwysiaid yw brandi, dwfr (lymaid bach bach), a siwgwr. *Todi* y gelwid hi. *id*. 264, Ni dda gennyf mo'r *todi* brwnt hwnnw, a chwrw nid yw i'w gaffael yman. **1777** W. WILLIAMS: *TEA* 74, y pwnch, y *todi*, neu y rymbo. Cf. TALHAIARN: *Gw* i. 254, Ond pleser beirdd yw eilio cân / A wysci todi wrth y tân.

todi^{2}, gw. **tydi.**

todler [bnth. S. *toddler*] *eg*. ll. -*s*. Plentyn sy'n dechrau cerdded: *toddler*.
20g. Ar lafar, 'Hen *dodlar* bach ôt ti amsar hynny,

newydd ddechra cerad' (Arfon); "Rodd llwyth o *dodlers* yn redeg rownd y lle yn y parti' (sir Gaerf.).

todd, gw. tawdd[1].

toddadwy, tawddadwy [bôn y f. *toddaf*: *toddi*+*-adwy*] *a.bfl.* Y gellir ei (hy)doddi, hydawdd, yn ymdoddi'n rhwydd (am fetel); yn peri toddi; hefyd yn *ffig.*: *meltable, dissolvable, soluble, fusible; causing to melt; also fig.*

1588 *Doeth Sol* xix. 20, ni wnaeth y fflam nac i gnawd yr anifeiliaid llygradwy . . . nac i'r hyn oedd o ymborth nefol (fel iâ *tawddadwy* o rywogaeth i doddi) ddarfod. **1722** *Llst* 189, *Tawddadwy*. Meltable. *id.* *Toddadwy*. Meltable. **1752** J. THOMAS: *FG* 91, Rhaid i ni yn awr ac eilwaith osod ein Heneidiau oer rhewlyd o flaen y Fflammau *toddadwy* hynny o'i Gariad a'i Degwch, a'u twymo hwy yn wastadol wrthynt. **1772** *W* d.g. *Dissolvable, Dissoluble, Liquefiable, That [which] may be melted.* **1793** DAFYDD IONAWR: *CD* 124, Golwg a wanodd galon / Yr Ynad harddfad oedd hon; / Ydd ydoedd ry *doddadwy*, / Ry feddal i 'mattal mwy. **1803** *P*, *Tozadwy* . . . Capable of being melted.

toddaf: toddi [Crn. Diw. *tedha*, H. Lyd. *todint*, gl. *soluuntur*, Llyd. C. *teuziff*, Llyd. Diw. *teuziñ*, Gwydd. C. *ro-tetha* 'toddodd, diflannodd': o'r gwr. IE. **tā-* 'toddi'; cf. Llad. *tābeō*, Gr. τήκω, H. S. *þāwian* (> S. *(to) thaw*)] *bg.a.*

(*a*) Gwneud neu fynd yn hylif dan effaith gwres (am solid), hylifo, dadlaith, hydoddi, ymdoddi('n rhwydd) (e.e. am fetel), cymysgu neu ymgymysgu (â), meddalu; castio, moldio; gwlychu (calch); treulio (bwyd); hefyd yn *ffig.*: *to melt, liquefy, thaw, dissolve, fuse, blend, soften; cast, mould; slake (lime); digest (food); also fig.*

13g. *BD* 46, Ac yna y bu gyn galetet y vrvydyr yny oed y tywarcheu yn redec o'r guaet mal pei delhei deheu wynt yn deissyuit y *dodi* eiry a rev. **14g.** *DB* 102, Ac yna y *tawd* yr heul, ac y krynn y gwynt y daear. **14–15g.** *IGE*[2] 274, A rhew er hyn cyn cannoed, / A'r ia ni *thoddes* erioed [Siôn Cent am uffern]. **15g.** *GO* 191, Gwlith a ddêl o'r Ysbryd Glân / A *dawdd* pechodav mewn dyn; / Aur Ffylib ar y bib win / A *dawdd* syched prydyddion. **1547** *WS*, *Toddi* Melte. **1567** *TN* 337a, Uelly Christ hevyd a aberthwyd vnwaith y *doddi* (**1588** *Heb* ix. 28, ddwyn) pechodau llawer. *Diw.* **16g.** *WLB* 7, Ac yna kymer y dwfr gloewa o hwnw a dod ynddo ganffyr gwynn a gad i *doddi* ynddo. **1588** *Jos* vii. 5, *toddodd* calonnau y bobl, ac yr aethant fel dwfr. *c.* **1600** *Rhyddiaith Gymraeg* i. 135, nyd chwys y main na thoddad yr halen a sydd achwyson glaw, namyn y glaw a sydd achwyson i'r main chwsy ag i'r halen *doddi*. **1604–7** *TW* (*Pen* 228) d.g. *Liquo, Soluo, Tabesco.* **1632** *D*, Tawdd, *Toddi*, Liquescere, & liquefacere. **1672** J. LANGFORD: *HDdD* 368, y mae 'r dŷn llaryaidd yn fynych yn *toddi* digofaint ei wrthwyneb-ŵr. **1759** J. EVANS: *PF* 64, Neu, rowch Chwart o Fêl o flaen y Tân hyd oni *thoddo*. **1772** *W* d.g. *To dissolve, Liquid, To grow liquid, To liquidate, To melt.* **1803** *P*. Ar lafar, '*toddi*' 'to melt', *WVBD* 249; 'Ma'r menyn wedi rewi'n gorn! *Todda* dicyn arno o vlæn y tæn', *GTN* 803.

(*b*) (Peri) anwybyddu (sillaf, cytsain, &c.) o safbwynt mydr, odl, neu gynghanedd, cael ei hanwybyddu felly, ?cynnwys enghraifft o'r cyfryw (am bennill, llinell, &c.), (cael ei) seingolli, cymathu: *to ignore or (cause to) be ignored with regard to metre, rhyme, or 'cynghanedd' (of syllable, consonant, &c.), ?contain an example of this (of verse, line), undergo elision, elide, assimilate.*

14g. *GP* 39, llythyr tawd . . . 'd', 'f', 'l', 'm', 'n', 'r', 's', a sef achaws y gelwir wynt yn llythyr tawd, kanys *todi* a wnant y mywn kerd. Sef yw megys y *todant*, gwneuthur o dwy sillaf dalgronn vn ledf, pan ysgriuenner 'y' neu 'w' yrwng dwy lythyren dawd, 'y', val y mae 'mydyr', neu yrwng llythyrenn vvt a llythyrenn dawd, val y mae 'mygyr'. Ac os velly yr ysgriuennir wynt, dwy sillaf dalgronn vyd pob vn onadunt. Ac wrth hynny y bwrir ymeith 'y' o'r sillafat pan sillafer kerd, ac yr ysgriuennir val hynn, 'mydr', 'mygr', ac y byd vn sillaf ledyf y ryw sillaf honno. **1547** *WS* xii, kynddelw, arddelw . . . yny rhain wrth eu darlain [*sic*] ay traythy /w/ a *dawdd* ymaith ac velly y dywedyt a wnair kyndell [*sic*] / ardel [*sic*]. *id.* Uelly /e/ yn diweddy geirieu saesnec a *dawdd* ymaith. **1567** G. ROBERT: *GC* 79, rhaid yw gwybod fod yn *toddi*.n. pan ossoder.yn, o flaen gweflai we fussant [*sic*] ne daflodawl, mal ymhob, ymarn Sion, ynghalon y pren. *p.* **1584** *id.* [271–2], mae w, ag y, yn *toddi* ynniwedd gair, heb i cyfrif . . . Oes gennych vn rheolaeth . . . i 'wybod pamser y *toddant* . . . nag oes . . . mi a dybygwn y gellid i harfer hwnnw a fynnid, ai yn doddedig, yntau i cyfrif, er bod y prydyddion heb i *toddi* ond mewn rhyw eiria[u]. **1593** W. MIDLETON: *B* 13, Todhaid yw mesur o dhau fraich lle bytho gair ar ol y brifodl mewn y braich kyntaf yn *todhi*. **1718** *Cân o Senn* 7, Y mae'r pennill ymma yn *Toddi*, yn cyrchy, ag yn Cadwyno, ac a Genir bob yn bedair sylaf mewn amryw ffyrdd heblaw wyneb a Gwrthwyneb. **1808** R. DAVIES: *GC* 12, Toddedigion, sef, b, c, ch, d, dd, f, ff, g, ng, l, m, n, r, t, th; pa rai a elwir felly, am eu bod yn *toddi* 'r llafariad y, oddi tu ol iddynt, ac yn gwasgu gair deusill yn un; megys, crwybr, am crwybyr; gwydr, am gwydyr, &c. Ac weithiau y *toddir* w, yn yr un modd; megys, awdr, am awdwr. **1815** *TR* (*Trefriw*) 65, ni thyr [h] na chynganedd na chymmeriad; eithr goddefir ei *thoddi* er mwyn synwyr.

Cfn.: **toddi'n llymaid:** *to melt, also fig.* **1816.** Ar lafar, 'menyn wedi *toddi'n llymad*' 'butter melted into oil', *WVBD* 358. Cf. D. OWEN: *D* 60, er ei bod hi yn ceisio cadw gwyneb llawen yn ngwydd ei mab, *toddai* ei chalon *yn llymaid* o'i mewn.

toddaid[1] [?*tawdd*[1] (cf. *tawddgyrch*)+*-aid*[1]] *eg.* ll. *-eidiau.* *c.d.* Un o'r pedwar mesur ar hugain, sef math o gyhydedd hir lle bo'r gwant yn y llinell gyntaf yn cynnal y brifodl, a'r gair cyrch yn odli â gorffwysfa'r ail linell (gw. ymhellach J. MORRIS-JONES: *CD* 339–40): *one of the twenty-four strict metres of Welsh prosody, namely a type of 'cyhydedd hir', with the syllable preceding the 'gair cyrch' in the first line maintaining the end-rhyme, and the 'gair cyrch' rhyming with the word preceding the caesura of the second line.*

14g. *GP* 49, Pymp messur kyffredin a wnaethpwyt yn gyntaf ar odleu, nyt amgen, *todeit*, a gwaywdodin, a chyhyded hir a chyhyded verr, a rupynt. *Todeit* a vyd o gypleu hiryon oll, a phob vn onadunt a vessurir o bedeir sillaf ar bymthec pob vn. *Dchr.* **15g.** *GSCyf* 114, Bwyall y gerdd a bioedd, / Brau lifaid ar *doddaid* oedd [Llywelyn ab y Moel i ateb Rhys Goch Eryri]. **15g.** *GLGC* 388, gorau y dyddiau'n rhoi am *doddaid*, / gorau'n cael cerddau y penceirddiaid [marwnad Rhys ap Dafydd]. *p.* **1584** G. ROBERT: *GC* [327], *Toddaidd* [*sic*], a fydd megis paladr englyn unodl unsain; ond bod y braich gogyrchiawl o naw sillaf. *a.* **1587** *Y* 158, *Toddaid* aeth, todded ieithoedd, / Dodai'n ail, gwawdodyn oedd. **1593** W. MIDLETON: *B* 13, *Todhaid* yw mesur o dhau fraich . . . Y braich kyntaf or mesur hwnn a fydh yn wastadol o dheg sillaf, ar y gyhydedh hir, yr ail braich fydh, naill ae o chwech ae o naw ae o dheg sillaf. **1632** *D*, *Toddaid*, Carminis genus. **1753** *TR*, *Toddaid*, a kind of meeter consisting of nineteen syllables. **1803** *P*, *Tozaid* . . . the name of a species of metre, consisting of nineteen syllables.

Cfn.: **toddaid byr, toddaid cwta:** *type of 'toddaid' with a second line of six syllables.* *c.* **1785–90 (1829)** *CBYP* 137, a *Thoddaid Cwtta* a fydd fal hynn . . . y Bann cyntaf . . . yn ddegsill . . . a'r ail fann a fydd yn chwesill ei hyd. **toddaid hir:** *type of 'toddaid' with a second line of ten syllables.* *c.* **1785–90 (1829)** *CBYP* 137.

toddaid[2] [?yr un gair â *toddaid*[3]] *eb.* ll. *-eidiau.* *Bot.* Dail y gron, y ddeilen gron, *Umbilicus rupestris*; unrhyw un o amryw fathau o blanhigion o'r tylwyth *Pinguicula*, yn enw. *Pinguicula vulgaris*, ac iddynt ddail gludiog i ddal pryfed; gwlithlys, *Drosera*: *navelwort; butterwort; sundew.*

c. **1400** *MM* 26, Llyma y llysseu hynny: yr brinc, ar *dodeit*, ar diwythyl, ar ieutabt. *c.* **1400** *Études* vii. 56, umbilicus Veneris, y *dodeit*. *Diw.* **16g.** *WLB* 14, Kymer y persli ar gronn ar *doddaid* . . . ai berwi drwy y menyn gwyryf. *Dchr.* **17g.** *J* 10, 159b, *Toddaid*. × Dail y Gron. Cymbalinum. umbilicus veneris.

Amr.: **toddaidd** [?ff. wallus yn wr.] (*eb.g.*). **1813** *WB* 239.

Cfn.: **toddaid(d) wen:** *marsh pennywort, Hydrocotyle vulgaris.* **1813** *WB* 239. **toddaid(d) felen, toddaidd melyn:** *butterwort, Pinguicula*; (*dict. and ?erron.*) *mullein, Verbascum.* **16g.** *Pen* 207, 47, kymer y llysay aelwyr y *dodded felen* yr hwn [*sic*] a dyf mywn gweynydd ar vynydde yn grafang velen ar y llawr. **1803** *P*, Tozaid . . . Y *dozaid velen*, the mullein. **toddaid(d) rudd:** *sundew, Drosera.* **1813** *WB* 239.

toddaid[3] [*tawdd*[1]+*-aid*[2]] *a.* Toddedig, tawdd, hylifol: *melted, molten, liquid.*

1778 *W* d.g. *Liquid* . . . [*apply'd to substances or bodies that are in a dissolved, fluid, or melted state*]. **1801** *MMJ* 160, a phan fo *toddaid* y bloneg bwrw iddo'r sebon du ar edlyn distyll, ai [*sic*] drachymysgu. *id.* 229, Cais floneg moch *toddaid*. Cf. CYNAN: *TN* 66, Daeth niwl dros y llygaid a gerais, daeth rhwd dros aur *toddaid* ei gwallt.

toddaidd, gw. toddaid[2].

toddbot, tawddbot [*tawdd*[1]+*pot*[1]] *eg.* ll. *toddbotiau.* Tawddlestr, crwsibl: *melting-pot, crucible.*

1850.

toddbwynt, tawddbwynt [*tawdd*[1]+*pwynt*[1]] *eg.* ll. *toddbwyntiau.* Y pwynt ar raddfa tymheredd lle bydd solid yn toddi: *melting point.*

20g.

todd-dy, tawdd-dy [*tawdd*[1]+*tŷ*] *eg.* ll. *-dai*, ll. dwbl *tawdd-deiau.* Ffowndri, hefyd yn *ffig.*: *foundry, melting-house, also fig.*

1773 *W*, *tawdd-dŷ* d.g. *Foundery, A melting-house.* Cf. O. GRIFFITH: *MP* 9, fod gan y Rhufeiniaid *dodd-dai* (smelting works) hefyd i buro yr efydd neu'r mwn cyn ei gynnyg i'r farchnad.

toddedig, tawddedig [bôn y f. *toddaf*: *toddi*+*-edig*] *a.bfl.* a hefyd fel *eb.*

(*a*) Wedi ei doddi, yn toddi, tawdd, wedi ei foldio (am fetel, &c.), hydawdd, hylifol, hefyd yn *ffig.*; pwdr: *melted, melting, molten, cast (of metal, &c.), dissolved, liquid, also fig.; rotten.*

13g. *BD* 7, [b]urv brunstan *todedyc* am eu pen. **14g.** *GEO* [107], A phryfed hynod nod, a nadredd, / Yn sach drewedig, yn sur *doddedig* [Dafydd Ddu o Hiraddug]. **16g.** (*LlEG*) *Mos* 158, 116a, gallai ddyn weled goueroedd o aur ac o arian *toddedig* yr [*sic*] hredeg or Tai Irauon ynn yr amser Ir ydoedd y tai yn llosgi. **16g.** *EWGP* 40, taer tes, *toddedig* kessair. **1567** *LlGG* 140a, Melldigedic ywr dyn a wna iddo ddelw cerfedic ai *toddedic*, yn ffieiddbeth ir Arglwydd. **1569** *DWH* i. 162, Llew koch, adwaenoch, di-enig, gwedi / Griffwnd, a'y ddodi mewn ayr *tawddedig* (Dafydd Benwyn). **1588** *Salm* xxii. 14, fyng-halon sydd *doddedic* fel cŵyr yng-hanol fy mherfedd. **1599** **(1677)** R. HOLLAND: *AB* 34, dedwydd iawn yw'r rhai . . . a fo â chalonau *tawddedig*, parod i dywallt yn alarus ddagreu heilltion. **16–17g.** *DCR* 186, Nid oes yt orffwysva // yn y byd yma // ond mal ewyn dwr eira // *toddedic*. **1604–7** *TW* (*Pen* 228), *Todhedic* d.g. *Liquidus.* **1606** E. JAMES: *Hom* ii. 46, fe a daflodd nid yn vnic ddelwau cerfiedig a *thoddedig*, ond rhai peintiedig hefyd allan o Eglwys Grist. **1718** E. SAMUEL: *HDdD* 79, Gwnewch eich goreu gan hynny er eich dwyn eich hunain ir cywair *tawddedig* meddal-fwyn, ir galar dwys diragrith yma. **1771** *PDPh* 46, y gwaed pan oero, yn edrych fel gwêr *toddedig*. **1772** *W*, *Toddedig* d.g. *Dissolved, Liquefy'd, Melted, Molten.* **1779** D. DAVIES: *BDED* 3, a chael eu cyffroi gan y geiriau *toddedig* trwy ba rai y proffesant eu serch at eu Hiachawdwr. **1801** *MMJ* 171, Pwya berllys yr hêl . . . a hidla drwy wasg, a dod floneg baedd yn *doddedig* am ei benn . . . ag a hwnn yn dwym ira'r lle dolurus. **1803** *P*, *Tozedig* . . . Dissolved, melted.

(*b*) *c.d.* Heb gyfrif o safbwynt mydr (am *w* ac *y*): *ignored with regard to metre (of 'w' and 'y' in Welsh prosody), elided.*

p. **1584** G. ROBERT: *GC* [271–2], mae w, ag y, yn toddi ynniwedd gair, heb i cyfrif . . . Oes gennych vn rheolaeth . . . i 'wybod pamser y toddant . . . nag oes . . . mi a dybygwn y gellid i harfer hwnnw a fynnid, ai yn *doddedig*, yntau i cyfrif, er bod y prydyddion heb i toddi ond mewn rhyw eiria[u]. **1592** S. D. RHYS: *Inst* 129, Liquescentes, *Todhêdig*: megys 'w', 'y'. . . 'Carw', 'câr'. 'Siry', 'sîr' . . . 'Mydyr', 'mydr'.

Fel *e.* *Bot.* Planhigyn anhysbys, ?*Opopanax chironium*: *unknown plant, ?opopanax.*

Dchr. **17g.** *J* 10, 160a, *Toddedig*. Panax coloni. **17g.** *Llst* 82, 168, y *doddedig* llaith [*sic*].

Amr.: **toddiedig. 1846.**

Cfn.: **toddedig wen:** *lesser celandine, pilewort, Ranunculus ficaria.* *Dchr.* **17g.** *Pen* 170, 81, [y] *doddedic wen.* **1632** *D* (*Bot*), y *Doddedig wenn.* **1633** J. GERARDE: *Herball*, Y *Doddedigc wenn.* Pilewort. **1803** *P* d.g. *Tozedig.* **toddedig felen:** *butterwort, Pinguicula.* **1813** *WB* 239. **toddedig rudd:** *sundew, Drosera.* **1604–7** *TW* (*Pen* 228), y *dodhedic rudh* d.g. *Rosa* . . . *Ros Solis.* **1632** *D* (*Bot*), y *Doddedig rûdd*, Rosa solis, Ros solis. **1688** *TJ* (*Bot*), Y *Doddedig rûdd*: Rosa Solis, or rose Solis, Sun-dew, red Rose. **1771** *PDPh* 19, Rosa solis, y *Doddedig rudd* yn Gymraeg. **1803** *P* d.g. *Tozedig.*

toddedigion [*toddedig*+*-ion*[2]] *e.ll.* *Sein.* Llythrennau tawdd; dosbarth o bymtheg o gytseiniaid sy'n peri sillgolli'r llafariaid llusg *y* ac *w*: *liquids or continuants (in phonet., also extended to include 'd'); group of fifteen*

consonants causing elision of the epenthetic vowels 'y' and 'w'.
1776 *W* d.g. *Liquids* [*in Grammar, the consonants l, m, n, r, and s, according to some*]. **1803** *P*, Tozedig . . . *Tozedigion*, liquids, in grammar. **1808** W. Owen[-Pughe]: *CIG* 7, [*t*]*oddedigion*, mudion, a golafariaid . . . Saith llythyren dawdd y sydd; sef d ff l m n r s. **1808** R. Davies: *GC* 12, *Toddedigion*, sef, b, c, ch, d, dd, f, ff, g, ng, l, m, n, r, t, th; pa rai a elwir felly, am eu bod yn toddi 'r llafariad y, oddi tu ol iddynt, ac yn gwasgu gair deusill yn un; megys, crwybr, am crwybyr; gwydr, am gwydyr, &c. Ac weithiau y toddir w, yn yr un modd; megys, awdr, am awdwr.

toddedigrwydd [*toddedig*+-*rwydd*] *eg.* Yr ansawdd neu'r cyflwr o fod yn doddedig, cyflwr tawdd, hefyd yn *ffig.*: *meltingness, molten state, also fig.*
1839.

toddeidiol [*toddaid*[3]+-*iol*] *a.* Toddedig, tawdd, hefyd yn *ffig.*: *melted, melting, also fig.*
1895.

toddeidiwr [*toddaid*[1]+-*iwr*] *eg.* Un sy'n cyfansoddi toddeidiau: *composer of 'toddeidiau'* (*pl. of 'toddaid'*).
1873.

toddf, gw. toddyf.

toddfa, tawddfa [*tawdd*[1]+-*fa, ma*] *eb.* ll. *toddfeydd.* Ffowndri, todd-dy: *foundry, melting-house.*
1837.

toddfysgiad [*tawdd*[1]+*mysgiad*] *eg. Cem.* Hydoddiant: *solution* (*in chem.*).
1858.

toddiad[1], **toddad** [bôn y f. *toddaf*: *toddi*+-*iad*[1], -*ad*] *eg.* ll. -*au*, a hefyd gyda grym ansoddeiriol. Y weithred o (hy)doddi, toddiant, hylifiad, ymdoddiad (metel, &c.); ?castiad (metel); *Cem.* hydoddiant; hefyd yn *ffig.*: *a melting or dissolving, liquefaction, fusion*; ?*a casting* (*of metal*); *solution* (*in chem.*); *also fig.*
1588 1 *Br* vii. 37, Fel hyn y gwnaeth efe y dêc ystôl, vn *doddiad*, vn fesur, ac vn agwedd oedd iddynt hwy oll. **1588** *Jer* x. 14, gwradwyddwyd pôb toddudd am y ddelw: canys gwagedd yw ei *doddiad*, ac nid oes anadl ynddynt. **1615** R. Smyth: *GB* 4, *toddiad* a chymysciad metaloedd. **17–18g.** O. Gruffydd: *Gw* 25, Plant Israel warr galed a grynnent wrth glywed, / Eu twrwf, a gweled grym *toddiad* y tân. **1722** *Llst* 189, *Toddiad.* m. A melting. **1748** P. Pugh: *DGG* 2, rhyngodd bodd i 'r Arglwydd dynnu allan fy Nghâlon mewn Dymuniadau serchog; a chefais rai *Toddiadau* mwy nâ chyffredin [mewn gweddi]. **1772** *W* d.g. *Deliquation, A dissolving, Liquefaction* [*a melting, &c.*], *A melting.* **1779** D. Davies: *BDED* 43, y mae melusder dirgelaidd yn cyd-fyned a dagrau edifeirwch, dadleithiad a *thoddiad* enaid yn dychwelyd at Dduw. **1803** *P*, *Toziad* . . . A melting, a dissolving.

toddiad[2] [bôn y f. *toddaf*: *toddi*+-*iad*[2]] *eb.* ll. -*iaid. Sein.* Llythyren dawdd (hefyd weithiau'n cynnwys amryw lythrennau neu seiniau eraill): *a liquid or continuant* (*in phonet., also extended to include various other letters or sounds*).
1592 S. D. Rhys: *Inst* 129, *Todhieit* neu Todhydhion, id est, Liquefacientes: vt 'b', 'bh'; 'p', 'ph'; 'c', 'ch'; 'g', 'gh', 'ghh'; 'd', 'dh'; 't', 'th'; 'l', 'lh'; 'm', 'n', 'r', 's'. **1722** *Llst* 189, *Toddiad.* f.p. *ddiaid.* A liquid letter. **1776** *W*, *Toddiaid* (sing. *toddiad*) d.g. *Liquids* [*in Grammar, the consonants l, m, n, r, and s, according to some*].

toddiadol [*toddiad*[1]+-*ol*] *a.* Yn toddi neu'n hydoddi, hylifol, hefyd yn *ffig.*; yn peri nychdod: *melting, dissolving, liquid, also fig.*; *colliquative, wasting.*
1816 *Hyfforddwr Meddygol* ii. 61–2, Y dolur rhydd *toddiadol* (*colliquative diarrhoea*) a ellir ei wella yn gyffredin gan y chwibleddau llysieuog. *id.* 258, Mewn pob achos o chwysiad . . . pa un a ydyw yn afiechyd neu yn ymegniad o eiddo natur . . . hyd yn oed y chwysiadau *toddiadol* ar dwymyn barhaus, ydynt i'w hattal gyd â'r gocheliad mwyaf. Cf. H. Jones: *MD* 361, [y] dolur yn tarddu oddi wrth gyflwr tenau a *thoddiadol* y gwaed.

toddiant [bôn y f. *toddaf*: *toddi*+-*iant*] *eg.* ll. -*iannau. Cem.* Hydoddiant; sylwedd neu gyflwr toddedig, toddiad, hydoddiad, hylifiad; hefyd yn *ffig.*: *solution* (*in chem.*); *molten substance or condition, a melting or dissolving, liquefaction; also fig.*
15g. *GO* 45, Atgas *doddiant* oed kystyddiav / Wyf, a lluddiav yw fy lladdiad [i wraig wriog]. **1765** JM: *DDdC* 15, Y mae Dwfr olewlyd . . . yn ddrwg iawn; yn gymmaint a'i fod yn dangos fod y gwres mawr sy yn y corph yn toddi'r brasder sy oddiamgylch yr arennau, ac yn yr holl gorph. Fel y gallech wybod pa un ai o'r arennau neu o'r holl gorph y mae'r *toddiant* yn deilliaw . . . Y mae dolur cadarn yn arennau y rheiny ag y sydd a brasder . . . yn nofio ar wyneb eu Dwfr. **1771** *PDPh* 59, Os marchoccewch yn galed . . . fe gyll eich ceffyl ei flys at fwyd . . . y mae'r Grês (*toddiant* y corph yn curio ymaith) a'r Ffarsi yn canlyn yn wastad. *id.* 76, Meddyginiaeth i fuwch . . . a pheth yn rhedeg o honi fel mer tyner . . . Nid yw 'r clefyd hwn yn anhebyg i rediad *toddiant* yr arennau mewn creaduriaid eraill. **1772** *W* d.g. *A dissolving.* **1803** *P*, *Toziant*, s. m. . . . A solution, a melting.

toddiedig, toddion, gw. toddedig, tawdd[1].

toddle, tawddle [*tawdd*[1]+*lle*[1]] *eg.* Ffowndri, ffwrnais (fwyndoddi), hefyd yn *ffig.*: *foundry,* (*smelting*) *furnace, also fig.*
1770 *W*, *tawdd-le* yr haiarn d.g. *Blomary* [*the first forge in an iron mill*].

toddlestr, toddlun, gw. tawddlestr, tawddlun.

toddlyd [*tawdd*[1]+-*lyd*] *a.* Hylifol, hefyd yn *ffig.*: *liquid, also fig.*
1831 H. Jones: *MD* 206, Os bydd i waed gael ei ollwng, mae'n ymddangos yn *doddlyd.* *id.* 669, [c]ymmaint ag a allo'r gwlybwr ei gadw yn *doddlyd* ar ol oeri.

toddlyn, gw. tawddlyn.

toddol [*tawdd*[1]+-*ol*] *a.* Yn toddi neu'n hydoddi, hylifol, hefyd yn *ffig.*: *melting, dissolving, liquid, also fig.*
1803 *P*, *Tozawl* . . . Dissolving, melting.

toddwr, toddydd [bôn y f. *toddaf*: *toddi*+-*wr*, -*ydd*[3]] *eg.* a hefyd (geir.) fel *eb.* ll. *toddwyr, toddyddion.*

(*a*) Un sy'n toddi neu'n bwrw metel, &c., mwyndoddwr; (yn y ff. *toddydd*) *Cem.* hydoddydd, fflwcs: *melter* (*of metal, &c.*), *founder, caster, smelter; a solvent or flux* (*in chem.*).
1588 *Barn* xvii. 4, ei fam ef a gymmerth ddau cant sicl o arian, ac ai rhoddodd i'r *toddudd*, ac efe ai gwnaeth yn ddelw gerfiedic a thoddedic. **1588** *Jer* vi. 29, Lloscodd y fegin gan dân, a darfu 'r plwm, yn ofer y toddodd y *toddudd*, canys ni thynnwyd y rhai drygionus ymmaith. **1604–7** *TW* (*Pen* 228), *todhwr* metal d.g. *Conflator. id. Todhwr* gwytr d.g. *Vitriarius.* **1683** J. Jones: *TG* 112, Christ . . . pan ddel profedigaeth efe yw eu Twr Cadarn, y mae efe hefyd yn y cyfiawn megis Tan y *Toddydd* a Sebon y Golchyddion. **1722** *Llst* 189, *Toddwr, Toddydd.* m. A melter, caster of metals. **1761** *ML* ii. 357, malpai golygwr ar weithiau mwynau yr Arfon a Môn: *toddwr*, pensaer, gôf pres a haearn. **1773** *W*, *Toddwr, toddydd* d.g. *Founder of metal, Melter.* [**1788**] *EDP* 151, felly hi [yr Eglwys] a erlidir gan ddifrodwyr, *toddwyr* [*melters*], a bydolion. **1803** *P*, *Tozwr*, s. m.—pl. *tozwyr* . . . A melter . . . a smelter.

(*b*) (yn y ff. *toddydd*) *Sein.* Llythyren dawdd (hefyd weithiau'n cynnwys amryw lythrennau neu seiniau eraill): *a liquid or continuant* (*in phonet., also extended to include various other letters or sounds*).
1592 S. D. Rhys: *Inst* 129, Todhieit neu *Todhydhion*, id est, Liquefacientes: vt 'b', 'bh'; 'p', 'ph'; 'c', 'ch'; 'g', 'gh', 'ghh'; 'd', 'dh'; 't', 'th'; 'l', 'lh'; 'm', 'n', 'r', 's'. **1722** *Llst* 189, *Toddydd.* f.p. *ddyddion.* A liquid letter. **1776** *W*, *toddyddion* d.g. *Liquids* [*in Grammar, the consonants l, m, n, r, and s, according to some*].

toddyf, toddf, *e?g.* Un o'r pedwar mesur ar hugain yng nghyfundrefn cerdd dant gynt: *name of one of the twenty-four metres or measures of traditional Welsh string music.*
1561–2 *B* i. 151, Llyma iiii mesur ar xx Kerdd dant krwth . . . *Toddyf.* **16–17g.** *id.* 145, Llyma bedwar mesûr ar hûgain Cerdd Dant . . . *Toddf.* **17g.** *Musica* 107, *toddf.*

toddyr [*tawdd*[1]+-*yr*] *eg.* ll. -*ion.* Hydoddydd; llestr coethi, tawddlestr, crwsibl; hefyd yn *ffig.*: *a solvent; cupel, melting-pot, crucible; also fig.*
1850.

toead, gw. toad.

toeadrwym [*toead*+*rhwym*[1]] *eg.* To, defnydd toi: *roof, roofing material.*
1561–2 *Rhyddiaith Gymraeg* i. 64, blaenllymv a ssaeth [*sic*] *doiadrwym* (*AP* 44, aseth *doeadrwym*) a choedpawl attegwrych. **1604–7** *TW* (*Pen* 228), *toeatrwym* d.g. *Tectum.*

toeau, gw. to[1].

töed [*to*[1]+-*ed*[1]] *eg.* To, gorchudd: *roof, covering.*
c. **1400** *R* 1045. 18–19, Stauell gyndylan amgɓan y gɓelet. heb *doet* heb dan. marɓ vyglyɓ. buɓ mu hunan. **1803** *P*, *Töed*, s. m. . . . A covering; a roofing.
Gw. hefyd **calchdöed.**

toëdig [bôn y f. *toaf*: *toi*+-*edig*; cf. H. Llyd. (*hanter*)*toetic*, gl. *semigilatis*] *a.bfl.* Wedi ei doi, ac iddo do, gorchuddiedig, cuddiedig: *roofed, covered, hidden.*
1567 *TN* 15b, can nad oes dim *toedic* [:– annudd], ar ny's didoijr: na dim cuddiedic ar na ddaw i wybodoeth. **1604–7** *TW* (*Pen* 228) d.g. *Circumtectus.* **1765** J. Evans: *CPE* 367, O amgylch y Deml *doedig* hon (yr hon a elwid y Cyssegr). **1772** *W* d.g. *Covered.* **1800** W. Owen[-Pughe]: *CP* 25, Pob tomen â ddyly fod . . . â gwâl oddei deutu, ac yn *döedig.* **1803** *P*, *Töedig* . . . Covered, or roofed.

toeen, töen, toeon, gw. to[1].

toes [Llyd. C. *toas*, Llyd. Diw. *toaz*, taf. Gwened *toés*, H. Wydd. *tais, taés*, Gwydd. Diw. *taos*: < **tai-s-to-*, o'r gwr. IE. **tā-* 'toddi'] *eg.* (bach. -*yn*) ll. -*au*, -*i*. Cymysgedd trwchus o flawd, &c., a hylif (dŵr fel arfer) i'w bobi yn fara, crwst, &c., talp o'r cyfryw gymysgedd, past, talp pastiog neu ludiog, hefyd yn *ffig.*: (*lump of*) *dough or pastry, paste, pasty or sticky mass, also fig.*
14g. *GIG* 155, Rhoed un lysg, rhaid in ei ladd, / Rhyw *does* dŵr, rheidus diradd [dychan i'r Brawd Llwyd o Gaer]. **15g.** *FfBO* 42, Gwyd . . . Pan dorrer vn . . . y tard ryw licor . . . ef a a yn vlawt . . . kymerant ef, ac y golchant mywn dwfyr hallt . . . ac y gwnant *does* da safwreid ohanaw; ac y crassant yn vara. **1547** *WS*, *Toes* Doughte [*sic*]. *Diw.* **16g.** *WLB* 70, Kymer flawd rhug a gwna o hono *does* . . . a gwna or *toes* hwnw ij deisen. **1588** *Jer* vii. 18, a'r gwragedd yn telino *toes*, i wneuthur teisennau i frenhines y nef. **1604–7** *TW* (*Pen* 228), pelen o vara ne *does* y besci d.g. *Turunda.* **1632** *D*, *Toes*, Farina subacta, pasta, pastillus, massa farinaria. **1672** R. Prichard: *Gw* 221, Ni bu'r weddw o Sarepta, / Dlottach er y gas Elia; / Ni bu llai ei hoêl [*sic*] na'i *thoesyn*, / Er rhoi teisen iddo o ronyn. **1693** *HC* 31, bagad ai tybiant eu hunain yn Gristianogion da . . . Y maent fel teisen heb ei throi, ai [*sic*] hanner wedi crasu, a'r hanner arall yn *does.* *c.* **1762–79** W. Williams: *P* 60, yr oedd ganthynt Eulyn wedi eu llynio o *Dôs*, yr hwn a wnawd o amryw fath o flawd, wedi ei gymmysg a Mêl. **1772** *W* d.g. *Dough.* **1790** *Prif Crist* 2, Lefain ysprydol sy'n lefeinio holl *does* dyn. **1803** *P* d.g. *Toes, Toesyn.* Ar lafar, '*toes*' 'dough', *WVBD* 539; 'Ma *tos* 'yfryd yn y disian 'fala 'ma', *GTN* 803; hefyd yn yr ystyr 'blawd a dŵr a gymysgir yn abwyd i ddal pysgod', 'Y fe sy'n darparu'r *tos* pyn bydd a'n mynd i bysgota', *ib.*
Gw. hefyd **toesen.**

toesaf: toesi [bf. o'r e. *toes*] *bg.a.* Gwneud neu fynd yn does(lyd) neu'n bastiog, tylino, meddalu; (geir.) gwneud toes: *to make into a dough, become a dough, make or become doughy or pasty, knead, soften*; (*dict.*) *make dough.*
Dchr. **17g.** *J* 10, 158a, *Toesi.* Masso. **1632** *D*, *Toesi*, Subigi more pastæ. **1688** *TJ*, *Toesi*: to become doughy, to make Dough. **1766** *CD* 166, Melinydd dan lonni, / Bwriada y Mhriodi, / Nid awn i, [*sic*] iw Lwyfen, / I *doesi* mo'i deisen. **1772** *W* d.g. *Dough* . . . *To become dough.* **1803** *P*, *Toesi* . . . To make dough; to become dough.

toesaidd [*toes*+-*aidd*] *a.* Toeslyd, tebyg i does: *doughy, doughlike.*
1803 *P.*

toesen [*toes*+-*en*] *eb.* ll. -*ni.* Talp o does; cacen fechan a wneir o does melys wedi ei ffrio (fel arfer ar ffurf pelen neu gylch, ac

weithiau'n cynnwys jam, &c.): *lump of dough; doughnut.*
1604–7 *TW* (*Pen* 228) d.g. *Massa. id.* Cytweith lhyseuoedh aroglber megys *toesen*, ne belen d.g. *Magma.*

toesfwyd, gw. toes+bwyd.

toeslud [*toes+glud*¹] *eg.* Pwti: *putty.*
1780 *W* d.g. *Putty* [*a well-known cement so called, used by Glaziers, &c.*].

toeslyd [*toes+-lyd*] *a.* Tebyg i does, heb ei grasu'n iawn, clats(h), meddal, pastiog (yn enw. am wyneb neu groen person), oerwlyb, stwnshlyd, trwm, hefyd yn *ffig.*: *doughy, doughlike, badly baked, soft, pasty* (*esp. of person's skin, face, &c.*), *sticky, clammy, stodgy, heavy, also fig.*
1547 *WS, Toeslud. Dchr.* **17g.** *T Ch* 135, am dy vwydydd gwressoc, a'r gwinoedd o bell a ddyged, / kymer vara *toeslyd* a sukan sur i'w yfed. **1656 (1745)** *MH* ii. 176–7, swaggrjo mewn Geirjau chwyddedig, *toeslŷd. c.* **1689 (1802)** L. William: *Sherlyn Benchwiban* 42, Dywed titheu Sisli *doeslyd*, / Mi a'ch cymmeraf di brwnt ei wyneb, / I mi yn gysgod rhag pob bargod, / Ac i orwedd nesa'r pared. **1770** *W* d.g. *Doughy* [*soft, not baked, &c.*], *Sad* [*heavy*] *bread.* **1803** *P.* Ar lafar, '*toeslyd*' 'doughy', *WVBD* 539; 'Ma rwpath ar ffwrn dyn y bara, waith ma'i fara fa'n *doslyd* iawn yn ddiweddar', ''Dyw'r disian ffwrn ddim wedi crasu'n iawn, mae'n *doslyd* yn y cenol', *GTN* 802.

toesog [*toes+-og*] *a.* Toeslyd, meddal, hefyd yn *ffig.*: *doughy, soft, also fig.*
1722 *Llst* 189, *Toesog.* Doughy, dough-baked. **1803** *P.*

toestwr [gair geir., sef *toes+twr*] *e?g.* Talp o does: *lump of dough.*
1547 *WS, Toesdwr.* **1632** *D, Toesdwrr,* Massa farinæ subactæ. **1772** *W* d.g. *Dough . . . A mass, lump, or heap of dough.*

toesyn, gw. toes.

toethaf: toethan [?cf. *coethaf: coethi, coethan*] *bg.a.* Dadlau neu gweryla (â): *to argue or quarrel* (*with*).
Ar lafar, 'Mân' nw'n dechre *toethan* a bant â 'i a yn y blân', 'Os *toethi* di 'da fi lot ragor, bydd 'ma le', 'Paid â *toethan* dy fam' (de-ddwyrain sir Gaerf.).

tofaen [*to*¹+*maen*¹; ffrwyth camddeall Llad. *favus* yw'r ail ystyr isod] *e?g.* ll. *-feini.* Teilsen (i'r to); dil mêl: (*roof-*)*tile; honeycomb.*
1604–7 *TW* (*Pen* 228), chwechongloc *douaen* d.g. *Fauus.* **1707** *AB* 220c, *Tovaen,* A honey-comb. [S]. **1753** *TR, Tofaen,* a honey-comb.

tofreth, gw. dofreth.

toff (*ŏ*) [bnth. S. *toff*] *eg.* ll. *-s.* Person trwsiadus neu grand, person cyfoethog, person o'r dosbarth uchaf: *toff.*
20g.

toffi [bnth. S. *toffee*] *eg.* ll. *-s.* Melysfwyd a wneir drwy ferwi ynghyd siwgr neu driagl ac ymenyn, &c., a gadael iddo oeri ac ymgaledu, losinen a wneir o'r cymysgedd hwn, cyflaith, taffi: *toffee.*
1916. Ar lafar yn gyff., 'Ma gin' i ofn malu 'nannadd wrth fyta *toffi*', 'Ma'r *toffi* 'ma'n lot rhy felys i fi'. Cf. D. Gwenallt Jones: *YA* 28, Gwae inni wybod y geiriau heb adnabod y Gair / A gwerthu ein henaid am *doffi* a chonffeti ffair.
Cfn.: **toffi cnoi:** *chewing-gum.* **20g.**
Gw. hefyd **taffi.**

tofft [cf. S. *thoft, taft,* a Gwydd. Diw. *tochta* 'sedd rhwyfwr'] *eg.* ll. *-iau.* Sedd ar draws cwch: *seat across a boat.*
1851. Ar lafar, '*tofft*' 'seat in a boat', *WVBD* 534; '*tofft . . . tofftia*' 'sedd ar draws y cwch, o'r naill ymyl at y llall', *B* xxv. 58 (Aberdaron a Nefyn); '*tofftiau*' 'gair Aberdaron am y seti ochr yng nghefn cwch', *BILlE* 41.

toga [bnth. S. *toga*] *eg.b.* ll. *-s.* Dilledyn hirllaes allanol dinasyddion Rhufeinig gynt: *toga.*
1934. Ar lafar, ''Odd gynni hi ffrog fer amdani, debyg i'r *toga* odd gin y Rhufeinwyr ers talwm'; ''Ti wastod yn gweld pawb mewn *togas* yn yr hen ddramâu Rufeinig 'ma'.

togo [*to*²+?S. *go*] *e?g.* ll. *-s.* To, marblen fawr: *taw, large marble.*
1960 K. Roberts: *LW* 64, Yn lle defnyddio sglent, byddid hefyd yn defnyddio *togo*—sef marblen fawr wydr o wahanol liwiau, i hitio'r marblis allan. Ar lafar yn Arfon.

togs [bnth. S. *togs*] *e.ll.* Dillad chwaraeon, esgidiau rygbi, pêl-droed, &c.: *sports kit, rugby, football, &c., boots.*
20g. Ar lafar, 'Paid â cherdded ar y llawr glân 'ma yn dy *dogs* mochedd', 'Ma isie bach o dybin ar y *togs* 'na' (sir Gaerf.).

tongs [bnth. S. *tongs*] *e.ll.* Gefel: *tongs.*
20g. Ar lafar, 'Ma gin' i *dongs* i gyrlio' (Llŷn); 'Coda'r bwyd o'r barbeciw 'da'r *tongs*' (sir Gaerf.); 'Cwn a o'r *tongs*', *GTN* 798.

toi¹ [bnth. S. *toy*] *eg.b.* (bach. b. *-en*) ll. *-s.* Tegan: *toy.*
20g. Ar lafar, ''Odd 'da ni lot o *dois* pan ôn ni'n blant', 'Ma hi'n trin y ci 'na fel ryw *doi* bach' (sir Gaerf.); hefyd yn yr ystyr 'a wag, card', *SC* vi. 134 (sir Benf.).

toi², **toibren, toien**¹,², gw. toaf: toi, tobren, to¹, toi¹.

toiled, toilet [bnth. S. *toilet*] *eg.* ll. *toiledau, toiledi, toilets.* (Adeilad, ystafell, &c., sy'n cynnwys) cyfarpar sy'n derbyn a gwaredu carthion dynol, tŷ bach, geudy: *toilet, lavatory.*
20g. Ar lafar, 'Mae'n anodd cal *toilet* glân yn unlla dyddia 'ma pan ma rywun yn trafaelio' (Arfon); 'Ma'r *toilets* yn dre yn drewi', 'Fi 'di gadel 'y nghot yn y *toilet*' (sir Gaerf.).

toili, toilu, gw. teulu¹, toulu.

toio, gw. towiaf: towio.

tôl [bnth. S. *toll*] *e?b.* Toll, tâl: *toll, payment.*
?**16g.** *LlGC* 1560, 550, tawl yngwynedd *tôl* ['geirie . . . sathredig yn Sir Drefaldwyn']. **16–17g.** T. R. Roberts: *EP* 278, Nid mwy'r dreth ar bregethau, / Er gyru *tol* i'r gair tau [ymryson â Siôn Phylip].
Gw. hefyd **tawl**².

tolach, tolachu, *bg.a.* a hefyd gyda grym enwol i'r be. *tolach.* Anwylo, anwesu, mwytho, maldodi, gwenieithio (i); cwyno, achwyn: *to caress, fondle, pamper, pet, flatter; moan, complain.*
c. **1588** *B* ii. 239, *tolach*: cwynofain. **1592** S. D. Rhys: *Inst* 123, garwhau, *tolâchu* wrth vnpeth neu gilydh. **1604–7** *TW* (*Pen* 228), *tolach* d.g. *Blandior.* **1707** *AB* 220c, *Tolach,* To moan. **1776** *W* d.g. *To moan, or make moan.* **1777** W. Williams: *DN* 9, arno yr oedd llygaid holl ferched penweinion y wlad . . . llawn o siarad, a *tholach* oedd ef â'r benywod; eu traddodi a'u braicheidio. **1784** M. Williams: *S* i. 196, mae llywodraethwr neu bennaeth yr ynys yn disgwyl rhyw anrhegion oddi wrth cadpen y llong, am hynny yr ydys yn arferyd ei wahodd i'r bwrdd, a'i *dolach* a rhoddion fyddo'n wasanaethgar at ei achosion. **1793** *Cylchg* 102, a chymmaint o ymdrechiadau a wnant, yw *tolachu* a gwenheithio, am gyrraedd mwy o barch a chymmeriad ymhlith eu huchraddolion. **1803** *P, Tolaç . . .* To moan. Ar lafar, ''Ti wedi bratu'r cŵn 'ma wth eu *tolach* nw' (dwyrain Morg.); 'Paid *tolach* y plentyn 'na' (de-ddwyrain Morg.); hefyd yn yr ystyr 'ymwneud neu ymhél (â)', 'Paid â *tholach* dim ag e' (godre Cered.).

tolachlyd [*tolach+-lyd*] *a.* Maldodus, cariadus: *doting, loving.*
1767 W. Williams: *CAA* 12, Efa . . . ei thafod gwenhieithus yn fwy mwyn, ei llygaid cnawdol yn fwy cynnes, a'i breichiau teg *tolachlyd* yn gwascu yn fwy hyfryd. Ar lafar, ''Wi ddim yn lico dim ar y ffordd *dolachlyd* sy 'dag e gyda merched' (dwyrain Morg.).

tolachu, gw. tolach.

tolaeth [?cf. *toulu*] *eg.* Math o ragargoel o farwolaeth, &c., naill ai'n weledol (e.e. angladd rhithiol), neu'n glywedol (e.e. sŵn gwneud arch): (*visual or auditory*) *omen of death, &c.*
1839 Charles Redwood: *The Vale of Glamorgan* 188–9, certain ominous and foreboding sounds that are . . . looked upon as the forerunners of death, or of some awful catastrophe. The chief of these is the *Tolaeth,* or a supernatural and ominous imitation of some earthly sound . . . there is no carpenter throughout all those parts, who does not declare, that before every occasion on which he is employed to make a coffin, he hears it made by night . . . which he calls, hearing the *Tolaeth* before the coffin. It is . . . a usual thing to hear a feeble plaintive wail pass to the churchyard in the night, before children's death . . . nothing is more common, than when a person lies upon his death-bed, for supernatural sounds to be heard in the house, such as groans, or a knocking, or the footsteps of the sick person passing out: and all these are called the *Tolaeth* before death. But the chief sort of *Tolaeth,* is the one before a burying; when all the funeral procession is heard or seen to pass along towards the churchyard. *id.* 194, the *Tolaeth* touches only one sense at a time . . . while you hear it, you cannot see it; and if you see it, you will hear nothing. **1867** *Traeth* xxii. 280, ymddengys fod y *Tolaeth* weithiau i'w weled ac weithiau i'w glywed. Ymddengys ambell waith fel gorymdaith angladdol, neu gorff ar elor, heb neb yn cludo yr elor; weithiau gyda chanwyll, a phryd arall heb ganwyll . . . ambell waith, rhydd y *Tolaeth* gurfa ar ddrws y ffront; bryd arall gwna drwst yn y tŷ fel trwst cerddediad amryw bersonau ['Chwedlau ac Ofergoelion Gwent a Morganwg']. **1895** *CEG* 327, *Tolaeth* hefyd sydd enw ar rybudd a ga y glust yn gystal a'r llygad o farwolaeth rhywun. Clywir ymlaen llaw ryw swn sydd i gymeryd lle ynglyn â throi heibio'r corff neu gymeryd i fewn neu allan arch y person sydd i'w gymeryd ymaith, megys swn symudiad cadeiriau neu ddodrefn ['Casgliad o Len-Gwerin Sir Gaerfyrddin']. Ar lafar, '*Tolaeth*' 'a phantom funeral or ghostly procession', *LlGC* 1173, 134.

tolaf, toliaf: toli, tolio [bf. o'r e. *tawl*¹] *bg.a.* Bod yn (rhy) gynnil neu ddarbodus (â), cynilo (ar), dogni, arbed; lleihau, gostwng, cwtogi, lleddfu: *to be* (*too*) *sparing or thrifty* (*with*), *save* (*on*), *stint, scrimp, economize; lessen, diminish, curtail, abate.*
12g. *GCBM* i. 147, Ny *tholyes* but, beirt achref, / Ny *tholiir* gwaƀd gwedy ef. *id.* 231, Ny *daƀl* ƀrth a'e maƀl mavrvut, / Ny graƀn golud, nyw golut. **13g.** *GBF* 194, Gƀr eurfut dilut, heb *doli.* **14g.** *GDG*³ 140, Tâl am dy wawd cyn *toli,* / Twyll y prydyddion wyd di [i Forfudd]. **15g.** *GHC* 17, Ni *tholia* clod Wyndodeg, / Ni *tholia* da o'th law deg. **15g.** *GLGC* 360, medd Elys, 'Rhys, rho i hwn', / medd Rhys, 'Elys, na *tholiwn*'. **1567** *LlGG* 13b, gwared nyny . . . rac dwylaw ein gelynion, gestwng ei balchder; *tola* ei drigioni [*sic*], a gwradwydda ei bwriadae. *Dchr.* **17g.** *J* 10, 158a, *Toli.* × Enllynnu. **1632** *D, Toli,* & *Tolio,* Diminuere, parsimoniam exercere. **1661** E. Lewis: *Drex* 245, gobaith . . . Yr hon sydd a rhinwedd arbennig arni i liniaru ac i *doli* y poenau a'r gofidiau oll. **1722** *Llst* 189, *Toli . . .* To abate, cease, lessen; to husband well, eat or use sparingly. **1759** *DG* 56, Atal y gwlaw *tawl* y gwlych. **1770** *W* d.g. *To allay, To save or spare, To stint one's self.* **1790** Twm o'r Nant: *GG* 227, Duw dy farn na ddod arnaw, / *Tawl* dy lid, attal dy law. **1803** *P* d.g. *Toli, Toliaw.* Ar lafar, '*Tolio*' 'to use sparingly', *TGG* (1907–8) 110 (godre Cered.); '*tolio*' 'to spare, to be economical', *id.* (1904) 62 (gogledd sir Benf.); 'Yn ngene'r sach ma *tolio*', *GDD* 302; 'Well iti *dolio* 'da'r caws 'na ne 'fydd dim ar ôl i 'fory' (sir Benf.); 'Ma isia *tolio*'r glo ne fe fyddwn 'eb ddim' (dwyrain Morg.).

tolboi [bnth. S. *tallboy*] *eg.* ll. *-s.* Cist ddroriau dal, yn aml mewn dwy ran y naill ar ben y llall: *tallboy.*
20g. Ar lafar, 'Ma'r *tolboi* yn matsio'r wardrob yn dda' (Arfon); 'Ma'r dillad gwely glân yn y *tolboi*' (sir Gaerf.).

tolbwrdd, gw. tawlbwrdd.

tolc [?cf. Gwydd. Diw. *tolg* 'rhwyg, bwlch'] *eg.b.* ll. *-iau.* Pant mewn arwyneb a achosir gan bwysedd neu ergyd, rhic, hollt, bwlch, crychiad (mewn dillad, &c.), hefyd yn *ffig.*: *dent, indentation, gap, chip, wrinkle* (*in clothes, &c.*), *also fig.*
15g. *GHC* 33, Tref a hoffai Walchmai wyn, / Llai yw *tolc* llewod Hwlcyn. **15g.** *DN* 70, Tynned gŵys dros y ddwysir / Heb un *tolk* i ben y tir. **15–16g.** *TA* 290, O'th ddwyn, *tolc* aeth yn y tir, / Wyth ugeinoes y'th gwynir [marwnad Robert ap Siôn ab Ithel]. **15–16g.** *GLM* 326, Ni rôi *dolc* ar ei wawd ynn; / ni bu'n frith bin o'i frethyn [marwnad Rhys Nanmor]. *a.* **1587** *Y* 175, Gwn ddiffyg anwe ddiffaith, / Glytiav a *tholkiav* rhwth iaith. **16–17g.** (**17g.**) *CC* 50, rhyw nyth pur rhy noeth yw pen / rhag *tolc* a rhwygo talcen (Thomas Prys). **1604–7** *TW* (*Pen* 228), Tynnv ymeith rychæ, *tolciæ* a phanylæ d.g. *Erugo.* **1632** *D, Tolc,* Ruga, enclasis. **1722** *Llst* 189, *Tolc.* f. *Tolciau.* A hollowness, dent, impression, rumple. **1772** *W* d.g. *Dent* [*a hollow caused by a stroke, &c.*], *Rumple* [*a wrinkle in a garment, &c.*]. **1803** *P.* Ar lafar, 'Ma 'na *dolc* yn ych het chi', 'Ma 'na hen *dolcia* a cloncia ar hyd y ffordd', *WVBD* 535; 'A fe fwrwd *tolc* yn y tun llæth', *GTN* 798. Cf. *B* iv. 303, Dywedir fod '*tolc*

yndo fe rwle' am rywun heb fod fel dynion eraill (canolbarth Cered.).

tolcad, tolcaf: tolco, gw. tolciad, tolciaf: tolcio.

tolciad, tolcad [bôn y f. *tolciaf, tolcaf*: *tolc-(i)o*+ *-iad*[1], *-ad*] *eg.* ll. *-au.*

(*a*) Y weithred o dolcio, tolc, rhic: *a denting, dent, indentation.*
1803 *P*, *Tolciad*, s. m.—pl. t. *au* . . . A forming a hollow . . . a denting. Ar lafar, 'Be' 'di'r *tolcad* 'na ar ochr dy gar di?' (gogledd Cered.); ''Odd itha' *dolcad* yn y stên yn dod 'nôl' (dwyrain Morg.).

(*b*) *Crdd.* Term technegol (?am chwarae *pizzicato*) yng nghyfundrefn cerdd dant gynt: *technical term* (?*for pizzicato playing*) *in traditional Welsh string music.*
c. **1566** *B* i. 143, A lle y savo y bys y cyfrifir y *tolciaday* (*SChC* 561, *Tolkadav*) sydd yn gwsnaythu yn lle bwadau ar plethiaday yn tegcay rwng tyniaday a chowirdanay ag yn ymryfaylio bob un ay gilydd ag yn dosbarthy.

tolciaf, tolcaf: tolc(i)o [bf. o'r e. *tolc*] *bg.a.* Gwneud neu fynd yn dolciog, gwneud pant (yn), panylu, gadael ôl (ar), tyllu, rhicio, niweidio; crychu, rhychu; cornio (am afr, &c.); hefyd yn *ffig.*: *to dent or become dented, leave an impression* (*on*), *mark, hole, chip, damage; wrinkle, furrow; butt* (*of goat, &c.*); *also fig.*
16g. *Def Hen* 29, nid ydynt cyffelib i'r gwirion ddefaid . . . eithr i'r rhyfygys eifer a *dolcian* a'i cyrn. **16–17g.** Edward Urien, &c.: *Gw* 295, Llid a wnâi dwrf, llydan dynn, / Lle *tolciai* holl waed Hwlcyn. **16–17g.** (**17g.**) *CC* 99, mewn gŵg on'd bai er mwyn gwenn / cae *dolcio* accw ei dalcen (Thomas Prys). **1604–7** *TW* (*Pen* 228), yn *tolcio* ai gyrn d.g. *petulcus.* **1632** *D*, *Tolcio*, Rugas contrahere. *id.* *Tolcio* fal hwrdd, Coniscare. **1688** *TJ*, *Tolcio*: to make hollow, to dent. *id.* *Tolcio* fel hwrdd: to butt like a Ram. **1753** G. Owen: *L* 50, Climmach o ddyn amrosgo ydyw . . . ac wynebpryd llew . . . a'i ddrem arwguch yn *tolcio* (ymhen pob chwedl) yn ddigon er noddi llygod yn y dyblygion. **1772** *W* d.g. *To dent* [*notch; cause a hollow by striking*], *To shrivel up* [*to grow, also to cause to grow, into wrinkles*], *To wrinkle.* **1803** *P*, *Tolciaw* . . . To make a hollow, or impression by a blow; to dent, to crease, to dinge. Ar lafar yn gyff., 'Lle *dolcist* ti y pisar?', 'Bwch gafr yn *tolcio* ac yn plyndro', *WVBD* 535; 'Pryd nest ti *dolcio*'r car?' (gogledd Cered.); 'Ma'r mesur peint wedi câl ei *dolco* mewn sawl man' (sir Gaerf.).

tolciog, tolcog [*tolc*+ *-(i)og*] *a.* Wedi ei dolcio, ac ynddo dolc(iau), bylchog, tyllog, curedig, rhiciog, garw, anwastad, pantiog, crychlyd; yn curo'n galed (e.e. am donnau): *dented, full of dents or holes, battered, notched, rough, uneven, bumpy, crumpled; pounding* (*e.g. of waves*).
14–15g. *IGE*[2] 272, Afraid i ddyn fryd ar dda, / A'i ryfig, a'i wareufa, / A'i *dolciog* gorff, a'i dalcen, / A'i bwys o bridd, a'i bais bren (Siôn Cent). **1604–7** *TW* (*Pen* 228) d.g. *Rugatus, Rugosus.* **1703** E. Wynne: *BC* 24, un arall yn pendwmpian uwchbed [*sic*] aelwyded o fflagenni *tolciog*, a darneu pibelli a godardeu. [**1783**] *W* d.g. *Rumply* [*full of rumples*]. **1790** Twm o'r Nant: *GG* 135, Donnau dig filainig floedd, / Anniddan fal Mynyddoedd: / A'i ymchwydd, arwydd erwin, / Yn *dolciog* blycciog a blin. **1803** *P*, *Tolciawg* . . . Having falls, dents, or creases. Ar lafar, 'het *dolciog*', 'Mae'r ardd yn bantiog ac yn *dolciog* ar d'ôl di' 'unevenly dug', *WVBD* 535; hefyd yn yr ystyr 'bulging', 'Mân' nw'n gwed na ddylsat ti fyta dim o dun *tolcog*', 'talcan *tolcog*' 'talcen sy'n chwyddo tuag allan', *GTN* 798. Yng ngogledd Cered. clywir 'teimlo'n *dolciog*' yn yr ystyr 'teimlo'n sâl'.

tolch, *eb.* (bach. b. *-en*, ll. *-nau*, *-ni*) ll. *-au*, *-ion.* Telpyn meddal trwchus o hylif ceuledig (yn enw. gwaed), ceulad; (geir.) telpyn (o bridd), tywarchen: *clot* (*esp. of blood*), *thrombus, coagulation*; (*dict.*) *clod* (*of earth*).
c. **1548** *CM* 1, 630, oni bydd onid ychydi[g] wae/d ynrvreinal megis ynn *dolche* ar y gwaelod. **16g.** *LlS* 135–6, Y Gaswenwyn . . . am vod yntho nerth i dattod [*sic*] a thorri, ef a arferir o hono i ryddhau a dattod *tolchennæ* o waed. **1604–7** *TW* (*Pen* 228), *tolchen* o waed d.g. *Grumus* . . . *Grumus sanguinis. Dchr.* **17g.** *J* 10, 158b, *Tolch.* **1688** *TJ*, Torpell, *tolchen*: a lump or clot of any thick matter. **1706** *Cyf Cym* 103, efe a chwysodd *dolchennau* gwaed. **1722** *Llst* 189, *Tolchen.* f.p. *chennau.* A clod of earth or blood. **1772** *W*, *Tolchen* d.g. *A clod, or clot of blood, A clot of blood.* **1800** W. Owen[-Pughe]: *CP* 9, os gadawer [calch] . . . i yfed cymmaint o leithdra mal y rhedo yn *dolcheni*, neu deisenu yn dalpiau mawrion, nid ellir yna byth ei ailfriwsioni mor fân. **1803** *P* d.g. *Tolç*, *Tolçen.* Ar lafar, '*tolchen* o waed', *Cymru* xlvii. 237 (sir Ddinb.).
Amr.: **talch**[2]. **1883.**

tolchaf: tolchi [bf. o'r e. *tolch*] *bg.a.* Ceulo, tolchennu: *to clot, coagulate.*
1772 *W* d.g. *To clod, clodder, or grow cloddy, To clot, or clotter.* **1803** *P.*

tolchedig [bôn y f. *tolchaf*: *tolchi*+ *-edig*] *a.bfl.* Ceuledig, wedi tolchennu: *clotted, coagulated.*
1772 *W*, *Tolchedig*, &c. wedi myned yn dolchennau d.g. *Clodded.* **1803** *P.*

tolchen, gw. tolch.

tolcheniad [bôn y f. *tolchennaf*: *tolchennu*+ *-iad*[1]] *eg.* ll. *-au.* Ceulad, tolchiad, thrombosis: *a clotting, coagulation, thrombosis.*
1803 *P.*

tolchennaf: tolchennu [bf. o'r e. *tolchen*] *bg.* Ceulo, tolchi; (geir.) mynd yn briddellog: *to clot, coagulate*; (*dict.*) *become cloddy.*
Dchr. **17g.** *J* 10, 158b, *Tolchennu.* **1772** *W* d.g. *To clod, clodder, or grow cloddy, To clot, or clotter.* **1803** *P.*

tolchennog [*tolchen*+ *-og*] *a.* Ceuledig, wedi tolchennu; (geir.) priddellog: *clotted, coagulated*; (*dict.*) *cloddy.*
1675 R. Jones: *HCh* 121, y gwaed a chwysodd Crist y prynd hynny nid ydoedd waed teneu dyfrllyd, ond gwaed *tolchennog.* *id.* [174], *Tolchennog*, Tew. **1722** *Llst* 189, *Tolchennog.* Clodded, cloddy. **1759** J. Thomas: *GI* 43, Mi ai gwela yn chwsu 'r gwaed *tolchenog*, / Dan bwys fy mhechod Euog i. **1772** *W* d.g. *Cloddy.* *id.* Gwaed *tolchennog* d.g. *Grume.* **1803** *P* d.g. *Tolçenawg.*

tolchiad [bôn y f. *tolchaf*: *tolchi*+ *-iad*[1]] *eg.* Ceulad, tolcheniad, thrombosis: *a clotting, coagulation, thrombosis.*
1803 *P.*

tolech, gw. to[1] + llech[1].

tolerasiwn, tolerasion [bnth. S. *toleration*] *eg.* Goddefgarwch: *toleration, tolerance.*
1748 P. Pugh: *DGG* ixa, gostegwyd o gwmpas dau fil o Weinidogion (o eisiau'r cyfryw Rydd-did a *Tholerasiwn* ag y rhyngodd bodd i'r Arglwydd ei ganiadhâu i ni o'i Drugaredd). *c.* **1762–79** W. Williams: *P* 454, addawodd y Frenhines i'r Hungariaid gael adferiad o'u hen ragorfreintiau, a *tholerasiwn* i'r Protestaniaid o'u crefydd. *id.* 463, canys wrth ennill yr emerodraeth ar y Groegiaid, barnasant y byddai *tolerasiwn* o grefyddau i esmwythâu darostyngiad hollol y bobl hynny. **1793** *BLl* 3, Hael roes i'n [*sic*] *dolerasion*, / Na naga i neb Crist'nogion, / Gael myn'd yn llu bob Sul i'r llan, / Neu addoli man y mynnon'. **1810** T. Lewis: *HPF* 421, Ni fynai ef i ereill gael rhyddid na goddefiad (Toleration) gan y llywodraeth . . . *Tolerasion* . . . a wnaiff deyrnas yn gymmysgfa, yn Babel.

tolfwrdd, gw. tawlbwrdd.

tolgorn [gair geir. yn wr., sef ffrwyth trafod H. Grn. *tollcorn*, gl. *lituus*, fel gair Cym.] *eg.* ll. *tolgyrn.* Ffon fagl daroganwr yn Rhufain gynt; clariwn, trwmped, obo: *augur's staff; clarion, trumpet, oboe.*
1604–7 *TW* (*Pen* 228), *tolgorn* li[ber] lh[an] daf. d.g. *Lituus.* **1688** *TJ*, *Tolgorn*, mâth ar ffon gam: a crooked staff that the Augures used in pointing the Quarters of the Firmament. **1722** *Llst* 189, *Tolgorn.* m. A crooked staff or horn used by the Augurs in pointing out the quarters of the firmament in divination. **1753** *TR*, †*Tolgorn* . . . a trumpet; a clarion. **1803** *P*, *Tolgorn*, s. m.—pl. *tolgyrn* . . . A trump, a clarion.
Amr.: **telgorn** [?drwy ei gysylltu â *tel*]. **18–19g.** *Llr* C 2, 294, *Telgorn* . . . not tolgorn as in Dav. Lituus. Lib. Landavensis, British Museum, from its being blown with a straining of the breath, as the bugle, or huntsmans [*sic*], the trumpet, the French horn, &c. are. **1803** *P*, *Telgorn*, s. m.—pl. *telgyrn* . . . A hautboy.

toliad[1] [bôn y f. *tolaf, toliaf*: *toli*, *tolio*+ *-iad*[1]] *eg.* ll. *-au.* Y weithred o dolio, cyniliad, arbediad; lleihad, gostyngiad, cwtogiad, lleddfiad; peidiad: *a saving or stinting, economization*; *a lessening, diminution, curtailment, abatement; cessation.*
16g. *WLl* 106, Ni chuddiaist deliaist heb *doliad*— wrth neb / Erioed dy wyneb eryr Tanad. **1604–7** *TW* (*Pen* 228) d.g. *Cessatio, Intermissus, parcitas.* **1722** *Llst* 189, *Toliad.* m. . . . Cessation, abatement, substraction, savingness. **1770** *W* d.g. *An abatement, or abating, An allaying, or allay* [*abating*], *A spare or sparing.* **1775** G. Howel: *Alm* 30, Dwfr a Thân gwiwlan y gwaith, da weision / Dewisol a pherffaith; / Drwg feistri er mawrgri maith / Llwyr *toliad* llawer Talaith. **1803** *P*, *Toliad*, s. m.—pl. t. *au* . . . A diminishing; a privation; a sparing.

toliad[2] [bôn y f. *tolaf, toliaf*: *toli*, *tolio*+ *-iad*[2]] *eg.* ll. *-iaid.* Un sy'n cynilo neu'n arbed, yn enw. yn ormodol, crintachwr: *one who saves, economizes, or scrimps, niggard.*
15g. *GDID* 15, Aeth ei weiniaid, fyth annawn, / A *tholiad* wyf a thlawd iawn. **1603** *NBSA* 139, Pennaf wyt haelaf, nid *doliad* [*sic*]—power, / Piau bonedd can gwlad [Lewys Dwnn i Syr Rhisiart Prys]. **1722** *Llst* 189, *Toliad.* m.p. *liaid.* A saving fellow.

toliaf: tolio, gw. tolaf: toli.

toliant [bôn y f. *tolaf, toliaf*: *toli*, *tolio*+ *-iant*] *eg.* Toliad, arbediad, cyniliad; lleihad, gostyngiad, lleddfiad; peidiad; hefyd yn *ffig.*: *a saving or stinting, economization; a lessening, diminution, abatement; cessation; also fig.*
16–17g. *MTA* 463, llwyr voliant holiant hyles heb *doliant* / llyna harddoliant didoliant tes (Robert ab Ifan). *Dchr.* **17g.** *J* 10, 158a, *Toliant.* cessatio. **1632** *D*, Tawl . . . *Toliant*, [Cessatio, diminutio, ademptio]. **17g.** Wiliam Bodwrda: *Gw* 155, aed i Wiliam hyd elawr / heb *doliant* y moliant mawr. **1722** *Llst* 189 d.g. *An Abatement.* **1752** *Gron* 50, *Toliant* ar lawer teulu / Ar led, am Farged a fu / . . . achwynant / Faint eu harcholl, a'u colled, / Farw gwraig hael, lle bu cael ced. **1771** G. Howel: *Alm* 24, Oh! Angau dig Eng ei daith, / *Toliant* wyt ymhob Talaith. **1771** *W* d.g. *A bringing down, A ceasing for a time, A diminishing, diminishment, or diminution.* **1800** *CLl* 227, Mae coddiant, *toliant*, du alaeth,—beunydd / A cherydd, awch hiraeth (Twm Pedrog). **1803** *P.*

tolmen, gw. dolmen.

tolnod [*tawl*[1] + *nod*[1]] *eg.* ll. *-au.* Sillgoll; atalnod: *apostrophe; punctuation mark.*
1849.

tolnodaf: tolnodi [bf. o'r e. *tolnod*] *bg.a.* Sillgolli: *to use an apostrophe.*
1861.

tolo, *eg.*

(*a*) Sŵn (tonnau'n curo'n drwm), twrw: *sound* (*of pounding waves*), *din.*
13g. *C* 63. 8–9, ynydvna ton *tolo.* Bet dilan llan bevno. *c.* **1400** *R* 1035. 33–4, Kigleu don drom y*tholo.* vann yrỽng gra[ea]n agro. *id.* 1267. 33–4, Ny bu wann annyan anned a*tholo.* hyt tra vu yno hytraf voned. **16g.** *TRP* 146, How tewch ach *tolo* / a dowch ynes i wrando. **1803** *P*, *Tolo*, s. m. . . . a din.

(*b*) (geir.) Pwys, pownd; clorian, tafol: (*dict.*) *pound* (*weight*); *scales, balance.*
16g. Wiliam Llŷn: *Gw* (R. Stephens) (At.), *Tolo* pwys. *c.* **1588** *B* ii. 239, *tolo* . . . pwys. **16–17g.** *ib.* *tolo* . . . mantol. **1604–7** *TW* (*Pen* 228) d.g. *pondus.* **1632** *D*, Tawl, **Tolo*, Pondo, pondus. **1688** *TJ*, *Tolo*, pwŷs o bwŷsau: a pound weight. **1753** *TR.*

tolpen, tolpiau, tolpyn, gw. talp.

tolsyn, tolwyth, tolwythog, gw. tasel[1], tylwyth, tylwythog.

tolyn [bnth. S. *thole*+ *-yn*[1]; tywyll yw'r engh. gyntaf isod, a dichon mai gair gwahanol ydyw] *eg.* ll. *toly(r)s.* Pin neu bèg unionsyth ar ynwal cwch sy'n gweithredu fel ffwlcrwm wrth rwyfo, roloc; hoelen bren; tafod ar glicied a bwysir i'w chodi; handlen ar reolwr cydiwr (ar fwrdd llifio); bwlyn dirwyn wats: *thole-pin, rowlock; dowel; thumb-lever* (*of latch*); *handle of clutch control* (*on saw table*); *winder* (*of watch*).
1759 *BC* 247, Ffrwyth y Seler a aeth yn sâl; / Digio llawer cnefyn, / Mae'n gofus am i gofyn, / Hylla *tolyn* yn lle tâl. Ar lafar, '*tolyn*' 'y tafod ar glicied a bwysir i'w hagor, neu olwyn ar ochr wats i'w wei[n]dio', *ISF* 73; '*tolyn* . . . *toly(r)s*' 'rowlock', *WVBD* 535. Fe'i clywir hefyd ym Môn mewn ymad. megis, 'Dyna lle 'roedd y gath yn eistedd ar 'i *tholyn*'. Cf. H. S. Owen: *Calon Gron a Thraed Cathod* (1990) 87, *Tolyn.* Peg i fachu rhywbeth wrtho. Fe'i ceir heddiw ar dîn car i fachu trelar wrtho. Ystyr arall iddo oedd y peg crwn a gysylltai ddau bren efo'i gilydd yn lle mortais a thelwm.

toll[1] [bnth. S. C. *tol*; â'r *-ll*, cf. *hocrell*,

macrell] *eb.* ll. *-au, -ydd.* Tâl a godir am yr hawl i ddefnyddio heol, pont, &c., neu am ddarparu gwasanaeth arbennig, treth (yn enw. ar fewnforion), ecsèis, hefyd yn *ffig.*: *toll, duty, tax, excise, also fig.*
13g. *GDB* 565, Archaf arch y'm Naf yn anbyled / Yr y archolleu, *doll* gan dillued. **13g.** *D Col* 37, O deruyd torry llog cen talu e *tholl* ohoney, y brenyn byeu e da; ac ny dyly hytheu bot hep talu *toll* namyn try llanu a try threy. *c.* **1400** *YSG* 135, Kanys pob morwyn a dyly bot yn ryd idi bop fford, heb daly neb ryw aruer na *tholl*, ac yn enwedic pob merch vonhedic. **1543** *B* viii. 298, Melinidd sy yn addo Gwneuthur hyn . . . kymerud yr vnved llestred ar bymthec yni *doll* a phan i kymero i rov [*sic*] yny gist. **1547** *WS, Toll* Tolle. [**1547**] W. SALESBURY: *OSP, Toll* vechan a wna *toll* vawr. **1551** W. SALESBURY: *KLl* xiia–b, Am hynny telwch i bawb yr hyn sydd yn ddlet: teyrnget: / ir nep a ddyly teyrnget: *toll* / ir nep a ddyly *toll*. **1604–7** *TW* (*Pen* 228) d.g. *Vectigal*. **1632** *D, Toll*, Telonium. **1722** *Llst* 189, *Toll*. f.p. *Tollydd*. Toll, custom, tax. **1735** S. THOMAS: *HP* 249, [g]orthrymmu'r Deyrnas, trwy beri iddynt dalu *Toll* a Threthi heb Gyfraith trwy Barliament. **1763** *ML* ii. 574, Llong yn dilwytho rum . . . o'r West Indies iw anfon wedi i'r Gwyddhelod er mwyn talu llai *toll* i'r Brenhin. **1772** *W* d.g. *Custom* [*the king's duties on imports and exports* . . .], *Duty, Toll* [*a duty or tribute*], *Toll* [*pay'd for grinding*], *Toll* [*for freight*]. **1803** *P, Toll*, s. f.—pl. t. *au* . . . custom, or toll. Ar lafar, 'Mân' nw'n sôn am godi pris y *tolle* ar y Bont eto', 'Dechruodd hanes merched Beca achos fod pobl yn gorfod talu *tolle*' (sir Gaerf.); hefyd yng Nghered. a sir Gaerf. yn yr ystyr 'y tâl a gâi'r melinydd am falu, sef ychydig o'r llafur', ''Odd pob melinydd yn dwgyd fwy na'r *doll*' (dwyrain sir Gaerf.).

toll[2], gw. twll.

tolladwy [bôn y f. *tollaf*: *tolli*+*-adwy*] *a.bfl.* Y codir toll neu dreth arno (am nwyddau, &c.), y gellir ei dolli, trethadwy: *dutiable, excisable.*
1772 *W* d.g. *Customable, Excise-able* [*subject to, or that may, be excised*]. **1803** *P.*

tollaf: tolli [bf. o'r e. *toll*[1]] *bg.a.* Codi toll (ar), trethu; talu toll neu dreth; amddifadu (o), cwtogi, lleihau: *to impose a toll or duty* (*upon*), *tax*; *pay a toll, duty, or tax*; *deprive* (*of*), *curtail, lessen.*
1547 *WS, Tolli* Tolle. **1607** *Pen* 216, 81, Pan *dollwy* i mi ai rro yn y gist gloedic. **1608** *CRC* 197, hi a fydd blwyddyn grevlon / Efo espeilir y tlodion / oni phaid y melynyddion / a *tholli* yn rhy drymion. *Dchr.* **17g.** *J* 10, 158a, *Tolli*. to take tolle. **1632** *D, Tolli*, Telonium exigere, telonium soluere. **1688** *TJ, Tolli*: to take Toll or Custom. **1712** T. WILLIAMS: *CDdG* 331, i esmwythau ar gledi ein Cyd-Gristianogion . . . i *dolli* rhyw faint ar ein Digonedd ein hunain. **1772** *W* d.g. *Custom, To take* [*also, to pay*] *custom, To* [*take*] *toll, To* [*pay*] *toll*. **1776** *Pant* 22, 60b–61a, taler y doll a berthyno am danynt [nwyddau] . . . a *tholli* am danynt yn y modd i dywedpwyd uchot. **1784** M. WILLIAMS: *S* i. 137, A phe b'ai'r ymerawdwr yn cynnyg eu *tolli*, neu newid yr hen ddefodau, yna fe fyddai yntau mewn perygl o'i fywyd. **1803** *P, Tolli* . . . To subtract, or to take a part from; to exact toll, or custom; to toll.

tollbont [*toll*[1]+*pont*] *eb.* ll. *-ydd.* Pont y codir toll i'w chroesi: *toll-bridge.*
1850.

tollborth [*toll*[1]+*porth*[2]] *eg.b.* ll. *-byrth.* Clwyd ar draws heol yn rhwystro trafnidiaeth hyd oni thelir toll, tyrpeg; tollty: *toll-gate, turnpike* (*gate*); *toll-house.*
c. **1773** *CAWA* 14, [T]rysorydd neu Olygwr un rhyw Ffordd *Doll-borth* (Turnpike). Ar lafar, ''Odd Merched Beca yn 'walu *tollbyrth* yn y nos' (sir Gaerf.); 'Ma'r 'en *dollborth* wedi mynd i San Ffagan' (Morg.). Cf. D. OWEN: *RL* 41, syrthiodd yr hen filwr yn fuan i amgylchiadau cyfyng . . . Agorodd rhagluniaeth le iddo i gadw *tollborth*.

tolledig [bôn y f. *tollaf*: *tolli*+*-edig*] *a.bfl.* Tolladwy, trethadwy: *dutiable, excisable.*
1772 *W* d.g. *Customed* [*as goods*]. **1803** *P.*

tollfa [*toll*[1]+*-fa, ma*] *eb.* ll. *-feydd.* Adeilad neu swyddfa lle cesglir tollau, trethi, &c., man lle telir tollau, tollty: *custom-house, excise-office, customs, toll-house.*
1551 W. SALESBURY: *KLl* lxxxiia, Ac val ydd oedd Ieshu yn mynet o yno e welei wr yn eistedd wrth y *tollva* ae enw ydoedd Mathew. **1567** *TN* 90a, gwelawdd ef Bublican a'ei enw Levi, yn eistedd yn y *dollfa*. **1632** *D* d.g. *Telonium*. **1722** *Llst* 189, *Tollfa*. f.p. *feydd* . . . toll-house. **1755** *ML* i. 394, mae un o longau Dulun yn cychwyn tua diwedd y mis, nid hwyrach y cair ganddynt ei chludo, rhaid im fynd at fy misawl gyfrif ir *dollfa*. **1772** *W* d.g. *Custom-house, Turnpike*. **1803** *P.*

tollfar [*toll*[1]+*bar*[1]] *eg.* ll. *-farrau.* Tollborth, tollglwyd: *toll-bar, toll-gate, turnpike* (*gate*).
1850.

tollfur [*toll*[1]+*mur*] *eg.* ll. *-iau.* Toll a godir fel rhwystr ym myd masnach ryngwladol: *tariff wall.*
1932.

tollffordd [*toll*[1]+*ffordd*] *eb.* ll. *-ffyrdd.* Heol neu ffordd y ceir tollborth arni, ffordd dyrpeg; tollborth, tyrpeg: *turnpike road*; *toll-gate, turnpike* (*gate*).
1814.

toll-gasglwr, toll-gasglydd, gw. toll[1]+ casglwr, casglydd.

tollglwyd[1] [*toll*[2]+*clwyd*; am gynnig gwahanol ynglŷn â'r ail engh. isod, gw. *EWSP* 585] *eb.* Clwyd i gau adwy: *gate to close a gap.*
Dchr. **14g.** *AL* i. 720, Keinabc kyfreith yb gwerth *tollgbyt*. *c.* **1400** *R* 1045. 8–9, Stauell gyndylan neut athwyt hebwed. mae ymbed dy yscbyt. hyt tra uu ny bu *doll gbyt*.

tollglwyd[2] [*toll*[1]+*clwyd*] *eb.g.* ll. *-i.* Tollborth: *toll-gate, turnpike* (*gate*).
1848.

tollgraig, gw. twll+craig.

tolliad [bôn y f. *tollaf*: *tolli*+*-iad*[1]] *eg.* Y weithred o dolli, trethiad: *a tolling, taxation.*
1803 *P.*

tolliaeth [*toll*[1]+*-iaeth*] *eb.* Tolliad, trethiant: *a tolling, taxation.*
1844.

tolliant [bôn y f. *tollaf*: *tolli*+*-iant*] *eg.* Tolliad, trethiant: *a tolling, taxation.*
1604–7 *TW* (*Pen* 228), *Tolhiant* tref tad d.g. *Exhærdatio*. **1803** *P.*

tolliog, tollog [*toll*[1]+*-*(*i*)*og*] *a.* Y codir toll am ei defnyddio (am bont, heol, &c.); y talwyd toll arno: *tolled* (*of bridge, road, &c.*); *duty-paid.*
1803 *P* d.g. *Tollawg*.

toll-lidiart [*toll*[1]+*llidiart*] *eg.* ll. *-lidiardau.* Tollborth, tollglwyd: *toll-gate, turnpike* (*gate*).
1833.

tollnod [*toll*[1]+*nod*[1]] *e?g.* (bach. *-yn*) ll. *-au.* Stamp (postio); toll neu dreth a osodir ar rai mathau o ddogfennau cyfreithiol, &c.: (*postage*) *stamp*; *stamp-duty.*
1834.

tollog, gw. tolliog.

tollrestr [*toll*[1]+*rhestr*] *eg.* ll. *-au.* Tariff, toll: *tariff, toll, duty.*
1850.

tollswyddog, gw. toll[1]+swyddog.

tolltaf, tolltiaf: tollti, tolltio, gw. tywalltaf: tywallt.

tollty [*toll*[1]+*tŷ*] *eg.* ll. *-tai.* Adeilad neu swyddfa lle cesglir tollau, yn enw. tŷ ger tollborth neu dollbont: *toll-house, customhouse.*
1604–7 *TW* (*Pen* 228) d.g. *Telonium*. **1722** *Llst* 189, *Tolldy*. m. A toll-house, custom-house. **1770** *TG* iv. 45, swyddogion ein treth a'n *tolldai*. **1772** *W* d.g. *Custom-house*. Ar lafar, ''Wi'n cofio'r *tollty* ar wddwg 'ewl Carffili a rai'n byw yndo, ond 'ôn' nw ddim yn clasgu tolla erbyn 'ynny', *GTN* 798; 'Ma'r tollborth wedi mynd 'nawr ond ma'r *tollty* ar 'ewl Llan-non o 'yd' (sir Gaerf.).

tollwr, tollydd [bôn y f. *tollaf*: *tolli*+*-wr, -ydd*[3]] *eg.* ll. *tollwyr, tollyddion.* Casglwr tollau neu drethi, ecseismon; ceidwad tollborth: *toll-collector, tax-gatherer, exciseman*; *toll-keeper.*
1551 W. SALESBURY: *KLl* liva, Yno ydd oedd yr oll *Tollwyr* ar pechaturieit yn dynesau atto ef y wrando arnaw. **1567** *TN* 88b, Christ . . . yn galw Matthew y *tollwr*. **16g.** R. WHITE: *C* 39, *Tollwr* tailiwr paintiwr panwr / kriwr kariwr chwedle. **1591** *Rhyddiaith Gymraeg* ii. 128–9, Siarles . . . Pennadur ar foroedd . . . at gyfan a chwbl oll o'r . . . Bailiaid, Cwnstabliaid, *Tollwyr*. **1604–7** *TW* (*Pen* 228), *Tolhwr* d.g. *Telonarius*. **1632** *D, tollwr* d.g. *Publicanus*. **1722** *Llst* 189, *Tollwr*. m. A receiver or gatherer of toll. **1762** D. ROWLAND: *PA* 66, 'Nawr Ysbryd Duw a deru ddynion am y pechod hwn, fel y gwnaeth i *dôllwr* pennaf y Publicanod sef Zacceus, trais a chrib-ddail oedd ei bechod arglwyddiaethol; buassai 'n greadur cybyddlud trachwantus. **1803** *P* d.g. *Tollwr*, s. m.—pl. t. *tollwyr* . . . One who takes toll, or custom. *id. Tollyz*, s. m.—pl. t. *ion* . . . A tollgatherer.

tom [?cf. Gwydd. C. *tomm* 'siobyn, clwmp; bryn', Gwydd. Diw. *tom*: ?o'r gwr. IE. **teu*(*ə*)- 'chwyddo'] *eb.g.* ll. *-au.* Carthion anifail, tail, biswail, ysgarthion, cach; pentwr o dom neu dail, tomen dail; achles, gwrtaith; baw, bryntni, budreddi, llaca, llaid; tomen, pentwr, cruglwyth, ?llwyth; hefyd yn *ffig.*: *dung, excrement, faeces, shit*; *heap of dung, dunghill*; *manure, compost*; *dirt, filth, mire, muck, mud*; *mound, heap,* ?*load*; *also fig.*
13g. *LlI* 29, Gureyc taeauc ny eyll rody namen e penguuch na benfygyau namen e gogyr, a henne mal e klewer e llef e ar e *tom* o'e duen adref. **13g.** *HGK* 2, en e lle y gwnaeth Avloed castell cadarn a'e *dom* a'e fos etwa yn amlvc. **14g.** *GDG*[3] 392, Cwrrach memrwn, wefldwn waith, / I'r *dom* a fwrid ymaith [ymryson â Gruffudd Gryg]. *c.* **1400** *R* 1270. 15–16, eisted leidyr ffrom ar *domeu*. ym mysc moch keis veilgoch geu. **1546** *YLlH* 9, Pal dy ardd a theila hi a *thomm*. **1547** *WS, Tom* Myre. **1588** 1 *Sam* ii. 8, Efe sydd yn cyfodi y rhaidus o'r llŵch, o'r *domm* y derchafa efe y tlawd, iw [*sic*] gosod gyd a thywysogion. **1604–7** *TW* (*Pen* 228) d.g. *Agger, Cœnum, Fimum, Limus, Muscerda*. **1632** *D, Tom*, Lutum, cœnum, stercus. **1689** E. MORUS: *RC* 8, ymdrobaeddu yn *nhom* trachwant brwnt. **1722** *Llst* 189, *Tom*. m. Dung, durt, muck. **1772** *W* d.g. *Clay, Dirt, Dung, Excrement or excrements, Mire, Ordure*. **1803** *P.* Ar lafar, *WVBD* 535 (*eb.*), *GTN* 799 (*eg.*). Digwydd hefyd fel epithet, e.e. 'Ieuan *Tom*', *B* iii. 48.
Amr.: **dom** [ffrwyth cymryd ff. dr. fel ff. gsf.]. **1630** *YDd* 80. **1688** S. HUGHES: *TSP* 18. **1756** *ML* i. 408. **1761** *id.* ii. 333. Ar lafar, 'ma'n bryd rhoi llony i'r mwydon, codi o'ch cwman a gillwn i fforch in i *dom*', *Wês wês* 20.
Cfn.: **tom dyn(ion):** *human excrement.* **15g.** *Med H* 26, chwanogach yw no dim i vwyta *tom dynion*. **1588** *Esec* iv. 12, crêsi hi . . . wrth dail *tom dŷn*. **1798** *WR* d.g. *Sir-reverence*.

tomaf: tomi [bf. o'r e. *tom*] *bg.a.* Teilo, gwasgaru tom (ar), gwrteithio; ysgarthu, bawa, baeddu, difwyno; hefyd yn *ffig.*: *to spread dung* (*on*), *manure, fertilize*; *excrete, mess, dirty, soil*; *also fig.*
1632 *D, Tommi*, Stercorare. *id.* d.g. *Collutulo, Concaco, Conforio*. **1688** *TJ, Tommi*, gwneuthŷr yn domlud: to bespatter with dirt, to dung. **1722** *Llst* 189, *Tommi*. To dung; muck ground. **1723** E. SAMUEL: *PDdC* 130, yr oedd y Cythraul . . . byth yn ddigon mawr ei adcasrwydd . . . i'n Duwiol-swyddau cyhoeddus ni; ac yn cymmeryd pob Achlyssur i'w *tommi*, ac i beri iddynt edrych cyn wrthuned ag y medro. [**1762**] E. POWELL: *HEI* 33, Arall rhag y clefyd Melyn. Cais . . . 2 ddwrneid dda o Dom Defaid newydd *domi*. **1770** *W* d.g. *To bedawb with dirt, To bedung, To dung, To mire, To mute* [*dung as a bird*]. **1800** W. OWEN[-PUGHE]: *CP* 64, gallai y defaid gael eu hymborth yn llwyr lân . . . neilltuo ond cymmaint â fo reidiol dros y diwrnod, bwytêynt eu cyfran yn awchus, ac heb *domi* arno. **1803** *P.* Ar lafar, 'Fe *domws* yr 'en fræn ar 'ym 'et i', *GTN* 799.
Amr.: **domi** [cf. *dom*]. **1896.** Ar lafar, 'a dima'r llwdwn yn dechre *domi* dros y cwrlyd', *Wês wês* 64; ''Odd y ceffyl wedi *domi* ar y ffordd fawr' (Cered.); clywir hefyd *domo*, '*domo* câ', *B* iv. 294 (canolbarth Cered.).

tomato [bnth. S. *tomato*] *eg.* (bach. b. *tomaten*) ll. *-s,* (prin) *-au, -d. Bot.* Planhigyn, *Lycopersicon esculentum*, a dyfir yn gyff. ar gyfer ei ffrwythau bwytadwy; ffrwyth y planhigyn hwn (fel arfer o liw coch llachar ac yn (hir)grwn): *tomato* (*plant*).
1851.

tomawd [?bnth. S. *tomb*+*-awd*[3]] *e?b.* ll. *tomodion.* Beddrod, bedd: *tomb, grave.*
1842.

tomboi [bnth. S. *tomboy*] *eg.* Merch sy'n ymddwyn neu'n gwisgo fel bachgen: *tomboy.*
20g. Ar lafar, ''Ôn i'n rial *tomboi* pan ôn i'n iau';

''Ôn' nw'n 'y ngalw i'n *tomboi* yn yr ysgol achos 'ôn i'n gwishgo trwser drw'r amser'.

tomdail [*tom+tail*] *eg.* Tomen dail, pentwr o dail, tail, tom: *dunghill, (heap of) dung.*

14–15g. (*Diw.* **16g.**) *Gwyn* 3, 169, Llewaist ni's plicciaist naws plwcca *tom-dail* / llawes ben soeg sail adfail vdfa [Rhys Goch Eryri i'r llwynog]. **1604–7** *TW* (*Pen* 228) d.g. *Cænum, Lutum.* **1803** *P, Tomdail,* s. m. . . . Dung manure.

tomdili, twmdili, twndili [bnth. S. (*daffa*)*downdilly*, amr. ar *daffodil*, ?dan ddyl. yr e. prs. *Tom, Twm*] *eg.* ll. *-s. Bot.* Daffodil: *daffodil.*

20g. Ar lafar, '*twmdili*', *TGG* (1907–8), 99 (godre Cered.); '*tomdili*', *SC* vi. 135 (sir Benf.); '*tomdilis*', *GDD* 302; '*twmdili*', G. Awbery: *BM* 17 (sir Gaerf. a Morg.).

tomdy [*tom+tŷ*] *eg.* ll. *-dai.* Tŷ bach, toiled, geudy; ?sied ar gyfer storio tom: *lavatory, toilet, privy*; ?*shed for storing manure.*

13g. *Ll* 93, *Tomty,* iiii. k'. Kawell teylau, k'. **1693** *HC* 50, Blinach fuasai iddynt weled pesci Môch yn y deml, a gwneuthur y sanctaidd sancteiddiolaf yn *dom-dŷ* fel y gwnawd teml Baal. **1722** *Llst* 189, *Tomdy.* m. A draught, dung-house.

tomdduwiau [*tom+duwiau* (ll. yr e. *duw*¹)] *e.ll.* Eilunod, gau dduwiau: *idols, false gods.*

1630 *YDd* 192, 'Bol-dduwiau'. . . Am hynny ni allwn yn hyf eu cyfenwi, fel y mae'r scrythyrau yn galw delwau eraill 'Gullulim' *Tomdduwiau* (*Dungy gods*). **1773** *W* d.g. *Dunghill-gods.*

tomeddystr, tomeddestr [*tom+eddystr, eddestr*] *eg.* Pynfarch: *packhorse.*

13g. *C* 28. 1, Tri *thom etystir* (*TYP*² 107, *Thom Edystyr*; amr. *eddestir*) inis pridein.

tomen [*tom+-en*] *eb.* ll. *-ni, -nydd, -nau.* Pentwr o dail, tom, tail, gwrtaith; pentwr o ysbwrial neu wastraff, tip, dymp; pentwr, cruglwyth, llwyth, twr; twmpath, bryncyn; crugyn uwchben bedd, beddrod, carnedd; hefyd yn *ffig.*: *dunghill, muck-heap, dung, manure*; *heap of rubbish or waste, tip, dump*; *pile, heap, stack, cluster*; *mound, hillock*; *burial-mound, tumulus, cairn, barrow*; *also fig.*

14–15g. *IGE*² 293, Cyffelyb o fawrdyb fydd / *Tomen* geuben i gybydd. / . . . / O bwrir, llei gwerthir gwaith, / Y *domen* ar naid ymaith (Siôn Cent). *c.* **1400** *ChO* 5, ef a disgynnawd mywn *tomnen*, yn y lle yd oed llawer o ebodyn meirch, a bisweil gwarthec. **15–16g.** *TA* 541, Rhaw dda a berfa, ar berfedd—tymor, / *Tomen* fo dy ddiwedd, / A'th fwrw i'th faw i orwedd, / A cheudy fo uwch dy fedd [ymryson â Lewys Môn]! **1547** *WS, Tomen* A donghyll. **1588** 2 *Br* ix. 37, A chelain Iezabel a fydd fel *tommen* ar wyneb y maes . . . fel na ellir dywedyd, dymma Iezabel. *c.* **1600** *AP* 54, a chlodhiae pigowgdhrain a *thomeni* cribawgserth yn tywyllu drysaû'r tai. **1604–7** *TW* (*Pen* 228) d.g. *Fimetum.* **1630** *YDd* 38, Pa beth yw henaint? Onid *tommen* lawn o yscubion gofidiau. **1632** *D, Tommen,* Sterquilinium, cippus. **1688** *TJ, Tommen:* a Dunghill. **1703** E. Wynne: *BC* 94, ryw gwm mawr, ac ynddo megis myrdd o *Domennydd* anferth . . . ac erbyn nesau, gwybûm . . . mai Dynion oeddynt oll, yn frynieu ar eu gilydd. **1740** T. Evans: *DPO* 159, i losci cyrph y Meirw, a chasglu y Lludw . . . mewn math o Ystên bridd, a'i osod ynghadw yn rhestrau yn y Crugiau, neu'r *Tommenydd.* **1773** *W* d.g. *Dung-hill.* **1790** T. Jones: *TOS* 323, O pa gyfnewidiad mawr yw hwn! O'r *dommen* i'r orsedd! Oddiwrth bechaduriaid yn goganu, at saint yn moli! **1803** *P, Tomen,* s. f.—pl. t. *yz* . . . A mound, a tumulus, a hillock. Ar lafar yn gyff., '*toman*' 'manure heap . . . heap (in general)', *WVBD* 535; 'Ma gin' i *doman* o waith i' neud' (Arfon); ''Ôn' nw wedi cliro'r ira'n *domenydd* ymaco', *GTN* 799; hefyd yn ddifr. am fenyw, 'yr hen *doman* iddi hi', *B* xv. 27 (Meir.).

Cfn.: **tomen a beili:** *motte-and-bailey.* **20g. tomen byd = tomen sbwriel.** Ar lafar yn Llŷn ac Arfon. **tomen sbwriel:** *rubbish dump, tip.* **20g. tomen (y)sgrap:** *scrap heap, also fig.* **[1939]** D. Gwenallt Jones: *YA* 28, Dynion yn y Deheudir heb ddiod na bwyd na ffag, / A balchder eu bro dan *domennydd ysgrap*, ysindrins, yslag. **tomen (o) dail:** *dunghill, muck-heap, heap of dung.* **1604–7** *TW* (*Pen* 228), *Tommen o dail* d.g. *Fimetum.* **1632** *D, tommen dail* d.g. *Fimetum.* **1773** *W, tommen dail* d.g. *Dung-hill.* Ar lafar, ''Odd y *doman dail* yn y cwrt, wth wal y cæ', *GTN* 799. **tomen teil(i)wr:** *tailor's scraps, also fig.* **1850 (1878)** W. Rees: *LlHFf* 87, *Tomen teilwr* bydde rhen Edward Wacin yn galw'r Sasneg . . . a tae pawb yn dwad i bigo i eiddo, mi garien *domen* y *teilwr*, druan, i gid i ffwrdd; a wellu, tae pob iaith yn dwad i gymrud y geirie roes hi fenthig i'r Sasneg, ni fudde dim Sasneg o honi hi. Ar lafar gynt, '*Toman Tailwr*: the tailor's clippings. Mor ddiwerth . . . â *thoman tailwr*', *LlGC* 1173, 133.

tomenllyd, tomenlyd [*tomen+-llyd, -lyd*] *a.* Tebyg i domen, brwnt, hefyd yn *ffig.*: *like a dunghill or dump, filthy, also fig.*

1737 (1766) *OU* 65, pa y [*sic*] fath nefoedd fendigedig a adawsoch am fyd *tommenlyd.* **1796** T. Jones: *CCA* 228, Pan osodo gobaith ef megis ar ganllawiau'r Nefoedd, medr edrych i wared ar y byd *tommenllyd* yma, fel ar syppyn o lwch, y nesaf peth i ddim.

tomennaf: tomennu [bf. o'r e. *tomen*] *bg.a.* Pentyrru, cruglwytho; tyfu'n wyllt (am blanhigyn): *to heap or pile (up)*; *grow wild (of plant).*

1924.

tomennaidd [*tomen+-aidd*] *a.* Tebyg i domen, brwnt, hefyd yn *ffig.*: *like a dunghill or dump, filthy, also fig.*

1842.

tomennog [*tomen+-og*] *a.* Tebyg i domen, brwnt, hefyd yn *ffig.*: *like a dunghill or dump, filthy, also fig.*

1727 J. Jones: *DFf* 54–5, Medd yr Enaid wrth y Corph, Tyred allan o'th Dwll, tydi Gnawd *tommennog* ffiaidd. *id.* 124, chwithau mor gâs gan Dduw . . . rhaid iawn oedd i chwi ddiystyru Cyfeillach fy Nysgyblion i: megis pe buasai Cardoteuon budron *tommennog* yn diystyru Cyfeillach Tywysogion diledryw.

tomenyddol [*tomennydd* (ll. yr e. *tomen*) *+-ol*] *a.* Wedi ei bentyrru; ar ffurf tomen (am safle castell): *heaped*; *consisting of a motte (of the site of a castle).*

1894. Cf. T. H. Parry-Williams: *Ll* 25, fe erys . . . pob carreg yn cadw'i hunigoliaeth ac eto'n rhan o'r gymdeithas fawr *domenyddol.*

tomfaen [*tom+maen*¹] *eg.* ll. *-feini.* Tom ffosiledig, darn o'r cyfryw: *coprolite.*

1851.

tomfoi [gair geir., sef ffrwyth deall *tonfoi* fel *tom+moi*²] *bg.* Ysgarthu, tomi: *to excrete.*

1730 *Leg Wall* 584, Tonfoi, Fortean Excrementum egerere, & mendose scriptum pro *Tomfoi*, a Tom, Stercus, & Moi vel Ymoi, quod Parere est cum de equabus sermo est. **1753** *TR,* Tonfoi . . . to void excrement . . . *Tomfoi.* **1770** *W* d.g. *To avoid by stool.* **1803** *P, Tomvoi* . . . To drop dung.

tomiad [bôn y f. *tomaf*: *tomi+-iad*¹] *eg.* ll. *-au.* Ysgarthiad: *an excreting, excretion.*

1803 *P.*

Amr.: **domad** [cf. *dom, domaf*: *domi*]. Ar lafar, 'Gath y fuwch newy' 'na *ddomad* reit ar ganol y clos' (sir Benf.).

Tomistiaeth [bnth. S. *Thomist+-iaeth*] *eb. Athr.* a *Diwin.* Dysgeidiaeth y diwinydd a'r athronydd Eidalaidd Tomos o Acwin (1225–74) neu ei ddilynwyr: *Thomism (in philos. and theol.).*

20g.

tomlyd, tomllyd [*tom+-lyd, -llyd*] *a.* (?b. *-led*). Tebyg i dom, o natur tom, llawn tom, wedi ei ddifwyno gan dom neu faw, lleidiog, priddlyd, bawlyd, brwnt, budr, ffiaidd, aflan, halogedig: *dungy, full of dung, befouled, soiled, miry, muddy, earthy, mucky, dirty, filthy, vile, foul, unclean, defiled.*

13g. *Cylchg LlGC* v. 62, urth gladu pydew dwuyn nachaf en dyuot atadunt e ryw daear *domlet* a elwir en frangec marle. **14g.** *GIG* 148, Sarred groth *domled* amlwg, / Sarff oer megis march Syr Ffwg [i'r llong]. **15g.** *IGE*² 237, Nac elgeth ond un gulgamp, / *Domlyd* briddlyd, ludlyd lamp (Ieuan ap Rhydderch). **1547** *WS, Tomlud* Myry. **1567** *LlGG* (*Sall*) 22b, Ac ef am cyfodes o'r pytew anhygyrch, allan o'r pridd *tomlyd* [:– cyspridd], ac e osotes vy-traet ar y graic. *Diw.* **16g.** *WLB* 83, Melancoli llei bo y rran fwyaf mewn dyn ef a fydd kybydd a llwfr . . . a *thomlyd* i liw. **1604–7** *TW* (*Pen* 228) d.g. *Cacatus, Turbidus.* **1630** O. Thomas: *CC* 109, na âd i ni drachefn droi iddynt [pechodau], megis Ci iw chwdiad, a Hwch iw *thomllyd* ymdrobaeddiad. **1632** *D, Tomlyd,* [Lutosus, cœnosus]. **1672** R. Prichard: *Gw* 437, Mae 'n rhyddhau yr enaid hyfryd, / O'r carchardy tywyll *tomlyd,* / I gael gweld goleuni 'r Arglwydd, / Ai [*sic*] wasnaethu mewn perffeithrwydd. **1722** *Llst* 189, *Tomlyd.* Durty, nasty. **1748** P. Pugh: *MDC* 9, a gâf fi fod yn fwy cynnil o'm Dagrau *tomlyd*, nag y buost Di o'th werthfawr Waed! **1773** *W, tomlyd* d.g. *Dungy, or full of dung.* **1803** *P, Tomlyd* . . . Abounding with muck, mucky. Ar lafar, 'Ma'r twlc mochyn yn *domlyd* afnadw, ma isia mynd idd 'i lanæ fa', 'Ma'r tŷ wedi mynd mor *domlyd* â twlc mochyn', 'Ma ryw falchdar *tomlyd* yn perthyn i'r tulu 'na, bob un', *GTN* 799.

tomog [*tom+-og*] *a.* a hefyd gyda grym enwol. Tomlyd, priddlyd, wedi ei ddifwyno gan dom neu faw, bawlyd, budr, brwnt; ?pentyrrog, llwythog: *dungy, earthy, befouled, soiled, mucky, dirty, filthy*; ?*heaped, loaded.*

13g. *D Col* 57, Sef ev carllauedrauc en hen Cemraec, *tommawc*, ac urth hynny e gellwyr enteu kartomauc. **14g.** *GDG*³ 163, Treiddiai yn ffrom wrth *domawg*, / Trwyddew tail a rhew yrhawg [i'r cyffylog]. *c.* **1400** *MA*² 337a. 48–50, Nad oes o ddyn daear dyddyn duoer dudded / Ond tywarchen dymig bruddlem *domog* briddled (Gronw Ddu). *c.* **1400** *Études* viii. 80, Pwy bynnac y bo y rann vwyaf yndaw o'r malencoli, hwnnw a vyd kyngoruynnus, a thrist . . . ac ofnawc, a lliw *tomawc* arnaw. **1632** *D, Tommawg,* Lutosus, cœnosus. **1688** *TJ, Tommawg*, tomlud: dirty, muddy, miery. **1772** *W* d.g. *Dirty, Miry.* **1803** *P, Tomawg* . . . covered with dung; mucky. Digwydd hefyd fel epithet, e.e. 'Eign. *Dommock*', *B* iii. 48.

Amr.: **domog** [cf. *dom*]. **15g.** *GDID* 40, Ei dawlbwrdd di'mwrdd, *domog*—ei wyddbwll, / A'i fual trydwll oedd fail troediog [dychan i Madog Amhadog].

Gw. hefyd **cartomog.**

tomograffeg [cfdds. o'r S. *tomograph(y)* *+-eg*¹] *eg.b.* Techneg sganio sy'n arddangos manylion croestoriad plân, yn enw. o'r corff: *tomography.*

20g.

tom-tom [bnth. S. *tom-tom*] *eg.* Math o ddrwm a gurir â'r llaw neu'r dwylo: *tom-tom.*

1867.

ton¹ [H. Lyd. *tonn*, gl. *lympha*, Llyd. C. a Diw. *tonn*, H. Wydd. *tonn*, Gwydd. Diw. *tonn*] *eb.* (bach. b. *-nen*) ll. *-nau*, †*-nawr.*

(*a*) Trum neu grib symudol ar arwyneb dŵr, &c., a achosir gan y gwynt neu wrthrych symudol a disgyrchiant; (fel arfer gyda'r fannod) y môr: *wave*; (*usu. with the def. art.*) *the sea.*

10g. (*Juv*) *VVB* 222, ir *tonnou*, gl. *Aequora.* **12g.** *GMB* 201, Dy-m-hunis *tonn* wyrt wrth Aberfraẟ. **12g.** *GLlF* 441, Ef kymerth yr Duw dioteifyeint—yn dec / Ar *donn* a charrec, a chadẟ y vreint. **13g.** *C* 89. 3, *Ton* trathon toid tu tir. **13g.** (**17g.**) *AH* 29, nys arlludion gwynt a *thonnawr.* **14g.** *T* 67. 14–15, *Ton* iwerdon. A*thon* vanaẟ. A*thon* ogled. A*thon* prydein. **1346** *LlA* 55, val y mae digrif gennym nynhev welet ypyscot yny *donn.* **14g.** *GDG*³ 138, Cyngwystl a wnawn o'm cyngor, / Lliw *ton* geirw pan feirw ar fôr. **15g.** *FfBO* 48, y mae y dinas pennaf mywn dwr sefydlawc gordwfyn . . . Eissoes *tonneu* a vyd arnaw gan y gwynt. **1547** *WS, Ton* ar vor A wawe [*sic*]. **1551** W. Salesbury: *KLl* lxxvb, yr anwadal sydd debic y *don* ar vor. *Dchr.* **17g.** *J* 10, 34a, Morgaseg. Unda × *Tonnen.* **1632** *D, Tonn,* Vnda. **1672** J. Langford: *HDdD* 367, fall [*sic*] *tonn*, yr hon y mae 'r awel leiaf yn ei thaflu ac yn ei bwhwmman o'i lle. **1756** *ML* i. 423, Ned Edwards knows yᵉ officer. He sails in a few days, broliwr a dwndriwr fel *tonnau*'r môr. **[1783]** *W, Tonnen* y môr d.g. *Sea-gate* [*a wave of the sea*]. **1803** *P, Tôn,* s. f.—pl. t. *au* . . . a breaker, a surge, or wave. Ar lafar, ''Odd y *tonna*'n taro am draws y graig', *GTN* 799. Cf. *OBWV* 418, Draw dros y *don* mae bro dirion (T. Gwynn Jones).

(*b*) *Ffis.* Aflonyddwch cyfnodol mewn cyfrwng neu mewn gofod; tonfedd: *wave (in physics)*; *wavelength.*

1914.

(*c*) (enghrau. *ffig.*: *fig. exx.*).

12g. *GMB* 152, Gẟeleis Loegyr yg grẟnn, gẟeleis eis yn dẟnn, / A *thonn* waed ar estraẟn. **12–13g.** *GLlLl* 214, *Tonn* arall guall goch wyar. **14g.** *GIG* 112, A'r gweliau, *tonnau* teg / Rhydaer o waed yn rhedeg. / . . . / Mihangel, Uriel eirian, / Â'r cleddyfau, *tonnau* tân. **14–15g.** *IGE*² 139, Dyfod mewn *ton* haelioni / O fun i 'mofyn â mi (Gruffudd Llwyd). **15g.** *GHC* 9, Mae'i wŷr hwnt oedd yn mawrhau, / Mintai'n ing, mewn *ton* angau. **15–16g.** *TA* 460, Tŷ am ŵr, fal toi â main, / Tunnell wydr, *tonnau* llydain. **16–17g.** *GHCEM* 69, Aed *tonnau* och, oed Duw Nêr, / Am ein hunmeistr, iôn Hanmer [marwnad Dafydd Hanmer]. **17g.** *TBM* 274, *Ton* o anobaith a aeth droso', / Nid oes imi fodd ond sincio. **1653** *MLl* i. 201, vwchlaw *tonnau* chwantau a rhesymmau y cnawd. **1661** E. Lewis: *Drex* 123, Pa ham y rhaid i mi ofni *tonnau* cynddeiriog y byd trallodus hwn? **1778** J. Hughes: *BB* 251–2, Gwir weddw ydyw hon, bur unig ei bron, / A'i phen dan y

donn. Ar lafar, ''Nath 'i ddim *ton* o himdda heiddiw' 'there has not been the slightest lull in the bad weather to-day', *WVBD* 535; 'Dath y cyfan drosti mewn *ton* o emosiwn pan enillodd hi'r wobr' (sir Gaerf.); 'gwallt yn *donna* i gyd', *GTN* 799. Cf. D. OWEN: *SP* 65, fydda 'i byth yn meddwl am dano heb i ryw *dòn* o dristwch dd'od dros fy ysbryd.

Cfn.: **tonnau awyr:** *airwaves.* **20g. ton lanw:** *tidal wave.* **1853. ton nawfed:** (*the*) *ninth wave, popularly believed to be more powerful than the others.* **12g.** *GLlF* 226. **13g.** *C* 53. 5. **14g.** *T* 43. 4. Cf. *B* xxiv. 449–50. Gw. hefyd *nawfed—nawfed ton.* **ton radio:** *radio wave.* **20g. ton seismig:** *seismic wave.* **20g.**

Gw. hefyd **tonnig.**

ton[2] [Crn. C. *ton*, Crn. Diw. *todn*, Gwydd. C. a Diw. *tonn* 'croen, daear': < Clt. **tondā*, o'r gwr. IE. **tend-* < **tem-d-*, ff. est. ar **tem(ə)-* 'torri', cf. *tam*, Gr. *τένδω* 'cnoaf', Llad. *tondeō* 'eilliaf'; gw. hefyd *tonnen*[2]] *eg.b.* ll. *-nau.*

(*a*) Tir heb ei aredig, gwyndwn; tywarchen; grin, lawnt; wyneb (y ddaear): *ley, lea-land; turf, sod, sward; green, lawn;* (*earth's*) *surface.*

15g. *LlCy* iii. 109, ac ardd, cyd y bo gorddu, / erw o *don* â'r Ieuan Du (Llywelyn Goch y Dant). **15g.** *DE* 63, nim gwerthav meddav em nar / er dyn da ar *don* dayar. *Diw.* **15g.** *Pen* 67, 92, hwsmynn ar bob tyddynn *tonn* / haid o dwrkiaid kevonn (Hywel Dafi). **16–17g.** *GST* i. 444, Porant ŷd, pur iawn y *ton*, / Pariau a thopiau hirion. **1615** R. SMYTH: *GB* [1]48, y serphod a'r tvvrchod-daiar yn ymddangos ar *don* y ddaear yn durrau. **1683** H. EVANS: *CTF* 46, Myfi 'r trafaelwr mwya, fu 'rioed yn cerdded *tonn.* **1703** E. WYNNE: *BC* 52, Ar wascar Daiar *donn.* **1790** M. WILLIAMS: *BM* [2], Fe ddengys amser ich chwi, i drefnu tir neu'r *tonn. a.* **1791** W. WILLIAMS: *GP* 454, Doed moroedd mawrion tros / Holl wyneb maith y *don.* **1796** T. WILLIAMS: *MPW* [3], Dyn a gerais, dyn a'm carodd, / Meddwl dy fod tan y *donn.* **18–19g.** *IM* 45, Y mae'r chwaryddion bawb yn llon yn awr i'r *ton* yn tynnu. **1803** *P*, *Ton* . . . lay land, or unploughed land; a green. Ar lafar, 'cae *ton*', *GTN* 799; 'cae o *dòn*', 'aredig *tòn*', *TGG* (1906) 16 (Morg.); 'gwair *ton* yw'r gwair gora galli di gâl'. Digwydd yn gyff. mewn e. lleoedd ym Morg. a'r cyffiniau, e.e. *Tonna, Ton-du, Tonypandy,* a *Tonyrefail*; cf. *B* xxiv. 308–9, *Lochlann* iv. 179–92.

(*b*) Croen, crofen, crystyn, pil; ?wyneppryd, pryd a gwedd: *skin, rind, crust, peel;* ?*face, appearance, looks.*

14g. *AL* i. 708, o hỽyd hagen y gefyn o atlo henllỽgyr athorri y *tonn* (*WML* 68, croen) hyt y kic ỽyth keinaỽc kyfreith atal; ony byd henllỽgyr arnaỽ or tyrr hagen y *ton* ar kic hyt yr asgỽrn talet un ar pymthec kyfreith yr perchennaỽc. **14g.** *GIG* 7, Syr Hywel . . . / A'i wraig . . . / . . . / A'i llawforynion, *ton* teg, / Ydd oeddynt hwy bob ddeuddeg. *c.* **1400** *MM* 8, Tri lle yn y penn y megir cleuydyeu: vn yỽ y *tonn*, eil yỽ y acreuan, trydyd yỽ y greadur. **15–16g.** *TA* 389, Dwy glust o'i wegil wastad, / Dwy ewin iwrch ar *don* iad. **16g.** *GGH* 345, Er n'all redeg, deg ei *don*, / F'all duthio dan fellthion [i ofyn ebolfarch]. **1632** *D*, *Tonn*, Crusta, cuticula, cutis. **1753** *TR*, *Tonn*, a crust, a peel, a skin, the outward skin. **[1783]** *W* d.g. *Rind* [*the outside covering of a fruit, &c.*]. **1803** *P*, *Ton*, s. f. . . . A surface, an outer coating, peel, paring, or skin.

Amr.: **twn**[2]. Digwydd mewn rhai cyfansoddeiriau, e.e. *grawndwn, gwyndwn, lleithdwn*[1], *mardwn.*

Cfn.: **ton glas (las), tonglas:** *green turf, greensward.* **1774** *W*, *Ton-glas* d.g. *Greensward, or greensword* [*the turf on which grass grows*], *Sward* [*the surface*] *of the earth.* Cf. ISLWYN: *Gw* 172, Dros y *ton lâs* [*sic*] gan dristhau / I'r Fynwent draw af finnau; *LlGC* 1173, 139, *Tonglas*—the green grassy surface of land . . . The word *Tonglas* was very much used when houses & buildings were thatched, to describe grass growing up on the roofs. 'Ma'r tô yn tyfu'n *donglas*'.

Gw. hefyd **tonnen**[2], **undon**[1].

ton[3], gw. **twn**[1].

tôn[1] [bnth. Llad. *tonus*, o bosibl drwy'r H. Ffr. neu'r S. C. *ton*] *eb.g.* ll. *tonau, tonydd.*

(*a*) Sain, yn enw. gyda golwg ar ei thraw, ei hansawdd, neu ei chryfder, ansawdd neu gymeriad sain; *Crdd.* cyfwng eilfed mwyaf, hefyd yn *ffig.* am y pellter rhwng y ddaear a'r lleuad; *Crdd.* nodyn; *Crdd.* y traw cywir neu'r donyddiaeth gywir; *Sein.* acen, pwyslais; *Sein.* patrwm traw(iau) sy'n gwahaniaethu geiriau oddi wrth ei gilydd, goslef; agwedd, ansawdd, neu arddull (mewn mynegiant ieithyddol); safon neu gymeriad moesol grŵp neu le neilltuol; meddylfryd, tymer, hwyl, anian: *tone, sound; tone, major second* (*in mus.*), *also fig. of the distance between the earth and the moon; note* (*in mus.*); *correct pitch or intonation, tune* (*in mus.*); *accent* (*in phonet.*); *tone, intonation* (*in phonet.*); *aspect, quality, or style* (*in linguistic expression*); *moral standard or character of a particular group or place; frame of mind, temper, mood, disposition.*

13g. *DB* 69, Seith *ton* a geffir o'r daear hyt y furuauen. O'r daear hyt y lleuat, *ton*; odena hyt yMercurius, hanner *ton*; odena hyt yg kylch y sygneu, *ton* a hanner. En e *ton* y byd duy uilltir ar ugeint a chuechant a phymtheg mil o uilyoed o uilltiroed. *Dchr.* **14g.** *GGDT* 151, Wrth glywed teced *tôn* englynion—maith / O waith prif deddfiaith y prydyddion. **14g.** *GDG*[3] 300, Braisg *dôn* o ffynnon y ffydd, / Breiniau dwfn gerbron Dofydd [i'r ehedydd]. **15–16g.** *TA* 463, Llyna'r *tôn*, llai no'r tenwr,—/ Llais a gân yn llaw asw gŵr [i'r bwa yw]. **16g.** *GP* 152, Pedwar peth a berthyn ar silldaf, amsser, Rif, aken nev *don*, nev anadl nev lais. *id.* 153, edrycher am aken y silldafav hyn yn i diwedd, ne'i *thon*, ac wrth hyny barner yn drom nev yn yscafn. **1567** G. ROBERT: *GC* 80, Pan ddel dau air ynghyd, o vn sillaf bob vn, os byd [*sic*] yr accen ar y gyntaf yn bennaf, gorau yw i cyssylltu nhwy, os ar y ddiuaethaf [*sic*] y bydd y *don* gryfaf, cymrer nhwy yn wahannedig; mal gwiwlan gwiw lán; wythran, wyth rân. **1632** *D*, *Tôn*, Tonus. **1704** *Cym Cr* 38, Mae calonau llawer o Gristionogion fel Offerynnau Cerdd allan o'u *tôn* ar bo[b] newidiadtywydd. **1778** *W* d.g. *Note* [*in Music*]. **1803** *P*, *Tôn*, s. f.—pl. t. *au.* . . A tone, an accent. Ar lafar, 'Maen' nhw'n gneud rhyw *dôn*' 'They have a funny intonation' (Arfon); ''Odd 'en *dôn* fudur 'da 'i wastod' 'llais cwynfanllyd'(dwyrain Morg.). Cf. D. OWEN: *GT* 251, yr oedd *tôn* ei ymddyddan yn goeth ac adeiladol.

(*b*) Alaw, tiwn, emyn-dôn, hefyd yn *ffig.*: (*hymn-*) *tune, also fig.*

1547 *WS*, *Ton* ne tun Tune. **1603** E. KYFFIN: *Ps* d.d., y *dôn* arferedig yn Eglwys Loegr. **1615** R. SMYTH: *GB* 270, yr ydys yn cael rhai mor gelfydd, ag mor govvraint mevvn musig, megis i bod yn adrithio ympvvy ag ymddvvgiad yr hain sy 'n i clyvved, gan i gvvneythyr yn lavven [*sic*], yn brudd yn llonydd yn hyf, megis ag y mae yr *don* ne svvn yn myned. **1677** R. JONES: *BB* 104–5, Mae gan y gelyn ei hun gydwybod o'i fewn . . . a bair iddo newid ei wynebprŷd ai *dôn.* **1681** S. HUGHES: *AC* 36, fe ddaeth Mr. Tornus i'm ty . . . ac a chwibanodd mewn amryw *dônau*, a phôb trô fe chwibanei 'r Diafol arno yntef drachefn â'r un-rhyw *dôn.* **1703** E. WYNNE: *BC* 78, Ar y *Dôn* a elwir Leaveland. **1756** *ML* i. 412, 'Good morrow, John, how d'ye,' meddai rhyw hen gan [*sic*] ar y *dôn* a elwir the 'Parson of the Parish'. **1794** E. JONES: *MPR* 142, Yr Hên *Dôn.*—The Old Ditty. Ar lafar, 'Hen *dôn* gas 'sgin' ti o hyd' 'you are always harping on the same wearisome refrain', *WVBD* 536; ''Dwi ddim yn lico'r *dôn* newydd sy ar yr emyn 'yn yn raglan y gymanfa', *GTN* 803. Cf. D. OWEN: *RL* 290, gwelwyd yr hen arfer a fyddai gan ddynion ieuainc o gario Bibl i'r capel yn dechreu diflanu, a'r Llyfr *Tônau* yn cymeryd ei le.

Cfn.: **tôn gron:** *round* (*in mus.*), *also fig. c.* **1872.** Ar lafar. Cf. M. WILIAM: *DY* 16, 'Be sy i ginio, Mam?' fel rhyw *dôn gron* yn ei chlustiau. **tôn deuair:** ?*tune accentuating the two rhyming words in each line of a song.* **1716–18** *Llsgr R. Morris* 87, Ar *don ddeuair* / Carol gwirod iw ganu o gwmpas y gader Nadolig / gartre nis bum er nos dudd llun / ag nid a hud y gwn dan nos sadwrn.

tôn[2] [?cf. *cicston*] *eg.* Darn o garreg neu bren a ddefnyddir i chwarae cicston, sgotsh, neu London, &c.: *piece of stone or wood used in playing hopscotch.*

1960 K. ROBERTS: *LW* 68–9, Y gamp oedd cicio *tôn* (darn o garreg neu bren) ag un troed o un cae i'r llall a thrwy'r london i'r pen, heb roi'r troed arall i lawr, a heb i'r *tôn* fynd ar y llinell.

tonaf: toni, gw. **toniaf: tonio.**

tonaidd [*tôn*[1] + *-aidd*] *a.* *Crdd.* Yn perthyn i dôn neu donyddiaeth, yn perthyn i'r system ddiatonig, yn ailadrodd y testun ar drawiau gwahanol yn yr un cywair; *Ieith.* yn mynegi gwahaniaethau semantig drwy amrywiad mewn tôn: *tonal* (*in mus. and linguistics*).

1862.

tonc [bôn y f. *tonciaf, toncaf: tonc(i)o,* &c.] *eb.* ll. *-iau.* Pwt o gân neu dôn; sŵn (metelaidd atseiniol), caniad, tinc, clonc; galwad teleffon; ergyd: *snatch of a song or tune;* (*resounding metallic*) *noise, ring, tinkle, clang; telephone call; blow.*

1604–7 *TW* (*Pen* 228) d.g. *Crepitus.* **1736 (1812)** *YRW* 22, Fy nghyngor i gan hyny, i chwi / Sy'n priodi heb ymprydio, / 'Rol taro *tongc* am Siengcyn siongc, / Am fyn'd ar bongc i ymbyngcio. **18g.** L. MORRIS: *LW* 223, Can iddo Glul, dul, dul, *dongc* / Lwysber ar ben y Lâs bongc. **1753** *TR*, *Tongc*, the ringing or sound of metal when struck. **1771** *W* d.g. *Bounce, or a bouncing noise, Clap* [*a crack or noise*]. **1803** *P*, *Tonc*, s. f.—pl. t. *iau* . . . A tink, a ring. Ar lafar, '*Tonc* fach nawr, bois!', *GDD* 302–3; 'Ro *donc* fach ar y piano', 'A ni ganswn *donc* gida'n gilydd', *GTN* 798. *Diar.* Dyfal *donc* a dyr y garreg.

toncad, toncaf: tonco, &c., gw. **tonciad, tonciaf: toncio.**

tonceriaeth [?bôn y f. *tonciaf, toncaf: tonc(i)o,* &c. + *-er*[2] (At.) + *-iaeth*] *eb.* a hefyd fel *bg.* (Cael) cyfathrach rywiol: (*to have*) *sexual intercourse.*

c. **1757** *Bangor* 1733, 28, a fu neb arnad ti er y noswaith / y bum i hefo th di 'n *tongcierieth.* **1769** E. ROBERTS: *GN* 37, Pwy bynag fo yn cweirio trin y *dongcerieth*, / Fe fudd yr hen fadun eiff i chwilio am fudfeth. **1783** H. JONES: *PN* 24, Nid oedd gennyf ddim cariad i *dongceriaeth*, / Weithie'n feichiog, weithie'n fammaeth.

tonciad, toncad [bôn y f. *tonciaf, toncaf: tonc(i)o,* &c. + *-iad*[1], *-ad*] *eg.* Caniad, tinciad: *a ringing, tinkling.*

1803 *P*, *Tonciad*, s. m. . . . A tinking, a ringing. Ar lafar yn yr ystyr 'gronyn, tamaid, pwt, &c.', ''Netho i ddim *toncad* o waith ddo' (dwyrain Morg.).

tonciaf, toncaf: tonc(i)o, tonc(i)an, toncial, toncach [?cf. S. (*to*) *dong* 'to sound like a bell'; am *d-* > *t-*, cf. *tociaf: tocio*] *bg.a.* Canu, yn enw. am gloch, tincial, cnulio; taro (cân), dechrau canu (cân), bloeddio canu (cân); taro, ergydio; cael cyfathrach rywiol (â), cnuchio: *to ring, esp. of a bell, tinkle, knell; strike up* (*song*), *belt out* (*song*); *beat, strike; have sexual intercourse* (*with*), *fuck.*

1595 M. KYFFIN: *DFf* 146, Ond y gwyr hyn, fegis *tongcio* pres, ydynt yn swnnial yn eu heglwysi nhwy eirieu dieithr anghydnabyddus. **1618** J. SALISBURY: *EH* 130, pam y *toncir* cloch yr Aue Maria, deir-gwaith yn y dydh. *id.* 131, Mae hefyd dhirgeledh aralh yn y *toncian* deir-gwaith i'r Aue Maria. **17g.** *IICRC* iii. 145, Pan fo r passing bel yn *toncio*, / i mae riw un gwedi y mado [*sic*]. **1725** *SR* d.g. *To Fuck.* **1736 (1812)** *YRW* [7], Mae henw mi pur ffeind i cofio, / Syr Sigil-tin-tengc tan *tongcio*; / Tewch y merched, tewch sweet-heart, / Chwerwch chi part o sportio. **18g.** *LlGC* 83, 15b, Digon hynu o ddownsio / fo aed yma ynghyd a *thongcio* / . . . / Mi af ine i ffwrdd i ddoed ir gwr / fod y wraig yn un hŵr yn he[r]wa. **18g.** *CM* 212, 51, fo gowse Sport yn ysgwud i hers / a llawer gwers o *dongcio.* **1761** *ML* ii. 411, Gwrda'r Belis o Nutfield am feddwl am *dongcio* [drll.] yn ei henaint. Siccr y sathr hen geiliog. **1768** TWM O'R NANT: *CTh* 8–9, Bydd llawer ffwl yn brolio, / Yn codi rhyw dincod, wrth son am *doncio*; / Ni rown ni am siarad felly faw, / Rhwng llaw a llaw mae llywio. **1791** *WDS*, (Bangor), 'Mi roedd Robin Owen o Peniarth yn *toncio* Betty Rees.' In English: 'Robin Owen of Peniarth had carnal knowledge of Betty Rees'. **1798** *WR* d.g. *Knoll.* **1803** *P*, *Tonciaw* . . . To tinkle, to ring. Ar lafar, 'twrw llaeth yn *toncio* yn y fudda', *WVBD* 536; a hefyd yn yr ystyr 'canu'n isel neu'n ysbeidiol', ''Ôn i'n 'i glŵad a'n dychra *tonco*', *GTN* 798; ac yn yr ystyr 'crybwyll yn awr ac yn y man', 'Mae'n *toncach* am fynd i'r siew' (dwyrain Morg.). Cf. D. J. WILLIAMS: *STC* 39, fel y bydd y gof yn *toncial* ei forthwyl bach ar yr eingion.

tonciedig [bôn y f. *tonciaf, toncaf: tonc(i)o,* &c. + *-iedig* (At.)] *a.bfl.* Wedi ei chnuchio (am wraig neu ferch): *fucked* (*of woman or girl*).

1743 *LlCy* x. 37, Morwyn o Ystrad Meirig o f'anwyl / y Fenyw *dongciedig*! / Gwen wych ydyw gnuchiedig / llyngcai os Cae'r llangces Gîg (Lewis Morris).

tondiaf: tondio, gw. **dondiaf: dondio** (hefyd At.).

tondir [*ton*[2] + *tir*] *eg.* Ton, gwyndwn: *ley, lea-land.*

1775 *W* d.g. *Lay, lay-land, land in lay, or lay-ground* [*grassy ground, or land unplow'd*]. **18–19g.** *Llr* C 11, 247, Welsh Agricultural Terms, In Glamorgan . . . *Tonndir.* **18–19g.** *IM* 303, Llawendeg yw'r llondir, tywynder uwch *tondir.* Ar lafar, *AGB* 75, *GTN* 799;

"Odd y caea o gylch y tŷ'n *dondir* i gyd' (dwyrain Morg.).

Gw. hefyd **tir—tir ton, tyndir.**

tonem [bnth. S. *toneme*] *eg.* ll. *-au. Ieith.* Tôn neu set o donau sy'n gweithredu fel ffonem mewn iaith benodol: *toneme.*
20g.

tonenllyd [*tonnen²*+*-llyd*] *a.* Tywarchog; corsiog, siglennog: *swardy; boggy, swampy.*
1808.

tonennog [*tonnen²*+*-og*] *a.* Tywarchog; corsiog, siglennog: *swardy; boggy, swampy.*
1870.

tonfedd [*tôn¹*+*-fedd* (At.)] *eb.* ll. *-i, -au.* Y pellter rhwng brigau olynol ton; y cyfryw fesur fel nodwedd ar y tonnau radio sy'n cario gwasanaeth gorsaf ddarlledu neilltuol; hefyd yn *ffig.*: *wavelength, also fig.*
1934. Cf. *Y Genhinen* xxvi. (1976), 3, Yr oedd ef a minnau ar yr un '*donfedd*' o safbwynt materion Cymraeg a Chymreig.
Cfn.: **tonfedd genedlaethol:** *national wavelength.*
1937.

tonfeddol [*tonfedd*+*-ol*] *a.* Yn perthyn i donfedd: *pertaining to wavelength.*
20g.

tonfoi [?*ton²*+elf. anh.; â'r ystyr eir., cf. *tomfoi*] *bg.* ?Tyrchu, turio, twrio'r pridd; (geir.) ysgarthu, tomi: *to root up the soil; (dict.) excrete.*
13g. *LlI* 86, Guerth porchell, o'r nos y ganher ene el y *tonuoy*, i.k'. **1730** *Leg Wall* 584, *Tonfoi*, Fortean Excrementum egerere, & mendose scriptum pro Tomfoi, a Tom, Stercus, & Moi vel Ymoi, quod Parere est cum de equabus sermo est.

Gw. hefyd **tomfoi.**

tonffurf [*ton¹*+*ffurf*] *eb.* ll. *-iau.* Cromlin sy'n dangos siâp ton ar adeg neilltuol: *waveform.*
20g.

tongar [*tôn¹*+*-gar*] *a.* Persain, melodaidd: *tuneful, sonorous.*
1789 *BDG* 520, Toniadur pen twyn ydwyd, / Tan y gaer wen *tongar* wyd [i'r fwyalchen]. **1803** *P, Tongar* . . . Sonorous, resounding.

toni¹ [bnth. S. *tawny*] *eg.* ll. *-s.* Person melyn ei groen: *yellow-skinned person.*
20g. Ar lafar, 'yn felyn fel *toni*', *WVBD* 536; 'Mor felyn â *toni*', *SC* vi. 135 (sir Benf.). Cf. *GDD* 303, *Tonis* . . . This is the word invariably used in speaking of the Chinese and kindred races.

Gw. hefyd **tawni.**

toni², gw. **toniaf: tonio.**

toniad [bôn y f. *tonnaf¹*: *tonni*+*-iad¹*] *eg.* ll. *-au.* Symudiad tonnog, osgiliad, amledd; goslef(iad); rhythm, aceniad: *undulation, oscillation, frequency; modulation (of voice), intonation; rhythm, accentuation.*
1803 *P.*

toniadaeth [*toniad*+*-aeth*] *eb.g.* Goslefiad, goslef; symudiad tonnog, toniad: *modulation (of voice), intonation; undulation.*
1851.

toniadur [*tôn¹*+*-iadur*] *eg.* ll. *-on.* Canwr (yn enw. wrth gyfeirio at adar), telor: *singer (esp. with ref. to birds), warbler.*
1789 *BDG* 520, *Toniadur* pen twyn ydwyd, / Tan y gaer wen tongar wyd [i'r fwyalchen].

toniaf, tonaf: tonio, toni² [bf. o'r e. *tôn¹*] *bg.a.* Tiwnio (offeryn cerdd); cerddori, perori; llafarganu: *to tune (musical instrument); make music; tone, intone, chant.*
1604–7 *TW* (*Pen* 228), *toni* d.g. *Modulor.* **1704** *Cym Cr* 44, rhaid ir Cerddwr dynhaû a *thonnio* ei offeryn. **1722** *Llst* 189, *Tonïo* [*sic*] . . . To tune (a musical instrument,) set in tune. **1794** *W, Tonio* d.g. *To tune* [*sound musical notes*]. **1803** *P, Toniaw* . . . To tune, to accent.

tonial [cf. Gwydd. C. *tonngal* 'ymchwydd tonnau'] *eg.* Ymchwydd neu ddygyfor (ton(nau)): *surge or swell (of wave(s)).*
?**15g.** *IGE²* 106, Golochwyd mwygl goleuchweg, / Gordial, ferw *tonial* teg [i Ffynnon Wenfrewi].

toniant [bôn y f. *tonnaf¹*: *tonni*+*-iant*] *eg.* ll. *toniannau.* Codiad a gostyngiad, amrywiad, anwadaliad: *fluctuation.*
20g.

toniar [cf. Gwydd. C. *tonngar* 'ymchwydd tonnau; storm'; tebyg mai ffrwyth camddehongli'r ail engh. yn adran (*a*) yw ystyron adran (*b*)] *eb.* ll. (prin) *tonieri, toniarau,* a hefyd fel *e.ll.*

(*a*) Ymchwydd neu ddygyfor (ton(nau)), hefyd yn *ffig.*: *surge or swell (of wave(s)), also fig.*
12g. *GCBM* i. 224, Metw y thoryf, met y *thonnyar.* *id.* 295, Neud gordiuynt hynt gỽynt gỽrth *donnyar.* *id.* ii. 52, Ar *donnyar* gwyar gwonofyei. **12–13g.** *GIILl* 214, Meirch mordwy uch maỽrdwryf *tonnyar.* **13g.** *C* 68. 11, yny gvna tavue *toniar.* **14g.** *T* 53. 4–5, pan ym nodeist i trỽy *tonyar.* ?**14g.** (**17g.**) *LlGC* 5269, 115b, Vn wedd berw o flaen taen *toniar* / ynof mae kof mi ai kar (?Madog Benfras). *c.* **1400** *R* 1221. 33–4, Pyt ungryt yỽrbyt ar bat ar *donnyar.* *c.* **1400** *B* ix. 114, ar ewinawc *tonnyar* y mor. **1632** *D, Tonniar* . . . Sed mihi videtur aliquando antiquis, significare idem quod 'Tonn', Vnda. **1688** *TJ, Tonniar* . . . ton dwr . . . a Wave. **1793** *Cylchg* 104, pan fo y dryghin gorddu yn rhwygaw y morgymmlawdd, a'r *doniar* yn terfysgu a'r cymmylau. **18–19g.** *Iolo MSS* 236, Teccach meinwar na ffriw *toniar,* / Ban ferw gweilgi gan wynofi. **1803** *P, Tôniar,* s. f.—pl. *tonieri* . . . A breaker, a surge, or wave.

(*b*) (geir.) Planc(iau), ystyllen (ystyllod), bwrdd (byrddau), teilsen bren (teils pren): (*dict.*) *plank(s), board(s), shingle(s).*
16g. Wiliam Llŷn: *Gw* (R. Stephens) (At.), *Toniar* ystyllod nid gorddiniant hynt / gwynt wrth doniar. *c.* **1588** *B* ii. 239, *toniar*: ystyllod, plank. **1604–7** *TW* (*Pen* 228) d.g. *Asser. Dchr.* **17g.** *J* 10, 159a, *Tonjar* . . . Tabula. **1632** *D, Tonniar,* Idem quod Planc. **1688** *TJ, Tonniar,* (plangc,) . . . a Board or Plank. **1722** *Llst* 189, *Tonniar.* f.p. *Tonnieri.* *-niarau.* A plank of wood, boord, ledge, splinter. [**1783**] *W* d.g. *Shingle* [*a sort of tiling-board*] . . . *Shingles.* **1803** *P, Toniar* . . . A plank, a shingle.

toniaraf: toniaru [gair geir., sef bf. o'r e. *toniar*] *bg.a.* Gorchuddio (llawr, &c.) â phlanciau, ystyllod, byrddau, &c.: *to cover (floor, &c.) with planks, boards, &c.*
1632 *D* d.g. *Contabulo.* **1722** *Llst* 189, *Tonniaru.* To floor or cover with boords. **1770** *W* d.g. *To board.* **1803** *P, Toniaru* . . . To lay planks, to board.

toniardy [gair geir., sef *toniar*+*tŷ*] *eg.* ll. *toniardai, toniardyau.* Cwt, sièd, penty, stondin, bwth: *shed, stall, booth.*
1604–7 *TW* (*Pen* 228) d.g. *Taberna.* **1632** *D* d.g. *Taberna.* **1722** *Llst* 189, *Tonniardy.* m. A shed, stall. **1753** *TR.* **1770** *W* d.g. *Booth.* *id.* Toll y bythau (y *toniardai*) d.g. *Piccage.* **1803** *P, Toniardy,* s. m.—pl. t. *au* . . . A house or booth made of boards.

tonig, tonic [cfdds. a bnth. o'r S. *ton(ic)* (+*-ig²*)] *eg.* a hefyd fel *a.* Meddyginiaeth gryfhaol, hefyd yn *ffig.*; *Sein.* ac arni'r brif acen (am sillaf), yn perthyn i acen o'r fath: *a (medicinal) tonic, also fig.; tonic (in phonet.).*
1912 *Beirn* ii. 25, Y mae darllen Borrow . . . yn iechyd; y mae popeth a ysgrifennodd yn *donic* ac yn effeithio ar y meddwl fel yr effeithia awyr y mynydd ar y corff (E. Morgan Humphreys).
Cfn.: **tonic sol-ffa:** *tonic sol-fa.* **20g.**

tôn-lyfr [*tôn¹*+*llyfr¹*] *eg.* ll. *-au.* Llyfr tonau (emynau): (*hymn-*)*tune book.*
1818.

tonnaf¹: tonni [bf. o'r e. *ton¹*] *bg.a.* (Peri) symud fel ton, crychdonni, neu osgiladu; (peri) codi'n donnau, ymchwyddo, dygyfor, neu darddu; cwympo'n donnau (am wallt); hefyd yn *ffig.*: *to (cause to) undulate, ripple, or oscillate; (cause to) form waves, surge, or well up; fall in waves (of hair); also fig.*
1778 M. Williams: *BM* 37, Ystormydd gwynt yn *tonni* mordwy 'r môr. Ar lafar, "Wi'n lico gweld y gwair yn *tonni* yn y gwynt', *GTN* 799. Cf. Islwyn: *Gw* 383, Llifeiriol lawnder *donna* dros ei ddolydd, / Môr aur cynhauaf yma sydd ysplenydd.
Amr.: **tonno. 1858.**

tonnaf²: tonni [bf. o'r e. *ton²*] *ba.* Torri tywarchen oddi ar (wyneb tir), didonni; pilio: *to cut away the turf from (piece of ground); peel.*
1803 *P, Tòni* . . . to pare, to peel. Ar lafar, 'Man' nw'n *tonni*'r cæ', *GTN* 799.

tonnell [*ton¹*+*-ell*] *eb.* ll. *tonellau.* Mân don: *wavelet.*
20g.

tonnen¹, gw. **ton¹.**

tonnen² [*ton²*+*-en*, H. Lyd. *tonnenn*, gl. *cutela*, Llyd. C. a Diw. *ton(n)enn* 'crofen; wyneb (y ddaear)'] *eb.* ll. *tonenni, tonennau, tonennydd.* Croen, crofen, crystyn, pil; wyneb (y ddaear); tywarchen; cors, siglen, mignen; hefyd yn *ffig.*: *skin, rind, crust, peel; (earth's) surface; turf, sod, sward; bog, swamp, quagmire; also fig.*
15g. *DE* 39, mae n felyn gelyn golwg / mae n wen y *donen* ai dwg [i'r gwallt]. **15–16g.** *GIF* 95, O Iwerddon ar *donnen* / i'r môr yn wir, morwyn wen [i San Ffraid]. **16g.** *Pen* 76, 25, gway gymrv gvmyscv gwen / a dv anial i *donen* (Huw Pennal). **16–17g.** (**17g.**) *CC* 60, os têg a fu Gresut wen / a thyner iawn ei *thonnen* (Thomas Prys). **1632** *D, Tonnen,* [Crusta, cuticula, cutis]. **17g.** E. Morus: *Gw* 20, Mae llawer afal ar frig pren / A melyn *donnen* iddo. **1660** Huw Morus: *EC* ii. 218, Fe ddu oerodd y ddaearen, / Deg *dônen* laswen lwys [marwnad John Foulkes]. **1703** E. Wynne: *BC* 51, Mae 'r Llawr i gyd ar d' ollwng / Maluriwyd hwn hyd Annwn / Yn *donnen* ddybryd. **1778** J. Hughes: *BB* 171, Fel golchi 'r llewpart brycha, / Neu grwyn y dynion dua ar *donnen* daiar. **1803** *P, Tonen* . . . A surface, an outer coating, peel, or paring; a cuticle; also, a bog, or quag. Ar lafar, '*tonnan*' 'a boggy, dangerous place grown over with grass in front of a plentiful spring', *WVBD* 536; ac yn yr ystyr 'crystyn bara', *Geir Geg* 14 (Brych. a Chered.); a 'chroen cig moch', *Cymru* liv. 132 (dwyrain sir Drefn.); 'Ma *tonnen* o dan y blew' (Brych.).
Amr.: **donnen. 16–17g.** *CRC* 225. Ar lafar, '*donnen* bara', "Dyw 'i *ddonnen* e'm yn gryf iawn' (canolbarth Cered.); 'Ma'r *ddonnen* 'ma'n flasus iawn heddiw' (sir Ddinb., am groen cig moch).
Cfn.: **tonnen las:** *greensward.* **1794** *W*, y *donnen lâs* d.g. *Sward* [*the surface*] *of the earth.* **yr un donnen:** *the spitting image.* **1937.** Ar lafar, 'Mae e *yr un donnen* a'r tylwyth', *CYLl* 118. Cf. *undon.*

tonnig [*ton¹*+*-ig¹*] *eb.* ll. *tonigau.* Mân don: *wavelet.*
1856 Islwyn: *Gw* 133, Dyfnder dyfroedd moroedd du / Yw dy gartref, *donnig* gu.

tonno, gw. **tonnaf¹: tonni.**

tôn-nod [*tôn¹*+*nod¹*] *e?g.* ll. *-au. Crdd.* Nodyn, hefyd yn *ffig.*: *note (in mus.), also fig.*
1806.

tonnog [*ton¹*+*-iog*] *a.*

(*a*) Llawn tonnau, ymchwyddus, garw, llifeiriol; yn symud yn donnau, a'i arwyneb yn debyg i donnau, ac iddo donnau (am wallt, &c.); hefyd yn *ffig.*: *wavy, billowy, rough, choppy, rolling, streaming; undulating, wavy (of hair, &c.); also fig.*
c. **1400** *R* 1354. 25–6, allong uaỽr ar llaỽr vch llanỽ *tonnaỽc.* *id.* 1355. 18–19, casgabyl vadaỽc *donnaỽc* din. **1588** *Doeth Sol* v. 10, Fel llong yn myned trwy 'r dwfr *tonnoc.* **1604–7** *TW* (*Pen* 228) d.g. *Fluctuans.* **1632** *D, Tonnog,* Vndosus. **1672** R. Prichard: *Gw* 19, Y mae Satan ynteu 'n cadw, / Pôb pechadur gwrryw a benyw, / Yn ei garchar *tonnog* [:– llawn tonnau] tywyll. **1683** H. Evans: *CTF* 38, Daethant hwy [meirwon] o'r môr yn gefnog; / Ond 'rwyt ti'n y dyfroedd *tonnog.* **1762** D. Rowland: *PA* 156, y mae rhai o ysbrydoedd mor *donnog* (*of such fluctuating spirits*), a chymmaint o'r elfen ddwfr yng nghyfansoddiad eu cyrph, fel y gallant wylo a chwerthin ar un anadl. **1770** *W* d.g. *Billowy, Undulated.* **1788** R. Jones: *DA* 61, Y llongau . . . a gynniweiriant i eithafoedd y byd ar hyd wyneb y *tonnog* för gwenheithus. Ar lafar, *WVBD* 536; 'cot *donnog* ar gi', 'gwallt *tonnog*', 'tir *tonnog*', *GTN* 799; "Odd y môr yn *donnog* iawn pan gyraeddson ni sir Benfro' (dwyrain Morg.). Cf. Islwyn: *Gw* 190, Fe lifai y cymylau'n nentydd / O *donnog* aur trwy'r pell wybrennydd; K. Roberts: *HD* 17, Yr oedd ganddi wallt *tonnog* liw mêl a syrthiai'n gyrliog ar ei gwddf.

(*b*) Gwrthnysig, penstiff, ystyfnig, cyndyn: *perverse, headstrong, stubborn, obdurate.*
1455–6 *Llst* 28, 192, Y mab a aner dan arwydd y tarw . . . yn Ievangk *tonnoc* a dryc anwydvs vydd. *id.* 200, Y mab a aner dan arwydd y vorwyn . . . ni vawr ofnir ond chwe/rw a *thonnoc* vydd a thec i ymadrodd. **15g.** *GDID* 34, Wrth y gwâr fal hygar hawg; / Wrth dynnu, fal arth *donnawg.* **16g.** *GGH* 376, Arwyddion diawl ar ddyn du / Yw *tonnog* lygad-dynnu. **16g.**

Wiliam Cynwal: *Gw* (R. L. Jones) 24, Tinnoeth lyseuwr *tonnog*, / Tyn yn y glyn tan y glog [i ofyn bwch]. **16–17g.** Edward Urien, &c.: *Gw* 28–9, Bu *donnog* y byd inni, / Bydd yn well wrth ein bodd ni. **1630** R. Llwyd: *LlH* 246, Ond os er hyn oll ni wellhaent ddim, eithr rhodio yn *donnog*, ac yn gildynnus yn ei erbyn ef. **1632** *D*, *Tonnog* . . . Contumax, protervus. **1688** *TJ*, *Tonnog* . . . heady, dogged. **1712** T. Williams: *CDdG* 182, am eu *tonnog* anghredinieth, ynghyd ai [*sic*] creulondeb tua'g-at fâb Duw, yr oeddynt [Iddewon] wedi ei [*sic*] hordeinio . . . i dderbyn ei ddigofaint ef. **1716–18** *Llsgr R. Morris* 161, Rwi finne yn afrowiog mor *donnog* ar dur. **1768** J. Jones: *HC* 36, Nac ofna'r hwn sy'n nagu'r iawn, / Gwr *tonnog* llawn o gynnen. **1769** Twm o'r Nant: *TChD* 59, Er bôd ambell un mor *donog* / Yn gwneud gwefle, fôd ini ormod o gyflog. **1793** Dafydd Ionawr: *CD* 86, Y *tonnog* wyr gyttunant, / Os arian gwiwlan a gant.

tonnol [*ton*[1] + *-ol*] *a.* Tonnog, llawn tonnau; yn symud yn donnau: *wavy*; *undulating*.
1803 *P*, *Tonawl* . . . Breaking like a surge.

tonogaf: tonogi [bf. o'r a. *tonnog*] *bg.* Tonni, ymchwyddo, mynd yn aflonydd: *to wave*, *undulate*, *billow*, *become turbulent*.
1770 *W* d.g. *To billow*, *To undulate*. **1803** *P*, *Tonogi* . . . To raise breakers or billows; to rise in billows; to become boisterous or turbulent.

tonogiad [bôn y f. *tonogaf*: *tonogi* + *-iad*[1]] *eg.* ll. *-au.* Toniad, ymdoniad: *undulation*.
1803 *P*.

tonogrwydd [*tonnog* + *-rwydd*] *eg.* Caledwch (calon), cyndynrwydd: *hardness* (*of heart*), *obduracy*, *steeliness*.
1630 R. Llwyd: *LlH* 218, Chwi â ddywedasoch yn dda tros ben am *donnogrwydd* (*steeliness*), a chaledwch calon y dynion hyn.

†**tonou**, gw. **tyno**[1].

tonsil [bnth. S. *tonsil*] *eg.* ll. *-(i)au*, *-s.* Unrhyw un o ddau dalp o feinwe lymffatig a leolir ar bob ochr i borth y llwnc, cilchwyrnen: *tonsil*.
20g.

tonsilectomi [bnth. S. *tonsillectomy*] *eg.* ll. *tonsilectomïau*. Llawdriniaeth sy'n tynnu'r tonsilau: *tonsillectomy*.
20g.

tonsilitis, tonsileitis [bnth. S. *tonsillitis*] *eg.* Llid ar y tonsilau: *tonsillitis*.
20g.

tonsur [bnth. S. *tonsure*] *eg.* Eilliad (corun) y pen, yn enw. wrth fynd yn offeiriad neu'n aelod o urdd grefyddol; y rhan o'r pen a adewir yn foel gan y cyfryw eilliad; y cyflwr o fod wedi eillio felly: *tonsure*.
1866.

tonwair, gw. **ton**[2] + **gwair**[1].

tonweddog [*ton*[1] + *gwedd*[1] + *-og*] *a.* Tonnog: *wavy*, *undulating*.
1866.

tonwen, tonwyn[1], gw. **ton**[2] + **gwyn**[1].

tonwyn[2], gw. **ton**[1] + **gwyn**[1].

tonydd [*tôn*[1] + *-ydd*[3]] *eg.* ll. *-ion.* *Crdd.* Gradd gyntaf graddfa sy'n ffurfio cyweirnod darn o gerddoriaeth; meddyginiaeth gryfhaol, tonig; (geir.) un sy'n acennu: *a tonic* (*in mus.*); *a tonic* (*medicine*); (*dict.*) *one who accents*.
1803 *P*, *Tonyz*, s. m.—pl. t. *ion* . . . An accenter.

tonyddaf: tonyddu [bf. o'r e. *tonydd*] *bg.a.* Llafarganu; acennu; tiwnio (offeryn cerdd): *to intone*; *accentuate*; *tune* (*musical instrument*).
1862.

tonyddiad [*tonydd* + *-iad*[1]] *eg.* Goslef, tonyddiaeth, aceniad: *intonation*, *accentuation*.
1803 *P*, *Tonyziad*, s. m. . . . Accentuation.

tonyddiaeth [*tôn*[1] + *-ydd*[3] + *-iaeth*] *eb.g.* ll. *-au.* Tôn, goslef; *Crdd.* cywirdeb traw wrth ganu â'r llais neu wrth ganu offeryn cerddorol; *Crdd.* y berthynas rhwng tonau gerddorol; *Crdd.* presenoldeb un cywair fel sail i gyfansoddiad; *Crdd.* system lywodraethol cyweiriau mwyaf a lleiaf cerddoriaeth y Gorllewin; cynllun lliw cyffredinol darlun; cerdd dafod; cytgord, harmoni, perseinedd, melodi: *tone*, *intonation*; *intonation* (*in mus.*); *tonality* (*in mus. and art*); *prosody*; *harmony*, *melody*.
1567 G. Robert: *GC* 10, beth yw *Tonyddiæth* . . . Rhan o ramadeg i gyfrwyddo dyn i adnabod iawn don, a chymwys fessurau ymadrodd. At y, [*sic*] rhan hon y perthyn pob dosparth ar gynghanedd a messurau cerd [*sic*] dafod. **1583** W. Midleton: *B* (Rhagymadrodd) 11, fo fydd gennyf drwy gennat dvw y *tonyddiaeth* yn berffeith erbyn ych gwelwyf nesaf yddwyf yn gobeithiaw y bydd gennych ithev [*sic*] rvw rann or gramadec gwedy y gwplav. *p.* **1584** G. Robert: *GC* [205], ni wasnaetha oedi *tonyddiaeth*, mwy, na gohirio moi dosparth: gan fod . . . i swydd hi, amlygu iawn don, a chymwys fessurau 'madrodd, a phob math ar gerdd dafod, sy dechnigawl, ag yn gymradwy ymysg beirdd awduredig a phenceirddied cymru. *Diw.* **16g.** **(1605)** *GP* 208, *Tonyddieth* yw rrann o ramadeg sydd yn plethu geirie i wneuthur sain diddan drwy synnio aken a grym y sillafeu. Mae pedwar peth yn perthynu i *donyddieth*, aken, kyfodl, kynghanedd, a messur. **16–17g.** Llywelyn Siôn, &c.: *Gw* 574, kastrawiaeth, kast ar awen, / kywir byth i kair oi benn. / *tonyddiaeth* halaeth hylawn, / a gair mewn llevair a gawn. *id.* 598–9, Ag yno, pwy ogenir, / Y gerdd a ddywaid y gwir? / Dygent hynt ffrwyth helynt ffraeth, / Dawn addysg lwybr *donyddiaeth*; / A meddylient meddyliaeth / Wrth ddeall, mae gwall ny gwaith. **1632** *D* d.g. *Modulamen*. **1722** *Llst* 189, *Tonyddiaeth*. f. Harmony, melody. **1759** *DG* 66, Ond all tafod ffrwyth-glod ffraeth, / Da naddiad a'i *donyddiaeth*? **1780** *W* d.g. *Prosody*. *c.* **1785–90 (1829)** *CBYP* 199, pann vo henw unic a berf liossoc i gyd . . . Bai yw hwnn herwydd . . . Cystrawiaeth ag nyd herwydd *tonyddiaeth*. **1803** *P*, *Tonyziaeth*, s. m. . . . A tonation, accentation. Cf. R. Davies: *GC* 111, er mwyn amlygu gwahanol gynhyrfiadau a chyfröadau [*sic*] 'r meddwl, arferir amryw . . . *donyddiaethau*; a phob cyffröad a eglurir gyd â thôn briodol.

tonyddol, tonyddiol [*tonydd*(*iaeth*) a *tonydd* + *-(i)ol*] *a.* Persain, melodaidd; yn llafarganu; *Sein.* pwysleisiol, goslefol; *Crdd.* yn perthyn i donydd; tonnog: *melodious*; *intoning*; *tonic*, *intonational* (*in phonet.*); *tonic* (*in mus.*); *undulating*.
1722 *Llst* 189, *Tonyddiol*. Tuneable, melodious. **1794** *W*, *tonyddol* d.g. *Tunable*.

top[1] [bnth. S. *top* 'highest point, &c.'; cf. yr e. lle Crn. (*Gweal-an-*)*Top*] *eg.* ll. *-(i)au*, a hefyd gyda grym ansoddeiriol.

(*a*) Y lle neu'r pwynt uchaf, copa, brig, pen; yr arwyneb uchaf; y rhan uchaf, dilledyn (e.e. blows, siwmper, &c.) i'w wisgo ynghyd â sgert, trywser, &c., rhan uchaf esgid; (fel arfer yn y ll.) dail planhigion a dyfir ar gyfer eu gwreiddiau; blagur (blodeuyn); hefyd yn *ffig.*: *top*, *summit*, *peak*; *top* (*surface*); *top* (*part*), *top* (*article of clothing*), *top* (*of shoe*); (*usu. pl.*) *tops* (*of root vegetables*); (*flower*) *bud*; *also fig.*
14g. *GIG* 13, Pwy sy o rym pasio'r iaith? / Pwy'n dilid *top* hen dalaith? *id.* 47, Tai nawplad fold deunawplas, / Tai pren glân mewn *top* bryn glas [i lys Owain Glyndŵr]. **15–16g.** *TA* 235, Hwya pren yn *nhop* yr allt, / Rhisiart yn nhyrau Oswallt. *c.* **1500** *GO* [341], Pinagl y'*nhopp* awenydd / A naddai yfo ynn i ddydd [marwnad Gutun Owain]. **1547** *WS*, *Top* neu vric Toppe. *a.* **1575** *GGN* lx, sein Ion teg Sion Wyn wyt ti / ap hugh lan *top* haelioni (Huw Pennant). *Diw.* **16g.** *WLB* 30, Kymer afal a thor y *top* y pen uchaf iddo. **16–17g.** *B* viii. 115, arwydd amlwg fod *topiev* yr koedydd gwedi ev dinoethi. **1632** *D*, *Topp*, Summitas. **1696** *CDD* 298, Prŷn obaith, a chariad or [*sic*] goreu'n y siop, / A golch dy gydwŷbod yn lân hŷd y *top*. *c.* **1740** *LlM* 29, cymmer Bint o hên Fir cryf a gwna hwynt yn Bosel, a thyn y *top* ymaith yn llwyr gan eu hidlo trwy Liain. **1803** *P*, *Top*, s. m.—pl. t. *iau* . . . A top. Ar lafar, 'Fe gwmpws rwpath ar *dop* 'y men i', ''Odd a'n ishta ar *dop* y wal', 'Cera i *dop* y cæ', *GTN* 799; 'Ma'r rosys yn *dops* i gyd' (dwyrain Morg.); '*top* y mynydd'; hefyd yn yr ymad. 'wedi llosgi'n y *top*' 'in a bad temper', *WVBD* 536; ''Ôn i 'di meddwl gwisgo '*nhop* glas ond mae o'n fudur' (y Gogledd); 'Ma hi wedi symud o'r ysgol *dop* i'r ysgol waelod'. Digwydd fel elf. mewn e. lleoedd, e.e. *Cae Top* (Bangor), *Top y Rhos* (yr Hob, sir Ffl.). Cf. Talhaiarn: *Gw* i. 262, yn ei glos bwff goreu, a'i fwtsias *topiau* cochion; D. J. Williams: *ChHO* 13, ni, wŷr *top* Shir Gâr.

(*b*) (yn y ll.) Mynydd-dir, tir bryniog: (*pl.*) *mountainous or hilly country*.
1929 K. Roberts: *RhB* 60, Mi fydd yr hen Falan i lawr heno o'r *topiau* yna yn hwyr fel arfer. Ar lafar, 'Fel plant 'roddan ni'n arfar cerad lot hyd y *topia*—Cwm Silyn a Cwm Dulyn ac ati', 'Man' nw'n byw yn *topie* 'cw' (y Gogledd).

(*c*) To neu nenfwd twnnel, lefel, &c., mewn gwaith glo, mwynglawdd, &c.: *roof or ceiling of tunnel*, *level*, *&c.*, *in colliery*, *mine*, *&c.*
Ar lafar, '*T*[*op*] dä', '*T*[*op*] gwä'l', *B* viii. 223 (dwyrain Morg.); '*Top* yr agor', *id.* xx. 382 (ardaloedd chwareli'r Gogledd); *Geir Mwyn* 55; 'Y ddwy fraich yn dala'r ochre a'r coler yn dala'r *top*' (deddwyrain sir Gaerf.).

(*d*) Gwallt, blaen mwng (ceffyl), hefyd yn *ffig.*: *hair* (*of head*), *forelock* (*of horse*), *crest*, *also fig.*
14g. *GIG* 71, Rhai'n tynnu *top* o boparth / Gwallt y pen megis gwellt parth [marwnad Ithel ap Robert]. **15–16g.** *TA* 395, Mor egwyddfrom ar goedffridd, / A'i *dop* a'i rawn hyd y pridd; / Gadu un o'i gudynnau, / Er eillio i fwng a'r llaw fau [i ofyn ebol]. **15–16g.** Llawdden, &c.: *Gw* 167, Gŵr a modd a grym iddaw / O hanner naid hwy na'r naw. / Cwnstabl, cannoes y dyblir / Crest a *thop* Caer Ystwyth hir.

(*e*) Topyn potel, &c., plwg; clawr neu gaead (jar, sosban, &c.): (*bottle*, *&c.*) *top*, *plug*, *stopper*, *bung*, *cap*; *lid* (*of jar*, *saucepan*, *&c.*).
1547 *WS*, *Top* i stoppio Astoppe [*sic*]. *Dchr.* **17g.** *J* 10, 159b, *Top*. Stoppell. **1632** *D*, *Topp*, Obstructorium. **1722** *Llst* 189, *Topp* m.p. *Toppau*. A stopper. **1803** *P*. Ar lafar, ''Nei 'di dynnu'r *top* off y botel 'ma i fi?', 'Dod y *top* ar y sosban i'r tato gwco'n gynt' (sir Gaerf.).
Cfn.: **top gorllanw:** *high tide*, *high-water mark*. Ar lafar, 'mae hi'n *dop gorllan* am dri', *ISF* 73; *WVBD* 160. **top gorllanw marddwr:** *neap tide*. Ar lafar, *WVBD* 160. **top y llaeth:** *top of the milk*. Ar lafar, ''Fi'n lico câl *top y llath* amser brecwast'. **top ei (dy, &c.) lais:** *the top of his* (*your*, *&c.*) *voice*. **1874.** Ar lafar, 'Pan mae Mam yn grac ma hi'n gweiddi ar *dop 'i llais*'. Cf. D. Owen: *D* 71, Siaradai pawb yn *nhop ei lais*. **top (y) rhod:** ?*top of the wheel of fortune*. **15–16g.** *TA* 268, Doe'r oedd ddeudu urddedig, / Am ffrae neu ddwy, Wmffre'n ddig; / Heddychu heddyw uchod / A wnâi parhau'n *nhop y rhôd*. **16g.** *WLl* 168, Da wyd arglwydd dad eurglod / Da parhaych ar *dop y rod* [i Richard Davies, esgob Tyddewi]. **1611** *NBSF* 607, Ag yn *hopp rhod* malldod maith / marw a gadw y mowrwaith [marwnad Siôn Salbri II]. **17g.** *CC* 14. **top y tepot:** *the best person or thing*, (*the*) *tops*. Ar lafar, 'O y fe yw *top y tepot* am wara ffwtbol', *GTN* 799. **bod (yn) dop ar:** *to be hard up or in want*. **20g.** Cf. K. Roberts: *TG* 87, 'Ydi Nanw Siôn yn dlawd iawn?' . . . '*Mae* hi reit *dop arni* hi'; R. E. Jones: *ALIC* 271, Rhaid ei *bod* hi'*n dop ar* Meri Jên am ŵr, cyn y basai hi'n priodi ryw larp diog fel Robin. **o'r top:** *from the top*, *from the beginning* (*of a performance in a rehearsal*). Ar lafar, ''Allwn ni fynd *o'r top*?' **o'r top i'r gwaelod (o'i, &c., dop i'w, &c. waelod):** *from top to bottom*. **1836.**
Gw. hefyd **topan**[1], **topen**[1], **topyn**[1].

top[2] [bnth. S. *top* 'spinning toy'] *eg.* (bach. *-yn*) ll. *-(i)au.* Tegan sy'n troi ar bwynt pan roddir ef i fynd â llaw, cortyn, chwip, &c., chwirligwgan: (*spinning-*)*top*.
c. **1400** *B* ii. 18, Gware *dopp*. na chware daplas. **1607** *Pen* 216, 104, O un hyd yn ddec, dyn bychan ydiw, chware chwip a *thopp* ydiw i ysbort. **1632** *D*, *Topp* . . . trochus. **1688** *TJ*, *Topp*:) a Top to play with. **1722** *Llst* 189, *Topp* m.p. *Toppau* . . . a top to play with. **1794** *W*, *Topp* . . . toppyn d.g. *Top* [*that children play with*]. **18–19g.** *HG* 192, Rho Lyfr a *thop* ith fachgen. Ar lafar, 'troi, chwara *top*', '*topyn*', *WVBD* 536; 'cyn chwiled â *thopyn*' (Arfon); 'Nes i gysgu fel *top* neithiwr' (sir Ddinb.); ''Odd *top* 'da ni pan ôn ni'n blant' (sir Gaerf.); hefyd yn yr ystyr 'ellyll bach, cenau bach, &c. (am blentyn)', 'dos odd'ma, 'r *topyn* diawl', *ISF* 73; ac yn yr ystyr 'person hunandybus sy'n ceisio codi yn y byd', 'Hen *dopyn* bach ydi o' (Môn). Cf. D. Owen: *GT* 101, tarawodd Ernest Harri yn ei dalcen . . . gyda'r fath rym nes peri iddo droi o gwmpas fel *top* a syrthio ar ei gefn.
Cfn.: **topyn cwrs:** ?*whip-top*. **1884.** **top cysgu:** *sleeping top*, *type of* (*spinning-*) *top which appears to be stationary while spinning*. Ar lafar, T. V. Jones: *Chwaraeon* 417. **top chwipio:** *whip-top*. Ar lafar, T. V. Jones: *Chwaraeon* 417. **top ffenestr:** *'window breaker'*, *kind of* (?*peg-*) *top*. Ar lafar, T. V. Jones: *Chwaraeon* 421 (Môn). **top llaw:** *small* (*spinning-*)*top*. Ar lafar, T. V. Jones: *Chwaraeon* 424. **top sgŵl:** *kind of top containing a nail*. Ar lafar, T. V. Jones: *Chwaraeon* 424 (Meir.). Cf. E. Tegla Davies: *Gŵr Pen y Bryn* (1923) 47, medru gwybod sut y gŵyr plant ar ba adeg ar y flwyddyn i

ddyfod â marbls allan, a pha adeg y pegi a'r *top sgŵl.*
top(yn) sgwrs (sgwrj): *whip-top, also fig.* **16–17g.** T. R.
ROBERTS: *EP* 240, Da, da pes caid dau *dop scwrs,* /
Tebyg i grychiad tewbwrs [i ofyn galigasgyn]. Ar
lafar, 'Mi hitis i o ar i lepan nes oedd o'n troi fel
topyn sgwrs, B i. 101 (Arfon); "Odd a'n troi fel *top
sgwrj*' (dwyrain Morg.). Cf. *LlGC* 1173, 27, Top a
scwrj = top and whip. **topyn tro:** *(spinning-)top.* **1794**
W d.g. *Top [that children play with].*

topad [bôn y f. *topaf*¹: *topi*+*-ad*², trf.
han.] *eg.* Twlciad, corniad: *a butting, goring.*
Ar lafar, 'Gath e *dopad*' (gogledd sir Gaerf.).

topadil [?amr. ar *daffodil*] *e?g.* Cenhinen
Bedr, *Narcissus pseudonarcissus: daffodil.*
Ar lafar, G. AWBERY: *BM* 17 (sir Gaerf.).

topaf¹: **topi** [?bf. o'r e. *top*¹; ?cf. S. *(to)
tup* 'to butt like a ram'] *bg.a.* Taro â'r pen
neu'r cyrn, hyrddio, twlcio, cornio, hefyd
yn *ffig.*: *to butt, gore, also fig.*
1707 *AB* 272c, To Butt as a Ram, S. W. *Toppi.*
1722 *Llst* 189, *Toppi.* as Cornio. Ar lafar, B iv. 303
(canolbarth Cered.), GDD 303, TGG (1907–8) 90
(de-orllewin sir Gaerf.), id. 111 (godre Cered.);
"Odd yr hen darw'n *topi*' (gogledd sir Gaerf.). Cf.
D. J. WILLIAMS: *ChHO* 22, Gwelswn cyn hynny
ambell ddau hwrdd yn *topi* ei gilydd; id. 130, Caradog
Evans . . . [c]afodd hwyl fawr weddill ei oes yn *topi*
hyrddod rhagrith ei genedl.
Gw. hefyd **topiaf**: **topio.**

topaf²: **topi** [?bf. o'r e. *top*² (?cf. yr
ymad. 'cysgu fel top')] *bg.* Hepian: *to doze,
snooze.*
Ar lafar, B xii. 25 (Llanelli).

topaf³: **topi** [cf. *ymdopaf: ymdopi*] *bg.*
Ymdopi, dod i ben: *to cope, manage.*
Ar lafar, "Wi'n gallu *topi*'n lew â nw" (de Brych.);
'Siwd ych chi'n *topi*?' (dwyrain Morg.).

topaf⁴: **topo, topi,** gw. **topiaf: topio.**

topan¹ [*top*¹+*-an*¹] *eg.* ll. *-au.* Siobyn neu
ffluwch (o wallt), crib (aderyn), top
(pen): *tuft or bush (of hair), crest (of a bird),
top (of head).*
16–17g. GST i. 578, Troes Duw'n gŵl trostyn' i'w
gau / To pân hyd eu *topanau* [i ofyn ŵyn]. id. 715, Y
ddylluan, *dopan,* dew, / A roes gwaedd o wrysg eiddew.
16–17g. *PhA* 117, pann gwych ar y penn a gaid / ar
pann yw'r *toppan* euraid. Dchr. **17g.** CRC 165, ac ar i
drwyn y tyfodd *toppan* eddi [dychan i berson caled].
id. 442, Andras yth *doppan* karth / byddi hid y nos yn
kyfarth [yr wtreswr wrth y dylluan].
Gw. hefyd **topen**¹.

topan²,³, gw. **topen**¹,².

topangrych, gw. **topan**¹+**crych.**

topas [bnth. S. *topaz*] *eg.* Mwyn. Maen
gwerthfawr, bellach am un melyn, di-liw,
neu las golau, sef silicad o alwminiwm
sy'n cynnwys ffluorin: *topaz.*
16g. DWH i. 335, melyn . . . *Topas* . . . Gwynn
. . . Perl . . . Koch . . . Ruby. **1588** *Job* xxviii. 19, Ni ellir
cyffelybu y *Topaz* o Ethiopia iddi hi [doethineb].
1588 *Esec* xxviii. 13, pob maen gwerth-fawr a'th
orchuddie di: Sardius, *Tophas* [sic], ac Adamant.
1672 R. PRICHARD: *Gw* 434, Mae 'n y nefoedd dai
o *dôpas* [:– Maen gwerthfawr]. **1773** J. ROBERTS:
GY, Topas] Maen Gwerthfawr o liw glas. **1798** WR
d.g. *Topaz.*

topasion, topasiwn [bnth. S. *topazion*] *eg.*
Topas: *topaz.*
16g. LEWYS MORGANNWG: *Gw* 611, maen
[diwyg.] wyt Wiliam went haelwych / ap Sion gwerth
topasiwnn gwych. id. 621, ti yw r maen gwyrth trwy i
main gwn / ti ai pwysg *topasiwn.* **1620** *Dai* xxi. 20, y
nawfed, *Topazion.* ?**17g.** Iolo MSS 91, y maen cyntaf
a elwir *topasiwn* a hwnnw y sy faen semi ac ayr y
gelwir ef mewn arfay,, [sic] a rinwedd y maen hwn
yw gwr bonheddic ay dyko ef ar fatel kenhadwr
cywir a fydd y frenin y rhwn y hwn ryw faen a oedd ynghoron
yr angel pan yrwyd lysyffer o'r nef.

topcastell [*top*¹+*castell* ar ddelw'r S. *top-
castle*] *eg.* Llwyfan gaerog ar ben hwylbren
llong i saethu neu daflu teflynnau oddi
wrthi; Her. llun o'r cyfryw fel dyfais; hefyd
yn *ffig.*: *top-castle; representation of this as a
heraldic device; also fig.*
14–15g. IGE² 304, Cans marw, nid gwiw yw arwain /
Gwin o bell, *top castell* cain [marwnad Meredudd ap
Cynfrig o Fôn gan Rys Goch Eryri]. **15g.** GLGC
188, I Dŷ Iago'r aeth trwy dagell—heli, / hwylwynt a
thop castell. id. 500, a'r llong fawr . . . / . . . / â'i *thop*

castell o bell byd, / a'i theirwyl o wyth wryd. **16g.** *Mos*
113, 55, Vlltyd varchoc ef a ddwc ariant tri hwylbrenn /
tri *thopcastel* [sic] aur.

topcot, top-côt [bnth. S. *topcoat*] *eb.* ll.
topcotiau, topiau-cotiau. Côt fawr, côt
uchaf: *topcoat.*
19g. T. JONES: *AJ* 19, Mae [sic] hwythau'r Reliev-
ing Officers / A'u *topia* [sic] *cotiau* mawr, / A'r wyneb
coch a sbotiog, / A'r bol yn herio'r llawr. Ar lafar yn y
Gogledd, *LGW* [514]–15. Cf. K. ROBERTS: *LW* 12,
Mae ganddo *dopcot* ddu.

topell [*top*¹+*-ell*] *e?g.* Plwg: *plug.*
1780 W d.g. *Plug [a sort of wooden peg or stopple].*

topen¹ [*top*¹+*-en*] *eb.* Sypyn (yn enw. o
eithin): *bundle (esp. of gorse).*
1897 *Cymru* xiii. 94, byddwn adref erbyn pedwar
i'r funud, wedi hel wyth ugain *topan* o eithin a'u
llwytho.
Gw. hefyd **topan**¹.

topen² [?elf. anh. (?cf. S. taf. (Cernyw)
tob)+*-en*] *eb.* ll. *-ni, topi(n)s.* Tywarchen:
piece of turf, sod.
1960 K. ROBERTS: *LW* 65, gweled bechgyn o'r
ffordd yn lluchio *topis* i'w gardd at ei genethod a
chwaraeai yno. Ni allai hi weled pwy oedd y bechgyn
a luchiai'r *topis,* ond yn y man fe hitiwyd Dilys yn ei
phen â *thopen,* ac aeth i grio. Ar lafar yn Arfon.

topgalant [bnth. S. *topgallant*] *e?g.* ll. *-au.*
Hwyl a roddir uwchben y frig-hwyl, hefyd
yn *ffig.*: *topgallant, also fig.*
1630 R. LLWYD: *LlH* 51, beth â ddywedwch chwi
am goluro wynebau, noethi dwyfronnau, lliwio y
gwallt, gwisco y periwig, a gwallt gosod, a *thop-
galantau?* **18g.** *W Ballads* 197, 7, Bydd Llong y
Martsiant Dan *dop galant.*

topî [bnth. S. *toupee*] *eg.* ll. *-s.* Cudyn o
wallt wedi ei gribo i fyny ac yn ôl o'r talcen,
ciw-pi: *lock of hair brushed up and back from
the forehead.*
1839.
Amr.: **tiwpi** (? ≡ *tiw-pi*). **1876.**

topiaf, topaf⁴: **top(i)o, topi** [bf. o'r e.
*top*¹] *bg.a.*
(a) Cau, stopio, plygio, hefyd yn *ffig.*;
rhagori (ar); ail-lenwi (gwydryn, &c.);
?marchogaeth: *to stop, block up, plug, bung,
also fig.; surpass; top up (glass, &c.); ?ride.*
1581 B ix. 104, dwyn tapr kerdd duw'n *topir* kan /
dwyn torts aeth dawn tyrts weithian [marwnad
Hywel ap Syr Mathew]. a. **1587** Y 45, *Topia*'r gwŷr, ti
piav'r gad, / Tanfa llwgr, tyn fy llygad! **16–17g.** RAGR
305, fel ir oeddwn /i/ noswaith fel /i/ baswn ganwaith /
yn dyfod or daith ddifantes / Am wyneb tü am noddfa
kan *dopio/r/* march cwtta / dy dipi dy dopa mi dripies.
16–17g. EDWARD URIEN, &c.: *Gw* 309, Trwy fawr-
edd at wir fwriad / *Topiaist,* ystopiaist ystad. **16–17g.**
GST i. 203, Os daw'r uthrwas drwy athrod / *Topia*'r
glust, ti piau'r glod. Dchr. **17g.** *J* 10, 159b, *Toppio.*
oppilo. **1667** E. EDWARDS: *FfDd* 85, Gelli lenwi dy
gostrel o wybodaeth iachus, oddeithr i galedwch dy
galon ei *thopio* fal na ddelo i mewn. **1696** CDD 65,
Toppiwch y teppyn, na cheisiwch ymofyn, / Am fygyn,
sef gelyn y golwg. **1791** J. HARRIS: *Alm* 39, Mawr
oedd y rhinweddau gawd yn y pren yma [y dderwen], /
Mae'n *toppo* Ewropa mewn doniau mwyn da. **1793**
N. WILLIAMS: *HM* 11, Ceisiwch Erfin neu Faip . . .
dodwch had-anis, mâl ffenigl . . . ynghyd yn y pedwar
chwart dwfr Maip, mewn ystên bridd; *topiwch* hi yn
glos, a dodwch yr ysten hyd at eigjoldf mewn crochaned
o ddwfr. **1803** P, *Topiaw* . . . To top, to form a crest.
Ar lafar, "Ôn i'n fishi'n *topo*'r poteli diod fain pyn
dæth a', (*Top twlle*', B iv. 303 (canolbarth
Cered.); 'Y mae'n rhaid *topo* twll y llygod 'na yn y
llaethdy', *Cymru* lxv. 152 (godre Cered.); ac am
ŵyn bach yn methu ymgarthu, 'Mae'n bwysig iawn
cadw'r ŵyn rhag *topio*' (Penllyn); hefyd yn yr ystyr
'magu brig da', 'Ma'r llafur 'yn yn *topo*' (de-ddwyrain
sir Gaerf.); 'Ma rai'n gweud bod isia *topo* peth o'r

brica, bod gwell blota'n dod' (dwyrain Morg.);
'*Topwch* y gannwll 'na i ni gâl gwell gola' (dwyrain
Morg.). Cf. D. OWEN: *SP* 57, gofalid am snuffers ar
bob pwlpud er mwyn i'r pregethwr allu *topio* y
canwyllau pan ddechreuent ddylu.
Cfn.: **topio i fyny:** *to top up.* Ar lafar, 'Topia 'nglàs i
fyny, 'nei di?' (Arfon). **topo lan** = **topio i fyny.** Ar
lafar, 'Ma isie *topo lan* y tebot os 'ti'n moyn te' (sir
Gaerf.).
Gw. hefyd **topaf**¹: **topi.**

topical [bnth. S. *topical*] *eg.* gan amlaf yn
y ll. *-iaid,* a hefyd fel *a.* Cân neu bennill ar
bwnc o ddiddordeb amserol; amserol,
cyfamserol: *topical song or verse, topicality;
topical.*
1932.

topig [cfdds. o'r S. *top(ic)+-ig*²] *e?g.* ll.
-au, a hefyd gyda grym ansoddeiriol. Pwnc,
thema, testun: *topic.*
20g.

topin¹ [bnth. S. *topping*] *eg.* ll. *-s.* Haenen
neu enllyn uchaf saig o fwyd: *a topping (on
food).*
20g.

topin², **topins,** gw. **topyn**¹, **topen**².

topiog, topog¹ [*top*¹+*-(i)og*] *a.* Ac iddo
dop: *topped.*
1753 RWM i. 753, Draenllwyn tw pengrwn to
pengrych *topog.* **1803** P, *Topiawg* . . . Having a top, or
crest.

topis, gw. **topen**².

toplyd [bôn y f. *topaf*¹: *topi*+*-lyd*] *a.*
Tueddol i dwlcio neu gornio, corniog: *apt
to butt or gore.*
Ar lafar, GDD 303.

topog¹, gw. **topiog.**

topog² [bôn y f. *topaf*¹: *topi*+*-og*] *a.* Tuedd-
ol i dwlcio neu gornio, corniog: *apt to butt
or gore.*
1860.

topograffaidd [cfdds. o'r S. *topograph(ic)
+-aidd*] *a.* Topograffig: *topographic(al).*
20g.

topograffeg [cfdds. o'r S. *topograph(y)+
-eg*¹] *eb.* (Astudiaeth neu ddisgrifiad manwl
o) nodweddion ffisegol ardal neilltuol:
topography.
20g.

topograffi [bnth. S. *topography*] *eg.* Topo-
graffeg: *topography.*
20g.

topograffiaeth [cfdds. o'r S. *topograph(y)
+-iaeth*] *e?b.* Topograffeg: *topography.*
20g.

topograffig [cfdds. o'r S. *topograph(ic)+
-ig*²] *a.* Yn perthyn i dopograffeg: *topograph-
ic(al).*
20g.

topograffigol [cfdds. o'r S. *topograph(ic-
al)+-ig*²+*-ol*] *a.* Topograffig: *topograph-
ic(al).*
20g.

topograffwr, topograffydd [cfdds. o'r S.
*topograph(er)+-wr, -ydd*³] *eg.* ll. *topograff-
wyr.* Arbenigwr mewn topograffeg: *topog-
rapher.*
20g.

topograffyddol [*topograffydd+-ol*] *a.*
Topograffig: *topographic(al).*
20g.

topol [bnth. S. *top-hole*] *eg.* ll. *-ion, topoil-
(i)on.* Trychfa gul ar oleddf i fyny mewn
gwaith glo: *top-hole, top-head (in a coal-
mine).*
1850. Ar lafar, 'Drifo'r *topoilon* lan wedyn' (de-
ddwyrain sir Gaerf.). Cf. *Geir Glo* 9, *topol* . . . math o
dalcen a godai'n serth oddi ar yr hedin wrth ddilyn y
wythien lo: gwythiennau tenau a weithid yn y dull
hwn fel arfer; ni byddai modd defnyddio dram yn y
fath le cyfyng, felly cludid y glo o ffas y *topol* mewn
cart neu gar llusg neu ei wthio oddi ar ayr hyd rhes
o shtiau; ib. *topol* aer[,] y *topol* cyntaf mewn hedin;
bwrid ef drwodd yn syth i hedin a redai uwch ei ben

er mwyn hwyluso rhediad yr aer (gorllewin Morg. a sir Gaerf.).

topoleg [cfdds. o'r S. *topol(ogy)*+-*eg*^{1}] *eb.* Yr astudiaeth o briodoleddau geometrig a pherthnasau gofod nas effeithir arnynt gan newid parhaol yn siâp neu faint ffigurau; trefniad a rhyng-gysylltiad rhannau cyfansoddol, e.e. cyfrifiaduron mewn rhwydwaith: *topology.*
20g.

topolegol [*topoleg*+-*ol*] *a.* Yn perthyn i dopoleg: *topological.*
20g.

toponymeg [cfdds. o'r S. *toponym(y)*+ -*eg*^{1}] *eb.* Gwyddor enwau lleoedd: *toponymy.*
20g.

topos [bnth. S. *topos*] *eg.* ll. *topoi.* Thema neu gysyniad sylfaenol (mewn llenyddiaeth), ystrydeb: *topos.*
20g.

topren, gw. **tobren.**

topsl [bnth. S. *topsail*] *eg.* Brig-hwyl: *topsail.*
20g.

topston, topstan, topsten, *eb.* ll. -*au.* Mesur gwlân amrywiol ei faint: '*topstone*', *a measure of wool of varying quantity.*

1814 W. Davies: *Agric . . . S. Wales* ii. 499, 2lb. avoirdupois in the pwys; 3½ pwys in the *topston*; and four *topstons* in the maen. Ar lafar, '*Topstan*' 'Pwysau o un pwys ar ddeg o wl[â]n', *Cymru* xxxix. 95 (Brych.); '*topstan*' 'pecyn wythbwys o wlân' (gogledd Cered.). Cf. *CYLl* 42, Am *Dopsten* o wlân / Yn uchel eu cân; / Am wlana pen mynydd / Am *dopsten* o wlân; *Ceredigion* vii. 262, Thus from 1522 until early in James I's reign the rent of Fron Ddu in Dihewyd was 6s. 8d. yearly plus . . . payments of a teal of oatmeal, a sheep, half a topstone of wool, and six capons.

topteiliaf: topteilio [bnth. S. (*to*) *top* (*and*) *tail*] *ba.* Torri pennau a chynffonnau (ffrwythau, &c.): *to top and tail* (*fruit, &c.*).

Ar lafar, '*topteilio* cwsberis' (Arfon).

topyn^1 [*top*^{1}+-*yn*^{1}; ?a bnth. S. C. *toppinge* 'the hair on top of the head'; ansicr yw'r engh. gyntaf] *eg.?b.* ll. -*nau*, (yn ystyr adran (*c*)) *topiau.*

(*a*) Plwg i gau potel, &c.; darn (o dybaco i'w gnoi); hefyd yn *ffig.*: (*bottle, &c.*) *top, plug, stopper, bung, cap; plug* (*of tobacco for chewing*)*; also fig.*

1632 *D*, Topp, Obstructorium, trochus. *Toppyn*, Diminut. **1722** *Llst* 189, *Toppyn.* m.p. *pynnau.* A little stopple. **1756** *ML* i. 437, Mi brynais siwg a ddaliai'r cwbl oll ac ai rhoddais ynddi, mi roesym *doppyn* o gork ynddi. **1777** E. Roberts: *DG* 43, Gwyn ei fyd a gae lâdd un am dwylo / ai roi'n *doppŷn* ar Adwy ffordd i mae'n rhodio. **1780** *W* d.g. *Plug* [*a sort of wooden peg or stopple*]. **1803** *P*, *Topyn*, s. m. dim.—pl. t. *au* . . . a stopple. Ar lafar, 'rhoi *topyn* mewn twll' 'to fill up a gap' (in a hedge), *WVBD* 536; 'Rhoi *topyn* yn nhwll y nyth cacwn', *Cymru* liv. 132 (dwyrain sir Drefn.); *TGG* (1907–8) 111 (godre Cered.); 'Rhaid inni roi *topyn* yn y bwlch i rwystro'r defed rhag mynd i'r egin', '*topyn* i gau'r gloer ar rewynt' (Penllyn). Fe'i clywir hefyd yn yr ystyr 'nobyn, cnepyn, cnotyn (e.e. ar gaead tebot)', *WVBD* 536; ac ymhlith pysgotwyr y glannau yn yr ystyron 'darn pren siâp corn tro . . . ac arno dair rhigol i dderbyn tair haen o raff wrth eu cordeddu'n un rhaff fwy trwchus ar gyfer rhwyd bysgota', 'caead pren tua 10 modfedd o grwn a hanner modfedd o drwch a roddid dros gnyw'r cawell cadw tra byddai yn y dŵr', *B* xxv. 56.

(*b*) Pen (planhigyn): *head* (*of plant*).

16g. *LlS* 13, Y Vywfyth . . . yn y peruedd y tyf paladr o rychwant o hyt yn dwyn *topýn* a blodæ gwelw. *id.* 24, Y Dagaratr . . . Y llys hwnn sy a gwydd cangenoc iddo . . . a *thoppynnæ* eiddil. *id.* 100, Y Bwltws . . . tyfy a wna yn grẃn ac yn tebic y afal ne i *dopyn* y Papi. *id.* 147, March yscall garddæ . . . llawn dail ac arno *dopyn* yn ewinedd pigowgion.

(*c*) Sypyn, bwndel: *bundle, bunch.*

c. **1740** *LlM* 18, Cymmer *dopyn* o flodau Banadl. Ar lafar, '*topyn* brwyn' 'brwyn wedi eu trefnu at doi tas. Clymir y naill ben a'i wthio i mewn i'r das gan adael y pen arall yn rhydd i'r dŵr redeg drosto', *LlLlM* 103. Cf. H. Evans: *CE* 101, Cymerai y towr *dopyn* yn ei law dde. Wedi rhoi tro tebyg i gwlwm yn un pen iddo, â'i law chwith codai gynffon yr hen do yr ochr bellaf oddi wrtho; yna rhoddai flaen y topren ym mhen y *topyn* a gwthiai ef i mewn i'r to; E. P. Morgan: *Y Graith* (1943) [271], *topyn*: bwndel o briciau, wedi'u clymu â gwellt, at ddechrau tân; E. Wiliam: *TFB* 95, The thatcher thrust a hole in the wattle underthatch . . . A handful of straw was then knotted at its end and thrust into the hole. The whole roof was thus covered with thousands of knotted handfuls (*topiau*) of thatch.

(*d*) Gwallt, ciw-pi, siobyn (o wallt, o wlân): *head of hair, lock of hair brushed up and back from the forehead, tuft* (*of hair, wool*).

15g. *DE* 16, twyn o wallt val tonnau aur / tidau o liw golt ydoedd / *topyn* dlos tw banadl oedd [i ferch]. **16–17g.** *CRC* 54, *Toppun* eurfrig impin talgrwn / peredd barabl glan gondissiwn . . . / *Toppun* crych fel avr toddedig / sydd ir impin per caredig. *id.* 83, onnid rhyfedd ir merched fyngweled i yn hen / kyn gwynv mom *topvn* na llwydo mom gen. **1630** R. Llwyd: *LlH* 49, Ac am y ffardingal gwmpassog, y cudŷnau lleision, y *topynnau*, y crych-wallt. **1632** *D*, Topp, Summitas . . . Inde *Toppyn*, Cęsaries, coma. **1722** *Llst* 189, *Toppyn.* m.p. *pynnau* . . . a bush of hair on the crown of the head. *c.* **1740** *LlM* 4, a thranoeth dôd y sug yn dy Glust a *thopyn* o Wlan du arno. **1759** *BC* 77, Er Uched dy Wrychyn, mi dippia dy *doppyn* / O flewyn i flewyn yn sydyn dan Sêr [am henaint]. **1774** *W* d.g. *Hair, A fore-top of hair* [*toupee*].

(*e*) Blawd ceirch bras yn cynnwys rhywfaint o eisin, blawd llymru: *coarse oatmeal containing some bran, flummery meal.*

1905. Ar lafar, 'deupen y geirchen ynghyd â'r eisin. Byddid yn gwahanu'r *topyn* oddi wrth gnewyllyn y geirchen, sef y rhynion, cyn malu'r ceirch i gael blawd. Defnyddid y *topyn* i wneud llymru a sucan gwyn', *Geir Geg* 67 (Môn).

Cfn.: **topyn melin:** *flummery meal.* Ar lafar, *Geir Geg* 67 (Môn). **topyn sucan:** *flummery meal.* Ar lafar, *Geir Geg* 67 (Môn).

Gw. hefyd **topen^1.**

topyn^2, gw. **top^2.**

topyn^3 [?cf. S. *topping* 'excellent, tip-top, first rate'] *eg.* Hwyl, sbri, rhialtwch, miri; neithior, gwledd briodas: *fun, merrymaking; wedding-feast.*

1870–2 *LlAB* 47, Yr wyf yn sicr na phriodaf am rai blynyddau, os priodaf byth. Ond yr wyf yn caru cael *topyn* o lawenydd weithiau gyda'r bobl ifainc. Ar lafar, 'Cafwyd *topyn* iawn neithiwr', *Cymru* xxxiv. 266 (godre Cered.); 'Dyna *dopin* geson ni wth glwed Sheci Shams yn adrodd hanes y plowin' matsh', *GDD* 303. Cf. W. J. Davies: *HPLl* 241, Ma llawer o fechgyn yn dyfod i'r *topyn*, / Caiff pob merch lygadlon ddou neu dri o gariadon.

tor^1 [bôn y f. *torraf*: *torri*, cf. Llyd. Diw. *torr*] *eg.b.* a hefyd fel *a.* Toriad, trychiad, cwt, cyt, clwyf; bwlch, adwy, saib, darfyddiad, diwedd; dechrau (dydd); toredig; hefyd yn *ffig.*: *a breaking, snip, cut, wound; gap, breach, break, interruption, cessation; break* (*of day*)*; broken; also fig.*

c. **1300** *LTWL* 376, Si quis negaverit depositum, quod aliquis in manu eius deposuerit, et fractionem, id est, *torr* ty, det duplex iuramentum. **14g.** *WML* 51, heb losc ty heb *torr* aradyr. **14–15g.** *DGG*^{2} 146, Ac er *tor* ar sor a'r som / Ddwylaw mwnwgl ydd elom [Gruffudd Gryg i geisio cymod gan saith mab Iorwerth ap Gruffudd]. *c.* **1400** *R* 1052. 10–11, hꝺnn abeir dechryn pan dechreuer *torr* terwynrꝺyd duꝺ gꝺener. **15g.** *GLGC* 279, Dan faner arglwydd Herast / y bu'r *tor* a'r briw a'r tast [marwnad Tomas ap Syr Rhosier Fychan]. **15g.** *GGl*^{2} 32, Blin yw *tor* oed â Blaen Tren / Bumgŵyl, ac ni bu amgen. **1547** *WS*, *Tor* toriad. **1567** *LlGG* (*Sall*) 60b, pe na safesei Moysen y ddetholedic ef yn y *tor* [:– cysswllt, adwy, bwlch] ger ei vron y ddychwelyt ymaith y var ef. *Diw.* **16g.** *WLB* 48, hwnw a garth ac a dyf ac a greithia bob rhyw *dorr* croen beth bynnag fo. **1588** *Esec* vii. 25, Y mae *torr* yn dyfod, yna y ceisiant heddwch, ac ni's cant. *Dchr.* **17g.** *J* 10, 158b, *Tor.* Breach. **1632** *D*, *Torr* . . . Fractio, sectio. Item *Torr*, Cessatio, interruptio. **1703** E. Wynne: *BC* 40, ac byth nid ewch i'n ddigon, byth ni ddaw *torr* ar ei newyn ef na'ch poen chwitheu. **18g.** E. T. Rhys: *DA* 115, Bydd yr adar yn y gwŷdd, / Gydag agor *tòr* y dydd. **1794** *W* d.g. *Snip* [*a cut made with scissars or shears*]. **1803** *P*, *Tòr*, s. m. . . . A break, a rupture; a cut; an interruption, a cessation, a discontinuation. Ar lafar yn yr ystyr 'anfantais', 'Mae'n *dòr* fowr iddo fod e mor drwm 'i glwed', *GDD* 303.

Cfn.: **tor acen:** *syncopation.* **1863. tor addewid:** *breach of promise.* **1672** J. Langford: *HDdD* [2]54, cyssylltu dau bechod mawr yn ûn, hocced, a *thor-/addewid* (promise-breaking). **1704** J. Morgan: *B* 52, holl pechodau [*sic*] a gwendid eu bywyd a ddwg ef ger bron, ynghyd au hanniolchgarwch, au *torr-addewidion.* **1705** *ESGG* 60, O Arglwydd . . . cadw ni . . . rhag digofaint a gogan-air, a *thorr-addewyd.* **tor amod:** ((*person*) *in*) *breach of condition, promise, covenant, or agreement.* **15–16g.** *TA* 376, Truan mor wan yw 'r einioes, / Trymed yw *torr amod* oes! **16–17g.** *HG* 29, o dwyll drwy amwyll, *torr amod* i doded / yn gloewdeg jechyd, hyd yn gwlad ywchod. **1604–7** *TW* (*Pen* 228), dyn *torhammot* d.g. *Fœdifragus.* **17g.** *TBM* 286, Gwrandewch ar gŵyn *tor amod* (Robert ap Huw). **1803** *P*, *Torammod*, s. f. . . . Breach of covenant. Cf. D. Owen: *GT* 225, rhesymol ydyw i Miss Pritchard gael iawn rhesymol . . . am y *tòr-amod.* **tor arfell:** *breach of promise, agreement, &c.* **1604–7** *TW* (*Pen* 228) d.g. *Fœdifragus.* **1803** *P* d.g. *Torarvoll.* **tor asgwrn:** (*bone-*)*fracture.* **20g. tor calon:** (*cause of*) *heartbreak, broken heart; heartbreaking.* **16–17g.** *CRC* 8, Rhyw *dor kalon* ydiw hyn. **1632** J. Davies: *LlR* 55, er mwyn cael o'r naill [yr annuwiol] ychwaneg o warth, a gofid a *thorr-calon.* **1677** R. Jones: *BB* 154, O pa feddyliau *torr-/calon* a fydd y rhai'n. **1725–6** *Madd Ed* 404, Ymadrodd *torr-calon* oedd hwnnw wrth y Glwth yn yr Efengyl. **1754** R. Rees: *GGG* 31, bôd yn Aflwyddiannus, sydd . . . yn *dor-calon* mawr i weinidog. **1769** J. Griffith: *A* 152, O, mor *dorr calon* a fydd yr ystyriaeth i feddwl eich bod unwaith yn garcharorion gobeithiol . . . ond yn awr fe ddarfu hyn gyd â chwi dros byth! **1770** P. Williams: *BS*, 2 *Sam* xviii, er eu bod yn *dorr-calon* i'w rhieni. **1803** *P* d.g. *Tòr, Torcalon.* Ar lafar, ''Fu a ddim byw'n 'ir ar ôl Mari, 'i wraig, fe fu farw o *dor calon*', *GTN* 800. Cf. D. Owen: *SP* 15, ni welais yn fy mywyd y fath ofid a *thorcalon.* **tor cariad:** *anger, wrath.* **1712** T. Williams: *CDdG* 332, i ymresymmu o hyd heb ddiogofaint a *thorr-cariad* (*Breach of Charity*). **1765** J. Evans: *CPE* 119, i beri amrysonau a *thorcariad.* *id.* 153, yr ymneillduadau a'r *torcariad* a dardd allan o'i gwaith hwy. **tor cyfraith:** *crime, lawbreaking, breach of the peace.* **1815.** *c.d.* **tor cymeriad, tor cymhariad** [ansicr yw'r engh. gyntaf]: *lack of 'cymeriad' in Welsh prosody.* **16g.** *Pen* 76, 169, tri llew yn aros tri llafn evraid / tri am gadw synwyr tri am gyd syniaid / oes yndyn er hyn rraid yw / llei keidw teirw keirw meirw *tor kymeriaid.* **1593** W. Midleton: *B* 3, Os. [*sic*] bydh vogal yn ateb i gytsain nid *torr kymhariad* y tyw [*sic*]. **17g.** *GP* 197, O bydd fowel yn nechrav'r vn o'r ddav fraich, nid *tor kymeriad* mono, meddaf i. **1728** S. Rhydderch: *GC* 113, Cymmeriad Synhwyrol neu freuder cymmeriad, yr hon yw *Torrcymmeriad* Llythrennol, i achub Synwyr Anianol odidog. **tor cythlwng, torgythlwng:** *breakfast.* **1688** *TJ*, Boreufwyd, *tor cythlwng.* A breakfast. **1722** *Llst* 189, *Torr-gythlwng.* m. *A Breakfast.* **1770** *W*, *torr-gythlwng* d.g. *A break-fast.* **tor gwarchae:** *breach of custody.* *c.* **1300** *LTWL* 396. **14g.** *LlB* 131. **tor hawlfraint:** *breach of copyright.* **20g. tor heddwch:** *breach of the peace.* **14g.** *GDG*^{3} 225, Ym Deinioel sant, trachwant trwch, / Am dir rhydd am *dor heddwch.* **15g. (1594)** *B* xvi. 262, copha di y tristwch ar dolur yr hwnn a dhiodhefaist yn chwerwedh dy angaû a *thorr hedhwch* yr Jûdheon arnat ti. **tor llengig, tor llieingig:** *rupture, hernia.* **16g.** *LlS* 34, Gwraidd y llyseun hwnn . . . a veddiginiaetha . . . ysictot nei *dór llengic.* **1632** *D*, *torrlliain-gig* d.g. *Hernia.* **1754** *ML* i. 294, roedd yn nhad wedi bod yn o salaidd yr wythnos ddiwaetha gan y *tor llengig.* **1763** *id.* ii. 587, Mae'r galon yn ddewr, ond y *tor llengig* sydd dôst. **1771** *W*, *tor-llengig, torlliain-gig* d.g. *Burstness, or burstenness, Hernia.* **1803** *P* d.g. *Torllengig.* **tor (y) maen,** gw. *tormaen.* **tor y fagl,** gw. *torfagl.* *c.d.* **tor mesur:** *metrical fault, esp. 'hir a byr', but also sometimes including 'twyll odl' a 'gormod odlau'.* **14g.** *GP* 58. *c.* **1400** *id.* 16, Tri bei kyffredin yssyd ar gerd: *torr messur*, a drycystyr, a cham ymadrawd. Tri *thor messur* yssyd: twyll awdyl, a hir a byrr, a gormod odleu. *c.* **1580** *id.* 195, *Torr messur* a fydd o ddav vôdd. Vn yw bod y messur yn f[y]rrach o silltaf ne ddwy nag y bo y rheol yn i orchymyn . . . Yr ail *tor messur* yw pan ganer vn o'r messurav yn rhy hir o silltaf ne ddwy nag y bo y rheol yn i orchymyn. **1728** S. Rhydderch: *GC* 174. **tor priodas:** *breakdown of marriage, adultery.* **1588** *Math* xv. 19, Canys o'r galon y mae meddyliau drwg yn dyfod, llofruddiaeth, *tor-priodas*, godinebu, lledrat, cam destiolaeth, cabledd. **1606** E. James: *Hom* i. 153–4, vwch law pob drygioni arall, mae anllywodraethus foroedd godineb neu *dor-priodas* (*adultery,* (*or breaking of wedlock*)), putteindra, anlladrwydd, ac aflendid. **1620** *Gal* v. 19, gweithredoedd y cnawd, y rhai yw, *tor-priodas*, godineb, aflendid, anlladrwydd. **1632** *D*, *torr-priodas* d.g. *Adulterium.* *id.* *Torr priodas* d.g. *Stuprum.* Cf. K. Roberts: *TH* 23–4, y pethau a âi ymlaen yn y byd . . . lladrata, lladd ar y ffyrdd, *torpriodasau*, creulondeb at blant. **tor proffes:** *apostasy.* **1701** E. Wynne: *RBS* 259, i ddioddef pob cystudd a blinder a ossio rwystro fy nyledswydd, neu fy nhemtio i gywilydd a phechod neu *Dorr-proffes.* **1722** *Llst* 189, *torr-proffes* d.g. *Apostacy.* **tor Saboth:** *a Sabbath-breaking.* **1751** *TPR* 16–17, Pwy ddichon rhifo'r Llwon, Rhegfeydd . . . *Tor-Sabboth*, Glothineb, Meddwdod . . . y rhai orchguddiant ein Gwlâd fel Diluw? **tor synnwyr = tor ymadrodd.** **1805** *Y Greal* 27, nid yw *tor-synwyr* yn y rhai hyn [cerddi byrion] mor gwbl eglurawl a chyhoeddus ag mewn . . . 'Elegiac ac Epic'. Cf. W. J. Gruffydd:

Llenyddiaeth Cymru (1922) 15, Y mae gwaith Dafydd ab Gwilym yn llawn o *dor-synnwyr* . . . ac o eiriau llanw. **tor ymadrodd:** *interruption of sentence, &c., by parenthesis, sentence so interrupted.* **1922** W. J. GRUFFYDD: *Llenyddiaeth Cymru* 33, Os sylwir ar gywyddau Dafydd ab Gwilym a'i ddilynwyr, gwelir bod ymhob llinell *dor ymadrodd* a geiriau llanw diystyr ac egwan wedi eu gwthio yn ddi raid [*sic*] er mwyn gorffen y gynghanedd . . . Ond nid oes gan Lewys Glyn Cothi ond dau neu dri o'r cyfryw *dorymadroddion* drwy'i holl waith. **tor ymddiried:** *breach of faith, breach of trust.* **1806** *AUA* 52, Drwy *dor-ymddiried* y cafodd—wybod mai myfi yw Awdwr y Gân i Ddyn gwaeth na Diawl (Dafydd Ddu Eryri). **tor ympryd:** *breakfast.* c. **1585** *MCr* 41. **1632** *D*, *torr ympryd* [*sic*] d.g. *Ientaculum.* **1725** *SR*, *torr ympryd* d.g. *A break-fast.* **1803** *P.* **ar dor:** *being cut.* Ar lafar. Cf. *Cy* iv. 138, y mae gen' i gosyn da *ar dor* ynawr [*sic*]. **heb dor:** *without a break, without ceasing, unceasingly, constantly.* **1567** *TN* 216a. *Dchr.* **17g.** *J* 10, 158b, *Heb dor.* vncessantly. **1632** *D* d.g. *Tenor.* **1632** J. DAVIES: *LlR* 440, *heb dorr* nac argywedd yn y byd ar ei drugaredd. **1790** Gw. MECHAIN: *Gw* i. 216, Mae cyni difri', *heb dor*, / Tri-mwy, mewn gwledydd tramor. **tor na thrai:** *neither interruption or cessation.* **15–16g.** *TA* 198, Duw ni roes, da ni rusodd, / *Dorr na thrai* ar d'aur na'th rodd. **1604–7** *TW* (*Pen* 228), para heb na *thorh na thrai* d.g. *perpetuitas.* **1607** *Rhyddiaith Gymraeg* i. 139, cyt bawn er ys pedeir blynedh yn scriuennu heb na *thorh na thrai* hyt onys gorphenais yn berfeithgwbl. **1632** *D* d.g. *Incessanter.* **1723** WM: *PGG* 65.

Gw. hefyd **torion.**

tor[2] [H. Grn. *tor*, gl. *venter*, Crn. Diw. *tor*, H. Lyd. *tar*, gl. *uentrem*, Llyd. C. *torr*, Llyd. Diw. *teur*, *tor*, Gwydd. C. *ta(i)rr*, Gael. *tòrr* 'bryn, mynydd (ar ffurf côn)': ?o'r gwr. IE. *(*s*)*terə-* 'stiff'; dichon mai bnth. o'r Frth. yw'r H. S. *torr* (> S. *tor*); gw. hefyd *torrog*] *eb.* (bach. g. *-ryn*) ll. *-rau*, *-roedd.*

(*a*) (Rhan uchaf y) bol(a), hefyd yn *ffig.*: (*upper part of the*) *belly, also fig.*

13g. *B* iv. 2, A gynnvller ar geuyn march malaen dan y *dorr* yd aa. c. **1400** *YSG* i. 134, A phan dewis y llef, wynt [Peredur a Galâth] a syrthyassant a'e *torr* wrth y llawr. **15g.** *GGl*[2] 93, Nid cyfan achlân uwch ei lin—a'i gorff / Nac arffed na bontin, / Na bol crych na balog crin, / Na *thor* ffordd y gwnaeth eirin. **15–16g.** *TA* 404, Troi fry fal tai ar y fron / Twr llaes a'u *torrau* lleision [i ofyn gre o gesig]. **16g.** *Llst* 6, 92, val y god vel y gwelwn / *tor* hwch ddafydd tew ar hwn. **1588** *Gen* iii. 14, Yna'r Arglwydd Dduw a ddywedodd wrth y sarph . . . ar dy *dorr* y cerddi, a phridd a fwyttei holl ddyddiau dy enioes. **1632** *D*, *Torr*, Abdomen, venter. **17g.** *TBM* 324, Y marsiandwr codai'n union / I fynd ar *dor* y feinir dirion. **1703** E. WYNNE: *BC* 103, Y twyll nesa oedd letty 'r Glothineb, lle 'r oedd Difes ai [*sic*] gymmeiriaid ar eu *torreu* 'n bwytta baw a thân bob yn ail fyth heb ddim gwlybwr. **1740** *Cylchg LlGC* xvi. 56, eira mawr ar y my[nydd] hud at *dore* ceffyle. **1760** *W Ballads* 77B, 6, R 'oedd [*sic*] cyn dewed ei *thorr* felen / A sion y Cigydd o lan gollen [am gogyddes brenin Ffrainc]. **1803** *P.* Ar lafar, '*tor*' 'the part of an animal's under parts behind the fore-legs' '(of human beings) . . . the upper part of the stomach . . . or . . . stomach . . . in general', 'dyn yn gorfadd ar 'i *dor*', *WVBD* 536; 'Dyna lle 'odd nidir yn llithro ar 'i *thor* trw'r retyn', ''Odd y cradur ar 'i gefen a'i *dor* yn y golwg', ''Odd y moch at 'u *tor* yn y mŵd', *GTN* 800 (*eb.* ll. *torra*). Cf. D. OWEN: *GT* 137, A drychwch arni hi, lady Hugh! Pwy ddylie, yn y ffair, fod y g'lomen yna, pan fydd hi gartre', mewn baw at ei *thôr*!

(*b*) Rhywbeth sy'n bolio, ymchwydd, e.e. bogail (tarian), ?dyrnfol (cleddyf), ?y tu mewn i'r elin: *a swelling, bulge, protuberance, e.g. boss* (*of shield*), *?guard* (*of sword*), *?inside of forearm.*

9g. (*Ox* 1) *B* v. 246, hor elin cihutun hi *torr* usque ad artum pugni. **13g.** *BD* 170, kyrchu Arthur ar *torr* y cledyf. **1588** *Job* xv. 26, trwy dewdwr *torrau* ei darianau. **1803** *P*, *Tor*, s. f. pl. t. *au* . . . A swell out, a bulge, a prominence . . . *tòr* tarian, the convex or outside of a shield. Cf. *Môn* (Gwanwyn, 1954) 11, 'Tyn dipyn ar y *dor* yn y das.' . . . *Tor* tas yw ei bol hi. Cf. hefyd y cfn. *tor llaw*, *tor neddair*, *tor y droed*, *ar dor y croen.*

(*c*) Bron, llethr, ystlys, neu ochr (mynydd, bryn, &c.); glan neu dorlan (afon): *breast, slope, flank, or side* (*of mountain, hill, &c.*); (*river*) *bank.*

12g. *LL* 221, diuinid di*torr*irallt. **14g.** *T* 75. 1–2, ƃylhaƃt eil echƃyd yn *torroed* mynyd. **14g.** *GIG* 101, Lliw eira bas ar lasgraig, / Llewych dŵr crych ar *dor* craig. **15g.** *DGG*[2] 163, Mi fum, nid af mwy i fedd, / Yn *nhor* erw yn hir orwedd [i'r benglog]. **15g.** *GGl*[2] 130, Dringai, lle nid elai'r da, / D'orwyddfeirch *dor* y Wyddfa. **15–16g.** *TA* 184, Doe 'r âi i haur ar dŵr hirwyn, / Derw a brics ar *dorr* y bryn. *id.* 458, Y dref ar *dorr* yr afon, / A'r dŵr hallt ar odre hon, / Caernarfon, ergydion gwns, / Caer Wiliam, nis cur aliwns! **16g.** *Llst* 6, 90, yn drwm y vrig or drigoed / ydawr kairch y *dor* y koed. **16g.** WILIAM LLŶN: *Gw* (R. Stephens) 81, Y tir a brynaist 'r hyd *tor* bronnydd. **1578–80** (**17–18g.**) *Cylchg LlGC* vii. 276, Llwydrew dwr glew ar *dòr* glân / Llyn budr yn llawn o bwdran [dychan Hywel ap Syr Mathew i Fynydd Hirddywel]. **16–17g.** *GST* i. 366, Yno rhoi im yn *nhor* allt / Naw ryw win yn Nhŵr Rheinallt. **1803** *P*, *Tor* . . . *Tòr* y mynyz, the swell of the mountain. Digwydd fel elf. yn yr e. lle *Llanfihangel Torymynydd*, Myn.

(*d*) Torllwyth (o foch, cŵn, &c.): *litter* (*of pigs, dogs, &c.*).

Ar lafar, '*tor* o foch', '*tor* o gŵn bæch', 'y *dor* ginta'', *GTN* 800; *LGW* [258]–9 (sir Gaerf., Brych., a Morg.); clywir *torryn* yn yr ystyr 'y cyntaf anedig o'r dor', *GTN* 801.

Cfn.: **tor (y) llaw** [cf. Crn. Diw. *tor an daorn*]: *palm* (*of the hand*). c. **1400** *Études* viii. 392, dot ychydic o'r llaeth ar *dorr* dy *law.* **1632** *D* d.g. *Metacarpium.* c. **1762–79** W. WILLIAMS: *P* 495, yna yr enneinia efe y dyn edifeiriol . . . ar *dorr* ei ddwy*law.* **1803** *P.* Ar lafar, 'Fe ddishgynnws y wenynan ar *dor* 'ym *llaw* i', 'Fi alla' gwnnu dima ar *dor* 'ym *llaw* a 'all neb wed "Fi pia 'onna!" Dyna fel 'wi wedi byw 'eb arno' i ddima i neb', *GTN* 800. **tor (y) neddair:** *palm* (*of the hand*). *Diw.* **16g.** *WLB* 15, ar *dorr* dy *neddair.* **1604–7** *TW* (*Pen* 228), *torh y nedhair* d.g. *Vola.* **tor y droed:** *instep.* Ar lafar. **a'i dor (fy nhor, &c.) i fyny(dd):** (*lying*) *face upwards, supine.* c. **1400** *YCM*[2] 162, *a'e dorr y vynyd* a'e dwy vreich yn groes ar y dwyuron. c. **1400** *Études* viii. 76, rwymaw taleith am y deu ardwrn ac am y warr, ae ossot *a'e dorr y vyny.* **1632** *D* d.g. *Supinus.* **1789** *BDG* 445. **ar dor:** (i) *on top of, also fig.* **13g.** *BD* 189, yn distryv oy wlat ac yn bvrv y ty *ar dorr* y gilyd (*domos . . . eiusdem supra domos reuersas*). **14g.** *WM* 99. 13–14, ni chaƃn ƃelet llyƃ y ƃeilgi pan pob llong *ar torr* ygilyd. **14g.** *GDG*[3] 74, Poed *ar dor y* pilori, / . . . / Y doter gynifer un / A'i ditiodd yng Nghoed Eutun. (ii) *against; in spite of, despite, against the will of.* **13g.** *LlI* 43, Ny dele e tat adau amuot ar e mab namen can kannyat e mab, muy noc a eyll e mab guneythur amuod *ar torr* e tat a'e tat en uyu. **13g.** *BD* 98, na leuessynt hvy dyuot *ar* y *dorr* ef yn uarv. **14g.** *GDG*[3] 405, Af i Wynedd amlwledd ym / *Ar dy dor*, ŵr du dirym [ymryson â Gruffudd Gryg]. **1604–7** *TW* (*Pen* 228), *Ar dorh*, *Ar y torh*, *ar y dorh* d.g. *Inuite, Inuitus.* **1753** *TR*, Torr . . . *Ar dorr* y mâb . . . Upon the son's belly, i. e. whether he will or no. **ar dor y croen, ar dor y cnawd:** *bulging* (*of eyes*). **1886.** Ar lafar yng ngogledd Cered. yn y ff. '*ar dor y cnawd*'.

tôr[1] [?olff. o *toryn* neu *toron*] *eg.b.* ll. *torau.* Clogyn, mantell, côt, hefyd yn *ffig.*: *cloak, mantle, coat, also fig.*

1547 *WS*, *Tor* torun. **1632** *D*, *Tôr*, vnde Toryn, & Toron, Tunica, chlamys, lacerna, æ, mantelum, mantile, pallium. **1688** *TJ*, *Tor* . . . cochl, hugan: a Cloak, a Coat, a Mantle. **1722** *Llst* 189, *Tôr.* mp. *Torau.* A cloak. **1753** *TR*, *Tôr* . . . a loose coat, a riding coat, a cloak, a mantle. **18–19g.** *IMCY* 223, Y niwl yn debig i nôs / *Tor* lwydfawr yn glawr y glaw / Yn rhy astrus i'm rhwystraw.

tôr[2], gw. **tŵr.**

toradwy [bôn y f. *torraf*: *torri*+*-adwy*] *a.bfl.* Toredig (hefyd â chyllell, &c.); y gellir ei dorri (hefyd â chyllell, &c.): *broken, cut; breakable, cuttable.*

12g. *GCBM* i. 191, Gƃestun dƃr *torradwy.* **15–16g.** *TA* 195, *Toradwy* gwn trwy dy gas. **1722** *Llst* 189, *Torradwy.* Which may be broken or cut. **1803** *P*, *Tòradwy* . . . Capable of being broken.

toraeth, toraethlon, toraethog, &c., gw. **toreth, toreithlawn, toreithiog,** &c.

toraethus [*toraeth*+*-us*] *a.* Toreithiog, ffrwythlon, cnydfawr; helaeth; hirbara, hirbarhaus, tebyg o barhau, durol: *fertile, fruitful; abundant; durable.*

1604–7 *TW* (*Pen* 228) d.g. *Ferax, Fertilis.* **17g.** *TBM* 560, Bendithion a ddelo'n ddilys,—hoff enwog / A ffyniant *toraethus* [Edward Morus i dre Biwmares]. **1672** R. PRICHARD: *Gw* 247, Nes y dwcco [*sic*] ffrwyth *toreuthus* [:- Helaeth]. **17–18g.** O. GRUFFYDD: *Gw* 24, Ni ddichon dim o'r ddaiar dyfu / Yn *doraethus* ond o'th ewyllys di, a'th allu. **1707** *AB* 220c, *Toreythys*, Durable. **1722** *Llst* 189 d.g. *Abundant.* **1725** *SR* d.g. *Battle or fruitful.* **1762** D. ROWLAND: *PA* 6, amlder ddŷchmŷgion . . . yw *toraethus* ffynnon o eulunod. **1770** *TG* iii. 53, I weled cynnyrch llewyrch llawn, / Gan eitha grawn *torhaethus.* **1773** *W* d.g. *Durable* [*lasting, permanent*].

Amr.: **toreithus** [*toreith(iog)*+*-us*]. **1753** *TR*, Toraeth, *Toreithus*, durable. **1800** W. OWEN[-PUGHE]: *CP* 48, yd *toreithus.* **1803** *P*, *Toreithus* . . . Productive, abundant. Ar lafar yn yr ystyr 'hirbara, durol', 'menyn *toreithus*' (Cered.).

toraf: tori, gw. **doraf: dori** (hefyd At.).

toraith, gw. **toreth.**

torbwt [bnth. S. *turbot*] *eg.* ll. *torbytiaid.* *Pysg.* Lleden chwith, lleden arw, *Scophthalmus maximus*: *turbot.*

1707 *AB* 140c d.g. *Rhombus.* **1725** *SR* d.g. *A Turbott.* **1803** *P*, *Torbwt*, s. m.—pl. *torbytiaid* . . . A turbot.

Amr.: **torbwd. 1851. tyrbwd.** Ar lafar, '*tyrbwd*, *tyrbwyd*', *WVBD* 560; '*tyrbwd* . . . *tyrbydia*', *B* xxv. 57 (sir Gaern.). **tyrbwt. 20g.**

torcalondid [*tor calon*+*-did* (At.)] *eg.* Tor calon: *heartbreak.*

1822–3.

torcalonnus [*tor calon*+*-us*] *a.* Yn achosi tor calon, truenus: *heartbreaking, heartrending, pitiful.*

1735 J. EVANS: *YMS* 80, a chael clywed y gair *tòrcalonnus* hwnnw, Na wêl mo'm hwyneb mwyach! **1754** R. REES: *GGG* 32, peth *tor-calonnus* ydyw i weinidogion yr Efengyl, bod y gair a bregethir ganddynt, yn ddiargraph ar eu gwrandawyr. **1788** J. GRIFFITH: *DCC* 194, y loesau *tor-calonnus* ac y deimlodd Mâb Duw. [**1788**] *EDP* 43, Esgus gwael, ond *torr-calonnus*! **1790** *GY* 59, mae 'r Arglwydd yn torri allan i'r ymadroddion *tor-galonus* [*sic*] yma. **1803** *P*, *Torcalonus* . . . Heart-breaking. Ar lafar, ''Odd a'n llefin yn *dorcalonnus* ar ôl 'i fam', *GTN* 800. Cf. D. OWEN: *D* 202, ni chlywai hi ddim y gallai fod yn sicr o hono ond y ci yn udo yn *dorcalonus.*

torch [bnth. Llad. *torquēs*, H. Wydd. (*muin*)*torc*] *eb.* (bach. *-en*, ll. *-nau*) ll. *-au*, *tyrch*, a hefyd gyda grym ansoddeiriol.

(*a*) Cadwyn, coler, cadwyn o fetel cyfrodedd i'w gwisgo am y gwddf neu'r fraich, yn enw. gan y Celtiaid gynt, gyddfdorch, coronbleth; *Her.* coronbleth; coler a roddir o gwmpas gwddf anifail, penffrwyn; dolen; rhaffaid (o wynwyn, garlleg, &c.): *chain, collar, torque, wreath; wreath, torse* (*in her.*); *collar placed around an animal's neck, halter; link, ring; rope* (*of onions, garlic, &c.*).

13g. *LlI* 93, *Torch* mylgy brenhyn, viii.k'; *torch* mylgy gurda, iiii.k'. *id.* 99, E geylwat a dele dywallu e pystleu a'r yewydon o udyn, ac os hyrwed uyd, e *torcheu* bycheyn a guehyll y doleu. **13g.** *HGK* 3, A thra ytoed hvnnv en e yspeillyav ac en tynnv *torch* vaur o eur y am y uwnvgyl, mal y gnotaei y brenhined a'r bonhedigyon y arwein gynt, y glynws y dwylav urth y *dorch* a'e glinyeu urth y groth. **14g.** *WM* 176. 34–5, Ar *torch* rudeur oed am y vynƃgyl [carw]. *id.* 483. 23–4, Nyt oes *torch* yny byt a dalhyo y gynllyuan. c. **1400** *R* 1343. 42, *torch* llƃyf teu glƃyf nyt teƃ glot. **15g.** *GGl*[2] 195, Cŵn torchawg cynt y'u harchai. / . . . / Cŵn ŷnt hwy, canwn i'w *tyrch*, / Cynt no'r corwynt neu'r ceiryrch [i ofyn milgwn]. *Diw.* **15g.** *Pen* 67, 90, Tywarchoryon *tyrch* evraid / tidiav yn gyplav pan gaid [Hywel Dafi i ofyn chwech o ychen]. **1547** *WS*, *Torch* A wrethe. *id.* *Torch* milgi A colar. **16g.** *Mos* 113, 49–50, Mae yn dwyn aür tri Torteüs [:- tair *torch*] o gowls gyd ar label o Assur. **1604–7** *TW* (*Pen* 228), *torch* o wnion ne'r Garlhec d.g. *Restis.* **1632** *D*, *Torch*, Torquis, catena. **1722** *Llst* 189, *Torch.* f.p. *Tyrch*, *Torchau.* A collar, ferrel, ring . . . torce in heraldry; chain. **1776** *W* d.g. *Link of a chain.* **1803** *P*, *Torç*, s. f. —pl. *tyrç* . . . A wreath; a coil; a collar; a badge of distinction, worn by the ancient Britons, which it was a point of honour for a warrior to preserve from being lost to the enemy in battle. Ar lafar, '*torch*' 'a kind of collar placed round the neck of an animal', '*torch* o wair, o gortyn, o bilion pabwyr', *WVBD* 537; 'Doti'r *dorch* am ben y ceffyl', *GTN* 800; a hefyd yn yr ystyr 'pren dwybig a roir am wddf dafad i'w hatal rhag torri trwy wrychoedd', *B* xv. 27 (Meir.), yn yr ystyr 'dolen siâp calon ar ddram lo' (gorllewin Morg.), ac yn yr ystyr 'coronbleth (o flodau)', ''Odd 'annar dwsan o *dorcha*'n cuddio'r bedd', *GTN* 800.

(*b*) (enghrau. *tros.* a *ffig.*: *transf. and fig. exx.*).

1346 *LlA* 153, Adreigeu tanllyt a seirff. a nadred gƃenƃynnic yn *dorchev* amy mynnyglev. **15g.** *GDID* 58, Pan ganer yr offeren / Ef air â chŵyr ywch, ferch wen, / Cŵyr ar fy llun fy hunan, / A chŵyr yn *dorch* i'w roi'n dân [i Fair]. **15g.** *DN* 76, Drych teg yn *dorche* wyd ti, / Draig las o wydyr eglwysi [i'r paun]. **15g.** *GOLlM* 47, Neidr â *thyrch* yn wydr a thân / Drwy wylliaid a dyr allan. **15–16g.** (c. **1648**) *Llst* 124, 141, dwr yno dan i droi 'n deg / dwy rôd or derw i redeg / vn or rhain a wnai 'r henwr / i droi yn *dorch* draw 'n y dwr [Owain ap Siôn ap Rhys ap Hywel Coetmor am rod melin]. **16g.** *B* xviii. 319, wyneb [brenhines Aragon] ynn llydan ac yn gnodig, a'r

mwnwgyl yn braff, a'r knawd yn *dorchau* o'i amgylch. **16g.** *TCHSDd* xiii. 96, Asgell fras, isgell frwysgyrch, / A gyr swrn a'i dwrn yn *dyrch* [Wiliam Cynwal i ofyn baslart]. **1567** *LlGG* (*Sall*) 40a, Am hyny balchder yw eu *torch* [:- catwyn]. **16g.** HUW CORNWY, &c.: *Gw* 134, Neidia'n *dorch*, newidia'n d'ôl / a rhed i wddw'r Rheidol [i anfon y gleisiad i Aberystwyth]. **1588** *Job* xv. 27, tôdd efe ei wyneb ai frasder: ac a wnaeth *dyrch* o floneg ar ei dynewyn. **1687 (1715)** J. OWEN: *TB* 20, eithr megis yr oedd ef ynghylch ei waith, daeth yr hen sarph sef y diafol, ac a drodd yn *dorch* am ei ganol ef, ac a'i tynnodd ir [*sic*] Clawdd. **1722** *Llst* 189, *Torch* . . . collop of fat. **1799** DAFYDD IONAWR: *MB* 49, Cymmylau yn *dorchau* dig, / A mawr lîd mor weledig! Ar lafar, 'Mae'r gath yn *dorch*' 'The cat's curled up' (Arfon); ''Odd 'i sana fa'n *dorcha* am 'i syrna fa', *GTN* 800.

(*c*) Cylch o frethyn a roddir ar y pen i gadw llwyth yn sefydlog arno: *coil of cloth placed on the head to steady an object carried on it*.

1722 *Llst* 189, *Torch* . . . roll for the head to carry burdens. Ar lafar, *WVBD* 537; 'Ma brith gof gin' i weld 'en fynŵod yn cerad o'r Bont nu Garffili yn cario pethach ar 'u penna ac 'ôn' nw pryt 'ynny, medda Mam, yn gwishgo *torcha* ar 'u penna i ddala'r peth yn 'i le', *GTN* 800 (bach. *torchan*); ''Wi'n cofio menywod yn cario stenid o ddŵr ar 'u penna ac 'odd llian wedi'i gordeddu'n rowndin dani—'wnnw odd y *dorch*' (dwyrain Morg.); a hefyd yn yr ystyr 'cylch o wellt neu o haearn i roi ar y bwrdd o dan grochan neu ffwrn fach', *Geir Geg* 153 (Cered.). Cf. y cfn. *torch ben*.

(*d*) Cylch o haearn sy'n cydio llafn pladur wrth y coes neu'r troed: *iron ring securing the blade of a scythe to the handle*.

Ar lafar, *B* iii. 205 (Penllyn), *id.* xv. 27 (Meir.), *GTN* 800; '*Torch* odd 'da chi'n dodi'r bladur yn sown' i'r trod . . . i'r 'andl' (de-ddwyrain sir Gaerf.).

Cfn.: **torch (o) flodau:** *wreath of flowers*. **20g.** Ar lafar, *GTN* 800. **torch ffwrn:** *straw-plaited mat on which a hot pot can be placed*. Ar lafar, *Folk Life* xii. 37. **torch gwddf:** *neckband, collar*. **1725** *SR*, *Torchgwddf* [*sic*] d.g. [*Band*], *A Neck-band*. **torch (o) wellt:** (i) *coil of straw tied around the borer* (*in quarry*) *to stop dirty water splashing after every hammer blow*. Ar lafar, *B* xx. 382 (ardaloedd chwareli'r Gogledd). (ii) = **torch ffwrn.** Ar lafar, *Folk Life* xii. 37. **torch wywdeg:** *wreath of artificial flowers*. Ar lafar, *GTN* 800. **torch llawes:** *cuff*. **1772** *W* d.g. *Cuff* [*of a sleeve*]. **torch mwnwgl:** *necklace*. **1778** *W* d.g. *Neck-lace*. **torch ben:** *coil of cloth worn on the head*. **1604–7** *TW* (*Pen* 228) d.g. *Cesticillus*. **[1783]** *W* d.g. *Roller*, *A child's roller* [*for preserving it's head from being hurt by a fall*]. **torch briddyn:** *pottery wreath*. Ar lafar, *GTN* 800. **torch trywsus:** *turn-up of trousers*. Ar lafar, 'Ma *torcha 'nrywzuz* i'n llawn o bridd', *GTN* 800.

torchaf: torchi [bf. o'r e. *torch*] *bg.a.* Mynd neu wneud yn dorch, rholio (i fyny), (peri) ymdroelli, cordeddu, ymnyddu: *to coil, roll* (*up*), *turn up, twist, wreath*.

15g. *GO* 71, *Torchi* pedair tywarchen, / Trwch baedd, o'r tir vwch i ben. **16g.** LEWYS MORGANNWG: *Gw* 661, *Torchi* gwraidd tywyrch a gro / ir gwynt ai ir wybr ganto [i ofyn march]. **1547** *WS*, *Torchi* Wrethe. **16g.** *B* xxiv. 294, Y dywarchen a *dorchir*, / Dalaith deg, dwy lath o dir [Edwart ap Raff]. **1604–7** *TW* (*Pen* 228), wedy *dorchi* d.g. *Tortilis*. *id.* d.g. *Voluo*. *Dchr.* **17g.** *J* 10, 159a, *Torchi*. torqueo. Sinno, as. **1632** *D*, *Torchi*, In torquem cogere, Torquere. ?c. **1652** W. DAVIES: *Agric* . . . *S. Wales* ii. 204, Mil, chwechant, warant oreu—a deugain, / Bu digwydd llifeiriau; / A deuddeg, a rhai dyddia[u], / Yn *torchi* llawr—ae Twrch o'i lle. **1687 (1715)** J. OWEN: *TB* 162, wedi iddynt ei boeni ef yn greulon trwy *dorchi* rheffyn ynghylch ei ben. **1722** *Llst* 189, *Torchi*. To bend inwards, cast itself into a ring, coil a rope, hank thread, wreath, winch. **1803** *P*, *Torçi* . . . To wreath, to twist, to twine; to coil, to gather into a chain; to turn up. Ar lafar, *WVBD* 537. Clywid *torchi* fel e. ar arfer a ddigwyddai adeg y cynhaeaf gwair pan '[dd]euai morynion â the i'r cae ac yn ystod y saib efallai y gwelid y gweision yn cydio yn un o'r morynion mwya hwyliog, ei thaflu i gocyn o wair, a'i rhwbio â gwair—a chusanu'n frwd', *LlG* iii. 6 (canolbarth Cered.). Cf. D. OWEN: *RL* 203, a'r mwg o'i bibell yn *torchi* yn awyr y nos.

Cfn.: **torchi'r ddaear:** *to be in a rage*. Ar lafar yn Arfon. **torchi llewys, torchi llawes:** *to roll up one's sleeves, also fig. set about, knuckle down, get down* (*to*). **1547** *WS*, *Torchy llewys* i vyny Flype vp sleues. **17g.** *TBM* 279, Pan ddêl ei thystion dibris / I mewn dan *dorchi llewys*, / Y mater yn fy erbyn aiff / Os gwen a gaiff ei hewyllys [cwest ynghylch cariad mab a merch]. **1803** *P*, Torçi . . . *Torça* dy *lewys*, turn up thy sleeves. Ar lafar, *WVBD* 537; *GDD* 304; 'Ma isia ifi *dorchi*'m *llewysh* 'nawr i nuthur ticyn o waith', 'Wara teg, fe *dorchws* 'i *lewysh* a fe ddæth i witho gida fi', *GTN* 801. Cf. *Ll* xviii. (1939), 54, y mae'n *torchi* ei *lewys* i ddadymchwel damcaniaethau Buchanan.

torchawr [*torch*+-*awr*^{3}] *eg.* ll. *torchorion*. Person torchog: *person wearing a torque*.

13g. *A* 1. 22–2. 1, gwevrawr godiwawr *torchawr* am rann. **16g.** WILIAM LLŶN: *Gw* (R. Stephens) 250, *Torchorion* mewn tyrch euraid, / Rhychorion, blaenorion blaid [moliant pedwar mab Siôn Wyn ap Maredudd o Wedir].

torchedig [bôn y f. *torchaf*: *torchi*+-*edig*] *a.bfl.* Wedi ei dorchi: *wreathed, coiled*.

1794 *W* d.g. *Wreathed, or wreathen*. **1803** *P*, *Torçedig* . . . Wreathed, twisted; coiled.

torchen^{1,2}, gw. **torch, tywarch.**

torchiad [gair geir., sef bôn y f. *torchaf*: *torchi*+-*iad*^{1}] *eg* ll. -*au*. Y weithred o wisgo â thorch; troad, cordeddiad, cyfrodeddiad: *a wreathing*; *a turning, wringing, twisting*.

1604–7 *TW* (*Pen* 228) d.g. *Torsio, Volumen*. **1725** *SR* d.g. *A Wringing*. **1794** *W* d.g. *A wreathing*. **1803** *P*, *Torçiad*, s. m.—pl. t. *au* . . . A wreathing.

torchog, torchiog [*torch*+-(*i*)*og*] *a.* ll. *torchogion* (weithiau gyda grym enwol), a'r ll. hefyd fel *e.ll.* Yn gwisgo torch neu goler; *Her.* cribog; yn ymdroelli, cordeddog, troellog; cyrliog; torchedig: *wearing a torque or collar*; *crested* (*in her.*); *twisting, winding, coiling, tortuous*; *curly*; *coiled*.

12g. *GCBM* ii. 119, Tor6f tonn, *torcha6c* hael, tr6m oet y glywael. **15g.** *GLGC* 253, a chogau allan gyda chegin, / a chwegwyr a mil yn *dorchogion*. **15g.** *GGl*^{2} 195, Nid eirch yt feirch, wyt di-fai, / Cŵn *torchawg* cynt y'u harchai [i ofyn milgwn]. **15–16g.** HYWEL RHEINALLT: *Gw* 29, Gŵr *torchog*, bywiog, buan, / A gurai mil o geirw mân. **16g.** *DWH* i. 160, Tri cheiliog *dorchog* dyw archaf oessog / Hebog kallonog marchog glanaf [Lewys Morgannwg i Syr John Price]. **1588** *Eseia* xxvii. 1, Lefiathan y sarph *dorchoc*. **16–17g.** *HG* 291, yn ossog *torchiog* at eirchiaid y sir. **16–17g.** *GST* i. 83, Mae'n *torchog* mewn tywarchen, / Mewn arch mae'n parch mwyn a'n pen. **1632** *D*, *Torchog*, Torquatus. **1672** R. PRICHARD: *Gw* 253, Dysc di gan y neidir *dorchog*, / Chwdu maes dy wenwyn llidiog. **1793** DAFYDD IONAWR: *CD* 72, *Torchawg* gwmmwl tew erchyll. **1794** *W*, *torchog* (fal neidr) d.g. *Tortuous*. **1803** *P*, *Torçawg* . . . Having a wreath, coil, or turn; wreathed, coiled, twisted, turned up; wearing a torques [*sic*]. Ar lafar yn yr ystyr 'boliog' am ferlen (Cered.). Cf. *A* 5. 19, tri eur deyrn dorchawc.

Fel *e.* Anifeiliaid segmentiedig: *segmented animals*.

1851.

torchol [*torch*+-*ol*] *a.* Torchog, cordeddog: *twisting, winding, coiling*.

1803 *P*, *Torçawl* . . . Wreathing, twisting, coiling.

torchrwy [*torch*+ *rhwy*^{2}] *e?g.* Dolen, hefyd yn *ffig.*: *link, also fig.*

1798 *WR* d.g. *Link*.

tordain [*tor*^{2}+elf. anh.; cf. *tordyn*] *bg.* a hefyd gyda grym enwol i'r be. Gorweddian, diogi; syrffedu, ?mynd yn dew: *to loll* (*about*); *surfeit*, ?*become fat*.

c. **1400** *Ymborth* 5–6, Glythineb yw anueidrawl drachwant y vwytta neu y yuet yn angkymessur. Deudec o geingeu yssyd y lythineb, nyt amgen: ruthni . . . anhynawster, *tordein* (amr. tordyn), chwyt . . . *Tordein* (amr. Tordyn) yw tra gorthrymder y gallon gan ormod destlusrwyd. **1672** R. PRICHARD: *Gw* 365, Mae 'r gweithwyr yn eiste, heb ostwng eu pen, / Yn *tordain* [:- yn myned yn stowt], yn blino, heb fynnu mor gweithio. *id.* 542, Nid diwrnod i ni gyscu, / Nac i *dordain* yn y gwely. **1722** *Llst* 189, *Torrdain*. To loll or wallow. **1803** *P*, *Tordain* . . . v.a. To loll. Ar lafar, '*Torden*' 'to stretch oneself on the grass', *TGG* (1907–8) 90 (de-orllewin sir Gaerf.).

Gw. hefyd **tordyn.**

tordaro [*tor*^{2}+*taro*^{2}] *bg.* Cael cyfathrach rywiol, cnuchio: *to have sexual intercourse, fuck*.

1766 *CM* 46, 36, mi gana ichwi benill Cin ymado / o fawl i bob rhiw Lodes Lon / fo yn dirion am *dor daro*.

tordew, gw. **tor**^{2}**+tew.**

tordor [*tor*^{2}+*tor*^{2}] *adf.* Fol wrth fol, hefyd yn *ffig.*: *belly to belly, also fig.*

14g. *GIG* 46, Cynglynion yn fronfron fry, / *Dordor* megis daeardy [i lys Owain Glyndŵr]. *c.* **1400** *YCM*^{2} 196, dotter dwy geinawc *dordor* ar benn y piler. **16g.** *GGH* 326, Dau lwydliw frawd daldal fry, / *Dordor* mewn crynwal derwdy [i ofyn meini melin]. **16g.** HUW ARWYSTL: *Gw* 204, dewrder gwalch *dordor* ai gas / sion waiw durbraff synn darbras. *c.* **1689 (1802)** L. WILLIAM: *Sherlyn Benchwiban* 42, I hyrddu dwy dîn, i chwareu *dorr dorr*. **1716–18** *Llsgr R. Morris* 7, Pwyswch yma *dordor* a phawb yn ddigon nerthol / a rhowch eich egni wrth y ddor a gwnewch iddi agor. **1803** *P*, *Tordor* . . . Belly to belly. Cf. *WA* 366, Ond gwell oedd geni nag ymladd blin / Gael chware dewrdin *dordor*.

tordres [*tor*^{2}+*tres*^{2}] *eb.* ll. -*i*. Cengl, torgengl: *bellyband*.

1916. Ar lafar, *LlHM* 103, *WVBD* 536; '*tordras*' ''run peth â cengal' (Llŷn); *TGG* (1904) 47 (dwyrain sir Ddinb. a'r cyffiniau), *B* xiii. 141 (Meir.).

tordyn [*tor*^{2}+*tyn*^{1}; ond cf. *tordain*] *a.* (weithiau gyda grym enwol) a hefyd fel *eg.* Ac iddo fol chwyddedig, gorlawn o fwyd, tew; balch, torsyth, bostfawr, yn rhefru, sarrug: *swollen-bellied, glutted, fat*; *proud, swaggering, blustering, hectoring, surly*.

15g. *GGl*^{2} 266, Ni wna dewrder yn *dordyn*, / Ni ladd onid bwyd neu lyn [i erchi bidog dros Hywel Grythor]. **16g.** (*Dchr.* **17g.**) *CRC* 166, fal dyna i benyd drwy ddirfawr boeni / y Person *tordyn* am ystwrdio. **1604–7** *TW* (*Pen* 228) d.g. *distentus, Saturatus*. **1621** E. PRYS: *Ps* 4a, Bydd [yr annuwiol] *dordyn* wrth elynion mân, / fel chwythu tân mewn sorod. *id.* 6b, Maent hwy [yr annuwiol] mor *dordyn* ac mor frâs, / ac yn rhy gâs eu geiriau: / Ac yn rhoi allan ffrost ar lled, gan falched eu parablau. **1686** T. JONES: *Alm* [38], Mae gwr o froliwr iw [*sic*] fro, yn bŷw'n *dordŷn* / Heb awdurdod gantho, / Nid llai dy glod hynod heno / Eur-dda fawl, erddo fo. **1722** *Llst* 189 d.g. *Bluff*. **1740** T. EVANS: *DPO* 103, Plant y Fall . . . Barn eraill yw, iddynt lwytho eu Cylla cigfreinig yn rhy dynn . . . ac ymlenwi nes bod yn *Dorrdynn*. **1769** TWM O'R NANT: *TChD* 51, Mi glywais rai'n brolio ac yn honio'n hynod, / Ac yn canmol mor *dordyn* ei Ffryns, au Hawdurdod / Ond ni welais i Ffrynd mewn unrhyw Fan / Purach nag Arian parod. **1770** *W* d.g. *Bluff* [*big, swelling, surly*]. **1783** H. JONES: *PN* 39, Fe geir ei weled tua'r prydnhawn, / Yn *dordyn* iawn ei awdurdod. **1803** *P*, *Tordyn*... Tight-stomached; full-bellied; high-stomached, proud-stomached. **1808** TWM O'R NANT: *BB* 15, A'r ffarmwr mawr *tor dyn* [*sic*], a chwech, neu saith dyddyn. Ar lafar yn yr ystyr 'tew', 'wedi mynd yn *dordyn*' (Arfon). Cf. D. OWEN: *GT* 275, Yr oedd yr hen was wedi sefydlu ei hun yn dafarnwr *tordyn* cyn pen mis; W. REES: *HBHD* 108, gofynodd yn *dordyn*, 'Wel, Robert beth barodd i chwi ddyfod yma [i'r cwrdd] heno? Lladd arnon ni yma y byddech chi'n wastad'.

Fel *e.* Syrffed; bol chwyddedig (mewn anifeiliaid): *surfeit*; *bloat* (*in animals*).

Dchr. **15g.** *Ymborth* 5–6, Glythineb yw anueidrawl drachwant y vwytta neu y yuet yn angkymessur. Deudec o geingeu yssyd y lythineb, nyt amgen: ruthni . . . anhynawster, tordein (amr. *tordyn*), chwyt . . . Tordein (amr. *Tordyn*) yw tra gorthrymder y gallon gan ormod destlusrwyd. **1547** *WS*, *Tordyn* Surfet. **16g.** *LIS* 63, Y Violet . . . Ei harogl mewn garlant am y penn ne pa vodd arall bynnac a oyscar y *tordyn* ne gyfryw anesmwythdra a hwnnw. *id.* 113–14, Rut . . . Y dail wedy ei berwi yd y deuparth sy dda rhac y *tôrdyn* ne swrphet. *Dchr.* **17g.** *J* 10, 159a, *Tordyn*. Surfetting. **1632** *D*, Torr, *Torrdynn*, Crapula. **1722** *Llst* 189, *Torrdynn*. m. A surfet. **1753** *TR*, *Torrdynn*, a surfeit by too much eating or drinking, a surcharge of stomach. **1812** W. DAVIES: *RMB* 64, Rhag Surffeit, neu y *Tordyn* . . . Rhodder i'r ceffyl ddwy wns o'r drugs a elwir liver of antimony.

Gw. hefyd **tordain.**

tordynnaf: tordynnu [bf. o'r a. a'r e. *tordyn*] *bg.* Gorweddian, diogi, hefyd yn *ffig.*: *to loll* (*about*), *also fig.*

1803 *P*.

Gw. hefyd **tordain.**

tordd [?olff. o *baldordd*] *eg.* Murmur; trwst, stŵr: *murmur*; *din, commotion*.

1803 *P*, *Torz*, s. m. . . . A murmur, a din, a tumult.

torddu, gw. **tor**^{2}**+du.**

torddwr, torddwfr [*tor*^{1}+*dŵr*, *dwfr*] *e?g.* ll. -*ddyfroedd*. Morglawdd, morwal, adeiladwaith ar ffurf lletem ar biler pont: *breakwater, cutwater*.

1839.

toredig, toriedig [bôn y f. *torraf*: *torri*+-(*i*)*edig*] *a.bfl.* ll. *toredigion*. Wedi ei dorri (hefyd â chyllell, &c.), talfyredig, hefyd yn *ffig.*; *Crdd.* stacato; *Her.* wedi ei dorri'n lân â chyllell, &c.: *broken, cut, abbreviated, also fig.*; *staccato* (*in mus.*); *couped* (*in her.*).

13g. *Cylchg LlGC* v. 62, ene bei *dorredic* e raff.

Dchr. 15g. *B* x. 125, Yn llefoed *torredigyon.* Yn adaw yduw ac y dynyon heb y gywiraw. 15g. *Pen* 51, 39, o byddant [llinellau llaw] gochyon a *thorredic* nyd ydiw yn vorwyn. *c.* 1562 *DWH* i. 366, tri ffen march *torredic* o arian. *Diw.* 16g. *WLB* 78, dod dy winwyn ynddo ar tu *torredig* yn issaf. 1609 *Haf* 24, 423, anadyl *toriedic.* 1632 *D, torredig* d.g. *Abruptus, Concisus, Curtus.* 1653 *MLl* i. 170, mae efe yn edrych ar yr isel, ac yn cynnal y galon *dorredig.* 1744 D. ROWLAND: *RY* 24, yr oedd gan ei 'Scrifennydd ef . . . ryw hên ddarn . . . o Femrwn *torriedig* o gyfraith Shaddai ddaionus yn ei dŷ. 1775 *W, Torredig* d.g. *Infringed.* 1797 B. EVANS: *CG* 134, a cheisiais dywallt fy enaid ger bron Duw, yr hyn a wnaethum mewn modd *torredig* iawn. 1803 *P, Tòredig* . . . Broken, fractured, cut. Cf. R. DAVIES: *GC* 98, Dylid gosod diweddnod ar ol pob gair *toredig*; megys, hol. am holiad.

toredigaeth [*toredig*+-*aeth*] *e?b.* Toriad (diweirdeb, &c.); methdaliad: *violation (of chastity, &c.); bankruptcy.*

c. 1400 *B* xiv. 189, Meddawt yssyd mam y maethgenneu . . . *torredigaeth* y diweirdeb. 1604–7 *TW* (*Pen* 228) d.g. *Violatio.* 1798 *WR* d.g. *Bankruptcy.*

toredlu [?**torred* (cf. *toredwynt*)+*llu*] *eg.* Llu mawr neu nerthol: *great or mighty host.*

?15g. *MA*[2] 541a. 25–7, vot er amheraỽdyr ỽedi lluestu yn agaỽs eno a *thorredlu* ganthaỽ. 1803 *P, Toredlu*, s. m. . . . A vast host.

toredwynt [?**torred* (?< **to-ụor-ret-* neu *tor*[1]+bôn y f. *rhedaf*: *rhedeg*; cf. *toredlu*)+*gwynt*] *eg.* ll. -*oedd.* Corwynt, hyrddwynt, tymestl, gwynt dinistriol: *whirlwind, hurricane, destroying wind.*

12g. *GLlF* 227, Torrynt *torretwynt* uch tec atuan. 12g. *GCBM* i. 328, Ruthyr *torredwynt* gỽrt gordyfnwyd—ar brein, / Ar breitin y magwyd. *id.* ii. 230, Tỽryf gaỽr gorwytaỽr gochwys / Ual tỽryf *torredwynt* am brys. 12–13g. *GMB* 438, Tỽrỽf *torredwynt* maỽr mis Chwefraỽr chwyrn. *c.* 1400 *R* 1231. 5–6, tỽrỽ *torretwynt* graen am gaen gogled. *id.* 1289. 10–11, *Toret wynt* luchynt tỽryf dilechyat. 1632 *D, Torredwynt*, vid. an Troedwynt, idem quod Trowynt. 1688 *TJ, Torredwŷnt*, troedwŷnt, trowŷnt: a Whirlwind. 1722 *Llst* 189, *Torredwynt.* m. A hurricane, tempest. 1725 *SR* d.g. *A Whirle wind.* 1770 *W* d.g. *Boisterous wind, Hurricane.* 1803 *P, Toredwynt*, s. m. pl. t. *oz* . . . A whirlwind.

toreithder [*toreith*(*iog*)+-*der*] *eg.* Cynyrchioldeb: *prolificacy, productiveness.*

1886.

toreithiaf, torethaf: toreithio, torethu [bf. o'r e. *toreth*] *bg.a.* Cnydio, dwyn ffrwyth; cynyddu: *to bear fruit; increase.*

1604–7 *TW* (*Pen* 228), *toraethû* d.g. *F*[*r*]*uctifico.* 1722 *Llst* 189, *Torethu* . . . To yield or bring forth fruit. [1783] *W, torethu* d.g. *Return, To yield a good return.* 1803 *P, Toreithiaw* . . . To render productive, or abundant, to yield increase; to be productive.

Amr.: **toraethu.** 1604–7 *TW* (*Pen* 228) d.g. *F*[*r*]*uctifico.* 1765 J. EVANS: *CPE* 9, ni allasai yr Aipht *dorhaethu* [*sic*] ei chnŵd i allu porthi y gwledydd o 'i hamgylch.

toreithiog [*toreth*+-*iog*, cf. H. Wydd. *toirthech, toirthach*] *a.* Ffrwythlon, cnydfawr, cynhyrchiol, hefyd yn *ffig.*; cyforiog, helaeth, dibrin; hirbara, hirbarhaus, tebyg o barhau, durol: *fruitful, fertile, prolific, productive, also fig.*; *teeming, abundant, plentiful; durable.*

1588 *Salm* cvii. 37, yr hauâsant feusydd, ac y plannâsant win-llannoedd, ac y dugâsant ffrwyth *toreithiog.* 1728 T. BADDY: *DDG* 60, Dyffryn Blodeuog a *Thoreithiog. id.* 63, i gynnyrch Jechyd a llwyddiant; ac i dderchafu eu Tiroedd yn *doreithiog.* 1740 T. EVANS: *DPO* 99, Y wlad, ebe hwy, sydd odidog a chnydfawr! Gwlad *doreithiog* a hyfryd! 1753 *TR*, Toreth, *Toreithiog*, yielding increase. 1768 W. WILLIAMS: *HTS* 10, ei arian benthyg ef, a'u llog dwbl *toreithiog.* 1773 *W* d.g. *Fertile.* 1800 W. OWEN-[-PUGHE]: *CP* 27, ffrydiau . . . yn *doreithiog* o ddefnyddion ffrwythlonus. *id.* 30, y gallu i ddwyn gwellt yn *doreithiog.* 1803 *P, Toreithiawg* . . . Having produce, plenty, or abundance; profitable, yielding increase. Ar lafar, '*toreithiog*' 'plentiful, abundant . . . seldom used', *WVBD* 536.

Amr.: **toraethog** [*toraeth*+-*og*]. 1661 E. LEWIS: *Drex* 352, y cyfryw gynnyrch *toraethawg* yn torri allan o gyfryw hadau bychain. 1768 RISIART AP ROBERT: *CB* 11, Os ydyw ffydd yn ras mor *doraethog* a'i bod yn arwain y grasau eraill i mewn . . . mae yn rhaid iddi . . . fod yn amryw rinweddau. 1795 J. THOMAS: *AIC* 358, [t]rimia a chadw yn y ffordd oreu bob pêth, fel y bô 'r Ardd . . . yn ffrwythlon a *thoraethog.* **torethog** [*toreth*+-*og*]. 1632 *D* d.g. *Ferax, Fœcundus, Multifer, Vber.* 1722 *Llst* 189, *Torethog.* Fruitfull, plentifull, bringing forth much fruit; durable. 1773 *W* d.g. *Fertile, A plentiful* [*fruitful*] *year.*

toreithiol, torethol [*toreth*+-(*i*)*ol*] *a.* Toreithiog, ffrwythlon, cnydfawr, cynhyrchiol; helaeth: *fruitful, fertile, prolific, productive; abundant.*

16–17g. EDWART AP RAFF: *Gw* 320, dûw arrotho n *dorethol* / oes hen iw aer ssyn ol. 1803 *P, Toreithiawl* . . . Productive, abundant.

toreithlawn [*toreith*(*iog*)+-*lawn*] *a.* Toreithiog, ffrwythlon, cnydfawr, cynhyrchiol, hefyd yn *ffig.*; helaeth: *fruitful, fertile, prolific, productive, also fig.*; *abundant.*

18–19g. R. DAVIES: *DB* 261, Gwyrddion lysieuog erddi, / Pob ffrwythlawn *doreithlawn* ri'; / Nid ellir nodi allan / Gyflawnedd fawredd y fan.

Amr.: **toraethlon** [*toraeth*+-*lon*]. 1729 *ML* (Add) 5, [d]ymuned . . . i'r Arglwydd hollalluog eich cynnysgaeddu â'r cyfryw heppil *doraethlon* o gynnyddiad fel palmwydd yn nrysau eich tai.

toreithrwydd [*toreith*(*iog*)+-*rwydd*] *eg.* Ffrwythlondeb, cynyrchioldeb; helaethrwydd: *fruitfulness, fertility, prolificacy, productiveness; abundance, luxuriance.*

1848.

Amr.: **toraethrwydd** [*toraeth*+-*rwydd*]. 1850.

toreithus, gw. **toraethus.**

toreth [bnth. Gwydd. Cyn. **toreth* (> H. Wydd. *torad*)] *eg.b.* ll. *toreithiau*, a hefyd gyda grym ansoddeiriol. Digonedd, amlder, helaethrwydd, llawnder, cyflawnder, llawer, nifer mawr, ?mwyafrif; ffrwythlondeb; cnwd, ffrwyth, cynnyrch; cynnydd, ennill, elw; ffrwyth (coeden neu blanhigyn); parhauster, yr ansawdd neu'r cyflwr o fod yn hirbara neu'n ddurol; hefyd yn *ffig.*: *abundance, profusion, proliferation, store, plenty, large number, ?majority; fruitfulness, fecundity; crop, fruit, produce, product; increase, return, profit; fruit (of tree or plant); durability; also fig.*

14g. *GIG* 147, Esgud dŵr ysgod *toreth*, / Ysgrîn saith gyfelin seth [i'r llong]. 15g. *DN* 54, Mae kost llu yno, mae kiste llawnion / O *doreth* gwenith yn dorthe gwynion. 15–16g. *TA* 17, Lle'r oedd Baradwys llowrodd brydydd, / Lle difeth *toreth* ŷd deyerydd. 1567 *LlGG* (*Sall*) 36a, Yna y dyry'r ddaiar hei ffrwyth [:– *thoreth*]. 16–17g. *GST* i. 147, *Toreth* siwgr, tarth o seigiau, / Tunnell o win tan wellhau. 1632 *D, Toreth*, Prouentus, incrementum. *id.* d.g. *Fertilitas, Fœcunditas.* 1688 T. JONES: *Alm* [19], ysgythru pôb Canghennau gormodedd oddiar ei brennau *toreth* . . . A phlannu pôb mâth a'r [*sic*] siettus a Choed *toreth.* 1707 *AB* 280a, Lasting, *Toreth*; L. Duratio. 1722 *Llst* 189, *Toreth.* f. Profit, product, fruit, increase, return, emblements. 1756 G. OWEN: *L* 178, descrifiad prydferth o'r wlad a'i hamryw *doreithiau*; megys anifeiliaid, pysg, adar, ŷd . . . a chanpeth cyffelyb. Ar lafar, '*torath*' 'abundance', '*torath* mawr', '*torath* o datws . . . seldom used', *WVBD* 536; '*torath* o wellt' (Myn.); ''Odd *toreth* o bobol yn y cyfarfod nos Fawrth', 'Bydd 'na *doreth* o bartïon 'mlaen dros y 'Dolig' (Cered.); ac yn yr ystyr 'synnwyr, rheswm', ''Wi'n ffeilu câl dim *toreth* 'dag e', ''Ches i'm *toreth* 'da nw ariôd' (canolbarth a godre Cered.); 'Gwildi siŵd *dorath* o fwyd ma dyn yn gallu'i nuthur o dicyn bæch o gig!', 'Ma *torath* o bopith yn y tŷ 'co nis bod y tŷ ar dorri', *GTN* 803.

Amr.: **toraeth.** 1604–7 *TW* (*Pen* 228) d.g. *Fertilitas.* 1632 *D* d.g. *Fœcunditas.* 17g. *TBM* 818, Siôn yw'r bardd tirion *toraeth*—Llanddyfnan / Llawn ddefnydd gwybodaeth. 1650 *B* xxii. 147, a *thoraeth* y tir yn arferol o dhylin yr amseroedh hedhychol. 1707 *AB* 220c, *Toræth*, Duration, durableness. 1803 *P, Toraeth*, s. f. . . . Produce, profit; fecundity, fruitfulness; abundance, store. Nid oes dim *toraeth* ohono, there is no good to be had out of him. **toraith.** 1547 *WS.*

torethaf: torethu, torethol, gw. **toreithiaf: toreithio, toreithiol.**

torf [bnth. Llad. *turba* neu *turma*; trafodir y ff. l. *torfeydd* d.g. *torfa*] *eb.?g.* ll. -*oedd*, -*au*, -*ydd.* Llu, tyrfa, lliaws, mintai, byddin; nifer mawr, lluosogrwydd; gyr, haid, praidd: *crowd, multitude, throng, host, troop, army; large number, multiplicity; herd, flock.*

Dchr. 12g. *GMB* 6, Terruin trochiad, *torwoet* ueitad, vab Goronvy. 12g. *GCBM* i. 95, Ym maes Trefgalw lys *torf* emys—ein glyw / A glywir yn hyspys. *id.* 256, Tyrrua Klaỽt Offa clod yn hoffyein / A *thoruoet* Gwynet a gwyr Llundein. 12–13g. *GLlLl* 263, Torreist Gaeruyrtin, *toruoet*—ar Ffreinc. 13g. *HGK* 10, Ac en e lle y kerdus enteu ar wyr Powys, ac annoc udunt dyuot y gyt ac ef am benn Gwyned en amylder *torvoed*, y dial arnadunt Kenwric y gar. 14g. *T* 46. 5–6, O Pop aduer y*torof* uroder dychyfaeraỽt. bud adefic. y grist gỽledic degyn volaỽt. 14g. *BT* (*RB*) 94, Y *toryf* ol eissoes nys ymlidyawd, namyn . . . kymryt eu ffo a wnaethant. A phan welas y Freinc . . . y rei hynny yn ffo, kyrchu y *doryf* ulaen a wnaethant. 15g. *DE* 106, ag oi *torfau* a gad terfel / i dref yntau ai drwy fantel. 1551 W. SALESBURY: *KLl* xxxi[v]a, yr archoffeiriait ar *torfydd* [:– popul]. 1632 *D, Torf*, Multitudo, turma. 1688 S. HUGHES: *TSP* 190, fod Beelzebun Tywysog y Ddinas hon, a'r holl *dorf* [:– Tyrfa] o'i weision ef, yn gymhwysach i fod yn vffern. 1772 *W* d.g. *Crowd.* 1790 T. JONES: *TOS* 81, Er na byddi ddealldwriaeth y damnedigion gael ei sancteiddio, etto hi a waredir oddiwrth *dôrf* o gyfeiliornadau. 1803 *P, Torv*, s. f.—pl. t. *oz* . . . A croud, a multitude; a troop. *id. Toryv*, s. f.—pl. *torvoz* . . . A crowd, a throng, a multitude, a host. Ar lafar, '*torf*' 'a large number', *TGG* (1906) 31 (sir Benf.); ''Ôn i'n gweld *torf* fach wedi cronni lawr wth y nant', *GTN* 801; '*torf*' 'flock of sheep', *AGB* 67.

torfa [*torf*+-*fa*, *ma*; cf. *catyrfa*] *eb.* ll. -*oedd*, *torfeydd.* Torf, tyrfa, lliaws; nifer mawr, lluosogrwydd; rhif uchel ansicr, (geir.) biliwn (10^9): *crowd, multitude; large number, multiplicity; uncertain large number, (dict.) billion (10^9).*

1551 W. SALESBURY: *KLl* xixa, Ryw wreic or *torfa* a ddyrchauadd hi llef. *id.* xxviib, yn y van . . . deuei Iudas . . . a chyt ac ef *torfa* vawr. 1567 *TN* 12a, A phan welawdd yr Iesu *dorfeydd* lawer oei amgylch. *id.* 118a, ny's gallai gan y *dorfa* [:– ymsang]. *id.* 179a, a' *thorfa* vawr o'r Offeirait a vvyddesont ir [*sic*] ffydd. *Dchr.* 17g. *J* 10, 159a, *Torva.* Turba. *c.* 1634 *RWM* ii. 774, deg mil yn y fyrdd, deg myrdd yn y mwnt, deg mwnt yn y rhiallv, deg rhiallv yn y bvna, deg bvna yn y *dorfa*, deg *torfa* yn y gatorfa. 1784 M. WILLIAMS: *S* i. 30, y *torfaedd* mawrion o hwsmonwyr sy'n haeddiannol o'r parch a'r anrhydedd mwyaf. *id.* 201, yr oedd Columbus yn cael ei amgylchynu â *thorfaedd* o ofalon. 1803 *P, Torva*, s. f.—pl. *torvëyz* . . . An assembled host; also the number of one thousand millions. Ar lafar, ''Ôn' nw'n dod i'r cwrdd mawr yn *dorfeydd* pryt 'ynny', *GTN* 801.

torfaen, gw. **tormaen.**

torfaf: torfi [bf. o'r e. *torf*] *bg.a.* Casglu ynghyd, ymgasglu, ymgynnull, tyrru: *to gather (together), assemble, crowd.*

1803 *P.*

torfagl [*tor*[1]+*magl*[1]] *eb. Bot.* Unrhyw un o amryw fathau o blanhigion o'r tylwyth *Euphrasia*, a ddefnyddid gynt at anhwylderau ar y llygaid, effros; saets gwyllt, *Salvia verbenaca*: *eyebright, euphrasy; wild clary.*

c. 1400 *Haf* 16, 99, *toruagyl* uechan neur verueyn. *Diw.* 16g. *WLB* 5, Rhag dolur a thywyllwg or llygaid. Kymer y fannygyl kochion . . . ar *dorfagl* . . . ai morteru yn dda ai berwi mewn y menyn. 1604–7 *TW* (*Pen* 228), y *dorhvacl* d.g. *Euphrasia. Dchr.* 17g. *J* 10, 159a, *Torvagl.* Eruca. Euphrasia. 1632 *D* (*Bot*), y *Dorfagl*, golwg Christ, llygaid Christ, goleuddrem, gloywlys, effros, Euphrasia, ocularia. 1688 *TJ* (*Bot*), y *Dorfagl*, golwg christ, llygaid christ, goleiddrem [*sic*], gloŷwlŷs, effros: Eye-bright, Mouse-ear, Scorpion-grass. 1725 *SR* (*Bot*), Y *dorfagl* d.g. *Eyebright. c.* 1740 *LlM* 6, Cymmer Ystol Fair ar *Dorfagl.* 1759 J. EVANS: *PF* 48, Arferwch Dê o Ddail y *dorfagl* . . . Neu, 'r *Dorfagl* wedi ei gwneud yn Llwch yn eich Bwyd a'ch Diod. 1771 *PDPh* 39, Cymmerwch Clofs, Mâs, Isop, sudd Selandin, Ruw, y *Dorfagl*, Eyebright. 1773 *W, dor-fagl* d.g. *Euphrasy.* 1803 *P, Torvagyl*, s. f. . . . the eyebright; also called gloewlys, and goleudrem. 1813 *WB* 239, *Torfagl*; Salvia Verbenaca; Wild English Clary, Cleere eye.

Amr.: **tor y fagl.** 18g. *Llr* C 24, 348.

torfelyn, gw. **tor**[2]**+melyn.**

torflu, gw. **torf+llu.**

torfog [*torf*+-*og*] *a.* ll. -*ion*, a hefyd gyda grym enwol. Byddinog, lluyddog: *having an army (armies) or host (hosts).*

13g. *GBF* 186, Diofyn cad kedeyrn *doruogyon*, / Difefyl ner, fyryfder Ffaraon. *Dchr.* 14g. *H* 124a. 22–3, kyuoethaỽc *toruaỽc* nyỽ teruir y glet / kyuet edryssed ef ny dreissir. 1803 *P* d.g. *Torvawg.*

torfol [*torf*+-*ol*] *a.* a hefyd gyda grym enwol. Yn perthyn i holl aelodau grŵp neu'n gyffredin iddynt, (a wneir) ar y cyd, yn perthyn i nifer mawr o bobl neu bethau neu'n effeithio arnynt neu a wneir

ganddynt; *Gram.* yn dynodi grŵp neu gasgliad: *collective, mass; collective (in gram.).*
1604–7 *TW* (*Pen* 228) d.g. *Manipularis.*

torfynyglad, gw. **torfynygliad.**

torfynyglaf: torfynyglu [bf. o'r ymad. **tor fwnwgl*] *bg.a.* Torri pen ymaith, torri gwddf (â chyllell, &c.), torri asgwrn y gwddf, hefyd yn *ffig.*; (geir.) taflu i lawr yn bendramwnwgl: *to behead, decapitate, cut the throat or break the neck (of), also fig.; (dict.) throw down headlong.*
1588 *Ecs* xiii. 13, A phôb cyntafanedic i assyn a ryddheui di ag oen, ac oni ryddheui di ef, yna *torfynygla* ef. **1588** *Deut* xxi. 4, ac yno *tor-fynyglant* yr anner yn y dyffryn. **1588** *Eseia* lxvi. 3, yr hwn a abertho oen sydd fel yr hwn a *dorfynyglo* gî. **1632** *D, Torrfynyglu,* Præcipitare. **1675** R. JONES: *HCh* [172], [*T*]*orrfynyglu,* Taflu i lawr yn wysg ei ben, torri gwddwf. **1677** R. JONES: *BB* 126, a bod ir Rhieni *dorfynyglu* eu plant, sydd waeth nâ bod gelyn yn ei wneuthur. **1688** *TJ, Torrfynyglu,* torri pen oddiar gorph: to behead or cut off the head, also to hurl or throw down headlong. **1719** IACO AB DEWI: *TG* 159, y mae'r Geirieu hyn, 'Ni fwriaf allan ddim', yn *torfynyglu* pob Gwrthddadl. **1722** *Llst* 189, *Torrfynyglu.* To cut off the head. **1740** T. EVANS: *DPO* 342, Eithr os efe a barhâ'n wrthnyssig, wedi ei ddygn-arteithio, *tor-fynygler* ef, neu dafler ef ben-dramwnwgl i'r môr. **1751** *GIA* 144, tra bônt yn y cyfamser yn brysur ynghylch eu dinistr eu hunain, sef yn *torfynyglu* eu heneidiau eu hunain. **1770** *W, torr-fynyglu* d.g. *To behead, To break the neck.* **1803** *P, Torvynyglu* . . . To cause a neckbreaking, to break the neck; to cast headlong.

torfynygliad, torfynyglad [bôn y f. *torfynyglaf: torfynyglu*+*-iad*[1], *-ad*] *eg.* Y weithred o dorri pen, hefyd yn *ffig.*: *a beheading, decapitation, also fig.*
1612 *LlP* [23], *Torfynygliad* Joan. *Dchr.* **17g.** *J* 10, 159a, *Tovynygliad* [*sic*]. Decollatio. **1722** *Llst* 189, *Torrfynyglad* d.g. *A Beheading.* **1798** *WR, torfynygliad* d.g. *Beheading, Decollation.* **1803** *P* d.g. *Torvynygliad.*

torfynyglwr [bôn y f. *torfynyglaf: torfynyglu*+*-wr*] *eg.* ll. *-wyr.* Torrwr gyddfau, llofrudd, hefyd yn *ffig.*: *a cutthroat, murderer, also fig.*
1722 *Llst* 189, *Torrfynyglwr.* m. A cut-throat. **1793** *Cylchg* 37, nad oedd Domitian a Dioclesian ond egwan erlidwyr, ac anghelfyddgar mewn creulondeb; wrth eu cydmharu â *thorfynyglwyr* anffaeledig y gadair babaidd. *id.* 85, rhaid rhoi i fynu hanes erledigaeth, cyn y delom at *dorfynyglwyr* Rhufain, a phoenau'r Chwil-lys.

torgaen, torgaing, torgain, torgan, gw. **torgengl.**

torged [*tor*[1]+*ced*; ansicr yw'r engh. isod; 1872 yw dyddiad yr engh. nesaf] *eb.* Methdalwr, hefyd yn *ffig.*: *a bankrupt, also fig.*
1766 *CM* 46, 38, Cynil yn wir nid ydi yngwas ine / un haner mymrun gwell na hithe / yn un *dorged* balchaer aned / yn i grus main ai wasgod felfed.

torgedaeth [*torged*+*-aeth*] *eg.* Methdaliad: *bankruptcy.*
1833.

torgedlys, gw. **torged+llys**[1].

torgeg [*tor*[1]+*ceg*] *e?b.* ll. *-au.* Torrwr gyddfau, llofrudd, hefyd yn *ffig.*: *a cutthroat, murderer, also fig.*
1595 *Egl Ph* 45, Y gyntabh a elwir Cynnydhiaith, a honn yw phyrbh ymadrodh pan bho'r araithiwr yn amllau [*sic*] wrth 'osod y gair mwy am y gair lhai. Bhal hynn y dywedwn . . . bhod cubydh [*sic*] yn *dorgeg.* **1629** R. LLWYD: *P* 26, ymogelyd rhagddo megis rhag *tor gêg,* a dihenyddwr ei enaid. **1630** R. LLWYD: *LlH* 183, rhai carliaid bydol, rhai gloddestwyr, a *thorgegau,* wedi eu taro ir [*sic*] llawr gan ddialeddus law'r Arglwydd. *id.* 401, ymogelwch rhag pechod; canys hwnnw yw *torgêg* yr enaid.

torgengl, torgyngl, &c. [*tor*[2]+*cengl, cyngl,* &c.] *eb.* ll. *-au.* Cengl, tordres: *girth, surcingle, bellyband.*
10g. (*Ox* 2) *VVB* 222, *Torcigel,* gl. *uentris lora.* **13g.** *LlI* 94, e due *torr kegel,* duy k'. **1604–7** *TW* (*Pen* 228), *torhgengl* d.g. *Cingulum.* **1632** *D, torrgengl* d.g. *Cingula.* **1725** *SR, torgengl* d.g. *A Surcingle.* **1773** *W, torr-gengl* d.g. *Girth or girt.* **1803** *P* d.g. *Torgeingyl.*
Amr.: **dorgan.** Ar lafar yng ngogledd Cered. **torgaen.** Ar lafar, *B* iv. 303 (canolbarth Cered.). **torgaing.** Ar lafar yng Nghered. **torgain.** Ar lafar yng Nghered., sir Gaerf., *TGG* (1906) 19, a sir Benf., *GDD* 304. **torgan.** Ar lafar yng Nghered. **torgen.** Ar lafar yng nghanolbarth Cered. a sir Gaerf.

torgest[1] [*tor*[1]+*cest*] *eb.* ll. *-i.* Ymwthiad rhan o organ drwy wal y ceudod sy'n ei chynnwys (yn enw. am ymwthiad perfeddyn drwy wal flaen y ceudod abdomenol), torllengig: *hernia, rupture.*
Dchr. **17g.** *J* 10, 159a, *Torgest.* Ramex. **1707** *AB* 220c, *Torgest,* A rupture. S. **1722** *Llst* 189, *torgest* d.g. *Burstenness.* **1725** *SR, Torrgest* d.g. *A Rupture in the Belly or Codds.* **1803** *P, Torgest,* s. f.—pl. t. *i* . . . A hernia.

torgest[2] [*tor*[2]+*cest*] *a.* a hefyd gyda grym enwol. Cestog, boliog: *paunchy, pot-bellied.*
1604–7 *TW* (*Pen* 228), crothuol o dhyn, croengest, a *thorhgest* d.g. *Ventriosus. Dchr.* **17g.** *RWM* ii. 152, O kenest di *dorgest* daiargi dv gwael. **1766** *CD* 11, Cegrwth mawr ap *Torgest.*

torglwyd, gw. **dorglwyd** (hefyd At.).

torgoch [*tor*[2]+*coch*] *eg.* ll. *-ion,* a hefyd fel *a. Pysg.* Brithyll bychan o'r tylwyth *Salvelinus,* yn enw. *S. alpinus,* ac yn benodol *S. alpinus perisii* sy'n byw yn rhai o lynnoedd gogledd Cymru; rhufell, cochiad, *Rutilus rutilus*: *torgoch, (red-bellied) char; roach (fish).*
1536–9 *Leland* 82, Linne Dolbaterne . . . Linne Peris . . . In these 2. pools be redde bely fisches caullid *Thorgoughe,* id est, thori aut pectoris rubei. There be also of them yn Llin Tarthennyne, and yn Llin Boladulinne. **1604–7** *TW* (*Pen* 228) d.g. *Rubellio.* **1632** *D* d.g. *Erythinus.* **1686–1707** *Cylchg LlGC* xvii. 106, J hear of a Pool at ye foot of Snowdon on CaernNarvon's side where plenty of *Torcôchion* is to be found at some season & wn they are miss'd there they are found in a Pool on ye other side of ye Hill. **1688** *TJ, Torrgoch,* math ar bysgodŷn: a Fish called a Rochet. **1722** *Llst* 189, *Torrgoch.* m. A rochet (fish). **18g.** *Pant* 19, 91, *Torrgoch,* charr. **1753** *TR, Torrgoch,* a fish called a rochet, a roach; a red charre. **1771** *W* d.g. *Char, chare, or charre, Roach.* **1803** *P, Torgoç* . . . an epithet for the red char fish of the Alpine lakes.

Fel *a.* Coch neu frown ei fol, hefyd yn *ffig.*: *red- or brown-bellied, also fig.*
15–16g. *TA* 319, Ni pharha bwa, 'n y byd, / Ywen *dorgoch,* ond ergyd. **16g.** WILIAM CYNWAL: *Gw* (G. P. Jones) 16, Dart Badarn, o gadarn goed, / *Dorgoch,* wanas diwyrgoed; / Durol glân, do araul glau, / Dragwn yn gyrru dreigiau. **16–17g.** *GST* i. 447, Byr yw cant, lle bai'r bar coch, / At ergyd bwa *torgoch.* **1803** *P, Torgoç* . . . Red-bellied. Ar lafar, 'ci *torgoch*' 'ci du a browngoch' (gogledd a chanolbarth Cered.); '*torgoch*' 'ac iddo fol coch neu felyn (am gi)', ''Odd ci *torgoch* 'da nw—ci atar' (dwyrain Morg.). Cf. GUTYN PERIS: *FfA* 90, Ereswiw ffynn iddo roesoch, —a gâst, / Daeargast dda, *dorrgoch,* / I dagu ffwlbard dugoch, / Ac i rwygo cadno côch.

torgochiad [*torgoch*+*-iad*[3]] *eg.* ll. *-iaid. Pysg.* Torgoch, *Salvelinus* (*alpinus* (*perisii*)): *torgoch, (red-bellied) char.*
Dchr. **17g.** *J* 10, 159a, *Torgochiad.* Rubellio. vel Turdus. pyscod llyn dôl Padarn. **1693** *Arch Camb* (1860) 239–40, Peris quosdam ex suis *Torgochiaid* Germano . . . Llyn cwm y Dulyn . . . Llyn *Torgochiad* inde vocato . . . Germani *Torgochiaid* sunt illis minores et his majores tam numero tam magnitudine. **1695** W. CAMDEN: *B* 669, The *Torgochiaid* or red Charres (if we may so call them) are found in some other Lakes of this County and Meirionydh, besides Lhyn Peris. **1718** M. WILLIAMS: *P* 16, Llyn Tegid yng Ngwynedd, lle mae eirif o Wynniaid a Draenogiaid: Llyn Beris, lle mae *Torgochiaid.* **1803** *P, Torgoçiad,* s. m.—pl. *torgoçiaid* . . . a red char fish also called brithyll melyn. Cf. GUTYN PERIS: *FfA* 76, Dywedir mai y pysgod goreu yn Ngwynedd yw . . . *Torgochiaid* Llynntarddynni . . . Mae Leland yn dywedyd fod, yn ei amser ef, *Dorgochiaid* yn Llynn Peris, a Llynn Padarn, a Llynn baladeulynn; R. ROBERTS: *Daearyddiaeth* 192, Nid mynych mae gwlad yn fwy lliosog ei physgod na Phrydain: ei hafonydd a llynau ydynt yn heigio . . . gwyniaid, *torgochiaid,* lledau.

torgwd [*tor*[2]+*cwd*[1]] *eg.* Person cestog neu foliog: *paunchy or pot-bellied person.*
Ar lafar, '*torgwd*' 'a fat-bellied person', *WVBD* 536. Cf. *LlLIM* 112, yr oedd i orfwyta yr adeg honno fel heddiw ei beryglon. Âi'r sawl, a wnâi hynny'n gyson . . . yn *dorgwd.*

torgwmwl [*tor*[1]+*cwmwl*] *eg.* ll. *-gymylau.* Storm sydyn ffyrnig o law: *cloudburst.*
1703 E. WYNNE: *BC* 152, Ond pettynt oll yn un *Torr-gwmwl,* / Mae etto Drymder mwy na'r cwbwl.

torgynghrair, gw. **tor**[1] **+cynghrair.**

torgyngl, gw. **torgengl.**

torgythlwng, gw. **tor**[1]**—tor cythlwng.**

torheulaf: torheulo [*tor*[2]+*heulaf: heulo*] *bg.* Gorwedd neu eistedd yn yr haul, yn enw. er mwyn cael lliw haul, bolheulo, hefyd yn *ffig.*: *to sunbathe, bask, also fig.*
1836 Gw. MECHAIN: *Gw* i. 494, i beidio dangos ei hun o hyn allan, a *thorheulo* ger gŵydd y byd gwatwarus.

Gw. hefyd **ymdorheulaf: ymdorheulo.**

torheulwr [bôn y f. *torheulaf: torheulo*+*-wr*] *eg.* ll. *-wyr.* Un sy'n torheulo: *sunbather.*
20g.

Tori [bnth. S. *Tory*] *eg.* ll. *-s, Toriaid. Gwleid.* Aelod o'r Blaid Geidwadol, un sy'n cefnogi'r blaid honno, Ceidwadwr; aelod o blaid wleidyddol a wrthwynebodd ddiarddel Iago II o'r olyniaeth frenhinol, ac a gefnogodd yn ddiweddarach y drefn grefyddol a gwleidyddol sefydledig hyd at ymddangosiad y Blaid Geidwadol yn nhridegau'r bedwaredd ganrif ar bymtheg: *Tory.*
1684 T. JONES: *GG* 21, Os gofyn rhai pa'run wyf fi, / Ai Whigg, ai *Tori* dygyn. **1752** *ML* i. 207, Mi glywaf fod chwigs Lerpwl agos wedi lladd Mr. Vychan o'r Gors am ei fod yn *Dori.* **1776** *DALl* 26, [g]wobrau, i'r Jacobiaid, a'r *Toryaid.* **1798** W. RICHARDS: *CC* 8, pan y mae y *Toriaid* a'r Pabyddion . . . yn cael eu canmol a'u coleddu. Ar lafar, ''Sa'm un *Tori* yn aelod seneddol yng Nghymru 'rŵan'; 'Librals odd pawb yn y pentra 'yn pyn ôn i'n ifanc ond y Peipars. *Toris* odd reina i gyd', *GTN* 803. Cf. D. OWEN: *SP* 127, Er na wyddai Ned mwy na phost llidiart, y gwahaniaeth rhwng Rhyddfrydwr a *Thori,* ymorchestai ei fod yn Liberal at y carn.

toriad [bôn y f. *torraf: torri*+*-iad*[1]] *eg.* ll. *-au.* Y weithred o dorri (hefyd â chyllell, &c.), canlyniad y weithred honno, cwt, archoll, trychiad, rhwyg, ffawt; y weithred o dorri i mewn (i dŷ, &c.); dofiad neu hyweddiad (anifail); echdoriad; dull neu arddull torri (dillad, &c.); darn a dorrir (e.e. o blanhigyn neu bapur newydd), rhaniad, *Biol., Drg.,* &c., tafell denau o feinwe, carreg, &c., a dorrir i'w hastudio dan ficrosgop; *Math.* ffracsiwn; lleihad, cwtogiad, talfyriad, ymyriad, saib, peidiad (dros dro), diwedd(iad); ergyd neu drawiad (â llafn, &c.); cerfiad, arysgrif; hefyd yn *ffig.*: *a cutting or breaking, cut, incision, break, fracture, breach, fault; a breaking into (a house, &c.); a breaking in (of an animal); eruption; cut or style (of clothes, &c.); a cutting (e.g. from a plant or newspaper), section (also in biol., geol., &c.); fraction (in math.); reduction, a cutting short, abbreviation, interruption, break, discontinuity, end(ing); cut or stroke (of blade, &c.); a carving, inscription; also fig.*
1346 *LlA* 92, Y Mab . . . A*thoryat* pedaỽlfuryf ar y gỽallt arydal. **14g.** *GDG*[3] 51, Trawiad un lladdiad â llif, / *Toriad* hagr trwy iad digrif, / Dig wyf, un *doriad* â gwŷdd, / Deuddryll, pond oedd wladeiddrwydd [marwnad Gruffudd ab Adda]? *c.* **1400** *YCM*[2] 89, ystondard o bali coch a *thoryadeu* man odidawc yndi. **15g.** *OBWV* 151, Ar ei chôr llawer *toriad* / Ar fainc côr Rhufain y'i cad [Dafydd Nanmor i abaty Ystradfflur adeg ei atgyweirio]. *a.* **1587** *Y* 218, Trist ydyw, fal troi stadoedd, / Troi dŷn o'r *toriad* a oedd. **1588** *Eseia* xxxviii. 10, Myfi a ddywedais, yn *nhorriad* fy nyddiau yr âf i byrth y bedd. **1632** *D,* Torr, & *Torriad,* Fractio, sectio . . . Et *Torriad,* Educatio, edomitura. **1661** E. LEWIS: *Drex* 249, hwy a ddywedant pa sut a pha *dorriad* sydd ar ddillad mewn arfer o'r tu hwynt i'r mor. **1688** *TJ* (At.) [17], *Torriadau* mewn ysgrifen, neu lyfr Argraphedig ŷw torri geiriau yn fyrrach na chyflawn eiriau. **1755** *GAGC* [28], Am hen *Doriadau* ar Gerrig yng Nghymru. **1768** J. ROBERTS: *R* 87, Dichon fod rhai o'r Cymry na welsant *Doriadau* erioed oddieuthr Tablau Risiard Moris . . . ond pa un bynnag hwy a nodir fel hyn ⅓, ¼. **1772** *W* d.g. *A cut* [*i.e. the effect of cutting, an incision, a notch, &c.*], *Elision* [*a division, dividing, cutting, &c.*], *Incision, or incisure, Infraction.* **1803** *P, Toriad,* s. m.—pl. t. *au* . . . A breaking, a making a rupture; a cutting; a becoming broken; a cessation, a breaking off, a breaking in, or taming . . . Nid oes arno *doriad* yn y byd, he is not under the least regulation in the world. Ar lafar, '*toriad*' 'a breaking, cutting', *WVBD* 537; hefyd yn yr

ystyr 'graen (carreg)', 'Ffor' na mae 'i *doriad* o' (Arfon).

Amr.: **torrad** [bôn y f. *torraf*: *torri*+-*ad*[2], trf. han.]. **16–17g.** *Gesta Rom* 6, O tyrr llaidr dy a'i ysbailo, er yddo ddyvod a'r dä ailwaith yn y hol, i mae *torrad* y ty yn anghyfraithys. *id.* 81, ef a wnaeth pvmp *torrad* dyfnon yn y ddaear. **1731** T. LEWYS: *BMA* 1[2]9, Siomedigaeth yw fel y dywedpwyd o'r blaen ynghylch *Torrad* Mr. Drygddyn. Felly yr wyfi yn dywedyd yn awr am ei fod ef yn arfer Pwysau a Mesurau twyllodrus. Ar lafar, '*Torad*' 'Figure', 'Mae e o *dorad* taran debyg i Tomos Hafart', *GDD* 303; '*torrad*' 'cut; style', 'Ma *torrad* 'i dillad 'i wastod yn ddæ ac yn ffasiynol', *GTN* 800.

Cfn.: **toriad allan:** (i) *eruption* (*on skin*). **1759** J. EVANS: *PF* 24, 49. (ii) *outbreak*. **1839. toriad (torrad) ei fogail (ei bogail, &c.):** *part of one's nature, inborn trait or innate quality.* **1862.** Ar lafar, 'mae o yn *nhoriad* '*i fogal* o' 'yn rhan o'i natur', *ISF* 73; 'ro'dd o'n hogyn drwg yrio'd—dyna i hanas o—r'odd o fel tasa'r cythral yn *nhoriad i fogal* o', *B* i. 93 (sir Gaern.); 'Ma hwn ar *dorrad* '*i fogel* e' (canolbarth a godre Cered., am wendid cynhenid); 'Ar *dorad* '*i fogel* e' 'What is bred in the bone comes out in the flesh', *GDD* 303. **toriad calon:** *heartbreak, broken heart.* **1777** H. JONES: *M* 72. Ar lafar, 'Mae hi wedi marw o *doriad* 'i *chalon*', *WVBD* 537. **toriad Cesaraidd:** *Caesarean section.* **20g.** *Math.* **toriad cyffredin:** *vulgar fraction.* **1768** J. ROBERTS: *R* 106. **toriad degrannau:** *decimal fraction.* **1768** J. ROBERTS: *R* 81, yn esmwyth i'r cof, ac mor ddigolled a *Thoriadau Degranau*: (Decimal Fraction). **1795** J. THOMAS: *AIC* d.d., Yn Cynnwys helaethrwydd o Reolau buddiol, gyda *Thoriadau Degrannau* (Decimal Fractions). **toriad degrannol = toriad degrannau. 1827. toriad (y) dydd:** *break of day, dawn.* **1588** 2 *Br* vii. 5. **1620** *Doeth Sol* xvi. 28. **1770** *W* d.g. *Break, By, or at break of day.* **1803** *P* d.g. *Toriad.* **toriad y wawr = toriad (y) dydd. 1687 (1715)** J. OWEN: *TB* 155. **1688** S. HUGHES: *TSP* 25. **1770** *W* d.g. *Break of day, or day-break.* **1784** D. JONES: *LlDI* 31, Pwy welaf o Edom yn dod, / Mîl harddach na *thoriad y wawr*. **toriad (y) llengig (llieingig), toriad ei (dy, &c.) lengig:** *rupture, hernia.* **1545** *CM* 1, 559, [*t*]*orriad llieingig*. **1604–7** *TW* (*Pen* 228), *torriat lhengic* d.g. *Hernia*. *id.* *Torriat y lhengic* d.g. *Ramex*. **1759** J. EVANS: *PF* 77, *Torriad Llengig* gwyntog. **1803** *P*, Llengig . . . *Toriad llengig*, a rupture. **toriad (y) llong, torrad llong:** *shipwreck.* **1604–7** *TW* (*Pen* 228), [*t*]*orriat lhong* d.g. *Naufragus*. **1606** E. JAMES: *Hom* ii. 103, [c]loffni, clefyd, caethiwed neu *dorrad llongau*. **1768** RISIART AP ROBERT: *CB* 175, ofni *torriad y llong*. **toriad pren:** *woodcut.* **20g. toriad trydan:** *power cut.* **20g.** Ar lafar, 'Gaethon ni *doriad trydan* nos Fawrth'. **torrad tŷ:** *plan of a house.* Ar lafar, *GDD* 304. **hen dorrad:** *old-fashioned* (*of a child*). Ar lafar, "Na '*en dorrad* bach yw'r crotyn 'na' (dwyrain Morg.); 'Plentyn '*en dorrad* yw'r plentyn iynga'', *GTN* 800. Fe'i clywir hefyd am oedolyn yn yr ystyr 'cymeriad gwreiddiol', 'Ma' '*en dorrad* yn y dyn ifangc', *ib.*

toriadol [*toriad*+-*ol*] *a.* Wedi ei dorri (â llafn, &c.), archolledig; yn perthyn i doriad neu i dorri: *cut, wounded; pertaining to a break or breaking.*

16–17g. *PhA* 459, O cha i'r wis gannaid wych orescynnol / affrwyth dioddefaint a phorth duw ddwyfol / am golchi trwy waed y traed *toriadol* / a dwylo ar ystlys chwys achossiol / er coched rudded wreiddiol fo mhechod / Daw un lliw ar od yn waredol. **1803** *P*, *Toriadawl* . . . Fractive, fracturing.

toriadur [gair geir. yn wr., sef bôn y f. *torraf*: *torri*+-*iadur*] *eg.* gan amlaf yn yr ymad. '*toriadur* pen cannwyll'. Glaniadur, haearn canhwyllau: (*candle-*)*snuffers.*

1632 *D*, *torriadur* penn canwyll d.g. *Emu*[*n*]*ctorium*. **1722** *Llst* 189, *Torriadur* pen canwyll. A candle-snuffers. **1725** *SR*, *torriadur* pen canwyll d.g. *A Candle snuffers, A Snuffers.* **[1783]** *W*, *Torriadur* . . . pen canwyll, *torriadur* d.g. *Snuffers, or a pair of snuffers.* **1828** *Geir Pob* 25, Snuffers, *toriadur* pen canwyll.

toriadus [*toriad*+-*us*] *a.* Wedi eu torri'n dda (am ddillad), ffasiynol, hefyd yn *ffig.*: *well-cut* (*of clothes*), *fashionable, also fig.*

17g. *HCRC* iii. 224, Dyn barablys gannaid weddys fwyn *doriadys* dirion / ac am dani blodau'r coed erioed ir wy mewn clwfon. **1773** *W*, *torriadus* d.g. *Fashionable* [*established by custom, &c.* . . .].

Toriäeth [*Tori*+-*aeth*] *eb.* *Gwleid.* Egwyddorion neu arferion y Torïaid, Ceidwadaeth: *Toryism, Conservatism.*

1836.

Torïaidd [*Tori*+-*aidd*] *a.* *Gwleid.* Yn perthyn i'r Torïaid neu Dorïaeth, nodweddiadol o'r cyfryw, Ceidwadol: *Tory, Conservative.*

1840.

toriant [bôn y f. *torraf*: *torri*+-*iant*] *eg.* ll. *toriannau, toriantau.* Toriad, hefyd yn *ffig.*; *Biol.* toriad; trychiad (mewn geometreg, &c.): *break, fracture, also fig.*; *section* (*in biol., geometry, &c.*).

1803 *P*, *Toriant*, s. m. . . . A fraction, a fracture.

toriawdr [bôn y f. *torraf*: *torri*+-*iawdr*] *eg.* Cerfiwr (cig): *carver* (*of meat*).

16–17g. *RWM* i. 612, Jssier a sewer ys ydd a'r *torriawdr* yw'r trydydd.

toriedig, gw. **toredig.**

toriedydd [bôn y f. *torraf*: *torri*+-*iedydd*] *eg.* ll. -*ion.* Peiriant torri, malwr, (geir.) un sy'n torri; blaenddant, dant blaen: *cutter* (*of machine*), (*dict.*) *breaker; incisor.*

1803 *P*, *Toriedyz*, s. m.—pl. t. *ion* . . . A fracturer.

torion [bôn y f. *torraf*: *torri*+-*ion*[2]; ansicr yw'r engh. gyntaf isod; 1832 yw dyddiad yr engh. nesaf] *e.ll.* (un. g. *torryn*, ll. *torynnau*). Gwair neu wellt wedi ei dorri'n fân ar gyfer porthiant, peiswyn; toriadau o bapurau, planhigion, &c., darnau; pwlp, mwydion: *chopped straw, &c., chaff;* (*newspaper, plant, &c.*) *cuttings, pieces; pulp.*

1710 *W Ballads* 173, 3, Pa beth sŷdd yr awrhon, yn groes ith ewŷllys / Hŷd *torion* ddu oerion, ddaiarŷdd. Ar lafar yng ngorllewin sir Ddinb., Meir., gorllewin sir Drefn., a gogledd Cered. yn yr ystyr 'Chaff', *LGW* 107.

torlaith [*tor*[2]+*llaith*[1]] *eg.* *Bot.* Planhigyn o deulu'r lili sy'n dwyn blodau melynwyn ac sy'n tyfu yn Ewrop (ond nid ym Mhrydain), *Veratrum album*: *white hellebore.*

1813 *WB* 239, *Torlaith*; Veratrum album; White Hellebore.

torlan [*tor*[1] (?a *tor*[2])+*glan*] *eb.* ll. -*nau*, *torlennydd.* Glan afon, yn enw. lle bo'r dŵr wedi torri oddi tani, ceulan, glan, gwrthglawdd; cefnen (mewn afon neu yn y môr); hefyd yn *ffig.*: (*undercut*) *river-bank, bank, dyke; bank* (*in river or sea*); *also fig.*

15g. *DE* 94, O hynaif taerlaif *torlan* tyhyrnedd / gwiw gladdfedd gogleddfan [i Rys Wyn ap Llywelyn]. **16g.** (*LlEG*) *Mos* 158, 493b, y *tor*/*lanau* ysydd ynghylch kalais i gadw y mor hrag Iddo dori Ir wlad. **16g.** *B* xviii. 361, ac a ddigwyddodd arni hi o ymadroddion a henwau pobyl ddiethyr anghyuiaeth ar y *torlenydd*, y gelldydd a'r kreigiaau gwynion. **1567** *TN* 219a, hwy ganvuesont ryw ebach a' *thorlan* [:- glan, phenrryn] iddaw. **1567** G. ROBERT: *GC* 84, Amhossibl i ni fyfyrio yn ddyfnddwys . . . tra fom yn cerdded y phordd yma sydd mor arw a chynn llowned o gerrig, *torlannau*, a thwmpathau. **1595** H. LEWYS: *PA* 131, y defeit . . . er nas deuant, ond yn vnic ar y *dorlan*, ac yfed o lann yr afon. **1604–7** *TW* (*Pen* 228), [*t*]*orlan* y gadw afonydh y mewn d.g. *Agger*. *id.* d.g. *Litus*. **1632** *D*, *torlan* dywod yn y môr d.g. *Pului-nus*. *id.* d.g. *Ripa*. **17g.** HUW MORUS: *EC* ii. 192, Cyfle cymmwys, i mi orphwys, wrth dy ystlys, dilys daith, / Er cael llonydd, gyd â'n gilydd, dan *dorlenydd* daear laith. **1722** *Llst* 189, *Torrlan* (y môr) f.p. *lannau*. A creek, hollow shore, bank, brink. **1771** *W*, *torr-lan* d.g. *Brink*. **1803** *P*, *Torlan*, s. f.—pl. *torlenyz* . . . A broken bank, a bank worn away by water. Ar lafar, '*torlan*' 'bank of a river or of a channel on the seashore', *WVBD* 538; '*torlan*' 'river bank', *GTN* 801. Cf. S. WILLIAMS: *EN* 88, 'Roedd o ar y *dorlan* ers tro . . . Bron â marw.

torlas, gw. **tor**[2]**+glas**[1].

torlun [*tor*[1]+*llun*[1]] *eg.* ll. -*iau.* Bloc o bren, leino, &c., y torrir llun arno fel y gellir argraffu ohono, argraffiad a wneir yn y dull hwn: *woodcut, linocut, &c.*

20g.

torlyngaf: torlyngu, gw. **tarlyncaf: tarlyncu** (hefyd At.).

torllaes, gw. **tor**[2]**+llaes.**

torllwyd [*tor*[2]+*llwyd*] *a.* a hefyd fel *eb.* (bach. -*ig*). Llwyd ei fol, hefyd yn *ffig.*: *grey-bellied, also fig.*

14g. *GDG* 44, O daw glaw ar ei dew glwyd, / Adwyth daearllwyth *dorllwyd* [am eira]. **16g.** SIÔN BRWYNOG: *C* 23, Gwiber hardd i gobio rhiw, / Gwinau *torllwyd*, gnot eurlliw. **16–17g.** T. PRYS: *Bardd* 218, taerllym aderyn *torrllwyd* [Rhisiart Phylip am yr eryr]. **1803** *P*. Ar lafar, '*torllwyd*' 'grey-bellied', *WVBD* 538; 'ceffyl *torllwyd*' 'an old type of horse, now never seen in the district, black in colour, but grey on the under parts', *ib.*

Fel *e.* *Bot.* Dail arian, tansi gwyllt, tinllwyd, *Potentilla anserina*; clust y llygoden, *Pilosella officinarum*; llys y dryw, *Agrimonia eupatoria*: *silverweed, goosegrass, wild tansy; mouse-ear hawkweed; agrimony.*

c. **1400** *Etudes* vii. 54, pilogella, y *dorrllwyt*. **16g.** *LlS* 115, Y *Dorllwyd* . . . Potentilla yn Llatin, Wylde tansie yn Saesonaec, Tansi gwyllt, y *Dorllwyd*, ne Lwyd y dîn yn Camberaec. *Diw.* **16g.** *WLB* 5, Kymer gaswenwyn, ar ben galed . . . ar *dorllwyd*. **1604–7** *TW* (*Pen* 228), y *dorlhwydic*, y *dorlhwyt* d.g. *potentilla*. **1632** *D* (*Bot*), y *Dorllwyd*, y *Dorllwydig*. vid. y Dinllwyd. **1633** J. GERARDE: *Herball*, Y *Dorllwyd*. wild tansy or Siluerweed. **1688** *TJ* (*Bot*), y *Dorllwŷd*, y *dorllwŷdig*, y dinllwŷd: wild Agrimony, wild Tansey. **[1783]** *W*, y *dorllwyd* d.g. *Silver-weed*. **1803** *P*, Torllwyd . . . Y *dorllwyd*, the wild tansy, or silverweed. **1813** *WB* 239, *Torllwyd*; *Torllwydig*; Hieracium Pilosella; Mouse-ear Hawkweed.

torllwyth [*tor*[2]+*llwyth*[1]] *eg.* ll. -*au*, -*i.* Dau neu ragor o anifeiliaid a enir gyda'i gilydd, tor(raid), ael, nythaid; beichiogiad; hefyd yn *ffig.*: *litter, farrow, brood, multiple birth; pregnancy; also fig.*

13g. *TYP*[2] 47, vn o'r moch a oed torroc . . . a darogan oed yd hanuyde waeth ynys Brydein o'r *torllwyth*. **14g.** *LlB* 117, Tri *thorllwyth* vn werth ac eu mameu yssyd . . . *torllwyth* gellast, a *torllwyth* hwch ar y thyle, a nythlwyth hebawc. **14g.** *WM* 46. 6–11, y 6reic honn . . . y byd beichogi idi. ar mab a aner yna or *torll6yth* h6nn6 . . . ybyd g6r ymlad lla6n arua6c. **14g.** *GIG* 139, Ys da *dorllwyth*, fu ystad iarlles, / F'enaid, o'r angel a'i hanfones [i Fair]. **15g.** *GGl*[2] 212, Beichiog, arweddog yw'r wain, / Ni bu'r baich heb rai bychain. / O daw cyllell gwell nog wyth, / O daw durllif da *dorllwyth* [i ofyn wtgnaiff]. **15–16g.** *TA* 185, Rhoi 'n deirllofft ar hwn *dorllwyth*, / Hwy no llong Noe Hen a'i llwyth [i dŵr newydd Rhisiart Hanmer]. **1604–7** *TW* (*Pen* 228), y *Torlhwyth* a vwrier alhan drwy wenwyn neû gyfaredhion d.g. *Aborsus*. **1632** *D*, *Torllwyth*, Partus, us, ui. Fœtus, propriè belluarum. **1657** RE: *CDd* 233, Cyn dyfod y gyfraith, nid oedd efe [Paul] yn gweled y . . . *torllwyth* hwnnw o wrthryfelgarwch oedd yn llechu yn ei galon. **1688** *TJ*, *Torrllwŷth*: a Litter of Piggs, or Puppies, &c. **1722** *Llst* 189, *Torrllwyth*. m.p. *llwythau*. A litter of pigs &c, a birth, a bearing. **1740** T. EVANS: *DPO* 12, prin y gall un dybied amgen ond o'r un *Dorllwyth* y daeth y ddwy Genedl allan, (sef y Cymru a'r Gwyddelod). *id.* 137, O gennir [*sic*] dau fab yn un *Dorllwyth* y wraig, ni ddylai y ddau hynny, eithr Rhan un Etifedd. **1753** *TR*, *Torrllwyth*, the burden or young ones that a female goes with, that which is brought forth, the young of creatures, properly a litter of pigs, &c. **1776** *W* d.g. *Litter* [*a breed of pigs, or of puppies*]. **1803** *P*, *Torllwyth*, s. m.—pl. t. *i* . . . the burden of the womb; an epithet for a litter of pigs, and for other animals that bring forth several at once. Ar lafar yn y Gogledd, '*torllwyth*' 'A Litter of pigs', *LGW* 259; '*torllwyth*' 'litter . . . Also a great number', *WVBD* 538; '*torllwyth*' 'haid o berchyll', *Cymru* xlvii. 237 (sir Ddinb.).

tormach, gw. **dormach.**

tormaen, tor maen [*tor*[1]+*maen*[1]] *eg.* *Bot.* Unrhyw un o amryw fathau o blanhigion bychain o'r tylwyth *Saxifraga* sy'n dwyn blodau gwyn, melyn, porffor, neu binc, llyfenwy, maenhad; erwain, *Filipendula ulmara*, crogedyf, *Filipendula vulgaris*: *saxifrage; meadowsweet, dropwort.*

c. **1400** *MM* 120, Kymer saxifraga .i. *tormaen*, yr h6nn a dyf yn lleoed karreca6c, kanys o hynny y kauas y hen6. **1547** *WS*, *Tor mayn* Saxefrage. **16g.** *LlS* 104, Oenanthe yn Groec a Llatin a Philipendula yn y Llatin gyphredin ac yn Saxonaec. ac *Tormaen* yn Camberaec. *id.* 105, Y *Tormaen* . . . mewn bragowdlyn o win a mêl ne win melys sy dda yw yfed er mwyn escor yr ail geni. **1604–7** *TW* (*Pen* 228), y *Tormaen* d.g. *Saxifragium*. **1632** *D* (*Bot*), *Torr maen*, yr eglyn, y llyfannawg, maenhad, hâd y gramandi, gromil, Saxifragium, Oenanthe, lithospermum, lilium solis. **1688** *TJ* (*Bot*), *Torr-maen* . . . Saxifrage . . . Dropwort. **1725** *SR* (*Bot*), *Tormaen* d.g. *Meadow Sweet, or Saxifrage*. *c.* **1740** *LlM* 27, Rhag yTostedd [*sic*] sef y Garreg . . . y *Tormaen* a Phersli, ai morteru'n fân. **1801** *MMJ* 121, Cymmer y gromil cochon, eraill ai geilw y *tormaen*. **1803** *P*, *Tormaen*, s. m. . . . the saxifrage.

Amr.: **torfaen. 16g.** *Pen* 204, 74. *Dchr.* **17g.** *J* 10, 159a. **17g.** *LlGC* 13215, 383. **tor y maen. 1515** *Llst* 10, 36.

tormaenwydd [*tormaen*+*gwŷdd*[1]] *eg.* (bach. b. -*en*). *Bot.* (Pren) sasaffras, *Sassafras albidum*: *sassafras* (*tree*).

[1783] *W*, *tor-maen-wydd* d.g. *Sassafras, or saxafras.*

1793 N. WILLIAMS: *HM* 57, chwarter pwys, o Asglod *Tor-maen-wydd.* 1798 *WR*, *tormaenwydden* d.g. *Sassafras*, *Saxafras.* 1803 *P*, *Tormaenwyz*, s. m. . . . Sassafras-tree. 1813 *WB* 239, *Tormaenwydd*; Laurus Sassafras; Sassafras-tree.

tormennog [*torment*¹+*-og*] *a.* a hefyd gyda grym enwol. Byddinog, lluyddog, (geir.) a chanddo osgordd; (geir.) bonheddig; (geir.) bradwrus: *having an army* (*armies*) *or host* (*hosts*), (*dict.*) *having a retinue*; (*dict.*) *noble*; (*dict.*) *treacherous.*

12g. *GMB* 241, Ac o rodrioet y rodriaɓc / Meu ynteu, oreu un *tormennaɓc.* 12g. *GCBM* i. 256, Aruaɓc, *tormenaɓc* toryf agkynnhes. 12–13g. *GLlLl* 239, Boed dy wir ar dir, *tormennaɓc*—dyet, / Can mlynet yn het, yn hytolaɓc. 13g. *GDB* 79, *Tormennavc* deifnavc Dauyt, / Teu glod o'm dyuod y'm dyt. 13g. *GBF* 285, Heneuyt dedwyt, odidaɓc—dy bar, / Anescor dy uar, ɓur *tormenaɓc.* c. 1400 *R* 1317. 27, Gwr twr *tormenaɓc* vnrɓysc brɓysc breinyaɓc. 1604–7 *TW* (*Pen* 228), *Tormenawc* d.g. *Fœdifragus.* 1632 *D*, *Tormennawg.* q. 1803 *P*, *Tormennawg* . . . Having a surrounding assemblage.

Amr.: **tormynnog.** 14g. *WM* 20. 36–21. 1, guaɓl uab clut gɓr *tormynnaɓc* kyuoethaɓc. 1604–7 *TW* (*Pen* 228), *tormynnawc* d.g. *Nobilis.* 1803 *P*, *Tormynawg* . . . Surrounded by retinue.

torment¹ [?cf. *gworment*] *eg.* ll. *tormennoedd.* Llu, byddin: *host, army.*

12g. *GMB* 241, *Tormennoet* anlloet an llyw tiryaɓc: / Toruoet eurdorchoet am eurdorchaɓc. 12g. *GLlF* 397, Trydydd, Iarll Gwent, trydydd *torment*, torf gymrwynawg. 12g. *GCBM* i. 108, Teulu Madaɓc, mur dragon, / Mal tɓryf *tormennoet* Kynon. 12–13g. *GLlLl* 35, Gogyfurt *torment*, gogyfyaɓ toruoet / . . . / Termud *torment*, terrwyn deyrn, / . . . / Teyrnllyɓ teyrnas, teruysc *torment.* 13g. *C* 63. 10–11, tarv *torment.* ymynwent corbre. 14g. *H* td. 350, tadaɓc gwent *torment* termyd gwar. 15g. *GGl*² 151, *Torment* castell Gwent a'u gwaith, / Talwyd iddynt hwy eilwaith. 1632 *D*, *Torment* q. 1803 *P.*

torment² [bnth. S. *torment*] *eg.* ll. *-au.* Dioddefaint dirfawr, artaith, poenedigaeth, person neu beth sy'n peri'r cyfryw: *torment.*

1670 J. HUGHES: *AP* 111, *tormentau* Vffernol. 1672 R. PRICHARD: *Gw* 463, A phwy *dorment* [:- Boen] sy 'n fy ngryddfu, / Am amherchu Enw 'r Jesu. 1774 H. JONES: *CH* 36, Wele yr oedd y *tormentau* hyn yn dost, eithr nid cyffelyb ir hyn a deimla y rhai colledig, yn y Tophet diwaelod. 1803 *P.* Ar lafar, '*Torment*' 'pla, rhywun fydd yn peri anghysur', 'Bydd lonydd, da di, paid bod gimint o hen *dorment* o hyd', *Cymru* liv. 132 (dwyrain sir Drefn.).

tormentiaf, tormentaf: torment(i)o, tormentu [bf. o'r e. *torment*²] *bg.a.* Achosi dioddefaint dirfawr (i), arteithio, poenydio, plagio, pryfocio, tynnu ar: *to torment, plague, provoke, tease.*

1672 R. PRICHARD: *Gw* 180, Ai di uffern i'th *dormento* [:- Boeni]? *id.* 456, Os *tormentir* [:- Poenir] hwn o'r diwedd, / Yn nhân uffern am ei gamwedd. 1777 E. ROBERTS: *DG* 54, Dyma fel mae 'r Anuwiolion / yn llwyr *dormentio* 'ngalon. 1790–1 H. JONES: *T* 13, [c]ael ein *tormentio* yno byth gyd â diafol a'i angylion. *id.* 70, a'r enaid . . . a *dormentir* â miloedd o ofnau colledigaeth. *id.* 105, yr hwn [Duw] a'u *tormentia* tros fyth yn eirias-dan uffern! 1799 M. WILLIAMS: *HHG* 29, er mwyn *tormento* a gwneuthur rhyw ddrwg i ddynolryw. 1828 *Geir Pob* 27, *Tormentio*, poeni, dygn boeni. Ar lafar, 'Plant 'ma yn fy *nhormentio* i isio mynd i'r fan a'r fan, neu isio rhywbeth' (sir Ddinb.).

Amr.: **trymentio** [*tyrmentio* gyda thrsd.]. 20g. Ar lafar yng ngorllewin sir Ddinb. **ty(r)mentio.** 20g.

tormentiwr [bôn y f. *tormentiaf*, *tormentaf*: *torment(i)o*, *tormentu*+*-iwr*] *eg.* ll. *tormentwyr.* Un sy'n tormentio: *tormentor.*

1869.

Amr.: **twrmentwr** [bnth. S. Diw. Cyn. *tormentour*] (ll. *-ys*). 16g. *Haf* 22, 388, pan ddayth Jessu yr lle brwnt drewedic a elwit Kalvari Ef a ddiodwys y ddillad y hvnan Ar *twrmentwrys* a ddywad yn ffyes ni yw kael y holl ddillad ef.

tormwyth [*tor*¹+*mwyth*¹] *eg.* *Bot.* Y wermod wen, tarfgryd, *Tanacetum parthenium*: *feverfew.*

1801 *MMf* 208, [y] llysiau a elwir y *tormwyth* neu'r wermod wenn, ag yn lladin ffebriffuga. *id.* 217, Cais chwerwyn yr ardd a elwir ym mannau y *tormwyth.* 1813 *WB* 239, *Tormwyth.* edr. Wermod Wen.

tormynnog, gw. **tormennog.**

tormynogaeth [gair geir., sef *tormynnog* +*-aeth*] *eg.* Bonedd: *nobility.*

17g. *LlGC* 13215, 383, *Tormynogaeth* Nobilitas. 1707 *AB* 220c, *Tormynogæth*, Nobility. 1803 *P.*

tornado, tornedo [bnth. S. *tornado*] *eg.* *-s*, *tornadoau.* Math o seiclon a nodweddir gan wyntoedd chwyrlïog, yn enw. lle bo'r gwyntoedd yn chwyrlïo'n ddinistriol ar lun twmffat o dan storm o fellt a tharanau: *tornado.*

20g.

torneimant, torneimeint, &c., gw. **twrnamaint.**

tornod [*tor*¹+*nod*¹] *eg.* ll. *-au.* Coma: *comma.*

1595 *Egl Ph* 47–8, Rhagwahannod, neu *dornod* sydh rann o'r araitheb ymadrodhus, wedi ei chybhansodhi heb vn gorair yndhi. Cf. *SE MS* 509b, *Tornod* —*au* . . . a comma.

torogaf: torogi [bf. o'r a. *torrog*] *bg.a.* Beichiogi (am anifeiliaid), cario, epilio, hefyd yn ddifr.; (geir.) peri beichiogi: *to conceive* (*of animals*), *carry, breed, also derog.*; (*dict.*) *impregnate.*

14g. *DB* 88–9, yn Gangys auon . . . y maent pryuet tebic y wrach, a dwy vreich vdunt, a hwech cwuyt yn eu hyt. Ac o'r rei hynny y *toroga* yr eliphant, ac yn y tonnev y sodant. c. 1400 *R* 1274. 38–40, Pan oed vlyssic honn hynn am sommes pɓyn¹ darogan vu pan *dorroges.* 1545 ELIS GRUFFYDD: *Ll* 123, [c]ydio a *thorrogi* ar gynnavon [am gathod]. *Dchr.* 17g. *J* 10, 158b, *Torrogi.* fœto. 1632 *D*, *Torrogi*, Imprægnare, imprægnari, de [canibus, suibus, & felibus] dicitur. 1688 *TJ*, *Torrogi*: to conceive, to become with young. 1722 *Llst* 189, *torrogi* d.g. *A Belly*, *To begin to have a big Belly.* *id.* *Torrogi.* To grow big with whelps &c. 1753 *TR*, *Torrogi*, to wax great with young. It is used of [a bitch, a sow and a cat]. 1770 *W* d.g. *Big*, *To grow big with young.* 1803 *P.*

torogen, &c. [H. Lyd. *torocenn*, gl. *curculio*, *toroc*, gl. *gurgulio*, Llyd. C. *teureguenn*, *taraguenn*, Llyd. Diw. *teureuguenn*, *taraguenn*] *eb.* (g. *torogyn*, &c.) ll. *torogod*, *torogennau.* Unrhyw un o amryw fathau o bryfed parasitig o deuluoedd yr *Ixodidæ* a'r *Argasidæ* sy'n byw ar groen anifeiliaid gwaed cynnes, pryfyn (sy'n sugno gwaed), lleuen, hefyd yn ddifr. am berson, &c.: *tick*, (*blood-sucking*) *insect*, *louse*, *also derog. of person*, *&c.*.

c. 1400 *R* 1340. 40–1, nyt hard annoc bard bannyar. ar vryntyn *dorrogyn* dar. *id.* 1359. 40–1, Gwnaf drɓy not agglot am eglyn yn varɓ daer agarw *darogyn.* c. 1548 *CM* 1, 727, Ar pryued er/aill a gropie Jr glust or tu allann megis ac J gwna pryued klustie chwain llau heishlau krangla^u *Terogen* Ar kyuriw. 16g. HUW ARWYSTL: *Gw* 351, ai drigias ffol *dorogen* / fu is law bargod taflod hen [i ddychanu'r dryw]. *a.* 1587 *Y* 14, Ni fyddi, cyrchi i'r côr, / *Dyrogen*, gwn dy ragor. 1604–7 *TW* (*Pen* 228), [t]rymsawr a wna y Laû'r cwn a'r *torrogenæ* syrthiaw o dhywrth eû clustieû d.g. *Cynozolion.* 1632 *D*, *Torrogen* d.g. *Cynomyia*, *Ricinus.* 1794 *W*, *torrogen* d.g. *Tick* [*a sort of insect, so called*], *Tyke, tike, or tick.* 1803 *P*, *Torogen*, s. f. dim. . . . a tike. *id.* d.g. *Torogyn.*

Amr.: **drogen** [ffrwyth cymryd ff. dr. fel ff. gys.; cf. *trogen*] (ll. *drogod*). 1786 TWM O'R NANT: *PCG* 28, 'Rwy fi'n cyff'lybu yn barod, / Y rhai drwg, i'r huslau a'r *drogod.* Ar lafar, *WVBD* 102, *B* iv. 295 (canolbarth Cered.). **rogyn**² [ff. affetig ar *torogyn*] (ll. *rogod*). Ar lafar, '*rogyn*' 'warble fly', *GTN* 692. **trogen** [drwy gyw.] (ll. *-nod*, *-nau*, *-ni*, *trogod*, *trogaid*). 16g. RHISIART FYNGLWYD, &c.: *Gw* 178, Swyddogion duon, o daw—y *drogen*, / Er bod drygair iddaw. / Gadewch i'r gwas i basiaw, / Nid aeth ei waeth dros draeth draw. *a.* 1587 *Y* 9–10, Ni allaf, heb orafvn, / Fwy braw oedd, fyw heb yr ŷn, / Rhag cael y gair, honair hên, / Dyn drwg, o fynd yn *drogen.* 1722 *Llst* 189, *Trogen.* f.p. *gennod.* A tyke, dog or sheep-louse. 1771 *PDPh* 90, I modd i ddinystrio *Trogennau* [*sic*] ar Ddefaid. Ar lafar, J. JONES: *Gwerin-eiriau*² 188, *Cymru* xxxiv. 266 (godre Cered.); ''Odd cot yr 'en gi'n llawn *trocod*', *GTN* 818. Clywir y ll. *trogaid* yng ngorllewin Morg.

torogennog, tarogennog [*torogen*+*-og*; â'r ail ff., cf. *tarogyn*] *a.* Llawn torogod, lleuog: *full of ticks or lice, lousy.*

c. 1400 *R* 1277. 33–5, Mal athrist y roes meleithraɓc eidyl mil tarɓ y gynnil *tarogennaɓc.* 1803 *P* d.g. *Torogenawg.*

torogiad [bôn y f. *torogaf*: *torogi*+*-iad*¹] *eg.* (Cyfnod) beichiogrwydd (am anifail): *gestation* (*period*) (*of animal*).

1803 *P.*

torogrwydd [*torrog*+*-rwydd*] *eg.* Beichiogrwydd (am anifail), hefyd yn *ffig.*: *pregnancy* (*of animal*), *also fig.*

15g. *CMOC*² 124, Un fal gast yn foliog yw / o *dorogrwydd* a drygryw [Dafydd ab Edmwnd i ddychanu ceilliau Guto'r Glyn]. 1632 *D*, *torrogrwydd* d.g. *Fœtura*, *Grauiditas*, *Prægnatio.* 1722 *Llst* 189, *Torrogrwydd.* m. The pregnancy of a bitch &c.

torogwr [*torrog* neu fôn y f. *torogaf*: *torogi* +*-wr*] *eg.* ll. *-wyr.* Un sy'n peri beichiogi (am anifail): *impregnator.*

16g. *GGH* 366, Tewgau ddull, taeogaidd wedd, / *Torogwr* cant o wragedd [i ofyn hwrdd]. 1803 *P.*

torogyn, gw. **torogen.**

toron [cf. *tôr*¹, *toryn*] *eb.g.* ll. *-au.* Mantell, clogyn, côt, hefyd yn *ffig.*: *mantle, cloak, coat, also fig.*

14g. *GDG*³ 185, Twyllai wŷr, tywyll o wedd, / *Toron* gwrddonig tiredd [i'r niwl]. 15g. *GTP* 57, Toryn gloywddu tëyrnaidd, / *Toron* y blowmon neu'r blaidd [i erchi milgi du]. 15g. *GDID* 109, Doded heb glicied, heb glo, / Deri'n un *doron* yno [i adeilad newydd Llwydiarth]. 15–16g. *TA* 437, O gofynnaf gyfiownarch, / Nid erchi milgi na march, / Eithr y Tarw â thair *toron*, / Tew ar fath y teirw o Fôn. 16g. *GGH* 331, Gwiw *doron*, gwead araul, / Gwau'n dew ar hwn gwawn drwy haul [i ofyn sircyn o groen moelrhon]. 16g. *GSOG* 72, Cryf afael troed, carfil trwm, / Cwfl laes *toron*llaes trwynllwm [i ofyn tarw]. 16–17g. *Glam Bards* 133, *toron* ddur oll taran ddrych / twyg o wydr teg i edrych / sawdiwr hyd Bowys ydwyf / siri a wisg asur wyf. 1604–7 *TW* (*Pen* 228), *toron* d.g. *Mantelium* (hefyd *D*). 1632 *D*, Tôr, vnde Toryn, & *Toron*, Tunica, chlamys, lacerna, æ, mantelum, mantile, pallium. 1722 *Llst* 189, *Toron.* f.p. *Toronau.* A cloak. 1803 *P*, *Toron*, s. f.—pl. t. *au* . . . a mantle or cloak.

toronog [*toron*+*-og*] *a.* A chanddo fantell neu glogyn, yn gwisgo mantell neu glogyn, hefyd yn *ffig.*: *having or wearing a mantle or cloak, also fig.*

15g. *GTP* 55, Tarw a gaf—pand hir y gwallt?—/ *Toronog* gennyt, Reinallt. 1604–7 *TW* (*Pen* 228) d.g. *Mantelium*, *palliolatus.* 1632 *D*, *Toronog*, Palliatus, tunicatus. 1688 *TJ*, *Toronog*: wearing a Coat or Cloak. 1803 *P* d.g. *Toronawg.*

torpant, torpedo, gw. **tyrpant, torpido.**

torpell [gair geir., sef ?*tor*²+*pell*(*en*)] *eb.g.* ll. *-au*, *-i.* Telpyn, tolchen, tywarchen, ?twmplen: *lump, clot, clod*, ?*dumpling.*

1632 *D*, *Torpell*, Massula. 1688 *TJ*, *Torpell*, tolchen: a lump or clot of any thick matter. 1722 *Llst* 189, *Torpell.* d.p. *pellau.* A lump of any thing; a dumpling. 1725 *SR*, *torpell* d.g. *A Clod.* 1772 *W* d.g. *Clod, or clot*, *Clot*, *A little clot.* *id.* Potten . . . *dorpell*, *torpell* o bwding d.g. *Dumpling.* 1803 *P*, *Torpell*, s. f. dim.—pl. t. *i* . . . A small mass or lump; any thick or coagulated matter formed into a mass; a clod; a dumpling.

torpidiaf: torpidio [bf. o'r e. *torpid*(*o*)] *ba.* Ymosod ar (long, &c.) â thorpido, dinistrio neu ddifrodi â thorpido: *to torpedo.*

1933.

torpido, torpedo [bnth. S. *torpedo*] *eg.* ll. *-s.* Taflegryn tanddwr silindraidd hunanyredig sy'n ffrwydro wrth daro llong, &c., math cynharach o ffrwydryn tanddwr amseredig; *Pysg.* sythbysg, swrthbysg; hefyd yn *ffig.*: *torpedo*; *torpedo* (*ray*); *also fig.*

1835.

torpwth, *eg.* Dyn byrdew, pwtyn, stwcyn: *short fat man, stocky man.*

1803 *P.*

torrad, gw. **toriad.**

torraf: torri [Crn. C. *terry*, *tyrry*, *torraf* (1 un. pres. myn.), Llyd. C. *terriff*, *torret* (rhang. grff.), Llyd. Diw. *terriñ*, taf. Gwened *torreiñ*; petrus yw dosbarthiad rhai o'r enghrau. isod] *bg.a.* a hefyd gyda grym enwol i'r be.

1. (*a*) Mynd neu wneud yn ddarnau, darnio, dryllio, malurio, cracio, hollti, rhwygo, difrodi, dinistrio; newid cwmpas, &c. (am lais, adeg glasoed bachgen neu o ganlyniad i deimlad dwys); hefyd yn *ffig.*:

to break, shatter, smash, fracture, crack, tear, rupture, damage, ruin; break (of voice); also fig.

12g. *LL* 120, *odorri* naud ynnlann hac yndieythyr lann. **12g.** *GCBM* i. 243, Taryanaỽc enwaỽc . . . / . . . / A *dyrr* ongyr, angert Weir. **12–13g.** *GLlLl* 263, *Torreist* Gaeruyrtin, toruoet—ar Freinc, / Llawer Franc ar adwet. **13g.** *LlI* 13, dyrnavt em pen hyt er emennyd, a dyrnavt eg corf hyt er emyscar, a *thorry* un o'r petwar post. **13g.** *A* 21. 9, *torret* ergyr o veirch a gwyr. **14g.** *BT* 228, *torres* y bont o tra llwith. **14g.** *WM* 141. 14–16, Ac ae byryỽys ergyt maỽr y ỽrthaỽ hyny *torres* y vreich a gỽahell y yscỽyd. *c.* **1400** *R* 1301. 32–3, *torreist* byrth uffern gỽlyb uigynwern gỽlyd. *c.* **1400** *YCM*² 61, a gwelet yrdaruot udunt rwygaw a *thorri* eu llurugeu. **15–16g.** *TA* 294, Trwm fu lif, trem fal afon, / Trwm am Rys, *torri* mae 'mron [marwnad Rhys ap Maredudd]. **1547** *WS*, *Tori* eb arf ne ddryllio Breake. **1551** W. SALESBURY: *KLl* xxiia, kymerth Ieshu vara ac a ddiolchadd / ac ae *toradd* / ac y rhoddes ew discipulon. **1595** *Egl Ph* 43, Po tynna bho'r lhinin cynta y *tyrr.* **1632** *D*, *Torri*, Frangere . . . rumpere . . . Item Frangi. **1747** T. EVANS: *DDM* 9, *torri* Caracter gŵr. **1770** *W* d.g. *To break.* **1773** *GBC* 126, *Torres* gïeu, [*sic*] ei Freuant. **1803** *P*, *Tòri* . . . To break, to make a rupture . . . to become broken. Ar lafar, 'Mae'i lais o 'di *torri*' (sir Gaern.); 'wedi *torri*'n deilchion mân', *WVBD* 536; 'Paid o *dorri*'r ddishgil', *GTN* 801. Clywir *torri* hefyd ynglŷn ag wyau'n deor, 'Ma'r wia wedi *torri*, 'wi'n clŵad y cwyn dan y iær', *ib.*

(*b*) Dryllio (am long): *to be wrecked* (*of a ship*).

13g. *D Col* 37, O deruyd *torry* llog cen talu e tholl ohoney, y brenyn byeu e da; ac ny dyly hytheu bot hep talu toll namyn try llanu a try threy, a cen *torro* hytheu guedy talo y toll ny deleyr udunt dym oc eu da. **14g.** *LlB* 81–2, Os *tyrr* llog ar tir escob, deu hanher vyd yr ennill rwg y brenhin a'r escob. Os ar tir y brenhin y *tyrr*, y brenhin ehunan bieiuyd yr ennill. **14g.** *BT* (*RB*) 104, Ac yna y kyfaruu y llog a chreigawl garrec a oed yn dirgel dan y tonneu heb wybot y'r llogwyr. Ac y *torres* y llog genti yn drylleu. **1502** *GRB* 25, *Torri*'r llong cyn tirio'r llwyth ['Marwnad Prins Arthur']. **1551** W. SALESBURY: *KLl* xivb, Teirgweith y *tores* llong. *c.* **1750** E. WILLIAMS: *HJI* 14, [rh]yw long, a oedd wedy *torri* yn y Gyffiniau [*sic*] hynny. **1760** *HDY* 51, Y Llong yn *torri* 'roedd efe ynddi. [**1783**] *W*, Hwn y *torrodd* llong arno d.g. *Shipwrecked.*

(*c*) Colli nerth ac iechyd, methu, dirywio (am iechyd, pryd a gwedd, busnes, &c.): *to lose health and strength, fail, deteriorate* (*of health, appearance, business, &c.*).

1763 *ML* ii. 561, Mae nhad yn fusgrellach y leni o lawer nac y byddai arfer a bod, a chwedi *torri* fal y dywedynt yn erchyll y gwanwyn a dechreu haf. **1770** *W*, *torri* (methu) gan oedran d.g. *To break with age.* **1798** J. ROBERTS: *C* 2, a theuru fod y Prisiau yn *torri.* Ar lafar, 'Mae o'n *torri*'n arw' 'he is getting to look old', *WVBD* 537; 'wedi *torri*'n arw', *B* xv. 27 (Meir., am farchnad); ''Ôn i'n gweld yr 'en wraig wedi *torri*'n sytan', *GTN* 801. Cf. D. OWEN: *D* 157, tystiolaeth y rhai a'i hadwaenai oreu oedd ei bod 'wedi *tori*'n arw'.

(*d*) Mynd neu wneud yn fethdalwr, hefyd yn *ffig.*: *to go or make bankrupt, also fig.*

1696 *CDD* 12, Eraill a garan, yn aruth am arian, / Ac eilwaith hwŷ 'gilian, nhw *doran* er dâ. **1724** E. WELLS: *CC* 50, Ymmhellach gofyn elusen . . . gan eraill, pan na bom ni mewn angen . . . *torri*, neu gymmeryd arno fod heb fodd i dalu eraill, er cael cyttuno a hwy. **1731** T. LEWYS: *BMA* 54, Yr wyfi yn ofni fod llawer Gŵr onest yn cael ei *dorri* gan y cyfryw fath o Weision. **1763** T. JONES: *RAH* 66, Ac nid yw ryfedd fôd cymmaint o Denantiaid yn *torri* yn y dyddiau hyn, ac yn rhoi eu Tiroedd i fynu. **1767** *AADdG* 102, Yn gyntaf, y mae'r Gofynnwr yn edrych, os digwydd i'r Dyledwr i *dorri*, fod y Machniydd yn rhwym i dalu'r dyled. **1773** *W* d.g. *To fail* (*as a tradesman*). **1783** P. WILLIAMS: *FfA* 61, Os Duw a gau'r cyllid, ei ystor-dŷ neu'r syll-dŷ (*exchequer*) *torri* a wna pawb. **1787** (**1812**) TWM O'R NANT: *PG* 18, Os cân' hwy'r plate arian, ni wiw cadw twrw, / Hwy fyddant yn fangcrupts digon hoyw; / A da os cyrhaeddant goron y bunt, / 'Nol *tori*; mae'n helynt arw [am y porthmyn]. **1800** W. THOMAS: *P* 22, Pwy a wyr fod dyn gwedi gwneud ei hun yn ddyledwr mawr, a chwedi *torri* (Bankrupt) ac alltudio ei hun y'ngolwg Duw? Ar lafar, *B* xv. 27 (Meir.), *GTN* 801.

(*e*) Anufuddhau i (ddeddf, rheol, &c.), peidio â chadw (cytundeb, addewid, &c.): *to break* (*law, rule, contract, promise, &c.*).

12g. *LL* 121, ha pop cyfreith auo dy brennin morcannhuc yn lys. ou bot oll yn hollaul dy escop teliau ny lys yntou. hay bot ynemelldicetic hac yn yscumunetic yr neb a*itorro* hac aydimanuo y bryeint hunn. **12g.** *GLlF* 318, Nyd oet ỽr dwy aỽr, dwy areith —ỽrth nep, / Ny *thorrid* y gyfreith. **13g.** *D Col* 48, E den e *torrer* er amuot ac ef a eyll talu e amuot, cany *torres* ef e amuot ac nas gurthodes. **13g.** *BD* 156, A phan weles y Brytanyeit eu brenhin yn dygvydav a thebygu ry lad, breid uu eu hattal heb *dorry* y gygreir. **14g.** *BT* 197, yny vlwydyn honno ydelis dauyd vab llywelyn gruffud y vrawt drwy *torri* y lw ac ef ac ykarcharawd ef ay vab mywn kastell krukeith. *c.* **1400** *R* 1308. 4–5, Troy lychỽr at wr. ny at *torri* ffyd. *id.* 1332. 37, Balchder syberwyt *torri* diovryt. ?**15g.** *CMOC*² 62, 'Dywaid ferch na adawid fod, / dir yw ym *dorri* amod'. [**1547**] W. SALESBURY: *OSP*, Amod a *dyr* deuod. **16g.** *WLl* 132, Trwm arr ia yw tramwy r od / Trymach yw *torri* amod. **1588** 1 *Mac* vi. 62, A'r brenin a aeth i fynu i fynydd Sion, ond pan welodd efe gadernid y lle, efe a *dorrodd* y llw a dyngase efe, ac a orchymynnodd ddestruwio y caerau oddi amgylch. **1593** W. MIDLETON: *B* 2, Cymhariad kyfochr yw, pan fytho daúsillafog eiriaú yn dechraú y mesúr, er *torri* kymhariad llythyrennol. **1632** *D*, A *dorro* ei air a'i addewid d.g. *Perfidus.* **1701** E. WYNNE: *RBS* 66, na *thorr* mo'th Reol yn fynych nac yn bell. **1753** *Gron* 8, I'w chyfarch, ond arch, nid af, / Diowryd yw a *dorraf.* **1763** W. WILLIAMS: *APE* 23, ni raid i ni ofydio am *dorri* trefn y moddion trwy gael y diben at ba un y mae'r drefn honno yn arwain. **1770** *W*, *Torri* . . . deddf, gorchymmyn, &c. d.g. *To break a law, a commandment, &c.* *id.* d.g. *To break a league, promise, &c.* Ar lafar, '*torri* addewid' 'to break a promise', *WVBD* 536.

(*f*) Ymholltí, ymrwygo, ymagor (hefyd am gwmwl, &c.); tarddu (am ffynnon, &c.), ffrydio; dymchwel yn ewyn (am don); cructarddu, tarddu, hollti (am groen); hefyd yn *ffig.*: *to burst* (*open or forth*), *open up, open* (*of cloud, &c.*); *gush, spring; break* (*of wave*); *erupt* (*of rash, &c.*), *crack* (*of skin*); *also fig.*

12g. *GCBM* ii. 52, Ar donnyar gwyar gwonofyei, / Gwytueirch tonn *torrynt* yn ertrei. **14g.** *WM* 94. 5–6, ny *thorres* tonn adanaỽ eiryoet. *c.* **1400** *DB* 53, Ffynnhonneu y mor mawr a *dorrassant.* **1551** W. SALESBURY: *KLl* lxxiiib, gwedy iddo ymcrogy e *dores* yn y cenol / ac a ys tywalltwyt o hono eu [*sic*] oll ymyscaroedd. **16g.** *LlS* 132, Paladr vnionsyth aggarw a siobyn arno val ar yr Anet yn *torri* yn vlodæ gwnion a bychydic gwyngoch. **1629** R. LLWYD: *P* [iii], chwythu chwsigen oferedd hyd oni *dorrai* o ymchwydd. **1632** *D*, Tymmestl lle *torro* cwmwl a chwympo d.g. *Ecnephias.* **1703** E. WYNNE: *BC* 7, Yna dechreuasant sibrwd o glust i glust ryw ddirgel swynion ac edrych arnai, a chyda hynny *torrodd* yr hwndrwd, a phawb a'i afel yno'i, codasant fi ar eu 'scwyddeu. **1759** J. EVANS: *PF* 55, Mewn deugain Niwrnod fe iacha hwn hefyd unrhyw Gangcr, unrhyw hên Ddolur, neu Glwy'r Brenin, wedi *torri* neu heb *dorri.* **1787** (**1812**) TWM O'R NANT: *PG* 61, Nid ydyw Gofid ond ail i gafod, / Lle *toro* cwmwl, mae'n rhaid ei di-gymmod [*sic*], / Ni fydd ar neb â chalon iach, / Ond gofid bach am bechod. Ar lafar, 'Mae 'y nylo'n *torri*' 'my hands are chapped', *WVBD* 536; 'Ma'r pimpl 'ma ar 'y ngwynab i 'di *torri*', 'A 'ma'r bag yn *torri* a'r cwbwl lot dros y llawr' (Arfon).

(*g*) Ymddangos ar ddechrau'r dydd (am y wawr), hefyd yn *ffig.*: *to break* (*of dawn*), *also fig.*

15g. *GGl*² 32, Hir ydd wyf ar herw, Ddafydd, / Nid hir dim ond *torri* dydd. **1672** R. PRICHARD: *Gw* 25, Yno cyn i 'r wawr gael *torri*, / Fe ddanfonei Dduw gwmpeini. **1703** E. WYNNE: *BC* 8–9, Tyrd gyda mi, neu dro, eb ef, a chyda 'r gair, a hi 'n dechreu *torri* 'r wawr. **1770** *W*, *torri* . . . o'r wawr d.g. *To break, or dawn.* *id.* Y mae'r wawr yn *torri* d.g. *To break, or dawn* . . . *The day breaketh.* **1779** J. ROBERTS: *C* 14, *Tori*'r dydd 6a 16m. Cf. *Gron* 41, Tros y rhiw torres yr haul / Wên bore, wyneb araul.

(*h*) Newid (am y tywydd), dod i ben (am gyfnod o dywydd): *to change* (*of weather*), *come to an end* (*of period of weather*).

15g. *GO* 159, Eithr a'i rroes ni *thyr* yr hin, / Nis toddai yn tai a'n tân. **1684** T. JONES: *Alm* [27], ag yno y *tyr* y tywydd yn bêth tecach. **1688** *id.* [21], Ynghŷlch yr wŷthfed neu'r nawfed dŷdd bŷdd tebŷg i *dori* yn deg ag yn glaear. Ar lafar, 'O, mae hi'n g'leuo wrth Ddolgella—fydd hi ddim yn hir cyn *torri*', *B* xv. 27 (Meir.).

(*i*) Disgyblu (anifail) nes ei ddofi, dofi, hyweddu, hefyd yn *ffig.*: *to break in or tame* (*animal*), *also fig.*

14g. *T* 47. 19, *Torrit* anuynudaỽl tuth iaỽl dan yscaỽl. **15–16g.** *TA* 428, Moes y march ym Maes Meirchion, / Meistr Ffŵg, moes i *dorri* â ffon. **16–17g.** E. PRYS: *Gw* 332, Wy'n *torri* cŵn at wâr cu, / Am ddwned i'w meddiannu. **1632** *D*, heb *dorri* d.g. *Indomitus, Intractatus.* **17g.** *Card* 23, 400, gyrr ditheu hi marsli / Ei tharo hi ai *thori.* **1722** *Llst* 189, *Torri* . . . to tame, pacifie. **1725** *SR* d.g. *To break or tame a wild beast.* **1769** D. ROWLAND: *CG* 46, Pan y mae'r bustach wedi ei *dorri* a'i ddofi, ac fel gwedi ymgynnefino â'r iau. **1770** *W* d.g. *To break* [*tame*] *a horse, &c.* [**1792**] M. J. RHYS: *D* 7, [d]ynion duon mewn Caethiwed Truenus wedi eu dwyn yn lladradaidd o dir eu gwlad . . . Yr ydys yn gadael fod dwy flynedd yn ofynnol tu ag at eu *torri* at waith, a'u cynnefino ag ef.

2. (*a*) Defnyddio erfyn miniog i hollti, rhannu, datgysylltu, treiddio, &c., trychu, archolli; trimio, clipio, tocio, medi, lladd (gwair); aredig; cloddio (ffos, &c.); gwneud (archoll, twll, &c.) ag erfyn miniog; ?cael ei dorri (â chyllell, &c.); hefyd yn *ffig.*: *to cut, split, divide, sever, incise, wound; trim, clip, prune, reap, mow; plough; dig* (*ditch, &c.*); *make* (*cut, &c.*), *cut* (*hole, &c.*); ?*be cut; also fig.*

13g. *LlI* 126, Svmervarch . . . o *thorryr* y ravn, pedeyr ar vgeynt. **14g.** *WML* 43, or *tyrr* dim oheni [amrant]. gỽerth creith o gyfarch atelir yna. **14g.** *YBH* 34b, affan wyl copart yr esgob ef a dybygassei may bugeil oed yr esgob am y welet yn newyd eillaỽ a gwedy *torri* y wallt. **15g.** *GLGC* 393, pren defnydd lle 'fferennwn, / Duw yw'r saer a *dorres* hwn. / *Torres* derwen Melienydd, / a phellach gwannach yw'r gwŷdd [marwnad Hywel Goch ap Rhys ap Dafydd]. *id.* 450, Tyn dy arfau ar fryn fry, / *tor* lwybr tua'r hil obry [i Ruffydd ap Hywel]. **15g.** *GGl*² 304, Un ddiwyg yn y ddwyallt / Eithr ei wisg, a *thorri*'i wallt. **1547** *WS*, *Tori* ac aryf Cutte. **1588** *Lef* xxv. 3, chwe blynedd y *torri* dy winllan. **16–17g.** *CRC* 430, rhai yn kerdded llann a thre / yn vnig i *dorri* pyrsse. **1632** *D*, *Torri* . . . Secare. **17g.** E. MORUS: *Gw* 38, Trwst leisiau tarw ystlys-hir, / Twred dyfn yn *torri* tir. **1708** *EGE* 10, a'i annog i'w dietifeddu hwynt, ac i *dorri*'r Deyrnas oddiwrthynt. **1772** *W* d.g. *To cut.* **1803** *P*, *Tòri* . . . to cut. Ar lafar, 'Mae o wedi *torri* agan ar 'i law', *WVBD* 4; '*torri* coed' 'to cut wood . . . to cut down trees', '*torri* 'ngwallt' 'to have my hair cut', '*torri* bedd' 'to dig a grave', *id.* 537; '*torri* gwair', *B* xiv. 282 (canolbarth Cered.); '*Torri* glo' 'to cut coal', *id.* viii. 223 (dwyrain Morg.); 'Fe *dorrws* gwt ar 'i law o'r gyllath rwfodd', *GTN* 801. Digwydd hefyd yn yr ystyr 'cymryd llwybr tarw', 'Ffor 'no 'ôn' nw'n *torri* o lawr pentra' (Llŷn).

(*b*) Cerfio, llunio, engrafio, tynnu (llun); ysgrifennu; cyfansoddi (barddoniaeth); yngan, seinio, siarad, ebychu: *to carve, form, engrave, draw* (*picture*); *write; compose* (*poetry*); *utter, sound, speak, exclaim.*

15g. *GDLl* 56, Ffon hardd ac ar ei phen hi / aderyn wedi ei *thorri.* **15g.** *GDID* 113, Tario beunydd trwy boeni / *Torri* ywch fawl, tair och fi! **15–16g.** *GLM* 325, Diffael erioed i Fflur wen / *dorri* D ar droed ywen: / tros Rys *torri* S sy raid, / troi dwbl R trwy dabl euraid [marwnad Rhys Nanmor]. *a.* **1547** *GGH* 422, Truthiwr yn *torri* ieithoedd, / Treth ar rai â'r truthio'r oedd [ymryson â Siôn Brwynog]. **1588** *Job* xxxiii. 6, allan o'r clai y *torrwyd* finne. **1594–6** *B* iii. 283, Marcol yna neidio a wnai o lawenydh . . . a *thorri* yn y geiriæ hynn wrth y brenhin: 'Yr awr honn y dywedeisti yn ol v'ewylhys i . . .'. **16–17g.** *RAGR* 304, trist yw fynghalon yn *torri* ocheneidion. **1632** *D*, *torri* lluniau d.g. *Insculpo.* **1683** *LlP* [55b], nid ellir *Tori* y mhonynt [*sic*] [llythrennau] ddim gwell mewn pren. **1703** E. WYNNE: *BC* 35, Bu gan y rhain yr iawn Sbectol, eithr *torrasant* hyd y gwydr fyrdd o lunieu. *id.* 83, cerddorion bâch y Goedwig, oedd yn ymryson *torri* pob mesureu mawl hyfrydlais i'r Creawdwr. **1754** *ML* i. 304, Mi ddaliaf storaid o wenith i chwart o faip y *tyr* Siac Owain well llythyrennau, yn enwedig y rhai Idalaidd. **1759** T. THOMAS: *WWDd* 267, gweddiwch lawer dros eich gweinidogion, canys o'r clai y *torrwyd* hwynthau [*sic*] hefyd. **1773** *W*, *torri* lluniau (llythyrennau) d.g. *To engrave.* Ar lafar, '*torri* geiria' 'to articulate clearly', *WVBD* 140; '*torri* gair' 'cael sgwrs', *GTN* 801. Cf. T. CHARLES: *Geir Ysg* ii., Gwefus . . . yn ddefnyddiol iawn i *dori* geiriau.

(*c*) Cyweirio, disbaddu, ysbaddu: *to castrate, spay.*

1771 *PDPh* 96, Ni ddylid *torri* hychod mawr tan dair neu bedair blwydd oed. Ar lafar, '*torri* ŵyn' (canolbarth a godre Cered.); ''Odd ragfarch ddim wedi cal 'i *dorri*'n iawn' (dwyrain sir Gaerf.); '*Tori* 'r wyn . . . *Tori* 'r ebolion', *LlGC* 1174, 2.

3. (*a*) Diwallu (angen, chwant, syched, &c.): *to satisfy* (*need, desire, &c.*), *quench or slake* (*thirst*).

13g. *LlI* 7, penhebogyd . . . Ef a dely dven llester e'r llys e dody y wyravt endav, cany dely ef namyn *torry* y sychet. **1346** *LlA* 150, yr hỽnn aannoges idaỽ *torri* neỽyn ygorff gann ỽneuthur bara or mein. **14g.** *B* xiv. 261, duc yvch dvfyr or garrec y *torri* ych sychet. *c.* **1400** *MM* 86, hynny a *tyrr* sychet ac a burha dỽy vron ar kylla. **15g.** *GLGC* 253, a baner a llew'n *torri* newyn, / a gwaith a baner ac wyth benwn [i Syr William Herbert]. **1615** R. SMYTH: *GB* 168, bwytta i plasterau ai eliau i *dorri* i newyn. **1632** J. DAVIES: *LlR* 39–40, [*t*]*orri* newyn ac eisiau ein cydfrodyr tlodion. **1701**

E. WYNNE: *RBS* 65, Na ddôs at y bwrdd ond wrth dy angenrhaid, ac od wyt iâch, gâd ryw fesur o'th chwant heb *dorri*. **1703** E. WYNNE: *BC* 25, rhag iddynt *dorri* eu blŷs, a mynd yn iâch o'r Clwy ac ymadel. **1722** *Llst* 189, *Torri* . . . quench-thirst, slake hunger. **1733** T. EVANS: *PP* 46, yn dilladu'r noeth, yn *torri* eisiau'r newynog. **1759** T. THOMAS: *WWDd* 184, [p]an y caffo 'fe [pechadur] flâs ar y bwyd hwn [Crist]; ni newyna, ac ni sycheda 'fe mwy yn dragywydd; [*sic*] am un bwyd arall, i *dorri* 'r newyn hwn. **1778** J. HUGHES: *BB* 265, Mae 'r byd, tir, môr a'u drysor [*sic*] drud, / Yn gyflawn ddigon, i *dorri* anghenion, / Yr holl drigolion a'r gwenion [*sic*] sy ynddo i gyd. Ar lafar, '*torri* chwant' (dwyrain Morg.).

(*b*) Lleddfu neu waredu (poen, &c.), atal (e.e. gwaedlin), iacháu, hefyd yn *ffig.*: *to alleviate, relieve, or remove (pain, &c.), stop (e.g. haemorrhage), heal, cure, also fig.*

c. **1400** *MM* 94, Y *torri* gỽaetlin o ffroeneu . . . ac ef a *dyrr* y gỽaetlin. *c.* **1400** *R* 1198. 35–6, *tor* greir gwerthuaỽr vy mawrboen. *c.* **1400** *Etudes* vii. 60, *Tori* mygodorth a gwaret dolur a lloscuan croth a wnant. **15g.** *GIBH* [57], Gorau gwin, gwir a ganwn, / I *dorri* haint yw'r dŵr hwn [i Ffynnon Gwenfrewi]. **16g.** *LlS* 157, y estwng ac i *dorri* gŵniæ a doluriæ. *Diw.* **16g.** *WLB* 1, Rhag haint calon . . . ef ai *tyrr* yn wir provedig yw medd y Dûk o Gloster. **1672** R. PRICHARD: *Gw* 413, Maddeu mhechod, *Torr* fy nghlefyd, / Tynn fi o'r ffoes a rho im iechyd. *c.* **1740** *LlM* 26, I *dorri* y gnofa neu Wewyr yn y Bol. **1751** *ML* i. 183, Mae yma offeiriedyn yn dwyn llawer o anhunedd o eisiau gwybod pa gan belled yr ych wedi mynd efo'r Bibl, a wnewch chwi *dorri*'r gofid arno? **1799** M. WILLIAMS: *BM* 32, Rhaid rhwbio ychydig yn dda ar y mannau tost am waith neu ddau, a hynny sydd yn ddigonol i *dorri*'r crafu, ac i wneud i'r blew dyfu, a gwellhau'r mannau tost. Ar lafar, '*torri* . . . poen' 'to relieve pain', *WVBD* 537.

(*c*) Lliniaru (dicter, &c.); gwaredu, diddymu, rhoddi terfyn ar, dod i ben (e.e. am ysgol ar ddiwedd tymor), darfod: *to allay (anger, &c.); remove, dissolve, end, put an end to, break up (e.g. of school), cease.*

16g. *B* x. 286, ni bu haiach o amser ynn ol J'r ddau urenin . . . ddyuod j'r maes a'i dau lu nes bod tyngnheuedd a chymod hrwng y ddau vrenin, o'r achos I *tores* y maes ac Jr aeth y gwyr o ryuel pawb ar i garttref. **1588** *Diar* xxi. 14, Rhodd yn y dirgel a *dyrr* ddigofaint. **1588** *Jud* ix. 7, nid ydynt yn gwybod mai tydi ô Arglwydd sydd yn *torri* y rhyfeloedd. **1588** *Doeth Sol* xviii. 23, efe a safodd yn y canol, ac a *dorrodd* y digter. **1620** *Io* x. 35, a'r Scrythur ni's gellir ei *thorri* (**1588** *ib.* ni ellir ddatod yr ysgrythur; **1988** *ib.* ni ellir diddymu'r Ysgrythur). Ar lafar, 'Mae'r ysgol wedi *torri*' 'the school has broken up', *WVBD* 537.

4. Ceulo, tolchennu: *to curdle, coagulate.*

1604–7 *TW* (*Pen* 228), lhaeth wedy *dorri*'n gaws a vinecr d.g. *Schistum.* **1632** *D*, Llaeth wedi *torri* wrth ferwi d.g. *Pynathes.* *c.* **1700** E. LHUYD: *Par* i. 64, Mae Ffynnon . . . odhiar alwm; yr hon a *dyr* bossele medh rhai. **1722** *Llst* 189, *Torri* . . . to curdle. **1759** J. EVANS: *PF* 41, Neu, ferwch lonaid Llâw o Ddail y Pren bay mewn Llâeth, *torrwch* hwn a Gwîn gwynn, ac yfwch ddracht o'r Gleision yn fynych. Ar lafar, 'wy yn *torri* mewn llefrith poeth' 'to curdle', *Geir Geg* 115 (Môn); 'Mae'r llefrith wedi *torri*', *WVBD* 537; 'hufen yn *torri*' (canolbarth a godre Cered.).

Cfn.: **torri â:** *to break off relations, &c., with, break up with.* **15g.** *BB* 108–9, diogel oed ganthaw na *thorrey* ev tadeu byth *ar* brenhyn tra vei ev meibion y gyt ac ef. **15g.** *DN* 10, Oes heddiw, am nas haeddwn, / Dir rydd am *dori â* hwn? **15g.** *GGl*² 29, Rhyfedd oedd i'r gŵr hoywfoes / *Dorri â* mi ar derm oes [marwnad Rhys, abad Ystrad-fflur]. **1688** S. HUGHES: *TSP* 115, Myfi a roddais fy hunan i fod yn Wasanaethwr i Frenin y Brenhinoedd, a pha fodd y gallafi gydag onestrwydd *dorri ag* efe, i ddychwelyd gyda thi? **1784** P. WILLIAMS: *YC* 61, am *dorri â* Duw. **18–19g.** J. THOMAS: *EG* 153, Mae addo'n beth haws na chyflawni,—/ Fe ddarfu i chi *dori â* mi'n deg. Cf. *GMB* 74, Yny uwyf gynneuin a derwin wyt / Ny thorraf a'm car vy gerenhyt. **torri allan:** (i) *to break or burst out or forth, erupt, come forth, sprout; burst forth (in speech, &c.), exclaim.* **1567** *LlGG* 34a–b, Llawenha dydy hesp yr hon nyd wyt yn planta: *tor allan*, a' llefa, yr honn nid wyt yn escor plant. **16g.** *LlS* 157, rhac tra gwaedlin y merchet, a rhac gwaedlin nei issyw yr alJ [*sic*] a *dorro allan.* **1632** *D* d.g. *Erumpo, Exundo, Pullulasco, Ruo.* **1632** J. DAVIES: *LlR* 47, taranau mawr a *dorrodd allan* o'r wybren. **1696** *GGTY* d.d., Goleuni Gwedi *torri allan* (*broke forth*) Ynghymry. **1770** *W* d.g. *To break forth, To break out.* Ar lafar, '*torri* . . . *allan*' 'to come out, sprout', *WVBD* 537; ''Dw i'n cofio 'Nhaid yn sôn am y diwygiad yn *torri allan* yn Llandegla ac ynte'n y capel tan hanner nos yn gweddïo ac yn canu emyne' (sir Ddinb.); 'Ma'n llaw i 'di *torri allan* yn sôrs i gyd ar ôl iwsio'r gyllall 'na' (Arfon). (ii) *to cut out or from, excise; expel (from chapel, &c.).* **1604–7** *TW* (*Pen* 228) d.g. *Excido.* **1632** *D*, Dernyn a *dorrer allan* o beth d.g. *Segmentum.* *c.* **1762–79** W. WILLIAMS: *P* 44a, [g]aleriau hirion wedi eu *torri allan* o graig. Ar lafar, '*Torra* hwnna *allan* o'r papur i mi', ''Gath 'i 'i *thorri allan* o'r capal am 'i bod 'i'n disgwl' (Arfon). Cf. D. OWEN: *RL* 69, bryd y gweles di neb yn cael 'i *dori allan* o'r Eglwys? Gw. hefyd *torri i maes.* **torri amrafael,** gw. *torri ymrafael.* **torri ar:** (i) *to castrate.* **1805.** Ar lafar, *WVBD* 537; '*torri ar* yr ŵyn . . . lloua . . . yr ebol', *B* xv. 27 (Meir.). (ii) *to criticise adversely, run down.* Ar lafar, '*torri arna*' i yn y 'nghefn' 'to run me down behind my back', *WVBD* 537. (iii) *to interrupt, cut short, shorten; deviate from.* **14g.** *WM* 130. 22–3, Ny *thorres* y gỽr *ar* y ymdidan a pheredur. **14g.** *BT* (*R*) 284, Ac ỽynteu heb *dorri ar* y haruaeth agyrchassant gastell Ystumllỽynarth. **1595** H. LEWYS: *PA* 16–17, os damwain i wr ychydig rwystro, ne *dorri ar* i chwareu. **1630** *YDd* 346, lle na ddylid wrth gyfraith Dduw *torri ar* ewyllys y marw. **1632** *D*, *torri ar* chwedl d.g. *Obrogo.* **1691** T. WILLIAMS: *YB* [v], i *dorri ar* ein crechwen. **1731** T. LEWYS: *BMA* 69, Fe a *dorrodd ar* ei Brentisiaeth. **1770** *W*, *torri ar* gŵsg . . . un d.g. *To break one's rest, or sleep. id.* *torri ar* waith neu chwedl un d.g. *To interrupt.* Ar lafar, 'Mae pob dwrnod fel hyn yn *torri ar* y gaea' 'every (warm) day like this shortens the winter', '*torri ar* y cwarfod' 'to interrupt the meeting', *WVBD* 537. Yng Nghered. a sir Gaerf. clywir yr ymad. '*torri ar* 'i gyflog' am was yn torri ei gytundeb â'i feistr. (iv) *to defeat; make null and void.* **12g.** *GCBM* ii. 119, Terrwyn ri yn *torri arnaỽ*, / Teyrn dreic a dragon ỽrthaỽ. **14g.** *T* 51. 3–4, ef *torres ar* dar teir gỽeith yg kat. **14g.** *LlB* 114, Tri phĕth a *tyrr ar* gyfreith: amot, a defawt gyfiawn, ac agheu. **14g.** *B* ix. 327, py wed y gallei ef *torri ar* geternyt y chreuyd hi. **torri ar grib, torri ar heddwch,** gw. *torri crib, torri hedd.* **torri ar draws:** (i) *to split (open), burst, also fig.* **1567** *TN* 178a, [p]an glywsant wy hyn, wy *doresont ar* ei *traws* rac dic (**1588** *Act* v. 33, ffromasant; **1988** *ib.* aethant yn ffyrnig), ac ymgygcoresont yvv lladd hwy. **1620** *Bel a'r Ddraig* 27, a'r ddraig a *dorrodd ar* ei *thraws.* **1632** *D*, *torri ar* ei *draws* d.g. *Rumpo.* **1677** C. EDWARDS: *FfDd* 245, edrych ar yr hadŷd sy'n *torri ar* eu *traws.* **1704** E. SAMUEL: *BA* 219, ymmron *torri ar* eu *traws* o ferwindod Cynddaredd. **1789** TWM O'R NANT: *TChB* 46, Rwi finneu 'n ddyn ped faw'n [*sic*] i haws, / Ymron *torri ar* fy *nhraws*, o Genfigen. (ii) *to interrupt.* **1788** J. GRIFFITH: *DCC* 249, âf rhagof i roddi darluniad . . . o gyflwr y cristion . . . mor belled ac y bo 'n addas heb *dorri ar draws* yr hyn a gâf ystyriaid yn y pennodau canlynol. Ar lafar, 'Ma'n ddrwg gin' i i *dorri ar* ych *traws* chi', *GTN* 801. **torri arian:** *to make a covenant by breaking a silver coin in two and keeping half each (of an engaged couple).* **18g.** *W Ballads* 543, 1, Histori dra-rhyfeddol, am Fachgen a Geneth yn yr Ysgol, a ymgredodd a'u gilydd, a *thorrasant Arian. id.* [2], Nid oedd dim a blesia ei lygiad, / Nes *torri arian* rhyngddo a'i gariad. Ar lafar gynt, '*Tori arian*' 'a form of covenant between a young man + young woman, engaged to be married . . . They broke a piece of silver . . . in two, each keeping a half', *LlGC* 1174, 3. **torri asgwrn cefn (asgwrn ei gefn, &c.):** *to break one's back; break the back of (a task, &c.).* **1892.** Ar lafar. **torri at:** *to broach (a matter) to, speak to, address.* **16g.** *B* xviii. 57, j ddamuno arno ef ddyuod j *dori* y matter *att* y brenin. *c.* **1730** *Taith C* 11, Cristiana a alwodd ei mheibion ynghyd, ac a ddechreuodd *dorri attynt* (*to Address herself unto them*) fel hyn. **1770** *W* d.g. *To break one's mind . . . to a person.* **torri at yr asgwrn, torri i'r asgwrn:** (i) *to cut to the quick, cut to the bone, fig.* Ar lafar. (ii) *to pinch and scrape, scrimp.* Ar lafar. **torri'r awch:** *to dull the edge, take the chill off, fig. break the ice (break through reserve, &c.).* **19–20g.** *SE* d.g. *Awch.* Ar lafar, '*torri'r awch*' 'rhoi ychydig o ddŵr twym i dymheru dŵr oer; tymheru ychydig ar awyrgylch', ''Roedd pawb yn edrych ar i gilydd; o'r diwadd, i *dorri'r awch*, mi ddudodd rhywun bod hi am fwrw', *B* xiv. 192 (Meir.). **torri bara:** *to break bread (of the Eucharist).* **1567** *TN* 173a, [p]arhay a wnaethant yn-dysc yr Apostolon, ac yn cymddeithas, ac yn *tori bara.* **1723** E. SAMUEL: *PDdC* [iii–iv], yn Esampl dda i Eraill am eu dyfal barhâd yn Athrawiaeth a Chymdeithas yr Apostolion, ac yn *torri Bara. id.* ii. 17, lle y gallwn ddal sulw, yn gyntaf, mai arwyddoccâd y Gair *torri Bara* ym mhob mann yn y Testament Newydd, yw Ministrio Swpper yr Arglwydd. **1799** W. J. RHYS: *Penodau yn Hanes y Bedyddwyr Cymreig* (1949) 148, Mae eraill [capeli'r Bedyddwyr yng Ngwynedd] hefyd yn esgeuluso *torri bara* bob dydd cyntaf o'r wythnos. **torri barf, torri'r farf:** *to shave.* **1851.** Ar lafar, '*torri barf*', *WVBD* 33. Cf. D. OWEN: *GT* 151, Awr bwysig yn Mhantybuarth oedd hono pan fyddai Robert Wynn yn *tori* ei *farf.* **torri barn, torri'r farn:** *to pronounce judgement.* **15g.** *GGl*² 47, Duw o'r byd i *dorri barn* / Aeth ag Edwart ddoeth gadarn [marwnad Edward ap Dafydd o'r Waun]. *id.* 242, Awdur hoyw o Drahaearn, / A Dewi'r beirdd, a *dyr barn.* *Diw.* **15g.** *Pen* 67, 61, Trywyr a vv n *torri r varn* / trech ydoedd nor tri chadarn / Tewdwr mawr tvtyr v mon / a selyf ac absalon [marwnad Rhys ap Hywel ap Dafydd gan Hywel Dafi]. **torri blaen:** *to clip the tip of a sheep's ear straight across (as earmark), earmark of this kind.* **17g.** *LlGC* 7013, 134, hollti y glust ddehau ai skiwio oddi tani, a *thorri blaen* yr asw. Ar lafar, '*torri blaen*: *Torri blaen* y glust ymaith yn sgwâr', *B* xiv. 290 (Meir.); hefyd yn Nyffryn Conwy am fwlch sgwâr wedi ei dorri ym mlaen y glust, *LlG* xlix. 23a. **torri bogail,** gw. *torri bol.* **torri('r) bol(a), &c.:** (i) *to rupture oneself.* **1770** *W*, *torri'r boly* d.g. *To break the belly.* Ar lafar, '*torri'i fola*' 'to rupture', *GTN* 801. (ii) *to burst (with desire, &c.).* **20g.** Ar lafar, 'Mae o'n *torri'i fol* isio mynd ond 'neiff o ddim cyfadda'' (sir Gaern.); 'Ma fa jest *torri'i fola* gin 'ddicadd' 'he's almost rupturing himself with jealousy', *GTN* 801. Clywir hefyd yr ymad. '*torri bogail*' yn yr un ystyr, 'Mae e bron *tori-'i-fogel* eishe câl myn'd i'r ffair' 'He is nearly off his head that he should go to the fair', *GDD* 305. **torri breuddwyd:** *to remind (someone) of a dream (of one of its features noticed after waking up).* Ar lafar, 'Mi *dorrodd* o '*mreuddwyd* i pan ddoth o yma bora 'ma, achos nes i freuddwydio amdano fo nithiwr' (Arfon). **torri('r) brisg:** *to blaze a trail.* **14g.** *GDG*³ 393, Eithr *torri*, ethrod diraen, / Braisg gofl yw, *y brisg* o'i flaen [i ateb Gruffudd Gryg]. **14g.** *IGE*² 124, Wrth *dorri brisg* i'th wisg wen / A'th ruthr i'r maes a'th rethren [Gruffudd Llwyd i Owain Glyndŵr]. **15g.** *GLGC* 251, *y brisg* ym mhob pant a bro / hyd Rufain a *dyr* efo [i Syr Wiliam Herbert]. **1677** C. EDWARDS: *FfDd* 123, a'r Cyntaf o honynt y *dorrodd y brisc*, oedd Mr Rogers. **torri calon:** *to break (some)one's heart, be heart-broken or discouraged.* **14g.** *WM* 57. 32–4, da a dỽy ynys adiffeithỽyt om achaỽs i a dodi ucheneit uaỽr a *thorri* y *chalon* ar hynny. **1567** *TN* 207b, Pa wylo a wnewch gan *dori* vy-*calon.* **1775** *W*, *Torri càlon* d.g. *To jade.* Ar lafar, '*torri* '*nghalon*, *torri'n clonna*', *WVBD* 536–7. Cf. *GCBM* i. 96, O thyrr calon rhag galar / Y fau a fydd dau hanner; *R* 1039. 44, vygcallon neurdorres. **torri('r) carchar:** *to break out of prison.* **16g.** (*LlEG*) *Mos* 158, 33b, *torasai* Ef I *g/archar* Allan or dywededig garchardy a dreithir ynn y blaenn. **1703** E. WYNNE: *BC* 126, Mae . . . Atrodwr [*sic*], a Medleiwr, a Checryn cyfreithgar, wedi *torri* '*r carcharau* a mynd yn rhyddion. **1727** J. JONES: *DFF* 169, heb un mymryn o Obaith *torri* '*r Carchar*, a myned allan. **18g.** *CM* 110, 93, ar nôs honno fo *dores y carchar* ag a aeth ymaith. **torri'r cenglau:** *to get drunk.* Ar lafar gynt, 'Mae a wedi *tori'r cengla* eto', *LlGC* 1174, 3 (gorllewin Morg.). **torri cnau gweigion:** *to flog a dead horse.* **20g.** Ar lafar, *WVBD* 274. **torri corneli:** *to cut corners, fig.* **20g.** **torri'r got yn ôl y brethyn:** *to cut the coat according to the cloth.* Ar lafar, *GTN* 801. **torri crib (ar grib):** *to cut down to size, take down a peg or two, curb.* **1595** M. KYFFIN: *DFf* 191, eithr vn Nicostratus a *dorrodd grib* ei falchder ef yn y modd hyn. **1630** R. LLWYD: *LlH* 46, Yr yspryd glân sydd yn *torri* ein *cribau* ni. **1724** S. WILLIAMS: *ADA* 160, fe dyn i lawr blu'r Paunod hynny, ac a *dyr* eu *cribau.* Ar lafar, 'Ma gin y boi newydd 'ne ormod o feddwl ohono'i hun, ma angen *torri'i grib* o' (sir Ddinb.); '*torri crib*' 'to curb', 'Ma isia *torri crib* y crotyn gwyllt yna', *GTN* 801. Cf. D. OWEN: *GT* 118, Mi *doriff* y cweir yr wyt ti wedi ro'i iddo dipyn *ar* ei *grib* o. **torri cwt y gath:** *to play ducks and drakes.* **20g.** **torri cwys (ei gŵys ei hun, &c.):** *to go one's own way, paddle one's own canoe, blaze a trail.* **20g.** **torri cyhoeddiad:** *to break an appointment, esp. one to preach.* **1881** D. OWEN: *D* 24, Dywedwyd wrthyf . . . mai ei unig fai oedd ei fod braidd yn dueddol i *dori* ei *gyhoeddiadau*, neu i roddi mwy nag un cyhoeddiad am yr un Sabboth. **torri Cymraeg:** *to speak.* **1885** D. OWEN: *RL* 98, clywais hi yn dyweyd pe buasai yn gwrthod y gwahoddiad na buasai Barbara byth yn *tori Cymraeg* â hi. Ar lafar. **torri cynffon ei gi:** *to do something shameful or unlucky.* Ar lafar, *ISF* 73; hefyd yn Arfon. **torri cyt:** (i) *to cut a dash, show off, swank, swagger.* **20g.** Ar lafar, *ISF* 74, *WVBD* 537. (ii) *to be a short cut.* Ar lafar, 'Yn lle mynd rownd y lôn mi fydda i yn mynd ar draws y cae: mae'n *torri cŷt* [*sic*] imi', *ISF* 74. **torri('r) dadl:** *to settle an (the) argument or dispute.* **16g.** HUW ARWYSTL: *Gw* 463, wrth gyfraith teir iaith *torvd* yn drwiadl / *y* wych hoyw deg *ddadl.* Ar lafar, '*torri'r ddadl*' 'to settle the dispute', *WVBD* 70; '*torri'r ddadl*' 'to solve the argument', *GTN* 801. **torri daear:** *to be in a rage.* Ar lafar, ''Roedd o'n dŵad yn erchyll ac yn *torri daear*' (Arfon). **torri dannedd:** *to cut teeth.* **1831.** Ar lafar, ''Sdim hwyl ar y babi druan—mae o'n *torri dannadd*' (Arfon). **torri dash = torri cyt.** **1896.** Ar lafar. **torri defaid:** *to separate a number of sheep from the rest.* Ar lafar, '*torri defaid*' 'gwahanu rhai oddiwrth y lleill', *B* iii. 208 (Penllyn). **torri('r) dydd:** *to break an (the) appointment or date.* **15g.** *DGG*² 80, Breferad o'r wybr ferydd / A wnaeth i mi *dorri dydd* [i'r daran]. **15g.** *GHC* 35, Ni *thorres* Dafydd *ddydd* ddim, / Na'i gywely, merch Gwilym. **15g.** *GTP* 35, *Torrais dydd* fal dyn trist dall, / Ni thorraf unwaith arall. **15g.** *GO* 49, Oes amgen i'th awenydd? / Onid oes, *torwn y dydd*! Gw. hefyd *torri oed (dydd).* **torri enw:** *to sign one's name.* **1848.** Ar lafar, '*torri enw*', *WVBD* 123; '*Torri-'i-enw*' 'To sign his name', *GDD* 304; '*torri enw*', *GTN* 801; '*Tor* di *enw* man 'yn', *ib.* **torri fyny,** gw. *torri i fyny.* **torri ffigwr:** *to cut or make a figure, fig. of person.* **1777** W. WILLIAMS: *DN* 72, yn gallu *torri ffigwr* ardderchog yn y byd, yn lle bod fel rhyw greadur diddim ar y llaw aswy gan bawb. Cf. D. OWEN: *D* 136, Ond beth oedd hyny i un oedd wedi

penderfynu *tori ffigiwr* yn y byd llenyddol?; D. OWEN: *GT* 84, a theimlai Harri yn bryderus pa *ffigiwr* a dorai efe yn ystod y dydd. **torri('r) garw**: *to harrow for the first time, get work started, break the back of a task, get over the worst part; break the news, impart bad news; break the ice (break through reserve, &c.); take the chill off.* 1604-7 *TW* (*Pen* 228), wedy *torri'r garw* d.g. *Refrigeratus.* 1754 *ML* i. 294-5, Pwy a ddaeth yma echdoe . . . a llythyr yn ei law oddiwrth y brawd Hwlant i *dorri'r garw*, ond eich cyfaill y Mr. Penant. *id.* 315, Pe baech unwaith wedi *torri'r garw*, mi wnawn fy ngoreu ar anfon i chwi rywbeth nеu gilydd i borthi'r bendro. 1787 (1812) TWM O'R NANT: *PG* 35, Wel, dos di yno heddyw, / Yn gywrain i *dori'r garw*. Ar lafar, '*torri garw* 'mynd dros y cwysi y tro cyntaf wrth lyfnu', *LILIM* 103; '*torri'r garw*' 'to break the ice', *WVBD* 143; '*torri'r garw*' 'torri'r newydd drwg am y tro cyntaf wrth berson' (canolbarth a godre Cered.); '*torri'r garw*' 'to break the back of work, to get work started', *GTN* 801. Clywir hefyd '*torri trwy'r garw*' 'dod yn fwy cyfeillgar' (dwyrain Morg.). **torri glo mân yn glapiau (i glapiau)**: *to do the impossible.* Ar lafar yn Arfon a Meir. **torri gwaith y llech, gw.** *torri'r llech.* **torri gwddf**: *to break (some)one's neck, also fig.; (?dict.) cut someone's throat, behead.* a. 1600 (1681) R. HOLLAND: *DG* 466, yno a [*sic*] gweddiodd Petr, ac y gorfu i'r ysprydion i ollwng bendra-mwnwgl i lawr, nеs *torri* o hono i *wddwf.* 1632 D, *torri gwddyf* d.g. *Decollo, Iugulo.* 1672 R. PRICHARD: *Gw* 517, Er i Grist ddyfod i gadw pechaduriaid . . . etto fe ddaeth i *dorri gwddwg* ei pechodau nhwy. *c.* 1700 E. LHUYD: *Par* ii. 34-6, Llanvihangel Nant Melan. Yn sir Fysyfed . . . y mae'r avon a elwir avon cwm y reiswm yn *torri i gwddwf* ag yn syrthio o ben craig o bob tu cant a hanner o latheini [*sic*] o uchder. 1703 E. WYNNE: *BC* 58, 'r oedd drŵs Angeu Uchel-gais, i'r sawl sy 'n ffroenio 'n uchel, ac yn *torri eu gyddfau* eisieu edrych tan eu traed. 1770 *W* d.g. *To break the neck.* Digwydd fel e. nant, e.e. Nant Torri Wddwg, plwyf Trefeurig, Cered. **torri'r gwelltyn**: *to break off relations, break up.* 16g. *BM* 24, 163, oni ymddiddan ychwanec / *tor* y *gwelltyn* am dyn dec [i yrru'r llwynog yn llatai]. 16g. (*c.* 1749) *AP* 29, distawai y cariadfab . . . drwy obeithio yr Ail cyfarfod gael i ddymuniad nе *dorri'r gwelltyn* ag yn Jâch. *ib.* o mynni di mwyna dyn / еurawg wallt *torr y gwelltyn.* **torri gwyndwn**: *to plough virgin land, also fig.* 1865. Ar lafar ym Morg. **torri gwynt**: (i) *to be(come) brokenwinded (of a horse), be(come) short-winded.* 16g. (*LIEG*) *Mos* 158, 450b, serttein ohonnaunt twy [meirch] a dor/rasai I klunie Eraill i mynnygle Erall a *dorassai I gwynt* yn hre/deg. 1771 *PDPh* 53, bydd [ceffyl] yn chwythu o'i ffroenau fel pe b'ai newydd fod yn gyrru yn galed, y maent yn arwyddion ei fod wedi *torri ei wynt.* Ar lafar, 'ceffyl wedi *torri ei wynt*' (gogledd Cered.); '*torri gwynt*' 'pan fo'r anadl yn brin' (dwyrain Morg.). (ii) *to break wind, belch.* 1604-7 *TW* (*Pen* 228), *torri gwynt* y vnu d.g. *Ructo.* 1770 *W*, *Torri ei wŷnt* d.g. *To break one's wind.* Ar lafar, ''Dachi 'm isio twrw neb yn *torri gwynt*' (Llŷn); '*torri gwynt*' 'to break wind', *GTN* 801. **torri('r) hedd(wch), torri ar heddwch**: *to disturb the peace.* 1606 E. JAMES: *Hom* iii. 301, i Escob Rufain . . . annog *torri heddwch.* 1683 J. JONES: *TG* 115, i *dorri eu heddwch gida Dew.* 1732-3 J. OWEN: *GB* iv, codi Cythryfwl, a *thorri yr Heddwch.* 1791 B. EVANS: *AD* 12, I daeru mae fi *dorrodd* / Yr hedd a fu. **torri i:** *to break into (building, area, &c.).* 12g. *GMB* 72, Ni yn Eryri yn reiaόc, / Ny thorres y baόr a όu breityaόc. 1770 *W*, Efe a dyrr i'r tŷ er ein gwaethaf d.g. *To break in . . . He will break into the house in spite of us.* **torri'r iâ**: (i) *to break the ice, break new ground, pioneer.* 1592 S. D. RHYS: *Inst* [xvii], Cannys ny's gwneuthum i etto, onyd megys *torri 'r iâ*; ac y sawl a bhynno, dilyned yn ehobhn; a'r sawl ny bhynno, *torred yr iâ* 'ihûn, ac aed rhagdho ynn enw 'Duw. 1607 *Rhydd-iaith Gymraeg* i. 138, ny dharuu vdhunt veisio, gwneuthur brisc na *thorri'r iâ*'n y lhudhedigboen hon yma [gwneud geiriadur]. 1788 J. ROBERTS: *AR* 45, llawer o wŷr Duwiol dysgedig, wedi ymarfer a chyfiaithu rhyw rannau o Air Duw er eu haddysg eu hunain . . . A *dorrodd yr Iâ* oedd Mr. Wm. Salesbury. Cf. *Y* 103, Blin drwy'r iaith blaendori'r ia. (ii) *to break the ice (break through reserve, &c.).* 20g. *torri'r iâ* **ias:** (i) = *torri'r iâ* (ii). 1863-5 D. OWEN: *WBC* 29, yn *tori'r ias* oer, ac yn neidio dros ei ben a'i glustiau i bwll y pwnc. Ar lafar ym Môn. (ii) *to take the chill off.* Ar lafar, '*torri ias* y llaeth cyn ei yfed', *Geir Geg* 115 (sir Gaerf. a sir Benf.). **torri i'r asgwrn**, gw. *torri at yr asgwrn.* **torri i'r byw**: *to cut to the quick, fig.* 20g. Ar lafar. **torri i gyfarfod**: *to turn out to meet (someone), meet up with, also fig.* 18g. *W Ballads* 6B, 2, Ond gwelwn Gydwyborol, yn *torri im Cyfarfod* / Ac yn dechreu ynghowleidio. Cf. D. OWEN: *GT* 132-3, Yr ydw i wedi clywed rhyw sibrwd fod Ernest, mab y Plas, yn *tori i gyfarfod* Gwen wrth iddi ddod o'r capel y nos; *id.* 144, Yr wyf wedi dweyd wrthoch o'r blaen fwy nag unwaith, nad ydio ddiben yn y byd i ch'i dori i'r *nghyfarfod* fel hyn. **torri i fyny**: *to go bankrupt.* 1743 *Cylchg LlGC* xvi. 59, y farchnad oedd yn isel . . . a llawer iawn yn *tori i fynu.* 1787 (1812) TWM O'R NANT: *PG* 18, [Bod] eich ffrynd o Gaerfawnog yn mron *tori fynu.* Ar lafar yn ystyr 'to run

short', ''Oes gin' ti faco?' 'Na, 'dwi wedi *torri i fyny*'n lân', *WVBD* 537. **torri i lawr:** *to cut down, also fig.; break down (into tears); break down (of car, &c., also of health); break in (animal); drop (of wind).* 1604-7 *TW* (*Pen* 228) d.g. *defringo, dissepio.* 1632 D d.g. *Excido.* 1655 W.: *DP* 158, Mae rhagor mawr rhwng Sedrwydden a'r Berthen: rhwng y winwydden a'r fiaren, wrth dyfu: *torrwch-i-lawr* a llosgwch hwynt, ac ni fydd rhagor yn eu lludw. 1774 H. JONES: *CH* 48, Eraill a font yn bwriadu eu cadw [anifeiliaid], byddant ofalus hefyd am eu *torri i lawr*, a'u dysgu i weithio a mynеd i siwrnai mewn pryd. Ar lafar, 'Mae'r gwynt wedi *torri i lawr*', '*torri ceffyl i lawr*', *WVBD* 537; 'I dorrws i lawr i lefin', 'Fe dorrws yr 'en gar i lawr unwaith eto', *GTN* 801. **torri i lawr ar:** *to cut down on.* 20g. Ar lafar, 'Mae'n trio *torri lawr ar* smocio'. **torri i maes (faes):** (i) *to cut out or off, excise; expel (from chapel, &c.); burst forth, erupt.* 1551 W. SALESBURY: *KLl* lxxxiib, O rhwystra dy law neu dy droet dydy / *tor* hi *y faes* a thafyl o ywrthyt. 1567 *LlGG* [xiv], *toret y vaes* . . . Respondae . . . [a] chyfryw wac pethae. 1713 D. THOMAS: *TSC* 6, a mŵg a thân diclІonedd yn *torri maes* oi berfedd / yn enbyd iawn i sylwedd gwnae arnom fawredd fraw. Ar lafar, 'Yn yr hen ddyddie we' dyn yn cael 'i *dorri mas* am 'ny' (sir Benf.); ''Yn ni'n ych *torri chi mas* i'r byd' (deddwyrain Morg.). (ii) *to cut up (carcass) and distribute the meat among neighbours.* 1902. Ar lafar gynt yn sir Gaerf. Gw. hefyd *torri allan.* **torri i mewn (i):** (i) *to break or burst into(to).* 1567 *TN* 114a, a' phawb dyn 'sy'n *tori y mewn* [:- ymyrru, ymsengi, ymwthio, ymlynu] *y-ddei* [teyrnas Dduw]. 1604-7 *TW* (*Pen* 228), *Torri mewn* o nerth a chryfdwr d.g. *Irrumpo.* 1632 D, *Torri i mewn* d.g. *Irrumpo, Perrumpo.* Ar lafar, 'Nath 'na rywun *dorri mewn* i tŷ'n chwaer nithiwr' (Arfon). (ii) *to break in (animal), also fig.* Ar lafar yn gyff., '*torri ceffyl mywn*' (Cered.). **torri lawr, torri lawr ar**, gw. *torri i lawr, torri i lawr ar.* **torri'r llech(au):** (i) *to make a cut in the ear to cure rickets, &c.* 1921. Ar lafar, '*Torri'r-lleche*' 'Literally, cutting the rickets. Ricketty children were never taken to a doctor, but to a "wise" woman, who charmed for them. The charm consisted of an incision made on a part of the ear, with the recital of an incantatory formula', *GDD* 305; '*torri'r llech*' 'a cut behind the ear, in a treatment believed to cure rickets and a kind of sleeping sickness', *GTN* 511; hefyd yn yr ymad. '*torri gwaith y llech*' (Myn.). (ii) *to remove the tonsils.* Ar lafar '*torri'r lleche*' 'to cut the tonsils', *TGG* (1907-8) 78 (de-orllewin sir Gaerf.). **torri llengig (llieingig, &c.):** *to rupture oneself, also fig.* 16g. *LlS* 33, meddiginiaeth . . . yr neb a *dorres* ei *lengic.* 1604-7 *TW* (*Pen* 228), wedy *torri llengic* d.g *Ruptus.* 16g. Huw MORUS: *EC* i. 306, 'Sigo ei dwyfron, *torri* ei *llen-ddg* [i ofyn feiol]. 1770 *W*, wedi *torri ei lieingig* (ei *len-ddg*) d.g. *Burst . . . or burstenbelly'd.* Ar lafar yn gyff., *LGW* 497, *WVBD* 347. **torri llinyn (y) bola** = *torri llengig.* Ar lafar, '*torri llinyn bola*' 'to rupture oneself' (Cwmtawe); '*torri llinyn y bola*', *AGB* 223. **torri magl:** *to remove or cure a cataract.* *c.* 1400 *MM* 34, a sud eu deil y *dorri magyl.* 1545 ELIS GRUFFYDD: *Ll* 31, A'i sugyn ef a wna Iles mawr i dori gouid mewn llygaid, ac i *dori y magyl* ac j eglurhau'r llygaid a vo ynn dechre llwydo. *Diw.* 16g. *WLB* 30, a fob un or bustlau hynny a *dyrr magyl* ar lygad dyn. [1762] E. POWELL: *HEl* 7, I jachau Llygad toston ac i *dorri'r Fagl.* **torri mater:** *to discuss a subject.* Ar lafar, '*torri matar*' 'trafod rhyw destun' (godre Cered.); 'bues i'n *torri matar* â rhai o'r bois' (*Wês wês* 16. **torri mewn, gw.** *torri i mewn.* **torri morwyndod:** *to deflower, rape.* 13g. *LlDW* 130. 20-1, puybynneu a *dorro morwyndaot* gwreyc dylyu ohanay talu ydy y chowyll. 1346 *LlA* 144, Seith [pechod] ydy . . . *torri priodas. nev vorwyndaόt.* treissaό gόreic. 1588 *Ecclus* xx. 2, Chwant dispaidd yw *torri morwyndod* llangces (1988 d. 4, treisio morwyn). 1604-7 *TW* (*Pen* 228) d.g. *Vitio.* 1722 *Llst* 189, Morwyn . . . *Torri . . . Morwyndod.* To deflour, force a woman, commit a rape. 1910. *torri oed (dydd)*: *to break an appointment or date.* 15g. *GGl* 23, *Torri 'dd* wyf, terydd afael, / Oedau â Rhys, awdur hael. 15g. *ID* 25, gwelais amser e cerydd / a mi na *thorrit* ti oyd *tydd.* *Diw.* 15g. *Pen* 67, 41, oth oedais wyth ddiwedydd / tre r twr sy n *torri r oed dydd* (Hywel Dafi). 16-17g. *GST* i. 765, Nacáu o oed dan goed gwŷdd, / *Torri* oедau yw'r tydydd. **torri oer:** *to take the chill off.* Ar lafar, '*Allws dicyn o ddŵr twym ar ben y dŵr ôr 'ma i dorri i naws a*' (dwyrain Morg.). **torri('r) newydd:** *to break an appointment or date; break the news, impart bad news.* 1910. **torri oer:** *to get warm.* Ar lafar, 'Dara mywn am funad i *dorri'r oerfal*'. **torri partners:** *to fall out, quarrel.* Ar lafar, 'Mae'n [*sic*] nhw wedi *torri partnars*' 'am ddau wedi digio wrth eu gilydd', *ISF* 74. **torri pen:** (i) *to behead, decapitate.* 14g. *GDG*[*?*] 271, *Torri* ei

phen, cledren clod, / Â gisarn ar un gosod. *c.* 1400 *ChO* 19, Ac yna y dywawt yr adyrcop, 'Yn wir nyt ey di [cylionen] odyna vyth yn fyw.' A dwyn hwyl a *thorri y phenn. Dchr.* 16g. Pen 127, 246, ar neb a wnelai yn erbyn y gyf/raith honn *torri i benn* ac achos. 1547 *WS*, *Tori pen* Beheed. 1632 D d.g. *Decollo, Obtrunco.* 1770 *W*, *Torri . . . pen* d.g. *To behead.* Ar lafar, *WVBD* 537. (ii) *to take away someone's reputation, backbite, hurt someone's feelings.* Ar lafar, '*torri i ben*' 'to take away his reputation', *WVBD* 537. Cf. *Mont Coll* xii. 297, *Tori pen* a rhoi pats . . . To hurt a person's feelings, and then making an apology. **torri'r pen medi:** *to attempt to cut the last tuft of corn, tied up as a target, by throwing reaping hooks at it.* 1871. **torri priodas:** *to commit adultery, fornicate, also fig.* 1346 *LlA* 14, *Torri priodas.* yn ysprydaόl. kannys yeneit oed gysselldedic yduό. *id.* 153, yneb . . . a *torrassant* ypriodasseu. 14-15g. *IGE[2]* 256, Canmol heb rwol heb ras / Pryd, a *thorri* priodas (Siôn Cent). *c.* 1400 *YCM[2]* 159, [t]i . . . a vadeueist y'r wreic a *dorres y phriodas.* 1588 *Math* xix. 9, pwy bynnac a wrthodo ei wraig, onid am odineb, a phriodi vn arall, ei fôd yn *torri priodas. c.* 1730 Thos. Lloyd D (LlGC) 195b, *torri Priodas.* To commit adultery. **torri('r) pwcins:** *to cut away bulges in the floors of underground workings.* Ar lafar, *Geir Glo* 63 (sir Gaerf. a Morg.), *B* viii. 220 (dwyrain Morg.). **torri pwyntmant:** *to break an appointment or date.* 16-17g. T. PRYS: *Bardd* 10, Kowyddi I ferch a *dorrodd bwyntment.* 17g. E. MORRIS: *B* 48, Edifeirwch Gwr Ieuanc Am *dori Pwyntmant* a'i Gariad; a dymuno ei chymmod a'i ffafr drachefn. 17-18g. *LlGC* 6499, 421, ni fwy gantho nag eiste / dori i *bwyntmanne.* **torri record:** *to break a record.* 20g. Ar lafar. **torri'r rhew:** *to break the ice, break new ground, pioneer; break the ice (break through reserve, &c.).* 1790 T. JONES: *TOS* 208, Nid wyf yn myned i lwybr na throediwyd, nag i *dorri'r rhew* yn gyntaf. Cf. D. OWEN: *GT* 173, Megys i *dorri y rhew*, aeth Robert Wynn ati i ddechreu y cyfarfod. **torri rhwng:** *to occur between (of a breach of friendship, &c.).* 14g. *BT* 228, Dyw sul y blodeu ytorres rwg llewelyn ap grufud ac edward brenin lloigyr. **torri'r Saboth (Sabath):** *to break the Sabbath.* 1567 *TN* 18a, vot yr Offeiriait ar y Sabbath yn y Templ yn *tori'r Sabbath.* 1630 O. THOMAS: *CC* 10, tyngu, *torri y Sabboth* &c. 1656 W. JONES: *TPG* 20, [*t*]*orri y Sabbothau* gynt, drwy ddioddeu polion ha, chwaryddion. 1798 GW. MECHAIN: *D* 18, godineb, gamio, *torri'r sabbath*, esgeuluso Duw a'i addoliad. **torri sgwârs:** *to cut a dash, show off, swank, swagger.* Ar lafar yng ngodre Cered. **torri streic:** *to strikebreak.* 20g. *torri'r* Sul = *torri'r Saboth.* 1703 E. WYNNE: *BC* 136. **torri tafod:** *to cut out someone's tongue, fig.* 1772 *W*, Rhaid yw *torri eich tafod* d.g. *To cut out . . . This tongue of your's must be cut out.* Ar lafar wrth blentyn parod i ateb yn ôl, 'Ma isha *torri peth o dy dafod di*', M. WILIAM: *DY* 105 (Cwmtawe). **torri tir newydd:** *to break new ground, pioneer.* 20g. Ar lafar, 'Wyt ti wedi *torri tir newydd*, 'nawr! Ma 'wn yn waith na næth neb o'r blæn', *GTN* 801. **torri tref, torri'r dref:** *to sell a (the) home and its contents after a death.* Ar lafar, '*torri tre*' 'gwerthu'r cartref a'i gynnwys' (dwyrain Morg.); '*torri'r dre*' 'to break up the home (after a death)', 'Fe dorrwd y dre ar ôl idd 'i mam farw achos odd neb ar ôl yn y cylch 'yn', *GTN* 801. **torri dros y tresi:** *to kick over the traces, fig.* 1933. **torri trwy'r garw**, gw. *torri'r garw.* **torri tŷ:** *to break into a house.* 14g. *LlB* 34, Pymhet yw mynet y'r tref gyt a lleidyr a *torro ty* neu uuarth. 1588 *Ecs* xxii. 2, Os ceir lleidr yn *torri tŷ.* 1679 C. EDWARDS: *GGG* 238, Nid yn vnic wrth yspeilio ar y ffordd fawr, neu *dorri tai.* **torri tymor:** *to leave one's position before the end of the season.* 1853 W. ROBERTS: *AFR* 489, nid hawdd iawn fyddai i lanc na llances gaeI lle, ac id iddynt unwaith *dori 'u tymmor.* Ar lafar gynt, *WVBD* 559. **torri wiced:** *to break a wicket.* 20g. Ar lafar ymaith: *to cut off or away, excise, also fig.; subtract (in math.).* 15-16g. *GlF* 94, coes dy lysfam, gam ei gwaеlth, / draw, dâm, a dorrwyd ymaith [i San Ffraid]. 1632 D d.g. *Amputo, Derumpo, Seco.* 1711 M. MAURICE: *YAD* 382, y mae 'n Rhwygadwy yn *torri* ei hun *ymaith* oddiwrth [*sic*] Gymmundeb. 1768 J. ROBERTS: *R* 93, Lliosogiad Degrannau. Sydd gyffelyb i'r Lliosogiad arall, ond rhaid tori *ymmaith* o'r Cynnyrch yn Ddegranau, Gynifer ac a fydd yn y Lliosogaeth ar Lliosogydd. 1770 *W* d.g. *To break off, To knap, or knap off.* *torri* **ympryd:** *to have breakfast; break a religious fast.* 15g. *DN* 7, lle gwnn i gallai i gyd / dri emprwr *dorri ympryd.* *c.* 1585 *MCr* 41, ag aisteddasant gyda mi y *dorri ympryd.* 1632 D d.g. *Iento.* 1670 J. HUGHES: *AP* 88, *Torri* ei *ympryd* ar ddiwrnod caeth. **torri('r) ymrafael (amrafael):** *to settle an (the) argument or dispute.* 1632 D, *torri ymrafael* d.g. *Decido.* 1754 *ML* i. 282, I would give my vote for a lion and a Lamb for the supporters . . . ag i *dorri'r ymrafael*, os bydd raid, llew for the crest, a chael plu a chenin i mewn. 19-20g. *SE*, Amrafael . . . *Torri yr amrafael*, to break the dispute; to settle the matter in dispute. **torri ymryson** = *torri ymrafael.* 15g. *Cy* iv. 124, *torri ymrssoneu* rόg gwyr agwyr. 1632 D, *torri ymrysson* d.g. *Decerno, Decido.* 1687 (1715) J. OWEN: *TB* 134, fel yr oedd yr ymdeithio, cyfarfu a dau wr yn ymrysson ynghylch carreg ddisglair . . . i *dorri'r ymrysson*, prynodd y garreg a rhannodd ei ddau ddryll arian rhyngthynt. 1772 *W*, *torri ymryson*

d.g. *To decide.* **torri yn ei flas (blas):** *to bring (meeting, &c.) to a close whilst still enjoyable.* **1863.** **torri'n gall:** *to become bankrupt for one's own benefit.* Ar lafar yn y Gogledd, '*Torri'n gall* wnaeth o' 'Torri'n ariannol er ei les ei hun', S. WILLIAMS: *EN* 88. **torri'n glec:** (i) *to snap.* **1852.** (ii) *to become bankrupt.* Ar lafar yn Arfon. **torri yn yr hanner:** *earmark on sheep where the top half of the ear is cut off.* Ar lafar ym Meir. **torri'n rhydd:** *to break loose or free, also fig.* **1770** *W* d.g. *To break, or get, loose.* Ar lafar, 'Ar ôl cicio'n erbyn y tresi am fisoedd, mae o 'di llwyddo i *dorri'n rhydd* o'r diwedd' (sir Ddinb.). **torri('r) ysgol:** *to break up at school.* **1759** *ML* ii. 142, Dyma'r herlod einof wedi *torri'r ysgol* a dyfod adref i fwrw ei ludded wedi bod well na saithmis yn astidiaw Ladin o wirnerth ei galon. **1770** *W*, *torri'r ysgol* d.g. *To break up school.* **ar dorri:** *full to bursting; bursting (with desire).* **1771** *W*, *Ar dorri* d.g. *Burst . . . Ready to burst.* Ar lafar, '*ar dorri*' 'packed; ove[r]flowing; overloaded', 'Ma'i chybyrdda 'i *ar dorri* o fwyd', *GTN* 801.

torraid [*tor²*+*-aid¹*] *eb.g.* ll. *toreid(i)au.* Torllwyth (o foch): *litter (of pigs), farrow.*

1834. Ar lafar yn y De, *LGW* 259; '*Torred*' 'A litter, applied only to pigs', *GDD* 305.

torrell [bôn y f. *torraf*: *torri*+*-ell*] *eb.* ll. *torellau.* Unrhyw erfyn neu declyn miniog ar gyfer torri, llafn ar beiriant torri: *cutter (implement or blade).*

20g.

torro, gw. llaeth—llaeth torro.

torrog [*tor²*+*-og*; cf. Gwydd. C. *torrach*] *a.* ll. *torogion.* Beichiog (am hwch, gast, &c., ac weithiau am fenyw), boliog, chwyddedig, hefyd yn *ffig.*: *pregnant (of sow, bitch, &c., also occas. of woman), big-bellied, swollen, also fig.*

13g. *TYP²* 47, vn o'r moch a oed *dorroc.* *c.* **1400** *R* 1353. 30–1, kythreuluab kennwric derric *dorraϐc.* **15–16g.** *GIF* 54, Drych ym edrych am wydrin, / draig wyllt yn *dorrog* o win. **1561–2** *B* vi. 303, Hevyd ni chaiff miliast groen er I ennyll oni bydd hi yn *dorroc* o vilgi a enillodd groen. **16g.** HUW CORNWY, &c.: *Gw* 145, *torrog* leidr, difiog deufor; / tinhongl twyn, mwsogl môr [i anfon moelrhon i ladd y gleisiad]. **1604–7** *TW* (*Pen* 228) d.g. *Fœtus, Ventriosus.* **1632** *D*, *Torrog*, Abdominosus, ventrosus. Item Grauidus, pręgnans, de canibus, suibus & felibus dicitur. **1688** *TJ*, *Torrog*: gore-bellied, great with young. **1722** *Llst* 189, *Torrog.* p. *rogion.* Big with pigs &c. having a large or big belly. **1756** G. OWEN: *L* 171, Mi dderbyniais eich Epistol *torrog.* *c.* **1764** *Mos* 163, 120, Buwch grothog, *dorrog*, dirion; un dethog / Odiaethol ei moddion. **1803** *P* d.g. *Torawg.* Ar lafar, '*torrog*' 'with young', *WVBD* 538; '*torrog*' 'am hwch a pherchyll ynddi, neu ast â chenawon', *B* ii. 40 (sir Ddinb.); '*torrog*' 'trom gan epil', *Cymru* xlvii. 237 (sir Ddinb.); 'Ma'r gæth yn *dorrog*', *GTN* 801; hefyd yn yr ystyr 'balch', 'dyn *torrog* iawn', *ib.*

torrol [*tor²*+*-ol*] *a.* Abdomenol: *abdominal.*

1851.

torrwr [bôn y f. *torraf*: *torri*+*-wr*] *eg.* (b. *torwraig*, ll. *-wragedd*) ll. *torwyr.* Un sy'n torri (hefyd â chyllell, &c.), torrell, hefyd yn *ffig.*; un sy'n torri dadl, &c.; un sy'n torri ceffylau i mewn; un sy'n torri (cyfraith, cytundeb, &c.): *cutter (person, implement, or blade), breaker, also fig.*; *settler (of argument, &c.)*; *horse-breaker*; *breaker (of law, agreement, &c.).*

15g. *GO* 315, Dafydd, penn llowydd y llys, / *Dorrwr* kwestiwnav dyrys [marwnad Dafydd ap Gruffydd]. **16g.** *WLl* 160, Tery oer llef *torrwr* llaid / Trwy dorr rriw taradr hwyraid [i ofyn gwn]. **1567** *TN* 347a, y ddwyt yn trosseddwr [:- *dorwr*] y gyfraith. **1604–7** *TW* (*Pen* 228), *torhwraic* priotas d.g. *Mœcha.* **1632** *D* d.g. *Sector.* **1701** E. WYNNE: *RBS* 269, ffieidd *dorrwr* f'addewid. **1706** *Cyf Cym* 37, rhaid yw i wneuthurŵr y galon fod yn *dorrwr* y galon. **1725** *SR*, *torrwr* meirch d.g. *A Courser, Horse Courser.* **1770** *W* d.g. *Breaker.* *id.* *Torrwr* (â rhyw haiernyn awch) d.g. *Cutter.* **1795** J. THOMAS: *AIC* 282, [*T*]*orwyr* Llyth'rennau. Ar lafar, *WVBD* 538; '*torrwr*' 'cutter', *GTN* 802.

Amr.: **torrydd** [bôn y f. *torraf*: *torri*+*-ydd¹*]. **16–17g.** *PhA* 330, Gwae ffrae was diras gwae *dorrydd*, [*sic*] cynghrair / Rhag Ifan loyw air gyfion Lywydd.

Cfn.: **torrwr bedd(au):** *gravedigger, also fig.* **1774** *W*, *torrwr . . . beddau* d.g. *A grave-digger.* Ar lafar, '*torrwr bedda*', *WVBD* 538, *GTN* 802. **torrwr ceffylau:** *horse-breaker.* **1858.** Ar lafar, *WVBD* 538, *GTN* 802. **torrwr pyrsau:** *cutpurse.* **1604–7** *TW* (*Pen* 228) d.g. *Manticularius* (hefyd *D*). **torrwr y Saboth:** *Sabbath-breaker.* **1630** *YDd* 105. **1703** E. WYNNE: *BC* 102. **1766** *CD* 119. **torrwr tân:** *poker.* Ar lafar, *GTN* 802. **torrwr tŷ (tai):** *housebreaker, burglar.* **1600–30** *GDG³* 63 (amr.), coeg ruwr bas *torrwr tai* [dychan i Rys Meigen]. **1604–7** *TW* (*Pen* 228), *torrwr tuy* d.g. *Vecticularius* (hefyd *D*). **1632** *D*, *torrwr tai* d.g. *Effractor.* **1771** *W*, *Torrwr tŷ* (*tai*) d.g. *Burglar.* **1797** JAC GLAN-Y-GORS: *TD* 14–15, ysbeilwyr pen y ffordd fawr, a *thorwyr tai.*

torryn¹,², gw. torion, tor².

tors, torts(h) [bnth. S. C. neu H. Ffr. *torche* a S. Diw. *torch*; tywyll yw rhai o'r enghrau. yn adran (*b*) isod; am gynnig i gysylltu rhai ohonynt â H. S. *teors* 'penis', gw. *SC* xxx. 295–8] *eg.b.* (bach. g. *torsyn*, b. *tortsien*) ll. *tyrs*, *tors(i)au*, *tortsiau*, *tortshys*, *tyrts(h)*, ?*torsedd.*

(*a*) Darn o bren, brethyn, &c., wedi ei drwytho mewn gwêr, cwyr, &c., a'i gynnau er mwyn cael golau, ffagl, cannwyll, llusern, fflachlamp: (*flaming*) *torch*, *candle*, *lantern*, (*electric*) *torch*, *flash-lamp.*

13g. *GDB* 302, Gϐyned yn ryssed, yn rysswryaeth —glyϐ / A glyϐant men yd aeth, / Mal *tors*, nyϐ teruysc alaeth. **14g.** *GDG³* 181, Na dwyn o'm blaen danllestri, / Na *thyrs* cwyr, pan fo hwyr hi [i'r seren]. **14g.** *GIG* 71, Gwae ddwyfil gwedi'i ddyfod / O fewn yr eglwys, glwys glod, / A goleuo, gwae lawer, / Tri mwy na serlwy o sêr; / *Torsau* hoyw ffloyw fflamgwyr / Fal llugyrn, tân llewyrn llwyr [marwnad Ithel ap Robert]. *c.* **1400** *YSG* i. 156, engylyon . . . a deu ohonunt a deu *dors* o gwyr yn eu dwylaw. **1547** *WS*, *Torts* kwyr A torche. **16g.** (*LlEG*) *Mos* 158, 278a, hwn a gymerth *dortshi* yni law ac ai daliodd Ef mor agos atteunt twy ynn gymaint ac i wreichionnen or *tortshi* ssyrthio ynnarchenad vn or gwyr ynny lle ir Ennyn/odd y Karth ar llin ynn wenffllam. **16g.** *B* xviii. 320, anniuer mawr o *dortshiav* o gwyr . . . j roddi goluad i bawb i weled i fordd. **16g.** WILIAM LLŶN: *Gw* (R. Stephens) 474, Doe gwelais, lle dig wylan', / *Dyrs* aur am y Meistres Siân. **1567** *TN* 162b, a' chanthwynt danllestri a' thewynion [:- ffaculae, *tyrs*]. **1604–7** *TW* (*Pen* 228), *tors* d.g. *Lumen.* **1615** R. SMYTH: *GB* 172, nid ynt yn arbed iro a gvvenvvyn *torsiau* a chanvvyllau. Ar lafar yn y ff. *tortsh* yn yr ystyr 'fflachlamp', "T isio menthyg *tortsh*? Ma gin' i ddwy' (Arfon); hefyd yn y ff. *tortsien*, "Wes *tortsien* gyda ti?' (sir Benf.).

(*b*) (enghrau. *tros.* a *ffig.*: *fig. and transf. exx.*).

14g. *GDG³* 185, Tir a gudd ei ddeurudd ddygn, / *Torsedd* yn cyrchu'r teirsygn [i'r niwl]. *c.* **1400** *R* 1340. 13, gϐers ters *tors* refvra. **14–15g.** *IGE²* 123, Torres dy onnen gennyd, / Tirion grair taer yn y gryd, / Deredd Ffwg, dur oedd ei phen, / *Dors* garw yn dair ysgyren [Gruffudd Llwyd i Owain Glyndŵr]. **15g.** *GTP* 77, *Tyrs* euraid fal tair seren, / Tri broder, cyff Rhoeser Hen [i dri mab Siôn ap Meredudd]. **15g.** *CMOC²* 132, Pand da y gwedda, pont gwyddau, / pwys y *tors* gyda'r fors fau? / . . . / Gwna'r naill ai dwyn y ceilliau, / ai rhoi'r *tors* wrth y fors fau [dychan i gal Dafydd ab Edmwnd gan Uto'r Glyn]. **15g.** *GIBH* [31], Diras ei liw, *dors* o wlân, / Dudur wladaidd, droed lydan [dychan i Dudur Penllyn]. **15g.** *CMOC²* 112–14, Aruthra' twrn, ei thraed hi / glas dydd oedd ddwyglust iddi; / weithiau eraill ar draill draw / dros ei wddw yn *dyrs* iddaw [Llywelyn ap Gutun]. **15–16g.** *TA* 164, Caer o fur braisg, cerfio 'r brig, / Tros y gaer, *tyrs* o gerrig [am dŷ Hywel ap Gruffudd ap Rhys]. **1581** *B* ix. 104, dwyn tapr kerdd duw n topir kan / dwyn *torts* aeth dawn *tyrts* weithian [marwnad Hywel ap Syr Mathew gan Lewys Dwnn].

torsed, *eg.b.* ll. *-au*, *-i.* Cwrlid, gwrthban, blanced, cynfas, carthen, gorchudd: *coverlet, blanket, sheet, rug, covering.*

15g. *GLGC* 491–2, Mae Elin ymy eilwaith / o'i llaw yn frau'n rhoi llen fraith, / tapin o ddail y gwinwydd, / *torsed* gogyfled a'r gwŷdd [i ofyn huling]. **15g.** *DE* 5, melfed yw *torsed* y tir / mai llvndain y meilliondir / llygaid dydd a fydd i ferch / llenllieiniav llwyn a llanerch. **1562** *B* ii. 238, teisban . . . *torsed* neu garthen. **1604–7** *TW* (*Pen* 228), *Torset* d.g. *Instratum*, *Lodix.* *id.* *torsedae* d.g. *plumarius.* *Dchr.* **17g.** *J* 10, 158b, *Torsed.* × Teisban. Instratum. Teges. **1632** *D* d.g. *Toral.* **1722** *Llst* 189, *Torsed.* f.p. *sedau.* A coverlet, rug. **1803** *P*, *Torsed*, s. f.—pl. t. *i* . . . A rug, a coverlid.

torso [bnth. S. *torso*] *eg.* Corff dynol heb y pen na'r aelodau, cerflun o'r cyfryw: *torso.*

20g.

torstain [*tor²*+?elf. **stain*, cf. *cystain*] *a.* Tew yn y canol, boliog, cestog: *thick in the middle, big-bellied, paunchy.*

15g. *GTP* 60, Hwyrach ym ochel herwyr, / Hirfain a *thorstain* ni thyr [i ofyn bwa]. **16g.** WILIAM CYNWAL: *Gw* (R. L. Jones) 151, Twn fulfran, dwrstan *dorstain*, / Du rhwth, yn llam dwy o'r rhain [dychan i'r rhai a aeth i Blas Iolyn a Phant-Glas i fwyta ac yfed]. **1604–7** *TW* (*Pen* 228) d.g. *Ventriosus.* **1688** *TJ*, *Torstain*, boliog, cestiog: gross about the middle. **1722** *Llst* 189, *Torstain.* Gorbellied, having a big belly. **1803** *P.*

torsteiniaf, torsteinaf: torstein(i)o [bf. o'r a. *torstain*] *bg.a.* ?Plygu drosodd tuag yn ôl: *to bend over backwards.*

c. **1400** (*SG*) *HMSS* i. 185, erbynnyeit y marchawc du aoruc. ac ae waew y daraw drwy y daryan. yny vyd y marchawc yn *torsteinyaw* ar bedrein y uarch. *id.* 290, Aphob un onadunt adrewis y gilyd yny yttoedynt yn *torsteinaw* eu kevyneu.

torsyn, gw. tors.

torsyth [*tor²*+*syth*] *a.* A chanddo osgo neu gerddediad stiff a rhodresgar, talog, talsyth, unionsyth: *swaggering, strutting, jaunty, erect, upright.*

Dchr. **17g.** *J* 10, 158b, *Torsyth.* *Dchr.* **17g.** *Card* 12, 397, taersail i surwas *torsyth* / y rho i ddychan ferwgam fyth (Thomas Evans, Hendreforfudd). **17g.** *LlGC* 13215, 383, *Torsyth* Erectus. **1803** *P.* Ar lafar, '*torsyth*' 'said of one who struts about bolt upright, e.g. one who has lately become a soldier or a policeman', *WVBD* 538. Cf. *CYLl* 120, Dyna ddyn bach *torsyth* yw e.

torsythaf: torsythu [bf. o'r a. *torsyth*] *bg.?a.* Cerdded neu sefyll yn dorsyth neu'n benuchel, talsythu, taflu'r frest allan, ymddwyn yn rhodresgar neu'n ffroenuchel, hefyd yn *ffig.*; ?gwneud yn dalsyth: *to swagger, strut, stand or walk tall, throw the chest out, behave pompously or superciliously, also fig.*; ?*make erect.*

Dchr. **17g.** *J* 10, 158b, *Torsythu.* **17g.** *LlGC* 13215, 383, *Torsythu* Erigo. **1803** *P*, *Torsythu* . . . To stiffen the belly. Ar lafar, "Welsoch chi o'n *torsythu* o 'mlaen i?' (Arfon). Cf. D. OWEN: *RL* 220, anfynych y gwelid neb ar ol twyllo ei gymydogion a'u hyspeilio o'u heiddo . . . yn cerdded yn ben uchel yn y dref . . . nac ychwaith yn *torsythu* yn y sêt fawr; T. H. PARRY-WILLIAMS: *OPG* 16, Dal i *dorsythu* ar silff y palis a wnâi'r poteli labeledig.

torsythyn [*torsyth*+*-yn¹*] *eg.* Un torsyth neu hunanbwysig: *swaggerer, self-important person.*

1894.

torteus [bnth. o'r ff. l. S. *torteaux*] *eg.b.* ac *e.ll.* *Her.* Pelet(s) mawr: *torteau(x)* (*in her.*).

16g. *Med H* 66–8, Pelets mywn arfau a vyddant grynion a bychain ac weithiau hwy a vyddant vwy; ac yna i gelwir hwynt yn Ffrangeg torteus . . . val hyn i dysgriir: Mae yn dwyn gowls, tri phelet o arian . . . Neu val hynn: Mae yn dwyn aur, tri *torteus* o gowls. *id.* 68, A'r ymrafel hyn y sydd rrwng pelets a *torteus*, modrwy, besawnt a mannau. *ib.* a'r *torteus* y sydd gyfan a chrynion ac o bob lliw eithr aur. *c.* **1600** L. DWNN: *HV* ii. 18, a pheder *torteus* o aur. **17g.** *DWH* i. 344, *Torteus.* Pelenne crynnion cyfan a bychain.

tortila, tortïa [bnth. S. *tortilla*] *eg.* ll. *tortilas*, *tortilau*, *tortïas.* Math o grempogen denau Fecsicanaidd wedi ei gwneud o india corn a fwyteir gyda llenwad sawrus; math o omled trwchus Sbaenaidd a fwyteir fel arfer yn oer: *tortilla.*

1827. Ar lafar, 'Ges i gyw iâr efo *tortïa*'.

torts, tortsh, tortsien, gw. tors.

torth [bnth. Llad. Diw. *torta*, Crn. C. *torth*, Crn. Diw. *torth*, Llyd. C. *torz*, Llyd. Diw. *torzh*, Gwydd. C. *tort*] *eb.* (bach. *-ig*, *-an*, *-en*, ll. *torthenni*) ll. *-au.* Bara a gresir yn delpyn cymharol fawr ac a dafellir fel arfer i'w fwyta, telpyn o ryw fwyd arall, yn enw. ar ffurf torth hirsgwar, hefyd yn *dros.* ac yn *ffig.*: *loaf (of bread, also of other food), also transf. and fig.*

9g. (*LlSC*) *LL* xlv, douceint *torth.* **12–13g.** *GMB* 328, Y pum *torth* a'r pysg, pasgaduriaeth—gwyr, / Gorober ehelaeth. **13g.** *LlI* 19, Ef a dele o pob ty e del ar negesseu e brenhyn ydav *torth* a'e henllyn. **13g.** *B* ix. 335, teir *torth* heid. **14g.** *GDG³* 182, Gosgedd *torth* gan gyfan gu, / I gysgod wybr i gysgu [i'r seren]. *id.* 191, Rhwystr serchog anfoddog fydd, / Rhyw wegil *torth* rhewogydd [i'r lleuad]. **15g.** *DN* 54, Mae kost llu yno, mae kiste llawnion / O doreth gwenith yn *dorthe* gwynion. **15g.** *GGl²* 79, Tŵr dwyfoch, toriad afal, / *Torth* ddur a'r tŷ ar ei thâl [i ofyn saeled]. **15–16g.** *GLM* 67, Dyro i'th gâr dwy *dorth* gerrig [i ofyn meini melin]. **1588** 1 *Sam* xxv. 18, a dau cant *torth* o ffigus. **1604–7** *TW* (*Pen* 228), *torthic* vechan d.g. *pastillus.* **1632** *D*, *Torth*, Torta, collyra. **17g.** *DCR* 158, Trigarhau o wraig y tv / ag [*sic*] gwerthv iddo *dorthan* / O fara Coch foi gwyr y grog / er tair Keiniog

fechan. **1757** *ML* i. 463, Ni choeliafi na bo'r bara wedi codi cymaint yma, sef Bara Gwyddel, ac yna gerwin o leied y *dorth* 6d., ac amled y cegau sy'n gofyn. **1776** *W*, *Torthan* d.g. *Loaf*... *A little*... *loaf. a.* **1791** W. WILLIAMS: *GP* 88, Fel gwr dibris yn rhwym ar bren, / A'r gwaed yn *dorthau* ar ei ben? **1803** *P*. Ar lafar, 'cilcyn o *dorth*', *WVBD* 538; '*Torth* llawr ffwrn 'ôn' nw'n galw *torth* grwn nag odd 'i ddim wedi bod mywn tun', *GTN* 801. Clywir *torth* mewn rhai mannau yn y Gogledd a'r Canolbarth yn yr ystyr 'bar o halen', *LGW* [176]–7, a digwydd hefyd yng Nghered. yn ddifr. am fenyw. Cf. D. OWEN: *GT* 174, y mae'n amser i mi fyn'd i nol y *dorth* o'r popty.

Cfn.: **torth anaml:** *currant bread.* Ar lafar yn ardal Pwllheli. **torth frith (fraith):** *currant bread, fruit cake.* **1899.** Ar lafar. **torth frown:** *brown loaf.* Ar lafar yn gyff. **torth gig:** *meat loaf, luncheon meat.* **20g. torth(en) gri:** *enriched bread dough baked on a griddle, griddle cake.* **1860.** Ar lafar, S. M. TIBBOTT: *AB* 45 (sir Gaern.). **torth gyrens:** *currant loaf.* Ar lafar, S. M. TIBBOTT: *AB* 45 (Meir.). **torthau dangos:** *shewbread.* **1620** *Marc* ii. 26, bara gosod [:– *torthau dangos* (*TN* 52b, bara dangos)]. **torth radell:** *griddle loaf.* **18g.** *Bl BGC XVIII* 1, Yr ydwyt fel *torth radell* [Siencyn Tomas i'r saethnod]. **torth waelod:** *cottage loaf.* Ar lafar, *WVBD* 538. **torth wen:** *white loaf.* **15g.** *DN* 54, Mae kost llu yno, mae kiste llawnion / O doreth gwenith yn *dorthe gwynion.* **1759** J. EVANS: *PF* 46, [*t*]*orth wenn* boeth. Ar lafar yn gyff. **torth o fara:** *loaf of bread.* **14g.** *LlB* 69. **14g.** *WM* 120. 30–1, dɓy gostrel yn llaɓn owin. A dɓy *torth o vara* can. **1547** *WS*, *Torth o vara* A lofe of bredde. **1588** *Barn* viii. 5, rhoddwch attolwg *dorthau o fara* i'r bobl y rhai ydynt i'm canlyn. **1776** *W*, *torth o fara* gwenith trwyddo d.g. *Loaf*... *A brown*... *loaf.* Mae '*Torth o Fara*' yn enw ar gân werin, gw. H. WILLIAMS: *CB* 168. **torth o siwgr,** gw. *torth siwgr.* **torth sinsir:** *gingerbread.* **20g. torth (o) siwgr,** &c.: *sugar loaf.* **1604–7** *TW* (*Pen* 228), heulrhot... a chorun... mal *torth Sugr* d.g. *pileum, pileus Albanus et Epiroticus.* c. **1762–79** W. WILLIAMS: *P* 188, mynydd... yr un lun a *thorth o Siwgr.* **1800** W. OWEN[-PUGHE]: *CP* 59, pob caenen sydd yn myned yn gulach, nês elo yn ddim yn y pen mal *torth sugyr.* **torth dan badell:** *pan-loaf.* Ar lafar, *WVBD* 538.

torthaf, torthiaf: torthi, torth(i)o [bf. o'r e. *torth*] *bg.a.* Ceulo, tolchennu, mynd yn gacen neu'n solet, caledu: *to congeal, coagulate, cake, solidify, harden.*

1798 *WR* d.g. *Cake*, v. **1803** *P*, *Torthi*... To form into a compact mass; to harden, to settle; to cake. Gwair wedi *torthi*, hay after it is settled. Ar lafar, 'gwaed yn *torth(i)o*' (canolbarth a godre Cered.).

torthan, torthen, gw. **torth.**

torthiad [bôn y f. *torthaf, torthiaf: torthi, torth(i)o*+*-iad*[1]] *eg.* ll. *-au.* Tolchen (o waed): *clot* (*of blood*).

1796 N. WILLIAMS: *HM* ii. 49, fe welir y gall cyflawnder anghymedrol ddyfod i'r gwythienau oddiwrth lawer achos, ond yn fwyaf neilltuol oddiwrth lewndid mawr o Waed, wedi ei gynhyrfu yn ei rediad gan ryw fawr gyffroad, ymborth uchel... *torthiadau* yn y gwaed, yn enwedig oddiamgylch y Galon, neu o fewn y Benglog.

torthiaf: torthio, torthig, gw. **torthaf: torthi, torth.**

torwen, gw. **tor**[2]**+gwyn**[1].

torwenwyn [*tor*[1]+*gwenwyn*] *eg. Bot.* Ruw, rhud, llysiau'r echrysaint, *Ruta graveolens*: *rue* (*in bot.*).

1813 *WB* 239.

torwraig, gw. **torrwr.**

torws [bnth. S. *torus*] *eg.* ll. *torysau. Math.* Arwyneb neu solid a ffurfir gan gromlin gaeedig, yn enw. cylch, yn cylchdroi o gwmpas llinell gymhlan nad yw'n croestorri'r gromlin: *torus* (*in math.*).

20g.

torwyn, gw. **tor**[2]**+gwyn**[1].

torwynnaf: torwynnu [bf. o'r a. *torwyn*; ansicr yw *torwnne*, *AP* 40 (amr.)] *bg.a.* (Peri) ymwthio allan a dangos y gwyn (am y llygaid); goleuo: *to* (*cause to*) *protrude and show the whites* (*of the eyes*); *light up.*

1816.

torymadroddaf: torymadroddi [bf. o'r cfn. *tor ymadrodd* (gw. *tor*[1])] *bg. c.d.* Defnyddio sangiad(au): *to use a parenthesis or parentheses* (*in prosody*).

1935. Cf. *GDG* xci, Yr oeddid felly'n cynhyrchu'r ffigur ymadrodd a elwir yn sangiad, a'r enw cyffredin ar fynegiant fel hyn yw *torymadroddi.*

torymprydiaf: torymprydio [bf. o'r cfn. *tor ympryd* (gw. *tor*[1])] *bg.* Brecwasta: *to breakfast.*

1803 *P* d.g. *Torymprydiaw.*

toryn [cf. *tôr*[1], *toron*] *eg.* ll. *-nau* Mantell, clogyn, gown, gŵn, tiped, cwfl, hefyd yn *ffig.*: *mantle, cloak, gown, tippet, hood, also fig.*

14g. *GDG*[3] 96, Honno [y gog] ni feidr o'i hannwyd / Eithr un llais â'i *thoryn* llwyd. *id.* 150, Y ferch borffor ei *thoryn*, / Hir nid addefir i ddyn. c. **1400** *J* i, 1077, Nybydaf na *thoryn* dɓyn. na chapan glaɓ. **15g.** *GTP* 57, *toryn* gloywddu tëyrnaidd, / Toron y blowmon neu'r blaidd [i erchi milgi du]. **15g.** *GLGC* 500, a'i theirwyl yn dri *thoryn*, / a'i rhaffau oll fal rhyw ffyn [am long]. **15g.** *ID* 49, Fal *toryn* o folt arall / Fal clog o ryw fwlklai gall [i ofyn mantell]. **15g.** *DE* 73, Aeth hiraeth rhwng bronn a *thoryn* / iw char aed alar iw dylyn. **15–16g.** *TA* 460, *Torun* er toi 'r trwyn a'r tâl, / Teils a het las i'w hatal [i ofyn gwisg arfau]. **15–16g.** LLAWDDEN, &c.: *Gw* 106, Aed i hwn yr ŷd i'w hau / A'i *dorun* a'i baderau. / Aed y ferch at ei pherchen / Ac oed ei gwallt gyda Gwen [i wraig Eiddig]. **1604–7** *TW* (*Pen* 228) d.g. *Mantelium.* **1632** *D*, Tôr, vnde *Toryn*, & Toron, Tunica, chlamys, lacerna, æ, mantelum, mantile, pallium. **1722** *Llst* 189, *Toryn.* m.p. *rynnau.* A cloak. **1725** *SR* d.g. *A Birlet, Hood, or Coif, Tunicle.* **1794** *W* d.g. *Tippet* [*a sort of neck-kerchief worn by women*]. **1803** *P*. Ar lafar, '*Toryn*' 'Pilyn i daflu dros yr ysgwyddau', *Cymru* xxxix. 96 (Brych.).

Cfn.: **toryn dur:** *coat of mail.* **15g.** *GOLIM* 47. **1604–7** *TW* (*Pen* 228) d.g. *Lorica.* **1725** *SR* d.g. *A Brigandine.*

tos (*ŏ*) [bnth. S. *toss*] *eg.* Tafliad, sgwd, herc: *toss, jerk.*

1803 *P*.

tosaf: toso, gw. **tosiaf: tosio.**

tosga [bnth. Sb. *tosca*] *eg. Drg.* Carreg galch feddal a geir mewn peithdir: *tosca* (*in geol.*).

1898. Ar lafar yn y Wladfa.

tosiaf, tosaf: tos(i)o [bnth. S. (*to*) *toss*] *bg.a.* Taflu, lluchio, hyrddio; (cael ei) hyrddio (am long, &c.); taflu (darn arian, &c.) i'r awyr fel ffordd o benderfynu, dewis, &c., yn ôl pa ochr i'r darn sy'n disgyn a'i wyneb i fyny; gwagio (cwpan, &c.); hefyd yn *ffig.*: *to toss, throw, fling; toss or be tossed* (*of boat, &c.*); *toss* (*coin, &c.*), *toss up; empty* (*cup, &c.*); *also fig.*

16–17g. *CRC* 439, a nynne wrth y tan / yn *tossio* pawb y cuppan. **1672** R. PRICHARD: *Gw* 168, Duw sy'n rhoddi grym a chryfdwr, / A chyfrwydd-deb i bôb milwr, / Scil i'r byssedd i ryfela, / *Tosso* 'r Peic, a thynnu 'r bwa. **1725** I. HARRI: *RD* 352, yr hon [yr Eglwys] a gafas ei herlid a'i chystuddio, a'i *thoso* yn y demhestl. **18g.** *LlGC* 833, 29, Ar ol hir *dosio* ar donnau Creulon / dae'r Llong i Loegr sef gwlad Albion. **1803** *P* d.g. *Tosiaw.* Ar lafar. Cf. D. J. WILLIAMS: *ChHO* 172, Beth am *doso* lan, bois, pwy sy' i dalu am y rownd nesa... Aed ynghyd â'r *tosio* ar unwaith.

tosl, toslyn, gw. **tasel**[1].

tost[1] [bnth. S. *toast*] *eg.* (b. *-yn*). Bara wedi ei dafellu a'i dostio, tafell o fara wedi ei thostio, bara crasu: *toast.*

1547 *WS*, *Tost* ne vara cras A tooste. **16–17g.** *GST* i. 593, A *thost* o fara rhost rhyg, / A thabler folfraith, ddeublyg. **1759** J. EVANS: *PF* 68, Llaeth a Dwfr, neu *Dôst* a Dwfr. *id.* 75, Rhowch *Dôst* helaeth o Fara gwynn hanner modfedd o dêw. *id.* 83, Rhowch wrtho Driegl wedi ei dannu ar *Dôst* o Fara poeth. **1762** *ML* ii. 519, daccw'r ceiliog brith... wedi dwyn y *tôst* oedd o flaen y tân i'm brecwast. Ar lafar yn gyff., 'darn o *dôst*' (sir Ddinb.); 'Fi grasa' dicyn o *dost* inni', 'Dod fenyn ar y *tost*', *GTN* 802; hefyd yn y ff. *tostyn*, 'Mi gesh i *dostyn* cyn mynd i 'ngwely', ''Ti'n gynnas fel *tostyn*'. Cf. R. WILLIAMS PARRY: *CG* 76, Gan bwyll y bwytawn, o dafell i dafell betryal, / Yr academig *dost.* Mwynha dithau'r grual [i J. Saunders Lewis].

tost[2] [?bnth. Llad. *tostus* 'llosg'] *a.* ll. *-(i)on.* Llym, garw, caled, chwyrn, ffyrnig, chwerw, creulon; poenus, dolurus, anafus, claf, sâl; trallodus, trist; truenus; siarp (am flas, &c.), egr: *severe, harsh, hard, vehement, furious, bitter, cruel; painful, sore, hurt, sick, ill; troubled, sad; pitiful; sharp* (*of taste, &c.*), *pungent.*

12g. *GLlF* 445, A'r uagyl eur y phenn, fowch reccddi / Val rac tan, *tost* yd wan, tyst Duw iti. **12–13g.** *GLlLl* 96, Breenhin Powys, pobyl *dost*,—yn engir, / Yn ongyr gorfuost. **13g.** *C* 96. 5–6, Oet trum y dial. oet. *tost* y cynial. **14g.** *WM* 492. 38–493. 1, ny charcharɓ yt [*sic*] neb kyn *dostet* ynllɓrɓ carchar ami. **14g.** *GDG*[3] 38, Salw a *thost* am iôr costrith, / Selerwin fyrdd-drin feirdd-dreth [marwnad Llywelyn ap Gwilym]. c. **1400** *MM* 98, kanys temigyaɓ y gieu a wnant [cennin] rac y *tostet.* c. **1400** *Études* viii. 88, Garllec, gwressogach a sychach ynt no'r wynwyn... a *thost* ynt. **15g.** *BB* 38, Adywedud or gennat nad oed onyd vn ysgwier. Ac yna drychyruerth [*sic*] yn *dostach* no chynt aoruc. c. **1475** *B* xiii. 183, clywir yr holl greaduryeit colledigyon... o nerth y penneu yn rodi *tostyon* armeu gan ochi. c. **1543** *Rhyddiaith Gymraeg* i. 44, bwyta pob peth... *tost* i vlas megis yvalav Bryttayn. **1547** *WS*, *Tost* Sharpe. **1567** *TN* 307b, y mae yn wyllysio yddynt gospi yn *dost.* **16g.** *LlS* 16–17, Plantan y dwfyr... Diogel mae gwresoc yw/r/llyseun hwnn o bleit bot ei wraidd yn *dostion.* *Diw.* **16g.** *Gwyn* 3, 303, pum-harcholl Iesu Grist sy *dostaf.* **16–17g.** *HG* 59, er i bod hin vlwyddyn *dost*, yn vawr y kost ar dlodion. **1632** *D*, *Tôst*, Seuerus, acer. **1632** J. DAVIES: *LlR* 45, pa fâth wr yw ei feistr ef, ai esmwyth ai *tôst*, ai mwyn ai garw, ai difraw ai manwl yn ei gyfrif. **1635** *TBM* 750, Eisiau'i fam ddinam ddeunydd / I hwn sy *dost* nos a dydd [marwnad Elinor ferch Huw gan Watgyn Clywedog]. **1716** E. SAMUEL: *GGG* 67, yr oedd yn rhaid iddo... ymroddi i gymmeryd ymdeithiau *tostion* peryglus, blinion ar draws y byd. **1740** T. EVANS: *DPO* 3[31], Fy mam... a flinwyd yn ei Hieuengctid a Llygad [*sic*] *toston.* **1759** T. THOMAS: *WWDd* 110, er *tosted* oedd ei ysgwydd ef, efe a gafas ddwyn ei Groes ei hunan. **1803** *P*, *Tôst*... Severe, harsh, violent. Ar lafar, '*tôst*' 'harsh, painful', *WVBD* 538; '*tost*' 'poenus; claf', ''Wyt ti'n *dost*?', ''llecid *toston*', *GTN* 802; hefyd gyda grym adfl., 'Un annipan *tost* odd 'i', *ib.* Clywid *tost* gynt yn ardal Rhosllannerchrugog yn yr ystyr 'doniol, direidus', 'Mae o'n fachgen *tost*'. Cf. D. OWEN: *D* 191, claddodd ei hwyneb yn ei ffedog, gan sobian yn *dost.*

Cfn.: *Bot.* **tost y gegid:** *hemlock, Conium maculatum.* c. **1400** *Études* vii. 52. **tost gan (gennyf, ganddo, &c.):** *it grieves* (*someone, me, him, &c.*). **14g.** *WM* td. 221. 10–11, *Tost* uu *genthi* hi erchi hynny idi. *id.* 147. 9–11, Athost yɓ *genhyf* welet ar was kyn uonhedigeidet athi y dihenyd auyd arnat auory. *id.* 404. 18–19, bu *dost gan* wenhɓyuar gɓelet yr olɓc a welei arnaɓ. c. **1400** *YSG* i. [70], [p]an y gweles Lawnslot ef yn wylaw mor hidyl a hynny, ef a vu *dost ganthaw.*

tostaf[1]**: tosto,** gw. **tostiaf**[1]**: tostio.**

tostaf[2]**, tostiaf**[2]**: tosti, tostio** [bf. o'r a. *tost*[2]] *bg.a.*

(*a*) Tosturio, bod yn dosturiol, trugarhau, cydymdeimlo; gofidio, cwynfan: *to take pity, be compassionate or merciful, sympathize; bemoan, bewail.*

14g. *BY* 61, A phan weles ansawd y dat, dan *dosti* a thruanu y doeth allan y venegi hynny yw y vrawt Sem. *id.* 62, Titheu Japhet, kanys *tosteist* wrthyf ychydic, ti a vydy arglwyd ar Cham dy vrawt. **1803** *P*, *Tosti*... to feel for, or to be pained.

(*b*) Brifo, arteithio, poenydio: *to hurt, torture, torment.*

14g. *WM* 477. 31–2, Mal dala cleheren ym *tostes* yr hayarn gwenɓynic. c. **1400** *R* 1318. 12–14, Gweith vy naf balchaf rywyockaf ri. gwneuthur brɓydy [*sic*] dostur. bratwyr *dosti.* **1604–7** *TW* (*Pen* 228), *tostio* d.g. *Compungo, Instimulo, Vello.* **1707** *AB* 239a, *Tosti*, To hurt. **1803** *P*, *Tosti*... To cause violent pain, to rack, to torture.

tostedd [*tost*[2]+*-edd*[1]] *eg.*

(*a*) Llymder, gerwinder, garwedd; poen, gwewyr, afiechyd, salwch; siarprwydd (blas, &c.), egrwch: *severity, rigour, harshness; pain, anguish, illness, sickness; sharpness* (*of taste, &c.*), *pungency.*

13g. *GBF* 481, *Tosted* vyd gɓelet golɓc lɓyrdra! **1547** *WS*, *Tostedd* siarprwydd Tartnesse. **16g.** *GGH* 381, Ffei o'r lwc, lle bo swcwr, / Amled dyn yn ymlid hŵr; / ... / Rhai mewn cancr yn ceincio, / Rhai mewn *tostedd*, gwagedd go'. **1567** *TN* 236a, Gwyl am hyny vwyneidddra, a' *thostedd* [:– dirvarn] Duw. **16g.** *LlS* 49, Dail y benyw pan yw talm o chwerwedd a *thostedd* ynthyn, ynt wythæ wresoc a sych. **1604–7** *TW* (*Pen* 228) d.g. *Acerbitas, Acredo.* **1606** E. JAMES: *Hom* iii. 128, mae ei ddaioni ef [Duw] ailwaith yn tymheru *tostedd* (*rigour*) ei vchel allu ef. *id.* 261, ni rwgnachodd hi [Mair] o blegid *tostedd* a llymder yr amser trymder a dyfnder gayaf. **1632** *D*, *Tostedd*, Acor, seueritas. **1688** *TJ*, Dygnedd, *tostedd*, caethiwed. Sorrow, anguish. **1700** D. MAURICE: *AC* 9–10, Hwynt hwy [Adda ac Efa] a ddaethant yn ddarostyngedig ir gospedigaeth a ddarfuase i Dduw ei bygwth

yn eu herbyn . . . Ac nyni a allwn gredu y buase y *tostedd* eithaf or bygythiad hwnnw wedi ei gyflawni. **1723** J. JONES: *LlA* 299, Bydd Barn Capernaum uwchlaw Barn Sodom o ran *Tostedd.* **1733** J. OWEN: *TBG* 26, Darfu i läweroedd . . . ddioddef caledi ac anhawstra dirfawr, a *thostedd* afjachus. **1760** WLL: *SAC* 97, Crist a fu farw unwaith i fodloni *tostedd* y gyfraith. **1803** *P.*

(*b*) *Meddyg.* Gobiso, troethgur, carchar dŵr; clefyd y maen, y garreg, graeanwst; cnofa, colig: *strangury, dysuria; the stone, lithiasis, gravel; colic.*

c. **1400** *Etudes* viii. 76, Tri ryw *dosted* yssyd. Sych *dosted* . . . a llynn a llosgeu. **15g.** (**17g.**) *AL* ii. 592, llostlydan . . . ae geillieu y gellir meddeginiaeth rhag *tostedd.* **1547** *WS, Tostedd* haint The stone. **16g.** *LlS* 8, Iscell y gwreiddyn wedy'r yfed y mewn gwin a weryd anhawster trothy ne wneythy [*sic*] dwfyr ac a gymporth ddyfyrllytra y *tostedd. Diw.* **16g.** *WLB* 12, Rhag y *Tostedd.* **16–17g.** *CRC* 150, A natvr y *Tostedd* / a chaink y rhianedd / ar wyn yn i dannedd / wyll felen donnog. **1604–7** *TW* (*Pen* 228), diruawr boen oherwydh *Tostedh* y trwnc d.g. *dysuria. Dchr.* **17g.** *J* 10, 159b, Haint *tostedd.* The stone. Calculum. Lithiasis. Stranguria. **1630** R. LLWYD: *LlH* 90, tlodi, clefyd, afiechyd, y *tostedd* (*colics*), y crŷd, y ddannoedd . . . a mil o ofidiau. **1632** *D, Tostedd* . . . Calculus morbus, lithiasis. **17g.** *LlGC* 10249, 169, Di awen. di wên. di wedd / a di ystwyth, gan *dostedd.* **1722** *Llst* 189, *Tostedd* (maen) m. The stone-collick. **1752** J. THOMAS: *FG* 165, A pha Lês mawr a wnâ Pardwn i Ddrwgweithredwr sydd yn marw o'r Garreg neu'r *Tostedd?* **1775** *W* d.g. *Ischury, The strangury.* **1803** *P.*

toster[1] [*tost*[2]+*-der*] *eg.*

(*a*) Llymder, gerwinder, garwedd: *severity, rigour, harshness.*

1588 *Rhuf* xi. 22, Gwêl am hynny gymmwynas, a *thoster* (*TN* 236a, [t]ostedd) Duw i'r rhai a gwympasant. **1630** R. LLWYD: *LlH* 65, *toster* (*severity*) angerddol y dialeddau trymmion. **1630** *YDd* 105, Y *toster* (*rigour*) oedd yn ei gwneuthur yn amhossibl i'n naturiaeth ni o'r blaen. **1632** *D* d.g. *Acrimonia, Austeritas.* **1661** E. LEWIS: *Drex* 61, [t]ymmheru *toster* y gyfraith ag olew trugaredd. **1677** C. EDWARDS: *FfDd* 15, nid allodd *toster* yr Aiphtiaid ddiffodd Crefydd yr Israeliaid. **1688** *TJ, Toster,* surni, creulondeb: sourness, severity. **1710** *CBGEL* 17, ni bydd *toster* Duw ddim esmwythach yn erbyn Mâb gwrthryfelgar. **1718** E. SAMUEL: *HDdD* 212, Ar achos or *toster* yma a fynegir yn y geiriau nesaf . . . ar Ddelw Duw y gwnaeth efe Ddyn. **1722** *Llst* 189, *Toster* m. Rigour, severity, smart. **18g.** *Beirdd y Berwyn* 56, Dyhudd ddicllonder y nefol gyfiawnder, / Am bechod a balchder a rhyfyg rhy ofer / Gwnaeth gwbwl foddlonder i *doster* i Dad. **1752** J. THOMAS: *FG* 181, dan *Doster* llym y fath Ddysgyblaeth Eglwysig. **1776** I. BRYDYDD HIR: *P* ii. 44, Ef a ddarfu i Dduw ddangos esamplau hynod o'i *doster* yn erbyn pechaduriaid yn y byd hwn. **1793** DAFYDD IONAWR: *CD* 178, Rhag poethder *toster* y tes. Cf. D. OWEN: *RL* 153, Gan nad pa faint oedd *toster* cymmalwst yr hen ŵr crynedig . . . yr oedd yn rhaid tynu yr het a threthu y garau i gwrcydu i Mr. Brown pan gyfarfyddent âg ef.

(*b*) *Meddyg.* Gobiso (ar geffylau): *strangury* (*in horses*).

Ar lafar, *ISF* 73, *WVBD* 538.

toster[2] [bnth. S. *toaster*] *eg.* ll. *-s.* Tostiwr: *toaster.*

Ar lafar.

tostfrwyn [*tost*[2]+*brwyn*[2]] *e.ll.* (un. b. *-en*). Enw ar fathau o frwyn, llafrwyn: (*bul*)*rushes.*

1547 *WS, Tostfrwyn* Bull rysshe. **16g.** *LlS* 155, Dail hirion sy iddo a phaladr hir llyfyn mal vn or *tostfrwyn* nei or brwyn garanot. **1604–7** *TW* (*Pen* 228), *Tostvrwynen* d.g. *Juncus.* **1803** *P* d.g. *Tostvrwyn, Tostvrwynen.* **1813** *WB* 7, 239.

tostiaf[1], **tostaf**[1]: **tost(i)o** [bf. o'r e. *tost*[1]] *bg.a.* Brownio (tafell o fara, &c.) mewn tostiwr, dan gril, o flaen tân, &c., cael ei frownio felly, crasu, hefyd yn *ffig.*: *to toast, also fig.*

1876. Ar lafar yn gyff., *LGW* [316]–17, *WVBD* 538; *GTN* 802.

tostiaf[2]: **tostio,** gw. **tostaf**[2]: **tosti.**

tostiwr [bôn y f. *tostiaf*[1], *tostaf*[1]: *tost(i)o*+ *-iwr*] *eg.* ll. *tostwyr.* Dyfais drydanol i wneud tost: *toaster.*

20g.

tostlym [*tost*[2]+*llym*] *a.* (b. *-lem*). Llymdost, garw, chwyrn, chwerw, brathog; siarp (am flas, &c.), egr: *severe, harsh, vehement, bitter, biting; sharp* (*of taste, &c.*), *pungent.*

14g. *WM* td. 221. 21–2, ae taraǒ dyrnaǒt *tostlym* athrugar angerdaǒldrut. *id.* 398. 5–7, a gossot arnaǒ dyrnaǒd *tostlym* creulaǒndrud yghedernit y daryan. **1604–7** *TW* (*Pen* 228) d.g. *Aculeus, Genon, Grauis, Latratus.* **1618** J. SALISBURY: *EH* 36, Am ba achos aralh y rhyngodh fodh i Grist dhiodhe marwolaeth mor *dost-lem?* *id.* 342, Gorthrymmu neu fod yn *dostlym,* ffyrnig wrth dylodion. **1632** *D* d.g. *Mordax.* **1632** J. DAVIES: *LlR* 158–9, prŷf y gydwybod . . . a'n brath ac a'n cny ni yn ddwys ac yn *dostlym* hyd at y galon. *id.* 482, ochain, a griddfan, ac vcheneidio *tostlym* (*groans as piercing as swords*). **1688** W. FOULKES: *EGE* 98, Pôb gorthrymder, neu gribddail, neu anrhaith, ymgyfreithiau trallodus, neu usuriaeth *tostlym.* **1701** E. WYNNE: *RBS* 11, hyn y mae'r Apostol mor *dost-lym* (*severe*) yn ei warafun. **1759** J. EVANS: *PF* 85, Mewn Ffit *dostlym* . . . Y mae 'n esmwytho yn uniawn pan bo 'r boen *dostlymaf.* **1775** *EDPP* 138, a thrwy ymddygiad distaw yn cyfiawnhau barn *dost-lym* y dyn hunan-gyfiawn hwnnw. **1780** *W* d.g. *Poignant.* **1803** *P.*

Gw. hefyd **llymdost.**

tostlymder [*tostlym*+*-der*] *eg.* Llymder, gerwinder, garwedd; siarprwydd (blas, &c.), egrwch: *severity, rigour, harshness; sharpness* (*of taste, &c.*), *pungency.*

1780 *W* d.g. *Poignancy* [*sharpness, tartness, pungency, &c.*], *Sharpness* [*apply'd to language, &c.*]. [**1788**] *EDP* 40, ilais cyfiawnder *tost-lymder* a dial Duw. **1796** *GDTD* 97, ofn gwasaidd, o herwydd meistrolaeth a *thostlymder* y ddeddf foesol. **1803** *P.*

tostrwydd [*tost*[2]+*-rwydd*] *eg.* Llymder, gerwinder, garwedd; afiechyd, salwch: *severity, rigour, harshness; illness, sickness.*

1604–7 *TW* (*Pen* 228) d.g. *Seueritas.* **1606** E. JAMES: *Hom* ii. 17, fe a arferodd *dostrwydd* (*severity*) a llymdra mawr. **1651** SIÔN TREREDYN: *MDD* 34–5, dewis or Arglwydd y fath ffor[dd], a oreu eglurhas [*sic*] ei addfwynder, ai *dostrwydd,* am ei fod ef yn chwennych dangos trugaredd . . . a chyd a hynny fentimmio awdwrdod . . . ei gyfraith. **17g.** E. MORRIS: *B* 10, Boddlonodd [Iesu] yn helaeth holl *dostrwydd* y gyfraith, / Mae budd o'i farwolaeth i filoedd. **1675** R. JONES: *HCh* 159, Darparu dillad cyminwys iddynt, y cyfryw ac a'u clydhâo hwynt yn erbyn *tostrwydd* yr hîn. **1701** E. WYNNE: *RBS* 263, gwyddosti *dostrwydd* (*sharpness*) fy nghlefyd a'm gwendid innau. **1716** IACO AB DEWI: *LlCB* 20, O pa dafod a all fynegi . . . eu llymder a'i *Tostrwydd* a'u Hyd hwynt [am boenau uffern]? **1722** *Llst* 189, *Tostrwydd* [Rigour, severity, smart]. [**1724**] G. WYNN: *YGD* 40, nid yw *tostrwydd* y dolur lawer gwaith ddim mwy, nag yw'r Meddyginiaeth yn rhyfeddol. **1731** E. SAMUEL: *AE* 170, y *Tostrwydd* mawr yma a ddangosodd Duw yn erbyn ei bobl ei hûn. **18g.** I. BRYDYDD HIR: *Gw* 31, Tydi erioed, yr hwn ni fedri / Oddef *tostrwydd* a chaledi, / O pa fodd y cei y goron, / Heb beth cur a phoen yr awron? [**1783**] *W* d.g. *Rigorousness, Sharpness* [*apply'd to language, &c.*]. Ar lafar, 'Dim ond *tostrwydd* ma 'i wedi'i wel' es blynydde' (Morg.).

tostur [*tost*[2]+elf. anh.; petrus yw dosbarthiad rhai o'r enghrau. isod] *eg.* ll. *-iau,* a hefyd fel *a.*

(*a*) Tosturi, trugaredd, cydymdeimlad; tosturiol, trugarog: *compassion, pity, mercy, sympathy; compassionate, merciful.*

14g. *BB* 223, ymgolli ac ev pwyll o*dostur* klywet yrei meirw yn disgrechv. *c.* **1400** (*SG*) *HMSS* i. 310, Ac yna ryw gwynuan ac ucheneideu agyuodes arhyt y vynnwent yngymeint ac nat oed dyn or byt or ae clywei ny bei *dostur* ganthaw. **1567** *LlGG* (*Sall*) 28b, Trugarâ wrthyf Ddew, yn ol dy drugarogrwydd: yn ol lliaws dy *ddosturiae* dilëa vy amwireddeu [*sic*]. *id.* 45a, brysia ath *dostur* drugareddeu an rracvlaeno. **1696** *CDD* 48, Egorŷd yr amdo, a 'i weled e'n wŷlo, / A 'i rhoes hi i dosturio 'n *dosturach.* **1756** W. WILLIAMS: *GDC* 15, A *Thostur* a Thrugaredd sydd lawer mwy ei Hŷd / Na Llinyn fil o weithiau cyrhaeddai oddautu'r Byd. *id.* 16, O Fôr didrai o Ddoethineb oedd yn y Duwdod mawr, / . . . / I wneuthur ei Drugaredd a'i *Dostur* maith ynghyd / I redeg megis Afon lifeiriol tros y Byd.

(*b*) Trueni, gresyni, adfyd; gofid, tristwch; ?wylofain; truenus, gresynus, prudd, trist: *misery, wretchedness, adversity; grief, sorrow; ?wailing; pitiful, wretched, mournful, sad.*

12g. *GCBM* ii. 306, Pany wyl pobloet paǒb yn *tostur*—pla. *c.* **1400** *R* 1212. 36–8, Och vi arglǒyd . . . nat ystyr meir dy *dostur.* *id.* 1326. 11–12, Mael hael heil vueil oe vǒyaf *dostur* ae dolur yd wylaf. *c.* **1400** *YSG* i. 133, Yna yr offeiryat a wylyawd o *dostur* drycket oed eu buched. *c.* **1400** (*SG*) *HMSS* i. 415, yny lle y kiglef *dostur* mawr gan uarchawc urdawl yn gwneuthur mileindra mawr a morwyn ieuanc. *c.* **1475** *B* xiii. 177–8, Hawd gwelet dyn truan yn gardu dwylyaw a garym druan *dostur* ganthaw. **15–16g.** *TA* 523, Rhedeg o'r pen, rhoi deigr pur, / Obry at wastad, briw *tostur.* **1551** W. SALESBURY: *KLl* xxxva, ar gwragedd oedd yn *dostur* ac yn alarus gan/thunt drostaw. **1595** H. LEWYS: *PA* 135, ac felly hwy a ymadawant yn *dostur* aruthr ar byd yma. **1604–7** *TW* (*Pen* 228) d.g. *Miseriter. Dchr.* **17g.** *RWM* i. 168, Drudwas . . . kipiodd yr adar ef ag ai lladdasant ag yn entyrch awyr i adnabod a naethant a disgin ir llawr drwy nethvr oernad *dostvra* yn y byd. **1615** R. SMYTH: *GB* 54, nid advven i galon mor galed, ni frawycha vveled peth mor ddiethr ag mor *dostyr.* **1632** *D, Tostur,* Miserandus. **1655** WL: *DP* 280, Ewch i'r tân; dyna 'r *tostur.* **1701** E. WYNNE: *RBS* 31, Ac eisieu'r ystyriaeth hon a ddatcenir yn achos o *dostur* bechodau Israel. **1793** DAFYDD IONAWR: *CD* 303, Mor *dostur* ei chûr a'i chwyn. **1803** *P, Tostur,* s. m. . . . Misery, severe plight.

tosturaidd [*tostur*+*-aidd*] *a.* Truenus, gresynus, prudd, trist: *pitiful, wretched, mournful, sad.*

1621 E. PRYS: *Ps* 1b, Ar Dduw yr Arglwydd a'm holl lais, / y gelwais yn *dosturaidd.* **1722** *Llst* 189, *Tosturaidd.* Dolefull. wofull.

tosturedd [*tostur*+*-edd*[1]] *e?g.* Tosturi, trugaredd, cydymdeimlad; gresyni, trueni: *compassion, pity, mercy, sympathy; wretchedness, misery.*

16–17g. *HG* 107, ag ny bydd yr hüdwr kaeth, lle bo düwoliaeth rhinwedd / roi bwyd a diod ir gwann, a llety dann *dostyredd.* *id.* 136, torri newyn tlawd bob tro, a syched lle bo rhaidedd / edrych y karcharwn [*sic*] gwann, ar klaf vo dan *dostyredd.*

tosturhaf: tosturhau [*tostur*+*-hau*] *bg.* Tosturio, bod yn dosturiol, cydymdeimlo: *to take pity, be compassionate, sympathize.*

16–17g. T. PRYS: *Bardd* 20, Ni chlyw meinir mor geiriau / Nid ystur hon *dosturhau.* **1803** *P* d.g. *Tosturâu.*

tosturi [*tostur*+*-i*[1]] *eg.*

(*a*) Ymdeimlad o ofid ar gyfrif trallod, &c., rhywun arall neu rywrai eraill, yn aml ynghyd â'r awydd i'w liniaru, trugaredd, cydymdeimlad; gofid, tristwch: *compassion, pity, mercy, sympathy; grief, sorrow.*

1567 *LlGG* (*Sall*) 57a, Yr Arglwydd ysy yn llawn *tosturi* a' thrugaredd. **1567** *TN* 366a, A' phwy pynac y sy ganthaw vywyt y byt hwn ac a wyl ei vrawt mewn eisieu, ac a gayo ei *dostri* [*sic*] [:– emyscaroedd] oddywrthaw, p'wedd y trig cariat ar Ddew ynthaw. **1595** *Rhyddiaith Gymraeg* ii. 129, wedi fy annog drwy *dosturi* a gresyndod wrth weled ei dlawd ofidus gyflwr. **1618** J. SALISBURY: *EH* 291, mewn lhawer cyflwr a damwein, rhaid yw cymyscu Cyfiownedh a pheth Gresyndod neu *Dostûri* trugarog. **1632** *D, Tosturi,* Miseratio. **1672** J. LANGFORD: *HDdD* [vii], gofelwch beth am dano ef [yr enaid], pette ond o *dosturi* i'r Corph, yr hwn sydd raid iddo ddwyn rhan o'i drueni ef. **1688** *TJ, Tosturi:* pity, compassion. **1703** E. WYNNE: *BC* 28, dyma 'r druan Weddw, wedi ei mwgydu rhag edrych mwy ar y byd brwnt yma . . . ni fedrais innau nad wylais beth o *dosturi.* **1718** (**1721**) S. THOMAS: *HB* 11, Mae'n achos o *dosturi* weled y modd y mae y Cyffredin Ddynion yn cymmeryd e'u [*sic*] twyllo. **1722** *Llst* 189, *Tosturi.* m. . . . Compassion, tender-heartedness, pity, goodness. mercy. **1798** W. RICHARDS: *CC* 16, Dangoswyd rhyw beth fel *tosturi* . . . tu ag at Samuel Griffiths. **1803** *P.* Cf. D. OWEN: *GT* 65, Wylai Harri yn hidl o *dosturi* dros Gwen.

(*b*) Afiechyd, salwch: *illness, sickness.*

Ar lafar, "Wi'n cretu basa well gin' i fod yn glawd na dioddaf siaw o *dostyri* yn y tulu', *GTN* 802.

tosturiaeth [*tostur*+*-iaeth*] *eb.g.* ll. *-au.* Tosturi, trugaredd, cydymdeimlad; gweithred dosturiol, gweithred o drugaredd: *compassion, pity, mercy, sympathy; compassionate act, act of mercy.*

1567 *LlGG* 40b, P'le y mae dy wynvyt a'th nerth, lliawsowgrwydd dy drugareddae, a'th *tosturiaethae?* **1588** *Sech* xii. 10, A thywalltaf ar dŷ Ddafydd, ac ar bresswylwŷr Ierusalem y spryd [*sic*] rhâd, a *thosturiaeth.* **1588** *Neh* ix. 19, er mwyn dy aml *dosturiaethau.* **1722** *Llst* 189, Tosturi. m. *Tosturiaeth.* f. Compassion, tender-heartedness, pity, goodness, mercy, p. *turiaethau.* **1780** *W* d.g. *Pity.* **1803** *P, Tosturiaeth,* s. m.—pl. t. *au* . . . Compassion.

tosturiaethol [*tosturiaeth*+*-ol*] *a.* Tosturiol: *compassionate.*

1797 D. DAVIES: *SEG* 300, yn rhoddi iddynt addysgiadau da, a siampl dda, yn eu ceryddu hwy gyd âg ymysgaroedd *tosturiaethol.*

tosturiaf: tosturio [bf. o'r e. a'r a. *tostur*] *bg.a.*

(a) Bod yn dosturiol (wrth), teimlo tosturi (wrth), bod yn galon-dyner (tuag at), trugarhau (wrth), cydymdeimlo (â): *to take pity (on), feel pity (for), be compassionate or tender-hearted (towards), have mercy (on), sympathize (with).*

14g. GDG¹ 244, Tosturia wrth anhunglwyf, / Tywyll yw'r nos, twyllwr nwyf. *c.* **1400** (SG) HMSS i. 260, Mi amwar yn llawen heb ef drwy roi ohonat dy benn oe dorri. ac ony byd hynny ny allafi dosturyaw. Dchr. **15g.** GSCyf [32], Wrth ei gur y tosturiwn, / Un haint wyf finnau â hwn! **15g.** GGI² 91, Pam, Tudur, na thosturiat, / Penllyn, gŵr gwyn o Gaer Gai? **15g.** CSTB 25, Tosturied, er hoywed hon, / Goelio cystudd y galon. **1551** W. SALESBURY: KLl lxiiib, A phan weladd Ieshu yhi / e tosturiadd yn y calon wrthei. **16–17g.** Cer RC 46, Yno fal y tostur tad / Wrth ei had naturiol, / Y tosturia Brenin Ne' / Wrthom ninne'i bobol. **1632** D, Tosturio, Miserere. **1672** R. PRICHARD: Gw 399, Grassol wyt a llawn trugaredd, / Hwyr dy lid, a mawr d' ammynnedd, / Hawdd i'th gael mewn tôst gyfyngdwr; / Er mwyn Christ tosturia 'nghyflwr. **1688** TJ, Tosturio: to take pity. **1790** T. JONES: TOS 38, Gwnaethwn lercian yn Sodom nes fy llosgi, oni buasai dosturio o'r Arglwydd wrthyf. **1803** P. Ar lafar, "Wi'n tosturio'n fawr wthdo yn 'i draffith", GTN 802.

(b) Arteithio, poenydio; symbylu; gofidio, galaru (oherwydd): *to torture, torment; goad; grieve, lament (on account of).*

14g. Bren Saes 62, 'Arglwydd . . . neb tlaut wyf . . . ac yn dy wediaw . . . am nawd y'm eneit'. A gwedy y welet yn tosturiaw mor dygyn a hynny, trugarhav a oruc wrthaw. *c.* **1400** YCM² 56, Migrados vuan, y varch . . . Kynt y redei pann dosturyit ac ysparduneu noc yd ehedei y saeth o'r llinin. **16g.** GILIV 41, Dygynfrad dwys doriad tostiriau—dros ged / Duw erchyll led dy archoll lydan. **1699** T. JONES: TP 87, dewisant yn hyttrach o lawer ymddiddan am bethau anfuddiol . . . I mae hynnÿ yn beth iw dosturio (*to be lamented*). *Amr.:* tostyru. **1615** R. SMYTH: GB 11, 67, 115.

tosturiedig [bôn y f. *tosturiaf:* tosturio+ -iedig] a.bfl. Tosturiol, trugarog: *compassionate, merciful.*

18g. L. HOPKIN: FG 24, Duw dysgedig, gwarantedig; / Duw caredig, da caradwy; / Duw nodedig, tosturiedig; / Duw glanedig, da gwiliadwy. **1803** P.

tosturiog [tostur+-iog] a. Tosturiol, trugarog: *compassionate, merciful.*

1567 LlGG (Sall) 48b, Can ys dy vot ti Arglwydd yn dda ac yn drugarawc [:- dosturioc]. **1803** P.

tosturiol [tostur+-iol] a. a hefyd gyda grym enwol. Yn tosturio, a nodweddir gan dosturi, yn dangos tosturi, calon-dyner, trugarog; truenus, gresynus, prudd: *compassionate, tender-hearted, merciful; pitiful, wretched, mournful.*

16g. TRP 192, O jestys anrydeddol / och gwiriondeb tostiriol / pob kyriawdyr dan ych power / ychel dyner gallyol. **1567** LlGG (Sall) 70a, Deuet dy dosturioldrugareddae attaf. **1588** Galarn iv. 10, Dwylo gwragedd tosturiol a ferwasant eu plant eu hun. **1588** Job xxiv. 20, Y tosturiol ai gollwng ef dros gof. **1632** D d.g. Misericors. id. cywydd tosturiol d.g. Monodia. **1672** J. LANGFORD: HDdD 493, edrych yn dosturiol arna'i dy Greadur truan. **1699** T. JONES: TP 36, onid ŷw mâb y Bendigedig yn dosturiol iawn? **1705** T. WILLIAMS: PD 5, Eithr pa leshâd a wna'eu [sic] Ymweliadau tosturiol, oni bydd gennim iawn deimlad o honynt? **1710** CBGIEl 98, yr wŷf [sic] yn credu fôd cymmaint Serch ganddynt tuag attynt eu hunain, ac i wneuthur defnydd o honaw, i iachau eu tosturiol rwygiadau a'u hymrafaelion eu hunain. **1798** WR d.g. Piteous. **1803** P, Tosturiawl . . . Compassionate; piteous. *Amr.:* tosturiol. **1845.**

tosturioldeb [tosturiol+-deb] eg. Tosturi, trugaredd, natur dosturiol: *compassion, pity, compassionateness.*
1803 P.

tosturlawn [tostur+-lawn] a. Truenus, gresynus, gofidus, alaethus, prudd, trist: *pitiful, wretched, grievous, mournful, miserable, sad.*
1829.

tosturol, gw. tosturiol.

tosturus [tostur+-us] a. Truenus, gresynus, gofidus, alaethus, prudd, trist; tosturiol, trugarog: *pitiful, wretched, grievous, mournful, miserable, sad; compassionate, pitying, merciful.*
14g. GDG¹ 3–4, Pan welom drosom dy rasus— basiwn, / Pa nad ystyriwn poen dosturus [i Iesu]?

c. **1600** March C 26, y neb a fo â deall ganto, barned pa fath lef tosturus oedd gantynt. **1604–7** TW (Pen 228) d.g. Miser. id. lhawn dirnad dosturus d.g. Vlulatus. **1606** E. JAMES: Hom iii. 61–2, A elliht ti edrych ar y fath weledigaeth dosturus (woful), neu glywed y fath lais galarus, heb ddagrau. **1630** R. LLWYD: LlH 85, Tosturus (lamentable) yw ystyried pa bentyrrau o arian â afradlonir. **1630** YDd 168, tosturus (pitifull) olwg Trugaredd ar y drwg weithredwr. **17g.** DCR 246, Holl drigolion kymrv lan / gwrandewch ar gan dostyrys. **1696** CDD 6, Bu Dduw mor gariadus a styrio yn dosturus. **1701** E. WYNNE: RBS 36, Na âd i'm bywyd fod yn dosturus (miserable) ac yn resynol. **[1740]** L. ANWYL: NG 8, Corphilyn priddlŷd, sŷdd yn gruddfan yn dosturus, nid o herwydd trymder clefyd yn unig, ond euogrwydd cydwybod hefyd. **1740** T. EVANS: DPO 122, Och pa fath olwg dosturus a fyddai gweled Rhai a'i ymysgaroedd allan. **1753** TR, Tosturus, pitiful. *c.* **1762–79** W. WILLIAMS: P 336, Trwst y tân yn awr oedd yn gwneud cydsein dosturus a gruddfannau'r meirw. **1799** TY 48, A phan fyddo yn rhaid eu cerydu, hwy a ddylent wneuthur hynny yn bwyllig, yn dosturus. **1803** P.

tosturwch [tostur+-wch¹] eg. Trueni, gresyni: *misery, wretchedness.*

1611 R. SMYTH: SG 240–1, ag o groth fymam tosturwch a ddoeth allan gida myfi. **1615** R. SMYTH: GB 66, hieremias y prophvvyd mavvr a alarodd drvvy ddirfavvr dosturvvch. id. 89–90, a fed id vvybod druenia thostyrvvch rhyfel. **1716–18** Llsgr R. Morris 47, gin dosturvvch drwy dosturi / ond gwall anial gwell iw hynnu.

tostyn, gw. tost¹.

tostyr, tostyraf: tostyru, &c., gw. tostur, tosturiaf: tosturio, &c.

tosyn [elf. anh.+-yn¹] eg. ll. tosau. Ploryn, pigodyn, llinoryn, smotyn: *pimple, pustule, spot.*

1849. Ar lafar, TGG (1904) 48 (Morg.); 'Ma tosa'n torri mæs drŵs 'y ngwynab i gyd', 'Dyna dosyn cæs sy ar dy rudd di', 'tosyn gwerw', GTN 802.

tot [bnth. S. tot] eb.g. (bach. g. -yn) ll. -iau. Mŵg, gwydr bach; mesur bach (o ddiod): *tot, mug, small glass; tot (of drink).*

1930 E. TEGLA DAVIES: Y Doctor Bach 59, [p]ob un â thot neu gwpan yn ei law ar gyfer y tê. Ar lafar, 'gwneud te yn (y) tot' (sir Ddinb.); hefyd yn y ff. 'totyn' 'a mug, a tot', Cymru liv. 132 (dwyrain sir Drefn.).

total, totalaidd, totaliaeth, gw. titotal, titotalaidd, titotaliaeth.

totalitaraidd [cfdds. o'r S. totalitar(ian) +-aidd] a. Yn perthyn i ffurf unbenaethol ganoledig ar lywodraeth sy'n mynnu darostwng yr unigolyn i ofynion y wladwriaeth: *totalitarian (adj.).*
1937.

totalitareiddiaf: totalitareiddio [bf. o'r a. totalitaraidd] bg.a. Gwneud neu fynd yn dotalitaraidd: *to make or become totalitarian.*
20g.

totalitariaeth [cfdds. o'r S. totalitar(ianism)+-iaeth] eb.g. Egwyddor ac arfer dotalitaraidd: *totalitarianism.*
1938. Cf. D. J. WILLIAMS: ChHO 61, cyn i'r dotalitariaeth ddiweddar ddechrau'r cargywain llwyr ar blant y wlad i'r canolfannau trefol.

totalitarydd [cfdds. o'r S. totalitar(ian)+ -ydd³] eg. ll. totalitarwyr, totalitaryddion. Un sy'n pleidio totalitariaeth: *a totalitarian.*
20g.

totem [bnth. S. totem] eg. ll. -au, -s. Gwrthrych naturiol, yn enw. anifail, a ddewisir gan rai pobloedd llwythol fel arwyddlun o lwyth, teulu, &c., delw o'r cyfryw: *totem.*
1896.

totemaeth, gw. totemiaeth.

totemaidd [totem+-aidd] a. Yn perthyn i dotem(au), a nodweddir gan dotem(au), a chanddo dotem(au): *totemic.*
20g.

totemiaeth, totemaeth [totem+-(i)aeth] eb. Defnydd o dotemau, cred mewn totemau: *totemism.*
1920.

totemig [cfdds. o'r S. totem(ic)+-ig²] a. Totemaidd: *totemic.*
20g.

totemistaidd [cfdds. o'r S. totemist(ic)+ -aidd] a. Yn perthyn i dotemiaeth, a nodweddir gan dotemiaeth: *totemistic.*
1921.

totemistiaeth [bnth. S. totemist+-iaeth] eb. Totemiaeth: *totemism.*
20g.

totemyddol [totem+-ydd³+-ol] a. Totemistaidd: *totemistic.*
20g.

totiaid [tot+-iaid²] eb.g. Llond mŵg, cynnwys mŵg: *mugful.*
1930 E. TEGLA DAVIES: Y Doctor Bach 63, nid oedd ond un gwpanaid neu dotiad i'w gael. Ar lafar, 'totied o de, o laeth enwyn' (sir Ddinb.).

totyn, gw. tot.

toulu, teulu² [defnydd arbenigol o'r e. teulu¹] eg. ll. -od. Drychiolaeth o angladd: *phantom funeral.*
1862. Ar lafar yn y De-orllewin a Morg., "Odd i wedi cwmpo wrth y clawdd a dyma 'i'n clwad canu a gweld y toulu'n dod lawr i 'ewl y Wern', GTN 798. Cf. D. J. EVANS: HCS 132–3, Yr oedd Teulu (neu Toilu yn rhan isaf y Sir) yn beth cyffredin iawn. Clywid swn [sic] traed yn cerdded a thrwst yr olwynion a charnau'r ceffylau yn pasio ar hyd y ffordd o'r tŷ i'r fynwent nosweithiau cyn y claddedigaeth.

touo, gw. towiaf: towio.

tow¹ [bnth. S. tow] eg. Y weithred o dowio: *tow.*
20g.

tow², gw. taw².

tow³—o dow i dow, gw. dow-dow (hefyd At.).

towaf: towo, towarch, towcan, towel, gw. towiaf: towio, tywarch, twcan², tywel.

towiaf, towaf: tow(i)o [bnth. S. (to) tow] ba. Tynnu neu lusgo (cerbyd, cwch, &c.) wrth raff, cadwyn, &c.: *to tow (vehicle, boat, &c.).*
20g. Ar lafar, 'bedden ni'n galle dod i ben â'i thowo hi ma's i'r bae', Wês wês 49. Digwydd hefyd yn y ff. 'touo', 'touo'r llong i'r lan', Cymru xlvii. 237 (sir Ddinb.).

towl, towlad¹,², towlaf: towlu, towlbwrdd, towliad, towlod, gw. tafl¹, tafliad, taflod¹, taflaf¹: taflu, tawlbwrdd, tafliad, taflod¹.

townlont [bnth. S. townland] eg. Trefgordd, tref ddegwm, rhaniad tir sy'n amrywio o ran ei faint: *townland, township.*
1762 ML ii. 453, Y Maes Caled y gelwir y ty nesaf rh'of ar gorllewin ar nesa i downlont y Newri.

towr, gw. twr.

töwr [bôn y f. toaf: toi+-wr; Crn. C. tyoryon (ll.)] eg. ll. towyr. Un sy'n codi neu'n trwsio to (gwellt), un sy'n gosod teils ar do, hefyd yn ffig.: *roofer, thatcher, tiler, also fig.*
14g. GDG¹ 78, Teg wdwart, feistr tew goedallt, / Twr pawb wyd, tôwr pob allt [i'r haf]. **15–16g.** TA 442, Towyr ŷnt ar y tir âr, / Torr dduon yn toi 'r ddaear [i ofyn ychen]. **1543** B viii. 296, pob gwaith saer a go gweithwr a thowr ar a berthyn i wnevthur ar y velin. **1547** WS, Towr A thacker. **1632** D, To . . . Towr, Tector, tegulator. id. d.g. Scandularius. **1688** TJ, Towr: a Thatcher. **18g.** E. T. RHYS: DA 87, Ifan Dafydd, dowr diwyd, / P'am y gwnaethoch dro mor enbyd. **1795** J. THOMAS: AIC 225, Y Rheol i fesur pen Tŷ, (sef gwaith y Towr) y'w mesur hŷd y Grib. **1803** P. Ar lafar, 'Dyn sy'n toi yw tôwr, p'un a to gwellt nu do o rwpath arall sy ginto', GTN 803; hefyd yn y ff. tawr, WVBD 525. Digwydd fel epithet, B iii. 45, Gavell Towr. Cf. H. EVANS: CE 101, Yr oedd yno hil o dowyr—hynny yw, dynion a fedrai doi o tŷ to gwellt na ddeuai defnyn o ddefni trwyddo.

towsen [?elf. anh.+-en] e?b. Befel (cŷn, &c.): *bezel (of chisel, &c.).*
18g. L. MORRIS: IW 137, towsen arf; Basile, yᶜ sloping edge of a Chisel or Hatchet. **1753** TR. **1770** W

d.g. *Basil* [*the sloping edge of a carpenter's or joiner's tool*].

towt¹ [bnth. S. C. *toute*] *e?g.* Crwper, pen ôl: *rump.*

16g. *GRCG* 71–2, Un hynod megis henŵydd / Ac un gerddediad â gŵydd. / Edrychwch mae arni drachwant / I godi ei *thowt* gyda thant. *Dchr.* 17g. *J* 10, 158a, *Towt.* podex. 1759 *BC* 240, Ni âd ô un Geinach yn ei gwal, / . . . / Heb roi braw a'r [*sic*] ei *thowt* a'i thâl.

towt² [bnth. S. *tout*] *eg.* ll. *-iaid.* Un sy'n ceisio cwsmeriaid mewn ffordd haerllug, un sy'n prynu tocynnau ar gyfer digwyddiad er mwyn eu hailwerthu i wneud elw: *tout.*

1929.

towtsiaf: towtsio, towydd, towyn¹·², gw. twtsiaf: twtsio, tywydd, tywyn¹·².

töydd [bôn y f. *toaf*: *toi*+*-ydd*³] *eg.* Gwarchodwr: *guardian.*

12g. *GMB* 150, Tydwet *toyt* uet! rith uyth vyt Kymry.

tprwy [cf. S. C. *tprw* 'imitation of the sound of a horn', S. Diw. Cyn. *tphrowh* 'exclamation to call attention'; ansicr yw'r union ynganiad] *ebd.* Gair a ddefnyddir i yrru gwartheg neu i'w stopio: *word used to drive or stop cattle.*

c. 1400 *R* 1278. 3, *Tprue* loe lo lom y gynffon. *ib.* 23, *Tprue* loe lo leiaf owarthec. *id.* 1348. 14–16, A canys di einyon kano. vn bach a gelwit keul y pulo: ef ahỽmrỽs *tprỽo* [*sic*] hio hao. ac aplygỽys y llost ynkeisso gỽneuthur llo. 1803 *P* d.g. *Tprue.*

Gw. hefyd **prwdi**¹, **prwy**¹, **trw**¹.

tra¹ [H. Grn. (*neb*)*tra*, gl. *aliquid*, Crn. C. *tra*, Llyd. C. a Diw. *tra*; cf. *-dra*] *eb.* Peth, mater, sylwedd: *thing, matter, material.*

12g. *GMB* 71, Ac eil *dra* drymhaf treghi metwaỽd. *id.* 228, Ny'm gỽna o neb *tra* trossi / Trossof ir gof arglwyti. *id.* 273, Vn *dra* drugaret, vnwet ouri. 12g. *GLlF* 540, Gwr a gynneil y lloer yn y llaỽnwet, / A genniỽ pob *tra* trwydi beruet. 13g. *GBF* 226, Kan gaffael yn da *dra* hep dregi. 14g. *T* 80. 3–4, hyt vrodic yt para. pan varnher pop *tra.* 18–19g. *Llr* C 30, 202, *Tra,* a thing . . . ni wn i *dra*'n y byd, I know not any thing.

tra², **trag, dra**¹, **drag**², **tra-** [H. Lyd. *tra* 'trwy': < Brth. **trans* < **trāns*, o'r gwr. IE. **terə-* 'mynd dros'; cf. *traw*¹, *draw, traws, tros,* H. Lyd. *tor, tro* 'trwy', H. Wydd. *tar*, Llad. *trāns*] *adf.* a hefyd fel *ardd.* a *rhgdd.* I raddau helaeth, yn ddirfawr, dros ben: *very, extremely, exceedingly.*

12g. *GLlF* 397, Rhag Twr Gwallter, blaidd traidd trymder *tra* niferawg. 12g. *GCBM* i. 97, Ym mywyd Madawg ni feiddiai undyn / Dwyn terfyn *tra* hyfryd. *id.* 196, Tal tra thal, trannyal *tra* chaled! 12–13g. *GLlLl* 42, Rei *tra* llỽfyr *tra* llafar eu son. 15g. *GLGC* 223, 'adre', doed yn *dra* dedwydd / ganto'r haf ag enaid rhydd. 1551 W. Salesbury: *KLl* xlib, ydd oedd ef yn *dra* mawr. 1567 *TN* 267b, yscavnder ein gorthrymder . . . a bair y ni *dra* ardderchawc a' thragyvythawl bwys o 'ogoniant. 1604–7 *TW* (*Pen* 228), *tra*iach d.g. *Validus.* 1620 *Act* xvii. 22, mi a'ch gwelaf chwi ym-mhob peth yn *dra*choel-grefyddol. 1651 Siôn Treredyn: *MDD* 86, yr oedd yspryd caethiwed yn *tra*-/cadarn ynddint [*sic*]. 1670 J. Hughes: *AP* 210, *Tra* gadarn . . . Arglwydd. 1675 R. Davies: *PY* [vii], ach anrhydeddus, ach *tra* dduwiol, ac elusengar gyweli. *id.* 12, yn *dra* parod yn cydnabod. 1696 *CDD* 119, trwŷ foli *tra* felus. 1719 *TDP* 33, am porthodd ei [*sic*] a Bara a Gwin, sef or *tra* Sancteiddiola. 1722 *Llst* 189, *Dra.* (in com: increasing the sense of the word compounded) Very, eager, exceeding. It is also used sometimes in appos: as *Dra* ehang. Exceeding or very broad. 1779 D. Davies: *BDED* 97, Fe fydd yn *dra*-effeithiol i'r diben hwn. 1803 *P* d.g. *Tra,* adv. Digwydd *tra-* fel rhgdd. cryfhaol o flaen enwau, berfenwau, a berfau, e.e. *tra-arglwyddiaethaf: tra-arglwyddiaethu, trachwant, tra-rhagoriaeth.*

Fel *ardd.* (*a*) Y tu hwnt i, y tu draw i, yr ochr draw i, dros, mwy na: *beyond, the other side of, over, across, more than.*

10g. (*Cpt*) *B* iii. 256, aries. hithou *tra* nos in eircimeir loc guac. 12g. *GMB* 153, A gaỽr daer *drac* Iwys. 12g. *GLlF* 15, Arueitaỽ treitaỽ *trac* Eryri. 12g. *id.* 447, Ac eigyl racdaỽ, draỽ *dra* thonneu. 12g. *GCBM* i. 25, Llann *tra* llyr, *tra* lliant wyrdlenn, / Llann *dra* llanỽ, *dra* llys Dinorbenn. 12–13g. *GLlLl* 216, Llas dy wyr *tra* llyr, *tra* Llwyuo. 13g. *C* 49. 8, Awallen peren. A tyf *tra* Run. 13g. *LlDW* 133. 1, o pheyt un dyd abluydyn byt y haul yn haul *dra*bluydyn. 14g. *T* 45. 19, *Tra* menei myned. *id.* 62. 22–3, Gỽeleis i lyỽ katraeth *tra* maeu. 1632 *D*, *Tra* . . . Suprà, vltra. 1688 *TJ*, *Dra, tra* . . . beyond. 1803 *P*, *Tra*, prep. . . . Over, above; beyond. Fel rhgdd. cyfetyb weithiau i'r S. *trans-*, e.e. *trallwysaf: trallwyso.*

(*b*) (mewn cst. fel 'glyw *tra* glyw', 'dydd *tra*'i gilydd') Ar ben, uwchlaw, am, y tu hwnt i, ar ôl: (*in constructions such as 'glyw tra glyw', 'dydd tra'i gilydd'*) *on* (*top of*), *above, for, beyond, after.*

12g. *GLlF* 397, A glyw *tra* glyw, a llyw *tra* llyw, trillu rhagddaw. *ib.* A gwr *tra* gwr, a thwr *tra* thwr yn trachwynaw, / A gwyth *tra* gwyth, a gwaith *tra* gwaith daith derfyniaw. *id.* 426, Fwyr *dra* fwyr dra llwyr dra Lloegyr uethlu, / Fraỽt *dra* fraỽt, dra chaỽt, dra chynhennu, / . . . / Treis *tra* treis [*sic*] tra thraỽs tra Threnn gyrchu. 13g. *C* 89. 3, Ton *tra*thon toid tu tir. 13g. *B* ix. 146, ar dyd *trae* gilyd. 13g. *BD* 90, Canys y rybud *tra*'e gilid a doei attav. c. 1300 *B* iv. 118, Y wendyd y dywedaf / oes *dra*goes disgoganaf / gwedy catwaladyr kyndaf. 16–17g. *Cer RC* 34, yn cwympo cwymp *tra* chwymp. Gw. hefyd *ail*¹—*ail tra ail, cymaint—cymaint tra chymaint, dwrn—dwrn tra dwrn, gair*¹—*gair tra gair, gwers—gwers tra gwers, llaw*¹—*llaw drallaw, pendraphen, tâl*²—*tâl tra thâl.*

Amr.: **trach** [?adff. o *trachefn*]. 13g. *LlI* 44, escrebel . . . hyt ed elhoent bellaf ac ed ergettyoent eu buches *trach* eu keuen. Gw. hefyd y cfn. *dra bron* isod a *trachefn.* **traf** [?cf. *da(f)*, ac o bosibl *traflyncaf: traflyncu, trafodaf: trafod(i)*, &c., gw. *WG* 268]. 1567 *TN* 257a, dangosaf ywch ffordd *draf* ardderchawc [*sic*] [:– yn dra dyval]. 1696 *CDD* 20, Gwîriônedd nodedig, *trâf* unig, trwŷ Grêd.

Cfn.: **drach a chefn**, gw. *trachefn.* **tra braidd**, gw. *braidd.* **dra(ch) bron:** *before, in(to) the presence of.* 13g. *GDB* 468, Ceintum hon *dra bron*, braidd ym mywad, / Vrddyn Lywelyn, lyw y Berfeddwlad. 14g. *B* x. 56, wedy y chyrchu *drach* y *uron* dywedut a oruc. 1567 *TN* 162a, Dwyn Christ *drachbron* Annas. *id.* 308a, yr ei'n a boenir a chyfergoll dragyvythawl, o *drach bron* [:– wydd, y gan] yr Arglwydd. **tra chefn**, gw. *trachefn.* **tra mesur**, gw. *mesur*¹. **tra môr**, gw. *tramor.* **Tra Pharchedig:** (i) *Very Reverend* (*title of, or form of address to, a dean*). 1814. (ii) *Most Reverend* (*title of, or form of address to, an archbishop*). [1783] *W* d.g. *Reverend* . . . *Most reverend* [*the titular epithet of an Archbishop*]. **tra phen**, gw. *traphen.*

tra³, **dra**² [?yr un gair â *tra*², *dra*¹] *cys.* Yn ystod yr adeg y (bo), cyhyd ag y (bo, &c.), pan (fo): *while, whilst,* (*for*) *as long as, when* (. . . *is, &c.*).

(*a*) (enghrau. o flaen bf.: *exx. before a vb.*).

12g. *GMB* 153, Lliaỽs tech rac trech *tra* briwwys. *id.* 273, *Tra*'m oet o'm dawn Duw y gymhwyll. 12g. *GLlF* 16, *Tra* uo ef yn nef yn y wengann—gadeir. *id.* 285, Yssef yw hwnnw honneit ganllaw—draws / *Dra* sauo Duw ganthaw. 12g. *GCBM* ii. 271, Mor detwyd a dreid a dragỽy—ar hỽyl / Ar Haelvronn *tra* gyrchỽy. 13g. *C* 68. 3, *tra*th lathei chvarthei vrthid. 13g. *DB* 57, Odena *tra* y pellao [dŵr berw], y muycla o bell. 13g. *GBF* 139, Gwaỽr destyluaỽr, distein *tra* bu. 14g. *LlB* 52, ymlynet ef *tra* y gwelho. 14g. *GDG*³ 408, *Tra* gyfan ymddychanwyf, / Dos yn iach; un dison wyf. 15g. *GLGC* 330, Gennych *tra* dyfo gwinwydd / gwin a gaf o egin gŵydd. 16g. D. R. Thomas: *DS* 52, *dra* fo gwych llewych *dra* fo lleuad. 1632 *D*, *Tra*, Dum, quoad . . . *Tra* fo haul, Dum existit sol. *id.* d.g. *Donec.* 1677 C. Edwards: *FfDd* 372, [*t*]*ra* phorther ei falchder. 1701 E. Wynne: *RBS* 6, *tra* chauer Seguryd allan o'n Buchedd. 1752 G. Owen: *L* 10 *tra* fu byw fy mam. *id.* 28, *tra* bo ddafn o'i gwaed yng ngwythi ei meibion. 1753 *TR*, *Tra*, adv. while, whilst, so long as. *Tra* parhao haul a lleuad, So long as the sun and moon endure. 1803 *P.* Ar lafar, "Wi'n mofyn aros yn y tŷ 'yn *tra* bydda' i', *GTN* 803.

(*b*) (enghrau. wedi eu cywasgu ynghyd â ff. pres. dib. y f. *wyf: bod*: *exx. of contracted forms combined with pres. subj. forms of the vb. 'wyf: bod'*).

1617 R. Prichard: *CE* [1], Ofna Dduw *tro* bowyd ynod. 1672 R. Prichard: *Gw* 18, Meddyliwn gan hynny, *tro* 'r amser yn gadu. *id.* 55, Ni chytuna *trech* di byw, / Waed pechadur a gwaed Duw. *id.* 106, Megis Daniel *trech* yn llengcyn, / Gwrthod wîn a chwrw melyn. *id.* 234, Pâr ith bobol gydfyfyrio, / Gyda thi *trech* yn gweddio. *id.* 290, Roi grâs im byth i drigo, / Yn y cyfryw stâd *trwi* byw. 1683 H. Evans: *CTF* 55, A ydwyt ti 'n bwriadu, *trech* ar y ddaiar las, / Ar geisio gwneuthur d'ore, i fynd o ras i ras? 1759 T. Thomas: *WWDd* 366, Caiff yno ganu nefol glôd / O felus gân fwyn bur *tr*'o'n bôd. 1764 W. Williams: *Th* 16, Mi chwilia fyth am dano [gras] *trwy*'n rhodio ar y llawr. 1768 J. Jones: *HC* 16, I'm Harglwydd glân mi glymmaf Glôd, / *Tr'o* meddwl im' na byw na bôd. 1778 N. Williams: *D* 51, Darfydded pleser i mi mwy, / *Trwy* yma is y rhôd. 1786 B. Francis: *A* ii. 178, Gan feddu'i hoff dragywyddol hedd, / *Tr'ont* yn y byd, a thraw i'r bedd. *a.* 1791 W. Williams: *GP* 112, O cadw fi *tro* ynw'i chwyth.

(*c*) (enghrau. heb fod o fl. bf.: *exx. not preceding a vb.*).

1672 R. Prichard: *Gw* 143, Ac y roddaf itti foliant, / O fy Nuw *tra* ynnwi chwythiant. 18g. *Hop M* 333, Am dy frenin *tra*'n rino, / Neu rheg [*sic*] i benaeth na ro. 1756 *ML* i. 416, mae edau'r einioes yn mynd yn fyrrach bob dydd nau gilydd *tra* bobl yn dargysgu. 1788 J. Griffith: *DCC* 20, A ellit ti fod yn ddisylw o'th gyfaill *tra* yn ei bresennoldeb. Cf. *Cylchg LlGC* iii. 3, *tra*'r mor yn fûr i'r bûr hof [*sic*] bau; Islwyn: *Gw* 474, A gwrando arawd pêr yr awel lon / *Tra* adar lu yn lleisio yn ei bron.

Amr.: **tre**¹. 1595 M. Kyffin: *DFf* [56], *tre* fo'r gwyr hyn yn eistedd. *id.* [105], Prin y gellir coelio *tre*'r oeddynt hwy'n segyrllyd, fod diawl ynte . . . [y]n cyscu. Ar lafar, *EEW* 56 (sir Gaern.). **tro**¹. 1617 R. Prichard: *CE* [6], Y nawfed ran a roddodd Duw / Y bob perchen *tro* vo byw. **try**², **dry** (*y*≡*ə*). 1574 (1604) *Rhyddiaith Gymraeg* ii. 194, mi a ferkais *dry* fym yn y plith fod llawer o honyn yn opiniadwyr drwyddyn. c. 1585 G. Robert: *DC* 21a. c. 1590 *RC* xlvi. 82, *try* vo chwi byw. 18–19g. *Llr* C 45, 238, *Try*, whilst, Glam & Corn, *try* bon ni yma, ie. through the time of our being here.

tra⁴, gw. **traha.**

tra-, gw. **tra**².

-tra, gw. **-dra.**

tra-achub [*tra-*+*achub*¹] *eg.* Uchelgais: *ambition.*

c. 1400 *Ymborth* 3, Vn geingk ar bymthec yssyd y valchder, nyt amgen: ymwychyaw . . . tra llavaryaeth, *tra achub*, clot orwac. *ib.* *Tra achub* yw trachwant y gael anryded yr clot tranghedic. 1604–7 *TW* (*Pen* 228) d.g. *Ambitio.*

tra-arglwyddiaeth [*tra-*+*arglwyddiaeth*] *eb.g.* Defnydd creulon neu fympwyol ar awdurdod, rheolaeth ormesol, gwladwriaeth a reolir gan ormeswr, unbennaeth; arweinyddiaeth neu oruchafiaeth yn enw. gan un dalaith mewn cynghrair, y cyflwr o fod yn flaenaf neu'n amlycaf: *tyranny, despotism; hegemony, predominance.*

1837.

tra-arglwyddiaethad, tra-arglwyddiaethiad [bôn y f. *tra-arglwyddiaethaf: tra-arglwyddiaethu*+*-ad*², *-iad*¹] *eg.* Y weithred o dra-arglwyddiaethu, gormes: *a domineering, tyranny.*

1803 *P* d.g. *Träarglwyziaethiad.*

tra-arglwyddiaethaf: tra-arglwyddiaethu [*tra-*+*arglwyddiaethaf: arglwyddiaethu*] *bg.* Ymddwyn mewn ffordd drahaus neu ormesol, ymddwyn fel gormesteyrn; goruwchreoli, bod yn bennaf neu'n amlycaf: *to domineer, tyrannize; prevail, predominate.*

1588 *Math* xx. 25, gŵyddochfôd [*sic*] pennaethiaid y cenhedloedd yn *tra arglwyddiaethu* arnynt hwy, a'r gwŷr mawrion yn arfer awdurdod arnynt hwy. 1620 1 *Pedr* v. 3, Nid fel rhai yn *tra-arglwyddiaethu* ar etifeddiaeth Dduw. 1672 J. Langford: *HDdD* [2]59, yn goddef i'w ffansi *dra-arglwyddiaethu* ar (*over-rule*) ei Reswm. 1722 *Llst* 189, *Tra-arglwyddiaethu.* To domineer. 1803 *P*, *Träarglwyziaethu* . . . To exercise dominion to excess; to domineer.

tra-arglwyddiaethiad, gw. **tra-arglwyddiaethad.**

tra-awdurdod [*tra-*+*awdurdod*] *eg.* Rheolaeth fympwyol, gormes, unbennaeth: *arbitrary rule, tyranny, despotism.*

1770 *W* d.g. *Arbitrary power.*

tra-awdurdodaeth, tra-awdurdodiaeth [*tra-*+*awdurdod(i)aeth*] *eb.* Gormes, unbennaeth: *tyranny, despotism.*

1774 T. Jones: *DG* 148–9, Y ffordd a gymmerodd yr esgob i ymostwng i *dra-awdurdodiaeth* y llys, oedd yn ddiddadl y ffordd oreu a challaf, pe buasai heb ddim yn perthynu iddo wneuthur â'r erlidwyr mwyaf gwaedlyd.

tra-awdurdodaf: tra-awdurdodi [*tra-*+*awdurdodaf: awdurdodi*] *bg.* Arfer awdurdod; tra-arglwyddiaethu, rheoli'n unbenaethol: *to exercise authority, dominate; domineer, rule despotically.*

1620 *Math* xx. 25, Chwi a wyddoch fôd pennaeth-

iaid y cenhedloedd yn tra-arglwyddiaethu arnynt, a'r rhai mawrion yn *tra-awdurdodi* arnynt hwy.

tra-awdurdodiad   [*tra-*+*awdurdod*+ *-iad*[1]] *eg.* Tra-arglwyddiaeth: *dominance.* **1828.**

tra-awdurdodiaeth, *gw.* tra-awdurdod- aeth.

trabaeddaf: trabaeddu, trabestod, *gw.* trybaeddaf: trybaeddu, trybestod.

trablawdd, trablin, *gw.* tra-+blawdd, blin.

tra-blinaf: tra-blino [*tra-*+*blinaf: blino*] *ba.* Blino, gofidio, trafferthu, aflonyddu ar, cam-drin: *to tire, grieve, trouble, disturb, molest.* **14g.** HMSS ii. 89, Nyt reit. heb y gwenwlyt. *trablin- aw* neb o adolwyn idaw gwneuthur y peth y bo ef chwannogach oe wneuthur. nor neb ae harcho. **1592** S. D. RHYS: *Inst* [xiv], yr Ieithoedd cyphrēdin, megys yr Italieith, yr Hyspanieith . . . a' ieithoedd eraill heb law hynny, a bhedrwn eu hadrodh, ony bei rhac obhn 'ych *trablino.* **1723** J. JONES: *LlA* 339, Beth yvv yr hyn sydd yn *trablino* (*troubleth*) Creadur- iaid adfydig pan ddelont i farw, ond hyn ymma? **1727** J. JONES: *DFF* 36, Angylion y Tywyllwch hwythau, y rhai y fu yn arferol o ruthro arnynt, eu cernodio a'u *trablino* hwynt. *Amr.:* **tra-flino.** **16-17g.** IMCY 227. *Dchr.* **17g.** B xxii. 134, yr hain gan roi ev nerthoedd ynghyd a *draflinent* frenhin Stephan a dirfawr benbleth. **1618** J. SALISBURY: *EH* 99, yn tralhodi, ag yn *traflino* gweis- ion Duw.

trablith, *gw.* tryblith—yn dryblith dra- blith.

trabludd[1] [?*tra-*+elf. anh.] *eg.b.* ll. -(*i*)*au,* *-ion.* Cynnwrf, cyffro, cythrwfl, helynt, trafferth, aflonyddwch, dryswch, terfysg, gwrthdaro, brwydr, twrw, sain, hefyd yn *ffig.: agitation, commotion, uproar, bother, trouble, disturbance, confusion, tumult, con- flict, combat, noise, sound,* also *fig.* **12g.** GMB 142, Meirieu *drablut,* drablaʋt fossaʋd. *id.* 199, Rac gorwyr Yago gwyar *drablut.* *id.* 438, Eiryf *drablut* angut, angert Dinbyrn, / Arbennic bennaeth, mab maeth metgyrn! **12-13g.** GLlLl 300, Ny bu haʋs udut, ual *trablut* Trenn, / Noc anhaʋt gwahaʋt gwenyt vy gwden. **13g.** C 98. 7, Carin grûn wi march kad *trablut.* **1346** *LlA* 158, nybyd *trabludyeu* (*Cy* viii. 168, *trabludeu*) goualus yny ʋerin. **?14g.** (*a.* **1577**) *Pen* 49, 5, mein y kan brif organ brudd / men a threbl mwyn y*thrabludd* [?*Madog* Benfras i'r eos]. *c.* **1400** YCM[2] 110, hwynt a wnaethont y son a'r *drablud* yn uwy. *c.* **1400** (*SG*) HMSS i. 179, ef a glywei y *drablud* yny capel. ac a glywei barth yn dywedut yn issel ar llall yn dywedut yn uchel. **15g.** *Cy* iv. 106, o ỿorth y *trabluthe* gouudyon a dolureu adiskynnant kynnʋll kyn teruin byd. *Diw.* **15g.** *Pen* 67, 64, *trablʋdd* a wlych davrvdd dyn. **1604-7** TW (*Pen* 228) d.g. *Tumultuatio.* **1632** D, *Trabludd,* Turba, tumultus, tristitia, negotium, opera; Prẹlium, conflictus. **1670** J. HUGHES: *AP* [492], *Trabludd.* Ymladd, cynnwrf, trallod. **1688** *TJ, Trabludd,* cyffro, cythrỿfwl: disturbance, tumult, war, conflict. **1733** J. THOMAS: *CGGD* 31, fe berthyn i ni osod heibio ein holl Waith a *Thrabludd* bydol ar Dẏ̂dd yr Arglwydd. **18g.** I. BRYDYDD HIR: *Gw* 104, Ar foroedd, dyfnder- oedd du, / Ar fil-long wrth ryfelu, / A budd, er dwyn *trabludd* trin / Yn freiniog dros ei frenin. **1803** P, *Tra- bluz,* s. m.—pl. t. *ion* . . . Trouble, toil, pains, business; turmoil, tumult.

trabludd[2], **trabluddaf: trabluddo,** *gw.* trabluddiaf: trabluddio.

trabluddiad [bôn y f. *trabluddiaf: trabludd- io*+*-iad*[1]] *eg.* ll. *-au.* Y weithred o boeni neu beri trafferth, aflonyddwch: *a troubling, disturbance.* **1773** I. LEWIS: *EG* 9, a holl *trabluddiadau* Satan, trwy y Roddau, ydynt i ddallu y meddwl oddi fewn.

trabluddiaf, trabluddaf: trabludd(i)o, trabludd[2] [bf. o'r e. *trabludd*[1]] *bg.a.* Peri cynnwrf neu gyffro, peri cythrwfl, poeni, peri trafferth (i), aflonyddu (ar), gwneud sŵn, codi twrw: *to cause agitation or a commotion, cause an uproar, disturb, make a noise.* **14g.** T 73. 13, Ys *trabludyo* ygath vreith ae hygyf- ieithon. **14g.** RC xxxiii. 210, yna y hattebaud y morʋyn hy dan *trablud.* **14-15g.** IGE[2] 311, E' geir balsameus a gwin / Yn *trabludd* y bwrdd tryblwin [Rhys Goch Eryri i lys Gwilym ap Gruffudd o'r

Penrhyn]. *c.* **1400** SDR[2] 67, Kanys megys y tynn y vamaeth y mab y ar y lit a'e gyffro trwy sonyaw a *thrabludyaw* yn y glusteu. **15g.** RWM i. 394, Assen goronaʋc y *trabluddya* [*sic*] y deyrnas. **15g.** GHC 6, Rhai a *drabludd,* gad iddyn', / Tithau a dau ac a duno. **1604-7** TW (*Pen* 228), *trabludho* d.g. *Tumultuor.* **1632** D, *trabluddio* d.g. *Tumultuo.* **1722** I.lst 189, *Trabluddio.* To trouble, raise a tumult, infest, molest. **1803** P d.g. *Trabluziaw.*

trabluddus [*trabludd*[1]+*-us*] *a.* Llawn cyffro, cynhyrfus, hawdd ei gynhyrfu; trafferthus, blinderus: *full of commotion, exciting, excitable; troublesome, vexatious.* **1346** *LlA* 130, Ar neb auo mʋyhaf ydefnyd yndaʋ or dʋfyr moraʋl. auyd llafuryus *trabludyus* gyghoruyn- nus chʋenychus. *Diw.* **15g.** RWM i. 425, *Trablyddus* i try blwyddyn (Dafydd Epynt). *Diw.* **15g.** *Pen* 67, 64, *Trablʋddvs* yw teirw bl[e]ddy[n] / trablʋdd a wlych davrvdd dyn. Cf. *Ll* xix. (1940) 43, Mae rhyw *dra- bluddus* hud mewn geiriau felly i mi.

trabola, *gw.* trybola.

trabŵd, trybŵd, *eg.* Llaca, llaid, budr- eddi, laddr (o chwys): *mud, mire, filth, lather* (*of sweat*). **1841.** Ar lafar yn gyff. yng nghanolbarth a godre Cered., sir Benf., a'r De yn yr ymad. 'yn whys *drabŵd'*, *B* iv. 294. *Amr.:* **strabŵd** [?cf. yr ymad. *yn whys drabŵd*] **1835-6.** Ar lafar yn sir Gaerf.

trac [bnth. S. *track*] *eg.b.* ll. *-iau.* Marc- (iau) a adewir gan berson, anifail, neu beth wrth fynd heibio, yn enw. ôl traed; llwybr teithio neu symud (llong, awyren, &c.); llwybr garw; cledr neu bâr cyfochrog o gledrau (rheilffordd, &c.); y pellter ar- groes rhwng pâr o olwynion cerbyd; cwrs rasio parod ar gyfer rhedwyr, ceffylau, cŵn, &c.; rhigol ar record gramoffon; rhan o record gramoffon, tâp, crynoddisg, &c., yn cynnwys un gân, symudiad, &c.; stribed o ddâp magnetig yn cynnwys un gyfres o signalau, elfen sain ffilm (wedi ei recordio ar ymyl y ffilm); band di-dor o amgylch olwyn tanc, tractor, &c. er mwyn hwyluso symud dros dir garw neu feddal; ffordd o weithredu neu ymddwyn, dull o fynd rhag- ddo, trywydd rhesymu neu feddwl: *track.* **1543** *B* viii. 300, *trac* i bige. **1760** T. WILLIAMS: *AD* 8, Cludo ei datca yn llonga / I gael siwrneia treio *track* / I chwilio am wledydd gora i deunydd / Lle caen ni farchandiaeth back. Ar lafar, *Cymru* xlvii. 237 (sir Ddinb.); ''Rwyt ti ar y *trac* rong yn fan'na, 'wi'n credu'. Cf. D. J. WILLIAMS: *STG* 37, *traciau* pyllog y gwagenni ar lawr y dyffryn; D. J. WILLIAMS: *STC* 108, Ai yn y Gymanfa Ganu arw oedd ef heno, gyda llaw, ai ar ryw *drac* arall? *Cfn.:* **trac sain:** *soundtrack.* **20g.**

tracaf: traco, *gw.* traciaf: tracio.

tracea [bnth. S. *trachea*] *eg.* ll. *-u. Swol.* Pibell wynt, breuant; *Bot.* dwythell neu lestr mewn planhigyn: *trachea* (*in zoology and bot.*). **20g.**

traciaf, tracaf: trac(i)o [bnth. S. (*to*) *track*] *bg.a.* Dilyn ôl troed neu lwybr (anifail, person, llong ofod, &c.), olrhain hynt neu ddilyn trywydd (cwrs, datblygiad, &c.); symud mewn perthynas â gwrthrych sy'n cael ei ffilmio (am gamera ffilm neu deledu); symud a'r olwynion ôl yn yr un trac â'r olwynion blaen: *to track.* **1828** Geir Pob 27, *Tracio,* olrhain, dylyn ôl.

traciog [*trac*+*iog*] *a.* Llawn o draciau neu lwybrau (am dir); ac iddo fand di-dor o amgylch ei olwynion er mwyn hwyluso symud dros dir garw neu feddal (am danc, tractor, &c.): *full of tracks* (*of ground*); *hav- ing tracks* (*of tank, tractor, &c.*). **20g.** Cf. D. J. WILLIAMS: *ChHO* 211, a'r ffyrdd, fe ddylid cofio, yn ddigon *traciog* a cherigog a dyddiau hynny.

tracsion, tracsiwn [bnth. S. *traction*] *eg.* ll. *-s, tracsiynau.* Peiriant ager neu ddiesel i dynnu llwythi trymion ar ffyrdd, caeau, &c.; siandri, hen siêc (o gerbyd): *traction engine; old banger, jalopy.* **20g.**

tracsiwt [bnth. S. *tracksuit*] *eb.* ll. *-iau, -s.* Tracwisg: *tracksuit.* **20g.**

tract[1] [bnth. S. *tract* 'short pamphlet'] *eg.* ll. *-(i)au.* Traethawd byr ar ffurf pamffled, yn enw. ar destun crefyddol: (*printed*) *tract.* **1924.**

tract[2] [bnth. S. *tract* 'anthem'] *eg. Crf.* Anthem a genid neu a ddywedid yn ystod yr Offeren yn y cyfnod rhwng y trydydd Sul cyn y Grawys a'r Pasg ac ar rai adegau eraill: *tract* (*during Mass*). **16g.** THSC (1923-4) (At.) 23, yr ydis yn paidio ar alelia . . . Ac y maent hwy yn kymryd *tract,* yr hwnn yssydd gan galarys. *id.* 27, y mae yr eglwys yn echnaidio o heddiw hyd nos Basc. Ac wedy hynny y llawenycha hi drychefn ac ʋn alelia ac ʋn *tract* y nos honno. *id.* 28, Ac yna y mae hi yn roi i lawr y *tract* ac yn kanv dwbyl alelia. **16g.** *B* xvi. 90, wedy alyliwia y mae *tract* y gany ney ddwedyd yn ychel achos bod yn tybiaid trwy y bedydd ddarfod y golchi // ond taith yw trafaely yn ddiwallys rac yr kythrel y temto hwy.

tract[3] [bnth. S. *tract* 'area'] *eg.* ll. *-iau. Swol.* Rhan o organ neu system; rhanbarth neu ardal eang: *tract* (*in zoology*); *tract* (*of land*). **20g.**

Tractaraidd [cfdds. o'r S. *Tractar(ian)*+ *-aidd*] *a. Crf.* Yn perthyn i'r Tractariaid: *Tractarian* (*adj.*). **1843.**

Tractariad [cfdds. o'r S. *Tractar(ian)*+ *-iad*[3]] *eg.* ll. *-iaid. Crf.* Pleidiwr egwyddor- ion Ucheleglwysig y 'Tracts for the Times' (*1833-41*): *a Tractarian.* **1901.**

Tractariaeth [cfdds. o'r S. *Tractar(ian- ism)*+*-iaeth*] *eb. Crf.* Credoau ac egwyddor- ion y Tractariaid; ymlyniad wrth y cyfryw: *Tractarianism.* **1843.**

tractor [bnth. S. *tractor*] *eg.* ll. *-au, -s.* Cerbyd modur a ddefnyddir i dynnu peir- iannau amaethyddol, llwythi trymion, &c.: *tractor.* **1930.** Ar lafar, 'Ges i ddwad lawr ar y *tractor*'.

tracwisg [*trac*+*gwisg*] *eb.* ll. *-oedd.* Siwt (gynnes) lac a wisgir gan athletwyr, &c., yn enw. wrth ymarfer neu redeg: *tracksuit.* **20g.**

trach, tracha, *gw.* tra[2], traha.

tra-charaf: tra-charu, tra-chariad, trachas, *gw.* tra-+caraf: caru, cariad, cas[1].

trachdiaf: trachdio, *gw.* drachtiaf: drachtio.

trachefn, tra chefn, drachefn, dra chefn, &c. [*tra*[2], *dra*[1]+*cefn*; petrus yw dosbarthiad rhai o'r enghrau. isod] *adf.* ac *ardd.* (yn aml ynghyd â rh. m., gyda grym adferfol).

1. (Tuag) yn ôl: *back*(*wards*).

(*a*) (am gyfeiriad golwg: *of direction of vision*).

14g. *WM* 109. 6-10, morynyon . . . ac ni ʋydyn gerdet rac ouyn namyn ac eu hʋyneb *tra* eu keuyn. *c.* **1400** [*RB*] *WM* 204. 8-9, edrych aoruc *drae* geuyn.

(*b*) (yn dynodi symudiad, hefyd yn *ffig.: denoting motion, also fig.*).

13g. *Ll* 46, deleu diryot en keureythyaul *tracheuyn* y'r lle. **13g.** *LlC* 27-8, delaf y deuot *dra'm keuen* hyt ar y tyr. **13g.** *DB* 75, uegys e kerda y cranc *tra'e geuyn* val raccdau (*retrocedit*). **13g.** *HGK* 21, kerdass- ant wynteu *dracheuyn* a'r anreith. **13g.** *BD* 111, ysglyf ynteu y glust deheu y'r llewynavc a'e losgvrn, gan neidyav *tra'e geuyn.* **14g.** *YBH* 20a, ta ymhoyly *drath gefyn* ac a dygy dy ewythyr atref. *c.* **1400** YCM[2] [1], ymchoelasant *dracheuyn* y eu hagret. *id.* 19, Odyna ered anuonet cant yn erbyn cant, ac y foes y Cristonogyon *dracheuyn.* *id.* 32, O'r lle y doeth Mab Duw o nef, gyd ymchoeles idaw *dra'e geuyn.* *c.* **1400** *RB* ii. 23, andromacca . . . avenegis idaʋ y breidʋyt. a ryuynet ector . . . parth ar vrʋydyr . . . ynteu aerchis y vab . . . galʋ ector *draegefyn.* **1567** *TN* 39a-b, A' hwn a vo yn maes, nac ymchwelet *dra* i gefyn i gymeryd

ei ddillat. **1778** J. HUGHES: *BB* 102, A'i angau hefyd waedlyd wedd, / A'i gladdu yn y ddaiaren, / Derchafu o hwn *drachefen*, / I'r nef ddisglaerwen lawen wledd.

(*c*) (ynghyd â geiriau sy'n dynodi adfer, rhoddi, derbyn, &c.: *with words denoting restoring, giving, receiving, &c.*).

13g. *LlI* 37, nyt atuer er haulur *tracheuen* namen e traean e'r mach. *id.* 57, ny dele y tat treyssyau e mab am tyr. A chet as treyssyo ef, e mab a'e dvc *tracheuen*. **13g.** *HGK* 28, fal hynny y kafas *trachefyn* o'e grym pob peth yg Wynedd. **14g.** *YBH* 22b, ae leɓder a gafas *drachefyn*. **1595** H. LEWYS: *PA* 5, yr vnrhyw ddüw yma, a ddwg *drachefn* rai or pethau hynn. **1672** R. PRICHARD: *Gw* 499, O gâd i mi gael dy ewyllys da *drachefn*. **[1745]** W. ROBERTS: *FfM* 32, Am bunt a roir i chwi fe geiff fo chwech *drachefn*.

2. Eto, unwaith yn rhagor: *again, once more*.

14g. *GIG* 91, A thrawst beirdd, athrist y byd, / A *thrachefn* ni thrachyfyd [marwnad Dafydd ap Gwilym]. **1547** *WS*, *Trachefyn* A gayne. **1551** W. SALESBURY: *KLl* lia, Paddelw y dychon ef vynet y groth y vam a geni *drachefyn*? **1567** *TN* 21b–22a, *Trachefyn* cyffelyp yw teyrnas nefoedd i dresawr cuddiedic mewn maes. *id.* 384b, Reid yd proffwydo eilweith [:– *drachefn*]. **1588** *Job* xiv. 14, Os bydd gŵr marw, a fydd efe byw *drachefn*? **1632** *D*, *Drachefn* . . . Iterum, denuo, rursus. *id.* eppilio *drachefn* d.g. *Regenero*. **1632** J. DAVIES: *LlR* 469, yr vvyt ti yn casglu ynghyd y pethau a fydd rhaid i ti eu gwasgaru *drachefn*. **1688** S. HUGHES: *TSP* [iv], wedi eu gosod hwy ar lawr vnwaith, Beth oedd raid eu mynegi nhw *drachefn*? **1699** T. JONES: *TP* 19, Yna yr ymadfŷwiodd Cristion ychydig *drachefen*. **1703** E. WYNNE: *BC* 129, Yna parodd Lucifer iw groch-lefwr gyhoeddi Parliament *drachefn*, ac ni bu 'r holl Bennaethiaid . . . dro llaw 'n ymgyfwrdd i wneud yr eisteddfod . . . i fyny eilwaith. **1704** E. SAMUEL: *BA* 30, f 'a ofynnodd [Iesu] iddo 'r un peth ddwywaith *drachefen* . . . megis y darfasei i St. Petr or blaen ei wadu ef dairgwaith. **1725** T. BADDY: *CS* 18, Ceisiais f' Anwylyd cu liw nôs / . . . / Ceisiais *trachefn* ac nis cefais. **1795** J. THOMAS: *AIC* 43, berwa hwynt *drachefen*. **1803** *P* d.g. *Traçevyn*.

3. Hyd yn oed, fyth, eto: *even, yet, again*.

1595 H. LEWYS: *PA* 87–8, er ir rhwd ynill peth o honaw . . . etto ef a loywir . . . ac a wnair yn fwy disclair, ac yn brydferthach *drachefn* (*more beautiful again*). Cf. ISLWYN: *Gw* 2, Yn siarad am dymhestloedd uwch *drachefn*.

4. Y tu cefn (i), y tu ôl (i), ?o'r cefn; uchod, yn gynt (mewn llyfr, &c.): *behind, at the back (of), ?from behind; above, earlier (in book, &c.)*.

13g. *LlI* 45, a'r ryghyll en seuyll *tra cheuen* e kegaus, a'r pleyt arall e tu arall e'r ford. **13g.** *BD* 38, A chyrchu eu gelynyon yn dirybud *trach* eu *keuyn* (*RB* ii. 77, *drach* eu *kefneu*), a gvyr y dinas o'r tu arall. *id.* 72, mab oed y Maxen . . . megys y dywetpvyt *tracheuyn* (*RB* ii. 111, uchot) (*superius*). *Dchr.* **14g.** *AL* i. 682, Yny castell *drachefyn* ydor y byd y lety. **14g.** *WM* 465. 2–6, kynedyf arall a uyd arnaɓ. pan dycco beich na maɓr na bychan uo. ny welir uyth na rac vyneb na *th[r]aegeuyn*. **14g.** *Bren Saes* 60, dinoethi Elured, a rwymaw y dwylaw *dra y gevyn* y am y post. *c.* **1400** *RB* ii. 220, yn ol y pedeir hynny y gossodet pedeir bydin ereill. *drae kefyn* ɓynteu. *c.* **1400** *YSG* i. 120, A'r prenn a oed erchwynnawc geyr bronn a oed wynnach noc eiry . . . a'r hwnn a oed *drachevyn* a oed gochach no'r ffion.

Amr.: **drach a chefn** [ynglŷn â'r ystyr, ?cf. y cfn. *drachefn a thrachefn*]. **1733** T. EVANS: *PP* 24, myned dros yr un peth ganwaith, a newid geiriau *drach a chefn*. **trachgefn, trach cefn, drachgefn, drach cefn,** &c. **13g.** *LlI* 44, escrebel . . . hyt ed elhoent bellaf ac ed ergettyoent eu buches *trach* eu *keuen*. **13g.** *BD* 38, A chyrchu eu gelynyon yn dirybud *trach* eu *keuyn* (*RB* ii. 77, *drach* eu *kefneu*), a gvyr y dinas o'r tu arall. **14g.** *WM* 138. 25–6, [m]ynet *trach gefyn* fford y ryuuost. **14g.** *GDG*[3] 131, O dra disgwyl, dysgiad certh, / *Drach 'y nghefn*, drych anghyfnerth, / Neur dderyw ym, gerddrym gâr, / Bengamu heb un gymar. *c.* **1400** *RB* ii. 387, Agɓedy hynny ef ae gadaɓd ɓynt y wledychu *drac*[h] eu *kefyn*. **15–16g.** *TA* 283, Mi a gollais ymgellwair, / A *thrachgefn* ddieithrwch gair. **1567** *LlGG* 14a, pan ddel ef *drechgefyn* [*sic*] yn ei 'ogonedus vawredd. **1588** *Gen* xix. 26, Yna ei wraig ef a edrycho[dd] *drach* ei *chefn*. **1595** M. KYFFIN: *DFf* [6], [25], [60]. **1608** *GP* 221, yno y gwedde *drychgefn* ddistau, mal y dywedais uchod. *Dchr.* **17g.** *J* 10, 162a, *Trachcevn*. Behinde. **1632** *D*, Drachefn & *Drachgefn*. *id. drachgefn* d.g. *Denuo, Iterum*. **1688** S. HUGHES: *TSP* 140, mi a edrychais *drach yng-hefn*, ac y welwn vn yn dyfod ar fy ol. **1753** *TR*, Drach . . . *Drach* ei *gefn*, behind his back. **1803** *P*, Traç . . . Canmawl doeth *traç* ei *gevyn*, a merç o vlaen ei gwyneb. Adage. *id.* d.g. *Traçgevyn*. **tragefn, dragefn.** **1567** *TN* 22a, *Tragefyn* cyffelip yw teyrnas nefoedd i rwyt. *id.* 67a, A'r Iesu atepawdd *dragefyn*. *id.* 202a.

Cfn.: **drachefn a thrachefn:** *again and again, time and time again*. **1709** H. POWEL: *G* 7, ni thybiant yn fyddiol iddynt fyned allan i wrando yr un Gwirioneddau *drachefn a thrachefn*. **1778** *W* d.g. *Over and over again*.

trachineb, trachinebus, gw. trychineb, trychinebus.

tracht, trachtiaf: trachtio, gw. dracht, drachtiaf: drachtio.

trachwant [*tra-*+*chwant*] *eg.b.* ll. *-au*. Dymuniad neu awydd anghymedrol, chwant cryf, ysfa, gwanc, awch, blys; chwant (cnawdol), anlladrwydd, trythyllwch; ariangarwch, cybydd-dod: *inordinate desire, greed, craving, longing, voracity; carnal desire, lust, lechery; avarice, miserliness*.

12g. *GLlF* 540, Edrywant *trachwant* trachywet—an knaɓd, / Yt yn kny-ny daear yn y diwet. *c.* **1400** *YCM*[2] 114, anuonwn anregyon mawr yn gyffredin y bawb o'r Freinc. Kanys *trachwant* a'e trosses hwynt y'r ystlys dielw yssyd ynni. *c.* **1400** *Ymborth* 5, Glythineb yw anueidrawl *drachwant* y vwytta neu y yuet yn angkymessur. **15g.** *GLGC* 514, Maddeuant *trachwant* erchais—i ddynion, / yn ddigon cyfion mi a'i cefais. **1567** *TN* 283a, Rodiwch yn yr Yspryt, ac na vid ywch gyflanwy [*sic*] *trachwanteu* y cnawt. **1604–7** *TW* (*Pen* 228) d.g. *Concupiscentia, Epithymia*. **1632** J. DAVIES: *LlR* 35, Y *trachwant* yma, a'r tuedd naturiol sydd ynom i bechu. **1661** E. LEWIS: *Drex* 62, Diweirdeb . . . trwy ffrwyno eich chwanogrwydd a'ch *trachwantau*, er maint a fo gennych o ryddid. **1714** R. PRYDDERCH: *GD* 119, Y mae Rhieni yn priodi eu Plant y;n [*sic*] eu mebyd; neu i gyflawni eu *trachwant* au Cybydd-dod eu hun. **1740** T. EVANS: *DPO* 337, Y Cybydd yn bwrw heibio ei Serch at arian a'i *Drachwant*. **1770** *W* d.g. *Appetite, Avarice* [*covetousness*], *Concupiscence, Greediness, Lust*. **1803** *P*. Ar lafar, *GTN* 803.

Amr.: **trychwant** [?cf. *try-*[2]]. **1567** *TN* 223a. **1618** J. SALISBURY: *EH* 326. **1672** R. PRICHARD: *Gw* 59. **1775** D. ROWLAND: *TP* 19.

trachwantaf: trachwantu [bf. o'r e. *trachwant*] *bg.a.* Chwennych yn anghymedrol, chwantio, blysio, dyheu am, awchio am: *to desire inordinately, covet, crave, long for, lust after*.

1567 *TN* 230a, nyd adnabeswn i drachwant any ddywedesei'r Dueddyf, Na chwenych [:– *thrachwanta*]. **16–17g.** *Gesta Rom* 63, yr amherawdr . . . a *drachwantodd* y Karreg yn vwy nag or blaen. **1630** *YDd* 309, fe ddarfu ei [*sic*] Satan roi swyn gyfaredd i'm cnawd i *drachwantu* ar ol cnawd dieithr. **17g.** *DCR* 266, *Trachwantyr* [*sic*] da byd or mwya / a Chasgly ynghyd Rhentoedd golyd. **1670** J. HUGHES: *AP* 9, Na *thrachwanta* ddim a'r sydd eiddo dy gymydog. **1684** H. OWEN: *DC* 301, Ac ni *thrachwantit* ddyddiau llawen y bywyd hwn, ond yn hytrach hôff y fyddai gennyt gael dy flino a'th ofidio ermwyn [*sic*] Duw. **1722** *Llst* 189, *Trachwantu*. To lust after, covet. **1767** W. WILLIAMS: *CAA* 77, awydd pechadurus yw *trachwantu* rhagori ar eraill mewn mawrhydi a gogoniant daearol. **1772** *W* d.g. *To covet* [*desire* . . .], *To lust*. **1803** *P*. Ar lafar, 'Ma menyw fraishg yn fudur i *drachwantu* meddan' nw', ''Wyt ti'n *trachwantu* popith a weli di, ferch! Be sy arnot ti?', *GTN* 803.

Amr.: **trachwanta.** **1803** *P*.

trachwantus [*trachwant*+*-us*] *a.* Yn trachwantu, gwancus, awchus, blysig; barus (am fwyd), glwth; ariangar, cybyddlyd; uchelgeisiol; anllad, trythyll: *greedy, grasping, craving, voracious; greedy (for food), gluttonous; avaricious, miserly; ambitious; lustful, wanton*.

1595 H. LEWYS: *PA* 111, anghofiod' Dafyd 'n brysur ei *drachwantus* (*lustful*) wrhydri . . . pann yrrod' Absalon ef allan oi deyrnas. **16–17g.** *Cer RC* 184, Rhyw frenin *trachwantus* a wnai weddi annilys / O fawr chwant cybyddus, drwg anian. **16–17g.** *DCR* 191, Kyfod oth bechod / di a gysgaist ormod / mewn anheilyngdod *tra chwantys*. **1606** E. JAMES: *Hom* i. 132, y trueni a ddêl arnynt, am eu *trachwantus* gasclu ac annuwiol gadw eu golud bydol. **1672** R. PRICHARD: *Gw* 47, Y gollsom yn wallus, drwy Efa *drachwantus*, / Yn ddigon anhappus o 'r cynta. **1677** R. JONES: *BB* 117, Pan fyddo dynion a broffesant y cyfryw obaith gogoneddus, mor fryntion . . . a *thrachwantus* (*ambitious*) . . . ni ddangosant moi bôd ond ffuantwyr neu ragrithwyr gorphwyllog. **1722** *Llst* 189, *Trachwantus*. Greedy, inordinate. **1722** A. THOMAS: *DR* 10, iddynt hwy Gael mwy o wir heddwch, a bodlonrwydd, mewn un weithred unigol o Grefydd nag y gyfarfyant erioed yn eu *trachwantyssaf* fwynhâd. **1772** *W* d.g. *Covetous, Greedy* [*eager* . . .]. **1803** *P*. Ar lafar, 'Un fudur o *drachwantus* yw 'i, ma 'i'n 'mofyn popith a weliff 'i'. *GTN* 803.

trachwantwr [bôn y f. *trachwantaf*: *trachwantu*+*-wr*] *eg.* ll. *-wyr*. Person trachwantus; cybydd: *greedy or grasping person; miser*.

1567 *TN* 248a, na bei ywch ddim cydgymddeithas a godinebwyr . . . neu a'r cupyddion [:– *trachwantwyr*]. **1768** W. WILLIAMS: *HTS* 12, Cydwybod . . . yn galw i gof iddo ei holl drachwant . . . pob ceiniog anghyfiawn, pob hatling drais . . . i weiddi allan ddial yn erbyn y *trachwantwr*. Cf. W. REES: *AFR* 492, peth rhyfeddach na hyny, braidd, oedd fod twyllwr, a *thrachwantwr*, a chelwyddwr, fel Gehasi, i'w gael yn nhŷ gŵr Duw ei hun.

trachwern, gw. trachwyrn.

trachwres [?amr. ar *tragwres*; â'r *-ch-*, ?cf. *gwarae, chwarae*, &c.; cf. hefyd *trachwyllt*] *eg.* a hefyd fel *a.* Ffyrnigrwydd, dicter, cynddaredd, angerdd; (geir.) gwres eithafol; dig, tanbaid, tanllyd: *fury, wrath, rage, passion; (dict.) extreme heat; angry, vehement, fiery*.

12g. *GLlF* 37, Eryri getwi gat olystaf, / Eryres ormes, *trachwres* trechaf. **12g.** *GCBM* ii. 54, Tres *trachwres*, trochyad yn trymder, / Prein Prydein, preitwyr ehofynder. **12–13g.** *GLlLl* 52, Un ar dir ar doruoet ny dres, / Yn Aruon yn arwar *trachwres*. **13g.** *A* 4. 3–4, bu truan gyuatcan gyvluyd. e neges ef or *drachwres* drenghidyd. **14g.** *T* 30. 3, prenyal yɓ y paɓb y *trachwres*. *id.* 30. 6–7, Kat ymro vretrɓyn trɓy wres maɓr tan. meidraɓl yɓ y *trachwres*. *c.* **1400** *R* 1050. 36–8, Maɓr *trachwres* llynghes lloegyr agyrchant. lluoed afletneis treis ageissant. **1632** *D*, *Trachwres*, Idem quod Tragwres, Calor nimius, feruor vehemens. *id.* d.g. *Inflammatio*. **1688** *TJ*, *Trachwrês*, tragwrês, gormod gwres. too much heat. **1753** *TR*, *Trachwres*, the same as Tragwres, too much heat, a vehement heat. **1803** *P*.

trachwyllt [?*tra-*+*gwyllt*; â'r *-ch-*, ?cf. *gwarae, chwarae*, &c.; cf. hefyd *trachwres*] *a.* Gwyllt iawn, cynddeiriog, dig; sydyn, syth: *very wild, furious, angry; sudden, immediate*.

1715 T. EVANS: *CCG* 20, Yn-awr Cydwybod a ddyhunnodd mo'r [*sic*] *drachwyllt*, fel nad oedd bossibl dioddef ei chur a byw. **1733** T. EVANS: *PP* 179, Eithr efe, ddyn fileinig, ni roddai gymmaint o ffafor a hynny iddo, eithr myned yn *drachwyllt* (*immediately*) a'i fwrw ef yngharchar. **1737** J. EINNON: *HR* 53, Ac er nad Simon oedd fy Enw i, fe wnaeth i mi edrych yn *drachwyllt* (*suddenly*) yn fyngwrthol [*sic*], gan gredu i fod yr hwn a alwodd mo'r [*sic*] uchel yn amcanu attafi. **1740** T. EVANS: *DPO* 276–7, byddai Rhai . . . yn Syrthio mewn Llewyg; ac ar ol ychydig yn neidio yn *drachwyllt* ar eu traed, megis rhai wedi gwallgofi a cholli arnynt eu hunain. **1775** E. GRIFFITHS: *GF* 179, efe a redodd yn *drachwyllt* trwy'r gâd, at yr anifail, ac a'i brathodd ef a'i waywffon dan ei fola. **1778** J. THOMAS: *HB* 350, Ei fod cyn ei ddychweliad yn wr *trach-wyllt* . . . Ond i râs Duw wneud . . . iddo ddyfod yn wr pwyllog. **1779** D. DAVIES: *BDED* 5, Yr iasau . . . a ellir eu cyffelybu i chwimmwth gyffroadau cyrph newydd dorri eu pennau . . . y rhai pwy mor *drachwyllt* a chwimmwth bynnag y b'ont, nid allant fôd o hir barhad.

trachwyrn [*tra-*+*chwyrn*] *a.* (b. *-chwern*). Chwyrn iawn, cynddeiriog, dig, gwyllt, angerddol, tanbaid, taer; cyflym, buan: *vehement, furious, angry, wild, passionate, fervent, eager; quick, fast*.

15g. *DE* 111, *trachwyrnn* wrth gedyrn yth gaid / tirion wr toryn ayraid [i Drahaearn ap Ieuan ap Meurig]. **1567** *TN* 202b, argyhoeddodd ef yn ddirving yr Iuddaeon, ar 'oystec yn *drachwyrn* . . . mae Jesu oedd y Christ. *c.* **1595** *B* viii. 245, Mentriwr ir a dwr tarw dewrwych *trachwyrn* / trechaf wyt lle trewych [Rhys Cain i Wiliam Midleton]. **1659** *GIA* [xxxvii], Ai nid ydych chwi yn dal fod dyddiau ac wythnosau yn *drachwyrn* yn darfod (*are quickly gone*)? **1727** J. JONES: *DFf* 117, a chwi yn teimlo y fâth Ofalon draenog, a Thristwch pigog wrth *drachwyrn* (*eager*) olrhain o honoch y Byd hwn. **1766** *CD* 68, Hwy rwbien ei Esgyrn, a gwiail o heiyrn / Gan larpio mor *drachwyrn* yn gedyrn ei gig. **1778** J. HUGHES: *BB* 32, Does neb eiff atto i Seion fry, / Heb waith ymdrechu 'n *drachwyrn*. **1800** *TY* 232, afon ddofn a *thra-chwyrn*.

trachywedd [*tra-*+**cywedd*, cf. *argywedd*] *eb.* Distryw (mawr), cyflafan, difrod, niwed, hefyd yn *ffig.* am berson: *(great) destruction, massacre, damage, harm, also fig. of person*.

12g. *GLlF* 540, Edrywant trachwant *trachywet*—an knaɓd, / Yt yn kny-ny daear yn y diwet. **12g.** *GCBM* i. 195, Granwynnyon trychyon (*trachywet* eitun) /

Trachwytynt benn o draed. **13g.** *A* 7. 6–7, *trachyɯed* vawr treiglessyd llawr lloegrwys giwet. **13g.** *GBF* 225, Llew Kemeis, llym dreis *drachyɯet*. *c.* **1400** *R* 1315. 13–14, kystegwr bydin drin *drachyɯed*. *c.* **1400** *J* 1, 1067, Goaedlut orth veint dy *drachyɯed*. **1632** *D*, **Trachywedd*, q.

tra-chywiredd, gw. tra-+cywiredd.

trad, trât, tred[2] [bnth. S. *trade*] *eg.* ll. (prin a diw.) *trâds*. Crefft, proffesiwn, galwedigaeth, gwaith; masnach, busnes; gweithred reolaidd neu arferol, arfer, ffordd o fyw; llwybr, ffordd; (yn y ll.) gwyntoedd cyson; hefyd yn *ffig.*: *trade, profession, occupation, work; trade, commerce, business; course of action, habit, way of life; path, way;* (*pl.*) *trade winds; also fig.*

16g. *Hop M* 171, am hynn gadwn diffrwyth *drad*, er caiso gwlad sy vawredd. **1583** *LlGC* 716, 64, ef . . . a lwybrodd yn ei holl orchmynion fo [y Tad], ac nit ynol [*sic*] *Traat* [:- arfer], nev weithred Israel. **16–17g.** *GST* i. 560, Dyfnber ei wawd, fôn a brig, / Dwys a *thrad* disathredig [marwnad Raff ap Robert]. **1672** J. Langford: *HDdD* 260, yn gymmaint ac na thybir yn y dyddiau yma fód néb yn gymwys i arferu *Trâd* yn y býd ond y néb a fedr dwyllo. **1687 (1715)** J. Owen: *TB* 72, y rhai sydd well ganthynt weled eu plant yn cardotta, na'i rhwymo i brentisiaeth i ryw gelfyddid, neu *drâd* gonest. **1703** E. Wynne: *BC* 124, Mae 'r Sawdwyr benben a'r Physygwyr am ddwyn eu *trâd* llâdd. **1703** T. Baddy: *PCh* 33, Cyn ini fwytta swpper yr Arglwydd, rhaid ini lanhau'n calonnau . . . na wnawn *Drât* neu waith o'r Pechod. **1712** T. Williams: *CDdG* 386, Oblegid ddarfod iddo [Mathew] newid cyflwr cyfoethog llawn, a *thrât* enillgar, am dlodi, a chledi. **1728** *GMJ* 139, Gosodwch hwynt mewn galwad neu *drât*, a'r cyfryw alwadigaeth ag y mae lleiaf o faglau ynddo. **1753** *ML* i. 245, y peth a fynnwyf o Siamaica a Barbadws os deil y *trât* yma yn hir, sef dilwytho siwgr. **1755** *id.* 344, mae'n debyg os rhyfel a ddigwydd mai i ddilyn yr hen *drat* yr â, sef i herw longwriaeth. **1766** *CD* 147, Ebr fi ni henwasoch etto, / Mo'r *Trâd* rwy fi'n i leiccio / Os cai newis Gelfyddyd, / Mi ai [*sic*] henwa fo'n ddiwyd. **1777** E. Roberts: *DG* 16, Denu gwraig i wneud drygîoni / Nid ydyw hynny ond chwedel digri / O ran mae llawer o fon'ddigion Gwlâd / Yn bŷw yr un *drâd* a rheini. Ar lafar, '*trad*' 'trade', *WVBD* 539; '*trâd*', *Cymru* xlvii. 237 (sir Ddinb.); ''S dim lot o *dred* dyddie 'ma' (sir Gaerf.). Cf. D. J. Williams: *ChHO* 56, er i mi gael fy nghuro ganddo fwy na neb yn yr ysgol . . . pan fyddai'r *trêd* yn frisg a'r gansen geinciog, ddel . . . wedi poethi'n dda yn barod.

trada, gw. tra-+da.

tradaf: trado, gw. tradiaf: tradio.

tradewr, gw. tra-+dewr.

tra-dewrder [*tra-+dewrder*] *eg.* Rhyfyg, byrbwylltra, beiddgarwch: *rashness, foolhardiness, audacity.*

1632 *D* d.g. *Temeritas*. **1661** E. Lewis: *Drex* 220, Pa beth ynteu yw hyn ond *tradewrder* ac ynfydrwydd, a gorphwyll. **1725** *SR* d.g. *Temerity*. **1773** *W* d.g. *Foolhardiness*.

tra-dewredd [gair geir., sef *tra-+dewredd*] *eg.* Rhyfyg, byrbwylltra, beiddgarwch: *rashness, foolhardiness, audacity.*

1632 *D* d.g. *Audacia*. **1725** *SR* d.g. *Audacity*. **1770** *W* d.g. *Boldness, Fool-hardiness*. **1803** *P*.

tradiaf, tradaf: trad(i)o [bf. o'r e. *trad*] *bg.a.* Masnachu, marchnata, delio: *to trade, market, deal.*

1703 T. Baddy: *PCh* 121–2, Yr ydych i fyned trachefn . . . at eich gwaith, a'ch galwadigaeth bydol, ac i *dradio* mewn pethau is, ac mor fuan y collwch y teimlad o gariad Duw . . . oni fyddwch yn wiliadwrus. *c.* **1762–79** W. Williams: *P* 106, yn cadw er hynny nifer fawr o Ferched Ifaingc . . . ac y cynnigant hwynt i'r Europjaid, y rhai sydd yn *trado* yno mewn gobaith o gael Plant oddi wrthynt. Ar lafar, '*tradio*', *LlLlM* 107 ('Geirfa Llongwyr Moelfre'). Cf. D. Owen: *SP* 92, Yr oedd gan y teulu hwn eto ryw berthynas yn *tradio* efo'r gwledydd pell, a dygodd yntau gi Newfoundland i un o'r plant.

trading [bnth. S. *trading*] *eg.* Masnach, busnes: *trading, commerce, business.*

1706 T. Jones: *Alm* [33], Bydd achwŷn mawr yn gyffredinol rhŷd yr hôll wledŷdd a'r Trefŷdd . . . a'r Trefŷdd eisieu mwŷ a gwell *Trading*. *c.* **1762–79** W. Williams: *P* 126, mae 'r ynŷsoedd hyn . . . wedi bod unwaith yn sefŷllfa oreu yn y bŷd am *drading*. *id.* 132, tuag at gael yr holl *drading* hyn iddunt ei hunain . . . anfonasant amryw bobl i'r ynŷsoedd hyn. **1784** M. Williams: *S* i. 229, Y *trading* mwyaf sydd yma yn cael ei ddwyn ymlaen, yw pys, tar, llafur.

tradisiwn [bnth. S. *tradition*] *eg.* Traddodiad (yn enw. ynglŷn ag athrawiaeth Gristionogol): *tradition* (*esp. with ref. to Christian doctrine*).

1591 *CM* 16, 119, beth yw ystyriaeth y gair yma depositum? . . . matter nid iw arferu yn neillduedig briodol, ond yw gredu yn ol *Tradisiwn* cyffredinol yr Eglwys. *id.* 167, y mae hefyd yn awr brofi y wir Lân ffydd drwy 'r ddeufodd hynn. Yn gyntaf drwy awdurdod yr ysgrythur Lan. yr ail modd drwy *Dradision* yr Eglwys gatholic. **1670** J. Hughes: *AP* 200, wedi eu hordeinio . . . ynol [*sic*] y *Traditiwn* a'r Dysceidiaeth a dderbyniwyd oddiwrth yr Apostolion. **1734** *YCTM* 23, Na ddywed Ddŷn erdolwn, / Yn erbyn gwir *Dradisiwn*.

tradjedi, tradl, gw. trasiedi, tredl.

tradlaf: tradlo [bnth. S. taf. (*to*) *traddle* 'to treadle; trudge, tramp'] *bg.* Gweithio troedlath neu dredl; troedio, ymlwybro, trampio: *to treadle; trudge, tramp.*

20g. Ar lafar, ''Roedd e'n *tradlo*'n araf ar hyd y traeth', 'Mi'i gweles e'n *tradlo*'n hamddenol drwy'r ca at y ffarm' (gogledd Cered.).

tradmil, tradoddaf: tradoddi, gw. tredmil, traddodaf: traddodi.

tradoeth, gw. tra-+doeth[1].

tradwr [bôn y f. *tradiaf, tradaf*: *trad(i)o*+ *-wr*] *eg.* ll. *-wyr*. Masnachwr, deliwr, gŵr busnes: *trader, tradesman, dealer, businessman.*

1784 M. Williams: *S* i. 155, Mae'r trigolion . . . yn ddynion golygus . . . crefftwyr da, ac yn *dradwyr* onest.

tradwy [?*tra-+dwy*] *adf.* Ymhen tridiau, ar y trydydd dydd ar ôl heddiw; dridiau wedyn, dridiau ar ôl (amser penodedig); drennydd; drannoeth: *in three days' time, on the third day after today; three days later, three days after* (*specified time*); (*on*) *the day after tomorrow; on the next day, on the following day.*

14g. *BT* 237, ac yn nos kyn nos nodolic y bu gwynt mawr. a*thradwy* ydyw nodolic. **14g.** *YBH* 13b, ar dyd honno educher athrannoeth a*thradoy* y bu bolon yn kerdet heb gael na boyt na diaot. Y petwyryd dyd yd yttoed ef yn kerdet y gwelei palmer. *c.* **1400** *RB* ii. 28, A *thradoy* gvyr troea adeuthant ac llu yr maes. **15g.** *GDLl* 175, Heddiw'n ŵr, hoywddyn arwych, / *Tradwy*'n brudd a'r grudd yn grych. **15g.** *GTP* 28, Y mae neithior yfory / A mwnai fraisg ym Môn fry, / A'r ail drennydd a fydd fwy, / A'r drydedd neithior *dradwy*. **15g.** *GLGC* 338, Nos Ŵyl Ddewi Gwenllian / i'r byd a rôi'r bwyd a ran, / trannoeth, yfory, trennydd, / *tradwy* megis fwyfwy fydd. **1567** *TN* 133a, A'r trydydd dydd [:- A' *thradwy*] y bu priodas yn-Cana dref yn-Galilaia. *id.* 187b, A' thrannoeth [:- *thradwy*], ydd aethant y mewn y Cesareia. **1632** *D*, *Tradwy*, Postridie, postriduò. *id.* d.g. *Perendie*. **1688** *TJ*, *Tradwŷ*: three days hence, three days after. **1753** *TR*, *Tradwy*, the next day after, the day following. **1757** *ML* ii. 5, *Tradwy* is tradwynos, i.e. over two nights. **1794** *W* d.g. *Three . . . Three days hence* [*after*]. **1803** *P*. Ar lafar, '*tradwy*' 'y dydd ar ol trennydd', *Cymru* xlvi. 24 (sir Ffl.); 'Fory, drennydd a *thradwy*' (canolbarth Cered.). Clywir *tradwy* hefyd yn yr ystyr 'the next day but one . . . le surlendemain', 'trannoth ne *dradwy*', *WVBD* 539; 'Drennoth a *thradwy*' (gogledd sir Gaerf.).

tradwys, gw. tra-+dwys.

tradyddaf: tradyddu, tradyddiad, gw. traddodaf: traddodi, traddodiad.

tra-dyrchafaf: tra-dyrchafu, gw. tra-+ dyrchafaf: dyrchafu.

tradd [bôn y f. *traddaf*: *traddu*] *eg.* ll. *-au*. Dolur rhydd (yn enw. mewn da byw), sgwrfa: *diarrhoea* (*esp. in livestock*), *a scouring.*

[1783] *W*, bod â'r bîb (â'r darymred, â'r *trâdd*) arno d.g. *To scour . . .* [*have a looseness or purging*]. **1801** *MMJ* 271, a da . . . rhag y *tradd* ar bob dyn . . . a phob traul corph a nattur. **1803** *P*, *Trâz*, s. m.— pl. t. *au* . . . Eidion a'r *traz* arno, a beast that has the scouring.

traddaf: traddu [?amr. ar *tarddaf*[1]: *tarddu* drwy drsd.] *bg.* Dioddef gan ddolur rhydd (yn enw. am dda byw), ysgarthu, pibo: *to have diarrhoea* (*esp. of livestock*), *scour.*

1725 *SR*, *traddu* d.g. *To Shite*. **1770** *TG* iv. 22, clefyd . . . ar y da duon . . . yr arwyddion o'r clefyd, yw *traddu*, pallu bwytta, &c. **1771** *PDPh* 89, I wellhau 'r Bib neu 'r *Traddu* ar Ddefaid. **[1783]** *W* d.g. *To scour . . .* [*have a looseness or purging*]. **1803** *P*. Ar lafar, '*Traddi*' '(of calves) to have diarrhœa', *TGG* (1907–8) 90 (de-orllewin sir Gaerf.); 'Ma'r ddafad 'na'n *traddu*' (Brych.); 'Ma lot fawr o'r defid tac yn *traddu*' (dwyrain Morg.). Cf. *LlGC* 245, 8, Mae ei din yn llawn budreddy / Fel hen lwdwn pan fon *traddy*.

Amr.: **trafo** [gydag *-dd-* ac *-f-* yn ymgyfnewid, cf. *tyfu, tyddu*]. **1811.** Ar lafar, *B* iv. 304 (canolbarth Cered.); hefyd yng ngodre Cered. **trafu** [cf. *trafo*]. **1803** *P*.

traddod [?olff. o *traddod(iad)*] *eg.* ll. *-au, -ion*. Traddodiad; (?geir.) y weithred o drosglwyddo neu draddodi: *tradition;* (?*dict.*) *a handing over, surrender.*

18–19g. R. Williams: *LlA* 100, Mewn cilfach, mynu coelfain—drwy ddadwrdd / Hen *draddodau* Rhufain; / Delir rhith rhwng dwylaw rhai'n / Bwbachod babau bychain. **1803** *P*, *Trazawd*, s. m. . . . A delivery over; a surrender.

traddodaf: traddodi [?*tra-+dodaf*: *dodi*] *bg.a.* Trosglwyddo, cyflwyno, ymddiried (rhywbeth i rywun), rhoddi (yng ngofal), ildio; anfon (i garchar, &c.), dedfrydu, cyhuddo (o drosedd), bradychu; traethu (araith, pregeth, &c.), adrodd: *to transfer, deliver, entrust, give up, hand down or over, consign, yield; send* (*to prison, &c.*), *sentence, indict, betray; deliver* (*speech, sermon, &c.*), *recite.*

1588 *Math* iv. 12, A phan glybu 'r Iesu *draddodi* Ioan, efe a ddychwelodd i Galilæa. **1588** 1 *Cor* xi 23, Canys gan yr Arglwydd y derbyniais y peth a *draddodais* i chwi. **1604–7** *TW* (*Pen* 228) d.g. *pertribuo*. **1630** *YDd* xi, gan *draddodi* beunydd dros eich Ardderchawgrwydd . . . fyngostyngedig [*sic*] weddi. **1632** *D* d.g. *Committo, Trado*. **1680** J. Thomas: *UN* 38, fel y gallo ef yn dduwiol . . . reoli 'r deyrnas hon a *draddodwyd* iddo. **1712** T. Williams: *CDdG* 230, [d]ewisent farw yn hyttrach nac ymadel a'u scrythurau sanctaidd, ar [*sic*] sawl a fae fodlon i *draddodi* eu llyfrau rhag eu lladd, a henwyd Traddod-wyr, yn nôd o anglod. **1722** *Llst* 189, *Traddodi*. To betray, bewray, deliver up to: hand a thing down. **1731** T. Lewys: *BMA* 233–4, Ar y Siesswn fe'i *traddodwyd* (*Indicted*) am ei fod yn cynnal . . . cymmanfaoedd . . . anghyfreithlawn. **1735** J. Evans: *YMS* 159, Ni a'i gwelwn . . . yn *traddodi* corph bendigedig Mâb Duw i glwyfau, poendod, a marwolaeth. **1759** J. Evans: *PF* 11, [D]r. Cheyn: yr hwn yn ddiammeu a *draddodasai* lawer mwy i'r Bŷd, oni bae 'r Rheswm athrist a roddes i un o'i Gyfeillion. **1772** *W* d.g. *To commit* [*in trust*] *unto, To deliver* [*surrender, or give*], *To deliver up* [*betray*], *To give up, To surrender* [*yield, deliver, or give up*]. **1784** M. Williams: *S* i. 170, ffrydiau mawrion eraill . . . sydd yn gyfleus i ddwyn marsiandaeth, a'i *traddodi* o un man i'r llall. **1793** Dafydd Ionawr: *CD* 283, Daeth Suddas, drygwas o draw, / Annoethaidd, dan wenieithiaw, / Cusanodd, *traddododd* ef / A gweniaith, Fawredd gwiwnef. **1803** *P*. Ar lafar, 'Ma'r beirniad yn mynd i *draddodi*'r feirniadeth o'r llwyfan' (sir Gaerf.); 'Ma ginto ffordd ddæ o *draddodi*'i brecath', 'Fe ddylsa dyn coeddus ddisgu'r ffordd i *draddodi*', *GTN* 804.

Amr.: **traddoddi. 1609** R. Smyth: *CAC* 2. **tradyddu. 1609** R. Smyth: *CAC* 5. **1611** R. Smyth: *SG* 10, 65.

traddodedig [bôn y f. *traddodaf*: *traddodi* +*-edig*] *a.bfl.* Wedi ei draddodi, wedi ei drosglwyddo; wedi ei fradychu: *handed over or down, delivered, transferred; betrayed.*

1722 *Llst* 189, *Traddodedig*. Betrayed: handed down. **1803** *P*, *Trazodedig* . . . Delivered over, surrendered; delivered as a tradition.

traddodiad [bôn y f. *traddodaf*: *traddodi* +*-iad*[1]; petrus yw dosbarthiad yr engh. gyntaf yn adran (*b*) isod] *eg.b.* ll. *-au*.

(*a*) Trosglwyddiad arfer(ion), credo(au), hanes, llenyddiaeth, &c., o'r naill berson i'r llall neu o genhedlaeth i genhedlaeth (yn enw. ar lafar), yr arfer(ion), &c., a drosglwyddir, hen arfer, defod; *Diwin.* athrawiaeth yr honnir bod iddi awdurdod dwyfol er nad oes iddi dystiolaeth ysgrythurol: *tradition* (*also in theol.*).

1588 *Math* xv. 2, Pa ham y mae dy ddiscyblion di yn torri *traddodiadau* yr henafiaid. **1588** 1 *Cor* xi. 2, clodfori yr wyf (frodyr) o herwydd i chwi gofio fy

holl athrawiaeth a chadw y *traddodiadau* fel y troddodais [*sic*] i chwi. **1630** *YDd* 230, y maent hwy yn gwneuthur yn ynfyd, y rhai a ddywedant mai o *draddodiad* yr ydis yn cynnal dydd yr Arglwydd, ac nid o'r Scrythur. **1687 (1715)** J. OWEN: *TB* 64, [l]lyn fawr . . . am yr hon y mae *tra-ddodiad* yn y wlad honno, fod y llyn ymma yn dîr sych, a llawer o bobl yn byw arno. *c.* **1700** E. LHUYD: *Par* iii. 65, Y mae *traddodiadeu* gan rhai [*sic*] o'r hên . . . yngylch St Meugan. **1710** *CBGEL* 25, Crist . . . i ddwyn i lawr ini heb gamgymmeriad y *Draddodiad* dafodol hon. **1711** TP: *CG* 9, y fath arferion . . . a gawsant ei dechreuad oddiwrth *draddodiadau*'r Angelion drwg o herwydd hynny gochelyd pawb rhag arferyd y fath *draddodiadau* gythreulig [*sic*]. **1722** *Llst* 189, *Traddodiad.* m.p. *adau* . . . tradition. **1735** S. THOMAS: *HP* 72, Tu ag at gynnal i fynu *Draddodiad* yr Eglwys, mae'n gymmwys i Blant bychain gael eu bedyddio. **1758** *ML* ii. 101–2, mae yno yn gladdedig, medd *traddodiad*, garreg bedd merch. **1794** *W* d.g. *Tradition.* **1803** *P*, *Trazodiad* . . . A delivering over; a surrendering. Ar lafar, 'Ma fe'n *draddodiad* erbyn 'yn fod myfyrwyr yn yfed gormod', 'Ma *traddodiad* y Plygain 'di para yn sir Drefaldwyn yn fwy nag unman arall'; ''Yn ni wedi colli llawar o'n *traddodiata* yn yr ardal 'yn, 'yd yn od o fywn cof gin' i', *GTN* 803.

(*b*) Y weithred o draddodi, dosbarthiad, trosglwyddiad, ildiad; bradychiad; traethiad (araith, pregeth, &c.): *a handing over, delivery, transfer, a surrendering*; *betrayal*; *delivery* (*of speech, sermon, &c.*).

1604–7 *TW* (*Pen* 228) d.g. *Traditio* (hefyd *D*). *c.* **1700** *CM* 15, 79, Pa ddeunydd sydd i'r sacrament yma [priodas]? . . . Cydsyniaeth y naill blaid a'r llall, a *thraddodiad* eu cyrph iw gilydd. **1722** *Llst* 189, *Traddodiad.* m.p. . . . A betraying. **1772** *W* d.g. *Delivery* [*of goods, &c.*] *to one.* **1803** *P.* Cf. D. OWEN: *RL* 324, Oni phrofodd fod y bregeth yn y *traddodiad* o honi rhywbeth gwahanol iawn i'r hyn ydoedd ar y papyr.

Amr.: **tradyddiad** [cf. *tradyddu*]. **1611** R. SMYTH: *SG* 63, 64, 87.

Cfn.: **traddodiad barddol:** *bardic tradition.* **20g. traddodiad llafar:** *oral tradition.* **1911. traddodiad llafaredig (llefaredig) = traddodiad llafar. 1929. traddodiad llenyddol:** *literary tradition.* **1911.**

traddodiadaeth [*traddodiad*+-*aeth*] *eg.* Ymlyniad wrth ddysgeidiaeth neu ddamcaniaeth draddodiadol, ymostyngiad i awdurdod traddodiad, parch (eithafol) at draddodiad, yn enw. mewn crefydd: *traditionalism.*

1857.

traddodiadol [*traddodiad*+-*ol*] *a.* Yn perthyn i draddodiad, yn deillio o draddodiad, yn dilyn traddodiad, seiliedig ar draddodiad, a geir drwy draddodiad, a drosglwyddir fel traddodiad; arferol, defodol: *traditional*; *usual, customary.*

1599 (1677) R. HOLLAND: *AB* [135], i roddi diolch ir Arglwydd . . . na wnelych mo hynny yn llygoer, yn *draddodiadol*, ac yn vnig o ran arfer. **1653** *Wy* 12, 325a, Felly cyd-ddwyn a Gweiniaid ysbrydol am hen Ddyddiaü Gwylion duw ei hün, ac nid cymell a gorthrechü Cydwybodaü tyner i addoli Dyddiaü *traddodiadol* Dynion oedd y brif arfer gariadol yn amser yr Apostolion. **1711** TP: *CG* 12, Y mae rai eraill wrth arferyd Gwersau a Gweddiau at Seinctiau, pa rai y maent yn arfer eu dywedyd a'i hadrodd Naw gwaith gyda rhyw fath o eiriau *traddodiadol.* **1727** RE: *CDd* 124–5, nid oes dim a all beri i ddŷn daflu ymmaith ei hên *draddodiadol* opiniwnau. **1759** J. EVANS: *PF* 5, Mae'n debygol fod Physygwriaeth, yn gystal a Chrefydd, yn yr Oesoedd cyntaf gan mwyaf yn *draddodiadol*: pob Tâd yn trosglwyddo iw Feibion, yr hyn trwy yr un Moddion a dderbynniasai yntef. **1764** J. POPKIN: *ABG* 50, fel pe buasai'r cyfryw Drosedddiad o Orchymmyn *traddodiadol*, yn Bechod ac yn halogedigaeth. **1771** J. THOMAS: *TA* 184, Pa seil [*sic*], dysgeidiaeth, a gwybodaeth bynnag a gyrraeddasom mewn ysgolion *traddodiadol* dynion. **1790** *Prif Crist* 42, wedi eu haddysgu gan Oracl Duw, nid Crist'nogion yn noeth trwy glywed o ben i ben, neu *draddodiadol*, eithr tystion tirion a bywiol. **1794** *W* d.g. *Traditional.* **1803** *P* d.g. *Trazodiadawl.* Ar lafar, 'Ma adrodd *traddodiadol* y 'Steddfod wedi troi'n lefaru erbyn hyn', ''Oedden' nw'n dawnsio yn eu gwisgoedd *traddodiadol*', 'Bwyd reit *draddodiadol* gewch chi yn fan'no'.

traddodiadwr, traddodiadydd [*traddodiad*+-*wr*, -*ydd*³] *eg.* ll. *traddodiadwyr.* Un sy'n dilyn neu'n cynnal traddodiad (arbennig), cefnogwr traddodiadaeth: *traditionalist.*

1653 *Wy* 12, 326b, am ymgadw oddiwrth bethau sydd gyfreithlon ac Efynyligaidd [*sic*] ini ymarfer ein Rhydd-did ynthynt rhag Rhwystro neü groesi rhyw ryfygüs *Dra[ddiodadwyr* [*sic*] ofergoelüs yr Anwireddsynagog yn Lloegr. Cf. EBEN FARDD: *Gw* 185, Gwael dro yw gŵyro'r naill gwrr / Trwodd i didau *traddodiadwr.*

traddodiedydd [*traddod*(*iad*)+-*iedydd*] *eg.* ll. -*ion.* Traddodiadwr: *traditionalist.*

1794 *W* d.g. *Traditionist* [*a maintainer of traditions*]. **1803** *P*, *Trazodiedyz*, s. m.—pl. t. *ion.*

traddodol [bôn y f. *traddodaf*: *traddodi*+-*ol*] *a.* Traddodiadol: *traditional.*

[**1740**] L. ANWYL: *NG* 35, nad yw eu Crefyddau priodawl, ond opiniwn neu dŷb sefydledig a *thraddodawl.* Cf. GUTYN PERIS: *FfA* 32, *Traddodawl* treiddiai wedyn / Y gelfyddyd hyd yn hyn: / O dâd i fâb ei dodi / O oes i oes i'n oes ni.

traddodwr, traddodydd [bôn y f. *traddodaf*: *traddodi*+-*wr*, -*ydd*³] *eg.* ll. *traddodwyr, traddodyddion.* Un sy'n traddodi (araith, pregeth, &c.), areithiwr, llefarydd; trosglwyddwr, dosbarthwr; iachawdwr, gwaredwr; *Egl.* un o'r Cristionogion cynnar a ildiodd gopïau o'r Ysgrythur i achub ei fywyd ei hun; ?bradwr: *deliverer* (*of speech, sermon, &c.*), *speaker*; *one who transfers or hands over, deliverer*; *saviour, deliverer*; (*eccl.*) *traditor*; ?*traitor.*

1703 O. LEWIS: *ADC* [3], nid allwn edrych yn galed, am fod pobl mor wrthwynebol iw derbyn nhwy dan y fath ofnadwy olygieth, ag y darfu ir cyfryw *draddodwyr* tueddol osod arnynt. **1712** T. WILLIAMS: *CDdG* 230, [d]ewisent farw yn hyttrach nac ymadel a'u scrythurau sanctaidd, ar [*sic*] sawl a fae fodlon i draddodi eu llyfrau rhag eu lladd, a henwyd *Traddod-wyr*, yn nôd o anglod. **1772** *W* d.g. *A deliverer to or up.* **1793** DAFYDD IONAWR: *CD* 299, Mi ddaethym yn gyflym gu / O dd' uchod i heddychu. / Ydd ydwyd, na'm *Traddodwr*, / Gyfiawnach amgenach Gwr. **1803** *P*, *Trazodwr*, s. m.—pl. *trazodwyr* . . . One who delivers over. *id. Trazodyz*, s. m.—pl. t. *ion* . . . One who delivers over.

trae [bnth. S. *trey*; ansicr yw nifer o'r enghrau. isod] *eg.* Y rhif tri ar ddis: *trey, the three on dice.*

15–16g. *GLM* 47, Mae ôl y *trae* aml, y trŵn,—/ mae'i ôl yntau mal Antwn [marwnad Rhys ap Cynfrig]. *id.* 120, E gâi wragedd gorweigion / gwymp praff o gwmpâr â hon: / dir yw uddun, *drae* addas, / drigo'n ei hôl drigain has. **16–17g.** *GST* i. 594, On'd da Wiliam ein teiliwr / Yn y *trae* yn entrio gŵr? / . . . / O Iesu, trist eisiau *trae*, / Ffei o'r ergyd corff 'r argae [i'r tablerwyr].

Gw. hefyd **traicatur.**

traean [H. Lyd. *dou troean*, gl. *octo partes unius hore*, *dou troian*, gl. *bisse*, Gwydd. C. *trian*, Gal. *trianis*: < Clt. **triano*- < IE. **tris-ano*- < **tris* 'teirgwaith'] *eg.b.* ll. -*au*, a hefyd gyda grym ansoddeiriol.

(*a*) Un rhan o dair, trydedd ran, hefyd yn *ffig.*: *a third, third part, also fig.*

9g. (*Ox* 1) *B* v. 230, In libra mellis .i. *trean* cant mel. **10–11g.** *DGVB* 152, dou *trean*, gl. *bissem.* *ib.* dou *trean* haur, gl. *bisse.* **12g.** *GCBM* i. 131, Ny tal gwyr Powys, pennreith—ar Gymry, / Gan gymryd agkyureith, / Wedy treul trylew dioleith, / Wedy trin, *traean* o anreith. **13g.** *LlI* 72, A guedy henne ranner er alanas en teyr ran: a'r trederan aet e'r argluyd en *traean* kemell, a'r deuparth ranner eylweyth en try *thraean.* Ac un o'r *traeaneu* henne e'r reeny. **13g.** *BD* 26, a dywedut vrthi [Goronilla] . . . y rodei ynteu [Llŷr] *trayan* y gyuoeth ganthei hi y'r gvr a dewissei yn enys Prydein. **14g.** *GDG*³ 110, Fal yr oeddwn ymannos, / Druan iawn, am *draean* nos. *c.* **1400** {*RB*} *WM* 497. 33–4, Neur daroed idaƀ diffeithaƀ *traean* iwerdon. *c.* **1400** *MM* 8, kymryt y deu parth or danhogen, ar *trayan* or violet ac emenyn. **15g.** *LHDd* 65, Ny dylir . . . gredy tystolyaeth gƀr ar ƀ[r]eic nac vn ƀreic ar ƀr kanys trayanaƀc yƀ pob gƀreic ar ƀr ny dylir ychredy hytheu arnaƀ kanydyly *trayan* y gredy ar deu parth. **15g.** *GLGC* 248, Mae'n gorwedd mewn y gweryd / draw'n y bedd *draean* y byd [marwnad Gwladus ferch Syr Dafydd Gam]. **1567** *TN* 382a, ac yr ydoedd ceseir a' than . . . ac hwy y vwrwyd yr ddayar, a' *thrayan* y coed y losgwyd. **1632** *D*, *Traian*, Triens, tertiarium, part tertia. **1703** E. WYNNE: *BC* 21, A pheth yw Pigwr-pocced, a ddygo bum-pynt, wrth gogiwr dîs, a'th yspeilia o gant-punt mewn *traean* nôs? **1722** *Llst* 189, *Traian.* f.p. *anau.* The third part, one third. **1794** *W* d.g. *A third or third part.* **1800** W. OWEN[-PUGHE]: *CP* 21, a phe gofalid yn iawn am dôri yn isel y cynhauaf . . . ceffid *traian* yn rhagor o wellt o leiaf. Ar lafar, ''M ond rw *draean* onan ni sy 'di talu hyd yn hyn'. Cf. J. MORRIS-JONES: *CD* 312–13, Rhaniad arall . . . yw tri *thraean* o 5, 5, a 6 sillaf.

(*b*) Un o dri rhaniad ardal weinyddol: *one of three divisions of an administrative area, riding.*

15g. *GLGC* 163, tarw uniawn y *Traeanau.* *c.* **1700** E. LHUYD: *Par* ii. 40, Y plwy a rannant yn 3 *Traian*, viz. *Traian* y Glyn, *Traian* Lh. Gollen a *Thraian* Trevor. **1778** J. HUGHES: *BB* 254, Mae gŵyr ar du 'r gwann, / Drwy *draian* y llann. [**1783**] *W* d.g. *Riding* . . . [*i.e. a third part, each of the three divisions of Yorkshire* . . .]. **1800** W. OWEN[-PUGHE]: *CP* 115, yn y *Traian* Ogled [*sic*] o Swydd Efrog. Digwydd *Traean* fel e. lle, gw. *GLlF* 264. Cf. M. RICHARDS: *ETG* 30, Yr oedd pedair rhan i Nanheudwy, sef 'Is Clawdd' . . . a thri *thraean* . . . '*Traean* Trefor' . . . '*Traean* Llangollen' . . . '*Traean* y Glyn'.

(*c*) Cyfran gwraig weddw o ystad ei gŵr am ei hoes: *dower, jointure.*

15g. *BB* 40, y venegi y cordeilla ry varw aganipus brenhyn freinc . . . ac ohynny allan y bu gwell genthi trigaw yn ynys brydein gyd ay that. nogyd myned y freinc ar y *thraean.* **16g.** (*LlEG*) *Mos* 158, 30b, a chen/-niad I drigo mewn treef yr hon a Roddasai Ef ynn *drayan* y wraig. **1604–7** *TW* (*Pen* 228), *Traean* gwreic d.g. *Antipherna.* **1672** R. PRICHARD: *Gw* 415, Rho i'th wraig ei chyflawn *drauan*, / Na ro iddi lai nâ'i chyfran. **1688** *TJ*, *Traian*: a Joynture. **1722** *Llst* 189, *Traian* . . . a womans jointure. **1763** *ML* ii. 556, mi anfonais am dad Farged Owen, yr hwn sydd yn byw mewn gronyn o ddyddyn *traian* fy mam ynghyfraith. **1763** *DT* 227, Na chât y Weddw, na'i chod, / Na'i Bochau hen, na'i Buchod, / Na'i *Thraean*, na'i Harian hi, / Hob-ddull, ond gwell bod hebddi. **1775** *W* d.g. *Jointure* [*in Law, an estate settled on a wife to be enjoy'd after the death of her husband*]. **1795** J. THOMAS: *AIC* 53, Ni cheiff Gwraig *Draian* o Dir a wystlodd ei Gŵr hi er Arian cyn Dydd ei phriodas.

Amr.: **traen**⁴. **14g.** *BT* 236. *Diw.* **15g.** *Pen* 41, 29, *traen* y tir a vv eidaw y gwr yny vowyt ai hamrygoll gyt ac ef. **16g.** (*LlEG*) *Mos* 158, 284b–285a, A swm mawr o aur ac o arian gidag y hi I chwitto i *thrayn* hi allan oLoygyr. **16–17g.** *HG* 30.

traeanaf: traeanu [bf. o'r e. *traean*] *bg.a.* Rhannu'n dair rhan, rhannu'n draeanau, teirannu; derbyn traean ar y cyd (â), rhannu traean (â), rhoddi traean fel cyfran (i); (geir.) aredig tir y drydedd waith: *to divide into three parts or thirds, trisect*; *receive one third jointly* (*with*), *share in thirds* (*with*), *give one third as a share* (*to*); (*dict.*) *plough land for the third time.*

13g. *LlI* 12, A'r penkenyd a dele dve ran e gan e kenedyon, ac o traean e brenhyn o'r krvyn ef a dele traean (ac ef esyd tre dedyn a *traeanha* a'r brenhyn). *id.* 72, A guedy henne hynafguyr e kenedloed aent a *thraeanhent* huy: trayan e uamuys a deuparth y taduys. *id.* 79, E keureyth a dyweyt am vynwyr gulat arall ac a *traeanhoent* ac eu hargluyd ehun, e deleyr eu bot en lladron guerth. **13g.** *D Col* 16, Try dyn a *trayanna* y brenyn ac uynt, e urenhynes a'r penteulu a'r penkynyd. **15g.** *GLGC* 416, O *thraeenir* Gwerthrynion / y traean yw fal tir Non. **1588** *Deut* xix. 3, Paratoa y ffordd i ti, a *thraiâna* derfyn dy dîr yr hwn a rydd yr Arglwydd dy Dduw yn etifeddiaeth it. **1632** *D*, *Traeanu*, rhannu yn deir-rhan d.g. *Tripartior.* **1722** *Llst* 189, *Traianu.* To . . . divide into 3 parts. **1794** *W* d.g. *Three*, *To divide into three parts.* Cf. J. G. JENKINS: *NC* 231, The meshes of a seine-net hang diamondwise, and for a net to hang thus, three meshes should occupy the lateral space of two fully stretched meshes. This method is known as 'setting in by the third' and it is known on the Teifi as *traeanu.*

Amr.: **trianu.** *Dchr.* **17g.** *J* 10, 164a, *Trianu.* Tertio. **1803** *P* d.g. *Triannu.*

traeanog [*traean*+-*og*] *a.* a hefyd fel *eg.* Ac iddo dair rhan, wedi ei rannu'n draeanau neu yn dair rhan, mewn traeanau, teiran(nog); ac iddo draean, yn meddu ar draean; yn cyfrif fel traean at bwrpasau cyfreithiol (e.e. am wraig o'i chymharu â'i gŵr, yn y cyfreithiau Cymreig): *tripartite, divided into thirds or three parts, in thirds, trisected*; *having or possessing a third*; *counting as one third for legal purposes* (*e.g. of a wife in comparison with her husband, in the Welsh laws*).

14g. (**17g.**) *AL* ii. 680, yn *drayanawc* am werth punt. **15g.** *LHDd* 65, Ny dylir . . . gredy tystolyaeth gƀr ar ƀ[r]eic nac vn ƀreic ar ƀr kanys *trayanaƀc* yƀ pob gƀreic ar ƀr ny dylir ychredy hytheu arnaƀ kanydyly trayan y gredy ar deu parth. **15–16g.** LLAWDDEN, &c.: *Gw* 226, Crist cadw'r wythfed brenin dyledog, / . . . / Cadwaladr a Chynan yn *draeanog*, / Cwraits y dragwn, bro Ragwn brigog [i Harri VIII]. **16g.**

(*LlEG*) *Mos* 158, 509a, 1535 Ib/u varw y dywysoges *draianog* o gymru yrhon . . . aelwid y vrenhines Kattrin. **16g.** *WLl* 238, Troes dewr tros diredd / Troi n benn trŵn bonedd / Trwy Wynedd *trayanog.* **1588** *Esec* xlii. 6, Canys *traianoc* (**1620** *ib.* yn dri vchder) oeddynt hwy [ystafelloedd], ac heb golofnau iddynt. **1604–7** *TW* (*Pen* 228), *Traeanoc* d.g. *Tripartitus.*

Fel *e. c.d.* Enw ar fath o doddaid byr (gw. y dfn. isod): *name for a type of 'toddaid byr' (in Welsh prosody).*

1925 J. Morris-Jones: *CD* 312–13, Rhaniad arall, o hyd a rhythm gwahanol . . . yw tri thraean o 5, 5, a 6 sillaf yn yr hyd safonol, y ddau gyntaf yn odli â'i gilydd ac â chanol y trydydd, a'r trydydd yn cynnal y brifodl . . . Yr un mesur yw hwn â thoddaid byr, ond bod trefn wahanol i'r odlau . . . Nid yw ei hen enw ar gael; yn niffyg hynny, galwer ef '*traeanog*'.

traeanwerth, gw. traean + gwerth.

traed, traedfa, traedfainc, gw. troed, troedfa, troedfainc.

traedfilwr [*traed* (ll. yr e. *troed*) + *milwr*] *eg.* ll. *-wyr.* Milwr sy'n gorymdeithio ac yn ymladd ar droed, milwr traed; (yn y ll.) corff o filwyr traed: *infantryman, footsoldier; (pl.) infantry.*

1732 *AABI* 44, Cyrus . . . a addawodd ar y Fuddigoliaeth i wneuthur pob *traed Filwr* yn Farchog.

traedle, traedlen, traednoeth, traedsychion, gw. troedle, troedlen, troednoeth, troetsych.

trael¹, trâl, trail, traul² [bnth. S. *trail*] *eg.* ll. *treulau.* Trywydd, ôl, llwybr, cwrs, ?hefyd yn *ffig.*: *trail, scent, track, path, course, ?also fig.*

16–17g. *Cer RC* 88, Ar gamrig gwyn, hi a dynne *draul* / Y sêr a'r haul a'r lleuad. **1717** *W Ballads* 180, 3, Ac odditanodd yr oedd tywyllni, / Heb ddim iw 'mgyffred wrth hir graffu / Ar gywir *drail* siwr i sail, / Jawn arail heb wyro. *c.* **1729** S. Rhydderch: *LlCD* 329, Mae un o'r saith Seren yn wylltach na'r Haul, / Mae hyn y [*sic*] beth rhyfedd ac etto'n ei *thraul*, / Deng mlynedd ar hugain os coelir un Jaith, / O gwmpas y Nefoedd ni ddaw hi ond unwaith. **1762** T. Williams: *HHO* 166, Mae Ngorph [*sic*] yn o lippa, a'r Galon yn gwla, / A'r Traed fy gyflyma, sy â'i tripia ymhob *trâl*, / Mae'r Golwg yn pallu, a'r Cof yn diflannu; / Mae'n rhywyr i'm [*sic*] grefu am y grafal. **18–19g.** *Llr* C 19, 54, *Trael.* Glam sent [*sic*], tynny *trael* to sniff in the scent. Ar lafar, "Ôn' nw wedi colli 'i *drail* e' (sir Gaerf.); 'Collon' nw 'i *drail* e wedyn' (sir Benf.); '*traul* . . . llu. *treula*: trail', 'mynd i drio am *draul* canddo', *LlGC* 1174, 12; 'Dyma'r cŵn 'ela i'r golwg . . . yn dilyn *trail* y canddo. Ond wth y berth nw gollson' y *trail*', *GTN* 805.

Gw. hefyd traill¹.

trael², gw. traul¹.

traen¹ [bnth. S. *train* 'something trailing; retinue'; ansicr yw'r engh. gyntaf isod] *eg.* ll. *-au.* Rhes neu ddilyniant o bobl, corff o ddilynwyr, gosgordd; peth sy'n llusgo y tu ôl, yn enw. godre gwisg: *train (of people), body of followers, retinue; train (of dress, &c.).*

15g. *GGl²* 30, Os o flaen cafod *traen* trwch / Y daw allan dywyllwch, / Bid diau i'r byd dwywol / Bod glaw neu wylaw yn ôl [marwnad Rhys, abad Ystrad-fflur]. **1574** *RhRC* (At.) 286b, doyth efo [Naaman] ay wsnaythwyr ai feirch ay siarettes . . . ef fu dda gantho waytio ay holl *draen* wrth ddrws bwth Eliseus. **1575** (**1587**) W. Midleton: *B* 54, Gwen Olwen gwn na welwyd, / cad rhan oi bwyd Catrin' ber, / mor fawr i *thraen* mor fath wraig, / yn dwymsaig yn hyd amser [marwnad Catrin, iarlles Penfro]. **1588** *Esth* (Apocr.) xv. 2, hi a gymmerodd ei dwy lawforwyn, ac hi a bwyssodd ar y naill . . . a'r llall oedd yn dwyn ei *thraen* hi. **1696** *CDD* 328, Yn nesa balchder ledia'r blaen, / Galants gwchion yn eu *traen.* **1759** *BC* 347, Nid oedd Helen ond Yslwt, / A gwael o'i chael i gario ei chwt, / Ni châdd Diana efo ei *thraen*, / Er maint ei blŷs mo'r mynd o'i blaen.

traen²,³,⁴, traenaf: traeno, traenaid, gw. draen², trên¹, traean, traeniaf¹: traenio, trenaid.

traen⁵, train³ [?bnth. S. *train(ed)*; cf. hefyd S. *trainband* 'militia'] *a.* Wedi ei hyfforddi: *trained.*

17g. *TBM* 1448, A sawdwyr, hysbys ydi, / *Traen* oedd o fewn ein tre' ni (Rowland Siôn). **1684** H. Owen: *DC* [iv–v], Huw Owen Gwenynoc . . . yn gallu rhifo deucant a phedwar-ugain milwr yn ei Fyddin *Drain.* Y rhai yr oedd ef gwedi eu trainio a'i dyscu mor gywrei[n]gall.

traenaid, traeniad, gw. trenaid, draeniad (At.).

traeniaf¹, traenaf, tren(i)af, &c.: **traen(i)o, tren(i)o,** &c. [bnth. S. (*to*) *train* 'to instruct'] *bg.a.* Hyfforddi, dysgu, disgyblu, meithrin; ymddisgyblu, ymddiwygio; ymarfer (mewn chwaraeon, &c.): *to train, educate, discipline, rear; discipline or reform oneself; train, practice (in sport, &c.).*

17g. *TBM* 824, Ail Moesen lawen i oleuo'r—ffydd, / A phawb oedd ddigyngor, / A'u *traenio* fyth trwy hen fôr / I'w gyrru tros y goror [Edward Wyn i Siôn Gruffudd am ei gywydd marwnad i esgob Bangor]. **1677** C. Edwards: *FfDd* 110, ymadel a'u plant . . . iw [*sic*] dwyn i fynu megis mewn monachlogydd yn y gau grefydd, ac i ddyscu *traenio*; fel pan dyfont . . . yr ymladdont yn fedrus yn erbyn yr efengil. **1684** H. Owen: *DC* [iv–v], Huw Owen Gwenynoc . . . yn gallu rhifo deucant a phedwar-ugain milwr yn ei Fyddin Drain. Y rhai yr oedd ef gwedi eu *trainio* a'i dyscu mor gywrei[n]gall. **1769** Twm o'r Nant: *TChD* 8, Mae'r Bŷd yn mynd yn dostach o Lîn o [*sic*] Lîn, / Rhaid wrth ei drîn ef *draenio.* **1790** Twm o'r Nant: *GG* 77, 'Fe geir gan ei g'ledi dylodi di lŷs, / Ei ganfod e'n *traenio*'n Baun cryno heb un Crŷs. Ar lafar yn gyff., 'Mae o'n *traenio* cyn y ras'; "Di Glyn ddim am chwarae rygbi 'leni; fo fydd yn *trenio*'r tîm'; 'Ma'r 'ebog 'di bo'n câl ei *draeno*'. Cf. D. Owen: *GT* 11, yr oedd ceiliog Harri yn ymladdwr wrth natur—yn ei breim ac wedi ei *dreinio.*

Cfn.: **traen(i)o i fyny:** *to train (up).* **1696** *GGTY* 247, Jerom . . . ac Ambrose ac Austin, y rhai a anwyd o reini [*sic*] Cristnogawl ac a *draenwyd i fynu* mewn discyblaeth gristnogawl oddiwrth eu ievengctid. **1746** T. Richards: *CER* 2, Megis y mae un o Rannau mwya' cynhwysfawr Crefydd yn sefyll yn ein gwaith yn cwblhau y Dyledswyddau hynny y rhai ym yn rhwym i gyflawni tuag at ein Cyd-greaduriaid; fe gymmerth Crist ofal enwedigol i'n haddyscu a'n *traenio* ni *i fynu* i'r fath Dymmer o Feddwl.

traeniaf²: traenio, gw. draeniaf: draenio.

traeniwr [bôn y f. *traeniaf¹*, *traenaf*: *traen(i)o* + *-iwr*] *eg.* Hyfforddwr; ?hyfforddai: *trainer; ?trainee.*

17g. Huw Morus: *EC* i. 310, Broliwr, a choitiwr, a *thraeniwr* wrth ryw, / Pan fwrio 'i brentisiaeth daw cyfoeth i'r cyw [i ofyn pâr o ddillad dros Siôn Lewis]. Cf. D. J. Williams: *ChHO* 231, Gwnaeth y *treiniwr* ryw glic fach o sŵn od ym mhwll ei fochau.

Gw. hefyd trenar.

traensiwr, traensiwrn, gw. trensiwr¹.

traenter, trenter [gair geir., sef bnth. S. *tranter, trawnter*] *eg.* ll. *traenteriaid.* Tafarnwr, gwerthwr gwin, &c.; bragwr; bwtler, isfwtler, gweinydd (gwin, &c.): *publican, vintner; brewer; butler, under-butler, server (of wine, &c.).*

1604–7 *TW* (*Pen* 228), *Traenter* d.g. *Oenophorus, Tabernarius.* *id.* *Trenter* d.g. *promus, Tabernarius.* *Dchr.* **17g.** *J* 10, 163b, *Trenter.* Tapster . . . *Treunter.* **1632** *D*, *Traenter*, Ceruisiarius. *id.* d.g. *Suppromus.* **1688** *TJ*, *Traenter*, darllawŷdd: a Brewer. **1722** *Llst* 189, *Traenter.* m.p. *teriaid.* A brewer, butler; innkeeper, taverner. A traunter. *id.* *Traenter* d.g. *Butler, An under Butler.* **1770** *W* d.g. *An ale house-keeper, Brewer* [*of ale, or beer*], *Butler . . . An under-butler.*

traetur [bnth. S. C. neu Ffr. Lloegr *traitur*] *eg.* (b. *-es*) ll. *-iaid, -s.* Bradwr, bradychwr, hefyd yn *ffig.*: *traitor, betrayer, also fig.*

14g. *YBH* 5b, Sef awnaeth hithe y iarlles dodi llef uchel ac erchi dala y *traytur.* **14g.** *OBWV* 90, Llath fygr coed lle y'th fagwyd, / Llen ir, *traetures* llwyn wyd [Gruffudd ab Adda i'r fedwen yn bawl haf]. **14–15g.** *IGE²* 276, Wyt tithau, ddyn athethol, / *Draetur* ffalst aneglur ffôl, / Yn gwneuthur fyth, nyth noethfrig, / Fal geudduw iawn Dduw yn ddig (Siôn Cent). *c.* **1400** *R* 1354. 30–1, kyngladur *traetur* messur myssa6c. *c.* **1400** (*SG*) *HMSS* i. 398, pwy bynnac agussano gwr neu wreic. agwedy hynny a vedylyaw y angheu idaw. ymae hwnnw yn *traetur.* **15g.** *GGl²* 5–6, Ond plant gwragedd Normandi / Yn ceisiaw'n gwenwynaw ni. / Taeru a wnâi'r *traeturiaid*, / Trwst i'n plith er tristáu'n plaid. *Diw.* **15g.** *Bren Saes* 266, peris y brenin drwy gyngor drwc grio yn Llvndain i vab a'i wraic yn *draetvriaid* jddo ac y'w deyrnas. **16g.** *GP* 201, Cleddyf ysydd o'i flaen [brenin] yn arwydd creulonder . . . i'r neb a wnel yn y erbyn ef, megis *traytur*, neu phelwn. **1595** M. Kyffin: *DFf* [76], y cyhuddiad hwn yn-nerbyn [*sic*] yr holl Gristnogion, sef, may *Traiturieid*, Gwrth-ryfelwyr, a gelynion rhywiogaeth ddyn oeddynt. **1599** (**1677**) R. Holland: *AB* [1]22, Eiddo efe [Duw] . . . yw 'r deyrnas . . . nid ydy-mi [*sic*] well nâ gwrthryfelwyr a *thraeturiaid* yn ei erbyn. **1604–7** *TW* (*Pen* 228) d.g. *perduellio.* *c.* **1605** *Bl B XVII* i. 11–12, Llyma garol moliant i'r Brenin Iago ac adrodd y brad a amcanodd y *traeturiaid* iddo . . . Fyth o *draeturs* a fu'n godde' / Am eu males a'u camwedde (Siôn Lewis ap Siôn Wyn). *c.* **1605** *DCR* 240, Vo vv gyffro dros y dyrnas / geissio brad ir brenin Siamys / na chysged gwr ac na saved / nes kael dal yr holl *draetvried.* [**1703**] *YGDB* 4, ar llygredigaeth hwn a siomodd ac a annogodd laweroedd i droi yn *draeturiaid* ir Goron.

Amr.: **traeter** (ll. *-s*). **17g.** Wiliam Bodwrda: *Gw* 519. **traetiwr, traetwr** [cfdds. o'r S. C. *trait(ur)*, &c. + *-(i)wr*] (ll. *traetwyr*, ll. dwbl *traetwyrs*). **14g.** *YBH* 50a, dyrchauel y ffonn athara6 y *trayt6r* ar y benn yny dyg6yda6d yn var6. **16g.** W. A. Bebb: *CT* 216, och i'r gwyr yn *draytwyr* im Brenhi[nes] [i Elisabeth I]. **1672** R. Prichard: *Gw* 382, Hyn y bair garcharu'r cleifion, / Yn y tai fel *Traitwyrs* ffeilstion. **1759** *PYAG* 15, *Traetiwr* Llofruddiog . . . yn cablu 'r Brenin Lucifer. **traetor** (b. *-es*). **1649** E. Roberts: *SCG* 28. **18g.** *Pen* 197, 181, I'r Frenhines Mari pan griwyd hi yn *Draetores* yn y Bewmares. **traetwr,** gw. *traetiwr.* **tratur. 16–17g.** *DCR* 167. **16–17g.** T. R. Roberts: *EP* 287.

Cfn.: *Bot.* **traeturiaid y bugeilydd:** *ribwort plantain, Plantago lanceolata.* **1632** *D* (*Bot*). **1688** *TJ* (*Bot*). **1759** J. Evans: *PF* 101. [**1783**] *W* d.g. *Ribwort.*

traeturaf: traeturo, traetures, gw. traeturiaf: traeturio, traetur.

traeturiaeth [*traetur* + *-iaeth*] *eg.* Brad, bradwriaeth, bradychiad; teyrnfradwriaeth: *treason, treachery, betrayal; high treason.*

?**15g.** *BDG* 526, Llwyr y gwnaeth, *draeturiaeth* dro, / Fy ngadwyll [*sic*] cyn fy ngado [i fabolaeth]. **16g.** *THSC* (1923–4) (At.) 58, pan ddarvy y ssyddas vradychv krist, a meddylio o hono am y *traetyriaeth* a wnathoedd, syrthio a wnaeth mewn anobaith. *c.* **1585** G. Robert: *DC* 43b, cann mwy o dhig a chosbedigeth ir ydychi yn i heudhu am ych ail *draeturieth* i r brenhin nefol. **1588** 2 *Mac* x. 22, efe ai lladdodd hwynt wedi eu tittio o *draeturiaeth.* **1595** M. Kyffin: *DFf* [75], E fydde ofid tost ini gael eyn cyhuddo mor wenwynllyd o ddirfawr *drauturiaeth.* **16–17g.** *GST* i. 170, Yn wir nid mwrdwr a wnaeth, / Na thro taer, na *thraeturiaeth.* **16–17g.** *PCWG* 26, Ar ystyrieth o hyn a bare dafydd proffwyd pan oedd i gaseion yn i gyhvddo fo ar gam wrth y brenin saul . . . o *draetvrieth* a brad ir goron. **1684** T. Jones: *GG* 12, Tored am *draeturieth* / Ben arglwydd stafford ymaeth [*sic*]. *c.* **1729** S. Rhydderch: *LlCD* 365, A Ganed fel Dyn Bychan, y Bendigedig Faban, / . . . / Gan ddioddef pob *Traeturiaeth*, Anadliaid bwriaid bariaeth, / A Marwolaeth gwaeth nag un. **1794** *W* d.g. *Treachery.*

Amr.: **traturiaeth** [cf. *tratur*] **16g.** *B* xv. 275. **1604** R. Holland: *BD* 15a. **1649** E. Roberts: *SCG* 26. **traetwriaeth** [cf. *traetwr*]. **1711** TP: *CG* 7, mae pawb ac sydd yn arferol o ymgynghori a chonsurwyr, a dewiniaid, gwedi torri cyfammod eu Bedydd . . . gwneuthur (*trautwriaeth*) neu fradwriaeth yn erbyn Brenin Nef a daiar.

traeturiaf, traeturaf: traetur(i)o [bf. o'r e. *traetur*] *bg.a.* Cyflawni brad, bradychu: *to commit treason or treachery, betray.*

?**15g.** *B* i. 306, Tyred, ŵr a *draeturiwyd*, / O Fanaw dir, f'enaid wyd. **15g.** *HCLl* 66, Canu'n ŵr cynnen arab, / Cyrn a medd, criwn y mab / Drwy y tir a'i *draeturio*, / E ddarfu ei farnu fo. **16g.** Lewys Morgannwg: *Gw* 208, nostaed tarw y twr ysda i *traeturiaist* / O radd y vwyall rai a ddiveaist / chwarau wyth harri rai a chwarthoriaist [i Harri VIII]. **17g.** *CRC* 239, Os ty di ywr hen wr llwyd / foth *traytirwyd* vnwaith. **1722** *Llst* 189, *Traeturio* . . . To commit treason, act the traitour.

traeturiol [*traetur* + *-iol*] *a.* Bradwrus: *treacherous.*

1583 *LlGC* 716, 185b, Paab Nicholas. 2. yrail (or henw hwn) yn y *traetvriol* Cyngor o Lateran.

traeturiwr [bôn y f. *traeturiaf*, *traeturaf*: *traetur(i)o* + *-iwr*] *eg.* Bradwr, bradychwr: *traitor, betrayer.*

16g. *HCRC* iii. 303, Chwchwi farchogion gorchmynwch / y seimon y groes bryssiwch / y gall Iessy yddy chanllyn / Ac felhyn chwip kymhenwch / kessyria [*sic*] di ditiwr / yrwyti heddiw yn *draytirwr.*

traetwr, traetwriaeth, gw. traetur, traeturiaeth.

traeth¹ [H. Grn. *trait*, gl. *harena*, Crn. Diw. *treath*, H. Lyd. *cundraid*, gl. *lidona*, Llyd. C. *traez*, Llyd. Diw. *traezh*, H. Wydd. *tracht*: ?bnth. Llad. *tractus* 'tiriogaeth, bro'] *eg.* ll. *-au, -oedd, treythydd*, ?*traith.* Ardal eang o dywod neu gerrig mân

ar lan môr, glan y môr, tywyn, arfordir; moryd, aber; ?bro, ardal; hefyd yn *ffig.*: *beach*, (*sea*)*shore*, *strand*, *coast*; *estuary*; ?*region*, *area*; *also fig.*

Dchr. **12**g. *GMB* 29, mynvinad vron, metv ton dros *traeth*. **12**g. *GLlF* 378, Rhac *traeth* Caer yn aer, yn arfod gweilgi / Cilgwri, cil wellig. **12**g. *GCBM* ii. 20, Aer a wnaeth ar *draeth* a dreithitor / Rỽg Aruon peues a mynwes mor. **13**g. *LlI* 58, Puybynnac byeyffo tyr eg glan *traeth*, ef byeuuyd keulet a'r tyr o'r *traeth*. **13**g. *C* 95. 9–11, Ar *traethev* trywruid. in amvin agarvluid. **13**g. *BD* 44–5, daruot y Ulkessar goresgyn Freinc a dyuot hyt ar glan y mor ar *traeth* Ruten. **14**g. *T* 54. 17–18, py ledas ypennaeth dros *traeth* mundi. **14**g. *GDG*[3] 208, Mal trai ar ymylau *traeth*, / Gwedy llanw gwawd a lluniaeth. **14–15**g. *IGE*[2] 158, A chanmol gwaith, *traith* lle trig, / Bronfraith rhwng coed a bronfrig (Rhys Goch Eryri). **15**g. *GLGC* 303, Y tir weithian fal *treythydd* / ar swrn o bilerau sydd [marwnad Morgan ap Dafydd Gam]. **16**g. *GIIIV* 24, I waed yn yssig a dynnasson / O wres gweliau r assau gloywon / Ac yn *draeth* gwelw i gnawd wrth galonn / Ysgyrsiau issod ai sgyrsiasson. **1547** *WS*, *Traeth* neu veiston Wharfe. **1604–7** *TW* (*Pen* 228) d.g. *Aestuarium*, *Tractus*. **1632** *D*, *Traeth*, Littus, arena. **1688** *TJ*, *Traeth*: the Sands bordering upon the Sea. **1761** *ML* ii. 345, chwe cheiniog o bysgod coccas, newydd ddyfod o *draeth* Dyfi. **1770** *W* d.g. *Beach*, *Coast* . . . *The sea-coast*, *Sea-shore*, *Shore*. **1803** *P*, *Traeth*, s. m. —pl. *treuthydd* . . . a tract; the margin, shore, or sandy beach of the sea, or the sand between high and low water marks. Ar lafar yn gyff., *WVBD* 541, *GTN* 807; hefyd gynt ym Mrych. yn yr ystyr 'tir corsiog'.

Cfn.: **traeth awyr:** *cirrocumulus*, *mackerel sky*. **1803** *P*, *Traethawyr* . . . Sand sky, or that state of the clouds when they are broken. Cf. W. DAVIES: *Agric . . . N. Wales* 17, *Traeth-awyr* (curdled sky). Ar lafar, *WVBD* 541, J. JONES: *Gwerin-eiriau*[2] 54, *B* xv. 27 (Meir.). **traeth byw:** *quicksand*, *also fig.* **1604–7** *TW* (*Pen* 228) d.g. *Syrtes*. **1722** *Llst* 189. **1725** *SR* d.g. *Boggs*, *quick Sands*. **1780** *W* d.g. *Quick-sand*. **1796** T. JONES: *CCA* 93. Clywir *traeth byw* hefyd yn yr ystyr 'clai sy'n codi i wyneb y ffordd ar dywydd rhewllyd' (sir Ddinb.). **traeth gwyllt:** *quicksand*. Ar lafar, *WVBD* 191, 541. **traeth sugn = traeth gwyllt.** **1672** R. PRICHARD: *Gw* 187. **1677** C. EDWARDS: *FfDd* [425]. **1773** G. RHYSIART: *MACP* 7. **1780** *W* d.g. *Quick-sand*.

Gw. hefyd **traethell, traethen.**

traeth[2] [bôn y f. *traethaf*: *traethu*] *eg.* ll. *-iau*, *-ion*, a hefyd fel *a.* Traethiad, datganiad, adroddiad, traethawd; a draethir, llafar: *declaration*, *statement*, *account*, *treatise*; *spoken*, *oral*.

12g. *GCBM* ii. 178, *Traeth* o'm bronn tra thonn, tra thywaỽd. **12–13**g. *GMB* 382, Prydestaỽt o'r Drindaỽt traethu, / *Traeth* uolawt teilyngdaỽt talu. *id.* 397, O Douyd y *traeth* trỽy gyhyded. **14**g. (*Dchr.* **16**g.) *Britannica* 143, golwddaf, treithaf *traethion* parrawd, / goleugerdd davawd, arwy Aron. **1655** R. JONES: *PC* 86, Oi lariaidd *draeth* wrth Job tros Dduw / heb atteb yw a wnelo / try ddyn ir iawn trwy lawer môdd / annogodd Job i wrando. Cf. GW. MECHAIN: *Gw* 63, Ni chelaf, adroddaf *draeth*, / 'Dalen hen brophwydoliaeth'.

Amr.: **traith**[2] (*eg.b.* ll. *treithiau*, *-ion*). **1632** *D*, *Traith*, Tractatus. **1655** R. JONES: *PC* 28, Ail *draith* Moses, or peth a fu. **1688** *TJ*, *Traith*, ymadrodd: a Treatise or Discourse. **1722** *Llst* 189, *Traith*. m.p. *Treithiau*. A treatise. **1725** *SR* d.g. *A Tract*. *c.* **1785–90** **(1829)** *CBYP* 4–5, gellid er lles grynhoi a byrhau llawer iawn o'r *draith* a'r ymadrodd. *id.* 171, [c]erdd *draith*, sef can [*sic*] iddei darllen, a'i hadrodd, a'i datgan yn ddi don heb gainc a goslef. **1803** *P*, *Traith*, s. m.—pl. *treithion* . . . An utterance, or expression; a treatise.

traeth[3] [?yr un gair â *traeth*[2]] *a.* a hefyd fel *e?g.* Trefn(us), (mewn) trefn: *order*(*ly*), (*in*) *order*.

1547 *WS*, *Traeth* trefyn An order. **1604–7** *TW* (*Pen* 228), gwneuthur yn *draeth* d.g. *Compono*. *id.* *traeth* d.g. *Compositio*. *id.* wedy wneuthur yn *draeth* d.g. *Compositus*. **1759** *ML* ii. 143, y gwr a droes yn feddwyn, ar wraig yn anynad, etc., yno bu beth mwstr; ond y mae pob peth yn *draeth* er's misoedd. **1761** *id.* 418, llawer a wnaethom sôn am Arglwydd Temple a Mr. Pitt, etc., a gwneuthur pob peth yn *draeth*!

traeth[4], **traethad,** gw. **traethaf**[1]**: traethu, traethiad.**

traethadur [bôn y f. *traethaf*: *traethu*+ *-adur*] *eg.* ll. *-ion*. Datgeiniad, adroddwr, traethydd, areithydd, llefarwr; bardd: *declaimer*, *reciter*, *narrator*, *orator*, *speaker*; *poet*.

12g. *GLlF* 426, *Traethadur* Prydein wyf yn prydu. **12**g. *GCBM* i. 27, Y maỽrwled, y med, y maon, / Y thretheu y'ỽ *thraethaduryon*. *id.* ii. 34, A uo balch dullyaỽ o dull kyfyaỽn, / A uo *traethadur*, traethed y daỽn. **13**g. *GDB* 136, Gwae ef *draethadur*, kyn llafur lleith, / Ny draetho honaỽd arawd areith. **13**g. *Llst* 1, 98b, megys y dyweyt Gyldas *traythadvr* (*RB* ii. 244, traethaỽdyr) hystorya nyt namwy e pechavt hvnnv [godineb] namyn er holl pechodev agnotaa dy/nyavl annyan ev gwnevthvr. **14**g. *T* 4. 17–18, Armeint *traethadur* atraethỽys sywedyd llyfreu llỽyr lỽys. *c.* **1400** *R* 1155. 4–5, *traethadur* prophỽyt pur ae traetha. **1803** *P*.

Gw. hefyd **traethiadur.**

traethadwy [bôn y f. *traethaf*: *traethu*+ *-adwy*] *a.bfl.* Y gellir ei draethu neu ei fynegi, mynegadwy: *expressible*, *utterable*.

1773 *W* d.g. *Effable*, *Narrable*. **1803** *P*, *Traethadwy* . . . Utterable, effable.

traethaf: traethu [bnth. Llad. *tractō*; cf. H. Wydd. *tráchtaid* 'fe drafoda, fe sylwa, fe noda'; ceir engh. bosibl o'r be. *traethawd*, *C* 18. 10] *bg.a.*

(*a*) Llefaru, mynegi, datgan, adrodd, lleisio, dweud (wrth), siarad (yn gyhoeddus), annerch, traddodi (darlith, araith, &c.); cyfarch (mewn barddoniaeth), datgan (barddoniaeth); trafod (ar lafar neu'n ysgrifenedig), esbonio, gosod allan: *to speak*, *express*, *declare*, *relate*, *pronounce*, *tell*, *say*, *talk*, *speak* (*in public*), *deliver* (*lecture*, *speech*, *&c.*); *address* (*in poetry*), *declaim* (*poetry*); *discuss* (*orally or in writing*), *explain*, *set out*.

9–10g. *Juv* 81, nit arcup betid hicouid canlo[u] cet *treidin* guel haguid. **12**g. *GMB* 275, Teilygdaỽd adaỽd, adef gwiryn, / *Treithitor* tra mor, tra maỽr deruyn. **12**g. *GLlF* 74, Gwyn, gỽarandaỽ-dy ar synhwyr / A *draetha* llyfreu mor llỽyr. **12–13**g. *GMB* 397, O Iessu y *traethỽys* Iossed. **13**g. *GDB* 198, Ny'ch *traethaf*-i gelwyd, nyt ef gelwit—hwnn / Cledyf ysgwn twnn, twyll y gwndit. **13**g. *C* 27. 4–6, Nis ry*draeth* ryuetev kyvoeth ruytev douit. *id.* 42. 10–12, Am gadu y *traethu* traethaud. yth voli kin tewi tawaud. **14**g. *T* 22. 16–17, *Traethattor* vyggofec. yn efrei yn efroec. **14**g. *YBH* 37a, ac nyd haỽd *traethu* na menegi yllewenyd agymerth paỽb o nadunt. **14**g. *GDG*[3] 60, Cras enau, geiriau ni ragorai—rhain, / Y truthain a'u *traethai* [dychan i Rys Meigen]. **15**g. *DN* 71, Llawer ysgwier, dysg oedd, / A *draethant* dair o ieithoedd. **1547** *WS*, *Traethy* Declare, tell. **1551** W. SALESBURY: *KLl* xlvia, O erwydd na *thraytha* [:- ddywait] ef o hono ehunan / namyn y pethau a glybu a *draytha*. **1588** 2 *Br* xxv. 6, Yna y daliasant hwy y brenin . . . ac a *draethasant* farn yn ei erbyn ef. **1588** *Salm* xl. 10, Ni chuddiais dy gyfiawnder o fewn fyng-halon, *treuthais* dy wirionedd a'th iechydwriaeth. **1604–7** *TW* (*Pen* 228) d.g. *Enuncio*, *Nuncupo*, *pronuncio*, *Refero*, *Tango*. **1632** *D*, *Traethu*, Eloqui, declarare, narrare. **1716** E. SAMUEL: *GGG* 190–1, mae yn yr Alcoran . . . lawer o bethau gwedi eu *traethu* (*related*). **1722** *Llst* 189, *Traethu*. To tell, declare, preach, discourse at large, reveal. **1772** *W* d.g. *To declare*, *To handle or treat* [*a subject*, *or matter*], *To narrate or narrify*, *To tell out*. **1793** DAFYDD IONAWR: *CD* 10, Haelionus, daionus Dad! / Geiriau ni *thraeth* dy gariad! **1803** *P*. Ar lafar, 'Ma'r pregethwr 'na'n *traethu*'n ddiddiwadd' (Arfon); 'Ma fe'n mynd i *draethu* ar hanes Cymru heno' (sir Gaerf.); ''Odd a'n *traethu*'n ddæ', *GTN* 822.

(*b*) Ynganu (gair neu sain), cynanu: *to pronounce* (*word or sound*).

1547 *WS* [ix], pa vodd y *traythai* ef y gair ne r geirieu hyny yn saisnigaidd. *id.* [xvii], yn rhyw wledydd yn lloecr val w, y *traythant* l/ ac ll/ mewn rhyw eirieu val hyn bowd yn lle bold.

(*c*) Trin neu drafod (pobl, &c.), ymddwyn tuag at, delio â; llywodraethu, rheoli: *to treat or handle* (*people*, *&c.*), *behave towards*, *deal with*; *govern*, *rule*, *manage*.

13g. *BD* 40, y doeth Kuhelyn . . . yn urenhyn, a hyt tra barhavs yn tagnheuedus y *traethvs* y tyrnas. **1346** *LlA* 32–3, Ar brawdỽyr. obarnnant yngyfyaỽn. a*thraethu* (*tractant*) gỽeinyeit yn drugaraỽc. **14**g. *BT* (*RB*) 176, a chyrchu y elynyon yn wrawl a'e hymhoelut ar fo a'e hymlit a'e *traethu* yn dielw. **14**g. *HMSS* ii. 35, Ar rei a dywedy eu bot yn genedyl y duw . . . a *dreithir* yn waradwydus. **14**g. (**17**g.) *AL* ii. 698, Ac wedy darffo yr ceitwat hwnnw tyngu, cymryt un arall ar neilltu a *thraethu* hwnnw fal y llall, ac felly o un i un hyt yr olaf. *c.* **1400** *RB* ii. 395, Ac y*traethaỽd* y brenhin y vrenhines megys y wreic priaỽt. Ac ny bu gyt ahi. Ac ny bu hebdi. *c.* **1400** *YCM*[2] 21, paham y maent hwy yn varw o newyn a noythi . . . ac y *treythy* yn dybryt wynt? **1604–7** *TW* (*Pen* 228) d.g. *Contrecto*, *Tracto*.

Amr.: **treithio.** **1803** *P*. Cf. DEWI WYN: *BA* (1869) 207, O na! na ddiffygiwn yn areithio, ac yn *treithio*, nes bo pawb yn casâu meddwdod fel puteindra.

Cfn.: **traethu ei lên:** *to express one's opinion*, *have one's say*. **1862** TALHAIARN: *Gw* ii. 218.

traethair, gw. **traeth**[2]**+gair**[1]**.**

traethawd[1] [bnth. Llad. *tractātus*] *eg.b.* ll. *traethodau*, (prin) *traethodion*. Gwaith ysgrifenedig sy'n trafod pwnc yn ffurfiol ac yn drefnus, gwaith felly a gyflwynir am radd uwch, cyfansoddiad byr mewn rhyddiaith ar bwnc penodol, ysgrif, traethodyn, papur, llyfryn, astudiaeth; mynegiant, datganiad, adroddiad, araith; (datganiad) cerdd: *treatise*, *essay*, (*research*) *thesis*, *dissertation*, *tract*(*ate*), *paper*, *booklet*, *study*; *utterance*, *declaration*, *narration*, *a speech*; (*declamation of*) *poem*.

Dchr. **12**g. *GMB* 29, Devs Reen, ry-m-aw-y awen (amen, fiat) / Fynedic waud, fruythlaun *traethaud*, trybesttaud heid. **12**g. *GCBM* ii. 270, Caraf-y dreth a draethant geinyeit, / *Traethaỽt* ber y buraỽ eneit. **13**g. *C* 42. 10–12, Am gadu y traethu *traethaud*. yth voli kin tewi tawaud. **14**g. *T* 28. 11–12, pyr ytraethwn i *traythaỽt*. namyn o honaỽt. **14**g. *GIG* 94, I gan Daliesin finrhasgl, / . . . / Y dysgodd . . . / Ar *draethawd* bybyrwawd bibl [marwnad Llywelyn Goch ap Meurig Hen]. **1567** *TN* 170a, Y *Traethawt* (W. SALESBURY: *KLl* xlviia, Lliver) vchod . . . a wnaethym am yr oll pethae 'ry ddechreawdd Jesu ei gwneythyd. **1604–7** *TW* (*Pen* 228) d.g. *Insectio*, *Narratio*, *Syntagma*, *Tractatus*. **1620** *Ecclus* vi. 35, Myn glywed pob *traethawd* (**1588** *id.* 34, traethiad) duwiol, ac na ddianged diharebion deallus oddi gennit ti. **1632** *D*, *Traethawd*, Tractatus. **1657** RE: *CDd* [xiv], [t]rugaredd Dduw yn rhoddi i'ni y fâth amlder o lyfrau a *thraethodau* ysprydol, mor llawn o wirioneddau nefol. **1672** J. LANGFORD: *HDdD* 298, Ofer i mi draethu ymma bèth . . . yw Dledswydd y Llywiawd-ŵr . . . gan nad oes y rún [*sic*] . . . yn debyg i ddarllen y *Traethawd* hwn. **1686** WJ: *TR* [iii], Rhufeinaidd negesseuwyr yn Llafurio trwy ei *Traethodion* bychein . . . i hudo'r Fath wannaf o Brotestanniaid. **1772** *W* d.g. *Declaration* [*a declaring*, *shewing*, *or setting forth . . .*], *Treatise* [*a discourse on some subject*]. **1776** D. ELLIS: *HI* 81, y *Traethawd* odiaethol hwnnw, a elwir, Y Bregeth ar y Mynydd. **1803** *P*. Ar lafar, ''Ôn i'n hwyr yn rhoi 'y *nhraethawd* yn ôl i 'nhiwtor'.

Amr.: **traethod.** **16–17**g. *DCR* 223, darlleinir heb ddim llai / pan naethbwyd hyn o *draethod* / i ofyn nawdd am bechod / a hyn yn amser gyfnod mwynaidd mai.

Cfn.: **traethawd gwobrwyol:** *prize-winning essay*. **1846.** **traethawd ymchwil:** (*research*) *thesis*, *dissertation*. **20**g.

Gw. hefyd **traethodyn.**

traethawd[2]**, traethawdl,** gw. **traethaf: traethu, traethodl.**

traethawdr [bôn y f. *traethaf*: *traethu*+ *-awdr*] *eg.* Datgeiniad, adroddwr: *declaimer*, *reciter*, *narrator*.

c. **1400** *RB* ii. 244–5, Ac megys y dyỽeit gildas *traethaỽdyr* (*Llst* 1, 98b, traythadvr) yr ystorya. bot yn vỽy y pechaỽt hỽnnỽ [godineb]. *Diw.* **15**g. *Pen* 67, 119, a ffroffwyd *traeth awdyr* [*sic*] (*R* 1155. 4, traethadur) pvr ai traetha.

traethawr [bôn y f. *traethaf*: *traethu*+ *-awr*[3]] *eg.* Datgeiniad: *declaimer*, *reciter*.

14g. *GDG*[3] 392, Traethawl yw o cheir trithant, / *Traethawr* cerdd, truthiwr a'i cant [ymryson â Gruffudd Gryg]. **1803** *P*.

traethdir, gw. **traeth**[1]**+tir.**

traethedig [bôn y f. *traethaf*: *traethu*+ *-edig*] *a.bfl.* Wedi ei draethu neu ei drafod, wedi ei fynegi neu ei grybwyll: *told*, *related*, *discussed*, *spoken*, *mentioned*.

16g. (*LlEG*) *Mos* 158, 260b, y geiriau addywedasai y duwk oherffordd wrtho Ef ychydig ynny blaen yr hrain ysydd ynn *draethedig* ynhynn o lauur ychydig or blaenn. *id.* 356a, prioded Elizabeth o Ysbaen a Fernande brenin araggon y sydd *draethedig* ynny blaen. *id.* 403b, i addewid ai ba/rabyl ar gadw y matterion aviasai *draethedig* hryngtheunt twy yn gyurinachol. **1795** J. THOMAS: *AIC* 89, Ysgrythyr ydyw dirgel leferydd Duw, yn *draethedig* i Ddyn, a'i gyflwyno ini, drwy ysgrifeniadau Dynion Duwiol. **1803** *P*.

traetheg [bôn y f. *traethaf*: *traethu*+*-eg*[1]] *eb.* Areithyddiaeth: *oratory*.

1803 *P*.

traethell [*traeth*[1]+*-ell*] *eb.* ll. *-i*, *-au*. Traeth (bychan), glan (y môr), darn o

arfordir; banc tywod, fflat dywod, fflat laid: (*small*) *beach*, *strand*, (*sea*)*shore*, *stretch of coast*; *sandbank*, *sandflat*, *mudflat*.

12–13g. *GLlLl* 52, Ar *draethell* ny draethwyd neges / Mor orulwg gyulwg gyuaeres. 14g. *GDG*^{1} 195, Maint fy ngherydd am drigiaw! / Mantell wyd i'r *draethell* draw [i'r don ar afon Dyfi]. 15g. *DN* 12, Hyd ir aeth dros y *draethell* / Wybyr a gwynt, ni bv wraig well. 16g. (*LlEG*) *Mos* 158, 486b, dyuod ohonunt twy dros gannol y divuyn a oedd hrwng y tir mawr ar *draethell*. 1588 *Act* xxvii. 41, wedi i ni syrthio ar *draethell* dau-for, a gwthio y llong, y pen blaen a lynodd heb allu symudo. 1604–7 *TW* (*Pen* 228) d.g. *Aestuarium*. 1615 R. Smyth: *GB* 78, y morvvyr mevvn pesavvl perigl . . . ai hoedl yn sefyll ar drigaredd y pyradiad, y craigiaua 'r [*sic*] *traethelli*. 1632 *D*, Traeth, *Traethell*, Diminut. f.g. 1770 *W* d.g. *Bank* [*shelf or shoal of sand in the sea*]. 1803 *P*, *Traethell*, s. f. dim.—pl. t. *i* . . . A sandbank. Ar lafar yn y ff. '*treillath*' 'sand-bank', *WVBD* 542. Cf. *OBWV* 503, Fel ewyn ton a dyr ar *draethell* unig (Waldo Williams).

traethen [*traeth*^{1}+-*en*; ansicr yw ystyr nifer o'r enghrau. isod, a dichon fod yma fwy nag un gair] *eb*. ll. -*ni*. Traeth (bychan), glan (y môr); banc tywod; ?bro, ardal: (*small*) *beach*, *strand*, (*sea*)*shore*; *sandbank*; ?*region*, *area*.

15g. *GLGC* 489, tir Môn, gwell no'r tair maenawr, / tir yw o faint Troea fawr, / teyrnas yn gwmpas ei gwaith, / *traethen* lle tiria wythiaith. *Diw*. 15g. *Pen* 67, 12, am varw gwymp derwen / o lwyth ierwerth hen / dyffryn gwy n *draethen* / dan llef y drethol. *id*. 34, Tri thwr oedd gynt val *traethen* / tri fforth wedy torri ffenn (Hywel Dafi). 16g. Huw Arwystl: *Gw* 312, marw y gwr braisg mawr ger bronn / draw sy chwerw dros vch aeronn / *traethen* vro llawen vu r llys / tyrfa vawr tra vu vorys. 1604–7 *TW* (*Pen* 228) d.g. *Aestuarium*. 17g. *LlGC* 10249, 159, Proffwydaf, kanaf na ddêl kynen, mwy / ffordd ,i, mae tîr pryden / na dieithraid ir *draethen* / düw mawr, a dowed Amen. 18g. E. T. Rhys: *DA* 177, Ymgadw ma's rhag creigydd câs, / Na syrthio fyth ar *draethen* fâs. 1803 *P*, *Traethen*, s. f. dim.—pl. t. *i* . . . A sanddrift.

traethfor [*traeth*^{1}+*môr*^{1}] *eg*. Ewyn y don, moryn, ymchwydd y môr: *surf*, *breaker*, *heavy sea or swell*.
1850.

traethgan [*traeth*^{2}+*cân*^{1}] *eb*. ll. -*au*. *Crdd*. Adroddgan; oratorio; *c.d.* caniad ac iddo nifer amhenodol o linellau o'r un hyd: *recitative* (*in mus.*); *oratorio*; *stanza containing an indefinite number of lines of the same length* (*in Welsh prosody*).
1850. Cf. J. Morris-Jones: *CD* 357, Yng nghyfnod y Cynfeirdd yr unig fesur ar lun yr hyn a alwn ni'n bennill oedd englyn . . . Llinellau o *draethgan* oedd yr holl fesurau eraill. Wrth '*draethgan*' y golygir caniad o nifer amhenodol o linellau o'r un hyd, yn rhes o gwpledau odledig neu glymiadau.

traethganaf: traethganu [bf. o'r e. *traethgan*] *bg.a.* Llafarganu, adroddganu; *c.d.* cyfansoddi barddoniaeth ar ffurf traethgan: *to chant*, *sing in recitative*; *compose poetry in the form of a* '*traethgan*' (*in Welsh prosody*).
1858.

traethganiad [bôn y f. *traethganaf*: *traethganu*+-*iad*^{1}] *eg*. ll. -*au*. *Crdd*. Adroddgan: *recitative* (*in mus.*).
1851.

traethiad, traethad [bôn y f. *traethaf*: *traethu*+-*iad*^{1}, -*ad* (neu efallai -*iad*^{2} yn yr engh. gyntaf isod)] *eg.b.* ll. -*au*. Y weithred o draethu, yr hyn a draethir, adroddiad, naratif, datganiad, mynegiad, traddodiad (araith, &c.), cyflwyniad, ymhelaethiad, esboniad; traethawd, trafodaeth (ysgrifenedig); cynaniad, ynganiad; *Gram*. cystrawen, y rhan o'r frawddeg sy'n traethu am oddrych y frawddeg, *Rhes*. yr hyn a draethir am oddrych gosodiad: *expression*, *utterance*, *narration*, *narrative*, *statement*, *account*, *declaration*, *delivery* (*of speech*, &*c.*), *presentation*, *expatiation*, *exposition*; *treatise*, (*written*) *discussion*; *pronunciation*; *construction* (*in gram.*), *predicate* (*in gram. and logic*).
14g. *GGLl* 13, Masw i mi, prif prif *draethiad*—a wnawn, / Lle ni'm rhoddid iawn, ne gwawn na gwad (Hywel ab Einion Llygliw). 1547 *WS* [vi], yn gymeint nad ynt y llythyrenneu yn vn ddywediat nac yn vn *draythiad* yn sasnec ac ynghymraec. 1587 *GP* 79, Weithiann rraid yw gwyhanv rrwng y kystrowenav (amr. *traethiadav*), val i galler dosbarth rryngthvnt. *id*. 80, Vnweddedic yw'r gystrowen (amr. *traethiad*) y bo yr unrryw berson yn wnevthvredic ac yn ddioddefedic ynddi e hvn, val y mae 'mi a'u karaf'. 1588 *Nu* xxx. 6, hi . . . a fydd eiddo gŵr, ai haddunedau arni, neu *draethiad* ei gwefusau yr hwn a rwymodd hi ar ei henaid. 1588 *Ecclus* vi. 34, myn glywed pob *traethiad* duwiol. 1595 H. Lewys: *PA* [iv], wrth roddi allan, [*sic*] ryw *draethiad* dduwiol, neu lyfr dyscedig. 1604–7 *TW* (*Pen* 228), *traethiat* d.g. *pronunciatio*. 1615 R. Smyth: *GB* 9, Am hyny y darlleuvvr havvddgar derbyn y *traethiad* bychan yma yn ddiolchgar. 1672 J. Langford: *HDdD* 6, yn gyntaf, *Traethiadau*, y cyfriw ydyw holl Historiau 'r Bibl. 1696 *CDD* 350, Pob enaid cristnogol . . . / Rhown *draethiad* mesurol . . . / I'n hunig Iachawdwr, hoff urddas hyfforddwr. 1722 *Llst* 189, *Traethiad*. m. A narration, report. 1772 *W*, Eglurhâd (*traethiad* . . .) ar ryw destun d.g. *Descant* [*a gloss or comment on any subject*]. *id*. *traethiad* d.g. *Enarration*, *Narration*. 1785 H. Howell: *T* d.d., *Traethadau* am Ffydd, Ufudd-dod, a Grâs. 1803 *P* d.g. *Traethad*, *Traethiad*, *Treithiad*.

traethiadol [*traethiad*+-*ol*] *a*. Wedi ei fynegi('n eglur), naratif; *Gram*. a *Rhes*. yn ffurfio'r traethiad, yn perthyn i'r traethiad: (*clearly*) *expressed*, *narrative*; *predicative* (*in gram. and logic*).
1749 J. Owen: *PG* 9, 'Scrythurau . . . sydd'n bwrw ar y Goleuni oddifewn; naill yn *draethiadol* (*expressly*) neu yn gynnwysedig.

traethiadur [bôn y f. *traethaf*: *traethu*+-*iadur*] *eg*. Llyfr, &c., esboniadol; *Gram*. traethiad: *expositor* (*type of book*, &*c.*); *predicate* (*in gram.*).
1869.
Gw. hefyd **traethadur**.

traethiannaf: traethiannu [bf. o'r e. *traeth*^{2}+-*iant*] *bg*. Moli (mewn barddoniaeth), traethu, adrodd: *to praise* (*in poetry*), *relate*, *tell*.
13g. *A* 19. 14–15, Mynawc gododin *traeth e annor* [*sic*]. mynawc am rann kwynhyator. *id*. 19. 19–20, Ogollet moryet ny bu aessawr dyfforthyn *traeth y ennyn* [*sic*] llawr.

traethiannol [*traethiant*+-*ol*] *a*. Naratif; *Rhes*. traethiadol: *narrative*; *predicative* (*in logic*).
20g.

traethiant [bôn y f. *traethaf*: *traethu*+-*iant*] *eg*. Dull o draethu, mynegiant; adroddiad, naratif: (*mode of*) *expression*; *report*, *narrative*.
c. 1685 *RWM* i. 277, y bu anryved cennŷf am *draethiant* Gildas a Beda mor dowyll ac na choffasant or brenhined a vuant yn ynys Brydain kynn dyvod krist Ynghnawd.

traethiedydd [bôn y f. *traethaf*: *traethu*+-*iedydd*] *eg*. *Gram*. Traethiad: *predicate* (*in gram.*).
20g.

traethiol, gw. traethol.

traethle^{1,2}, gw. traeth^{1,2}+lle^{1}.

traethod, gw. traethawd^{1}.

traethodaf: traethodi [bf. o'r e. *traethawd*^{1}] *bg*. Ysgrifennu traethawd; barddoni: *to write an essay or treatise*; *compose poetry*.
1891.

traethodl, traethawdl [?*traeth*^{2}+*odl*, *awdl*] *eg.b.* ll. -*au*. *c.d.* Mesur (digynghanedd) sy'n cynnwys cwpledi odledig (seithsill fel arfer), heb benodi aceniad yr odlau: *metre consisting of rhymed couplets* (*usu. of seven syllables*), *with no stipulation as to the stress pattern of the rhymes* (*in Welsh prosody*).
c. 1560 *Cylchg LlGC* i. 140–1, Byr draethawd ar *draethodyl* . . . pardynwch fi yn hyn o gyfle / a nodwch fy storiae / ac er eu bod ych twytsio / na ddigiwch er i gwerando / ond a mendiwch [*sic*] ych drwg feiau / drwy gyngor hyn o siamplaü. 16g. Wiliam Cynwal: *Gw* (R. L. Jones) 873, O daw gofyn a gwiriaw / Yn vchel ag yn ddistaw / pwy a wnai yr araith hylaw / ar *draethodl* ai mefyriaw / Wiliam Kynwal ag nis gwad / pan vytho y wlad // yn gwrandaw. 1752 *ML* i. 207, Digrif *traeth awdlau* a wnaeth Llewelyn iddo fo a hithau. 1766 *CD* 177, *Traethodl* Rhwng y Ceiliog Rhedyn, Ar [*sic*] Grugionyn. 1803 *P*, *Traethawdyl*, s. f.—pl. *traethodlau* . . . A recitative ode; also called traethodyn. Cf. J. Morris-Jones: *CD* 312, Heblaw mewn englynion y mae'n debyg bod cwpledau odledig o saith sillaf, fel a welir yn '*Nhraethodlau*' D.G., yn hen fesur gan y glêr; a'r ffurf honno wedi ei chynganeddu ac amrywio aceniad yr odlau . . . ydyw mesur 'cywydd deuair hirion'.

traethodol [*traethawd*^{1}+-*ol*] *a*. Yn perthyn i draethawd, tebyg i draethawd; rhyddieithol (yn ddifr.): *of or like an essay or treatise*, *dissertational*; *prosy*.
1864.

traethodwr, traethodydd [*traethawd*^{1}+-*wr*, -*ydd*^{3}] *eg*. ll. *traethodwyr*, *traethodyddion*. Un sy'n ysgrifennu traethawd; siaradwr (cyhoeddus), traethwr; Tractariad: *writer of essay or treatise*, *essayist*; (*public*) *speaker*; *Tractarian* (*n.*).
1803 *P*, *Traethodyz*, s. m.—pl. t. *ion* . . . One who makes a treatise. Mae *Y Traethodydd* yn enw ar gylchgrawn (1845–).

traethodyddiaeth [*traethodydd*+-*iaeth*] *eg*. Tractariaeth; mynegiant: *Tractarianism*; *diction*.
18–19g. *Llr* C 2, 359, Traethyddiaeth, Traethoriaeth, *Traethodyddiaeth*, Diction.

traethodyn [*traethawd*^{1}+-*yn*^{1}] *eg*. ll. -*nau*.
(*a*) Traethawd (byr), pamffledyn (crefyddol), llyfryn: (*short*) *essay*, (*religious*) *tract*, *pamphlet*.
1833.
(*b*) *c.d.* Traethodl: '*traethodl*' (*in Welsh prosody*).
c. 1785–90 (1829) *CBYP* 50, Cyhydedd Orllaes, neu Hwy na Hir, ag arfer honn, mewn *Traethodyn* ar brydiau, yn brinwaith. *id*. 79, fal y bydd *Traethodyn* cywyddodl; sef er ei gywyddodliad, nid yw'n gyfun ansodd a Chywydd; am y geill *Traethodyn* o iawn fraint, ymarfer a dwyodl yn y cwpl yn dderchafedig neu ynteu'n ddisgynnedig, fal y mynner . . . a *Thraethodyn* a eill ymarfer a'r chwech hwyaf o'r Cyhydeddau. 1803 *P*, Traethawdyl . . . also called *traethodyn*. *id*. *Traethodyn*, s. m. . . . A recitative verse, a sort of free versification.

traethol, traethiol [*traeth*^{2}+-(*i*)*ol*; ansicr yw union ystyr y ddwy engh. gyntaf isod] *a*. Wedi ei fynegi('n eglur), traethadwy; rhyddieithol (yn ddifr.): (*clearly*) *expressed*, *expressible*; *prosy*.
14g. *GDG*^{1} 392, *Traethawl* yw o cheir trithant, / Traethawr cerdd, truthiwr a'i cant [ymryson â Gruffudd Gryg]. 1704 T. Jones: *Alm* [37], Anareithiol *dreithiol* dardd, / Amherffeithiol ffreithiol ffordd, / Anghyfreithiol geithiol gwrdd, / Anwrteithiol greithiol gerdd. 1712 T. Williams: *CDdG* 200, Y mae addewidion *traethol* (*express*) o dedwyddwch [*sic*] tragwyddol . . . yn bwrw yn ddiammeu ein bod ni i barhau mewn Stât arall byth bythoedd. 1773 *W*, *traethawl* d.g. *Effable* [*utterable*]. 1803 *P* d.g. *Traethawl*, *Treithiawl*.

traethoriaeth [*traethawr*+-*iaeth*] *eg*. Areithiad, areithyddiaeth; mynegiant: *declamation*, *oratory*; *diction*.
18–19g. *Llr* C 2, 359, Traethyddiaeth, *Traethoriaeth*, Traethodyddiaeth, Diction. 1803 *P*, *Traethoriaeth*, s. m. . . . Declamation.

traethwawd, gw. traeth^{2}+gwawd.

traethwr^{1}, **traethydd** [bôn y f. *traethaf*: *traethu*+-*wr*, -*ydd*^{3}] *eg*. ll. *traethwyr*, *traethyddion*. Un sy'n traethu, adroddwr, traddodwr, llefarwr, mynegwr, siaradwr (cyhoeddus), areithiwr; traethodwr: *declarer*, *reporter*, *relater*, *narrator*, *teller*, (*public*) *speaker*, *orator*; *essayist*.
16g. *GGH* 15, *Traethwr* gloyw wyd tair iaith rugledig, / Traws, glew gadarn, tarw osgoledig [i Elis Prys o Blas Iolyn]. *id*. 129, Da'r aeth radd, *draethwr* hyddysg, / Os da radd un meistr o ddysg [i Wiliam ap Robert, archddiacon Meirionnydd]. 1588 *Diar* xix. 9, Tyst celwyddog ni bydd dieuog: a *thraethwr* celwyddau a ddifethir. 1588 *Eseia* xli. 26, nid oes mynegudd, nid oes *traethudd* ychwaith, ac nid oes a wrandawo eich ymadroddion. 1604 R. Holland: *BD* 5a, Ecclesiastes . . . gwaith a yscrifennodh Y godidoccaf *draethydh* doethineb Salomon. 1630 R. Llwyd: *LlH* 156, yr Arglwydd yn bygwth ei ddigllonedd . . . yn erbyn . . . [d]irmygwyr Crist, ai Efengyl dragwyddol, a phawb o'i ffyddlon *draethwyr*, ai chyhoeddwyr. 1672 J. Langford: *HDdD* 266, Cam-dystiolaeth, Enllib . . . Ymmhób ûn o'r rhain y mae euogrwydd mawr yn sefyll ar y *Traeth-ŵr* (*reporter*). 1716 T. Evans: *DPO*

255, gelwir y Pregethwyr yng ngwaith Scrifennyddion yr Eglwys '*Traethwyr*', oblegid eu bod yn 'traethu' a'r [*sic*] y lleoedd hynny o'r Scrythur a ddarllenasid ychydig o'r blaen i'r bobl. **1722** *Llst* 189, *Traethwr.* m. A repeater, declarer. **1736 (1812)** *YRW* 65, Meistr *Traethydd* araith ddoeth-wych / Dywedwch yn rhodd pa fodd yr ydych. **1778** *W*, *traethwr* d.g. *Narrator* [*one that narrates*]. **1803** *P* d.g. *Traethwr, Treithyz.* Ar lafar, '*traethwr* da', 'Mae o'n *draethwr* celwydd siort ora', *WVBD* 543.

traethwr[2] [*traeth*[1] + *gŵr*] *eg.* Morwr: *seaman, sailor.*

16g. *Def Hen* 53, Y *traethwr* (*Sea-man*) a ŵyr bryd llanw a thrai.

traethydd, gw. traethwr[1].

traethyddiaeth [*traethydd*[1] + *-iaeth*] *eg.* Trafodaeth; areithyddiaeth: *discussion; oratory.*

1823.

traf, gw. tra[2].

trafael[1] [bnth. S. C. *travail*, neu'n uniongyrchol o Ffr. Lloegr *traveille*] *eb.g.* ll. *-(i)on.*

(*a*) Ymdrech boenus neu lafurus, llafur (caled); trafferth, helbul, gofid, gofal: *travail, (hard) labour; trouble, bother, worry, care.*

12g. *GLlF* 427, Am biw Deifr deɓr escor yt ysgymu —hael, / Ac am dreth Dinmael *trauael* tri llu. **14g.** *GDG*[3] 280, Mae'n rhyfawr ym fy *nhrafael*, / Mynnu ei gelu, a'i gael [i'r mab maeth]. **15g. (1594)** *B* xvi. 261, y tithaû [Iesu] cytddiodhef a mi y'm holh *dravaelion* (amr. ymhob *trafal*) yssydh ac a dhel. **15g.** *GDLl* 149, Cennad wyf a wna cynnen, / Os gwir hawg ysgwier hen. / . . . / *Trafael* fawr at Werful fain / Ddifai wych o'r ddwy Fechain [Llywelyn ap Gutun]. **15–16g.** *TA* 494, El yn uchel, *trafel* trwm, / A gaid yn fwya i godwm. **16g.** *HCRC* iii. 285, Ny hayddyti arnafi amgen / onid Kaell [*sic*] tori dy dalken / Ath wnethyr di yn siampol / pebai heb fod yn fwy y kost nar *trafel.* **1567** *TN* 72b, e vydd newynae a' thrallodae: hyn vyddant ddechreuoedd y govidiae [:– *travaelon*]. *id.* 381b, Yrrein yddynt [*sic*] y rrei y ddaythont allan o *drafael* [:– drwbleth, drallot, gyni, ing] mawr . . . ac y wneythont y gowney-hyrion yn wnion yn gwaed yr Oen. **1599 (1677)** R. HOLLAND: *AB* 93, nyni a allwn weled ymma, nas tâl ein holl lafur a'n *trafel* ni ddim . . . onis rhydd Duw ei fendith. **1632** *D*, *Trafael*, Labor, opera, nisus, conatus. **1761** *ML* ii. 334, Pobpeth arall or goreu, diolch am y *drafael.* **1770** *TG* ii. 59, yr Hebog accw . . . ei ymborth cyffredin yw Pettris, ac os bydd arno chwant cael gwell ymborth, nid rhaid ond myned i'r *trafael* i'w ddal. **1803** *P*, *Travael*, s. f. —pl. *travaelion* . . . Extreme effort; trouble, travail. **1828** *Geir Pob* 27, *Trafael*, llafur. Ar lafar, 'Mi gesym *drafel* i gâl gafel ar y defed i gyd', *GDD* 307; 'Ma 'wnna'n ormod o *drafal* i fi', "Wi wedi cmeryd siaw o *drafal*', *GTN* 807.

(*b*) Gwewyr esgor: *labour pains.*

?**16g.** *MA*[2] 445a. 45–6, coffa di y *trafel* a gefais i yth ymdɓyn di. **1551** W. SALESBURY: *KLl* xlvb, wedi iddhi yscor ar yr etiuedd / yno ny ddaw yn y chof am y *drauel.* **1588** 2 *Esd* iv. 42, fel y pryssura gwraig wrth escor i ddiang oddi wrth angen y *drafael.* **1696** *CDD* 126, Pan anwŷd ar *drafel* fe roed yn ddi'mrafel, / Am Fâb o waed uchel wŷch Enef. *c.* **1700** D. MAURICE: *CGG* 16, yn cyffelybu Dinas Caersalem i wraig ar ei *thrafel.* **[1738]** E. JONES: *CE* 133, Gweddi dros Wraig ar ei *Thrafail.* **[1745]** W. ROBERTS: *FfM* 11, Fe fu 'r Wraig . . . / Bedair wythnos ar ddeg . . . / Gwaith rhyfedd iawn, a'r [*sic*] ei *thrafael.* **1828** *Geir Pob* 27, *Trafael* . . . gwewyr esgor.

Gw. hefyd **trafael**[2].

trafael[2] [bnth. S. Diw. Cyn. *travaill*, ff. ar *travel*] *eg.* ll. *-ion, -s.* Taith, siwrnai, cwrs: *voyage, journey, course.*

a. **1587** *Y* 188, Myn gael i *drafael* a'i dro / Mewn braint er mwyn i brintio. **1741** S. THOMAS: *DY* 12, Wrth gyflawni o honi [y lleuad] ei thaith, hi a welir yn y dehau; ychydig ar ol hynny hi a welir yn y canol-dir . . . ac ar ol hynny hi a nes-ha attom ni yn y gogle [*sic*] . . . A thymma *drafaelion* y Lleuad. **1828** *Geir Pob* 27, *Trafael* . . . taith. Ar lafar, '*trafal*' 'a journey for the sake of business, rounds', 'Mynd am *drafal*', *WVBD* 540–1.

Cfn.: **ar drafael:** *on a journey, travelling.* **16–17g.** *PCWG* 36, heblaw hynny nid oedd y prophwydi yma ond aros gida r gwragedd yma dros deit bychan y naill dros wythen o ddrvdaneth ar llall *ar* i siwrne ai *drafell* [*sic*] mal dieithred. *c.* **1750** *W Ballads* 114B, 2–3, Mewn enw da pan anwyd ef [Iesu] ae rheini *ar drafael* at y dref / Fe roes Angylion teurnas nef fawloslef bŷr felysion. *a.* **1767** *Gwaseila* 864, 'Roedd Mair *ar* ei *thrafel* o Ganaan, gwlad Israel, / Yn mynd i'r Aifft isel, mwy sainael, mae sôn. **18–19g.** *GABC* 74, O'r un dref yr aeth *ar drafel*, / Yn llonydd ac mewn llong ddiogel. Ar lafar, 'mi ddoth heibio *ar* 'i *drafal*', *ISF* 74; 'Fus i *ar* 'y *nhrafal* i'r fan a'r fan', *WVBD* 541. Clywir '*ar* ei *drafaels*' yn gyff. yn yr ystyr 'yn galifantio', 'Mae hi 'di bod *ar* 'i *thrafels* 'to' (Cered.). Cf. D. OWEN: *SP* 108, *ar* fy *nhrafel* byddwn yn myn'd i'r Crown fel bydawn yn myn'd gartre.

Gw. hefyd **trafalîs.**

trafael[3], *eb.g.*

(*a*) Gwasg, hefyd yn *ffig.*: *press, also fig.*

1346 *LlA* 23, Amegys ydhidlir y gwin or soec . . . velly ykyssylltir corff krist o lawer or rei kyfyaɓnn. Ac ygwasgɓyt yn *trauael* y groc (*in praelo crucis*). mal y gwesgir y gɓin yny *drauael* yntev. **1604–7** *TW* (*Pen* 228) d.g. *prelum. Dchr.* **17g.** *J* 10, 162a, *Travel.* Prelum. Torcular. torculum. **1707** *AB* 220c, *Travel*, A press. [S]. **1803** *P*, *Travel*, s. m. . . . a press.

(*b*) Stribed metel ar injan naddu y rhoddir llechen arno i'w thorri: *metal strip on a cutting-machine on which a slate is placed to be cut.*

1866. Ar lafar, '*trafal*' 'an instrument of about a yard in length with a sharp edge upon which slates are placed to be cut with a "cyllath gerrig". The seat upon which the workman sits is called "mainc *trafal*", also shortened into "*trafal*", e.g. "ista ar y *drafal*"', *WVBD* 540–1. Cf. K. ROBERTS: *LW* 40, Alafon yn symud i mewn i'r wal, ac eistedd ar y blocyn, ac Owen Jones ar y *drafel.*

trafael[4], gw. **trafaeliaf**[2]**: trafaelio.**

trafaelaf[1]**: trafaelu, trafaelaf**[2]**: trafaelu, trafaelan,** gw. **trafaeliaf**[1,2]**: trafaelio.**

trafaeliaf[1]**, trafaelaf**[1]**: trafaelio, trafaelu** [bf. o'r e. *trafael*[1]] *bg.a.*

(*a*) Llafurio, (peri) gweithio, ymdrechu; cystwyo, cystuddio, erlid; dioddef: *to labour, toil, (cause to) work, strive; chastise, afflict, harass; suffer.*

14g. *BT* 163, otto . . . a volestawd brenhin freing or tu yar flandrys. ayeuan . . . or tu yar peitw a*thrauaelyaw* brenhinyaeth freing o bob tu ydi a brouassant. **14g.** *GDG*[3] 24, Tra fu'n *trafaelu* trwy fodd, / Trwy foliant y *trafaelodd* [am Ifor Hael]. *c.* **1400** *R* 1205. 13–14, *Trauaelaɓd* vym ryt trɓy ovaleu. *c.* **1400** *RB* ii. 245, Ac eissoes os duɓ ae gattei. teilɓg oed imi *dryfaelu* y geissaɓ drychafel y genedyl gyɓarsagedic ar hen teilygdaɓt. **15g. (1594)** *B* xvi. 263, Arglwydh, trûgarhaa wrthyfi pann vlinhaer vy enait a phann *dravaelier* vy yspryt. *ib.* yr amser yr oedhut ti yn *traûaelû* ar yr hoelion ar y Groes. **1545** *CM* 1, 14–15, mewn oedran hennaint . . . ni bydd dyn Abyl I *drauaelior* korf i gynul [*sic*] da. **16g.** *THSC* (1923–4) (At.) 25, Ac velly y dyly pob kristion *drafaelv* y gorff yn gadarna ac y gallo, pa radd bynnac a roddes duw iddaw. **1567** *TN* 106b, Ystyriwch' y lili . . . nyd yyn yn *travaely* [:– poeni, ymddygwd, yn llafuriaw, ymluddedigaw]. **1583** *LlGC* 716, 179a, y rei sy yn poeni (nev yn llafvrio, ne yn *trafaelio*) yn y gair, ac mewn dysc. **1606** E. JAMES: *Hom* iii. 186, ordeinhâd cyffredinol Duw, yr hon yw, y dlyai bawb *drafaelu.* **1632** *D*, *Trafaelu*, Laborare, operari. **1672** R. PRICHARD: *Gw* 298, A chadw nghalon angall, / Rhag chwennych golud arall; / Ond *trafaelu* wrth fôdd Duw, / I geisio byw yn ddiwall. **1722** *Llst* 189, *Trafaelu.* To take pains, toil. **1753** *TR*, *Trafaelu*, to labour. **1803** *P*, *Travaelu* . . . To travail.

(*b*) Dioddef gwewyr esgor, rhoddi genedigaeth: *to be in labour, give birth.*

16g. (*LlEG*) *Mos* 158, 324a, ir ydoedd Ef [Robin Ddu Brydydd] ynghasdell penuro pan oedd yr iarlles yn *trauaelio* oi chleuyd ac wrth i gyngor Ef i Kymerth [y siambrlen] hi i shiambyr o vewn y twr . . . yny lhe i gannedd i ddi hi vab. **16g.** *B* x. 288, J meistres hi . . . gwedi kymrud J shiambyr ac yn dechre J chleuyd ac ynn aros yr awr nodedig J *drauaelio.* **1561–2** *Celtica* ii. 102, Y sardones . . . a ystopia waed ac a geidw wraic rrac perigl angav a vo yn *travaelio* ar ddyn bach. **1567** *LlGG* (*Sall*) 26b, Ofn y ddaeth arnynt yno, a' gofid, val ar wraic wrthescor [*sic*] [:– yn *travaelio*] plentyn. **1567** *TN* 386a, hi lefoedd dan *dravaylu* ar y thymp. *c.* **1581** *Pen* 72, 367, o bydd gwraic yn *trafaelio* ar ddyn bach kais lysiav llywelyn a dod yw yfed mewn dwr ac iach fydd. **1594–6** *B* iii. 273, Vy chwaer i . . . a nnilhodh etivedh, ar yr hwnn y mae hithau'n *travaelio* yr awr honn.

trafaeliaf[2]**, trafaelaf**[2]**: trafaelio, trafaelu, trafaelan, trafael**[4] [bnth. S. (*to*) *travail*] *bg.a.* Teithio, siwrneio; gweithio fel trafaeliwr: *to travel, journey; work as a travelling salesman.*

15g. *FfBO* 31, [m]ynneis *drauaelu* y amryuaelyon wledyd. **15g.** *DN* 61, *Tryfaeliodd* at ryfelwyr / Trwy gost i gael tir a gwŷr. / Drvd oedd i benadvr iaith / *Dryfaelio* adref eilwaith. **15g.** *DE* 112, llwythwyd *tryfaylwyd* trwy vor / llenn veryr ay lliw yn var vor [*sic*] [i ofyn mantell]. **15–16g.** *TA* 128, *Trafaelu* at Riw Felen, / Tan Riw Fwlch y'm tynnai'r fen. **16g.** *Pen* 86, 197, ef a ddele *dryfailio* mor a chael mawr elw. *Diw.* **16g.** *WLB* 11, ar ol y ddiod rhodio a *thravailio* yn ffest ac yn frwd. *id.* 63, Os chwydda traed dyn wrth *dravel* ne gerdded kymer y llysse hynn. **17–18g.** *CRC* 69, *Trefeiliais* i lawer o Gymrv a lloeger. **1725** D. LEWIS: *GB* 140, Byddai Dŷn ym mron 4 Blynedd yn rhoi Trô o dautu'r [*sic*] Ddaeâr, a'i fod ef yn *trafaelio* 20 Milldir bob Dydd. **1763** *ML* ii. 572, Costus yw *trafaeliaw*, oni bai hynny mi awn i ben y Wyddfa. **1793** DAFYDD IONAWR: *CD* 142, Teithiodd [Moses], *trafaeliodd* o'r fan / At ŵr mâd i dir Midian. Ar lafar, '*trafaelio*' 'to travel . . . esp. . . . to go on foot hawking small wares', *WVBD* 541; 'Ar y dechre 'wedd e'n *trafaelan* 'n ôl a 'mlân bob dydd', "Wenon ni'n *trafaelu* lot pwrny' (sir Benf.); 'Ma fa wedi *trafaelu* siaw yn 'i amsar, *trafaelu*'r byd', '*Trafaelu* dros ryw gwmpni yn Gardydd, dyna'i waith a', *GTN* 804; hefyd yn yr ystyr 'mynd yn gyflym', *SC* vi. 135 (sir Benf.); 'Ma fa'n *trafaelu* fel dyn gwyllt yn 'i gar' (Cwm Rhondda).

Amr.: **trafio. 16g.** RHISIART FYNGLWYD, &c.: *Gw* 100, O Radyr, eryr Odwin, / I landâf i lanw dy win, / Ac o'r dref, mae rhygarw draw, / Adre eilwaith i *draf law.*

trafaeliwr, trafaelwr, trafaelydd [bôn y f. *trafaeliaf*[2], *trafaelaf*[2]: *trafaelio, trafaelu,* &c. + *-(i)wr, -ydd*[3]] *eg.* ll. *trafaelwyr, trafaeliwrs.* Teithiwr, siwrneiwr, hefyd yn *ffig.*; teithiwr masnachol: *traveller, voyager, also fig.; commercial traveller.*

15g. *FfBO* 52, Yr Arglwyd Kan, ual y caffo *trauaelwyr* lletyeu ar draws y gyuoeth, gan ystlys y fyrd a beir gwneuthur rei o'r llettyeu parawt. **1574** *RhRC* (At.) 180a, y marchog yma ydoedd *dryfayliwr* mawr y wledydd dierth. **1595** H. LEWYS: *PA* 207, Y *trafaeliwr*, pann el ef oddigartref, er iddaw ymddaith heb law tai teg, a gwairgloddie prydferth lawer, eto gann fod i feddwl yn gwbl ar ei gartref, ni themptia . . . y cyfryw bethau ddim o honaw. **16–17g.** *GST* i. 211, Mae un gŵr *trafaeliwr* trwm, / Mathew Rhisiart, maith reswm. **1672** J. LANGFORD: *HDdD* 171, megys na ddisgwylia *Trafailiwr* y rún [*sic*] cyfleusdra mewn Lletty ac yn ei gartref. **1677** C. EDWARDS: *FfDd* 131, Philpott . . . Yr oedd y merthyr hwn yn fâb i farchog, ac yn yscolhaig mawr, a *thrafaeliwr.* **1723** WM: *PGG* 35, cyfri dy hûn yn *drafaeliwr* dieithr yn y Bŷd hwn. **1751** *ML* i. 183, Mi glywswn son gan ryw *drafaeliwrs* am yr Harris yna mae dyn cywrain iawn ydoedd. **1828** *Geir Pob* 32, *Trafeiliwrs*, teithwyr, &c. Ar lafar, '*trafaeliwr*' 'commercial traveller', *WVBD* 541; 'Fydda' i'n cwarfod y *trafaeliwrs* gyda'r nos' (Llŷn); '*Trafaelwr* dros ryw gwmpni sy'n gwyrthu bwyd mywn tinz yw a', *GTN* 804. Clywir yr ymad. '*trafaeliwr* hade carwe' yn ddifr. yng ngogledd Cered. am rywun 'nad oedd sicrwydd ynghylch y modd yr enillai ei damaid'. Cf. *GGl*[2] 79, Pand da'r fael, pen-trafaeliwr, / Punt i'r gof er penty'r gŵr!

Cfn.: **trafaeliwr masnachol:** *commercial traveller.* **1848.**

trafaelus [*trafael*[1] + *-us*; dichon fod dylanwad *trafael*[2] ar adran (*b*) isod] *a.*

(*a*) Llafurus, poenus, trafferthus, blinderus; blinedig, lluddedig: *laborious, painful, troublesome, tiresome; tired, weary.*

c. **1400** (*SG*) *HMSS* i. 216–17, a gwalchmei ae kymerth ac agerdawd racdaw yn vlin ac yn *drauaelus.* **1567** *TN* 60a, ef ei gwelawdd yn *dra vaelus* [*sic*] [:– vlin] arnyn wrth rwyfo. **1583 (18g.)** *CC* 299, hir gwynan a chlân [*sic*] beirdd a chlêr yn iaith / at *trafaelus* waith tra fo haul a Sêr [marwnad Elisau ap Wiliam Llwyd gan Huw Pennant]. **16–17g.** *Cer RC* 10, Rhaid i bob peth *trafaelus* / Gael gorffowys weithiau. **16–17g. (17g.)** *LlCy* xi. 234, Gayr Düw Dad wrth adda gynt / Ag efa o hynt *dryfaylüs* (Edward Dafydd). **1632** J. DAVIES: *LlR* 494, ped ymrown i i gymmeryd poen *drafaelus* yn wastadol, ef a'm lladdai hynny fi cyn memmor [*sic*] o ennyd. **1672** R. PRICHARD: *Gw* 44, Hil Adda gamweddus, plant Efa *drafaelus.* *id.* 393, Duw gwynn, Gwel mor beryglus, / Yw Swydd dy wâs *trafaelus.* **1722** *Llst* 189, *Trafaelus.* Laborious, painfull. **1733** W. WILLIAMS: *TC* 56, bydd edifeirwch yn *drafaelus* ac yn anfoddus ini. **1775** *W* d.g. *Laborious* [*painful, toilsome, &c. . . . performed with labour and pains*]. **1803** *P*, *Travaelus* . . . Harrassing, travailing.

(*b*) Yn peri llawer o waith cerdded (am dŷ, &c.); anhygyrch: *causing much walking (of house, &c.); inaccessible.*

Ar lafar, '[t]ŷ *trafaelus*' 'tŷ â llawer o waith cerdded ynddo, tŷ gydag amryw o loriau ac un caled i'w gadw'n dwt', *BILlE* 42; 'Tŷ *trafaelus* iawn yw 'wn a steps ym mob man', *GTN* 804; 'Lle *trafaelus* iawn

yw a o ba gyfeiriad bynnag ewch chi ato fa' (dwyrain Morg.).

trafaelwr, trafaelydd, gw. trafaeliwr.

trafaf: trafo, trafu, gw. traddaf: traddu.

trafais[1] [bnth. S. Diw. Cyn. *traveis*, amr. ar *traverse*] *eg.* Dadl, ymryson, ymrafael, cynnen: *dispute, controversy, contention, strife.*

a. **1587** *Y* 32, A gwell i'r bardd golli'r bêl / A *thravais* nag wrth ryfel. **1589–90** *Pen* 168, 173a, Am yr amser y bü Noe gwedi dechreü yr byd i mae *trafaes* ac amrysson rhwng gwyr mawr o ddysc. **16–17g.** *GST* i. 74, Od ei i ryfel neu *drafais* (*CLlG* ii. 210, *tryfais*), / Nid ei heb ŵr yn dy bais. **16–17g.** *GHCEM* 54, Antur ifanc mewn *trafais* / A bair yn ddiofn ei bais. **17g.** *LlGC* 10249, 142, Rhag rhyfel trafel, rhag *trafais*, [*sic*] llidiog / rhag colledion mowrdrais (Wmffre Dafydd ab Ifan). **1803** *P*, *Travaes*, s. m. . . . A stir, or bustle.

Amr.: **trafes**[1] [cf. S. Diw. Cyn. *travess*, amr. ar *traverse*]. **16g.** Huw Arwystl: *Gw* 336, O chaf roi/r/ chwedl mewn *trafes* / Merch gall hael marchog yw lles / kattrin bei cai bo llai llid / wneythyd atteb nith dittid.

trafais[2], **trafes**[2] [ansicr yw'r enghrau. llenyddol isod, ac nid oes sicrwydd mai yma y perthynant; 1885 yw dyddiad yr engh. nesaf] *eb.* ll. *trafesi.* Ffenestr hirgul, awyrdwll, lansed, cloer: *lancet* (*window*), *ventilation hole.*

1740 *ML* i. 43, gymaint o waith yr ardderchog fardd hwnnw, Dafydd ab Gwilym, ag a fedrwn ddyfod o hyd iddynt o dwll ag o *drafais.* **1757** *id.* ii. 46, Brenin Prwssia gwedi curo i elynion o dwll ag o *dravais.* **18g. (1818)** R. Jones: *GP* 261, Cartrefu lle ceir *tryfais*, / Rhyw fan clŷd ar finion clais [i fronwen]. Ar lafar yn y ff. *trafas* (Meir.).

trafalau [?cf. *trafael*[2]] *e.ll.* Rhigolau dyfnion mewn heol: *deep ruts in a road.*

20g. Ar lafar, *Cymru* xxxiv. 266 (godre Cered.).

trafalîs [?cf. *trafaels* (ff. l. yr e. *trafael*[2])] *e.ll.* Teithiau: *travels.*

20g. Cf. *Traeth* cxxviii. (1973) 246, 'R ydw i'n cofio pan oeddwn i ar fy *nhrafalîs*, dwad i ochor bryn, lle y medrwn weld cwm bach islaw imi (Kate Roberts).

trafeisiaf: trafeisio [?bnth. S. Diw. Cyn. (*to*) *trauice*, amr. ar (*to*) *traverse*] *bg.a.* ?Gwrthwynebu, gwrth-ddweud, gwadu: *to oppose, contradict, deny.*

16g. *GGH* 115–16, Trwm alaeth, ofaliaeth fodd, / Tref Oswallt a'i *trafeisiodd*, / Dawn ddewrnerth, dwyn oddi arnunt, / Duw, Duw a'i gŵyr, dy dad gynt. **16–17g.** *GST* i. 727, Dyn a gais drwg dan gas draw, / Nid hir f'oes yn *trafeisiaw.* **1630** *YDd* 436, my fi [*sic*] a wneuthum y bai, a thithau a bennydiwyd am y camwedd, fy fi [*sic*] ydwyf euog, a thithau yn cael dy ddwyn ger bron i *drafeisio* (*thou art arraigned*). **1766** *CD* 176, Pei medrwn i *drafeisio*, / A bwrw y Dicter heibio; / . . . / Rhown beth o'r Nechwyn adre, / Pei cawn i gyflawn gyfle ['Gwragedd . . . yn adrodd beiau eu Gwyr'].

Amr.: **trefeisio.** **1567** *GHCEM* 144, Tân a mwg a wnaeth drwg draw / I dref Oswallt *drefeisiaw.*

trafell, gw. crafell (hefyd At.).

trafers[1], gw. drofers.

trafers[2] [bnth. S. *traverse*] *eg.* Llen ar draws eglwys, &c., lle a amgaeir gan y cyfryw: *traverse* (*in church, &c.*).

16g. *B* xviii. 313, eglwys Bawl . . . ynn y lle i daruoedd gosod *trauers* o sidan pwrpwl ynn y kwir o'r tu dehau i'r allor vawr, o vewn yr hwn ir ydoedd allor gwedi j gossod. *ib.* o vewn y *trauers* hwn ir ydoedd le i'r Kardnal diethyr i gymerud i esmwythdraf [*sic*]. *id.* 318, ynn y man j gwrandawasantt twy yr afferen vawr mewn *trauers* o vrethynn aur, yr hwn a ddaruoedd i grogi o'r naill benn j'r allor; ac ar y penn arall i'r allor j daruoedd ordeinio megis *trauers*, ynn y man i gwrandewis y ddwy vrenhines yr afferen.

trafes[1,2], gw. trafais[1,2].

trafesti [bnth. S. *travesty*] *e?g.* Camgynrychioliad neu ddynwarediad gwrthun, parodi: *travesty.*

1923. Cf. D. J. Williams: *ChHO* 130, gwerthodd Caradog groen ei frawd-yng-nghyfraith ar y farchnad drwy wneud *trafesti* mor llwyr o'i gymeriad ag a wnâi o'r iaith Gymraeg.

traflaf: traflo, tra-flinaf: tra-flino, gw. trafaeliaf[2]: trafaelio, tra-blinaf: tra-blino.

traflwnc, traflwng [bôn y f. *traflyncaf*: *traflyngaf*: *traflyncu, traflyngu*] *eg.b.* ll. *traflync*(*i*)*au.* Llymaid, dracht, llwnc, hefyd yn *ffig.*: *draught, gulp, swallow, also fig.*

1545 Elis Gruffydd: *Ll* 39, Yved *traulwng* mawr o'i sugyn ef a dyr ne a sdopia gwaed pan vo gwythen gwedi j thrychu mewn briw ne archoll. **1547** *WS*, *Traflwng* A draught. *c.* **1548** *CM* 1, 681, gwna Ir goddeuwr yved *traulwng* ohonnaw. **16g.** *LlS* 67–8, Cribe San Phred . . . Y llyseun ehun od irir ar vrath neidr gwaredawc vydd. / O chymer vn hwn yn gyntaf, ni wna niwed iddo yfed *traflwnc* o beth gwenwynic. **16–17g.** *GST* i. 546, Praff *draflwnc*, proffwyd rhyflin, / Poeniaith oer heb ben na thin [i roddi Rhys Grythor]. **1632** *D*, *Traflwng*, & *Traflwngc*, Haustus, sorbitio. **1676** W. Jones: *GB* 50, Pan fy'ch yn ymlenwi â'th *draflyngciau* melus o ddifyrrwch cnawdol, meddwl pa *draflwngc*, pa gwppan chwerw gwenwynllyd a barattôir iti. **1696** *GGTY* 34, yr vn soddiad i'r dwfr . . . sy'n dala allan i nyni y *traflwngc* ofnadwy hynny o gyfiawnder Duw. **[1725]** *TS* 95, Y Phiolau hyn . . . oeddent Gysgodau o'r Gwleddau hynny, a'r *traflyngcau* (*draughts*) mawrion hynny o Gariad nefol. **1791** Gw. Mechain: *Rh* [iii], difaol *draflwnc* amser. **1793** Dafydd Ionawr: *CD* 344, I'r dw'rfloedd chwyrn ei *draflwngc* / Mawr Drolynn Llychlyn a'u llwngc. **1803** *P* d.g. *Travlwnc*, *Travlwng.* Ar lafar, 'ar 'i *draflwnc*' 'in one gulp' (Arfon).

traflyncaf, traflyngaf: traflyncu, traflyngu [?*traf*+ *llyncaf, llyngaf*: *llyncu, llyngu*] *bg.a.* Yfed neu fwyta'n farus, llawcio, lleibio, llyncu, darlyncu, hefyd yn *ffig.*: *to guzzle, gulp, gobble, devour, swallow* (*up*), *also fig.*

15g. *BB* 133, Y pysgawt a lynghant yny pysgawt; ar dynion *adraflynghant* yny dynion (*BD* 112, E pysgavt a lyncant y pysgavt, a'r dynyon y dynyon). **1545** Elis Gruffydd: *A* 12, A heuaid j mae'r awdurion ynn moliannv tail y dyn jeuanck ne'r hen, gwedi j wnneuthud ynn bowdwr a'i gymysgv a meel a'i roddi j'r klaaf y'w *draulyngv.* **1547** *WS*, *Traflyngy* Swalowe. **1567** *TN* 38a, yr ei a hidlwch wybedyn ac a *draflyngwch* gamel. **1588** 2 *Esd* viii. 4, llwngc di synnwyr, ac [*sic*] *thraflyngca* ddeall. **16–17g.** *CRC* 351, am *draflyngv* rafal [*sic*] gynt / blin ywr helynt hwnw. **1606** E. James: *Hom* ii. 199, i'r rhai a'u rhoddant eu hunain i ormodedd ac i *draflyngcu* (*gormandize*). **1630** *YDd* 36, y mae safn vffern, yn agored i 'th *draflyngcu.* **1632** *D*, *Traflyngcu*, Haurire, deglutire, ingurgitare, sorbere. **17g.** E. Morris: *B* 42, Pa anhwyl waeth? Pwy na lwnc / Pob treflan? Pawb a'u *traflwnc.* **1703** E. Wynne: *BC* 65, gwelwn y Brenin. [*sic*] Dychrynadwy yn *traflyncu* cîg a gwaed Dynion. **1759** *DG* 4, Yna *traflynca* Annwfn / Y dorf i'r agendor dwfn. **1772** *W* d.g. *To devour, To gobble.* **1803** *P*, *Travlyncu* . . . To swallow greedily. Ar lafar yn Arfon yn y ff. *traflyncu.*

traflynciad [bôn y f. *traflyncaf*: *traflyncu* + -*iad*[1]] *eg.* ll. -*au.* Y weithred o draflyncu, llawciad, llynciad, dracht: *a guzzling, a swallowing, draught.*

1803 *P*, *Travlynciad*, s. m. . . . A swallowing greedily; a guzzling. **1812** W. Davies: *RMB* 72, gan roddi efo pob *traflyngciad* oddeutu deg dyferyn o spirit of turpentine.

traflyncol [*traflwnc*+-*ol*] *a.* Yn traflyncu, yn llawcio, hefyd yn *ffig.*: *gulping, guzzling, gobbling, also fig.*

1803 *P* d.g. *Travlyncawl.*

traflyncus [*traflwnc*+-*us*] *a.* Yn traflyncu, yn llawcio, hefyd yn *ffig.*: *gulping, guzzling, gobbling, also fig.*

20g.

traflyncwr [bôn y f. *traflyncaf*: *traflyncu*+ -*wr*] *eg.* ll. -*wyr.* Un sy'n traflyncu, llawciwr: *gulper, guzzler, gobbler.*

1737 (1766) *OU* 164, [m]eddwon, puteinwyr, celwyddwyr, lladron *traflyngcwyr*, ysclandrwyr, gwawdwyr daioni. **1803** *P*, *Travlyncwr*, s. m. . . . A greedy swallower.

trafn[1] [am drafodaeth gw. *GDG*[3] 546] *eg.b.* ll. -*au*, *traifn.* Arweinydd, arglwydd, tywysog; ?ffynhonnell, cartref, trigfa; ?cwrs, ffordd: *leader, lord, prince*; ?*source, home, dwelling*; ?*course, way.*

13g. *GDB* 190, Llyry *drauyn* llawer llaẃyn lletrud [i Rys Ieuanc]. **14g.** *GIBH* 87, peryf didrist grist groes dioddef—mygyr / ny magwyt *trafyn* mal ef [Dafydd ap Gwilym i'r Grog o Gaer]. *id.* 90, treul gwyarddafyn *trafyn* trefnawd—eglur grist [Dafydd ap Gwilym i'r Grog o Gaer]. **14g.** *GEO* 7, Llawn eurllafn *drafn*, *draifn* elbyd—eglur. **14g.** *GIG* 24, *Trafn* Glorach, trefn goleuryw, / Tariaf i Fôn tra fwyf fyw. **14–15g.** *GGLl* 135, Taer y gwnaut, *drafn*, â llafn, llwybr [Gruffudd Llwyd i Owain Glyndŵr]. **14–15g.** *IGE*[2] 329, Ymhell cwplach oedd felly / Troell llafn llaw *trafn* yn lle try [Rhys Goch Eryri i'r faslart]. *c.* **1400** *R* 1208. 34–5, *travyn* maẃr dec di vrec dyvyr gymyrred. *id.* 1210. 41, brẃydyr gẃirlavyn *travyn* trerkastell. *id.* 1218. 22–3, Cartrefaf trefnaf *trafneu* goleuni. *ib.* 31–2, Argleidyat trefnat *trafyn* broyd gẃynuyt. *id.* 1231. 8–9, goronẃy *trauyn* mordẃy med. *id.* 1302. 19–20, Tefleist yẃrthyt taflaẃt ymwangeis. *travyn* aber marleis trilleis trallaẃt. *id.* 1304. 11–12, *Trauyn* gẃyrth hoywryẃ. tra vẃyf yn vyẃ. *id.* 1305. 15–16, *Drafyn* amylbleit. maẃr eneit maraned. *id.* 1322. 22–3, *travyn* aerdoryf trevyn y eurdat. **15g.** *DE* 97, Coeth *drafn* cai unllafn leinllyw Mon Ynys / Mae'n anaml ei gyfryw [i Rys o Fôn]. **15–16g.** *GIF* 37, Y mae *trafnau* drwy holl hafnau / am y safnau fal maes ofnog. *id.* 51, Syr Edwart, drwy'r fowart *drafn*, / Ystradling, brins dirydlafn [i gymodi Syr Tomas Gamais a Syr Edward Stradling]. **1604–7** *TW* (*Pen* 228) d.g. *dux.* **1803** *P*, *Travyn*, s. m. . . . a course. Cf. *GDG*[3] 377, Ni ad dy lafn, hardd-drafn hy, / Gywilydd i'w gywely.

trafn[2] [?olff. o *trafnidiaeth*] *eg.b.* ll. -*au.* Cylchdro (cnydau); darn tir a ddefnyddir mewn system gylchdro: (*crop*) *rotation*; *piece of land used in a rotation system.*

1803 *P*, *Travyn*, s. m.—pl. *travnau* . . . a turn.

trafniad [*trafn*[2] + -*iad*[1]] *eg.* Cylchdro (cnydau): (*crop*) *rotation.*

1803 *P*, *Travniad*, s. m. . . . a revolving.

trafnid [olff. o'r f. *trafnid*(*raf*): *trafnid*(*ro*)] *eg.* ll. -*au.* Masnach, busnes, cyfnewid: *commerce, trade, business, exchange.*

1803 *P*, *Travnid*, s. m. . . . exchange; commerce.

Cf. **trefnid**[2].

trafnidaeth, gw. trafnidiaeth.

trafnidfaer [*trafnid*+*maer*] *eg.* Conswl: *consul.*

1852.

trafnidiaeth, trafnidaeth [*trafnid*+ -(*i*)*aeth*] *eb.g.* System o gludo pobl, nwyddau, &c., o'r naill le i'r llall, cludiant; traffig; masnach, busnes, cyfnewid; cyfathrach: *transport*; *traffic*; *commerce, trade, business, exchange*; *intercourse.*

1803 *P*, *Travnidaeth*, s. m. . . . Intercourse, commerce, exchange; business. Pa *dravnidaeth* sy ganzo? in what line of business is he? Cf. D. Owen: *RL* 272, yr oedd hyny o *drafnidiaeth* ag oedd anghenrheidiol rhyngddo â'r byd oddiallan yn cael ei ddwyn ymlaen gan Modlen yn unig.

Cfn.: **trafnidiaeth unffordd:** *one-way traffic, also fig.* **20g.**

Cf. trefnidiaeth.

trafnidiaf: trafnidio [bf. o'r e. *trafnid*] *bg.a.* Masnachu, prynu a gwerthu, delio'n fasnachol, cyfnewid; trafod (telerau): *to trade* (*in*), *buy and sell, deal commercially, exchange, barter*; *negotiate.*

1803 *P.*

Cf. **trefnidiaf: trefnidio.**

trafnidiol, trafnidol [*trafnid*+-(*i*)*ol*] *a.* Masnachol; yn perthyn i drafnidiaeth; yn dosbarthu (nwyddau): *commercial*; *transport* (*adj.*); *distributive.*

1803 *P*, *Travnidiawl* . . . Commercial.

Cf. **trefnidiol.**

trafnidiwr, trafnidwr [bôn y f. *trafnidiaf*: *trafnidio*+-(*i*)*wr*] *eg.* ll. *trafnidwyr.* Masnachwr, marchnadwr, gŵr busnes: *trader, merchant, businessman.*

1803 *P*, *Travnidiwr*, s. m.—pl. *travnidiwyr* [*sic*] . . . One who has intercourse; a trafficker.

Cf. **trefnidiwr.**

trafnidol, gw. trafnidiol.

trafnidr [bôn y f. *trafnidraf*: *trafnidro*] *eg.* Cyfnewid(iad): *exchange, barter.*

c. **1400** *R* 1237. 10, *trafnidyr* dinydyr daẃn. *id.* 1320. 31–2, *Travynidyr* tost gẃingost gwengaer bapir. Cf. *id.* 1244. 16–17, Saethuarch keindrafnidyr dinidyr da naf.

trafnidraf: trafnidro, *ba.* Cyfnewid: *to exchange, barter.*

13g. *LlI* 97, O deruyd y den mynnu guerthu ych o'r kyuar rykyuarher, ny dele e werthu eny darfo e kyuar na'y *drafnydrau.* *Dchr.* **14g.** *Ll Cyn* 53, Ny dyly tat defnydyaẃ dylyet y uab onyt yn y oes ehun, mẃy

noc y dyly y mab treissaƀ y dat am y tir yn y oes, a chet ys *trafnitro* tat y tir y mab a dichaƀn y dƀyn dracheuyn. *c.* **1400** *B* ii. 14, Dy ueirch kynn eu bot yn ry hen, *trafnitra* wynt.

trafnidwr, gw. **trafnidiwr.**

trafnidwynt [*trafnid+gwynt*, ar ddelw'r S. *trade wind*] *eg.* ll. *-oedd.* Gwynt cyson, monsŵn: *trade wind, monsoon.*
1866.
Cf. **trefnidwynt.**

trafnidydd [bôn y f. *trafnidiaf*: *trafnidio+-ydd*[3]] *eg.* ll. *-ion.* Conswl; (geir.) masnachwr: *consul*; (*dict.*) *trader.*
1803 *P*, *Travnidyz*, s. m.—pl. t. *ion* . . . A trafficker.
Cf. **trefnidiwr.**

trafnoddaeth, trafnoddiaeth [*trafnodd(wr)+-(i)aeth*] *e?b.* Consuliaeth: *consulship.*
1850.

trafnoddol [*trafnodd(wr)+-ol*] *a.* Yn perthyn i gonswl, diplomyddol: *consular, diplomatic.*
1850.

trafnoddwr, trafnoddydd [?*trafn(idiaf)*: *trafn(idio)+noddwr, noddydd*] *eg.* ll. *trafnoddwyr.* Conswl: *consul.*
1850.

trafô [?cf. Ffr. *travaux*, ll. yr e. *travail* 'gwaith, gorchwyl'] *eg.* Ffwdan, trafferth, helynt: *fuss, bother, trouble.*
20g. Ar lafar, "Odd *trafô* budur 'no gogyfar â'r briotas', 'Ma fa mywn ryw *drafô* ne'i giddyl o 'yd' (dwyrain Morg.). Cf. *LlG* lvii. 8, Gair anarferol a glywir yn gyffredin heddiw yw *trafô*, yn enwedig os bydd llawer o ffwdan, gwaith neu ymdrech arbennig ynglŷn â'r dasg neu'r weithred (sir Gaerf.).

trafod[1] [bôn y f. *trafodaf*: *trafod(i)*; dichon mai i *trafod*[2] y perthyn rhai o'r enghrau. isod] *eb.g.* ll. *-ion, -au.* Llafur, poen, trafferth, cynnwrf, brwydr; symudiad; gweithred, ymddygiad; y weithred o drin neu drafod (gwrthrych); trafodaeth (telerau); masnach, busnes, (yn y ll. *trafodion*) darnau o fusnes, &c., a gyflawnir; (yn y ll. *trafodion*) papurau, adroddiadau, &c., a gyhoeddir gan gymdeithas ddysgedig, &c.: *labour, pains, trouble, commotion, battle*; *movement*; *action, behaviour*; *a handling*; *discussion, negotiation*; *commerce, trade, business*, (*pl.*) (*business*) *transactions*; (*pl.*) *transactions* (*of learned society*, &*c.*).
12g. *GLlF* 36, Treth *trauot* tros glot, traƀsglƀyd uƀyhaf. **12g.** *GCBM* ii. 182, Na'm gƀrthod, eirif *drauod* aryfdrwch, / Ny ƀrthyd Mab Duw dadolwch! **13g.** *GBF* 455, Gƀae ot o'e *drauot* yn y dydyeu, / Gƀae syberƀ ar subet agheu. *id.* 637, Ar hael Gruffut cut can *drauod*—angheu. **14g.** *Cy* vii. 144, Ny byd myssoglaƀc maen o vynych *trauot.* **14g.** *GIG* 90, A thrysorer clêr a'u clod / A thryfer brwydr a *thrafod.* **15g.** *GHC* 45, Gwae fi fod, *trafod* rhyfawr, / Am geisio merch, ym gas mawr. **15g.** *GDID* 82, Fforestydd, trefydd, *trafod*—y deyrnas / A gei di, Domas, am gadw d'amod [i Domas ap Gruffudd ap Nicolas]. **15g.** *GGl*[2] 77, Teiroes yt, tau wŷr a sêl / Talbod, bum *trafod* rhyfel. *Diw.* **15g.** *Pen* 53, 6, y karw a ymmylch mywn pump llewenydd y trevydd trwm vydd y *travodeu.* **15–16g.** LLAWDDEN, &c.: *Gw* 142, Brân dan Fwnd Barned yn fain / Bwrw *trafod* byrr at Rufain, / Llei bu Arthur a'i luoedd / Ni chaech wad nad chwychwi oedd. **16g.** WILIAM CYNWAL: *Gw* (R. L. Jones) 554, Edwin hil Iestin, ystod—Cadifor, / Iôr o ryw Trefor i roi *trafod.* **1604–7** *TW* (*Pen* 228) d.g. *pugna.* **1632** *D*, *Trafod*, Labor, opera, molestia, industria, concertatio. **1767** *ML* (Add) 695, a bendith Dduw iwch am y *drafod* a gymmerasoch chwi ar [*sic*] mwynwr Gowden drosof. **1770** *TG* ii. 62–3, Syr, Cymro genedigol wyf finnau, ag sy wedi bod mewn llawer *trafod* a'm Cyd-wladwyr gwrthnysig, yn achos Iaith fy Mam, yr hon Iaith fe weddai fy mod i a phob Cymro arall, yn ei hamddiffyn rhag pob Sarhad. **1803** *P*, *Travawd*, s. f.—pl. *travodau* . . . A stirring, a turning about; a bustle; an intermeddling; labour, pains, trouble. Mae *Y Drafod* yn enw ar bapur newydd yn y Wladfa (1891–), a defnyddir *trafodion* yn aml yn nheitl adroddiad cymdeithas ddysgedig, &c., e.e. *Trafodion Cymdeithas Hanes Sir Ddinbych.*

trafod[2], gw. **trafodaf: trafod.**

trafodadwy [bôn y f. *trafodaf*: *trafod(i)+-adwy*] *a.bf.* Y gellir ei drafod yn rhwydd, y gellir eu trafod (am delerau): *manageable, negotiable.*
1803 *P.*

trafodaeth, trafodiaeth [bôn y f. *trafodaf*: *trafod(i)+-(i)aeth*] *eb.g.* ll. *-au.* Y weithred o drafod (pwnc, telerau, &c.), triniaeth ysgrifenedig neu lafar (ar bwnc penodol); masnach, busnes, darn o fusnes a gyflawnir; ?ymddygiad, gweithgaredd: *discussion, negotiation*; *commerce, trade, business*, (*business*) *transaction*; ?*behaviour, action.*
1757 E. EVAN: *GB* 9, Pwy a ddymunai fyw mewn Gwlâd . . . lle byddai 'r cyfoethog yn ddi Dosturi, heb na Gwirionedd nac Uniondeb mewn *Trafodaeth.* **1764** J. POPKIN: *ABG* v–vi, Ond medd un, yr hwn a foriodd mor belled a neb pwy bynnag i'r Byd o Ddoethineb a Gwybodaeth . . . ac hyd yn oed i'r Bŷd o Fasnach a *Thrafodiaeth*, a chwedi cael y prawf mwyaf o honynt oll, y mae yndatcan [*sic*] nad yw'r cwbl oll ond Gwagedd. **1783** P. WILLIAMS: *FfA* 16, Diau yr ydwyf fi yn euog mewn perthynas i'm *trafodiaeth*, fy muchedd, fy meddiant. **1784** M. WILLIAMS: *S* i. 229, ond yr articl bennaf o'u holl *drafodiaeth*, oedd tobacco. **1799** M. WILLIAMS: *HHG* 176, Lady Buchan . . . a ddywedodd . . . mai hi oedd y Forwyn Fair . . . Rhyfedd y fath *drafodiaeth* sydd wedi bod o bryd bwy gilydd yn y byd dan rith o grefydd! **1803** *P*, *Travodaeth*, s. m. . . . an intermeddling. Cf. T. LEWIS: *HPF* 200, Y *drafodiaith* [*sic*] hon [gwerthu maddeuebau], yn Germani, a roddwyd yn llaw Albert, archesgob Ments.
Cfn.: **dan drafodaeth:** *under consideration or negotiation.* **20g.**

trafodaf: trafod[2], **trafodi** [?*traf+odaf*: *odi*; ansicr yw ystyr a dosbarthiad rhai o'r enghrau. isod] *bg.a.*

(*a*) Archwilio (pwnc, &c.) drwy ddadl (ysgrifenedig neu lafar), cynnal trafodaeth(au) ynghylch (telerau, &c.); cyffwrdd neu deimlo â'r llaw, llawio, bodio, byseddu, dal (offeryn, erfyn, &c.) yn y llaw i'w ddefnyddio; trin (tir); trin (person); delio â, trefnu, rheoli: *to discuss, negotiate*; *handle, manipulate, wield*; *cultivate* (*land*); *treat* (*person*); *deal with, arrange, manage.*
12g. *GLlF* 284, Pieu y cledyf cleu—a *drauodir*, / Klwyfhir, dir, diamheu? / . . . / Yssef a'e *treuyt*, treuat —amdiffyn / Amdiffwys gymynat. *c.* **1400** *R* 1246. 28–9, Kyrcheis ƀr clydƀr clot tauarn athref *athrauot* med o garn. *c.* **1400** *RB* ii. 213, kyrchu arthur aoruc a meglyt yndaƀ am y wregis ae *dravodi* yny vyd ar ben y lin yr llaƀr. *Diw.* **15g.** *Pen* 53, 16, byddem yno dridywarnod yn *travodi.* mein. **1683** H. EVANS: *CTF* 4, Dilês gwegryn dŵr neu dwod, / A gwaith gwell ag eisie ei *drafod.* *id.* 13, Pa beth bynnag wyt yn *drafod* [:– Yn ei drîn ai [*sic*] feddiannu], / Anniolchgarwch ai [*sic*] gwna'n ormod. **1770** *TG* ii. 60, Y sawl a *drafodant* achosion y wladwriaeth, ydynt flin gan furmur ac anesmwythder gwastadol. *a.* **1791** W. WILLIAMS: *GP* 560, Mi ddof allan ond fy *nhrafod* / Fel yr aur o ganol tân. **1793** *Cylchg* 123, nid yw'r gwerinos ddim amgen nag ysgribliaid wedi eu trefnu gan ragluniaeth i ddim arall onid trin a *thrafod* y dom. **1814** W. DAVIES: *Agric* . . . *S. Wales* i. 68, 'Daear yn gofyn ei *thrafod* o hyd yw hi;' i.e. it is a soil that requires frequent stirring. Ar lafar, 'Fuon ni'n *trafod* am orie ond 'doedden ni fawr callach' (sir Ddinb.); "Dwi'n gadel iddo fe *drafod* ochor y busnes'; "Wedd ddim mashîns fel sy heddi i *drafod* y gwair' (sir Benf.); '*trafod* pen y ceffyl', "Fi'n credu taw fe odd yn *trafod* busnes y stât 'yn' (sir Gaerf.); 'Paid o *drafod* y dillad o 'yd', 'Wara teg, ma fa'n *trafod* 'i bwnc yn ddæ', "Wyt ti'n gatal i'r crotyn dy *drafod* ti felna?', 'Paid o *drafod* y bwyd', *GTN* 807; '*T*[*rafod*] rwbedj' 'to handle rubbish', '*T*[*rafod*] glo' 'to handle coal', *B* viii. 223 (dwyrain Morg.).

(*b*) Ymdrechu, ymryson, ymladd, bwrw: *to strive, contend, fight, strike.*
13g. *C* 47. 5–6, Ar gueisson gleisson yscawin *travodi.* **13g.** (**17g.**) *AH* 29, diau *travodynt* lladd a llafnawr. **15g.** *HCLl* 104, Er bod yn *trafod* rhyfel / Gwŷr ffyn fel gwarae â phêl, / Ni ffoaf i â'm ffiol / Be bai'r wlad, fagad, ar f'ôl [i erchi bwcler]. **1604–7** *TW* (*Pen* 228), *trafodi* d.g. *percutio. Dchr.* **17g.** *J* 10, 162a, *Travodi.* pugno. **1632** *D*, *Trafodi*, Certare. **1688** *TJ*, *Trafodi*, ymryson, ymladd: to trive, to fight. **1722** *Llst* 189, *Trafodi.* To bicker, contend. **1803** *P*, *Travodi* . . . to strive.

(*c*) Symud; mynd: *to move*; *go.*
12g. *GCBM* i. 194, Nys ergryd goruryd, na gorthrƀm glewyd, / Nys *treuyd*, nys traethwn. *id.* 295, Ny *threuyd* hebof anghof aghen, / Agheu Ririd wynn wedy Arthen. *id.* 353, Ny *threuyt* brwynuryt o'm bronn / Nac o'm cof nac o'm callonn. **13g.** *A* 3. 10–11, Gwyr a aeth gatraeth gan wawr *trauodynt* eu hed eu hovnawr. **1803** *P*, *Travodi* . . . To stir.
Gw. hefyd **trafod**[1].

trafodiaeth, gw. **trafodaeth.**

trafodus [*trafod*[1]*+-us*] *a.* Prysur, bywiog: *bustling, lively.*
18g. E. T. RHYS: *DA* 169, I'ch meistriaid byddwch barchus, / Mewn dysg a galwad hwylus, / A fo'n eich parotoi mewn pryd, / I fyn'd trwy fyd *trafodus.* **1803** *P.*

trafodwr [bôn y f. *trafodaf*: *trafod(i)+-wr*] *eg.* ll. *-wyr.* Un sy'n trafod (pwnc, telerau, &c.); un sy'n symud; (geir.) ymladdwr: *discusser, negotiator*; *one who moves*; (*dict.*) *fighter.*
c. **1400** *R* 1235. 5–6, Trethƀyf duƀ o diwed vy mant. tra vƀyf *trauotƀr* vn amrant. **1722** *Llst* 189, *Trafodwr.* m. A fighter, combatant. **1803** *P*, *Travodwr*, s. m.—pl. *travodwyr* . . . One who stirs; a bustler; a striver; an intermeddler.

trafrith, gw. **tryfrith.**

traffaf: traffu [?olff. o (*gwas*)*traffaf*: (*gwas*)*traffu*] *ba.* Gwasgaru, lledu: *to spread* (*abroad*).
1803 *P*, *Trafu* . . . to spread.

trafferth[1], *eb.g.* ll. *-ion, -au.* Helynt, helbul, anhawster, adfyd; pryder, gofid, blinder, cystudd; ffwdan, stŵr, cynnwrf; rhwystr; trwbl, ymdrech ofalus, llafur, gofal; masnach, busnes, gwaith, gorchwyl: *trouble, bother, difficulty, adversity*; *grief, worry, affliction*; *fuss, ado, turmoil*; *obstruction*; *trouble, effort, pains, care*; *trade, business, work, task.*
12g. *GMB* 177, A'r drydet [llynges] dros uor o Nortmandi / Ar *drafferth* anuerth anuad iti. **12g.** *GLlF* 36, Arwymp ƀyn *trafferth*, ar ƀy ner ƀy nerth. **12g.** *GCBM* i. 195, Drudlwyr y drafwyr y ar dryffun—veirch / O'e *draferth* rac Fordun. **13g.** *GDB* 19, Lloegyr goelkerth llwybyr *drafferth* dreis. **14g.** *T* 62. 17–18, Eg gƀrhyt gogyfeirch yn*trafferth* gƀaetwyf a wellƀyf ynkerth wir. **14g.** *GDG*[3] 405, *Trafferth* flin yw yt, Ruffudd, / Chwyrn fraw, od â'r chwarae'n brudd [ymryson â Gruffudd Gryg]. *c.* **1400** [*RB*] *WM* 506. 12–16, gellƀng hiramren a hir eidil yr ogof . . . Ac or bu drƀc *trafferth* y deu gynt. gƀaeth uu *drafferth* ydeu hynny. **15g.** *GIBH* [83], *Trafferth* yw dadlau triphwnc / Ag yntau, ŵyr Forgan Twnc [ymryson â Thudur Penllyn]. **16g.** (*LlEG*) *Mos* 158, 558a, [g]wneuthud ir bobyl o annog vy ymadrodd I gyuoddi i wneuthud *trafferth* ac annosdeg. **1567** *LlGG* (*Sall*) 19a, gwatworwyr ffeilsion . . . Arglwydd . . . gwared vy enaid rac ei *trafferthae.* **1630** *YDd* 240, Y gweithiau, a'r gorchwylion sydd raid i ni ymgadw oddiwrthynt, ydynt yn gyffredin ddinasol a gwledig *drafferthion* (*workes*). **1632** *D*, *Trafferth* . . . Negotium, occupatio, opera, molestia. **1677** R. JONES: *BB* 205, Nid i anobaith, nac i goeg *drafferth* (*toil*) anfuddiol. **1688** *TJ*, *Trafferth*: trouble, concerns and business. **1717** IACO AB DEWI: *CS* 173, A ddylem Ni orphwys oddi wrth *Drafferth* (*Employments*) fydol? **1717** IACO AB DEWI: *MN* 162, *Trafferth* (*Affair*) fawr fy Iechydwriaeth. **1730** IACO AB DEWI: *YI.* 7, nyni a allwn weled llun cymmwys a Nod priodol Dŷn llonydd . . . Ei Ddywlaw heb ymyrru mewn *Trafferth* (*Business*) ammherthynol, Thes, 4. 11. **1773** *SBS* 94, Yr holl rai yn eu crefft, neu *drafferth*, a arferant bwysau ysgafn, mesur byrr, neu un math o dwyll arall. **1803** *P*, *Traferth*, s. m.—pl. t. *ion* . . . Business, painstaking, toil, trouble; a great to do. Mae arno lawer o *draferth* amdani, he is in great taking about her. Ar lafar, 'cymyd *traffarth*', 'trwy (gida) gryn *draffarth*', 'Mi ges i gryn *draffarth* i fynd yno', 'tynnu *traffarth* am 'i ben', 'mewn *traffarth*', *WVBD* 539.
Amr.: **traffeth**[1], **traffith.** **16g.** *GIIV* 4, Tri ffeth y sy *traffeth* son / Im cynnal mewn amcanion. Ar lafar, '*traffath*', *WVBD* 539; "Dyn' nw'n cymyd *traffath*?' (Llŷn); 'Ma 'i wedi gweld dicon o *draffith*', 'Dyna *draffith* sy arno' i gida'r crotyn 'yn', "Wi wedi cæl *traffith* y byd i gwplo'r gwaith 'yn', *GTN* 804.
Cfn.: **trafferthion (trafferthau) bydol:** *worldly cares.* **1630** *YDd* 247, y mae gwasanaeth Duw iw roi o flaen *trafferthion bydol.* **1631** O. THOMAS: *CC* 80, nid ewyllys Duw yw i nêb gymmeryd arno gymmaint o *drafferthau bydol*, ac o herwydd yr rhai yr esceuluser ei wasanaeth ef. **1684** H. OWEN: *DC* 23.

trafferth[2], gw. **trafferthaf: trafferthu.**

trafferthach [*trafferth*[1]*+-ach*[2]] *eb.* ?a hefyd gyda grym ansoddeiriol. Trafferth, gofal: *trouble, care.*
c. **1585** G. ROBERT: *DC* [76]a, i wared fy meddwl yn llwyr o holl *drapherthach* fydawl. **1766** *CD* 30, oi

dradwys *drafferthach* drafferthion (*AP* 30, oi dradwys drafferthawl).

trafferthaf: trafferthu [bf. o'r e. *trafferth*¹] *bg.a.* Mynd i drafferth, cymryd gofal, ymdrechu'n ofalus; llafurio, bod yn brysur; codi stŵr, ffwdanu; poeni, blino, gofidio, hidio: *to go to trouble, take care, take pains; labour, be busy; cause uproar, make a fuss; worry, trouble, bother.*

14g. *GDG*³ 328, Yr oedd gerllaw muroedd mawr / Drisais mewn gwely drewsawr, / Yn *trafferth* am eu triphac—/ Hicin a Siencin a Siac. **1547** *WS, Trafferthy* Toyle. **1632** *D, Trafferthu*, Satagere, sollicitari. **1688** *TJ, Trafferthu*: to trouble or be troubled, to cark and care. **1725** *SR* d.g. *An Uprore, To Make an Uprore.* **1750** *RBHM* 24, [y]r hwn sydd wan yn y Ffy[dd] a all gael ei demtio a'i *drafferthu.* **1753** *TR, Trafferthu*, to be busy, to be troubled. **1788** J. GRIFFITH: *DCC* 103, y groes, dan yr hon y dyheuodd, y *trafferthodd* ac y llesgaodd. **1792** H. HARRIS: *H* 139, ymogelwch rhag unrhyw beth a fo yn *trafferthu* eich meddyliau. **1798** *WR* d.g. *Plod.* **1803** *P, Trafferthu* . . . To bustle, to be busy; to be busily employed; to be toiling. Ar lafar, "Dwi 'm yn gwbod 'na' i *drafferthu* mynd i siopa heno' (sir Ddinb.); 'Paid o *drafferthu* i ddod 'ma 'to', *GTN* 804. Fe'i clywir hefyd yn yr ystyr 'gwneud trefniadau (ynglŷn ag angladd)', 'Wara teg, fe ddæth i ofyn ifi pwy odd gin' i i *drafferthu* bothdu anglodd Ifan', 'Dyn, ran fynycha', odd yn *trafferthu* bothdu anglodd', *ib.*

Amr.: **trafferth²**. **14g.** *GDG*³ 328. **traffeth²**. Ar lafar yn y Gogledd, 'Pam 'dach chi'n *traffath* mynd?'

trafferthog [*trafferth*¹ + *-og*] *a.* a hefyd gyda grym enwol. Helbulus, gofidus, cystuddiol; trafferthus, blinderus; (geir.) prysur: *troubled, worried, afflicted; troublesome, vexatious; (dict.) busy.*

12g. *GLlF* 156, Caraf-y gaer ualchweith o'r Gyuylchi, / Yny bylcha balchlun uy hun yndi. / Enwaỽc *drafferthaỽc* a dreit iddi. **1605–10** *AP* 33, [t]rallawd trablin *trafferthawg*. **1803** *P, Traferthawg* . . . Full of bustle.

trafferthol [*trafferth*¹ + *-ol*] *a.* Trafferthus, blinderus; helbulus, gofidus, cystuddiol; (geir.) prysur: *troublesome, vexatious; troubled, worried, afflicted; (dict.) busy.*

1605–10 *AP* 30, yr oedd Ovyddfardd . . . yn dyfod . . . i geissio ymddiddan dirgelgall ar forwynverch oleudlos ar boenedig wrthrychiad oi dradwys *drafferthawl* [*sic*] (*id.* 33, oi drallawd trablin trafferthawg). **1711** TP: *CG* 58, Y sawl sy'n gyfranogion o râs y cyfiawn Dduw, / Nad ofnent hwy drallodion *trafferthol* tra font byw. **[1794]** M. WILLIAMS: *DUJ* 27, A thyma ran o'u cystudd, annedwydd ydyw'r nod, / I feddwl mor *drafferthol*, byth bythol mae'n rhaid bod; / Pe passai dros eu pennau fyrddiynau o flwyddau maith, / Dros byth mae'n rhaid diodde'—diammeu dyma'r iaith. **1803** *P, Traferthawl* . . . Bustling.

trafferthus [*trafferth*¹ + *-us*] *a.* Yn peri trafferth, blinderus, llafurus; helbulus, gofidus, cystuddiol; cythryblus; prysur, gweithgar, diwyd: *troublesome, vexatious, laborious; troubled, worried, afflicted; turbulent; busy, active, industrious.*

1547 *WS, Trafferthus* Toylouse. **1552** *Pen* 403, 20, hwynt a gowsant lucrecia yn eiste gida i gwlan hyd yn hwyr or nos yn i thy i hvn ai morynion yn *drapherthus* yni chylch. **16g.** *LIS* 137, Gwden y coet . . . Had hwn . . . a bair . . . welet llawer o vreuddwydion *trapherthus.* **1588** *Luc* x. 40, Martha oedd *drafferthus* (*TN* 103a, a drallodit) yng-hylch llawer o wasanaeth. **1630** *YDd* 404, Satan . . . yn ei ddangos ei hun yn fwyaf *trafferthus* (*busiest*), pan fo dy blant di yn wannaf. **1632** *D, Trafferthus*, Operosus, negotiosus. **1632** J. DAVIES: *LlR* 307, fel y mae tawelwch yn fwy hyfryd gan y morwyr yn ôl tymmestl *drafferthus.* **1672** J. LANGFORD: *HDdD* 428, os bydd cyflwr buchedd ûn dyn mor wîr *drafferthus*, na chaiff ef amser, i ddefosiwnau cyhyd ac mor arbennig. **1734** S. RHYDDERCH: *Alm* [ii–iii], m[i] a gymmerais lwyr Boen gyd â'r Wennynen *drafferthus* i gasglu Mêl allan o amryw Lyssiau. **1778** J. HUGHES: *BB* 163, Er galw y rhai *trafferthus*, / I'r swpper mawr cynfforddus troen i ffwrdd. **1790** T. JONES: *TOS* 349, y byd *trafferthus*, ymrysongar, cybyddlyd. **1803** *P, Traferthus* . . . Bustling, full of business; toiling, laborious; troublous. Ar lafar, '*trafferthus*' 'busy, very much occupied', *WVBD* 539; 'tŷ *trafferthus*' 'tŷ anghyfleus sy'n peri llawer o waith' (Cered. a'r De); 'Dyna blant *trafferthus* yw reina. Man' nw'n creu gwaith dychynllyd idd 'u mam', 'Ma golwg *drafferthus* ar 'onna wastod', *GTN* 804. Clywir hefyd yr ymad. 'Martha *drafferthus*' (cf. engh. 1588 uchod).

trafferthusrwydd [*trafferthus* + *-rwydd*] *eg.* Llafurusrwydd: *laboriousness.*

1803 *P.*

trafferthwch [*trafferth*¹ + *-wch*¹] *eg.* Trafferth, helynt, cystudd, helbul, anhawster, adfyd: *trouble, bother, affliction, difficulty, adversity.*

1672 R. PRICHARD: *Gw* 387, Mae'r fâth alar, mae'r fâth dristwch, / Mae'r fâth gwynfan a *thrafferthwch.* *id.* 436, Ac yn dwyn o Fôr *trafferthwch*, / Ddyn i'r Porthladd o ddedwyddwch. **1763** R. THOMAS: *HR* 20, Fel hyn i'm husgwydwyd [*sic*], rhwng Diafol, a'm hanwybodaeth fy hyn [*sic*]; mewn mawr *draferthwch* [*sic*]. **1766** *CD* 177, Mi gefais i *drafferthwch*, / Iw gael o ['ymddiddan y Saith Wragedd'] fal i gwelwch. **1774** H. JONES: *CH* 5[7], Pob tymmor yn y flwyddyn sy'n dwyn llafur a *thrafferthwch* iddo [hwsmon]. Ar lafar, 'mewn *trafferthwch* mawr', *WVBD* 539.

trafferthwr [bôn y f. *trafferthaf*: *trafferthu* + *-wr*] *eg.* ll. *-wyr.* Masnachwr; (geir.) un sy'n peri trafferth: *trader; (dict.) troublemaker.*

Dchr. **17g.** *J* 10, 162a, *Traferthwr.* turbator. **1680** J. THOMAS: *UN* 13, Crist a daflodd y *trafferthwyr* bydol allan oi dy gan eu ceryddu. Ar lafar yn yr ystyr 'un sy'n trefnu (angladd)', 'Y fi odd y *trafferthwr* bothdu anglodd yr 'en Garlin, waith 'odd dim tylwth ar ôl ginti', *GTN* 804.

traffest, gw. **tra-** + **ffest**¹.

traffeth¹·², gw. **trafferth**¹, **trafferthaf: trafferthu.**

traffig, traffic [bnth. S. *traffic*] *eg.* Cerbydau (sy'n symud) ar ffordd (hefyd am fathau eraill o drafnidiaeth, e.e. am awyrennau neu longau), trafnidiaeth, mynd a dod, cludiant (nwyddau), nwyddau neu bobl a gludir; masnach: *(road, &c.) traffic, a coming and going, transportation (of goods), goods or people transported; trade.*

16–17g. *CRC* 80, I Farsiandwr yr ŵy'n debig / A fae'n Mentrio'r Môr am *Drafficc.* **17g.** HUW MORUS: *EC* i. 294, Fe garia bob *traffig*, / O Gaer ac o'r Amwythig, / Ac afalau o wlad Seisnig, a phenweig, a ffâ [i ofyn ceffyl]. **1686** FFOULKE OWEN: *Cerdd-lyfr* 135, A mynd mewn euraid ddiwig ath *draffic* ffrolic ffriwlan [am Brydain]. **1696** *CDD* 275, Mae *traffic* ysgolheigion, / A ysciliwŷd o'u hyscolion, / A gollodd eu harferion, / Amserion mwŷnion Mai. **17–18g.** O. GRUFFYDD: *Gw* 17, Ni a welwn yn waelach bob *traffic* a drutach. *c.* **1729** S. RHYDDERCH: *LlCD* 393, Mae eilwaith ffordd i gospi anneiri o nwy, / Y Galon ffrom ystyfnig, ar uchel falch fonheddig *draffig* drud. *c.* **1762–79** W. WILLIAMS: *P* 39, Diau yw nas gallir fyth amddiffyn na chyfiawnhau y fath *Draffic* a hwn [am gaethweision]. **1784** M. WILLIAMS: *S* i. 196, Mae dros gant o longau yn cludo *traffig* hyn [*sic*] ymlaen bob blwyddyn [am gludo halen]. **1799** M. WILLIAMS: *HHG* 53, ei ewythr a'i cyflwynodd [Mahomet] i wasanaeth gwidw gyfoethog . . . dros hon fe gariodd *draffig* hynod i Damascus. **1828** *Geir Pob* 27, *Traffic*, marchnadaeth. Ar lafar, 'clŵad twrw *traffic*' (Llŷn).

Amr.: **traffit.** **18g.** *LlGC* 1062, 94, pa beth iw yr *traffit* sudd ganddochi ynddi [llong]. **1762** H. JONES: *HCF* 47, Llwythwch ei Long ef o bob *traffit*, / Pob peth yn rhâd, 'rwi 'n rhoi ichwi rydd dit [*sic*].

traffith, gw. **trafferth**¹.

traffol, gw. **tra-** + **ffôl**¹.

traffordd [*tra-* + *ffordd*] *eb.* ll. *-ffyrdd.* Math o ffordd ddeuol lle caniateir teithio'n gyflymach nag arfer, hefyd yn *ffig.*: *motorway, also fig.*

20g.

traffull, gw. **tra-** + **ffull**¹.

traffun, gw. **tryffun.**

traffwyr, gw. **tra-** + **ffwyr.**

trag, tragedi, tragedïol, gw. **tra**², **trasiedi, trasiedïol.**

tragedol [?cfdds. o'r S. *traged(y)* + *-ol*] *a.* Trasig, trasiedïol: *tragic(al).*

1916.

tragedus [?cfdds. o'r S. *traged(y)* + *-us*] *a.* Trasig, trasiedïol: *tragic(al).*

1916.

tragefn, gw. **trachefn.**

traglew, tragloyw, gw. **tra-** + **glew, gloyw.**

tragod [bnth. Llad. *tragœd(ia)*] *eb.* Trasiedi: *tragedy.*

1904.

tragoedia [bnth. Llad. *tragœdia*] *eb.* ll. *tragoediau.* Trasiedi: *tragedy.*

1906.

tragoedus [*tragoed(ia)* + *-us*] *a.* Trasig, trasiedïol: *tragic(al).*

1933.

tragofal, gw. **tra-** + **gofal.**

tragor [?*tra-* + **gor* (cf. *gormod, rhagor*); ansicr yw rhai o'r enghrau. isod, a dichon fod yma fwy nag un gair] *eg.* Gormod(edd), helaethrwydd (mawr), toreth; *Diwin.* gorober; gormodiaith; trahaustra; oediad: *excess, superfluity, (super)abundance; supererogation (in theol.); exaggeration; arrogance; delay.*

?**16g.** *LlGC* 1560, 549–50, ni fynne fo ddim *tragor* geni fi am aros a minne heb fodd i mi i aros ['geirie . . . sathredig yn Sîr Drefaldwyn']. **1567** *LlGG* 88a, a'i ddilyn eb ohir [:- ganlyn eb *dragor*]. **16g.** WILIAM CYNWAL: *Gw* (R. L. Jones) 13, Oed yr Iesu, drwy'r oesoedd, / Yn ôl marw Siôn, haul mars oedd, / Pymthecant, bwrw mabsant Môn, / Pwys Troelus, post yr haelion, / Pedwar ugain, trip *dragawr*, / Pumlwydd maith, pen-lywydd mawr. **1632** *D, Tragor*, Superfluitas, redundantia, nimietas. **1688** *TJ, Tragor*, llawer iawn, gormodedd: superfluity, excessiveness, abundance. **1696** *CDD* 320, Neu drigo heb *dragor* [:- Gormod] megis Angor; / Yn llawr y dyfn-for anfad gudd. **1721** J. P. PRYS: *DC* 3, Wiw fawl bêr rywiogedd heb *dragor.* *id.* 28, Gan dd'wedyd heb *dragor* i'r fan lle bo'ch Trysor, / Yno o bob goror daw 'r Galon. **1722** *Llst* 189, *Tragor.* m. Excess, too much; the overplus: arrogance, presumption. **1760** E. WILLIAMS: *UYB* 93, [g]allent ymffrostio gyda gwirionedd, ac heb *dragor*, fod pob peth yn eiddo hwynt. **1773** *W* d.g. *Exuberance, or exuberancy* [*super-abundance, luxuriance, excess, &c.*], *Supererogation* . . . *Works of supererogation.* **1776** DEWI NANTBRÂN: *AN* 77, [g]ochel pob *tragor*, a gormodedd. **1803** *P, Tragor*, s. m. . . . Superabundance, superfluity.

tra-gorffenedig [*tra-* + *gorffenedig*] *a.* a hefyd gyda grym enwol. *Gram.* Gorberffaith: *pluperfect (in gram.).*

1808 W. OWEN[-PUGHE]: *CIG* 40, a *thragorphenedig* . . . fal . . . caraswn.

tra-gorffennol [*tra-* + *gorffennol*] *a.* a hefyd gyda grym enwol. *Gram.* Gorberffaith: *pluperfect (in gram.).*

1818.

tragoriaeth [*tragor* + *-iaeth*] *eg.* *Diwin.* Gorober; (geir.) tra-rhagoriaeth: *supererogation (in theol.); (dict.) superexcellence.*

1794 *W* d.g. *Supererogation.* **1803** *P, Tragoriaeth*, s. m. . . . Transcendency.

tragoriannol [*tragoriant* + *-ol*] *a.* *Diwin.* ac *Athr.* Trosgynnol: *transcendental (in theol. and philos.).*

1868.

tragoriant [*tragor* + *-iant*] *eg.* Tra-rhagoriaeth: *superexcellence.*

1803 *P.*

tragorllin, gw. **tra-** + **gorllin.**

tragŵn, gw. **dragŵn** (At.).

tragwres [*tra-* + *gwres*] *eg.b.* a hefyd gyda grym ansoddeiriol. Gwres mawr, tanbeidrwydd, hefyd yn *ffig.*: *intense heat, also fig.*

13g. *DB* 83, Pan gocho goleuat y syr a dineu en flameu en e guregys llaethaul e tu a'r gogled, danllewychu symut ar y vrenhinyaeth . . . neu *dragures* a wna. **13g.** *GBF* 492, Rac *tragỽres* y tan a gormod boethuan / A wnaeth Baraban y benydyaỽ. **14g.** *RC* xxxiii. 223, yd oed Veir guedy blinaỽ gan *tra gures* yr heul. *c.* **1400** *MM* 150–2, llygredic ynt y kyrf gan *dragỽres* yr heul. *c.* **1400** *YSG* i. 95, ef a'r allei y *dragwres* beri y'r blodeu golli. *c.* **1400** *B* xiv. 189, Meddawt yssyd mam y aerua, tat y wythlonder . . . *tragwres* y chwant. **1527** *id.* ii. 204, trewis flam o *dragwrres* kariiad [*sic*] godineb yn i chalon o achos y mab. **16g.** *GGH* 291, Ysgwier, hael osawg rhwydd, / At *dragwres* waed rhywiowgrwydd [i ofyn march]. **1594–6** *Études* ii. 324, pann dhaeth sychet yt o *dragwres* cariat ar ddyn. **1632** *D* d.g. *Ardor, Inflammatio.* **1771** *W*

d.g. *A burning, or burning [inflamatory] heat.* **1803** *P, Tragwres*, s. m. . . . Extreme heat.

Gw. hefyd **trachwres.**

tragwyddol, tragywyddol [*tragywydd+ -ol*] *a.* ll. *-ion*, a hefyd gyda grym enwol ac adferfol. Heb na dechrau na diwedd mewn amser, tragywydd, bythol, yn parhau am byth, digyfnewid, diball, *Diwin.* yn bodoli mewn cyflwr diamser; parhaus: *eternal (also in theol.), everlasting, perpetual, perennial, unchanging, unceasing; continual.*

12g. *LL* 120, Lymma y cymreith ha bryein . . . arodes breenhined hinn hatouyssocion cymry yn*try-cyguidaul* (*inperpetuo*) dy eccluys teliau. **12g.** *GMB* 274, *Tragywyta*ỽ*l* Duw tra gynanwyf / Traethaỽd ohonaỽd a handenwyf. **13g.** *GDB* 255, Gweleis Lywelyn, eurdyn urtaỽl, / Yn urtas dreicwas *dragywytaỽl.* **13g.** *HGK* 31, Wedy meddylyaw ohonaw enw *tragwyddawl* o filwryaeth. **1346** *LlA* 138, Athragyỽyd yỽ ytat. A*thragy*ỽ*yda*ỽ*l* yỽ ymab. A*thragy*ỽ*yda*ỽ*l* yỽ yr yspryt glan. Ac eissoes nit ynt tri *tragy*ỽ*yda*ỽ*l.* namyn vn *tragy*ỽ*yda*ỽ*l.* **14g.** *YBH* 35a, castell awnaethoed y myỽn ynys yn y mor ac ny cheit y castell hỽnnỽ yn *dragywyda*ỽ*l* (*jammés*) hyt tra barhaei fỽyt yndaỽ. *c.* **1401** *AL* ii. 358, [g]ỽneuthur teruyn teilỽg dylyedus herwyd y kyfreith ef [Hywel Dda] yny lleoed dyỽededigion *tragy*ỽ*edolyon* (*LHDd* 51, *trag*ỽ*ydolyon*). *c.* **1475** *B* xiii. 181, ac yn rodi y chwitheu *tragwydolyon* eisteduaeu a gorffywys yn y Nef. **1567** *LlGG* 9a, Ac etwa nyt ynt tri *tragwyddolion*: amyn un *tragwyddawl.* **1568** Morys Clynnog: *AG* 49, [p]oenau *tragw[dd]ol.* **1588** 2 *Cor* iv. 17, Mae yscafnder ein cystudd . . . yn peri i ni yn rhagorol gael rhagorol a *thragwyddol* bwys gogoniant. **1595** M. Kyffin: *DFf* [87], [b]ywyd *tragwiddol* difarwol. **1617** *Cat* 8–9, A bod yn teilyng gantho [Duw] yn cadw an ymddiffin ni ym hob enbeidrwydd ysbrydol, a chorphorol. **1632** *D*, Tragywydd, & *Tragwyddol*, Æternus. **1682** E. Llwyd: *El* 13, trwy Jesu Grist ein harglwydd, ir [*sic*] hwn gyda thi a'r yspryd glan, y bo holl anrhydedd, a gogoniant yn *dragowyddol.* **1723** WM: *PGG* 111, ti a gei fyw yn *dragwyddol* gydag ef yn y Nefoedd. **1773** *W*, Y *Tragwyddol*, i.e. Duw d.g. *Eternal* . . . *The Eternal.* **1796** *Geirgrawn* 259–60, Cerinthus a fu 'n achos o ddechreuad plaid gyfeiliornus . . . yr ydoedd yn dal . . . i fod Crist yn un o'r Eonau neu 'r *tragwyddolion* dwyfol. **1803** *P* d.g. *Tragwyzawl, Tragywyzawl.* Ar lafar, '*tragwyddol*', *WVBD* 539, *GTN* 804; 'Hen fôs cas ydi o—yn rhoi'r sac i rywun *dragwyddol*', ''Wneith hi'n *dragwyddol* roid i fewn' (Arfon).

Amr.: **tragyfythol** [cf. *tragyfyth*]. **1551** W. Salesbury: *KLl* xxb. **1604–7** *TW* (*Pen* 228) d.g. *perpetuus, perennis.* **1721** RD: *CFf* 101. **1803** *P.*

Cfn.: **tragwyddol heol:** *free rein.* **1661** E. Lewis: *Drex* [iv], Y cyfryw hefyd y roesant *dragwyddol* [*h*]*eol* i bawb y chwenychent gyfieithu rhag llaw. Cf. Islwyn: *Gw* 143, Ffowch, ddeddfau dynol! Rhowch i hon [barddoniaeth] *dragwyddol heol.* **o dragwyddol bwys:** *of vital importance.* Ar lafar, ''Ydi cynnwys y darn papur 'ma *o dragwyddol bwys* neu 'alla' i 'i roi o yn y bin?' (sir Ddinb.).

tragwyddolaf, tragywyddolaf: trag(y)wyddoli [bf. o'r a. *trag(y)wyddol*] *bg.a.* Gwneud yn dragwyddol neu'n barhaol, peri parhau am byth, anfarwoli, cadw am byth; bodoli yn dragwyddol; ?terfynu, penderfynu: *to perpetuate, make permanent, immortalize, eternalize, preserve for ever; exist eternally; ?conclude, determine.*

c. **1401** *AL* ii. 328, Tri dadleu ny dylyir eu gỽneuthur namyn rac bron ygnat, neu rac bron yneb avo yny le yn gỽneuthur y dadleu hynny yn ennỽedic, ac a allo *tragy*ỽ*ydoli* y dadleu hỽnnỽ yn oes yr arglỽyd hỽnnỽ: kyntaf yỽ, kymryt dyn y genedyl ney y ỽrthlad o genedyl; eil yỽ dadleu tir adayar; trydyd yỽ, tagnouedu kenedyloed am alanassoed, neu am ymlad, ỽrth nadylyir *tragy*ỽ*ydoli* y dadleu hynny onyt arglỽyd neu y neb adotto ef yny le. **15g.** *id.* 286, ny ayll vn dyn ellwg neb y vamwys na trefftatv [*sic*] neb nay *tragwydoly* heb dvhvntep y tayr grad vchot. **1592** S. D. Rhys: *Inst* [xiv], y Groecieit, a''r Lladinieit . . . [mae] holh Europa yn gybhlawn o 'i hiaith a''i lhybhreu hwy, ynn *tragwydhôli* moliant a' gogoniant i 'r Gwledydh hynny. *id.* [xviii], peri casclu hebhyd a' phrintiaw Lhybhreu ac odidogion Gerdheu yr Arwydhbheirdh, er mwyn *tragwydhôli* o honynt 'wirgobh am bholiant. **1632** *D*, *Tragwyddoli*, Æternizare, perpetuare. **1661** E. Lewis: *Drex* 51, Y Rhufeiniaid oedd yn tybied y gallent *dragwyddoli* eû clôd dair math ar ffordd. **1675** R. Davies: *PY* [iv–v], y cyfryw foneddigion ac sydd yn ffafrio gwyr o ddysg . . . dylei dysgeidiaeth a'r celfyddydau anrhydeddu a *thragwyddoli* eu coffadwriaeth hwynt ir [*sic*] oesoedd sydd i ddyfod. **1712** T. Williams: *CDdG* 197, Rhai a ewyllysient *dragwyddoli* ei henwau o oes i oes. **1765** J. Evans: *CPE* 3, efe a ordeiniodd bren y bywyd . . . i gynnal . . . a *thragwyddoli* bywyd a dedwyddyd. **1773** *W*, *Tragwyddoli* d.g. *To eternalise.* **18–19g.** *Llr* C 34, 243, Tri pheth a wna Ysgrifennydd da, nid amgen, fe *dragwyddola* gof ar weithred ardderchog, fe rydd addysg i'r oesoedd a ddelont, ag a bair iw enw ei hun barhau byth. **1803** *P*, *Tragwyzoli* . . . To eternize.

tragwyddoldeb, tragywyddoldeb [*trag(y)wyddol+-deb*] *eg.* ll. (prin a diw.) *tragwyddoldebau.* Amser anfeidrol neu ddiddiwedd, tragwyddolrwydd, hefyd yn *ffig.*, *Diwin.* bodolaeth neu fywyd tragwyddol: *eternity (also in theol.), eternalness, perpetuity, also fig.*

1588 *Gen* xlix. 26, hyd derfyn brynniau *tragwyddoldeb.* **1588** *Salm* xc. 2, ti hefyd oeddit Dduw o *dragywyddoldeb* hyd *dragywyddoldeb* (*LlGG* (*Sall*) lia, er yn oes oesoedd). **1588** *Pr* xii. 6, pan êlo dyn i dŷ ei *dragwyddoldeb.* **16–17g.** E. Prys: *Gw* 308, Mwy enillodd, mae'n ollawl, / Duw Iesu, Fab dewis fawl / Na'r golled drwy gred groywdaith, / Adda ac Efa o'u gwaith. / Enillodd, ni allodd neb, / Ddoldir mewn *tragwyddoldeb.* **1632** *D*, *Tragwyddoldeb* . . . Æternitas. **1661** E. Lewis: *Drex* 377, Ar *Dragywyddoldeb* nid oes un Terfyn. **1687** (**1715**) J. Owen: *TB* [iv], Mae gan yr Arglwydd hir *dragwyddoldeb* i gospi'r drygionus. **1699** T. Jones: *TP* 36, O *Tragywŷddoldeb*! *Tragywŷddoldeb*! Pa fôdd a dioddefaf y gofud a fŷdd arnaf, pan ddelwŷf i'th Fôr o dân annherfynol. **1759** T. Thomas: *WWDd* 10, Fe wyddai Duw er *tragwyddoldeb*, pa sefyllfa y gosodai ef Ddŷn ynddi. **1763** *ML* ii. 602, mae rhywbeth yn dywedyd imi y bydd y llythyr nesaf oddiwrthych a sel ddu arno, felly Duw a'n parodho ni i gyd, nid yw oes yr hwyaf ond megis trawiad llygad . . . wrth *dragwyddoldeb.* **1790** T. Jones: *TOS* 249, mae *tragwyddoldeb* yn agoshau, ac mi a fyddaf yno ar fyrr ennyd. **1803** *P*, *Tragwyzoldeb*, s. m. . . . Eternity. Ar lafar, 'am *dragwyddoldab* a dwrnod dros ben' 'for ever and a day', *WVBD* 539; *GTN* 804.

tragwyddolder, tragywyddolder [*trag(y)wyddol+-der*] *e?g.* ll. *tragwyddolderau*, a hefyd gyda grym adferfol. Tragwyddoldeb, tragwyddolrwydd: *eternity, eternalness.*

1346 *LlA* 5, Y dyd kynntaf ygỽnaeth ef. dyd *tragy*ỽ*ydolder.* *id.* 100, oadỽynserch *tragy*ỽ*ydolder.* **15g.** *BB* 98, ys yawnach yn. anvon hyt yn ruuein y dethol yr hwn avynnom o deledogyon sened ruvein ybriodi merch yn brenhin ny. ac y gynal y dyrnas gwedy ef. ac o hynny y caffwn hedwch *tragwydolder.* *id.* 144, gweith anryued adurn o anniffic ethrylith a parhao *tragwydolder.* **1455–6** *B* ix. 117, Ac yn berffaith o gariad gorvchaf Ac yn govalu am yn jechyd ni ac yn ddianwadal o *dragwyddolder* ac yn wastadawl. **1583** *LlGC* 716, [ii], paab Iohn. 22. a'wadodd *Tragwyddolder* yr enaid; hyny ydiw, ef a'wadodd fot yr rei ffydd'lawn yn y'nef, ar rei anffydd'lawn yn vffern hyd oni ddeel dydd farn. **1603** W. Midleton: *Ps* 220, O siccr-hau dydhiau nis diwedher fyth / Tra fo *tragwydhølder.* **1632** *D*, Tragwyddoldeb, & [*Tragywyddol*]*der*, Æternitas. **1661** E. Lewis: *Drex* 3–4, Y gwerin diarwybod yn ddiaû a fydd arfer o ddywedyd yn y modd hyn: fe barhâa yr Adail-hon byth, neû am ryw weithred arderchog [*sic*], byth bydd sôn am hyn: a'r gwr anoddefûs a fydd yn arfer o achwyn, nad oes diwedd ar ei gospedigaethau: eithr y *Tragywyddolderaû* hyn byrrion jawn ydynt. *id.* 294–5, mae yn ei egluro yn gyflawnach yn y Lladin, yn y geiriau hyn, In perpetuas Æternitates, Hyd *tragywyddolderau* Tragwyddol. **1722** E. Lloyd: *MC* 53–4, Yn y dydd hwnnw y cafi fyned i lawenydd fy Arglwydd Dduw . . . Lle ni bydd . . . ond . . . happus *dragwyddolder*, tragwyddol fendithiad. **18g.** *Beirdd y Berwyn* 56, Er eitha *tragwyddolder.*

tragwyddolfyd, gw. **tragwyddol+byd**[1].

tragwyddoliaeth, tragywyddoliaeth [*trag(y)wyddol+-iaeth*; 1840 yw dyddiad yr engh. gyntaf o'r ff. *tragwyddoliaeth*] *e?b.* Tragwyddolrwydd, tragwyddoldeb: *eternalness, eternity.*

1346 *LlA* 138, Credu yr vn duỽ yn teir person . . . vn yỽ gogonnyant *tragy*ỽ*ydolyaeth* yteir person. *ib.* vn diỽahan yỽ *tragy*ỽ*ydolyaeth* ytri. kanny bont vn berson. **14g.** *B* v. 197, vn yv eu *tragywydolyaeth* ell tri.

tragwyddolrwydd [*tragwyddol+-rwydd*] *eg.* Yr ansawdd neu'r cyflwr o fod yn dragwyddol, tragwyddoldeb, bytholrwydd: *eternalness, eternity, perpetuity, everlastingness.*

1778 *W* d.g. *Pe[r]petuity.*

tragwyddolwr [bôn f. *tragwyddolaf*: *tragwyddoli+-wr*] *eg.* Un sy'n tragwyddoli neu'n anfarwoli: *perpetuator, immortalizer.* **1913.**

tra-gwyraf: tra-gwyro [*tra-+gwyraf*: *gwyro*] *ba.* Gwyrdroi: *to pervert.*

1604–7 *TW* (*Pen* 228) d.g. *peruerto* (hefyd *D*). **1717** Iaco ab Dewi: *MN* 159, fy Meddylieu . . . yw'r Hudwyr sy 'n . . . *tragŵyro* (*pervert*) fy Ewyllys i gydsynio â 'r Annogiad. **1725** *SR* d.g. *Pervert.* **1772** *W* d.g. *To detort [wrest, or pervert].*

tragyfyth, tragyfythol, gw. **tragywydd, tragwyddol.**

tragywydd, *a.* a hefyd gyda grym adferfol. Tragwyddol, anfarwol, bythol; parhaus: *eternal, everlasting; continual.*

12g. *GMB* 242, Yn gar gan Douyt yn y gerenhyt, / Yn *dragywyt* antraghedic! **13g.** *C* 35. 9–11, Athuendiguiste awraham pen fit. A[th uendicco de] vuchet *tragiuit.* **13g.** *GBF* 322, Gorffeigyawd trymgawd *tragywyd*—y'm dwyn. **14g.** *T* 53. 17–18, Beird ach gogan. ỽynt acharan yn *tragywyd.* *id.* 73. 20, Trindaỽt *tragywyd* aoreu eluyd. **1346** *LlA* 138, A*thragy*ỽ*yd* yỽ ytat. Athragyỽydaỽl yỽ ymab. *c.* **1400** *YCM*[2] 167, aeth Chyarlys hyt y lle a elwir Dyfwr Grawn . . . Ac ef a beris wneuthur enneint yno, yn dogyn y wres, heb gilyaw yn *dragywyd* o geluydyt ac ardymer. **15g.** *GLGC* 220, Bronfreith a ieithydd, / hudol ehedydd, / eos *dragywydd* / fyddaf i Ddafydd. **16g.** (*LlEG*) *LlGC* 5276, 217a, o bai I neb or gwrandawyr y/madel . . . trauai Ef [yr ymherodr] yn tteimlo I dannav y vo a barai I ddienyddu ne I roddi Ef mewn karchar *tragowydd* ar yr hyn lleiaff [*sic*]. **1595** H. Lewys: *PA* 39, hwy a ddeolir or etifeddiaeth yn *dragowyd*'. **1632** *D*, *Tragywydd* . . . Æternus. **1676** W. Jones: *GB* 23, ti a fyddit farw yn *dragywydd*, ie yn oes oesoedd. **1703** E. Wynne: *BC* 113, Yna daw un o honom ninneu ac a gau ar y Diawliaid a'r Damniaid ynghŷd, ac byth yn *dragywydd* ni egorir arnynt mwy. **1768** Risiart ap Robert: *CB* 96, yr oedd cyfraith Moses i barhau yn *dragywydd*, hynny oedd, hi a barhaodd dan ddiwedd yr amser i'r hwn yr oedd hi wedi ei chymmhwyso. **1803** *P*, *Tragywyz* . . . eternal, everlasting. Ar lafar, *WVBD* 539; 'Bydd ddistaw 'nei di, lle mynd 'mlaen *dragywydd*' (Arfon).

Amr.: **tragyfyth** [drwy ei gysylltu â *byth*]. **1551** W. Salesbury: *KLl* xlixa. **1615** R. Smyth: *GB* 94. **1803** *P.*

tragywyddol, tragywyddolaf: tragywyddoli, &c., gw. **tragwyddol, tragwyddolaf: tragwyddoli,** &c.

tragywyddolfyd, gw. **tragwyddol+byd**[1].

trang, trangaf: trengi, trangedig, trangedigaeth, gw. **tranc, trengaf: trengi, trancedig, trancedigaeth.**

traha, tra[4] [petrus yw rhai o'r enghrau. o'r ff. *tra* isod; dichon mai ei gysylltu â *tra*[2] a roddodd fod i ystyron adran (*b*)] *eg.?b.*

(*a*) Balchder (yn enw. mewn ystyr wael), haerllugrwydd, rhodres, rhyfyg, dirmyg; uchelgais (gormodol); camwedd, niwed, creulondeb, trais, gormes, gorthrwm; sarhad, cerydd: *pride (esp. in pejorative sense), arrogance, insolence, haughtiness, presumption, contempt; (inordinate) ambition; wrongdoing, injury, harm, cruelty, violence, oppression, tyranny; insult, reproach.*

12g. *GMB* 202, Ac y'm daeraỽd y dreul o *dra* newyt / Ac amrant hirỽrỽm a grut hirwlyt. **12g.** *GCBM* ii. 269, O bu chwant chwennychu *traha*, / O bu chỽec, bu chỽerỽ odyna. **13g.** *C* 106. 12, gnaud guydi *traha* trangc hir. **13g.** *GBF* 440, Nyt da na *thraa* na thrabalchder. **14g.** *GDG*[3] 404, Rhyw elyn beirdd rhy olud, / Rhywola dy *draha* drud [ymryson â Gruffudd Gryg]. *c.* **1400** *R* 1045. 42–3, Eryr eli gorymda coet [heno]. [r]yuore kinyaỽa. ae llaỽch llỽydit *ydraha.* *c.* **1400** *YCM*[2] 126, gwarandewch y *traha* a'r syberwyt y mae Chyarlys yn y anuon attaf i . . . erchi y minneu anuon Algaliff, vy ewythyr, hedlw o'e dihenydu. **15g.** *GDID* 119, Cyffesa y *traha* trwch, / Cyffesa ci a pheswch! **1547** *WS*, *Traha* Pryde. *a.* **1561** *B* vi. 46, Blwyddyn ef a gerdda *tra* [amr. kamwed], ac o'r diwedd hi a ddifflana. **1588** 1 *Cr* xix. cs., Aniolchgarwch Hanon, ai *draha* yn erbyn cennadau Dafydd. **1588** *Diar* viii. 13, balchder a *thraha*, a ffordd y drygioni, a'r genau trawsion sydd gâs gennifi. **1620** *Salm* vii. 16, Ei anwiredd a ymchwel ar ei ben ei hun: a'i *draha* (**1567** *LlGG* (*Sall*) 4b, greulonedd; **1588** *Salm* vii. 16, gamwedd) a ddescyn ar ei goppa ei hun. **1632** *D*, *Traha*, Arrogantia, superbia, contemptus, summa iniuria. *id.* *Tra*, Idem. **1632** J. Davies: *LlR* 151, caiff y rhai bydol, bob vn ei naillduol a'i briodol boenau . . . am eu trais a'i *traha* (*extortion*). *id.* 251, ein bod ni yn rhyddion oddiwrth drais a thrawsder a *thraha* (*thraldome*). **1701** E. Wynne: *RBS* 96, Cofia bŷth nad yw yspîo i weithredoedd a stâd rhai

eraill ond help i Falchder, a *Thraha* (*tyranny*), ac Anghariad a Blinder. **1712** T. WILLIAMS: *CDdG* 636, meddwl yn rhydda o honom ein h[u]nain a Diystyru eraill; *Traha* . . . cymmeryd gormod attom ein hunain. **1716** E. SAMUEL: *GGG* 180, Dynion ymchwyddedig gan falchder a *thraha*. **1770** *W*, *tra*, *traha* d.g. *Insolence, or insolency*. **1803** *P*, *Traha*, s. m. . . . haughtiness, arrogance, presumption.

(*b*) Gormodedd, afradlonedd: *excess*, *prodigality*.

1567 *LlGG* 60a, Erwydd paam rhowch heibiaw bop budreddi, a *thraha* [:– gormodd, rhysedd, rhy] (W. SALESBURY: *KLl* xlvia, gormodd [:– amylder]; *TN* 345b, rryssedd [:– *tra*]; **1588** *Iago* i. 21, amldra) drigioni. **1567** *TN* 290a, Ac na veddwoch a'r [*sic*] win, yn y peth y mae rhythni [:– *tra*, gormoddedd, ynyt, diwalltrain]. *id.* 322a, [p]lant ffyddlon, yr ei nyd enllybir o nwyfiant [:– rwyf, *dra*, wtres, ormodedd, reiat]. **1632** *D*, *Tra* . . . Item Nimietas. *id.* d.g. *Exce[s]sus, Luxuria*. **1753** *TR*, *Tra* . . . superfluity, excess, waste.

Amr.: **tracha** [cf. *deche* (gw. *deau*)]. Ar lafar yng ngogledd Cered. yn yr ystyr 'poendod, pla', *B* xiv. 282. **tratha** [cf. *dethau* (gw. *deau*)]. **16–17**g. *Cer RC* 41. **16–17**g. *CRC* 322.

trahaog, trahawg [*traha*+*-og*; dichon mai ff. org. a geir. yw *trahawg*] *a.* a hefyd gyda grym enwol. Balch (yn enw. mewn ystyr wael), trahaus, rhyfygus; gormesol, tra-arglwyddiaethol: *proud* (*esp. in pejorative sense*), *arrogant*, *haughty*; *oppressive*, *domineering*.

12g. *GMB* 72, Ar bob rei reidyei yn eurodaꝺc / Rac bytin Emreis dreis *drahaꝺc*. **12–13**g. *GLlLl* 187, Rwym Lloegyr, lliwed *trahaawc*. **13**g. *A* 22. 7, ef gwenit adan dwrch *trahawc*. *id.* 30. 21, trychan *trahaavc* kyuun kyuarvavc. **13**g. *TYP*[2] 41, Tri *Thrahauc* Enys Prydein: Sawyl Ben Uchel, a Phasken mab Vryen, a Run mab Einyavn. **14**g. *id.* 163, A thri ereill o bleit Loegyr: Havystyl *Drahavc*, a Gvaetcym Herwuden, a Gviner. **14**g. *WM* 154. 21–4, Am henꝺ inheu yꝺ ydu *trahaꝺc*. Sef achaꝺs ymgelwit y du *trahaꝺc*. nyt adꝺn vn dyn ym kylch nys treissꝺn. A iaꝺn nys gꝺnaꝺn y neb. **1632** *D*, Trahaus, & *Trahawg*, Superbus, arrogans, qui alios contemnit. **1707** *AB* 239a, *Trahavc*, Proud, haughty, arrogant. **1770** *W*, *trahawg* d.g. *Arrogant*, *Domineering*, *Elate or Elated* [*lifted up with success, puffed up with pride*]. **1803** *P*, *Trahâawg* . . . Arrogant, presuming.

trahaus [*traha*+*-us*] *a.* ll. *traheusion*, a hefyd gyda grym enwol. Balch (mewn ystyr wael), rhyfygus, haerllug, dirmygus; (rhy) uchelgeisiol; gormesol, tra-arglwyddiaethol, creulon, gorthrymus: *proud* (*in pejorative sense*), *arrogant*, *presumptuous*, *haughty*, *insolent*, *contemptuous*; (*over*)*ambitious*; *oppressive*, *domineering*, *cruel*, *tyrannical*.

1346 *LlA* 124, Sef atteb arodes ybrenhin *trahaus* balch y veuno. **14**g. *WM* 160. 22–30, ef adeuth etlym attunt. Ac adywaꝺt val hyn. Doꝺch y ꝺrha ymharlꝺyd i . . . Pei dylyetus difetha kennat nyt aut ti trachefyn yn vyꝺ at dy arglꝺyd. am erchi arch mor *trahaus*. **14**g. *GDG*[3] 3, Gwae fi, Dduw Tri, pond *trahaus*—i neb / Gwerthu dy wyneb, gwyrth daionus? *Dchr.* **15**g. *GM* 25, Gwarth i'r llawn a thremyc y'r *trahaussyon* (*superbis*). **15–16**g. *GRB* 54, ac erioed ni ddug o'i ran / air *trahäus* i'r truan [marwnad Hywel Fychan]. **1547** *WS*, *Trahaus* Proude. **1588** *Ecclus* x. 6, na wna ddim mewn gweithredoedd *trahaus*. **1588** 1 *Tim* i. 13, A mine o'r blaen yn gabl-wr, ac yn erlidi-wr, ac yn *drahaus* (*TN* 311b, draws). **1606** E. JAMES: *Hom* i. 149, nid yw Scrythyr Duw yn cynnwys y *drahaus* awdurdod (*usurped power*) honno. **1632** *D*, *Trahaus* . . . Superbus, arrogans, qui alios contemnit. *id.* d.g. *Tyrannicus*. **1632** J. DAVIES: *LlR* 515, y mae efe [dyn calon-galed] yn waedwyllt, ac yn anwadal, ac yn *drahâus* (*contemptuous*). **17**g. *LlGC* 10249, 144, Rhag Kadaü, treisiaü *trahyssion* [*sic*]. deülü diles annywolion. **1672** J. LANGFORD: *HDdD* 166, y mae 'r dŷn *trahaus* (*ambitious*) yn wastad yn anfodlon i'w gyflwr presennol. *id.* 235, Fal hyn y bŷdd rhai Gorthrymmŵyr [*sic*] *trahaus* (*tyrannous*) yn ymhyfrydu yn penydio eraill a fo tan ei llywodraeth nhw. **1701** E. WYNNE: *RBS* 284, [g]wneit [Iesu] ryfeddod i iachau archoll un o'th elynion *trahaus* (*spiteful*). **1703** E. WYNNE: *BC* 139–40, Dôs i strŷd y Balchder, ac ymorol am wr *trahaus*. **1770** *W* d.g. *Arrogant*, *Contemptuous*, *Domineering*, *Imperious*, *Insolent*. **1798** *WR* d.g. *Overbearing*. **1803** *P*, *Trahâus* . . . Arrogant, haughty.

Amr.: **tyrhaus.** **16**g. WILIAM CYNWAL: *Gw* (G. P. Jones) 121. **16**g. WILIAM CYNWAL: *Gw* (R. L. Jones) 12. **16–17**g. *CRC* 290.

trahausedd, trahusedd [*trahaus*+*-edd*[1]; a'r ail ff. drwy gyw.] *eg.* Trahauster: *arrogance*.

16g. HUW ARWYSTL: *Gw* 176, bid yn benn bo duw nu bart / ba *drahusedd* bod rissiart [i Risiart Herbert]. *id.* 180, Ni ad d'enw fyth notta farn / At ras godi traws gadarn / Ni thyf *trahusedd* heddyw / Nid tŷn a dyf ond dawn Duw. **1733** J. OWEN: *TBG* 102, nid o ymarweddjad surllyd, sarrug, estronaidd, yn rhoddi ei serch ar *drahäusedd* ac uchelbethau. **1803** *P*.

trahausfalch, gw. trahaus+balch[1].

trahauslyd, trahausllyd [*trahaus*+*-lyd*, *-llyd*] *a.* Trahaus, dirmygus: *arrogant*, *disdainful*.

1833.

trahausteb, trahusteb [*trahaus*+*-deb*; a'r ail ff. drwy gyw.] *e?g.* Trahauster; gormes, gorthrwm: *arrogance*; *oppression*, *tyranny*.

1588 *Doeth Sol* xiv. 21, dynion a wasanaethant mewn dryg-fyd a than *drahausdeb*. *id.* xvi. 4, yr oedd yn rhaid i angen . . . ddyfod ar y rhai hynny a arferasent *drahusdeb* (**1988** *ib.* y gormeswyr hynny). **16–17**g. *GST* i. 231, Edrych na wnelych ar neb / Na thrawster na *thrahausteb*. *id.* 411, Ni wnaethoch, galwasoch glêr, / Na *thrahausteb* na thrawster.

trahauster, trahuster [*trahaus*+*-der*; a'r ail ff. drwy gyw.] *eg.* Yr ansawdd neu'r cyflwr o fod yn drahaus neu'n ffroenuchel, rhyfyg: *arrogance*, *haughtiness*, *presumptuousness*.

1547 *WS*, *Trahausder*. **16**g. *WLl* 146, Nid da yw r ystod mewn *trahuster* / A da gwedd ystod y gwedduster. **1632** *D*, *Trahausder*, Idem quod Traha. **1770** *W*, *trahauster* d.g. *Arrogance*, *Haughtiness*. **1803** *P*, *Trahausder*, s. m. . . . Haughtiness. Cf. D. OWEN: *RL* 105–6, y gorthrwm a'r *trahausder* annyoddefol yr oedd ef ei hun yn brofiadol o hono.

trahaustra, trahustra [*trahaus*+*-dra*; a'r ail ff. drwy gyw.] *eg.* Trahauster, yr ansawdd neu'r cyflwr o fod yn ffroenuchel, rhyfyg: *arrogance*, *haughtiness*, *presumptuousness*.

16g. (*LlEG*) *Mos* 158, 38a, I geishio ymddiffin y kam ar *tyrhusdra* hwn. **1574** *RhRC* (At.) 107a, fel y rydoedd yn orchafiaeth mawr yr amser hwnw fod yn iddew, felly y rydoedd yn *drahystra* mawr ynyr amser hwnw fod yn vn or gentilied, ie nyd edryche iddew ond yn bring ar vn o'r gentilied. *p.* **1584** G. ROBERT: *GC* [110], us, weithiau a gymer, dra, mal: trahaus, *trahusdra*. **1588** *Tob* iv. 13, o *drahusdra* y daw prinder a mawr eisieu, o herwydd *trahusdra* yw mam tlodi. *Dchr.* **17**g. *J* 10, 163a, *Tryhausdra*. **1716** *Llsgr R. Morris* 30, fo aeth buwch luce ir ffôs hi foddodd / fo aeth y tân drwu yr tu fo losgodd / fo aeth y ddau ddun i gerdotta / dyna ddiwedd i *trahysdra*. **1803** *P*, *Trahausdra*, s. m. . . . Arrogance. Cf. D. OWEN: *RL* 129, Dim o'ch *trahausdra*, ŵr ifanc, rhag y bydd yn rhaid i chwi dalu am dano.

Amr.: **tarhustra, tyrh(a)ustra, terhustra** [cf. *tyrhaus*, amr. ar *trahaus*]. **16**g. (*LlEG*) *Mos* 158, 38a, *tyrhusdra*. *id.* 492b, am i *terhu[s]dra* ai trais ai hennwiredd. **1605–10** *CRC* 110, Llawn vydd gwraig o *darhvstra* / o drais a rrwysg a thraha. **18**g. *W Ballads* 191, 3, Gall gael *tyrheustra* er meddu mawrdda.

trahauswaith, trahuswaith [*trahaus*+*gwaith*[1]; a'r ail ff. drwy gyw.] *eg.* a hefyd fel *a.* Trahauster, gweithred drahaus; trahaus: *arrogance*, *arrogant action*; *arrogant*.

16g. HUW ARWYSTL: *Gw* 2, pa dyna fo tro treiyr / Kaniataed dvw Kyntai tyrr / ni lwydda dvw loiwedd daith / nar traws, nar balch *trahvswaith* / treier o ble tyf traha / nvwr ddvw a dyf o wraidd da. *id.* 158, ni ddvnest ond gwedd vniawn / nid ei vn as ond yn iawn / ni ddaw da ni wedd y daith / or traws nag or *trahyswaith* / odid i enw da dinam / dyfv/r/ gwaed a fo ar gam. **16**g. *WLl* 52, Didrais a fu dad Rissiart / Y trowsedd a'r *trahuswaith*, / A'i alw ar gam lawer gwaith. *Diw.* **16**g. *RWM* ii. 729, Dynnion Trawssion *trahuswaith*. **1729** S. RHYDDERCH: *Alm* [17], Er ceisio Treisio *trahuswaith* (anhardd) / Ynnill trwy Annhyfraith; / Dwŷn wann fûdd am dano 'n faith.

trahawg, gw. trahaog.

trahusedd, trahusteb, &c., gw. trahausedd, trahausteb, &c.

trai[1] [H. Lyd. *tre*, Llyd. C. *tré*, *tref*, Llyd. Diw. *tre(c'h)*: < Brth. **tragio-*; cf. Crn. Diw. *trig* 'trai, traeth', Gwydd. C. *tráig*, Gwydd. Diw. *trá* 'traeth, trai'] *eg.* ll. (prin) *treiau*, *treion*.

(*a*) Adlifiad y llanw; y proses o ddraenio: *ebb*; *a draining*.

12–13g. *GMB* 382, Ef [Duw] gꝺnaeth *trei* a llanꝺ, a llwyr uedu—byt. **14**g. *T* 29. 3, dedeuant etwaeth tros *trei* athros traeth. **14**g. *OBWV* 95, Troêll y llanw a'r *treiau*, / Traean henfaen breuan brau [Gruffudd Gryg i'r lleuad]. **14**g. *GDG*[3] 205, Saethffrwd aig, trywanwraig *trai*, / Saig nawton a'i sugn atai [i ddymuno boddi'r gŵr eiddig]. *id.* 208, Weithiau y daw [golud], draw draha, / Weithiau yn ddiau ydd â, / Mal *trai* ar ymylau traeth, / Gwedy llanw gwawd a lluniaeth. **15**g. *GGl*[2] 98, Boddi wnaeth ar draeth heb *drai*, / Mae'n y nef am na nofiai [dychan i Uto'r Glyn gan Lywelyn ap Gutun]. **16**g. (*LlEG*) *Mos* 158, 335a, ffrwd y llanw ar *trai*. **1547** *WS*, *Trai* Ebbe. **16**g. *WLl* 137, Trafo [*sic*] haul a thraul a *thrai*—mor a dydd. *Dchr.* **17**g. *J* 10, 161a, *Trai*. ebbe. Refluxus maris. **1632** *D*. **1773** *W*, *Trai*'r môr d.g. *Ebb*. **1795** *R. Crusoe* 32, Yma yr arhosais nes yr aeth yn *drai*, ag yna tynnais fy holl lwyth yn ddiogel i'r lan. **1803** *P*, *Trai* . . . an ebb, an ebb tide. Ar lafar, 'Mae hi'n *drai*', *WVBD* 539; *GTN* 805.

(*b*) (enghrau. *ffig.* ac mewn cyd-destun *ffig.*: *fig. exx. and exx. in a fig. context*).

12g. *GMB* 177, A Menei heb *drei* o drallanw gwaedryar. **12**g. *GCBM* i. 95, Ar un *trai* trychan catcun, / Ys elont i nef arnun! *id.* ii. 91, Gortiuanw anuaꝺs traꝺs *trei*, / Goronw ualch uab Gꝺalchmei. **13**g. *A* 5. 5–6, blaen erwyre gawr buduawr *drei*. **15**g. *GHC* 30, Nid oedd yn y diweddoed / Un man *trai* er maint a roed, / A Duw deg wedi digawn / Oedd yn peri llestri'n llawn. **15**g. *DN* 17, Ni bv *drai* ossai nev ddowssed. **15–16**g. *TA* 295, Synnwyr Rhys yn y rheswm, / O ddwfn hyd *trai*, oedd faen trwm. **16**g. *GGH* 59, Bwa maen dros grib Menai, / Wyd pont ar wŷr, deupen *trai*. **1632** *D*, *Trai*, Decrementum, diminutio. ?**17**g. (**18**g.) *CLlC* ii. 36, Ffarwel i chwi Rowndied, del arnoch chwi *drai*. **1657** *MLl* ii. 110, Llygaid cath a ddengys i chwi, / Pan fo 'r lloer mewn *trâi* neu lenwi. **1767** J. THOMAS: *TFfJ* 98, pan fo y rhain [teimladau] yn *drai* iselaf. **1768** W. WILLIAMS: *HTS* 17, Ei boen [Lazarus] ei *drai* a'i drallod ei gystydd yn y byd, / Mewn cyngrair sy'n dwyn elw tragwyddol iddo 'nghyd. **1803** *P*, *Trai* . . . a decrease, diminishing, or lessening. Ar lafar, "Odd dim *trai* ar 'i gweud 'i' (Morg.). Gw. hefyd y cfn. isod.

Cfn.: **trai a llanw:** *ebb and flow, also fig.* **12–13**g. *GMB* 382. **15–16**g. *GLM* 24, Ni châi Ruffudd, ddydd o'i oes, / *trai a llanw*, ond dryll einioes. **1790** T. JONES: *TOS* 26. Ar lafar, "Os dim *trai a llanw* i'r môr yn 'i gwlæd 'i', *GTN* 805. Cf. *llanw—llanw a thrai.* **ar drai:** *on the ebb, usu. fig.* **14–15**g. *IGE*[2] 265, A heddiw y'n dyhuddir / *Ar drai*, heb na thai na thir (Siôn Cent). **15**g. *GHC* 23, Gŵr a yrrai *ar drai*'r drin. **1798** W. RICHARDS: *CC* 19, Yspryd ag sy'n awr, dybygid, yn amlwg ac yn ddirfawr *ar ei drai*, ac yn prinhau beunydd yn ein plith. **1803** *P*, Trai . . . Mal llyn melin *ar drai*. **heb drai:** *without ebb, usu. fig.* **12**g. *GMB* 177. *c.* **1400** *R* 1306. 11–12, Kat aryneic ket ronꝺy. kefeis oe laꝺ draꝺ *heb drei*. **15**g. *FfBO* 48, dwr sefydlawc gordwfyn . . . *heb* na llanw na *threi*. **15**g. *GO* 147, Llaw Siôn, llewais i winoedd, / Llanw *heb drai* mwnai ym oedd. **16**g. *GIIJV* 40, Dy roi yn uthyr *heb drai* a naethan / Draw ar groes dreigl drwy 'r gras darogan [i Iesu]. **1768** W. WILLIAMS: *HTS* 17, Ond Lazar sydd a'i glwyfau heddyw wedi iachau, / Ynghanol mor o olud heb eisiau ac *heb drai*. **1772** W. WILLIAMS: *GIE* ii. 43, Ac ni gawn drachdio fyth *heb drai*, / O'r afon loyw hon.

trai[2], *a.* Tyllog, drylliedig, hefyd yn *ffig.*: *full of holes, broken, also fig.*

12g. *GLlF* 227, Ar llaw Etnyuet, llaꝺr diogan—leꝺ, / Ergyrwaeꝺ tryleꝺ, *trei* y daryan. *ib.* Treis erꝺyr yn ffꝺyr, ffaꝺ ehegyr, / *Trei* eu dꝺy aessaꝺr gan un ystyr. **13**g. *GDB* 50, Neut *trei* callon donn (duc vi) / Ac neut trꝺydoll o'e golli. *id.* 51, Bleid blaengar blaꝺd trydar treis, / *Trei* hoedyl, y hoet yr bortheis. **13**g. *C* 67. 18–19, Eitew ac eidal diessic alltudion. kanavon cylchuy *drei*. **13**g. *A* 35. 10–11, gnaut ar les minidauc scuitaur *trei*.

trai[3], **traiaf: traio,** gw. treiaf[1]: treio.

traial, gw. treial[2].

traicatur [?bnth. S. C. *trei* a *cater*] *e?g.* ?Tafliad â dau ddis sy'n troi tri a phedwar i fyny: *throw with two dice turning up three and four*.

15g. *GLGC* 65, *Traicatur* drwy y curas, / trwy bob gwregis mae sis as [i ofyn curas].

traid, gw. rhaid.

traidd[1] [bôn y f. *treiddiaf*: *treiddio*] *eg.* a hefyd fel *a.* Ymweliad, cyrchiad, taith, croesiad, mynediad (heibio), ymadawiad; treiddgarwch, craffter; trywaniad, treiddiad, hefyd yn *ffig.*; treiddgar: *visit, a resorting, journey, crossing, passing (by), leaving*;

keenness (of mind), acumen; a piercing, penetration, also fig.; penetrating.

12g. *GLlF* 397, Cawsant warthrudd gan fab Gruffudd prudd, prifaerawg, / Rhag Twr Gwallter, blaidd *traidd* trymder tra niferawg. **14g.** *OBWV* 91, Ni chely, drem uchel *draidd*, / Y briallu erbrillaidd [*sic*] [Gruffudd ab Adda i'r fedwen yn bawl haf]. **14g.** *GDG³* 51, Ac organ dra diddan *draidd*, / Ac aur eos garuaidd [marwnad Gruffudd ab Adda]. *id.* 144, Hoedl i'r fun hudolair fawl / A geidw ym, drefn erddrym *draidd*, / Fy mwythau yn famaethaidd. *id.* 274, Ni aned merch, dreiglserch *draidd*, / Felenwallt mor fileinaidd. *c.* **1400** *R* 1375. 2–3, Arglỽydieid *treid* trỽydet beird kymry bỽrd kymrỽysc gỽin yfet. *id.* 1376. 34, uab einyaỽn vyrdlaỽn drin greulaỽn *dreid*. *Dchr.* **15g.** *GSCyf* 120, Cyd bych, drafn uniawnwych *draidd*, / Naddwr cerdd awenyddaidd [Llywelyn ab y Moel i ateb Rhys Goch Eryri]. **15g.** *DE* 49, pwyll a dry pell yw i *draidd* / paban min pob vn mwynaidd [i'r cusan]. **15–16g.** *GRB* 9, llygoden ffôl heb olwg, / llwyr *draidd*, a wnaeth llawer drwg [i'r tri gormes]. **16g.** *GlLlV* 58, Odyd fyth drem loyw syth *draidd* / Or llu wyneb mor lluniaidd [i ferch]. **16–17g.** *PhA* 466, Dyfod a wnawn drwy iawn *draidd* / Ddwys hynt i'w fynydd santaidd. *Dchr.* **17g.** *J* 10, 161b, *Traidd.* × cerdded. **1632** *D, Traidd*, Traiectio, transfixio. *id.* d.g. *Penetratio.* **1632** J. Davies: *LlR* 194, ymadael a'th drueni ac a'th lafur a meddiannu anfarwoldeb: ac yn y *traidd* ar [*sic*] ymadawiad hwnnw (*in that passage*), pan fo eraill yn dechreu ofni, tydi a gai ddyrchafu dy ben mewn gobaith. **1688** *TJ, Traidd*, mynediad heibio, trwodd neu trosodd . . . a passing by. **1704** E. Samuel: *BA* 139, y mae Miletum . . . o fewn *traidd* ychydig ddyddiau at Philippi. **[1738]** E. Jones: *CE* 50, i erfyn ar Dduw . . . [dd]anfon ei Angylion sanctaidd i'w warchad yn ei *Draidd* i'r Byd arall. **1775** *W, traidd* . . . meddwl d.g. *Intuition.* **1803** *P, Traiz*, s. m. . . . A passage . . . a pierce through.

traidd², traifn, gw. **treiddiaf: treiddio, trafn¹.**

traigl, trail, gw. **treigl¹, trael¹.**

traill¹ [tebyg fod yma fwy nag un gair; cf. S. *trail* ar gyfer rhai o'r ystyron; â'r *-ll*, cf. *macrell, rhidyll*] *eg.b.* ll. (prin) *treilliau, treillion.*

(*a*) Tro, troad, treigl, taith, hynt; ôl (troed), trywydd; helynt, trafferth; llusgiad, tyniad: *turn, a turning, course, journey, way; track, trail; bother, trouble; a dragging or pulling.*

14–15g. *IGE²* 249, Garw ei *draill* â girad rôn, / Gorau irfeistr Gaer Arfon [Ieuan Waed Da i Ieuan ab Einion ap Gruffudd]. **15g.** *GGl²* 231–2, Y tair treth (Gwae'r tir o'r *traill*!) / Oedd Werful a'r ddau eraill. **15–16g.** *GIF* 79, Mewn deubeth y mae'n debyg / i *draill* y ci a'r dryll cig. **16g.** Wiliam Llŷn: *Gw* (R. Stephens) 557, Da i'r llong wrth *draill* angor / Ochel creigiau 'mylau môr. **16g.** *Hop M* 178, y cythrel ar cnawd ywr llaill, sy n gwnaethyr *traill* ddrygniaeth. *id.* 181, dilyn saith pechod bob cain, a phenn yr hain yw balchder / ag o hwnn y tyf y llaill, i beri *traill* ar niver. *c.* **1588** *B* ii. 239, *traill*: treigl. **16–17g.** *GST* i. 263, Dy chwioryddd y sydd, Siôn, / Dan eu breuddwyd yn bruddion; / Llwyrwaith *draill* hiraeth a drig, / Llai yw sir Iarlles Warwig [marwnad Siôn Wyn ab Elisau]. **16–17g.** T. Prys: *Bardd* 366, Traillio bair tori lle bedd / *Traill* fechan tro well fuchedd. **16–17g.** *LlCy* viii. 222, Trwsia fawl, dos trosof fi, / *Traill* iawn, at aer Lleweni [Siôn Mawddwy i'r eos]. **1604–7** *TW* (*Pen* 228) d.g. *Versatio, Versura.* **1632** *D, Traill*, yw Treigl, ait [William] Ll[yn]. Reuolutio. **1718** S. Thomas: *HB* 44, hwy [Christopher Columbus a'i wŷr] a ddychwelasant i roddi cyfri o'u *Traill* Brenin [*sic*] Spain. **18g.** E. T. Rhys: *DA* 146, Anfoddio Duw'n fuan, wrth foddio dy hunan, / A rhodio'r ffordd lydan, rhy druan yw'r *draill.* **1790** Twm o'r Nant: *GG* 203, Tröell amser *traill* ymsathr, / Try yma'n llym, trwm yw'n llethr. **1803** *P, Traill*, s. m.—pl. *treillion* . . . a trail, a drawing out; a turn.

(*b*) Dalfa, helfa (o bysgod); treillrwyd: *draught, haul (of fish); trawl (net), drag-net.*

1567 *TN* 89a, ydd oedd ef wedy brawychy . . . gan y tynn [:– veisciat, *traill*] o byscawt. *Dchr.* **17g.** *J* 10, 161b, *Traill.* draught. Captura. Luc. 5. 10. **1632** *D, Traill* . . . *Traill* o bysgod, ait W[ilielmus] S[alesburius]. Luc. 5. Nunc Tynn. **1803** *P, Traill* . . . *Traill* o bysgod, a draught of fishes. Cf. J. G. Jenkins: *NC* 142, Each 'bwrw' was divided into three parts, each of which was called a *traill.* At Cilgerran . . . the principal trawl ('y *draill*') was that side of the river usually, but not always, nearest the village.

Cfn.: **ar draill:** *trailing, rolling, turning; ?on the rack.* **15–16g.** *GIF* 89, Un gaill fu *ar draill* er drylliaw ar hon, / bu yn hir 'n ei cheisiaw ['i haeru i ysbryd Deicyn ysbaddu Lang Lewys']. **16g.** Morus Dwyfech: *Gw* 24, Rhai eraill *ar draill* dryllier—eu pennau / Piniwn drwg ysgeler / Na pheidiant, i'w noddiant Nêr, / Â nwyfus dyngu'n ofer. **16g.** *WLl* 157, Troi mae rrod term y rrediad / A llwydd dyn yn llaw Duw dad / Y droell fawr *arr draill* fydd / Arr dynion ar i denydd. **1604–7** *TW* (*Pen* 228) d.g. *Volubiliter.* **[1783]** *W*, ar dreigl, *ar draill* d.g. *Rollingly.*

Gw. hefyd **trael¹.**

traill², traill-ffun, gw. **treilliaf: treillio, treillffun.**

train¹ [?bnth. S. C. *train* 'series of actions, proceeding; delay'; ansicr yw'r ystyr yn y ddwy engh. gyntaf isod, a rhoddir y diff. ar sail y geir.] *eg.b.* Tro, treigl (bywyd); gohiriad, oediad; sgwrs: *turn, course (of life); a delaying or lingering; conversation.*

Dchr. **15g.** *GSCyf* 91, Sudaidd iawn y'th osoded, / Seiliau dail glwydau dôl gled, / Gosodiad, nid treisiad *train*, / Gwewyr goreuwyr Owain [Llywelyn ab y Moel i'r bedlwyn]. **15g.** *GGl²* 129, Chwedl blaenfain fu'ch *train* a'ch tro, / Benfras Arglwydd o Benfro. **1632** *D, Train*, Conuersatio, cunctatio, & Didrain. **1688** *TJ, Train*, buchedd, (cwrs) bŷwoliath dŷn, llercian: conversation, also a lingring or delaying. **1722** *Llst* 189, *Train.* d. A conversation: a lingering. **1753** *TR.* Cf. Gw. Mechain: *Gw* i. 419, Ar bryddest loew ddestl ddystain—a llywydd / Llewyrch beirdd i'w harwain; / Mygr ei ddadl, trwyadl mewn *train*, / Cu a syw, ces i Owain.

train²,³, gw. **trên¹, traen⁵.**

trainsiwr, trainswr, gw. **trensiwr¹.**

trais, *eg.b.* ll. (prin) *treisiau, treision*, a hefyd gyda grym ansoddeiriol ac fel *a.*

(*a*) Y weithred o ddefnyddio grym corfforol i beri anaf neu niwed i berson, eiddo, &c., y cyflwr o fod yn dreisgar, triniaeth neu weithred dreisgar, ymosodiad corfforol, grym, nerth, cadernid, gorfodaeth, gorthrwm, gormes; brwydr, ymladd, cyrch; peth a gymerir drwy drais, ysbail, anrhaith; hefyd yn *ffig.*: *(act or instance of) violence, force, might, strength, compulsion, tyranny, oppression; battle, fight, assault; thing taken by violence, spoil, booty, plunder; also fig.*

12g. *LL* 120, ycyfreith idi ynhollaul. o leityr o latrat. *otreis* (*rapina*). odynnyorn. **12g.** *GMB* 72, Rac bytin Emreis *dreis* drahaỽc. *id.* 178, Mab Gruffut greid amdias, / Meith dy *dreissyeu* drac Euas. **12g.** *GLlF* 134, Gorwenn uy ysgwyd ar uy ysgwyt—y *dreis.* **12g.** *GCBM* i. 193, *Treis* ar y ysgwyd rac ysgor—Dinteirw, / A gwyr meirw rac mur cor. *id.* ii. 180, *Treis* Dreon, trinheion nwy try. **12–13g.** *GMB* 360, Y ngorofn trai, *trais* fyfyr, / Y gwriawr cadwawr, cedwyr. **12–13g.** *GLlLl* 88, Pan diỽung trawsulỽng tros ure—y *dreissyon*, / Ysgyluyon ysgylue. *id.* 96, *Treissyeu* ardaleu, ardwy trin,—ryduc. **13g.** *GDB* 64, *Treis* Duw, dwyn hael o an byd, / Ac wedy *treis* Duw, tristyd. **13g.** *LlI* 79, Sef yu *treys*, pob peth a dyccer eg guyd o anuod. **13g.** *A* 17. 11, a merch eudaf hir *dreis* gwananhon. **13g.** *GBF* 535, *Treis* pobyl, trist pawb o'e golli [marwnad Goronwy ab Ednyfed]. **14g.** *WM* 480. 14–16, ny daỽ ef oe uod genhyt ti ny elly ditheu *treis* arnaỽ ef. **14g.** *GDG³* 56, Trist oedd ddwyn, *trais* cynhwynawl, / Tlws o'n mysg, Taliesin mawl. / Tristeais, nid *trais* diarw, / Trwm oer, fal y try y marw [marwnad Gruffudd Gryg]. *id.* 383, Yna y ciliais, *drais* draglew, / Ar hyd y du grimp a'r rhew. **15g.** *GLGC* 33, angau i'r deau, deuwaeth—no *thrais* môr, / fu ar elor ei farwolaeth. **1547** *WS, Trais* yspeil Robbery. **1567** *TN* 38a, glanewch y tu allan i'r cwpan, a'r ddescl: ac o'r tu mewn y maent yn llawn *trais* [:– gormail, cribdail, yspeil, praidd] a' gormoddedd. *a.* **1587** *Y* 227, Vn yn draws oedd anian drwm, / Y *drais* ni wrendy reswm. **1615** R. Smyth: *GB* 16, cyn lavvned o ddichellion, siomantau, cabladigaethau, godinebau, *treisiau.* **1632** *D, Trais*, Oppressio, rapina. **1672** R. Prichard: *Gw* 196, Gwachel roi dy fryd na'th fwriad, / Ar anrheithio vn ymddifad; / *Trais* a blin orth[r]ymder yw, / Y cyfryw fwriad o flaen Duw. **17g.** Huw Morus: *EC* i. 72, Tros Domas, *trais* di ammod, / Taer yw 'r naws yn taro 'r nod [i ofyn pâr o ddillad]. **1768** W. Williams: *HTS* 9, a'r treial a redodd o ochr Afaritius; am fod gwobrwy, *trais*, a derbyn wyneb yn ennill gyd â swyddogion uchel. **1778** *W* d.g. *Oppression, Violence.* **1803** *P, Trais*, s. m.—pl. *treisiau* . . . violence; oppression. Ar lafar, '*trais*' 'violence', *WVBD* 540 (*eg.*); hefyd yn yr ystyr 'brad', "Odd a wedi nuthur ryw *drais* yn erbyn y wlæd, ysbo, a fe gæs 'i saethu', *GTN* 805 (*eg.*).

(*b*) Y weithred o orfodi rhywun (fel arfer merch) i gael cyfathrach rywiol yn erbyn ei ewyllys: *rape.*

13g. *LlI* 30, gureyc e dycco alltut *treys* arney. **14g.** *LlB* 43, Diuwyn dirwy *treis* morwyn yw gwialen aryant. **14g.** *WML* 138, Tri lle yg kyfreith hywel ymae praỽf. Vn o honu gureic bieu proui *treis* ar ỽr. **14g.** *WM* 90. 2–3, A*threis* arnaf aorugant a chyỽilyd y titheu. **14g.** *BT* (*RB*) 56, o achaws y *treis* gyt a wnathoedit a Nest. **14g.** *RC* xxxiii. 217, pei na wnaethoeduti *treis* arnei hy a vedyei [*sic*] wyry hediỽ. **1753** *TR, Trais* . . . ravishing or deflouring a woman against her consent, rape. **[1783]** *W* d.g. *Rape* [*violence offered to a woman*]. Gw. hefyd y cfn. *trais ar ferch* isod.

Fel *a.* (yn y radd gmhr.) ?Mwy treisgar: *more violent.*

c. **1400** *R* 1335. 19–21, yn dwrra trỽssa *treissach* yn dorraỽc o bedeir rech.

Cfn.: **trais ar ferch:** *rape (of woman).* **1547** *WS, Trais ar verch* Rape. **1688** *TJ*, Llathlud, *trais ar ferched* . . . a Rape. Ar lafar, '*trais ar ferch*' 'stuprum', *WVBD* 540. **i drais = trwy drais.** **12g.** *GCBM* i. 328, Gỽaew *y dreis* yn eis, yn ysgwyd. **14g.** *GDG³* 156, Ni'th gais eithr *i drais* o dref. *c.* **1400** *ChO* 12, E deueit gynt a deuthant y gwynaw rac y blaidd . . . y vot *y dreis* ac y ledrat yn llad . . . eu plant. **o drais = trwy drais.** **1346** *LlA* 39–40, y marchogyonn ar kedeyrnn . . . *o dreis* yd ymborthant. **1630** R. Llwyd: *LlH* 358, ni â welwn rai o naturiaeth . . . ragorol wedi eu hudo . . . a'u tynu megis *o drais* gyd â chymdeithion drŵg. **1776** I. Brydydd Hir: *P* i. 219, ni weddai iddo [Duw] gymmell neb i fod yn dda *o drais.* **trwy (drwy) drais:** *by force or violence.* **13g.** *LlI* 28, a thyget hy e'r kreyr rygedyau o'r aelaut hunnu a hyhy *truy treys.* **1588** *Deut* xxviii. 31, dy assyn a ddugir *drwy drais* o flaen dy wyneb. **1632** J. Davies: *LlR* 272, gwŷr annysgedig . . . yn cippio'r nef *trwy drais.* **1775** *W*, dwyn ymaith *drwy drais* d.g. *To lay violent hands on.* Ar lafar, '*trw drais*' 'by force', *WVBD* 540; "Dwi ddim yn lico nuthur pethach *trw drais*', *GTN* 805.

traisfeddianiad, traisfeddiannad [bôn y f. *traisfeddiannaf: traisfeddiannu*+*-iad¹*, *-ad*] *eg.* ll. *-feddianadau.* Trawsfeddiant: *usurpation.*

1794 *W, trais-feddianniad* d.g. *Usurpation.* Cf. T. Lewis: *HPF* 422, Yn nechreuad *trais-feddiannad* Cromwell, gwnaed deddf yn erbyn amryw heresiau.

traisfeddiannaf: traisfeddiannu [*trais*+*meddiannaf: meddiannu*] *ba.* Trawsfeddiannu, llechfeddiannu, hefyd yn *ffig.*: *to usurp, encroach upon, also fig.*

1632 *D* d.g. *Vsurpo.* **1672** J. Langford: *HDdD* 228, nid yw hyn [llofruddiaeth] ddim llai na *thraisfeddiannu* (*usurping*) awdurdod a braint briodol Duw ei hûn. *id.* 431, Y mae'n deilwng gennit ti, O Arglwydd, ofyn fy nghalon i . . . Ond ti a weli . . . ei bod hi yn barod gwedi ei *thrais-feddiannu* gan y bŷd a'i wagedd. **1677** C. Edwards: *FfDd* 177, Y mae gan Prydain offeiriadau annoeth . . . Yn *traisfeddiannu* Cadair Pedr, ac yn haeddu un Judas fradwr. **1681** S. Hughes: *AC* 6, fe fwriodd Duw y Cythrel allan o'i Gastell y *drais-feddiannodd* efe. **1725** *SR* d.g. *To Encroach.* **[1740]** D. Llwyd: *YDD* [ii], Ymogelwch rhag bob math o gau ddyscawdwyr . . . y rhai sy'n . . . *Trais-feddiannu* swydd yr offeiriadaeth. **1770** *W* d.g. *To break in upon a man's property, To encroach upon* [*invade, advance gradually and by stealth to that which a person has no right to*], *To usurp* [*take possession of by force, and contrary to right*]. **1772** S. Philipps: *ET* 9–10, pêll a fyddo oddiwrthym . . . *draisfeddiannu* . . . ministriad y sacramentau.

traisfeddiannol [*trais*+*meddiannol*] *a.* Yn perthyn i drawsfeddiant, trawsfeddiannol, gormesol, gorthrymus: *usurpatory, usurping (adj.), oppressive.*

1743 D. Rowland: *T* 35, Er bod y Credadyn wedi cael ei waredu yn gyfangwbl oddiwrth y Ddeddf . . . etto nid yw efe wedi ei waredu yn gyfangwbl oddiwrth ei *thrais-feddiannol* Awdurdod. **1774** IG: *AF* 72, Megis y mae'n ddyledswydd arnynt [gweinidogion] i ofalu cadw eu holl awdurdod . . . felly y mae gosodiadau *trais-feddiannol* o'r fath hyn yn afreolaidd, ac y dygent annhrefn i mewn i'r eglwysi. **1775** *CY* 17, Pa beth oedd caracter Iago'r II . . . Yr oedd ef yn Bapist proffesedig; wedi llyngcu'r egwyddorion llywodraeth mwyaf *traisfeddianol* (*arbitrary*), ac a erlidiodd yr Anghydffurfwyr.

traisfeddiannwr, traisfeddiannydd [bôn y f. *traisfeddiannaf: traisfeddiannu*+*-wr, -ydd³*] *eg.* ll. *-feddianwyr.* Trawsfeddiannwr, difeddiannwr, un sy'n llechfeddiannu: *usurper, dispossessor, encroacher.*

1725 *SR*, Cam neu *drais feddiannwr* d.g. *An Usurper.* **1772** *W, traisfeddiannydd* d.g. *Disseizor, Encroacher.* **1775** E. Griffiths: *GF* xiii, Smerdis y Swynwr, *Trais-feddiannydd*, a elwid Artacsercses. **1799** A. ab D. Sion: *CR* 5, troseddwr o'r ddeddf ddwyfol, a *thraisfeddianwr* o oruchelfraint y Creawdwr.

traisfeddiant [*trais*+*meddiant*] *eg.* ll. *-feddiannau.* Trawsfeddiant, difeddiant,

llechfeddiant: *usurpation, dispossession, encroachment.*

1604–7 *TW* (*Pen* 228) d.g. *Vsurpatio.* **[1740]** D. LLWYD: *YDD* 21–2, [C]anu Salmau . . . yn Goel grefydd embydus a *thrais feddiant* a'r rhydd-did Cristnogol. **1772** D. RISIART: *HFP* 142, y llythyr . . . a ddanfonwyd at Oliver Cromwel yn erbyn ei *draisfeddiant.* **1772** *W* d.g. *Disseisin, Encroachment, Intrusion, or an intruding, Usurpation.* **1789** J. THOMAS: *DdS* 77, ein cedyrn sanctaidd . . . a ysgwydasant ymaith weddillion anghrist a gymmerasai *draisfeddiant* o swydd offeiriadol ein Harglwydd. **1803** *P, Treisveziant,* s. m. . . . Usurpation.

traisgipiaf: traisgipio [*trais+cipiaf*[1]: *cipio*] *ba.* Cipio drwy drais, presio (i'r lluoedd arfog), herwgipio, cidnapio: *to seize by force, press (into military service), kidnap.*

1770 *W* d.g. *To break in upon a man's property, To rescue* [*take by force from the hands of an officer of justice, &c.*]. **1775** E. GRIFFITHS: *GF* 108, Athalia . . . a *draisgippiodd* y deyrnas, gan ladd holl frenhinol had tŷ Juda. **1803** *P, Treisgipiaw* . . . To snatch forcibly.

traisgymeraf: traisgym(e)ryd [*trais+cymeraf: cym(e)ryd*] *ba.* Cipio drwy drais, presio (i'r lluoedd arfog), ?gorfodi drwy drais: *to seize by force, press (into military service), ?enforce by violence.*

1772 D. RISIART: *HFP* 145, [d]ywedyd ei fod yn garcharor yno am *drais-gymmeryd* degymmau. **1799** *CGGLl* 10–11, os *trais-gymmerir* Aelod i wasanaeth y Brenin ar fôr neu dir.

traisgymhellaf: traisgymell, traisgymhelliad, gw. trais+cymhellaf: cymell, cymhelliad.

traisladrad, traisledrad, gw. trais+lladrad.

traislywodraeth, traisoresgyniad, traisorthrech, traisosodaf: traisosod, gw. trais+llywodraeth[1], goresgyniad[1], gorthrech, gosodaf: gosod.

traisruthraf: traisruthro, traisruthrol, traisymosodiad, traisyrraf: traisyrru, traisysbail, gw. trais+rhuthraf: rhuthro, rhuthrol, ymosodiad, gyrraf: gyrru, ysbail.

traith[1,2], **trajedi, trâl,** gw. traeth[1,2], trasiedi, trael[1].

trallaw, gw. llaw[1]—llaw drallaw.

trallod [*tra-+llawd*] *eg.b.* ll. *-au, -ion.* Gorthrymder, helynt, trafferth, trychineb, aflwydd, adfyd; cystudd neu aflonyddwch (meddwl), dryswch, gloes, gofid, dioddefaint, tristwch: *tribulation, trouble, calamity, misfortune, adversity;* (*mental*) *affliction or perturbation, confusion, distress, suffering, sorrow.*

Dchr. **12g.** *GMB* 6, Dihev utut *trallaud,* kystut a chur kystvy. **13g.** *GDB* 65, Trinheion gwron! Goruaɞr —ɞu'r *drallawt* / O drilliw ysgwydawr. **14g.** *T* 15. 25–6, ryn gɞaraɞt y trindaɞt or *trallaɞt* gynt. **1346** *LlA* 21, gwedy y *drallaɞt* aodefuo hi yma dan yr antikrist. *id.* 35, drɞy laɞer o *drallodeu* y mae reit yny dyuot y deyrnnas duɞ. **14g.** *YBH* 10b, darpar oed gan bradmɞnd peri eu blingaɞ yn vyɞ agɞaethiroed duɞ na blingɞyt. kanys *trallaɞt* braf a baryssant y boɞn wedy hynny. **14g.** *GDG*[3] 239, Trwm fu gyfrgoll yr hollyd, / *Trallod* yw byth trylliad byd. **1547** *WS, Trallot* Trouble. **16g.** *WLl* 239, Aml yw gwyryrfeirch [*sic*] aml gwyr arfog / Aml *trallod* chwyrn aml trilliad a chog. **1567** *LlGG* (*Sall*) 18b, Yr ei cyfion a lefant, a'r Arglwydd ei gwrendy, ac ei gwared oei oll *trallotion.* **1606** E. JAMES: *Hom* ii. 202, pa le bynnag y byddo gormodd yfed, yno mae yn rhaid bod *trallod* meddwl. **1632** *D, Trallod,* Tribulatio, turbatio, molestia, turba. **1672** J. LANGFORD: *HDdD* 505, Gweddi i'w harfer yn amser *Trallodau.* **1770** *W* d.g. *Adversity, Affliction, Tribulation.* **1782** P. WILLIAMS: *CC* 32, Os mynnwn gael edifeirwch . . . y mae'n rhaid myned trwy drallwn sy'n wir *drallod;* sef gweled a phrofi ffieidd-dra pechod. **1790** T. JONES: *TOS* 195, ynghanol afiechyd, poeneu, erlidigaetheu, a *thrallodion.* **1803** *P, Trallawd,* s. m.—pl. *trallodion* . . . Adversity, affliction. Ar lafar, '*trallod*' 'tribulation, adversity', *WVBD* 540 (*eg.*). Cf. D. OWEN: *RL* 135, o dan ei llygaid gleision argraffodd *trallod* ei enw mewn llythyren ddu.

trallodaf: trallodi [bf. o'r e. *trallod*] *ba.* Peri trallod i, cystuddio, peri helynt neu bryder i, blino, poeni, drysu, cythryblu, aflonyddu, anesmwytho, cynhyrfu; taflu neu ysgwyd (am donnau): *to cause tribulation to, afflict, trouble, vex, worry, confuse, agitate, disturb, disquiet; toss or buffet* (*of waves*).

Dchr. **15g.** *GM* 22, Ar Duw y llefeis pan ym *trallodit.* **1551** W. SALESBURY: *KLl* xliiib, Paam ych *trallodir* ac y may trawsveddylieu yn ych caloneu? *id.* lxxvia, Na *thralloder* ych calon. **1567** *TN* 23b, yno ydd oedd y llong yn-cenol y mor, ac a *drallodit* [:– haldienit, a chwelit, wthit] gan donnae. **1588** *Gen* xxxiv. 30, *trallodasoch* fi gan beri i mi fod yn ffiaidd gan bresswylwyr y wlâd. **1588** *Salm* vi. 10, Fy holl elynnion a wradwyddir, ac a *drallodir* yn ddirfawr. **1604–7** *TW* (*Pen* 228) d.g. *Tribulo.* **1606** E. JAMES: *Hom* iii. 123, fel na ddelont hwy byth i'w winllan ef, i *drallodi* ac i darfu ei braidd bychan ef. **1620** *Ecclus* xxviii. 9, Gŵr pechadurus a *dralloda* gyfeillion. **1632** *D, Trallodi,* Turbare, vexare. **1661** E. LEWIS: *Drex* 25, fe fû iddo yn ô fûan ar ol hynny weledigaeth arall: a honno a'i *trallododd* ef. **1688** *TJ, Trallodi:* to disturb, to vex or trouble. **1744** D. ROWLAND: *RY* 67, 'r oeddent yn wastadol yn cael eu *trallodu* gan y Meddyliau a'r ofnau trallodedig ymma. **1765** J. POPKIN: *Ll* 190, anhawstrau [*sic*] am y dwyfol Hanfod, a chyflwr dyn, yr hyn oedd yn fy mynych *drallodi* o'r blaen. **1803** *P.*

trallodedig [bôn y f. *trallodaf: trallodi+-edig*] *a.bfl.* a hefyd gyda grym enwol. Trallodus, cystuddiedig, gofidus, dryslyd; dyrys: *afflicted, troubled, distressed, perplexed; perplexing.*

c. **1585** *MCr* 36, A gwedy y mi wrando ar ymadrodd y ddwy arglwyddes, ny wyddwn i pa vn ohonynt oedd oray y mi gymryd yn gyfrwyddyd ym, o achos 'y mod i yn bererin tryan, *trallodedig.* **1723** J. JONES: *LlA* 191–2, Y mae Cydwybod y Credadyn yn *drallodedig* (*troubled*) weithiau pan yw ei Bechod ef yn wir wedi ei faddeu. **1727** J. JONES: *DFF* 221, llawenhâu Eneidiau *trallodedig* (*distressed*) ac anniddanus pan ydynt wedi eu dwyn hyd at Geulannau Anobaith. **1744** D. ROWLAND: *RY* 67, 'r oeddent yn wastadol yn cael eu trallodu gan y Meddyliau a'r ofnau *trallodedig* (*perplexing*) ymma. *c.* **1762–79** W. WILLIAMS: *P* 420, Yma yr oedd Mair-Magdalen yn dangos wyneb *trallodedig.* **1803** *P.* Cf. ISLWYN: *Gw* 52, Y *trallodedig* sydd yn cael y bryn / goleulawn hwn.

trallodus [*trallod+-us*] *a.* a hefyd gyda grym enwol. Wedi ei drallodi, cystuddiedig, helbulus, gofidus, cynhyrfus, aflonydd, cythryblus; yn peri trallod, trafferthus, blinderus, llafurus; yn cael ei daflu neu ei ysgwyd (gan y tonnau): *afflicted, troubled, vexed, distressed, disturbed, turbulent; causing tribulation, troublesome, vexatious, laborious; tossed or buffeted* (*by waves*).

14g. *BT* 208, dangos ydaw drwy dagreu eu *trallodus* gethiwet y gan y saesson. *c.* **1400** *Ked AA* 20, y gwyr a vu well ganthunt hwy odef angheu . . . no dianc drachevyn o'r vrwydyr y'r byt *trallodus.* **1455–6** *B* xiii. 68, Edrych arnaf, Arglwydd Dduw a thrugarha wrthyf, kanis wyf vy hvn yn ymddivad *drallodus.* **1547** *WS, Trallodus* Troublouse. **1588** 2 *Esd* iii. 1, yr oeddwn o fewn Babilon yn gorwedd ar fyng-wely yn *drallodus.* **1620** *Math* xiv. 24, A'r llong oedd weithian ynghanol y môr, yn *drallodus* gan donnau. **1632** *D, Trallodus,* Turbatus, turbidus. *id.* d.g. *Distentus, Fluctuosus, Molestus.* **1661** E. LEWIS: *Drex* 123, Pa ham y rhaid i mi ofni tonnau cynddeiriog y byd *trallodus* (*troublesome*) hwn? **1670** J. HUGHES: *AP* 249, [T]ryssor annispyddol y pellenigion tlawd *trallodus* [am Iesu]. **1672** J. LANGFORD: *HDdD* 334, Gwragedd . . . fe ddyle gwŷr ei harferu hwynt megys rhannau o honynt ei hunain . . . ac felly gochelyd gwneuthur dim a fo *trallodus* na niweidiol (*hurtful and grievous*) iddynt. **1688** *TJ, Trallodus:* troubled, vexed, troublesom, vexatious. *c.* **1730** *Taith C* 99, Chwitheu a wyddoch mae *trallodus* (*troublesome*) oedd efe ['Mr. Ofnus']? **1771** *PDPh* 6, Apoplecsi . . . y cof yn methu, sŵn yn y clustiau, anadlu yn ddwfn ac yn *drallodus* (*laborious*). **18–19g.** *MA* iii. 222, Tri nod creulondeb: niwedu gwirion, anymdawr ag â weler, ac ymgellwair â *thrallodus.* **1803** *P, Trallodus* . . . Afflicting, vexatious.

trallodwr [bôn y f. *trallodaf: trallodi+-wr*] *eg.* ll. *-wyr.* Un sy'n peri trallod, cystuddiwr, gwrthwynebydd: *troubler, afflicter, adversary.*

1567 *LlGG* (*Sall*) 7a, Rac dywedyt o'm gelyn, Mi ei gorchfygeis ef: a' bot im *trallotwyr* lawenychu pan lithrwyf. **1588** *Salm* iii. 1, mor aml yw fy *nhrallod-wŷr.* **1603** E. KYFFIN: *Ps* [4], Arglwydd amled ydyw 'r gwŷr / ysydd *drallodwyr* i mi: / Llawer o gaseion tynn / im herbyn sydd yn codi. *c.* **1730** *Taith C* 105–6, Pechod, Marwolaeth, ac Uffern . . . y pethau hynny oedd ei *Drallodwyr* ef ['Mr. Ofnus']. **1744** D. ROWLAND: *RY* 261, [y] *Trallodwŷr* (*troublers*) Diabolonaidd ymma . . . oeddent yn blino Mansoul. **1751** *GIA* xv, yr ydych chwi yn *drallodwyr* i eraill cyhyd ac yr ydych chwi heb ddychwelyd. **1759** *BC* 454, Ow Cenfydd Manasses ryfygus ei fai, / A Saul yr erlidiwr *trallodwr* nid llai. **1803** *P.*

tra-llosgach [*tra-+llosgach*[1]] *eg.* Llosgach: *incest.*

1632 *D* d.g. *Incestus.* **1672** J. LANGFORD: *HDdD* 338, y pechod mawr hwnnw o *Drallosgach* (*incest*). **1724** E. WELLS: *CC* 48, pob *Trallosgach,* megis rhwng Tad a Merch, Mab a Mam. **1725** *SR* d.g. *Incest.* **1803** *P.*

tra-llosgrach [*tra-+llosgrach*] *eg.* Llosgach; chwant (rhywiol): *incest;* (*sexual*) *desire.*

c. **1400** *Ymborth* 5, Seith geing yssyd y anniweirdeb, nyt amgen: ffyrnigrwyd, godineb, *tra llosgrach.* *ib.* *Tra llosgrach* yw pechu wrth gar, neu gares, neu gyfathrachdyn, o gyvathrach gnawtawl neu ysprydawl. **1567** *TN* 243a, *trallosgrach* [:– incest, pechot yn erbyn cerenydd 'oharddedic]. *id.* 247b, yr hwn a wnaethei *dra lloscrach* [:– incest, 'sef godinep o vewn y graddeu goharddedic]. **1604–7** *TW* (*Pen* 228), rhyw letis lhysau, yr hwn o draoerni, a debygir y diphydh *dralhosgrach* y cnawt d.g. *Eunuchion* (At.).

trallwng, trallwn [*tra-+llwnc, llwng*[1]] *a.* a hefyd fel *eg.* ?Mawr ei lwnc, gwancus; pwll budr, man corsiog (ar heol, &c.), hefyd yn *ffig.*: *?having a large gullet, voracious; dirty pool, boggy spot* (*on road, &c.*), *also fig.*

c. **1400** *R* 1337. 14–15, kaɞr tri llaɞr. *trallɞng* reibyedic. **1695** W. CAMDEN: *B* 654, *Trallwn* . . . For in some parts of Wales 'tis a common appellative, for such soft places on the Roads (or elsewhere) as travellers may be apt to sink into, as I have observ'd particularly in the Mountains of Glamorganshire. **1753** *TR, Trallwn,* and *Trallwng,* such a soft place on the road (or elsewhere) as travellers may be apt to sink into, a dirty pool. **1782** P. WILLIAMS: *CC* 32, Os mynnwn gael edifeirwch . . . y mae'n rhaid myned trwy *drallwn* sy'n wir drallod; sef gweled a phrofi ffieidd-dra pechod. Digwydd yn gyff. fel e. lle, gw. G. OWEN: *DP* iv. 638–41. Cf. D. J. WILLIAMS: *HDFf* 55, yr allt dderi ynghyda'r gwernach, y bedw, a'r helyg, mewn *trallwng* a rhwyth, lle bu'r afon ar ryw gyfnod yn rhedeg.

trallwysaf: trallwyso [*tra-+*(*ar*)*llwysaf:* (*ar*)*llwyso*] *ba.* Chwistrellu (gwaed, &c.) i bibell waed: *to transfuse* (*blood, &c.*).

20g.

trallwysiad [bôn y f. *trallwysaf: trallwyso +-iad*[1]] *eg.* ll. *-au.* Y weithred o drallwyso, chwistrelliad gwaed, &c., i bibell waed: (*blood*) *transfusion.*

20g.

tram [bnth. S. *tram*] *eg.b.* ll. *-(i)au, -s.* Cerbyd trafnidiaeth gyhoeddus sy'n rhedeg ar gledrau wedi eu gosod mewn ffordd gyhoeddus, cerbyd bychan ar gledrau a ddefnyddir i gario llwythi mewn pwll glo: *tram(car).*

1909. Ar lafar, ''Odd 'ne *dramz* yn rhedeg ar hyd y prom yn Llandudno ers talwm' (sir Ddinb.); '*trams* glo', *B* viii. 223 (Morg.).

Gw. hefyd **dram**[2].

trambydiaf: trambydio, gw. tra-+ymbydiaf: ymbydio.

tramcwydd, tramcwyddaf: tramcwyddo, gw. tramgwydd, tramgwyddaf: tramgwyddo.

tra-merin, gw. tra-+merin.

tramfa [*tram+-fa, ma*] *eb.* ll. *-feydd.* Tramffordd: *tramway, tram-road.*

1925.

tramffordd [*tram+ffordd*] *eb.* ll. *-ffyrdd.* Llwybr tramiau, tramlein, rheilffordd fechan (mewn chwarel, &c.): *tramway, tramline, tram-road.*

1851. Cf. D. J. WILLIAMS: *HW* 14, Gwelid llusg eu dwy droed [pladurwyr] fel yr araf symudent yn y blaen megis *tramffordd* wlithog ar y ddaear.

tramglwydd, tramglwyddaf: tramglwyddo, gw. tramgwydd, tramgwyddaf: tramgwyddo.

tramgwydd [?elf. anh.+bôn y f. *cwyddaf: cwyddo*] *eg.* ll. *-au, -ion.* Y weithred o dramgwyddo (gorchymyn, deddf, &c.),

trosedd; digwyddiad, amgylchiad, &c., sy'n tramgwyddo (rhywun), sgandal, maen tramgwydd, rhwystr; llithriad, baglad, cwymp(iad), syrthiad; anffawd, damwain; y weithred o dramgwyddo (rhywun), ymdeimlad o sarhad neu niwed; hefyd yn *ffig.*: *transgression, offence; circumstance, &c., giving rise to offence, scandal, stumbling-block, obstacle; slip, stumble, fall(ing); misfortune, accident; offence, umbrage; also fig.*

12g. *GLlF* 48, O dywedeis drỽc o *dramgỽyd*—synhỽyr, / O awyr y'm awyd. **12–13g.** *GMB* 486, Bychod gouyged trwyted *tramgwyt* / Buchet anuedret o ynuydrwyt. **12–13g.** *GLlLl* 163, Mebyd rwyf gwrhyd, rhwydd—fu ei gynnif, / Wy gynnygn bu *tramgwydd*. **13g.** *GDB* 428, Och ddydd a ddoddyw o'i *dramgwydd*. **14g.** *GDG*[3] 165, Un *dramgwydd* ag arglwyddi / Teg, ac un artaith wyd di [y mwdwl gwair]. **15g.** *GDID* 19, Dau *dramgwydd* yn y flwyddyn / Duw a'r saint yt a droes hyn [i ddiolch am arbed Maredudd ap Llywelyn rhag boddi]. **1588** *Lef* xix. 14, na ddod *dramgwydd* o flaen y dall. **1588** 1 *Cor* i. 23, yr ydym ni yn pregethu Crist wedi ei groes-hoelio, i'r Iddewon yn *dramgwydd*, ac i'r Groeg-wyr yn ffolineb. **1630** *YDd* 226, o fewn pob saith mhlynedd, y digwydd rhyw gyfnewid neu *dramgwydd* hynodol i gorph dŷn. **1632** *D*, *Tramgwydd*, Lapsus. *c.* **1658** R. VAUGHAN: *E* 60, Y rhai a betrusant neu a gymerant yn *dramgwy[dd]* (*scruple*) y cyfriw fyned ar liniau. **1672** R. PRICHARD: *Gw* 274, Ond o herwydd cymmeryd *tramgwydd*, a digio, am na ddanfonwyd allan y pryd hynny ond rhan o'r Catechism, wele yn awr y cwbwl iti. **1688** *TJ*, *Tramgŵydd*: a slip, slide, or fall, a misfortune. **1696** *GGTY* 79, cynnaliaeth y Bedyddwyr yn gossod *tramgwy[dd]* (*stumbling-block*) ar ffordd dychweliad yr Iddewon. **1722** *Llst* 189, *Tramgŵydd*. m.p. *gwyddau*. A fall; a snare; scandal, stumbling-block; an obstacle; a mischance. **1778** *W* d.g. *Offence, A stumbling-block*. **1803** *P*, *Tramgwyz*, s. m.—pl. t. *-ion* . . . A downfal, a tumble, a stumble. Ar lafar, 'cymyd y peth llia'n *dramgwydd*', *WVBD* 540; ''Wn i ddim beth odd 'i *dramgwdd* a ond fe gæs fynd odd' 'no yn llaw'r plisman', 'Ma fa'n gwed pethach ar *dramgwdd* ac yn dicio dinnon', *GTN* 805; 'Mae arna' i ofn fod o wedi mynd i ryw *dramgwydd*'.

Amr.: **tramcwydd** (ll. *-(i)on*). **1567** *TN* 28b, Gwae'r byt o bleit rhwystrae [:- *tramcwddion*]. *id.* 239a, na ddoto nep yw vrawt achos *tramcwydd*. **1672** R. PRICHARD: *Gw* 101, 146. **1764** DEWI NANTBRÂN: *SAG* 79, Y *Tramcwyddon* a'r Damweinion. **tramglwy(dd)** [tebyg nad yma y perthyn *tramglwyd*, *R* 1185. 12 (gthg. *GMB* 275, *traghwyf*)]. **17g.** *LlGC* 57, 9, pan gwympies i om hapusrwydd / a digio yr nefol arglwydd / ni ches i awr na munud da / ond fel dyn yn drwmgla o *dramglwy*. **1765** *W Ballads* 83, 8, daeth rhyw *dramglwydd* iddi. **1803** *P* d.g. *Tramglwyz*. **trancwydd** [?dan ddyl. *tranc*]. **1567** *LlGG* (*Sall*) 61a, gwasanaethy y hidolon hwy, yr hyn vu yddwynt yn *drancwydd*. **1567** *TN* 21b, wy a gynnullant allan oei deyrnas ef yr oll rwystrae [:- *drancwyddeu*]. **trangwydd.** **1606** E. JAMES: *Hom* ii. 45.

tramgwyddaeth [*tramgwydd*+*-aeth*] *eb.* Yr ansawdd neu'r cyflwr o fod yn dramgwyddwr neu'n droseddwr (yn enw. am berson ieuanc): *delinquency*.

20g.

tramgwyddaf: tramgwyddo [bf. o'r e. *tramgwydd*] *bg.a.* Cwympo, syrthio, baglu, llithro; siarad ag atal dweud; torri (gorchymyn, deddf, &c.), troseddu, pechu; brifo teimladau (rhywun), digio (wrth), ymdeimlo â sarhad neu niwed; dioddef anffawd, dymchwel, dinistrio: *to fall, stumble, slip; stutter; transgress, commit an offence, sin; offend (person), be offended, take offence or umbrage; suffer misfortune, overthrow, ruin.*

13g. *Cylchg LlGC* v. 62, a chemryt e hynt a oruc e lwyber a oed ry agos er avon ar gassec oed a danav a *dramgvydus* ene vu en e dwuyr. **13g.** *GBF* 420, Gỽae vi o'r afỽyd y *dramgỽydaỽ*! **14g.** *GDG*[3] 176, Cefais, *tramgwyddais*, trwm gawdd, / Gwymp yno, rhuglgamp anawdd. *c.* **1400** *R* 1233. 40, *trymgỽydaỽd* heb naỽd y glaỽd nyt glan. **1547** *WS*, *Tramgwyddo* Ouerwhelme. **1588** 2 *Cr* xxviii. 23, efe a aberthodd i dduwiau Damascus . . . ond hwy a fuant iddo ef yn achos i beri iddo ef, ac i holl Israel *dramgwyddo*. **1595** H. LEWYS: *PA* 55, y bobl yn yr eglwys, yn gyntaf a glywant bregethu gair duw, yr awrhonn rhai a *dramgwyddir*, ac a rwystrir oi blegyt. **1618** J. SALISBURY: *EH* 104, Angylion y nef . . . yr hai ni dharfu vdhynt *dramgwydho* erioed, i'r diffic lheiaf alhe fod, am gyflowni holh orchmynion Duw. **1620** *Ecclus* xix. 16, a phwy ni *thramgwyddodd* â'i dafod (**1588** *ib.* ni lithra ei dafod; **1988** *ib.* na phechodd â'i dafod)? **1632** *D*, *Tramgwyddo* . . . Labi, dilabi. *id.* d.g. *Cæspito, Succumbo, Titubo*. **1688** *TJ*, *Tramgwŷddo*: to fall, slip or slide, to meet with misfortunes. **1718** E. SAMUEL: *HDdD* 112, trwy gadernid ei rad ein diogelu rhag *tramgwyddo* i bechod. **1722** *Llst* 189, *Tramgŵyddo*. To fall, faulter in speech, offend, stumble. **1759** T. THOMAS: *WWDd* 234, Athrawiaeth cyfiawnhâd trwy ffydd . . . os yw'r pethau hyn, yn *tramgwyddo* 'r balch . . . pwy a all oddi wrth hynny? **1778** *W*, *tramgwyddo* d.g. *To be offended* [*at or with*]. **1803** *P* d.g. *Tramgwyzaw*. Ar lafar, ''Wyt ti'n ry 'ir dy dafod ac 'wyt ti'n *tramgwyddo* dinnon', 'Raid ifi bido *tramgwyddo* yn 'u erbyn nw eto', *GTN* 805.

Amr.: **tramcwydd(i)o** [cf. *tramcwydd*]. **14g.** *YBH* 42b, torres y gledyf ac y *tramkỽydaỽd* ac mal kynt kyuodi a oruc yn gyflym. *c.* **1400** *YSG* i. 74, Ac yr awr honno y doeth y gwas drwc ac y'th drewis ac vn o'e gwareleu, yny *dramkwydyeist*. **1567** *LlGG* 40b. **1632** *D* d.g. *Allabor*. **1759** T. THOMAS: *WWDd* 35, 48, 154. **tramgwyddu.** **1611** R. SMYTH: *SG* 229. **trancwyddo** [cf. *trancwydd*]. **1567** *TN* 169a, 233b. **trangwyddo** [cf. *trangwydd*]. **1567** *TN* 21a, 142b. **1606** E. JAMES: *Hom* ii. 292.

tramgwyddedig [bôn y f. *tramgwyddaf*: *tramgwyddo*+*-edig*] *a.bfl.* a hefyd gyda grym enwol (ll. *-ion*). Wedi cwympo, syrthiedig, wedi baglu; wedi ei ddymchwel; wedi ei dramgwyddo neu ei ddigio, wedi cymryd ato; tramgwyddus: *fallen, having stumbled; overthrown; offended; offensive.*

1588 *Eseia* v. 27, Ni bydd vn blin, na *thrangwyddedic* yn eu plith. **1588** *Jer* xviii. 23, A thi ô Arglwydd a wyddost fod eu holl gyngor hwynt am fy llâdd i . . . eithr byddant *dramgwyddedic* ger dy fron. **1732–3** J. OWEN: *GB* 39, [y] dywededig M. . . . a bechodd ymmaith yn haeddedigol ei Rydd-did i bregethu, hyd oni byddo i'r Eglwysi *tramgwyddedig* dderbyn mwy o Sicrwydd ganddo, y bydd iddo, o hyn allan, gynnal Gwirionedd a Heddwch Duw. **1765** J. POPKIN: *Ll* 39, pan yr ydych yn rhedeg i'r dull daeogaidd o lefaru, y mae eich scrifen yn ymddangos yn anfuddiol ac yn *dramgwyddedig*. **1794** *W*, *tramgwyddedig* d.g. *To Stumble, Having stumbled*. **1803** *P* d.g. *Tramgwyzedig*. Cf. D. OWEN: *D* 98, yr oeddwn yn ymwybodol fod ei wyneb gonest yn edrych yn *dramgwyddedig* arnaf.

Amr.: **tramgwyddiedig.** **1774** IG: *AF* 102, galwad i gynnorthwyo [mewn achos o ddisgyblaeth eglwysig], yn ol rheol y *tramgwyddiedig*. **trangwyddedig** [cf. *trangwydd, trangwyddo*]. **1588** *Eseia* v. 27.

tramgwyddfa [*tramgwydd*+*-fa*, *ma*] *eb.* ll. *-oedd.* Maen tramgwydd: *stumbling-block*.

1567 *TN* 235b, Byddet y bort hwy yn groclath, ac yn rhwyt, ac yn *drancwyddfa* (**1588** *Rhuf* xi. 9, rhwystr). **1803** *P*, *Tramgwyzva*, s. f.—pl. t. *oz* . . . A stumbling-block.

Amr.: **trancwyddfa** [cf. *trancwydd*]. **1567** *TN* 235b, 244b.

tramgwyddiad [bôn y f. *tramgwyddaf*: *tramgwyddo*+*-iad*[1]] *eg.* ll. *-au.* Tramgwydd, trosedd; peth sy'n peri tramgwydd, sgandal, maen tramgwydd, rhwystr; cwymp(iad), syrthiad; anffawd, dinistr: *transgression, offence; circumstance, &c., giving rise to offence, scandal, stumbling-block, obstacle; fall(ing); misfortune, ruin.*

1588 *Jer* vi. 21, wele fi yn rhoddi *tramgwyddiadau* i'r bobl hyn, fel y tramgwyddo wrthynt y tadau a'r meibion hefyd. **1588** *Esec* xxi. 15, Rhoddais fin cleddyf at eu holl byrth hwynt er mwyn toddi pob calon, ac amlhau y *tramgwyddiadau*. **1588** *Math* xiii. 41, yr holl *dramgwyddiadau* (*TN* 21b, yr oll rwystrae), a'r rhai a wnant anwiredd. **1599 (1677)** R. HOLLAND: *AB* 111, i geisio gan yr Arglwydd faddeuant am eu [*sic*] *dramgwyddiadau* (*his offences*) a'i holl feieu. **1620** *Seff* i. 3, Destrywiaf ddyn ac anifail; destrywiaf adar yr awyr, a physcod y môr, a'r *tramgwyddiadau* ynghyd â'r annuwolion. **1677** R. JONES: *BB* 137, Ni bydd yr Eglwys fŷth eb rai Rhagrithwyr a *thramgwyddiadau* (*scandals*). **1696** *CDD* 222, Cilia rhag pôb *tramgwŷddiade*, / Sŷ'n dwŷn ynthŷnt rith ar ddryge. **1718** E. SAMUEL: *HDdD* 256, Pob un ai derchafo ei hun, a ostyngir . . . a hyn a welwn yn cael ei wirio yn fynych, yn y *Tramgwyddiadau* aruthrol (*strange downfals*), sy'n digwydd i Ddynion beilchion. **1731** E. SAMUEL: *AE* 75, Pechod yn erbyn yr Yspryd glân, yr Hwn sydd gyfryw *dramgwyddiad* hollawl anesgorol tragwyddol oddiwrth Grist ai Efengyl. **1751** *ML* i. 170, But that man . . . hath brought upon himself troubles and vexations in abundance . . . Duw ai dycco allan oi *dramgwyddiadau*. **1803** *P*, *Tramgwyziad*, s. m.—pl. t. *au* . . . A stumbling, a falling, or tumbling down.

tramgwyddiedig, gw. **tramgwyddedig.**

tramgwyddol [*tramgwydd*+*-ol*] *a.* Tramgwyddus; (geir.) yn baglu: *offensive; (dict.) stumbling.*

1803 *P*, *Tramgwyzawl* . . . Stumbling.

tramgwyddus [*tramgwydd*+*-us*] *a.* a hefyd gyda grym enwol. Yn peri tramgwydd neu sgandal, gwaradwyddus; hawdd ei dramgwyddo, croendenau; niweidiol, dinistriol; yn cwympo, yn baglu, gweglyd; afrwydd (am leferydd), ac arno atal dweud; yn tramgwyddo neu'n troseddu (yn enw. am berson ieuanc): *offensive, scandalous; apt to take offence, touchy; injurious, ruinous; falling, stumbling, faltering; halting (of speech), stammering; delinquent (adj.).*

13g. *B* x. 28, A guedy gyrru fo evelly ar e diauwl e wyry a del[ii]s llaw e mynach a llywyav e gameu *tramgwydus* ae ae [*sic*] dwyn hyt e wely. *ib.* rodi arwyd e groc ar wynep e *tramgwydus*. *c.* **1400** *Études* vii. 66, Aeleu blewawc iawn a arwydockaa ymadrawd *tramgwydus*. **1588** *Ecclus* xxxix. 28, Ei ffyrdd ef ydynt iniawn i'r rhai sanctaidd, a *thramgwy[dd]us* i'r anwir. **1588 (1692)** *CLlC* ii. 8, Pan gwrddasont y ddwy ffŷd / Mewn awr a phrŷd *tramgwyddys* / Lle cas Spaen mewn cywilydd fod / Lle enillwyd clod i'n hynys. **1604–7** *TW* (*Pen* 228) d.g. *Cadivus, Caducus, Equus . . . Cespitator, uel Suffossus, Titubans*. *Dchr.* **17g.** *J* 10, 162a, *Tramgwyddus*. offensive. **1630** R. LLWYD: *LlH* 59, dylei ein gwisciad ni fod . . . yn hardd; ac nid yn yscafn, yn an/lladaidd . . . ac yn *dramgwyddus* (*offensive*). **1672** J. LANGFORD: *HDdD* 381, fe a ddichon trwy ei gyngor ei osod ef mewn ffordd i lwyddo, neu ei droi fo oddiwrth ryw ffordd *dramgwyddus* (*ruinous*) a dinistriol. **1679** C. EDWARDS: *GGG* 27, [rh]yw bechod *tramgwyddus* ffiaidd, a'r sydd yn dianrhydeddu Duw. **1790** W. RICHARDS: *LlA* 51, y peth annymunol a *thramgwyddus* hwnnw, Croes Crist. Ar lafar, ''Dwi'n synnu dim bod 'u plant nw siŵd rai *tramgwyddus*, 'dŷn' nw 'riôd wedi cæl 'u dysgu i bido bod', *GTN* 805.

tramgwyddwr [bôn y f. *tramgwyddaf*: *tramgwyddo*+*-wr*] *eg.* (b. *-wraig*) ll. *-wyr.* Un sy'n tramgwyddo, troseddwr (yn enw. am berson ieuanc); cwympwr, un sy'n baglu; un ac arno atal dweud: *transgressor, offender, a deliquent; faller, stumbler; stammerer.*

1604–7 *TW* (*Pen* 228) d.g. *Cæspitator, Offensator*. **1703** T. BADDY: *PCh* 82, gwerth wedi'i dalu gan ŷn arall yr hyn ni alle'r *tramgwyddŵr* neu'r Caeth-ddŷn ei dalu trosto'i hunan. **1771** *PDPh* 54–5, a phan y byddoch am fyned rhagddoch gadewch y ffrwyn yn rhydd . . . ac os *tramgwyddwr* yw fe ddadguddia ei hun yn fuan mewn ychydig o ffordd. **1803** *P*, *Tramgwyzwr*, s. m.—pl. *tramgwyzwyr* . . . A stumbler, one who falls.

tramlein [bnth. S. *tramline*] *eg.* ll. *-s.* Llwybr tramiau, tramffordd, (yn y ll.) cledrau tram: *tramline, tramway, (pl.) tramlines.*

20g.

tramor, tra môr, &c. [*tra-*, *tra*[2]+*môr*[1]] *a.* a hefyd fel *adf.* ac *eg.* Wedi ei leoli y tu hwnt i'r môr, yn mynd y tu hwnt i'r môr, yn perthyn i wlad, iaith, &c., estron, wedi ei leoli mewn gwlad estron, yn dod o wlad estron, anghyfarwydd; dros y môr, i wlad estron, o wlad estron; gwlad neu wledydd estron: *overseas (adj.), transmarine, foreign, unfamiliar; overseas (adv.), abroad; overseas country, abroad.*

12g. *GMB* 275, Teilygdaỽd adaỽd, adef gwiryn, / Treithitor *tra mor*, tra maỽr deruyn. **12–13g.** *GLlLl* 217, Gorwyt ut dremrut *dra mor* lliant—y Mon. **13g.** *LlI* 74, E werth [caeth] yu punt, os o'r enys hon yd henyu; os *tra mor* uyd, chue ugeynt a punt uyd e werth. *id.* 80, Alltudyon *tra mor* neu o wlat arall. **13g.** *GBF* 23, Rys gyrchyad *tra moroet*. **14g.** *T* 76. 8–9, Dysgogan deruydon *tra mor* tra brython. **14g.** *WML* 119, Oet tyston neu warant *tra mor*. vn dyd abl̃ydyn. **14g.** *BT* (*RB*) 90, ac a darestagassei llawer o wladoed *tra mor* wrth y lywodraeth. **14–15g.** *GGLl* [146], Tri amherodr *tra moroedd* [Gruffudd Llwyd i Owain Glyndŵr]. *c.* **1400** *RB* ii. 195, Ofyn agymerassant brenhined *tramor* teyrnassoed racdaỽ [Arthur] rac y dyuot y oresgyn eu kyfoetheu. **1632** *D*, *Tramor*, Transmarinus. **1688** *TJ*, *Tramôr*, tros y môr: beyond Seas. **1703** E. WYNNE: *BC* 143, Beth a deliti Cerberus a'th fygyn *tramor*, oni bai fod Mammon yn d'achlesu. **1707** *AB* 277a d.g. *Forreign*. **1744** D. ROWLAND: *RY* 149, efe a'u gwledddodd [*sic*] hwynt a phôb math o Ymborth *Tramor* (*outlandish*), ymborth na thyfasei ym Meisydd [*sic*] Mansoul. **1759** *BC* viii, e fuasai cymaint o glôd i'n Beirdd Ni, a'n Dysgedigion, ac i'r rhai *Tramor*. **1759** J. EVANS: *PF* 10, llaweroedd o rai *tramor*, nad oedd eu cyd-wladwyr yn deall na'u henwau na'u naturiaethau. **1803** *P*, *Tramor*, s. m. . . .

A place beyond sea. a. Transmarine; foreign. Ar lafar, "Dwi'n mynd *dramor* 'leni un y tro cynta' ers pum mlynedd' (sir Ddinb.); '*tramor*' 'foreign, from over the sea', 'ŷd *tramor*', *WVBD* 540; 'Man' nw wedi mynd i rwla *tramor* ar 'u gwyla', 'gwŷr *tramor*', 'gwlæd *dramor*', *GTN* 805.

Amr.: **tramyr, tra mŷr** [*tra-*, *tra²+ mŷr*]. **12g.** *GMB* 275, Goruyn o'e dremyn *dra myr* drefred / Y dreiaw caret, caru myned / Myn yt ymdaeth Crist. *c.* **1400** *R* 579. 23, Gŵr pellennic o *dramyr*.

tramoraf: tramori [bf. o'r gair *tramor*] *bg.a.* Mynd dramor, ymfudo; mewnforio: *to go overseas, emigrate; import.*
1803 *P.*

tramoraidd [*tramor+-aidd*] *a.* Tramor, estron, anghyfarwydd: *overseas (adj.), foreign, unfamiliar.*
1863.

tra-mordwy, gw. tra-+mordwy.

tramoredig [*tramor+-edig*] *a.* ll. *-ion,* a hefyd gyda grym enwol. Tramor, estron: *overseas (adj.), foreign.*
1592 S. D. RHYS: *Inst* [xvi], Pennadurieit Lhoegr a' Chymru, a' gwyr *tramorédic* hebhyd. *id.* [xix], ceisiaw vrdho Iaith y Cymry . . . gann dhangos . . . ardherchawgrwydh y Cymry . . . i'r Saeson, ac i *dramoredigion* Genhedloedh. **1604-7** *TW* (*Pen* 228) d.g. *Transmarinus.* **1650** *B* xxii. 144, hwylio tu a'r wlad a lhynges fawr a lhu niferog o'r *tramoredigion* gydag ê. **1803** *P, Tramoredig* . . . Being made transmarine. *Tramoredigion,* transmarine things.

tramoriaid [*tramor+-iaid¹*] *e.ll.* Tramorwyr, estroniaid: *foreigners.*
1868.

tramorol [*tramor+-ol*] *a.* Tramor, estron, anghyfarwydd: *overseas (adj.), foreign, unfamiliar.*
1653 *Wy* 12, 326b, y Protestantyddion Cartrefol a *trhamorol* [*sic*]. **1803** *P.*

tramorwr, tramorydd [*tramor+-wr,* *-ydd³*] *eg.* (b. tramorwraig) ll. *tramorwyr.* Person o wlad dramor: *foreigner.*
1852. Cf. D. OWEN: *D* 29, bagad o'r *tramorwyr* a adnabyddir wrth yr enw German Band.

tramp [bnth. S. *tramp*] *eg.* ac yn eithriadol (yn ystyr adran (*b*)) fel *eb.* (bach. g. *trempyn, trampyn*) ll. *-s, -iaid, -iau.*

(*a*) Crwydryn, hefyd yn *ffig.*: *tramp, vagrant, also fig.*
1908. Ar lafar, 'fel *tramp* mewn sasiwn', *ISF* 74; 'Ma fa wedi mynd i ddi[sh]gwl fel *trempyn*', "Odd sgupor ar ochor yr 'ewl ac 'odd *tramps* yn arfadd cisgu 'no', *GTN* 808. Cf. D. J. EVANS: *HCS* 127, Gellir derbyn ŵy o law *tramp* . . . Het silc ar ben *tramp.*

(*b*) (Sŵn) troedio trwm; taith hir galed ar droed, tro hir, crwydr: *tramp (of feet); tramp (long walk).*
1803 *P.*

trampaf: trampan, trampio, gw. trampiaf: trampio.

trampar [bnth. S. *tramper*] *eg.* ll. *-s.* Tramp, crwydryn: *tramp, vagrant.*
1931 H. EVANS: *CE* 4, [y] ffordd honno y deuai'r *trampars* o Iwerddon.

trampiaf, trampaf: trampio, trampan [bnth. S. (*to*) *tramp*] *bg.a.* Troedio('n drwm neu'n gadarn), cerdded (yn bell) (yn enw. mewn ffordd flinedig neu anfodlon), sathru (ar); cludo nwyddau (am long): *to tramp, trample (upon); carry goods (of a ship).*
1803 *P.* Ar lafar, 'Stopia *drampio* fyny y grisia 'na' (Arfon); "Wedd y da wedi *trampan* dros y blodau' (sir Benf.).

trampiwr [bôn y f. *trampiaf, trampaf: trampio, trampan+-iwr*] *eg.* ll. *trampwyr.* Tramp, crwydryn: *tramp, vagrant.*
1803 *P.*

trampolîn [bnth. S. *trampoline*] *eg.* ll. *trampolinau.* Darn o ffabrig cryf a gysylltir gan sbringiau â ffrâm lorweddol ac a ddefnyddir ar gyfer ymarferion gymnastaidd, &c., cynfas sbonc: *trampoline.*
20g.

trampoliniaf, trampolinaf: trampolin-

(i)o [bnth. S. (*to*) *trampoline*] *bg.* Defnyddio trampolîn: *to trampoline.*
20g.

trampyn, gw. tramp.

tramrod [bnth. S. *tramroad*] *eb.* Rheilffordd fach (mewn chwarel, &c.), tramffordd: *tram-road, tramway.*
1855. Ar lafar, '*tramrod*' 'rheilffordd fach i gario tramiau sy'n perthyn i ryw waith', *GTN* 805; 'Ma llwybyr yn croesi'r *dramrod* jest man 'na' (dwyrain Morg.).
Amr.: **tramrawd, tramrhawd** [dan ddyl. *rhawd¹*] (*eg.*). **1848.**

tramwe [bnth. S. *tramway*] *eb.g.* Tramffordd, rheilffordd fach (mewn chwarel, &c.): *tramway, tram-road.*
1941 S. LEWIS: *Byd a Betws* 9, Mae'r *tramwe*'n dringo o Ferthyr i Ddowlais ('Y Dilyw 1939'). Cf. D. J. WILLIAMS: *ChHO* 104, gyda'r *tramwe* yn y canol.

tramwel, gw. rhwyd—rhwyd dramel.

tramwy¹ [*tra-+*mwy* (cf. *gofwy, gofwyaf: gofwyo*); dichon fod rhai enghrau. o *tramwy²* wedi eu cynnwys yma] *eg.* ll. *-on.*

(*a*) Y weithred neu'r proses o dramwyo, symudiad, mynd a dod, hynt, cwrs, taith, siwrnai, gorymdaith; cyrch, ymosodiad: *transit, movement, coming and going, passage, course, journey, procession; assault, attack.*
12g. *GMB* 275, Duw a'm dwc yno, anaw dremhyn, / *Tramwy* caradwy kaerua urtyn. **12g.** *GCBM* i. 132, Kynnetyf y Bowys ban el—ar dremyn / . . . / Na bo tro *tramwy* gyuarchwel, / Na bo caeth, na bo carrdichwel. *id.* 326, Yn trymgleis, yn treis, yn trymder, / Yn tromgad, yn *tramvy,* kwyner! **12-13g.** *GLlLl* 251, Yg Caer Dygannhwy, yn Aber Tawy, / Yg cadarn *dramwy* dref Gedweli. **13g.** *GDB* 565, Gossymôy *tramôy* trom digued—byt. **14g.** *GDG³* 132, Ai rhaid i'r haul, draul *dramwy,* / O'r lle y mae geisio lliw mwy? **15g.** *DGG²* 63, Cuddiaw golwybr yr wybren, / Codi niwl cau hyd y nen. / Cyn cerdded cam o'm *tramwy,* / Ni welid man o'r wlad mwy. **15g.** *Med H* 26, mewn lle kadarn diarffordd lle ni bo *tramwy* dynion. **1604-7** *TW* (*Pen* 228) d.g. *Transmissio.* **1632** *D, tramwy* yr enaid o'r naill gorph i'r llall d.g. *Metempsychosis.* **1672** R. PRICHARD: *Gw* 1, Mae 'r nef ymhell, mae'r ffordd yn ddyrys, / Mae'r *tramwy*'n fach, mae rhwystre anhappys. **1735** S. THOMAS: *Hi²* 24, Pelagius yn ymadael a'i Wlad, ei *Dramwyon,* ei Gyfrinach. **1803** *P.* Ar lafar, "Sdim lot o *dramwy* ffor'na 'nawr" (canolbarth Cered.).

(*b*) Gwledd y Pasg, Oen y Pasg: *Passover feast, paschal lamb.*
1551 W. SALESBURY: *KLl* xxib, ympale y mynny i ni arlwy ytty i vwyta y Pasc [:– tramwy] (**1988** *Math* xxvi. 17, gwledd y Pasg)?

tramwy², gw. tramwyaf: tramwyo.

tramwyad [bôn y f. *tramwyaf: tramwyo+* *-ad²,* trf. han.] *eg.* ll. *-au.*

(*a*) Tramwy, symudiad, hynt, cwrs, taith, siwrnai: *transit, movement, passage, course, journey.*
1604-7 *TW* (*Pen* 228) d.g. *Metabasis, Transmissus.* **1658** R. VAUGHAN: *PS* 420, dy frawd . . . na ddyro attaliaeth neu barricado ar ei *dramwyad.* **1708** *EGE* 8, megis y symmudir . . . ein Cyrph naturiol gan y gwreichion hynny sy'n derbyn eu llain ddec'heuol a'u *tramwyad* . . . oddiwrth y pen. **1803** *P, Tramwyad,* s. m. . . . A traversing.

(*b*) Oen y Pasg: *paschal lamb.*
1551 W. SALESBURY: *KLl* xxxib, Ac e ddaeth dydd y bara crei / pan oedd dir lladd y pasc [:– raid offrymy y *tramwyat*] (*TN* 124b, aberthy'r Pasc; **1588** *Luc* xxii. 7, offrwm y Pasc; **1988** *ib.* oen y Pasg).

tramwyadwy [bôn y f. *tramwyaf: tramwyo* *+-adwy*] *a.bfl.* Y gellir ei dramwyo neu ei groesi, y gellir mynd drwyddo neu drosto, addas i gerbydau: *traversable, passable, negotiable, suitable for vehicles.*
1728 T. BADDY: *DDG* 43, a chloddfa helaeth wedi ei thorri trwy 'r Graig tu ac at y Dwfr ffosydd, yn *dramwyadwy* i ddŷn. **1803** *P.*

tramwyaeth [*tramwy¹+-aeth*] *eg.* Tramwy, croesiad, mynd a dod, symudiad, trafnidiaeth: *a traversing or crossing, coming and going, movement; traffic.*
17g. *LlGC* 9166, 142, hyn aroes hwn yn vn awr / hiraeth *tramwyaeth* tro mawr. **1767** G. HOWEL: *Alm* 36, Ychydig ô Hanes a chyfarwyddiad . . . i ymdeithio

rhai or Ffyrdd fawr [*sic*] mwya hynod a *thramwyaith* yn croesu Cymru. **1803** *P, Tramwyaeth,* s. m. . . . The act of going about, or traversing.

tramwyaf: tramwyo, tramwy² [bf. o'r e. *tramwy¹*; dichon fod rhai enghrau. o *tramwy¹* wedi eu cynnwys yma] *bg.a.* Teithio (ar draws), croesi, symud (o gwmpas), crwydro, cerdded, (mynd a) dod, ymweld â, mynychu, hefyd yn *ffig.*: *to traverse, cross, travel, journey, move (around), roam, walk, come (and go), visit, frequent, also fig.*
12g. *GLlF* 256, Dywan y'r Traean, *tramwy,* / Dywed a down Ardudwy. **12g.** *GCBM* ii. 271, Duô a'm dôc o'm *thramôy* / Y tremyn, y dremit ofrôy. **13g.** *GBF* 421, Llawer medôl trôm yn *tramôyaô.* **1346** *LlA* 157, Apốybynnac a *dramốyho* y le amgen. yn dyd santeid sul noc ym heglôys i . . . Nychaffant . . . yspryda̍ol vendith. *c.* **1400** *B* iii. 10, pan *dramwych* [*sic*] dros diffeith. na vit dy elyn dy gedymdeith. **15g.** *GDID* 34, Wrth *dramwy* rhwng y ddwywaun, / Nos da i walch onest y Waun. **1551** W. SALESBURY: *KLl* xlib, Iesu . . . yr hwn a *dramwyawdd* can wneuthy daoni. **1588** *Jos* iii. 4, ni *thrammwyasoch* y ffordd hon o'r blaen. (**17g.**) *CC* 21, *Tramwya* bart ym term byth / Trosof yderyn trassyth [Thomas Prys i yrru'r eryr at brydyddion]. **1604-7** *TW* (*Pen* 228) d.g. *Versor. Dchr.* **17g.** *J* 10, 162a, *Tramwyo.* to resorte. Meio. transigo. **1632** *D, Tramwy,* Frequentare, itare, transire. **1632** J. DAVIES: *LlR* 407, *Tramwywch* (*Walke*) tros yr holl fyd. **1703** E. WYNNE: *BC* 8, canys cô 'genni *dramwy* tros lawer o geunentydd geirwon. **1803** *P.* Ar lafar, 'Ma llawar o *dramwyo* ffor' 'yn', 'Ma dinnon wedi mynd i *dramwyo* 'ipo fel 'ta 'i'n llwybyr coeddus', *GTN* 806. Cf. *WVBD* 345, Rhaid i ladron Llanf'rfechan / Groesi llidiart ar Fwlch y Penman/Rhag i biwiad Dwygyfylchi/ *Dramwy* yno y nos i garu.

tramwyfa [*tramwy¹+-fa, ma*] *eb.* ll. *-feydd, -fâu.* Ffordd (gul) sy'n rhoddi mynediad, ffordd (agored i drafnidiaeth), llwybr, rhodfa, coridor, cysylltiad; symudiad, tramwyad; trafnidiaeth; hefyd yn *ffig.*: *passage, thoroughfare, road, path, walkway, corridor, connection; movement, a traversing; traffic; also fig.*
1703 E. WYNNE: *BC* 135, Yr wy 'n ofni y collwn yr hên feddiant a'n marchnad yno 'n glir, oni phalmantwn chwippyn ryw ffordd newydd yn *dramwyfa* iddynt. **1803** *P, Tramwyva,* s. f.—pl. *tramwyvŷz* . . . A traversed place. Cf. D. OWEN:—*RL* 398, Arweiniwyd fi ar draws buarth llydan, yna drwy ddrws â [*sic*] agorai i *dramwyfa* hir.

tramwynt [?olff. o *tram(wy)+gwynt*] *eg.* Drafft, chwa o wynt: *draught.*
1938. Ar lafar gynt, 'Paid sefyll yn y *tramwynt* fan 'na, 'te wyt ti'n shwr o gál anwyd', *GDD* 307.

tramwyol [*tramwy¹+-ol*] *a.* Wedi ei dramwyo neu ei groesi, sathredig; tramwyadwy, y gellir ei dramwyo neu ei groesi; teithiol, crwydrol, ymfudol; hefyd yn *ffig.*: *traversed, crossed, trodden, traversable, passable; travelling, itinerant, migratory; also fig.*
1604-7 *TW* (*Pen* 228) d.g. *Transitus.* **1797** B. EVANS: *CG* 371, hen wirioneddau, a llw[y]br *tramwyol* (trodden) crist'nogaeth. **1803** *P.*

tramwywr, tramwyydd [bôn y f. *tramwyaf: tramwyo+-wr, -ydd³*] *eg.* ll. *tramwywyr, tramwyyddion.* Un sy'n tramwyo, siwrneiwr, teithiwr, ymwelydd, mynychwr: *traverser, traveller, passenger, visitor, frequenter.*
14g. *GIG* 122, Llawen fydd chwedl diledlaes / Llafurwr, *dramwywr* maes. **1588** *Esec* v. 15, hynodaf di 'n anrhaith, ac yn warth . . . yng-olwg pob *trammwyyddwŷr.* **15g.** *DGG²* 151, A'r *trammwy-wŷr* a gynniwerant trwy 'r tîr. **16-17g.** (**17g.**) *CC* 112, torrwyn wyd tirrion odiaeth / *tramwywr* y cefnddwr caeth [Thomas Prys i yrru'r llamhidydd yn gennad]. *Dchr.* **17g.** *id.* 388, Trayskafndryd tros gefin drwr / trafayliwr *tramwywyr* trvm [Syr Robert Powel i'r carw]. **1620** *Mos* 204, 25, Ceiliog yw llawenydh, *Tramwywr.* **1773** W d.g. *Goer.* **1803** *P, Tramwywr,* s. m.—pl. *tramwywyr* . . . A traverser. *id. Tramwyyz,* s. m.—pl. t. *ion* . . . A traverser.

tramyr, tran¹, gw. tramor, taran².

tran², trân¹ [ansicr yw'r engh. gyntaf isod, a rhoddir y diff. ar sail *P*] *eg.* Gofod, ehangder, ardal: *space, expanse, area.*
16-17g. HUW CEIRIOG, &c.: *Gw* 98, Ac o bob gwlad, treiglaid *tran,* / Eithr a marw aeth i'r marian. **1767** *P, Trân . . .* A space, a district, or region. Cf. ISLWYN: *Gw* 544, Dirmygi bob pelydryn clyd / Pob cwmwl ysgafn cain / A dreigla trwy 'r eangfawr

drân / Sy rhyngom ni a'r wybren lân [i'r eryr]. ?Cf. *GHCEM* 147, Sirc feddwsiad, grwydrad, garwdran —gna'.

trân[2] [bnth. S. *train* 'dragnet, seine'] *eg.* Nifer o rwydi'n ffurfio rhwyd sân: *number of nets forming a seine-net.*

Ar lafar ymhlith pysgotwyr Afon Teifi, *B* xxv. 56. Cf. J. G. JENKINS: *NC* 230, The Teifi seine net is unusual . . . it is made up of seven nets attached to one another . . . In the centre of the trawl of nets (y *trân*) is the strongest net.

tranaf: tranu, tranau, gw. **taranaf: taranu, taran**[1].

tranc, trang [bôn y f. *trengaf, trangaf*: *trengi*; ceir engh. bosibl o'r ff. *trangaf* fel *a.* yn y radd eith., gw. *GMB* 229, 235] *eg.* ll. (prin) *trangau.* Marwolaeth, angau, lladdfa, difodiant, dinistr; diwedd, pall; llewyg, llesmair: *death, decease, slaughter, extinction, destruction; end, cessation; swoon, trance.*

12g. *GMB* 177, A rewin a thrin a *thranc* kymri. **12g.** *GLlF* 378, *Tranc* ar ddraig, ar ddragon oddaith. **12g.** *GCBM* i. 117, Nawued eu rifed, rutwet—yg kyfranc / Kynn bu *tranc* eu trosset. **12–13g.** *GLlLl* 155, Einyoes *drang* llew gyfrang, llawr / Anyan chwefrin dan Chwefraɞr. **13g.** *GDB* 493, A ɞacco, treul gyffro *trang*, / Yn ɞnawr y llawr a'e llwng. **13g.** *C* 84. 7–8, nythvi *tranc* artrugaret. *id.* 106. 12, gnaud guydi traha *trangc* (*Cy* vii. 141, *trang*) hir. **14g.** *GDG*[3] 153, Fy ngwynfyd rhag trymfryd *tranc*, / Fy nwywes addfwyn ieuanc. **14g.** *GIG* 33, Pan ddoeth at Ffranc a'r *tranc* trwm / A'i lorf a'i engyl larwm [marwnad Syr Rhys ap Gruffudd]. *c.* **1400** *YSG* i. 75, [g]wled nyt oes *drank* arnei. **15–16g.** *GLM* 304, Mae ein tir oll ym min *tranc*; / mae'r llefain am Iarll ifanc. **1567** *TN* 210a, gwe[dd]iaw yn y Templ, yny bum om dieithyr vy hunan [:– mewn *trang*, gorph/wyll, gweledigaeth]. **1588** *Jer* xlvi. 28, mi a wnaf *drangc* ar yr holl genhedloedd y rhai i'th fwriais di attynt. **1604–7** *TW* (*Pen* 228) d.g. *Terminus, Transitus.* **1632** *D, Trang,* & *Trangc,* Finis, obitus. **1675** R. JONES: *HCh* [174], *Trangc,* Diwedd, marwolaeth. **1772** *W*, *trang, trangc* d.g. *Death* [*extinction of life* . . .]. *a.* **1791** W. WILLIAMS: *GP* 599, Ar dy deyrnas . . . / Nid oes diwedd, nid oes *trangc*. **1803** *P* d.g. *Tranc, Trang.* Ar lafar, 'Fe finnws fynd, 'odd dim modd 'i rwystro fa, a 'na fe! Fe æth idd 'i *dranc*', *GTN* 804. Cf. CYNDDELW: *Manion Hynafiaethol* (1873) 13, Dar a dyfwys yn ngwynau, / A thwrf, a thrin, a *thrangau*;—/ Gwae a wyl na b'o angau!; T. H. PARRY-WILLIAMS: *Y* 14, gwybedyn bychan marw wedi glynu wrth wydr y ffenestr er dydd ei *dranc*.

Cfn.: **ar dranc (drang):** *at the point of death, near death.* **15g.** *DE* 60, Y hi yn tyngu fy nianc / mair or dref a minne *ar dranc*. **1658** *Examen* 10–11, ni bydd i ti (o fy enaid) ond ûn dydd i atteb am y cwbl oll, wrth dy'madawiad or byd yma; a pha esmwythder calon . . . fydd hynny i ddyn *ar ei dranc*. **18–19g.** *HG* 76, Gyrrwn *ar drang* fo'n anghall. Ar lafar yn yr ystyr 'wedi blino ac angen bwyd neu ddiod', ''Wi'n timlo *ar dranc* . . . ro ddisglid o de ifi', *GTN* 804. **ar dranc marwolaeth (marfolaeth) = ar dranc. 1615** R. SMYTH: *GB* 163, eraill yn llysmeirio, me/gis *ar dranc marfolaeth*. **1740** T. EVANS: *DPO* 66, hên wr oedd *ar drangc marwolaeth*. **heb dranc (drang) heb orffen, heb na thranc na gorffen, heb dranc na gorffen:** *without end.* **1346** *LlA* 76, velle yd vttaa ylleill or tristɞch truanaf *hep trang hep orffenn* (*sine fine*). **14–15g.** *IGE*[2] 273, Yn y nef yn bendefig, / *Heb dranc, heb orffen* a drig (Siôn Cent). **1615** R. SMYTH: *GB* 9, *heb na thranc na gorphen.* [**1740**] L. ANWYL: *MW* 66, *heb drangc na gorphen.*

trancedig, trangedig, treng(i)edig [bôn y f. *trengaf, trangaf*: *trengi*+-(*i*)*edig*] *a.bfl.* ll. *trancedigion, trangedigion*, a hefyd gyda grym enwol. Wedi trengi, marw; meidrol, darfodedig, byr ei barhad, dros dro; angheuol, marwol: *dead, deceased; subject to death, mortal, perishable, transitory, transient, momentary; fatal, mortal.*

13g. *GDB* 136, Tra maɞr yd ym daɞr a'm donyer —o da, / *Trangedic* yt a, dywasgarer. **14g.** *T* 56. 23, Gɞeleis i tɞrɞf teirffin *traghedic*. **1346** *LlA* 98, yaɞnnach vdunt ymchɞelut yr yspryt hɞnnɞ ym diɞyll i noc yganmol ynvytserch gorɞagyonn bethev *tranghedigyon* yn amsseraɞl. *c.* **1401** *AL* ii. 380, pob da *tranghedic* yɞ aphob tir tragyɞydhaɞl yɞ; ac ny dylyir roi peth tragyɞydaɞl yr peth *tranghedic*: ac ɞrth hynny ny dylyir roi na chyfneɞitiaɞ tir yr da. *Diw.* **16g.** *B* ix. 123, poen *drancedic* yn y Purdan. **1595** H. LEWYS: *PA* 21, amserawl, a *thrancedic* (*transitory*) boenau. **16–17g.** *GST* i. 198, Trwmp about a rhemp o'i big, / Trwnc i adar *trancedig* [i ofyn gwn]. **1604–7** *TW* (*Pen* 228), *trancedic* d.g. *Mortalis, Transitorius.* **1630** *YDd* 226, y flwyddyn Climactericol, yr hon a welir yn dynghedfen *drangcedig* (*fatall*), i lawer o'r gwyr dyscedig. **1661** E. LEWIS: *Drex* 95–6, gofalon neu rwy gystuddiau . . . nid ynt oll ond lledrithiog a *thrangcedig* (*momentary*). **1670** J. HUGHES: *AP* 58, Offeiriad, yr hwn nid yw ond dyn *trangcedic*. **1741** *CAG* 17, Pa Ryfeddod ydyw o's bydd i neb o'r *Trangcedigion* truenus hyn . . . gyrhaeddyd at yr Ymarferiad o wir Grefydd. **1803** *P*, *Trancedig* . . . Perishing, evanescent. Cf. D. OWEN: *B* 86, dymunais arno roddi ychydig o hanes y *drengedig* i mi; D. OWEN: *RL* 397, daeth yma ymwelydd, yr hwn a gymerai arno ei fod yn frawd i'r *trancedig*.

trancedigaeth, trangedigaeth [*trancedig, trangedig*+-*aeth*] *eb.g.* Tranc, angau, marwolaeth, diwedd: *death, a dying, decease, end.*

15g. *Pen* 50, 24, a *thrancedigaeth* pyscawt, a sychdawt avonydd. **1567** *LlGG* (*Sall*) 49b, Ys truan ytwyf, ac ar *drangedigaeth* [:– ymbron marw]. **1567** *TN* 99b, Moysen ac Elias. Yr ei a ymddangosent yngogoniant, ac a ddywedesont am ei *drancedigaeth* [:– ddiwedd, varwoleth]. **1611** R. SMYTH: *SG* [1]45, yni *drangedigaeth* ddiwaethaf. *Dchr.* **17g.** *J* 10, 162a, *Trangcedigaeth.* last gaspe. **1688** *TJ*, Trang, trangc, *trangcadigaeth*, marwolaeth: End, Death. **1760** E. WILLIAMS: *UYB* 119, y *drangcedigaeth* naturiol. **1803** *P*, *Trancedigaeth*, s. m. . . . The act of perishing or vanishing.

Cfn.: **ar drancedigaeth (drangedigaeth):** *at the point of death, near death.* **1567** *LlGG* (*Sall*) 49b, *ar drangedigaeth* (**1620** *Salm* lxxxviii. 15, *ar drangcedigaeth*) [:– ymbron marw]. **1659** *TBM* 224, Pa les i mi fyw yn ôl / Y gŵr naturiol odiaeth, / A'm gwnâ i'n llawen yn y man / Pei bawn *ar drancedigaeth*. [**1738**] E. JONES: *CE* 29, i ddynion llesg *ar* eu *Trangcedigaeth*. **1763** *ML* ii. 573, 593.

trancedigol [*trancedig*+-*ol*] *a.* Yn marw, ar farw: *dying, at the point of death.*

1834.

trancell, *eb.* ll. -*au.* Dracht, llymaid, hefyd yn *ffig.*: *draught, gulp, also fig.*

1604–7 *TW* (*Pen* 228) d.g. *Haustus, us.* **1632** *D*, *Trangcell*, Haustus. **1688** *TJ*, *Trangcell*, (dracht:) a Draught in drinking. **1722** *Llst* 189, *Trangcell.* f.p. *cellau.* A draught in drinking, a swallow. [**1725**] *TS* 96, tywallt allan y *trancellau* (*draughts*) helaethaf o'i Gariad i'w Sainct. **1772** *W* d.g. *Draught* [*in drinking*], *Potion* [*a physical draught, or medical drink*]. **1803** *P.*

trancellaf: trancellu [bf. o'r e. *trancell*] *ba.* Drachtio, llyncu: *to swig, swallow.*

[**1783**] *W* d.g. *To swig* [*drink by large draughts*].

tranclewyg [*tranc*+*llewyg*] *e?g.* ll. -*ion.* Ffit (epileptig): (*epileptic*) *fit.*

1814. Ar lafar gynt, ''Odd Gwen Nani'n arfadd cæl *tranc lewicion*. 'I fu farw'n ifanc, druan fæch, o'u 'achos nw', *GTN* 804.

trancwydd, trancwyddaf: trancwyddo, trancwyddfa, gw. **tramgwydd, tramgwyddaf: tramgwyddo, tramgwyddfa.**

trangwls, tranglw(n)s, trangalŵns, tringalŵns, &c. [cf. S. taf. *tranklums*] *e.ll.* Petheuach, geriach, manion di-werth: *odds and ends, junk, worthless trifles.*

1934 D. J. WILLIAMS: *HW* 67, Y mae Ben Ifans . . . wedi gorffen gwerthu'r cyfan ond y '*trangwls*,' a'r bobl mewn hwyl dda. Ar lafar, 'Casglu'r *tranglwns* a'u dodi nw yn y trwnc ne'r bocs' (dwyrain sir Gaerf.).

trangwydd, trangwyddaf: trangwyddo, trangwyddedig, gw. **tramgwydd, tramgwyddaf: tramgwyddo, tramgwyddedig.**

tranial [?**trant* (?cf. Gwydd. C. *trét* 'praidd, mintai')+?*gâl*[1]] *b?g.* ?Ymgyrchu (mewn rhyfel), ymfyddino: *to campaign* (*in war*), *muster.*

12g. *GCBM* i. 196, Tal tra thal, *trannyal* tra chaled! *id.* ii. 120, Prydein par praf drydar *dranhyal*, / Prydytyon gadeir gadyr ynyal.

tranllyd, gw. **taranllyd.**

trannoeth [*tra*-+**noeth* (cf. *beunoeth, henoeth*); cf. *trennydd*; ?cf. Llyd. C. *tronnos*] *adf.* a hefyd fel *eg.* (Ar) y dydd dilynol, (ar) y diwrnod wedyn, (yn ystod) y dydd dilynol, (ar) y bore wedyn, yfory; (geir.) ymhen tridiau: (*on*) *the following day,* (*on*) *the next day,* (*during*) *the following day,* (*on*) *the following morning, tomorrow;* (*dict.*) *three days hence.*

12–13g. *GMB* 406, *Trannoeth* y goreu eil gɞryt, / Gɞir Uab Duɞ, dangos y vywyt. **13g.** *GDB* 327, Mawr Dduw! a ddyckych beunoeth / Mor wael na welir *dranoeth*. / *Trannoeth*, o'r pan el trwm ddylyn, —ys gwael / Nas gwyl neb yr gouyn. **13g.** *HGK* 20, A *thrannoeth* ef a hwyllyus parth a Lleyn. **14g.** *WML* 72, *Trannoeth* ydodir gɞed arnaɞ. **14g.** *YBH* 67b, Eu gɞylaɞ a orugant y nos honno hyt *trannoeth*. **15g.** *GLGC* 338, Nos Ŵyl Ddewi Gwenllian / i'r byd a rôi'r bwyd a ran, / *trannoeth*, yfory, trennydd, / tradwy megys fwyfwy fydd. **1547** *WS*, *Tranoeth* The day after. **1567** *TN* 10a, Ac na ovelwch dros *dranoeth* (**1988** *Math* vi. 34, yfory): can ys *tranoeth* a ovala drosto ehunan. **1632** *D*, *Tranoeth*, Cras, dies sequens. **1661** E. LEWIS: *Drex* 219, gadel I heddyw ac I foru, ac i *drannoeth*, ac felly i'n bywyd oll fyned ymmaith. **1688** *TJ*, *Drannoeth.* To morrow says Dr. Davies, but now taken for three days hence. **1757** *ML* ii. 5, Nid tranwaith ond *tranoeth* for tranos, i.e. tros y nos. **1803** *P.* Ar lafar, '*trannoth*' 'the next day', *WVBD* 540; 'Fe gryddws 'dre nos Lun a fe ddæth yma *drannoth*', *GTN* 806. Clywir *trynnoth* yn sir Gaerf., a Morg., a'r ff. *trynôth* yng ngogledd sir Gaerf., '*Drynôth* 'odd y bwtsiwr yn dŵad i dorri'r mochyn yn rhanne'. Ar lafar gynt yn 'Arfon chwarelig am gymeryd gwyl neu seibiant', *Cymru* xxx. 183.

Amr.: **trannoedd. 15g.** *B* v. 110. **1551** W. SALESBURY: *KLl* [xl]a, lxia. **trannoes** [?ff. orgraffyddol; ?dan ddyl. *nos*]. **13g.** (*LlDW*) *ZCP* xx. 42, 57, 73, 77, 81. **tranwaith, tronwaith** [dan ddyl. *gwaith*[2], cf. *dyddgwaith*; â'r ail ff., cf. *tronnoeth*]. **1680–1** *Chirk Castle E* 558, *tronwaith*. **1690** *Brog* 8623, 4, Er imi wneuthud pob beth yn barod *dranwaith*. **1757** *ML* ii. 5, Nid *tranwaith* ond tranoeth for tranos, i.e. tros y nos. Ar lafar yn Mhenllyn yn y ff. *dranweth*. **tronnoeth** [cf. *tronwaith*]. **16g.** *B* v. 110 (amr.). Ar lafar, '*tronnoth*', *WVBD* 540. **tronwaith,** gw. *tranwaith*.

Cfn.: **trannoeth (tronwaith) ar ôl (y) dygwyl (digwydd), trannoeth (g)wedi'r dygwyl (digwydd):** *the day after the feast-day or event, usu. fig. too late.* **1680–1** *Chirk Castle E* 558, *tronwaith ar ôl y digwyl*. Ar lafar, '*trannoeth ar ôl digwydd*' 'a day behind time', *WVBD* 540. Cf. *Hen B* 67, Ofer imi gosi 'ngwegil, / Mae hi'n *drannoeth gwedi'r dygwyl*. **trannoeth y bore:** *the following morning, the next day.* **14g.** *WM* 451. 19–20. **14g.** *BT* (*RB*) 92. *c.* **1400** *Ked AA* 18, 20. **trannoeth y ffair (i'r ffair):** '*the morning after the night before*', *hangover.* **1923.** Ar lafar.

trans[1] [bnth. S. *trance*] *eg.* Llesmair: *trance.*

1927.

trans[2], gw. **transh.**

transbiradaeth [cfdds. o'r S. *transpirat*(*ion*)+-*aeth*] *eb.g.* *Biol.* Trydarthiad: *transpiration* (*in biol.*).

20g.

transblantiaf, transblantaf: transblant(i)o [bnth. S. (*to*) *transplant*] *ba.* Trawsblannu, teneuo (cnwd): *to transplant, thin out* (*crop*).

1788 M. WILLIAMS: *BM* [17], *Transplantwch* eich savoy. Ar lafar, '*Transplanto*' 'to transplant . . . to thin the crop', *Cymru* xxxv. 234 (godre Cered.).

transbordiaf: transbordio, gw. **transportiaf: transportio.**

transbort [bnth. S. *transport*] *eg.* Trafnidiaeth; llong sy'n trawsgludo carcharorion i wladfa gosbi: *transport; ship* (*for transportation to a penal colony*).

1907.

transbortiaf, transbortaf: transbort(i)o [bnth. S. (*to*) *transport*] *ba.* a hefyd gyda grym enwol i'r be. Cludo (pobl, nwyddau, &c.) o un lle i le arall, trawsgludo (carcharor) i wladfa gosbi: *to transport* (*also to a penal colony*).

[**1756**] *ML* (Add) 876, y fath ddihenydd oedd y Teifis yn ei bennu i'r Llewod, Torri clustiau gan rai, crogi gan un arall, *Transportio* gan y lleill. **1760** T. WILLIAMS: *AD* 109, A dyna ddechreuad *Transportio* Bobol [*sic*] oi Gwlad. **1784** M. WILLIAMS: *S* i. 223, hyd ne's i'r puritanes [*sic*] *dransporto* eu hunain i'r parthau hyn. **1794** E. JONES: *CP* 129, efe pan geir yn euog, a farnir yn euog o ffelni ac a *dransportir* drôs saith mlynedd.

Amr.: **transbordio. 18g.** *W Ballads* 290, [1], hanes carwriaeth a fu rhwng mab tylawd a merch gyfoethog. Y mab a *dransbordiwyd* ag a bresiwyd.

transffer, transffyr [bnth. S. *transfer*] *eg.* ll. *transfferau, transffyrs.* Troslun: *transfer* (*picture, design, &c.*).

20g. Ar lafar, ''Ôn i'n arfar rhoid *transffyrs* ar 'y mreichia pan ôn i'n fach' (Arfon). Fe'i clywir hefyd yn yr ystyr 'trosglwyddiad, adleoliad (o ran swydd,

&c.)', 'Mae o'n mynd i gal *transffyr* i'r gangen yn Aberystwyth' (Arfon).

transffigwrasiwn, transffigurasiwn, transffigrasiwn [bnth. S. *transfiguration*] *eg.* Gweddnewidiad: *transfiguration*.

16g. (*LlEG*) *LlGC* 5276, 225b, ar ixed sh/iaptur ysydd ynn dwyn koof o *dransfreigrashiwn* [*sic*] Iesu. *id.* 226b, Or pum torth bara ac or ddau bysgodun, or modd I gouynodd Krisd yw ddisgyblion pwy Ir ydoedd y dynion yn i hen/wi Ef, o *dransfieigrashiwn* [*sic*] krisd. 16g. (*LlEG*) *Mos* 158, 324b, y chweched dydd o vis awsd ynn ddydd gwyl ir anhryddedd I *dransffigrassiwn* krisd. 1670 J. HUGHES: *AP* [xv], *Transffiguratiwn* ein Hargl[wydd]. *id.* 366, Ar Ddy'gwyl *Transffiguratiwn* neu Ymrithiad yr Iesu.

transffyr, *gw.* transffer.

transgrifiwr, tranysgrifiwr [cfdds. o'r S. *tran*(*scriber*)+(*y*)*sgrifwr*] *eg.* ll. *tran*-(*y*)*sgrifwyr*. Adysgrifiwr, copïwr: *transcriber, copyist*.
1810.

transgript [bnth. S. *transcript*] *eg.* Adysgrif, trawsysgrifiad: *transcript*.
20g.

transh, trans², treins, trensh [bnth. S. *trench*] *eg.* ll. *trenshys, trensies*. Ffos, rhych; clawdd, gwrthglawdd: *trench; dyke, bulwark*.

a. 1513 *GRB* 31, Ni thyr *treins* neu i wneuthur tra / yr oferwyr ar fara. 1547 *WS*, *Treins* cloddfa A trenche. 16g. (*LlEG*) *Mos* 158, 385a, edrychasant twy ar y *trenshiys* nerffossudd a ddar/uoedd vddunt twy i bwrrw hryngtheunt twy a mur y dreff. *id.* 516a, bwrrw *trensi* ne glawdd o bridd. *id.* 602a, doentt twy in *tresh* [*sic*] me [*sic*] ir klawd [*sic*] ynny ma/n irydoedd wyr lloigyr yn Kadw I wattsh ai ward. 1798 W. JONES: *LlG* 45, dyfod i dy Evans / Ar [*sic*] ger o *drans* y drwg [i ateb 'Cerdd o achos Cig a gafwyd wedi ei guddio, mewn Gardd']. Ar lafar, 'torri *transh*' (canol-barth Cered.); '*transh, trensh* ... *trenshis*' 'a ditch', *SC* vi. 135 (sir Benf.); '*trensh*' (gorllewin Morg.). Digwyddai *Y Transh* fel e. pentref ym mhlwyf Abersychan, Myn., ac fel e. ardal ym mhlwyf Llandudwg Uchaf, Morg.

transiaf¹, trensiaf¹: transio, trensio [bf. o'r e. *transh*] *bg.a.* Troi pridd (gardd, &c.) drwy balu cyfres o rychau cyfagos, torri rhych(au) neu ffos(ydd): *to trench* (*garden, &c.*), *cut a trench or trenches*.

1790 M. WILLIAMS: *BM* [27], teiliwch a *threnshwch* eich gerddi erbyn gaiaf. 1795 J. THOMAS: *AIC* 355, pala a *thransia*'r Tir. *id.* 358, *Transia* 'r tîr erbyn y Gaiaf. Ar lafar yng ngogledd Cered. yn y ff. *transio*. Clywir *trensio* yn sir Benf. yn yr ystyr 'agor ffos', *SC* vi. 135.

transiaf²: transio, trensio, *gw.* drensiaf: drensio (hefyd At.).

transistor [bnth. S. *transistor*] *eg.* ll. *-au*. Lled-ddargludydd sy'n gallu chwyddo ac unioni cerrynt trydan: *transistor*.
20g.

transiwr, transladaf: transladu, *gw.* trensiwr¹, translataf: translato.

translasion, translasiwn [bnth. S. *translation*] *eg.* Cyfieithiad; dyrchafiad (i'r nef): *translation* (*between languages*); *translation* (*to heaven*).

1567 *LlGG* [xix], y *translation* Llatin cyfredin [o'r Salmau]. *Diw.* 16g. *LBS* iv. 423, Ar gwrthiau hwnnw a gyhoedded ar hyd y wlad ac a gyphroes pawb yw hanrhydedü [Gwenfrewi]. Ac yna pawb a ofynnai pa bryd y byddai *Dranslasion* Sef yw hynny dydd drychafedigaeth. 1763 *ML* ii. 558, a welsoch ei *dranslasiwn* o waith Argoed Llwyvain?

translataf, translatiaf, transladaf: translet(i)af: translat(i)o, transladu, translet(i)o [bnth. S. (*to*) *translate*] *bg.a.* Cyfieithu; symud (esgob) i esgobaeth arall; symud (corff neu olion sant, &c.) i le arall: *to translate* (*between languages*); *translate* (*bishop, body or relics of saint, &c.*).

15g. *GLGC* 19, O'i lety y *translatiwyd* / a'i frifiau Lug, a'i farf lwyd, / a'i estynnu 'Nghonstinobl / . . . / Yno efô sy'n ei fedd / yn y gaer wen yn gorwedd [i Luc]. 1567 *TN* 37[3]a, T.H.C.M. a *translatoedd* oll text yr A/pocalypsis yn ieith ei wlat. 1583 *LlGC* 716, 16b, yr owan yn gimint, ac nad ydiw y Testament heen gwedi ei troi [*sic*] [:- *translatio*] a'i ossod allan yn gyffredin-ol. *p.* 1584 G. ROBERT: *GC* [207], ym-

---

arfer o *transladu* groeg . . . *transladu* i'r gymraeg estronawl ieithoedd. *Dchr.* 17g. *B* xxii. 139, gwedi i Augustin . . . *dransladv* ne gyfnewid y metropolitan, sef i archesgop ty, i'r fan hono. Ar lafar, "Oeddach chi'n gorod *transletio*" (Llŷn).

translation, *gw.* translasion.

translatiwr [bôn y f. *translataf, translatiaf: translat*(*i*)*o*+*-iwr*] *eg.* Cyfieithydd: *translator*.

1584 R. WHITE: *C* 58, lle mae Sa(l)bri /n/ sori /n/ siwr / ar trwyn slwt y *translatiwr*.

transletaf, transletiaf: translet(i)o, *gw.* translataf: translato.

transwbstansiasion, transwbstansiasiwn [bnth. S. *transubstantiation*] *e?g. Diwin.* Trawsylweddiad: *transubstantiation* (*in theol.*).

1583 *LlGC* 716, 192b, yr Articl o *Transwbstantiation*. 1764 DEWI NANTBRÂN: *SAG* 34, *Transubstansiasiwn*, neu Drawssylweddiad.

transwr, trantol, tranwaith, tranwr, tranysgrifiwr, *gw.* trensiwr¹, dryntol (hefyd At.), trannoeth, taranwr, transgrifiwr.

tra-oesiad [*tra-+oesiad*] *eg.* Budd-dal ymddeol, pensiwn: *superannuation, pension*.
1803 P, *Traoesiad,* s. m. . . . Superannuation.

trap¹ [bnth. S. *trap* (*for animals*)] *eg.* ll. *-(i)au, -s*.

(*a*) Dyfais, lle caeedig, twll, &c., i ddal anifeiliaid, magl; trap-ddôr, brad-ddor; hefyd yn *ffig.*: *trap; trapdoor; also fig.*

15g. (*Diw.* 15g.) *Pen* 67, 107, ym bwyo yma i bvom / er kav y *trap* ar koet rron [*sic*] [marwnad Llywelyn ap Gruffudd a'i wraig gan Hywel Dafi]. 15g. *GGl²* 79, Cuddigl ar y gwalc addwyn, / Cap gyda'r *trap* i gadw'r trwyn [i ofyn saeled]. 15-16g. *TA* 460, Tŷ'r pen, a chau'r *trap* yna, / Mal un waith â melin iâ [i ofyn gwisg arfau]. 1547 *WS*, Trapp A trappe. 16g. *GGH* 352, Tripio'r ŷd i'r *trap* a'i ran, / Troi peilliaid o'r *trap* allan [i ofyn meini melin]. ?16g. *LlGC* 1560, 549, *trappie* . . . spigode ['geirie . . . sathredig yn Sîr Drefaldwyn']. *a.* 1595 *GST* i. 374, Tros oesoedd y'n trwsiesyn', / I'n rripio 'mhob *trap* am hyn [i ofyn Beibl Cymraeg]. 16–17g. E. PRYS: *Gw* 300, Dyfeisia . . . / I bawb a *drap,* gwybydd bob drwg / Daioni na wna di'n d'oes, / I'r un dros golli'r einioes [i ofyn cyngor gan y llwynog]. 16–17g. *GST* i. 545, Trip dellten, trwp dywalltiad, / *Trap* melin glap ym mlaen gwlad [i roddi Rhys Grythor]. 1621 E. PRYS: *Ps* 15a, O deued, cwymped yn ei rwyd, / yr hon a guddiwd [*sic*] allan: / Syrthied a glyned i'w delm rwyll, /—a'i *drapp* o'i dwyll ei hunan. 17g. *LlGC* 10249, 132, fy rhwydd, [*sic*] ddiwydrwydd ddidrap / f'athro, nâd tripio, ir *trap* (Huw Dafydd ab Ifan). 17g. *IICRC* iii. 219, Mae Sattan ai suttie im gwilio fi a *thrapie* / gen adangos im byncie ar banced a gwleded. 1693 *HC* 34, Os deil Satan ei droed ef weithiau mewn *trap,* nid ymroddiff i fod yn garcharol iddo. 1716–18 *Llsgr* R. Morris 213, syrthio wnaeth o mewn i gap / pan aeth o i'r *trap* oeð uȝa. 1760 *ML* ii. 176, a dyma fi newydd fod yn yr ardd yn tynnu cloben o'r sgyfarnog dewaf a welais ermoed o'r *trap* mawr a fydd yn dal lladron a sgwarnogod. 1790 TWM O'R NANT: *GP* 187, Ond 'rwy'n gobeithio er gwaithio gŵg, / Trwy asbri *trap* yr ysprd drwg. 1795 J. THOMAS: *AIC* 358, gosod *Trappiau* neu Faglau i ddal pryfed niweidiol. Ar lafar, 'Ma isie *trap* i ddal y llygoden 'ny' (sir Gaerf.); 'Ôn i'n gwpod 'taswn i'n 'i gâl a i wila ishe 'i fam y gwetsa'r stori a wir fe gwmpws mywn i'r *trap*', *GTN* 806. Digwyddai *Trap* fel e. pentref ym mhlwyf Llandeilo Fawr, sir Gaerf. Mae *Trapau Esgair Garthen,* plwyf Llanwrthwl, Brych., yn enw ar gors yr arferid gyrru merlod gwyllt iddi er mwyn eu dal.

(*b*) Cerbyd dwy olwyn bychan ysgafn a dynnir gan geffyl: *trap* (*carriage*).

1908. Ar lafar, 'rhowd y gaseg isgawn yn y *trap*', *Wês wês* 30; 'Fynnws e ddim car ariôd ond *trap* a cheffyl odd ginto tra bu a', *GTN* 806. *Cfn.*: **trap llygod:** *mousetrap, rat-trap*. 1617 *Minsheu* 403a, *Trap-llygod* A a *Rat-trap,* or a *trap for Rats*. Ar lafar, **trap twrch** (*tyrchod*): *mole-trap*. 20g. Ar lafar, 'yn gam fel *trap twrch*' (Arfon).

trap² [bnth. S. *trap* (*rock*)] *e?g. Drg.* Gris-graig: *trap* (*rock*) (*in geol.*).
1860.

trapaf: trapo, *gw.* trapiaf: trapio.

trapaidd [*trap²+-aidd*] *a. Drg.* Yn perthyn

---

i risgraig, wedi ei ffurfio o risgraig: *pertaining to, or formed from, trap* (*rock*) (*in geol.*).
1862.

trap-dôr, trap-ddôr [bnth. S. *trapdoor* a *trap¹+dôr*] *eg.* Drws mewn llawr, nenfwd, &c., sydd fel arfer yn gydwastad ag arwyneb y llawr, &c.: *trapdoor*.
1852.

trapesiwm [bnth. S. *trapezium*] *eg.* ll. *trapesiymau, trapesia*. Pedrochr ac iddo bâr o ochrau cyferbyn paralel: *trapezium*.
20g.

trapesoid [bnth. S. *trapezoid*] *eg.* ll. *-au*. Pedrochr heb bâr o ochrau cyferbyn paralel: *trapezoid*.
20g.

trapiaf, trapaf: trap(i)o [bf. o'r e. *trap¹*] *bg.a.* Dal mewn trap, maglu, hefyd yn *ffig.*: *to trap, also fig.*

17g. HUW MORUS: *EC* i. 82, Gwedi *trapio,* ffaeldro ffol, / Gwell gan hwn, gwall gynhwynol, / Na cholli cwmpeini per, / Ei hunan dalu 'r hanner [i ofyn cerwyn darllaw]. 1790 M. WILLIAMS: *BM* 11, Meddylwch ddala'r gwaddod / Sy'n hynod ddifa 'r hâd, / Chwi gewch wrth *drapio* ei hoelion / Yn byrrion wnaed eu brâd.

trapîs [bnth. S. *trapeze*] *eg.* ll. *trapisau*. Bar llorweddol sy'n crogi wrth ddwy raff ac a ddefnyddir mewn campau acrobatig: *trapeze*.
20g.

trapiwr, trapwr [bôn y f. *trapiaf, trapaf: trap*(*i*)*o*+*-*(*i*)*wr*] *eg.* ll. *trapwyr,* ll. dwbl *trapwyrs*. Un sy'n trapio anifeiliaid: *trapper*.
1860. Ar lafar, "Roedd John Dafis yn *drapwr*" (sir Benf.).

traps¹ [bnth. S. *traps* 'ladder, steps'] *e.ll.* Grisiau: *stairs*. Ar lafar, 'Mynd fyny'r *traps*' 'Going upstairs (to bed)', *SC* vi. 135 (sir Benf.).

traps² [bnth. S. *traps* 'gear, baggage'] *e.ll.* Eiddo personol, bagiau, paciau: *traps, personal belongings, baggage*. Ar lafar, *SC* vi. 135 (sir Benf.).

trapwr, trapywlin, *gw.* trapiwr, tar-powlin.

traphen, tra phen [*tra-, tra²+pen¹*] *adf.* Wyneb i waered; blith draphlith, mewn dryswch; bendramwnwgl, wysg y pen: *upside down; topsy-turvy, in confusion; headlong*.

15g. *A* 18, 6, Disgynnwys en affwys *dra phenn*. 1632 D, *draphen* d.g. *Promiscuè. c.* 1753 *Gron* 80, Ffurf-afen *draphen* a droe, / Ucheldrum Nef a chwildroe ['Boned a Chynneddfau'r Awen'].
Gw. hefyd pendraphen.

traphlith [*tra-+plith*] *adf.* a hefyd fel *a.* Blith draphlith, mewn dryswch, yn ddiarwahân; cymysglyd, di-drefn: *topsy-turvy, in confusion, indiscriminately; confused, mixed* (*up*), *disordered*.

1734 M. MAURICE: *BH* 8, Yr oeddem yn dysgwil am ymborth i ein heineidiau, bara'r bywyd . . . ond nid oedd i ni ond *traphlith* gymmyscedd tan fawr Sarrugrwydd hefyd. *a.* 1791 W. WILLIAMS: *GP* 427, Fe goda plant dynion o'r ddaear yn fyw, / Cawn *dra phlith* a chwithau i ganmawl ein Duw. *id.* 465, Seintiau ac angylion *draphlith* / Ganant am ei gariad ef. 1795 R. *Crusoe* 83, o herwydd yr oedd pedwar ar bymtheg o'r barbariaid *draphlith* ar lawr. 1800 W. OWEN[-PUGHE]: *CP* 64, A wna yr un amaeth arfer yn *draphlith* (*indiscriminately*) ryw ddodrefnau ei ystafel gwely at y perwylion y dodir rhai ac i egoin yn gyffredinol? 1803 P, *Traflith*, adv. . . . In a most confused state. 1808 TWM O'R NANT: *BB* 62, Yr efrau sy'n *draphlith,* yn gymysg a'r gwenith.
Gw. hefyd plith—plith draphlith, tri-phlith—triphlith draphlith.

traphont [*tra-+pont*] *eb.* ll. *-ydd*. Math o bont a ddefnyddir i gludo ffordd, rheil-ffordd, &c., ar draws dyffryn, &c., dyfr-bont: *viaduct, aqueduct*.
20g.
Cfn.: **traphont ddŵr:** *aqueduct*. 20g.

tra-rhagoriaeth, *gw.* tra-+rhagoriaeth.

tras, *eg.b.* ll. *-au, -oedd.* Llinach, ach, gwehelyth, cyff, bonedd, teulu, tylwyth, carennydd, ceraint, perthnasau; perthynas (?rywiol); *Biol.* brid; hefyd yn *ffig.*: *lineage, genealogy, pedigree, extraction, stock, family, kinsfolk, kindred, relations*; (?*sexual*) *relation-(ship)*; *strain* (*in biol.*), *breed*; *also fig.*

12g. *GMB* 177, Ardwyreaf inheu uann, kyntoraỽr fossaỽd, / Ar barabyl perwaỽd, ardraethawd *dras.* **12g.** *GLlF* 163, Kyt gwnelwyf ar ddyn ỽrddas—o ỽolyant, / Ny'm gỽna poen rwydyant bodyant, pa *dras!* **14g.** *Cylchg LlGC* vi. 174, [p]an welas adaf llad o gain y vraut. arganvot a wnnaeth ry dothoed o druc druy wreic. a thygu a oruc na bydei *dras* idav a hi. **15g.** *GLGC* 123, nid rhaid ym wrth nerth un *tras*—nac un clyd, / nid rhaid rhyd o'r byd ar y dŵr bas. *id.* 135, Derw Siôn, ni bu *drasau* well, / ydiw'r derw'n Ystradwell. **16g.** *WLl* 86, I dad Rissiard da i *drassoedd* / Yn llys y ward yn lles oedd. **1567** *TN* 122b, Ys bradychir chwi y gan eich rieni, a' chan eich broder, a'ch cydgenedl [:- *trasae,* tylwyth] ach cereint. **1604–7** *TW* (*Pen* 228) d.g. *Cognatio, Sanguis.* **1632** *D, Trâs,* Cognatio, consanguinitas. **1672** R. Prichard: *Gw* 218, Pan bo'i wraig a'i blant a'i *drasse* [:- Ceraint], / Yn chwdu'r gŵin yn hai Tafarne. **1746** G. Jones: *HWI* v. 91, [d]arostyngedig i drallodau trymmion a gofidiau chwerwön [*sic*] yn fy nghorph a 'm henaid, yn fy meddiannau a 'm *trasau,* a phob peth a berthyn i mi. **1753** *TR, Trâs,* kindred by blood or birth, nearness of blood, consanguinity. *Trasau,* kinsfolk by blood or birth, relations. **1803** *P, Trâs, s.* f.—pl. t. *au* . . . Kindred, relationship, affinity. Ar lafar, '*træs*' 'ancestry; breeding', 'Man' nw'n dulu o *dræs*', *GTN* 807.

trasaf: traso, gw. **trasiaf: trasio.**

trasaidd [*tras*[1] + *-aidd*] *a.* Cytras; ?rhywiog, da, bonheddig: *cognate*; ?*fine, good, noble.*

c. **1730** *LlCy* iii. 49, Gwaith *trasaidd* gwych tylysaidd gain / Am deni wrth sain y dynon. **1803** *P.*

trasal, gw. **dreser** (hefyd At.).

trasedd [*tras* + *-edd*[1]] *eg.* Tras, ach, tylwyth: *lineage, pedigree, family.*

14g. *GDG*[3] 16, O fonedd, *trasedd,* trasyth—yw ei ffon, / A ffyniant aml dilyth. **18–19g.** *Iolo MSS* 241, gloyw a hoyw hygar daiar duedd / glyw wyd haf hyfaeth hoywfeirdd *drasedd.* **1803** *P, Trasez,* s. m. . . . A kindred state.

tra-seifiad [gair geir., sef *tra-* + ?bôn y f. *safaf*: *sefyll* + *-iad*[2], ond nid yw'r union ffd. yn eglur] *a.* ll. *-seifiaid,* a hefyd gyda grym enwol. Parhaus, arhosol, parhaol, bythol: *lasting, continuing, abiding, permanent, perpetual.*

1604–7 *TW* (*Pen* 228), *Traseifiat* d.g. *permansurus, perstans.* *Dchr.* **17g.** *J* 10, 162a, *Traseiviad.* permanent. **1632** *D, Traseifiad,* Perstans, perpetuus. **1688** *TJ, Traseifiad,* yn parhau, yn aros yn ddiysgog: abiding still or firmly, perpetual. **1722** *Llst* 189, *Traseifiad.* p. *seifiaid.* Abiding still and firm, lasting, unmoveable. **1753** *TR, Traseifiad* . . . continuing. **1803** *P, Traseiviad,* s. m.—pl. *traseiviaid* . . . That stands extremely firm.

trasen, gw. **tres**[3].

traserch [*tra-* + *serch*] *eg.* Cariad mawr, serch anghymesur, cariad ffôl, nwyd, blys, chwant: *great or excessive love, infatuation, passion, lust, desire.*

13g. *GDB* 136, Trymaf a glywaf ar eglycter—byd / *Traserch* syberwyd, penyd pynner. **1346** *LlA* 92, o *draserch* athradiruaỽr garyat aryperffeithgỽbyl anrydedus dỽyỽaỽl degỽch hỽnnỽ. **14g.** *GDG*[3] 424, A maswedd, trawsedd *traserch* / I Ddafydd, esilltydd serch [marwnad Dafydd ap Gwilym gan Fadog Benfras]. **15g.** *Pen* 57, 33, trwmm na allut symut serch / Treisswr ydiw y *trasserch.* **16g.** *GIlIV* 45, Merch yn i *thraserch* ni thrig / Mwy no dail Mai y Nadolig. **1567** *TN* 306b, yr ei, a lavuriant yn eich plith . . . rhowch eich *traserch* arnynt er mwyn y gwaith wy. **1620** *Esec* xxiii. 11, A phan welodd ei chwaer Aholibah, hi a lygrodd ei *thraserch* (**1588** *ib.* gordderchiad) yn fwy nâ hi. **1630** *YDd* 418, *traserch* a ffyddlondeb y rhai hynny i wirionedd Duw, a'i dygodd i eirias-dan Merthyrdod. **1632** *D, Traserch,* Amor nimius, amor deperditus. **1684** H. Owen: *DC* 439, a thrwy ymdoddiad gwresog *traserch* cariad y gwneler fi yn un ysbryd â thydi. **1759** *DG* 55, Pur weddi ddifri ddiefrau, drosoch / O *draserch* rhydd yntau. **1803** *P, Traserç,* s. m. . . . Excess of fondness, a doting, dotage.

tra-serchaf: tra-serchu, gw. **tra-** + **serchaf: serchu.**

trasgl[1], gw. **tresgl.**

trasgl[2] [?yr un gair â *trasgl*[1]] *eg.* ll. *-au.* Cribin, rhaca: *rake.*

1803 *P, Trasgyl,* s. m.—pl. *trasglau* . . . A rake.

trash [bnth. S. *trash*] *eg.* Ysbwrial (gardd), torion (perth), tyfiant di-werth; person(au) di-werth, gwehilion: *trash,* (*garden,* &*c.*) *refuse,* (*hedge*) *cuttings, worthless growth*; *worthless person*(*s*), *trash.*

Ar lafar, 'Gwneud sail helem a rhoi *trash* ar y sail o gerrig' (canolbarth Cered.); '*Trash*' 'y drain a'r dyrysni sy'n tyfu ar y cloddiau', *Cymru* xxxiv. 266 (godre Cered.); '*trash*' 'thick growth; a worthless person, disreputable people, riff-raff', *SC* vi. 135 (sir Benf.); '*Trash*' 'The cuttings of a hedgerow', *GDD* 307; ''Dwi'n mynd i losgi'r *trash* i gyd' (sir Benf.); '*trash*' 'garden refuse', 'Ma isia llosgi'r 'en *drash* yno', *GTN* 806.

trasiaf, trasaf: tras(i)o [bf. o'r e. *trash*; ansicr yw'r engh. gyntaf isod a dichon nad yma y perthyn] *bg.a.* Tocio (perth, &c.): *to trim* (*hedge,* &*c.*).

Dchr. **17g.** *T Ch* 135, Ple mae'r wastad alay a llyssiau wedi ei *thrassio.* Ar lafar, '*Trasho*' 'to cut thrash', *Cymru* xxxiv. 266 (godre Cered.); '*traso*'r clawdd' (gogledd sir Gaerf.); ''Dwi 'di *traso*'r cloddiau lan yn y perci uchaf' (sir Benf.); '*trasho*' 'to trim (a hedge)', *SC* vi. 135 (sir Benf.); '*trasio*' 'torri'r berth', ''Odd rwun yn *trasio*'r berth pyn detho' i 'ipo', *GTN* 806.

Amr.: **drasio.** **18–19g.** *Llr C* 11, 247, *Drasio.* h.y. torri anialwch, arllwys tir. Ar lafar, *GTN* 319.

trasiedi, trajedi [bnth. S. *tragedy*; dichon mai org. yn unig yw'r ff. yn *-g-* isod] *eb.g.* ll. *-ïau, -s.* Drama sy'n ymwneud â digwyddiadau trychinebus (yn enw. un sy'n trafod cwymp y prif gymeriad(au)), y cyfryw ddramâu fel dosbarth; trychineb: *tragedy* (*drama*); *tragedy, disaster.*

1604–7 *TW* (*Pen* 228), *Tragedi* d.g. *Tragœdia.* *id.* or, ne'n perthynu yr *Tragedis* d.g. *Tragicus.* **1606** E. James: *Hom* ii. 68, y rhai y rhoes eu llofruddiaithiau echrydus ddefnydd, i'r bairdd i sc[r]ifennu *tragediau* aruthrol. *id.* 69, Yr hyd yr oeddid yn gweithio y *tragediau* ymma yngwlad Groeg ynghylch delwau, fe a ddechreuwyd cyffroi yr vn questiwn ynghŷlch arfer delwau mewn eglwysydd yn Spaen hefyd. **1609** *Haf* 24, 568–9, komedis Araethiad yr hwnn a wneiff vuchedd y bobyl yn ysgafn ac yn vorwynaidd, ne i *Dradsedi* (sef erlyniad gwaedol) yr hwnn a lygra yr vuchedd. **1633** *Addysg i Farw* 49, yn chwareu i ni *dragedi,* sef chwareu blasus yn y dechreu ond chwerw yn y diwedd. **1722** *Llst* 189, *Tragedi.* f. A tragedy. Ar lafar, ''Odd y noson yn dipyn o *drajedi*' (sir Gaern.); ''Odd o'n *drajedi* bod o 'di marw mor ifanc', 'Ethon ni i weld un o *drasiedis* Shakespeare' (sir Gaerf.).

trasiedïol [*trasiedi* + *-ol*] *a.* Trasig: *tragic.*

20g.

trasiedïwr [*trasiedi* + *-wr*] *eg.* ll. *trasiedïwyr.* Awdur trasiedïau, actor mewn trasiedi: *tragedian.*

1858.

trasig [cfdds. o'r S. *trag*(*ic*) + *-ig*[2]] *a.* Trychinebus, alaethus; yn perthyn i drasiedi, nodweddiadol o drasiedi: *tragic.*

20g.

trasog [*tras* + *-og*] *a.* O dras da, bonheddig; (geir.) a chanddo berthnasau (niferus): *of good lineage, noble*; (*dict.*) *having* (*numerous*) *relations.*

16g. Wiliam Cynwal: *Gw* (R. L. Jones) 235, Yn ei blas crair, balis cred, / Oes barwn cyn syberwed? / Eryr byw ar wŷr y banc, / Ysgwiair *trasog* ieuanc (i Forys Gruffudd o'r Plasnewydd). **16–17g.** *PhA* 339, *trassawg* ynt ras a gwedd / tras penn tai wrsip bonedd / tras duw da i bo trwy stad byd / i gau trostynt rhag tristyd. **1775** *W* d.g. *Kinsman, Having* . . . *many kinsmen.* **1803** *P, Trasawg* . . . Having kindred.

trasol [*tras* + *-ol*; ansicr yw'r ystyr yn yr engh. gyntaf isod] *a.* a hefyd gyda grym enwol. A chanddo dras da, bonheddig; (geir.) a chanddo berthnasau (niferus): *of good lineage, noble*; (*dict.*) *having* (*numerous*) *relations.*

15g. *Glam Bards* 183, *trassawl* oydawl yd ydwyf / thomas hil niklas hael rwyf (Hywel Dafi). **15g.** *GDID* 27, Troi'n eu mysg, trwy ddysg, ydd wyf, / Tros y wlad, *trasol* ydwyf. **15g.** *HCLl* 39, At y *trasol* ŵr urddasol / Wyneb rasol, yno y brysiaf. **16g.** *GGH* 81, Tri thrysor o Goedmoriaid, / Tri *thrasol* dwblwaedol blaid. *a.* **1575** *GGN* lxii, mae i erlyn hyn o hawl / trosof ym genedl *trassawl.* **1604–7** *TW* (*Pen* 228) d.g. *Cognatus.* **1632** *D, Trasol,* Cognatis abundans. **1722** *Llst* 189, *Trasol.* Having abundance of relations. **1753** *TR.*

trasys, trât, tratur, traturiaeth, tratha, gw. **tres**[3], **trad, traetur, traeturiaeth, traha.**

trathan, gw. **tra-** + **tân.**

traul[1] [petrus yw unrhyw gysylltiad â'r H. Lyd. *tiguotroulau,* gl. *suppellectilem*] *eb.g.* ll. *treuliau, treulion.*

1. (*a*) Cost, gwariant; darpariaeth, cynhaliaeth; ymdrech, trafferth; treuliant, defnydd; hefyd yn *ffig.*: *cost, expense, expenditure*; *provision, sustenance*; *effort, trouble*; *consumption, use*; *also fig.*

Dchr. **12g.** *GMB* 6, Pedridauc heul, muyhaw y *treul,* vchel kylchwy. **12g.** *GCBM* i. 224, A *threul* hygar yw hagen, / A thraw y daw a Dygen. *id.* ii. 49, *Treul* gortrud golud goleurwyt, / Coel Calan, kyman kymhenrwyt. **13g.** *GDB* 416, *Travl* caeroedd, cirieda ymy / Trefad fy hendad a'i hundy. **13g.** *LlI* 27, O byd argyureu ydy hytheu byt hunnu en dytreul hyt em pen e seyth mlyned. Os hythey a'e kanhyatta, ny dywegyr dym ydy o *treul* deynt ac estlys. **13g.** *HGK* 29, agori y dryssor, a rhoddi *treul* didlawd y farchogyon a phedit. **13g.** *GBF* 580, Gỽr hylwyt y glod, gỽr haelaf—am *dreul* / Hyd yr gerta yr heul yr hwyl bellaf. **14g.** *BT* 53, ar brenhin arodes ydaw deuswllt o aryan beunyd yn *dreul* ydaw. **14g.** *GDG*[3] 132, Ai rhaid i'r haul, *draul* dramwy, / O'r lle y mae geisio lliw mwy? *c.* **1400** *R* 1221. 9–10, Eil orpyst kynneil kein oleuat. *treul* gỽir lludỽ kywir mal llit kawat. **15g.** *GLGC* 333, ffordd trwy ganol Llysgolwyn / at yr ail mab â'r *traul* mwyn. **15–16g.** *TA* 267, Nid er da 'r un y dô i'r *draul,* / Ond drygweithred rhyw gythraul [i gymodi Wmffre ap Hywel â'i geraint]! **1547** *WS, Traul* ar dda Spendyng. **1606** E. James: *Hom* iii. 20, mae fe yn dangos ini fod rhyw fath ar *draul* (*dispending*) yr hwn byth ni leiha y golud. **1630** *YDd* xx, cymmerwch chwithau beth poen a *thraul,* i osod allan eich tafodiaith gyfoethog. **1632** *D, Traul,* Impensa, expensa, sumptus. **17g.** *TBM* 789, Yn gefnog duriog darian, / Diwael *draul,* yn dal dy ran. **17g.** Huw Morus: *EC* ii. 175, Nad ydoedd diddanwch, yn dristwch a droes, / Ond peth darfodedig, drwy lithrig *draul* oes. **1688** *TJ, Traul,* (Côst:) expence, charge, cost. **1707** *AB* [xx], Ev a eill vod bèth llai *trail* amser ir darllènydd. **1795** J. Thomas: *AIC* ii, gan ystyriad y dirfawr *drael* a'r gofal aeth i brintio Cymmaint o Ffugurau a Thablau. **1803** *P, Traul,* s. f. —pl. *treulion* . . . expence, cost, charge, or disbursement. Ar lafar, '*traul*' 'expense . . . rarely used', *WVBD* 541; 'At y *treulia* ma'r clasgiad pen pythywnos ac at y wynidocath ma'r clasgiad pen mis', *GTN* 805.

(*b*) Dirywiad a achosir gan ddefnydd cyson, rhwbio, straen, &c., gwisgiad: *wear* (*and tear*), *attrition.*

1547 *WS, Traul* ar ddillad Weryng. **1632** *D, Traul,* Intertrimentum. *id.* d.g. *Obtritus.* **1725** D. Lewis: *GB* 54–5, Y mae'r Dannedd yn tyfu hyd y Diwedd gan fod *traul* arnynt wrth fwyta. **1795** J. Thomas: *AIC* 286, Aur y'w 'r trymmaf a'r gwerthfawroccaf o'r holl Fettelau ar [*sic*] anhawsaf ei doddi a'r lleiaf ei *drael* yn ei bwysau. **1803** *P, Traul,* s. f.—pl. *treulion* . . . wear, waste. Ar lafar, *WVBD* 541; 'Ma ôl *traul* ar y twlsyn 'yn', *GTN* 805.

(*c*) Dinistr, colled; nychdod, gwendid; hefyd yn *ffig.* am berson: *destruction, loss*; *feebleness, weakness*; *also fig. of person.*

12g. *GCBM* i. 59, Trybelid wylein a wylynt—arnaf, / *Treul* attep attaf a danuonynt. *id.* 296, Pryder am danuer: prydaf itaaỽ! / Prydeis y rwyf treis kynn *treul* athaỽ. *id.* ii. 269, *Treul* trydar a'm car, na'm cassa, / Na'm golud y'm golochwyda. **12–13g.** *GMB* 486, Edwyn uyt *treul* dyn trugeinmlwyt, / Aduyt hoetyl hitlaw rac llaw, ny llwyt! **13g.** *GDB* 493, A ỽacco, *treul* gyffro trang, / Yn ỽnawr y llawr a'e llwng. *c.* **1400** *R* 1206. 19–20, Traỽs ud nud nawell. *treul* mil hil hiriell.

2. Y proses o dreulio bwyd: *digestion.*

1604–7 *TW* (*Pen* 228), Ail *draul* y bwyt yn yr Auu d.g. *Chymus* (hefyd *D*). **1632** *D,* A helpo *traul* ar fwyd yn y cylla d.g. *Pepticus.* **1790** T. Jones: *TOS* 260, Fel y mae *traul* y cylla yn troi ymborth yn waed a meithriniad, i beri nerth ac iechyd. Ar lafar yn gyff. yn yr ymad. 'diffyg *traul*'.

3. Beryn: *bearing* (*in machine*).

1850. Ar lafar, 'hen gloc a'i *dreulia* wedi gwisgo', *ISF* 74; '*traul*' 'the place where the friction occurs in the turning of a wheel, etc.', 'Doro dipyn o oel i'r *treulia,* mi fydd yn haws 'i droi', *WVBD* 541. Clywir *traul* hefyd yn Arfon yn yr ystyr 'tolyn (cwch)'.

Cfn.: **ar draul:** *at the cost or expense of, also fig.* **14g.** *WML* 57, o pop tayaỽctref y keiff gỽr amarch a bỽell *ar treul* y brenhin y wneuthur lluesteu idaỽ. **1588** 1

Cor ix. 7, Pwy erioed a ryfelodd *ar* ei *draul* ei hun? **1690** *Ymofynion* 7, yn Paratoi Bara a gwin goreuriw erbyn pôb Cymun *ar drail* [*sic*] y Plwyf. **1828** *Geir Pob* 28, Yspwndgio . . . ymborthi *ar draul* arall. Cf. S. Lewis: *Ati Wŷr Ifainc* (1986) 44, 'dyrchafiad arall i Gymro'. . . *ar draul* bradychu ei wlad a'i genedl. **ar ei thraul:** *waning* (*of the moon*). **1794** *W*, lleuad *ar ei thraul* d.g. *Wane, In the wane . . . The moon is in the wane.* Ar lafar, 'lleiad *ar i throil*' 'the moon waning', *TGG* (1904) 51 (sir Gaerf.).

traul[2,3], **trauma, traumatig, traw**[1], gw. **trael**[1], **treuliaf: treulio, trawma, trawmatig, draw.**

traw[2] [bôn y f. *trawaf*: *taro*] *eg.* Ansawdd sain a bennir gan ei hamledd; traw safonol ar gyfer lleisiau ac offerynnau: *pitch* (*of sound*); *standard pitch.*
1822.

trawad, gw. trawiad.

trawaethion, trawaethon [*traw*[2]+*-aeth* +*-ion*[2], *-on*[2]] *e.ll. Crdd.* Cordiau: *chords* (*in mus.*).
1844.

trawaf, tarawaf: taro, t(a)rawo [H. Lyd. *toreusit*, gl. *atriuit*, Llyd. C. *tarauat* 'treulio, rhwbio', Llyd. Diw. (taf. Gwened) *torein* 'taro, bwrw': o'r gwr. IE. **terə-* 'rhwbio, troi, tyllu', cf. Llad. *terō* 'rhwbiaf', Gr. τορεύω 'cerfiaf'] *bg.a.* a'r be. *taro* hefyd fel *eg.*

(*a*) (Peri) dod i wrthdrawiad sydyn neu ffyrnig (â), rhoddi (ergyd, cnoc, &c.) (i), ergydio, curo, bwrw, dyrnu; ?pwyo (mewn morter, &c.); curo (am y galon, &c.), dychlamu; ymosod, ymdaro, ymladd, rhyfela: *to strike, give* (*a blow, knock, &c.*) (*to*), *hit, beat, knock, buffet, pound*; ?*pound* (*in mortar, &c.*); *beat* (*of heart, &c.*), *pulsate*; *attack, clash, fight, battle.*

12–13g. *GIILl* 88, Ef yn freu *tereu*, tarole—Saysson. **13g.** *GDB* 211, *Taraw* Kadwaladr, colofyn elyflu. **13g.** *C* 63. 13–14, En aber gwenoli. y mae bet pryderi. yny*terev* tonnev tir. **14g.** *YBH* 21b–22a, Sef a wnaeth y cawr yna dyrchauel y drossawl y vyny a cheissaw *taraw* bown ac ef . . . a bown . . . a ossodes ar y cawr afei metrassei ef ay *trawssei* trwydaw. **14g.** *GDG*[3] 244, *Taro* trwy annwyd dyrys / Tair ysbonc, torres y bys. **14g.** *GIG* 3, Perygl fu i byrth Paris / Trwst y gad lle *trewaist* gis. *c.* **1400** *MM* [138], Kymer lygat y dyd ar erllyryat a *tharaw* ar diawt yn dew. *c.* **1400** *YCM*[2] 56, A gwell o ragor y gwydyat ef y wrth ymlad no'r gwr kywreinaf y wrth *daraw* a myrthwl. *c.* **1400** (*SG*) *HMSS* i. 229, gwalchmai . . . ae *trewis* yny dylla y daryan. **15g.** *GHC* 16, *Taro* a wnâi, terrwyn oedd, / Trawiad eryr trwy diroedd. **15g.** *GLGC* 238, Ni *thery* addwyn na thra eiddil, / e' *dery* wagwas drwy ei wegil. **1547** *WS*, *Taro* Smyte, stryke. **1588** *Math* v. 39, pwy bynnac a'th *darawo* ar dy rudd dehau, tro'r llall atto ef hefyd. **1632** *D, Taro, & Taraw*, Ferire, percutere. **1675** R. Jones: *HCh* 147, A ydyw 'n gyfreithlon i Wr *daro*, neu guro'r Wraig? **1703** E. Wynne: *BC* 147, [*t*]*rawyd* Lucifer ai Ben-cynghoriaid i Sugnedd Uffern eitha. **1774** *W, Taraw, taro* d.g. *To hit, To strike.* **1803** *P* d.g. *Taraw.* Ar lafar, 'Mae'r glaw yn *taro* at y croen', *WVBD* 524; 'Mi *drawis* 'y mhen yno fo', 'Mae'r felltan wedi *trawo*'r goedan', *id.* 541. Defnyddir *taro* yng nghanolbarth a godre Cered. a sir Benf. yn yr ystyr 'medi', '*Taro*' 'cutting corn with a scythe', *TGG* (1904) 64 (gogledd sir Benf.); a chlywir '*trawo*' yn yr ystyr 'tisian', *Cymru* xxxix. 96 (Brych.).

(*b*) (enghrau. *ffig.*: *fig. exx.*).
13g. *Cylchg LlGC* v. 61, duw er hvnn a dywaut mi a *drawaf* ac a yachaaf. **15–16g.** *TA* 303, Duw 'n *taro*, nid ynt wirion, / Dyrnod mawr cadernid Môn [marwnad Rhys ap Llywelyn]. **1588** *Gen* xii. 17, Yna yr Arglwydd a *darawodd* Pharao, ai dŷ, a phlagau mawrion. **1588** *Jona* iv. 8, a'r haul a *darawodd* ar ben Ionas fel y llewygodd. **1615** R. Smyth: *GB* 154, pen glubu [*sic*] 'r brenin hynny a ddyvvaedasa'r vvraig, efe a *dravvodd* go/fid mavvr yn i galon. **1618** J. Salisbury: *EH* 321, megys o *trawe* mewn dyn fedhwl neu chwenychiad o Ladh, neu Ledratta. **1672** R. Prichard: *Gw* 284–5, fe allei hynny (trwy fendith Duw) *daro* dychryn ynddynt hwy. **1683** H. Evans: *CTF* 53, Pan *trawer* di gan Angeu, a marw 'n ddiogel, clyw, / Mae it tydi beth gobaith, am gael yr ail-waith fyw. **1701** E. Wynne: *RBS* 195, rhaid i ti ymgospi yn hollawl oddi wrth bob lluniaeth nes y darffo'r Gwasanaeth, oni *thery* rhyw angenrhaid i'r gwrthwyneb. **1709** H. Powel: *G* 14, nid ôs gynnym ûn siampl yn yr Scrythyr o wyr Duwiol a *drewyd* a byddardod. **18g.** E. T. Rhys: *DA* 149, Fe ŵyr pob dyn duwiol mor gadarn a nerthol / Mae'r chwantau naturiol yn *taro.* **1751** *GIA* viii, Hwy'n gyntaf ac y tynno Angeu ymmaith y gædlen hon, ti a gei weled yr hyn ath *deri* [*sic*] yn ebrwydd yn fûd. **1776** I. Brydydd Hir: *P* i. 106, megis i gallo matterion mor bwysfawr weithio yn ddwys ar ein meddyliau, a *tharo* braw a syndod ar ein calonnau yn eu cylch. **1803** *P, Taraw* . . . to affect. Ar lafar, '*taro* â syndod', 'Mae'n *taro*'n atgas', 'cael 'i *daro* gin yr haul' (am berson), *WVBD* 524; 'Os wyt ti'n mynd i nuthur pethach felna, wel, ma'n deg iddo fynta *daro*'n ôl', *GTN* 782. Sonnir yn gyff. am rywun yn cael ei '*daro*'n wael (yn sâl, yn dost, &c.)', cf. *WVBD* 524, *Wês wês* 65; a digwydd hefyd 'fel arwydd o gytundeb', ''Roedd y ddau ar fin *taro* ers meitin, ond methu cytuno wnaethon-nhw', *B* xv. 25 (Meir.).

(*c*) Bathu; argraffu: *to coin*; *print.*
1546 *YLlH* [33], Beieu y ddiskynnodd o walh y pryntiwr wrth *daro.* **1547** *WS, Taro* arian ne vathy Coyne. **1588** 1 *Mac* xv. 6, Megis y gadawsant i ti *daro* math o arian priodol i'th wlad ti. **1604–7** *TW* (*Pen* 228), *taro* arian d.g. *Moneta . . . Adulterare, Monetarius, pecunia . . . ferire.* **1632** *D, taro* bâth d.g. *Percudo.* [**1740**] T. Baddy: *DDGH* 150, mae gan y Brenin ei arian, ei stamp, dymma ei Goyn, ei arian ef; ond y mae llawer o dwyll yn y bŷd, medr rhai *daro* rhyw debyg lûn, ac felly gwario llawer o brês ac efydd yn lle arian.

(*d*) Pitsio, canu (â'r llais), canu (offeryn), seinio (hefyd am gloc, &c., yn dynodi'r amser); ynganu: *to pitch, sing, play* (*instrument*), *sound, strike* (*of clock, &c.*); *articulate.*

1604–7 *TW* (*Pen* 228), *Taro*'r delyn ne'r organ d.g. *pecto.* **1672** R. Prichard: *Gw* 476, Cyn bech segur *taro* 'r delyn, / Cân fy psalme sy'n ei chanlyn. **17g.** Huw Morus: *EC* i. 104, Na llais gwiw lliosog hawl / Fu 'n *taro* 'n fwyn naturiawl [marwnad Huw Morus gan Edward Samuel]? Ar lafar, 'Mae'r cloc yn *taro* naw', *WVBD* 524. Gw. hefyd y cfn. *taro tant* isod.

(*e*) Gosod, dodi, rhoddi; nodi (ar bapur): *to place, set, put*; *note down, jot.*
14g. *GDG*[3] 264, Tŵr dy dŷ, *taro* dy dâl / Goldwallt dan aur gwnsallt da. **15–16g.** *GLM* 172, Ni welais fwrdd Alis fain, / dro llaw, heb *daro* lliain. **1567** *TN* 395a, Ac ef y ddillattawd [*sic*] a gwisc gwedy *taro* [:- throchi] mewn gwaed. *Diw.* **16g.** *WLB* 47, Kymer bott pridd ne biowter a dod win ynddo . . . a chymer bott arall a llanw o ddwfr a berw a *tharo* y pott ar gwin ynddo a gad yno enkyd. **1604–7** *TW* (*Pen* 228), escidieu yw *taraw* am draet d.g. *Baxeæ.* *c.* **1605** *Bl B XVII* i. 12, *Taro* ffagod yn y rheini [barilau], / Powdwr gwyllt a neidie i fyny (Siôn Lewis ap Siôn Wyn). **1630** R. Llwyd: *LlH* 405, o chabla neb Ustûs o heddwch, efe â *darewir* yn y cyffion. **1632** *D, taro* yn y lliw d.g. *Tingo.* **1677** C. Edwards: *FfDd* 117, yr ydoedd y merthyron mor fodlon i farw, a'r dihenyddiwr mor waedlyd yn *taro* ei gyllell rhwng ei ddannedd, tra fyddei yn ymaflyd yn y naill ar ol y llall. **1688** *TJ* [28], fe fyddeu yn gyfleus (o ran gwahanredoliaeth) i *tharo* hi [llythyren] rhwng dau gromfâch. **1759** J. Evans: *PF* 30, Yn ddialtreg [*sic*] *trewch* (*plunge*) y fan a loscodd tros ei ben mewn Dwfr oer. **1803** *P, Taraw* . . . *Taraw* dy glun i lawr, seat thyself down. Ar lafar, '*trawo* rwbath i lawr' (Llŷn); '*Dares* i 'y nglasys rwle' (godre Cered.). Gw. hefyd y cfn. *taro i lawr* isod.

(*f*) Gweddu, siwtio, ffitio, plesio: *to suit, fit, please.*
1851. Ar lafar, ''Dyw hon ddim yn *daro* fe' (canolbarth Cered.); ''Wên' nw'm yn *taro*'i gily'' (godre Cered.); 'Ma 'yn yn *taro* i'r blewyn', ''Dyw lle felny'n *taro* dim o chi', ''Odd a'n *taro* dim o rwun gwan siwdny i ddilyn gwaith mor drwm', *GTN* 782–3. Cf. D. Owen: *B* 426, A ydyw y gwisgoedd hyn yn fy *nharo* i?

Fel *e.* (*a*) Ergyd, trawiad, ymladdfa: *blow, hit, fight*(*ing*).
15g. *GHC* 16, Pa ŵr sad, pwy arswydir, / Pan fo'r *taro* yn y tir? **15–16g.** *GLM* 269, Edward dewr, o droi'r *taraw*: / ail Ector wyd o lwc draw. **15–16g.** *GIF* 44, Dywed air y dôi *daraw*, / a gyr oll hwynt fal garllaw. **1604–7** *TW* (*Pen* 228), ofni cyn dyuot y dyrnot ar *taro* d.g. *præformido.* **1630** R. Llwyd: *LlH* xii, y mae gennit gledyf ar dy glûn . . . rhag dy friwo dy hûn, ac i friwo dy elyn; mae'r cleddyf ysprydol i gadw dy enaid, yr hwn sydd a mwy *taro* arno . . . nac ar dy gorph. **1632** *D*, ofni cyn dyfod y *taraw* d.g. *Præformido.* **1688** S. Hughes: *TSP* 253, nid ydwyt ti ond tros vn *taro* [:- Ychydig o ymladd]. **1740** T. Evans: *DPO* 77, Y Dinasoedd caerog . . . a ymgadwasant heb nemmawr o *Daraw*, ond y Mân drefydd oeddent megis cynnifer Goddaith yn fflammio. *id.* 103, Preswylwyr y Frô a ferthyrwyd . . . Ond Gwyr Blaeneu gwlad a'r Mynydd-dir a ymgadwasant heb nemmawr o *Daro*, ond a gawsant o Gyffro. **1803** *P, Taraw*, s. m. . . . a stroke . . . a hit.

(*b*) Awydd, angen, ymofyn, galw (am); argyfwng, rhuthr, brys: *desire, need, demand, call* (*for*); *emergency, rush, haste, hurry.*
1798 W. Richards: *CC* 11, Y cyfryw ohonynt [carcharorion] a gyfrifwyd yn deilwng i'w cymmeryd i'n gwasanaeth ni . . . a gadwyd yn ofalus . . . yn Hwlffordd, fel y byddent ar glawr ac wrth law eu Meistraid, pan y byddai *taro.* Ar lafar, ''Does gen i ddim llawer o *daro*', ''Does dim llawer o *daro* arna' i' (Môn); ''Chi ise bwyd?' 'Na, 'os 'm *taro* arna' i 'nawr' (canolbarth Cered.); 'Wedi bod yn taro'n galed drwy'r bore yn sicir y mae *taro* arnoch nawr am ginio', *Cymru* lxv. 152 (godre Cered.); ''Odd a mwn *taro* budur i gyrradd ta thre' (dwyrain Morg.); ''Os dim llawar o *daro* amdano arnon ni cyn 'r wthnos nesa'', 'Beth yw dy *daro* di?', *GTN* 783.

Amr.: **taraf**[2]. Ar lafar, 'Mi *darodd* o ar 'i fatsh', *WVBD* 524; '*Tara* lygad dros y llythyr 'na imi' (Arfon); '*Dares* i 'y nglasys rwle' (godre Cered.).

Cfn.: **taro allan:** *to start out*; *break out* (*in song*); *branch off.* **1771** *PDPh* 55, edrychwch at draed eich Ceffyl . . . ryw amser cyfaddas cyn y *tarawoch allan.* **taro'r amrant (ar y llall):** *to blink.* **1346** *LlA* 5, Yn gynnebrwydet ac y *trewit yr amrant aryllall.* **1632** *D, taro'r amrant ar y llall* d.g. *Conniveo.* *id.* ni *tharawo'r amrant* d.g. *Inconniuens.* **taro (trawo) ar:** (i) *to come across, chance upon, meet with, hit upon, find, also fig.* **1603** W. Midleton: *Ps* 122, Dyro i rhain *daro ar* haint / A gofal a digofaint. **1618** J. Salisbury: *EH* 306, pryd y bo dyn heb gyfarfod, na *tharo ar* neb, afo mewn angen nodedig o'i lusêni. Ar lafar, '*taro ar* . . . i gilydd', 'Mi *darodd* o *ar* 'i fatsh', *WVBD* 524; 'Mi *drawis* i *ar* hen ffrind coleg dwrnod o'r blaen' (Arfon); 'Ffeiles i'n deg *taro arni* ddi 'co' (godre Cered.). Cf. D. Owen: *RL* 202, ydach chi'n meddwl fod Bob erbyn hyn wedi deyd wrth Seth fod Barbara a fine wedi dwad i'r seiat? hyny ydi os daru fo *drawo arno* fo, achos mae yno gymin o honyn nhw yno. (ii) *to border on.* *c.* **1700** E. Lhuyd: *Par* i. 45, Y mae tre dhegwm . . . a elwir Mivod yn *taro ar* blwy Lh[an]yvydh. (iii) *to touch upon, mention.* **1661** E. Lewis: *Drex* 183, Y mae ein Jachawdwr yn *taro ar* hynny yn fynych, wrth siarad a'i Ddysgyblion. *id.* 331, Mynych y mae 'r Pregethwr yn *taro ar* hyn yma, Beth bynnag a ymafael dy law ynddo i'w wneuthur gwna a'th holl egni. **taro ar lawr,** gw. *taro i lawr.* **taro ar y tant,** gw. *taro tant.* **taro ar draws meddwl,** gw. *taro i feddwl.* **taro at:** (i) *to set about, go to.* **1745** *ML* i. 88, dymma fi yn *taro atti* hi i atteb eich llythyr or 8fed. **1754** G. Owen: *L* 101, Dyma'r holl drysor o hen bregethau Sir y Mwythig agos a darfod; rhaid *tarro atti* hi'n fywiog i weithio rhai newyddion. **1761** *LlCB* 5–6, dodwch mewn ymarferiad bob grâs, i *daro at* Ogoniant yr Arglwydd. **1770** R. Jones: *YC* 15, ni a ddarllenwn i'r . . . Apostol Paul, fod mor anfoesol yn Athen a *tharo at* ei bregeth dafod-leferydd ynghanol y farchnad. **1774** H. Jones: *CH* 20, ac weithiau y *trawant* [y meistriaid] *at* y gwaith eu hunain. Ar lafar. (ii) *to allude to.* **1789** J. Thomas: *DdS* 37, y mae'n *taro at* (*alludeth to*) y weledigaeth a gafodd gwas y prophwyd. **taro'r bai ar:** *to blame.* **1920. taro bargen (margain):** *to strike a bargain.* *c.* **1762–79** W. Williams: *P* 138, nid yw y partion fyth yn gwel'd eu gilydd ne's [*sic*] bo'r *fargen* wedi ei *tharo* ynghŷd gan y rhieni. **1770** P. Williams: *BS, Esec* xxi, *taro margain* arnynt. Ar lafar, ''Wi'n mynd 'nawr i *daro bargan* gyda fa am fuwch sy gynto', *GTN* 782. **taro cis ar:** *to touch upon lightly or briefly, visit.* **20g. taro cnec:** *to fart.* **20g.** Ar lafar yn y De. **taro deuddeg:** *to strike the right note, be convincing* (*usu. in neg. construction*). **20g.** Ar lafar, 'Mae o 'di gadal job dda a mynd i weithio ar ffarm —'di o ddim yn *taro deuddag* o gwbwl' (Arfon); ''Doedd geirie'r gerdd ddim cweit yn *taro deuddeg* o gofio'r testun' (sir Gaerf.). **taro entrew (entro, untrew, &c.):** *to sneeze.* [**1783**] *W, taro entrew* (*intrew, untrew*) d.g. *To sneeze.* **1795** *P*, Entrew . . . *Taro entrew*, to give a sneeze. Ar lafar, '*taro untrew* (*yntrew*)' (gorllewin Morg.); '*taro untro*' (dwyrain Morg.); ''Odd 'i'n gwed 'mod i wedi *taro entro* bymthag gwaith, 'odd 'i wedi 'u firo nw!', *GTN* 782. **taro golwg:** *to glance.* Ar lafar, 'a ma fi'n hapno *taro golwg* nôl, a ŵe dim cip o'r cart', *Wês wês* 69. **taro gwaed:** *to draw blood.* *c.* **1585** G. Robert: *DC* 18b, ny wnant na golhwng na *tharo gwaed*, na rhoi medhyginaeth yn y byd i r claf. **17g.** *TBM* 360, Yn awr mae hwn yn handlio gwn / A'i gleddau gwyllt yn *taro gwaed* [Siôn Gruffudd 'yn amser Oliver Cromwell']. [**1762**] E. Powell: *HEI* 51, Chwydd o achos *taro Gwaed.* **1772** *W* d.g. *To draw blood.* Ar lafar, *B* xv. 25 (Meir.). **taro gyda:** *to join, go with.* **1718** E. Samuel: *HDdD* 101, ei fod yn barod i sefyll wrthym ac i *daro gyda* ni. Ar lafar, 'Wth ifi fynd 'ipo iddyn' nw, dyma Dafydd yn troi ac yn *taro gyda* fi', *GTN* 782. **taro haearn ar:** *to iron.* Ar lafar, 'Gad y crys 'na'n fanna—mi *dara*' i *huar' arno* fo'n munud' (Arfon). **taro'r haearn tra byddo'n (bo'n) boeth (tra fo'n frwd):** *to strike while the iron is hot.* **1620** *Mos* 204, [152], *Taro r haiarn tra vo yn vrwd.* Ar lafar yn gyff., '*taro'r 'arn tra byddo'n boeth*', *GTN* 783. **taro heibio:** *to drop in.* **20g. taro'r hoel ar ei chlopa** = **taro'r hoel ar ei phen.** Ar lafar, ''Wyt ti wedi *taro'r 'ol ar 'i chlopa*', *GTN* 782. **taro'r hoel(en) ar ei phen, taro'r hoel yn ei phen:** *to hit the nail on the head.* **1656** (**1745**)

MLl ii. 167, a darfod i ti yr awron *daro 'r Hoel ar ei Phen*, a dywedŷd y cwbl. **1732–3** J. Owen: *GB* 65, dymma *daraw'r Hoel ar ei Phen*. **1778** *W* d.g. *To nick* [*touch by good luck, &c.*]. Ar lafar, '*taro'r hoelan ar 'i phen*' (Arfon). **taro i:** (i) *to go into, pop into.* **1657** RE: *CDd* 168, a chwi a gewch eu gweled hwy yn *taro i*'r tafarn ac yn gloddestu. **1740** T. Evans: *DPO* 31, fel y gwelwch chwi Haid o Wenyn yn *taro i*'r Cwch o flaen Tymhestl. Ar lafar, 'Dyma fa'n *taro i*'r tŷ fel bollt', *GTN* 782. (ii) *to set about, start out on.* **1771** *PDPh* 58, rhoddwch iddo lwngcaid o ddwfr claear yn y 'stabal cyn y *tarawoch i*'ch taith. **taro (i) lawr (ar lawr):** *to jot down.* **1742** *AAST* (1951) 74, Ni cheisiaf ymorawl am drefn neu rôl yn y byd yn fy llythyr, ond *taro ar lawr* dippyn o bob peth. Ar lafar yn gyff., '*Tara* fo *lawr* ar bapur imi' (Arfon). Cf. W. Rees: *AFR* 169, meddwl fod rhywun â'i bin a'i bapyr yn ei law'n gwrando arnom ni 'n siarad yn wastad . . . ac yn *taro i lawr* bob gair a ddeydem ni. **taro i maes,** gw. *taro maes.* **taro i feddwl, taro ar draws meddwl:** *to occur to one, strike one.* **1811.** Ar lafar, 'Mi *darodd* 'na syniad reit dda *ar draws* 'y *meddwl* i ddoe' (Arfon). Cf. D. Owen: *EH* 120, mae o'n *taro i*'m *meddwl* i—oedd ene ddim rhw saer maen . . . o'r enw Indigo Jones . . .? **taro i mewn,** gw. *taro mewn.* **taro (y) llaw, taro llaw yn llaw:** *to strike a bargain, make an agreement; be reconciled, make up.* **14g.** *GDG*³ 115, Nid nes cael ar lawr neuadd / *Daro llaw* . . . / Nog fydd . . . / I ddwylo rhai ddaly yr haul. **16g.** *WLl* 209, Llew wyd ysdod llwyd distaw / Torr dy lid *taro* dy *law* [i gymodi â Wiliam Gruffydd]. **1651** Siôn Treredyn: *MDD* 32, fel hyn y cydsyniodd Christ, ac er tragwddoldeb a *darawodd law* ar Tad, ac a cyttunodd i osod arno agwedd dyn. Ar lafar, '*taro llaw yn llaw*' 'to strike hand in hand . . . to clinch a sale', *GTN* 782. **taro llawr y llofft:** *to get up from bed.* Ar lafar, '*taro llawr y lofft*' 'sŵn traed yn taro'r llawr wrth godi, sy'n hawdd ei glywed o'r llawr mewn hen dai; sef ffordd o ddweud "codi o'r gwely" yn Nantgarw', 'Fi clŵas a'n *taro llawr y lofft*', *GTN* 782; clywir hefyd '*taro planca llawr y lofft*' yn yr un ardal. **taro llygad (ar, dros):** *to have a look (at or over), glance, set eyes on; meet the eye.* **20g.** Ar lafar, '*Tara lygad* dros y llythyr 'na imi, i neud yn siŵr bod o'n iawn' (Arfon). **taro margain,** gw. *taro bargen.* **taro (i) maes:** (i) *to start or set out.* **1788** J. Thomas: *CS* 116, O edrych am wir olew gras, / Pan wyt yn dechrau *taro ma's*; / Rhag gorfod wrth y drws droi 'nol, / Fel gorfu i'r morwynion ffol. [**1792**] M. J. Rhys: *D* 4, Rhoi'r hanes . . . i'r brenhin . . . *daro i maes* yn uniongyrch ef a'i wyr arfog tu a rhyw dref. (ii) *to get on.* Ar lafar, 'Siŵd ma'r gwynitog newydd yn *taro mæs*, bachan?', *GTN* 783. **taro (i) mewn:** (i) *to interrupt, butt in.* *c.* **1730** *Thos. Lloyd D* (LlGC) 212b, *Taraw i mewn.* to interpose. Ar lafar, "Alli di ddim cwplo unryw bwynt, waith ma fa'n mynnud *taro mywn* arnot ti', *GTN* 783. Cf. *taro ei big i mewn.* (ii) *to call in, pop in.* **1886.** Ar lafar, 'Deud wrtho fo am *daro i mewn* i 'ngweld i rywbryd' (Arfon); 'Dyma fa'n *taro mywn* i 'r 'en dafarn ar 'i ffordd o'r gwaith', *GTN* 783. **taro'r nod:** *to hit the mark, usu. fig.* **1658** R. Vaughan: *YPS* [i], oni fetha pinyscrifen yr Awdur *daro r nod* y Lefelodd ef atto. **17g.** Huw Morus: *EC* i. 72, Tros Domas, trais di ammod, / Taer yw 'r naws yn *taro 'r nod.* **1740** T. Evans: *DPO* 240, Y mae'n ddilys fod y Sais a'r Cymro (er o wahan feddwl a gwahan Dueddiad) etto i'll dau wedi *taro'r nôd.* **1776** *W*, Methu *taro'r* . . . *nôd* d.g. *To miss* [*fail to hit*] *a, or the, mark.* **taro nodyn:** *to strike a note, also fig.* **1922.** Ar lafar, '*Tara'r nodyn* imi ar y piano' (Arfon). **taro ei big (ei phig, &c.) i mewn:** *to butt in, interrupt; show one's face.* **20g.** Cf. *taro i mewn.* **taro'r post i'r fuwch gael clywed = taro'r post i'r pared glywed.** Ar lafar, *GTN* 783. **taro'r post i'r gât gael clywed = taro'r post i'r pared glywed.** Ar lafar yn sir Gaerf. **taro'r post i'r pared glywed:** *to give an indirect hint.* **1906.** Ar lafar, *WVBD* 524. **taro ei bwys (ei phwys, &c.) i lawr:** *to sit down.* Ar lafar, '*trawch* 'ch *pwys lawr*' 'sit down; lit., put your weight down', *GDD* 307. **taro rhech:** *to fart.* **1854.** Ar lafar yn y Gogledd a Chered. **taro tân:** *to strike a light, light a fire.* **16–17g.** *Gesta Rom* 41, A'r amherawdr a *drawai dan* ag a'i brydonai ef yn y kroen. **18g.** E. T. Rhys: *DA* 152, Hi [cyllell] *dery dân* o'r bôn i'r blaen, / Hi rwyga'r maen o'r mur. **taro (ar y) tant:** *to play a string, strike a chord, play the harp, also fig.* **1604–7** *TW* (*Pen* 228), bon asgelh, bwa Crwth ne'r cyfrwy beth . . . y *daro tannæ* d.g. *plectrum.* *c.* **1618** *Bl B XVII* i. 195, A'th glod weddol a'th foliant / A saif tra fo *taro tant* [Huw Machno i ofyn telyn gan Robert ap Huw]. **1632** J. Davies: *LlR* 401, y mae efe yn *taro* yn wastad *ar yr vn tant* (*harping upon this string*). **1714** D. Lewys: *CN* 3, *Ar y Tant* ni *drawn* yn fuan, / I gyd ganu Cerdd ein Duw. **1793** *Ll* xii. (1933) 140, I ebrwyddo'r bereiddiaith / *Trewi dant* dy freuant fraith [Thomas Jones i'r aderyn bronfraith]. Cf. Ceiriog: *CG* 62, Daw bardd i fysg ein plant, / I *daro tant* yn natur dyn. **taro'r tant mawr:** *to ride the high horse.* Ar lafar, *WVBD* 524. **taro tôn, taro'r dôn:** *to pitch or lead (in singing), start up (song), also fig.* **1907** O. M. Edwards: *Tro Trwy'r Gogledd* 72, waeth i mi heb *daro tôn* mor hen. **taro twll:** *to drill a hole (in quarrying, &c.).* Ar lafar yn ardaloedd chwareli'r Gogledd, '*Taro twll*' 'Gwneud twll yn y graig i roi'r powdwr', *B* xx. 381. **taro untrew, taro untro,** gw. *taro entrew.* **taro wrth:** (i) *to come across, chance upon, meet (with), hit upon, find, also fig.*; ?*compare with, match.* **14–15g.** *GGLl* [151], Tri o'i ddoethder, brywder braw, / Tri o'i nerth, *trewyn' wrthaw* [marwnad Rhydderch gan Ruffudd Llwyd]. **15g.** *DN* 7, Anos yw d'aros wrth ymosod / A *tharo wrthych* na thwr airthod. **1604–7** *TW* (*Pen* 228), *taro wrth* d.g. *Impingo, Tango* (hefyd *D*). **1685** G. Griffith: *GA* [v], Os dydd, os rhan dda o hîr nôs . . . ymmysc ei Lyfrau . . . yr oedd *taro wrtho.* **1701** E. Wynne: *RBS* 65, os *tarewi wrth* y cyfryw loddestwyr yn amryfus neu yn anochel, a gwybod fôd gwendid ynot, na âd i rîth moes neu gymdeithasgarwch dy hudo i aros. **1721** J. P. Prys: *DC* [i], Rhag digwydd i hwn *daro wrth* y cyffelyb aflwydd. **1753** G. Owen: *L* 73, Dyma fi heddyw wedi *taro wrth* beth o'ch prydyddiaeth chwithau. **1776** *W*, *taraw* (*taro*) *wrth* d.g. *To meet with.* **1803** *P*, Wrth . . . *Taraw wrth.* Ar lafar, '*taro . . . wth*' 'to meet', *WVBD* 524. **taro ynghyd:** *to clash, fight.* **1536** *Rhyddiaith Gymraeg* i. 38, Ac yna y *tyrowson yngyd* yr ail waith, ac y tyrewis Kollen ef dan i gesel. **16g.** *B* xi. 23, Ac ynn ol ymrauaelion eirieau [*sic*] ynntwy a *drowssant ynghyd* ac a ymladdasant val dau lew ffyrnic. **1588** 1 *Mac* ix. 13, ac hwy a *darawsant yng-hyd* o'r boreu hyd y nôs. **taro ymlaen:** *to knock on (in rugby).* **20g.** **taro'n fud:** *to be struck dumb (fig.), be nonplussed.* **1778** *W*, *taro* un *yn fûd* d.g. *Nonplus, To* [*put one to a*] *nonplus.* Ar lafar, 'Gath e 'i *daro'n fud* pan welodd e faint odd y bil' (sir Gaerf.). **taro yn y pen (yn ei (dy, &c.) ben):** *to occur to one, strike one.* **1854.** Cf. W. Beynon Davies: *Heniarth* (1976) 11, fe *drawodd yn ei ben* mai cynllun da efallai fyddai iddo alw yn y Ficerdy. **taro yn ei dalcen:** *to put an end to.* **20g.** Ar lafar, 'Mi *drawis* i y cwbwl *yn 'i dalcan* a ffwr' â fi', *WVBD* 522. **taro yntrew,** gw. *taro entrew.*

trawanaf: trawanu, gw. **trywanaf: trywanu.**

trawd¹**, trawdd** [?cf. H. Wydd. *tráth* 'amser, dydd'; dichon mai ffrwyth camddehongli hen org. yw'r ail ff. uchod; ansicr yw perthynas *traóð*, *GMB* 200, *id.* 336 [?≡ *trawdd*], a'r ff. ferfol *traót*, *id.* 461] *eg.b.* ll. (geir.) *trodion.* Cwrs, ffordd, taith, gyrfa, symudiad, cerddediad, osgo; cyrch (milwrol), ymosodiad: *course, way, journey, career, movement, a walking, gait; (military) assault, attack.*

12g. *GCBM* i. 23, *Traót* ar dyn a'e tremyn tróy dir / Periglus pellus pell dygir. **12–13g.** *GLlLl* 96, Hydyr wneuthost, wr, ar wyr ulwng, / Dyt *traód* trallaód o'r Trallwng. *c.* **1400** *R* 1233. 36–7, *traót* angeu aereu uedeu vydan. *id.* 1285. 19–20, kynn erchwynyaóc bed seith troetued *traót.* **16g.** Wiliam Llŷn: *Gw* (R. Stephens) (At.) 70a, *Trawd* kerdded. **1604–7** *TW* (*Pen* 228), *Trawd* d.g. *Cursus. Dchr.* **17g.** *J* 10, 161b, *Trawd* . . . Trade. transitio. **1632** *D*, *Trawd*, & *Trawdd*, Incessus, cursus pedestris. **1688** *TJ*, *Trawd*, *trawdd*, cerddediad, troediad: a walking, a pace. **1722** *Llst* 189, *Trawd* . . . m. A footing, walking. **1771** *W*, *trawd* d.g. *Carriage* [*mien, port, air*], *Footing* [*the act or action of walking, tread*], *Gait, Pace, A great . . . pace, Portliness* [*stateliness of port or mien, &c.*]. *id.* *trawdd* d.g. *Footing* [*the act or action of walking, tread*], *Gait.* **1803** *P*, *Trawd*, s. m.—pl. *trodion* . . . A transit, a course; a pass; a journey. *id.* d.g. *Trawz.*

trawd² [?cf. Llyd. C. *treut* 'tenau'] *a.* Gwan: *weak.*

12–13g. *GMB* 475, Nyd oes darogan, dyn truan *traód*, / O'r Gór a'n goreu mateu metdaód.

trawdd, gw. **trawd**¹.

trawddysg [olff. o *athrawddysg*] *eg.* Athrawiaeth, dysgeidiaeth; hyfforddiant: *doctrine; instruction.*

1803 *P.*

trawedig, tarawedig [bôn y f. *trawaf, tarawaf: taro, t(a)rawo*+-*edig*] *a.bfl.* Wedi ei daro (hefyd â salwch); trawiadol: *struck, stricken (also with illness); striking.*

14g. *B* ix. 226, guae di. dy vot yn *travedic* o glauri. **1707** *AB* 251b, Bydh *drauedig* dhûy uaith, kyn taro ynuaith kanys honno yu'r gamp synuyrola ôlh. **1775** *W*, *Tarawedig* d.g. *Knocked, Smitten, Stricken.* **1785** E. Barnes: *MH* 23, mae 'r sylwadau *traweidig* [*sic*] (*striking*) hyn, teilwng o ddyfnaf ystyriaeth yr Yscolhaig . . . etto 'n eglur i ddealltwriaeth y Darllennydd mwya annysgedig.

trawenaf: trawenu [?cf. *trawanaf: trawanu* (amr. ar *trywanaf: trywanu*)] *bg.a.* a'i dilyn fel arfer gan yr ardd. *tros, trwy.* Mynd (dros, drwy), croesi (afon, &c.), teithio; dwyn drwodd: *to go (over, through), cross (river, &c.), travel; bring through.*

1567 *LlGG* (*Salt*) 43a, Ef a ohanawdd y môr ac ef y *trawenawd* hwy [:- duc hwy trywodd] (**1588** *Salm* lxxviii. 13, aeth â hwynt drwodd). **1567** *TN* 23b, cympellodd yr Iesu ei ddiscupulon i vyned mewn llong, a' myned [:- *thrawenu*, threiddio] trosodd oei vlaen. *id.* 190b, wy aethant allan, ac a *drawenesont* trwy vn heol. *id.* 195b, Yno wedy ei d'anvon wy ymaith gan yr Eccles, *traweny* a wnaethant trwy Phoinice. *id.* 217b, gwedy *traweny* [:- hwyliaw] a hanam dros y mor. **1589–90** *HP* 20, Ac oddina, gwedi *traweny* tros avon Malea, hwy a hwylyassont y Mawritania. **1604–7** *TW* (*Pen* 228) d.g. *perrumpo.* **1753** *TR*, *Trawenu*, to pass over, to go to the other side. **1773** *W*, Bâd *trawenu* d.g. *Ferry, or ferry-boat.* *id.* Croesi afon, *trawenu* d.g. *To go over a river.* **1803** *P.*

trawfforch [*traw*²+*fforch*] *eb.* *Crdd.* Fforc ddur ac iddi ddau big sy'n rhoddi nodyn penodol o'i tharo: *tuning-fork (in mus.).*

20g.

trawgar, tarawgar [bôn y f. *trawaf, tarawaf: taro, t(a)rawo*+-*gar*] *a.* Trawiadol: *striking, impressive.*

1846. Cf. D. Owen: *RL* 367, y peth mwyaf *tarawgar* yn ei ymddangosiad i fy nghyfaill Williams oedd y goler outrageous.

trawgludaf: trawgludo [*traw*¹+*cludaf: cludo*] *ba.* Allforio: *to export.*

1850.

trawgludiad [bôn y f. *trawgludaf: trawgludo*+-*iad*¹] *eg.* ll. -*au.* Allforiad, y weithred o allforio, yr hyn a allforir: *export(ation).*

1850.

trawiad, tarawiad, t(a)rawad [bôn y f. *trawaf, tarawaf: taro, t(a)rawo*+-*iad*¹, -*ad*] *eg.* ll. *trawiadau.*

1. (*a*) Y weithred o daro, arfod, ergyd (gwn), dyrnod, curfa, ymosodiad, hefyd yn *ffig.*: *a striking, strike, stroke, shot, blow, a beating, attack, also fig.*

14g. *GDG*³ 51, *Trawiad* un lladdiad â llif, / Toriad hagr trwy iad digrif [marwnad Gruffudd ab Adda]. *c.* **1525** *GSC* [127], Troi llawngwymp trwy holl angerdd, / *Trawiad* gwn trwy iad y gerdd [marwnad Tudur Aled]. **16g.** Huw Arwystl: *Gw* 22, tyrd o bydd *trawiad* y bel / ir brynn ar bwa r annel [i Edwart, iarll Penfro]. **1604–7** *TW* (*Pen* 228), *trawiat* d.g. *percussio.* **1632** *D*, *Tarawiad* d.g. *Ictus, Plaga, Planctus.* **17g.** *TBM* 849, *Trawiad* Duw'n torri troed dysg, / Treisia wraidd trysor addysg [marwnad Siôn Gruffudd gan Watgyn Clywedog]. **1723** WM: *PGG* 100, y mae yn ddigon parod i dderbyn y *Trawiadau* tosta ar Blinderau trymma er mwyn Crist. **1740** T. Evans: *LlA* 20, ymorol i gadw a chynnal Dynion da rhac Anobaith, drwy jawn ddyscu iddynt farnu ynghylch eu Cyflwr ysprydol, pa un a'i bod mewn stât i Jechydwriaeth; a hynny oddiwrth Dymmer eu calonnau . . . ac nid oddiwrth ryw *Darawad* neu Gyffro diswmmwth. **1743** J. Jones: *LlAW* 110, Liturgi publick ein Heglwys ni . . . yr hon sy'n cynwys ynddi y *trawiadau* goreu am Dduwioldeb . . . ar y adwaen i. **1764** J. Popkin: *ABG* iv, i osod allan y naill i'r llall hardd *drawiadau*'r Portreiadwyr rhagorol hynny, y Beirdd a'r Areithyddion. **1775** *W*, *Tarawiad* d.g. *A knocking, Percussion* [*a striking: a stroke, &c*]. **1795** J. Thomas: *AIC* 352, y llê cynesaf yn yr Ardd ar lleia o *drawiad* Gwynt. **18–19g.** *Llr* C 11, 203, *Trawiad.* disposition, character, yn un *drawiad* ai dad yw. yr un *drawiad* ag ynteu, yr un *drawiad* ar ei droed, ar ei law &c Beth yw *trawiad* y Gân, y bregeth, &c Glam. **1803** *P*, *Tarawiad*, s. m.—pl. t. *au* . . . A collision. Ar lafar, '*trawad*' 'ergyd', *GTN* 806. Clywir *trawiad* hefyd yn yr ystyr 'gofyn (am nwydd)', "Toes dim llawar o *drawiad* arni hi' (Arfon).

(*b*) Curiad (mewn cerddoriaeth neu farddoniaeth), caniad, seiniad, traw; odl, cyfatebiaeth gynganeddol, clec; curiad (y galon), pwls: *beat (in music or poetry), a singing or sounding, pitch; rhyme, correspondence (in 'cynghanedd'); (heart)beat, pulse.*

1604–7 *TW* (*Pen* 228), *tarawiat* d.g. *pulsus* (hefyd *D*). *c.* **1618** *Bl B XVII* i. 193, Pob pur ddysg, pob rhyw ddesgant, / Pob *trawiad* teg, pob tro tant [Huw Machno i ofyn telyn gan Robert ap Huw]. **18–19g.** *Llr* C 42, 198, *Trawiad*, a rhime plur *Trawiadau.* [Glam.]. Ar lafar, 'Fe 'llid wara 'wn 'os bosib yn y mesur dou *drawiad*' (dwyrain Morg.).

(*c*) Pwl (o salwch): *bout (of illness), attack.*

20g. Clywir *trawiad* yn yr ystyron 'trawiad ar y galon' a 'strôc', 'Ma'r *trawiad* dwytha' 'ma wedi deud yn ofnadwy arni hi' (sir Ddinb.). Gw. hefyd y cfn. *trawiad ar y galon, trawiad haul, trawiad parlysol, trawiad tes* isod.

2. Amrantiad, eiliad: *twinkle, instant.*

1567 *TN* 261a, Ny hunwn ni oll, eithr newidir ni

oll ym-moment ac yn-*trawiat* y llygat wrth lef yr ytcorn dywethaf. **1699** T. JONES: *TP* 158, Canys nid ydwyt ti ond tros un *trawiad*, ac wedi hynny ni wnai di ond [c]ilio. Gw. hefyd y cfn. *trawiad amrant*, *trawiad llygad* isod.

3. Osgo, ymarweddiad, cerddediad; tuedd, gogwydd: *bearing, deportment, gait; tendency, disposition*.

1778 J. THOMAS: *HB* 81, Yr oedd ynddo yntef *drawad* at Brydyddiaeth, ac efe a roddes ei atteb yn yr englyn canlynol. **1779** D. DAVIES: *BDED* 33, nid yn unig yn y rhannau mwya pwysig o'u hymddygiad, eithr hefyd yn eu llais a'u gosgedd, a'r peth a alwn ni eu *trawiad* a'u trem. **1795** *LlCA* 4, yn methu a bod o'r un *drawad* ac o'r un tast yn eich crefydd. [**1795**] W. RICHARDS: *YDY* 10, Mewn gwirionedd, yr oeddynt yn dra thebyg eu tymmer a'u *tarawiad* i'n dadleuwyr ffraeth dros y slave-trade. **18–19g.** *Llr C* 11, 203, *Trawiad*. disposition, character. Ar lafar, yn yr ystyr 'osgo, cerddediad', ''On i'n 'napod 'i *thrawad* 'i', *GTN* 806; 'Ma *trawiad* lled foneddig 'da bob un o'r merched' (dwyrain Morg.); '*trawiad*' 'osgo', 'yr un *drawiad* â'i dêd', *BIBC* 51.

Amr.: **tariad**[1] [cf. *taraf*[2]: *taro*] **1803** *P*. **trewiad** [?ff. wallus]. **1709** H. POWEL: *G* 71, Reol Pysygwyr yw, yr adwaenir y Galon wrth y Puls neu *drewiad* y Gwaed.

Cfn.: **trawiad (tarawiad, &c.) (yr) amrant:** *twinkling of an eye*. **1567** *TN* 216a, yn-*trawiat* y llygat [:– *yr amrant*]. **1630** *YDd* 69, ar *drawiad amrant* llygad. **1756** W. WILLIAMS: *GDC* 42, Disgleirdeb hardd ei Berson sy'n benna o fewn i'r Llen, / A rêd mewn *Tarawad Amrant* i wared is y Nen. **1794** *W*, *tarawiad amrant* d.g. *The twinkling of the eye*. **trawiad (trawad) ar y galon:** *heart attack*. **20g.** Ar lafar, 'Ma lot o ddynion canol oed yn marw o *drawiad ar y galon*' (sir Ddinb.); 'Fe gæs *drawad ar y galon* a dyna'i farwolath a', *GTN* 806. **trawiad (tarawiad) (yr) haul:** *sunstroke*. **1822. trawiad (tarawiad) (y) llygad = trawiad amrant. 1567** *TN* 261a, yn-*trawiat* y *llygat* (**1620** 1 *Cor* xv. 51, ar *darawiad llygad*). **1632** *D*, *Tarawiad llygad* d.g. *Ictus oculi, Nictatio*. **1763** *ML* ii. 602. **1794** *W* d.g. *The twinkling of the eye*. **trawiad parlysol:** *apoplexy, stroke*. **20g. trawiad tes:** *heatstroke*. **20g. trawiad ymlaen:** *knock-on (in rugby)*. **20g. allan o'r trawiad:** *off the beaten track*. Ar lafar ym Meir. **ar drawiad, ar un trawiad:** *instantly, immediately, at a stroke*. **1858.** Ar lafar, '*ar drawiad, ar un trawiad*' 'at once', *WVBD* 540. **ar y trawiad:** *in an exposed or bleak position*. Ar lafar, 'Lle eger iawn ydi Ty'n Bryn, mae o'n union *ar y trawiad*' (Penllyn). **ar un trawiad**, gw. *ar drawiad*. **hen drawiad:** *cliché, esp. with ref. to poetic expression*. **20g.**

trawiadaf: trawiadu [bf. o'r e. *trawiad* mewn ystyr a roddir iddo gan *P*] *bg.* Gwneud cynnydd, datblygu: *to make an advance, progress*.

1803 *P*, *Trawiadu* . . . To make an advance or progress.

trawiadol, tarawiadol [*trawiad, tarawiad* + *-ol*] *a.* Nodedig, hynod, yn creu argraff, atyniadol: *striking, impressive, attractive*.

1836. Ar lafar, '*trawiadol*' 'striking', 'Ma fa'n gwed pethach mor *drawiadol* mân' nw'n aros yn dy gof di', *GTN* 806.

trawiadur [**traw* (cf. *trawddysg*) + *-iadur*] *eg.* ll. *-ion*. Gwarchodwr, arweinydd, athro; disgybl; hefyd yn *ffig.*: *guardian, leader, teacher; pupil; also fig.*

1789 *BDG* 520, Trydon dy fan ar lannerch, / Trydar syw, *trawiadur* serch [i'r fwyalchen]. **18–19g.** *Llr C* 42, 486, *Trawiadur*, one taught, not a teacher. **18–19g.** *LlGC* 13221, 16, *Trawiadur*, from Traw . . . Traw seems anciently to [have] signified, a guardian, gu[ide,] Leader. **1803** *P*, *Trawiadur* [*sic*], s. m.—pl. t. *ion* . . . One who educates.

trawiant [bôn y f. *trawaf*: *taro* + *-iant*] *eg.* ll. *-iannau*. Gradd neu fynychder digwyddiad ffenomen: *incidence*.

20g.

trawma [bnth. S. *trauma*] *eg.* ll. *trawmâu*. Sioc emosiynol o ganlyniad i ddigwyddiad dirdynnol sydd weithiau'n peri niwrosis tymor hir, profiad gofidus neu gythryblus; niwed corfforol, cyflwr (e.e. sioc) sy'n deillio o'r cyfryw: *trauma*.

20g. Ar lafar yn y ff. *troma*, 'Gyda wiplash ma'r *troma*'n dechre dipyn ar ôl y ddamwen'.

trawmatig [cfdds. o'r S. *traumat(ic)* + *-ig*[2]] *a.* Yn perthyn i drawma, yn achosi trawma, gofidus, cythryblus: *traumatic*.

20g. Ar lafar yn y ff. *tromatig*, ''Odd gweld yr hen greduried yn cal 'u lladd yn brofiad *tromatig* iawn'.

trawo, gw. **trawaf: taro.**

trawol [bôn y f. *trawaf*: *taro* + *-ol*] *a.* *Ffis.* Yn taro arwyneb (am belydryn, &c.): *incident (in physics)*.

20g.

trawr, tarawr, t(a)rawydd [bôn y f. *trawaf, tarawaf*: *taro*, *t(a)rawo* + *-wr*, *-ydd*[3]] *eg.* ll. *t(a)rawyr, t(a)rawyddion*. Un sy'n taro, ergydiwr, cnociwr, curwr, ymosodwr, lladdwr: *striker, hitter, knocker, beater, assailant, slayer*.

1567 *TN* 322a, dir yw i Episcop bot yn ddiargyweddi . . . nyd *traawr* (**1588** *Tit* i. 7, yn *darawudd*), nyd budr-elw-wr. **1588** *Nu* xxxv. 24, barned y gynnulleidfa rhwng y *tarawudd*, a dialudd y gwaed. **1588** *Deut* xxv. 11, nessau gwraig y naill i achub ei gŵr o law ei *drawudd*. **1701** E. WYNNE: *RBS* 228, O digwydd cynnen, bydd di . . . yn Amddiffynnwr nid yn *Darawr* (*the assaulting part*). **1722** *Llst* 189, *Tarawydd*. m.p. *wyddion*. A knocker, striker. *c.* **1730** *Thos. Lloyd D* (LlGC) 209b, *Taráwr* . . . A striker, aggressour, assailant. **1760** *HDY* 11, [cyfreithiau] Am *Darawŷr*. **1772** *W*, *tarawydd* d.g. *Dasher, Slayer*. *id.* *Taraw-wr* d.g. *Knocker*. **1778** J. HUGHES: *BB* 208, Gan ddweud yn ebrwydd, cyfod Arglwydd, / Yn *drawydd* heb ymdroi, / A gwasgar ymmaith dy elynion, / Par i'th gaseion ffeilsion ffoi. **1799** A. AB D. SION: *CR* 22, gadewch fod nid yn unig bywyd dyn ei hun mewn perygl, ond fod bywyd ei wraig a'i blant hefyd, gall crefydd, gall crist'nogrwydd ei waharddd ef i sefyll i'w hamddiffyn; ac os bydd angenrheidrwydd yn gofyn, i ladd y *tarawydd*? Ar lafar, '*trawwr*' 'un sy'n taro â gordd (mewn gefail)' (Arfon); ''Odd a'n *drawwr* yn yr efil gyda Dai 'Uws', *GTN* 807.

Amr.: **tarewydd. 1887. tarwr** [cf. *taraf*[2]: *taro*]. Ar lafar yn ardaloedd chwareli'r Gogledd, '*tarwr*' 'yr un a ddefnyddiai'r morthwyl', *B* xx. 381; hefyd yn yr ymad. ''Na i ti *darwr* i watshmecyr' (sir Drefn., am berson gwan).

traws [Crn. C. *tres, trus*, H. Lyd. *tros*, gl. *tirannide*, Llyd. C. *treux*, Llyd. Diw. *treuz* 'cam, lletraws', Llyd. C. a Diw. *treuz* 'lled, trwch'; mae *traws, tros* (gydag *-s* anodd ei hesbonio) yn gyfochrog â *traw*[1], *tra*[2], o'r gwr. IE. **terə-* 'mynd dros', cf. Llad. *trāns* 'dros', H. Wydd. *tar* 'dros', a gw. hefyd *tros*; ansicr yw *trausev*, *C* 52. 12, a hefyd union rym yr engh. gyntaf isod] *a.* ll. *-(i)on*, a hefyd gyda grym enwol ac fel *eg.* ll. *-au*.

(*a*) Cadarn, cryf, pwerus, nerthol, grymus; ysgeler, creulon, treisgar, gormesol; blin, croes, llym (hefyd am y tywydd): *strong, powerful, potent, mighty; wicked, cruel, violent, oppressive; peevish, cross, severe (also of weather)*.

9g. (*Ox* 1) *VVB* 223, *Traus*. **12g.** *GMB* 240, Caraf Rodri *draws* dreis gyffredin. **12g.** *GIIF* 426, Treis tra treis tra *thraws* tra Threnn gyrchu. **13g.** *A* 37. 16–17, ni cilius taro trin let un ero *traus* y achaus liuirdelo. **13g.** *GBF* 57, Ryuelnaf *trossaf*, wyf treisdic—o'e goll, / Gallwys beleidyr yssic. **14g.** *GDG*[3] 278, Gwaith pell o fewn gloywgell gled / Dy dreisio, rhag dy *drawsed*. *c.* **1400** *R* 1197. 5–6, Eryr pum weli. *traws* hael tros heli. **15g.** *Pen* 57, 37, Os wrth wann da yw dannwyd / Os wrth *draws* sertha dywr [*sic*] wyd [i Siancyn ap Thomas ap Dafydd]. **16g.** WILIAM LLŶN: *Gw* (R. Stephens) 359, Ni threisiai wan na *thrawsion*, / Ni threisiwyd, ni siglwyd Siôn [marwnad Siôn Brochdyn]. **16–17g.** *HG* 55, bailchon *trawson* mawr ywn rhwyf, tra vo ni ar nwyf yn peri. **1604–7** *TW* (*Pen* 228) d.g. *Violentus*. **1627** *NBSD* 33, llwyr gosbodd gyrodd gwerin / y lladron *trowsion* i trin [marwnad Siencyn Llwyd gan Risiart Llwyd]. **1632** *D*, *Traws* . . . iniquus. *id.* d.g. *Iniurius, Iniustus*. **1683** H. EVANS: *CTF* 46, Arefwch syr os gellwch, gwell pwyll nag Aur eriôd, / Ac nid oes *traws* yn un-man, heb *drawsach* iddo 'n bôd. **1753** *TR*, *Traws* . . . unjust, skarp, grim, stern, severe. **1795** J. HARRIS: *Alm* [26], Ar ddechreu Mawrth cawn dywydd *traws*. Ar lafar, 'gira *traws*' 'harsh words', *GTN* 806; hefyd yn yr ystyr 'blin, croes', 'Crotyn bach *traws* iawn yw'r un lleia' 'na' (dwyrain Morg.).

(*b*) Croes, wedi ei osod yn groes, yn gorwedd yn groes, ardraws, lletraws, gogwyddol; *Gram.* yn dynodi unrhyw gyflwr ar wahân i'r cyflwr enwol neu'r cyfarchol: *cross, transverse, oblique, slanting; oblique (of case, in gram.)*.

12g. *LL* 78, iuinid. in*traus* digirchu blain nant duuin. *id.* 247, truy targuus hit dou ceuiou ynn*traws* bet finnaun he collen. ynn *traus* bet celli rudan hint. **1604–7** *TW* (*Pen* 228), y lhengic *traws* d.g. *diaphragma*. **1632** *D*, *Traws*, Transuersus. *id.* astyllod *traws* d.g. *Transuersaria*. **1688** *TJ*, *Traws* . . . cross, overthwart. **1703** E. WYNNE: *BC* 122, fel Scotsmyn a phaccieu *traws* ar eu hyscwyddeu. **1707** *AB* 288a, Thwart or Cross, *Traws*. **1753** *TR*, *Traws*, a-cross, cross-wise. **1778** *W* d.g. *Overthwart*. Ar lafar, '*traws*' 'slanting; transverse', 'glaw *traws*' 'slanting rain', *GTN* 806. Fe'i defnyddir hefyd mewn geiriau cfns. yn cyfateb i'r S. *cross-, trans-*.

(*c*) *c.d.* Yn dynodi math o gynghanedd heb gyfatebiaeth gytseiniol yn rhan ganol y llinell: *denoting a type of 'cynghanedd' without consonantal correspondence in the middle portion of the line (in Welsh prosody)*.

c. **1470 (1610)** *GP* 182, Kynghanedd *draws* . . . val y mae y pennill hwn: Yrddi nid oes ym ordderch, / Oer yw a syrth arni serch. **1587** *id.* 185, O'r groes i mae'r *draws* yn tyfv. Gw. hefyd *cynghanedd—cynghanedd draws, cynghanedd draws gyferbyn, cynghanedd draws fantach*, ac am drafodaeth gw. J. MORRIS-JONES: *CD* 152–7.

Fel *e.* Cyfeiriad, lle, ardal, bro: *direction, place, district, region*.

13g. *B* xxi. 288, A *thrawsseu* o freinc (*gallicanos saltus*) a vyd eidaw. **14g.** *WM* 70. 34–6, Ac y *traws* (*RM* 51, yr artal) y managassei ef uot y gôr ar gaer kyrchu aônaeth hitheu. *id.* td. 215. 36–9, A phy *traws* ymae dy vedôl titheu arnaô. yr parth arall yr lle y doetham yr tref ymynnôn vynet. **14g.** *GDG*[3] 340, Troes ugain i'm *traws* ogylch / O'm cyd-wtreswyr i'm cylch. *c.* **1400** *YSG* i. 54, Ac wynt a'e lladyssynt pany bei dyuot ar y *traws* hwnnw y marchawc urdawl yn yr arueu cochyon o'e diffryt.

Cfn.: **traws dryblith:** *higgledy-piggledy, in disorder*. Ar lafar yn Arfon. **am draws = ar draws** (i). **1672** R. PRICHARD: *Gw* 361, Wrth droi 'r defaid mewn lle dirgel, / Y daeth Angeu *am draws* Abel. **1770** *TG* iii. 11, Mor wisgi ag un rhedegwr, *am draws* yr wybren faith. **1797** B. EVANS: *CG* 271, Efe a dorrodd i mewn *am* ein *traws*. Ar lafar, ''Wi wedi wilo a wilo ond 'dwi ddim wedi dod *am draws* y risâit 'na', *GTN* 806; hefyd yn yr ystyr 'yn erbyn', 'Fe æth 'i gar a *am draws* y wal', ''Odd a'n pwyso *am draws* y wal', *id.* 807. **ar draws:** (i) *across, over, upon, also fig.* **12g.** *LL* 228, arhitirfoss *artraus* dir nant. **14g.** *WM* 52. 16–19, guedy gorôed ohonaô ef [Bendigeidfran] *ar traôs* yr auon . . . yd aeth y luoed ef *ar* y *draôs* ef drôod. **14g.** *BT* (*RB*) 240, crynawd y dayar yn aruthyr yn gyffredin *ar traws* yr holl teyrnas. **15–16g.** *GIF* 54, Gyrraist *ar draws* pob gerwin, / Gŵr march i gario ym win. **1632** *D*, Yr hyn sy *ar draws* d.g. *Transuersus*. **1703** E. WYNNE: *BC* 83, na redent fyth a hefyd i'm rhwystro *ar draws* pôb meddyliau eraill. **1770** *W* d.g. *Across*. Ar lafar, 'siarad *ar draws* rhwun' 'to interrupt some one', *WVBD* 540. (ii) *about, approximately*. **20g.** Ar lafar, 'Pryd y gwelast ti o?' 'O, duda *ar draws* y tri 'ma', *B* xiv. 206 (Meir.). (iii) *by deceit or violence; in defiance of; in (moral) disorder*. **15g.** *GLGC* 227, Byd *ar* ein *traws* a gawsam, / y cais merch casáu ei mam. **1604–7** *TW* (*Pen* 228), wedy gyhudho . . . am arian . . . a dhycei *ar draws* dra vu'n benswydhoc d.g. *Repetundus*. **1672** R. PRICHARD: *Gw* 366, A phob rhai yn pechu a'i buchedd *ar draws*. **1701** E. WYNNE: *RBS* 188, *ar draws* (*in defiance of*) y Creawdur. **18g.** *W Ballads* 6, 5, [Paris] A ddygodd *ar draws* / Un Helen oleu wen, oedd Wraig Menelaws. **ar draws ac ar hyd,** gw. *hyd—ar hyd ac ar draws*. **ar draws ei (i'w) gilydd:** *higgledy-piggledy, in disorder*. *c.* **1585** G. ROBERT: *DC* 27a, dyrnod ar dhyrnod, pawb *ar draws ei gilydh*. **1632** *D*, Dull ymadrodd pan roer y geiriau *ar draws ei gilydd* d.g. *Hyperbatum*. **1778** *W*, *Ar draws* . . . *i'w gilydd* d.g. *Overthwart one another*. **ar draws popeth (pob peth):** *incidentally, by the way*. **20g.** Ar lafar.

Gw. hefyd **trawsan, tros.**

trawsacen [*traws* + *acen*] *eb.* ll. *-ion, -nau*, a hefyd gyda grym ansoddeiriol. *Crdd.* Y weithred o drawsacennu, enghraifft o'r cyfryw: *syncopation (in mus.)*.

1864.

trawsacennaf: trawsacennu [bf. o'r e. *trawsacen*] *bg.a.* *Crdd.* Newid (rhythm, nodyn, &c.) drwy symud yr acen rythmig arferol oddi ar guriad cryf i guriad gwan (hefyd weithiau ynglŷn â barddoniaeth): *to syncopate (in mus., sometimes also with ref. to poetry)*.

1938.

trawsacennol [*trawsacen* + *-ol*] *a.* *Crdd.* Wedi ei drawsacennu: *syncopated (in mus.)*.

20g.

trawsachwynaf: trawsachwyn [gair geir., sef *traws* + *achwynaf*: *achwyn*] *ba.* Gwrthgyhuddo, camgyhuddo, enllibio: *to accuse falsely, slander*.

1604–7 *TW* (*Pen* 228) d.g. *Insimulo* (hefyd *D*). **1722** *Llst* 189 d.g. *To Accuse falsly*. *id.* *Trawsachwyn*.

To recriminate, slander. [**1783**] *W* d.g. *To recriminate.* **1803** *P*.

trawsachwyniad [bôn y f. *trawsachwynaf*: *trawsachwyn*+*-iad*[1]] *eg.* Gwrthgyhuddiad: *recrimination.*

[**1783**] *W* d.g. *Recrimination.* **1803** *P*.

trawsaf, trawsiaf: trawsu, trawsi, traws(i)o [bf. o'r a. *traws*] *bg.a.* Symud neu dorri ar draws, croesi, troi yn wysg ei ochr, hefyd yn *ffig.*: *to move or cut across, cross, turn sideways, also fig.*

c. **1470** (**1610**) *GP* 182, Kynghanedd draws a *drowsir* mewn da[ ], val y mae y pennill hwnn: Yrddi nid nes ym ordderch, / Oer yw a syrth arni serch. **16g.** *B* xviii. 320, [c]ymersant i helynt i *drowsi* y mor parth a Chalais. **1592** S. D. RHYS: *Inst* 259, Cyghhânedh Draws, a bhydh pann bhô vn neu ychwâneg o'r Cytseinieid ym mherbhedh Bann neu Bhraych o gerdh, heb dhim ynn atteb idhynt; a' *thrawsi* drostwynt i gyrchu Cyghhânedh. **1594–6** *B* iii. 282, Y wraic a gerdhodh . . . gann *drowsi* heolydh. **1803** *P* d.g. *Trawsu.* Clywir *trawsu, trawso* yng ngodre Cered. yn yr ystyr 'troi yn wysg ei ochr'.

Gw. hefyd *trosaf*[1]: *trosi.*

trawsafaeliad, gw. traws + gafaeliad[1].

trawsaidd [*traws*+*-aidd*] *a.* Gormesol, ysgeler, drwg; (geir.) gwrthnysig, anhydyn: *oppressive, wicked, bad;* (*dict.*) *contrary, perverse.*

16g. WILIAM LLŶN: *Gw* (R. Stephens) 148, Fe â treisiwr fo *trawsaidd* / Fal pren onn mewn bron heb wraidd. **17g.** HUW MORUS: *EC* ii. 121, Pe ystyriai 'r dyn *trawsaidd*, / Fyned ei fawredd, / A chyhŷd y dialedd ar ddiwedd a ddaw. *id.* 398, *Trawsaidd* yr amcenais, / O Dŷ Ifan, â dyfais, / Dyna 'r drwg, ei dwyn ar drais [i ofyn cerwyn ddarllaw]. *id.* 417, Ddoe yn treisiaw, ddyn *trawsedd*—ac oeddit. **1696** *CDD* 116, Nid alla'i wad fellŷ, nad ydwi'n trwm bechu, / . . . / A gweled or [*sic*] diwedd fy môd i yn bŷw'n *drawsedd*, / Mor ffiedd fy muchedd a mochŷn. **1753** *W Ballads* 198B, 4, Nag ofnwch yrwan rai 'n *Drowsedd* a Dreisian. **1803** *P, Trawsaiz* . . . Apt to be contrary.

trawsair, gw. traws + gair[1].

trawsamcan [*traws*+*amcan*] *eg.b.* ll. *-ion.* Tybiaeth, dyfaliad, cred, opiniwn, (lled)amcan, amcangyfrif; awgrym; ?drwgamcan: *supposition, conjecture, belief, opinion,* (*rough*) *guess, estimate; suggestion; ?evil purpose.*

16–17g. *CLlC* iii. 39, Canaf ogan i'm Bun eirian / O *draws amcan* lle bum druan. **1604–7** *TW* (Pen 228), amcanwr, yn bwrw *trawsamcan* ar betheû y dhyuot d.g. *Augur.* **1632** D d.g. *Conjectatio, Interpretamentum, Opinio.* **1672** R. PRICHARD: *Gw* 348, A deallu wrth *draws amcan,* / Ddirgel gwnsel Duw ei hunan. **1685** T. JONES: *Alm* [15], helbul a blîn-fŷd o achos Crefydd, neu ymrafael ynghylch, [*sic*] *Trawsamcan* ffyddiau. **1688** *TJ* [iv], Cawn ein gwrthwŷnebu gan amriw o *draws amcannion* (*Opinions*). **1711** M. MAURICE: *YAD* 286, Nyd *traws-amcan* lettybygol ydy. **1740** T. EVANS: *DPO* 147, cyfrif Afonydd yn Sanctaidd yn ôl *traws-/amcan* amryw Genhedloedd eraill y rhai oeddent yn barnu fod ryw anian o'r Duwdod yn gymmysc a dwfr. **1768** RISIART AP ROBERT: *CB* 64, nid trwy ddichell a *thraws amcanion* (*not by fraud, or indirect acts*). **1803** *P*.

trawsamcanaf: trawsamcanu [bf. o'r e. *trawsamcan*] *bg.a.* Bwriadu'n anuniongyrchol; (geir.) dyfalu (ynghylch y dyfodol), darogan: *to intend indirectly;* (*dict.*) *conjecture* (*about the future*), *divine.*

1604–7 *TW* (Pen 228), yn *trawsamcanû* d.g. *divinans. id.* d.g. *Vaticinor.* **1771** J. REES: *H-A* 20, Y gwarth a'r dirmyg ag a deflir yn uniawngyrch attynt hwy, a *drawsamcenir* (*is obliquely intended*) yn erbyn ef. **1803** *P*.

trawsamcanol [*trawsamcan*+*-ol*] *a.* Tybiaethol, dyfaliadol: *speculative, conjectural.*

1711 M. MAURICE: *YAD* 71, Yr hyn Sydd yn rhoddi i Dduw yn unig farn *draws-amcanol* o bethau, ag nyd Siccir wybodaeth, nyd yw yn beth yw [*sic*] dderbyn; ond i ddywedyd i fod tragwyddol ordinhâadau [*sic*] Duw yn ammodawl, sydd yn rhoddi i Dduw yn unig *draws-amcanol* farn o bethau, am hynny ny nyd [*sic*] yw yn beth yw dderbyn. **1721** RD: *CI f* 62, Y sicrwydd hwn nid Coel noeth *trawsamcanol* tebdebygol yw, wedi ei seilio ar Obaith siommedig. *id.* 123, Y rhesymmau a'r casgliadau a'r a ddygir yn arferol dros, neu yn erbyn bedydd Plant bychain oddi wrth yr ychydig gynlluniau y mae 'r Ysgrythur yn eu rhoddi a ni o fedyddio teuluoedd cyfain *traws-*

[*a*]*mcanol* yn unig ydynt; ac ni allant gan hynny gloi ar un llaw.

trawsamseraf: trawsamseru [*traws*+*amseraf*: *amseru*] *bg.* Bod yn anachronistig: *to be anachronistic.*

1926.

trawsan [*traws*+*-an*[1]] *e?b.* ll. *trawsiau.* Darn o lechfaen a'r graen yn rhedeg gyda'r lled na'r hytrach na'r hyd: *block of slate with the grain running breadthwise rather than lengthwise.*

1604–7 *TW* (Pen 228) d.g. *Usurpatio.* Ar lafar yn ardaloedd chwareli llechi'r Gogledd, 'Trawsan' 'Darn o lechfaen a'i lled (cyfeiriad yr hollt) yn fwy na'r hyd (osgo'r hollt)', *B* xx. 383. Cf. E. JONES: *Canrif y Chwarelwr* 159, Trawsan. Carreg groes i'r graen, h.y. ei lled yn fwy na'i hyd. Ni dderbynnir '*trawsia*'.

trawsarferaf: trawsarfer [*traws*+*arferaf*: *arfer*] *ba.* Camddefnyddio: *to misuse.*

1552 W. SALESBURY: *Gw* 309, Acyron Ampriawt id pan *trawsarverer* gair yn erbyn ei arwydockat priawt. **1604–7** *TW* (Pen 228) d.g. *Usurpatio.*

trawsarglwyddaidd [*traws*+*arglwyddaidd*] *a.* Awdurdodaidd, gormesol: *authoritarian, oppressive.*

1810.

trawsarglwyddiaeth [*traws*+*arglwyddiaeth*] *eb.* Tra-arglwyddiaeth, awdurdod gormesol: *tyranny, oppressive authority.*

1805.

trawsarglwyddiaethaf: trawsarglwyddiaethu [*traws*+*arglwyddiaethaf*: *arglwyddiaethu*] *bg.a.* Tra-arglwyddiaethu, gormesu: *to tyrannize, oppress.*

1788 J. GRIFFITH: *DCC* 157, i beidio *trawsarglwyddiaethu* ar (*overbear*), a gormesu, gofidio, na dirmygu 'r llei[ll].

trawsarglwyddiaethol [*traws*+*arglwyddiaethol*] *a.* Gormesol; awdurdodol: *oppressive; authoritative.*

1771 J. REES: *H-A* 23, I gymmeryd ein tybiau crefyddol allan o'i efengyl ef yn unig, yn wrthwyneb i ddywediadau *traws-arglwyddiaethol* (*authoritative*) dynion.

trawsarglwyddol [*traws*+*arglwyddol*] *a.* Awdurdodaidd, gormesol: *authoritarian, oppressive.*

1841.

trawsarweiniaf: trawsarwain [*traws*+*arweiniaf*: *arwain*] *ba.* Tywys ar gyfeiliorn, camarwain: *to lead astray, mislead.*

1567 TN 288b, val . . . na byddom mwyach . . . yn ein *trawsarwein* gan bop awel dysceidaeth. **1588** 1 *Sam* ii. 24, nit dâ y gair yr hwn yr ydwyfi yn ei glywed, sef eich bod chwi yn *traws-arwain* pobl yr Arglwydd. **1611** R. SMYTH: *SG* 78, ag yn goddef yn *trawsarwain* yma a thraw gida phob chwa ne awel o dysceidiaeth.

trawsataliad, gw. traws + ataliad.

trawsawdurdod, trawsawdurdodaf: trawsawdurdodi, trawsawdurdodol, gw. traws + awdurdod, awdurdodaf: awdurdodi, awdurdodol.

trawsblanedig [bôn y f. *trawsblannaf*: *trawsblannu*+*-edig*] *a.bfl.* Wedi ei drawsblannu, hefyd yn *ffig.*: *transplanted, also fig.*

1892.

trawsblaniad [bôn y f. *trawsblannaf*: *trawsblannu*+*-iad*[1]] *eg.* ll. *-au.* Y weithred o drawsblannu, yr hyn a drawsblennir, hefyd yn *ffig.*: *transplantation, transplant, also fig.*

1794 *W* d.g. *Transplantation.*

trawsblannaf: trawsblannu [*traws*+*plannaf*[1]: *plannu*] *ba.* Codi (planhigyn, &c.) i'w ailblannu mewn lle arall, trosglwyddo (meinwe fyw neu organ) o un rhan o'r corff i ran arall neu i gorff arall, hefyd yn *ffig.*: *to transplant* (*plant, tissue, organ, &c.*), *also fig.*

1794 *W* d.g. *To transplant. Amr.:* **trosblannu** [*tros*-+*plannaf*: *plannu*] **1794** *W* d.g. *To transplant.*

trawsblygiad [*traws*+*plygiad*[1]] *eg.* ll. *-au.*

Biol. Mwtaniad, mwtantiad: *mutation* (*in biol.*).

20g.

trawsblygyn [*traws*+*plyg*[1]+*-yn*[1]] *eg.* ll. *trawsblygion.* Biol. Mwtan, mwtant: *mutant* (*in biol.*).

20g.

trawsbost [*traws*+*post*[1]] *eg.* Croesfar, trawst llorweddol: *crossbar, horizontal beam.* **20g.**

trawsbren [*traws*+*pren,* cf. Crn. C. *trus pren*] *eg.* ll. *-ni, -nau.* Trawst (croes), croesfar, iau, hefyd yn *ffig.*: *cross*(*-beam*), *crossbar, yoke, also fig.*

13g. *LlSt* 1, 148, arthvr . . . a erchys trychv a llad e koet en e parth hvnnv yr llwyn a chymryt e kyffyon henny ar *travsprenny* (*RB* ii. 188, *traósprenneu*) ac ev gossot en ev kylch ac ev gwarchay ena megys na cheffynt ac na ellynt mynet odyna. **14g.** *GDG*[1] 368, Rhwyd yw'r bais in rhodio'r byd, / Rhyw *drawsbren,* rhad yr ysbryd [am Frawd Du]. **15g.** (*Diw.* **15g.**) *Pen* 53, 28, trossol oerfol wyt. *trawsbren* cledren clwyf [Ieuan ap Rhydderch i'r Prol]. *Diw.* **16g.** M. KYFFIN: *DFf* 277, rhyw *drowsbren,* hir dirasbraff / kwd ffardiel grin fethel graff [am Launcelot Baker]. **1604–7** *TW* (Pen 228), *trawsbrenn* yw roi am wdhwf cwn d.g. *Numella.*

trawschwedl [*traws*+*chwedl*[1]] *eg.* ll. *-au.* Rhet. Trawsfynediad; chwedl: *hyperbaton; fable.*

1547 *WS* [xxi], Ond maddeuwch ym rhac hyd y *trawschwedyl* yma a mi a dalfyraf yn gynt am y sydd yn ol. **1552** W. SALESBURY: *Gw* 335, Hyperbaton id ryw draws eirieû ne *drowschwedyl* yn gwneythyd yr amadrodd yn wydyn, yn wrthnysic ac yn anhawdd ei ddeall. **1604–7** *TW* (Pen 228), megys *Trawschwetl* ne gelwydh d.g. *Fabulose. id.* d.g. *Hyperbatum.* **1803** *P, Trawsçwedyl,* s. m.—pl. *trawsçwedlau* . . . A hyperbaton.

trawsddadl [*traws*+*dadl*] *eb.* Gwrthddadl (bitw): *objection, cavil.*

1604–7 *TW* (Pen 228) d.g. *præuaricatio.* **1771** *W* d.g. *Cavil.* **1809** T. JONES: *CCA* 35, ystyria'r pethau a ganlyn, er rhoi atteb llawn i'r *draws-ddadl* hon .

trawsddadlau[1] [*traws*+*dadlau*[1]] *eg.* ll. *-ddadleuon.* Gwrthddadl (bitw): *objection, cavil.*

1630 R. LLWYD: *LlH* [vii], lle y mae'r Ceccryn . . . yn taro i mewn ei draws-ddadleuon trwscwl. *id.* 343, [c]ymmerasoch ddigon o amser yn atteb *trawsddadleuon,* ac ymgeccreth (*objections and cavils*). [**1748**] L. ANWYL: *CC* 13–14, heb gymmysgu ac ymhel ar [*sic*] fath *drawsddadlau* ag sy'n peri cwestiwnau yn hytrach nag adeiladaeth dduwiol. **1751** *GIA* 149, Myfi a wn fôd llawer o *draws ddadleuon* (*cavils*) neulltuol, y maent hwy yn eu dwyn yn erbyn yr Arglwydd. **1777** W. DAVIES: *CHL* 65, gwrthsefyll holl *drawsddadleuon* y rhai nid ydynt yn credu.

trawsddadleuaf: trawsddadlau[2] [*traws* +*dadleuaf*: *dadlau*] *bg.* Gwrth-ddweud, mynegi gwrthddadleuon (pitw), hollti blew; ?cydgynllwynio: *to contradict, object, cavil, quibble; ?collude.*

1604–7 *TW* (Pen 228) d.g. *præuaricor.* **1751** *GIA* 158, a *drawsddadleuwch* yn erbyn (*contradict*) eich Athrawon, fel pettych chwi yn ddoethach nâ hwynt-hwy. **1771** *W* d.g. *Cavil* [*reason captiously . . .*], To collude [*plead by covin . . .*], To dodge [*run from one place or thing to another, be off and on, prevaricate*]. **1772** S. PHILIPPS: *ET* 75, [g]wneuthur Gwrthddadleuon yn ei erbyn . . . [T]uedd . . . i ymgyndynnu ac i draws-ddadleu.

trawsddadleuwr [bôn y f. *trawsddadleuaf*: *trawsddadlau*+*-wr*] *eg.* ll. *-wyr.* Mynegwr gwrthddadleuon (pitw), un sy'n hollti blew; ?cydgynllwyniwr: *objector, caviller, quibbler; ?colluder.*

1604–7 *TW* (Pen 228) d.g. *præuaricator.* **1753** L. OWEN: *ADdE* 17, [Rh]agrithwyr ffeilsion, ac yn *draws-ddadleuûwyr* anonest.

trawsddarlleniad [*traws*+*darlleniad*] *eg.* Cyfansoddiad acrostig: *an acrostic.* **1811.**

trawsddeniad, gw. traws + deniad.

trawsddisgyblaethol [*traws*+*disgyblaethol*] *a.* Yn perthyn i wahanol ddisgyblaethau neu i gymhariaeth rhyngddynt: *interdisciplinary.* **20g.**

trawsddiwylliannol [*traws*+*diwylliannol*]

a. Yn perthyn i wahanol ddiwylliannau neu i gymhariaeth rhyngddynt: *cross-cultural.*
20g.

trawsddodaf: trawsddodi [*traws* + *dodaf*: *dodi*] *ba.* Peri i (ddau neu ragor o bethau) gyfnewid lle, newid trefn neu safle (peth(au)) mewn cyfres, newid trefn neu safle (gair neu eiriau) mewn brawddeg, trawsosod; *Crdd.* trawsnodi; *Math.* trosglwyddo (term) i ochr arall hafaliad gan newid yr arwydd; trallwyso: *to transpose* (*also in mus. and math.*); *transfuse.*
1604-7 TW (*Pen* 228), Figur pan *drawsdhoter* geiriæ alhan or eglur dheualh d.g. *Hyperbatum.* **1794** W d.g. *To transpose.* **1803** P.

trawsddodedig [bôn y f. *trawsddodaf*: *trawsddodi* + *-edig*] *a.bfl.* Wedi ei drawsosod; *Crdd.* wedi ei drawsnodi: *transposed* (*also in mus.*).
1838.

trawsddodiad [bôn y f. *trawsddodaf*: *trawsddodi* + *-iad*¹] *eg. ll. -au.* Trawsosodiad (hefyd mewn ieith.), gwrthosodiad, anagram; *Crdd.* trawsnodiad; *Crdd.* gwrthdro: *transposition, antithesis, anagram, metathesis* (*in linguistics*); *transposition* (*in mus.*); *inversion* (*in mus.*).
1632 D d.g. *Antithesis.* **1696** GGTY 216, y mae *trawsddodiad* (*Antithesis*) eglur rhwng y geiriau hyn, wrth [dd]wfr ac wrth yr adgyfodiad. **1722** Llst 189, *Trawsddodiad.* m.p. *adau.* An antithesis; transposition; opposition of contraries. **1803** P.

trawsddodol [*trawsddod*(*iad*) + *-ol*] *a.* A nodweddir gan drawsosod, yn perthyn i drawsosodiad, yn cynnwys trawsosodiad, o chwith; yn (gallu) cynhyrchu nodau gwahanol eu traw i'r rhai a ysgrifennir (am offeryn cerdd), yn trawsnodi: *transpositive, transpositional, inverted; transposing* (*of musical instrument*).
1803 P, *Trawszodawl* . . . Transpositional.

trawsddwyn [*traws* + *dwyn*¹] *eg. Rhet.* Trosiad; cludiant: *metaphor; transportation.*
1632 D d.g. *Metaphora.* **1722** Llst 189, *Trawsddwyn.* m. A metaphor. **1803** P, *Trawszwyn* . . . Transportation.

trawsddygiad [*traws* + *dygiad*¹] *eg.*
(*a*) Cludiant; dygiad drwy drais; deniad drwy dwyll: *transportation; a taking by force; enticement by deceit.*
1803 P.
(*b*) *Rhet.* Trosiad: *metaphor.*
1824.

trawsddygiadur [*traws* + bôn y f. *dygaf*: *dwyn* + *-iadur*] *eg. ll. -on.* Dyfais sy'n trawsnewid signal nad yw'n drydanol yn signal trydanol, e.e. gwasgedd yn foltedd: *transducer.*
20g.

trawsddyn, gw. traws + dyn.

trawseb [*traws* + *-eb*] *eg.* ?Gwrthnysigrwydd, cyndynrwydd: *perverseness, obstinacy.*
a. **1587** Y 157, Dadwrdd, a neb, *drawseb* draw, / Drwy undeb, yn dy wrandaw.

trawsedig [*traws* + *-edig*] *a.* Gwrthnysig, cyndyn: *perverse, obstinate.*
1567 TN 27b, A genedleth, anffyddlawn a' *thrawsedic* [:- throvaus, gwrthnesic]. **1803** P.

trawsedd [*traws* + *-edd*¹] *eg. ll. -au.* Gwrthnysigrwydd, cyndynrwydd, gwrthryfel, gormes, anghyfiawnder, creulondeb, camwedd, tramgwydd, trosedd, trais, ?lladrad; ?goruchafiaeth: *perverseness, obstinacy, rebellion, oppression, injustice, cruelty, wrong, transgression, offence, violence, ?robbery; ?supremacy.*
14g. GSRh [78], Trais helcyd pobl traws Hwlcyn, / *Trawsedd* o'i fonedd a fyn. **14g.** GDG³ 424, A maswedd, *trawsedd* traserch / I Ddafydd, esilltydd serch. **14-15gu.** IGE² 291, Am y *trawsedd* a wneddyw / A'r cadw segur, tra fu fyw (Siôn Cent). **1567** LlGG (*Sall*) 13a, cywvlyddier yr ei a wnant *drawsedd* yn ddiachos. *ib.* Na choffa bechatae vy ieuntit, na'm *trowsedde.*

1567 TN 294a, ny thybiawdd drais [:- *drawsedd*] vot yn 'ogyfiuwch [*sic*] a Duw. *Diw.* **16g.** (**1605**) GP 216, Ymysg siasau, / Eurfawr drassau, arfer *drowsedd*, / A bydd dirion / I dra gwirion, o drugaredd. **1588** *Diar* xxviii. 16, Pennadur heb ddeall fydd yn fawr ei *drawsedd.* **1615** R. SMYTH: *GB* 16, cyn lawnredd o ddichellion . . . treisiau, rhyfeloedd, colli gvvaed, *travvse*[*dd*]*au* (*violences*). **1632** D, *Trawsedd* . . . Oppressio, iniquitas. **1672** R. PRICHARD: *Gw* 464, Ac enllibiais wŷr a gwragedd, / Heb ddim achos ond fy'*nhrawsedd* [*sic*]. **1688** TJ, *Trawsedd* . . . oppression, iniquity. **1775** EDPP 181, nid oedd wedi glanhau ei galon na'i ddwylaw oddiwrth *drawsedd.* **1803** P.
Gw. hefyd trosedd.

trawseddaf: trawseddu [bf. o'r e. *trawsedd*] *bg.* Troseddu, tramgwyddo: *to offend, transgress.*
1630 YDd 158, [rh]agoriaeth, rhwng yr hwn sy'n gw[n]euthur cam o herwydd ei wendid . . . ar [*sic*] hwn sy'n *trawseddu* oi [*sic*] lawnfryd yn faleisus. **1672** J. LANGFORD: HDdD 25, [b]ôd yn bossibl i' ni *drawseddu* yn erbyn Dynion, ac hwythau heb wybod hynny.
Gw. hefyd troseddaf: troseddu.

trawseiriad [*traws* + *geiriad*] *eg.* ?Cyfieithiad: *translation.*
1852.

trawselfen [*traws* + *elfen*] *e?b. Ieith.* Cyfnewidiad sain neu lythyren am un arall: *sound or letter substitution* (*in linguistics*).
1605-10 GP 205, Kyfnewid llythyren a elwid *trawselfen*, fal 'menegynyaeth' tros 'meddeginyaeth'.

trawselfeniad [?*trawselfen* + *-iad*¹] *eg. Gram.* Trawsosodiad; y weithred neu'r proses o newid elfennau rhywbeth, newid un sylwedd i un arall, *Diwin.* trawsylweddiad: *metathesis* (*in gram.*); *transelementation, transubstantiation* (*also in theol.*).
1632 D d.g. *Metathesis.* **1798** WR d.g. *Transelementation.* **1803** P.
Gw. hefyd troselfeniad.

trawseneidiad [*traws* + bôn y f. *eneidiaf*: *eneidio* + *-iad*¹] *eg.* Trawsfudiad (yr enaid): *transmigration* (*of the soul*), *metempsychosis.*
1632 D d.g. *Metempsychosis.* **1722** Llst 189, *Trawseneidiad*, m. Transmigration of the soul from one body to another. **1765** J. EVANS: CPE 287, *Trawseneidiad.* h.y. fod eneidiau dynion . . . yn cael dyfod drachefn i fywhâu cyrph eraill. **1776** W d.g. *Metempsycosis.*

trawseneidiaeth [*trawseneid*(*iad*) + *-iaeth*] *e?b.* Trawsfudiad (yr enaid): *transmigration* (*of the soul*), *metempsychosis.*
1826.

trawsenw, trosenw [*traws*, *tros*- + *enw*] *eg?b. ll. -au. Rhet.* (Gair a ddefnyddir mewn) trawsenwad: *metonym, metonymy.*
1595 Egl Ph 3, *Trawsenw*'r achos gwneuthuriawl sydh, pan osodir ar ymadrodh sathredig, neu araith lathrwiw, y caphaeliwr, yr awdwr, y dychymygwr, neu 'r'weithol [*sic*] achos peth a wnaethant hwy. *id.* 10, *Trawsenw* r [*sic*] Sylbhon cadarn sydh, pan rodhir ar ymadrodh, neu araith glodebus, enw priod rhyw beth sylwedhawl, neu bhonsaghus, i arwydhocau rhyw beth darymsodhawl; neu pan roir y Sylbhon dros y Dharymsawdh. *id.* 11, gan na chydwedha a mannau erailh o'r scruthur lan droi'r bara yn wir gorph Crist, *Trosenw*'r Sylbhon dros yr arwydh yw. *id.* 39-40, Y dhulh gyntabh ar Aralheg sydh, pan roir dwy vnrhith, neu vnwedh drobhaeg ymadrodh . . . yn yr vn synhwyreg . . . sebh dwy *drawsenw*, dwy drawsymdhwyn . . . neu chwaneg. *id.* [105], *Trawsenw.* Metonymia. **1677** C. EDWARDS: *FfDd* [425], *Trawsenw:* Pan ar Ymadrodd y gosoder y gwneuthurwr yn lle'r peth a wneuthpwyd, neu'r defnydd yn lle'r peth a ddefnyddiwyd o honaw. **1710** CBGEL 104, y mae ini Reswm da i dybied mai'r unrhyw Ymadrodd a *Thraws* enw ydyw, pan roddodd ef y Bara dan Enw ei Gorph. **1803** P, *Trawsenw*, s. m.— pl. t. *au* . . . Metonymy. *id. Trosenw*, s. m.—pl. t. *au* . . . A name that is put for another.

trawsenwad, trosenwad [*traws*, *tros*- + *enw* + *-ad*², trf. han.] *eg. ll. -au. Rhet.* Rhoddiad enw nodwedd ar beth yn lle enw'r peth ei hunan, yn enw. yr achos yn lle'r effaith neu i'r gwrthwyneb; rhoddiad enw disgrifiadol yn lle enw priod neu i'r gwrthwyneb: *metonymy; antonomasia.*
1552 W. SALESBURY: *Gw* 325, Metonymia, *Trawsenwat* id pan rodder y dychymygwr tros y peth a ddychymygawdd. **1604-7** TW (*Pen* 228), *Trosenwat*

d.g. *Antonomasia.* **1630** YDd 290, Nid yw y Bara ar gorph iddo ef chwaith ond ar yr vn agwedd ac y mae cwppan yn Destam[e]nt newydd, sef trwy ddull a elwir *trawsenwad* [:- Metonomia]. **1632** D d.g. *Antonomasia, Metonomia.* **1696** GGTY 49-50, Arch Noah . . . a bedydd, oeddent ill dau yn gyffelybiaeth ac yn ddull o'r adgyfodiad nid yn arwydd o olchi ymaith pechod, er ei fod mewn ffordd o *drawsenwad* (*metonymically*) yn cael ei gymeryd felly. **1722** Llst 189, *Trawsenwad.* m. A metonymie. **1759** T. THOMAS: WWDd 168, pa ham na's gellir cymmeryd ffŷdd trwy *drawsenwad* (*Metonomy*) am ei gwrthddrych? **1803** P d.g. *Trawsenwad, Trosenwad.* Cf. J. MORRIS-JONES: *CD* 75, Yn yr ymadrodd 'tân oer', *trawsenwad* yw 'tân'—rhoi'r effaith am yr achos.
Anr.: **trawsenwiad.** **1595** *Egl Ph* 10, 14.

trawsenwadol [*trawsenwad* + *-ol*] *a. Rhet.* Trawsenwol; trosiadol: *metonymic*(*al*); *metaphoric*(*al*).
1696 GGTY 41, ni ddylit dirnad mo'r priodol . . . ddiben o fedydd, fal pe byddei 'n arwydd o olchiad ymaith pechod (er ei fod yn cael ei gymeryd felly 'n *drawsenwadawl* (*Metonymi*[*c*]*ally*) yn y Testament Newydd . . .). **1776** W d.g. *Metonymical.*

trawsenwaf: trawsenwi, trosenwi [*traws, tros*- + *enwaf*: *enwi*] *bg.a.* a hefyd gyda grym enwol i'r be. *Rhet.* Ffurfio neu ddefnyddio (fel) trawsenwad; ?camenwi: *to form or use metonymy, use as a metonym; ?misname.*
1595 *Egl Ph* 3, Pump Rhithogaeth ar *drawsenwi* y sydh. Sebh, Trawsenw'r Achos gwneuthuriawl . . . Trawsenw'r Sylbhon . . . trawsenw'r Dharymsawdh. **1677** C. EDWARDS: *FfDd* [426], Weithiau eraill *trawsenwir* y lle am y peth a gynwyser ynddo. Megis y dywedir fod y bŷd yn ddrwg, pan fyddo ei breswylwyr yn ddrygionus. **1803** P d.g. *Trawsenwi, Trosenwi.* Cf. TWM O'R NANT: *H* 69, mae yr hen enw oedd yn Mhowys, sef Brogentyn, gwedi ei droi gan y Saeson yn Brocinton, ac amrywiol eraill ymhôb sefyllfod, Sydd gwedi eu *traws enwi*, fel na wyddis braidd, pa enwau a roddir ar y creaduriaid cymysgaidd.

trawsenwiad, gw. trawsenwad.

trawsenwol, trosenwol [*trawsenw, trosenw* + *-ol*] *a. Rhet.* Yn perthyn i drawsenwad, yn cynnwys trawsenwad: *metonymic*(*al*).
1595 *Egl Ph* 11, Pan yw'n arglwydh ni . . . yn dywedyd, Hwn yw bhy-ghhorph i; mae 'n rhaid i ni dhealh mai araith *drosenwawl* yw. **1723** J. JONES: LlA 289, Nid ydys i gymmeryd Juddew ymma yn llythyrennol ac yn briodol yn unig, am un o Hiliogaeth Abraham, eithr y mae i'w gymmeryd yn *Drawsenwol* (*Metonymically*), am wir Gredadyn. **1803** P d.g. *Trawsenwawl, Trosenwawl.*

trawser, trawsesgynnaf: trawsesgyn, gw. trywser, trosesgynnaf: trosesgyn.

traws-Ewropeaidd [*traws* + *Ewropeaidd*] *a.* Yn digwydd ar draws Ewrop, wedi ei leoli ar draws Ewrop: *trans-European.*
20g.

trawsfalch, gw. traws + balch¹.

trawsfarn [*traws* + *barn*] *eb. ll. -au.* Barn groes neu gyfeiliornus: *contradictory or erroneous opinion or judgement.*
16g. WLl 129, Bwried kadarn *drowsvarn* draw / Bu ddydd tan neu beiddiai iddaw. **1567** TN 273b, *Trawsfarn* y Corinthieit. **16-17g.** GST i. 631, Yr hwn nid ysglandria yrhawg, / Gam adwyth, ei gymydawg; / Hwn ni dderbyn, ni fyn farn, / Treisfalch gyhudded *trawsfarn.* **1701** E. WYNNE: *RBS* 115, Ystyr ac yspia bôb cwrr o'r cystudd, cymmer ei fesur ôll, a chenfydd ei olion ef, a pherwyl Duw yn ei ddanfon, a chyffredin gam-dyb dynion, a'r *draws-farn* (*evil sentences*) y maent arferol o roi ar bôb croesau. **1803** P, *Trawsvarn*, s. f.—pl. t. *au* . . . A cross judgement; a contradictory opinion.

trawsfedd [bôn y f. *trawsfeddaf*: *trawsfeddu*] *eg.* Trawsfeddiant, camfeddiant: *usurpation, wrongful seizure.*
1803 P.

trawsfeddaf: trawsfeddu [*traws* + *meddaf*: *meddu*] *ba.* Trawsfeddiannu, camfeddiannu: *to usurp, seize wrongfully.*
1803 P.

trawsfeddianiad, trawsfeddiannad [bôn y f. *trawsfeddiannaf*: *trawsfeddiannu* + *-iad*¹, *-ad*] *eg.* Trawsfeddiant, camfeddiant: *usurpation, wrongful seizure.*
1797 D. DAVIES: *SEG* 195-6, Y mae'n ddi-

anrhydedd ar ddydd yr Arglwydd . . . ac yn *draws-feddiannad* o'i awdurdod ef . . . i osod dyddiau o'u happwyntiad eu hunain yn ogyfuwch â'i ddiwrnod ef.

trawsfeddiannaeth [*traws* + *meddian-naeth*] *e?b.* Trawsfeddiant, camfeddiant: *usurpation, wrongful seizure.*
1824.

trawsfeddiannaf: trawsfeddiannu [*traws* + *meddiannaf*: *meddiannu*] *ba.* Cipio neu feddiannu (gorsedd, grym, &c.) ar gam, camfeddiannu, goresgyn, llechfeddiannu: *to usurp, seize wrongfully, invade, encroach upon.*
1725 *SR* d.g. *To Entrench upon another's Right, Usurp.* **1740** T. EVANS: *DPO* 108, onid oedd Gwrth-efyr etto yn fyw, ac yn *traws-feddiannu* y Goron. **1744** D. ROWLAND: *RY* 16, a fydd i ti ar ol dy helaethu, ddioddef i'th Ragorfreintiau gael eu *traws-feddiannu* (*invaded*), neu eu cym'ryd ymmaith? **1774** D. ELLIS: *GYGG* 263, pawb . . . yn *trawsfedd-iannu* (*usurping*) yr Enw o Grist'nogion, ag sydd yn arwain Buchedduo anghrist'nogol. **1774** T. JONES: *DG* 50, Duw a faddeuo i'r dyn tlawd gwag a *draws-feddiannodd* yno fy holl lafur. **1797** JAC GLAN-Y-GORS: *TD* 11, rhai . . . a feiddiai ymddwyn yn anghyf-iawn at ei gymmydog, ac a chwennychai segura i fyfyrio am ryw fantais, neu gyfleusdra i ormesa, ac i *draws feddiannu* ffrwyth llafur ei cydgreadur. **1798** T. ROBERTS: *CG* 39, Yn y flwyddyn uchod y bu i Mr. Pâb osod i fyny ei awdurdod, ac a *drawsfeddiannoedd* [sic], ac a arglwyddiaethoedd [sic] agos ar bôb llyw-odraeth a Brenin yn Europe. **1803** *P.*

trawsfeddiannol [*traws* + *meddiannol*] *a.* Yn trawsfeddiannu, yn camfeddiannu, a nodweddir gan drawsfeddiant: *usurping, seizing wrongfully, usurpative, usurpatory.*
1743 D. ROWLAND: *T* 108, Er ei bod yn weithredol yn ymarferyd Awdurdod, etto nid ydyw ond *traws-feddiannol* Awdurdod. **1803** *P.*

trawsfeddiannwr, trawsfeddiannydd [*traws* + *meddiannwr, meddiannydd*] *eg.* ll. -*feddianwyr.* Un sy'n trawsfeddiannu, camfeddiannwr: *usurper, wrongful possessor.*
1604-7 *TW* (Pen 228) d.g. *Incubator.* c. **1700** D. MAURICE: *CGG* 8, yr ûn cryf arfog sydd yn cael meddiant yn y dyn anrasol . . . ond pan ddelo ûn cryfach nag ef i mewn, sef yr Arglwydd Jesu . . . i mae efe yn difeddiannu Satan, ac yn llu ne pechod ond *traws feddiannwr* yno. **1727** J. JONES: *DFF* 333, er cael o rai eraill eu rhuthro allan gan Dra[w]s*feddianwyr*, gan Feistri annhrugarog neu gan Ormesvyr. **1740** T. EVANS: *DPO* 104, difreinio Gwrtheyrn a wnaethant; ac nid oedd efe ond *Traws-feddiannwr* ar y cyntaf. **1744** D. ROWLAND: *RY* 94, y mae'n canlyn . . . fôd Tref Mansoul yn eiddo fi, ac mae *Traws-feddiannwr,* Gorthrymwr, a Brâd-wr wyt ti, yn dy waith yn cadw Meddiannau ynthi. **1774** T. JONES: *DG* 50, Duw a faddeuo i gam-arweinwyr y rhan hynny o'r bobl dlodion, y rhai a'u temtiodd hwy i wrthod eu bugail eu hunain, ac i gymmeryd *traws-feddianwyr.*

trawsfeddiant [*traws* + *meddiant*] *eg.* ll. -*feddiannau.* Y weithred o drawsfeddiannu, camfeddiant, llechfeddiant: *usurpation, wrongful seizure, encroachment.*
1604-7 *TW* (Pen 228) d.g. *Usurpatio.* **1632** D, cynnal *trawsfeddiant* d.g. *Vsurpo.* **1725-6** *Madd Ed* 59, gan lyfodraethol Adroddiad rhyw ŵr, i *Draws-feddiant* (*usurped authority*) pa un y maent gwedi ymddarostwng eu Barnedigaethau. **1740** T. EVANS: *DPO* 127, Mor ffyrnig oedd y Saeson i gadw craff yn eu *traws-feddiant* anghyfiawn, megis ac y drylliwyd Blaen-fyddin y Brutaniaid y dydd cyntaf. id. 246, nid drwy iawn . . . ond drwy Ormes a *thrawsfeddiant.* **1765** J. EVANS: *CPE* 467, pob terfysg a *thrawsfeddiant* a gyfodai yn erbyn y llywodraeth. **1774** D. ELLIS: *GYGG* 179, Fe ddymunid yn fawr i Lywodraethwyr pob Gwlâd edrych yn fanwl ar *Drawsfeddiannau* (*bold encroachments*) y Dinistrwr ofnadwy hwn. **1794** *W* d.g. *Usurpation.* **1803** *P.*

trawsfeddwl [*traws* + *meddwl*[1]] *eg.* ll. -*feddyliau.* Dychymyg, ffantasi, meddwl crwydrol, amheuaeth: *imagination, fantasy, straying thought, doubt.*
1551 W. SALESBURY: *KLl* xliiib, Paam ych trallod-ir / ac y may *trawsveddylieu* yn ych caloneu? **1567** *TN* 223a, eithyr ymwacau o hanynt yn ei rhesymae [:- *trawsveddylie*]. **1604-7** *TW* (Pen 228), maen iachus . . . da y gyrru ymeith ynvytion *drawsvedhyliæ* ne wyniæ d.g. *Anachites.* id. *trawsvedhwl* d.g. *Imaginatio, phanta-sia.* **1630** *YDd* 29, y gwrthgâs ar cabláidd *drawsfeddyl-iau* (*grosse and blasphemous imaginations*), y rhai o naturiaeth a gyfodant ym mhennau dynion. **1670** J. HUGHES: *AP* 75, mae'r dyn cyfion yn caru, ac y parchu Duw yn gymmaint, ac y bydd blinach . . .

gantho ef am ryw vn pechod maddeuol . . . megis tippyn o *trawsfeddwl* syrn anewyllysgar ar ei Weddi. **1675** R. JONES: *HCh* 71, A osodais i allan nerth fy serchiadau mewn Gwedди? neu a gyflawnwyd hynny yn oerllyd gydâ llawer o *draws-/feddyliau* a marweidd-dra calon? [**1738**] E. JONES: *CE* 33, eu Gweddiau yn llawn o *Drawsfeddyliau* . . . eu Hoffder a'u Bodlon-rwydd mewn pethau bydol. **1773** *W* d.g. *Fegary.*

trawsfeidraidd [*traws* + *meidraidd*] *a.* Math. Yn fwy na'r holl rifau meidraidd (am rif) : *transfinite.*
20g.

trawsfesur, trosfesur [*traws, tros-* + *mesur*[1]] *eg.* ll. -*au.* Diamedr: *diameter.*
c. **1590** *Cewri* 276, diameter nev *drawsbhessvr* crymder ei grevan nev ascwrn cevdawd ei benn . . . oedh yn dhev gubhydh. Cf. H. EVANS: *CE* 137, Credai ef fod yr olwyn honno tua phedair troedfedd ar ddeg o *draws fesur.*

trawsfesuriad [*traws* + *mesuriad*[1]] *eg.* ll. -*au.* Diamedr: *diameter.*
1902.

trawsfor [*traws* + *môr*[1]] *a.* Tramor, dros y môr, estron: *overseas, across the sea, foreign.*
18g. E. T. RHYS: *DA* 175, A dwg dy fuddiol foddion, / Dros frigau'r *trawsfor* eigion. **1803** *P.*

trawsforiaf: trawsforio [*traws* + *moriaf: morio*] *ba.* Alltudio, trawsgludo (carcharor) i wladfa gosbi: *to exile, transport (prisoner).*
1757 *ML* ii. 48, daccw Ronwy ar fwrdd y llong yn mynd i'r Virginiaid . . . ni *thrawsforiwyd* erioed etto awen am ei drygioni hyd yrwan.

trawsforol, trosforol [*traws, tros-* + *mor-ol*] *a.* Tramor, dros y môr, estron: *overseas, across the sea, foreign.*
1803 *P, Trawsvorawl* . . . Transmarine.

trawsfud [*traws* + *mud*[2]] *eg.*
(a) *Rhet.* (geir.) Trosiad: (dict.) *meta-phor.*
1632 D d.g. *Metaphora.* **1722** *Llst* 189, *Trawsfyd* [sic]. m. A metaphor.
1803 *P.*
(b) Tramwyad: *transit.*
1803 *P.*

trawsfudaf: trawsfudo [*traws* + *mudaf*[1] : *mudo*] *bg.a.* Symud o un corff i un arall (am enaid); newid, symud; ymfudo, mudo: *to transmigrate (of soul); change, move; emigrate.*
1803 *P.*
Amr.: **trawsfudio** [?ff. wallus]. 1891.

trawsfudiaf: trawsfudio, gw. **trawsfud-af: trawsfudo.**

trawsfudol, trosfudol [*trawsfud* + -*ol* a tros-* + *mud*[2] + -*ol*] *a.*
(a) *Rhet.* Trosiadol, ffigurol: *metaphorical, figurative.*
1773 *W* d.g. *Figurative.* **1809** T. JONES: *CCA* 274, Y mae gwylio . . . llythyrenol, neu ynte *trawsfudol.*
(b) Ymfudol: *migratory.*
1803 *P.*
(c) Trawsnewidiol: *transitional.*
20g.

trawsfudwr [bôn y f. *trawsfudaf: trawsfudo* + -*wr*] *eg.* ll. -*wyr.* Ymfudwr: *emigrant.*
1833.

trawsfynediad, trosfynediad [*traws, tros-* + *mynediad*[1]] *eg.* ll. -*au.* Tramwyad (drosodd), trawsnewidiad (hefyd mewn crdd.); trawsfudiad (enعidiau); *Ser.* croes-iad ar draws corff nefol neu'r cyhydedd; *Rhet.* gwrthdro trefn arferol geiriau, yn enw. er mwyn creu pwyslais: *passage, a passing over, transition (also in mus.), meta-*

basis; *transmigration (of souls), metempsy-chosis; transit (in astron.); hyperbaton.*
1604-7 *TW* (Pen 228), *Trosvynetiat, trosvynetiat* d.g. *Metabasis, pascha* (hefyd *D*), *Transitio.* **1722** T. EVANS: *PS* 52, Y mae'r gair hwn Gweddiwn yn nôd o *drosfynediad* oddiwrth un math o Weddi at fath arall. **1770** P. WILLIAMS: *BS, Io* ix, [m]aentumient 'fod *trawsfynediad* o eneidiau i gyrph eraill ar ol marw'. **1778** *W* d.g. *Passage* [*the way to pass in . . . a passing, &c.*], *Transit of a planet.* **1803** *P, Trosvynediad,* s. m. . . . *Metabasis.* Cf. J. MORRIS-JONES: *CD* 87, weithiau fe ohirir dywedyd gair yn ei le, megis ansoddair ar ol ei enw, neu destun ar ol ei ferf; fel yn—Gwin a rout im gwyn o'r tau . . . yn lle 'Gwin gwyn a rout im'. . . . Gelwir y ffigur hwn 'hyperbaton' . . . '*trawsfyned-iad*' am fod yn rhaid myned dros eiriau eraill i gysylltu geiriau sy'n perthyn i'w gilydd.

trawsfynedol, trosfynedol [*traws, tros-* + *mynedol*] *a.* Trawsnewidiol; trosglwydd-adwy; ?*Gram.* anghyflawn: *transitional; transferable; ?transitive (in gram.).*
1711 M. MAURICE: *YAD* 366, Nyd yw y Swydd Fygeilaidd yn *dros-fynedol,* neu'n achlysyrawl.

trawsffiniol [*traws* + *ffiniol*] *a.* Yn digwydd ar draws ffin(iau), yn teithio ar draws ffin(iau): *cross-border.*
20g.

trawsffordd [*traws* + *ffordd*] *eb.* ll. -*ffyrdd.* Cillffordd, llwybr diarffordd, yn aml yn ffig.: *byway, byroad, bypath, often fig.*
1604-7 *TW* (Pen 228), *Trowsphordh* d.g. *Limes . . . Limes decumanus.* **1632** J. DAVIES: *LlR* [14], rheitiach o lawer i ti wrth ystyried yn y daith nefol nag yn yr vn ddaiarol, o herwydd bod mwy o *drawsffyrdd* (*bypaths*), a mwy o beryglon yn y naill nac yn y llall. **1688** S. HUGHES: *TSP* 59, A oes yno *draws-ffyrdd,* trwy y rhai, y dichon Dyn deithr golli ei ffordd? **1727** J. JONES: *DFF* [228], Can's Calon Duw a'i Serch y sy / ar Ffyrdd y Cyfion call: / Ond *Trawsffyrdd* y Troseddwyr hy / sy'n myn'd i Lety'r Fall. **1753** D. JONES: *SD* 227, Fy *nhraws-ffyrdd* pan addefais i, / Gwrandewaist di fi'n cwyno: / Dy Ras i'm dysgu caniadhâ; / On'tê, mi wibia' etto.

trawsffurf [*traws* + *ffurf*] *e?b.* ll. -*iau.* Metamorffosis, trawsffurfiad: *metamor-phosis, transformation.*
1773 I. LEWIS: *FfB* 52, yr hên sarph gyfrwys, yn ei amryw *draws-ffurfiau* a'i ymddangosiadau.

trawsffurfiad, trosffurfiad [*traws, tros-* + *ffurfiad*] *eg.* ll. -*au.* Y weithred o drawsffurfio, peth a drawsffurfir, trawsnewidiad, newid ffurf (drwy gyfrwng naturiol neu oruwchnaturiol), ffurf newidiedig, newid cymeriad, amodau, &c., *Swol.* metamor-ffosis; *Rhet.* trawsosodiad geiriau o'u trefn arferol neu naturiol; *Ieith.* trawsosodiad: *transformation, transmutation, metamor-phosis (also in zoology); metaplasm (in rhet-oric); metathesis (in linguistics).*
1552 W. SALESBURY: *Gw* 292, Transformatio ne *Trosfürfiat,* id ryw ysmûtiat mewn vn gair ac nid mewn angwanec. **1604-7** *TW* (Pen 228), *Trawsfuruiat* d.g. *Metamorphosis.* id. *Trosfuruiat* d.g. *Metaplasmus, Transformatio, Transfiguratio.* **1632** D, *Trawsffurfiad* d.g. *Metaplasmus.* **1722** *Llst* 189, *Trawsffurfia*[d.] A metaplasmus. **1790** W. RICHARDS: *LlA* 31, ffordd annheg a giwed, yn ddiau, oedd hon i ochelyd awch a grym ymresymiad eu gwrthddadleuwr, gan ei fod yn dra hysbys y gallsai ef yn hawdd iawn, trwy ychydig o *draws-ffurfiad,* ei gyfeirio ef yn eu herbyn hwy gyd â chymmaint o bwys ac effaith.

trawsffurfiaf: trawsffurfio [*traws* + *ffurfiaf: ffurfio*] *bg.a.* Newid (rhywbeth) o ran ffurf, ymddangosiad allanol, cymeriad, &c., gweddnewid, trawsnewid, newid ffurf, troi o ffurf i ffurf newydd: *to transform, meta-morphose.*
1604-7 *TW* (Pen 228) d.g. *Conuerto.* [**1788**] *EDP* 23, pan ddaeth [afon] allan o derfynau'r ardd, fe'i rhanwyd yn bedwar pen; oddi yno fe'i *traws-ffurfiwyd,* neu fe'i trowd yn beth arall. **1790** W. RICHARDS: *LlA* 58, amcanu *traws-ffurfio* yr ordinhad hon [Swper yr Arglwydd] ar wir ddelw y Baccanalia paganaidd. Cf. D. OWEN: *GT* 80, cyfnewidiwyd ei holl syniadau, *traws-ffurfiwyd* ei holl ddybenion.

trawsffurfiannol [*trawsffurfiant* + -*ol*] *a.* Trawsffurfiol, yn perthyn i drawsffurfiant: *transformative, transformational.*
20g.

trawsffurfiant [*traws* + *ffurfiant*] eg. ll. -*ffurfiannau*. Trawsffurfiad: *transformation*.
20g.

trawsffurfiol [*traws* + *ffurfiol*] a. A chanddo'r gallu i drawsffurfio, yn trawsffurfio, tueddol i drawsffurfio, yn perthyn i drawsffurfiant; metamorffaidd; metabolig: *transformative, transformational; metamorphic; metabolic*.
1861.

trawsffurfydd [bôn y f. *trawsffurfiaf*: *trawsffurfio* + -*ydd*[3]] eg. Ffis. Newidydd: *transformer* (*in physics*).
20g.

trawsgae [gair geir., sef *traws* + *cae*] eg. Llengig: *diaphragm* (*in mammals*).
1604-7 *TW* (*Pen* 228), y *Trowsgae*, y lhengic traws d.g. *diaphragma*. **1632** *D*, *trawsgae* d.g. *Diaphragma*. *id. Trowsgae* d.g. *Septum*. **1725** *SR*, *traws gae* d.g. *Diaphrag*[m]*a*. **1776** *W* d.g. *Midriff* [*the membrane that separates the heart and lungs from the lower belly*].

trawsgan [*traws* + *cân*[1]] eb. ll. -*au*. Dychangerdd: *satire*.
1803 *P*.

trawsganaf: **trawsganu** [*traws* + *canaf*: *canu*] bg.a. a hefyd gyda grym enwol i'r be. ?Canu'n rymus; (geir.) dychanu, canu dychangerdd: ?*to sing powerfully*; (*dict.*) *satirize*.
14g. *T* 45. 9, Traỽsganu kynan garwyn. m. broch. *c.* **1400** *R* 1244. 34-6, Hỽyrdaỽ oeheilyaỽ hỽylaf ar ueirduyrd. y vyrd dros geinwyrd adraỽsganaf. **16g.** HUW ARWYSTL: *Gw* 280, Tors gwavn a eirch *traws ganv* / tlws fforest wâs teils ffris du [i ofyn tarw]. **1753** *TR*, *Trawsganu*, a satyr. R[hisiart] M[orys]. **1803** *P*, *Trawsganu* ... To satirize.

trawsgip [*traws* + *cip*] a. Wedi ei drawsfeddiannu: *usurped*.
1710 *LlGG* (*Gos*) 5, [d]arfod ar achosion cyfiawnaf ddileu a diddymu pob *Trawsgip* Estronol Awdurdod. *id.* 15, neu'n Gefnwr nebryw Awdurdod *drawsgip* neu estronol.

trawsgipiaf: **trawsgipio** [*traws* + *cipiaf*: *cipio*] ba. Trawsfeddiannu, camfeddiannu: *to usurp, seize wrongfully*.
1813.

trawsgipiwr [bôn y f. *trawsgipiaf*: *trawsgipio* + -*wr*] eg. Trawsfeddiannwr, cribddeiliwr: *usurper, extortioner*.
1858.

trawsglud [*traws* + *clud*] eg. ll. -*ion*. Cludiant; allforyn: *transportation; export*.
1803 *P*.
Gw. hefyd **trosglud**.

trawsgludaf: **trawsgludo** [*traws* + *cludaf*: *cludo*] bg.a. Cymryd neu gludo (person, nwyddau, &c.) o un man i fan arall, cludo (carcharor) i wladfa gosbi, mewnforio, allforio, alltudio, hefyd yn *ffig.*; *Cyfr.* trosglwyddo teitl i (eiddo), trosgludo: *to transport* (*also of prisoner*), *import, export, exile, also fig.*; *convey* (*in law*).
1803 *P*.
Gw. hefyd **trosgludaf**: **trosgludo**.

trawsgludiad [bôn y f. *trawsgludaf*: *trawsgludo* + -*iad*[1]] eg. ll. -*au*. Cludiant; *Cyfr.* (dogfen sy'n cyflawni) trosglwyddiad teitl i eiddo o un perchennog i un arall: *transportation; conveyance* (*in law*).
1803 *P*.
Gw. hefyd **trosgludiad**.

trawsgludwr, **trawsgludydd** [bôn y f. *trawsgludaf*: *trawsgludo* + -*wr*, -*ydd*[1]] eg. ll. -*gludwyr*. *Cyfr.* Cyfreithiwr neu berson trwyddedig sy'n paratoi dogfennau trosglwyddo teitl i eiddo: *conveyancer* (*in law*).
20g.
Gw. hefyd **trosgludydd**.

trawsglwm [*traws* + *clwm*] eg. ll. -*glymau*. Ser. Nod: *node* (*in astron.*).
1778 *W*, *Trawsglymmau* d.g. *Nodes, in Astronomy*.
1803 *P*, *Trawsglwm*, s. m.—pl. *trawsglymau* ... a node.

trawsglwydd, **trawsgwydd** [?*traws* + bôn

---

y f. *cwyddaf*: *cwyddo*; am -*sg*- a -*sgl*- ?cf. *rhisg*(*l*), *diosg*(*l*)] eg.b. Cynllun, bwriad, amcan, ymgymeriad, darpariaeth; (geir.) trosglwyddiad, cludiad: *plan, intention, aim, undertaking, provision*; (*dict.*) *transfer, a transferring, transporting*.
12g. *GLlF* 36, Paraбt бyn traethaбt; nys gnaбt traethaf—hebot; / Treth trauot tros glot, traбsglбyd uбyhaf. **12-13g.** *GMB* 529, Credadun yб Ef, credaf-y'б draбsglбyd, / Crist Arglбyd Kulбyd, ac nys kelaf. **14g.** *WM* 83. 21-5, Mi aaf ar yn deudecuet yn rith beird arglбyd y erchi y moch ... Nit drбc uyn traбscбyd i arglбyd heb ef. *id.* 84. 35-85. 2, Aбyr heb ef ny chaбni y moch oc eu herchi. Je heb бynte pa draбscбyd y keir бynteu. *id.* 394. 3-6, Dos yr dref heb ef ... ar traбsglбyd goreu a ellych o uбyd a llyn par dyuot yma ac ef. *c.* **1400** *R* 1300. 35-6, korff kanwled treisgled traбsglбyd trafyn aestalch. *id.* 1311. 30-1, erglyб Arglбyd nef tref traбsglбyd ymyr matrбyd am wr mydrieith. *Diw.* **16g.** *LBS* iv. 398-9, val ydd oedd y Sant ynn rhoddi y waith yr eglwys yntaи a ddodei y ddwylaw y hûn ar y gwaith ay dreыlai y hûn yn ehalaeth ac oy lafûr ac oi *drawsglwydd*. **1604-7** *TW* (*Pen* 228), *Trawsglwydd* d.g. *Asportatio, Traductio, Transportatio*. **1632** *D*, *Trawsglwydd*, Vide *Trosglwydd*. *id. trawsglwydd* d.g. *Exportatio*. **1722** *Llst* 189, *Trawsglwydd*. m. A transportation. **1771** *W*, *trawsglwydd* d.g. *A carrying over, Passage, Transfer, in Dealing, or Conveyancing*. **1803** *P*.
Gw. hefyd **trosglwydd**, **trosgwydd**.

trawsglwyddaf, **trawsgwyddaf**: **trawsglwyddo**, **trawsgwyddo** [bf. o'r e. *trawsg*(*l*)*wydd*] ba. Trosglwyddo, cludo: *to transfer, transport*.
c. **1400** *Ked AA* 21, neur daroed y Duw *drawsgwydaw* corff Amlyn o'r ysgrin, a'e dodi yn ysgrin Amic. **1604-7** *TW* (*Pen* 228), wedy *drawsglwydho* d.g. *Traductus*. **1711** H. POWEL: *TY* 27, Ond er pan ddaeth Etholedigaeth y mewn, Gras sydd yn teyrnasu: Nid am fod Cyflawn-awdyrdod gwedi pallu, eithr gwedi ei *thrawsglwyddo*: o'r blaen yr oedd mewn gallu, ond yn awr mewn Grâs. **1725** *SR*, *trawsglwyddo* d.g. *To Convey*. **1754** *ML* i. 293, *trawsglwyddo* 70 o hen bobl cyn belled o ffordd a'u traul yn mynd a dyfod. **1762** D. ROWLAND: *PA* 10, pob gwybodaeth a *drawsglwyddiad* tuag at Cynddelwau [*sic*], arwyddion a chyffelÿbiaethau y Duw mawr ei hun. *id.* 153, megis y mae cyffelybiaethau a gymmerir oddi wrth wrthrychiau nattur, pa rai sydd gynhefin, yn *trawsglwyddo* meddwl y llefarŵr yn y modd gorau. **1789** M. WILLIAMS: *BM* [2], mi a'i *Traws glwydaf* [*sic*] i'ch mwyn gan ddymuno cymmaint o Bleser i chwi wrth ei ddefnyddio ac y gefais i o'i sgrifennu. **1803** *P* d.g. *Trawsglwyzaw*.
Gw. hefyd **trosglwyddaf**: **trosglwyddo**, **trosgwyddaf**: **trosgwyddo**.

trawsglwyddiad [bôn y f. *trawsglwyddaf*: *trawsglwyddo* + -*iad*[1]] eg. ll. -*au*. Trosglwyddiad, cludiad, allforiad; allforyn; trawsfudiad (yr enaid); *Rhet.* trosiad: *transfer, a transporting, exportation; export; transmigration* (*of the soul*), *metempsychosis; metaphor*.
1725 *SR* d.g. *Exportation*. **1794** J. WILLIAMS: *AGDd* 85-6, Undod y Drindod . . . nid yw mewn ffordd o *drawsglwyddiad* (*metaphorical*), neu o draeth ymadrodd, eithr yn wir ac yn sylweddawl. **1796** *Geirgrawn* 149, Ein tirwriaeth . . . sy'n gwellhau'n rhyfedd; ein *trawsglwyddiadau* yn y ffynnu i raddau digyffelyb. **1799** M. WILLIAMS: *HHG* 28, Maent yn dala athrawiaeth y Pythagoriaid, neu *drawsglwyddiad* yr enaidiau i ryw greaduriaid eraill. **1803** *P*.
Gw. hefyd **trosglwyddiad**.

trawsgodaf: **trawsgodi** [*traws* + *codaf*: *codi*] bg.a. Gwrthryfela; cribddeilio: *to rebel; extort*.
1551 W. SALESBURY: *KLl* xxixb, Barabbas yr hwn oedd yn carchar y gyd a rein a *draws godesynt* / ac a wnathesynt laddva ar y kyfodiat.

trawsgrif, **trawsgrifiad**, gw. **trawsysgrif**, **trawsysgrifiad**.

trawsgrifiaf: **trawsgrifio** [*traws* + *sgrifiaf*: *sgrifio*] ba. Copïo, yn enw. ar ffurf ysgrifen; *Crdd.* addasu (cerddoriaeth) ar gyfer offeryn gwahanol: *to copy, transcribe* (*also in mus.*).
1824.
Amr.: **trawsysgrifio** [*traws* + *ysgrifiaf*: *ysgrifio*]. 20g.

trawsgript [*traws* + *sgript*] eg. ll. -*iau*. Copi wedi ei ysgrifennu neu ei argraffu, adysgrif,

---

Cyfr. copi o gofnod cyfreithiol: *transcript* (*also in law*).
20g.

trawsgroes [*traws* + *croes*] a. ll. -*ion*, a hefyd fel *eb*.
(*a*) *c.d.* (Math o gynghanedd) yn cyfuno cynghanedd groes a chynghanedd draws: (*type of 'cynghanedd'*) *combining 'cynghanedd groes' and 'cynghanedd draws'* (*in Welsh prosody*).
a. **1575** *GP* 123, Kynghanedd *drawssgroes* o gysswllt gadwynoc ddisgynnedic val hynn: Ni'm gyrr bvn i'm gwir boeni. Cf. R. DAVIES: *GC* 152, Cynghanedd *drawsgroes* o gysswllt gadwynog ddisgynedig, fal hyn . . . Arf wyt ac fywyd dewrion; Cf. J. MORRIS-JONES: *CD* 183, Peth hollol ddi-alw-amdano, lle bo cynghanedd amlwg a da mewn llinell, yw chwilio ynddi am un arall anamlwg a gwael. Dyna a wneir bob tro y sonnir am '*drawsgroes*'. Cynghanedd groes rywiog amlwg sydd yn y llinell—/ Ag aur a gwin | a gwŷr gânt; / pa rinwedd arni ydyw y gellid ei chymryd yn draws fantach?
(*b*) Ardraws: *transverse*.
1854.

trawsgroesaf: **trawsgroesi** [*traws* + *croesaf*: *croesi*] ba. Croestorri, croesi: *to intersect, cross*.
1833.

trawsgroesiad [bôn y f. *trawsgroesaf*: *trawsgroesi* + -*iad*[1]] eg. ll. -*au*. *Biol.* Cyfnewidiad genynnau rhwng cromosomau cyfatebol; *Ser.* nod: *crossing over* (*in biol.*); *node* (*in astron.*).
1842.

trawsgwricwlaidd [*traws* + *cwricwlaidd* (At.)] a. Yn perthyn i wahanol feysydd llafur neu i gymhariaeth rhyngddynt: *cross-curricular*.
20g.

trawsgwydd, **trawsgwyddaf**: **trawsgwyddo**, gw. **trawsglwydd**, **trawsglwyddaf**: **trawsglwyddo**.

trawsgwyddwr [*trawsgwydd* + -*wr*] eg. Cynlluniwr: *planner*.
14g. (**17g.**) *AL* i. 690, Naб Affeith Lledrat . . . Kyntaf yб bot yn traбsgбydor (*LlB* 34, amkanu wrth gedymdeith yr hyn a geisser yn lletrat).

trawsgyfalair [*traws* + ?*cy*(*ha*)*fal* + *gair*[1]] e?g. Parodi: *parody*.
1778 *W* d.g. *Parody*.

trawsgyfandirol [*traws* + *cyfandirol*] a. Yn teithio ar draws cyfandir; rhyng-gyfandirol: *transcontinental; intercontinental*.
20g.

trawsgyfeiriad [*traws* + *cyfeiriad*[1]] eg. ll. -*au*. Croesgyfeiriad; cyfeiriad cyferbyniol, ?adlam (am oleuni), adlewyrchiad: *cross-reference*; *opposite direction*, ?*rebound* (*of light*), *reflection*.
1835.

trawsgyfeiriaf: **trawsgyfeirio** [*traws* + *cyfeiriaf*: *cyfeirio*] bg. Croesgyfeirio: *to cross-refer*(*ence*).
20g.
Gw. hefyd **trosgyfeiriaf**: **trosgyfeirio**.

trawsgyflead [bôn y f. *trawsgyfleaf*: *trawsgyfleu* + -*ad*[2], trf. han.] eg. Trawsddodiad: *transposition, transposal*.
1794 *W* d.g. *Transposition, or a transposing*.

trawsgyfleaf: **trawsgyfleu** [*traws* + *cyfleaf*: *cyfleu*] ba. Trawsddodi, camleoli, camosod: *to transpose, misplace*.
1722 *Llst* 189, *Trawsgyfleu*. To transpose, misplace. **1794** *W* d.g. *To transpose*.

trawsgyfnewidiad [bôn y f. *trawsgyfnewidiaf*: *trawsgyfnewid* + -*iad*[1]] eg. Trawsnewidiad, trawsffurfiad, metamorffosis; *Rhet.* trosiad: *transformation, metamorphosis; metaphor*.
1768 RISIART AP ROBERT: *CB* 27, Mae rhai yn crybwyll fod ffydd . . . megis corphoroil ymorphwys mewn hyder am iachawdwriaeth am ffydd? . . . Nag ydyw, oblegid y mae ffydd yn weithrediad ysprydol

... Ond pan ddigwyddo i'r cyfryw eiriau gael eu harferu ... nid ydynt amgen na ... thraws-gyfnewidiad [:- Metaphors] o ran arwyddo neu gyffelybrwydd. **1796** H. JONES: *MPC* 18, Yr un ystyr y corph yma, a'r hên ddyn, a chorph pechod ... Neu, mewn ffordd o *drawsgyfnewidiad* ymadrodd, gall feddwl yr holl ddyn a'i ystyried yn llygredig, yn drigle chwantau a serchiadau ansanctaidd.

trawsgyfnewidiaf: trawsgyfnewid [*traws*+*cyfnewidiaf: cyfnewid*] *bg.a.* Trawsnewid: *to transform*.
[**1761**] *GGⱵ* 48–9, I wneud Pres ... Cymmer dri phwys o Gopper un o Lapis caliminaris yn Bowdwr ... ar Copper a *drawsgyfnewidwir* [*sic*] yn Bres disgleirwych. **1794** *W* d.g. *To transmute*.

trawsgynganeddaf: trawsgynganeddu [*traws*+*cynganeddaf: cynganeddu*] *bg.a.* (Peri) cynganeddu'n draws: *to (cause to) form 'cynghanedd draws'*.
1592 S. D. RHYS: *Inst* 159–60, Ac ail ddulh arr Yghlyn Vnodl vnion, yw ei *drawsgyghhanêdhu* heb Ragwân yndho ... Pam y cybharth ci, pam y cybhedh Dyn. **1728** S. RHYDDERCH: *GC* 58, Fe ellir *Trawsgynghaneddu* y gerdd yn nechrau Englyn fal hyn, sef. / Duodd fy nghusan myn Dewi; (i Fun). *c.* **1785–90** (**1829**) *CBYⱵ* 63, Y drydedd answdd ar gynghanedd yw'r un gymmysg; neu, fal y geilw rhai hi, y gynghanedd lusg; honn a fydd pann fo deuair yn y fraich yn unodli, a'r olaf o'r ddeuair hynny yn croesgynganeddu'n gydseiniog a'r gair olaf o'r fraich; neu ynteu yn *traws-gynghaneddu* ag ef. **1803** *P.*

trawsgynghanedd [*traws*+*cynghanedd*] *eb.* ll. -*gynganeddion.* Cynghanedd draws; amherseinedd, swn aflafar: *'cynghanedd draws'; disharmony, cacophony.*
1592 S. D. RHYS: *Inst* 159–60, Eghlyn Vnodl vnion heb Ragwân, a genir arr groes neu ar *draws gyghanedh* ynn nechreu ei baladr. **1740** T. EVANS: *DPO* 238, Ar hynny y Gau-athrawon a'r Cynghorwyr a ddechreuasant ar eu Cwndid eilwaith; ond cystal a fuasai iddynt adael eu Crwth yn y cwd: canys nid oedd y Sain ond *traws gynghanedd* gyfan afrywiog. **1803** *P.*

trawsgyhudded [*traws*+*cyhudded*] *eg.?b.* Cyhuddiad ar gam, athrod neu enllib; gwrthgyhuddiad: *false accusation, calumny, libel or slander; countercharge.*
1567 *LlGG* (*Sall*) 7b, Yr hwn nyd enllybia aei dauot ... ac ny dderbyn *draws gyhuddet* yn erbyn ei gymydawc. **1604–7** *TW* (*Pen* 228) d.g. *Calumnia.* **1632** *D* d.g. *Sycophantia.* **1688** W. FOULKES: *EGE* 101, Pob uchel faronaeth ac enllib, drwg absen a *thrawsgyhuddedd* [*sic*]. **1722** *Llst* 189, *Trawsgyhudded.* m. A false accusation, a cross-bill. **1771** *W* d.g. *Calumny, Challenge* [*in Law, an exception against*], *Recrimination.*

trawsgylch [*traws*+*cylch*] *eg.* ll. -*au.* Cylch bychan y mae ei ganol yn symud o amgylch cylchedd cylch mwy, cylch o'r fath a ddefnyddid i ddisgrifio cylchdroeon planedau yn ôl system Ptolemi: *epicycle.*
1848.

trawsgymeraf: trawsgymryd, trawsgymeryd [*traws*+*cymeraf: cymryd, cymeryd*] *ba.* Trawsfeddiannu, camfeddiannu: *to usurp, seize wrongfully.*
1803 *P* d.g. *Trawsgymmeryd.*

trawsgymeriad [*traws*+*cymeriad¹*] *eg.* *Rhet.* Cyfnewidiad trawsenwol un gair am un arall sydd yn ffigurol ei hun; trosiad: *metalepsis; metaphor.*
1552 W. SALESBURY: *Gw* 324, Metalepsis *Trawsgymeriat.* **1567** *TN* [xxxi], Weithiau arwyddocau a wna y peth a cymuner [*sic*], ac a wollyser trwy figur a elwir *trawsgymeriat*: ac felly i gellir galw maddeuaint y pechodae, testment. **1604–7** *TW* (*Pen* 228), Gwyrⱳ ... drwy *drawsgymeriat* ne r Metaphora, ymadrodd d.g. *Adhinnio. Dchr.* **17g.** *B* xxii. 135, Y dinasoedd a'r trefi a'r teiav y mae'n i alw'n llochesav'r ddraig coch [*sic*], tan gadw *traws gymeriad* o'r dreigiav sydd a'i trigiad mewn llochesav. **1632** *D* d.g. *Metalepsis.* **1722** *Llst* 189, *Trawsgymmeriad.* A metalepsis. **1794** *W* d.g. *Transumption.* **1803** *P* d.g. *Trawsgymmeriad.* Cf. J. MORRIS-JONES: *CD* 55, Weithiau y mae'r trawsenwad ei hun yn drosiad, fel pan alwodd Lewis Glyn Cothi Hengist a Horsa yn 'ddau ddrewiant': Plant y ddau ddrewiant aethant yn ddrywod ... Y mae yma felly ddau gam o'r hyn a feddylir i'r hyn a ddywedir: Hengist a Horsa feddylir, fel ffieidd-dod enaid y meddylir amdanynt, ond ffieidd-dod ffroen a ddywedir. Gelwir y troad dwbl hwn yn *drawsgymeriad.*

Gw. hefyd trosgymeriad.

trawsgymhellaf: trawsgymell [*traws*+*cymhellaf: cymell*] *ba.* Gorfodi, cymell: *to force, compel, coerce, urge.*
c. **1762–79** W. WILLIAMS: *P* 201, fel yr oedd y byd yn caru prophwydoliaethau, a rhagddweud pethau i ddyfod; hyn a roddodd fantai yn fynych i *draws gymmell* rhith liwiau tan yr enw o oraclau'r Sibiliaid. **1793** T. JONES: *SD* 10, nid oedd, ac nid yw, Duw yn *trawsgymmell* ewyllysiau dynion. *id.* 76, chwennych eu *traws-gymmell* i brofi y dylai dynion gau eu clustiau yn hollol yn erbyn pob athraw. **1796** T. JONES: *CCA* 313–14, yr heretic: fe gymmer y gair i gyfiawnhâu ei ddaliadau pwdr, gan ei *drawsgymmell* (*forcing it*), ym mhlaid ei ffordd ef, i ddwyn tystiolaeth yn ei erbyn ei hun. Cf. T. LEWIS: *HPI* 51, Yr oedd Edgar yn oferddyn mor anllad, fel yr oedd yn *trawsgymmell* i'w wely, ac yn treisio merched pendefigion.

trawsgymhelliad [*traws*+*cymhelliad*] *eg.* Gorfodaeth (ormesol): *(oppressive) compulsion.*
1759 J. THOMAS: *GI* 24, Nis gôllyngau [*sic*] un odfa heibio heb grybwyll am gariad Crist, Fe gymereu [*sic*] achlysur oddiwrth bethau mwya cyffredinol, ag etto nid ymddangoseu [*sic*] hynny fel *traws gymhelliad* (*it would not appear forced*). **1763** R. THOMAS: *HR* 52, nas gallwn nâ bwyta ... na bwrw 'm golwg ar un peth, nas byddai'r Brofedigaeth yn ol ei hên *draws-/gymhelliad*, Gwerth Grist.

trawsgyweiriad [*bôn* y *f.* *trawsgyweiriaf: trawsgyweirio*+-*iad¹*] *eg.* ll. -*au.* *Crdd.* Newid cywair, trawsnodiad; newid, trawsnewid: *modulation, transposition* (*in mus.*); *change, transition.*
1835. Ar lafar, 'trawsgyweiriad' 'change of key in music', 'Ma 'na *drawsgyweiriad* man 'yn', *GTN* 806. Cf. H. EVANS: *CE* 98, Yr oedd yno seiri coed a seiri cerrig; maent hwy yn aros eto, ac yn cael eu galw'n *trawsgyweiriad* hwnnw y dechreuodd y crefftwyr wisgo coler wen i ddangos eu huchafiaeth ar y gwas fflarm.

trawsgyweiriadol [*trawsgyweiriad*+-*ol*] *a.* *Crdd.* Yn perthyn i drawsgyweiriad, yn peri trawsgyweiriad: *modulatory* (*in mus.*).
1858.

trawsgyweiriaf: trawsgyweirio [*traws*+*cyweiriaf: cyweirio*] *bg.a.* *Crdd.* Newid cywair, trawsnodi; newid, trawsnewid: *to modulate, transpose* (*in mus.*); *change, transform.*
1832. Ar lafar, "Allwn i byth *drawsgyweiro* emyn ar unwaith fel 'na.

trawsgyweiriant [*bôn* y *f.* *trawsgyweiriaf: trawsgyweirio*+-*iant*] *e?g.* *Crdd.* Newid cywair, trawsgyweiriad: *modulation* (*in mus.*).
1832.

trawshawliaf: trawshawlio [*traws*+*hawliaf: hawlio*] *ba.* Hawlio ar gam: *to arrogate, claim without justification.*
1916.

trawsholaf: trawsholi [*traws*+*holaf¹: holi*] *ba.* ?Cwestiynu, croesholi, dadansoddi: *to (cross-)question, analyse.*
1814.

trawshoniad [*bôn* y *f.* *trawshonnaf: trawshonni*+-*iad¹* ?a *traws*+*honiad*] *eg.* ll. -*au.* ?Honiad gwallus neu gyfeiliornus; trawsfeddiant: *false or erroneous assertion; usurpation.*
1843.

trawshonnaf: trawshonni [*traws*+*honnaf: honni*] *ba.* Trawsfeddiannu, camfeddiannu: *to usurp, seize unlawfully.*
1835.

trawshonnwr [*bôn* y *f.* *trawshonnaf: trawshonni*+-*wr*] *eg.* ll. -*honwyr.* Trawsfeddiannwr, camfeddiannwr: *usurper.*
1838.

trawshudaf: trawshudo [*traws*+*hudaf: hudo*] *bg.a.* Hudo neu ddenu drwy dwyll: *to entice, seduce, beguile.*
c. **1785–90** (**1829**) *CBYⱵ* 163, Rhyw adwyth yn wir lle 'n *trawshudir* y serch, / I'n trwyllo mewn trallod fal meddwdod yw Merch.

trawshwyliaf: trawshwylio [*traws*+

hwyliaf: hwylio] *bg.* Teithio neu symud ar draws, croesi; newid cwrs, gwyro rhag y gwynt (am long): *to travel or move across, cross; change course, veer, wear* (*of ship*).
1794 *W* d.g. *To traverse, in going or sailing* [*go, or sail, this way and that way in a slanting direction*].

trawsiad [*bôn* y *f.* *trawsaf, trawsiaf: trawsu, trawsi, traws*(*i*)*o*+-*iad¹*] *eg.* Croesiad; *Ser.* croesiad (ar draws corff nefol neu'r cyhydedd): *a crossing; transit* (*in astron.*).
1803 *P.*
Gw. hefyd trosiad.

trawsiaf: trawsio, gw. *trawsaf: trawsu.*

trawsiaith [gair geir., sef *traws*+*iaith*] *eb.* *Rhet.* Trawsfynediad: *hyperbaton* (*in rhet.*).
1632 *D* d.g. *Hyperbaton, Hyperbatum.*

trawsineb [*traws*+-*ineb*] *eg.* Camwri, drygioni, niwed, trais, creulondeb, gorthrwm, cribddail, anrhaith; gwrthnysigrwydd, tymer ddrwg: *wrong, iniquity, harm, violence, cruelty, oppression, extortion, pillage; perverseness, crossness.*
15g. *HCLl* 140, O dwyll wen a'i dull union / Mae'r ysig ym mrig 'y mron. / O Dduw gwyn, ddiddig annerch, / A Ŵyr neb *drawsineb* serch? **1567** *LlGG* (*Sall*) 31b, ymae eich dwylo yn gwneuthur *trawsinep.* *id.* 33b, Nag ymddiriedwch yn *trawsinep* [:-camwedd/ camwri, gorthrymu] na chribddail. **1588** 2 *Esd* xi. 43, Am hynny y daeth dy *drawsineb* i fynu at y Goruchaf. **1595** H. LEWYS: *PA* 165, goddef *trawsineb* (*wrong*), a chamwri mawr. **1604–7** *TW* (*Pen* 228) d.g. *Injustitia, Rapacitas.* **1630** *YDd* 37, Beth yw dy glustiau, onid fflodiardau i ollwng llifeiriant *trawsineb* (*iniquity*) i mewn? **1632** *D*, Trawsedd ... Trawsineb, Oppressio, iniquitas. **17g.** *CC* 408, na chalyn di *drawsineb* / ar eitha na wna e neb. **17g.** HUW MORUS: *EC* i. 235, Mae nerth a doethineb, a'i lon'd o ffyddlondeb, / I dori *trawsineb* trwy synwyr. **1688** *TⱵ*, Trawsedd ... *trawsineb*: oppression, iniquity. **1722** *Llst* 189, *Trawsineb.* m. Crossness. **1775** E. GRIFFITHS: *GF* 75, yr oedd drygioni mawr weithiau ym mysg y bobl ... eilun-addoliad lawer a *thrawsineb* (*mischief*). **1803** *P*, *Trawsineb*, s. m. ... Adverseness, frowardness.

trawslafariad [*traws*+*llafariad²*] *e?b.* *Ieith.* Cyfnewidiad llafariad am un arall: *vowel substitution* (*in linguistics*).
1605–10 *GP* 212, Mae yn perthynu i gynghanedd dair ystumiad, sef adweddiad, *trawslafariad*, a chyfnerthiad. Ystumiad yw troiad llethyrenne neu ei sain er mwyn kynghanedd. ... *Trawslafariad* sydd pan droer un llethyren lafarawg yn lle yr llall, ag yn enwedig 'y' dros 'u' neu 'i', val: Gwrthfun ydiw berfyn berch.

trawslamaf: trawslamu, gw. *traws*+*llamaf: llamu.*

trawslath [*traws*+*llath*] *eb.* ll. -*au.* Trawst llorweddol ar hyd to sy'n cynnal y ceibrau, tulath, trawst croes; ffon hwyl, hwyl-lath, tofft, sedd ar draws cwch: *purlin, crosspiece; sailyard; thwart, seat across a boat.*
1604–7 *TW* (*Pen* 228), Eithafoedd, neû megys cyrn *Trawslath* lheihwyl lhong d.g. *Ceruchus. id. Trawslathæ* mewn adail d.g. *Rumpi. Dchr.* **17g.** *J* 10, 161b, *Trawslath.* Antennæ. **1780** *W*, *trawslathau* d.g. *Purlins, in Architecture* [*pieces of timber laid a-cross the rafters on the inside to preserve them from sinking in the middle of their length*]. *id.* Braich ... y *drawslath* d.g. *Yard-arm* [*the end of the sail-yard on either side of the mast*]. **1803** *P*, *Trawslath*, pl. *f.*—pl. t. *au* ... A bar or beam placed transversely; a toft of a boat.
Gw. hefyd trawstlath, troslath.

trawsleolaf: trawsleoli [*traws*+*lleolaf: lleoli*] *ba.* Symud o un lle i le arall; trawsosod (geiriau mewn brawddeg, &c.): *to translocate; transpose* (*words in sentence, &c.*).
20g.

trawsleoliad [*bôn* y *f.* *trawsleolaf: trawsleoli*+-*iad¹*, -*ad*] *eg.* ll. -*au.* Symudiad o un lle i le arall: *translocation.*
20g.

trawslif¹ [*traws*+*llif¹*] *eb.* ll. -*iau.* Llif i ddau o bobl ar gyfer torri ar draws graen pren, llif draws, llif groes: *cross-cut saw.*
[**1783**] *W* d.g. *Saw* ... *Cross-saw.* Ar lafar, *TGG* (1904) 52 (sir Gaerf.), *GDD* 307, *GTN* 807.

trawslif² [*traws*+*llif²*] *a.* a hefyd fel *eg.* *Daearyd.* (Afon neu ffrwd) a'i chwrs yn

dilyn craig hawdd ei herydu: *subsequent (river or stream)*.
20g.

trawslifiaf: trawslifio [*traws*+*llifiaf*¹: *llifio*] *ba.* Llifio ar draws, hefyd yn *ffig.*: *to cross-cut*, *also fig.*
1658 R. VAUGHAN: *PS* 391, dy fflangellu di a meddyliau, dy *draws-lifio* ac amheuon.

trawslifol [*traws*+*llif*²+*-ol*] *a.* Cyforiog, yn *ffig.*: *overflowing*, *fig.*
1810.

trawslin [*traws*+*llin*¹] *a.* a hefyd fel *eb.* (Llinell) ardraws: (*a*) *transversal*, (*a*) *transverse*.
1714 *Rhybudd*, Yr ail Radd anogydradd yn y *Drawslin* dderchafedig . . . Yr ail Radd ogydradd yn y *Drawslin* ddisgynnedig.

trawslongaf: trawslongi [*traws*+*llongaf*: *llongi*] *ba.* Trawslwytho: *to trans-ship*.
1898.

trawslun [*traws*+*llun*¹] *eg.* ll. *-iau.* Croestoriad, toriad trawslin: *cross-section*, *transection*.
1897.
Gw. hefyd **troslun.**

trawsluniaf: trawslunio [*traws*+*lluniaf*: *llunio*] *ba.* Trawsnewid; torri ar draws neu ar letraws: *to transform*; *transect*.
1822.
Gw. hefyd **trosluniaf: troslunio.**

trawslusg [*traws*+*llusg*] *a.* a hefyd fel *eb. c.d.* (Math o gynghanedd) yn cyfuno cynghanedd lusg a chynghanedd draws, hefyd am fath o gynghanedd sain: (*type of 'cynghanedd'*) *combining 'cynghanedd lusg' and 'cynghanedd draws'* (*in Welsh prosody*), *also of a kind of 'cynghanedd sain'.*
a. **1575** *GP* 124, Kynghanedd *drawsslvsc* ddisgynnedic a vydd val hynny: Na'n hol dirgel na'n helynt. *c.* **1785–90** *GP* 63, a phann na bo geiriau canolgoll rhwng y rhagwant a'r gobennydd, y gelwir y gynghanedd honno yn lusg rhywiog, neu groeslusg; a phann fo geiriau canolgoll, llamlusg a'u gelwir, neu'n *drawslusg.* *id.* 64, Cynghanedd Lamlusg, neu *Drawslusg* . . . Can adar Man ym mhob Maes. **1803** P. **1815** *TR* 67, *Trawslysg* [*sic*] ddisgynedig, fel hyn, 'Lle'r ai'r morllo a'r ëog'. Cf. J. MORRIS-JONES: *CD* 182, Y mae chwe chyfuniad o ddwy gynghanedd yn bosibl, sef 1. seingroes . . . 6. *trawslusg*; *id.* 184, fe all y naill gynghanedd fod cyn amlyced a chystal â'r llall mewn '*trawslusg*' fel—Na'n hol dirgel na'n helynt. Os rhoir 'ôl' yn yr orffwysfa fe geir traws ddisgynedig, os 'dirgel' fe geir llusg. Yn yr enghraifft hon y mae'r ddau air mor bwysig â'i gilydd, ac os rhoir pwys ar y ddau fe gyfleir effaith y ddwy gynghanedd.

trawslusgaf: trawslusgo [*traws*+*llusgaf*: *llusgo*] *ba.* Tynnu neu lusgo ar draws, hefyd yn *ffig.*: *to pull or drag across*, *also fig.*
1778 *W* d.g. *To over-hale.* **1803** P.

trawslwybr [*traws*+*llwybr*] *eg.* ll. *-au.* Cilffordd, llwybr diarffordd, fel arfer yn *ffig.* neu mewn cyd-destun *ffig.*: *byway*, *bypath*, *usu. fig. or in a fig. context.*
1657 RE: *CDd* 93, Oh y *traws lwybrau* rheini'r hyd pa rai y mae miloedd yn crwydro oddiwrth Dduw. **1688** S. HUGHES: *TSP* 219, yr oedd ar y llaw asswy ir [*sic*] ffordd Weirglodd, a chanfa i fyned trossodd iddi; a'r Weirglodd honno a elwir Gweirglodd y *Traws-/Lwybr* (*By-Path Meadow*). *id.* 240, *Trawslwybr* (*By-way*) i uffern yw hwn: dyma'r ffordd y mae Rhagrithwyr yn myned i mewn ynni. *c.* **1730** *Taith C* 54, fe a ddangosodd iddynt y ddau *draws lwybr* ac oedd wrth ymmyl y Drws . . . Llwybrau enbyd jawn yw y rhai hyn. **1750** D. JONES: *ER* 3, A chwiliwn ein gore, ymhlith y *traws Lwybre*, / Am ben y ffordd ole iw phur ddilin. **1796** T. JONES: *CCA* 224, Beth bynnag nid yw o obaith, pechod yw; am na's dichon fod o ffydd. O fel y dylai hyn gau calon y Cristion allan o bob *traws-lwybr*! *id.* 344, Y mae Crist yn cyfarwyddo ei fynnod er eu dïogelwch; fel na thrôent i *draws-lwybrau* cyfeiliornad, ac na syrthient i ddwylaw gau athrawon.

trawslwythaf: trawslwytho [*traws*+*llwythaf*: *llwytho*] *ba.* Trosglwyddo o un llong, &c., i un arall: *to trans-ship*.
20g.

trawslythr, gw. **trawslythyr.**

trawslythreniad,   trawslythyreniad

[*traws*+*llyth(y)reniad*] *eg.* ll. *-au.* Y weithred o drawslythrennu, system drawslythrennu, gair, &c. wedi ei drawslythrennu; anagram; ?acrostig: *transliteration; anagram; ?acrostic.*
1832.

trawslythrennaf: trawslythrennu [*traws*+*llythrennaf*: *llythrennu*] *bg.a.* - Cynrychioli (gair, &c.) yn y llythrennau cyfatebol agosaf mewn gwyddor arall: *to transliterate.*
1916.

trawslythyr, trawslythr [*traws*+*llythyr*, *llythr*] *eg. Ieith.* Cyfnewidiad sain neu lythyren mewn un arall: *sound or letter substitution* (*in linguistics*).
1552 W. SALESBURY: *Gw* 296, Antithesis ne Antistoechon *Trawslythr*, sef yw hyny pan osoter llythyren tros lythyren, val y may . . . Owain dros Ywain. **1604–7** *TW* (*Pen* 228), *Trawslythr* d.g. *Antithesis.* **1722** *Llst* 189, *Trawslythr.* m. Antithesis; the putting of one letter . . . for another. **1794** *W*, *Traws-/lythyr* d.g. *Antithesis* [*opposition of contrarieties*].

trawslythyreniad, gw. **trawslythreniad.**

trawslywodraeth [*traws*+*llywodraeth*¹] *eb.g.* Gormes, gorthrwm, camlywodraeth, camweinyddiadeth, hefyd yn *ffig.*: *tyranny, oppression, misgovernment, maladministration*, *also fig.*
1595 *Egl Ph* 16, gelhir dywedyd am y Pab Alissander y chweched . . . ei bhod ebh . . . yn demlherwriaeth annuwiawl; ac yn *drawslywodraeth* gor ymmyssawl [*sic*] y brenhinoedh a oedhent o'i amgylch. **1722** *Llst* 189, *Trawslywodraeth.* f. Tyranny. [**1724**] G. WYNN: *YGD* 115, e'u [*sic*] rhyddhau oddiwrth *Drawslywodraeth* a Chreulonder Pechod a Phechaduriaid. **1752** J. THOMAS: *FG* 144, os y rhai o Uwch-rádd a gânt y trechaf, *Traws-lywodraeth* a ganlyn. **1794** M. J. RHYS: *DGC* [1], yr oedd dynolryw yn cael eu amharchu gan bob math o *draws-lywodraeth* . . . y mae'n hyfryd gweled byd newydd, ymha un y preswylia cyfiawnder. **1798** *WR* d.g. *Male-administration.*

trawslywodraethaf: trawslywodraethu [*bf. o'r e. trawslywodraeth*] *bg.* Camlywodraethu, gormesu, gorthrymu: *to misgovern, tyrannize, oppress.*
1798 *WR* d.g. *Misgovern.* **1799** D. JONES: *AP* 19, mae'r páb a'i genedloedd, neu'r Aiphtiaid, yn y modd mwyaf gorthrymus a chreulon, wedi *trawslywodraethu* ar eneidiau, cyrph, a meddianau dynion.

trawslywodraethol [*trawslywodraeth*+*-ol*] *a.* Gormesol, gorthrymus: *tyrannical, oppressive.*
1810 T. LEWIS: *HPF* 75, Yr oedd y brenin yn parhau yn ei fesurau *traws-lywodraethol*, yn gorthrymu ei ddeiliaid fwy-fwy o ddydd i ddydd.

trawslywodraethus [*trawslywodraeth*+*-us*] *a.* Gormesol, gorthrymus: *tyrannical, oppressive.*
1810 T. LEWIS: *HPF* 119, Ei fod yn *drawslywodraethus* yn ei fryd, sydd eglur mewn llawer o bethau, yn enwedig ei waith yn cymmeryd marsiandaeth ei ddeiliaid at ei achosion ei hun.

trawslywodraethwr [*bôn y f. trawslywodraethaf*: *trawslywodraethu*+*-wr*] *eg.* ll. *wyr.* Gormeswr, gormesteyrn, gorthrymwr: *tyrant, oppressor.*
1816.

trawslywydd [*traws*+*llywydd*] *eg.* ll. *-iaid.* Gormeswr, gormesteyrn, gorthrymwr: *tyrant, oppressor.*
1812. Cf. Gw. MECHAIN: *Gw* ii. 414, y *trawslywydd* du a enwid De-Salines.

trawsnaddaf: trawsnaddu [*traws*+*naddaf*: *naddu*] *ba.* ?Brasnaddu, yn *ffig.*: *to rough-hew, fig.*
1696 *CDD* 110, Ni feder dŷn truan, na welo fe'd [*sic*] drwstan, / Fôd y Bŷd coelwan yn cilio'n rhŷ drŵch; / Pan yddylo'n amcanu, hoffeinioes [*sic*] i flynnu, / Heb fedru ond *traws naddu* trwsneiddiwch. **1796** *Geirgrawn* 185, [ll]awer o [G]ymry . . . wedi iddynt ddysgu *trawsnaddu* rhyw ychydig o Saesoneg . . . yn cymmeryd arnynt, eu bod wedi gollwng iaith eu mammau yn angof. *id.* 243, er nad ydyw 'r llyfr hwnnw ['Seren Tan Gwmwl'] ond gwaith brys, wedi ei *draws-naddu* yn lled anghywrain; yr wyf yn mwynhau'r dedwyddwch . . . o fod yn Awdwr o hono.

trawsnaid [*traws*+*naid*¹] *eb.* ll. *-neidiau.*

Naid ar draws, ?hefyd yn *ffig.*: *a leap across, ?also fig.*
1636 *Pen* 321, 192a, fe fydde berigl . . . o ado n ango lawer [diwyg.] o bethe angenrheidiol J w[e]ddio am danynt mewn cynulleidfa o *drawsneidiau* (*excursions*). **1771** *W* d.g. *Caper, A cross caper, Outleap.*

trawsnewid¹ [*traws*+*newid*¹] *eg.* Trawsnewidiad, trawsffurfiad, newid o un cyflwr, lle, &c., i un arall, cyfnewidiad; *Ieith.* trawsosodiad: *transformation, transition, conversion; metathesis* (*in linguistics*).
1605–10 *GP* 205, Kyfnewid llythyren a elwid trawselfen, fal 'menegynyaeth' tros 'meddeginyaeth', kyfnewid lle, *trawsnewid*, fal 'llaswyr' tros 'psallwyr'.

trawsnewid², gw. **trawsnewidiaf: trawsnewid.**

trawsnewidiad [*bôn y f. trawsnewidiaf*: *trawsnewid*+*-iad*¹] *eg.* ll. *-au.* Trawsffurfiad, y weithred o newid ffurf, natur, neu sylwedd, newidiad un elfen yn elfen arall, metamorffosis (hefyd mewn swol.); trawsosodiad (hefyd mewn ieith.): *transformation, transmutation, metamorphosis* (*also in zoology*); *transposition, metathesis* (*in linguistics*).
1794 *W* d.g. *Transmutation* [*the act of changing metals, &c. from one nature or substance into another*]. Cf. R. DAVIES: *GC* 83, *Trawsnewidiad* a fydd pan osodir y naill lythyren yn lle 'r llall mewn gair, neu y naill air yn lle arall mewn ymadrodd.

trawsnewidiaf: trawsnewid² [*traws*+*newidiaf*: *newid*] *bg.a.* Trawsffurfio, newid ffurf, natur, neu sylwedd: *to transform, convert, transmute.*
1794 *W* d.g. *To transmute* [*change from one nature or substance to another*].

trawsnewidiol [*traws*+*newidiol*] *a.* Yn perthyn i drawsnewidiad, yn peri newid ffurf, natur, neu sylwedd, yn newid o un cyflwr, lle, &c., i un arall, cyfnewidiol; metamorffig (am graig): *transformational, transformative, transmutational, transmutative, transitional, changeable; metamorphic* (*of rocks*).
1824.

trawsnewidydd [*bôn y f. trawsnewidiaf*: *trawsnewid*+*-ydd*³] *eg.* ll. *-ion.* Cyfarpar sy'n trawsnewid rhywbeth, yn enw. dyfais sy'n newid natur cerrynt trydan; *Ffis.* newidydd; *Ffis.* trawsddygiadur: *converter* (*also in physics*); *transformer* (*in physics*); *transducer* (*in physics*).
20g.
Cfn.: **trawsnewidydd catalytig**: *catalytic converter.*
20g.

trawsni [*traws*+*-ni*] *eg.* Trais, niwed; ?gwrthnysigrwydd: *violence, injury; ?perverseness.*
16–17g. *CRC* 433, Yr oedd yno hefyd o ssoweth / lawer mwrdwr a ffelnieth / rhai yn treissio o *drawssni* / pe rhôn vddyn a chael i krogi. **1672** J. LANGFORD: *HDdD* 235, Y mae'r Annogaethau i'r *trawsni* (*injuries*) ymma gan mwyaf mor wael. **1703** E. WYNNE: *BC* 43, yn lle balchder ac afreidd, y syrthni 'n y naill cwrr, a *thrawsni* 'n y cwrr arall. **1704** E. SAMUEL: *BA* 117, gan fod ei gydwybod yn ei gyhuddo ef am *drawsni* ac anghyfiawnder.

trawsnodaf: trawsnodi [*traws*+*nodaf*: *nodi*] *ba.* Arnodi (siec, &c.); *Crdd.* ysgrifennu neu ganu mewn cywair gwahanol i'r un gwreiddiol, trawsgyweirio: *to endorse* (*cheque, &c.*); *transpose* (*in mus.*).
1938.

trawsnodiad [*bôn y f. trawsnodaf*: *trawsnodi*+*-iad*¹] *eg.* Arnodiad (siec, &c.); *Crdd.* y weithred o drawsnodi, rhywbeth sydd wedi ei drawsnodi: *endorsement* (*of cheque, &c.*); *transposition* (*in mus.*).
1938.

trawsnyddaf: trawsnyddu [*traws*+*nyddaf*: *nyddu*] *ba.* Cordeddu, cyfrodeddu, cydblethu, gweu neu nyddu ynghyd, yn aml yn *ffig.*: *to twine, twist together, interweave, often fig.*
1604–7 *TW* (*Pen* 228) d.g. *Contorqueo.*

trawsonglin [*traws+ongl*[1]*+llin*[1]] *a.* Lletraws, croeslin: *diagonal.*
1850.

trawsopinion [*traws+opinion*] *e?g.* ll. *-au.* Heresi: *heresy.*
1567 *TN* 255a, dir yw bot *travvs-opinionae* yn eich plith. **1606** E. JAMES: *Hom* [iii], pob gauathrawaeth dwyllodrus, yr hon sydd yn tywys i ofergoel *traws-opinionau* a delw-addoliad.

trawsosod[1] [*traws+gosod*[1]] *eg.* Y weithred o drawsosod, trawsosodiad (hefyd mewn ieith.): *transposition, metathesis (in linguistics).*
1670 J. HUGHES: *AP* 168, Nota hefyd nad ydyw yn dda, dechreu Cyffes bob amser a'r unrhyw bechod ond ei dechreu hi weithiau ag un math o bechod, weithiau ag un arall: a newid hefyd yr ymadrodd gymmaint ac y gallo dyn: oblegid fod y *Trawsosod* hwn neu'r symmyd-matter, a'r newid ymadrodd yn helpu yn fawr iawn.

trawsosodaf: trawsosod[2] [*traws+gosodaf: gosod*] *ba.* Peri i (ddau neu ragor o bethau) gyfnewid lle, newid safle (peth) mewn cyfres, newid trefn neu safle (gair neu eiriau) mewn brawddeg, *Crdd.* trawsgyweirio, trawsnodi; gorfodi: *to transpose (also in mus.); impose.*
1775 E. GRIFFITHS: *GF* 190, rhaid cyfaddef iddo trwy hyn osod siampl ddrwg iawn i eraill ar ei ol ef, i wthio a *thraws-osod* (*impose*) eu crefydd eu hunain ar y gwledydd a ynnillent mewn rhyfel, trwy drais. **1794** *W* d.g. *To transpose.* **1803** *P.* **1815** *TR* 77, Camosodiad, sef yw hynny pan fyddo'r cydseiniaid wedi eu*traws osod* [*sic*] bendraphen yn y fraich.

trawsosodiad [bôn y f. *trawsosodaf: trawsosod+-iad*[1]] *eg.* ll. *-au.* Y weithred o drawsosod, e.e. newid trefn neu safle gair neu eiriau mewn brawddeg, *Ieith.* y weithred o drawsosod seiniau neu lythrennau mewn gair; honiad anghywir: *transposition, e.g. of words in a sentence, metathesis (in linguistics); false assertion.*
1552 W. SALESBURY: *Gw* 296, Metathesis, *Trawsodiat* [*sic*] ar lythyreu mal y may blagür tros baglûr, ysglawring tros ysgrawling. **1604–7** *TW* (*Pen* 228), *Trawsosodiat* d.g. *Antithesis.* *Dchr.* **17g.** *J* 10, 161b, *Trawssodiad* [*sic*]. Metathesis. **1774** S. HARRIES: *YAOC* 12, Mae ynthi [yr Eglwys] ormod o lawer iawn o draddodiadau, a dychymygion, a *thrawsosodiadau*, a ffolineb dynol. **1794** *W* d.g. *Transposition, or a transposing.* **1803** *P.*

trawsosodol [*trawsosod*[1]*+-ol*] *a. Ieith.* A nodweddir gan drawsosodiad; yn perthyn i drawsosodiad; gwrthgyferbyniol: *metathetic(al) (in linguistics); transpositional, transpositive; antithetical.*
1803 *P.*

trawsredaf: trawsredeg [*traws+rhedaf: rhedeg*] *bg.a.* Symud neu redeg ar draws, ?rhuthro; cario drosodd (wrth argraffu): *to move or run across, ?rush; overrun (in printing).*
15g. *BB* 138, Riuedi deu chwech o dey y ssyr; a gwyn *traws rydec* val y lletty wyr. **16–17g.** T. PRYS: *C* 195, Gŵr i'w ôl a gair â'i waith / I'w lywio yn oleuwaith, / . . . / Y dydd fo'i gwelir yn deg / Tros rydau yn *trawsredeg* [i ofyn cwch pysgota]. **1778** *W, Trawsredeg* llinellau tu-dalen d.g. *To over-run, in Printing.*
Amr.: **trawsrydeg** [*traws+rhydeg*[2]]. **15g.** *BB* 138.

trawsredegan [?< **trawsredegain*, sef *traws+rhedegain*] *bg.* Rhedeg neu grwydro yma a thraw, yn *ffig.*: *to run or wander to and fro, fig.*
1629 *RGYC* [23], gwastadha ei synwyrau ef fel na byddont yn gwibio, neu yn *traws-redegan* i gynnyrfiadau afreolus.

trawsredol [*traws+rhedol*] *a.* Ardraws: *transverse.*
1853.

trawsreolaeth [*traws+rheolaeth*] *e?b.* Trawsfeddiant, camfeddiant, rheolaeth ormesol, hefyd yn *ffig.*: *usurpation, wrongful possession, tyrannical rule, also fig.*
1677 R. JONES: *BB* 138, Bwrw fod pawb mewn Schism, ar na lefaso ddarostwng eu heneidiau i *drawsreolaeth* (*usurpation*), a thrahaus draddodiadau Meibion Balchder, y rhai nid oes ganthynt nac Awdurdod na Gallu i'n llywodraethu ni.

trawsreolaf: trawsreoli [*traws+rheolaf: rheoli*] *bg.a.* Tra-arglwyddiaethu, rheoli'n anghyfiawn: *to tyrannize, rule unjustly.*
1676 W. JONES: *GB* 38, Oblegid mae Duw yn ei ddoethineb yn gadel i'r annuwiol lwyddo; ie ac i *draws-reoli* ar y Cyfiawn. *c.* **1785–90 (1829)** *CBYP* 108, Mawr iawn yw 'ch anghlod am ddifrodi, / Trais yw'r alwad o'n *trawsreoli*, / Treisio 'n rhol y faenol a fynnoch / Yn hy anweddus, hynn a wyddoch.

trawsreolwr, trawsreolydd [bôn y f. *trawsreolaf: trawsreoli+-wr, -ydd*[3]] *eg.* Gormeswr, gormesteyrn: *tyrant.*
[**1724**] G. WYNN: *YGD* 177, Yr oedd gan Actiolinus y *Trawsreolwr* (*tyrant*) . . . lawer o Garcharau llawn o Boenau. *id.* 180–1, Fe scrifennodd Ælian am Trizus y *Trawsreolwr*, iddo orchymmyn iw ddeiliaid na siaradent ynghŷd.

trawsroddaf: trawsroddi [*traws+rhoddaf: rhoddi*] *ba.* Trosglwyddo; traddodi: *to transfer; deliver, commit.*
1567 *TN* 15b, ymogelwch rac dynion, canys wy ach roddant chvvi at Eisteddfae . . . Eithr pan ich *trawsroddan*, na phryderwch pa vodd nei pa beth a ddywetoch. **1716** E. SAMUEL: *GGG* 129, yr ydis yn cam-attal oddiwrth y Brenhin yr anrhydedd dyledus iddo, a pheth sy'waeth [*sic*] yn ei *thraws-roddi* (*transferred*) iw Fradwr ai Elyn.

trawsrydeg, gw. **trawsredaf: trawsredeg.**

trawsryw [*traws+rhyw*[1]] *eg.* Croesfrid, croesrywogaeth: *crossbreed.*
1803 *P.*

trawsrywiad [*trawsryw+-iad*[1]] *eg.* Croesiad (am frid, rhywogaeth, &c.); newid rhyw: *crossing (of breed, species, &c.); sex change.*
1803 *P.*

trawsrywiaethu [*traws*+be. o'r e. *rhywiaeth*] *bg.* Newid rhyw: *to change sex.*
20g.

traws-sylweddaf: traws-sylweddu, traws-symudaf: traws-symud, &c., gw. **trawsylweddaf: trawsylweddu, trawsymudaf: trawsymud,** &c.

trawst [< **trawstr* (cf. y ff. l. *trostrau*), bnth. Llad. **trāstrum* < *trānstrum*, H. Grn. *troster*, gl. *trabes*, Crn. C. *trasters* (ll.), Llyd. C. a Diw. *treust*; cf. H. Wydd. *trost*] *eg.* (bach. b. *trosten*, ll. *-ni*; g. *trewstyn*) ll. *-(i)au, -i, trostrau.*

(*a*) Darn hir cadarn o bren neu fetel wedi ei sgwario sy'n rhychwantu agoriad neu ystafell, fel arfer er mwyn cynnal yr adeiladwaith uwch ei ben, ceibr, capan drws, trawslath, croesfar, coedyn (wedi ei sgwario'n fras), estyllen, postyn, polyn, sliper, bar; bar croes (ar glorian): *beam, rafter, lintel, transom, crosspiece, crossbar, baulk, piece of timber, plank, post, pole, (railway) sleeper, bar; beam (of balance).*
13g. *LlI* 92, ac am pob un o'r doreu iiii.k', ac am er amhynyogeu a'r dyleyth ac am e *trostrev* a'r trotheu —am pob un o henne, iii.k'. **14g.** *WM* 167. 30–1, taryan eurgrƀydyr. A*thraƀst* o lassar glas yndi. *c.* **1400** [*RB*] *WM* 216. 36–217. 2, gƀregys y cledyf ogordƀal ewyrdonic du. a *throstreu* goreureit arnaƀ. **1547** *WS, Trawst* ar gwypl A beame. *ib. Trawst* i roddi gwalch arno A perche. [**1547**] W. SALESBURY: *OSP* [viii], Ac atolwc . . . pa beth amgenach yw diarebion mewn iaith, na sylueini, na gwadne, na distie, na resi, na chyple a *thrawste* . . . a nenbrenni mewn tuy? **1588** 1 Br vi. 36, efe a adailadodd y cyntedd nessaf i mewn . . . a rhês o *drawstiau* cedr-wŷdd. **1604–7** *TW* (*Pen* 228), *Trowstæ* d.g. *Trabs, Transuersaria.* **1632** *D, Trawst*, Tignum, trabs. *id. Trawst* clorian d.g. *Iugum. id.* y *trawst* vwch ben drŵs d.g. *Superliminare.* **1688** *TJ, Trawst*: a Beam. **1722** *Llst* 189, *Trawst.* m.p. *Trawstiau, Trowstiau.* A beam, transom, rafter, post; the beam of a balance; a sail-yard; a mantle-tree. **1737** J. EINNON: *HR* 165, yr oedd y Gair hwnnw yn sefyll fel *trawst* melin wrth fynghefn [*sic*]. **1763** *DT* 165, A *throsten* wrth y Cafn Ysgwd, / I riwlio ffrwd yr Afon [am felin]. **1770** *W, Trewstyn* d.g. *Beam, A smaller beam.* **1795** *R. Crusoe* 31, Mi gefais amryw hwyliau afraid, a *thrawstiau* mawr o goed. **1803** *P* d.g. *Trawst. id. Trosten*, s. f.—pl. t. *i* . . . A long rod, or slender pole. Ar lafar, '*trawst* . . . *trawstia*' 'y coed sy'n cynnal lloriau llofftydd mewn tŷ', *B* xxiv. 180 (Môn); *WVBD* 540; *GTN* 807; hefyd yn sir Benf. yn y ff. l. *trawsti.*

(*b*) (enghrau. *ffig.*: *fig. exx.*).
14g. *GIG* 91, A *thrawst* beirdd, athrist y byd, / A thrachefn ni thrachyfyd [marwnad Dafydd ap Gwilym]. *c.* **1400** *B* ii. 19, Dyn a wyl y brechewyn yn llygat arall ac ny wyl y *trawst* yn y lygat e hun. **15g.** *GGl*[2] 114, *Trawst* ein iaith trosti a'i nen, / A'i chanbost, gwych o unben [i Ddafydd Llwyd ap Dafydd]. **15–16g.** *TA* 223, Adain wyt, aeth, edn y tŵr, / Yn *drawst* uddun dros Deuddwr [i Siôn Tanad]. **1725–6** *Mudd Ed* 9, meddyliau pawb . . . gwedi ei paratoi a'i gwneud yn fwy addas o'r disglairiach *Drawstiau* (*those brighter Beams*) o'i ddifeinyddiawl wirionedd. **1790** T. JONES: *TOS* 234, Ni âd y *trawstieu* hyn sydd yn dy lygaid iti edrych i'r nefoedd; maent yn gymmyleu duon rhyngot ti a'th Dduw.

Gw. hefyd **trostan.**

trawstaer, gw. **traws+taer.**

trawsteithiaf: trawsteithio [*traws+teithiaf: teithio*] *bg.a.* Symud neu deithio ar draws, croesi; *Ser.* croesi ar draws (corff nefol neu'r cyhydedd): *to traverse, cross; transit (in astron.).*
1822.

trawster [*traws+-der*] *eg.* Camwri, dryglonі, anghyfiawnder, creulondeb, gorthrwm, gormes, trais, cribddail; cadernid, hefyd yn *ffig.*: *wrong, iniquity, injustice, cruelty, oppression, tyranny, violence, extortion; strength, also fig.*
15g. *HS* 20, cryf dy gryfder / mwyn dy fwynder / traws dy *drawsder* / trysta drosti. **15–16g.** *TA* 321, Mae 'n *trawster* â maen trostaw, / Morys, trwm i arswyd, draw [marwnad Morys ap Ieuan]! **1547** *WS*, Kam *trowster* Wrong. **1567** *LlGG* (*Sall*) 39b, Ef a bryn ei h'eneidiae [*sic*] rac dichell a *thrawster* [:- cham]. **1588** *Job* xix. 7, Os llefaf rhac *trawster* ni'm attebir. **1595** M. KYFFIN: *DFf* [80], [rh]yddhau onynt eu gwlad eu hun oddi dan lywodraeth Estron-genedl . . . pan oeddynt yn cael eu gorthrechu drwy ddirfawr falchder a *throwsder.* **1604–7** *TW* (*Pen* 228), cynnal wrth *drowster* d.g. *Vsurpo.* **1606** E. JAMES: *Hom* ii. 172b, [y] beiau y llygrir dynion eraill yn gyffredinol, megis *trawsder* (*extortion*), camwobr, cribddeilio a chneifio 'r cymydogion. *Dchr.* **17g.** *J* 10, 166a, *Trowster.* crueltie. **1632** *D*, Trawsedd, & *Trawsder* . . . Oppressio, iniquitas. **1632** J. DAVIES: *LlR* 251, wrth y rhydd-did yma y deellir ein bod ni yn rhyddion oddiwrth drais a *thrawsder* a thraha, a chreulondeb, a chaethiwed ein gwyniau llygredig. **1672** J. LANGFORD: *HDdD* 250, Am y fâth arall o Ddyled, yr hyn a ddŵg dyn arno ei hûn trwy addewid ewyllysgar, nid ellir attal mo hynny ychwaith heb *drawsder* (*injustice*) mawr. **1688** *TJ*, Trawsedd, *trawsder* . . . oppression, iniquity. **1718** E. SAMUEL: *HDdD* 227, *Trawster* (*oppression*) gorthrwm jawn yw hyn, ac or fath ddihiraf. **1722** *Llst* 189, *Trawsder.* m. Crossness, cruelty, injury, wickedness, oppression. **1803** *P* d.g. *Trawsder.*

trawsteyrn [*traws+teyrn*] *eg.* ll. *-au, -edd.* Trawsfeddiannwr, gormeswr, gormesteyrn: *usurper, tyrant.*
1803 *P, Trawsdeyrn*, s. m.—pl. t. *au* . . . An usurper.

trawsteyrnedd[1] [*traws+teyrn+-edd*[1]] *eg.* Trawsfeddiant, ?gormes: *usurpation, ?tyranny.*
18–19g. *MA* ii. 72, Gwrtheyrn Gwrthenau, a wahoddes y Saeson gyntaf i'r ynys honn yn ganlllawiaid iddaw yn ei *drawsdeyrnedd.* **1803** *P* d.g. *Trawsdeyrnez.*

trawsteyrnedd[2], gw. **trawsteyrn.**

trawstiaf: trawstio [bf. o'r e. *trawst*] *bg.a.* Gosod trawstiau, cyflenwi â thrawstiau: *to lay beams, furnish with beams.*
1803 *P.*

trawstiog [*trawst+-iog*] *a.* Wedi ei adeiladu â thrawstiau, wedi ei ffurfio o drawstiau, tebyg i drawst, hefyd yn *ffig.*: *beamed, like a beam, also fig.*
1934 D. J. WILLIAMS: *HW* 44, O dan lofft *drawstiog* ein tŷ ni.

trawstir [*traws+tir*] *eg.* ?hefyd gyda grym ansoddeiriol. ?Tir garw: *rough ground.*
14g. *GDG*[3] 301, *Trawstir* sathr, trist yw'r saethydd, / Trwstan o'i fawr amcan fydd. **15g.** *GDLl* 175, *Trawstir* ar y bordir bas, / Tudwedd wely, tid ddulas [i Afon Dyfi]. **16g.** *WLl* 23, Twrnelau kantelau tir / Trystiau wrth gerdded *trowstir* [i ofyn men]. *a.* **1587** *Y* 138, Haws doedyd ar ystudiaw, / Ar ryw ystorm, oer os daw, / Mynydd, vwch bronydd a bro, / Mewn

trowsdir, na mynd trosto. **18g.** E. T. RHYS: *DA* 64, Fe drotian yntau yn y man, / Mewn ffwdan megys ffol, / Trwy ganol *trawsdir*, dros y bryn, / Mor hylym yn ei hol.

trawstlath [*trawst+ llath*] *eb.* ll. *-au.* Trawst, croeslath; ffon hwyl, hwyl-lath; tofft, sedd ar draws cwch: *beam, transom; sailyard; thwart, seat across a boat.*

1604–7 *TW* (*Pen* 228), *Trowstlath* d.g. *Antenna. id.* deûben *trawstlathæ* hwyl lhong d.g. *Cornum, Cornua Antennarum.* **1632** *D, trowstlath* d.g. *Ceruchus.* **1722** *Llst* 189, *Trawstlath.* f. A transom: a sail-yard. **1770** *W* d.g. *Benches* [*in a ship, or boat*], *Boat, The rowers' seats in a boat, Clamps, Cross-beam.*

Gw. hefyd **trawslath.**

trawstoriad [bôn y f. *trawstorraf: trawstorri+-iad*[1]] *eg.* ll. *-au.* Toriad drwy wrthrych, yn enw. un a wneir yn uniononglog i echelin, (darluniad o) arwyneb plân a gynhyrchir yn y modd hwn, sampl gynrychioliadol, yn enw. o bobl, croestoriad: *cross-section.*

1803 *P, Trawsdoriad*, s. m. . . . A cross-cutting.

trawstoriadol [*trawstoriad+-ol*] *a.* Yn perthyn i drawstoriad, seiliedig ar drawstoriad: *cross-sectional.*

20g.

trawstorraf: trawstorri [*traws+ torraf: torri*] *ba.* Croestorri, torri'n groes, ar draws, neu ar letraws, hefyd yn *ffig.*: *to intersect, cross-cut, cut across or transversally, also fig.*

1800 W. OWEN[-PUGHE]: *CP* 85, a gwneyd haciau ar ei draws . . . oddeutu modfedd oddiwrth eu cilydd, ac yna yr un fath yn groes; yr haciau yn *trawsdòri* (*intersecting*) naill y llall yn union. **1803** *P, Trawsdori* . . . To cut a cross-cut, to cut across.

trawstrefa [*traws+ (hen)drefa*] *bg.* Symud da byw yn dymhorol i ardal arall, hafota a hendrefa: *to practise transhumance.*

20g.

trawstrefol [*trawstref(a) + -ol*] *a.* Yn perthyn i drawstrefa, yn hafota ac yn hendrefa: *transhumant.*

20g.

trawstres [gair geir., sef *traws+ ?tres*[2]] *adf.* Ar gam, o chwith, yn anghywir: *amiss, wrongfully.*

Dchr. **17g.** *J* 10, 161b, *Trawsdres.* perperam. *id.* 166a, *Trowstres.* Transversim. **1707** *AB* 220c, *Trawsdres*, Amiss, wrong. [S]. **1770** *W*, gwneuthur bai (*trawsdres*) d.g. *Amiss, To do amiss.*

trawstyle [*traws+ tyle*[1]] *eg.* ?Gwely: *bed.*

13g. *LlI* 24, E gur byeu e gallaur a'r breccan a gobennedyeu e *traustyle*, a'r kullter.

trawstyniad [*traws+ tyniad*[1] neu fôn y f. *trawstynnaf: trawstynnu+-iad*[1]] *eg.* ll. *-au.* Peth sy'n tynnu'r meddwl oddi wrth orchwyl, &c.; llurguniad, gwyrdroad; *Meddyg.* confylsiwn: *distraction; distortion; convulsion* (*in med.*).

16g. *LlS* 57, gyd a mel da vydd rhac y peswch, diphic anhetl, rhwygiadau a *thrawsdynniadæ.* **1604–7** *TW* (*Pen* 228), *trawsdyniai* d.g. *Conuulsio.* **1632** *D* d.g. *Distractio.* **1661** E. LEWIS: *Drex* 300, difrifol fyfyrdod arnynt rhyngddom â ni ein hunain; gan osod o'r neilldu bob gofalon a *thrawsdynniadau* bydol (*worldly distractions*). **1672** J. LANGFORD: *HDdD* 503, Nid wyf fi abl yma i ddal sulw ar dy wasanaeth di ûn munudyn heb *draws-dynniad* (*distraction*). **1684** H. OWEN: *DC* 187, rhag iti trwy ormod taerder, ruthro i *drawstynniadau* meddwl. **1764** DEWI NANTBRÂN: *SAG* 33, iddunt gael eu troi oddiwrth eu Dledswydd gan *Drawsdynniadau* Bywyd Priawd. **1772** *W* d.g. *Distortion, distorsion, or a distorting.* **1776** DEWI NANTBRÂN: *AN* 39, wedi fym Rhyddhau oddiwrth estronaidd *trawsdynniad* [*sic*] Gofalon a Digrifwch y Bywyd hwn. **1803** *P* d.g. *Trawsdyniad.*

trawstynnaf: trawstynnu [*traws+ tynnaf*: *tynnu*] *ba.* Tynnu'r meddwl oddi wrth orchwyl, &c.; gwyrdroi, llurgunio; ?tynnu neu symud ar draws: *to distract; distort; ?pull or move across.*

1604–7 *TW* (*Pen* 228) d.g. *distraho.* **1661** E. LEWIS: *Drex* 107, rhwydwyd fi felly â masnach bydol, *trawsdynnwyd* (*distracted*) fi felly i amryw barthau ffordd yma, ffordd accw. *id.* 215, chwedi eu *trawsdynnu* ag achossion cyfraith, materion arian, bydol fasnach, a thraffer[th]ion. **1684** H. OWEN: *DC* 62, Gwyneifyd [*sic*] y neb a allo fwrw ymmaith bob rhwystr s'yn ei *drawsdynnu*, ac a ddichon ymroddi eihun [*sic*] i vndeb sanctaidd cystudd calon. **1743** J. JONES: *LlAW* 188, na *thraws ddyner* [*sic*] mo honom fel Plantos â phob gwag awel. **1772** *W* d.g. *To distract* [*draw aside; pull a thing different ways at the same time; separate; divide*]. **1803** *P* d.g. *Trawsdynu.*

trawstywalltiad [*traws+ tywalltiad*] *e?g.* Trallwysiad (gwaed): (*blood*) *transfusion.*

1850.

trawswaith, trawswalch, gw. traws+ gwaith[1], gwalch.

trawswch [*traws+ swch*[1]] *eg.b.* (bach. g. *trawsychig*) ll. (geir. yn wr. a phrin) *trawsych*, (prin) *trawsychau.* Mwstásh, un ochr i'r cyfryw, ?barf, hefyd yn *dros.*: *moustache, one of a pair of moustaches, ?beard, also transf.*

14g. *GLlG* 56, Dy farf a'th wnaeth gaeth gythrudd / A'th *drawswch* rawn morwch rhudd. **14g.** *GIG* 51, Mefl fflwch i'm *trawswch* trasyth / O chelaf i ei chael fyth [i ddiolch am gyllell]! **14–15g.** *IGE*[2] 333, Ac nid esmwyth, garwlwyth gŵr, / *Trawswch* llwyd i wtreswr [Rhys Goch Eryri i'r farf]. *c.* **1400** [*RB*] *WM* 212. 1–3, gɓr garɓgoch anhegar. a *thraɓssɓch* goch idaɓ. a bleɓ seuedlaɓc arnei. **15g.** *GGl*[2] 286, Gwnaeth feddyginiaeth o'm gên, / A'm *trawswch* i'm tair asen. **15g.** *DE* 50, nid trwch y *trowsswch* i traidd / tew aroglav triaglaidd [i'r cusan]. **1604–7** *TW* (*Pen* 228) d.g. *Barba, Mustax. Dchr.* **17g.** *J* 10, 161b, *Trawswch.* a bearde. *ib. Trawsychig.* Barbula. **1632** *D, Trawswch*, Mystax, h. e. pili in superiori labro enati. **1688** *TJ, Trawswch*, blew'r wefl uchaf: the Mustache, the hair on the upper lip. **1707** *AB* 239a, *Travssych.* Q. Mustachoes. Hep uaryf a hep *dravssych* ([*RB*] *WM* 206. 3, *draɓssɓch*) arnav. **1752** *Gron* 22, Medrusaidd im' ei *drawswch*, / A gwynfyd yw byd y bwch, / Odid, filyn barfwyn bach, / Y gellid cael ei gallach. **1753** *TR, Trawswch*, and *Trawsych*, mustachoes, or the hair which grows on the upper lip, whiskers. **1774** *W, Trawswch, trawsych* d.g. *The hair of the upper lip* [*mustaches or whiskers*], *Mustaches, the mustaches* [*whiskers, or hair growing on the upper lip*]. **1803** *P, Trawswç*, s. f.—pl. *trawsyç* . . . A whisker. Cf. R. E. WILLIAMS: *HDd* i. 464, [b]arf [orangwtang] yn nghylch tair modfedd o hyd, ac yn tyfu yn olygus oddiar y wefus uchaf, yn agos i onglau y genau, ar ddull *trawsychau.*

trawsweithrediad [*traws+ gweithrediad*] *eg.* ll. *-au.* Rhyngweithiad; ?drwgweithred: *interaction; ?evildoing.*

1764 *DC* 8, y mae 'r Cyfrifiad hwn o Gyfiawnder y Machniydd yn rhedeg yn bennaf . . . Ar y *Trawsweithrediad* a'r cyngor tragwyddol rhwng y Tâd a'r Mâb. **1774** T. JONES: *DG* 145, fe ymdrechwyd llawer i'w faglu ef [esgob] i gosp. Dan yr holl *draws-weithrediadau* hyn, y mae 'n beth neillduol i ddal sulw arno, mai un o'r erthyglau a roddwyd yn ei erbyn ef oedd ei fod yn ffafrio . . . y grefydd babaidd.

trawswisgwr [*traws+ gwisgwr*] *eg.* (b. *-wraig*, ll. *-wragedd*) ll. *-wyr.* Un sy'n gwisgo dillad a gysylltir fel rheol â'r rhyw arall, yn enw. er mwyn cael cynhyrfiad rhywiol: *transvestite, cross-dresser.*

20g.

trawswladol [*traws+ gwladol*] *a.* Rhyngwladol: *international.*

20g.

trawswr, trawswthiaf: trawswthio, gw. traws+ gŵr, gwthiaf: gwthio.

trawswyr[1,2], (*ŵy*), gw. traws+ gŵyr[1], ŵyr.

trawswyr[3], (*wy*), ff. l., gw. **traws+ gŵr.**

trawswyraf: trawswyro [*traws+ gwyraf: gwyro*] *bg.a.* Gwyrdroi, ystumio; gwyro, dirywio, cyfeiliorni: *to pervert; deviate, decline, err, stray.*

1599 (**1677**) R. HOLLAND: *AB* 46, ni ymadawant er hynny a derbyn rhoddioni [*sic*] *draws-ŵyro* barn (*bribing*). **1604–7** *TW* (*Pen* 228) d.g. *peruerto.* **1620** *Pr* v. 8, Os gweli dreisio y tlawd, a *thraws-/ŵyro* barn a chyfiawnder mewn gwlâd. **1632** *D* d.g. *Obuaro.* **1672** J. LANGFORD: *HDdD* 507, nyni a *drawsŵyrasom* (*perverted*) dy drugaredd hon tu hwnt i'r lleill i gyd. **1701** J. OWEN: *YE* 120, pa amser y dibenniff y gwr hyn *drawswyro* ffordd sanctaidd, ac uniawn Duw. **1701** E. WYNNE: *RBS* 17, Gwilia rhag i'r gwaith a ddechreuaist ac a fwriedaisti er gogoniant i Dduw *drawswyro* (*decline*) a diweddu yn dy ogoniant dy hun. **1718** (**1721**) S. THOMAS: *HB* 102, Gallem goffau llawer ragor o Fannau o'r Scrythyr y rhai y mae y Papistiaid yn eu *trawswyro* yn y cyfryw fodd a hyn tuag at gyfiawnhau a chynnal eu Coel-grefydd. **1721** J. P. PRYS: *DC* 26, Cenhedloedd a ddaethant i'r Gair ufuddhasant, / Ond etto parasant aflwyddiant i'r Wlêdd; / Diystyr fynd yno heb rasol ymdrwsio, / *Traws ŵyro* i myfyrio am oferedd. *c.* **1729** S. RHYDDERCH: *LlCD* 331, Ar iddynt droi etto, or ffordd sy yn *traws wyro*, / I geisio pur rodio Paradwys. **1803** *P.*

trawswyredd [*traws+ gwyredd*] *eg.* Camedd, gwyrni, gwyrgamni; ystumiad (ystyr); gwrthnysigrwydd, llygredigaeth: *crookedness, obliqueness; distortion (of meaning); perverseness, depravity.*

1604–7 *TW* (*Pen* 228) d.g. *Obliquitas, peruersitas.* **1632** *D* d.g. *Prauitas, Tortus.* **1733** J. THOMAS: *HYB* 46, Y Geiriau, er bod eu Perthynas mwy priod yn debygol at Gyflwr Brenin Dafydd, etto heb Gam neu *Drawsŵyredd* iddynt, gellir eu cymmwyso yn gysson iawn at yr holl Gristnogion yn gyffredinol. **1772** *W* d.g. *Depravedness, or depravity.* **1803** *P.*

trawswyriad [bôn y f. *trawswyraf: trawswyro+-iad*[1]] *eg.* ll. *-au.* Gwyrdroad, ystumiad, gwyriad, gogwyddiad; *Ser.* echreiddiad: *perversion, deviation, deflection; eccentricity* (*in astron.*).

1760 E. WILLIAMS: *UYB* 154, Yn y modd ymma y mae miloedd yn cael eu hachub, oblegid fod gymmaint ac mor anferthol *draws-wyriad* yn y byd, hyd onid yw yn ammhossibl i laweroedd mewn rhai lleoedd i ddad-ddyrysu eu hunain allan o hono, ac i gyrraedd at siccr adnabyddiaeth o'r gwirioneddau dwyfol. **1793** L. REES: *MB* 22–3, amddiffynwr y fath dybiau a hyn, gan naturiol ystyr y geiriau a arferir gan y 'sgrifenwyr sanctaidd . . . Ni ellir dychymmyg mwy *traws-wyriad* iaith. **1803** *P.*

trawswyrog [*traws+ gwyrog*] *a.* Gwyrdroëdig, crwydrol, cyfeiliornus; *Ser.* echreiddig: *perverted, straying, erroneous; eccentric* (*in astron.*).

1738 G. JONES: *GOG* 129, Meddyliau *trawswyrog* . . . fel haid o ehediaid ysglyfaethus, a geisiant yn haerllyg . . . ymborthi ar eu Haberthau.

trawswyrol [*traws+ gwyrol*] *a.* Gwyrdroëdig, crwydrol, cyfeiliornus; ?ardraws: *perverted, straying, erroneous; ?transverse.*

1803 *P, Trawswyrawl* . . . Tending to transverse obliquity.

trawsych, trawsychig, gw. trawswch.

trawsylweddaf: trawsylweddu [*traws+ sylweddaf: sylweddu*] *bg.a. Diwin.* Trawsnewid (sylwedd y bara a'r gwin) yn llwyr yn gorff a gwaed Crist yn yr Ewcharist, cael ei drawsnewid yn y modd hwn, newid sylwedd (rhywbeth), trawsffurfio, trawsnewid: *to transubstantiate (also in theol.), transform, transmute.*

1653 (**18g.**) *Pant* 8, 8a, i *draws sylweddu* neu dransubstansiato yr Elfennau yn Grist presennol. **1675** R. DAVIES: *PY* 24, Y maent yn dysgu, ac yn credu fod y bara a'r gwin yn swpper yr Arglwydd . . . gwedi eu troi, neu eu *trawsylweddu* i gorph, a gwaed Christ. **1719** *EGBG* 402, Onid ydyw'r bara yn y sacrament yn *trawsylweddu* ac yn troi yn wir gorph Crist . . .? **1794** *W* d.g. *To transubstantiate* [*change into another substance*]. **1803** *P.*

trawsylweddiad [*traws+ sylweddiad*[1]] *eg.* ll. (prin) *-au. Diwin.* Trawsnewidiad llwyr sylwedd y bara a'r gwin yn gorff a gwaed Crist yn yr Ewcharist; newid sylwedd, trawsnewidiad: *transubstantiation (in theol.); change in substance, transmutation.*

1630 *YDd* 325, y mae yr vnrhiw Grist yn wir bresennol yn ei Swpper ei hun, nid trwy *drawsylweddiad* (*Transubstantiation*) pabaidd, eithr trwy barthgymeriad sacramentaidd. **1693** *PGLl* 78, Newidiad Sylwedd [:– Neu *Drawssylweddiad*] y Bara a'r Gwîn yn y Sacrament. **1710** *CBGEL* 79–80, Etto y mae'n hyspus genif nad yw ond Bara a Gwin, nad oes *Draws-sylweddiad. c.* **1762–79** W. WILLIAMS: *P* 590, yno [yn y Confocasiwn] rhowd o flaen yr aelodau, i roi eu dwylo wrth athrawiaeth *trawsylweddiad.* **1764** DEWI NANTBRÂN: *SAG* 3, pa Gyfnewid y mae 'r Eglwys Gatholic yn ei alw Transubstantiation; yn Gymraeg, *Traws-sylweddiad.* **1774** T. JONES: *DG* 139–40, Anne Askew . . . un o'r rhai cyntaf a ddioddefodd am ddwyn tystiolaeth yn erbyn yr athrawiaeth ffol ac ynfyd honno o *draws-sylweddiad.* **1794** *W* d.g. *Transubstantiation* [*the changing of the bread and wine, in the Eucharist, into the real body and blood of Christ, as the Roman-Catholics maintain*]. **1803** *P.*

Amr.: **transylweddiad.** *c.* **1762–79** W. WILLIAMS: *P* 393.

trawsymadrodd [*traws+ymadrodd*[1]] *eg.*

Rhet. Trosiad; ymyriad (ar sgwrs): *metaphor; interruption (of conversation).*

1650 *B* xxii. 145, dyma fel y maefo'n [*sic*] dywedyd yr ymarfer ef o lymder i dhannedh gor is glan y coedudh Galusaidh ne Phrangig, pan gadw *traws ymadrodh* (*metaphoram*) o'r Baedhod, oblygid y baedhod pan fydhant i ymladh a'i gilydh yn y coedydh, nhwy a ryglnand [*sic*] i danedh y nailh ar y lhalh. **1696** *GGTY* 48, etto mae himpiad dynion i Grist yn cael ei ddal' allan trwy'r gyffelybiaeth neu'r *trawsymadrodd* (*Metaphorical Expression*) hwnnw. A ydyw'n rhaid ir arwydd, ar peth a arwyddocceir fod yn gwbl yr vn peth?

trawsymansawdd [*traws*+*ym-*+*ansawdd*] *e?g.* *Ieith.* Trawsosodiad; *Rhet.* trawsfynediad: *metathesis (in linguistics); hyperbaton, anastrophe.*

1567 G. ROBERT: *GC* 70-2, dwy [ffigur] a newidia llythrennau, fal troselfe/niad, *trawsmansawdd* . . . beth yw *trawsymansawdd* ne drawsymsymud? . . . Phordd i droi, din drospen, y naill lythyren yn le'r llall, a'r llall yn i lle hithau, mal llasswyr, tros sallwyr, or gair psalterium. **1604-7** *TW* (*Pen* 228) d.g. *Anastrophe.*

trawsymddwyn [*traws*+*ymddwyn*] *eg.?b.* *Rhet.* Trosiad: *metaphor.*

1595 *Egl Ph* 26, *Trawsymdhwyn* sydh, pan arwydhoceir y cyphelyb, wrth y cyphelyb; neu yntau pan newider gair o'i arwydhocad priod, i am-mrhiod. id. 39-40, Y dhulh gyntabh ar Aralheg sydh, pan roir dwy vnrhith, neu vnwedh drobhaeg ymadrodh . . yn yr vn synhwyreg . . . sebh dwy drawsenw, dwy *drawsymdhwyn* . . . neu chwaneg. id. [105], Trawsymdhwyn. Metaphora. **1677** C. EDWARDS: *FfDd* [426], Y mae troell arall a elwir *Trawsymddwyn* . . . dywedodd Crist wrth ei ddyscyblion. Myfi yw'r win-wydden a chwithau yw'r canghennau. **1733** J. OWEN: *TBG* 12, Troell ymadrodd yw hon a elwir *Trawsymddwyn*, oddi wrth y gyffelybiaeth a'r tebygrwydd sydd rhwng cynhauaf ag amser barnedigaethau. **1803** *P*, *Trawsymzwyn*, s. m. . . . A metaphor.

trawsymfudiad [*traws*+*ymfudiad*] *e?g.* Trawsfudiad: *transmigration, metempsychosis.*
1888.

trawsymffurfiaf: trawsymffurfio [*traws* +*ymffurfiaf: ymffurfio*] *bg.* Trawsnewid, newid ffurf, gweddnewid: *to transform, change form, be transfigured.*

1794 *W* d.g. *To transfigure* [*change form or appearance*]. Cf. ISLWYN: *Gw* 269, Buasai'i santaidd gorff yn *traws-ymffurfio* / I led-ysbrydol agwedd.

trawsymgais, gw. traws+ymgais[1].

trawsymhonnwr, trawsymhonnydd [*traws*+*ymhonnwr*, *ymhonnydd*] *eg.* ll. -*ymhonwyr.* Trawsfeddiannwr, camfeddiannwr: *usurper.*
1851.

trawsymsymud [*traws*+*ymsymud*] *eg.* ll. -*iau.* *Rhet.* Trosiad; trawsgymeriad; trawsfynediad; *Ieith.* trawsosodiad: *metaphor; metalepsis; hyperbaton, anastrophe; metathesis (in linguistics).*

1567 G. ROBERT: *GC* 72, beth yw trawsymansawdd ne *drawsymsymud*? . . . Phordd i droi, din drospen, y naill lythyren yn lle'r llall, a'r llall yn i lle hithau, mal llasswyr, tros sallwyr. **1604-7** *TW* (*Pen* 228) d.g. *Anastrophe, Metalepsis.* **1632** *D* d.g. *Metaphora.* **1696** *GGTY* 121, Yr wyfi yn Atteb, na ddichon babanod . . . fod yn ddefaid neu'n wyn Crist . . . nid yw *Trawsymsymmudiau* (*Metaphors*) (fel y dywedwn) yn redeg a'r bedare troed. **1722** *Llst* 189, *Trawsymsymmud.* m. A metaphor. **1803** *P.*

trawsymsymudiad [*traws*+*ymsymudiad*] *eg.* ll. -*au.* *Rhet.* Trosiad: *metaphor.*

1725-6 *Madd Ed* 7, yr hen Gristannogion . . . a dybient nad oedd un ffordd i gyrhaeddyd cyflawn Ystyr neu feddwl yr hen Destament, ond trwy ddilin gwastadol Weddnewidiadau, neu *Drawsymsymmydiadau* (*perpetual Metaphor*), ag edrych ym mhob man tu hwnt i'r llythyren. **1796** T. JONES: *CCA* 263, Yn gyntaf, Yr arf ei hunan, sef Gair Duw. Yn ail, Y *traws-ymsymmydiad* (*metaphor*) sy fel gwain iddo, sef Y cleddyf; y'nghyd â'r person y mae'n eiddo iddo, Cleddyf yr Ysbryd. **1803** *P.*

trawsymsymudol [*traws*+*ymsymudol*] *a.* *Rhet.* Trosiadol: *metaphorical.*

1696 *GGTY* xxxi, Bedydd sydd soddiad o'r holl gorph mewn Dwfr yn ôl bwriad y bedyddiadau *trawsymsymudawl* (*Metaphorical Baptisms*) hynny am ba rai y mae'r scrythur yn crybwyll. id. 376, y bedyddiadau cyscodawl a *thrawsymsymudawl* hynny, a'r arwyddoccâad ysprydol o honynt. **1717**

IACO AB DEWI: *MN* 4, Pob Cnawd sydd wellt . . . Ac unig ymadrodd *Trawsymsymmudol* yw hwn, ond Gwirionedd hollol. **1776** *W* d.g. *Metaphoric, or metaphorical.* **1794** J. WILLIAMS: *AGDd* 46, Nid yw Bŷs Duw ond ymadrodd *traws-ymsynnmudol*, am allu digyfrwng a gweithrediad Duw. **1803** *P* d.g. *Trawsymsymudawl.*

trawsymudaf: trawsymud [*traws*+ *symudaf: symud*] *bg.a.* a'r be. fel *e?g.* Trawsddodi, newid safle (peth) mewn cyfres (e.e. llythyren mewn gair), trawsnewid, cludo, trawsfudo, ?newid (gair) yn drosiad; *Rhet.* trosiad: *to transpose, change the position of (a thing) in a series (e.g. a letter in a word), transform, transport, ?change (a word) into a metaphor; metaphor.*

Dchr. **17g.** *J* 10, 161b, *Trawssymud.* Metaphora. **1803** *P*, *Trawsymud* . . . To transpose. Cf. D. E. JONES: *HLlP* 117, Llygriad yw Rhydygalfau o Rhydygaflau —yr 'f' a'r 'l' wedi eu *traws-symud* er mwyn hyseinedd.

trawsymudiad [*traws*+*symudiad*] *eg.* ll. -*au, trawsymudiaid.* Trawsddodiad, trawsnewidiad, newid o un cyflwr, lle, &c., i un arall, trawsfudiad, trosglwyddiad; *Rhet.* trosiad; *Ser.* croesiad (ar draws corff nefol neu'r cyhydedd); *Crdd.* symudiad lletraws: *transposition, transformation, transition, transmigration, transfer; metaphor; transit (in astron.); oblique motion (in mus.).*

1552 W. SALESBURY: *Gw* 322, Metaphora *Trawsmütiat* id ffigûr tra phrydverth a natûrieth y ffigûr hon yw benffygu ne ysmûto gair oe briodolder ehvnan i ryw gyffelyprwydd kyfnesaf val pan ddywetwyf mi welaf, yn lle, ddwy vi yn deall. **1770** *W*, *Trawssymmudiad* . . . llythyrennau enw yn y cyfryw fôdd d.g. *An anagram.* id. *Trawsymsymmudiad* d.g. *Metaphor.* **1770** *TG* ii. 101, Y mae dull ymadrodd ymhob iaith a elwir *traws-symmudiad* [*sic*], (*Metaphor*). **1794** J. WILLIAMS: *AGDd* 29, cai sawdl ar Had addewdid ei yssigo: wrth ba ymadrodd, y mae'r Eglwys yn wastadol yn dyall dioddefiadau ei nattur ddynol, yr hon trwy *draws-symmudiad* (*metaphor*) a ddarlunir trwy'r rhan waelaf o ddyn. **1803** *P*, *Trawsymmudiad*, s. m.—pl. t. *au* . . . A transposition. Cf. R. DAVIES: *GC* 114, pa eiriau bynag a osodir yn gyffelybiaethol, heb yr arwyddion fal, megys, tebyg, yn flaenorol, a elwir yn *Draws symudiad*; J. MORRIS-JONES: *CD* [xviii], Y mae pedwar cyfnod amlwg yn hanes y gelfyddyd ar linell yr hen draddodiad . . . Rhwng y cyfnodau y mae ysbeidiau ansicr o *draws-symmudiad.*

Amr.: **trawsmudiad.** **1552** W. SALESBURY: *Gw* 322. **trawsmütiad.** **1604-7** *TW* (*Pen* 228) d.g. *Metaphora.*

trawsymudol [*traws*+*symudol*] *a.* *Rhet.* Trosiadol; yn newid o un cyflwr, lle, &c., i un arall, newidiol; ymfudol: *metaphorical; transitional; migratory.*

1725-6 *Madd Ed* 322-3, Y Wraig . . . Tlysau'r hon ydynt Gyfiawnder a Sancteiddrwydd, a thrwy ymadrodd *Traws-symmudol* gosodir hwynt allan wrth Wisgoedd gwynion. **1798** *WR* d.g. *Tralatitious.* **1803** *P.*

trawsymwthiad [*traws*+*ymwthiad*] *eg.* Y weithred o ymwthio, yn enw. i diriogaeth arall, neu ymyrryd â hawliau pobl eraill, y weithred o symud ymlaen yn raddol y tu hwnt i derfynau priodol: *encroachment.*
1807.

trawsymwthiaf: trawsymwthio [*traws*+ *ymwthiaf: ymwthio*] *bg.* Ymwthio, yn enw. i diriogaeth arall, neu ymyrryd â hawliau pobl eraill, llechfeddiannu: *to encroach.*
1864.

trawsymwthiol [*traws*+*ymwthiol*] *a.* Yn ymwthio, yn enw. i diriogaeth arall, neu'n ymyrryd â hawliau pobl eraill, llechfeddiannol, ymwthiol, mewnwthiol (hefyd mewn drg.): *encroaching, intrusive (also in geol.).*
1837.

trawsymwthiwr [*traws*+*ymwthiwr*] *eg.* ll. -*ymwthwyr.* Un sydd yn ymwthio, yn enw. i diriogaeth arall, neu'n ymyrryd â hawliau pobl eraill, llechfeddiannwr, ymwthiwr, ymyrrwr, hefyd yn *ffig.*: *encroacher, intruder, interloper, also fig.*
1814.

trawsyriad [bôn y f. *trawsyrraf: trawsyrru*

+-iad[1]] *eg.* ll. -*au.* Trawsyriant: *a transmitting, transmission, drive.*
20g.

trawsyriant [bôn y f. *trawsyrraf: trawsyrru* +-*iant*] *eg.* ll. -*yriannau.* Y weithred o drawsyrru, trosglwyddiad, dyfais sy'n trosglwyddo pŵer i beirianwaith, olwynion cerbyd modur, &c.: *a transmitting, transmission, drive.*
20g.

trawsyrraf: trawsyrru [*traws*+*gyrraf: gyrru*] *ba.*
(a) Trosglwyddo, darlledu: *to transmit, broadcast.*
20g.
(b) ?Gwthio neu annog (ymlaen, &c.): *to push or urge (forward, &c.).*
1769 J. GRIFFITH: *A* 179, Pan na b'o dim . . . i wneuthur eich ffordd yn eglur; na *thraws-yrrwch* ragluniaeth, ond arhoswch mewn stat o betrusder, neu trigwch lle yr ydych.

trawsyrrydd, trawsyrrwr [bôn y f. *trawsyrraf: trawsyrru*+-*ydd*[3], -*wr*] *eg.* ll. -*yryddion, -yrwyr.* *Ffis.* Trosglwyddydd, cyfarpar i gynhyrchu a throsglwyddo tonnau electromagnetig sy'n cludo negeseuon, signalau, &c. yn enw. rhai radio a theledu: *transmitter (in physics).*
20g.

trawsysgrif [*traws*+*ysgrif*] *e?b.* ll. -*au.* Adysgrif, transgript, trawsgript, hefyd yn *ffig.*: *transcript, also fig.*
1912.
Amr.: **trawsgrif.** **20g.**

trawsysgrifennaf: trawsysgrifennu [*traws*+*ysgrifennaf: ysgrifennu*] *ba.* Adysgrifio, trawsgrifio, copïo: *to transcribe, copy.*
1721 RD: *CFf* [113], nyni a *drawsysgrifennwn* ei eiriau ef yn gyflawn.

trawsysgrifiad [*traws*+*ysgrifiad*] *eg.* ll. -*au.* Adysgrif, trawsgript, y weithred o drawsgrifio: *transcript(ion).*
1863.
Amr.: **trawsgrifiad.** **20g.**

trawsysgrifiaf: trawsysgrifio, gw. trawsgrifiaf: trawsgrifio.

tra-wtres, tra-wtresaf: tra-wtresu, gw. tra-+wtres[1], wtresaf: wtresa.

trawydd, gw. trawr.

tra-ymbydiaf: tra-ymbydio, gw. tra-+ ymbydiaf: ymbydio.

tra-ymddyrchafaf, tra-ymdderchafaf, tra-ymddyrchafu, tra-ymdderchafu, tra-ymddyrchafael [*tra*+*ymddyrchafaf*, &c.: *ymddyrchafu*, &c.] *bg.* Ymddyrchafu neu ymgodi (gan falchder): *to become elated or exalted (because of pride).*

1567 *TN* 275a, rrac tra *ymdderchafael* [:– ymgyfodi] o hanof gan arbenigrwydd y datguddiegaethau [*sic*], e roddwyt i mi bingyn yn y cnawt. **1630** R. LLWYD: *LlH* 43, y mae'r Apostol yn cyfaddef am dano ei hûn, ei demptio ef . . . a bod yn agos iddo a thra*ymdderchafu* tros fesur o herwydd goddiaugrwydd ei ddatcuddiedigaethau. **1732** J. JONES: *C* 26, Dodi fy hunan trwy ymffrost uwchlaw Dynion eraill, neu *draymdderchafu* o blegid meddu o honof Rhywbeth gwell nac sydd ganddynt hwy.

tre[1,2,3]**, trean, trebelid, trebelydr, trebestod,** gw. tra[3], tref, trei[2], traean, trybelid, trybelydr, trybestod.

trebl[1] [bnth. S. C. *treble*, neu'n uniongyrchol o'r H. Ffr.; ansicr yw'r engh. gyntaf yn adran (b)] *eg.* a hefyd fel *a.*

(a) *Crdd.* Y llais uchaf mewn harmoni, uwchlaw, goralaw, canwr ac iddo'r cyfryw lais, rhan ar gyfer y llais hwn neu a genir ganddo, effeithiau, &c., a'i gwmpas yn cyfateb yn fras i'r llais hwn; llais ac iddo dôn neu draw uchel, meinllais; hefyd yn *ffig.*, soprano, uchel, main (am lais, cân, sain, &c.): *treble, soprano (in mus.); high-pitched*

or shrill voice; also fig.; soprano, high-pitched, shrill (of voice, song, sound, &c.).

?**14g.** (*a.* **1577**) *Pen* 49, 5, mein y kan brif organ brudd / men a *threbl* mwyn ythrabludd [?Madog Benfras i'r eos]. **14g.** *GIG* 71, A chlywed, tristed fu'r trwst, / Clych a chrwydr clêr a chrydwst / A *threbl* mynaich a thrabludd / A brodyr pregethwyr prudd. **14–15g.** *IGE²* 157, A mynnu cerdd, mwyn a'i câr, / Mynydiau *trebl* mân adar [marwnad Gruffudd Llwyd gan Rys Goch Eryri]. **15g.** *OBWV* 151, Teg yw sŵn byrdwn lle bo, / *Trebl* a mên trwy blwm yno [Dafydd Nanmor i Abaty Ystrad-fflur adeg ei atgyweirio]. **1547** *WS*, *Trebyl* Treble. **16–17g.** EDWARD URIEN, &c.: *Gw* 338, Cân *drebl*, acen dirybudd, / Cloch llawn gwawd, cylch y llwyn gŵydd. *c.* **1600** *March C* 27, yr hwn wyd o'th *drebl* gwenwynllyd yn addo y peth nas myni. **1604–7** *TW* (*Pen* 228) d.g. *Elocutio.* **1615** R. SMYTH: *GB* 34–5, y bas, yn y man y *trebl*, gvvedi y tenor, ag yn y divvedd y descant. **1632** *D*, *Trebl*, Discantus . . . tonus acutus. **1716–18** *Llsgr R. Morris* 19, Gurrasoch attai weithan / Fel pei tawn brydudd gwiwlan / Och mynwes gynnes ganiad ffel / ar anal *trebal* triban. **1722** *Llst* 189, *Trebl* . . . The treble sound in musick. **1794** *W* d.g. *Treble, in Music* [*the sharp or shrill sound; i.e. the highest or last part in musical proportion*]. Ar lafar, 'Cana di'r *trebl* a mi gana' i'r bas' (Arfon); *TGG* (1907–8) 90 (de-orllewin sir Gaerf.); *SC* vi. 135 (sir Benf.).

(*b*) Triphlyg, tridyblyg: *treble, triple, threefold.*

15g. *GHS* 52, Rhoi Siancyn wyn ar wanwyn, / Twrbil ynghudd, *trebl* yw 'nghwyn. **1632** *D*, *Trebl* . . . triplex. **1688** *TJ*, *Trebl*,) trifflŷg: threefold. **1722** *Llst* 189, *Trebl* (adj.) Treble, three-fold. **1756** *ML* i. 399–400, ond par sut a fydd trin y dreth ynghylch y postage rhag iddo fod yn ddwbl ac yn *drebal*? **1773** *W* d.g. *Fold . . . Three-fold. id.* yn *drebl* d.g. *Trebly.* **1783** P. WILLIAMS: *FfA* 57, Y mae'r gelyn yn cydnabod fo[d] yr Hollalluog yn cau o amgylch ei weision yn ddwbl ac yn *drebl*, fel na's dichon Satan nac un drwg eu cyrraedd. **1794** E. JONES: *CP* 119, Pwy bynnag a halogedig dyngo . . . a fforffetia . . . am ail droseddiad, wedi cyhuddiad, yn ddwbl, a phob trosedd gwedi hynny, yn *drebl*. Ar lafar yn y ff. *repal*, ''Wi wedi gwed yn ddwpwl ag yn *repal* ac 'os dim isia gwed dim racor!', *GTN* 682.

trebl² [bnth. S. *thripple*] *eg.* ll. *-s.* Ofergarfanau, wasbws, ripls, riplen: *thripple(s), cart-ladder(s).*

Ar lafar, ''Falle 'fidde dim gambo 'da nw a 'ôn' nw'n neud *trebl*' (dwyrain sir Gaerf.); *TGG* (1907–8) 90 (de-orllewin sir Gaerf.); *SC* vi. 135 (sir Benf.); ''Ôn ni'n rhoi *trebl* ar y cart er mwyn mynd â mwy o lwyth' (sir Benf.); '*trebls*' (de-ddwyrain Morg.).

Gw. hefyd **ripls.**

treblaf: treblu, treblan [bf. o'r e. *trebl¹*] *bg.a.*

(*a*) Gwneud neu fynd yn gymaint deirgwaith, cynyddu deirgwaith, lluosogi'n driphlyg neu'n gymaint deirgwaith, ?triphlygu; gwneud rhywbeth deirgwaith drosodd, adrodd neu ganu (cân, cytgan, gweddi, &c.) deirgwaith; cael ei luosogi neu ei gynyddu deirgwaith: *to treble, multiply by three, increase threefold, ?triplicate; do something three times, repeat (song, chorus, prayer, &c.) three times; be multiplied or increased threefold.*

1672 R. PRICHARD: *Gw* 374, Nid rhyfedd gan hynny, dy fôd yn ein maeddu, / Gan ddwblu a *threblu* ein maethgen [:– Ail roddi a thrydydd roddi maethgen] â thrwst. **1675** R. JONES: *HCh* 91, chwi a ddylaech ddyblu a *threblu* eich Gweddiau ar Ddydd yr Arglwydd. **1722** *Llst* 189, *Treblu.* To doe a thing thrice over. **1752** *GGYC* 11, dichon y Tyngwr halogedig ddyblu a *threblu* ei Bechod yn yr un anadl. *c.* **1762–79** W. WILLIAMS: *P* 270, Y cyfaddefiad yw, adrodd nad oes un Duw ond un, a Mahomet yw ei brophwyd ef, yr hyn mae 'r Mahometaniaid yn ei ddyblu a'i *dreblu* ymhob gwasanaeth eglwysig. **1794** *W* d.g. *To treble* [*make three-fold: also to become three-fold*]. Ar lafar, 'Ma nifar y problema wedi *treblu* efo'r gwaith 'ma' (Arfon); 'Ma lot o bethe wedi *treblu* mewn pris ers ôn i'n fach' (sir Gaerf.); 'Mae a wedi *treblu*'r gwaith wrth bod a'n mynnyd tynnu'r 'en bapur yn rydd' (dwyrain Morg.).

(*b*) ?Siarad yn uchel; (geir.) trydar: *?to speak loudly; (dict.) warble.*

16–17g. *Gesta Rom* 31, A'r neb na allo ef [cythraul] i hela i gysgi, ef a bair yddynt *dreblan* (*to clater and to talke*). **1722** *Llst* 189, *Treblu* . . . to warble.

trebystod, gw. **trybestod.**

trec¹, drec, *eg.b.* ll. *-(y)s, -iau,* a hefyd fel *e.ll.* (weithiau gyda thr. ml. i'r a. sy'n ei ddilyn, cf. *pobl*) (bach. *dreciach*). Offer, tacl, gêr, cyfarpar; dillad, lifrai, ffurfwisg, iwnifform; harnais, gêr neu dac (ceffyl); celfi, dodrefn, addurniadau, stwff, trugareddau; arfau rhyfel, ?arfogaeth milwr; *Llong.* rigin, rhaffau ac offer (llong); hefyd yn *ffig.*; cal (a cheilliau): *tools, implements, gear, equipment; clothes, uniform; harness, (horse's) tack, trappings, accoutrements; furniture, household fittings, ornaments, stuff; arms, ?armour; (ship's) rigging, tackle; also fig.; penis (and testicles).*

15g. *CMOC²* 126, codaid o hen *drec* hudol, / cwd yn y ffwrch, ceudin ffôl [dychan Dafydd ab Edmwnd i geilliau Guto'r Glyn]. **15g.** *GTP* 85, Lliw isgell min traethellddrwg, / Llawer o *drec* a llwyr ei drwg [dychan i'r foryd]. **15–16g.** *TA* 533, Lliwied im sidan o Gaerlleon—Gawr, / Ag eurwisg marchogion,—/ Clydach iddo i *drec* lwydion / Drwg eu math, i drigo ym Môn [dychan i Ddeon Bangor a'i feirdd]. *ib.* A'i grôd a'i nydwydd greudon,—a'i pheilliaid, / A thorri cŵd a *threc* hon, / A'i fwrw ar a fai wirion. **15–16g.** *GLM* 4, Wdfil iddo dôi flwyddyn / i dreio cas ar y *drec* hyn [i Huw Bwlclai]. **1543** *B* viii. 296, *Trex* melin kaib raw krochan. **1543–8** *Pen* 163, ii. 78, evyd am ddodrefn nev *drek* eraill. **1547** *WS*, Mud ne *drekys* tuy Househoolde stuffe. **16g.** *TRP* 168, bwrw dy *drek* oddi wrthyd / ni wnawni yt vawr ras [i Iesu]. **16g.** HUW ARWYSTL: *Gw* 274, Troes vryd gael trais vrad gwilioch / Darw kan gar ai *drec* yn goch / ffwrwr mewn ffeiriav/r/ mynydd / fflaim a gwich vain fflamgoch vydd. *id.* 496, Tomas gyw giflas gaiafliw/r/ drykyn / vn o *drek* aberyw. **16–17g.** *Bl B XVII* i. 133–4, Gweddus i'w fritchus ar frys / Gael balog i'w gâl [*sic*] bylus; / Gwisg dda i'r twl carnbwl, crin, [sic] / Oer *dreciach* ar y drycin (Hugh Roberts). **16–17g.** *GST* i. 228, Tŷ i chwi, Siôn, at eich sêl, / Tŵr cryf rhag *trec* o ryfel. *id.* 554, Os gwisg yn wysg ei ysgwydd / Arf Rhys [Grythor] ei hun ar fawr swydd, / Caned â'i *drec* ei hunan, / Cloliad fry, clul dwy frân [Raff ap Robert i Siôn Tudur]. **1618** J. SALISBURY: *EH* 3–4, Ag i weithio hyn olh mae'n rhaid cael *Trec*-seiri, sef ermigion neu strymentau-gweithio. **1632** *D*, *Trecc*, Ornamenta, instrumenta, ornatus. *id.* d.g. *Arma, Armamenta.* **1722** *Llst* 189, *Trecc* . . . The harness of horses, accoutrements, tools, taccles. **1740** T. EVANS: *DPO* 29–30, Nid oedd gan y Brutaniaid y pryd hwnnw . . . na Tharian na Phenffestin, nac un *Trecc* na Pheirian i amddiffyn rhac y Saethau a'r Gwaywffyn. **1755** *ML* i. 358, Mae hi yn foregwaith hyfryd, felly rhaid cadw'r *ddrec.* **1755** G. OWEN: *L* 144, ynghyd a thaflen o enwau 'r holl *drecc*, cêr, offer, a pheirianau angenrheidiol i'r gelfyddyd. **1770** *W*, *trec(c)* d.g. *Accoutrements, Equipage* [*furniture for horses, &c.; attire; attendance, &c.*], *Geers* [*harness for beasts of draught*]. **1803** *P*, *Trec*, s. m.—pl. t. *iau* . . . An implement; harness, geer. Cf. D. OWEN: *WBC* 151, Prynodd ei dad gyllell dair ceiniog iddo . . . ac yr oedd hen fwyall taid Twm gwedi aros yn y teulu . . . rhoddwyd yr holl *drec* hon at wasanaeth Siencyn.

Cfn.: **trec men:** *cart harness.* **1771** *W* d.g. *Cart . . . Cart-harness.* **1803** *P* d.g. *Trec.* **drec môr:** *jetsam, flotsam.* Ar lafar ym Môn, *GLM* 374.

Gw. hefyd **trecyn.**

trec² [bnth. S. *trek*] *eg.* Taith hir neu anodd, yn enw. dros dir, sy'n gofyn cryn ymdrech gorfforol, hirdaith, ymfudiad llwyth neu gorff o bobl: *trek, arduous journey, migration of a body of people.*

1902. Ar lafar, 'Ma fe'n itha' *drec* 'nôl a 'mlân i Aberystwyth bob penwthnos' (sir Gaerf.).

trecaf: treco, treciach, gw. **treciaf²: trecio, trec¹.**

treciad [bôn y f. *treciaf¹*: *trecio* + *-iad¹*] *eg.* ll. *-au.* Y weithred o drecio, tacliad, addurniad; y weithred o harneisio; offer, gêr: *an equipping, furnishing, adornment; a harnessing; equipment, gear.*

1773 *W* d.g. *Equipment* [*an equipping; equipage*]. **1803** *P*, *Treciad*, s. m. . . . A furnishing, a harnessing.

treciaf¹: trecio [bf. o'r e. *trec¹*] *bg.a.* Darparu neu wisgo offer, dodrefnu, addurno; harneisio, taclu (ceffyl, &c.): *to equip with or wear gear, furnish, adorn; harness (horse, &c.).*

1773 *W* d.g. *To equip* [*furnish a horse-man with furniture for riding: Met. dress out; furnish with necessaries*]. **1803** *P*, *Treciaw* . . . To furnish, to equip, to trick out.

treciaf², trecaf: trec(i)o [bf. o'r e. *trec²*] *bg.* Mynd ar drec, hirdeithio: *to trek, journey arduously.*

1902.

trecl, gw. **triagl.**

trecyn, drecyn [*trec¹, drec* + *-yn¹*] *eg.*

(*a*) Offeryn, teclyn, erfyn; arf (ar gyfer ymladd, rhyfel, &c.); rhan o harnais (ceffyl); hefyd yn *ffig.*; cal (a cheilliau): *tool, implement, instrument, piece of equipment, tackle, or gear; weapon; part of (horse's) harness; also fig.; penis (and testicles).*

1547 *WS*, *Trekyn* teklyn. **16g.** *MTA* 124, O bai a drwkiai i *drekyn* gwaelaidd / a gweled lliw r ewyn / och ddvw ond oedd iach iddyn / brynv kal o bren kelyn (Raff ap Robert). **1617** *Minsheu* 493b, *Trekkyn*hayarn [*sic*] d.g. *an Iron Toole.* **1630** R. LLWYD: *LlH* [xii], hawdd gennit roi arian i'r cerddor ar y suliau, ar gwyliau i ladd eneidiau dy blant, ac . . . fe fedr y *Treccyn* hwnnw dynnu oddiwrthit wobr, a chyflog am ddianrhydeddu Duw. *id.* 76–7, Canys Cybydddra . . . yw'r Belzebwb mawr . . . Ac er bod dynion . . . yn tybied bod y *treccyn* hwn, yn hawddgar, yn brydferth, yn gyweithas . . . gobeithio na roddant mwyach eu traserch arno. **1632** *D*, *Treccyn*, Instrumentum. **17g.** *TBM* 309, Ac o'r rheini [cant o wragedd] ni welais un / Heb fod a'i *drecyn* ganthi / Tan ei barclod mewn blwch braf / A'i gadw'n saf rhag colli. **1682** R. LLWYD: *LlH* 490, *Treccyn*, offeryn. *c.* **1689 (1802)** L. WILLIAM: *Sherlyn Benchwiban* 33, Mae gennyf lond fy nghlos o *dreccyn*; / Ac onit ê edrych yma, / Os gwelaist ti erioed ddim glanach cala. *id.* 36, Ond wrth fyn'd ynghyd â'i gaflach, / Fy nghippyn *treccyn* i aeth yn afiach; / Ac er fy mod yn fawr fy nw[y], / Ni chodai mwy nâ chadach. **1722** *Llst* 189, Trecc. s. *Treccyn.* m. The harness of horses, accoutrements, tools, taccles. *id.* *Treccyn* yn hyspysu cyfrwng a symmudiadau'r sêr drwy edrych arnynt hwy trwyddo d.g. *An Astrolobe* [*sic*]. **1775** *W*, sing. . . . *treccyn* d.g. *Implements* [*tools*]. **1790** TWM O'R NANT: *GG* 97, Fe ddarfu wrth ŵyn [*sic*] ei *dreccun* dryc-hir, / Hudo hoeden o'r Deheudir. **1798** W. JONES: *LlG* 81, Pob *treccyn* min mantach bellach pan ballo, / Eir at y go'n brysur drwy lafur iw lifo. **1803** *P.*

(*b*) Dolen gyswllt ffust: *the link between the shafts of a flail.*

1547 *WS*, *Trekyn* fust. *Dchr.* **17g.** *J* 10, 164a, Treccyn . . . *treccyn* fûst. **1722** *Llst* 189, *Triccyn* (m) ffust. p. *cynnau.* The middle beeme of a flail, the thong that tyes the flail-timbers together. Ar lafar, 'Ffust . . . The terms in use for the several parts of a flail are . . . *Tricyn*—the band, made of horse hide', *GDD* 136.

Amr.: **tricyn** (ll. *-nau*). Gw. adran (*b*).

trech¹ [Llyd. C. *trech* 'trech; buddugoliaethus', Llyd. Diw. *trec'h*, H. Wydd. *tressa* (gr. gmhr. yr a. *trén* 'cryf' < Clt. **trexs-no-*): < Clt. **trexs-*, o'r gwr. IE. **treg-* 'cryfder', cf. H. Nor. *þrekr* 'cryfder'] *a.* yn wr. yn y radd gmhr., hefyd gyda grym enwol.

(*a*) Cryfach, mwy nerthol neu bwerus, galluocach, rhagorach, gwell, mwy; *Biol.* trechol (am enyn, nodwedd etifeddol, &c.); hefyd yn *ffig.*: *stronger, mightier, more powerful, greater, superior, better, more; dominant (of gene, inherited characteristic, &c.) (in biol.); also fig.*

12g. *GMB* 153, Lliaỽs tech rac *trech* tra briwwys / A bytin a bedraỽd tu eglwys. *id.* 241, Teyrnuab Ywein, tremynnyad treis hir, / *Trech* treulir a'e dir yn digassaỽc. **12g.** *GLlF* 447, Yssid gyfetach gan gyfeteu / A charu Duw yn *drech* no phennaetheu. **13g.** *GDB* 212, Ac onyt *trech* kelwyd no gwiryoned / Neỽ darỽot dawn Duw yn y diwed, / Ys my a ỽeflawr o'r gygheussed. **14g.** *GP* 57, kanys *trech* y dyly vot molyangerd y prydyd no gogangerd y klerwr kroessan, megys y mae *trech* y da no'r drwc. *c.* **1400** *R* 1033. 6–7, *trech* anyan noc adysc. **1588** *Jer* xxxi. 11, yr Arglwydd a waredodd Iacob, ac ai hachubodd ef o law yr hwn oedd *drech* nag ef. **1632** *D*, *Trêch*, Fortior, potentior. *c.* **1658** R. VAUGHAN: *E* 103, Am eu galluogrwydd, trwy yr hyn y byddent yn fuan yn *drech* na nyni. **1688** S. HUGHES: *TSP* 25, er bod grâs yn *drech* nâ gwendid yn y rhai grasol, megis y mae'r goleuni yn *drech* nâ'r tywyllwch. **1776** *W* d.g. *Mightier, or more mighty, An overmatch* [*a person that is too many for, or excels, another*], *Predominant. id.* Efe a gyfarfu . . . â'i *drêch* neu ei well d.g. *Overmatched.* **1798** R. DAVIES: *CG* 43, Teyrnwialen sydd ddi ludd i'w law, / A deil yn *drêch* dy elyn draw. **1803** *P.* Ar lafar yn gyff., 'Ma'r ceffyl yn *drech* arno' 'the horse has the upper hand of him', 'Un yn taro'n *drech* ar y llall' 'one getting the best of it over the other with his blows', *WVBD* 542; 'Ma fa'n *drech* myddyliwr na'i frawd', ''Odd a'n glir o'r dychra . . . bod y bachan o Gardydd yn *drech* bocswr na'r Sais', *GTN* 809; ''Odd y gwaith 'di mynd yn *drech* na fe erbyn 'ddo

fe riteiro'; hefyd yn y diarhebion '*Trech* dwy wrach nag un' 'two heads are better than one', *WVBD* 542; '*Trech* gwlad nag arglwydd', *ib.*, *GTN* 809.

(*b*) (enghrau. ar ôl *rhy*[1], fel arfer heb rym cmhr.: *exx. following 'rhy*[1]*', usu. without comp. force*).

1655 WL: *DP* 169, Jacob a ymdrechodd âg Angel, etto Angeu a fy rhy *drêch* iddo ef. **1679** C. Edwards: *GGG* 47, Y mae Duw yn rhy ddoeth ir [*sic*] cyfrwysaf, ac yn rhy *drêch* i'r cadarnaf. **1776** I. Brydydd Hir: *P* i. 221–22, er nad allwn ni ddisgwyl . . . cael ein gwaredu . . . oddiwrth bob profedigaeth, etto oddiwrth y cyfryw ag sydd beryglus ag yn debygol o fod yn rhy *drêch* na ni. **1777** W. Williams: *DN* 7, yr enw o fod yn briod . . . enw anghariadus yw, ac nid oes ond dynion ag y mae eu cnawd yn myned yn rhy *drech* iddynt yn awyddus i fyned iddo.

Amr.: **trechach** [*trech*[1] + *-ach*[1], cf. *gwellach*]. **1574** *RhRC* (At.) 172b. **1588** *Pr* vi. 10. **1696** *CDD* 74.

Cfn.: **trech (o) ben:** *better or stronger by far, also fig.* **16–17g.** *HG* 71, gweddiwn hevyd, bawb yn ddiwyd / ar yddo e, wella n baie / a rhoi kariad, perffaith difrad / yn *drech o benn*, nar gynfigen. Ar lafar, 'Mae'r graig 'na wedi mynd yn *drech ben* arnyn' nhw' (gogledd Cered.).

Gw. hefyd **trechaf**[1].

trech[2], **trechach, trechad,** gw. tra[3], **trech**[1], **trechiad**[1].

trechadwy [bôn y f. *trechaf*[2]: *trechu* + *-adwy*] *a.bfl.* Hawdd ei drechu, gorchfygadwy: *easily overcome, conquerable.*

1729 L. Morris: *LW* 340, 'Etto,' medd y Cymro Seisnigaidd, 'pobl *drechadwy* ydym ni, a than lywodraeth y Saeson'.

trechaf[1] [*trech*[1] + *-af*[1], H. Wydd. *tressam*] *a.* yn y radd eith., hefyd gyda grym enwol ac fel *eg.* Cryfaf, mwyaf nerthol neu bwerus, galluocaf, gorau, pennaf, blaenaf; *Biol.* trechol (am enyn, nodwedd etifeddol, &c.); hefyd yn *ffig.*; goruchafiaeth: *strongest, mightiest, most powerful, greatest, best, predominant, prevalent; dominant* (*of gene, inherited characteristic, &c.*) (*in biol.*); *also fig.*; (*the*) *upper hand, supremacy.*

12g. *GLlF* 37, Eryri getwi gat olystaf, / Eryres ormes, trachwres *trechaf*. **12g.** *GCBM* ii. 123, Am byrth Caer Uyrtyn porthes gwyr gwaedlin / A gwaɓr trin bu *trechaf*. **13g.** *BD* 128, Ac odyna edrychvch beth a uo goreu a *threchaf*, ae nerth ae ethrylith. **14g.** *WM* 161. 10–12, Ac yna ymlad awnaem ninheu am y maen. Ar neb a uei *trechaf* o honam agaffei y maen. *c.* **1400** *RB* ii. 19, ac ymlad yn greulaɓn aɓnaethant . . . ar gɓyr *trechaf* adeɓraf aledit yn gyntaf kanys mɓyaf yd ymyrrynt. **15g.** *GDLl* 65–6, *Trechaf* yn Lloegr fu trichawr, / Troes yn eu mysg treswn mawr. **1588** 1 *Esd* iii. 10, Un a scrifennodd, *trechaf* yw gwîn. **1604–7** *TW* (*Pen* 228) d.g. *Superior.* **1620** *Mos* 204, 155, *Trechav* treisied, gwannav gwaedhed. **1688** *TJ*, *Trechaf*: strongest, mightiest. **1703** E. Wynne: *BC* 24, ond yr Offeiriad, a hwnnw, o barch iw [*sic*] siacced, a gawsei 'r gair *trecha*, o fod yn ben y cymdeithion dâ. **1747** T. Evans: *DDM* 5, Fel hyn yr aeth Satan i mewn i galon Suddas fradwr, yr hwn ar ôl i drachwant at yr arian gael y *trecha* arno. **1765** J. Evans: *CPE* 8–9, Yna yr ymdrechodd gŵr ag ef . . . ac a roddes y *trechaf* iddo. **1776** *W* d.g. *Mightiest, or most mighty, Predominant* [*prevalent, overpowering*]. Ar lafar, *WVBD* 542; 'Y fe yw'r *trecha* o'enyn' nw gyd fel dadluwr', *GTN* 809.

trechaf[2]: **trechu** [bf. o'r a. *trech*[1], Llyd. C. *trechiff, trechy*, cf. H. Lyd. *trecheticion*, gl. *caducis*] *bg.a.* Gorchfygu, goresgyn, concro, maeddu, curo, rhagori (ar), cael y gorau (ar), bod yn drech (na), llorio, gwastrodi, darostwng, llethu; lleddfu, dofi (emosiwn, teimladau, &c.): *to overcome, overpower, conquer, vanquish, defeat, beat, excel, get the better* (*of*), *prevail* (*against*), *be superior* (*to*), *master, dominate; suppress, subdue* (*emotion, feelings, &c.*).

15–16g. Llawdden, &c.: *Gw* 228, Cŵyn rhiain a gawn acw yn rhannog, / Calennig a gawn gan ŵr calonnog. / Cawn *drechu* pinagl gan y twrch pennog, / Cath wenci hefyd, caeth ac yn hafog. *Dchr.* **17g.** *J* 10, 164a, *Trechu* ar. to overmatch. **1658** R. Vaughan: *YPS* [iii], ac oni bydd dyn a chariad iddo ei hun, i *drechu* y gwirionedd y mae yn gobeithio yma bethau i ortrechu mwy, nag y digio ei eiriau. **1688** *TJ*, *Trechu*: to overcome or subdue. **1703** E. Wynne: *BC* 110, Er na *threchei* neb ond y Taranwr Hollalluog fy nerth i am [*sic*] dichell; etto gan fod yngorfod [*sic*] ymostwng i hwnnw heb y gwaetha. **1721** J. P. Prys: *DC* 126, Os gwan a diallu bydd daer ar ymdeuru, / Ni fynn e moi [*sic*] *drechu* na'i Nyddu gan neb. **1759** *BC* 263, A'r [*sic*] *drechu* trachwant, blysiant blâ, / Daiarol gwna dy oreu. **1759** J. Evans: *PF* 67, gwann galon yw pob Dyn gwallgofus, ac y galler eu *trechu* wrth eu rhwymo 'n unig, heb eu curo. **1772** *W* d.g. *To conquer, To dominate* [*prevail over others*], *To prevail against or over.* **1803** *P*. Ar lafar, 'Maen' nw'n *trechu* ar bawb am frethyn', 'Rhoid rwbath ar y tir i *drechu*'r chwyn', *WVBD* 542; ''Wi wedi ymladd yn 'ir yn erbyn yr 'oll 'en firion sy wedi bod yn dod i'r tŷ ond 'wi'n cretu 'mod i wedi'u *trechu* nw yn y diwadd', *GTN* 809.

trechedd [*trech*[1] + *-edd*[1]] *eg.* a hefyd fel *bg.* Yr ansawdd neu'r cyflwr o fod yn drech, goruchafiaeth, rhagoriaeth, blaenoriaeth; (geir.) ymladd, brwydro: *dominance, supremacy, predominance, superiority*; (*dict.*) *to fight, contend.*

c. **1588** *B* ii. 239, *trechedd*: ymladd. **1707** *AB* 220c, *Trexedh*, To contend, to fight. **1753** *TR*, †*Trechedd*, to contend, to fight. V. **1772** *W* d.g. *To contend* [*strive, vie with, contest, quarrel, dispute, &c.*], *To fight. id.* o *drechedd* d.g. *Per-force* [*by force or violence*]. **1803** *P*, *Treçez*, s. m. . . . Superiority; a stronger state.

Cfn.: *Biol.* **trechedd anghyflawn:** *incomplete dominance* (*in biol.*). **20g.**

trechiad[1], **trechad** [bôn y f. *trechaf*[2]: *trechu* + *-iad*[1], *-ad*] *eg.* ll. *trechiadau.* Y weithred o drechu, gorchfygiad, llethiad, maeddiad, concweriad: *an overcoming or overpowering, defeat, triumph, conquering.*

1688 *TJ*, Gorthrech, trais, gorescynfa, *trechiad*: Oppression, Extortion, Victory, Conquest. **1772** *W* d.g. *A conquering.* **18–19g.** R. Davies: *DB* 66, Prif gampau *trechiadau* chwyrn / Gwir cadwent y gwyr cedyrn. **1803** *P*, *Treçad*, s. m. . . . An overcoming, a getting the better.

trechiad[2] [bôn y f. *trechaf*[2]: *trechu* + *-iad*[2]; dichon mai i *trechiad*[1] y perthyn rhai o'r enghrau. isod] *eg.* ll. *trechiaid.* Un sy'n trechu, gorchfygwr, concwerwr, buddugwr: *conqueror, victor, one who overcomes.*

12–13g. *GLlLl* 62, Aerdoryf goryf gɓrt, derwyn y neid, / Y gynnif ar gynnygyn *trechyeid*. *c.* **1400** *R* 1289. 17–18, Pennaf naf *trechyat* (*GSRh* 52, trechaf) trychyat eliflu. prit ae leɓ leif vn pryt elywlat. **1631** *RWM* i. 701, Y keidwad rhag *trechiad* trîn (Siôn Cain). **1803** *P*, *Treçiad*, s. m.—pl. *treçiaid* . . . An overcoming one, a vanquisher, a victor.

trechineb, gw. **trychineb.**

trechol [*trech*[1] + *-ol*] *a.* Gorchfygol, goresgynnol, buddugol; *Biol.* amlycaf neu gryfaf (am enyn, nodwedd etifeddol, &c.): *overcoming, conquering, victorious; dominant* (*of gene, inherited characteristic, &c.*) (*in biol.*).

1803 *P*, *Treçawl* . . . Vanquishing, conquering.

trechwr [bôn y f. *trechaf*[2]: *trechu* + *-wr*] *eg.* ll. *-wyr.* Un sy'n trechu, gorchfygwr, buddugwr, maeddwr, curwr, enillwr: *one who overcomes, conqueror, victor, defeater, winner.*

16–17g. *GST* i. 329, Trichwrs a gân y *trechwr* / Tros gyrff y betris a'i gŵr [i ofyn gosog]. **1771** J. Thomas: *TA* 128, Nid oes . . . un gelyn rhy gadarn i ti. Yr wyt ti yn fwy *trechwr* iddynt oll. **1803** *P*, *Treçwr*, s. m.—pl. *treçwyr* . . . One who overcomes, a vanquisher.

tred[1,2], gw. **entrêd, trad.**

tre-din, gw. **tref—mynd i dre-din.**

tredl [bnth. S. *treadle*] *eg.* Troedlath: *treadle.*

1931. Ar lafar, 'Bob tro 'ôn i'n gwnïo 'fo'r *tredl* yn 'r ysgol, 'ôn i'n torri'r eda' (Arfon).

Amr.: **tradl** [bnth. S. taf. *traddle*]. Ar lafar, '*Tradl*' 'treadle ar beiriant gwnio', *Cymru* liv. 132 (dwyrain sir Drefn.).

tredmil [bnth. S. *treadmill*] *eg.* Olwyn unionsyth a droir gan bwysau person(au) neu anifail (anifeiliaid) yn camu ar risiau a osodir ynddi (yn enw. gynt mewn carchar fel cosb neu ddull o ddisgyblu), melin sathr, peiriant ymarfer corff ac iddo felt symudol i gerdded neu redeg arni: *treadmill.*

1937. Ar lafar, 'Ma cerdded ar y *tredmil* a mynd i unman, yn dimlad od iawn' (sir Gaerf.).

Amr.: **tradmil** [cf. *tradl*]. Ar lafar yng Nghered. am offeryn cosb mewn carchar.

tref, tre[2] [Crn. C. *tre*, Crn. Diw. *trea*, H. Lyd. *treb*, gl. *tribus*, Llyd. C. *treff* 'rhan o blwyf', Llyd. Diw. *tre(v)*, e. llwyth Gal. (*A*)*treb*(*ates*), H. Wydd. *treb*, Gwydd. Diw. *treabh*: ?< IE. **treb-* 'annedd'; ?cf. Llad. *trabs* 'trawst', Lith. *trobà* 'tŷ', H. S. *þorp* 'farm; village' (> S. *thorp* (mewn e. lleoedd)); ansicr yw dosbarthiad rhai o'r enghrau. isod] *eb.* ac yn eithriadol fel *eg.* yn y cfn. *tref tad*, ll. *trefi*, *-ydd*, *-oedd*, ll. dwbl (prin) *trefîos.*

(*a*) Ardal boblog ac iddi ffin bendant sy'n fwy na phentref ond fel arfer heb ei phennu yn ddinas; canol y dref; hefyd yn *ffig.*: *town; town centre; also fig.*

12–13g. *GLlLl* 251, Yg cadarn dramwy *dref* Gedweli, / . . . / Yg Caer Amwythic, yg kein *dreui*—ner. **13g.** *BD* 137, dechreu llosgi y dinassoed a'r kestyll a'r *treui.* **14g.** *BT* 19, [eu] hymlid a oruc gruffudd hyd o vewn kaer henffordd ac yno eu dibobli athorri ygaer allosgi y*dref.* **14g.** *WM* 61. 24–7, edrych a ɓnaeth manauydan ar y *dref* yn llundein . . . adodi ucheneit uaɓr. **14g.** *YBH* 9b, paɓb or dinas (*cité*) . . . Adaw y*dref* (*cité*) a wnaethant. **14g.** *GDG*[3] 356, Hawddamawr, mireinwawr maith, / *Tref* Niwbwrch, trefn iawn obaith. **1547** *WS*, *Tref* A towne. **1567** *TN* 59b, Gellwng wy ymaith, val y gallon vyned ir [*sic*] pentrefi a'r *trefi* . . . a' phryny ydddyn [*sic*] vara. **1568** Morys Clynnog: *AG* [ix], O *dref*, [*sic*] Fylen noswyl S. Nicolas. **1588** *Lef* xxv. 31, Ond tai *trefi* y rhai nid oes caeroedd o amgylch iddynt a gyfrifir fel maes o dîr. **1588** *Jer* xix. 15, wele fi yn dwyn ar y ddinas hon, ac ar ei holl *drefydd* yr holl ddrygau y rhai a leferais iw herbyn. **1604–7** *TW* (*Pen* 228) d.g. *Colonia.* **1632** *D*, *Trêf*, Urbs, oppidum. **1703** E. Wynne: *BC* 106, yn arwain cadfa . . . o bob cenedl ac oed, o *Dre* a Gwlâd, Bonheddig a Gwrêng. **1725** D. Lewis: *GB* 149, Y mae'r Wl[a]d oddiamgylch a'r Mynyddoedd, yn jachusach na'r *Trefydd.* **1762** *ML* ii. 462, i *dref* Llanllieni (Leominster) y carria'r dyn hi. **1794** *W* d.g. *Town.* **18–19g.** *Llr* C 4, 35, *trefîos, trefydd* bychain. **1803** *P* d.g. *Tre, Trev.* Ar lafar yn gyff., *WVBD* 541; 'Pentra' odd Carffili pyn ôn i'n blentyn . . . ond mae'n *dre* o dicyn o faint, erbyn 'yn', ''Wi ar 'ym ffordd i'r *dre*', *GTN* 808; 'Ma'r *dre* i gyd yn gwbod be' sy'n mynd 'mlân'. Digwydd yn aml mewn e. lleoedd, e.e. *Tremadog* (sir Gaern.), *Trecynon, Treforys* (Morg.).

(*b*) Trigfan, preswylfa, annedd, cartref; tŷ (a'r tir o'i gwmpas), tyddyn, cartrefle, fferm, ystad, clwstwr o dai; trefgordd, rhan o faenol neu faenor (yn y cyfreithiau Cymreig); hefyd yn *ffig.*: *dwelling*(*-place*), *habitation, residence, home; house* (*and surrounding land*), *homestead, farm, estate, cluster of houses; township, vill, division of a 'maenol' or 'maenor'* (*in the Welsh laws*); *also fig.*

9g. (*LlSC*) *LL* xlv, *treb* gujdauc. **12g.** *GMB* 74, Cad yn Iwerton diryon *dreuyt*. **12–13g.** *GLlLl* 251, Yn Haɓrfort drefgort *dref* diuysgi. **13g.** *LlI* 4, E lety [penteulu] yv y ty mvyhaf en e *tref* a chymeruedhaf. *id.* 60, pedeyr rantyr em pob gauael; pedeyr gauael em pob *tref*; pedeyr *tref* em pob maenaul; deudec maenaul a due *tref* en e kymhut. E duy *tref* a dele bot en reyt e brenhyn: vn onadunt a dyly bot yn tyr maertrew a'r lleyll yn dyfeyth brenhyn ac en hauottyr ydau. A chymeynt ac a dywedassam ny uchot oll en e kymhut arall. Sef yu henne o eyryf, pymp ugeyn *tref*, a henne yu y cantref en yaun. . . . Hen yu ryf o erwy a dele bot . . . un ar pymthec a deugeynt a deu cant en e *tref*. *id.* 63, Pvybynnac a dycco maen teruyn a uo honneyt erug due *tref*, talet chue ugeynt e perchennauc e tyr a chamluru e'r brenhyn. *id.* 81, O deruyd enynnu ty em plyth *tref*, talet ef y deu ty nessaf a erbynnyus e tan en gyntaf, a thalent huenteu o nessaf y nessaf mal y dylehoent. **13g.** *A* 4. 5–6, ny bu mor gyffor o eidyn ysgor a esgarei oswyd tutvwlch hir ech e dir ae *dreuyd*. *id.* 23. 6, Gueleys y deu oc eu *tre* re ry gwydyn. **14g.** *WML* 55, Teir *tref* ar dec adyly bot ym pop maenaɓr. . . . *Tref*ryd sɓydaɓc a *thref* ryd dissɓyd. pedeir rantir auyd ym pop *tref*. y teir yn gyfanhed. Ar petwared yn porua yr teir rantir. **14g.** *LlB* 51, Or lledir hyd brenhin y mywn *tref* breyr y bore, katwet y breyr ef hyt hanher dyd. *id.* 71, Seith *tref* vyd maenawr vro; teir *tref* ar dec, maenawr wrthtir. *id.* 74 Or gwneir eglwys o ganhat y brenin y mywn tayawctref, ac offeirat yn offerennu, a'e bot yn gorfflan hi, ryd vyd y *tref* honno o hynny allan. **14g.** *GDG*[3] 201, Cerddais, addolais i ddail, / *Tref* eurddyn, tra fu irddail. **15g.** *GLGC* 446, Dau froder ryw amser oedd / a wnaeth Rhufain a'i *threfoedd*. **15g.** *GGl*[2] 46, Tario'n y Waun tirion oedd, / Tra fu Edwart, *tref* ydoedd [marwnad Edward ap Dafydd o'r Waun]. **1551** W. Salesbury: *KLl* lxvia, aethant ymaith / vn yw *dref* (**1588** *Math* xxii. 5, i'w faes) / ac vn yw vasnach. **1604–7** *TW* (*Pen* 228) d.g. *domus.* **1696** *CDD* 257, Ffordd ni phrisiaf, tra bwi'n hysbŷs, / Tua'm *Tref* ei bôd hi'n tywŷs. **1774** *W* d.g. *Home* [*house, or place of*

abode]. **1803** *P* d.g. *Tre, Trev.* Ar lafar, '*tre*' 'cartref', 'Ma gintyn' nw *dre* gyffwrdus iawn', *GTN* 808. Cf. ISLWYN: *Gw* 133, Yn y dyfnder gwnei dy *dref*, / Fel y ser yn nyfnder nef; / Dyfnder dyfroedd moroedd du / Yw dy gartref, donnig gu. Digwydd yn aml mewn e. lleoedd, e.e. *Trewalchmai* (Môn), *Trelales* (Morg.).

(*c*) Llwyth (o bobl): *tribe.*
14g. *T* 73. 23–5, Deudec *tref* yr israel. dỽyrein gywychafael. Deudec meib yr israel. Aoreu duỽ hael.
Cfn.: **tref freiniol** (ll. *trefi breiniol*): *borough.* **1664** *LlGG* sig. d2v. **1704** E. SAMUEL: *BA* [63]. **1770** *W* d.g. *Borough* [*a town-corporate*], *Burgh, or borough.* **1794** E. JONES: *CP* 59. **tref gaerog** (ll. *trefydd caerog*): *walled town or city, fortified town or city.* **1604–7** *TW* (*Pen* 228) d.g. *Oppidum, Urbs.* **1772** *W* d.g. *City.* **tref gaeth:** *bond township.* **13g.** *LlC* 34. **tref gorfforedig:** *town corporate, incorporated town.* **1567** *LlGG* [xi], [m]aior Llundain . . . Balieit, a Phenswyddogion eraill, o'r oll a phawb Dinasoedd, Borouchen, a *Threvi corphoredic* o vewn y Deyrnas hon. **1767** R. EFAN: *ABW* 7, Yr Act er gwarafyn anghyd-ffurfwyr rhag cyfaneddu mewn *Trefydd corphoredig.* **tref gyfrif:** '*reckon township*', *township on 'tir cyfrif' (in the Welsh laws).* **13g.** *LlC* 36. **13g.** *D Col* 18. *c.* **1400** *CHDd*^{2} 90, 130. **tre(f) ddegwm, trefddegwm, tre'r degwm** (ll. *trefi* (*trefydd*) *degwm, ?trefydd degymau, trefddegymau*): *tithing, township.* *c.* **1689 (1802)** L. WILLIAM: *Sherlyn Benchwiban* 33. **1690** *Ymofynion* 3. *c.* **1700** E. LHUYD: *Par* i. 15, Dwy *dre dhegwm*: Two tythings or townships. *id.* 30, Y *Trevydh degwm.* **1754** *Cylchg LlGC* xvi. 50, William Jones o *dre ddegwm* Myriadog. **1794** E. JONES: *CP* 21, *trefydd-ddegymmau* [*sic*], neu dref-lannau. Ar lafar, '*tre'r degwm*', *WVBD* 77. **tref garsiwn:** *garrison town.* **1930. tref ei, &c., fam:** *mother's inheritance or homestead* (*in the Welsh laws*). **14g.** *LlB* 111, Teir gwraged a dyly eu meibon *tref eu mam* . . . gwreic a lather gwr o'e chenedyl, a dial o'e mab hwnnw; ny dylyir y oedi am *tref y vam.* *c.* **1400** *CHDd*^{2} 72, *tref y dat* neu *y uam.* **tref farchnad** (ll. *trefi* (*trefydd*) *marchnad*): *market town.* **15g.** *HCLl* 69. **1632** *D* d.g. *Emporium.* **1763** T. JONES: *RAH* 54, Fe fu 'n wir gynt o'n hamgylch amryw bregethau yn y *trefydd marchnad.* **1776** *W* d.g. *Market, A market town.* **tref farchnadol** (ll. *trefydd marchnadol*): *market town.* **1805. tref borth:** *seaport* (*town*). **1809. tre(f) borthladd:** *seaport* (*town*). **1728** J. THOMAS: *GDN* 103, Cesarea, Y *Dre Borthladd* nesaf i Jerusalem. **1792** H. HARRIS: *H* 99, Yarmouth, *Tref-borthladd* yn Norfolc. **tref rydd:** *free township.* **13g.** *LlC* 34. **14g.** *WML* 55. **tref sianti:** *shanty town.* **20g. tref sirol:** *county town.* **1854. tre(f) tad, tref (ei, &c.) dad, tre(f)tad:** *patrimony, father's inheritance or homestead, heritage, also fig.* **12g.** *GLlF* 14, Ef a gymerth nef dros *dref y dad.* **12–13g.** *GMB* 461, Na dotto Pedyr gloeu / Y'm llutyas y'm adas, y'r meu, / Y'm *treftad*, y'm caryad kereu. **13g.** *LlI* 28, karreyt o'r yt goreu a teuo ar *tref e tat* ef. *id.* 30, O deruyd rody Kemraes e alltut a bot plant udunt, e plant a dele *tref tat* o uamues. *id.* 54, Ony byd tey, e mab yeuaf a dele rannu er holl *tref tat* a'r hynaf dewyssau, ac o hynaf e henaf euelly hyt en oet e'r yeuhaf. Os tey a uyd, e braut eyl yeuhaf a dele rannu e tedenneu canys dylerbren uyd enteu yna, a'r hynaf [?diwyg. yeuhaf] dewyssau ar e tedenneu; ac enteu guedy henne rannu holl *tref tat*, ac o hynaf yuelly hyt ar yeuhaf dewyssau, a'r rannyat hunnu a parha en oes e brodyr. **13g.** *HGK* 6, managei y vamm idav beunyd pwy a pha ryv wr oed y dat, a pha *dref tat* oed idav. *ib.* adolwyn udunt [brenhinoedd Iwerddon] yn ysmalha rodi canorthuy idav y geissyav *tref y dat.* **14g.** *LlB* 74, Or kymer tayawc brenhin mab breyr ar vaeth gan ganhat y brenhin, kyfrannawc vyd y mab hwnnw ar *tref tat* y tayawc mal vn o'e veibon ehun. *id.* 75, Teir gweith y renhir yr vn *tref tat* rwg teir grad kenedyl: yn gyntaf rwg brodyr; eilweith rwg kefynderw; tryded weith rwg kyferderw; odyna nyt oes briawt ran ar tir. **14–15g.** *IGE*^{2} 290, Mae'r tyrau teg? Mae'r *tref tad*? / Mae'r llysoedd aml? Mae'r lleisiad (Siôn Cent)? **15g.** *GGl*^{2} 34, Troes Duw yd rent dy hendad, / Tri wyd dy hun i'r *tre tad.* **1547** *WS*, *Tref tad* Herytage. *id.* *Tref tad* Patrimonie. **1567** *TN* 339b, [m]yned ir man, a gay ef ryw amser yn *tretad.* *Diw.* **16g.** *LBS* iv. 419, A minnaü a anfonaf gennadaü at y gwr y mae corph y wyryf yn gorphowys yn *href y dad* y fynegi iddaw fy ewyllys i. **1672** R. PRICHARD: *Gw* 8, Mae 'r bibl bach yn awr yn gysson, / Yn iaith dy fam iw gael er coron, / Gwerth dy grys cyn bod heb hwnnw, / Mae'n well na *thref dy dâd* ith gadw. **1775** *W*, *tref-dad* d.g. *Inheritance.* **1803** *P*, *Trevtad*, s. f. . . . Patrimony, heritage. **i dre(f):** (*towards*) *home, also fig.* **1551** W. SALESBURY: *KLl* xa, ac wynt yn ymchoelt *y dref* [:- adref]. **1672** R. PRICHARD: *Gw* 168. **1764** W. WILLIAMS: *Th* 18. **1790** T. JONES: *TOS* 75. Ar lafar, 'ergyd yn mynd *i dre*' 'a blow being driven home (lit. & fig.)', *GTN* 808; 'Ma'r sbonar 'na'n mynd 'na'n gwmws fel 'ta fa'n mynd *i dre*' (dwyrain Morg.). **mynd i dre-din:** *to go bankrupt, lose one's money, become poor.* Ar lafar yng ngodre Cered. a sir Benf., 'Rhoi dwsin o wyau am naw geiniog / A lloi am ryw goron yr un. / Pa ryfedd fod ffermwyr fu'n gefnog / Ar garlam yn *mynd i dre-din*'. Cf. M. WILIAM: *DY* 78, Dull . . . o ddisgrifio cwmni sydd wedi torri neu ddyn sydd ar ei sodlau . . .Yn sir Aberteifi . . . 'Mae e wedi *mynd i Dre-din*'. **o(ddi) dre(f), oddi tre:** (*away*) *from home.* **16–17g.** *HG* 7, nyd aent *o dre.* **1774** *W*, *o dre'* d.g. *Home* [*to one's house*], *From home.* **1777** W. WILLIAMS: *DN* 53, yn ei chartref . . . nid oedd hi ond diflas . . . hyd onis byddai y cwmpniaethau hynny gyd â hi drachefn, a hynny oedd raid gael yn nhref, neu *o dref.* *a.* **1791** W. WILLIAMS: *GP* 517, Fy meddyliau i sydd yn 'hedeg, / Weithiau i'r dwyrain weithiau i'r de', / Treulio'm dyddiau gwerthfawr goreu, / Bob munudyn *oddi tre'.* **1803** *P*, *Ozidrev.* Ar lafar ym Morg., *Treigladau* 389.

Am *tua thref, yn nhref, yn dref*, gw. tua, yn^1.

Gw. hefyd **trefan, trefig**^{1}.

trefa, gw. **drefa** (hefyd At.).

trefad^1 [*tref*+-*ad*^{1}] *eb.* Trigfan, preswylfa, annedd, cartref; ardal, tiriogaeth; hefyd yn *ffig.*: *dwelling(-place), habitation, residence, home; region, domain; also fig.*
12g. *GMB* 151, Kenytessid llaỽr llwyr *drefad*, / Llesgen dec, llyssoet kyuarad. **12g.** *GCBM* i. 190, Dybrys alaf Deifyr y *dreuad*—Bowys, / Y beues y hendad. **13g.** *GDB* 416, Travl caeroedd, cirieda ymy / *Trefad* fy hendad a'i hundy. **13g.** *C* 107. 11–12, Goreu trywir inev gulad y amdiffin ev *treuad.* **14g.** *H* 90b. 32–3, Gwae vi arhos dros *drefuat* ky decket. gwelet llaes kiwet a llys kayat (Llywelyn Ddu ab y Pastard). **1632** *D*, **Trefad*, Habitatio, habitaculum, domus, domicilium. **1688** *TJ*, *Trefad*, trigfa, annedd. **1722** *Llst* 189, *Trefad* (sub) . . . A home, habitation. **1770** *W* d.g. *An abode* [*dwelling-place*], *Domicil* [*a mansion-house*]. **1803** *P*, *Trevad*, s. f. . . . A domicil, a habitation.
Amr.: **trefed** [*tref*+-*ed*^{1} neu wall am *trefred*] **12g.** *GLlF* 176, Yng Goet Gorỽynỽy yng gordibet—Lloegyr / A llygru y *threfet.* **17g.** WILIAM BODWRDA: *Gw* 284, gan glain gloyw addef yn nef *drefed* (*GMB* 75, drefred). **18g.** *WLl* 285, *trefed* cartref.

trefad^2 [bôn y f. *trefaf*: *trefu*, &c.+-*ad*^{2}, trf. han.] *eg.b.* Preswyliad, cyfanheddiad, trigiad, hefyd yn *ffig.*: *a dwelling, residing, or inhabiting, also fig.*
1770 P. WILLIAMS: *BS*, *Io* xvii, A chofied credadyn fod o'i blaid, Gariad anghyfnewidiol, a gallu anfeidrol y Tad . . . a *threfad* tufewnol . . . yr Yspryd Glân. **1770** *W* d.g. *An abiding* [*dwelling*]. **1803** *P*, *Trevad*, s. f. . . . a dwelling, or inhabiting.

trefaf: trefu, trefad^3 [bf. o'r e. *tref*; geir. yn unig yw'r ff. *trefad*^{3}] *bg.* Preswylio, trigo, cartrefu: *to dwell, live, settle.*
1632 *D*, *Trefad . . . Item *Trefad*, idem quod Cartrefu, Habitare, commorari. **1722** *Llst* 189, *Trefu.* To dwell, abide. *id.* *Trefad* (ver) To dwell, inhabit. **1773** *W*, Preswylio . . . trigo, tario, *trefad* d.g. *To dwell* [*inhabit, or live in a place, &c.*]. **1803** *P*, *Trevu* . . . to make a home; to inhabit.

trefan [dichon fod yma ddau air, sef *tref* +-*an*^{1} a *tref*+*man*^{1}; ansicr yw prth. *trefan*, *WM* 201. 36] *eb.* ll. -*au*. Tref neu ddinas fechan, pentref; trigfan, preswylfan; (geir.) maenordy; (geir.) caer: *small town or city, village; dwelling, abode;* (*dict.*) *manor-house;* (*dict.*) *fort.*
12g. *GMB* 73, Am *drefan* Dryffwn rac eiryolyt / Tyruei rac llafneu penneu peithwyt. **1547** *WS*, *Trefan* vach A vyllage. **16g.** (*LlEG*) *Mos* 158, 171a, [g]oodde I *dreuan* mor ddiysd/yr a chaleis dal ynn gyhyd ac Ir ydoedd hi gwedi dal yn i erbyn Ef. *id.* 219b, I korlannv wynt m/ewn koeg *dreuan* leesg heeb na muur na gwaal na dim o g/ydernid ynnddi namyn bod klawdd llydan dwuyn yn llaw/n o ddwr a llaidd [*sic*] oi hamgylch hi. **16g.** *B* xviii. 332, [c]yuaruod mewn *treuan* a elwir Graulin, yr honn y sydd yn gorwedd gymaint a deeng milldir . . . allan o Galais. **1586 (1604)** *id.* v. 301, mae hefyd dinas bethlem / yn agos i gaer selem / ond nid ydiw hi ond *trefan* / yn gyfing ag yn fechan / ond fo fiase gaere a chloeddie [*sic*] / gynt oi hamgylch hithe. **1604–7** *TW* (*Pen* 228) d.g. *Oppidulum, Viculus, Villa, Villula.* **1632** *D*, *Trefan*, Urbecula [*sic*]. *id.* d.g. *Castellum.* **1722** *Llst* 189, *Trefan.* A small town or village, mannour-house; a fort. **1760** *ML* ii. 158, Ni wyddoch i yn y *drefan* fyglyd yna pa beth yw byw ar greigiau'r mor. **1770** *W* d.g. *Borough* [*a large village, or small town*], *City, A little city, Thorp* [*a small town or village*], *Town* . . . *A small* [*little*] *town, Village.* **1803** *P.* Yr oedd *Trefan* yn e. trefgordd yn Llanystumdwy, sir Gaern.

trefdadaeth, trefdadaethol, trefdadol, gw. **treftadaeth, treftadaethol, treftadol.**

trefdy [*tref*+*tŷ*] *eg.* Tŷ mewn tref; neuadd y dref: *town house; town hall.*
1794 *W*, *Tref-dy* d.g. *Town, Town-house.*

trefddegwm, gw. tref—tref ddegwm.

trefddyn [*tref*+**dyn(n)*] *eg.* ?Preswylfa, tŷ, cartref(le), tyddyn: *abode, house, home(stead).*
14g. *T* 14. 16–17, talet gỽrthodet flet y allmyn. gỽnaent ỽy aneireu eisseu *trefdyn.* *id.* 75. 17–19, Nyt oed udu ypuchyssỽn anaỽ angerdaỽl *trefdyn.* Ac ywyr kared creudyn. Digwydd fel e. pl. ym Myn., ac yn y ff. *Treuddyn* fel e. pl. yn sir Ffl. ac fel elf. mewn e. lleoedd, I. WILLIAMS: *ELl* 57, M. RICHARDS: *ETG* 88–9.

trefed, gw. **trefad**^{1}.

trefedig^1 [ffrwyth trafod H. Grn. *treuedic*, gl. *colonus*, fel gair Cym.] *eg.* gan amlaf yn y ll. -*ion*. Gwladychwr, ymsefydlwr; (yn y ll.) trefolion, dinasyddion, preswylwyr (tref, &c.): *colonist, settler;* (*pl.*) *townsfolk, citizens, inhabitants* (*of town, &c.*).
1604–7 *TW* (*Pen* 228), *Trefedic* li[ber] lh[an] d[af] d.g. *Coloni, Colonus.* **1632** *D*, *Trefedigion* . . . Y rhai y symudir eu trigias o wlâd i'r llall d.g. *Coloni.* **1722** *Llst* 189, *Trefedigion.* p. A colony of people. **1770** *TG* ii. 53, oni allasem ni wneuthur lliaws o'r Indiaid segur o fawr wasanaeth i'r *trefedigion* Brytanaidd. **1770** P. WILLIAMS: *BS*, 1 *Sam* xxvii, ystyriwn nad oedd y wlad wedi ei phobli yn gyson gynt, eithr y *trefedigion* yn gwladychu yn finteioedd. **1772** *W* d.g. *Colony* [*a company, or body of people sent from the mother-country to cultivate and inhabit some other place*]. **1775** *PHBA* 15, a gweled *trefedigion* o Frytaniaid yn goresgyn y tiroedd meithion hyn . . . ac ymdebygu i'r Fam-wlad ymhob rhagoriaeth. **1792** P. WILLIAMS: *GC* 9, Felly yr ydym ninnau, y Britaniaid, yn gangen o *drefedigion* Europe. **1803** *P.*

trefedig^2 [gair geir., sef bôn y f. *trefaf*: *trefu* +-*edig*] *a.bfl.* Wedi ei wladychu; wedi ei gyfanheddu, preswyliedig: *colonized; inhabited, populated.*
18–19g. *Llr* C 4, 14, *Trefedig*, Colonized . . . Tîr neu wlad *Drefedig.* **1803** *P*, *Trevedig* . . . Settled, inhabited; colonized.

trefedigaeth [*trefedig*^{1}+-*aeth*] *eb.* ac yn eithriadol fel *eg.* ll. -*au*. Gwlad neu ardal sydd dan reolaeth gwlad arall, ac ymsefydlwyr o'r famwlad neu eu disgynyddion yn byw yno; nifer o bobl o genedl benodol neu â diddordebau cyffredin sy'n byw mewn dinas neu wlad estron (yn enw. mewn un rhan neu ardal), grŵp o bobl sy'n byw ar wahân i weddill y gymdeithas; y tir neu'r ardal lle mae'r cyfryw bobl yn byw; *Biol.* grŵp o un math o anifeiliaid, planhigion, &c., sy'n byw gyda'i gilydd; gwladychiad, ymsefydliad: *colony* (*also in biol.*), *settlement; colonization.*
1770 *TG* ii. 120, a phan gaffo'r pryf llafurus fod eu *trefedigaeth* wedi ei helaethu, hwy a ant rhagddynt ac a weithiant ar y prennau croeson, megis mewn llestr gwenyn arall. **1775** *PHBA* 15, trefedigion o Frytaniaid yn goresgyn y tiroedd meithion hyn . . . A raid ini ymadael yn dawel a'n genedigaeth-fraint neu a Siartr fawr ein breintiau, y rhai y mae genym hawl iddynt, nid yn unig trwy etifeddiaeth, ond trwy eglur ammodau ein *trefedigaeth* [:- Colonization]? **18–19g.** *Llr* C 4, 14, *Trefedigaeth*, (plur -*au*) a Colony also Colonization. **1803** *P*, *Trevedigaeth*, s. m.—pl. t. *au* . . . The act of settling, or colonizing; the state of being settled, a colony.

trefedigaethaf: trefedigaethu [bf. o'r e. *trefedigaeth*] *bg.a.* Ffurfio neu sefydlu trefedigaeth, ymsefydlu mewn gwlad, &c., fel trefedigaethwyr, gwladychu, meddiannu, cyfanheddu, hefyd yn *ffig.*: *to colonize, settle, take possession of, inhabit, also fig.*
18–19g. *Llr* C 4, 14, *Trefedigaethu*, to Colonize.

trefedigaethedd [*trefedigaeth*+-*edd*^{1}] *e?g.* Y polisi neu'r arfer o feddiannu a chynnal trefedigaethau: *colonialism.*
20g.

trefedigaethiad [bôn y f. *trefedigaethaf*: *trefedigaethu*+-*iad*^{1}] *eg.* Gwladychiad, ymsefydliad: *a colonizing or settling, colonization.*
1834.

trefedigaethol [*trefedigaeth*+-*ol*] *a.* Yn perthyn i drefedigaeth(au), o natur trefedigaeth, tebyg i drefedigaeth, gwladfaol,

gwladychfaol; wedi ei drefedigaethu: *colonial; colonized.*
1819.

trefedigaethwr [bôn y f. *trefedigaethaf: trefedigaethu*+-*wr*] *eg.* ll. -*wyr.* Un sy'n byw mewn trefedigaeth, un sy'n trefedigaethu, gwladychwr, ymsefydlwr: *colonist, colonizer, settler.*
1837.

trefedigaf: trefedigo [bf. o'r e. *trefedig*[1]] *bg.a.* Trefedigaethu, gwladychu, cyfanheddu (gwlad, &c.): *to colonize, settle, inhabit (a country, &c.).*
1844.

trefedigol [*trefedig*[1]+-*ol*] *a.* Trefedigaethol, gwladfaol, gwladychfaol; trefol, dinesig: *colonial; urban, pertaining to a town or city.*
1814.

trefedigwr, trefedigydd [*trefedig*[1]+-*wr*, -*ydd*[3]] *eg.* ll. *trefedigwyr.* Trefedigaethwr, gwladychwr: *colonist, colonizer, settler.*
1770 *TG* iv. 7, Mr. Wats, *Trefedigwr*, a laddwyd yn fradychus.

trefeisiaf: trefeisio, gw. trafeisiaf: trafeisio.

trefgordd [*tref*+*cordd*[1]] *eb.?g.* ll. -*au*, -*ion*, *trefgyrdd.* Pentrefan, tref fechan neu bentref sy'n ffurfio rhan o blwyf, maenor neu blwyf neu ran o un o'r rhain fel rhaniad tiriogaethol; rhan o sir (yng ngogledd America); (geir.) tref, bwrdeistref: *hamlet, tithing, township; town(ship), division of a county (in North America); (dict.) town, borough.*
12–13g. *GLlLl* 251, Yn Haʋrfort *drefgort* dref diuysgi. **13g.** *LlI* 81, Try than ny dywygyr: tan godeyth Maurth, a than geueyl *trefgord* a uo seyth uryt erygthy a'r tey . . . a than enneynt *trefgord* a uo seyth vrhyt erygthau a'r tey. **13g.** *GBF* 273, Gwyr golofyn ehofyn pan ehaged—fort / Am *drefgort* drwy galed. *c.* **1300** *LTWL* 355, Tri gweithred yssyt ar praw . . . llwtwn yn llat y llall y gwyt bugeil *trefgort.* **14g.** *LlB* 86, Or llygrir yt y neb dyn yn emyl *trefgord*, ac na chaffo y perchenhawc daly vn llwdyn arnaw, kymeret ef y creir a doet y'r tref. **14g.** (**17g.**) *AL* ii. 692, Llyma fessur *trefgordd* cyfreithiawl: naw tei ac un aradyr, ac un odyn, ac un gordd, ac un gath, ac un ceilyawc, ac un tarw, ac un bugeil. **1632** *D*, Trêf . . . *Trefgordd*, K[yfraith] H[owel Dda] Villa communis. **1725** *SR* d.g. *A Burrough, or Town in corporate.* **1794** *W* d.g. *Town, Township* [*the extent of the jurisdiction and privileges of a town*]. **1803** *P*, *Trevgorz*, s. f. . . . The round or limit of a hamlet, a township.

trefiad [bôn y f. *trefaf: trefu*, &c.+-*iad*[2]] *eg.* ll. -*iaid.* *Adar.* Aderyn y to, *Passer domesticus*: *house sparrow (in ornith.).*
1803 *P*, *Treviad*, s. m.—pl. *treviaid* . . . a sparrow.

trefiannaf: trefiannu [bf. o'r e. *tref* +-*iant*] *bg.a.* Trefedigaethu, ymsefydlu (mewn gwlad, &c.); gwneuthur ei gartref neu breswylfan, cartrefu: *to colonize, settle; make one's home, dwell.*
1803 *P*, *Treviannu* . . . To form an inhabitancy, to form a habitation.

trefig[1] [*tref*+-*ig*[1]] *e?b.* Tref fechan, pentref; ?ystad: *small town, village; ?estate.*
1839.

trefig[2] [*tref*+-*ig*[2]] *a.* Trefol, dinesig; cartrefol, teuluaidd: *pertaining to a town or city, urban; homely, domestic.*
1604–7 *TW* (*Pen* 228) d.g. *Oppidanus.* **1722** *Llst* 189, *Trefig.* Of or belonging to a town. **1770** *TG* ii. 59, Y mae'r dinasydd neu'r gwr *trefig*, yn hoffi gwynfyd bywyd y gwledig yn fawr. **1798** J. THOMAS: *CIC* 21, Dau fath o ddynion . . . sydd yn bell . . . oddiwrth Dduw. 1. Y pechadur *trefig* (*town-sinner*). 2. Y gwrthgiliwr mawr. **1803** *P*, *Trevig* . . . Homely, domestic.

treflan [*tref*+*llan*] *eb.* ll. -*nau*, -*noedd*, *treflennydd.* Pentref, tref fechan, trefan, hefyd yn *ffig.*: *village, small town, also fig.*
1547 *WS*, *Treflan* A village. **16–17g.** *GST* i. 458, Rhwyged, enilled o hyn allan,—byth / Gwnaed yn boeth bob *treflan.* **1604–7** *TW* (*Pen* 228) d.g. *Villa.* **1632** *D* d.g. *Vicus. id.* Vn a fo'n aros mewn *treflan* neu bentref d.g. *Vicanus.* **17g.** E. MORRIS: *B* 42, Mân defyrn yma'n difa, / A byw ar dwyll, heb air da; / Pa anhwyl waeth? Pwy na lwnc / Pob *treflan*? Pawb a'u traflwnc. **1696** *CDD* 27, Mewn *treflan* o'r goegcaf, o 'r genedl dylottaf; / Yn faban o 'r gwannaf fei [*sic*] ganwŷd; pa ham? **1722** *Llst* 189, *Treflan.* f. A village, chief town in a parish. **1774** *W* d.g. *Hamlet* [*a little village; a division of a town, parish, &c.*], *Village* [*a small collection of houses in the country*]. **1794** E. JONES: *CP* 138, [p]rif-swyddogion ac ustusiaid dinasoedd, trefydd, *treflenydd*, a lleoedd ereill. **1798** Gw. MECHAIN: *D* 5–6, efe a wêl bob arwydd o lawnder a llwyddiant; pob *treflan* yn cynnyddu ac yn gwellau: a phob maes yn dwyn mwy cnŵd nac arferol. Cf. D. OWEN: *D* [1], Na feddylied y darllenydd . . . mai rhyw bentref anmhoblog a dinôd ydyw y *Dreflan* . . . Y mae yn ein *Treflan* o chwech i saith mil o drigolion.

treflwch, gw. trewlwch.

trefn [?< **treb-no-*, o'r gwr. IE. **treb-* 'anneddʼ', cf. Wmbreg *tremnu* '(mewn) pabell', ?a hefyd *tref*] *eb.g.* ll. -*au*, (prin) -*oedd.*

(*a*) Ystafell, siambr, cell, adeilad, tŷ, cartref; (yn y ll.) offer, celfi, dodrefn; hefyd yn *ffig.*: *room, chamber, cell, building, house, home; (pl.) implements, furniture; also fig.*
12g. *GMB* 152, Gʋeleis weheleith ac eu *trefneu* tryth / Ac eu treth 'n y ogaʋn. **12g.** *GLlF* 447, Peusydwys, trefnwys diffwys *trefneu* / Yn amgant Hotnant ormant, oreu. **12g.** *GCBM* i. 59, Tremyn y treitʋn-y (*treuyn* a gedwynt) / Treitle glyw Powys, pei am getynt. **13g.** *BD* 189, Canys vynt a welant estronyon genedloed yn medu eu tei ac eu *trefneu* ac eu kestyll ac eu dinassoed ac eu tref tat. **14g.** *WML* 50, Pan ranho i brodyr tref eu tat yrydunt. y ieuhaf ageiff . . . ʋyth erʋ. ar *trefneu* oll. **14g.** *GDG*[3] 84, *Trefn* adar gwlad Baradwys, / Teml gron o ddail gleision glwys [i'r llwyn celyn]. **14g.** *GIG* 24, Trafn Glorach, *trefn* goleurywr, / Tariaf i Fôn tra fwyf fyw. *c.* **1400** *R* 1287. 19–20, llʋybyr dar trafyn bar is *trevyn* bed. **15g.** *GGl*[2] 114, Ti yw *trefn* iawngefn angerdd, / Ti yw coed deunydd tŷ cerdd [i Ddafydd Llwyd ap Dafydd ab Einion]. **1773** *W*, *trefnau* d.g. *Furniture.* **1803** *P*, *Trevnau* . . . Utensils, implements.

(*b*) Cyflwr neu stad a phob elfen, rhan, &c., yn ei phriod le, ordr, trefniad, cymhendod, taclusrwydd; cyflwr heddychlon ymysg pobl, cymdeithas, &c., cytgord, rheolaeth (ar bobl, &c.); olyniaeth benodol, dilyniad, cyfres, rhestr; cwrs, rheol; cynllun, patrwm, ffurf, ffordd, modd, dull (o weithredu, &c.); cyfundrefn, system; *Diwin.* rhagarfaeth, rhagluniaeth ddwyfol: *arrangement, order, disposition, neatness, tidiness; order (among people, in society, &c.), harmony, control; order, specified sequence, succession, series, list; course, rule; plan, pattern, form, manner, method, procedure; system; predestination, divine providence (in theol.).*
14g. *GDG*[3] 190, Ei *threfn* fydd bob pythefnos / (Ei thref dan nef ydyw nos) / I ddwyn ei chwrs odd yna [am y lleuad]. *c.* **1400** *R* 1294. 6–7, *trefyn* heil bʋrd vueil beird vwat aerglo. **16g.** *GIIV* 62, Ag or aelawd gyr eilwaith / Archollwaew mawr erchyll waith / Or *drefn* oer dyro fi n iach / A r gwaew ymaith or gomach. **1547** *WS* [vi], yn kadw order a *threfyn* ynto: o bleit ni chymysced dim or geirieu bendromwnwgyl. *id.* Traeth *trefyn* An order. *id.* *Trefyn* Order. **1567** *TN* 299b, ydd wyf gyd a chwi yn yr yspryt . . . yn gweled eich *trefn* [:– vrdd, ordr], a' ffyrfder eich ffydd. **1592** S. D. RHYS: *Inst* 130, Pedwar pêth a ber/thyn arr lythyren: sebh . . . *Trebhyn* neu Vrdhas, Ordo: vt 'a, b, bh; c, ch; d, dh; e, g, gh, ggh' &c. **1604–7** *TW* (*Pen* 228) d.g. *digeries, Ordo, Ritus, Temperatio, Tenor.* **1606** E. JAMES: *Hom* [vii], wrth brintio y rhan gyntaf ddarfod imi beri nodi rhifedi y dalennau . . . wrth ddechreu printio yr ail rhan . . . ni allwn ni ganlyn y *trefn* hwnnw. **1630** R. LLWYD: *LlH* 3, ym mhâ gyflwr y genir pawb wrth *drefn* naturiaeth. **1632** *D*, *Trefn*, Ordo. *id.* Gwastadol *drefn* ar bethau a bair iddynt ganlyn yn ôl ei gilydd d.g. *Fatum.* **1661** E. LEWIS: *Drex* 311, bydd fy mrawd yn dilyn pob *trefn* ddrwg . . . yn afradloni 'r hyn sydd ganddo i fyw. **1710** *LlGG* (*Gos*) 6, gwneuthur Rheolau, *Trefnau*, neu Ordinhadau mewn Achosion Eglwysig, ac ymostwng i'w rheoli a'u llywodraethu wrthynt. **1728** S. RHYDDERCH: *GC* 25, Tri *Threfn* (*GP* 100, ordr) neu dri Urddas y sydd i Gyssylltiad: Y cyntaf yw Rhagflaenu Geiriau . . . Yr ail yw Canlyn y Geiriau . . . y trydydd yw rhagflaenu a chanlyn yn gyffredin. **1772** *W* d.g. *Course* [*rule, law, or order*], *Form* [*manner, method, rule, &c.*], *Manner* [*form of any transaction, &c.*], *Method* [*order, &c.*], *Order* [*the regular state or situation of things; method, &c.*]. **1803** *P*, *Trevn*, s. f.—pl. t. *oz* . . . The state of being disposed in connection; arrangement, system, order. Ar lafar yn gyff., 'Mi neith o *drefn* arnyn' nw' 'he will set them to rights', 'plant yn mynd allan o *drefn* ['control'] 'u mam', 'hen *drefn* ofnadwy oedd hwnna [pricio defaid]', *WVBD* 543; '*Trefen*' 'Providence', 'Mae'n imddibinu ar beth ddarparith y *Drefen* ar 'u cifer nw', *GDD* 307; 'Ym mha *drefen* man' nw'n mynd i goeddi'r canlyniade?'; 'Ma isia i rwun nuthur *trefan* ar y fusnas 'na, nu mae'n siwr o fynd i'r wal', 'Fi geso' weld *trefan* y tŷ newydd ma fa'n gwnnu', *GTN* 809.

(*c*) Gradd, urdd, dosbarth; safle gymdeithasol, statws; dosbarth neu urdd (o angylion, gwŷr eglwysig, mynachod, &c.): *grade, order, class; social position, rank, status; class or order (of angels, clergy, monks, &c.).*
1606 E. JAMES: *Hom* i. 136, Fe a osododd yn y nefoedd wahanol ac amryw *drefnau* a galwedigaethau o Angelion ac Archangelion. **1632** *D*, *Trefn* rhai'n eistedd bawb yn ei radd d.g. *Classis.* **1658** R. VAUGHAN: *PS* 8, Dominicaniaid . . . ffranciscaniaid . . . dwy *drefn* ardderchawg fynachod o Gatholiciaid Rhufeinaidd. **1709** H. POWEL: *G* 12–13, [b]od yn wrandawr da a byddiol parod i ddyscu . . . y mae *trefn* a gradd enwedigol o Ddynion gwedu [*sic*] eu neilltuo yn bwrpassol i'r gorchwyl hwn. **1772** *W* d.g. *Class* [*a rank, order, or degree*], *Degree* [*rank, order* . . .], *Order* [*rank in society*].

(*d*) Ymddangosiad, golwg, gwedd, cyflwr allanol (person), gwisg: *appearance, look, image, outward condition (of person), dress, attire.*
16–17g. *Cer RC* 92, Pryd a modd angyles, / *Trefn* a diwyg iarlles. **1604–7** *TW* (*Pen* 228) d.g. *Indutus, Ornatus.* **1620** *Esth* (Apocr.) xv. 1–2, hi a ddioscodd ei galar-wisc, ac a wiscodd eu [*sic*] gwychder: Ac wedi iddi fyned yn wych ei *threfn* . . . hi a gymmerodd ddwy law-forwyn. **1717** *Llsgr R. Morris* 103, nid wi fy hun chwaith da fy *nhrefn* / bum ar fy nghefn yn yr eithin / yr wi fi yn llawn o ddagra a gwaed / o wadna nhraed im corun. **1718** *id.* 178, agor ini gil y drws / fy rhien feindlws ara / attoch i pan drothwi y nghefn / cewch weled y *drefn* sudd arna.

Cfn.: **trefn a dosbarth:** (*good or right*) *order.* **1599** (**1677**) R. HOLLAND: *AB* 129, [*t*]*refn a dosparth* yr archau (*the order of the petitions*). **1632** J. DAVIES: *LlR* 118–19, fel nas gallont wneuthur na *threfn* na *dosparth* iawn yn y byd (*they can dispose of nothing well*). *Diw.* **18g.** *AL* ii. 488, maboldeb, yn uvyddau i'r tadoldeb, er *trevn a dosparth* gyviawn. Cf. D. OWEN: *GT* 334, Buan iawn y dygodd hi *drefn a dosbarth* ar bobpeth yno. **trefn fechan:** *latrine.* **13g.** *AL* i. 78, Nautey adely ant myleynyeyt ebrenyn ygueneuthur idaʋ nehuat, estauell, buyty . . . *treuen uechan*, kerner. *Diwin.* **trefn y cadw:** *scheme or plan of salvation, divine providence (in theol.).* **1842. trefn cath ddu:** *disorganization.* Ar lafar yn sir Gaerf. **trefn giâr ddu:** *disorganization.* Ar lafar, cf. M. WILIAM: *DY* 42, fe ddywedir yn aml am fenyw ddidoreth, ddi-drefn 'O *trefen giâr ddu* sy 'da honna' ond y dywediad ar ei hyd yw '*Trefen giâr ddu* / Dedwy mas / Cachu yn tŷ'. **trefn yr wyddor:** *alphabetical order.* **20g.** *Diwin.* **trefn (yr) iechydwriaeth:** *scheme or plan of salvation, divine providence (in theol.).* **18–19g.** *HAG* 110. *Diwin.* **y drefn fawr:** *divine providence (in theol.).* **1834. trefn y moddion:** *order of service (in a chapel).* **20g.** Ar lafar yn y Gogledd. **trefn y bais:** *petticoat government.* Ar lafar, '*Trefan y baish* sy' man'na! O ia! Mari sy'n reoli yn y dre 'na!', *GTN* 809.

trefnad, gw. trefniad.

trefnadwy [bôn y f. *trefnaf: trefnu*+-*adwy*] *a.bfl.* Y gellir ei drefnu; trefnus: *organizable, arrangeable; methodical.*
1803 *P*, *Trevnadwy* . . . Capable of arrangement.

trefnaf: trefnu [bf. o'r e. *trefn*] *bg.a.*

(*a*) Gosod mewn trefn arbennig, gosod trefn ar; paratoi, ordeinio, darparu, gwneud trefniadau (ar gyfer), cynllunio, gwneud yn barod; cytuno ar drefniant; llywio, llywodraethu, rheoli; cymhennu, tacluso; gwisgo, trwsio, addurno; hefyd yn *ffig.*: *to (put or set in) order, arrange, settle; prepare, ordain, provide, make arrangements (for), arrange, organize, plan, make or get ready; agree on an arrangement; manage, govern, rule; make neat or tidy; dress, trim, adorn; also fig.*
12g. *GLlF* 447, Peusydwys, *trefnwys* diffwys trefneu / Yn amgant Hotnant ormant, oreu. **12g.** *GCBM* ii. 271, Nyt ynat neb drut ny *drefnʋy*—gʋascaʋt / Kynn gʋiscaʋt auarʋy. **14g.** *T* 20. 24–5, gogʋn trʋs llafnaʋr am rud am laʋr. gogʋn *atrefnaʋr* rʋg nef allaʋr. **14g.** *GDG*[3] 219, Tri phorthor, dygyfor dig / . . . / *Trefnwyd* wynt i'm tra ofni, / Trwch fu'm gyfarfod â'r tri. **1545** *CM* 1, 76, A vij niwyrnod yr wythnos ysydd gw/edi i *treuynv* Ai gosod megs [*sic*] yn ddiwyrnod I bob plane/d i Rioli. **1547** *WS*, *Trefny* Decke. **1567** *TN* 48b, Yno yr aeth yr vn discipul ar ddec i Galilaea, i'r mynyth [*sic*] lle y gosodesei [:– *trefnesei*] 'r Iesu

yddwynt. **1588** *Ecs* xl. 4, Dŵg i mewn hefyd y bwrdd a *threfna* ef yn drefnus. **1588** *Tob* xi. 3, Brysiwn o flaen dy wraig a *threfnwn* y tŷ. **1604–7** *TW* (*Pen* 228) d.g. *Condico, Munio, Orno, Tracto.* **1605–10** *GP* 205, *Trefnu* yr geirieu mae kwplysnod, anorffennod, yskythyrnod, didolnod. **1606** E. JAMES: *Hom* i. 68, cyfraithiau a wnaeth pwyd [*sic*] er *trefnu* a llywodraethu 'r bobl. **1618** J. SALISBURY: *EH* 111, megys *trefnu* a pharatoi mewn pryd, ag amser cymwys . . . nyd yw dhrwg medhwl, darbod, a blaen-ofalu am y peth sydh i dhyfod. **1632** *D, Trefnu*, Ordinare, digerere, disponere. **1685** G. GRIFFITH: *GA* 4, Pan, [*sic*] fyddo neb o honom yn ceisio cymwynas . . . ar law gwr arall, chwchwi a wyddoch mor ofalus y bydd efe ar *drefnu* ei ymadrodd, a gofyn yn weddus. **1688** S. HUGHES: *TSP* 162, Eithr ceisio 'rwyfi 'n vnig *drefnu* pob peth yn ei iawn Le. **1740** G. JONES: *HOG* 107, O bendithja hôll werin y deyrnas hon! . . . a'u celloedd yn llawn, yn *trefnu* pôb rhyw lunjaeth. **1759** T. THOMAS: *WWDd* 261, [p]wy bynnag sydd yn proffesu Cyfiawnhâd trwy Grist . . . ac yn esgeulyso *trefnu* ei fywyd wrth rëolau 'r Ddeddf; y mae efe 'n gwradwyddo crefydd Crist. **1770** *W* d.g. *To adorn, To arrange* [*dispose, or set in order*], *To digest* [*set in order, arrange*], *To methodize, or methodise, To ordain* [*set in order, &c.*], *To* [*put into*] *order, To ordinate.* **1776** I. BRYDYDD HIR: *P* i. 34, os bydd heb ddeall . . . ei fod yn glaf, ni pherswedir fyth mo hono i gymmeryd na chyngor gan Physygwr, na dim physygwriaeth a *drefno* ef iddo. **1803** *P.* Ar lafar yn gyff., 'Ma isio *trefnu*'r llyfra 'ma'n well na hyn' (Arfon); 'Pwy sy'n *trefnu*'r cwrdd?', 'Man' nw'n *trefnu* trip sia Porthcawl', *GTN* 807; hefyd yn yr ystyr 'to tidy up', *LGW* [324] (sir Benf.).

(*b*) *Diwin.* Rhagarfaethu, rhagordeinio, rhagdrefnu; darparu, paratoi, deddfu, ordeinio, llywio, rheoli, llywodraethu: *to predestine, preordain, destine; provide, prepare, ordain, order, rule, govern* (*in theol.*).

1567 *LlGG* (*Sall*) 51b, bid prydverthwch yr Arglwydd ein Dew arnam, a' *threfna* weithred ein dwylo arnam. *c.* **1585** G. ROBERT: *DC* [xxxi], Y Pedwerydh Pennod A Dhengys faint y daioni y mae Duw wedy *drefnu* i ni yn y Nef. **1588** *Gen* xlv. cs., Ioseph yn ymhyspyssu iw [*sic*] frodyr ac yn mynegu 'r achos y *trefnase* Duw ef i'r Aipht. **1676** W. JONES: *PGG* 7, Fel y creuwyd pob peth gan Dduw, felly y *trefnir* pob peth ganddo ef. **1725** D. LEWIS: *GB* 6–7, Nid oes dim yn y Bŷd yn bôd ond trwy ei Ragluniaeth ef . . . felly y mae Duw i'w weled yn *Trefnu* 'r Bŷd. **1769** D. ROWLAND: *CG* 6, yn ol ewyllys a phleser y Trefnwr mawr, yr hwn sydd yn *trefnu* cyflyrau dynion yn y byd. **1776** I. BRYDYDD HIR: *P* i. 200, megis i *trefno* Duw ini einioes ag odfeydd.

(*c*) Gwahanu (am ymenyn wrth gorddi): *to separate* (*of butter in the churning process*).

Ar lafar, 'yr hufen yn *trefnu* yn y fuddai wrth ei gorddi', *Geir Geg* 115 (sir Gaerf.).

(*d*) Ymlonyddu, ymsefydlu, tawelu: *to grow still, settle, quieten.*

12g. *GCBM* ii. 269, Eithyr oric ny thric, ny *threfna*, / Hoedyl etuyn hoen dyn dibara. **13g.** *C* 88. 9–10, Cv da. cvd ymda. Cv. treigil. Cv*threwna*.

(*e*) *Crdd.* Addasu (cyfansoddiad) ar gyfer ei berfformio gan offerynnau neu leisiau gwahanol: *to arrange* (*composition for performance*) (*in mus.*).

20g.

Amr.: **trefnaid.** **1672** R. PRICHARD: *Gw* 406, Corph pob dyn yw tŷ ei enaid, / Rhaid rheparo hwn a'i *drefnaid.* **trefnio. 1843. trefnyd. 1606** E. JAMES: *Hom* iii. 141, rhaid ini roddi cyfrif am yr hyn y mae duw yn ei roddi ini i'w *drefnid*, ac a'n gwnai ni yn ddyfal i'w treulio. **1711** TP: *CG* 5, ond yr hyn a fytho fy Nhad Nefawl yn ei *drefnyd* i mi trwy ei Ragluniaeth. **1756** W. WILLIAMS: *GDC* 22, Pryd hyn y Tâd leferodd, sef wrth ei Fâb ei hun, / Mae Llwybr wedi *drefnid* a gellir gwared Dyn. Ar lafar ym Morg. **trenfu** [ff. gyda thrsd., cf. *llyfnu, llynfu*]. Ar lafar, *Geir Geg* 115.

Cfn.: **trefnu'r ford:** *to clear the table* (*after a meal*). Ar lafar, 'Fi ddywa' 'nawr, funad 'wi wedi golchi'r llestri a *trefnu'r ford*', *GTN* 807. **trefnu ffordd:** *to prepare a way.* **1588** *Luc* vii. 27, wele yr wyf yn anfon fyng-hennad o flaen dy wyneb, yr hwn a *drefna* dy *ffordd* o'th flaen. **1679** C. EDWARDS: *GGG* 221, byw iw ogoniant ef, gan *drefnu* ein *ffordd* yn vniawn. *id.* 244, [g]ogoneddu Duw yn ein holl weithredoedd, a *threfnu* ein *ffyrdd*, fel y byddo iddo ef gael anrhydedd oddiwrthym. **trefnu menyn:** *to work butter.* Ar lafar, *Geir Geg* 116 (sir Benf. a sir Gaerf.).

trefnaidd [*trefn*+*-aidd*] *a.* Trefnus, ac iddo drefn, rheolaidd: *orderly, arranged, regular.*

16g. *Def Hen* 46, os bydd gwr o oglyd dwyfol defosionol, ag yn ymarfer yn *drefnaidd* i ddwod i'r eglwys, fo'i cyfrifir yn rhagreithiwr.

trefnawdr, gw. **trefniawdr.**

trefnedig, trefniedig [bôn y f. *trefnaf*: *trefnu*+*-(i)edig*] *a.bfl.* ll. *trefnedigion.* Wedi ei drefnu, mewn trefn, dosbarthedig, trefnus, ac iddo drefn, cynlluniedig, gosodedig, rheolaidd: *ordered, orderly, sorted, classified, arranged, organized, planned, set, regular.*

1630 *YDd* 107, pregethiad yr Efengyl ydyw'r prif gyfrwng *trefnedig* a osododd Duw i ddychwelyd eneidiau, y rhai a ragddarparodd ef eu bod yn gadwedig. *id.* 133, Ystyria fel y mae trugaredd Dduw . . . yn peri i'r haul (yn ôl ei yrfa *drefnedig*) gôdi drachefn i roi i ti oleuni. *c.* **1658** R. VAUGHAN: *E* 94, [y] lleoedd *trefnedig* i gyhoeddus sanctaidd addoliad. **1710** *LlGG* (*Gos*) 6, cynhalier yn ddyladwy y Drefn, y Ffurf a'r Ceremoniau, megys y maent yn *drefnedig* ar lawr yn y Llyfr Gweddi Gyffredin. **1770** *W* d.g. *Arranged, Marshaled, Ordered* [*put, or set, in order*]. **1774** IG: *AF* 46–7, prif ordinhadau 'r Efengyl i'w cadw yn addoliad Duw . . . Disgybliaeth a rheolaeth yr eglwys gasgledig a *threfnedig.* **18–19g.** *Iolo MSS* 211, Sir Gilbert Clar . . . efe a ddadnewyddwys eu Braint i'r Beirdd a Phrydyddion Cymry . . . a llyma'r Breiniau ar [*sic*] defodau *trefnedigion.* **1803** *P.*

trefnedigaeth [*trefnedig*+*-aeth*] *eb.g.* ll. *-au.* Trefn(iad), cynllun; cyfundrefn, system; rheol, ordinhad: *arrangement, order, plan; system; rule, ordinance.*

1630 *YDd* 286, rhai a feiddient arferu ei sanctaidd *Drefnedigaethau* ef, heb ofn a pharodrwydd gweddol. *id.* 307, haws gan fynghalon gofio fy Iechawdwr bendigedig, mewn llun cerfiedig o waith dŷn: nac edrych arno ef yn groeshoeliedig yn ei air a'i Sacramentau, ar ol ei *drefnedigaeth* ei hûn. *id.* 320, a gosod dy feddyfryd [*sic*] yn vnig ar y gweithredon, a'r arferion sanctaidd hynny, y rhai yn ol *trefnedigaeth* Crist a arferir o fewn ac ynghylch y Sacrament Sanctaidd. **1658** R. VAUGHAN: *PS* 234, yr oedd gallu ir Ecclwys iw osod, ac mi allaf a chydwybod dda gynnal ei gosodiad ai *threfnedigaeth.* **1727** J. JONES: *DFF* 210, y *drefnedigaeth* ryfeddol . . . ym Mhrynedigaeth . . . Dŷn trwy Jesu Grist. **1778** *W* d.g. *Ordinance* [*a statute, law, established rule, or precept, in conformity to which any thing is to be done, conduct is to be formed, &c.*]. **1803** *P, Trevnedigaeth*, s. f.—pl. t. *au* . . . Regulation . . . ordinance.

trefnedydd, gw. **trefniedydd.**

trefnganlyniad [*trefn*+*canlyniad*[1]] *eg.* Olyniaeth, trefn: *sequence, order.*

[**1783**] *W* d.g. *Sequence* [*order of succession, or a following of things in order*].

trefngar [*trefn*+*-gar*] *a.* Trefnus, trefnedig, mewn trefn, cymen, taclus, rheolaidd: *orderly, ordered, arranged, neat, tidy, regular.*

1773 *W* d.g. *Exact, Orderly* [*that is in order: that is observant of order; regular, &c.*], *Regular* [*that is according to rule: that is observant of rule, &c.*]. *id.* Gŵr *trefngar* d.g. *Husband, A good husband* [*an œconomist, or good manager*]. **1803** *P, Trevngar* . . . Orderly, well-ordered. Ar lafar yn y ff. '*trefingar*', 'Loving order', *GDD* 308.

trefngarwch [*trefngar*+*-wch*[1]] *eg.* Trefnusrwydd, cymhendod, rheoleidd-dra: *orderliness, neatness, regularity.*

1773 *W* d.g. *Exactness* [*accurateness; neatness; regularity*], *Orderliness* [*the state or quality of being regularly disposed, &c.*], *Regularity.* **1803** *P.*

trefnhad [bôn y f. *trefnaf*: *trefnu*+*-had*] *eg.* Trefn(iant), darpariaeth, ordeiniad, ordinhad, ?rhagluniaeth ddwyfol: *order(ing) or arrangement, provision, ordinance, ?divine providence.*

1720 *App DP* 2, O'm rhan I nid wyf yn anfodloni ond i Bedwar peth yn eich Heglwys . . . y Cyntaf ydyw Gosodiad neu *Drefnhad* eich Heglwys. **1731** T. LEWYS: *BMA* 128, y mae efe yn ymddarostwng ei hun i wialen Duw, ac yn rhoddi ei hun i *drefnhâd* ei ragluniaeth. **1732** *RE* 59, am dannelliad Babanod nid os siampl, na *threfenhâd* oddiwrth Grist. **1757** J. THOMAS: *TC* 27, Yr wyf yn ymdrechu i ddwyn fy holl galon i ymlonyddu yn *nhrefnhâd* ei rhaglu[n]iaeth tuag attaf. **1777** W. DAVIES: *CHL* 106, Trwy *drefnhâd* yr Arglwydd, chwi gawsoch chwi lawer o drafferth a phrofiad yn y dyfroedd dyfnion yma. **1783** P. WILLIAMS: *FfA* 27, tro fi i'r ffordd y mynnost; dy eiddo wyf, ac yn ufudd i'th *drefnhad.* **1797** D. DAVIES: *SEG* 322, A yw *trefnhad* holl deyrnasoedd a llywodraethau y byd yn llaw Duw?

trefniad, trefnad [bôn y f. *trefnaf*: *trefnu* +*-iad*[1], *-ad*; ansicr yw union ystyr yr engh. gyntaf] *eg.b.* ll. *-au.*

(*a*) Y weithred o drefnu, trefn, trefniant, trefniadaeth, gosodiad (mewn trefn), dosbarthiad, cynllun(iad); taclusiad; cytundeb, dealltwriaeth; (yn aml yn y ll.) cynlluniau, paratoadau, manylion (am ddigwyddiad neu weithred), dull (o weithredu, &c.); ordeiniad, ordinhad, darpariaeth; rheolaeth, llywodraethiad, llywiad; cyfundrefn, system; *Diwin.* rhagarfaeth, rhagluniaeth ddwyfol: *an ordering, arranging, arrangement, organization, setting in order, sorting, disposition, planning; a tidying; agreement, understanding;* (*often pl.*) *plans, preparations, details* (*of an event or action*), *procedure; ordinance, provision; management, rule, governing, regulation; system; predestination, divine providence* (*in theol.*).

14g. *T* 7. 25–6, Creic am wanec. ɩrth vaɩr *trefnat.* anclut yscrut escar nodyat. *c.* **1400** *R* 1218. 31–3, Argleid[r]yat *trefnat* trafyn broyd gɩynuyt. am try o gyɩyt ym tragywyd. *id.* 1320. 33–4, Truan yɩ gɩelet trɩydet trahir. *trevynadeu.* angheu anghennystir. **1550–75** *BY* 135, Ac velly pryffaith oeddynt nef a dayar, a'i holl *drefnad*; ac a gyflenwis Duw y saithvet dydd y gwaith a wnaethoedd. **1604–7** *TW* (*Pen* 228), *trefnat* d.g. *dispositio. id. Trefniat* d.g. *Instructio.* **1681** S. HUGHES: *AC* 8, pan bo Duw yn rhoddi i ni, trwy ei ragluniaeth neu *drefniad* o fatterion y Byd, ychwaneg o Siccrwydd am y Peth. **1696** *GGTY* 47, taenelliad . . . yr arferiad hwn heb fanol ymholiad o'i blegid a gynhelyr i fynu oddiwrth Eglwys Rhufain, yn yr vn modd ac y mae llawer o bethau eraill yn gwneuthur ei bedydd hwy'n ddiffygiol jawn; y rhai sy'n llygru ei *drefniad*, ai [*sic*] hen ymarferiad. **1727** J. JONES: *DFF* 213, na's gallai neb ddadguddio dyfnion *drefniadau* doethineb Duw, o ni buasai i Dduw trwy ei Ysbryd eu dadguddio hwynt. **1734** M. MAURICE: *BH* 42, Ac yn amlwg y galwer y rhai hyn yr Eglwys oedd yn Jerusalem . . . A'r Eglwys hon . . . ydoedd reol a phatrwn *trefniad* holl ddyscyblion Crist i gymdeithas Eglwysig. **1772** *W* d.g. *Disposal, or dispose, A disposing, Disposition* [*arrangement, distribution; method, order, &c.*], *A Marshaling, Order* [*the disposition of things in their place*], *An ordering* [*a putting in order: a managing; management*], *Ordination, or an ordinating.* **1784** M. WILLIAMS: *S* i. 216, Eu tai sy'n beth rhyfeddol eu *trefniad* . . . yn cael eu hamgylchynu â dwfr, trwy osod pilerau o goed yn y ddaear. **1803** *P* d.g. *Trevniad.* Ar lafar yn gyff., *WVBD* 543; '*trefniata*'r anglodd', ''Tasa rwun mwn dylad, nu ddyn yn dost . . . ôn' nw'n nuthur consart i gliro'r ddylad, nu i roi 'elp i'r dyn tost, a Twm ni odd wastod yn gyfrifol am *drefniata*'r consarts', *GTN* 807; 'Ydy'r *trefniadau*'n barod ar gyfer y penwythnos?'

(*b*) *Egl.* (yn y ll.) Urddau (cysegredig): (*pl.*) (*holy*) *orders.*

1588 2 *Cr* xxxi. 2, Hezecia a osododd ddosparthiadau 'r offeiriaid, a'r Lefiaid yn eu *trefniadau*, pob vn yn ôl ei wenidogaeth. **1799** A. AB D. SION: *CR* 24, swyddymgeiswyr . . . at *drefniadau* sanctaidd.

(*c*) ?Gwladychiad, gwladfa: *a settling, settlement.*

[**1795**] W. RICHARDS: *YDY* 23–4, Mi adawaf heibio sylwi'n bresennol ar ein *trefniadau* yn y Dwyreiniol a'r Gorllewinol India.

trefniadaeth [*trefniad*+*-aeth*] *eb.g.* ll. *-au.* Trefn(iant) systematig; cyfundrefn, system; dull (o weithredu, &c.), trefn; rhagluniaeth ddwyfol: *organization, systematic arrangement; system; procedure; divine providence.*

1800 W. OWEN[-PUGHE]: *CP* 65, Wrth gadw y defaid gartref . . . cerddant y tîr yn wastad ac â lesâant y tyddyn yn fawr, drwy ddodi eu gwrtaeth lle dyly fod . . . ac wrth ddilyn y *trefniadaeth* â annoged ucho, pesgant lawer cynt no thrwy yr hen drefnid. Cf. ISLWYN: *Gw* 68, Fe syrthiodd creadigaeth Duw i'w law / Fel afal, a gwahoddai'r byd i weld / Dirgelwch ei *threfniadaeth* ar ei fys.

trefniadaethol [*trefniadaeth*+*-ol*] *a.* Yn perthyn i drefniadaeth: *organizational.*

20g.

trefniadol [*trefniad*+*-ol*] *a.* Mewn trefn (benodol), trefnus, ac iddo drefn, cynlluniedig; trefniadaethol; systematig, cyfundrefnol; rheolaethol, llywodraethol; *Gram.* trefnol (am rif): *in* (*a specific*) *order, orderly, arranged, organized; organizational; systematic; controlling, ruling; ordinal* (*of number*) (*in gram.*).

1808.

trefniaf: trefnio, gw. **trefnaf: trefnu.**

trefniannol [*trefniant*+*-ol*] *a.* Systematig,

cyfundrefnol; trefniadaethol: *systematic*; *organizational*.
1803 *P*, *Trevniannawl* . . . Systematical.

trefniant [bôn y f. *trefnaf*: *trefnu*+-*iant*] *eg*. ac yn eithriadol fel *eb*. ll. -*iannau*, (prin) -*iantau*, (prin) -*iaint*. Gosodiad mewn trefn, trefn(iad), yr hyn a drefnir, trefniadaeth, dosbarthiad; cyfundrefn, system; cytundeb, dealltwriaeth; *Crdd*. addasiad o ddarn o gerddoriaeth ar gyfer ei berfformio gan offerynnau neu leisiau gwahanol: *a putting or setting in order*, *order*, *ordering*, *arranging*, *arrangement*, *organization*, *disposition*; *system*; *agreement*, *understanding*; *arrangement* (*in mus*.).
1803 *P*, *Trevniant*, s. m. . . . System. Ar lafar yn gyff., 'Ma ginto 'i *drefniant* 'i 'unan o ryw 'en diwn a ma fa'n 'i ginnig a i bwyllgor y gymanfa i ni ddewish emyn sy'n taro', *GTN* 808; 'Bydd rhaid inni ddod i *drefniant* ynglŷn â'r tâl'. Cf. J. MORRIS-JONES: *CD* 63, Â meddwl geiriau . . . yr ymwnâ troad, ond â'u *trefniant* a'u ffurf yr ymwnâ ffigur.

trefniawdr, trefnawdr [bôn y f. *trefnaf*: *trefnu*+-(*i*)*awdr*] *eg*. ll. (geir.) -(*i*)*odron*. Trefnwr; llywodraethwr, llywiwr: *arranger*, *orderer*, *organizer*; *ruler*, *governor*.
c. **1400** *R* 1234. 1–2, *Trefnaƀdyr* llƀyr huaƀdyr lloer ahuan. **1723** E. SAMUEL: *PDdC* 59, ac yn cydnabod mai Efe yw Gorruchaf Lywodraethwr a *Threfniawdr* pob pethau sydd ynddo. **1803** *P*, *Trevniawdyr*, s. m. —pl. *trevniodron* . . . A regulator.

trefnid[1], gw. **trefnaf: trefnu**.

trefnid[2] [*trefn*+-*id*[5] (At.)] *eb.g*. ll. -(*i*)*au*.
(*a*) Trefn(iad), trefniant, dosbarthiad, trefniadaeth, cynllluniad; cyfundrefn, system; darpariaeth, cyfansoddiad, gosodiad, ordeiniad, ordinhad, rheolaeth neu lywodraethiad; *Diwin*. rhagarfaeth, rhagluniaeth ddwyfol: *order*, *arrangement*, *an arranging*, *ordering*, *disposition*, *organization*, *planning*; *system*; *provision*, *constitution*, *decree*, *ordinance*, *rule or governing*; *predestination*, *divine providence* (*in theol*.).
1547 *WS*, *Trefnid*. **1567** *TN* 299a, Eccles, i'r hon ydd wyf yn wenidawc, erwydd llywodraeth [:– *trefnit*, ordinhat] Duw. **1604–7** *TW* (*Pen* 228) d.g. *Compositio*, *Constitutio*, *Ordinatio*. **1621** E. PRYS: *Ps* 39b, Duw dod ein gwaith mewn *trefnid* dda, / Duw trefna waith ein dwylaw. **1632** *D*, *Trefnid*, Ordinatio, dispositio. **1670** J. HUGHES: *AP* 477, cwbl-ymroi . . . i *drefnid* ei Ewyllys addoladwy ef. **1679** C. EDWARDS: *GGG* 46, Ei *drefnid* ef sy'n gosod pawb yn eu lleoedd a'u cyflyrau yn y bŷd. **1688** *TJ*, *Trefnid*, trefn, (ordinhâd:) ordination, disposition. **1693** *DQM* 28, Pan ydyw y Grefydd Gristianogol yn ei gwir *drefnid*, yn fywyd o'r cyfryw sanctaidd oleuni a chariad. **1710** *LlGG* (*Gos*) 10, Siarsiwn i bob cyfryw o'r a hudwyd fel y crybwyllwyd . . . ymostwng i *Drefnid* yr Eglwys yn hynny. **1722** *Llst* 189, Trefnad, *Trefnid*. f. An appointment, constitution, disposition, order. **1765** J. EVANS: *CPE* 383, *Trefnid* odiaeth a wnaeth Duw ar ei eglwys, yr hon a osododd efe i fynu ym mhlith yr Israeliaid. **1770** *W* d.g. *An ad[j]usting or adjustment*, *An arrangement*, *Disposition* [*arrangement*, *distribution*; *method*, *order*, *&c*.], *Establishment*, *Ordinance*. **1800** W. OWEN[-PUGHE]: *CP* 65, Wrth gadw y defaid gartref . . . [ll]esâant y tyddyn yn fawr, drwy ddodi eu gwrtaeth lle dyly fod . . . ac wrth ddilyn y trefniadaeth â annoged ucho, pesgant lawer cynt no thrwy yr hen *drefnid*. **1803** *P*, *Trevnid*, s. m.—pl. t. *au* . . . Arrangement; management; disposal; settlement; appointment; order.
(*b*) *Biol*. (yn y ll.) Urddau: (*pl*.) *orders* (*in biol*.).
c. **1850**.
Cf. **trafnid**.

trefnidaeth, trefnidaf: trefnido, gw. **trefnidiaeth, trefnidiaf: trefnidio**.

trefnidedd [*trefnid*[2]+-*edd*[1]] *eb.g*. Economeg; rheolaeth, trefniadaeth, trefn, trefniad: *economics*; *management*, *organization*, *order*, *arrangement*.
1803 *P*, *Trevnidez*, s. m. . . . Oeconomy.
Cfn.: **trefnidedd (g)wladol:** *political economy*. **1852. trefnidedd gwladyddol:** *political economy*. **1860. trefnidedd deuluaidd, trefnidedd teuluaidd:** *domestic economy*, *household management*. **1866. trefnidedd deuluol, trefnidedd teuluol:** *domestic economy*, *household management*. **1851**.

trefnidiaeth, trefnidaeth [*trefnid*[2]+-(*i*)*aeth*] *eb.g*. Masnach, busnes; rheolaeth, llywodraeth(iad), trefniadaeth, trefn, trefniad: *trade*, *commerce*, *business*; *management*, *a governing*, *government*, *organization*, *order*, *arrangement*.
1778 *W*, Rhëolaeth (llywodraeth, *trefnydiaeth*) tŷ d.g. *Oeconomy* [*the government of a house or family*]. **1800** W. OWEN[-PUGHE]: *CP* 23, ni bu un rhan o *drefnidaeth* wladaidd (*rural oeconomy*) lai yn ddefnydd ymofyniad; lleâad a gwneuthuriad tomenydd yn enwedig. **1803** *P*, *Trevnidaeth*, s. m. . . . The act of arranging, managing, or ordering; management.
Amr.: **trefnydaeth**. *c*. **1785–90 (1829)** *CBYP* 36, Gwraig Briod a folir am *drefnydaeth*; a'i gofal dros ei theulu. **trefnydiaeth. 1778** *W* d.g. *Oeconomy* [*the government of a house or family*].
Cf. **trafnidiaeth**.

trefnidiaf, trefnidaf: trefnid(i)o [bf. o'r e. *trefnid*[2]] *bg.a*. Masnachu; trefnu, gwneud trefniad; rheoli('n gynnil): *to trade*, *carry on commerce*; *arrange*, *make an arrangement*; *manage* (*frugally*).
1774 *W*, *trefnydio* d.g. *To husband* [*manage with frugality*]. **1803** *P*, *Trevnidaw* . . . To make an arrangement, or disposition; to manage.
Amr.: **trefnydio**. **1774** *W* d.g. *To husband* [*manage with frugality*]. **trefnydu**. **18–19g**. *MA* iii. 214–15, Tair sylvaen doethineb: ieuenctid i ddysgu, côv i gadw â ddysger, a deall i ymarver yn gyviawn a'r gwybodau â ddysged, a'u *trevnydu* er lles ac anrhydedd a'u gwypo.
Cf. **trafnidiaf: trafnidio**.

trefnidiol, trefnidol [*trefnid*[2]+-(*i*)*ol*] *a*. Economaidd; masnachol; trefnus, wedi ei drefnu: *economic*; *commercial*, *trade* (*adj*.); *organized*, *arranged*.
1803 *P*, *Trevnidawl* . . . Oeconomical. Cf. R. ROBERTS: *Daearyddiaeth* 392, Prif dda *trefnidiol* y dalaeth hon yw gwenith, yr hwn gwedi ei falu a ddanfonir i wledydd tramor.
Cf. **trafnidiol**.

trefnidiwr, trefnidwr, trefnidydd [bôn y f. *trefnidiaf*, *trefnidaf*: *trefnid(i)o*+-(*i*)*wr*, -*ydd*[3]] *eg*. ll. *trefnidwyr*, *trefnidyddion*. Masnachwr; economegydd; trefnydd, rheolwr; conswl: *trader*, *merchant*; *economist*; *organizer*, *manager*; *consul*.
1803 *P*, *Trevnidwr*, s. m.—pl. *trevnidwyr* . . . An œconomist. *id*. *Trevnidyz*, s. m.—pl. t. *ion* . . . An œconomist, a manager. Cf. R. ROBERTS: *Daearyddiaeth* vii, y *Trefnidiwr* sydd yn cael gwybodaeth am y farchnad oreu i brynu neu i werthu ei dda.
Cf. **trafnidiwr, trafnidydd**.

trefnidol, trefnidwr, gw. **trefnidiol, trefnidiwr**.

trefnidwynt [*trefnid*[2]+*gwynt*, ar ddelw'r S. *trade wind*] *eg*. Gwynt cyson, monsŵn: *trade wind*, *monsoon*.
1816.
Cf. **trafnidwynt**.

trefnidydd, gw. **trefnidiwr**.

trefnidyddol [*trefnidydd*+-*ol*] *a*. Economaidd: *economic*.
1907.

trefniedig, gw. **trefnedig**.

trefniedydd, trefnedydd [*trefn*+-(*i*)*edydd*] *eg*. ll. -*ion*. Trefnydd; Methodist: *arranger*, *orderer*, *organizer*; *Methodist*.
1772 *W*, *trefnedydd* d.g. *Disposer*. *id*. *trefnedydd* d.g. *Methodist* [*methodizer*; *one that is attentive to*, *or a strict observer of*, *order and method*], *Orderer* [*that sets*, *or puts*, *in order*]. **1803** *P*, *Trevniedyz*, s. m.—pl. t. *ion* . . . One who disposes, or puts in order; a regulator; a disposer.

trefnlen [*trefn*+*llen*] *eb*. Amserlen, rhaglen, rhestr: *schedule*, *timetable*, *programme*, *list*.
1883.

trefnlywodraeth, trefnllywodraeth [*trefn*+*llywodraeth*[1]] *eb*. Llywodraeth, rheolaeth, dull o lywodraeth: *government*, *regime*, *form of government*.
1804.

trefnol [*trefn*+-*ol*] *a*. a hefyd fel *eg*. ll. -*ion*. Trefnus, mewn trefn, wedi ei drefnu, yn trefnu, systematig, cyfundrefnol, rheolaidd; *Gram*. rhif sy'n dynodi safle peth mewn cyfres, e.e. cyntaf, ail, trydydd; yn ymwneud â'r cyfryw rifau, yn dynodi safle mewn cyfres, rhestrol: *orderly*, *ordered*, *arranged*, *arranging*, *methodical*, *systematic*, *regular*; *ordinal* (*in gram*.).
16g. MORUS DWYFECH: *Gw* 50, Hafaidd forynion hefyd, / O lin gerdd yn lan i gyd. / *Trefnol* yw rheol y rhain, / Torf lendid, tyrfa Lundain. / Dwys iawn barch, nid oes, ni bu / Neb erioed yn bwriadu / Yn dy fewn, Llŷn dwfn wellhad, / Anllywodraeth na lledrad. **1604–7** *TW* (*Pen* 228) d.g. *Ordinarius*. *Diw*. **17g**. EDWARD DAFYDD, &c.: *Gw* 240, Ni thrôi ei gefn, ŵr *trefnol*, / Na'i wyneb, er neb, yn ôl (Dafydd o'r Nant). **[1794]** M. WILLIAMS: *DUJ* 16, Yn dechreu'u cân dragywyddol, syweddol, *drefnol* draw. **1803** *P*, *Trevnawl* . . . Orderly, systematic.

trefnoliad [*trefnol*+-*iad*[1]] *eg*. Trefniadaeth, trefn: *organization*, *order*.
20g.

trefnosodiad [*trefn*+*gosodiad*] *eg*. ll. -*au*. Cyfansoddiad, trefniadaeth (eglwys, &c.), ?patrwm, model: *constitution*, *organization* (*of church*, *&c*.), ?*pattern*, *model*.
1708 *EGE* [iii], [g]wŷr Boneddigion da . . . y rhai drwy gyflawn ddeall ragorol a gwir-Apostolaidd *Drefnosodiad* ein Heglwys, sy'n ei pherchi hyd farw, ag yn ei charu. **1711** M. MAURICE: *YAD* 369, Onyd yw yr ordinhad hon gwedy ei Chyfnewid yn fawr gan fagad oddiwrth ei Phrif-*drefn-/osodiadau*? **1712** T. WILLIAMS: *CDdG* 546, os ystyriwn gyflwr yr Eglwysi Cyntaf ai *trefn-osodiad* fod yr Escob yn olygwr ar amryw gynnulleidfaoedd . . . felly yr oedd ynEglwys [*sic*] Ierusalem.

trefnres [*trefn*+*rhes*[1]] *eb*. ll. -*i*. Rhes, rheng, cyfres, llinell; cyfres (o lyfrau, &c.); gorymdaith: *row*, *rank*, *series*, *line*; *series* (*of books*, *&c*.); *procession*.
[1783] *W*, *trefn-res* d.g. *Series* [*an order where-in the particulars regularly follow* . . . *each other*].

trefnus [*trefn*+-*us*] *a*. Wedi ei drefnu, mewn trefn, disgybledig, cymen, taclus, rheolaidd, systematig, dosbarthedig; cynlluniedig, paratoëdig, effeithiol; gweddus, priodol, cymwys, parchus; trwsiadus (am wisg); gofalus: *arranged*, *ordered*, *orderly*, *disciplined*, *neat*, *tidy*, *organized*, *regular*, *methodical*, *systematic*, *classified*; *planned*, *prepared*, *efficient*; *proper*, *seemly*, *decent*; *smart* (*of dress*); *careful*.
1547 *WS*, *Trefnus* Decked. **1551** W. SALESBURY: *KLl* ia, ymwiscwn o arue y goleuni. A rhodiwn yn *drefnus* val wrth liw dydd. **1568** MORYS CLYNNOG: *AG* [vi], [d]arfod i chwi gasclu yn grynno, a dosparth yn *drefnus*, ag yn eglur cymaint o flodeuau, a phynciau iachusawl, i hyphorddi vn. **1595** H. LEWYS: *PA* 148, meistr llong . . . yn rhagweled temestl . . . ai olwg ar y llyw, ac 'n i rw/oli mor *drefnus*, ac mor gelfyd' ac i medr. **1604–7** *TW* (*Pen* 228) d.g. *Compositus*, *Ordinarius*, *Ornatus*. **1632** *D*, *Trefnus*, Ordinatus, decens, decorus. **1688** *TJ*, *Trefnus*: well appointed, decent, in good order. **1701** E. WYNNE: *RBS* 25, ei barodrwydd Ef i wrando ein gweddiau . . . ac i ymfodloni yn yr Arfer o *drefnus* ymgyfarfod cyhoedd. **1712** T. WILLIAMS: *CDdG* 582, dylem ni berchu Lleoedd Sanctaidd . . . ai ffwrnisio hwynt cyn *drefnused* ac a bo [*sic*] bossibl i wasanaeth Duw, wrth ei trwsio ai trefnûso hwynt. **1725** D. LEWIS: *GB* 245–6, tua chanol y Byd. y mae yno ddau fâth o Wynt *trefnus*. Y mae un mâth yn chwythu yn wastad agos yr un Ffordd . . . Y mae Rhyw arall o Wynt, yn chwythu un hanner Blwyddyn y naill Ffordd, a'r hanner arall yn y gwrthwyneb. **1744** D. ROWLAND: *RY* 182, na thrisdâoch yGweinidog [*sic*] ymma, can's os gwnewch, efe a all ymladd . . . ac . . . ymosod . . . yn eich erbyn mewn Brwydr *drefnus*. **1772** *W* d.g. *Disposed*, *Methodical* [*orderly*, *according to method or order*], *Orderly* [*that is in order*: *that is observant of order*; *regular*, *&c*.]. **1796** *Geirgrawn* 15, Dyma 'r breswylfa alarus, lle y trengodd llawer llangc *trefnus*,—llawer gwyryf lan, heb un bai ond caru eu gilydd yn ormodol. **1803** *P*. Ar lafar yn gyff., 'Ma 'i catw 'i thŷ yn *drefnus*', ''Wi'n cofio 'mywrth . . . yn gwed wth 'mang-gu ryw dro wth yn clŵad ni'n canu emyn . . . ma Dan yn cwnnu'r plant yn *drefnus*, Nani', *GTN* 807; 'Dysgodd Dad fi i fod yn *drefnus* 'da 'mapure a'u cadw nw mewn ffeil'.
Amr.: **trenfus** [cf. *trenfaf*: *trenfu*]. Ar lafar, 'ydlan wedi toi yn *drenfus*' (gogledd sir Gaerf.).

trefnusaf: trefnuso [bf. o'r a. *trefnus*] *ba*. Trefnu, gwneud yn drefnus, cyweirio, tacluso; paratoi, addurno, dodrefnu (adeilad, &c.): *to put or set in order*, *make orderly*,

arrange, tidy; prepare, adorn, furnish (building, &c.).

1701 E. WYNNE: *RBS* 96, Grâs Duw yw hwn sy'n attal gwrhydri ac ysmaldod y meddwl, ac yn *trefnuso* gwynieu'r corph (*orders the passions of the body*), a'r gweithredoedd oddi allan. **1712** T. WILLIAMS: *CDdG* 582, dylem ni berchu Lleoedd Sanctaidd . . . ai ffwrnisio hwynt cyn drefnused ac a bo [*sic*] bossibl i wasanaeth Duw, wrth ei trwsio ai *trefnûso* hwynt. **1803** *P*, *Trevnusaw* . . . To render orderly, to put in good order.

trefnusaidd [*trefnus*+*-aidd*] *a.* Trefnus, cymen, taclus: *orderly, neat, tidy.*
1869.

trefnusol [*trefnus*+*-ol*] *a.* Trefnus, cymen, taclus: *orderly, neat, tidy.*
1833.

trefnusrwydd [*trefnus*+*-rwydd*] *eg.* Y cyflwr o fod yn drefnus, trefn, cymhendod, taclusrwydd; gwisg gymen, ymddangosiad parchus (person): *orderliness, order, neatness, tidiness; neat attire, decent appearance (of person).*

1595 *Egl Ph* 2, areithwyr hyodlaidh a 'wrthodasont y geiriau priodawl . . . ac a'marbherassont a'r geiriau echwyn, yn gystal o achos *trebhnusrwydh* y cyphelybwriaeth, ac eglurhad y peth araithadwy. **1604–7** *TW* (*Pen* 228) d.g. *Accomodatio, Exornatio, Munditia, Ornatus, us.* **1710** *LlGG* (*Gos*) 13, Y Wardeiniaid . . . a ofalant ac a ddarbodant am fod yr Eglwysau mewn *trefnusrwydd* . . . a phob peth yno mewn trefn mor drwssiadus a glanwaith. **1773** *W* d.g. *Exactness* [*accurateness; neatness; regularity*], *Orderliness* [*the state or quality of being regularly disposed, &c.*], *Regularity.* **1778** J. HUGHES: *BB* 147, 'R hen dade wnaethe eu nyth, / Nhwy fynnent adel yn y demel, / Yr hen *drefnusrwydd* oedd yn Isr'el, / I'w chadw 'n babel byth. **1793** *Cylchg* 195, y Milwyr nid ydynt yn gwneuthur dim ond gwilio, cadw ac ymddiffyn, a hynny mewn *trefnusrwydd* a medr anghyffredinol. **1803** *P.*

trefnuster [*trefnus*+*-der*] *eg.* Trefnusrwydd, trefn, cyflwr trefnus: *orderliness, order.*

1803 *P*, *Trevnusder*, s. m. . . . Orderliness.

trefnwr, trefnwraig, gw. **trefnydd.**

trefnyd, gw. **trefnaf: trefnu.**

trefnydaeth, trefnydaf: trefnydu, gw. **trefnidiaeth, trefnidiaf: trefnidio.**

trefnydiaeth, trefnydiaf: trefnydio, gw. **trefnidiaeth, trefnidiaf: trefnidio.**

trefnydd, trefnwr [bôn y f. *trefnaf: trefnu* +*-ydd*[3], *-wr*] *eg.* (un. b. *trefnyddes, trefnwraig*) ll. *trefnwyr, trefnyddion.* Un sy'n trefnu, gosodwr (pethau) mewn trefn, dosbarthwr; cynlluniwr, paratöwr, arweinydd, llywiwr, rheolwr; (yn y ff. *Trefnydd*) Methodist: *arranger, orderer, organizer; planner, preparer, leader, director, manager; Methodist.*

15–16g. *GIF* 37, O gwr afon i'w digrefydd, / ar eu *trefnydd* er troi hafog, / er a grafon ar y gŵr efydd / o gantrefydd tir Gwent rhwyfog. **1604–7** *TW* (*Pen* 228), *trefnwr* d.g. *Metator.* **1618** J. SALISBURY: *EH* 284, i garu Duw . . . nyd yn vnic megys Creawdr, ag awdr eyn daeoni . . . ond hefyd fel *trefnydh*, a rhodhydh grâs, a gogoniant. **1643** *MLl* i. 60, *Trefnwr* Creadwriaeth fisglwyf / ydwyf (medd Christ) yr hyn ydwyf. **1720** *App DP* 47–8, mywn perthynas i Bechodau dynion, er i Dduw eu harfaethu . . . ni's bydd Duw yn Awdwr o honynt, er y bydd ef yn *Drefnwr* o honynt, a hynny fydd er ei Ogoniant, pe amgen ni fu'sai fyth yn e'u [*sic*] Rhag-ordeinio hwynt. **1769** D. ROWLAND: *CG* 6, yn ol ewyllys a phleser y *Trefnwr* mawr, yr hwn sydd yn trefnu cyflyrau dynion yn y byd. **1770** *W* d.g. *An administrator* [*disposer*], *Disposer, Manager, Marshaler, Methodist* [*methodizer; one that is attentive to, or a strict observer of, order and method*], *Ordainer, Orderer* [*that sets, or puts, in order*], *Regulator* [*that regulates*]. **1788** M. WILLIAMS: *BM* [2], Awdwr a *Threfnwr* mawr holl Amgylchynoedd Naturiaethau. **1803** *P*, *Trevnyz*, s. m.—pl. t. *ion* . . . An orderer. Ar lafar yn gyff., *GTN* 807–8; 'Ma bod yn *drefnydd* 'steddfod yn ddigon i roi pen tost ichi', 'Mae o 'di cael swydd fel *trefnydd* yr Urdd yn y sir'.

Cfn.: **trefnydd angladdau:** *funeral director, undertaker.* **20g. Trefnyddion Calfinaidd:** *Calvinistic Methodists.* **1818. Trefnyddion Wesleaidd:** *Wesleyan Methodists.* **1814.**

trefnyddiad [bôn y f. *trefnyddiaf: trefnyddio*+*-iad*[1]] *eg.* ll. *-au.* Trefniadaeth, trefn, llywodraeth(iad): *organization, order, a governing, government.*

1803 *P*, *Trevnyziad*, s. m.—pl. t. *au* . . . The practice of an œconomist.

trefnyddiaeth [*trefnydd*+*-iaeth*] *eb.g.* Trefniadaeth, trefn; corff cyfundrefnol o bobl, cymdeithas; Methodistiaeth: *organization, order; organization, association; Methodism.*

1803 *P*, *Trevnyziaeth*, s. m. . . . Oeconomy.

Cfn.: **trefnyddiaeth wladyddol:** *political economy.* **1847.**

trefnyddiaf: trefnyddio [bf. o'r e. *trefnydd*] *ba.* Trefnu, gwneud trefniadau i: *to organize, arrange to or for.*

1664 *LlGG* sig. e1r, Profidier . . . Bod i Esgobion Henffordd, Llan-Ddewi, Llan Elwy . . . *Drefnyddio* yn eu plith eu hunain . . . Gyfieithu y Llyfr a gydglymmir â'r Act hon yn gywir. **1803** *P*, *Trevnyziaw* . . . To œconomize.

trefnyddol [*trefnydd*+*-ol*] *a.* Trefniadaethol, cyfansoddiadol; trefnus, mewn trefn; Methodistaidd: *organizational, constitutional; organized, methodical; Methodist (adj.).*
1827.

trefol [*tref*+*-ol*] *a.* Yn perthyn i dref, dinesig, trefoledig: *urban, urbanized.*

1744 D. ROWLAND: *RY* 325, [d]al pwy bynnag o Ddiaboloniaid *Trefol* ag a adawsid etto yn fyw ym-Mansoul. **1803** *P*, *Trevawl* . . . Relating to a . . . town.

Gw. hefyd **trefolion.**

trefolaeth [*trefol*+*-aeth*] *eb.* Trefolrwydd: *urbanism.*
20g.

trefolaf: trefoli [bf. o'r a. *trefol*] *bg.a.* a hefyd gyda grym enwol i'r be. Gwneud (yn enw. ardal wledig) yn fwy dinesig a diwydiannol, gwneud neu fynd yn drefol: *to urbanize.*

18–19g. *Llr* C 59, 447.

trefoledig [bôn y f. *trefolaf: trefoli*+*-edig*] *a.bfl.* Wedi ei drefoli, trefol: *urban, urbanized.*
20g.

trefoliad [bôn y f. *trefolaf: trefoli*+*-iad*[1]] *eg.* Y weithred o drefoli: *urbanization.*
20g.

trefolion [*trefol*+*-ion*[2]] *e.ll.* Trigolion tref, pobl y dref; rhydd-ddeiliaid: *townsfolk; freeholders.*

18–19g. *Llr* C 42, 185, Trefol, *Trefolion*, freeholders, or holders of lands or houses in fee simple.

trefolrwydd [*trefol*+*-rwydd*] *eg.* Yr ansawdd neu'r cyflwr o fod yn drefol, cymeriad trefol: *urbanism.*
20g.

trefraint [*tref*+*braint*[1]] *eb.* Breintiau neu statws bwrdeistref; dinasyddiaeth, dinasfraint, bwrdeisfraint, hefyd yn *ffig.*: *the privileges or status of a borough; citizenship, franchise, burgess-ship, also fig.*

1722 *Llst* 189, *Tref-fraint.* f. The privileges (also the burges-ship) of a burrough or free town. **1752** J. THOMAS: *FG* 151, [T]eulu Duw . . . Yr ydym . . . yn Blant i'r un Tâd â hwynt . . . Brodyr o'r un Gydfrawdoliaeth a *Thrêf-fraint* . . . nyni ar y Lan ymma, a hwythau ar y Lan arall i'r Jorddonen.

trefred [*tref*+*-red*] *eb.* Annedd, trigfa, preswylfan, cartref, tŷ (a'r tir o'i gwmpas), tyddyn, tir cyfannedd, tiriogaeth; ?trefgordd, treflan; hefyd yn *ffig.*: *abode, dwelling-place, habitation, home, house (with surrounding land), homestead, inhabited land, territory; ?township, hamlet; also fig.*

12g. *GMB* 75, Yn 6ndaŏd Drindaŏd, drwy rybuched, / Gan glein gloyŏ adef yn nef *drefred.* **12g.** *GCBM* ii. 121, *Trefred* uaŏr, treul gaŏr y gelwir. **12–13g.** *GLlLl* 265, Yssym wyr a thir a *threfred*—ehang, / Ac ehofyn ystlyned. **13g.** *C* 65. 12–13, Bet alun dyfed yny *drewred* drav. **14g.** *T* 57. 22, llosci eu *trefret* adŏyn eu tudet. **15g.** *GDID* 87, Rhai'n dwyn [y] cŵyr drwy'r *drefred* / O flaen hail graen, Huail gred [i Ddafydd Llwyd ap Dafydd]. **15g.** *GLGC* 312, porth lled no'r *drefred* ar Rôn—neu Fethlem, / porth Dewi a Sem, porth Duw i Siôn [Hafart]. **1604–7** *TW* (*Pen* 228) d.g. *domicilium, domus.* **1632** *D*, *Trefred*, Idem quod Trefad, Nomen. *id.* d.g. *Habitaculum.* **1688** *TJ*, *Trefred*, trefad, cartref: one's house or abode. **1770** *W* d.g. *An abode* [*dwelling-place*], *Domicil* [*a mansion-house*], *Home* [*house, or place of abode*]. **1776** DEWI NANTBRÂN: *AN* 322, dŵg fi, i'th nefol Lŷs; Tydi wyt fy Rhybrynwr, fym Gogoniant, fym *Trefred*, a'm Bendith. **1803** *P.*

Amr.: **tryfred** [amr. geir.]. **1707** *AB* 220d. **1753** *TR.*

treftad, gw. **tref—tref tad.**

treftadaeth, treftadiaeth [*tref tad*+*-(i)aeth*] *eb.* ll. *treftadaethau.* Etifeddiaeth, yr hyn a etifeddir oddi wrth dad neu ragflaenydd, genedigaeth-fraint, ystad (diriog), cynhysgaeth, hefyd yn *ffig.* am yr hyn a drosglwyddir o un genhedlaeth i'r llall (e.e. celfyddyd, iaith, gwybodaeth, &c.): *inheritance, patrimony, birthright, estate, landed property, heritage, legacy, also fig.*

1551 W. SALESBURY: *KLl* viiib, yr addewit i Abraham ne ew had ar iddo cahel *tref tadeth* [:- etiueddeth] y byd. **1588** 1 *Br* xxi. 3, na atto'r Arglwydd i mi roddi *tref-tadaeth* fy henafiaid i ti. **1606** E. JAMES: *Hom* iii. 84, ein naturiaeth, yr hon sydd gwedi ei llygru . . . a dderbynasom ni wrth etifeddiaeth a *threftadaeth* oddiwrth ein hên dâd Addaf. **1632** *D*, Tref-tâd, & *Treftadaeth*, Patrimonium, hæreditas. **1632** J. DAVIES: *LlR* 82, y mae efe 'n colli ei *dreftadaeth*, a'i glaim, a'i ditl yn nheyrnas nef. **1704** E. SAMUEL: *BA* 34, ymrafaelio ynghylch tiroedd a *threftadaeth*, ynghylch golud a goruchafiaeth bydol. **1740** T. EVANS: *DPO* 94, Fe ddescynnodd Coron y Deyrnas o jawn *Dreftadaeth* i wr graslawn a elwid Constans. **1759** *DG* 47, Rhoi aeresod rhy resynn / Radd frig i'r seisnig wyr [*sic*] synn / Tro fu tido *treftadaeth* / Tost erwin at estron aeth. **1772** *W* d.g. *Domain* [*dominion, estate*], *Estate* [*means, wealth . . . one's patrimony or inheritance*], *Inheritance, Paternal . . . Paternal inheritance, Patrimony.* **1790** TWM O'R NANT: *GG* 106, Yr Eglwys ydyw'r Ardd *dreftadaeth*, / A chalon dyn i'w [*sic*] 'r pren gwybodaeth. **1803** *P.*

Amr.: **trefdadaeth** [*tref dad*+*-aeth*]. **1775** *W* d.g. *Inheritance.* **tretad(i)aeth** [*tre tad*+*-(i)aeth*]. **1551** W. SALESBURY: *KLl* xviiib, na bydd yddynt gaffael *tretadaeth* yn teyrnas Christ a Deo. **1567** *TN* 206b, etiuedd-i/aeth [:- *tre tadeth*] ymplith yr oll rei, ysydd wedy ei sancteiddio. **1725** S. RHYDDERCH: *Alm* [3], Oed esgyrn dyn a wisgodd Duw tra bon ni byw rhown barch, / O chwarawn am fywyd hawddfyd hir tra fo'n *Tre'tadiaeth* ar y Tir.

treftadaethol [*treftadaeth*+*-ol*] *a.* Etifeddol, wedi ei etifeddu, y gellir ei etifeddu: *patrimonial, hereditary, inheritable.*
1844.

Amr.: **trefdadaethol** [*trefdadaeth*+*-ol*]. **1795** J. THOMAS: *AIC* 52, Mab yn 14, a Merch yn 12 mlhwydd [*sic*] oed, ond nid eill yr un Sefydlu Tîr *Trefdadaethadol* dan 21 oed. *id.* Os bydd Gŵr farw heb sgrifennu ei Ewyllys, yno ei Wraig a geiff y drydedd ran o'i Dîr *Trefdadaethadol* yn ei hoes, a'r drydedd ran o'i euddo am bŷth.

treftadaf: treftadu [bf. o'r e. *tref tad*] *bg.a.* Rhoddi'n dreftadaeth neu'n etifeddiaeth; gwneud yn etifedd; hefyd yn *ffig.*; (geir.) bod yn dreftadaeth: *to give as patrimony, assign; make heir; also fig.; (dict.) form a patrimony.*

15g. *AL* ii. 286, ny ayll vn dyn ellwg neb y vamwys na *trefftatv* neb nay tragwydoly heb dvhvntep y tayr grad vchot. *Diw.* **15g.** *Pen* 41, 26, O dervyd kyfunaw y rwng dyny/on o *dreftadu* dyn o ryw dir Ar oet ac amsser tervynnedic A goressgyn y tir o hwnnw. **1803** *P*, *Trevtadu* . . . To form a patrimony.

Amr.: **tretadu** [bf. o'r e. *tre tad*]. **1552** *Pen* 403, 126, eglwys duw / Ar holl weryddon / y rrain imae i holl eneidie yn y nef yn *tretadu* ai henwav mewn anrydedd ar y ddaiar yma.

treftadiaeth, gw. **treftadaeth.**

treftadog [*tref tad*+*-og*] *eg.* (un. b. *-es*, ll. *-au*) ll. *-ion*, ?a hefyd fel *a.* Etifedd, etifeddwr; mab (yn enw. mab gŵr dyfod) sydd wedi etifeddu tir gan ei dad, eilgwr (yn y cyfreithiau Cymreig); ?yn derbyn etifeddiaeth: *heir, inheritor; son (esp. the son of an incomer) who has inherited land from his father, a 'patrimonial' (in the Welsh laws); ?receiving an inheritance.*

12g. *GMB* 73, Yg gwlad nef boed ef yn *dreftadaŏc*, / N'at y eneid hael yn waeletaŏc! **13g.** *LlI* 50, O deruyd ydau enteu holy o'y uot en eylgur neu en tredyd, a bot pryodaur en eysted en e erbyn, ny kychuyn e pryodaur racdau y ar e tyr. Pryodaur a kychuyn trydygur; trydygur a gychuyn *treftadauc* (sef yu *treftad-*

auc, mab a adawo y tat wedy ef ar e tyr); *treftadauc* a gychuyn gur dyuot (sef yu gur dyuot, gur a del truydau ehun ar tyr ac ny bo nep o'y kenedel kyn noc ef ar y tyr). Ac yuelly e kerda eu breynt: herwyd e bo eu kynwarchadu. *id.* 56, E keureyth eyssyoes a dyweyt bot teyr guraged a dele eu meybyon tref tat o uamues . . . Rey a deweyt am ueybyon e ryu wraged henne, ket buynt *treftadogyon*, nat ynt pryodoryon. **13**g. *BD* 51, Miui a'e guneuthum ef yn *treftadavc*, ac ynteu ysyd yn llauuryav uy didreftadu inheu. **14**g. (**17**g.) *AL* ii. 702, Nawfet [ffordd 'y daw dyn cyfreithyawl y dda'] dywedut may un or tri buddlam *tref tadawc* yw ae dyfot yn cyfreithyawl iddaw. **1604–7** *TW* (*Pen* 228) d.g. *Hæres*. **1722** *Llst* 189, *Treftadog*. m.p. *dogion*. An heir. *id.* *Treftadoges*. f.p. *gesau*. An heiress. **1730** *Leg Wall* 584, *Treftadawg*, Secundus possessor, filius quem pater in possessione fundi post se reliquerit. . . . Alias dicitur Ailgwr. . . . Usurpatur etiam latiori sensu pro Possessore fundi, vel eo quo sanguinis jure fundum vendicat. **1753** *TR*, *Treftadawg*, K[yfraith] H[ywel Dda] the second possessor, a son whom his father left after him in the possession of his estate, the heir. It is also used in a wider sense for the owner or possessor of land, or him who claims it by right of blood or birth. K[yfraith] H[ywel Dda]. **1771** P. WILLIAMS: *GWM* 21, gosod y dywededig . . . i fod yn wneuthurwr *treftadog* fy ewyllys hwn yn y pethau a berthyn i America, sef talaith Georgia. **1774** *W* d.g. *Heir*. **1803** *P* d.g. *Trevtadawg*, *Trevtadoges*.

Amr.: **tretadog** [*tre tad*+-*og*]. **15**g. *GHC* 36, Dewrion, un rhoddion â'r haul, / Deri Nanheudwy araul. / Deri Tudur, *dretadawg*, / Trefor, yw'r rhain, trwy fyw rhawg.

treftadogaeth [*treftadog*+-*aeth*] *eg.* Y cyflwr o fod yn etifedd, hawl etifedd(ol); treftadaeth, etifeddiaeth: *heirship*; *inheritance*, *patrimony*, *legacy*.

14g. *GDG*^{3} 40, Gwedy, gwydn y'm try, *treftadogaeth*,—braw, / O gyhoedd wylaw, gywyddoliaeth. **1774** *W* d.g. *Heirship*.

treftadoges, gw. **treftadog.**

treftadol [*tref tad*+-*ol*] *a.* a hefyd fel *eg.* Yn perthyn i dreftadaeth, etifeddol, wedi ei etifeddu, yn dal safle drwy etifeddiaeth; treftadog (yn y cyfreithiau Cymreig); etifeddol (am glefyd, &c.): *hereditary* (*of property*, *person*, *&c.*), *inherited*, *patrimonial*; *a 'patrimonial'*, *i.e. a 'treftadog'* (*in the Welsh laws*); *hereditary* (*of disease*, *&c.*).

13g. *BD* 145, ef a dylyei holl urenhinaeth enys Brydein o wir *dreftadavl* dylyet. **1346** *LlA* 71, Allyna yryỽ hirhoedli agaffant ỽy [y saint] yn medu *tref tadaỽl* hoedyl (*haereditabunt aeternitatem*) oannyffigedic uuched. *c.* **1401** *AL* ii. 366, Kyfreith adyỽeit na byd *treftadaỽl* neb o dir y llall drỽy dỽyll. **1547** *WS*, *Tref tadol* Patrimonial. **1603** W. MIDLETON: *Ps* 36, J had hwy yn *dreftadawl* / Ae gwsnaetha mwya mawl. / Kenedlaeth Duw hoewfaeth dir / Kofryfig y kyfrifir. **1604–7** *TW* (*Pen* 228) d.g. *patrimonialis*. **1630** R. LLWYD: *LlH* 4, digwy[dd]odd i ni . . . etifeddu ei lygredigaeth ef [Adda], megis cyfiawnder *treftadol* yn dyfod oddiwrtho. **1632** *D*, *Treftadol*, Hæreditarius. **1667** C. EDWARDS: *FfDd* 5, tyber mae hepil yr Juddewon ydynt yn galaru am Jerusalem a Damascus drwy orchymyn *treftadol* (**1677** *id.* 7, drwy orchymmyn traddodiad). **1704** E. SAMUEL: *BA* 251, yr oedd hefyd yn uchelwr neu berchen Tir, nid o gyfran y Lefiaid, eithr o'i etifeddiaeth *treftadawl* ei hun. **1731** E. SAMUEL: *AE* 181, ein Rhieni Cyntaf trwy eu Hanufûdd-dod . . . sefydlasant y felldith drom ar Trueni megys Etifeddiaeth *Dreftadol* ar Ei holl heppil. **1774** *W* d.g. *Hereditary* [*descending by inheritance*, *&c.*]. [**1788**] *EDP* 81, Deliwch sulw wrth hyn, nad yw ffydd a duwioldeb yn *dreftadol*, ond yn ol etholedigaeth. **1803** *P* d.g. *Trevtadawl*.

Amr.: **trefdadol** [cf. *trefdadaeth*, amr. ar *treftadaeth*]. **1732–3** J. OWEN: *GB* 74, a hwŷthau a Chariad anghyffredin, a Serch *trefdadol* (megis pe dywedwn) ynddynt tu ag attaf o Dâd i Fâb. **tretadol** [*tre tad*+-*ol*]. **16**g. (*LlEG*) *Mos* 158, 102a, brenin henri y trydydd . . . peris Ef ddiuuddio ymrauaelion ovonneddigion y dyrnas oi tiroe/dd ai daierydd ai bowyd *trettadol*. **1567** *TN* 342a, pan fynase ef gael y fendith trwy *dretadawl* gyfraith, y gwrthodwyd ef.

Cfn.: **treftadol dd(y)lyed:** *hereditary right*. **13**g. *BD* 145. **1346** *LlA* 50, ymae yn eidunt teyrnnas nef megys o *dreftadaỽl dylyet* (*quasi haereditario jure*). *c.* **1400** *YCM*^{2} 17, paham y goreskynnut ti tir ny pherthynei ytt o *dreftadawl dylyet*, nac y'th dat, nac y'th hendat. *Diw.* **15**g. *Pen* 41, 22, O hawl dyn tir o *dref tada/wl dlyet*.

trefwr [*tref*+*gŵr*] *eg.* ll. -*wyr*. Un sy'n byw mewn tref neu ddinas, dinesydd: *townsman*, *town-dweller*, *city-dweller*, *citizen*.

Dchr. **17**g. *J* 10, 164a, *Trevwr*. oppidanus. Cf. D. OWEN: *D* 152, Wrth i mi ystyried a chofio fod Mr. Jenkins yn ŵr mor bwysig fel *trefwr*.

trefyd, 3 un. pres. myn. y f. *trafodaf*: *trafod*.

treffoil [bnth. S. *trefoil*] *eg.* ll. -*iau*. *Bot.* Un o amryw fathau o blanhigion teirdalen o'r tylwyth *Trifolium*, yn enw. meillion: *a trefoil*.

18g. *Llr* C 24, 360, Cais pympyrnel ney leth ney *Treffoyl*. **1770** *TG* ii. 5[5]–6, Fe ddylai tir porfa a gwair gael ei hau â'r cymmysg uchod . . . cyn Nadolig . . . yr hwn nid yn unig a achlesa ac a bortha wraidd y borfa, ond hefyd a chwanega ac a dd[w]g allan fath n[e]wydd o borfa ffrwythlon, tebyg i *Treffoil*, a'r cyffelyb.

tregl, gw. **triagl.**

trengaf, trangaf: trengi [Gwydd. C. *tréicid* 'gedy'] *bg.* Marw, darfod, diweddu, pallu: *to die*, *pass away*, *perish*, *end*, *fail*.

12g. *GMB* 73, Ny wyr kychwilueirt kyhusseityaỽc / Tymp pan *dreing* terwyn toryf difreityaỽc. *id.* 273, Vn dec deir person uch archegylyon, / Vn donyon neiuyon, nerth heb *dreghi*. **13**g. *GDB* 469, Gwyn esgar, neud gwar a'i gwerchedwis, / Gwae ni o'i *drengi* fal yr *drengis*. **13**g. *C* 21. 5–6, Aueleiste o garant afv treis *tragissant*. **14**g. *T* 18. 24–5, ny *threinc* [Duw] ny dieinc nyt ardispyd. *id.* 77. 10, hyt pan *traghỽy traghaỽt* trydar. **1346** *LlA* 52, Pann *dranghont* ydeuant ykythreuleit ygyt yn heityeu. *c.* **1400** *J* 1, 1082, *Trenghit* golut. ny*threingk* molut. *c.* **1400** *R* 1260. 31–2, Gwyt nysengis. gwyn a*drengis*. *c.* **1400** *YCM*^{2} 191, goleuver maen carbonclus oed yn y phenn yn y dydhav yn wastat pan *draghei* y dyd. **1547** *WS*, *Trengi*. **1567** *TN* 114a, haws yw i nef a' daiar vyned heibio [:- *drengi*], nac y bydd i vn titul o'r Ddeddyf gwympo. **1588** *Job* xiv. 10, dyn a *drenga* a pha le y bydd efe? **1632** *D*, Trang . . . *Trengi*, Finiri; obire; mori. Mae'r dydd yn *trengi*. *id.* d.g. *Intereo*. **1688** *TJ*, Trang . . . *Trengi*, *trengu*, marw: to end, to die. **1703** E. WYNNE: *BC* 109, Odiaeth oedd genni glywed plant yn *trengu* yn y tân. **1771** *PDPh* 86, Oni welir yr afiechyd hwn yn fuan a'i wellhau, cant i un oni *threnga*'r anifail. Ar lafar, '*trengi*' 'marw', 'jest yn *trengi*' 'parched with thirst', *GTN* 808.

trengedig, gw. **trancedig.**

trenghidydd [bôn y f. *trengaf*: *trengi*+ -*hidydd* (At.)] *eg.* (?geir.) Un sy'n trengi; ?lladdwr: (?*dict.*) *one who perishes*; ?*killer*.

13g. *A* 4. 3–4, bu truan gyuatcan gyvluyd. e neges ef or drachwres *drenghidyd*. *Diw.* **15**g. *B* ii. 239, *trenghidydd*: un yn trengi.

trengholiad [bôn y f. *trengaf*: *trengi*+*holiad*] *eg.* ll. -*au*. Cwest: *inquest*.

1847.

trengholwr, trengholydd [bôn y f. *trengaf*: *trengi*+*holwr*, *holydd*] *eg.* ll. -*holyddion*. Crwner: *coroner*.

1848.

trengiad [bôn y f. *trengaf*: *trengi*+-*iad*^{1}] *eg.* ll. -*au*. Y weithred o drengi, diweddiad, palliad: *a perishing*, *end*, *failure*.

1778 *W*, *Trengiad* d.g. *A perishing*.

trengiedig, gw. **trancedig.**

trenglan, trenglen, gw. **treiglen.**

trengnwy [bôn y f. *trengaf*: *trengi*+*nwy*^{3}] *eg.* Nitrogen; clorin; tagnwy: *nitrogen*; *chlorine*; *choke-damp*.

1850.

trengol [bôn y f. *trengaf*: *trengi*+-*ol*] *a.* Yn marw, yn darfod, diflanedig; yn peri marwolaeth, marwol: *dying*, *perishing*, *transitory*; *causing death*, *mortal*.

1803 *P*, *Trengawl* . . . Perishing, vanishing.

trei^{1} [bnth. S. *try*] *eg.b.* ll. *treis*. Ymgais, cais, cynnig: *try*.

1931. Ar lafar, 'Sgorodd e *drei* dda cyn diwedd y gêm' (sir Gaerf.).

trei^{2}, tre^{3} [bnth. S. *tray*] *eg.b.* ll. *tre*(*i*)*s*. Hambwrdd: *tray*.

20g. Ar lafar, 'Iwsa'r *trei* i gario'r 'oll gwpane 'ny' (sir Gaerf.); 'Mae hon yn *dre* bach neis', 'Rhowch o lawr ar y *tre*' (Arfon).

treiacl, gw. **triagl.**

treiad [bôn y f. *treiaf*^{1}: *treio*+-*iad*^{1}, -*ad*] *eg.* ll. -*au*. Adlifiad (y llanw i'r môr), lleihad, lleddfiad, hefyd yn *ffig.*: *an ebbing*, *decreasing*, *easing*, *also fig.*

c. **1400** *R* 1299. 44–1300. 1, hỽnt yr gwaet y traet kynn *treiat* archoll. **1803** *P*, *Treiad*, s. m.—pl. t. *au* . . . A decreasing, or abating, a diminution; an ebbing.

treiadigaeth [bôn y f. *treiaf*^{2}: *treio*+ *-*adig*+-*aeth* (cf. *creadigaeth*)] *e?b.* Archwiliad; profiad: *examination*; *experience*.

1583 *LlGC* 716, 3a, y-rydem-mi [*sic*] yn siarat o Christ, ond nid oes genym *treiadigeth* yn y byt o hono-ef. **1595** M. KYFFIN: *DFf* [113], Da y dyle'r achos hwnnw gael ei ddrwg dybio, a gilio oddiwrth *treiadigaeth* ag a ofno'r goleuni.

treiaf^{1}: treio [bf. o'r e. *trai*^{1}, cf. Gwydd. C. *tráigid*] *bg.a.* Adlifo (am y llanw i'r môr), gostwng neu ddraenio (am lifogydd, &c.), (peri) cilio, encilio, lleihau (drwy anweddu), lleddfu (poen, &c.), gwanychu, darfod, dinistrio, atal, hefyd yn *ffig.*: *to ebb*, *fall or drain* (*of floods*, *&c.*), *recede*, (*cause to*) *retreat*, *diminish*, *reduce* (*by evaporation*), *ease* (*pain*, *&c.*), *abate*, *end*, *destroy*, *stop*, *also fig.*

12g. *GMB* 274, Trugaraỽc Douyt, *treiha* uyg keryt, / Hyd na bwyf herwyt kreuyt kertdwyll. **13**g. *GDB* 255, Eil gweleis y dreis dros ganaỽl—Dyfyrdwy / En y *trei* tramwy llanỽ rwy rwyd haỽl. **13**g. *C* 88. 8–9, Athrydit ryuet. yv merwerit mor. Cv *threia*. cud echwit. **14**g. *GDG*^{3} 16, O ddewredd hoywgledd, hyglaer—ymadrodd, / A medru *treio* aer. **14–15**g. *IGE*^{2} 322, I'r wledd, wrth rinwedd ni *thrai*, / Eurnerth heb derfyn arnai (Rhys Goch Eryri). *c.* **1400** *DB* 53, Gwregys y mor a uac llanw a threi; pan y taflo y wrthaw y lleinw, pan y tynno attaw y *treiha* (*refunditur*). Peunyd y lleinw dwyweith ac y *treiha*. *c.* **1400** *R* 1231. 8–9, *treiaỽ* goronỽy trauyn mordỽy med. ?**15**g. *IGE*^{2} 105, Gwell yw na'i ddeuwell o dda, / Na thriagl, byth ni *threia* [Ffynnon Wenfrewi]. **15**g. *HCLl* 141, Elusen it, wen lwyswych, / Tra fwy'n wan *treia* fy nych. **1547** *WS*, *Treio* val dwr Ebbe. *Diw.* **16**g. *WLB* 41, dod ef ar y tân a berw ef . . . ac wedi *treio* y deuparth tynn ef ir llawr. **1632** *D*, Trai . . . *Treio*, Decrescere, diminui, refluere vt mare. Diminuere. **1688** *TJ*, Trai . . . *Treio*: to decrease, to diminish, to ebb. **1753** *TR* xxii, nad yw ein Hiaith ddim yn *treio* mor gyflym ac y mynnai rai dynion beri i ni goelio. **1784** M. WILLIAMS: *S* i. 44, Yn Westmoreland mae ffynnon ac sy'n llanw ac yn *traio* amryw weithiau yn y dydd. **1803** *P*, *Treiaw* . . . To decrease, to lessen; to abate; to ebb.

Amr.: **triaf^{1}: trio.** **15**g. *Cy* iv. 116, yr eil dyd ygostygant oy huchter dan *drio* agostỽng ved ar dyuynder. **17**g. *llCRC* iii. 161, Rwu fi yn darfod ar fyn raed, / mae ynghig am gwaed yn *trio*.

treiaf^{2}: treio, treial^{1} [bnth. S. C. *trei*(*e*)] *bg.a.* Ceisio (gwneud rhywbeth), rhoddi cynnig ar (rywbeth); rhoddi prawf ar, profi, testio; ymryson; ymchwilio a phenderfynu (achos neu fater) yn farnwrol, rhoddi (person) ar ei brawf mewn llys barn: *to try*, *attempt*; *put to the test*, *test*; *contend*; *try* (*case or issue*) *judicially*, *try* (*person*) *in court of law*.

14–15g. *IGE*^{2} 302, Yn *treio* pob pwynt trwyadl / Tabl a gwyddbwyll, ddidwyll ddadl (Rhys Goch Eryri). **15**g. *GLGC* 205, *treio* cyfiawnder rhwng triwyth—cannyn, / troi yno hwsmyn tir yn esmwyth. **15**g. *ID* 5, dyn ym ai rhoes yn foesawl / doe ar y min i *dreio* mawl. **15**g. *HCLl* 80, Och na buasai ar glai glyn / Trwy âl yn *treio* â'i elyn! **1547** *WS*, *Treio* mynny gwybod y gwir Trye. **1588 (1692)** *CllC* ii. 9, Yno *treiwyd* llawer mil / O'r Spaenis hil gynhennys. **1589–90** *HP* 66, dy vot wedi ymgynefinnaw a rhyvel a chaledi a *threiaw* ynn vynych dy nerth a'th allu dy hun a'th vilwyr wrth ymladd. **1595** M. KYFFIN: *DFf* [73], ag a *dreiodd* bob modd i beri iddynt gyfadde. **17**g. *Cylchg LlGC* vi. 35, Darfu mal dewraf milwr eich trin oll a'ch *treio*'n ŵr. **1684** T. JONES: *GG* 17, Os by arglwydd Russel dro, / Yn *treio* gwneud traetirieth. **1757** *ML* ii. [1], Gwyrda'r chwilcathod am *dreio* i nerth, dyna fal y byddai Arthur a'r cowri gynt. **1768** J. ROBERTS: *R* 6, Ni wnaf ond dodi y Gasgl tanynt, er mwyn i ti *dreio* dy Scil dy hunan. Ar lafar, '*Treio*' 'To try, to make an effort', *GDD* 308; 'Gwell *treial* unwaith 'to, glei', *Wês wês* 36; '*treial*, *treio*' 'to try', *SC* vi. 135 (sir Benf.).

Cfn.: **treio (treial) (fy, &c.) llaw ar:** *to try one's hand at*. **1883**.

Gw. hefyd **triaf^{2}: trio.**

treiagl, treial^{1}, gw. **triagl, treiaf^{2}: treio.**

treial^{2}, trial^{2} [bnth. S. *trial*] *eg.b.* ll. -*on*, *trialau*. Prawf (barnwrol); prawf ar berfformiad, &c. (person, peth, &c.), cystadleuaeth; (person, peth, &c., sy'n peri) trallod, trafferth, neu drybini: (*judicial*)

trial; *trial, test of performance, &c.*, *competition*; *trial, tribulation*.

16g. Rhisiart Fynglwyd, &c.: *Gw* 174, Trwy lew a brain, *treial* brys, / Ti yw pinagl top ynys. **16–17g.** *CRC* 414, pen ddoi yr mater i *drial* / efo geid pawb yn anwadal. **16–17g.** *Gesta Rom* 99–100, dyna y *traial* gorav ag a ellwchwi i gael ar y mater hynny. **17g.** E. Morris: *B* 92, 'Rwyf fi o'r ffordd yn mhell fy hunan / Yn rhy aml dan y *treial* fel dyn truan. **1735** S. Thomas: *HP* 174, ar ol bod o honynt dros ryw faint o Amser yng Ngharchar, a ddugwyd yw *Treial*, ac a gondemniwyd i farw. **1759** T. Thomas: *WWDd* [68], ac eilwaith ei adel ef i gael *treial*, neu brawf am ei fywyd yn ei nerth, a'i Natur ei hun. **1767** J. Thomas: *TFFJ* 121–2, y rhai ydynt gryfion yn yr Arglwydd . . . a ddygasant dystiolaeth ei bod yn ddiogel trwy ymddiried iw ei air ef yn y *trealon* Mwyaf. **1772** D. Rowland: *PP* 53, Stephan . . . a welodd y nefoedd yn-agored, a Mab y dyn yn sefyll ar ddeheulaw Duw.. [*sic*] Yn fynych y gwelwyd ef yn eistedd yno, pan na byddai *trialon* ei eglwys ef yn waedlyd; eithr yma y gwelir ef yn Sefyll. **1777** W. Williams: *DN* 20, Arfer y merched yn awr yw, ceisio cael gwybodaeth gyflawn pa un a bod digon o gnawd mewn bachgennyn, neu nad oes; a rhag ofn iddynt gael eu twyllo, ni faliant lawer pe baent yn rhoddi iddo gael *treial* blaenllaw. **1798** Gw. Mechain: *D* 8–9, Yr oedd y gair y gwnai y cyfnewidiad yn Ffrainc y bobl hynny yn rhyddion . . . Ond y maent wedi cael naw mlynedd o *dreial*, heb nemmawr o ddim ond gwastadol gythrwfl. Ar lafar, "Ddaru mi ddim cael *trial* ar hyn' 'I have not tried this', 'cyn y *trial*' 'before the competition', '*trial*' 'trial in the law-courts', *WVBD* 544; '*Treial*' 'Trial, proof, an action at law', '*treialon*' 'crosses, temptations', '*Treialon*' 'Trials, vicissitudes', '*treial*' 'probation', *GDD* 308; 'Ma fa'n sefyll 'i *drial* yn y cwrt yn Gardydd am 'ynny', "Odd a'n lico mynd i'r cwrt i ryndo ar *drialon*', *GTN* 813; hefyd yn yr ystyr 'gwroldeb', "Os dim *trial* yno fo' (Llŷn); ac yn yr ymad. 'yn *dreial*' 'yn llwyr', 'wedi gwella'n *dreial*', *GDD* 116. Dywedir am berson sy'n boendod ei fod 'yn *dreial* drychynllyd' (sir Gaerf.).

Amr.: **treiol**². **16–17g.** *DCR* 245, wrth glowed ar las fore / yn tybio *treiol* megis torane. **17g.** *IICRC* iii. 6, Hwnw wrth y *dreiol* os oedd yn wahanol / oi hoedl presennol, gwybyddwn hyn / llwyr y mae ynte, yn ol oi ailode / a ffym mil o bynne yn y flwyddyn. **1754** *ML* i. 290, hanes y *treiol*. **1766** *CD* 143.

Cfn.: **treialon cŵn defaid:** *sheepdog trials*. Ar lafar yn gyff. **ar dreial:** *on trial*. **1746** T. Richards: *CER* 38. **1775** J. Thomas: *NBAF* 28. **1777** W. Williams: *TEA* 43.

trialaf: treialu [bf. o'r e. *treial*²] *ba.* Profi, cynnal prawf ar berfformiad, &c. (peth): *to trial*.

20g.

treibiwnal, gw. tribiwnal.

treic [bnth. S. *trike*] *eg.* Treisicl: *trike, tricycle*.

20g.

treiddadwy, treiddaf: treiddo, gw. **treiddiadwy, treiddiaf: treiddio.**

treidd-dwll [*traidd*¹ + *twll*] *eg.* ll. *-dyllau.* Twll dwfn cul a wneir yn y ddaear er mwyn canfod dŵr, olew, &c.: *borehole*.

20g.

treiddfawr [*traidd*¹ + *mawr*] *a.* Treiddgar, yn *ffig.*: *penetrating, fig.*

1767 *Aberth Cym* 81, Gwybodaeth o'i lygad *treiddfawr*, yn trywanu trwy'r holl ddaear.

treiddgar [*traidd*¹ + *-gar*] *a.* Yn treiddio i rywbeth neu drwyddo, hefyd yn *ffig.*; craff, miniog, sydyn ei ddirnadaeth (am feddwl, &c.): *penetrating, also fig.*; *astute, acute, insightful*.

1808. Ar lafar, 'Ma fa'n un sy'n dadla'n *dreiddgar* iawn', 'Dyn a llecid *treiddgar* ginto odd a, 'wi'n cofio, fel 'ta fa'n gallu dishgwl mywn iti', *GTN* 822. Cf. D. Owen: *GT* 77, gyda'i lais *treiddgar*, peroraidd.

treiddgarol [*treiddgar* + *-ol*] *a.* Treiddgar, hefyd yn *ffig.*: *penetrating, also fig.*

1849.

treiddgarwch [*treiddgar* + *-wch*¹] *eg.* Yr ansawdd neu'r cyflwr o fod yn dreiddgar ei feddwl, craffter neu sydynrwydd dirnadaeth: *penetration* (*of mind*), *astuteness, acuteness, insight*.

1829.

treiddiad [bôn y f. *treiddiaf, treiddaf*: *treidd(i)o* + *-iad*¹] *eg.* ll. *-au.*

(*a*) Y weithred o dreiddio i rywbeth neu drwyddo; craffter neu sydynrwydd dirnadaeth, treiddgarwch; chwysiad: *a penetrating, penetration*; *penetration, astuteness, acuteness, insight*; *perspiration*.

1588 *Jos* iv. cs., Yr Arglwydd yn peri gosod deuddec o feini yn eu sefyll i arwyddoccau *treiddiad* meibion Israel trwy yr Iorddonen. **16–17g.** T. Prys: *C* 109, Ym mhob gwlad, *treiddiad* trwyddyn', / Dros ein iaith, mae d'air, Sion Wyn. **1632** *D* d.g. *Penetratio*. **1759** J. Evans: *PF* 19, Ymdrochi mewn Dwfr oer sydd o fantais fawr i Iechyd . . . Y mae'n rhwyddo *treiddiad* (*perspiration*) Tawch y Corph, yn cynorthwyo cylch droad y Gwaed. **1775** *W*, traidd (*treiddiad* . . .) meddwl d.g. *Intuition*. *id.* d.g. *Penetration*. **1793** T. Jones: *SD* 36–7, Yr oedd Awstin yn byw mewn amser mor foreuol, ac yn wr o'r fath synwyr a *threiddiad*, a gwybodaeth mewn hanesion. **1803** *P*, *Treiziad*, s. m.—pl. t. *au* . . . A penetrating.

(*b*) (geir.) Gŵyl y Bara Croyw, y Pasg: (*dict.*) *Passover, Easter*.

1604–7 *TW* (*Pen* 228), *Treidhiat* d.g. *pascha*. **1632** *D*, *Treiddiad* d.g. *Pascha*. **17g.** *LlGC* 13215, 384, *Treiddiad* Pascha Transitus.

treiddiadol [*treiddiad* + *-ol*] *a.* Treiddgar, treiddiol: *penetrating*.

1835.

treiddiadwy, treiddadwy [bôn y f. *treiddiaf, treiddaf*: *treidd(i)o* + *-(i)adwy*] *a.* Treiddgar; hydraidd: *penetrating*; *penetrable, pervious, permeable*.

1778 *W*, *treiddadwy* d.g. *Penetrable*. **1798** *WR*, *treiddadwy* d.g. *Permeable*. **1803** *P*, *Treiziadwy* . . . Penetrable.

treiddiaf, treiddaf: treidd(i)o, *bg.a.* Mynd i mewn i rywbeth neu drwyddo (yn enw. â grym), gwanu, trywanu, torri i mewn i; hydreiddio; ymweld (â), cyrraedd, cyrchu, mynd a dod, teithio, croesi; hefyd yn *ffig.*; canfod, dirnad: *to penetrate, pierce, break into*; *pervade, permeate*; *visit, reach, make for or approach, come and go, travel, cross*; *also fig.*; *perceive*.

Dchr. **12g.** *GMB* 6, Elwael, Buell, Maelenit guell (pell y *treithvy*). **12g.** *GLlF* 36, Ar porthloed toruoed achoed uchaf, / Ar pyrth agoret, trwydet *treidaf*. / *Treideis* a gereis a garaf—heuyt: / Habd y byt y pryt a bryderaf. *id.* 446, A Dewi a'e *treitywys* tros tydwed—eluyt. **12g.** *GCBM* i. 21, Gbreic ennwabc, annwar y throssed, / A'e *treidbys*, bu trby ennwired! *id.* 61, Pell y'm *treit* treitgof o'e rygolled. **13g.** *GDB* 199, Ae kymraw *treidaw* tra mynyd Gwidawl / Myn y ret Redyawl o Elenit? **13g.** *A* 2. 17, Dadyl diheu angheu y eu *treidaw*. **13g.** *GBF* 422, Pob cantref, pob tref yn y *treidyab*, / Pob tylbyth, pob llbyth yssy'n llithrab. **14g.** *GDG*³ 71, Dyn Ofydd, hirddydd harddaf, / A *draidd*, gair hyfaidd, yr haf. **14g.** *GIG* 69, Brawd i angel bryd iangaidd, / Pob drwg a da, pawb a *draidd*. *c.* **1400** *R* 1239. 15–16, Elb *dreidyab* nymdab trab trby gystec. *id.* 1243. 29–30, ef nef dref *dreidyab*. rodlab rbyd/lam. **15g.** *GDLl* 110, *Treiddio*'r pyrth trwy ddorau pert, / Tref hirbell, ira fo Herbert. **1567** *LlGG* (*Sall*) 35a, Ymchwelawdd ef y môr yn tir sych: trwy'r avon y *treiddiant* [:– yr ant trosodd] ar draet. **1632** *D*, Traidd . . . *Treiddio*, Traijecere, transire. *id.* d.g. *Penetro*, *Perrumpo*, *Pertranseo*. **1656 (1745)** *MLl* ii. 151, cais gan Dduw Lygaid byw i *dreiddio* Drwy 'r Pethau gweledig, at yr Anweledig-fŷd yr hwn sŷdd gŷda thi ac ynnot ti. **1688** *TJ*, Traidd . . . *Treiddio*, myned heibio, trwodd neu trosodd: to pass, to convey over. **1716** E. Samuel: *GGG* 176, nid all neb wadu fod yn rhaid ir Messiah *dreiddio* trwy Drueni a Marwolaeth iw Frenhiniaeth. **1794** *W*, *Treiddio* d.g. *To thrill or pierce*. **1803** *P*, *Treiziaw* . . . To penetrate; to pervade.

Amr.: **treiddu.** **13g.** *A* 3. 2.

treiddiedig [bôn y f. *treiddiaf, treiddaf*: *treidd(i)o* + *-iedig* (At.)] *a.bfl.* Wedi ei (hy)dreiddio: *penetrated, pervaded*.

1803 *P*, *Treiziedig* . . . Penetrated; pervaded.

treiddiol [*traidd*¹ + *-iol*] *a.* Treiddgar, hydreiddiol, hefyd yn *ffig.*; craff, miniog (am feddwl, &c.): *penetrating, pervading, also fig.*; *astute, acute*.

16–17g. *PhA* 458, Tydi n dduw cyfion union iownol / am fi ni thori y ddeddf wneuthurol / pa fodd ond dy rodd *treiddiol* na chwympa / o bell ffei arna bwll uffernol. *Dchr.* **17g.** *J* 10, 163b, *Treiddiawl*. Penetrabilis. **1727** J. Jones: *DFF* 23, Crist a edrych ar bawb â Llygad *treiddiol* craffus a dosbarthol, efe a genfydd ac a ddirnad yn hawdd y Rhagrithwyr oll. **1744** D. Rowland: *RY* 268, fe orfu arnynt ddioddef pwys ei Law drom ef, ac hefyd Fin ei gleddyf *treiddiol* ef. **1792** T. Jones: *GE* 111, Nid yw'r haul byth ynghwrr eithaf y gogledd, am hynny y gogleddwynt sydd oer, llym a *threiddiol*. **1798** R. Davies: *CG* 22, Boed ein hawl *treiddiawl* trwy / Ffydd, yn Iesu glân a'i glwy. **1803** *P*, *Treiziawl* . . . Penetrating; pervading.

treiddioldeb [*treiddiol* + *-deb*] *eg.* Yr ansawdd neu'r cyflwr o fod yn dreiddiol (am lygaid) neu'n graff (am feddwl, &c.): *penetration* (*of eyes, mind, &c.*).

1803 *P*, *Treizioldeb*, s. m. . . . Piercingness.

treiddiolrwydd [*treiddiol* + *-rwydd*] *eg.* Treiddioldeb, craffter (am feddwl, &c.): *penetration, subtlety* (*of mind, &c.*).

1780 *W*, *Treiddiolrwydd* d.g. *Piercingness, Subtility*. **1803** *P*, *Treiziolrwyz*, s. m. . . . Piercingness.

treiddiwr [bôn y f. *treiddiaf, treiddaf*: *treidd(i)o* + *-iwr*] *eg.* ll. *treiddwyr*. Un sy'n treiddio, hefyd yn *ffig.*; ?ymwelydd: *one who penetrates, also fig*; ?*visitor*.

16g. Siôn Brwynog: *Gw* 37, Gwelais i *dreiddwyr*, gwiw lys drwydded, / Graddau am eilfainc gwyrdd a melfed. **17g.** *Pen* 49, 135, Tra fynno yno i hirgadw / *Treiddiwr* bron (*GDG*³ 295, Trwyddew fy mron) friwdon fradw. **1803** *P*, *Treiziwr*, s. m.—pl. *treiziwyr* [*sic*] . . . One who penetrates, a piercer.

treiddle [*traidd*¹ + *lle*¹] *eg.* ll. *-oedd.* Cyrchfan: *resort, destination*.

12g. *GLlF* 15, Athreitlann Gaduann, gadyr athreui, / A*threitle* haelon haelach no thri. **12g.** *GCBM* i. 59, Tremyn y treitbn-y (treuyn a gedwynt) / *Treitle* glyw Powys, pei am gwynt. *c.* **1400** *R* 1234. 10, *Treidle* yd eth yb [*sic*] ffraeth lyb ffrbythlan. **1803** *P*, *Treizle*, s. m.—pl. t. *oz* . . . A resorting place.

treiddlym, gw. traidd¹ + llym.

treiffl [bnth. S. *trifle*] *eg.* ll. *-au*, *-s* (bach. *treiffliach*).

(*a*) Mymryn: *trifle* (*thing of little value*).

16–17g. *GST* i. 991, Na fydd fyddar gâr o gwirian' —drafferth, / Ond am *dreiffyl* bychan.

(*b*) Pwdin oer wedi ei wneud o gacen sbwng (wedi ei mwydo mewn sieri, &c.) gyda ffrwythau, jeli, cwstard, hufen, &c.: *trifle* (*pudding*).

1932. Ar lafar yn gyff., "Fedra' i'm diodda *treiffl*', 'Smoi'n lico pwdin glyb fel *treiffl*'. Sonnir weithiau am '*dreiffl* Methodis(t)', sef un heb (fawr ddim) sieri, &c., ynddo.

treifflaf: treifflan, treifflo [bnth. S. (*to*) *trifle*] *bg.a.* Ymddwyn yn gellweirus neu siarad yn ysgafn (ynglŷn â (mater difrifol)), gwamalu, cellwair: *to trifle* (*with*), *act or talk frivolously* (*about* (*a serious matter*)).

1677 R. Jones: *BB* 81, dyro dy enaid i fynu yn hollawl i Grist, iw sancteiddio . . . nid yw efe beth iw gwestiwnu, neu i ymchwidawiaeth (neu iw *dreifflan*) ynddo. *id.* 90, bydded i Anffyddloniaid ymchwidawiaeth, neu *dreifflan*, y rhai ni wyddant fod y cyfiawn Dduw yn sefyll gar llaw iddynt. *id.* 95, A ddarparafi yn awr trwy ymchwidawiaeth neu *dreifflan* y cyfryw feddyliau gwewyrloes a phoenydiol, i'm cydwybod ddeffrous? **1677** *TC* 3a, Chwydawiaeth, *treifflan*, chware.

treiffliach, gw. treiffl.

treigl¹ [bôn y f. *treiglaf, treigliaf*: *treigl(i)o*] *eg.* ll. *-au*, *-on*, a hefyd gyda grym adferfol ac fel *a.*

(*a*) Amser, tro, gwaith; tro, cylchdro, rholiad, twmlad; symudiad, tramwy, crwydr, taith, ffordd, llwybr, ôl, diferiad, llif, cwrs, hynt, datblygiad; tro ar fyd, digwyddiad, helynt: *time, occasion*; *turn, revolution, a rolling, tumbling*; *movement, motion, passage, wandering, journey, way, path, trail, trickle, flow, course, progress, development*; *turn of events, vicissitude*.

12g. *GCBM* ii. 269, Og an *treigyl* atregbch yma, / Oc an cam a'n kymer ettwa. **13g.** *LlI* 32, O deruyd enllybyau gur ar wreyc, e *treygyl* kentaf, llv seith wraged arney; er eyl *treygel*, llv pedeyr guraged ar dec; e tredyd, llv deu ugeyn wraged. **13g.** *B* ix. 335, A *threigyl* yg gwylva er archangel hvnnv. *c.* **1400** [*RB*] *WM* 491. 35–6, onyt un *treigyl* yd euthum y geissab uym bbyt hyt yn llynn llyb. *c.* **1400** *R* 1367. 40–2, Adyfred llauar ar wyneb daear an roes kar trugar *treigyl* a vonyd [*sic*]. **15g.** *GLGC* 463, Arglwyddi linólin ŷnt, / arglwyddwaed un *dreigl* oeddynt. **15–16g.** *GIF* 43, Ennill y Groes neu holl Gred / ar wayw'n

nhreigl Urien Rheged. **1547** *WS*, Gamboc *treigyl* wrth chware dawns Gambaulde. **1567** *TN* 2b, amser ei *traigl* i Vabylon. **1604–7** *TW* (*Pen* 228), *treigl* d.g. *Actio.* **1609** R. SMYTH: *CAC* 2, Doethineb . . . sydd ai *threigyl* ynghylch y tair rhinwedd theologaidd. **1632** *D*, *Treigl*, Reuolutio; obambulatio. *id.* d.g. *Cursus, Iter, Obuersatio, Versatio, Volumen, Volutatio.* **1672** R. PRICHARD: *Gw* 149, Gwisc dy draed â scidiau 'r fengyl, / Bydd ddioddefgar ym-mhob *treigyl.* [**1676**] *AF* 4, Un *treigl* meddw all dorri ymaith y gobaith hwnnw. **1688** *TJ*, *Treigl*, treingl: a Revolution, a Rolling or Tumbling. **1701** E. WYNNE: *RBS* 103, y mae echel yr olwyn ynghanol y trô a'r *treigl.* **1723** WM: *PGG* 4, yn myfyrio ar Rediad a *threigl* y Planedau. **1731** T. LEWYS: *BMA* 30, efe a ddymunai i'w Gyddfau dorri . . . a *threigl* drwg ddyfod arnynt. **1789** *BDG* xliii, tra parhäont ym meddiant yr iaith â dderbyniasant o enau eu hynafiaid drwy *dreiglau* a damweiniau rhan fawr o oed y Byd. Ar lafar yn yr ystyr 'traffic, passing to and fro', 'Ma 'na *dreigil* mawr ar y ffordd', hefyd yn yr ystyr 'right of way' ''Os 'na *dreigil* pobol i fynd drosodd?', ac yn yr ystyr 'track, way . . . indicating a general direction though not marked out', ''Odd o'n gwbod y *treigil*', *WVBD* 541.

(*b*) Pasiad (amser), cwrs (bywyd): *lapse or passage* (*of time*), *course* (*of one's life*).

1606 E. JAMES: *Hom* ii. 295, fal y bythom perffaith o'i flaen ef trwy holl *dreigl* ein bywyd. **1658** R. VAUGHAN: *PC* 18, I ni ynghyffredinol *dreigl* ein dyddiau, arferu Duw . . . gyd ag anrhydedd. **1661** E. LEWIS: *Drex* 261, ef [Tudur] a ymddadleuodd a Duw ac ef ei hun ynghylch Tragywyddoldeb, ac a fanwl holodd holl *dreigl* ei oes, trwy ymresymmu ag ef ei hun fel hyn. *c.* **1664** HUW MORUS: *EC* ii. 420, Mil, chwechant, gwarant gwiriwch—y *treigl*, / Tr'ugain, pedair—rhifwch, / Oedran Crist pan fu 'r tristwch, / Fyn'd lleuad Lledrod i'r llwch. **1670** J. HUGHES: *AP* 33–4, O Arglwydd tr[u]garog anfeidrol, i'th ddwylo di yr wyf yn gorchymyn fy enaid a'm corph . . . fy [ff]yrdd a'm hymarweddiad, *treigl* a diwedd fy mywyd, dydd ac awr fy marwo[l]aeth . . . Amen. **1793** *Cylchg* 161, Wedi *treigl* miloedd o flynyddoedd . . . y mae'n hyfryd gweled byd newydd. Cf. J. MORRIS-JONES: *CD* 19, Ond yn *nhreigl* amser fe anghofir y darlun; W. J. GRUFFYDD: *Llenyddiaeth Cymru* (1926) 172, Morgan Llwyd . . . aeth ei neges yn angof yn *nhreigl* y blynyddoedd.

(*c*) *Gram.* Cyflwr; ?ffurfiant geiriau: *case* (*in gram.*); *word formation.*

1552 W. SALESBURY: *Gw* 301, id pan vo lliaws o eirie yn yr vn *treigl* [:- achos] ac yn vnodl. **1595** *Egl Ph* 61, pan bho'r araith yn lhuossawgo [*sic*] eiri/au yn yr vn *treigl*, ac yn vnodl. **1607** *Rhyddiaith Gymraeg* i. 143, y lhythyren T yn niwedh geiriae, yn lhe d, megys lhygat dros lygad . . . mai velhy dyly'r iawn scriuenydhiaeth vod, val y mae'n cytestio a mi . . . [y]r aruer gyphredin mewn *treigl* a chyfansodhiad a chymhleth ymadrodh, megys gwr lhygeitu, Cilmin Troetu. **1771** *W*, Achos, *treigl* d.g. *Case* [*of a Noun*].

Fel *a.* Yn treiglo, yn rholio; crwydrol; yn cylchredeg (am arian): *turning, rolling; wandering; circulating* (*of money*).

14g. *WM* 456. 9–12, [p]enpingyon a ymda ar y penn yr eiryach y draet . . . mal maen *treigyl* ar lawr llys. ?**15g.** *BDG* 210, Y Fran *dreigl* ymwan draw. **1604–7** *TW* (*Pen* 228), dyn *treigl* d.g. *Aduena.* **1632** *D*, Coed *treigl* i fwrw llongau i'r dŵr, neu i symmud peth trwm d.g. *Palangæ.* **1679** C. EDWARDS: *GGG* 171, er mwyn gwrando [gair Duw] yn ddyfal rhaid ini wilied yn ofalus rhag tri pheth . . . Y cyntaf yw meddyliau gwibiog, yn rhedeg ar achosion cnawdol a bydol. Yr ail yw golugon [*sic*] *treigl*, yn craffu gormod ar amryw bethau oddiamgylch. **1722** *Llst* 190, Anifail crwydr neu *treigl* [*sic*]. A stray-beast. **1740** T. EVANS: *DPO* 72, Yr oedd Brydain fawr . . . wedi ei harllwys yn gwbl o'i Gwyr arfog, a hynny a barodd i'r Gwibiaid *treigl* hynny y Ffichtiaid fod mor llwyddiannus yn eu Lledrad a'i gwaith yn anrheithio 'r wlad hon wedi'n. *id.* 74, nad oedd deilwng gan y Brutaniaid roddi eu Merched hwy yn Wragedd i'r fath ddynion *Dreigl* [*sic*] a'r rhai hynny. *id.* 75, Pobl *dreigl* o bell oedd y Brithwyr.

Amr.: **treingl** [bôn y f. *treinglaf, treingliaf*: *treingl*(*i*)*o*]. **1688** *TJ* d.g. *Treigl.* **1774** *W Ballads* 187, [2], Cofia *dreingil* y pysgodyn. **trigl** [bôn y f. *triglaf*: *triglo*]. **1672** R. PRICHARD: *Gw* 5, Nag it drigo yn dost dy *drigyl.* **1777** H. JONES: *M* 83, *trigil.* **1784** M. WILLIAMS: *S* i. 232, [*t*]*rigil.* Ar lafar yn y ff. '*trigil*', *WVBD* 541.

Cfn.: **ar dreigl:** *rolling, circulating, in circulation* (*of money*), *travelling, on one's travels, wandering, straying, drifting.* **16g.** *Llst* 6, 67, gwr *ar draigl* gair dryglais (Gruffudd ap Ieuan ap Llywelyn Fychan). **16g.** (*LlEG*) *Mos* 158, 598b, i digwyddodd i ddo [*sic*] Ef *ari* [*sic*] *dreigyl* ddyuod ir kwr Eith/a ir llu. **1604–7** *TW* (*Pen* 228) d.g. *Volubiliter.* **1672** R. PRICHARD: *Gw* 5, Tynn i Loeger, tynn i Lundain, / Tynn dros fôr tu hwnt i Rufain, / Tynn i eitha 'r byd *ar dreigyl.* [**1783**] *W*, *ar dreigl* d.g. *Rollingly.*

treigl[2], 3. un. pres. myn. y f. *treiglaf, treigliaf*: *treigl*(*i*)*o.*

treiglad[1], **treigliad**[1] [bôn y f. *treiglaf, treigliaf*: *treigl*(*i*)*o*+-*ad*[2], -*iad*[1]] *eg.* ll. -*au.*

(*a*) Troad, cylchdroad, rholiad; ?rholer; symudiad, crwydrad, teithiad, hynt, cylchrediad; pasiad (amser); olyniaeth, rhediad (sgwrs, &c.), dilyniant; treuliad (bwyd); tro ar fyd, digwyddiad, helynt; ?cyfieithiad, trosiad: *a turning, revolution, rolling*; ?*roller*; *movement, wandering, travelling, course, progress, circulation*; *lapse or passage* (*of time*); *succession, thread* (*of conversation, &c.*), *continuity*; *digestion*; *turn of events, vicissitude*; ?*translation.*

1545 *CM* 1, 13, A thrwy wres i ddisglair belydyr Ef [yr haul] y[n] towynnv . . . ynn hellynt I *dreiglad* Ef or dwyrain Ir gorllewin Ir addueda Ef yd ac aeronn / o bob amryw genedlaeth. *id.* 19, [c]ynnedd/ue y neuolion gorfforoedd ynni *treigyliade* ai Symudi/ade wynt. **1552** *Pen* 403, 1, telit deo i enaid y gwr ai gwnaeth / beth bynac am y *treigliad.* **1605–10** *IICRC* iii. 17, dod glust gwrando draethiad llen / a *threiglad* hen ystori. **1632** *D*, *treiglad* d.g. *Volutatio.* **1735** S. THOMAS: *HP* 24, ar y modd yr ymddugodd ei hun yn ei amryw *Dreigliadau* trwy'r Gwledydd. **1774** H. JONES: *CH* 20, Nid yw ei ddyddie ar ddaear hon, / Ond megis t'wnniad haul ar fron / Ar ddiwrnod teg, neu *dreiglad* tonn / Ym min yr eigion mawr. **1775** *PHBA* 19, Mae ffyrdd rhagluniaeth yn rhy ddyrus i ddyn eu holrhain. Trugareddau a ymddangosant weithiau yn rhith dioddefiadau; a gall *treigliadau* ein tynghedfen ninnau . . . fod yn amrafael a gwahanol. **1793** R. POWELL: *ADV* 6, Yr iâ oer lén, a'r eiry-wlaw 'n erwin, / Sy'n araws heb beidiaw; / A gâir un mâd *dreigliad* draw / Tebyg eu myned heibiaw? **1794** *W* d.g. *A turning.* **1794** E. JONES: *CP* 101, Ond cludfenni a elo ar olwynion neu *dreigliadau* un modfedd ar bymtheg o lêd, a ganiatêir i gael eu llusgo gan y nifer a fynnir o geffylau. **1803** *P*, *Treigliad*, s. m.—pl. t. *au* . . . A turning, a revolving, a circulating, a passing through, a traversing; a migration; a wandering. Ar lafar, 'gida *treiglad* amsar', '*treiglad* y dŵr', 'Ma'n anodd dilyn *treiglad* 'i brecath a wastod', *GTN* 822. Cf. T. G. JONES: *YA* 147, Yn *nhreiglad* y blynyddau / Bu llawer tro ar fyd.

(*b*) *Gram.* Ffurfdroad, gogwyddiad, rhediad, ffurfiant, morffoleg: *inflexion, declension, conjugation, accidence, morphology* (*in gram.*).

1552 W. SALESBURY: *Gw* 301, Polyptoton Lliosodl ne liosdreigl id laweredd o *dreigliadeû* gohanedic dervyneû. **1567** G. ROBERT: *GC* 9, Beth yw Cyfiach[yddiæth] . . . Rhan o Ramadeg yn dangos megis iachau pob gair ar i ben ihun allan o blethiad ymadrodd: mal manegi tadogæth epil, cenedl, rhif, *treiglgiad* gair cyn i roi mewn cymlheth ymadrodd. *p.* **1584** *id.* [100], Oes yn y gymraeg amrafel *dreigliadau* fal y galler i hadnabod wrth syrthiad a therfyn y gair megis y mae yn y groeg, a.'r [*sic*] lladin? *id.* [100–1], Etto ef a ellir dosparth *treigliadau* cymraeg mewn modd arall . . . At y *treigliad* cyntaf y perthyn pob henw a fo ynddo gynnifer sill[a]fau yn y rhif unig, a'r ll[u]ossawg mal: carreg, cerrig; At yr ail y bwrir pob henw a fytho chwaneg i sillafau yn y rhif lluossawg, nog yn yr unig; mal: tad tadau. *a.* **1587** *Y* 125, I *threigliad* a'i gramadeg / O'r Ebryw doeth, groewber deg. *id.* 168, Am y gair 'clwm', mi a'i ymddiffynais drwy *dreigliad* yn fy ngherdd. **1592** S. D. RHYS: *Inst* 60, De Declinatione. *Treigliat.* **1632** *D*, *Treiglad* gair d.g. *Declinatio.* **17g.** *GP* 198, *Treigliad* pann fythoch yn dowttio yw fal hynn, 'kalyn', 'kalynodd'; 'dolvr', 'dolvrvs'. **1725** *SR*, *Treiglad* d.g. *Declension.* **1803** *P*, *Treigliad*, s. m.—pl. t. *au* . . . a declension.

(*c*) *Gram.* Cyfnewidiad cytseiniol (yn enw. ar ddechrau gair) ac iddo arwyddocâd cystrawennol neu forffolegol, newid cytseiniol (cyffredinol): *consonant mutation, consonant shift* (*in gram.*).

1808 W. OWEN[-PUGHE]: *CIG* 8, *Treigliadau* Cydseiniaid cyfnewidiawl yn nechreu Geiriau. Ar lafar yn gyff., 'Ma gynno fo rw *dreiglada* rhyfadd iawn' (sir Gaern.). Cf. *MA*[2] xix, Prif nodwedd yr hen orgraphau . . . ydyw eu hamddifadrwydd o *dreigliad* y llythyrenau; hyny yw, nid ydyw 'c', er esampl, braidd un amser yn troi yn 'g, ngh', ac 'ch'. . . . [p]o hynaf y byddo orgraph, lleiaf oll a fydd o *dreigliadau* ynddi; T. A. WATKINS: *Ieithyddiaeth* (1961) 60, yng nghyfnod y Frythoneg nid oedd i'r *treiglad* meddal fwy o arwyddocâd ar ddechrau gair nag oedd iddo ynghanol gair. Rhesymau seinegol oedd drosto yn y ddwy safle. . . . Diflaniad y sillafau olaf (yr achos seinegol gwreiddiol) a barodd i'r *treiglad* ddatblygu arwyddocâd morffolegol a chystrawennol.

(*d*) *Gram.* Cyfnewidiad llafarog, affeithiad neu wyriad: *vowel alternation, affection, or mutation* (*in gram.*).

1808 W. OWEN[-PUGHE]: *CIG* 11, *Treigliad* y Llafariaid newidiawl. Y llafariaid newidiawl ynt 'a, e, o, w'.

Cfn.: **treigl(i)ad caled:** *devoicing, provection, hard mutation* (*e.g. in Welsh* (*only internally*) '*b, d, g*' > '*p, t, c*'). **1922.** **treigliad chwyrn = treiglad llaes. 1920.** **treigl(i)ad llaes:** *spirantization, aspiration, aspirate or spirant mutation* (*e.g. in Welsh* '*p, t, c*' > '*ph, th, ch*'). **1923.** **treigl(i)ad meddal:** *lenition, soft mutation* (*e.g. in Welsh* '*p, t, c*' > '*b, d, g*'; '*b, d, g*' > '*f, dd, -*'; '*m, ll, rh*' > '*f, l, r*'). **1920.** **treiglad trwynol:** *nasalization, eclipsis, nasal mutation* (*e.g. in Welsh* '*p, t, c*' > '*mh, nh, ngh*'; '*b, d, g*' > '*m, n, ng*'). **1920.** **ar dreiglad:** *travelling, on one's travels, wandering.* **18–19g.** *IM* 240, Minnau'n brydydd bûm dreigledydd, / Hyd lawer gwlad bûm *ar dreiglad.*

treiglad[2], **treigliad**[2] [bôn y f. *treiglaf, treigliaf*: *treigl*(*i*)*o*+-*ad*[2], -*ad*[2]] *eg.* ll. *treiglaid.* Crwydryn; ?trafodwr: *wanderer, vagabond*; ?*exponent.*

14–15g. *IGE*[2] 159, *Treiglad* pob glân gynghanedd / Trysorwr serch, merch a medd [marwnad Gruffudd Llwyd gan Rys Goch Eryri]. **1632** *D*, *Treiglad* . . . Obambulator, erro, onis. **1688** *TJ*, *Treiglad* . . . a Vagabond, a Wanderer. **1753** *TR*, *Treiglad* . . . he that walks about or up and down, a vagabond, a wanderer. **1803** *P*, *Treiglad*, s. m.—pl. *treiglaid* . . . One who roves about, a wanderer.

treigladaeth, treigliadaeth [*treiglad*[1], *treigliad*[1] + -*aeth*] *eb.*

(*a*) Symudiad, crwydrad, teithiad, hynt: *movement, a wandering, travelling, progress.*

1810.

(*b*) *Gram.* Treiglad cytseiniol; ffurfdroad: *consonantal mutation*; *inflexion* (*in gram.*).

1823.

treigladol, treigliadol [*treiglad*[1], *treigliad*[1] + -*ol*] *a.*

(*a*) Symudol, crwydrol, lledaenol: *moving, wandering, spreading.*

1814.

(*b*) *Gram.* Yn perthyn i dreiglad (am gytsain, &c.); ffurfdroadol, ffurfdroëdig: *mutational* (*of consonant, &c.*); *inflexional, inflected* (*in gram.*).

1828.

treigladwy, treigliadwy [bôn y f. *treiglaf, treigliaf*: *treigl*(*i*)*o*+-*adwy*, -*iadwy* (At.)] *a.bfl.*

(*a*) Troadwy, symudadwy, symudol, crwydrol, teithiol: *turnable, movable, moving, wandering, travelling.*

1722 *Llst* 189, *Treigladwy* . . . moveable. **1793** DAFYDD IONAWR: *CD* 348–9, O'u tir teg y torrwyd hwy / Drwy'r gwledydd yn *dreigladwy.* **1803** *P*, *Treigladwy* . . . Capable of turning.

(*b*) *Gram.* Y gellir ei threiglo (am gytsain, &c.); y gellir ei ffurfdroi: *mutable* (*of consonant, &c.*); *declinable* (*in gram.*).

1722 *Llst* 189, *Treigladwy.* Declinable. **1772** *W*, *treigladwy* d.g. *Declinable.* **1803** *P*, *Treigladwy* . . . declinable.

treiglaf, treigliaf: treigl(i)o, *bg.a.*

(*a*) Troi, rholio, twmblo, chwyrlïo, chwifio, cwhwfan, cylchdroi; bwrw'n ôl, gwrthdroi; newid, ymrithio; cyfieithu; cylchredeg, treiddio, lledaenu, trosglwyddo, symud, rhodio, troedio, cerdded, mynychu, ymweld â, mynd, dod, crwydro, teithio, rhedeg, llifo, diferu; ystyried, trafod; hefyd yn *ffig.*: *to turn, roll, tumble, whirl, brandish, wave, revolve*; *repulse, overthrow*; *change, assume form*; *translate*; *circulate, penetrate, spread, transfer, move, roam, tread, walk, frequent, visit, go, come, wander, travel, run, flow, trickle*; *consider, discuss*; *also fig.*

12g. *GCBM* ii. 331, Brenhin pob gwerin, gwared arnaf, / Gwedi *treiglaw* byd, budd arnaf. **13g.** *GDB* 136, Ys yr an *treiglaw* an traglewder, / *Treiklyd* an kywyd an cam wober. **13g.** *C* 88. 9–10, Cv da. cvd ymda. Cv. *treigil.* Cvthrewna. **13g.** *A* 7. 6–7, trachywed vawr *treiglessyd* llawr lloegrwys giwet. **13g.**

GBF 85, Llyɓ dragon, llafneu *dreiclyaɓ*, / Lleɓ ehwybyr, o lwybyr dy laɓ. **13g.** *BD* 136, ymlenwi a wnaeth o'e charyat yn gymeint ac na hanbvyllei o dim, namyn *treiglav* y holl uedvl a'e holl enni a'e holl dihewyt yn y hanrydedu hi. **1346** *LlA* 14, Amhynny y *treiglaɓd* ef y chwechoes yny ol y aghev (*morti involvit*). *id.* 51, Ar holl amseroed *adreiglir* (*volvitur*) or seith niɓarnnaɓt. **14g.** *WM* 255. 30–2, Ac yd aeth y *dreiglyaɓ* lys arthur. ac ny doeth vyth drachefyn. **14g.** *GDG*[3] 7, Gwâr Iesu trugar, *treigl* dydi—ataf, / Ateb y goleuni. *c.* **1400** [*RB*] *WM* 491. 20–2, lle ymae yr annuieil hynaf yssyd yny byt hɓnn. a mɓyaf *adreigyl*. *c.* **1400** *RM* 105, hyt y gɓlych glaɓ. hyt y *treigyl* heul. *Dchr.* **15g.** *GM* 40, *treicla* attam dy trugarogyon lygeit. **1547** *WS*, Gwedy *treiglo* Turned. **1551** W. SALESBURY: *KLl* xxxb, ag ae gesodes ef mewn monwent a doresit or graic ac a *dreigladd* vayn ar ddrws y vonwent. **1567** *TN* [xliv], Llyfr yw hwn y bowyt tragwyddol, 'rhwn a *dreiglwyt* yt yn Gymraeg yn ffyddlon, ac yn gowir. *id.* 286a, yn cyfrwng pa rei ydd oeddem ninheu hefyt yn cydtro [:– *treiglo*, cyttal] gynt. **16g.** *Haf* 22, 373, [d]ywad Jessu wrthynt kodwch a ni awn y *draiglo*. **1632** *D*, *Treiglo*, Voluere; obambulare. *id.* d.g. *Euerto, Migro.* **1689** E. MORUS: *RC* 38, a myfyriwch chwithau ar yr un peth, fel y byddai iddo *dreiglo* i'ch Calonnau. **1735** S. THOMAS: *HP* 253, cynnifer o Wledydd a ddarfu iddi *dreiglio* yn y cyfamser. **1753** *HFS* 33, a'r Dagrau'n *treiglo* i lawr. **1773** *W*, *Treiglo* d.g. *To go from place to place.* **1803** *P*, *Treiglaw* . . . To turn, to revolve, to circulate; to pass through; to migrate; to wander about. Ar lafar yn yr ystyr 'rholio', 'dyn yn *treiglo* dros y dibyn', 'dŵr yn *treiglo* dros y graig', *WVBD* 541; hefyd yn yr ystyr 'rholio gyda'r traed yn yr awyr' (am anifeiliaid), *ib.*; ac yn yr ystyr 'mynd a dod', 'Ma 'na hôl *treiglo* garw 'n y fan 'ma', *id.* 542; '*triglo*' 'to turn (usually to turn loaves in the oven)', *TGG* (1907–8) 90 (de-orllewin sir Gaerf.); 'Dim ond crotyn yn *triclo* cylch welas i ar yr 'ewl 'nawr', *GTN* 810.

(*b*) Treulio (amser, &c.); treulio (bwyd, &c.), yfed, defnyddio: *to spend* (*time, &c.*); *digest* (*food, &c.*), *drink, use.*

?**14g.** *MA*[2] 592. 20, ac ni megynt vlinder by *treiglynt* y dyd oll wrth wassanaeth yr effereneu. **1701** E. WYNNE: *RBS* 233, yr ŷd y gwîn, y gwlân ar [*sic*] arian a fwriadodd Duw iw [*sic*] *treiglo* a'u harferu er diwallrwydd a sirioldeb iddo'i hun a'i frawd.

(*c*) *Gram.* Ffurfdroi, rhedeg; tarddu: *to inflect, decline, conjugate; derive* (*in gram.*).

c. **1455** *GP* 70, o achos yr arver ymhob iaith y gellir *treiglo* diwedd geiriav, yng Ngroec ac yn Lladin. **1546** *YLlH* [7], Ac wrth *dreiglo* yr geirieu, y symmyd pob vn or kytsynanyeid yw gylidd. *a.* **1575** *GP* 101, Llyma ffordd a ddysc dychwelud neü *dreiglaw* geiriaü val y galler gwybod pa gas, pa bersson, pa vodd, a pha amsser a ddoter yn yr ymadrodd wrth i wneüthür yn ddyledüs ac yn gyviawn; nid amgen no dysc i *dreiglaw* ymadroddion yn berffaith, val y mae hynn y'r verf: 'karaf, kery, kerais, karü, o'r karü, y'r karv, at y karv, o garv, i garv, yn karv'. *p.* **1584** G. ROBERT: *GC* [135], Beth yw berf? . . . Rhann o'madrodd yn arwyddhau bod, gwneuthur, ne ddioddef, mal: wyf, caru, cerir, a honn a *dreiglir* wrth foddion, ag amserau. *a.* **1587** *Y* 168, 'Fflandrys'. Meddech chwi mai 'Fflandrs' . . . 'Fflandria' yw'r gwreiddiol; ni all 'ndrs' *dreiglo* heb vogail rhyngthynt . . . 'Fflandrysiaid'. **1595** *Egl Ph* [70], nid oes arbher o honn [amddychwel] wrth newid terbhynau, wrth *dreiglaw* enw cadarn, am nad yw'n diethro yn y diwedh, mal y Lhadineg, a'r Gryweg. **1795** J. THOMAS: *AIC* 16, Y modd i *dreiglo* geiriau, i wybod pa Gas, Person, Modd ac Amser a ddodir yn yr ymmadrodd. **1803** *P*, *Treiglaw* . . . *Treiglaw* gair, to decline a word. Cf. D. OWEN: *RL* 289, Yr oedd i'r gymdeithas hon [y Sol-ffa] amryw fanteision ar yr hen gymdeithas lenyddol. Teimlid mae mwynach oedd swnio 'do' gyda'u gilydd na *threiglo* berf ar eu penau eu hunain.

(*d*) *Gram.* Cael ei newid gan dreiglad cytseiniol; peri treiglad cytseiniol (i); defnyddio treiglad(au) cytseiniol: *to mutate, undergo consonantal mutation; mutate, cause consonantal mutation* (*to*); *use consonantal mutation*(*s*) (*in gram.*).

1818. Ar lafar, "Dyw e byth yn *treiglo* yn y llefydd iawn'.

Amr.: **treingl(i)o** [cf. *treingl*]. **1661** E. LEWIS: *Drex* 16, yn taflû ni a wna i lawr yn wysg ein pennaû mewn mûnûd, a'n *treinglo* ni i wared rhyd y grisiaû yma, i'r mor mawr, Tragywyddoldeb. **1719** *TDP* 50, hwy a *Dreingliasant* i lawr Gerrig attom o ben y bryn. **1795** JAC GLAN-Y-GORS: *SG* [i]. Ar lafar, '*tringlo*', *WVBD* 541. **triglio** [cf. *trigl*]. **1574** *RhRC* (At.) 149b. **triglo.** Ar lafar, *TGG* (1907–8) 90 (de-orllewin sir Gaerf.), *GTN* 810.

Cfn.: **treiglo einioes:** *to spend one's life.* **16g.** HUW ARWYSTL: *Gw* 285. **1595** M. KYFFIN: *DFf* [2], [48].

Gw. hefyd **tryglo.**

treigldrwst [*treigl*[1] + *trwst*[1]] *eg.* Dwndwr, siffrwd: *a rumbling, rustling.*

[**1783**] *W*, *treigl-drwst* d.g. *A rumbling.*

treiglddyn [gair geir., sef *treigl*[1] + *dyn*] *eg.* ll. *-ion.* Crwydryn, teithiwr: *vagabond, wanderer, traveller.*

1604–7 *TW* (*Pen* 228), *treigldhyn*, *treigl dhyn* d.g. *Aduena, Erraticus, Erro, nis. id. treigldhyn* marchnat d.g. *Circunforaneus.* **1632** *D*, Treiglad, & *Treiglddyn*, Obambulator. **1688** *TJ*, Treiglad, *treigl ddŷn* . . . a Vagabond, a Wanderer. **1725** *SR*, *treiglddyn*, *treigl ddyn* d.g. *A Gadder, A Vagabond.* **1803** *P*, *Treiglzyn*, s. m.—pl. t. *ion* . . . A wandering person, a wanderer, a stroller.

Amr.: **treinglddyn** [cf. *treingl*]. **1688** *TJ* d.g. *Treiglad.*

treigle [*treigl*[1] + *lle*[1], ?a'r ystyr 'trigfan' dan ddyl. yr e. *trigle*] *eg.* ll. *-oedd.* Cyrchfan; trigfan, preswylfa, annedd: *resort; dwelling*(*-place*), *abode, habitation, residence.*

16–17g. EDWARD URIEN, &c.: *Gw* 354, Treiglaf wlad, *treigle* fu'i wledd, / Tywyn yn anad tuedd. **1656** (**1745**) *MLl* ii. 140, [y] Duw rhŷfeddol nad oes iddo na Thrîg-Lê, na *Threig-Lê.* **17g.** E. MORUS: *Gw* 62, *Treigle* gwawd triagl a gwin. **1672** R. PRICHARD: *Gw* 239, Felly hestyn Duw dy ddyddie, / Yn y tir lle bo dy *dreigle.* **1675** R. JONES: *HCh* [173], Hanedd, *Treigle.* **1683** H. EVANS: *CTF* 18, Er dy fôd yn newid *treigle*, / Bydd (er hyn) yr un, ym-mhob lle. **1778** J. THOMAS: *HB* 371, Mae Mr. Morgan Edwards yn ei lyfr yn dywedyd i Mr. John Evans a'i wraig fyned . . . i Bensylfania yn 1710 . . . A'r flwyddyn ganlynol aeth drosodd Mr. John James a'i wraig . . . Yn 1712 ymwelodd Mr. Abel Morgan a'r teuluoedd hyn, gan fod rhagluniaeth wedi trefnu eu *treigleoedd* yn agos i'w gilydd. **1790** TWM O'R NANT: *GG* 112, *Treigle* a chartref-le trais [i'r galon ddrwg].

treigledig, treigliedig [bôn y f. *treiglaf, treigliaf*: *treigl*(*i*)*o* + *-*(*i*)*edig*] *a.bfl.* ll. *treigledigion.*

(*a*) Yn troi, yn rholio, y gellir ei rolio, symudadwy; ?y gellir eu cyfnewid; wedi ei droi, ?wedi ei daflu; wedi syrthio (i ran rhywun): *turning, rolling, rollable, movable; ?interchangeable; turned, ?thrown; devolved.*

13g. *D Col* 15, Nyt reyt mach ar dylysruyt arueu nac ar dlysseu *treycledyc*, y am guregys a kyllell a cae, a buyt *treycledyc* ac aryant. Esef achaus nat reyt mach arnadunt urth na ellyr herlyn ev hannylleseu. *c.* **1400** *B* iii. 89, llyma uffern yn y lle y disgynassant yr holl eneideu kyn no dyuodedigaeth yn arglwyt ni iessu grist. Ar proffwydi. Ar holl uyd a uuant *dreigyledic* y uffern. *c.* **1401** *AL* ii. 392, Ny ellir kymell neb yn bleit y dalu dylyet dros arall ygkyfreith etiued, neu gyt etiued ony byd discenedic neu *dreigeledic* yr etiued neu gyt etiued iaɓn anyanaɓl o bleit rieni neu gyt etiued. **16–17g.** *Gesta Rom* 29, Y bel, yr honn a sydd gronn a *thraigledig* a arwyddoka trachwant. **1604–7** *TW* (*Pen* 228) d.g. *Versatilis.* **1803** *P*, *Treigledig* . . . Turned.

(*b*) *Gram.* Wedi ei ffurfdroi, wedi ei redeg, tarddiadol: *inflected, declined, conjugated, derivative* (*in gram.*).

1604–7 *TW* (*Pen* 228), *Treigledic* yn amgenach na'r henwe cyphredinol d.g. *Heterocliton.* *c.* **1785–90** (**1829**) *CBYP* 207, Heblaw y rhai hynn, y mae rhyw ychydig o eiriau yn ymdreiglaw o eiriau unsill a font yn diweddu yn O neu AW, a'r Gwerfau *treigledigion* o'r cyfryw a'u haccen ar y sill ddiweddaf. **18–19g.** *Llr* C 57, 381, Gair *Treigledig*, a derivative inf[l]ected word. **1803** *P*, *Treigledig* . . . declined.

(*c*) *Gram.* Wedi ei threiglo (am gytsain, &c.): *mutated* (*of consonant, &c.*) (*in gram.*).

1818.

treigledigaeth [*treigledig* + *-aeth*] *eg.* Troad, rholiad, cylchdroad; crwydrad; cylchrediad (arian); hefyd yn *ffig.*: *a turning, rolling, revolution; wandering; circulation* (*of money*); *also fig.*

c. **1400** *B* xiv. 189, Meddawt yssyd . . . gwreidyn y pechodeu . . . kynnwryf y penn, *treigyledigaeth* y synnwyr. **1604–7** *TW* (*Pen* 228), *treigledigaeth* d.g. *Euersio.* **1803** *P*, *Treigledigaeth*, s. m. . . . The act of turning, rolling, or revolving; a revolution; a wandering.

treigledlys [?*treigled*(*ig*) + *llys*[5]] *eg.* *Bot.* Un o amryw fathau o blanhigion o'r tylwyth *Persicaria*, yn enw. clymog bychan, *P. minor*: *persicaria, esp. small water-pepper, creeping persicaria.*

1801 *MMf* 284, Erratica, *treigledlys*, elinog goch, y benrudd. **1813** *WB* 239, *Treigledlys*; Polygonum minus; Creeping Persicaria, or Knotgrass.

treigledydd [bôn y f. *treiglaf, treigliaf*: *treigl*(*i*)*o* + *-edydd*] *eg.* ll. *-ion.* Crwydryn, teithiwr; rholer: *wanderer, traveller; roller.*

18–19g. *IM* 240, Minnau'n brydydd bûm *dreigledydd*, / Hyd lawer gwlad bûm ar dreiglad.

treiglen, trenglen, tr(e)inglen, &c. [?*treigl*[1] + *-en*; cf. *treingl, treingl*(*i*)*af*: *treingl*(*i*)*o*] *eb.* ll. *trenglennydd, tringlenni.* Tafell o wair wedi ei thorri o'r das, clencen, plet: *bale or truss of hay cut from a rick.*

1863. Ar lafar, '*trenglan*' (Môn); '*trenglen*' 'haen o wair a dorrir o das i'w gario i'r anifeiliaid', *LlLlM* 103; '*treiglan, tringlan*' 'as much hay as can be conveniently taken out of a stack and carried away in the arms or bound on the shoulders . . . about 56 lbs.', *WVBD* 541; '*tringlan* . . . *tringlen* . . . *tringlenni*' 'Y baich o wair a geir wedi torri o amgylch y fagwyr . . . â'r gyllell wair', *B* xv. 28 (Meir.).

treiglfaen [*treigl*[1] + *maen*[1]] *eg.* ll. *-feini.* Rholer; clogfaen, maen crwydr: *roller; boulder, erratic block.*

1604–7 *TW* (*Pen* 228), *Treigluaen* cyfgrwnn d.g. *Cylindrus.*

treiglfardd [*treigl*[1] + *bardd*] *eg.* ll. *-feirdd.* Bardd crwydrol, clerwr: *wandering or itinerant poet.*

12g. *GCBM* i. 133, Ny'm gɓna tro *treigylueirt* un amser. *a.* **1587** *Y* 76, Nid yw hardd gwaith *treiglfardd* trwm / O bai yn rhes heb vn reswm. **1803** *P*, *Treiglvarz*, s. m.—pl. *treiglveirz* . . . An itinerant bard.

treiglgwaith, treiglwaith [*treigl*[1] + *gwaith*[2]] *adf.* Unwaith, un tro, rhywdro: *once* (*upon a time*), *one time, on one occasion.*

14g. *WM* 1. 3–4, a *threigylgweith* yd oed yn arberth. **14g.** *Bren Saes* 20, ef a wnaeth Duw yn dec ac Ethelret, brenhin Lloegyr, *treigylgweith* gwedy dyuot Oseth, brenhin Denmarc, y dir Lloegyr. *c.* **1400** *ChO* 3, A *threigylgweith*, amgylch Gwyl Martin, yd oedd ef yn rodyaw ar hyt boly derwen. *id.* 15, A *threigylgweith*, pan yttoed y cath yn rodyaw, a diruawr newyn arnaw. **15g.** *FfBO* 48, yr hwnn *dreigylweith* a dywat wrthyf, 'O dat, a vynny di welet y dinas hwnn?' **15–16g.** LLAWDDEN, &c.: *Gw* 178, Mal gwregys am ystlys Mair, / Mae ywch gwisg am ych esgair. / *Treiglwaith* grym trwy gloth grain, / rhyw iôn aeddfed rhin noddfain. **1707** *AB* 239a, *Treiglweith*, On a certain time. **1803** *P*, *Treiglwaith* . . . adv. Once on a time.

Amr.: **treilgwaith.** **14g.** *BT* 52. **14g.** *RC* xxxiii. 193. *c.* **1400** *RB* ii. 250.

treigliad[1,2], **treigliadaeth, treigliadol, treigliadwy, treigliaf: treiglio, treigliedig,** gw. **treiglad**[1,2], **treigladaeth, treigladol, treigladwy, treiglaf: treiglo, treigledig.**

treiglwaith, gw. **treiglgwaith.**

treiglwas [*treigl*[1] + *gwas*[1]] *eg.* Crwydryn, teithiwr: *wanderer, traveller.*

1929.

treiglwr [bôn y f. *treiglaf, treigliaf*: *treigl*(*i*)*o* + *-wr*] *eg.* (b. *-wraig*) ll. *-wyr.* Crwydryn, rhodiwr, teithiwr; un sy'n troi neu'n rholio, hefyd yn *ffig.*; ?trafodwr: *wanderer, stroller, traveller; one who turns or rolls, also fig.; ?exponent.*

14g. *GDG*[3] 61, Ci sietwn yw'r cas ytai, / Coes gwylan craig, *treiglwraig* trai. *id.* 303, O thry i'th ogylch, iaith ddrud, / *Treiglwr*, chwibanwr traglud [i'r cyffylog]. **15g.** *GLGC* 167, Troi i frig y Ferwig a fyn —y *treiglwyr* / at arglwydd y Tywyn. *Diw.* **15g.** *Pen* 53, 27, clotwyrn traglew yr kedyrn. *treiglwr* kadeu. **16g.** WILIAM CYNWAL: *Gw* (R. L. Jones) 610, Brodyr, *treiglwyr* trin, chwiorydd, gwŷdd gwin, / Wylan', rhyw'i llin a leinw'r llynnoedd. *a.* **1587** *Y* 3, *Treiglwr* gwawd, triagl ar gân, / Tafod Ysbytty Ifan. **16–17g.** (**17g.**) *LlCy* xi. 227, *treiglwr* kronigl tre a gwlad / er kyn kyfodiad siasoñ (Edward Dafydd). **1803** *P*, *Treiglwr*, s. m.—pl. *treiglwyr* . . . One who turns or rolls; a stroller.

treiglydd [bôn y f. *treiglaf, treigliaf*: *treigl*(*i*)*o* + *-ydd*[3]] *eg.* ll *-ion.* Rholer; *Ffis.* dargludydd: *roller; conductor* (*in physics*).

1794 *W*, *treiglyddion* d.g. *Trucks* [*wheel-like pieces of wood, used for the moving of ordnance at sea*].

treing, gw. **trengaf: trengi.**

treilar, treiler, gw. **trelar.**

treilgwaith, gw. **treiglgwaith.**

treilif [*trai*[1] + *llif*[2]] *eg*. ll. *-oedd*. Llanw isel, nêp: *neap tide*.
1778 W, *Trei-lifoedd* y môr d.g. *Neap . . . Neap tides*.
1798 WR, *trai-lif* d.g. *Neap-tide*.

treilobeit, treilyr, treillaf: treillo, gw. trilobit, trelar, treilliaf: treillio.

treillffun, traill-ffun [*traill*[1] + *ffun*[2]] *eb*. ll. *treillffuniau*. Prif linyn rhwyd: *stapling-line, chief cord of net*.
Ar lafar yn y ff. *traill-ffun* ymhlith coryglwyr Afon Tywi, B vi. 313, ac Afon Teifi, J. G. JENKINS: *NC* 133.

treillgist [*traill*[1] + *cist*] *eb*. ll. *-iau*. Cist ddroriau: *chest of drawers*.
1849.

treilliad [bôn y f. *treilliaf, treillaf: treill(i)o* + *-iad*[1]] *eg*. ll. *-au, -on*. Troad, nydd-droad, chwyrlïad, rholiad: *a turning, twisting, whirling, rolling*.
15g. *GDLl* 137, Fe oerwyd 'y nghwd eirin, / Drallod heb les, *dreilliad* blin. 1604-7 TW (*Pen* 228) d.g. *Versura*. 1632 D d.g. *Volubilitas*. 1803 P, *Treilliad*, s. m.—pl. t. *au . . .* a rolling.

treilliaf, treillaf: treill(i)o [bf. o'r e. *traill*[1]] *bg.a.*
(*a*) Troi, chwyrlïo, rholio, twmblo, llithro; arllwys, tywallt; mynd am dro, crwydro, tramwyo, teithio; hefyd yn *ffig*.: *to turn, whirl, roll, tumble, slide; pour; go for a walk, wander, traverse, travel; also fig*.
15g. *GLGC* 214, mae canllaw'n *treilliaw* trillyn—o fasarn, / mae'r osai cadarn ym Mryscedwyn. 16g. HUW ARWYSTL: *Gw* 35, rhai a *dreilla* rhyw drallawd / ddevtÿr ffordd i ddotio/r ffawd / nid ewch ni ad dw chwiwol / or ffordd iawn ar ffriw ddoniol. 16g. *WLl* 124, Troi mae i gwaith yn tramwy gwin / *Treilliaw* mal troellau melin. 1604-7 TW (*Pen* 228) d.g. *Roto, Verso*. 1615 NBSB 309, A garo Duw, gair da a wÿs, / E gosba yn deg hysbys; / Wiliam, oni chaiff weled / I *dreillio* hyd byd ar lled (Dafydd Llwyd Mathew). 1630 R. LLWYD: *LlH* 457, mae plant Duw yn rhodio ar ffordd cyfiawnder er eu bod weithiau yn llithro, ac yn *treillio* oddi-arni. 1631 O. THOMAS: *CC* 51, gan nad oedd eu gwybodaeth hwynt ond o ran, ac am hynny y *treulliasant* [sic] ôll mewn rhyw beth neu gilydd. 1632 D, Traill . . . *Treillio*, voluere. 1677 *TC* 8a, *Treillio*, llithro. 1688 *TJ*, Traill . . . *Treillio*, ymgreinio, rholio: roll or tumble. 1722 *Llst* 189, *Treillio* . . . To turn round, swing or whirl about. [1783] W, *treillio* d.g. *To roll*. 1803 P, *Treilliaw . . .* To turn . . . to traverse.
(*b*) (Ceisio) casglu neu godi pysgod, &c., o waelod afon, môr, &c., â threillrwyd, pysgota gyda rhwyd, hefyd yn *ffig*.: *to dredge, trawl, fish with a net, also fig*.
1567 TN 88b-89a, bwriwch eich rhwytae i gweythur tynn [:- veisco, hela, *dreillo*]. id. 168a, Bwriwch allan y rhwyt [:- *Treillio*] y tu deheu i'r llong. 1753 *TR*, Traill, *Treillio . . .* also, to fish with nets. 1772 W, *Treillio* (am oestrys, &c.) d.g. *To dredge* [fish with a dredge]. id. *Treillio* d.g. *To fish with nets*. 1803 P, *Treilliaw . . .* to dredge.

treilliwr [bôn y f. *treilliaf, treillaf: treill(i)o* + *-iwr*] *eg*. ll. *treillwyr*. Un sy'n pysgota â threillrwyd, pysgotwr; crwydrwr, tramwywr; hefyd yn *ffig*.: *dredger or trawler (person); fisherman; wanderer, traverser; also fig*.
16g. *Cll* 171, Tÿ durddellt toyad arddwrn, / *Treilliwr* dig troell ar y dwrn [Morys Dwyfech i ofyn bwcled]. 1803 P, *Treilliwr*, s. m.—pl. *treilliwyr* [sic] . . . A trouller; a traverser; a dredger.

treillong [*traill*[1] + *llong*[1]] *eb*. ll. *-au*. Llong a ddefnyddir ar gyfer treillio, llong lusgo: *trawler (ship)*.
20g.

treillrwyd [*traill*[1] + *rhwyd*] *eb*. ll. *-au, -i*. Tynrwyd, llusgrwyd: *dredge, drag-net, trawl (net)*.
1850.

treillrwydaf: treillrwydo [bf. o'r e. *treillrwyd*] *bg.a.* Pysgota (am) â thynrwyd: *to fish (for) with a dredge, trawl*.
1866.

treimplam, treinaf: treino, treiner, gw. treiplaen, traeniaf[1]: traenio, trenar.

treingl, treinglaf: treinglo, treinglddyn, treinglen, treingliaf: treinglio, gw. treigl[1], treiglaf: treiglo, treiglddyn, treiglen, treiglaf: treiglo.

treiniaf: treinio, gw. dreiniaf[2]: dreinio (hefyd At.).

treining, treinin, gw. trenin.

treins, gw. transh.

treinsiwn, treinsiwr, gw. trensiwr[1].

treinyr, gw. trenar.

treiol[1] [*trai*[1] + *-ol*] *a*. Ar drai, yn treio, yn lleihau: *ebbing, neap, decreasing*.
1778 W, *treiawl* d.g. *Neap*. 1803 P, *Treiawl* . . . Tending to decrease, lessen, or abate; ebbing, neapy.

treiol[2], gw. treial[2].

treip [bnth. S. *tripe*] *eg*. ll. *-s*. Stumog buwch, &c., neu goluddion mochyn a baratoir fel bwyd: *tripe*.
18g. *CC* 311, Gweflau hen gwiw aflwyn / mal *treips* o amglych y trwyn ['i ofyn rhyw fath ar geffyl'].
16g. hefyd Gorgen, tripa.

treipen [*treip* + *-en*] *eb*. Treip, hefyd yn ddifr. am fenyw: *tripe, also derog. of a woman*.
1896. Ar lafar, 'treipan' 'tripe', ''r hen *dreipan*', *WVBD* 542.

treiplaen [bnth. S. *try-plane*] *eg*. ll. *-(i)au*. Plaen mawr a ddefnyddir i lyfnhau: *trying-plane*.
20g.
Amr.: **treimplam** [?bnth. S. *trying-plane*; am *-n* > -*m*, cf. *plân*, amr. ar *plaen*[2]] Ar lafar, '*Treimplam*' 'The largest plane used by a carpenter', *GDD* 308.

treipod [bnth. S. *tripod*] *eg*. Trybedd: *tripod*.
20g.

treipsiaf: treipsian, treisad, gw. trepsiaf: trepsio, treisiad[3].

treisaf: treiso, treisu, gw. treisiaf: treisio.

treisddwyn, gw. trais + dwyn[1].

treiseicl, gw. treisicl.

treisfar, treisfarn, gw. trais + bâr, barn.

treisfeddiant, gw. traisfeddiant.

treisgan [*trais* + *cân*[1]] *eb*. ll. *-au*. Trasiedi (drama): *tragedy (drama)*.
1858.

treisgar [*trais* + *-gar*] *a*. a hefyd gyda grym enwol. Tueddol i ddefnyddio grym corfforol ymosodol, a nodweddir neu a achosir gan drais neu rym gormodol; yn annog trais: *violent; advocating violence*.
1655 R. JONES: *PC* 98, Un Daf: trwy Saul yn gaeth mewn ty / cais porth odd' fry rhag *treisgar* / gobeithia'u gwasgar hwy ar lêd / clodfora gêd Dduw trugar.

treisgarwch [*treisgar* + *-wch*[1]] *eg*. Yr ansawdd neu'r cyflwr o fod yn dreisgar, trais: *violence*.
1866.

treisgerdd [*trais* + *cerdd*[1]] *eb*. ll. *-i*. Trasiedi (drama): *tragedy (drama)*.
1858.

treisgipiaf: treisgipio, gw. traisgipiaf: traisgipio.

treisgyrch [*trais* + *cyrch*[1]] *eg*. ll. *-oedd*. Ymosodedd, gweithred ymosodol: (*act of*) *aggression*.
20g.

treisgyrchol [*treisgyrch* + *-ol*] *a*. Ymosodol: *aggressive*.
20g.

treisiad[1] [bôn y f. *treisiaf, treisaf: treis(i)o, treisu* + *-iad*[1]] *eg*. ll. *-au*. Triniaeth neu weithred dreisiol, ymosodiad, hefyd yn *ffig*.; trais (rhywiol): *violence, attack, also fig.; rape*.
Dchr. 15g. *GSCyf* 91, Gosodiad, nid *treisiad* train, / Gwewyr goreuwyr Owain [Llywelyn ab y Moel i'r bedlwyn]. 16g. *GGH* 258, Torri oes hwn fu'r trais

hir, / *Treisiad* orsib tros deirsir [marwnad Siôn Wyn ap Maredudd o Wedir]. 16g. *Llst* 40, 20, *treissiad* maeth gwaedoliaeth gwiw / trwy dalaith troi dwr diliw / toryad penn kyff rieni / *treissiad* gwenwynad gwae ni [marwnad tri mab Gruffudd Dwnn gan Syr Siôn Teg]. 1603 W. MIDLETON: *Ps* 178, Cedyrn yw tonnau codiad y garw-fôr, / Dwrw dryssor daer *dreissiad*. 1675 R. JONES: *HCh* 42, ni ddylem, pan ydym wrthym ein hunain, wilied yn ofalus ar ein calonnau, gan eu bôd yn pryd hynny mewn mwyaf perygl o'r *treisiadau* ysprydol hyn. 1772 W, *Treisiad* merch d.g. *Constupration*.

treisiad[2] [bôn y f. *treisiaf, treisaf: treis(i)o, treisu* + *-iad*[2]] *eg*. ll. *-iaid*. Gormeswr, gorthrymwr, gorthrechwr, gŵr nerthol neu rymus, hefyd yn *ffig*.; treisiwr (rhywiol): *oppressor, mighty or forceful man, also fig.; rapist*.
12-13g. *GLlLl* 5, Ef oreu rieu rygread, / Ut edmyc, traôs ryuyc *treisyad*. id. 62, Ef dreissyc ny blyc y blygyeid, / Ef *dreissyad* ac wynteu *dreissyeid*. 13g. *GBF* 126, Oet gôrt yg gad *treisyad* trin, / Oet lleô gaôr Madaôc maôr Mon. 14-15g. *IGE*[2] 311, *Treisiad* rod, tref nod lle trig, / Treth hwyl yng nglan Traeth Helig [Rhys Goch Eryri i lys Gwilym ap Gruffudd o'r Penrhyn]. 15g. (Diw. 16g.) Gwyn 3, 145, *Treisiad* coed am eu trysor / temestl a mawrwestl mor [Mereddudd ap Rhys i'r gwynt]. 1632 D, *Treisiad* . . . Oppressor. Trais. 1688 *TJ*, *Treisiad* . . . gorthrymwr . . . an Oppressor. 1803 P, *Treisiad*, s. m.—pl. *treisiaid* . . . That oppresseth or ravisheth.

treisiad[3], **treisad**, *eb.g*. ll. *treisiedi, treis(i)aid*. Anner, heffer; (geir. ?a gwallus) bustach: *heifer*; (dict. ?and erron.) *bullock*.
1547 WS, *Treisiad* heffyr Heffyr. 1567 TN 336a, os gwaed teirw, a' geifr a lludw heffr [:- anneir, *treisiad*], wedi y danu ar y llygredigion. 1632 D, *Treisiad*, Est idem Demet. quod Venedot. Bustach. id. *treisiad* d.g. *Iuuenca, Iuuencus*. 1672 R. PRICHARD: *Gw* 414, Er na feddech ond tair anner [:– *Tresiad*]. 1753 *TR*, *Treisiad*, is the same in S.W. as Bustach in N.W. saith D. But *Treisiad* is the same as Anner, a heifer. 1790 M. WILLIAMS: *BM* [21], trwos deirw at eich *treised*. 1794 W, *treisiad* d.g. *Sturk*. 1798 WR, *treisiad*: pl. *treisiedi* d.g. *Heifer*. 1803 P, *Treisiad*, s. m.—pl. *treisiaid* . . . a steer, a heifer. Ar lafar yn y De yn y ff. 'tr(e)eis(i)ad' 'heifer', *LGW* 269; 'Tair buwch a *threishad* ifanc', *Wês* 80; 'treisiad' 'trisieti' 'a heffer; a young female calf up to two years old', *GTN* 812.
Amr.: **treisien**. Ar lafar yn yr ystyr 'heffer' (godre Cered.).

treisiadaf: treisiadu [bf. o'r e. *treisiad*[1]] *ba*. Dwyn drwy drais: *to seize by violence*.
1667 C. EDWARDS: *FfDd* 23, Rhoddwyd yn ol ir Christnogion y meddiannau y *dreisiadid* oddiarnynt.

treisiaeth [*trais* + *-iaeth*] *eb.g*. Cadernid, mawredd; (geir.) gorthrwm, treisiad: *strength, majesty; (dict.) oppression, violence*.
14g. *GDG*[3] 41, Dyfodiad, trwsiad, *treisiaeth*—a gynnaill, / Defodau Huail, hail ehelaeth [i Ieuan Llwyd o Enau'r-glyn]. 1803 P, *Treisiaeth*, s. m. . . . . Oppression; ravishment.

treisiaf, treisaf: treis(i)o, treisu [bf. o'r e. *trais*] *bg.a.*
(*a*) Gormesu, gorthrymu, goresgyn, hawlio awdurdod (ar), gorchfygu, gorthrechu, ymosod (ar), defnyddio trais (yn erbyn), dinistrio, torri (deddf, &c.), gorfodi; cipio drwy drais (oddi wrth), dwyn (oddi wrth), ysbeilio; hefyd yn *ffig*.: *to oppress, overpower, overcome, claim authority (over), vanquish, conquer, attack, use violence (against), destroy, violate (law, &c.), force; take by force (from), steal (from), rob; also fig*.
12g. *GCBM* i. 256, Nyd oet e dressu yt odrossei / Namyn y *dreissyaw* dros a welei. id. ii. 52, Gwythur naôs: ual traôs a'e *treissei*. 13g. *A* 23. 11-12, a guarchan mab dwywei da wrhyt poet gno en vn tyno *treissyt*. 14g. *LlB* 123, Vn o tri a gyll y neb a *treisser*: ae y dyn; ae y tir, neu da arall kychwynhawl; ae y vreint. c. 1400 R 1034. 22, gnabt y *dreissic dreissyaô*. c. 1400 [RB] WM 99. 19-20, Aphanvo kysgu yn *treissaô* arnat. dos ymyôn y gerwyn. c. 1400 ChO 11, Velly y kyuoethogyon camwedawc, a'r swydogyon drwc, a *dreissyaw* y rei mul gwiryon gan dwyn eu hychen, a'e deueit, ac o da ba bydawl am law hynny. c. 1400 B ii. 15, kanys os llwdyn kryf a dodir yn y porthant ar un gwan. y gwan a *treissir*. id. 120, Ny *threis* neb y deruyn. 15g. Cy iv. 126, ychwitheu adreissassoch ygweinon oy tiir [sic]. 15-16g. (Diw. 16g.) Gwyn 3, 147, Mae yndo lais ni *thraisir* / mal tonn yn ymylyn tir [Llawdden i'r tarw coch]. 1547 WS, *Traisio* yspeilio Robbe. 16g. HUW ARWYSTL: *Gw* 98, nid yw elw y vn dialwr / *dreissw* gwas ney dras y gwr. 1567 TN

150a, wy am dilynant i . . . ac ny's *treisia* nep wy y maes om llaw i. **1588** *Esec* xxii. 26, Ei hoffeiriaid a *dreisiasant* fyng-hyfraith. **1604–7** *TW* (*Pen* 228), *treisio* d.g. *Vrgeo*. **1632** *D*, Trais . . . *Treisio*, Opprimere. *id. treisio* d.g. *Compilo*, *Diripio*, *Diuello*. **1707** *AB* 239a, *Treissav*, To force. **1740** T. EVANS: *DPO* 277, Y ddau Sais . . . wedi *treisio* Gruffudd ap Rhys o'r Rhan oreu o'i Etifeddiaeth. **1803** *P*, *Treisiaw* . . . To force; to take by violence, to ravish; to spoil, to rob; to oppress. Ar lafar yn yr ystyr 'gorweithio', 'I'ch chi 'n *trisho* 'ch hunan yn ormodd lawar', *LlGC* 1174, 21 (Morg. a Myn.). Cf. T. JONES: *AJ* 36, Mae ffyliaid o Gymry i'w gweled bob dydd / Yn *treisio* iaith Gomer a'i gosod dan gudd.

(*b*) Gorfodi rhywun i gael cyfathrach rywiol yn erbyn ei ewyllys: *to rape*.

13g. *DB* 79, Calixto vu honno, verch Licaon vrenhin, a *dreissyus* Iupiter (*a Jove oppressa*). **14g.** *LlB* 63, Y neb a watto *treissaw* gwreic, rodet lw deg wyr a deu vgeint, neu dirwy treis. Nyt oes yg kyfreith Hywel Da yspadu gwr yr *treissaw* gwreic. **14g.** *WML* 41, Neu or *treissir* ar gỽr ae *treisso* yndywedut nat oed uorỽyn hi. credadỽy yỽ tystolyaeth y uorỽyn yny erbyn. **14g.** *BT* 42, yspeilyaw ykastell yn gwbyl awnaethant ay losgi a*threissyaw* nest a wnaeth ef abod genthi. *c.* **1400** *RB* ii. 212, Ac ỽrth hynny megys ydoed losgedic ef oe serch y *tressaỽd* [*sic*] ef vynheu. **1547** *WS*, *Teisio* [*sic*] morwyn Deuoure [*sic*] a mayden. *id. Traisio* merch Rauysshe. **1588** *Gen* xxxiv. 2, Sichem mab Hemor yr Hefiad . . . ai canfu hi, ac ai cymmerth hi, ac a orweddodd gyd a hi, ac ai *treisiodd*. **1606** E. JAMES: *Hom* i. 165, Pa sawl merch a anwyryfir [:– *Dreisir*]? **1615** R. SMYTH: *GB* 73–4, megis i vn o honynthvvy a elvvidd [*sic*] Aman, *draisio* Thamar i chvvaer. **1632** *D*, *treisio* merch d.g. *Opprimo*, *Vitio*. *id.* d.g. *Stupro*, *Temero*, *Violo*. **1688** *TJ*, Trais . . . *Treisio* . . . to commit a Rape. **1753** *TR*, Trais . . . *Treisio* . . . to ravish a woman or to deflour her against her consent. Ar lafar, 'Fi wetas wthdo: os yw 'i'n ddicon dæ idd 'i *thrisio*, 'ngwasi, mae'n ddicon dæ idd 'i phrioti', *GTN* 814.

treisiawr [*trais* neu fôn y f. *treisiaf*, *treisaf*: *treis*(*i*)*o*, *treisu*+*-*iawr*, amr. ar -*awr*^{4}] *a.* Treisgar: *violent*.

13g. *A* 16. 7–8, arth arwynawl drussyat *dreissyawr*.

treisicl, treiseicl, &c. [bnth. S. *tricycle*] *eg.* ll. -*au*. Beic neu gerbyd ac iddo dair olwyn: *tricycle*.

1932.

treisiedig [bôn y f. *treisiaf*, *treisaf*: *treis*(*i*)*o*, *treisu*+-*iedig*] *a.bfl.* ll. -*ion*, a hefyd gyda grym enwol. Wedi dioddef trais, wedi ei orfodi, wedi ei gipio drwy drais, wedi ei gam-drin; wedi ei dreisio'n rhywiol; hefyd yn *ffig.*: *having suffered violence*, *forced*, *taken by force*, *abused*; *raped*; *also fig.*

15g. *GDLl* 28, Tir Sawden, wŷr *treisiedig*, / A thir y Twrc, athrod dig. **1588** *Mal* i. 13, Dygasoch hefyd y *treisiedic*, a'r cloff, a'r clwyfus pan ddygasoch fwyd offrwm. **1658** R. VAUGHAN: *PS* 345, y mae r galon yn *draisiedig* gan y cyfriw anherfynol gariad yn nuw i ddyn truan pechadurus. **1700** D. MAURICE: *AC* 33, Tybia dy fod yn eu gweled hwynt oll mewn Llawenydd, i gŷd yn *dreisiedig* ac yn drosglwyddiedig gan Ddifyrrwch, a thithe dy hunan yn eu mysg hwynt yn cyfrannogi o'r Llawenydd a'r Melyswedd hunnw [*sic*]. **1770** *W* d.g. *Abused*. **1794** E. JONES: *CP* 60–1, Pwy bynnag a feddylio ei hun yn *dreisiedig* trwy gam-drethiad . . . rhodded rybudd cymmwys i'r wardeiniaid. **1803** *P*, *Treisiedig* . . . Forced, ravished.

treisien, gw. **treisiad**^{3}.

treisig [*trais*+-*ig*^{2}] *a.* a hefyd fel *eg.* Nerthol, grymus, cadarn, meistrolgar, gormesol, treisgar; gorthrechwr, gorthrymwr, gŵr nerthol neu rymus; (geir.) gormes, trais, cribddeiliad: *mighty*, *forceful*, *strong*, *masterful*, *oppressive*, *violent*; *oppressor*, *mighty or forceful man*; (*dict.*) *oppression*, *violence*, *extortion*.

12g. *GCBM* ii. 52, Aerlleỽ taryf, toruoet uriwennyc, / Arllaỽ lles, arlleg tres *treissyc*. **12–13g.** *GLlLl* 25, Gỽell wytt, un edmyc *treissyc*, no'r Tri—/ Mordaf, Nut, Ryderch—yn detyf roti. *id.* 62, Ef *dreissyc* ny blyc y blygyeid. **13g.** *A* 37. 12–13, tutuwlch *treissic* hair caer godileit. **14g.** *GDG*^{3} 197, Traws y gwŷl *treisig* olwg, / Trech a gais trwy awch a gwg [am Eiddig]. *c.* **1400** *R* 1034. 22, gnaỽt y *dreissic* dreissyaỽ. **1632** *D*, *Treisig*, Opprimens. **1688** *TJ*, *Treisig*, trais: oppression, extortion. **1803** *P*.

treisigl, gw. **treisicl.**

treisiog [*trais*+-*iog*] *a.* ll. (gyda grym enwol) *treisogion*. Gormesol, treisgar, nerthol, grymus: *oppressive*, *violent*, *mighty*, *forceful*.

c. **1400** *R* 1236. 10–11, gỽr a gynnu nos dros *dreissogyon*. **1573** *WLl* 38, Kyd siassau trassau rac *treissioc*—kassau / Kurassau plassau aur palissoc. **16–17g.** *PhA* 505, Yn Duw ynn kyn hyn kynhenwyr trowsion / *Treisiawg* Anffyddlonwyr. **1803** *P*, *Treisiawg* . . . Apt to force; oppressing.

treisiol, treisol [*trais*+-(*i*)*ol*] *a.* Gormesol, treisgar, cribddeilgar, hefyd yn *ffig.*; ?perlesmeiriol: *oppressive*, *violent*, *extortive*, *also fig.*; ?*ravishing*, *entrancing*.

16g. MORUS DWYFECH: *Gw* 120, Trystfawr y daeth, trist fu'r dydd, / *Treisiol* adwyth tros wledydd. **1603** W. MIDLETON: *Ps* 242, Nis trois oth farn naws *treisiol*. **1618** *CC* 428, ag iddo sbeilio dros byth / vffern *dreisiol* ffwrn drasyth (Rhisiart Phylip). **1672** J. LANGFORD: *HDdD* 461, Cymmhellad *treisiol* (*exacting*) ar angenrheidiau ein Cymydogion. **1744** D. ROWLAND: *RY* 290, ymadel yn llonydd, heb gynnyg dim Trais ymhellach, na Gossodiadau *treisiol* ar y Castell. **1773** *W*, *Treisawl* d.g. *Extorsive*. [**1784**] *LlGD* 34, Tan y fâth *dreisiol* enaid ragflâs o lawenydd i ddyfod. **1803** *P*, *Treisiawl* . . . Tending to force, to ravish, or to commit violence; extorsive; oppressive.

treisiwr, treiswr, treisydd [bôn y f. *treisiaf*, *treisaf*: *treis*(*i*)*o*, *treisu*+-(*i*)*wr*, -*ydd*^{3}] *eg.* (b. *treiswraig*, ll. -*wragedd*) ll. *treiswyr*, *treisyddion*.

(*a*) Gormeswr, gorthrymwr, gorthrechwr, gŵr nerthol neu rymus, dinistriwr, gorfodwr, trawsfeddiannwr, cribddeiliwr, hefyd yn *ffig.*: *oppressor*, *mighty or forceful man*, *ravager*, *forcer*, *usurper*, *extortioner*, *also fig.*

12g. *GLlF* 540, *Treissỽr* yỽ agheu ar pob trosset. **12g.** *GCBM* ii. 21, Nyd athwyf, *dreisỽr*, dros dy gyghor. **12–13g.** *GMB* 328, I ystwng *treiswyr*, treiswriaeth—cynnygn / Y nghynif pryssuriaeth. **13g.** *GDB* 427, Mor draws fv Iesu am aesdrygwydd, / Mor *dreisiwr* angen am ren rhadlwydd. **13g.** *HGK* 6, [p]a ryv vrenhinyaeth, a pha ryw dreiswyr a oed yn e phressvyllyav. **1346** *LlA* 22, y*treissỽyr* yssyd yn gorthrymv dynyon gwiryon. *id.* 153, yno ypoenir kyffelyb gyt ae gyffelyb. godinebus ygodinebus. *treisỽyr* gyt a*threisỽraged*. **14g.** *BB* 45, yny oes ef y pylwyt kledyfeu ylladron achripdeil y *treiswyr*. *c.* **1400** *R* 1242. 23–4, Trossed meruyn *treissyỽr* gelyn. gerdbryn gỽrdbrud. **15g.** *GLGC* 359, Oen boneddigaidd wrth wŷr / ydiw Rhys, ond wrth *dreiswyr*. **16g.** *THSC* (1923–4) (At.) 56, vy nhv i, ty y weddio yw, ac nid gogof lladron a *thraisswyr*. **1604–7** *TW* (*Pen* 228), *treisiwr* d.g. *Violator*. **1632** *D*, *treisiwr* d.g. *Compilator*, *Direptor*, *Grassator*, *Miluinus*, *Oppressor*, *Raptor*, *Tyrannus*. **1793** DAFYDD IONAWR: *CD* 202, *Treiswyr* a ddistrywiasant / Y Gwr fu 'n Noddwr i gant. **1803** *P*, *Treisiwr*, s. m.—pl. *treisiwyr* [*sic*] . . . A forcer, a ravisher; an oppressor. *id. Treisyz*, s. m.—pl. t. *ion* . . . A forcer. Ar lafar, '*treisiwr*' 'oppressor . . . one who uses violence', *WVBD* 542. Cf. ISLWYN: *Gw* 306, Ond torasai y *treisydd* / Di-ffael eu hysbryd a'u ffydd.

(*b*) Un sy'n treisio'n rhywiol: *rapist*.

14g. *LlB* 38, Or treissir morwyn hagen, a dywedut o'r *treisswr* nat oed vorwyn, tystolyaeth y vorwyn ehunan a gredir yn y erbyn am y morwyndawt. **1595** H. LEWYS: *PA* 184, 'rhwn ni ddinystr y y [*sic*] puteiniwr, ar *treisiwr* ar vnwaith a mellt a tharaneu, ac eraill o anwireddus a cholledig bobl. **1604–7** *TW* (*Pen* 228) d.g. *Temerator*. *id. treisiwr* merchet ieueinc d.g. *Vitiator*. **1632** *D*, *treisiwr* merch d.g. *Stuprator*. Ar lafar, '*triswr*', *GTN* 814.

treislyd [*trais*+-*lyd*] *a.* Treisgar, gormesol: *violent*, *oppressive*.

1859.

treisogion, treisol, gw. **treisiog, treisiol.**

treistwyn, gw. **trais+dwyn**^{1}.

treiswawd [*trais*+*gwawd*] *eb.* ll. -*au*. Trasiedi (drama): *tragedy* (*drama*).

1856.

treiswen, gw. **trais+gwyn**^{1}.

treiswr, treiswraig, gw. **treisiwr.**

treiswriaeth [*treiswr*+-*iaeth*] *eg.* Trais, gormes: *violence*, *oppression*.

12–13g. *GMB* 328, I ystwng treiswyr, *treiswriaeth*—cynnygn / Y nghynif pryssuriaeth. **1803** *P*, *Treiswriaeth*, s. m. . . . The act of a forcer, ravisher, or oppressor.

treiswrn, treisydd, gw. **trensiwr**^{1}, **treisiwr.**

treithalaw [*traith*^{2}+*alaw*^{2}] *eb.* ll. -*on*. Oratorio: *oratorio*.

1858.

treithgan, treithganaf: treithganu, treithganiad, gw. **traethgan, traethganaf: traethganu, traethganiad.**

treithiad, treithiadur, treithiaf: treithio, treithiol, &c., gw. **traethiad, traethiadur, traethaf**^{1}**: traethu, traethol,** &c.

treithiwr, treithod, treithol, treithydd, gw. **traethwr, traethawd, traethol, traethydd.**

treiwmff, triwmff [bnth. S. *triumph*] *eg.* ll. *treiwmffys*. Gorfoledd, gorymdaith orfoleddus: *triumph*, *triumphal procession*.

1545 *CM* 1, 91, Y gwr aanner dan y blanned Sattwrna . . . y vo addylly vod yn ymddiuannwr mawr o *dreiwmffis* / A chronikis. **16g.** (*LlEG*) *Mos* 158, 107b, I maer kronick seisnig yn dangos vod y dyrua ar *treiwmf* mwyaf ar a glowsid ssoon yr moed am dannaw ov/ewn y dyrnnas hon. *id.* 251a, derbyniodd y dinas/wyr yvo drwy *dreiwmf* ar goruoledd mwyaf ar aelleint tw/y I wnneuthud. *id.* 300a, y goron Emeerodrawl . . . awisgwyd am i benn Ef . . . drwyr *treiwmf* ar anhry/dedd mwyaf. **1615** R. SMYTH: *GB* 93, gvvedi iddo enill llavver gorfoledd anrhydeddis yn erbyn i elynion a phen ydoedd yn derbyn i *drivvmph* ai or/chafiaeth yn Rhufain.

treiwr^1 [bôn y f. *treiaf*^{1}: *treio*+-*wr*] *eg.* Un sy'n achosi trai neu leihad: *one who causes a decline or reduction*.

15–16g. *GRB* 8, Taer ei fin ar ddrycin ddrud / try ar gil, *treiwr* golud [i'r tri gormes]. **16g.** WILIAM LLŶN: *Gw* (R. Stephens) 69, Trosoch, llew y gloch, llu gwlad—a bwyswch, / Y bo Iesu'n geidwad, / Tro a dal yt air dwywlad / Trwy ras Duw, *treiwr* ystad. **16g.** HUW CORNWY, &c.: *Gw* 15, Da sgweier wyd—ysgwîr hedd—/ *dreiwr* gwin drwy wŷr Gwynedd. **16–17g.** *GST* i. 545, Trystiwr glwth yn tristáu'r glêr, / *Dreiwr* mit, drewi'r mater.

treiwr^2 [bôn y f. *treiaf*^{2}: *treio*+-*wr*] *eg.* ll. -*wyr*. Un sy'n ymchwilio ac yn penderfynu achos: *trier*, *one who tries a case*.

a. **1587** *Y* 206, Tadav gynt, hadav y gŵys, / *Treiwyr* eglûr, trwy'r Eglwys.

trelar, treiler, treilyr, &c. [bnth. S. *trailer*] *eg.* ll. -*s*, *treileri*.

(*a*) Cerbyd i'w dynnu gan un arall, ôl-gerbyd, olgert: *trailer*.

20g. Ar lafar yn gyff., 'Rho'r *treilyr* 'na'n sownd i'r car i fynd â'r stwff 'ma i'r dymp' (sir Gaern.); 'Yn yr amser 'ny 'ôn ni'n gorffod gŵen e 'ma â *treiler*' (gogledd sir Gaerf.); 'Ma 'wn yn *dreilyr* mawr nêt' (Dyffryn Wysg).

(*b*) Darn neu ddetholiad o ddarnau o ffilm neu raglen a ddefnyddir i'w hysbysebu ymlaen llaw: *trailer* (*for film or programme*).

20g.

trelis [bnth. S. *trellis*] *eg.* Delltwaith pren, metel, &c., yn enw. un a ddefnyddir i gynnal planhigion dringol: *trellis*.

1938.

trelyr, gw. **trelar.**

trem, drem [Llyd. C. *drem*, Llyd. Diw. *dremm*: < Clt. **driksmā* < IE. **dṛksmā*, o'r un gwr. **derk*- 'gweld' ag a welir yn *drych*, Gr. δέρκομαι 'edrych'] *eb.* ll. *trem*(*i*)*au*, *tremion*, *tremydd*. Llygad, golwg, gwelediad, cipolwg, chwinciad; golygfa; wyneb, wynepryd, edrychiad, gwedd, ymddangosiad; *Ser.* ?agwedd: *eye*, *sight*, *vision*, *glance*, *wink*; *view*; *face*, *visage*, *aspect*, *look*, *appearance*; ?*aspect* (*in astron.*).

13g. *C* 32. 8–9, Dy clust. di *trem*. di teint neud adwet. **13g.** *A* 13. 21–2, ysgwn *drem* dibennor. ny weleist emorchwyd mawr marchogyon. **14g.** *T* 36. 14–15, Aranrot *drem* clot tra gỽaỽr hinon. **14g.** *GDG*^{3} 126, Heno ni chaf, glaf glwyfaw, / Huno *drem* oni fwyf draw. **14g.** *GIG* 33, Blaidd oedd â *threm* ddieiddil, / Blaidd oedd fo, a blaenodd fil. **15g.** *CMOC*^{2} 90, Bûm yn oed, bai mwynedus, / â gwen â'r *ddrem* lawen lus (Ieuan Gethin). **15g.** *DN* 24, Aml wylaw mal glaw ar glawr—y Deau. / Aml llif o *dremau*, aml llef dramawr. / Aml i mae oer wae am wawr—anneirif, / Aml *drem* a wnâi'r llif, aml dŵr mewn llawr. **1588** *Eseia* ii. 11, Uchel-*drem* dŷn a isêlir. **1604–7** *TW* (*Pen* 228), *trem* y llygat d.g. *Acies*. **1632** *D*, *Drem*, Visus oculorum, obtutus, conspectus, aspectus . . . vid. *Trem*. *id. Trem*,

Idem quod *Drem*. A'i ddwy *ddrem* fel ydd oedd ryw. T[udur] A[led]. *id. trêm* d.g. *Vultus*. **1688** *TJ, Drem*, tremmiad, golygiad. The eye-sight, also an Aspect. [**1783**] *W, Drem* (*trem*) y llygaid d.g. *The sight of the eyes*. **1795** *P, Drem*, s. f. . . . The sight, look, aspect, or visage; a glance of the eye. **1800** GW. MECHAIN: *Gw* i. 325, Cael rhif afrifed blanedau, / A'u *tremydd* drwy'u gilydd yn gwau. **1803** *P, Trem*, s. f.—pl. t. *iau* . . . Sight, look. *Tremion* oedd enw colofn wythnosol R. Tudur Jones yn *Y Cymro*.

Gw. hefyd **tremyn**².

tremaf: tremu, gw. tremiaf: tremio.

trembeiriannaeth [*trem*+*peiriannaeth*] *eg*. Opteg: *optics*.
1803 *P*.

trembeiriannydd [*trem*+*peiriannydd*] *eg*. ll. *-beirianyddion, -beirianwyr*. Optegydd: *optician*.
1803 *P, Trembeiriannyz*, s. m.—pl. t. *ion* . . . Optical instrument maker.

trembeiriant [*trem*+*peiriant*] *eg*. ll. *-beiriannau*. Offeryn optegol, weithiau am y llygad: *optical instrument, sometimes with ref. to the eye*.
1803 *P, Trembeiriant*, s. m.—pl. *trembeiriannau* . . . An optical instrument.

tremddrych [*trem*+*drych*] *eg*. ll. *-au*. Telesgop, ysbienddrych; persbectif; golygfa: *telescope, spyglass; perspective; view*.
1778 *W* d.g. *Perspective, Subst.* [*a glass through which things are viewed*].

tremeg [*trem*+*-eg*¹] *e?b*. Opteg: *optics*.
1835.

tremfa [*trem*+*-fa, ma*] *eb*. Arsyllfa; ?golygfa: *observatory*; ?*view*.
1850. Ar lafar, 'O! Ma *tremfa* yn Gardydd ys blynydda mawr', '*Tremfa* seryddwyr yw 'i, i ddishgwl ar y sêr', *GTN* 808.

tremgi [*trem*+*ci*] *eg*. Ci hela sy'n dilyn ei brae â'r llygad yn hytrach nag â'r ffroen: *gaze-hound*.
1858.

tremiad [bôn y f. *tremiaf, tremaf: tremio, tremu*+*-iad*¹] *eg.b.* ll. *-au*. Trem, edrychiad, golwg, cipolwg; *Ser.* agwedd; disgwyliad, gobaith; ?dyfaliad, sylw: *look, gaze, glance; aspect (in astron.); prospect, expectation*; ?*speculation, observation*.
1604-7 *TW* (*Pen* 228) d.g. *Inspectio*. **1681** T. JONES: *Alm* [12], Os bydd neb mor fanylgais ag ymofyn pa fôdd y roed i ddeall yr ymadrodd a roed ymma or Planedau, bydded mor ddiwyd a chwilio *tremiadau* yr hên anrhydeddus Philosephyddion [sic]. **1688** *TJ, Drem*, tremmiad, golygiad. The eye-sight, also an Aspect. **1695** T. JONES: *Alm* 7, Mae pump mâth o *dremiadau* ymhlith y planedau. **1722** A. THOMAS: *DR* 6, nid oes dim ond buchedd dda all roddi i ni *dremmiad* gyssyrys (*comfortable Prospect*), pan delom i farw. **1750** T. EVANS: *LlH* 14, Fe [sic] bai pechaduriaid gwrthnysig yn cael, ond y *tremiad* lleiaf a'r [sic] y poenau Uffernol hyn. **1759** W. WILLIAMS: *SF* 21, gwybyddwch fod Crist, y byth fendigedig Wrthrych o Ffydd, yn cael ei osod allan yn yr Efengyl, tan amrywiol olygiadau, a *Thremiadau*, mewn cyfatebolrwydd i ba bethau mae Ffydd yn derbyn ei Henwau. **1764** *CDTN* d.d, Cyd Gordiad neu *Dremiad* ar y Testament Newydd. **1786** B. FRANCIS: *A* 171, Cefais *dremiad* hardd o'r deyrnas, / Lle ca'i fyth yn llawen fyw. **1791** GW. MECHAIN: *Rh* 87, Uwch ei phen ['Rhyddid'] mae y ffurfafen serennog, a'r wybrenol redegwyr yn bwrw *tremiadau* mor gyfnewidiol a helyntiau dynol ryw. **1803** *P, Tremiad*, s. m. . . . . An observing.

tremiadol [*tremiad*+*-ol*] *a*. Yn syllu; ?optegol, gweledol: *gazing*; ?*optical, visual*.
1833.

tremiadur [*trem*+*-iadur*] *eg*. Telesgop, ysbienddrych; optegydd: *telescope, spyglass; optician*.
1850.

tremiaf, tremaf, drem(i)af: tremio, tremu, dremio [bf. o'r e. *trem, drem*] *bg.a.* Edrych neu syllu (ar), gwylio, gweld, canfod, hefyd yn *ffig.*; busnesa, chwilenna, chwilio am; ?wynebu: *to look or gaze (at), watch, see, perceive, also fig.*; *pry, look for*; ?*face*.
12g. *GLlF* 445, Wynepclaϭr ditaϭr dim ny weli /

Pesychwys, *dremwys* drwy vot Dewi. **14g.** *T* 58. 6, pan *dremher* arnaϭ ys ehalaeth y braϭ. **15g.** *HCLl* 122, Gwelwch fy mod bob gwyliau / Yn *tremu* haint yn trymhau. **15-16g.** *GLM* 217, Mastr Harri, Westmestr hirwen, / dyna ddull dy neuadd wen. / Llawn olwg, lle ni welon, / yw *dremio* haul ar drum hon [i Harri Salbri Fychan]. **1551** W. SALESBURY: *KLl* xxvb, Ac yddoedd yno lawer o wragedd (yn *tremio* [:- edrych] o bell). *id.* xlviib, val ydd oyddynt yn *tremio* [:- spio craffy edrych] parth ar nef. **1567** TN [xxi], *tremia* y vyny ar lle ith hanyw. **1615** R. SMYTH: *GB* 142, Pe bai bossibl *dremu*a [sic] llygaid corphoravvl y perigly [sic] mae Cristno/gaeth yntho. **1632** *D, tremio* d.g. *Aspicio, Inspecto, Speculor, Video*. **1703** E. WYNNE: *BC* 16, Ô hir *dremio* canfûm . . . Ddinas dêg. **1719** T. EVANS: *CDW* 33, oddi eithr y rhai sy'n *tremio* at (*pry into*) arfaethau Etholedigaeth a Gwrthodedigaeth. **1770** J. PRYS: *Alm* 16, gan *dremio* ac yspio gwallie. **1803** *P, Tremiaw* . . . To look, to observe. Ar lafar, '*tremio*' 'to look intently', '*tremio* ar rŵun', *WVBD* 542.

tremiannaf: tremiannu [bf. o'r e. *tremiant*] *bg*. Edrych, syllu: *to look, gaze*.
1803 *P*.

tremiant [bôn y f. *tremiaf, tremaf: tremio, tremu*+*-iant*] *eg*. ll. *-iannau*. Trem, edrychiad, golwg, cipolwg, arsylwad; ymddangosiad, gwedd: *look, gaze, glance, observation; appearance, aspect*.
1718 (**1721**) S. THOMAS: *HB* 15-16, Yr y'm yn gweled pan yr edrychom tuag i fynu . . . fod rhyw fath o Liw gwyrdd-las yn terfynu ein *tremiant*. c. **1793** R. WILLIAMS: *CB* 6, Garwaf oes gorfuasant, / Anhoff y nod, ffoi o nant / I fynyddau, creigiau crog, / Uchel drumog, chwel *dremiant*. **1803** *P, Tremiant*, s. m.—pl. *tremiannau* . . . Observation; appearance; aspect.

tremid¹ [?*tra*-+*mid*¹] *eg*. Brwydr (fawr), ymladdfa, ymdrech, gwayw, loes: (*great*) *battle, fight, struggle, effort, agony, pain*.
12g. *GLlF* 226, Tremid govϭy mur Maelaϭr drefret. **12g.** *GCBM* i. 295, Eil kwyn a'm tremyn, *tremid* yrdaϭ. **id.** 329, Llwyr y'm treit *tremid* goualon. **id.** ii. 6, Ac eryuoet trϭm rac *tremid* agheu. **id.** 51, Oet *tremid* kyfnewid cochwet. **id.** 155, Mynw tonn, *tremid* y dygyrch. **12-13g.** *GLlLl* 78, Mab Tegwared hael, haϭl *dremid*—galon. **13g.** *GDB* 199, Wedy cat dramawr a gawr *dremit*.

tremid² [gair geir. yn wr.; ffrwyth camddehongli engh. o *tremid*¹ drwy ei gysylltu â *trem*] *eg*. Ymddangosiad, gwedd: *appearance, aspect*.
1803 *P, Tremid*, s. m. . . . . Appearance.

tremig¹,² , gw. tremyg, tremygaf: tremygu.

tremiog [*trem*+*-iog*] *a*. Yn edrych, yn syllu; (geir.) yn perthyn i ysbïo: *looking, staring*; (*dict.*) *pertaining to spying*.
16-17g. T. PRYS: *Bardd* 378, ar wenol rydd dystiolaeth / ar glomen wenn sydd yn waeth / ar gog yn *dremiog* a drig / ar hedydd mausydd miwsig. *Dchr.* **17g.** *J* 10, 163b, *Tremmiog*. Speculatorius. **17g.** *GSC* 95 (amr.), cvwch *tremiog* (*id.* 94, cuwch y tremog).

tremiol, tremol [*trem*+*-(i)ol*] *a*. Dyfaliadol; optegol; yn edrych, yn arsylwi: *speculative; optical; looking, observing*.
1744 *CMC* 9, nid yw'r wybodaeth hon am Grist, yn wybodaeth *dremmiol* noeth allanol am dano ef . . . neu trwy oleuni cyffredinol . . . y mae'r wybodaeth o hono ef yn wybodaeth du-fewnol mewn modd cadwedigol. **1788** J. GRIFFITH: *DCC* 301, os yw y fath ddiwygiad *tremmiol* (*speculative*), neu 'r fath serchiadol ruthr o eiddo 'r meddwl yn bossibl llê naad oes dim Crefydd. **1793** *Cylchg* 5, difinyddiaeth . . . *dremiol*, a eglura athrawiaethau crefydd fel gwrthrychau ffydd. **1803** *P, Tremiawl* . . . Looking, observing.

tremiwr [bôn y f. *tremiaf, tremaf: tremio, tremu*+*-iwr*] *eg*. ll. *tremwyr*. Edrychwr, arsyllwr: *looker, observer*.
1741 *CAG* 64, megis Nôd i bob manwl *Dremiwr* (*Observer*). **1803** *P, Tremiwr*, s. m.—pl. *tremiwyr* [sic] . . . A looker, an observer, one who eyes.

tremle [*trem*+*lle*¹] *eg*. Man arsyllu, arsyllfa: *observation point, observatory*.
20g.

tremofydd [*trem*+*ofydd*] *eg*. Optegwr: *optician*.
1858.

tremofyddiaeth [*tremofydd*+*-iaeth*] *e?b*. Opteg: *optics*.
1858.

tremofyddol [*tremofydd*+*-ol*] *a*. Optegol: *optical*.
1858.

tremoffer [*trem*+*offer*] *e.ll.* (bach. g. *-yn*). Offer optegol: *optical instruments*.
1848.

tremol, gw. tremiol.

tremoleiddiaf: tremoleiddio [*tremol(o)* +*-eiddio* (At.)] *ba*. Canu â thremolo: *to sing with tremolo*.
20g.

tremolo [bnth. S. *tremolo*] *eg*. Crdd. Effaith grynedig a gynhyrchir gan lais neu offeryn cerdd naill ai drwy ailadrodd un nodyn yn gyflym, neu drwy amyneilio'n gyflym rhwng dau nodyn: *tremolo* (*in mus.*).
1919.

tremolygiad, gw. trem+golygiad¹.

tremoneg [*tremon(i)*+*-eg*¹] *e?b*. Opteg: *optics*.
1850.

tremoni [*trem*+*-oni*] *e?g*. Opteg: *optics*.
1826.

trempyn, gw. tramp.

tremrith [*trem*+*rhith*¹] *eg*. Sbectrwm: *spectrum*.
1850.

tremrithiol [*tremrith*+*-iol*] *a*. Yn perthyn i sbectra neu i'r sbectrwm: *pertaining to spectra or the spectrum, spectral*.
1858.

tremud [?elf. anh.+*mud*¹; cf. *termud, trimud*²] *a*. a hefyd gyda grym enwol. Tawel, tawedog; ?cyflawn, rhagorol: *silent, taciturn*; ?*complete, excellent*.
12g. *GMB* 201, Dychyrch tir *tremud*, dychlut anaw. **12-13g.** *GLlLl* 52, Deu *dremud* am dud a'e dodes. **14g.** *T* 32. 2-3, Ryduhunaf *dremut*. Teyrn terwynwolut. **1632** *D*, *Tremud*, Idem quod Termud. **1722** *Llst* 189, *Tremud*. Silent, still. [**1783**] *W* d.g. *Silent*.

tremwedd, tremwg, gw. trem+gwedd¹, gwg.

tremwydr [*trem*+*gwydr*] *eg*. ll. *-au*. (yn enw. yn y ll.) Sbectol; telesgop, ysbienddrych: (*esp. pl.*) *spectacles; telescope, spyglass*.
[**1783**] *W, trem-wydr* d.g. *Spectacles, or a pair of spectacles*. **18-19g.** IEUAN LLEYN: *C* 63, Medraf, efo'm *tremwydrau*,—ddad-ddrysu / Pwdr oesawg ysgrifau.

tremwyddeg [*trem*+*gwyddeg*] *e?b*. Opteg: *optics*.
1850.

tremydd¹, **dremydd** [*trem, drem*+*-ydd*¹; dichon fod enghrau. o *tremydd*²,³ wedi eu cynnwys yma] *eg*. ll. *-ion*. Trem (y llygaid), golwg, golygfa; ymddangosiad, gwedd; dyfais anelu (ar ddryll, &c.): (*eye*)*sight, vision; view; appearance, aspect; sight (of gun, &c.*).
14g. *GDG*³ 29, Hael Ddofydd, *tremydd*, hwyl trymaint—a'm pair, / Gweled Nest ni chair, crair, gair gwyraint [marwnad Ifor a Nest]. **14-15g.** *OBWV* 94, Nid oes dydd, un *dremydd* drych, / O ruddiau ia [sic], na roddych, / Awch nidr o ucheneidiau, / Ai mil ai teirmil o'r tau [Gruffudd Gryg i'r lleuad]. **1552** *Pen* 403, 102, dangossed bwyllowcrwydd / ar i *dremydd* a hymddygiad i chorph. **1721** J. P. PRYS: *DC* 47, Gwybyddwn fod dedwydd wir gartref Llawenydd, / I'r sawl a ro beunydd oi *dremydd* y drŵg. **1763** *DT* 242, Sion Elis sy yn wylaw, / A'i Chwiorydd oer *dremydd* draw. **1777** J. ROBERTS: *C* 15, Pa belled cair *tremydd* o'r mynydd ar Fôr? **1790** T. JONES: *TOS* 298, Mi dybygwn y gwelaf *dremydd* o ogoniant.

tremydd² [bôn y f. *tremiaf, tremaf: tremio, tremu*+*-ydd*³] *eg*. (b. *-es*) ll. *-ion*. Edrychwr, gwyliwr, arsyllwr: *looker, watcher, observer*.
1721 J. P. PRYS: *DC* 64, Amser sydd beunydd a Dyn ar ei 'Denydd, / Fel prysur ymdeithydd neu

dremydd mewn Drych. **1803** *P*, *Tremyz*, s. m.—pl. t. *ion* . . . A looker.

tremydd[3], **tremyddes,** gw. trem, tremydd[2].

tremyddiaeth [*tremydd*[1]+*-iaeth*] *eg.* Opteg: *optics*.
1803 *P*, *Tremyziaeth*, s. m. . . . The science of optics.

tremyddol [*tremydd*+*-ol*] *a.* Optig, opteg-ol: *optic(al)*.
1834.

tremyg [?*tra-*+**myg* (cf. *dirmyg*, *dychymyg*[1], *edmyg*, &c.)] *eg.* ll. *-au*, a hefyd gyda grym ansoddeiriol.

(*a*) Dirmyg, gwatwar, gwawd, amarch, sarhad, dibristod; (geir.) si, sôn: *contempt, scorn, disdain, disrespect, insult, slight*; (*dict.*) *rumour*.
1346 *LlA* 142, Adiodef pob ryỽ argyỽed. A*thremyc* or a ellit ywnneuthur ar y gorff. **14g.** *WM* 41. 25–7, y rodi [Branwen] heb uyghanyat i. ny ellynt ỽy *tremic* uỽy arnaf i. **14–15g.** *IGE*[2] 278, *Tremig* i filwr tramawr, / Dir fydd golli, dirwy fawr, / A gado, chwedl diledlaes, / Golud gŵr mud ar y maes (Siôn Cent). *c.* **1400** *R* 1216. 40–1, Kynn proui or pryuet ffyrnic. pechodeu *tremygeu tremic*. **1547** *WS*, *Tremyg* Despyte. *c.* **1585** G. Robert: *DC* 30b–31a, gwelwch yma faint oedh . . . diodhefgarwch Crist, wrth i fod yn fodhlon i odhef cymeint o *dremyg*. **1617** *Minsheu* 426, *Tremic* d.g. *a Rumor*. **1632** *D*, *Tremyg*, Idem quod Dirmyg, Contumelia, contemptus. **1760** E. Williams: *UYB* 132, rhaid ei lâdd ef [pechod] gyda *thremyg* a ffieidd-dod. **1771** *W* d.g. *Check* [*a slight, or contempt*], *Disrespect* [*slight, disdain; irreverence, &c. —incivility*], *Slight* . . . [*a contemptuous neglect*]. **1803** *P*, *Tremyg*, s. m. . . . Contempt; disparagement.

(*b*) *Cyfr.* Dirmyg, anufudd-dod neu amarch (i lys barn, awdurdod, &c.); y weithred o ddiystyru hawliau'r diffynnydd (yn y cyfreithiau Cymreig): *contempt* (*in law*); *disregard for defendant's rights* (*in the Welsh laws*).
13g. *LlI* 53, O deruyd llesteyryau er oet, ae o uaru ae o tyghetuen arall ae o *tremyc* er haulur na doeth e warandau e uraut. **13g.** *LTWL* 259, tri *tremyc* argluyd, et pro quolibet redduntur novies viginti denarii: videlicet, crucem suam frangere; placitum contra ius relinquere; et nuntium suum verberare. *c.* **1300** *id.* 352, Si quis aliquid amittet per iudicium neglectivum, id est, brawd *tremig*. *id.* 393, O barn camurawd ar dyn trwy *tremyc*, hwnnw a eill hyd ym pen un dyt a blwytyn ymwystlaw pan uynho, o byt cywlatt ac ef. **14g.** *LlB* 104, Tri ryw varn *tremyc* yssyd. Vn yw barn a rother yn erbyn dyn nys clywho pan datganher gyntaf y mywn llys . . . Eil yw brawt a rother ar dyn kydrychawl trwy wrthrymder o pleit y brenhin neu y brawdwr neu wyr y llys. Trydyd yw barn brawdwr anheilwg. *id.* 125, *Tremyc* gwys neu vechniaeth yw na del dyn yn dyd galw y lys ossodedic y atteb, neu y amdiffyn rac atteb. **14g.** *GDG*[3] 326, Collais, ni ddymunais ddig, / Daered rym, dirwy *dremyg*. *c.* **1400** *CHDd*[2] 127, Deall *tremyc* barn kyndrychawl a roder yn erbyn dyn yn llwrw collet y perthyno ydaw yspeit vn dyd a blwydyn o'e hameu, yw: y ludyas o wyr y llys neu y'r brawtwyr y rodi gwystyl diohir, neu ballu o arglwydiaeth o erbynnyaw y wystyl. **1632** *D*, *Tremyg* . . . *Tremyg* gwŷs yw na ddelo dyn y dydd y galwer i'r llŷs . . . *Tremyg* barn, Contemptus judicij. **1772** *W*, *Tremyg* gwŷs d.g. *Contempt to a court*.
Cfn.: **tremyg llys:** *contempt of court*. **20g.**

tremygaf: tremygu [bf. o'r e. *tremyg*] *ba.* Dirmygu, gwatwar, gwawdio, sarhau, diystyru; *Cyfr.* dirmygu (llys barn, awdurdod, &c.), anufuddhau i: *to hold in contempt, despise, scorn, insult, slight; show contempt for* (*court of law, authority, &c.*), *disobey*.
13g. *GDB* 500, Gỽeleis-y dri a thri, ny *thremygir*. **13g.** *B* ix. 335, Ac idav enteu e dangosses e sant teir torth heid ar rei henne a *dremygws* er amherauder. *id.* 339, e wynvydedic veir er honn ny *thremycca* nep. **14g.** *LlB* 99, a phwy bynhac a *tremycco* y kyfryw wys yn yr oet kymeredic hwnnw heb achaws aduwyn, kamlyryus vyd. *id.* 125, Pallu mechniaeth yw na rother mach yn y dylyer, neu y rodi a'e *tremygu*. **1346** *LlA* 105, paham y *tremygaỽd* yr arglỽyd yỽas. **14g.** *Bren Saes* 122, Na *thremycka* di kennadwri brenhin Lloygyr. **1547** *WS*, *Tremygy* Despyce. **1567** *LlGG* (*Sall*) 4b, Duw a varn y cyfiawn, a'hwn a *dremic* Dduw bop dydd. **16–17g.** *GHCEM* 91, Cwyno'n wir, nid canu a wnaf, / . . . / Fod y glêr, eglurder gwledd, / Yn rhedeg heb anrhydedd, / A bod eu dysg, hoywddysg hy', / Drom agwedd, wedi'i *dremygu*. **1608** *B* xxiii. 20, A phan weles yr iarlles yr iarll yn llithraw tv ag at drymder henaint, i *dremygv* ai ysgevlvssaw o gariad yr . . . amerawdyr ievank. **1632** *D* d.g. *Contemno*. **1746** G. Jones: *HWI* iii. 86, *Tremygu* a gwawdio 'n Gweinidogjon. **1803** *P*, *Tremygu* . . . To contemn, to slight.

tremygedig, tremygiedig [bôn y f. *tremygaf*: *tremygu*+*-(i)edig*] *a.bfl.* Dirmygus, gwatwarus, gwawdlyd, sarhaus, diystyrllyd; dirmygedig: *contemptuous, scornful, insulting, disdainful; despised, scorned*.
13g. *BD* 29, a'th rodi y wr yn *tremygedic*, gan tebygu bot yn waeth dy dywedi no'th chuioryd y lleill. *id.* 171, A llidyav a oruc Gvalchmei am dywedut mor *tremygedic* a hynny vrthav. **1346** *LlA* 86, ynvyt yỽ yserch adifulanno gyt ae serchaỽl. Am hynny *tremegedic* yỽ ykyfuryỽ garyat hỽnnỽ. *id.* 109, hyt na ellynt ỽy ỽneuthur dim drỽc ynybyt ydeỽi. nac ydisgyblon. onyt eu gỽattỽar. Adyỽedut geireu *tremygedic* yny kyueir. **15g.** *BB* 154, ay gellweiriaw a orugant. o eiriev *tremygedic*. **1803** *P*, *Tremygiedig* . . . Contemned.

tremygus, dremygus [*tremyg*+*-us*; â'r ail ff., cf. *trem, drem*] *a.* Dirmygus, gwatwarus, gwawdlyd, sarhaus, diystyrllyd: *contemptuous, scornful, insulting, disdainful*.
14g. (*LlDB*) *LlGC* 7006, 7a, Priaf . . . a vynne/gis . . . ry'ysgeulussaw onadunt hwyn'tev [y Groegiaid] wyr Troea drwy yma/drodion *drymygus*. **1546** *YLlH* [27], ymwrthladd yn *tremygus* yn erbyn awdurdot henafyon. **1551** W. Salesbury: *KLl* lxvia, ar gweddillon a ddaliasont eu [*sic*] weision ef ac a eu lladdasont yn *dremygus*. **1588** *Job* xvi. 10, tarawsant fyng-hernau yn *ddremygus*. **1722** *Llst* 189, *Tremygus*. Disdainfull, proud. **1803** *P*, *Tremygus* . . . Contemptuous.

tremygwr [bôn y f. *tremygaf*: *tremygu*+*-wr*] *eg.* ll. *-wyr*. Dirmygwr, gwatwarwr, gwawdiwr: *despiser, scorner, mocker*.
1551 W. Salesbury: *KLl* xliiib, E welwch *dremygwyr* / a ryvedwch. **1567** *TN* 358a, y mae ef yn eu rhybuddiaw am y trubleu [*sic*] a geffynt arnwynt . . . gan watworwyr a' *thremygwyr* creddyf. **1604–7** *TW* (*Pen* 228) d.g. *Spretor, Temptor*. **1722** *Llst* 189, *Tremygwr*. m. A scorner, slighter. **1803** *P*, *Tremygwr*, s. m.—pl. *tremygwyr* . . . A contemner, a slighter.

tremyn[1] [bôn y f. *tremynaf*: *tremynu*; dichon mai *tremyn*[2] a welir yn rhai o'r enghrau.] *eg.* a hefyd gyda grym adferfol. Taith, cwrs, llwybr; cyrch (milwrol): *journey, course, path*; (*military*) *raid*.
12g. *GMB* 275, Duw a'm dwc yno, anaw *dremhyn*. *ib.* Goruyn o'e *dremyn* dra myr drefred. **12g.** *GLlF* 303, O dyfyddydd fyth o faith *dremyn*—hwyr. **12g.** *GCBM* i. 59, *Tremyn* y treitỽn-y (treuyn a gedwynt) Treitle glyw Powys. **12–13g.** *GLlLl* 187–8, Ducost, ut dremrut, *dremyn*. / *Tremyn* Llywelyn, llyw rydyrch—Prydein. **14g.** *GDG*[3] 327, Wedy cysgu, tru *tremyn*, / O bawb eithr myfi a bun. **14–15g.** *GGLl* 92, Ac ni myn, *tremyn* lle trig, / Yn ei ŵydd, anhoyw Eiddig, / . . . / Clywed fyth air clod y fun [Gruffudd Llwyd i Eiddig a'i wraig]. *id.* 96, Yr wy'n rhwym, oer yw '*nhremyn* [Gruffudd Llwyd i Eiddig]. **15g.** *B* ii. 193, Kerdeis tramwyeis *tremyn* teyrned.
Amr.: **trymyn** [?ff. wallus]. **12–13g.** *GMB* 348, Eurdreth o'e *drymyn* pob llawr.

tremyn[2,3,4], gw. **tremynt**[1,2], **tremynaf: tremynu.**

tremynaf: tremynu [bf. o *tra-*+bôn y be. *myned*; cf. Crn. C. *tremene*, Crn. Diw. *tremena* 'mynd heibio', Llyd. C. *tremen* 'mynd heibio', Llyd. Diw. *tremen(i)*; tra ansicr yw *neu dremyrth*, *GMB* 202] *bg.a.* Teithio (ar hyd), siwrneio, crwydro, cyrraedd, ymweld â; cyrchu('n filwrol), ymosod (ar); hefyd yn *ffig.*: *to travel* (*along*), *journey, wander, reach, visit; raid, attack; also fig.*
12g. *GMB* 273, *Tremynid* vy mryd ym mrad a thwyll. **12g.** *GLlF* 427, Am Aber Taradyr yn *tremynu*. **12g.** *GCBM* i. 23, Traỽt ar dyn a'e *tremyn* trỽy dir / Periglus pellus pell dygir. *id.* 295, Eil kwyn a'm *tremyn*, tremid yrdaỽ. *id.* ii. 51, Oet tramaỽr *tremynei* tachwet. **12–13g.** *GLlLl* 188, Traw y *tremyneist*, benn gwyr. *id.* 215, Llyryed, *tremyned* tra mor dylan. *id.* 217, Eil gad trom y'n *tremynassant*. **13g.** *GDB* 304, *Tremynỽys* rysswr Rossed—Diabret. **14g.** *T* 37. 13–14, ef yn drut pan *tremyn* tros tut. **14g.** *B* ix. 230, Nac odyvynyd. nac odywaeret y *tremyno* llongeu yr auon honno. *c.* **1400** *R* 1204. 9–10, tỽryf taryf tan chwefrin drin *dremynv*. *id.* 1235. 7, *tremynnu* [*sic*] treislu tros liant.

tremynfa [*tremyn*[2]+*-fa, ma*] *eb.* ll. *-oedd*. Arsyllfa; gwylfa, tŵr gwylio, begwn: *observatory; watchtower, beacon*.
1604–7 *TW* (*Pen* 228) d.g. *Specula*. **1722** *Llst* 189, *Tremynfa*. f.p. *faoedd*. A beacon, post of a sentinel, watch-tower. **1725** *SR* d.g. *A Watch Tower*. **1770** *W* d.g. *Barbacan, or barbican, Beacon, An espying-place, Observatory, Watch-tower*. **1803** *P*, *Tremynva*, s. f.—pl. t. *oz* . . . A watchtower.

tremyniad[1] [bôn y f. *tremynaf*: *tremynu*+*-iad*[2]; dichon mai gair gwahanol a welir yn adran (*b*) isod; ansicr yw ystyr a dosbarthiad rhai o'r enghrau.] *eg.* ll. *-iaid*.

(*a*) Teithiwr, tramwywr; cyrchwr (milwrol), ymosodwr: *traveller, traverser; raider, attacker*.
Dchr. **12g.** *GMB* 153, Tu hir tref, *tremynyad* amdyfrwys. *id.* 241, Teyrnuab Ywein, *tremynnyad* treis hir. **12g.** *GLlF* 286, *Tremynyat* mynyd, manot tew —ny'th lud. **12–13g.** *GLlLl* 188, Kyrchyad, *tremynyad* tra Mor Ut. *c.* **1400** *R* 1203. 31–2, *tremynyat* saeth gat seith gampalltu.

(*b*) Baedd, hefyd yn *ffig.*: *boar, also fig.*
c. **1400** (*SG*) *HMSS* i. 374, lawnslot . . . a ymchoelei weitheu tu ac att gei. ae gedymdeithyon yny gyffelyb y gwnaei y *tramynyat* yrkwn. **15g.** *GDLl* 70, Nid byw y *trymyniad* bach, / Ni las un elusenach [marwnad Richard III]. *c.* **1514** *RWM* i. 1005, Rac y tostedd: kymer chwesigen *trymyniad*. **1545** *CI* 25, Bwyd j veithring malickoli. Ydiw'r hrain . . . kig ysgyuarnogod, kig *tremyniad* (*bores*). **16g.** Morus Dwyfech: *Gw* 162, Hefyd lle'r wyd ddihafarch / Gwir yw'r modd yn gwarae'r march, / Bai ydyw, bwy a edwyn, / Bothan llwyd, un bwth yn Llŷn / Heb it ordderch, draserch dro, / Ddi-iawnddull, neu ddwy ynddo? / A'u maddau oll, medd a ŵyr / Gelli, Siôn, ond gwall synnwyr, / Am nad rhaid, *tremyniaid* trwch, / Mwy it wrthyn' mit erthwch [i ddychanu Siôn Gruffudd]. *c.* **1588** *B* ii. 239, *tremyniat*: baedd. **1632** *D*, *Tremyniad* . . . *Trymyniad*, Verres, aper; [William] Ll[yn] Y naill yw, yn neall hâd, Ai tarw main ai *tremyniad*. G[utto'r] Gl[yn]. **1688** *TJ*, *Trymyniad*, baedd: a Bore, a Bore-pig. **1803** *P*.

tremyniad[2] [gair geir. yn wr.; ?ffrwyth camddehongli engh. o *tremyniad*[1] dan ddyl. *tremyn*[2]] *eg.* ll. *-au*.

(*a*) Drychiolaeth, ysbryd, ellyll: *apparition, spectre, ghost, phantom*.
1632 *D*, *Tremyniad*, Spectrum. **1688** *TJ*, *Tremyniad*, delw neu lun ysbrŷd, ellŷll: a Vision or Phantasie. **1725** *SR* d.g. *An apparition, or appearance*. **18g.** *WLl* (*Geir*) 285, *tremyniad* coblyn. **1770** *W* d.g. *An apparition*. **1803** *P*, *Tremyniad*, s. m.—pl. t. *au* . . . An apparition, a phantom.

(*b*) Golygfa; disgwyliad, gobaith; enghraifft: *view; prospect, expectation; example*.
18–19g. *Llr C* 75, 341, *Tremyniad*. an Example. a trem & tremyn.

tremyniad[3] [bôn y f. *tremynaf*: *tremynu*+*-iad*[1]] *eg.* Taith: *journey*.
1816.

tremynt[1], **tremyn**[2], **dremynt** [*trem*, *drem*+?*hynt*[1]; â'r ff. yn *-n*, ?cf. *-nt* > *-n(n)* mewn ff. bf. 3 ll. (ond nid amhosibl *trem*+*-yn*[1]); gw. hefyd *tremyn*[1]] *eg.* ll. (prin) *tremynion*. Trem (y llygaid), golwg; trem, edrychiad, cipolwg; golygfa; ymddangosiad, gwedd; gorwel; (geir.) theorem: (*eye*)*sight, vision; gaze, look, glance; view; appearance, aspect; horizon*; (*dict.*) *theorem*.
12g. *CMCS* ii. 22, *Dremint*, gl. *orizon*. **12g.** *GCBM* i. 25, *Tremynt* tec y'm terwyn beidaỽt. *id.* 59, Rin woleith woletyf, woleu *dremynt*. *id.* 158, *Dremhynt* hynt hirvalch, walch osgeith. *id.* ii. 50, Ym penn dreic, *dremynt* oet kelein! **13g.** *GDB* 179, Bart ỽum itt, trimud *dremynt*, / A chedymddeith canweith kynt. **14g.** *T* 52. 23–5, Eithyd o duch gỽynt. rỽg deu grifft arhynt ywelet *dremynt*. *Dremynt* aweles pressent ny chymes. **14g.** *WM* 133. 27–30, Ar vorỽyn penhaf onadunt. diheu oed ganthaỽ na welsei *dremynt* kymryt eiroet a hi ar arall. **14g.** *GDG*[3] 227, I fwrw am forwyn wisgra / *Dremyn* ar y dyffryn da. *c.* **1400** *R* 1350. 38–40, hy loeỽ draỽs hoewliỽ ydrem heul a garei dreul geyr drym. lloer drym llary *dremyn* gỽalched. *c.* **1400** *ChO* 10, Mi [cath] a arueraf o'm keluydyt vy hun . . . Ac ar vrys neidyaw y brifdar vchel . . . Ac odyno edrych *tremynt*. Ac yna . . . nachaf y kwn heb synnyeit ar y cath. **15g.** *CSTB* 6, Trwm fy meddwl a'm *tremyn*, / Trwm yw na ellir troi 'mun. *a.* **1584** *Rhyddiaith Gymraeg* i. 108, Pan vo kysdal *tremyn* Byledi Rabi a *thremyn* Tremhydydd, y gwr a gynffyddai drauan y gwybedyn ymhyledrydd yr hael [*sic*] ymhedwar ban byd. *Dchr.* **17g.** *J* 10, 163b, *Tremmyn*. Theorema. **1632** *D*, *Tremyn, & Tremynt*, Aspectus, visus. **1722** *Llst* 189, *Tremyn*. m. . . . theorem. [**1740**] L. Anwyl: *MW* 64, fe ddanghoswyd iti bortreiad wael o'r Nefoedd, a siccr, nid elli lai o'r *tremmyn* dwl hwn, na'g ewyllysio ac hiraethu. **1770** *W*, *Tremyn* . . . *tremynt* d.g. *Aspect of a place*. **1803** *P*,

Tremyn, s. m. . . . Sight, look, aspect, view; a glance. Mae '*Tremynion* Catwg Ddoeth' yn enw ar ddau gasgliad o wirebau sydd yn dechrau â'r gair 'nerth', *MA* iii. 12–13.

Amr.: **dremyn** [?ff. wallus]. **17g.** *RWM* ii. 1134, Madun sûr *ddremmun* sun tramwy [dychan i'r llwyn-og gan Robert ap Dafydd].

tremynt[2], **tremyn**[3] [?*tra-*+**mynt* (?cf. H. Gym. *pamint*, gw. *pa*[1]—*pa faint*)] *a.* ?Gormodol, eithafol: *excessive, extreme.*

13g. *C* 23. 2–4, Arnun nin cred ni nep. oth*tremint* trvyted. **14g.** *GDG*[3] 172, Cur *tremynt*, cariad tra-mawr / Gynt ger tŷ ferch Ogfran Gawr. **16g.** WILIAM CYNWAL: *Gw* (R. L. Jones) 134, Oer a thramawr a *thremyn* / Yw dial Duw ar dâl dyn.

tren [?ffrwyth camddehongli engh. o e. *Afon Tren*] *a.* a hefyd fel *eg.* Ffyrnig, cyflym, grymus; ffyrnigrwydd, cyflymdra, grym: *fierce, rapid, powerful; fury, rapidity, force.*

c. **1785–90 (1829)** *CBYP* 158, Hi gafodd yn *drenn* ar ei phenn y ffwyl; / Hyll oedd Martha am ei lladd a morthwyl. **1803** *P*, *Tren*, s. m. . . . Force; rapidity; fury. *id. Tren*, a. . . . Impetuous, forcible, furious; powerful, strenuous. Mae eve yn edryç yn *dren* iawn, he looks very furious: Avon *dren* iawn yw hon, this is a very rapid river. Sil. **1812** IOLO MORGANWG: *Salmau* 176, Pei cai'r dyn ffol, yn hyn o fyd, / Ei amcan ddall, a'i gael i gyd; / Ni chai ond a gynnullai'n *drenn* / Daranau melldith am ei ben.

trên[1], **traen**[3], **train**[2] [bnth. S. *train*] *eg.b.* (bach. g. *trenyn*) ll. *-s*, *trenau*, *trenoedd*, *traenau*, *treinau*. Rhes o gerbydau neu wagenni rheilffordd a gysylltir ynghyd ac a symudir gan injan, &c., hefyd yn *ffig.*: (*rail-way*) *train, also fig.*

1851 (1878) W. REES: *LlHFf* 128, Mi welwn y *traen* yn dwad i'r stasiwn ar hyn. *id.* 130, Mi fum yn ddyweddar trwu rane o Loigier, y nghynffon gwiber, ne rhw fwustfil gwyllt, ond beda chi'n i alw fo—'*Trên*,' ''R El wê,' ne 'Railffordd'. Ar lafar, '*trên*', *WVBD* 542 (*eg.b.*); 'Pam na ddei di i weld e 'fyd cyn bo'r *treine* i gyd in câl 'u stopo?', *Wês wês* 13; 'Ma well gin' i drafaelu gida'r *train* na gida'r bỳs', *GTN* 805 (*eg.*). Cf. *Ll* xix. (1940) 6, Gerddi yn ffinio â phen-ffordd y *train*, / Adnabod pob siwrnai nes disgwyl eu sain (T. J. Morgan).

Cfn.: **trên bach:** (i) *narrow-gauge railway train; small train.* **20g.** Ar lafar, 'Mi odd 'ne *drên bach* yn Rhyl es talwm'. (ii) *plant* (*in snooker*). **20g. tren cyflym:** *express* (*train*). **20g. trên y glowyr:** *special train conveying colliers to the colliery at reduced fares.* Ar lafar gynt yn ardaloedd pyllau glo'r De, *LlGC* 1134, 17. **trên grefi:** *gravy train.* **20g. trên gweithiwrs:** *special train conveying quarrymen, &c., to their place of work.* Ar lafar, *B* xx. 383 (ardaloedd chwareli'r Gogledd). **trên wyllt:** *express train.* Ar lafar gynt yn sir Drefn. **trên (traen, train) y rodni(s), trên rodni:** *last train* (*esp. one full of boisterous drunks on a Saturday night*). Ar lafar, '*train y rodnis*', *GTN* 691. **trên rhad:** *excursion train.* Ar lafar, *WVBD* 542. **trên sgrech:** *ghost train.* **20g.**

trên[2], **trenaf: treno**, gw. **draen**[2] (hefyd At.), **traeniaf**[1]: **traenio.**

trenaid, traenaid [*trên*[1], *traen*[3]+*-aid*[1]] *eg.* Llond trên: *trainful.*

20g.

trenar, trenyr, treinyr, &c. ($y \equiv ə$) [bnth. S. *trainer*] *eg.b.* ll. *-s*.

(*a*) Esgid feddal ar gyfer chwaraeon, rhedeg, &c., a'i gwisgo hefyd fel esgid (anffurfiol) bob dydd: *trainer* (*shoe*).

20g. Ar lafar, 'hen *dreinyr* fudur' (Môn); 'Ma '*nhreinyrs* i'n fŵd i gyd' (y Gogledd); ''Ti'n mynd i drial y ddou *dreinyr* 'mlân cyn 'u prynu nw?' (sir Gaerf.).

(*b*) Hyfforddwr (chwaraeon, ymarfer corff, &c.): *trainer* (*in sport, fitness, &c.*).

Ar lafar, 'Fe 'di un o *dreinyrs* Clwb Rygbi Aber-ystwyth' (Cered.); hefyd yn yr ymad. '*trenar* per-sonol'.

trend, gw. **trent.**

trendel, trendal, trindal [bnth. S. C. *trendel*; ansicr yw *Trendal, Pen* 53, 40 (?cf. *trental*)] *eg.b.* ll. *trendeli*. Llestr pren i ddal ymenyn, &c.; ?sffêr (fel symbol o frenhin-iaeth), yn *ffig.*: *wooden vessel for butter, &c.*; ?*orb* (*as symbol of royalty*), *fig.*

14g. *GIG* 139, Teg fu'r tâl eiriol o air—y Drindod, / O *drendal* y gadair [i Fair]. **15g.** *HVN* 496, os roid y mesur a wnn / wrth *drendel* jorwerth Drwyndwn / wrth wyr bwrdd arthûr i bv / wedi asgwin i dysgv [Gwilym Tew i ganmol ffiol Siôn ap Rhys]. **15g.** *DN* 97, Yn Dri o nef, Vn drwy nod, / Yn angel, yn Dduw yngod, / Yn fraych, yn ysgwydd, yn frawd, / Yn *dren-dal* yn y Drindawd. *c.* **1588** *B* ii. 231, mit: *trendel.* Ar lafar, '*trendal*' 'twba pren, hirgrwn y byddid yn cyweirio menyn ynddo', *Geir Geg* 153, 180 (dwyrain Morg.); '*trindal*', *GTN* 811.

Amr.: **trind** [?olff. o *trindal*]. Ar lafar, *Geir Geg* 153, 180 (Brych.).

trendi [bnth. S. *trendy*] *a.* a hefyd fel *eg.* ll. *-s*. Ffasiynol, yn dilyn y ffasiwn ddiwedd-araf (am berson, lle, &c.); person ffasiynol, un sy'n dilyn y ffasiwn ddiweddaraf; hefyd yn ddifr.: *trendy* (*of person, place, &c.*); *a trendy; also derog.*

20g. Ar lafar, ''Ôdd pawb 'di gwisgo'n *trendi* yne', ''Fydda *trendis* byth yn câl 'u gweld yn y twmpath dawns' (y Gogledd), 'Ma lle byta *trendi* 'di agor yn ganol dre'. Digwydd hefyd yn yr ymad. '*trendi* leffti'.

trenfaf: trenfu, trenfus, gw. **trefnaf: trefnu, trefnus.**

trenglen, treniaf: trenio, gw. **treiglen, traeniaf**[1]: **traenio.**

trenin, treinin(g) [bnth. S. *training*] *e?g.* Ymarfer (chwaraeon, &c.): *training* (*for sports, &c.*).

20g. Ar lafar.

trenllif [*tren*+*llif*[2]] *eg.* Ffrydlif, cenlli, rhyferthwy, hefyd yn *ffig.*: *flood, torrent, also fig.*

1782 *IM* 386, The person that mentioned *Trenllif* to me is a neighbour to Mr. Walters, and lives at a place called Ffflemingston in Glamorganshire . . . His name is Edward Williams. **18–19g.** *Llr* C 16, 171, *Trenllif*, a high, strong, raging flood . . . Glam. **18–19g.** *MA* iii. 255, Tri pheth ni wyddis pa bryd a'u gwrth-reder: bollt y daran, *trenlliv* Bwlch Havren, ac anrhaith Sais. *id.* 265, Tri pheth ni waeth gadael iddynt no cheisiaw tro arnynt: ci cynddeiriog, *trenlliv* avon, a doeth yn ei olwg ei hun. **1803** *P*, *Trenlliv*, s. m. . . . A rapid torrent. Sil. It is the same as cevnlliv, used in North Wales. **1812** IOLO MORGANWG: *Salmau* 51, Rhydd inni'r fraint ei alw yn Dad / Mae'n *drenllif* ei drugaredd rhad. *id.* 110, Am wasgu'r gwan, am sarnu'r gwir, / Am *drenllif* drwg sy'n boddi'n tir; / Pob cabledd erchyll, gresyn yw! / Dan gysgod enw y cyfiawn Dduw.

trennydd [Crn. Diw. *trenzha*; cf. *tra*[2], *dydd*, *trannoeth*; dichon mai bnth o'r Frth. yw'r H. Wydd. *in-tremdid*, gl. *postridie*] *adf.* a hefyd fel *eg.* (Ar) y diwrnod ar ôl yfory, ymhen dau ddiwrnod, ddau ddiwr-nod wedyn: (*on*) *the day after tomorrow, in two days time, two days later.*

9g. (*MC*) *VVB* 223–4, *Trennid*, gl. *prostridie* [*sic*]. **13g.** *GDB* 304, Dybuam . . . / Dywalwern drywern *drenyd*. **14g.** *WM* 170. 38–9, ti a uydy gyt a mi hedi6 ac a vory a*threnhyd*. **14g.** *GDG*[3] 165, Yfory, sydd yty sir, / O'th lasgae, wair, y'th lusgir. / *Drennydd*, uwch y llanw manwair, / Dy grogi, a gwae fi, Fair [i'r mwdwl gwair]! **14–15g.** *IGE*[2] 257, Yfory mewn oferedd / A *threnny dd* bydd yn y bedd (Siôn Cent). **15g.** *GLGC* 338, Nos Ŵyl Ddewi Gwenllian / i'r byd a rôi'r bwyd a ran, / trannoeth, yfory, *trennydd*, / tradwy megis fwyfwy fydd. **1488–9** *BSM* 34, pani wyddoch chwi mae *trennydd* yw kyvenw y dydd y gwnaethbwyd Marthin yn esgob. **1567** *TN* 109b, rhaid i mi orym-ddaith heddyw, ac evoru, a' *threnydd.* **1632** *D*, *Tren-nydd*, Postridiè, perendiè. **1696** *CDD* 334, Y bŷd yma a dderfŷdd y foru neu *drenŷdd.* **[1752]** *Gron* 38, Uchder *trennydd* fal echdoe, / Nid uwch oedd heddyw na doe. **[1757]** *ML* i. 443, Dear Brother,—I have yours of ye 25 December erbyn *trennydd* (i.e. tri nydd). **1803** *P*, *Trenyz*, s. m. . . . The third day to come, the day after to-morrow. adv. Two days hence, the day after to-morrow. Ar lafar, '*trennydd, trynnydd*' 'the day after to-morrow', *WVBD* 542; 'Fi alla' ddod *drennydd* ond 'wi'n gwitho 'fory', *GTN* 808.

Cfn.: **ail drennydd:** *the third day after a specified point in time.* Ar lafar, '*ail drennydd* y briotas', *GTN* 808.

trensh, trensiaf[1,2]: **trensio,** gw. **transh, transiaf**[1]: **transio, drensiaf: drensio** (hefyd At.).

trensiwr[1], **trensiwrn, treinsiwr,** &c. [bnth. S. C. neu Ffr. Lloegr *trenchour*; â'r *-n*, cf. *pinsiwrn*, *siswrn*, &c.] *eg.* ll. *-(i)au*, *tr(a)ensiyrnau*, &c. Plât neu ddysgl (bren) ar gyfer bwyd; cyllell; hefyd yn *dros.* ac yn *ffig.*: *trencher, (wooden) platter; knife; also transf. and fig.*

14g. *GIG* 51, Beth a geisiai erfai ŵr / Eithr arianswch a *threinsiwr* [i ddiolch am gyllell]? **14–15g.** *IGE*[2] 328, *Traensiwr*, bwytgyn tirionswch, / Tanllif nod rhif rhag naid trwch. / *Traensiwr* rhag sor i dorri, / Traul hawdd, cwbl o'n ansawdd ni [Rhys Goch Eryri i'r faslart]. **15g.** *DN* 28, Llawer llys heb wŷs, heb waith —ar *dransiwr*, / I daw'r vnssaic ddengwaith. *Diw.* **15g.** *Pen* 67, 93, kyllell gav mewn grymav r graic / ai *thrains-iwr* aeth yr vn saic [Hywel Dafi i ofyn wyth o ychen]. **1544–52** *B* xv. 117, yn gynta yr roir llien ar vwrdd a halen *traenswrie* kyllill bara. **16g.** *CLl* 179, Clyttia, *trynsiwria* (*CC* 198, *trainswriau*) siarad, / Cist bren a bair cost a brâd [Morys Dwyfech i'r dabler]. **16g.** *GRCG* 72, Hi fydd yn sad iawn yn siwr, / Drwynsor oni cheiff *drensiwr* [i ofyn caseg dros Lowri ferch Ifan Gutun]. *c.* **1566** *B* xv. 118, llyma val y gwsnaethir mewn ffest reial ÿ gÿdta dim ar y ddel yr bwrdd / lliain / halen / *transyrie* / cyllell cerfio. **16–17g.** *GST* i. 320, I'w siambrau ais am y brig, / Siŵr ceir *transwriau* cerrig [i ofyn ysglatys]. **1632** *D*, *Traensiwr*, Quadra, orbis mensalis. **1681** S. HUGHES: *AC* 19, Llawer o bethe hefyd a daflwyd yr [*sic*] erbyn yr astyllod hynny, megis pláts, *trenshwrne*, a lledwade. **17–18g.** *Llst* 133, 95b, Swppa crwn i'w sippio cras / Sorod ar *dransiwr* diras [Siôn Ieuan Clywedog yn erbyn tybaco]. *id.* 231b, Daeth o r farchnad ddydd Sadwrn / Ddiscleu a *thrinsyrneu* swrn (Dafydd Llwyd). **1722** *Llst* 189, *Traensiwr, siwrn.* m.p. *siyrnau.* A trenchern. **18g.** *Gwaseila* 465, Rhowch ddwsin o'ch *treinsiwrau* / A'ch meinion hardd dowelau. **1794** *W*, *Traensiwr, traens-iwrn, trensiwrn*; pl. *traensiyrnau, trensiyrnau* d.g. *Trencher.* Ar lafar yn y ff. *trensiw(r)n* (Môn, sir Drefn., Cered., sir Gaerf. a sir Benf.), *treiswrn* (sir Gaern.), *treinisiwr* (Môn), *trinsiwn* (Morg.), *trwns-iwn* (sir Ddinb. a sir Benf.), gw. *Geir Geg* 153; '*trensiwr, trinsiwr*', *WVBD* 542; '*treinsiwn*', *Cymru* xxxv. [233] (godre Cered.); '*trensiwr, trensiwrn*', *SC* vi. 135 (sir Benf.); '*trinsiwrn*', *TGG* (1906) 16 (Morg.). Fe'i clywir hefyd mewn ymad. megis 'Mae gynno fo lawn digon ar 'i *drensiwr*' 'he has enough to do to look after his own affairs', *WVBD* 543; 'Ma gin' ti ddigon ar dy *drensiwr*' (Llŷn). Cf. H. EVANS: *CE* 100, y *trwnsiwr* 'menyn.

trensiwr[2], **trwnsiwr**[2], **trwnsiwrn, trins-ier** [bnth. a chfdds. o'r S. *drench(er)*+*-wr*; â'r ff. yn *-n*, cf. *pinsiwrn*, *siswrn*, &c.] *eg.* Corn drensio: *drenching-gun.*

Ar lafar, '*trensiwr*' 'a drenching horn, to give medicine to domestic animals', *GTN* 808; '*Trwnsh-wrn . . . trwnshwr . . . trinsher*', *GDD* 311.

trensiwrn, gw. **trensiwr**[1].

trent, trend [?bnth. S. C. *trent* 'trental'; am enghrau. eraill posibl, gw. *GGLl* [192], *GLM* 273] *e?g. Egl.* Trental: (*eccl.*) *trental.*

16g. LEWYS MORGANNWG: *Gw* 342–3, bu gwyn-aw trist bu gant *trent* / i bedeir mil bu derment [marw-nad Syr Wiliam Fychan]. *id.* 584, Llawer *trent* lle i roed draw / llwyn cenedl oll yn cwynaw / Ni roid awr yn hwy er da / vyw i domas vod yma [marwnad Tomas Morgan].

trental [bnth. S. *trental*; ansicr yw perth-ynas *Trendal, Pen* 53, 40] *e?g.* ll. *-au*. *Egl.* Cyfres o ddeg ar hugain o offerennau dros y meirw, gwasanaeth coffa a weinyddir ar y degfed diwrnod ar hugain ar ôl angladd: (*eccl.*) *trental.*

1547 *WS*, *Trental* Trentall. **1604–7** *TW* (*Pen* 228), Copha . . . am y marw . . . ymhen y mis . . . *Trental* y gelwyt gynt, or triginta yr henyw, oblegyt y wneuthur dros 30. diŵrnotie, ne'mhenn y 30 die d.g. *Cenotaphium.* *c.* **1762–79** W. WILLIAMS: *P* 395, syl-faenu *trentolau* [*sic*], sef dweud Massau tros y marw ddeg ar hugain o ddiwrnodau. *id.* 403, gweddiau tros y marw, *trentalau*, gweddiau, ymprydiau.

trenter, trenyn, trenyr, gw. **traenter, trên**[1], **trenar.**

trepan [bnth. S. *trepan*] *eg.* ll. *-nau*. Llif silindraidd at wneud twll neu rigol gron mewn asgwrn, yn enw. y benglog: *trepan* (*in surgery*).

20g.

trepaniaf: trepanio [bnth. S. (*to*) *trepan*] *bg.a.* Tyllu('r benglog) â threpan, taredryn-nu: *to trepan* (*in surgery*).

20g.

trepsiaf, trepsaf, treipsiaf: trepsio, trepsan, treipsian [bnth. S. (*to*) *traipse*] *bg.* Troedio'n flinedig neu'n ddibwrpas,

ymlusgo; llusgo (ar hyd y llawr): *to traipse; trail.*

20g. Ar lafar, 'Ma dy goban di'n rhy hir—mae'n *trepsio* dros y llawr' (Arfon); 'Well iti gyrradd mewn pryd achos 'smo i'n mynd i *drepsan* rownd yn wilo amdanot ti' (sir Gaerf.).

tres[1] [?bnth. S. *tress* neu *trace* 'tress', neu o bosibl *tres[3]* yn *ffig.*] *eb.* ll. *-i.* Llyweth, cudyn (o wallt), hefyd yn *ffig.*: *tress, lock (of hair), also fig.*

15g. *DE* 42, avr melyn am ewyn mor / *tresi* man tros i mynwor [am wallt merch]. **16g.** WILIAM CYNWAL: *Gw* (R. L. Jones) 286, Gwen wyt, loer, â genau tlws, / Gwedd fwynaidd a gwddf Fenws, / Ac am hwnnw, gem hinon, / Ugain *tres* aur, gwnaed draw sôn [am wallt merch].

tres[2] [cf. Gwydd. C. *tress* 'brwydr'] *eg.b.* Brwydr, cyrch (milwrol), ymosodiad, cythrwfl, cynnwrf, cyffro; trafferth, helbul; llafur, ymdrech, prysurdeb; pryder, gofid: *battle, (military) raid, attack, uproar, tumult, commotion; trouble, bother; toil, effort, busyness; concern, grief.*

12g. *GMB* 263, Gnaỽd o drin *dres* aele. **12g.** *GCBM* ii. 54, *Tres* trachwres, trochyad yn trymder. **12–13g.** *GLlLl* 214, Rylloues rwyf *tres* tros uannyar—y ueirt. **13g.** *A* 21. 1, Ef gwrthodes *tres* tra gwyar llynn. **14g.** *T* 18. 11, iwis ypop llyghes *tres* aderuyd. *id.* 33. 18–19, Gỽyn eu byt ỽy gỽleidon Saesson ar *tres.* *c.* **1400** *R* 1335. 36, llaỽdyr *dres* draeth gerngaeth gorngam. **1604–7** *TW* (*Pen* 228), *tres,* montg. d.g. *Negotium.* **1632** *D, Três,* Labor, opera, negotium, molestia. **1696** *CDD* 310, Nid oes nêb yn treio *três,* / I'n trwblio. **1718** M. WILLIAMS: *P* 12, megis ag am y *Tres* a'r Trafod a gâs y Seison ar ol hynny yn ceisio gorfod arnunt dros ynghŷlch 800 Mlynedd yn ychwaneg. **1722** *Llst* 189, *Três.* m. A being full of business, pains, trouble. **1770** *TG* iii. 22, Dŵg ymgais adlais f' odlau—achwynaidd, / *Tres* frwynaidd, tros fryniau. **1803** *P, Três,* s. f. . . . labour, pains, trouble.

tres[3] [bnth. S. *trace* 'chain, &c.'] *eb.g.* ll. *-i, -au.* Un o ddwy strap, cadwyn, neu raff a ddefnyddir i gysylltu coler ceffyl, ych, &c., â cherbyd, aradr, &c., tid, strap, cadwyn, tennyn, hefyd yn *dros.* ac yn *ffig.*: *trace (for draught animal), strap, chain, leash, also transf. and fig.*

15g. *GTP* 47, A'r hen ystrodur a'r rhaff, / A'r panel llwm, trwm, tramawr, / A'r *tresi* a'r mynci mawr [i ddychanu cybydd]. **1543** *B* viii. 300, y *tresi* sy yn dal y flodiarde [ynglŷn â melinyddiaeth]. **16g.** (*LlEG*) *Mos* 158, 598b, y kyrbydwyr ffleminigh a ddechreuodd seuyll ynnol A dadklymur K/esig / yn hrydd oi *tressi.* *c.* **1562** *B* ii. 239, *tres* . . . tid. **16–17g.** *GST* i. 327, Trysor wyd, teiroes ir wen, / Tros Faelor mewn *tres* felen [i ofyn gosawg]. **1603** W. MIDLETON: *Ps* 257, Tyrr i *tresau* raffau preiffion / Anuwiolion yn olau. *Dchr.* **17g.** *J* 10, 163b, *Três.* Tresse. lorum. **17g.** HUW MORUS: *EC* i. 298, Pan elo fe o'r *tresi,* ni's gŵyr y llancesi, / Ond braw ydoedd, briodi 'r bwriadwr. **1688** *TJ,* Gwrymseirch, *Tresi* ceffŷl. **1778** J. HUGHES: *BB* 12, Rhaid torri 'r cedrwydd talion cedyrn, / . . . / A thorri 'r *tres,* fel treisiwr, / Cyn gallu diangu o faglau 'r heliwr. **1800** W. OWEN[-PUGHE]: *CP* 52, heb sôn am y rhagoriaeth o blaid yr ychain yn y gôst gyntaf, a gwisg a rhwyg y *tresi,* os gweithier mewn ieuau a gwarogau. **1803** *P, Três,* s. f. . . . a trace, or chain, for drawing. Ar lafar, '*tresi*', *LlLlM* 103, *WVBD* 543, *GTN* 808; hefyd yn yr ymad. '*tresi* byrion' a '*tresi* hirion', gw. *B* i. 40 (sir Ddinb.).

Amr.: **trasen** (ll. *trasys*). **1931.** Ar lafar yng Nghered. a sir Gaerf.

Cfn.: *Bot.* **tresi aur:** *laburnum, golden chain.* **20g.** Ar lafar, G. AWBERY: *BM* 19 (sir Ddinb., sir Gaern., a Meir.).

tres[4] [gair geir.] *eb.* ll. *-au.* Car llusg, sled: *sledge, sled.*

1632 *D, Três,* Traha, æ. **1688** *TJ, Três,* carr ceffŷl: a Drag. **1722** *Llst* 189, *Três* f.p. *Tresau.* A dray; a sled. **1725** *SR* d.g. *A Slead.*

tres[5] [bnth. S. *trace* 'vestige'] *eg.* ll. *-i, -ys.* Ôl, mymryn, arlliw: *trace (of something).*

1869. Ar lafar, ''O' 'na ddim y *tres* llia' ono fo'n unlla' (Arfon); 'Geuson *tresys* o boeryn yno fo' (Llŷn).

tres[6] [?bnth. S. *thresh,* ff. ar *thrash* 'blow, stroke, beating', neu yr un gair â *tres[3]*] *eb.* Clusten, ergyd, trawiad; curfa, cweir: *slap, blow, stroke; a beating or thrashing.*

c. **1793** E. BARNES: *HBF* 13, [b]od darn o Gig yn dyfod allan gyd â phob *três* i'r ffllangell. **1803** *P, Três,* s. f. . . . a stroke, as with a rod or whip. Ar lafar, 'Mi ro' i *dres* i chi', *WVBD* 543. Cf. *SE MS* 527a, *tres* . . . a beating, thrashing.

tresaf[1]: tresu [bf. o'r e. *tres[3]*] *ba.* Harneisio â thresi: *to harness with traces.*

1803 *P, Tresu* . . . To put on a trace or chain.

tresaf[2]: tresu [bf. o'r e. *tres[2]*] *bg.a.* Brwydro, ?gorchfygu: *to battle, ?conquer.*

12g. *GCBM* i. 193, Y dreiswaew, y dreiswan mor groch, / Y drosset ny *dressir* nemoch. *id.* 256, Nyd oet e *dressu* yt odrossei / Namyn y dreissyaw dros a welei.

tresaf[3]: tresu, tresaf[4]: treso, gw. **dresaf: dresu** (hefyd At.), **tresiaf[1]: tresio.**

tresal, tresawr, gw. **dreser, trysor.**

tresbas, tresmas [bnth. S. C. *trespas*; anodd cyfrif am yr ail ff. uchod] *eg.b.* ll. *-au.* Tramgwydd, trosedd, camwedd, pechod; tresmasiad (ar dir neu eiddo); hefyd yn *ffig.*: *transgression, offence, iniquity, wrongdoing, sin; trespass (on land or property); also fig.*

15g. *GGl[2]* 14, Tristach ydyw'r byd trostaw, / *Tresbas* drud tros Bowys draw [marwnad Llywelyn ab y Moel]. **1547** *WS, Trespas* Trespace. **16g.** (*LlEG*) *Mos* 158, 226b, y *dresbas* a wneytheinnt twy ar wair ac yd. **16g.** *Cy* xxxi. 211, madde yn *tresbas* ywnaythom yth erbyn di megis ninay yn tres baswyr [*sic*] ywnaethyn yn erbyn ninay. **16g.** *Pen* 181, 382, hevyt mae lladrat arall yr hwn nit ydiw ond *tresbas* megis gwydde nev ieir afferchyll. **1567** *TN* 30a, any vaddeuwch o'ch calonae, pop vn y'w vrawd eu camweddae [:– sarhaedae, *trespasae*]. **16–17g.** (**17g.**) *CC* 107, o thorraf lle neidiaf nôd / suwiwch hwn sydd wych hynod / o bai swrn fy *nhrespas* i / geill atteb heb goll itti (Thomas Prys). **1700** *B* iii. 99, Pwy bynnag a wnel *tresmas* y dydd hwnw.

Amr.: **tresbans** [?ff. wallus]. *Diw.* **15g.** *Pen* 67, 32, Saith ryw gwyn y sydd nid amgenn kwyn a pel [*sic*] kwyn kam . . . kwyn o *dres|bans.*

tresbasaf, tresmasaf: tresbasu, tresmasu [bf. o'r e. *tresbas, tresmas*] *bg.* Tramgwyddo, troseddu, pechu; mynd ar dir neu i mewn i eiddo heb ganiatâd; hefyd yn *ffig.*: *to transgress, offend, sin; trespass (on land or property); also fig.*

1547 *WS, Trespasy* Trespace. **1583** *LlGC* 716, 81a, par'ai a ddarfu yddynt *trespasu* yn erbyn y'r [*sic*] arglwydd dduw o'i Tatae. **17g.** *TBM* 471, Yr ŵyl fawr hon a wnaeth i ni / Ddwad i *dresmasu* eleni, / Eithr mewn llawenydd maith / Rhowch barchedigaeth iddi. **1688** S. HUGHES: *TSP* 223, fe ddarfu i chwi Neithiwr *drespassu* arnafi trwy sathru fy nhir i a gorwedd arno. **1699** T. JONES: *TP* 143, Ac fe ddarfu Iddŷnt *drespasu* ar fy nhîr i megis a gwnaethoch chwithau. Ar lafar, '*tresmasu*' 'to trespass', *WVBD* 543; 'Bydde 'nhad yn bygwth saethu unrhyw un odd yn *tresbasu* ar yn tir ni' (sir Ddinb.); 'Ma rwun yn *tresbasu* trw'n gardd ni o 'yd ac yn nuthur difrod', *GTN* 808.

tresbasol [*tresbas*+*-ol*] *a.* Camweddus, pechadurus; euog o dresmasiad (ar dir neu eiddo): *iniquitous, sinful; guilty of trespass (on land or property).*

16–17g. *GST* i. 881, Bendigedig yw'r gŵr ni cherddodd / Mewn cyngor, bodd annuwiol; / Na sefyll mewn ffordd pechadur / A fai yn eglur *dresbasol.* **1776** *Pant* 22, 57b, o chair neb o honynt [bwrdeisiaid] yn *dresbasol,* gwneuthur tasc arnynt gerr bronn yn ystiwart.

tresbaswr, tresmaswr, tresbasydd, &c. [bôn y f. *tresbasaf, tresmasaf: tresbasu, tresmasu*+*-wr, -ydd[3]*] *eg.* ll. *tresbaswyr, tresmaswyr.* Tramgwyddwr, troseddwr, drwgweithredwr, pechadur; un sy'n tresmasu (ar dir neu eiddo); hefyd yn *ffig.*: *transgressor, offender, wrongdoer, sinner; trespasser (on land or property); also fig.*

16g. (*LlEG*) *Mos* 158, 531b, Ach/ymerud fforneickattors ynn *dresbasswyr* Ai kosbi wynt yngharchar y br/enin ynn greulon I roddi shiample i eraill. **16g.** *THSC* (1923–4) (At.) 32, a gwnaythyr jawn y bawb oi *dressbasswyr.* **16g.** *Cy* xxxi. 211, madde yn tresbas ywnaythom yth erbyn di megis ninay yn *tres baswyr* [*sic*] ywnaethyn yn erbyn ninay. **16g.** HUW ARWYSTL: *Gw* 247, Darf oedd goch drwy faeddu gwyr / tores beisiau *tresbaswyr* [i'r hugan]. **1567** *TN* 279b, ydd wyf yn gwenuthur vyhun yn droseddwr [:– *drespaswr* anghyfreithiwr, draws]. **1611** *Pen* 217, 413, Hysbyssol yw na ddiengis neb or *tresbaswyr* y rhai a wnaethant yn erbyn ewyllys Dvw.

tresel[1,2], gw. **dreser, trestl.**

tresfa [bôn y f. *tresiaf[1]*: *tresio, tresian*+*-fa, ma*] *eb.* Curfa, cweir: *a beating or thrashing.*

1844. Cf. W. REES: *AFR* 19, fedra i ddim meddwl y bydde 'n groes i reswm na 'scrythyr i roid *tresfa* dda i hen rwgfil wel yr Harli hwnw.

tresgl[1], dresgl, *eg. Bot.* Planhigyn isel ac iddo flodau melyn a gwreiddiau egr, *Potentilla erecta,* melyn yr eithin, ?hefyd yn *ffig.*: *tormentil, ?also fig.*

c. **1400** *Études* viii. 388, kymryt pwys punt o'r llyssewyn a elwir y *tresgyl* terebilurion. *Diw.* **16g.** *WLB* 5, Modd i wneuthur Meddyglyn rag gwenwyn . . . Kymer gaswenwyn, ar ben galed, ar drŷw . . . ar *dresgl.* *id.* 34, gwna eli rhacddo or *dresgl.* **1604–7** *TW* (*Pen* 228), *Tresgl* d.g. *Tormentilla.* *Dchr.* **17g.** *J* 10, 163b, *Trescl.* Heptaphyllon. Septifolium. × Saith neilen. Tormentilla. **18g.** *Llr* C 24, 349, a dod yndaw y *Trescyl* ar ystor bonheddig. **1803** *P, Tresgyl,* s. m. . . . Tormentil.

Amr.: **trasgl[2], drasgl.** **1515** *Llst* 10, 30, Tormentillay *drasgyl.* *Dchr.* **17g.** *J* 10, 163b, Trescl . . . *Trascul.*

Cfn.: **tresgl (dresgl) melyn:** *tormentil, Potentilla erecta.* **1604–7** *TW* (*Pen* 228), y *drescl melyn* d.g. *Heptaphyllon.* **1632** *D* (*Bot*), *Tresgl melyn.* **1813** *WB* 240. **tresgl y moch:** *tormentil, Potentilla erecta.* *Diw.* **16g.** *WLB* 4, Kymer tormentilla, sef yw hynny *tresgyl y moch.* **1632** *D* (*Bot*). **1803** *P,* Tresgyl . . . *tresgyl y moch,* the setfoil. **1813** *WB* 240. **tresgl ymlusgol:** *trailing tormentil, Potentilla anglica.* **20g.**

tresgl[2] [?cf. *tresglen* ac o bosibl *trwsgl, trysgli*] *a.* ?Crachlyd: *scabby.*

c. **1400** *R* 1346. 34, Goraỽc trosclaỽc *tresgyl* gynnif. *Diw.* **15g.** *Pen* 53, 26, lletrith hagrlun trawsglun *tresgl* [Ieuan ap Rhydderch i'r Prol]. Cf. *R* 1346. 9, min tresgyluỽch.

tresglen, dresglen [H. Lyd. *tra[s]cl,* gl. *larum,* Llyd. Diw. *drask(l),* ?Gwydd. Diw. *truisc* mewn e. adar: < IE. **trosdos* 'bronfraith', cf. Llad. *turdus,* H. S. *þrostle* (> S. *throstle*), *þrysce* (> S. *thrush*)] *eb.* ll. *-nod, tresglod.* *Adar.* Unrhyw un o amryw fathau o adar cân o deulu'r *Turdidæ,* yn enw. *Turdus viscivorus,* brych y coed: *thrush, esp. mistle thrush.*

16g. *GRCG* 91, Ni edy 'fô un wylan, nac un hen farcutan, / . . . / Na hwyad, na *thresglen,* nac un wych linosen, / Nac un wych biogen, na bo Siôn yn ei bygwth. **16–17g.** (**17g.**) *CC* 97, y *dresglen* dyrf lwydwen dêg / a ddiwedda yn ddeuddeg [Thomas Prys 'i gynnal Sessiwn ar Eiddig']. **1604–7** *TW* (*Pen* 228), y lhe catwer ag y porther y *tresclot* ne'r mwyalchot adar d.g. *Turdarium.* *Dchr.* **17g.** *J* 10, 163b, *Tresclen.* a wing thrush. Turdus minimus. **1632** *D, tresglen* d.g. *Turdus.* **1722** *Llst* 189, *Tresglen.* f.p. *Tresglennod.* A thrush. *id.* d.g. *A Black-bird.* **18g.** *Pant* 19, 95, y *ddresglen,* Pen y llwyn, Crecer, the Missel bird. **18–19g.** *Llr* C 55, 164, *Tresglen,* Thrush. **1803** *P, Tresglen,* s. f. . . . A thrush; also called bronvraith, pen y llwyn. Ar lafar, 'Bronfraith . . . thrush . . . also called *tresglen*', *TGG* (1904) 57 (Brych.).

Amr.: **trisglen.** **1913.** Ar lafar, '*trishglan*', *GTN* 812.

Cfn.: **tresglen (dresglen) goch:** *redwing, Turdus iliacus.* **18g.** *Pant* 19, 96, y *Ddresclen goch,* Soccen yr eira, red wing. **1803** *P,* Tresglen . . . y *dresglen goch,* crecer, socen eira, the swine-piper. **tresglen y crawel:** *mistle thrush, Turdus viscivorus.* Ar lafar, *LlG* lii. 6. **tresglen y dŵr:** *dipper, water ouzel, Cinclus cinclus.* **1866.** **tresglen lwyd:** *mistle thrush, Turdus viscivorus.* **1803** *P.*

tresiad [bôn y f. *tresiaf[1]*: *tresio, tresian*+*-iad[1]*] *eg.* Curfa, chwipiad: *a beating or whipping.*

1803 *P, Tresiad,* s. m. . . . a whipping.

tresiaf[1]: tresio, tresian [bnth. S. (*to*) *thresh*] *bg.a.* Tocio (coed, &c.); curo (â ffon, &c.), chwipio, fflangellu; hefyd yn *ffig.*: *to prune or lop (trees, &c.); thrash, whip; also fig.*

15g. *DE* 133, Gorau gwyr Rissiart i guraw koed yn us / a Gwladus i gludaw / y hi yn llenwi ai llaw / yntau Rissiart yn *tressiaw* [i ŵr a gwraig a oedd yn torri coed o eiddo'r bardd]. *Dchr.* **17g.** *J* 10, 163b, *Tressio* coed. **1690** *Cylchg LlGC* vii. 194, Edd. Huws a John kowmon yn *tresio* koed uwch ben y stryt Rwngom ni ar dre yn tynu llyged pobol. **1768** TWM O'R NANT: *CTh* 19, Ni wnant ond Cardotta ac ymlid eu tine, / Ffit fyddai eu *tresio* nhw' i ffordd o'r drysau. **1769** E. ROBERTS: *GN* 35, Rwy eto yn wedun mi goda i neidio, / Mi dafla drosol mi fedra *dresio.* Ar lafar, 'dynas yn *tresio*'r plant', 'dyn yn *tresio* dyn arall', *WVBD* 543; hefyd yn yr ystyr 'bwrw glaw yn drwm', 'Wel, mae'n *tresio*' (Llŷn).

Cfn.: **tresio (tresian) bwrw (glaw):** *to pour (with rain), beat down.* **1928.** Ar lafar, '*Tresio bwrw*' (Môn); 'Mae'n *tresio bwrw*', *WVBD* 62; '*tresian bwrw*', *LlG*

xix. 23; '*tresio bwrw*', *B* xv. 27 (Meir.). **tresio glaw mân, tresio glaw mynydd:** *to drizzle heavily.* **20g.**

tresiaf[2], **tresaf**[4]: **tres(i)o** [bnth. S. (*to*) *trace*] *bg.a.* Dargopïo; olrhain: *to trace* (*drawing, &c.*); *trace* (*origins, &c.*).
Ar lafar, '*tresio* nw a torri nw allan' (Llŷn); 'Ma fe'n haws *treso*'r map na tynnu'i lun e', 'Mân' nw 'di llwyddo i *dreso*'r afiechyd 'n ôl i ddad-cu y ferch' (sir Gaerf.).

tresl, tresmas, tresmasaf: tresmasu, gw. **trestl, tresbas, tresbasaf: tresbasu.**

tresmasiad [bôn y f. *tresmasaf*: *tresmasu*+ -*iad*[1]] *eg.* Y weithred o dresmasu (ar dir neu eiddo), hefyd yn *ffig.*; *Drg.* ymlediad y môr neu waddod morol dros dir: *trespass* (*on land or property*), *also fig.*; *transgression* (*in geol.*).
20g.

tresmaswr, tresmasydd, gw. **tresbaswr.**

tresn, treson, gw. **treswn.**

tresor, tresoraf: tresori, tresordy, &c., gw. **trysor, trysoraf: trysori, trysordy,** &c.

trestl, trestel [bnth. S. C. *trestel*, neu'n uniongyrchol o'r H. Ffr.] *eg.b.* ll. *trest(e)lau.* Fframwaith (e.e. trawsbren a'i ddeupen yn sefyll ar goesau ar led, neu ddwy ffrâm gysylltiedig ar ffurf debyg) a ddefnyddir i gynnal astell neu estyll at wahanol ddibenion (yn enw. fel bwrdd), bwrdd a wneir fel hyn, bwrdd cegin, seld, dresel; (geir.) gwely; hefyd yn *dros.* ac yn *ffig.*: *trestle, trestle table, kitchen table, dresser*; (*dict.*) *bed*; *also transf. and fig.*
c. **1400** *YSG* i. [25], yngkylch y gadeir yd oedynt byrdeu gwedy eu gossot ar eu *tresteleu* yn gyflawn o bop bwyt. **15g.** *GOLlM* 30, a'r tri allwydd, a'r trulliad, / a'r *trestl* o aur tros dy wlad [i Forys ab Owain]. *id.* 34, O chyfyd un a chyfarth, / *drestel* byw, dros dâl y barth, / ni bydd neb, myn wyneb Non, / dewr goel dioer ei galon [i ofyn dau filgi]. *Diw.* **15g.** (**15–16g.**) *B* xvii. 80, nyt ytiwn tyrist islawr ddev *tyrestel* [Y Nant i ofyn cist]. **1547** *WS, Trestyl* A trestyll. **16g.** (*LlEG*) *Mos* 158, 306b, ac ynn bwytta I chino o ddiar ddau *dr[e]sdel.* **16g.** R. WHITE: *C* 32, Yn lle allor *trestyl* trist / yn lle Krist mae bara. **1632** *D, Trestl,* Tripus, mensula. **1672** R. PRICHARD: *Gw* 447, Nawr heb nwyf, yn noeth, yn issel, / Rwyfi'n gorwedd dan y *trestel.* **1722** *Llst* 189, *Trestl.* f.p. *Trestlau.* A dresser or kitchin-table, trestle, trippet, a horse in a cellar. **1773** *W* d.g. *Gauntree* [*a frame to set casks upon*]. **1803** *P, Trestyl,* s. f. . . . a frame; a trestle. Cf. *GDG*[3] 328, Syrthio o'r bwrdd, dragwrdd drefn, / A'r ddeudrestl a'r holl ddodrefn.
Amr.: **drestl. 1852. tresl, tresel**[2] (ll. *treslau, treselydd*). **17g.** *LlGC* 13215, 384, *Tresle* Cubile. Cf. JOHN OGWEN: *Hogyn o Sling* (1996) 59, Dôi dynion y capel i gario'r *treselydd* a'r planciau a'r merched yn gosod y papur crêp bob lliwiau o amgylch.

treswaith [cfdds. o'r S. *trace(ry)*+ *gwaith*[1]] *eg.* Delltwaith addurniadol (yn enw. yn rhan uchaf ffenestr Gothig): *tracery.*
20g.

treswn, treson, tresyn, &c. [bnth. S. *treason*] *eg.* Brad, bradwriaeth: *treason, treachery.*
15g. *GDLl* 65–6, Trechaf yn Lloegr fu trichawr, / Troes yn eu mysg *treswn* mawr [i Harri VII]. **15g.** *HCLl* 79, O torred pen anturiwr / Trwy fent Caerwent carw o ŵr, / Nid am *dreswn,* gwn ganu, / Ond malais, anfantais fu [marwnad Syr Roser Fychan]. **15g.** *GOLlM* 6, Brawdwr hir i'r brodir hwn / â bar traws er bwrw *treswn.* **1540** *B* ix. 102, Thomas grwmel Jarll Essex ag arglwydd watt[r] hwngrford a dorred J penne yn y twr hyl am *dresson.* **16g.** *TRP* 166, mae yn gwnvthyr *tresswn* heb gel / ai alw yn vchel vrenin. **16–17g.** (**17g.**) *CC* 423–4, nid wyf am ledrad ne dwyll / ir dyrnas gwnias ganwyll / . . . / nag am *dresyn* gam drysor (Thomas Prys). **1670** J. HUGHES: *AP* 105, y Brâd . . . neu'r *Treson.* **1672** R. PRICHARD: *Gw* 527, Cyn y delo i geisio pardwn, / Am ei frâd, a'i drais, ai *dreswn* [:– bradwriaeth]. Ar lafar yn y ff. *tresn, EEW* 124 (sir Gaern.).

treswr, tresyn, gw. **trysor, treswn.**

trêt, trît [bnth. S. *treat*] *eg.b.* ll. *trêts, tretys, trîts.*

(*a*) Digwyddiad neu brofiad pleserus (yn enw. un annisgwyl neu anarferol), pryd o fwyd, adloniant, &c., a roddir yn anrheg: *treat.*
1855. Ar lafar, "roedd yn *drêt* i glywed o', *Cymru* xlvii. 237 (sir Ddinb.); 'Gesh i bacad o grisps fel *trît*' (y Gogledd); "Y *nrît* i yw cinno 'eddi' (sir Gaerf.); 'Fe geson itha' *drêt*—te a wetyn mynd i'r syrcas' (dwyrain Morg.).

(*b*) Ymbil, erfyniad: *entreaty, a beseeching.*
17g. *LlGC* 13215, 384, *Tret* Ymbil.

(*c*) Powltis, eli: *poultice, salve.*
Diw. **16g.** *WLB* 97, oyl twrpentin i roi mewn *tretys.*

tretad, tretadaeth, tretadaf: tretadu, tretadiaeth, &c., gw. **tref—tref tad, treftadaeth, treftadaf: treftadu, treftadaeth,** &c.

tretaf[1], **tritaf: treto, trito** [bnth. S. (*to*) *tread*] *bg.a.* Sathru('r iâr): *to tread* (*the hen*).
Ar lafar, '*treto, trito*', *SC* vi. 135 (sir Benf.).

tretiaf, tretaf[2]: **tret(i)o** [bnth. S. (*to*) *treat*] *bg.a.*

(*a*) Rhoddi trêt (i): *to treat* (*someone to something*).
18g. *Beirdd y Berwyn* 83, Ni gowson gywir barch a chariad . . . / A merched glân, fawr a mân, yn trotian i'n *tretio.* **1786** TWM O'R NANT: *PCG* 34, Ni phrisiwn ddraen fy hunan, / Er eich *tretio* o werth un rotan. Ar lafar, "Dwi'n mynd i *dritio* fy hun i botal o sent heddiw' (Arfon); '*treto*', *GDD* 308; 'Fi *dretas* 'mam i gwpwl o grîm pyffs, ma 'i'n afnadw am reina', *GTN* 810. Cf. K. ROBERTS: *LW* 146, 'Yli'r hen Owan', meddai, 'mae gin i ddigon o bres, tyd efo mi, mi *tretia* i di i ginio'; D. E. JONES: *HLlP* 369, *tryto*'r merched â chacs.

(*b*) Trin (person neu beth mewn ffordd arbennig): *to treat* (*person or thing in a certain manner*).
20g. Ar lafar, '*tretio* rŵun yn dda', *WVBD* 543; "Ôn' nw'n 'y *nhreto* i mor dda' (sir Benf.).

(*c*) Trafod (telerau), cymodi; ymbil, erfyn; trafod, dadlau: *to negotiate* (*terms*), *make peace*; *entreat, beseech*; *discuss, debate.*
15g. *GLGC* 55, danfonodd o'i fodd efô / deuwr atun' i *dretio.* *id.* 363, troi casau drasau ar drwch, / trwy oed dydd *tretio* heddwch. *Diw.* **15g.** *Bren Saes* 204, Yna yr aeth Sioned, gwraic Llywelyn, i *dretio* a'i thad, brenin Lloegr. **16g.** (*LlEG*) *LlGC* 5276, 222b, Ar vied shiaptur y sydd yn *trettio* ogardod neu alusen. **16g.** (*LlEG*) *Mos* 158, 28a, danuones y brenin serttain o wyr kyurwys I gym/ru I *drettio* ar kymru am droi o ddiwrth yr Ieirll ac am droi a/tto Ef. *id.* 80b, danuones Ef i drysorer I gaint I *drettio* y mater hwn. *id.* 256b, Kyuodes soon ynn y dyrnas . . . mae I *drettio* am gael Kalais o veddiant brenin lloygyr I veddiant brenin ffrainck dracheuyn I doethai yriarll hwn loygyr [*sic*]. **1547** *WS, Tretio* Entreate. **1567** *TN* 112b, am hynny yd aeth ey dat allan ac a *dretiawdd* [:– ymneheddodd] ac ef. **1582** *Rhyddiaith Gymraeg* ii. 49, *Tretio* o'r diwedd ac ef a wnaeth am ddydd i dalv. **16–17g.** *GST* i. 369, Ni ad, â'i ledrad i'w law, / Wneuthur ateb na *thretiaw.* *Dchr.* **17g.** *J* 10, 164a, *Tretio* to entreate.
Amr.: **tritio**. Ar lafar, 'Beth am *dritio* ni'n hunan i bryd bach o fwyd heno?', 'Man' nhw'n deud 'i fod o'n 'i *thritio* hi'n ofnadwy' (Arfon).

tretis [bnth. S. *treatise*] *e?b.* ll. -*ion.* Cytundeb, cymod, cynghrair; trafodaeth (ar bwnc), ymdriniaeth: *treaty, agreement, settlement, compact*; *treatment* (*of subject*), *discussion, treatise.*
15g. *GLGC* 34, Edwart dywysog heb *dretusion* / a geidw'r ynys â gwayw dur union. **15g.** *GIBH* 86, Mynych y tyr, breyr bris, / Milltir droetir, ei *dretis* [Tudur Penllyn i ateb cywydd dychan Ieuan Brydydd Hir]. *c.* **1514** *Pen* 182, 97, Y sef yna y kyngyr yr Esgob Gofyn tri drav o *drettis* val ygellynt drwy weddi ag vnpryd Govyn help archangel. **1545** *CM* 1, 129, Yma I dderuy[dd] [*sic*] y *drettis* . . . am amser I maer xij Arwydd ynn tyrnassu ovewn tyrnasoedd. **1547** *WS, Tretis* Treatyse. **16g.** (*LlEG*) *Mos* 158, 255b, deliurodd brenin Ritshiart dre ovo/rdor bryttein Ir duwk o vryttain drwy *drettis.* **1562** *B* i. 328, kyngrair, *tretis* dros amser. **16–17g.** EDWART AP RAFF: *Gw* 146, Haws oedd drin sychin oes vcho, garchar / gorchwyl duw fy yn gweithio / Rrol duw ai rhoes krist ai rho / *trettis* i gael troi atto. **1604–7** *TW* (*Pen* 228) d.g. *Actio, Fœdus, eris, pactio.*

treth, *eb.* ll. -*i*, -*au*, -*oedd*, (prin) *tryth, trethion.*

(*a*) Tâl (rheolaidd) a godir ar unigolion, grwpiau o bobl, busnesau, &c., gan lywodraeth, brenin, arglwydd, &c. (yn enw. fel cyfran o incwm, gwerth cynnyrch, &c.), ecsêis, toll, ardreth; teyrnged; *Beibl.* cyfrifiad poblogaeth (at bwrpasau treth); hefyd yn *ffig.*: *tax, duty, toll, excise, customs, rate*; *tribute*; (*bibl.*) *census* (*for tax purposes*); *also fig.*
12g. *GMB* 152, Gẟeleis weheleith ac eu trefneu *tryth* / Ac eu *treth* 'n y ogaẟn. *id.* 176, Ardwyreaf hael O hil Yago / . . . / A gymhellws *treth* o Dwr Penuro. **12g.** *GLlF* 426, Frẟst dra frẟst, dra thrẟst *tretheu* o Lundein. **12g.** *GCBM* i. 270, Caraf-y *dreth* a draethant geinyeit. **12–13g.** *GLlLl* 96, Tir uy naf traethaf, *treth* Wynet—dydaeth / O deithi teyrnet. **13g.** *GBF* 39, *Trethoet* tros uoroet, uar dẟfyn. **14g.** *T* 13. 18, Meiryon eu *tretheu* dychynnullyn. **14g.** *BT* (*RB*) 156, A rodi oet a oruc y brenhin idaw am y gwystlon ereill a dylyei Rys y talu y'r brenhin, ac am y *dreth* [ceffylau ac ychen] a dywetpwyt ury. **14g.** *Bren Saes* 46, A Moredud yn *dreth* a rodes y'r Llu Du keinyauc am bop gwr idaw. **1391–3** *The Extent of Chirkland* (1933) 10, De *treth* causty. *c.* **1400** *R* 1223. 16, anuonaf traethaf *treth* ogaryat. **15g.** *GLGC* 279, Ni fynnodd yn ei faenawr / drwy waith efô un *dreth* fawr, / ond gwared ar gyffredin / a rhannu oll i'r rhain win. **15g.** *GGl*[2] 130, Na fwrw *dreth* yn y fro draw / Ni aller ei chynullaw. *c.* **1510** *THSC* (1943–4) 57, ac i ryddhawyt gwasnaethwyr y deml o'r *trethav.* **1551** W. SALESBURY: *KLl* iva, E Ddamwyniodd yny dyddie hyny vyned gorchymyn allan . . . i drethy yr holl vyd. Ar *dreth* hon oed y gyntaf / a Chyrenius yn llywadrathy yn gwlad Sy[r]ia. **1632** *D, Trŷth,* Pl. à *Trêth.* *id.* d.g. *Census, Collatus, Indictio, Multa, Tributum, Vectigal.* **17g.** *TBM* 104, Rhodian' hwy 'rhyd ein heol / Dydd marchnad afrwyddiad rôl, / I godi *trethi* o'r brethyn, / Fyd tort, ac o fywyd dyn (Siôn Gruffudd). **1703** T. BADDY: *PCh* 179, Am hyn rhown *dreth* a'n dwylaw'n bleth / O fawl a diolchgarwch. **1755** *ML* i. 332, Talu *trethi* sydd raid ini tra bôm byw. **1803** *P, Trêth* . . . an allowance, contribution, rate or tax; tribute. Ar lafar, 'Cysgu mewn tŷ sy'n codi'r *dreth*' 'sleeping in a house is what makes it subject to rates', *WVBD* 543; 'Ma *treth* drwm ar y tŷ 'yn', *GTN* 810.

(*b*) Taliad neu rodd oddi wrth noddwr i fardd, hefyd yn *ffig.*: *payment or gift from patron to poet, also fig.*
12g. *GLlF* 36, *Treth* trauot tros glot, traẟsglẟyd uẟyhaf. **12g.** *GCBM* i. 27, Y *thretheu* y'ẟ thraethadur-yon [am Feifod]. *id.* 281, Keveis gan *dreth* ortethol / Tarẟ tec Talgarth yg gwarthal. *id.* 326, *Treth* volaud, traethaud naud nausber. *id.* 273, Gẟedy *treth* mal traethaẟt Jeuan. *c.* **1400** *R* 1235. 2–3, *Treth* ymdeith yn ueith anuethyant. traeth a brynn aphennrynn aphant. *id.* 1341. 14, ki ffissel trutheingerd *treth.*

(*c*) Straen, baich: *tax, strain, burden.*
1897. Ar lafar, 'Ma'r gwaith 'ma'n mynd yn fwy o *dreth* arna' i fel 'dwi'n mynd yn hŷn', 'Ma gwaith tŷ yn *dreth* ar 'y 'mynadd i' (Arfon); 'Ma 'næd yng ngyfrath yn *dreth* arno' i witha', *GTN* 810.
Cfn.: **treth anuniongyrchol:** *indirect tax.* **20g. treth ar werth:** *value added tax.* **20g. treth gorfforaeth:** *corporation tax.* **20g. treth gyngor, treth y cyngor:** *council tax.* **20g. treth ddaered (y daered):** *income tax.* **1851. treth eglwys:** *church-rate.* **1600** *C. Bryner Jones* (LlGC) 326, mae arnaf ij[s] o *dreth Eglwys.* **1690** *Ymofynion* 7. **1798** T. ROBERTS: *CG* 12. Cf. H. EVANS: *CE* 31, Fy ail drosedd oedd . . . areithio yn erbyn y *dreth eglwys.* **treth eiddo:** *property tax.* **1814–15. treth enillion cyfalaf:** *capital gains tax.* **20g. treth etifeddu:** *inheritance tax.* **20g. treth ffenestri:** *window tax.* **1850. treth y golau = treth ffenestri.** **17g.** (**18g.**) *J. Gwenogvryn Evans II* 5, 8b, fe werthodd fy ngwraig ei wŷe / i brynu pare o esgide / Cin cael yr heini reittia peth / roedd galw am *dreth y gole.* Cf. H. EVANS: *CE* 64–5, Yr oedd *treth y golau* yn fwy nag y gallai'r tlodion ei thalu. **treth (yr) incwm:** *income tax.* **1864. treth longau, treth y llongau:** *ship-money.* **1930. treth fawr:** (i) *land tax. c.* **1756** *Bangor* 1007, 93. **1794** E. JONES: *CP* 54. **1797** JAC GLAN-Y-GORS: *TD* 23. (ii) ?*predial tithe, great tithe, large tithe.* Ar lafar gynt ym Mhenllyn. **treth (y) pen(nau), treth ben:** *poll tax, capitation.* **1688** *TJ,* Dofraeth, dofreth, *trêth y pennau,* taliad penn. Pole-money. **1725** *SR, treth pennau* d.g. *Poll Money.* **1771** *W, trêth ben* d.g. *Capitation.* Ar lafar, "Dwi'n falch o gal gwarad â'r hen *dreth y pen* 'na' (Arfon). **treth bwrcas:** *purchase tax.* **20g. treth stamp:** *stamp duty.* **1794** E. JONES: *CP* 13. **treth tir:** *land tax.* **1775** *W* d.g. *Land-tax.* **treth tlodion:** *poor rate.* **1861.** Ar lafar, *WVBD* 543. **treth drosglwyddo cyfalaf:** *capital transfer tax.* **20g. treth uniongyrchol:** *direct tax.* **20g. treth yr ŷd:** *corn-rent.* **1849** (**1878**) W. REES: *LlHFf* 78, Liciech chi ddim cael *treth yr yd* yn i hol, mewn difri?

trethadwy [bôn y f. *trethaf*: *trethu*+ -*adwy*] *a.bfl.* Y gellir ei drethu, trethiannol, ardrethol, tolladwy: *taxable, rateable, excisable.*

1773 *W* d.g. *Excise-able, Rate-able, Taxable.* **1803** *P, Trethadwy* . . . Taxable.

trethaf: trethu [bf. o'r e. *treth*] *bg.a.*

(*a*) Codi treth, &c. (ar), codi fel treth, hefyd yn *ffig.*; talu teyrnged (o fawl) i; talu am; *Beibl.* rhifo'r boblogaeth (at bwrpasau treth): *to tax, levy tax, &c.* (*on*), *also fig.*; *pay tribute* (*of praise*) *to*; *pay for*; (*bibl.*) *take a census* (*for tax purposes*).

13g. *GBF* 314, Am brydu kanu kerd a *trethid* / Y pryduawr gwenuawr. *c.* **1400** *R* 1235. 5, *Trethoyf* duo o diwed vy mant. **15g.** *GDLl* 156, O chlyw im (ni chêl amarch) / Erchi na milgi na march, / Medd y bardd gormodd ei bwn, / Truthiwr oedd, *trethu'r* oeddwn! / . . . / Mwy ei olud na milwr / Yn *trethu* Cymry o'u cwr [i ateb Llywelyn ap Gutun]. **15–16g.** *GLM* 254, Mae i ti Ruthun, mwy *trethir*, / mae Iâl a'r Hob, Maelor hir [i Siôn Pilstwn Hen]. **1551** W. SALESBURY: *KLl* iva, E Ddamwyniodd yny dyddie hyny vyned gorchymyn allan . . . i *drethy* yr holl vyd. **1588** 2 *Br* xv. 20, Menahem a *drethodd* arian ar Israel. *Dchr.* **17g.** *J* 10, 164a, *Trethu.* to tax. **1632** *D* d.g. *Censeo, Imputo, Taxo.* *c.* **1762–79** W. WILLIAMS: *P* 230, y maent yn *trethu*, yn tolli, ac yn gorthrymmu'r Carafan fel y mynnont. **1775** *PHBA* [iii], 'ynghyd a'r rhesymol rydd-did o gael eu *trethu* trwy eu cydsyniad. [**1783**] *W* d.g. *To rate or tax, To tax.* **1803** *P, Trethu* . . . To rate, or to tax.

(*b*) Rhoddi straen ar (allu person, ei adnoddau, &c.), gofyn llawer gan (rywun); galw i gyfrif: *to tax* (*person's powers, resources, &c.*); *take to task, call to account.*

1793 *Cylchg* 29, Gyd â pha wyneb y gallwn eu *trethu* hwynt â chreulondeb? Ar lafar, 'Ma 'onna'n *trethu'*m aminadd i', 'Ma'r plentyn 'yn mor drwm, ma 'i gario fa'n dychra *trethu'*m nerth i', *GTN* 808. Cf. D. OWEN: *D* 209, Pe *trethwn* eich amynedd trwy fyned dros hanes fy mywyd.

trethdalwr [*treth*+ *talwr*] *eg.* ll. *-wyr.* Un sy'n talu trethi neu ardrethi: *taxpayer, ratepayer.*
1819.

trethedig [bôn y f. *trethaf: trethu*+ *-edig*] *a.bfl.* Wedi ei drethu, trethadwy, dan dreth, teyrngedol: *taxed, taxable, tributary.*

1770 *W* d.g. *Assessed.* **1794** E. JONES: *CP* 6, Deiliad i dalu . . . Lle byddo tir mewn cymmeriad, y cymmerwr sydd i fod yn *drethedig* . . . ac nid y gosodwr. *id.* 58, os na bydd tai a thiroedd yn gydraddol *drethedig.* **1803** *P, Trethedig* . . . Rated, or taxed.

trethgasglwr, trethgasglydd, gw. **treth +casglwr, casglydd.**

trethiad [bôn y f. *trethaf: trethu*+ *-iad*[1]] *eg.* ll. *-au.* Y weithred o (ar)drethu, trethiant; (asesiad) treth; *Beibl.* cyfrifiad poblogaeth (at bwrpasau treth): *taxation, a rating;* (*assessment of*) *tax;* (*bibl.*) *census* (*for tax purposes*).

1567 *TN* 83a, Y *trethiat* cyntaf hyn a wnaed pan oedd Cyrenius yn llywiawdraethy Syria. **1632** *D* d.g. *Taxatio.* **1722** *Llst* 189, *Trethiad.* m. Taxation. **1746** T. RICHARDS: *CER* 48, [P]ensiwnau, *Trethiadau,* Cyfrannau, Ceiniogau-Pedr, Procurasiwnau. **1776** *DALl* 29, *Trethiad* a chynrychioliad sydd wedi eu cysylltu yn anwahanol. **1779** *DS* 11–12, hyn sydd wir, fod y deyrnas sef Lloeger a Chymru dan orddwyad drwmlwyth *drethiad* er 's rhai blynyddoedd, ond i Dduw byddo 'r diolch mae pawb etto yn cyrraidd talu yn rhesymol diddig [*sic*]. **1791** GW. MECHAIN: *Rh* 16, Seneca yr enwog athraw hwnnw, â gymmerodd y *trethiadau* wrth y flwyddyn, bid ennill bid colli. **1793** DAFYDD IONAWR: *CD* 218, Pob Gwlad dan *drethiad* a rodd. **1794** E. JONES: *CP* 58, a newidiwyd y swm yn y *trethiad* (assessment). **1803** *P, Trethiad* . . . A rating, a taxing.

trethiadol [*trethiad*+ *-ol*] *a.* Yn perthyn i dreth(iad); trethadwy, trethiannol: *taxational; taxable, rateable.*
1848.

trethiannol [*trethiant*+ *-ol*] *a.* Trethadwy; cyllidol: *taxable, rateable; fiscal.*
1897.

trethiant [bôn y f. *trethaf: trethu*+ *-iant*] *eg.* ll. *trethiannau.* Y weithred o (ar)drethu, trethiad: *taxation, a rating.*
1844.

trethog [*treth*+ *-og*] *a.* Trethedig, dan dreth, teyrngedol, hefyd yn *ffig.*: *taxed, tributary, also fig.*

15–16g. *GIF* 37, Gŵr ym faethu, mae'n ei gaethu, / o ddawn draethu iddo'n *drethog* [i Syr Water Herbert]. **1588** *Barn* i. 28, Ond pan gryfhaodd Israel, yna efe a osododd y Canaaneaid yn *drethawg.* **1588** *Bar* iii. 8, Wele ni etto yn ein caethiwed . . . yn wradwyddus yn felldigedic, ac yn *drethoc* yn ôl holl anwireddau ein tadau ni (**1988** *ib.* i dderbyn y gosb am holl bechodau ein tadau). **1803** *P.*

trethol [*treth*+ *-ol*] *a.* Trethedig, dan dreth, teyrngedol, hefyd yn *ffig.*; trethadwy, trethiannol; yn perthyn i dreth(iad): *taxed, tributary, also fig.*; *taxable, rateable; taxational.*

13g. *BD* 154, yd oed Frollo yn tywyssavc ar Freinc a dan Les amheravdyr Ruuein, yn y llywav yn *trethavl* adanav. *id.* 162, a holl enyssed yr eigyavn y rei oed *trethavl* a theyrngedavl y Ruueinavl amherodraeth. **14g.** *H* 125a. 7, llyryeid naot *trethaol* traethaf [drll.] onaw uan (Llywelyn Brydydd Hoddnant). **1346** *LlA* 165, Deudec brenhin athrugeint ysyd yn *trethaol* ynni. **14g.** *Bren Saes* 40, dyffeithwyt Mon y gan Gotfrit vab Harald, ac a'y goresgynnawt yn *drethawl* ydaw. **15g.** *BB* 71, Amenegi nad oed gywilid ydunt bod yn *drethaul* y sened Ruuein. **1574** *Rhyddiaith Gymraeg* i. 87, bod Dared frenin yn gorchfygy Groeg, ac 'ny chymell yn *drethol* yddaw ef. **1588** 1 *Br* ix. 21, hwynt a wnaeth Salomon yn *drethawl* hyd y dydd hwn. **1632** *D* d.g. *Tributarius, Vectigalis.* [**1724**] G. WYNN: *YGD* 181, Jerusalem yr hon oedd Frenhines Cenhedloedd, iw gwneud yn Gaethes a[c] yn *drethol* tan deyrnged. **1794** E. JONES: *CP* 58, er bod creftwyr [*sic*] a masnachwyr yn *drethol* am eu heiddo. **1803** *P, Trethawl* . . . Tributary; taxed.

trethwr, trethydd [bôn y f. *trethaf: trethu* + *-wr, -ydd*[3]] *eg.* ll. *trethwyr.* Un sy'n trethu, aseswr (trethi), casglwr trethi, cribddeiliwr; un sydd dan dreth, teyrngedwr: *taxer, assessor* (*of taxes*), *tax collector, extortioner; one who is taxed, a tributary.*

1346 *LlA* 165, Deudec brenhindref athrugeint a oassanaetha yn gaeth yni . . . Arei hynny oll yssyd *trethoyr* yni. *id.* 168, kyt tebyccont oy eu bot yn vrenhined. eissoes keith yni ynt oy. a *threthoyr* yn arderchogroyd ni. **1588** *Eseia* iii. 12, Fy mhobl sydd ai *treth-wŷr* yn fechgyn. *id.* lx. 17, gosodaf dy swyddogion yn heddychol, a'th *dreth-wŷr* yn gyfiawn. **1653** *MLl* i. 220, y milwyr anrhesymol, y *trethwyr* digydwybod, y tafarnwyr anifeilaidd. **1794** *W, trethydd* d.g. *Taxer.* **1803** *P, Trethwr* . . . A taxer.

treulaf: treulo, gw. **treuliaf: treulio.**

treulbair [*traul*+ *-bair* (At.)] *a.* a hefyd fel *eg.* (Sylwedd sydd) yn cynorthwyo treuliad bwyd; sylwedd sy'n peri crawniad iachus mewn clwyf; pibell dreulio: (*a*) *digestive; substance promoting healthy suppuration in a wound; digestive tract.*

1772 *W, treul-bair* d.g. *Digestive* [*causing digestion*].

treuledig, gw. **treuliedig.**

treulfawr, treulfor [*traul*+ *mawr*] *a.* Costus, drud, drudfawr, helaethwych, moethus, godidog; hael; afradlon, gwastrafflyd; hefyd yn *ffig.*: *costly, expensive, sumptuous, gorgeous, lavish, magnificent; generous; prodigal, profligate, spendthrift, extravagant; also fig.*

15g. *GLGC* 337, Yr hydd megis Ifor Hael, / *treulfawr* o gantre' Elfael [i Bedo Chwith]. **15g.** *GGl*[2] 257, Main cowri ail Salbri sydd, / Main *treulfawr* mewn tir elfydd [i ofyn ysglâts]. **1606** E. JAMES: *Hom* ii. 205, Mae yn weddus yr vn modd eich rhybyddio chwi am ormodedd brwnt *treulfawr* (*chargeable*) arall: am ddillad yr wyfi yn meddwl. **1632** *D*, Traul . . . *Treulfawr*, Sumptuosus. *id.* d.g. *Prodigus, Profusus, Superbus, Sybariticus.* **17g.** *CRC* 226, ar dyn *treylvawr* y vyn kino / a gaiff gader a chlistog. **17g.** *Llr* B 23, 3b, Gan yfod yn *dreylfawr* ac yn fawr y eysiey da arnaw ef. **1701** E. WYNNE: *RBS* 240, [y] cyfryw arfeu o Dduwioldeb ac a fo blîn i'r corph: megis ymprydio . . . elusenau *treulfawr.* **1732** J. JONES: *C* 51, a'r rhai a ymollyngant gyd â Thymmer afradus a *threvlfawr* yn Nyddiau eu Jeuengctid a allant gael Odfa i lwyr edifarhau. **1752** J. THOMAS: *FG* 306, erbyn y Dydd mawr *treulfawr* hwnnw. **1803** *P, Treulvawr* . . . Expensive. Ar lafar yn yr ystyr 'spendthrift', 'Menyw *drulfor* iawn yw 'i', *GTN* 810. Fe'i clywir hefyd ynglŷn â rhywun sy'n treulio esgidiau, &c., yn gyflym, 'Crotyn *trulfor* iawn yw a—ma fa'n trulo'i sgitsia odd' ar 'i dræd mwn shiffad', *id.* 811.

treulfwyd [*traul*+ *bwyd*] *eg.* Bwyd lleddreuliedig sy'n mynd o'r stumog i'r perfeddyn bach ar ffurf hylif trwchus asidig: *chyme.*
1916.

treulgar [*traul*+ *-gar*] *a.*

(*a*) Costus, drud, drudfawr, moethus; hael; afradlon: *costly, expensive, sumptuous, lavish; generous; prodigal, profligate.*

1545 *CM* 1, 17, ynn yr vn modd ac I mae nattur ymis hwn [Rhagfyr] yn ddinerth ac ynn *dreulgar* . . . ynn yr vn modd I mae dyn or oedran yma ynn tyuu ac ynn myned ynn eurydd Ac yn gruppyl. **16g.** *GGH* 10, Tëyrn ifanc, twrn Ifor, / Tra hael garw wyd, *treulgar* iôr [i Elis Prys o Blas Iolyn]. **16–17g.** *GST* i. 798, Mi a'i gwelais ef yn llanc / Ac yn *dreulgar* yn ifanc. **1615** R. SMYTH: *GB* 107, os afradlavvn a *threilgar* fyddant [brenhinoedd], ynthvvy [gwenieithwyr] ai galvvant yn hael. **1632** *D*, Traul . . . *Treulgar*, Profusus, prodigus. *id.* d.g. *Effusus, Impendiosus, Sumptuosus.* **17g.** E. MORRIS: *B* 79, Y naill yn ariangar, a'r llall yn rhy *dreulgar.* **1701** E. WYNNE: *RBS* 11, Na fid dy Ddyfyrrwch yn rhŷ *dreulgar* o'th amser. **1718** E. SAMUEL: *HDdD* (Gweddïau) 40, Bod yn rhŷ foethus neu *dreulgar* yn ein Bwydydd. **1730** (**1755**) E. WYNNE: *PAC* 133, pechod *treulgar* iawn ŷw Meddwdod, nid ellir bŷth moi faentumio heb fawr gôst ac heb ddifrodi llawer o amser ac esceuluso gorchwylion. **1803** *P, Treulgar* . . . Profuse, prodigal.

(*b*) ?Yn cynorthwyo treuliad bwyd: *digestive.*

16g. *LlS* 127, Marierwn . . . Y llyseun hŵn sy deneubarth a *threulgar.*

treulgoll [*traul*+ *coll*[1]] *e?g.* Lwfans am wastraff yn ystod cludiant: *tret.*
1825.

treuliad[1] [bôn y f. *treuliaf, treulaf: treul(i)o* + *-iad*[1]] *eg.*

(*a*) Y proses o dreulio bwyd, traul: *a digesting, digestion.*

1609 *Haf* 24, 629, Eythr kerddwriaeth a dynhera yr humors . . . ac ar hynn i mae yr *treiliad* kyntaf o vwyd . . . yn kael yn rhyfeddaid gonwrthwyiad [*sic*]. **1661** E. LEWIS: *Drex* 2[9]9, bwyd, nid yn unig y cymmeriad o honaw yn y genau, ond y *treuliad* da hefyd arno yn y cylla. **1716** IACO AB DEWI: *LlCB* 37, [*T*]*reuliad* fy mwyd yn y cylla. **1759** J. EVANS: *PF* 16, cymhwyso mesur a natur yr Ymborth, at rym ein *treuliad.* *id.* 18, cryfhair . . . Y *treuliad* a'r Gewynau wrth farchogaeth. *id.* 84, Gwayw yn y Cylla o ddiffig *treuliad* dâ. **1772** *W* d.g. *Digestion, or a digesting.* **1803** *P.* Ar lafar, 'diffyg *treiliad*', *WVBD* 542.

(*b*) Y weithred o dreulio (ymaith), erydiad; nychdod; gwariant, traul; maint yr hyn a fwyteir neu a yfir, treuliant (nwyddau, &c.); y weithred o dreulio (amser), y weithred o fynd heibio (am amser): *a wearing* (*away*), *erosion; a wasting away* (*from illness, &c.*); *expenditure, expense; consumption* (*of food and drink or goods*); *a spending or passing* (*of time*).

1604–7 *TW* (*Pen* 228), *treuliat* y corph drwy hir glefyt d.g. *Tabes.* **1606** E. JAMES: *Hom* ii. 144–5, mae 'r hyn y maent hwy yn ei dybied ei fod yn dâl i Dduw am y cwbl, yn ffieiddiach yngolwg Duw nâ'u melldigedig ennill hwy, ac nâ melltigedig *drauliad* (*spending*) y rhan arall. **1776** DEWI NANTBRÂN: *AN* 269, anfuddiol *dreuliad* o'm amser. **1803** *P, Treuliad* . . . Consumption; an expending.

treuliad[2] [bôn y f. *treuliaf, treulaf: treul(i)o* + *-iad*[2]] *eg.* Dinistriwr: *destroyer.*

c. **1400** *R* 1039. 27, teyrnvron *treulyat* gennweir.

treuliadol [*treuliad*[1]+ *-ol*] *a.* Yn perthyn i dreuliad bwyd; erydol; hefyd yn *ffig.*: *pertaining to digestion, digestive; erosive; also fig.*
1832.

treuliadur [bôn y f. *treuliaf, treulaf: treul(i)o*+ *-iadur*] *eg.* *Cem.* Llestr at dreulio sylweddau: *digester* (*in chem.*).
1850.

treuliadwy [bôn y f. *treuliaf, treulaf: treul(i)o*+ *-iadwy* (At.)] *a.bfl.* Y gellir ei dreulio (am fwyd), hefyd yn *ffig.*: *digestible, also fig.*
1803 *P.*

treuliaf, treulaf: treul(i)o [bf. o'r e. *traul*] *bg.a.*

(*a*) (Peri) dirywio drwy ddefnydd neu weithrediad cyson (yn enw. oherwydd ffrithiant), gwisgo('n denau); erydu; ysu, dinistrio, difa, defnyddio'r cyfan o (rywbeth), dihysbyddu; hefyd yn *ffig.*: *to wear* (*away or out*), *wear thin; erode; destroy, consume, use up; also fig.*

12g. *GMB* 150, Trilliw y lafnaor, *treulyn* ysgwydaor.

12g. *GCBM* i. 329, *Treulyws* uyg grutyeu cofyon—kyueissyeu. **13g.** *GDB* 65, Gwaeỽ dur yn yt *treul* gur treis. **14g.** *Cy* vii. 152, lliwawt gwyr *treuliawt* karn. *id.* 153, Diwmerchyr dyd kyghorfen: / y *treulyawr* llafnawr ar ben / . . . / Yn aber sor yt vyd gyghor ar wyr / gỽedy trin *treulitor.* *c.* **1400** *R* 1041. 9, lliaỽs gỽledic ry*dreulyas.* *id.* 1330. 2–3, lleuat dỽfyr heul ny *threula.* *c.* **1400** [*RB*] *WM* 490. 13–14, nyt oes kymmeint kneuen o honei [eingion] heb *dreulaỽ.* **1547** *WS*, *Traulio* ne yssy Were. **1632** *D*, Traul . . . *Treulio* . . . Terere, consumere. Item teri, consumi. **1675** R. JONES: *HCh* 78, Myfi a allwn *dreulio* llawer o bapir yn dangos pa fodd y cadwyd y dydd ymma ym mhob oes. **1714** R. PRYDDERCH: *GD* 128, y rhai sydd yn arfer moddion i yssu ac y *dreulio* eu plant yn y Groth; rhag y poen yn escor. **1760** WLL: *SAC* 3, fe ddarfu'r hên Hereticiaid . . . *dreilio* eu holl nerth a'u gwenwyn. **1803** *P*, *Treuliaw* . . . To consume, to wear out . . . to be worn out. Ar lafar, '*treulio*' 'to wear away . . . seldom used = gwisgo', *WVBD* 542; "Dwi 'di *treulio* twll yn 'y nhrywsus' (gogledd Cered.); 'Ffor' wyt ti wedi *trilo* dy got mor rwydd?', *GTN* 814.

(*b*) Nychu (o afiechyd), gwneud neu fynd yn llesg neu'n lluddedig, (peri) ymlâdd, hefyd yn *ffig.*: *to waste away* (*from illness*), *make or become feeble or exhausted, wear out, also fig.*

12g. *GMB* 255, O drechryni y tri yt ym *treulwyd.* **13g.** *GBF* 314, Medyant pop nwyfyant, naw gofid—a'm *treul.* **15g.** *GGl*[2] 232, *Treuliaw* gan wylaw a wnaf, / *Treuliais* am y tri haelaf. **1661** E. LEWIS: *Drex* 144, Yr ydym ni oll yn *treulio* ymmaith a'g [*sic*] yn marw. **1687 (1715)** J. OWEN: *TB* 152, Yn y cyflwr hwn y gorweddodd ddau fîs yn llosgi gan wrês parhaus . . . nes yw [*sic*] holl gnawd ef *dreulio* ymmaith. **1725** D. LEWIS: *GB* 48, Ie y mae'r Ysgyfaint yn *treulio* mywn rhai Dynion, heb wybod oddiwrthi. **1771** *PDPh* 9, a'r claf yn *treulio* ymaith gan boen annioddefol. *id.* 16, y mae'r corph yn rhy rydd, ac yn *treulio* ymaith. **1796** J. OWEN: *MP* 23, y mae'r hên ddyn yn *treulio* ac yn adfeilio. Ar lafar, "Ôn i sgiant yn 'napod dy wraig di, ddo, 'chan, 'wyt ti wedi'i *thrulo* 'i'n afnadw, ond wyt ti? 'Wi'n gobitho pyn cæ' i wraig na *thrula*' i ddim o 'i fel'na!', *GTN* 814.

(*c*) Lleihau (am hylif), anweddu: *to reduce* (*of liquid*), *evaporate.*

13g. *DB* 55, Kanys ual yd ymgymysco y dwfyr croew a'r hallt, y *treulir* (*abripiuntur*) ae gan wythi y dayar ae gan wres yr heul. **1725** D. LEWIS: *GB* 255, Y mae'r Dwfr weithieu ar Dywydd gwressog sych, yn *treulio* ac yn gostwng Modfedd y Dydd. *c.* **1740** *LIM* 42, Berwch yr rhain ynghyd mewn tri chwart o Ddiod fain, hyd oni *threulio* eu hanner. **1801** *MMf* 222, Pylor o bubur, a berw mewn gwin egr hyn y [*sic*] *traul* (*Llr* C 24, 345, hyd pan wastio) y gwin egr yn llwyr.

(*d*) Bwrw (amser), mynd heibio (am amser); difyrru neu wastraffu (amser): *to spend* (*time*), *pass* (*of time*); *while away or waste* (*time*).

13g. *BD* 161, A guedy *treulyav* teir nos a thri dyeu yn y wed honno. **1346** *LlA* 119, adynyon oedaỽc oedynt val na bydei blant vdunt vyth. kannys yrann vỽyhaf oc eu hamsser a*dreulyssynt.* *Dchr.* **15g.** *B* vii. 376, ef a dyly y pechadur doluryaw a chyffessu . . . or amser a *dreulyawd* yn drwc. **1547** *WS* [v], pa lesaad . . . a ddelsai ir neb a *dre*[*u*]*liai* ddim amser wrth dda[r]llen a mefyriaw ar y llyfer hwn. *c.* **1590** *RC* xlvi. 57, chwedy *troelo* y nos honno ag er digry̆vwch i'r amherodres . . . kodes yr amherawdr i vynydd. **1632** J. DAVIES: *LlR* 26, Mwy o gyssur a diddanwch a gai di yr amser hwnnw oddiwrth vn awr a *dreuliaist* ti yngwasanaethu [*sic*] Duw, nag oddiwrth ganmhlynedd a *dreuliaist* yn ceisio goruchafiaeth i ti dy hun ac i'th dy yn y byd hwn. **1672** R. PRICHARD: *Gw* 518, Ond *troelio* 'rhain [gwyliau] yn sanctaidd, / Yn sobor ac yn weddaidd. **1722** *Llst* 189, *Treulio.* To . . . loiter away the time. **1722** *Llst* 190, Amser . . . *Treulio* (difyrru) r Amser. To drive away (divert) the time. **1790** T. JONES: *TOS* 42–3, 'Nôl *treulio* o honom hir nos dywyll yn y byd hwn. Ar lafar, 'Mi *dreulis* f'oes yn ddi-fudd', *WVBD* 542.

(*e*) Gwario (arian, cyfoeth, &c.), dihysbyddu (adnoddau ariannol), afradu; cyflwyno (rhodd, &c.), rhoddi: *to spend* (*money, wealth, &c.*), *use up* (*monetary resources*), *waste; bestow* (*gift, &c.*), *give.*

12g. *GLlF* 501, Anaỽ *dreullyaỽ*, drin wosbeith. **12–13g.** *GLlLl* 180, Mabddysc ytt *treulyaỽ* treth enuyn—y ueirt. **13g.** *GDB* 390, Llyỽ anaỽ llywenyd *dreulaỽ.* **1346** *LlA* 44, oed gỽell *treulyaỽ* yda yd elit ac ef. vrth anghennogyon. **14g.** *GDG*[3] 233, *Treuliais* wrth ofer glêr glân / Fodrwyau; gwae fi druan! *c.* **1400** *R* 1041. 9, lliaỽs gỽledic ry*dreulyas.* **15g.** *GGl*[2] 79, *Treuliodd* aur, trwy'i law ydd âi, / Y tri haelion nis *treuliai.* / *Treulied* pawb ei ged heb gam, / *Treulio* yw natur Wiliam. **1567** *TN* 275b, myvi yn llawenaf olla [*sic*] *draulia* [:– waria] (**1988** 2 *Cor* xii. 15, Fe wariaf fi fy eiddo yn llawen), ac a ymdrauliaf dros eich eneidieu. **1591** *Rhyddiaith Gymraeg* ii. 129, [c]ael yn ei wyneb, ei gorph, a'i ysceiriau, vn ar ddec o archollion gweledig ac wrth eu hiachau, *treulio*, a gwarrio o honaw yr ychydig olud a fedde efe ei hun. **1632** *D*, Traul . . . *Treulio*, Dispendere. **1661** E. LEWIS: *Drex* 55, Domitian a *dreuliodd* yn goreuro Cabidylby [*sic*] Rhufain yn unig saith myrddiwn. **17g.** HUW MORUS: *EC* i. 63, Rhoddodd, a *threuliodd*, wrth raid, / Aur a gwîn i rai gweiniaid. **1722** *Llst* 189, *Treulio.* To . . . bestow cost . . . drain an estate. **1759** T. THOMAS: *WWDd* [68], Dywedir hefyd . . . fod y pechadur trwy fyw'n afradlon, wedi *treilio* 'r Cwbl a feddai. **1784** M. WILLIAMS: *S* i. 180, Nid yw refeniw neu deyrnged y wlad hon [yr Aifft] o fawr elw; ac nid oes ond prin y drydedd ran yn cael ei ddwyn i'r ymmerodr; mae'r ddwy ran arall yn cael eu *treilio* gan swyddwyr y wlad. **1803** *P*, *Treuliaw* . . . to expend.

(*f*) Dadelfennu (bwyd) yn y stumog a'r coluddion drwy weithrediad ensymau, &c., fel y gellir ei amsugno i'r corff, cael ei ddadelfennu felly, hefyd yn *ffig.*; bwyta: *to digest, be digested, also fig; eat, consume.*

c. **1400** *MM* 152, Pann vo y korf yn wressaỽc, bỽydev kedyrn a berthynant idaỽ, kanys haỽd vyd eu *treulaỽ.* *id.* 158, Pan gymerych vỽyt, kymerych y bỽyt mỽyhaf a gerych oe keffy ac yn enwedic bara sur. Ac or bỽytey vwydeu gỽann, haỽs uyd yr kylla y *dreulaỽ.* **1547** *WS*, *Treulio* bwyd wedy bwyta Digeste. **1567** *TN* [xlvi], chwychwi . . . a gynny[dd]wch y allu *treulo* bwyt a vo dwysach a' ffyrfach. **1632** *D* d.g. *Concoquo, Conficio.* **1701** E. WYNNE: *RBS* 65, Na ddôs at y bwrdd ond wrth dy angenrhaid, ac od wyt iâch, gâd ryw fesur o'th chwant heb dorri, rhyw faint o'th wrês naturiol heb ei dascio, môdd y gallo hynny fôd at siccr *dreulio* a dosparthu dy fwyd. **1709** H. POWEL: *G* 57, trwy fyfyrio yr ydym yn *treulio*, yr hyn a glywom. **1722** *Llst* 189, *Treulio* . . . to eat, digest meat. **1800** W. OWEN[-PUGHE]: *CP* 127, ennillant gryn ddognedd o gaws, er mai o ansawdd gwaelach, yr hwn á *dreulier* (*is consumed*) gan dylwyth y gwneuthurwr. **1803** *P*, *Treuliaw* . . . to digest. Ar lafar, 'haws 'i *dreulio*', *WVBD* 542.

treuliant [bôn y f. *treuliaf, treulaf*: *treul(i)o* +*-iant*] *eg.* Pryniant a defnydd nwyddau, gwasanaethau, &c., at ddefnydd personol, gwariant ar y cyfryw; treuliad (amser); treuliad (bwyd): *consumption* (*of goods, &c.*); *a spending* (*of time*); *digestion.*

1828.

Cfn.: **treuliant personol:** *personal consumption.* **20g.**

treuliedig, treuledig [bôn y f. *treuliaf, treulaf*: *treul(i)o*+*-(i)edig*] *a.bfl.* Wedi treulio (drwy ddefnydd cyson, &c.), hendraul, aflêr; wedi ei ddefnyddio'n gyfan gwbl, wedi ei ddihysbyddu; wedi ymlâdd; wedi ei erydu, anial, diffaith, diffrwyth; ystrydebol; wedi ei fwyta, wedi ei dreulio (am fwyd); ysol, dinistriol; ar ei draul (am y lleuad); wedi ei wario (am arian, &c.); sathredig (am iaith): *worn, threadbare, tatty; used up, consumed, exhausted; exhausted* (*of person*), *worn-out; eroded, waste, desert, barren; hackneyed, trite; eaten, consumed* (*of food*), *digested; consuming, destructive; waning* (*of the moon*); *spent* (*of money, &c.*); *common or vulgar* (*of language*).

14g. *YBH* 31a, henbeis lom doll *dreuledic.* *c.* **1400** *RB* ii. 251, gadỽallaỽn . . . yn *dreuledic* o heneint . . . yd aeth er byt hỽnn. *c.* **1400** *YSG* i. 64, Yr wyf yn dyuot . . . o'r Fforest *Dreulyedic* (*Gaste*). **15g.** *LHDd* 89, Nyt reid mach ar dilysrỽyd ar veu. nac ar dylyseu kerdetic y am ỽregis. Achyllell achæ. A bỽyd *treiliedic.* **1567** *TN* 342b, yn Dyw ni ys-tan *trauledig* [:– yn ysu, yn difa] yw. *c.* **1585** *MCr* 68, llys o ddedwyddyd bydol, a'i ogoniant gwedy droi yn gaybwll dyfwn tywyll, yn berwi gan y tan *troeledig.* **1604–7** *TW* (*Pen* 228) d.g. *Exhaustus, Tritus.* *c.* **1762–79** W. WILLIAMS: *P* 553, corph teneu, *treuliedig.* **1803** *P*, *Treuliedig* . . . Consumed; expended.

treuliedydd [bôn y f. *treuliaf, treulaf*: *treul(i)o*+*-iedydd*] *eg.* Un sy'n prynu ac yn defnyddio (nwyddau, &c.), defnyddiwr, gwariwr; cyfrwng treulio (bwyd); *Cem.* llestr at dreulio sylweddau: *consumer, spender; digestive agent; digester* (*in chem.*).

[**1783**] *W* d.g. *Spender.* **1803** *P*, *Treuliedyz* . . . A consumer; an expender.

treuliog [*traul*+*-iog*] *a.* Erydol, dinistriol; treuliedig: *erosive, destructive; worn.*

1892.

treuliol [*traul*+*-iol*] *a.* Yn perthyn i dreuliad (bwyd); erydol, dinistriol: *digestive; erosive, destructive.*

1816.

treuliwr, treulydd [bôn y f. *treuliaf, treulaf*: *treul(i)o*+*-iwr, -ydd*[3]] *eg.* ll. *treulwyr, treulyddion.* Un sy'n prynu ac yn defnyddio (nwyddau, &c.), defnyddiwr, gwariwr, ?gwastraffwr: *consumer, spender, ?waster.*

16g. *GGH* 48, Ynddo bu roi yn ddi-brin, / At yr haelaf o'r *treulwyr.* **16–17g.** *GST* i. 150, Mastr Wiliam, rymus *dreuliwr*, / Ennill air gwych yn lle'r gŵr. **1632** *D* d.g. *Consumptor.* **17g.** *TBM* 858, Diwg wrth ei gymydogion, / Di-wedd-siwrl a da oedd Siôn, / A rhwydd y perai heddwch / Rhwng dadleuwyr, *treulwyr* trwch. **1683** H. EVANS: *CTF* 31, Canys y mae dau Ennillwr, / Yn dra bychan i un *Treiliwr.* **1803** *P*, *Treuliwr*, s. m.—pl. *treuliwyr* [*sic*] . . . A consumer; an expender.

treulwin [*traul*+*gwin*] *a.* Dibrin â gwin: *lavish with wine.*

15g. *GGl*[2] 205, Gynt yr oeddynt oreuddawn / Dair Elen wych, *dreulwin* iawn. **16g.** *GGH* 60, Da'r lle yw, gaer drilliw gwin, / Dy gwrt, Rolant, garw *treulwin.* *id.* 298, Trof orau braint, trwy fawr bris, / *Treulwin* hael Ddoctor Elis. **1583** LLYWELYN SIÔN, &c.: *Gw* 524, maestres kattrin *dreylwin* draw.

treulydd, treullaf: treullo, treunter, gw. **treuliwr, treilliaf: treillio, traenter.**

trew[1] [Crn. Diw. *strihwe, striwhi* (be.), Llyd. C. *streuyaff* (be.), *streuyal* (be.), Llyd. Diw. *streviañ* (be.), taf. Gwened *striuein* (be.), Gwydd. C. *sreod*] *eg.* Tisiad, tisian: *sneeze, sneezing.*

13g. *C* 83. 5–8, mynyd vo truin. yd uit *trev* . . . ny lut ar lev *trev* direid. *c.* **1400** *R* 1235. 3–4, *Treỽ* ny lud ryleỽ eil rolant. **1604–7** *TW* (*Pen* 228) d.g. *Sternutamentum.* **1632** *D*, *Trew*, Sternutatio. **1753** *TR*, *Trew*, a sneezing. **1803** *P.*

Gw. hefyd **untrew.**

trew[2], gw. **trw**[1].

trewaf: trewi[1] [bf. o'r e. *trew*[1]] *bg.* Tisian: *to sneeze.*

1547 *WS*, *Trewi* Nese. **1604–7** *TW* (*Pen* 228) d.g. *Sternuo.* *Dchr.* **17g.** *J* 10, 163b, *Trewi.* to sneese. sternuo. **1632** *D*, *Trewi*, Sternutare. **1688** *TJ*, *Trewi*, tissio: to sneeze. **1803** *P.*

trewflwch [*trew*[1]+*blwch*] *eg.* ll. *-flychau.* Blwch snisin: *snuffbox.*

1815.

trewi[1,2], **trewiad,** gw. **trewaf: trewi, trw**[1], **trawiad.**

trewlwch [*trew*[1]+*llwch*[1]] *eg.* Snisin, sylwedd sy'n peri tisian (yn enw. cyffur ar ffurf powdr): *snuff* (*tobacco*), *sneezing powder, sternutatory.*

1632 *D* d.g. *Sternutamentum.* **1722** *Llst* 189, *Trewlwch.* m. Sneezing powder, snuff. **1803** *P.*

Amr.: **treflwch** [am *-w-* ac *-f-* yn ymgyfnewid, cf. *cawod, cafod*] **1848.**

trewlys [*trew*[1]+*llys*[5]] *eg. Bot.* Pabi; distrewlys, *Achillea ptarmica*: *poppy; sneezewort.*

1604–7 *TW* (*Pen* 228) d.g. *ptarmica.*

trewstyn, gw. **trawst.**

trewyll, ?*a.* ?Difaol: *destructive.*

?**13g.** (**17g.**) *Bardos* 21, diengynt ai herchyll *trewyll* yn taer.

trewylliaf: trewyllio [bf. o'r gair *trewyll*, ond gw. *TYP*[2] 148, *Bardos* 27; ?cf. *treuliaf: treulio*] *ba.* Treulio (amser); nychu; llewa, bwyta: *to spend* (*time*); *enfeeble; devour, eat.*

13g. *Llst* 1, 19, Ac gwedy *trewylyav* [*sic*] (*consumpsissent*) llawer or dyd evelly. *id.* 98, Ac or dywed gwedy *trewyllyav* evdaf o heneynt (*senio confectus*). **14g.** *Cy* vii. 123, nyt edewis na bỽyt na diaỽt yn y llys nys *trewyllyei.*

trewynaf: trewyn(u) [olff. o *athrywynaf: athrywynu, ethrywynaf: ethrywynu*] *bg.* Gwahanu ymladdwyr, cyfryngu, cyflafareddu: *to separate fighters, mediate, arbitrate.*

1632 *D*, *Trewyn*, Idem quod Athrywyn, Pugnantes dirimere. **1688** *TJ*, *Trewyn*, athrywŷn: to part or separate them that fight. **1722** *Llst* 189, *Trewyn.* To parte fighters. **1803** *P* d.g. *Trewyn, Trewynu.* Cf. T. CHARLES: *Geir Ysg* iv. [3], Moses . . . *trewynodd* rhyngddynt, ymresymodd â'r hwn oedd yn gwneuthur cam â'i frawd.

trewynyn [bôn y f. *trewynaf*: *trewyn(u)*+ *-yn*¹, cf. S. *loosestrife*] *eg. Bot.* Planhigyn glan dŵr tal, *Lysimachia vulgaris*, sy'n dwyn sbigau o flodau melyn; gwlydd melyn Mair, *Lysimachia nemorum*: *yellow loosestrife*; *yellow pimpernel.*

1813 *WB* 240, *Trewynyn*; Lysimachia vulgaris; Yellow Loose-strife.

tri [*tri*, Crn. C. a Diw. *try*, Crn. Diw. *trey*, H. Lyd., Llyd. C. a Diw. *tri*, H. Wydd. *trí*: < IE. **treies*, cf. Sans. *tráyas*, Gr. τρεῖσ, Llad. *trēs*; *tair*, Crn. C. *te(y)r*, *ty(y)r*, Crn. Diw. *tair*, H. Lyd., Llyd. C. a Diw. *teir*, Gal. *tidres*, cf. H. Wydd. *teüir*, *teóir*, Sans. *tisrás* (< IE. **tisres*); pair *tri* dr. llaes i *c*, *p*, *t*, gw. *Treigladau* 133–4; ceir engh. gynharach bosibl yn *Arch Camb* c. (1948–9) 172] *rhif.* (b. *tair*, ll. *teir(i)au*, *teiroedd*) ll. *-oedd*, *-au*, a hefyd gyda grym adferfol.

(*a*) Un o'r prifolion, sef un yn fwy na dau neu un yn llai na phedwar, rhifolyn (e.e. 3, III, iii) sy'n cynrychioli'r rhif hwn, y nifer hwn o bobl neu bethau: *three.*

9g. (*Ox 1*) *B* v. 230, In libra .iii.u. ir *tri* .u. In libra mellis .i. trean cant mel. semper sex .i. u. hint *tri* pimp. *id.* 241, *Teir* petgüared párt. **12g.** *GMB* 177, *Teir* lleng y doethant, liant lestri, / *Teir* praff prif lyghes wy bres broui. *id.* 255, O drechryni y *tri* yt ym treulwyd. **12g.** *GCBM* ii. 307, Y'r *Teir* Person byd bid ych aruaeth, / Y'r *Tri* yr yaƀnwir yaƀn ƀrogeth. **12–13g.** *GLlLl* 25, Gƀell wytt, un edmyc treissyc, no'r *Tri*—/ Mordaf, Nut, Ryderch. **13g.** *GDB* 452, Trais gymell, *tri* naw well no Nudd. **13g.** *C* 18. 8–9, *tri* trychant tauaud. *id.* 27. 7, *Tri* an reith march inis pridein. **13g.** (*LlDW*) *ZCP* xx. 95, *Teyr* merched. **14g.** *WM* 58. 31–2, Dyuot *tri* ederyn adechreu canu udunt ryƀ gerd. **14g.** *GDG*³ 3, Gwae fi, Dduw *Tri*, Pond trahaus—i neb / Gwerthu dy wyneb, gwyrth daionus. **15g.** *HCLl* 45, Wrth enwi'r *tri thri tri* thraean—yw'r gŵyr, / Eithr er y nawyr ni'th rown, Ieuan. **1547** *WS*, *Tair* Thre, iii. *id. Tri* Thre. **1567** *TN* 29a, Can ys ymp'le bynac ydd ymgynull dau n'ei [*sic*] *dri*, yn vy Enw i, yno ydd wyf yn ei cenol wy. **16g.** *LlS* 153, Paladr crwn cyhyd a chufydd sy yddynt cangæ eiddilion a dail yn *drioedd*. *c.* **1585** G. ROBERT: *DC* [xii–xiii], rhaid yw dyall . . . fod y *tair* Rhann wedy eu gwneuthur ai cyssylltu ynghyd, ae bod nhwy megis yn vn Corph eill *drioedd*. **1632** *D*, *Tri*, Tres, tria. *id. Trioedd*, Terni. **1703** E. WYNNE: *BC* 11, gwybydd ditheu . . . nad yw'r *tair* Twysoges hyn ond *tair* hudoles ddinistriol. **1741** *ML* i. 57, Mr. Robert a Mrs. Anne Lewis . . . y rhai sydd *dri* musgrellach na nhwytha. **1803** *P* d.g. *Tair*, *Tri*. Digwydd mewn rhifolion cfns. megis '*tri* (*tair*) ar ddeg', '*tri* (*tair*) ar hugain', '*tri* (*tair*) a deugain', &c.; gw. hefyd y cfn. *tri ar bymtheg* isod. Ar lafar, 'mi aethon ill *triodd*', *ISF* 74; '*tri* tŷ', '*tri* ceffyl', *WVBD* 543–4; 'Ma lle i *dri* man 'yn', 'Ni fyddwn aco erbyn *tri* ar gloch', *GTN* 813; hefyd gynt yn yr ystyr 'tair ceiniog', 'swllt a *thair*', *WVBD* 544; ''Odd *tair* yn arian mowr pyrny' (sir Gaerf.); 'pishyn *tair*', 'pishys *tira*', *GTN* 774. Cf. *Ll* i. (1922) 203, Yn y ffenestr hirgul . . . yr oedd deuddeg o chwareli gwydr yn *deiriau*; *id.* viii. (1929) 233, Chwedleuai'r benywod yn gyplau ac yn *deiroedd* yma ac acw.

(*b*) (yn y ll. *trioedd*, ac yn eithriadol *triau*) Cyfansoddiadau a nodweddir gan drefniad testunau neu osodiadau mewn grwpiau o dri: *triads* (*in Welsh literature*, *&c.*).

14g. *WML* 140, Kyn no hyn *trioed* kyfreith ar traethassam. **14g.** *RWM* i. 380, *Trioed* Arthur ae wyr. **14g.** *GP* 57, Hyt hynn y dywetpwyt am a berthyno ar brydydyaeth, dywetter bellach am *drioed* kerd a'y perthynas. **15g.** *GGl*² 241, Dwyn ar fyfyrdod ein dau / *Drioedd* ac ystoriau. ?**1567** *TYP*² xxxixa, *Trioedd* ynys Brytain. **16–17g.** *RWM* ii. 174, *Triay*: Triffeth y gayff dyn dedwydd Cariad perffaith / heddychlon fywyd / a llywenydd nefol. **16–17g.** *Cer RC* 73, Medra' dreuthu *trioedd* serch. **1779** *ML* (Add) 780, I am very much obliged to the Cymmrodorion for their proposed encouragement towards printing the *Trioedd* Ynys Prydain and Diarebion. **1803** *P* d.g. *Tri*.

Amr.: **triwedd** [ff. ar *trioedd*, cf. *deuoedd*, *deuwedd*]. **18g.** *LlGC* 1062, 54, dowch a rhodiwch mewn anrhydedd / fy mwriad sudd drwy ffudd heb ffo / I ymgomio tro yma yn *triwedd*. **18g.** *W Ballads* 176, 3. **1756** *ML* i. 436, Nid oes dim a saif o'ch blaenau chwi eich *driwedd* [*sic*] yn yr offis yna.

Cfn.: **tri ar bymtheg:** *eighteen.* **1546** *YLlH* [23]. **1803** *P*, *Triarbymtheg*. Cf. *WG* 258, *tri* (or *tair*) *ar bymtheg*, is used in counting (i.e. repeating the numerals in order); otherwise rarely. **(y) tri brenin:** (*the*) *three kings or Magi.* **13g.** *GBF* 357, Geni yna y Brenhin da, arwyd diheu / Vu gysseuin gan *dri brenhin*, vaƀr y breineu. *c.* **1400** *R* 1155. 33, Ac yr *tri brenhin* serena. **16g.** *TRP* [128], *y tri Brenin* o gwlen. **tri bys,** gw. *tribys.* **tri chant,** gw. *trichant.* **Tri Chof (Ynys Prydain),** gw. *cof.* **tri chwarter, trichwarter:** *three-quarters.* **15g.** *GLGC* 257. *Diw.* **16g.** *WLB* 97. **1778** J. HUGHES: *BB* 286. Ar lafar, ''Dodd y stadiwm ond rhyw *dri chwarter* llawn', 'Mae'n cymryd *tri chwarter* awr i fynd dros y topie o Lanefydd i'r Bala' (sir Ddinb.). **tair dalen,** gw. *teirdalen.* **tri deg,** gw. *trideg.* **tair deil(i)en,** gw. *teirdalen.* **tri diau,** gw. *tridiau.* **tri dimensiwn:** *three dimensions*; *three-dimensional.* **20g. tair gwaith,** gw. *teirgwaith.* **tri wŷr,** gw. *trywyr*¹. **tri hael (Ynys Prydain), tri haelion, tri(h)ael:** *three generous men* (*of the Island of Britain*) (*with ref. to Nudd, Mordaf, and Rhydderch*). **13g.** *GDB* 468, Tra fu wr arwr gerddeidiad / No'r *Trihael* haelach yd gaffad. **13g.** *TYP*² 5, *Tri Hael Ynys Prydein*: Nud hael mab Senyllt, Mordaf Hael mab Seruan, Ryderch Hael mab Tudwal Tutclyt. (Ac Arthur ehun oedd haelach no'r tri.). **15g.** *GO* 137, Y travl a wnai *Tri Haelion* / A dâl saic o adail Siôn. **15g.** *DE* 111, tyrhayarnn gwell no r *tri hael*. **16–17g.** *GST* i. 310, Treulio mwy na'r *tri hael* mawr. **16–17g.** *GHCEM* 46, Os hael fu'r *triael* at ran, / Hael fu iach Hywel Fychan. **tri lliw,** gw. *trilliw.* **tri mwy,** gw. *trimwy.* **tri naw,** gw. *trinaw.* **tri pherson, tair person:** *three persons* (*of the Trinity*). **12g.** *GMB* 273, Vn dec *deir person* uch archegylyon. **13g.** *GBF* 447, Naƀd Undaƀt Trindaƀt y *Tri Pherson*. **1346** *LlA* 138, credu yr vn duƀ yn *teir person*. **15g.** *DN* 93, *Tair person* i'th gysonwyd, / Ac vn Duw gogoned wyd. **16–17g.** *HG* 51. **tri phwys,** gw. *triphwys.* **tair rhagynys:** *three adjacent islands* (*of Britain, usu. identified as the Isle of Wight, Anglesey, and the Isle of Man*). *Dchr.* **12g.** *GMB* 6. **12–13g.** *GLlLl* 72. **14g.** *WM* 187. 18. **14g.** *TYP*² 228, *Teir Rac Ynys*: Mon, a Manaw, ac Ynys Weir. **15g.** *GLGC* 489. **Y Tair Rhamant:** *the Three Romances* (*in medieval Welsh literature, namely 'Iarlles y Ffynnon' or 'Owein', 'Geraint', and 'Peredur'*). **20g. tair rhan,** gw. *teiran*¹. **tri sychiad sach,** gw. *sychiad.* **tair talaith:** (i) *three provinces* (*i.e. Gwynedd, Powys, and Deheubarth*). **13g.** *GBF* 227. **15g.** *GDLl* 53, 73. **1740** T. EVANS: *DPO* 137. (ii) *three coronets.* **14g.** *TYP*² 228, Ynys Brydein . . . Sef y dylyir y daly vrthi: Coron a *Their Taleith*. **tri thenau anesgor:** *three thin vital organs* (*i.e. meninx, small intestine, and bladder, according to medieval physiology*). *c.* **1400** *MM* 122. *c.* **1400** *Études* viii. 384. **tri thew anesgor:** *three thick vital organs* (*i.e. liver, kidney, and heart, according to medieval physiology*). *c.* **1400** *MM* 122. *Diw.* **16g.** *WLB* 19. **Tri Thlws ar Ddeg (o) Ynys Brydain:** *Thirteen Treasures of the Isle of Britain* (*precious objects and magical talismans said to have belonged to traditional Welsh heroes*). *c.* **1587** *LlCy* v. 39, [Lly]ma y*tri thlws ar ddec* or oryfedd [*sic*] dylysav *ynys brydain*. *Dchr.* **17g.** *id.* 36, llyma *dri thlws ar ddec o ynys Brydein*. *c.* **1788** *ib. Tri Thlws ar ddeg Ynys Brydain*. Gw. ymhellach *TYP*² cxxx–cxxxv, *LlCy* v. 33–69. **(mesur) tri thrawiad:** *name of a traditional free metre in Welsh prosody* (*lit. three beat* (*measure*)). **1759** *BC* xvi. **1766** *CD* 56. Cf. DAVID THOMAS: *Y Cynganeddion Cymreig* (1923) 287–8, Y *Tri Thrawiad* . . . Dau bennill Llosgyrnog sydd yn gwneuthur y Mesur hwn, â dwy Fraich chwe sillaf ymhob un, a'r Llosgwrn cyntaf yn unsillaf ar ddeg, a'r llall yn naw sillaf, a Gorffwysfa pob un ar y chweched sillaf. Diwedda'r Llosgwrn cyntaf ar yr Acen Drom, a'r llinellau eraill i gyd ar yr Acen Ysgafn . . . Ysgrifennir y Mesur hwn, yn briodol, yn bedair llinell; gelwir ef yn '*Dri Thrawiad*' am mai *tri Thrawiad* sydd yn y llinell olaf, yn lle pedwar; ALAN LLOYD ROBERTS: *Anghenion y Gynghanedd* (1973) 201, Mesur poblogaidd iawn yn yr ail ganrif ar bymtheg oedd *mesur y Tri Thrawiad*. Dyma bennill o'r *tri thrawiad* o waith Edward Morris: 'Mae'r coedydd yn glasu, mae'r meillion o'th ddeutu, / Mae dail y briallu yn tyfu 'mhob twyn, / A'r adar diniwed yn lleisio cyn fwyned / I'w clywed a'u gweled mewn gwiwlwyn'. Mae'r ddwy linell gyntaf wedi eu rhannu'n 6, 6, 6, 5 sillaf, a'r tair rhan gyntaf yn odli â'i gilydd ar y chweched sillaf. Mae'r odlau hyn yn cydio wrth odl arall yn y pum sillaf olaf ac yn y pen draw yn ffurfio cynghanedd Sain anghytbwys ddyrchafedig. Mae'r ail linell, felly, yn diweddu'n acennog bob tro. Mae'r drydedd linell hefyd wedi ei rhannu'n ddwy, chwe sillaf yn y ddwy ran ac odl ar y chweched sillaf. Mae'r llinell olaf yn nawsill o hyd. **tri throed,** gw. *trithroed.* **tri ugain(t),** gw. *trigain.* **Tri yn Un:** *Triune God.* **1813. tair ynys (Prydain):** *three kingdoms* (*of Britain, i.e. Wales, Scotland, and England*). *Dchr.* **12g.** *GMB* 6, Teir Racynis a'r *Teir Inis*. **12g.** *GCBM* ii. 118. **14g.** *WM* 499. 8–9, *teir ynys prydein*. **15g.** *TYP*² 228, *Teir Ynys Prydein*: Lloegyr a Chymry a'r Alban.

triacl, gw. **triagl.**

triad [bnth. S. *triad*] *eg.* ll. *-au.* Triawd; *Crdd.* cord ac iddo dri nodyn; un o'r Trioedd, triawd: *triad* (*also in mus.*); *triad* (*in Welsh literature*, *&c.*).

1803 *P.*

triadol [*triad*+*-ol*] *a.* Yn perthyn i driadau, yn ffurfio triadau: *triadic.*

1803 *P* d.g. *Triadawl.*

triael, gw. **tri—tri hael.**

triaf¹**: trio,** gw. **treiaf**¹**: treio.**

triaf²**: trio, trial**¹ [bnth. S. (*to*) *try*] *bg.a.* Ceisio, ymdrechu, profi, rhoddi ar brawf; mynd i (le, &c.) neu gysylltu â (pherson, &c.) er mwyn ceisio cael rhywbeth; gwisgo (dilledyn, &c.) i weld a ydyw'n ffitio neu'n addas; cystadlu: *to try*; *try* (*person, shop, &c., in order to obtain something*); *try on* (*article of clothing*); *compete.*

1679 C. EDWARDS: *GGG* 117, megis dŷn mewn cyfyngder yn *trio* pob ffordd i gael cymmorth. Ar lafar yn gyff., ''Fi'n *trial* byta'n iach ond ma fe'n anodd withe' (sir Gaerf.); '*Tria* di dy ora, 'all neb nuthur mwy na 'ynny', 'Ma fa'n *trio* ar y solo bæs yn y 'steddfod', *GTN* 814. Cf. D. OWEN: *RL* 160, os byth y do i ar ych gŵd marsi chi, mi ellwch fod yn siwr y bydda i wedi *trio* pawb arall yn gyntaf; *id.* 319, Wn i ddim sut i ddeyd wrtho ti hanes 'y nhu mewn, a mi fase yn well gen i beidio *trio*.

Gw. hefyd **treiaf**²**: treio.**

triagl, triag, triogl, triog²**, trieg(l),** &c. [bnth. S. C. *triacle*; petrus yw dosbarthiad rhai o'r enghrau. isod] *eg.* ll. (prin) *triagloedd.*

(*a*) Un o amryw fathau o eliau meddyginiaethol a ddefnyddid gynt fel gwrthgyffur i wenwyn, brathiadau gwenwynig, &c., balm: *treacle* (*medicinal salve*), *balm.*

?**15g.** *IGE*² 105, Gwell yw na'i ddeuwell o dda, / Na *thriagl*, byth ni threia [i Ffynnon Wenfrewi]. *p.* **1500** *Pen* 57, 46, achymer gynhecwert[h] *odriagl*. **1547** *WS*, *Triakyl* rhac gwenwyn. Treacle. **16g.** *LlS* 142, garllec medd Galen yw *triacl* popul y wlat. *Diw.* **16g.** *WLB* 45, ai gwneuthur oll yn bowdr ai kymyscu ai gimaint arall o *dreiackl*. **1588** *Jer* viii. 22, Onid oes *driacl* yn Gilead . . . pa ham na wellhâ iechyd merch fy mhobl? **1595** H. LEWYS: *PA* 44, Y Physygwr wrth wneuthur y *triagl* a gascl y Seirff ar nadroed'. **1615** R. SMYTH: *GB* 150, y dolur mor fylaing megis nad oeddynt yn cael na thrvvy ollvvng gvvaed, na thrvvy *driagl* na thrvvy gyfaredd arall . . . ymvvaredd yn y byd rhagddo. **1632** *D*, Rhyw gyflaith neu *driacl* rhagorol a elwir Mithridatum d.g. *Mithridaticum antidotum*. *id. Triagl* d.g. *Theriaca*. **1757** *ML* ii. 13, I have been long afraid it was a pleurisy . . . rhaid cymeryd potel *triogl* o'r gwppan goch. **1759** J. EVANS: *PF* 72, Rhoddwch wrth y Llê *Driagl* twymyn. **1770** *W*, Rhyw *driagl* gwerthfawr tra pheraidd ei arogl d.g. *Balm, or balsam.*

(*b*) Surop tywyll tew gludiog a gynhyrchir wrth buro siwgr, math melysach o'r cyfryw o liw euraid, surop: (*black*) *treacle*, *molasses*, (*golden*) *syrup.*

18g. *Llr* C 24, 270, Cais 2ᵈ o drueg (*MMf* 106, *drüag*) 1ᵈ o saffar a chydig o gorn Carw. **1752** *Gron* 183, yno byddwn sicr o gael fy llawn hwde ar fwyta brechdanau o fêl, *triag* (G. OWEN: *L* 28, *Triagl*), neu ymenyn. **1759** J. EVANS: *PF* 22, yfwch Bint o Iscell Camomil wedi ei felysu a *Thriegl*. **1771** *PDPh* 58, ychydig o fêl neu *driagl*. **1776** *W*, *Triagl* d.g. *Melasses* [*treacle*]. Ar lafar, '*triog*', *WVBD* 545; '*triacl*', *GTN* 813, hefyd yn yr ymad. '*triacl* calad' yn yr ystyr 'taffi triog', *ib.*

(*c*) (enghrau. *ffig.* ac mewn cyd-destun *ffig.*: *fig. exx. and exx. in a fig. context*).

15g. *NBSBM* 651, Duw a roes yn dri o wŷr, / *Triagl* y beirdd yw'r triwyr (Ieuan ap Hywel Swrdwal). **15g.** *CMOC*² 58, Gwenwyn gan ddyn mwyn ym oedd, / trwy gael oed *triagl* ydoedd (Hywel Dafi). **15g.** *GLGC* 209, Troilus, ac eto Rolant, / *triagl* a serch tir Cil-Sant [i Domas ap Phylib a Siân]. **15g.** *CSTB* 21, Troi, ar ddaint rhyw arwydd oedd, / At aroglau *triagloedd*. **15g.** *HCLl* 119, Tri rhyw ddynion un fonedd, / *Triagl* oll ynt i roi gwledd. **15–16g.** *TA* 203, Tair iaith ynot yr athoedd, / *Triagl* saint yr eglwys oedd [i Robert ap Rhys]. *a.* **1587** *Y* 3, Treiglwr gwawd, *triagl* ar gân, / Tafod Ysbytty Ifan. **1604** R. HOLLAND: *BD* 8a, Ceidwadigaeth neu *dreiagl* yn erbyn gwahanglwyf. [*sic*] cydwybod. **1672** R. PRICHARD: *Gw* 2, *Triag* gwerthfawr rhag pob gwenwyn, / Ydyw'r gair, a balsam addfwyn.

Amr.: **tregl, trecl.** Ar lafar, '*tregl*', *GDD* 308, *SC* vi. 135 (sir Benf.); ''Ôn ni'n cmeryd brwmstan a *trecl* yn y gwanwyn i newid y gwæd' (Myn.).

Cfn.: *Bot.* **triagl y cŵn:** *couch* (*grass*), *Elytrigia repens.* **1632** *D* (*Bot*), *Triagl y cŵn*, Gramen. **1725** *SR* (*Bot*) d.g. *Cowslip, Dog's grass or couch grass.* **1813** *WB* 240. *Bot.* **triagl (triacl) y Cymro:** *water germander, Teucrium scordium*; *wood sage, Teucrium scorodonia.* **1633** J. GERARDE: *Herball*, *Triacl y Cymro*. Germander. **1813** *WB* 240, *Triagl y Cymro*. edr. Chwerwlys yr Eithin. **triagl (triog) du:** (*black*) *treacle.* **20g.** Ar lafar, ''Dwi'n leicio *triog du* ar 'y mrechdan'. **triagl Fenis:** *electuary, Venice treacle.* **1771** *PDPh* 28. **triog mêl = triagl melyn.** Ar lafar ym Môn ac Arfon. **triagl (triog)**

melyn: *golden syrup*. 20g. Ar lafar yn y Gogledd. *Bot.* **triagl (treiagl) y moch:** *tormentil, Potentilla erecta.* **1823.** *Bot.* **triagl teirddalen (tair dalen):** *wood sorrel, Oxalis acetosella.* **1632** *D* (*Bot*), *Triagl tair dalen*, vid. Suran y gôg. **1688** *TJ* (*Bot*), *Triagl tair dalen*, suran y gôg: Sorrel, Wood-sorrel. **1770** *W*, *triagl tair dalen* d.g. *Allelujah* [*herb*]. **1813** *WB*, 240, *Triagl tairdalen*. *Bot.* **triagl y tlawd:** *wild onion, Allium vineale.* **1632** *D* (*Bot*), *Triagl y tlawd*, vid. Garlleg. **1688** *TJ* (*Bot*), *Triagl y tlawd*, (garlleg gwullt:) wild Garlick. **1813** *WB* 240. *Bot.* **triagl (triag, triacl) y t(y)lodion:** *tormentil, Potentilla erecta.* **1604–7** *TW* (*Pen* 228), *triac y tlotion* d.g. *Tormentilla.* **1632** *D* (*Bot*), Tresgl melyn . . . *triagl y tlodion*, Heptaphyllum. **1633** J. Gerarde: *Herball*, *Triacl y tylodion*. Tormentilla.

triaglaidd [*triagl*+-*aidd*] *a.* Tebyg i driagl, hefyd yn *ffig.*; gwrthwenwynol: *treacly, also fig.*; *antidotal, antitoxic.*
15g. *DE* 50, ffraeth wyf om nwyf am i nawdd / ai ffer anadyl im ffrwynawdd / nid trwch y trowsswch i traidd / tew aroglav *triaglaidd*. **1632** *D* d.g. *Theriacus.* **1794** *W* d.g. *Theriacal.*

triaglog [*triagl*+-*og*] *eb.g.* a hefyd (geir.) fel *a.* *Bot.* Unrhyw un o amryw fathau o blanhigion o'r tylwyth *Valeriana* ac iddo flodau bychain pinc neu wyn a gwreiddiau cryf eu haroglau, yn enw. *Valeriana officinalis*: (*common*) *valerian.*
16g. *LlS* 162, Y Valerian . . . Y mawr yr hwn eisoes a elwir Theriacaria sef y *Driacloc.* **1632** *D* (*Bot*), y Falerian . . . Deuryw sydd o hono; 1. y *Driaglog*, Theriacaria, valeriana maior. 2. Valeriana vulgaris. **1813** *WB* 240, *Triaglog*; Valeriana;—Valerian.

Fel *a.* Y ceir balm ohono; triaglaidd: *yielding balm*; *treacly.*
1722 *Llst* 189, *Trieclog* d.g. *Balmy.*
Cfn.: *Bot.* **triaglog coch:** *red valerian, Centranthus ruber.* 20g. *Bot.* **triaglog y gors:** *marsh valerian, Valeriana dioica.* **1896.**

triaglwr [*triagl*+*gŵr*] *eg.* Un sy'n gwerthu eli, balm, &c.: *treacle-monger* (*seller of salves, &c.*).
1545 Elis Gruffydd: *Ll* 80, gida dram o bowdwr o lyshiav'r *triaglwr*, yr hwn a henwir calamws. **1545** Elis Gruffydd: *A* 2, Kymer ychydig o boob vnn o'r llyshieue hynn o shiop y *triaglwr.*

triagllyd, trial[1,2]**, trianaf: trianu,** gw. trioglyd, triaf[2]: trio, treial[2], traeanaf: traeanu.

triant [*tri*+-*ant*[2]] *eg.* ll. *triannau.* *Serdd.* Agwedd dau gorff nefol 120° oddi wrth ei gilydd; triawd: *a trine* (*in astrol.*); *triad.*
1803 *P*, *Triant*, s. m. . . . That is in three; a triad.

triarddeg, gw. tri—tri ar ddeg.

Triasaidd [cfdds. o'r S. *Triass*(*ic*)+-*aidd*] *a.* *Drg.* Triasig: *Triassic* (*in geol.*).
1858.

Triasig [cfdds. o'r S. *Triass*(*ic*)+-*ig*[2]] *a.* *Drg.* Yn perthyn i gyfnod cynharaf y gorgyfnod Mesosöig a nodweddid gan amlder ymlusgiaid ac ymddangosiad y mamoliaid cyntaf: *Triassic* (*in geol.*).
20g.

triawch, gw. tri+awch[2].

triawd [*tri*+-*awd*[3]] *eg.* ll. -*au.* Casgliad, grŵp, neu gyfres o dri, rhif neu swm triphlyg; *Crdd.* cyfansoddiad i dri pherfformiwr, grŵp o dri pherfformiwr, trio: *trio, threesome, trilogy, triple* (*n.*); *trio* (*in mus.*).
1803 *P.*

triban [*tri*+*ban*[1]] *eg.* ll. -*nau*, a hefyd gyda grym ansoddeiriol.

(*a*) *c.d.* Math o englyn cyrch ar fesur rhydd; grŵp o dair llinell olynol o farddoniaeth (yn enw. ar yr un odl); enw alaw Gymreig: *type of free metre 'englyn cyrch'* (*in Welsh prosody*); *triplet* (*in poetry*); *name of a Welsh air.*
16g. *Llst* 40, 81, gorevrar glod gwr ir glan / gwaed rrobart i gav *triban* [i Ruffudd Dwn]. **1608** *CRC* 214, kawn rai yn kany Telyn / kowydd *Triban* ac Englyn. **1630** *YDd* xxiii, Y Carol *Triban* Hwn . . . yr wyf yn gobeithio nad yw anghymhesur gan fod ei destyn yn Dduwiol. 17g. Huw Morus: *EC* i. 307, Gwnai well sain â phric edafedd, / Hai-lw-li-an, neu ryw *driban*, ar y drybedd. **1696** *CDD* 182, Ymma a diweddiff chwêch o ddyriau Duwiol, ar fesur *Triban.* **1716–18** *Llsgr R. Morris* 135, os gofun neb yn unlle pwy ganodd y *trubane* [*sic*] / dun wrth garu teg i gwen a geidw lawen wilie. **1738** *ML* (Add) 74, Another kind of Penill pretty much in vogue is a measure called *Triban*; (which may be English'd 3 heads or parts). **1754** *id.* 256, a loose incoherent *Triban*, too common a measure for any good Poetry . . . The right way of writing a Penill *Triban* is thus, in three lines or bans, and not in 4 as usual / Roedd hon yn Felin wisgi, / Yn troi â dwr o tani, / a dwy obenydd a'i Phont bres; yr oedd hi'n llafnes lysti. **1794** E. Jones: *MPR* 125, *Tribann* . . . The Triplet, or Warrior's Song. **18–19g.** *IM* 39, canu *Tribanau* gyda'r crwth. **1803** *P.* Cf. hefyd J. Morris-Jones: *CD* 323–4, *CLC*[2] 727, *TM* [13]–33.

(*b*) Symbol ar lun tri thriongl sy'n gorgyffwrdd a ddefnyddir fel logo Plaid Cymru: *symbol in the form of three overlapping triangles used as the logo of 'Plaid Cymru—the Party of Wales'.*
20g. Ar lafar, 'Mae gynno fo *driban* ar 'i gar'.
Cfn.: **triban cyrch:** '*triban*'. **1812.** **triban milwr:** *triplet* (*in poetry*). c. **1785–90 (1829)** *CBYP* 98. **1803** *P* d.g. *Tribaniaeth.* **triban Morgannwg:** '*triban*'; *also the name of a Welsh air.* **1716–18** *Llsgr R. Morris* 66, Enwa Mesura . . . Leave land y ffordd hwuaf . . . *Triban morganog* [*sic*]. c. **1785–90 (1829)** *CBYP* 98, 169. **1794** E. Jones: *MPR* 55, Triban, or The Warrior's Song, *Triban Morganwg.*

tribanna, gw. tribannu.

tribannog [*triban*+-*og*] *a.* Nodweddiadol o driban: *characteristic of a 'triban'.*
1819.

tribannol [*triban*+-*ol*] *a.* Nodweddiadol o driban, ar ffurf triban(nau); (geir.) tridyblyg, triphlyg: *characteristic of a 'triban', in the form of a 'triban' or 'tribannau'*; (*dict.*) *triplicate, triple.*
1803 *P*, *Tribanawl* . . . Triplicate; tripled.

tribannu, tribanna [be. o'r e. *triban*] *bg.* Cyfansoddi neu ganu triban(nau): *to compose or sing a 'triban' or 'tribannau'.*
1894. Cf. *PT* 10, Os challenge wyt *dribana*, / Dos, cymer stol i eista'.

tribannwr [*triban*+-*wr*] *eg.* ll. *tribanwyr.* Cyfansoddwr tribannau: *composer of 'tribannau'.*
1824.

tribiwn, tribun, tribwn [bnth. S. *tribune*] *eg.* ll. -*iaid.* Swyddog yn Rhufain gynt a ddewisid gan y bobl i amddiffyn eu buddiannau, swyddog llengol Rhufeinig: *tribune* (*in ancient Rome*).
1615 R. Smyth: *GB* 38, y consvvl a oedd yn arvvain isarn oi flaen y Prætoriaid a oeddynt yn arwain capp, y *tribuniaid* mas, y phensvvyr gleddau. **1620** *Jud* xiv. 12, A phan welodd yr Assyriaid hwynt, hwythau a anfonasant eu tywysogion, y rhai a ddaethant at eu capteniaid, a'i *tribuniaid* (**1588** *ib.* llywawdwŷr). **1670** J. Hughes: *AP* 464, Y fyddin ganhynny [*sic*], a'r *Tribun*, a ministri yr Iuddewon, a ddaliasant yr Iesu. **1794** *W*, *Tribun* d.g. *Tribune.*

tribiwnal, tribunal, treibiwnal [bnth. S. *tribunal*] *eg.* ll. (prin) *tribiwnaliaid.* Tribiwnlys, llys barn; gorsedd barn; hefyd yn *ffig.*: *tribunal, court* (*of law*); *judgement-seat*; *also fig.*
1670 J. Hughes: *AP* 150, [e]i osod [enaid] o flaen *Tribunal* Duw i dderbyn barnedigaeth ynol [*sic*] eich gweithredoedd yn ei wasanaethu ac yn ufuddhau iddo ef ymma ar y ddaear. *id.* 470, pan glybu Pilat y geiriau hyn, a fe [*sic*] ddygodd allan yr Iesu: ac a eisteddodd ar y *Tribunal* yn y lle a elwir Lithostrotos.

tribiwnlys, tribunlys [cfdds. o'r S. *tribun*(*al*)+*llys*[1]] *eg.* ll. -*lysoedd.* Bwrdd (barnwrol) a benodir i ddyfarnu ar achos arbennig, yn enw. bwrdd a benodir gan y llywodraeth i ymchwilio i achos o ddiddordeb i'r cyhoedd: *tribunal.*
1918.

triblaen [*tri*+*blaen*] *a.* a hefyd fel *eg.* Ac iddo dri phig; *c.d.* triban: *three-pointed*; '*triban*' (*in Welsh prosody*).
1604–7 *TW* (*Pen* 228) d.g. *Tricuspis* (hefyd *D*). **1684** T. Jones: *GG* 7, Ar fesur *triblaen.* **1803** *P*, *Triblaen* . . . Three-pointed.

triblyg, gw. triphlyg.

triboleg [cfdds. o'r S. *tribol*(*ogy*)+-*eg*[1]] *eb.* Gwyddor ffrithiant, traul, ac iriad mewn perthynas ag arwynebau symudol: *tribology.*
20g.

tribun, tribunal, tribunlys, gw. tribiwn, tribiwnal, tribiwnlys.

tribut, tribuwt, gw. trybed[1].

tribwn, tribwt, gw. tribiwn, trybed[1].

tribys, tri bys [*tri*+*bys*] *eg.* ac *e.ll.* a hefyd fel *a.*

(*a*) Tri o fysedd, hefyd yn *dros.*: *three fingers, also transf.*
13g. *LlI* 64, enharop hallt a llet *try bys* en e thewet. 15g. *OBWV* 140, Myfyrdawd rhwng bawd a bys, / Mên a threbl mwyn â *thribys* [marwnad Siôn Eos gan Ddafydd ab Edmwnd]. 15g. *GO* 135, Ef vo a'n kroesa heb veiav / A'i *dri bys* drwy i vodrwyav [i Siôn, abad Llanegwest]. *Diw.* 15g. *Pen* 67, 77, aeth aur o bvmbath ar y bvmbys / aur o bedair bath ar bedwarbys / aryan hyd rvban ar y *dribys* / ac ar y ddwy vawt heb gav r ddevvys (Hywel Dafi). **15–16g.** *TA* 107, Tros wythwart, taria i saethu, / *Tribys* llew, trwy beisiau llu. **15–16g.** *GLM* 228, Rhoi a wnawn yr hen winwydd, / a dail o fewn dy law fydd. / Aml y daw â mael d'ewin, / o *dribys* gael dy râbs gwin [moliant Pirs Conwy]. 16g. *GGH* 359, Pig hwn fal gwn o'i ganol, / Pren yw yn poeri'n ei ôl. / Wrth *dribys*, enfys unfath, / O'i fewn y llwnc fwy no llath [i ofyn bwa]. *id.* 401, Torrai oll, fal tor ellyn, / Trwy bais dew led *tri bys* dyn [am ddagr]. *Diw.* 16g. *B* xi. 76, ef a dodes [*sic*] arwydd y Groc ai *dri bys* ar y gwelydd. c. **1588** *id.* ii. 233, pedrygan yw *tribys* a bawd wedi gwasgu ynghyd. **1803** *P* d.g. *Tribys.*

(*b*) Chwynnogl: *weeding-hook.*
1760 *ML* ii. 193, *Tribys* haiarn i dynnu crafanc y vran a phob chwynn.

Fel *a.* A chanddo dri bys (troed): *having three fingers or toes.*
20g.
Amr.: **tryfys** [neu *trifys*; ?ff. wallus, neu cf. *trywyr*]. 13g. *LlDW* 69. 10, *tryuys.*
Cfn.: *Bot.* **tribys tramor:** *ternate-leaved cinquefoil, Potentilla norvegica.* 20g.

tribysig, trifysig [*tribys*, *tri bys*+-*ig*[2]; dichon mai *tryfysig* a gynrychiolir gan yr engh. gyntaf isod; â'r ff. yn -*f*-, ?cf. *tryfys* (gw. *tribys*)] *a.* Mor drwchus â thri bys, (geir.) tair modfedd o drwch: *as thick as three fingers*, (*dict.*) *three inches thick.*
13g. *LlC* 41, huch teyrbluyt *tryuysyr* [*sic*] ac enhorob hallt. 14g. *LlB* 68, telir maharen teir blwyd bras a hwch tri gayaf *tri byssic.* *ib.* Deu dawnbwyt a dyly y brenin y gaffel y gan y vilaeneit pob blwydyn. Messur hyn yw, hwch *tri vyssic* yn y hyscwydeu ac yn y hireis ac yn y chlunyeu. *id.* 69, Messur dawnbwyt yw baccwn *tri byssic* yn y hyscwydeu. **1632** *D*, *Trifysig*, Tridigitalis. **1753** *TR*, *Tribysig*, three inches thick. *id.* *Trifysig*, three inches thick, three fingers thick. **1803** *P* d.g. *Tribysig.*

tric [bnth. S. *trick*] *eg.* ll. -*iau*, -*s.* Gweithred neu gynllun twyllodrus, cyfrwys, neu dan din, ystryw, gweithred neu gynllun direidus neu ddoniol, cast sy'n twyllo'r llygad, camp seml a ddysgir gan anifail neu berson, camp ddeheuig neu gelfydd, y ddawn o wneud rhywbeth mewn ffordd ddeheuig; y cardiau a chwaraeir mewn un rownd o gardiau, y rownd ei hun neu'r pwynt a geir o'i hennill: *trick* (*also in card-playing*).
15g. *GGl*[2] 147, Od aeth rhai er da a *thric* / Y tu arall at Warwic, / Nid âi Ginast digonwr / Ond aros dyn dros y dŵr. **16–17g.** *Cer RC* 127, Ef a ddoede yn brenhines, / . . . / O Dduw Gwyn, beth yw hyn yma? / Pawb a'i *drics* sy'n ceisio 'nifa. **16–17g.** (17g.) *CC* 111, gwnaf gast ag ef yn wastad / gwaeth nai ladd, gwaetha n i wlâd / denu ei wenn, dyna i wenwyn / a thaer *dricc* a thorri i drwyn (Thomas Prys). *Dchr.* 17g. *J* 10, 164b, *Triciau. tricae.* × Arabedd. 17g. Huw Morus: *EC* i. 270, Y Meistr Evans a dâl naw, a Meistr Atkins llaw yn llaw, / At y matter mawr a ddaw, i rwymaw 'r addewid. / Pan wnaeth e'r *tric* i golli ei radd, / . . . / Ym mysg y moron a fwyta'dd, yn goegion ca'dd gegid. **1763** *ML* ii. 599, Dyma'r Gwydd-Helod . . . wedi dyfeisiaw *tric* newydd danlliw, sef dyfod a llongeidiau o rum o'r West India yma iw [*sic*] ddodi ar y lan . . . Fe balla'r amser i mi fanegi iwch y *triccia* a'r castiau mae'r Ficws a'r Gwyddhelod a'r Mancsmyn yn ei ddyfeisiaw [*sic*] i gogiaw ein Harglwydd Freyenhin. 18g. Twm o'r Nant: *CO* 23, Well done, Dick, dyna *dric* pur addfwyn. Ar lafar yn gyff., '*tric*' 'cast', *Cymru* xlvii.

237 (sir Ddinb.); ''En *dric* cæs odd 'wnna', ''Wi'n dyall dy *dricia* di'n nêt', *GTN* 810; hefyd yn yr ystyr 'any kind of stand which fastens on to a bar of the grate to hold any thing before the fire', *LlGC* 1174, 15 (Cwm Nedd a Gŵyr); ac yn y ff. l. *trics* yn yr ystyr 'stand haearn i ddal ffwrn dun o flaen y tân', *Geir Geg* 153 (gorllewin Morg.). Cf. TALHAIARN: *Gw* i. 93, Wrth ddilyn *trics* a pholitics, / Ni fydd i ffyliaid ond anhunedd; D. OWEN: *SP* 48, hoff o gellwair a gwneud mân *driciau* gyda'r dynion.

tricar, gw. **triger**.

triceratops [bnth. S. *triceratops*] *eg. Swol.* Trichorn: *triceratops* (*in zoology*).
1902.

trici [bnth. S. *tricky*] *a.* Dyrys, astrus, yn gofyn gofal neu ddeheurwydd: *tricky*.
20g.

triciaf: tricio [bf. o'r e. *tric*] *ba.* Chwarae tric ar, twyllo: *to trick, cheat*.
16–17g. T. PRYS: *Bardd* 111, o hossia yn ol hasart / e *drikia* wyr wrth droi Kart [i ofyn cleddyf].

tricyn, gw. **trecyn**.

tricham, gw. **tri+cam¹**.

trichan, gw. **trichant**.

trichanmil, trichanmlwydd, gw. **trichant+mil¹, blwydd**.

trichanmlwyddiant [*trichanmlwydd+-iant*] *eg.* ll. *-iannau*. (Dathliad) pen blwydd trichant o flynyddoedd: *tercentenary*.
1866.

trichant, tri chan(t), trychan(t) [*tri+cant¹*] *rhif.* a hefyd fel *e.ll.* ac *eg.* Tri o gannoedd: *three hundred*.
12g. *GMW* 378, Rhif *trychan* celain o drychion camawn / Oedd cymmaint un mestig. **12g.** *GCBM* ii. 7, Gweleis eu trychni *trychant* kelein. **13g.** *A* 2. 22–3. 1, *trychant* trwy beiryant en cattau. **15g.** *GHC* 22, Dy wleddoedd ydoedd lwyddiant,—/ Dieiriach oll i *dri chant*. **15g.** *DN* 114, I ddau a thrigain idd ânt. / A thri uchod a *thrichant*. **1551** W. SALESBURY: *KLl* xxvib, e a allesit e werthy er tuhwnt y *trychant* ceinoc. **1588** 1 *Sam* xi. 8, Pan gyfrifodd efe hwynt yn Bezec, yna meibion Israel oeddynt *dry-chan* mil. **1632** *D*, *trychant* d.g. *Trecenti, Trecenti*. **1703** E. WYNNE: *BC* 130, yma er's *trychant* neu bumcant o flynyddoedd. **1803** *P*, *Triçant*, s. m. . . . Three hundred. Ar lafar, '*tri chant*', *WVBD* 543.

trichonglog, tairconglog [*tri chongl, tair congl+-og*] *a.* Trionglog, trichornelog: *triangular, three-cornered*.
1346 *LlA* 87, llythyren *teir coglaỽc* yỽ ['A']. Ac aarỽydocka teir person ydrindaỽt. *ib.* Ac yny kylch hỽnnỽ ['O'] ysgythrv. A. yn *trichonglaỽc*. **1604–7** *TW* (*Pen* 228), Figur *dairconglog* d.g. *Meta*. *id. trichongloc* d.g. *Triangularis*. **1703** E. WYNNE: *BC* 66, [c]ap dugoch *trichonglog* . . . ar ei gonglau scrif'nasid Galar a griddfan a gwae. **1766** *CD* 182, Yng'honstantinobl; / Hon sy Ddinas Gaerog, / Wedi gweithio'n *dair Conglog* (*B* v. 299, dri chornelog).

trichorn [*tri+corn*] *a.* a hefyd fel *eg.* ll. *trichyrn*. Ac iddo dri o gyrn neu dair cornel; het dair gwalc; anifail dychmygol a chanddo dri chorn; *Swol.* deinosor mawr pedwar-troed o'r tylwyth *Triceratops* a chanddo ddau gorn mawr uwchben ei lygaid a chorn llai ar ei drwyn: *three-horned, three-cornered; tricorn hat; tricorn; triceratops* (*in zoology*).
1632 *D* d.g. *Tricornis*. **1803** *P*.

trichornelog [*tri chornel+-og*] *a.* a hefyd gyda grym enwol. Ac iddo dair cornel neu ongl, trionglog, hefyd yn *ffig.*: *three-cornered, triangular, also fig.*
1586 (1604) *B* v. 299, ynghonstatinobl y dre bena / yr hon oedd ddinas gaerog / wedi gweithio yn *dri chornelog* (*CD* 182, dair Conglog). **1696** *CDD* 13, Mae calon dŷn chwanog, yn wâl *dri chornelog*, / A'r Bŷd yn grwn ochrog, cwmpasog cwŷmp ôch. **1732** *AABl* 119, Cylch crwn yw'r byd, ac mae calon dyn yn *dri chornelog*, ac ni a wyddom na all peth crwn lenwi peth tri chornel. *c.* **1762–79** W. WILLIAMS: *P* 483, Yn nesaf y tyrr ef ddarn arall ar lun *tri chornelog* . . . a'r darn *drichornelog* [*sic*] hwn a ro'ir yr ochor asswy i'r llall. **1766** *CD* 128, Rhaid yw bod gan y meibion, / Iw gosod yn feilchion. / *Dri Chornelog* Heulrhôd, / Pen-guwch neu wallt gosod. **1777** W. WILLIAMS: *TEA* 37, fel Sir Isaac Newton wrth ychydig o ffigiwrau rownd a *thri-chornelog* yn deall holl droiadau ser a phlanedau. **1794** *W* d.g. *Three-cornered*.

trichorniog, trichornog [*tri chorn+-(i)og*] *a.* Ac iddo dri chorn, trichorn: *three-horned*.
c. **1400** *DB* 31, Yno y maent ychen *trichornawc*. **1604–7** *TW* (*Pen* 228), *trichornioc* d.g. *Tricornis*. **1803** *P* d.g. *Triçorniawg*.

trichwarter, gw. **tri—tri chwarter**.

tridaint [*tri+daint*] *a.* a hefyd fel *e?g.* Ac iddo dri phig, trifforchog; tryfer: *three-pronged, three-forked; a trident*.
1588 1 *Sam* ii. 13, a chigwain *dri daint* yn ei law. **1604–7** *TW* (*Pen* 228) d.g. *Tridens*. **1632** *D*, Arf *dridaint* d.g. *Tridens*. *id.* [t]eyrnwialen *dridaint* d.g. *Tridentifer*.
Amr.: **tridant** [*tri+dant*] **1803** *P*.

tridarn [*tri+darn*] *a.* a hefyd fel *eg.* ac *e.ll.* Yn cynnwys tair eitem (yn enw. am siwt o ddillad neu swît o ddodrefn), ac iddo dair rhan neu haen, wedi ei rannu rhwng tri, yn perthyn i dri, wedi ei rannu yn dair, *Bot.* yn ymrannu'n dair (am ddeilen, &c.); tair rhan, tri o ddarnau, siwt o ddillad neu swît o ddodrefn sy'n cynnwys tri o ddarnau, cwpwrdd tridarn: *three-piece* (*adj.*), *three-tiered, tripartite* (*also in bot.*); *three parts or pieces, three-piece suit or suite, three-tiered cupboard*.
15g. *NBSBM* 125–6, Water ydwyt wayw *tridarn* [Hywel Dafi i Phylib ap Tomas]. Cf. D. J. WILLIAMS: *STC* 102, gan daflu lluniau dieithr ar yr hen gwpwrdd *tridarn*.

trideg, tri deg [*tri+deg*] *rhif.* ll. *tridegau*. Tri o ddegau; (yn y ll.) y rhifau rhwng 30 a 39, gan gynnwys y rhifau hynny, yn enw. wrth gyfeirio at flynyddoedd canrif neu oedran: *thirty*; (*pl.*) *thirties*.
c. **1497** *GRB* 19, *Tri deg* oedd dy antur di / gan y dynion gyn d'eni [i Ddewi a Syr Rhys ap Tomas]. **16–17g.** *HG* 106, pan aeth ef [Iesu] gwedy *tri deg*, mewn twyll a breg hwy dalen. **1632** *Bl B XVII* i. 158, Oed Iesu yn cyrchu cant / Och achwyn! mil a chwe-chant, / A *thrideg* aeth o'r adwy, Duw, Duw sy'n hynod, a dwy [marwnad Wiliam Wynn gan Thomas Prys]. **1655** R. JONES: *PC* 54, *tri dêg* a saith. **1803** *P* d.g. *Trideg*. Ar lafar, 'Mae o'n '*i dridega* cynnar'.
Amr.: **trineg.** *c.* **1845.**

trideintiog [*tridaint+-iog*] *a.* Ac iddo dri dant neu big: *having three teeth or prongs*.
1803 *P*.

Tridentaidd [cfdds. o'r S. *Trident(ine)+-aidd*] *a.* *Egl.* Yn perthyn i Gyngor Trento (1545–63), unol â dysgeidiaeth, &c., y cyngor hwnnw: (*eccl.*) *Tridentine*.
1851.

tridiau, tri diau [*tri+diau²*] *e.ll.* Tri diwrnod: *three days*.
13g. *LlI* 55, dele bot eno teyr nos en dyattep a *thry dyeu*. **13g.** *BD* 161, guedy treulyav teir nos a *thri dyeu* yn y wed honno. **1346** *LlA* 5, Yny *tridiev* ereill ygỽnaeth ef pob . . . peth o vyỽn ydefnydyeu hynny. **14g.** *GIG* 133, *Dridiau* a blwyddyn drydoll / A wnaeth ef o wyniaith oll. **1551** W. SALESBURY: *KLl* [xl]a, Gwedy *tri-dieu* y kyuotaf. **1604–7** *TW* (*Pen* 228), yn parhau *dridieu* d.g. *Triduanus*. *Dchr.* **17g.** *J* 10, 164b, *Tridiau*. three days. Triduum. **1758** *Cylchg LlGC* xvi. 156, Mis Gorphenaf a ddechreuodd yn gafodog y *tridie* cynta, ar *tridie* nesa yn such. **1759** *DG* 146, Fe fu Jonas gynt yn Morio *dridiau* a thairnos. **1803** *P* d.g. *Tridiau*. Ar lafar, 'blawd ceirch wedi sefyll am *dridia*', *WVBD* 544.
Cfn.: **tridiau('r) aderyn du a dau lygad Ebrill (a thri llygad Ebrill)**: *the last three days of March and the first two (three) days of April*. **1813.** Ar lafar, cf. M. WILIAM: *DY* 33, Yna mae'n ddweud pur gyffredin mai'r amser gorau i hau ceirch yw '*Tridiau'r deryn du a dau lygad Ebrill*' sef yn awr, tridiau olaf Mawrth a dau ddiwrnod cyntaf Ebrill.

tridiol, tridieuol [*tridi(au)+-ol*] *a.* Yn taro bob yn eilddydd (am gryd neu dwymyn), teirton: *tertian* (*of ague or fever*).
1798 *WR*, *tridiawl* d.g. *Tertian*. **1803** *P* d.g. *Tridieuawl*.

triduwiad, triduwiaeth, gw. **tridduwiad, tridduwiaeth**.

tridyblyg, tairdyblyg [*tri (tair)+dyblyg*] *a.* Tair gwaith (cymaint), triphlyg, wedi ei blygu'n dri: *three times (as much), threefold, triple, triplicate, folded or bent in three*.
13g. *LlI* 70, Enteu a dele kamluru am pob un onadunt huy herwyd meynt er affeyth; un en *trydeblyc*, arall en deudeblyc, arall en undeblyc. **13g.** *C* 97 (ymyl y ddalen), Nid aeth nep auei edmic ir gorllurv id aeth meuric ar kewin y gureic in *tri diblic*. **13g.** *BD* 110, Vrth hynny y kyghoruynha Llundein, a'e muroed a achwaneca yn *dridyblyc*. *c.* **1400** *R* 1036. 36–7, ỽyf truan ỽyf *tri dyblic* Wyf *tridyblic* hen wyf annỽadal drut. **15g.** (**17g.**) *AL* ii. 576, llw *tridyblic* ol ynol lle bo gyrr cyfreithiawl. **1547** *WS*, *Tri diblyc* Threfolde. **1604–7** *TW* (*Pen* 228), drygdhyn *dridyblyc* d.g. *Trifurcifer*. **1606** E. JAMES: *Hom* iii. 246, nid yw ond drygioni dauddyblyg a *thridyblyg* (*treble*) i ddeiliaid am eu pechodau haeddu cael tywysog drygionus, a chwedy hynny gwrthryfela yn ei erbyn ef, ac annog Duw i'w plago fwyfwy. **1609** *Haf* 24, 478, Plato a a [*sic*] wnaeth gerdd *dair dyblic*: sef safnae; organae, a chymyscedic. **1725–6** *Madd Ed* 94, dosbarthu Pechaduriaid i Rester *dairdyblig*. **1803** *P*, *Tridyblyg* . . . Threefold.

tridyddiol [*tri dydd+-iol*] *a.* Yn taro bob yn eilddydd (am gryd neu dwymyn), teirton: *tertian* (*of ague or fever*).
1831.

tridduwiad, triduwiad [*tri+duwiad*; anodd esbonio'r tr. yn y ff. gyntaf] *eg.* ll. *-iaid*. *Diwin.* Un sy'n arddel tridduwiaeth: *tritheist* (*in theol.*).
1794 *W*, *Triduwiaid*; sing. *triduwiad* d.g. *Trithëists*. **1798** *WR*, *tri-dduwiaid* d.g. *Tritheists*.

tridduwiaeth, triduwiaeth [*tri+duwiaeth*; anodd esbonio'r tr. yn y ff. gyntaf] *eb.* *Diwin.* Cred mewn tri duw, yn enw. y gred fod tri pherson y Drindod yn dri duw gwahanol: *tritheism* (*in theol.*).
1798 *WR*, *tri-dduwiaeth* d.g. *Tritheism*.

trieg, triegl, gw. **triagl**.

trifalent [bnth. S. *trivalent*] *a.* *Cem.* Ac iddo falensi o dri: *trivalent*.
20g.

trifial [bnth. S. *trivial*] *a.* Dibwys, pitw: *trivial*.
20g.

trifialeiddiaf: trifialeiddio [cfdds. o'r S. (*to*) *trivial(ize)+-eiddio* (At.)] *bg.a.* Peri i (rywbeth) ymddangos yn ddibwys neu'n bitw, bychanu: *to trivialize, make trivial*.
20g.

trifydr, trifys, trifysig, gw. **trimydr, tribys, tribysig**.

trifforchog, tairfforchog [*tri (tair)+fforchog*] *a.* Ac iddo dair fforch neu dri phig; *Bot.* a *Swol.* yn ymrannu'n dair: *three-forked, three-pronged; trifurcate* (*in bot.*), *trifid* (*in bot. and zoology*).
1604–7 *TW* (*Pen* 228), *teirforchoc* d.g. *Trifurcus*. **1632** *D*, *trifforchog* d.g. *Trifurcus*. **1803** *P*, *Triforçawg* . . . Three-pronged.

trig¹ [bôn y f. *trigaf¹*, *trigiaf*: *trig(i)o*; cf. H.Lyd. (*milin*) *tric*, gl. *permanendi in stupris*; ansicr yw union ystyr rhai o'r enghrau. isod] *eg.* ?a hefyd gyda grym ansoddeiriol. Arhosiad, preswyliad, preswylfa, trigfan: *stay, a residing, abode, dwelling(-place)*.
14g. *CMCS* xxi. 35, Bum ddedwydd tragywydd *tric* / benvar hoedl bun vawrhydic (Dafydd ap Gwilym). *c.* **1400** *R* 1351. 27–8, llaỽr tyno helic *tric* tragywyd. **1594–6** *B* iii. 283, *Trig* (*Commorari*) gyda'r lhew a'r dracwn, haws oedh no chyda drygwraic. **16–17g.** *Bl B XVII* i. 80, Theodor Prys, doethder prysur, / Athro pawb, wenithair pur; / Nid oes dim *trig* yn dy stôl / Uwchlaw dysg a chlod ysgol (Edmwnd Prys). **17g.** E. MORRIS: *Gw* 326, Ail Sodom dinllom danllyd,—*trig* mawr, / Tre Gomora fyglyd [am Ddolgellau]. **1803** *P*, *Trig*, s. m. . . . A stay.

trig² [bôn y f. *trigaf²*: *trigo*] *a.* a hefyd fel *e?g.* (Anifail) marwanedig: *stillborn* (*animal*).
Ar lafar yng nghanolbarth a godre Cered.; hefyd yng ngogledd sir Gaerf., ''Odd crôn *trig* ddim yn taneru'n iawn'.

trig³, gw. **trigaf¹**: **trigo**.

trigadiad [*trigad(wy)+-iad²*, cf. *trigadle, trigadwr*] *eg.* ll. *-iaid*. Preswylydd, trigiannydd: *dweller, inhabitant*.
c. **1600** *March C* 24, y saith tŵr . . . a'r *trigadiaid*

oedd yndynt (*MCr* 49, a'r sawl oedd yn trigo yndynt). **1803** *P*, *Trigadiad*, s. m.—pl. *trigadiaid* . . . A sojourner, inhabitant, or dweller.

trigadle [*trigad(wy)*+*lle*¹, cf. *trigadiad*, *trigadwr*] *eg.* Trigfan, preswylfa: *dwelling(-place)*, *abode*.
1567 *TN* 375a, Mi adwen dy weithredoedd ath *trigadle*. *id.* 393a, ef syrthioedd, Babylon y gaer vawr hono, ac y mae hi yn *drigadle* [:– drigfan] yr cythreiled. *c.* **1585** *MCr* 95, y nefoedd . . . dyna y lle y may y rhai etholedig yn cael gwresgyny a mwyniannu Duw, ag yno i may i *trigadle* ordainedig.

trigadwr [*trigad(wy)*+-*wr*, cf. *trigadiad*, *trigadle*] *eg.* ll. -*wyr*. Preswylydd: *dweller*.
c. **1585** *MCr* 95–6, y rhai drwg . . . nyd ydynt yn *drigadwyr* gyda Duw, na Duw yn *drigadwr* gyda hwyntey.

trigadwy, trigiadwy [bôn y f. *trigaf*¹, *trigiaf*: *trig(i)o*+-*(i)adwy*] *a.* Yn trigo, yn preswylio; ?byw: *dwelling* (*adj.*), *inhabiting*; ?*alive*.
15g. *GLGC* 372, Duw a'i saint a'u cedwis hwy / rhag adwyth yn *drigadwy* [i Edudful ferch Gadwgon a'i meibion]. **1567** *TN* 375a, lle may Satan yn *drigadwy* [:– trigio]. *id.* 386b–387a, llawenhewch, y nefoedd, a'r sawl ydynt *trigadwy* yndynt hwy. **16g.** *Hop M* 192, daü dyn [*sic*] awnaeth, oi ddüwoliaeth / gwedy gwnaethyd, y nef ar byd / ai gosod hwy, yn *drigadwy* / mewn gardd weddaidd, hardd bradwysaidd. *c.* **1585** *MCr* 96, chwi a welwch fod Duw ymhob lle drwy i bwer, ag er hyny nyd ydiw ef yn *drigadwy* onyd yn y lle i may ef trwy ras. *id.* 110, yr Ysbryd Glan: pan fo Ef yn *drigadwy* yn yr enaid fo bair yddo gary Duw er y fwyn y hynan. **1604–7** *TW* (*Pen* 228), *Trigiadwy* d.g. *Accolens*. **1803** *P* d.g. *Trigadwy*.

trigaf¹, **trigiaf: trig(i)o** [bnth. Llad. *trīcō* 'oedaf'; Crn. C. *trege*, *trega*, *tryga*, *tryge*, Crn. Diw. *trega*, *trigia*; gw. hefyd *godrigaf*: *godrigo*; ansicr yw'r engh. gyntaf isod] *bg.* ac yn eithriadol fel *ba*.

(*a*) Byw fel preswylydd (yn), cartrefu, preswylio, lletya, aros, parhau, oedi, ymdroi; (peri) byw neu barhau (mewn cyflwr penodol); hefyd yn *ffig.*: *to live* (*in*), *dwell*, *reside*, *lodge*, *stay*, *remain*, *delay*, *linger*; (*cause to*) *live or remain* (*in a specified condition*); *also fig.*
8g. *Arch Camb* c. (1948–9) 170, *tricet* nitanam. **12g.** *GLlF* 12, Gwynn y uyd a uyt, o uothaed, / Men y *tric* gỽledic gỽlad Ednyued. **12g.** *GCBM* i. 369, *Tric* yn hartureint seint senet gyd—eurglaỽr, / Arglwyt nef a'th weryd. **12–13g.** *GLlLl* 266, Canyd oes yma amuod —y *dricyaỽ*, / Dreic Prydein, syll ragod! **13g.** *GDB* 78, Trugaravc Dauyt, *tricyavt*—o'm mavrdavn / Vy martdeir o'm tauavd. **13g.** *LlI* 5, Ac guedy darfo e kylch hvnnv deuet ef ar e brenhyn a *thryccet* egyt ac ef hyt em pen e blvydyn. **13g.** *HGK* 20, Evo . . . a *drigyus* en Ron enys. **13g.** *GBF* 421, Nyt oes le y *trigyer*: och o'r *trigyaỽ*. **14g.** *LlB* 74, Teir etiuedyaeth kyfreithawl yssyd, ac a *trigyant* yn dilis y'r etiuedyon. **14g.** *BY* 12, a chan y etiued ef hagen y *trigawd* yeith Evrei, kanys hynaf oed o'r yeithyoed. **14g.** *WM* 144. 32–4, Graessaỽ ỽrthyt vnben . . . a chyt ami y *trigye*. **14g.** *YBH* 48b, gouyn idaỽ pa le buassei yn *trigyaỽ* yn yr hyt y bu. **15g.** *GHC* 19, Cawn fedd rhad, cyneddfau Rhys / A *drigodd* dan dy wregys. **15g.** *LHDd* 30, ony dychaỽn ef ỽneythyr cỽbyl ỽassanaeth dros y tir hỽnnỽ. *trigied* y tir hỽnnỽ yr brenhin. **1547** *WS*, *Trigaw* Dwell. **1567** *TN* 157b, y Tat yr hwn ys y yn *trigio* ynof. **1603** E. Kyffin: *Ps* [7], Cans ti Arglwydd yn unig / a'm *trig* (*LlGG* (*Salt*) iiia, am pair y *drigo*; **1588** *Salm* iv. 8, a'm cyfleaist) mewn diogelwch. **1632** *D*, *Trigo*, Manere, morari, habitare. **1688** *TJ*, *Trigo* . . . to stay, to remain. *c.* **1762–79** W. Williams: *P* 504, mae dwy ran o dair o honi [Rwsia] o leia heb gael ei thrin, na bod ond prin yn drigiannol; ac ni's gall neb *drigo* yn eitha'r gogledd. **1776** I. Brydydd Hir: *P* ii. 132, pan ddarfyddo iddo ymddiddan a dynion, i ceiff *drigo* gyda Duw, ac ymddiddan ag angylion. **1803** *P* d.g. *Trigaw*, *Trigiaw*. Ar lafar, 'Ma 'næd yn *trico* yn y Cwm, 'nawr, yn nes idd 'i waith', ''Ôn ni'n arfadd clŵad . . . am yr 'en ddyn yn *trico* yn y galon', *GTN* 813. Cf. *WVBD* 544, *trigo* . . . to dwell . . . not used in current speech.

(*b*) Penderfynu, cytuno, dal (at): *to determine*, *agree*, *abide* (*by*).
13g. *BD* 124, kyuodi a wnaeth Eidal . . . a theruynu ar eu hymadrodyon ual hyn . . . roder udunt . . . ran o'r enys y'v phressvylyav . . . Ac ar hynny y *trigyvt*. **14g.** *WM* 34. 35–6, ar y kynghor hỽnnỽ y *trigyssant*. *id.* 396. 18–19, A chanys ar y metỽl hỽnnỽ yd ỽyt titheu yn *trigyaỽ*. **15g.** *BB* 15, A gwedy edrych onadunt pob peth ar y kynghor hwnnw y *trigwyd*. *id.* 115, A gwedy gwelet or brenhyn y kynghor yn da; *trigaw* awnaeth wrthaw.

trigaf²: trigo [?bf. o'r a. *terrig*] *bg.* Trengi, marw (yn enw. am anifeiliaid): *to perish*, *die* (*esp. of animals*).
1592 S. D. Rhys: *Inst* 183, Lhowarch hên ynn y maes yn Rhywêdog, gwedy *trigo* ei holh bheibion onyd Cyndhelw. *Dchr.* **17g.** *Card* 12, 382, kwyn rhy arw yw marw y mar[ch] / . . . / o *drigo* fy march drwg fy modd / ich tiriogaeth chwi *trigodd* (Thomas Evans, Hendreforfudd). **1632** *D*, *Trigo* . . . Alicubi Mori, oppetere, morte s. violenta. **1677** C. Edwards: *FfDd* 139, Cododd Corwynt disymmwth . . . y daflodd y Cerbyd dros y bont i glawdd dwfn, lle *trigodd* ef ai wraig. *id.* 294, Nid ai Jonas dros *drigo* i bregethu yn Niniveh. **1688** *TJ*, *Trigo* . . . also to starve or die. **1692** *DCR* 271, gwae calon y prynwr / a orffo / geisio dim ganthyn [ocrwyr] / yn llaw nag yn echwyn / serch marw rhag newyn / a *thrigo*. **1693** *HC* 138, Os bydd ŷch neu assyn cymydog ynglŷn mewn suglen [*sic*] ym mron *trigo*, ni a geisiwn eu tynnu allan. *c.* **1700** E. Lhuyd: *Par* ii. 73, Ar riw van ar yr Aran y bydh ymbelh [f]lwydhyn Gyphyle yn *trigo*: o herwydh rhiw Lyseyin Gwenwynlhyd. **1703** E. Wynne: *BC* 143, Asmodai . . . bu agos i ti a *thrigo* o newyn yno 'r blynyddoedd drudion diweddar. **1740** T. Evans: *DPO* 50, Celaneddau meirw . . . a hên Ddefaid yn *trigo* o'r Pwd mewn Gaiaf dyfrllyd! **1760** *ML* ii. 178, Y defaid gwedi i'r tywydd caled ddal arnynt, agos a *thrigo* gan wendid. Prin y mae nerth ynddynt i fwrw ŵyn. **1803** *P* d.g. *Trigaw*. Ar lafar, 'South of the Dee and of the Mawddach a distinction is made between the word for "to die" used of human beings (marw) and of animals (*trigo*). There are some scattered instances of *trigo* north of this area, but, in general, the northernmost regions use "marw" in both contexts', *LGW* 285; '*trigo*: marw; (arferir am anifail yn unig)', *Cymru* xlvii. 280 (sir Gaern.); 'dyn yn *trigo*, anifail yn marw', (sir Drefn.); 'Strictly limited in N. E. Pembrokeshire to the death of an animal, even as "marw" is strictly limited to the death of a human being', *GDD* 308; ''Ôn i'n gweld ryw gradur wedi *trico* ar ochor yr 'ewl', *GTN* 813; hefyd yn yr ystyr 'dyheu (am)', ''Wi'n *trico* am ddishglad o de', '*trico* myn' i'r tŷ bech', *BIBC* 51.

trigain, trigaint, tri ugain(t), trugain(t), &c. [*tri*+*ugain(t)*; cf. Crn. C. *try vgans*, *tryvgons*, Llyd. C. *triuguent*, Llyd. Diw. *tri-ugent*; am drafodaeth ar yr enghrau. cynharaf isod, gw. *CMCS* viii. 35–43; ansicr yw perthynas *triucennau*, *DGVB* 232] *rhif.* ll. *trigein(i)au*. Chwe deg, hanner cant a deg, a gynrychiolir gan y symbolau 60, LX, lx; trigain o (hen) geiniogau, pum swllt, coron: *sixty*; *sixty* (*old*) *pence*, *five shillings*, *crown*.
9g. (*LlSC*) *LL* xlv, isem hi chet *tri uceint* torth. **13g.** *LlI* 64, punt tung . . . Sef mal e rennyr e punt honno: chue ugeynt e'r bara a *thry ugeynt* e'r llyn a *thry ugeynt* e'r enllyn. **13g.** *A* 28. 9–10, Eman e tervyna gwarchan kynvelyn. Canu vn canuawc a dal pob awdyl o gododin herwyd breint yng kerd amrysson. Tri chanu a*thriugeint* athrychant a dal pob vn or gwarchaneu. **14g.** *T* 19. 15–16, *Tri vgein* mlyned yt portheis i laỽrwed. *id.* 23. 13–14, bum pont ar triger ar *trugein* aber. **14g.** *GDG*³ 128, Ar chweugain mirain eu maint / Y trigwn, a rhoi *trigaint*. / O'r *trigaint* hyn, ni fyn fi, / Digon oedd deugain iddi. *id.* 299, Câr *trigain* cariad rhagor, / Cais y glochyddes o'r côr. *c.* **1550** A. Borde: *FB* 129, syxty . . . *trygen*. **1567** *TN* 388a, rrif yr enifel . . . ydiw chwechant, a' chwech a' *thrigen*. **1588** *Gen* xxv. 26, Isaac oedd fab *trugein* mlwydd pan anwyd hwynt. **1588** *Deut* iii. 4, *tri-ugain* dinas. **1605–18** *Mos* 131, 587, [rh]oes yr arglwydd *trigein* i bob vn oi weision i brynnv kapp ysgarlad erbyn y Svlgwyn. **1618** J. Salisbury: *EH* 274, dywedodh eyn Achubwr . . . dhwyn o'r hadyd, a heuessid mewn tir da, dheg ar vgein yn y nailh, *trigein* yn y lhalh, a chant mewn vn aralh. **1632** *D*, *Tri-ugain* d.g. *Sexaginta*. **17g.** *TBM* 221, Cyn pallu 'i droed na mynd i daith / Na chyrchu chwaith mo'i *drigien*. **1659** *id.* 229, Mil chwechant yr awran a namyn un *trigian* / Yn union oedd oedran yr Arglwydd Eleni. **1703** E. Wynne: *BC* 145, Pwy a rusiei odde . . . ei gystuddio ddeugain neu *driugain* mlynedd, ped ystyriei fod ei Gym'dogion yma [uffern] 'n diodde mewn awr fwy nac all ef odde ar y Ddaiar fyth? **[1783]** *W*, *Tri-ugain* d.g. *Sixty*. **1803** *P* d.g. *Triugain*, *Triugaint*. Ar lafar, 'Fe gawson' nhw barti mawr i ddathlu *trigen* mlynedd o briodas' (sir Ddinb.); hefyd yn y ff. *trigian*, ''Odd o'n câl 'i ben blwydd yn *drigian* ddoe' (Arfon); 'Ma 'i'n *drician* ôd erbyn 'yn', *GTN* 810.
Amr.: †**trimuceint** [am yr -*m*-, gw. *CMCS* viii. 42]. **9g.** (*Ox* 1) *B* v. 231, is *trimuceint* hestaur mel.

trigair, gw. **tri**+**gair**¹.

trigannol, gw. trigiannol.

trigannydd, triganwyr, gw. trigiannydd.

trigar, trigas, gw. triger, trigias.

trigedig, trigiedig [bôn y f. *trigaf*¹, *trigiaf*: *trig(i)o*+-*(i)edig*] *a.* ll. -*ion*. Parhaol, hirhoedlog, arhosol, sefydlog, cyson; preswyl, trigiannol: (*long-*)*lasting*, *abiding*, *permanent*, *constant*, *habitual*; *resident*.
1346 *LlA* 86, Deu ryỽ garyat ysyd. nyt amgen. karyat serchaỽl *trigedic* tragyỽydaỽl. Acharyat ellylleid difulannedic amsseraỽl. *id.* 89, am hynny y collir ypechaduryeit *trigedigyon* byth yny pechodeu. *id.* 91, peth cadỽadỽy *trigedic* yny tragyỽydaỽl gof. **14–15g.** *GGLl* [113], Na gwenwyn sygn, na dygn dig, / Trwy goed, nag eiry *trigedig* (Gruffudd Llwyd). *c.* **1401** *AL* ii. 392, ỽrth na cheif ynteu anyanolder oy pleit hỽynteu o iaỽn disginedic neu *trigedic*. **15g.** *GDLl* 58, *Trigedig* bendefig dof, / Trewis dy gariad drwof. **15g.** *GGl*² 184, Gydag wynt *trigiedig* wyf, / Ac erioed eu gŵr ydwyf. **15g.** *GO* 181, Is Hyrddin ar win yr ioed,—/ A'i goed,—yr wyf *drigiedic*. **16–17g.** *HG* 116, drwy ffydd a gwir obaith, a chariad diweniaith / ar jesü n ddioverwaith, *trigedig*. *id.* 151, düw archaf ym diwedd, düw jesü trigaredd / düw dyro i mi orsedd, [*sic*] *drigedig*. **1635–41** *RWM* i. 1077, Tri ragorawl rwym serch *trigiedig*. **1803** *P* d.g. *Trigiedig*.

trigeinfed, tr(i)ugeinfed [*trigain*, *tri ugain*, *trugain*+-*fed* (At.); cf. Llyd. C. *triugentuet*] *rhif.* a hefyd gyda grym enwol. Nesaf mewn trefn ar ôl y nawfed a hanner cant, olaf mewn cyfres o drigain, yn dynodi un rhan o drigain: *sixtieth*.
14g. *WM* 169. 16–18, yd oed y gỽr ar y *trugeinuet* yn llaỽn aruaỽc yn kyrchu y tỽr y vynyd. **1604–7** *TW* (*Pen* 228), y *trigeinuet* d.g. *Sexagesimus*. **1632** *D*, *Tri-ugeinfed* d.g. *Sexagesimus*. **[1783]** *W*, *Tri-ugeinfed* d.g. *Sixtieth*. **1803** *P* d.g. *Triugeinved*.
Cfn.: **ar ei (dy, &c.) drigeinfed (drugeinfed):** (i) *with sixty other(s)*. **14g.** *WM* 169. 17. *c.* **1400** *YCM*² 11, ef a doeth mal yd ercheist di *ar y drugeinuet* marchawc . . . Ac wrth hynny dyret titheu attaw ef *ar dy drugeinfet*. (ii) *sixtyfold*. **1567** *TN* 20a, R ei . . . a gwympesont mewn tir da, ac a ddygesont ffrwyth, vn gronyn ar ei ganfed, arall *ar ei drigeinfed*.

trigeiniol, trigeinol, triugeiniol [*trigain*, *tri ugain*+-*(i)ol*] *a.* Gwerth trigain o (hen) geiniogau; ?tebyg i goron (arian bath); yn perthyn i drigeinfed ran, seiliedig ar drigeinfed ran: *worth sixty* (*old*) *pence*; ?*like a crown* (*coin*); *sexagesimal*.
c. **1401** *AL* ii. 462–4, ydoydỽn perchenoc y varch glas teithiol *trigeinol*; ac ych melyn . . . or vn ryỽ bris. **15g.** *HCLl* 104, *Trigeiniol* trwy gau onest, / Â thri chylch a thŵr a chest [i ofyn bwcler]. **1776** *W*, Rhifyddeg . . . *dri-ugeiniol* neu *dri'geiniol* d.g. *Logistics*, *or logistical arithmetic*.

trigeinmil, trigeinmlwydd, trigeinoes, gw. **trigain**+**mil**¹, **blwydd, oes**¹.

trigeinol, gw. **trigeiniol**.

trigeintref, trigeinwaith, gw. **trigain**+**tref, gwaith**².

trigeinwyr, tr(i)ugeinw(y)r [*trigain*, *trugain*, *tri ugain*+*gwŷr*, *gŵr*] *e.ll.* Trigain o wŷr, trigain dyn: *sixty men*.
13g. *HGK* 8, a *thri ugeinwyr* etholedigyon o Degeingyl. *c.* **1400** *RB* ii. 190, *trugein wyr* a phetỽar can wr. **15g.** *GGl*² 121, I'r tŵr gwyn â'r *trugeinwyr* / A'r tai lle mae Gwalchmai'r gwŷr. **15g.** *HCLl* 96, Un fu'r gwin a yfai'r gwŷr / At roi gynau *trigeinwyr*. **1588** 2 *Br* xxv. 19, a *thrugain-ŵr* o bobl y tir. **1588** 1 *Mac* vii. 16, efe a ddaliodd *dri vgeinwr* o honynt.

trigeinyn, gw. **trigain**+**dyn**.

triger, trigar [bnth. S. *trigger*] *eg.* ll. *trigerau*. Math o glicied sy'n rhyddhau sbring, &c., er mwyn tanio gwn, cychwyn mecanwaith, &c., hefyd yn *ffig.* digwyddiad sy'n ysgogi adwaith: *trigger*, *also fig.*
1722 *Llst* 189, *Triger*. m.p. *gerau*. The trigger of a fire-lock &c. Ar lafar. Cf. D. Owen: *GT* 37, Crogodd Twm y gath yn erbyn ei thraed yn y pren crabas a llwythodd y gŵn, a chyda chyfarwyddiadau i anelu a thynu y *trigar* archodd i mi saethu at y gath.

trigfa [*trig*+-*fa*, *ma*, cf. Crn. C. *trygva*, *trigva*] *eb.* ll. -*feydd*, -*fâu*, -*faon*, -*faoedd*. Trigfan, preswylfa, annedd, cartref, hefyd yn *ffig.*: *dwelling(-place)*, *abode*, *habitation*, *residence*, *home*, *also fig.*
1567 *LlGG* 40b, Edrych i lawr or nefoedd, a' gwyl o *dricfa* dy sa[n]cteiddrwydd ogoniant. *id.* 74b,

Gwnewch y-chwy gereint a golud enwiredd, val pan vo eisiae arnoch, ich derbyniant i'r *trigvae* tragyvythawl. **1588** *Esec* vi. 6, Yn eich holl *drigfaon* y dinasoedd a anrheithir. **1588** *Salm* xlix. 11, Eu meddwl yw y peru eu tai yn dragywydd, ai *trigfeudd* hyd genhedlaeth, a chenhedlaeth. **1604–7** *TW* (*Pen* 228) d.g. *domicilium, Mansio*. *Dchr*. **17g.** *J* 10, 164b, *Trigva*. dwelling place . . . Statis. **1618** J. Salisbury: *EH* 49, gan nad ydiw'r dhaear *drigfa* gymhwys, na chyfadhas i'r cyrph gogonedhus. **1620** 1 *Esd* ix. 37, plant Israel oedd yn trigo yn eu *trigfaoedd* (**1588** *ib*. yn eu tai eu hun). **1632** *D* d.g. *Habitaculum, Sedes*. **1632** J. Davies: *LlR* 83, ei enaid . . . yn *drigfa* i'r fendigedig drindod. **1784** M. Williams: *S* i. 237, Panama . . . Mae'r ddinas hon . . . yn arch-esgobaeth, ac yn *drigfa*'r archesgob. **1803** *P*. Ar lafar, ''Os dim tre na *thricfa* ginto 'nawr, wedi idd 'i fam farw', *GTN* 810.

trigfan [*trig*+*man*[1]; ansicr yw prth. *triguan*, *LTWL* 239] *eb*. ll. *-nau*, *-nydd*, *trigfennydd*. Lle i drigo neu fyw ynddo, preswylfa, annedd, cartref, hefyd yn *ffig*.: *dwelling, dwelling-place, abode, habitation, residence, home, also fig.*

1547 *WS*, *Trigfan* A dwellyng place. **1551** W. Salesbury: *KLl* lxxvia, Yn tuy vymtat y may llawer o *dricvanne*. **1567** *TN* 287a, yn yr hwn hefyt ych cyfadailwyt chwi y vot yn *drigfan* [:– breswylfa, gartref, drigle] Duw. **1588** *Job* xviii. 19, ni bydd vn wedi adel yn fyw yn ei *drig-fannau* ef. **1604–7** *TW* (*Pen* 228) d.g. *Habitatio*. **1615** R. Smyth: *GB* 48–9, mae llavver yn gvvneythyr duvv oi boliau . . . o hervvydd na fynant fod yn deml i dduvv, ag yn bresvvylfa i 'r yspryd glan, rhaid iddynt fod yn *drigfan* i 'r cythre[u]liaid. **1621** E. Prys: *Ps* 37a, A gogoneddus air yt' sydd, / vwch *trigfennydd* yr holl-wlad. **1676** W. Jones: *PGG* 39, ei *Drigfan* bennaf, yr hwn ydyw 'r Nefoedd. **1711** H. Powel: *TY* 310, Bod Rhaglyniaeth [*sic*] Dduwiol yn rheoli yr Byd; Megis yn rhannu i'r Cenhedloedd eu hetifeddiaeth, ac yn gossod Terfynau eu *Trigfanydd*, a'r [*sic*] y cyntaf. **1759** T. Thomas: *WWDd* 292, bod yn rhaid bod eu *trigfan* dragywyddol hwynthau, yn un ô'r lleoedd hynny. **1776** *W*, *Trigfan* (pl. *trigfannau*) d.g. *Mansion*. **1803** *P*.

trigfanle, gw. **trigfan+lle**[1].

trigfannaf: trigfannu [bf. o'r e. *trigfan*] *bg.a.* Trigo, preswylio, cartrefu, cyfanheddu, hefyd yn *ffig*.: *to dwell, live, reside, settle, inhabit, also fig.*

1615 R. Smyth: *GB* 188, [m]ynant *drigfannu* a phresvvylio ynghanol y dda/ear. **1704** E. Samuel: *BA* 173, ni *thrigfannodd* Ef 'chwaith yn wastadol yn Ephesus. **1706** *Cyf Cym* 61, yr hwn a *drigfanno* ynghrist ni *thrigfanna* byth yn uffern. **1716–18** *Llsgr R. Morris* 199, Nos dawch y glan deulu sydd yma yn *trigfannu*. **1725** D. Lewis: *GB* 324, A ydyw 'r holl Fydoedd hyn yn cael eu *trigfannu*? **1778** J. Hughes: *BB* 314, Can Farwel [*sic*] i'w gwlad, gan dri chyfaill . . . pan oeddynt yn mynd i Lundain i *drigfanu*. **1803** *P*.

trigfannol [*trigfan*+*-ol*] *a.* Yn trigo neu'n preswylio, preswyl, cyfannedd, cyfanheddol, preswyliadwy; arhosol, cyson: *dwelling, residential, inhabited, inhabitable, habitable; abiding, constant.*

1679 C. Edwards: *GGG* 201, Dymuniad yw enaid Gweddi ni wasanaetha yn vnig fod deisyfiadau *trigfannol* (*habitual*), ond rhaid hefyd eu gosod hwynt ar waith. **1711** M. Maurice: *YAD* 262, Yna ein Perthynas i Dduw megis Plant, an Sancteiddrwydd *trigfannol*, y/dynt ein Cyfiawnder. **1725–6** *Madd Ed* 345, y Cwmmwl . . . a ehedai uwch eu pennau, ac am hynny a alwyd nid yn amhriodol gan yr Iuddewon y Shechinah, neu'r presennoldeb *trigfannol* (*dwelling presence*). **1798** W. Richards: *CC* 13, unrhyw wlad gyfanedd neu *drigfanol*. **1803** *P* d.g. *Trigvanawl*.

trigfannydd [bôn y f. *trigfannaf*: *trigfannu* +*-ydd*[3]] *eg*. ll. *trigfanyddion*. Trigiannydd, preswylydd, trigolyn, hefyd yn *ffig*.: *dweller, inhabitant, resident, also fig.*

1715 T. Evans: *CCG* 4, Dymma beth ydyw Cydwybod. A oes y dybiwch chwi y fâth *drigfannydd* ynnoch? **1724** T. William: *OL* 98–9, yr oedd ym mhob Ty *Drygfanyddion* [*sic*], ac ym mhob Tre Ddinasyddion. **1727** M. Maurice: *WE* 26, Yr Yspryd glan . . . fel sancteiddiwr, a *thrigfanydd* anghyfnewidiol ydoedd ac ydyw ogoneddus yn ein golwg. **1793** M. Williams: *BM* 35, [y] ddaear hon . . . un rhôd fach yn . . . ermyg yr holl fyd: A dyn ei *drigfannydd* megis unrhyw, ymhlith amrywiol o rywiau eraill o greaduriaid dyallus a rhesymmol.

trigfod, trig-fod [*trig*+*bod*[1]] *eg.b.* ll. *trigfodau*. Trigfan, preswylfa, annedd, cartref; trigiad, arhosiad; hefyd yn *ffig*.: *dwelling(-place), abode, habitation, residence, home; a residing, stay; also fig.*

1621 E. Prys: *Ps* 57a, Tystiolaeth Israel a'i *drigfod*, / a chlod iw fawr sancteiddrwydd. **1677** R. Jones: *BB* 63, Lleoedd eich *trigfod* a'ch gorchwyl, a'ch difyrrwch ni 'ch adwaenant ond hynny. *c*. **1762–79** W. Williams: *P* 117, Ni's mynnent ddistriwio un peth ag alwn ni yn ddi fywyd, o ran maent hwy yn meddwl bod Enaid rhyw Ddŷn ynddo, ac wrth ddistriwio hwn bydd rhyw Enaid yn cael ei daflu allan [o]'i *drigfod*. **1792** P. Williams: *TG* 37, y Dyn Crist Iesu? Dyna *drigfod* Duw, tŷ Dduw, pabell Dduw.

trigiad [bôn y f. *trigaf*[1], *trigiaf*: *trig*(*i*)*o*+*-iad*[1]] *eg*. Y weithred o drigo, preswyliad, arhosiad; trigfan: *a dwelling, residing, stay; dwelling(-place)*.

16g. *Mos* 113, 22, yr Awyr yr hwnn y sydd *drygiad* [*sic*] [:– derbyniad] a chartref y goleüni ar tywyllwch arno. *p*. **1584** G. Robert: *GC* [336], Aeth i'r nefolwlad, / lle mae i *drigiad*, / ar ddeheulaw rhad, / tad ga[ll]ugar. **1603** E. Kyffin: *Ps* [3], Mi osodais fy-Mrenin / ar fy nillin fynydd / Sion Sanct lle ceiff barhâd / a *thrigiad* yn dragywydd. **1604–7** *TW* (*Pen* 228) d.g. *Mansio, Tenacitas*. **1632** *D* d.g. *Commoratio, Incolatus, Rusticatio*. **1688** *TJ*, Athrigiad, *trigiad*, arhosiad. An abiding or staying. **1794** *W* d.g. *A tarrying*. **1803** *P*.

trigiadwy, trigiaf: trigio, trigiain, trigian[1,2], gw. **trigadwy, trigaf**[1]**: trigo, trigain, trigiant, trigain.**

trigianedig [bôn y f. *trigiannaf*: *trigiannu* +*-edig*] *a.bfl.* Cyfannedd, preswyliedig: *inhabited*.

1838.

trigianle, trigianlle, gw. trigiant+lle[1].

trigiannaf: trigiannu [bf. o'r e. *trigiant*, *trigian*[1]] *bg.a.* Trigo, preswylio, cartrefu, cyfanheddu: *to dwell, live, reside, settle, inhabit.*

1604–7 *TW* (*Pen* 228) d.g. *Agito*. **1803** *P*, *Trigiannu* . . . To make a residence, to reside, to dwell, to inhabit. Ar lafar, 'Yn Garffili man' nw'n *trigiannu* 'nawr', *GTN* 810. Cf. D. Owen: *D* 70, Adeiledid capelau drudfawr mewn lleoedd gwledig, lle nad oedd ond gweithwyr yn unig yn *trigiannu*.

trigiannol, trigannol [*trigiant*+*-ol*; â'r ail ff., cf. *trigannydd*] *a.* a hefyd fel *eg*. ll. *trig*(*i*)*anolion*. Yn trigo, yn preswylio, yn byw, yn cartrefu, preswyl, yn byw mewn lle penodol (yn enw. yn swyddogol), rhwymedig i fyw mewn trigfan swyddogol; cyfannedd, cyfanheddol, preswyliadwy, addas fel trigfan, wedi ei bennu fel trigfan; arhosol, parhaol: *dwelling, living, residing, resident, residentiary; inhabited, habitable, residential; abiding, permanent.*

a. **1587** *Y* 103, Ni bv bencerdd loewgerdd lwys / *Triganol* on' trwy gynwys. **1588** *Jer* xlvi. 19, O ferch *drigiannol* yr Aipht. **1588** *Act* vii. 6, dŷ hâd ti a fydd *drigiannol* mewn tir estron. **1604–7** *TW* (*Pen* 228) d.g. *Accolens, Urbanus*. **1630** *YDd* 354, gan weled nad oes dim gwir a *thrigiannol* (*permanent*) orfoledd, yn y cyflwr bydol hwn. **17g.** Huw Morus: *EC* ii. 172, A rhai yn rhedeg fel y milgwn, / A'u teg ennill tu ag annwn; / Lle ceiff y ffals, llawn ffug a chelwydd, / Fàn *trigianol*, anwaredol, yn ei waradwydd. **1710** *LlGG* (*Gos*) 8, yr Eglwys Gadeiriawl neu Blwyfawl lle bo'r Esgob yn *drigannol*. [**1710**] Gw. ab Ierwerth: *SB* 129, chwi a gewch weled amseroedd mor heddychlon â llwyddiannus ac a welwyd erioed er pan y mae Prydain yn *drygiannol* [*sic*] (*inhabited*). **1723** J. Jones: *LlA* 315, yn awr diddanwch *trigiannol* a pharhaus (*durable and abiding*) yw diddanwch Duwioldeb. *c*. **1762–79** W. Williams: *P* 504, mae dwy ran o dair o honi [Rwsia] o leia heb gael ei thrin, na bod ond prin yn *drigiannol*; ac ni's gall neb drigo yn eitha'r gogledd. **1764** W. Williams: *GDC* 49, y planedau hynny . . . yn fydoedd *trigiannol*. **1803** *P*, *Trigiannawl* . . . Residentiary.

Fel *e*. Trigiannydd, preswylydd, trigolyn: *dweller, inhabitant, resident.*

1551 W. Salesbury: *KLl* lxxxiib, byddwch lawen y neuoedd / ar *trigiannolion* o [*sic*] ynthynt. Gwae *trigiannolion* y ddayar ar mor. **1588** *Jer* li. 29, am roddi gwlâd Babilon yn anghyfannedd heb *drigiannol* ynddi. **1604–7** *TW* (*Pen* 228), *Trigianolion* d.g. *Coloni*. **1684** H. Owen: *DC* [i], Boneddigion ac Vchelwyr Parchedic, ac at holl *Drigianolion* mwynion Mon. **1710** *LlGG* (*Gos*) 9, Deoniaid, Rhaglawiaid, a *Thrigannolion* (*Residentaries*) Eglwys Gadeiriawl. *ib*. y Deon, neu'r *Trigannolion* (*Residents*). **1775** *W* d.g. *Inhabitant, or inhabiter*.

trigiannus [*trigiant*+*-us*] *a.* Preswyl, yn byw mewn lle penodol (yn enw. yn swyddogol), rhwymedig i fyw mewn trigfan swyddogol; arhosol, parhaol: *resident, residentiary; abiding, permanent.*

17g. *CC* 357, pen vstvs *trigianvs* trwm / yn kyredd rhan y korwm (Morys Berwyn). **1803** *P*.

trigiannydd, trigannydd, trigiannwr [*trigiant* a bôn y f. *trigiannaf*: *trigiannu*+ *-ydd*[3], *-wr*; â'r ail ff., cf. *triganno*l] *eg*. ll. *trig*(*i*)*anwyr*, *trigianyddion*. Un sy'n trigo neu'n cartrefu, preswylydd, trigolyn (dros dro): *dweller, inhabitant, (temporary) resident.*

c. **1514** *Pen* 182, 272, y Krist/ynogion oeddynt *drigianwyr* yn y dinas bonheddic. **1567** *LlGG* (*Sall*) 22a, pererin wyf gyd a thi, a' *thrigianwr* [:– dyvodiat] val vy oll tadeu. **1567** *TN* 198a, Philippi yr hon ysy ddinas pennaf ym parthae Macedo/nia, ae *thrigianwyr* a hanoeddynt o Ruuain. **1574** *RhRC* (At.) 242b, ny ni ar sydd yn *driganwyr* or nefoedd. **1588** *Eseia* v. 9, oni bydd tai lawer, mawrion a thêg yn anrhaith heb *drigiannudd*. **1595** H. Lewys: *PA* 208, er mwyn caffael o honom orffwysfa ymhlith *triganwyr* ein tref tad, a'n gwlad tragwyddawl. **1604–7** *TW* (*Pen* 228), *Trigianwr* agos d.g. *Accola*. *id*. *trigianwr* anialwch d.g. *Eremita*. **1620** *Jer* iv. 7, a'th ddinasoedd a ddinistrir heb *drigiannudd* (**1588** *ib*. yn anghyfannedd). **1775** *W*, *Trigiannydd* (un o *drigiannyddion* neu drigolion) ynys d.g. *Islander* [*the inhabitant of an island*]. **1791** Gw. Mechain: *Rh* 77, Mae cyfreithiau Lloegr yn dirprwyo yr annhraethol fendith o Ryddid i'r gwaelaf ddeiliaid . . . yn rhoddi y fraint i bob *trigiannydd* i wrthod ei gam, ac i holi yn llysoedd cyfiawnder am uniondeb o'r sarhâad. **1799** Dafydd Ionawr: *MB* 7, O hyd eu bywyd, ni bydd / Oer gwyn i'r un *trigannydd*.

Amr.: **trigiennydd. 1860.**

trigiant, trigian[1] [bôn y f. *trigaf*[1], *trigiaf*: *trig*(*i*)*o*+*-iant*] *eg*. ll. *trigiannau*. Trigiad, preswyliad, arhosiad (dros dro), oediad; trigfan, preswylfa, annedd, cartref: *a dwelling or residing, stay, sojourn, delay; dwelling(-place), habitation, residence, home.*

12g. *GLlF* 540, Ac ynteu a'n dŏc o'n diwet, / O'e gwlat, *trigyant* yn trugaret. **12–13g.** *GMB* 397, Redeis o bechaŏt nyt bychoded / O buchant *trigyant* y'm trugared. **14g.** *WM* 12. 17–19, oachaŏs *idrigiant* ef y ulŏydyn honno yn annŏuyn. **14g.** *YBH* 61a, yssywaeth heb sabaot ryhir uu vyn *trigyan*. **14g.** *GDG*[3] 205, Diddan ynn ei *drigian'* draw, / Deuddeg anhawddfyd iddaw [i ddymuno boddi'r gŵr eiddig]! **1488–9** *BSM* 22, hyd pann wnaeth ef *drigiant* iddo yn agos at Varthin. A llawer o vynaich a ddoethant atto i drigo. **1604–7** *TW* (*Pen* 228), *Trigian* d.g. *Habitatio, Mora*. **1632** *D*, Trigias & *Trigiant*, Habitatio, habitaculum. **1688** *TJ*, Trigiâs, *trigiant*, cartref, trigfa: habitation, abode. **1803** *P*, *Trigiant*, s. m. . . . Residence, habitation.

trigias, trigas [*trig*+*-ias* (At.), *-as*[2]] *eb*. Trigfan, preswylfa, annedd, cartref; trigiad, preswyliad, arhosiad; ?hefyd yn *ffig*.: *dwelling(-place), habitation, residence, home; a dwelling or residing, stay; ?also fig.*

1588 2 *Br* xvii. 25, yn nechreu eu *trigas* (**1620** *ib*. *trigias*) hwynt yno. **1632** *D*, *Trigias* . . . Habitatio, habitaculum. *id*. *trigias* d.g. *Domicilium, Mansio*. **1632** J. Davies: *LlR* 173, [t]ragwyddol *drigias* (*habitation*) y fendigedig drindod. *id*. 488, Duw . . . os myfi a egoraf iddo yn y man, ef a ddaw i mewn ac awna ei *drigias* ynofi. **1688** *TJ*, *Trigiâs*, trigiant, cartref, trigfa: habitation, abode. **1696** *CDD* 89, Bŷdd llawen iawn *trigias*, gorfoledd ac urddas, / Pôb Teŷrnas o'i chwmpas ei chwŷmpio [i ddiolch i Dduw am arbed Prydain rhag 'drŵg fwriad y Papistiaid']. **1753** *Gron* 35, Pan aeth Ffredrig i *drigias*, / Da iawn fro, Duw Nef a'i ras. **1765** J. Evans: *CPE* 56, yn canniattau iddynt holl dîr Caint yn *drigias*. **1803** *P*, *Trigias*, s. f. . . . Residence, habitation.

trigiawdr, trigiawdwr [gair geir., sef bôn y f. *trigaf*[1], *trigiaf*: *trig*(*i*)*o*+*-iawdr* (At.), *-iawdwr* (At.)] *eg*. ll. *trigiodron*, *trigiawdwyr*. Trigiannydd, preswylydd, trigolyn: *dweller, inhabitant, resident.*

Dchr. **17g.** *J* 10, 164b, *Trigiawdr*. Incola. **1707** *AB* 220d, *Trigiawdwr*, An inhabitant. **1803** *P*, *Trigiawdwr*, s. m.—pl. *trigiawdwyr* . . . A resider, a dweller; an inhabitant. *id*. *Trigiawdyr*, s. m.—pl *trigiodron* . . . A resiant, a resident.

trigiedig, trigiennydd, trigiolion, trigl,

triglaf: triglo, gw. trigedig, trigiannydd, trigolion, treigl¹, treiglaf: treiglo.

trigle [trig+lle¹] eg.b. ll. -oedd. Trigfan, preswylfa, annedd, cartref, man cyfannedd neu breswyliadwy, hefyd yn *ffig.*: *dwelling(-place), habitation, residence, home, inhabited or habitable area, also fig.*
1567 LIGG (*Sall*) 35a, Defnynu y maent ar *drigle-oedd* y diffaith. 1567 TN 287a, yn yr hwn hefyt ych cyfadailwyt chwi y vot yn drigfan [:- breswylfa, gartref, *drigle*] Duw. 1588 *Jer* l. 7, yr Arglwydd, yr hwn sydd *drigle* cyfiawnder. 1588 *Esec* xxxiv. 13, holl *drigleoedd* y wlâd. 1603 W. MIDLETON: *Ps* 163, Car yr arglwydd . . . / Yn fwy byrth Seion . . . / Na'r vn *drigle* i ner a dreiglwyd. 1604-7 TW (*Pen* 228) d.g. *Habitaculum*. 1606 E. JAMES: *Hom* i. 130, A'r i fod af gwedy escyn i'r nefoedd yn ogoneddus, i baratoi *trigleoedd* ini gydag ef. 1632 D, Symud *trigle* d.g. *Emigro*. [1725] *TS* 50-1, ystafelloedd y Deml . . . yr oedd hefyd rai o honynt i fod yn *Drigle* parháus. 1790 TWM O'R NANT: *Cof*, Ond gwir fod *trigle* 'stâd yr Eglwys, / Ar y ddaear yn filwrus. 1803 *P*, *Trigle*, s. f. —pl. t. *oz* . . . A dwelling-place. Cf. D. OWEN: *RL* 113, Dirgelwch ei ddylanwad ydoedd ei graffder neillduol i ganfod *trigle* a bai.

trigliaf: triglo, gw. treiglaf: treiglo.

triglyd [bôn y f. *trigaf*²: *trigo*+-*lyd*] a. Rhynllyd, sensitif i oerfel neu rew (hefyd am blanhigion): *chilly, sensitive to cold or frost (also of plants)*.
1896.

triglyserid [bnth. S. *triglyceride*] eg. ll. -au. *Cem.* Unrhyw ester a ffurfir o un moleciwl o glyserol a thri moleciwl o asid carbocsylig: *triglyceride (in chem.)*.
20g.

trigolion, trigiolion [*trig*+-(*i*)*ol*+-*ion*²] e.ll. (un. g. *trigolyn*). Pobl sy'n byw neu'n cartrefu mewn lle, preswylwyr: *dwellers, residents, inhabitants*.
1567 TN 171a, oll preswylwyr [:- *trigiolion*] Caerusalem. 1588 *Barn* xxi. 9, nid oedd yno neb o *drigolion* Iabes Gilead. 1606 E. JAMES: *Hom* ii. 134-5, gwnaethpwyd cyfraithiau yn amser Antonius Verus a Chomodus yr Ymmerodron na byddai i Gristionogion fod yn *drigolion* mewn tai. 1632 D d.g. *Cælites, Riuales*. 1707 AB 220d, *Trigolion*, Inhabitants. 1763 ML ii. 570, Nid oes yma newydd a dal ffydowen ond ei bod hi fal yna gyda *thrigolion* y wlad hon. 1803 *P*, *Trigawl* . . . *Trigolion*, inhabitants. Ar lafar, ''Odd y papar yn gwed bod y *trigolion* â gyd mæs idd 'i resawu fa', *GTN* 810.

trigonomeg [cfdds. o'r S. *trigonom(etry)*+-*eg*¹] e?b. Trigonometreg: *trigonometry*.
20g.

trigonometraidd [cfdds. o'r S. *trigonometr(ic)*+-*aidd*] a. Trigonometrig: *trigonometric(al)*.
1840.

trigonometreg [cfdds. o'r S. *trigonometr(y)*+-*eg*¹] eb. Y gangen o fathemateg sy'n ymwneud â'r perthnasau rhwng ochrau ac onglau trionglau, yn enw. fel y'u mynegir gan ffwythiannau megis sin, cosin, tangiad, &c.: *trigonometry*.
20g.

trigonometri [bnth. S. *trigonometry*] eg. Trigonometreg: *trigonometry*.
20g.

trigonometrig [cfdds. o'r S. *trigonometr(ic)*+-*ig*²] a. Yn perthyn i drigonometreg, wedi ei gyflawni gan drigonometreg: *trigonometric(al)*.
20g.

trigwr [bôn y f. *trigaf*, *trigiaf*: *trig(i)o*+-*wr*] eg. ll. *trigwyr*, *trigwrs*. Trigolyn, preswyliwr, lletywr: *dweller, resident, lodger*.
1890. Ar lafar, ''Ôn i'n catw *tricwrs* amsar y ryfal, Saeson odd' ar y stæt', *GTN* 813.

trigwrryw [*tri*+*gwryw*, ar ddelw'r Llad. Diw. *triandria*] a. *Bot.* Ac iddo dri briger, yn perthyn i ddosbarth y *Triandria* yn ôl cynllun Linnaeus: *having three stamens, triandrous*.
1813 WB 5, Triandria.—*Trigwrryw*.

trigyn, eg. Pinsiaid: *pinch (of something)*.

Ar lafar, *GDD* 309, *Geir Geg* 168 (sir Benf.).

tringaf: tringo, tringad, gw. dringaf: dringo.

tringol, gw. dringol² (hefyd At.).

trihael, gw. tri—tri hael.

tril [bnth. S. *trill*] eg. ll. -iau. Sain grynedig neu ddirgrynol, Crdd. amyneiliad cyflym rhwng nodau, ynganiad y sain 'r' â dirgryniad y tafod: *trill*.
1906.

trilabediaid, trilabedydd, gw. trilabedaid, trillabedydd.

triliaf¹: **trilio, trilian** [bnth. S. (*to*) *trill* 'to warble'] bg. Seinio neu ganu tril, trydar: *to trill, warble*.
1907.

triliaf²: **trilio** [bnth. S. (*to*) *trill* 'to roll, bowl'] bg.a. Rholio, powlio, treiglo (cylchyn, &c.), cylchdroi, trosbennu: *to roll, bowl, trundle (hoop, &c.), rotate, somersault*.
1908. Ar lafar, 'Cilch yn *trilio*', *TGG* (1907-8) 110 (godre Cered.); *GDD* 309; 'cyn clapo lliged wêdd un o'r sgidshe yn *trilio*'n garlibwns i'r dŵr', *Wês wês* 17.

triliw, gw. trilliw.

triliwn [bnth. S. *trillion*] eg. ll. *triliynau*, *triliwnau*. Miliwn miliwn (10¹²), miliwn miliwn miliwn (10¹⁸), rhif anferthol: *trillion*.
1725 D. LEWIS: *GB* 129, Cwatiliyneu . . . *Triliyneu* . . . Biliyneu. *id.* 131, y mae Pwys yr holl Awyr o dautu'r Ddaear, yn 8 *Triliwn* o Bwyseu Troy.

trilobiaid [cfdds. o'r S. *trilob(ites)*+-*iaid*¹] e.ll. Swol. Trilobitiaid: *trilobites*.
1898. Cf. D. E. JONES: *HLlP* 18, Cynwysa y graig yn ymyl Pont Alltcafan gloddelion *trilobiaid*, y creaduriaid henaf bron a ddeuir o hyd iddynt yn y creigiau.

trilobit, trilobid [bnth. S. *trilobite*] eg. ll. *trilobit(i)au*, *trilobitiaid*, *trilobidau*. *Swol.* Unrhyw arthropod môr ffosiledig o isadran y *Trilobita* o'r cyfnod Paleosöig, ac iddo ysgerbwd allanol teiran: *trilobite*.
20g. Ar lafar yn y ff. *treilobeit* yn ardaloedd chwareli'r Gogledd, *B* xx. 383.

trillabediaid, trilabediaid [*tri llabed*+-*iaid*¹; anodd cyfrif am y tr. yn yr ail ff.] e.ll. Swol. Trilobitiaid: *trilobites*.
1858.

trillabedydd, trilabedydd [*tri llabed*+-*ydd*³; anodd cyfrif am y tr. yn yr ail ff.] eg. ll. *trilabedyddion*. Swol. Trilobit: *trilobite*.
1851.

trillawr, gw. tri+llawr¹.

trilleisiol [*tri llais*+-*iol*] a. A gyfansoddwyd ar gyfer tri llais, yn cynnwys tri llais (am gerddoriaeth, côr, &c.): *composed for, or consisting of, three voices (of music, choir, &c.)*.
1838.

trillew, gw. tri+llew.

trilliw, tri lliw [*tri*+*lliw*¹; cf. Llyd. C. *tri liu*] a. a hefyd grym enwol ac fel eg. ll. *trilliwiau*, ac e.ll.
(*a*) Ac iddo dri o liwiau, ?symudliw, ?wedi ei staenio (â gwaed); ac iddo farciau tebyg i gragen crwban (am gath, &c.), brech neu fraith (am gath); tri o liwiau: *tricolour(ed)*, *three-coloured*, ?*iridescent*, ?*stained (with blood)*; *tortoiseshell (of cat, &c.)*, *tabby (of cat)*; *three colours*.
12g. GMB 150, *Trilliw* y lafna6r, treulyn ysgwyda6r, / Trylew ua6r ualch derrwyn. 13g. GDB 65, Trinheion gorwr6 . . . Goruao6r—6u'r drallawt / O drillew ysgwydawr. *id.* 350, Aruod ysgymod, goruod gorfflog, / Arueu bri6 trilli6, trillu ghy6g. 13g. GBF 85, Pwyll mab Uthyr, rwyf aruthyr riw / Pwyllia6c par dryllya6c, *drilliw*. 14g. GDG³ 91, Têyrnaidd waith, twrn oedd wiw, / Tyrrau, drilliw llëiw [i'r gerlant o liw paun]. c.1400 R 1255. 40-1256. 1, Athrullyat trablin athrullavt kegin. a *thrilli6* ar win y wann blyssic. 15g. GDID 29, Araul eden reiol ydiw / A'i odre laes o dri lliw [i ddiolch am baun]. 16g. GGH 60, Da'r lle yw, gaer *drilliw* gwin. / Dy gwrt, Rolant, garw treulwin. 1803 *P*, *Tri-*

lliw, s. m . . . . That is of three colours. a. Tricoloured. Ar lafar, 'cath *drilliw*' 'tabby cat', *WVBD* 544; 'cæth *drilliw*' 'cath o liwiau coch, gwyn, a du', ''Ôn' nw'n arfadd gwed y ricwm 'yn am ryw reswm: Y gæth *drilliw* / Dan fendith Duw', *GTN* 811.

(*b*) *Bot.* Unrhyw un o amryw fathau o blanhigion o'r tylwyth *Viola*, yn enw. *Viola tricolor tricolor*, sy'n dwyn blodau porffor, melyn, a phiwsmwyn golau, llysiau'r Drindod: (*wild*) *pansy, heartsease*.
Dchr. 17g. *J* 10, 164a, *Trilliw*. Iacea: flammula: viola fl. 1813 WB 240.
Amr.: triliw. 1814.
Cfn.: Bot. trilliw ar ddeg: hydrangea. 20g. Ar lafar ym Meir. Gw. hefyd blodau (At.)—blodyn tri lliw ar ddeg.
Gw. hefyd fioled—fioled drilliw (hefyd At.).

trillu, gw. tri+llu.

trillun [*tri*+*llun*¹; cf. deulun] e?g. Tri anifail (wrth gyfrif neu fel grŵp): *three animals (in counting or as a group)*.
Dchr. 18g. *J* 10, 164a. three heade of beaste. tria capita. Ar lafar, 'trillun o geffylau, sef tri cheffyl yn gweithio gyda'iu/ [sic] gilydd', *Môn* (Gwanwyn, 1954) 11.

trillyn, gw. tri+llyn².

trim, trym [bnth. S. *trim*] a. a hefyd fel *eg.* Taclus, twt, trwsiadus, deniadol, del, golygus, weithiau'n ddifr.; (*mewn*) cyflwr da, (*mewn*) cyflwr o barodrwydd neu addaswrydd: *tidy, neat, smart, attractive, pretty, handsome, sometimes derog.; (in good) trim*.
16g. Hop M 177, gwisgo dillad pridion *trym*, a hoffi grym corfflolaeth. 16-17g. HG 135, di gaû glynaid digon *trym*, a mynd mewn grym a sylwedd / a thros gwrs ti vynny vod, yn ennill klod a rhysedd. 1615 R. SMYTH: *GB* 201-2, dynion truain . . . yn gosod i hunain allan, mor heini, mor *drym* ag mor drythyll. 17g. CRC 328, Cael fy march am Cyfrwy yn *drim* / am kledde yn awchlim ddigon. 1696 CDD 155, Pe cait wisco dillad *trym*, / Heb eisie dim fae rheidiol, / Mewn porphor a lliein-wisc drŷd, / Fel Difes glŷd annuwiol. 1734 YCTM 5, Fe barodd gwneuthur Pictiwrs llon / O lun Angylion gweddus / . . . / A rhwng y ddau Cherubim *trim* / a Moesen ymddiddane. 1759 BC 143, Os wyt mewn grâdd a grym, fel llew yn llâdd mor llym / Ni roi mwy amod i'm, i dramwy yn *drym* yn Drê ['Ymddiddan rhwng y Dŷn a'i Glefyd']. 1803 *P*, *Trym* . . . Compact . . . trim. Ar lafar, 'slengyn trim' 'a handsome stripling', *GTN* 811.

trimab, gw. tri+mab.

trimad, trimaf: trimo, gw. trimiad, trimiaf: trimio.

trimaib, gw. tri+mab.

trimedig, gw. trimiedig.

trimeib, gw. tri+mab.

trimiad, trimad [bôn y f. *trimiaf*, *trimaf*: *trim(i)o*+-*iad*¹, -*ad*] eg.b.
(*a*) Cerydd, dwrdiad; curfa; ?awgrym: *rebuke, a scolding; a beating; ?hint*.
1750 RBHM 9, A ddyscoedd ein Harglwydd / fod rhyw rhan o'i ymadroedd [sic] ef nad iw yn perthin i holl Ddynolryw? . . . Naddo un gair gynianit a thrimiad tia'r ffordd hono . . . mewn un peth ac y lefaroedd efe eriod. Ar lafar, 'Rhoth *drimiad* yn iawn iddyn' nhw' (gogledd Cered.); '*trimad*', *SC* vi. 135 (sir Benf.); 'Fe gæs itha' *trimad* gin' i am 'i ddrygioni', 'Fi ros i *drimad* dæ i'r corgi bæch', *GTN* 811.
(*b*) Y weithred o drimio (gwallt), enghraifft o'r cyfryw: *a trim or cut (of hair)*.
20g. Ar lafar, 'Ges i *drimiad* go dda gan Jones y barbwr ddoe'.

trimiaf, trimaf, trym(i)af: trim(i)o, trym(i)o [bnth. S. (*to*) *trim*] bg.a.
(*a*) Tocio, torri; tacluso, twtio, addurno (yn enw. â rhubanau, &c.); hefyd yn *ffig.*: *to trim, cut; make neat or tidy, tidy (up), decorate (esp. with ribbons, &c.); also fig.*
c. 1585 MCr 44, yr oedd vn ystafell yn ragorri mewn helaethrwydd a gwychter nag vn lle. Ag yno i gwelais wely hardd gwedy *drymo* yn orwag. 1604-7 TW (*Pen* 228), wedy *drimo*'n dha d.g. *Accuratus*. 1615 R. SMYTH: *GB* 202, gvveision truain . . . rhy rhvbio yn dadddiblo yn brvvssio a *thrymo* i meistred / nyni megis yn *trymio* yn dhadyblu ein hunain. 1710 T. WILLIAMS: *AF* 27, Y Cŷntaf yw Ceisio Olew yn ein Lusernau [sic], a'r ail yw eu *trimmio*,

a'u trwsio hwynt. **1724** E. WELLS: *CC* 40, er dadebru ein meddyliau . . . i oedi hyd y sul un gorchwyl cyffredin (megis siwrneuo, *trimmio* neu eillio . . .) a allasid wneuthur a'r [*sic*] Ddydd o'r Wythnos. **1750** H. LLOYD: *PTNU* 12, dan alw pawb nid oedd yn gwneuthur fellu [tyngu a rhegi] yn Ddynion penblŷdd . . . neu rhai ag oedd dim trefn ar eu Hymadroedd hwynt, ond y fyddant gwedu *trimio* eu geiriau a rhŷw Lŵ neu gilidd. **1795** J. THOMAS: *AIC* 358, gorchguddia 'r planhigion tyner; a *thrimia* a chadw yn y ffordd oreu bob pêth, fel y bô 'r Ardd . . . yn hardd ag yn ddymunol. Ar lafar, '*trimio*'r gwrych', *Cymru* xlvii. 237 (sir Ddinb.); '*trimio* cloddia', *WVBD* 544; '*trimo* 'et', "Welas i neb yn *trimo*'r lle erbyn Nadolig, flynydda'n ôl', *GTN* 811.

(*b*) Curo, rhoddi cweir i; ceryddu, dwrdio: *to beat, thrash; rebuke, scold.*

16–17g. *GST* i. 55, Ti anturiaist yn taraw, / *Trimiwch* y lleill, trom yw'ch llaw. Ar lafar, '*trimo*' 'to beat, thrash; scold', *SC* vi. 135, (sir Benf.); 'Ma isia 'i *drimo* fe fel na naiff a ddim og e 'to' (dwyrain Morg.).

(*c*) Cywiro cydbwysedd (llong, &c.) drwy drefnu'r cargo; trefnu (hwyliau) yn ôl y gwynt; hefyd yn *ffig.*: *to trim (ship, &c.); trim (sails); also fig.*

1922.

trimiedig, trimedig [bôn y f. *trimiaf, trimaf*: *trim(i)o*+-*(i)edig*] *a.bfl.* Wedi ei drimio neu ei docio, hefyd yn *ffig.*: *trimmed, also fig.*

1900.

triming, trimings, trimin, gw. trimins.

triminiog, gw. tri+miniog¹.

trimins, trimings [bnth. S. *trimmings*] *e.ll.* (un. g. (prin) *trimin(g)*). Addurniadau, ychwanegiadau, atodion, yn aml yn *ffig.*: *trimmings, decorations, accompaniments, accessories, often fig.*

1774 *Ewyllys Bangor* 1774/60, un gwpwrdd tridarr [*sic*] ai *driminis* [*sic*]. Ar lafar, 'Ma 'ne ormod o *drimins* ar y goeden' (sir Ddinb.); hefyd yn yr ystyr 'ffwdan, trafferth', "Dwi ddim wedi clŵad am siŵd *driminz*', "All 'wnna nuthur dim 'eb siaw o 'en *driminz*', *GTN* 811.

trimis, gw. tri+mis.

trimisol [*tri mis*+-*ol*] *a.* Yn digwydd bob tri mis, yn parhau am dri mis, yn perthyn i gyfnod o dri mis, yn ymddangos bob tri mis, chwarterol: *trimonthly, trimestrial, three-monthly, quarterly.*

1780 *W* d.g. *Quarterly.* **1799** *CGGLl* 16, a boddlonwyd iddynt gan Ustusiaid yr Heddwch yn yr Eisteddfod *Tri-misol* [*sic*] Gyffredin. **1803** *P* d.g. *Trimisawl.*

trimisolyn [*trimisol*+-*yn*¹] *eg.* ll. *trimisolion.* Cyfnodolyn sy'n ymddangos bob tri mis, chwarterolyn: *three-monthly (periodical), quarterly magazine.*

1850.

trimisyriad, gw. tri+misyriad.

trimiwr [bôn y f. *trimiaf, trimaf*: *trim(i)o* +-*iwr*] *eg.* Un a gyflogir i lwytho neu drefnu'r cargo mewn llong: *trimmer (of cargo).*

20g. Ar lafar gynt yn ardaloedd chwareli'r Gogledd, *B* xx. 383.

trimplai [?bnth. H. Ffr. *trompille*] *e?g.* ?Corn, trwmped, yn *ffig.*: *horn, trumpet, fig.*

14g. *GDG*³ 54, A thampr o ddewis mis Mai, / A thrwmpls y gerdd a'i *thrimplai* [marwnad Madog Benfras].

†trimuceint, gw. trigain.

trimud¹ [*tri*+*mud*³] *a.* a hefyd gyda grym enwol. Wedi bwrw ei blu deirgwaith (am hebog, &c.); cyflawn, perffaith: *thrice-mewed (of hawk, &c.); complete, perfect.*

13g. *GDB* 179, Bart ɓum itt, *trimud* dremynt, / A chedymddeith canweith kynt. *id.* 453, Gwanar gar, *trimud* far, trymrudd, / Gwenwyn gwyn gennyf nid ymgudd. **13g.** *GBF* 569, *Trimut* aerwalch, ɓalch ɓawruryt, / Trymaff treisuwyaf tros ɓyt. **14g.** *WM* 476. 8–10, Na golɓc hebaɓc mut na golɓc gɓalch *trimut* nyd oed olɓc tegach nor eidi.

trimud², **trymud** [gair geir.; cf. *tremud*] *a.* Tawel, distaw, tawedog: *quiet, silent, taciturn.*

Dchr. **17g.** *J* 10, 162b, *Trymud.* × tawedog. **1632** *D*, **Trimud*, Idem quod Termud. **1688** *TJ*, *Trimud*, termud, distaw: silent. **1753** *TR*, †*Trimud.*

trimwchl, gw. mwchwl.

trimwy, tri mwy [*tri*+*mwy*] *a.* a hefyd fel *adf.* Teirgwaith cymaint, teirgwaith yn fwy; teirgwaith mor: *three times more or greater; three times as.*

14g. *GIG* 71, A goleuo, gwae lawer, / *Tri mwy* na serlwy o sêr [marwnad Ithel Robert]. *c.* **1400** *R* 1205. 17–18, *Trimɓy* yɓr gogleis tra mawr gigleu. tri phenyt galar rac tra phoeneu. *ib.* 28, trɓm eryssyt yw *trimɓy*reisseu. **15g.** *GDID* 55, Mawr yw grym llysiau a main; / *Trimwy* byw tri mab Owain. **16g.** *GGH* 106, *Tri mwy*, yn wir, tremyn iach, / A thri eilwaith rheiolach / No thŷ arglwydd a wyddwn / Ac no thŷ iarll y gwnaeth hwn / Caer hardd . . . / . . . o frics cochion. **1603** W. MIDLETON: *Ps* 270, Dy gynghorau i minnau mawr: / Mor fawr mor dramawr *drimwy.* **18g.** I. BRYDYDD HIR: *Gw* 73, Truan beunydd mewn terwyn boenau, / *Tri mwy* fydd ddolur trym-feddyliau. **1790** GW. MECHAIN: *Gw* i. 216, Mae cyni difri', heb dor, / *Tri-mwy*, mewn gwledydd tramor.

trimydr, trifydr [*tri*+*mydr*; anodd cyfrif am y tr. yn yr ail ff.] *eg.* ll. -*au*, a hefyd fel *a.* (Llinell farddonol) ac iddi dair uned fydryddol: *trimeter.*

1850.

trimyn, gw. trimins.

trin¹, *eb.* ac yn eithriadol fel *eg.* ll. -*oedd*, -*iau.* Brwydr, rhyfel, gwrthdaro, cynnen, ymrafael, helbul, trafferth, trallod, hefyd yn *ffig.*: *battle, war, conflict, contention, quarrel, trouble, tribulation, also fig.*

12g. *GMB* 177, A rewin a *thrin* a thranc kymri. **12g.** *GCBM* i. 243, Kyrcheis eryr treis *trin* ohep—heb gut. **13g.** *C* 66. 7–8, Bet llvch llaueghin . . . ny bitei drimis heb *drin.* **13g.** *A* 10. 18–19, eithinyn uoleit mur greit tarw *trin.* **13g.** *GBF* 15, O lin breyennin *trin* traɓs. *id.* 480, Gɓeleis wyr yn *trin* a meirch mysterin. **14g.** *GIG* 22, Teirw gryd, wyarllyd orllin, / Terydr aer, taer ar y *drin. c.* **1400** *R* 1238. 24, Na wna na thraa na*thrinyeu* anuat. **15g.** *DGG*² 79, Taran a ddug *trinoedd* yn / Trwst arfau wybr tros derfyn. **1551** W. SALESBURY: *KLl* lxxxiiia, Mi a drineis *trin* tec. **1567** *TN* 290b, Annogiat ir *drin* ysprytol. *a.* **1587** *Y* 149, Y ddav ysbryd ddiasbri, / Honaist dysc, a henwaist di, / Vn yw'r da, iawn air diwg, / Hyll oer *drin*, a'r llall yw'r drŵg. **1615** R. SMYTH: *GB* 66, pen fy'r ystyfnig *drin* a'r ymddadlu rhvvngtho ef a duvv. **1632** *D*, *Trin*, Subst. Pugna, opera . . . molestia, labor. **1753** *ML* i. 224, ni dderbyniodd neb o honom un llinell o'r wlad felldigedig honno er pan ddigwyddodd y *drîn*, hyd y dydd heddyw. **1753** *TR*, *Trîn* . . . a battle, a fight; labour, pains, trouble. **1803** *P.*

trin² [gair geir., sef bôn y f. *triniaf*², *trinaf*²: *trin*, &c.] *e?g.* ll. (prin) -*oedd.* Y weithred o drin neu drafod: *a handling or treating.*

1632 *D*, *Trin*, Subst. . . . tractatio. **1753** *TR*, *Trîn* . . . a handling. **1803** *P.*

trin³,⁴, **trinad, trinadwy,** gw. trinaf¹; **trino, triniaf**²: trin, triniad, triniadwy.

trinaf¹, **triniaf**¹: **trin(i)o, trin**³ [bf. o'r e. *trin*¹; dichon mai i *triniaf*²: *trin* y perthyn rhai o'r enghrau. isod] *bg.a.* Ymladd (â), brwydro neu ryfela (yn erbyn), hefyd yn *ffig.*: *to fight (with), battle or wage war (against), also fig.*

12g. *GCBM* i. 296, Rwyuan tan taerwres, trachwres *trinnaɓ.* **14g.** *GDG*³ 223, Mae i'm bryd, enbyd iawnbwyll, / Trwy nerth Duw *trin* i wrth dwyll. **15g.** *GDLl* 28, Oddyno yn ddiweniaith / Y try i nef tarw o'n iaith. / *Trinied* genedl plant Rhonwen, / Trugaredd, mawredd, Amen. **15g.** *GLGC* 293, mae'n ddewr i *driniaw*, mae'n ddur dreiniog, / mae yn dra gwrol, mae'n drugarog. **1551** W. SALESBURY: *KLl* lxxxiiia, Mi a *drineis* trin tec. **16g.** *WLl* 117, Trin Gymru kyn gwnnu r gwallt / Da *trinodd* dy daid Reinallt. **1632** *D*, *Trin*, Verb. . . . præliari. **1753** *TR*, *Trîn* . . . also, to fight. **1791** GW. MECHAIN: *Rh* 39, wedi iddo *drin* ddeg [*sic*] a deugain o frwydrau gosodedig. **1803** *P*, *Trinaw* . . . to conflict.

trinaf²: **trino, trinai,** gw. triniaf²: trin, trinheion.

trinaw, tri naw [*tri*+*naw*¹] *rhif.* a hefyd gyda grym enwol ac adferfol. Saith ar hugain: *twenty-seven.*

14g. *WML* 43, yn y sarhaet ytelir *tri naɓ* mu a*thri naw* vgeint aryant. **15g.** *HCLl* 90, Y tri charw â'r tyrch euraid, / *Tri naw* cant o'r un y caid. **16g.** *GGH* 80, Tri broder fal tri eryr, / Tri â nerth *trinaw* o wŷr. *a.* **1587** *Y* 165, nid oes yn fy mrŷd i fod cyhyd yn gyrrv i chwi *drinaw* [cywydd] ag y buoch i yn potysv ych naw. *id.* 229, Od oes dri ym yn dy ystrêd, / Od oes naw, nid oes niwed: / Di gai ar fyrs, dyrys daith, / *Drinaw* ynghŷd ar vnwaith. **16–17g.** *GHCEM* 144, Tri phumcant brofant a'i brifiaw,—dig amlwg / Deugeinmlwydd a *thrinaw* [i dân Croesoswallt 1567]. Cf. *GDB* 452, Trais gymell, tri naw well no Nudd; *LlA* 92, eur trinaɓtaɓd.

trincedau, trincedi [bnth. S. *trinket*] *e.ll.* Tlysau neu addurniadau bychain neu ddibwys: *trinkets.*

20g. Cf. D. J. WILLIAMS: *STC* 102, rhyw fath o deganau pridd a mân *drincedi* yn hel llwch ar y silff.

trind, trindal, gw. trendel.

trindod [bnth. Llad. *trīnitāt-*, bôn traws yr e. *trīnitas* (cf. *trined*¹); Crn. C. (*an*) *drensys*, (*an*) *drengys*, (*an*) *drenses*, Llyd. C. *trindet*, *treindet*, Llyd. Diw. *treinded*, H. Wydd. *trindóit*] *eb.* ac yn eithriadol fel *eg.* ll. (diw. a geir.) -*au. Diwin.* Tri pherson y duwdod Cristionogol (y Tad, y Mab, a'r Ysbryd Glân), hefyd yn *ffig.*; Sul y Drindod; grŵp o dri, triawd: *Trinity (in theol.), also fig.; Trinity Sunday; trinity, group of three, trio.*

9g. *Juv* 81, niguru [*sic*] gnim molim *trintaut* . . . rit pucsaun mi di*trintaut.* **12g.** *GMB* 273, Pɓyll a'm kyueiryd . . . / . . . / O'r *Drindaɓd* undaɓd undras a mi. **13g.** *C* 18. 8–11, Ac vei. vei. [*sic*] paup. tri trychant tauaud. Ny ellynt ve traethaud. kywoethev y *trindaud.* **1346** *LlA* 85, Ac a a [*sic*] wledycha yny *drindaɓt* berffeith teir personn. nyt amgen. ytat. Ar mab. Ar yspryt glan. **14g.** *GDG*³ 8, Da fu'r *Drindod* heb dlodi / A wnaeth nef a byd i ni. **15g.** *GLGC* 12, Tri o unDuw yw'r *Trindawd.* **1547** *WS*, *Trindawt* Trinitie. **1632** *D*, *Trindod*, Trinitas. *id.* d.g. *Terni*, *Trias. c.* **1658** R. VAUGHAN: *E* 157, athrawiaeth o'r *Drindod* fendigedig. **1703** E. WYNNE: *BC* 11–12, Balchder . . . Pleser; ac Elw . . . Y Tair hyn yw'r *Drindod* y mae 'r Byd yn ei addoli. [**1763**] *ML* ii. 585, Dyma'r eiddoch o'r 15 Sul wedi'r *Drindod.* **1790** T. JONES: *TOS* 58, Pleser, elw, ac anrhydedd, yw *trindod* y dyn anianol. **1794** *W* d.g. *Triad, Trinity.* **1803** *P* d.g. *Trindawd.* Cf. R. WILLIAMS PARRY: *H* 18, Ninnau heb ysgog ac heb ynom chwyth / Barlyswyd ennyd; megis *trindod* faen / Y safem.

Amr.: **drindod** [ffrwyth cymryd ff. dr. fel ff. gsf.]. **1778** N. WILLIAMS: *D* 7, Onid Sabeliaeth yw gwadi *Drindod* o Bersonau? . . . nid oes son am *Ddrindod* o Bersonau yng air Duw. **1791** *Dialogous* 9, yr oedd y gair, *Drindod*, yn anadnabyddus. **1794** J. WILLIAMS: *AGDd* 51, y pwngc o *Ddrindod.*

Trindodaeth, Trindodiaeth [*trindod*+-*(i)aeth*] *eb. Diwin.* Athrawiaeth y Drindod, cred Drindodaidd: *Trinitarianism.*

1800.

Trindodaidd [*trindod*+-*aidd*] *a. Diwin.* Yn perthyn i athrawiaeth y Drindod neu i'r Trindodwyr: *Trinitarian (adj.).*

1824.

Amr.: **Drindodaidd** [cf. *drindod*]. **1795–6** *Trys Gym* 30, Ar y farn *Ddrindodaidd* y mae y gwahaniaeth hwn yn myned ar goll.

Trindodiad [*trindod*+-*iad*³] *eg.* ll. -*iaid. Diwin.* Trindodwr: *a Trinitarian.*

1793 *Cylchg* 84, bu farw'n sydyn, trwy farn Duw, meddai'r *Trindodiaid.* **1798** *WR*, *Trindodiaid* d.g. *Trinitarians.*

Amr.: **Drindodiad** [cf. *drindod*]. **1792** TOMOS GLYN COTHI: *Ap* 41.

Trindodiaeth, gw. Trindodaeth.

Trindodol [*trindod*+-*ol*] *a. Diwin.* Trindodaidd: *Trinitarian (adj.).*

1803 *P* d.g. *Trindodawl.*

Trindodwr [*trindod*+-*wr*] *eg.* ll. -*wyr. Diwin.* Un sy'n arddel athrawiaeth y Drindod: *a Trinitarian.*

1715 T. EVANS: *GC* 5, Nid oes le amgen i'r *Trindodwyr* ond cyffesu fod eu Trindod yn ffiloreg.

trined¹ [bnth. Llad. *trīnitas*; cf. *trindod*] *eg. Diwin.* Trindod; (geir.) trindod, triawd: *Trinity (in theol); (dict.) trinity, trio.*

12g. *GMB* 74, Kerennhyt yssyt herwyt *Trined*, / Y Gristyaɓn ys yaɓn y gyrraeted. *id.* 273, A chynnif oet well no gwall rei, / Rybuched *Trined*, tra ny belli. *id.* 276, A'm Duw a'm diwyd arbed / Erbyn braɓd Trindaɓd *Trined.* **13g.** *GDB* 136, Gwae ny gred *Trined* kyn ryred reith. **13g.** *C* 36. 11–12, Arduireaue. tri *trined* in celi. yssi un a thri. **14g.** *T* 52. 6–8, Teir

person Duɓ. vn mab adɓyn terɓyn *trinet*. **1803** *P*, *Trined*, s. m. . . . A trinity, that is of three.

trined^{2} [?*trin*^{1}+-*ed*^{1}; ond gw. *God An* 121] *e?b*. Brwydr: *battle*.
13g. *A* 20. 21–2, ys deupo eu heneit wy wedy *trinet*. kynnwys yg wlat nef adef avneuet. **1632** *D*, **Trined*, Idem quod Trin.

trinedig, trineg, gw. **triniedig, trideg.**

trinfa^{1} [*trin*^{1}+-*fa*, *ma*] *e?b*. Maes brwydr: *battlefield*.
12g. *GCBM* i. 108, *Trinua* kyua kynytu, / Trydyt Tri Diweir Deulu.

trinfa^{2} [*trin*^{2} a bôn y f. *triniaf*^{2}, *trinaf*^{2}: *trin*, &c.+-*fa*, *ma*] *eb*. Triniaeth; cerydd, dwrdiad: *treatment*; *rebuke*, *a scolding*.
1816.

tringalŵns, gw. **trangwls.**

tringar^{1} [bôn y f. *triniaf*^{2}, *trinaf*^{2}: *trin*, &c. +-*gar*] *a*. Hydrin (am berson neu anifail), hywedd, dof; tyner, addfwyn, ysgafn (am gyffyrddiad, &c.); gofalus, medrus, sensitif, llawn tact; yn gofyn triniaeth sensitif (am sefyllfa), dyrys, problemus: *tractable* (*of person or animal*), *compliant*, *docile*; *tender*, *gentle*, *delicate* (*of touch*, *&c.*); *careful*, *skilful*, *sensitive*, *tactful*; *delicate* (*of situation*), *perplexing*, *problematic*.
17g. E. MORRIS: *Gw* 230, Anhapus i hwn hepian / Mewn tomen fawr yn llawr llan, / Ei roi ar gar, *dringar* dro / Mawrwych arth, a march wrtho. **1691** T. WILLIAMS: *YB* 144–5, yr oedd yn rhaid o dippin i dippin fyrrhau enioes dyn, a hon oedd y ffordd nessaf iw wneuthur yn fwy *tringar* a rheolus (*governable*), trwy symmudo hefyd siamplau drŵg allan or byd. **18g.** *Beirdd y Berwyn* 80, Sian a Mari ac Elsbeth fwyn, / A Chatrin fawr-gwyn *dringar* [marwnad Richard Morus o'r Cae-du gan Arthur Jones o Langadwaladr]. *id.* 105, A ewch chwi 'n *dringar* at i siambar / Dyma ddrwg anhawddgar hin. / 'Oni bydd hi 'r bore 'n barod, / Caiff gin i ddiflasdod flin.'['ymddiddan rhwng carwr a hen wraig']. **1774** D. ELLIS: *GYGG* vii, yr Indiaid sydd yn byw o amgylch Georgia . . . ydynt Bobl hynaws a *thringar* (*tractable*), a haws eu dysgu. **18–19g.** *GABC* 45, I bawb fe roddes bob arwyddion, / *Dringar* addysg drwy geryddon. Ar lafar, '*tringar*' 'skilful with the fingers, e.g. in doing delicate work', *WVBD* 545; '*Tringar*' 'gentle', *TGG* (1904) 47 (dwyrain sir Ddinb. a'r cyffiniau); ''Odd 'i'n *dringar* iawn wrth drafod 'y nglin i' (dwyrain Morg.). Cf. D. OWEN: *EH* 9, y mae y natur ddynol yn *dringar* iawn wrth y marw; T. H. PARRY-WILLIAMS: *Y* 15, dadorchuddio'n fanwl a *thringar* y peirianwaith arswydus o gywrain oedd o'r tu mewn [i bryf genwair].

tringar^{2} [*trin*^{1}+-*gar*] *a*. Rhyfelgar, ymladdgar, ffraegar, cwerylgar: *warlike*, *bellicose*, *pugnacious*, *fractious*, *quarrelsome*.
13g. *GBF* 529, Oet *tringar* an car, cof newyt—a'n peir / Perygyl hiraeth peunyt. **?14g.** (**17g.**) *EWSP* 412, Llyma fed diuei *tringar*. / y veird ys ei y glot. **1770** *W* d.g. *Brawling, Fractious, Pugnacious.* **18–19g.** *MA* iii. 230, Tri pheth ni wnant wr yn oludawg: gwraig gysgadur, merch buteinllyd a mâb *tringar*. **1803** *P*, *Tringar* . . . quarrelsome.

tringaredd [*tringar*^{2}+-*edd*^{1}] *e?g*. Rhyfelgarwch, ymladdgarwch, cwerylgarwch: *bellicosity*, *pugnacity*, *quarrelsomeness*.
13g. *B* iv. 5, Chuannauc vyd trwch y *dringared*.

tringarwch^{1} [*tringar*^{1}+-*wch*^{1}] *eg*. Gofal, addfwynder, tynerwch: *care*, *gentleness*, *tenderness*.
1890.

tringarwch^{2} [*tringar*^{2}+-*wch*^{1}] *eg*. Rhyfelgarwch, ymladdgarwch, cwerylgarwch: *bellicosity*, *pugnacity*, *quarrelsomeness*.
1773 *W* d.g. *Fractiousness, Pugnacity.* **18–19g.** *MA* iii. 236, Tri pheth sy'n gwbl o gythraul: anwiredd, *tringarwch*, ac anwybodaeth. *id.* 275, Tri brodyr *tringarwch*: swyddog llŷs, eglwyswr, ac anfodus. **1803** *P*.

tringlaf: tringlo, tringlen, gw. **treiglaf: treiglo, treiglen.**

tringol, *eg*. Llabwst (diog): (*lazy*) *lout*.
Ar lafar ym Môn ac Arfon.

tringyrch, gw. **trin^{1}+cyrch^{1}.**

trinheion [*trin*^{1}+-*hai*+-*on*^{2}] *e.ll.* Rhyfelwyr, ymladdwyr: *warriors*, *fighters*.
12g. *GLlF* 229, *Trinheion* vaon, traɓs ardwyeit. **12g.** *GCBM* ii. 180, Treis Dreon, *trinheion* nwy try. **12–13g.** *GLlLl* 42, Bu kedeyrn o'r Tri *Trinheion*. **13g.** *GDB* 65, *Trinheion* gwron! Goruaɓr—ɓu'r drallawt / O drilliw ysgwydawr. *c.* **1400** *R* 1233. 32–3, *Trinheion* dynyon danyal ogan.
Amr.: **trinai** (*eg.*) [olff. geir. yn wr.]. **1803** *P*.

triniad [bôn y f. *triniaf*^{2}, *trinaf*^{2}: *trin*, &c. +-*iad*^{1}] *eg.b.* ll. -*au*. Y weithred o drin neu drafod, triniaeth, defnydd, rheolaeth; cyflawniad (gwaith, &c.), perfformiad; amaethiad, gwrteithiad: *a handling or treating*, *treatment*, *use*, *management*; *execution* (*of work*, *&c.*), *performance*; *cultivation or dressing* (*of land*).
16g. *GSC* [151], Dy boeni hwnt heb un hawl, / A dwys *driniad* estronawl [i'r Grog yn Aberhonddu]. **1604–7** *TW* (*Pen* 228) d.g. *Administratio.* **1632** *D*, *triniad* gwlân d.g. *Lanificium. id.* d.g. *Tractatio.* **1638** *HCRC* iii. 131, Mewn pechod im lluniwyd mewn anwiredd im ganwyd / yn degan fo'm dygwyd fo'm magwyd yn gu / dau well fase'r *driniad* pei roese dduw genad, mewn daear ddwus gauad fynglhaddu [*sic*]. **1661** E. LEWIS: *Drex* 317, eu *triniad* (*usage*) caled hwy . . . eu llwytho â heiyrn . . . eu llewygu a newyn. *id.* 349, pa ham yr oedd ef mor fanwl . . . ac mor araf yn y *triniad* (*use*) o'i buntr. **1701** E. WYNNE: *RBS* 53, dy Ddyledswydd tu ac attat dy hun, sef, iawn *driniad* (*treating*) dy Enaid a'th Gorph. **1710** *LlGG* (*Gos*) 17, gwneud dim arall yn *nhriniad* (*execution*) ei Swydd . . . a allo beri anglod a drygair i'r dywededig Farnwr. **1713** T. BADDY: *DDGH* 76, Dywedir fod ffydd Plant yn ffydd fuddugoliaethol, mewn perthynas i guchiau a bygythion a chaled *driniadau* erlidigaeth. **1722** *Llst* 189, *Triniad*. m. . . . A handling, ordering; a dressing of meat. [**1740**] L. ANWYL: *NG* 102, pa rifedi mawr o rai ievangc . . . [p]ob amser ar ryw ddrŵg neu gilydd, heb na thorriad na *thriniad*, heb na dysg na dawn ond yn fwy tebygawl i ebolion gwŷlltion. [**1761**] *GGJ* 80, [g]adel hen Dir . . . i orffwys yn franar y flwyddyn gyntaf, Ag a *Thriniad* dda (W. DAVIES: *RMB* 58, [*t*]*riniad* da) ac ychydig help gyda hynny y [c]eir y Chnwd [*sic*] yn ol i gilydd yn bur dda. **1772** *W* d.g. *Disposal, or dispose, A managing, Management.* **1800** W. OWEN[-PUGHE]: *CP* 47, pe taenesid y tir drosto yn gyfan â gwrtaeth . . . yr hên ffordd o *driniad* (*dressing*). **1803** *P*. Clywir y ff. *trinad* yn y De yn yr ystyr 'cerydd, dwrdiad', 'Fe roddodd 'i dad itha' *trinad* iddo'.

triniadwy, trinadwy [bôn y f. *triniaf*^{2}, *trinaf*^{2}: *trin*, &c.+-(*i*)*adwy*] *a.bfl.* Y gellir ei drin; hydrin (am berson neu anifail), tringar; amaethadwy: *treatable*; *tractable* (*of person or animal*), *compliant*; *cultivable*.
1707 *AB* 165b, *triniadwy* d.g. *Tractatus.*

triniaeth [bôn y f. *triniaf*^{2}, *trinaf*^{2}: *trin*, &c.+-*iaeth*] *eb.g.* ll. -*au*. Y proses neu'r dull o drin neu drafod person neu beth, gofal neu sylw meddygol a roddir i glaf neu glefyd, dull o drin pwnc mewn llenyddiaeth, celfyddyd, &c., rheolaeth; amaethiad, gwrteithiad: *treatment*, *a handling*, *management*; *cultivation or dressing* (*of land*).
1604–7 *TW* (*Pen* 228), rheolaeth amaethat a *thriniaeth* d.g. *Villicatio. id.* perthynol y *driniaeth* ne gadwedigaeth gwinwydh d.g. *Vinitorius.* **1632** *D* d.g. *Ministerium, Ruratio, Tractatio.* **1688** S. HUGHES: *TSP* 141, A chyn gynted ac y darfu iddo fy ngorddiwes i, nid oedd ei *driniaeth* ef â'm fi ond gair a dyrnod. **1696** *CDD* 38, Os mwŷ parchedigeth a roi di i ddŷn diffeth, / O herwŷdd ei gyweth, a 'i *drinieth* di-râs, / Nac ir [*sic*] tlawd gweddol, doeth gonest synhwŷrol, / Mi a 'th alwa di 'n fydol ynfŷd-wâs. **1725** D. LEWIS: *GB* 229, Pa ham y mae'r Ddaear yn dwyn Drain ac ysgall o honi ei hun heb flino; eithr yn ebrwydd yn methu i ddwyn Petheu angenrheidiol i Ddŷn, heb fawr a dyfal *Driniaeth*? **1735** S. THOMAS: *HP* 216, Yr oedd y *Dryniaeth* [*sic*] a gawse y Dynion ymma yn ddigonol i beri iddynt ddwyn y grawnwin o ymarweddiad . . . bucheddol. **1767** J. THOMAS: *TFfJ* 154, Fe a'm dyscodd i adel fy holl achosion iw *driniaeth* (*management*) ef. **1790** *Prif Crist* 44, trwy ei oleuni, ei ras . . . i geryddu, argyoeddi . . . Hyn ydym yn gyfrif yn *driniaeth* (*measure*) galed ac anghyfiawn. **1797** J. OWEN: *GAE* 11, yn cael yr un gyffelyb *driniaeth*, ag a roddasant hwythau ir Hugonots ar protestanied. **1800** W. OWEN[-PUGHE]: *CP* 5, Attebwys y *triniaeth* hwn mor dda [am wrteithio tir]. **1803** *P*. Ar lafar, ''Rodd *triniath* ofnadwy gynno fo' 'he was extremely difficult to manage', 'O dan *driniath* gin y doctor', 'Mae'r cae wedi cael *triniath* dda', *WVBD* 545; ''Wi' dan law'r doctor 'nawr yn cæl *triniath* pwrpasol', *GTN* 811 (*eb.*).
Cfn.: **triniaeth lawfeddygol:** (*surgical*) *operation*. **20g.**

triniaethad, gw. **triniaethiad.**

triniaethaf: triniaethu [bf. o'r e. *triniaeth*] *bg.a.* Trin, prosesu; amaethu; hefyd yn *ffig.*: *to treat*, *process*; *cultivate* (*land*); *also fig.*
1834.

triniaethiad, triniaethad [bôn y f. *triniaethaf*: *triniaethu*+-*iad*^{1}, -*ad*] *e?g*. Triniaeth; amaethiad: *treatment*; *cultivation* (*of land*).
1831.

triniaethol [*triniaeth*+-*ol*] *a*. Gwâr, diwylliedig; wedi ei amaethu; gwellhaol, therapiwtig: *civilized*, *cultivated* (*also of land*); *therapeutic*.
1828. Cf. EBEN FARDD: *Gw* 84, Tair o Enethod *triniaethol*—oedd iddo / Weddeiddiaf Dad duwiol; / Tair gall, heb wall na phall ffol, / Têr rianod dwyreiniol.

triniaethwr [*triniaeth*+-*wr*] *eg*. ll. -*wyr*. Triniwr, trafodwr, ?hyfforddwr: *treater*, *handler*, ?*trainer*.
1707 *AB* 165b d.g. *Tractator.*

triniaf^{1}: trinio, gw. **trinaf^{1}: trino.**

triniaf^{2}, trinaf^{2}: trin^{4}, trin(i)o [dichon mai i *trinaf*^{1}: *trino* y perthyn rhai o'r enghrau. isod] *bg.a.*

(*a*) Ymddwyn tuag at (berson, peth, &c.) mewn ffordd benodol, trafod, paratoi, delio neu ymhél â, defnyddio, arfer, gweinyddu, rheoli; cyflawni (gwaith, &c.), perfformio, gwneud; trafod (pwnc, &c.), sôn (am); trafod (â'r llaw), llawio; rhoddi triniaeth feddygol i, gofalu am (glaf), rhoddi eli, rhwymyn, &c., ar (glwyf, &c.); paratoi (bwyd), coginio; amaethu, gwrteithio: *to treat* (*person*, *thing*, *&c.*) *in a particular way*, *handle*, *prepare*, *deal with*, *use*, *exercise*, *administer*, *manage*; *execute* (*work*, *&c.*), *perform*, *do*; *discuss*, *talk* (*about*); *handle* (*physically*), *manipulate*; *treat* (*medically*), *care for* (*patient*), *dress* (*wound*, *&c.*); *prepare* (*food*), *cook*; *cultivate or dress* (*land*).
15g. *YB* xvi. 104, Gwen fonheddig a ddigia, / Naws dydd, oni bydd nos da. / Nid felly y gwna'r ddu ddoeth: / Ei *drinio* a wna drannoeth [Gwerful Mechain i ateb Ieuan Dyfi]. **16g.** *CLl* 179, Ban na wn heb wen enyd, / Bath o'r ia crâs beth yw 'r crŷd. / . . . / A'i fethiant oll fyth nid hawdd, / Ei *drinio* mae 'n dra anhawdd [Morus Dwyfech i'r cryd]. **16g.** HUW ARWYSTL: *Gw* 304, ar swyddau mewn vrddas mawr / a *drinodd* hyd yr vnawr [marwnad Lewys ab Owain]. **1567** *LlGG* (*Sall*) 31b, ar y ddayar ymae eich dwylo yn gwneuthur [:- *trino*] trawsinep. **1567** *TN* [xlvi], mal y dywet yr ein ys ydd yn *trino* hanas popul y byt, mae goreu cydymaith yw'r hen gydymaith. *id.* 394a, ar holl pobl ysydd yn occopio [:- *trino*] llongey. *c.* **1585** G. ROBERT: *DC* 25a–b, nyd rhyfedh eu bod yn dy *drin* ath deimlo megys lheidyr. *a.* **1587** *Y* 126, A chael, frav afael, ar frŷs / *Drino* merched yr ynys, / A phawb, cyn amled a'r ffa / Epil, hwyntwy, yn planta. **1595** H. LEWYS: *PA* 243, ond os ef ai ymryd' i hunan, i'r Physygwr, yw *drin* ac yw deimlaw, ar ol i feddwl ef. **1606** E. JAMES: *Hom* iii. 116, nid ydynt nac yn *trin* y sacramentau, nac yn arfer agoriadau'r eglwys. **1620** *Jer* ii. 8, a'r rhai sy yn *trin* y gyfraith (**1588** *ib.* cyfraith-wŷr) nid adnabuant fi. **1630** R. LLWYD: *LlH* 202, pa fôdd, y *trinasom* ein talentau. **1630** *YDd* 286, ac a darawodd Vzziah a gwahanglwyf, am fyned i *drîn* (*meddling*) swydd yr offeiriad, yr hyn nid oedd yn perthynu iddo. **1632** *D*, *Trin*, Verb. Tractare, agere. **1672** R. PRICHARD: *Gw* 422, Godde 'th nefawl Dâd dy *drinio*, / Godde dynnu 'r draen sy'th bigo. **1688** *TJ*, *Trîn*: to handle, to do one's business, to dress or order, to tend or nurse. **1714** D. LEWYS: *CN* 9, Fe barei lâdd y Llo pascedig. / A *thrin* im Swpper Wîn a Chanrhig. **1776** *W* d.g. *To meddle with* [*handle*, *touch*; *engage in*, *&c.*]. **1790** T. JONES: *TOS* 215, troi, a llyfnu, a chwynnu, a dyfrhau, a *thrin*, a theilo (*dung and dress*). *id.* 314, Fel ped na byddai 'n ddyledswydd arnat ti, on'd yn unig *trin* (*cook*) bwyd, a'i roddi iddynt. *id.* 328, Mor ofalus y *triniodd* fy nghlwyfeu? **1803** *P* d.g. *Trîn, Trinaw.* Ar lafar, '*trin* babi . . . defaid . . . ceffyla', '*trin* am rwbath mewn pregath', '*trin* materion pobol erill', 'dyn anodd 'i *drin*', *WVBD* 545; 'Ann Beca odd yn *trin* cyrff yn y pentra 'yn, tra bu 'i', *GTN* 814.

(*b*) Ceryddu, dwrdio, cweryla, siarad yn athrodus, lladd ar: *to rebuke*, *scold*, *quarrel*, *talk slanderously*, *run down*.
1848. Ar lafar, 'yn hel ac yn *trin*', *WVBD* 545; '*Trin*' 'dweud y drefn, ceryddu', *Cymru* liv. 132 (dwyrain sir Drefn.); '*trin*' 'cweryla', *id.* xlvi. 23 (gogledd Cered.); 'Ma 'onna'n *trin* pawb, yr 'en

garan wenwynig', "Wi wedi cæl dicon o '*nrin* gin reina', *GTN* 814.

Cfn.: **trin a thrafod:** *to discuss; cultivate (land); handle.* **1793** *Cylchg* 123, *trin a thrafod* y dom. Ar lafar, '*trin a thrafod*' 'trin busnes rhywun arall, yn enwedig rhywun a fo'n atgas gan ddyn', *B* iv. 304 (canolbarth Cered.); 'Ma eishe *trin-a-thrafod* y tir 'ma', *GDD* 309; '*trin a thrafod* 'i gilydd' (Morg.). **trin y (trino'r) byd:** *to be involved in the affairs of the world, be wise in the ways of the world; set the world to rights.* **16g.** *Hop M* 179, *trin y byd* trwy n drwg an rhyw, ag eto düw n ffavwriau. **1630** *YDd* 36, Cyn gynted ac y dechreuaist *drîn y byd* (*enter into the affaires of the world*), di â ymdroist mewn cwmmwl o drueni. **17g.** Huw Morus: *EC* ii. 206, Pwy sydd yn preswylio heb arno ryw bwn, / Yn pwyso tra byddo yn *trino 'r byd* hwn? **trin ceffyl pobl eraill:** *to meddle in someone else's business.* Ar lafar, *WVBD* 249. **trin (y) cerrig:** *to dress stones; recut the pattern in a millstone.* **20g.** Ar lafar gynt, '*Trin y cerrig* drwy eu hollti, h.y. eu torri, sef eu dragio', *B* xx. 114 (ardaloedd chwareli'r Gogledd). **trin gwallt:** *to cut or style hair.* **20g.** Ar lafar, 'Mae o'n gweithio mewn siop *drin gwallt*'. **trin (y, eu, &c.) tir:** *to cultivate or dress land.* **1606** E. James: *Hom* iii. [180], [y] llafurwyr, mor ddyfal y maent yn *trin eu tir.* **1800** W. Owen[-Pughe]: *CP* [3], Cynghorion am *Drin Tir.* **1803** *P*, Trin . . . *Trin tir*, to dress land. **trin y dreth (ei drethi,** &c.**):** *to sort things out, arrange things.* **1749** *ML* i. 144, Pa beth y mae'r Aldremon yn ei wneud yna rhyd yr amser, ond ffitiach fyddai bod gartref yn *trin y dreth* gyda'r hen wreigan. **1752** *id.* 194, fal y gallo ynteu aros gartref . . . i *drin ei drethi.* **1755** *id.* 351, mi *drinaf y dreth* oreu gallaf rhag bod y ganwyll yn guddiedig dan lestr.

Gw. hefyd **driniaf: drinio.**

triniedig, trinedig [bôn y f. *triniaf², trinaf²*: *trin*, &c.+-(*i*)*edig*; ansicr yw'r engh. gyntaf isod] *a.* Wedi ei drin neu ei baratoi; wedi ei reoli; wedi ei drafod (am bwnc, &c.); wedi ei amaethu: *treated, prepared; managed; discussed; cultivated (of land).*

16–17g. H. Lewys: *PA* [li], teyrn balch trwy wyn a bar / *trinedig* teyrn adar [i yrru'r eryr at Thomas Prys o Blas Iolyn]. **1770** *W*, *Triniedig* d.g. *Agitated.* **18–19g.** *Iolo MSS* 206, torri'r llythrenau a elwaint awgrymmau Iaith a llafar ar goed neu wydd *triniedig* i'r achos, a elwid Coelbren y Beirdd. **18–19g.** *MA* iii. 270, Tri pheth serchus am gylch tŷ: gardd lysieulawn, perllan *driniedig*, a fyrdd sychion. **1803** *P* d.g. *Triniedig.*

triniogaeth, gw. trinogaeth.

Trinitariad [cfdds. o'r S. *Trinitar(ian)*+-*iad*³] *eg.* ll. *-iaid.* *Diwin.* Trindodwr: *a Trinitarian.*

1789 B. Evans: *LlG* 93, A all *Trinitariaid* a Sabeliaid Calfiniaid ac Arminiaid . . . fod yn Gydwrthddrychau y Cariad yma; ond iddynt i uno mewn Bedydd? **1792** P. Williams: *TG* 32, Oni chymmeradwya'r *Trinitariaid* yr addysg hon . . .? **1794** *W*, *trinitariad . . . trinitariaid* d.g. *Trinitarian.* **1799** M. Williams: *HHG* 56, Mae'r *Trinitariaid* yn gosod allan . . . fod tri o wahanol bersonau yn y Duwdod.

triniwr¹, trinwr¹, trinydd [bôn y f. *triniaf², trinaf²*: *trin*, &c.+-(*i*)*wr*, -*ydd*³] *eg.* (b. *trinwraig*) ll. *trinwyr, trinyddion.* Un sy'n trin (rhywbeth), trafodwr, paratöwr, defnyddiwr, gofalwr, gwarchodwr, rheolwr, llywodraethwr, gweinyddwr, ymarferwr; amaethwr; hefyd yn *ffig.*: *one who treats (something), treater, handler, preparer, user, carer, keeper, manager, ruler, governor, administrator, practitioner; cultivator (of land); also fig.*

15g. *HCLl* 103, Torrog glawr mewn taro clau, / Turniwr brith, *triniwr* brathau [i ofyn bwcler]. *Diw.* **15g.** *Pen* 53, 28, troet ystrodur. trwyn oer bladur. *trinywr* blodeu [Ieuan ap Rhydderch i'r Prol]. **1567** *TN* 246b, llywodraethwyr [:– *trinwyr*, gwastradwyr, gorchwylwyr, ystiwardieit] dirgelion Duw. **1588** *Gen* xlvi. 34, dy weision fuant *drin-wyr* anifeiliaid, o'n hieuengctyd hyd yr awr hon. **1604–7** *TW* (*Pen* 228), *trinwr* d.g. *Administrator.* *id. trinwraic* gwlan d.g. *Lanifica.* **1632** *D*, *trinwr* meirch d.g. *Veterinarius.* **1681** S. Hughes: *AC* 34, Ac unwaith yn yr un stafell dan y bwrdd, fo ddilynodd drwst *Trin-wyr* cywarch, y rhai sydd bedwar ynghyd yn curo 'r cywarch. **1688** T. Jones: *Alm* [25], Pôb *trinýdd* gerddi a ddylent hau ar sychder, a phlannu ar lybaniaeth. **1754** *Gron* 67, Chwychwi y gweiniaid, och eich geni! / A marw'ch *triniwr*, mawr yw'ch trueni [marwnad John Owen 'o'r Plas yng Ngheidio, yn Lleyn']! **1754** *ML* i. 288, [b]ugail yn Llanelwy . . . a bregethasai yn Eglwys Grist . . . o flaen *trinwyr* yr ysgolion elusenaidd. **1760** *id.* ii. 190–1, y Doctor Befys . . . yw un o *drinwyr* y Gentleman's Magazine. **1776** *W*, *trinwr, trinydd* d.g. *Manager.* *id. trinwr . . . trinydd . . .* meddyginiaeth . . . *trinwr . . . trinydd . . .* y gyfraith d.g. *A practiser of, or practitioner in, physic, the law, &c.* **1784** P. Williams: *YC* vi, [*T*]*riniwr* (*dresser*) ein heneidiau, y Llafurwr doethaf. **1803** *P* d.g. *Triniwr.*

Cfn.: **triniwr gwallt:** *hairdresser, coiffeur.* **20g.** **triniwr (y) tir:** *cultivator (of land), farmer,* ?(*land-*)*tenant.* **1770** P. Williams: *BS*, I *Cr* xxvii, *trinwyr y tir.* **1800** W. Owen[-Pughe]: *CP* [3], Perchenog a *Thriniwr y Tir* (*Tenant*). *id.* 14, *triniwr tir* (*farmer*).

triniwr², trinwr² [bôn y f. *trinaf¹, triniaf¹*: *trin(i)o*, &c.+-(*i*)*wr*] *eg.* ll. *trinwyr.* Ymladdwr, rhyfelwr: *fighter, warrior.*

15g. *GGl²* 203, Ofydd yw mab Gruffudd gryf / I'r ferch hon ar farch anyf. / Troelus i Wladus lwydwen, / *Triniwr*, ymwanwr am Wen. **15–16g.** *TA* 40, Marchawg tariannawg, *trinwyr*—ar drallawd, / Er dryllio Corneuwyr [i Syr Rhys ap Tomas]. **1604–7** *TW* (*Pen* 228), *Trinwr* d.g. *prœliator.*

trinogaeth, triniogaeth [*trin*²+-(*i*)*og*+-*aeth*] *eb.g.* Triniaeth, rheolaeth; amaethiad: *treatment, a handling, management; cultivation (of land).*

1786 Twm o'r Nant: *PCG* 37, Gan yr Hwsmon mae *trinogaeth*, / Llîn, Gwlan, a holl ragluniaeth bywoliaeth y byd. **1803** *P*, *Trinogaeth*, s. m. . . . The act of managing, or carrying on any dealing; traffick. **1805** *Y Greal* 88, yr oeddwn yn rhagori ar bawb o'r Cariwrs ereill ar lwytho, ac ar bob *triniogaeth* oedd yn perthyn i drin coed. Cf. W. Rees: *LlHFf* 88, Mi rydw i am roid pob *trinogeth* i fynu, a taswn i'n ddigon o slaig, mi faswn yn treio mund i'r palrament [*sic*] trost y Sir yma y lecsiwn nesaf.

trinsier, gw. **trensiwr².**

trinsiwn, trinsiwr(n), gw. **trensiwr¹.**

trinsiwrnwr [*trinsiwrn*+-*wr*; cf. S. *trencherman*] *eg.* Cigwr, un sy'n bwyta llawer o gig: *meat-eater, one who eats a lot of meat.*

Ar lafar, '*Trinshwrnwr* da yw e', *GDD* 309.

trintil, *a.* Gwael, ansad, brau: *poor, unsteady, flimsy.*

Ar lafar, 'Golwg go *drintil* oedd arno', *B* iv. 132 (sir Drefn.).

trinwr¹˒², trinwraig, gw. **triniwr¹˒², triniwr¹.**

trinwychydd, gw. **trin¹+gwychydd.**

trinydd, gw. **triniwr¹.**

trinyddiaeth [*trinydd*+-*iaeth*] *eb.* Rheolaeth; cyfundrefn; amaethiad: *management; system; cultivation (of land).*

18–19g. *Llr C* 75, 4, *Trinyddiaeth* Perllannau.

trio [bnth. S. *trio*] *eg.* ll. *-s.* Triawd, *Crdd.* triawd (am gyfansoddiad neu grŵp o berfformwyr), adran ganolog (gyferbyniol) mewn miniwét, scherzo, neu orymdaith: *trio (also in mus.).*

1877.

triocsid [bnth. S. *trioxide*] *eg.* ll. *-au.* *Cem.* Ocsid sy'n cynnwys tair atom o ocsygen ym mhob moleciwl: *trioxide.*

1937.

triochrog [*tri ochr*+-*og*] *a.* Ac iddo dair ochr neu ymyl: *three-sided, three-edged.*

1604–7 *TW* (*Pen* 228) d.g. *Trisulcus.* **c. 1700** E. Lhuyd: *Par* i. 19, Yn Garreg vechan *tri ochrog.* **1763** W. Salesbury: *LlM* 123, ei dalenne yn Ifaingc a vyddan conglog ne ochrog ac yn vynychaf yn *dri ochrog* (*LlS* 80, dri ochr) y tyfant. **1794** *W* d.g. *Trilateral* [*that has three sides*]. **1803** *P.*

triod [bnth. S. *triode*] *eg.* ll. *-au.* Falf thermionig ac iddi dri electrod, math o leddargludydd ac iddo dair terfynell: *triode.*

20g.

triodwr [*triawd*+-*wr*] *eg.* Cyfansoddwr trioedd (llenyddol, &c.): *composer of triads (in Welsh literature, &c.).*

1930.

triog¹ [*tri*+-*og*] *a.* Teiran(nog): *tripartite.*

1803 *P* d.g. *Triawg.*

triog², triogl, gw. **triagl.**

trioglyd, triagllyd [*triog², triogl, triag*+-*lyd*, -*llyd*] *a.* Triaglaidd, hefyd yn *ffig.*: *treacly, also fig.*

20g.

triongl [*tri*+*ongl*¹] *eg.* ll. *-au*, a hefyd fel *a.* Ffigur plân ac iddo dair ochr syth a thair ongl, peth ar lun y cyfryw ffigur, hefyd yn *ffig.* grŵp o dri (yn enw. o bobl mewn perthynas emosiynol, &c.); *Crdd.* offeryn taro ar ffurf rhoden ddur drionglog; prism; trionglog: *triangle (also in mus., &c.), also fig.; prism; triangular.*

1725 *SR* d.g. *A Triangle.* **1768** J. Roberts: *R* 111, *Triongl* sydd Lun, a chanddo, [*sic*] dri ystlys. **1794** *W* d.g. *Three-angled* [*having three anglês*], *Triangle* [*any three-cornered thing*].

Amr.: **teirongl** [*tair*+*ongl*] (*eb.* a hefyd fel *a.*). **1632** *D*, *Teirongl* d.g. *Triangulum.* *id.* A fo *teirongl* d.g. *Triangulus.* **1794** *W*, *teir-ongl* d.g. *Three-angled, Triangle.* **1803** *P* d.g. *Teirongyl.*

Cfn.: **triongl Bermiwda:** *Bermuda triangle.* **20g.** **triongl cyfochrog:** *equilateral triangle.* **1816.** **triongl grymoedd:** *triangle of forces.* **20g.**

Gw. hefyd **trionglyn.**

trionglaeth, triongliaeth [*triongl*+-(*i*)*aeth*] *e?b.* *Math.* Trigonometreg: *trigonometry.*

1838.

trionglaf: triongli [bf. o'r e. *triongl*] *bg.a.* Rhannu (ardal) yn drionglau at bwrpasau tirfesuraeth, mesur a mapio (ardal) neu bennu (uchder, pellter, neu leoliad) drwy ddefnyddio trionglau ac iddynt seiliau y mae eu hyd a'u honglau yn hysbys; gwneud triongliant: *to triangulate.*

1796 J. Roberts: *R* 115, Na ddichon neb Fesur Tir, yn gywir, heb ei *Drionglì* ef.

trionglaidd [*triongl*+-*aidd*] *a.* Trionglog: *triangular.*

1789 M. Williams: *BM* [9], cylchynol dremmiad *drionglaidd* y naill i'r llall.

Amr.: **taironglaidd** [*teirongl*+-*aidd*] **1859.**

triongledd [*triongl*+-*edd*¹] *eg.* Yr ansawdd o fod yn drionglog, ffurf drionglog: *triangularity.*

20g.

trionglfeidraeth [*triongl*+*meidraeth*] *eg.* *Math.* Trigonometreg: *trigonometry.*

1798 *WR* d.g. *Trigonometry.*

trionglfesuraeth, trionglfesuriaeth [*triongl*+*mesuraeth, mesuriaeth*] *eb.* *Math.* Trigonometreg: *trigonometry.*

1850.

trionglìad [*triongl*+-*iad*¹] *eg.* *Serdd.* Triant: *a trine (in astrol.).*

1734 S. Rhydderch: *Alm* [10], Cyssylltiad: *Thrionglìad* [*sic*] rhwng Iau a Mawrth a Gwener. **1769** G. Howel: *Alm* 3, Eglurhâd ô amryw Astronomyddawl Nodau . . . *Trionglìad.* **1776** Cain Jones: *Alm* 6, Dull y Tremiadau . . . Pedwaronglìad . . . *Trionglìad*, pellder pedwar Arwydd, neu 120 Grâdd. **1791** Gw. Mechain: *Rh* 87, Uwch ei phen mae y ffurfafen serenog, a'r wybrenol redegwyr yn bwrw tremiadau mor gyfnewidiol a helyntiau dynol ryw, weithiau yn *drionglìad* tegwedd, dro arall yn wgus gyferbyniad.

Amr.: **tairongliad** [*teirongl*+-*iad*¹]. **c. 1730** *Thos. Lloyd D* (LlGC) 212b, *Tair-ongliad.* CW. 91.

triongliaeth, gw. **trionglaeth.**

triongliant [bôn y f. *trionglaf*: *triongli*+-*iant*] *eg.* ll. *-iannau.* Y weithred o driongli, mesuriad a geir drwy driongli: *triangulation.*

20g.

trionglog, taironglog [*triongl, teirongl*+-*og*] *a.* a hefyd gyda grym enwol. Ar lun triongl, hefyd yn *ffig.* am berthynas, &c.: *triangular, also fig.*

1725 *SR*, *Trionglog* d.g. *A Triangular.* **1768** J. Roberts: *R* 99, Bydded *Trionglog*, a'i Waelod yn 30 Modfedd ai Sythlinell yn 40 Modfedd. *ib.* Bydded Amgylchiad neu *Drionglog* yn Cynnwys 30800.25 o fesur Arwyneb. **1794** *W*, *Tri-onglog* d.g. *Three-angled.* **1795** J. Thomas: *AIC* 225, Ond Talfuriau a fesurir ar eu pennau eu hunain, fel *Trionglog*, neu roi 'r ddau ynghŷd. **1803** *P*, *Teironglawg* . . . Triangular.

trionglyddiaeth [*triongl*+-*ydd*³+-*iaeth*] *e?b.* *Math.* Trigonometreg: *trigonometry.*

1850.

trionglyn [*triongl*+-*yn*¹] *eg.* Triongl: *triangle.*

1834.

triol [*tri*+-*ol*] *a.* ll. (gyda grym enwol) -*ion.* Teiran(nog), triphlyg; *Diwin.* triunol; *Gram.* yn dynodi tri pherson neu beth (am rif neu ffurf): *tripartite, triple, threefold; triune (in theol.); trial or trinal (in gram.).*
15g. *LlSt* 3, 428–9, ny mynnawdd or/wagyon betheu ybyt hwnn namyn bot iddaw ef rydit llewenedetig-aetheu [*sic*] para/dwys ac a ddioddefawdd yr y *triawl* duw ac vn arglwyth calet erlynedigaeth gos/peu dynyon. **1803** *P* d.g. *Triawl.*

trioled [bnth. S. *triolet*] *eb.g.* Pennill neu gerdd yn cynnwys wyth llinell yn odli *abaaabab*, gan ailadrodd y llinell gyntaf i ffurfio'r bedwaredd linell a'r seithfed, a'r ail i ffurfio'r wythfed: *triolet.*
1935.

trioleg [?*triol*+-*eg*[1], ar ddelw'r S. *trilogy*] *eb.* ll. -*au.* Cyfres neu grŵp o dri chyfansoddiad llenyddol, &c.: *trilogy.*
20g.

trioliaeth [*triol*+-*iaeth*] *e?b.* ll. -*au.* Y cyflwr o fod yn driol: *trinality.*
20g.

trip[1] [bnth. S. *trip*] *eg.* ll. -*iau*, -*s.*
(*a*) Bagliad, cam gwag, codwm, cwymp, hefyd yn *ffig.*: *trip, stumble, tumble, fall, also fig.*
15g. *GLGC* 508, Medd-dod mab y ddiod dda, / . . . / fab *trip*, fab tramgwydd, fab tro, / fab briw esgyrn, fab brwysgo. **1547** *WS*, *Trip* A tryppe. **16g.** (*LlEG*) *Mos* 158, 139b, y neb . . . nid oedd ynnaby[l] I ddanuon llu o wyr mewn harnais I ymddiffynn I dennan[t-i]aid oblegid y *trip* agowsai ef ynny gogledd. **16g.** *B* x. 294, Ynn ol hyn J doeth ymrauaelion wyr J ymeulud ac Erkwlf, o'r hrain . . . na bu neb o honnauntt twy yn abyl i roddi bachell na *thrip* J Erkuwles. **16g.** DAFYDD AP LLYWELYN, &c.: *Gw* 113, Torred adwy troed Idwal, / *Trip* i'n oes, torri pen Iâl [marwnad Tudur Llwyd]. **16g.** HUW CORNWY, &c.: *Gw* 126, A phoen, teg ei groen a'i grys, / A *thrip* mawr a thrap Morys. *a.* **1587** *Y* 21, Pa na allwn, penillwaith, / I chwi *drip*, wych awdur iaith? **16–17g.** T. R. ROBERTS: *EP* 291, A geisio *drip* o gas draw, / Coese i gilydd cais giliaw [i'r bêl-droed]. **16–17g.** *GST* i. 19, Neidio'r wyd, nid o redeg, / Yn ŵr dowch yn ara' deg. / . . . / A fo'n ara' fyw'n wrol / Ni thripia, ni wyra'n ôl. / A fo chwyrn â'i faich arnaw / A gaiff *drip* wrth ryw gyff draw. *id.* 925, Llundain drist llawn wyd dan *drip*; / Plas hen saint aeth Powls yn swp [am losgi Eglwys Sant Paul]. **1604–7** *TW* (*Pen* 228) d.g. *Repulsa. Dchr.* **17g.** *J* 10, 164b, *Trip.* offensaculum. **1778** J. HUGHES: *BB* 301, Llysiau siampl, o bentref gofal, / A dail dwyn dial, magl merch, / *Tripp* y forwyn, a drŷch anffortun, / I oeri berwŷn sydyn serch. **1803** *P*, *Trip*, s. m.—pl. t. *iau* . . . A trip.
(*b*) Taith (bleser), gwibdaith: *trip, excursion.*
1916. Ar lafar yn gyff., ''Dwi'n cofio mynd ar *drip* ysgol Sul i Butlins ers talwm' (sir Ddinb.); 'Ma'r 'enoed wedi mynd acha' *trip* 'eddi i Landrindod' (Morg.).
(*c*) Profiad seicedelig a achosir gan gyffur rhithbair: (*drug-induced*) *trip.*
20g. Ar lafar, 'Fuo fo'n sâl iawn ar ôl cal *trip* gwael'.

trip[2] [?yr un gair â *trip*[1]] *eg.* Rhiw serth, heol ar riw: *steep hill, uphill road.*
1876. Ar lafar, 'Mae 'ne *drip* bach go galed i fynd at y tŷ' (Penllyn); 'cerad lan y *trip*' (Morg.); ''Odd ceffyl yn dod ar wyllt lawr i'r *trip*', ''Odd a wedi cyrradd top *trip* Tŷ Fry', *GTN* 811.

tripa [bnth. S. C. neu H. Ffr. *tripe*] *eb.* ll. -*od*, a hefyd fel *e.ll.* Treip, coluddyn, coluddion, perfedd(ion), hefyd yn *ffig.*: *tripe, intestine(s), entrail(s), also fig.*
14–15g. (*Diw.* **16g.**) *Gwyn* 3, 168, diras faedd-was efydd-wallt / drwyth-flew drwp sew *dripa* swllt [dychan Rhys Goch Eryri i'r llwynog]. *id.* 169, Llo latwm ceullwm cylla baw-friwsion / llyfaist atporion troppion *trippa* [dychan Rhys Goch Eryri i'r llwynog]. *c.* **1400** *R* 1340. 13–14, Gỽersyll briỽ vara. gỽers ters tors refvra. gorsedua *trippa* trỽp achyllell. **1632** *D*, *Trippa*, Exta, intranea. **1688** *TJ*, *Trippa*, y perfedd, coluddion: the Entrails or Bowels. **1722** *Llst* 189, *Trippa.* f. A tripe. p. *Trippäod.* **1753** *TR*, *Trippa*, the bowels, inwards or entrails, tripes. **1803** *P*, *Tripa*, s. c. . . . The bowels or guts. Ar lafar, 'Fi brynas bywnd o *dripa* gin y bwtsiwr', *GTN* 812 (*e.ll.*); hefyd yn yr ymad. '*tripa*'r wats' 'the workings of a watch', *ib.*, ac ynglŷn â rhywun busneslyd, 'Ma 'wnna'n mofyn gwpod lliw dy *dripa* di!', *ib.*
Cfn.: *Bot.* **tripa'r gŵr drwg:** *field bindweed, Convolvulus arvensis.* **20g.** Ar lafar, *GTN* 812, G. AWBERY: *BM* 29 (Morg.). **tripa('r) sêr:** *star-shot, nostoc.* Ar lafar gynt, '*trip-y-sêr*', *GDD* 145; '*tripa'r sêr*', *EEW* 94 (Morg.).
Gw. hefyd **treip.**

tripaf: tripo, gw. **tripiaf**[1]**: tripio.**

tripiad [bôn y f. *tripiaf*[1], *tripaf*: *trip*(*i*)*o*+-*iad*[1]] *eg.* Bagliad, cam gwag, cwymp: *trip, stumble, fall.*
1604–7 *TW* (*Pen* 228) d.g. *Allapsus, Tripudium.* **1794** *W* d.g. *A Stumbling.* **1803** *P*, *Tripiad* . . . A tripping, a falling.

tripiadus [*tripiad*+-*us*] *a.* Yn baglu; ?yn peri baglu, yn *ffig.*: *stumbling; ?causing to stumble, fig.*
16–17g. *GST* i. 120, Wyf [march] gwympus, *tripiadus*, trwm, / A phendrist a chynffondrwm. **1605–10** *HCRC* iii. 18, Dyn wyf i a roes i vryd / ar ddallt y byd *tripiadus* / medde 'r hennwyr synwyr saith / val dyma waith daionus.

tripiaf[1]**, tripaf: trip(i)o** [bnth. S. (*to*) *trip*] *bg.a.* Baglu, (peri) cael codwm, cwympo, syrthio, llithro, hefyd yn *ffig.*; siarad ag atal dweud; cerdded neu ddawnsio â chamau sydyn ysgafn: *to stumble, trip, tumble, fall, slip, also fig.; stutter; trip along.*
c. **1525** *LlCy* xvii. 118, A dwyn ein bardd hardd hirddysg, / *Tripio*'n dawn, torri pen dysg [marwnad Tudur Aled gan Forys Gethin]. **1547** *WS*, *Trippio* Tryppe. **16g.** *CLl* 159, Gwae 'r brodyr! a'r tras lle 'u *tripiason*, / Gwae'r chwiorydd! Crist a'u gwnai'n dristion [marwnad Robert ap Gruffudd gan Forys Dwyfech]. **1551** W. SALESBURY: *KLl* xxvia, Ef a wnaeth yddynt gerddet drwy'r eigiawn / megys meirch yn y diffeith eb *drippio* (**1588** *Eseia* lxiii. 13, dramgwyddo). **1588** *Mal* ii. 8, Onid chwi a giliasoch o'r ffordd, ac a barasoch i laweroedd *drippio* (**1988** *ib.* faglu) yn y gyfraith. **16–17g.** *GST* i. 19, Neidio'r wyd, nid o redeg, / Yn ŵr dowch yn ara' deg. / . . . / A fo'n ara' fyw'n wrol / Ni *thripia*, ni wyra'n ôl. / A fo chwyrn â'i faich arnaw / A gaiff drip wrth ryw gyff draw. *id.* 75, A dreisio gwan, a'i droi is gil, / E *dripia* Mab Duw'r epil. **16–17g.** *Beirn* iii. 103, Dy draed od ei di i rodiaw / Yn fuan a *dripian* draw (Siôn Phylip). **1604–7** *TW* (*Pen* 228) d.g. *Titubo.* **1632** *D* d.g. *Cæspito, Labor.* **1661** E. LEWIS: *Drex* 98, Cyngor St Ambros i forwyn a *dripiasei* (*lapsed*) sydd gymmhesur jawn yn y fan yma. **1672** R. PRICHARD: *Gw* 28, Fe wnaeth ir cripliaid yn ddifraw, / Neido a *thrippio* yma a thraw. *id.* 99, Balch ei droed a *drip* [:-Gwymp] ir cawdrwm. **1688** S. HUGHES: *TSP* 255, deugain i vn oni *thrippiant* ei sodlau ef. **1722** *Llst* 189, *Trippio* . . . To faulter, stumble. **1763** L. MORRIS: *LW* 280, Pan fytho March ddiofala', / Tebyccaf fydd y *tripia*; / Gwiliwch syrthio ar eich hyd, / Pan fyddo eich Byd esmwytha'. **1803** *P* d.g. *Tripiaw.* Ar lafar, '*tripio*' 'to trip', *WVBD* 545; '*Tripio*' 'maglu, llithro', *Cymru* xlvii. 237 (sir Ddinb.); 'Dishgwl i ble 'ti'n mynd 'nawr, lle bot ti'n *tripo*', *GTN* 812. Digwydd *tripio* yn yr ystyr 'cael plentyn anghyfreithlon', 'Mae'r hogan wedi *tripio*' (Môn); a chlywir *tripo* yn yr ystyr 'dadlwytho cart trwy ei ogwyddo tuag yn ôl', *SC* vi. 135 (sir Benf.); 'Mewn â fe i'r iglan a *tripo* fe lan wedyn' (sir Benf.).

tripiaf[2]**: tripian**[1]**, tripio,** gw. **dripiaf: dripian** (hefyd At.).

tripian[2] [?cf. S. (*to*) *strip*] *bg.a.* Ailodro, stripio, tician: *to strip (a cow).*
Ar lafar 'in the north-east and in the north-east midlands', *LGW* [400]–1; *B* iii. 208 (Meir.).

tripiedig [bôn y f. *tripiaf*[1], *tripaf*: *trip*(*i*)*o* +-*iedig*] *a.bfl.* Yn (peri) baglu neu syrthio; wedi baglu, syrthiedig; hefyd yn *ffig.*: *tripping, stumbling, falling, causing to trip, stumble, or fall; having tripped, stumbled, or fallen; also fig.*
16g. WILIAM CYNWAL: *Gw* (R. L. Jones) 203, Yn y dŵr pan fai'n ei dig, / Yn dra pwdr yn *dripiedig* [i ofyn caseg]. **1604–7** *TW* (*Pen* 228), dyn *tripiedic* d.g. *Cæspitator.* **18g.** *CC* 312, *Tripiedig* brwnt Trap ydoedd / swrth oer giw a syrth ar goedd [Robert Wynne i ofyn ceffyl]. **18g.** E. T. RHYS: *DA* 146, Eu traed [meddwon] yn *dripiedig*, eu llygaid yn chwithig. **18–19g.** *GABC* 121, Ieuengtyd llithrig sy'n *drippiedig*, / Ffordd ganolig rhain ni wel, / Oferedd rhodres, mentro eu mantais, / A rhodio'n ddiles doed a ddel.

tripin, gw. **dripyn** (hefyd At.).

tripiog [*trip*[1]+-*iog*] *a.* a hefyd gyda grym enwol. Yn baglu: *stumbling.*
1604–7 *TW* (*Pen* 228), march *tripioc* d.g. *Cæspitator.* *id. tripioc* d.g. *Equus* . . . *Cespitator.* **1794** *W* d.g. *Stumbling.* Digwydd mewn e. lleoedd yn yr ystyr 'uneven, slippery', 'Sarn *Dripiog* Llanfihangel Tre'r Beirdd', *Études* xi. 396.

tripiwr [bôn y f. *tripiaf*[1], *tripaf*: *trip*(*i*)*o* a *trip*[1]+-*iwr*] *eg.* ll. *tripwyr.*
(*a*) Baglwr; (geir.) un sy'n baglu dros ei eiriau (wrth ddarllen): *stumbler; (dict.) stumbler (in reading).*
1604–7 *TW* (*Pen* 228) d.g. *Offensator.* **1632** *D* d.g. *Cæspitator.* **17–18g.** O. GRUFFYDD: *Gw* 60, Garrau greyr ar gwrr y gro, / Câs dirym, yn coes daro; / A'i hir egwyd ar ogwydd, / Drwper hen, yn *dripiwr* rhwydd [i ofyn march]. **1794** *W* d.g. *Stumbler.*
(*b*) Gwibdeithiwr: *tripper, excursionist.*
20g.

tripled, triplet [bnth. S. *triplet*] *eg.b.* ll. *tripledau, tripledi, triplets.* Un o dri o blant neu anifeiliaid a enir o'r un enedigaeth; set o dri, triawd, uned fydryddol o dair llinell (odledig), *Crdd.* tri nodyn cyfartal a genir mewn amser dau: *triplet (also in pros. and mus.).*
1938. Ar lafar, ''Den ni wedi sganio'r defed, ac mae 'na sawl set o *driplets*' (gogledd Cered.).

triploid [bnth. S. *triploid*] *a.* a hefyd fel *eg.* ll. -*au.* (Organeb, cell, niwclews, &c.) yn cynnwys tair set haploid o gromosomau: *triploid (adj. and n.).*
20g.

tripoli [bnth. S. *tripoli*; dichon mai *e.ll.* a welir yn yr engh. isod] *eg.* Carreg galch silicaidd ddadelfenedig a ddefnyddir fel powdr i loywi metelau, cerrig pydron: *tripoli, rotten-stone.*
1761 *ML* ii. 313, Ond ydyw y câr Rhisiart dâl yn rhwydd agos i Fowddwy, fe allai fo yn hawdd gael i chwi rai o'r gorllechau ar hogalanau ar *tripoli.*

tripos [bnth. S. *tripos*] *eg.* Arholiad anrhydedd terfynol ar gyfer gradd baglor ym mhrifysgol Caer-grawnt: *tripos.*
1897.

tripsyn, tripyn[1] [?cf. *trip*[2]] *eg.* ll. *tripsau.* Gris: *step.*
Ar lafar, 'Dod ti dy dræd ar *dripyn* y beili 'na a fi dy ladda' di', '*tripyn* y drws', ''Odd 'no ddou *dripsyn* i fynd at y tŷ', ''Ôn' nw'n sefyll ar y *tripsyn* o flæn y siop', '*tripsa*'r stær', *GTN* 812.

triptych [bnth. S. *triptych*] *eg.* ll. -*au.* Darlun neu gerfwedd ar dri phanel (yn enw. fel allorlun), set o dri darlun wedi eu gosod ynghyd fel hyn, set o dair llechen ysgrifennu gysylltiedig, set o dri gwaith artistig: *triptych.*
20g. Mae *Triptych* yn enw nofel gan R. Gerallt Jones (1977).

tripyn[1,2]**,** gw. **tripsyn, dripyn** (hefyd At.).

tripharthedig, gw. **tri+parthedig.**

tripharthiad [*tri*+*parthiad*] *eg.* ll. -*au.* Rhaniad i dri dosbarth, *Diwin.* rhaniad y natur ddynol yn gorff, enaid, ac ysbryd; rhaniad yn dair rhan (gyfartal): *trichotomy (also in theol.); trisection.*
1858.

triphen, gw. **tri+pen**[1].

tripheniog, triphennog [*tri phen*+-(*i*)*og*] *a.* Ac iddo dri phen: *three-headed.*
1604–7 *TW* (*Pen* 228), *Tripheniawc* d.g. *Triceps.* **1661** E. LEWIS: *Drex* 250, Y bennod yma sydd yn dangos, mai môr neu ddwfr neidr fenyw *driphennog* a elwyd Hydra yw Tragywyddol./deb [*sic*]. *id.* 252, y ddwfr-neidr-fenyw *dripheniawg* . . . sydd yn estyn ei gwddf hir allan gydâ ei thri phen.

tripheth, gw. **tri+peth.**

triphlith draphlith [ff. ddybledig ar *traphlith* drwy gyfnewid llaf., cf. *tryblith—yn dryblith drablith*] *adf.* weithiau yn y ff. *yn driphlith draphlith.* Mewn dryswch neu anhrefn, wedi ei gymysgu'n llwyr, yn ddidrefn: *in disorder or confusion, higgledy-piggledy, thoroughly mixed (up), in a jumble.*
1913.

triphlyg [*tri*+*plyg*[1]] *a.* a hefyd gyda grym adferfol. Tair gwaith cymaint, tridyblyg, yn cynnwys tri pheth, teiran(nog), a thair plaid

yn cymryd rhan ynddo, y ceir tair enghraifft neu dri chopi ohono: *threefold, triple, treble, tripartite, triplicate.*
p. **1584** G. Robert: *GC* [214], pann fo tair bogail mewn diphdong yn gwneuthur un swn, sain *driphlyg* i gelwir, mal: iaith gwiw. **1604–7** *TW* (*Pen* 228) d.g. *Tergeminus, Triplicatio. Dchr.* **17g.** *J* 10, 164b, *Triflyg.* triplex. **1630** *YDd* 370, Oh bendigedig *triphlyg* tra-/ bendigedig (*thrice blessed*) a fyddo y farwolaeth honno yn yr Arglwydd. **1632** *D* d.g. *Tripliciter, Triplus.* **1661** E. Lewis: *Drex* 45, y ben[d]igedig yn ddiluddled a gaiff glywed y Gan *driphlyg*, sanctaidd Sanct, Sanct, Sanct. **1677** R. Jones: *BB* 156, Mi a wn fod ar fagad o honoch drallod *triphlŷg* (*threefold*), yn gofyn cyssur a diddanwch *triphlŷg*. **1688** *TJ*, Trebl,) *trifflŷg*: threefold. **1703** E. Wynne: *BC* 16, ar ben y Llys tra ardderchog 'r oedd y Goron *driphlyg* a'r Cleddyfeu. **1784** P. Williams: *YC* 65, rhaid fod gwiliadwriaeth ddyblig, a *thriphlyg* (*treble*), yn yr enaid, yn ei erbyn. **1794** E. Jones: *CP* 109, os efe a ennill y ddadl, bernir iddo ei gostau yn *driphlyg*. **1803** *P* d.g. *Triflyg*. Ar lafar, "Odd a wedi cæl 'i blycu'n *driphlyg*', *GTN* 810.
Amr.: **triblyg.** **1670** J. Hughes: *AP* 319. **1725** I. Harri: *RD* 339.

triphlygaf: triphlygu [bf. o'r a. *triphlyg*] *bg.a.* Treblu, copïo'n driphlyg: *to triple, triplicate.*
1604–7 *TW* (*Pen* 228) d.g. *Triplico.*

triphlygedd [*triphlyg*+*-edd*^{1}] *e?g.* Yr ansawdd neu'r cyflwr o fod yn driphlyg: *triplicity, trebleness.*
1794 *W* d.g. *Trebleness.*

triphlygrwydd [*triphlyg*+*-rwydd*] *eg.* Yr ansawdd neu'r cyflwr o fod yn driphlyg: *triplicity, trebleness.*
1858.

triphost, triphryd, triphwys, gw. **tri**+ **post**^{1}, **pryd**^{1}, **pwys**^{1}.

trirhannog [*tri*+*rhannog*] *a.* Teiran(nog): *tripartite.*
1595 M. Kyffin: *DFf* [34], a'r gwaith *tri-/rhannog* (*tripartite*) wedi ei gyssylltio wrth yr ail Gyfran o'r Cynghorion. *id.* [69], A phwy bynnag ydoedd hwnnw a scrifennodd y gwaith *trirhannog* a gyssylltiwyd a'r Cyngor-Lateranense. *Dchr.* **17g.** *J* 10, 164a, *Trirhannog* Tripartite. **1630** *YDd* 29, bod y Drindod fendigedig yn debyg ir culun *tri-rhannog* a beintiai y pabyddion yn ffenestri eu heglwysi.
Gw. hefyd **teirannog.**

trisain [*tri*+*sain*^{1}] *eb.* ll. *-seiniau.* Cyfuniad o dair sain lafarog a yngenir fel un sillaf: *triphthong.*
1808.

trisaint, gw. **tri**+**sant.**

trisaith [*tri*+*saith*^{1}] *rhif.* a hefyd fel *eg.* Saith deirgwaith, un ar hugain: *three sevens, twenty-one.*
12g. *GLlF* 341, Tra vuam yn seith, *triseith*—ny'n beitei, / Ny'n kilyei kyn an lleith. **12g.** *GCBM* i. 158, Preit wasgar dreisuar, *driseith*—gyuarpar / Yg gbear, yg gwynyeith. *c.* **1400** *R* 1206. 11–12, tros ruthyr uthyr anreith. treisyei bum *triseith*. *id.* 1222. 28–9, llwyth tebdbr treissbr *triseith* brenhinyaeth. Cf. *BI B XVII* i. 109, A thri seithmis gwedi 'ngeni / Llaeth ei bron oedd ymborth imi (Rhisiart Gray).

triseiniad [*tri*+*seiniad*^{1}] *eg.* ll. *-iaid.* Trisain: *triphthong.*
1823.

trisgl, trisglen, trisglyn, gw. **trysglyn, tresglen, trysglyn.**

trisgwar [*tri*+*sgwâr*] *a.* Trionglog (a hafalochrog): *triangular, three-square.*
1854.

trisill [*tri*+*sill*] *a.* a hefyd fel *eg.* ll. *-iaid.* (Gair) ac ynddo dair sillaf: *trisyllabic (word).*
1803 *P, Trisill,* s. m. . . . That consists of three elements or syllables. a. Of three syllables. Cf. H. Lewis: *DIG* 68, *trisill* oedd y gair 'puteus' yn Lladin clasurol.
Amr.: **teirsill** [*tair*+*sill*]. **1808.**

trisillafog [*tri*+*sillafog*] *a.* Trisill: *trisyllabic.*
14g. *GP* 49, byd y geir todeit dros benn yr awdyl yn *drisillafawc*. *c.* **1400** *id.* 13, 'bygylu' . . . *trisillauawc* yw hwnnw, deusillafawc uyd y llall. **1592** S. D. Rhys: *Inst* 219, a'r Pennilh *trisylhâbhoc* hwnnw a arwain Pribhawdl y mesur. **1632** *D* d.g. *Trisyllabus.*

trist^1 [bnth. Llad. *trīstis*, H. Grn. *trist*, gl. *tristis*, Llyd. C. a Diw. *trist*, Gwydd. C. *trist* 'tristwch; melltith'] *a.* ll. *-(i)on*, a hefyd gyda grym enwol. Heb fod yn ddedwydd, anhapus, prudd, galarus, dwysfyfyriol, isel, digalon, pryderus, hefyd yn *ffig.*: *sad, unhappy, sorrowful, mournful, pensive, downhearted, miserable, anxious, also fig.*
9–10g. *Juv* 306, *trist*, gl. *anxia*. **12g.** *GLlF* 76, Eil dyd kyn no dyd dilyb, / Pobloed *trist*, Krist a'e kennyb. **13g.** *GDB* 454, Nid a cill cadarn yn cadw eithaf / A all gwann truan: *trist* a allaf. **13g.** *BD* 17, Och a'r *tristyon* tyghetuenau. **14g.** *YBH* 16a, iosian gyt ac y gbybu y rodi y iuor drycyruerthu awnaeth ac ny bu eiroet gyn *dristet* ac yna. **14g.** *GDG*^{3} 225, *Trist* fûm na'th gawn, ddawn ddiwael, / *Tristach*, wyth gulach o'th gael. *c.* **1400** (*SG*) *HMSS* i. 412, yd oed y chwaer yn*dristaf* dyn or a welsei eiryoet. **1547** *WS*, *Trist* Sorowfull. **1551** W. Salesbury: *KLl* xa–b, Wele / dy dat a mine yn *triston* ath ceisiasam di. **1567** *TN* 25b, can vot yr wybr yn goch ac yn *drist* [:– brudd]. **1588** *Dan* vi. 20, efe a alwodd am Ddaniel â llais *trist*. *Dchr.* **17g.** *J* 10, 164b, *Trist.* × Sarrig, Prudd. Sad. **1632** *D*, *Trist*, Tristis, mœstus. **1744** D. Rowland: *RY* 274, Tref Mansoul yn y Cyflwr *trist* alaethus ymma. **1753** *TR*, *Trist*, sad, heavy, pensive, sorrowful. **1803** *P*. Ar lafar, 'edrach yn *drîst*', *WVBD* 545; "Odd golwg *drist* arno', *GTN* 812; hefyd yn yr ystyr 'yn haeddu dirmyg, pathetig', 'Ma'r boi'n *drîst*—'di o byth yn dod allan efo'r hogie' (sir Ddinb.); hefyd yn yr ymadr. cellweirus '*trist* iawn feri sad'.

trist^2, gw. **tryst**^{1}.

tristâd [bôn y f. *tristâf*: *tristáu*+*-ad*^{2}, trf. han.] *eg.* Y weithred o dristáu, tristwch: *a saddening, sadness.*
1803 *P* d.g. *Tristâad.*

tristaf: tristo, gw. **trystiaf**^{2}**: trystio.**

tristâf: tristáu [*trist*^{1}+*-hau*] *bg.a.* Mynd neu wneud yn drist, pruddhau, gofidio, peri gofid i: *to sadden, become or make sorrowful, grieve.*
13g. *B* x. 21, canys wedy e thwyllav o annoc e diauwl a gvander y chnavt e beichyoges. Ac o henne *tristau* a oruc en vawr. **13g.** *BD* 115, Vrth hynny y *tristaaunt* kymydeu y gogled. **14g.** *CR* 242, A'r gwahaneat hwnnw a lewenhaawd y Ffreinc ac a *dristaawd* y paganieit. **14g.** *WM* 147. 4–7, Ac edrych awnaeth y vorbyn ar peredur a*thristau*. Agofyn aoruc peredur yr vorbyn pa ham yd oed trist. **14g.** *GDG*^{3} 367, Twrn yw annheilwng i ti / *Tristáu* dyn tros dewi. *c.* **1400** *R* 1319. 13–14, amvun dawel uchelwaet. o dreisdub a *dristawyt*. *c.* **1400** *Ked AA* 8, Ardric iarll, y gwr a oed lewenyd ganthaw gwelet gouit a drwc ar bob dyn, ac a *dristaei* pan welei y gytuarchogyon yn kael clot ac urdas. *c.* **1400** *YSG* i. 80, yna ti a *dristeeist* am na allut oruot ar y bleit yr oedut yn y herbyn. **1567** *TN* 239a, a's dy vrawt a *dristaa* [:– vŷdd drwc ganto] o bleit y bwyt. **1605–10** *CRC* 109, naws tan gwnias pan lidier / naws yr ia pan *dristaer*. *Dchr.* **17g.** *J* 10, 164b, *Tristhau.* × Pruddhau. **1632** *D*, *Tristáu*, Tristari, mœrere. Tristare, tristem & mœstum facere. **1759** T. Thomas: *WWDd* 342, Y mae llawer yn llawenhau, heb ddim gwir achos i lawenhau; ond o'r tu arall achos i *dristau* ac i alaru. **1803** *P*.

tristaidd [*trist*^{1}+*-aidd*] *a.* Trist, prudd, digalon, hefyd yn *ffig.*: *sad, sorrowful, downhearted, also fig.*
1609 *Haf* 24, 442, yn enwedic y gerdd Dorical: sef hvnaidd mwy/naidd, *tristaidd*, ne issel lais vel ir amadrodda yr yspryd wrth yspryd. **18g.** E. T. Rhys: *DA* 126, O! *dristaidd* olygiadau.

tristaol [bôn y f. *tristâf*: *tristáu*+*-ol*] *a.* Yn peri tristwch; trist: *causing sadness; sad.*
1803 *P* d.g. *Tristâawl.*

tristawr [bôn y f. *tristâf*: *tristáu*+*-wr*] *eg.* Un sy'n peri tristwch; ?person trist: *one who causes sadness; ?sad person.*
?**14–15g.** Siôn Cent: *Gw* 38, Dy roi i eistau yn *dristawr* / Ar y garn, gwedy'r farn fawr. / Gwisgwyd y'th iad, ddeiliadaeth, / Ddrain llymon yn goron gaeth [i Iesu]. **[1788]** *EDP* 151, Madai, mesurwr, neu farnwr; Jafan, *tristawr* (*making sad*); Tubal, bydol.

tristed [*trist*^{1}+*-ed*^{1}] *e?g.* Tristwch, prudd-der: *sadness, sorrow.*
13g. *GBF* 273, Agheu ny'n edeu un noted—raedab: / Trwy benn an treissyab yb an *tristed*.

tristedd [*trist*^{1}+*-edd*^{1}] *eg.* Tristwch, prudd-der: *sadness, sorrow.*
14g. *DGG*^{2} 141, Am Grist yno bu'r *tristedd*, / Pan roed heb oed yn y bedd (Gruffudd Gryg). **1603** W. Midleton: *Ps* 265–6, Medhyliai ni fydhai fyrr, / Trwy ystyr ar i *tristedh*. **1696** *CDD* 337, Duw Frenin oedd fwŷnedd, ddarostwng ei *dristedd*; / I waeledd oer anedd iw eni. **[1783]** *W* d.g. *Ruefulness, Sorrow.* **1803** *P*, *Tristez*, s. m. . . . Pensiveness, sadness, dejection.

trister [*trist*^{1}+*-der*; ansicr yw'r engh. gyntaf isod] *e?g.* Tristwch, prudd-der: *sadness, sorrow.*
16g. Huw Arwystl: *Gw* 340, trown ith barch teiyrn ith ber / troet ewin ras traw yt *rister*. **1583** (**18g.**) *CC* 300, Hyn oi ryw ddeilwaed iawn feddylier / yw yr iawn trosdo rhag graen *trisder* / a'i gorff îs daear lle'i carcharer [marwnad Elisau ap Wiliam Llwyd gan Huw Pennant].

tristfyd, gw. **trist**^{1}+**byd**^{1}.

tristiaf: tristio, tristid, gw. **trystiaf**^{2}**: trystio, tristyd.**

tristlawn [*trist*^{1}+*-lawn*] *a.* Trist, prudd, pruddglwyfus, galarus: *sad, sorrowful, melancholy, mournful.*
12g. *GCBM* i. 297, Gwytlenn a'e gortho, gorthab *tristlabn*—wyr, / Gwytlann a'e gberchyr, gorchut gwythlaun. **13g.** *A* 33. 11–12, o anewyn mynydauc handit *tristlavn* vy mryt. **14g.** *T* 68. 9–10, *Tristlabn* deon yr archaedon kan rychior. *c.* **1400** *R* 1240. 1–2, Bv oerchwedyl kenedyl kbyn ennwabc *tristlabn*. *Diw.* **16g.** *CRC* 264, Gidar yspeil deina a ddygon / y dy *thristlawn* [*sic*] dad yn vnion / lle ni chafodd hi fawr greso / ond gwrando ar bawb arnin beio. **1615** R. Smyth: *GB* 89, [p]en glyvvo *dristlavvn* arvvydd y drin. *id.* 252, bob amser ag yr oedd haul y dvvyrain yn llevvyrchu arni hi, yr oedd yn svvnio, a rhyvv lais *drist laun* yn diellu allan o honi. **1803** *P*.

tristlonedd [*tristlawn*+*-edd*^{1}] *eg.* Tristwch, prudd-der: *sadness, sorrow.*
1803 *P*.

tristwch [*trist*^{1}+*-wch*^{1}] *eg.* Yr ansawdd neu'r cyflwr o fod yn drist, prudd-der, anhapusrwydd, digalondid, pruddglwyf, gofid: *sadness, sorrow, unhappiness, downheartedness, melancholy, grief.*
13g. *GBF* 470–1, Ym pbll uffern, gyt a'r gethern, wern welieu, / Lle mae *tristbch* a thywyllbch a llbch a lleu. **14g.** *YBH* 49a, Hbynt a ymhoelassant y brthi trby dolur a*thristbch*. a hitheu adrigyabd chunan. **14g.** *GDG*^{3} 363, O'r nef y cad digrifwch / Ac o uffern bob *tristwch*. **1547** *WS*, *Tristwch* Heauynesse. **1551** W. Salesbury: *KLl* xlvia, llanwadd ych calon o *tristwch*. **1606** E. James: *Hom* i. 120, o *dristwch* a phoen i lawenydd a digrifwch. **1632** *D*, *Tristwch* . . . Tristitia, mœstitia. **1632** J. Davies: *LlR* 3, [dy] fwrw di mewn trymder a *thristwch* (*sorrow and melancholy*). **1688** *TJ*, *Tristwch*, tristyd: heaviness of heart, sadness, sorrow. **1758** *ML* ii. 71, Rwy'n tramawr gwyno i chwi am eich mab Llywelyn yr hwn . . . a fu farw . . . mwy o lawer *tristwch* y fam. **1803** *P*. Ar lafar, *WVBD* 545, *GTN* 812.

tristyd, tristid [*trist*^{1}+*-yd*^{1}, *-id*^{5} (At.); ?cf. Crn. C. *tristys*] *eg.* Tristwch, prudd-der, anhapusrwydd, digalondid, pruddglwyf, gofid: *sadness, sorrow, unhappiness, downheartedness, melancholy, grief.*
12g. *GMB* 150, Ry-dost uym penyd, ry-drwm uy *tristid*. **12g.** *GCBM* ii. 305, Kyghabs a uyt trabs a uet *tristid*—meith. **12–13g.** *GMB* 537, Dbyreit *tristit* wedy treghi / Y'r a uo diuro yn y divri. **14g.** *T* 20. 9–10, ymae ae gbybyd py *tristit* yssyd gbell no llewenyd. **14–15g.** *IGE*^{2} 325, Dan raean yn druan draw, / Prudd *dristyd*, â'r pridd drostaw [marwnad Llywelyn ab y Moel gan Rys Goch Eryri]. **15–16g.** *TA* 327, Eifionydd bell, fonedd byd, / A'r Waun trosti 'r un *tristyd*. **1547** *WS*, *Tristit* Sorowe. **1630** R. Llwyd: *LlH* 186, Elw anghyfiawn a ddŵg hir *dristid*, eithr byrr lawenydd. **1632** *D*, Tristwch, & *Tristyd*, Tristitia, Mœstitia. **1776** I. Brydydd Hir: *P* ii. 321, Yn iach ar awr bach i'r byd, a'i rewog / Oer aeaf o *dristyd*. **1803** *P*, *Tristyd* . . . Sadness, sorrow.

tristydd [*trist*^{1}+*-ydd*^{1}] *eg.* Tristwch, prudd-der: *sadness, sorrow.*
15g. *GLGC* 7, Crist nef, Crist yw Ef, Crist ufudd —dirion, / Crist galon, ffynnon ffydd, / Crist a farn heb ddim *tristydd*, / Crist Iesu, barnu y bydd. **16g.** *WLl* 221, Cri n Aberdaron cryn wybr derydd / Cri am wr enwog cair Ymeirionydd / Pwllheli trosti mewn *tristydd*—creulon / Carnarfon a Môn ag Ywchmynydd. **[1783]** *W* d.g. *Sorrow.*

triswllt, gw. **tri**+**swllt.**

trisylchen [*tri*+*sylch*+*-en*] *eb.* ll. *trisylchau.* Un o gyfres o flociau mewn ffris Dorig

ac arnynt dair rhigol fertigol, a phob bloc yn amyneilio â gofod sgwâr: *triglyph.*
1858.

trît, tritaf: trito, tritiaf: tritio, gw. **trêt, tretaf**[1]**: treto, tretiaf: tretio.**

tritiwm [bnth. S. *tritium*] *eg. Cem.* Isotop ymbelydrol trwm o hydrogen, a'i niwclews yn cynnwys dau niwtron a phroton: *tritium* (*in chem.*).
20g.

trithant, gw. **crwth—crwth trithant.**

trithroed, tri throed, teirtroed [*tri* (*tair*) + *troed*] *a.* a hefyd fel *eb.g.* ac *e.ll.* Ac iddo dri o draed neu dair coes; tri o draed, tair coes, trybedd, stôl drithroed, hefyd yn *ffig.*: *three-footed, three-legged; three feet, three legs, tripod, three-legged stool, also fig.*
15g. (**17–18g.**) *Llst* 133, 51b, Aeth y bencerddiaeth ir coed / Wedi'r athro ar *drithroed* [marwnad Ieuan ap Hywel Swrdwal gan Hywel Dafi]. *Diw.* **15g.** *Pen* 67, 109, Tair llaw n kaer val tri llwyn | koet / a thair rrethren ai *thri throet* / Tri ffenn meib(ion) kystenin / tair oes gwyr ywch wtres gwin (Hywel Dafi). **1632** *D,* A *thrithroed* iddo d.g. *Tripes.* *id.* Pob peth *trithroed* d.g. *Tripus.* **1725** *SR,* Ystol-*deir troed* d.g. *A Tressle.* **1803** *P, Trithroed,* s. m. . . . That consists of three feet. a. Three-footed. Ar lafar yn yr ystyr 'last crydd' (Penllyn). Cf. Talhaiarn: *Gw* i. 250, Ni fyddai waeth i ddyn ddweud, ceffyl dwygoes, neu fochyn *trithroed,* na dweud telyn tri wythawd; *Hen B* 49, Pedwar o lyged, un pâr yn 'y mhoced, / A *thrithroed* i gerdded cyn hawsed â nhw.

trithroediog, tairtroediog [*tri throed* (*tair troed*) + *-iog*] *a.* a hefyd gyda grym enwol. Trithroed, teircoes: *three-footed, three-legged.*
1604–7 *TW* (*Pen* 228), *Trithroetiawc* d.g. *Tripedalis. Dchr.* **17g.** *J* 10, 164b, *Trithroediog.* Tripus. **1803** *P, Trithroediawg* . . . Three-footed. Cf. *CYLl* 6, Un *tair troediog* o waith natur, / I ddal cannwyll oedd Shôn segur.

trithu, gw. **tri + tu**[1].

triugain, triugeinfed, triugeiniol, gw. **trigain, trigeinfed, trigeiniol.**

triugeinwr, triugeinwyr, gw. **trigeinwr.**

triundod [*tri* + *undod*] *eg. Diwin.* Yr ansawdd neu'r cyflwr o fod yn dri yn un (fel arfer am y Drindod): *triunity* (*in theol.*).
16–17g. *HG* 66, goleua. n, ffydd galon ffawd / trwy iawnder düw *triundawd.* **1803** *P* d.g. *Triundawd.*

triundodwr [*triundod* + *-wr*] *eg.* ll. *-wyr. Diwin.* Un sy'n credu yn nhriundod y Duwdod: *triunitarian* (*in theol.*).
1888.

triunol [*tri* + *unol*] *a. Diwin.* Yn bodoli fel tri yn un (fel arfer am y Drindod): *triune* (*adj.*) (*in theol.*).
1798 *WR, tri-unawl* d.g. *Triune.* **1803** *P* d.g. *Triunawl.*

triw [bnth. S. *true*] *a.* Ffyddlon, teyrngar, diffuant, cywir: *faithful, loyal, genuine, true.*
1696 *CDD* 158, Fe 'wnaeth yn iâch bôb clwŷfŷs gwan, / Mae'n feddig gwiwlan gwelwch; / Ni ddichon tafod dreuthu yn *driw,* / Mo ddonie Duw'r diddanwch. **1716–18** *Llsgr R. Morris* 118, a dwad wrthi yn *druw* er dolwg amlwg cluw / na somma yn ddiame fod mab ai cara yn fuw. Ar lafar, 'Mae'r ci'n *driw*', *WVBD* 546; '*triw*' 'ffyddlon', *Cymru* xlvii. 237 (sir Ddinb.); 'Ma 'i'n ffrind gwrth 'i gæl, mae'n un fach mor *driw*', *GTN* 813.

triwal[1,2], gw. **trywel**[1], **triwant.**

triwant, truwant [bnth. S. *truant*] *eg.* ll. *-iaid,* a hefyd gyda grym ansoddeiriol. Plentyn sy'n absennol o'r ysgol heb ganiatâd nac esboniad, person sy'n absennol o'i waith, &c.; (geir.) seguryn: *truant;* (*dict.*) *idler.*
16–17g. *GST* i. 791, I'r ysgol fe'm gyrrwyd / . . . / Chwarae *triwant* a wnawn i, / Ac ysbeilio perllenni. **1604–7** *TW* (*Pen* 228), *truwant* d.g. *Cessator.* **1766** *CD* 145, Mi ddechreuais chware *Truwant.* / Ond rhyw Ddiwrnod ar fy lled ôl, / Fe'm calyned ir Ysgol.
Amr.: **triwel**[1], **triwels**[2], **triwal**[2]. **1881** D. Owen: *D* 153, chware '*triwels,*' ys dywedai y plant. Ar lafar, 'chware *triwel*', *Cymru* xlvii. 237 (sir Ddinb.).
Gw. hefyd **truant.**

triwantiaeth [*triwant* + *-iaeth*] *eg.* Y weithred o chwarae triwant: *truancy.*
20g.

triwedd, triwel[1], gw. **tri, triwant.**

triwel[2], **triwels**[1], gw. **trywel**[1].

triwels[2], **triwmff,** gw. **triwant, treiwmff.**

triwriad, triwyriad, trywyriad [**triwr, triwyr, trywyr*[1] + *-iad*[3]] *eg.* ll. *triw*(*y*)*riaid.* Aelod o driwriaeth; triwriaeth: *triumvir; triumvirate.*
1816.

triwriaeth, triwyriaeth, trywyr(i)aeth [**triwr, triwyr, trywyr*[1] + *-*(*i*)*aeth*] *eb.g.* ll. *-au,* a hefyd gyda grym unigol i'r ll. Grŵp o dri gŵr sy'n rheoli neu lywodraethu ar y cyd, yn enw. yn Rhufain gynt, grŵp o dri gŵr pwerus, dylanwadol, &c.; triwriad: *triumvirate; triumvir.*
1604–7 *TW* (*Pen* 228), *trywyraethae* d.g. *Tresuiri* . . . Vide *Triumuiri.* y *Trywyraethæ.* **1632** *D, trywyriaethau* d.g. *Triumuiratus.* **1725** *SR, trywyria*/*ethau* d.g. *The triumvirate.* **1794** *W, Trywyriaeth* (*triwyriaeth*) d.g. *Triumvirate.*

triws, truws [bnth. S. *truce*] *eg.* a hefyd fel *ebd.* Cadoediad, seibiant byr o heddwch mewn ffrae, &c., seibiant yn ystod gêm: *truce, armistice.*
1547 *WS, Truws* Trewes. *c.* **1588** *Rhyddiaith Gymraeg* ii. 81, aeth gyda brenin Lloyger y ryfela ar frenin Ffraink . . . yr oedd y ddoy frenin gwedy kymeryd *trywѕ* dros sertaen o amser. **1595** *CRC* 389, Robert Bilings Sersiant Huws / Ni wna nhw *druws* ar gelŷn du. **1604–7** *TW* (*Pen* 228), *truws* d.g. *Induciæ.* Ar lafar, 'wedi blino'n chwarae bach plant yn gweiddi *triws!*', *Cymru* xlvii. 237 (sir Ddinb.). Cf. *LlG* xlix. 23, Flynyddoedd lawer yn ôl byddem ni'n arfer galw '*triws*' ar ganol rhyw chwarae, er mwyn cael rhyw oediad bach.

triwynebog [*tri wyneb* + *-og*] *a.* Ac iddo dri o wynebau neu arwynebau: *having three faces, trihedral.*
1703 E. Wynne: *BC* 148, Cawres *dri-wynebog* oedd hi, un wyneb tra sceler at y Nefoedd . . . wyneb arall têg tu a'r Ddaiar . . . a'r wyneb anaelef arall at Annwn.

triwyr, triwyriad, triwyriaeth, gw. **trywyr**[1], **triwriad, triwriaeth.**

tro[1] [Crn. C. a Llyd. C. *tro;* ansicr yw'r engh. gyntaf yn adran (*a*) fel adf. isod] *eg.* (bach. g. *tröyn*) ll. *troeon, tro*(*e*)*au,* a hefyd fel *adf.* ac *a.*

1. Troad, cylchdroad, y weithred o droi (drosodd), y weithred o droi (te, &c., â llwy, &c.); amgylchyniad; dirdro, cyfrodeddiad, camdroad (mewn pren, &c.); torch neu gylch (o raff, &c.), llyweth; cylchdro, cylch cyfan o drac rhedeg neu rasio: *rotation, revolution, turn, a turning* (*over*), *stir*(*ring*) (*of tea, &c.*); *an encircling; torsion, twist, warp* (*in timber, &c.*); *coil or circle* (*of rope, &c.*), *ringlet* (*of hair*); *orbit, circuit, lap.*
12g. *GLlF* 426, Tew tra thew dra *thro* o dra thrychu —trin. **14g.** *GDG*[3] 304, Glân dy *dro,* o glŷn dy droed / I mewn magl ym min meigoed [i'r cyffylog]. **1547** *WS, Tro* Turnyng. **16g.** Wiliam Llŷn: *Gw* (R. Stephens) 201, Parlyrau gwin siambrau Siôn, / Pyrth euraid heb borthorion, / A grisiau yn *droau* draw / I bob gris mae i bawb groesaw. **1632** *D, Tro,* Versio, gyrus. **1701** E. Wynne: *RBS* 103, mae gŵr synhwyrol yn nghanol damweinieu'r byd fel y mae echel yr olwyn ynghanol y *trô* a'r treigl (*circumvolutions and changes*). **1716–18** *Llsgr R. Morris* 37, Danfoned imi fodrwu heb na *thro* na chwmpas / Danfoned imi fabi heb na dig nag anrhas. **1725** D. Lewis: *GB* 140–1, Y mae gan y Ddaear ddau fâth o *Drô,* sef *Trô* Diwrnodol ar ei Phegyneu ei hun . . . a *Thrô* Blynyddol o dautu 'r Haul. **1793** Dafydd Ionawr: *CD* 202, Yr oedd gwallt hon, Gwenfron, yn gwau / Yn eurawg fodrwyawg *droiau.* **1794** *W* d.g. *Turn* [*the act of moving round; &c.*], *Twist* [*a spiral turn given in spinning, &c.*]. **1803** *P, Tro,* s. m.—pl. t. *ion* . . . A turn. Ar lafar, '*tro* yng nghorn y fuwch', 'Rhowch ddau *dro* amdani hi a chwlwm wedyn', *WVBD* 546; 'Ma *tro* yn y pishyn pren 'yn', *GTN* 817; sonnir hefyd am '[r]oi *tro* 'n 'i gorn o' 'to wring its neck', *WVBD* 546. Clywir *tro* hefyd yn yr ystyr 'pwl (o salwch, &c.)', 'cael *tro*'.

2. (*a*) Trofa (mewn ffordd, &c., neu oddi ar ffordd, &c.), cornel; *Meddyg.* cyflwr annormal pan fo un llygad heb anelu i'r cyfeiriad cywir, aliniad annormal y llygaid: *a turn*(*ing*) (*in or off a road, &c.*), *bend, corner; squint, strabismus* (*in med.*).
1725 D. Lewis: *GB* 93, Yn y Clustieu y mae llawer o *Droion* a Thylleu, wedi ei gwneuthur mywn Esgyrn mor gelyd a Chraig, i dderbyn Offeryneu'r Clybod. Ar lafar yn gyff., 'Fi welas a'n mynd 'ipo'r *tro*', *GTN* 817; '*tro* yn y llycad', *ib.*

(*b*) Taith (bleser), rhodfa, wâc, reid, gwibdaith, trip, owtin: *journey, walk, ride, drive, spin, trip, outing.*
12g. *GCBM* i. 133, Ny'm gѡna *tro* treigylueirt un amser. **12–13g.** *GLlLl* 216, Llѡrѡ Uochnant edrywant ar *dro.* **14g.** *GDG*[3] 162, I rodio *tro* treigl anûn / Tan fargod to tŷ f'eurgun. *id.* 214, Ni ad Beuno, *tro* tremyn, / Abad hael, fyth wybod hyn. **15g.** *GLGC* 418, Minnau yn y man yno / drwy fedw yr allt a rof *dro.* **16–17g.** *DCR* 226, Ewch /i/ rowan /i/ roi *tro.* / /i/ orffen rhodio/r/ gwledydd. **1794** *W,* Efe a gymmerth *dro* . . . neu ddau yn yr ardd d.g. *Turn or tour* [*in walking*]. Ar lafar yn gyff., 'mynd am *dro*', *WVBD* 546; 'Ni fuon am *dro* bach yn y car', *GTN* 817.

3. (*a*) Newid; trobwynt (hefyd mewn salwch), troad (canrif); gweithred sy'n rhoddi cymorth neu'n peri niwed i rywun, tric, cast; digwyddiad neu achlysur (trychinebus neu anffortunus), argyfwng, cyfnewidiad (o ran ffawd, amgylchiadau, &c.): *change, alteration; turning-point, crisis* (*in illness*), *turn* (*of century*); (*good or bad*) *turn,* (*shabby, &c.*) *trick;* (*disastrous or unfortunate*) *turn of events or occasion, crisis, vicissitude, reversal* (*of fortune*), *twist* (*of fate*).
12g. *GLlF* 446, Rѡg Myniѡ a'r mor, maѡr a *droeu* / A uyt ar eu llu-wy lliw dyt goleu. **13g.** *GBF* 15, Traѡsuar yn trydar, yn *tro*—dygythrut. **14g.** *GDG*[3] 287, Y trydydd ni wybydd neb: / *Troau* dyn trwy odineb. *c.* **1400** *R* 1330. 34–5, gѡir gѡplaf loewaf lyѡ: heb drangk heb *dro* clo clotryѡ. **15g.** *GHC* 38, *Tro* mawr i Faelawr a fu, / Troi oes fal y try Iesu. / Am weled trymed y *tro* / Ar fil yr af i wylo [marwnad Siôn Amhadog Pilstwn]. **1595** H. Lewys: *PA* 31, pann ddelo'r awr ddrwg vnwaith, ac ychydic *dro* ar y towyd' (*the weather changeth*). **16–17g.** *GHCEM* 48, Tradoeth ymhob *tro* ydych. **1688** *TJ, Tro:* a change. **1696** *CDD* 67, Ir Bŷd y rhown ninneu, er amled ei *droeau,* / Hôll serch ein colonnau [*sic*], coel anoeth. **1701** E. Wynne: *RBS* 6, gan fôd y segurddyn . . . mor ddi-deimlad o hôll *droieu* (*changes*) ac angenrheidiau'r byd. **1718** *Cân o Senn* 4, Er ym sorriant ar amsereu / fe ddamweineu *droyeu* drŵg, / Cryneu ddyrneid yn Grîn ddarnau / o Bibellau fagau fwg. **1728** T. Baddy: *DDG* 121, 'scrifennyddion Christnogawl . . . a Esponiodd ar y Datcuddiad, ynghylch y Flwyddyn 1666. Hwy a ddangosasant y byddai *droeau* dieithr Rhyfeddol (*wonders and strange revolutions*) yn y Flwyddyn honno, drwy 'r Bŷd. **1747** T. Evans: *DDM* 2, wrth astudio ar ymddial, a gwneuthur rhyw *Drô* drwg a niweid idd ei Gymydog! **1790** T. Jones: *TOS* 262, Myfyrdodeu eraill ydynt mor aneirif a llinelleu 'r bibl . . . neu *droion* rhagluniaeth. **1794** *W,* Nid oes gobaith gennyf y câf fyth weled *tro* er gwell d.g. *Turn, or change* . . . *I never hope for a turn for the better.* Ar lafar, 'Mae llawar *tro* wedi dŵad ar y byd', '*troeon* ffôl', *WVBD* 546; 'Fe ddæth i'r *tro* yn 'i glefyd nith[w]r a diolch byth, troi ar wella næth a', *GTN* 817. Digwydd hefyd mewn lliaws o ymadroddion megis '*tro* drwg, *tro* ffadin, *tro* fflemp, *tro* Gwyddel(ig), *tro* sâl, *tro* Wesle, &c.'

(*b*) Tröedigaeth (grefyddol): (*religious*) *conversion.*
1881 D. Owen: *D* 74, y mae Ismael wedi cael *tro* yn siŵr i ch'i. Ar lafar, 'cael *tro*', *WVBD* 546.

4. (*a*) Amser, adeg, gwaith; ysbaid, cyfnod: *time, occasion; while, period.*
12–13g. *GLlLl* 42, Neu'm roted gѡeled golygon, / *Tro* oric, trwy wyr a gѡeissyon. *c.* **1400** *R* 1206. 40–1, llwybyr kyffro ffrollo myѡn *tro* trydar. *c.* **1585** G. Robert: *DC* [4]a, Roydh yn flin ag yn boenus gyntho y *tro* cynta fod ehunan drwy r dydh ar nos yn i stafelh. **16–17g.** *HG* 154, y ddwyt bob *tro* yn tostyrio / wrth yn gweled, [*sic*] ni yn kamsyned. **17g.** Huw Morus: *EC* i. 129, Pa fodd y caf er cwyno, / *Dro* addas i'w ddadwreiddio ['Cwynfan un claf am ei Gariad'[?] **1683** H. Evans: *CTF* 36, Am ben *trô* [:– Amser bychan], dy le nith nebydd. **1696** *CDD* 112, Mae dŷn yn ei flode, mo'r [*sic*] ddiddan ei ddyddie, / Yn yfed, a chware, rhŷw *droie* rhŷ drwch. **1703** E. Wynne: *BC* 130, cofiei hi 'n well yr ail *dro.* **18g.** L. Morris: *LW* 141, Persⁿ. yn distrewi, neu gi'n cyfarth mewn Eglwys, arwydd marw un o'r plwyfolion o fewn y pythefnos am bob *tro.* **1759** *BC* 137, Mi aethym i garu Gwraig weddw dros *droŷn.* *c.* **1762–79** W. Williams: *P* 277, y tair gwaith gyntaf

gydâ brys . . . ond y pedwar *tro* arall y cerdd efe yn bwyllig. **1794** *W* d.g. *Time* [*used after numbers, &c. and signifying—turn, &c.*]. **1795** J. THOMAS: *AIC* 15, Arddodiad . . . Y'w 'r ymadrodd a roddir oflaen [*sic*] ymadroddion eraill ac a'u newidio rai *troeau*. **1803** *P*, *Tro*, s. m.—pl. t. *ion* . . . a while, a time . . . rhai *troion*, sometimes. Ar lafar yn gyff., 'y *tro* cynta'', 'y *tro* dwytha'', 'Pob *tro* cana'r gloch 'rodd y ci yn cyfarth', *WVBD* 546; ''Na'r unig *dro* i fi ifed gormod' (sir Gaerf.); 'Ar y ffordd sia Charffili 'ôn ni'r *tro* 'ny', 'Dyna'r *tro* cinta' a'r *tro* dwetha' ifi 'u gweld nw', *GTN* 817.

(*b*) Hawl neu gyfle olynol sy'n syrthio i ran un o gyfres o bobl, &c., twrn; sifft (waith), twrn, stem: *turn* (*opportunity, &c.*), *go* (*in game, &c.*); *shift* (*of work*).

1604–7 *TW* (*Pen* 228) d.g. *Vicis*. **1794** *W*, Yn awr y[w] fy *nhro* i d.g. *Turn* [*course, or order of succession*]. Ar lafar, '*Tro*'r llofft yw 'i i gael ei llnau 'nawr' (sir Ddinb.); 'Sawl *tro* ma pawb yn gæl?', *GTN* 817; hefyd yn y diwydiant glo yn yr ystyr 'trefn dosbarthiad dramiau dan ddaear', *Geir Glo* 120 (sir Gaerf. a Morg.); ac yn yr ystyr 'siwrne' [o ddramiau], *ib.* (sir Gaerf.).

Fel *adf.* (*a*) Am ysbaid (fer), am sbel; unwaith, rywdro: *for a* (*little*) *while, for a time*; *once, sometime*.

c. **1400** *R* 1359. 4–6, Neuad awelỽn newyd antreis. nywlaỽc kornaỽc kornir wyndeis. Ac y hon no [*sic*] *tro* treidyeis om amwyll. *Dchr.* **17g.** *J* 10, 165b, Dyvod *dro.* vicissatim. **1672** R. PRICHARD: *Gw* 565, Os ni newid Duw o'i gariad: / A garo *dro*, fe câr yn wastad. **1688** S. HUGHES: *TSP* 45, efe a safodd *dro* bach [:- Dros ennyd fechan] yn fûd. **1725** D. LEWIS: *GB* 8, pan chwennycho gystuddio byth, ni chaiff ond cystuddio *drô.* *c.* **1730** *Taith C* 36, aeth a hwynt i fan arall, lle'r oedd Giâr a Chywion, ac a barodd iddynt ddala sulw ar y rheiny *dro* (*bid them observe a while*).

(*b*) (yn y ll.) Sawl gwaith, ar sawl achlysur, lawer gwaith, yn aml; weithiau: (*pl.*) *several times, on a number of occasions, time and* (*time*) *again, many times, frequently; sometimes.*

1828. Ar lafar yn gyff., ''Dwi 'di gweld hwnna *droea*' (Llŷn); '*drocon, droea*' 'several times', *WVBD* 546.

Fel *a.* Yn troi, yn troelli, yn cylchdroi; troëdig (mewn ystyr foesol), trofaus, cymysglyd, astrus; ?wedi ei rolio: *turning, spinning, rotating, revolving; crooked* (*in moral sense*), *convoluted, muddled, complicated*; ?*rolled up.*

c. **1400** *R* 1354. 19–20, Kerd *dro* na vỽryo andiveryaỽc senn. **1588** *Ecclus* xxxiii. 5, Calon y ffol sydd fel olwyn men: ai feddyliau ydynt fel echel *dro.* **1621** E. PRYS: *Ps* 5a, Ba hyd y rhed meddyliau *tro* / bob awr i flino 'nghalon? *id.* 17b, Pob gwr yn ddiau dedwydd yw / a rotho ar Dduw ei helynt: / A'r beilch, a'r ffeils a'r chwedlau *tro* / nid edrych efo arnynt. **1759** *BC* 503, Mae'n well y gwaela o ddynion, / A fyddo iw [*sic*] Fŷd yn fodlon; / Na'r mwya ei fraint o fewn ei frô, / A meddwl *trô*, yn ei galon.

Cfn.: **tro ar fyd, tro ar y byd:** *vicissitude, change* (*in circumstances*). **15g.** *GDLl* 43, Trwy fôr y daw *tro ar fyd*, / Troi un wedi tri Ynyd. **16g.** *GGH* 72–3, Er bod *tro ar y byd* rhwydd / Ar wirglaim, lawer, arglwydd. Ar lafar, 'Mae llawar *tro* wedi dŵad *ar y byd*', 'Welodd lawar *tro ar fyd*', *WVBD* 546. **tro ar ôl tro:** *time after time, time and* (*time*) *again, repeatedly.* **1847. tro arall:** *on another occasion, another time, some other time.* **1757** *ML* i. 461, fe ddaw ymbell hynt o hono a wna imi chwysu . . . *dro arall* gloesio. Ar lafar, ''Does dim diwedd i'w sgwrs o weithie, *dro arall* 'ddeudith o'r un gair' (Penllyn). **tro bach yn ôl,** gw. *tro yn ôl.* **tro bywyd:** *menopause, change* (*of life*). Ar lafar, 'Fi geso' i'r *tro bywyd* yn ysgon iawn', *GTN* 817. **tro cas:** (i) *unfortunate incident.* Ar lafar, '*Tro cæs* odd 'wnna a 'odd dim isia iddo ddicwdd o gwbwl', *GTN* 817. Clywir *tro cas* hefyd yn yr ystyr 'tro gwael, tro sâl'. (ii) *dangerous bend, nasty corner* (*on a road*). Ar lafar, 'Ma *tro cæs* manna. Bydd yn ofalus', *GTN* 817. **tro crwn:** *a turning* (*right*) *round, full circle; circular trip, round trip.* **1604–7** *TW* (*Pen* 228) d.g. *Rotundatio.* **1632** *D* d.g. *Spira.* Ar lafar, ''Neis i ddim ond rhoi ryw *dro crwn* yno' 'I merely went there and returned', *WVBD* 546. **tro da:** *good turn, generous act, favour; good turn* (*of fortune, &c.*). **1722** *Llst* 189 d.g. *A lucky Accident.* **1803** *P* d.g. *Tro.* Ar lafar, 'Dynas ffeind ydi hi, yn gneud *tro da* 'fo rywun o hyd' (Arfon). **tro llaw:** (*with neg.*) *on any occasion, hardly any time.* **15–16g.** *GLM* 172, Ni welais fwrdd Alis fain, / *dro llaw*, heb daro lliain. **1774** *W*, Ni bu efe *dro llaw* (fawr ennyd) wrtho d.g. *Hand, In the turning of a hand . . . He did it in the turning of a hand.* **tro llaw (chwith, dde):** (*left- or right-*)*hand turn, turn by the* (*left or right*) *hand* (*in country dancing*). **1763** *LlGC* 171, 38, These [Llangadfan] Dances consist of three Parts . . . the third we call the Turnings (*Tro Llaw*) or the Crop Part. Ar lafar, '*Tro llaw dde* yn gynta', a *tro llaw chwith* wedyn'. **tro o wyau:** *half a dozen eggs.* **1934.** Ar lafar yng ngodre Cered. a sir Benf. **tro pedol:** *U-bend; U-turn, also fig.* **20g. tro trwsgl:** *unfortunate happening, misadventure, faux pas.* **1905. tro trwstan = tro trwsgl.** **1853** W. REES: *AFR* 213. Ar lafar. **tro U (bedol) = tro pedol.** **20g. tro yng nghynffon, tro yng nghwt:** *twist in the tail, unexpected outcome or denouement* (*of story, &c.*), *also used of an untrustworthy person.* **1768** TWM O'R NANT: *CTh* 36, Mr. *Tro yn ei Gynffon.* Ar lafar, 'Mae *tro yn* ei *gynffon*', J. JONES: *Gwerin-eiriau* 133; 'Dyn 'alli di ddim o'i drysto yw 'wnna—ma *tro yng ngwt* y diain', *GTN* 817. **tro ymadrodd:** *turn of phrase, idiom.* **1728** J. THOMAS: *GDN* 226, Troeon Ymadrodd. **tro (bach) yn ôl:** *a* (*little*) *while ago, some time ago, a long time ago.* **1853. am dro, am y tro:** *for the time being, for now, for a while, temporarily; on this occasion, for this once.* **17g.** *HCRC* iii. 4, Ag yn ffrochwyllt mine *am dro* / yno wrth gyffro om kyntŷn. **1756** *ML* ii. 61, Rhaid im dewi *am y tro*, daccw'r bost am gau ei gôd. *c.* **1785** *BELl* 16, Oes un *am y tro* heb nidro wnaen / Yr wythnos o'r blaen bu ei lunio. Ar lafar, 'rwbath *am dro*' 'something to last for a time, until something better can be obtained', *WVBD* 546; 'Gad e *am y tro*' (gogledd Cered.). **am dro byd:** *for a* (*very*) *long time.* **1926. ar fyr (o) dro:** *in a short space of time, forthwith, presently, soon, in a jiffy.* *Dchr.* **17g.** *Bl B XVII* i. 21, Gwyby Giwpyd *ar fyr dro*, / Fy mod i'n lecio ei foddion (Elen Gwdman). **1760** M. RHYS: *CH* 17, *Ar fyrr o dro* caf yn eu plith, / Foliannu bŷth fy Jesu bŷw. **1774** B. FRANCIS: *A* i. 81, Cawn *ar fyrr dro* anghofio'r drain. **ar dro:** (i) *in turn, by turns, alternately.* **13g.** *A* 13. 2, disserch a serch *artro.* **1771** *W* d.g. *By course, turn, or turns.* (ii) *wandering, walking, for a walk, on the way, on one's way.* *c.* **1400** *R* 1028. 12, Eiry mynyd hyd *ardro.* *c.* **1400** [*RB*] *WM* 250. 25–6, ef a vu y velly *ar dro* hyny daruu ydillat oll. **15g.** *DGG*[2] 45, Dos heb ei llaw draw *ar dro*, / A chennyf annerch honno [i anfon yr eog yn llatai]. (iii) *occasional*(*ly*), *sometimes, at times, now and again.* **1706** *Cyf Cym* 160, Gwnewch grefydd yn orchwyl pennaf i chwi, ac nid yn orchwyl *ar* eich *tro.* **1753** G. OWEN: *L* 81, ni fynnwn, er dim, fyned iddi [Môn] fyth, ond *ar* fy *nrho* [*sic*]. Ar lafar, 'Fydda i'n mynd yno *ar 'y nhro*' 'I go there occasionally', *WVBD* 546. (iv) *twisted, askew; encircling, round* (*about*). **14–15g.** *IGE*[2] 258, Coronwyd mewn côr yno / A drain am ei ben *ar dro* (Siôn Cent). **15g.** *GLGC* 34, Y tir a'r dŵr ir *ar dro*—sy hysbys / dan Siasbar iarll Penfro. **1632** *D* d.g. *Tortilis.* **1725** D. LEWIS: *GB* 89–90, Y mae'r Wyneb yn cael ei gynnal i fynu yn dra hynod, â dau o'r Lledr-Ewyneu hyn yn cydbwyso eu gilydd; canys os bydd i un o honynt ymollwng, fe fydd i'r llall dynnu'r Wyneb *ar Dro.* (v) *in progress, afoot, on the go, on.* **1937.** (vi) *in rotation* (*of field, land, &c.*). **1845. ar y tro, ar un tro:** *at a time.* **1725** D. LEWIS: *GB* 177, nid oes gan y Morfil ond Un *ar y Tro* [am epil]. **18–19g.** *Llr C* 45, 238, Tro . . . *ar un tro*, unwaith *ar y tro*—once in a way. Ar lafar. **ar dro(e)au, ar droeon:** *occasionally, sometimes, at times, now and again.* **1755** *GAGC* 32, a Chyhoeddi peth o'u Gwaith *ar droeau.* **1756** G. OWEN: *L* 173, Chwi gaech ymbell foliaid o Bastai G'lomennod *ar droau.* **1774** H. JONES: *CH* 22, yr hwsmon mwya gofalus *ar droue*, a ddichon gael colled fawr gan ystormydd o wynt a gwlaw. Ar lafar, '*ar droea*' (Arfon). **ar un tro,** gw. *ar y tro.* **at ei (dy, &c.) dro:** *to one's taste or purpose.* **1722** T. EVANS: *PS* 33, Yn y Psalmau y mae digon *at ei drô.* **1740** T. EVANS: *DPO* 121, yr oedd yr [*sic*] Gwyr a'i Cydwybod yn ystwyth ddigon i lyngcu Llw a'i chwydu allan, pan fyddai hynny *at eu Trô.* **ers tro (byd):** *for a* (*long*) *while, for* (*quite*) *some time, for ages.* **16g.** *WLl* 123, Y mae *ers tro* yn gwichio n gau / Chwerw o fewn i chwarfanau. *c.* **1745** *LlGC* 78, 116, Mae mibion fanwyl fam Cyd Etifeddion gras / *Ers tro* rhyfeddu pam mae m bai heb dorri maes. Ar lafar yn gyff., 'Lle buoch chi *ers tro*?', ''Fuom i ddim yno *ers tro byd*', *WVBD* 546. **o dro i dro:** *from time to time, now and again, occasionally.* **1800** W. OWEN[-PUGHE]: *CP* 96. **1803** *P* d.g. *Tro.* **dros (tros) dro, dros (tros) y tro:** *for a while, temporarily; temporary, provisional.* **1672** J. LANGFORD: *HDdD* 189, ei distewi nhw *dros dro.* **17g.** HUW MORUS: *EC* i. 185. **1703** E. WYNNE: *BC* 27, sawyr y buttain . . . yn beraidd *tros y tro.* **1803** *P* d.g. *Tro.* Ar lafar 'Swydd *dros dro* sy gen' i', 'Dim ond *dros dro* 'den ni'n byw yn y fflat'. **yn ei (dy, &c.) dro:** *in turn, one after the other, in succession, in rotation.* **1772** *W* d.g. *Course* [*turn or order of succession*], *Rotation . . . In rotation, Turn* [*course, or order of succession*]. **1773** HUW AB HUW: *DA* 11, ac yn llewyrchu ar bob un o'r llinellau oriol *yn eu tro.* Ar lafar.

tro[2,3], gw. **tra**[3].

tro[4,5], gw. **troaf: troi, trw**[1].

troad, troead [bôn y f. *troaf*: *troi*+-*ad*[2], trf. han., -*iad*[1]; cf. H. Lyd. *troiad guobinom*, gl. *sincopam*, Llyd. C. a Diw. *tro*(*i*)*ad*; petrus yw dosbarthiad rhai o'r enghrau. isod] *eg.b.* ll. -*au*.

1. (*a*) Y weithred o droi, cylchdro(ad), tro (hefyd â llwy, &c.); cyfrodeddiad; colfach (drws, &c.): *rotation, revolution, orbit, a turn*(*ing*), *stir*(*ring*) (*of tea, &c.*); *twist, convolution; hinge.*

c. **1400** *DB* 108, megys ednogyn yn olwyn neu yn rot melin, yn erbyn *troat* y rot yn y gwrthwyneb y kerda. **15g.** *GLGC* 396, Tröist tros ddynion anghysonair / *troad* olwyn y gwanwyn tros geir, / *troad* y lleuad lle heir—tros y sŷr, / fal y try'r eryr uwchben yr ieir. **15–16g.** *Glam Bards* 236, dyn a drosbwyd din drosben / *droead* bwl ei draed ai ben [Lang Lewys i Syr Gruffydd Fychan pan syrthiodd i afon Taf]. **1604–7** *TW* (*Pen* 228), *Troat* y tu gwrthwyneb alhan d.g. *Inuersio.* **1632** *D*, *troad* cefn d.g. *Tergiuersatio.* **1756** W. WILLIAMS: *GDC* 42, y sêr, a'i *Troiadau.* **1784** M. WILLIAMS: *S* i. 6, nid oeddent yn dirnad ei *throiad* o amgylch ei phegwnau [am y ddaear]. **1800** W. OWEN[-PUGHE]: *CP* 91, troir y cosyn etto . . . Ar y *troiad* yma . . . rhai meirionesau á bigant wyneb y cosyn drosto. **1803** *P*, *Tröad*, s. m.—pl. t. *au* . . . A turning.

(*b*) Trofa (mewn ffordd, &c., neu oddi ar ffordd, &c.), cornel, hefyd yn *ffig.*: *a turn*(*ing*) (*in or off a road, &c.*), *bend, corner, also fig.*

1615 R. SMYTH: *GB* 37, yr entri nid yvv na llefel nag union . . . ond y mae ar osco, a llavver o *droyadau* a llvvybrau tovvyll yntho. [**1723**] J. THOMAS: *LlDG* 6, er bod Calon dŷn . . . yn fwy ei Thwyll na dim, etto Duw sydd yn berffeithgwbl adnabod pob *Troad* a Chilfach o honi. **1728** T. BADDY: *DDG* 53, a chan fyned o honom trwy/'n *troeadau* a Chylchiadau y Mynyddoedd, ni ddaethom . . . i droed y Mynydd ymprydiol. *c.* **1730** *Taith C* 111, yr o'ent yn edrych ar bob *Troad* (*Turning*). *c.* **1762–79** W. WILLIAMS: *P* 455, Mae pyllau halen yn Poland . . . ac yn y gwaelod y mae mil o *droeadau* dyrys. Ar lafar, 'Ym mhob *troead* 'ydach chi'n disgwyl gweld rwbath gwahanol' (Llŷn); '*troead* yn yr 'ewl', *GTN* 816.

2. (*a*) Newidiad, trawsnewidiad, trawsffurfiad: *change, alteration, transformation.*

1632 *D*, *Troad* opiniwn d.g. *Retractat*[*i*]*o.* **1661** E. LEWIS: *Drex* 2[9]9, ei *droad* [bwyd] yn waed da yn yr afu. **1672** *Catec* [x], *troad* y Bara a'r Gwîn yn y Cymmun i fôd yn wîr Gorph, ac yn wîr waed Crist. **1735** S. THOMAS: *HP* 15, ar ol hir arferiad yr Enw hwn (Marcyn) rhoddodd Tafod y Bobl gyffredin *droad* iddo, ac a'i galwasant Morgan. **1772** *W*, *Tröad* d.g. *Conversion* [*a turning or change from one state to another*]. **1776** DEWI NANTBRÂN: *AN* 52, Un nid trwy *droad* o'r Duwdod yn gnawd: Onid gan gymmeryd y dŷndod at Dduw. Clywir *troead* yn yr ystyr 'newid bywyd', 'Ma'r *troead* arni', *GTN* 816.

(*b*) Tröedigaeth (grefyddol); trobwynt: (*religious*) *conversion; turning-point.*

1588 *Act* xv. 3, teithiasant trwy Phænice a Samaria gan fynegu *troad* (*TN* 195b, ymchweliat) y cenhedloedd. **1599 (1677)** R. HOLLAND: *AB* 101, yr ydoedd gweddi Stephan yn fodd mawr o *droad* Saul i'r ffydd. **1606** E. JAMES: *Hom* i. 101, am ein *troad* ni at Dduw neu oddiwrth Dduw. *id.* iii. 215, mae 'r hên dad Ambros yn traethu yn oleu fod *troad* y galon at Dduw yn dyfod oddiwrth Dduw. **1630** *YDd* 102, wrth dy *droad* (*conversion*), fe fydd eglur . . . dy fod di yn perthyn i'w etholedigaeth ef. **1656 (1745)** *MLl* ii. 157, [t]rwy *Droad* yr Ewyllŷs at Duw. **1670** J. HUGHES: *AP* 356, Ar Ddy'gwyl *Troad* S. Pawl Apost. Ian. 25. **1672** J. LANGFORD: *HDdD* 9, ein *Troead* ni oddiwrth ein drygioni. **1675** R. JONES: *HCh* 110, A weithiodd ef *dróad* a newidiad yn ystôd dy fuchedd di? **1679** C. EDWARDS: *GGG* 159, pregethiad y Gair . . . sydd yn gweithio *troad* yn nynion oddiwrth eu pechodau. **1710** *CBGEL* 99, hyn ŷw'r achos am ba un y maent heddiw mor ddifatter yn Rhufain o yrru ymmlaen *Droad* Loegr. **1751** *GIA* 30, mae *Troad* yn waith amgenach nag y mae nemmawr yn ei feddwl: Nid matter bychan yw dwyn meddwl daiarol ir nefoedd.

(*c*) Cyfieithiad, trosiad; tro (ymadrodd), ffigur; gwyrdroad (ystyr): *translation* (*between languages*); *trope, figure* (*of speech*); *perversion* (*of meaning*).

p. **1621** *B* ii. 231, Mor coch . . . mor brwynog medd Esgob Morgans . . . yn ol y *troad* Brutanayg. hwn yw y *troad* gore om tyb wrth hynn . . . ond yn ol *troade* pari ag Archdiagon Prys y . . . fastard iaith gwynedd. **1661** E. LEWIS: *Drex* [xxix], Cyfieithiad, *troad* i'r truan gymro (Edward Morris). **1675** R. DAVIES: *PY* 214, amryw *droadau*, a dolystumadau, [*sic*] 'r scrythyrau, er maentumiad amryw amryfuseddau. **1727** J. JONES: *DFF* [357], Yn difyrru y Cymru ag Amrywiaeth o *Droadau*, fel y mae gan Jeithoedd eraill: a hynny fel y caffo yr hwn fo'n blino ar y naill *Droad* ei fodloni gan y llall. **1794** *W*, *tröad* o'r naill iaith i'r

llall d.g. *Translation [a version or turning of one language into another]*.

(*d*) Tro (ar fyd), tro (ffodus, anlwcus, &c.), digwyddiad; tro sâl, dichell, hoced; cyfran, tynged, ffawd: *turn (of fate, events, &c.), twist (of fate), event, happening, circumstance; bad turn, duplicity; portion, lot, fate.*

14g. *H* 90b. 4–5, Gỽirodeu gỽledeu a gỽlat ar hỽntan kỽhỽan truan yỽ eu *troat* (Llywelyn Ddu ab y Pastard). *c.* **1400** *R* 1235. 35–6, Archỽn yr hael alud trauael ympob *troyat.* aberis llen ac efferen ac effeiryat. **1684** *JWBS* iv. 243–4, rhagfynegi y *Troiadau* anferthol . . . a ddigwyddant yn y Byd Cyn dyfod y flwyddyn . . . 1703. **1725–6** *Madd Ed* 402, dugir [*sic*] Dŷn yn wastad ym mlaen yn ei yrfa, heb rwystrau a *throadau* [yn 'y Bŷd a ddaw']. **1755** *ML* i. 386, Mi welais yn y papyr newydd heddyw fod i chwi Gontroler newydd . . . a gawsoch chwi ddim uwch swydd na dim daioni? Roedd y Llew . . . yn dadwrdd rhywbeth ynghylch rhyw *droadau* oedd yna. *c.* **1762–79** W. Williams: *P* 296, Amryw *droiadau* chwerwon a gawsant. **1776** I. Brydydd Hir: *P* i. 8, Pa *droadau*, pa ddwfn ddichellion . . . i mae Satan yn eu harferu. **1778** J. Hughes: *BB* 18, Pur hysbys ym ni o Adda hen, / Yn Eden a'i *droyade.*

Cfn.: **troad allan:** *turnout, presentation; a turning out, expulsion, dismissal.* **1858.** **tro(e)ad ar fyd:** *reversal of fortune, (complete) change.* **1603** W. Midleton: *Ps* [iv], cyn-niuer o *droyadau ar fyd.* **1752** *ML* i. 217, Llawer *troad ar fyd* a ddigwyddawdd mewn naw mlynedd ar hugain. **1753** G. Owen: *L* 72, Amheuthyn mawr i mi y *troiad* yma *ar fyd.* **troad y ganrif:** *the turn of the century.* **20g.** **tro(e)ad (y) llaw:** (i) *the least thing, anything (at all).* **14–15g.** *GGLl* 194, Gwn na chaf yn ymrafael / Dim heb Hwn, Duw a Mab Hael, / . . . / Na *throad* llygad, na *llaw* (Gruffudd Llwyd). **1552** *Pen* 403, 25, yr hwnn ni thal *droead y llaw.* (ii) *legerdemain.* **1728** T. Baddy: *DDG* 132–3, ofergoelion y Bobl oedd yn rhedeg cymhelled . . . mai'r *troead Llaw* lleia 'n y Byd oedd ddigonol i Wasanaethu'r tro . . . am ryw fath ar Ryfeddod. Gw. hefyd *ar droead llaw* isod. **tro(e)ad llygad:** *look, glance; the least thing, anything (at all).* **14–15g.** *GGLl* 194, Gwn na chaf yn ymrafael / Dim heb Hwn, Duw a Mab Hael, / . . . / Na *throad llygad,* na llaw (Gruffudd Llwyd). **1618** J. Salisbury: *EH* 22, vn golwc, neu *droead llygad.* **1790** Twm o'r Nant: *GG* 64, Lle gwelom ninnau un anllad, / A *thröad llygad* llon, / Mwy rheittiach i ni, / Ochel rhagddi, / Na hoffi Cwmni hon. **tro(e)ad (y) rhod:** *solstice, change of season, also fig.* **[1703]** *YGDB* 5, mi a hyspysaf i chwi pwŷ oedd Frenhinoedd ar *droiadau'r rhôd* yn y Deÿrnas hon. *id.* 8, bôd cyfnewid ar fŷd yn digwŷdd ar *droiad y rhôd.* *c.* **1730** *Thos. Lloyd D* (LlGC) 205a, *Troead y Rhod.* solstitium. **1756** *Cylchg LlGC* xvi. 156, teg a hyfryd ynghulch *trouad yr hod* [*sic*] [mis Rhagfyr]. Ar lafar, '*troead y rhod*' 'summer solstice', *WVBD* 464; '*Troad y rhod*' 'A change of season; also said of persons becoming altered in their circumstances', *Mont Coll* xiii. 327. **troad ymadrodd:** *turn of phrase, idiom.* **1856** S. Roberts: *Gw* 606, Goddef y Gymraeg hefyd i ysgrifenydd medrus ddilyn holl *droadau* a moddau *ymadrodd* i'r pellafoedd eithaf. Cf. J. Morris-Jones: *CD* 35, Fe arferir y term 'ffigur' yn gyffredin mewn ystyr eang fel yna i gynnwys *troad ymadrodd* a ffigur—yn wir yn fynychach am y naill nag am y llall; *id.* 63, y rhagor rhwng celwydd a *throad ymadrodd* ydyw mai amcan celwydd yw cuddio'r meddwl, ond amcan troad yw dangos ei fin. **ar droead llaw, mewn troead llaw:** *immediately, straight away.* *c.* **1585** G. Robert: *DC* [5]b–[6]a, y pleser yn darfod *ar droead l'aw.* **1618** J. Salisbury: *EH* 83, *mewn* lhai na *throead lhaw.* *c.* **1658** R. Vaughan: *E* 23, mal hyn (megis) *ar drouad llaw* (*upon the turne of a hand*). **1796** T. Jones: *CCA* 245.

troadigaeth, gw. tröedigaeth.

troadog, troeadog [*troad, troead*+*-og*; tywyll yw'r enghrau. llenyddol isod, a rhoddir y diff. ar sail *D*] *a.* Llawn trofeydd, troellog, hefyd yn *ffig.*: *full of bends, winding, twisting, also fig.*

15g. Bedo Aerddrem, &c.: *Gw* 111, Ei aelodau ir gwaelodau / Drwy iad rodau dur *droadog* / Addo'r nodau a dyrnodau / Yw'r defodau'r du Fadog [i Hywel Ddu ap Hywel ap Madog]. **1595** W. Midleton: *B* 87, Nid oedh bhudion, / Nag ehudion, / Beirdh a Drudion braidh *droeadog.* **1632** *D*, heol gyfyng *droadog* d.g. *Angiportus.*

troadol [*troad*+*-ol*] *a.* Yn troi, yn troelli; ffigurol: *turning, spinning; figurative.*

1848. Cf. J. Morris-Jones: *CD* 75, mewn ymadrodd fel 'sŵn distaw', yn ei ystyr *droadol* o ormodiaith y deëllir y gair 'distaw'.

troadur [bôn y f. *troaf*: *troi*+*-adur*] *eg.* ll. *-iau.* Turn; olwyn (crochenydd): *lathe; (potter's) wheel.*

1850.

troadus, troeadus [*troad, troead*+*-us*] *a.* Yn crymu neu'n plygu, troellog, cam, hefyd yn *ffig.*: *bowing, bending, winding, crooked, also fig.*

16g. Huw Cornwy, &c.: *Gw.* 144, Moc yng nghefn—mae acw 'nghudd / Lewys—*drocadus* 'drydydd [*sic*]—/ Menai ydoedd mewn adwy / a gaid yn hawdd gyda nhwy. **16–17g.** *FfH* 42, Drwsiadus, huadus, hoywdeg, / Fwriadus, *droiadus,* deg [i ferched]. **1722** *Llst* 189, *Tröadus.* Bowing, bending, crooked. **1773** *W* d.g. *Flexuous.*

troadwy [bôn y f. *troaf*: *troi*+*-adwy*] *a.bfl.* Y gellir ei droi, newidiadwy, gwrthdroadwy; ffigurol; ?cyfnewidiol (am berson), anwadal: *convertible, changeable, reversible; figurative; ?changeable (of person), fickle.*

1793 Dafydd Ionawr: *CD* 274, Tri-deg, i'r Gwâs *troadwy,* / Darn arian gynhigian' hwy. **1803** *P.*

troaf, trof: troi [bf. o'r e. *tro*¹; *troi* < *tröi*; cf. H. Lyd. *tro(u)im,* Llyd. C. *treiff, trey,* Llyd. Diw. *treiñ*; petrus yw dosbarthiad rhai o'r enghrau. isod] *bg.a.*

1. (*a*) (Peri) symud mewn cylch o gwmpas echel neu bwynt, troelli, cylchdroi, rhedeg (am gamera, &c.), turnio; rhoddi tro i (ddiod, bwyd, paent, &c.), cymysgu (cynhwysion); hefyd yn *ffig.*: *to turn or spin (round), whirl, rotate, circle, orbit, roll (of camera, &c.), turn (on lathe, &c.); stir (drink, food, paint, &c.), mix (ingredients); also fig.*

13g. *Brut B* 17, Ac odyna *troy* e wuyall en y Kylch a gwnaeth wuchot yssot. **13g.** *DB* 73, duy werthyt y furuauen . . . En y rei henne y *try* e nef val rot en y hachel. **13g.** *GBF* 371, Attat [Duw] y *troaf,* attaf *troych.* **14g.** *BT* 63, pa ffuryf *ytroho* y byd. **14g.** *GIG* 53, Dengwaith . . . / Y tynna'r llafn gloywhafn glas / I *droi'n* fy nghylch yn dröell [i ddiolch am gyllell]. *c.* **1400** (*SG*) *HMSS* i. 326, wynt awelynt y castell yn *troi* yn gynt nor gwynt. *id.* 330, *troi* aoruc ef penn y dreic ac darian ar vedyr llosgi taryan beredur. **15–16g.** *GLM* 75, a'i *droi* fellŷn drwy fy llaw, / a'i 'rogli wrth ei ruglaw [i ofyn paderau]. **1588** *Galarn* i. 20, Gwel di ô Arglwydd fod yn gyfyng arnaf, fy emyscaroedd a gyffroasant, fyng-halon a *drôdd* ynof. **1632** *D,* Tro . . . *Troi,* Vertere, Flectere, voluere. **1718 (1721)** S. Thomas: *HB* 6, Heb law ei symudiad o amgylch y ddaiar mewn pedair awr ar hugain . . . y mae [yr haul] . . . yn *troi* yn hyn a hyn o amser megys a'r [*sic*] ei ddau Begwn. **1739** *ML* i. 6, bod y rhôd wedi *troi* . . . a gobeitho na *thru'n* [*sic*] ol mwyach. **1771** *PDPh* 42, dodwch bwys ffyrling o Fitriol a phwys dimme o Ferdigres ynddo [dŵr ffynnon], *trowch* yn dda hyd nes toddont . . . a golchwch y clwyf ag ef. **1794** *W, Troi* ar durn d.g. *To turn in a lathe.* **1803** *P, Troi* . . . To turn. Ar lafar, '*troi'r* olwyn', '*troi* te, uwd', *WVBD* 546; 'Mae'r olwyn yn *troi*', *id.* 547; 'Gôd, ma 'mhen i'n *troi*' (y Gogledd); 'Ma fa wedi *troi* coesa'r ford newydd iti', *GTN* 815.

(*b*) Newid safle fel y bo ochr arall neu ran arall ar y brig neu ar y tu allan, newid tu chwith allan, rholio (drosodd), dymchwel (trol, cwch, &c.): *to turn (over, inside out, &c.), roll (over), overturn, capsize (boat, &c.), upset (cart, &c.).*

1346 *LlA* 85, nachaf gabriel archangel yn *troi* ymaen yar ybed. *c.* **1400** *MM* 160, odyna *tro* ar yr ystlys asseu, a chỽpla dy hun. **15g.** *BB* 155, Ac yno y kyuodes y brenhyn yny eiste o lewenyd; ac ny allws kyn no hynny. onyt val y *troit* ef yny wely. **1545** Elis Gruffydd: *Ll* 2, *tro'r* gwydyr yma a'i waelod yn vcha. **1547** *WS, Troi* ymchwelyd Tourne. **1588** *Hos* vii. 8, Ephraim sydd fel teisen heb ei *throi.* **1595** H. Lewys: *PA* 209, *Troer* maen pedwarochrog ffordd' y fynner, ac fe a sai er hynny yn oestad. **1672** R. Prichard: *Gw* 225, Ni wna / . . . / . . . 'r rhai aflan, drwg, di-grefydd, / Ond *troi* 'th Dŷ ai [*sic*] dor i fynydd. **1794** *W, troi* â'i waelod i fynu d.g. *To overset . . . turn with the bottom upwards.* Ar lafar, 'Mi ddoth moryn a *throi'r* cwch' (Llŷn); '*troi* gläs', 'Mi *droth* y drol, y cwch, y sosban, etc.', *WVBD* 547.

(*c*) Crwydro, rhodio, cerddetan, mynd am dro, symud (o gwmpas): *to wander (about), stroll, saunter, go for a walk, move (around).*

14g. *BT* 214, yr oed edward yn *troi* yn yr ardal ac yn llosgi trefi ynggwyned. **14g.** *WM* 145. 9–12, doeth peredur . . . y lys arthur. ac y doeth ydydoed yn *troi* yn y gaer gỽedy bỽyt. **14g.** *YBH* 8a, Ac yna mynet y *droi* y ben y castell a gogỽydaỽ ar vn or bylcheu ac edrych. **14g.** *GDG*³ 228, Gwae ef yr enaid heb sâl, / Rhag blinder heb gwbl undal, / O *thry* yr unffordd achlân / Y *tröes* y corff truan. *c.* **1400** *YCM*² 77, A phan yttoed . . . yn *troi* ac yn gware yn y berllan. **15g.** *GLGC* 259, Syr Rhisiart o'i wart oedd—yn lladd Saeson, / Salmon yn *troi* 'mron y trimor oedd. *Diw.* **16g.** *LBS* iv. 408, ydd oeddent yn *troi* ynghylch y fynwent. **17g.** *HCRC* iii. 265, aent o ardd Eden i *droi* y ddaiaren / heb ffrwyth y melysbren na fedren hw fod. Ar lafar, '*troi*' 'to walk' 'to go a short distance', *WVBD* 547.

(*d*) (Peri) mynd i gyfeiriad gwahanol, newid cyfeiriad, gyrru ymaith, mynd yn ôl, encilio, dychwelyd; mynd o gwmpas (cornel, &c.); ymdroelli (am lwybr, &c.), plygu; hefyd yn *ffig.*: *to (cause to) turn (aside) or change direction, divert, drive away, turn back, retreat, return; turn (corner, &c.); wind (of path, &c.), bend; also fig.*

12g. *GCBM* ii. 186, Trais Dreon, trinheion nwy *try.* **13g.** *GDB* 135, Men nad yawn *troi* trwy anghallder. **13g.** *GBF* 357, Trỽy fford arall *troant* yn gall, heb golledeu. *id.* 369, Titheu, yr eneit, peit! Na'm pyttyych, / *Tro* o ffyrdd didro hyd tra'e keffych. *c.* **1300** *B* iv. 116, *troit* y gwynt yr dyfrynt. **1346** *LlA* 100, na *throho* dyvedwl ar neb ryỽ beth knaỽtaỽl. **14g.** *GDG*³ 93, Ni *throais,* annoeth reol, / Fy wyneb, er neb, yn ôl. *c.* **1400** *R* 1264. 2, Gỽyl vun a*dry* hun drỽy hut. *c.* **1400** (*SG*) *HMSS* i. 320, *tro* or tu vry yr groes ual y gallom dynessau attei. **15g.** *GGl*² 314, *Troi* blaen gwayw graen o'i grwm, / Tua'i fwnwgl, tew fonwm. **1567** *LlGG* (*Sall*) 65a, tithau Iorddanen [*sic*], pan ith *droespwyt* yn wysc dy gefn. **1588** *Job* xxx. 23, myfi a wn y *troi* di fi i farwolaeth. **1588** *Esec* i. 12, ni *throent* (**1988** *ib.* nid oeddent yn *troi* o'u llwybr) pan gerddent. **1632** *D, Troi* dwr d.g. *Deliquo, Erino.* **1672** R. Prichard: *Gw* 487, *Troi'r* Iorddonen i ben Hermon, / Yw cynghori'r dŷn pengaled. **1688** S. Hughes: *TSP* 260, A'r ffordd ymma bob yn ychydig a *droodd,* ac y *droodd.* **1699** T. Jones: *TP* 18, mi a'i coeliais ef, ac a *drois* ir [*sic*] ffordd hon. **1703** E. Wynne: *BC* 8, Tyrd gyda mi, neu *dro.* **1794** *W,* Mae'n *troi* (plygu) yn ddolen neu'n ddolystum d.g. *To turn, or bend.* Ar lafar, '"Toes 'na ddim *troi* arno fo' [am rywun penderfynol], *WVBD* 18; '*troi* fel cwpan mewn dŵr' [am rywun gwamal], *id.* 547; 'Paid â *throi* wrth y siop fferins, cer ymlaen at y Llew Du'; 'Newydd *droi* trigen 'odd e' (Cered.); 'mwg yn *troi*' 'smoke turns, i.e. blows down the chimney', *GTN* 815.

(*e*) Aredig, palu, symud (pridd, tail, &c.) wyneb i waered, hefyd yn *ffig.*: *to plough, dig, turn over (soil, manure, &c.), also fig.*

15–16g. *GLM* 210, Mab brenin, nes ei flinaw, / a fu'n *troi'r* fynwent â rhaw [marwnad Syr Tomas Salbri]. **15–16g.** *TA* 438, Ni *thry* yng ngwaith yr hëyrn, / Ni thorrai gŵys eithr â'i gyrn [i ofyn tarw du]. *id.* 442, Drylliwr cwys i *droi* lle'r ceirch, / Daint haearn dan y tyweirch [i ofyn ychen]. **16g.** *WLl* 210, Adda n gyfa ddug ofal / I *droi* y byd ai raw bâl. **1604–7** *TW* (*Pen* 228), [*t*]*roi'r* dhaear wrth aredic d.g. *Solicito.* **1699–1700** E. Lhuyd: *SH* 56, Yn o'r kyffylæ ymma a arveræ dhwad alhan o Lwch Frîsa ym Mwl i helpy gwr i *droi.* **1790** T. Jones: *TOS* 215, Efe a ddyry ffrwytheu 'r ddaear tra fom yn *troi,* a llyfnu, a chwynnu. **1800** W. Owen[-Pughe]: *CP* 45, hwn [darn o dir], o achaws rhew hir a chaled, nid allasem ei *droi* cyn Chwefror. Ar lafar yn gyff., *LGW* 98–9.

2. (*a*) Newid, trawsnewid, peri bod (yn), mynd (yn), datblygu (yn): *to change, transform, cause to be, become, turn or develop (into).*

13g. *GDB* 136, Ys yr an *troi* an trachallder. **13g.** *GBF* 370, *Tro* ui, vy Rỽyf Keli, a'm kallonnych. **1346** *LlA* 23, Am hynny *ytroir* y gỽin yn waet. *c.* **1400** *R* 1230. 22, neum *try* yn hynỽyf tra anhuned. **15g.** *GLGC* 252, Ef a *droes* Alban yn dir branar, / ef a dry'r Cymry at ŵr a'u câr [i Wiliam Herbert]. *Diw.* **15g.** *Pen* 53, 9, yna y kyffroant pysgot wisc ac y *troant* yn nadredd. **1545** Elis Gruffydd: *Ll* 7, pan vo'r dwr yn *troi* j liw megis ynn goch, bwrw ef ymaith. *id.* 21, golch ef [archoll] . . . a sugyn y llyshiewyn yma, ac y vo a *dry* yn burlaan. *id.* 123, yn erbyn y kryd melyn . . . yved sugyn mintys . . . a *dry'r* dyn y'w gyuion liw dracheuyn. **1574** *RhRC* (At.) 61b–62a, Ar ysgrifen mi ai *troes* ir mark yma .X. hwn a ge/wch drwyr holl lyfyr / y dynabod geirie Rai eraill Ra/gor fy geirie i. **1588** *Nu* xxxii. 38, Nebo hefyd a Balmeon wedi *troi* eu henwau. **1632** J. Davies: *LlR* 84, *try'r* fath gellwair a digrifwch a hwnnw yn wylo ac yn ochain. **[1665]** E. Morris: *B* 77, *Troi* Saul yn Paul ddawnus, *troi'r* dwfr yn win melus. **1735** S. Thomas: *HP* 8–9, Y wir Ddoethineb . . . a *drowyd* yn awr yn Ddichell ac yn Gyfrwysdra. **1751** *GIA* viii, Oh enaid truan gwael siommedig! Nid oes dim ond llen deneu o gnawd rhyngot ti ar golwg rhyfeddol hwnnw, a'th ostega di yn fuan, ac a *drû* dy dôn, ac ath wna o feddwl arall! **1764** W. Williams: *Th* 16, dy blesser *drodd* yn glwy. **1776** *W, Troi* . . . yn llŵch d.g. *To moulder away.* Ar lafar, 'Mae'r bwyd yn *troi'n*

faeth', *WVBD* 547; 'Fe *drows* e'n weinidog' (sir Gaerf.).

(*b*) Mynd yn sur, suro, mynd yn hen (am fwyd): *to (become) sour, go off, become stale (of food)*.

1933. Ar lafar, *WVBD* 547; 'Ma'r llaeth sydd yn y jwg ar *droi*' (Penllyn); 'Ma'r cig yn *troi*'n rwydd mywn twydd twym', 'llæth wedi *troi*', *GTN* 815.

(*c*) Newid (am y tywydd, &c.): *to change (of the weather, &c.)*.

Ar lafar, 'Ma'r dywydd wedi *troi*'n fudur iawn', *WVBD* 547; 'Mae 'di *troi*, 'tydi?' (Llŷn).

(*d*) (Peri) newid ffydd, plaid wleidyddol, &c., mynd yn grediniwr, adfer (i'r ffydd); arwain ar gyfeiliorn: *to convert or be converted (to a different faith, political party, &c.), go over, become a believer, restore (to the faith); lead astray*.

13g. *GBF* 370, *Tro* ui, vy Rôyf Keli, a'm kallonnych. *c.* **1400** *R* 1218. 32–3, am *try* o gyôyt ym tragywyd. **15g.** *GLGC* 252, ef a *dry*'r Cymry at ŵr a'i câr [i Wiliam Herbert]. **1551** W. SALESBURY: *KLl* xxxivb, Chwi a ddygsoch y dyn yma [Iesu] ata vi mal vn yn *tro/i* [:– gwrthtroi ne dattroi] 'r popol. **1567** *TN* 126a, Hwn yma a gawsam yn *troi*'r bobyl, ac yn gohardd taly teyrnget i Caisar. *c.* **1585** G. ROBERT: *DC* [iv], Er na *throes* y Brenhin i r phydd y pryd hynny, eisoes ef a *droes* lawer o Gymbry eraill. **1618** J. SALISBURY: *EH* 96–7, fel y galhont weid vdhynt *droi*; [*sic*] dhechreu cydnabod, a chlôd-fôli ei enw santaidh ef. **1630** *YDd* 127, Ni ddywedodd Nathan ond vn ddammeg ac fe *droed* Dafydd. **1632** J. DAVIES: *LlR* 274, mi a glywswn o'r blaen am Sainct Anthoni, fel y rhybuddiasid ef i *droi*, wrth glywed darllain gwers o'r Efengyl. **1672** R. PRICHARD: *Gw* 4, A phregethiad vn Efengyl, / Y *trows* Pedr gwedi tair mil. **1687 (1715)** J. OWEN: *TB* 137, o'r diwedd cymmerodd y philosophydd ei *droi*'n Gristion, a bedyddiwyd ef a'i holl blant. *c.* **1762–79** W. WILLIAMS: *P* 146, wedi *troi* rhan fawr o'r genedl hon at Grist'nogrwydd. Ar lafar, 'Mae o wedi *troi* i'r eglwys', ''Dach chi wedi *troi*' 'you have changed your creed (or party)', *WVBD* 547.

(*e*) Trosi (rhwng ieithoedd, systemau, &c.), cyfieithu: *to translate (between languages, systems, &c.)*.

1346 *LlA* 160, yrneb aetroes o ladin ygkymraec. *c.* **1400** *RB* ii. 386, Ef adroes amryfaelyon lyvreu yn ffrangec. *c.* **1400** *RWM* ii. 318, Minneu Jeuan ae *troeis* 6ynt o arabic yn lladin. **16g.** *Med H* 2, Llyfr Dysgread Arfau . . . Siôn Trevor a'i *troes* o'r Llading a'r Ffrangeg yn Gymraeg. **1606** E. JAMES: *Hom* i. d.d., Gwedi eu *troi* i'r iaith Gymeraeg drwy waith Edward Iames. **1632** *D*, *troi* o'r naill iaith i'r llall d.g. *Traduco*. **1661** E. LEWIS: *Drex* [iv], y rhai y dreuliasant ran o'i talent yn *troi* y Bibl. **1747** *ML* i. 112, *Troi* is a good enough word for to 'translate' or to reduce, you may use 'trosi' if you will. **1791** J. THOMAS: *CFf* 4–5, O'r argraphiad a osodwyd allan yn 1689, y *trowyd* ef. **1794** *W* d.g. *To translate* [*turn from one language into another*], *To turn into another language*.

3. Dirwyn neu lapio (o gwmpas), rholio (i fyny), lledu neu ymledu (dros); cyrlio; cyfrodeddu, rhoddi tro yn; ysigo (troed, &c.): *to wind or wrap (around), roll (up), spread (over); curl; twist, put a twist in; sprain (foot, &c.)*.

14g. *B* xiv. 262, Ae diot a oruc iosep y ar y groc. a *throi* llanllein lan yn y gylch. **14g.** *GDG*[3] 373, Drum corff wedi'i *droi* mewn carth; / Ble buost, hen bawl buarth [i'w gysgod]? **1545** ELIS GRUFFYDD: *Ll* 44, gwlychu kadach o liain a'i *droi* ynn i kylch wynt [bronnau]. *id.* 59, [*t*]*ro* ef [gwraidd y llysieuyn conffrai] mewn pappur llwyd. **1567** *TN* [380b], mal rol-o-bapir, gwedy *troi* [:– ei rolio] ynghyd. **1770** R. PRICHARD: *CC* 52, Mewn stabal anghymmen, ym mhreseb yr ychen, / Lle '*trowd* ef mewn gwlanen o'r d'lotta! Ar lafar, '*troi*'r troed' 'to sprain the ankle', *WVBD* 547.

4. Rhoddi (i), trosglwyddo, cyflwyno; mynd yn eiddo neu'n gyfrifoldeb (i), cael ei etifeddu (gan), pasio (i): *to give (to), transfer, present; become the property or responsibility (of), be inherited (by), pass (to)*.

15g. *GLGC* 258, Ac iddo y mae tir y Gwyddyl / a thir holl Brydyn yn llythyrol; / e' *dry* i Edwart wlad yr Eidal, / a'r Alban i wart Edwart a êl. **15–16g.** *GLM* 142, trimaib ywch yn *troi* ym bunt. **16g.** *GSH* [76], Hir serch heb *droi* annerch draw, / Hyn oedd yn fy heneiddiaw [i ferch]. **1588** 1 *Cr* x. 14, am hyn y lladdodd ef, ac y *trôdd* y frenhiniaeth i Ddafydd fab Isai. **16–17g.** *GST* i. 214, *Trof* fawl Troeaf i Elen, / *Trof* air i hil Trefor hen [i Huw Pilstwn]. Cf. T. LLEW JONES: *Trysor Plasywernen* (1958) 120, I chi, fel etifedd naturiol yr hen Syr Gwallter y mae'r trysor yn *troi*.

Amr.: **troddaf**[1]: **troddi** [?dan ddyl. *rhoddaf*: *rhoddi*, ond cf. hefyd ff. megis *trotho*]. **1655** WL: *DP* 45, a *drydd* yn ôl at dduw. **1756** W. WILLIAMS: *GDC* 57, A *droddwyd* mewn Cadachau. **18–19g.** *Llr* C 73, 400, *Troddi* . . . to transtate [*sic*] to transpose. a'r llyfr hwn a ysgrifennais i yn y Latin a gwedi hynny mi a'i *troddais* yn Gymraeg, fal y gallai Gwyr da fy Ngwlad amgyffred eu hansawdd au hymsawdd. Caradawc Llancarvan. Ar lafar, 'Tendia, 'machgan i, ne mi *drydd* y pwn', *WVBD* 547. **troeaf, troiaf. 1588** *Gen* xix. 2. Ar lafar, '*Troia*'r teledu ar, 'nei di?' (Arfon).

Cfn.: **troi allan:** (i) *to put or turn out, expel, evict*. **1604–7** *TW* (*Pen* 228) d.g. *Euerto*. **1703** E. WYNNE: *BC* 20. **1790** T. JONES: *TOS* 230. Ar lafar, 'Gath o 'i *droi allan* o'i dŷ am beidio talu'r rhent' (Arfon). (ii) *to turn out, happen, occur*. **1841.** Ar lafar, ''Di pethe ddim wedi *troi allan* yn dda iawn'. Gw. hefyd *troi maes*. **troi ar:** (i) *to tend towards, incline to; be about to, start to*. *c.* **1400** *Études* vii. 68, wyneb . . . yn *troi ar* vraster yn y rudyeu. **1604–7** *TW* (*Pen* 228), *Troi ar* Sûro d.g. *Acesco*. **1740** E. DAVIES: *Alm* [16], *Troi ar* Rewi tan ganol y Mis. Gw. hefyd *troi ar wella*. (ii) *to turn on, attack unexpectedly (verbally or physically); turn to face (someone); also fig*. *c.* **1400** *RB* ii. 215, Ac ual ydoed vn or rufein wyr [*sic*] yn ymordiwes a gereint garan6ys. ef *atroes arna6* ac . . . ae g6ant tr6y y ffalt arueu. **1588** *Dan* x. 16, fyng-ofidiau a *droesant arnaf* yn y weledigaeth. **1770** P. WILLIAMS: *BS*, 2 *Thes* ii, yr Iesu a *dry arno* [Satan]. Ar lafar yn gyff., 'Wên i'n ofni 'i fod e'n mynd i *droi arno* fe' (sir Benf.); 'Fe *drows* y ci *ar* 'i fishdir 'i 'unan', *GTN* 815. (iii) *to nauseate, upset or turn one's stomach, also fig*. **20g.** Ar lafar yn gyff., 'Ma'r hen ddynes 'na'n *troi arna*' i'; ''Odd 'i liw o'n *troi arna*' i'; 'Ma'r bwyd 'ma wedi *troi arna*' i' (canolbarth Cered.). (iv) *to depend (up)on, come down to*. **1713** T. BADDY: *DDGH* 17, mae'r cyfan yn *troi ar* hyn, 'ydyw Christ ynof?'. (v) *to switch or turn on (light, radio, &c.); arouse (sexually), 'turn on'*. **20g.** Ar lafar, '*Troia*'r teledu *ar*, 'nei di?' (Arfon); ''Wi'n lico'r olygfa yn y ffilm lle ma ieithoedd tramor yn 'i *throi* hi *arno*'. (vi) *to exceed, be over (of age)*. **1858. troi ar y feisgawn:** *to stand on a hayrick to receive and spread the hay*. **18–19g.** *BL Add* 15023, 82a. Ar lafar, *GTN* 599. **troi ar golyn:** *to spin round*. **20g. troi ar (at) wella:** *to start recovering (from an illness)*. **20g.** Ar lafar, 'Ma hi 'di bod yn cwyno ers talwm, ond 'dwi'n meddwl 'i bod hi 'di *troi ar wella* erbyn hyn'. Cf. *W*, yr amser i droi ar wellhâd neu waethygiad d.g. *Crisis* [*the height of a distemper*]. **troi ar ei (dy, &c.) ochr:** *to overturn (of car, &c.); roll or turn onto his (your, &c.) side*. **20g.** Ar lafar, ''Odd y car 'di *troi ar 'i ochr*'; '*Tro ar dy ochor*!'; 'Ma Cymorth Cynta'n dysgu bo' isie *troi* person *ar 'i ochor* i gâl nw i ddod rownd' (sir Gaerf.). **troi ar ei ben:** *to overturn, also fig*. **20g. troi ar ei sawdl (eu, &c., sodlau):** *to turn on one's heels, about-face*. **1885** D. OWEN: *RL* 56, Trodd Wil *ar ei sawdl* a cherddodd yn hamddenol tua'r drws. Ar lafar, 'Fe *drows ar 'i sawdwl* or wthdo' 'i 'eb air a off ag e', *GTN* 815; hefyd yn yr ystyr 'cael nam wrth droi ar y sawdl', 'Fi etho' dros garrag fach a fi *drôs ar 'ym sawdwl*', *id.* 704. **troi ar stumog,** gw. *troi stumog*. **troi at:** *to turn towards, face, confront; go over to (enemy, &c.); be converted to (different faith, &c.); turn to (for help, consolation, &c.); commence, start to, settle down to; direct towards*. **13g.** *GBF* 370, Tro ui vy Rôyf Keli . . . / *Attat* y *troaf, attaf troych*. *c.* **1400** *R* 1225. 20, *try* y bleit *att* yrei blaen. **1588** *Eseia* xlv. 22, *Troiwch attafi* holl gyrrau 'r ddaiar. **1751** *GIA* xvi, yn ymgysylltu ynghŷd megis ûn gwr i *droi at* yr Arglwydd. **1794** *W*, *Troi* (rhoi) ei hun *at* beth d.g. *To turn one's self to a thing*. **troi a threiglo:** *to toss and turn, be restless*. **1870.** Ar lafar, '*Troi-a-triglo*', *GDD* 310. **troi a thrin,** &c.: *to plough, cultivate*. **1778** J. HUGHES: *BB* 288, Drwy ordinhâd glân, / Hau na medi 'n gynnar, / Na *throi na thrin* y ddaiar, / Ni wna 'r Adar mân. **1783** J. ROBERTS: *C* 7, Lled hyfryd yr hin . . . i *droi ac* i *drin*. Cf. H. EVANS: *CE* 72, Yr oedd gwthio a thrin a throi y mynydd yn myned ymlaen. **troi a throelli:** *to toss and turn, be restless, writhe*. **20g. troi a throsi:** *to toss and turn, be restless, writhe; turn over and over, wind; wobble; rummage, fumble (about); toss (about); turn over (in one's mind), mull over*. **1604–7** *TW* (*Pen* 228), yr hwn alher ei *droi* ai *drosi* d.g. *Versabilis*. **1632** *D*, A fo'n *troi ac* yn *trosi* peth yn ei feddwl d.g. *Volutabundus*. **1803** *P*, Trosi . . . *Troi a throsi*, to turn and move about. Ar lafar, 'yn *troi ac* yn *trosi*' 'turning and tossing . . . e.g. of some one in a fever', *WVBD* 548; hefyd yn yr ystyr 'meddle with, rummage amongst', 'yn *troi ac* yn *trosi*'ch petha a dim bysnas mynd yno', ac yn yr ystyr 'to loiter about', 'Paid â *troi a throsi* a chanlyn ar dy waith yn well', *ib.*; ''Ôn i'n *troi a throsi* drw'r nos yn y gwres 'na' (sir Gaerf.). Cf. D. OWEN: *GT* 220, yn *troi a throsi* yn ei wely drwy y nos heb gysgu hunell. Cf. ymhellach **1787 (1812)** TWM O'R NANT: *PG* 46, Wel, rhaid iddynt sefyll dan ymroi, / Wrth ras, heb droi na throsi. **troi at wella,** gw. *troi ar wella*. **troi blaen:** *to face, stand up (to)*. **16–17g.** *PCWG* 248, pam y mae yn hachvbwr krist mor ddirfing yn *troi blaen* i apostolion rhag kamgymeryd achos i ddyfodiad o ir byd. **1601** *GST* i. 63, Trecha' un o'r trichanwyr, / *Troi blaen* at rebel a'i wŷr [i Siôn Salsbri o Leweni]. **troi braich:** *to twist (someone's) arm, persuade*. **20g.** Ar lafar. **troi calon, troi'r galon:** *to have or cause a change of heart, change the feelings of, change one's mind*. **15g.** *GIBH* [65], *Trown* ninnau *galonnau* glân / Ato, ac iddo gweddan'; / Ein pechod, os gwrthodwn / Ufuddhau, e faddau Hwn. **1567** *TN* 80b, i ddymchwelyt [:– *droy*] *calonae* y tadae i'r plant. **1790** TWM O'R NANT: *GG* 108, Merched lledrydd, / Draws eu gilydd, *droes* ei *galon*. **troi'r gath yn yr (i'r) haul (i):** *?to deceive, swindle*. **1615** R. SMYTH: *GB* 87, yr hain [marsiandwyr] a fedrant yn orau anudoni, a siomi, ne megis a mae 'r ddihareb [g]lyphredin (*troi 'r gath yn yr haul*) (*sell their breath at a better price than their merchandize*). **1632** *D* (*Diar*). **1789** TWM O'R NANT: *TChB* 9, Mae ganthynt yn Llundain lawer llawendy / I *droi 'r Gath yn 'r Haul i* Fon'ddigion Cymru. Cf. *Hen B* 137, Os aeth fy nghariad ffals i garu / Yn lle rhoddi'r swydd i fyny, / Fe ddaw heibio wrth fyn'd adre / I *droi'r gath i'r haul* i minne. **troi'r gath yn y badell:** '*to turn the cat in the pan', change sides, turn right around, prevaricate*. **1864.** Ar lafar, '*troi'r gath yn y badall*' 'to try and get out of what one has said', *WVBD* 546; '*troi'r gath yn y batall*', *GWG* 311. **troi cefn (ar, at):** (i) *to retreat or withdraw (from), flee (from)*. **1588** *Barn* xx. 39, Pan *drôdd* gwŷr Israel eu *cefnau* yn y rhyfel. **1604–7** *TW* (*Pen* 228), *Troi cefn* d.g. *Auersor*. **1790** T. JONES: *TOS* 288, A *drodd* ef ei *gefn* erioed (*Was he ever foiled*) ar unrhyw elyn? (ii) *to give up (doing something), reject, forsake, turn one's back (upon), leave*. **1682** E. LLWYD: *EI* 2, *troi* eich *cefnau at* fwrdd yr Arglwydd. **1688** S. HUGHES: *TSP* 9, ni *throesai* fo mo'i *gefn arnom* mor ysgafn. **1794** *W*, *troi* ei *gefn ar* d.g. *To turn one's coat*. Ar lafar, 'Ma fe wedi *troi 'i gefn ar* yr eglwys ers mynd i'r coleg' (sir Benf.). **troi'r cloc:** *to put the clock (back or forward)*. Ar lafar. **troi'r cloc ymlaen:** *to put the clock forward*. Ar lafar, ''Ma isie *troi'r cloc 'mlân* yn y gwanwyn' (sir Gaerf.); *GTN* 815. **troi'r cloc yn ôl:** *to turn the clock back, also fig*. **20g.** Ar lafar, ''Ma pobl wastod yn 'difaru neud rwbeth ac isie *troi'r cloc 'nôl*' (sir Gaerf.); *GTN* 815. **troi'r clorian (glorian):** *to turn the scale(s), tip the scale(s), tip the balance*. **1672** J. LANGFORD: *HDdD* 245, fe ddichon eiddo [*sic*] yntau *droi 'r clorian* (*cast the scales*). **1718** E. SAMUEL: *HDdD* 301, ar [*sic*] rhagorieth sy . . . yn *troi 'r Clorian* (*cast the scales*). Cf. *troi'r fantol, troi'r dafl*. **troi clos:** *to defecate*. Ar lafar, '*troi* . . . ei *glos*' 'laxare . . . vertere braccas', *WA* 388 (Arfon); '*troi clos*' 'ventrem exonerare', *WVBD* 269. **troi('r) clust byddar, troi'r glust fyddar,** &c.: *to turn a deaf ear*. **1722** T. EVANS: *PS* [v], Ymneillduwyr . . . bydd iddynt *droi clust byddar* i bob dim a gynnygir ynddo [y llyfr hwn]. **1732** *AABI* 123, Joseph a Moses, Daniel, Shedrâck, Meshack, ac Abednego, y rhai hyn oll . . . a *droesant y Clust byddar* at Cyngor [*sic*] cnawdol a Chynghorwyr cnawdol hefyd. **1747** T. EVANS: *DDM* 7–8, yntef . . . yn *troi clust byddar*, ac yn cassau ei Gymydog fyth yn ei galon. **1774** *W*, *troi'r clust byddar* (*y glust fyddar*) at un d.g. *Hearing* . . . *Not to give one the hearing*. **1797** W. THOMAS: *CC* 44, a *throi y glust fyddar* at ei aml alwadau. **troi corff heibio, troi heibio'r corff = troi corff maes. 19–20g.** *SE*, *Troi corff heibio*, to lay out a corpse d.g. *Corff*. Ar lafar yng Nghered. yn y ff. *troi hibo'r corff*. **troi('r) corff maes:** *to lay out a corpse*. Ar lafar, ''Odd 'yn fyng-gu yn arfer mynd i *droi cyrff mas*' (sir Gaerf.); ''Odd rw 'en finyw yn dod i *droi'r corff mæs*' (Myn.). **troi ei (dy, &c.) gôt (cot):** *to turn one's coat, be a turncoat*. **1881** D. OWEN: *D* 138, Oni buasai am ei rieni, buasai Walter wedi *troi ei gôt* er ystalm. Ar lafar, ''Wyt ti wedi *troi dy got* . . . a mynd or wth y Libralz, 'wi'n clwad', *GTN* 815. **troi cwys:** *to plough a furrow*. Ar lafar yn Llŷn. **troi cylla:** *to turn one's stomach*. **1794** *W* d.g. *To turn one's stomach*. **troi dalen (dolen):** *to turn (over) a leaf or page*. **1564–5** *Rhyddiaith Gymraeg* i. 68, rrag yt ddiwyno y llyfr yn i ddylofi dan *droi* y *dolene*. **1632** *D*, Troi fel y troir dalennau llyfr d.g. *Euoluo*. **1794** *W*, *Troi dalennau* (*dail*) llyfr d.g. *To turn over the leaves of a book*. Yr oedd *Troi Dail* yn enw ar raglen trafod llyfrau ar y teledu. **troi dalen (dolen) newydd:** *to turn over a new leaf*. **1676** W. JONES: *GB* 3, dy annog di i ymwrthod â'th bechodau, i *droi dalen newydd* (*to turn over a new leaf*). **1794** *W*, Rhaid yw i mi *droi dalen* . . . *newydd* d.g. *To turn over the leaves of a book* . . . *I must turn over a new leaf* [*lead a new life*]. Ar lafar, '*troi dalan (dolan) newydd*' 'to turn over a new leaf', *WVBD* 547; ''Man' nw'n gweud bo' fe 'di *troi dalen newydd* ar ôl dod mas o'r carchar' (sir Gaerf.). **troi'r dŵr at ei (dy, &c.) felin ei (dy, &c.) hun (i'w felin ei hun,** &c.): *to turn something to one's own advantage, put to one's own use*. **1893.** Ar lafar, '*troi y dŵr at 'i felin 'i hun*', *WVBD* 547; ''Mae o'n un da am *droi'r dŵr i'w felin ei hun*'. **troi (i) fyny:** (i) *to turn up(wards), upturn*. **1632** *D* d.g. *Verro*. **1794** *W* d.g. *To upturn*. Ar lafar, 'yn *troi i fyny* i'r wlad' (Arfon, am lwybr). (ii) *to turn up (sound, light, heat, &c.)*. Ar lafar, ''Wnei di'i *droi o i fyny*?' (sir Ddinb.). (iii) *to turn up, appear (on the scene), come to light*. **1858.** Ar lafar, 'Nes i anghofio *troi fyny* i'r cwarfod' (Arfon). Gw. hefyd *troi lan*. **troi('r) golwg:** *to gaze, look, turn one's gaze, also fig*. **15g.** *DE* 38, dann lwyn aur dyn o liw non / a *droer golwg* drwy r galon. **16–17g.** *DCR* 270, *tro dolwg* edrych yma. **17g.** E. MORRIS: *B* 61, *Troi ngolwg* i

ystyriaeth, a chael gweledigaeth. **17g.** HUW MORUS: *EC* ii. 31, Cofia di Dathon, a'i fallus gyfeillion, / Ni *throent* mo'u *golygon* yn union i'r Ne'. **1703** E. WYNNE: *BC* 15, Oddi ar hwn *trois yngolwg* tu arall i'r Stryd. **1796** *Geirgrawn* 168, fe *droes* ei *olwg* ddigyffröus tu ag at yr ardremwyr. **troi gwar:** *to turn one's back, also fig.* **1588** *Jer* xxxii. 33, *troesant* attafi eu *gwarrau*, ac nid eu hwynebau. **1620** 2 *Cr* xxix. 6, ac a'i gwrthodasant ef, ac a droesant eu hwynebau oddi wrth babell yr Arglwydd, ac a *droesant* [:- Heb. roesant] (**1588** *ib.* rhoddasant) eu *gwarrau*. **1794** *W*, *Troi* ei *warr* d.g. *To turn one's back.* **troi gwegil, troi'r wegil:** *to turn tail, retreat, turn one's back, also fig.* **15g.** *HS* 30, ni chawn gann hwnn . . . / eithr gwg a *throi gwe*[*gil*]. **1588** *Jer* ii. 27, hwynt a *droâsant* attafi *wegil*, ac nid wyneb. **1672** R. PRICHARD: *Gw* 155, Os cais genyd *droi* dy *wegil*, / Pan pregethir yr efengyl. **1774** G. JONES: *CFfOG* 18, *Troisom y wegil*, ac nid yr wyneb attat ti. **18–19g.** *HG* 78, Os gwelwn wanneiddil, at hwnnw *troi gwegil* / Ni thal iddo ymbil am gariad. **troi gwely:** *to turn down a bed.* Ar lafar yn Arfon. **troi hedin:** *to cut a heading or gallery in a coalmine.* Ar lafar, *GTN* 815. **troi heibio:** (i) *to give up, leave off, put aside, turn away, abandon.* **1604–7** *TW* (*Pen* 228) d.g. *deflecto, deiicio, deuerto.* **1659 (1751)** *GIA* viii, Eithr gwybydd y cei di ûn i ymddadleu ag ef, na ostwng moi ben erot, ac ni *throir heibio* cyn hawsed â nyni dy gydgreaduriaid. **1701** E. WYNNE: *RBS* 88, Bydd fodlon iddo êf gael Swydd a'th *droi* ditheu *heibio* fel un heb dalu dim (*laid by as unprofitable*). **1741** *ML* i. 49, Ni *throis* i *heibio* etto mo bwmp o groen arth a wisgais i dros fy 'sgwyddau drwy'r gauaf. **1759** T. THOMAS: *WIWDd* 336–7, Y mae 'r hên gyfeillion yn cael eu *troi heibio*. Ar lafar, 'hen 'sgidia wedi'u *troi heibio*', *WVBD* 200; hefyd yn yr ystyr 'to give up, lay aside, jilt', 'Mae hi wedi *troi* hwnna *heibio*', *id.* 547. (ii) *to save up* (*money*); ?*turn over* (*in business*). **1768** J. ROBERTS: *R* 66, Dymmynaf wybod pa faint y mae yn ei golli, neu *droi heibio* yn y flwyddyn? Ar lafar, '*troi* arian *heibio*' 'to save money', *WVBD* 21. **troi heibio'r corff,** gw. *troi corff heibio.* **troi i:** (i) *to visit, call in* (*house, &c.*). **1588** *Gen* xix. 2, *troiwch* atolwg *i* dŷ eich gwâs. (ii) *to turn to, give oneself over to, turn one's attention to.* **1908. troi i fod yn:** *to become, turn into.* **1588** *Ecclus* xxxvii. 2, Onid erys tristwch hyd angeu, pan *droo* cyfaill neu gydymmaith *i fod yn* elyn. **1794** *W* d.g. *To turn to* [*come to be*]. Ar lafar, "Odd e'n fachgen neis ond ma fe 'di *troi i fod yn* 'en beth cas erbyn hyn' (sir Gaerf.). **troi i'r drws,** gw. *troi dros y drws.* **troi i fyny,** gw. *troi fyny.* **troi i ffwrdd (ffordd):** (i) *to turn away, turn aside.* **1567** *TN* 8a, ywrth yr hwn a ewyllysei echwyno genyt, nag ymchwel y maith [*sic*] [:- *thro y ffordd*]. Ar lafar, 'Mi *drois i ffwr*' o'r lôn fawr cyn cyrradd y pentra' (Arfon). (ii) *to turn or switch off.* **20g.** Ar lafar, '*Tro*'r gola 'na *i ffwr*'. **troi i'r ffydd (i ffydd Crist (Grist)):** *to convert or be converted to the faith* (*of Christ*). **15g.** *FfBO* 48, petwar o'n brodyr ni a *droassant* wr grymhus [*sic*] *y fyd Grist.* **1604–7** *TW* (*Pen* 228), dyn wedy *troi*'n dhiwedhar *yr Fydh* d.g. *Neophytus.* [**1703**] *YGDB* 24, ni *throed i ffydd Crist.* **troi i'r iawn:** *to repent, convert or be converted* (*in religious sense*), '*see the light*'. **16g.** *GSC* 31, O *throi i'r iawn* eithr ar od, / Dywaid reswm da drosod. **1546** *YLlH* [9], Gwyl bawl. pan *droes yr iawn.* **16–17g.** *Bl B XVII* i. 91, A phob creadur *try i'r iawn* / A chyrch yn uniawn atat (Edmwnd Prys). **1766** *CD* 127, I mae'r Gŵyr Eglwysig, / Ac ysgolheigion Dysgedig; / Yn troi llawer a'u Llyfrau, / Drwy jolwch, a'u Pregethau. / *I'r iawn* o'i drwg drwbl, / Duw Nef a *drotho*'r Cwbl. **troi i lawr,** gw. *troi lawr.* **troi i maes,** gw. *troi maes.* **troi i mewn,** gw. *troi mewn.* **troi i'w bill:** *to return to his place* (?*of safety*). **15g.** *GLGC* 310, Ni wrthyd y bêl, ni ochel ias, / ni *thry i'w bill* nes ennill un sias [i Ieuan ap Gwilym Fychan]. **1770** *W*, Ni *thry i'w bill* nes ynnill siâs d.g. *Bout* [*a turn, course, heat, time*] . . . *He will not return to his place 'till he has won the bout* [*the heat*]. **troi lan:** (i) *to turn up, appear* (*on the scene*), *come to light.* Ar lafar, "Fi'n colli allweddi'n amal ond mân' nw wastod yn *troi lan* rwle' (sir Gaerf.); 'Dim ond 'annar dwsan *drows lan*', *GTN* 815. (ii) *to turn up* (*sound, light, heat, &c.*). Ar lafar, "Nei di *droi*'r radio *lan*, plis?'; hefyd am ddillad, 'Ma'r trowsus 'na ry 'ir; ma isie *troi* nw *lan*' (sir Gaerf.). Gw. hefyd *troi i fyny.* **troi ei (dy, &c.) law at:** (i) *to turn one's hand to, take up, apply oneself to.* **1931.** Ar lafar, 'Dad sy'n neud y gwaith rownd y tŷ i gyd achos bo' fe'n gallu *troi 'i law at* bopeth' (sir Gaerf.); "Wi'n gallu *troi'n llaw at* lawar o bethach', *GTN* 815. "(ii) *to turn* (*one's hand*) *against, attack.* **1588** *Am* i. 8, a *throaf fy llaw at* Ecron, a derfydd am weddill y Philistiaid, medd yr Arglwydd Dduw. **troi (i) lawr:** (i) *to turn down or take a turning into* (*road, lane, &c.*); (*take a*) *walk, go a short distance.* Ar lafar, '*Trowch i lawr* 'n y fan 'ma' 'Turn down here', "Dach chi'n *troi i lawr* yn o hwyr' 'You are going down (to the town) rather late', *WVBD* 547. (ii) *to turn down or lower* (*sound, light, heat, &c.*), *dip* (*headlamps*). **1935.** Ar lafar, '*Troia*'r sŵn 'na *lawr* 'nei di!' (Arfon). (iii) *to plough, turn over* (*land, soil*). **1858.** Ar lafar, "Och chi'n *troi lawr* fel bo fe'n pwtru erbyn y sbring' (sir Gaerf.). (iv) *to turn down, reject.* **20g.** Ar lafar, 'Mi wnes i drio am y swydd, ond câl '*nhroi lawr* 'nes i' (Arfon); 'Mân' nw 'di *troi lawr* y cais am fwy o arian' (sir Gaerf.); 'Paid o *droi* siŵd ginnig dæ *lawr*!', *GTN* 815. (v) *to turn or fold down.* **20g.** Ar lafar. **troi (i) maes:** (i) *to turn out, go out for a while, 'pop out'; put or turn out* (*animals*); *expel, evict.* **17g.** **(1692)** *B* x. 45, Fe ddaw Swyddogion gwŷch o dre / i *droi* pawb *i maes* o'i lle / wrth gynnal rhyw ymrysson ple / cyn briwa'r delwe meirwon. Ar lafar, 'Mân' nw 'di câl 'u *troi mas* o'u cartrefi' (sir Gaerf.); "So pobol yn lico *troi mas* ar noson wlyb', "Dwi'n *troi*'r ceffylau *mas* am awr bob dydd' (sir Benf.). (ii) *to turn out, happen, occur.* **1898.** Ar lafar, 'Ma'r gacen 'di *troi mas* yn neis'. Gw. hefyd *troi allan.* **troi'r fantol:** *to turn the scale(s), tip the scale(s), tip the balance.* **1800** W. OWEN[-PUGHE]: *CP* 131, i *droi y fantol* rhag unrhyw wrthebiadau yn erbyn yr arfer. Ar lafar, 'Mae hynny wedi *troi'r fantol*' 'That finally decided me', *WVBD* 364; hefyd yn yr ystyr 'to turn the tables (on)', "Odd 'i'n bryd *troi'r fantol* arno fe', *GTN* 815. Cf. *troi'r clorian, troi'r dafl.* **troi meddwl:** *to change or turn* (*some*)*one's mind or opinion.* **14g.** *B* xxv. 265, [g]ovynnabt kyghor vdunt. pa dylb y galley ef *troy medbl* y vorbyn y brth dub. **1567** *TN* 207b, A' phryt na ellit *troi* [:- ddianoc] *ei veddwl.* **1704** E. SAMUEL: *BA* 138, megis nad oes gennyf dueddiad yn y bŷd yn hyn, ond ceisio 'r gwirionedd; felly 'r wŷf yn barod i *droi fy meddwl.* **troi('r) meddwl (ar, i):** *to set one's mind* (*on*), *turn one's mind* (*to*). **1346** *LlA* 100, coffa . . . na *throho dyvedbl ar* neb ryb beth knabtabl. nac *ar* dim arall onyt *arnab* ef ehun. **1604–7** *TW* (*Pen* 228), hwn a *droi vedhwl* y ryw serchnaws ne dûedh d.g. *Flexanimus.* **1632** *D*, A *dro 'r meddwl* d.g. *Flexanimus.* **troi (i) mewn, troi fewn:** (i) *to turn in*(*wards*). **1604–7** *TW* (*Pen* 228), *Troi mewn* d.g. *Inuerto.* Ar lafar, 'Ma isie iti *droi mewn* i'r lôn nesa". (ii) *to call* (*in*), *visit; stay, lodge.* **1794** *W*, *Troi i mewn* i lettŷu [*sic*] d.g. *To turn in to lodge.* Ar lafar, 'Cofia *droi i mewn* acw pan 'ti'n pasio' (Arfon). (iii) *to fold in* (*when mixing ingredients*). **20g. troi mewn cylchoedd:** *to turn round and round* (*without getting anywhere*); *move in* (*specified*) *social, &c., spheres.* **20g.** Ar lafar, 'Ma hi'n *troi mewn cylchoedd* gwahanol 'nawr bo'r swydd bwysig 'ma 'da hi', "Wy'n *troi mewn cylchoedd* am sbel pan mae'r gwaith yn galed' (sir Gaerf.). **troi min:** *to blunt, turn aside* (*sword, &c.*), *also fig.* **1588** *Salm* lxxxix. 43, *Troaist* hefyd *fin* ei gleddyf. **1794** *W*, *Troi mîn* haiernyn awch d.g. *To turn the edge of a tool.* **troi'r min,** gw. *troi'r tu min.* **troi o(ddi) amgylch:** *to turn, put, or go around, orbit.* **14g.** *GLlG* 56, Gwae fi mor serth fu'r perthlwyn / A *droed o amgylch* dy drwyn [Llywelyn Goch ap Meurig Hen i'r farf]. **1567** *TN* 348a, *o troi* hwynt [llongau] *o amgylch* a wneir a llyw bychan bach. **1632** *D*, *troi* peth *o amgylch* d.g. *Offlecto.* **1718 (1721)** S. THOMAS: *HB* 7, O blegyd y Planedau, fe nodir . . . Eu bod yn *troi o amgylch* yr haul yn yr un môdd ac y mae Lleuad yn *troi o amgylch* y ddaiar. **1725** D. LEWIS: *GB* 321, y mae 'r Haul yn cael ei chyfrif yn y Canol, a'r Ddaear a'r Planedeu eraill, yn *troi oddiamgylch* iddi. **1759** J. EVANS: *PF* 27, Ffiledwch [:- *Troi o amgylch* a Gardysau yn eu llêd] y Breichiau yn dynnion o'r tu ucha ir Pen-elin. **1800** *TY* 369, *Troi o amgylch* neu chwildroi yw chwiwio. (ii) *to revolve around, be mainly concerned with.* **20g. troi o amgylch (pen) bys bach,** gw. *troi o gwmpas bys.* **troi o gwmpas:** (i) *to turn or go* (*a*)*round, orbit;* (*take a*) *walk around, stroll around, loiter.* **c. 1588** *B* ii. 235, doydyd 3 ffader gan *droi* /*o*/ *gwmpas* y tan. **1703** E. WYNNE: *BC* 132, fe glywai rai/'n sôn am fynd i *droi o gwmpas* yr Eglwys i weled eu Cariadeu. Ar lafar '*troi o gwmpas*' 'to loiter', *WVBD* 547. (ii) *to revolve around, be mainly concerned with.* **20g. troi o gwmpas (o amgylch, &c.) (pen) bys, troi o gwmpas, &c., ei (dy, &c.) fys (bach):** *to twist around one's little finger, manipulate* (*person*) *to one's own advantage.* **20g.** Ar lafar, 'Paid â thrystio hwnna: mi fedar o *droi* chdi *rownd 'i fys bach*' (Arfon); 'Ma fa'n gallu *troi*'i rieni *rownd idd 'i fys bæch*', *GTN* 815. **troi oddi amgylch,** gw. *troi o amgylch.* **troi oddi ar (y) ffordd:** *to* (*cause to*) *turn off or leave a* (*the*) *road, also fig.* **14g.** *OBWV* 95, *Troaist* fi, ymwng truan, / Oerffwrdd lif, *odd ar ffordd* lân [Gruffudd Gryg i'r lleuad]. **1604–7** *TW* (*Pen* 228), *troi dhyar y phordh* y gymeryt lhetuy d.g. *diuerto.* **1632** *D* d.g. *Diuersus, Obuaricator.* **1688** S. HUGHES: *TSP* 21, fo'i *trows* ef *oddiar ffordd* Mynydd Sion. **troi oddi wrth:** *to turn* (*away*) *from, divert from; desist from; withdraw or remove from, abandon.* **1588** *Math* v. 42, na *thro oddi wrth* yr hwn sydd yn ewyllysio echwyna gennit. **1595** H. LEWYS: *PA* 20, aeth yn elynn imi, ac a *droes* i ffafr *od'iwrthyf.* **1632** *D*, *troi* vn *oddiwrth* ei amcan d.g. *Diuerto, Retorqueo.* **1778** J. HUGHES: *BB* 102, *Oddiwrtho troen* yn ddynion trist. Ar lafar, 'Ma 'di *troi 'ddi wrth* yr eglwys a 'di mynd at y capal' (Arfon). **troi'r olwyn ar:** *to turn the wheel* (*of fortune*) *against.* **1588** *Diar* xx. 26, Brenin doeth a wascar yr annûwiol: ac a *drŷ 'r olwyn arnynt* (**1988** *ib.* yn troi'r rhod yn eu herbyn). **1723** J. JONES: *LlA* 57, Mae yn ddiogel gennyf nad hwn yw 'r Rheswm lleiaf pa ham y mae Duw yn *troi*[*'r Olwyn ar* (*hath brought the wheel upon*) Broffes Crefydd. Cf. J. JONES: *DFF* 122–3, o ni allasech chwi gael Eisteddfeydd mewn nefolion Lcoedd, ped edrychasech mwy ar eu hôl . . . o ni ddarfu i chwi ragweled y troei'r Olwyn arnoch? **troi o'r neilltu:** *to avert, divert.* **1858. troi bant:** *to turn away* (*person*); *turn or switch off.* Ar lafar, "Odd y lle mor llawn 'ôn' nw'n gorfod *troi* bobol *bant* wrth y drws', '*Tro*'r gola *bant*' (sir Gaerf.). **troi pen:** *to turn* (*person's*) *head, make giddy, bemuse.* **1794** *W* d.g. *To turn one's head or brain* [*make one giddy*]. Ar lafar. **troi pen (ar):** *to bring to completion, finish, draw to a close.* **1853.** Clywir *troi pen* ar lafar yn yr ystyr 'to begin to narrow . . . the stack gradually to make it taper to a point', *WVBD* 419; 'tas . . . *troi pen arni* (sef culhau) nes cyrraedd y grib', *B* xv. 26 (Meir.). **troi pob carreg:** *to leave no stone unturned.* **1701** E. WYNNE: *RBS* 209, Beth bynnac a erfyniech gan Dduw mewn Gweddi, gweithia hefyd a *thro bob carreg* am dano. Ar lafar yn Arfon. **troi rownd:** *to turn* (*a*)*round; revolve around, be mainly concerned with.* Ar lafar, 'Paid â *troi rownd* 'rŵan, mae o'n sbio ffor' 'ma'; "Dyw bywyd pawb yn y lle 'ma ddim yn *troi rownd* dy broblemau di'. **troi rownd pen bys bach,** gw. *troi o gwmpas bys.* **troi('r) sawdl:** *to form the heel* (*of a sock*). Ar lafar, 'Ma 'na dipyn o waith gweu ar yr hosan 'ma cyn *troi sowdwl*' (Arfon). **troi ei (dy, &c.) siaced (sieced):** *to be a turncoat, change sides.* **1632** *D*, a *drôo ei siecced* d.g. *Versipellis.* **17g.** HUW MORUS: *EC* i. 187, Gwna i'r Cablirs gwylltion, *droi eu siacedi* llymion, / Oedd wyr dewrion yn eu dydd. **1794** *W*, vulgò *troi ei siacced* d.g. *To turn . . . To turn one's coat* [*be a turn-coat, or desert his party*]. **troi('r) stori (ar ei cholyn):** *to change one's story* (*completely*). **1927.** Ar lafar, "Waeth i ti heb â *troi stori*, 'dwi'n gwbod ma chdi 'nath' (Arfon). **troi (ar) (fy, ei, &c.) stumog:** *to turn one's stomach, also fig.* **20g.** Ar lafar, 'Tro'r hen raglan 'sbyty 'na ffwr', mae'n *troi'n stumog* i' (Arfon); 'Ma'r drewdod 'yn yn ddicon i *droi stumog* ci 'ela', *GTN* 815. **troi tablerau:** *to turn the tables.* **1732** *AABI* 185–6, y dichon Dynion drwg yn fuan *droi Tab*[*lerau* (*turn tables*), a chroesi eu Llyfrau. **troi'r dafl:** *to turn the scale(s), tip the scale(s), tip the balance.* **1718 (1721)** S. THOMAS: *HB* 179, y Frenhines Elizabeth pan ddaeth hi i reoli a *droawdd y Dafl* i'r tu arall. **1735** S. THOMAS: *HP* 169, *troodd y Dafl* er lles a mantais i'r Gweinidogion. Cf. D. J. WILLIAMS: *ChHO* 23, mae'r syniad iddo *droi'r dafol* am 92 pwys wedi llechu . . . yn fy meddwl. Cf. *troi'r clorian, troi'r fantol.* **troi tafod(au):** *to switch points, set a turnout* (*on a railway or tramway*). Ar lafar yn ardaloedd chwareli'r Gogledd, *B* xx. 384. **troi talcen (ar):** *to bring to completion, finish, draw to a close.* **1769** TWM O'R NANT: *TChD* 57, Felly, ni waeth i minneu'n wisgi / *Droi talcen ar* fy stori. Ar lafar yn ardaloedd pyllau glo'r De yn yr ystyr 'To commence a new stall or working-place', *LlGC* 1134, [14]. **troi ei (dy, &c.) draed:** *to gallivant, gad about, wander about, change direction; loaf about, loiter.* **1703** E. WYNNE: *BC* 66, chwi ellwch fynd i *droi 'ch traed* am y tro yma. **1794** *W*, *Troi ei draed* d.g. *To turn ones course another way.* Ar lafar, 'Ble buost ti'n *troi dy draed*? 'Dw'i ddim wedi dy weld di ers talwm' (Môn). Cf. K. ROBERTS: *LW* 62, Gwir hyfrydwch inni oedd mynd i'r mynydd i *droi ein traed* fel y mynnem ar ddydd o haf. **troi'r drol:** *to cause an upset, start an argument, 'upset the apple cart'.* **1913.** Ar lafar yn y Gogledd, 'Ma'n amlwg fod rywun 'di *troi'r drol*'. **troi drosodd (trosto):** *to turn over, overturn, upset.* **1632** *D*, mynych *droi trosto* d.g. *Peruoluto.* Ar lafar, "Odd y car 'di *troi drosodd*'. **troi dros (tros) y drws, troi i'r drws:** *to turn out, send* (*away*) *from home, also fig.* **1672** J. LANGFORD: *HDdD* 188, *troi* Rheswm *tros y drŵs* (*turned out of doors*). **1790** T. JONES: *TOS* 27, Os dy *droi dros y drws* (*to be turned out of doors*) 'rwyt yn ei ofni. **1794** *W*, *troi* un *i'r drŵs* d.g. *To turn one out of doors.* Ar lafar, "*Throiswn* i ddim o un o 'mhlant i *dros y drws* 'ta beth fasan' nw wedi'i nuthur', *GTN* 815. **troi('r) trwyn (ar):** (i) *to turn up one's nose* (*at*), *be disgusted* (*by*). **1860.** Ar lafar, '*troi*'l *drwyn ar*' (Arfon); '*troi'r trwyn*' 'to turn up the nose', *WVBD* 552; 'Smoi'n lico pobl sy'n *troi*'u *trwyne ar* bob math o fwyd tramor' (sir Gaerf.). (ii) *to divert from one's purpose;* ?*convert* (*in religious sense*). **1672** R. PRICHARD: *Gw* 534, Oni chais, oni sycheda, [*sic*] / Dŷn am fâb Duw idd i gadw, / Ni *thry* mâb Duw bŷth *drwyn* hwnnw. **1761** *W Ballads* 77, 5, Ffarwel i'r hên gariade . . . / . . . ni welai'r un y leni / O rheini 'n *troi* mom *trŵyn.* **troi('r) tu min(iog), troi'r min:** *to be sharp* (*with*), *show one's nastier side* (*to*), *show one who's boss.* **1895.** Ar lafar, 'Rhaid imi *droi y tu min* ato fo' 'I must show him my sharp side', *WVBD* 557. **troi ei (dy, &c.) wyneb at y pared:** *to turn one's face to the wall.* **1588** 2 *Br* xx. 2, Yna efe a *drôdd ei wyneb at y pared*: ac a weddiodd at yr Arglwydd. **1588** *Eseia* xxxviii. 2. **troi ei (dy, &c.) wyneb oddi wrth:** *to turn one's face away from, also fig.* **1588** *Ecclus* iv. 4, na *thrô dy wyneb oddi wrth* y tlawd. **1606** E. JAMES: *Hom* ii. 148, cygynted ac y *trothont eu hwynebau oddiwrth* y pregethwr. **1794** *W* d.g. *To turn from or away from . . . Neither turn away thy face from a poor man.* **troi ymlaen:** *to switch or turn on* (*light, radio, &c.*); *arouse* (*sexually*), '*turn on*'. **20g.** Ar lafar, "Wnei di *droi*'r golau '*mlaen*, mae hi'n dywyll yma?', 'Mae merched noeth yn 'i *droi 'mlaen*' (Arfon). **troi yn ei (dy, &c.) garn:** *to change one's mind; prevaricate.* **1862.** Ar lafar, *WVBD* 242, 547. **troi yn ei chwedl:** *to prevaricate, change one's story.* **1771** *W* d.g. *Cat . . . To turn cat in pan* [*prevaricate*]. **troi yn ei (dy, &c.) feddwl, troi yn y meddwl:** *to turn over in one's mind, mull over.* **1604–7** *TW* (*Pen* 228), yn *troi* . . . '*n y medhwl* d.g. *Volutabundus.* **1632** *D*, A fo 'n *troi* . . . peth *yn ei feddwl* d.g.

Volutabundus. Ar lafar, "Dw i wedi *troi'n 'y meddwl* lawar iawn o betha', *WVBD* 547. **troi yn (ei, dy, &c.) ôl:** *to turn back(wards), return, go back, come back, also fig.; turn inside out; give back.* **14g.** *GDG*³ 93, Ni throais, annoeth reol, / Fy wyneb, er neb, *yn ôl.* **15g.** *GLGC* 225, I dyfiad Siôn ap Dafydd / y *troi yn ôl* natur Nudd. **16g.** HUW ARWYSTL: *Gw* 133, is y darren ysdyriol / ma dwr yn vawr ym *droi n vol.* **1710** *LlGG (Gos)* 5, wedi iddo edifarhau a *throi 'n ol* yn gyhoedd (*publish revocation*) ei Amryfusedd annuwiol hwn. **1751** *GIA* 33, peth amgenach yw llwyr *droi yn ôl* drachefn. Ar lafar, "Roeddwn i'n *troi'n fôl* pen glŵis i'r daran', *WVBD* 547; "Odd rhaid ifi *droi'n ôl* pan ddechreuodd hi fwrw eira' (sir Gaerf.). Cf. D. OWEN: *SP* 124, a *throdd* dair ceiniog *yn ol* iddo. **troi yn ôl ei gefn:** *to turn back, retreat.* **1588** *Diar* xxx. 30, yr hwn ni *thrŷ yn ôl ei gefn* (**1988** *ib.* cilio) er ofn nêb. **1632** *D, Troi yn ôl ei gefn* d.g. *Tergiuersor.* **troi yn ei (dy, &c.) ben, troi yn y pen:** *to roll (of eyes).* **c. 1400** *YCM*² 47, a' e lygeit wedy yrgochi, a' r rei hynny yn *troi yn y benn* yn uuan. **1771** *PDPh* 37, y llygaid yn *troi yn y pen.* Ar lafar, "Ôn i'n gweld 'i lygid o'n *troi yn 'i ben* o'. (ii) *to wring his (its, &c.) neck.* **1853** W. REES: *AFR* 104, mi faswn i 'n leicio 'n burion ych gwel'd chi a Siencyn wedi cael gafel ynddo fo, a *throi 'n i ben* o ych dau. **troi yn sidyll (sidell):** *to spin, whirl round, swing.* **1604–7** *TW* (*Pen* 228), *troi'n sidelh* d.g. *Roto.* **1632** *D, troi yn sidyll* d.g. *Rotatim, Roto.* **1632** J. DAVIES: *LlR* 363, Os yr awel wynt a fydd cref, hi [melin wynt] a *dry yn sidyll* ac yn hoyw. **1725** *SR*, To Swinge . . . *troi yn sidill.* **1803** *P*, Sidyll . . . *Troi yn sidyll,* to turn in a twirl. **troi yn y tres (yn y tresi (tresau), yn ei (dy, &c.) dresi):** *to prevaricate, change one's mind.* **16–17g.** *Cer RC* 90, A dechre *troi'n y tresi.* **1771** *W, troi yn y três* (*y tresau*) d.g. *Cat . . . To turn cat in pan* [*prevaricate*], *To equivocate, To tergiversate.* Ar lafar, *WVBD* 543, *Mont Coll* xii. 298. **ei throi hi:** *to go (home), get a move on, get going; ?perform it, turn it.* **20g.** Ar lafar, 'Ma fe'n well inni'*i throi hi* cyn iddi ddechre twyllu' (sir Gaerf.).

trobaeddaf: trobaeddu, gw. **trybaeddaf: trybaeddu.**

trobelydr, gw. **trybelydr.**

trobwll [*tro*¹ + *pwll*] *eg.* ll. *-byllau.* Pwll tro, llyn tro, llynclyn, hefyd yn *ffig.*: *whirlpool, eddy, vortex, maelstrom, also fig.*
1830. Ar lafar yn gyff., *LGW* 409. Cf. *ELlM* 19, Enw gwneud ffansïol o'r bedwaredd ganrif ar bymtheg yw'r enw Llanfairpwllgwyngyllgogerychwyrndrobwll-llantysiliogogogoch.

trobwnc [*tro*¹ + *pwnc*] *eg.* Trobwynt: *turning-point.*
1826.

trobwynt [*tro*¹ + *pwynt*¹] *eg.* ll. *-iau.* Adeg dyngedfennol, uchafbwynt (afiechyd): *turning-point, crisis, critical point.*
1897.

trobwyntiol [*trobwynt* + *-iol*] *a.* Yn ffurfio trobwynt, tyngedfennol: *forming a turning-point, critical.*
20g.

trobyllog [*trobwll* + *-og*] *a.* Llawn trobyllau, hefyd yn *ffig.*: *full of whirlpools or vortices, also fig.*
1928.

troch¹ [bôn y f. *trochaf*: *trochi*; ansicr yw *droch*, *T* 31. 7] *eg.b.* Trochiad, trochfa, gwlychiad, hefyd yn *ffig.*; bedydd (drwy drochiad): *immersion, a soaking, also fig.; baptism (by immersion).*
Dchr. **17g.** *J* 10, 166b, *Troch* s. . . . Intinctus. **1758** *Cylchg CHMC* lvi. 54, amser grwn dywyll ydoedd hi ar fy Enaid i tra bum yn y *Troch.* *id.* 55, Ni fu gwell gennyf erioed i wrando pregeth na'r amser pan yr oeddwn yn y *Troch.* **1803** *P*, *Troç*, s. f. . . . an immersion.
Gw. hefyd **trochion.**

troch²,³, gw. **trwch**¹,².

trochaf: trochi [cf. Llyd. C. *gouzroncqueder* 'ymdrochwr', Gwydd. C. *fothrucud* 'ymdrochi, ymolchi', Lith. *trìñkti* 'golchi'; ansicr yw'r ddwy engh. gyntaf yn adran (*b*) isod] *bg.a.*

(*a*) Suddo, gwlychu, mwydo, trwytho, dipio, dowcio; golchi, ymolchi; hefyd yn *ffig.*: *to immerse, soak, drench, douse, wet, steep, dip, plunge; wash (oneself), bathe; also fig.*
c. **1400** *R* 1203. 41–2, *Troches* goeluein brein vwch bru gōyarllif. **15g.** *GGl*² 98, Och fi, o'i *drochi* drichwrs, / Na bawn ynglŷn yn ei bwrs [dychan i Uto'r Glyn gan Lywelyn ap Gutyn]! **15–16g.** *GRB* 32, Ac os yntau, gwas Antwn, / erfyn cloch ar fwnwgl hwn, / dannod trachwant a'n *trochai* / o chwant aur a pherchen tai. **1545** ELIS GRUFFYDD: *Ll* 144, j mae'r dwr yma yn dra da j ddiffoddi'r . . . tann [*sic*] gwylld, onid i *drochi* ef ynn vynnych a'r dwr. **1547** *WS, Trochi* Dyppe. **1551** W. SALESBURY: *KLl* xxiia, Y nep a *drocha* y law gyd a myvy yn y ddescil. *id.* [xxvb], A mi a sathraf y popul yn vy llit / ac ae *trochaf* yn vyccynddaredd. **1567** *TN* 156b, yr vn y/y [*sic*] rhoddwy vi iddo dameit wedy'r i mi ei enllynu [:– *drochi*, wlychu]. *Diw.* **16g.** *WLB* 48, wedi i wlychu ai *drochi* yn dda mewn vinegr. **1604–7** *TW* (*Pen* 228) d.g. *Immergo, proluo, Submergo.* **1630** *YDd* 175, mal y byddo fy holl bechodau am haflendid wedi eu *trochi* (*bathed*) yn ei waed. **1632** *D, Trochi*, Mergere, balneare. **1655** WL: *DP* 18, y profedigaeth nesaf a'm . . . *trochodd* mewn rhyw bechod newydd. **1703** E. WYNNE: *BC* 91, yna 'n ôl i anferth lifeiriant o frwmstan berwedig, iw [*sic*] *trochi* mewn lloscfeydd, a mygfeydd, a thagfeydd o ddrewi anaelef. **1759** J. EVANS: *PF* 66, *Trochwch* ef (*plunge him*) yn uniawn tros ei ben mewn Dwfr oer. **1789** W. RICHARDS: *ABD* 64, dywedir . . . am ddyn . . . wedi bod allan mewn gwlaw trwm, ei fod wedi cael ei *drochi.* **1789** B. EVANS: *LlG* 85, Ond ni ddichon *trochi* arwyddo hynny [golchi], yn bennodol: o blegid yr ydys yn *trochi*, i'r diben o liwo, ac i wlychu: peth gwahanol iawn i olchi. Ie fe ellir *trochi* peth, er mwyn ei ddwino [*sic*]. **1800** W. OWEN[-PUGHE]: *CP* 97, y cawsellt á olchir neu yn hytrach á *drochir* (*dipped*) yn y maidd. **1803** *P, Troçi* . . . To immerse, to dip, to duck, to plunge, to bathe. Ar lafar, '*trochi*' 'to dip . . . to bathe', *WVBD* 548.

(*b*) (enghrau.'n cyfeirio at fedyddio: *exx. referring to baptism*).
1604–7 *TW* (*Pen* 228) d.g. *Baptizo.* **1632** *D, Trochi* . . . baptizare. **1672** R. PRICHARD: *Gw* 318, Y Dwr yn y bedyddfan, / Lle *trochir* y dŷn bychan. **1688** *TJ, Trochi* . . . to baptize. **1693** J. OWEN: *BP* 186, Y mae bedyddio trwy *drochi*'r holl gorph mewn dwfr oer yn y gwledydd oerion hyn yn dorriad or chwechedd gorchymmyn, Na ladd. **1696** *GGTY* 27, i bod hi'n amheuol jawn a ddarfu iddo [Ioan Fedyddiwr] *drochi*'r holl bobl a ddaeth atto. **1732** *RE* 2, hwy a feddyddiwyd [*sic*], neu a *drochwyd* mewn âfon. **1800** C. EVANS: *EJU* 116, lle y byddent yn bedyddio, neu *drochi* yr oedrannol ar broffes o'u ffydd.

(*c*) Trin (defaid, &c.) yn erbyn pryfed a heintiau drwy eu suddo mewn hylif cemegol pwrpasol, dipio: *to dip (sheep, &c.).*
1932. Ar lafar, *Cymru* xlvii. 237 (sir Ddinb.).

(*d*) Baeddu, difwyno, hefyd yn *ffig.*: *to soil, dirty, also fig.*
15g. *Glam Bards* 252, un dof wyf onyd af i / yn rychor rag fy *nhrochi* [cywydd ymryson am farwnad i Ieuan ap Hywel Swrdwal gan Ruffudd ap Dafydd Fychan]. **1793** B. FRANCIS: *I* 4, Aeth y deml hardd yn dommen, / A ffieidd-dra *drocha*'i dodrefn. Ar lafar, 'Ma fe 'di *trochi*'i ddillad yn barod' (sir Gaerf.); 'Paid o *drochi*'r llawr 'nawr ar ôl ifi 'i olchi fa', 'Ma dy wynab di wedi *trochi*', *GTN* 818; 'Ma'r dyn ffôl wedi *trochi* i hunan yn dost' 'The foolish man has sallied [*sic*] himself very much. (sallied [*sic*] his reputation)', *LlGC* 1174, 23.

trochaidd [cfdds. o'r S. *troch(ee)* + *-aidd*] *a.* Trochëig: *trochaic.*
1890.

trochedig [bôn y f. *trochaf*: *trochi* + *-edig*] *a.bfl.* a hefyd gyda grym enwol. Wedi ei drochi neu ei fwydo, wedi ei wlychu, gwlyb diferol, hefyd yn *ffig.*; wedi ei fedyddio drwy drochiad: *immersed, soaked, also fig.; baptized by immersion.*
1769 *Hop M* 297, Garw a syth y gyrr Saethau: / At bob calon, neu fron frau; / Trwy Awch adwyth *trochedig* / Mewn marwol glawdd o dawdd dig, / Gyd ag Awdurdod gadarn, / Ddial byd oni ddêl barn [am angau]. **1772** *W* d.g. *Dipped, Immerse, Adj.* [*sunk, &c.*]. **1803** *P, Troçedig* . . . Bathed, immersed.

trochëig [cfdds. o'r S. *troch(ic)* + *-ig*²] *a.* Yn cynnwys sillaf hir (neu acennog) a ddilynir gan sillaf fer (neu ddiacen) (am gorfan): *trochaic.*
20g.

trochfa [bôn y f. *trochaf*: *trochi* + *-fa, ma*] *eb.* ll. *-feydd, -fâu.* Trochiad, plymiad, dowciad; golch(iad), bàth, ymolchiad, ymdrochiad; baddon (cyhoeddus), pwll nofio; hefyd yn *ffig.*: *immersion, soaking, drenching, plunging, dipping; wash(ing), bath(ing); (public) baths, swimming pool; also fig.*
16g. *NBSBM* 106, Buellt brudd iawnwydd yna—win gyfoeth / A gafas oer *drochfa* (Morgan Elfael). *a.* **1587** *Y* 202, Ffoist i'r Asia, *drochfa* drom, / Fforiaist Affric, ffrost hyffrom. **1604–7** *TW* (*Pen* 228) d.g. *Baptismus, Niptrum, perfusio.* *Dchr.* **17g.** *J* 10, 166b, *Trochva.* Baptisterium. Perfusio. **17g.** HUW MORUS: *EC* ii. 328, Er syrthio trwy Adda, Un Mab y Gorucha'—/ A'n cododd i'r w noddfa, o'r *drochfa* rhy drwch. **1675** R. JONES: *HCh* 6, Y mae gweddiau o'r fath hyn yn anghenrheidiol o achos peryglon a *throchfeydd* disymmwth (*sudden dangers and plunges*), y rhai y dygir pobl Dduw lawer gwaith iddynt. **1688** *TJ, Trochfa*: a bathing or dipping. **1731** E. SAMUEL: *AE* 127, Mae Pob *trochfa* o hono [meddwdod] yn rhyw gynddaredd ferr, sy 'n gadael y Meddwl yn hurt. **1777** H. JONES: *M* 72, Y dŷdd hwnnw y bydd ffynnon wedi ei hagoryd i dŷ Ddafydd . . . Duw a roddo i chwi *drochfa* dda ynddi! **1785** E. BARNES: *MH* 62, Fal hyn y gorweddant, gan Duchan allan y gweddillion truain o fywyd, eu haelodau yn *drochfa* (*bathed*) o chwys. **1803** *P, Troçva*, s. f.—pl. *troçveyz* . . . A bathing-place; a bathing. Ar lafar, 'Mi gath *drochfa* 'n y glaw', *WVBD* 548.

trochiad¹ [bôn y f. *trochaf*: *trochi* + *-iad*¹] *eg.b.* ll. *-au.* Y weithred o drochi, trochfa, plymiad, dowciad; golch(iad), bàth, ymolchiad, ymdrochiad; bedydd(iad) (drwy drochi); hefyd yn *ffig.*: *immersion, soaking, drenching, plunging, dipping; bath(ing), wash(ing); a baptizing or baptism (by immersion); also fig.*
1547 *WS, Trochiad* Dyppyng. **1567** *TN* 332a, O addysc y bedyddiadau [:– *trochiadu* [*sic*]] a' go/sodiad dwylaw. *id.* 336a, Rrwn oedd wedi y'osod yn vnic mewn bwydydd a diodydd, ac amryw *drochiadau* [:– olchiadeu], a Deddfay cnowdol. **1604–7** *TW* (*Pen* 228) d.g. *Baptismus.* **1636** *Pen* 321, 21b, ym ha berygl- on bynag . . . ne n y *trochiad* mwya (*the greatest terrors*) a allo diawl daro ynom ni. **1696** *GGTY* 14, y cyfriw *drochiad* . . . ac y mae Lliwyddion yn eu [*sic*] arferyd wrth liwio brethynau. *id.* 15, mae'r hynafiaeth, ar Scrythurau . . . yn Siccrhau mae *trochiad* ydoedd [bedydd]. **1696** *CDD* 204, Yn y Sacrament o *drochiad.* **1716** T. EVANS: *DPO* 238–9, Ond Taenelliad dair gwaith a gyfrifid cystal a thair *trochiad.* **1719** T. EVANS: *CDW* 71, Ai trwy *Drochiad*, neu trwy daenellu Dwfr ar yr Wyneb? **1772** *W* d.g. *A ducking, Plunge* [*an immersion in water* . . .]. **1788** B. EVANS: *LlG* 35, Pa un ai *Trochiad* yw Ystyr y Gair Bedydd . . . ag onid e Golchiad. **1803** *P, Troçiad*, s. m.—pl. t. *au* . . . An immersion. Ar lafar, "Odd llawar o sôn flynydda'n ôl am fetydd trw daenelliad a betydd trw *drochiad*', *GTN* 814 (*eg.*).

trochiad² [bôn y f. *trochaf*: *trochi* + *-iad*²] *eg.* Un sy'n trochi gwaywffon, &c., mewn gwaed, un sy'n suddo gwaywffon, &c., i gorff, trywanwr, lleiddiad, difäwr: *steeper (of spear, &c., in blood), plunger (of spear, &c., into a body), stabber, slayer, destroyer.*
Dchr. **12g.** *GMB* 6, Hywel val mor, Kimry oror, kyghor Arvy, / Terruin *trochiad*, torwoet ueitad, vab Goronvy. **12g.** *GCBM* i. 190, Dygwisc amgenwisc am geinyad, / Dygōasgar trychyeid mal *trochyad*! *id.* 257, Ac oet mal *trochyad* yt y trychei. *id.* ii. 54, Tres trachwres, *trochyad* yn trymder. *id.* 121, Traōs *trochyad* kyrchyad, pell kyrchir—y ueirch. **12–13g.** *GLlLl* 4, Pan doues peir trachōres *trochyad* / Par trwy uar, trwy uyrt ysgwytyad. **13g.** *GBF* 31, Cad gyrchyad, llafyn *drochyad*, lleō / ōu Rys rugyluar, rutbar riw.

trochiant [bôn y f. *trochaf*: *trochi* + *-iant*] *eg.* Trochiad; bedydd (drwy drochiad): *immersion; baptism (by immersion).*
1803 *P, Troçiant*, s. m. . . . an immersion.

Trochiedydd [bôn y f. *trochaf*: *trochi* + *-iedydd*] *eg.* Bedyddiwr: *Baptist.*
1842.

trochion [bôn y f. *trochaf*: *trochi* + *-ion*²] *e.ll.* Ewyn, berw ewynnog, ffroth, sucion, golchion, wablin, hefyd yn *dros.* ac yn *ffig.*; (geir.) saws: *foam, spume, froth, (soap)suds, lather, also transf. and fig.; (dict.) sauce.*
14g. *DGG*² 137, Gwreichion dwys *drochion* distrych, / Draig a gur craig a'i geirw crych [Gruffudd Gryg i'r don]. *c.* **1400** *R* 1339. 5–6, Keilliagōt uorsgōt uarsgal kicydyon. keill *drochyon* sebon ansyberw wal. **16g.** MORUS DWYFECH: *Gw* 206, A hiraeth trachaeth *trochion*—galar brudd, / A drôi lawogydd drwy olygon. *a.* **1587** *Y* 126, Trychan hwyl, *trochion* heli, / A dav ddêg chwaneg i chwi / Gida Brutus, dirus daith, / I'r ynys doent ar vnwaith. **1604–7** *TW* (*Pen* 228) d.g. *Intinctus.* **1632** *D*, Distrych, videtur fieri à Trochi, & significare idem quod *Trochion.* **1722** *Llst* 189, *Trochion.* pl. Sauce, any liquid to dip in. **1725** *SR* d.g. *Froath.* **1795** J. THOMAS: *AIC* 264, Cymmer Bibell a llanwa ei phen hi a *Throchion* neu ffroth Sebon. **1803**

P, *Troçion*, s. pl. aggr. . . . suds, lather. Ar lafar, '*trochion* golchi' 'soap-suds', *WVBD* 157.
Gw. hefyd **troch**[1].

trochionaf: trochioni [bf. o'r e. *trochion*] *bg.a.* Ewynnu, berwi'n ewyn, seboni: *to foam, froth, spume, lather.*
1803 *P*, *Troçioni* . . . To raise a lather.

trochionllyd [*trochion*+-*llyd*] *a.* Llawn trochion neu ewyn, ewynllyd, ewynnog: *foaming, foamy, frothy, spumous.*
1803 *P*, *Troçionllyd* . . . Abounding with froth.

trochionog [*trochion*+-*og*] *a.* Llawn trochion neu ewyn, ewynnog, ewynllyd: *foaming, foamy, frothy, spumous.*
1834.

trochle [*troch*[1]+*lle*[1]] *eg.* ll. -oedd. Lle a ddefnyddir ar gyfer bedydd drwy drochiad: *place used for baptism by immersion.*
1849.

trochlestr [gair geir., sef bôn y f. *trochaf*: *trochi*+*llestr*[1]] *eg.* Bedyddfaen: (*baptismal*) *font.*
1604–7 *TW* (*Pen* 228) d.g. *Baptisterium* (hefyd *D*). **1725** *SR* d.g. *A Font.* **1773** *W* d.g. *Font.*

trochlyn [bôn y f. *trochaf*: *trochi*+*llyn*[1]] *eg.* Pwll ymdrochi, hefyd yn *ffig.*: *bathing-pool, also fig.*
1629 R. LLWYD: *P* [10], y rhai a ddarfu iddynt ar y cyntaf trwy eu ffoledd . . . lithro i ddyfn-bwll, ac enbydus *drochlyn* pechod. **1735** L. MORRIS: *LW* 217, 'Stafell fawr helaeth, yn honno'r oedd *Trochlyn* o ddŵr budr drewedig ac ynghanol hwnnw y rhwymei ef yn ddiogel y rhai gwallcôfus wrth Bôst.

trochwr, trochydd [bôn y f. *trochaf*: *trochi* +-*wr*, -*ydd*[3]; ansicr yw union ystyr rhai o'r enghrau. isod] *eg.* (b. *trochyddes*) ll. *trochwyr, trochyddion.*

(*a*) (fel arfer yn y ff. *trochwr*) Un sy'n trochi, plymiwr; ymdrochwr; Bedyddiwr: *immerser, dipper, plunger*; *bather*; *Baptist.*
16g. WILIAM CYNWAL: *Gw* (G. P. Jones) 113, Wrth edrych, gwiw ddrych y gŵyr, / Allu pawb o'r llu pybyr, / Dyn wyd, Dafydd, da'n tyfu / Draw uwch eu llaw, *drochwr* llu; / Fal derwen ar darren dôl / Fry y gwreiddiaist, Ifor graddol. **1696** *GGTY* 357, yn lle Ioan Fedyddiwr, Ioan y *Trochwr.* **1722** *Llst* 189, *Trochwr.* m. A baptist, dipper. **1724** E. WELLS: *CC* 75, mewn perthynas i'r dynion a elwir yn (ail-fedyddivvyr neu) *Drochvvyr.* **1725** *SR*, *Trochwr* d.g. *A Baptist.* **1757** J. PRYS: *Alm* [7], A Thechwr *trochwr* trachwyrn, [*sic*] Hoccedwyr / Rhai cadarn eu hygyrn, / Ceidwad gweineid Rhag cedyrn, / Y byd er cyd y bae cyrn. **1788** B. EVANS: *LlG* 35, nad oes gan y *Trochwyr* ddim ond Casgliad i adeiladu arno, mwy na'r Taenellwyr. **18–19g.** *Cymru* xxi. 219, *Trochwr* mewn afon trychwyllt; / Llawer merch a'i serch sydd / Ar fyned i'r afonydd / I'w throchi,—(beth yw'r achos?). **1803** *P*, *Troçwr*, s. m.—pl. *troçwyr* . . . An immerser, a bather. *id.* *Troçyz*, s. m.—pl. t. *ion* . . . a bather.

(*b*) (fel arfer yn y ff. *trochydd*) *Adar.* Unrhyw un o amryw fathau o adar o'r tylwythau *Gavia* neu *Mergus*; bronwen y dŵr, mwyalchen y dŵr, *Cinclus cinclus*: *diver, diving bird*; *merganser*; *dipper, water ouzel.*
18g. *Pant* 19, 104, Y *Trochydd* mawr . . . y *trochydd* danheddog. **1803** *P*, *Troçyz*, s. m.—pl. t. *ion* . . . a diver.
Cfn.: *Adar.* **trochydd bach:** '*grey speckled diver*' (?*black-throated diver, Gavia arctica*). **18g.** *Pant* 19, 104. **1803** *P.* **trochydd brongoch:** *red-breasted merganser, Mergus serrator.* **1832.** Ar lafar yn y Gogledd, H. E. FORREST: *FNW* 297. **trochydd danheddog** = **trochydd brongoch. 18g.** *Pant* 19, 104, y *trochydd danheddog*, the lesser dun diver. **1803** *P.* Ar lafar yn y Gogledd, H. E. FORREST: *FNW* 297. **trochydd danheddog copog:** *hooded merganser, Mergus cucullatus.* Ar lafar, *LlG* lii. 6. **trochydd gyddfddu:** *black-throated diver, Gavia arctica.* **1832. trochydd gyddfgoch (gwddfgoch):** *red-throated diver, Gavia stellata.* **18g.** *Pant* 19, 104, y *trochydd gwddfgoch*, the red necked diver. **1803** *P*, Troçyz . . . *troçyz gwzvgoç*, the red-necked diver. Ar lafar yn y Gogledd, '*Trochydd Gwddfgoch*', H. E. FORREST: *FNW* 406. **trochydd mawr:** *great northern diver, Gavia immer.* **18g.** *Pant* 19, 104. **1803** *P.* Ar lafar yn y Gogledd, H. E. FORREST: *FNW* 404. **trochydd penwyn:** *smew, white merganser, Mergus albellus.* **20g.**

trochyddiaeth [*trochydd*+-*iaeth*] *e?b.* Y weithred o fedyddio drwy drochiad, athrawiaeth bedyddio drwy drochiad: (*baptismal*) *immersion, immersionism.*
1850.

trochyddol [*trochydd*+-*ol*] *a.* Yn perthyn i drochyddiaeth: *relating to immersionism.*
1850.

trodwen, troddaf[1]**: troddi,** gw. **drudw** (At.), **troaf: troi.**

troddaf[2]**: troddi** [ffrwyth camraniad (gw. y dfn. isod)] *bg.* Mynd, symud (ymlaen): *to go, move* (*onwards*).
1803 *P*, *Trozi* . . . To make a transit; to move onward, to make a progress . . . A'th gi, cyn *trozi* un tro (*GDLl* 46, cyn it roddi tro).

troddiad [bon y f. *troddaf*[2]: *troddi*+-*iad*[1]] *eg.* Newidiad, trawsnewidiad; symudiad (ymlaen), dilyniant: *transition*; (*onward*) *movement, progression.*
1803 *P*, *Troziad*, s. m. . . . A transition, a passing over; progression.

troe, troead, troeadigaeth, troeadog, troeadus, troeaf, gw. **trw**[1], **troad, tröedigaeth, troadog, troadus, troaf: troi.**

troed [Cym. C. *troet*, H. Grn. *truit*, gl. *pes*, Crn. C. *tro*(*y*)*s*, Crn. Diw. *trooz*, *trûz*, Llyd. C. *troat*, Llyd. Diw. *troad*, taf. Gwened *troed*; (ff. ll.) Cym. C. *traet* < *träet*, cf. Crn. C. *tre*(*y*)*s*, Crn. Diw. *treiz*, *traz*, H. Lyd. *treit controlion*, gl. *antipodarum*, Llyd. C. *treit*, Llyd. Diw. *treid*; cf. H. Wydd. *traig* (gen. un. *traiged*), Gal. Diw. *treide*, gl. *pede*, ?a Llad. Gâl *ver-tragus* 'bytheiad cyflym': ?o'r gwr. IE. **dhregh-* 'rhedeg', cf. Gr. τρέχω 'rhedaf', τροχός 'olwyn'] *eg.b.* ll. *traed*, ll. dwbl *traedau.*

(*a*) Rhan isaf coes person neu anifail asgwrn cefn arall islaw'r ffêr: (*person's or animal's*) *foot.*
Dchr. **12g.** *GMB* 142, Ny ryt rwysc eryr hyd *troed* o'e dymhyr. **12g.** *GCBM* i. 195–6, Trachwytynt benn o *draed*; / Yn Llidwm, yn llydan drefred. **12–13g.** *GLlLl* 239, Gwaed am *draed* o drin a gwaedlid lain. **13g.** *LlI* 83, Guerth *troet* march yu e werth en kubyl. **13g.** *C* 20. 1–2, asegi a*thraed* ymlith prit athydwet. **14g.** *T* 22. 11–12, pan yδ du *troet* alarch gδyn. **14g.** *WM* 96. 34–5, ny lunyaf esgidyeu idi yny δelhδyf y *throet.* *c.* **1400** *ChO* 22, *traet* hagyr dybryt yssyd y'r paun. **15g.** *GLGC* 228, Gwisgen' am *droed* ac esgair / ar eu ffo, gwn, raffau gwair. **1547** *WS*, *Troed* A fote. **1588** *Eseia* xxvi. 6, *Troed* ai sathr hi [dinas], sef *traed* y trueniaid. **1595** M. KYFFIN: *DFf* [98], o wastad y pen, hyd wadn y *troed.* **1632** *D*, *Troed*, Pes. **1703** E. WYNNE: *BC* 79, Chwi'r yscafna ar eich *troed*, / Yn ngrymmus Oed eich blodeu. **1760** *ML* ii. 192, O ffei, ffei, mae migwrn y *troed* (y ffêr) yn mynd yn ofer. **1777** W. WILLIAMS: *DN* 7, dull dyn ac nid anifail sydd arno oddi allan, canys dwy *troed* sydd ganddo, ac nid pedair. **1803** *P.* Ar lafar, *WVBD* 548–9 (*eg.*); 'Un ysgon ar 'i *drod* yw a', *GTN* 818 (*eb.*); am ddosbarthiad daearyddol cenedl *troed*, gw. *LGW* [314]–15. Digwydd y ff. l. ddwbl *trade* yng nghanolbarth Cered., sir Gaerf., a Morg., *LlGC* 1174, 8 (Gŵyr), a hefyd yn sir Benf. 'in serio-comic or humorous speech: it is never used in ordinary serious conversation', *GDD* 306. Gw. hefyd y cfn. *traed(au) bach* isod.

(*b*) (enghrau. *ffig.* ac mewn cyd-destun *ffig.*: *fig. exx. and exx. in a fig. context*).
12g. *GCBM* i. 61, Nyd af-y ar hirdδf ny dal hirdeith / Y ar *draed* awel y drydeweith! **13g.** *GBF* 369, Tro o ffyrd didro hyt tra'e keffych, / Tynn *droet* dy uedδl, tra uedych—dy bδyll. *c.* **1400** *R* 1029. 19, trydyd *troet* y hen y ffonn. **15g.** *GLGC* 410, Carw'n rhoddi da yn ddioed, / calon Gwerthrynion a'i *throed* [i Phylib ap Rhys]. **1588** *Ecclus* li. 20, fy *nrhoed* [*sic*] a rodiodd yn iniawn, mi ai holrheiniais hi [doethineb] o'm hieuengtid. **1606** E. JAMES: *Hom* iii. 242, peth peryglus enbaid fydde rhoi ar ddeiliaid farnu pa dywysog sydd ddoeth a duwiol . . . megis pe galle'r *droed* farnu'r pen. **1615** R. SMYTH: *GB* 17, i *traed* sy 'n rhedeg i vvneythyr drvvgioni. **17g.** *TBM* 849, Trawiad Duw'n torri *troed* dysg, / Treisia wraidd trysor addysg [marwnad Siôn Gruffudd gan Watgyn Clywedog]. **1657** T. POWEL: *CI* 14, gweddi . . . er bod ûn *troed* yddi [*sic*] gartref, heb summud [*sic*], mae'r *droed* arall . . . yn amgylchynu yr holl fyd. **17g.** HUW MORUS: *EC* i. 41, Tori doniau *troed* einioes, / Tirion walch, cyn traian oes [marwnad William Ellis].

(*c*) Organ mewn anifeiliaid di-asgwrn-cefn sy'n eu galluogi i ymlynu neu ymsymud: *foot* (*organ of adhesion or locomotion in invertebrates*).
20g.

(*d*) Coes neu handlen (offeryn), coes (dodrefnyn, &c.): *shaft or handle* (*of implement*), *leg* (*of piece of furniture, &c.*).
1543 *B* viii. 299, hyn a wna y melinydd os torrant ond kael y devnvdd ar lawr y velin . . . menybyr i vwiall a *throed* i vorthwyl / a thri *throed* pic i durnen / y kafne bychen sy yn dwyn dwr / at y pressi a pegyne *traed* yr / edenyd. **1588** 1 *Cr* xx. 5, a *throed* gwaiw-ffon. **1595** *Egl Ph* 46, *traed* yr stol. **1632** *D*, *troed* arf d.g. *Enchiridion.* **1654** *KM Misc* 125, mae yma fwrdd heb ddim oi *draed.* **1688** *TJ*, Menybr, carn, *troed* neu ddwrn arf: the Hilt, Haft or Handle of a Weapon. **1774** *W*, *Troed* . . . bwiall d.g. *Hatchet-helve.* Ar lafar, '*troed* bwrdd', *WVBD* 61; '*troed* cadar', *id.* 232; '*troed* fforch, caib, mwrthwl, rac, rhys, wyallt, etc.', *id.* 549; hefyd yn Arfon yn yr ystyr 'pren troed, last'.

(*e*) Godre (grisiau, mynydd, &c.), gwaelod, bôn, pedestal, sylfaen; eithaf, pen: *foot* (*of stairs, mountain, &c.*), *bottom, base, pedestal, foundation*; *extremity, end.*
14g. *WML* 21, Ar march arother yr croessaneit. kanys rδymaδ *troet* ygebystyr awneir δrth ydδy geill. **16g.** HUW ARWYSTL: *Gw* 336, Dyred huw i *droed* heol / Eos a ddaeth is y ddol [i'r bronrhuddyn]. **1588** *Ecs* xxxi. 9, Ac allor y poeth offrwm, ai holl lestri: a'r noe ai *throed.* **1607** *Rhyddiaith Gymraeg* i. 144, Thomas vap Wiliam a aned yn Ardhe'r Menych dan *droet* mynydh yr Yri [*sic*]. **1632** *D*, *Troed* . . . basis. *id.* *troed* colofn d.g. *Spira, Stylobata.* **1681** S. HUGHES: *AC* 24, pan y caent hwy eu meistr wrth *droed* y steirc yn farw. *id.* 25, wrth *droed* yr ysgol. **1753** *TR*, *Troed* . . . the foot of a hill, of a pillar, or of any thing. *Troed* y rhiw; *Troed* yr Allt, &c. **1759** *BC* 82, Cei *droed* y ffordd union, os cedwi dy Galon, / Yn ffynnon y ddwyfron, yn ddifreg. **1773** *W* d.g. *Foot, The foot of a hill, &c., The foot* [*base*] *of a pillar, &c., Foot-stall of a pillar.* Ar lafar yn gyff., 'Mae'r graig yn taflu dros 'i *throed*', *WVBD* 549. Digwydd yn gyff. fel elf. mewn e. lleoedd, e.e. *Troed-y-rhiw*, Merthyr Tudful, Morg.

(*f*) Y rhan o wely, bedd, &c., lle y gorwedd y traed: *foot* (*of bed, grave, &c.*).
14g. *WM* 93. 30–1, Sef y cudyaδd y myδn llaδgist is*traed* y δely. Ar lafar, '*traed* y bedd' 'y pen dwyreiniol', *B* xxiv. 177 (Môn). Gw. hefyd y cfn. *traed gwely* isod.

(*g*) *Bot.* Coesyn (deilen, ffrwyth, &c.): *stalk* (*of leaf, fruit, &c.*).
16g. *LIS* 43, ar ei vric y bydd blodæ . . . yngrhoe [*sic*] wrth ryw *draedæ* ar wedd pyrsæ merchet. *id.* 44, Y llyseun a vydd . . . a dail val danatl pei nat llyfnach a llai o vylchæ ynthynt, a llet wrth ei *traed.* *id.* 81, *Traet* y dail wedy ei iro a mel ai sengi y mewn . . . a barant ir blodæ ac yr etifedd ymescor. *id.* 139, Dail sy iddo val draenblu cywion adar newydd ddeor a *thraedæ* byrrion yddyn. **1604–7** *TW* (*Pen* 228), *troet* deilien d.g. *pediculus.* **1795** J. THOMAS: *AIC* 362, glanhâ nhw [cyrans] oddiwrth y *traed* &c.

(*h*) Math o hollt mewn llechfaen sy'n ffurfio ongl sgwâr â'r 'cefn': *foot-joint* (*in slate*).
1855. Ar lafar yn ardaloedd chwareli llechi'r Gogledd, cf. *B* xx. 383, Cyswllt . . . sy'n rhedeg mwy neu lai ar wastad ac yn isel ar wyneb y graig. Y mae'n ffurfio *troed* neu fôn i'r graig sy'n gorwedd arno ac felly mae'n gyswllt defnyddiol dros ben i'r creigiwr i ryddhau'r graig . . . Lle na bydd *troed* naturiol byddir yn gwneud un â'r 'sianelwr'. . . Y mae'r '*troed*' yn gyfongl â'r 'cefn'. Digwydd hefyd mewn nifer o ymad. megis '*troed* ceiliagwydd', '*troed* glas', gw. *id.* 383–4.

(*i*) Corfan: (*metrical*) *foot.*
1604–7 *TW* (*Pen* 228), *Troet* ne vesûr mewn mytr ne'r pros yn sevylh o dhaû sylhaf vyrrion, ag vn hir d.g. *Anapæstus.* *id.* Rhyw wers wneuthuredic o'r cyfryw *draet* neû vesûræ, neû areith yn lhe yr vnrhyw d.g. *Anapæstus Versus.* *id.* d.g. *Choriambus, Pæon.* **1632** *D* d.g. *Iambus, Trochæus.* Cf. J. MORRIS-JONES: *CD* 128, Yn yr hen fydrau Groeg fe gymerid y sillaf oedd dan guriad y mydr gyda'r sillafau cyfagos i ffurfio bar (neu '*droed*', fel y gelwir ef).
Cfn.: **traed(au) bach:** *baby, young child.* **1910.** Ar lafar, 'y *traed bach* yn gyrru'r traed mawr i redag (gerddad)' 'said of the trouble caused by small children to grown-up people', *WVBD* 549; 'Fe fydd *trade-bach* yn y teulu ofon hir' 'There will be a new arrival in the family before long', *GDD* 306. **traed brain:** *crows' feet* (*used of scrawled handwriting, creases in skin, &c.*). **1919.** Ar lafar, 'Mae o'n sgwennu fel *traed brain*', *WVBD* 549. **traed cathod:** *burr* (*in oak or elm*). **20g.** Ar lafar yn sir Ddinb. Cf. H. S. OWEN: *Calon Gron a Thraed Cathod* (1990) 20, Mewn derwen a llwyfanen y gwelir '*traed cathod*'. Ar ôl llifio'r goeden yn fyrddau fe welwch glystyrau o geinciau bach yn dynn yn ei gilydd . . . fel petai cath

â'i thraed yn fudron wedi cerdded ar hyd y bwrdd. **troed glap** (ll. *traed clapiau*): *club-foot*. **20g.** Ar lafar, *WVBD* 261, 548. Gw. hefyd *troed clwb*. **troed clonc (glonc):** *foot-rot* (*in cattle*), *foul-in-the-foot*. **20g. troed clwb (glwb, clwpa, glwp(a)) = troed glap. 1848.** Clywir y ff. l. *traed clybia* yn Arfon. **troed cnapiog (gnapiog):** *bumble-foot* (*disease in fowls*). **20g. troed (g)orau ymlaen(af):** *best foot forward*. *c.* **1920.** Ar lafar, '*troed gora ymlaena*'', *WVBD* 549. Gw. hefyd *rhoddaf: rhoddi—rho(dd)i'r troed gorau ymlaen*. **traed (troed) (y) gwely:** *foot of a* (*the*) *bed*. **14g.** *WM* 93. 31, *istraed y gwely*. *c.* **1400** *YSG* i. 127, ar *draet y gwely*. *c.* **1730** *Taith C* 31, wrth *Draed fyngwely*. **1770** *W*, *Traed gwely* d.g. *Bed*, *A bed's feet*. Ar lafar, ''Odd hi'n eistedd wrth *droed y gwely*' (Cered.). **troed hosan:** *foot* (*of sock or stocking*). **16–17g.** *CRC* 437, fod /n/ suchion *draed dy sane*. Ar lafar yn gyff. Gw. hefyd *yn nhraed ei hosanau* isod. **traed y meirw:** *the east*. **1862.** Ar lafar yn yr ymad. 'gwynt *træd y meirw*', *GTN* 807. **traed moch:** *mess, confusion, rack and ruin, disaster*. **1762** *ML* ii. 435, yn draed defaid yr aeth yr Hywel, ac yn *draed moch* y Crosse. Ar lafar yn gyff., fel arfer yn yr ymad. 'mynd yn *draed moch*', 'Mae pob peth yn mynd yn *draed moch*' 'everything is going to rack and ruin', *WVBD* 549; 'aeth yn *draed moch* arno', *Cymru* xlvii. 237 (sir Ddinb.); '*træd moch*' 'anhrefn; trychineb', 'Fe æth popith yn *dræd moch*', *GTN* 818; yng Nghered. dywedir bod 'busnes wedi mynd yn *draed moch*' pan fydd wedi methdalu. Clywid hefyd yr ymad. 'mynd yn *draed moch* ac yn bennau gwydd-au', *LlAB* 93. **traed nos:** *stilts*. Ar lafar gynt yn sir Gaerf. a sir Benf., D. PARRY-JONES: *WCGP* 45, *GDD* 307. **traed sanau,** gw. *troed hosan*. **troed ym mhwll (â):** *step by step* (*with*), *in step* (*with*), *also fig.* **1809. traed yn y tir!:** *off you go!, run!* Ar lafar, '*Træd yn y tir!*' 'gorchymyn i redeg', *GTN* 818. Gw. hefyd *rhoddaf: rhoddi—rho(dd)i traed yn y tir*. **troed yn nhroed (â), traed yn nhraed (â):** *step by step* (*with*), *in step* (*with*), *also fig.*; *foot to foot, in close combat*. **1586 (1604)** *B* v. 315, ag yn wir mai i wlad ynte [Crist] / *draed ynrhaed* a nine. **16–17g.** *FfH* 12, Do'i gyda chwi, *droed yn nhroed* / Ac i mi doed a ddelo. **1604–7** *TW* (*Pen* 228), *droet yn rhoet* d.g. *pedatim*. *id.* ymerbyniaw ai gelynion, *troet yn rhoet*, gwr i wr d.g. *phalanx*. **1773** *W*, *Droed yn nhroed* d.g. *Foot to foot*. **1778** M. WILLIAMS: *BM* 5, Mae'n bosibl nad yw llawer o bobl . . . yn gallael dirnad pa fodd y gall dynion fod yn sefyll *draed ynhraed* neu'r naill a'i [*sic*] pennau'n wrthwyneb i'r lleill. **1795** J. THOMAS: *AIC* 25[7], y Bywolion Sydd Y tu arall i'r Ddaear; *Trâed Ynrhaed* ani [*sic*]. **(bod) a'i (a'th, &c.) draed ar y ddaear:** (*to have*) *one's feet on the ground*, (*be*) *sensible*. **20g. a'i draed (a'i thraed, &c.) i fyny:** *in a mess* (*of house, room, &c.*). **20g.** Ar lafar yn y Wladfa, 'Mae'r fflat yma wedi bod *a'i thraed i fyny* trwy'r wythnos'. **ar droed:** *afoot, in progress*, (*going*) *on, happening, current*. **1703** E. WYNNE: *BC* 20, [m]eddwl fod rhyw ffrae gyffredin *ar droed*. **1732–3** J. OWEN: *GB* 17, y Mesurau oedd *ar droed* y Pryd hynny. **1751** *ML* i. 188, roedd gan y brawd ryw scheme newydd *ar droed*. **1787 (1812)** TWM O'R NANT: *PG* 4, Dyna'r ffasiwn sydd *ar droed*. **18–19g.** *CRIM* 95, Ond y peth ynfyta' 'rioed / Sy 'nawr *ar droed* gan feirddion. Ar lafar, 'Ma'r gwaith *ar drod*' (godre Cered.). **ar droed, ar draed:** (i) *on foot, afoot, dismounted*. **14g.** *T* 14. 26, Ereill *ar eu traet* trwy goet kilhyn. **14g.** *WM* 104. 15–16, ny ellir uy llad ar farch. ny ellir *ar uyntroet*. **14g.** *GDG*³ 377, Nac ar farch, dibarch dybiaw, / Nac *ar draed* er y gŵr draw. **1567** *LlGG* (*Sall*) xxxva, trwy'r avon y treiddiant *ar draet*. **1795** *R. Crusoe* 10, mi aethum i Llundain *ar fy nhraed*. (ii) *at the feet of*. *c.* **1400** *RB* ii. 391, Adygbydab *ar draet* dbnstan. (iii) *up* (*at night*). **1675** R. JONES: *HCh* 83, [c]adwant eu gweision ai morwynion *ar eu traed* cyn hwyred. **1792** H. HARRIS: *H* 165, tra'r oedd eraill yn cael eu bendithio â golygiadau melus ar ein Immanuel, a'u cadw *ar eu traed* trwy'r nos, yn canu ei fawl ef. Ar lafar, ''Roeddwn i am ddwy noson *ar 'y nhraed*', *WVBD* 549; 'digon gwael i fod *ar 'i draed* nos efo nhw' (sir Gaern.). (iv) *upright, standing* (*of building, &c.*); *standing* (*of corn, &c.*). **15g.** *AL* ii. 268, Nydylevr yewn am yd *ar y droet* wedi kalangaeaf. **1588** *Barn* xv. 5, y[r] ŷd a oedd *ar ei draed*. *c.* **1700** E. LHUYD: *Par* i. 78, Ty Andrew Brithel, yr hwn sydh *a'r* [*sic*] *i draed* er amser Rhyvel Owen. **1752** *Cylchg LlGC* xvi. 150, Efe [llifeiriant] . . . a ddistrowiodd lawer o ud, peth *ar ei draed* a pheth wedi ei fedi. **1759** *BC* 217, Ni bu erioed, ireiddiach Coed, / Nag sydd *ar droed*, ynthi. Ar lafar, 'Mae'r tŷ *ar 'i draed* byth', 'gwair sy wedi gwywo *ar 'i droed*', *WVBD* 549. (v) *established, independent, self-sufficient*. **1908.** Ar lafar, 'Mae o 'di arfar bod *ar draed*' (Llŷn). Clywir yr ymad. '*ar ei thraed*' yn yr ystyr 'yn llawn brwdfrydedd', 'Dyna gwrdd geson ni! 'Odd '*i ar 'i thræd*' 'no! Bron fel diwyciad', *GTN* 818. (vi) *the image of, exactly like*. Ar lafar, ''I dæd *ar 'i drod* yw'r crotyn ienga'', *GTN* 818. **ar ei draed a'i ddwylo, ar eu traed a'u dwylo, ar draed ei ddwylo, &c.:** *on all fours, on one's hands and knees*. **1898.** Ar lafar, 'Mynd *ar drad-'i-ddwylo*', *GDD* 306; ''Ôn i'n 'i weld a'n mynd *ar 'i dræd a'i ddilo* o dan 'u ffenast nw', *GTN* 818. **un troed (droed) yn y bedd:** *one foot in the grave*. **1677** *CyfA* (*Can C*) 12, y mae *vn troed* imi yn barod *yn y bedd*. Ar lafar, 'Ma'i liw o'n edrach 'th â 'sa gynno fo *un droed yn y bedd*' (Arfon). **yn nhraed ei (eich, &c.) hosanau, yn ei draed a'i hosanau, &c.:** *in his* (*your, &c.*) *stockinged feet*. **18–19g.** Ar lafar, '*yn nhra'd 'i sane* ag un esgid dan 'i gesel', *Wês wês* 18; 'whampyn o fachan . . . obiti dounaw stôn shŵr o fod *in 'i dra'd a sane*', *id.* 20; 'Fi etho' *yn dræd 'ym sana*', *GTN* 818.

Bot. **troed yr aderyn (y deryn):** *bird's-foot, Ornithopus perpusillus*; *bird's-foot trefoil, Lotus corniculatus*. **1803** *P*. **1813** *WB* 240, *Troed Yr Aderyn*; Ornithopus perpusillus; Common Bird's foot. **troed yr arth:** *bear's breech, Acanthus mollis*; *stinking hellebore, bear's foot, Helleborus fœtidus*; *black hellebore, Helleborus niger*. **1604–7** *TW* (*Pen* 228), *Troet yr Arth* d.g. *pæderos*. **1688** *TJ* (*Bot*), *Troed yr Arth*, crafangc yr Arth: black Hellebore, Brankursin. **1725** *SR* (*Bot*) d.g. *Acanthus, Bears Breech, Bear Foot, Hellebore*. **1803** *P*. **1813** *WB* 240, *Troed Yr Arth*. edr. Crafangc. **troed yr asen (asyn):** *hedge-garlic, garlic-mustard, Alliaria petiolata*. **16g.** *LlS* 44, Alliaria yn Llatin, Sauce alone nei Iacke of the hedge yn Saesonaec. *Troet yr Assen* nei Pernel yn Camberaec. **1632** *D* (*Bot*), *Troed yr assen*, yr arlleg-og, Alliarium. **1725** *SR* (*Bot*), *troed yr assyn* d.g. *Jack by the hedge*. **1773** *W*, *troed yr assen* d.g. *Garlick, Wild snake's garlick, Jack by, or of, the hedge*. **1803** *P*. **troed y barcud (barcut):** *common meadow rue, Thalictrum flavum*; *samphire, Crithmum maritimum*; *kite's foot* (*unidentified plant*); ?*buck's horn plantain, Plantago coronopus*. *Dchr.* **17g.** *J* 10, 165b, *Troed y barcut*. Crithmus. **1632** *D* (*Bot*), *Troed y barcud*, Pes milui. **1688** *TJ* (*Bot*), *Troed y barcud*: Kites-foot. **1775** *W*, *Troet y barcut* d.g. *Kite's foot* [*herb*]. **1803** *P*. **1813** *WB* 240, *Troed Y Barcud*; Thalictrum flavum; Common Meadow-rue. **troed y blaidd:** (*stag's-horn*) *clubmoss, wolf's claw, wolf's-foot, Lycopodium* (*clavatum*). **1604–7** *TW* (*Pen* 228), *troet y Blaidh*. Corn y Carw or mynydh d.g. *Lycopus*. **1682** E. LHUYD: *LL* 72. **traed y brain:** *bluebells, Hyacinthoides non-scripta*. Ar lafar, *GDD* 307. **troed y frân, troed brân:** *buttercup, crowfoot, Ranunculus*; *float-fescue, Festuca*; *ragwort, Senecio*. *c.* **1400** *Études* vii. 54, pes corui, *troet y vran*. **1604–7** *TW* (*Pen* 228), *Troet bran* d.g. *Vectis*. **1801** *MMf* 291, Pes corvi, *troed y frân*. *id.* 292, Ranunculus, *Troed y frân*, chwŷs Mair, blodau'r menyn, egyllt. Ar lafar yn yr ystyr 'Ranunculus', G. AWBERY: *BM* 32 (sir Gaerf.); hefyd yn y ff. 'blodau *traed brain*', 'llun *troed y frân*', *ib.* (Morg.). **troed y fuwch:** *cowslip, Primula veris*. Ar lafar, G. AWBERY: *BM* 35 (Morg.). **troed y gath, traed y gath:** *ground ivy, cat's-foot, Glechoma hederacea*; *mountain everlasting, cat's-foot, Antennaria dioica*. **1770** *IM* 148, *Troed y gath*. the purple flower'd heath. the hills where covered with it have a very beautiful appearance. **1813** *WB* 240, *Troed Y Gath*; Graphalium dioicum; Mountain Cat's foot. Ar lafar, '*Trad-y-gath*' 'Ground ivy', *GDD* 307. **troed y gath bali:** (*dict.*) *ground-pine, field cypress, Ajuga chamæpitys*; *ground ivy, cat's-foot, Glechoma hederacea*. **1604–7** *TW* (*Pen* 228) d.g. *Abiga*. **1772** *W* d.g. *Cipress, Field cipress* [*herb*]. **1803** *P*. **troed y ceiliog:** *columbine, Aquilegia vulgaris*; *cocksfoot* (*grass*), *Dactylis glomerata*. **1604–7** *TW* (*Pen* 228), *Troet y Ceiliawc* d.g. *Aquilegia*. **1632** *D* (*Bot*), *Troed y ceiliog*, colwmbein. **18–19g.** *Llr* C 4, 14, *Troed y Ceiliog*, a kind of grass cocksfoot. **1803** *P*. **1813** *WB* 240, *Troed Y Ceiliog*; Dactylis glomerata; Cock's-foot grass. **troed y golomen, troed colomen:** *columbine, Aquilegia vulgaris*; *dove'sfoot* (*cranesbill*), *Geranium molle*. **16g.** *LlS* 43, Aquilegia yn Llatin Columbine yn Saesonaec Colwmbin ne *Troed colòmen* yn Camberaec. **1604–7** *TW* (*Pen* 228), *Troet y Colomen* [*sic*] d.g. *Aquilegia*. *Dchr.* **17g.** *J* 10, 165b, *Troed y glommen*. Aquilegia. **1633** J. GERARDE: *Herball*, *Troed y glomen*. Columbine. **1803** *P*. **1813** *WB* 240, *Troed Y Golomen*; Geranium molle; Dove's foot Crane's bill. Ar lafar yn Arfon, '*troed y glomen*' '*Aquilegia vulgaris*'. **troed y cyw:** *hedge-parsley, Torilis*; *bur-parsley, hen's-foot, Caucalis platycarpos or Turgenia latifolia*; *purslane, Portulaca oleracea*. *Dchr.* **17g.** *J* 10, 165b, *Troed y cyw* . . . Purslane. Porlaca. Andrachne. Peplion. **1632** *D* (*Bot*), *Troed y cyw*, Pes pulli. **1688** *TJ* (*Bot*), *Troed y cŷw*: Chicken's-foot. **1803** *P*. **1813** *WB* 240, *Troed Y Cyw*; Caucalis;— Bur-parsley, Hedge Parsley. **troed y gywen:** *purslane, Portulaca oleracea*; *water purslane, Lythrum portula*; *petty spurge, wild purslane, Euphorbia peplis*. **16g.** *LlS* 47, Portulaca yn Llatin, Porcelan yn Saesonaec Portulac nei *Droet y gywen* yn Camberaec. **1604–7** *TW* (*Pen* 228) d.g. *Andrachne, peplion, portulaca*. **1688** *TJ* (*Bot*), *Troed y gywen*: wild Purslain. **1803** *P*. **1813** *WB* 241, *Troed Y Gywen*; Peplis Portulaca; Water Purslane. **troed y deryn,** gw. *troed yr aderyn*. **troed y dryw:** *agrimony, Agrimonia eupatoria*; *lady's mantle, Alchemilla vulgaris*; *parsley-piert, Aphanes arvensis*; (?*dict.*) *samphire, Crithmum maritimum, saxifrage, Saxifraga*. *Dchr.* **17g.** *J* 10, 165b, *Troed y dryw*. Empetron. **1632** *D* (*Bot*), *Troed y dryw*, vid. Cwlyn y mêl. **1633** J. GERARDE: *Herball*, *Troed y dryw*. Parsley Breakstone, or smal Saxifrage. **1734** S. RHYDDERCH: *Alm* [5], Rhag y Clefyd Mêlyn ar Geffyl. Cymmerwch *Droed* neu grimp *y Dryw*. **1803** *P*. **1813** *WB* 240, *Troed Y Dryw*; Alchemilla arvensis; Parsley Piert, Field Ladies' mantle. Ar lafar gynt yn yr ystyr 'llysiau'r dryw, *Agrimonia eupatoria*', *LlGC* 1175, 85. **troed yr ebol:** *coltsfoot, Tussilago farfara*; *marsh marigold, Caltha palustris*. *c.* **1460** *Pen* 204, pes pulli agreitris [*sic*] yw *troed yr ebol* neu pediti **1801** *MMf* 283, Chameleucis, *troed yr ebol*. *id.* 2 Farfara, *troed yr ebol*, pesychlys. **1803** *P*. **1813** *WB* 2 *Troed Yr Ebol*. edr. Gold Y Gors. **troed yr ehedy** gw. *troed yr hedydd*. **troed yr erydd (eryr):** *celery-lea buttercup, Ranunculus sceleratus*; *black hellebore, He borus niger*. *Dchr.* **17g.** *J* 10, 165b, *Troed yr eryr*. Ve trum nigrum. **1801** *MMf* 286, Herba sardonia, *tr yr erydd*. *id.* 293, Sardonia, *troed yr erydd*. **1813** 240, *Troed yr Erydd*. edr. Crafangc. **troed yr ŵy** *goosefoot, Chenopodium*. **16g.** *LlS* 122. *Dchr.* **17g.** *J* 165b. **1803** *P*. **1813** *WB* 241. **troed yr (e)hedydd:** *cumin, Cuminum cyminum*. **1632** *D* (*Bot*), *Troed hedydd*, vid. Llysiau yr hedydd. **1688** *TJ* (*B Troed yr hedŷdd*, llysiau 'r hedŷdd: the herb Cumm **1803** *P*. (ii) *larkspur, Consolida ajacis*. **1633** J. G ARDE: *Herball*, *Troed yr hedydd*. Larke heele. **1725** (*Bot*) d.g. *Larkspur*. **18–19g.** *Llr* C 4, 77, *Troed hedydd*, larkspur. **1813** *WB* 241, *Troed Yr Hedy* edr. Yspardyn y Marchog. **troed yr iâr (ieir):** (i) *fu ory, Fumaria*. **1604–7** *TW* (*Pen* 228), *Troet yr iar pes gallinaceus*. *id.* *troet yr iair* d.g. *Hermolaus* (A (ii) *bird's-foot trefoil, Lotus corniculatus*. Ar lafar, AWBERY: *BM* 30 (Môn a Meir.). **troed y llew:** *La mantle, Alchemilla vulgaris*. *c.* **1400** *Études* vii. 2 *Diw.* **16g.** *WLB* 1. **1604–7** *TW* (*Pen* 228) d.g. *Alchi la*. **1813** *WB* 241, *Troed y Llew*. edr. Mantell F **troed y march:** *horseradish, Armoracia rusticana*. lafar, *GTN* 818. **troed y tarw:** *coltsfoot, Tussilago fa ra*. **16g.** *Pen* 204, 185, llyssiav krist a*thraed* [*sic*] *y ta Diw.* **16g.** *WLB* 10. **1632** *D* (*Bot*). **1803** *P*. **1** 241. **troed (yr) ysgyfarnog:** *hare's-trefoil, Trifolium arv se*. **1545** ELIS GRUFFYDD: *Ll* 23, auansia . . . *t ysgyuarnog*. **1632** *D* (*Bot*), *Troed yr ysgyfarnog*, Meillion eedenog. **1803** *P*. **1813** *WB* 241.

Adar. **troed yr ysgyfarnog:** (*dict.*) *ptarmigan, h foot, Lagopus mutus*. **1604–7** *TW* (*Pen* 228) *Lagopus*. **1632** *D*, Aderyn troedflewog a elwir troe *ysgyfarnog* d.g. *Lagopus*. **1774** *W* d.g. *Hare-foot bird so called*].

Gw. hefyd **deudroed, pedwartro trithroed, troedyn.**

troedaf: troedo, gw. **troediaf: troedio.**

troed-droed, troetroed [*troed+tro* ansicr yw'r union ystyr yn y geir. isod] *a* Troed yn nhroed (â), cam wrth gam ((geir.) ?wyneb yn wyneb (wrth ymlad *step by step* (*with*), *in step* (*with*); (*di* ?*foot to foot, in close combat*.

?**15g.** **(1789)** *BDG* 368, Eiddig a gerddodd *dr droed* / A'r ddeuddyn ŵyl tua'r coed. **1547** *WS*, *Tr roet* Euery fote. **1604–7** *TW* (*Pen* 228), *droetroet pedatim*. **1773** *W*, *droed-droed* d.g. *Foot to foot*. **180** *Troeddroed* . . . Foot to foot.

troedfa [*troed+-fa, ma*] *eb.* ll. *-fey* Palmant; ?sylfaen, bôn: *pavement*; ?*foun tion, base*.

1827. Ar lafar yn yr ystyr 'rhimyn neu silff ymwthio allan o'r graig', ''Odd y ddafad acha' *tr* yn y graig ac yn ffaelu mynd lan næ lawr', *GTN* 8 Clywir *tradfa* yn sir Benf. yn yr ystyr 'A cou walk; a place that is frequently trodden upon', *G* 306.

troedfaen [*troed+maen*¹] *e?g.* Stepen g reg (camfa): *stone step* (*of stile*).

1886. Cf. *FfTh* ii. 30, '*troedfaen*' 'stepan ga camfa'.

troedfain, gw. **troed+main**¹.

troedfainc [*troed+mainc*] *eb.* ll. *-feinci* Stôl droed, mainc draed, hefyd yn *ff* (geir.) gris, stepen: *footstool, also f* (*dict.*) *step*.

1567 *TN* 173a, Eistedd ar vy-dehaulaw, y n y [osotwyf dy 'elynion yn *droetvainc* vty. **1588** *M* xxii. 44, hyd oni osodwyf dy elynion yn *droed-fa* i'th traed (W. SALESBURY: *KLl* lxivb, yn vaink traet). **1604–7** *TW* (*Pen* 228) d.g. *Scabellum*. **1** *YDd* 199, Nyni dy weision anheilwng a ymdarosty wn ein hunain i lawr o flaen *troedfaingc* dy râd. **1** *D* d.g. *Hypopodium*. *id.* *troedfainc* i ddringo i'r gw d.g. *Scamnum*. **1773** *W* d.g. *Foot-stool*. **1790** T. JO *TOS* 346–7, ymgrymmu beunydd gerbron dy *dr faingc*.

Amr.: **traedfainc** [*traed+mainc*]. **1815.**

troedfedd [*troed+-fedd* (At.)] *eb.g.* ll. *-au*.

(*a*) Mesur hyd (bellach = 30.48 c deuddeng modfedd); hyd troed (perso benodir): *foot* (*measure of length*); *length* (*specified person's*) *foot*.

12g. *GIIF* 13, Ny chollir o'e thir nac o'e theb —annhet / *Troeduet* yr dyhet, dihabt hepcor. **13g.**

59, teyr motued en llet e palyf; try llet e palyf en e *troetued*; try *throetued* (*LlC* 39, Teyr *troeduet*) en e cam. **13g.** *GBF* 225, Ny cheif Seis y dreis y *droeduet* —o'e uro! **14g.** *T* 24. 26–25. 1, llόyf yry varanhed. nyt oscoes *troetued*. **14g.** *SC* viii/ix. 191, Ywein Marchawc . . . a gerdawd y bont dan vessuraw *troedued-eu*. **14–15g.** *IGE*[2] 291, Diddim ydyw o dyddyn / Ond saith *droedfedd*, diwedd dyn [Siôn Cent i'r bedd]. *c.* **1400** *DB* 31, monochero . . . ac vn corn ym perued y tal . . . a phedeir *troetued* yn y hyt. *a.* **1561** *B* vi. 47, hyd y llath hono, vn *droydvedd* ar bymthec a hanner, y droed y brenin. **1632** *D*, *Troedfedd*, Pes vel pedis mensura. **1699** T. JONES: *TP* 129, gadewch i ni gadw'n ffordd, ac nac yscown *droedfedd* oddiarni. **18g.** L. MORRIS: *LW* 40, *Troedfedd*, a Foot Long, a Troed, a man's foot, 8 Inch 2 Hands breadth. **1795** *R. Crusoe* 8, ein bod wedi springio leak a bod pedair *troedfedd* o ddwfr yn y llestr. **1803** *P*, *Troedvez*, s. f.— pl. t. *i* . . . A foot measure. Ar lafar, *WVBD* 550 (*eb.*), *GTN* 815 (*eb.*).

(*b*) Mesur cynnwys (= 28316.846 cm^3), yn cyfateb i giwb sy'n mesur troedfedd ar hyd pob ochr: *cubic foot*.

1775 M. WILLIAMS: *MC* 10, O's bydd Pren yn 22 o Droedfeddi o hyd, ac yn 66 Modfedd o Amgylch-iad; hynny yw 16¼ Modfedd Ysgwar, pa sawl *Troed-fedd* a fydd ei Faintiolaeth?. . . 41 *Troedfedd*, 7 Modfedd, ac un Rhan.

(*c*) (enghrau. *ffig.* yn cyfeirio at yr wyneb: *fig. exx. with ref. to the face*).

?**15g.** *OBWV* 105, Ni weles neb wyneb iach, / Drud fydd deigr, *droedfedd* degach. **1574** *Llst* 171, 75b, pa *droedfedd* dekaf / awnaeth dyw ar y ddayar hon. wyneb dyn kans be bai dair mil obobl ynyr yn [*sic*] lle fo ellir addnabod [*sic*] pawb wrth i wyneb. **18g.** *CM* 242, 150, Y *droedfedd* diau radfawr / Bryd a gwedd o burdegwawr / Yr wyneb oll a'i ranniad / Yw'r *droedfedd* ryfedd o râd (Owain Llwyd Feddyg).

Cfn.: **troedfedd giwb(ig):** *cubic foot.* **1925. troedfedd betryal = troedfedd sgwâr. 1823. troedfedd (y)sgwâr:** *square foot, sometimes also cubic foot. c.* **1720** *CIF* 46, Mewn *Troedfedd yscwâr* o bren y mae 1728 un mil saith gant ac wŷth ar hugain o fodfeddau. **1725** D. LEWIS: *GB* 234, [C]olofn *Droedfedd Scwâr.*

troedfeddol [*troedfedd*+-*ol*] *a.* Yn perthyn i droedfedd: *pertaining to a foot* (*measure*).

1778 *W* d.g. *Pedal* [*of, or belonging to, a foot measure*]. **1803** *P*, *Troedvezawl* . . . Relating to a foot measure.

troedfoel, troedfryn, troedfyr, gw. **troed+moel[1], bryn, byr[1].**

troedfys [*troed*+ *bys*] *eg.* ll. *traedfysedd.* Bys troed: *toe.*

1617 *Minsheu* 492b d.g. *a Toe.*

troedffordd, troedffust, troedgall, gw. **troed+ffordd, ffust, call.**

troediad [bôn y f. *troediaf*, *troedaf*: *troed*(*i*)*o*, &c.+-*iad*[1]; cf. Llyd. C. *troatat* 'troedfedd', Llyd. Diw. *troatad* 'troedfedd', *troadad* 'poen troed'] *eg.* ll. -*au.* Y weithred o droedio, cam, cerddediad, rhodiad; ergyd â throed, cic; hefyd yn *ffig.*: *a stepping, step, pace, walk, gait*; *kick*; *also fig.*

16–17g. E. PRYS: *Gw* 351a, Goleuad ein *troediad* nid troedig, / Gair Duw fyth ydyw gwir ddifethedig. **1604–7** *TW* (*Pen* 228) d.g. *Chorea.* **1632** *D* d.g. *Peda-tum.* **17g.** *HCRC* iii. 230, ei *throediad* llythreiddiad ddiwagaidd ymddygiad. **17g.** HUW MORUS: *EC* i. 319, *Troediad* hoywaidd, cymmer cyrhaedd camrau carw. **1688** *TJ*, Trawd, trawdd, cerddediad, *troediad*: a walking, a pace. **1696** *CDD* 328, Yscafn feddwl, *troediad* sŷth, / Sathru a·mathru'r gwanna bŷth. **1775** *W* d.g. *Kick.* **1794** E. JONES: *MPR* 63, Dy wên dêg, a'th ysgavn *droediad.* **1803** *P*, *Troediad*, s. m.—pl. t. *au* . . . A footing.

troediaf, troedaf: troed(i)o, troedu [bf. o'r e. *troed*, cf. Llyd. C. *troadaff*, Llyd. Diw. *troada*] *bg.a.*

(*a*) Camu, cerdded, rhodio, sathru (ar); ymlwybro, trampio, hwntian; mynd ar gyfyl (lle); mynd ar droed (yn hytrach na dull arall o deithio); cicio, curo traed; gwneud (dawns); hefyd yn *ffig.*: *to tread, step, walk, trample* (*on*); *lumber, plod, trudge*; *set foot in* (*place*); *go on foot*; *kick, stamp the feet*; *do* (*dance*); *also fig.*

16g. HUW ARWYSTL: *Gw* 238, *Troediaw* ar gin-iaw'r gwenyn / A datroi gwlith devtv'r glynn [i ofyn bytheiaid]. **1567** *TN* 279b, pan welais, nad oeddent yn *troedio* vn vnion at 'wirionedd yr Euangel. **1588** 2 *Esd* v. 3, A'r wlâd ymma yr hon a weli di yn teyrnasu a weli di yn anghyfannedd, er cynted y *troedir* hi. **16–17g.** *Cer RC* 186, Rhai yn ddifyr i chwedle / A rhai'n *troedio* dawnsie. **1604–7** *TW* (*Pen* 228), *Troetiaw* d.g. *pedio.* **1605–10** *HCRC* iii. 23, Daear ni *throediodd* lankes mor reiol. **1632** *D*, *Troedio*, Pedire, pedare, calcare. **1672** R. PRICHARD: *Gw* 35, Ai Angeu, fel Samson, fe *droedwys* i lawr, / Gyhuddwr ein brodyr, y wiber goch fawr. *id.* 153, Helpa bawb sydd dan dy faner, / Ddwyn eu croes a *throedo*'r wiber. *id.* 364, Gan hynny waith *troedo* dy gyfraith a'i gado, / Ni aethom ar ddidro. *id.* 488, Fe fyn llawer *droedo* [:– sef rhodio neu fyw yn ei pechodau hwynt] ei beiau, / Heb ddilyn vn o'i holl rinweddau. **17g.** HUW MORUS: *EC* i. 199, Heb *droedio* o fewn ysgol un Esgawb. **1722** *Llst* 189, *Troedio.* To walk, tread; trample, kick. **1740** T. EVANS: *DPO* 53–4, Ac i ddywedyd y gwir goleu, yr oedd y Rhufeiniaid wedi dygn-flino, ac yn edifar ganddynt, ddarfod iddynt *droedio* Tir Brydain erioed. **1752** J. THOMAS: *FG* 354, ac os gweli Di yn gymmwys fy namsain, a'm *troedio* o'th Wydd yn dragywydd. **1770** R. PRICHARD: *CC* 55, Fe *droedia* 'ch gelynion, fe 'u teifil i'r llawr. **1770** P. WILLIAMS: *BS*, *Barn* xv, fe 'u *troediodd* i farwolaeth. **1778** J. THOMAS: *HB* 398, amcanodd gael y bêl o blith y dorf, a'i *throedio* hi o'i flaen yn union i dalcen y pregethwr. **1803** *P*, *Troediaw* . . . To foot; to use the foot; to tread; to kick. Ar lafar, 'un o'r merchaid ifanc hardda' *droediodd* ddaear', 'Mae o wedi'i *throed-io* hi i ffwr'' 'he has taken himself off', *WVBD* 547–8.

(*b*) Gweu troed (ar hosan), cyweirio (troed hosan): *to foot* (*stocking or sock*), *mend* (*foot in stocking or sock*).

1722 *Llst* 189, *Troedio* . . . to foot a pair of stockins. **18g.** *Wy* 4, 49, mi afi i chwilio am wraig i olchi yngyson / ag yn hyswi i *droidi* [*sic*] fy hosan. **1773** *W*, *Troedio* hosanau d.g. *To foot stockings.* Ar lafar, '*troed-io*' 'cyweirio "troed" hosan . . . gweu "troed" newydd wrth goes hosan', *B* xv. 28 (Meir.); 'Dyna'r 'oll 'sana 'na. 'Ôn i'n meddwl 'u *troeto* nw pyn celswn i amsar', *GTN* 816.

(*c*) (geir.) Cynnal, ategu, sylfaenu: (*dict.*) *to prop* (*up*), *base.*

1604–7 *TW* (*Pen* 228) d.g. *pedo, as.* **1722** *Llst* 189, *Troedio* . . . to prop underset, groundsel.

troediant [bôn y f. *troediaf*, *troedaf*: *troed*(*i*)*o*, &c.+-*iant*] *eg.* Y weithred o droedio (tir, &c.), troedle, hefyd yn *ffig.*: *a setting foot* (*on land, &c.*), *foothold, also fig.*

c. **1785–90 (1829)** *CBYP* 17, cyn cael o'r Saes'neg *droediant* yn Ynys Prydain. **1803** *P*, *Troediant*, s. m. . . . a setting a foot; footing.

troëdig [bôn y f. *troaf*: *troi*+-*edig*] *a.bfl.* a hefyd fel *eg.* (bach. *tröedigyn*) ll. *tröedigion.* Yn troi, tro, dolennog, troellog, chwyrlïol; ansefydlog, anwadal, cyfnewidiol; cynhyrfus, terfysglyd, treisgar; wedi cael tröedigaeth (grefyddol); gwyrdroëdig; ffigurol; turniedig; ?croes (am lygaid): *turning, twisting, winding, spinning*; *unstable, fickle, capricious*; *agitated, turbulent, violent*; *converted* (*to religion*); *perverted*; *figurative*; *turned* (*on lathe*); ?*cross* (*of eyes*).

1346 *LlA* 12, Paham drόy y sarff. yn annyueil *troedic* llythric. Adiawl awna yneb a dwyllo ef. yn *droedic* o dόyll. **14g.** *GIG* 30, Braw eisoes oedd i'r bresent / Suddo ei gorff yn Swydd Gent; / Mewn pwll trydwll *troëdig* / Y bu ar Sadwrn, dwrn dig. *c.* **1400** *R* 1338. 23–4, Adaf glaf. gleiryach *troedic. c.* **1400** *YCM*[2] 190, A chymrawu a oruc Chyarlymaen am y damwein deyssyuyt hwnnw, ac heb allv seuyll yn y kynnwryf hwnnw, namyn eisted ar y pauiment o'e anuod yn y kyffro *troedic* hwnnw. *c.* **1400** *Études* vii. 66, Y neb y bo idaw lygeit *troedic*, a golwc lem orwyllt, lleidyr ac anghywir a thwyllodrus vyd. **15g.** *GLGC* 385, Nid wyd *droëdig*, / na garw, 'm llaw Girig, / na ffyrnig na dig, hil Gadwgawn. **1588** 1 *Br* vi. 8, Drws y gell ganol oedd ar ystlys dehau y tŷ, ac ar hyd grisieu *troedic* y dringid i'r ganol, ac o'r ganol i'r drydedd. **1632** *D*, llynn *troedig* d.g. *Gurges. id.* d.g. *Versatilis.* **1732** J. JONES: *C* 51, [T]ymmer anwadal a *throedig.* **1739** D. ROWLAND: *LlY* 5, nid oes ini fod yn blantos *Troedig* ansyfdledig [*sic*] yn bwhwman. **1751** *GIA* 21, Wrth hyn hefyd ich paratoir i ddeall pa beth yw bod yn *Droedic* (*converted*). **1770** *W*, Canllaw-byst *tröedig* d.g. *Banisters.* **1803** *P*, *Tröedig* . . . Turned, converted; being disposed to turn. Ar lafar yn yr ystyr 'cyfoglyd', 'Ma gwynt siop pysgod yn *droëdig* withe' (sir Gaerf.).

Fel *e.* Un sydd wedi cael tröedigaeth (grefyddol), proselyt: (*religious*) *convert, proselyte.*

1704 E. SAMUEL: *BA* 44, Ymhlith *troedigion* Samaria. **1716** E. SAMUEL: *GGG* 177, am bobl yr Hebræaid sy'n wascaredig ymmhlith yr hol Genhedl-oedd, y dywedpwyd y pethau hyn, fel pe gallent . . . trwy eu hesampl . . . ynnill llawer o *Droedigion.* **1723** E. SAMUEL: *PDdC* ii. 20, Bellach gan fod yr Apostolion Eu hunain ar *Troedigion* cyntaf a Athrawiaethasant Hwy yn Ffŷdd Christ yn fynych yn derbyn y Cymmun. **1765** J. EVANS: *CPE* 120, y *troedigion* sy yn ymadaw â'i hamryfuseddau. **1780** *W*, *tröedig* i'r ffŷdd d.g. *Proselyte.* **1803** *P*, Tröedig . . . *Tröedigion*, proselytes.

Amr.: **troiedig** [cf. *troiaf*]. **16–17g. (1605–18)** *RWM* i. 91, Mae/n/ Llanvair vowrair am varwn / . . . / bid drvt y byd *troiedic* (Edward ap Raff). **17g.** *DCR* 175, Kynn gwnevthvr y nefoedd / y ddayar y moroedd / gwinllannoedd y gwyntoedd / *troiedic.* *a.* **1791** W. WILLIAMS: *GP* 568, Cyfnewid y mae dyn, / *Troiedig* yw erio'd. Ar lafar, 'Hen ffilm fudur odd honna nith-iwr—'odd 'i'n *droiedig*' (Arfon).

tröedigaeth [*troëdig*+-*aeth*] *eb.* ac yn eithriadol *eg.* ll. -*au.* Y weithred neu'r proses o droi at Dduw neu at grefydd (arall); troad, newid; troad (ymadrodd), ffigur; cyfieithiad; hefyd yn *ffig.*: (*religious*) *conversion*; *a turn*(*ing*), *change*; *trope, figure* (*of speech*); *translation*; *also fig.*

16g. *Pen* 192, 171, arglwydd kyniata imi wrth fynghalon *droeadigaeth* atad ti. **1567** *TN* 345b, tad y goleuaday, gidar hwn ni does trasymedigaeth, na chyscodiad *troedigaeth.* **1594–6** *Études* ii. 330, Arglwydh, cennattaa ym wrth vy nglan *droedigaeth* attat ti yn vy mywyt yn vy niwedh derûyn. **1632** *D* d.g. *Conuersio.* **1672** R. PRICHARD: *Gw* 301–2, iw ddeall, nid yn llythrennol, ond yn ysprydol, trwy *Droedigaethau* [:– Tropes, as Metaphores, & Meton-ymie]. **1677** R. JONES: *BB* 108, nad yw [ailenedig-aeth] ychwaneg o *droedigaeth*, na gadael heibio ryw bechodau gorthrwm. **1703** E. WYNNE: *BC* 37, ni bu etto yn ein plith ni ddim llawenydd o'i *droedigaeth* ef; wrth hynny ni throes ef sywaeth ond tros y tro. **1711** M. MAURICE: *YAD* 248, *Troedigaeth*, yr hyn yw dychweliad oddiwrth Bechod trwy Ghrist at Dduw. **1723** WM: *PGG* 220, Ond tydi, O Arglwydd, wyt wîr ffyddlon a charedic, nid oes nag Anwadalwch na *Throedigaeth* ynot. **1728** T. BADDY: *DDG* 114, wrth hynny y mae 'n dangos yn eglur mai Rhufain yw 'r Gelyn mwya yn erbyn *Troedigaeth* yr Juddewon. **1759** T. THOMAS: *WWDd* 359–60, nac edrych ar dy *droedigaeth*, yn wir *droedigaeth* rasol, oddi eithr dy fod di yn feddiannol o'r egwyddor fywiol, a soniwyd am dani. **1803** *P*, *Tröedigaeth*, s. m.—pl. t. *au* . . . Circulation. Ar lafar, 'Mae o'n un o'r bobol 'ma sy'n deud 'i fod o 'di câl *tröedigaeth*' (y Gogledd).

Amr.: **troadigaeth** [dan ddyl. *troad*]. **1595** M. KYFFIN: *DFf* [102], Ar vn rhyw Barnardus a scrifen-nodd yn y llyfr a wnaeth ef o *Droadigaeth* Pawl i'r ffydd. **1774** H. JONES: *CH* 3. Ar lafar, 'Fe gæs e *droadicath* amsar y Diwyciad', *GTN* 817. **troeadigaeth** [cf. *troead*]. **16g.** *Pen* 192, 171. **1770** P. WILLIAMS: *BS*, *Act* ix, Er bod *troiadigaeth* Saul mor hynod. **1773** J. ROBERTS: *GY*, *Troeadigaeth*] Cyfnewid pechadur, trwy roddi iddo Ffydd.

troëdigaethol [*tröedigaeth*+-*ol*] *a.* Yn perthyn i dröedigaeth (grefyddol): *pertaining to a* (*religious*) *conversion, conversional.* **1848.**

tröedigol [*troëdig*+-*ol*] *a.* Yn perthyn i dröedigaeth (grefyddol): *pertaining to a* (*religious*) *conversion, conversional.*

1725 I. HARRI: *RD* 120, Hyn a ddengys y bydd yno'r amser hwnnw *Droedigol* waith mawr. **1725–6** *Madd Ed* 175, anghydnabyddus a Grâs *troedigol.* **1765** J. POPKIN: *Ll* 259, mewn perthynas i Ras ethol-edigol a *throedigol.* **1803** *P* d.g. *Tröedigawl.*

Amr.: **troiedigol** [cf. *troiedig*]. **1789** H. JONES: *EN* iv, *troiedigol* râs wedi gosod ein calonnau mewn rhydd-did.

tröedigyn, gw. **troëdig.**

troediog, troedog [*troed*+-(*i*)*og*] *a.* weithiau gyda grym enwol, a hefyd fel *eg.b.* (bach. g. *troedogyn*) ll. (adran (*a*)) -*ion*, (adran (*b*)) *troedogau.* Ac iddo droed neu draed; (yn mynd) ar droed, yn (medru) cerdded; chwim ei draed, sicr ar ei draed; hefyd yn *ffig.*: *having a foot or feet, footed*; (*going*) *on foot, walking, ambulant*; *nimble-footed, sure-footed*; *also fig.*

14g. *WML* 98, adόy eskit acharreit or yt goreu atyffo ar tir y gόr a phadell *troedaόc.* **14g.** *RC* xxxiii. 229, Alpha . . . figόr teir coglauc. ereill mein . . . ereill cam. ereill dyrchauedic. ereill *troedauc* [am lythren-nau]. **15g.** *GDID* 40, Ei dawlbwrdd di'mwrdd, domog —ei wyddbwll, / A'i fual trydwll oedd fail *troedig.* **15g.** BEDO AERDDREM, &c.: *Gw* 143, Ar war y tir y gedais[t] bawb or rhai *troediog* / A rhoi dwr o'r awyr yn rhydiau iriog. **1632** *D*, crochan *troediog* d.g. *Chytra. id.* d.g. *Pediculatus.* **1789** GW. MECHAIN: *Gw* i. 212, Ymholais, pan welais was, / Pwy oedd yno,—pa ddinas. / Dynesodd â'i dôn isel,—'*Troediog* wyt, tyred a gwel.' *id.* 236, Ond y *droediog* fywiog fach [i'r ysgyf-arnog]. **1803** *P*, *Troedawg* . . . Having a foot. *id. Troed-iawg* . . . Having feet, footed. Ar lafar, 'dyn *troediog*'

'un sydyn ar ei draed', *ISF* 74; 'Mae o'n *droediog* iawn', *WVBD* 548; '*Troediog*' 'Sionc, ysgafndroed, hoyw', *Cymru* lxiii. 84 (gorllewin Meir.). Cf. *SE MS* 531a, Nid [*sic*] ddaw ef yn wr *troediog* byth ond hyny: he will never be a walking man again (said of a sick person who is likes never to leave his bed). Mawddwy.

Fel *e.* (*a*) Gwas troed, gwas lifrai; un o swyddogion y brenin ac iddo'r ddyletswydd o ddal traed y brenin (yn y Cyfreithiau Cymreig); milwr traed: *footman, page, lackey*; *court official who holds the king's feet* (*in the Welsh laws*); *foot-soldier.*

13g. *LlI* 18, Er eyl yv e *troedyavc* . . . Ef a dele dale traet e brenhyn en e arfet o'r pan dechreuho eysted en e kyuedach ene el e kyscu, ac a dele cossy e brenhyn, ac eg kyhyt a henne o espeyt gvyllyet ef e brenhyn rac guall. *c.* **1300** *LTWL* 318, *Troydawc* sub pedibus regis. *c.* **1400** *CHDd*[2] 4, Y *troedawc* a eisted y dan draet y brenhin. **1547** *WS*, *Troediawc* gwr trayd A foteman. **1604–7** *TW* (*Pen* 228), *Troedocion* d.g. *Circumpedes. Dchr.* **17g.** *J* 10, 165b, *Troediogion.* Circumpedes. footemen. pedisequus. **1632** *D* d.g. *Pedisequus.* **1722** *Llst* 189, *Troediog.* m. A foot-man, page. *id. Troedogyn.* m. A page, foot-man. **1725** *SR* d.g. *Lacqey.* [**1783**] *W*, *troediog* rhedegog d.g. *Running footman.* **1803** *P*, *Troediawg* . . . A pedifer; a footman.

(*b*) Llyffethair, hual, hefyd yn *ffig.*: *shackle, fetter, also fig.*

14g. *DGG*[2] 146, Bach haearn gafaelgarn gŵr, / A *throediog* i'r athrodwr [Gruffudd Gryg i geisio cymod gan saith mab Iorwerth ap Gruffudd]. **14g.** *GIG* 14, Tor di gŵys mewn *troedog* aur, / Tad arwyddion, tid ruddaur [i Ieuan ab Einion]. *c.* **1400** *R* 1353. 28–9, Keryd yrtrydyd *troedaẃc* dadleueu. *id.* 1364. 9–10, bẃa gẃrych tradu gẃrach myẃn *troet/aẃc.* **16g.** Wiliam Cynwal: *Gw* (G. P. Jones) 18, Rhoed uwch iâd rhod wych o aur, / Rhwyddwych fôn, *droedog* ruddaur. **16–17g.** *RWM* i. 721, *troedoc*, clymy y troed ol yn dynn wrth didfa. **1604–7** *TW* (*Pen* 228), *troetogæ* d.g. *Compedes.* **1620** *Mos* 204, 145, Rhaid aerwy a *throedog* ar yr ych diviog. **1632** *D*, *Troedog*, Pedica. **1722** *Llst* 189, *Troedog.* m.p. *dogau.* A spancel, lanker. *id. Troedogau* (gefynnau, hualau . . .) heirn d.g. *Bolts.* **1753** *TR*, *Troedog*, a fetter, fetlock, shackle. **1770** *W*, *Troedogau* . . . heiyrn d.g. *Bolts* [*fetters for prisoners, &c*]. **1803** *P*, *Troedawg* . . . s. f. A fetlock; a fetter. Ar lafar, '*troedog*' 'rhan o'r penffust sy'n nwylo'r certmon', *LlLlM* 103; '*troedog*' 'y ddolen haearn sydd am y polyn preseb a'r gadwyn y rhwymir y fuwch â hi', *B* iii. 208 (Penllyn).

troediwr [bôn y f. *troediaf, troedaf*: *troed*(*i*)*o*, *&c.*+-*iwr*] *eg.* ll. *troedwyr.* Un sy'n troedio, cerddwr, teithiwr; ciciwr; ?tywysydd: *treader, walker, traveller*; *kicker*; ?*guide.*

15g. *GTP* 48, Eiste o'r gŵr, *troetiwr* [*sic*] trwm, / I'w gadair fal hen gidwm. **1632** *D* d.g. *Ichnobates.* **17g.** Edward Dafydd, &c.: *Gw* 216, Yn iach athro lyfr yn awr, / Yn ôl ei fynd ar elawr. / Ein *troediwr* in tra ydoedd, / Byw abl iawn waith, a Beibl in oedd [marwnad Watgyn Powel gan Ddafydd Wiliam]. **1722** *Llst* 189, *Troediwr.* m. A walker, traveller; kicker.

troedlas [*troed*+elf. anh.] *eb.* ll. -*au*, -*i.* Troedlath: *treadle.*

13g. *LlI* 93, Prennyal guedes, xxiiii . . . e karuaneu a'r trohelleu a'r *troetlasseu*, viii.k'. **1604–7** *TW* (*Pen* 228), *Troetlas* gwehydh d.g. *Insile.* **1606** *Pen* 296, 120b, *Troetlasseu* [mewn rhestr o offer gwëydd]. **1632** *D*, Troedlath, vulgò *Troedlas* . . . Insile. **1722** *Llst* 189, Troedlath, *Troedlas.* f. The treadle of a weaver's loom. **18g.** *LlGC* 16378, 7, hud y *Droud Lase* [*sic*] ydi 3 Droudfadd. **1803** *P*, *Troedlas*, s. f. . . . A treadle.- Ar lafar yn y diwydiant gwlân, '*Troedlas, -au*' 'Treadle(s)', *B* xvi. 94. Cf. hefyd J. G. Jenkins: *WWI* 71, foot treadles . . . *troedlasi.*

troedlath [*troed*+*llath* (?adff. o *troedlas*)] *eb.g.* ll. -*au.* Lifer a weithir â'r troed er mwyn peri i ran o beiriant symud; bwrdd mewn cerbyd, &c., i roddi'r traed arno; pedal; (geir.) troedfainc: *treadle*; *footboard*; *pedal*; (*dict.*) *footstool.*

1604–7 *TW* (*Pen* 228), *Troetladh* [*sic*] d.g. *Insile.* **1632** *D*, *Troedlath* . . . Suppedaneum, insile. **1722** *Llst* 189, *Troedlath* . . . f. The treadle of a weaver's loom. **1803** *P*, *Troedlath*, s. f.—pl. t. *au* . . . A treadle.

troedle [*troed*+*lle*[1]] *eb.g.* ll. -*oedd.*

(*a*) Man diogel i sefyll arno (yn enw. wrth ddringo); darn o dir, rhandir, man, lle; (?geir.) sathrfa, cyrchfa; hefyd yn *ffig.*: *foothold*; *tract* (*of land*), *spot, place*; (?*dict.*) *trodden place, resort*; *also fig.*

c. **1401** *AL* ii. 462, dyuot Lleẃelyn ap Jeuan ap Lleẃelyn myẃn dyd hyspis . . . myẃn *troytle* hyspis, nyt amgen noc yn Llanveir ar y bryn. *Diw.* **15g.** *Pen* 53, 4, negesswr a gyrch y *droetle.* **16g.** *AP* 6, ar verch vwyaf a garwn yn y *droedle* honno yn edrych arnaf. **1651** Siôn Treredyn: *MDD* 254, Ni fynnwn i, i chwi . . . ammeu eich ffydd dan i chwi ei selio ar y fath *troedle* [*sic*] cadarn ar nis derfydd. **1688** *TJ*, Amsathr, sathr-lê, *troed-le*, camrau. A trodden place. *c.* **1730** *LlCy* iii. 48, Taplas Gwainfo . . . 'Rhain yn hwara oddeutu'r *droedla* / Mewn dwys sidan mwyn drwsiada. **1763** R. Thomas: *HR* 89, fel na's gwyddwn pa *Droed-le* oedd ddigon dïogel. **1778** J. Thomas: *HB* 348, Enw yr Eglwys hynod hon yw Welch-tract o'r dechreuad, sef *Troedle*'r Cymru. **1780** *W*, Ni bûm ar y *droedle* hyn o dîr erioed o'r blaen d.g. *Place* . . . *I never was in this place before. id.* d.g. *Spot of ground.* **1803** *P*, *Troedle*, s. m.—pl. t. *oz* . . . A trodden place; a place of resort.

(*b*) Troedfainc; (*geir.*) troedlath: *footstool*; (*dict.*) *treadle.*

1567 *TN* 8a, mainc [:- lleithic, *troedle*] ei draed ydyw. **1588** 2 *Cr* ix. 18, A chwech o risiau oeddynt i'r orseddfa, a *throed-le* o aur yng-lyn wrth yr orseddfa. **1617** *Minsheu* 496a–b, *Troedle* d.g. *a Treadle of a Weauers beame.* **1722** *Llst* 189, *Troedle.* m. A footstool.

Amr.: **traedle** [*traed*+*lle*[1]] **16–17g.** *RAGR* 359, mae /r/ anlwcys *draedle* / wrth ochor prifffordd / ole / mewn rhuw gilfach ar lawr pant / yn aber nant y creigie.

troedlen, traedlen [*troed, traed*+*llen*] *eb.* ll. *troedlenni.* Troedlath; pedal: *treadle*; *pedal.*

1803 *P*, *Troedlen*, s. f. . . . a treadle.

troedlwybr [*troed*+*llwybr*] *eg.b.* Llwybr troed, hefyd yn *ffig.*: *footpath, also fig.*

15g. *AL* ii. 270, Dav *droetlwybr* a dyly pob kyffaneth vn oe eclwys ac vn oe dyffrva. A gwerth tory *troetlwybr* yw tayrardec arvgayn ac y berchenoc y tyr y bo y *troyd llwybr* [*sic*] arnaw ydaw y gwerth. Ac nyt oes gosp yr arglwyd yr tori *troyt lwybr* kanys vn or tayr overgroes yw kroes ar lwybr. **1605–10** *Haf* 24, 364, Yn yr achos yma y doetha or ffilosoffyddion i hunain a veddyliassont, mae meddwl dyn or achos kyntaf a dyfodd odd i [*sic*] wrth gerdd, ac ir oedd yn llwynychu yn ddirfawr mewn kerddwriaeth yn y ddayarol *droedlwybyr* farwol or oes honn. *id.* 543, Yr henafiaid ynyr hen amser yn i neitiaw, ac downsiau [*sic*], a eglurassont vel pet vai i kyffroiad ai kamau yn *droedlwybyr* uddynt, i bob rhinwedd.

troedlydan, gw. **troed**+**llydan.**

troednod [*troed*+*nod*[1]] *eg.* ll. -*ion*, -*au.* Troednodyn: *footnote.*

1936.

troednodaf: troednodi [bf. o'r e. *troednod*] *ba.* Atodi troednodyn neu droednodiadau i: *to footnote.*

20g.

troednodyn [*troed*+*nodyn*] *eg.* ll. *troednodiadau.* Nodyn ar waelod tudalen y tynnir sylw ato drwy gyfrwng cyfeirnod yng nghorff y testun, nodyn godre, hefyd yn *ffig.*: *footnote, also fig.*

20g.

troednoeth [*troed*+*noeth*] *a.* ll. -(*i*)*on.* Heb ddim am ei draed, diesgid, hefyd yn *ffig.*; yn perthyn i'r Ffransisiaid: *barefoot*(*ed*), *unshod, discalced, also fig.*; *Franciscan* (*adj.*).

13g. *Cylchg LlGC* v. 60, dev vroder *troednoeth.* **14g.** *BT* (*RB*) 234, o'e hanryded hi yd adeilawd Llywelin ap Ioruerth yno vanachloc *Troetnoeth* a elwir Llann Vaes yMon. **14g.** *GIG* 153, Llwdn *troednoeth* a ddoeth yn ddig / Lle'r oedd wraig llawer Eiddig [dychan i'r Brawd Llwyd o Gaer]. *c.* **1400** *RB* ii. 192, Ac yn *troet noethon* ydeuthant hyt rac bron arthur. **15g.** *FfBO* 47, yn yr hwnn y mae deu dy y'r Brodyr *Troetnoeth* (*fratres Minores*). **15g.** *GGl*[2] 60, Mae gorŵydd teirblwydd i ti / Dulas, heb ei bedoli. / *Troednoeth* fal brawd llednoeth llwyd, / Rhownllaes fal prior henllwyd [i ofyn ebol]. **1547** *WS*, *Troednoeth* Barefote. **16g.** (*LlEG*) *Mos* 158, 507b, dau orb/rodur *troednoethion.* **1632** *D*, *Troednoeth*, Nudipes. **1703** E. Wynne: *BC* 67–8, i ddawnsio 'n *droednoeth* hyd aelwydydd gwynias. *c.* **1762–79** W. Williams: *P* 81, yr holl gwmni a nesaent yn *droednoeth* i borth y Deml. **1803** *P*, *Troednoeth* . . . Barefooted. Ar lafar, 'mynd yn goesnoth *droednoth*' 'to walk with one's shoes and stockings off', *WVBD* 549; ''Wi'n lico cerad yn *drotnoth* bothdu'r tŷ', *GTN* 817. Digwydd ar lafar yn yr ystyron 'heb gig, heb botes cig' yn yr ymad. 'lobsgows *troednoeth*', *WVBD* 549, a 'brywes *troednoeth*', S. M. Tibbott: *AB* 57 (Meir.).

Amr.: **traednoeth** [*traed*+*noeth*] (ll. -*ion*). **15g.** *B* v. 110, [y] brodyr *traet noethion.*

troedog, gw. **troediog.**

troedogaf: troedogi [gair geir., sef bf. o'r e. *troedog*] *ba.* Llyffetheirio, hualu: *to shackle, fetter.*

1632 *D* d.g. *Compedio.* **1722** *Llst* 189, *Troedogi.* To fetter, shackle, spancel. [**1783**] *W* d.g. *To shackle.* **1803** *P*, *Troedogi* . . . To fetter, to shackle.

troedogyn, gw. **troediog.**

troedol [*troed*+-*ol*] *eg.* (bach. -*yn*) ll. -*ion*, a hefyd fel *a.* Pedal; cerddwr, pedestriad; yn perthyn i'r troed; yn cerdded, ar droed: *pedal*; *a pedestrian*; *pedal* (*adj.*); *pedestrian* (*adj.*), *on foot.*

1803 *P*, *Troedawl* . . . Belonging to the foot, pedal.

troedrudd [*troed*+*rhudd*] *eb.g. Bot.* Unrhyw un o amryw fathau o blanhigion o'r tylwyth *Geranium*, pig yr aran, yn enw. llys y llwynog, *Geranium robertianum*; codwarth du, llysiau'r moch, *Solanum nigrum*: *cranesbill, esp. herb Robert*; *black nightshade.*

c. **1400** *MM* 12–14, kymryt tri dieu goduc or llysseu hynn: y kygget . . . ar *troetrud.* *c.* **1400** *Études* vii. 54, herba Roberti, y *droetrud* . . . morella minor, y *droetrud* . . . pes columbinus, y *droetrud. Diw.* **16g.** *WLB* 34, ar vapgoll ar *droed-rudd.* **1632** *D* (*Bot*), y *Droedrudd*, llysiau 'r llwynog, mynawyd y bugail, pig yr aran, llysiau Robert, Gruina, geranium primum, vehinastrum, rostrum gruis, rostrum ciconiæ. **1633** J. Gerarde: *Herball*, Y *Droedrydd.* Herbe Robert. *c.* **1740** *LlM* 12, Mwg y Ddaiar, ar *Droedrydd.* **18g.** *Llr* C 24, 366, Herba Robertis / y *droedrydd. id.* 367, Morella minor / y *droedrydd. id.* 368, pescolium bing [*sic*] / y *droedrudd.* **1772** *W* d.g. *Crane-bill, or crane's bill* [*in Botany*]. **18–19g.** *Llr* C 11, 151, y *droedrudd*, red Robin. **1803** *P*, *Troedruz* . . . s. f. The cranebill, a plant; also called llysiau y llwynawg, mynawyd y bugel, pig yr aran. **1813** *WB* 241, *Troedrudd*; Geranium Robertianum; Stinking Crane's bill, Herb Robert.

Cfn.: **troedrudd Ffrengig:** *French cranesbill, Geranium endressii.* **20g.**

troedrydd [*troed*+*rhydd*[1]] *a.* Rhydd ei draed, dilyffethair, hefyd yn *ffig.*: *footloose, unfettered, also fig.*

16g. *Hop M* 200, ffydd gobaith hwy, [*sic*] aeth dwy n *droedrydd* / at gariad ddwys, ir glwys vynydd. **1744** D. Rowland: *RY* 264, Diaboloniad hynod, Enw yr hwn ydoedd *Troed-rydd.* **1761** *ML* ii. 318, Rhaid iddo ef gael llawer mwy o amser na llwdn *troedrhydd* i ymofyn eu hanes. **1777** W. Williams: *DN* 13, Mi allaswn fod heddyw yn *droedrydd*, heb un o'r gofidiau hyn arnaf; neu mi allaswn . . . fod yn gyfoethog . . . ac yn briod.

Amr.: **troetrydd. 20g.**

troedwas [*troed*+*gwas*[1]] *eg.* ll. -*weision.* Gwas traed, gwas lifrai: *footman, page, lackey.*

1604–7 *TW* (*Pen* 228) d.g. *Circumpedes, Cursor.* **1798** *WR* d.g. *Lackey.*

Gw. hefyd **gwas**[1]**—gwas traed.**

troedwen, troedweog, gw. **troed**+**gwyn**[1], **gweog.**

troedwst [*troed*+-*wst*] *eb.* ac yn eithriadol *eg.* Cymalwst (yn y troed): *gout* (*of the foot*).

1632 *D* d.g. *Podagra.* **1707** *AB* 278a, The Gout, *Troed*-[*w*]*st.* **1722** *Llst* 189, *Troedwst.* m. A pain or gout in yᵉ feet. **1754** *ML* i. 290, Y Syrfaeor sydd ar gwaetha' gallo ar ei droed, sef yw'r haint hwnnw y *droedwst*, alias y gymalwst, alias cryd y cymalau, alias y gouyt [*sic*]. [**1761**] *id* i. 333, Sigo ffer sydd dda rhagddo, fal y mae'r ymgrafu yn dda rhag y *droedwst.* **1770** *TG* iv. 51, Mae brenhin Prussia yn anhwylus iawn gan y *droedwst* (Gout). **1773** *W* d.g. *Gout* . . . *The gout in the foot or feet.* **1782** Ioan Siencyn: *Gw* 236, Daeth henaint mewn gafael i 'Mafael a fi; / Fe'm trawodd a'r *droedwst*, mwy eirad na'r wrwst. **1803** *P*, *Troedwst*, s. f. . . . A foot disease; a gout.

troedwstog, gw. **troedystog.**

troedwyn, gw. **troed**+**gwyn**[1].

troëdydd [bôn y f. *troaf*: *troi*+-*edydd*] *eg.* ll. *tröedyddion.* Turniwr; peth sy'n troi; (geir.) cyfieithydd: *turner* (*on lathe*); *something which turns*; (*dict.*) *translator.*

15g. *GO* [37], Llygaid a ddywaid y ddoeth / Synhwyr, lle nis kais anoeth, / Lleddfon, *droedyddion* drych, / Lladron a vyn lle i edrych. **1794** *W* d.g. *Translator* [*that turns one, or out of one, language into another*].

troedyn [*troed*+-*yn*[1]] *eg.* ll. -*nau.* Sylfaen, sail; troed (bychan); coesyn (ar ddeilen, ffrwyth, &c.); hefyd yn *ffig.*: *a footing, base*;

(*small*) *foot*; *stalk* (*on leaf*, *fruit*, *&c.*); *also fig.*

c. **1400** *MM* 68, Nac yf y kaŵl, nac ys y deil coch or caŵl, nar *troetynneu*, a lleihaa dy waet. **15g.** Bedo Aerddrem, &c.: *Gw* 273, nid oys i neb dos yn iach / law a r [*sic*] *throydyn* lathreidiach. **1632** *D* d.g. *Pediculus.* **1720** *App DP* 10, Rhoddaf *droedyn* i chwi . . . pa fodd y daeth Gwladol Eglwysi ar y cyntaf. **1722** *Llst* 189, *Troedyn.* m. A little foot. **1727** J. Jones: *DFF* 135, a allech chwi yn rhesymmol ddymuno sicrach Sail a *Throedyn* i 'ch Ffydd. **1732–3** J. Owen: *GB* 15, ond ni cheisiaf fi mo'r dodi y Peth i sefyll ar y *Troedyn* ymma ddim. *id.* 29, A pheth i ddal sulw arno ydyw, fod y rhan fwyaf o Synodau yng Nghymru . . . yn sefyll ar yr un Sylfaen a *Throedyn* â Synodau Lloegr Newydd. *id.* 61, canys ar *Droedyn* arall y dodwyd hyn yn eu herbyn hwynt . . . Ar *Droedyn* arall y dywedodd yr Eglwys eu bod hwy yn gwneuthur Duw yn Dadog ac yn Gymmeradwywr Pechod. **1775** E. Griffiths: *GF* 298, Ymgadw oddiwrth waed . . . sy 'n sefyll dybygid ar yr un *troedyn.* **1803** *P*, *Troedyn*, s. m. dim. . . . A little foot. Ar lafar, '*troetyn*' 'y rhan o'r bladur sy'n ffitio i mewn i'r coes', *GTN* 816.

Cfn.: **ar droedyn:** *afoot.* **1771** *W*, Y mae'r neges eisoes mewn llaw (eisoes *ar droedyn*) d.g. *To begin . . . The business is already begun. id.* Pa newydd sydd *ar droedyn*? d.g. *To be stirring . . . What news is stirring?*

troedysgafn, gw. **troed+ysgafn**[1].

troedystog, troedwstog [*troedwst+-og*] *a.* Yn perthyn i'r gymalwst (yn y troed) neu'n dioddef ohoni: *gouty* (*of the foot*), *podagral.*

1798 *WR*, *troedwstawg* d.g. *Podagrical.*

troedystol [gair geir., sef *troedwst+-ol*] *a.* Yn perthyn i'r gymalwst (yn y troed) neu'n dioddef ohoni: *gouty* (*of the foot*), *podagral.*

1780 *W*, *Troedwstawl* d.g. *Podagrical.* **1803** *P*, *Troedwstawl* . . . Podagrical, gouty.

troell, tröell [bôn y f. *troaf*: *troi+-ell*] *eb.* ll. *troellau*, *troëllau*, *troellion.*

1. Peiriant at nyddu edafedd, sef gwerthyd a yrrir gan olwyn gysylltiedig â chranc neu droedlath; olwyn; ?cylch (fel dyfais her.): *spinning-wheel*; *wheel*; *?circle* (*as heraldic device*).

1547 *WS*, Kant *troel* [*sic*] A whele. **1588** *Eseia* xvii. 13, erlidir hwynt fel *troell* (**1620** *ib.* peth yn treiglo) ym mlaen corwynt. *c.* **1600** L. Dwnn: *HV* ii. 18, maes kwarterog . . . ac yn y rod *troell* aur. **1607** *Pen* 216, 78–9, Mi a wnethyda y *troylle* yn gymhedrol o ole a phraffter. **1632** *D*, *Tröell*, Disyllab. & interdum monosyll. Rota, rhombus. **1688** *TJ*, *Troell*: a Spinning-wheel. [**1762**] E. Powell: *HEI* 14, Mae'r Toddion neu'r Saim du oddiwrth *droell* Certwyn neu Wagen, yn Eli da wrth Glwy neu Archoll. **1799** M. Williams: *HHG* 36, ei lethu [pererin] i farwolaeth, dan *droellau*'r cerbyd fo'n ei chario [delw]. **1803** *P*, *Troell*, s. f. pl. t. *au* . . . a wheel for . . . spinning. Ar lafar, '*troell*' 'spinning-wheel', *WVBD* 550; 'Fi'i gwelas 'i'n troëlli ar y *droall*', *GTN* 818.

2. (*a*) Peth ar ffurf olwyn, cylch, modrwy, &c.: *thing in the form of a wheel, circle, ring, &c.*

14g. *GDG*[3] 91, Têyrnaidd waith, twrn oedd wiw, / Tyrrau, *tröellau* trilliw [i'r gerlant o blu paun]. **14g.** *GIG* 53, I droi'n fy nghylch yn *dröell* / Fel mellten burwen o bell [i ddiolch am gyllell]. **14g.** *OBWV* 95, *Troëll* y llanw a'r treiau, / Traean henfaen breuan brau [Gruffudd Gryg i'r lleuad]. **14g.** *DGG*[2] 131, Cwrel ac aur goreurym / Yw *troellau* ei gruddiau grym (Gruffudd Gryg). **14–15g.** *IGE*[2] 241, Eillio *tröell* wellwell wiw / Ar ei siad [y Pab] o ras ydiw (Ieuan ap Rhydderch). **15g.** *GDLl* 110, I'r plwm uchel i weled / Yn *dröell* gron daear holl gred. **15g.** *GLGC* 321–2, Mwy yw Elfael no milfyrdd, / mwy no ffair Manaw a'i ffyrdd. / Lled oedd, yn un *dröell* deg, / Droea no dwy o Röeg. *id.* 416, dodi'r ŵyl i'm didreulaw / *dröell* aur ar dor y llaw. **15–16g.** *TA* 167, Teg a chann, tegwch Enid, / Troi lliw gras mewn *troellau* gwrid. *id.* 388, I wddw eilwaith oedd olwyn, / A thair *troell* yn eitha 'r trwyn [i ofyn march]. **16g.** *Celtica* v. 148, o bydd ar yn aill [*sic*] dv nev o bob tv yw fwng *tyroellav* or vn lliw a marchwriaeth y march kynta. **1756** G. Owen: *L* 172, ac uthr oedd gantho weled Bardd (fal Iâr mewn mŵg), a'r niwl gwynn yn *droellau* o amgylch ei ben.

(*b*) Olwyn (fel rhan o fecanwaith neu beiriant), erfyn, dyfais, &c., sydd ar ffurf olwyn neu'n cynnwys darn felly; rhywel; olwyn (crochenydd); trofwrdd (ar gyfer record, injan trên, &c.), bwrdd troi; olwyn, &c., fel dyfais poenydio neu gosbi: *wheel* (*as part of mechanism or machine*), *tool*, *device*, *&c.*, *in the form of a wheel, or having a wheel-shaped part*; *rowel*; (*potter's*) *wheel*; *turntable* (*for record*, *locomotive*, *&c.*); *wheel* (*for punishment or torture*).

13g. *LlI* 93, Prennyal guedes, xxiiii . . . karuaneu a'r *trohelleu* a'r troetlasseu, viii.k'. *c.* **1400** [*RB*] *WM* 236. 38–237. 5, yny dorres y march yn deu hanner trŵydaŵ . . . *athroelleu* yr ysparduneu adryll y march y maes. **1543** *B* viii. 296, beth o ole vydd yn yr olwyn goks vi / beth yn y *troylle* viii. *id.* 299, hoilion koks kokyssu yr olwyn gocks / gwerthydu y *troylle* / y kafn bychan y vran y march. *c.* **1585** G. Robert: *DC* 27a, *troelheu* yspardyneu. **1588** *Jer* xviii. 3, mi a euthym i wared i dŷ y crochenydd, ac wele ef yn gwneuthur ei waith ar *droellau.* **1588** *Ecclus* xxxviii. 32, y crochenudd . . . yn troi y *droell* ai draed. **1632** *D* d.g. *Tornus*, *Trisippium.* **1737** J. Einnon: *HR* 73, weithiau fe wnai'r Gelyn i mi gredu i mi roddi cydseiniad iddynt, ac yno y byddwn megis pe buasai yn fy nirboeni a'r *Droell.* **1740** T. Evans: *DPO* 344, Y *Droell.* Y tu uchaf o'r olwyn ydoedd lawn o bigau haiarn, ar ba un y cwlwmmid y Merthyr, fal y bai ei gorph yn gylch o amgylch yr olwyn. [**1783**] *W* d.g. *Roll* [*a bookbinder's for gilding the edges of a cover*], *Wheel*, *A potter's wheel.* **1803** *P*, *Troell* . . . a reel; a pulley; a windlass; a screw. Clywir *troell* (ll. *troellion*) yn ardaloedd chwareli llechi'r Gogledd yn yr ystyr 'bwrdd crwn ar y ffordd haearn lle gellir troi'r wagenni o un ffordd i un arall', *B* xx. 384.

3. (*a*) (enghrau. *ffig.*: *fig. exx.*).

15–16g. *TA* 160, Ffriw tan *Droell* y Ffortun draw / Wyt, ba ryfedd it brifiaw? **16g.** *GILlV* 37, Trais Duw vo a trist fu r loes / Tori llinin *troell* einioes. **16g.** *WLl* 157, Troi mae rrod term y rrediad / A llwydd dyn yn llaw Dduw dad / Y *droell* fawr arr draill fydd / Arr dynion ar i denydd. **1653** *MLl* i. 121–2, Mae'r *droell* yn troi yn rhyfedd drwy'r hollfyd yn barod, ag hi dry etto yn gyflymmach ag yn rhyfeddach beunydd. **1657** *ii.* 88, Yr ysbryd iw 'r *droell* oddifewn syn troi 'r enaid ar corph llei mynno, am a allo. **1703** C. Ellis: *CG* 5, Duw . . . [yn] trefnu hôll *droell* y Bŷd. **1770** P. Williams: *BS*, *Io* v, y mae gwaith iechydwriaeth ar y *droell* beunydd. **1774** B. Francis: *A* 25, A *throell* fawr rhagluniaeth faith / A wnaed yn berffaith ganddi.

(*b*) Troad (ymadrodd), ffigur: *trope*, *figure* (*of speech*).

1595 *Egl Ph* [x], ymarbher ar [*sic*] *troelhau*, a'r phygurau. *id.* 9, Mynych iawn yr arbherir y *droelh* hon yn ganmoladwy. **1677** C. Edwards: *FfDd* 394–5, [y]r Hebraeg . . . *Troellau* ei ymadroddion sydd o'r un ddull â'n rhai ni. *id.* [425–6], Peth o Retoreg . . . Ynddi y mae y *troellau* a galyn, sef Trawsenw . . . Trawsymddwyn . . . Cyforddwyn. **1710** *CBGEL* 104, ond ûn Ymadrodd yn unig, yr hwn yn ddiddadl yn y geiriau ynghylch y Cwppan sydd *Droell* neu Osgedd (hynny ŷw, Dull o Ymadrodd trwy ba un y cymmerwn eiriau allan o'i hystyriaeth priodol). **1717** Iaco ab Dewi: *MN* 207, heb roddi rhyw rhydd-did [*sic*] i *Droelleu* a Dulloedd Areithiol. **1741** S. Thomas: *DY* 118, Trwy *Droell* Retoreg a elwir Metonymy. **1770** P. Williams: *BS*, *Job* xv, myned rhagddo mewn ymadrodd godidog, a *throellau* bywiog. **1774** T. Jones: *DG* 114, A'r geiriau, Hwn yw fy nghorph, oedd yn cael eu llafaru mewn *troell*, neu'n gysgodol.

Amr.: **troeell, troiell** [cf. *troeaf*, *troiaf*]. **15g.** *Glam Bards* 219, lle bo garddoi a *throiell* / a hyswi dda oes swydd well [Llywelyn ap Hywel i erchi ŵyn]. **1545** *CM* 1, 107, yspeir isa . . . Megis peel ne aual ynghrog ynghan/ol modrwy gron ne ynghannol kanntel *troeyll* [*sic*].

Cfn.: **troell fach (bach):** *small spinning-wheel* (*used for spinning flax*). **1855.** Ar lafar, '*troell bach*', *WVBD* 550. **troell bach fy nain,** gw. *troell fy nain.* **troell gorun,** gw. *troellgorun.* **troell wair:** *piece of wood used to turn a straw rope.* Ar lafar, *TGG* (1904) 47 (sir Ddinb.). **troell wlân:** *spinning-wheel* (*for wool*). **1830. troell fawr = troell wlân.** Ar lafar, *WVBD* 550. **troellau melin:** *pinions of mill-wheel.* **16g.** Wiliam Llŷn: *Gw* (R. Stephens) 524, Troi mae'u gwaith yn tramwy gwin, / Treilliaw mal *troellau melin.* **18g.** L. Morris: *LW* 137, *troellau melin*—pinions of a mill. **1803** *P*, Troell . . . *Troellau melin*, the pinions of mill-work. *Swol.* **troell (bach) fy nain:** *crane-fly*, *daddy-long-legs.* Ar lafar, '*troell fy nain*', *AAST* (1984) 109. **troell natur(iaeth):** *course of nature.* **1567** *TN* 348a, gosodet y tavawd y mysc ein aylodav, mal y llygra ef yr holl corph, yn fflamhau *troell naturieth* [:– rrot, rrediat]. **1776** I. Brydydd Hir: *P* i. 108, Ag i bydd holl *dróell natur* ar ei ymddangosiad ef, mewn gwewyr. **1778** *W*, *Tröell* (chwyl) *Naturiaeth* d.g. *Nature* [*the power whence all other powers are derived* . . .] . . . *The course of Nature.* **troell (i) nyddu:** *spinning-wheel.* **1604–7** *TW* (*Pen* 228), *Troelh y nydhu* d.g. *Rhombus. Dchr.* **17g.** *J* 10, 165b, *Troell nyddu.* Spining wheele or turne, Rhombus. **1803** *P*, Troell . . . *troell nyzu*, a spinning wheel. **troell dradl:** *spinning-wheel operated by treadle.* **1789** Twm o'r Nant: *TChB* 31. **troell ymadrodd,** gw. *troellymadrodd.*

Gw. hefyd **troellan, troellen, trwyll.**

troellaf, troëllaf: troelli, troëlli [bf. o'r e. *troell*, *tröell*] *bg.a.* Nyddu; troi, sbinio, chwyrlïo; cylchdroi; ymddolennu; hefyd yn *ffig.*: *to spin* (*wool*, *flax*, *&c.*); *turn*, *spin*, *whirl*; *orbit*; *wind*, *meander*; *also fig.*

?**15g.** *DGG* 144, Aredig ffol ar ol yr wyd, / O'th dro oll y'th *dröellwyd* [i'r byd]. **16g.** *GGH* 304, Try lle o'i blaen, *troelli* blawd [i ofyn meini melin]. **16g.** Huw Arwystl: *Gw* 379, Dvfraen fad bwdwr dwyfron fawdd / drull noe hen a *droellai*[n] hawdd. **1632** *D* d.g. *Roto.* **1754** J. Prys: *Alm* [46], Nŷch yw'n bôd, / Yma 'n *troelli* mewn Trallod. **1803** *P*, *Troelli* . . . To put in a whirling motion; to turn as a whirl, or wheel; to turn as a screw. Ar lafar, '*troelli*' 'to twist, to spin', *WVBD* 548; '*troelli* gwlæn', 'Ma'r llwybyr yn *troelli* o'r bont lan at yr 'ewl. Dyna pam ma fa'n cæl 'i alw'n wicam wocam', *GTN* 816; 'Fi'i gwelas 'i'n *troëlli* ar y droall', ''Odd yr 'en 'ewl yn *troëlli* lan i'r mynydd', *id.* 818.

troellaidd [*troell+-aidd*] *a.* Tebyg i olwyn, crwn, cylchog; ffigurol: *wheel-like*, *round*, *circular*; *figurative.*

1346 *LlA* 93, deu berffeithloyŵ gochyon rudyeu *troelleid.* **1733** J. Owen: *TBG* 12, Amserau cystuddiau; pan yw dynion wedi aeddfedu i farnedigaeth, ac yn barod i'w torri lawr â chrymman digofaint Duw. Amlwg yw fôd y gair yn myned tan yr arwyddocâd cyffelybiaethol *troellaidd* hwn. **1803** *P*, *Troellaiz* . . . Like a wheel or whirl.

troellair, gw. **troell+gair**[1].

troellan [*troell+-an*[1]] *e?b.* Olwyn fach: *small wheel.*

1794 *W* d.g. *Truckle* [*a sort of small running wheel*], *Wheel*, *A little wheel.*

troelledig [bôn y f. *troellaf*: *troelli+-edig*] *a.bfl.* Wedi ei droelli, torchedig, torchog: *twisted*, *coiled.*

16g. Siôn Brwynog: *C* 161, Erioed gan rydain (bu rad i Brydain) / O'r tyrrau llydain, aur *troelledig* (drll.) [i Wiliam Glynne, Glynllifon]. **1803** *P*, *Troelledig* . . . Twirled; in ringlets.

troelledd [*troell+-edd*[1]] *eg. Bot.* Troelliad: *nutation* (*in bot.*).

20g.

troelleg [*troell+-eg*[1]] *e?b.* ll. *-au.* Troad ymadrodd, ffigur: *trope*, *figure* (*of speech*).

1839.

troellen [*troell+-en*] *eb.* ll. *-nau*, *-ni.* Cylch, pelen, sffêr; ardal; sgriw; (?geir.) chwyrlïad, troelliad; hefyd yn *ffig.*: *circle*, *orb*, *sphere*; *area*; *screw*; (*?dict.*) *a whirling or spinning*; *also fig.*

16g. *LIS* 10, Camemil . . . blodæ melynion phrisiedic ar vchaf ei cenol a *throellenæ* o vlodæ oei gogylch. *id.* 77, Cicut . . . a changenos bychedigion yn tyfy yn *droellenne* ar y bricedd. **16–17g.** E. Prys: *Gw* 251, Mae *troellen* cylch ei 'menydd, / Yn troi'n ffest trwy i wan ffydd [i ateb Thomas Prys]. **17g.** Huw Morus: *EC* i. 344, Y gwayw yn fy nhalcen yn *droellen* a dry. *id.* ii. [21], Y *Droellen* arw drais, / Digysur yw dy gais ['Ymddiddan rhwng Dyn afradlon a'i Glefyd']. **1701** E. Wynne: *RBS* 23, Efe [Duw] sydd a'i law yn treiglo *Troellennau*'r Nefoedd (*orbs of heaven*). **1728** T. Baddy: *DDG* 62, fe gafwyd yn y *Droellen* fechan honno o Ddaiar, bymtheg Cant a thriugain Mil . . . yn tynnu Cleddyf. **18g.** E. T. Rhys: *DA* 165, Gyda'r dyn, pan êl yn hen, / Fe fydd mewn *troellen* trallod. **1765** *CBC* 16, Dyma fel y mae ei Fywyd ef yn *droellen* o Ofid a Thristwch. **1803** *P*, *Troellen*, s. f.—pl. t. *i* . . . A whirl. Ar lafar yn yr ystyr 'y rhaniad naturiol ym mlew anifeiliaid ac ar gopa dynion', *B* iv. 304 (canolbarth Cered.); hefyd yng ngodre Cered. Cf. *SE MS* 531a, *Troellen* (o wlad), a spot a tract or piece of land (S.W.).

Cfn.: **troellen y corun:** *centre of crown of head.* Ar lafar, *WVBD* 550.

troellennog, tröellennog [*troellen+-og*] *a.* Torchedig, torchog; wedi ei weu â phatrymau cyfoethog (e.e. am sidan caerog neu frocêd); *Bot.* sidellog: *coiled*; *watered* (*of silk*, *&c.*), *damasked*; *whorled* (*in bot.*).

1604–7 *TW* (*Pen* 228), dilhedyn o sidan . . . mal rhwytæ'r pryfet copyn: Troelhoc, *troelhenoc* d.g. *Scutulatus* . . . *Scutulata vestis.* **1722** *Llst* 189, *Troellennog* . . . wrought like damask. **1774** *W*, Mâth ar fraslian â gwaith *tröellennog* arno d.g. *Huckaback. id. troellennog* d.g. *Tabby* [*wavy like tabby-silk*]. **1803** *P*, *Troellenawg* . . . brocaded, flowered.

troellfa [*troell+-fa*, *ma*] *eb.* Labrinth, drysfa, hefyd yn *ffig.*: *labyrinth*, *maze*, *also fig.*

1852.

troellffordd [*troell*+*ffordd*] *eb.* ll. *-ffyrdd*. Ffordd droellog: *winding road*.
1936.

troellgorun [*troell*+*corun*] *eb.g.* a hefyd gyda grym ansoddeiriol. *Bot.* Enw ar rywogaeth o frwyn, *Juncus squarrosus*, brwynen droellgorun: *heath rush*.
1813 *WB* 241, *Troellgoryn;* Iuncus squarrosus; Moss Rush, Goose-corn. Clywir *troellgorun* ar lafar yn yr ystyr 'double crown (of hair on head)', 'Mae 'ngwallt i'n sticio fyny o hyd—ma gin' i *droellgorun*' (Arfon).

troelliad [bôn y f. *troellaf: troelli*+*-iad*[1]] *eg.* ll. *-au*. Troad, trofa, cylchdro, chwyrli̇-ad, darn troellog neu ddolennog ar batrwm, &c.; priod-ddull, idiom; *Bot.* twf troellog blaguryn, tendril, &c.: *a turn(ing), orbit, whirling, swirl; idiom; nutation (in bot.).*
c. **1762–79** W. WILLIAMS: *P* 17–18, nis gallaf gyrrhaedd i fynu at eu Medduliau, heb wybod rhyw faint am *Droelljadau* eu jaith. **1803** *P*, *Troelliad*, s. m. —pl. t. *au* . . . A whirling.

troellig [*troell*+*-ig*[1]] *eb.* ll. *-au*, a hefyd fel *a.* Olwyn fach; *Bot.* unrhyw un o amryw fathau o blanhigion o'r tylwyth *Spergula* yn enw. *Spergula arvensis*, chwyn yr ŷd; tiwb troellog a gysylltir â distyllbair: *small wheel; spurrey (in bot.); worm (in distillation).*
1604–7 *TW* (*Pen* 228) d.g. *Rotula. id. trochlic* vechan d.g. *Trochiscus.* **1722** *Llst* 189, *Troellig* f.p. *lligan.* A little wheel. **1794** *W* d.g. *Wheel, A little wheel.* **1813** *WB* 241, *Troellig;* Spergula;—Spurrey.
Fel *a. Bot.* Sidellog; ?troellog, dolennog: *whorled (in bot.);* ?*winding, meandering.*
1816.
Cfn.: Bot. **troellig yr ŷd:** *corn spurrey, Spergula arvensis.* **1924.**

troelliwr, gw. **troellwr.**

troelloel [*troell*+*hoel*[1]] *eb.* ll. *-ion.* Sgriw, hoelen dro: *screw.*
1803 *P.*

troellog, troëllog [*troell, tröell*+*-og*] *a.* ll. (gyda grym enwol) *troellogion.* Yn ymdroelli, dolennog, yn cylchdroi, yn troelli, chwyrli̇og, yn perthyn i olwyn, modrwy, &c., neu ar ffurf y cyfryw, crwn, sbiral, nydd-droellog, cyrliog; wedi ei weu â phatrymau cyfoethog (e.e. am sidan caerog neu froced), graenedig; ffigurol; *Bot.* sidellog; hefyd yn ffig.: *winding, meandering, revolving, spinning, whirling; pertaining to, or in the form of a wheel, ring, &c., round, circular, spiral, spiralling, curly; watered (of silk, &c.), damasked, grained, figurative; whorled (in bot.); also fig.*
15g. *DN* 65, Ac vngwr ydwyd â gwayw onn gwridoc / Ynn tarvu trillv ar vawrth *troelloc* [i Ddafydd ap Tomas ap Dafydd]. **15g.** *GGI²* 61, Llyna farch â'm llaw'n ei fwng / *Troellog* a ddaw i'r Trallwng [i ofyn ebol]. **1588** *Ecs* xxvii. 9, *troelloc* lenni y cynteddfa fyddant sidan gwyn cyfrodedd. **1604–7** *TW* (*Pen* 228) d.g. *Rotalis. id.* dilhedyn o sidan . . . mal rhwyta'r pryfet copyn: *Troelhoc,* troelhenoc d.g. *Scutulatus . . . Scutulata vestis.* **1632** *D, Troellog,* Rotosus, vndulatus. **1725** *SR* d.g. *Tabby.* **1753** *TR, Troellog,* round as a wheel, watered as silks are, grained as wainscot is. **1762** D. ROWLAND: *PA* 22–3, y mae aefer Duw bob amser i gyfrannu gwybodaeth i ddyn trwy gyffelibiaethau . . . yr hyn yn rhyfeddu fod y bŷd dysgedig, ac sy'n hoffi ymadroddion *troëllog* mwn awdwyr eraill, eu bod yn goganu cymmaint ar odidoccaf araeth-ddiaeth yr awdwyr Sainctaidd. **1803** *P, Troellawg . . .* Having a turn, whirl, or wheel; of the form of a whirl, or screw, or ringlet; brocaded; having the marks called watered on silks or stuffs; grained, as appearing on boards. Ar lafar, '*troellog*' 'curling . . .' of the hair', *WVBD* 550.

troellol [*troell*+*-ol*] *a.* Yn troelli, chwyrli̇-og: *spinning, whirling.*
1858.

troellrwy [*troell*+*rhwy*²] *e?b.* ll. *-au.* Bwylltid, modrwy dro, swifl: *swivel.*
1794 *W* d.g. *Swivel.*

troellrych [*troell*+*rhych*[1]] *eg.* ll. *-au.* Twll sgriw: *screw-hole.*
1803 *P.*

troellsychaf: troellsychu [*troell*+*sychaf:*

sychu] *ba.* Sychu (dillad) drwy eu troelli mewn peiriant pwrpasol: *to spin-dry.*
20g.

troellus [*troell*+*-us;* ansicr yw'r ystyr yn yr engh. gyntaf isod] *a.* Ffigurol: *figurative.*
1608 *CC* 379, vstus llaw *troellus* llew trwm / orav kweryl or kworwm (Siôn Cain). **1725–6** *Madd Ed* 267, yr wyf fi'n tybied nad euthum i tu hwnt i Arwyddoccâd Ymadrodd *troellus* (*figurative intimations*) y Ddammeg.

troellwasgaf: troellwasgu [*troell*+*gwasgaf: gwasgu*] *ba.* Sgriwio: *to screw.*
1851.

troellwr, troelliwr, troëllwr, troellydd [bôn y f. *troellaf, troëllaf: troelli, troëlli*+*-(i)wr, -ydd*[3]] *eg.* ll. *troellwyr.*
(a) Nyddwr; saer olwynion; turniwr; crochenydd (sy'n defnyddio troell); gwneuthurwr clocweithiau; pluen dro, sbinner; un sy'n dewis a chyflwyno cerddoriaeth wedi ei recordio; bowliwr sy'n sbinio'r bêl (mewn criced); llefarydd ar ran plaid wleidyddol, &c., sy'n rhoddi gwedd ffafriol ar ddigwyddiadau, polisïau, &c., i'r cyfryngau torfol, dewin delwau: *spinner; wheelwright; turner; potter (using a wheel); maker of clockworks; spinner (in fly-fishing); disc jockey; spin bowler (in cricket); spin doctor.*
1722 *Llst* 189, *Troellwr.* m. A wheel-wright. **1776** *W* d.g. *A movement-maker, Wheeler or wheel-wright.* **1793** *Cylchg* 89, cyrn [y ddafad] ni theflir ymaith, canys hwy a drinir gan y Bottymwyr, a'r *troellwyr.* Ar lafar yn yr ystyr 'tyrnsgriw', 'Ymle ma'r *troellwr*? Ma gin' i gwpwl o 'eolon tro man 'yn isia 'u doti mywn', *GTN* 816; hefyd gynt yn Arfon am fath o degan a wneid o gneuen, llinyn, a thaten ac a droid yn yr awyr i wneud sŵn.
(b) Adar. Nyddwr, *Caprimulgus europæus: nightjar.*
1761 *ML* ii. 331, Y rhodwr (and in some places here y *troellwr*) is the churn owl. Ar lafar, '*troelliwr, troellwr*', *WVBD* 548.
Cfn.: Adar. **troellwr bach:** *grasshopper warbler, Locustella navia.* **20g. troellwr disgiau:** *disc jockey.* **20g.** *Adar.* **troellwr mawr:** *nightjar, Caprimulgus europæus.* **20g.** *Adar.* **troellwr safnog = troellwr mawr. 20g.**

troellwynt, gw. **troell+gwynt.**

troellydd, gw. **troellwr.**

troellymadrodd, troell ymadrodd [*troell*+*ymadrodd*[1]] *eb.g.* ll. *-ion, troellau ymadrodd.* Troad ymadrodd, ffigur; priodddull, idiom: *trope, figure (of speech); idiom.*
1595 *Egl Ph* [ix], Pwy a bhedr dhealh scribhennydhion tiriondhysc, neu storiawyr hydalm, heb gydnabod a threulhaw ymadrodh? . . . Yn Hebraec bho dhywedir. Hal iadh ieor, gar lhaw'r abhon. Nid oes law i abhon o's dywedwn i'n briodawl; ac o achos hynny *troellh ymadrodh* yw. id. [1]–2, Troelh ymadrodh, neu drobheg yw bath ar adhurneg cynnebhin, drwy ba vn y newidir gair o'i arwydhocad anianawl, i ryw arwydhocad aralh. **1630** *YDd* 17, Elohim hefyd . . . mewn troell *ymadrodd* [:– Tropice] a roi'r yn enw i lywodraethwyr. **1693** *TYGD* 37–8, Y mae dwy dhroell *ymadrodd* a arfer yr yspryd Glân i ddangos mor fuddiol yw trugarogrwydd. Y naill a gymerir oddiwrth fenthygio, a'r llall oddiwrth hau. **1725–6** *Madd Ed* 1, Rhessymmau . . . am *droell ymadroddion* yr hen Destament. **1796** *GDTD* 80, *Troell-ymadrodd* yw lle rhoi'r enw rhyw beth ar beth arall cysylltiedig ag ef. **1803** *P, Troellymadrawz,* s. m. . . . a figurative speech, tropology.

troellymadroddol [*troellymadrodd*+*-ol*] *a.* Ffigurol: *figurative.*
1725–6 *Madd Ed* 17, ar noeth Awdurdod cyffelybiaeth, neu *Droell ymadroddol* Dŷbygoliaeth. id. 18, lleoedd *Troell ymadroddol* neu Ffigiwraidd.

troellysgogiad, tröellysgogiad [*troell, tröell*+*ysgogiad*] *eg.* ll. *troellysgogiadau.* Trawsffurfiad: *transformation.*
1835.

troeog [bôn y f. *troeaf*+*-og*] *a.* Yn troi, troellog, cyrliog, hefyd yn ffig.; oriog, anwadal: *turning, winding, curly, also fig.; fickle, changeable.*
1604–7 *TW* (*Pen* 228), *troeawc* d.g. *Flexuosus. id.* Aniual . . . yn troi yn ei droad d.g. *Hippopotamus.* **1790** TWM O'R NANT: *GG* 73–4, Er gwyched yw'r Bon'dd-igion dwys, / *Troeawg* lwys mewn Tre a gwlad; / . . . / Heb Hwsmon drud a'i waith di-drai, / Fe safai bob

rhyw Swydd. Ar lafar yn yr ystyr 'anwadal', 'mor *droiog* â'r gwynt', *Cymru* xlvii. 237 (sir Ddinb.).
Amr.: **troog** [bôn y f. *troaf: troi*+*-og*]. **1842.**

troetbren [*troed*+*pren*] *eb.* Pren troed, last, arffedfaen, lapston; troedlath: (*cobbler's*) *last, lapstone; treadle.*
1688 *TJ,* Troedlath, troedlas, *troad bren* [sic] gwŷdd: the Treadle of a Weaver's Loom. **1770** *TG* iv. 29, botasau . . . gan grydd a wnelsai bar i frenhin Denmarc . . . a'u gwneud hefyd ar yr un *droedbren* ag eiddo brenhin Denmarc. **1775** *W,* Troed-bren (*troetbren*) crŷdd d.g. *Last* [a shoe-maker's].

troetffordd, troetffust, troetgam, gw. **troed+ffordd, ffust, cam².**

troetgoch [*troed*+*coch*] *eg.*
(a) Adar. (Pibydd) coesgoch, *Tringa totanus:* (*common*) *redshank (in ornith.).*
1850.
(b) Bot. Troed y golomen, garanbig maswaidd, *Geranium molle: dove's-foot cranesbill (in bot.).*
1823.

troetir, troetraws, troetrwm, gw. **troed+hir, traws, trwm**[1].

troetrydd, gw. **troedrydd.**

troetstol, troetsych, troetwn, gw. **troed+stôl**[1]**, sych**[1]**, twn**[1].

troeth [Llyd. C. *troaz,* Llyd. Diw. *troazh,* taf. Gwened *treah;* ansicr yw'r brth. â *trwyth*] *eg.b.* Hylif melynaidd a dynnir o'r gwaed gan yr arennau ac a ollyngir o'r corff drwy'r wrethra fel rhan o'r proses ysgarthu, trwnc, wrin, piso, lleisw, golchdrwyth: *urine, lye.*
c. **1400** *R* 1335. 40–1, kedor daen kaat ar y dom. keudy *droeth* kaeat y drem. *Dchr.* **17g.** *J* 10, 166a, *Troeth* × Trwyth. lotium. **1803** *P, Troeth,* s. f. . . . Wash; lye, urine. **1813** *WB* 165, Candoll . . . Dywedir i 'r dail ddifa Llyngyr; au bod yn llesol rhag *troeth* gwaedlyd.
Gw. hefyd **trwyth.**

troethaf: troethi [bf. o'r e. *troeth,* cf. Llyd. C. *troazaff,* Llyd. Diw. *troazhañ*] *bg.* Gwneud dŵr, piso: *to urinate, piss.*
16g. *LlS* 28, eli . . . y waret y stagiat nei attal piso neu *drothi.* **1632** *D, Troethi,* Mingere, meiere. **1722** *Llst* 189, *Troethi.* To make water. **1766** *CD* 136, A chanddi saith ryw geinciau / O saith fudr gampiau; / Megis *Troethi* tan heppian, / Y waith ir hittio a throtian. **1780** *W,* Peri piso (*troethi*) d.g. To provoke urine. **1803** *P.*
Amr.: **trothi.** **16g.** *LlS* 28, 43.
Gw. hefyd **trwythaf: trwytho.**

troethbair [bôn y f. *troethaf: troethi*+*-bair* (At.)] *a.* a hefyd fel *eg.* ll. *-beirion.* Diwretig: *(a) diuretic.*
1722 *Llst* 189, *Troethbair.* Diuretick, provoking urine. **1803** *P, Troethbair . . .* Diuretical. **1813** *WB* 158, Dyferwad . . . mewn llefrith sydd *droethbair* cryf.
Gw. hefyd **trwythbair.**

troethbarol [*troeth*+*bôn y f. paraf*[1]: peri +*-ol*] *a.* Diwretig: *diuretic.*
1873.

troethell [bôn y f. *troethaf: troethi*+*-ell*] *eb.* ll. *-au.* Wreter: *ureter.*
1866.

troethfa [bôn y f. *troethaf: troethi*+*-fa, ma*] *eb.* ll. *-feydd.* Llestr, yn enwg una osodir yn erbyn wal, i ddyn droethi ynddo; tampon: *urinal; tampon.*
1850.

troethiad [bôn y f. *troethaf: troethi*+*-iad*[1]] *eg.* Y weithred o droethi: *urination.*
1803 *P.*
Gw. hefyd **trwythiad.**

troethlif [*troeth*+*llif*²] *eg.* Clefyd y siwgr: *diabetes.*
1722 *Llst* 189, *Troethlif.* m. The diabetes. **1803** *P.*
Cfn.: **troethlif melys:** *diabetes.* **20g.**

troethol [*troeth*+*-ol*] *a.* Yn perthyn i droeth: *urinary.*
1850.
Gw. hefyd **trwythol.**

troethwaed [*troeth*+*gwaed*] *eg.* Presenoldeb gwaed mewn troeth: *haematuria.*
20g.

Troewyr [e.'r ddinas *Troe*(*a*)+-*wyr*¹] *e.ll.* Trigolion Caerdroea: *Trojans.*
1759 *BC* xiv, Duw a ddeolo o'n plith ni y Brutaniaid (yn enwedig Llïn y *Troywyr*) y Cyfryw a rhain, sydd weithredoedd y Cnawd. **1768** TWM O'R NANT: *CTh* 37, Fel y *Troewyr* gynt a'r Groegiaid.

trof: troi, gw. **troaf: troi**.

trofa [bôn y f. *troaf: troi*+-*fa, ma*] *eb.* ll. -*feydd, -fâu.*

(*a*) Tro, troad, cylchdroad, troelliad; tro (mewn ffordd, &c.), cornel, doleniad; camedd, plyg(iad); cyffordd, cymer; newid, cyfnewidiad; cwrs, tro (ar droed); digwyddiad, achlysur; trofan: *a turn*(*ing*), *rotation, winding; turn* (*in road, &c.*), *corner, meander; curvature, a fold*(*ing*); *junction, confluence; change, alteration; course, walk; event, occasion; tropic.*
13g. *GDB* 327, Y dyn a ddyckys o ddygyn *troua* —poen. *id.* 520, Ual Run Ruduoaòc vu y *droua. c.* **1400** *YCM*² 189–90, nachaf ... gwynt deyssyuyt yn dyuot ar un rot melin, ac yn troi yn y neuad yn gyflym ar yr un piler ... Ac a oed o'e wyrda yn keissaw ymgynnal ... da gantunt gudyaw eu pennev ac eu llygeit rac arynelc edrych ar uuander a *drova* honno. **15g.** *HCLl* 133, A'th olwg pan y'th welais, / A'th *drofa*, Ann, aeth drwy f'ais. **1567** *TN* 68b, mewn cysswllt [:– *trofa*, cyffiinydd [*sic*], gohanfa, ebach etc.] dwyffordd. **1620** *Neh* iii. 19–20, [d]ringfa i dŷ yr arfau, wrth y *drofa* (**1588** *ib.* cornel). **1632** *D* d.g. *Conuersio, Deriuatio, Diuerticulum, Flexura, Mæander, Versatio. id.* yn *drofâau* d.g. *Contorte.* **1661** E. LEWIS: *Drex* 12, diddiwedd yw *trofeydd* (*windings*) y Basilisc hwn. **1722** *Llst* 189, *Trofa.* f.p. *feydd.* A bending, bowing, conversion, turning, corner. **1764** DEWI NANTBRÂN: *SAG* 34, *Trofa* (neu Gyfnewid) o gyfan Sylwedd y Bara idd ei Gorph ef. **1790** TWM O'R NANT: *GG* 29, Mae son am Adda *drofa* drist, / Mae son am gredu yn Iesu Grist. **1803** *P, Trova* . . . A place of turning or revolving; a turn; a tropic. Ar lafar, 'hen *drofa* gas, neu chwyrn', *Cymru* xlvii. 237 (sir Ddinb.).

(*b*) (enghrau. *ffig.*: *fig.* exx.).
Dchr. **15g.** *B* vii. 377, Yr eil hyt na bo teruynedic y gouyn or pechodeu. namyn o rei yssyd damlywychedigyon. ac o ffyrd creill. a *throfaeu* y pechodeu. **1567** *TN* 70b, ef a wyddiat ei dichell [:– hypocrisi, truth, *trofa*] wg. **1588** *Salm* cxxv. 5, Ond y rhai a ymdroânt yn eu *trofeudd* yr Arglwydd ai gyrr gyd â gweithredwŷr anwiredd. **1677** C. EDWARDS: *FfDd* 102, y Pâb ... yn pwyso yn drwm ar Loegr hefyd, ac yn tynnu ei thryssor atto ei hun am ollyngdod ir eneidiau, ac wrth amryw *drofeydd* eraill. *id.* [425], *Trofeydd*, dichellion. **1733** J. THOMAS: *HYB* 63, ein Calonnau yn eu holl Ddirgeledd a'u *Trofeydd*.
Cfn.: **trofa'r Cranc** *tropic of Cancer.* **1816. trofa'r Afr:** *tropic of Capricorn.* **1816.**

trofad, trofaeg, gw. **trofiad, trofeg**.

trofâf: trofáu [bf. o'r e. *trofa*] *bg.* Troi (o gwmpas), ymdroelli, ymdorchi: *to turn* (*round*), *meander, coil.*
1621 E. PRYS: *Ps* 24b, Neu'r neidr fyddar yn *trofâu*, / dan gau ei chlustiau cyndyn. **1753** *TR, Trofâu*, to turn round. **1803** *P, Trovâu* . . . To make a turn.

trofan [bôn y f. *troaf: troi*+-*man*¹] *eb.g.* ll. -*nau.* Un o'r dwdy linell ledred a leolir 23° 26' i'r gogledd ac i'r de o'r cyhydedd, *Ser.* un o'r ddau gylch cyfatebol ar y belen wybrennol; (yn y ll.) y parth rhwng Trofan y Cranc a Throfan yr Afr: *tropic*; (*pl.*) *tropics.*
1794 *W* d.g. *Tropics, in Astronomy.* **1803** *P, Trovan,* s. f.—pl. t. *au* . . . A tropic.
Cfn.: **trofan y Cranc:** *tropic of Cancer.* **20g. trofan yr Afr:** *tropic of Capricorn.* **20g.**

trofannol [*trofan*+-*ol*] *a.* Yn perthyn i'r trofannau, nodweddiadol o'r trofannau neu'n deillio ohonynt: *tropical.*
1794 *W* d.g. *Tropical* [*of, or belonging to, the Tropics*]. **1803** *P, Trovanawl* . . . Tropical, of the tropic.

trofaog [*trofa*+-*og*] *a.* Yn troi, troellog, yn ymdroelli, hefyd yn *ffig.*: *turning, twisting, meandering, also fig.*
1852.

trofaol [*trofa*+-*ol*] *a.* Troellog, dolennog;

---

dros dro, darpariaethol: *twisting; temporary, provisional.*
1848.

trofaus [*trofa*+-*us*] *a.* Anunion, rhagrithiol, drygionus, drwg, gwrthnysig, cyndyn; anwadal, cyfnewidiol; troellog: *crooked, dissembling, wicked, evil, perverse, contrary; inconstant, fickle; tortuous.*
1567 *TN* 27b, A genedleth, anffyddlawn a' thrawsedic [:– *throuaus*, gwrthnesic]. **1588** *Deut* xxxii. 5, Y genhedlaeth ŵyroc, a *throfaus.* **1588** *Diar* xvii. 20, Y traws ei galon ni chaiff ddaioni: a'r hwn sydd *drofaus* yn ei dafod a syrth i ddrwg. **1594–6** *B* iii. 279, Os ysgeulus hagen yw gwraic, o rann dhyniol y mae hei [*sic*] esgeulus; os *trofaus*, o rann cariat y mae hei [*sic*] *trofaus.* **1606** E. JAMES: *Hom* iii. 39, Cyn dyfod Christ i'r byd, nid oedd yr holl ddynion yn gyffredinol ond cenedlaeth anwir *drofaus* [:– Draws]. **1632** *D* d.g. *Flexuosus, Mutabilis, Versipellis, Versutus.* **1672** J. LANGFORD: *HDdD* 41, cyffelyb y'w hynny i Wr Clâf *trofaus* (*froward*), yr hwn a wradwydda . . . y Pysygwr yr hwn sydd yn dyfod i'w iachau êf. **17g.** HUW MORUS: *EC* i. 95, Tywyllu 'r doeth, twyllo 'r dwl, / Trwy fas fodd, *trofaus* feddwl. **1722** *Llst* 189, *Trofaus.* Crooked, perverse, dissembling. [**1740**] L. ANWYL: *NG* 3, anuwiolion mor ystyfnig a *throfaus.* **1803** *P, Trovàus* . . . tortuous.

trofauster [*trofaus*+-*der*] *eg.* Yr ansawdd neu'r cyflwr o fod yn drofaus, gwrthnysigrwydd, croesineb; cyfrwystra; anwadalrwydd: *perversity, contrariness; cunning; fickleness.*
1874.

trofeg, trofaeg [*trof*(*a*)+-*eg*¹] *eb.* ll. -*au.* Troad ymadrodd; trofan: *trope, figure* (*of speech*); *tropic.*
1595 *Egl Ph* [1]–2, Troelh ymadrodh, neu *drobheg* yw bath ar adhurneg cynnebhin, drwy ba vn y newidir gair o'i arwydhocad anianawl, i ryw arwydhocad aralh. *id.* 26, y gobhaeg berphaith, a gwiwdhwys bharhedigaeth ynt achosion arbennig o'r *drobhaeg* hon yma. *id.* 36, mor aghenreidiawl yw gwybod *trobhegau* ymadrodh, i iawn dhealh pwylh yr scruthur lan. **1633** *RWM* i. 1111, *Troveg* = tropos. **1803** *P, Trovàeg*, s. f.—pl. t. *au* . . . A trope.
Cfn.: **trofeg y Cranc:** *tropic of Cancer.* **1851. trofeg yr Afr:** *tropic of Capricorn.* **1851.**

trofegol [*trofeg*+-*ol*] *a.* Ffigurol, trosiadol; trofannol: *figurative, metaphorical; tropical.*
1853.

trofeÿddol [*trofeydd* (ll. yr e. *trofa*)+-*ol*] *a.* Trofannol: *tropical.*
1794 *W* d.g. *Tropical* [*of, or belonging to, the Tropics*].

trofiad, trofad [?amr. ar *tro*(*e*)*ad*, gydag -*f*- ymwthiol dan ddyl. *trofa*] *eg.* ll. -*au.* Troad (drosodd), trawsnewidiad, tramwy: *a turning* (*over*), *transition, passage.*
a. **1564** *GST* i. 958, Drwy afon daethost ar *drofad* —y march, / Ni châr merch ddim arnad [dychan i Ruffudd Hiraethog]. *ib.* A'i fach drwy afiach *drofiad* / I'w ddial gofal a gad [dychan i Ruffudd Hiraethog]. **16–17g.** (**17g.**) *GC* 444, O friwiad *trofiad* trafael / ces byth help i Elsbeth hael (Morys Berwyn). **1803** *P, Troviad*, s. m.—pl. t. *au* . . . A transition; a passage.

trofiannol [*trof*(*a*)+-*iant*+-*ol*] *a.* Drg. Silwraidd (am greigiau): *Silurian* (*of rocks*), *transition* (*adj.*) (*in geol.*).
1858.

trofrudd, gw. **troorydd**.

trofwrdd [*tro*¹+*bwrdd*] *eg.* Llwyfan gron sy'n cylchdroi fel y gellir troi injan reilffordd, &c., o gwmpas; plât crwn sy'n cynnal record gramoffon wrth iddi droelli: *turntable.*
1916.

troffi [bnth. S. *trophy*] *eg.* Cwpan, tlws, &c., a roddir yn wobr neu'n gofrodd am fuddugoliaeth mewn cystadleuaeth, cofrodd a helfa, hefyd yn *ffig.*: *trophy, also fig.*
1930.

troffin, tryffin [bnth. S. *troughing*] *eg.* ll. -*s.* Cafn bargod, cafn pen tŷ, lander: *roof-gutter,* (*roof-*) *troughing.*
Ar lafar, *LGW* [150]–1.

trogan, trogen, gw. **daroganaf: darogan** (hefyd At.), **torogen**.

trogenllys, trogenlys [*t*(*o*)*rogen*+*llys*⁵]

---

eg. Bot. Planhigyn y gwneir olew castor o'i hadau, *Ricinus communis*: *castor oil plant.*
1813 *WB* 241, *Trogenllys*; Ricinus communis; Palma Christi.

trogennog [*t*(*o*)*rogen*+-*og*] *a.* Llawn trogod: *full of ticks.*
Dchr. **17g.** *Wy* 2, 98, llinnio i gwal in llwyn y gog / draw y gcinar *drogennog. Dchr.* **17g.** *J* 10, 166b, *Trogennog.*

trogylch [*tro*¹+*cylch*] *eg.* ll. -*oedd, -au.* Cylchdro, hefyd yn *ffig.*; trofan: *orbit, also fig.*; *tropic.*
1725 D. LEWIS: *GB* 330, Y Lleuad yw'r nesaf attom ni, ac etto y mae ei *Throgylch* hi yn cynnwys 480 Mil o Filldiroedd o Lêd. **1775** D. JONES: *HCY* 155, Tydi yw'r Môr o Gariad rhwydd, / Lle mae Boddlonrwydd dibaid; / *Tro-gylch* fy holl Serchiadau wyt / A Chanol-bwynt fy Enaid. **1781** CAIN JONES: *Alm* 9, Mae *trogylch* y Lleuad . . . yn cynnwys 480 mil o filldiroedd

trogylchiad [*trogylch*+-*iad*¹] *eg.* Cylchdro: *orbit.*
1834.

trogylchol [*trogylch*+-*ol*] *a.* Trofannol; cylchdroadol: *tropical; orbital.*
1841.

trogyrch [*tro*¹+*cyrch*¹] *eg.* Trosiant (mewn busnes, &c.): *turnover* (*in business, &c.*).
20g.

troiad, troiadigaeth, troiaf, gw. **troad, trōedigaeth, troaf: troi.**

troiedig, troiedigol, troiell, troiog, &c., gw. **trōedig, trōedigol, troell, troeog,** &c.

trol [bnth. S. *troll* 'cart; wheel, reel'] *eb.* ll. -(*i*)*au.* Cart, cert, men, troli, platfform symudol i gamera; silindr, rholyn, rholer, olwyn; hefyd yn *ffig.*, ac yn ddifr. am berson: *cart, trolley, dolly* (*for camera*); *cylinder, roll, roller, wheel; also fig., and derog. of person.*
15–16g. *AAST* (1935) 100, Botymau a gleiniau glan [*sic*] / Ar 'i phais a orphwysan; / Chweugeiniau yn *drolau* drig, / Noblau i gadw'n blygedig [Dafydd Trefor i Ddwynwen]. **1547** *WS, Troll* A trolle. **16g.** SIÔN BRWYNOG: *C* 70, Dwyn ôl, rheiol y rhuant, / Dal dan iau, dilid a wnânt. / *Troliau* o'r maes trwy lawr Môn, / Twrllau isel torllaesion [i ofyn bytheiaid]. *Dchr.* **17g.** *J* 10, 166a, *Trôl.* a trolley. Cylindrus. **1707** *AB* 220d, *Trôl,* A cylinder or roller. S. A small cart. **1722** *Llst* 189, *Trol.* f. A roller, cylinder. **1759** *DG* 50, Dy dî a echeli a chart / Diau *droliau* da dreuliant. [**1783**] *W* d.g. *Roll* [a mass of whatever substance made round]. **1794** E. JONES: *CP* 86, *troliau* a menni. **1803** *P, Trôl,* s. c.—pl. t. *iau* . . . A cylinder, a roller; a roll; a small cart, otherwise called càr *trôl*; also, a round fat man. Ar lafar, *WVBD* 548, *LGW* [372]–3 (y Gogledd).
Cfn.: **trol fach:** *wooden frame used to hold a sieve over cream pots.* Ar lafar, *Geir Geg* 154 (Môn).
Gw. hefyd **trolig, trolyn**¹, **trul**².

trolaf: trolo, gw. **troliaf**¹: **trolio**.

trolaid, troliaid [*trol*+-*aid*¹, -*iaid*²] *eb.* ll. *trol*(*i*)*eidiau.* Llond trol: *cart-load.*
1803 *P, Trôlaid,* s. f.—pl. *troleidiau* . . . A cart load. Ar lafar, '*troliad* . . . pl. *troleidia*' 'cart-load', *WVBD* 548.

trolaidd [*trol*+-*aidd*] *a.* Silindraidd: *cylindrical.*
1803 *P.*

trolbad, trolba(r)t, gw. **gwely—gwely trolbad** (hefyd At.).

trolen, gw. **trolyn**¹.

trolfen, gw. **trol**+**men**¹.

troli¹ [bnth. S. *trolley*] *eg.b.* ll. *trolïau, -s.* Bwrdd, basged, gwely, &c., ar olwynion neu gastorau ar gyfer gweini bwyd neu gludo nwyddau, cleifion, &c.: *trolley.*
20g.

troli² [cf. *trolyn*¹] *eb.* ll. *trolïod, trolïaid,* Twmplen: *dumpling.*
1722 *Llst* 189, *Troli.* f.p. *liau.* A dumpling. **1798** *WR* d.g. *Dumpling.* Ar lafar yng Nghercd., sir Benf., a'r De, *Geir Geg* 49; hefyd yn ddifr. am fenyw aflèr (godre Cered.).

troliaf¹, **trolaf: trol**(*i*)**o, trolian** [bnth.

S. (*to*) *troll* 'to roll'] *bg.a.* Treiglo, rholio, gwthio (berfa), hefyd yn *ffig.*: *to roll, trundle, wheel* (*wheelbarrow*), also *fig.*

16–17g. *B* xxiv. 295, Treulio da fal *trolio* dis, / Trafferth yw teiau'r offis (Edwart ap Raff). **16–17g.** LLYWELYN SIÔN, &c.: *Gw* 358, ny chaiff Sais, ný choffais j, / a sydd lawn swydd y leni; / traiwn olvd rhann alis, / troelo nawn aü *trolio* n is [i ateb cywydd gan Siôn Mawddwy yn dannod i'r bardd ei fod yn grier]. *Dchr.* **17g.** *J* 10, 166a, Trolio. Evolvo. *c.* **1773** *CAWA* 14, Nid yw gyfreithlawn . . . i lusgo un Certwyn, y sydd a Gwaelod Cylchau 'r Olwynion o Lêd 6 Modfedd, ac a *drolia* ar bob Ochr ar Wyneb y Ddaear 9 Modfedd, gan fwy na 7 Geffyl. [**1783**] *W* d.g. To roll . . . [*turn over or round, &c.*]. **1784** M. WILLIAMS: *S* i. 44, Y Peak, yn Derbyshire . . . lle mae craig megis yn crynu'n wastad, a cherrig mân yn rholian i lawr. **1793** M. WILLIAMS: *BM* 37, Yr un blaned neu fyd all *trolian* ar hyd ei chwrs arferol. **1793** DAFYDD IONAWR: *CD* 260, Hi [llong] *droliai*, hi droe eilwaith / Mal meddwyn yn y Llynn llaith. **1803** *P*, Trolian . . . To troll, to keep rolling. Ar lafar, 'Lle ma'r bwced?' 'Mae e wedi *trolian* lawr i'r gwaelod' (godre Cered.); 'Mae'n ddanjerus i'r crots 'na *drolo* cerrig lawr y tip', '*trolo* yn y baw' (dwyrain Morg.). *Amr.*: **trwlian**[1] [ff. cir.]. **1547** *WS*. **1753** *TR*. [**1783**] *W* d.g. To roll . . . [*turn over or round, &c.*]. **1803** *P*. **trwl(i)o. 1899**.

troliaf[2]: **trolio** [bf. o'r e. *trol*] *bg.a.* Cludo mewn trol, cartio, certio; symud trol (camera): *to cart; dolly.*
1839.

troliaf[3]: **trolio** [bnth. S. (*to*) *trawl*] *bg.?a.* Treillio: *to trawl.*
20g.

troliaid, gw. trolaid.

trolif, gw. tro[1] + llif[2].

trolig [*trol* + -ig[1]] *eg.b.* ll. -au, a hefyd gyda grym ansoddeiriol. Silindr, drwm, cengliadur: *cylinder, drum, trundle(-wheel).*
1850.

troligaidd [*trolig* + -aidd] *a.* Silindraidd: *cylindrical.*
1851.

troliwr [bôn y f. *troliaf*[2]: *trolio* + -iwr] *eg.* Cariwr, haliwr: *carter, haulier.*
1916. Ar lafar am geffyl, 'Mae o'n *drolíwr* da' 'he is a good, quiet shaft-horse', *WVBD* 548.

trolop [bnth. S. *trollop*] *eb.* Person slebogaidd: *slovenly person.*
Ar lafar, ''En *drolop* o ddyn' (de-ddwyrain Morg.).

trolyn[1] [*trol* + -yn[1]] *eg.* (b. trolen) ll. -nau.
(*a*) Silindr, rholyn, rholer; twmplen; hefyd yn ddifr. am berson: *cylinder, roll, roller; dumpling; also derog. of person.*
17g. *Llst* 133, 68a, Anwych hyrteidd a chwrtiaw / Pob rhyw *drôlen* felen faw. **1703** E. WYNNE: *BC* 97, Palff o 'Scweir a chanddo *drolyn* mawr o femrwn sef ei gart acheu. **1722** *Llst* 189, *Trolyn*. m.pc. Trolynnau. A roll, anything of the form of a cylinder. **1780** *W* d.g. Punch [*a short thick person*]. **1803** *P*, Trolyn . . . A roller; a fat one. *Trolyn* o zyn, a fat chub of a person. Ar lafar yng Nghered., sir Benf., a'r De yn yr ystyr 'twmplen', Geir Geg 38–9.
(*b*) (yn y ff. trolen) Troli: *trolley.*
20g.

trolyn[2], gw. tro[1] + llyn[1].

trolynnog [*trolyn*[1] + -og] *a.* Silindraidd; byrdew: *cylindrical; squat.*
[**1783**] *W* d.g. Squab [*thick and short*]. **1803** *P*, Trolynawg . . . Cylindrical.

trolynnol [*trolyn*[1] + -ol] *a.* Silindraidd: *cylindrical.*
1851.

trom, troma, tromaf, gw. trwm[1], trawma, trwm[1].

tromarawd [*trom* + arawd] *eb.* Trasiedi (drama): *tragedy (drama).*
1857.

tromatig, trombluog, trymluog, gw. trawmatig.

trombôn [bnth. S. *trombone*] *eg.* ll. -au. *Crdd.* Offeryn cerdd chwyth o bres ac

iddo lithryn ar ffurf U (hefyd am chwaraewr yr offeryn hwn): *trombone (also of player).*
1930. Ar lafar, 'Ma'r *trombôn* yn edrych fel 'tase fe mas o wynt erbyn 'nawr' (sir Gaerf.).
Amr.: **trwmbŵn, trymbôn. 20g.**

tromddwys, tromfawr, tromfeichiog, tromfrawd, gw. trwm[1] + dwys, mawr, beichiog, brawd[2].

tromfyd, tromgad, tromgalon, tromlas, tromlath, gw. trwm[1] + byd[1], cad[1], calon, glas[1], llath.

tromlaw[1,2], gw. trwm[1] + glaw, llaw[1].

tromleddf [*trom* + *lleddf*] *a.* *Gram.* Yn diweddu â chlwstwr cytseiniol yn cynnwys *r* a ddilynir gan sain ffrwydrol neu gan un o'r parhaolion *n*, *s*, *ch*, neu *th* (am sillaf): *ending in a syllable cluster containing 'r' followed by a plosive or one of the continuants 'n', 's', 'ch', or 'th' (of syllable).*
c. **1400** *GP* 3, Pan uo 'n' yn ol 'r', val y mae 'barn', neu 's' yn ol 'r', ual y mae 'kors', neu llythyren uut yn ol 'r', ual y mae 'kwrt', honno a elwir *tromleddyf*. id. 16, Teir sillaf gadarn ganyat yssyd: sillaf vydar, a sillaf dawdledyf, a sillaf *dromledyf*. *a.* **1575** id. 91, [p]ann vo ssilldaf a'i dechrav yn benngamleddf, a'i diwedd yn *dromleddf*, val y mae 'beirn', 'keirs', honno a elwir dipton *dromleddf*. **1592** S. D. RHYS: *Inst* 143, Cadarnganiat . . . Trommledhbh, Grauisparsisona, grauilentisona. **1803** *P*, Tromlezyv . . . Gravely inflective, a term in prosody for syllables like 'ceirw' [*sic*].

tromlef, gw. trwm[1] + llef[1].

tromlefn [*trom* + *llefn*[1]] *eb.* *Sein.* Ffrwydrolyn dilais: *voiceless plosive (in phonet.).*
1567 G. ROBERT: *GC* 36–7, [p]ob cyssain yn llefn ni bo grym .h. ynddi . . . y tair *tromlefn* yw p. c. t. *p.* **1584** *id.* [195], *tromlefn* ar ol .r, a dry iw chrech anianawl. porta porth, corpus corph carcer carchar.

tromloes, tromnos, gw. trwm[1] + gloes, nos.

tromped, trompet, gw. trwmped.

tromwedd[1,2], gw. trwm[1] + gwedd[1,2].

trôn [bnth. S. *trone*, ff. ar *throne*] *eg.b.* ll. *tronau*. Gorsedd; cylch; cylchyn: *throne; circle.*
1545 *CM* 1, 87, yr holl Engylion ac ysedd ynnkyulowni y ddeguad Rann o nef ar parth nesa at *droo*[?]n y taad. **16g.** (*LIEG*) *Mos* 158, 67a, gosoded gwyr a elwid Selesdein/ws ynny *troon*. **16g.** *Cylchg LIGC* iv. 80, Jr wyf J yn kredu J daw Jesu Grisd o'r *troon* yn y neefuoedd. **16g.** DAFYDD AP LLYWELYN, &c.: *Gw* 224, Mae'n uchel Arglwydd ac mewn achos —Tri, / Mewn tair *tron* cydagos [*sic*]. **1567** *LIGG* 19b, Ac yn canu megis caniat newydd geyr bron y *tron* [:– yr orsedd, eisteddva]. **1567** *TN* 327b, Dy gadair [:– *tron*] di, Ddyw, yw oes oesoedd. **18–19g.** *Llr C* 68, 5, Trôn Gwent, a circle. Tron bendith eu mamau —fairy rings. Trôn Gwyddoni old druidic circles of stones. **1803** *P*, Trôn, s. f.—pl. t. *au* . . . A circle, a round; a throne. Cf. *LlA* 129, na6 kreuyd [o angylion] . . . Ar trydyd yw trones.
Gw. hefyd trŵn, thrôn.

trondol, troni, trôns[1], gw. dryntol (hefyd At.), pendronaf: pendroni, drôns.

trôns[2] [bnth. S. taf. *trones* (ll. yr e. *tron*)] *e.ll.* Clorian, tafol: *scales.*
Ar lafar ym Meir., a'i ystyried weithiau 'as older-generation usage', *LGW* 228.

trônt, trontol, troog, gw. tra[3], dryntol (hefyd At.), troeog.

troorydd, trorydd, tro(f)rudd [ansicr yw ff., trdd., ac union ystyr y gair hwn] *e.* Rhyw offeryn a ddefnyddir yn yr efail: *some implement used in a smithy.*
13g. *LlI* 94, Offer gof, cxx. . . . Kuynsyll, iiii.k'. Trooryd ((LlDW) *ZCP* xx. 84, *troryt*), iiii.k'. Karnllyf, iiii.k'. **14g.** *WML* 310, Offer gof Chweugeint atal. Geuel ord. kethra6l *trorud*. pedeir. k. k'. Atal pob un o honunt. **15g.** *LTWL* 447, pro 'hord' similiter et de 'kechraul' [*sic*] et de '*trofrud*'.

trop, gw. drop.

tropas, tropos [bnth. S. *drops* (ll. yr e. *drop*)] *eg.* a hefyd fel *e.ll.* (un. g. *troposyn*). Huddygl; deferion: *soot; drops.*
1547 *WS*, Tropos Droppes. *c.* **1624** *AP* 8, ar defni ith wallt (amr. a *thropas* yn dy walld). Ar lafar yn y ff. *tropas* yn yr ystyr 'huddygl' yng Ngchered., sir

Gaerf., a sir Benf., *LGW* 165. Clywir *tropos* yn yr ystyr 'drops such as fall through a roof or down a chimney into a house', *WVBD* 548.
Amr.: **dropas. 1722** *Llst* 189, Droppas. m. Wet Soot. Ar lafar, 'Dropas' 'soot', *TGG* (1907–8) 70 (deorllewin sir Gaerf.); 'Dropas' 'Soot . . . In the Mathry district *dropas* signifies the droppings of the chimney during a rainstorm', *GDD* 117. **dropos.** Ar lafar yn Llŷn yn yr ystyr 'diferion o stêm wedi cyddwyso'.

tropedd [cfdds. o'r S. *trop(ism)* + -edd[1]] *eg.* ll. -au. *Biol.* Troad (rhan o) organeb i gyfeiriad arbennig mewn ymateb i symbyliad allanol: *tropism.*
20g.

tropiad, gw. dropiad.

tropiaf: **tropio, tropian**, gw. dropiaf: dropio.

tropic, tropican, gw. tropig.

tropicanol [*tropican* + -ol] *a.* Trofannol: *tropical.*
1777 M. WILLIAMS: *BM* 30, Y Cwarter hwn sydd yn dechrau . . . ar ddyfodiad Phœbus i'r goruchel, *dropicanol*, gogleddol [*sic*] arwydd, sef y . . . Crangc. **1784** M. WILLIAMS: *S* i. 168, Yr ynys hon sy'n dwyn pob math o ffrwythau *tropicannol*.

tropig, tropic [bnth. S. *tropic*] *eg.* (bach. ?g. *tropican*, ll. -au) ll. -au. Trofan: *tropic.*
1706 T. JONES: *Alm* [25], yn y *Tropigau* a'r arwyddion pennigol. **1767** G. HOWEL: *Alm* 9, yn yr East-Indies a holl wledydd y Dwyrain rhwng y ddau *Dropic*. **1778** M. WILLIAMS: *BM* 4, y mae dwy linell yn amgylchynu'r ddaear a elwir *Tropicanau*. id. 5, y *Tropic* gogleddol . . . y deheuol *dropic*.

tropoffin [cfdds. o'r S. *tropo(pause)* + *ffin*[1]] *eg.* ll. -iau. Tropopos: *tropopause.*
20g.

tropopos [bnth. S. *tropopause*] *eg.* ll. -au. Terfyn uchaf y troposffer sy'n ei wahanu oddi wrth y stratosffer: *tropopause.*
20g.

tropos, gw. tropas.

troposffer [bnth. S. *troposphere*] *eg.* ll. -au. Haenen isaf yr atmosffer sy'n ymestyn i uchder rhwng 8 a 18 km uwchben y ddaear: *troposphere.*
20g.

troposyn, tropyn, trôr, gw. tropas, drop, drôr (hefyd At.).

trorudd, trorydd, gw. troorydd.

tros, dros [ff. ddiacen ar *traws* (cf. pob[1], pawb, rhog[1], rhawg); cf. Crn. C. *dres, drys*, Crn. Diw. *dre(y)z, driz*, H. Lyd. *trus*, Llyd. C. *dreis(t)*, Llyd. Diw. *dreist*; petrus yw dosbarthiad rhai o'r enghrau. isod] *ardd. rhed.* gyda'r ff. prs. *trosof, drosof, trosot, drosot, trosto, drosto* (Cym. C. *trostaw, drostaw*), *trosti, drosti, trosom, drosom, trosoch, drosoch, trostynt, drostynt* (Cym. C. *trostudd*) (am ff. rhed. eraill, gw. yr *Amr.* isod); hefyd gyda grym adferfol yn y ff. *amhrs. trosodd, drosodd, trosto, drosto*, ac fel *cys.*
1. (*a*) Yn dynodi symudiad, safle, cyfeiriad, &c., uwchben neu ar draws, ar (gan orchuddio), ar draws ac i lawr (dros ymyl neu o safle unionsyth), hefyd yn *ffig.*; *Math.* i'w rannu â: *over, across, above, also fig.; divided by (in math.).*
12g. *LL* 157, *trus* i ford maur arhit i claud *trus* iminid iniaun iblain pant gulich. **12g.** *GMB* 111, Ny dotynt *tros* uor etwaeth. **13g.** *B* ix. 341, kerdet en droetsych *dros* eurdonen. **13g.** *GBF* 264, Rwysc aerlle6 tryle6 yn treula6—aruc / A gwyr dros uylcheu yn ualch arna6. id. 421, Llawer deigyr *dros* rann g6edy r'greinya6. **14g.** *WM* 93. 17–20, camha di *dros* honn heb ell . . . yna y cama6d hitheu *dros* hy hutlath. **14g.** *YBH* 52a, A thranoeth y bore y kyuodes y iarlles a *thros* y bont yr egl6ys yd aethant. *c.* **1400** *R* 1038. 19, Mat dodes y uordwyd *dros* obell yorwyd. *c.* **1400** *DB* 19, Y tu hwnt y hynny y bu ymyu *dros* y phiol a orllenwir [:– sy yn mynet *trosodd*]. **1588** *Eseia* x. 22, darfodiad terfynedic a lifa *drosodd* o gyfiawnder.

1632 *D*, *Tros* . . . suprà. **1661** E. Lewis: *Drex* 68, a'i gweflau yn llenwi *trosodd* o ymadroddion diflas bryn/t-ion. **1672** R. Prichard: *Gw* 353, A'r môr mawr aeth *dros* y bancau [:- Glannau]. **1703** E. Wynne: *BC* 7, ymaith â ni fel y Gwynt *tros* Dai a Thiroedd, Dinasoedd a Thyrnasoedd. *id.* 117, a Chreigieu dirfawr yn crogi *trosodd*. *c.* **1762–79** W. Williams: *P* 21, Offeiriaid wedi eu hanfod *trosoedd* [*sic*] i Winidogaethu'r Gair. **1778** *W*, *Tros*, *dros* d.g. *Over* [*across, or from one side to the other*]. **1803** *P*, *Tros*, prep. Over. . . Ei *drosto* ar redeg, thou wilt go over it on full speed. Ar lafar, 'Edrach *dros* y clawdd', *WVBD* 102; 'Gath e 'i fwrw *drosodd* 'da car'; 'A fe æth *dros* y wal i'r cæ', *GTN* 320.

(*b*) Ar hyd ac ar led, lledled, drwy (gydol), hefyd yn *ffig.*: *all over, throughout, through, also fig.*

12g. *GCBM* ii. 51, A duc treis *tros* Erch a Helet. **12–13**g. *GMB* 336, *Tros* eluyd y'n byd (bit yn erwan) / Treis Ierusalem gan Syladin. **13**g. *HGK* 3–4, Haralld eissyoes a wledychus *tros* wynep Ywerdon. **14**g. *T* 18. 6–7, Llettawt [diwyg.] eu pennaeth *tros* yr echbyd. *c.* **1400** *R* 1322. 19, Tristawyt beird *tros* dayar. **16**g. *WLl* 221, Pwllheli *trosti* mewn tristydd—creulon / Carnarfon a Môn ag Ywchmynydd. **1567** *LlGG* [xxi], Y Testament newydd . . . a ddarllenir *drostaw* yn drefnus bop blwyddyn dair gwaith. **1567** *TN* 88a, aeth son am danaw *dros* bop lle o'r amgylch-wlat. **1632** *D*, Enneiniad *trosto*, iriad *drosto* d.g. *Perunctio*. **1657** *MLl* ii. 64, pan fo 'r corph yn farw, mae 'r enaid wedi i dreiddio drwyddo *drosto* oll a chariad Duw. **1691** T. Williams: *YB* 170, Ped eisteddeu [*sic*] bobl i lawr, a bwrw golwg *tros* eu dyddiau a' [*sic*] aeth heibio. **1713** T. Baddy: *DDGH* 62, ti a elli dy arianolchi, a'th oreuro dy hun *drosodd* drwy ddyfod i wrando. **1767** J. Thomas: *TFfJ* 76, Nis gallaf ymhelaethu ar y Bennod. Tro atti, a darllain hi *trosodd*. **1771** *PDPh* 82, y mae [y clefyd] mor llygradwy fel ag yr ymdaena *dros* yr holl dda yn fuan. **1778** *W* d.g. *Over* [*through, or from one end to the other*]. Ar lafar, 'Ma angen inni fynd *dros* y darn yna eto'; ''Odd 'i laish e' i' glywed *dros* bob man pan odd e'n defnyddio'r meicroffon'.

(*c*) Y tu hwnt i, heibio i, mwy na, hefyd yn *ffig.*; yn erbyn, yn groes i: *beyond, past, more than, also fig.*; *against, contrary to.*

12g. *GMB* 228, Ny'm gbna o neb tra trossi / *Trossof* ir gof arglwyti. **12**g. *GCBM* ii. 34, Ni cheissyaf *drostab* metylyab myned. **12–13**g. *GMB* 347, Ystyrych pan dreisych *dros* ffin, / Ystwng pawb hyd ben ei ddeulin. **13**g. *GDB* 519, Bryneich a dreissyn *dros* Glabd Offa. **13**g. *Llst* 1, 61b, na dos tythev *tros* ve kygor ynhev. **1346** *LlA* 14, Yr eil peth annvfyd vu. pann aeth *dros* ygorchymyn. *id.* 24, Paham ybyd drbc da kymeint ahbnnb yrnep ae kymero. Am y gymryt *dros* wahard. **14**g. *B* x. 55, Duw . . . yr hwnn . . . a ossodes teruyneu y'r moroed megis na delwynt uyth *dros* y orchymyn. *c.* **1400** (*SG*) *HMSS* i. 402, yd oed drist ef. am glybot clot lawnslot yn mynet *dros* bawp. **15**g. *Cy* iv. 126, torri ych priodasse ymgymmaru ach kydwayd . . . *dros* waharthon vyeglbys. **1567** *TN* 287b, cariat Christ, yr hwn 'sy *tros* [:- tuhwnt [*sic*] i] wybodaeth. **1630** R. Llwyd: *LlH* 50, *tros* derfyn gweddeidd-dra a chymmesurdeb. **1632** *D* d.g. *Vltrà*. **1703** E. Wynne: *BC* 5, canfyddwn ymhell bell *tros* Fôr y Werddon, lawer golygiad hyfryd. **1758** *ML* ii. 63, Mi welaf yn y papurau fod y cwest *drosodd* a bod y Comodore Pastai wedi dianc yn bensych. **1770** *W* d.g. *Beyond* [*farther than* . . .]. **1776** I. Brydydd Hir: *P* i. 16, i mae yn rhy ddiweddar adnewyddu ein cyfammodau a Duw, canys amser gwasanaeth ac ufudd-dod a aeth *drosodd*. Ar lafar, 'Gath e 'i ddal yn gyrru *dros* y limit', ''Odd yr helynt *drosodd* yn eitha' clou', ''Den ni *dros* y gwaetha' erbyn hyn', 'Ma *dros* trichant o docynne 'di gwerthu i'r gyngerdd'; 'Ma fa *dros* 'i drucian ôd', *GTN* 320; hefyd yn yr ystyr 'hyd at ac yn cynnwys (wrth rifo)', 'O'r adnod gyntaf *dros* yr ugeinfed'.

2. Am (gyfnod o), mwy na, ar hyd, yn ystod, drwy, wedi, ar ôl: *for* (*a period of*), *more than, over, during, through, after.*

13g. *GDB* 521, *Tros* yr ugeinuet o Alun drefret / Hyt waelabt Dyuet yd cheta. *c.* **1400** *MM* 142, dot y mybn gbin *dros* nos hyt trannoeth ucher. **15**g. *GLGC* 258, Insel i Edwart yng nghwnsleodd / draw yw Syr Rhisiart *dros* yr oesoedd. **1546** *YLlH* [21], Almanak *dros* ugaint mlynedd. *c.* **1585** G. Robert: *DC* 16a, diodhef syched *dros* amser o eisieu diod. *a.* **1592** *AUA* 1, bydd da gennyf eich cael yma *dros* fis a chymmaint ag a fynnoch fwy. **1618** J. Salisbury: *EH* 110, pentyrru ym-/mlaen-lhaw gimint o yd, a gwin . . . ag a wasnaetha *dros* yr holh flwydhyn. **1693** *PGLl* 2, [g]wnaeth iddynt gadw Gŵyl y Cyssegriad *dros* ŵyth Niwarnod. **1759** J. Evans: *PF* 38, dorwch Dywarchen fechen [*sic*] o'r Ddaiar bob Boreu, gorweddwch i lawr, ac anadlwch ir Twll *tros* chwarter Awr. **1771** *PDPh* 24, cymmered lwyaid fawr o sudd Rue *dros* dri bore yn wag. **1800** W. Owen[-Pughe]: *CP* 94, dodwch [caws] yn lle y ceiff lai pwys arno, a gwesgwch *dros* wythnos, gan ei droi beunydd. Ar lafar, 'Bydd rhaid i fi drio gneud y gwaith *dros* y penwythnos', ''Rodd y ffilm *dros* deirawr o hyd!'

3. (*a*) Er mwyn, ar ran, o blaid; oherwydd, ar gyfrif, o ganlyniad i; o ran, gyda golwg ar, am: *for the sake of, on behalf of, in support of*; *because of, on account of, as a result of*; *in respect of, for.*

12g. *GMB* 274, Ac yn rynnabt frabt fraeth yt adwyf / Yn urtas heb dras *dros* a brydwyf. **12–13**g. *id.* 397, A'r eil yb priabt enb pruded / *Tros* vbynyant trigyant trugared. **13**g. *GBF* 65, Oer y'm dab treis urab *tros* diuant—dragon, / Ar pob dreic ys ramant! **13**g. *BD* 97, ymlad *tros* eu gvlat ac y amdiffyn y teyrnas rac estravn genedyl. **14**g. *LlB* 45, Pwy bynhac a uo gwell gantaw arall y dadleu *drostaw* yn llys noc ehunan. **1346** *LlA* 2, mi aorchymynnaf ac a archaf yr neb ae darlleo. bedіab dub *drossof*. **15**g. *GGl*[2] 19, Di-brid fo ym dy bryder, / *Dros* dy glwyf mae'n drist y glêr. **1588** 2 *Br* xiv. 6, na lladder y tadau *dros* y meibion, ac na lladder y meibion *dros* y tadau. **1632** J. Davies: *LlR* 438, [m]addeuai ef [Duw] i Core, Dathan ac Abiram *tros* vnwaith. **1658** R. Vaughan: *PS* 388, Na chnawdoliaetha ef [pechod], oni fynni farw *trosdo* ef. **1672** R. Prichard: *Gw* 589, Merchur am fôd *drosto* 'n Ladmer. **1709** H. Powel: *G* 24, Dywedir bod Joan yn Patmos *tros* Air Duw. **1722** *Llst* 189, *Dros* . . . in defence . . . of. **1764** W. Williams: *Th* d.d., Argraphwyd *tros* yr Awdwr gan J. Ross. **1803** *P*, *Trosto* . . . for or on account of any one. Ar lafar, ''Wi'n mynd 'wnt sia Charffili *dros* 'mam', *GTN* 320.

(*b*) (Yn gyfnewid) am, yn lle; yn hytrach na, oddi wrth: (*in return*) *for, instead of, in place of*; *rather than,* (*as distinct*) *from.*

12g. *GLlF* 14, Ef a wnaeth y uaeth ual ygnad—adef, / Ef a gymerth nef *dros* dref y dad. *id.* 226, A dydbc o vragabt wirabt worgret / Ar llab Wgabn drabs *dros* y weithret. **13**g. *BD* 51, y mae ef yn talu drvc *dros* da imi. *c.* **1400** *B* xiv. 188, yd ymrodes hi y buteinrwyd . . . bryssyaw a oruc hitheu ygyt ac wynt parth a'r llong, a rodi y phriawt gorf *dros* y lle a'e hymborth ar y mor. **1547** *WS* [xiii], darllein drwy doddi . . . dwy ne dair o amrafael lythyreu vegys . . . popl *dros* popol kwbl *dros* kwbwl. *id.* Nad *dros* na ad. **1604–7** *TW* (*Pen* 228), oetran heb wybot drwc *dros* dha d.g. *Anilitas*. **1672** R. Prichard: *Gw* 382, Hyn [y pla] y bair garcharu'r cleifion, / Yn y tai . . . / Ai dehoryd i fynd allan, / I gael bwyd *dros* aur nac arian. **1722** *Llst* 189, *Dros* . . . in place of. **1803** *P*, *Tros* . . . instead of . . . Gwna za *tros* zrwg, ufarn ni'th zwg.

(*c*) Ar neu am (mewn cyd-destun sy'n dynodi awdurdod, gofal, gwarchodaeth, gorthrwm, &c.): *on, over, or about* (*in a context denoting authority, charge, protection, oppression, &c.*).

12g. *GCBM* ii. 117, Gwych yt aeth trabs bennaeth *trostut*, / Gbr eissor, essillit Gruffut. **12–13**g. *GLlLl* 251, Kymreisc Lywelyn, nys kymrabt neb dyn, / Kymry y deruyn a'e doryf *drosti*. **14**g. *WML* 293, Mab adyly arfedabc *drostab* hyny uo pedeir blbyd ar dec. **15**g. *BB* 200, archesgob caer llion . . . hwnnw yssyd primas *dros* ynys brydein. **1551** W. Salesbury: *KLl* xivb, y kynyrchiol oval *dros* yr holl eccleisi. **1588** *Deut* xxxii. 11, Fel y cyfyd eryr ei nŷth, y castella *dros* ei gywion. **1606** E. James: *Hom* i. 44, ei fod ef [Duw] yn pryderu . . . *drosom* ni, megis y gofala'r tâd am ei blentyn. **1653** *MLl* i. 143, fod Crist yn byw ynom ni, ac yn rheoli *drosom*. **1714** R. Lewys: *HDdC* 23, golygwyr *tros* Ymddifaid. **1751** *GIA* xxxiii, Bugeiliaid . . . a osodwyd *drosoch* i ofalu am iechyd a diogelwch eich eneidiau.

4. (yn y ff. amhrs. *trosodd, drosodd, trosti*, &c.)

(*a*) Yn dynodi ailadrodd nifer o weithiau ar ôl ei gilydd, yn olynol, o'r bron: *over* (*of number of repetitions*).

1653 *MLl* i. 252, weithiau rwi'n adrodd yr vn peth yn fynych *drosto*. **1703** E. Wynne: *BC* 26, dywedyd yr un wers ganwaith *trosti*. **1754** G. Owen: *L* 89, [rh]ygnu yr un peth ganwaith *trosodd*. Ar lafar, ''Ôn i'n gorod adrodd y darn sawl gwaith *drosodd*' (Arfon).

(*b*) Yn dynodi symudiad sy'n troi person neu beth wyneb i waered; yn dynodi cyfnewid person neu beth â pherson neu beth arall: *over, upside down*; *over* (*with ref. to exchanging position, &c.*).

Ar lafar, 'Tro'r daflen *drosodd*', ''Se'n well inni newid y ddau 'na *drosodd*'.

Fel *cys.* Gan, oblegid; er (gwaethaf): *since, because*; *despite.*

13g. *GBF* 529, *Tros* nad digrif ym am was—haeldifei. *c.* **1400** *Ked AA* 18, yr amarch a'r sarhaet yd oedynt yn y wneuthur y'r Cristonogyon, *dros* vot y gwrda a oed Bab yn rydhau o eu pechodeu y neb a vynnei. **16**g. *GIIV* 3, Dyn wen nag aed dan anwr / *Dros* i bod deiroes heb wr. **16**g. *LlS* 133, Morel . . . Yr ail rhyw a elwir . . . Y Chwysigennol *dros* ei vod yn dwyn petheu y chwysigenny.

Amr.: **trost, drost** [ffrwyth cymryd *trost(o)*, *drost(o)*, &c., fel bôn newydd]. **1767** J. Thomas: *TFfJ* 33, dy elynion a orfoleddant *trostot*. **1803** *P*, Tros . . . *trostot*, over or for thee . . . *trostom* . . . *trostoç*. Ar lafar, '*drost* y bont', *WVBD* 102; '*drost* i miny', *Wês wês* 38. **trŵs, drŵs** [?cf. H. Lyd. *trus*]. **12**g. *LL* 157, *trus*. *id.* 258, Oiblain *trusso* diblain inant du. *c.* **1475** *B* xiii. 181, edrychwch a synnywch a diodefeis i o boeneu a dolureu *dryssawch* chwi. Ar lafar, '*drŵs*', *GTN* 321; hefyd yn y ff. *drys* (*y*≡*ə*) a'r ff. rhed. *drysto*' i, *drystot* ti, &c., *id.* 323.

Cfn.: **drosodd a thro = drosodd a throsodd. 20**g. **drosodd a throsodd, drosto a throsto:** *over and over* (*again*), *again and again, time and* (*time*) *again.* **1778** *W*, *drosto a throsto* drachefn (eilwaith) d.g. *Over and over again.* **tros (dros) byth, dros fyth:** *for ever.* **1588** *Eseia* xxv. 8, Efe a ddifa angeu *tros byth*. **1606** E. James: *Hom* i. 109, pan darawo ef [Duw] y fath ddynnion, mae yn eu taro hwy dan vn *dros fyth*. **tros (dros) gof:** *into oblivion.* **13**g. *GBF* 470. *c.* **1400** (*SG*) *HMSS* i. 340. **15**g. *GO* 165. **dros naw perth:** *to high heavens* (*of foul smell, also fig.*). **1869.** Ar lafar yn y De. **tros (dros) ben:** (i) *exceedingly* (*following an adj.*). **14–15**g. *IGE*[2] 290. **1551** W. Salesbury: *KLl* lxviib. **1776** *W* d.g. *Mighty* [*very*]. Ar lafar, *WVBD* 103, *GTN* 320. (ii) *left over, remaining, in addition, exceeding, additional, over and above.* **1567** *TN* 271a. **1606** E. James: *Hom* iii. 23. **1710** *LlGG* (*Gos*) 18. **1778** *W*, Bod *tros ben* neu yngweddill d.g. *Over, To be over* [*remain, be left, &c.*]. Ar lafar, 'am dragwyddoldab a dwrnod *dros ben*', *WVBD* 103; ''Odd 'na fwyd *dros ben* ar ôl y parti?' (iii) *over* (*the head or top of*), *above, also fig.*; *more than.* **13**g. *A* 27. 21. ?**14**g. *MA*[2] 583, A *thros pen* pob peth karu gwirioned a chassau celwyd. **15**g. *GHC* 14, Ef aeth *dros ben*, nenbren yw, / Ar y sydd o'r oes heddiw. **1672** R. Prichard: *Gw* 380, Ofer cadw pyrth dy drefydd, / Fe ddaw'r plag *dros ben* y gwelydd. Ar lafar, 'Mi neidiodd y ddafad *dros ben* y ci', *WVBD* 420. (iv) *head over heels*; *over one's head, fig. c.* **1400** *HMSS* ii. 271, ac vwrw yno *dros* y *benn* yn auon rodro. **1803** C. Evans: *FfYl* 8, Y mae John Wesley wedi myned *dros* eu *pennau* hwynt oll. (v) *beyond, past, after, over. Dchr.* **15**g. *Ysg Am* XI 84, yr owran ac yn awr angav a *thross ben* hynny. **1677** R. Jones: *BB* 84, Yr ydych y pryd hynny *tros ben* ymofyn ac ynchwilio [*sic*]. **1799** *TY* 90, yn glaf iawn, a *thros ben* gobaith. **dros (tros) ei ben a'i glustiau (ei phen a'i chlustiau,** &c.): *utterly, completely, head over heels, also fig.* **1776** *W*, *Dros ei* . . . *ben a'i glustiau* mewn dylŷed d.g. *Mire* . . . *Deep in the mire* [*much in debt*]. *id.* Un *dros ei ben a'i glustiau* mewn cariad d.g. *Wooer, A fond wooer* [*one desperately in love*]. **1799** M. Williams: *HHG* 78, trochi'r plentyn . . . *dros ei ben a'u* [*sic*] *glustiau* mewn twbaid o ddwfr claiar. Ar lafar, 'Mân' nw *dros* '*u pen a'u clusta* mwn dylad', ''Odd Twm ni *dros* '*i ben a'i glusta* mwn cariad â rywSysnas fach ar y pryd', *GTN* 320. **dros (tros, &c.) ben (y) llestri:** *out of hand, too far, 'over the top'.* **1937.** Ar lafar, 'Y drwg gyda ti yw bot ti'n mynd *drŵs ben llestri* gyda phopith', *GTN* 321. **dros (tros) y Sul:** (i) *for the Sunday.* **1551** W. Salesbury: *KLl* lxxiiia, Yr vn Epistol ac a osodwyt *tros y sul*. (ii) *for or over the weekend.* **1936.** Ar lafar. **dros y top = dros ben llestri. 20**g. Ar lafar.

tros- [gw. *tros*] *rhgdd.* a ddefnyddir mewn enwau, ansoddeiriau, a berfau, ac a gyfetyb i'r S. *over-*, *trans-*, e.e. *troslun, trosforol, trosgludaf*: *trosgludo*.

trosadwy, gw. trosiadwy.

trosaf[1]**: trosi** [bf. o'r a. *traws*] *bg.a.*

1. (*a*) Troi neu newid (yn); troi (mewn ystyr grefyddol): *to turn or change* (*into*); *convert* (*in religious sense*).

13g. *GDB* 135, A! Duw a'm *trosswy* o'm trasalbder —attaw, / Y iawn obeithaw a wybyther. **13**g. *GBF* 455, A'm *trosses* y gyffes nyt geu, / A'm *trosso* y'r trossed goreu. **1346** *LlA* 23, megys y*trossir* ybbyt ygic yr neb ae bbyttao. *c.* **1400** *YCM*[2] 176, A phan vyd [Altymor] yn fustyaw y piler y vynnu distryw yr eglwys oll . . . y *drossi* ynteu yn vaen. **15**g. *BB* 31, Dolur a*drossir* yn llewenyd. *c.* **1585** G. Robert: *DC* [iv–v], yr hain a *drosant* y Brenhin a'r awer o r deyrnas i phydd Grist. *Diw.* **16**g. *B* ix. 123, canys gwedi dyn pryfed a gwedi pryfed drewiant aruthyr velly y *trossir* pob dyn yn adyn. **1632** *D* d.g. *Conuerto, Verto*. **1718 (1721)** S. Thomas: *HB* 46, darfu iddynt fyned ynghylch *tros*[*i*] y Rest i fod yn Grist'nogion. **1772** *W* d.g. *To convert* [*turn, or change*].

(*b*) Cyfieithu, diweddaru (orgraff, &c., testun llenyddol), newid (o un system, &c., i un arall): *to translate* (*between languages*), *modernize* (*orthography, &c., of literary text*), *convert* (*from one system, &c., to another*).

14g. *Bren Saes* 24, A'r Aeluryt hwnnw a *drossas*

kyffreithiev y Bruttannyeit yn Saesnec. **1547** *WS* [xv], pryd bont yn dylyn yr vnwedd ar groecwyr ar *drossi* yr hebrew ir llatin. *c.* **1585** G. ROBERT: *DC* [xx], Gwir iawn yw hynn ol' pan fytho dyn yn cyfieithu ag yn *trossi* r Scrythur lan i iaith aral'. **1747** *ML* i. 112, Troi is a good word enough for to 'translate' or to reduce, you may use *trosi* if you will. Ar lafar, 'Ma lot o hen gerddi Cymrâg wedi'u *trosi* i Gymrâg modern' (sir Gaerf.).

2. (*a*) Croesi, cludo (ar draws), hefyd yn *ffig.*; ychwanegu pwyntiau at (gais) drwy gicio'r bêl dros y croesfar (mewn rygbi): *to cross, transport (across), also fig.; convert (try, in rugby).*

13g. *BD* 107, Er hen gvynn ar uarch guelv yn diheu a *drossa* auon Perydon. **15g.** (*Diw.* **16g.**) *Gwyn* 3, 206, I *drosi* dwr yn drasyth, / dros fod yn ddibyscod byth [Meredudd ap Rhys am gwrwgl]. **1630** *YDd* 268, pryd yr oedd Ahab drachwantus wedi ei *drosi* mewn cerbyd gwaedlyd i uffern. **1632** *D*, *trosi* d.g. *Transfero.* **1803** *P*, *Trosi* . . . to send over, to convey.

(*b*) Trosglwyddo, rhoddi, cyflwyno: *to transfer, give, present.*

12g. *GLlF* 446, A llech dec dros wanec a thros weilgi / A'e dytuc, dybu Duw ỽrth y *throssi.* **14g.** *GDG*[3] 25, Lle y *trosaf* ran o'm hannerch, / Lle dewr mab, lle diwair merch. *c.* **1400** *R* 1197. 23–4, llw gỽir hir hyfryt yn *trossi* iechyt rac traỽs ochein. *c.* **1401** *AL* ii. 372, ac am hynny y *trosset* y gynnen honn yr llys dygynull. **1588** *Nu* xxvii. 8, pan fyddo marw vn ac heb fab iddo, *trosswch* ei etifeddiaeth ef iw ferch. **1672** J. LANGFORD: *HDdD* 356, trown ond yn y gwrthwyneb, a *throswn* y Cariad hwn ar ein Brodyr. **1710** *LlGG* (*Gos*) 16, na adawer iddynt *drosi* y dywededig Bresentiadau i'r rhai a fo newydd ddyfod i'r Swydd. **1721** RD: *CFf* 1[20], na's dichon *drosi* i'r plant hawl digyfrwng i fedydd. **1789** *BDG* 498, Er yn fab, bryd eirian ferch, / Y *trosais* iddi'm traserch.

3. (*a*) Troi (tuag at), troi (oddi ar neu oddi wrth), troi o gwmpas, troi i'r naill ochr, gwyro, tueddu; mynd, symud; ymlid, gyrru (i ffwrdd), arwain; hefyd yn *ffig.*: *to turn (towards or away from), turn around or aside, incline, tend; go, move; chase, send (away), lead; also fig.*

12g. *GMB* 228, Ny'm gỽna o neb tra *trossi* / Trossof ir gof arglwyti. **13g.** *C* 45. 4–6, A gueleiste dinion din. gowri. Jn myned hebod heb *drossi.* **14g.** *BT* 51, ac ywein a*drosses* ygeredigyawn yn lle yd oed y dad yn gwledychu. *id.* 177, ac odyno y*trosses* y hynt y tu agwhyr drwy ymynyd du. **1346** *LlA* 54, am *drossi* ohonunt (*deflui erant*) bop pechaỽt mal ygilyd. *id.* 114, Sef a ỽnaeth deỽi yna trugarhav ỽrthi. A*throssi* ygyt ahi yr lle yr oed ymab yn varỽ. **14g.** *WM* 19. 16–19, Pa ymouyn bynnac auei ganthunt ỽy yỽrth y uorỽyn. y chỽedleu eraill y *trossei* ynteu. **14g.** *GIG* 154, Na allai, na fynnai ferch / *Drosi* urddol o'i draserch. *c.* **1400** *YCM*[2] 114, Kanys trachwant a'e *trosses* hwynt y'r ystlys dielw yssyd ynni. *c.* **1400** *YSG* i. 31, Ac eissyoes yma y mae y kyfarwydyt yn tewi am Galaath, ac yn *trossi* ar Walchmei. *c.* **1400** (*SG*) *HMSS* i. 174, vy medwl yssyd wedy *trossi* ar wander a chrydder callon. *c.* **1400** *Études* vii. 70, Pwy bynnac . . . na bo na ry vyrr na ry hir, ac yn *trossi* ar gochder yn y rudyeu. *c.* **1400** *Llst* 27, 128b, Ni ae kaỽssam . . . yn *trossi* ynkenedyl ni y ar eu de/dyf. *Dchr.* **15g.** *GSCyf* [94], Traws yr oeddynt i'n *trosi*, / *Trosasant* tros nawnant ni (Llywelyn ab y Moel). **15g.** *BB* 133, Y cayroed nessaf a gud; ar mynydoed gwrthwynebus a*drossa.* *id.* 205, a gadel y duw a nerth y tonnev ev dwyn fford y *trossei* ev tynghetvenev wynt. **1551** W. SALESBURY: *KLl* via, Petr a *droses* / ac a welei y discipl yn canlyn yr hwn oedd hoff gan yr Jeshu. *id.* [xxxiv]a, Hwn yma a gawsam ni yn dychoelit [:– *trosi*] y genedlcth. **1588** 2 *Br* xvii. 18, Am hynny yr Arglwydd a ddigiodd yn ddirfawr wrth Israel, ac ai *trossodd* hwynt oi ŵydd efe. **1604–7** *TW* (*Pen* 228) d.g. *Transuerto.* **1722** *Llst* 189, *Trosi* . . . To digress, divert, forsake. **1753** *TR*, *Trosi*, to turn aside, to turn by. [**1753**] *Gron* 5, Gwir yw i mi garu merch, / *Trosais* hyd holl ffordd traserch. **1803** *P*, *Trosi* . . . to move onward.

(*b*) Troi (anifeiliaid) allan i bori: *to turn (animals) out to graze.*

1800 W. OWEN[-PUGHE]: *CP* 35, A chyn ichwi *drosi* dim gwartheg i bori y tîr hwnw. **1803** *P*, *Trosi* . . . To turn out . . . *Trosi* gwartheg, to drive out cattle. Ar lafar, '*trosi*' 'gollwng y gwartheg allan i bori yn ystod y dydd, yn lle eu porthi i mewn, ond cyn i'r tywydd ddod yn ddigon cynnes i'w gollwng yn derfynol', *B* xv. 28 (Meir.).

4. Troi, cylchdroi, rholio, treiglo, hefyd yn *ffig.*; cylchredeg (am arian, &c.); bod yn aflonydd, troi a throsi: *to turn, orbit, roll, also fig.; circulate (of money, &c.); be restless, toss and turn.*

c. **1346** *B* xviii. 143, en deissyuyt nachaf gabriel archangel en *trossi* e maen y ar drws e vynwent. *c.* **1400** *RB* ii. 190, gỽedy *trossi* yr heul ar y dygỽydedigaeth. **15–16g.** *Glam Bards* 236, dyn a *drosbwyd* din drosben / droead bwl ei draed ai ben [Lang Lewys i Syr Gruffydd Fychan pan syrthiodd i afon Taf]. **1632** *D*, *trosi* d.g. *Peruoluo.* *id.* A fo'n troi ac yn *trosi* peth yn ei feddwl d.g. *Volutabundus.* **1688** *TJ*, *Trosi*: to turn, tumble or disquiet.

Gw. hefyd **trawsaf: trawsu.**

trosaf[2], gr. eith. yr a. *traws.*

trosben [?talf. o'r ymad. (*tin*) *dros ben*] *eg.b.* ll. *-nau.* Symudiad gymnastaidd a wneir wrth droi din dros ben yn yr awyr neu ar y llawr gan lanio ar y traed: *somersault.*

20g.

trosbennaf: trosbennu [bf. o'r e. *trosben*] *bg.* Cyflawni trosben: *to somersault.*

20g.

trosblannaf: trosblannu, gw. **trawsblannaf: trawsblannu.**

trosbwyth [*tros-*+*pwyth*] *eg.* ll. *-au.* Pwyth twll botwm: *buttonhole stitch.*

Ar lafar, 'Gnæ'r *trosbwytha*'n llifyn ar y tylla bytyna', *GTN* 816; hefyd yn yr ymad. '*trosbwyth* llytan' 'blanket stitch', *ib.*

trosbwythaf: trosbwytho [*tros-*+*pwythaf*: *pwytho*] *bg.a.* Gwnïo â throsbwyth: *to overstitch.*

20g. Ar lafar yn yr ystyr 'gwnïo pwythau (twll botwm)', 'Dim ond *trosbwytho*'r tylla bytyna sy gin' i ar ôl, 'nawr', *GTN* 816; hefyd yn yr ymad. '*trosbwytho*'n llytan' 'to make blanket stitches', *ib.*

trosedig [bôn y f. *trosaf*[1]: *trosi*+*-edig*; ansicr yw *trossedeic*, *MA*[2] 583. 6 (cf. *BD* 115, gossodedic)] *a.bfl.* Trosiadol, ffigurol; (geir.) wedi ei droi (heibio): *metaphorical, figurative; (dict.) turned (aside), diverted.*

1803 *P*, *Trosedig* . . . Diverted, or turned aside. Cf. J. MORRIS-JONES: *CD* 38, Erbyn hyn, y mae'r delweddau gwreiddiol wedi eu colli gan mwyaf, ac nid oes ond yr ystyr *drosedig* yn aros.

trosedd [*traws*+*-edd*[1]] *eg.b.* ll. *-au, -ion.*

(*a*) Tramgwydd difrifol sy'n haeddu cosb dan y gyfraith, tor cyfraith, tramgwydd, camwedd, camwri, drygioni; gormodedd, rhysedd, anghymedroldeb: *crime, lawbreaking, offence, transgression, wrongdoing, evil; excess, intemperance.*

12g. *GCBM* i. 21, Gỽreic ennwaỽc, annwar y *throssed.* *c.* **1400** *R* 1215. 6, gỽae a wnel *trossed* yn y lle y treisser. *id.* 1221. 28–9, Buched berỽ *trossed* treis ymdygyat. *c.* **1400** *B* ii. 275, Ediuarwch am *drossed* / a gobeith ran dangnefed. **1567** *LlGG* [viii–ix], Yno bot ir vnryw hwnw y drosedda velly ac y gonvicter, am y *trosedd* cyntaf ddyoddef carchar. **1567** *TN* 9a, Obleit a's maddeuwch i ddynion ei sarhaedae [:– camweddae *troseddion*], eich Tad nefawl a vaddeu hefyt i chwitheu. *id.* 280b, *troseddeu* [:– camwedde, angyfraithieu]. **1604–7** *TW* (*Pen* 228) d.g. *peccatum*, *Vas, vadis.* **1632** *D*, *Trosedd*, Transgressio. **1696** *CDD* 252, Fe fŷdd Tŷst a Barnwr cyfion, / Am dy bechod a'th *drosseddion.* **1772** *W* d.g. *Crime, Delinquency, Trespass.* **1799** DAFYDD IONAWR: *MB* 45, Pa lygredd, pa *drosedd* drom, / Iesu anwyl, sy' ynnom. **1803** *P*, *Trosez*, s. m. . . . Transgression, trespass. Ar lafar, *WVBD* 548 (*eg.*); *GTN* 816 (*eb.*).

(*b*) Rhinwedd, rhagoriaeth, goruchafiaeth, grym, buddugoliaeth, hefyd yn *ffig.*: *virtue, excellence, supremacy, power, victory, also fig.*

12g. *GLlF* 540, Treissỽr yỽ agheu ar pob *trosset.* **12g.** *GCBM* i. 193, Y *drosset* ny dressir nemoch. **13g.** *GDB* 429, Am *drosedd* Gwynedd a'i harfeddyd. **13g.** *GBF* 225, Ryuyc Ut Kessar, treisuar *trosset.* *id.* 455, A'm trosses y gyffes nyt geu, / A'm trosso y'r *trossed* goreu. **14g.** *H* td. 351, ti yw yn yor. ti ywn tryssor ti ywn *trossed.* **14g.** *DGG*[2] 131, A dannedd, *trosedd* traserch, / Teg cyfagos, feindlos ferch (Gruffudd Gryg). *c.* **1400** *R* 1242. 39, dyuet y *drosset* oed et ryssed. **14–15g.** *IGE*[2] 310, *Trosedd* Caer, myn y trisaint, / Sallawg, trŵn gorseddawg saint (Rhys Goch Eryri).

Gw. hefyd **trawsedd.**

troseddaf: troseddu [bf. o'r e. *trosedd*] *bg.a.* Cyflawni trosedd neu dramgwydd, torri (deddf, &c.), tramgwyddo, pechu: *to commit a crime or offence, violate, break (law, &c.), transgress, offend, sin.*

1567 *TN* 369a, Pwy pynac a *drosedda* [:– a dros y gyfraith] ac nyd erys yn-dysceidEth Christ. **1588** *Nu* xxiv. 13, Pe rhodde Balac i mi arian, ac aur loned ei dŷ ni allwn *drosseddu* gair yr Arglwydd. **1604–7** *TW* (*Pen* 228), *trosedhu* cyfraith d.g. *Transgredior.* *id.* d.g. *Violo.* **1630** *YDd* 217, pan fyddo'r Sabboth, naill, a'i [*sic*] gwedi ei esceuluso, a'i [*sic*] ei *droseddu.* **1632** *D*, *Troseddu*, Transgredi. **1714** R. PRYDDERCH: *GD* 40, gwell i ddyn, [*sic*] *droseddu* yn erbyn Deddfeu dynion: nag yn erbyn deddfeu Duw. **1770** *W* d.g. *Beyond, To go beyond, Offending.* **1803** *P*. Ar lafar, *GTN* 816.

Gw. hefyd **trawseddaf: trawseddu.**

troseddedig [bôn y f. *troseddaf*: *troseddu* +*-edig*] *a.bfl.* Wedi ei thorri (am ddeddf, &c.): *violated, transgressed.*

1799 M. WILLIAMS: *HHG* 144, mewn trefn o edfryd yr anrhydeddus gyfraith *droseddedig* . . . yr oedd ef [Iesu] i ddioddef yr hyn na allasai un bod creuedig oddef, sef holl ddigofaint Duw am bechod. **1803** *P.*

troseddeg [*trosedd*+*-eg*[1]] *eb.g.* Gwyddor trosedd, troseddwyr, &c.: *criminology.*

1932.

troseddgar [*trosedd*+*-gar*] *a.* Tueddol i droseddu neu dramgwyddo, troseddol: *tending to commit a crime or offence, criminal.*

1658 R. VAUGHAN: *PS* 351, Arglwydd gwna ni mor ddedwydd ac a fuom, a mwy diolchgar a llai *troseddgar.* **1684** T. JONES: *Alm* [17], os cyfyd *troseddgar* elyn yn erbyn lloeger y flwyddyn hon. **1711** M. MAURICE: *YAD* 387, Pa annogaeth y mae Christ gwedy roddi i Eglwys fyned rhagddi fel hyn yn erbyn brawd *troseddgar*? **1712** T. WILLIAMS: *CDdG* 424, Pa bryd y mae'n Zêl ni yn myned yn feius ac yn *droseddgar*? **1768** RISIART AP ROBERT: *CB* 58, er dial ar ei ddeiliaid *troseddgar.*

troseddiad [bôn y f. *troseddaf*: *troseddu*+*-iad*[1]] *eg.* ll. *-au.* Trosedd, tramgwydd, camwedd, pechod, bai: *crime, offence, transgression, sin, fault.*

1588 1 *Sam* xv. 23, Canys anufydd-dod sydd fel pechod dewiniaeth, a *throseddiad* sydd anwiredd, a delw-addoliaeth. **1599** (**1677**) R. HOLLAND: *AB* 104–5, Ym-mhob camwedd a wnelo dyn iw gymmydog, y mae dau *drosseddiad*: vn yn erbyn Dduw [*sic*], a'r llall yn erbyn dyn. **1632** *D* d.g. *Metabasis, Parabasis, Transgressio.* **1661** E. LEWIS: *Drex* [386], [*t*]*roseddiadau* aneirif yn erbyn dy fawrhydi. **1748** *ML* i. 136, [y]r Esgob Ellis . . . [y] pethau mwyaf sydd yn rhoddi llosc calon iddo fo, yw'r gair Salmau yn lle Psalmau, Beibl yn lle Bibl ambell dro . . . a rhyw fan [*sic*] *droseddiadau.* **1794** *W* d.g. *Transgression, A trespassing.* **1798** W. RICHARDS: *CC* 36, y rhai [tystion] oeddent yn barod i wrth brofi, o gam i gam . . . bob un o'r *troseddiadau* y cyhuddasid ef o honynt. **1803** *P.*

troseddiadol [*troseddiad*+*-ol*] *a.* Troseddol: *criminal.*

1846.

troseddlys, gw. **trosedd**+**llys**[1].

troseddol [*trosedd*+*-ol*] *a.* Yn perthyn i drosedd neu dramgwydd; wedi cyflawni trosedd neu dramgwydd, camweddus, beius, euog: *pertaining to crime or offence, criminal; having committed a crime or an offence, criminal, transgressive, at fault, guilty.*

1604–7 *TW* (*Pen* 228) d.g. *Injustus.* **1632** *D* d.g. *Sons.* **1722** *Llst* 189, *Troseddol.* Faulty, guilty. **1759** J. THOMAS: *GI* 11, y mae i angeu golun ac awdurdod i boeni cy'd ag y rhoddo y *droseddol* gyfraith i bechod i achwyn ac i gondemnio. **1759** T. THOMAS: *WIWDd* 46–7, [g]weithredoedd *trosseddol*, a gommeddol; y rhai y mae Dynion yn eüog o honynt. **1795–6** *Trys Gym* 71, yn groes i'r arfer gyffredin mewn achosion *troseddol.* **1803** *P*, *Trosezawl* . . . Transgressing.

troseddus [*trosedd*+*-us*] *a.* Wedi tramgwyddo, pechadurus, beius; yn perthyn i drosedd, troseddol: *having offended, sinful, at fault; pertaining to crime, criminal.*

17g. *Plas Nantglyn* 2, 208, I dalû iawn dilus dros Adda *droseddûs.* **1658** R. VAUGHAN: *PS* 404, os am lygad trachwantus, neu law, neu droed *troseddus* y pryd hynny. **1677** C. EDWARDS: *FfDd* 287, Ac o herwydd eu bod hwy yn eu helynt *drosseddus* er pan aned hwy. **1696** *CDD* 197, Rhwŷsg, a gwagedd y Bŷd drygiol, / A *throseddus* chwantau cnawdol. **1721** J. P. PRYS: *DC* 102, Mae 'r Dyn Godinebus wŷn ofer anafus, / Am fuchedd *droseddus* ddirymus iw raid. **1722** *Llst* 189, *Troseddus.* Sinfull, faulty. Cf. *DG* 159, A nine eu heppil wael anhappus / Gwedi soddi'n gyd droseddus.

troseddwr [bôn y f. *troseddaf*: *troseddu*+

-wr] eg. (b. -wraig, ll. -wragedd) ll. -wyr.
Un sydd wedi cyflawni trosedd, tramgwyddwr, drwgweithredwr, twyllwr: *criminal, transgressor, offender, deceiver.*
1567 LlGG (Sall) 72b, Gwelwn y *troseddwyr* a 'govit oedd genyf, can na chatwent dy 'air. **1567** TN 279b, ydd wyf yn gwneuthur vyhun yn *droseddwr* [:- drespaswr anghyfreithiwr, draws]. **1606** E. JAMES: *Hom* i. 87, rhag o hir oedi i'r *troseddwyr* gwympo lwyr eu pennau i bob rhyw ddrygioni. **1632** D d.g. *Parabates.* **1751** GIA 12, fod y *troseddwr* yn rhy bartiol i farnu 'r cyfraith. **1803** P.

troselfeniad [tros-+elfen[1]+-iad[1]] eg. *Gram.* Trawsosodiad, cyfnewidiad sain neu lythyren am un arall, trawselfen: *metathesis, sound or letter substitution (in gram.).*
1567 G. ROBERT: GC 70, dwy [ffigur] a newidia llythrennau, fal *troselfe/niad,* trawsmansawdd. **1604-7** TW (Pen 228) d.g. *Metathesis.*
Amr.: **troselfyniad.** **1567** G. ROBERT: GC 72, Moesswch weled dyscrefiad *troselfynniad* . . . Hon sydd phugr yn gossod vn elfen ne lythyren yn lle'r llall, mal 'mene/giniæth', tros 'meddeginiæth', 'sarthes', tros 'sarphes': canys o'r gair 'meddig' a 'serpens' y maent yn dyfod. **1728** S. RHYDDERCH: GC 48.
Gw. hefyd **trawselfeniad.**

trosenw, trosenwad, trosenwaf: trosenwi, trosenwol, gw. **trawsenw, trawsenwad, trawsenwaf: trawsenwi, trawsenwol.**

trosesgynnaf, trawsesgynnaf: trosesgyn(nu), trawsesgyn [tros-, traws+ esgynnaf: esgyn(nu)] *ba.* Bod y tu hwnt i (brofiad dynol, rheswm, cred, &c.); rhagori ar; bodoli y tu hwnt i (gyfyngiadau'r bydysawd materol) (am Dduw): *to transcend.*
1931.

trosfa [bôn y f. *trosaf*[1]: trosi a tros-+-fa, ma; ansicr yw union ystyr yr engh. gyntaf isod] eb. ll. -feydd. Lle i droi (ch_i), troad; ffos; cored, argae: *place to turn (into), a turning (place); ditch; weir, dam.*
14-15g. IGE² 286, Pumed *trosfa,* cwbl bla cam, / Obraff yn amser Abram; / Pum dinas ffel eu helynt, / Sodma a Gomorra gynt [Siôn Cent i'r wyth dial]. **1604-7** TW (Pen 228), *trosfa*'r ychen ne'r meirch dann y wedh ymhenn y tir d.g. *Versura.* **1632** D d.g. *Derivatio.* c. **1773** CAWA 5, [T]*rosfeydd*-Dwfr (Aquæducts). **1803** P, *Trosva,* s. f.—pl. *trosvéyz* . . . A place for turning to. Ar lafar yn yr ystyr 'cored', ''Oddan wedi codi *trosfa* fechan o draws yr afon' (Llŷn); hefyd yn yr ystyr 'gorlifiad', *BILIE* 43.
Cfn.: **trosfa gyffredin:** *common (land).* **1703** E. WYNNE: BC 19, Cauwyr y *Drosfa gyffredin.* **1803** P, Trosva . . . *Trosva gyfredin,* a common for turning cattle to. **trosfa ddŵr:** *aqueduct.* **1604-7** TW (Pen 228), [t]*rosfeydh dyfroedh* d.g. *Modulus.*

trosfaelwr [tros-+maelwr] eg. ll. -wyr. Masnachwr, brocer: *merchant, broker.*
1850.

trosfesur, trosforol, trosfudiad, trosfudol, gw. **trawsfesur, trawsforol, trawsfudiad, trawsfudol.**

trosfynediad, trosfynedol, trosffurfiad, gw. **trawsfynediad, trawsfynedol, trawsffurfiad.**

trosgais [tros-+cais[1]] eg. ll. -geisiau. Cais wedi ei drosi (mewn rygbi): *converted try (in rugby).*
20g.

trosgl, trosglaidd, trosglog, gw. **trwsgl, trwsglaidd, trysglog.**

trosglud [gair arall, sef bôn y f. *trosgludaf: trosgludo*] eg. ll. -ion. Y weithred o drawsgludo neu gludo, trosglwyddiad, dosbarthiad: *a transporting, conveyance, transferring, delivery.*
Dchr. 17g. J 10, 166a, Trosglud. 17g. LlGC 13215, 385, *Trosglud* Translatio. **1803** P, *Trosglud,* s. m. . . . A conveyance over.
Gw. hefyd **trawsglud.**

trosgludaf: trosgludo [tros-+cludaf: cludo] *bg.a.* Trawsgludo, cludo, trosglwyddo, dosbarthu: *to transport, convey, transfer, deliver.*
1588 Jos iv. 3, cymmerwch i chwi oddi yma, o ganol yr Iorddonen . . . ddeuddeg o gerric a *throsglud*-

wch hwynt gyd a chwi. id. vii. 7, i ba beth gan *drosgludo* y *trosgludaist* y bobl ymma tros yr Iorddonen. *Dchr.* 17g. J 10, 166a, *Trosgludo* to carrie over. 17g. LlGC 13215, 385, *Trosgludo* . . . Deveho. **1655** WL: DP 191, Angeu a'n *trosglyda* [sic] o garchar i balas. **1803** P, *Trosgludaw* . . . To carry over.
Gw. hefyd **trawsgludaf: trawsgludo.**

trosgludiad [bôn y f. *trosgludaf: trosgludo* +-iad[1]] eg. ll. -au. Trosglwyddiad, cludiant: *a transferring, transportation.*
1658 R. VAUGHAN: PS 226, [y] Cymun sanctaidd . . . yma y mae trosglwyddiad [:- *Trosgludiad*] or corph ar gwaed bendigedig hwnnw. **1803** P, *Trosgludiad,* s. m. . . . A transportation.
Gw. hefyd **trawsgludiad.**

trosgludydd [bôn y f. *trosgludaf: trosgludo* +-ydd³] eg. ll. *trosgludwyr.* Cludwr; trosglwyddydd (radio, &c.); *Ffis.* dargludydd: *transporter; (radio, &c.) transmitter; conductor (in physics).*
20g.
Gw. hefyd **trawsgludwr.**

trosglwydd [bôn y f. *trosglwyddaf: trosglwyddo*] eg.b. ll. -ion, a hefyd gyda grym ansoddeiriol. Cludiad, cludiant, trosglwyddiad; tramwy, dyrchafiad (i'r nefoedd); (yn y ll.) nwyddau (a gludir); *Ffis.* dargludydd: *a conveying, transportation, transfer; passage, translation (to heaven); (pl.) (transported) goods; conductor (in physics).*
1604-7 TW (Pen 228) d.g. *Aducteus, us. Dchr.* 17g. J 10, 166a, *Trosglwydd.* Deportatio: Translatio. traductio. **1632** D d.g. *Trosglwydd,* Transportatio. id. d.g. *Decursus.* **1684** T. JONES: *Alm* [35], Marwolaeth . . . / . . . / ond *Trosglwydd* ddedwydd dda ydiw, / I 'r nefoedd fan yn ufudd i fyw. **1722** Llst 189, *Trosglwydd.* m. Transportation. **1778** W d.g. *Passage* [the way to pass in, along, or through . . .]. **1803** P.
Amr.: **trosgwydd** [cf. *trawsgwydd,* ff. ar *trawsglwydd*]. *Diw.* 19g.
Gw. hefyd **trawsglwydd.**

trosglwyddadwy [bôn y f. *trosglwyddaf: trosglwyddo*+-adwy] a.bfl. Y gellir ei drosglwyddo: *transferable.*
1803 P.

trosglwyddaf: trosglwyddo [cf. *trawsglwyddaf: trawsglwyddo*] bg.a. Symud, cludo, anfon, &c., o un lle, person, sefyllfa, &c., i un arall, traddodi; trawsgludo, cludo; *Cyfr.* trawsgludo, trosi meddiant (eiddo, &c.) i rywun arall, aseinio; *Egl.* symud (esgob) i esgobaeth arall; anfon allan (signalau) drwy gyfrwng tonnau radio, &c., darllediu; trawsyrru (golau, &c.); hefyd yn *ffig.: to transfer, hand on; transport, convey; convey (in law), transfer, assign; translate (eccl.); transmit (radio, &c., signals), broadcast; transmit (light, &c.); also fig.*
16g. GGH 295, *Trosglwyddo,* mynd tros glawdd mawr, / Talai einioes telyniawr [i ofyn march]. a. **1584** B xvi. 270, Enaid Christ, santeiddia fi, / . . . / Gwayd Christ, *trysglwyzda* fy [sic]. **1588** Gen xxxii. 23, Ac ai cymmerth hwynt, ac ai *trosglwyddodd* trwy 'r afon: felly efe a *drosglwyddodd* yr hyn oedd ganddo. **1604-7** TW (Pen 228), *trosglwyddo* a gwerthu or naill yr lhalh d.g. *Transcribo.* **1606** E. JAMES: *Hom* iii. 77-8, gydâ Christ . . . y'th *drosglwyddwyd* [:- Symmudwyd] mewn gobaith o angau corphorol a thragwyddol, i fywyd tragwyddol gogoniant yn y nêf. **1632** D, *Trosglwyddo,* Transportare. **1661** E. LEWIS: Drex 34-5, Y Poetau neu 'r Beirdd gynt a *drosglwyddodd,* o'r yscrythur sanctaidd hyn yma i'r chwedlau yr oeddynt hwy eu hunain yn eu gwneuthur. **1718 (1721)** S. THOMAS: HB 44, fe ddarparodd Fyddin luosog o wŷr dewisol. ac a'u *trysglwyddodd* dros y Môr Atlantic. **1725** D. LEWIS: GB 369, Am Angenrheidrwydd Goleuni a'r modd y mae'r Awyr yn ei dderbyn ac yn ei *drosglwyddo.* **1753** TR xx, Duchr Morgan . . . yr hwn a gyfieithodd y Bibl i'r Cymraeg [sic] . . . a ddyrchafwyd i fod yn Esgob Llan-Dâf, ac a *drosglwyddwyd* gwedy'n i Esgobaeth Llan-Elwy. **1759** J. EVANS: PF 5, pob Tâd yn *trosglwyddo* iw Feibion, yr hyn trwy yr un Moddion a dderbynniasai yntef. **1772** W d.g. *To consign* [transfer, convey, or make over to another], *To impropriate* [in Canon-law . . .], *To transfer* [convey from one place or person to another]. **1803** P, *Trosglwyz-aw* . . . To transport; to carry over; to transfer; to convey. Ar lafar, 'Ma fa'n gwed *trosglwyddiff* a 'i lethyr i eclws arall o achos yr 'oll ffreiwns yn i eclws 'i 'unan', 'Fe gæs i *drosglwyddo* iddyn' nw trw law cyfrithwr', GTN 816.
Cfn.: **trosglwyddo gwaed:** *blood transfusion.* **1938.**

Gw. hefyd **trawsglwyddaf: trawsglwyddo, trosgwyddaf: trosgwyddo.**

trosglwyddai [bôn y f. *trosglwyddaf: trosglwyddo*+-ai³] eg.b. ll. -eion. *Cyfr.* Un y trosglwyddir eiddo, &c., iddo; cerbyd, hefyd yn *ffig.: transferee (in law); vehicle, also fig.*
1848.

trosglwyddeb [bôn y f. *trosglwyddaf: trosglwyddo*+-eb] eb.g. ll. -au. *Cyfr.* (Dogfen sy'n cyflawni) trawsgludiad: *conveyance (in law).*
20g.

trosglwyddedig [bôn y f. *trosglwyddaf: trosglwyddo*+-edig] a.bfl. ll. -ion, a hefyd gyda grym enwol. Wedi ei drosglwyddo neu ei drawsgludo; etifeddol: *transferred, transported; hereditary.*
1722 Llst 189, *Trosglwyddedig.* Transported, ferryed over a passage. A passenger by boat. p. *digion.* **1770** W, *Trosglwyddedig* . . . i arall d.g. *Alienated* [sold away], Given over to another. **1803** P, *Trosglwyzedig* . . . Transported; transferred; conveyed over; consigned. *Trosglwyzedigion,* those that are carried over.

trosglwyddfa [bôn y f. *trosglwyddaf: trosglwyddo*+-fa, ma] eb. Lle croesi (afon, &c.), ceubalfa, tramwyfa; pont; hefyd yn *ffig.: crossing-place (of river, &c.), ferry, passage; bridge; also fig.*
1810.

trosglwyddfad, gw. **trosglwydd+bad².**

trosglwyddiad [bôn y f. *trosglwyddaf: trosglwyddo*+-iad[1]] eg. ll. -au. Y weithred o drosglwyddo neu draddodi; cludiad, cludiant, tramwyad; *Cyfr.* (dogfen sy'n cyflawni) trawsgludiad, y weithred o drosglwyddo (eiddo, &c.); trallwysiad (gwaed); trawsfudiad (yr enaid): *a transferring, transfer, transference, transmission; a conveying, transportation, passage; conveyance, transfer (in law); transfusion (of blood); transmigration (of soul).*
1604-7 TW (Pen 228) d.g. *Traiectio.* **1632** D d.g. *Metabole, Translatio, Transmissio, Transuectio.* **1658** R. VAUGHAN: PS 226, [y] Cymun sanctaidd . . . yma y mae *trosglwyddiad* [:- Trosgludiad] or corph ar gwaed bendigedig hwnnw. **1688** W. FOULKES: EGE 87-8, o Arglwydd, yr hwn a ordeiniaist Fugeiliaid, ac a roddaist iddynt Awdurdod yr Agoriadau . . . i lywiaw holl *drosglwyddiadau* dy gariad dwyfol. **1700** D. MAURICE: AC 22, Fe ordeiniwyd y Sacrament hwn gan Dduw i fod yn Wystl a *Throsglwyddiad* siccr o'r bendithion hyn. [1740] L. ANWYL: MW 65, fel pan elwyf i'm bêdd, y gallwyf orwedd mewn siccr obaith o *drosglwyddiad* ar drigfannau hynny fle y sychir ymmaith y dagrau oddiar fy'ngwyneb. **1743** D. ROWLAND: T 51, Bywyd ysprydol ydyw, sef Bywyd Metabole, Translatio, grasusol a chadwedigol Weithredial Ysprÿd Duw ynnom Ni. c. **1762-79** W. WILLIAMS: P 115, Translatio, neu *Drosglwyddiad* Eneidiau o un Corph i Gorph arall. **1794** W d.g. *Transfer, Transmission.* **1803** P.
Gw. hefyd **trawsglwyddiad.**

trosglwyddiadol [trosglwyddiad+-ol] a. Y gellir ei drosglwyddo; wedi ei drosglwyddo: *transferable; transferred.*
1862.

trosglwyddiedydd [bôn y f. *trosglwyddaf: trosglwyddo*+-iedydd] eg. Cyfrwng trosglwyddo; *Meddyg.* cyfrwng anweithredol ar gyfer cyffuriau; (geir.) cludydd: *vehicle (medium of transmission); vehicle (for drugs, &c.); (dict.) carrier.*
1794 W d.g. *Wafter.*

trosglwyddlong, gw. **trosglwydd+ llong**[1].

trosglwyddol [trosglwydd+-ol] a. Trosglwyddadwy; *Cyfr.* yn perthyn i drawsgludiad; allforol: *transferable, transmittable; pertaining to conveyance (in law); export (adj.).*
1803 P d.g. *Trosglwyzawl.*

trosglwyddwr, trosglwyddydd [bôn y f. *trosglwyddaf: trosglwyddo*+-wr, -ydd³] eg. ll. *trosglwyddwyr, trosglwyddyddion.* Un sy'n

trosglwyddo, traddodwr; trawsgludwr, cludwr; *Cyfr.* aseiniwr, trawsgludwr; (yn y ff. *trosglwyddydd*) dyfais sy'n trosglwyddo signalau radio, teledu, &c.; *Ffis.* dargludydd: *transferer, transmitter; transporter, carrier; assignor, conveyancer (in law); transmitter (of radio, &c., signals); conductor (in physics).*
1604-7 *TW (Pen* 228) d.g. *Conuector, Translator* (hefyd *D*). [**1748**] L. ANWYL: *CC* [vi], Hên rubricau yr Eglwys, megys *trosglwyddwyr* traddodiadau ini. **1765** *CBC* 33, *Trosglwyddwr* da i deyrnas Duw, / Uwch cyrraedd pechod, braw, a briw [am angau]. **1803** P, *Trosglwyzwr,* s. m.—pl. *trosglwyzwyr* . . . A transporter.

trosgofi [be. o'r ymad. *tros gof*] *ba.* Anghofio: *to forget.*
[**1547**] W. SALESBURY: *OSP* [vi], ac any vynnwch *tros gofi* ac ebryfygy i ewyllys ef y gyd achlan. **1561-2** *Rhydd iaith Gymraeg* i. 61, ni vynnwn i i chwi esgeilusso na *throssgofi* jaith ych ganedic wlad. **1604-7** *TW (Pen* 228) d.g. *Obliuiscor.*

trosgwydd, gw. **trosglwydd.**

trosgwyddaf: trosgwyddo [?*tros*-+*cwyddaf: cwyddo*] *bg.a.* Cymryd ymaith, dwyn (oddi ar); gwrthod, bwrw ymaith, taflu drosodd, troi heibio; llithro, yn *ffig.*: *to take away, steal; refuse, cast away, throw over, turn aside; slip, fig.*
1567 *LlGG (Sall)* 11a, Can vot y Brenhin yn ymddiriet yn yr Arglwydd, ac yn-trugaredd y Goruchaf, ny lithr [:- *throsgwydda*]. **1567** *TN* 59a, ny mynnodd ef y gommedd [:- gwrthot, *throsgwyddo,* phallu] hi. *id.* 218a, ys daroedd *trosgwyddo* [:- dwyn] oll 'obeith bywyt o ddyarnam. *id.* 323a, Bot gwasanaethyddion yn ddarostyngedic yw harglwyddi . . . nyd yn gwrthddywedyt, Nyd yn *trosgwyddo* [:- rroi, ne troi heibio, yscyflu], eithr bod yddynt ddangos pop ffyddlondep. *id.* 3[71]a-b, cerddeont yn ffordd Cain, ac eu *trosgwyddwyt* [:- bwriwyt ymaith] can dwylliat cyfloc Balaam. *Dchr.* 17g. *J* 10, 166a, *Tr[o]sgwyddo.* to take away. 17g. *LlGC* 13215, 385, *Trosgwyddo* . . . Interverto . . . Praeterlego. **1794** *W* d.g. *To throw over.*
Gw. hefyd **trawsglwyddaf, trawsgwyddaf: trawsg(l)wyddo, trosglwyddaf: trosglwyddo.**

trosgwyddwr [?bôn y f. *trawsgwyddaf: trawsgwyddo*+-*wr*] *eg.* ?Un sy'n derbyn eiddo lladrad: *receiver of stolen goods.*
14g. *WML* 40, naὼ affeith lledrat . . . Seithuet yὼ bot yn gyfarwydd ac yn*trosgwyӧr* ar ylledrat (*LlC* 20, bot en odur ac erbennau e lledrat).

trosgyfeiriaf: trosgyfeirio [*tros*-+*cyfeiriaf: cyfeirio*] *ba.* Seic. Sianelu egnïon (ysgogiad greddfol) i weithgareddau a ystyrir yn fwy derbyniol, arddunoli: *to sublimate (in psych.).*
20g.
Gthg. **trawsgyfeiriaf: trawsgyfeirio.**

trosgymeriad [gair geir., sef *tros*-+*cymeriad*[1]] *eg.* Y weithred o gymryd oddi ar un ar gyfer un arall; *Rhet.* trosiad, trawsgymeriad: *transumption; metaphor, metalepsis (in rhetoric).*
1604-7 *TW (Pen* 228), Ffigur, wrth yr honn y rhoir gair alhan oi Arwyddocaat ehvn. *Trosgymeriat* d.g. *Metalepsis.* **1632** *D* d.g. *Transumptio.* **1794** *W* d.g. *Transumption* [a taking from one to another].
Gw. hefyd **trawsgymeriad.**

trosgynnaf: trosgynnu [cf. *trosesgynnaf: trosesgynnu*] *ba.* Trosesgyn: *to transcend.*
20g.

trosgynnedd [*trosgynn(ol)*+-*edd*[1]] *eg.* Trosgynoldeb: *transcendence.*
1939.

trosgynnol [bôn y f. *tros(es)gynnaf: tros(es)gynnu*+-*ol*] *a.*
(*a*) Y tu hwnt i brofiad dynol; *Diwin.* yn perthyn i'r byd ysbrydol, goruwchnaturiol, cyfriniol, uwchfodol (am Dduw); yn dynodi dull o fyfyrio'n ddistaw dan ailadrodd mantra: *transcendent (of human experience); transcendent(al) (in theol.); transcendental (of meditation).*
1939.
(*b*) *Athr.* Heb ei gynnwys yn yr un o

gategorïau Aristotlys, y tu hwnt i'r rheini; na ellir ei brofi, *a priori;* yn esbonio mater a gwrthrychau fel cynhyrchion y meddwl goddrychol; yn dal fod dwyfoldeb yn treiddio drwy'r holl fydysawd a'r natur ddynol: *transcendent(al) (in philos.).*
1932.
(*c*) *Math.* Na ellir ei gynhyrchu drwy adio, lluosi, nac infolytedd, na chan y gweithrediadau gwrthdro (am ffwythiant): *transcendental (in math.).*
20g.

trosgynolaf: trosgynoli [bf. o'r a. *trosgynnol*] *ba.* Gwneud yn drosgynnol: *to transcendentalize.*
20g.

trosgynoldeb [*trosgynnol*+-*deb*] *eg.* Yr ansawdd neu'r cyflwr o fod yn drosgynnol: *transcendence.*
20g.

troshaen [*tros*-+*haen*] *eb.* ll. *-au.* Dalen dryloyw a osodir ar ben dalen arall; bloc o ddata neu gyfarwyddiadau (cyfrifiadur) a ysgrifennir dros floc a storiwyd eisoes yn y cof, y proses o drosglwyddo bloc fel hyn: *overlay (transparent sheet); overlay (in computing).*
20g.

trosiad [bôn y f. *trosaf*[1]: *trosi*+-*iad*[1]] *eg.* ll. *-au.*
(*a*) Cludiad, cludiant; *Ser.* y weithred o drawsteithio; newidiad, trawsffurfiad, trawsnewid; trosglwyddiad; *Cyfr.* trawsgludiad, aseiniad; ymlidiad; y weithred o drosi (cais, mewn rygbi): *a conveying, transportation; transit (in astron.); change, transformation, transition; transfer; conveyance, assignment (in law); a chasing; conversion (in rugby).*
Dchr. 15g. *GSCyf* [94], Tresor gwŷr esgor Gaer Wysg, / *Trosiad* geifr, trwsiad gofrwysg. *c.*1514 *BY* 75, Y bedwaredd o Ddauyd Broffwyd J *drossiad* Judia i Babilon. **1604-7** *TW (Pen* 228) d.g. *Translatio.* **1798** *WR* d.g. *Assignation.*
(*b*) Cyfieithiad; dyfyniad: *translation; quotation.*
1604-7 *TW (Pen* 228) d.g. *Versio* (hefyd *D*). **1719** T. EVANS: *CDW* 61, Canys efe [Llyfr Danvers] a ddaw a *throsiadau* (*quotations*) i ddangos mai Bedydd rhai o Oedran oedd yr unig beth a wyddid oddiwrtho yn yr Oesoedd cyntaf.
(*c*) *Rhet.* Metaffor: *metaphor (in rhet.).*
1925.
Cfn.: **trosiad estynedig:** *extended metaphor.* 20g.
Gw. hefyd **trawsiad.**

trosiadaeth [*trosiad*+-*aeth*] *eb.g.* *Rhet.* Defnydd o drosiad: *use of metaphor.*
20g.

trosiadaf: trosiadu [bf. o'r e. *trosiad*] *bg.a.* Gwneud yn drosiadol, defnyddio trosiad(au): *to metaphorize, use metaphor(s).*
20g.

trosiadol [*trosiad*+-*ol*] *a.*
(*a*) Trawsnewidiol: *transitional.*
1848.
(*b*) *Rhet.* Metafforaidd: *metaphorical.*
1928.

trosiadur [bôn y f. *trosaf*[1]: *trosi*+-*iadur*] *eg.* ll. *-on.* *Crdd.* Cyweiriadur, modiwletor: *modulator (in mus.).*
1938.

trosiadwy, trosadwy [bôn y f. *trosaf*[1]: *trosi*+-*(i)adwy*] *a.bfl.* Y gellir ei drosi, ei drosglwyddo, neu ei gyfieithu: *convertible, transferable, translatable.*
1848.

trosiannol [*tros*-+-*iant*+-*ol*] *a.* Trawsnewidiol, cyfnewidiol: *transitional, changeable.*
1848.

trosiant [bôn y f. *trosaf*[1]: *trosi*+-*iant*] *eg.* ll. *-iannau.* Swm yr arian a gymerir gan fusnes, &c., mewn cyfnod penodol, maint

y nwyddau sy'n cael eu gwerthu a'u hailstocio mewn siop, &c., nifer y staff sy'n ymadael â gweithlu a'r rheini a gyflogir yn eu lle; defnydd o eiddo personol rhywun arall heb ei awdurdod ac yn groes i'w hawliau: *turnover; (fraudulent) conversion.*
20g.

trosiawdr [bôn y f. *trosaf*[1]: *trosi*+-*iawdr* (At.)] *eg.* Cyfieithydd: *translator.*
c. **1400** *(SG) HMSS* i. 432, Y *trossyawdyr* yssyd yma yn menegi yr darlleodron mae drwc adoluryus yw ganthaw nawybu pale yn yr ynys honn yr oed lys brenhin pelcur.

trosleisiaf: trosleisio [*tros*-+*lleisiaf: lleisio*] *bg.a.* Rhoddi trac sain newydd i (ffilm, &c.), yn enw. mewn iaith wahanol: *to dub.*
20g.

troslun [*tros*-+*llun*[1]] *eg.* ll. *-iau.* Llun neu gynllun lliw ar bapur, &c., y gellir ei drosglwyddo i arwyneb arall: *transfer (picture, design, &c.).*
20g.
Gthg. **trawslun.**

trosluniaf: troslunio [*tros*-+*lluniaf: llunio*] *bg.a.* Trawsnewid, gweddnewid; gwneud neu ddefnyddio trosluniau: *to transform; make or use transfers.*
1595 M. KYFFIN: *DFf* [40], fal y galle ef eyn newid ni, a'n *tros-lunio* iw [sic] gorph ei hun. *Dchr.* 17g. *J* 10, 166a, *Troslunio.* transfigure.
Gthg. **trawsluniaf: trawslunio.**

trosol [?*trawst*+-*ol*; ?cf. Llyd. C. *treusteul,* Llyd. Diw. *treustel* 'trestl'] *eg.b.* ll. *-ion.* Bar (mawr haearn neu bren), yn enw. un a ddefnyddir fel lifer, bollt, polyn, ffon, pastwn, hefyd yn *ffig.*: *(crow)bar, lever, bolt, pole, staff, club, also fig.*
14g. *YBH* 15b, Sef y cauas ynteu dan y dwylaὼ *trossaὸl* petrogyl cadarn ac a honnὸ ymdiffin rac y pryfet ac eu llad oll hayach. 14g. *GIG* 14, Trysor mawr ei ragor wyd, / Tros wladoedd *trosol* ydwyd [i Ieuan ab Einion]. 14-15g. *(Dchr.* 16g.) *BM* 24, 17b, tyvodd oi din ymmin maes / traws leugroen *trosol* egroes [dychan Rhys Goch Eryri i'r llwynog]. ?15g. *MA*[2] 521b. 56-9, kanys y Brytanyeid a gymerynt e meini or dayar ar *trosolyon.* ac yvelly i lladasant lawer or bradwyr Sacson. 15g. *GDID* 52, Trwsiwyd, trawseiliwyd, trosoliaw—drysau, / A rhoi'r *drosol* wrthaw [tafod]. 1547 *WS, Trosol* A barre. **1588** *Ecs* xxv. 13-14, A gwna *drossolion* o goed Sittim, a goreura hwynt ag aur. A gossot y *trossolion* trwy y modrwyau, gan ystlys yr Arch, i ddwyn yr Arch arnynt. *c.* **1590** *RC* xlvi. 63, Ag yna idd aeth ef ymyl y drws, a'u [sic] gael heb vn *trosol* arno. A'u [sic] drosolio a orug ef yn ddiogel. 16-17g. *GST* i. 329, Hyd y nos ar ei *drosol,* / Y dydd 'rhyd bronnydd a dôl [i ofyn gosawg]. **1604-7** *TW (Pen* 228), *trosol* . . . d.g. *patibulum.* **1632** *D, Trosol,* Phalanga, pessulum, obex. 1770 *W* d.g. *Bar* [leaver . . .], Leaver, Spar [the bar of a gate, &c.]. **1803** *P.* Ar lafar, '*trosol*' 'crowbar', *WVBD* 548 (*eg.*).

trosoledd [*trosol*+-*edd*[1]] *eg.* ll. *-au.* Gweithrediad neu rym lifer, mantais fecanyddol a geir o ddefnyddio lifer, hefyd yn *ffig.*: *leverage.*
20g.

trosoliaf: trosolio [bf. o'r e. *trosol*] *bg.a.* Defnyddio trosol neu lifer, symud â throsol neu lifer; bario, bolltio, hefyd yn *ffig.*: *to use a crowbar, lever; bar, bolt, also fig.*
15g. *GDID* 52, Trwsiwyd, trawseiliwyd, *trosoliaw*—drysau, / A rhoi'r drosol wrthaw [tafod]. *Diw.* 15g. *Pen* 67, 79, y gaer awnaeth yn gwyr ni / a ddadwreiddiwyd ddoe drwyddi / chwythev vn o nodav n iaith / a dryssolya r drws eilwaith (Hywel Dafi). 15-16g. LLAWDDEN, &c.: *Gw* 204, Myn barch neu dy roi mewn bedd, / Moes hafog ym Maesyfedd. / *Trosolia* gantre Selyf / A dyro dôr ac Gaer Dyf [i Fedo ap Hwlyn ap Icuan Goch]. *c.* **1590** *RC* xlvi. 63, Ag yna idd aeth ef ymyl y drws, a'u [sic] gael heb vn trosol arno. A'u [sic] *drosolio* a orug ef yn ddiogel. **1632** *D, trosolio* d.g. *Obdo, Oppessulatus, Repango.* **1713** T. BADDY: *DDGH* 45, y mae'r Deall wedi ei gloi ai *drosolio* yn erbyn' Christ. **1722** *Llst* 189, *Trosolio.* To bolt a door, spar, heavy with a leaver. **1770** *W, trosolio* d.g. *To bar a door. id. Trosolio* d.g. *To bolt a door.* **1803** *P, Trosoliaw* . . . To work a lever.

trosolwr, trosoliwr [bôn y f. *trosoliaf: trosolio*+-*(i)wr*] *eg.* Un sy'n defnyddio

neu'n gweithio bar neu lifer, hefyd yn *ffig.*: *one who uses or works a bar or lever, also fig.*
1604–7 *TW* (*Pen* 228), *Trosolwr* d.g. *Vectiarius*. *Dchr.* **17g.** *J* 10, 166a, *Trosoliwr*. Vecticularius. **1632** *D*, *Trosoliwr* d.g. *Vectiarius*. **1775** *W* d.g. *Leaver*, *One that handleth, or works with, a leaver.*

trosodiad [*tros-+gosodiad*] *eg.* Cyfnewidiad, dirprwyad; *Gram.* ac *Ieith.* trawsosodiad: *substitution; transposition* (*in gram.*), *metathesis* (*in linguistics*).
1604–7 *TW* (*Pen* 228) d.g. *Metathesis*.
Gw. hefyd **trawsosodiad.**

trososodol [*tros-+gosodol*] *a.* Dirprwyol: *vicarious, substitutional.*
1858.
Gthg. **trawsosodol.**

trost, gw. **tros.**

trostan [*trawst+-an*¹] *eb.g.* ll. *-au.* Picell, polyn (hir), ffon, trawst, croesfar, hefyd yn *ffig.*: *spear, (long) pole, staff, beam, crossbar, also fig.*
c. **1400** *R* 1289. 11–12, *trostan* ynghyrch blawd. trystan anghat. *id.* 1355. 8–9, *Trostan*uarw culgarw kilget oe ueddwl. *Diw.* **15g.** *Pen* 53, 28, Try[u]er hwyrgar. trwy vawr hirgur. *trostan* vessur. anfoesau [Ieuan ap Rhydderch i'r Prol]. **1547** *WS*, *Trostan* A pole. **16g.** (*LlEG*) *Mos* 158, 204b, parasant twy I grogwr dori I pannau [*sic*] wynt Ill pedwar ai dodi wynt I seuyll ar *drosdanau* ar bont lundain. **1588** 2 *Br* vi. 2, Awn yn awr hyd yr Iorddonen, fel y cymmerom oddi yno bawb vn *drostan*. **1604–7** *TW* (*Pen* 228) d.g. *Longurius*, *Telones*, *Temo*. **1632** *D*, *Trostan*, Contus, pertica. Diminut. à Trawst. *c.* **1634** *DWH* i. 343, Arfeu trostanog, canys i bod ar lûn *trostane* ne farrie ar draws y darrian. **1753** *TR*.

trostanog [*trostan+-og*] *a.* *Her.* Ac arno far(iau): *barred (in her.).*
c. **1634** *DWH* i. 343, Arfeu *trostanog*, canys i bod ar lûn trostane ne farrie ar draws y darrian. **1678** *Mos* 149, 6, Arfau *trostanog*, tebig farie [*sic*] ar draws y darian.

trosten, trostrau, gw. **trawst.**

trosweliad [*tros-+gweliad*] *eg.* Arolwg, adolygiad, archwiliad: *survey, review, examination.*
1895.

troswisg [*tros-+gwisg*] *eb.* ll. *-oedd.* Dilledyn amddiffynnol a wisgir dros ddillad arferol, oferol(s): *overall(s).*
20g. Ar lafar yn yr ystyr 'gŵn lloffť', "Odd neb yn y pentra 'yn yn gwisgo *troswisgodd* dros 'u dillad nos pyn 'ôn i'n ifanc. Dim ond gyda'r gwŷr mawr a'r crachach 'odd siŵ' bethach 'ny', *GTN* 816–17.

troswr [bôn y f. *trosaf*¹: *trosi+-wr*] *eg.* ll. *-wyr.* Person neu beth sy'n trosi; cyfieithydd; switsh (trydan): *converter; translator; (electricity) switch.*
1848.
Cfn.: **troswr catalytig:** *catalytic converter.* **20g.**

trosyddol [bôn y f. *trosaf*¹: *trosi+-ydd*³*+-ol*] *a.* a hefyd gyda grym enwol. Yn dynodi rhai mathau cynnar o greigiau haenedig (gynt, mewn daeareg): *transition (adj., formerly used in geol. of certain early stratified rocks).*
1851.

trot [bnth. S. *trot*] *eg.b.* yn aml yn yr ymad. *ar* (*dan*, *&c.*) *drot.* Y weithred o drotian, tuth, hefyd yn *ffig.*: *trot, also fig.*
16g. *IIČRC* iii. 325, Ac yno arall trwyn sor / y dwng y maes o ordor / y gig dryw ay waed ar *drot* / Mi yfais chwech pot a rhagor [englynion y meddod]. **16–17g.** *GST* i. 944, Llanw bot dan *drot* ar dro,—adolwyn, / Ni dalwn amdano. **1672** R. Prichard: *Gw* 92, Fe ddechreuodd Saul a Suddas, / Fynd tu ar nêf ar *drot* fel Demas. **1778** J. Hughes: *BB* 319, Mynd yno dros fynydd, oer drowydd ar *drott*. *id.* 320, Mynd at y tafarnwr hen drettiwr ar *drott*. Ar lafar, 'ar *drot* o hyd', *Cymru* liv. 132 (dwyrain sir Drefn.); "Odd y ceffyl yn mynd acha' *trot*' (dwyrain Morg.).
Cfn.: **trot hwch a galap clagwydd:** *leisurely trot, fig.* **20g.** Ar lafar, '*Tròt hwch a galap clacwy* yw 'i gidag e o hyd' 'Come day, go day, / God send Sunday', *GDD* 138.

trotaf: trotan, gw. **trotiaf: trotian.**

trotai [bôn y f. *trotiaf*: *trotian+-ai*³] *e?g.* ll. *-eion.* Slaf, un sy'n slafio: *drudge.*
1630 R. Llwyd: *LlH* 83, Caethwas, ac megis *trottai* (*drudge*) iddo [cybydd-dod] yw cyssegrwerth, gwobrau, occreth, twyll, tyngu, celwydd ar cyffelyb.

trotan, gw. **trotiaf: trotian.**

troter [bnth. S. *trotter*; ansicr yw prth. *troterth*, *GTP* 59, *D*, &c.] *eg.* ll. *-s.*
(*a*) Ceffyl sy'n trotian, tuthfarch: *trotter (horse).*
15g. *GDLl* 171–2, Fal *troter* marsier mis Mai, / Heb un bedol ban beidiai [i ddychanu Siôn Dafi am geisio athrod rhwng y bardd a'r brenin]. **15g.** *HCLl* 88, Anwrhydri'n ŵr rhydrwm / Im arfer o'r *troter* trwm [i ofyn march]. **16g.** *GHD* 66, *Troter* pan gyffröer ei ffrwyn, / Anelai 'i war yn olwyn [i erchi march]. **16g.** *Études* xiv. 455, yna i peris Taliesin i'r march, a oedd yn *droter* o'r blaen, rygyngo mor esmwyth a phe baint yn eistedd yn y gadair esmwythaf yn holl ynys Brydain.
(*b*) (yn y ll.) Traed mochyn (fel bwyd): *(pig's) trotters (as food).*
Ar lafar yn gyff., hefyd yn y ff. *trotyrs*.

trotiaf, trotaf: trot(i)an, trotio [bnth. S. C. (*to*) *trot*(*te*)] *bg.a.* (Peri) symud ar gyflymder rhwng cerdded a rhedeg gan godi'r ddwy goes letraws gyda'i gilydd bob yn ail (am geffyl, &c.), rhedeg yn weddol gyflym gan gymryd camau byrion (am berson); mynd ar frys, brysio (o gwmpas), ymbrysuro, bod yn brysur: *to trot; go hastily, hurry (about), bustle, be busy.*
c. **1400** *R* 1272. 28–9, Profes van *drottyan* ledratta yscubeu. **15g.** *HCLl* 71, Traetur moel yn *trotio*'r man, / Trem ŵyll yn tramwy allan [i ofyn âb]. **15–16g.** *GLM* 235, yr edau lin ar dy law / a'i try atad yn *trotiaw* [i ofyn march]. **1552** *Pen* 403, 80, rraid iddi ddechre helpv ac esmwythav ar i mam i *drottian* yn y ty. **1672** R. Prichard: *Gw* 338, Attad ti fy Nuw 'rwi'n *trottan* [:- Dyfod], / Danfon im ymwared weithian. **1722** *Llst* 189, *Trottian*, To trot as an horse. **1803** *P* d.g. *Trotiaw*. Ar lafar, '*trotian*, *trotio*' 'to trot', *WVBD* 548; "Odd y cyffyla bæch yn *trotan*', *GTN* 817.
Amr.: **trotianaf.** **16g.** *GGH* 425, Ni all y mab, a'r llw mau, / Â'r ferch hirwen fawr chwarau; / Ni thry ati, ni *throtian*, / Ni wna'r ŵyl ond gorchwyl gwan. **1632** *D*, Trottian . . . Traed tano y *trottienynt*. I[euan] Tew Hên i farch. **18g.** E. T. Rhys: *DA* 64, Fe *drotian* yntau yn y man, / Mewn ffwdan megys ffol, / Trwy ganol trawsdir, dros y bryn, / Mor hylym yn ei hol.
Cfn.: **trotian allan:** *to trot out (piece of information, &c.).* **1919.**

trotianwr [bôn y f. *trotianaf+-wr*] *eg.* Trotiwr (am anifail), hefyd yn *ffig.*: *trotter (animal), also fig.*
16g. *LlCy* viii. 211, Drwg yw lliw draw'n duliaw dŵr / Ei draed, henaidd *drotianwr* [i ofyn elyrch]. **16g.** *GRCG* 30, Cyfarth ar y barth y bydd / O'i orwedd, glân yw'r arwydd; / Pan godo torri'r gadwyn, / Ac y mae'n *drotiannwr* mwyn [i ofyn milgi]. **16–17g.** T. R. Roberts: *EP* 287, Troed fer glew trwy dewfrig lwyn, / *Trottiannwr* taer at wanwyn [i'r llwynog].

trotiwr [bôn y f. *trotiaf*, *trotaf*: *trot(i)an*, *&c.+-iwr*] *eg.* (b. *trotreg*) ll. *trotwyr.* Ceffyl, &c., sy'n trotian, hefyd yn *ffig.*: *trotter (horse, &c.), also fig.*
16g. Huw Arwystl: *Gw* 413, Tir di wresgyw taer drawsgern / yw traetur gwydd *trotiwr* gwern [i'r gornchwigl]. **1803** *P*, *Trotiwr*, s. m.—pl. *trotiwyr* [*sic*] . . . One who trots. Ar lafar, '*trotreg* dda ydi'r ferlen', *Cymru* xlvii. 237 (sir Ddinb.); 'Ma'r stalwyn newydd 'ma'n *drotiwr* taclus' (sir Ddinb.).

Trotsgïaeth [yr e. prs. *Trotsky+-aeth*] *eb.* Egwyddorion gwleidyddol ac economaidd Leon Trotsky (1879–1940), yn enw. ei anogaeth i'r proletariat i ddechrau chwyldro byd-eang: *Trotskyism.*
20g.

Trotsgïaidd [yr e. prs. *Trotsky+-aidd*] *a.* Yn perthyn i Drotsgïaeth neu nodweddiadol ohoni: *Trotskyist (adj.).*
20g.

trotwm [cf. S. taf. *totum*, ff. ar *teetotum*] *eg.* ll. *trotymau.* Top, chwirligwgan: *(spinning-) top.*
1865.

trothaf: trothi, trothau, gw. **troethaf: troethi, trothwy.**

trotho, &c., gw. **troaf: troi.**

trothwy, trothau [Llyd. C. *treusou*, Llyd. Diw. *treuzoù*; ag *-wy*, *-au*, cf. *aswy*, *asau*] *eg.* ac yn eithriadol *eb.* ll. *trothwyau*, *trothwyon.* Darn o bren, carreg, &c., sy'n ffurfio gwaelod ffrâm drws, rhiniog, carreg drws, mynedfa, hefyd yn *ffig.*: *threshold, doorsill, doorstep, entrance, also fig.*
13g. *LlI* 92, Puybynnac a urywo tey en agkuyreythyaul [*sic*], ual hyn y dyuc: . . . am er amhynyogeu . . . a'r *trotheu* . . . iii.k'. **14g.** *WML* 90, hyt yclyŵher y galŵ ae throet ar y *throtheu*. **14g.** *BT* (*RB*) 54, wedy gwneuthur clawd dan y *trotheu* ynn dirgel hep wybot y geitweit y castell. **15g.** (**17g.**) *AL* i. 720, Y beinkeu ar tubyst, ar dor . . . ar *trothŵyeu* keinaŵc kyfreith yŵ gwerth pob un o honunt. **1567** *LlGG* (*Sall*) 47b, dewisach-genyf vot ar yr hinioc [:- *drothe*] yn tuy vy-Dew. **1588** 2 *Br* xii. 9, a'r offeiriaid y rhai oeddynt yn cadw y *trothwy* a roddasant yno 'r holl arian a'r a ddygwyd i mewn i dŷ'r Arglwydd. **1588** 1 *Cr* iv. 39, hwy a aethant i *drothwy* Gedor. **1632** *D*, *Trothwy*, Limen, hypothyrum. **1672** R. Prichard: *Gw* 59, Er i Satan entro i'th lettu, / Ai orescyn heb ei nadu; / Cred yn Ghrist, fe ddwg ei arfau, / Fe dry Satan dros y *trothau*. **1696** *CDD* 286–7, Yr enaid gwan dan grynnŷ, / A wele wrth y *trothwŷ* [:- Rhiniog], / Bêryglon mawr o'i deutu, / Iw [*sic*] lyngcu cŷn pen awr. **1772** *W*, Efe a dramgwyddodd ar y *trothwy*; neu, Efe a gollodd (a fethodd) y cynnyg neu yr ergyd cyntaf d.g. *Dash* . . . *He is out at first dash.* **1787** (**1812**) Twm o'r Nant: *PG* 53, 'Roedd bailiaid Rhuthyn ar y *trothau* [:- rhiniog]. **1803** *P*, *Trothwy*, s. m.—pl. t. *on* . . . A threshold. Ar lafar, "Rodd hi'n arfer i'r priodfab gario'r briodferch dros y *trothwy* ers talwm'; '*trothe*' (sir Benf.), '*trotha*', *GTN* 817. Clywir y ff. fach. *trothyn* yng ngodre Cered.
Amr.: **trothyw.** **13g.** *LTWL* 126. **14g.** *LlB* 62.
Cfn.: **ar drothwy:** *on the threshold of, on the verge or brink of.* **1815.** Ar lafar, 'A ninna *ar drothwy*'r diolchgarwch' (Llŷn). **ar y trothwy:** *almost here (of festival, occasion, &c.), just round the corner.* Ar lafar, 'Ma'r 'Dolig *ar y trothwy*'. **mynd dros y trothau (trothyn):** *to leave home (of children).* Ar lafar, '*Mynd dros y trothyn*', *Cymru* xxxiv. 266 (godre Cered.); 'y plant yn *mynd dros y trotha*' (dwyrain Morg.).

trowasgaf: trowasgu, gw. **tro**¹**+gwasgaf: gwasgu.**

trowel, gw. **trywel**¹.

tröwr, trowr [bôn y f. *troaf*: *troi+-wr*] *eg.* ll. *trowyr.* Person neu beth sy'n peri troi neu newid (cyfeiriad); aradrwr, arddwr; turniwr; peiriant troi gwair: *person who, or thing which, causes to turn or change (direction); ploughman; turner (on lathe); swath-turner.*
1604–7 *TW* (*Pen* 228), *Trowr* d.g. *Hydragogus*. **1632** *D*, *Trowr* dŵr d.g. *Hydragogus*. **1707** *AB* 4[3b], *Trowr*, ardhwr, amaeth, lhavyrwr; A Plow-man d.g. *Arator*. **1725** D. Lewis: *GB* 141, y Ddaear . . . Y mae corph mor fawr, yn troi mor ebrwydd, mor gywir, mor llesiol . . . yn dangos Gallu, Doethineb, a Daioni Duw, y *Troŵr*. **1762** D. Rowland: *PA* 116, [*t*]*ro-ŵr* y bŷd a'i wyneb i wared. **1765** *CBC* 33, Angau, yn angau im' ni bydd, / Ond *trowr* fy nhywyll nos yn ddydd. Ar lafar, '*trowr*' 'peiriant troi gwair' (Arfon); '*trowr*' 'ploughman', *WVBD* 540; '*trowr*' 'arddwr, redigwr', *B* xiv. 282 (canolbarth Cered.); '*trowr*' 'peiriant troi gwair ar ôl ei ladd', *Wês wês* 94; 'nelsn a *thröwr*' 'math o stand a dril i wneud twll yn y glo', *Geir Glo* 79 (sir Gaerf. a Morg.); '*tröwr*' 'brace and bit', *GTN* 818; '*tröwr*' 'a turner, e.g. in a colliery', *ib.*; hefyd yn yr ystyr 'a turner above the fire to hold a kettle, a saucepan etc; a jack', *ib.*; hefyd yn ardaloedd chwareli llechi'r Gogledd ac yn y diwydiant mwyngloddio fel enw ar y gweithiwr sy'n dal a throi'r ebill i'r tarwr, *B* xx. 381; ac yn yr ymad. '*Trowr* i lawr' 'Gweithiwr yn y garreg galch yn tynnu darnau rhydd o'r graig ac yn eu taflu i'r llawr', *ib.*
Cfn.: **tröwr coed:** *wood-turner.* Ar lafar, *GTN* 818. **tröwr gwair:** *swath-turner.* **1937.** Ar lafar, *B* xiii. 141 (Edeirnion).
Amr.: **troiwr** [bôn y f. *troiaf*: *troi+-wr*]. **1762** D. Rowland: *PA* 126. Ar lafar yn sir Benf. yn yr ystyr 'peiriant troi gwair'.

trowser, trowsus, gw. **trywsus.**

trowynt [*tro*¹*+gwynt*] *eg.* ll. *-oedd.* Chwyrlwynt, corwynt, gwynt grymus, awel dro, hyrddwynt, seiclon, troellwynt, tornado, hefyd yn *ffig.*: *whirlwind, violent wind, eddywind, hurricane, cyclone, tornado, also fig.*
14g. *GDG*³ 289, Cawad o *drowynt* cywydd, / Cae nïwl hir feddwl fydd [i'r uchenaid]. **1547** *WS*, *Trowynt* A whyrlwynde. *Diw.* **16g.** *B* iii. 107, Pan fo llawer o Lŵch yn codi gyda *throwynt*, mae hynny yn arwyddo gwlaw cyn Pen nemawr o amser. **1588** *Diar* x. 25, Ni saif y drygionus mwy na'r *tro-wynt* yn

myned heibio. **1632** *D*, *Trowynt*, Turbo, inis. *id.* d.g. *Lælaps*, *Prester.* **17g.** Huw Morus: *EC* i. 159, Pa fath a'm boddlono, rhag ffaelio fy ffwyl, / Chwennychwn heb *drowynt* roi 'r helynt ar hwyl. **[1724]** G. Wynn: *YGD* 97, Pa fodd y cythryblir yr Awyr gan angerddol *Dro-wyntoedd* disymmwth. **1761** *ML* ii. 425, *trowynt* drewllyd o'r stryd. **1773** *W* d.g. *Eddy-wind.* **1803** *P.*

Amr.: **troewynt** [bôn y f. *troeaf*+*gwynt*]. **16g.** *WLl* 259. **1711** H. Powel: *TY* 277. **1782** H. Jones: *GA* 19.

trowyr[1,2,3], **tröyn,** gw. **trywyr**[1], **tröwr, trywydd, tro**[1].

tru [Crn. C. a Diw. *tru*, Llyd. C. a Diw. *tru* 'truenus', H. Wydd. *trúag*, *tróg*; cf. H. Lyd. *tru[ed]*, gl. *humanitatis*, ac o bosibl yr elf. *tro(u)go-* mewn e. prs. Gal.] *a.* a hefyd gyda grym enwol ac ebychiadol. Truenus, alaethus, gresynus, pathetig: *wretched, miserable, deplorable, pitiful, pathetic.*

9–10g. (*Ox* 1) *VVB* 189, Mor*tru*, gl. *eheu.* **12g.** *GMB* 111, Difyeu ym penn teir wythnos / (*Tru* a nos!) yd ith lather. *id.* 229, Traghaf *truaf* trueni / Tranc a'e kennis kyn no mi! **12g.** *GCBM* ii. 7, Gweleis ar Saesson trychyon, truein, / *Tru* dyt diuedyt, uedel kyngrein. **13g.** *C* 19. 10–20. 1, *Trvlach* dydivet. dy lauriav. o. vet. **13g.** *A* 15. 17–18, o osgord vynydawc vawr *dru.* o drychant namen vn gwr ny dyuu. **14g.** *T* 11. 26–7, Tafaw ti vyndeu troet. mor *tru* eu hadoet. **14g.** *GDG*[3] 327, Wedy cysgu, *tru* tremyn, / O bawb eithr myfi a bun. *c.* **1400** *R* 1332. 2–3, am aberthu bu *tru* trwm. vn mab meir trawseir trossom. **1632** *D*, *Tru*, dicunt Antiqui pro Truan. **1776** *W* d.g. *Miserable* [*wretched, unhappy, &c.*]. **1803** *P.*

truag, gw. **triagl.**

truan [*tru*+-*an*[1]; cf. H. Wydd. *trúagán*, *trógán*] *eg.b.* (bach. g. *truenyn*; b. *truanes*, ll. -*au*) ll. *truain*, *true(i)niaid*, *trueinion*, a hefyd fel *a.* ll. *truain*, *trueinion*, *truanion*, a chyda grym ebychiadol. Person truenus neu resynus, person alaethus, person gostyngedig neu wan, hefyd yn *ffig.*: *wretch, miserable person, poor fellow, meek or weak person, also fig.*

13g. *GBF* 480, Y'r twylluyt, *truan* a difflanna, / Ac ny medylyho a rwy dirpero. **14g.** *T* 11. 23, Oed mynych kyflafan. yrofi ar *truan.* **14g.** *WM* 170. 15–16, Och a *truan* heb ef ny dylyy gaffel bendith. **14g.** *GDG*[3] 404, Draenen gwawd, *druenyn* gwedd, / Neu eithinen iaith Wynedd [ymryson â Gruffudd Gryg]. *c.* **1400** *R* 1293. 7–8, A*druein* lle keir atrywed rodi. *Dchr.* **15g.** *GM* 36, Santes Veir, nertha *drueinyon.* *a.* **1587** *Y* 207, Soniodd, ban gafas enyd, / *Druan* bâch, am deiran bŷd. **1588** *Salm* cxlvii. 6, Yr Arglwydd sydd yn cynnal *trueniaid*, gan ostwng y rhai annuwiol hyd lawr. **1588** *Eseia* li. 21, gwrando di yn awr, ô *druan* (**1620** *ib.* y *druan*), yr hon a feddwodd. **1630** R. Llwyd: *LlH* [225], Na wescwch ar y *truein* tros y rhai y bu Crist farw. **1632** *D*, *Truenyn* . . . Misellus. **1638** *TBM* 654, Diweniaith oedd, da'n ei thai, / I *drueiniaid* y rhannai [marwnad Siân Owen Bodeon gan Watgyn Clywedog]. **1756** G. Owen: *L* 176, Ni feiddiai'r *druanes* [yr awen] gymmaint a dangos ei phig allan o'r blaen pan oedd yr hin yn oer. **1763** *ML* ii. 593, Oes gobaith i'r mawrion yna gyttuno wrth ben yr ysbleddach a gadael *trueiniaid* yn y golled. **1803** *P.* **1828** *Geir Pob* 29, Ysgrwb, *truenyn*, bawddyn. Ar lafar, '*truan* (*druan*) ohono' 'poor fellow . . . poor wretch!', *WVBD* 552; ''Rydan ni'n adrodd darn am ryw *drueiniaid* yn y Trydydd Byd' (y Gogledd); 'Odyn', man' nw'n amddifad iawn, *druin* bæch, 'eb dæd na mam', *GTN* 813. Digwydd hefyd 'fel gair o ddirmyg', ''Odi fa'n dod 'nôl yto? Ody, *druan*!', 'Y nw, *druin*, sy yn genol yr 'oll ffreiwns', *ib.*

Fel *a.* Truenus, alaethus, gresynus, pathetig, gwael, gwan: *wretched, miserable, deplorable, pitiful, pathetic, poor, weak.*

12g. *GMB* 273, *Truan* a annyan ynny o ampwyll / Tra charu pressent pres gynhywyll. **12g.** *GCBM* ii. 7, Gweleis ar Saesson trychyon, *truein*, / Tru dyt diuedyt, uedel kyngrein. **13g.** *BD* 82, rac *truanhet* gennhyf yr ymdiwedi ar wander a damweinyvs y chui guedy yspeilav o Vaxen enys Prydein. *id.* 83, ac y uelly tynnu y *trueinnyon* uileinllu hyt y llavr o'r kestyll. *id.* 110, O *drueinyon* dagreuoed y lithyr hitheu, ac o aruthyr diaspat y lleinw yr enys. **1346** *LlA* 39, gann uuchedoccav yn da. wynt avyddant vrawdwyr ar ereill ygyt aduw. onnyt ef awnant. *truanach* vyddant no dynyon ereill. **14g.** *GDG*[3] 75, *Truan* i'r dylluan deg / Oer ddistal na rydd osteg. *c.* **1400** *RB* ii. 228, Ac *odruanaf* aerua yn eu llad ac yn eudala [*sic*]. **15g.** *GLGC* 447, Darfu i Bowys beth *truan*, / Duw a wnaeth ei bod yn wan. **1547** *WS*, *Truan* Wretched. **16g.** *Pen* 192, 83–5, Arglwydd Jesu grist . . . dyro . . . in inav [*sic*] *druanion* bechaduriaid bowyd a llywenydd Tragwyddol. **1588** *Gen* xli. 19, Wele hefyd saith o wartheg . . . [t]ra drwg yr olwg, ac yn *druain* o gîg. **1632** *D*, *Truan*, Miser, ærumnosus. **1771** *PDPh* 94, Moch yn colli eu blys at fwyd ac yn ei chwydu i fynu . . . Nid yw'r clefyd hwn yn glefyd marwol, ond fe wna foch yn *druain* iawn. **1773** *W* d.g. *Forlorn* [*left destitute* . . .], *Meager, or meagre, Miserable* [*wretched; unhappy, &c.*]. **1803** *P.* Ar lafar, '*truan*' 'wretched, miserable', *WVBD* 552.

truanaf: truanu [bf. o'r e. a'r a. *truan*] *bg.a.* Tosturio (wrth), trugarhau (wrth), teimlo trueni (dros); mynd yn druenus, gwanychu, nychu, teneuo: *to take pity (upon), feel compassion (for); become wretched or miserable, weaken, waste away, become thin.*

13g. *HGK* 6, A *thruanu* urthav a orugant, ac adav canorthuy idav pan delei amser. *id.* 19, A phan y gueles meibeon Gollwyn ef . . . y *truanassant* urthav, ac y diwallassant ef. **14g.** *BY* 61, A phan weles answawd y dat, dan dosti a *thruanu* y doeth allan y venegi hynny yw y vrawt Sem. **1632** *D*, *Truanu* . . . Misereri, miserescere. **1722** *Llst* 189, Truanhau, *Truanu.* To take pity or compassion on, be sorry for . . . To grow or make poor or lean. **1770** *W* d.g. *Away, To fall away* [*grow thin and meagre*], *Compassion, To take or have compassion of or on.* **1771** *PDPh* 77, Pan y bliner anifeiliaid gan y clefyd hwn, byddwch sicr y *truanant* fwy mewn diwrnod nag a dewhant mewn wythnos. *id.* 82, Pan ddigwyddo 'r clefyd hwn ar anifail fe *druana* yn fuan, ac a gwymp yn fuan yn ei gig. **1793** *Cylchg* 70, Yr oedd caeth-was o Negroe . . . yr hwn *druanodd* yn ei wedd yn sydyn iawn, trwy gael golwg, mae'n debyg, ar ei bechod. **1803** *P.*

truanaidd [*truan*+-*aidd*; gw. hefyd *truanedd*] *a.* Truenus, alaethus, gresynus, pathetig; trist, galarus: *wretched, miserable, deplorable, pitiful, pathetic; sad, mournful.*

c. **1400** *YSG* i. 39, ef a aeth ymeith yn gewilydyus *druaneid* dan wylaw ac ymelldigaw yr awr y ganet. **1595** M. Kyffin: *DFf* [66], Gregorius Nazianzenus a ddoedodd fal hyn am y *druanaidd* gyflwr yn ei amser ef. **16–17g.** T. R. Roberts: *EP* 235, Chwiliwr blin, o choelir blaidd, / Ydyw'r oenig *druanaidd.* **1604–7** *TW* (*Pen* 228) d.g. *Miserandus.* **1615** R. Smyth: *GB* 17, O ddyn noeth a dall . . . meddvl dy stad *truanaidd* pahan yr vvyt ti'n myned ar ddisperod. **1719** *TDP* [iv], gwrando ar yr hwn sydd yn llefaru wrthit ti . . . mor Sanctaidd yw . . . ac mor *druanedd* yw ei Ddirmygwyr ef. **1768** Risiart ap Robert: *CB* 73, *Truanaidd* oedd ei fywioliaeth: Ei luniaeth nid oedd foethus [Ioan Fedyddiwr]. **1799** *TY* 45, [d]ymuno dwyn llewyrch yr efengyl i dywynu ar genedl *druanaidd* ei chyflwr. **1803** *P.*

truanddyn, gw. **truan+dyn.**

truanedd [*truan*+-*edd*[1]; dichon fod enghrau. o *truanaidd* wedi eu cynnwys isod] *eg.* Trueni: *wretchedness.*

16g. *Llst* 40, 128, kwyn Rys trwyr ynys *tryanedd* dwnn hael / dyn ohil tayyrnedd [Thomas Fychan i Rys ap Gruffudd Dwnn]. **1725** S. Rhydderch: *Alm* [3], Na wele Ddyn *truanedd* ei waeledd yn ei Wêdd. **1763** *DT* 237, Nid oes pall yn fy ngallu, / Eneiniog ar lidiog Lu; / Fy Sylwedd *truanedd* trig, / Niwl ydyw, anweledig. **1780** *W* d.g. *Poorness.* **1789** Gw. Mechain: *Gw* i. 402, I ystyr einioes *truanedd*, / Y dyn marwol dan ammhuredd. **1803** *P.*

truanes, gw. **truan.**

truanhaf: truanhau [*truan*+-*hau*] *bg.* a'i dilyn fel rheol gan yr ardd. *wrth*, a hefyd fel *ba.* Tosturio (wrth), trugarhau (wrth), teimlo trueni (dros); gwneud neu fynd yn druenus; (geir.) teneuo, mynd yn fain: *to take pity (upon), feel compassion (for); make or become wretched or miserable; (dict.) become thin or lean.*

13g. *BD* 130, guedy datcanu ohonav y drueni, *truanhau* a oruc Gillamvri vrthav ac adav nerth idav. *id.* 169, A *thruanhau* a wnaeth ynteu o dynavl annyan vrthi hi. **14g.** *RC* xxxiii. 194–5, yna gwelet o Iessu ef yn gofualu ac yn medylyaw ae uedyant ynteu o *druanhaei* wrth bawp. **14g.** *YBH* 39a, affawb or ac gwelei yna. yr kadarnet vei y gallon a *druanhaei* wrthi. **1567** *LlGG* (*Sall*) 80b, Gwrando ar vy llefain, canys im *truanawyt* [:- tlodwyt]. **1604–7** *TW* (*Pen* 228), y *druanhaû* wrtho d.g. *Miserandus.* **1632** *D*, Truanu, & *Truanhau*, Misereri, miserescere. **1722** *Llst* 189, *Truanhau*, Truanu. To take pity or compassion on, be sorry for . . . To grow or make poor or lean. **1772** *W* d.g. *Compassion, To take or have compassion of or on, Lean, To grow lean.* **1803** *P*, *Truanâu* . . . To render wretched; to become miserable or wretched.

truanllyd [*truan*+-*llyd*] *a.* Truenus, alaethus: *wretched, miserable.*

1685 G. Griffith: *GA* [vi], sefydlu ei obaith, o gael cyfnewid y bŷd *truanllyd* hwn, am ûn mwy dewisol a hyfrydlon. Ar lafar gynt yng Nghered. am ddyn neu anifail llawer teneuach nag y dylai fod.

truanol [*truan*+-*ol*] *a.* Truenus, alaethus: *wretched, miserable.*

1707 *AB* 91c, *Tryanol*, tostyriol d.g. *Miserandus.* **1803** *P* d.g. *Truanawl.*

truant, truawnt [bnth. S. C. *trua(u)nt* neu'n uniongyrchol o'r H. Ffr. *truant*, Ffr. Lloegr *truaunt*] *e?g.* Cnaf, cardotyn, crwydryn: *rogue, vagabond, vagrant.*

14g. *YBH* 5a, anheilwg uu gan y porthawr ymadrodyon y mab a dywedut awnaeth drwy dicyouein ffo ymdeith herlot rubalt *truant* bychan wyti . . . a mab y butein wyt. gwir a dywedy ti vy moti yn vab y butein. kelwyd a dywedy ditheu am vy moti yn *druawnt* neu yn rubalt. *id.* 5b, vygalw yn herlot *truawnt* awnaeth ac o achos hynny mi a rodeis tri dyrnawt idaw.

Gw. hefyd **triwant.**

truanus, truawnt, trubed, trud, trudfawr, gw. **truenus, truant, trybed**[1], **drud**[1] (hefyd At.), **drudfawr** (hefyd At.).

trueg, gw. **triagl.**

trueni [*truan*+-*i*[1]] *eg.* a hefyd gyda grym ebychiadol. Yr ansawdd neu'r cyflwr o fod yn druenus, gresyndod, gwaeledd, gofid, adfyd, trallod, dioddefaint; tosturi, calondynerwch, trugaredd; gwrthrych tosturi; hefyd yn *ffig.*: *misery, wretchedness, abjectness, degradation, desolation, adversity, affliction, suffering; pity, tender-heartedness, mercy; object of pity; also fig.*

12g. *GMB* 229, Traghaf truaf *trueni* / Tranc a'e kynnis kyn no mi! **13g.** *BD* 70, y gyfroi a wnaethant yn erbyn y creulavn wr hvnnv, gan gvynav vrthav yn vynych eu halltuded ac eu *trueni.* **1346** *LlA* 69, Drythyllwch selyf a uydei *drueni* gantunt wy. **1488–9** *BSM* 28, y kyffroes Marthin o drvgaredd wrth i hwylovain, ac o *drveni* a gwarder ef a wylodd. **1547** *WS*, *Trueni* Wretchednesse. **1588** *Ecclus* xxix. 11, bydd ddioddefgar wrth *drueni*, ac nac oeda dy elusen iddo ef. **1604–7** *TW* (*Pen* 228) d.g. *Aerumna, Miseria, Viduertas.* **1618** J. Salisbury: *EH* 312, [t]aflodh i waelodion vffern i'r *trueni* tragwydhol . . . yr . . . Angylion, a dharfu vdhynt bechu. **1725** D. Lewis: *GB* 318, *Trueni* yw bod cynnifer o Leoedd i wasanaethu Duw yn y Wlâd, a chyn lleied o rai yn dyfod i wasanaethu Duw ynthynt. **1772** *W* d.g. *Deplorableness, Misery, Pity, Wretchedness.* **1790** T. Jones: *TOS* [iii], camwedd a *thrueni* dirfawr ydyw, na bai iddi [y Gymraeg] well ymgeledd, a mwy o barch. **1803** *P.* Ar lafar, '*trueni*' 'misery', 'y *trueni*' 'euphemism for . . . hell', *WVBD* 552; ''Os dim isia bod â *treni* wth ddyn siŵd'na. 'Os ginto fe ddim *treni* wth neb', *GTN* 810; 'Ma dinnon drwg yn cæl mynd i'r *Trueni* cofia!', *id.* 814.

truenus [*truan*+-*us*, dan ddyl. *trueni*] *a.* a hefyd gyda grym enwol. A nodweddir gan gyni, adfyd, tlodi dygn, &c., alaethus, gresynus, pathetig, gwael, di-raen, salw; torcalonnus, ingol, dirdynnol, dychrynllyd, llym; sâl, gwan, nychlyd (am ymddangosiad person, &c.): *wretched, miserable, deplorable, pathetic, poor, paltry, shabby; heartbreaking, harrowing, distressing, awful, severe; ill, weak, poorly (of person's, &c., appearance).*

c. **1585** G. Robert: *DC* 33a, er ei fod a r fath olwg *druanus* arno . . . nyd oedh y gelynyon yn tosturio, nag yn gresynu. **1599 (1677)** R. Holland: *AB* 3–4, nid oedd Abraham nac Israel, ar ôl marwolaeth, yn adnabod dim moi hîl a'i heppil, na'i *truenus* gyflwr hwynt. **1677** R. Jones: *BB* 205, Hon yw'r Grefydd, a hwn yw'r Llafur, i'r hwn i'th gwahoddwn; Nid i anobaith . . . nac i hunain-drallodus, ofidus, *druenus* drymder. **1687 (1715)** J. Owen: *TB* 152, yn ofni uffern ac etto yn hiraethu am farwolaeth . . . felly y diweddodd ei fywyd *truenus.* **1725–6** *Madd Ed* 296, mewn tyner gydymdeimlad a'r *Truenus.* **1759** T. Thomas: *WWDd* 82, Crist Mab Duw; Jachawdwr Pechaduriaid *trüenus.* **1772** *W* d.g. *Deplorable, Miserable* [*wretched; unhappy, &c.*]. **1798** Gw. Mechain: *D* 3, fod ein gelynion mewn mwy cyfyngder na ninnau: Fod y Ffrancod yn *druenusaf* pobl dan haul. **1803** *P.* Ar lafar, 'Ma golwg *druenus* wedi mynd arni. Ma 'i mor dena a llwm', 'Fe'i wadws 'i'n *druenus* yn 'i fedd-dod, fe fu jest â'i lladd 'i', *GTN* 813.

Amr.: **truanus.** *c.* **1585** G. Robert: *DC* 33a. **1609** R. Smyth: *CAC* 47. **1675** R. Davies: *PY* 156.
Gw. hefyd **truenusion.**

truenusaf: truenuso [bf. o'r a. *truenus*] *ba.* Gwneud yn druenus: *to make wretched.*
1803 *P* d.g. *Truenusaw.*

truenusion, truenusiaid [*truenus+-ion²*, *-iaid¹*] *e.ll.* (un. g. *truenusyn*). Pobl druenus: *wretches.*
1839.

truenusol [*truenus+-ol*] *a.* Truenus; tosturiol, trugarog: *wretched; compassionate, merciful.*
1820.

truenusrwydd [*truenus+-rwydd*] *eg.* Yr ansawdd neu'r cyflwr o fod yn druenus, trueni, gresynoldeb, gwaeledd, salwedd: *wretchedness, misery, deplorableness, abjectness, baseness.*
1745 E. Jones: *DPB* 18, eu hôll Bechadurusrwyydd [*sic*], a'u *Truënusrwydd.* **1776** *W* d.g. *Miserableness, Wofulness.* **1779** W. Williams: *BH* 19, wedi cael fy argyhoeddi o fy nattur lygredig fy hun, a *thruenusrwydd* fy nghalon. **1792** *HWS* 4, ein Harglwydd . . . yn ei hargyhoeddi [y galon] o'i phechod a'i *thruenusrwydd.* **1803** *P.*

truenusyn, truenyn, truff, gw. **truenusion, truan, truth.**

trugain, trugaint, gw. **trigain.**

trugar [*tru+-gar*; Llyd. Diw. *trugar*, H. Wydd. *trócar*] *a.* a hefyd gyda grym enwol. Trugarog, calon-dyner, tosturiol: *merciful, tender-hearted, compassionate.*
12g. *GCBM* i. 295, Neud aflawen wyf, neud aflaur—drist, / Neu ry-m-cotes Crist, Creaỽdyr *trugar. id.* ii. 305, Ny rygar *Trugar* tra syberwyd, / Ny rydaỽ anaỽ o'e annwylyd. **14g.** *GDG³* 7, Gwâr Iesu *trugar*, treigl dydi—ataf, / Ateb y goleuni. *c.* **1400** *R* 1236. 1–2, *trugar* trỽm y uar kar gỽar gỽedwon. *a.* **1587** *Y* 193, Pôr *trûgar*, dyhuddgar, hawdd, / Parod iawn, a'i pardynawdd. *Diw.* **16g.** *B* ii. 116, rhyw *drugar* dosturi gan dy welet ti, Gruffydd, dy hun mor hiraethoc am gyweir yr Jaith. **1604–7** *TW* (*Pen* 228) d.g. *Amicus.* **1632** *D*, *Trugar* . . . Misericors. **1772** *W* d.g. *Compassionate, Merciful.* **1776** Dewi Nantbrân: *AN* 64, gan attolwg ar dy Ddaioni *trugar* i lywodrae[th]u ac i'm cyfarwyddo fi felly. **1803** *P.*

trugaredd [*trugar+-edd¹*; Crn. C. *tregereth*, Llyd. C. a Diw. *trugarez*, H. Wydd. *trócaire*] *eg.b.* ll. *-au, -ion, -oedd.*

(*a*) Tosturi (yn enw. wrth dramgwyddwr anhaeddiannol), triniaeth lariaidd, trueni, calon-dynerwch, caredigrwydd, dyngarwch, ewyllys da, hefyd yn *ffig.*: *mercy, compassion, pity, tender-heartedness, kindness, humanity, good will, also fig.*
12g. *GMB* 101, Brenhin holl riet a'm gwyr, na'm gomet / Am y *drugaret* o'm drygyoni. **13g.** *BD* 37, [c]yrchassant parth a Ruuein a dan anreithav a vrthvynepei udunt heb *trugared.* **14g.** *B* xiv. 269, kyffessent *trugar/ereu* [*sic*] duv y eu hargluyd. *c.* **1400** *R* 1239. 3–5, nyt trỽy gerydeit *trugaredeu.* Coelaf naf pennaf warthaf wyrtheu. **15g.** *GO* 59, I nef dos at Vair a Non, / Ac i radd y gweryddon. / O'r byd, dos yn wyrf i'r bedd, / Gwra yn y *Drvgaredd!* **1551** W. Salesbury: *KLl* lxxxva, Gwyn e byt y trugarogyon / canys *trugaredd* a gaffant. **1604–7** *TW* (*Pen* 228) d.g. *Indulgentia, Venia.* **1621** E. Prys: *Ps* 3[6]b, Gwrando fi sy'druan [*sic*] a thlawd, o'th barawd *drugareddion.* **1630** *YDd* 23–4, *Trugaredd*, yr hwn yn vnig yw ewyllys da Duw, a pharodrwydd ei serch i faddeu i bechadur edifeiriol ei bechodau ai ddrwg foddion. **1632** *D*, *Trugaredd*, Misericordia. **1664** *LlGG* sig. F3r, Hollalluog Dduw, Tâd y *trugareddau* . . . attolygwn i ti roddi i ni . . . iawn ymsynniad ar dy holl *Drugareddau.* **1772** *W* d.g. *Compassion, Goodness, Loving kindness, Mercy.* **1790** Twm o'r Nant: *GG* 130, Gwr addwyn *drugareddoedd*, / Darn o nerth Edeirnion oedd. **1803** *P*, *Trugarez*, s. m.—pl. t. *au* . . . Compassion, pity, mercy. Ar lafar, "Odd yn *drigaradd* na laddwyd mono fo', *WVBD* 544 (*eg.*); 'drwy *drugaradd*', *GTN* 814 (*eg.*).

(*b*) (yn y ll. *-au*) Petheuach, gêr, taclau, addurniadau (di-werth), tlysau: *things of little value, paraphernalia, gear, bits and pieces, knick-knacks, bric-a-brac.*
1773 J. Roberts: *GY*, Goludog] Un a digonedd o *Drugareddau*'r byd. Ar lafar, 'Rhod y *trugaredda* 'na i gyd mewn bocs a mi a' i â nhw i Oxfam'; 'Ma ginti lond cwbwrt o *drugaredda* ma 'i wedi'u clasgu o bobman', *GTN* 814.

trugareddfa [*trugaredd+-fa*, *ma*] *eb.* Gorchudd aur dros Arch y Cyfamod a ystyriwyd yn orsedd Duw, gorsedd Duw (yn y nefoedd), (man) trugaredd neu gymod, hefyd yn *ffig.*: *mercy-seat, throne (of God, in heaven), (place of) mercy or reconciliation, also fig.*
1567 *TN* 336a, uwch yr arch yCherubym [*sic*] gogoneddus, yn kysgodi y *drigareddva.* **1588** *Ecs* xxv. 22, A mi a destiolaethaf it yno, ac a lefaraf wrthit oddiar y *drugareddfa*, oddi rhwng y ddau Gerub y rhai a fyddant ar Arch y destiolaeth. *Dchr.* **17g.** *J* 10, 165a, *Trugareddva.* mercie seate. **1630** R. Llwyd: *LlH* 452, megis yr oe[dd] yr Arch yn ddau gufydd a hanner o hyd . . . yr vn faint oedd y *drugareddfa.* **1632** *D* d.g. *Propitiatorium.* **1655** R. Jones: *PC* 23, llefarodd Duw / wrth Foses syw or gangell [:– *Trugareddfa*]. **1773** J. Roberts: *GY*, *Trugareddfa*] Gorchudd Auraidd a oedd uwch ben yr Arch. **1776** *W* d.g. *Mercy-seat.* **1792** P. Williams: *TG* 30, gwybydded y Sosiniaid, mai ger bron y *drugareddfa* y derbynir trugaredd . . . ac onid oedd y *drugareddfa*, yr arch, a'r deml ei hun, yn gysgod o Grist? **1803** *P.*

trugareddol [*trugaredd+-ol*] *a.* Trugarog, tosturiol: *merciful, compassionate.*
1771 G. Howel: *Alm* 26, Addewyd da sy 'r duwiol, / Fo 'n ufydd am wlad nefol / Drwy fwriad edifeiriol; wŷr *trugareddol* trowch. **1790** Twm o'r Nant: *GG* 162, Ffrwyth ffri, o'th stôr ddaionus di, / *Trug'reddol* roddiant, gyfannedd fwyniant, / Yn ddiau 'ddeuant, hwy'm têg ddilynant i. **1803** *P.*

trugareddus [*trugaredd+-us*] *a.* Trugarog, tosturiol: *merciful, compassionate.*
1670 J. Hughes: *AP* 346, Hollalluoc a *thrugareddus* Dduw, cadw oddiwrthym yn ddaionus bob pethau gwrthwynebus i ni. **1705** T. Williams: *PD* 14, Duw . . . Ysprydd Addfŵyn, Perffaith, *Trugareddus*, tirion. **1776** Dewi Nantbrân: *AN* 194, Hollalluog, a *thrugareddus* Dduw, o ddaioni 'r hwn y mae 'n deilliaw, fod dy ffyddloniaid yn dy wasanaethu di yn deilwng.

trugarhaf: trugarhau [*trugar+-hau*] *bg.* a'i dilyn fel rheol gan yr ardd. *wrth.* Bod yn drugarog (wrth), tosturio (wrth), teimlo trueni (dros), bod yn garedig (wrth), maddau: *to have mercy (on), take pity (on), feel or act compassionately (towards), be kind (to), forgive.*
12g. *GMB* 276, A'm trugaraỽc Arglwyt, *trugarhaed*—wrthyf, / A mi y ỽrthaỽ na'm gwrthoded. **12g.** *GCBM* ii. 269, Trugaraỽc Arglỽyd, *trugarha*—ỽrthyf, / Y ỽrthyt na'm pella. **13g.** (*LlDW*) *ZCP* xx. 92, Dyn mud ny telyr ydau na saraet nac atep o dym arall . . . onyd er argluyd a *drukarhaa* urthau ac a ryd dyn a deueto drostau. **14g.** *YBH* 52a, gyrru eu meirch a orugant megys gwyr kyndeiraỽc . . . trỽy distryỽ y wlat heb *trugarhau* ỽrthunt o dim. *c.* **1400** *R* 1156. 39, gỽae ny *thrugarha.* **1547** *WS*, *Trugarhau* Rewe, haue pytie. **16g.** *WLl* 211, *Trugarhewch* trwy garu hedd / Tro gwrol yw trugaredd. **1588** *Salm* lxv. 3, Pethau anwir a'm gorchfygâsant, ti a *drugarhei* wrth ein camweddau. **1604–7** *TW* (*Pen* 228) d.g. *Indulgeo.* **1632** *D*, *Trugarhau*, Misereri. **1764** W. Williams: *Th* 17, Un bader cyn ymadell [*sic*] neu yntau air sydd lai, / Duw *drugarhao* wrthym sydd ddigon faddeu bai. **1772** *W* d.g. *To take or have compassion of or on, To have mercy on, To have* [*take*] *pity on or upon.* **1803** *P.* Ar lafar, 'Wel, man' nw wedi nuthur siaw o ddrwg inni, ond yn y picil man' nw 'nawr, ma raid trio angofio a *trugaráu* a ma 'ynny'n golycu estyn llaw o 'elp', *GTN* 814.

trugarhaus [bôn y f. *trugarhaf*: *trugarhau +-us*] *a.* Trugarog, tosturiol: *merciful, compassionate.*
1725 S. Rhydderch: *Alm* [9], Brenin . . . o dueddfryd *trugarhaus* . . . a faddeuodd yn hawdd ag yn rhwydd iddynt. **1803** *P*, *Trugarâus* . . . Compassionate.

trugarog [*trugar* neu *tru+-gar+-og*] *a.* ll. *-ion*, a hefyd gyda grym enwol. A noddweddir gan drugaredd, yn dangos trugaredd, tosturiol, caredig, calon-dyner, tirion, mwyn, gwâr, dyngarol, maddeugar: *merciful, compassionate, kind, tender-hearted, gentle, humane, forgiving.*
9–10g. *Juv* 256, *trucarauc*, gl. *mitia.* **12g.** *GMB* 276, A'm *trugaraỽc* Arglwyt, trugarhaed—wrthyf, / A mi y ỽrthaỽ na'm gwrthoded. **12g.** *GLlF* 442, Ac ef a'n gỽrthuyn ỽrth nad ofnaỽc / Ar drugaret Duw, ar *Drugaraỽc.* **14g.** *LlB* 47, Brawdwr a dyly gwarandaw yn llwyr . . . datganu yn war, barnu yn *trugarawc. c.* **1400** *YCM²* 159, A thitheu, Arglwyd, ual yd wyt *drugarockaf* madeuwr pob pechawt, ac a drugarhaa wrth bawb. *c.* **1400** *GP* 15, Personyeit a uolir o doethineb, a chymhendawt . . . a gweithredoed *trugarogyon.* **1547** *WS*, *Trugaroc* Mercyfull. **1551** W. Salesbury: *KLl* lxxxva, Gwyn e byt y *trugarogyon* / canys trugaredd a gaffant. **1588** 1 *Br* xx. 31, clywsom yn awr am frenhinoedd tŷ Israel, mai brenhinoedd *trugarogion* ydynt hwy . . . a geidw dy enioes di. **1604–7** *TW* (*Pen* 228) d.g. *dexter, Humanus, pius, propitius, Tener.* **1632** *D*, Trugar, & *Trugarog*, Misericors. **1772** *W* d.g. *Compassionate, Merciful.* **1803** *P.* Ar lafar, 'Peth mwy *trugarog* lawar odd gatal i'r plentyn fynd at 'i fang-gu na'i ddoti fa yn un o'r llefydd 'na i blant amddifad', *GTN* 814.

trugarogrwydd, trugarowgrwydd [*trugarog+-rwydd*] *eg.* Yr ansawdd neu'r cyflwr o fod yn drugarog, trugaredd, tosturi, calondynerwch, caredigrwydd: *mercifulness, mercy, compassion, kind-heartedness, kindness.*
p. **1500** *Pen* 57, 51–2, kynn angav vn diav dir / ir iwir [*sic*] *drvgarogyrwydd* [*sic*] / kyweiriaw rac llaw vy llef / a chyffes afherffeithrwydd [*sic*]. **1567** *LlGG* (*Sall*) 57a, Yr Arglwydd ysy yn llawn tosturi a' thrugaredd, hwyr ei lit, a' mawr ei *drugarogrwydd.* **1567** *TN* 111b, *Trugarogrwydd* Duw a espesir yn eglaer yn y ddamec am y can llydn dauat. **1606** E. James: *Hom* iii. 1, Pregeth am elusenau a *thrugarogrwydd* tuag at y tlawd a'r anghenus. **1630** *YDd* 179, oni bai fy addyscu am sicrhau trwy addewidion dy Efengyl . . . dy fod ti yn llawn o *drugarogrwydd*, ac yn barod i faddeu . . . mi fyddwn gwedi anobeithio. **1655** WL: *DP* 19–20, Trugarhâ wrthyf O Arglwydd yn ôl dy *drugarowgrwydd.* **1696** *CDD* 282, A thalu mawl i'r Arglwŷdd: / Am faint ei *drugarogrwŷdd.* **1722** *Llst* 189, *Trugarogrwydd.* m. Mercifulness. **1776** *W* d.g. *Loving kindness, Mercifulness.* **1803** *P.*

trugein, trugeinfed, gw. **trigain, trigeinfed.**

trugeinwr, trugeinwyr, gw. **trigeinwyr.**

trul¹ [bnth. S. *drill*] *eg.* ll. *-iau.* Dril, ebill, taradr: *drill, borer, auger.*
1604–7 *TW* (*Pen* 228) d.g. *Cæstrum, Terebra.* **1722** *Llst* 189, *Trul.* m. . . . a drill. **1770** *W* d.g. *An auger, or augre* [*a tool in Mechanics, consisting of a handle and bit*], *Borer* [*an instrument to bore with*], *Drill* [*a sort of boring tool, a wimble*]. **1803** *P*, *Trul*, s. m.—pl. t. *iau* . . . A tool used for turning or trilling of holes.
Gw. hefyd **dril¹.**

trul² [gair geir.; ?amr. ar *trol*] *eg.* Rholer, rholiwr, rholyn, rholbren, silindr: *roller, roll, rolling-pin, cylinder.*
1547 *WS*, *Trul* A trolle. **1632** *D*, *Trul*, Cylindrus. **1722** *Llst* 189, *Trul.* m. A roller. [**1783**] *W* d.g. *Roll* [*a mass of whatever substance made round*], *Roller* . . . [*of stone*].

trulaf: trulo, gw. **truliaf²: trulio.**

truliaf¹: trulio [bf. o'r e. *trul¹*] *ba.* Drilio, ebillio: *to drill, bore.*
1722 *Llst* 189, *Trulio* . . . To drill. **1772** *W* d.g. *To drill* [*bore with a drill*]. **1803** *P*, *Truliaw* . . . To trill a hole.

truliaf², trulaf: trul(i)o, trulian [?bf. o'r e. *trul²*, neu fnth. S. Diw. Cyn. *(to) trill* 'to turn, revolve'] *bg.a.* Rholio, treiglo: *to roll, trundle.*
16g. *GGH* 349, Troi ar gan trwy rew ac iâ, / Treio olwyn a'i *trulia* [i ofyn meini melin]. **1722** *Llst* 189, *Trulio* . . . to roll. [**1783**] *W*, *trulian* d.g. *To roll* . . . [*turn over or round, &c.*]. **18–19g.** *Llr* C 55, 131, *trulo*, to roll down, roll about Glam.

trull [bnth. Llad. *trūlla* 'lletwad, basn'] *eg.b.* ll. *-iau.* Llestr gwin, cwpan gwin, hefyd yn *ffig.*; (geir.) larder, cell fwyd, pantri, bwtri, seler: *wine vessel or cup, also fig.; (dict.) larder, pantry, buttery, cellar.*
12g. *GLlF* 227, Ac ymgynnull am *drull* am dramyuan / Val y bu ym Mangor am ongyr dan. **12g.** *GCBM* i. 190, Breisc y doryf am goryf am geinrad, / Beirt gynnull am *drull*, am dri llad. **13g.** *A* 15. 20–2, gloew dull y am *drull* yt gytvaethant. gwin a med amall a amucsant. *c.* **1400** *R* 1040. 18–19, Anoeth byd braỽt bỽyn kynnull amgyrn buelyn. am *drull* rebyd uilet reget dull. **16–17g.** *GST* i. 781, Deurudd nod diraid natur / Dwy *drull* o win purwin, pur [i ferch]. **1604–7** *TW* (*Pen* 228) d.g. *Trulla. Dchr.* **17g.** *J* 10, 165a, *Trull.* Butterie. **1632** *D*, **Trull*, Promptuarium, cella. **1722** *Llst* 189, *Trull.* m. A . . . pantry, cellar. **1770** *W* d.g. *Ambry, ambrey, or ambre* [*pantry; cupboard*], *A buttery* [*room where butter and other provisions are kept*], *Cellar.* **1803** *P*, *Trull*, s. m.—pl. t. *iau* . . . A store; a store of liquor.

trulliad [bôn y f. *trulliaf*: *trullio+-iad²*]

eg. (b. *-es*, ll. *-au*) ll. *trulliaid*, *trulliadau*. Bwtler, tywalltwr neu weinydd (diod), hefyd yn *ffig.*: *butler, cupbearer, server (of drink), also fig.*

13g. *LlI* 13, e *trullyat* . . . Ef a dele trullyav e llyn a rody e pavb herwyd e delyho. *c.* **1400** *R* 1255. 40–1256. 1, A*thrullyat* trablin athrallaɓt kegin. a thrilliɓ ar win y wann blyssic. **15g.** *GOLlM* 30, Aelwyd wyd i alw deudir / i'r ennaint twym ar nen tir, / a'r tri allwydd, a'r *trulliad*, / a'r trestl o aur tros dy wlad. **16g.** WILIAM LLŶN: *Gw* (R. Stephens) (At.) 70b, *Trvlliad* bwtler. **1588** 2 *Cr* ix. 4, A bwyd ei fwrdd ef, ac eisteddiad ei weision ef . . . ai *drulliadau* ef, ai gwiscoedd. **1604–7** *TW* (*Pen* 228) d.g. *Cellarius, Suppromus.* **1632** *D*, **Trulliad*, Pincerna, promus, promptuarius. *id. Trulliades* d.g. *Cellaria.* **1722** *Llst* 189, *Trulliad.* m.p. *lliaid.* A butler, drawer, cup-bearer. p. *lliadau. id. Trulliades* d.g. *A Butler-maid.* **1771** *W* d.g. *Butler, Cup-bearer, Skinker.* **1803** *P*, *Trulliad*, s. m.—pl. *trulliaid* . . . One who serves out or draws liquor, a butler. *id. Trulliades*, s. f.—pl. t. *au* . . . A female butler.

Amr.: **drulliad. 1687 (1715)** J. OWEN: *TB* 120. **1795** J. THOMAS: *AIC* 120.

trulliaf: trullio [bf. o'r e. *trull*] *bg.a.* Tywallt neu weini (diod), darparu diod ar gyfer: *to pour or serve (drink), provide with drink.*

13g. *LlI* 13, e trullyat . . . Ef a dele *trullyav* e llyn a rody e pavb herwyd e delyho. **15g.** *GLGC* 94, Tri fry sy'n unty yn nwyntiaw—pob dyn, / tridyn a'u trillyn yn eu *trulliaw*. *id.* 289, Ti yw'r llew dewis yn *trullio* diod, / dy froder llawer, hwyntau yw'r llewod [i Watgyn ap Syr Rhosier Fychan]. **1632** *D*, **Trullio*, Promere. **1772** *W* d.g. *To draw drink* [*liquor*], *To skink* [*serve one with drink*]. **1803** *P.*

trum, drum [ansicr yw prth. yr e. lle Crn. (*Pen*)*drim*, H. Wydd. *druimm* 'cefn; llethr, mynydd'] *eb.g.* (bach. b.g. *truman*, g. *trumyn*, b. *trumen*) ll. *-(i)au*, *-oedd*, *-ain*, *-ydd.* (Copa) mynydd neu fryn, brig, esgair, cefnen, clogwyn, llethr, hefyd yn *ffig.*; cadwyn (o fryniau neu fynyddoedd); cefn o dir, grwn; copa (wal, &c.); ?ffurf, llun, golwg: (*crest of*) *mountain or hill, peak, ridge, cliff, slope, also fig.*; *range* (*of hills or mountains*); *ridge of land, baulk*; *coping* (*of wall, &c.*); ?*shape, form, look.*

12g. *GLlF* 389, Can ys marw ior cor cywrain, / Chweddl mwyfwy, garw dramwy *drumain.* **12g.** *GCBM* ii. 119, A flameu o *drum* yn edrinaɓ, / Ac angert, ac ongyr yn llaɓ. **13g.** *A* 14. 2–3, Gododin gomynaf dy blegyt. tynoeu dra *thrumein drum* essyth. **14g.** *WM* 455. 2–4, Gleif pentirrec yny laɓ kyuelin dogyn gɓr yndi o *drum* hyt aɓch. **14g.** *GDG*³ 216, Ochan fi, drueni *drum*, / Heb ohir, na wybuum. *id.* 319, Ac edrych gwedy'n gwiwdraul / Rhôm ein hun, rhwymynnau haul, / Drwy fantell fy niellwraig, / *Drumiau*, ceiniogau cynhaig. *id.* 373, *Drum* corff wedi'i droi mewn carth; / Ble buost, hen bawl buarth [i'w gysgod]? **14–15g.** *IGE*² 304, Rhybuddiaw draw ar y *drum*, / Mwrn noeth, y môr a wneuthum [marwnad Maredudd ap Cynfrig gan Rys Goch Eryri]. *c.* **1400** *R* 1259. 2, Llathraɓd dros vydoed *drumoed* drimɓy. *id.* 1301. 14–15, gɓneuthost nef allaɓr dra maɓr *drumyd.* **15g.** *OBWV* 145, Pan fo'r trillu'n duunaw / Ar *drum* fawr Olifer draw [Dafydd Nanmor i wledd Rhys ap Maredudd]. **16g.** WILIAM CYNWAL: *Gw* 303, Teg yw 'ngwlad Tegaingl ei wedd, / Tŷ gwyn, brenin tai Gwynedd. / *Trumen* galch, tŵr main a gwŷdd [i Hywel ap Siôn o Ysgeifiog]. **1632** *D*, *Trûm*, Iugum montis. **1693** *HC* 22, yn ei thynnu [hen adeilad] i lawr, ac yn cyfodi un newydd o'r sylfaen hyd y *drym.* **1774** *W* d.g. *Hill* [*a rising ground, a mountain*], *Ledge* [*a ridge rising above the other parts of a surface, a continued ridge of rocks*; *&c.*], *Ridge* [*a tract of land between two furrows*]. *id. Trum* . . . tŷ d.g. *Ridge* [*the summit or coping*] *of a house.* *id. Trum* . . . mynydd d.g. *Ridge* [*the back or summit*] *of a mountain or hill.* **1795** J. THOMAS: *AIC* 351–2, os bydd Gardd yn amlwg i wunt [*sic*] y Gogledd . . . yna gwnâ 'r Gwlau a'u pennau at y Dwyrain . . . gan godi 'r cwr nesaf i'r Gogledd yn *drum* uwch na'r llall a'u hosgo felly at y Deheu. **1803** *P*, *Trum*, s. m.—pl. t. *iau* . . . A ridge, a back. *id. Truman*, s. c.—pl. *trumain* . . . A ridge, a cope. Ar lafar, '*trum*' 'crymedd cefn o dir âr; crib mynydd; codiad tir', *Cymru* xlvii. 237 (sir Ddinb.); 'sefyll ar *drum* y mynydd', *GTN* 811 (*eg.*); hefyd yn yr ystyr 'y rhan o'r cynaeafwr sy'n taflu'r gwellt allan', *ib.* Digwydd hefyd yn yr ymad. '*trum* 'nelu', yn yr ystyr 'targed, nod', ''Odd y crots wedi doti potal ar y wal yn *drum* 'nelu', *ib.*

trumain¹ [gair geir., ?ffrwyth dehongli engh. o *trumain* (ff. l. yr e. *trum*) fel *trum* +-**ain*, ar ddelw *mirain*, *madiain*] *a.* Trumiog (am fryniau, &c.), cribog; rhychiog (am bridd, tir, &c.), gryniog: *ridged* (*of hills, soil, &c.*).

1632 *D*, **Trumain* . . . idem quod Trumiog. **1688** *TJ*, *Trummain*, trimiog, yn llawn cefnau fel tîr llafur: ridged, as plowed Land. **1772** *W*, gwneuthur . . . yn *drummain* d.g. *Copped, To make copped.* *id.* d.g. *Ridged, or ridgy* [*having, or abounding in, ridges*]. **1803** *P.*

trumain², **truman**, gw. **trum.**

trumbren [*trum*+*pren*] *eg.* ll. *-ni.* Cilbren (llong): *keel* (*of ship*).

1775 *W*, *Trum-bren* . . . llong d.g. *Keel of a ship.* **1803** *P*, *Trumbren*, s. m.—pl. t. *i* . . . A keel.

trumell [*trum*+*-ell*] *eb.* Copa (bryn neu fynydd), trum, cefnen: *summit* (*of hill or mountain*), *ridge.*

20g.

trumen, gw. **trum.**

trumiaf, drumiaf: trumio, drumio [bf. o'r e. *trum*, *drum*, ond dichon fod yma fwy nag un gair (?cf. *trimiaf: trimio*)] *bg.a.* Toi, gorchuddio, rhoddi crib ar; cefnu (tir, pridd, &c.), grynio, torri cwys; pentyrru, llwytho; hefyd yn *ffig.*: *to roof, cover, cope*; *ridge up* (*land, soil, &c.*), *furrow*; *heap, pile*; *also fig.*

15–16g. *TA* 198, Aruthr yw'r bwrdd wrth roi 'r bwyd, / Hyd yr emyl a *drumiwyd.* **15–16g.** *GLM* 102, marwnadau, mor annedwydd, / mwy no deg yma'n y dydd. / *Trumio* cerdd, pand trwm y'i caid?—/ tasg aruthr toi sgwieiriaid [marwnad Hywel ap Tudur ap Dafydd]. **16g.** SIÔN BRWYNOG: *C* 122, Mae aur dros y muriau draw, / Mae plwm trwm yn eu *trumiaw* [i Syr Siôn Salbri, Lleweni]. **16g.** *GGH* 169, Tŵr o amel y'i *trumiwyd*, / Tŷ o dair llofft Tudur Llwyd. **16–17g.** *GST* i. 175, Da y *trumiaist* dy dŷ tramawr. **1604–7** *TW* (*Pen* 228), y tir a *drvmir*, ne a erdhir yn drvmioc d.g. *Liro* . . . *Liratur ager.* **1632** *D*, *Trumio* grwnn, Lirare. **1772** *W* d.g. *To cope* [*cover, or arch over*]. **1803** *P*, *Trumiaw* . . . To ridge, to make a ridge, to cope, or to trim into a ridge.

trumiog, trumog [*trum*+-(*i*)*og*] *a.* a hefyd gyda grym enwol. Ac iddo drum (uchel) (am fynydd, &c.), cribog, brigog, mynyddig, bryniog, uchel, serth, hefyd yn *ffig.*; rhychiog (am dir, pridd, &c.), gryniog; ?miniog: *having a* (*high*) *peak or ridge* (*of mountain, &c.*), *ridged, peaked, mountainous, hilly, high, steep, also fig.*; *ridged* (*of land, soil, &c.*), *furrowed*; ?*sharp.*

14–15g. *IGE*² 174, A'r marchawg rhudd, *drumiawg* draidd, / Dramawl aer, drem milwraidd [Rhys Goch Eryri i yrru'r ddraig goch at Syr Wiliam Tomas o Raglan]. **15g.** *DN* 65, A phen awchrudd i'w ffonn ochroc / O fewn trimaes, a'th lafn *trumoc*, / A wna llawer ynn vn llywioc. **15g.** *GLGC* 293, ef yw'r cawr tramawr â'r *trumog*—fwyaill / i fedi eraill fo daueiriog. **15g.** *GOLlM* 44, *Trumiog* â bidog heb wain, / troi'r golwg hwnt drwy'r gwylain [i ofyn gwalch]. **16g.** *GSC* 94, Trom yw cuwch y *trumog* hwn: / Trem Sais yn tramwy sesiwn [i ofyn tarw]. **1604–7** *TW* (*Pen* 228) d.g. *Extuberans.* *id.* y tir a drvmir, ne a erdhir yn *drvmioc* d.g. *Liro* . . . *Liratur ager.* **1632** *D*, *Trumiog*, Iugosus. **1688** *TJ*, Trummain, *trimiog* [*sic*], yn llawn cefnau fel tîr llafur: ridged as plowed Land. [**1783**] *W* d.g. *Ridged, or ridgy* [*having, or abounding in, ridges*]. **1803** *P.*

trumwedd [*trum*+*gwedd*¹] *eb.g.* Ôl, arlliw, cysgod; ymddangosiad, ffurf, amlinelliad; trum, crib, copa, bryn, llethr: *trace, sign, shadow*; *appearance, form, outline*; *ridge, peak, hill, slope.*

1807. Ar lafar ym Meir. a sir Drefn.

Amr.: **trumwydd** [cf. *trymwydd* isod]. **1921. trymwydd** [dan ddyl. *gŵydd*¹]. **1848.** Ar lafar, *B* xiv. 282 (gogledd Cered.).

trumwel [*trum*+bôn y f. *gwelaf: gweld*] *eg.* ll. *-ion*, *-oedd.* Adeiladau, mynyddoedd, coed, &c., a welir mewn amlinelliad yn erbyn yr awyr, gorwel: *skyline, horizon.*

20g.

trumwydd, trumyn, trust, gw. **trumwedd, trum, tryst**¹.

trustaf: trusto, trustiaf: trustio, gw. **trystiaf**²**: trystio.**

truth [ansicr yw prth. *truff*, *GP* 57, gw. S. LEWIS: *Gramadegau'r Penceirddiaid* (1967) 15] *eg.b.* ll. *-iau*, *-oedd.* Gweniaith, rhagrith, celwydd, twyll, gwag-siarad, ffiloreg, baldordd; traethiad llafar neu ysgrifenedig (yn enw. un maith, diflas, &c.): *flattery, hypocrisy, lie, deceit, vain or foolish talk, nonsense, balderdash*; (*long, boring, &c.*) *spoken or written narrative or account.*

14g. *GDG*³ 363, Nid oes o'ch cerdd chwi, y glêr, / Ond *truth* a lleisiau ofer. *id.* 366, Yna y cefais *druth* atgas / Gan y brawd â'r genau bras [am Frawd Du]. *c.* **1400** *R* 1342. 11–12, Kellweir ki britheir car ciprothai meth *truth* lletueth tro llattei. **15–16g.** *TA* 544, *Truth* gadarn, teg yw'r farn fau, / Tew gongl aur, Tegeingl orau. **16g.** WILIAM LLŶN: *Gw* (R. Stephens) (At.), *Trvth* gweniaith. **1567** *TN* 38a, oddiallan yr ymddangoswch i ddynion yn gyfion, ac o ymewn ydd ych yn llawn hypocrisi [:- ffuant, *truth*] ac enwiredd. **1604–7** *TW* (*Pen* 228), Caphaeliat peth drwy *druth* d.g. *Obreptio.* *id. truth* d.g. *palpatio.* **1632** *D*, *Trûth*, Adulatio. **1722** *Llst* 189, *Truth.* d.p. *Truthiau.* Fair speech, dissimulation, flattery, wheedling. **1765** J. EVANS: *CPE* 383, y *truth* a'r geiriau têg a roddent [Iddewon] iddo mewn proffes. **1770** *W* d.g. *Flattery.* **1803** *P.* Ar lafar, 'deud 'i *druth*' 'to say what one has to say' 'to unburden one's mind', 'Mae o'n hir iawn i ddeud 'i *druth*', *WVBD* 552; '*truth*' 'celwydd, araith gymysglyd', 'rhyw hen *druth* gwirion', *Cymru* xlvii. 237 (sir Ddinb.).

truthain [*truth*+elf. anh. (?-*ain*¹)] *eg.* ll. *trutheiniaid.* Gwenieithiwr, cynffonnwr, sebonwr: *flatterer, fawner, sycophant.*

14g. *GGDT* [118], Tad yw'r coch trawsglwyd foch tresgl, / Taer *druthain* esgeirfain osgl. **14g.** *GDG*³ 60, Cras enau, geiriau ni ragorai—rhain, / Y *truthain* a'u traethai [dychan i Rys Meigen]. *c.* **1400** *R* 1342. 20–1, Bryntyn wyr anyn oer eneu *truthein* gɓrd aɓssein gerd eisseu. *id.* 1347. 39–40, Milein *truthein* treth uonoch. molaɓc moel dossaɓc dissech. **1632** *D*, *Truthain*, Adulator. *id.* d.g. *Colax.* **1722** *Llst* 189, *Truthain.* m.p. *theiniaid.* A claw-back, flatterer, soother. **1770** *W* d.g. *An adulator, Blandisher.*

truthair, gw. **truth**+**gair**¹.

truthgar [*truth*+-*gar*] *a.* Gwenieithus, cynffongar: *flattering, fawning.*

1773 *W* d.g. *Fawning, Flattering.* **1803** *P.*

truthiad¹ [bôn y f. *truthiaf: truthio*+-*iad*¹; dichon fod rhai enghrau. o *truthiad*² wedi eu cynnwys yma] *eg.* Gwenieithiad, gair teg, twyll: *a flattering or fawning, blandishment, deceit.*

14–15g. *GGLl* 12, Mynnu 'dd wyf draethu heb *druthiad*—na gwŷd / Wrthyd, haul gymryd, gamre wastad. *c.* **1400** *R* 1283. 14–15, Ryd ffyd ffaɓt traethaɓt nyt *truthyat* gogan. *a.* **1587** *Y* 149, Doedaist am ddysc diwadiaith / A draethyd ym, *druthiad* iaith. **16g.** *Def Hen* 36, J mae whynt [*sic*] yn ymddangos yn i myfyrdod mor ddiwid, oherwydd cariad o newyddion, gwneythyd lliw a dieithriad o ragoriaeth, trwy'r hwn *trithiad* [*sic*] (*persuasible wordes*) i ddwyn y clystiai [*sic*] marwinog i serchi i doethineb. **1770** *W* d.g. *Blandishment, or blandishing, A flattering.*

truthiad² [*truth*+-*iad*²; dichon fod rhai enghrau. o *truthiad*¹ wedi eu cynnwys yma] *eg.* ll. *-iaid.* Gwenieithiwr, cynffonnwr, sebonwr: *flatterer, fawner, sycophant.*

14g. *GDG*³ 389, Mawr o gelwydd, brydydd brad, / A draethodd Dafydd *druthiad* (Gruffudd Gryg). **15g.** *GTP* 51, Dwyn carthau, trethau *truthiad*,—drwy warthau, / Torrwr buarthau, at orwydd borthiad [dychan i Ruffudd ap Deicws Chwith, Leidr]. **1753** *TR*, *Truthiad*, a flatterer. **1770** *W* d.g. *Fawner.* **1803** *P.*

truthiaeth [*truth*+-*iaeth*] *e?b.* Traethiad ffuantus: *cant.*

1847.

truthiaf: truthio [bf. o'r e. *truth*] *bg.a.* Gwenieithio (i), cynffonna, rhagrithio, ffalsio, twyllo; traethu (celwydd, ffiloreg, &c.), baldorddi: *to flatter, fawn, be hypocritical, deceive*; *utter* (*lie, nonsense, &c.*), *gabble.*

?**15g.** *BDG* 392, Dechreuais wrth lednais-ferch / Dreuthu son, gwn *druthio* serch. **1547** *WS*, *Truthio* Fayne. **16g.** (*LlEG*) *Mos* 158, 376b–7a, na ffaeliodd y bren/in yn *truthio* gweniaith a ffug iddo ef drwy Eiriau melyssion. **1604–7** *TW* (*Pen* 228) d.g. *Blandior, parasitor.* **1609** *CRC* 333, mae rhai ac arnvn bres / fel mvsnes y kynhaia / *trvthio* kelwydd ymhob man / ni ddowedo i [*sic*] iw Ran yn genta. **1632** *D*, *Truthio*, Adulari. **1632** J. DAVIES: *LlR* 254–5, [g]wr . . . yn ymgyrhaeddyd am oruchafiaeth . . . yma y *truthia* ac y gwenhieithia, ac accw y rhagri[th]ia. **1722** *Llst* 189, *Truthio.* To cajole, flatter, coaks. **1760** E. WILLIAMS: *UYB* 166, dichon dyn . . . *druthio* ei hunan o'i fod e'n

sanctaidd ac yn blentyn i Dduw. **1770** *W* d.g. *To fawn* [*upon*]. **1803** *P* d.g. *Truthiaw*.

truthiaith, gw. **truth+iaith.**

truthiog [*truth+-iog*] *a.* Gwenieithus, cynffongar, twyllodrus, rhagrithiol: *flattering, fawning, deceitful, dissembling.*

1588 *Eseia* x. 6, At genhedlaeth *druthiawc* yr anfonaf ef, ac oddi ar bobl wedi haeddu fy nigter gorchymynnaf iddo yspeilio yspail. **1803** *P* d.g. *Truthiawg*.

truthiol [*truth+-iol*] *a.* a hefyd gyda grym enwol. Gwenieithus, cynffongar, twyllodrus, rhagrithiol: *flattering, fawning, deceitful, dissembling.*

1604–7 *TW* (*Pen* 228) d.g. *Crocodilinus*. **1655** R. JONES: *PC* 175, gwêl gau Brophwydi . . . gwrando, gwnâ . . . / ar graig ty'r dâ . . . cwymp *truthiol* [Math vii.] 26. **17–18g.** O. GRUFFYDD: *Gw* 37, Bydd Satan yn ymrithio drwy hudol *dr*[*uth*]*hiol* draws / Fel angel y goleuni, er mwyn ei hoffi'n haws. **1732–3** J. OWEN: *GB* 82, Dynionach *truthiol*, gwenhjeithus. **1803** *P* d.g. *Truthiawl*.

truthiwr [bôn y f. *truthiaf*: *truthio* a *truth* +*-iwr*; ansicr yw prth. *trwffwyr* [?*sic*], *GP* 57, gw. S. LEWIS: *Gramadegau'r Penceirddiaid* (1967) 15] *eg.* (b. *truthwraig*) ll. *truthwyr.* Gwenieithiwr, cynffonnwr, sebonwr, ffalsiwr, rhagrithiwr: *flatterer, fawner, sycophant, dissembler, hypocrite.*

14g. *GDG*[3] 392, Traethawl yw o cheir trithant, / Traethawr cerdd, *truthiwr* a'i cant [i Ruffudd Gryg]. **15g.** *GDLl* 152, Ni bu yn cyrchu naw côr / *Druthiwr* well draw wrth allor [dychan i Lywelyn ap Gutun]. *a.* **1547** *GGH* 422, *Truthiwr* yn torri ieithoedd, / Treth ar rai â'r truthio oedd (Siôn Brwynog). **1567** *TN* 221b, y mae S. Paul . . . yn erchi cilio rac precethwyr geuawc, a' *thruthwyr.* **1632** *D* d.g. *Adulator, Colax, Palpator, Palpo. id. truthwraig* d.g. *Parasita.* **1632** J. DAVIES: *LlR* 363, Beth a wnai di yn gosod dy holl gyfoeth ar wefusau a thafodau dynion anawadal [*sic*] cyfnewidiol; lle y gallo pob *truthiwr* a gwenhieithwr eu lledratta. **1752** J. THOMAS: *FG* 165–6, Nid oes . . . un *Truthiwr*, i wenhieithio i'ch Balchder uchel chwi. **1770** *W* d.g. *Flatterer.* **1803** *P.*

truthwas, gw. **truth+gwas**[1].

truthwraig, truw, truwant, truwel, truws, gw. **truthiwr, triw, triwant, trywel**[1]**, triws.**

trw[1]**, trwa, trwe, trwi, drw**[1], &c. [cf. S. *troo, trui,* &c.] *ebd.* Gair a ddefnyddir i yrru a galw gwartheg: *word used to drive and call cattle.*

1855. Ar lafar, 'Siaredir â'r da yn Gymraeg—*Trwe, trwe* bach', D. J. EVANS: *HCS* 130; '*Trwa*, Trwdi Fach.—Gelwir y gwartheg wrth y geiriau hyn', *Cymru* xxxiv. 266 (godre Cered.); am ragor o ff., e.e. *trew*(*i*), *tro, trw ho, twre, dro, drw,* &c., gw. D. THOMAS: *ACW* 62.

Gw. hefyd **prwdi, prwy**[1]**, tprwy, trwdi.**

trw[2]**, trwb,** gw. **trwy**[1]**, trŵp.**

trwbadŵr [bnth. Ffr. *troubadour*] *eg.* ll. *trwbadwriaid, trwbadwyr.* Aelod o ddosbarth o feirdd telynegol a ganai mewn Ocsitaneg rhwng yr 11g. a'r 13g. ar themâu sifalri a serch cwrtais; bardd neu ganwr serch; hefyd yn *ffig.*: *troubadour; love poet or singer; also fig.*

1913–14.

trwbl [bnth. S. C. neu H. Ffr. *trouble*, neu Ffr. Lloegr *truble*] *eg.* ll. *trwblau, tryblau, trwblon,* a hefyd fel *a.* Trafferth, helynt, anhawster; ymdrech ofalus, llafur, gofal; cynnwrf, cythrwfl; blinder, trallod, gorthrymder: *trouble, predicament, difficulty; trouble, effort, pains, care; trouble, disturbance, commotion; worry, tribulation, oppression.*

14g. *DGG*[2] 140, Byd o gyngyd gogangwbl, / Byd trwm hin, byd trablin *trwbl* (Gruffudd Gryg). **15–16g.** *TA* 20, Mawr oedd wrth ymwrdd i ddart, / Maes o *drwbl* y Meistr Robart [i Robert Salbri]. **1547** *WS, Trwbwl* Trouble. **16g.** *B* xi. 88, Y hrain . . . a ddechreuodd daulu y pottie a'r dysgle . . . yr hyn a wnaeth *drwbwl* ac annosdeg vawr yn y wledd. **1567** *TN* 169b, Dew yn troi y *trwbleu*, y gorthrymdereu . . . a' thentasioneu . . . i ben da. *id.* 224a, *Trwbl* [:– Gorthrym/der] ac ing vydd ar eneit pop dyn a wna drwc. **1672** R. PRICHARD: *Gw* 12, Mae rhôd y ffurfafen yn dirwyn y bellen / On heinioes, nes gorphen, heb orphwys nôs na dydd / A ninne heb feddwl, nes dirwyn y cwbwl / Yn cwympo ir *trwbwl* tragywydd. **1687** (**1715**) J. OWEN: *TB* 100, Pericles . . . yr oedd mor arafaidd ac ammyneddgar, fel nad oedd un *trwbl* a flinei ei ysbryd ef. **1733** J. THOMAS: *CGGD* 21, Nid oes lê i ni . . . na chadw oddiwrth un Dŷn arall, ddim ag sydd . . . ei eiddo ef . . . heb ei osod ef i'r *trwbl* o gŵyno neu ymrysson a ni o'i blegid. **1792** H. HARRIS: *H* 25, yr oeddwn . . . mewn mawr *drwbl* meddwl. Ar lafar, '*trwbwl* ar gefn *trwbwl*', *WVBD* 550; 'Ma fa mwn *trwpwl* yn y gwaith', *GTN* 821.

Fel *a.* Wedi ei gynhyrfu (am ddŵr, &c.), tywyll (gan waddod, &c.), lleidiog, cymylog: *troubled* (*of water, &c.*), *murky, muddy, cloudy.*

c. **1400** *MM* 112, O byd tywyll y tronc yn yr heint gores a *thrwbyl* heb loewhau, ef a trossir yn gryt. **1770** P. WILLIAMS: *BS, Jer* xl, chwennych yr oedd Baalis gael pysgotta mewn dwfr *trwbl*, naill ai cael yr Iuddewon i'w wlad er mwyn eu cyfoeth, neu gweled [*sic*] eu difetha fel na fyddent yn genedl. **1773** *W*, brwnt, vulgò *trwbl* d.g. *Foul* [*not clear, thick, muddy, apply'd to Liquors, Water, &c.*]. *id. trwbl* d.g. *Muddy* [*foul with mud, &c.*]. Ar lafar, 'Dŵr *trwbwl*' 'troubled water, sef dŵr llwyd', *Cymru* xxxv. [233] (godre Cered.); ''Odd dŵr y ffynnon yn *drwpwl* ar ôl i'r plant fod yno', *GTN* 821.

trwblaeth, trwbliaeth, trybl(i)aeth [*trwbl+-(i)aeth*] *eb.g.* ll. *trwblaethau, tryblaethau.* Trwbl, trafferth, helynt; blinder, trallod, gorthrymder: *trouble, predicament; worry, tribulation, oppression.*

1567 *LlGG* 11a, helpio a'dyddany pawp yr sydd mewn perigl, angenoctit, a' *thrwblaeth* [:– helbul]. **1567** *TN* 381b, y rrei y ddaythont allan o drafael [:– *drwbleth*, drallot, gyni, ing] mawr. **1595** H. LEWYS: *PA* 54, ni ddichon *trwblaethae*, nac adfydau eraill, wneuthur niwed irr rhai ffyddlon. **1632** *D, trwblaeth* d.g. *Vexatio.* **17g.** HUW MORUS: *EC* ii. 206, Yr wy' 'n ddigon di-gystudd heb awydd yn byw, / Ond hiraeth drom *dryblaeth*, cysymaeth [*sic*] cas yw. **1766** *CD* 195, Nid oedd arnynt eisiau Brenin, / I reoli mo'i Cyffredin; / Na chwaith mo'r Cyfreithiau, / Am nad oedd *Trwblaethau.* **1769** E. ROBERTS: *GN* 62, Anhoweth *drwblieth* draw.

trwblaethus, trwbliaethus [*trwbl(i)aeth +-us*] *a.* Trafferthus, blinderus; ?brochus, stormus: *troublesome, vexatious;* ?*turbulent, stormy.*

1617 *Minsheu* 499a, *Trwblevthus* d.g. *Troublous, or troublesome.* **1657** *MLl* ii. 40, Peth gofidus, *trwblaethus* iw marweiddio yr ewyllys drwg. *c.* **1760** *MDA* 25, fel y mae Gobaith, ac ofn yn *Drwbliaethus* . . . i Ddynion eraill, y maent iddo ef [dyn duwiol], yn ddifyrrwch. **18–19g.** *GABC* 146, Tymhestloedd maith *trwblaethus.*

trwblaf, trwbliaf, trybl(i)af: trwblu, trwbl(i)o, trwblan, tryblu, trybl(i)o [bf. o'r e. *trwbl*] *bg.a.*

(*a*) Peri trwbl, trafferth, neu helynt (i), blino, poeni, aflonyddu (ar), cynhyrfu; bod yn drallodus neu'n ofidus, ymgyffroi; niweidio: *to cause trouble or bother* (*to*), *vex, worry, agitate, disquiet, disturb; be troubled, worried, or agitated; harm.*

?**16g.** *MA*[2] 460, a chynghori or tbyllwr idab lechu a gorffoys yn ol y diot. megis y *troble* y gwenbyn ev yn gynt. **1567** *TN* 74a, Gedwch yddi: paam ydd ych en hei molesty [:– *thrwblio*, blino]. **1574** *RhRC* (At.) 117, [y] llythyren yn dangos Crist yn ole sydd yn *tryblior* iddewon yn fawr. *Diw.* **16g.** *CRC* 260, yrwyn tybied fod y bendro / Ar amsseroedd yn dy *dryblo.* **16–17g.** *GST* i. 862, Ffarwel, fronfraith bêr eirie, / Mi a'th *drwblais* ar dy siwrne. **1604–7** *TW* (*Pen* 228), *trwblio* d.g. *Acerbo, Afficio.* **1606** E. JAMES: *Hom* ii. 233, ni faiddiafi, medd rhyw un, *drwblo* Duw yn wastad â'm gweddiau. **1615** R. SMYTH: *GB* 138, pen oedd rhai yn daer arnofe ar ddyvveddio i ferch, ef a ddyvvad vvrthynt, na *thrvvblivvch* ddim o honof a fo pellach. **1677** *Cyf A* (*Can C*) 50, y peth sydd yn fy-*nhryblu* i yn fwyaf, ydyw nad wyf yn clywed yn fynghalon ddim cariad tuag attat ti. **1759** *BC* 504, A'r Dyn a lawn hydero, / A'r [*sic*] Dduw am Wylied drosto; / Ni bydd o'i fewn bid llawn bid llwm / Un meddwl trwm, a'i *trwblio.* **1781** M. WILLIAMS: *BM* [10], Spain sydd debyg o gael ei *thrwblu* gan effaith y blaned hon. Ar lafar, '*trwblo*' 'to trouble, disturb', *WVBD* 550; ''Wi'n *tryplu* am y crwtyn, beth ddaw og e 'nawr', *GTN* 823.

(*b*) Cynhyrfu (am ddŵr, &c.), gwneud yn gymylog neu'n lleidiog, hefyd mewn cyd-destun *ffig.*: *to trouble or be troubled* (*of water, &c.*), *make cloudy or muddy, also in fig. context.*

1603 W. MIDLETON: *Ps* 83, Er rhyferthwyf nwyf nofiaw a difrad / Dyfroedh wedi *trwbliaw*: / Er perigl mynydh siglaw / Drwy donnau glochiadau glaw. **1773** *W*, Afloywi'r dŵr, vulgò *tryblu*'r dŵr d.g. *Foul, To foul the water.* **1778** N. WILLIAMS: *D* 47, mae'n amhosibl i bechadur na phechod, *drwbli* [*sic*] neu droi llyw [*sic*] dyfroedd iachawdwriaeth. Ar lafar, 'Twlu carreg mywn i'r pown' dŵr a'i *drwblu* e' (dwyrain sir Gaerf.); 'Wel, blant, 'odych chi'n *tryplu* dŵr y ffynnon?', *GTN* 823.

(*c*) Aflonyddu (ar) (am ysbryd), hawntio: *to haunt* (*of ghost*).

1880. Ar lafar, 'Mae ysbryd yn *trwblo* yno' 'that place is haunted', *WVBD* 550.

trwbledig, trwbliedig, trybliedig [bôn y f. *trwblaf, trwbliaf, trybl(i)af*: *trwblu, trwbl(i)o, tryblu,* &c.+-(*i*)*edig*] *a.bfl.* ll. (gyda grym enwol) *trwbledigion.* Trallodus, gofidus, cynhyrfus, anesmwyth; brochus, stormus: *troubled, distressed, perturbed, disturbed; turbulent, stormy.*

1551 W. SALESBURY: *KLl* lxxxia, [d]aeth llawer or cylch ddinesydd / y Caerselem yn dwyn cleifon / a *thrwbledigion* y can ysprytoedd aflan. **1615** R. SMYTH: *GB* 23, vvedi d[ar]pho iddo ymsechu a thralenvvi i gylla i synvvyrau sy 'n *drvvbliedig* megis nad yvv un o hon ynt [*sic*] yn gvvneythyr y svvydd a ddylau [*sic*]. *id.* 210, rhaid ini dalu . . . am yr holl anphavvdie . . . canys yn calon sydd gvvedi i gorthrymu, yn menydd sy/'n *drvvbledig*, yn ysbryd sydd glvvyfys. **1722** E. LLOYD: *MC* 53, [t]emestl gwyntoedd *trybliedig. id.* 65, llonyddu cydwybodau *trybliedig.*

trwbliad [bôn y f. *trwblaf, trwbliaf*: *trwblu, trwbl(i)o, &c.+-iad*[1]] *e?g.* ll. *-au.* Trallod, gofid: *distress, worry.*

1603 W. MIDLETON: *Ps* 256, Deled mewn trin drablin *drwbliad* / Dewys arwydh o daw siarad. **17g.** E. MORUS: *Gw* 60, Peth daionus ydyw angau / I dynnu dynion o'u blinderau; / Fo a'n rhyddha ni o'n holl *drwbliadau*, / Maglau Satan, a phob aflan ddrogan ddreigiau.

trwbliaeth, trwbliaethus, trwbliaf: trwblio, trwbliedig, gw. **trwblaeth, trwblaethus, trwblaf: trwblu, trwbledig.**

trwbliwr, tryblwr [bôn y f. *trwblaf, trwbliaf, trybl(i)af*: *trwblu, trwbl(i)o, tryblu,* &c. +-(*i*)*wr*] *eg.* Un sy'n peri trwbl, aflonyddwr, cynhyrfwr: *troubler, disturber, agitator.*

16–17g. *GST* i. 545, Trebl air o'i ben, *trwbliwr* bwrdd, / Traws atebion, trwst tabwrdd [i roddi Rhys Grythor]. **1778** CAIN JONES: *Alm* 11, Hil Calfin, drablin *dryblwr*, / Trwy gynnen estynnen' 'stwr.

trwblus, tryblus [*trwbl+-us*] *a.*

(*a*) Yn peri trwbl, trafferthus, blinderus; trallodus, gofidus, cynhyrfus, anesmwyth: *troublesome, vexatious; troubled, distressed, perturbed, disturbed.*

1547 *WS, Trwblys* Troublouse. **16g.** SIÔN BRWYNOG: *C* 23, Bwrw ei drabl, heb awr *drwblus*, / Buan i'r rhiw, heb un rhus [i ofyn march]. **16g.** *Llst* 40, 69, *tryblys* ydiwr byd trablin. **16–17g.** *GST* i. 211, *Tryblus* a fydd gŵr trablin, / Pwdwr ar draed, pydoer drin. **1615** R. SMYTH: *GB* 212, Onid os i ddyfodiad i'r byd sydd ryfedd, truanaidd *trvvblys*, diammau nad ivv i fynediad ymaith o'r byd, ddim llai aruthrol. **17g.** *CLlC* ii. 11, Tan ben y fronn fregys mac *trwblys* glwy caeth / Hiraythy, gofaly fynwyly[d] ai gwnaeth. **1701** E. WYNNE: *RBS* 59–60, Na fwytta yn flysig ac yn fwythus, hynny yw, na fydd *trwblus* i ti dy hun nac i eraill wrth ddewis dy fwydydd a chywreindeb dy saws. **1719** *TDP* 29, ar Dyfroedd yn sychu i fynu, ar Tan yn crynu, ar holl Greaduriaid yn *drwblus* wrth lewygiad yr anweledig Ysbryd. **1768** RISIART AP ROBERT: *CB* 252, ysprydion *trwblus* yn ymrithio ar amserau i geisio esmwythaad am ryw gamweddau a wnaethent yn eu bywyd. **1774** HUW AB HUW: *RBD* 94, pan ysgydwo 'r enaid ymaith Lyffetheiriau *trwblus* y bywyd marwol hwn. Ar lafar, '*trwblus, tryblus*' 'troubled', *WVBD* 550; 'Dyna *dryplus* 'wi'n dimlo 'eddi', *GTN* 823.

(*b*) Wedi ei gynhyrfu (am ddŵr, &c.), tywyll (gan waddod, &c.), lleidiog, cymylog; ?brochus, stormus: *troubled* (*of water, &c.*), *murky, muddy, cloudy;* ?*turbulent, stormy.*

1561–2 *Celtica* ii. 101, Y topas . . . a ddengys y llevad pann vo ar y wybr; a phann vo drykin, *tryblys* a thywyll vydd. *Diw.* **16g.** *WLB* 6, os daw ef [gwaed] or chwsigen i mae ef yn dowyll ac yn *dryblus* i liw. *id.* 91, Dwfr amur yw un i bo ychydic arwynt ganthaw,

ac a fo blassus ne *drwbylys* ne un a wneler o gynlysc ac eira. **1672** R. Prichard: *Gw* 418, Ceisiais gyngor, a pharactys / Doctoriaid, Gwŷr synhwyrus, / I geisio help; nid llai fy mloedd, / Er mynd dros foroedd *trwblus*. **1696** *CDD* 190, Wrth enweirio (bŷdd ofalus) / A bâch o berl, mae'r dŵr yn *drwblus*. **1801** M. Williams: *BM* [22], Yr awyr y [*sic*] lled *drwblus* dros rai dyddiau.

trwblwm, tryblwm [bnth. dysg. Llad. *t(h)ūribulum*; dichon mai *th-* gysefin a welir yn y ddau ddfn. cyntaf isod] *eg.* *Egl.* Thuser: *censer, thurible (eccl.)*.

14g. *GIG* 131, A *thrwblwm* aur trwm tramawr / Yn bwrw sens i beri sawr [i Ddewi]. **15g.** *IGE*² 245, A thoi y plas â tho plwm, / A threbl a mên a *thryblwm*, / A sensau einioes iawnsyw, / Sens a mwg ail Sain Siâm yw [Ieuan ap Rhydderch i Dyddewi]. **15g.** *GOLlM* 41, barnu llywodraethu'n drwm, / berwi trebl a bwrw *tryblwm* [am yr abad Dafydd ab Owain] (cf. *id.* 85, *twrriblwm* yw darll. y llsgrau.).

trwbylog, gw. **trybylog.**

trwc¹, tryc² (*y*≡ ə) [bnth. S. *truck* 'a trading'] *eg.* Y weithred o drwco neu ffeirio, cyfnewid; taliad cyflog drwy gyfrwng nwyddau, tocynnau, &c., y gyfundrefn neu'r arfer o dalu felly: *truck, barter, exchange, swap; truck (system)*.

1722 *Llst* 189, *Trwcc.* m. A truck, swap. **1794** *W* d.g. *Swap or swop, A swopping.*

trwc², gw. **tryc¹**.

trwca [bnth. S. *trug* 'basin'] *eg.* ll. *trwc(a)od.* Powlen, basn, dysgl, cwpan; twba, cafn: *bowl, basin, dish, cup; tub, trough.*

1672 R. Prichard: *Gw* 204, Tostach yw eu gweld yn cwnnu, / Odd'ar ford, i fynd i gyscu, / Fel y môch o'r *trwc â* [*sic*] ir dommen, / Heb roi diolch mwy nâ'r Assen. **1722** *Llst* 189, *Trwcca.* m. . . . large bowl. **1770** *W* d.g. *Bowl* [*bason, or any round and hollow vessel to wash in, &c.*]. **1803** *P*, *Trwca*, s. m.— pl. t. *od* . . . A bowl, a cup. Ar lafar yn yr ystyr 'twb at wneud ymenyn', *Cymru* xlvi. [21] (canolbarth Cered.).

trwcaf¹, trwciaf¹, trycaf: trwc(i)o, tryco [bnth. S. (*to*) *truck* 'to barter'] *bg.a.* Ffeirio, cyfnewid, newid; masnachu, delio: *to barter, truck, exchange, swap; trade, deal.*

1722 *Llst* 189, *Trwccio* . . . To truck, exchange. **1794** *W*, Cyfnewid, vulg[ò] *trwccio, trwcco, trycco* d.g. *To swap.* Ar lafar, '*trwco*' 'to barter', *Cymru* xlvi. 23 (godre Cered. a gorllewin sir Gaerf.); '*Trwca* gilleth a fi, 'nei di?', *GDD* 311; '*Trwc* sifft â fi' (sir Gaerf.); hefyd yn sir Benf. yn yr ystyr 'symud cartref', 'Maen' nhw'n lico *trwco* ar ôl bwtu dair blynedd'.

trwcaf²: trwco, trwciaf¹: trwcio, gw. **tryciaf²: trycio, trwcaf¹: trwco.**

trwciaf², tryciaf¹: trwcio, trycio [bnth. S. Diw. Cyn. (*to*) *truck* 'to fail'] *bg.a.* Dihoeni, llesgáu, gwanychu, diffygio, nychu, pallu, darfod, methu; syrthio: *to make or grow feeble or weak, languish, pine, decay, perish, fail; fall.*

15–16g. *GLM* 74, Pob rhyw gwych o'r pupr a gai, / a'th rywioced ni *thrwciai* [i Ieuan ap Gwilym]. **15–16g.** Hywel Rheinallt: *Gw* 60, Trueni dwys, nid rhan da, / *Trycio* ardal tir Cawrda'. *c.* **1525** *LlCy* xvii. 117, Torres gwal, treisio golud, / Treio cân bêr, *trwcio*'n byd [marwnad Tudur Aled gan Forys Gethin]. **16g.** *GGH* 239, Toddes gan y to heddiw, / Y tair camp yn *trwcio* yw [marwnad Cadwaladr ap Siôn Wyn Gruffudd]. **1567** *TN* 55a, pan goto gorthrymder ac ymlit o bleit y gair eb ohir y rhwystrir [:– *trwckian*] wy. **1576** *GST* i. 87, *Trwciai* allu tir Collen, / Treia fawrhad Trefor hen [marwnad Wiliam Mostyn]. **16g.** Wiliam Cynwal: *Gw* (R. L. Jones) 613, Trist yw 'y myd, ail trais Duw mawr; / *Trwcio* i lawr mal torri clun. **1595** M. Kyffin: *DFf* [69], mae y rhai drwg yn tyccio, a'r rhai da yn *tryccio.* **16–17g.** *GST* i. 54, Ni *thryciai* na'th dai na'th dir, / I'th ddwys hoedl ni'th ddisodlir. **1604–7** *TW* (*Pen* 228), wedy *trwccio* d.g. *prolapsus.* **1632** *D*, *Trwccio*, Cadere, ruere, flaccescere, marcescere, deficere. [**1703**] *YGDB* 63, A garo bechod . . . / . . . hwn a fŷdd yn *trwgciaw.* **1722** *Llst* 189, *Trwccio.* To decay, fade. **1773** *W* d.g. *To fade, or fade away* [*wither, decline, die away, &c.*].

trwcl [bnth. S. *truckle*] *eg.* ll. *tryclau* (*trwclau*). Cert, tryc, hefyd yn *ffig.*; (geir.) olwyn (fach): *cart, truck, also fig.*; (*dict.*) (*small*) *wheel, truckle.*

15g. *HCLl* 122, Twrc lawrodd, *trwcwl* warhwch, / Traws fal hwrdd, trwsa fal hwch [i ofyn ceffyl diog]! **1672** R. Prichard: *Gw* 387, Y mae 'r lach yn gweld y *trwcle*, / Y fae gynt yn dwyn tommenne, / Heb ddwyn dim o'r gole i gilydd, / Ond y meirw i'r monwentydd. **1794** *W*, Tröellan . . . vulgò *trwccl* d.g. *Truckle* [*a sort of small running wheel*]. **1803** *P*, *Trwcwl*, s. m. . . . A rundle; a truckle. Ar lafar, '*Trwcwl*' 'A small trap . . . An old worn-out cart . . . An improvised cart', *GDD* 311; 'Car *trycla*' 'a car on wheels', 'pâr o *drycla*', *LlGC* 1174, 25 (Morg.); 'Ma'r 'en gi 'ma'n cæl gormod i' fita. Ma fa mor dewad â *trwcwl*', *GTN* 821.

trwclaf: trwclo [bnth. S. (*to*) *truckle* 'to traffic, deal'] *ba.* Ffeirio, cyfnewid: *to swap, exchange.*

20g. Ar lafar, '*Trwclo* cillith . . . To exchange knives', *GDD* 311.

trwch¹ [gw. *trwch²*] *eg.* (bach. *-yn*) ll. *trych(i)au* (*trwchiau*), a hefyd fel *a.* (b. *troch*). Yr ansawdd neu'r cyflwr o fod yn drwchus, tewdra, praffter, swmp, crynswth; dyfnder; diamedr; haen (dew), darn trwchus, cwlffyn (o fara, &c.); *Ffis.* dwysedd; hefyd yn *ffig.*: *thickness, density, bulk, mass; depth; diameter; (thick) layer, thick part, hunk (of bread, &c.); density (in physics); also fig.*

c. **1700** E. Lhuyd: *Par* i. 19, tair Kromlech . . . y drydydh sydh etto iw gweled . . . i maint o hŷd ag ar draws alh vod ynghylch pedeir lhath; ai *thrŵch* droedvedh ne lai. **1722** *Llst* 189, *Trŵch* (sub) m. . . . thickness. p. *Trychau.* **1725** D. Lewis: *GB* 140, Y mae'r Ddaear yn Bêl fawr jawn . . . Y mae o dautu 8 Mîl [o filltiroedd] o *Drwch*, 24 Mîl o Gwmpas. **18g.** E. T. Rhys: *DA* 23, Ond *trwch* o ryfyg trist, / Yw taenu llen o gabledd / Dros gariad c'ruaidd Crist. **1772** *W* d.g. *Crassitude* [*thickness, bigness, grossness*]. *id.* Astell fodfedd o *drŵch* d.g. *Thick . . . A board an inch thick.* **1795** *R. Crusoe* 51, Torrais i lawr gedrwydden fawr ynghylch pum trodfedd o *drŵch* wrth y boncyff. **1800** W. Owen[-Pughe]: *CP* 42–3, creidyr dwygwys . . . yn tori cwys o amryw *drwch.* **1803** *P*, *Trwç*, s. m. . . . a thickness or depth. Ar lafar, 'tua modfadd o *drwch*', ''Rodd 'na *drwch* hyn o faw arno fo', *WVBD* 550; 'We *trwchie* o faw arno', *TGG* (1907–8) 90 (de-orllewin sir Gaerf.); ''Odd *trwch* ar *drwch* o ddillad ar y gwely', *GTN* 821; '*trwchyn* o glai', *Geir Glo* 59 (sir Gaerf. a Morg.).

Fel *a.* Trwchus, dwys, swmpus; toreithiog (am dyfiant, &c.); lluosog, helaeth, mawr, dwfn; hefyd yn *ffig.*: *thick, dense, bulky; abundant (of growth, &c.); abundant, extensive, large, deep; also fig.*

1603 W. Midleton: *Ps* 25, Kymylau borau a barawdh gyflwr, / Yn awyr a dwr yn-awr a dawdh: / Yn wych i lewych ef a olevawdh / Y *trwch* dowyllwch ef a dyllawdh. **1672** R. Prichard: *Gw* 515, Dymma 'r Dydd sy'n rhwygo, / Ein sâch a'r dydd sy'n datro, / Ein tristwch i lawenydd *trŵch* [:– Mawr], / O gorfoleddwch ynddo. **1688** *TJ*, *Trôch, trŵch*: deep through. **1714** D. Lewys: *CN* 28, Dodwn ein harfau i lawr yn *drwch*, / Cwympwn mewn llwch a Lludw. **1793** Dafydd Ionawr: *CD* 87, Mewn cochlyn o waed mynn mâd / Ei harddwch ga'dd *drwch* drochiad. **1795** J. Thomas: *AIC* iv, Rhoddaist o draw Addysg *drŵch*, / I Ddynion a diddanwch.

Cfn.: **trwch asgell gwybedyn = trwch blewyn. 1938. trwch (y) blewyn:** *hair's breadth, fig.* **1711** H. Powel: *TY* 212, pan nad oedd ond *trwch y blewyn* rhwngddo ag Angeu. **1744** D. Rowland: *RY* 70, os digwydd iddynt fyned allan o'r ffordd *drwch y Blewyn.* **1756** W. Williams: *GDC* 48, Nas gall ei hun ei fesur at *Drwch y Blewyn.* **1770** *W*, *Trŵch* . . . *blewyn* d.g. *Breadth, A hair's breadth.* Ar lafar, ''Rodd o fewn *trwch blewyn* i gael y wobr gynta'' (sir Ddinb.). **trwch gwelltyn = trwch blewyn. 1732** J. Jones: *C* 45. **1732–3** J. Owen: *GB* 33. **o'r trwch:** *entirely, completely, wholly, fully; (all) together, intermingled; in succession.* **1714** D. Lewys: *CN* 12, Calonnau 'r rhai sy dan eu nôd, / Ddi ymmod yn dy Ddeddfeu, / A gadwant dy ffyrdd di *or trwch* / Wyt eu Hyfrydwch hwynteu. **1756** W. Williams: *GDC* 32, a phan bôm yn y Llwch / Pob Jota fâch o honi gyflawna'n Duw *o'r trwch.* *c.* **1762–79** W. Williams: *P* 575, Cranmer . . . a wrthddadleuodd dri diwrnod *o'r trwch.* **1788** J. Thomas: *CS* 234, Wel dyma'r pryd y cân, / Y caethion oll *o'r trŵch.* **1796** J. Griffiths: *H* 84, Gan eich rhybuddio fawr a mân, / I ffoi *o'r trwch* cyn delo 'r tân. **trwy'r trwch, trwy drwch:** *anyhow, indiscriminately, (all) mixed up, (all) together, intermingled; ?entirely, completely.* **18g.** E. Richard: *E* 14, Yn ol hir ymhaeru, waith angall, a thyngu, / *Trwy'r trwch* a gortrechu, a gwasgu ar y gwan. **1772** D. Rowland: *PP* 124, Dewch *trwy'r trwch* / nag ofnwch / Chwi chwi o chydig ffydd. [**1783**] *W*, Gwneuthur . . . *trwy drŵch* d.g. *Shift, to make shift.* Ar lafar, 'Mae honna'n gallu gwitho *trwy'r trwch*' (sir Benf.); 'byw *trwy'r trwch*, am ddau deulu yn byw yn yr un tŷ ac yn rhannu popeth rhyngddynt', *B* xii. 25 (ardal Llanelli). Fe'i defnyddir hefyd i ddisgrifio person, 'Bachan *trw'r trwch* yw e' 'cythraul o fachgen' (Morg.).

trwch² [dichon fod mwy nag un gair wedi ei gynnwys yma; ansicr yw'r union brth. rhwng *trwch*¹, *trwch*², a H. Grn. *troc*, gl. *miser*, *trech*, gl. *truncus*, *trech*, gl. *frustum* [diwyg.], Crn. C. *trogh* 'wedi torri', H. Lyd. *truch*, gl. *obtusi*, Llyd. C. *trouch*, Llyd. Diw. *tro(u)c'h* 'toriad, cwt', Gwydd. C. *tru* (gen. *troch*) 'dyn wedi ei gondemnio i farw'] *a.* (b. *troch*) ll. *trychion*, a hefyd fel *eg.* (bach. *trychyn*, ll. *-nau*) ll. *trych(i)on.* Anffodus, trist, truenus, gwael; drwg, ysgeler, anfad; archolledig, clwyfedig, anafus, drylliedig, toredig: *unfortunate, sad, wretched, poor; bad, evil, wicked; wounded, injured, maimed, shattered, broken.*

12g. *GMB* 152, Lliaws twr tonnuriw a gwaed freu ar friw, / A Franc *troch* tra Thauwys. *id.* 199, Kymynid ar dres *droch* lyghes lyr. **12g.** *GLlF* 37, Mi a uum genhwch, ny haedech hedwch, / Yn yt uydei *trwch* ny bei trechaf. **12g.** *GCBM* i. 193, Y drylew yn riw y doryf drylwyn wiw, / Y daryan dryliw, *droch.* *id.* 297, Ergyrwaewawr treis, traus y gynhenn, / Eryron *trychyon*, trychwyr orfenn. **13g.** *GDB* 427, Cam y gorug Duw o dybygrwydd, / Cyn bai *trwch*, na bai trychanmlwydd. **13g.** *C* 89. 5–6, crin caun calaw *truch.* kedic awel. coed ini bluch. **14g.** *GDG*³ 110, Edrychais, *drychaf* drymfryd, / Tew gaer, gylch y tŷ i gyd. *id.* 205, Brath y lleidr yn eneidrwydd, / Bid *trwch* y breuddwyd, boed rhwydd. *id.* 303, Eheda, brysia rhag brad, / A thwyll ef o'th ddull hoywfad / O berth i berth, drafferth *drwch*, / O-lwyn-i-lwyn anialwch [i'r cyffylog]. **14g.** *GIG* 87, Gwna fwysmant, bid trychant *trwch*, / Macwy mawr, â Mac Morwch. **15g.** *DGG*² 79, Durun fflam fu'r daran fflwch, / Dug warwyfa'n digrifwch. / *Trwch* oedd, a thristwch i'w thrwyn! / Trwst mawr yn tristau morwyn. **15–16g.** *TA* 361, Yn llowndasg, ynnill undyn, / Edryched Duw *dryched* hyn [marwnad Tomas Conwy]! **16g.** *Hop M* 198, Achab hevyd, a gai vywyd / drwy weddi *drwch*, ai tivairwch. **1632** *D*, *Trŵch*, Adiect. Fractus, mancus, mutilus. fœm. *Trôch.* *id.* *Trŵch*, Adiect. Infaustus, infælix, infortunatus. **17g.** Huw Morus: *EC* ii. 267, Er digio ei Greawdwr, / Tosturiodd ei Farnwr, / Wrth weled ei gyflwr, druanwr, mor *drwch*! **1688** S. Hughes: *TSP* 132, Tra fûm yn y Dyffryn ymma, / *Trwch* [:– Anafus] dywyllwch o'r enbeitta, / . . . / A'm cylchynnai bob mynydyn. **1770** *W* d.g. *Cut, Inauspicious, Unfortunate.* **18–19g.** *CLl* 237, Oer wedd sydd nid oes rudd sech; / Llif di drai, a llef dew *droch* [marwnad Jane Thomas]! **1803** *P*, *Trwç* . . . broken, maimed; unlucky; desperate, fell.

Fel *e.* (*a*) Toriad, trychiad, agen, rhigol, rhych; archoll, clwyf; lladdfa, cyflafan; adfyd, trallod, trueni: *incision, cut, slit, groove, trench; gash, wound; slaughter, carnage; adversity, affliction, wretchedness.*

12–13g. *GLlLl* 5, Ef gwnaeth tu Pennraeth penn *trwch*—calanet. **15g.** *DE* 82, Ithel yn vchel i ni / yw yr hynaf or rheini / oed tyddiwr ar fyd heddwch / ag yn y drin i gwnai *drwch.* **16g.** *Pen* 76, 85, ssorri maer ddwywes hirwen / os ar gam pam i syr gwen / pe gwnelai eb drai ne *drwch* / vn oed tvdd e wnaid heddwch. **1547** *WS*, *Trwch* toriad. **16–17g.** *HG* 123, velly r sawl na chwympo i *drwch*, o etivairwch ddiwedd / am i rhyvig yddyn vynd, os peth di ffrynd yw balchedd. **1604–7** *TW* (*Pen* 228) d.g. *Conscissura, detruncatio, Excisio, plaga.* *id.* *trwch* ar risc prenn d.g. *Vlcus.* **1632** *D*, *Trŵch*, Subst. Scissura, incisio. **1722** *Llst* 189, *Trŵch* (sub) m. A breach, cut, chap, rent, gap. **18g.** *Hop M* 221, Ac felly gwnaethpwyd terfyn, / A chodwyd hen Lewelyn / I ben ei bylpud, gwedi'r *trwch*, / I draethu heddwch iddyn'. **1770** *W* d.g. *Breach, A cut* [*i.e. the effect of cutting, an incision, a notch, &c.*], *Gash* [*a deep cut with a knife, a sword, &c.*]. *id.* *trychyn* d.g. *Hack* [*a cut, &c.*]. *id.* Torri *trychyn* (*trychynnau*) ym mheth d.g. *To scotch or cut.* **18–19g.** Ieuan Lleyn: *C* 65, Ei droi a'i ymlid o dre' Amlwch / I *drwch* o'r llwch a'r llaid; / A lle ofer, blysig bleser, / Ysgeler, blinder blaid. **18–19g.** *LlGC* 13225, 115, Fe'n gwared yn syber o'n Trymder a'n *Trwch.* **1803** *P*, *Trwç*, s. m. . . . A cut into, an incision. *id.* d.g. *Trycyn.*

(*b*) Person anffodus neu druenus, adyn; person archolledig, celain; darn toredig, dernyn (wedi ei dorri ymaith): *unfortunate person, wretch, scoundrel; wounded person, corpse; (broken) piece, shred, a cutting.*

12g. *GMB* 177, A llurygawr glas a gloes trychni, / A *thrychyon* yndut rac reitrut ri. **12g.** *GLlF* 378, Rhif trychan celain o *drychion* camawn / Oedd cymmaint un mestig. *id.* 399, Rhudd brudd breon Rhos dros *drychon* alon alar. **13g.** *GDB* 483, Tri eres armes trachwres *trychion*, / Tri eraill ni eill oll y deddfon. **13g.** *A* 11. 16–17, en aryal cledyual am benn. en

lloegyr *drychyon* rac trychant unben. **13g.** *B* iv. 5, Chuannauc uyd *trwch* y dringared. **14g.** *GDG*[3] 205, Ni cherdda, ni hwylia hi, / Trychwanddyn, â'r *trwch* ynddi [i ddymuno boddi'r gŵr eiddig]. *c.* **1400** *R* 1029. 25, rybud y *drɓch* ny weryt. **1688** *TJ*, *Trŵch*, dŷn annedwŷdd, neu aflwŷddianus: an unhappy or unfortunate man. **1689** E. MORUS: *RC* 2, Ni thyccia . . . / . . . Rhybudd i *drwch*. **1800** W. OWEN[-PUGHE]: *CP* 95, y caws â gasgler i naill ochyr y llestyr . . . y cyrau ac ymylau â dorir gyda chyllell gyffredin, a gosodir y *trychion* (*cuttings*) ar y crynswth. **1803** *P*, *Trwç*, s. m. . . . a churl. *id.* *Tryçion* . . . Cuttings, shreds.

(*c*) Llifdoriad, gosodiad (dannedd llif): *kerf, set* (*of saw*).

1775 *W*, *Trŵch* llif, *trŵch* d.g. *Kerf* [*the slit made by the saw in sawing*]. Ar lafar, 'rhoir *trwch* ar y dannedd trwy eu lledu bob yn ail i'r naill ochr, rhag i'r lli gloi', *B* xv. 23 (Meir.).

trwchedd, trwchiaf: trwchio, gw. **trychedd, trychaf: trychu.**

trwchus[1] [*trwch*[1] + -*us*] *a.* Ac iddo arwynebau cyferbyn cymharol bell oddi wrth ei gilydd, mawr ei drwch neu ei ddiamedr, tew (hefyd am hylif, &c.), dwys, swmpus, toreithiog (am dyfiant, &c.): *thick* (*also of liquid, &c.*), *dense, bulky, abundant* (*of growth, &c.*).

1728 T. BADDY: *DDG* 24, Ar yr ystlys deheu hon o'r Ddinas [Caersalem], i mae porth mawr o haiarn . . . yn gadarn ragorol, ar [*sic*] muriau yn dra *thrwchus*. [**1762**] E. POWELL: *HEI* 51, gweithia hwy [wyau] ynghyd ne's y b'ont yn Ewynnu, ag megis wedi cawsu'n *drwchus* . . . yna rho gymmaint o hono ag ymgymysgodd yn *drwchus* ar yr [*sic*] chwyddi. Ar lafar, 'Mi ges i gig oen efo grefi *trwchus* neis' (Arfon); 'Ma tos y disian yma'n ry *drwchus*', ''Odd ginto lifyr mawr *trwchus* dan 'i gesal', 'Ma'r porfa'n *drwchus* eleni', *GTN* 821.

Amr.: **trychus**[1]. **1794** *W* d.g. *Thick, in dimension.*

trwchus[2], gw. **trychus**[2].

trwchusaf: trwchuso [bf. o'r a. *trwchus*[1]] *ba.* Dwysáu: *to intensify.*

20g.

trwchyn, gw. **trwch**[1].

trwdi [*trw*[1] + *di*[5], cf. *prwdi*] *ebd.* Gair a ddefnyddir i yrru a galw gwartheg: *word used to drive and call cattle.*

1896. Ar lafar, 'Trwa, *trwdi* fach', *TGG* (1907–8) 110 (godre Cered.).

Gw. hefyd **prwdi, prwy**[1], **tprwy, trw**[1].

trwdions, trwdws, gw. **drudw** (At.).

trwe, trŵel, gw. **trw**[1], **trywel.**

trwfêr [bnth. Ffr. *trouvère*] *eg.* ll. *trwferiaid.* Aelod o ddosbarth o feirdd a ganai gerddi naratif arwrol yng ngogledd Ffrainc rhwng yr 11g. a'r 14g.: *trouvère.*

1932.

trwfwl, trwffwyr, trwi, gw. **tryfwl, truthiwr, trw**[1].

trwl[1], **trŵl** [?cf. *tryfwl, trwfwl*; dichon fod yma fwy nag un gair, ac mai bnth. S. *trull* 'trollop' a welir yn yr ail engh. isod] *eg.?b.* ll. *tryl(i)au.* Glwth, gwely (treigl); bwndel, pentwr, twr, lluosogrwydd: *couch, truckle-bed, bed; bundle, heap, multitude.*

1567 *TN* 177a–b, aei gesot mewn gwelyae a' glwthae [:– *thrylae*]. **16g.** R. WHITE: *C* 38, Nid er gwisgo llowdwr mawr / a thynv i lawr eglwysi / a chysgv yn hir wrth din y *drwl* / a chanv lwl ir babi. **16g.** WILIAM CYNWAL: *Gw* (R. L. Jones) 151, Lladden', ni ellid lluddiaw, / O ddefeidiau *drylau* draw. **1632** *D*, *Tryleu*, Idem quod Glythau . . . Yn *drylau*, Item, Acerui, fasciculi. **1771** *W*, *trŵl* d.g. *Bundle* [*a fardel, packet, pack, truss*], *Heap* [*a pile of things laid or thrown one upon another*]. *id.* yn *drylau* d.g. *In great number or numbers.* *id.* *trŵl* d.g. *A truckle-*[*trundle-*] *bed.* **1803** *P* d.g. *Trwl.* Ar lafar, 'yn *dryla*' 'in crowds', 'Mae'r plant yn *dryla* yn chwara', *WVBD* 553.

Gw. hefyd **tyrrol.**

trwl[2] [?yr un gair â *trwl*[1], ond cf. hefyd *trolyn*[1]] *eg.* (bach. g. -*yn*, b. -*en*). Gair difr. am berson neu anifail, person tew: *derog. term for person or animal, fat person.*

1738 *CM* 128, 509, *Trwl* ffôl afreol o fri briw Eithin / am brathodd mewn drysni [Siôn Dafydd i'r ci a'i brathasai]. **1803** *P*, *Trwl* . . . *Trwl* o zyn, a lump of a man. *id.* *Trwlyn* . . . *Trwlyn* o zyn, a fat chub of a man. Ar lafar, '*trwlan*' 'a fat woman', '*trwlyn*' 'a fat man', *WVBD* 550.

trwlaf: trwlo, trwlen, gw. **troliaf**[1]: **trolio, trwl**[2].

trwliaf: trwlio, trwlian[1], gw. **troliaf**[1]: **trolio.**

trwlian[2] [gair geir., sef bf. o'r e. *trwl*[1]] *ba.* Pentyrru ynghyd: *to heap together.*

17g. *LlGC* 13215, 385, *Trwlian* Congero. **1707** *AB* 220d, *Trwlian*, To heap together [S]. **1803** *P.*

trwlwf, trywlwf [bnth. S. *true-love*] *eg.* (Cwlwm yn symboleiddio) cariad cywir, anwylyd: *true-love* (*knot*), *sweetheart.*

15g. *GLGC* 494, Fo garai'r *trywlwf* a gair Troilys, / a'r un rheolaeth â'r hen ruwlys [marwnad Dafydd ap Gwilym]. **15–16g.** *TA* 308, Elen oedd ddoe luniaidd, wen, / Fu 'r *trwlwf* o'r tair Elen [marwnad Elin Bwlclai]. *id.* 452, Tri ag un, cytûn yw 'r twf, / Tyrau Elis, fal *trwlwf* [i bedwar mab Elis Eutun].

trwlyn, trwlla, gw. **trwl**[2], **twrlla.**

trwm[1] [H. Lyd. *trum*, gl. *inoportune*, Crn. C. *trom*, H. Wydd. *trom*: ? < IE. *trud-smo, o'r gwr. *treud- 'gwthio'; petrus yw dosbarthiad rhai o'r enghrau. isod] *a.* (b. *trom*) ll. *trymion*, a hefyd gyda grym enwol ac fel *e?g.*

1. (*a*) Yn pwyso cryn dipyn, heb fod yn ysgafn, solet, swmpus, mawr, trwchus; *Ffis.* ac iddo fàs mwy na'r cyffredin (yn enw. am isotopau a'u cyfansoddion); heb godi'n iawn (am fara, &c.), anodd ei dreulio (am fwyd); beichiog (iawn), cyfeb; hefyd yn *ffig.*: *heavy, solid, bulky, large, thick; heavy* (*of isotopes, &c., in physics*); *heavy* (*of bread, meal, &c.*); (*heavily*) *pregnant* (*esp. of an animal*); *also fig.*

9–10g. *Juv* 352, ir*trum*, gl. *abrupta* (. . . *pondera*). **12g.** *GLlF* 442, Y hebrɓg anrec yn redecaɓc / Y Lasgɓm, nyd oet *trɓm* tri urtassaɓc. **13g.** *GBF* 146, Maenwet *trɓm* a'e gwarchae. **1346** *LlA* 27, pechaɓt dan wybot y vot yn bechaɓt. ys*trymach* nor holl vyt. **14g.** *YBH* 31a–b, ffon hayarn braff . . . ny allei degwyr cryf ydɓyn uncam rac y *thrymet*. *id.* 31b, yspodyl *drom* vnuiniaɓc. *id.* 58a, vy meibon y tec ry dyner yɓ aɓch knaɓd y dɓyn arueu *trymyon*. *c.* **1400** *DB* 25, *trymaf* o'r deu yw y dwfyr . . . a'r awyr . . . ysgawnaf yw. **15g.** *GLGC* 62, aur *trwm* ar y war a'r traed, / aur a ddyly urddolwaed. **1588** 1 *Sam* iv. 1[8], ascwrn ei wddf ef a dorrodd, ac efe a fu farw, canys y gŵr oedd hên a *thrwm.* **1615** R. SMYTH: *GB* 36, movvionyn bychan yn arvvain baychiau cyn *drvvmed* drvvy ddirfavvr boen. **1632** *D*, *Trwm*, grauis. *id.* Dirŵynlath . . . i godi pethau *trymion* d.g. *Tractorium.* **1776** *W* d.g. *Lumpish, Massive.* **1800** W. OWEN[-PUGHE]: *CP* 45, Darn o dir *trwm* ydyw. **1803** *P.* Ar lafar, 'deunaw o bwysa *trwm*', 'buwch *drom* o lo', *WVBD* 550; 'dafad *drom*-oen', 'defad *trwm*-ŵyn', 'defad *trymion* ŵyn', 'Paid â rhedag y defad 'na, cofia'u bod nhw'n *drwm*-ŵyn', *B* xv. 28 (Meir.); '*Trom* . . . Enceinte. This feminine form . . . is strictly limited to the above usage', *GDD* 311; ''Allswn i ddim cario 'wn ymêll. Ma fa ry *drwm*', 'Ma celfi *trymon* gintyn' nw trw'r tŷ', 'y ddafad yn *drwm*', *GTN* 819.

(*b*) Dwys, llym, caled, gormodol; yn taro neu'n disgyn yn rymus; cryf ei churiad ac uchel (am gerddoriaeth roc); yn gofyn cryn ymdrech gorfforol (am waith, &c.), yn cynhyrchu metel, &c., neu'n cloddio am ddefnyddiau crai (am ddiwydiant); helaeth, niferus; diflas, astrus: *intense, severe, hard, excessive; heavy* (*of blow, fall, &c.*); *heavy* (*of rock music*); *heavy* (*of work, industry, &c.*); *extensive, plentiful; boring, abstruse.*

9–10g. *Juv* 370, *trumm*, gl. *aegrum.* **12g.** *GLlF* 426, Taer tra thaer am *drom* aer, *drɓm* gymynu. **13g.** *GBF* 421, O gledyfaɓt *trɓm* tramgɓyd arnaɓ. *id.* 569, Ny weleis dreis gyn *drymet.* *id.* 581, Agheu dros bymhoes (drymloes *dromhaf*). **13g.** *BD* 167–8, am avr hanner nos y dygvydvs hun diruavr y *thromhet* ar Arthur. *c.* **1400** *MM* 114, Os lliɓ dɓfyr a uyd arnaɓ *trymach* uyd y cryt. *c.* **1400** (*SG*) *HMSS* i. 322, dyrnodeu creulawn *trymyon.* *a.* **1561** *B* vi. 46, na vydd di ry *drwm* ar dy ddailaid. **1588** *Gen* l. 11, dymma alar *trwm* gan yr Aiphtiaid. **1588** 1 *Mac* i. 30, yr hwn a ddaeth i Ierusalem â thorf *drom.* **1630** *YDd* 242, [b]wyta yn *drwm*, neu yfed gormodedd o wîn. **1710** *LlGG* (*Gos*) 12, ni chânt ymroi i weithio gwaith *trwm* neu wael. **1740** T. EVANS: *DPO* 262, y fath *drwm* achwyn ar Awstin Fonach. Ar lafar, 'glawio'n *drwm*', 'ochenad *drom*', *WVBD* 550; 'annwyd *trwm*'; 'Ma gwaith *trwm* dan ddiar' (sir Gaerf.).

(*c*) Clòs, trymaidd, llethol, bygythiol (am y tywydd, &c.); mawr a thonnog (am y môr): *close, muggy, oppressive, lowering* (*of weather, &c.*); *heavy* (*of sea*).

1798 M. JONES: *DG* 34, Yn ol morio rhai moroedd *trymion.* Cf. *Hen B* 156, Gwell inni riffio'r hwyliau / Cyn delo'r tywydd *trwm.*

(*d*) Cryf (am aroglau), drycsawrus, drewllyd: *strong* (*of smell*), *fetid, stinking.*

16g. *LlS* 70, Llysæ Mair . . . blodæ siriol . . . ac aroglæ digon tec cyd bai *trwm.* *id.* 148, gweryd yr oll corph rhac *trwm* aroglæ. **1630** *YDd* 41, ar anadl yn byrhau, yn aroglu yn *drwm* (*earthly*). **1703** E. WYNNE: *BC* 55, mi adwaenwn y Mâb wrth ei arogleu *trwm* a'i gudynneu gwlithog. **1722** *Llst* 189, *Trwm* . . . stinking. Ar lafar, 'gwynt *trwm*', 'Ma'r lle'n gwynto'n *drwm*', 'Ma 'i anal a'n gwynto'n *drwm*', *GTN* 820.

(*e*) Serth: *steep.*

1879. Ar lafar, 'gallt *drom*', *WVBD* 550.

(*f*) Yn cynnwys llafariad fer (am sillaf); acennog, dan bwyslais: *containing a short vowel* (*of syllable*); *accented, stressed.*

14g. *GP* 40, Rei . . . o'r sillafeu a vydant *trymyon*, ereill a vydant ysgafnyon. Sillaf *dromm* a vyd pan vo dwy gonsonans gyfryw yn y sillaf . . . val y mae 'gwenn', 'llenn'. **16g.** *id.* civ, y mae silldav mewn davvodd / yscafnion mvdion i modd / *trymion* yw llawer eraill / talgrynnion lleddfon yw r llaill (Gruffudd ab Ieuan ap Llywelyn Fychan). **1560–87** *id.* 153, 'fflam' yn *drwm*, 'ffram' yn yscafn; 'gwal' yn *drwm*, 'gwal' yn yscafn . . . edrycher am aken y silldafav hyn yn i diwedd, ne'i thon, ac wrth hyny barner yn *drom* nev yn yscafn. Ef a fydd Rai yn ysgrifenv, lle bo gair *trwm* heb allel dyblv llythrenav, yn Roi 'h' fal y mae 'gwalh' . . . ac yn anwedic mewn trymhad llythr mvd ni ellir i gudynneu fal y mae 'siad', 'bod' yn *drwm* ne 'siad', 'bod' yn yscafn. **1728** S. RHYDDERCH: *GC* 3, sillaf *drom* y fydd pan fo dwy Gydsain o'r unrhyw yn y diwedd. Gw. hefyd y cfn. *trwm ac ysgafn* isod.

2. (*a*) Trist, prudd, truenus; wedi ei bwyso i lawr gan gwsg, blinder, neu anallu corfforol; byddar, diffygiol (am y clyw), hefyd yn *ffig.*: *sad, sorrowful, miserable; heavy* (*with sleep, weariness, or physical incapacity*); *deaf, impaired* (*of hearing*), *also fig.*

12g. *GMB* 71, Ac eil dra *drymhaf* treghi metwaɓd. **12–13g.** *id.* 348, Dy far, Lywelyn, a fv fawr—i *drwm*, / Ei drymed a'm diddawr. **14g.** *GDG*[3] 295, *Trwm* yw ynof ei hirgadw, / Trwyddew fy mron friwdon fradw. *c.* **1400** *R* 1036. 7–8, ɓyf keuyngrɓm ɓyf *trɓm* ɓyf truan. **1567** *TN* 44a, cavas [Iesu] wy yn cyscu trachefyn: can ys ei llygait wy oedd *drymion.* **1588** *Ecs* xvii. 12, dwylaw Moses oeddynt *drymmion* . . . ac Aaron a Hur a attegasant tann ei ddwylaw ef. **1588** *Math* xiii. 15, hwy a glywsant a'u clustiau yn *drwm*, ac a gaeâsant eu llygaid, rhag canfod â'r llygaid. **1632** *D*, *Trwm* . . . Tristis, mœstus. **1656** (**1745**) *MLl* ii. 143, Gair o Enau 'r Tâd . . . am yr hwn y mae llawer jawn i'w ddywedŷd, ond bod llawer a Chlust *trwm* wrthŷnt. **1703** E. WYNNE: *BC* 149, *Trom* yw'r Galon tramwy'r Gwaelod, / A gweled peth o Fro 'r Erchylldod. **1774** *W* d.g. *Heavy* [*sad, sorrowful, dejected, &c.*]. **1803** *P.* Ar lafar, 'clŵad yn *drwm*', *WVBD* 550. Gw. hefyd y cfn. *trwm ei glyw* isod.

(*b*) Pwysig, dylanwadol, difrifol (am berson): *important, influential, serious* (*of person*).

1863–5 D. OWEN: *WBC* 99, Jack yn bregethwr a Dai yn aelod *trwm.* *id.* 100, [d]angos eu hunain eu bod yn ddynion *trymion* gyda'r achos. Ar lafar, ''Wnnw odd y bardd *trwma*' odd 'ma' (dwyrain sir Gaerf.); ''Ôn' nw wastod yn gweud fod yr Athro Caerwyn yn *drwm* yn 'i faes'.

Fel *e.* Brwydr; trallod, gofid: *battle; distress, grief.*

12g. *GLlF* 226, Geleurud yn gwyr gɓedy lludet—*trɓm.* **12g.** *GCBM* i. 225, Gwaew krvm yn dyt *trɓm* trwy fwyr. **13g.** *C* 91. 8, Rydieigc glev olauer *trum.* **13g.** *A* 10. 16–17, Disgynsit en *trwm* yg kessevin. *id.* 20. 17–18, Ac eil *trwm* truan gennyf vy gwelet. dygwydaw an gwyr ny penn o dract.

Cfn.: **trwm ac ysgafn (ysgawn):** *fault in Welsh prosody consisting of an incorrect rhyme between a short and a long syllable.* **14g.** *GP* 53, Bei ar gerd yw *trwmm ac ysgafyn.* *c.* **1400** *id.* 16, *trwm ac ysgawn.* *p.* **1584** G. ROBERT: *GC* [243], [276]. **1728** S. RHYDDERCH: *GC* 166. Cf. J. MORRIS-JONES: *CD* 232, Gelwir sillaf fel 'tân' yn ysgafn, a sillaf fel 'llan' yn drom; '*trwm ac ysgafn*' y gelwir y bai o'u hodli. **trwm ei (dy, &c.) glyw(ed):** *hard of hearing.* **1808.** Ar lafar, 'Mae o'n *drwm 'i glywed* es blynyddoedd'. **trwm ei (dy, &c.) lach:** *critical, censorious, condemnatory.* **20g.**

Gw. hefyd **cythrwm***.

trwm², **trwmaidd**, gw. drwm (At.), trymaidd.

trwmalaraf: trwmalaru, trwmarfog, gw. trwm¹+galaraf: galaru, arfog¹.

trwmbel [bnth. S. *tumbrel* gyda thrsd.] *eg.* ll. -*i*. Cart (teilo), trol (dail), cart agored, y rhan o drol sy'n dal y llwyth, cist (car): (*dung-*)*cart, open cart, cart-body, boot (of car)*.

Dchr. **17g.** *J* 10, 130b, Pwntrel. × *Trwmbel*. Scirpea. Scirpea crates. **17g.** *LlGC* 13215, 385, *Trwmbel* Benna. **1707** *AB* 220d, *Trwmbel*, A wain. [S]. **18g.** *WLl* (Geir) 281, llwyfan men *trwmbel* men. **1759** *DG* 50, Tramawr daith tramwyir di / Trum biler y *trwmbeli* ['Cywydd o glod i wil y saer' gan Edward Jones]. **18-19g.** *GABC* 153, Pan ddae boreu-ddydd, newydd gwan, / Oedd yno i Richard yn ei ran, / Fod ei fên yn llen ar llawr, / Yn chwilfriw man, ar chwalfa mawr; / Y *trwmbel* oedd yn ddarnau ddeg, / Ac yn y breichiau lawer breg. Ar lafar, '*trwmbal*' 'llwyfan men', *WVBD* 551; '*Trwmbal*, y darn o'r drol y rhoddir y llwyth ynddo', *B* xv. 28 (Meir.); 'Ma *trwmbal* 'i gar o'n llawn dop' (Llŷn). Digwydd hefyd am 'y rhan o'r ferfa sydd fel llestr yn dal ei llwyth', id. xxiv. 180 (Môn).

Gw. hefyd **twmbrel**.

trwmbl-drambl, trwmbluog, gw. trwmbwl-trambal, trymluog.

trwmbwl-trambal, trwmbl-drambl, trimbwl-drambwl [cf. *dwmbwr-dambar, dwmbwl-dambwl*] *adf.* a hefyd gyda grym enwol. Plith draphlith, pendramwnwgl: *topsy-turvy, helter-skelter*.
1924.
Cfn.: yn **drwmbl-drambl:** *topsy-turvy*. **20g.**

trwmbwn, gw. trombôn.

trwmbwys, trwmchwedl, gw. trwm¹+pwys¹, chwedl¹.

trwmder, trwmdid, gw. trymder, trymdid.

trwmdost, trwmdrist, trwmddwys, trwmfeddwl, trwmfeddyliaf: trwmfeddylio, trwmfryd, gw. trwm¹+tost, trist¹, dwys, meddwl¹, meddyliaf: meddwl, bryd.

trwmfrydedd, trwmfrydig, gw. trymfrydedd, trymfrydig.

trwmfyfyriaf: trwmfyfyrio, trwmgalon, trwmglaf, trwmglyw, trwmgwsg, trwmgysgaf: trwmgysgu, trwmgysglyd, gw. trwm¹+myfyriaf: myfyrio, calon, claf, clyw, cwsg, cysgaf: cysgu, cysglyd.

trwmhaf: trwmhau, trwmhyrddig, trwmluog, gw. trymhaf: trymhau, trymhyrddig, trymluog.

trwmlwyth, trwmlwythaf: trwmlwytho, trwmlwythog, gw. trwm¹+llwyth¹, llwythaf: llwytho, llwythog.

trwmllyd, gw. trymllyd.

trwmp¹ [bnth. S. C. *tromp, troump*, neu'n uniongyrchol o Ffr. Lloegr *troumpe*] *eg.* ll. *trymp(i)au*, a hefyd gyda grym ansoddeiriol. (Sain neu ganiad) trwmped, hefyd yn *ffig.*: (*sound or blast of*) *trumpet, also fig.*

14g. *GIG* 33, Yno y bu, cyn tynnu tân, / Cynnwrf ym mlaen twrf taran, / Arwydd *trympau*, berau bâr, / A lluched mellt-dân llachar. **14-15g.** *IGE²* 281, Pan ganer *trwmp* un gynnadl / Peremtori dodi dadl (Siôn Cent). **c. 1400** *YCM²* 138, eu kychwyn a honnassant trwy *trympev* a chyrn. **15g.** *DGG²* 80, Canu *trwmp* o'r wybr gwmpas, / Curo glaw ar bop craig las [i'r daran]. **15g.** *GDLl* 87, Yno y bydd wrth gan byddin, / Gwleddau a *thrympiau* a thrin. **c. 1475** *B* xiii. 180, dyuynnu pawb y'r varn gan lef *trympeu*. **15-16g.** *GLM* 125, a'ch edrych pan ddoech adref, / a rhuo *trwmp* ar hyd tref. **1567** *LlGG* 7b, Ar drumpiae [sic] ac vcyrn: cenwch yn llauar. **16g.** WILIAM CYNWAL: *Gw* 11, A thi hyd hyn, tyn y tant, / Yw'r *trwmp*, y llewpart egnïant. **1602** *GST* i. 906, Profwyd ni â *thrwmp* rhyfawr, / Prawf oer oedd mynd prifardd mawr [marwnad Siôn Tudur gan Siôn Phylip]. **1756** *Gron* 17, Pan ganer *trwmp* Ion gwiwnef, / Pan gasglir yr holl nifer nef.

trwmp², **trymp** (y≡ə) [bnth. S. *trump*]

---

eg. (bach. g. *trwmpyn*, b. *trwmpen*) ll. -*s*, a hefyd fel *a*.

(*a*) Cerdyn chwarae sy'n perthyn i siwt a gyfrifir am y tro yn uwch na'r siwtiau eraill, (yn y ll.) y siwt honno: *trump (card)*, (*pl.*) *trumps (suit)*.

15-16g. *GLM* 130, Ni châi wŷr mân chwarae mawr, / a'i rhynownsiodd, rai, 'n Winsawr.—/ Ond da gwyddud hwnt guddiaw / gard o *drwmp* i'r gwyrda draw? **16g.** *GHD* 29, Gwaetha 'deilad, gwaith dwylaw, / I Wr ar *drwmp* roi aur draw. **1604-7** *TW* (Pen 228), y Cart a droer, y triumph, ne'r *Trwmp* d.g. *Index . . . Index Charta.* **1722** *Llst* 189, *Trwmp*. m. The trump at cards. **1794** *W*, y fuddug, vulgô *trwmp* d.g. *Trump, in card-playing.* Ar lafar, 'Ti sy'n dewis y *trymps*'.

(*b*) (Person) dibynadwy, (cyfaill) triw: *reliable (person), loyal (friend)*.

1860. Ar lafar, '*trymp*' 'loyal, true', 'yn *drymp* i'w gilydd', 'also as subst. in the sense of one who will not "split"', *WVBD* 553; 'Fe fu Wil yn *drwmpyn* ifi pyn ôn i yn 'y nraffith', ''En *drwmpan* welas i Mari ariôd', *GTN* 820. Digwydd *trwmpyn* (ll. *trwmps*) yn yr ystyr 'math o gilbwt a gâi'r halier gan y glöwr bob wythnos, yn dâl am gymwynas', *Geir Glo* 122 (sir Gaerf. a Morg.).

trwmped, trymped, trwmpet, trompet, &c. [bnth. S. Diw. Cyn. *trumpette, trompette*] *eg.* ll. *trwmpedi, trympedi, trwmpedau, trwmpets, trympets,* &c. Offeryn cerdd pres soprano treiddgar ac iddo gloch ymledol (ac yn achos yr offeryn modern diwb dolennog a thair falf), corn pres, utgorn, hefyd am chwaraewr yr offeryn hwn, ac yn *ffig.*: *trumpet (also of player), also fig.*

1545 *CI* 119, j mae ynn hraid chwythu . . . korn *trwmped* ne nabhm ne sagbwt. **16g.** *B* xviii. 328, hrai ar *drwmpets*, eraill ar drwms a thabretts. **1567** *LlGG* (Sall) 26b, llef vtcorn [:- *trwmpet*]. id. 46a, Cenwch yr vtcorn [:- *trompet*]. **1588** *2 Cr* xv. 14, ag vdcyrn hefyd, ac a *thrwmpêdau*. **1618** J. SALISBURY: *EH* 134, swn vdcyrn, neu *drompedæ*. **1696** *CDD* 218, Cân y *Trwmpet*, Dŷdd a wawria: / Y rhai meirw mi dybyga / Fôd eu hesgŷrn yn ymbwnnio. **1722** *Llst* 189, *Trwmped*. m.p. *pedau*. A trumpet. **18g.** *W Ballads* 197, 7, Sowndio 'r *Trymppets*. Ar lafar, 'Mae'n chwara *trwmped* yn y gerddorfa' (Arfon).

trwmpedaf, trympedaf: trwmpedu, trympedu [bf. o'r enw *trwmped, trymped*] *bg.a.* Chwythu neu ganu trwmped, gwneud sŵn fel trwmped: *to blow or play a trumpet, make a sound like a trumpet*, P. **20g.**

trwmpedwr, trympedwr, trwmpetwr [*trwmped, trymped, trwmpet*+*-wr*] *eg.* ll. *trympedwyr*. Un sy'n canu trwmped, hefyd yn *ffig.*: *trumpeter, also fig.* **20g.**

Gw. hefyd **trwmpeter.**

trwmpen, trwmpet, gw. trwmp², trwmped.

trwmpeter, trympeter [bnth. S. *trumpeter*] *eg.* Trwmpedwr, hefyd yn *ffig.*: *trumpeter, also fig.*
16-17g. T. PRYS: *C* 142, Trembwdr gorff, *trympeter* gwyllt, / Troetrwm gidwm llygadwyllt [i ofyn tarw]. **1750** *ML* ii. 166, Fowkyn y *trwmpeter*, brawd i Sion yna fu'n *drwmpeter* in Gards.

Gw. hefyd **trwmpedwr.**

trwmpetwr, gw. trwmpedwr.

trwmpls, trwmplys [?bnth. H. Ffr. *trompel*, ond anodd cyfrif am yr -*s* yn yr un.] *eg.* ll. *trwmplysau*. Trwmped, utgorn, hefyd yn *ffig.*: *trumpet, also fig.*
14g. *BY* 19, a'r effeiryeit yn canu *trwmplysseu* seith diwyrnawt. **14g.** *GDG³* 54, A thampr o ddewis mis Mai, / A *thrwmpls* y gerdd a'i thrimplai [marwnad Madog Benfras]. **14-15g.** *IGE²* 302, Pob *trwmpls* propr hirgorn copr cau, / Pob sôn pobl, pob swn pibau (Rhys Goch Eryri). **1547** *WS*, *Trwmplys* vtcorn Trumpet. **1604-7** *TW* (Pen 228), canwr *trwmpls* ne'r vtcorn bychan d.g. *Liticen.* **1632** *D*, *Trwmpls*, Tuba. **1753** *TR*, *Trwmpls*, a trumpet.

Amr.: **trwmpl** [olff. geir.]. **1604-7** *TW* (Pen 228) d.g. *Tuba.* **1688** *TJ.*

trwmpyn, gw. trwmp².

trwmsawr, trwmswrth, trwmwaith,

---

trwmwasgaf: trwmwasgu, gw. trwm¹+sawr, swrth, gwaith¹, gwasgaf: gwasgu.

trŵn¹, trwn [bnth. S. C. *troun*, ff. ar *trone* 'throne', neu'n uniongyrchol o Ffr. Lloegr *trun(e)*] *eg.b.* ll. (prin) *trynau, trynion.* Gorsedd; ffurfafen; cylch, cwmpas; diffyg ar yr haul neu'r lleuad: *throne; firmament; circle, circumference; eclipse*.
14-15g. *IGE²* 321, Trin eurddrud a'r *trôn* erddrym, / Parawd lle mae'r Drindawd rym [Rhys Goch Eryri i Feuno]. **15g.** *F/BO* 53, Yr Arglwyd Kan . . . pan eistedo yn y *drôn*, y deuant y barwnyeit. **15g.** *GLGC* 12, Tri yn y Ddau o'r *trôn* a ddaw, / Tri yn Un yn y *trôn* yw. **15g.** (16g.) *Llst* 6, 61, llyn y *trwn* lle eneid rydd / llannerch y burn Llywelyn [Llywelyn ap Hywel i Fair]. **15-16g.** *GLM* 7, Tra fo sêr wyler, alaeth a ddygwn, / a'r haul un y *trôn* a'r heli'n y traeth. **1547** *WS*, *Trwn* eisteddle brenhin Throne. **16g.** *CLl* 171, *Trwn* di yssig trin deisen, / Tabl hardd mal gwaith Tubal hen [Morys Dwyfech i ofyn bwcled]. c. **1562** *B* ii. 239, *trwn*: kwmpas. **1567** *TN* 377b, ve ddodwyd eisteddle [:- *trwn*] yn y nef. **1603** W. MIDLETON: *Ps* 16, I dron dhirgel vchelwen / ydoedh yn y nefoedh nenn. **1604-7** *TW* (Pen 228) d.g. *Thronus.* **1632** *D*, *trôn* d.g. *Thronus.* **1653** *MLl* i. 210, Ecclips (neu *Drwnn*) ar y lleuad. **1722** *Llst* 189, *Trwn* d.p. *Trynau.* A throne. **1740** T. EVANS: *DPO* 325, Y tu uchaf i'r Bwrdd cymmun, neu'r Allor y byddai *Trwn*, neu Orsedd yr Esgob. **1803** *P*, *Trwn*, s. m.—pl. *trynion* . . . A circle.

Gw. hefyd **trôn, thrôn.**

trŵn², *a.* Gwych, rhagorol: *fine, splendid*.
12-13g. *GMB* 336, Y Grist y canaf, ar ureint canon, / Keinwa6t o'm taua6t ar draethau6t *drón.* **13g.** *C* 99. 7, Ystec vy ki ac is*trun.* Ac y ssew. orev or cvn. **13g.** *A* 27. 18–19, e wayw *drwn* oreureit am rodes poet yr lles yw eneit. c. **1562** *B* ii. 239, *trwn* . . . teg.

trwnc¹ [?cf. Llyd. Diw. *stronk* 'ysgarthion'] *eg.* Troeth, wrin, piso, lleisw, golchdrwyth, hefyd yn *ffig.*: *urine, piss, lye, also fig.*
c. **1400** *Etudes* viii. 368, Canys trwy ansodeu y *trwngk* y gellir adnabot beieu dyn. **1547** *WS*, Pission ne *drwnk* Pysse, stale. **16g.** *LlS* 19, Y ddeuryw Artemisia . . . wy ddrylliant vaen y tostedd ac a gympellant y *trwnc* attaliedic y gerddet. **1588** *2 Br* xviii. 27, fel y bwytânt eu tomm eu hun, ac yr yfant eu *trwnc* eu hun. **1632** *D* d.g. *Vrina.* **1703** E. WYNNE: *BC* 98, Ai nid yr un ffordd rhwng y *trwnc* a'r baw y daeth-ochwi i gyd allan? **1753** *TR*, *Trwngc*, urine, piss, stale, lye. *Trwngc* yn y Gymraeg oedd Golch neu Leisw. **1792** P. WILLIAMS: *TG* 47, Fel ffrwd tywalltwyd sorod, / Heresiau gan ddihyrod, / A *thrwngc* Sosinus gas i gyd, / A lyngcwyd hyd y gwaddod. **1803**

trwnc², trync (y≡ə) [bnth. S. *trunk*] *eg.* (bach. *trwncyn*) ll. *trynciau.*

(*a*) Cist, coffr: *trunk, chest, coffer.*
1604-7 *TW* (Pen 228) d.g. *Riscus.* **1675** R. DAVIES: *PY* 156-7, Bonifface yr wythfed a ddaeth yn Bâb . . . drwy ffugio ei hun yn Angel, a llefaru trwy gist groen neu *drwnc* mewn mur. **1703** E. WYNNE: *BC* 57, ar lawr yn ei ymyl byrseu a chodeu llownion, a *thrynciau* wedi eu hoelio. **1757** *ML* ii. 57, deg o gistiau, neu vocsys, neu *drynciau.* **1778** J. HUGHES: *BB* 318, Roedd yno ddau berson gwyr llonn am, [sic] gael llwngc / Pan gynta ceid agor y trysor ar *trwngc.*

(*b*) Trwyn hir hyblyg eliffant, hefyd yn dros.: *trunk (of elephant), also transf.*
c. **1600** L. DWNN: *HV* ii. 19, yr oliphant ar *trwnc* hir. Cf. K. ROBERTS: *LW* 26, yr eliffant hwnnw o fynydd sydd a'i *drwnc* yn y Rhyd-ddu.

(*c*) Boncyff: *trunk (of tree).*
16g. (*LlEG*) *Mos* 158, 123b, ffon gau yr hon a elwir *trwnck.*

(*d*) Dyfrffos; tanc dŵr: *conduit; water tank.*
Ar lafar, '*trwnc*' 'dyfrffos' (Dyffryn Dyfi); '*Trwnc . . . Trync*' 'Tanc i ddal dŵr', *B* xx. 384 (ardaloedd chwareli llechi'r Gogledd).

trwnclestr, gw. trwnc¹+llestr¹.

trwncyn, trwndwns, gw. trwnc², drudw (At.).

trwnsiwn, trwnsiwr¹, gw. trensiwr¹.

trwnsiwr², trwnsiwrn, gw. trensiwr².

trwp¹, trwpa [ansicr yw nifer o'r enghreu. isod] *eg.* ll. (prin) *trypau, trwpaod.* Llestr, dysgl, basn, bowlen, cunnog (odro), twb golchi, cerwyn; caseg forter; hefyd yn *ffig.* ac yn ddifr.: *vessel, dish, basin, bowl,*

(*milking*) *pail, washtub, vat*; *hod*; *also fig. and derog.*

14–15g. (*Diw.* **16g.**) *Gwyn* 3, 168, diras faedd-was efydd-wallt / drwyth-flew *drwp* sew dripa swllt [dychan Rhys Goch Eryri i'r llwynog]. *c.* **1400** *R* 1340. 14, gorsedua trippa *trop* achyllell. **1547** *WS*, *Trwp* A basen. **16g.** *GSOG* 73, Trem a gafl cryf, trwmgwfl crych, / *Trwpa* unfron trapinfrych [i ofyn tarw]. **1567** *TN* 155b, ef a dywallodd ddwfr ir cawc [:- mewn *trwp*]. **1575–6** *B* vi. 315, Gwreigan gripkoch . . . a dav *drwppa* llymedd a gynhelynt j dwy vron dan j dwyen. *Diw.* **16g.** *LBS* iv. 425, a chymryd or mab bendigedic Jeüan ap Tudr *drwp* yny lau a . . . rhoi y llestyr rhwng y dyn ar neidyr. **1604–7** *TW* (*Pen* 228), *trwp*, *trwpa* d.g. *Labrum*, *Qualus*. **1632** *D*, *Trwp*, Sinum. **1688** *TJ*, *Trwp*, cŷnnog odro: a Milk-pail. **1722** *Llst* 189, *Trwp*. m.p. *Tryppau*. A tub, milking bowl or pail: a hod to bring morter to masons. **18g.** L. Morris: *LW* 137, *trwppa*—a piece of board used by thatchers to carry clay on; also a trolloping woman unhandy for all business. **1770** *W*, *trwp*, *trwppa* d.g. *Bowl* [*bason, or any round and hollow vessel to wash in, &c.*]. **1803** *P*, *Trwpa*, s. m.—pl. t. *od* . . . A washing-tub; a hod; also a trollop.

trŵp, trwp[2] [bnth. S. *troop*, ?a *troupe*; ansicr yw'r engh. gyntaf isod] *eg.* (bach. *trwpyn*) ll. *trŵps*, *trypiau*, *trwp(i)au*. Torf, mintai, criw, cwmni bychan, haid, diadell, gyr: *troop, troupe, crew, small crowd, flock, herd.*

15–16g. *GLM* 362, O lleddaist Ffylip chwip chwap; / e fu'n troi'i ward o fewn *trwp* ['I Wil Ormes am ladd Ffylip Ffŵl']. **1629** *IICRC* iii. 200, Ai holl ffrins yn *Drŵp* yn dyfod. **1672** R. Prichard: *Gw* 590, Doed ein Brenin, a'i Gynghoriaid, / Doed y Ieirll, â'r holl Bennaethiaid, / Yn eu Rhôbs a *thrwps* o bobtu / I Resewi Prins y Cymru. **1688** *TJ*, Rhawd, (*Trŵp*) . . . a Troop, a Company. **1703** E. Wynne: *BC* 41, dyma *drwp* o bobl o Stryd Balchder yn ddigon hŷ'n curo wrth y Porth. **1776** H. Jones: *GC* 57, Y Gŵr a'r llaw gôch, Arwyfa drwy rôch, / Pan ei gweloch bydd gwaed; / O Aber-dau-Gleddau, Holl Wŷr a'u Teyrnasau, a drŷ 'n *drypiau* dan draed. Ar lafar, 'Ma *trŵp* o ddefed da i' gâl', (sir Gaerf.). Clywir *trŵps* hefyd yn yr ystyr 'aelodau o'r teulu', ''Dwi'n disgwyl y *trŵps* i fyny' (Arfon). Cf. *Hen B* 76, Fe ddaw 'ngharïadau innau 'n *drwpe*.

Amr.: **trwb. 1910.**

trwpa, gw. **trwp**[1].

trwper[1] [bnth. S. *trooper*] *eg.* ll. *-s*. Marchfilwr, gŵr march; ceffyl: *trooper, cavalryman*; *horse.*

16–17g. *CRC* 305, Rhaid iw cig a bir ir *trwper* / march a thendans arian lawer. **17g.** Huw Morus: *EC* i. 186, Ti elli fyn'd yn *Drwper* [:- Trooper, Horse-soldier, or Dragoon], / Gwna dy drapiau 'n barod. **17–18g.** O. Gruffydd: *Gw* 60, A'i hir egwyd ar ogwydd, / *Drwper* hen, yn dripiwr rhwydd [i ofyn march]. *c.* **1762–79** W. Williams: *P* 24–5, Mae eu Benwod . . . yn cerdded fel *trwper* yn hytrach na Benyw. Ar lafar, 'rhegi fel *trwper* (*trwpyr*)'.

trwper[2] [bnth. S. *trouper*] *eg.* ll. *-s*. Cefnogwr neu gydweithiwr cywir, person dibynadwy: *trouper* (*staunch supporter, &c.*).

20g.

trwpyn, trws[1], gw. **trŵp, trwst.**

trws[2] [bôn y f. *trwsiaf*: *trwsio*] *eg.* ll. *-oedd*. Dilledyn, gwisg, gorchudd, addurn, hefyd yn *ffig.*: *garment, clothing, a covering, ornament, also fig.*

16g. *WLl* 163, Aml gwirod mel ac orens / Mel greigiau seigiau a sens / Hau a wnaethost ai nithiaw / Aur yn *drws* i wirion draw. **1789** *BDG* 157, A'th *drŵs*, ail Fenws feinir, / Feddal wisg o'r hafddail îr. **18–19g.** *Llr* C 4, 11, *trŵs*, garment. heb fwyd yn aniach achul / heb *drws* am y corpws cul. Siôn Cent. **1803** *P*, *Trws*, s. m.—pl. t. *oz* . . . A covering garment; a trouse; dress or habiliment.

trŵs, gw. **tros.**

trwsa [bnth. S. C. neu Ffr. Lloegr *trusse*] *eg.* (bach. *trwsëyn*) ll. (prin) *trwsâu*, *trwsëydd*. Sypyn (o wair), bwndel, bwrn, tusw, clwstwr, pecyn, sachaid, hefyd yn *ffig.*: *truss* (*of hay*), *bundle, bale, bunch, cluster, pack*(*et*), *sackful, also fig.*

14g. *GIG* 108, Ni charai gath ewindew / Dros ei blwydd hen *drwsa* blew. *id.* 155, Drysid Duw rhagddaw, baw beth, / *Drwsa* brag, dros ei bregeth [dychan i'r Brawd Llwyd]. *c.* **1400** (*SG*) *HMSS* i. 214, kanys y wyneb aoed ar bedrein y varch. ae arueu gwedy eu trwssyaw yn *trwssa* ar y gevyn. **15g.** *HCLl* 122, Twrc lawrodd, trwcwl warhwch, / Traws fal hwrdd, *trwsa* fal hwch [i erchi ceffyl diog]. **1604–7** *TW* (*Pen* 228) d.g. *Saccus*. **1632** *D*, *Trwsa*, Sarcina. **1722** *Llst* 189, *Trwsa*. m.p. *saau*. A lock, truss, pack, bundle. **1752** *Gron* 20, *Trwsa* 'n difwyno traserch; / Athrywyn mwynddyn a merch [i'r farf]. **1770** *W* d.g. *Bale*, *A bottle of hay*, *Bundle* [*a fardel, packet, pack, truss*], *A truss of hay*. *id.* *trwsëyn* d.g. *Packet*. **1783** *LlGC* 21281, 145, Pan ddeallais fod y Myfyr ar fedr gyrru *trwsëyn* iti gyda'r Cerbyd ni fedrwn lai na mwynhau'r odfa i ddanfon hyn o Lythyryn attat. **1803** *P*, *Trwsa*, s. m. —pl. *trwsëyz* . . . A packet; a truss. *id.* *Trwsëyn*, s. m. . . . A packet; a truss. Ar lafar yn y ff. *trwsâ*, *TGG* (1906) 9 (Morg.).

trwsaf: trwso, gw. **trwsiaf: trwsio.**

trwsâf: trwsáu [*trwsa*+*-hau*] *ba.* Llwytho: *to load.*

14g. *YBH* 54b, erchis boön yr marchogyon peri *trossau* eu sömereu.

trwser, trwsëyn, gw. **trywsus, trwsa.**

trwsgl [?cf. Crn. Diw. *trosgan* 'clefri', H. Lyd. *trusci*, gl. *scabiem*, Llyd. C. *trousq(en)*, Llyd. Diw. *trousk(enn)* 'crachen', H. Wydd. *trosc* 'gwahanglwyf(us)'] *a.* (b. *trosgl*) ll. *trysgl(i)on*, *trwsglion*, a hefyd fel *eg.* ll. *trysglau*. Afrosgo, lletchwith (o ran ffurf neu symudiad), anfedrus, anghaboledig, amrwd, cyntefig, garw, afluniaidd; cadarn; bras, dwys, tew, trwchus: *awkward, clumsy, unskilful, unpolished, crude, rude, rough, badly proportioned*; *strong*; *gross, coarse, dense, thick.*

14g. *GDG*[3] 61, Carp *trwsgl*, cen cwrwgl can carrai, —o'i lawdr, / Hen ledryn gofawai [dychan i Rys Meigen]. *id.* 327, Haws codi, drygioni drud, / Yn *drwsgl* nog yn dra esgud. **14g.** *GIG* 8, Gwarden yw, garw deunawosgl, / A maer ar y drawsgaer *drosgl* [i Syr Hywel y Fwyall]. **15g.** *B* xvi. 260, dy ddwylaw a'th draet wedy'r hoeliaw ar y Groes a hoelion ffyrnic *trwsgwl*. **15–16g.** *TA* 471, Mal y corn rhisg y gwisgwyf, / Mawr dros y glin, mor *drwsgl* wyf. **1545** *CI* 3, Vrrein *trwsgwl* a'i liw yn goch. *id.* 12, Y ddaiar y ssydd vwya, *trysgla*, a thryma o'r pedwar deuynydd, ac o'i nattur yn oeer ac ynn sych. **1545** Elis Gruffydd: *Ll* 178, [g]llanhau'r korff o suddoedd oerion *trwsgwl*. **1547** *WS*, *Trwscwl* Boystouse. **16g.** *B* xviii. 352, gwyddonod mowrion kreylon *trysglion* lledynfydion. **1567** *TN* 273b, A' chyd bwyf *drwscl* [:- gwladaidd] o ymadrodd. **1632** *D*, *Trwsgl*, Incultus, inscitus, impolitus, rudis, inornatus, incompositus, inconcinnus. *Trosgl*. **1740** T. Evans: *DPO* 234, Gwyr Eglwysig Brydain . . . yn yr Amser hwnnw. Nid oeddent ond Bechgyn mewn deall, yn annoethion, ac yn *drwsgl*, heb fod yn gydnabyddus yn yr Ysgrythur a gwir Ddifynyddiaeth. **1759** *DG* [iii], [P]rydyddion Ifaingc . . . mor *drwsgl* y maent yn arferu'r Jaith. *c.* **1785–90 (1829)** *CBYP* 208, er dyfalu yn gyfiawn yr hynn nis gellir ei ddyfalu yn amgen nag a chorfannau a geiriau *trysglon* a gerwinllais. **1803** *P* d.g. *Trosgyl*, *Trwsgyl*. Ar lafar, '*trwsgwl*' 'clumsy . . . bungling', *WVBD* 551; ''Odd 'i'n gwed yn ddychynllyd o *drwsgwl*', *GTN* 820. Digwydd hefyd mewn e. lleoedd, gw. I. Williams: *ELl* 17–18.

Fel *e.* Enw ar un o bedwar mesur ar hugain Cerdd Dant; (yn y ll.) tarddiant (ar groen), brech; ?lletchwithdod: *name of one of the twenty-four measures of traditional Welsh string music*; (*pl.*) *eruption* (*on skin*), *rash*; ?*clumsiness.*

Diw. **16g.** *WLB* 21, Rhag crugennau a *thrysclau* ar gnawd Dŷn. **16–17g.** *B* i. 144, Pa ryw vesur yw gwydhor Titr ne *drwsgwl*? *id.* 145, Llyma bedwar mesûr ar hûgain Cerdd Dant. *Trwsgwl* Mawr. **18g.** E. T. Rhys: *DA* 138, Ond gwall o'i go', i neb un tro, / Yw meiddio mo'r meddwl, / Mai o ddamwain neu fath *drwsgwl* / Y collwyd gobaith am y cwbwl. Ar lafar yn yr ystyr 'pentwr', '*trwsgwl* o gerrig', *B* ii. 102 (Arfon).

Amr.: **trysgl. 16–17g.** *Gesta Rom* 9, ffordd arw *drysgl* ddrainog. *c.* **1730** *Taith C* 90, cerdded yn dra *thrysgwl*.

Gw. hefyd **trwsglyn, trysglyn.**

trwsglaidd, trysglaidd [*trwsgl*, *trysgl*+*-aidd*] *a.* (b. *trosglaidd*). (Eithaf) trwsgl neu letchwith: (*quite*) *clumsy or awkward.*

16g. *GGH* 365, Capten praidd go *drwsglaidd* draw, / A'r praidd yw'r parri eiddaw [i ofyn hwrdd]. **1604–7** *TW* (*Pen* 228), yn *drwsgleidh* d.g. *Barbare*. **1755** *ML* i. 330, Canu a orug Elisa ryw englynion go *drwsglaidd* i Huw'r Bardd Coch. **1803** *P*, *Trwsglaiz* . . . Somewhat clumsy. *id.* *Trysglaiz* . . . Somewhat awkward.

trwsgledd, gw. **trysgledd.**

trwsgleiddiaf: trwsgleiddio [bf. o'r a. *trwsglaidd*] *ba.* Gwneud yn drwsgl neu'n arw: *to make clumsy or coarse.*

1833.

trwsgleiddiwch [*trwsglaidd*+*-iwch*[1] (At.)] *eg.* Y cyflwr o fod yn drwsgl, lletchwithdod, diofalwch, bwnglerwch, gwaith diraen: *clumsiness, awkwardness, carelessness, a bungling, shoddy work.*

1793 *Cylchg* 89–90, Pan fo'r gwlan wedi cwbl sychu, cneifiwch hwynt yn bwyllog heb dorri eu crwyn; ac os digwydd y fath *drwsgleiddiwch*, trwy anfedrusrwydd y cneifiwr, rhoddwch arno ychydig o Darr a Menyn. **1794** *id.* 264, gwna hynny [atgyweirio oriawr] gyd ag arafwch, rhag i'th *drwsgleiddiwch* ei yrru ef i ddistryw.

trwsgleiddrwydd, trysgleiddrwydd [*trwsglaidd*, *trysglaidd*+*-rwydd*] *eg.* Trwsgleiddiwch, lletchwithdod, diofalwch: *clumsiness, awkwardness, carelessness.*

c. **1785–90 (1829)** *CBYP* 74, un o brifgolofnau *trysgleiddrwydd* a fydd mawr anghyfartalwch ar y bannau . . . er gochel *trysgleiddrwydd*, cadwer y brif orphwysfa yng nghanol y bann. **1803** *P* d.g. *Trysgleizrwyz*.

trwsgliaith, trwsglwaith, gw. **trwsgl**+ **iaith, gwaith**[1].

trwsglyn [*trwsgl*+*-yn*[1]] *eg.* Bwnglerwr, stompiwr: *bungler, botcher.*

1803 *P*.

Gw. hefyd **trysglyn.**

trwsiad [bôn y f. *trwsiaf*: *trwsio*+*-iad*[1]] *eg.* (bach. *trwsiedyn*) ll. *-au*, *-oedd.*

(*a*) Gwisg, dilledyn, dillad, gŵn, abid, gorchudd, addurn; gwedd, ymddangosiad, cyflwr; paratoad, cyweiriad; (canlyniad) y weithred o drwsio (rhwyg, &c.), atgyweiriad; hefyd yn *ffig.*: *dress, garment, clothes, attire, robe, habit, covering, ornament*; *aspect, appearance, condition*; *preparation, a setting in order*; *a mend(ing), repair*; *also fig.*

14g. *OBWV* 73–4, Ni bu erioed, gwn hoed gŵr, / Y rhyw lun ar halaenwr, / Na rhyw *drwsiad* rhag brad braw, / Swydd ddirnad, y sydd arnaw [Madog Benfras i'r halaenwr]. **14g.** *GDG*[3] 340, Gŵyl Bedr y bûm yn edrych / Yn Rhosyr, lle aml gwŷr gwych, / Ar *drwsiad* pobl aur drysor, / Ac ar llu Môn gerllaw môr. **14–15g.** *IGE*[2] 290, Mae'r *trwsiad* aml? Mae'r trysor? / Mae'r da mawr ar dir a môr (Siôn Cent)? *c.* **1400** *R* 1306. 21–2, Treissy wyt [*sic*] ni am yn tryssor. *trössyat* traös y dat dudyr. **15–16g.** *TA* 264, Tân sens, taiynys Aensiaw, / *Trwsiadau* drud trosti draw [i Groesoswallt]. **16g.** *GIIV* 16, Ymroi i Dduw a Mair ydd oedd / Wedir sidan *drwsiadoedd* / I ddofydd yr addefwyd / I ddewis glog oedd wisg lwyd. **1547** *WS*, *Trusiad* [*sic*] Rayment. **1595** *Egl Ph* [1], Adhurneg yw *trwssiad*, neu wiscadhurn araith. *c.* **1600** *IGE* 219, *Trwsiad* byddar gwâr a gwyllt, / Trychiolaeth tir uchelwyllt [i'r niwl]. **1605–10** *Haf* 24, 522, i bod . . . yn benrhaith *drwssiedyn* or eglwys [am organ]. **1630** *YDd* xiii, brâs bwytho *trwsiad* newydd . . . or wisc gymreig orau ar a fedrais i ei llunio. **1632** *D*, *Trwsiad*, Ornatus, us . . . Vestitus, us. **1672** R. Prichard: *Gw* 65, Fe ddygodd y Gelyn ein *trwssiad* a'n grâs, / Fe'n gadodd yn groen-llwn [*sic*], yn noeth, ac yn gas. **1710** *LlGG* (*Gos*) 13, y Monwentau mewn *trwssiad* da digonol (*well and sufficiently repaired*). **1791** Gw. Mechain: *Rh* 32, ni phrofai ymborth ond o'i *drwsiad* ei hun . . . rhag ofn cael ei wenwyno. **1803** *P*, *Trwsiad*, s. m.—pl. t. *au* . . . A dressing, a cloathing; habiliment, raiment, dress.

(*b*) Gwrtaith, tail: *fertilizer, manure.*

1814 W. Davies: *Agric . . . S. Wales* 295, but this marled fallow is also called Braenar *trwsiad*, from its being dressed with composts. Ar lafar, ''Wi'n roi *trwsiad* or wth y moch a *trwsiad* or wth y dæ i'r ardd', *GTN* 820.

trwsiadaf: trwsiadu [bf. o'r e. *trwsiad*] *ba.* Gwisgo, dilladu, addurno, harddu, twtio, paratoi, hefyd yn *ffig.*: *to dress, clothe, adorn, beautify, trim, prepare, also fig.*

15g. *GGl*[2] 164, Un o feirdd, yno a fu, / Gwynedd, mae'n cenfigennu, / Gweled mewn felfed (mwyn fu) / A sidan fy *nhrwsiadu* [Hywel ap Dafydd ap Ieuan ap Rhys i ateb Guto'r Glyn]. **15g.** *HCLl* 80, Tomos grair, twymwaisg ei rodd, / Trwy sidan y'm *trwsiadodd*. **1588** 2 *Esd* xv. 47, a *thrwsiedaist* dy ferched mewn godineb. **1595** H. Lewys: *PA* 9, er i nineu yn *trwsiadu* an gosod ein hunain allan (*adorn, garnish, and set forth ourselves*), ag ychydig brydferth, a gogoneddus weithredoed'. **1630** *YDd* 64, wrth dy goroni di â gogoniant, a'th *drwsiadu* (*arrayed*) mewn disclaer wisc cyfiawnder. **1632** *D* d.g. *Como*, *Exorno*, *Vestio*.

1770 *W* d.g. *To beautify, To brighten* [*make bright*]. **18–19g.** *IMCY* 233, Yn ebrill e ddaw'n ebrwydd / Yr haf i'w *thrwsiadu*'n rwydd. **1803** *P, Trwsiadu* . . . to clothe, to dress.

trwsiadus [*trwsiad*+-*us*] *a.* Taclus neu ffasiynol ei wisg, smart, gwych ei ddiwyg, deniadol, destlus, addurnedig, hefyd yn *ffig.*: *well-dressed, fashionable, smart, finely attired, attractive, neat, adorned, also fig.*

15g. *GGl*^{2} 217, Medd Gwladus, *drwsiadus* sud, / Haul Lyn Nedd, hael iawn oeddud [lled ddychan i Harri Gruffudd o Euas]. **1488–9** *BSM* 9, [d]ywedasant nad oedd ef abl i vod yn esgob herwydd nad oedd wr korffoc semlantus *trwsiadus* na gwalltwr da. **1547** *WS, Trusiadus* [*sic*] Dyght. **1551** W. SALESBURY: *KLl* lxiib, lili y maes . . . n[i] bu ef [Solomon] mor wiscedic [:– dilladus *trwsiadus*] ac vn o Rein. **1632** *D, Trwsiadus*, Benè vestitus. *id.* d.g. *Mundulus, Ornatus.* **1701** E. WYNNE: *RBS* 251, ti a ddylit wneud dy enaid yn fwy *trwsiadus* â gweithredoedd a swyddau duwiol. **1710** *LlGG* (*Gos*) 13, Eglwysau mewn trefnusrwydd . . . a phob peth yno mewn trefn mor *drwssiadus* a glanwaith. **1803** *P.* Ar lafar, 'Pyn daw 'i 'ma, ma 'i wastod yn *drwsiatus*', *GTN* 820.

trwsiadwaith, gw. **trwsiad**+**gwaith**^{1}.

trwsiaf, trwsaf: trws(i)o [?bnth. S. C. *trussen* 'to pack (up), load, make ready'] *bg.a.*

(*a*) Gwisgo, dilladu, addurno, harddu, caboli, twtio, trefnu, paratoi, hefyd yn *ffig.*; ysgrafellu (ceffyl); ?clymu, llwytho: *to dress, clothe, adorn, decorate, polish, trim, set in order, prepare, also fig; curry* (*horse*); *?tie, load.*

14g. *GDG*^{3} 156, Da y gwn, *trwsiwn* wawd trasyth, / Degle, ferch, dy gelu fyth. **?14–15g.** *IGE*^{2} 97, Duw i'r hawl, a da yw rhom, / A *drwsiodd* Mab Mair drosom (?Siôn Cent). *c.* **1400** *R* 1293. 1–3, yn ryuic veirdyon am yn reuved. yn*trossya*ɓ ynheird yn trossed gɓinllat. *c.* **1400** (*SG*) *HMSS* i. 191, unbennes . . . yn marchogaeth ar aruer ysgwier. a mal wedi y *drwssyaw* draechevyn. **15g.** *GLGC* 257, Mynwent a chysegr i bob maner / yw tai Syr Rhisiart lle y'n *trwsier.* **1488–9** *BSM* 3, Marthin . . . am *trwsiodd* i or wisc honn. **15–16g.** *TA* 61, Tymhoraidd i'r gwraidd yw'r gras—a'r trysor / Lle *trwsiwyd* im urddas [marwnad Siân Stradling]. *id.* 367, Difanwl fal Dyfnwal fu, / Doe *trwsiwyd* at yr Iesu [marwnad Owain ap Meurig]. **1547** *WS, Trwsio* Array, decke tryme. *id. Trusio* [*sic*] ne rubio [*sic*] march Curry a horse. **1567** *LlGG* 45b, ef a ddengys ywch' goruwch ystavell vawr wedy'r *drwsiaw.* **1588** *Math* xxv. 7, cyfododd yr holl forwynion, ac a *drwsiasant* eu lusernau. **1632** *D, Trwsio*, Ornare, polire. **1701** E. WYNNE: *RBS* 13, gwiliед ar weddio ac ymprydio, a *thrwsio*'i Enaid trwy Gyffesu a Myfyrio. *id.* 83, gorfod arnom drîn a *thrwsio* Ceffylau ac Assynnod. **1803** *P.* Ar lafar, '*trwsio* carreg' 'to trim a stone', *WVBD* 551.

(*b*) Paratoi neu ddarparu (bwyd, &c.), blasuso neu enllynio (saig), hulio (bwrdd): *to prepare or provide* (*food, &c.*), *season or dress* (*dish of food*), *lay* (*table*).

15g. *GGl*^{2} 276, Tri bwrdd a bair troi i'w borth, / Tair siambr yn *trwsio* ymborth. **16g.** *B* xviii. 58, hroddi gorchymyn j'r koog ar j *drwshio* ef [eog] yn barod erbyn kinio. **1567** *LlGG* 108a, chwedi *trwsio* i vwrdd a' phob ryw arlwy. **1567** *TN* 115a, Cyweiria [:– Paratoa, Arlwy, *Trwsia*] hyn a swperwyf. **1630** *YDd* 236, na chynneuer tân ar y dydd Sabboth, peidio a *thrwsio* bwyd. *c.* **1689 (1802)** L. WILLIAM: *Sherlyn Benchwiban* 38, Corddi'r llaeth a *thrwsio*'r 'menyn. **1701** E. WYNNE: *RBS* 60, ni cheisient ddim iw *drwsio* [cig] ond newyn a thân (*dressed with hunger and fire*). **1766** *CD* 135, Gweled *trwsio* fy Swpper, [*sic*] / Fy hŷn ar fy nghyfer; / Aml Saig aml gyrch, / Pylyra Elyrch, / Sacc a Chlaret yn ffri.

(*c*) Adfer (i gyflwr da ar ôl difrod, traul, &c.), atgyweirio, gwella; trin neu rwymo (clwyf), iacháu; hefyd yn *ffig.*: *to restore* (*to good condition*), *mend, repair, improve; treat or dress* (*wound*), *heal; also fig.*

1545 *CI* 31, ynn y lle y bo'r kompleckshiwn gwedi passio ymhell allann o'i gyuion nattur a'i ardymyr, a vydd hraid j dreuynnv a'i *drwsio* y'w gyuion ardymyr dracheuyn. **16g.** *LlS* 9, merchet a vo a chroen ei hwynep yn arw nei yn aml liwioc o naturiaeth a ymarferant o suc y llysæ hyn [pimpernel] y ei llyfynhau ac y ei *drwsio* yn decach. **1595** H. LEWYS: *PA* 177, erfyn arnaw deimlaw, a *thrwssiaw*, i friw ef yn arafaf i gallo. **1688** *TJ, Trwsio* . . . to amend or repair. **1696** *CDD* 352, Fe'n gwerthwŷd yn gynta (gwan oeddem) gan Adda, / . . . / Ac eilwaith cysurwŷd, ein heinioes a brynwŷd, / An gofud a *drwswŷd* drwŷ Iesu. **1712** T. WILLIAMS: *CDdG* 360, i *drwssio* (*repair*) Candrellni ein dyledswyddau drwy fwy o awyddfryd a diwydrwydd. **1723** WM: *PGG* 27, Mewn amser 'mae *trwsio* y Briw sy'n dy flino, / Rhag iddo hirwreiddio, na phwyso yn dra-phell. **1759** *DG* [162], Dynion sy ddwyfron ddifriw, / O Boen a brad heb un briw. / Pob cûr lliw dolur lle delo / Fe'u gwelir iw [*sic*] *drwsio.* **1760** *ML* ii. 217, Fy ngwaith i beunydd yw *trwsio* kiblau a barilau . . . a *thrwssio* berfaau olwynog a rhawiau. **1795** *R. Crusoe* 119, A'n llong yn gollwng dwfr, a throesom yma i'w *thrwssio.* Ar lafar, '*trwsio* 'sgidia', *WVBD* 551; 'Un dæ yw 'i i *drwsio* 'eta', *GTN* 820.

(*d*) Gwrteithio, chwalu tail ar: *to fertilize, apply manure to.*

1795 J. THOMAS: *AIC* 354, Parotôa Dail o bob Biswail pûr i'r Ardd a *thrwsia* Welu brŵd y pot Lysieun. Ar lafar, *GTN* 820.

Amr.: **trwysiaf**^{2}: **trwysio.** **1574** *RhRC* (At.) 265b. **1618** J. SALISBURY: *EH* 177.

trwsialaf: trwsial [?gair yn dynwared y sŵn] *bg.* Tisian, ffroeni: *to sneeze, snort.*

1867. Clywir y ff. *trwsian* yn sir Gaerf.

trwsiant [bôn y f. *trwsiaf, trwsaf*: *trws*(*i*)*o* +-*iant*] *eg.*

(*a*) Llun, golwg: *look, appearance.*

c. **1400** *ChO* 22, Pa ryw *drwssyant* dy vab di?

(*b*) Bwyd (yn enw. llysiau) a weinir gyda phrif elfen saig: *any food* (*esp. vegetables*) *served as an accompaniment to the main part of a dish.*

c. **1877.**

trwsiedig [bôn y f. *trwsiaf, trwsaf*: *trws*(*i*)*o* +-*iedig*] *a.bfl.* Wedi ei wisgo neu ei ddilladu, trwsiadus, addurnedig; mewn cyflwr da, atgyweiriedig, wedi ei drwsio: *dressed, clothed, well-dressed, adorned, decorated; in good condition, repaired, mended.*

15g. *GLGC* 170, ac o'r ddeudir gwraig urddedig / o dri sidan yn *drwsiedig.* *c.* **1514** *Rhyddiaith Gymraeg* i. 19–20, keisiaw . . . y rai teckaf ac addwynaf o verched brenhinedd . . . A gwedy keffid y rai hyn ynghyd i hanvon yn *drwssiedic* a wnaid att Wrsla. **16g.** *B* xviii. 315, evo a'i luoswgrwydd o voneddigion a'i gwasnaethwyr yn *drwshiedig* mewn shiackedau newydd. **1690** *Ymofynion* 1, Ydyw 'r Tô yn ddiddôs . . . a'r meincie ag eisteddleoedd erai[ll] yn weddus a *thrwsiedig*? **1803** *P.*

trwsiedyn, gw. **trwsiad.**

trwsiwr [bôn y f. *trwsiaf, trwsaf*: *trws*(*i*)*o* +-*iwr*] *eg.* (b. *trwswraig*, ll. -*wragedd*) ll. *trwswyr, trwsiwrs.* Un sy'n trwsio, atgyweiriwr; lluniwr, paratôwr, addurnwr: *mender, repairer; fashioner, preparer, decorator.*

14g. *GDG*^{3} 13, Newidiwr, *trwsiwr* trysor—a moliant, / Normant glud goddiant, glod egwyddor [i Ifor Hael]. *Diw.* **15g.** *Pen* 53, 27, Treisvaedd anwar dewr tros veddineu. trawsior ky wir[dd]oeth *trwsywr* kerddeu [Ieuan ap Rhydderch i'r Prol]. **1772** *W* d.g. *Decorator.* **1789** *BDG* 517, Pefr farchog glân a llannerch, / Per *drwsiwr* llwyn er mwyn merch. **1803** *P, Trwsiwr*, s. m.—pl. *trwsiwyr* [*sic*] . . . A dresser, one who prepares. **1828** *Geir Pob* 32, *Trwsiwrs*, cyweirwyr.

trwsneiddiwch, trwsneiddwch, gw. **trwstaneiddiwch.**

trwso, gw. **tros.**

trwst^{1} [ansicr yw union brth. *trwst*^{1}, *trws*^{1} (gw. isod), Crn. C. a Diw. *tros*, Llyd. C. *trous*, Llyd. Diw. *trouz*, Gwydd. C. *trost*] *eg.* ll. *tryst*(*i*)*au.* Sŵn (mawr), twrw, dadwrdd, stŵr, cynnwrf, cythrwfl; taran: (*loud*) *noise, din, clamour, uproar, commotion, tumult; thunder.*

12g. *GLlF* 426, Fraɓt dra fraɓt, dra chaɓt, dra chynhennu, / Frɓst dra frɓst, dra *thrɓst* tretheu o Lundein. **1346** *LlA* 133–4, Aphann gyffroo ybyd godɓrd maɓr val *trystev* ynyr aɓyr. **14g.** *GDG*^{3} 49, *Trwst* oedd oer trist ddaearu, / Trugarog o farchog fu [marwnad Rhydderch]. *c.* **1400** *R* 1051. 5–6, Llynghes von dirion direidi llesteir creu *trɓst* rɓyueu trosti. **15g.** *DGG*^{2} 79, *Trwst* mawr yn tristau morwyn [i'r daran]. **1547** *WS, Trwst* A noyce [*sic*]. **16g.** *WLl* 23, Twrnelau kantelau tir / *Trystiau* wrth gerdded trowstir [i ofyn men]. **1567** *LlGG* (*Sall*) 15a, Dew y gogoniant y wna y taranae [:– *trystae*]. **1588** *Lef* xxvi. 36, a *thrwst* deilen yn yscwyd ai herlid hwynt. **1632** *D, Trŵst*, Sonitus, strepitus. **1672** J. LANGFORD: *HDdD* 333, Pa sawl ún sydd yr hwn er mwyn gochelyd *trŵst* gwraig ffromm a syrthiodd i gadw Cwmpeini? **1688** S. HUGHES: *TSP* 76, Bu hefyd daranau [:– *Tryste*] a mellt mor ofnadwy, ac y crynais i gan ofn. **1803** *P.* Ar lafar, 'Mwya' *trwst* llestri gweigion', *WVBD* 551; 'Fe ddæth 'no *drwst* nes siglo'r tŷ', *GTN* 820.

Amr.: **trws**^{1}. **14g.** *T* 10. 13, Pan dyffo deɓs. ef an gɓnaho maɓr *trɓs*. *id.* 20. 24–5, gogɓn *trɓs* llafnaɓr am rud am laɓr. **16g.** *Haf* 22, 385, *tryssau.* **1684** T. JONES: *Alm* [vi], llychau, a *thrysau* mawrion. Ar lafar yn y ff. ll. '*trisa, trysa*', ''Fu dim storom, ond ni glwson amall drwst *trysa*', *GTN* 820.

trwst^{2}, gw. **tryst**^{1}.

trwstan, twrstan, *a.* a hefyd gyda grym enwol. Trwsgl, lletchwith, ansad, bwngleraidd; anghaboledig, di-raen; anffodus, anlwcus, anhapus, trist, truenus: *clumsy, awkward, unsteady, bungling; unpolished, shoddy; unfortunate, unlucky, unhappy, sad, wretched.*

14g. *GDG*^{3} 301, Trawstir sathr, trist yw'r saethydd, / *Trwstan* o'i fawr amcan fydd [i'r ehedydd]. *c.* **1400** *R* 1339. 11, Graen *dɓrstan* bonrann bonrech fforstal dyff. bonryff borɓs kyff kyffeith vn mal. **15g.** *GGl*^{2} 314, Trethu o'i lu nid oedd lân, / Tristyd uddun', pand *trwstan*? *a.* **1587** *Y* 202, *Dwrstan* ddyn, medraist yn dda / Dreiglo Ewrop drwy glera. **16–17g.** *CRC* 78, mi / a / syrthiais mewn llyn yn *dwrstan.* **1620** *Mos* 204, 34, Cyn *dwrsdaned*, a *twrsdan* y ffeiriad. **1632** *D, Trwstan*, & alicubi *Twrstan*, Infælix, infaustus . . . Est fortè Appellativum à nomine proprio viri. **17g.** HUW MORUS: *EC* i. 352, O's cym'rwch chwi enyd, ni dynfyd [*sic*] gwrandewch, / Holl hanes y *Trwstan* yn gyfan a gewch. **1701** E. WYNNE: *RBS* 97–8, 'Storiâu . . . ynghylch aflwydd a drygau a ddigwyddasant mewn rhai Gwledydd pell, ac fe allei'r petheu hyn dorri'r ysfa arnynt am wybod Storiâu *twrstan* (*sad*). **1761** *ML* ii. 359–60, Gaddawodd alw o bai achos yn Llanwddan i weled y *trwstan.* **1763** *DT* 173, Mae 'n droedrwm ac yn *drwstan*, / A'i Fol yn gnap fal Crochan; / Ychydig bach a'i teifl i lawr, / Ni chyfyd e Awr ei hunan. **1766** *CD* 140, Chwi gewch glywed hanes y *Trwstan*; / Ar Trwstaneiddia ar y Ddaiar, / Ni choelia i fod iddo un cymar. **1803** *P* d.g. *Trwstan.*

trwstanaidd, twrstanaidd [*trwstan, twrstan*+-*aidd*] *a.* Trwsgl, trwstan, lletchwith; anffodus: *clumsy, awkward; unfortunate.*

14g. *GLlG* [56], Tros d'enau, ddyn *trwstanaidd*, / Trist flew, coel hyddew coly haidd [i'r farf]? **16–17g.** *PCWG* 346, yno kafas o wybod yn gwplach y da a gollase a ffrofi yn *drwstaneiddiach* y drwg a ddoethe. *Dchr.* **17g.** *J* 10, 161b, *Twrstanaidd.* Jnfortunatus. **1766** *CD* 140, Chwi gewch glywed hanes y Trwstan; / Ar *Trwstaneiddia* ar y Ddaiar, / Ni choelia i fod iddo un cymar. **18g.** I. BRYDYDD HIR: *Gw* 219, llyna i chwi hanes y Twrstan o'r *twrstaneiddiaf.* **1803** *P* d.g. *Trwstanaiz.*

trwstaneiddiaf: trwstaneiddio [bf. o'r a. *trwstanaidd*] *bg.a.* Symud (ymlaen) yn afrwydd, yn *ffig.*; (geir.) gwneud neu fynd yn drwsgl: *to move* (*forward*) *awkwardly, fig.*; (*dict.*) *make or become clumsy.*

1803 *P* d.g. *Trwstaneiziaw.* Cf. T. H. PARRY-WILLIAMS: *Y* 68, a'r meddwl yn *trwstaneiddio* ymlaen.

trwstaneiddiwch, trwstaneiddwch, twrstaneidd(i)wch, &c. [*trwstanaidd, twrstanaidd*+-*iwch*^{1} (At.), -*wch*^{1}] *eg.* Yr ansawdd neu'r cyflwr o fod yn drwstan, trwsgleiddiwch, lletchwithdod, bwnglerwch, gwaith di-raen; anffawd, damwain, anlwc, trueni: *clumsiness, awkwardness, a bungling, shoddy work; misfortune, accident, unluckiness, wretchedness.*

17g. *TBM* 327, A than ddiwygio pob *twrsneiddiwch* / Codi drannoeth drwy lonyddwch. **1691** T. WILLIAMS: *YB* 15, A oes ynte achos amgenach, fel na ddyle Gristiannogion, [*sic*] ddioddef yn fodlongar eu holl groes a'i *twrsneiddwch* (*evils and casualties and sufferings*) yn y byd hwn. *id.* 229, gcill rhyw galedi neu *dwrstaneiddiwch* ddigwydd. **1696** *CDD* 110, Pan fyddo [dyn truan]'n amcanu, hoffeinioes i ffynnu, / Heb fedru ond traws naddu *trwsneiddiwch.* **1701** E. WYNNE: *RBS* 226, os ystyri beunydd dy wendid . . . bydd anhawdd gennit ymgythruddo wrth wendid, neu *dwrstaneiddwch* (*misfortunes*) neu ammwyll un arall. *id.* 267, a'm cadw rhag perygl Yspeilwyr, rhag trais gelynion, rhag pôb *twrstaneiddwch* (*accident*) disymmwth. **1723** WM: *PGG* 10, llawer parottach i adrodd *trwsneiddwch* a musgrellni ein Cymmydoc. **1741** E. DAVIES: *Alm* [34], os gwnes *Drwstaniddiwch* [*sic*] na leddwch fi o lid. **1767** *Gron* 116, *Trwst'neiddiwch* trist newyddion / Ni oludd tir, ni ladd tonn. **1790** TWM O'R NANT: *GG* 195, Os gonest ymgeisiwch, er digwydd *trwsneiddiwch*, / A'ch cariad cywirwch, ymg'lymwch yn glau. **1803** *P, Trwstaneizwch* . . . Clumsiness.

trwstaneiddrwydd, twrstaneiddrwydd,

&c. [*trwstanaidd, twrstanaidd*+*-rwydd*] *eg.* Trwstaneiddiwch, trwsgleiddiwch, lletchwithdod, bwnglerwch, gwaith di-raen; anffawd, damwain, anlwc, trueni: *clumsiness, awkwardness, bungling, shoddy work; misfortune, accident, unluckiness, wretchedness.*

1545 *CM* i, 137, A ffan ddigwyddo i *dwrstneiddrwydd* ne i anffortun ssyrthio o vewn yrvn or arwyddion smudedig. **16g.** *B* xviii. 57, j ddangos jddo ef y *twrstneiddrwydd* a'r modd j daruuoedd jddi hi golli y vodrwy. **1605–10** *AP* 33, Ag velly y terfyna *twrsd=neiddrwydd* y Gruffydd uchod. *Dchr.* **17g.** *J* 10, 161b, *Twrstaneiddrwydd.* Jnfortunium. **1632** *D, Twrstaneiddrwydd* d.g. *Infelicitas.* **17g.** *CC* 65, Cowydd yn dangos *twrsneiddrwydd* gwr wrth garu merch. **1753** G. Owen: *L* 34, mae aneirif helbulon yr oed hon yn fwy nag a ddichon dyn ei draethu. Fe roes fy *nhwrstaneiddrwydd* a'm haflwydd i brawf hynod o hyn i'r holl wlad. **1759** *ML* ii. 144, Fe wnaeth y cyfrif a roddasoch o *drwstneiddrwydd* eich teulu a'ch cymydogion imi chwerthin llonaid fy mol. *id.* 344, Pa fodd y gwn i a dâl Dissertation yr Hirfardd 9d., chwaethach 9s.? . . . Mi wrantaf fod ynddo ddigon o ryw *drwstaneiddrwydd* neu gilydd. **1803** *P, Trwstaneizrwyz,* s. m. . . . Clumsiness, aptness to stumble; unluckiness.

trwstanwch [*trwstan*+*-wch*¹] *eg.* Trwstaneiddiwch, trwsgleiddiwch, lletchwithdod: *clumsiness, awkwardness.*

1803 *P.*

trwstfawr, gw. trwst¹+mawr.

trwstiad, gw. trystiad.

trwstiaf¹: trwstio, trwstian, gw. trystiaf¹: trystio.

trwstiaf²: trwstio, gw. trystiaf²: trystio.

trwstlyd, trwstneiddiwch, trwstneiddrwydd, trwstneiddwch, gw. trystlyd, trwstaneiddiwch, trwstaneiddrwydd, trwstaneiddiwch.

trwsus, trwswraig, trwsys, gw. trywsus, trwsiwr, trywsus.

trwy¹, drwy [< Clt. **trei*; cf. Crn. C. *dre,* H. Lyd. *tre(i),* Llyd. C. a Diw. *dre,* H. Wydd. *tre, tri, tré, tri* (Gwydd. C. hefyd *tría*); ff. wedi eu byrhau sydd y tu ôl i'r rhan fwyaf o'r ff. cytras hyn; gw. hefyd *try-*²; ansicr yw dosbarthiad rhai o'r enghrau. isod] *ardd. rhed.* gyda'r ff. prs. *trwof* (*drwof*), *trwot* (*drwot*), *trwyddo* (*drwyddo*), *trwyddi* (*drwyddi*), *trwom* (*drwom*), *trwoch* (*drwoch*), *trwyddynt* (*drwyddynt*) (am ff. rhed. eraill, gw. yr *Amr.* isod); hefyd gyda grym adferfol yn y ff. amhrs. *trwodd* (*drwodd*), &c., ac fel *cys.*

(*a*) I mewn i un pen neu ochr i (rywbeth) ac allan o'r pen, &c., arall, o'r naill ben, &c., i'r llall i, ymlaen oddi mewn i, dros, ar draws, ar hyd, hefyd yn *ffig.*: *through, from end to end or side to side of, over, across, along, also fig.*

12g. *LL* 157, *trui* i coit iguairet irpant. *id.* 196, dimynui. mynugui *truio* diaper nant cum. cinreith. **12g.** *GCBM* i. 59, *Trwy* fenestri gwydyr yt ym gỽelynt. **12g.** *id.* ii. 118, Karỽedros cauas y ganthaỽ / Cadarn dan, gỽan trywan *trwytaỽ.* **13g.** *A* 9. 19, ragorei tyllei *trwy* vydinawr. **14g.** *WM* 51. 33–5, nyt oes gynghor namyn kilyaỽ *drỽy* linon auon oed yn iỽerdon. *id.* 57. 20–1, kyrchỽch lundein y gladu y penn achyrchỽch chỽi racoch *drỽod.* **14g.** *YBH* 5b, trwadd y gwaet *drỽy* y eneu. **14g.** *GDG*³ 195, I fyned . . . / *Drwy* lwyn bedw draw Lanbadarn / At ferch. *c.* **1400** *YCM*² 68, [c]erdassant *drwy* y bont y tu a'r dinas. *c.* **1400** *ChO* 13, E llygoden gynt a vynnei vynet dros ryw auon . . . hi a welei ryw ffrogy bychan . . . A chyuarch a oruc idaw, ac adolwyn idaw y chanhorthwyaw *drwod.* **1567** G. Robert: *GC* [iv], wedi ymy ger/dded . . . *trwy* phrainc. **1632** *D,* gwthio *trwodd,* gyrru *trwodd* d.g. *Perago.* **1703** E. Wynne: *BC* 5, *trwy* 'r awyr deneu eglur . . . canfyddwn . . . lawer golygiad hyfryd. **1771** *PDPh* 61, Mae rhai meirch-feddygon yn torri twll *trwy* 'r croen. **1803** *P.* Ar lafar, ''Di o 'm yn licio dreifio *drw* drefi mawr'; ''Dach chi *drwadd* i'r swyddfa 'rŵan'; 'Mae'n wâc fach neis *trw* ffald Tresysyllt', *Wês wês* 12.

(*b*) Ar hyd neu am (o ran amser): *through(out) or for (of time).*

13g. *DB* 77, A guedy na beidyei e denyon e mor *drwy* hir amser, rac eu llyngu o'r pyscaut. **13g.** *HGK* 13, A llawer onadunt a aethant alltuded y wladoed ereill *trwy* hir vlwydyned. **14g.** *GDG*³ 190, Pynciau afrwydd *drwy*'r flwyddyn / A roes Duw i rusio dyn. *c.* **1400** *MM* 58, dodet y wermot yn y mor *trỽy* un aỽr. **16g.** *GGH* 349, Tirionswydd ledfaen trwynsor / *Trwy*'r dydd yn troi ar ei dor [i ofyn meini melin]. **1630** R. Llwyd: *LlH* 195, crefftwyr . . . yn eistedd yn segur *drwy*'r dydd yn y tafarndy. **1745** *ML* i. 86, pwmp o groen arth a wisgais i . . . *drwy*'r gauaf. **1797** B. Evans: *CG* 316, na chysgodd ei rieni amrantyn *trwy*'r nos. Ar lafar, 'Mae'n brafiach 'rŵan na buo' hi *trw*'r dydd', '*trwy* gyda'r nos', *WVBD* 551; ''Dan ni hanner ffor' *drw*'r gêm' (sir Ddinb.); 'Ma'r ci drws nesa' wedi bod yn cyfarth *trw*'r dydd gwyn gola 'eddi', *GTN* 821.

(*c*) Ym mhob rhan neu gwr o, i bob rhan o, dros bob rhan o, o'i gwr (am lyfr, &c.): *throughout, in or to all parts of, all over, from beginning to end of (book, &c.).*

13g. *GDB* 389, A llawer sychet trỽydet *trỽydaỽ.* **14g.** *BT* 133, gossodet anueidrawl dreth achynnulleidua o aryant *drwy* holl loegyr. **14g.** *GDG*³ 362, A churio'n fawr o'i chariad, / A dwyn ei chlod *drwy* Gymry. *id.* 363, Tripheth a gerir *drwy*'r byd: / Gwraig a hinon ac iechyd. *c.* **1400** *MM* 40, Kymryt bara pynnyỽl gỽenith *trỽydaỽ.* *ib.* tardu cornỽydon *trỽydaỽ.* **1567** *TN* [xxxiii–iv], A' Duvv a digon: heb Dduvv heb ddim . . . hynn i mae 'r prophwydi, a'r psalmae, a'r Testament newydd *trwyddo* yn i ddyscu i gristion. *id.* 165a, a'r bais oedd yn ddiwniat, wedy'r weheu o'r cwr uchaf *trwyddhei.* **1592** S. D. Rhys: *Inst* [xvi], y lhunieu a 'wneuthum o m' lhaw bhyhûn *drwy* yr holh lybhr. **1593** W. Midleton: *B* [1], kymhariad llythyrennennol [*sic*] yw kymharu y llythyren wreidhiol ag vn oe rhyw yn gyssefin pob braich *trwy* y pennill. **1630** *YDd* 180, i vnioni fy ewyllys a'm deisyfiadau, i'm sancteiddio *trwof.* **1653** *MLl* i. 143, Nid amser yw hi i fodloni Synwŷr . . . ond Amser i dystio y Gwir *trwy'ddo.* **1755** *ML* i. 394, Dyn *trwyddo* o Sion Baentiwr, ni allasid byth daro wrth ei fath pei chwiliasid holl ynys y cedyrn. **1778** J. Hughes: *BB* 97, Yr hanes hwn *drwy* 'r bydo'dd, / A ffrydiodd yn gyffredin. *a.* **1791** W. Williams: *GP* 407, Mae hiraeth *trwyddw*'i am fwynhau / Trysorau 'r 'ddewid ddrud. **1798** W. Richards: *CC* 24, Yn y dull yma y mae y llythyr wedi ei ysgrifenu *trwyddo.* Ar lafar, ''Dwi wedi cael annwyd *trw* y 'loda i gyd', *WVBD* 551; 'dyn *trwyddo*' 'a thorough man', 'cry' *trwyddo*' 'thoroughly strong', *ib.*

(*d*) (yn cyflwyno ymad. adfl. dull neu fodd: *introducing an adv. phrase of manner*).

Dchr. **12g.** *GMB* 30, Gorpo gvr gulet *druy* tagnevet het o hetiw! **12g.** *GLlF* 447, Edewis Padric *drwy* dic dagreu / Lloneid Llech Llauar hygar, hygleu. **13g.** *A* 20. 16–17, Truan yw gennyf vy gwedy lludet. godef gloes agheu *trwy* angkyffret. **13g.** *BD* 21, rodi kyureitheu a breinhieu udunt trvy y rei y gellynt buchedocau *trvy* hedvch a thagneued. **14g.** *BT* (*RB*) 106, a *thrwy* odwrd a chynnwryf gollwg saetheu. **14g.** *WM* 95. 28–9, kerdet eymdeith *drỽy* y lit aỽnaeth. *c.* **1400** *Ked AA* 3, A'e gorff a gladwyt *drwy* diruawr enryded. **1595** H. Lewys: *PA* 5, beth yw'r achos sy yn peri i ddüw anfon adref hyd attom, ac ymweled a ni *drwy* orthrymder. **1630** *YDd* 134, darllain hwy gan hynny *trwy*'r fâth anrhydedd, mal pe bai Dduw ei hûn yn sefyll yn dy emmyl. **1632** *D,* Ofni *drwy* barch a chariad d.g. *Vereor.* **1703** E. Wynne: *BC* 30, ni choeliai fynd o ddau ynghŷd erioed *trwy* fwy o gariad na ninneu.

(*e*) Ac yntau (hithau, &c.) yn, tan, gan (o flaen be.): *while (used before a vn.).*

13g. *A* 18. 2–4, oed garw. y gwnaewch chwi waetlin. mal yuet med *drwy* chwerthin. **14g.** *YBH* 44b, yna y gelỽis y brenhin ar boỽn a rodi y ffon y boỽn *trỽy* dyỽedut ỽrthaỽ. **14g.** *BT* (*RB*) 22, A'r Gwyndyt yn llidyawc a'e hymlynawd *drwy* lad y lu. **14–15g.** *GGLl* 96, A doedai, f'enaid ydoedd, / *Drwy* duchan, dyn wiwlan oedd, / 'Clo nid rhaid gof i'w gofain' (Gruffudd Llwyd). *c.* **1400** *Ked AA* 7, disgynnassant ell deu y'r llawr *trwy* ollwng eu dagreu yn hidleit. *id.* 9, yna *trwy* vwrw uchenedyeu praff . . . yd erchis Amlyn idaw vynet. **1588** *Lef* vi. cs., Aberthau am feiau a wneler *trwy* wybod. **1618** J. Salisbury: *EH* 123–4, arfer yr ydym eiriau'r Angel *drwy* wybod fod yn hyfryd iawn genthi, [*sic*] glywed yn fynech y newydhion da hynny.

(*f*) Yn dynodi cyfrwng neu offeryn, drwy gyfrwng, wrth; yn ôl; ar ffurf, i ffurf: *by (means of), through the medium of; according to; (in(to)) the form of.*

9g. (*MC*) *VVB* 226, *trui* ir unolion, gl. *per monades.* **9–10g.** (*Ox* 1) *VVB* 224, *Troi* enmeituou, gl. *per nutus.* **12g.** *GLlF* 448, Kyfodỽn, archỽn arch diomet / *Drwy* eirioled Dewi. **13g.** *GDB* 135, Nyd ef a'n diffyn nac a'n differ—yna / Dywedud traha *trwe* gam ober. *id.* 482, Llary gynghaws, *drwy* gyngor doethion. **13g.** *Cylchg LlGC* iv. 77, *Trwy* yr auon Eurdonen y dyellir dyd Jessu Grist . . . *Trwy* y deudec mein . . . yd arwyddockeir y Deudec Pwnc yssyd yn y Gredo. **13g.** *BD* 184, gossot a wnaeth Arthur y lu ynteu *trvy* nav bydin. **14g.** *T* 53. 26, Adygymuant arannyssant *trỽy* eir dofyd. **1346** *LlA* 49, megys ygallỽyf dyuot yr rỽyduaes y gỽyboder *drỽydot* ti. **14g.** *YBH* 6b, gofyn yr mab *drỽy* icithid o ba le pan hanoed. **14g.** *RC* xxxiii. 208, val y galloch dyuot ar vabolyaeth Crist *truydofi.* *c.* **1400** *ChO* 5–6, y chwaneckau synhwyr ac ymborth y'r eneit *trwydunt* [bucheddau'r saint]. **1592** S. D. Rhys: *Inst* [xvii], ymegnîwch' *drwy* ryw 'wrthieu y geisio bywyd idho. **1759** J. Evans: *PF* 61, Cymysewch yn ddâ ac ef *trwy* ei hir guro. **1803** *P.* Ar lafar, '*trwy*'r post', *WVBD* 551; 'Mae o wedi dysgu Ffrangeg *drw*'r Gymraeg' (Arfon).

(*g*) Oherwydd, o ganlyniad i, ar gyfrif; ?yn amodol ar: *because of, as a result of, on account of; ?conditional upon.*

12g. *GMB* 275, Tir rygymyrth Crist o groes edwyn —kethri / *Trwy* amrygolli daeoni dyn. **12g.** *GCBM* i. 225, Gwaew krvm yn dyt trỽm *trwy* fwyr, / Gvan fysc yn eurwrysc, yn aer. *id.* 327, Dyuryd uyt uytaf *drwy* gythrut. **13g.** *GBF* 470, Jessu, Iessu, a vyd, a vu, *trỽy* vud gethreu. **14g.** *T* 23. 26–24. 1, cant eneit *trỽy* bechaỽt aboenir yny chnaỽt. **16g.** *Haf* 22, 352, Mi a Rof y ti gymaint o dda ac a welaist di *trwy* j ti gwympo y lawr . . . a gwnaythyr wrssib . . . y mi. **1588** *Salm* xlii. 9, pa ham y rhodiaf yn alârus *trwy* orthrymder y gelyn. **1595** H. Lewys: *PA* xx, *drwy* fod hwn [gair Duw] . . . yn gloedic yn yr Eglwysi . . . mae llaweroedd yn ymddifaid o gyngor. **1657** *MLl* ii. 49, os colli di dy fywyd (*drwy* fod dy rym dy hunan mewn llewyg). **1765** *BDGU* 9, *Trwy* fod mewn Cydundeb, / O warth Anudonedd, / Gwnan wrthyn Odineb. **1768** W. Williams: *HTS* 28, y gweddwon oedd Ffidelius yn dad iddynt, oedd wyr a gwragedd analluog i weithio, ac wedi (*trwy* orthrymder neu lettygarwch) rhedeg i dlodi. **1793** M. J. Rhys: *CA* 5, Ni ddylent er dim ddigaloni, *trwy* eu bod yn gweled anhawsderau ar y ffordd. Ar lafar, '*Drw* 'mod i'n hwyr, mi gollish i'r bŷs'; 'Ma fe wedi safo gorfod mynd i'r hospital *trw* fod 'i fys wedi gwella o'i hunan' (sir Gaerf.).

(*h*) Yn gymysg â, ynghyd â, gyda, gan gynnwys; yn, mewn; o (yn dynodi defnydd): (*mixed*) *with, together with, including; in; with or from (denoting material).*

14g. *BY* 50, llauyn pyc wedy y verwi *drwy* vlew a blonec. *c.* **1400** *Études* vii. 64, O'r berwir kic *drwy* vinegyr ny weda y dynyon gwressawc sych. *id.* 298, a chymer hen gwryf da a wneler *drwy* wenith heb dim o heid yndaw. *id.* viii. 84, ffa gwynnyon . . . O berwir wynteu *drwy* eu risc mywn gwinegyr. **15g.** *HCLl* 80, Tomos grair, twymwaisg ei rodd, / *Trwy* sidan y'm trwsiadodd. *Diw.* **16g.** *WLB* 89, Os berwir wye *drwy* ddwfr ai henllynu gida ffupur. **1588** *Nu* vi. 15, teissennau peilliaid wedi eu telino *drwy* olew. **1703** E. Wynne: *BC* 140, [c]einhiogwerth o fursendod wedi ei gymyscu *trwy* falchder. *c.* **1740** *LlM* 23, Cais ddeuddeg o Gwion Gwenoliaid au curo mewn Morter *drwy* eu Plu. Ar lafar, 'bara *trw*'r dŵr', S. M. Tibbott: *AB* 47; 'tatws *trw*'u crwyn'; 'coffi *drwy* laeth'; 'Dim ond deg oedd yn y capel y bore 'ma, *drw*'r pregethwr', 'Mae gen i bunt union yn 'y mhoced *drw*'r arian ges i rwan', 'Mae amryw o'r ymwelwyr am ddod gyda ni ar y trip—*drwyddyn*' nhw . . . mae gobaith y llenwir y bws', *B* xxv. 74 (Meir.).

Fel *cys.* Fel (y); oherwydd, gan; drwy gyfrwng yr hwn, &c., (y): *so (that), with the result (that); because, since; whereby.*

14g. *LlB* 30, y tri naw affeith, achwysson ynt *trwy* y gwneir y gweithredoed hyn. **1346** *LlA* 143, duỽ aeirch . . . na chadarnnhao dyn kelỽyd trỽy tỽng. *trỽy* y colletto ygymodaỽc oe da. *id.* 144, [c]ymryt gormod ohonunt [bwyd a diod] *trỽy* ybei orthrỽm arygorff nev ary eneit. **15g.** *Cy* iv. 126, ychwitheu yr eglỽyswyr arothassoch kyflebaythe drỽg *trỽy* ybu haỽs gan y bobloyth gyffredin ymroi y pechod. Ar lafar, ''Ddaru mi 'm o'i thynnu hi oddi amdana' *trw* 'fuom i ddim yn hir', *WVBD* 552; hefyd gynt yn yr ystyr 'tra', '*Trwy* buo' fo yma', '*Trwy* byddach chi yno', *id.* 551. Gw. hefyd y cfn. *trwy na* isod.

Amr.: **trwyddof (drwyddof),** &c. [drwy gymryd *trwydd(o),* &c., fel bôn newydd]. **1346** *LlA* 49, *drỽydot* ti. *id.* 171, *drỽydunt.* **14g.** *RC* xxxiii. 208, *truydofi.* **1567** *TN* 165a, *trwydhei.* *a.* **1791** W. Williams: *GP* 407, *trwyddw*'i. Ar lafar yn gyff., *WVBD* 551, *GTN* 820. **trwyodd** [*trwy*¹+*-odd*²]. **1606** E. James: *Hom* i. 132, lladron yn torri *trwyodd.* **trywodd.** **1547** *WS, Trywodd* Through. **1567** *TN* 107a, 165b, 315b. **16g.** *LIS* 155.

Cfn.: **trwodd (drwodd) a thro:** *in general, by and large, overall.* **1888** D. Owen: *S* 120, yr hwn, ti a'i addefi, a'i gymeryd *drwodd a thro,* ydyw y pregethwr mwyaf poblogaidd sydd yn perthyn i'r Cyfundeb. **trwy (drwy) gennad:** *with the permission of, by the will or leave of.* **14g.** *BT* 112, *drwy gennat* duw. **15–16g.** *GLM* 135, *drwy gennad* Uriel. **1688** S. Hughes: *TSP* 151, Ond *trwy* 'ch *cennad* chwi, Rhôdd Duw yw Gwybodaeth nefol o'r pethau hyn. **1765** J. Evans: *CPE* 150. **trwy'i (drwy'i) gilydd (trwy'n gilydd,** &c.**):** *between them (us, &c.), between one another, with each other; through or around one another.* **1856.** Ar lafar, '*Trw'n gilydd,* mae'r gwaith yn cál 'i neud', *WVBD* 551; ''Odd hi'n andros o llawn yn y siop, a pawb yn gwau *trwy'i gilydd*'; 'We' pawb yn chware *trw'i gily*'

yn yr ysgol fach' (sir Benf.). **trwy (drwy) gyfrwng:** *by means of; in, through the medium of.* **1618** J. SALISBURY: *EH* 221. **1670** J. HUGHES: *AP* 274, 316. Ar lafar, 'Mae 'na brinder o athrawon sy'n gallu dysgu *drw gyfrwng* y Gymraeg'. **trwyddo draw (trwyddi draw, drwodd draw, &c.):** *throughout, overall, through and through, thoroughly; (all) together; through (to).* *c.* **1730** *Taith C* 155, a'r modd yr aethei ef *trwyddo-draw* (*got thorow*) i'r Lle'r oedd efe'n bwriadu. **1764** W. WILLIAMS: *Th* 167, hyd y caffwyf amser eu darllen *trwyddynt draw.* **1794** *W, Trwyddo draw* d.g. *Through and through.* Ar lafar, '*trwyddo draw*' 'through and through', *WVBD* 101; '*trwyddi-draw*' 'Through and through, up and down. Said of farmers and their servants when they dine together and live in common', *GDD* 312. **trwyddo (trwyddi) ei hun(an):** *independently, in his (her) own right.* **13g.** *Cy* xvii. 135, Pob un o nadunt adyly daly gorssed *trỽydaỽ ehun.* **1346** *LlA* 165, Aphob vn ohonunt ysyd ae brenhin *trỽydi ehunan.* **trwy hyd:** *throughout (of time), all through.* **1661** E. LEWIS: *Drex* 156. **1771** W. WILLIAMS: *GIE* i. 41. **trwy (drwy) law:** *by (the hand of), by hand, through the influence of.* **1346** *LlA* 78. **1551** W. SALESBURY: *KLl* lxxviia. **1567** *TN* 262b, 291b. **1775** *CY* 8. **trwy (drwy) na:** *provided that . . . not, so long as . . . not, if only . . . not.* **14g.** *GDG*[3] 271, *Drwy na* chyfarffo, dro drwg, / Diwael gulael, â golwg. **1595** *Egl Ph* 6[5], *drwy na* bo goramledh o rannau idhi. **1606** E. JAMES: *Hom* i. 68, Ei ewyllys ef hefyd yw cadw o'r bobl ac vfyddhau i bob cyfraithiau dynion *drwy na* wrthwynebant ei gyfraithiau ef (*not being contrary unto his laws*). **1710** *LlGG* (*Gos*) 12, eu dewis o Wisgiad gweddaidd a 'sgolheigaidd, *trwy na* bô (*provided that it be not*) wedi ei dorri neu ei bincio. **trwyddo (trwyddi) berfedd:** *through (to) the middle, through the heart, also fig.; without reservation.* **12g.** *GLlF* 540, Gwr a gynneil y lloer yn y llaỽnwet, / A genniỽ pob tra *trwydi beruet.* **13g.** *GBF* 225, Gnaỽd itaỽ treityaỽ *trwyddi beruet!* **14g.** *LlB* 126, cadarnhau gwir gan dyngu *trwydaw perued.* **14g.** *WM* 441. 28–30, dỽyn ruthur y un o nadunt ae wan *trỽydaỽ berued.* **trwy (drwy) deg:** *by fair means, fairly.* *c.* **1400** *Ked AA* 18. **15–16g.** *TA* 74, 105, 158. **1632** *D* d.g. *Illicio, Perlecto.* **1790** T. JONES: *TOS* 188. Ar lafar, ''Ddaw o ddim *trwy deg*', *WVBD* 105; 'Os næ alla' i gæl pethach *trw deg*, 'dwi ddim yn 'u mofyn nw', *GTN* 820. Digwydd hefyd yn yr ymad. 'un *trwy deg*', 'Un *trw deg* yw Bili bach, fe naiff unrhyw beth a weti di, 'mond iti fod yn fwyn', *id.* 821.

trwy[2], gw. trw[1].

trwyadl, trwyaddl [?*trwy*[1] + *hadl, haddl*] *a.* Trylwyr, llwyr, manwl, perffaith; deheuig; huawdl: *thorough, complete, perfect; dexterous; eloquent.*

12–13g. *GLlLl* 26, A'm dadyl, ut *trwyhatyl* yn detyf troi. **13g.** *GDB* 135, Bwyf *trwyadyl* kynnaddyl kyn noc ucher. **14g.** *CMCS* xxiii. 4, Dawn ae troes ym dyn *trwyadl* ae rroes / rryssedd tec heb gynnadl [Dafydd ap Gwilym i'r cusan]. **14g.** *GIG* 77, *Trwyadl* yw ar ddadl ddidwyll, / Doethaf y barnaf ei bwyll [i Lys Ieuan, esgob Llanelwy]. *c.* **1400** *Ked AA* 18, yd oed Chyarlys yn y dref a elwir Theodothyon. A gwedy gwneuthur o'r gwrda a oed gardinal . . . y negesseu yn *drwyadyl.* **15g.** *BB* 3, llyuyr kymraec ac yndaw gweithredoed brenhinet ynys brydein . . . o ymadrodyon *trwiadyl* llwybreit. **1567** *TN* 202b, Ac nebun Iuddew, Apollos ei enw . . . a ddaeth i Ephesus, gvr hyawdyl [:– *trwyadl*, ffraeth] a' nerthawc yn yr Scrythurae. **1604–7** *TW* (*Pen* 228) d.g. *perfectus.* **1632** *D, Trwyadl*, Dexter, promptus, impiger. **1679** C. EDWARDS: *GGG* 131, a'th alwad *trwyadl* sy'n dangos dy fod yn vn o'i etholedigion. *c.* **1762–79** W. WILLIAMS: *P* 572, ac y galle yr holl fyd o ddautu weled a barnu ei fod e'n . . . fab *trwyadl* i eglwys Rufain. **1803** *P* d.g. *Trwyadyl.* Ar lafar, 'Sais *trwyadl*', 'sgwennu'n *drwyadl*' 'to write in full', ''Dach chi'n dyst i'r ddiharab 'i bot 'i'n wir?' ''Dw i'n dyst *trwyadl*' 'can you vouch for the truth of the proverb?' 'Yes, thoroughly', *WVBD* 552; 'Gnæ dy waith yn *drwyadl*, 'nawr', 'Ma fa'n withwr *trwyadl* iawn', *GTN* 819.

Amr.: **trwyad. 1786** TWM O'R NANT: *PCG* 12, Pob rhyw siarad hên-grâs eirie, / A phob ystraie, troie, *trwyad.* **1790** TWM O'R NANT: *GG* 190, 'Run fath a Chigfranod yn briod â Brain, / Neu Foron Llan-fwrog yn rhywiog yw rhai'n; / Fel Spigot a Phowsed fe'i ffitied heb ffael, / Nid hawdd cael Cymariad mor *drwyad* ar drael. **tryadl** (?*d*≡ *dd*). **14g.** *T* 36. 8–10, Vyg kadeir am peir am deduon am areith *tryadyl* gadeir gysson.

trwyadledd [*trwyadl* + *-edd*[1]] *eg.* Y cyflwr o fod yn drwyadl, trylwyredd: *thoroughness, completeness.*

1803 *P.*

trwyaddl, gw. trwyadl.

Trwyd—Twrch Trwyd, gw. twrch.

trwydoll, trwydwll, gw. trydwll.

trwyddair [*trwydd(ed)* + *gair*[1]] *eg.* Cyfrinair: *password.*

1851.

trwyddau, gw. trwyddew.

trwyddeb [*trwydd(ed)* + *-eb*] *e?b.* ll. *-au.* Trwydded: *licence.*

1848.

trwydded [?elf. anh. + *-ed*[1]] *eb.* ac yn eithriadol *eg.*

(*a*) Caniatâd, cennad; rhyddid, penrhyddid; breintryddid, rhyddhad; *Egl.* maddeueb; tystysgrif, dogfen, neu bapur, &c., sy'n rhoddi caniatâd swyddogol i wneud rhywbeth, hawlen, papur caniatâd, pasbort, tystysgrif: *permission, leave; licence, liberty, freedom; immunity, exemption; (papal, &c.) indulgence; licence, permit, pass, passport, certificate.*

1604–7 *TW* (*Pen* 228) d.g. *Immunitas, Libertas, Licentia, potestas.* **17g.** HUW MORUS: *EC* ii. 283, I'n tynu o'n caethiwed, mewn *trwydded* 'fe a'n trodd. *id.* 414, Tyred, mae *trwydded* at ras—ein Un Duw, / Yn dy wisg briodas. **1710** *LlGG* sig. †2v, A'r sawl sy'n byw mewn ufudd-grêd / I mi, caiff *drwydded* Nefol / Na allo'r Angeu, Brenin Braw, / Ddrwg iddaw yn dragwyddol. **1718** E. SAMUEL: *HDdD* [xiii], *Trwyddˆed*, Rhydd-did. **1728** T. BADDY: *DDG* 155, Annog Cenhedloedd eraill cyfagos i Negeseua ac i Farchnatta yn eu plith hwy, trwy bob math o rydd-did; a *thrwyddˆed* ddidreth. **1773** *W* d.g. *Exemption* [*immunity; privilege*], *Indult, or indulto* [*a special grant from the Pope, &c.*], *Licence* [*permission, &c.*], *A pass, or passport* [*licence or permission to travel, &c.*], *Permit* [*a written warrant for conveying exciseable goods from one place to another*]. **1803** *P, Trwyzed*, s. f.—pl. t. *au* . . . a passport, freedom of passing and repassing; licence, leave.

(*b*) Amser (a ganiateir), tymor, oes: (*allotted*) *time, term, life.*

1567 *TN* 248b, barnu petheu 'sy 'n perthynu tu ac at ein buchedd [:– *trwydded*, gosymddaith] ni? A' chan hyny a'd oes genwch varneu am betheu 'sy yn perthynu ir [*sic*] vuchedd [:– *trwydded*] hon, cadeirìwch yr ei diystyraf yn yr Eccles. **1629** R. LLWYD: *P* 44, *Trwydded* ein henioes ni (*The time of our life*) yw dêg mlynedd a thrugain. *id.* 57, darfyddo i Dduw oedi tros hir amser, a gohirio *trwydded* y drygionus (*the terme of the wicked*).

(*c*) Croeso, derbyniad, lletyaeth, cynhaliaeth, ymborth, hefyd yn *ffig.*: *welcome, reception, hospitality, sustenance, food, also fig.*

12g. *GMB* 276, Ac nys oes gochel gochwerỽ *drwytted* / Gỽely agklaear daear duted. **12–13g.** *GLlLl* 265, Y titheu, ut Deheu, dyred / Clod, wr llary, o'm llỽry y'th *drwyted.* **13g.** *GDB* 501, Ennwir yỽ angheu anghen *drỽydet*, / Anwas ry gallas pan ry gollet. **14g.** *WM* 123. 2–4, Ar doethoed oed blỽydyn kyn no hynny y lys arthur ef ae corres y erchi *trỽydet* y arthur. ?**14g.** (**17g.**) *EWSP* 414, Llywarch hen na fydd diwyl / *trwydded* a geffi di anwyl. *c.* **1400** *Ked AA* 12, A phann doeth y Ruvein, y bu lawen Kustennin a'r marchogyon o lys Ruvein, a'e dalyassynt wrth vedyd, trwy rodi *trwydet* idaw, ef a'e weissyon, o vwyt a diawt a dillat yn llawen. **15–16g.** *TA* 51, Mawr y'm noddaist, y'm gwahoddaist, / Maeth a roddaist im, a *thrwydded.* [**1547**] W. SALESBURY: *OSP* [v–vi], e veidyr yr adar ar anieuileit, trwy eu siarat ae bugat, ddyall y gylydd yn hyspys ym pop chwedyl a vo yn perthyn ynghylch i *trwyddet* ai hymborth a hanas i cyrph. *Diw.* **16g.** *Rhyddiaith Gymraeg* i. 120, Ag yn y lle hwnnw idd oedd kymaint o brinder val idd oedd yn anodd i ddynion, nevailiaid ag adar gael i *trwydded*, val idd oeddynt yn mairw o aisiav *trwydded.* **16–17g.** *W Best* 17, Kans natur y gigfran yw, pan vo i hadar hi heb plyf arnynt, am nad ynt yn debig y'w mam nag y'w tad, ny ddwg hi ddim *trwydded* yddynt yny vont yn wisgedig o blyf ag yn debig y'w mam a'i tad. **1718** E. SAMUEL: *HDdD* [xiii], *Trwydded* . . . Cynnwysiad am ryw amser pennodol. **1753** *TR, Trwydded* . . . Ymborth, food, in Glam. **1794** *W, trwydded* d.g. *Sustenance* [*any thing that supports nature*]. **1803** *P, Trwyzed* . . . fare; provision, or maintenance.

(*d*) Tramwy, mynediad heibio; tâl (am daith): *passage, transit; passage (payment).*

1803 *P, Trwyzed* . . . A passage through, a pass . . . the act of passing through.

Amr.: **trwyddyd. 16–17g.** *Gesta Rom* 60, A'i wraig a ovynnawdd pam na chynyllysai ef beth koed y dydd hwnnw, mal i gallent gael peth *trwyddyd.* **16–17g.** *HG* 16. **1794** *W, trwyddyd* (in Glamorganshire) d.g. *Sustenance* [*any thing that supports nature*]. **1803** *P.* Ar lafar, 'Ma'r Star a'r Rock wedi colli'u *trwyddyd* i wyrthu cwrw ys blynydda', *GTN* 819 (*eb.*). **trydded** [?dan ddyl. ff. yn *try-*[2]]. **1772** *W* d.g. *Dispensation* [*exemption, priviledge, freedom, immunity, indulgence, &c.*]. **tryddyd** [cf. *trwyddyd, trydded*]. **1803** *P.*

Cfn.: **trwydded yrru:** *driving licence.* **20g. trwydded, &c., priodas (briodas):** *marriage licence.* Ar lafar, 'Ma *trwyddyd priotas* 'y nat-cu a'm mang-gu gin' i 'nawr', *GTN* 819. **trwydded deithio, trwydded teithio:** *passport.* **1938. trwydded deledu, trwydded teledu:** *television licence.* **20g. yn drwydded** [dichon mai *yn nhrwydded* y dylid ei ddarllen yn rhai o'r enghrau. isod]: *as a person permitted to stay at a court, &c.* **13g.** *D Col* 5, O deruyd y dyn deuot e ty arall *en trwytet* (*LlDW* 132, dyuot *yn truydet* dyn arall; *LHDd* 86, dyfod *yn drỽyded* y dy dyn arall) ac escrybyl ganthau neu a da arall, pan el emeyth ny dyly menet ganthau nac epyl na teyl na cludeyr na neb deodufev o dym namyn a doeth ganthau ony byt amuot a duc ydau. **13g.** *HGK* 13, wedy bot Gruffud bluydyned en Ywerdon megys *yn trwydet* y gyt a Diermit vrenhin ac y gyt a'r guyrda ereill.

trwyddedaf: trwyddedu [bf. o'r e. *trwydded*] *bg.a.*

(*a*) Rhoddi trwydded (i), awdurdodi, hefyd yn *ffig.*: *to license, also fig.*

1775 *W* d.g. *To license* [*grant permission to do a thing*].

(*b*) Treiddio, hefyd yn *ffig.*: *to penetrate, also fig.*

1567 *TN* 84a, ac ys aiff [:– tyll, *trwyddeda*] cleddyf trwy dy enait. **16g.** *LlS* 50, vn gwreiddyn yn *trwyddedy* yn ordd[w]fyn a lliaws o rei mân yn ymoyscary o y wrtho. **1753** *TR, Trwyddedi* [*sic*], to pass through. **1801** *MMf* 267, Casgl y llysiau yn y gwanwyn a'r haf, a sych yn dda mewn haul bore, au troi au trafod fal y gallo'r haul eu *trwyedu* [*sic*] au sychu'n dda. **1803** *P.*

trwyddedair [*trwydded* + *gair*[1]] *eg.* ll. *-eiriau.* Cyfrinair: *password.*

1841.

trwyddededig [bôn y f. *trwyddedaf*: *trwyddedu* + *-edig*] *a.bfl.* Wedi ei drwyddedu, ac iddo drwydded: *licensed.*

1834.

trwyddedfa [*trwydded* + *-fa, ma*] *eb.* Tramwyfa; tramwyad; trwydded ysgrifenedig; cwrs: *passage, thoroughfare; passage, access; pass, permit; course.*

1798 *WR* d.g. *Thorough-fare.*

trwyddedig [*trwydded* + *-ig*[2]] *a.* a hefyd fel *eg.* ll. *-ion.* Wedi ei drwyddedu, ac iddo drwydded; bardd wedi ei drwyddedu; deiliad trwydded; person wedi ei ryddhau: *licensed, certificated; licensed poet; licensee; freed person.*

Dchr. **17g.** *J* 10, 166b, *Trwyddedig.* libertinus. **1803** *P.*

trwyddedog [*trwydded* + *-og*] *a.* a hefyd fel *eg.* ll. *-ion.* Wedi ei drwyddedu, ac iddo drwydded; breintiedig; dinasfreiniedig; person ac iddo gymhwyster neu drwydded; (person) ac iddo ganiatâd i aros mewn llys, &c., gwestai; person wedi ei ryddhau: *licensed; privileged; naturalized; licentiate; (person) permitted to stay at a court, &c., guest; freed person.*

13g. *LTWL* 259, Homo *truidedauc* in domo alterius non debet habere teil, nec epil, neque cludeir, neque domos edificatas, nisi fuerit amot inter eos. **13g.** *TYP*[2] 172, Tri *Trwydedawc* Llys Arthur, a thri Anuodawc: Llywarch Hen, a Llemenic, a Heled. **14g.** *T* 64. 18–19, Chwechach it gynan o hynnyd chwedlaỽc *trỽydedaỽc* traeth dyd. **14g.** *GIG* 75, Llywarch Hen llawen oll wyf, / *Trwyddedog*, treiddio'dd ydwyf [i lys Ieuan, esgob Llanelwy]. *c.* **1400** *J* 1, 967, Drỽc adrefyn ỽrth eir. y *drỽydedaỽc.* **1632** *D, Trwyddedawg*, Libertinus, hospes liberè admissus. **1632** *D* (*Diar*), Na ddala dy dŷ wrth gyngor dy *drwyddedawg.* **1710** *LlGG* (*Gos*) 17, Dadleuwr a fo *trwyddedawg* i orchwylio yn yr un Llys. **1773** *W* d.g. *Free* [*licensed*], *Freeman, or freed man* [*one made free*], *Licensed, Licentiate* [*one that is licensed in any faculty or profession*], *Naturalized, Privileged.* *Diw.* **18g.** *AL* ii. 492, Tri *thrwyddedawg* teulu, ac ni vyddant wrth lavur, a gorchwyl, a swydd: baban; oedranus; ac athraw teuluaidd: sev nis byddant law ar glerdd, nag ar ardd, nac ar arad. **1791** DAFYDD DDU: *A* 46, yn *Drwyddedogion* yn mraint Beirdd Ynys Prydain. **1794** E. JONES: *CP* vi, Iolo Morganwg, Bardd *trwyddedog.* **1803** *P* d.g. *Trwyzedawg.*

trwyddedogaeth [*trwyddedog* + *-aeth*] *eb.* Y cyflwr o fod yn drwyddedog (am fardd): *state of being licensed (of poet).*

1791 DAFYDD DDU: *A* 46, Urddas a *Thrwyddedogaeth* . . . yn mraint Beirdd Cyfoeth Morganwg. 1803 *P.*

trwyddedogaf: trwyddedogi [bf. o'r a. *trwyddedog*] *ba.* Trwyddedu, hefyd yn *ffig.*: *to license, also fig.*
1803 *P.*

trwyddedol [*trwydded*+*-ol*] *a.* Yn perthyn i drwyddedu; trwyddedig; ?wedi ei oddef neu ei ganiatáu: *licensing; licensed; ?allowed, permitted.*
1803 *P, Trwyzedawl* . . . licensing.

trwyddedwr [*trwydded* a bôn y f. *trwyddedaf*: *trwyddedu*+*-wr*] *eg.* ll. *-wyr.* Person sy'n trwyddedu; teithiwr: *licenser; passenger.*
1803 *P.*

trwyddew, trwyddau, *eg.* ll. *trwyddewau.* Taradr, gwimbill, ebill, dril, hefyd yn *ffig*: *auger, gimlet, drill, also fig.*
13g. *LlI* 93, *Trwydeu,* dymey. 14g. *GDG³* 163, Treiddiai yn ffrom wrth domawg, / *Trwyddew* tail a rhew yrhawg [i'r cyffylog]. *id.* 295, Trwm yw ynof ei hirgadw, / *Trwyddew* fy mron friwdon fradw [am gariad]. *id.* 304, Trist big, hen goedwig a gâr, / *Trwyddau* adwyau daear [i'r cyffylog]. 14g. *GIG* 98, Heb air ymladd, bâr amlwg, / Trwyddo ar draws, *trwyddew* drwg [marwnad Ithel Ddu]. 16g. *LlS* 155, Yr Hesc melfedoc . . . a blaen y paladr mal *trwyddew* yn ymsengi y vyny trywodd. 1610 *Pen* 217, 317–18, erchis Alexander dwymnaw pedwar *trwyddew* ar ddec, a rhoddi dau yn winias ynghlustiau Kuric. 1632 *D, Trwyddew,* Terebrum, cæstrum. 1722 *Llst* 189, *Trwyddew.* m.p. *ddewau.* An augre, gimlet, drill; surgeon's boring instrument, surgeon's terebra. 1753 *TR, Trwyddew,* a piercer, a sort of iron sharp at point to be put in the fire to bore holes with. 1763 *DT* 254, Fal mellten lem dy dremynt, / *Trwyddew* gwyllt yn treiddio gwynt [i ddanfon y golomen]. 1770 *W* d.g. *An auger, or augre* [*a tool in Mechanics, consisting of a handle and bit*], *Wimble* [*a small instrument for boring, so called*]. 1803 *P* d.g. *Trwyzew.*

trwyddof, &c., **trwyddyd,** gw. **trwy¹**, **trwydded.**

trwyfa [*trwy¹*+*-fa, ma*] *eb.* Tramwy, mynediad heibio; tramwyfa: *passage, transit; passage, thoroughfare.*
1840.

trwyll [?cf. *troell*] *eb.* ll. *-au,* a hefyd fel *e.ll.* Bwylltid, swifl, modrwy dro; modrwy (yn nhrwyn mochyn), cwirsen; olwynion; hefyd yn *ffig.*: *swivel; snout-ring, nose-ring* (*of a pig*); *wheels; also fig.*
15g. *LTWL* 506, Precium lignorum textricis: xxiiii denarii, scilicet, caruaneu, *trwylleu,* et xxii denarii pro peitheneu. 15g. *HCLl* 91, Tri llew lendid, *trwyll* Llundain, / Tri gwn trwm Teirgwent yw'r rhain [i dri Herbert o Went]. c. 1585 *MCr* 92, cerbyd o ifori, yr hwn oedd a *thrwyll* (*wheels*) o ayr, a day farch gwynion yn tyny y cerbyd. 1753 *TR, Trwyll,* iron to put in a swine's snout. 1773 *W* d.g. *A ring for a swine's snout. id.* vulgò swyfl, *trwyll* d.g. *Swivel* [*a sort of ring that turns about any way*]. 1803 *P, Trwyll,* s. f.—pl. t. *au* . . . a swivel, or ring, on a pivot; a ring in a swine's nose. Dodi *trwyll* yn ei drwyn . . . Adage. Mi yn son am wyl Vair, ti yn son am *drwyll* moçyn . . . Adage.

trwyllaf: trwyllo [bf. o'r e. *trwyll*] *bg.a.* Rhoddi modrwy yn nhrwyn (mochyn), hefyd yn *ffig.*: *to ring the nose of* (*a pig*), *also fig.*
[1783] *W, Trwyllo* . . . mochyn d.g. *To ring a swine.* c. 1785–90 (1829) *CBYP* 163, Rhyw adwyth yn wir lle 'n trawshudir a serch, / I'n *trwyllo* mewn trallod fal meddwdod yw Merch. 1803 *P, Trwyllaw* . . . to ring a pig's nose.

trwyllwn [*trwyll*+*gwn¹*] *eg.* ll. *trwyllynnau.* Gwn bach (ar fwylltid) a ddefnyddir i saethu cerrig, darnau o haearn, &c.: *pedrero, small* (*swivel-*)*gun used for firing stones, broken iron, &c.*
1778 *W* d.g. *Pederero, or paterero* [*a sort of small swivel-gun so called*].

trwyn [H. Grn. *trein* [*sic*], gl. *nasus,* Crn. Diw. *tron,* Gal. **trugnā* (> Ffr. *trogne* 'gwep'); ?cf. yr e. lle Llyd. *Beg penn an trein*] *eg.* (bach. g. *-yn,* b. *-en*) ll. *-au.*

(*a*) Y rhan o wyneb person neu anifail sy'n cynnwys y ffroenau a'r organau arogleuo; synnwyr arogleuo; hefyd yn *ffig.*: *nose, snout; sense of smell; also fig.*
12g. *GCBM* ii. 180, Yn Seint Cler cledyual ar *drwyn.* 13g. *C* 83. 5, mynyd vo *truin.* yd uit trev. 13g. *GBF* 39, Raeadyr gwaed am draed, am *drwyn.* 1346 *LlA* 93, A*throyn* kyfladrum vnyaonllun. 14g. *SC* viii/ix. 189, ereill yn vbein y myvn tan ar vacheu heyrnn gwedy gossot yn y llygeit. neu yn y clusteu. neu yn y *trwynev.* c. 1400 *R* 1044. 34–5, ny mat wisc baraf am y *droyn.* gꝩr ny bo gꝩell no morwyn. 15g. *GTP* 20, Camlan, wrth y tân, tynion—fu'u pennau, / Crimogau, *trwynau* fal uwd rhynion. 15g. *DN* 91, Dau rudd o bopparth i *drwyn* / Y sy yngod val sangwyn [i ferch]. 16g. *GSC* [165], T ar *drwynyn*—blaenfain [awgrym llaw]. 1547 *WS, Trwyn* A nase. 1588 *Diar* xi. 22, modrwy aur yn *nrhwyn* hŵch. 1615 R. SMYTH: *GB* 242, y *trvvyn,* hvvn a roddvvyd, megis mur bychan i 'mddiphin y llygaid. 1632 *D, Trwyn,* Nasus. 1696 *CDD* 213, Arfer rhai wrth gôdi'r bore, / Yw troi bŷs o gŷlch eu *trŵyne.* 1725 D. LEWIS: *GB* 110, Arogliad. Y mae'r Synwyr hyn yn y *Trwyn* a'r Ffroeneu. 1787 E. ROBERTS: *PCF* 26, Yr ydych drwy'ch *trwyn* yn siarad er's trô. 1803 *P, Trwyn* . . . a snout . . . a nose. Ar lafar, *WVBD* 552; 'Ma *trwyn* sensitif 'da ti os 'yt ti'n gallu gweud fod y caws 'na'n hen'(sir Gaerf.); 'Fe ddaw 'nawr, di gaid weld! Ma 'yd lled ddæ yn 'i *drwyn* a, a fe ffroeniff y ginno 'ma!', *GTN* 819. Fe'i clywir hefyd am durs mochyn wedi ei baratoi i'w fwyta, *Geir Geg* 77 (sir Ddinb.). Cf. J. MORRIS-JONES: *CD* 24, methiant truenus fel barddoniaeth yw pob cyfeiriad at *drwyn* yr anwylyd mewn cân serch . . . am ryw reswm meddylegol y syniad o *drwyn* dyn sy'n creu ysgafnder.

(*b*) Pen blaen, pwynt, pig, pigyn, sbigyn, pen blaen (esgid), pen blaen (cwch); pen pibell neu big; penrhyn, pentir, gorynys; esgair (mynydd); rhan o helm sy'n gorchuddio'r trwyn: *front end, point, tip, spike, toe* (*of shoe*), *bow* (*of boat*); *nozzle; cape, headland, promontory; spur* (*of hill*); *nasal* (*on helmet*).
14g. *GDG³* 83, Cof y sydd, cefais heddiw / Celynllwyn yn *nhrwyn* y rhiw. c. 1400 *YCM²* 55, am y benn helym . . . a *thrwyn* ar weith ederyn bonhedic. 15g. *Glam Bards* 236, rhaid i'm [*sic*] ddwyn yn *rhwyn* [*sic*] y rhyd / rhyw groesbren rhag yr ysbryd [Lang Lewys i Syr Gruffydd Fychan pan syrthiodd i afon Taf]. 15g. *CSTB* 54, Un hun â'r eos dlosain / Ydyw'r fau ar *drwynau'r* drain. 15–16g. *SChC* 434, Prennol teg, bwa a gwregis, / Pont a brân, punt yw ei bris; / A thalaith ar waith olwyn / A'r bwa ar draws, byrr ei *drwyn* [Gruffudd ap Dafydd ap Hywel i ofyn crwth]. 16g. HUW ARWYSTL: *Gw* 247, Ach adenydd ach dynion / O *drwyn* caer faldwyn hyd fôn / Mûr wyd o ddur mawr dy ddart / meirch a grâs marchog risiart. *Diw.* 16g. *Mos* 147, 68, os i *drwyn* b[a]d a gadai / i din drom dan y dwr ai. 1604–7 *TW* (*Pen* 228), *Trwyn* durun ne bibelh y vegin d.g. *Acrophyssium* (At.). 1632 *D, Trwyn* neu ben blaen llong d.g. *Acroteria.* 1632 *D* (*Diar*), Sychu *trwyn* y sŵch. 17g. *Brog* 5, 325, gwddw olwyn gwedd ddilesc / fel alarch mwyn yn *rhwyn* rhesc [*sic*]. 1738 *ML* i. 6, ynysoedd Ivica, Majorca, etc., ymhle buom ddauddydd neu dri, a minnau yn tynny lluniau'r bryniau a'r *trwynau,* etc. 1778 *W, Trwyn* megin d.g. *Nosel, or nosle, of a pair of bellows. id. Trwyn* esgid d.g. *Toe . . . The toe of a shoe &c.* 1784 M. WILLIAMS: *S* i. 230, Charles-Town yw'r ddinas fwyaf . . . yn sefyll mewn lle cyfleus ar *drwyn* o dir rhwng dwy afon. 1803 *P.* Ar lafar, '*trwyn* Penmon', *WVBD* 552; 'bydda *trwyn* cwch i don yn reidio môr mawr yn well na'r starn', *B* xxv. 58 (Llŷn); '*Trwyn* yr inys' 'The point of the island', *GDD* 312; ''We *trwyn* y car yn stico mas' (sir Benf.).

Cfn.: **trwyn cannwyll:** *smoke of a candle.* 1564–5 *Rhyddiaith Gymraeg* i. 68, [ei] gadw [llyfr], nid amgen na rrag . . . [t]ropiad kanwyll Baris ne *drwyn kanwyll* frwyn. 1615 R. SMYTH: *GB* 54, os orogla *drvvyn canvvyll* (*la vapeur d'une chandelle*). **trwyn crwb:** *Roman nose.* Ar lafar, *WVBD* 552. *Bot.* **trwyn y llo:** (i) *snapdragon, Antirrhinum majus.* 1604–7 *TW* (*Pen* 228) d.g. *Antirrhinum.* [1783] *W* d.g. *Snapdragon.* 1813 *WB* 241. Ar lafar, G. AWBERY: *BM* 26 (Môn a Meir.). (ii) *toadflax, Linaria vulgaris.* 1934. *Bot.* **trwyn y llo blaenfeinddail:** *sharp-leaved fluellen, Kickxia elatine.* 20g. *Bot.* **trwyn y llo bychan:** *lesser snapdragon, Misopates orontium.* 20g. *Bot.* **trwyn nain:** *snapdragon, Antirrhinum majus.* Ar lafar, G. AWBERY: *BM* 26 (sir Gaern.). **trwyn nefoeddgyfeiriol:** *retroussé nose.* 1862. **trwyn yr offeiriad:** *parson's nose* (*on goose, &c.*). Ar lafar, '*Trwyn y ffurad* [*sic*]', *LlGC* 1174, 29. **trwyn y person = trwyn yr offeiriad.** Ar lafar, *TGG* (1904) 47 (dwyrain sir Ddinb. a'r cyffiniau). **trwyn pica:** *pointed nose; retroussé nose.* 1778 *W* d.g. *Nose, A turn'd* [*cock'd*] *up nose.* 1789 TWM O'R NANT: *TChB* 18. **trwyn potel:** *bottle-nose*(*d*). 20g. **trwyn pwt:** *snub nose, pug-nose.* 1851. Ar lafar yng nghanolbarth a godre Cered. **trwyn Rhufeinig:** *Roman nose.* 1854. **trwyn (y)smwt:** *snub nose, pug-nose, also fig.* 1604–7 *TW* (*Pen* 228), *Trwyn ysmwt* d.g. *Nasus . . . Resimus. Dchr.* 17g. *J* 10, 166b, *Trwyn smwt.* Nasus resimus. 1757 *ML* (Add) 888, nid Da iawn oedd gennyf i y Capᵗ Generall o'r blaen ag yrwan rwyf wedi ei lwyr gashau, y Cebyst i'r *trwyn Smwtt.* Ar lafar, *WVBD* 496. **trwyn wrth gynffon:** *head to tail, bumper to bumper* (*of cars*). 20g. **trwyn yn nhrwyn,** &c.: *nose to nose, tête à tête, also fig.* 1850. Ar lafar, 'Man' nw *drwyn yn drwyn* ar 'yn o bryd' [h.y. 'yn orgyfeillgar'] (dwyrain Morg.). Cf. *trwyndrwyn.* **trwyn ysmwt,** gw. *trwyn smwt.* **a'i drwyn ar y pit:** *miserable, dejected.* Ar lafar, ''Roedd o *a'i drwyn ar y pit* ar ôl colli'i swydd' (Penllyn). **a'i drwyn (a'i thrwyn, &c.) ym musnes pawb:** *sticking his* (*her, &c.*) *nose into everyone's business.* Ar lafar, 'Watsia be ti'n ddeud wth honna—mae *a'i thrwyn yn fusnas pawb*' (Arfon); ''Chi'n gallu câl rai cymdogion *a'u trwyne ym musnes pawb*' (sir Gaerf.). **bod a thrwyn (a'i drwyn, &c.) ar y maen:** *to keep one's nose to the grindstone.* 1891. **hen drwyn(en):** (i) *snob, affected person.* 1929. Ar lafar, 'Mae hi wedi mynd yn *hen drwynen* ofnadwy ar ôl mynd i Lunden' (Penllyn). (ii) *busybody, nosy parker.* Ar lafar, ''Ti'n rial *hen drwyn.* 'Alli di ddim meindio dy fusnes am unweth?' (Cered.). **o flaen trwyn:** *before one's nose, in front of one.* 1905. Ar lafar, 'Fues i'n edrych am y llyfr am hydoedd, a 'rodd e reit *o flaen* 'y *nhrwyn* i' (Cered.). **dan drwyn, tan drwyn:** *under* (*some*)*one's nose.* 1728 T. BADDY: *DDG* 97, Y mae'nt [*sic*] [Iddewon] yn trigo yn llonyddol ddigon yn Rhufain *tan Drwyn* y Pâp yno. Ar lafar, 'Ma Dad wastod yn wilo am rwbeth sy reit *dan* 'i *drwyn* e' (sir Gaerf.).

trwynaf, trwyniaf: trwyn(i)o [bf. o'r e. *trwyn*] *bg.a.*

(*a*) Gwthio trwyn i (rywbeth), rhwbio trwyn yn erbyn (rhywbeth), turio, synhwyro, ffroeni, clywed aroglau, chwilio am (rywbeth) drwy ei aroglau; symud ymlaen yn ofalus; pori mewn (llyfr, &c.); hefyd yn *ffig.*: *to nose* (*out*), *root* (*of pigs*), *nuzzle, sniff* (*out*), *snuffle, smell* (*out*); *move forward cautiously; browse in* (*book, &c.*); *also fig.*
15g. *Glam Bards* 313–14, rhawd o gwn ar hyd gweunydd / Klais aradr ar lais y dydd / yn *trwyno* galwyno gwlith / yn gydffordd yn y goedffrith [marwnad bytheiades gan Risiart Brydydd]. 16g. HUW ARWYSTL: *Gw* 368, Drygiog wyll draig y gelli / Diangodd dan ddwyn d'anfodd di / Dysgaist gan *drwyno* r gorwalch / Dy 'wyllys bwngc dwyllys balch [dychan i'r llymysten am geisio lladd yr ehedydd]. 16–17g. T. R. ROBERTS: *EP* 295, Troedio gewch trwy ŷd a gwair, / Troi cwysau, torri cyssegr, / *Trwyno* digon trô nid egr, / Gwelwch goed, gwyliwch gadair, / Gruffydd Grug groyw hoffaidd grair. 1605–10 *AP* 40, trawai i rwyf adain mewn kyfingfasg krogfagyl yr hwnn yn ddisymwth ai *trwynai* gan fasgu yn gyflymgais i ddaint ne i grogen. 1632 *D, Trwyno,* Nasum admouere. 1672 R. PRICHARD: *Gw* 129, Nattur Mochyn brwnt anhygar, / Yw rhoi 'fryd ar *drwyno* 'r ddaiar. 1722 *Llst* 189, *Trwyno.* To put the nose to a thing to smell it. 18g. *W Ballads* 142, 7–8, Ar ôl y Codwm Cynta ir fun, ni Choelie r un y gochele rail, / 'Sae i rywle i blith llangce / Cariade a gwntie hi gynt, / Y rheini 'n rhŷ lân oi Chwmni hi 'r an, / Ac allan y rhedan ar hynt, / Ai gado hi suro heb osio nai *thrwyno* nai thrin. 1772 D. ROWLAND: *TPEN* 58, fel ffuredi neu fytheiaid, dan *drwyno,* yn hela beiau. 1778 *W* d.g. *To muzzle, V.N.* [*put the mouth or snout to a thing*], *To smell* [*to*]. 1803 *P, Trwynaw* . . . To nozzle; to nose, to smell with the nose close to a thing. Ar lafar, 'Dyw a ddim wedi *trwyno* tamid o fwyd heddy', 'Ma'n rhaid bod y fuwch nepwan yn dost; nath hi ddim ond *trwyno*'r bwyd heno', *LlGC* 1174, 29; 'Fe all *drwyno* gwaith o bell', *GTN* 819; a hefyd yn yr ystyr 'trin (gwartheg)' (am gi), 'Fe fasa Bel ni'n *trwyno*'r 'en Fili'r tarw 'tasa fa'n dod ar yn 'ola ni', *ib.*

(*b*) Ymbresenoli mewn; dechrau ymddangos uwchben y pridd (am blanhigion): *to show one's face in; start to appear above the soil* (*of plants*).
Ar lafar, ''Ddaru o byth *drwynio* yma wedyn', *WVBD* 550; 'dydi o byth yn *trwyno* ty tafarn', *TGG* (1904) 47 (dwyrain sir Ddinb. a'r cyffiniau); 'Mae'r ŷd yn hir iawn yn *trwyno* 'leni gan 'i bod hi mor sych'(Penllyn); 'Ddaru e byth *drwyno* ma wedin' 'He never put in an appearance here afterwards', *GDD* 312.

(*c*) Troi trwyn ar (rywun): *to turn up one's nose at* (*somebody*).
Ar lafar yn Arfon.

trwynaidd [*trwyn*+*-aidd*] *a.* Trwynol: *nasal.*
1885.

trwynbant [*trwyn*+*pant*] *a.* Ac iddo drwyn neu big fflat, ac iddo drwyn potel: *flat-nosed, flat-billed, bottle-nosed.*
14g. *GDG³* 335, Codes hen famwydd *drwynbant,* / A'i phlu oedd gysgod i'w phlant. 15–16g. *TA* 413, Trem hydd, am gywydd, a gais, / *Trwynbant,* yn troi i'w unbais [i ofyn march]. 1632 *D* d.g. *Simo, Subsimus.* 1770 *W* d.g. *Bottle-nosed, Flat nosed.* 1803 *P.*

trwynbwl, gw. **trwyn**+**pŵl¹**.

trwyncorniog, gw. **trwyngorniog**.

trwyndew, gw. **trwyn**+**tew**.

trwyndir [*trwyn*+*tir*] *eg*. ll. -*oedd*. Penrhyn, pentir, gorynys: *promontory, headland, peninsula*.
1868.
Amr.: **trwyntir**. 1866.

trwyndlws [*trwyn*+*tlws*] *eg*. ll. *trwyndlysau*. Modrwy drwyn: *nose-ring*.
1811.

trwyndrist [*trwyn*+*trist*[1]] *a*. Sarrug, cuchiog, wyneptrist: *sullen, frowning, sad-faced*.
1547 WS, *Trwyndrist* Lowring. 1604–7 TW (*Pen* 228) d.g. *Vultuosus*. 1632 D, Dŷn *trwyndrist* sarrug di-/chwerthin d.g. *Trico*. 1722 Llst 189, *Trwyndrist*. Sullen, sour-looked. 1758 ML ii. 61, A pha beth sydd yn dyfod o Ioan ein nai ni? Os colli iws ei law ddeau a wnaeth? Mae fal y gofynwch iddo, da chwithau, am ba'r achos y mae yn esgeuluso ei hen ewythr *trwyn drist* yn y modd yma. id. 69, anfonwch i'r ewythr Gwilym *drwyndrist* ryw fath ar ddiddanwch.

trwyndrwyn [*trwyn*+*trwyn*] *a*. Trwyn wrth drwyn: *nose to nose, tête-à-tête*.
1703 E. WYNNE: BC 129, a pheri gwneud lle o amgylch Cêg Annwn i'r Rhodreswr a'r Farchoges *drwyndrwyn*, ac i'r terfyscwyr eraill yn rhwym dinben drosben. 1733 T. EVANS: PP 36, ac yno cymmeryd stôl ac eistedd_d_ *drwyn-drwyn* ag ef. Ar lafar, D. J. EVANS: HCS 129.
Cf. **trwyn**—**trwyn yn nhrwyn**.

trwyndwn, gw. **trwyn**+**twn**[1].

trwyndynnaf: **trwyndynnu** [?bf. o'r *a*. *trwyndwn*] *ba*. Torri pen blaen (rhywbeth): *to truncate*.
20g.

trwynen, gw. **trwyn**.

trwynfachog, trwynfain, gw. **trwyn**+**bachog, main**[1].

trwynflew [*trwyn*+*blew*] *eg*. Mwstash, trawswch: *moustache*.
1891.

trwynfyr, trwynfflat, gw. **trwyn**+**byr**[1], **fflat**.

trwynffrwyn [*trwyn*+*ffrwyn*] *eb*. Rhwymyn isaf ffrwyn sy'n mynd dros drwyn ceffyl, hefyd yn *dros*.; gefel drwyn (i geffyl): *noseband (of bridle), also transf*.; *barnacle (for horse)*.
16g. GGH 384, Trwyth glwt a gudd tratheg liw, / *Trwynffrwyn* amgylch tirionffriw [i ddychanu'r cadach wyneb]. 1617 Minsheu 30a d.g. *a Barnacle or brake, an instrument to put on the noses of vnruly horses*. id. 52b d.g. *Bridle . . . the front-stall of a Horses Bridle*. 1632 D d.g. *Chamus, Postomis*. 1722 Llst 189 d.g. *The nose-band of a bridle*. 1770 R. PRICHARD: CC 47, Y mae'r diawl yn rhywm [*sic*] wrth gadwyn, / Crist 'osododd arno *drwynffrwyn*. 1770 W d.g. *Barnacle, Cavison [for a horse's nose], Musrol, Nose-band of a bridle*. 1803 P, *Trwynfrwyn*, s. f. . . . A nose-band of a bridle.

trwynffrwynaf: **trwynffrwyno** [bf. o'r e. *trwynffrwyn*] *ba*. Cadw dan reolaeth: *to keep in check*.
1595 M. KYFFIN: DFf [174], Yr Ymerodr Iustinianus a wnaeth cyfraith i ddiwygu buchedd, ac i *drwyn-ffrwyno* balchder a gwyr eglwysig a'r offeiriaid. Dchr. 17g. J 10, 166b.

trwynffychain [*trwyn*+elf. anh.+-*ain*[1]; ?gwall copïo am **trwynsychain*, bf. o'r e. *trwynswch* (er na chofnodir hwnnw cyn 1604–7)] *bg*. Tyrchu, turio; rhochian: *to root (of pig); grunt*.
14g. YBH 7b, yr coet yn lle yd oed y baed y doeth ef. ac ar hynt y baed ae harganfu ac ygyt ac y gwyl *trwynfychein* (*greffer*) ac agori y safyn ac yn diannot achub y gôr awnaeth. 1803 P, *Trwynfyçain* . . . To snort, to snuffle.

trwyngam [*trwyn*+*cam*[2]] *a*. a hefyd gyda grym enwol. Ac iddo drwyn cam, ac iddo drwyn eryraidd neu Rufeinig, hefyd yn *ffig*.: *crooked-nosed, having an aquiline or Roman nose, also fig*.
14g. DPh 16, Nestor, gwr mawr, hir, llydan, call, *trwyngam* (*naso obunco*), a chnawt gwyn idaw. 1604–7 TW (*Pen* 228) d.g. *Epigryphus, Gryphus*. 1632 D d.g. *Resimus*. 1688 TJ, Griffwn), màth ar Aderŷn,

dŷn *trwyngam* fel pig gwalch. 1725 SR d.g. *Griffen*. 1774 W d.g. *Hawk-nosed*. 1803 R. DAVIES: B 78, Dysgais i ddewrllais ddarllain, / Ar waith fy mhwys, wrth fy mhen: / A' sgrifenu, mynnu modd / Rhieni, er mor anodd: / Byddai mam yn *drwyngam* dro / Ran cannwyll, oedd rhinc honno; / Fy nghuro 'n fwy anghariad, / A baeddu 'n hyll, byddai nhad.

trwyngoch, gw. **trwyn**+**coch**.

trwyngorn [*trwyn*+*corn*] *eg*. a hefyd fel *a*. Swol. Rhinoseros; ac iddo drwyn corniog: *rhinoceros; horn-nosed*.
[1783] W d.g. *Rhinoceros*. 1803 P, *Trwyngorn* . . . Horn-snouted.

trwyngornfil [*trwyngorn*+*mil*[2]] *eg*. ll. -*od*. Swol. Rhinoseros: *rhinoceros*.
1851.

trwyngorniog [*trwyn*+*corniog*] *a*. a hefyd fel *eg*. Ac iddo drwyn corniog; Swol. rhinoseros: *horn-nosed; rhinoceros*.
[1783] W d.g. *Rhinoceros*. 1803 P, *Trwyngorniawg* . . . Having a horned nose. s. m. A rhinoceros.
Amr.: **trwyncorniog**. 1904.

trwyngrych [*trwyn*+*crych*] *a*. Ac iddo drwyn crychiog, hefyd yn *ffig*.; dirmygus: *wrinkle-nosed, also fig*.; *disdainful*.
Diw. 16g. M. KYFFIN: DFf 272, Cwrwm tarangrwm *trwyngrych*: o gambren / yn gwmbrys yw edrych [i grwth]. 1595 Egl Ph 24, pan bho vn, nid yn vnig yn celhwair yn dhu, ac yn rhoi gair sur; eithr hebhyd yn dangos hynny yn *drwyngrych*. 17g. E. MORRIS: Gw 345, Draenllwyn tew pengrwyn topangrych—twpa, / Tipyn gwyrdd yn edrych; / Rhemwth truan grwth *trwyngrych*, / Twyn min gwaun tinmain gwych [i dwmpath o ddrain]. 1803 P, *Trwyngryç* . . . Crinklenosed.

trwyngrychaf: **trwyngrychu** [bf. o'r *a*. *trwyngrych*] *bg.?a*. Crychu trwyn; ?dirmygu: *to wrinkle one's nose; ?disdain*.
Dchr. 17g. J 10, 166b, *Trwyngrychu*. Naso suspendere. × Gwatwor. 1803 P, *Trwyngryçu* . . . To crinkle the nose.

trwyngul, gw. **trwyn**+**cul**.

trwyniaf: **trwynio**, gw. **trwynaf**: **trwyno**.

trwynir, trwynlas, gw. **trwyn**+**hir, glas**[1].

trwynlwch, trwynllwch [*trwyn*+*llwch*[1]] *eg*. Snisin: *snuff*.
1814–15.

trwynlydan, gw. **trwyn**+**llydan**.

trwynllif [*trwyn*+*llif*[2]] *eg*. Llysnafedd y trwyn, sych trwyn: *nasal mucus, snot*.
16g. HUW ARWYSTL: Gw 334, rhwyf ffortvn krist nwyfgist nant / ath ddvg yna ith ogoniant / a rhwysg *trwyn llif* cyngwynawl / a ddvg dy hendad i ddiawl. [1783] W d.g. *Snivel*. 1803 P.

trwynllwch, gw. **trwynlwch**.

trwynllydan, trwynllym, gw. **trwyn**+**llydan, llym**.

trwynog [*trwyn*+-*og*] *a*. Ac iddo drwyn (mawr); ac iddo benrhyn(nau); busneslyd: *nosy, having a (large) nose; having a promontory (promontories); nosy, prying*.
15g. GTP 50, Tir brwynog twynog, tyniad—tywynog, / Trwynog, tor llwynog, tir a llinad. 1617 Minsheu 330a d.g. *Nose . . . one that hath a great Nose*. 1722 Llst 189, *Trwynog*. Having a nose. 1778 W d.g. *Nose, Having [that hath] a nose*. 1803 P, *Trwynawg* . . . Having a snout or nose. Ar lafar, 'Un *drwynog* yw ' a'i thrwyn yn busnas pawb', GTN 819. Digwydd fel epithet, B iii. 38, Philippus Troynok (1296).

trwynol [*trwyn*+-*ol*] *a*. Yn perthyn i'r trwyn; a yngenir wrth i anadl fynd drwy'r trwyn; yn cynnwys trwynoli (am dreiglad); ac iddo oslef a achosir gan anadlu drwy'r trwyn: *nasal*.
1803 P, *Trwynawl* . . . nasal. Ar lafar, 'Ma fa'n wilia'n *drwynol* iawn', GTN 819.
Gw. hefyd **trwynolion**.

trwynolaf: **trwynoli** [bf. o'r *a*. *trwynol*] *bg.a*. Ynganu'n drwynol, treiglo'n drwynol: *to nasalize, undergo nasal mutation*.
1920.

trwynoliad [bôn y f. *trwynolaf*: *trwynoli*+-*iad*[1]] *eg.b*. Y weithred o drwynoli; treiglad

trwynol; sain drwynol: *nasalization; nasal mutation; nasal sound*.
1866.

trwynolion [*trwynol*+-*ion*[2]] *e.ll*. (un. g. *trwynolyn*). Seiniau trwynol: *nasals*.
1925.

trwynolrwydd [*trwynol*+-*rwydd*] *eg*. Yr ansawdd o fod yn drwynol: *nasality*.
1937.

trwynolyn, gw. **trwynolion**.

trwynsor [*trwyn*+*sor*] *a*. a hefyd fel *eg*. Dig yr olwg, cuchiog, sorllyd, hefyd yn *ffig*.; *Bot*. llys y dryw, *Agrimonia eupatoria*; llysgwyn drewllyd, *Chenopodium vulvaria*: *angry-looking, frowning, huffy, also fig*.; *agrimony; stinking goosefoot*.
15g. BEDO AERDDREM, &c.: Gw 140, mayn droed lydann dan y dorr / mayn daryanssyth maen *drwynsorr* [i'r tarw]. 16g. GGH 349, Tirionswydd ledfaen *trwynsor* / Trwy'r dydd yn troi ar ei dor [i ofyn meini melin]. 16g. HUW ARWYSTL: Gw 245, Dur blaenboeth dewr bilainbig / *trwynsor* heb gadw cytkor cig [am walch]. 16–17g. GST i. 983, Mwg, dyled, chwain, myn Sain Siôr, / A gwraig druansaig, *drwynsor*. 1632 D d.g. *Caperatus, Torvus, Vultuosus*. 1722 Llst 189 d.g. *Angry (in look)*. 1771 W d.g. *Brow, That knits . . . his brows*. 1803 P, *Trwynsor* . . . Apt to turn the nose; apt to take a huff. Y *trwynsor*, the agrimony; also called 'cwlyn y mel', and 'trydon'. 1813 WB 241, *Trwynsor*; Chenopodium olidum; Stinking Goosefoot.

trwynsoriant [gair geir., sef bôn y f. *trwynsorraf*: *trwynsorri*+-*iant*] *eg*. Cuwch, cuchiad: *scowl, a glowering*.
1604–7 TW (*Pen* 228) d.g. *Toriutas*. 1722 Llst 189, *Trwynsorriant*. m. Sternness. 1773 W d.g. *A glouting*.

trwynsorraf: **trwynsorri** [bf. o'r *a*. *trwynsor*] *bg*. Cuchio, gwgu; pwdu, sorri: *to frown, glower; take the huff*.
1604–7 TW (*Pen* 228) d.g. *Capero*. 1722 Llst 189, *Trwynsorri*. To knit the browes, take in snuff. 1725 SR d.g. *To Frown*. 1771 W d.g. *Brow, To knit the brow, Grim, to look grim or grimly, Snuff, to take snuff at or . . . take in snuff [dudgeon]*. 1803 P, *Trwynsori* . . . To turn up the nose; to take a huff.

trwynsur [*trwyn*+*sur*] *a*. Surbwch, cuchiog, piwis, sarrug; dirmygus, trahaus; ffroenuchel: *sourfaced, glowering, morose; disdainful, haughty, supercilious*.
Dchr. 15g. GSCyf 105, Taran sor, truan sarrug, / *Trwynsur* a ffals, treinsiwr ffug [Llywelyn ab y Moel i'r tafod]. 16–17g. T. PRYS: C 255, Cael ohoni cul henaint, / Am wrach, hyll gleiriach a haint, / A gorfod cydfod mewn cur, / Trwy wansail â cyw *trwynsur*. 16–17g. RAGR 305, fo ddoude hen lwynog . . . / wrthi'n afrowiog *drwynsiûr*. 1604–7 TW (*Pen* 228) d.g. *Aspere, Caperatus, Torviter*. 1632 D d.g. *Torvus*. 1722 Llst 189 d.g. *Angry (in look)*. 1773 W d.g. *Frowning*. Ar lafar, 'Golwg ddigon *trwynsur* oedd arno pan welis i o' (Môn); WVBD 551; TGG (1904) 47 (dwyrain sir Ddinb. a'r cyffiniau).

trwynsurni [*trwynsur*+-*ni*] *eg*. Surni (am berson); dirmyg; trahauster, natur ffroenuchel: *sourness (of person); disdain, haughtiness, superciliousness*.
Dchr. 17g. J 10, 166b, *Trwynsurni*. Torvitas.

trwynswch [*trwyn*+*swch*[1]] *eg*. Pen blaen trwyn; trwyn mochyn, hefyd yn ffig.: *tip of the nose; pig's snout, also fig*.
1604–7 TW (*Pen* 228) d.g. *Nasus*. Dchr. 17g. J 10, 166b, *Trwynswch*. Nasi orbitulus. 1722 Llst 189, *Trwynswch*. m. The snout of a pig. 1765 BDGU 40, Ond ffeind iw Cwmni heini hon, / Gwawr dirion inion enwog; / Yn lle yr anweddedd henedd Hwch, / Ar [*sic*] *Trwynswch* Trwch sitrachog. 1803 P, *Trwynswç*, s. m. . . . The tip of the nose.

trwynsych [*trwyn*+*sych*[1]] *a*. Dirmygus, trahaus, ffroenuchel: *disdainful, haughty, supercilious*.
20g. Ar lafar, GDD 312; ac yn yr ystyr 'sych ei drwyn (fel arwydd o afiechyd)', 'Ma'r ci'n *drwynsych* iawn' (dwyrain Morg.).

trwyntir, gw. **trwyndir**.

trwynuchel [*trwyn*+*uchel*] *a*. Trahaus, ffroenuchel: *haughty, supercilious*.
1812 IOLO MORGANNWG: Salmau i. 196, Y balch *trwynuchel*, carngybyddion. Ar lafar "En ddyn *trwynychal*' (dwyrain Morg.).

trwynwyn, gw. trwyn+gwyn[1].

trwynyn, gw. trwyn.

trwyo, trwyodd, gw. trwy[1].

trwysiaf[1], **trwysaf**: **trwys(i)o**, *bg.a.* Arwain, tueddu, cyfeirio, dylanwadu ar: *to lead, direct, influence.*

15-16g. *GRB* 31, Mae fy amcan amdanaw, / Mathau dras, os methu draw / *drwyso* ar hynt dros y rhwyd / dros un don droi i Sain Dunwyd. **1568** MORYS CLYNNOG: *AG* 49, mae'r pechod meddeuawl [*sic*] . . . yn *trwysio*, ag yn gogwydo [*sic*] dyn i weuthur [*sic*] pechod marwol.

trwysiaf[2]: **trwysio**, gw. trwsiaf: trwsio.

trwyth [ansicr yw'r brth. â *troeth*; ansicr hefyd yw'r engh. gyntaf] *eg.b.* ll. -*au*, -(*i*)*on*, -*i*, -*oedd.* Hylif a geir drwy drwytho sylwedd mewn dŵr, &c. (a'i ferwi), gwlych, toddiant, tintur, daliant, rhinflas, sgwash (ffrwythau); lleisw, troeth, trwnc, piso, wrin; hydoddydd; trochion (sebon); dŵr golchi; drensh (i anifeiliaid); golchiad, ymolchiad, trochiad; hefyd yn *ffig.: infusion, decoction, liquor, solution, tincture, suspension, essence, extract, (fruit) squash; lye, urine; solvent; lather, suds, soapy water; washing water; drench (for animals); a wash-(ing), bath(ing); also fig.*

13g. *GDB* 64, Gosgymon gwyth *drwyth* drudyon. **14g.** *DGG*[2] 137, *Drwyth* yn cwynnu am drwyn, / Mawr ferw am wallt mor-forwyn [Gruffudd Gryg i'r don]. *c.* **1400** *MM* 34, a góneuthur *trŵy* [*sic*] eu deil y lad llyngher. **15-16g.** *GTP* 86, Lleisw melyndrum burumlwyth / Lle y try megis lliw *trwyth* [dychan i'r foryd]. **1547** *WS, Trwyth* i olchi kadachau ynttho Bucke. **16g.** *GGH* 384, *Trwyth* glwt a gudd tratheg liw, / Trwynffrwyn amgylch tirionffriw [dychan i'r cadach wyneb]. **1632** D, *Trwyth*, Decoctum, lixuarium, lotium. **1716-18** Llsgr R. Morris 180, gadewch imi gael tendio yr *drwuth* / ni cheisiai ond wuth o fala. **1722** Llst 189, *Trwyth.* m. A wash, bath, decoction, lye, urine. **1753** *ML* i. 255, llys Llywelyn wedi ei sychu . . . I drink the infusion sometimes as tea . . . Rwyn yfed y *drwyth* ar achos arall hefyd, to rid me of an impetigo. **18-19g.** *Llr C* 42, 186, *Trwyth* . . . a solvent, soap suds. **1803** P, *Trwyth*, s. f.—pl. t. *i* . . . a solvent, dissolvent, or menstruum; lye; a decoction. Ar lafar, 'Mae'r te'n gry' fel *trwyth* parddu', *WVBD* 552; hefyd yn yr ystyr 'golchiad', 'Ma isia roi ail *drwyth* i'r dillad 'yn', *GTN* 819 (*eg.*).

Cfn.: **trwyth feddwol:** *intoxicating liquor.* **1860. trwyth sebon:** *lather, suds, soapy water.* **1775** *W* d.g. *Lather, Suds . . . Sopesuds.* Ar lafar, *GTN* 819.

Gw. hefyd troeth.

Trwyth—Twrch Trwyth, gw. twrch.

trwythad, gw. trwythiad.

trwythaf: trwytho [bf. o'r e. *trwyth*] *bg.a.* Gwneud trwyth (o), trochi, mwydo, (rhoddi i) socian, rhoddi yng ngwlych, barcio (crwyn), golchi mewn dŵr sebon, hefyd yn *ffig.;* troethi, piso: *to decoct, infuse, immerse, steep, saturate, imbue, (put to) soak, tan, wash in soapy water, also fig.; urinate.*

15g. *GGI*[2] 101, Telynior, tâl awenydd, / *Trwytho* beirdd mewn traethau bydd. **1547** *WS, Trwytho* lliain Bucke lynen clothe. *id. Trwytho* o varch ne wneu/ thur dwr Stale. **16-17g.** *GST* i. 519, Gwedi y Sul e gaed Siôn / Yn Nhrofarth mewn rhyw afon. / *Trwyth-wyd* mewn eira trathew, / Tynner hwn oddi tan y rhew [i ateb Siôn Phylip]. **1632** D, *Trwytho*, Lixiuio lauare, decoquere. **1703** E. WYNNE: *BC* 99, a gwelwn y Marchog druan yn cael ei *drwytho* 'n erchyll mewn anferthol ffwrnes ferwedig. **1722** Llst 189, *Trwytho.* To put in soak, wash in a bath or decoction, buck linnen, boil into a decoction: make water. **1725** SR d.g. *To piss.* **1745** *YABG* 33. myned i'w *trwytho* mewn Llynn o Dân a Brwmstan, lle nid yw'r Pryf yn marw, na'r Tân yn diffodd. **1803** P, *Trwythaw* . . . To make a solvent or menstruum; to steep in a menstruum; to steep in lye; to wash in hot suds. Ar lafar, '*trwytho* te', *Geir Geg* 116 (sir Gaern., Meir.); 'Ma'r dillad gin' i'n *trwytho*', 'Dŷn' nw ddim yn cretu mwn *trwytho*'r cof y dydd 'eddi . . . pyn ón i'n ifanc . . . 'ôn ni'n cael disgu penota cyfin o'r Beibl ar yn cofa', *GTN* 819.

Gw. hefyd troethaf: troethi.

trwythbair [*trwyth*+-*bair* (At.)] *a.* Diwret-ig; cyfocbair: *diuretic; emetic.*

1722 Llst 189, *Trwythbair.* Provoking urine. **1772** *W* d.g. *Diuretic, or diuretical.*

Gw. hefyd troethbair.

trwythedig [bôn y f. *trwythaf: trwytho*+-*edig*] *a.bfl.* Wedi ei drwytho, hefyd yn *ffig.;* pur (am liw), heb fod yn gymysg â gwyn; *Cem.* dirlawn: *steeped, also fig.; saturated (of colour); saturated (in chem.).*

1803 P, *Trwythedig* . . . Being steeped in lye.

trwythiad, trwythad [bôn y f. *trwythaf: trwytho*+-*iad*[1], -*ad*] *eg.* ll. -*au.* Trwyth, gwlych; y weithred o drwytho, trochiad, hefyd yn *ffig.; Cem.* dirlawnder; ?bedydd: *decoction, infusion, liquor; a steeping, soaking, saturating, also fig.; saturation (in chem.); ?baptism.*

1803 P, *Trwythiad*, s. m. . . . A forming a solvent or menstruum; a steeping in lye. **1813** *WB* 195, Greol . . . *Trwythiad* o bwys o 'r gwraidd yw 'r garthddiod oreu i anifeiliaid corniog. Ar lafar, 'Ma isia *trwythad* dŵ ar y dillad 'yn idd 'u graenu nw dicyn', *GTN* 819.

Gw. hefyd troethiad.

trwythludw [*trwyth*+*lludw*] *eg.* Potash, golchludw: *potash.*

1771 *W* d.g. *Buck-ashes, Pot-ashes, or pot-ash.*

trwythog [*trwyth*+-*og*] *a.* Wedi ei drwytho; llawn troeth; eneiniedig, selog: *steeped, infused; urinous; full of emotion, fervent.*

1794 *W* d.g. *Urinous.*

trwythol [*trwyth*+-*ol*] *a.* Yn perthyn i hydoddydd(ion); wedi ei drwytho; hy-dreiddiol: *pertaining to solvent; steeped; pervasive.*

1803 P, *Trwythawl* . . . Belonging to a solvent or menstruum; steeped in lye.

Gw. hefyd troethol.

trwytholchaf: trwytholchi [*trwyth*+*golchaf: golchi*] *ba.* Peri i (bridd, &c.) golli halwynau, &c., drwy weithrediad hylif diferol, cludo ymaith (halwynau, &c.) drwy weithrediad hylif diferol: *to leach.*

20g.

trwytholchiad [bôn y f. *trwytholchaf: trwytholchi*+-*iad*[1]] *eg.* Y weithred o drwyth-olchi: *a leaching.*

20g.

trwywanaf: trwywanu, gw. trywanaf: trywanu.

try[1,2], gw. troaf: troi, tra[3].

try-[1] [H. Lyd. *tre*-, Llyd. C. a Diw. *tre*-: < Brth. *tri(s)*-, sef ff. wedi ei byrhau ar y ff. Frth. *trī(s)*-; cf. H. Wydd. *tre*-; gw. *trī*] rhgdd., sef ff. ar y rhif. *tri* mewn cyfansodd-eiriau (e.e. *trywyr*[1], *trychant, trybedd*[1]), a gyfetyb i'r S. *three-, tri-*.

try-[2] [H. Lyd. *tre*-, Llyd. C. a Diw. *tre*-, sef ff. wedi eu byrhau, gw. *trwy*[1]; cf. H. Wydd. *tre*- ac ymhellach yr e. llwython Galeg *Trēveri* rhgdd. mewn enwau, ansodd-eiriau, a berfau, a gyfetyb i'r S. *dia-, per-,* ac a ddefnyddir hefyd yn gryfhaol, e.e. *trydan*[1], *tryfesur, tryloyw, tryolygiad, try-wanaf: trywanu.*

1632 D, *Trychwydd* . . . A *Try* pro Trwy, & Cwydd. **17g.** LIGC 13215, 384, *Try* Per. Ter. valde præpositio inseparabilis. **1803** P, *Try* . . . Through.—It is used as a prefix in composition.

tryadl, gw. trwyadl.

tryal [gair geir., ?sef cais i esbonio'r gair *tryal* mewn e. lleoedd, sydd, yn ôl I. WIL-LIAMS: *ELI* 44, yn dalf. o *petryal*] *eg.* Fferm-dy, pentref: *homestead, village.*

1604-7 *TW* (*Pen* 242), *Trual* d.g. *pagus.* **17g.** LIGC 13215, 384, *Trual* Pagus. **1707** *AB* 220d, *Tryal*, Pagus. S. **1753** *TR, Tryal*, a village, saith H[enry] S[alisbury]. **1803** P, *Tryal*, s. m. . . . A homestead.

tryalaw [*try*-[2]+*alaw*[2]] *eg.* Crdd. Cywair mwyaf: *major key (in mus.).*

1822.

tryawch [*try*-[2]+*awch*[2]] *eb.* Magnededd, hefyd yn *ffig.: magnetism, also fig.*

1803 P, *Tryawç*, s. f. . . . magnetism.

tryawchaidd [*tryawch*+-*aidd*] *a.* Magnet-ig: *magnetic.*

1828.

tryawchol [*tryawch*+-*ol*] *a.* Magnetig: *magnetic.*

1835.

trybaeddaf, trabaeddaf: trybaeddu, trabaeddu [?*trybaeddaf: trybaeddu < tra-baeddaf: trabaeddu*, sef *tra*[2]+*baeddaf: baeddu*] *bg.a.*

(*a*) Gorchuddio (arwyneb) â (defnydd gwlyb trwchus) yn ddiofal, staenio, baeddu, difwyno, halogi; ymdrybaeddu, hefyd yn *ffig.: to daub, stain, defile, soil, besmirch; wallow; also fig.*

1588 *Eseia* ix. 4, dillad wedi *trybaeddu* mewn gwaed. **1588** *Galarn* iii. 16, Gefe a dorrodd fy nannedd â cherrig, ac a'm *trybaeddodd* yn y llwch. **1606** E. JAMES: *Hom* ii. 261, [rh]agrithwyr gwedy llygru a'u *trabaeddu (imbrued)* a'u halogi 'n anferth. **1632** D, *Trybaeddu, Cœno* vel sanguine fœdare. **1688** S. HUGHES: *TSP* 180, hwy a gurasant y Pererinion, gan eu *trybaeddu* nhw â dom. **1722** Llst 189, *Trybaeddu.* To embruc. **1776** *W* d.g. *To moil . . . [soil, or daub with dirt].* **1788** B. EVANS: *LIG* 45, y mae Mr. Jenkins . . . yn dal, i fod Bendithion y Cyfammod yn cael eu selio'n ddiammodol i bawb . . . Ac yna, wedi ei *drabaeddu* yn ddwys, yn Llaid yr Anwiredd hyn, y mae yn ei droi oddi amgylch. **1799** M. WILLIAMS: *HHG* 123, A ydych chwi ddim wedi bod yn *trybaeddu* â chrefydd? **1803** P, *Trybaezu* . . . To dawb thoroughly. Ar lafar, 'Mae o'n *trabaeddu* 'i hunan', *WVBD* 553; 'Ryfadd fel ma moch yn lico *trybaeddu* yn y mwd', *GTN* 821; a hefyd yn yr ystyr 'gwneud ymdrech arbennig', 'Mae'n law, a nynna wedi *trybaeddu* i g'noi'r gwair yngŷd' (dwyrain Morg.).

(*b*) Taro, curo, sathru (ar), torri'n ddarnau, dryllio, hefyd yn *ffig.: to beat, stamp (on), break in pieces, shatter, also fig.*

1567 LIGG (*Sall*) 43b, diglonedd Dew . . . a *dra-bayddodd* [:- drawadd; grymodd, bwyodd, orddodd] etholedigion Israel. *id.* 50a, Ti a *drabaiddaist* [:- ddrylliaist, escutiaist] Rahâb mal vn lladdedic. **1632** D d.g. *Contundo.* **1722** Llst 189, *Trybaeddu.* To stamp.

Amr.: **trobaeddu** [cf. *trobelydr*]. **1658** R. VAUGHAN: *YPS* 19, lle o eisiau colofn i ddal i fynu y gwirionedd y *trobaeddir* [*sic*] hwynt a beiau.

trybaeddiad [bôn y f. *trybaeddaf: try-baeddu*+-*iad*[1]] *eg.* Y weithred o dry-baeddu; ymdrybaeddiad: *a daubing; a wallowing.*

1632 D d.g. *Volutatio.* **1722** Llst 189, *Trybaeddiad.* m. A wallowing, swilling. **1803** P, *Trybaeziad*, s. m. . . . A dawbing thoroughly; a wallowing completely.

tryban, gw. trybedd[1].

trybed[1], **trubed, tribut,** &c. [bnth. S. C. *trybet* a S. Diw. *tribute*] *eg.* Teyrnged, hefyd yn *ffig.: tribute, also fig.*

15-16g. *TA* 205, Pwy 'n cynnal pen iau canon? / Pa le rhoed piler i hon? / Mynyw hyd Iorc mewn dy wart, / Moes *drubed* [drll.], y Meistr Robart! **16g.** (*LIEG*) LIGC 5276, 224a, [y] kwesdiw[n] a ovynnodd gwsnaethwyr erod ar pharases I g/risd Am dalu *trubed.* **1547** *WS, Trybut* A trybute. **16g.** (*LIEG*) *Mos* 158, 27a, drwy vadde Ir marchogion ac I lygion y phrasus y *trubett* o daan geltt [*sic*]. *id.* 536a, am *drub/ett* ne dehyrnged [*sic*] brenin lloegyr. **16g.** *GGH* 55, O wirglaim pur gael i'm part / *Drybed* wyrion dau Robart. *id.* 128, Troes i chwi arglwyddïaeth, / Tirabad I'ch *trybed* aeth, / Tir i ailloesi'r llysenw, / Tir ydyw hwn troed ei henw. **16g.** MORUS DWYFECH: *Gw* 33, Draw bodo pant *drybed* pur, / O dre Oswallt hyd Rosyr. **16g.** WILIAM LLŶN: *Gw* (R. Stephens) 497, Dof yno er ceisio ced, / I'th dai, Robart, a'th *drubed.* / Hwde 'ngherdd a gwna erddi, / A moes dy rodd i'm meistr i. *id.* 539, Eich llys brics uwch llawes bron / Yw'n *nhrubed* yn Rhiwabon.

trybed[2], gw. trybedd[1].

trybediaf, trybedaf: trybedian, try-bedu [?amr. ar *rhybediaf, rhybedaf: rhybed-ian, rhybedu;* â'r *t*-, cf. *trybowndiaf: trybowndio*] *bg.a.* Diasbedain, atseinio, rhuo, taranu, trystio, clecian, bloeddio (cân, &c.); arllwys y glaw: *to crash, resound, roar, thunder, rumble, clatter, belt out (song, &c.); pelt down (of rain).*

1857.

trybedd[1] [bnth. Llad. llafar *triped- (amr. ar tripod-, bôn traws yr e. tripūs), H. Grn. tribet, gl. andena, Crn. Diw. trebath, Llyd. C. a Diw. trebez] eb.g. ll. -au, -i. Teclyn teircoes neu drithroed i ddal rhywbeth, e.e. camera, stand (yn enw. un haearn drithroed) i ddal llestr, &c., uwchben tân, &c., braced haearn sy'n bachu ym mariau grât i ddal llestr uwchben tân, haearn aelwyd; tryfer; hefyd yn ffig.; llestr trithroed; allor bres deircoes yn Nelffi yr eisteddai offeiriades arni i ddarogan; padell yr ysgwydd, palfais; pont yr ysgwydd; cyfresymiad: *tripod, trivet, andiron; trident, leister; also fig.; three-footed pot; tripod (at Delphi); shoulder-blade, scapula; collar-bone, clavicle; syllogism.*

c. **1188** GIRALDUS CAMBRENSIS: *IK* 194, Item Latini frenum dicunt, et tripodem . . . Britones froin, *trebeth.* **13g.** *LlI* 24, E wreyc byeu e padell a'r *trybed.* **14g.** *OBWV* 93, Addfwyn warchadw ei wyddfa, / *Drybedd* yw fodrabaidd dda [Gruffudd Gryg i'r ywen uwchben bedd Dafydd ap Gwilym]. **1547** *WS, Trebedd* [*sic*] Treuet. *id. Trybedd* A brandyron. **1575–6** *B* vi. 319, A saetho'r *drybedd,* e gyll j saeth o'r diwedd. **1632** *D, Trybedd,* Tripodium, chytra, chytropus. **17g.** HUW MORUS: *EC* i. 307, Gwnai well sain â phric edafedd, / Hai-lw-li-an, neu ryw driban, ar y *drybedd* [i ofyn feiol]! **18g.** *Beirdd y Berwyn* 76, *Trybedd,* gefel, bache crochon. **18g.** *Llr C* 24, 270, Cais Blanhigion onn Ff[r]ainck . . . a thor a dyro ar y *drybedd* ywch ben y tan. **1772** *W* d.g. *Cresset.* **1803** *P, Trybez,* s. f.—pl. t. *au* . . . A stay, or support; a trivet, or brandiron. Ar lafar, '*trybadd, tribadd*' 'tripod . . . e.g. for keeping a griddle from the fire, or to hold the pot when melting pitch for marking sheep', *WVBD* 552; '*Trybedd*', *TGG* (1904) 47 (dwyrain sir Ddinb. a'r cyffiniau), D. J. EVANS: *HCS* 130; '*tribe*' (sir Benf. a godre Cered.); 'rhoi pethe ar i *dribe*' (sir Benf.).

Amr.: **tryban.** Gw. y cfn. *trybedd ysgwydd.* **trybed[2]**, **trybet.** **16g.** WILIAM CYNWAL: *Gw* 25, Huw, Siôn, Harri'n porthi'u part, / Hynod *drybed,* dau Robart. **1803** *P.* Ar lafar, '*Trybet*', *TGG* (1904) 47 (dwyrain sir Ddinb. a'r cyffiniau); '*trybed*', *Geir Geg* 154 (sir Benf.); '*trypat*', *ib.* (dwyrain Morg.); 'Dod y caws ar y *tripat* o flæn y tæn', *GTN* 812. Cf. D. POWEL: *HB* 266, Latini frenum dicunt, & tripodem gladium & loricam, Britones, Froyn, *trepet.* **tryber** [?dan ddyl. *tryfer*]. **1866.** Ar lafar yn y ff. *trybar, tribar, WVBD* 552. **tryfedd** [?drwy gymysgu â *tryfer*]. Ar lafar, *Geir Geg* 154 (gorllewin Morg.).

Cfn.: **trybedd (y) mynaich,** &c.: *metrical unit with five lines of 6,6,6,5,7 syllables, the first four lines rhyming together and also with the word preceding the caesura in the final line.* **1579** *GP* 181, *Trybedh y mynaich* a bhessurir o dhec silhabh ar hvgain o hyd, tri phenilh byrryon o chwech silhabh ymhob un, a phenilh byrr o bymp sylhabh yn vnawdl a'r tri eraill, ag owdl gyrch o saith sylhabh o hyd, bhal y mae hwnn: Nid oedh dhoe, nodai y dhar, / Y dai gwin oed y'w gar; / Ni chair vn ywch yr ar / Dyn bhwy dwyn y bhar, / Dyn a bar yn dan o'i benn. **1603** W. MIDLETON: *Ps* 214, darn arall o *drybedh menaich.* **1795** J. THOMAS: *AIC* 30, *Trybedd y Myneich.* Cf. J. MORRIS-JONES: *CD* 354. **trybedd olwynog:** *rolling spider (for camera).* **20g.** **trybed tro:** *slide trivet, iron disk by the side of a hob that can be moved over the fire to support a kettle, &c.* Ar lafar, '*tripat tro*', *GTN* 812. **trybedd (tryban, tryber) (yr) ysgwydd(au):** *collar-bone; shoulder-blade.* **1707** *AB* 33c, *Trybedh yr ysg[w]ydh* d.g. *The Shoulder Blade.* **1757** *ML* i. 484, Torri'r braich, torri *trybedd yr ysgwydd,* torri tri or senna . . . meddai yr hen Sion Owen Thomas. **1803** *P, Trybez* . . . *Trybez yr ysgwyz,* the collar-bone. Ar lafar, '*trybadd* . . . *tryban, trybar* . . . *ysgwydd*' 'collar-bone', *WVBD* 552; 'Mae o wedi gyrru *trybadd* 'i *ysgwydd* o'i le' (Arfon).

trybedd[2], gw. **trymedd.**

trybeilig [?cf. *trybola[1]*, *trybolog*] *a.* a hefyd fel *adf.* Ofnadwy; mawr iawn; cyflym iawn: *terrible, awful; very large; very fast.*

1927. Ar lafar, 'mynd yn *drybeilig*' 'to run very fast', *WVBD* 553; 'Ma'n *drybeilig* o oer 'ma' (Arfon).

Fel *adf.* Iawn, dros ben, ofnadwy: *very, exceedingly, terribly, awfully.*

1913. Ar lafar, 'un drwg *drybeilig*', *TGG* (1907–8) 96 (Arfon).

trybelid [?*try-*[2]+elf. anh.] *a.* Disglair, gloyw, clir; craff, bywiog, prysur; buan, cyflym, esgud, chwimwth, sionc; huawdl, parablus: *bright, shining, clear; keen, lively, vigorous, busy; quick, fast, nimble; eloquent, voluble.*

12g. *GCBM* i. 59, *Trybelid* wylein a wylynt—arnaf. **13g.** *GDB* 199, Gnawt o synnwyrbawr barn *drybelit.* **13g.** *HGK* 21, Pa den, yr y gyuaruydet a'e *drybelitet,* a allei mynegi en llwyr kyfrangeu Gruffud. **14g.** *YBH* 67a, Ac yn *drebelit* y doeth y vab attab. ac yr mor yd aethant. **14g.** *GIG* 77, Uthr ei naws, traws *trybelid,* / Eithr ni lŷn athro'n ei lid. c. **1400** *R* 1291. 9, Koryf *trybelit.* kaeroed glissit. **15g.** *GDID* 73, Gochel ymladd *trybelid,* / Na ochel ladd, na chêl lid. **1607** *Rhyddiaith Gymraeg* i. 138, mor gyfreidiol a gwerthuawr yw'r swlht a'r anwyldlws yma [geiriadur], nys gelhir ei gyngwerthydhio, y'r *trebelyt* areithwyr. **1632** *D,* Trybelydr . . . Antiqui *Trybelid. id.* d.g. *Argutus, Disertus, Largiloquus.* **1701** E. WYNNE: *RBS* 63, Meddwdod . . . a wnâ . . . [d]afod gwŷllt *trybelyd* (*a loose and babbling tongue*). **1722** *Llst* 189, *Trybelid* . . . Active, nimble; sharp, eloquent, towardly, apt. **18g.** *W Ballads* 63, 6, Mae bagad yn ynfyd or Cymru yn camgymryd, / Rhyw bobl *drybelyd* sy 'n dywedyd yn dêg. **1803** *P, Trybelid* . . . perspicuous, luminous.

Gw. hefyd **trybelydr.**

trybelidiad [*trybelid*+*-iad*[4]] *eg.* Gloywder, disgleirdeb: *brightness.*

13g. *C* 4. 4–7, Llu maelgun bu yscun y doethan. aer wir kad *trybelidiad.* guaedlan.

trybelidrwydd [gair geir., sef *trybelid*+ *-rwydd*] *eg.* Huodledd, eglurder (mynegiant): *eloquence, perspicuousness.*

1632 *D* d.g. *Volubilitas.* **1722** *Llst* 189, *Trybelidrwydd.* m. Readiness of words or tongue. **1773** *W* d.g. *Elegance, or elegancy* [*neatness of expression* . . .]. **1803** *P, Trybelidrwyz* . . . Perspicuousness.

trybelydr, trobelydr [?ffrwyth camddehongli *trybelid* fel *try-*[2]+*pelydr*[2] (ll. yr e. *paladr*); â *trobelydr,* cf. *trobaeddaf: trobaeddu*] *a.* Huawdl, parablus; parod, buan, cyflym, esgud, chwimwth, sionc; disglair, pelydrol: *eloquent, voluble; ready, quick, fast, nimble; bright, radiant.*

1595 *Egl Ph* 102, bod o'i dabhawd yn wisci, yn gybhlymair, yn *drobelydr.* *Dchr.* **17g.** *J* 10, 163a, *Trybelydr.* Disertè. volubilis. **1632** *D, Trybelydr,* Promptus, dexter, expeditus. **1661** E. LEWIS: *Drex* 68, Yn nganmoliaeth [*sic*] ei wlad ei hun, pob gwr sydd areithiwr *trybelydr* ei dafod. **1675** R. DAVIES: *PY* 103, Felly nid digon i wneuthur pregethwr yw, bod ganddo dafod *trebelydr* a pheth cyfarwyddyd. **1765** J. EVANS: *CPE* 253, a 'i lleſaru yn groyw ac yn *drybelydr.* **1773** *W* d.g. *Glib, A glib* . . . *tongue, Voluble* . . . *Voluble of tongue or of speech.*

trybelydredd [*try*[2]*-*+*pelydredd*] *eg.* Ymbelydredd: *radioactivity.*

20g.

tryber, gw. **trybedd[1].**

trybest [olff. o'r e. *trybestod*] *eg.* Prysurdeb, cynnwrf: *bustle, commotion.*

1803 *P.*

trybestaf: trybestu, gw. **trybestiaf: trybestio.**

trybestiad [bôn y f. *trybestiaf: trybestio*+ *-iad*[1]] *eg.* Prysurdeb, brys: *a bustling, hurry.*

1803 *P.*

trybestiaf, trybestaf: trybestio, trybestu [bf. o'r e. *trybest*] *bg.* Ymbrysuro: *to bustle.*

1803 *P* d.g. *Trybestu.*

trybestod, &c., *eg.* ll. *-au.* Cynnwrf, cyffro, terfysg, cythrwfl, tryblith; prysurdeb, ffrwst, ffwdan, brys; busnes, llafur, gwaith, llafurwaith; ymyrraeth, busnesgarwch; bost, ymffrost; rhodres; maswedd: *commotion, tumult, confusion, uproar; bustle, busyness, fuss, hurry; business, employment, drudgery; a meddling, officiousness; boast, swagger; ostentation; ribaldry.*

Dchr. **12g.** *GMB* 29, Devs Reen, ry-m-aw-y awen (amen, fiat) / Fynedic waud, fruythlaun traethaud, *trybesttaud* heid. **14g.** *T* 60. 12–13, Atorelwis flamdbyn vabr *trebystabt.* **15–16g.** *TA* 74, I chwi 'n fardd chwenychwn fod, / Nid er bost neu *drybestod.* a. **1587** *Y* 184, Lle doedaist, cwyn llid ydyw / A dreiaf o byddaf byw, / Nad oedd fy ngwaith, naddiaith nôd, / Eithr bostûs a *thrybestod.* *Dchr.* **17g.** *J* 10, 163a, *Trybestawd.* Panurgia. **1630** *YDd* 276, neu i luddies i ddim cig fyned i'r bol, pryd y byddo cclwyddau, enllib, a *threbestod* (*ribauldry*) (yr hyn sydd waeth na bwyd yn y dyfod allan o'th enau. **1632** *D, Trybestod,* Negotium, operositas. **1685** T. JONES: *Alm* [21], [g]ŵyr ardderchog, mewn rhyw wledydd am eu dangos eu hunain yn brysyr i wastadhau Teyrn *drybestodau* (*in regulating State-affairs*). **17–18g.** *Llst* 133, 146b, Bygwth tro glwth nid hir glod / Bostio siarad *rhybestod* [*sic*] [:–anllad]. **1722** *Llst* 189, *Trybestawd, bestod.* m. A being concerned in many a perplext businesses, drudgery, imployment. **1724** S. WILLIAMS: *ADA* 44, rhaid i bob gŵr Doeth . . . roddi cyfrif am ei seguryd cyn gystled ag am ei *drybestod.* **18g.** E. T. RHYS: *DA* 145, Yn erbyn *trybestod* gormodedd o ddiod, / A meddwdod, rhy hynod yw'r hanes. **1803** *P, Trybestawd,* s. m. . . . A bustling.

Amr.: **trabestod** [?dan ddyl. *tra*[2]] *Dchr.* **17g.** *J* 10, 162a, *Trabestawd.* Negotium. **1615** R. SMYTH: *GB* 120, i drelio [*sic*] da 'r eglvvys mevvn pomp, rhodres, mvvythau a *thrabestod* (*pompes, delices, & exces*). *id.* 190, gan fainti/mioi [*sic*] pompau i rhodres i *trabestod* (*voluptez & delices*) ai dileithrvvydd. **trybestyd** [?adff. dan ddyl. *-yd*[1]]. **17g.** *GDG*[3] 410, Cefais serch gan fun serchog / Llawen ged yn llwyn y gog / Nid er bost na *thrybestyd* / Ond er adde beie'r byd. **1803** *P.* **tryfastod** [?dan ddyl. yr a. *bas*[1]]. Ar lafar, 'Paid â siarad *tryfastod*' 'siarad budur, isal', *WVBD* 553.

trybestog [*trybest(od)*+*-og*] *a.* Bocsachus, ymffrostgar: *blustering, boastful.*

1859.

trybestyd, trybet, gw. **trybestod, trybedd[1].**

trybini, *eg.* Trafferth, helbul, helynt, dryswch, cyni, adfyd: *trouble, bother, confusion, straits, adversity.*

1845. Ar lafar, 'wedi syrthio i ryw *drybini*', 'gyrru pobol i *drybini*', *WVBD* 553; '*Tribinu* [*sic*]' 'Confusion', *GDD* 308; ''I gæs ddicon o *drybini* gida fa, a fynta'n gamlo a meddwi pob dima', 'Ma reina wedi mynd o un *trybini* i'r næll a un reswn yw 'u didoreithwch nw', *GTN* 821.

tryblaeth, tryblaf: tryblu, gw. **trwblaeth, trwblaf: trwblu.**

trybliaeth, trybliaf: tryblio, trybliedig, trybliog, gw. **trwblaeth, trwblaf: trwblu, trwbledig, trybylog.**

tryblith [?cf. *traphlith*] *eg.* Anhrefn, dryswch: *chaos, disorder, muddle.*

1823. Ar lafar yn yr ymad. *traws dryblith* 'higgledy-piggledy' (Arfon).

Cfn.: **yn dryblith drablith:** *in disorder, higgledy-piggledy.* **1862–4.**

tryblithiog, tryblithog [*tryblith*+*-(i)og*] *a.* Anhrefnus, dryslyd: *chaotic, muddled.*

1860.

tryblithiol, tryblithol [*tryblith*+*-(i)ol*] *a.* Anhrefnus, dryslyd: *chaotic, muddled.*

1849.

tryblithog, tryblithol, tryblog, tryblus, tryblwm, tryblwr, gw. **tryblithiog, tryblithiol, trybylog, trwblus, trwblwm, trwbliwr.**

tryboethaf: tryboethi [gair geir., sef *try-*[2] +*poethaf: poethi*] *bg.a.* Poethi'n drwyadl, mynd yn boeth drwodd: *to heat thoroughly, become thoroughly hot.*

1632 *D* d.g. *Percaleo.* **1722** *Llst* 189, *Tryboethi* . . . To make or wax throughly hot. **1774** *W* d.g. *Hot, To make* [*also to grow*] *thoroughly hot.* **1803** *P, Tryboethi* . . . To heat thoroughly.

trybola[1] [?cf. S. C. *trowble* 'full of mud; muddiness' (> S. *trouble*)] *eg.b.* a hefyd gyda grym adfl. Man lle yr ymdrybaedda moch, &c., ymdreiglfa, cors; baw, llaid, llanastr; hefyd yn ffig.: *wallow, mire; muck, mud, mess; also fig.*

1567 *TN* 361a, y ci a ymchwelodd at y chwdiad eu [*sic*] hun: a'r, [*sic*] Hwch wedi y golchi yw ymdroyad yn y dom [:– ir *drobola* dom]. **1591** *CM* 16, 183, N'edwch drwy gymysgfa *trobola* domlyd yn y byd, dywyllu a difwyno mo amlwg ac ysprydol ffydd a chrediniaeth ein henafiaid. **1707** *AB* 220d, *Trybola,* Wallowing mire; a place where Hogs wallow, &c. V. **1725** *SR* d.g. *Mire.* **1794** *W* d.g. *A wallowing.* **1803** *P, Trybola,* s. m. . . . a wallowing place, a mire where swine wallow. Ar lafar, 'Mi sinciodd y drol at y botha yn y *trybola* wrth y giât' (Môn); 'het fawr lydan a phlu estrys yn *drybola* drosti', *ISF* 74; 'Ma 'i ddillad yn *drybola* o faw', *WVBD* 553; ''Odd y lle'n *drybola*'; hefyd gyda grym adfl. ar ôl a. yn yr ystyr 'iawn, dros ben, ofnadwy', 'Brysia, ne fyddi di'n hwyr *drybola* (drybáitsh)' (Arfon).

Amr.: **trabola** [dan ddyl. *tra*[2]]. **1604–7** *TW* (*Pen* 228) d.g. *Cænum.* **trybolfa** [adff. dan ddyl. *-fa, ma*]. **1893.**

trybola[2], gw. **trybolaf: tryboli.**

trybolaeth [*trybol(a*[1]*)*+*-aeth*] *e?b.*

Ymdrybaeddiad; cymysgedd: *a wallowing; mixture.*
20g.

trybolaf: tryboli, trybola² [bf. o'r e. trybola¹] bg.a. Ymdrybaeddu; trybaeddu; difwyno; hefyd yn *ffig.*: *to wallow; daub, soil, besmirch; also fig.*
1753 TR, *Tryboli*, wallowing in the mire. R[hisiart] M[orys]. 1803 P, *Tryboli . . .* to wallow.

trybolfa, trybolog, gw. trybola¹, trybylog.

trybowndiaf: trybowndio, trybowndian [?bnth. S. (*to*) *rebound* (cf. *bowndiaf*: *bowndio, bowndian* (At.)); â'r *t*-, cf. *trybediaf*: *trybedian*] bg. Sboncio, adlamu; curo, pwyo; ymysgwyd, haldian, troi a throsi; diasbedain, atseinio, taranu; ffrydio; hefyd yn *ffig.*: *to bounce, rebound; pound; shake, reel, toss and turn; resound, crash, thunder; spurt; also fig.*
20g.
Amr.: drybowndio, drybowndian. 20g.

trybut, trybŵd, gw. trybed¹, trabŵd.

trybwyll, trybwyllog, gw. try-²+pwyll¹, pwyllog.

trybylog, trybolog, trybl(i)og, &c. [*trwb(w)l*+-(*i*)*og*] a. Cythryblus, anniddig, trwblus; cymylog neu leidiog (am ddŵr, &c.); trist, gofidus; trymaidd, mwll, clòs, stormus; ymyrgar, trafferthus: *troubled; cloudy, troubled (of water, &c.); sorrowful, worrying; sultry, close, stormy; interfering, troublesome.*
18–19g. Llr C 44, 294, Tywydd *Trybolog*, tempestuous or stormy weather, rain or hail storms, Glam. 1803 P, *Trybylawg . . .* Tywyz *drybylawg*, hin *drybolawg*, thick gloomy weather, without rain. Ar lafar, 'Mac'n fora *trybolog* yn y Pentre heddy—wedi'r tanad ofnadw ddô', 'Dyma'r bora mwya *trybylog* aeth drys y mhen 'riod', LlGC 1174, 30; 'Menyw *drybylog* yw 'onna a'i bys yn fusnas pawb', GTN 822.

tryc¹, trwc² (*y*≡*ə*) [bnth. S. *truck*] eg. ll. *trycian, trycs.*
(*a*) Wagen reilffordd agored; lorri; math o ferfa neu whilber (ddwy olwyn): (*railway*) *truck; truck, lorry; handcart, barrow.*
1851. Ar lafar, WVBD 553; 'Fe ddæth train *trycs* 'ipo cyn yn train ni', GTN 822. Enw llyfr gan W. S. Jones (1973) a chymeriad poblogaidd ar y radio a'r teledu oedd *Ifas y Tryc.*
(*b*) Rìl i eilio rhaffau: *reel for twisting ropes.* Ar lafar ymhlith pysgotwyr afon Tywi, 'tryc, trwc', J. G. JENKINS: NC 124, 133.
Cfn.: tryc gwartheg: *cattle-truck.* 20g.

tryc², trycaf: tryco, gw. trwc¹, trwcaf¹: trwco.

trycaid, tryciaid [*tryc¹*+-aid¹, -iaid²] eg. ll. *tryceidiau.* Llond tryc, cynnwys tryc: *truckful.*
Ar lafar, 'trycaid', WVBD 553; ''Odd *trycid* o lo yn y seidin', GTN 822.

tryciaf¹: trycio, gw. trwciaf²: trwcio.

tryciaf², trwcaf²: trycio, trwco [bnth. S. (*to*) *truck*] ba. Gosod (anifeiliaid) mewn tryc i'w gludo, cludo (anifeiliaid) mewn tryc: *to truck (animals).*
20g.

tryciaid, gw. trycaid.

trych [?amr. ar *drych*, cf. *trem, drem*] eg. Golwg, cyflwr: *sight, state.*
18–19g. Llr C 11, 198, *Trŷch*, condition, plight, Glam. mae'r cidion yna mewn *trych* da, wy'n ddigon drwg 'y *nrych*, garw (tost) yw'r *trych* sydd arno . . . mae hwn yn well ei *drych* na'r llall. 18–19g. Llr C 30, 178, *Trych*, mae arnat di *drych* glan. thou art in a sad pickle i.e. all over dirt, water, &c. 1803 P, *Tryc*, s. m. . . . a scope. Ar lafar, 'Ma dy *drych* di'n gwylyddus, bachan. 'Wyt ti'n dishgwl fel mochyn', 'Ma *trych* afnadw ar y tŷ', GTN 813.

trychaf: trychu [Crn. C. a Diw. *trehy*, Llyd. C. *trouchaff*, Llyd. Diw. *tro(u)c'hañ*; gw. hefyd *trwch²*] bg.a.
(*a*) Torri neu daro (i lawr), cymynu;

torri'n ddarnau, dyrannu, hollti, naddu, rhicio, trywanu; torri i ffwrdd, disbaddu, tocio, brigdorri; clwyfo, archolli, anafu, anffurfio; hefyd yn *ffig.*; torri (dadl): *to cut or strike (down), fell; chop up, dissect, cleave, hew, notch, pierce; chop off, truncate, amputate, geld, castrate, lop, prune; wound, gash, maim, mangle; also fig.; settle (an argument).*
12g. GLIF 426, Tew tra thew dra thro o dra *thrychu*—trin. 12g. GCBM ii. 123, Pan wnaeth penndragon penndrychyon—o wyr, / Pan *drychws* y alon. 13g. D Col 43, am pob lladrat . . . *trechu* ayllaut [sic] ydau ony pren y argluyd y aylaut er guerth. 13g. HGK 15, Trahaearn a *drychut* en e gymperved. 14g. T 76. 18–19, ry*thrychynt* rygyrchynt yg cledyfar. c. 1400 YCM² 38, o deruyd dameinyeu ny aller eu teruynu . . . yn y teir Eistedua pennadur hynny y *trychir* ac teruynir yn deduawl. *id.* 61, da iawn y *trycha* vyg kledyf i. c. 1400 MM 28, Ryʋ dauatenneu a daʋ y gyfueisted a sef gʋed y gʋaredir. Eu *trychu* a hayarn oer a llosci eu llc ac eu heliaʋ a mel. 1547 WS, *Trychy* kymyny Hewe. 1567 TN 47b, [m]onwent newydd, yr hwn [sic] a *drychesei* [:– doresei, naddasei] ef mewn craic. *id.* 65b, a's dy droet ath rwystra, tor [:– trycha] e ymaith. *id.* 315b, ay *trychasont* [:– gwanasont] ey hunain tryvvodd a llawer o govidie. 1632 D, Trwch . . . Trychu, Truncare, secare. *id.* d.g. Castro. 1722 Llst 189, *Trychu.* To cleave, cut, notch, maim, mangle, wound, unjoint. 1725 SR d.g. To Geld. 18–19g. Llr C 41, 435, *Trychu*, to cut wood, to hew wood, to cut hay, &c. [Glam]. 18–19g. Llr C 55, 131, *Trychu*, to cut, Glam. 1800 W. OWEN[-PUGHE]: CP 94–5, Y ceulad á dórir, neu yn hytrach á *drychir* (broken, or rather cut) â chyllell gaws. 1803 P, *Trycu . . .* To cut, to cut into, to make an incision; to lop. Ar lafar, 'Fe *drychws* y boncyff ifi yn bishyz aw[s] 'u trafod', GTN 822.
(*b*) Cloddio: *to dig (out).*
Diw. 15g. Pen 41, 7, O dynion a *drychaw* [sic] klodiev main nev ffosydd nev adeilat tai . . . gann emyl fford gyfreithiawl. 1588 Salm vii. 15, Cloddiodd bwll, *trychodd* ef. 1588 Eseia v. 2, a *thrychodd* hefyd winwryf ynddi. *id.* xxii. 16, pan *drychaist* i ti ymma fedd. 1603 E. KYFFIN: Ps [15], Cloddiodd gor-bwll, *trychodd* ffos.
(*c*) Byrhau (gair, brawddeg, neu naratif) drwy hepgor sain (seiniau), sillaf(au), gair (geiriau), neu frawddeg(au); seingolli (sain); hollti (gair, &c.) gan ddefnyddio trychiad: *to shorten (word, syllable, sentence, or narrative) by elision or ellipsis; elide (sound); divide (word or phrase) using tmesis.*
1552 W. SALESBURY: Gw 294, Kyttrwch, id figûr wrthnebus hi natur i Ymsang, obleit *trychy* darn y vaes o bervedd gair a wna rai hyn: Harlech tros Harddlech. 1595 Egl Ph 52, Weithiau bho dhigwydh *trychu'r* gair, a chybhryghu geiriau rhwg [sic] y dhau dharn hynny. Eghraph. Yscybharn-(yn narn y nos) / O god [sic] sy yma'n agos. Cf. J. MORRIS-JONES: CD 268, gwrthuni perffaith yw *trychu* gair rhwng ei wraidd a'i frigau.
Amr.: trwchio. 1850. trichio. 16g. WILIAM CYNWAL: Gw 226, Rhai a wna drwst mewn gwst gwan, / Uchel â gweithred fechan, / Yn ddistaw *trychiaw* trichawr / Wastad, fab, gwnai ystod fawr. Gw. hefyd *ymdrychiaf: ymdrychio.*
Cfn.: trychu coed: *to fell trees; hew wood.* 1346 LlA 49. c. 1400 RB ii. 188. 15g. CTC 41. Ar lafar, 'Ôn' nw'n *trychu* cod yn Goed y Cotga pyn detho' i 'bpo', GTN 822. trychu gwair: *to cut hay (ready for bailing).* Ar lafar yn nwyrain Morg. trychu llif: *to set a saw.* Ar lafar, *Cymru* xlvii. 237 (sir Ddinb.).

trychan, gw. trichant.

trychanmil, trychannwr, &c., gw. tri+canmil, cannwr¹, &c.

trychant, gw. trichant.

trychantref, &c., gw. tri+cantref, &c.

trychben—cynghanedd drychben, gw. cynghanedd (At.).

trychbryf [?*trwch²*+*pryf¹*] eg. (bach. -*yn*) ll. -*ed.* Trychfil: *insect.*
1809.

trychdew, gw. trwch¹+tew.

trychddwyn [?*trwch²*+*dwyn¹*] a. Yn clwyfo: *wounding.*
14g. GEO 8, Dâr *trychddwyn*, meddw ancwyn a medd.

trycheb [bôn y f. *trychaf*: trychu+-eb] eb. ll. -*au.* Gram. Trychiad: *tmesis.*
1595 Egl Ph 52, Am Drycheb. Weithiau bho dhigwydh *trychu'r* gair, a chybhryghu geiriau rhwg [sic]

y dhau dharn hynny. Eghraph. Yscybharn-(yn narn y nos) / O god [sic] sy yma'n agos. 1633 RWM i. 1111, *Trycheb* = Mesis [sic]. 1803 P, *Tr[y]çeb*, s. f.—pl. t. *au . . .* The grammatical figure called a tmesis, whereby a word is divided by the interposition of another.

trychedig, trychiedig [bôn y f. *trychaf*: trychu+-(*i*)*edig*] a.bfl. Wedi ei drychu: *cut off, truncated.*
1803 P d.g. *Tryçedig, Tryçiedig.*

trychedd, trwchedd [*trwch¹*+-*edd¹*] eg. Lled, trwch: *breadth, thickness.*
1822–3.

trychefn, gw. trachefn.

trychfa [bôn y f. *trychaf*: trychu+-*fa, ma*] eb. ll. -*feydd.* Tramwyfa a dorrir drwy dir uwch ar gyfer rheilffordd, &c., hafn, clodd-iad: (*railway*, &c.) *cutting.*
20g.

trychfil [?*trwch²*+*mil²*] eg. (bach. g. -*yn*, (prin) b. -*en*) ll. -*od.* Swol. Unrhyw arthropod o ddosbarth yr *Insecta* ac iddo dri phâr o goesau, ac fel arfer un neu ddau bâr o adenydd, pryfyn, hefyd mewn ystyr letach am unrhyw greadur bach di-asgwrn-cefn amlgoesog; germ, basilws, bacter-iwm, microb; hefyd yn *ffig.*: *insect, also in a wider sense; germ, bacillus, bacterium, microbe; also fig.*
1775 W d.g. *Insect.* 18–19g. Llr C 55, 163, Welsh Words from the Welsh Orbis Pictus . . . *Trychfilyn*, an insect. Ar lafar yn ddifriol am berson, ''r hen *drychfil* hyll', WVBD 553.
Amr.: trychwil [?dan ddyl. *chwil¹*]. 1877.

trychfilaidd [*trychfil*+-*aidd*] a. Yn perth-yn i drychfil, tebyg i drychfil: *insectile.*
1775 W d.g. *Insectile.*

trychfilen, gw. trychfil.

trychfiliaeth [*trychfil*+-*iaeth*] eb. Entomol-eg, pryfyddiaeth: *entomology.*
1833.

trychfilyn, gw. trychfil.

trychfilysolion [*trychfil*+*ysol*+-*ion²*] e.ll. Anifeiliaid sy'n bwyta trychfilod: *insect-ivora.*
1866.

trychgefn, trych-hollt, gw. trachefn, trychollt.

trychiad¹ [bôn y f. *trychaf*: trychu+-*iad¹*] eg.b. ll. -*au.* Y weithred o drychu, toriad, trywaniad, hefyd yn *ffig.*; golwg ar wrth-rych fel pe torrid drwyddo; Gram. gwahan-iad elfennau gair (cyfansawdd), &c., gan air neu eiriau eraill ar eu canol; seingolli: *a cut-ting, breaking, truncating, chopping (off), amputation, piercing, also fig.; section(al view); (gram.) tmesis; elision.*
16g. HUW ARWYSTL: Gw 343, Ei *thrychiad* poeth ai thrachwant / a nay [sic] ben dýn heb un dant [i'r ddannodd]. 1567 G. ROBERT: GC 71, Bet [sic] yw *trychiad*? . . . Phordd i dynnu allan lythyren nei sillaf o berfedd gair mal llythrennau, tros llythyrennau; rhoi, tros rhoddi; cael, tros caphaell [sic], mynd, tros myned. 1595 Egl Ph 52, Am Drycheb. Weithiau bho dhigwydh *trychu'r* gair, a chybhryghu geiriau rhwg [sic] y dhau dharn hynny. Eghraph. Yscybharn-(yn narn y nos) / O god [sic] sy yma'n agos. Ymma y saghwyd geiriau rhwgh y dhau hanner. Nid gwiw arbher y dhulh honn, onyd pann bho achos yn peri aghhenrhaid y *drychiad* honno: naill ai i achub pennilh; ai yntau i gymmwyso, ac i hardhu sain, ac osleu 'r araith. 1605–10 GP 218, *Trychiad* yw torriad . . . ar lafarawg yn nechre ne yn niwedd gair pann vo llafarawg arall yn nessa atti hi yn y gair nessaf, val hynn: Weithi' a'i law wyth a lywiai, tros 'weithiau'. 1632 D d.g. *Detruncatio, Excisio, Resectio, Sectio, Sectura.* 1722 Llst 189, *Trychiad.* m. A cutting off, chopping. 1800 W. OWEN[-PUGHE]: CP 85, Y maidd yn tarddu ac y *trychiadau* hyn sydd o liw gwyrddwelw têg. Cf. J. MORRIS-JONES: CD 83, *trych-iad*, sef dodi sangiad rhwng dau hanner gair cyfan-sawdd. Mewn enwau priod y gwneir ef gan amlaf, megis—Dull Lĺal– (tri hual traheirdd) / -iesin a'r ddau Ferddin feirdd . . . / *Trychiad* ysgafnach . . . yw brathu ymadrodd rhwng dau air cysylltiedig heb fod yn gyfansawdd, megis . . . Dywed fardd (da yw dy fodd) / Teulu,—pwy a'th ataliodd?

trychiad² [bôn y f. *trychaf*: *trychu*+-*iad²*; ynglŷn â'r engh. o *A*, gthg. *God An* 203] *eg.* ll. -*iaid*. Trychwr, torrwr, lladdwr: *cutter, killer.*

12g. *GCBM* i. 190, Dyg0asgar *trychyeid* mal troch-yad! 13g. *GDB* 256, A'e lyw kyueri6 (kyfwyrein—a thrin) / A *thrychyeid* gwerin Caeruyrtin uein. id. 303, Godreis a lada6d o lu *trychyeit*—Lloegyr. 13g. *A* 8. 20-1, mal baed coet trychwn *trychyat*. c. *1400 R* 1203. 40-1, *trychyat* bryt gryt gr0ydyr vr0ydyr vredychu. id. 1226. 33-4, pan gyrcha6d elphin par trin *trychyat*. id. 1289. 17, Pennaf naf trechyat *trychyat* eliflu. **1803** *P*, Tryçiad, s. m.—pl. tryçiaid . . . A cutter, a lopper; that makes an incision or excision.

trychiadol [*trychiad*¹+-*ol*] *a.* Yn perthyn i drychiad (am olwg ar wrthrych): *sectional (of view).*
20g.

trychiaf: trychio, trychiedig, gw. trych-af: trychu, trychedig.

trychineb [*?trwch²*+-*ineb*] *eb.g.* ll. -*au*. Anffawd (fawr neu sydyn), methiant, trasiedi, tralod, adfyd, anap, dinistr; camwedd, drygioni; hefyd yn *ffig.*: *disaster, calamity, misfortune, failure, tragedy, tribulation, adversity, destruction; vice, evil; also fig.*

15-16g. *GRB* 52, Du ar Feisgyn drwy faesgoed, / duo Tir Iarll hyd y troed. / *Trychineb* taer ychwaneg, / toryn du ar Gatrin deg [marwnad Hywel Gibwn]. **1588** *Deut* xxxii. 35, agos yw dydd eu *trychineb.* **1595** H. LEWYS: *PA* 34, denfyn duw attom blae trymach . . . mal, nodeu, drudaniaeth . . . *trychineb* gann dan (*casualty of fire*). **1632** D, Trwch . . . Trychni, & *Trych-ineb*, Infortunium. id. d.g. *Infelicitas, Miseria.* **1701** E. WYNNE: *RBS* 63, Meddwdod a bair wae a *thrychineb* (*mischief*). **1720** *App DP* 47, rhaid iwch gymmeryd ymmaith Rydd-dyd Naturiawl ewyllys dyn, ac felly chwi gymmerwch ymmaith Natur Rhinwedd a *Thrychineb* oddiwrth ei holl weithredoedd. **1725** *SR* d.g. *Dissaster* [*sic*]. **1759** *ML* ii. 121, Roedd nodwydd wedi mynd i gorn pori y Farwn . . . Duw a'n cadwo rhag y fath *drychinebau* a rhain. **1803** *P*. Ar lafar, 'Ma pawb sy'n byw mywn ardal gwaith glo yn gwpod am *drychinepa*', GTN 822.
Amr.: **drychineb** [cf. *drychni*]. **1588** *Job* xvi. cs., Iob yn dangos pa sawl amryw *ddrychineb* a ddigwyddasai iddo ef. **1688** *TJ*, Trychni, trychineb, *drychineb*: mishap, misfortune. **1688** S. HUGHES: *TSP* 75-6, mal y gallwyf ochelyd yr achos o *ddrychineb* [:— Trueni] y Dyn hwn. **1768** RISIART AP ROBERT: *CB* 174-5, pan fo beryglon neu *ddrychinebau* oddi wrth y dynion neu'r moddion mwyaf niwcidiol yn bygwth greulonaf, nid oes ond Duw i dorri ar eu rhediad. **trachineb** [cf. *trachinebus*]. **16-17g.** *PhA* 354. **1658** R. VAUGHAN: *PS* 108. **trechineb**. **1552** *Pen* 403, 76.

trychinebus [*trychineb*+-*us*] *a.* O natur trychineb, a nodweddir gan drychineb(au), yn peri trychineb, catastroffig, trasig, anffortunus, anffodus, affwysol (o wael): *disastrous, calamitous, catastrophic, tragic, ill-fated, unfortunate, abysmal.*
1630 *YDd* 260, Gweithredoedd anghenrhaid . . . Megis ymdrech yn erbyn y gelynnion, sefyll yn erbyn câd o ryfelwyr, neu yspail lladron, diffoddi tân *trachinebus*. **1717** IACO AB DEWI: *MN* 90, eithr bod yn wiw gan Dduw, pan dorrwyd y Cyfammod yn *drychinebus* gan y Cyntaf, ei adnewyddu ef yn ebrwydd yn yr Ail Addaf. **1719** IACO AB DEWI: *TG* 126, [t]reulio ychydig Amser yn y Byd *trychinebus* (*miserable life*) yma, ac wedi hynny descyn at y Meirw. **1771** *W* d.g. *Calamitous, or full of calamity, Disastrous.* **1803** *P*. Ar lafar, 'Ma pob ryfal yn beth *trychinebus*', 'Fe gæs anap *trychinepus* a'i 'nafu'n ddychynllyd', GTN 822.
Amr.: **trachinebus** [cf. *trachineb*]. **1630** *YDd* 260.

trychinol [*?trychin(eb)*+-*ol*] *a.* Trychinebus, trasig: *disastrous, tragic.*
1853.

trychiolaeth, gw. drychiolaeth (At.).

trychlam [*?trwch²*+*llam*] *eg.* ll. -*au*. Trychineb, anffawd, aflwydd: *disaster, misfortune, mishap.*
16g. *GILIV* 60, Un o *drychlam* yn drachloff / Wyf o glyw n glaf i glyn gloff. **1604-7** *TW* (*Pen* 228) d.g. *Infortunium.* **1725** *SR* d.g. *Dissaster* [*sic*]. **1803** *P*, Tryç-lam, s. m.—pl. t. *au* . . . A disastrous step.

trychnaddaf: trychnaddu [*?trwch²*+*naddaf*: *naddu*] *bg.a.* Naddu (â chŷn), torri, cerfio, ysgythru, boglynnu: *to hew, chisel, cut, carve, engrave, emboss.*
1632 D d.g. *Cælo.* 1661 E. LEWIS: *Drex* 63, Pa beth a ddoeth yr awrhon o'i Tragywyddoldeb hwy?

---

yr hwn oedd gwedi ei *drychnaddu* ryw amser mewn cerrig? id. 65, Nid ellir *trychnaddu* ar gerrig a meini Mynor ddull ac Argraph Tragywyddoldeb. **1722** *Llst* 189, Trychnaddu. To cut, gash, hew. **1771** *W* d.g. *To carve* [*cut or grave in wood, stone, &c.*], To chisel, To emboss, To engrave.

trychni [*?trwch²*+-*ni*] *eg.* Trychineb, anffawd, methiant, trasiedi, adfyd, anap, dinistr; toriad, holltiad, archolliad: *disaster, calamity, misfortune, failure, tragedy, adversity, destruction; a cutting, splitting, wounding.*

12g. *GMB* 177, A llurygar glas a gloes *trychni*, / A thrychyon yndut rac reitrut ri. **12g.** *GCBM* ii. 7, Gweleis eu *trychni* trychant kelein. 14g. *GDG³* 64, Tynnais o argais ergyd / Heb y gern heibio i gyd. / Mau och, aeth fy mwa i / Yn drichnap, annawn *drychni.* **1547** *WS*, Trychni. **16g.** *EWGP* 40, Mis Hydref, hydraul echel, / . . . / *trychni* ni hawddai ochel. p. **1584** G. ROBERT: *GC* [116], y gair igyd [*sic*] a elwir goben-drwch, er nad yw'r *trychni* ond yn i fraidd benn. **1595** M. KYFFIN: *DEf* [22], Doedyd yr ydis an Sophocles Prydydd y *trychni* (*tragical poet*). **1620** *Mos* 204, 60, En ol *trychni.* vo dhaw dedwdhwch. **1632** D, Trwch . . . *Trychni* . . . Infortunium. **17g.** HUW MORUS: *EC* ii. 230, Ca'dd gyfion ddisgyblion, etholion cryfion Crist, / Eu tori trwy boeni, byr nychni *trychni* trist! **1688** *TJ*, Trychni, trychineb, drychineb: mishap, misfortune. **1722** *Llst* 189, Trychni. m. Adversity, disaster. **1790** TWM O'R NANT: *GG* 135, Ni chefais hauach ofid, / O bob rhyw beryglon byd, / Nag ing, na chyfing gyngor, / Nag ofn mwy, nag ar gefn Môr; / Na welwyf fi *drychni* drwg, / Fyth eilwaith y fath olwg. **1803** *P*.
Amr.: **drychni** [cf. *drychineb*]. **1730** IACO AB DEWI: *YL* 56, Ddyn adfydig er nad wyf yn teimlo dy *Ddrych-ni* etto yr wyf yn gressynu dy Gyflwr. **1770** *TG* iv. 65, gwelodd dorri pennau amryw; a digon tebygol y buasai'r *drychni* iw digwydd i'w goelbren yntau oni buasai ddyfod . . . [b]laenor y llu.

trychol [*trwch²*+-*ol*] *a.* Yn torri; toredig: *cutting; broken.*
18-19g. Llr C 4, 12, *trychol*, broken. **1803** *P* d.g. Tryçawl.

trychollt [*trwch²*+*hollt*¹] *eg.* Gram. Trych-iad; toriad neu glwyf hir a dwfn: *tmesis; gash.*
1551 W. SALESBURY: *Gw* 336-7, Diacope ne Tmesis, *Trych hollt*, id pan drycher y gair yn ei ganol . . . a sengi gair ne eirie ryng y ddaù haner . . . Yscyvarn—yn narn y nos—Ogot sydd yma yn agos. **1604-7** *TW* (*Pen* 228) d.g. *diacope.* **1632** D d.g. *Tmesis.* **1773** *W* d.g. *Gash.*

trychus¹, gw. trwchus.

trychus² [*trwch²*+-*us*] *a.* Drwg, ysgeler, anfad; trychinebus, anffodus: *bad, evil, wicked; disastrous, unfortunate.*
16g. (17g.) *CRC* 149, ni wn i pwy yn hysbys / ai mwrddriodd hin *drychus* / Ai gwr kynfigenvs / Ai gwraig kynhwynol [Robin Clidro i'r gath].

trychwaith [*trwch²*+*gwaith*¹] *eg.* Trych-ineb: *disaster, calamity.*
[1756] *Gron* 85, Ai arwylion oer alaeth, / A fynn, giwed gyndyn gaeth? / *Trychwaith* a ddaw o'u tra-chwant, / Och o'r gwymp drachwerw gant.

trychwalaf: trychwalu [*try-²*+*chwalaf*: *chwalu*] *ba.* Chwalu, gwasgaru; dadan-soddi: *to scatter, disperse; analyse.*
1850.

trychwaliad [bôn y f. *trychwalaf*: *trych-walu*+-*iad*¹] *eg.* ll. -*au*. Dadansoddiad; *?distrywiad: analysis; ?destruction.*
1851.

trychwanog [*?trwch²*+*gwân*¹+-*og*] *a.* Llawn tyllau neu holltau: *full of holes or slits.*
c. **1400** [*RB*] *WM* 203. 23-5, A llenlliein vrastoll *trychwanavc* ar uchaf vreckan. **1707** *AB* 239a, *Trych-wanavc*, Full of holes. **1803** *P*, Tryçwanawg . . . Having slits.

trychwant, trychwd, gw. trachwant, trythgwd.

trychwibl [*try-²*+*chwibl*] *a.* Chwerw neu sur iawn: *very bitter or sour.*
c. **1400** *R* 1337. 12, afrv6ch trŏch *trychwibyl* rost-yedic. **17g.** *LlGC* 13215, 384, Trychwib [*sic*] Peracer-bus.

trychwil, gw. trychfil.

trychwiliad [bôn y f. *trychwiliaf*: *trychwilio* +-*iad*¹] *eg.* Archwiliad: *scrutiny.*
1858.

---

trychwiliaf: trychwilio [*try-²*+*chwiliaf*: *chwilio*] *ba.* Archwilio: *to scrutinize.*
1850.

trychwn [*?try-¹*+*cwn* (ll. yr e. *ci*); ond dichon mai gair gwahanol (cf. H. Lyd. *tri-cont, trigont*, Llyd. C. a Diw. *tregont* 'deg ar hugain', H. Wydd. *tricho*, Llad. Gâl (*omnibus*) *tricontis*) a welir yn rhai, onid y cwbl, o'r enghrau. isod; ansicr yw prth. *trychón, T* 24. 10] *e.ll.* Tri phennaeth neu ryfelwr: *three chiefs or warriors.*
13g. *A* 5. 17-18, Teithi etmygant tri llwry nouant. pymwnt a phymcant. *trychwn* a thrychant. id. 8. 20-1, Pan gryssyei garadawc y gat. mal baed coet *trychwn* trychyat. id. 30. 22-31. 1, *trychwn* a thrychant tru nyt atcorsant.

trychwr [bôn y f. *trychaf*: *trychu*+-*wr*] *eg.* ll. -*wyr*. Torrwr, cymynwr, cwympwr (*coed*): *cutter, hewer, feller (of wood).*
12g. *GCBM* i. 297, Ergyrwaewa0r treis, traus y gynhenn, / Eryron trychyon, trychwyr orffenn. *Dchr.* 15g. *GSCyf* [131], Trachwerw goel, *trychwr* gelyn, / Traws blaid i'r gweiniaid, iôr gwyn [Llywelyn ab y Moel i Huw Sae]. **1632** D d.g. *Sector, oris.* **1766** *FfA* 79, fel ac y mae'r *Trychwr*, neu'r torrwr coed (*feller of wood*) yn trin y pren crynedig. **1803** *P*. Ar lafar, GTN 822; hefyd yn yr ystyr 'erfyn trychu', *Cymru* xlvii. 237 (sir Ddinb.).

trychwydd [*try-²*+bôn y f. *cwyddaf*: *cwyddo*] *eg.* a hefyd fel *a.* Cwymp, hefyd yn *ffig.*: *fall, also fig.*
12g. *GCBM* i. 257, Ac oet mal trochyad yt y trychei, / *Trychwyt* Eigyl, trychyon y hadawei. id. ii. 49, Kert-gar kyuarwar (kyuarwyt—y6 Du6), / Diwet6r kyn *trychwyt.*
Fel *a.* (geir.) Bregus, brau, tueddol i gwympo neu ddirywio: (*dict.*) *brittle, frail, liable to fall or decay.*
1632 D, *Trychwŷdd*, Caducus. **1688** *TJ*, Trychwŷdd, tramgwyddus, serfyll, brau: like to ruine, decay or perish, frail, brittle. **1772** *W* d.g. *Decayed, To fall, Ready to fall* [*ruinous, &c*].

trychwysiad [*try-²*+*chwysiad*] *eg.* Nawsiad neu ddiferiad hylif drwy fandyllau: *transu-dation.*
1803 *P*.

trychyn, gw. trwch².

trychyr [bôn y f. *trychaf*: *trychu*+-*yr*] *eg.* Offeryn llawfeddygol a ddefnyddir i dynnu hylif o geudod yn y corff: *trocar.*
1851.

trydaf, gw. trydaraf: trydar.

trydan¹ [*try-²*+*tân*] *eg.* Ffurf ar egni sy'n deillio o fodolaeth gronynnau wedi eu gwefru ac a geir naill ai fel croniad neu fel cerrynt, cyflenwad o gerrynt trydanol i wresogi, goleuo, &c.; llifydd anfesuradwy hydreiddiol (*tybiedig*) y credid gynt ei fod yn achos ffenomenau trydanol, hylif trydan-ol; hefyd yn *ffig.*: *electricity; electric fluid; also fig.*
1803 *P*, Trydan, s. m. . . . electric fluid. Ar lafar yn gyff.
Cfn.: **trydan dŵr**: *hydroelectric(ity)*. 20g.

trydanaf: trydanu [bf. o'r e. *trydan*¹] *bg.a.* Cyflenwi â thrydan, gyrru cerrynt trydanol drwy, trawsnewid (peirianwaith neu'r lle neu'r system sy'n ei ddefnyddio) er mwyn ei alluogi i ddefnyddio pŵer trydanol, gwefru, storio egni mewn (batri, &c.), derbyn a storio egni (am fatri); achosi marwolaeth drwy gyfrwng sioc drydanol, dienyddio â thrydan, trydaneiddio; hefyd yn *ffig.*: *to electrify, charge; electrocute (also as method of execution); also fig.*
1803 *P*.
Amr.: **trydan².** Ar lafar yn yr ystyr 'taranu', 'Trydan wyth yr orsadd, fel 'na ôn' nw'n gwed flynydda'n ôl am rwun yn gwyddio'n dâr', GTN 822.

trydanaidd [*trydan*¹+-*aidd*] *a.* Trydanol, hefyd yn *ffig.*: *electric(al), also fig.*
1844.

trydandyniad [*trydan*¹+*tyniad*¹] *eg.* Atyn-iad trydanol: *electrical attraction.*
1851.

trydaneg [*trydan*[1] + *-eg*[1]] *eb.* Gwyddor trydan: *electricity (branch of physics).*
1890.

trydaneiddiad [bôn y f. *trydaneiddiaf*: *trydaneiddio* + *-iad*[1]] *eg.* ll. *-au.* Trydaniad: *electrification.*
1916.

trydaneiddiaf: trydaneiddio [bf. o'r a. *trydanaidd*] *ba.* Trydanu, hefyd yn *ffig.*; achosi marwolaeth drwy gyfrwng sioc drydanol, dienyddio â thrydan: *to electrify, also fig.; electrocute (also as method of execution).*
1860.

trydanell [*trydan*[1] + *-ell*] *eb.* Dyfais sy'n cynhyrchu trydan statig: *electrophorus.*
1877.

trydanfesurydd [*trydan*[1] + *mesurydd*] *eg.* Offeryn sy'n mesur potensial trydanol heb dynnu unrhyw gerrynt o'r gylched: *electrometer.*
1853.

trydaniad [bôn y f. *trydanaf*: *trydanu* + *-iad*[1]] *eg.* ll. *-au.* Y weithred o drydanu; y weithred o achosi marwolaeth drwy gyfrwng sioc drydanol; gwefr (drydanol), trydan; hefyd yn *ffig.*: *electrification; electrocution; (electrical) charge, electricity; also fig.*
1803 *P.*

trydaniaeth [*trydan*[1] + *-iaeth*] *eg.b.* Trydan, hefyd yn *ffig.*: *electricity, also fig.*
1803 *P.*

trydanias, gw. **trydan**[1] + **ias.**

trydanig [*trydan*[1] + *-ig*[2]] *a.* Trydanol: *electric(al).*
1851.

trydanllyd [*trydan*[1] + *-llyd*] *a.* Tebyg i drydan, a nodweddir gan drydan: *similar to, or characterized by, electricity.*
1861.

trydanog [*trydan*[1] + *-og*] *a.* Trydanol: *electric(al).*
1853.

trydanol [*trydan*[1] + *-ol*] *a.* Yn perthyn i drydan, a weithir gan drydan, yn defnyddio trydan, ac iddo natur trydan, ac ynddo stôr o drydan, yn (gallu) cynhyrchu trydan, hefyd yn *ffig.*: *electric(al), also fig.*
1803 *P* d.g. *Trydanawl.*

trydanwr [*trydan*[1] + *-wr*] *eg.* ll. *-wyr.* Un sy'n gosod, yn cynnal a chadw, neu'n gwerthu cyfarpar trydanol, hefyd yn *ffig.*: *electrician, also fig.*
1850.

trydanwy [*trydan*[1] + *gwy*] *eg.* Hylif trydanol: *electric fluid.*
1851.

trydar[1] [? *try*-[2] + yr elf. **târ* a welir yn *clochdar*] *eg.b.*; petrus yw dosbarthiad rhai o'r enghrau. isod] *eg.b.*

(a) Brwydr, ymladdfa, ymrafael, gwrthdaro, cynnwrf, cythrwfl: *battle, fight, contention, conflict, commotion, uproar.*
Dchr. **12g.** *GMB* 6, Godrut y var, gurt in *trydar*: gvae ry cothvy! **12g.** *GLIF* 355, Can eddyw Aerddur yn arddyfrwys—far / Yn *trydar*, dar diffwys. **12g.** *GCBM* i. 256, Neud góar góaór *trydar*, trin orllawes, / Er pan llas llyw ked neud neued nes. id. 353, Diuefylwyr urodyr, urwydyr efnys—yn trin, / Yn *trydar* anuelys. id. ii. 267, Rychyrchant vn Peir, teir *trydar*. **13g.** *GBF* 79, Gwyr a gar gwaór *trydar* trin. **14g.** T 71. 7, Neu vi luossaóc yn *trydar*. **14g.** *R* 1042. 19-20, Yn llongborth góeleis *drydar*. ac eloraór yg/góyar. **16g.** *GHD* [58], Llaesaist y beilch fal gweilch gwâr, / Llaeswr, toriadwr *trydar* [i Lewys ab Owain].

(b) Sŵn neu gyfres o seiniau a gynhyrchir gan adar, &c., sŵn telori, switiad; sŵn, twrw, ?bref; clebran, baldordd, siaradusrwydd: *birdsong, a chirping, twittering, warbling; noise, clamour, ?braying; chattering, prattle, garrulity.*
12g. *GCBM* i. 11, Bre uchel breint ardangos, / Lle *trydar*, Llech Ysgar llys. **13g.** *A* 2. 19-20, wy lledi a

llavnawr heb vawr *drydar*. **14g.** *GDG*[3] 396, *Trydar* ei daerfar ar darf, / Trydydd yw Dafydd dewfarf (Gruffudd Gryg). **14g.** *GIG* 112, Pob dyn o'i ddyfyn a ddaw / Yr undydd yno i wrandaw / Ar y farn flin, gadarn floedd, / A thrydar eu gweithredoedd. c. **1400** *YCM*[2] 107, Llyna yd ocd vawr y son a'r *drydar* gan wyr a meirch. **15g.** *DE* 44, mae brad a siarad a son / a *thrydar* gan athrodion. **1604-7** *TW* (*Pen* 228) d.g. *Garrulitas, Vociferatus, Vox.* **1606** E. James: *Hom* ii. 278, ni a ddlyem ddeall pa beth yw hyn, fal y gallom ganu a rheswn dŷn, ac nid a *thrydar* adar. **1632** *D*, *Trydar* . . . auium garritus. **18g.** E. T. Rhys: *DA* 52, Hyd nes darfu i'r dŵr â'i *drydar* / Ddechreu'u hysgwyd oll ar wasgar. **1753** G. Owen: *L* 54, *Trydar* eos (sydd) ganniad gynnefin. **1784** M. Williams: *S* i. 214-15, y Ffal o Ni[a]gra . . . mae sŵn y ffwrd [sic] mor nerthol ac y clywir ei *thrydar* dros bymtheg o filldiroedd oddi wrtho. **1789** *BDG* 519, A *thrydar* mân adar mai. **1803** *P.*

trydaraf: trydar[2] [bf. o'r e. *trydar*[1]] *bg.a.* Lleisio, canu, cynhyrchu (sŵn neu gyfres o seiniau) (am adar, &c.), telori; cadw sŵn, brefu; clebran, baldorddi: *to sing, chirp, twitter, warble; make a noise, bray; chatter, prattle.*
1547 *WS*, *Trydar*leisio [sic] val adir [sic] *Cherme, chytter.* **1603** W. Midleton: *Ps* [283], Adar a *drydar* drwy wyll. **1604-7** *TW* (*Pen* 228) d.g. *Rudo.* **1606** E. James: *Hom* ii. 278-9, mae dylluanod, cawciod, cigfrain, piod, a'r fath adar eraill, gwedy eu dyscu gan dynnion [sic] i glegru [:– *Drydar*], ni wyddont pa beth. **1632** *D*, *Trydar, Garrire.* **1672** R. Prichard: *Gw* 347, A dioscaist fy sâch-wisc, / Pan oeddwn mysc rhai 'n *trydar.* **1687** (1715) J. Owen: *TB* 99, yr oedd adar yn *trydar* ac yn canu yn hyfryd. **1722** *List* 189, *Trydar.* To chirp as birds, gabble, bray as an ass. **1803** *P.*
Amr.: **drydar.** **1588** *Eseia* xxix. 4, a'th ymadrodd a *ddrydar* o'r llwch. id. xxxviii. 14, Megis garan neu wennol, felly *drydar* a wneuthum. **trydaf** [ff. eithriadol] (prs. 1 un. pres. myn.). **1820.** **trydaru.** **1803** *P.*

trydaraidd [*trydar*[1] + *-aidd*] *a.* Tebyg i drydar, telorog: *resembling birdsong, warbling.*
1840.

trydarthaf, trydarthiaf: trydarthu, trydarthio [*try*-[2] + *tarthaf, tarthiaf: tarthu, tarthio*] *bg.a.* Biol. Rhyddhau (anwedd dŵr) drwy'r dail, rhyddhau (anwedd, chwys, &c.) drwy'r ysgyfaint neu'r croen: *to transpire (in biol.).*
1850.

trydarthiad [*try*-[2] + *tarthiad*] *eg.* ll. *-au.* Biol. Y weithred o drydarthu: *transpiration (in biol.).*
1821.

trydarthiaf: trydarthio, gw. **trydarthaf: trydarthu.**

trydaru, gw. **trydaraf: trydar.**

trydarus [*trydar*[1] + *-us*] *a.* Tebyg i drydar, a nodweddir gan drydar, telorog: *resembling or characterized by birdsong, warbling.*
1831.

tryde, gw. **trydydd.**

trydedd, gw. **trydydd.**

trydedydd, gw. **trydydd** + **dydd.**

trydeddog [*trydedd* + *-og*] *a.* Drg. Trydyddol: *tertiary (in geol.).*
1853.

trydeddol [*trydedd* + *-ol*] *a.* Drg. Trydyddol: *tertiary (in geol.).*
1850.
Gw. hefyd **trydyddol.**

trydellaw, trydenos, tryderan, trydewaith, gw. **trydydd** + **llaw**[1], **nos, rhan**[1], **gwaith**[2].

trydoll, gw. **trydwll.**

trydon[1], **drydon,** *eb.g.* Bot. Unrhyw un o amryw fathau o blanhigion o'r tylwyth *Agrimonia,* yn enw. A. *eupatoria*, sy'n dwyn blodau bychain melyn, llysiau'r dryw: *agrimony.*
c. **1400** *MM* 12, kymryt tri dieu goduc or llysseu hynn i kygget, ar *trydon.* **1604-7** *TW* (*Pen* 228), y *drydon* d.g. *Agrimonia.* **1632** *D* (*Bot*), y *Drydon,* troed y dryw, llysiau 'r dryw, cwlyn y mêl . . . *Eupatorium*

syluestre, marmorilla, agrimonia. **1688** *TJ* (*Bot*), y *Drydon* . . . wild Liverwort, Agrimony. **1776** *W*, *Drydon,* y *drydon* d.g. *Liver-wort, Wild liver-wort.* **1803** *P* d.g. *Trydon.*

trydon[2] [? *try*-[2] + *tôn*[1]] *a.* Persain, melodaidd: *tuneful, melodic.*
1789 *BDG* 520, *Trydon* dy fan ar lannerch, / Trydar syw, trawiadur serch [i'r fwyalchen]. **1803** *P.*

trydonol [*trydon*[2] + *-ol*] *a.* Crdd. Diatonig: *diatonic.*
1818.

trydw, gw. **drudw.**

trydwll, trwydwll [*try*-[2], *trwy*[1] + *twll*; cf. Gwydd. C. *tretholl*; amheus yw'r ll. y ceir yn engh. gyntaf ynddi; tebyg nad yma y perthyn 'blwyddyn *drydoll*', *GIG* 133] *a.* (b. *tr(w)ydoll*) a hefyd fel *eg.* ll. *trydyllau.* Llawn tyllau, tyllog, wedi ei dyllu drwodd, trydyllog, toredig, drylliog, hefyd yn *ffig.*; Bot. ac iddo goesyn sydd yn ymddangos fel petai'n mynd drwy'r ddeilen: *full of holes, holed, pierced, bored through, perforated, broken, shattered, also fig.; perfoliate (in bot.).*
12g. *GCBM* i. 23, Pall arnaó póyllaf y dognir, / Pressóylgoll dróydoll egir. **13g.** *GDB* 50, Neut trei callon donn (duc vi) / Dyret melus neud o'e golli. **14g.** *WM* 392. 37-9, cf a welei ar dalym ac dref hen llys atueiledic ac yndi neuad *drydoll.* **14g.** *GDG*[3] 36, Gwrawl hawl mewn helm *drydoll,* / Gair oer am y gorau oll [marwnad Llywelyn ap Gwilym]. **14g.** *GIG* 30, Mewn pwll *trydwll* troëdig / Y bu ar Sadwrn, dwrn dig [marwnad meibion Tudur Fychan]. **14-15g.** *GGLl* [179], Ysbryd wyd, galon *drwydoll,* / A Duw a dyn, dydd daed oll! **15g.** *B* v. 18, Tradygyn grev assev iessin, / Trydwll draet, ac waet o win [i'r Offeren]. **15g.** *GGl*[2] 242, Clytiwr anell fal clwyd *trwydoll,* / Caru sâl ydiw'r cwrs oll. **1632** *D*, *Trydwll, Perforatus* . . . fœm. *Trydoll.* **1783** P. Williams: *FfA* 46, na ba'i'n [sic] tai *trydwll* yn syrthio arnom a'n claddu dan yr adfeiliad. **1803** *P* d.g. *Trwydoll, Trwydwll, Trydwll.* **1813** *WB* 18, Perfoliate Pond-weed; Dyfr-llys *trydwll.* id. 73, Perforated St. John's Wort . . . Eurinllys *trydwll.*
Fel *e.* Twll, trydylliad: *hole, perforation.*
1803 *P,* *Trydwll,* s. m.—pl. *trydyllau* . . . A hole through any thing, a perforation.

trydws, gw. **drudw** (hefyd At.).

trydwyll, gw. **try**-[2] + **twyll.**

trydwyn, trydy, gw. **drudw, trydydd.**

trydydeg [*trydy* + *deg*] *rhif.* Trydydd ar ddeg: *thirteenth.*
13g. *GDB* 520, *Trydydec* docni taerwalch Eryri / Aróystli Keri ker Kaer Eua.

trydydydd, trydydyn, gw. **trydydd** + **dydd, dyn.**

trydydd [Crn. C. *trysse, tresse, tryge, trege,* Crn. Diw. *tridzha, tredzha,* &c., Llyd. C. a Diw. *trede,* e. prs. Gal. *Tritios*: < **tritiio-,* cf. Llad. *tertius*] *rhif.* (b. *trydedd*) a hefyd gyda grym enwol ac fel *eg. (trydydd)* ac *eb. (trydedd)* ll. *-au.*

(a) Nesaf mewn trefn ar ôl yr ail, olaf mewn cyfres o dri, yn dynodi un rhan o dair: *third.*
10g. (*Cpt*) *B* iii. 256, In *tritrid* urd . . . In*trited* retec. **12g.** *GMB* 177, Teir praff prif lyghes wy bres broui. / Vn o Iwerton, arall aruogyon / O'r Llychlynnigyon llwrw hiryon lli, / A'r *drydet* dros uor o Nortmandi. id. 202, Aduwyn dydaó dyuyr . . . / Oguanw a Chegin a Chlawedaóc *drydyt.* **14g.** *WML* 38, Kyntaf or naó rad . . . Eil yó braót awhaer. Trydyd yó hentat. Petweryd yó Gorhentat. **14g.** *GDG*[3] 219, *Trydydd* [porthor Eiddig], gwn beunydd benyd, / A'm lludd i gael budd o'r byd. **15g.** *GTP* 28, Y mae neithior yfory / A mwnai fraisg ym Môn fry, / A'r ail drennydd a fydd fwy, / A'r *drydedd* neithior dradwy. **1567** TN 133a, A'r *trydydd* dydd [:– A' thradwy] y bu priodas yn-Cana dref yn-Galilaia. **1588** *Ecs* xxxiv. 7, yr hwn a ymwel ag anwiredd y tadau . . . ar blant y plant hyd y *drydedd,* a'r bedwaredd oes. **1632** *D*, *Trydydd,* Tertius. id. *Trydedd* . . . Tertia. id. *Trydydd* rann wns d.g. *Duella.* **1672** R. Prichard: *Gw* 292, Yn *drydydd* credaf hefyd, / I Dduw 'r Sancteiddu-lan yspryd. **1740** T. Evans: *DPO* 136-7, peris efe ysgrifennu ird Llyfr o'r Gyfraith . . . a'r *trydydd* yn Llys Dinefwr. **1784** M. Williams: *S* i. 180, Nid yw refeniw neu deyrnged y wlad hon [yr Aifft] o fawr elw; ac nid oes ond prin y *drydedd* ran yn cael ei ddwyn [sic] i'r ymmerodr; mae'r ddwy ran arall yn cael eu treilio gan swyddwyr y wlad. **1790** T. Jones: *TOS* 45,

gweledigaetheu a'n dercha i'r *drydedd* nefoedd. **1803** *P* d.g. *Trydez, Trydyz.* Ar lafar, '*trydydd*' 'third', 'y *drydydd*' 'the third (part)', *WVBD* 553; 'Dyna'r *trytydd* dyn sy wedi mynd 'ipo man 'yn y bora 'ma a raw ar 'i ysgwdd!', *GTN* 823. Digwydd hefyd mewn trefnolion cfns., e.e. *trydydd* (*trydedd*) *ar ddeg*, *trydydd* (*trydedd*) *ar hugain*, &c.; gw. hefyd y cfn. *trydydd ar bymtheg* isod.

(*b*) Yn dynodi un o dri: *denoting one of three.*

12g. *GLlF* 446, *Trydy* pla Wytyl (aflwyt diheu!) / *Trydy* but Myniò, mynaòc bieu. **12g.** *GCBM* ii. 180, Treis Dreon, trinheion nwy try, / Traòs trydar, *trydyt* haearnlly. **13g.** *GDB* 483, *Trydydd* rhyfedd llyfr llefesigion. **13g.** *LlI* 5, *tredyd* anhepcor brenyn yv y teylu (e deu ereyll ynt y effeyryat teylu a'y egnat llys). **13g.** *A* 38. 18–19, *tridid* engiriaul erlinaut gaur. **14g.** *WM* 60. 17–20, A hònnò [pen Bendigeidfran] *trydyd* matcud ban gudyòyt. Ar *trydyd* anuat datcud pann datcudyòyt. **1588** *Eseia* xix. 24, Y dydd hwnnw y bydd Israel yn *drydedd* i'r (**1988** *ib.* yn un o dri, gyda'r) Aipht, ac i Assyria. **1753** *TR*, *Trydydd* . . . Also, one out of three. Gw. hefyd y cfn. *ar ei drydydd* isod.

Fel *e. Crdd.* Cyfwng rhwng tri nodyn dilynol yn y raddfa ddiatonig (e.e. C–E), dau nodyn eithaf y cyfwng hwn, y ddau nodyn hyn wedi eu seinio ynghyd: *third* (*interval or chord in mus.*).
1837.

Amr.: **trydy** [digwydd y ff. f. yn gynharach mewn geiriau cfns., e.e. *Tryderann*, *GLlF* 63; cf. *pedwarydydd, pedwarygwr, pedwareran*] (b. *tryde*). **10g.** (*Cpt*) *B* iii. 256, ir loc. guac. issi. in *triti* urd. **12g.** *GLlF* 446. **13g.** *GDB* 135. **1574 (1604)** *Rhyddiaith Gymraeg* ii. 194, Y *trydy* peth mawr ydoedd may brenin yn gwlad ni a elwid Lucius. **1632** *D*, Trydydd . . . Demet. *Trydy.* **1803** *P* d.g. *Tryde, Trydy.*

Cfn.: **trydydd ar bymtheg** (ff. anarferol): *eighteenth.* **1831.** **y Trydydd Byd:** *the Third World.* **20g.** **trydydd cymaint:** *three times as much.* *c.* **1400** *Études* viii. 354. *Math.* **trydydd (trydedd) isradd:** *cube root.* **20g.** **ar ei drydydd:** *as one of three, with two others.* **13g.** *BD* 28, na welei neb vrth y osgord namyn *ar y trydyd* (*se tercium*). **14g.** *WML* 61, ty get [*sic*] *ar y trydyd* o wyr un vreint ac ef. **14g.** *HMSS* ii. 27, yna y seuis charlymaen ar y draet. *ar y drydyd* o gristonogyon (*YCM*² 10, a deu Gristawn y gyt ac ef).

trydyddol [*trydydd*+*-ol*] *a. Drg.* Yn perthyn i gyfnod cyntaf y gorgyfnod Cainosöig sy'n rhoddi tystiolaeth am ddatblygiad mamoliaid mawr a phlanhigion blodeuol; yn perthyn i addysg (yn enw. mewn coleg neu brifysgol) ar ôl addysg uwchradd: *tertiary* (*in geol.*); *tertiary* (*in education*).
1858.
Gw. hefyd **trydeddol.**

trydygwr, gw. **trydydd+gŵr.**

trydyllaf: trydyllu¹ [*try-*²+*tyllaf*: *tyllu*] *ba.* Treiddio drwy, &c., pigo ag erfyn miniog, yn enw. er mwyn gwneud twll mewn (peth), gwneud twll, agoriad, neu dwnnel i mewn i neu drwy, pwnsio, hefyd yn *ffig.*: *to penetrate, pierce, bore through, perforate, punch* (*hole*), *also fig.*

14g. *WM* td. 218. 2–3, A*thrydyllu* yr helmeu a briwaò ypaledeu. **1778** *W* d.g. *To perforate, To pounce silk, &c., To punch, To rake fore and aft.* **1803** *P.*

trydyllaidd [*trydwll*+*-aidd*] *a.* Mândyllog, wedi ei drydyllu, tyllog, wedi ei dyllu drwodd: *porous, perforated, holed, pierced.*
1840.

trydylle, gw. **trydydd+lle**¹.

trydylliad [bôn y f. *trydyllaf*: *trydyllu*+ *-iad*¹] *eg.* ll. *-au.* Y weithred o drydyllu, tylliad drwodd: *perforation, a piercing, boring through.*

1778 *W* d.g. *Perforation, Perterebration.* **1803** *P*, *Trydylliad*, s. m.—pl. t. *au* . . . Perforation.

trydyllog, trydylliog [*trydwll*+*-(i)og*] *a.* Wedi ei drydyllu, llawn tyllau, tyllog, wedi ei dyllu drwodd, mân-dyllog: *perforated, full of holes, holed, pierced, porous.*
1840.

trydyllu¹, gw. **trydyllaf: trydyllu.**

trydyllu², gw. **trydydd+llu.**

trydyllwr, trydyllydd [bôn y f. *trydyllaf*: *trydyllu*+*-wr*, *-ydd*³] *eg.* ll. *trydyllwyr, trydyllyddion.* Erfyn neu beiriant a ddefnyddir i drydyllu, pwnsh: *perforator, punch.*

1780 *W*, *Trydyllydd* d.g. *Punch* [*with which holes are made*]. **1803** *P* d.g. *Trydyllwr, Trydyllyz.*

trydynnyth, gw. **trydydd+nyth.**

trydd, gw. **troaf: troi.**

tryddaliaf: tryddal [?*try-*²+*daliaf*: *dal*] *ba.* Aflonyddu ar, torri ar draws, atal, blino, tarfu ar, hymbygio, cam-drin; trafod, ystyried, ymchwilio i: *to disturb, interrupt, hinder, worry, harass, handle roughly, abuse; discuss, consider, investigate.*

18–19g. *Llr* C 30, 194, *Tryddal*, to harass, to interrupt, to lay hold on one, so as to hinder him from going . . . [Glam]. **18–19g.** *Llr* C 65, 352, *Tryddal*, Glam to frustrate interrupt, disturb, to agitate, to pull about, yn y *nhryddal* i ynol ag ymmlaen . . . tossing me about backwards and forwards. Ar lafar, 'Ma ci Nantllechau wedi bod yn *tryddal* y defid', ''Odd 'i wedi câl 'i *thryddal* yn fudur 'da'r nyrsys' (Morg.).

tryddarllenaf: tryddarllen, tryddarllain [*try-*²+*darllenaf*: *darllen, darllain*] *ba.* Darllen neu astudio'n ofalus neu'n drwyadl: *to peruse, study carefully.*

1778 *W*, *tryddarllain* d.g. *To peruse* [*read over*]. **1794** E. JONES: *CP* 74, *Tryddarllenwyd* a chaniattâwyd (wedi yn gyntaf ei seinio a'i wirio ar lw . . .). **1799** *CGGLl* 16, *Tryddarllenwyd* y Cyfammodau hyn, a boddlonwyd iddynt gan Ustusiaid yr Heddwch.

tryddarlleniad [bôn y f. *tryddarllenaf*: *tryddarllen, tryddarllain*+*-iad*¹] *eg.* Darlleniad neu astudiaeth ofalus neu drwyadl: (*careful or thorough*) *perusal.*

1778 *W* d.g. *Perusal* [*a reading over*].

trydded, gw. **trwydded.**

tryddisglair, gw. **try-**²**+disglair.**

tryddiwygiwr [*try-*²+*diwygiwr*] *eg.* ll. *tryddiwygwyr.* Radical: *radical* (*person*).
1851.

tryddyd, gw. **trwydded.**

tryddygaf: tryddwyn [*try-*²+*dygaf*: *dwyn*] *ba.* Cyflwyno: *to introduce.*
1852.

tryddysg, gw. **try-**²**+dysg.**

tryegrid [*try-*²+*egrid*] *eg. Cem.* Perocsid: *peroxide* (*in chem.*).
1858.

tryfais¹,², gw. **trafais**¹,².

tryfal [*try-*¹+yr elf. **mal* a welir yn yr e. *cymal*] *eg.b.* ll. *-au, tryfelau.* (Erfyn neu offeryn cerdd ar ffurf) triongl: *triangle.*

c. **1400** *R* 1308. 1–2, hòylaf adefaf o dyvi ardal. tròy ochel pennyal *tryfal* trefi. **1632** *D*, *Tryfal*, Triangulum. **1722** *Llst* 189, *Tryfal.* m. A triangle. **18–19g.** *Llr* C 2, 333, Gosgorddiadau'r Ser ydynt fal hyn. . . Y *Tryfelau.* **18–19g.** *Llr* C 16, 187, *Tryfal*, Glam, a triangle used by masons, &c—a level—properly a triangle in general. **18–19g.** *Llr* C 44, 46, Constellations in glam . . . *Tryfal* Idris, Triangulum Magnum. **1803** *P*, *Tryval*, s. m.—pl. t. *au* . . . a triangle. Ar lafar yn ardal Pwllheli yn yr ystyr 'morthwyl pigfain'. Digwydd hefyd am fforch mewn afon, I. WILLIAMS: *ELl* 44, *B* xi. 147.

tryfalfeidraeth [*tryfal*+*meidraeth*] *e?b. Math.* Trigonometreg: *trigonometry.*
1850.

tryfalfesuriaeth [*tryfal*+*mesuriaeth*] *eg. Math.* Trigonometreg: *trigonometry.*
1850.

tryfaliaeth [*tryfal*+*-iaeth*] *e?b. Math.* Trigonometreg: *trigonometry.*
1850.

tryfan [*try-*²+*ban*¹] *a.* a hefyd gyda grym enwol ac fel *eg.*

(*a*) ?Blaenfain, hefyd yn *ffig.*: *pointed, also fig.*

12–13g. *GLlLl* 215, Gòrt y gònaeth am deudraeth *dryuan* / . . . / Dygwyt gòyr heb leuyr, heb lann. **13g.** *GDB* 304, Kaòssam ar Bowys, beues goeth,—gestyll, / Eu gostòng oed anoeth, / Tri *tryuan*, kyuan, kyuoeth, / Pedwar ennwaòc, peithyaòc, poeth. *c.* **1400** *R* 1234. 23–4, Gòae dic . . . gòael drauael *dryuan* gòaeò tan ae taòd. Digwydd mewn e. lleoedd, I. WILLIAMS: *ELl* 15.

(*b*) Fel *e. Bot.* Alan, dail y tryfan, *Petasites*: *butterbur.*

1604–7 *TW* (*Pen* 228), dail y *Tryfan* d.g. *petasites.* *Dchr.* **17g.** *J* 10, 163a, Trydan. Petasites. x *Tryvan.*

tryfarus, gw. **try-**²**+barus.**

tryfastod, tryfedd, gw. **trybestod, trybedd**¹.

tryfeisiaf: tryfeisio [*try-*²+*beisiaf*: *beisio*] *bg.* Cerdded drwy ddŵr: *to wade.*

17g. *LlGC* 10249, 165, Att bob coegen, gwenn ,i, [*sic*] gwedd / y *tryfeisiwn*, trwy faswedd. **1794** *W* d.g. *To wade* [*walk, pass, or go through a river, or any water that is not too deep*].

tryfelau, tryfenydd, gw. **tryfal, terfenydd.**

tryfer [*try-*² (?a *try-*¹)+*bêr*] *eb.g.* ll. *-i, -au.* Picell driphen (at drywanu pysgod), harpŵn, gwaywffon, picell, hefyd yn *ffig.*: *trident, leister, harpoon, spear, javelin, dart, also fig.*

14g. *GIG* 90, A thrysorer clêr a'u clod / A *thryfer* brwydr a thrafod [marwnad Dafydd ap Gwilym]. *c.* **1400** *R* 1204. 1–2, *Tryuer* kat neirthyat nerthaòc allu. *c.* **1400** [*RB*] *WM* 492. 9–11, Adyuot aoruc ynteu [eog] attaf i. y diot dec *tryuer* a deugeint oe geuyn. **15–16g.** *GIF* 39, y mae'n un anian ymhob hanner / ym â dŵr afon am y *dryfer* [marwnad Syr Water Herbert]. **16g.** *GSC* [161], O meddyliwn am ddolur, / Mae blaenau nodwyddau dur. / Eos hefyd sy afiach / Tra fo ar big *tryfer* bach. **1561–2** *B* vi. 302, Y Trydydd [*sic*] helva gyffredin yw gleissiaid pan vydder yni hely yntav ac yn i ddaly a Rrwyd nev a *thryver.* **1593** W. MIDLETON: *B* 62, Ef a ddysg it foddys ged / gowraint ochel y gored / kriwiav bachav heb iechyd / *Tryferav* a rhwydav rhŷd [i yrru'r dolffin yn gennad]. **1632** *D*, *Tryfer*, Fuscina, tridens, jaculum tridens . . . A 'Try' pro 'Trwy' & 'Bêr'. **1672** R. PRICHARD: *Gw* 360, Fel y teru gŵr â *thryfer*, / Bysc tro 'n gorphwys yn ddibryder. **1688** *TJ*, *Tryfer*: a Trident or three forked Dart or Spear to take Eels or Fish. **1722** *Llst* 189, *Tryfer.* f.p. *ferau.* A spear to take fish with . . . a dart, javelin. **1774** *W* d.g. *Harping-iron, or harpoon* [*a bearded dart with a line fastened to it's handle, with which whales, &c. are struck and caught*]. **1803** *P.* Ar lafar, '*tryfar*' 'a kind of trident used by poachers for catching fish', *WVBD* 553; '*Trifer*' 'A three-pronged fork, with hooks at the points of the prongs something after the form of those of fishing-hooks. Always made by the local blacksmith and guarded with the utmost secrecy. It had a handle about 6ft. long', *GDD* 308. Digwydd hefyd yn y rhigwm '*Tryfar* a genwar a gwn / Wneith ŵr cyfoethog yn ŵr llwm', M. WILIAM: *DY* 94. Cf. *GBF* 441, Ef yn wann truan laòtryuer—heb nerth.

tryferaf: tryferu, tryfera [bf. o'r e. *tryfer*] *ba.* Trywanu (â thryfer neu harpŵn): *to spear* (*with a trident or leister*), *harpoon.*

15g. *GO* 193, Lle'r oedd trwy voroedd *tryverai* alon, / Llinon ysgyrion a wysgarai [i Phylip ap Madog ap Ieuaf]. **1604–7** *TW* (*Pen* 228) d.g. *Iaculor.* **1798** W. JONES: *LlG* 71, Daeth ryw chwil anair i chwilena, / O wag ladron, draw o Feirion i *dryfera*; / Neu ryw gydymmaeth fariaeth fwriad, / A hwn ni henwai lleidr difai llwdn dafad. **1803** *P.* Ar lafar, '*tryfera*' 'Dal cogiaid â thryfer', *B* xv. 28 (Meir.).

tryferiad [bôn y f. *tryferaf*: *tryferu*+*-iad*¹] *eg.* Y weithred o drywanu â thryfer neu harpŵn: *a spearing with a trident or leister, harpooning.*
1803 *P.*

tryferog [*tryfer*+*-og*] *a.* A chanddo dryfer neu waywffon, hefyd yn *ffig.*: *having a trident, leister, or spear, also fig.*
1803 *P* d.g. *Tryverawg.*

tryferw, tryferwaf: tryferwi, gw. **try-**²**+ berw**¹**, berwaf: berwi.**

tryferwr [bôn y f. *tryferaf*: *tryferu*+*-wr*] *eg.* ll. *-wyr.* Un sy'n trywanu (â thryfer neu harpŵn), harpwnwr, picellwr: *one who spears* (*with a trident or leister*), *harpooner.*

16–17g. *GST* i. 269, Cadwed Duw mewn ceudod ton / D'wyneb rhag malais dynion; / Rhag *tryferwyr*, ceibwyr cau, / Rhag coredwyr, rhag rhwydau [i'r gleisiad]. **1609** *CC* 389, y *tryferwyr* trwy fwriad / do a laddodd dy dad [i'r gleisiad]. **1803** *P*, *Tryverwr* . . . A spearer; a harpooner.

tryfesur [*try-*² + *mesur*¹] *eg. ll. -au. Math.*
Diamedr: *diameter.*
 1772 *W* d.g. *Diameter.* **1796** *Geirgrawn* 36, Yr ydis
yn cyfrif ei *dryfesur* (diameter) yn wyth mil a naw
cant o filldiroedd. **1803** *P, Tryvesur, s. m.—pl. t. au*
. . . A diameter.

tryfesurol [*tryfesur* + *-ol*] *a.* Yn perthyn i
ddiamedr, wedi ei leoli ar ddiamedr, yn
ffurfio diamedr: *diametric*(*al*), *diametral.*
 1772 *W* d.g. *Diametrical.* **1803** *P* d.g. *Tryvesurawl.*

tryflwyddol [*try-*² + *blwyddol*] *a.* Bythol,
parhaol, *Bot.* lluosflwydd: *perennial* (*also in
bot.*).
 1850.

tryfoliaf: tryfolio [*try-*² + *boliaf: bolio*] *ba.*
Llawcio'n awchus, sglaffio: *to devour vor-
aciously.*
 1803 *P.*

tryforiaf: tryforio [?*try-*² + elf. anh.] *ba.*
Chwilota, crwydro o gwmpas; trin tir
gwyllt: *to rummage, wander about; manage
uncultivated land.*
 20g. Ar lafar, 'mi aethon yno a *thryforio* trwy'r
petha', *BILIE* 43.

tryfred, gw. trefred.

tryfrith [*try-*² + *brith*¹] *a.* Brith, cymysgliw,
amryliw, smotiog, brych, ac arno stremp-
iau; yn heigio (o), toreithiog, niferus,
helaeth, llawn: *marked with different colours,
variegated, spotted, speckled, streaked; teem-
ing* (*with*), *plentiful, numerous, extensive,
full.*
 1588 *Jos* ix. 12, Dymma ein bara ni, yn boeth . . .
ac yn awr wele sych, a *thryfrith* o lwydni yw. **1604-7**
TW (*Pen* 228) d.g. *discolor, Intertinctus.* **1632** *D, Try-
frith,* Variegatus. **1672** R. PRICHARD: *Gw* 368,
Tywalltaist dy felldith, mor drwm ar mor*dryfrith*
[*sic*] / Ar farllish a gwenith, a phob ymborth gŵr. **1696**
CDD 210, Y sawl a lwŷddo a'i elw'n *dryfrith*, / Ynnilled
hwnnw fwŷ-fwŷ'r fendith. **1716** E. SAMUEL: *GGG*
175, mae llawer . . . o Esamplau o'r fath yma yn *dry-
frith* yn yr Ysgrythŷr Lân. **1723** WM: *PGG* [xxvii],
[Ll]yfrau cymraeg eraill . . . trwy anwybodaeth neu
ddiofalwch y Printwyr, y maent yn *dry-frith* o feiau.
1753 D. JONES: *SD* 177, Ni leinw pechod brwnt yn
hir, / Na drain, mo'r tir yn *dryfrith.* **1791** GW. MECH-
AIN: *Rh* 6, mae ein llongau o'i herwydd yn *tryfrith*
wau hyd y cefnfor. **1803** *P.* Ar lafar, 'Mae'r llyn yn
dryfrith o bysgod, Mae'r pysgod yn *dryfrith* yn y
llyn' 'the lake is swarming with fish', *WVBD* 553-4.
 Amr.: **trafrith** [?dan ddyl. *tra*²]. **1701** E. WYNNE:
RBS 111, [t]itheu'n chwennych newynu ynghanol
llawnder, a bôd yn ddi-gysur â'r bendithion yn *drafrith*
o'th amgylch. **1777** H. JONES: *M* 17, Yn y maes lle 'r
hauer Gwenith, / Fe dŷ 'r Efrau yno yn *drafrith*; / Nid
oes fôdd i'w Chwynnu allan, / Nes eu torri hwynt a'r
Crymman.

tryfrithaf: tryfritho [bf. o'r a. *tryfrith*] *ba.*
Marcio (â gwahanol liwiau neu smotiau),
amryliwio, hefyd yn *ffig.:* *to mark* (*with
different colours or spots*), *variegate, also fig.*
 1803 *P* d.g. *Tryvrithaw.*

tryfrithiedig [bôn y f. *tryfrithaf: tryfritho*
+ *-iedig*] *a.bfl.* Wedi ei dryfritho, addurned-
ig, hefyd yn *ffig.:* *marked with different col-
ours or spots, adorned, also fig.*
 1863.

tryfrithog [*tryfrith* + *-og*] *a.* Tryfrith,
cymysgliw, addurnedig; yn heigio (o),
llawn: *marked with different colours or spots,
variegated, adorned; teeming* (*with*), *full.*
 1825.

tryfrwyd [?*try-*² + *brwyd*²; dichon fod yma
fwy nag un gair] *a.* a hefyd fel *e?b.* Celf-
ydd, gwych, addurnedig; ?wedi ei staenio
â gwaed; brwydr, gwrthdaro: *skilful, fine,
adorned; ?bloodstained; battle, conflict.*
 12g. *GCBM* i. 328, Gᴠaew yg coryf, yn toryf, yn
tryfrᴠyd—wryaf. id. ii. 121, *Tryfrᴠyd* waᴠd y'm priaᴠd
prydir, / Trefred uaᴠr, treul gaᴠr y gelwir. id. 122,
Keinuyged am drefred *dryfrᴠyd.* **13g.** *A* 19. 8,
ymplymnwyt yn *tryvrwyt* peleidyr. **14g.** *GIG* 56, O'r
un llwyth o Ronwy Llwyd, / Post y Drefrudd, pais
dryfrᴠyd. c. **1400** *R* 1219. 31-2, Vympor llaᴠget tirion
drefret taryan *dryfrᴠyt.* id. **1300.** 27-8, Kyrchᴠn lle
gᴠelᴠn llywy gulwyd kat. treul karᴠ *tryfrᴠyt* yn kartref-
ᴠyd. id **1344.** 5-6, Trᴠch ᴠyt tᴠrch *tryfrwyt* ny trᴠyd
trist. trahaearn waetuarn waᴠtdᴠst. Digwydd hefyd
fel e. afon (cf. *Hist Brit* c. 56, in litore fluminis.

quod vocatur *Tribruit; C* 95. 9-10, Ar traethev *try-
wruid*).

tryfwl, trwfwl [gw. *B* xi. 146-7] *eg. ll.
tryflau.* Pentwr, swp, twr, torf: *pile, heap,
crowd.*
 1604-7 *TW* (*Pen* 228), *Tryfwl* d.g. *Accumulatio. id.
tryvwl* d.g. *Congeries. id. tryfwl* o gerric d.g. *Litho-
logema* (hefyd *D*). **1722** *LlSt* 189, *Tryfwl.* m. An heap.
1774 *W,* trᴠl, *tryfwl* d.g. *Heap* [a pile of things . . .]. Ar
lafar, '*trwfwl* o gerrig', *WVBD* 551 (eg. ll. *tryfla*);
'Mae'r goeden yn *dryfwl* o eirin', *Cymru* lxii. 176
(gorllewin Meir.).

tryfys, gw. tribys.

tryfysg, gw. try-² + mysg.

tryffin, gw. troffin.

tryffun, traffun [?*try-*² + *ffun*¹, ?a'r ff.
traffun dan ddyl. *tra*²] *a.* Yn anadlu'n fyr a
chyflym (oherwydd diffyg anadl), yn dy-
hefod: *panting.*
 12g. *GCBM* i. 195, Drudlwyr y drafwyr y ar
dryffun (*MA*² 163a. 13, *drafun*) veirch / O'e draferth
rac Fordun. **1632** *D,* **Traffun,* vid. Ffûn. **1803** *P* d.g.
Trafun.

trygan [*try-*² + *cân*¹; am ff. l. bosibl, gw.
tryganedd] *e?b.* ?Llais, cân, cytgan: *voice,
song, chorus.*
 14g. *T* 59. 1-2, ac eirch achlan yn vn *trygan* maᴠr
abychan taliessin gan tidi ae didan.

tryganedd [?*trygan* + *-edd*¹, er nad am-
hosibl *-edd*², sef ff. l. i're. *trygan*] *e?g.*
?Barddoniaeth, cân, sain; ?cysondeb: ?*poet-
ry, song, sound; ?consistency.*
 Dchr. **12g.** *GMB* 29, Gvaud *tryganet,* gvaud kyhidet
gorsset metveith. **12g.** *GCBM* i. 21, Areilrec, eildec
dryganed / A ganᴠyf y'm rᴠyf o'm racwed. **14g.** *T* 11.
2, Atuyd *triganed* achyrn rac rihed. id. 76. 18, Athri-
ganed kyrn agᴠerin trygar.

tryganol [*trygan* + *-ol*] *a.* ?Barddonol,
cerddorol; ?cyson: ?*poetical, musical; ?con-
stant.*
 1680 *Gwaseila* 926, Gogoniant yn *dryganol,* / Duw
Iesu lân, dewisol, / Sancteiddied Ef ei bobol, / Wych
reiol, ddechrau ha. **1687** *NBSF* 497, Nid oes awen
eill henwi / Dan haul ei daioni hi / . . . / nar golled
a rêd ar ôl / Ir gweiniaid yn *dryganol.*

tryglaf: tryglo, trygled [?amr. ar y f. *treigl-
af: treiglo* neu fnth. S. taf. (*to*) *truckle*] *bg.a.*
Hanner troi, rholio (o gwmpas): *to half
turn, roll* (*about*).
 20g. Ar lafar, '*tryglo* 'rhoi tro bach i dorth neu
deisen wrth ei chrasu ar y planc', *Geir Geg* 116 (sir
Benf.); *trigled* (godre Cered.); *tryclo* (dwyrain
Morg.).

trygyff [*try-*² + *cyff*] *eg.* Trap (llygod),
llyffethair, cyffion, hefyd yn *ffig.:* *trap,
mousetrap, fetter, stocks, also fig.*
 14g. *GIG* 131, Myned i'r lle croged Crist / Cyd
boed y ddeudroed dd[u]drist / Mewn *trygyff* yma'n
trigaw, / Ni myn y traed myned draw. **1604-7** *TW*
(*Pen* 228), *trygyph* d.g. *Muscipula. Dchr.* **17g.**
J 10, 162b, *Trygyf.* decipulum ad capiendas sorices,
mustelas etc. muscipula.

tryhaustra, gw. trahaustra.

trylachar, gw. try-² + llachar.

trylain [*try-*² + *glain*¹] *a.* Tryloyw; ?gloyw:
transparent; ?bright.
 1851.

trylais [*try-*² + *llais*] *a.* a hefyd fel *eg. ll.
tryleisiau.* (Llais) clywadwy, (llais) hyglyw:
audible (*voice*).
 1789 *BDG* 135, Cyfarchais, yn *drylais* draw, / Well
iddi 'n gân i'w llwyddaw. **1803** *P.*

trylamu [*try-*² + *llamaf: llamu*] *bg.* Llamu,
neidio, hefyd yn *ffig.:* *to leap, jump, also fig.*
 19g.

trylanwaf, trylenwaf: trylenwi [*try-*² +
llanwaf, llenwaf: llenwi] *ba.* Llenwi'n llwyr,
trwytho, hefyd yn *ffig.:* *to fill thoroughly,
permeate, saturate, also fig.*
 1800 W. OWEN[-PUGHE]: *CP* 22, y nôdd ansoddol
a wasger allan yn y twymiad, a pha un sydd wedi ei
drylenwi yn unyd ag halenau a'r tail. **1803** *P, Trylenwi*
. . . To fill thoroughly.

trylas, gw. try-² + glas¹.

trylaw [gair geir., ?sef ymgais i ddehongli
[*t*]*rylaw, A* 11. 9, 15] *e?g.* Daear: *earth.*
 c. **1470** *B* ii. 240, *trylaw:* dacar. **1707** *AB* 220d,
Trylaw, Earth [V]. **1753** *TR,* †*Trylaw,* earth.

trylawn, gw. try-² + llawn.

tryledadwy [bôn y f. *tryledaf: tryledu* +
-adwy] *a.bfl.* Y gellir ei dryledu, *Ffis.* yn
gallu cydgymysgu drwy drylediad (am hylif-
au, &c.): *diffusible* (*also in physics*).
 20g.

tryledaf: tryledu [*try-*² + *lledaf: lledu*] *bg.a.*
Taenu ar led, gwasgaru, *Ffis.* cydgymysgu
drwy drylediad: *to diffuse* (*also in physics*).
 20g.

trylediad [bôn y f. *tryledaf: tryledu* +
*-iad*¹] *eg. ll. -au.* Gwasgariad, ymdaeniad, y
weithred neu'r proses o dryledu, *Ffis.* hydr-
eiddiad sylweddau drwy symudiad naturiol
eu sylweddau: *diffusion* (*also in physics*).
 20g.

tryledol [bôn y f. *tryledaf: tryledu* + *-ol*] *a.*
Ac iddo natur trylediad neu a nodweddir
ganddo, wedi ei dryledu: *diffusive, dif-
fuse*(*d*).
 20g.

trylef [*try-*² + *llef*¹] *a.* Soniarus iawn: *very
tuneful.*
 12-13g. *GLlLl* 62, Lleᴠ tryleᴠ *trylef* y geinyeid. **1803** *P.*

trylen¹ [*try-*² + *llên*] *a.* a hefyd fel *eb. ll.*
(prin) *-i.* Dysgedig, hyddysg, ?trylwyr;
dysg: *learned, erudite, ?thorough; learning.*
 1785-90 (1829) *CBYP* 14, yn ei *thrylen* athrylith,
y mae hi'n rhagori, ag yn blaenori ar bob Iaith arall.
id. 46, Tri Thrwyogaeth Cerdd; *Trylen,* Trynwyf, a
Thrynaws. **1803** *P, Trylen,* s. f.—pl. t. *i* . . . Thorough
learning. a. Thoroughly learned.

trylen² [*try-*² + *llen*; ansicr yw prth. [*t*]*ry-
lenn, A* 11. 9, ond tebyg mai ymgais i dde-
hongli'r ff. honno yw'r ystyr eir.] ?*a.* a
hefyd fel *e?b.* ?Tra amddiffynnol: *very
protective.*
 11g. *Cylchg LlGC* ii. 69, Amdinnit trynit *trylenn.*
 Fel e. (geir.) Brwydr, cad: (*dict.*) *battle.*
 c. **1470** *B* ii. 240, *trylen:* kad.

trylenwaf: trylenwi, gw. trylanwaf:
trylenwi.

tryleu [*try-*² + *lleu*¹] *a.* Yn gadael golau
drwod yn wasgaredig, lled dryloyw: *trans-
lucent, semi-transparent.*
 20g.

tryleuder [*tryleu* + *-der*] *eg.* Y cyflwr o fod
yn dryleu: *translucency.*
 20g.

trylew, gw. try-² + glew.

trylewychol [*try-*² + *llewychol*] *a.* Tryleu:
translucent.
 1803 *P* d.g. *Trylewyçawl.*

trylid, gw. try-² + llid¹.

trylifaf: trylifo [*try-*² + *llifaf*¹: *llifo*] *bg.a.*
Llifo drwy, hidlo, nawsio'n raddol, treiddio
(drwy); mynd (am draffig) neu ganiatáu i
(draffig) fynd i'r chwith neu'r dde wrth
gyffordd tra atelir traffig sy'n mynd yn
syth ymlaen: *to flow through, filter, percolate,
permeate; filter* (*of traffic*).
 1803 *P* d.g. *Tryliuaw.*

trylifiad [bôn y f. *trylifaf: trylifo* + *-iad*¹]
eg. ll. -au. Hidlad: *percolation.*
 1803 *P.*

tryliw [*try-*² + *lliw*¹] *a.* a hefyd gyda grym
enwol. Wedi ei staenio â gwaed, lliwiedig,
?lliwgar (iawn), (geir.) unlliw: *blood-
stained, coloured, ?(very) colourful; (dict.)
of one colour, monochrome.*
 12g. *GLlF* 227, *Tryliᴠ* eu pelydyr gᴠedy pennwann.
12g. *GCBM* i. 193, Y drylew yn riw y doryf drylwyn
wiw, / Y daryan *dryliᴠ,* droch. id. ii. 121, *Tryliᴠ* A
ysgwyd. id **180,** Llatei dreic ar dragon drylwyn / *Tryliᴠ*
goch, trylew droch drachwyn. **1632** *D, Tryliw,* Totus
ejusdem coloris. **1803** *P.*

tryliwiaf: tryliwio [bf. o'r a. *tryliw*] *ba.* Lliwio, llifo, arlliwio, staenio, hefyd yn *ffig.*: *to colour, dye, imbue, tincture, stain,* also *fig.*
1773 *W* d.g. *To engrain, To imbue, To tincture.* 1803 *P* d.g. *Tryliwiaw.*

tryliwiog [*tryliw* + -*iog*] *a.* Lliwiedig, lliwgar (iawn): *coloured, (very) colourful.*
1803 *P* d.g. *Tryliwiawg.*

tryloes, trylon, trylosg, gw. try-²+gloes, llon, llosg.

tryloyw [*try*-²+*gloyw*] *a.* ll. -*on*, a'r ll. hefyd fel *e.ll.* Yn gadael golau trwodd fel y gellir gweld gwrthrychau'n eglur, *Ffis.* yn trosglwyddo pelydrau gwres neu rai electromagnetig eraill heb eu hanffurfio, tryleu, clir, gwydraidd, ysgafn a main (am frethyn, &c.); y gellir gweld drwyddi'n rhwydd (am guddwisg, esgus, &c.), eglur, amlwg (am gamhelliad, answedd, &c.), heb fod yn ddryslyd, clir (am arddull, lleferydd, &c.), hawdd ei ddeall; didwyll, agored (am berson, &c.); tryloywderau (ffotograffau): *transparent (also in physics), translucent, pellucid, clear, glassy, diaphanous (of cloth, &c.); transparent (of disguise, excuse, &c.), evident, obvious, clear (of style, speech, &c.); sincere, open (of person, &c.); transparencies (photographs).*
1632 *D* d.g. *Compellucidus, Perspicuus, Translucidus.* 1707 *AB* 166a d.g. *Transpareo.* 1773 *W* d.g. *Glassy, Translucent, Transparent.* 1803 *P* d.g. *Tryloew.*

tryloywaf: tryloywi [bf. o'r a. *tryloyw*] *bg.a.* Gwneud neu fynd yn dryloyw; gloywi, disgleirio, caboli, polisio: *to make or become transparent; brighten, shine, polish.*
1803 *P* d.g. *Tryloewi.*

tryloywaidd [*tryloyw* + -*aidd*] *a.* Tryloyw, clir: *transparent, clear.*
1842.

tryloywdeb [*tryloyw* + -*deb*] *eg.* Tryloywder: *transparency.*
1803 *P* d.g. *Tryloewdeb.*

tryloywder [*tryloyw* + -*der*] *eg.* ll. -*au.* Yr ansawdd neu'r cyflwr o fod yn dryloyw, clirder, ffotograff tryloyw positif, llun, arysgrifen, &c., a wneir yn weladwy drwy gyfrwng golau a tu ôl iddo, tryloywlun, hefyd yn *ffig.*; didwylledd, natur agored (am gymeriad, &c.): *transparency (also of photograph), pellucidity, clearness, clarity, also fig.; sincerity, openness (of character, &c.).*
1778 *W* d.g. *Pellucidity.* 1803 *P* d.g. *Tryloewder.*

tryloywedd [*tryloyw* + -*edd*¹] *eg.* Tryloywder, clirder, y cyflwr o fod yn ysgafn a main (am frethyn, &c.): *transparency, pellucidity, clearness, diaphaneity (of cloth, &c.).*
1778 *W* d.g. *Pellucidity.*

tryloywlun [*tryloyw* + *llun*¹] *eg.* ll. -*iau.* Tryloywder (ffotograff): *transparency (photograph).*
20g.

tryloywog [*tryloyw* + -*og*] *a.* Disglair: *bright.*
1860.

trylwg [*try*-² + (*go*)*lwg*] *eg.* ll. *trylygon,* a hefyd fel *a.* (Mewn) persbectif: *perspective (n. and adj.).*
1778 *W* d.g. *Perspective, Adj.* [*relating to the science of vision*]. 1803 *P, Trylwg,* s. m.—pl. *trylygon* . . . Perspective.

trylwydd [*try*-² + *llwydd*] *a.* a hefyd fel *eg.* ?(Cyflwr) ffyniannus: *flourishing (condition).*
c. 1785–90 (1829) *CBYP* 15, Prif ragorgamp a rhagorwerth Iaith yw ei phurdeb; sef bod y Gymraeg yn loyw, eglurlan, a rhwydd, a *thrylwydd,* o bur a chyfiawn dadogaeth.

trylwyn [? *try*-² + elf. anh.] *a.* Parod, buan, cyflym, deheuig; disglair, ysblennydd;

cadarn; (geir.) hapus: *ready, quick, swift, skilful; bright, splendid; strong; (dict.) happy.*
12g. *GMB* 150, Kyuedmic geilic gal wenwyn, / Kyueissor Echtor, ach *drylwyn.* 12g. *GLIF* 227, *Tryloyn* yn amwyn am viō garthan. 12g. *GCBM* i. 193, Y drylew yn riw y doryf *drylwyn* wiw. id. ii. 121, *Trylwyn* yw a'm glyw a'm glewhir. id. 180, Llatei dreic ar dragon *drylwyn.* 14g. *GDG*³ 233, Treuliais, nid fal gŵr *trylwyn,* / Tlysau o'r mau er ei mwyn. 14–15g. *GGL* 169, Myn draul! y mae yn *drylwyn* / Owain yn deg en ei dwyn [Gruffudd Llwyd i farf Owain ap Maredudd]. 15g. *GGI*² 90, Gwnaeth fy mhorthmonaeth am ŵyn / Ym draul, ac ni bûm *drylwyn.* 16g. WILIAM LLŶN: *Gw* (R. Stephens) (At.), *Trylwyn* hapus. 1632 *D, Trylwyn,* Expeditus, promptus. 18–19g. *CLIC* iii. 25, A chyda'r dydd ehedydd hoywdon / A gan yn *drylwyn* fwyn bennillion.
1803 *P.*
Amr.: drylwyn. 1688 *TJ.* 1753 *TR.*

trylwyr [*try*-² + *llwyr*¹] *a.* Llwyr a diamodol, treiddiol, yn gweithredu gyda gofal mawr neu wedi ei wneud â gofal mawr, trwyadl, manwl, cynhwysfawr, cyflawn, systematig: *thorough, exhaustive, detailed, comprehensive, complete, systematic.*
c. 1785–90 (1829) *CBYP* 12, cymmered y Bardd gwbl a *thrylwyr* ddarnod a sylw ar Ansodd y Geiriau. 1803 *P, Trylwyr* . . . Thoroughly complete. 'Ar lafar, 'Y fe faswn i'n 'i 'urio at y gwaith 'taswn i di, waith ma fa'n gwitho'n *drylwyr* iawn', GTN 822.

trylwyrder [*trylwyr* + -*der*] *eg.* Trylwyredd: *thoroughness.*
1803 *P.*

trylwyredd [*trylwyr* + -*edd*¹] *eg.* Yr ansawdd neu'r cyflwr o fod yn drylwyr neu'n drwyadl, llwyredd, manylder: *thoroughness, exhaustiveness, completeness, attention to detail.*
1905.

trylym, gw. try-²+llym.

trym, gw. trim.

trymaidd, trwmaidd [*trwm*¹ + -*aidd*] *a.* Trist, prudd, gofidus, pruddglwyfus; swrth, difywyd, araf, annidorol; llethol o boeth a llaith (am yr awyrgylch neu'r tywydd); trwm, yn taro neu'n disgyn yn drwm; anodd ei dreulio (am fwyd): *sad, sorrowful, grievous, gloomy; torpid, lifeless, slow, tedious; sultry, oppressive, close, muggy, musty; heavy, striking or falling heavily; hard to digest (of food).*
1727 J. JONES: *DFF* 304, Tristwch am Bechod . . . ni byddai i chwi dybied ei fod ef yn Beth mor *drymmaidd* (*grievous*) i'w ddwyn. 1746 G. JONES: *HWI* v. 89, Pan fytho fy Enaid yn fwyaf athrist a *thrymmaidd,* yn farwaidd ac yn llēsg, Presennoldeb ysbrydol Crist ar ei Fwrdd ef a 'm hadfywja. 1753 D. JONES: *SD* ix, Bydded i'r Clerc . . . ei darllain [salm] yn uchel drosti . . . fel y bo i'r Bobl ddeall yr hyn y maent yn ganu; ac nid eu cymmell i ymlusgo ym mlaen yn *drymmaidd* trwy wyth o Syllafau meithion heb un Meddwl. 1771 *PDPh* 23, pysgod cregin, a phob pysgod craill o nattur *drymmaidd.* id. 50, y mae gwedd y wynebpryd yn ymddangos yn *drymmaidd.* 1776 *WR* d.g. *Lumpish, Saturnian, or saturnine* [*belonging to, or under the influence of, Saturn*]. 1798 *WR* d.g. Torpid. 1803 *P, Trymaiz* . . . Somewhat heavy. Ar lafar, 'Mae hi'n *drymadd* o flaen y glaw', *WVBD* 553; '*Trwmedd,* GDD 311; 'Dwyrnod *trymidd* ond yw 'i, fel 'ta trysa yndi', Un ysgon iawn yw a yn y tŷ gyda dyn, a ma 'i frawd siŵd un *trymidd*', GTN 823.

trymarfog, trymbar, gw. trwm¹+arfog¹, pâr³.

trymbedd, trymbluog, trymbôn, gw. trymedd, trymluog, trombôn.

trymbwys, trymchwedl, trymdeg, gw. trwm¹+pwys¹, chwedl¹, teg.

trymder, trwmder [*trwm*¹ + -*der*] *eg.* ll. *trymderau.*
(*a*) Yr ansawdd neu'r cyflwr o fod yn drwm, pwysau; dwyster; galar, tristwch, prudd-der, trueni; cysgadrwydd, syrthni, diffyg bywyd; hefyd yn *ffig.*: *heaviness, weight; intensity; grief, sadness, sorrow, misery; drowsiness, torpor, lifelessness; also fig.*
12–13g. *GLII* 281, Naf Ner, rac *trymder* trist gythrud—dolur. *c.* 1400 *MM* 154, *trymder* corf, an-

orbeidrōyd ym deimlad ac ef. id. 160, Or klyōy dolur yth gylla a *thrymder.* 1547 *WS, Trymder* Heauynesse. *Diw.* 16g. *WLB* 41, Rhag medrondod, a *thrymder,* a gwewyr or pen . . . Kymer wraidd y briallu. 1595 H. LEWYS: *PA* 57, yno irr oed' Abraham mewn cledi, cyfyngdra a *thrymder* mawr. 1604 R. HOLLAND: *BD* [1], a *thrymder* pwys eich mawr a'ch vchel Swydh. 1615 R. SMYTH: *GB* 169, mae rhai o *drvmder* dolur yn curo i pennau i hunain vvrth y prvvydydd. 1632 D, Trwm, *Trymder,* Grauitas. Tristitia, moestitia. 1632 J. DAVIES: *LlR* 493, rhyw *drymder* a syrthni a gogysgu tu ac at bob daioni. 1681 S. HUGHES: *AC* 32, peri i mi syrthio . . . i ryw *drwmder* calon. [1724] G. WYNN: *YGD* 50, fe wnâ Marwolaeth ddiben o'm holl *drymderau* a'm Trueni. 1800 W. OWEN-[-PUGHE]: *CP* 86, Y cloryn hwn â osodir ar y caws, a *thrymder* 60 pwys arno. 1803 *P* d.g. *Trymder.*

(*b*) Brwydr, rhyfel, gorthrwm neu galedi (rhyfel, &c.): *battle, war, oppression or hardship (of war, &c.).*
12g. *GLIF* 397, Rhag Twr Gwallter, blaidd traidd *trymder* tra niferawg. 12g. *GCBM* i. 326, Yn trymgleis, yn treis, yn *trymder,* / Yn tromgad, yn tramvy, kwyner! 12–13g. *GLII* 132, Ner *trymder* tromgad diwestyl. 13g. *GDB* 135, Men nad yawn troi trwy anghalldeir / Na cheissyaw tramdaw yn y *trymder.*
Cfn.: trymder (y) gaeaf: (*in*) *midwinter.* 16g. (*LIEG*) *Mos* 158, 9b, Erbynn *trymder* y gaiaf. *c.* 1585 G. ROBERT: *DC* 15b, heb vn dilhedyn yn ych cylch *drymder gayaf.* 1792 T. JONES: *GE* 72. **trymder (y) nos:** (*in*) *the middle of the night,* (*in*) *the still of the night,* (*at*) *dead of night.* 16g. *B* x. 290, oni ddoeth *trymder* y noos. 16–17g. *CRC* 255, pa ryw ddyn sydd yn owran / *Drymder* y nos y Rodio allan. 1719 *TDP* 51. Ar lafar, 'yn *nhrymdar* nos', *WVBD* 553.

trymdid, trwmdid [*trwm*¹ + -*did*] (At.); ansicr yw union ystyr yr engh. gyntaf] *eg.* Tristwch, gofid; cysgadrwydd: *sadness, grief; drowsiness.*
1651 SIÔN TREREDYN: *MDD* 235, *trwmdid* (*heaviness*), casineb, gwrwgnach. id. 291, y mae eu tystiolaeth . . . yn nghanol eu cyffro . . . iê yn nghanol eu *trymdid* mwyaf. *c.* 1730 *Taith C* 105, nid wyfi'n gofalu dim am y Proffesswyr nad yw [*sic*] yn dechreu mewn *trymdid* meddwl. id. 159, gwedi dyfod i'r Tir a reibiwyd lle mae Anian yr Awyr yn tueddi i *drymdid.*
Cfn.: trymdid y nos: *the middle of the night, the still of the night, dead of night.* Ar lafar, 'yn *nrymdid y nos*', GTN 823.

trymdost, gw. trwm¹+tost².

trymdra [*trwm*¹ + -*dra*] *eg.* Trymder; tristwch: *heaviness; sadness.*
1803 *P.*

trymdrist, trymdroed, gw. trwm¹+trist¹, troed.

trymdde [*trwm*¹ + -*dde*] *a.* a hefyd gyda grym enwol. Trist, prudd: *sad, sorrowful.*
12g. *GMB* 152, Eil debr ut a'e trymgut *trymde.* 1632 D, **Trymdde,* Grauis, triste. 1803 *P* d.g. *Trymze.*

trymddig, trymddor, trymddu, trymddwys, gw. trwm¹+dig, dôr, du, dwys.

trymedd [*trwm*¹ + -*edd*¹] *eg.* ll. (prin) -*ion.* Trymder, pwysau; tristwch; syrthni; y cyflwr o fod yn drymaidd (am yr awyrgylch neu'r tywydd): *heaviness, weight; sadness; torpor, accidie; oppressiveness, sultriness (of atmosphere or weather).*
14g. H td. 351, Gwarandaw heit. bechaduryeit. beich o daered. a maddeu ynn. yn llusc dremynn. an *drymed* (Gruffudd Gryg). 1800 W. OWEN-[-PUGHE]: *CP* 88, estyllen bedrog fechan . . . â ddodir ar gornyn y caws, a *thrymedd* 60 pwys ar yr estyllen. 1803 *P, Trymez,* s.m., Heaviness.
Amr.: trybedd². 20g. trymbedd. 20g. Ar lafar, ISF 74, *WVBD* 553. trymydd. 1880. Ar lafar.
Cfn.: trymedd, &c. (y) nos: (*in*) *the middle of the night,* (*in*) *the still of the night,* (*at*) *the dead of night,* also *fig.* 1845.

trymeidd-dra [*trymaidd* + -*dra*] *eg.* Trymder; syrthni: *heaviness; torpor.*
1803 *P.*

trymentiaf: trymentio, gw. tormentiaf: tormentio.

trymfaich, trymfaith, trymfawr, trymfeddwl, trymfeddyliaf: trymfeddylio, trymfraw, trymfrig, trymfryd, gw. trwm¹+baich, maith, mawr,

meddwl^1, meddyliaf: meddwl, braw, brig, bryd^1.

trymfrydedd, trwmfrydedd [*trymfryd, trwmfryd*+*-edd*^{1}] *eg.* Tristwch, prudd-der, digalondid, iselder ysbryd, pruddglwyf: *sadness, sorrow, dejection, depression, melancholy.*

1815.

trymfrydig, trwmfrydig [*trymfryd, trwmfryd*+*-ig*^{2}] *a.* Trist, prudd, digalon, isel ei ysbryd, pruddglwyfus, dwys: *sad, sorrowful, dejected, depressed, melancholic, grave.*

1772 *W*, *trymfrydig* d.g. *Dejected, Gloomy, Grave.* **1803** *P*, *Trymvrydig* . . . Oppressed in mind.

trymfrydigrwydd [*trymfrydig*+*-rwydd*] *eg.* Tristwch, prudd-der, digalondid, iselder ysbryd, pruddglwyf: *sadness, sorrow, dejection, depression, melancholy.*

1773 *W* d.g. *Gloom.* **1803** *P*.

trymfwn, trymfwyn [*trwm*^{1}+*mŵn*^{2}, *mwyn*^{2}] *e?g.* Ffurf fwynol ar fariwm sylffad: *barite, barytes.*

1886.

trymfyd, trymgad, trymgaeth, trymgalon, gw. **trwm^1+byd^1, cad^1, caeth, calon.**

trymgar [*trwm*^{1}+*-gar*] *a.* Trwm iawn; dwys neu drist iawn: *very heavy; very intense or sad.*

p. **1584** G. ROBERT: *GC* [107], gar, yn obennydd-[i]ad i henw gwan a chwanega i senwyr [*sic*] mal: *trymgar* trwm iawn. **17g.** *LlGC* 434, 76, ôch alar *trymgar* bob tro (Edward Morris).

trymgawdd, trymgis, trymglaf, trymglwyf, trymglyw, trymgof, trymgoll, trymgur, gw. **trwm^1+cawdd, cis, claf, clwyf, clyw, cof, coll^1, cur^1.**

trymgwsg, gw. **trwm^1+cwsg.**

trymgwyddaf: trymgwyddo, gw. **tramgwyddaf: tramgwyddo.**

trymgwyn, trymgysgaf: trymgysgu, trymgysglyd, gw. **trwm^1+cwyn^1, cysgaf: cysgu, cysglyd.**

trymhad [bôn y f. *trymhaf*: *trymhau*+*-ad*^{2}, trf. han.] *eg.* Y weithred o wneud neu fynd yn drymach neu'n ddwysach (hefyd ynglŷn â sillaf drom), gwaethygiad: *a making or becoming heavier or more intense* (*also with ref. to a syllable containing a short vowel*), *aggravation.*

1560–87 *GP* 153, Ef a fydd Rai yn yscrifenv, lle bo gair trwm heb allel dyblv llythrenav, yn Roi 'h' fal y mae 'gwalh' . . . ac yn anwedic mewn *trymhad* llythr mvd ni ellir i dyblv fal y mae 'siad', 'bod' yn drwm ne 'siad', 'bod' yn yscafn. **1675** R. JONES: *HCh* 116, Gwêl pa ymadroddion o *drymmhâd* (*aggravation*) y mae ef yn eu pentyrru; 1. Pechais; 2. Pechais yn ddirfawr. **1677** R. JONES: *BB* 121–22, Pa *drymhâd* ar dy annuwioldeb a'th enaid-lofruddiaeth yw, dy fôd ti yn rhwym wrth dy swydd, i ddyscu i ddynion y fuchedd o sancteiddrwydd yr wyt yn ei gwrthwynebu. *c.* **1720 (1793)** M. AB ROBERT: *CC* 86, chwi a welwch fod parhad y boen, yn chwanegu ei *thrymhad* yn ddirfawr. **1722** *Llst* 189, *Trymhaad.* m. Aggravation. **1725–6** *Madd Ed* 234, y byddei hyn y *Trymhâd* mwyaf o'm Trueni. **1752** J. THOMAS: *FG* 329, A pha *Drymhâd* dû o'n Heuogrwydd raid ei fod, fel hyn i siommi a chroesi Ysbryd Duw! **1803** *P* d.g. *Trymâad.*

trymhaf, trwmhaf: trymhau, trwmhau [bf. o'r a. *trwm*^{1}] *bg.a.*

(*a*) Mynd neu wneud yn drwm neu'n drymach (o ran pwysau neu ansawdd haniaethol, e.e. awdurdod), dwysáu, gwaethygu, ffyrnigo, difrifoli, pwysleisio, gor-ddweud; mynd yn glòs (am yr awyrgylch); cyddwyso: *to grow or make heavy or heavier* (*of weight or abstract quality, e.g. authority*), *intensify, grow more violent, aggravate, emphasize, exaggerate; grow close* (*of the atmosphere*); *condense.*

15g. *BB* 121–2, pan doeth yr amser *trymhau* o honofi; A phan uu da gan duw y ganet ymab. **1588** *Gen* xii. 10, yr oedd newyn yn y tîr, ac Abram aeth i wared i'r Aipht, i ymdeithio yno, am *drymhau* o'r newyn yn y wlâd. **1588** *Ecs* v. 9, *Trymhaer* y gwaith ar y gwŷr, a gweithiant ynddo: fel nad edrychant am eiriau ofer. **1588** 1 *Sam* xxxi. 3, A *thrwmhaodd* y rhyfel yn erbyn Saul. **1604–7** *TW* (*Pen* 228), *trymhau* tua'r lhawr d.g. *Vergo.* **1632** *D*, Trwm . . . *Trymhau*, Grauare, grauescere. **1672** J. LANGFORD: *HDdD* 490, na oeda hynny nes i'th glefyd *drymhau.* **1681** T. JONES: *Alm* [34], Teg a chlauar a gwynt, peth oerach yr hin syn *trymhau* tua diwedd y mis. **1703** T. BADDY: *PCh* 128, Dymma rai o'r drygau hynny Sy'n *trymhau* eich pechod. [**1788**] *EDP* 61, 'Mae Abel dy frawd?' Ni ddylid gadael y gair yma, dy frawd, allan, o blegid ei fod yn *trymhau*'r ddrwgweithred. **1797** B. EVANS: *CG* 228, Nid wyf yn cyfiawnhau yr hyn a ddywedais; ond yr wyf yn tybied eich bod yn ei fawr *drymhau*, pan y gall'sech fod yn esmwyth heb sylwi dim arno. Ar lafar, '*trymhau*' 'to grow heavy', *WVBD* 553.

(*b*) Tristáu, pruddhau, digalonni, gofidio, llesgáu, gwanhau (am y synhwyrau), mynd yn sâl: *to make or become sad, sadden, become disheartened, grieve, languish, weaken* (*of the senses*), *become sick.*

15g. *GLGC* 394, Ni bydd iach y neb a ddêl, / ni *thrymhâi* eithr am Hywel [marwnad Hywel Goch]. **15g.** *GGl*^{2} 230–1, Drem Hywel pan *drymhaawdd*, / Diferu bu dwfr a'i bawdd [marwnad Dafydd Llwyd o Abertanad]. **15–16g.** *TA* 322, Tawer, am hwn, i'n *trymhau*, / Tawent, gân tant a genau [marwnad Morys ap Ieuan ap Hywel]. **1567** *TN* 123a, Edrychwch arnoch eich hunain, rac bot vn amser *trymhau* eich calonhae gan gloddest [*sic*] a' meddot. **1588** *Eseia* lix. 1, ni *thrymhâodd* ei glust ef, fel na allo glywed. **1595** M. KYFFIN: *DFf* 62, ni ddyle hyn mo'n *trymhau* nemor chwaith, gan eu bod nhwy hunain y rhai a haurassant hyn arnom, yn gwybod mor oganllyd, ag mor ffals ydyw. **1604–7** *TW* (*Pen* 228) d.g. *Aegresco.* **1630** *YDd* 39, Os colled am olud bydol a'th bruddhâ di yn fawr, pa faint mwy y dylai golled am y nefawl drysor yma dy *drymhau.* **1632** *D*, Trwm . . . *Trymhau* . . . Tristare, tristari. *id.* d.g. *Torpesco, Torporo.* **1709** H. POWEL: *G* 32, Megis pe byddai ryw anian syrthlyd yn cael ei gyfrannu iddynt [gwrandawyr pregeth] trwy enwi y Testyn, y maent ymaes [*sic*] o law yn *trymhau* ac yn myned yn gyscadur. Ar lafar, '*trymhau*' 'to become down-hearted', *WVBD* 553.

trymhaint, gw. **trwm^1+haint.**

trymhaol [bôn y f. *trymhaf*: *trymhau*+*-ol*] *a.* Gwaethygol: *aggravating.*

1797 D. DAVIES: *SEG* 240, o'r 'sgrythur yr ydym yn cael i fod pechodau yn derbyn eu chwanegiadau *trymhaol* . . . Oddi wrth y personau pa rai fyddo ym tramgwyddo . . . Oddi wrth y partion fyddo yn cael eu tramgwyddo.

trymhun, gw. **trwm^1+hun^1.**

trymhyrddig, trwmhyrddig [*trwm*^{1}+*hwrdd*^{2}+*-ig*^{2}] *a.* Trist, digalon, pruddglwyfus; cysglyd, swrth, diog, araf, musgrell, marwaidd; byddar, trwm ei glyw; di-awch, pŵl: *sad, sorrowful, melancholy; drowsy, lethargic, lazy, slow, decrepit, lifeless; deaf, hard of hearing; blunt, obtuse.*

1545 ELIS GRUFFYDD: *Ll* 102, Ac ynn erbyn bydden o'r klusdie bwrw j sugynn wynt ynn y glusd ne'r klustie *trymhyrddig* ac y vo a'i hegyr wynt j glowed. **16g.** (*LlEG*) *Mos* 158, 627b, ynn *drymhyr/ddig* Iawn Neheb [*sic*] glowed dim onid a ddywedid yn drauchel ynni wynneb Ef. **1595** H. LEWYS: *PA* 182, dylem wrthnebu, ac ymdrechu yn erbyn ein trueni, a'n oll *drymhyrddig* feddyliae. **1604–7** *TW* (*Pen* 228) d.g. *Attonitus, Hebes, Obtusus, piger, Veternosus.* *id.* dyn ynvyt *trymhyrdhic* d.g. *Caudex.* *id.* *trwmhyrdhic* d.g. *Tardus.* *id.* e wna'r seirph yn *drymhyrdhic* ag yn gyscadurus d.g. *Therioncha.* **1632** *D*, *Trymhyrddig*, Grauis. **1677** R. JONES: *BB* 93, Ai'r egni diofal, oeraidd, *trwmhyrddig* hwn yw'r goreu a allafi i dalu yr echwyn am yr holl Drugaredd hon? [**1738**] E. JONES: *CE* 33, gan fod rhai o Naturiaeth mo'r [*sic*] ddwys a *thrymhyrddig.* **1772** *W* d.g. *Dozy, Dreaming* [*slow, lazy* . . .], *Slowly.* **1803** *P*, *Trymhyrzig* . . . Lumpish, blockish.

Amr.: **trymerddig.** **1547** *WS.* **1604–7** *TW* (*Pen* 228) d.g. *Tristis.*

trymiaf: trymio, gw. **trimiaf: trimio.**

trymlais, trymlas, trymlaw^{1,2}, trymle, gw. **trwm^1+llais, glas^1, llaw^1, glaw, lle^1.**

trymled, gw. **trymllyd.**

trymleision, ff. l., gw. **trwm^1+glas^1.**

trymloes, gw. **trwm^1+gloes.**

trymluog, trwmluog [*trwm*^{1}+*?llu*+*-og*] *a.* Llwythog, llawn, trwm; trist, digalon, pruddglwyfus; hwyrdrwm, cysglyd, swrth, diog, araf, diegni, llesg, musgrell, marwaidd: *loaded, full, heavy; sad, sorrowful, gloomy, melancholy; lethargic, sleepy, drowsy, lazy, tardy, sluggish, weak, decrepit, lifeless.*

14g. *T* 31. 6–7, Tri dillyn diachor droch *drymluaoc.* **14g.** *GDG*^{3} 252, Deufis am dwf yr unferch / Ni chysgais i, ni chwsg serch, / Draean noswaith hyd neithiwyr, / Drwm lwc, hun *drymluog* hwyr. **1599 (1677)** R. HOLLAND: *AB* 50, o herwydd bod Duw yn y nefoedd mewn mawr ogoniant, bwriwn ymaith bob gweddi *drymluog* neu gysglyd, a phob gweddi farwaidd. **1604–7** *TW* (*Pen* 228), *trymluoc* d.g. *Nubilus.* **1632** *D*, *Trymluog*, Torpeus, torpidus. *id.* *trymluog* d.g. *Grauatus, Hebes, Obtusus, Semigrauis, Somniculosus, Tardus.* **1675** R. JONES: *HCh* 74, [b]ôd ein cyrph yn llawer mwy *trwmluog*, a'n hysprydoedd yn llawer marweiddiach a thrymmach ar ôl Swpper nag or [*sic*] blaen. **1770** *W*, *trymluog* d.g. *Asleep, Almost asleep, Slow* [*heavy or dull*]. **1803** *P*, *Trymlÿawg* . . . Heavily drooping; drowsy, flagging. Hin *drymlyawg* [*sic*], heavily oppressing weather.

Amr.: **trombluog** [cf. *trom, trwmbluog*]. **1547** *WS*, *Trombluoc* Drowsy. *Dchr.* **17g.** *J* 10, 166a. **trwmbluog, trymbluog** [gyda *-b-* ymwthiol]. **1547** *WS*, *Trwmblyoc* Drowsy. **16g.** *Dwned* vi. 18, Mis rragfyr . . . / trwm tir *trymbluog* huan. **1604–7** *TW* (*Pen* 228), *trwmbluoc* d.g. *Torpidus.* **1609** *Haf* 24, 633–4, Oh mor arafaidd, ddioc, a *thrwmbluoc* ydem. **1676** W. JONES: *PGG* 49, mor ddwl a *thrymbluog* ydym yn ein gwasanaeth crefyddol! **1752** *ML* i. 218, gadewch gael llinell oddiwrthych gynta galloch i helpu cyfodi tippyn ar fy ysprydoedd *trwmbluog.*

trymluogrwydd, trymluowgrwydd [*trymluog*+*-rwydd*] *eg.* Hwyrdrymder, syrthni, diogi, arafwch, marweidd-dra: *lethargy, drowsiness, laziness, slowness, torpidity.*

c. **1400** *Ymborth* 7, Naw keing yssyd y lesged, nyt amgen: ergryn, mewyt, lletvryt, gwellyc, amprudder, anghallder, *trymluawcrwyd*, anwybot, gorwacrwyd . . . *Trymluawcrwyd* yw llesgu o dyn orffen y peth a dylyo y diwed yn rwymedic. *Dchr.* **15g.** *B* viii. 140, Ar amser y dylywn lauuryaw yn ysprydawl mi a ymrodeis y *drymluawcrwyd* a seguryt. **1546** *YLlH* [30], *Trymlvowrwydd* [*sic*]. lhesgu gorffennu y peth rhwymedic y ddiweddu. **1604–7** *TW* (*Pen* 228), *trymluawgrwydh* d.g. *Torpor.* **1632** *D*, *trymluowgrwydd* d.g. *Torpor.* **1725** *SR*, *trymluogrwydd* d.g. *Drowsiness.* **1770** *W*, *trymluogrwydd* d.g. *Backwardness, Doziness.* **1803** *P* d.g. *Trymlyogrwyz.*

trymlwyth, trymlwythaf: trymlwytho, trymlwythog, gw. **trwm^1+llwyth^1, llwythaf: llwytho, llwythog.**

trymllyd, trymlyd, trwmllyd [*trwm*^{1}+*-llyd, -lyd*] *a.* (b. *trymled*). Trist, prudd; cysglyd, marwaidd, swrth; ?llonydd, sefydlog (am ddŵr); yn peri syrthni; llethol, clòs, mwll, trymaidd: *sad, sombre; sleepy, torpid, drowsy; ?still, standing* (*of water*); *causing drowsiness; oppressive, close, sultry.*

14g. *GDG*^{3} 188, Ac wybren *drymled* ledoer, / A'i lliw yn gorchuddio'r lloer. **15g.** *DGG*^{2} 63, Gwrthban y glaw draw *drymlyd*, / Gwe ddu o bell a gudd y byd [i'r niwl]. **1655** R. JONES: *PC* [xv], megis ac y chwennychent un linell o ddifinyddiol gân, o flaen cant mewn pyledig, *drymlyd* ymadroddiad. **1682** E. LLWYD: *EI* 102, nis gwnewch mo hono ef yn *drymllyd*, ac yn anfodlongar. **1706** *Cyf Cym* 187, [y] neb a ddilyno 'r Arglwydd mewn modd *drymlyd* farwaidd. **1723** WM: *PGG* 95, Mor *drymllyd* ac anghynnes ydyw Dŷn hêb ryw gyfran o Ddiddanwch nefol. **1728** T. BADDY: *DDG* 100, Fê alwyd hefyd y Môr marw, ond odid am . . . ei Ddyfroedd *trymllyd*, prin eu Syflir [*sic*] gan un math ar wynt. **1731** E. SAMUEL: *AE* 124–25, Mae gormod o Luniaeth yn gwneuthur y Corph yn *drymllyd* ac yn ddiowg-swrth, ac yn anghymmwys i bob math a'r [*sic*] orchwyl. **1759** J. EVANS: *PF* 54, Ffefer araf *drymllyd.* **1775** D. ROWLAND: *TP* 49, A pha ham i'th adewir yn oer, yn *drwmllyd*, ac yn farwaidd, yn aml yn dy weddiau? **1790** T. JONES: *TOS* 323, dy gorph ni bydd mwy yn *drymllyd*, gan wendid a blinder. **18–19g.** *Llr* C 69, 195, *Trymllyd*, heavy. Ar lafar, '*trymllyd*' 'sultry, close, oppressive', 'Mae hi'n *drymllyd* oddi fiawn', *WVBD* 553; 'hen deimlad *trymllyd*' (Llŷn).

trymnos, gw. **trwm^1+nos.**

trymp, trymped, trympedaf: trympedu, trympedwr, trympeg, gw. **trwmp^2, trwmped, trwmpedaf: trwmpedu, trwmpedwr, tyrpeg.**

trymper [bnth. S. C. *trumper*] *eg.* Canwr

utgorn, corn, &c.: *trumpeter, horn, &c., player.*

15g. *GLGC* 250, a'i *drymper* a'i faner fo / o'i flaen ef, a'i lu yno [moliant Wiliam Herbert]. **16g.** WILIAM CYNWAL: *Gw* (R. L. Jones) 677, A chlir roi meysydd a chloch—a *thrymper*, / A llu a maner, y lle mynnoch.

trympet, trympeter, trympic, trymrig, gw. trwmped, trwmpeter, tyrpeg, tyrmerig.

trymru, trymruaf: trymruo, gw. trwm[1]+rhu, rhuaf: rhuo.

trymryd, gw. trymfryd.

trymsawr, trymswn, trymswrth, trymsyrthni, gw. trwm[1]+sawr, sŵn, swrth, syrthni.

trymud, gw. trimud[2].

trymwae, trymwaith, trymwasg, trymwasgaf: trymwasgu, trymwedd[1,2], gw. trwm[1]+gwae, gwaith[1], gwasg, gwasgaf: gwasgu, gwedd[1,2].

trymwydd, gw. trumwedd.

trymwynt, gw. trwm[1]+gwynt.

trymydd, trymyn, trymyniad, gw. trymedd, tremyn[1], tremyniad[1].

trymysg, gw. trwm[1]+mysg.

tryn [?cf. *tren*; dichon mai ff. wallus neu air gwahanol yw'r engh. gyntaf ac nad yma y perthyn] *a.* (?a hefyd gyda grym enwol) a hefyd fel *eg.* ll. -*i*. Cryf, grymus, nerthol, brwd, ffyrnig, llym; (?geir.) brwdfrydedd, ffyrnigrwydd: *strong, powerful, mighty, ardent, fierce, stern*; (?dict.) *ardency, fierceness.*

c. 1575 *IG* 298, Y fo nid rhaid ofni *tryn* (*GIG* 23, I Fôn deg, nid rhaid ofn dyn) / Ag Iolo yn ei galyn. **18–19g.** id. 98, Wgawn *drynn* a roe'r gwin draw / I'w genedl gwae o'i gwynaw. **18–19g.** *Llr* C 33, 328, *Trynn*, in Monm. the same as Trenn in Glam. strong, mighty, furious. **1803** *P, Tryn*, s. m.—pl. *t i . . .* Ardency, fierceness. a. Ardent, fierce, sharp, stern. Dyn â golwg *tryn* iawn, a person with a very stern look.

trynaws, gw. try-[2]+naws.

trync, gw. trwnc[2].

tryncs (*y* ≡ *ə*) [bnth. S. *trunks*] *e.ll.* Trywsus nofio byr (ar gyfer dynion): (*swimming*) *trunks.*

20g. Ar lafar yn gyff., 'Ma *tryncs* nofio fwy fel siorts dyddie 'ma'.

tryndlaf: tryndlan, tryndlo [bnth. S. (*to*) *trundle*] *bg.* a hefyd fel *ba.* yn yr ymad. *tryndlan mynd.* Rholio, treiglo: *to trundle, roll.*

Ar lafar, 'Sbia ar honna'n *tryndlan* mynd' (sir Gaern.); ''Odd y car dim ond yn gallu *tryndlo* lawr yr 'ewl 'da'r olwyn fflat odd 'da fe' (sir Gaerf.).

tryndlen [bnth. S. *trundle*+-*en*] *eb.* Twmplen (o wraig neu ferch), pladres, pwlffen: *a dumpling (of a woman or girl), strapping female, buxom woman.*

20g. Ar lafar yn y Gogledd, '*tryndlan* dew o ddynes' (Arfon).

trynerth, gw. try-[2]+nerth[1].

trynewid[1] [*try*-[2]+*newid*[1]] *eg.* ll. -*ion. Math.* Y weithred o drynewid, newidiad trefn (elfennau set o rifau, eitemau, &c.), cymysgiad: *permutation (in math.), shuffle.*

20g.

trynewidiaf: trynewid[2] [bf. o'r e. *trynewid*[1]] *ba. Math.* Newid trefn (elfennau set o rifau, eitemau, &c.), cymysgu: *to permutate (in math.), shuffle.*

20g.

trynewidiol [*trynewid*[1]+-*iol*] *a. Math.* Yn perthyn i drynewid(ion), yn cynnwys trynewid(ion): *permutational (in math.).*

20g.

trynid [*try*-[2]+?*nid*[3]] *a.* ?Gloyw iawn: *very bright.*

11g. *Cylchg LlGC* ii. 69, Amdinnit *trynit* trylenn.

---

trynnydd, gw. trennydd.

trynsion, trynsiwn, gw. trynsiyn.

trynsiwr, gw. trensiwr[1].

trynsiyn, trynsiwn [bnth. S. *truncheon*] *eg.* ll. *trynsiyns.* Pastwn byr, yn enw. un plismon: *truncheon.*

20g. Ar lafar, ''Fi'n falch taw *trynsiyns* a nid drylle ma plismyn y wlad 'ma'n 'u cario' (sir Gaerf.); '*trynsiwn*' (de-ddwyrain Morg.).
Amr.: **trynsion** (*eb.*). **20g.**

trynwyf, gw. try-[2]+nwyf[1].

tryolygiad [*try*-[2]+*golygiad*[1]] *eg.* Mewnwelediad: *insight.*
1862.

trypsin [bnth. S. *trypsin*] *eg.* ll. -*au.* Y prif ensym traul a secretir gan y pancreas: *trypsin.*
20g.

tryruol, tryryw, trysain, gw. try-[2]+rhuol, rhyw[1], sain[1].

trysau, gw. trwst[1].

trysawd [*try*-[2]+*sawd*[2]] *eg. Crdd.* Continwo: (*basso*) *continuo, thorough bass, figured bass (in mus.).*
1832.

trysawdd [*try*-[1]+*sawdd*[1]] *eb.g.* ll. *trysoddion. Math.* Gwreiddyn ciwb, trydydd isradd; ?ciwb: *cube root; ?cube.*

1803 *P, Trysawz*, s. f.—pl. *trysozion* . . . A cube root.

tryseiniaf: tryseinio, gw. try-[2]+seiniaf[1]: seinio.

tryseinradd [*trysain*+*gradd*] *eb. Crdd.* Graddfa ddiatonig: *diatonic scale.*
1833.

trysgl, trysglaidd, gw. trwsgl, trwsglaidd.

trysgledd, trwsgledd [*trwsgl*+-*edd*[1]] *eg.* Trwsgleiddiwch, lletchwithdod, garwder, anfoesgarwch; yr ansawdd o fod yn fras, trwchusrwydd; ?llysnafedd: *clumsiness, awkwardness, coarseness, uncouthness; grossness, thickness;* ?*phlegm.*

1545 *CI* 31, [y] kyuriw bethau ac a vo gwrthwyneb jr komplecksiwn o ffuryf ac anniann. Y gair yma ffuryf yssydd y'w ddyaalld *trwsgledd* (*grosseness*), mowredd, gaarwedd. **16g.** *LlS* 126, hên peswch a *thrysgeldd* [*sic*] a vaco yn y ddwyfron. id. 142–3, y phicus aeddfet . . . Peri chwysy a *thryscledd* ar gorph a wnant. id. 159, Ei iscell ef [*isop*] . . . a yfir y escor *trysgledd* ne lysnafedd trwy'r boly. **1604–7** *TW* (Pen 228), *Trysgledd* d.g. Austeritas, Barbaria, duritas. **1632** D, *trysgledd* d.g. Perperitudo. id. *Trwsgledd* d.g. Ruditas. **1749** *An C* 29, *Trwsgledd* ac Anghywirdeb e'u [*sic*] Hiaith. **1774** *W*, *trysgledd* d.g. Grossness, Rudeness. **1803** *P* d.g. *Trysglez.*

trysgleiddrwydd, gw. trwsgleiddrwydd.

trysgli [*trwsgl*+-*i*[1]] *eg.b.* Croen garw, garwedd, crach, brech, tarddiant, ploryn: *rough skin, roughness, scabs, rash, eruption, pimple.*

c. 1400 *MM* 64, Gogel wreid y llysseuoed, kanys *trysgli* a uagant. **c. 1400** *Études* vii. 276, Rac crach a *thrysgli*: kymer wreid y tauol duon, a briw wynt gyt ac emenyn mei a hen blonec, ac eu ffriauu ar y tan y gyt. **1515** *Llst* 10, 24, Rac . . . *trysgli* nev grvgynav. Diw. **16g.** *WLB* 68, yf sugun yr hilwort gida gwin . . . ac ef a yrr ymaith bob *trysgli* o genau ar dannedd. id. 92, Dwfr hallt meddalhau kroth a wna os yfir yn fynych *thrysgli*. **1604–7** *TW* (Pen 228) d.g. *Exanthemata, papula.* **1632** D d.g. *Scabritia.* **17g.** *Llst* 82, 137, Rag *tryscly* ar ddyn ney grygynasch. id. 138, Rag krach a *thyrsli* [*sic*].
Amr.: **trystli** [cf. *tlws, chws*]. **18g.** *Llr* C 24, 343. **trystlif** [cf. *trystli*; dan ddyl. *llif*[2]]. **1801** *MMf* 216.
Gw. hefyd **trysglyn.**

trysglineb [*trwsgl*+-*ineb*] *e*?*g.* Y cyflwr o fod yn drwsgl, trwsgleiddiwch, trwsgledd, lletchwithdod: *clumsiness, unwieldiness, awkwardness.*

c. 1785–90 (*1829*) *CBYP* 207, er gochelyd *trysglineb* llef a llafar.

---

trysglog [*trwsgl*+-*og*] *a.* (b. *tr* ?Crachlyd: *scabby.*

c. 1400 *R* 1233. 12–14, Arpryuet calet chorych syrynyaƀc. afrƀyd sƀyd sodlaƀc treisglych. id. 1346. 34, Goraƀc tro.sclaƀc tresg

trysglyn [*trwsgl*+-*yn*[1]] *eg.* ll. -*nau.* (ar y croen), gwrym, crachen, he ffig.: *blemish, weal, scab, also fig.*

1567 *TN* 360b, y rrai sy yn cyfri yn lle byw mewn gwnfyd tros amser. Brychay ynt a *thrisclynay* [:— Gr. momoi manne, mefle] Pedr ii. 13, *tharysclynau* [*sic*]), yn ymddigri twylliaday. **1604–7** *TW* (Pen 228), *trysglin*, d.g. *Ephelis, papula.* **17g.** *LlGC* 13215, 381, [*sic*] × *Trisclin . . . Labes.*
Amr.: **trisgl** [?olff. a ffrwyth camddeall *t* ff. l.] (ll. -*i*). *Dchr.* **17g.** *J* 10, 164b, Triscl. p Papula. Serpedo.
Gw. hefyd **trwsglyn.**

trysor [bnth. H. Ffr. *tresor*, o bosibl S. C.] *eg.b.* ll. -*au*, (prin) -*ion.* Cy golud (a grynhowyd), yn enw. arian, au, neu emau; trysordy, stordy; he ffig.: *treasure; treasury, storehouse; also*

13g. *GBF* 470, A'r balch gyued herwyd *trysor* obreu. **13g.** *BD* 48, agori y *trysor* a roc amylder o eur ac aryant. **14g.** *H* td. 351, ti yv ti ywn *trysor* ti ywn trossed (Gruffudd Gry *GIG* 111, Ef a'i nifer pêr parawd / A droes i *drysor* ffawd. **c. 1400** *R* 1304. 14, *Trysor* trasƀc ffynnyant. faƀt arƀedyaƀdyᵣ. **c. 1400** *D* y nef, yn y lle y mae cudyedic *tryzor* y dc **15g.** *GLGC* 351, I Siôn mae o dda lonaid *a* drwsiad, o feirch, ac o *drysor*. **1551** W. SAL *KLl* xxiva, Nid kyfreithlawn ew [*sic*] bwᵣ Korban [:— *trysor*] / cans gwerth gwaed yw. **1**ᶜ ARWYSTL: *Gw* 50, person wyt pwrs y naw iav fon sad ar gefn sir / *trysor* fawr trwy sir dair ssyr hvw aeth dros war hon [i Berson M **1568** MORYS CLYNNOG: *AG* [v], e lawe fynghalon wrth weled *trysor* mor wrth/faw iaith gymraeg. **1588** *Deut* xxxiii. 19, canys c moroedd a sugnant, a chuddiedic *dryssorau* **1632** D, *Trysor*, Thesaurus. [*1767*] *Gron* 120, chwiliodd drwy ei chalon, / Chwalai a chlc choluddion; / A'i dewis wythi meini mwyn thew res euraid ei *thrysorion* [marwnad Lewis **1803** *P*, *Trysawr*, s. m.—pl. *trysorau . . .* A trea lafar, *WVBD* 553 (*eg.*); ''Wi'n gwed wrth bod addysg yn fwy o *drysor* na chyfoth, di a cyfoth ond 'all neb fynd ag addysg odd a 'Ma *trysora* yn 'u tŷ nw, sbo, o lunia a p arian', *GTN* 823 (*eg.*).
Amr.: **tresor.** **14g.** *YBH* 58b, a dygynull a *tressor* y gyt a deg mil o paƀmƀneit a an hebrƀg ydywededic amryuaylon daoed. **15**ᶜ (*Sall*) [77], ef e [*sic*] y ddwc y gwyntoedd a *dresorae.* **1604–7** *TW* (Pen 228), lhadrata'ᵣ cyphredin d.g. *peculor.* **treswr**[1] [bnth. S. C. **c. 1400** *RB* ii. 86, agori ydresƀr a rodi y baƀb o eur ac aryant.

trysoraf: trysori [bf. o'r e. *trysor* Cronni a rhoddi o'r neilltu, casglu, g fawrogi fel rhywbeth gwerthfawr, pr ddrudfawr: *to treasure.*

1588 *I Tim* vi. 19, Yn *tryssoru* iddynt eu sail dda rhag llaw fel y gallont afaelu yn y tragwyddol. **1620** *Rhuf* ii. 5, wyt yn *trysor* hun ddigofaint, erbyn dydd y digofaint. **163** *Thesaurizo.* **1632** J. DAVIES: *LlR* 137, megis *a* 'r cybydd yn *trysori* ac yn pentyrru arian beunydd. **1691** *TBM* 685, Nod dyddiau'i h ocdd hi / Trwy soriant yn *trysori* / Ar y ddaear, swydd. **1721** E. PUGH: *AC* 11–12, i mae ef yn air tragwyddol . . . ac yn oleuni, a ph ddoethineb, a gwybodaeth wedi ei *drysori* **1723** E. SAMUEL: *PDdC* ii. 19, ar y dŷdd c Wythnos pan ymgyfarfyddai Christ'nogion ynghyd i dderbyn y Sacrament, i bob un rodc yn ei ymyl, gan *Dryssori*, fel y llwyddodd I tuag at Weithredoedd Duwioldeb ac Eluseni. THOMAS: *WWDd* 306, un cymmeryd o'r *dryssorwyd* yng Nghrist. **1775** *W* d.g. *To la* store . . . *To lay up treasures.* **1790** T. JONES: *T* Y deallwriaeth, 'nôl derbyn gwirioneddeu a'l yn y côf. **1803** *P.* Ar lafar, 'Gwishg y ffrog, fer werth rhywbeth 'en bethach fel 'yn!', *GTN* 823.
Amr.: **tresori** [bf. o'r e. *tresor*]. **1567** *TN* 10 a *dresoro* yddo ehun, ac nyd yw 'oludawc yn-

trysordy, gw. trysor+tŷ.

trysoredig [bôn y f. *trysoraf*: *tr* -*edig*] *a.bfl.* Wedi ei drysori, ei grynh ei gasglu: *treasured, collected.*

1777 W. DAVIES: *CHL* 188, a holl olud ddoethineb, gallu a chariad, yn *drysoredig*. **17** *orfa* 53, Cyn diwedd y mis Tachwedd, yr

rhoddion *trysoredig* at yr achos yn fwy nâ 3000 o bunau; a'r Gymdeithas wedi cael yn agos i ddigon o Genhadau ewyllysgar a chymmwys, i'w danfon . . . i Ynysoedd Môr y Dehau. **18–19g.** R. DAVIES: *DB* 28, Mawr gariad i'n gwlad glöedig—furiau / Gan foroedd terfysgfrig, / Bro gu gain Brydain a'i brig / Sy wridol *drysoredig*.

trysorer, trysorier [bnth. H. Ffr. *tresor(i)er*, o bosibl drwy'r S. C.] *eg.* Trysorydd, un sy'n trysori, hefyd yn *ffig.*: *treasurer, one who treasures, also fig.*

13g. *HGK* 7, Llewarch y gur hitheu oed wahanredolaf guas ystavell a *thrysoryer* y Gruffud, m. Llewelyn. **14g.** *CR* 166, ymplith hynny y doeth y *dryzorer* ar y brenin a'r anregeon. **14g.** *GDG*[3] 88, *Trysorer* cerdd tros ariant / Ac aur coeth, fal y gŵyr cant. **14g.** *GIG* 90, A *thrysorer* clêr a'u clod / A thryfer brwydr a thrafod [marwnad Dafydd ap Gwilym]. **14–15g.** *IGE*[2] 325, A fu yn, gofwy annerch, / Bob amser *drysorer* serch [marwnad Llywelyn ab y Moel gan Rys Goch Eryri]. *c.* **1400** *R* 1293. 36–7, *tryssorer* cler mydyrner mat. **15g.** *GGl*[2] 224, Troi oes hir i'r *trysorer*, / Tra fo, ni roir clo rhag clêr [i Syr Hywel ap Dai ab Ithel]. **1527** *B* ii. 219, gwnnaeth ef yn *drysorer* pennaf dros j gyvoyth. **16g.** (*LlEG*) *Mos* 158, 31b, drwy orchymyn I *drysorer* y llys dalu I gadwgan b/edair a thrugain o ariann boob dydd tu ac att I ymborth.

Amr.: **tresorer** [cf. *tresor*]. **15g.** *DN* 28, Rys o'r Velynys vlaenawr—y Sirwern / *Tresorrer* pob kerddawr. **tresrer** [ff. gyda chyw.]. **17g.** *LlCy* xii. 196, Mae fo'n *dresrer* llawnder lles / Fry'n hynod i'r frenhines [Rhisiart Cynwal i Syr Rhisiart Wynn o Wedir].

trysores [*trysor*+-*es*[1]] *eb.* Gwraig neu ferch sy'n drysorydd, hefyd yn *ffig.*: *female treasurer, also fig.*

?**19g.**

Amr.: **tresores** [*tresor*+-*es*[1]]. **1615** R. SMYTH: *GB* 130–1, gan i gvvneythyr [gwraig] yn hollavvl *dresores* ag yn phyddlon geidvvad o'n cyfrinachau dirgela.

trysorfa [*trysor*+-*fa, ma*] *eb.g.* ll. -*feydd, -faoedd.* Man neu adeilad ar gyfer storio trysor, storfa, warws; cyfalaf wedi ei roddi o'r neilltu at ryw bwrpas, cronfa; hefyd yn *ffig.*; cylchgrawn: *treasury, repository, warehouse; fund; also fig.; magazine.*

1588 2 *Mac* iii. 40, Hyn a fu am Heliodorus, a chadwedigaeth y *trysorfa.* **1620** *Math* xxvii. 6, Nid cyfreithlawn i ni eu bwrw hwynt yn y *drysor-fa*: canys gwerth gwaed ydyw. **1620** 1 *Esd* viii. 45, mi a erchais iddynt fyned at Sadeus y pennaeth, yr hwn oedd yn y *drysorfa.* **1701** E. WYNNE: *RBS* [viii], odid oes un *drysorfa* gyfoethoccach a llownach na'r llyfran hwn. **1703** E. WYNNE: *BC* 22, Stryd y Dywysoges Pleser . . . ac yn ei *Thrysorfa* aneirif o bleserau. **1722** *Llst* 189, *Trysorfa.* f. Treasury. **1751** *ML* i. 180, Aie ni chafed mo arian y *drysorfa* etto? **1754** *id.* 282, Os y Dûg o'r Castell a fydd [*sic*] eistedd ar ben bwrdd yn y *drysorfa.* **1794** *W* d.g. *Treasury.* **1803** *P, Trysorva,* s. f.—pl. *trysorvëyz* . . . A treasury. Digwydd fel rhan o e. cylchgronau, e.e. *Trysorfa Gwybodaeth, neu, Eurgrawn Cymraeg* (1770), *Y Drysorfa* (1831–1968) ('*Y Drysorfa Fawr*' ar lafar), *Trysorfa'r* (*Trysorfa y*) *Plant* (1862–1966) ('*Y Drysorfa Fach*' ar lafar).

Amr.: **tresorfa** [*tresor*+-*fa, ma*]. **1567** *TN* 122a, yn bwrw ei rhoddion ir *tresorfa* [:- cyff yr offrwm]. *id.* 145b, Y geiriae hyn a lavarawdd yr Iesu yn y *tresorva.*

Cfn.: **trysorfa gynhaliol**: *sustentation fund.* **1916.**

trysorfaol [*trysorfa*+-*ol*] *a.* Cyllidol; wedi ei ryddhau gan y Trysorlys: *financial; issued by the Treasury.*

1838.

trysorged [*trysor*+*ced*] *eg.* Cyllideb: *budget.*

1828.

trysorgell, trysorgist, gw. **trysor**+**cell**[1], **cist.**

trysorgyff [*trysor*+*cyff*] *eg.* ll. -*ion.* Cronfa, trysorfa: *fund.*

1789 *Cylchg LlGC* xiv. [251]–2, Cymdeithas *Trysorgyff* Caerffili, ym Morganwg . . . Y mae Buddioldeb y cyfryw *Drysor-gyff*, yn awr, yn cael ei iawn ddeall yn Lloegr, a phaham na chofleidiwn, [*sic*] ninnau Ynghymru, beth mor fuddiol a gwir lesiol? . . . ef a eill pan fynno werthu neu drosglwyddo i'r sawl a fynno ei Ran a'i Hawl yn y *Trysor-gyff*, yn Oes y Bywyd a fo arno.

trysorier, gw. **trysorer.**

trysorle, trysorlong, gw. **trysor**+**lle**[1], **llong**[1].

trysorlys [*trysor*+*llys*[1]] *eg.* ll. -*oedd.* Cyllid gwlad, sefydliad, neu gymdeithas; (yr) adran sy'n rheoli cyllid gwlad: *treasury;* (*the*) *Treasury,* (*the*) *Exchequer.*

1810.

trysorol [*trysor*+-*ol*] *a.* Yn perthyn i drysor, yn haeddu ei drysori, gwerthfawr: *pertaining to treasure, treasurable, precious.*

1803 *P, Trysorawl* . . . Belonging to treasure.

trysorwr, trysorydd [*trysor* a bôn y f. *trysoraf*: *trysori*+-*wr*, -*ydd*[3]] *eg.* ll. *trysorwyr, trysoryddion.* Person wedi ei apwyntio i weithredu cyllid cymdeithas, bwrdeistref, &c., swyddog wedi ei awdurdodi i dderbyn a gwario cyllid cyhoeddus; un sy'n trysori; hefyd yn *ffig.*: *treasurer; one who treasures; also fig.*

14–15g. *IGE*[2] 159, Treiglad pob glân gynghanedd / *Trysorwr* serch, merch a medd [marwnad Gruffudd Llwyd gan Rys Goch Eryri]. *c.* **1400** *Ked AA* 7, gwnaethpwyt Amlyn yn ystiwart llys y brenhin, ac Amic yn *drysorwr* idaw, sef gwassanaeth oed hwnnw: synnyaw ar y eur a'e aryant, a'e vein gwerthuawr a'e dlysseu. *p.* **1584** G. ROBERT: *GC* [396], mi a euthum . . . gidag ef i wlad Capua yn werrydd ar bumed flwyddyn ynol, yn *dryssorydd* i Darentum. **1588** *Esr* i. 8, Cyrus brenin Persia ai dûg hwynt allan trwy law Mithridates y *tryssorudd.* *id.* 21, myfi y brenin Artaxerxes ydwyf yn gosod gorchymyn i holl *dryssor-wŷr* tu hwnt i'r afon. **1606** E. JAMES: *Hom* i. 10, [*t*]*rysorwr* brenhines Candace. **1620** 1 *Esd* iv. 49, na byddei i vn pennaeth, na swyddog, na llywodraeth-wr; na *thrysorwr*, fyned trwy nerth i'w drysau hwynt. **1632** *D, Trysorwr* d.g. *Cimeliarchus, Quæstor, Thesaurarius.* **1703** E. WYNNE: *BC* 20, a'r holl ymgyrch sy i ddewis *Trysorwr* i'r Dwysoges yn lle 'r Pâp a drowyd allan o'r Swydd. **1709** H. POWEL: *G* 50, rhaid i'ch Cof fod yn *dryssorwr* ffyddlon o wirioneddau Duwfol. **1722** *Llst* 189, *Trysorwr* . . . m. A treasurer, burser, cofferer, master of ye jewel-house, receiver general. **1798** M. JONES: *DG* 5, Dewiswyd hefyd Ysgrifenyddion a *Thrysorwr.* **1803** *P, Trysorwr,* s. m.—pl. *trysorwyr* . . . A treasurer. *id. Trysoryz,* s. m.—pl. t. *ion* . . . A treasurer. Ar lafar, ''Odd a'n *drysorydd* yr ysgol Sul am flynydda', *GTN* 823.

Amr.: **tresorwr** [*tresor*+-*wr*]. **16g.** (*LlEG*) *Mos* 158, 170b, danuo[n]es Ef Iarll arwndel . . . I ddwyn da parodd [*sic*] oddiwrth *dresorwyr* y brenin o loy/gyr. **1604–7** *TW* (*Pen* 228), *Tresorwr* d.g. *Quæstor.* **tresorydd** [*tresor*+-*ydd*[3]]. **1588** *Eseia* xxii. 15.

trysoryddiaeth [*trysorydd*+-*iaeth*] *eb.* ll. -*au.* Swydd trysorydd: *treasurership.*

1794 *W* d.g. *Treasurership.*

tryst[1] (*y≡ə*) [bnth. S. *trust*; ansicr yw grym y llaf. yn yr enghrau. cynharaf] *eg.* ll. *trystiau,* a hefyd fel *a.* Ymddiriedaeth, hyder, ffydd, coel; sicrwydd; *Cyfr.* ymddiriedolaeth; hefyd yn *ffig.*; dibynadwy, gonest: *trust, confidence, faith; certainty; trust* (*in law*); *also fig.*; *trustworthy, honest.*

15–16g. *TA* 173, Diau i ti dy waed dy hun, / Dod *trust,* a dywed trostun! **16g.** RHISIART FYNGLWYD, &c.: *Gw* 128, Ail Prydain, lew parodwaith, / O *dryst* yr wyd dros dair iaith [Siôn Teg i Ruffudd Dwnn]. **16–17g.** LLYWELYN SIÔN, &c.: *Gw* 558, Iarll Wrser, Iôr oll eursail, / Ein *tryst* a'n nerth, Tristan ail. **16–17g.** EDWARD URIEN, &c.: *Gw* 202, *Tryst* arnom tros y deyrnas, / Tan Dduw'r wyt o'i nawdd a'i ras. **1828** *Geir Pob* 27, *Tryst,* coel, cêd; didwyll. Ar lafar, ''Tydi hi ddim yn *dryst*' (sir Ddinb.); ''Todd gin' i ddim *tryst* yno fo', *WVBD* 553.

Amr.: **trist**[2]. **1564** *GGH* 464, Taliesin wawd dilyswaith—/ *Trist* (amr. trust) i wŷr oedd—trawst yr iaith [marwnad Gruffudd Hiraethog gan Wiliam Cynwal]. **1735** S. THOMAS: *HP* 197, A rhoddi Cred a *Thrist* ir sawl y gwelo yn dda. Ar lafar, 'Sdim *trist* shwt gweithith yr eboles yn y shafft', *SC* vi. 135 (sir Benf.); *GTN* 812. **trust.** **15–16g.** *TA* 173. **1547** *WS, Trust* ymddirieit Trust. **16g.** (**17g.**) *CRC* 147, Mi a Roesswn fy hyder / am *trwst* yn fy mhower / ar gwrkath oi glewder / ore yn y gwledydd. **16g.** HUW ARWYSTL: *Gw* 124, dod yn *drust* dadain drostynn / edn gwalch o waed owen gwynn. **trwst**[2] (*w*). **20g.**

Cfn.: **ar dryst**: *on trust, on credit; trusting* (*in*). **1574** *RhRC* (At.) 249b, A ffen weloedd [*sic*] hi na ddoe ddim *ar dryst* yr addewid ar a fyse Ryngthyn. **1693** *RY* 10, llafurwyr, a chreftwyr [*sic*] eraill y rhai sydd yn gwerthu *ar* oed, a *tryst* [*sic*] y rhai ni allant wybod cystal beth yw eu hennill yn yr wythnos. Ar lafar, *WVBD* 553. **i dryst**: *to be trusted, trustworthy.* Ar lafar, 'Paid â deud dim wrth honna 'chos 'di ddim *i dryst*' (Arfon).

tryst[2], gw. **trystiaf**[2]: **trystio.**

trystaf[1]: **trysto,** gw. **trystiaf**[1]: **trystio.**

trystaf[2]: **trysto, trysted,** gw. **trystiaf**[2]: **trystio.**

trystan, gw. **trwstan.**

trystfawr, gw. **trwst**[1]+**mawr.**

trystî [bnth. S. *trustee*] *eg.* ll. -*s.* Ymddiriedolwr: *trustee.*

1828 *Geir Pob* 27, *Trystî,* ymddiriedwr, neu gorcheidwad.

trystiad, trwstiad [bôn y f. *trystiaf*[1], *trwstiaf*[1], &c.: *trystio, trwstio,* &c.+-*iad*[1]] *eg.* ll. *trystiadau.* Trwst, sŵn (mawr), twrw, dadwrdd, clindarddach, stŵr, cynnwrf, cythrwfl: *sound,* (*loud*) *noise, din, clamour, rattle, uproar, commotion, tumult.*

1609 *Haf* 24, 556–7, Yr organ sydd yn llawn o bibellion a chyffyriau eraill yn ddiffygiol o gerddaidd lais a thafod . . . maent yn briwo yr glust, ai gwae *drwstiad* swn. *id.* 595, A hynn a brofwyd wrth gyffroiad y korff yn vynych a disymwth *drystiad,* i dygwydd yn ddiffrwyth. **1803** *P, Trystiad,* s. m. . . . A blustering, a clattering.

trystiaf[1], **trystaf**[1], **trwstiaf**[1]: **tryst(i)o, trystian, trwstio, trwstian,** &c. [bf. o'r e. *trwst*[1]] *bg.a.* Gwneud trwst neu sŵn (yn), seinio, atseinio, taranu, brochi, rhuo, tyrfu, ffrwstio, siffrwd, grymial, clecian, clindarddach, rhuglo, ergydio'n drwm, stampio: *to make a noise or sound* (*in*), *sound, resound, thunder, rage, roar, make a disturbance, bustle, rustle, rumble, crackle, clatter, rattle, thud, stamp.*

15g. *GTP* 86, Twysg o ddŵr tew ac ewyn, / Trawst y glaw yn *trystio* glyn [dychan i'r foryd]. **1567** *LlGG* 87a, A'phan [*sic*] ddaeth yr Iesu i duy'r pennaeth, a' gweled y cer/ddorion a'r tyrfa yn *trystiaw* [:- tyrfu] y dyvot wrthwynt, Ewch ymaith. *id.* (*Sall*) 9a, Yr Arglwydd hefyd a daranawdd [:- *drystoedd* [*sic*]] yny nef. **1588** *Job* xxxix. 23, Pan *drystio* cawell saethau arno ef: pan ddisclaerio gwaiw-ffon neu laif. **1603** W. MIDLETON: *Ps* 77, Pa dristyd fenaid! pa *drystiaw* om mewn! **1604–7** *TW* (*Pen* 228), yn *trystiaw* o dhuchot d.g. *Altisonus.* *id. trystio* d.g. *Obstrepo.* **1632** *D,* Trŵst . . . *Trystio,* Sonare, strepere. *id. Trystio* d.g. *Crepito, Edo, Tono.* **17g.** *TBM* 324, Y marsiandwr codai'n [*sic*] union / I fynd ar dor y feinir dirion / A chan dwrw 'rhain yn *trwstian* / Gweiddi'n uchel wnâi'r dyn bychan. **1722** *Llst* 189, *Trystio.* To make a noise, bluster, rustle, thunder. **1730** IACO AB DEWI: *YL* 86, Pan fo Rhyfeloedd yn *trystio,* y mae Cyfreithieu yn ddistaw. **1754** G. OWEN: *L* 103, Hoff, ar Langemain, *trystiain* traed. **1771** *W, trystio* d.g. *To brustle* [*rustle as armour, silk, &c.*], *To clash* [*make a noise, as of two bodies struck together*], *Trwst* . . . *To make a noise, To noise.* **1803** *P* d.g. *Trystian, Trystiaw.* Ar lafar, 'Mae'n *trwsto* 'n ddichrinllid' 'It thunders fearfully', *GDD* 311.

trystiaf[2], **trystaf**[2], **trwstiaf**[2]: **tryst(i)o, trysted, trwstio** [bf. o'r e. *tryst*[1]] *bg.a.* Ymddiried (yn), hyderu neu bod â ffydd (yn), coelio, dibynnu (ar): *to trust* (*in*), *have confidence or faith* (*in*), *believe, depend* (*on*).

16g. HUW ARWYSTL: *Gw* 146, ni charodd drwy chwerwedd draw / owen drowster nai *dristaw.* **16–17g.** *LlCy* xi. 232, Yddwyf /i/ yn *trysto* mor ddiffael / Ar Iessü Hael Rhinweddon / Y Cayr tawly /r/ Whynn o blith / Y Cwrent wenith ffrwythlon. **16–17g.** LLYWELYN SIÔN, &c.: *Gw* 349, trist jawn yn troes düw ennyd, / trist i bawb yw *trysto* byd. **17g.** *IICRC* iii. 222, Meddwl gwragedd oll ai hynt y sydd fal gwynt ar goedwig / nid haws *trwstio* un o rhain nar awel fain o'r Afrig [*sic*]. **1672** R. PRICHARD: *Gw* 12, 'Rym ninnau blant dynion, heb arswyd nac ofon / Yn *trysto* [:- hyderu] gormoddion, ir gwr marwaidd hen, / Fel morwyr methedig, y *drystent* mewn perig, / Ir llongau sigedig nes sodden. **1683** H. EVANS: *CTF* 27, I sain gwlâd na *thrysta* ormod. **1696** *CDD* 255, Bŷth na *thrŷst* [:- ymddiried] i'th nerth dy hunan, / Rhai trwŷ ryfig a syrthiasan: / Gwell gan hŷn bôd yn ofalus, / Na bôd bŷth yn rhŷ hyderus. **1764** W. WILLIAMS: *GDC* 20, A thymma'r llŵ y *trystodd* y Tâd ei Fab ei hun / I farw dros bechodau y gwrthrhyfelgar ddŷn. **18–19g.** *HG* 78, Gan *drysto*'n eu cryfder, rhai eraill mewn doethder / Heb feddwl un amser am gariad. **1828** *Geir Pob* 27, *Trystio,* coelio, ymddiried. Ar lafar, ''Rodd o'n *trystio* gormod ar 'i enw' 'he relied too much on his reputation', '*Trystio* yno fo' 'to trust in him', *WVBD* 553; ''Ellwch chi ddim *trysted* e' (gogledd Cered.).

Amr.: **tristio, tristo** [be. o'r e. *trist*[2]]. **16g.** HUW ARWYSTL: *Gw* 146. *id.* 165, na *thristiwch* ffyg na throwsdeb / na chysgwch dann ebwch neb. **1696** *CDD* 98, Rhai'n *tristo*'n eu cryfder, rhai tegwch, rhai

doethder, / Hêb ronŷn o fatter am gariad. Ar lafar, *GDD* 309; 'Paid o'i *dristo* fa, un clwddwg yw a', *GTN* 812. **trusto, trustio** [bf. o'r e. *trust*]. **16g.** Huw Arwystl: *Gw* 218, ni *thrusdiodd* doeth ar osdeg / er ioed dim oi geiriav teg. **1567** *TN* 67a, ir ei a ymddiriedant [:- ymddiresont, *drustant*] yn-goludoedd. **1672** R. Prichard: *Gw* 209, Llygaid pôb creadur bywiol, / Sydd yn edrych Arglwydd grastol [*sic*], / Ac yn *trusto* [:- Ymddiried] cael eu porthi, / Gennyd, Rhoddwr pôb daioni.

trystiog [*trwst*[1]+-*iog*] *a.* Swnllyd, stwrllyd, croch, gwyllt, brochus, cynhyrfus: *noisy, rowdy, clamorous, blustering, raging, turbulent.*
1803 *P*, *Trystiawg* . . . Full of noise; clattering; blustering.

trystiol [*trwst*[1]+-*iol*] *a.* Swnllyd, trystiog: *noisy, blustering.*
1632 *D*, *Trystiol* d.g. *Bellicrepus.* **1803** *P*, *Trystiawl* . . . Blustering, clattering.

trystiwr [bôn y f. *trystiaf*[1], *trystaf*[1]: *tryst(i)o*, &c.+-*iwr*] *eg.* ll. *trystwyr.* Person swnllyd neu focsachus: *noisy or blustery person.*
15g. *GHS* 68, Tri o geirw trwy gariad, / Y *trystwyr* glew tros dair gwlad. **16–17g.** *GST* i. 545, *Trystiwr* glwth yn tristáu'r glêr, / Dreiwr mit, drewi'r mater [i roddi Rhys Grythor]. **18g.** *Beirdd y Berwyn* 42, Yr wy yn cyfarch, wrdda [*sic*] diddan, / Tros ryw froliwr *trystiwr* trwstan. **1803** *P*, *Trystiwr*, s. m.—pl. *trystiwyr* [*sic*] . . . A blusterer, a clatterer.

trystli, trystlif, gw. trysgli.

trystlyd, trwstlyd [*trwst*[1]+-*lyd*] *a.* Trystiog: *noisy.*
1874.

trytaf: tryto, tryth[1,2], gw. **tretiaf: tretio, treth, truth.**

trythgwd [?*tryth*[1]+*cwd*[1]] *eg.* ll. -*gydau*, a hefyd fel *e.ll.* Pwrs, ysgrepan, bag: *purse, satchel, bag.*
13g. *LlI* 24, a'r llynhat a'r gulan a'r *trythkut*, eythyr eur neu aryant, a hunnu, o byd, e rannu; sef yu e *trythkut*, e llau kydeu ac a uo endunt, eythyr eur neu aryant, o byd. **18–19g.** *MA* iii. 240, Tri pheth ni wnant les iddeu perchenogion: gwybodau diriaid, *trythgwd* cybydd, a thavod gwraig. **1803** *P*, *Trythgwd*, s. m.—pl. *trythgydau* . . . A bag or satchel that is made to draw together.

Fel *e.ll.* (geir.) Tlysau: (*dict.*) *jewels.*
1730 *Leg Wall* 584, *Trythgwd*, Idem videtur denotare quod Tlyseu, Iocalia. **1753** *TR*, *Trythgwd.* This word seems to denote the same as Tlysau, jewels; for what in some copies of K[yfraith] H[ywel Dda] is Tlysau, is in others *Trythgwd.*
Amr.: **trychwd** [?ff. wallus]. **13g.** *LTWL* 143.

trython [?elf. anh.+-*on*[2]] *e.?ll.* *Bot.* Tafol, yn enw. tafol blaen, chwysoglen, tafol Mair, *Rumex* (*conglomeratus*): (*clustered*) *dock.*
14g. *ACL* i. 42, Lapacium acutum. *trython.* neu dauol. *c.* **1400** *Études* vii. 54, lapacium acutum, *trethon* y we[u]n neu dauol. **1813** *WB* 241, *Trython*; Rumex acutus; Sharp Dock.

trythyll, drythyll [cf. Gwydd. C. *tre(it)tell, dre(it)tell* 'ffefryn; rhyfelwr', Gwydd. Diw. *drettel, trettel*; petrus yw dosbarthiad rhai o'r enghrau. isod] *a.* ll. *drythyll(i)on*, a hefyd gyda grym enwol.

(*a*) Bywiog, nwyfus: *lively, spirited, high-spirited.*
12g. *GLlF* 76, A mut a drut a *drythyll.* **12g.** *GCBM* i. 59, Goruynaỽc *drythyll*, goruynt—a dygaf / Vrth ar a volaf, a voleis-y gynt. **14g.** *T* 27. 11–12, mi hudỽyf berthyll ac ỽydyf [*sic*] *drythyll* o erymes fferyll. **14g.** *GDG*[3] 208, Ac nid oes, edn fergoes fach, / O druth oll ei *drythyllach.* *c.* **1400** [*RB*] *WM* 205. 12–13, A gỽr ieuanc *drythyll* oedỽn i yna. *c.* **1400** *YCM*[2] 56, Migrados . . . y varch ehun . . . A'r amws *drythyll* llamsachus, val y gwelas yr arglwyd, a'e hadnabu, ac ynteu a esgynnwys arnaw. *id.* 192, ymdidan a oruc y Ffreinc yrygtunt ehunein o ymadrodyon *drythyll* kellweirus. **15g.** *GOLlM* 20, *Drythyll* dan ei fentyll fydd, / draig wyllt yn dragio elltydd [i ofyn march]. **15–16g.** *TA* 414, Sêr neu fellt o'r sarn a fydd / Ar godiad yr egwydydd; / *Drythyll* ar bedair wyth-hoel, / Gwreichionen yw pen pob hoel. **1604–7** *TW* (*Pen* 228), *drythylh* d.g. *Genialis.* **1615** R. Smyth: *GB* 202, pen gaphonti [*sic*] mavvrhau gen y rhai a mae 'nthvvy yn i caru, yn y man cevvch i gvveled hvvy yn crychnaidio o lavvenydd, ag yn gosod i hunain allan, mor heini, mor drym ag mor *drythyll.*

(*b*) Moethus, (rhy) hoff o foethusrwydd neu bleser; llawn moethau, helaethwych, pleserus; anllad, nwydus, blysig, cnawdol, chwantus: *voluptuous,* (*too*) *fond of luxury or pleasure; sumptuous, luxurious, pleasurable; wanton, lascivious, lustful, licentious, lecherous.*
13g. *HGK* 6, Wrth henne, pan ytoed Gruffud etwa en vab da y deuodeu a *drythyll* y vagyat. **14g.** *Cy* vii. 140, *Drythyll* diriet. **14–15g.** *IGE*[2] 255, Gwae ddyn fyth, gwyddwn ei fai, / *Drythyll*, ni lywodraethai / Ei fyd cyn myned i'w fedd / Yn dda erbyn ei ddiwedd (Siôn Cent). *c.* **1400** *YCM*[2] 21, Y rei yssyd y'th gylch di . . . *drythyll* ynt, a drythyllwch a gaffant o vwyt a diawt a dillat. **1547** *WS*, *Drythyll* Wanton. **1567** *LlGG* 121a, *drythryll* [*sic*] [:- anysp[r]ytol] ewyllysion y cnawd. **1588** 1 *Tim* v. 6, Ond y *ddrythyll*, er ei bod yn fyw fu farw. **1604–7** *TW* (*Pen* 228), *Trythylh*, *trythylh* d.g. *Salax*, *Vitulus.* **1606** E. James: *Hom* ii. 124–5, puttain *ddrythyll.* **1632** *D*, *Drythyll*, Lascivus, salax, petulans. *id.* *Trythyll* . . . vi. *Drythyll. id. drythyll* d.g. *Libidinosus*, *Obscœnus*, *Sybariticus*, *Venereus.* **1672** J. Langford: *HDdD* 459, Siarad *trythyll* anllad. **1683** H. Evans: *CTF* 5, I ymlenwi ar *drythyllon* (*CDD* 221, *drythyllion*) [:- Plesserau]. **1722** *Llst* 189, *Drythyll.* p. *thyllion.* Lustfull, leud. [**1783**] *W*, *drythyll* d.g. *Skittish* [*wanton, &c.*]. **1803** *P*, *Trythyll* . . . Voluptuous; addicted to pleasure; wanton.

trythyllaf, drythyllaf: trythyllu, drythyllu [bf. o'r a. *trythyll, drythyll*] *bg.a.* (Peri) bod yn fywiog, yn anllad neu'n nwydus, byw'n foethus, dilyn pleser, bod yn ddigywilydd, cwcwalltio; meddalu: *to make or be wanton or lascivious, live voluptuously, follow pleasure, be shameless, cuckold; soften.*
16g. *LlS* 141, E bair gyscy ac a wridoga liw yr corph ac a *drythylla* od yfir gyd a Coriander ir ne win cadarn. **1604–7** *TW* (*Pen* 228), *Trythylhû*, *trythylhu* d.g. *Emollio*, *Vitulans.* **1672** J. Langford: *HDdD* 240, yr holl ddirmyg a'r gwradwydd hwnnw yr hwn . . . sydd arferol o syrthio ar y rhai a *drythyllir* fal hyn (*the shame of being cuckolded*), yr hyn y mae llawer yn ei gyfrif yn rhan fwyaf o'r Cam. **1803** *P*, *Trythyllu* . . . To live voluptuously; to take enjoyment; to follow pleasure.
Amr.: **trathyllu** [dan ddyl. *tra*[2]]. *Dchr.* **17g.** *J* 10, 162b, *Trathyllu.* Protervio, is.

trythyllaidd [*trythyll*+-*aidd*] *a.* Anllad, nwydus, moethus: *wanton, lascivious, voluptuous.*
1552 *Pen* 403, 103, Na oddefed nai theimlo nai chripio nac ymdynnv a hi yn *drythyllaidd.* **1803** *P.*

trythyllfab, trythyllferch, gw. **trythyll +mab, merch**[1].

trythyllgar [*trythyll*+-*gar*] *a.* Anllad, nwydus; moethus, (rhy) hoff o foethusrwydd neu bleser: *wanton, lascivious; voluptuous,* (*too*) *fond of luxury or pleasure.*
1595 H. Lewys: *PA* 34, [m]ab . . . a dreilia i arian, ai smonnaeth yn *drythyllgar.* **1731** T. Lewys: *BMA* 89, [d]yn gwael drygionus *trythyllgar.* *id.* 157, er bod dynion mor ddalled a Mr. Drygadyn ei hun, er hynny gallant ganfod yr ysgafnder ynfyd sydd yng waelod yr ysgafnder *trythyllgar* hyn. **1744** D. Rowland: *RY* 224, y mae efe wedi cael mynd yn Rhedegwr i'r Arglwydd Ewyllysgar, ond efe a wnaeth ei Feistr yn *Drythyll-gar* jawn. *id.* 290, neu ryw un arall o'n Cyfeillion Diabolonaidd ni, megis Mr. *Trythyllgar*, Mr. Cyfraithgar.

trythyllserch, gw. **trythyll+serch.**

trythyllty [*trythyll*+*tŷ*] *eg.* ll. -*tai.* Puteindy: *brothel.*
1813.

trythyllus, drythyllus [*trythyll, drythyll* +-*us*] *a.* Anllad, nwydus, anweddus; moethus, (rhy) hoff o foethusrwydd neu bleser: *wanton, lascivious, lewd; voluptuous,* (*too*) *fond of luxury or pleasure.*
1604–7 *TW* (*Pen* 228), *drythyllus* d.g. *Libidinosus.* **1655** WL: *DP* 167, Pam hynny yr wyt yn *drythyllus* o Lwch, a lludw? **1721** B. Meredith: *PJ* 79, aeth hi . . . i'w ei stafell, ag a ymddioscodd ei hûn o'i dillad *trythyllus* yna y syrthyodd hi ar ei gliniau, ei [*sic*] geisio maddeunant [*sic*] ger bron Duw. **1725–6** *Madd Ed* 128, Felly y mae gyda Dynion *trythyllus* (*voluptuous persons*), trwy hir ymarfer gwnaethant Ormodedd agos yn anghenrheidiol i'w Cyrph.

trythyllwch, drythyllwch [*trythyll, drythyll*+-*wch*[1]] *eg.* ll. (prin) *trythyllychau.* Moeth, moethusrwydd, cyflawnder, mwynhad, mwyniant, pleser, hoffter (gormodol) at foethusrwydd neu bleser; anlladrwydd, nwydusrwydd, blysigrwydd, chwant, cnawdolrwydd, aflendid: *luxury, sumptuousness, abundance, enjoyment, delight, pleasure, voluptuousness; wantonness, lasciviousness, lustfulness, lechery, carnality, debauchery.*
13g. *BD* 79, diodef achanoctit ym mlaen mynet wlat arall y aruer o digrifvch a *drythyllvch* ac edyllder knavt. **1346** *LlA* 31, Ponyt yrei drỽc a gaffant yman *drythyllỽch* (*conviviis*) ygỽledeu. *id.* 71, Allyna *drythyllỽch* (*deliciae*) yseint. **14g.** *YBH* 65a, ar y ol ynteu coronhau iosian. amaỽr y *drythyllỽch* ar llewenyd (*grant joie*) auu yna. *c.* **1400** *YCM*[2] 21, Y rei yssyd y'th gylch di . . . drythyll ynt, a *drythyllwch* a gaffant o vwyt a diawt a dillat. *id.* 203, amryvaelon anregyon a geffit yno, a *drythyllwch* ac esmwythder. **1567** *TN* 314b, Ond hon syn byw, mewn mursendod [:- rrysedd, neu *trythy-l*[*l*]*wth* [*sic*], mwy/theu], marw ydiw cyd bo yn byw. *id.* 361a, trwy trachwantay, a *thrythyllwch* y cnawd. **1632** *D*, *Drythyllwch*, Lasciuia, salacia, libido, petulantia. Lautitia. **1672** J. Langford: *HDdD* 440, bydded i mi fwyta ac yfed . . . er iechyd ac nid er *trythyllwch.* **1703** E. Wynne: *BC* 23, Yn y tai, gwelem rai ar welâu sidanblu yn ymdrobaeddu mewn *trythyllwch.* **1717** Iaco ab Dewi: *MN* 266, [p]orthi fy *Nhrythyllwch* a'm Hanghymmedrolder (*my luxury and intemperance*). **1718** E. Samuel: *HDdD* 198, dylid gochel pob math o ddillad anweddus, a ddangoso *drythyllwch* yn y sawl a'u gwisco. **1775** *W*, *trythyllwch*, *drythyllwch* d.g. *Lasciviousness.* **1803** *P* d.g. *Trythyllwç.*
Amr.: **drythyllwg, trythyllwg.** **14–15g.** *IGE*[2] 256, *Trythyllwg* a ddwg i ddyn / Ddialedd os hir ddilyn [Siôn Cent i'r saith bechod marwol]. **15g.** *BB* 11, ymborth ar bop kyfryw *drythyllwc.* **1547** *WS*, *Drythylwc* Wantenes. **1567** *TN* 276a, aflendit . . . godinep . . . nwyfiant [:- andiweirdep, anlladrwydd, *drythyllwc.* **1604–7** *TW* (*Pen* 228) d.g. *Abrodiæton.* **1803** *P* d.g. *Trythyllwg.*

trythyllwr, drythyllwr [bôn y f. *trythyllaf, drythyllaf*: *trythyllu, drythyllu*+-*wr* neu *trythyll, drythyll*+*gŵr*] *eg.* ll. -*wyr.* Un sy'n ymroi i foethau a phleserau (cnawdol), cnawdolddyn, godinebwr, anlladwr: *voluptuary, sensualist, debauchee, adulterer, lecher, a wanton.*
1588 1 *Cor* vi. 9–10, ni chaiff na godinebwŷr . . . na *drythyll-wŷr* . . . feddiannu teyrnas Dduw. **1604–7** *TW* (*Pen* 228), *drythylhwr* d.g. *Voluptarius.* **1803** *P*, *Trythyllwr*, s. m.—pl. *trythyllwyr* . . . A voluptuary, a man who takes his enjoyment.

tryw, dryw[3] [?cf. *dryw*[2]; â'r ff. yn *t-*, cf. *trythyll, drythyll, trem, drem*] *eg.* *Bot.* Llysiau'r dryw, *Agrimonia* (*eupatoria*): (*common*) *agrimony.*
14g. *ACL* i. [37], Agrimonia. y *tryw.* *c.* **1400** *MM* 14, gỽneuthur medyglyn trỽy wenith gỽrỽf neu trỽy win coch ar llysseu hynn: y wreidrud . . . ar *tryỽ.* *c.* **1400** *Études* vii. 276, Rac brath ki claf: kymer dyrneit o lydan y ford a dyrneit o'r *tryw.* **16g.** *LlS* 58, Y *Dryw* sy lyseun o rannæ teneuon a ei natur yw crafu nei ruglo. *Diw.* **16g.** *WLB* 5, Kymer gaswenwyn, ar ben galed, ar *drŷw.* **1604–7** *TW* (*Pen* 228), *Tryw* d.g. *Agrimonia*, *Eupatoria*, *Balaris* (At.). *Dchr.* **17g.** *J* 10, 164a, *Tryw* Marmorella. **1633** J. Gerarde: *Herball*, *Tryw*, v. Caliwlyn y mêl. **1801** *MMf* 99, Rhag Hwydd Mewn Bronn Gwraig . . . Cais y *tryw.* **1803** *P*, *Tryw*, s. m. . . . Y *tryw*, the agrimony. **1813** *WB* 241, *Tryw.* edr. Trydon.

trywan [*try-*[2]+bôn y f. *gwanaf*[1]: *gwanu*] *a.* a hefyd fel *eg.b.* Treiddiol, hydraidd: *piercing, penetrating.*
12g. *GLlF* 256, Dywan wan *trywan* trwydi, / Dywed an dyuod Geri. **12g.** *GCBM* i. 4, Erchwynyaỽc esgar, ysgwyd *trywan.* *id.* 120, Hwyl taerdan *trywan* trỽy wyal. **12–13g.** *GLlLl* 263, Gwan *trywan* trwydun gythrymet. **14g.** *GDG*[3] 271, Gwewyr, cyfeddachwyr cof, / A â'n wân *trywan* trwof.

Fel *e.* (geir.) Pigiad, gwaniad, brathiad, trywaniad, treiddiad, hefyd yn *ffig.*: (*dict.*) *a pricking, piercing, stab, thrust, penetration, also fig.*
1632 *D* d.g. *Compunctio*, *Penetratio.* **1722** *Llst* 189, *Trywan* . . . m. A piercing, stab, remorse of conscience. **1725** *SR* d.g. *Penetration.* [**1783**] *W* d.g. *Stab.* **1803** *P*, *Trywan*, s. f. . . . An opening or gash through; a thrust through; a stab. Cf. *R* 1302. 13–14, gỽaỽr trywanuaỽr trin.

trywanaf: trywanu [*try-*[2]+*gwanaf*[1]: *gwanu*] *bg.a.*

(*a*) Tyllu, gwanu, archolli, treiddio, hyrddio (drwy), cloddio (drwy): *to pierce, perforate, stab, impale, wound, penetrate, thrust (through), dig (through).*
14g. *Cylchg LlGC* vi. 174, ac yd anuones gan vihangel y adaf. ac y dangosses idav megys y dylyey lauuryav y daear. ae *th[r]ywanu*. megys y tyfei ffrwytheu. **14g.** *B* ix. 329, vyg kledyf i a veistrola ac a *trywana* dy corff di. **14g.** *GDG*^{3} 205, *Trywana*, na fetha fath, / Traidd â'r albrs trwyddo'r cilbrath [i ddymuno boddi'r gŵr eiddig]. **15g.** *GGl*^{2} 314, Yn gweled enwog waywlyr / A gwayw yn *trywanu* gŵyr! **1588** *Barn* v. 26, hi a ddrylliodd Sisara . . . a *thrywanodd* ei arlais ef. *id.* ix. 54, yna/'r llangc ai *trywanodd* ef fel y bu efe farw. **1606** E. JAMES: *Hom* iii. 61, ei ddwylo a'i draed wedi ei *trywanu* â hoelion. **1620** 2 *Mac* xi. 9, yr oeddynt [byddin] barod . . . i *drywanu* y muriau heiyrn. **1632** *D*, *Trywanu*, [P]erforare, transfigere, pertransire. **1770** *W* d.g. *To bore or make a hole, To dig through, To perforate, To pierce through or thorough, To thrust one through, To transfix.* **1803** *P*. Ar lafar, 'Fe *drwanws* y sbeicyn 'i gos a', *GTN* 821.

(*b*) (enghrau. *ffig.* ac mewn cyd-destun *ffig.*: *fig. exx. and exx. in a fig. context*).
14g. *B* x. 54, Kadarnhaa ui, Grist, a dyro ym obeith o uuched hyt pan *drywano* uyn gwedi yn y nefoed. *c.* **1400** *DB* 37, Mynyd Cawcasus a ymdyrcheif o Caspium, mor y dwyrein, a thrwy y gogled y *trywanha* ac yd ymystyn hyt ar Europa. *c.* **1400** *SC* viii/ix. 168, a gwynt oer yn eu *trywanu* ac yn eu llosgi. *Dchr.* **15g.** *GM* 25, Yn heneit a *drywanawd* drwy garawc sonyawr y llef. **15g.** *OBWV* 117, Trwy Wynedd y *trywenynt*, / Gwenyn o nef, gwynion ynt [i'r eira]. *Diw.* **15g.** *B* v. 109, a phonid ydyw yr haul yn *trywanu* y gwydyr heb i waethu. **1632** J. DAVIES: *LlR* 88, *Trywana* fy nghnawd i a' th ofn. **1683** H. EVANS: *CTF* 49, Pan daethost gynne attaf, dymma'r gwir yn iawn, / *Trywanu* 'roedd trallodion, trwy meddwl i yn llawn. **18g.** E. T. RHYS: *DA* 173, Dy drwyn a'u *trywano*, dy dôr a'u braenaro, / Dy lyw a'u gwasgaro'n ysgyrion [i long]. **1750** H. LLOYD: *PTNU* 14, Pan y clywals [*sic*] y gair hyunu [*sic*], fe *drywanodd* drwy fy Enaid. **1790** T. JONES: *TOS* 223, Fel y mae ei eirieu yn *trywanu* ac yn toddi y galon. Ar lafar, 'gwynt yn *trywanu*' (canolbarth a godre Cered.).
Amr.: **trawanu** [dan ddyl. *tra*^{2}]. **15g.** *FfBO* 38, [c]ledyfeu yn y dwylyaw yn y vegythaw ef, mal ar vedyr y *drawanu* trwydyaw. **1604–7** *TW* (*Pen* 228) d.g. *Compungo, Lancino.* **1630** R. LLWYD: *LlH* 95, y mae efe [y byd hwn] yn barod . . . ai forthwyl, ac ai hoel i'n *trawanu* trwy ein ymennydd, megis y gwnaeth Jael a Sisera. **trwywanu** [dan ddyl. *trwy*^{1}]. **15g.** *BB* 134, 135, 148.
Gw. hefyd **trawenaf: trawenu.**

trywanedig [bôn y f. *trywanaf*: *trywanu*+ -*edig*] *a.bfl.* Wedi ei drywanu; treiddiol; hefyd yn *ffig.*: *stabbed; penetrating; also fig.*
1733 J. THOMAS: *HYB* 77, Golch fy Enaid yn y Ffynnon sanctaidd o Ddwfr a Gwaed gwerthfawr, a gredaf iddi ddeillio o Ystlys *drywanedig* dy Fâb. **1769** J. GRIFFITH: *A* 185, [gweled] dy Iachawdwr *trywanedig*. **1796** H. JONES: *MPC* 33, wrth hyn y meddylir eu pregethau llymion a *thrywanedig*, trwy ba rai yr oeddynt yn argyhoeddi eu gwrandawyr.

trywanfawr, gw. **trywan+mawr.**

trywaniad [bôn y f. *trywanaf*: *trywanu*+ -*iad*^{1}] *eg.* ll. -*au*. Tylliad, gwaniad, treiddiad, hyrddiad (yn enw. ag arf neu offeryn miniog): *a piercing, stabbing, penetration, thrust (esp. with a sharp weapon or instrument).*
1604–7 *TW* (*Pen* 228), *trawaniat* d.g. *Compunctio.* **1632** *D* d.g. *Penetratio.* **1765** J. EVANS: *CPE* 483, a 'r *trywaniad* hynny a 'i lladdasai ef. **1778** T. JONES: *TGEL* 89, A *thrywaniad* ei ystlys a gwayw-ffon. **1778** *W* d.g. *Penetration.* **1803** *P*.
Amr.: **trawaniad** [cf. *trawanaf*: *trawanu*]. **1604–7** *TW* (*Pen* 228) d.g. *Compunctio.*

trywanol [*trywan*+-*ol*] *a.* Yn trywanu, treiddiol, hefyd yn *ffig.*: *stabbing, piercing, penetrating, also fig.*
[**1724**] G. WYNN: *YGD* 187, mae 'r Boen hon yn gymmaint, nad ellir moi hyspysu . . . gan ei gwneud gan y Tân *trywanol* sylweddol hwnnw. **1741** *CAG* 57, Mae'n hoff gennych eu clywed hwynt yn llefaru wrth Gydwybodau eu Gwrandawyr yn y cyfryw Ddull a Modd difrifol, *trywannol*, ac annogaethol ac a weddei i Ddynion y rhai sydd mewn Difrifwch. **1803** *P*.

trywanus [*trywan*+-*us*] *a.* Treiddiol, yn *ffig.*: *piercing, penetrating, fig.*
1725–6 *Madd Ed* 296, [d]isglaer a *thrywanus* Ddyalldwriaethau Angylion. **1728** J. THOMAS: *GDN* 112, ei Ddyall yn gyflym ac yn *drywanus.*

trywanwr [bôn y f. *trywanaf*: *trywanu*+ -*wr*] *eg.* (b. -*wraig*) ll. -*wyr*, *trywenwyr*. Un sy'n trywanu, gwanwr, hefyd yn *ffig.*: *stabber, piercer, impaler, also fig.*
14g. *GDG*^{3} 205, Saethffrwd aig, *trywanwraig* trai, / Saig nawton a'i sugn atai [i ddymuno boddi'r gŵr eiddig]. **1722** *Llst* 189, *Trywanwr*. m. A piercer, stabber. **1803** *P*, *Trywanwr*, s. m.—pl. *trywanwyr* . . . a transfixer.

trywawd [*try*-^{2}+*gwawd*] *eb.* Trasiedi (drama): *tragedy (drama).*
1875.

trywedd, tryweddaf: tryweddu, gw. **trywydd, trywyddaf: trywyddu.**

trywel^{1}, trŵel, triwel^{2}, &c. [bnth. S. *trowel*] *eg.b.* ll. *tryweli, trywelion, trywelau, trweli, triweli, triwals.* Teclyn llaw bychan ac iddo lafn gwastad ar gyfer gosod a gwasgaru morter, llwy gymrwd, teclyn tebyg â llafn ceugrwm ar gyfer codi planhigion neu bridd, llwyar; rhaw dân: *trowel; fire-shovel.*
1547 *WS*, *Trwel* Trowell. **1604–7** *TW* (*Pen* 228), *truwel* d.g. *Trulla.* **1828** *Geir Pob* 27, *Trowel*, llwy gymmrwd. Ar lafar, '*triwal*', *B* xxiv. 180 (*eb.* ll. *triweli, tryweli*) (Môn); '*triwal*', *WVBD* 546 (*eb.* ll. -*s*); '*Trwel*', *GDD* 311 (*eb.*); '*tr(i)wel*' 'A small shovel for raising ashes from a fire-grate', *LGW* [388]–89 (gogledd-orllewin sir Benf.); '*triwal*', *GTN* 813 (*eg.* ll. -*s*, *triweli*).

trywel^{2}, gw. **try-^{2}+gwêl.**

trywel^{3}, trywelaf: trywelu, gw. **trywydd, trywyddaf: trywyddu.**

tryweledìad [*try*-^{2}+*gweledìad*] *eg.* Persbectif, golygfa: *perspective, view.*
1916.

trywingan, trywlwf, trywodd, tryws, gw. **derwreinyn, trwlwf, trwy^{1}, triws.**

trywsus, trywser, &c. [bnth. S. *trouser(s)*] *eg.* ll. *trywsusau, trywseri, trywsers.* Dilledyn allanol yn ymestyn o'r wasg i'r fferau fel arfer, gan rannu'n ddau i orchuddio'r coesau, clos, llawdr, britsh; nicers: *trousers, breeches; knickers, panties.*
1806. Ar lafar yn gyff., '*trywsus*', *WVBD* 548 (ll. *trywsusa*); '*trwsus*' (y Gogledd); '*trowsus*' (Llan-non, Cered.), '*trowser*' (canolbarth Cered.), *B* xiv. 282; '*trwser*' (gogledd sir Gaerf.); '*trywzuz*' 'a man's trousers', 'a woman's panties', *GTN* 823 (ll. *trywzeri*).
Amr.: **trowdus.** Ar lafar, 'Ma raid bod gotra'ch *trowdus* chi'n 'lyb' (dwyrain Morg.).
Cfn.: **trywser bach:** *knee-length trousers worn by colliers working in warm places.* Ar lafar, *Geir Glo* 131 (gorllewin Morg.). **trywsus bach:** (i) *shorts, short trousers, knickerbockers.* Ar lafar, "Dwi'n cofio 'mrawd wth 'i fodd estalwm pan gafodd o wisgo trwsus hir i'r ysgol yn lle *trwsus bach*' (Arfon). (ii) *knickers, panties.* Ar lafar yn y Gogledd. **trywsus byr = trywsus bach** (i). Ar lafar, *GTN* 823. **trywsus cwta = trywsus bach** (i). Ar lafar, *WVBD* 548. **trywsus (trywser, &c.) dwyn (dwgyd, &c.) afalau:** *plus-fours.* **20g.** Ar lafar, '*trywsus dwyn falau*', *ISF* 74; '*trwsus dygid 'falau*' (sir Drefn.); '*trowser dwgyd 'fale*' (Cered.). **trywsus (trywser, &c.) hir:** *long trousers.* **20g.** Ar lafar yn gyff., '*trywsus 'ir*', *GTN* 823. **trywsus llaes = trywsus hir.** Ar lafar, *WVBD* 548. **trywser mwlsgin (mo(w)lsgin):** *fustian trousers, moleskin trousers.* Ar lafar, "Na'r gwynt casa' gallen ni'i gâl dan ddiar odd *trwser mwlsgin* newydd' (gorllewin Morg.). **trywsus pais:** *smock-frock; knickers.* **1854.** Ar lafar, '*trowsus pais*' 'knickers' (Môn). **trywsus pen-lin (pen-glin, &c.):** *breeches.* **1898.** **trywsus (trywser, &c.) rib(s) (rhip(s), &c.):** *corduroy trousers, ribbed trousers.* **1892.** Ar lafar, '*trowsus rips*' (gorllewin sir Ddinb.); '*trowser rip*', *Cymru* xxxiv. 122 (godre Cered.). **trywsus (trywser, &c.) streip(s):** *pinstripe trousers.* **20g.**

trywydd, trywedd [ffrwyth camrannu *edrywydd, edrywedd*] *eg.b.* ll. *trywyddion, trywyddau.* Aroglau; ôl (creadur a helir), llwybr, sathrfa; hefyd yn *ffig.*; gwybodaeth, newyddion; arwydd, cliw: *scent; trace, trail, track, spoor; also fig.; information, news; sign, clue.*
1547 *WS*, *Trywedd* Sent. **1604–7** *TW* (*Pen* 228), *Trywedh* d.g. *Odor.* **1632** *D*, *Trywedd*, mendosè pro Edrywedd. **1722** *Llst* 189, *Trywedd*, f. The scent of a beast in hunting. **1729** *ML* (Add) 2, bu dda genni gael *trywedd* oddiwrthrych [*sic*], a chrybwylliad o'ch bod mewn iechyd corphorawl. **1778** J. HUGHES: *BB* 319, Mynd yno dros fynydd, oer *drowydd* ar drott. / A galw bir brandi, a berwi hott pott. **18–19g.** *LlrC* 17, 197, *Trywydd*, the sent of a hare, fox &c, also intelligence. Denb. **1803** *P*, *Trywez*, s. m. . . . A trace by scent. *id.* *Trywyz*, s. m.—pl. t. *au* . . . A trace, a scent; intimation. *Trywyz* ceinaç, scent of a hare.
Amr.: **trywel^{3}. 18–19g.** *LlrC* 19, 54, *Trywel*, smell odour. **trywyr^{2}. 1905.** Ar lafar, '*trowyr*', *B* i. 102 (Arfon).
Cfn.: **trywydd archwiliad:** *audit trail.* **20g.** **ar drywydd,** &c., **ar y trywydd,** &c.: *on the scent (of), on the trail (of), in quest (of), in pursuit (of).* **17g.** HUW MORUS: *EC* i. 271, Heb ei chodi i fynu yn fâl, / Hir dreial *ar drywydd.* *id.* ii. 58, Ni welaist oferddyn di derfyn, dydi, / Mor hylwydd *ar drowydd* ynfydrwydd a m'fi. Ar lafar, 'Mi fus i *ar drywydd* ryw hanes diddorol yn y llyfrgell ddoe' (Arfon). Ar lafar, 'y ci *ar y trowyr*', 'mae o *ar* i *drowyr* o', *B* i. 102 (Arfon). **ar y trywydd iawn:** *on the right track, fig.* **20g.** Ar lafar yn gyff., 'Mi ffeindis i o yn diwadd—'ôn i *ar y trywydd iawn* tro 'ma'.

trywyddaf, tryweddaf: trywyddu, tryweddu [bf. o'r e. *trywydd, trywedd*] *bg.a.* Dilyn trywydd, olrhain: *to hunt or track by scent, follow the scent of, trace.*
1803 *P* d.g. *Trywezu, Trywyzu.*
Amr.: **trywelu** [bf. o'r e. *trywel*^{3}]. **18–19g.** *LlrC* 19, 54, *trywelu*. to smell, snuffle &c.

trywyllt, trywyn^{1}, gw. **try-^{2}+gwyllt, gwyn^{2}.**

trywynaf: trywyn^{2}, trywynu, gw. **athrywynaf: athrywyn** (hefyd At.).

trywyngar [?*trywyn*^{1}+-*gar*] *a.* a hefyd gyda grym enwol. Yn peri llawenydd: *causing happiness.*
18–19g. *MA* iii. 274, Tri brodyr cymmodogaeth: cymmwynasgar, *trywyngar*, a chynneddvawl. **1803** *P*, *Trywyngar* . . . Apt to diffuse happiness.

trywyr^{1}, triwyr, tri wŷr [*try*-^{1}, *tri*+*gwŷr*, ff. l. yr e. *gŵr*] *e.ll.* Tri o ddynion; ?triwyriaeth: *three men; ?triumvirate.*
13g. *C* 107. 11–13, Goreu *trywir* inev gulad . . . eithir. ac erthir. ac argad. **13g.** *A* 6. 19, *trywyr* a thri ugeint a thrychant. **14g.** *WM* 463. 12–14, Teir kynedyf a oed ar y *trywyr* hynny. **14g.** *Cylchg LlGC* xxii. 24, tri broder kein aruer kei / tri gwendaỽd *troẏyr* gỽindei [i dri mab]. **15g.** *GO* 333, Od aeth â'm llyfr, maeth moethav kelfyddyd, / I feddwi y 'nhafarnav, / *Trowyr* o'r meddw frodyr mav / Yw mvrnwyr llyfr fy marnav. **15–16g.** *TA* 371, *Trywyr* hwnt o wŷr yw 'r rhain, / A *thrywyr* a thair rhiain. **16g.** (**17g.**) *CRC* 167, Mae o honom ni yma *drowyr* / megis milwyr Arthur. **1588** 1 *Sam* x. 3, yno i'th gyferfydd *try-wŷr* yn myned i fynu at Dduw i Bethel. **1632** *D* d.g. *Triuiritim, Triumviratus.* **1703** E. WYNNE: *BC* 111, wele'r Nefol Gyfiawnder . . . yn dyfod tan scwrsio tri o ddynion . . . dyma *drywyr* parchedig. **1768** W. WILLIAMS: *HTS* d.d., Hanes . . . *Tri Wyr* o Sodom a'r Aipht. **1794** *W*, Un o'r *trywyr* (*triwyr*) cydswydd d.g. *Triumvir.* *id.* llywodraeth y *tri-wyr* yn Rhufain gynt d.g. *Triumvirate.*
Cfn.: **trywyr ar ddeg:** *thirteen men.* **14g.** *WM* 184. 18. *c.* **1400** (*SG*) *HMSS* i. 333.

trywyr^{2}, trywyraeth, trywyriad, trywyriaeth, gw. **trywydd, triwriaeth, triwriad, triwriaeth.**

Tsadwcaid, ff. l., gw. **Sadwcead.**

tsar [bnth. S. *tsar*] *eg.* ll. -*iaid*, -*au*. (Teitl) ymherodr Rwsia gynt, hefyd yn *ffig.*: *tsar, also fig.*
20g.

tshi-, gw. **tsi-.**

tsiacad, tsiacal, gw. **siaced, siacal.**

tsiaen^{1}, siaen, &c. [bnth. S. *chain*] *eb.* ll. *tsieiniau, tsieini, tsiaens.*
(*a*) Cadwyn: *chain.*
c. **1588** *Rhyddiaith Gymraeg* ii. 82, rhoes ef y Gwillem ap Owen arfae Trystan filwr wrth *siayn* o ayr. **18g.** *W Ballads* 155B, 6, A hithe'n 'afiach ffinach ffaen / Ai [*sic*] gallu'n groes a'r [*sic*] golli ei graen / I boche ai [*sic*] gruddie'n ddagre o ddwr / Heb fawl yn siwr fel un wrth *siaen*. Ar lafar, '*tsiaen*', *WVBD* 554 (ll. *tsieinia, tsieini*); "Odd *tsiaen* a chlo ar y glwyd', *GTN* 834 (ll. -*s*); a hefyd am batrwm mewn hosan.
(*b*) Acer, cyfair, erw: *acre.*
Ar lafar, *AGB* 73 (Epynt a Dyffryn Wysg).
Cfn.: **tsiaen aro:** *harrowing-chain.* Ar lafar yn nedwyrain Morg. **tsiaen fachu:** *the chain on the incline (in a slate-quarry).* Ar lafar yn ardaloedd y chwareli llechi, *B* xx. 384. **tsiaen gefn:** *chain supporting a workman on the rock (in a slate-quarry).* Ar lafar yn ardal-

oedd y chwareli llechi. **tsiaen gynffon:** *chain connecting the trace of a horse to the coupling (in a coalmine)*. Ar lafar, 'tsiaen gwnffon', Geir Glo 123 (sir Fflint). **tsiaen watsh:** *watch-chain*. 20g. Ar lafar, GTN 834. **tsiaen weindio = tsiaen fachu.** Ar lafar yn ardaloedd y chwareli llechi, B xx. 384.

tsiaen[2] [bnth. S. *chine*] *eg.b.* Asgwrn cefn mochyn (a'r cig sydd arno): *chine (of pig)*.
Ar lafar (sir Gaerf. a Morg.); 'tshaen gefen', B xiv. 279, (canolbarth Cered.).

tsiaff, tsiaffaf: tsiaffo, tsiain[1,2]**, tsialenj,** gw. siaff[1], siaffaf[1]: siaffo, tsiaen[1,2], sialens[1].

tsiampion, siampion [bnth. S. *champion*] *eg.* a hefyd fel *a.* Pencampwr; ardderchog, gwych, rhagorol: *champion; splendid, excellent, first class.*
16g. (LIEG) Mos 158, 55b, Yn erby/n yr hyn I gwelai Ef vod yr archesgob yn dal megis *tshiamp/on* [sic] dewer [sic]. Ar lafar yn y Gogledd-orllewin, 'Mi neiff hwnna'n *tsiampion*'; 'Sud ŵt ti?' '*Tsiampion*, achan', 'Man nw'n *tsiampion* o fferis'.

tsians, gw. siawns.

tsiansaf, tsiansiaf: tsians(i)o, gw. siawnsiaf: siawnsio.

tsiant, tsiantan, gw. jant, jantach.

tsiap [bnth. S. *chap*] *eg.* (bach. (*t*)*siepyn*) ll. -*s*. Dyn, bachgen, cono, bachan: *chap, fellow.*
1916. Ar lafar yn gyff., 'Hen *jap* iawn 'di Twm'; "Na 'en *siepyn* neis odd 'wnnw' (dwyrain Morg.); hefyd yn y ystyr 'cnaf', 'Hen *jap* ydi o' 'he is a bad fellow', WVBD 554.

tsiapati [bnth. S. *chapatti*] *eg.* ll. -*s*. Math o fara croyw tenau Indiaidd: *chapatti.*
20g.

tsiar, gw. jar.

tsiarff, tsiarffes, gw. jarff.

tsiarjaf, tsiarjiaf: tsiarj(i)o [bnth. S. (*to*) *charge*] *bg.a.* Gofyn neu godi (tâl) fel pris (ar); cyhuddo (o drosedd); ymosod ar ruthr (ar), rhuthro (ar); llwytho (batri, &c.) ag egni trydanol, derbyn a storio egni trydanol (am fatri, &c.): *to charge.*
20g. Ar lafar yn gyff., 'Faint mân' nw'n *tsiarjio* am stafall ddwbwl?', 'Mân' nhw wedi restio fo ond heb 'i *tsiarjio* fo eto', 'Stopiwch *jiarjio* i fyny a lawr y grisia 'na fel'a, blant', 'Cer â'r car rownd y bloc i *tsiarjio*'r batri' (Arfon); 'Tsiarjodd e mywn i'r cyfarfod yn grac i gyd' (sir Gaerf.); hefyd yn y diwydiant glo yn yr ystyr 'gosod powdwr, capan a ffiw[s] yn y twll yn barod i'w ffrwydro', '*tsiarjio*', Geir Glo 83 (sir Gaerf. a Morg.).

tsiarli [bnth. S. taf. *charlie* 'hump on the back'] *eg.* Crwmp: *hump.*
Ar lafar, "Odd *tsiarli* ar 'i gefan a, druan', GTN 834.

tsïars, tsïyrs [bnth. S. *cheers*] *e.ll.* Bloeddiadau o gefnogaeth neu gymeradwyaeth, mynegiant o ddymuniadau da cyn yfed neu ymadael: *cheers.*
1922. Ar lafar yn gyff., "Oddan ni'n cal sbort yn steddfod 'rysgol estalwm—pawb yn gweiddi *tsïyrs* dros y lle' (Arfon); 'Tsïyrs, wela'i di fory'; 'Ar ôl gweddïo cyn bwyd, ma'n frawd i wastod yn codi'i lâs ac yn gweud *tsïyrs* jest i neud mam yn grac' (sir Gaerf.).
Gw. hefyd sir[2].

tsias[1,2]**,** gw. sias[1], sash[2].

tsiat, siat [bnth. S. *chat*] *eb.* ll. *tsiats*. Sgwrs neu ymddiddan anffurfiol: *chat.*
1863. Ar lafar yn gyff., 'Pam na ddoi di draw am *tsiat*?'; 'Fi geso' *tsiat* fach wth y glwyd gyda 'i wth fynd 'ipo', GTN 834.

tsiataf, tsiatiaf: tsiatan, tsiat(i)o [bnth. S. (*to*) *chat*] *bg.a.* Sgwrsio'n anffurfiol: *to chat.*
Ar lafar, 'Ma 'mam wastod yn *tsiato* 'da rywun pan eiff 'i i'r dre' (sir Gaerf.); "Ôn ni'n *tsiatan* man'na a sbortan' (gorllewin Morg.).
Cfn.: **tsiatio i fyny** = *to chat up.* Ar lafar yn gyff., 'Ma 'i'n trio 'i gora i *jiatio* fi *i fyny*'. **tsiato lan = tsiatio i fyny.** Ar lafar yn gyff., 'Fuodd e'n *tsiato* fi *lan* drwy'r nos'.

tsiawns, tsiawnsaf: tsiawnso, tsiawns-

---

ler, gw. siawns, siawnsiaf: siawnsio, siawnsler.

tsiblins[1] [?cf. S. *giblets*] *e.ll.* Perfedd mân a stumog mochyn, yn enw. wedi eu coginio fel bwyd: *chitterlings.*
Ar lafar, 'tshiblins' 'y perfedd mân a'r stumog wedi'u trin a'u berwi ar gyfer gwneud treip . . . chitterlings', Geir Geg 77 (Cered.).

tsiblins[2]**,** gw. silblin.

tsîc [bnth. S. *cheek*] *eg.* a hefyd fel *ebd.* Digywilydd-dra, hyfdra, haerllugrwydd, wyneb: *cheek, cheekiness.*
Ar lafar yn gyff., "Odd mynd yno heb wahoddiad yn dipyn o *jîc*'; 'Ma digon o *tsîc* 'da 'i i ofyn am bethe a dishgwl i rywun arall dalu' (sir Gaerf.).

tsicen, gw. tsicsen.

tsiclyd [*tsîc*+-*lyd*] *a.* Digywilydd, hyf, haerllug: *cheeky.*
20g.

tsico, tsicori, tsicôs, gw. dic (hefyd At.), sicori, jocôs (hefyd At.).

tsicsen, tsicen [bnth. S. *cheek*(*s*)+-*en*] *eb.* Y cig ar wyneb neu ên isaf mochyn: *meat on pig's face or lower jaw.*
Ar lafar, 'tshicsen' 'tshicen' 'gên isaf mochyn i'w halltu', B xiv. 282 (canolbarth Cered.); hefyd yn y ff. jicsen, jitsen (sir Drefn.).

tsiec[1,2]**,** gw. siec[1,2].

Tsiec [bnth. S. *Czech*] *eg.b.* a hefyd fel *a.* Tsieciad; Tsiecaidd: (*a*) *Czech.*
1921.

tsiecad, tsiecaf: tsieco, gw. siaced, sieciaf: siecio.

Tsiecaidd [bnth. S. *Czech*+-*aidd*] *a.* Yn perthyn i drigolion neu iaith y Weriniaeth Tsiec: *Czech (adj.).*
1921.

Tsieceg [bnth. S. *Czech*+-*eg*[1]] *eb.g.* Iaith trigolion y Weriniaeth Tsiec: *Czech (language).*
1921.

Tsieciad [bnth. S. *Czech*+-*iad*[3]] *eg.b.* ll. -*iaid*. Un o drigolion y Weriniaeth Tsiec, brodor o'r Weriniaeth Tsiec, un o dras neu genedligrwydd Tsiecaidd: *a Czech.*
1921.

tsieciaf: tsiecio, gw. sieciaf: siecio.

tsiecmon [?*jac*+-*mon* (At.)] *eg.* ll. -*myn*. Gwerthwr pysgod: *one who sells fish.*
Ar lafar yng ngogledd-ddwyrain Môn, B xxv. 57.

tsiecweiar [bnth. S. *check-weigher*] *eg.* Un sy'n cadarnhau pwysau'r dramiau llawn glo ar ran y glowyr, atalbwyswr: *check-weigher, check-weighman.*
Ar lafar yn y diwydiant glo, 'tsiecweiar' 'gweithiwr a gyflogid gan y glowyr i gadarnhau, ar eu rhan hwythau, bwysau'r dramiau llawn a bwysid yn y tŷ pwyso gan bwyswr y cwmni: talai pob colier geiniog neu ddwy yr wythnos er cyflogi'r tsiecweiar', Geir Glo 23 (sir Gaerf. a Morg.).

tsiecweman [bnth. S. *check-weighman*] *eg.* Tsiecweiar, atalbwyswr: *check-weighman, check-weigher.*
Ar lafar yn y diwydiant glo, 'tsiecweman', Geir Glo 23 (Rhosllannerchrugog).

tsieifs, tsieina, gw. seifys, tsieni.

Tsieinead, Tsinead, Sinead, Sieinead [e.'r wlad *Tsieina*+-*ad*[2], trf. prs.; â'r -*e*- yn y ff. hyn, cf. *Japanead*] *eg.b.* ll. -*eaid*. Un o drigolion Tsieina, brodor o Tsieina, un o dras neu genedligrwydd Tsieineaidd: *Chinaman, a Chinese.*
1852.

Tsieineaidd, Tsineaidd, Sieineaidd, Sineaidd, &c. [e.'r wlad *Tsieina*+-*aidd*; â'r -*e*- yn y ff. hyn, cf. *Japaneaidd*] *a.* Yn perthyn i Tsieina, i'r Tsieineaid, neu i'w hiaith, nodweddiadol o Tsieina neu o'r Tsieineaid: *Chinese (adj.).*
20g.

Tsieineeg, Sineeg, Tsinaeg, Sieineg, &c. [e. wlad *Tsieina*+-*eg*[1]; â'r -*e*- yn y ddwy ff. gyntaf, cf. *Japaneeg*] *eb.g.* Iaith trigolion Tsieina: *the Chinese language.*
1923.

tsieini, gw. tsieni.

Tsieinî [bnth. S. *Chinee*] *eg.b.* ll. -*s*. Tsieinead: *Chinaman, a Chinese.*
Ar lafar yn gyff.

Tsieinïaidd, Tsieinïeg, tsieinj, tsieist, gw. Tsieineaidd, Tsieineeg, tsiênj, jeist.

tsieni, tsini, tsieini, tsieina, &c. [bnth. S. *china*] *eg.* a hefyd fel *a.* Defnydd seramig gwyn (tryleu) a ddefnyddir i wneud llestri, &c., porslen, llestri wedi eu gwneud o'r defnydd hwn; wedi ei wneud o'r defnydd hwn: *china, porcelain; made of china.*
1762 CGC 4, Gwerthwr *Tsini*. Ar lafar yn gyff., 'tsieni', WVBD 554; 'Ma gin i set neis o lestri *tsieina* yn y cwpwr gwydyr' (Arfon); 'Ma fe'n draddodiad erbyn hyn i ddod â rhywbeth o lestri gore mas ar ddy' Sul', 'Ma Dad wastod yn gweud bo' te yn neisach mas o gwpan *tsieina* tene' (sir Gaerf.).

tsiênj, tsieinj [bnth. S. *change*] *e?g.* Newid; diwedd y mislif, tro bywyd: *change; menopause, 'the change'.*
20g. Ar lafar yn gyff., 'Mae o'n *tsiênj* bod allan o'r tŷ' (Arfon); 'Ma newid yn *tsiênj*'; 'Ma fe'n *tsieinj* i dy weld di'n gwishgo rwbeth yn lle du' (sir Gaerf.).
Cfn.: **am tsiênj, am tsieinj:** *for a change.* Ar lafar yn gyff., 'Beth am inni fynd i'r dre amser cinio *am tsiênj*?'; 'Ethon ni i Abertawe i siopa *am tsieinj*' (sir Gaerf.).

tsiêp, siêp, (t)siep [bnth. S. *cheap*] *a.* Rhad; comon: *cheap; common.*
1929-30. Ar lafar yn y Canolbarth a'r De, '(*t*)*shêp* 'rhad', LGW 229; 'Odd y bois yn gwerthu'r blancedi'n *tsiêp*' (gogledd sir Gaerf.); 'Ma'r ffrwythe *tsiepa*' i'w câl yn y farced' (sir Gaerf.); 'Odd yr 'en gwrw'n *siep* ych'wel', "Odd cwrw'n *tsiep* iawn pyr'ny' (gorllewin Morg.); 'Prynu dillad *siep* a neith mond para tacod' (dwyrain Morg.); 'Fe brynws 'i dŷ'n *siêp*', 'Ma golwg *siêp* ar y fenyw ac un *siep* yw 'i', GTN 764.

tsiepyn, gw. tsiap.

tsieran, tsieri(n)s, gw. siris.

tsiern, *eg.* Math o frethyn brown cryf: *kind of strong brown cloth.*
Ar lafar yn y diwydiant glo, 'tsiern' 'defnydd brown cadarn, tebyg i gotwm: prynid tua llathen ar y tro i wneud pocedi yn siwt waith y glôwr', Geir Glo 132 (Rhosllannerchrugog).

tsiesbin, gw. siasbi.

tsiest [bnth. S. *chest*] *eg.b.* ll. -*s*. Cist, coffr; ysgyfaint, bron: *chest, coffer; chest (part of anatomy).*
Ar lafar yn gyff., 'Dwi 'di cal annwyd ar 'yn *tsiest*' (Arfon); 'Tsiest wael sy' 'dag e' (gogledd sir Gaerf.); 'Ma fe'n swno fel bo' annwyd ar y *tsiest* 'da ti', 'Ma'r blancedi i gyd mewn *tsiest* ar wilod y gwely' (sir Gaerf.); 'tsiest' 'bron', GTN 835 (eg.); hefyd yn ffig. ynglŷn â rhywun mawreddog, 'Ma 'dag e *tsiest* dicon mawr' (dwyrain Morg.).

tsiestodrôrs, tsiesta(r)drôrs, tsiestofdrôrs [bnth. S. *chest of drawers*] *eg.* Cist ddroriau, haff-drôrs, cysandrôrs: *chest of drawers.*
20g. Ar lafar yn gyff., 'tsiestofdrôrs' (Arfon); 'tsiest-ardrôrs' (Llŷn); 'tsiestodrôrs' (sir Gaerf.).

tsiêt, siêt [bnth. S. *cheat* 'false shirt front'] *eb.* ll. *tsietiau*, (*t*)*siêts*. Blaen crys ffug, brest wen: *false shirt-front, dicky.*
1894. Ar lafar, 'tsiêt', WVBD 554; 'Flynydda'n ôl, 'odd y dinnon i gyd yn gwishgo crisa gwlenyn a *siêts* ar ben reini 'tasan' nw'n gwishgo colar a thei, acha' dy' Sul, nu 'tasan' nw'n gwishgo i fynd sia Chaerdydd acha' nos Satwn', GTN 764.
Gthg. tsît.

tsietaeth [bôn y f. *tsietaf*: *tsieto*+-*aeth*] *eb.* Twyll: *cheating.*
Ar lafar, 'Ma siŵr o fod *tsietath* witha mwn raffl' (dwyrain Morg.).

tsietaf, tsitaf, sietaf: tsieto, tsito, sieto [bnth. S. (*to*) *cheat*] *bg.a.* Twyllo, cafflo, pilffro: *to cheat, pilfer.*
20g. Ar lafar yn y Canolbarth a'r De, 'Tsitodd e yn 'i egsam a gas e grasfa' (sir Gaerf.); "Sen i'n trial

dy *tsieto* di, 'allen i ddim' (gorllewin Morg.); 'Un i *tsieto* acha' pwysa yw a', *GTN* 835; ''Ôn' nw wedi gallu *sieto* casgennid o gwrw wth fynd â 'i'n rwydd o'r stordy i'r bæd', *id.* 764.

tsiff, tsiff, tsiffad, tsiffynêr, gw. **siff, jiff** (At.), **siffad, siffonïar.**

tsilblen, gw. **silblin.**

tsili [bnth. S. *chilli*] *eg.* ll. *-s.* Coden fechan o'r pupur *Capsicum annuum longum* ac iddi flas poeth iawn; powdr blasuso wedi ei wneud drwy sychu a malu'r codau hyn; math o stiw sydd fel arfer yn cynnwys cig, wynwyns, a ffa, ac a flasusir â tsili: *chilli; chilli powder; chilli (con carne).*

20g. Ar lafar yn gyff., 'Fydda' i'n trial câl yr hade i gyd mas o'r *tsili* cyn 'i dorri fe lan', ''Fi'n lico reis 'da *tsili* bob tro' (sir Gaerf.).

tsiligabŵd, tsils, gw. **siligabŵd, siâl**[1].

tsimpansî, simpansî [bnth. S. *chimpanzee*] *eg.* ll. *tsimpansïaid, (t)simpansîs. Swol.* Epa o'r tylwyth *Pan* a'i gynefin yn fforestydd gorllewin a chanolbarth Affrica: *chimpanzee.*

20g.

tsina, Tsinaeg, Tsinead, Tsineaidd, tsini, gw. **tsieni, Tsieineeg, Tsieinead, Tsieineaidd, tsieni.**

tsintsila, sinsila [bnth. S. *chinchilla*] *eg.* ll. *-s.* Cnofil ac iddo ffwr llwyd meddal o'r tylwyth *Chinchilla* a'i gynefin yn ne America: *chinchilla.*

20g.

tsio, gw. **joe** (hefyd At.).

tsioc[1], **sioc**[3] [bnth. S. *chock(-full)*] *a.* Mor llawn â phosibl: *chock(-full).*

Ar lafar, 'Llanwch y crochon yn *tshoc*', *LlGC* 1174, 34; '*tsioc*' 'yn llawn i'r ymyl, chockful' (dwyrain Morg.).

tsioc[2] [bnth. S. *chock*] *eg.* Bloc o bren a ddefnyddir i atal rhywbeth rhag symud, postyn a ddefnyddir i gynnal y nenfwd (mewn gwaith glo): *chock.*

Ar lafar yn y diwydiant glo yn yr ystyr 'darn o bren a roddid o dan y ffas mewn man y buwyd eisoes yn holo ynddo, er mwyn cadw'r glo rhag disgyn nes y byddid wedi holo ar hyd gweddill y ffas', *Geir Glo* 74 (dwyrain Morg.); a hefyd yn yr ystyr 'un o nifer o byst tua thair troedfedd o hyd a roddid yn drefnus ar draws ei gilydd i gynnal y top yn y ffas', *id.* 69 (sir Ddinb. a sir Ffl.).

tsiôc, gw. **sialc.**

tsiocled, tsioclet, gw. **siocled.**

tsioe, tsioi(en), gw. **joe.**

tsiop [bnth. S. *chop*] *eb.* (bach. *-en*) ll. *tsiops* (un. b. *-en*). Sleisen dew o gig, fel arfer yn cynnwys asen, golwyth: *chop.*

1933. Ar lafar yn gyff., 'Tyd â *tsiopan* ne ddwy o'r bwtsiar imi' (Arfon); 'Ddoth mam â dwy *tsiopsen* ifi echdoe'; ''Sdim lot o gig ar y *tsiop* 'ma' (sir Gaerf.); 'Ma gin' i gwpwl o *tsiops* i ginno 'fory', 'Fi finnas ddwy *tsiopan* o gig ôn gin y bwtsiwr 'eddi', *GTN* 835.

tsiopaf: tsiopo, tsiopen, gw. **tsiopiaf: tsiopio, tsiop.**

tsiopiaf, tsiopaf: tsiop(i)o [bnth. S. (*to*) *chop*] *ba.* Torri (yn fân) gydag offeryn miniog, hollti; ?dabio: *to chop; ?dab.*

[1761] *GGJ* 22, gan daro neu *Jopio* eich Brwsh wrtho [ffrâm] fel yr elo'n well ir lleoedd holw ar [*sic*] gwaith Cerfiedig. Ar lafar yn gyff., '*Tsiopia*'r coed tân 'na fyny ifi' (Arfon); 'Ma isie *tsiopo*'r winwns yn fân cyn 'u ffrio nw' (sir Gaerf.).

tsiops[1] [bnth. S. *chops* 'jaws'] *e.ll.* Ceg, safn, genau, bochau: *chops, mouth, jaws, cheeks.*

Ar lafar yn gyff., ''Odd e wastod yn gwiddi ar y dosbarth i gyd i gied 'u *tsiops*' (sir Gaerf.).

tsiops[2], gw. **tsiop.**

tsiopsaf: tsiopsan [bf. o'r e. *tsiops*[1]] *bg.* Clebran, cloncian: *to chatter, prattle.*

Ar lafar, ''Odd athro hanes yr ysgol yn gweud wrthon ni i bido *tsiopsan* pan odd e moyn tawelwch' (sir Gaerf.); 'Ma myniwod wastod yn *tsiopsan*' (dwyrain Morg.).

tsiopsen, tsiouen, gw. **tsiop, joe.**

tsip [bnth. S. *chip*] *eb.g.* (bach. b. *-en*) ll. *tsips* (un. b. *-en*). Ysglodyn (tatws): (*potato*) *chip.*

20g. Ar lafar yn gyff., 'Fydda' i'n licio *tsipsan* ne ddwy hefo becyn ac wy' (Arfon); ''Gymi di *jips*?' (Llŷn); 'Ma 'mrawd wastod yn dod i ddwyn *tsip* ne ddou o 'mhlat pan 'dyw e ddim wir isie bwyd', 'Ma fe'n rwyddach mynd i ôl pacyn o *tsips* pan ych chi ddim isie cwca', 'Pan y' fi'n neud *tsips* yn y ffwrn ma un *tsipsen* wastod yn cwmpo i'r fflame'n y cefen' (sir Gaerf.); *GTN* 835.

Cfn.: **tsip ar ysgwydd:** *chip on one's shoulder.* Ar lafar yn gyff., 'Ma gynno fo *tsip ar 'i ysgwydd* es pan gath o'i siomi' (Arfon); 'Ma 'da fe *tsip ar 'i ysgwydd* achos 'gath e ddim y cyfle i fynd i'r coleg' (sir Gaerf.).

tsipaf: tsipo, tsipen, gw. **tsipiaf: tsipio, tsip.**

tsipiaf, tsipaf: tsip(i)o [bnth. S. (*to*) *chip*] *bg.a.* Torri neu golli darn bach (oddi wrth): *to chip.*

Ar lafar yn gyff., 'Gwmpes i ar yr hewl a *tsipo*'n ddant' (sir Gaerf.); 'Ma'r ddisgyl 'yn wedi *tsipo*, ma pishyn mæs o'i 'ymyl 'i', *GTN* 835.

tsipings, (t)sipins [bnth. S. *chippings*] *e.ll.* Darnau mân o garreg: *chippings.*

Ar lafar yn gyff., 'Ma'r *tsipings* ar yr 'ewl 'di crafu'r car' (sir Gaerf.).

tsipsen, tsirins, gw. **tsip, siris.**

tsît [bnth. S. *cheat*] *eg.* ll. *-s.* Twyllwr, caffflwr: *cheat (person).*

Ar lafar yn gyff., ''Ti'n rêl *tsît*, 'sti' (sir Gaern.); 'Hen *tsîts* yw'r politisians 'ma i gyd' (sir Gaerf.).

Gthg. **tsiêt.**

tsita [bnth. S. *cheetah*] *eg.* ll. *-od. Swol.* Math o gath frech fain sy'n gallu rhedeg yn gyflym iawn, llewpard hela, *Acinonyx jubatus*: *cheetah.*

20g. Ar lafar.

tsitaf: tsito, gw. **tsietaf: tsieto.**

tsitw, tsiw, gw. **jitw, joe** (hefyd At.).

tsiwawa, siwawa [bnth. S. *chihuahua*] *eg.* ll. *-s. Swol.* Math o gi bychan llyfnflew (o Fecsico yn wr.) ac iddo lygaid mawr: *chihuahua.*

20g.

tsiwps, tsiwpsaf: tsiwpsan, tsïyrs, gw. **siwps, siwpsaf: siwpso, tsïars.**

tsiyrt, siert (*y*≡ ə) [bnth. S. *chert*] *eg. Drg.* Cornfaen: *chert.*

Ar lafar yn ardaloedd y chwareli llechi yn' y ff. *tsiyrt*, *B* xx. 384.

tu [Crn. C. *tu*, Llyd. C. a Diw. *tu*, H. Wydd. *toib*, Gwydd. C. *tóeb*, Gwydd. Diw. *taobh*: < Clt. **toibo-*] *eg.?b.* a hefyd fel *ardd.*

(*a*) Ochr, ymyl; un o ddau arwyneb (papur, &c.); hanner fertigol neu ran sydd ar y dde neu'r chwith, ystlys; cyfeiriad: *side, edge; one of two sides (of paper, &c.); (left or right) side, flank; direction.*

12g. *GMB* 72, Bum o *du* gwledic yn lleithigaỽc. **12g.** *GCBM* i. 258, Gorwytaỽr tuthuaỽr *tu* hir gleisson. **13g.** *LlI* 59, Ac os o'r enys hon yd hanuydant ny deleant trygyau en un lle e *tu* hun e Glaud Offa. **13g.** *DB* 65, Y *tu* a vo y'r lleuat kyuerbyn a'r heul, hwnnw a oleuhaa; a'r *tu* y urth yr heul, hwnnw a vyd tywyll. **14g.** *T* 78. 7, fflemychaỽt hirell *ty* [*sic*] uch hafren. *c.* **1400** *R* 1240. 21, tra uu *tu* to haearn. *c.* **1585** G. ROBERT: *DC* [xxxii], a r llythyren A. y *tu* cyntaf i r dhalen: a r B. yr ail *tu* iddei. **1632** *D*, *Tu*, Latus, eris. *id. Tu* 'r llaw asswy d.g. *Sinistrorsum.* **1803** *P.* Ar lafar yn gyff., 'y *tu* odd i lawr allan', *WVBD* 557; *GTN* 794.

(*b*) Ardal, bro, parth, lle: *area, district, region, place.*

9g. (*MC*) *VVB* 201, patupinnac, gl. *quocumque.* **12–13g.** *GMB* 390, *Tu* y bỽyf y bo dy ganmaỽl. **12–13g.** *GLlLl* 123, Maỽr deyrn kedyrn kydgyurannueur / Ac aryant ym pob *tu.* **13g.** *GDB* 417, Aerddrud tud, o'r *tu* pan geffy / Erddrwg, ys teilwg os tely. **14g.** *YBH* 49a, Oy a iosian py *du* yd aethost ti. *c.* **1400** *R* 1038. 33–4, a llawer o bell *tu.* **15g.** *B* iv. 319, Tawed ef uwch *tu* Dyfi. **1753** *TR*, *Tu* . . . a part. **1803** *P.*

(*c*) Safbwynt, agwedd (at fywyd, &c.); plaid, ochr; cwmni (o bobl); llinach neu fam): *point of view, attitude (to &c.); party, side; company (of peo (father's or mother's) side, lineage.*

12g. *GLlF* 426, Kymhenreith gyfreith, gobeitl *tu.* **15g.** *GO* 101, *Tu* gwrol at y goron, / *Tu*'r yw'r tyrav o Vôn. *id.* 111, Deffro wynt, *du* Ffria [*sic*], / A blaen trinwayw, blant Rronwenn. Gw. l y *Cfn.*

Fel *ardd.* Yn ymyl, wrth, ger, yng nghy iau; tua, at ymyl: *beside, next to, near, i vicinity of; toward(s), to the side of.*

12g. *GMB* 153, A bytin a bedraỽd *tu* eglwys 200, Bid ewynaỽc tonn *tu* Porth Wygyr. **12g.** *G* i. 224, Gwiraỽd Ywein llary, llawen—yd rotir / tir *tu* Hafren. *id.* ii. 305, Kyfreid oet y'm plei y'm plegyd—uod / Kyfragod dyuod *tu* uyg gw **12–13g.** *GLlLl* 5, Ef gwnaeth *tu* Penntraeth penn —calanet. *id.* 53, *Tu* goror halluor holles—ysgw **13g.** *A* 7. 14, ac o du gwasgar gwanec *tu* b *c.* **1400** *R* 1041. 12, Taỽel awel *tu* hirglyỽ.

Cfn. (sylwer bod dau rediad isod, sef (*y*) *tu* . *o'r tu . . .*): **tu â,** gw. *tua.* **tu acw i:** *beyond, the othe of.* **15g.** *GGl*[2] 121. **tu ag,** gw. *tua.* **(y) tu allan (i):** *the) outside (of).* **1567** *TN* 38a, glanewch *y tu all* cwpan. **1588** *Lef* xxiv. 23, hwynt a ddugasant ŷ cabludd i'*r tu allan i*'r gwerssyll. **1604–7** *TW* 228), *y tu alhan* yr mordhwyt d.g. *Femur.* **16** JONES: *TG* 190, efe ddichon *y tu allan* fod yn la a'r tu fewn yn llawn pydredd. **1768** TWM O'R N *CTh* 19, Rhaid cael gywn brith ac ystaes ar frŷ gwŷchu'*r tu allan* peth bynag fo'r Crys. **1778** *W allan i, Y tu allan* d.g. *Out-side, the outside, outward.* Ar lafar yn y Gogledd a gogledd C 'Wela' i di *tu allan i*'r swyddfa am chwech'. **y tu (i):** (*on*) *the other side (of), also fig.* **13g.** *LlI* 4 ryghyll en seuyll tra cheuen e kegaus, a'r pleyt a *tu arall e*'r ford. *id.* 86, Os y neyll tu yd ard . . . a ardho *y tu arall*, xv. pob bluydyn a tal. **14g.** 230, *y tu arall* y kerdant rac eu bodi or dvfyr o en pilatus. *c.* **1400** *YCM*[2] 172, *y tu arall y*'r march. *tu arall y* Ron. **1677** R. JONES: *BB* 141, na tha ymaith eich iechydwriaeth wrth waith . . . ff gwatwar, nes i chwi glywed *y tu arall.* **168** HUGHES: *TSP* 92, gan edrych yn ofalus y tu a'*r tu arall.* **1773** J. ROBERTS: *GY*, Poplys, Pren t a'i Ddail, yn wynion y naill du a duon *y tu aral.* **tu asw(y) (asau) (i):** ((*on*) *the*) *left side (of).* **13g** 59, *E tu assw idaw*, Aquilo a Boreas. *c.* **1400** *Y* 33, A neidyaw a oruc Rolant ar *y tu asseu* *c.* **1400** *Études* viii. 80, Y sanguis a vyd yn y tu d . . . a'r malencoli yn *y tu assw* dan yr splenn [*sic*]. *Med H* 60, arfe bendi . . . a elwir velly achos i val palis ar osgo yn estyn o'r tu dehau i'r arfau *asswy.* **1588** *Deut* v. cs., Rhaid yw na phwyser, n y tu dehau, nac ar *y tu asswy* oddi wrth orchymyr Duw. **1775** *W*, *y tu asswy* d.g. *Left Adj. . . . The lef* **tu a thâl:** *standard (?rectangular) plot (of land), h plot.* **13g.** *LlI* 49, Ket barner ydau dyuot e'r ty kychuyn e gur a oed en e ulaen eno erdau o caffael *tu a thal* ydau en er un lle. **13g.** *D Col* deruyd y'r braut adeylat emlaen e llall, ny dyly kechwynu o'r lle ed adeyllus, namyn talu *tu a* am y lle hunnu. Sef ev *tu a thal* can e neyll estl tyr y bo ef arnau en eyste a can y tal. *Dchr.* **14** ii. 210, Or gỽna mab hynaf adeilat ar tref a [*sic* koret neu uelin neu peirant lle ny bo tydyn y nac achub kynn no hynny; ny ellir y yrru o namyn rodi *tu athal* ymdanaỽ or neill tu idaỽ n neill tal. *c.* **1401** *id.* 380, achael ohonunt ỽynt *athal* y gantaỽ ef dros y tir hỽnnỽ. **(y) tu blaen (** **(i):** *in front (of), (the) front (of).* **1567** *TN* [2 tynnu at yr hyn 'sy *y tu* geyr bron [:– *blaen*]. **16** *TW* (*Pen* 228), *y tu blaen* yr bola ar ystlyseû *Hypochondria.* **1632** *D*, *Tu blaen* d.g. *Frons, fr Sinciput. id. Y tu blaen* d.g. *Iugulum.* Ar lafar yn ''Odd y cefn yn llawn ond 'doedd 'na neb isi yn *y tu blaen*'; 'Mae fe *tu flaen* y drws' (sir Be 'Ma isia trwsio *tu flæn* y tŷ cwrdd', *GTN* 794. **cefn (i):** *behind, also fig.; (the) back; past.* **1547** Gar *y tu kefyn* ir glin Hamme. **1567** *TN* [295b], wng dros gof hyn 'sy *y tu cefn* [:– ol]. **1632** *D*, *cefn i*'r ysgwyddau d.g. *Scapula.* **1768** W. WILLI *HTS* 26, Pawb *y tu cefn i*'r goruwchwiliwr fel wyneb. **1773** *W*, Rhoi llefnyn . . . o blwm gwyn *cefn* drŷch d.g. *To foliate* [*lay on the foil on a loo glass, &c.*]. **1798** *WR*, *y tu cefn* d.g. *Behind.* **(clytaf (cletaf):** *leeward (side), sheltered side (of a &c.); (the) best side, (the) winning side.* **20g.** Ar yn y Gogledd, 'Rhaid iddo fo gael *tu clyta*'r clav M. WILIAM: *DY* 77 (Môn); 'dewis *y tu clet* clawdd', *WVBD* 557. **tu chwith:** *upside down; i out, reverse or wrong side out; reverse side, wrong left side; also fig.* **20g.** Mae *Tu Chwith* yn enw c grawn (1993–). **tu chwith allan:** *inside out, reve wrong side out; on the reverse or wrong side; als* **1929.** Ar lafar yn y Gogledd-ddwyrain a'r Canolb *LGW* 459. **(y) tu chwith i fyny:** *upside down.* **185 chwith maes:** *inside out, reverse or wrong side out.* lafar, *LGW* 459. **tu chwith ymlaen:** *back to front.* lafar (Cered.). **(y) tu chwithig:** *inside out, rever*

wrong side out; reverse side, wrong side. 19–20g. Ar lafar, ''Dwi 'di rhoid 'y nghardigan amdana' *tu chwithig*' (Arfon). **tu chwithig allan:** *inside out, reverse or wrong side out, also fig.* 20g. Ar lafar, *WVBD* 333. **tu chwyneb,** gw. *tu wyneb.* **(y) tu chwyneb allan,** gw. *tu wyneb allan.* **tu dalen,** gw. *tudalen.* **(y) tu deau (i):** *((on) the) right side (of).* 13g. *Cylchg LlGC* v. 60, ar *tu deheu* idav o vlaen e droet hyt emlaen e law. c. 1400 *Études* viii. 80, Y sanguis a vyd yn *y tu deheu* . . . a'r malencoli yn y tu assw dan yr splenn [*sic*]. 1567 *TN* 168a, Bwriwch allan y rhwyt *y tu deheu* i'r llong. 1588 *Deut* v. cs., Rhaid yw na phwyser, nac ar *y tu dehau*, nac ar y tu asswy oddi wrth orchymynnion Duw. 1588 1 *Sam* xxvii. 10, yn erbyn *tu dehau* yr Ierameeliaid. 1632 *D, y tu deau* d.g. *Dextera.* **tu dethau (allan):** *right side out.* Ar lafar, 'troi rwbath *tu detha allan*', *WVBD* 557. **y tu dieithr i:** *the outside of.* c. 1400 *MM* 140, kymer *y tu dieithyr y* risc yr helic. **tu dolen,** gw. *tudalen.* **(y) tu draw (i):** *beyond, ((on) the) other side (of), also fig.* 13g. *Études* ii. 46, *e tu draw y* Eurdonen. 14g. *WM* td. 214. 3–4, Dos ti . . . *yr tu trao* yr ystavell. 1620 *Marc* iv. 35, Awn trosodd i'r *tu draw.* 1632 *D, y tu draw* d.g. *Trans, Vltrà.* c. 1762–79 W. Williams: *P* 608, rhyfel . . . fu yn achos mawr o golli holl ardaloedd Lloegr *tu draw i'r* môr. Ar lafar, *WVBD* 557. **(y) tu draw i'r bedd:** *the beyond, beyond the veil.* 1839. **(y) tu draw i'r llen** = **y tu draw i'r bedd.** 1790 T. Jones: *TOS* v, [p]letheu sylweddol a pharhaus y byd mawr *tu draw i'r llenn.* **tu dwyrain:** *on the east side of, to the east of.* 1620 *Jos* iv. 19, yn Gilgal, yn eithaf *tu dwyrain* Iericho. **y tu gwrthwyneb (i):** *the other side (of), the reverse side (of).* 1588 *Lef* xiii. 55, ffrettiad yw efe yn ei lwmder yn y tu wyneb, neu yn ei lwmder yn *y tu gwrthwyneb.* 1600 *Cy* xxvii. 124, *y tu gwrthwyneb ir* mynydh hwnnt. **(y) tu gwrthwyneb allan:** *inside out, reverse or wrong side out.* 1604–7 *TW* (*Pen* 228), Troat *y tu gwrthwyneb allan* d.g. *Inuersio.* 1632 *D,* [y] *tu gwrthwyneb allan* d.g. *Replico.* **y tu hwn i:** *this side of.* 13g. *LlI* 59, ny deleant trygyau en un lle *e tu hun e* Glaud Offa. **(y) tu hw(y)nt (i):** (i) *beyond, ((on) the) other side (of), also fig.* c. 1400 *DB* 45, *y tu hwnt y* hynny parth a'r gorllewin y mae y mor rewedic ac oeruel tragywyd. 1567 *TN* [105b], Nad elom *y tyhwnt* [:– dros] in galwedigaeth. 1672 J. Langford: *HDdD* 147, [c]readuriaid sydd yn myned *tu hwynt* o lawer *i* ddŷn mewn nerth a chyflymder. 1724 S. Williams: *ADA* 141, rhai sy'n gwneuthur y Byd yn gartref iddynt, sy . . . hêb ddim rhagddarpar neu gyfran *y tu hwnt i'r* bêdd. 1770 *W* d.g. *Beyond* [*on the farther side, over*], *On the other* [*farther*] *side of, Out-* [*in Composition*]. Ar lafar, '*tu hwynt* (*i*)' 'beyond', *WVBD* 557; 'Ma 'wnna *tu 'wnt i* fi' 'that's beyond me', *GTN* 794; clywir hefyd y ff. *tu siwnt i* yn y bygythiad, 'Os nei di 'wnna 'to, fi æ i *tu siwnt i* ti 'ngwasi!', *ib.* (ii) *very, extremely.* 1908. Ar lafar, 'Mai'n dwim *tihwnt*', *TGG* (1907–8) 77 (de-orllewin sir Gaerf.). **tu hw(y)nt i ddim:** *above all; beyond anything.* 1688 S. Hughes: *TSP* 272, *tu hwnt i ddim* [:– yn bennaf dim]. 1722 T. Evans: *PS* 115, *tu hwynt i ddim* a ddychymygant hwy. 1759 J. Evans: *PF* 15. **tu hwnt i fesur,** gw. *mesur*[1]. **y tu i wrth:** *the side not facing, the reverse side from.* 13g. *DB* 65, Y tu a vo y'r lleuat kyuerbyn a'r heul, hwnnw a oleuhaa; a'r *tu y urth* yr heul, hwnnw a vyd tywyll. **tu isaf (i):** *below.* 1703 E. Wynne: *BC* 84, Myfi yw'r Angel a'th waredodd *tu isa i* Gastell Belial. 1716–18 *Llsgr R. Morris* 138, *tu isa ir* fawr agendor. Ar lafar, 'Mae Ela'n byw *tu isaf inni*', 'Lawr *tu isaf* 'Soswallt yna' (sir Drefn.). **(y) tu faes (i), tu maes:** *((on) the) outside.* 1672 R. Prichard: *Gw* 21, Drwg tu fewn, a drwg *tu fâs* [:– Tu Allan]. c. 1762–79 W. Williams: *P* 151, y dydd y bo'r arwyl, neu angladd, bŷdd pil o goed wedi ei osod yn bedwar onglog, *tu faes i'r* dref. 1771 *PDPh* 54, chwydd . . . y tu fewn neu *tu faes i* asgwrn y glin flaen. 1803 *P, Tuvaes,* s. m. . . . An outside. a. Outside. prep. On the outside. adv. Outward. Ar lafar yn y De, 'Paid â sefyll *tu fas* yn yr oerni', ''Wi wedi golchi tu fywn y ffenestri a ma isie neud *y tu fas* 'fyd' (sir Gaerf.). **(y) tu mewn (fewn, &c.) (i):** *((on) the) inside (of), within.* 15g. *Med H* 12, o eithavoedd y knawd *i'r tu mewn* ir corff. 1588 *Ecclus* xxi. 17, *Tu mewn* y ffôl sydd fel llestr twn. 1604–7 *TW* (*Pen* 228), annogaethwr *tû mewn* d.g. *Instinctus.* 1683 J. Jones: *TG* 190, efe ddichon y tu allan fod yn lan . . . a'r *tu fewn* yn llawn pydredd. 1721 E. Pugh: *AC* vii, tri oi blant . . . a fuant feirw *ty* [*sic*] *fewn i'r* un mis. 1770 *TG* iv. 9, naw milltir o gwmpas *tu fewn i'r* caerau. 1773 I. Lewis: *EG* 15, yr Enedigaeth newydd, neu Ffurfiad Crist *tu fewn.* 1775 *W, Y tu mewn* d.g. *Inside, or the inside.* 1790–1 H. Jones: *T* 58, Cymmer ofal i fod dy *du-fewn,* a'th tu-allan, yn cyfatteb i'w gilydd. Ar lafar, '*Tu mewn* fyddwn ni'n cal y barbyciw os daw 'i'n law' (Arfon); 'Ma *tu fywn* y got 'ma'n dwllc i gyd' (sir Gaerf.); hefyd yn y ff. *t'wn,* ''Ôn i *t'wn i* bump llæth o'r lle', *GTN* 826. **y tu fewn allan:** *inside out.* 1759 J. Evans: *PF* 35, Piliwch felyn-groen Orange yn deneu. Gwnewch ef yn Rholiau *a'r tu fewn allan,* a rhoddwch ûn ymhob Ffroen. **tu fewn maes:** *inside out, reverse or wrong side out.* Ar lafar, '*tu fewn mas*' (Llanwrtyd, Brych.). **tu fewn tu faes:** *inside and out; inside out, reverse or wrong side out.* 1672 R. Prichard: *Gw* 115, Nid oes mann ar Gorph yn Christion, / *Tu fewn, tu faes,* yn oed y Galon, / Na fyn Duw ei lwyr Gyssegru. Ar lafar yn y De, *LGW* 459. **tu mewnol, tu fewnol,** gw. *tufewnol.* **y tu min:** *the sharp edge or side, also fig.* 1908. Ar lafar, *WVBD* 374. **y tu ('n)ôl (i):** *behind, at the back (of); the back.* 13g. *DB* 75, megys e mae e llew a'e angerd e tu racdau ac en llei y nerth *y tu ol.* c. 1400 *MM* 84, gôna ohônnô deissenneu, a gossot ôynt yn *y tu ol y*r dyn. 16g. *Mos* 113, 60, Regardant y gelwir pann fo ef ynn troi i benn dros i gefn tü ar *tü ol* y ddisgwyl. 1588 *Eseia* xxxviii. 17, ti a deflaist fy holl bechodau *tu ôl i*'th gefn. 1632 *D, y tu ôl i'r* penn d.g. *Occipitium.* 1776 H. Jones: *GC* 82, Mynd *ty* [*sic*] *nôl ir* Cowntar yn hawddgar fy hûn. Ar lafar yn gyff., 'Mae o *tu 'nôl i* chi' 'it is behind you', *WVBD* 557; 'Danial chi odd yn cario *tu nôl* yn yr anglodd', 'Man' nw'n ishta *tu ôl inni* yn y cwrdd', *GTN* 794. **tu ('n)ôl ymlaen:** *back to front.* Ar lafar yn y Gogledd, 'Wisgish i 'nhisiyrt *tu 'nôl ymlaen*'. **(y) tu rhag (rhog):** *in front of, before.* 13g. *DB* 75, megys e mae e llew a'e angerd *e tu racdau* ac en llei y nerth y tu ol. 14g. *LlB* 61, Os twyllvorwyn a geffir heb wat, y chrys a torrir *tu rocdi* a'e thrachefyn. *id.* 117. 15g. *GLGC* 389, Edn dof *tu rhagof* i Rys / fûm innau drwy'r famynys. **tu'r dre:** *portion of the river Teifi fished by the third net.* Ar lafar, *Folk Life* ix. 41 (Cilgerran). **(y) tu uchaf (i):** *above, (on) the upper side (of), also fig.* 1703 E. Wynne: *BC* 9, f' a'm cippiodd i 'mhell bell *tu ucha* 'r Castell. *id.* 117, Gadawsoch Baradwys ar y llaw chwîth *tu ucha i'r* Mynyddoedd frŷ. 1712 T. Williams: *CDdG* 11, Mae'n derchafu ein meddyliau *tûchaf ir* [*sic*] byd. 1740 T. Evans: *DPO* 344, *Y tu uchaf* o'r olwyn ydoedd lawn o bigau haiarn. Ar lafar, '*tu uchaf* Llanfyllin', 'Fyny yn *tu ucha*' wrth y capel', 'Mi fuase *tu uchaf* gneud rywbeth fel 'na' (sir Drefn.). **tu untu:** *in succession.* 14g. *DPh* 28, yr ymladasant petwar ugeint niwarnawt peunyd *duuntu* (*continuis*) yn vawrurydys. 1661 E. Lewis: *Drex* 184, pe byddei i mi ei ddioddef gant o flynyddoedd *tunty.* 1696 *CDD* [3], nid oedd odid o ddau bennill *tuntu* ynddŷnt yn Gymraeg cywir, nac mewn Cynghanedd. **(y) tu wyneb:** *(the) right side, face, front.* 1588 *Lef* xiii. 55, ffrettiad yw efe yn ei lwmder yn *y tu wyneb,* neu yn ei lwmder yn y tu gwrthwyneb. 1768 W. Williams: *HTS* 26, Pawb y tu cefn i'r goruwchwiliwr fel ei *du wyneb.* Ar lafar, '*tu chwynab*' (Arfon). **(y) tu wyneb allan:** *inside out, reverse or wrong side out, also fig.* 20g. Ar lafar, '[*y*] *tu chwynab allan*', *LGW* 459 (Môn, Arfon, a Llŷn). **(y) tu yma(n) (i):** *(on) this side (of).* 13g. *LlDW* 64. 11–12, ny dylyant trygau yn un lle *y tu yma y* glaud offa. 14g. *YCM*[2] 48, *y tu yman y* Vor Rud. 15–16g. *TA* 154, Tirionaf print, ar wyneb, / Tomasîn, *tu yma i* Siêb. 1632 *D, y tu yma* d.g. *Huc.* 1688 S. Hughes: *TSP* 92, gan edrych yn ofalus *y tu yma,* a'r tu arall. 1724 S. Williams: *ADA* 141, rhai sy'n gwneuthur y Byd yn gartref iddynt, sy a'u Nefoedd *y tu yma i'r* Nefoedd. 1778 *W, Y . . . tu yma i* d.g. *On this* [*the hither*] *side of.* 1803 *P, Tu yma,* this side. **ar du, ar y tu:** (i) *beside, on the side of; on the . . . side, toward(s).* 13g. *GDB* 256, A'r llinin ar dynn *ar du* kelein. 14–15g. *IGE*[2] 303, Pwy ei henw, ni'm difenwir, / Bedydd, *ar du* gwerydd dir (Rhys Goch Eryri). 1567 *TN* [397b], Ar barth y Dwyrein yr oedd tri phorth, ac *ar du* y Gogledd tri phorth, ac *ar tu* [*sic*] y Dehey tri phorth, ac *ar y tu* Gorllewyn tri phorth. (ii) *on one's side (in battle, &c.).* 1567 *TN* 232a, A's yw Duw *ar* ein *tu* [:– gyd a ni, ar ein plaid], pwy all vot in herbyn. 1620 1 *Mac* xi. 39, Yr oedd vn Tryphon hefyd yr hwn a fuasei *ar du* Alexander o'r blaen. 1632 *D,* hwn ni ddywedo mo'i feddwl allan ond a gerddo at y blaid y byddo *ar* ei *thu* d.g. *Pedarius.* 1751 *GIA* 164, Un ni wrendi [*sic*] ar y neb sy *ar du* yr Escobion. 1778 J. Hughes: *BB* 254, Mae gwŷr *ar du* 'r gwann, / Drwy draian y llann. **o du:** (i) *(from) beside, on, from, or to the side of, near.* 12g. *GMB* 72, Bum *o du* gwledic yn lleithigaôc. 12g. *GLlF* 16, Kedwyr *o du* myr, *o du* morlann—uchel / . . . / *O du* llanô a llif a llef dylann. 12g. *GCBM* i. 169, Ac *o du* gwaedlafyn gwaedlif. 13g. *C* 90. 1, Ottid eiry *odv* riv. Ar lafar, ''Dyw 'i byth yn ddæ 'i gweld 'i'n ola *o du'r* môr. Arwdd glaw yw 'ynny', *GTN* 794. (ii) *on one's (mother's, father's, &c.) side.* 16g. Huw Arwystl: *Gw* 85, gwaed gwrdd a godai gerddawr / *o dvch* mam yw dachav mawr. 17g. Huw Morus: *EC* i. 58, Daionus fu dy eni, / *O du* dau daid da dy di; / Da dy naws, *o du* dwy nain, / Da, duwiol, dy dad Owain. 1704 E. Samuel: *BA* 78, Yno y cafodd ef Timotheus yr hwn *o dŷ* [*sic*] ei dad oedd Roegwr. 1776 *W, o du'r* fam d.g. *By the mother's side.* **o'r tu acw:** *on the other side.* 1620 *Esec* xl. 21, A'i stafelloedd ef oedd dair o'r tu ymma, a thair *o'r tu accw.* **o'r tu allan (i):** *outside; from without.* 14g. *BT* 161, *or tu allan* yr oed saethydyon ac albrysswyr yn bwrw ergydyeu. 1632 *D, o'r tu allan* d.g. *Extrinsecus, Foris.* 1751 *GIA* xiv, nid yw hwn accw ond y cyntedd *o'r tu allan ir* [*sic*] nefoedd. **o'r tu arall:** *from the other side; on the other side; on the other hand.* 14g. *YBH* 29b, *or tu arall* ef a welei mordôyt y varch ac droet wedy rybiliaô hyt yr esgyrn. c. 1400 *Ked AA* 10, Chwedyl Amic ynteu, *o'r tu arall,* vu y dyuot yn rith Amlyn parth a llys y brenhin. 1567 *TN* 102b, ef [offeiriad] aeth heibiaw *o'r tu arall.* 1615 R. Smyth: *GB* 32, y fanvv . . . sy'n nyddu ydafedd i vvneythyr maglau, a'r gvvrryvv *o 'r tu arall,* sy 'n hela lliniaeth iddynt. 1632 *D, o'r tu arall* d.g. *In aduersum, Retrò.* 1800 J. Rees: *DFG* 9, Yr oedd ein harglwydd Iesu . . . o dymmer siriol, a Ioan [Fedyddiwr], *o'r tu arall,* o dymmer ac ymddygiad dranerwin [*sic*]. **o'r tu aswy:** *on the left hand side.* 1632 *D* d.g. *Sinistrà.* **o'r tu blaen (i):** *from the front; in front.* 1588 *Ecs* xxxix. 18, deu-penn y ddwy gadwyn a roddasant mewn dau foglyn: ac ai [*sic*] gosodasant ar ysgwyddau yr Ephod *o'r tu blaen.* 1632 *D, o'r tu blaen* d.g. *Anticus.* 1684 H. Owen: *DC* 395, Mae arwydd Croes Christ gantho *o'r tublaen* [*sic*] *iddo* ac o'r tuol [*sic*]. **o'r tu bron i:** *in front of.* 16g. (*LlEG*) *Mos* 158, 124a, A chynnal I gow/nne yn y gaiad *or ttubron vddunt*. 1611 *B* iv. 336, ac ni veiddiodd hi ddyfod *or tu bronn iddo* vo, namyn myned or tu kefn. **o'r tu cefn (i):** *(from) behind, on or at the back (of).* 16g. (*LlEG*) *Mos* 158, 645b, *orttu keuyn* y vo ai trewis Ef ariben. 1551 W. Salesbury: *KLl* lxxixb, ac a savadd wrth eu [*sic*] draet *or tu cefyn iddo* yn wylo. 1632 *D, o'r tu cefn* d.g. *Posticus, Retrò.* 1703 E. Wynne: *BC* 95, a phôb llyfrgwn cenfigennus a anafant fyth *o'r tu cefn.* 1770 *W, o'r tu cefn* d.g. *Behind.* **o'r tu deau (i):** *on the right (hand) side (of), to the right (of).* 1346 *LlA* 88, llunyer y tat. yny gogled *or tu deheu yr* tat. llunyer ymab. 16g. *B* xviii. 313, gosod trauers . . . ynn y kwir *o'r tu dehau i'r* allor vawr. 1761 *ML* ii. 370, Mae'n dda gennyf yn fy nghalon weled eich bod yn gallu sgrifennu gan fod y parlys wedi eich cymeryd *o'r tu deau.* **o'r tu draw (i):** *(from) beyond, (from) the other side (of).* 14g. *WM* 466. 9–10, Meibon llwch llawwynnyawc *or tu draw y* uor terwyn. c. 1400 *R* 1043. 25, *or tu draw y* dygen. 15g. *GO* 183, Y'r tad y'w roi *o'r tv draw.* 1740 T. Evans: *DPO* 56, Sawdwyr . . . yn gwilied i gadw pawb allan *o'r tu draw.* **o'r tu dwyrain i, o du'r dwyrain i:** *on the east side of, east of.* 1588 *Gen* iii. 24, *o'r tu dwyrain i* ardd Eden. 1588 *Jos* iv. 19, *odu'r* [*sic*] *dwyrain i* Iericho. **o'r tu gogleddig i:** *on the north side of, north of.* 1728 T. Baddy: *DDG* 59, yngoror Galilee, *O'r tu Gogleddig i* ba un y mae Rhestr o Fynyddoedd a elwir Lebanon. **o'r tu gorllewin i:** *on the west side of, west of.* 16g. (*LlEG*) *Mos* 158, 352b, fennestyr o wydyr . . . ynn y talken *or tu gorll*[*e*]*win Ir* Eglwys. *id.* 531a. **o'r tu gwrthwyneb:** *on the other hand.* 1670 J. Hughes: *AP* 197, Ac *o'r tu gwrthwyneb,* os gwelant hwy gyflawni yr holl Ceremoniau hynny yn y trefn a'r modd y dylid. **o'r tu hwn i:** *on this side of.* c. 1400 *R* 1225. 30–1, *or tu hwnn yr* mor. *Dchr.* 15g. *GSCyf* 115, A fu *o'r tu hwn i* fôr / Catel well ei secutor (Llywelyn ab y Moel)? **o'r tu hwnnw i:** *on that side of.* 16g. (*LlEG*) *Mos* 158, 405a, ynn y gwleddyd [*sic*] *or tu hwnw ir* mor. **o'r tu hw(y)nt (i):** *(from) beyond, (from or on) the other side (of).* c. 1400 *DB* 45, *O'r tu hwnt y* Ethiopia y mae lleooed [*sic*] mawr diffeith rac tragwres yr heul. 1588 *Neh* ii. 7, y tywysogion *o'r tu hwynt i'r* afon. 1632 *D, o'r tu hwnt i* d.g. *Transmarinus, Transmontanus.* 1778 *W, o'r . . . tu hwnt i* d.g. *On the other* [*farther*] *side of.* **o'r tu isaf i:** *below, under.* 1722 S. Rhydderch: *Alm* [15], torrwch hac a Chyllell *o'r tu isa i'r* Gynffon. **o'r tu maes, o'r tu faes (i):** *(on the) outside (of).* c. 1400 *YSG* i. 51, ef a ostyngawd ar dal y linyeu *o'r tu vaes y'r* drws. 15g. *FfBO* 42, Bara tec vydei *o'r tu vaes idaw,* a gwineu o'r tu vywn. c. 1730 *Thos. Lloyd D* (LlGC) 166b, *o'r tu maes* . . . On the outside. **o'r tu mewn (mywn, fewn, fywn) (i):** *(from or on the) inside (of), from within.* 15g. *FfBO* 42, Bara tec vydei o'r tu vaes idaw, a gwineu *o'r tu vywn.* *id.* 50, *O'r tu mywn y'r* palis hwnnw y mae mynyd. 1632 J. Davies: *LlR* 240, ymae efe bob amser yn cael ei boeni *o'r tu mewn iddo.* 1656 (1745) *MLl* ii. 180, O's ydŷch yn canfod pa Fôdd y mae Pren y Bywŷd *o'r tu fewn i'r* Rhisglyn, a'r Galon *o'r tú fewn i'r* Pren. 1775 *W, O'r tu mewn* d.g. *Inside, or the inside . . . On the inside, Intrinsic, or intrinsical.* **o'r tu ôl (i):** *(from) behind.* 1604–7 *TW* (*Pen* 228), *or tu ol y, or tu ol* d.g. *posticus, Retro.* 1684 H. Owen: *DC* 395, Mae arwydd Croes Christ gantho o'r tublaen [*sic*] iddo ac *o'r tuol* [*sic*]. **o'r tu rhag:** *in front of, before.* 13g. *LlI* 100, kayer er yscuboryeu . . . en kyn gadarnhet ac y bo teyr bangor ar y llogeyl a phleyt ar y drus: try ruym ar y pleyt, deu ar y guegyl ac un *o'r tu recdy.* c. 1400 *YCM*[2] 55, [llurig] a llun ederyn odidawc ar y choler *o'r tu racdei.* c. 1400 *YSG* i. 58, yny losges y daryan a'e luryc *o'r tu racdaw* oll. **o'r tu uchaf i:** *above.* 1759 J. Evans: *PF* 27, Ffiledwch [:– Troi o amgylch a Gardysau yn eu llêd] y Breichiau yn dynnion *o'r tu ucha i'r* Pen-elin. **o'r tu yma(n) (i):** *on this side (of).* 14g. *YBH* 21b, mi ae hurdeis ddoe *or tu yma y* damascyl. 15g. *GLGC* 292, Syr Tomas *o'r tu yman / i* dyrau Iorc aed â'i ran. 1620 *Esec* xl. 21, A'i stafelloedd ef oedd dair *o'r tu ymma,* a thair o'r tu accw. 1632 *D, O'r tu ym(m)a* d.g. *Cis, Citrà.* 1703 E. Wynne: *BC* 68, nad oes *o'r tu yma* 'r un [brenin] ond fy Hunan. 1736 S. Rhydderch: *Alm* [14], *or tu yma i'r* Penrhyn neu'r Morben. [1783] *W, o'r . . . tu yma i* d.g. *On this* [*the hither*] *side of.*

tua, y tua, (y) tuag [(*y*[1])+*tu*+*â*[6], *ag*[3]] *ardd.*

(*a*) I gyfeiriad, yn wynebu, at, i; o gwmpas, o amgylch; mewn perthynas â: *towards, facing, in the direction of, to; around; in relation to.*

12g. *LL* 272, Finis illius est Cecyn irallt ipenn

iclaud *tú há* tâl arhit bron iralt. **13g.** *B* ix. 145, paub er caryat crist en bryssyav *e tu ar* egluys. *id.* x. 28, Ac enteu a gyrchus e mor e gerdet *e tu ac* alexandria. **1346** *LlA* 125, Deɩɩis ti heb ef ae mynet *tu* athɩɩlat ae trigyaɩɩ yma yn gɩɩassanaethu duɩɩ. **14g.** *GDG*³ 386, O frys haf a fwriais i, / Fry oedd, parth â'r fro eiddi, / Tawel fryd uwch y tywyn, / *Tua* lle 'dd oedd; twyllai ddyn. *c.* **1400** *[RB] WM* 205. 36–206. 2, Aphan edrychassant *tu ar* twryf. nachaf was melyngoch ieuanc. *id.* 217. 15–17, Dyuot a oruc y marchaɩɩc *tu* arlle ydoed arthur. *c.* **1400** *ChO* 8, A phan daruu y wled, pawb a aethant *tu a'e* kartrefoed. *c.* **1400** *GP* 2, A chyfryw sillaf a honno a elwir penngamledyf, kanys penngamu a wna un o'r bogalyeit *tu a'r* llall. *Dchr.* **15g.** *B* vii. 371, or mod hwnn y dyly offeiryat ymdyborthi *tu a* phechadur. **15g.** *FfBO* 47, Odyna *y tu a'r* dwyrein y kerdeis. **1545** ELIS GRUFFYDD: *Ll* 2, mur a vo *tua'r* dehau j gaffell [*sic*] gwres yr haul. **1547** *WS* [v], bellach i nessau *tu ar* peth kyfreitiaf a chyssonaf yngan a sonio am tanaw yn y vangre hon. **16g.** *LBS* iv. 412, maint y chariad ai heglürder *tü a* phaub. **1604–7** *TW* (*Pen* 228), *Tuag* yma d.g. *Horsum.* **1703** E. WYNNE: *BC* 9–10, Stryd groes arall . . . yn mynd rhagddi uwch uwch *tu a'r* Dwyrein. **1794** *W* d.g. *Toward or towards* [*in a direction to*]. **1803** *P.* Ar lafar, "Llnewch *tua'r* tân' 'clean up the hearth', *WVBD* 557; hefyd gyda be. yn yr ystyr 'ar fin', '*tua* phrynu mochyn', *ib.*; yn sir Benf. a'r De yn y ff. *sia(g)*, *GDD* 280, *GTN* 759; hefyd ym Morg. yn yr ystyr 'gyda', 'Ma fa'n caru *sia* ryw ferch o Ben-tyrch', 'Cera i wilia *sia* fa, bachan', *id.* 760; hefyd yn y ff. *tag* ym Morg., cf. RH. IFANS: *SR* 127, Wrth ddŵad *tag* yma / Nos heno ['Cân y Fari Lwyd'].

(*b*) O amgylch, o gwmpas, oddeutu, ynghylch (ynghyd â rhif, amser, cyfnod, &c.): (*round*) *about, circa, approximately* (*together with a number, time, period, &c.*).

14g. *WM* 28. 22–3, a*thu ar* pylgeint deffroi. **1545** ELIS GRUFFYDD: *Ll* 26–7, a'r haad yn dechre ymddangos *tua'r* amser j adduedu. **1770** *W* d.g. *About* [*prep.*]. Ar lafar, '*tua* 'Dolig', 'am *tua* blwyddyn', *WVBD* 557; "Wela'i ti *tua* chwech o'r gloch' (Arfon); 'Dim ond *sia* pymtheg odd yn y cwrdd bore 'ma' (sir Gaerf.).

Cfn.: **tuag adre(f):** *homewards.* **1716** T. EVANS: *DPO* 73. **1718** M. WILLIAMS: *P* 17. **1790** T. JONES: *TOS* 188. **tuag allan:** *outwards.* **1778** *W* d.g. *Outward, or outwards, Adv.* **tuag at:** *towards, to; concerning.* **14g.** *GGll* 12. *c.* **1400** *ChO* 18. **1547** *WS*, *Tu ac at* Towardes. **1551** W. SALESBURY: *KLl* vib. **1604–7** *TW* (*Pen* 228) d.g. *Versus, præpos.* *Dchr.* **17g.** *J* 10, 157a, *Tu ag at.* concerning. **1803** *P* d.g. *Tuagat.* Ar lafar, 'Mynd *siag at* Garffili odd a pyn gwelas i fa', *GTN* 759. **tuag at am:** *concerning, with regard to, for.* **1551** W. SALESBURY: *KLl* lviiib, *Tv ac at am* petheu yspritawl (vtoder) ny vynnwn y chwi anwybot. **1567** G. ROBERT: *GC* 75. **1604–7** *TW* (*Pen* 228) d.g. *Quod, Coniunct.* **1733** J. OWEN: *TBG* 49, y mae yr hôll eneidjau yn eiddo ef *tu ag at am* eu dechreuad a'u hysefylljad. **1772** *W* d.g. *Concerning* [*about, of, relating or with relation to*]. **tuag i fyny:** *upwards; heavenwards.* **1604–7** *TW* (*Pen* 228) d.g. *Sursum, Versus, aduerb.* **1632** *D* d.g. *Deinsuper, Reduncus.* **1703** E. WYNNE: *BC* 8, mi a riddfenais ryw ochenaid *tuac i fynu* am faddeuant a help. **1768** J. ROBERTS: *R* 4, [Rh]ifo yn y Cwrr isaf ar y Llaw Ddehau, *tuag i fynu.* **tuag i wa(e)red,** &c.: *downwards.* **1567** *LlGG* [xxvii], cyfeiria dy lygat *tu ac y waeret* o ywrthei, yn y ddelych yn vnion ar gyfor y prif. **1604–7** *TW* (*Pen* 228), mynet *tuag y weret* d.g. *perileucus.* **1632** *D*, addfain *tu ac i wared* d.g. *Turbinatus.* **1699** T. JONES: *TP* 75, yn pwŷso *tuag i wared.* **tuag i mewn (i fewn):** *inwards.* **1604–7** *TW* (*Pen* 228), *tuag ymewn* d.g. *Introrsum.* **tuag i lawr:** *downwards.* **20g. tua thref:** *homewards. Diw.* **16g.** *LBS* iv. 378. **1740** *ML* i. 36. **1774** *W* d.g. *Homeward.* **1793** M. J. RHYS: *CA* 14. Ar lafar, 'Fe æth *sia thre* bothdu saith o'r gloch', *GTN* 809. Digwydd yn e.'r fferm *Bwlch-tua-thre*, pl. Treflys, Brych. **tuag ymlaen:** *forwards.* **20g. tuag yn ôl:** *backwards.* **20g.**

tuad, gw. **duad**² (hefyd At.).

tuaf¹**: tuo** [bf. o'r e. *tu*] *bg.a.* Tueddu, gogwyddo, ochri, pwyso tuag at; cyfeirio: *to tend, incline, side, lean towards; direct.*

a. **1587** *Y* 107, Pen fwyf i yn y gwiail / Tithav, fardd, ai tua'th fail. / *Tuo* a wnawn at iawn ôl, / *Tvi* erthwch at wrthôl. **1604–7** *TW* (*Pen* 228), *Tuo* d.g. *Vergo.* **1803** *P*, *Tuaw* . . . To form a side; to side.

tuaf²**: tuo** [?bnth. S. (*to*) *tow*] *ba.* Tynnu neu lusgo (cerbyd, cwch, &c.) drwy ddefnyddio rhaff, cadwyn, &c., towio: *to tow* (*vehicle, boat, &c.*).

1939. Ar lafar, '*tuo* cwch tu ôl y car', *ISF* 75.

tuag, gw. **tua.**

tubost, tybost [*tu*+*post*¹; a'i ddehongli'n ddiweddarach fel *tŷ*+*post*¹, cf. *tulath, tylath*] *eg.* ll. *tubyst, tybyst.* Post ochr adeilad (yn y cyfreithiau Cymreig), colofn: *side post of a building* (*in the Welsh laws*), *column.*

13g. *LTWL* 151, Pro quolibet istorum, scilicet, columpne, bance hyemalys domus, et ystepheleu, et amhynyauc, et trothyw, et gorsyn, et *tuphyst* [*sic*], et dor . . . iiii^{or} denarii legales. **14g.** *LlB* 95, Gwerth gayafty: o bop fforch a gynnhalyo y nenbrenn, vgeint yw . . . gordrysseu, *tubyst*, doreu, pedeir keinnawc kyureith a tal pob vn o hynny. **15g.** *LHDd* 40, Gordrysseu. *Typyst.* **1604–7** *TW* (*Pen* 228), *Tûybost.* K[yfreith] H[owel] d.g. *Columna.* **1632** *D*, *Tybost* d.g. *Columna.* **1803** *P*, *Tybost*, s. m. . . . A house-post.

tuch [bôn y f. *tuchaf, tuchiaf*: *tuchan, tuchial*] *eg.* Grwgnach, cwyn, och, griddfan; rhoch; peswch ysgafn, y weithred o garthu'r gwddf: *grumble, complaint, moan, groan; grunt; light cough, a clearing of the throat.*

1803 *P*, *Tûç*, s. m. . . . A grunt, a grumble, a groan. Ar lafar; hefyd yn y ff. *tych* (*y*≡*ə*), 'Ma ryw *dych* bach 'da ti o 'yd ar ôl câl yr annwyd 'na' (sir Gaerf.); "Odd a'n llawn *tych* fel arfadd' (dwyrain Morg.).

tuchaf, tuchiaf: tuchan, tuchial [?cf. *uchenaid*, a'r ystyr 'gwawdio; dychan' dan ddyl. yr e. *dychan*, &c.] *bg.* a'r be. *tuchan* hefyd fel *eg.b.* ll. *-au.* Grwgnach, cwyno, ochain, griddfan, ceintach, murmur; ochneidio, dyhefod, rhochian; gwawdio: *to grumble, complain, moan, groan, mutter, murmur; sigh, pant, grunt; mock.*

14g. *GDG*³ 245, Ni byddwn allan hyd nos, / Ni *thuchwn* ond o'th achos. **14–15g.** *GGll* 96, A doedai, f'enaid ydoedd, / Drwy *duchan*, dyn wiwlan oedd, / 'Clo nid rhaid gof i'w gofain' (Gruffydd Llwyd). **1547** *WS*, *Tuchan* Wayle. **1588** *Salm* lv. 2, Gwrando arnaf ac erglyw fi, cŵynfan yr ydwyf yn fyng-weddi, a *thuchan.* **16–17g.** *HG* 36, niffryderwn ddim odduw / yny byw ni throan / a ffen doddon vel y kwyr / ymay yn rhy hwyr yn *dychan.* **1604–7** *TW* (*Pen* 228), dan wichio a *thuchan* d.g. *Repugnanter.* **1632** *D*, *Tuchan.* Plangere, gemere. **1661** E. LEWIS: *Drex* 37, heb gysgu na chau mo'i lygaid un amser ond ucheneidio a *thuchan* o rhan [*sic*] dolur o'i ben. **1722** *Llst* 189, *Tuchan* (ver) To . . . grieve, complain, murmure, repine. **1790** T. JONES: *TOS* 265, Y rhiw a barodd i ti *duchan* a chwythu y trô cyntaf 'r aethost i fynu. **1803** *P* d.g. *Tuçan.* Ar lafar, '*tuchan*' 'to groan, e.g. of some one in pain, or raising a great weight' 'to grumble', *WVBD* 557; '*Tuchial*' 'Groaning', *GDD* 312; 'Pwna di a fi *dycha*' i!' 'sylw direidus pan fo dau yn ymroi i wneud gwaith trwm', *GTN* 829; hefyd ym Morg. yn yr ystyr 'gwawdio', "Os gin' ti ddim lle i *dychan* ar neb', *ib.*

Fel *e.* Grwgnach, cwyn, griddfan, och, murmur; ochenaid, dyhefod, rhoch; peswch ysgafn; dychan: *grumble, complaint, groan, moan, murmur; sighing, panting, grunt; light cough; satire.*

14g. *YBH* 60b, A thrannoeth y bore pan doeth gweisson boɩɩn yr ystabyl ac na welsant y march. maɩɩr oed eu hofyn ac eu *tuchan.* **14g.** *B* xiv. 270, Ny chlywir kwynuan neb onadunt yr aur honn val y gnotteynt. nac vn *duchan* na deigyr ar eu grud ny welir nae ol. **14g.** *WM* 230. 35–7, Affan vo digriffaf genhyt y gerd ti a glywy *tuchan* achɩɩynuan maɩɩr. **1567** *TN* 350a, Na wnewch ddim *tuchan* [:– rwgnach, gwyth] yn erbyn y gilidd, fymrodyr, val na bo barn arnoch. **1588** *Ecs* xvi. 7, cewch weled gogo[ni]ant yr Arglwydd, am iddo glywed eich *tuchan* chwi yn erbyn yr Arglwydd. *c.* **1720** *Gwaseila* 460, Ewch yn rhill i gwt yr hwch / A chenwch eich *tuchanau.* **1722** *Llst* 189, *Tuchan* (sub) m. A complaint, groaning. **1770** P. WILLIAMS: *BS*, *Nu* xi, Yr ydym yn mynych ddarllain am *duchanau* meibion Israel, megis pan oedd yr Aiphtiaid yn ymlid ar eu hol. **1772** *W* d.g. *Complaint or moan, Murmur* [*a complaint mumblingly expressed*]. **1803** *P.* Ar lafar, 'Beth yw'r 'oll *dychan* 'yn 'wi'n glŵad!', *GTN* 829; hefyd yn yr ystyr 'peswch ysgafn', 'Fe gei di lwnc tost ar ôl yr 'oll *dychan* 'ma' (sir Gaerf.).

Amr.: **tuchain. 1599 (1677)** R. HOLLAND: *AB* 5, 36. **tychu.** Ar lafar yn yr ystyr 'to malinger', 'Peth afnadw yw bod yn briod o rŵun sy'n *tychu*'n dost o 'yd o 'yd', *GTN* 829.

tuchanaf: tuchanu [bf. o'r be. neu'r e. *tuchan*] *bg.* Grwgnach, cwyno, ochain, griddfan, ceintach, murmur; ochneidio, dyhefod, rhochian; gwawdio: *to grumble, complain, moan, groan, mutter, murmur; sigh, pant, grunt; mock.*

1588 *Ecs* xvii. 3, A'r bobl a sychedodd yno am ddwfr, a *thuchanodd* y bobl yn erbyn Moses. **1606** E. JAMES: *Hom* iii. 261, nid ymescusodedd hi am ei bod yn feichiog fawr . . . ac ni *thuchanodd* hi o blegid hŷd a maithied [*sic*] y daith o Nazareth i Bethlehem. **1803** *P.*

tuchanfa [*tuchan*+*-fa, ma*] *eb.* Griddfaniad, och, ochenaid: *groan, moan, sigh.*

1701 E. WYNNE: *RBS* 104, os grwgnachwn ni o rann hyn ni allwn y *duchanfa* nesaf gwynfan eisieu gwneuthur o Dduw ni yn Angylion neu yn Sêr. **1785** E. BARNES: *MH* 62, A dull alarus amlwg ei golwg wyla'r gwaed, / A phob *tuchanfa* hefyd mor oerllyd tra parhaed.

tuchangar [*tuchan*+*-gar*] *a.* a hefyd gyda grym enwol. Grwgnachlyd, griddfanllyd, yn ochain: *grumbling, groaning, moaning.*

17g. HUW MORUS: *EC* ii. 344, Hael ac ufuddgar fu Duw ar y ddaear / I'r dall a'r *tuchan-gar*, neu fyddar afiâch.

tuchangerdd [*tuchan*+*cerdd*¹] *eb.* ?Dychangerdd: *satire.*

1863.

tuchaniad [bôn y f. *tuchanaf*: *tuchanu*+*-iad*¹] *eg.* ll. *-au.* Y weithred o duchan, grwgnachiad, achwyniad, griddfaniad; ochenaid, rhochiad: *a grumbling, complaining, groaning; sighing, grunting.*

1790 TWM O'R NANT: *GG* 94, Ond tra f'ont beunydd yn dderbyniol, / O ffrwyth Degymmau, maent yn canmol; / . . . / A chan eu bod hwy mor anffyddlon, / A'u *tuchaniad*, / Mewn tyn fwriad maent yn feirwon. **1803** *P*, *Tuçaniad*, s. m. . . . A grunting, a groaning.

tuchanllyd [*tuchan*+*-llyd*] *a.* Grwgnachlyd, cwynfanllyd, achwyngar, ceintachlyd, griddfanllyd, murmurog; ochneidiol; ?yn peri achwyn: *grumbling, complaining, querulous, groaning, murmuring; sighing; ?causing complaint.*

16–17g. *DCR* 186, Velly ar droiad / . . . / y bydd dy ddiweddiad / ai wrantv. / drwy angav *twchanllyd* / ni vynn moi vogelyd / er maint vo/r/ golyd // ai gelv. **1604–7** *TW* (*Pen* 228), ederyn *tuchanlhyt*, wylofus d.g. *Vlula.* *Dchr.* **17g.** *T Ch* 60, O [Troelus] truan *tuchanllyd*, / mae tynged ytt i ddwyn penyd; / pes gwydde dy veistres dy ofyd / nid oes vodd nas trugarhae wrthyd. **1632** *D*, *Tuchanllyd*, Gemebundus. *id.* Gofyn yn *duchanllyd* d.g. *Imploro.* **1722** *Llst* 189, *Tuchanllyd.* Repining, full of complaint, murmuring. **1723** WM: *PGG* 107, ond os trŷ ef [Iesu] oddiwrthynt . . . maent yn myned naill ai yn anfodlonus ac yn *duchanllyd* ne yn llwrf ac yn ddigalon. **1753** D. JONES: *SD* 138, Ond d'wedent mewn *tuchanllyd* wedd, / 'Ein hunig wledd yw Manna: / 'Ni's mynnwn hwn, y bara gwael; / 'Cig rhaid in' gael i'w fwytta. **1772** *W* d.g. *Complaining, or apt to complain, Grumbling.* **1777** W. WILLIAMS: *DN* 14, Y mae priodi yn gwneud dynion . . . yn fwy *tychanllyd*; ac yn fynych yn llai defnyddiol yn yr eglwys. **1803** *P.*

tuchanol [*tuchan*+*-ol*] *a.*

(*a*) Grwgnachlyd, cwynfanllyd; yn rhochian: *grumbling, complaining; grunting.*

1803 *P*, *Tuçanawl* . . . Grunting, grumbling.

(*b*) Dychanol, gwatwarus: *satirical, mocking.*

1849.

tuchanrwydd [*tuchan*+*-rwydd*] *eg.* Grwgnachrwydd, achwyniad, griddfaniad, murmur: *a grumbling, complaining, groaning, murmuring.*

1779 M. WILLIAMS: *BM* 38, mi debygaf fod *tychanrwydd* ac anfoddlondeb yn magu ymhlith y cyffredin [*sic*] Bobl.

tuchanus [*tuchan*+*-us*] *a.* Grwgnachlyd, cwynfanllyd: *grumbling, complaining.*

1803 *P.*

tuchanwr [bôn y f. *tuchanaf*: *tuchanu*+*-wr*] *eg.* ll. *-wyr.* Un sy'n tuchan, grwgnachwr, cwynwr, griddfanwr, murmurwr: *grumbler, complainer, groaner, mutterer.*

1588 *Nu* xi. 1, A'r bobl fel *tuchanwŷr* oeddynt flin ynghlustiau yr Arglwydd, a chlywodd yr Arglwydd hyn, ai [*sic*] ddig a enynnodd. *Dchr.* **17g.** *J* 10, 157b, *Tuchanwr.* Plorator. **1740** T. EVANS: *DPO* 293, hynny a barodd i Ioan . . . amddiffyn Cynheiliaeth y Gwyr llen yn erbyn y *Tuchanwyr* crintach y rhai oedd yn cenfigennu ac yn grwgnach wrth eu llwyddiant. **1772** *W* d.g. *Complainer.* **1791** GW. MECHAIN: *Rh* 99, Nid wyf fi etto wedi boddloni meddwl y *tuchanwr*, sydd yn sibrwd anfoddlonrwydd. **1803** *P.*

tuchiaf: tuchial, gw. **tuchaf: tuchan.**

tuchwithdod [*tu chwith+-dod*] *eg.* Gwrthdroad: *reversal (of order), inversion.*
1931.

tud [Crn. C. a Diw. *tus*, Llyd. C. *tut*, Llyd. Diw. *tud*, e. duw Gal. *Teutates*, H. Wydd. *túath*: < IE. **teutā-* 'pobl, llwyth', cf. Osgeg *touto*, H. Uchel Alm. *diot(a)*] *eg.* ac yn eithriadol *eb.* ll. *-(i)au*, *-oedd*, *-edd.* Pobl, llwyth, cenedl, teulu; gwlad, tiriogaeth, bro, ardal, teyrnas; tir, daear: *people, tribe, nation, family; country, territory, district, region, kingdom; land, earth.*
12g. *GLlF* 64, Maredud gardgud, gerdgor—gynniuyat / A vu dat y *dut* yor. **12g.** *GCBM* i. 21, Mab Brochuael bronn hael haỽl orned, / Gorpu nef yn Eiuyonyd *duded.* **13g.** *GDB* 483, Am far trwm tramawr goffeion, / Am fod yn eu *tud* hwy alltudion. **13g.** *A* 4. 8–9, pan dyvu dutvwlch *dut* nerthyd. *id.* 12. 16–17, o garchar anwar daear em duc. o gyvle angheu o anghar *dut.* **14g.** *T* 56. 19–20, ny nodes na maes na choedyd *tut* achles dy ormes [diwyg.] pan dyuyd. **14g.** *GDG*[3] 195, Ni'm lladdo rhyfel gelyn, / O'm lluddyud i *dud* y dyn. *c.* **1400** *R* 1205. 36–7, Dwc heb lyssyant duỽ dec y blasseu. wyr ydedwr [*sic*] mawr eur y *dudyeu.* **15g.** *GGl*[2] 35, Yfory i'w dŷ a'i *dud*, / A heddiw y'm gwahoddid. **1547** *WS*, *Tud* dayar Erthe. **1604–7** *TW* (*Pen* 228) d.g. *Fundus, Solum.* **1632** *D*, *Tûd*, Terra. **1703** E. WYNNE: *BC* 80, Chychwi Drafaelwyr Môr a *Thud*, / A'r Byd i gyd a'i gyrreu. **1773** *W* d.g. *Earth* [*land, not water*], *Land* [*opposed to sea or water*]. **1803** *P*, *Tûd*, s. m.—pl. t. *oz* . . . a surface; a region; a district.

tudalen [*tu+dalen*] *eg.b.* ll. *-nau.* Un ochr i ddalen (llyfr, &c.), hefyd yn *ffig.*: *(book, &c.) page, also fig.*
1567 *TN* d.d., y mae pop gair a dybiwyt y vot yn andeallus . . . wedy ei noti ai eglurhau ar 'ledemyl y *tu dalen* gydrychiol [*sic*]. *a.* **1587** *Y* 202, Cronicl ych iachav crinion / A roes i chwi'r wersiach hon. / Dod eilwaith, tro *dvdalen* / O'th lafur hir a'th lyfr hên. **1632** *D*, *Tu dalen* llyfr d.g. *Pagina.* **1699–1700** E. LHUYD: *SH* 45, dheg o dhalennæ a *thŷ dalen.* **1768** J. ROBERTS: *R* 21, Cymmerwch y Cyfarwyddiadau, sydd yn 8 fed [*sic*] *tu Dalen.* **1778** J. HUGHES: *BB* 136, Mae 'r nos yn yr wybren, yn t'wllu 'r ffurfafen, / Na welwn *du dalen* ein dyled. **1778** *W* d.g. *Page* [*one side of the leaf of a book*]. **1803** *P*, *Tudalen*, s. m. . . . A side of a leaf, a page. Ar lafar yn gyff., ''Odd a'n troi *tudalenna* llifyr', *GTN* 795 (*eg.*).
Amr.: **tudolen** [*tu+dolen*[2]]. **1604–7** *TW* (*Pen* 228) d.g. *pagina.* **1681** T. JONES: *Alm* [15]. **1683** *LlP* 60b, Yn y *Tu dolen* cyntaf o'r Llaw gron. Ar lafar, '*tudolen*', *WVBD* 557 (*eb.*).
Cfn.: **tudalen teitl (deitl):** *title-page.* **20g.** **tudalen (g)weili:** *blank page, endpaper, flyleaf.* **20g.**

tudaleniad [bôn y f. *tudalennaf*: *tudalennu* +*-iad*[1]] *eg.* Y weithred o dudalennu, y rhif(au) a osodir ar dudalen(nau): *pagination, a paging.*
1803 *P*, *Tudaleniad*, s. m. . . . A paging.

tudalennaf: tudalennu [bf. o'r e. *tudalen*] *bg.a.* Gosod rhifau mewn trefn ar dudalennau (llyfr, &c.): *to paginate (book, &c.).*
1803 *P* d.g. *Tudalenu.*

tudalennaid [*tudalen+-aid*[1]] *eg.b.* ll. *tudaleneidiau.* Llond tudalen, cynnwys tudalen: *pageful.*
1863.

tudalennog [*tudalen+-og*] *a.* Ac iddo dudalen(nau), yn perthyn i dudalen(nau); wedi ei dudalennu: *paginal; paged.*
1778 *W* d.g. *Paginal* [*of, or belonging to, a page in a book; &c.*]. **1803** *P* d.g. *Tudalenawg.*

tudalennol [*tudalen+-ol*] *a.* Yn perthyn i dudalen(nau), ac iddo dudalen(nau); o un tudalen i'r llall; wedi ei dudalennu: *paginal; from page to page; paged.*
1778 *W* d.g. *Paginal* [*of, or belonging to, a page in a book; &c.*]. **1803** *P* d.g. *Tudalenawl.*

tudfach [?elf. anh. (?*tud*)+*bach*[2]] *eg.* ll. *-au.* Ystudfach, ffon fagl; ?pâr o ystudfachau; postyn (adeilad): *stilt, crutch; ?pair of stilts; stilt (of building).*
14g. *GDG*[3] 372, Heusor mewn secr yn cecru, / Llorpau gwrach ar *dudfach* du [i'w gysgod]. **1547** *WS*, *Tudfach* A styltc. **1604–7** *TW* (*Pen* 228), hwn a vo'n cerdhet ar *dutuachæ* d.g. *Grallator.* **1632** *D*, *Tudfach*, Grallæ. **1688** *TJ*, *Tudfach* . . . a Stilt, Stilts. **1722** *Llst* 189, *Tudfach.* m. A crutch, stilt. **1740** G. JONES: *HOG* lxi, Gwell yw *tudfachau* geirwön, nag i'r efrydd aros yn yr un-man. **1772** *W* d.g. *Crutch.* *id.* *Tudfachau* d.g. *Stilts* [*used for walking in dirty places*]. **1803** *P*. Ar lafar, hefyd yn ddifr. am berson, 'Y *tudfach* diafael', J. JONES: *Gwerin-eiriau* 56.

tudlath [*tud+llath*] *eb.* ll. (geir.) *-au.* Ffon neu wialen hir at fesur tir; mesur tir o amrywiol faint (fel rheol pum llath a hanner), perc, gweilging: *perch (for measuring land); perch (measure of land), rod, pole.*
1632 *D*, *Tudlath*, Pertica. **1688** *TJ*, *Tudlath*, llathen dîr, neu trostan o bum llâth a hancr o hud i fesur tîr: a Perch or Pole. **1722** *Llst* 189, *Tudlath.* f. A long pole. **1778** *W* d.g. *Perch* [*a pole or rod to measure land with, five Yards and a half long, and in some places six Yards*]. **1803** *P*, *Tudlath*, s. f.—pl. t. *au* . . . A meting rod.

tudlen [*tud+llen*] *eb.* ll. *-ni.* Map (o'r byd): *map (of the world).*
1604–7 *TW* (*Pen* 228) d.g. *Mappa . . . Mappa mundi, Sphæra . . . Sphæra mundi.*

tudliw [*tud+lliw*[1]] *eg.* Ocr: *ochre.*
1858.

tudolen, gw. **tudalen.**

Tuduraidd [yr e. prs. *Tudur+-aidd*] *a.* Yn perthyn i linach frenhinol Lloegr a deyrnasai rhwng 1485 a 1603, yn perthyn i'r cyfnod hwnnw, nodweddiadol ohono: *Tudor (adj.).*
1937.

Tuduriaid [yr e. prs. *Tudur+-iaid*[1]] *e.ll.* Llinach Tudur Hen ap Goronwy ab Ednyfed (?–1311), sef llinach a gysylltir â Phenmynydd, Môn, yn enw. llinach frenhinol Lloegr a deyrnasai rhwng 1485 a 1603: *(the) Tudors of Penmynydd, esp. (the) Tudor royal family of England.*
1922.

Tudurol [yr e. prs. *Tudur+-ol*] *a.* Tuduraidd: *Tudor (adj.).*
1856.

tudwed, tudwedd, gw. **tydwed.**

tudd [bôn y f. *tuddaf*: *tuddo* ?ac olff. o *tudded*; ansicr yw'r engh. gyntaf] *eg.* ll. (geir.) *-ion.* Gorchudd; caddug, mwrllwch; (geir.) clustog: *a covering; mist, murkiness; (dict.) pillow.*
12g. (*c.* **1300**) *H* 16a. 30, A thrychyon yn *dut* (*GMB* 177, yndut) rac rei-trut ri (Gwalchmai). *Dchr.* **17g.** *J* 10, 158a, *Tudd.* pulvinus. **1803** *P*, *Tûz*, s. m.—pl. t. *ion* . . . That is over, or that covers; an obscurity, or shade; gloom; smoak, vapour.

tuddaf: tuddo [?cf. *huddaf*[1]: *huddo*] *ba.* Gorchuddio, cuddio, amgáu: *to cover, conceal, envelop.*
12–13g. *GMB* 446, Gweryd rut a'e *tut* wedy tewi, / Gwael neuet maenwet mynwent iti. **13g.** *C* 63. 4–5, E Betev ae *tut* gvitwal. ny llesseint neb ymtial. *id.* 64. 14–15, Piev y bet i yramgant. Ae *tut* mor agoror nant. **1803** *P*, *Tuzaw* . . . To cover, to envelope.

tudded [*tudd* neu fôn y f. *tuddaf*: *tuddo+-ed*[1]] *eg.b.* (bach. g. *-yn*) ll. *-au*, *-i.* Gorchudd, cwrlid, blanced, dillad gwely, clawr; cas, cas clustog, amlen; dilledyn, gwisg, mantell, ?arfwisg; hefyd yn *ffig.*: *a covering, bed-covering, blanket, bedclothes, cover; case, pillowcase, envelope; garment, clothing, cloak, ?armour; also fig.*
12g. *GMB* 276, Ac nys oes gochel gochwerỽ drwyted / Gỽely agklaear daear *duted.* **12–13g.** *GLlLl* 265, A'm rotes ryodres riued / A drych eur ar drychant *tuted.* **13g.** *LlI* 95, Rey a dyweyt am y dyllat panyu damdug ysyd arnadunt . . . Pob *tudedyn* dynessyc, xxiiii . . . Pob *tudedyn* pentan, viii.k. **13g.** *A* 17. 14–15, duw mawrth gwisgyassant eu gwrym *dudet.* **14g.** *T* 57. 22, llosci eu trefret adỽyn eu *tudet.* **14g.** *WM* 226. 29–32, Athynnu gobennydeu amhyl a*thudedeu* or bliant coch udunt y danaf ac ym kylch. *c.* **1400** *R* 1044. 7, Gwisgỽys coet kein*dudet* haf. **15–16g.** *TA* 471, Cayedig acw ydoedd, / Cwfl o nawr cyfelin oedd; / Cael *tudded*, er clod heddyw, / Ciried sad, cariadus yw [i ofyn gŵn llwyd]. **1547** *WS*, *Tuddet* clustoc Pyllowe bere. **16–17g.** EDWARD URIEN, &c.: *Gw* 371, Iesu'n *tudded* santeiddiol. **1632** *D*, *Tudded*, Tegmen, tegumentum, indumentum. **1756** *ML* i. 405, Pe basai gennyf *dudded* rhydd sgrifenaswn ymhell cyn hyn at y prifardd. **1772** *W* d.g. *Coat or garment*, *Cover, or covering* [*a veil, or that which is spread over another, a case*], *Coverlet* [*the upper covering of a bed*]. **1803** *P*, *Tuzed*, s. f.—pl. t. *au* . . . A covering. *id.* d.g. *Tuzedyn.* Ar lafar, '[*t*]*udded* bach' 'pillow case', '[*t*]*udded* mawr' 'bolster case', *ISF* 75; '*tuddad*' 'bolster case', *WVBD* 557 (*eb.*).

tuddedaf: tuddedu [bf. o'r e. *tudded*] *ba.* Gorchuddio, amgáu, rhoddi mewn amlen: *to cover, enclose, put in an envelope.*
1794 *W*, *Tuddedu* llythyr d.g. *To cover a letter* (At.). **1803** *P*.

tuddedyn, gw. **tudded.**

tueb [*tu+-eb*] *eb.* Pleidlais: *vote.*
1828.

tuebaf: tuebu [bf. o'r e. *tueb*] *bg.* Pleidleisio: *to vote.*
1828.

tuebiad [bôn y f. *tuebaf*: *tuebu+-iad*[1]] *eg.* Pleidlais: *vote.*
1828.

tuedd [*tu+-edd*[1] ac *-edd*[2]] *eg.b.* ll. *-(i)au*, *-ion*, a hefyd fel *e.ll.* ac fel *a.*

(*a*) Ardal, bro, parth(au); goror, ffin, ochr, cyrion, cyffiniau, arfordir; cyfeiriad: *region, district, part(s); border, frontier, edge, outskirts, vicinity, surroundings, coast; direction.*
13g. *GDB* 172, Gorwerd tonn *tued* Porth Gwydno, / Garỽ y llenn a grannwenn y gro. *id.* 211, Gỽr biheỽ tretheu tra *thued*—Llỽndeyn. *id.* 305, *Tued* a thirced a thi—neut haual, / Neut hyuaỽl dy westi. **13g.** *GBF* 619, Gwaỽr aruthyr gwychruthyr am gochi—eurglet / Pan aeth gỽyr Gwynet *tuet* Teiui. **15g.** *GGl*[2] 43, A dyro, Dduw, oed i'r ddau / A'u plant, a'u hepil hwyntau, / I gadw hynny o giwdawd / I'w *tuedd* fry hyd Dydd Frawd. **1547** *WS*, Tu (ne) *tuedd* Coost. **16g.** *GGH* 38, Êl yn weddw o Gaer i Lanwddyn, / O *duedd* Maelor i fro Dywyn. **1551** W. SALESBURY: *KLl* xviiia, Ac o yno y ddaeth [*sic*] ymaith / ac y tramwyadd ar *tueddeu* Tyrus a Tsidon. **1567** *LlGG* 125b, y gesodesam [*sic*] ein dwylo arnynt, er i sicrau hwy . . . bod dy ymgeledd . . . ar ei *tuedd.* **1567** *TN* 217a–b, [ll]ong o Adramyttium ar vedr hwyliaw ar *dueddae* yr Asia (**1988** *Act* xxvii. 2, ar hyd glannau Asia). **1604–7** *TW* (*Pen* 228) d.g. *Litus, Regio.* *id.* compas a wneler ar y dhaear y adnabot *tuedhæ*'r gwyntoedh d.g. *Vmbilicus.* **1632** *D*, *Tuedd*, Ora, tractus. **1699** T. JONES: *TP* 195–6, yr oedd y rhai disclair yn rhodio yn gyffredinol yn y wlâd hon, am ei bod hi ar *duedd* y Nefoedd. **1722** *Llst* 189, *Tuedd.* m.p. *eddau.* A border, coast, countrey. **1772** *W* d.g. *Coast* [*a region, part, or quarter*], *Country* [*a region*], *Quarter* [*any particular part of the heavens, of the earth, of a country, &c.*]. **1803** *P*.

(*b*) Y weithred neu'r cyflwr o dueddu (at rywbeth), natur neu awydd i weithredu neu symud i ryw gyfeiriad, pwrpas, neu bwynt, tueddiad, osgo, gogwydd(iad), tueddfryd (rhywiol), tuedd meddwl; agwedd meddwl (tuag at rywbeth), hoffter: *tendency, trend, inclination, propensity, (sexual) orientation, disposition, bent (of mind), bias, leaning; attitude (towards something), affection, partiality.*
1595 H. LEWYS: *PA* 36, pann fo duw 'n anfon trueni, a blinfyd ar ein gyddfe nineu, mac *tuedd*, a chalon dadawl (*a fatherly heart and affection*), dann i wialen yn guddiedic. **1595** *Egl Ph* 2, gwyr doethion am hynny, a alwassant iw [*sic*] cobh, y pethau oedhent gynhebig y nailh i'r lhalh, o ran rhyw *duedh* anianawl. **1604–7** *TW* (*Pen* 228) d.g. *Fauor, Indolus, Ingenium, Intensio, propensitas, Studium.* **1632** *D*, *Tuedd* . . . Pronitas, procliuitas ad aliquid. **1632** J. DAVIES: *LlR* 35, Y trachwant yma, a'r *tuedd* naturiol sydd ynom i bechu . . . megis gweddillion o'n clwyf naturiol. **1688** *TJ*, *Tuedd* . . . Inclination. **1722** *Llst* 189, *Tuedd.* f. . . . An affection, disposition, lust, humour, towardness. **1751** *GIA* 19, Duw a gymmhwysodd dueddfryd dŷn at ei ddiben; gan roddi iddo . . . [g]alon a'i *thuedd* ac âi [*sic*] gogwydd at Dduw. *id.* 26, Mae tynfa a *thuedd* ei fywyd ef at Dduw, ac os pecha, mae hynny yngwrthwyneb i wir ogwyddiad ei galon ai fuchedd ef. **1759** J. EVANS: *PF* 8, Gwŷr o *duedd* philosophaidd, nid oeddynt fodlon a'r [*sic*] hyn. **1770** *W* d.g. *Affection* [*love, fondness, regard, good will, a desire of obtaining*], *Affection* [*any passion of the mind*], *Aptness, or proneness to a thing*, *Bias* [*bent, inclination, or propensity*], *Disposition* [*tendency, inclination; aptitude or aptness*]. **1771** J. THOMAS: *TA* 157, o's yw ein calonnau wedi eu newid, ac yn enwedig yn y pethau rhei'ni, y rhai y mae gennym y *tuedd* cryfaf iddynt, y mae hyn yn dystiolaeth anffaeledig o wir ddychweliad. **1799** A. AB D. SION: *CR* 20, Ysgrubliaid sy'n cael eu dysgu gan *duedd* nattur (instinct) . . . roddant y cwbl i fynu i gael estyn eu bywydau. **1803** *P*. Ar lafar, 'Ma *tuadd* yn

y tulu 'na i fod yn gybyddlyd, pob un o nw', *GTN* 794 (*eb.*).

Fel *a.* (yn y radd gmhr.) Mwy dymunol, dewisach: *more desirable, preferable.*

16g. (*LIEG*) *Mos* 158, 8a, vod yn *dueddach* ac ynn well gan yhrann vwyaf or bonneddigion . . . y['r] ys/ gottiaid nog yvo ai nasiwn. *id.* 475b, y kyuriw wyr oi gyngor ac aoedd *dueddach* a gwell ganthaunt [*sic*] y brenin ffrengig.

tueddaf: tueddu [bf. o'r e. *tuedd*] *bg.a.* Symud neu arwain i gyfeiriad, tynnu tua; bod â thuedd neu ogwydd (at wneud rhywbeth), gogwyddo (at); dylanwadu neu effeithio ar, arwain at: *to move or direct towards, lead* (*towards*); *have a tendency or bias* (*towards*), *tend or lean* (*towards*), *incline or be disposed* (*towards*); *influence, affect, conduce.*

14g. *OBWV* 72, Cael ffordd, dygn olygordd dig, / A *dueddai* dŷ Eiddig [Madog Benfras]. **15g.** *GTP* 4, Ti a wyddost *tueddu* / Yr awr y daw'r eryr du. **15g.** *GLGC* 515, At Addaf a Noe *tueddais*—yn hen, / at Foesen a'i len y penliniais. **1588** *Jos* xv. 9, y terfyn hwn hefyd sydd yn *tueddu* i Baala. **1595** *Egl Ph* 30–1, pan dhigwydh descennedig odh wrth y cyssebhinawl a hynny wrth *duedhu* parth a chyphlybrwydh y peth; megys yr enwyd Tewcria o'r gair Tewcrws. **1604–7** *TW* (*Pen* 228) d.g. *Acclino, Astipulor. id. tuedhu* ar ryw dhybendot d.g. *Specto. Dchr.* **17g.** *J* 10, 157a, *Tueddu.* to tend. **1632** *D, Tueddu,* Dirigere, locum aliquem petere. **1688** S. Hughes: *TSP* 149, yr wi 'n llawenychu i mi gyfarfod â rhai, y sy 'n *tueddu* [:– Inclino, gogwyddo] i chwedleua am fatterion crefyddol. **1723** WM: *PGG* 57, O, faint ydyw trueni Dŷn, y mae bôb amser yn *tueddu* at ddrygioni. **1770** *W* d.g. *To be biassed, To incline* [*bend, lean, or tend towards any part*; *&c.*]. **1803** *P.* Ar lafar, "Odd a'n *tueddu* at grefydd', 'Ma dinnon ifinc 'eddi'n *tueddu* i fynd dros ben llestri', *GTN* 795.

tueddbeniad [bôn y f. *tueddbennaf*: *tueddbennu*+ *-iad*[1]] *eg.* ll. *-au.* Tuedd(iad), gogwydd(iad), tueddfryd: *tendency, inclination, disposition.*
1846.

tueddbennaf: tueddbennu [*tuedd*+ *pennaf*[2]: *pennu*] *bg.* Tueddu, gogwyddo; rhagdueddu; symud neu arwain (at), ?effeithio (ar): *to tend, incline, lean, be disposed; predispose; move or lead* (*towards*), ?*affect.*

1630 R. Llwyd: *LlH* 138–9, dirmig at yr Efengyl . . . Pechod yw hwn yn erbyn y davlen gyntaf, ac yn *tuedd-bennu* at Dduw (*It toucheth the person of God*) ei hûn.

tueddblaid, tueddchwant, gw. **tuedd+ plaid, chwant.**

tueddedig [bôn y f. *tueddaf*: *tueddu*+ *-edig*] *a.bfl.* Yn tueddu, â thuedd (i), tueddol: *inclined, of a tendency* (*to*), *disposed.*

1803 *P, Tuezedig* . . . Being made partial, inclined.

tueddfa [*tuedd*+*-fa, ma*] *e?b.* Tuedd; ?nod, cyfeiriad: *inclination, tendency*; ?*aim, direction.*

17g. Huw Morus: *EC* ii. 152, Mae llwybrau pawb yn llithro, / Sy 'n gollwng Duw yn angho'—/ Buan yr â *tueddfa* eu taith, / A'u diffaith obaith heibio. **1683** H. Evans: *CTF* 18, Ir drwg hwn [:– balchder] y mae *tueddfa,* / Yn y Dynion godidocca.

tueddfryd [*tuedd*+*bryd*] *eg.b.* ll. *-oedd, -iau.* Tuedd (meddwl), tueddiad, gogwydd(iad) (rhywiol); pleidgarwch, unochredd; cynneddf, anian, tymer: *disposition, leaning, tendency, inclination, propensity,* (*sexual*) *orientation*; *partiality, bias*; *nature, temperament.*

1595 *Egl Ph* 100, Yn nesa gocheled roi gormod cennat; rhac bod *tuedhbhryd,* neu anwybydhiaeth yn y beirneit. **1604–7** *TW* (*Pen* 228) d.g. *partiarius.* **1632** J. Davies: *LlR* 507, [y] drwg *dueddfryd* . . . yr hwn y mae 'r Scrythur lân yn ei alw Caledwch calon, a Chyndynrwydd meddwl. **1675** R. Jones: *HCh* 155, rhaid fyddei ystyried . . . naturiaeth a *thueddfryd* plant, gan ddal sulw yn ofalus at ba Alwedigaethau y mae eu tuedd hwynt yn fwyaf. **1731** E. Samuel: *AE* 127, Gwin, a Gwin Newydd a ddwg y Galon ymaith . . . Mae'nt [*sic*] yn newid Ei *thueddfryd* a'i Deisyfiadau, yn ei gwneuthur yn wrthwynebol i Grefydd a Rhinwedd. **1772** *W* d.g. *Disposition* [*tendency, inclination; aptitude or aptness*], *Humour* [*a turn or bent of mind, inclination, &c.*]. **1774** D. Ellis: *GYGG* 102, A 'r Ysprydd daionus hwnnw, yr hwn a roddes y Bwriad hwn yn eich Calon, a'ch cadwo yn y *Tueddfryd* daionus hwn. **1798** Gw. Mechain: *D* 29, trwy iachus athrawiaeth, a sanctaidd fuchedd, y gallont ddychwelyd *tueddfryd* y deyrnas oddiwrth chwantau'r cnawd. **1803** *P, Tuezvryd,* s. m. . . . Bent of the mind.

tueddgar [*tuedd*+*-gar*] *a.* Yn tueddu (at), yn gogwyddo (at), ffafriol: *tending* (*to*), *inclined* (*to*), *favourable.*
1813.

tueddgarwch [*tuedd*+*-garwch*] *eg.* Yr ansawdd neu'r cyflwr o fod yn tueddu (at rywbeth), tuedd(fryd), tuedd(iad), gogwydd(iad): *inclination* (*towards something*), *disposition, tendency, bent.*

1661 E. Lewis: *Drex* 255, bydded i ni . . . ymdrechu yn erbyn ein anhynaws ewyllys a *thueddgarwch* ein meddyliau. **[1710]** Gw. ab Ierwerth: *SB* 35, Bod bob amser mewn tymher a *thueddgarwch* i weddio, pa bryd bynnag y bo Duw yn galw arno i hynny. **1725** *SR* d.g. *Disposition, Inclination.* **1768** Risiart ap Robert: *CB* 120, Ei wir hyfrydwch ef yn gwneuthur daioni: sef ei *dueddgarwch* i wobrwyo gweithredoedd da. **1790–1** H. Jones: *T* 70–1, anghrediniaeth sy'n . . . dwyn ymaith awch ac yspryd gweddi, a *thueddgarwch* i wrando gair Duw. **1794** E. Jones: *CP* 115, fod gan bob cwnstabl onestrwydd i wasanaethu . . . heb falais na *thueddgarwch* meddwl. **1796** H. Jones: *MPC* 56, fel na chaffo aflonyddu a gofidio: lladd ei fywyd, ei egni, ei *dueddgarwch* a'i barodrwydd i gynhyrfu.

tueddgyrch [*tuedd*+*cyrch*[1]] *eg.* Bwriad, nod, cyfeiriad: *intention, aim, direction.*

1677 R. Jones: *BB* 120, Oes fodd na ddealli, fod *tuedd-gyrch* (*scope*) Gair Duw, yn wrthwyneb i ogwyddiad dy serchiadau a'th ddychymmygion?

tueddiad [bôn y f. *tueddaf*: *tueddu*+*-iad*[1]] *eg.b.* ll. *-au.* Tuedd, osgo, gogwydd(iad), tueddfryd (rhywiol), tuedd meddwl, greddf, anian; agwedd meddwl (tuag at rywbeth), hoffter; nod, cyfeiriad, cwrs: *tendency, trend, inclination, propensity,* (*sexual*) *orientation, disposition, bent* (*of mind*), *bias, leaning, instinct, temperament*; *attitude* (*towards something*), *affection*; *aim, direction, course.*

1606 E. James: *Hom* ii. 125, llaweroedd er hyn a gwympant i'w haddoli hwy, naill ai trwy annian y delwau ai trwy *dueddiad* eu hannian lygredig eu hunain. **1632** *D* d.g. *Pronitas. id. tueddiad* at beth d.g. *Procliuitas. id. tueddiad* ewyllys d.g. *Propensio.* **1672** J. Langford: *HDdD* 172, a gweli di fôd dy *dueddiadau* di gyffelypaf i'th fradychu di i bechod. **1679** C. Edwards: *GGG* 73, Fel y mae pob creadur arall yn dwyn *tueddiad* ei rywogaeth gydag ef ir bŷd . . . felly y mae *tueddiad* bechadurus ym mhlant dynion pechadurus. **1704** E. Samuel: *BA* 177–8, A chan anobeithio am iechydwriaeth, f'a ymroddes i fodloni i'w *dueddiadau* cnawdol . . . yn gymmeradwŷ gan wyniau a dymuniadau ei naturiaeth. **1755** *GAGC* 4, Y mae gwedi ei blannu yn Naturiaeth Dynol-ryw, Serch a *Thueddiad* cryf tu ag at Wlad eu genedigaeth. **1770** *W* d.g. *Disposition* [*tendency, inclination; aptitude or aptness*], *Inclination* [*a tendency towards any point; propensity of the mind to any particular action, &c.*]. **1784** M. Williams: *S* i. 4, gan amgylchynu Cape of good Hope . . . a dilyn y *tueddiad* i'r gogleddwyreiniol [*sic*]. **1800** W. Owen[-Pughe]: *CP* 90, brathir cynnifer o wëyll ag â ellir yn gyfleaidd drwy amryw *dueddiadau* (*in different directions*), gan adel cyfrif o dyllau heb wëyll. **1803** *P.*

tueddiant [bôn y f. *tueddaf*: *tueddu*+ *-iant*] *eg.* Tuedd(iad), gogwydd(iad), tueddfryd: *tendency, inclination, disposition.*

1776 I. Brydydd Hir: *P* i. 226, Fo fydd *tueddiant* i bechod fyth yn y gorau o ddynion, a rhyw weddillion llygredigaeth yn y seintiau mwyaf.

tueddnod [*tuedd*+*nod*[1]] *eg.* Bwriad, amcan, nod, pwrpas, diben: *aim, intention, objective, object, purpose.*

1701 E. Wynne: *RBS* 17, Dechreu bôb gweithred yn Enw'r Tâd a'r Mâb a'r Yspryd glân . . . fel y wynebech at Ogoniant Duw, os nid yn y weithred neilltuol, etto yn ei chwrs a'i *thueddnod* cyffredinol. **1710** *LlGG* sig. †2r, Prif-berwyl a *thueddnod* gofal ei Olygwr presennol. **1760** E. Williams: *UYB* 14, unig arfaeth a *thueddnod* ein bywyd. **1770** *W* d.g. *An aim* [*intention, purpose or design*], *Object* [*any thing whatsoever, that either the senses, or the mental faculties, are employed about*]. **1800** T. Price: *RT* 145, *Tueddnod* yr Apostol yw dangos y dylanwad bywydol o undeb â Christ.

tueddnwyd [*tuedd*+*nwyd*] *eg.* Tuedd, tueddfryd, anian, natur: *inclination, disposition, bent, temperament, nature.*
1805.

tueddog [*tuedd*+*-og*] *a.*

(*a*) Argyfyngus, difrifol: *climacteric, critical.*

1590 *NBSBM* 199, Oerddydd bumed dydd, *tueddog*—mewn haf, / O fis Gorffennaf ysgaffiniog, / A fu'r Sul rhygul rhwygog am Domas, / Urddas dewr guras daear gaerog. **1617** *Minsheu* 77a–b d.g. *Climatericall or Climactericall.*

(*b*) Tueddol, pleidiol: *inclined, partial.*

Dchr. **17g.** *J* 10, 157b, *Tueddog.* Pronus, Propensus. **1632** *D* d.g. *Partiarius.* **1778** *W* d.g. *Partial* [*favouring, or inclined to favour, one side more than another without reason*]. **1803** *P* d.g. *Tuezawg.*

tueddol [*tuedd*+*-ol*] *a.* Yn tueddu (i wneud rhywbeth, at rywbeth), â thuedd (at rywbeth), o natur (i wneud rhywbeth), chwannog (i wneud rhywbeth); ffafriol, yn ochri (at), pleidiol: *tending* (*to*), *having a tendency* (*to*), *favourably disposed* (*to something*), *inclined, inclinable, apt* (*to*), *prone*; *favourable, biased, partial.*

16g. *CLl* 181, Diddig ym yn *dueddawl* / Dario yn i mysc i drin mawl (Morys Dwyfech). **1567** *LlGG* 121a, [d]arvot yddo gymeryd yr vn ffynyt yn ymgeleddgar [:– garedigol, *dueddawl*] y dyn bychan hwn yma, ei gofleidio a breichiau ei drugaredd. **1604** R. Holland: *BD* 15a, dangoswn fai nis dyleid moi fadheu, oni bae rhac tybied fym-mod i yn *duedhol.* **1604–7** *TW* (*Pen* 228) d.g. *Acclinatus, Affectus, propensus.* **1618** J. Salisbury: *EH* 181, mae serch a chariad y tâd a'r fam, tuag at eu plant, mor *duedhol,* mor rhyw-naturiol, ag mor gyffredin. **1630** *YDd* 171, yr wyt ti yn rhy *dueddol* [:– Tueddu or naill du] i fod yn ddialwr. **1693** J. Owen: *BP* 163, Mae'r natur ddynol mor llygredic . . . mor amharod i bob da, ac mor *dueddol* i bob drwg. **1767** J. Thomas: *TFfJ* 52, ti a fyddi *tueddol* o gael dy siglo . . . gan gyfeiliornadau. **1770** *W* d.g. *Inclinable* [*having an inclination or propensity*]. **1774** D. Ellis: *GYGG* 9, sef bod i chwi weddïo ar Dduw roddi i chwi Galon *dueddol* i wrando'r Gwirionedd. **1798** T. Roberts: *CG* 19, Rhag i'r darllenydd feddwl fy mod i yn *dueddol* i un o'r ddwy blaid mwy na'r llall, mae yn rhaid i mi ei hysbysu, nad wŷf i yn adnabod un o honynt. **1803** *P.* Ar lafar, 'Ma fa'n *dueddol* iawn i angofio', *GTN* 795.

tueddolaf: tueddoli [bf. o'r a. *tueddol*] *bg.a.* (Peri) bod yn dueddol neu'n bleidiol: *to make or be inclined or biased.*

1778 *W, Tueddoli* d.g. *To partialize* [*render or make partial: also to become partial*]. **1803** *P.*

tueddoldeb [*tueddol*+*-deb*] *eg.* Tuedd(iad), gogwydd(iad); pleidgarwch, unochredd: *tendency, inclination, propensity*; *partiality, bias.*

1710 S. Williams: *UOY* 33, y mae *Tueddoldeb* i ymroi, sef Parodrwydd . . . i adæl heibio . . . yr hyn . . . a ellir yn gyfreithlon ei gleimio gennym ni. **1770** *W* d.g. *A bent* [*inclination*] *of mind.* **1803** *P.*

tueddolrwydd [*tueddol*+*-rwydd*] *eg.* Tuedd(iad), gogwydd(iad); pleidgarwch, unochredd: *tendency, inclination*; *partiality, bias.*

1778 *W* d.g. *Partiality.* **1803** *P.*

tueddrwydd [*tuedd*+*-rwydd*] *eg.* Tuedd(iad), gogwydd(iad), tueddfryd; pleidgarwch, unochredd: *tendency, inclination, disposition, leaning*; *partiality, bias.*

1696 *GGTY* [xxiii], os yn ôl gwîr ystyr, a *thueddrwydd* ei eiriau a'i feddwl ef, y gwnaethpwyd hwynt, ni bydd achos ganddo ef i ymrysson. **1718 (1721)** S. Thomas: *HB* 97, y *tueddrwydd* sydd ynghalon Dŷn i ymwrthod a Phurdeb crefydd. **1725** D. Lewis: *GB* 136, Wrth Bwys yr ydwyf yn dyall *Tueddrwydd* a Chwymp pob Cyrph tua chanol y Ddaear. **1746** G. Jones: *HWI* iii. 21, Am fod cymmaint o lygredigaeth a *thueddrwydd* ynnom i bob rhyw Bechodau. **1752** J. Thomas: *FG* 68, ond fod y *Tueddrwydd* uwchaf a'r Gogwyddiad pennaf ynnom tu ag at Dduw a Phethau nefol. **1768** Twm o'r Nant: *CTh* 54, Am Gyfoeth anoeth wŷn, / Mae dwŷs *Dueddrwydd* Dŷn, / Er mwŷn derchafu ei hun, / I hynod frî. **1789** Twm o'r Nant: *TChB* 30, Ond wrth *dueddrwydd* eu Naturiaethau / Mae llawer yn llywio neu 'n gweithio 'u pregethau.

tueddus [*tuedd*+*-us*] *a.* Tueddol, yn tu-

eddu (at), o natur: *inclined, tending (to), disposed.*

1552 *Pen* 403, 99, meddwl *tueddus* byth tu ac at grist. **1672** J. LANGFORD: *HDdD* 51, Yr ydyni yn rhy *Dueddus* a Thrafferthus (*intent and busy*) ar y Bŷd hwn. **1733** W. WILLIAMS: *TC* 100, y Corph sy mor *dueddus* a pharod i'w ddiwyno ai [*sic*] halogi. **1803** *P.*

tuell [?*tu*+-*ell*] *e?b.* ll. (geir.) -*i*, -*au.* Gorchudd, cwrlid, blanced: *coverlet, blanket.*

13g. *Lll* 28, dele [gŵr] e maedu [gwraig] . . . am e chaffael gan ur adan *tuell.* **1803** *P, Tuell*, s. f.—pl. t. *i* . . . A covert, a cover.

tufaes, tufewn, gw. tu—tu faes, tu mewn.

tufewnol, tumewnol [*tu fewn, tu mewn* + -*ol*] *a.* a hefyd gyda grym enwol. Mewnol, yn perthyn i'r tu mewn, yn bodoli neu wedi ei leoli ar y tu mewn, yn digwydd oddi mewn, yn dod o'r tu mewn, amgaeedig; yn perthyn i'r meddwl, yr enaid, yr ysbryd, &c., goddrychol; cynhenid, sylfaenol: *inner, internal, interior, inward, enclosed; pertaining to the mind, soul, spirit, &c., subjective; inherent, fundamental.*

[**1710**] GW. AB IERWERTH: *SB* 49, Nid gwir Gristion ydyw yr hwn sydd yn unig yn allanol, eithr gwir Gristion yw yr hwn sydd yn un *tufewnal* [*sic*]. **1753** D. JONES: *SD* 188, Bendithia'r Iôn, fy enaid cu, / A'r cyfan sy'n *tu-mewnol* [*sic*]. **1771** *PDPh* 36, Crawnau gwynion bychain ar hyd y gwefusau . . . taflod y genau, a'r holl ran *dufewnol* o'r genau. **1773** I. LEWIS: *FfB* 13, efe a gollodd y *tu fewnol* synhwyrau; fe attailwyd y *tufewnol* glust . . . y *tu fewnol* deimlad o brofiad pwy mor dda yw'r Arglwydd, y *tufewnol* deimlad am y rhinwedd dwyfol . . . a gollwyd i gyd. **1775** *W* d.g. *Inner* [*more inward, &c.*], *Internal* [*within, &c.*]. **1777** W. WILLIAMS: *DN* 55, a minnau yn ffoi o le i le, ond methu ffoi oddi wrth y gofid *tumewnol* ddaeth i'm cyfarfod. **1784** M. WILLIAMS: *S* i. 171, *tufewnol* barthau Affrica. **1795** J. THOMAS: *AIC* 281, Afiechyd yn y perfedd, a'r *tu mewnol* rannau. **1796** J. OWEN: *MP* 16, [m]arwhâu grym neu awdurdod *tufewnol* Pechod. **1803** *P.* **1826** TWM O'R NANT: *GG* 53, 'Roedd cyntaf anedig annedwydd, / Bob lle nas caed arwydd gwaed oen: / Ac felly o ran anian ry'm ninau, / Yn farwol ein penau i'r un doen: / Os nad ydyw 'r arwydd allanol, / A'r oen o'r *tu fewnol* yn fwyd, / Nid allwn fyth fod yn ddiogel, / O afel ein angel a'i rwyd.

tugel [?*tu*+*cêl*[1]] *eg.* ll. -*ion.* Pleidlais (gudd): (*secret*) *ballot.* **1835.**

tugelaf: tugelu [bf. o'r e. *tugel*] *bg.a.* Pleidleisio('n gudd); dewis ar hap: *to ballot, vote (secretly); choose at random.* **1850.**

tuhwnt, gw. tu—tu hwnt.

tuhwntrwydd [*tu hwnt* + -*rwydd*] *eg.* Yr ansawdd neu'r cyflwr o fod yn anghysbell, pellter (mawr): *remoteness, (great) distance.* **20g.**

tul, gw. til[1].

tulath, tylath [*tu* + *llath*; a'i ddehongli'n ddiweddarach fel *tŷ* + *llath*, cf. *tubost, tybost*] *eb.g.* ll. -*au.* Trawslath, trawst; ceibr, dist, croeslath; hefyd yn *dros.* ac yn *ffig.*: *purlin, crosspiece, beam; rafter, joist; also transf. and fig.*

14g. *WM* 467. 28-32, ef ay trawei afust heyernyn hyt na bei well yr rethri. Ar trostreu ar *tulatheu* noc yr mangeirch ygbaelabr yr yscubabr. **14-15g.** *IGE*[2] 303, Trystan ddoethran oddeithryw, / *Tulath* aur ein talaith yw [Rhys Goch Eryri i Robert ap Meredudd]. **15-16g.** *TA* 259, A'th wayw'n *dylath* yn d'elyn, / A'th ran nid aeth er un dyn. [**1547**] W. SALESBURY: *OSP* [viii], pa peth amgenach yw diarebion mewn iaith, na sylucini . . . na *thuylathe* a nenbrenni mewn tuy? **1547** *WS, Tuylath* A rafter. **16-17g.** (**17g.**) *CC* 133, vwch y nen maen wych i ni / ar *dulath* yr adeili (Thomas Prys). **1632** *D, Tylath,* Trabs, tignus. **1722** *Llst* 189, *Tylath.* f.p. *lathau.* A rafter. **1803** *P, Tylath*, s. f.—pl. *au.* A house beam; a rafter. Ar lafar, '*tulath*' Y trawst sy'n rhedeg yn llorwedd ar draws y to o un talcen i'r llall . . . Fel arfer, dwy a geir o boptu i'r crib. Hefyd *tylath*', *B* xxiv. 180 (Môn); *WVBD* 558.

tuli [gair geir., sef bnth. S. C. *tuli*] *eg.*

Amdo, gorchudd; bwcram; cefnllïain, hws: *shroud, covering; buckram; horse-cloth.*

1547 *WS, Tulu* [*sic*] bwcram Buckeram. **16g.** WILIAM LLŶN: *Gw* (R. Stephens) (At.) 71a, *Tvli* bwkran. **1632** *D, Tuli,* Brandium. **1688** *TJ, Tuli,* amdo, hŵs cefŷl: a Shroud, a Horse-cloth. **1803** *P, Tuli,* s. m. . . . a shroud.

tulip, tult, tumeric, tumewn, tumewnol, gw. tiwlip, tylt, tyrmerig, tu—tu mewn, tufewnol.

tumon, tumion [?elf. anh. (?cf. H. Wydd. *tùaim* 'bryn, bryncyn') + -(*i*)*on*[2]] *e.ll.* a hefyd fel *eb.* (bach. *tumonyn*) ll. *tumonau.* Morddwydydd neu gluniau (carw); asgwrn cefn; (yn y ff. fach.) fertebra: *haunches (of venison); backbone, spine; (in dim. form) vertebra.*

13g. *Lll* 89, Am werth hyd . . . xii. goluyth keureythaul . . . a'e duy leuen a'e *tumon* a'e hydgyllen. **13g.** *LTWL* 148, iar, *tumyon,* edwylleuyn. *id.* 201, duo lumbi, et *tumyon,* heruth. **14g.** *LlB* 51, iar, *tumon,* hydgyllen. **1803** *P. Tumon,* s. f. . . . the spine; the part of a carcase called a saddle; one of the twelve prime pieces of a stag.

tumonog [*tumon* + -*og*] *a.* a hefyd fel *e?g.* ll. -*ion,* -*iaid.* Ac iddo fertebra neu asgwrn cefn, fertebraidd; anifail ac iddo fertebra neu asgwrn cefn, fertebriad: *having a vertebra or backbone, vertebral; vertebrate.* **1858.**

tumonyn, gw. tumon.

tun[1], tyn[3] (*ù*) [bnth. S. *tin*] *eg.* (bach. b. *tunnen,* ll. *tunennau*) ll. -*iau, tunnau, tynnau,* -*s,* a hefyd fel *a.* *Cem.* Elfen fetelaidd hydrin ariannaidd nad yw'n rhydu (symbol Sn; rhif atomig 50) a geir yn naturiol mewn casiterit a mwynau eraill, alcam; tunplat; llestr neu gynhwysydd wedi ei wneud o dun(plat), &c., ar gyfer coginio neu storio, yn enw. llestr y selir bwyd ynddo yn aerglos i'w gadw, can; wedi ei wneud o dun(plat), ac arno orchudd o dun, yn perthyn i dun(plat): *tin; tin plate; a tin, can; tin (adj.).*

1545 *CM* 1, 94, megis toddi prees Ac Evydd i wnneuthud *Tynnay* klych k/rochanne pedyll ar kyuriw. *Diw.* 16g. *WLB* 32, yscrivena u llythreneu hyn . . . mewn *tynn* ne blwm. **1604-7** *TW* (*Pen* 228), *Tynn* d.g. *Album plumbum, Cassiterus.* **1678** *Mos* 149, 350, [y]r holl fetteloedd Aur, Arian, pres, plwm, *Tin,* a hayarn. **1688** *TJ,* Ffeutur, *tŷnn,* plwm gwyn, Tinn, white lead. **1736** S. RHYDDERCH: *Abn* [6], Brydain Fawr sy'n dwyn . . . *Tinneu* [*sic*] Alcam, Efydd, Près a Haearn, ag offerynnau a wneir o honynt. **1758** *ML* ii. 67, Dim ond grisiant ac un gronyn o fwyn *tyn.* **1759** J. EVANS: *PF* 29, Rhasgl *dunn.* *id.* 47, [T]wmffett *dinn.* **1770** *TA* ii. 120, dylai fod twll ym mhen y llestr cawn, a darn o *din* arno i'w guddio. **1795** J. THOMAS: *AIC* 286, *Tun* (Tin) Sydd iw gael mawen [*sic*] Amryw fannau ym Mrydain. Ar lafar, *WVBD* 557 (ll. *tynia*); "Odd y plant yn cico *tuns* bothdu'r 'ewl', *GTN* 792. Clywir *tunnen* am amryw fathau o badelli a llestri (tun), *Geir Geg* 154; hefyd yn y ff. *tynnen* . . . *Cfn.*: *tun pig: tin quart jug.* **1931.** Ar lafar, *Geir Geg* 154 (Meir.). *tun tân: blower, metal plate placed before an open fire to increase the draught.* Ar lafar yn Rhosllannerchrugog. **tun te:** *tin used by workmen to carry leaf tea (and sugar) to work.* Ar lafar yn ardaloedd y chwareli llechi, *B* xx. 386.

tun[2], tunaf: tuno, tunellaeth, tiwniaf: tiwnio, tunelliaeth.

tunellaf, tunelliaf: tunellu, tunellio [bf. o'r e. *tunnell*] *ba.* Gosod neu storio mewn baril neu gasgen, barilo, casgennu, hefyd yn *ffig.*: *to tun, barrel, cask, also fig.*

14g. *LlGC* 20143, 4a, Naud y medyd awenyt dyn or ban dechreuho kerwyn ast hyt ban y*tunellho. Diw.* 16g. *WLB* 37-8, kymer chwech galwyn o gwrwf . . . a gad yno i weithio dridie a thair nos / ac yna kymer af a *thunella* ef mewn llestr kauad, diddos, kadarn. **1604-7** *TW* (*Pen* 228), wedy *dunelhu* ai roi mewn llhestri d.g. *doliaris.* **1725-6** *Madd Ed* 150-51, [M]eddwdod; Gweled Dŷn yn ei *dynnellu* ei hun i fynu fel Celwrn. **1770** *W*, *tunnellio, tunnellu* d.g. *To barrel up. id. Tunnellu* d.g. *To tun wine, ale, &c.* [*put in casks*]. **1803** *P, Tynellu* . . . To fill a tun.

tunelledd [*tunnell* + -*edd*[1]] *eg.* ll. -*au.* Cyfaint mewnol, pwysau, neu faint (llong);

---

pwysau mewn tunelli: *tonnage (measure and weight).* **20g.**

tunellesau, gw. tunnell.

tunelliad[1] [bôn y f. *tunellaf, tunelliaf: tunellu, tunellio* + -*iad*[1]] *eg.* Y weithred o osod mewn baril neu gasgen: *a tunning, barrelling, casking. Diw.* 16g. *WLB* 37, kymer chwech galwyn o gwrwf kadarn ffres . . . or *tynelliad* kyntaf arno a dod ef mewn stwnt hwylus. **1803** *P, Tynelliad,* s. m. . . . A filling a tun.

tunelliad[2] [*tunnell* + -*iad*[1]] *eg.* Tunelledd: *tonnage (measure and weight).* **1838.**

tunelliaeth, tunellaeth [*tunnell* + -(*i*)*aeth*] *e?b.* Tunelledd; tâl a godir am bob tunnell o gargo a gludir i borthladd, &c.: *tonnage (measure, weight, and charge).* **1850.**

tunelliaf: tunellio, tunellig, gw. tunellaf: tunellu, tunnell.

tunelltal [*tunnell* + *tâl*[1]] *eg.* Tâl a godir am bob tunnell o gargo a gludir i borthladd, &c.: *tonnage (charge).* **1850.**

tuniaf, tunnaf: tunio, tunno [bf. o'r e. *tun*[1]] *ba.* Platio neu orchuddio â thun; gosod neu selio (bwyd) mewn tun, canio: *to tin, coat with tin; tin, seal in a tin, can.* **1855.**

tuniaid, tunnaid, tyniaid [*tun*[1], *tyn*[3] + -*iaid*[2], -*aid*[1]] *eg.* ll. *tuneidiau.* Llond tun, cynnwys tun: *tinful.*

c. **1756** *Bangor* 1007, 26, ond ffitiach itti sygan eisin / na seg na gwin mewn moddion ffrayth / a *thyniad* o layth enwyn. Ar lafar, 'Gewn ni *dunned* bach o samwn i de' (sir Gaerf.); 'Cera sia'r siop i 'elcyd *tunnid* o ffrwyth', *GTN* 792.

tunig, gw. tiwnig.

tunman [bnth. S. *tinman*] *eg.* ll. *tunmen, tunmyn.* Un sy'n gweithio â thun, yn enw. gweithiwr mewn gwaith tun sy'n gyfrifol am drwch y tun a roddid ar y sîts dur: *tinman.* **1938.**

tunnaf: tunno, tunnaid, gw. tuniaf: tunio, tuniaid.

tunnaidd [*tun*[1] + -*aidd*] *a.* Bregus, disylwedd (am wrthrych metel); tebyg i'r sain a geir wrth daro tun: *tinny.* **20g.**

tunnell [bnth. S. C. *tunnele* neu Ffr. Lloegr *tunnel*; â'r -*ll*, cf. *hocrell, macrell, rhidyll*] *eb.* (bach. *tunellig,* ll. -*au*) ll. *tunelli, tunellau.* Baril neu gasgen fawr a ddefnyddir i storio hylifau, yn enw. gwin, cwrw, &c., llestr mawr, cerwyn; mesur gwlyb (ar gyfer gwin, &c.), yn gyfwerth â dwy bib neu bedair hocsed, sef tua 252 o alwyni gwin, 210 o alwyni ymerodrol, neu 954 litr; un o amryw o unedau a ddefnyddir i fesur cyfaint neu bwysau llong neu ei chargo; uned a fesur cynnwys ar gyfer defnyddiau solet, yn enw. 40 troedfedd giwbig o goed; uned bwysau yn y gyfundrefn hirbwys, yn gyfwerth â 2,240 pwys, sef 1,016·05 kg; uned bwysau yn y gyfundrefn fetrig, yn gyfwerth â 1,000 kg, sef 2,205 pwys, hefyd yn *ffig.*: *tun, large cask or barrel, vat; tun, measure of capacity for wine, &c.; ton (measure of capacity, weight, &c.); metric ton, tonne; also fig.* **13g.** *Lll* 93, Escraff a'y perthyn, dam[dug]. *Tunnell,* dam[dug]. Morthuyl, dam[dug]. **14g.** *YBH* 27a, ay sud yn ehelaeth a wyryaf yn y *tunelleu* goin. **14g.** *GIG* 14, Trewaist aur tros dy werin, / Tynnu holl waed *tunnell* win. **15g.** *AL* ii. 584, melget pedeir *tunell* o fel . . . pedeir mu ympob *tunell.* **15g.** *DN* 4, Ef a bryn y llyn a'r gwinllanw—mawr / Ar draws Môr y Deav, / Deunowllwyth ac ŵyth heb gav, / Deunowllyos o *dvnellav.* **15g.** *GOLUM* 7, Eidion lled no'r *dunnell* win / a bair ustus bro Awstin. **1547** *WS, Tunnell* A tonnell. **16g.** BEDO HAFESB, &c.: *Gw* 43, parchell *tynnell* to ionawr / perchen y genvigen fawr. **1551** W. SALES-

BURY: *KLl* lviiib, Cant *tunell* o oleo. **1604–7** *TW* (*Pen* 228), *Tunelhic* d.g. *doliolum.* **1632** *D, Tunnell,* Dolium. **1632** J. DAVIES: *LlR* 292, iddo [Ioan] gael ei fwrw mewn *tunnell* o olew poeth berwedig yn Rhufain. **1688** *TJ, Tunnell,* 2000 o bwŷsau'r cwŷr, hefyd (mesur) gwlŷb yn cynwŷs 252 (galwŷn:) a Tun. **1722** *Llst* 189, *Tunnellig.* f.p. *lligau.* A little tun. **1768** J. ROBERTS: *R* 145, [m]esur Llongau, i gael Gwybod pa sawl *Tynnell* a gariant. **1770** *W, Tunellig, tunellig* d.g. *Anker* [*of brandy*], *Barrel, Tun, A little tun. id. Tunnell* d.g. *Ton* [*20 hundred weight*]. *id. Tunnell* o goed d.g. *A tun of timber* [*40 solid feet*]. **1784** M. WILLIAMS: *S* i. 225, llongau o ddau cant o *dynhelli.* **1803** *P, Tynell,* s. f.—pl. t. *i* . . . Any barrel; a tun. **1820** *CWM* 36, *Tunnell,* Cardiganshire: of lime; 16 bushels, about the produce of a ton of limestone. Ar lafar, '*tunnallt*', *WVBD* 557; 'Ma *tunelli* o fwyd wedi cæl 'u gwastraffu', 'Fi ordras *dunnallt* o lo 'eddi', *GTN* 791.

Amr.: **tunellesau** [*tunnell+-es*¹*+-au*] (*e.ll.*; yn *ffig.*). **15–16g.** *AAST* (1935) 93, Bwbachesau, blychau blew, / Pruddion yn pori eiddew. / Pibau llaeth mewn pebyll onn, / *Tunellesau* tin-llaesion [Dafydd Trefor i ofyn geifr].

tunnen, gw. tun¹.

tunplat [bnth. S. *tin plate*] *eg.* Haearn neu ddur dalennog wedi ei orchuddio â haen denau o dun: *tin plate.*
1938.

tuntac [bnth. S. *tin-tack*] *eg.* ll. *-s* (un. b. *-en*). Hoelen haearn fer ac iddi ben llydan wedi ei gorchuddio â thun: *tin-tack.*
1929.

tuntu, turban, turbin, Turc, gw. tu—tu untu, twrban, tyrbin, Twrc.

turcas, twrcas [bnth. S. Diw. Cyn. *turkas*] *e?g.* Maen gwerthfawr glas, glasfaen: *turquoise* (*stone*).
15–16g. *TA* 245, Main *twrcas* sy 'm Mwnt Arca, / Mae ynod wyrth y main da. **1588** *Ecs* xxviii. 20, Y bedwaredd rhês [*sic*] fydd *Turcas,* ac Onix, ac Iaspis. **1588** *Dan* x. 6, Ai gorph ef oedd fel maen *Turcas,* ai wyneb fel gwelediad mellten. **1588** *Esec* xxviii. 13, pob maen gwerth-fawr a'th orchguddie di . . . *Turcas,* Onix, ac Iaspis.

turiad [bôn y f. *turiaf*: *turio+-iad*¹] *eg.* ll. *-au.* Y weithred o durio, cloddiad: *a boring, digging.*
1803 *P.*

turiaf, tiriaf²: turio, tirio [dichon mai i'r f. *tiriaf*¹: *tirio* y perthyn yr ail ff.] *bg.a.* Tyrchu, cloddio, tyllu, twnelu; tyrchu am (fwyd, &c.) gan ddefnyddio'r trwyn, &c., (am anifeiliaid, yn enw. moch), trwyno; chwilota, ffureta, mynd i mewn (i), treiddio (i), archwilio; hefyd yn *ffig.*: *to burrow, bore, tunnel; root up* (*of animals, esp. pigs*), *nuzzle; rummage, ransack, delve into, probe, investigate; also fig.*
14g. *GIG* 57, O *thuria* hwch a throi hwn [march], / Cam yw, arno y cwympwn. *c.* **1400** *R* 1031. 11, gnaỽt y uoch *turyaỽ* kylor. **16g.** (*LlEG*) *Mos* 158, 91a, yn ttwy [moch] a ddechreuasant *durio* y lloriau ac ymchwelud y byrddau ar tresdelau. **1547** *WS, Turio* val llwdyn hwch Wrote. **16g.** *Llst* 40, 25, Taro /r/ gwns *tiria* ir gad / Torr nes dwyn Tyrnas danad [Morgan Elfel i Ruffudd Dwnn]. **1588** *Salm* lxxx. 13, Y baedd o'r coed ai *turriodd,* a bwyst-fil y maes ai pôrodd [gwinwydden]. **16–17g.** *IMCY* 227, y baedh gwylht phromm . . . / Sydd dhigribh gantho wrth *diriaw* dynnv or dhaiar ymborth idhaw ae dvryn hir anhygar. **1632** *D, Turio,* Terram effodere more porcorum. **1653** *MLl* i. 119, Pa ham yr wyti fel mochyn neu dwrch daiar yn dy feddwl, yn *turio* am oferedd? **17g.** HUW MORUS: *EC* i. 302, Ow cofiwch y cyfaill, / Sy' â'i aradr yn gandryll, / Yn *turio* fel porchell, yn fusgrell ei fodd. **1752** *ML* i. 205, Mi glywais Mr. Bodvel yn dywedyd ei fod o yn *tirrio* am lô. **1772** *W* d.g. *To dig* [*as a pig*], *To nuzzle* [*as a hog*]. **1803** *P* d.g. *Tiriaw, Turiaw.* Ar lafar yn y ff. *tirio, Cymru* liv. 132 (dwyrain sir Drefn.).

Gw. hefyd **twriaf: twrio.**

turmentyl, turmerig, gw. twrmentil, tyrmerig.

turn [bnth. S. C. *turn*] *eg.b.* ll. *-au,* a hefyd fel *a.* Peiriant sy'n troi gwrthrych pren, metel, &c. fel y gellir ei naddu i'r siâp a fynnir drwy ddal erfyn yn ei erbyn; crwn; wedi ei durnio: *lathe; round; turned on a lathe.*
15g. *GLGC* 455, Mae'n ei gylch er mwyn ei gil / dwrn byr mor *durn* â baril [i ofyn cleddyf]. **1545** *CM* 1, 357, blwch o bren gwedi i wneuthud ar *durn.* **16–17g.** *GST* i. 778, Cron yw hon, carwn hynny, / Cyrn ar waith *turn* wrth y tŷ [i'r gelynnen]. **1600** *B* iii. 278, Canys tyb yw ganthunt wy mae lhestr *turn* (*vas tornatile*) yw penn y gwr moel, gann dybiaw vod o'r tu mewn idhaw ai mêl ai lhefrith. **1604–7** *TW* (*Pen* 228), prenn *turn* ar [*sic*] garrei'n ei gylch y durnio d.g. *Mymphur. id.* wedy weithio ar *durn* d.g. *Tornatilis.* **1632** *D, Turn,* Tornus. **1722** *Llst* 189, *Turn.* f.p. *Turnau.* A turners lathe. **1775** *W* d.g. *Lare, or lathe* [*a turner's wheel*]. **1803** *P, Turn,* s. m.—pl. t. *au* . . . A turn. a. Round.

Cfn.: **turn ffon:** *pole-lathe.* **1933.**

Gw. hefyd **turnen.**

turnaf: turno, turnal, gw. turniaf: turnio, turner.

turnen [?bnth. S. C. *turn+-en*] *eb.* ll. *-nau.* Turn; gwrthrych neu lestr wedi ei durnio, llestr crwn, yn enw. un a ddefnyddir wrth odro; darn o haearn neu bren sy'n dal y werthyd yn llygad y maen melin isaf, lle gwag yn y llygad hwnnw; hefyd yn *ffig.*: *lathe; object or vessel turned on a lathe, round vessel, esp. one used in milking; iron or wooden bush or neck-box holding the spindle in the eye of the lower millstone, gap in that eye; also fig.*
13g. *LlI* 93, Chuynnogyl, fyr. Saeth, fyr. *Turnen,* fyr. Guerthyd. fyr. **14g.** *LlB* 97, *Turnen,* a lletuet, a whynglo, ffyrllig a tal pob un. *c.* **1400** *R* 1365. 27–8, Hi a vu yn tarnu *turnen* wreic uab pyll. **15g.** *GGl*² 17, Darn fu ohonot o 'Deyrnion—genedl, / O ganol twysogion. / Darn yn grydd, gwnâi *durnen* gron, / Darn arall yn durnorion [ateb i Ieuan ap Gruffudd Leiaf]. **15–16g.** HYWEL RHEINALLT: *Gw* 81, Da fu cŷn i loywi'n las / *Durnennau* dur yn wynias [i ofyn curas]. **1543** *B* viii. 299, yn y velin . . . gadel yr yd i golli drwyr *durnen.* **1562** *WLl* 23, *Turnenau* yn troi n unoed / Tarianau karfannau koed [i ofyn men]. **16–17g.** *DCR* 224, y *dvrnen* // odro. **1604–7** *TW* (*Pen* 228) d.g. *Mulgarium.* **1632** *D, Turnen,* Vasculum tornatum. **1759** *DG* 6, Na ddoed hên Ddiogenes / A'i *durnen* noe-en yn nês. **1803** *P.* **1828** *Geir Pob* 27, *Turnen,* troadur, troell naddu.

Cfn.: **turnen melin:** *iron or wooden bush or neck-box holding the spindle in the eye of the lower millstone.* **1660** *Ewyllys Bangor* 1660/12 I, 4. **18g.** L. MORRIS: *LW* 136–7, words . . . commonly used by ye Inhabitants of ye Isle of Anglesey . . . *turne*[*n*] *melin*—a round pice [*sic*] of wood (commonly alder) in ye eyes of ye millstone to fasten spin[?dles]. **1753** *TR.* **1803** *P.*

turnennaf: turnennu [bf. o'r e. *turnen*] *ba.* Turnio; ?rhoddi turnen yn llygad (maen melin): *to turn* (*wood, &c.*); ?*insert a bush or neck-box in the eye of* (*a millstone*).
1543 *B* viii. 299, malu ne silio yn ddrwc . . . taro y kyn haiarn a gwegil y vwiall ai diwyno i *durnenv* y velin gadel tylle ne banhyuly ynghylch y maen issa. **1604–7** *TW* (*Pen* 228), *Turnenu* d.g. *Torno.* **1607** *Pen* 216, 79, Mi a *durnenna* y maen yn y modd y dyleir.

turner, twrner, &c. [bnth. S. *turner*] *eg.* ll. *twrnwyr.* Turniwr; turn: *turner; lathe.*
17g. HUW MORUS: *EC* i. 362, Y *Turner,* a'r Cowper, a'r Sadler a sai', / . . . / Ni ennillant fawr arian, ond truan yw 'r tro, / Heb ddur, ac heb haiarn, a chenad y Go'. **1768** TWM O'R NANT: *CTh* 37, Roedd gan Mr. Medd-dod Gwmpeini di Order, / Rhys y Gof, a Thwm y *Twrner.* **1789** TWM O'R NANT: *TChB* 17, Llinwr, *Turner* yn llawn taerni, / Glover Sadler Sodlwr gwisci, / Pawb a lediant rhag Tylodi. **1828** *Geir Pob* 27, *Turner,* tro-naddwr. Ar lafar, '*turnal*', H. EVANS: *CE* 100 (gorllewin sir Ddinb.); '*tyrnar*' 'turner' 'turning lathe', *WVBD* 560; 'Fi welas *dwrnar* wth 'i waith yn y farchnad a fi brynas y pil a'r lletwad 'yn ginto', *GTN* 827 (ll. *twrnwyr*).

turniaf, turnaf: turn(i)o [?bf. o'r e. *turn*; ansicr yw'r engh. gyntaf] *bg.a.* Naddu (gwrthrych pren, &c.) ar durn, trin â thurn; troelli, troi, hefyd yn *ffig.*: *to turn* (*wood, &c.*); *spin, turn, also fig.*
15–16g. *TA* 81, Doctor call, dwg eto 'r côb, / Disgybl a wnaud o esgob; / Da *tyrnaist* di atwrnai—/ Dysged, neu ddadleued lai [i'r abad Dafydd ab Owain]! **1547** *WS, Turnio* Turne. **16g.** WILIAM CYNWAL: *Gw* (R. L. Jones) 210, Trwy ynni'n ffest *turnio*'n ffôl, / Treio'i giniaw trwy'i ganol [i ddiolch am feini melin]. **1604–7** *TW* (*Pen* 228) d.g. *Circumuestio, detorno. id.* prenn turn ar [*sic*] garrei'n ei gylch y *durnio* d.g. *Mymphur. id.* cyphur turnor y *durnio* ag y lyfnhau petheu wrth eu troelhi hwynt d.g. *Tornus.* **1632** *D, Turnio,* Tornare. **1794** *W* d.g. *To turn in a lathe.* **1803** *P.*

turniedig [bôn y f. *turniaf, turnaf*: *turn(i)o +-iedig*] *a.bfl.* Wedi ei durnio, wedi ei naddu ar durn neu beiriant: *turned on a lathe, machine-turned.*
1770 *W,* Canllaw-byst tröedig (*turniedig*) d.g. *Banisters.*

turniwr, turnwr [bôn y f. *turniaf, turnaf*: *turn(i)o+-(i)wr*; ansicr yw'r engh. gyntaf] *eg.* ll. *turnwyr.* Un sy'n gweithio â thurn, un sy'n turnio (coed, metel, &c.), hefyd yn *ffig.*: *turner* (*of wood, metal, &c.*), *also fig.*
15g. *HCLl* 103, Torrog glawr mewn taro clau, / *Turniwr* brith, triniwr brathau [i ofyn bwcler]. **1794** *W, Turnwr, turniwr* d.g. *Turner.*

turnor [bnth. S. C. *turnor*] *eg.* ll. *-ion, -iaid.* Turniwr: *turner* (*of wood, &c.*).
15g. *GGl*² 17, Darn fu ohonot o 'Deyrnion—genedl, / O ganol twysogion. / Darn yn grydd, gwnâi durnen gron, / Darn arall yn *durnorion* [ateb i Ieuan ap Gruffudd Leiaf]. **1547** *WS, Turnor* A turnar. **16g.** *B* xxiv. 33, Ac ar restr mae pob llestri, / Eu stôr a'u *turnor* wyt ti [Ieuan Tew i Fedo Hafesb]. **1604–7** *TW* (*Pen* 228), Gweithio val *turnorion* d.g. *detorno. id.* cyphur *turnor* y durnio ag y lyfnhau petheu wrth eu troelhi hwynt d.g. *Tornus.* **1605–18** *Mos* 131, 188, Gwaith *turnor* Tryssor llc i trwssiwyd [Robert ap Ieuan i ddiolch am flwch]. **1722** *Llst* 189, *Turnor.* m.p. *noriaid, norion.* A turner. **1794** *W* d.g. *Turner* [*that turns in a lathe*].

turnoriaeth [*turnor+-iaeth*] *eb.* Y grefft o durnio, pethau wedi eu turnio: *turnery* (*craft and objects*).
1547 *WS, Turnorieth* Tornars crafte.

turnpeic, gw. tyrpeg.

turnpeiciwr, turnpic(i)wr, gw. tyrnpeiciwr.

turnwaith, gw. turn+gwaith¹.

turnwr, gw. turniwr.

turnwriaeth [*turnwr+-iaeth*] *eb.* Y grefft o durnio, pethau wedi eu turnio: *turnery* (*craft and objects*).
1916.

turpant, gw. tyrpant.

turpentein, turpentin, gw. tyrpentein.

turs, *eg.* (bach. *-yn,* ll. *-nau*) ll. *-(i)au.* Trwyn (anifail), pig, gylfin; ystum anfoddog (ar yr wyneb), gwep, cuwch, gwg: *snout, beak, bill; wry face, grimace, scowl, frown.*
1604–7 *TW* (*Pen* 228), *Turs* d.g. *Hiatus.* **1632** *D, Turs,* Rostrum. **17g.** WILIAM BODWRDA: *Gw* 436, Gwedi i Sion didirion *dvrs* gweirio/r gŵr. **1722** *Llst* 189, *Turs.* m.p. *Tursau.* A snout, beak. *id. Tursyn.* m.p. *synnau* A little bill. **1768** TWM O'R NANT: *CTh* 46, Mae'r Bobl tu'g ei [*sic*] fyny yn gwneuthur *turss,* / O achos Dicc Pirce, Llansannan. **1770** *W* d.g. *Beak* [*of a bird or fowl*], *Snout* [*the nose of a swine*]. **1803** *P, Turs,* s. m.—pl. t. *iau* . . . A snout. *id.* d.g. *Tursyn.* Ar lafar yn y ll. '*tirsia, tyrsia*', 'Paid â gwstwn dy *dirsia* arna' i' 'do not look at me in that surly manner', 'tynnu *tirsia*', *WVBD* 533.

tursiaf: tursio [bf. o'r e. *turs*] *bg.* Gwneud ystumiau, tynnu wyneb, gwgu, gwepio, pwdu: *to make or pull faces, grimace, frown, pout.*
1803 *P.* Ar lafar ym Môn yn y ff. *tyrsio* yn yr ystyr 'gwgu'.

tursiog, tursog [*turs+-(i)og*] *a.* Ac iddo drwyn neu big; ystumiog, gwepsur, pwdlyd: *having a beak or snout; grimacing, long-faced, sullen, pouting.*
1722 *Llst* 189, *Tursog.* Having a beak, snouted.

tursiwr [bôn y f. *tursiaf*: *tursio+-iwr*] *eg.* ll. *turswyr.* Tynnwr wynebau, gwepiwr, un sy'n pwdu: *one who makes faces, pouter.*
1932.

tursog, tursyn, gw. tursiog, turs.

turtur [bnth. dysg. Llad. *turtur,* o bosibl drwy'r S. C. neu'r H. Ffr.] *eb.g.* ll. *-od, -au, -on, -iaid,* a hefyd gyda grym ansoddeiriol. *Adar.* Unrhyw un o amryw fathau o golomen wyllt o'r tylwyth *Streptopelia* a nodweddir gan blu brown, adenydd brith, a chynffon

hir, colomen Fair, cig y cyfryw golomen, hefyd yn *ffig.*: *turtle-dove, also fig.*

14g. *GIG* 94, Un natur â'r *turtur* teg, / Egwan wyf, ac un ofeg; / Ni ddisgyn yr edn llednais, / Ni chân ar irfedw, lân lais, / Pan fo marw, garw y gorwyf, / Ei gymar, aflafar wyf [marwnad Llywelyn Goch ap Meurig Hen]. *c.* **1400** *Études* vii. 62, *Turtur*, gwaet malencoli a wna. **1547** *WS, Turtur* colomben vair A tyrtyll. **1551** W. SALESBURY: *KLl* lxxiiia, y ddody offrwm . . . par o *turturon* [:– *Turtur* yw columben vair] (**1588** *Luc* ii. 24, *durturod*) ne ddeu gyw colombenot. **1588** *Lef* xiv. 30, Yna offrymmed vn o'r *turturau*, neu o'r cywion colomennod. **1588** *Can* ii. 12, clywyd llais y *durtur* yn ein gwlâd. **1603** W. MIDLETON: *Ps* 134, Pobl ynfyd (lown-fryd lw, / Du-nôd) difenwant d'enw. / Enaid pûr dy *durtur* dôn / (Gêli) na dhôd ir gâlon. **1604–7** *TW* (*Pen* 228), Ederyn gwyrdh o vaint *Turtur* d.g. *Chlorion*. **1615** R. SMYTH: *GB* 28, y clomenod a 'r *turturiaid* a 'r ieir. **1632** *D, Turtur*, Turtur. **1672** J. LANGFORD: *HDdD* 510, na ddyro enaid dy *durtur* (yr Eglwys resynol hon) i gynnulleidfa y gelynion. **1714** D. LEWYS: *CN* 24, A llais y *Durtur* ar y twyn, / Ar haf mor fwyn yn cynnal. **1794** *W* d.g. *Turtle, or turtle-dove.*

Amr.: **turtul** [bnth. S. C. *turtul* neu ff. gyda dadf. -*r*- -*r* > -*r*- -*l*, cf. *Chwefror* > *Chwefrol*]. **14–15g.** *IGE*² 186, Taer fur ferw ful *turtul* tart, / Tomas oer lambas Lwmbart (Rhys Goch Eryri). *c.* **1525** *GLM* 330, Nid tra gwyrdd tir a gerddwyf; / nid rhaid dail ir, *turtul* wyf [marwnad Tudur Aled]. **16g.** WILIAM CYNWAL: *Gw* 247, Meistres Catrin, ffrydwin ffraeth, / Merch Owain, mawr ei chywaeth, / . . . / Naw blynedd pan âi'i blaenawr / I hon ar ôl hanner awr. / Iddi y mae drwy gan gwae'n gul / Aturti [*sic*] aderyn *turtul*.

Cfn.: *Adar.* **turtur wendor(ch) = turtur dorchog. 20g.** *Adar.* **turtur dorchog:** *collared (turtle-)dove, Streptopelia decaocto.* **20g.**

tus, gw. **thus.**

†Tuscois [?cfdds. o'r Llad. *Tusc(ī)*+ *-wys*¹] *?e.ll.* ?Etrysgiaid, Tysganiaid: *Etruscans, Tuscans.*

9–10g. (*Ox* 1) *B* vi. 113, piipaur *tuscois*, gl. *tubicine tusco.*

Tusganaidd, Tusganiad, gw. **Tysganaidd, Tysganiad.**

tuslestr [*tus*+*llestr*¹] *eg.* Thuser: *thurible, censer.*

9g. (*MC*) *VVB* 226, *Tusslestr* .i. turibulum, gl. *acerra.*

tusw, *eg.* (bach. *-yn*) ll. *-au, -on.* Bwndel, sypyn, dyrnaid, yn enw. o wellt, brwyn, gwair, &c., a ddefnyddir i sychu rhywbeth yn lân neu'n sych; bwnsiaid, clwstwr, bwnshyn (o flodau), pwysi; cudyn (o wallt, gwlân, &c.), twffyn, crib, siobyn (o blu); (geir.) tasel; (geir.) brwsh (peintiwr); hefyd yn *ffig.*: *bundle, wad, handful, esp. of hay, straw, &c., wisp; bunch, cluster, bouquet (of flowers), posy; lock, tuft (of hair, wool, &c.), crest (of feathers); (dict.) tassel; (dict.) (painter's) brush; also fig.*

13g. *LTWL* 251, Nau affeith tan . . . lad tan, paratoi *tyssu* [*sic*], guascaru moch y tan. **14g.** *GDG*³ 319, *Tusw* gwyrdd hudolgyrdd deilgofl, / Tesgyll yn sefyll ar sofl [am fedwen]. **14g.** *DGG*² 122, Nid oes o'm gwallt un dwysen, / *Dusw* draenblu perthidgnu pen (Madog Benfras). **1547** *WS, Tusw* A wyspe. *id.* Sychu a chadach ne *dusw* Wype. *Diw.* **16g.** *WLB* 57, Llosc *dussw* o frwyn irion bob boreu a chymer yr Aer ar mwg hwnw yn dy enau. **1588** *Ecs* xii. 22, [*t*]*ussw* o yssop. **1604–7** *TW* (*Pen* 228), y lhe cetwyt *tuswæ* a chadachæ y ruglo ymeith aflendyt cyrph dynion d.g. *Xystrophylax. id. Tuswyn* d.g. *Fasciculus.* **1632** *D, Tusw*, Fasciculus, penicillum. **1688** *TJ, Tusw* . . . also a Painter's Pencil. **1722** *Llst* 189, *Tusw, Tussw.* m.p. *Tussẅau* [*sic*]. A gripe or handfull of any thing, bunch, tuft, wad: painter's brush . . . posie; tassel. **1740** T. EVANS: *DPO* 106, y Bradwr du a'i hanrhegodd a *Thussw* o Flodau Briallu. **1774** H. JONES: *CH* 31, Eira . . . disgyn i lawr . . . megis *tuswau* o wlân. **1803** *P.* Ar lafar, '*tusw* o wair' 'handful of hay', *B* iii. 209 (Penllyn).

Amr.: **tuswy** (ll. *-au*). **1651** SIÔN TREREDYN: *MDD* 173. **18–19g.** *CRIM* 67, E does Mai'n *duswyau* mwyn / Y llwyn a'i gwir ddillyned. **1803** *P.* **twsw. 1759** D. ROWLAND: *A* 19, yn eistedd ar *Dwsw* o wellt. Ar lafar, *B* iv. 304 (canolbarth Cered.); '*Twsw* clocs' 'A wisp of dry straw put into clogs to help keep the feet warm', *GDD* 314.

tuswaidd [*tusw*+*-aidd*] *a.* Clystyrog, sypynnog: *clustered, bunched.*

1851.

tuswddyfrllys [*tusw*+*dyfrllys*] *eg. Bot.* Planhigyn sy'n tyfu mewn dŵr lled hallt, *Ruppia maritima*: *beaked tassel-weed, tassel-grass, tassel-pondweed.*

1813 *WB* 241.

tuswog [*tusw*+*-og*] *a.* Yn tyfu'n duswau, clystyrog, sypynnog: *tufty, clustered, bunched.*

1722 *Llst* 189, *Tussẅog.* Tuffy, tufted. **1771** *W* d.g. *Bunched, bunchy or bunching out.* **1803** *P* d.g. *Tuswawg.*

tuswy, tuswyn, gw. **tusw.**

tutor, tutoriaeth, gw. **tiwtor, tiwtoriaeth.**

tuth, tith [ansicr yw prth. y ddwy ff.; ?cf. Llyd. C. *tiz*, Llyd. Diw. *tizh* 'cyflymdra', Llyd. Diw. *tus* 'trot'] *eg.b.* Trot, symudiad ar gyflymder rhwng trotian a charlamu, symudiad cyflym: *trot, canter, fast movement.*

13g. *C* 81. 16, Torwin pisc *tuth* eleirch tonn. **13g.** *A* 7. 11, eil *tith* orwydan. *ib.* 13, eryr *tith* tiryon. **14g.** *GIG* 155, Gwyliwch, o gwelwch y gŵr, / A brys yng fal bras iangwr, / Gwydn *duth* ar un gwadn ai dau, / Llwydrwth, heb warthol llodrau [dychan i'r Brawd Llwyd o Gaer]. *c.* **1400** *R* 1034. 44, *tuth* hebaoc. *id.* 1035. 8–10, eglur tonn *tuth* ehalaeth. *c.* **1400** [*RB*] *WM* 215. 15–18, Dyuot aoruc y mackoy yn llidyaoc angerdaol. a *thuth* ebroyd ganta0 tu ar lle yd oed arthur. **15g.** *GGl*² 228, Da rhed deubarc, draed diball, / Da iawn ei *duth* yn dwyn dall [i ddiolch am farch]. **1547** *WS, Tuth* Trot. **1632** *D, Tuth*, Equi successatio. **1794** *W* d.g. *Trot* [*a horse's manner of going between pace and gallop*]. **18–19g.** IEUAN LLEYN: *C* 76, A'i *dith* yn gas y daeth y Gwŷdd, / A geiriau croesion gyrai'r Crydd. **1803** *P, Tûth*, s. m. . . . A trot. *Tuth* blaiz, the trudge of a wolf; *tuth* març, the trot of a horse. Ar lafar, '*tith*' 'canter', *WVBD* 534.

Cfn.: **ar duth (dith):** *at a trot, trotting, also fig.* **16g.** *B* xvi. 188, y vo a ddigwyddodd y'w varch ef dwmpio *ar i duth.* **16–17g.** (**17g.**) *CC* 78, a rhed a dyred *ar dith* / i Lundain ar dy lowndith [Thomas Prys i'r llygoden]. **1789** TWM O'R NANT: *TChB* 7. **1800** W. OWEN[-PUGHE]: *CP* 49. Ar lafar, 'Ma'r hogan 'ma *ar dith* isio mynd allan i chwara' (Arfon).

tuthfa, tithfa [*tuth, tith*+*-fa, ma*] *eg.* Tuthiad, trot; taith: *trot; journey.*

14–15g. (*Diw.* **16g.**) *Gwyn* 3, 170, catgi cywion-flys deithflys *dythfa* [dychan Rhys Goch Eryri i'r llwynog]. *c.* **1400** *R* 1254. 22, Dos gennat teithuat *tuthua* poendethol. Ar lafar, '*Tuthfa*' 'a trot', *TGG* (1904) 47 (dwyrain sir Ddinb. a'r cyffiniau).

Cfn.: **tithfa hwch:** (*?slow*) *trot.* Ar lafar, J. JONES: *Gwerin-eiriau*² 162, 197.

tuthfawr, tuthgyflym, gw. **tuth**+**mawr, cyflym.**

tuthiad [bôn y f. *tuthiaf*: *tuthio*, &c.+*-iad*¹] *eg.* ll. *-au.* Y weithred o duthio, tuth, trot: *a trotting, trot.*

14g. *GDG*³ 307, Dwg dithau, deg ei *duthiad*, / Y daith hon i dŷ ei thad [i anfon carw yn llatai]. **1632** *D* d.g. *Succussatio.* **1794** *W* d.g. *Succussation or succussion.* **1803** *P, Tuthiad*, s. m.—pl. t. *au* . . . A trotting.

tuthiaf, tithiaf: tuthio, tuthian, tithio [bf. o'r e. *tuth, tith*; ?cf. Llyd. Diw. *tusañ*] *bg.a.* (Peri) trotian (weithiau'n gyflymach na hyn ond heb garlamu), mynd ar drot (ar draws), marchogaeth ar drot, symud yn gyflym, brysio: *to trot, canter, go at a trot (over), ride at a trot, move quickly, hurry.*

14g. *GDG*³ 205, Tithau'r albrasiwr, *tuthia*, / Teflidydd defnyddwydd da [i'r gŵr eiddig]. **14–15g.** *IGE*² 244, Daethant ill tri [Dewi, Padarn, a Theilo] heb *duthiaw*, / I dref Caerusalem draw (Ieuan ap Rhydderch). *c.* **1400** *R* 1278. 15–16, *Tuthyeis* agoillyeis ardraos goyllyon. y geissyao yr adao gan gas arwydyon. **15g.** *GGl*² 275, Iolo, *tuthiodd* at Ithael, / Propr oed dydd, ap Ropert hael. **15–16g.** *GRB* 66, Tithau'r mab yn *tuthio*'r meirch, / tor ferw ysgall trwy frasgeirch. **1547** *WS, Tuthio* Trot. **16g.** WILIAM CYNWAL: *Gw* (G. P. Jones) 93, Torri allan trwy 'wyllys, / *Tuthiasan*' i'r llan o'r llys. **16–17g.** *HCRC* iii. 336, Ny by enhir [*sic*] yn sglontio / a Dyfod chwip dan *dithio* / Nes y ddyfod mawr y frad / y lys vynhad istayo [*sic*]. *Dchr.* **17g.** *YT* 135, [p]eris ir march rygyngu, a oedd yn *tuthio* or blaen. **1632** *D, Tuthio*, Succussare more equi. **18g.** *W Ballads* 9, [7], dan *dithio*'n dun [*sic*] bob pant a bryn. **1803** *P, Tuthiaw* . . . To trot, to go on a trot. Ar lafar, '*tithio*' 'to canter . . . between "trotio" and "carlamu"', *WVBD* 534.

tuthiog [*tuth*+*-iog*] *a.* a hefyd gyda grym enwol. Yn tuthio, yn symud yn gyflym: *trotting, moving quickly.*

c. **1400** *R* 1353. 9–10, cayntach iossed grach tothach *tuthyaoc. c.* **1400** (*SG*) *HMSS* i. 373, ef aarganuu owein ganthaw yn rwym ar warthaf keffyl *tuthyawc.* **15g.** *GTP* 50, Tithau a gai gebystr, *tuthiog* wibiad [am leidr]. **16g.** WILIAM CYNWAL: *Gw* (R. L. Jones) 671, Teirsaeth geginiaeth, gagennog—ebran, / Trwy'r coludd allan, gi teithwar *tuthiog* [dychan i'r llwynog]. **1604–7** *TW* (*Pen* 228), march *tuthioc* anhywedh d.g. *Succussarius. Dchr.* **17g.** *J* 10, 158a, *Tuthiog.* trotter. Succussarius. **1632** *D, Tuthiog*, Succussans. **1803** *P* d.g. *Tuthiawg.*

tuthiwr [bôn y f. *tuthiaf*: *tuthio*, &c.+*-iwr*] *eg.* ll. *tuthwyr.* Person neu anifail sy'n tuthio neu'n symud yn gyflym.: *trotter, person or animal that moves quickly.*

15g. *DGG*² 44, Oreugwas *duthiwr* eigiawn, / Twrch heli wyd, torch loyw iawn [i'r eog]. **1547** *WS, Tuthiwr* A trotter. **16g.** *GGH* 302, Torred ei smwt yn gwta, / Teithiwr hwyr yn *duthiwr* da [i ofyn march]. **16g.** WILIAM CYNWAL: *Gw* (R. L. Jones) 323, A gyrru'r gŵr, *duthiwr* dig, / [. . .]der oergranc, hyd 'r Wyrgrug. **1604–7** *TW* (*Pen* 228) d.g. *Internuntius.* **1632** *D* d.g. *Ambulator.* **1803** *P, Tuthiwr*, s. m.—pl. *tuthiwyr* [*sic*] . . . A man who trots.

tuwtor, tuy, tuylu, tuyluwr, &c., gw. **tiwtor, tŷ, teulu**¹**, teuluwr,** &c.

tw [?gair yn dynwared sŵn (cf. hefyd *twt*¹)] *ebd.* Twt, pw; ji: *tut, tush; gee up.*

1547 *WS, Tw. Dchr.* **17g.** *J* 10, 160a, *Tw.* Tush. Aha. **1803** *P, Tw* . . . *Tw!* varç benthyg. Gee up! hired horse. Ar lafar, '*tw*' 'twt', *WVBD* 554.

twang [bnth. S. *twang*] *eg.* Llediaith: *(peculiar) accent.*

1920. Ar lafar, 'Dath hi nôl o'r coleg yn Llunden â'r *twang* ryfedda'' (sir Gaerf.).

twangiaf, twangaf: twang(i)o [bnth. S. (*to*) *twang*] *bg.a.* Plycio (tannau offeryn cerdd, &c.), canu (offeryn cerdd llinynnol), atseinio drwy gael eu plycio (am dannau); siarad â llediaith: *to twang ((strings of) musical instrument, &c.), pluck; speak with a twang.*

20g. Ar lafar, 'Ma'n gas 'da fi 'i chlywed 'i'n *twango* wrth siarad Cymrâg' (sir Gaerf.).

twat [bnth. S. *twat*] *eg.* ll. *-s.* Un disynnwyr neu wirion: *twat, nincompoop.*

Ar lafar, 'Ma fe'n rial *twat*' (Cered.), 'Pam bo lot o ddinnon yn giment o *dwats*?' (sir Gaerf.).

twb¹**, tỳb** (*ŵ*) [bnth. S. *tub*; cf. *twba*¹] *eg.b.* (bach. *twbyn*) ll. *tyb(i)au, twbau, tybs.* Llestr agored llydan (crwn) ac iddo waelod fflat, yn enw. ar gyfer golchi; llestr i gymryd bàth ynddo, baddon; cynhwysydd marjarîn, hufen iâ, &c.: (*washing, &c.*) *tub; bath-tub; tub (for margarine, ice-cream, &c.).*

16g. HUW CORNWY, &c.: *Gw* 30, Arfer Non ar farn i ni / o du ei stad—odiaeth ydy'. / Teisen o'i llaw llei daw'n deg: / torth o *dỳb* toraith deubeg. *c.* **1762–79** W. WILLIAMS: *P* 37, y trigolion . . . a gasglant y tywod yn dyrrau, ac a'i gosodant mewn Cafnau a *Thwbau.* **1787** (**1812**) TWM O'R NANT: *PG* 32, Ond am un llestr 'menyn, hi ga'dd gam enw, / A dim ond darn pennog oedd yn y *twbb* hwnw. Ar lafar, '*twb*' 'tub', '*twb* golchi', *WVBD* 554 (*eg.*); '*twbyn*' 'tub', *GTN* 828 (*eg.* ll. *tyba*); hefyd yn y diwydiant glo yn yr ystyr 'dram', '*twb* ddrwg' 'dram ac iddi nam', *Geir Glo* 123 (sir Fflint a sir Ddinb.). Digwydd yn yr ymad. 'o dan *dwbyn*' i gyfleu diniweidrwydd neu anwybodaeth o'r byd, 'Ma fa'n byw o dan *dwbyn*, chi welwch. 'Ŵyr a ddim beth sy'n mynd 'mlæn yn y pentra', *GTN* 828.

twb²**, twp**³ (*ŵ*) [bnth. S. *tub(-fish)* 'gurnard'] *e?g.* ll. *twps* (un. g. *-yn*), fel arfer yn y cfn. *twb* (*twp*) *y dail. Pysg.* Cochgangen, *Leuciscus cephalus*; brithyll y môr, gwyniedyn, sewin; pengernyn, gyrned, chwyrnwr: *chub; sea trout, salmon trout, sewin; gurnard.*

1771 *W, twb y dail* d.g. *Chevin* [*the chub-fish*], *Tub-fish.* **18–19g.** *IAW* (LlGC) 97, 23b, *Twb y dail*, Salmon trout Glam. **1803** *P*, Twb . . . *Twb y dail*, a chevin, a chub fish. Ar lafar, '*twps y dail*' 'sewin', *Geir Geg* 53 (Cered. a sir Gaerf.); hefyd ym Morg. Cf. J. G. JENKINS: *NC* 305, In West Wales the large autumn sewin is known as . . . *twps y dail.*

twba [bnth. S. Diw. Cyn. *tubbe*; cf. *twb*¹] *eg.* ll. *-âu*, ll. dwbl *twbeiau.* Twb(yn); twb

ymolchi, baddon; bwced, stwc; hefyd yn *ffig.*: *tub*; *bath-tub*; *pail*; *also fig.*

1617 *Minsheu* 500a d.g. *a Tubbe, or great vatte.* **1722** *Llst* 189, *Twba.* m.p. *Twbäau.* A tub. **1794** *W* d.g. *Tub.* Ar lafar, *Cymru* xlvi. [21] (canolbarth Cered.), *SC* vi. 136 (sir Benf.).

twbaid, twbiaid [*twb*¹+*-aid*¹, *-iaid*²] *eg.* ll. *twbeidiau.* Llond twb, cynnwys twb: *tubful.*

c. **1762–79** W. WILLIAMS: *P* 109, ar wyneb *twbaid* o ddwfr. **1799** M. WILLIAMS: *HHG* 78, mewn *twbaid* o ddwfr claiar. Ar lafar, ''Allet ti ddod â *twbed* o iogyrt i fynd 'da'r cyrri?' (sir Gaerf.).

twber [bnth. S. *tuber*] *eg.* ll. *-au.* Cloronen, oddf: *tuber.*

20g.

twbercwl, tiwbercwl [bnth. S. *tubercle*] *eg.* ll. *t(i)wbercylau. Meddyg.* Chwydd bach ar (organ yn) y corff, yn enw. nam cnepynnaidd yn yr ysgyfaint, &c., sy'n nodweddiadol o'r darfodedigaeth: *tubercle* (*in med.*).

20g.

twbercwlaidd [*twbercwl*+*-aidd*] *a. Meddyg.* Darfodedigaethol: *tuberculous* (*in med.*).

20g.

twbercwlin, tiwbercwlin [bnth. S. *tuberculin*] *eg. Meddyg.* Hylif aseptig wedi ei baratoi o feithriniad o fasilws twbercwlosis er mwyn gwneud diagnosis o'r darfodedigaeth (a hefyd gynt i'w drin): *tuberculin* (*in med.*).

20g.

twbercwlosis, tiwbercwlosis [bnth. S. *tuberculosis*] *eg. Meddyg.* Darfodedigaeth, dycáe, dicléin, pla gwyn: *tuberculosis* (*in med.*).

20g.

twbiaid, twbyn, gw. twbaid, twb¹.

twc¹**, tyc** (*y*≡*ə*) [bnth. S. *tuck*] *eg.* (bach. *twcyn*) ll. *tyc(i)au, twcau, tycs.*

(*a*) Plet mewn dilledyn (fel arfer wedi ei gwnïo) a ddefnyddir i addasu maint y dilledyn neu fel addurn: *tuck* (*in article of clothing*).

20g. Ar lafar, 'Ma'r *tyc* 'di dechra datod' (gogledd Cymru); '*Twc*, *Twcin*', 'Rhoi *twc* neu ddau yn y ffroc', *Cymru* liv. 132 (dwyrain sir Drefn.); 'yn 'i blowsen wen yn *dwce* a ffrils i gyd', *Wês wês* 15; ''Ôn i'n arfadd doti *tyca* yn ddillad y plant pyn ôn' nw'n fæch a wedi 'ny 'ôn i'n gallu gillwn y *tyca* wth bo' nw'n tyfu', *GTN* 823.

(*b*) Plwc: *tug*, *sharp pull.*

20g. Ar lafar, '*Twc*' 'a sharp pull', *TGG* (1907–8) 111 (godre Cered.); hefyd yn yr ystyr 'pain caused by a poultice in "drawing"', *GDD* 312; ac mewn ymad. fel 'dal(a) *twc*' 'parhau neu aros am gyfnod (hir)', 'Mae'r job 'ma wedi dala *twc* ifi' (Cered.), 'Mae wedi dala *twc* cyn priodi' (sir Gaerf.).

twc² [bnth. S. *duck* 'dip'] *eg.* Trochiad, dowciad; bedydd (drwy drochiad): *a ducking*, *dip*; *baptism* (*by immersion*).

1894. Ar lafar, ''Geso' i *dwc* pan ôn i'n ddeuddag ôd' (dwyrain Morg.).

twca [?bnth. S. C. *touk* 'sword'] *eg.b.* ll. *twceiod, twcâu.* Cyllell fawr, cyllell gig, cyllell cigydd, cyllell fara; cyllell fach, cyllell boced, dagr bach; (?geir.) cŷn, gaing; hefyd yn *dros.*: *large knife*, *cleaver*, *carving-knife*, *butcher's knife*, *bread-knife*; *small knife*, *pocket knife*, *small dagger*; (?*dict.*) *chisel*; *also transf.*

14–15g. (*Diw.* **16g.**) *Gwyn* 3, 170, Crwyn-chwant crug-dyciant creg *dwcca* crin-goch [dychan Rhys Goch Eryri i'r llwynog]. **15g.** *GTP* 50, Moch, geifr a manfoch gofras, / Myllt, a *thwca* melltith Ddeicws. *id.* 84, Doent hwythau â phynnau ffa, / Ceraint Dicwn, carn *twca.* **1547** *WS*, *Twcka* A thwytell. **16–17g.** *DCR* 224, onid taro ar y bwrdd / hogen hwrdd // o becked. / A chael honno ar y llawr / a *thwcka* vawr // ai tressio [*sic*]. **16–17g.** *CRC* 160, Ac oddiar pedleriaid / dwyn y *twccae.* **1617** *Minsheu* 71a d.g. *a Chisell.* **1632** *D*, *Twcca*, Cultrum. **1722** *Llst* 189, *Twcca.* m. A short knife. **18g.** *Beirdd y Berwyn* 42, Nid oes boncyff lle mae'n rhodio / Na bu'r clwpa efo i *dwca* yn un o'i docio. **1756** *ML* i. 433, The channels for yᵉ bottoms of yᵉ drawers to run in are to be cut with a cŷn a *thwcca*, as coopers cut their corddynau, and not with a saw. Ar lafar, '*twca*' 'a large knife', *WVBD* 554; '*twca*' 'offeryn tebyg i gyllell ac iddo goes bren, a llafn haearn ar ffurf cragen sydd tua'r un hyd â thu mewn y bys cyntaf. Defnyddir i godi cregyn o'r tywod wrth hel ar y lan', *B* xxv. 57 (sir Gaern.); '*twca*' 'math o gyllell at ddatod hên ddillad neu sachau', *id.* iv. 304 (canolbarth Cered.); hefyd yn yr ystyr 'cyllell fach, cyllell boced' (Meir. a sir Gaerf.).

Amr.: **twcar.** Ar lafar ym Mhenllyn.

Cfn.: **twca cam:** *small long-handled knife with a curved blade.* **1911.** Ar lafar, '*twca cam*' 'at wneud llestri pren', *Cymru* xlvii. 279 (sir Ddinb.); '*twca cam*' 'a small instrument with a wooden handle and a curved blade for smoothing the sole of a clog', *WVBD* 554. **ar fy nhwca:** *really*, *honestly.* **20g.** Ar lafar, '*Ar 'y nhwca*, 'wyddwn i ddim', *WVBD* 554.

twcaf¹**: twco** [bnth. S. (*to*) *duck*] *bg.a.* Suddo (dan y dŵr), trochi, ymdrochi, plymio: *to duck*, *plunge* (*under water*), *dive.*

1819. Ar lafar, 'Gwelwch shwd rali sy gen y plant wrth *dwco* yn yr afon', *LlGC* 1174, 36; 'wied bach yn *twco*' (gorllewin Morg.).

Cfn.: **twco afalau:** *to duck apples.* **1895.** Ar lafar, ''Ôn ni wastod yn dishgwl 'mlæn at *dwco* '*fala* acha' Nos Glingaea'', *GTN* 824.

twcaf²**, twciaf, tyciaf**²**, tycaf: twc(i)o, twcan**¹**, tyc(i)o** [bnth. S. (*to*) *tuck*] *bg.a.*

(*a*) Rhoddi plet(iau) mewn (dilledyn, &c.) i'w fyrhau neu ei addurno; gwthio, plygu, neu droi ymyl(on) (dilledyn, dillad gwely, &c.) o dan ymyl peth arall i'w sicrhau neu ei gau (eu cau) i mewn; lapio dillad gwely yn dynn am (berson): *to tuck* (*in*) (*of clothes*, *&c.*, *also of person*).

1547 *WS*, Kwtio ne *dwckio* gwisc laes Tucke. Ar lafar, '*Tycia*'r shît 'na'n daclus dan y fatras' (Arfon); 'Gysgodd e fel twrch unweth *dycies* i fe yn y gwely' (gogledd Cered.); '*twco* ffroc' (canolbarth a godre Cered.). Clywir *twco* hefyd yn yr ystyr 'To dress a babe in short clothes, termed in S. Pembrokeshire "breeching" a child', *GDD* 312; 'Flynydda'n ôl, 'ôn' nw'n catw babi mwn dillad 'ir am gwpwl o fishodd, cyn 'i *dwco* fa—'i ddoti fa mwn dillad byr', *GTN* 824.

(*b*) Plycio (am boen), gwynio: *to shoot* (*of pain*), *throb.*

Ar lafar, 'Aw! Ma 'y mys i'n *twcan* 'nawr' (sir Gaerf.); '*Twco*' 'To pain, said of the "tucking" pain caused by a thorn, of spasmodic toothache, &c.', *GDD* 312.

Cfn.: **tyc(i)o (i) mewn:** *to tuck* (*someone or something*) *in.* Ar lafar, ''Nei di *dycio* fi *mewn*?' (gogledd Cered.); '*Tyca* dy grys *mywn* i dy drwsus iti gâl dishgwl yn didi' (sir Gaerf.).

twcan²**, towcan** [bnth. S. *toucan*] *eg.* ll. *-s. Adar.* Unrhyw un o amryw fathau o adar trofannol Americanaidd o deulu'r *Ramphastidæ* ac iddynt big enfawr a phlu lliwgar: *toucan.*

1866.

twcar, twciaf: twcio, gw. twca, twcaf²: twco.

twcwr [bnth. S. *tucker* 'fuller'] *eg.* ll. *-iaid.* Pannwr; lliwydd: *fuller*; *dyer.*

1672 R. PRICHARD: *Gw* 365, [y] tanner a'r *twcctwr* [:- Pannwr]. Ar lafar, '*Twcwr*' 'A fuller', *GDD* 313; hefyd yn yr ystyr 'lliwydd', *TGG* (1907–8) 91 (deorllewin sir Gaerf.).

twcyn, gw. twc¹.

twdwlŵ, twdlŵ [bnth. S. *toodle-oo*] *ebd.* Hwyl fawr, da bo chi: *toodle-oo.*

20g. Ar lafar.

twddaf: twddu, gw. tyfaf: tyfu.

twddf, *eg.* ll. *tyddfau, twddfau.* Tyfiant, chwydd, oddf: *growth*, *protuberance*, *swelling.*

15g. *CMOC*² 124, ai *twddf* sy yt, ai oddfyn, / ai torrog lost, Guto'r Glyn [dychan i geilliau Guto'r Glyn gan Ddafydd ab Edmwnd]. **1632** *D*, *Twddf*, Excrescentia. **1722** *Llst* 189, *Twddf.* m. A growth, excrescence. **1770** *W* d.g. *Accretion.* **1803** *P*, *Twzv*, s. m.—pl. *tyzvau* . . . What pokes out.

twddiant, twêl, gw. tyfiant, tywel.

twf [bôn y f. *tyfaf*: *tyfu*; ?cf. H. Lyd. *tum*, gl. *siluis scaena coruscis*] *eg.* ll. (prin a diw.) *tyfion.* Y weithred neu'r proses o dyfu, tyfiant, cynnydd (hefyd am y lleuad), ffyniant; cam yn y proses o dyfu, maint neu gorffolaeth a gyrhaeddir wrth dyfu, ffurf; peth sydd wedi tyfu neu yn tyfu, tyfiant, llystyfiant; tyfiant (annormal), tiwmor: *growth*, *a growing*, *increase*, *waxing* (*of moon*); *stage of growth*, (*size or stature reached by*) *growth*, *form*; *growth*, *vegetation*; (*abnormal*) *growth*, *tumour.*

12g. *GLIF* 163, Yr *twf* mein riein rwdeur wanas. **13g.** *C* 69. 7–9, Bet llvid lledneis. ig kemeis tir. kin boed hir *tuw* y eis. dygirchei tarv trin ino treis. **1346** *LlA* 92, yn gymedrawl yd*of* Adyat ygorff. **14g.** *GDG*³ 144, Teg oedd weled mewn rhedyn / Tegau *dwf* yn tagu dyn. *id.* 372, Nage, ŵr hael, anwr hyll, / Nid wyf felly, *dwf* ellyll. *c.* **1400** *DB* 109, Os yn y cornel uchaf idi [y lleuad] y byd tywyll, arwyd yw y byd glawawc ar y *thwf.* **15g.** *DN* 87, Doe gwelais ddyn dec alawnd / *Dwf* addvain dan liain lawnd. **1588** *Esec* xvii. 6, Yna y tyfodd ac yr aeth yn win-wŷdden wascaroc, issel o *dŵf.* **1632** *D*, *Twf*. . . Incrementum, auctio. **1661** E. LEWIS: *Drex* 10, mae gen y Lleuad hitheu ei *thwf* ar ol pob Cil. **17g.** HUW MORUS: *EC* i. 239, Ardderchog, aur frigog, nodedig ei *dw*', / Gwrandewch ar fy nhestun, lle 'r wyf yn gorchymmyn, / Y wlad tan eich edyn i'w chadw. **1703** T. BADDY: *PCh* 64, sicer yw fod *twf* yn arwydd o fywyd. **1778** J. HUGHES: *BB* 366, Llwyddiant ar eich holl eiddo, / Ar gynnydd beunydd y bo, / Na fo fe lai, o flewyn, / Mwy *tŵ* geiff yn y Tŷ Gwynn. **1803** *P*, *Tŵv*, s. m. . . . A growth; an increase. Ar lafar, '*tw*' mawr ym mhob man', *WVBD* 554; ''Ma'r pren bach 'ma'n dychra tyfu,'' myddwn i. ''O, mæ 'na *dwf*'', mydda fynta', '''Ma *twf* yn y Blaid Ryddfrydol,'' mydda Twm ni, 'ta faint o wir odd yn 'ynny', *GTN* 828.

twff¹ [bnth. S. *tuff*, amr. ar *tuft*] *eg.* (bach. *-yn*, ll. *tyffynnau*) ll. *tyff(i)au*, *twff(i)au.* Siobyn, tusw: *tuft*, *bunch.*

16–17g. *DCR* 228, yn y gwynt fal hofion hyll / may *twff* o esskyll gwnion [am fwng ceffyl]. *Dchr.* **17g.** *J* 10, 161a, *Twf.* Tufte. **17g.** *LlGC* 13215, 383, *Twff* Crista. *c.* **1730** *LlCy* iii. 52, Hen forris ddawnswraig hŷf yw hon, / . . . / Ag yn enwog Fariwn serchog / Ys Diwrnoda a'i *thwff* dynadog. **1795** T. LEWIS: *CD* 24, A dillad hoff, fel *twff* y lili. **1803** *P*, *Twf*, s. m. . . . a tuft. Ar lafar, '*Twffin*' 'dyrnaid o wenith . . . a'r twysennau gyda'i gilydd fel bwnsh o flodau', *Cymru* liv. 132 (dwyrain sir Drefn.); ''Rodd 'na *dwffyn* bach o wallt gydag e'n hongian dros 'i lygad dde' (sir Gaerf.); ''I ryws *dwff* o flota ifi o'r ardd', ''Odd rwun wedi doti *twffyn* 'yfryd o rosys ar y ford yn y tŷ cwrdd', *GTN* 824.

Amr.: **twfft** [bnth. S. *tuft*]. *c.* **1920** GLYNFAB: *PD* 84.

Cfn.: *Bot.* **twff Noa:** *marsh orchid*, *Dactylorhiza.* Ar lafar, *GTN* 824.

twff²**,** gw. tyff.

twffa [bnth. S. *tufa*] *eg.* ll. *-âu. Drg.* Craig fân-dyllog o galsiwm carbonad sy'n ymffurfio o gwmpas ffynhonnau mwynol: *tufa* (*in geol.*).

1875.

twfft, twffyn, gw. twff¹.

twg¹**,** gw. tyg.

twg² [olff. o *tygiaf*: *tygio*] *eg.* Digonedd, helaethdra, cynnydd, ffyniant, lwc: *plenty*, *abundance*, *increase*, *prosperity*, *luck.*

1789 *BDG* 136, A llenwi dail i'm llannerch, / A *thwg* ar ias amlwg serch. *id.* 522, Pôr y tir yn peri *twg* / Ar y gwin ym Morganwg! **18–19g.** *IMCY* 230, Mae aur iw thai, mawr ei *thwg* / Mawr gennyf yw Morganwg. **18–19g.** *LlGC* 13221, 16, *Twg* plenty, abundance, increase, whence tygio. **1803** *P*, *Tŵg*, s. m. . . . luck, prosperity.

twng¹**, twnc** [bôn y f. *tyngaf*: *tyngu*; ?cf. Crn. C. *ty*, Llyd. Diw. *tou*; ansicr yw dosbarthiad rhai o'r enghrau. isod] *eg.* ll. *tyngau*, *tyngion*, a hefyd gyda grym ansoddeiriol.

(*a*) (yn y ff. *twng*) Y weithred o dyngu, llw: *a swearing*, *oath.*

c. **1300** *LTWL* 372, Os gwreic arall byt, teghed huch allawr gyssegredic, ony credir hep *twng*, neu hony digwedir cwbyl eny erbyn. *id.* 392, Or llat ysgrybyl trefgort llwtyn, ac na wypper pwy ae llatho, doed perchennawc y llwtyn ae greir gantaw attadunt, a rotent llw diarnabod, ac odyna talent y rif eidon . . . Ar gyureith honno a elwir 'llwyr tal gwedy llwyr *twg*'. **14g.** *LlB* 126, Tri ryw *twg* yssyd: cadarnhau gwir gan tygu trwydaw perued . . . gwadu geu gan tygu trwydaw perued . . . tygu peth petrus herwyd kytwybot. **14g.** *DGG*² 149, A llyma 'nghred . . . / . . . / Gan lwyrlid, gwn alarloes, / Nych a *thwng*, na chai i'th oes, / . . . / . . . ŵr afal ef [marwnad Rhys ap Tudur gan Ruffudd Gryg]. **14–15g.** *IGE*² 314, Aur leithig lwyth, dylwyth *dwng*, / Ustus Gwynedd a ostwng [marwnad Gwilym ap Gruffudd gan Rys Goch Eryri]. **14–15g.** *GGLl* 125, Onid elwn, gwn ganlyn, / Mewn *twng* am un enaid dyn ['Y cwest ar Forgan ap Dafydd o Rydodyn' gan Ruffudd Llwyd]. **1567**

TN 7b, Na thwng anudon, anid taly dy *dwng* [:- *dyngiow*, lyae] ir Arglwydd. *id.* 82b, a'r llw [:- *twng*] a dyngawdd wrth ein tat Abraham. **16–17g.** *B* viii. 119, gorseddodd yn emyl y pytew *twng* (*apud puteum iuramenti consedit*). **1632** *D*, *Twng*, Juratio, juramentum. **1722** *Llst* 189, *Twng*. m. An oath, protestation. **1803** *P*.

(*b*) *Cyfr.* Tâl a delir i arglwydd neu frenin yn lle gwestfa (yn y cyfreithiau Cymreig; weithiau hefyd am daliadau eraill); cyfran o ŷd a delir gan denant i feistr tir: *payment made to a lord or king as commutation of the food-rent 'gwestfa' (in the Welsh laws; also used of other payments); portion of corn payable by a tenant to a landlord.*

13g. *GDB* 350, Ny gnaud o'e ardal na thal na *thwg*. **13g.** *LlI* 10–11, e gostecvvr . . . Ef a dele kennullav *tvng* e brenhyn. *id.* 60, o'r uyth henne e dele e brenhyn guestua pob bluydyn: sef yu henne, punt . . . A honno a elwyr e punt *tung*. *id.* 63, Guyr e uaertref . . . Vynt a deleant talu *tung* eu tyr yn llau uaer e bysweyl ac a deleant e porthy due weyth en e ulueden. **13g.** *D Col* 18, Ny deleyr talu *tug* o tyr kyfryf; sef achaus na deleyr, urth na deleyr cuynos ohonau. **13g.** *LTWL* 253, De *tunc* et prit maer. **14g.** *BT* (*RB*) 44, A'r kyfuran a berthynei y gael o tir y Brytannyeit, hynny a rodes y brenhin y Ioruerth ap Bledyn yn ryd, tra uei uyw y brenhin, hep *twg* a hep treth. **15g.** *AL* ii. 264, ay *tygev* ay wesvae [*sic*] ac veriony [*sic*] ay ebran. **15–16g.** *GLM* 221, Gwell yw *twnc* y gyllid dau, / iarlles weddw, no'r holl swyddau. **16g.** (*LlEG*) *Mos* 158, 28b, kwbwl o dir powys a hann/er dyued a holl sswydd gredigion yr hrain a Roddes Ef yn hrydd o *dwnk* ac ysdalaidgi ynn dragowydd. *Dchr.* **17g.** *J* 10, 160b, *Twngc.* rhan o yd am dir. the third part for rent. **1632** *D*, *Twngc* . . . & *Twng*, est pars segetis quæ domino agri ex conuentione debetur. **1722** *Llst* 189, *Twng*, *Twngc*. m. The Landlord's share of the corn due from his dairy-man, the thirds, fourth sheaf. **1730** *Leg Wall* 584, *Twngc*, & *Twng*, Canon qui a Liberis tenentibus debetur. Ut Canon Hominum liberorum est *Twngc*, ita Canon Villanorum vocatur Dawnbwyd. **1803** *P*, *Twng* . . . a yearly acknowledgement due to the lord of the soil, according to the laws of Wales; also a certain ration of corn due from tenant to landlord.

Cfn.: **twng anudon:** *perjury.* **1680** J. Thomas: *UN* 37. **1770** *W* d.g. *Abjuration* [*forswearing*]. **ar ei dwng (ei thwng, &c.):** *on one's oath.* **15g.** Gwilym Tew: *Gw* 516, Yr hudoles rhy deilwng / A werthai oed *ar ei thwng*. *p.* **1584** G. Robert: *GC* [356], o bydd *ar i dwng*, yn bur, / Heb fradu, [*sic*] neb oi frodur. **18–19g.** *LlrC* 54, 253, dywedyd *ar ei dwng* . . . myn Penn . . . Caisar. **dan (tan) dwng:** *under oath.* **15g.** *GGl*[2] 51, Nid talu arian *dan dwng*, / Talu gweithredoedd teilwng. **1567** *TN* 22b, Erwydd paam y gaddawodd ef *dan-dwng* [:- drwy lw] y rhoddei yddhi beth pynac ar a archei hi. *Dchr.* **17g.** *J* 10, 160b, *Tan dwng*. trwy lw. **1632** *D*, Damdwng, h.e. *dan dwng*, sub juramento. **trwy dwng:** *on or under oath, by swearing an oath.* **14g.** *LlB* 36, yn kadarnhau y vanac *trwy twg*. **1346** *LlA* 143, duo aeirch . . . na chadarnhao dyn kelvyd *trwy tong*. **15g.** *GDID* 79, Tri dug a brofes, *trwy dwng*, / A dau iustus, dy ostwng.

twng[2], **twngs**, gw. **tyngaf: tyngu, tongs** (hefyd At.).

twngsten, tyngsten [bnth. S. *tungsten*] *eg.* *Cem.* Elfen fetelaidd ddwys lwydwen (symbol W; rhif atomig 74) a geir yn naturiol mewn rhai mwynau, ac a ddefnyddir yn arbennig mewn ffilamentau lampau trydan ac mewn aloiau dur: *tungsten.*
1931.

tw-hw, tw-hw-hw, ty-hw [gair yn dynwared sŵn, cf. S. *tu-whoo*] *eg.* a hefyd gyda grym ebychiadol. Cri'r dylluan: (*tu-whit*) *tu-whoo.*
a. **1869.** Cf. R. Williams Parry: *CG* 6, Ni bydd eu Lladin, ar fy llw, / Na llon na lleddf—'Tw-whit, *tw-hw*!
Cf. hefyd **gwdihŵ, hw**[1]—**hw-ddy-hw, hw-hw.**

twhwtiaf: twhwtian [bf. o'r e. S. *tu-whoot*, amr. ar *tu-whoo*] *bg.* Hwtian (am dylluan): *to hoot* (*of owl*).
20g.

twi [bnth. S. *twee*] *eg.* Trydar, yswitiad: *chirp* (*of bird*).
1911.

twid [bnth. S. *tweed*] *eg.* ll. *-au*, *-s.* Brethyn gwlân garw a wneid yn wreiddiol yn yr Alban, hefyd am ddillad o'r brethyn hwn: *tweed.*
1851.

twigiaf, twigaf: twig(i)o [bnth. S. (*to*) *twig*] *bg.a.* Deall, dod i ddeall yn sydyn: *to twig.*
20g. Ar lafar, 'A wedyn nes i *twigo* beth odd y broblem' (sir Gaerf.).

Twigïaidd [yr e. prs. *Twiggy*+*-aidd*] *a.* Tebyg i'r fodel Twiggy (Lesley Hornby, 1949–) o ran corff: *Twiggy-like.*
20g.

twil (*i*) [bnth. S. *twill*] *eg.* ll. *-iau.* (Brethyn a wehyddir i greu) arwyneb ac arno wrymiau neu linellau lletraws cyfochrog: *twill.*
1851.

twist [bnth. S. *twist*] *eg.* ll. *-iau.* Tro; pleth (mewn gwallt, &c.); edau gyfrodedd; (gyda'r fan.) dawns boblogaidd yn y 1960au (troir y corff a'r pennau gliniau'n egnïol o'r naill ochr i'r llall ac i fyny ac i lawr): *twist, turn; plait* (*of hair, &c.*); *twist* (*thread*); (*the*) *twist.*
1605–18 *Mos* 131, 131, mae rryw *dwist* yn rrawn d'ael / yn troi ifank mewn trafael [i ferch]. Ar lafar, ''Ôn ni'n câl mwy o hwyl yn neud y *twist* na roc-a-rôl' (Arfon).

twistiaf, twistaf: twist(i)o [bnth. S. (*to*) *twist*] *bg.a.* Troi, dirdroi, rhoddi tro yn; gwyrdroi (ystyr); dawnsio'r twist: *to twist; twist* (*meaning*); *dance the twist.*
20g. Ar lafar.

twît [bnth. S. *tweet*] *e?g.* Yswitiad: *tweet.*
1899. Digwydd hefyd yn y ff. *twît twît*.

twitiaf: twitian [bnth. S. (*to*) *tweet*] *bg.a.* Yswitian, pipian, trydar: *to tweet.*
1877.

twits, twitsiaf: twitsio, gw. **twtsh, twtsiaf: twtsio.**

tŵl [bnth. S. *tool*] *eg.* (bach. g. *twlyn*, b. *-en*) ll. *-s*, *twls* (un. g. *twlsyn*, b. *-en*), *twlod*, ll. dwbl *twlsod.*

(*a*) Offeryn, teclyn, erfyn, hefyd yn *ffig.*: *tool, implement, also fig.*
1575 *Pen* 69, 52, saer mynnod dros warr maenorr / ai gwd ai *dwls* gidai dorr [Rhys Cain am fwch gafr]. **16–17g.** *Bl B XVII* i. 133–4, Gweddus i'w fritchus ar frys / Gael balog i'w gâl [*sic*] bylus; / Gwisg dda i'r *twl* carnbwl, crin, [*sic*] / Oer dreciach ar y drycin (Hugh Roberts). **16–17g.** *HCRC* iii. 76, Duw mor hoffed gan y gwragedd / deimlo *twls* y dorroy byssedd. **18g.** *CM* 212, 51, ffarwel iti Madam ffabian / mae ithe [*sic*] obeth weithian / gael *twls* yn lle cledde cri / o euddo iti dy hunan. **18g.** *CM* 490, 26, ow sir digrifach ichwi / dynŷ i *dwls* aû llosgû. **1755** *ML* i. 377, Nid oes dim siawns i ddynan cywrain dysgedig oni bydd o *dwlsyn* i *dwlsyn*. **1760** *id.* ii. 154, fe garia gerrig, a llestri, a phob *tŵls* saer, etc., hyd y ty cefn. Ar lafar, '*twlsyn* . . . *twls*' 'Arf gweithio', *B* xx. 384 (ardaloedd chwareli'r Gogledd); '*tŵl*, *tŵlyn*, *twlsyn* . . . ll. *tŵls*, *tŵlz*', *Geir Glo* 93; 'Ma rai o '*nwls* i ar goll', '*Twlsyn* y sær yw 'wn. Dod a 'nôl yn 'i fag a', *GTN* 825. Clywir *twlsyn* yn ddifr. am ddyn, 'Yffach, ma'r Bobby Gould 'na'n *dwlsyn*!' (gogledd Cered.). Digwydd hefyd yn yr ebd. '*Tŵls* (*twls*) ar y bar!' sy'n arwyddo diwedd sifft mewn glofa; a hefyd yn yr ymadrodd 'dodi *tŵls* (*twls*) ar y bar' 'gorffen gwaith, ymddeol; marw'.

(*b*) Person direidus neu ddoniol, cellweiriwr: *mischievous or humorous person, joker.*
Ar lafar, '*Twlin*' 'a jolly fellow. *Twlsen* (fem.) *Twlod*, pl. Also *twlsod*', *TGG* (1907–8) 111 (godre Cered.); '*Twlsyn*, *Twlsen*; *twlyn twlen*. Lliosog = *twllod* [*sic*]. A humorous person. Un yn llawn asbri ac ysmaldod', *Cymru* xxxiv. 266 (godre Cered.); '*Twlsyn* budur yw Sianco, wastod yn tinnu cos', *GTN* 825; ''Na *dwlsen* odd mam 'on yn ifanc' (dwyrain Morg.).
Cfn.: **tŵls cenhedlu:** *sex organs* (*facet.*). Ar lafar, 'o ran hwyl gyrrid crwt ifanc diniwed weithiau at weithiwr cyfagos i ofyn am fenthyg y *tŵls cenhedlu*', *Geir Glo* 93 (Morg.).

twlad, twlaf: twlu, gw. **tafliad, taflaf**[1]: **taflu.**

twlc[1] [?bnth. Gwydd. C. *tolg* 'bocs o gwmpas gwely, gwely'], *eg.* (bach. *tylcyn*, *twlcyn*) ll. *tylc(i)au*, *twlc(i)au.* Cwt mochyn, cut, lloc; bwthyn, caban, lluesty, cwt, hefyd yn ddifr. annedd druenus, hofel; hefyd yn *ffig.*: *pigsty, pen, fold; cottage, shed, hut, cabin, booth, also derog. hovel; also fig.*
14g. *GDG*[3] 220, Neidiodd, mynnodd fy nodi, / Ci coch o *dwlc* moch i mi. **15g.** *Glam Bards* 258, Gwyr rinwedd gware uniawn / Ag un gwr yw gwyngar iawn / Aur i *dwlc* ar i dalcen / Er ei gael R. O. ag N. (Gruffydd ap Dafydd Fychan). **15g.** *GDID* 102, Hyrddlam drwg fo i Harddlech! / Corn ffwrn, cerwyn uffernawl, / Cornir *dwlc* lle cryna'r diawl. **15g.** *HCLl* 123, Cadarn fwlc neu *dwlc* ar dân, / Coesdew, aeldew, cest lydan [i erchi ceffyl diog]. **15–16g.** *TA* 438, Tarw trwm yn troi at tri ych, / *Twlc* ewin-graff, talcen-grych. **16g.** (*LlEG*) *Mos* 158, 170a, y pebyll ar kyur/iw *dylkiau* ac a elleint twy I wneuthud or ddaiar. **1599 (1677)** R. Holland: *AB* 73, lle bu ein calonnau megis *twlciau* drewllyd, a stable aflan o eiddo 'r cythrel. *c.* **1600** *CLlC* v–vi. 50, Rag gwres y mehefin â tan y dail irion / Rag oerwunt y gwanwun tan glawdd ne *dwlk* tirion [i'r bugail]. **1604–7** *TW* (*Pen* 228), *tylcyn* d.g. *Casula*. **1617** *Minsheu* 444a, *Twlc*defait [*sic*] d.g. *a Sheepe-coate*. **1632** *D*, *Twlc*, Tuguriolum. pl. *Tylciau*, Magalia, mapalia. **1672** R. Prichard: *Gw* 14, Mae'r bonedd yn tiplan, o Dafarn i *Dwlc*. **1718 (1721)** S. Thomas: *HB* 45, Cabanau neu *Dwlcau* wedi eu gwneuthur y [*sic*] Bolion ac Adail oedd ganddynt yn lle Tai. **1722** *Llst* 189, *Twlc*. m.p. *Tylcau*. A cottage, hutt, tilt: pigs-sty. **1803** *P* d.g. *Twlc*, *Tylcyn*. Ar lafar yn yr ystyr 'cwt mochyn', *LGW* [118] (Cered., sir Benf., Brych., a'r De), hefyd yn ddifr. am dŷ, 'Mân' nw'n byw mewn *twlc*'. Clywir *twlcyn* yn yr ystyr 'A box used in weighing live pigs. It is a home-made contrivance, into which the pig is driven, and which is lifted on to the scales by means of projecting handles', *GDD* 313. Digwydd fel elf. mewn e. lleoedd, e.e. *Tyddyn Twlc*, ar Fynydd Cilan, sir Gaern., *ELISG* 38; *Twlc y Filiast*, Llangynog, sir Gaerf.
Cfn.: **twlc moch(yn):** *pigsty.* **14g.** *GDG*[3] 220. **1632** *D* d.g. *Hara*, *Suile*. **1744** D. Rowland: *RY* 271. Ar lafar, ''Odd *twlc mochyn* wth bob tŷ yn y pentra pyn ôn i'n ifanc a phawb yn catw moch', *GTN* 825. **twlc(yn) o dŷ:** *hovel.* Ar lafar, 'rhyw *dwlcyn o dŷ*' (Arfon); '*Twlc o dŷ*', *Cymru* xxxiv. 266 (godre Cered.). **(heb) na thŷ na thwlc, &c.:** (*without*) *any shelter, neither house nor cot.* **17g.** *LlGC* 10249, 142, Na allo ynghas, diflas dolc / orthrymü, *nam tü*, *nam twlc*. **1725** D. Lewis: *GB* 237, Oni bai fod ychydig Awyr yn attal, yn cynnal, ac yn cydbwyso mŵy, ni byddai *na Thŷ na Thwlc* yn abl sefyll. Ar lafar, '*heb na thŷ na thwlc*' 'without shelter', *WVBD* 555; 'Fi geras filltyrodd '*eb dŷ na thwlc* yn acos na dyn na dynas', *GTN* 825.

twlc[2] [bôn y f. *twlciaf*: *twlcio*; ?cf. Gwydd. Diw. *tulc* 'corniad', *tulca* 'rhuthr (â chyrn)'] *eg.* Corniad, hyrddiad (â chyrn): *a goring, butting, toss.*
20g. Ar lafar, 'Mae'r tarw wedi rhoi *twlc* iddi hi', *WVBD* 554; hefyd yn y ff. *twrc*, *B* i. 102 (Arfon), a *tyrc* (*y*≡*ə*), *WVBD* 560.

twlcaid [*twlc*[1]+*-aid*[1]] *eg.* Llond twlc: *pigstyful.*
Ar lafar, ''Odd raid i fi slafo carthu *twlced* o dail bore 'ma' (sir Gaerf.); 'mi gês i dipyn fwy o arian na gwerth yr hen hwch a *thwlced* o foch bach!', *LlG* xlix. 19 (sir Benf.).

twlciad [bôn y f. *twlciaf*: *twlcio*+*-iad*[1]] *eg.* Corniad, hyrddiad (â chyrn): *a goring, butting, toss.*
1860.

twlciaf: twlcio [?cf. *tolciaf*: *tolcio*] *bg.a.* Cornio, hyrddio (â chyrn), hefyd yn *ffig.*: *to gore, butt, toss, also fig.*
1848. Ar lafar, '*twlcio*' 'to toss (not the same as "tolcio")', *WVBD* 555; clywir hefyd y ff. *twrcio*, *id.* 556, a *tylcio* (Môn).

twlciog, tylciog [bôn y f. *twlciaf*: *twlcio*+*-iog*] *a.* Tueddol i dwlcio, corniog, hefyd yn *ffig.*: *given to goring, butting, or tossing, also fig.*
1775 G. Howel: *Alm* 30, Buwch rythrog *dylciog* dalcen. Ar lafar, 'tarw *twlciog*', *WVBD* 555.

twlcog [?cf. *tolciog*, *tolcog*] *a.* Anwastad: *uneven.*
Ar lafar, 'Ma'r ddou gæ 'yn yn *dwlcog*', *GTN* 825.

twlcyn, twlen, gw. **twlc**[1], **tŵl.**

twlffyn [?cf. *cwlffyn*] *eg.* (b. *-en*). Person tew: *fat person.*
1803 *P*, *Twlfen* . . . A bulky female. Dyna globen o *dwlfen*, see there a load of a chubby one. *id.* *Twlfyn* . . . A fat bulky person. Ar lafar yn yr ystyr 'pric

pwdin (am berson)', 'wedi bod yn *dwlffyn* gwirion yn llaw rhywun arall' (Arfon).

twlpen, twlpyn, gw. talp.

twlsen, twlsyn, gw. tŵl.

twlyd, be., gw. **taflaf**[1]: **taflu.**

twlyn, gw. **tŵl.**

twll[1] [Crn. C. a Diw. *tol(l)*, H. Lyd. *tull*, gl. *foramen*, Llyd. C. a Diw. *toull*, H. Wydd. a Gwydd. Diw. *toll*: < **tuk-slo-*, o'r gwr. IE. **(s)teu-* 'gwthio, curo'] *eg.* ll. *tyllau* (*twllau*), (prin) *tyll*, a hefyd fel a. (b. *toll*) ll. *tyll((i)on)*.

(*a*) Lle gwag mewn sylwedd solet neu arwyneb, agoriad, pannwl, pant, pwll, genau (ogof), ogof, ceudwll; ffau, gwâl, daear, tyrchfa; agorfa (mewn corff); lle gwag y mae'n rhaid taro'r bêl iddo mewn amryw o chwaraeon a gemau; hefyd yn *ffig.*: *hole, aperture, dimple, hollow, pit, mouth (of cave), cave, cavern; burrow, den; orifice (of body); hole (for ball, in various sports and games); also fig.*

13g. *LlI* 90, derwen . . . Am wneythur *tull*arney, xxiiii. **14g.** *BT* (*RB*) 46, A phann welas y Prydeinwyr hynny, megys morcrugyon o gyuyghaf *tylleu* y gogofeu y kyfodassant ynn gadoed. **14g.** *GDG*[3] 283, Pand diriaid bod llygaid llon / Yn *dyllau* terydr deillion? **1547** *WS*, *Twll* A hole. **1588** *Can* v. 3, Fy annwylyd a estynnodd ei law drwy'r *twll*. **1588** *Job* xxxvii. 8, Y bwyst-fil a aiff iw loches: ac a drig yn ei *dyllau*. **1603** W. Midleton: *Ps* 99, Gwyr krevlon . . . / Byrsoesawg twyllawg o fewn *tyll* ydynt / Atad dof i sefyll. **1632** *D*, *Twll*, Foramen, specus, cauerna. **1632** J. Davies: *LlR* 117, Onid edrychai efe allan yn fynych trwy *dyllau* (*loop-holes*) a ffenestri yr tŵr? **1643** *LlGC* 7013, 70, torri blaen y glust ddehau a *thwll* yn y bôn. **1699–1700** E. Lhuyd: *SH* 64, Dywedant vôd gan y prŷ lhwyd *dwlh* yn i dîn am bôb blwydh oi oedran. **1703** E. Wynne: *BC* 134, dyma orchymyn i'r hôll negesyddion a'r carcharorion fynd allan o'r Llŷs bawb iw [*sic*] *dwll*. **1759** T. Thomas: *WWDd* 141, [y] Wisg hon fydd yn cael ei gwisgo gan yr Arglwydd am ei bobl . . . mae hi mor gyfan a glân, ag na all Cyfiawnder perffaith gael na *thwll* ynddi, na brycheüyn arni. **1803** *P*, *Twll* . . . A hole; a pit; a cavern; a dimple. Ar lafar, *WVBD* 555, *GTN* 825. Clywir *twll* am fath o glustnod ar ddefaid, sef twll crwn ym mlaen y glust (Meir. a sir Ddinb.). Digwydd mewn ymad. fel 'treulio'n *dwll*', 'gwisgo'n *dwll*', a hefyd mewn ystyr cryfhaol mewn ymad. fel 'holi'n *dwll*', 'becso'n *dwll*', 'meddwi'n *dwll*', 'blino'n *dwll*'. Clywir *twll* yn gyff. am le (bach) annymunol, ''Roedd y lle'n rêl *twll*' (Môn); a hefyd yn yr ystyr 'sefyllfa annymunol', 'Ma hi mewn bach o *dwll* yn ariannol' (sir Gaerf.); ac mewn ymad. fel '*Twll* iti!', 'llond *twll* o ofn', y mae'n gyfystyr â '*twll* tin'.

(*b*) Y rhan o chwarel neu lofa y cloddir ynddi; twll ar gyfer ffrwydryn (mewn chwarel neu lofa), twll tanio: *excavation hole (of quarry or colliery), pit; blast-hole (in quarry or colliery).*

1928. Ar lafar, '*Twll*' 'Chwarel dan ddaear, neu y rhan o'r chwarel agored lle mae'r saethu'n digwydd', *B* xx. 384 (ardaloedd chwareli'r Gogledd); *WVBD* 555; '*twll*' 'lle gwag a wneid yn y glo neu yn y tir fel y gellid rhoi ynddo ddeunydd ffrwydro', *Geir Glo* 42. Am yr enwau ar amrywiol dyllau mewn chwareli a phyllau glo, gw. *B* xx. 384–5, *Geir Glo* 42–3, 83–4.

Fel *a.* Llawn tyllau, tyllog, wedi ei drywanu, toredig, clwyfedig, hefyd yn *ffig.*: *full of holes, holed, pierced, broken, wounded, also fig.*

12g. *GCBM* i. 108, *Tyll* eu hysgwydaur, teruyscuawr—uaon. **12–13g.** *GLlLl* 111, Can y hoed, hud ynt aruoll, / Cant callonn yn donn, yn *doll*. / *Tyllon* (*R* 1401. 36, *Tyllyon*) y alon, y al—a gedwis. **13g.** *C* 94. 11, Neustuc manauid eis *tull* o trywruid. **13g.** *A* 1. 11, *twll* tal y rodawr ene klywei awr. **14g.** *WM* 133. 30–1, henwisc obali *toll* ymdanei. **14g.** *GDG*[3] 35, Gwae fi, Grist Celi, calon *doll*—yw'r fau [marwnad Llywelyn ap Gwilym]. *id.* 402, Mae rhental, mi a wrantwn, / Ar led dy gwcwll *twll* twn. **c. 1400** *R* 1038. 31, Ysgwyt arodeis y byll. kynnoe gyscu neu bu *doll*. *id.* 1220. 35–6, gwaet or vronn *doll* archolleu. **1632** *D*, *Twll* . . . Adjectiuè præsertim in compositis, Perforatus, fœm. *Toll*. Ynglŷn â'r e. lle *Tyllgoed* (*LL* 188, *Tvll Coit*, *id.* 189, *tollcoit*), gw. *B* xxvii. 559–60.

Cfn. (detholiad yn unig): **twll agoriad:** *keyhole.* Ar lafar, *WVBD* 555; hefyd yn yr ystyr 'nod clust defaid ar lun twll clo', *ib.* **twll botwm (botwn, &c.):** *buttonhole.* **1617** *Minsheu* 58b, *twll Bottûn* d.g. *a Button-hole.* *id.* 335b, *Twll-bwttwn* d.g. *an Oilet hole, or button hole.* Ar lafar, '*twll botwm*', *WVBD* 555; '*twll bwtwn*', *GTN* 826. **twll cath:** *cat-flap, cat-door.* **1681** S. Hughes: *AC* 19, [*t*]*yllau* 'r *cathe*. **twll cesail (y gesail):** *armpit.* **1604–7** *TW* (*Pen* 228), *twll y geseil* d.g. *Ala in homine, Effaxillo. id. Tyllæ'r ceseiliæ* d.g. *Subhirci.* **1770** *W*, *twll cesail*, *twll y gesail* d.g. *An arm-pit.* **twll (y) clo:** *keyhole.* **1703** E. Wynne: *BC* 32, ni aethom trwy *dylleu cloieu*. *id.* 69, [*t*]*wll y clo*. **1775** *W* d.g. *Key-hole.* Ar lafar, '*twll y clo*', *WVBD* 555. **twll cloi:** *hut for colliers' safety lamps.* Ar lafar, *Geir Glo* 10, 98–9 (sir Gaerf. a Morg.), *B* viii. 223 (dwyrain Morg.). **twll clust:** *box on the ear, clout.* **20g.** Ar lafar yn y Gogledd. **twll colomen:** *pigeon-hole, also fig.* **1617** *Minsheu* 362b, *Twll-klommen* d.g. *a Pigeon-hole in a Doue-cote.* **1632** *D* d.g. *Columbarium.* **1776** *W*, *Tyllau colomennod* d.g. *Lockers for pigeons.* **twll cwningen (gwningen):** *rabbit burrow.* **1771** *W*, *Tyllau . . . cwningod* d.g. *Burrow for conies.* Ar lafar, '*twll gwningan*', *GTN* 826. **twll chwys:** *pore.* **1850.** Ar lafar yn y Gogledd. **twll du:** (i) *black hole (in astron.).* **20g.** (ii) *grave.* Ar lafar, 'Y *twll du*', *Cymru* liv. 132 (dwyrain sir Drefn.). **twll y gaeaf:** *the depth of winter.* **1931.** **twll y glaw:** *direction from which rain comes.* **1780** *W* d.g. *Points* [*of the heavens* . . .] . . . *A rainy point.* Ar lafar yn ardaloedd chwareli'r Gogledd, 'Mae'r gwynt o *dwll y glaw*'; '*Twll y gwlaw*' 'The rain point,—south-west', *Mont Coll* xii. 301; 'gwynt yn *nhwll y glaw*' (godre Cered.). **twll (y) grisiau:** *stairwell.* **1856.** **twll y gwegil:** *nape of the neck, also fig.* **c. 1740** *LlM* 5. **twll y gwergi:** *secret hole for candles.* Ar lafar, '*Twll-y-gwergi*' 'A secret hole in the walls of ancient buildings where candles were concealed in the days when they were subject to duty', *GDD* 313. **twll gwynt:** (*air*) *bubble.* **20g.** **twll y gwynt:** (i) *vent, vent-hole; anus.* **16g.** (*LlEG*) *Mos* 158, 535a, ynn yr hrych hrwng y ddwy ffolen wrth *dwll y g/gwynt* [*sic*]. **1725** *SR* d.g. *A Vent hole.* **1770** *W* d.g. *An air-hole, A breathing-hole.* (ii) *direction from which the wind blows. Diw.* **19g.** *SE MS* 545, the precise point from which the wind blows. Mae'r gwlaw o *dwll y gwynt*—it rains from the wind point (SW). **twll lle,** gw. *twll o le.* **twll lludw:** *ash-pit, also fig.* **1881.** **twll y lluman (llumon):** (*chimney-*)*flue.* **1604–7** *TW* (*Pen* 228), *twlh y lhuman* d.g. *Fumarium.* **1722** *Llst* 189, *Twll y llumman* . . . The trunk or flew of a chimney. **1771** *W*, *twll y llumman*, *Twll y llummon* d.g. *Chimney, tunnel of a chimney, Loover.* **twll (y) llygad:** *eye socket.* **1855.** Ar lafar, *WVBD* 555. **twll llygoden:** *mouse-hole.* **1604–7** *TW* (*Pen* 228) d.g. *Myopia* (hefyd *D*). **1776** *W* d.g. *Mouse-hole.* Ar lafar, *GTN* 826. **twll llythyrau:** *letter-box.* **20g.** Ar lafar. **twll (y) mwg:** *smoke-hole, louver.* **c. 1400** *R* 1292. 11–12, safyn drwc mal *toll* mwc magwyr. **1547** *WS*, Lufer *twll y mwc* Louer. **1632** *D*, *twll y mŵg* d.g. *Fumarium.* **1798** *WR* d.g. *Loover.* **twll o le, twll lle:** *hole (unpleasant place), dump.* **20g.** Ar lafar yn gyff. **twll olpai (holpau):** *eyelet.* **1547** *WS*, *Twll holpe* An oyliet. **1632** *D* d.g. *Orbiculus.* **c. 1730** *Thos. Lloyd D* (LlGC) 225a. **twll pryf(yn):** *worm-hole.* **20g.** Ar lafar, 'yn *dylla pryfaid*' 'worm eaten', *WVBD* 445. **twll pwnsh:** *earmark on sheep in the form of a round punched hole.* Ar lafar, *Mont Coll* vii. 407. Ceir hefyd '*twll pwnsh* meillionen' a '*twll pwnsh* deimwnt' (Meir.). **twll sbio (ysbïo):** *peep-hole.* **16g.** *GGH* 45, *twll ysbiaw*. **twll talcen:** *square hole in the gable of a cowshed or barn through which hay or corn is put.* Ar lafar, *B* iii. 209 (Penllyn). **twll tan (dan) (g)risiau:** *understairs cupboard.* **1923.** Ar lafar, 'In Anglesey and in Lleyn . . . *twll dan grisiau*, which has probably spread from Anglesey into the industrial valleys of the north-west, and then into the lower Conway valley', *LGW* [318]–19. **twll tan staer (stâr) = twll tan (g)risiau.** **20g.** Ar lafar, 'In the mid-land area, bounded to the south by the Rheidol . . . with occasional untypical instances . . . in the west', *LGW* [318]–19. **twll tan(i)o:** *blast-hole (in quarry or colliery).* **20g.** Ar lafar. **twll (y) tin (din):** *arsehole, anus.* **1545** Elis Gruffydd: *Ll* 192, *twll y din.* **1604–7** *TW* (*Pen* 228) d.g. *Anus.* **1798** *WR* d.g. *Fundament.* Ar lafar, yn enw. mewn rhegfeydd, '*Twll* dy *din* di!', '*Twll* ych *tin* chi!', '*Twll* ych *tina* chi!', *GTN* 796; '*twll* dy *din* di, Ffaro!', *Tal* xciv. 19. Yn Llŷn ac Eifionydd clywir yr ebd. 'Wel, *twll din* Meri Watcin' pan fydd rhywun wedi cyrraedd pen ei dennyn wrth fethu â chyflawni gorchwyl, *Y Casglwr* xli. 11. Digwydd yn gyff. yn yr ymad. '*Twll tin* pob Sais!', a chlywir hefyd 'fel *twll tin* plentyn bach' yn yr ystyr 'yn ddi-ddal' (sir Gaerf.). **twll tin (din) byd:** *back (end) of beyond.* **20g.** **twll yn ei (dy, &c.) foch:** *dimple in one's cheek.* **1803** *P*, Twll . . . *twll yn ei boch*, dimple in her cheek. Ar lafar, 'Mae gynnoch chi *dylla yn eich bocha*' (Arfon). **twll yn ei (dy, &c.) gosyn:** *disappointment (lit. hole in one's cheese).* **20g.** Ar lafar, ''Odd hi wedi gobitho cal presante ar 'i phen blwydd, ond *twll yn 'i chosyn* gath hi achos 'chofiodd neb amdeni' (canolbarth Cered.). **twll yn y wal:** *hole-in-the-wall, cashpoint.* Ar lafar, ''Gawn ni fynd heibio'r *twll yn y wal*? 'Dwi isie tynnu pres allan' (gogledd Cered.). **twll ysbïo,** gw. *twll sbio.* **gwneud twll yn ei (dy, &c.) groeso:** *to wear out one's welcome.* Ar lafar yn Llŷn. **heb na thwll na mul (mail):** *with no sign of wear and tear.* **1722** *Llst* 189 d.g. *Mul. Diw.* **19g.** *SE MS* 277b, *Heb na thwll na mail*—without a hole or sign of decay. Ceredigion. **mynd yn dwll:** (i) *to wear into a hole.* Ar lafar, 'Ma pen-glin 'y nhrwsus i wedi *mynd yn dwll*' (sir Ddinb.). (ii) *to deteriorate.* Ar lafar, 'Mae'r ffarm wedi *mynd yn dwll* sobor ers i'w wraig farw llynedd' (sir Gaerf.). (iii) *to get blind drunk.* Ar lafar dyna'i gwân hi am y Wheit Leion i'r frec phawb amwni bron *mynd yn dwll*', *Wês wês* . Benf.). **mynd yn dwll ar:** *to go badly for.* **1894.** A 'Mae wedi *mynd yn dwll arna*' i' (Cered.). **pol chornel (chongl):** *every nook and cranny.* **1836.** A ''Dwi 'di chwilio am 'y menig ym *mhob twll a c* (sir Ddinb.); '*bob twll a chongol*' (Llŷn).

twll[2] [?cf. yr e. prs. Llad. *Tullus*, *Tı* ond dichon mai enghrau. o *twll*[1] a yma] *a.* ?Praff, grymus: *thick, mighty.*

13g. *TYP*[2] 16, Tri Unben Llys Arthur: G mab Echel Vordwy*twll*. **c. 1400** [*RB*] *WM* 5c 16, Ac yna y lladaod ef echel uord6yt *toll*. Cf. 26, ymordwyt tyllon; *WM* 56. 4, mord6yd tylly

twllaf[1,2]: **twllu,** gw. **tyllaf: tyllu, tyw tywyllu.**

twlliog, twllog, gw. **tyllog.**

twm [yr e. prs. *Twm* fel e.c.] *eg.?b.* ll. *iau.* Atecbost: *prop.*

20g. Ar lafar, '*twm*' 'ffon o dan y fraich i llwyth', *B* iii. 208–9 (Penllyn); '*twm*' 'poly throed fel rheol—a osodir i ddal trol ar ei gw (Penllyn); '*twm*' 'dyma beth a alwai rhai yr at a ddaliai goler y ffrâm i fyny. Gall hefyd unrhyw bostyn a ddefnyddir i ddal y graig yn *Geir Mwyn* 57.

Cfn.: *Bot.* **twm para byth:** (i) *aubretia.* Ar la Awbery: *BM* 15 (Morg.). (ii) *snow-in-su Cerastium tomentosum.* Ar lafar, G. Awbery: *I* (Morg.). *Adar.* **twm penddu:** *blackcap, Sylvia atı la.* **20g.** *Adar.* **twm pib:** *oystercatcher, Hæmatopus gus.* **1889.** Ar lafar, H. E. Forrest: *FNW* 334 **dew:** *woodlouse.* Ar lafar, *AAST* (1984) 109 (. **twm tinc** [?cf. S. taf. *tom-tinker* 'small bell'] *chaffinch, Fringilla cœlebs.* Ar lafar ym Morg. (ii *sonification of) money.* **18–19g.** *Llr* C 4, 95, *Tu* dryll o arian, galw ar *dwm tinc* i ginio—h.y. cin gost ei hunan mewn tafarn &c . . . Nid yw *Tu* ddim gartref, nid oes arian. **twm twff:** *spinnı made from a cotton reel.* Ar lafar, *Cymru* xxxi (godre Cered.).

tŵm [bnth. S. *tomb*] *eg.* ll. *twmau.* I beddrod: *tomb.*

15g. *GLGC* 282, Ofer yw bedd dan fur bas y *tŵm* yr aeth Tomas [i feddrod Tomas Fychan **16g.** *TA* 287, Cwys dan i arch, cost a wnaid, *tŵm* eryr Coetmoriaid [marwnad Morgan ap **c. 1762–79** W. Williams: *P* 232, Yma mae ardderchog wedi ei hadeiladu i Mahomet, a ardderchog i Mahomet ynddo. Ar lafar, 'ddim le 'na i unrhyw *dwme* erill' (sir Benf.).

twmbarîn, gw. **tambwrîn.**

twmblad, twmlad [bôn y f. *twn twmlaf*[1]: *twm(b)lo*+*-ad*[2], trf. han.] *eg -au.* Cwymp, codwm; chwiliad, ch *fall, tumble; rummage.*

20g. Ar lafar, 'Jiw, gafodd e *dwmlad* pan gwn e oddi ar 'i feic pnawn ddo' (sir Gaerf.); 'Ble hosan arall 'na? A' i gâl *twmlad* yn y drâr i gâl amdeni' (sir Gaerf.); hefyd yn y diwydiant glo ystyr 'tafliad, ffawt', *Geir Glo* 65 (sir Gaerf.).

Cfn.: **twmblad (twmlad) yn y gwair:** *roll in th* Ar lafar, 'Mae hi wedi gorfod gadel ysgol achos cath hi *dwmblad yn y gwair* haf dwetha Gaerf.).

twmblaf, tymbl(i)af: twmblo, twı an, tymbl(i)o [bnth. S. (*to*) *tumble*] Dymchwel, troi (drosodd), gwneuc anniben; treiglo, rholio, taflu; cael coc cwympo bendramwnwgl, disgyn, b hefyd yn *ffig.*: *to overturn, upset, make tidy; roll, throw; tumble, fall over, fall a trip; also fig.*

1672 R. Prichard: *Gw* 64, Mae'r fâll fe cadarn . . . / . . . / Ni ddichon yr holl-fyd ei o'i Blâs, / Nes delo Christ attom i *dwmblan* [:- e'i mâes. *id.* 454, Rwyfi 'n gweled Satan ynte, / rwymo mewn cadwyne, / Ac i uffern yn ei *dwml* Daflu, dreiglo], / Gwedi clymmu draed [*sic*] ai dd **1759** *Cylchg CHMC* lvii. 16, [b]od crefydd Cr *twmblo* crefydd y Byd yn Bendramwnwgl. Ar '*tymblo* twb', *Geir Glo* 123 (sir Ffl.); ''i *dwmb* lawr i'r parc a rowlo fe nôl a mla'n', *Wês wês* 48. *Amr.*: **twmlaf**[1]: **twmlo.** **1855.** Ar lafar, '*twm* tumble; to disorder, to disarrange; to roll (a th *SC* vi. 136 (sir Benf.). Cf. *IIG* iii. 6, adeg y cyn . . . efallai y gwelid y gweision yn cydio yn u morynion mwya hywliog, ei thaflu i gocyn o wa rhwbio â gwair—a chusanu'n frwd . . . Wrth ho y ddefod hon . . . deuthum ar draws llawer o de gwahanol . . . '*twmlo*' yn Llandysul; *Gwyddor* iv. 26, Yr oedd '*twmlo*' yn golygu, nid ared

draws y cwysi ond ar eu hyd gan hollti pob hen gwys yn ddwy (sir Benf.).

twmbler, twmler, tymbler, &c. [bnth. S. *tumbler*] eg. ll. *-i, -s.*

(*a*) Llestr yfed heb na dolen na throed (gynt ac iddo waelod crwn fel nad arhosai yn ei sefyll): (*drinking*) *tumbler* (*formerly with rounded bottom so as not to stand up-right*).

1763 *DT* 164, Roedd gantho Ddysgl Biwtar, / A Thymblan pren, a Thancar. **1828** *Geir Pob* 28, *Tumbler* . . . cwpan tingron. Ar lafar, 'Tyrd â *thymblar* o ddŵr i fi' (Arfon); hefyd yn y ll. *tymblars* yn yr ystyr 'Cerrig wedi eu rowndio gan ddŵr ac iâ', *B* xx. 386 (ardaloedd chwareli'r Gogledd).

(*b*) Wagen, corff cart tipio: *wagon, body of tip-cart.*

20g. Ar lafar, '*twmbler, twmler* 'a wain; the body or box of a cart which tilts backwards to empty the load', *SC* vi. 136 (sir Benf.); hefyd gynt am fath o offeryn danheddog at hel gwair (gorllewin sir Ddinb.).

twmbrel, twmbril [bnth. S. *tumbrel, tumbril*] eg. ll. *twmbrelau.*

(*a*) Wagen, cart: *wagon, cart.*

16g. (*LlEG*) *Mos* 158, 592b, dyuod ar *ttwmbrele* i wynneb yr ogof. Clywir *twmbril* ym Meir. yn yr ystyr 'wagen'.

(*b*) Cart at gario carcharorion i'r gilotîn yn ystod y chwyldro Ffrengig: *tumbrel (as used to carry prisoners to the guillotine).*

20g.

Gw. hefyd **trwmbel.**

twmbwr [amr. ar *dwmbwr*] e?g. Dadwrdd, dwndwr, terfysg: *hubbub, din, commotion.*

18–19g. *Llr* C 2, 290, Twmbwr . . . *Glam.* **1863–5** D. OWEN: *WBC* 25, Clywyd *twmbwr* ei godwm o'r ty. Clywir *twmbwriach* yn sir Gaerf. yn yr ystyr 'annibendod, ysbwriel'.

twmbwriaf: twmbwrian, twmbwrio [bf. o'r e. *twmbwr*] bg.a. Chwilota, tyrchu; byrlymu (am nant, &c.): *to rummage; gurgle (of stream, &c.).*

20g. Ar lafar yn sir Gaerf.

twmdili, twmdish, gw. tomdili, twn-dish.

twmffat, twmffad, twmffet, twnffet, &c. [?bnth. S. C. *tonne, tunne* 'tun' + elf. anh. (?*fat* 'vat'); o ran ffurfiant, cf. *twn-dis(h)*] eg.b. ll. *twmffatau, twmffedau, twmffedi, twnffedi.*

(*a*) Llestr ar ffurf côn ac iddo dwll neu bibell fach wrth ei big, a ddefnyddir i dywallt hylif, powdr, &c., i agoriad bach, twndish, hefyd yn *ffig.: funnel, also fig.*

c. **1400** *R* 1291. 36–7, Kolöm ysgöthyr *tönffet.* callon mahumet. **1547** *WS, Twnffet* i lenwi llestyr kyfyng Fonnell. **16–17g.** E. PRYS: *Gw* 329, Tanceri, tyncrie arab, / Tin *twmffed* am arffed mab [i ofyn galigasgyrn]. **1604–7** *TW* (Pen 228), *Twmphet* d.g. *Epichysis, Infundibulum. Dchr.* **17g.** *J* 10, 160b, *Twnfed.* funnel. **1759** J. EVANS: *PF* 47, Berwch Rue, Rosemary, neu Arlleg, a gadewch i'r Angr fynd trwy *Dwmffett* idon [:– Tundish] i mewn i'r Glust. **1803** P, *Twnfed,* s. m. —pl. t. *i* . . . A funnel. Ar lafar, '*twmffat*', *ISF* 75, *WVBD* 555 (eg.), B iii. 209 (Penllyn). Fe'i clywir hefyd yn ddifr. am berson, 'hen *dwmffat* gwirion ydi o', *ISF* 75.

(*b*) Cwilt gwely: *quilt, bedspread.*

Ar lafar, '*twmffat*', *WVBD* 555.

twmlad, twmlaf[1,2]: twmlo, twmler, gw. twmblad, twmblaf: twmblo, teimlaf: teimlo, twmbler.

twmp[1] [bnth. S. *tump*] eg. (bach. g. *-yn,* b. *-en*) ll. *tymp(i)au, twmpiau.* Bryncyn, ponc, twmpath, crugyn, pentwr; talp, lwmp; hefyd yn *ffig.: hillock, knoll, mound, pile; lump; also fig.*

c. **1700** E. LHUYD: *Par* ii. 35, Kae banadl lle mae'n awr *twmp* . . . Mae *Twmpyn* arall a elwir Tommen Krygerydh. **18–19g.** *Llr* C 59, 171–2, Glamorgan words and idioms . . . *Twmp,* & dim, *twmpyn,* a lump. **1803** P, *Twmp,* s. m.—pl. *tympiau* . . . A round mass, a tump. Ar lafar, ''Roedd hi'n *dwmpyn* bach llond ei chroen' (Môn); '*twmpyn* o gig yn y cawl', *Geir Geg* 168 (Brych.); 'Y *dwmpen* dew!' (sir Gaerf.); 'Ma

twmpyn ar 'i bron 'i', ''Odd 'no *dwmpyn* yn y cæ', *GTN* 826.

twmp[2], gw. twmpath.

twmp[3]—buddai dwmp, gw. buddai.

twmpaf: twmpan[1,2], gw. twmpiaf: twmpio.

twmpath, twynpath, &c. [?*twyn* + elf. anh.] eg. (bach. *twmpethyn*) ll. *twmpathau, tympathau.* Bryncyn, ponc, crugyn, pen-twr; talp, lwmp; clwstwr, llwyn (eithin neu ddrain); ymgynulliad, cyfarfod; hefyd yn *ffig.: hillock, knoll, mound, pile; lump; clump, (gorse or thorn) bush; a gathering, assembly; also fig.*

14g. *WM* 472. 28–9, y saöl uarö brenn athöynpath auei ar y mays. **14g.** *GDG[3]* 125, Esgair cath, nyth *dwynpath* nod, / Ysgor ddofn, ys gŵyr ddyfod [i'r ysgyfarnog]. *id.* 165, Erfai o un y'th luniwyd, / Un fath, llydan *dwynpath* llwyd, / . . . ag arglwyddi [i'r mwdwl gwair]. *c.* **1400** [*RB*] *WM* 494. 11–13, dispeilaö cledyf awnaeth. A llad y *töynpath* örth y dayar. **16g.** *LBS* iv. 377–8, hyd nad oedd yno yr vn na chastell na dim ond y *twmp pathe* [sic] gleision. **1630** *YDd* 382, cyfflelyba y pentwr mawr hwn [o bechodau], ag anherfynol drugaredd Dduw, ac ni bydd mwy cyffelybiaeth rhyngddynt, na rhwng y *twnpath* lleiaf o bridd y wadd, ar mynydd mwyaf yn y wlad. **1632** D, *Twmpath,* Cumulus, cippus. *id. twmpethyn* d.g. *Grumulus.* **1688** *TJ, Twmpath:* a Bush. **1688** T. JONES: *Alm* [21], rhôswŷdd, a gwinwŷdd, a hops, a phôb mâth ar *dympathau* ar a ddygo ffrwŷth. **1722** *Llst* 189, *Twmpethyn.* m. A mole-hill. **1768** *Tr* C 2, yr oedd Mair yn myned i'r *tympath,* i dai'r cellwair . . . **18–19g.** *Llr* C 16, 146, *Twmpath* an assembly. **1803** P, *Twm-path,* s. m.—pl. t. *au* . . . A hillock, a knap, a tump; also a bush. *Twmpathau,* a sort of games. Ar lafar, '*twmpath*' 'a little round hillock or heap', *WVBD* 555; '*twmpath*' 'llwyn eithin' (Arfon); '*Twmpath*' 'a mound, or a clump of gorse or thorn', *TGG* (1907–8) 91 (sir Gaerf.); 'Ma pentra Nantgarw acha' *twmpath*', 'Dyw'r lle 'yn ddim lle esmwth i gerad, ma fa'n llawn *twmpatha*', *GTN* 826; hefyd yn yr ystyr 'mwdwl (gwair)', *LGW* [90]–1 (Morg.); ac yn yr ystyr 'twmpath dawns' (hefyd yn y ff. dalf. *twmp*).

Cfn.: **twmpath brwyn (o frwyn):** rush-bed. *Diw.* **19g.** **twmpath chwarae:** *gathering for games, sports, and enter-tainment; playing field, village green.* **1630** R. LLWYD: *LlH* 145, Rhai a naaet i butteinia ar y suliau; rhai i'r *twmpath chwaeru,* ac i ddawnsio (*to dancing and bear-baitings*). **1677** C. EDWARDS: *FfDd* 271, medrus-ach ydynt ar byngcio dyriau anllad yn y *tvvmpathau chvvareu,* nag ar ganu Psalmau. *c.* **1700** E. LHUYD: *Par* i. 123, There's a green or Bank viz. *Twmpath chware* hard by it call'd Heol y Geveliae. **18–19g.** *Llr* C 16, 146, *Twmpath chware,* meirion. Cf. T. M. OWEN: *WFC[3]* [95]–6, In eastern Montgomeryshire the *twmpath chwarae* (village green) was formerly opened with great ceremony on May-day. **twmpath dawns(io):** *folk-dance, barn dance, public dance.* **18–19g.** *Llr* C 2, 344, *Twmpath Dawnsio,* Morganwg. Ar lafar yn y ff. *twmpath dawns.*

twmpathog [*twmpath* + *-og*] a. Anwastad, ponciog, cnyciog, hefyd yn *ffig.*; llawn llwyni (eithin), perthog, trwchus (am dyfiant): *uneven, bumpy, also fig.; full of (gorse) bushes, bushy.*

1567 *LlGG* 96a, ar lleoedd *twmpathoc* [:–geirwon, crugoc] vyddant yn ogyfuwch. **16g.** *LlS* 64, Yr vchel-fa . . . Plannigin *twmpathoc* yn gwehey yn ei gylydd. **1604–7** *TW* (Pen 228) d.g. *Rubeus.* **1632** D d.g. *Tumulosus.* **1803** P, *Twmpathawg* . . . Abounding with tumps or knolls; covered with bushes. Ar lafar, '*twm-pathog*' 'llawn eithin' (Arfon); '*twmpathog*' 'anwast-ad', *GTN* 826. Clywir *twmpathog* hefyd yn yr ystyron 'anodd, dyrys, cynhyrfus' am amgylchiadau a chyd-berthynas pobl â'i gilydd (sir Gaerf.). Digwydd yn yr e. lle *Rhyd Dwmpathog,* Llanfair Nant-gwyn, sir Benf.

twmpen, twmpethyn, gw. twmp[1], twmpath.

twmpiaf, twmpaf: twmpio, twmpian, twmpan[1] [cf. S. C. *dompen, dumpen* 'to fall suddenly, plunge'] bg.a. Syrthio, cwympo, baglu; sathru dan draed, mathru, troedio'n drwm (ar ben), trampio; dyrnu, taro; hefyd yn *ffig.: to fall, stumble; trample (upon), stamp (on), clump; thump, beat; also fig.*

16g. (*LlEG*) *LlGC* 5276, 370b, pauan I *twmpie* I varch Ef a bwr/w I gap Ir llawr. **16g.** *B* xvi. 188, y vo a ddigwyddodd y *twmpio* ar i duth. **1636** *Pen* 321, 207a, [c]wymp bagad o eneidie y rhai n gweled anwiredd dan gochel crefydd ydynt yn *twmp-ian* ag yn syrthio. [**1783**] *W,* Myned dan *dwmpian* d.g. *To stamp* [*walk heavily or stampingly*]. **1803** P,

Twmpian . . . To continue dropping, or falling . . . to strike upon, to stamp, to flap, to thump. Ar lafar yn yr ystyr 'corddi (mewn buddai dwmp)', *Geir Geg* 116 (Brych.).

Amr.: **twmpan[2]** (3 un. pres. myn.). **1567** *TN* 241b, Duw pen y tangneddyf a sathr [:– vysseing, *dwmpan,* vathr] Satan y dan eich traed.

twmplen, tymplen[1] [cfdds. o'r S. *dump-l(ing)* + *-en*] eb. (g. *twmplyn,* ll. *-s*) ll. *-ni, -s.* Pelen fach o does a goginnir mewn cawl, stiw, &c., pwdin a wneir o ffrwythau, &c., wedi eu coginio mewn pelen o does; merch fyrdew, pwten: *dumpling; dumpy girl.*

1862. Ar lafar yn gyff., *WVBD* 559, *Geir Geg* 49, *GTN* 826. Defnyddir *twmplen* fel term o anwyldeb am ferch neu blentyn (sir Gaerf.).

Amr.: **tymblen. 1907.**

Cfn.: **twmplyn brith:** *spotted dick.* Ar lafar, *GTN* 826. **twmplen (tymplen) ddall:** *plain dumpling.* Ar lafar, *Geir Geg* 49 (Meir. a sir Drefn.).

twmpyn, gw. twmp[1].

twmwlws [bnth. S. *tumulus*] eg. Carnedd (fel beddrod): *tumulus.*

20g.

twn[1] [?cf. Llad. *tundō* 'trawaf, drylliaf', neu ynteu cf. *ton[2]*] a. (b. *ton*) ll. *tynion, twnion,* a hefyd fel eg. Toredig, drylliog, chwilfriw, briw, cleisiog, ysig, hefyd yn *ffig.*; anffurfiedig (yn gorfforol), anafus: *broken, shattered, splintered, fractured, bruised, also fig.; (physically) deformed, maimed.*

12g. *GMB* 152, Göeleis Loegyr yg grönn, göeleis eis yn *dönn.* **12g.** *GLlF* 163, *Tonn* a gallonn honn, hoet a gauas. **12g.** *GCBM* i. 195, Ysgwyd (*tönn* tal) Rugun. **13g.** *LlI* 87–8, E theythy [cath] yw . . . llad llygot, ac na bo yun y hewyned. **14g.** *GDG[3]* 380, Tydi, y bwth tinrhwth *twn,* / Yrhweng gweundir a gwyndwn [i'r adfail]. *c.* **1400** *R* 1033. 34, gnaöt gan aghyöir eir *tönn.* **14–15g.** *IGE[2]* 258, Ac ar Dduw gwir weddia / A'i fron yn *don,* frenin da (Siôn Cent). **15g.** *GDID* 46, Nid da 'Nuw, gwen *twn* ei gair, / Nid da yno yt anair. *Diw.* **16g.** *WLB* 2, os bydd tŷb fod eskyrn *tynion* ynddo Dod y plastr . . . yn oer wrthaw. **1588** *Lef* xxi. 18–19, [t]roed *twnn,* neu law *donn.* **1588** *Ecclus* xxi. 17, Tu mewn y ffôl sydd fel llestr *twn.* **1632** D, *Twnn,* fem. *Tonn,* Fractus, a, um, lacer, a, um. **1736** (**1812**) *YRlW* 53, Tebygwch chwi am yr hogyn *twn,* / A oes pidyn gan hwn ai peidio. **1803** P, *Twn* . . . Having the surface broken; scaled, splintered; frac-tured, broken. Esgyrn *twnion,* splintered bones. Bara *twn,* broken bread. Clywir *twn* yn yr ystyr 'anffurf-iedig (o'i enedigaeth)', 'troed *dwn*', 'llaw *dwn*' (Arfon).

Fel e. Toriad, twll, hollt, rhwyg; tor as-gwrn; clwyf, archoll, briw; hefyd yn *ffig.: cut, break, hole, crack, breach; (bone) fracture; wound, sore; also fig.*

13g. *LlDW* 52. 14–15, y teythy [cath] . . . llad llech-od ac na bo *tun* en y heuyn (*LlI* 88, ac na bo tun y hewyned). *Dchr.* **14g.** *AL* ii. 190, athön ar croen ac ar kic ac asgörn. **15g.** *B* v. 16, Twn ny wnaeth mab Duw, da yw mydyr—heb gam. **15g.** *GDID* 102, Hwn a wna *twn* yn y tŵr / Oni ddianc y ddeuwr [am garchar-iad Henri ap Gwilym ac Owain Llwyd yng Nghastell Harlech]. **1547** *WS, Twn* brec, A cracke. *Diw.* **16g.** *WLB* 72, a ffan ddarffo roi yr asgwrn yn i lle dod hwnw wrtho ef ar gyfair y twnn a chay ef i fynny ac splentes. **16–17g.** *GST* i. 362, Wrth ddoedyd cyfraith ddidolc / Ni bu'n hwn na *thwn* na tholc [marwnad Pyrs Owain]. **1604** R. HOLLAND: *BD* 9, hyn yw vnig-fedhwl fy lhyfr i, ac nad fym-mod i yn oer, neu a rhyw *dwn* lhygreidig yn fyng-hrefydh. **1632** D, *Twnn,* Fractura. **1722** *Llst* 189, *Twnn* (sub) . . . m. A cut, fracture, gall, sore. **1790** Gw. MECHAIN: *Gw* 212, Caer a welwn, ar *dwn* dydd, / Helaeth iawn ei heolydd. **1803** P.

Cfn.: **twn croen:** *sore, ulcer, blister, wound.* **1515** *RWM* ii. 443. **1632** D d.g. *Vlceratio.* **1688** *TJ,* Cylion paradwyys, math ar chwilod . . . a arferir i godi *twnn croen* neu chwysigennau.

twn[2], gw. ton[2].

twn[3] [bnth. S. *tun*] e?g. a hefyd gyda grym ansoddeiriol. Casgen fawr: *tun.*

15–16g. HYWEL RHEINALLT: *Gw* 78, Mae sôn am haelion ymhell / A'u gwin twn o gan tunnell. **1658** R. VAUGHAN: *PS* 196, *Twnn* yn llawn och vn chwi, ni thal gelyrned oi vn hwy: Baril llawn och vn chwi, nid yw gystal a blwch oi Balsom, neu eu hennaint hwy.

t'wn, gw. tu—tu mewn.

twnc, twndili, gw. twng, tomdili.

twndish, twndis [bnth. S. *tundish*] *eg.* ll. *twndisiau.* Twmffat: *funnel, tundish.*

1771 *PDPh* 42, Rhaid cymmeryd Anwedd Finegr, Myrr a Mêl gwedi eu berwi yn boeth i'r geg trwy *Dwndis.* Ar lafar, '*Twndis*' 'Math o hidl pren a ddefnyddir i osod y hufen yn y fuddai', *Cymru* xxxiv. 266 (godre Cered.); '*twndish*', *GTN* 826; hefyd yn y ff. *twndins* (gogledd Cered.), a *twmdish* (sir Gaerf.).

twndra [bnth. S. *tundra*] *eg.* Ardal eang iawn yn yr Arctig ac iddi arwyneb corslyd ac isbridd rhewedig: *tundra.*

1931.

twndy, gw. twn[1] + tŷ.

twnelaf, tynelaf: twnelu, tynelu [bf. o'r e. *twnnel, tynnel*] *bg.a.* Gwneud twnnel (drwy), hefyd yn *ffig.*: *to tunnel* (*through*), *also fig.*

1886.

twnelog [*twnnel*+-*og*] *a.* Ac iddo dwnelau, hefyd yn *ffig.*: *tunnelled, also fig.*

20g.

twnffed, twnnaf: twnnu, gw. **twmffat, tywynnaf: tywynnu.**

twnnel, tynnel [bnth. S. *tunnel*] *eg.* ll. *twnelau, twneli, tyneli.* Tramwyfa dan ddaear, yn enw. ar gyfer trenau, ceir, &c., er mwyn iddynt dramwyo drwy fynydd neu o dan ffordd, afon, môr, &c.; tramwyfa dan ddaear a gloddir gan anifail; unrhyw dramwyfa neu sianel; hefyd yn *ffig.*: *tunnel, also fig.*

1851. Ar lafar. Clywir *tynnal* yn ardaloedd chwareli'r Gogledd yn yr ystyr 'lefel neu . . . "fonc" yn y chwarel galch', *B* xx. 386.

twnpath, gw. **twmpath.**

twnrif [*twn*[1] + *rhif*[1]] *eg.* ll. -*au*, -*ion.* *Math.* Ffracsiwn: *fraction.*

1773 *W* d.g. *Fraction* [*in Arithmetic, a part of an integer or whole number*]. **1803** *P.*

twnrifol [*twnrif*+-*ol*] *a.* *Math.* Ffracsiynol: *fractional.*

1803 *P* d.g. *Twnrivawl.*

twnsiwn, twnshyn, *eg.* Tusw (o flodau), cwlwm (o gnau); tasel: *bunch* (*of flowers, nuts, &c.*); *tassel.*

20g. Ar lafar, '*twnshwn*' 'Cwlwm o gnau . . . neu dusw (o flodau, &c.)', *B* xv. 29 (Meir.); '*twnshyn* o flode', '*twnshyn* o wellt' (gorllewin Morg.).

twp[1] [cf. S. taf. *tup* 'stupid person'] *a.* Dwl, pendew, ffôl: *stupid, obtuse, foolish.*

1876. Ar lafar, 'mor *dwp* â 'eter' (gogledd Cered.); 'Dyna'r peth *twpa*' nethot ti 'riôd', *GTN* 826. Digwydd hefyd yn yr ystyr 'pŵl (am offeryn)', *B* iv. 304 (canolbarth Cered.), *Geir Glo* 93 (Morg.); a hefyd fel epithet, *Deni Dwp.*

Cfn.: **twp call:** *pretending to be stupid in order to gain advantage.* Ar lafar, *B* xii. 25 (sir Gaerf.).

Gw. hefyd **twps**[2].

twp[2] [?cf. S. taf. *dap* 'quickly', a (*to*) *dup* 'to move quickly'] *adf.* hefyd yn y ff. *yn dwp.* Yn sydyn, chwap: *suddenly, instantly.*

1787 (1812) Twm o'r Nant: *PG* 40, Bydd pobl y wlad yn dwad attai'*n dwp*, / Pan elwy'n swp o siopwr.

twpa, twba[2] [bnth. S. Diw. Cyn. *tup*(*p*)*e*; ansicr yw rhai o'r enghrau. isod] *eg.* a hefyd gyda grym ansoddeiriol. Hwrdd, maharen, hefyd yn *ffig.*: *ram* (*animal*), *also fig.*

15–16g. *GIF* 57, Dafydd, moes hwrdd i'm defaid: / tegan gwlangyfan goful, / tyb am ei oen, *twba* mul. **16g.** Huw Arwystl: *Gw* 383, troes dan fais dorf gorf garw ffaen / trais bas y gwraidd tresbas graen / topp treis ffyrf *twpa* trowsffest / dotiai ymrig ddevtu ymrest. **17g.** E. Morris: *Gw* 345, Draenllwyn tew pengrwyn topangrych *twpa* [i dwmpath o ddrain]. Digwydd fel epithet, *Madog y Twpa* (c. 1360), *Dauid Tuppa* (1408), *B* iii. 41. Yn nwyrain Morg. clywir ymad. fel 'Mae a'n gallu bod yn *dwpa* aethus' am berson ystyfnig.

Gw. hefyd **typ.**

twpad [bôn y f. *twpaf, twpiaf: twpo, twp*(*i*)*an*+-*ad*[2], trf. han.] *eg.b.* Twlciad: *a butting.*

Ar lafar, 'Fe rows yr ôn swci *dwpad* i'r un fach 'na a ma 'i'n llefin' (dwyrain Morg.).

twpaf, twpiaf: twpo, twp(i)an [bnth. S. (*to*) *tup*] *bg.a.* Twlcio, hyrddio, cornio: *to butt, gore.*

20g. Ar lafar, 'Aros odd 'ma! 'I *dwpiff* yr afar 'ma di, cofia', *GTN* 827; hefyd yn yr ystyr 'pendwmpian', '"Odd gwraig y prygethwr yn *twpo* trw'r brecath dwetydd 'ma' (dwyrain Morg.). Clywir *twpan* yn yr ystyr 'tapio' (e.e. am droed ar y llawr) (godre Cered.).

twps[1]**—twps y dail,** gw. **twb**[2]**—twb y dail.**

twps[2] [*twp*[1] + -*s*[2]] *e.ll.* (un. g. *twpsyn*, b. *twpsen*), ll. dwbl -*od*, *typsod, twpsiaid.* Pobl anneallus, ffyliaid, hefyd yn *ffig.*: *stupid people, fools, also fig.*

1923. Ar lafar, '*twpsan . . . twpsyn . . . twpsod*', *GTN* 827; 'Dim ond y *twps* 'yf i'n 'u dysgu' (sir Gaerf.).

twptra, typtra [*twp*[1] + -*dra*] *eg.* Yr ansawdd neu'r cyflwr o fod yn dwp, dylni, ffolineb: *stupidity, obtuseness, foolishness.*

1926. Ar lafar, '"Chlŵas i siŵd *dwptra* ariôd â'r peth 'odd 'wnna'n 'wed 'nawr', *GTN* 826.

twr, *eg.* (bach. *twrryn, twrrach*) ll. *tyrrau.*

(*a*) Pentwr, crug, swp, hefyd yn *ffig.*; cytser: *heap, pile, also fig.*; *constellation.*

14g. *GDG*[3] 91, Têyrnaidd waith, twrn oedd wiw, / *Tyrrau*, tröellau trilliw [am blu paun]. *c.* **1400** *R* 1276. 22–3, Or gôyd oed veu. tynnu *tyrreu* ac eu torri. *id.* 1355. 34, Y dorr hen draenaöc y *twrrach* crugaöc. **16g. (1698–9)** *YT* 67, [*t*]*wrr* mawr o wenith puredic. **1588** *Job* xxi. 32, Yntef a ddygir i'r bedd, ac a erys mewn *twrr* o bridd. **1588** *Hab* iii. 15, Rhodiaist a'th feirch ar y môr, ar *dwrr* o ddyfroedd lawer. **1615** R. Smyth: *GB* [1]48, y serphod a 'r tvvrchod-daiar yn ymddangos ar don y ddaear yn *durrau* [*sic*]. **1632** *D*, *Twrr*. . . cumulus, congeries, strues. *c.* **1700** E. Lhuyd: *Par* i. 80, *twr* mawr o Gerrig. **1725** D. Lewis: *GB* 336, y *Tŵr* [*sic*] a elwir Orion. **1793** Dafydd Ionawr: *CD* 342, Teflwch y gwaith brwnt aflan / Yn un *twrr* i ennyn tân. **1803** *P.* Ar lafar, 'Ma gen' i *dwr* o waith i' neud erbyn dydd Llun' (sir Ddinb.); '*twr* o ddillad', '*twr* o wair' (sir Drefn.); '*twryn* o datws', '*twryn* o 'fala', *GTN* 829. Mae '*Twrrach* Bach' a '*Twrrach* Pella'' yn enwau ar ddau gae ar fferm yn ardal y Bala.

(*b*) Grŵp (o bobl neu anifeiliaid), torf, llu: *group* (*of people or animals*), *crowd, host.*

12g. *GMB* 152, Lliaws *twr* tönnuriw a gwaed freu ar friw. **13g.** *C* 45. 1–2, *Turr* keisseid y keissav keli. **15–16g.** *TA* 404, Troi fry fal tai ar y fron / *Twr* llaes a'u torrau lleision [gre o gesig]. *id.* 534, Dan werth, o dwyll, dinarth don, / Drewasant, *dwrr* o weision [dychan i Ddeon Bangor a'i feirdd]. **1774** *W* d.g. *Group.* **1790** T. Jones: *TOS* 8, Pan safwyf i edrych ar *dwrr* o forgrug. Ar lafar, '*twr* o bobol', *WVBD* 555; '"Odd *twryn* bæch o ddinnon lan wth y bont', *GTN* 828–9. Clywir *twr* yn yr ystyr 'praidd (o ddefaid)', *AGB* 67 (gogledd Brych.).

Cfn.: **Twr Sêr = Twr Tewdws. 1776** J. Roberts: *C* 7, *Twr ser* yn anweledig hyd ddiwedd y Mis. **18–19g.** *Llr C* 13, 29, Some Constellations in Glamorgan . . . *Twr Ser* Pleiades. **Twr Tewdws (Tewdwst, Tewdwys, Tewtws,** &c.): *Pleiades, the Seven Sisters.* **15g.** *DE* 24, Tan draic yn tywynnu drws / tair tid fal y *twr tewdws.* **1604–7** *TW* (*Pen* 228), *Twrh Tewdos* ne *Theodos* d.g. *Vergiliæ. Dchr.* **17g.** *J* 10, 161a, *Twrtewdwys.* Vergiliæ. **1632** *D*, Tewdws, Y *twrr tewdws*, dicuntur septem stellæ in capite Tauri. **1703** E. Wynne: *BC* 85, heibio i'r *Twr-tewdws.* **1716–18** *Llsgr R. Morris* 4, *twr tewdwst* myn dwy sy'n pwyso at y de. **1803** *P*, Tewdws . . . Y *twr tewdws*, the pleiades. Ar lafar, '*twr Tewdws*(*t*)', *WVBD* 556; a hefyd yn sir Drefn. yn y ff. *Twr Tatws.* **tyrrau tesg:** *heat haze.* Ar lafar yn Arfon.

Gw. hefyd **twrra.**

tŵr [bnth. S. C. neu H. Ffr. *tour*] *eg.* (bach. *twryn*) ll. *tyr*(*i*)*au, tyr*(*i*)*oedd*, (prin a diw.) *tyrod.*

(*a*) Adeiladwaith uchel, yn enw. un crwn neu sgwâr, sydd yn aml yn rhan o eglwys, castell, &c.; castell, cadarnle; fframwaith ar gefn eliffant i filwyr ymladd ohono: *tower, keep*; *castle, stronghold*; *tower* (*on elephant*).

12g. *GCBM* i. 191, Gœstun *dor* torradwy. **12–13g.** *GLlLl* 188, *Tyreu* poeth, peithyaöc pob un. *id.* 252, Ar gadarn gadoet *dyryoet* dorri. **13g.** *Llst* 1, 14b, e kadarnhavs entev e dy[r]nas o keyryd a *thyroed.* amvroed anrydedvs. **14g.** *WM* 256. 22–3, ti a wely gaer vaör a *thyryeu* amhyl arnei. *Dchr.* **15g.** *GM* 20–1, Duw . . . bit amylder yn dy *dyreu* (*turribus*) ti. **15g.** *GLGC* 443, Yn *nhŵr* Baldwyn es dwynos / mynnwn 'y mod mewn un mis. **1547** *WS*, *Twr* A toure. **1588** I *Mac* vi. 37, A phob elephant a orchguddiasid â *thŵr* cadarn o goed wedi ei siccrhau arno ef ag offer. **1632** *D*, *Tŵr*, Turris, arx. **1685** *Art* 12, A Ydyw eich Eglwys neu eich Cappel, a chlochdu neu *Dŵr* yr unrhyw mewn Adferiad Da . . .? **1760** *ML* ii. 184, yr ardd newydd wrth y fynwent . . . yn un gongl iddi y mae *twr* hanner crwn a wnaeth Caswallawn Lawhir. **1794** *W*, *twryn* d.g. *Turret.* **1803** *P*, *Twr*. . . a tower. Ar lafar, *WVBD* 555 (ll. *tyra*), *GTN* 828 (ll. *tyra*).

(*b*) (enghrau. *ffig.*, yn aml am arweinydd neu ryfelwr cadarn: *fig. exx.*, *often of a strong leader or warrior*).

12g. *GMB* 152, Gweleis doryf am *dör*, gœleis wyr am wr. **13g.** *GDB* 302, *Tör* toruoed teruyn Gœyned. **14g.** *GDG*[3] 78, Teg wdwart, feistr tew goedallt, / *Tŵr* pawb wyd, tŵwr pob allt [i'r haf]. **14–15g.** *IGE*[2] 250, Ab Einiawn yw'r mawrddawn mau / A'i feibion, dewrion *dyrau* (Ieuan Waed Da). *c.* **1400** *R* 1203. 32–3, *Tör* gör görd bleit. **17g.** *TBM* 221, Duw, Tad nefol a fo'n *dŵr* / Ac yn greawdwr penna'. **1793** Dafydd Ionawr: *CD* 91, Oh Dduw 'n *Twr*! beth ddaw o'n tâd?

Amr.: **tôr**[2]. Ar lafar yn sir Gaerf.

Cfn.: **Tŵr Babel:** *Tower of Babel.* **13g.** *DB* 57. **1588** *Gen* xi. cs. Ar lafar, 'Mae hi'n *Dŵr Babel* noeth' 'it is a regular tower of Babel . . . of a noisy gathering', *WVBD* 555–6. Cf. *LlA* 44, ymabel tör y kewri y dechreöyt hynny yn gyntaf. **Tŵr Babilon, Tŵr o Bablon:** *Tower of Babel, also fig.* **1346** *LlA* 165, *tör babilon.* **16g.** (*LlEG*) *LlGC* 5276, 371a, o vewn *twr babilon.* **16g.** *GRCG* 40, O daw rhyfel i'r trefi, / Y *tŵr o Bablon* wyt ti. **Tŵr Gwyn:** *Tower of London.* **14g.** *BT* 232. **16g.** *Pen* 76, 27. **1810** T. Lewis: *HPF* 71. **tŵr ifori:** *ivory tower, fig.* **20g. tŵr pigfain:** *pyramid.* **1818–20. tŵr penfain:** *spire*; *pyramid.* **1798** *WR* d.g. *Spire.*

Gw. hefyd. **tyran.**

twraf: twro, twran, gw. **twriaf**[2]**: twrio.**

twrban, tyrban, turban [bnth. S. *turban*] *eg.* ll. -*au*, *tyrbans.* Penwisg i ddynion a wneir drwy rwymo darn hir o liain, sidan, &c., o gwmpas y pen, ac a wisgir yn enw. gan Fwslimiaid a Siciaid; het i ferched ar lun y penwisg hwn: *turban* (*also of woman's hat*).

1784 M. Williams: *S* i. 135, yn gwisgo *twrbanau* o faintioli mawr. Ar lafar, 'Es dalwm 'odd merchaid yn gwisgo *tyrbans*' (Arfon); 'Weles i blisman yn gwishgo *tyrban* y dwyrnod o'r blân' (sir Gaerf.).

twrbant, gw. **tyrpant.**

twrbein, twrbin, gw. **tyrbin.**

twrc, gw. **twlc**[2].

Twrc, Tyrc, Turc [bnth. S. C. neu Ffr. Lloegr *Turk*] *eg.* ll. *Tyrciaid, Twrciaid, Tyrcod, Twrcod, Twrcs, Turciaid.* Brodor o Dwrci, un o drigolion Twrci, un o dras neu genedligrwydd Twrcaidd; Otoman; Swltan yr Ymerodraeth Otomanaidd; Mwslim; hefyd yn *ffig.*: *Turk*; *Ottoman*; *Turkish Sultan, Grand Turk*; *a Muslim*; *also fig.*

c. **1400** *YCM*[2] 98, Ac yna . . . y marchockawys pob rei ohonunt yn drvt, ac y neilltuwys Sarascin o *Dwrc* y wrth y llu. *id.* 99, A Rolant . . . a urathwys y varch yn erbyn y *Twrc.* **15g.** *DN* 50, Y blaenor, abal â'i onnen / I roi tair cad i'r *Twrc* hen. **16g.** *GSH* 29, *Twrc* ydyw tyrau cedyrn, / Tarw ag ôd tew ar ei gyrn [i ofyn tarw]. **1547** *WS*, *Twrk* Turke. **1567** *LlGG* 50a, yr oll Iuddeon, *Twrkied*, Anffyddlonion, ac Hereticieit. **1618** J. Salisbury: *EH* 9, Cynhedloedh, *Tyrciaid*, Idhewon, ag Hereticiaid. **1683** H. Evans: *CTF* 27, Tebig ir [*sic*] *Twrc* mawr [:– Emprwr y *twrcod*] yw'r gwychion. **1689** E. Morus: *RC* 14, Os ydych yn ffals neu 'n llidiog, yn gybyddaidd neu 'n drachwantus megis *Tyrc* neu Iddew, ni waeth fawr pa fôdd y galwoch chwi eich hunain. **1693** *HC* 10, bydde dda ini gipio plant *Turciaid*, a Phaganiaid iw bedyddio. **1703** E. Wynne: *BC* 16, Llys teg iawn, ac arno wedi derchafu 'n uchel hanner lleuad ar Faner aur, wrth hyn gwybûm mai'r *Twrc* oedd yno. **1718 (1721)** S. Thomas: *HB* 25, Emprwr y *Twrcs.* **1747** *ML* i. 116, Mae gobaith medd Fortunatis wrthafi . . . na bydd raid iddo dalu mor arian ir *Twrciaid*, obleit his captures were made long before the instructions were sent . . . concerning the effects of Turks in French bottoms. **1794** *W* d.g. *Turk.* Digwydd *Tyrc* fel llysenw ar berson sy'n byw yn Llanelli.

Cfn.: **y Twrc Mawr:** *the Grand Turk.* **1683** H. Evans: *CTF* 27. **1740** *ML* (Add) 862.

Twrcaeg, gw. **Twrceg.**

Twrcaidd, Twrciaidd, Tyrc(i)aidd [*Twrc, Tyrc*+-(*i*)*aidd*] *a.* Yn perthyn i Dwrci neu'r Twrciaid; Mwslimaidd: *Turkish*; *Muslim* (*adj.*).

1609 R. Smyth: *CAC* 1, dysceidiaeth Iddewaidd, Paganaidd, *Twrciaidd.* **1794** *W*, *Tyrcaidd* d.g. *Turkish.*

twrcas, gw. turcas.

Twrceg, Tyrceg, Twrcaeg, &c. [*Twrc, Tyrc*+*-eg*[1], *aeg*] *eb.g.* Iaith Altäig sy'n iaith swyddogol Twrci: *Turkish (language)*.
1816.

twrci[1], **tyrci** [bnth. S. *turkey*] *eg.* (b. *twrcen, tyrc(i)en*) ll. *-s, -ïod, twrcïaid, twrciaid, twrcods, twrcwn(s), tyrcwn(s)*. *Adar.* Aderyn mawr â phen a gwddf moel (a thegyll cochion gan y gwryw) sy'n dod yn wreiddiol o ogledd America ond a fegir yn helaeth ar gyfer ei gig a fwyteir yn draddodiadol ar achlysuron arbennig megis y Nadolig, *Meleagris gallopavo*, cig yr aderyn hwnnw fel bwyd; ?iâr gini, *Numida meleagris*: *turkey*; ?*Guinea-fowl*.

16–17g. *DCR* 260, dygwch *dwrci* gwydd ag iar / ag oen oddi ar / i figel. *id.* 261, lleddwch *dwrki* / a chapwl bras. **1681** S. Hughes: *AC* 29, paratóad mawr o ymborth, megis *Twrcis*, Petrissiaid, yscyfarnogod, a'r cyffelyb. **1716–18** *Llsgr R. Morris* 113, 1 cam ir *tyrki* ag un carw lysti a mab y gwr ar gown du / wi fi yn i garu. **1725** *SR* d.g. *A Turky*. **1762** *ML* ii. 443, Gwych oedd y brasder oedd yna wyliau'r Nadolig, *twrciod*, sgwarnogod o bob gwlad, a gwyddau gwyllt-ion. **1778** J. Hughes: *BB* 298, Rhaid llifo 'r ddwy efell fel tagell y *Tyrci*. **1794** *W*, *Twrci* (pl. *twrciod*) d.g. *Turkey*. Ar lafar, "Rodd Yncl Glyn yn arfar cadw llond cwt o *dyrcwn*, ond 'mond un *tyrci* fyddan ni'n gâl i ginio 'Dolig' (Môn); '*twrci*' 'turkey', *WVBD* 556; '*tyrcan*' 'turkey hen', *id.* 560; "Dydw i ddim yn byta *twrcwns*—man' nhw'n rhoi camdreuliad imi' (Arfon); 'Ma'r siope'n llawn *twrcis* yn barod erbyn Nadolig' (sir Gaerf.); "Ôn ni'n catw ffowlz a *twrcïod* a gwidda', *GTN* 827.

Cfn.: **twrci (tyrci)'r gwerni:** *great bustard, Otis tarda.* **19g. twrci gwyllt:** *wild turkey. c.* **1762–79** W. Williams: *P* 87–8. **fel twrcen ar y glaw (mewn glaw):** *woebegone, dismal-looking.* **1858. mynd yn goch (cochi) fel twrci:** *to go as red as a beetroot.* **1848.** Ar lafar, 'Fe æth yn goch *fel twrci* o gwilydd', "I *gochws fel twrci* pŷn gwelws 'i nw', *GTN* 827.

twrci[2], *eg.* ll. *twrcïaid.* Epithet am darw, &c.: *epithet for a bull, &c.*

Diw. **15g.** *Pen* 67, 92, hwsmynn ar bob tyddynn tonn / haid o *dwrkiaid* kevonn [Hywel Dafi i ofyn wyth o ychen]. **15–16g.** Llawdden, &c.: *Gw* 19, *Twrci* rasbi o'r Ysbaen, / Ei grys o sangwyn a graen [i ofyn tarw coch]. **16–17g.** T. Prys: *C* 142, *Twrci* aelgref taer cilgrych, / Tarw du a gaf, tordew gwych [i ofyn tarw].

twrciaf: twrcio, Twrciaidd, gw. twlciaf: twlcio, Twrcaidd.

twrcis[1,2], gw. twrci[1], maen[1]—maen twrcis (At.).

twrch [H. Grn. *torch*, gl. *magalis*, H. Lyd. *torch*, gl. *uerres*, Llyd. C. *tourch*, Llyd. Diw. *tourc'h*, H. Wydd., Gwydd. C. a Diw. *torc*: ? < IE. **tu̯orkos*, cf. Afesteg *θβərəsa-* 'baedd', o'r gwr. IE. **tu̯erk-* 'torri', cf. Gr. *σάρξ* 'cnawd'] *eg.* (b. *tyrches*, ll. *-i*; bach. g. *tyrchyn, twrchyn*) ll. *tyrch(od)*. Mochyn dof gwryw (yn enw. un disbaidd), baedd (gwyllt); gwahadden, *Talpa europea*; hefyd yn *ffig.*: *hog, (wild) boar; mole (animal); also fig.*

12g. *GCBM* ii. 122, Keffitor ymdwr am Drwyd—heuelyt, / T*o*rch teryt y ar uwyd. **13g.** *A* 11. 5, *twrch* goruc amot e mlaen ystre ystrywyawr. **14g.** *T* 77. 4, Credeu c*o*ydynt *tyrch* torrynt toruoed taleu. **14–15g.** *IGE*[2] 294, I *dwrch* y dyfelir dyn, / Yng ngward ing, angor dengyn. / Pob lluniaeth, pei bell hynny, / A fyn *twrch* o fewn y tŷ; / . . . / Felly uddun', fall Iddew, / Fal *twrch* am ei fola tew [Siôn Cent i'r cybydd]. *c.* **1400** *B* ii. 14, Moch na *thyrchot* na chynnal ony bydant rywyawc. **1547** *WS*, *Twrch* A hogge. **16g.** Wiliam Llŷn: *Gw* (R. Stephens) 675, Ti, *tyrchyn* tir Llŷn a'r llost—yn llipa, / Llepian maidd y buost [i Wiliam Llŷn]. *a.* **1600 (1681)** *Rhyddiaith Gymraeg* ii. 165, yn cyphesu gadw o honynt hwy y cythrel yn hir o amser yn rhith cath . . . neu *dwrch* weithie. **1632** *D*, *Twrch*, Porcus, verres, majalis. **17g.** *TBM* 874, Ei badal ni ad wybedyn, / A'r *twrch* o'r ddaear y tyn [Robert ap Huw i ofyn ffon badl]. **1771** *PDPh* 96, Dylai *Tyrchod* gael eu yspaddu yn chwech mis oed. **1790** *Cylchg LlGC* ii. 63, y Gwaith mwyaf arbennig yw y Celtic Remains . . . croesaw byxan a gafodd gan y rhan fwyaf . . . ond nid er mwyn Taeogion a *thyrxod* y cyhoeddwyd. **1798** T. Roberts: *CG* 40, A hyn i gyd o ran fod ryw gibddall *dyrchod* wedi gwneud cyfraith er's cantoedd o flynyddoedd. **18–19g.** *IAW* (LlGC) 101, 49a, Boar, sow, pig . . . *Twrch, Tyrches, Tyrchyn.* **1803** *P*, *Twrç*, s. m.—pl. *tyrçod* . . . a hog; a splayed boar. Ar lafar, '*twrchyn* . . . *twrchod*' 'A young castrated pig', *GDD* 313; '*Tyrchod* odd y moch odd ginnyn ni', *GTN* 827; hefyd yn yr ystyr 'dyn annymunol', 'Yr 'en *dwrchyn* sarrug . . . 'All a ddim bod yn gwrtais i achub 'i fywyd', *ib.* Clywir *tyrchas* yn yr ystyr 'a doctored sow', *id.* 832. Digwydd yn gyff. yn y gymhariaeth 'cysgu fel *twrch(yn)*'. Y mae hefyd yn elf. mewn e. lleoedd, e.e. *Cwm-twrch*, Cered., sir Gaerf., a Morg./Brych., *Pentyrch*, Morg., &c. (cf. *LL* 44, Ecclesiam *penn tyrch*).

Cfn.: **twrch (y) coed:** (i) *woodlouse*. Ar lafar, '*Twrch-y-cwed*', *GDD* 313. (ii) *wild boar. c.* **1400** (*SG*) *HMSS* i. 252. **twrch daear:** (i) *mole, Talpa europea, also fig.* **14g.** *BT* 6. **1615** R. Smyth: *GB* [1]48. **1632** *D* d.g. *Talpa*. **1803** *P* d.g. *Twrç*. Ar lafar, *LGW* 249 (gogledd a chanolbarth Cymru). Digwydd hefyd yn y gymhariaeth 'cyn ddyled â *thwrch daear*'. (ii) *badger, Meles meles.* **17g.** *Llst* 82, 94, y pryf penfrith alias *twrch dayar*. **twrch draen:** *machine for digging drains.* Ar lafar, *LlLIM* 103. **Twrch Trwyth (Trwyd)** [cf. Gwydd. C. *Torc Triath, Orc Tréith*; am drafodaeth, gw. *CO*[3] lxiii–, 136]: *legendary ferocious wild boar whose hunting is recounted in the Middle Welsh tale 'Culhwch and Olwen', also fig.* **14g.** *WM* 483. 11–16, Nyt oes yny byt crib a guelleu y galler g*o*rteith vyg uallt ac *o*y rac yrynhet. namyn y grib ar guelleu yssyd kyfr*o*g deu yskyuarn *torch trwyth* mab tared wledic. **14g.** *GIG* 6, A gŵr gwynllwyd, *Twrch Trwyd* trin, / Nawswyllt yn rhoi farneiswin [i Syr Hywel y Fwyall]. **1632** *D* d.g. *Twrch Trwyth*. **1803** *P* d.g. *Twrç*.

twrchaidd, twrchwrs, twrchyn, twrd, gw. tyrchaidd, tyrchwr, twrch, twred[2].

twrdd[1] [amr. ar *dwrdd* neu *twrf*; dichon mai *twrddan*[2] gyda grym enwol a welir yn yr enghrau. o'r ff. honno isod] *eg.* (bach. *-an*) ll. *tyrddau, twrddau.* Sŵn (mawr), twrw, dadwrdd, taran, su (gwenyn), cynnwrf: *(loud) noise, din, clamour, thunder, buzz (of bees), commotion.*

c. **1400** *R* 1243. 18, H*o*rd *dord* b*o*rd beirdwin. *c.* **1400** *RB* ii. 213, Achlusteu arthur g*o*edy yr bylu abydaru gan *dord* (*BD* 170, sein) y dyrna*o*t. *c.* **1400** *YCM*[2] 192, minneu a dodaf lef arnaw [corn] . . . val y bo kymeint a chynn aruthret y *dwrd* ac na bo dor ar borth nac ar dy yn y dinas. *c.* **1400** *ChO* 3, ef a gwympawd vn o'r deil crinyon . . . tu a'r daear. A phan gigleu ef y *twrd* hwnnw . . . roi llef uchel a oruc. **15g.** *HS* 1, mawr o *dwrdd* ymro Dorddun / mawr poen cant marw y pen cun [marwnad Watgyn Fychan]. *c.* **1475** *B* xiii. 176, dwc Duw ruthyr y'r pryf gorthmun . . . yny glywer y *dwrd* megys sein diruawr brenn yn briwyaw wrth gwympyaw. **16g.** *Llst* 6, 73, ochlywr pryf wyr chwilior pren / dryddew gwine *dwrdd* y gwenen. **16–17g.** *CRC* 218, Ond Bost y Gwyr ay *Twrddan* / Ny thal y kwn Ond amkan. **1632** *D*, Twrf, &c alicubi *Twrdd*, Strepitus, Clangor, tonitru. **1672** R. Prichard: *Gw* 469, Y mae Dannedd pawb yn rhingccian, / Yn scyrnygu â'r fâth *dwrddan* [:– Swn]. **1752** J. Thomas: *FG* 128, [*T*]*wrdd* a Therfysg parhâus y Bŷd hwn. **1778** J. Hughes: *BB* 213, Er maint ei rwysg [Satan] a'i aflan *dwrddan* doeth. **1803** *P*, *Twrz*, s. m.—pl. *tyrzau* . . . A tumult. Ar lafar, 'Gadewch ych *twrdd* mywn 'na, da chi' (dwyrain Morg.).

twrdd[2], **twrddan**[1,2], gw. twrddanaf: twrddan, twrdd[1], twrddanaf: twrddan.

twrddanaf: twrddan[2], **twrddanu** [bf. o'r e. *twrdd*[1]] *bg.a.* Taranu, rhuo, trystio, dadwrdd, brygawthan, gwneud twrw, bod yn swnllyd: *to thunder, roar, bluster, gabble, make a noise, be noisy.*

16g. *IICRC* iii. 347, Ai hie gwag y gwman / Ai chwi yn awr syn *twrddan*. **1606** E. James: *Hom* ii. 110, Naclantus . . . Cablau yr hwn a argyoeddodd Gregori y cyntaf, wrth awdurdod yr hwn y damned hwy i Uffern, fal y *twrddana* (*thundered*) ei ganlynwyr ef yn echrydus. *id.* 282, y dyn sydd yn dadwrdd [:– *Twrddan*] geiriau diddeall yngwydd Duw. **1719** Iaco ab Dewi: *TG* 111, Fe gymmer Crist Gennad i farnu, pwy mhlith y llaweroedd ac sy 'n *twrddan*, yw y rhai ac sydd mewn Gwirionedd yn dyfod atto ef. **18–19g.** *Llr* C 8, 195, Glam words & idioms . . . *Twrddan*, to make a noise, to be noisy. *ib.* *Twrddanu*, to be noisy.

Amr.: **twrdd**[2]. **1866. twrddo. 1844. tyrddain. 1803** *P*. **tyrddan(u). 18–19g.** *Llr* C 8, 195, *tyrddanu*. **18–19g.** *Llr* C 30, 201, *Tyrddan*. **tyrddu. 1832.**

twre, gw. trw[1].

twred[1] [bnth. S. C. neu Ffr. Lloegr *turret*] *eg.* ll. *-au, -i.* Tŵr bychan, yn enw. un sy'n codi o fur adeilad fel addurn, hefyd yn *dros.* ac yn *ffig.*: *turret, also transf. and fig.*

14g. *GDG*[3] 51, Deurudd liw angel melyn, / *Dwred* aur, deryw y dyn [marwnad Gruffudd ab Adda]. **15g.** Dafydd Llwyd: *Gw* 276, Dywed hen *dwred* eira, / Diddawn wyd, hen dyddyn iâ [i Garnedd Llywelyn]. **15g.** Bedo Aerddrem, &c.: *Gw* 103, Tydi o vaint yw tid vôn / *Twredau*'r tarw ar eidion [i Watgyn Fychan o Hergest]. *id.* 139, Kynllyfan o sidan sieb / Denau rwng i dau wyneb / A *thwred* o waith arian / A dav o golerau glan [i ofyn dau filgi]. **15–16g.** *TA* 410, *Twredau* ynt, i'r iau dôn, / Twr ewigod torogion [i ofyn chwech o gesyg]. **1547** *WS*, *Twret* twr bychan A turret. **1632** *D*, *Twred*, Turricula. **17g.** E. Morus: *Gw* 38, Trwst leisiau tarw ystlys-hir, / *Twred* dyfn yn torri tir. **1722** *Llst* 189, *Twred*. m. A turret, little tower. **1803** *P*.

twred[2], **twrd,** *eg.* ll. *tyrdau.* Llestr pren, cafn, twbyn golchi: *wooden vessel, trough, washtub.*

a. **1588** *B* ii. 240, *twred* . . . mitt. **1604–7** *TW* (*Pen* 228), *twret* d.g. *Cupa*. **1688** *TJ*, *Twred, twred* tylino, a kneading-trough. **1707** *AB* 220d, *Twrd*, Mit, turnel bychan. V. A small washing tub. **1803** *P*, *Twrd*, s. m. —pl. *tyrdau* . . . A shallow tub; also called . . . *twred*. *id.* *Twred*, s. m. . . . a tub. Ar lafar, '*twred* . . . Yr ystyr heddyw mewn rhannau o Gymru yw llestr, tebyg i faril', *TA* 637.

twrf, twrw[1] [?cf. Llad. *turba* 'sŵn; torf' (> *torf*), *turbō* 'corwynt', *turbō* 'cadwaf dwrw', ond nid yw'r union brth. yn sicr] *eg.* ll. *tyrfau* (*twrfau*), (prin) *tyrf, tyrfain*, (prin a diw.) *tyrfoedd*.

(*a*) Sŵn (mawr), dwndwr, dadwrdd, rhu, stŵr, cythrwfl, cynnwrf, terfysg, ffrae, helynt, hefyd yn *ffig.*; (yn enw. yn y ll. *tyrfau*) taran(au): *(loud) noise, din, clamour, roar, uproar, tumult, commotion, disturbance, quarrel, trouble, also fig.*; (*esp. in pl.* '*tyrfau*') *thunder.*

Dchr. **12g.** *GMB* 6, Dreic angerdaul, *turvf* moroet maur, meint achupvy. **12g.** *GCBM* i. 4, T*o*ryf tonn fraeth am draeth am draed gwylan. *id.* 95, *Twrf* marchogion meirch gochwys / Mal *twrf* torredwynt am brys. **13g.** *LlI* 57, Puybynnac a dyodeuo muynhau e tyr un dyd a bluydyn hep *turyf*. **14g.** *B* ix. 333, A thra yttoed hi yn dyvedut hynn . . . y doeth *tyrveu* maur aruthyr, a chyt a'r *tyrveu* y doeth colomen. **14g.** *WM* 230. 22, yna ti a gly*o*y *t*o*r*o*f* ma*o*r. A thi a debygy orgrymhy y nef ar dayar gan y *t*o*r*o*f*. **14g.** *GIG* 16, Clywais doe i'm clust deau / Canu corn cyfeiliorn cau: / . . . / Pa *dwrw* yw hwn, gwn gannoch, / Pa ymffust i'm clust fal cloch [marwnad Tudur Fychan]? **1400–50** *B* xiv. 104, Ac ni bydd maban na *thwrw* na tharan. **15g.** *DGG*[2] 79, *Twrf* awyr âi trwy Fuellt / Twpr a fâg taprau o fellt [i'r daran]. **1551** W. Salesbury: *KLl* lxixa, a thrwst [:– *twrw* dadwrdd] y tyrfa. **1567** *LlGG* 19b, A' chlyweis lef or nefoed . . . megis sain *twrwf* [:– swn, dwrdd] mawr. **16–17g.** *B* ii. 240, *twrwbh* . . . taran. **1632** *D*, *Twrf* . . . Strepitus, Clangor, tonitru. **1696** *CDD* 202, Mewn pôb rhŷw enbŷdrwŷdd corphol, / Neu drallodus *dŵrf* ysprŷdol. **1762** *ML* ii. 521, Oedd dyn ar wyneb y ddaear fwy ei fwstr a'i *dwrw* na fy hen feistr. **1787** J. Roberts: *C* 2, Ac mae'n amlwg i wir Gristion, fod *twrfau* mawr gan lestri gweigion. **1803** *P*, *Twryv*, s. m.—pl. *tyrvoz* . . . a stir, a tumult. Ar lafar, 'cadw *twrw*', *WVBD* 556; "Chlŵast ti siŵd *dwrf* yn dy fywyd â reina'n ffraeo nithwr', *GTN* 827; 'Beth yw'r *twrw* 'na ar yr 'ewl? O! plant yn ffysto tunz!', *id.* 829; '*tyrfa* a goleuni' (dwyrain Morg.). Digwydd hefyd yn yr ymad. 'mwy o *dwrw* nag o daro', *WVBD* 556.

(*b*) Mintai, llu, torf: *company, host, crowd.*

12g. *GCBM* ii. 7, Gweleis rac teruysc *twryf* aduirein. *ib.* Gweleis *dyryf* dygen, gweleis dyrein. *id.* 20, Am Deiui, am d*o*r, am *d*o*ryf* angor. *id.* 50, Mal Gweith Arderyt, gwyth ar *dyruein*—cad / Yn argrad, yn aergrein. **13g.** *A* 25. 2–3, *twryf* en agwed. e rac meuwed. *c.* **1400** *YCM*[2] 32, a*e* o'e ymadrawd y kyuyt *twryf* y meirw.

(*c*) (geir.) Ysigiad (gewyn), streifiad: (*dict.*) *sprain, strain.*

1632 *D*, *Twrf*, Ganglium, distortio membri. **1722** *Llst* 189, *Twrf* . . . sprain of the sinewes. **1803** *P* d.g. *Twryv*.

twrfdymestl, gw. twrf+tymestl.

twrged [?*tŵr*+elf. anh. (?*ced*)] *eg.* *Bot.* Planhigyn croesffurf unionsyth, *Arabis glabra*, sy'n tyfu ar lannau tywodlyd: *tower mustard.*

1813 *WB* 241, *Twrged*; Turritis;—Tower-mustard.

Cfn.: **twrged blewog:** *tower-cress, Arabis turrita.* **20g. twrged esmwyth:** *tower mustard, Arabis glabra.* **20g. twrged llyfn = twrged esmwyth. 20g.**

twri, gw. trw[1].

twriaf[1]: **twrio, twrian** [cf. *turiaf*: *turio*] *bg.a.* Tyrchu, cloddio, twnelu; trwyno (am

foch, &c.), turio; chwilota; hefyd yn *ffig.*: *to burrow, dig, tunnel; root up (of pigs, &c.), nuzzle; rummage; also fig.*
17g. HUW MORUS: *EC* i. [193]–4, Rhwng llwynogod Lloegr goch, / Llu aswy o faint, a lliaws o foch, / A ddaethai o'r gogledd, seliaidd, syn, / Rai dewrion dwys, i *dwrio*'n dyn. *id.* 194, Ac yno'r moch, trwy gynhwr' mawr, / Taera llu yn *twrio*'r llawr. **18g.** E. T. RHYS: *DA* 94, Ac os cynyg [llwynog] i'r ddae'r *dwrio*, / Jarmer, Butler, Janter, Juno, / Y rhai'n a'i tyn i ma's o'r ddaear, / Heb ddim llosgedd, yn 'wyllysgar. **1784** M. WILLIAMS: *S* i. 101, mae'r creaduriaid hyn yn byw . . . ar fwswn, yr hwn maent yn ei *dwrio* o dan yr eira â'u traed. **1803** *P*, *Twriaw* . . . To raise up, to heap; to turn up. Moch yn *twriaw* tir, swine turning up the ground. Ar lafar, '*Twrian*', *TGG* (1907–8) 91 (de-orllewin sir Gaerf.).

twriaf², twraf: twr(i)o, twran [bnth. S. (*to*) *tour*] *bg.a.* Teithio (o gwmpas), yn enw. ar gyfer cyfres o berfformiadau, gemau, &c., neu fel gwyliau: *to tour.*
20g. Ar lafar.

twrist [bnth. S. *tourist*] *eg.* ll. *-iaid.* Un sy'n teithio am bleser, yn enw. dramor: *a tourist.*
1932.

twristaidd [*twrist*+*-aidd*] *a.* Yn perthyn i dwristiaid, ar gyfer twristiaid, llawn twristiaid, hefyd yn ddifr.: *tourist(y), also derog.*
1932.

twristiaeth [*twrist*+*-iaeth*] *eb.* Trefniadaeth gwyliau (tramor), yn enw. fel diwydiant: *tourism.*
20g.

twrlla [tywyll yw trdd. a dtb. semantig y gair hwn, a dichon mai geir. yn wr. yw'r ystyron isod] *eg.* (b. *twrllâes*, ll. *twrllaësau*) ll. *-od*, *twrllau* (?*twrllâu*). Marmot, leming, llygoden y maes, hefyd yn *dros.*: *marmot, lemming, field mouse, also transf.*
16g. *GGH* 365, *Twrlla* sgwâr torllaes a gaid, / Tebyg i gwd dau hobaid [i ofyn hwrdd]. **16g.** SIÔN BRWYNOG: *C* 70, Troliau o'r maes trwy lawr Môn, / *Twrllau* isel torllaesion [i ofyn bytheiaid]. **16–17g.** T. PRYS: *C* 143, Twrw lle dêl, *twrlla* y dydd, / Taranau uwch tarennydd [i ofyn tarw]. *id.* 360, Tramwywr 'r hyd gloyddwr glyn, / *Twrlla* isel torllaeswyn [i'r gleisiad]. **1604–7** *TW* (*Pen* 228), *twrlla* sef yw twrch lladd, tew d.g. *porcus* . . . *saginatus. Dchr.* **17g.** *J* 10, 160a, *Twrlla.* Pryv o vaint y wâdd a'i gevn yn ddu, ei ystlysau yn ruddion, a'i dor yn wyn. Aml ydyw em muroedd frithoedd yr Ennig [*sic*] vawr. **1632** *D*, *Twrlla*, Mus montanus. *id. Twrllâes* . . . *Twrllaesau* torlleision (*TA* 404, Twr llaes a'u torrau lleision). **1722** *Llst* 189, *Twrlla.* m. A field-mouse, a mountain rat. **1770** *W* d.g. *Rat, The Alpine* . . . *rat, Marmot, Mouse, Mountain-mouse.* **1803** *P*, *Twrlla*, s. m.—pl. t. *od* . . . A round-bellied one; a mountain mouse, a marmot.
Amr.: **trwlla** [drwy drsd.]. **1851.**

twrment, twrmentein, gw. **torment²** (hefyd At.), **tyrpentein.**

twrmentil, tormentil, twrmentila, &c. [bnth. S. Diw. Cyn. *turmentyll*, S. *tormentil*, a Llad. C. *tormentilla*] *eg. Bot.* Tresgl, melyn yr eithin, *Potentilla erecta*: *tormentil.*
1545 ELIS GRUFFYDD: *Ll* 23, Ac y vo arwedd vlode melynion megis y llyshiewyn a elwir *twrmenttil. Diw.* **16g.** *WLB* 4, Rhag bwrw gwaed drwy y penn i wared. Kymer *Tormentilla*, sef yw hynny tresgl y moch. *id.* 24, llysse y kribe, pympernel, *turmetyll* [*sic*] ar scabiws. *id.* 77, Kymer sugun y bottaen ar ffynnigyl . . . ar *turmentyl. Diw.* **16g.** *Pen* 204, 63, ij wnsis o *dwrmentilla.* **17g.** *Pen* 250, 154a, y dittaen, madfelen . . . ar *tormentyl.*

twrmentwr, gw. **tormentiwr.**

twrmeric, twrmerig, gw. **tyrmerig.**

twrn, tyrn (*y*≡*ə*) [bnth. S. C. neu Ffr. Lloegr *turn*; ansicr yw'r engh. gyntaf yn adran (*b*) (1875 yw dyddiad yr engh. nesaf)] *eg.* ll *tyrn(i)au*, (prin) *tyrns.*
(*a*) Tro (da, sâl, &c.), gweithred, camp, gorchest; digwyddiad, achlysur; pwl (o salwch, &c.); tro(ad), cylchdroad: (*good, bad, &c.*) *turn, act, feat, exploit; event, occasion; bout (of illness, &c.); a turn(ing), revolution.*
14g. *GDG³* 28, *Tyrnau* grym, tëyrn y Gred, / Tydi Ifor, tad yfed. *id.* 91, Tëyrnaidd waith, *twrn* oedd wiw, / Tyrrau, tröellau trilliw [am blu paun]. *id.* 213, Dilys gennyf, fardd dilyth, / Yn wir, nas gwybyddir byth. / Oni'm pair, drwy anair drwg, / *Twrn* aelaw, tirion olwg. **14g.** *GIG* 30, Mewn pwll trydwll troëdig / Y bu ar Sadwrn, *dwrn* dig [marwnad meibion Tudur Fychan]. *c.* **1400** *R* 1306. 23–4, taer dysgaðd teryd esgar. teyrn bryt *torn* beredur. **15g.** *DN* 101, A berw a *thwrn* Satwrnys / Yw bwrw wybr frav hylwybr frys. **15g.** *GDID* 84, *Twrn* emys tëyrn yma, / Tomas deg, tau emys da. **15–16g.** *TA* 535, Troi'n fy nghefn, *twrn* anghyfion, / Malais mawr, mae Lewys Môn. **1547** *WS*, *Twrn* A turne. **1630** *YDd* 82, nerth, synwyr, diddanwch, rhinwedd . . . Efe [Duw] ei hûn a wasanaetha'r *twrn* (*use*) yn eu lle hwynt oll. **1651** SIÔN TREREDYN: *MDD* 140, efe a rhyngodd bodd [*sic*] yr Arglwydd . . . ymweled o honof a *thwrn* mawr o clefyd [*sic*]. **1701** E. WYNNE: *RBS* 278, yn lle fy marnu a'm destrywio . . . gwneud rhagor rhyngof i a'm cydrâdd, ac a'm gwell, trwy hwn ac amryw *dyrnau* (*acts*) eraill o râs a ffafr. **1803** *P* d.g. *Twrn.* **1828** *Geir Pob* 27, *Twrn*, tro, chwyl. Ar lafar, 'Gæth a *dyrn* ofnadw' (Myn.). Clywir *tyrn* yn yr un ystyr â 'bwrdd tro . . . h.y. mae'r wageni yn cael eu troi i lein arall', *B* xx. 386 (ardaloedd chwareli'r Gogledd).
(*b*) Tro (mewn dilyniant, gêm, &c.); sifft (o waith): *turn (opportunity, &c.), go (in game, &c.); shift (of work).*
17g. E. MORRIS: *Gw* 449, I allud siarad mewn un *twrn*, er maint (eu bwrn i'w barnu), / Gwybyddwch hyn, pob mawr a mân, rhaid genau glân i ganu. Ar lafar, 'Wedyn mi ddoth 'y *nhyrn* i' (Llŷn); '*tyrn*' 'stem, shifft', *Geir Glo* 145 (sir Ddinb., sir Gaerf., a Morg.).
Cfn.: **tyrn byr:** *short working day or shift.* **1909.** Ar lafar yn ardaloedd pyllau glo'r De, *Geir Glo* 145. **twrn da, twrnda:** *good turn or deed, kindness.* **1545** *Cl* 157, [*t*]*yrnau daa.* **[1547]** W. SALESBURY: *OSP* [7], *twrn da.* **16g.** *TRP* 246, er duw ni wnaeth o vn *twrnda.* **1583** *LlGC* 716, 18a, Angofvs o *tyrnie da* a thrigaredd dvw. **1604–7** *TW* (*Pen* 228) d.g. *Beneficium.* **1803** *P*, Twrn . . . *Twrn da*, a good turn. **twrn (tyrn) da o waith:** *good day's work.* **1936.** Ar lafar yn ardaloedd pyllau glo'r De, '*Tyrn da o waith*', *B* viii. 223. **twrn drwg:** *ill turn or deed, unkind act, harm.* **1545** *CM* 1, 112, *tyrnne drwg.* **16–17g.** *HG* 10, ny ddaeth *twrn drwg*, i vorgannwg / es tair oes waeth, nau [*sic*] varwolaeth. **1632** *D*, Twrn . . . *Twrn drŵg*, Incommodum. **1803** *P*, Twrn . . . *Twrn drwg*, an ill turn. **yn ei (dy, &c.) dwrn:** *in his (your, &c.) turn.* **1845.**

twrnai¹ [ff. affetig ar *atwrnai*; cf. S. C. *torney*] *eg.* ll. *twrneiod, twrneiaid, twrneion.* Atwrnai, cyfreithiwr, hefyd yn *ffig.*: *attorney, solicitor, lawyer, also fig.*
?**16g.** *WLl* 31, Karw ar vaink kowir arr varn / . . . / Y *twrnai* (WILIAM LLŶN: *Gw* (R. Stephens) 157, Atwrnai) blaen teyrn blaid / Ynghaerau y kynghoriaid. **16–17g.** *HG* 121, esgob siri baili oi bronn, ar holl ddebidion ffradar / mater kam yn glür awnan, yn wir o kan hwy wabar / ar *twrnaiaid* wrth gael ffys, hwy gair mewn llys vel ankar. **16–17g.** *CRC* 143, Am fatter llankes bvrwen / mi a fynna ŵr a adwen / yn gyfreithiwr gore y môn / yw y meistr Sion bodychenn / Mae genni *twrnai* mwynlan / ni cheir moi fath am arian. *id.* 425, ar *twrneiod* a fydde / o bobtv ir barr yn ymbleidio / am fatter a fai yw wrando. **1672** R. PRICHARD: *Gw* 42, Christ yw'r *Twrneu* [*sic*] sydd yn dadle, / O flaen Duw am fadde 'n beie. **1703** E. WYNNE: *BC* 120, gyrr o ŵŷr y Sessiwn . . . Ustusiaid a myrdd o'u sil yn Gyfarthwyr, *Twrneiod*, Clarcod, Recordwyr . . . a Checcryn y Cyrtieu. **1714** R. PRYDDERCH: *RT* [v], Cydwybod gaiff ei gwrando / Ynghwrt y Nefoedd faith; / Fe dderbyn Brenin Sion, / Yn rhwydd ei holl achwynion. / 'Does Broctor na *Thwrnaion*, / I'w hatteb yr ail waith. *a.* **1791** W. WILLIAMS: *GP* 156, Mae gennym *dwrnai* gydâ Duw. Ar lafar, '*twrna*' 'lawyer', *WVBD* 556 (ll. *twrneiod, twrneiad*).
Cfn.: **Twrnai Cyffredinol:** *Attorney-General.* **1922.** **twrnai'r bais:** *battleaxe (formidable or domineering woman).* **20g.**
Gw. hefyd **atwrnai.**

twrnai² [bnth. S. *tourney*] *e?g.* Twrnamaint (i farchogion): *tournament (for knights).*
15–16g. *TA* 146, Ar derwyn, rhoi 'r dur, yn rhod, / Ar wal *dwrnai* 'r ail dyrnod [i Syr Wiliam Gruffudd].

twrnamaint, twrneiment, tornei-ma(i)nt, &c. [bnth. S. C. *tournament, tourneiment*, &c., neu Ffr. Lloegr *turneiment*, &c.] *eg.* ll. *twrnameintiau, twrneimantau, twrneimeintiau, twrneimaint, twrnementys, tornemannau.* Cystadleuaeth ymwan rhwng marchogion yn yr Oesoedd Canol a'r naill yn ceisio bwrw'r llall oddi ar ei geffyl er mwyn ennill y wobr, cyfarfod ar gyfer chwaraeon ac ymarferion marchogaidd; cystadleuaeth chwaraeon â chyfres o gystadlaethau i bennu enillydd y brif wobr: *tournament.*
14g. *BT* 229, peris gwneythur *torneymant* en nevyn en llyn. *id.* 235–6, en y vlwydyn honno y gossodet y *torneyment* en dwnstapyl. **14g.** *BB* 10, ymrodi . . . y ymwaneu. ac y *tornemanneu.* **14g.** *GEO* 8, Addurn ail Turn mewn *twrneimant*, / Addas urddas arddelw moliant. **14g.** *WM* 117. 3–5, nyt oe gyfoeth yn benhaf yd ymborthei efraðc namyn o *torneimeint* ac ymladeu a ryueloed. *id.* 405. 12–15, o ardelð caru y uorðyn o ereint yr ymyraðd yny *torneimeint* am y llamysten. **14g.** *GDG³* 30, Llyw llygrgaer yn aer ni wnaint—yn eiddil, / Anturiai nawmil mewn *twrneimaint.* **14–15g.** *IGE²* 310, *Twrnement* tarian ymwrdd, / Twr dewr gwncwerwr, gŵr gwrdd [Rhys Goch Eryri i lys Gwilym ap Gruffudd o'r Penrhyn]. *c.* **1400** (*SG*) *HMSS* i. 291, y vorwyn . . . adoeth y ovyn yr kyffredin pwy oreu yn y *twrneimant.* **1527** *B* ii. 206, irr oydd *dwrnimant* mawr ac ymwan rwng arglwyddi a marchogion. **16g.** *Haf* 22, 375, velly y *twrnementys* ai gwnaethant ef yn vwbach dallan. **1632** *D*, Argae'r *twrneiment* d.g. *Decursorium.* **1775** *W*, *twrneiment* d.g. *Justs, or jousts.*

twrnda, gw. **twrn—twrn da.**

twrneiaeth [*twrnai¹*+*-aeth*] *eb.* Gwaith neu alwedigaeth (a)twrnai, atwrneiaeth, hefyd yn *ffig.*: *attorneyship, lawyership, also fig.*
1842.
Gw. hefyd **atwrneiaeth.**

twrneimaint, twrneimant, twrneiment, gw. **twrnamaint.**

twrneiol [*twrnai*+*-ol*] *a.* Yn perthyn i atwrnai neu gyfreithiwr, nodweddiadol o'r cyfryw: *pertaining to or characteristic of an attorney, solicitor, or lawyer.*
20g.

twrnel [?cf. S. *turnel* 'tub' (1688)] *eg.* ll. *-au, -i.* Twb, cerwyn, powlen, padell, hefyd yn *dros.*: *tub, vat, bowl, pan, also transf.*
c. **1400** (*SG*) *HMSS* i. 316, ef aberis dwyn *twrnel* mawr y berued y llys. ac yno dwyn y naw marchawc urdawl. a thorri penn pob un onadunt . . . hyt nat oed yny *twrnel* namyn gwaet oll. **16g.** *WLl* 23, *Twrnelau* kantelau tir / Trystiau wrth gerdded trowstir [i ofyn men]. **1604–7** *TW* (*Pen* 228) d.g. *Artopta, Cupa, Labrum, Mactra.* **17g.** E. MORUS: *Gw* 38, Tad mewn amser llawer llo, / Yw'r *twrnel*, rhad Duw arno [i ofyn tarw]. **1707** *AB* 220d, Twrd, Mit, *turnel* [*sic*] bychan V. A small washing tub. **18g.** L. MORRIS: *LW* 220, Rhaid cael *Twrnel* i Dylino / ystwnt i roddi diod ynddo. **1803** *P*, *Twrnel*, s. m.—pl. t. *i* . . . A tub; a vat.

twrnement, twrner, gw. **twrnamaint, turner.**

twrniaf: twrnio [bf. o'r e. *twrn*] *bg.* Gweithio, gweithredu; ?troi: *to work, act; ?turn.*
16g. SIÔN BRWYNOG: *C* 94, Ni ffaelia win yn ei phlas / O *twrnia* llongau teyrnas. **16g.** WILIAM LLŶN: *Gw* (R. Stephens) 468, Bu Siôn—gŵr o Bowys oedd—/ Dewr mawr ar dir a moroedd. / O bu'r gŵr er bwrw ei gas / Yn *twrnio* mewn naw teyrnas, / Nis cefnwyd, ŵr briglwyd brau, / Â dur ing hyd awr angau [marwnad Siôn Powys ap Rheinallt]. *c.* **1600** W. MIDLETON: *B* 95, Atrapos . . . / . . . / *twrnio* i bydd i bob tyrnas [marwnad Wiliam Midleton].

twrnimant, twrnpeic, twrnpeiciwr, twrnwyr, twrpandein, twrpant, gw. **twrnamaint, tyrpeg, tyrnpeiciwr, turner, tyrpentein, tyrpant.**

twrpentein, twrpentin, gw. **tyrpentein.**

twrpet, gw. **tyrpant.**

twrra [cf. *twr*] *eg.* Pentwr, hefyd yn *ffig.*: *heap, also fig.*
c. **1400** *R* 1335. 19–21, yn *dwrra* trðssa treissach yn dorraðc o bedeir rech. **1789** *BDG* 509, Tin cythraul —bid haul a'i tawdd, / *Twrra*—bid crog ai tyrawdd [i'r gaseg eira]!

twrrach, twrryn, gw. **twr.**

twrsneiddiwch, twrsneiddrwydd, twrstan, twrstanaidd, gw. **trwstaneiddiwch, trwstaneiddrwydd, trwstan, trwstanaidd.**

twrstaneiddiwch, twrstaneiddrwydd, twrstaneiddwch, twrstneiddrwydd, gw. **trwstaneiddiwch, trwstaneidd-**

rwydd.

twrw[1,2], twryn[1,2], gw. twrf, trw[1], twr, tŵr.

twsaf: twsu, gw. tywysaf: tywys.

twsel, twselig, gw. dwsel (At.).

twsli(f) [cyw. o *dwst lli(f)*] *eg.* Blawd llif, llwch llif: *sawdust.*
20g. Ar lafar yn y Gogledd-ddwyrain, *LGW* [184]–5.

twsw, twswr, gw. tusw, tywyswr.

twt[1], *a.* a hefyd gyda grym enwol ac fel *eb.* (bach. b. *-en*, g. *-yn*). Heb fod yn anniben, cymen, taclus, trefnus, cryno, trwsiadus, dillyn: *tidy, neat, orderly, compact, smart, dainty.*
1763 *ML* ii. 600, ac aeres go *dwt* or wraig a dalai o ddeutu mil o bunnau yn dir ac arian. 1787 (1812) Twm o'r Nant: *PG* 51, Ond codais i ddweud Thank ye yn bur *dwt*. a. 1789 *Traeth* xxxi. (1876) 170, Mae treth am esgid newydd *dwt* / A threth am glem a threth am glwt (Elis y Cowper). 1803 *P.* Ar lafar, '*twt*' 'tidy, neat', *WVBD* 556; 'Plentyn bach *twt* odd 'i 'ed', 'Ma fa'n catw'r ardd yn *dwt*', *GTN* 827; hefyd yn yr ystyr 'well off', *WVBD* 556.

Fel *e.* (*a*) Gorchwyl diflas neu feichus; gwaith tŷ: *chore; housework.*
1848. Ar lafar, '*Twt* o waith', *Cymru* xxxiv. 266 (godre Cered.); 'gwneud y *dwt*' 'gwneud y gwaith tŷ' (y De).

(*b*) (yn enw. yn y ff. *twten, twtyn*) Person bychan (dillyn): *small (dainty) person.*
Ar lafar ym Morg. Clywir hefyd y ff. *dwt*, 'Dim ond *dwt* bach yw e' (sir Gaerf.).

twt[2], tyt (*y*≡*ə*) [bnth. S. *tut*] *ebd.* Ebychiad sy'n mynegi cerydd, diffyg amynedd, dirmyg, &c., pwff!: *tut!, pah!*
15g. *GDLl* 172, Tuthia'r wart, taith arw oedd, / *Twt* leiard,—atat luoedd [i ddychanu Siôn Dafi am geisio athrod rhwng y bardd a'r brenin]. 1632 *D*, *Twtt*, Twtti, Bat, apud Plautum. Bombax. *id.* d.g. *Aha.* 1632 J. Davies: *LlR* 454–5, Pwy bynnag sy 'n gwenieithio . . . ac yn dywedyd, *Twt*, y mae Duw yn drugarog. 1766 *FfA* 63, *Tyt*, medd efe, nad oes yma ddim bygythiad. 1794 *W* d.g. *Tut.* Ar lafar, '*Twt!* 'I all wed fel y myn 'i o ran dim a 'wi'n 'ito', *GTN* 827.
Amr.: **twti[1]**. 1632 *D*, Twtt, *twtti*. *id.* d.g. *Bat, Bombax.* 1794 *W* d.g. *Tut.*
Cfn.: **twt (y) baw = twt lol.** 1604–7 *TW* (*Pen* 228), *Twt, baw* d.g. *Bat.* Ar lafar, '*twt-baw*', *GDD* 314. **twt lol (botes (maip)):** *tut!, nonsense!* 1874. Ar lafar, '*Twt lol!*', *WVBD* 556. **twt twt:** *tut tut!* 20g. Ar lafar, *GTN* 827.

Gw. hefyd tw.

twtaf, twtiaf[1]: twtan[1], twtian[1] [?bf. o'r a. *twt[1]*] *bg.* Cyrcydu: *to crouch.*
20g. Ar lafar, '*Twta* lawr lle bo' nw'n yn gweld ni', ''Odd rwun yn *twtan* lawr yr ochor 'wnt i'r berth'', *GTN* 827; 'to sit on one's heels' '*twtan* (lawr) . . . east of the Nedd', *LGW* [460]–1.

twtan[2] [?cf. *twt[1]* fel e.] *bg.* a hefyd fel *eg.* Bod yn brysur, prysuro; trafferth: *to be busy, hurry; trouble.*
1672 R. Prichard: *Gw* 122, Am wasnaethu 'r Byd yn gyfan, / Ni cheir ond y poen a'r *twttan* [:– Trafferth]. *id.* 161, Di gae [*sic*] *dwttan* [:– Bod yn ddiorphwys] a thrafaelu. *id.* 393, Duw gwynn, Gwel mor beryglus, / Yw Swydd dy wâs trafaelus, / Sydd yn *twttan* [:– Myned] aia a hâf, / At bôb dyn clâf gvvrthnebus.

twten[1,2], twti[1], gw. tatws, twt[1,2].

twti[2] [bnth. S. *tutty*] *eg.* Ocsid sinc amhûr a ddefnyddir fel powdr caboli, a hefyd gynt mewn eli: *tutty.*
1722 S. Rhydderch: *Alm* [11], cymmerwch Alwm a *Thwti* a Siwgr-candi gwyn. 1771 *PDPh* 66, Dodwch ddram o *Twtti* mewn dwfr Rhoswydd.

twtiaf[1]: twtian[1], gw. twtaf: twtan[1].

twtiaf[2]: twtio, twtian[2] [bf. o'r a. a'r e. *twt[1]*] *bg.a.* Gwneud neu fynd yn dwt neu'n drwsiadus, cymhennu, rhoddi trefn ar, clirio, gwneud gwaith tŷ: *to make or become neat or smart, tidy, put in good order, clear up, do the housework.*
1803 *P*, *Twtiaw* . . . to make neat. Ar lafar, '*twtio*' 'to tidy', *WVBD* 556.

twtian[1,2], gw. twtaf: twtan[1], twtiaf[2]: twtio.

twtian[3] [be. o'r ebd. *twt[2]*] *bg.* Dweud twt; ffwdanu: *to tut; fuss.*
20g.

twtnai [gair geir. (?olff. o *twtnais[1]*); ansicr yw ystyr yr engh. gyntaf isod] *e?g.* ll. *twtneion.* Lliw llwyd neu dywyll, lliw llwytgoch: *grey or dark colour, greyish red colour.*
16g. Wiliam Llŷn: *Gw* (R. Stephens) (At.), *Twtnai* llwyd llvndain. 1604–7 *TW* (*Pen* 228), *twtnei* d.g. *Aquilus.* 1632 *D.* 1772 *W* d.g. *Colour, Dark colour.*

twtnais[1] [bnth. S. C. *totenais*] *eg.* Math o frethyn: *type of cloth.*
c. 1400 [*RB*] *WM* 215. 6–7, a dỽy hossan am y traet o *twtneis* tenau.

twtnais[2] [?gair geir. yn wr., o bosibl drwy gamddeall *twtnais[1]*] *a.* ll. *twtneision*, a hefyd fel *eg.* Taclus, twt, trefnus, gwych, prydweddol, ceinwych, addurnedig, trwsiadus: *tidy, neat, orderly, fine, handsome, elegant, adorned, smart.*
1604–7 *TW* (*Pen* 228), *twttneis* d.g. *Rotundus.* *Dchr.* 17g. *J* 10, 161a, *Twtnais.* handsome. Concinnus. limatus. 1632 *D*, *Twtnais*, Idem quod Tacclus. 1691 T. Williams: *YB* 87, [p]rofi pleser yn brin ag yn *dwtnes*, a bod yn eich meddwl yn llŵyr ddifatter o honynt. 1722 *Llst* 189, *Twtnais.* p. *neision*: Neat, brave. 1752 G. Owen: *L* 19, Chwi welwch fy mod yn dechreu dyfod i ysgrifennu Llythyr Cymraeg yn o *dwtnais*. 1763 *ML* ii. 566, byw yn ddigon *twtnos* [*sic*] yno, yn cadw tŷ diod, a chantho ardd wech, a llawndra o borthiant. 1766 *CD* 149, A dweud y ffordd ore, / Oedd i mi ysmonaethe: / A gwneud pob peth yn *dwtnas* [*sic*], / Yn Tŷ, ac oi gwmpas. 1770 *W* d.g. *Adorned, Elegant, Smug* [*spruce, trim, &c.*], *Tidy.* 1803 *P.*

twtneisiaf: twtneisio [gair geir., sef bf. o'r a. *twtnais[2]*] *ba.* Tacluso, trefnu, tocio, gwychu, harddu, addurno: *to tidy, order, trim, make fine, beautify, adorn.*
1604–7 *TW* (*Pen* 228) d.g. *Adorno, Rotundo.* 1632 *D* d.g. *Concinno.* 1722 *Llst* 189, *Twtneisio.* To trick up, make fine. 1770 *W* d.g. *To adorn, To dress curiously, To equip, To prune the wings, To sprucify, or spruce up.*

twtneisrwydd [gair geir. yn wr., sef *twtnais[2]* + *-rwydd*] *eg.* Twtrwydd, taclusrwydd, smartrwydd, tlysni, addurnedd: *neatness, tidiness, smartness, prettiness, ornateness.*
1604–7 *TW* (*Pen* 228) d.g. *Munditia.* 1722 *Llst* 189, *Twtneisrwydd.* m. Bravery, ornature, neatness. 1778 *W* d.g. *Ornateness, Smugness, Tidiness.* 1803 *P.*

twtrwydd [*twt[1]* + *-rwydd*] *eg.* Yr ansawdd neu'r cyflwr o fod yn dwt, taclusrwydd: *neatness, tidiness.*
1894.

twtsh[1], tw(y)ts, &c. [bnth. S. *touch*] *eg.b.* ll. *twts(h)ys*, (prin) *twytsiau.* Cyffyrddiad (ysgafn), mymryn, arlliw, hefyd yn *ffig.*: *touch, dab, small amount, trace, also fig.*
15g. *GGl[2]* 78, Sabitwrs ar y cwrs yn cau / Wrth ddeuflaen y gwarthaflau, / A phob metel o Felan / O dri *thwits* rhwng dŵr a thân [i ofyn saeled]. 15–16g. *TA* 116, Yr oedd *twyts* arwydd y tân / I'th rudd, fal na 'th ddiwreiddian. 15–16g. *GLM* 316, nis anturiai Saint Iorys / *dwyts* ar wayw lle dout, Syr Rhys. 1547 *WS*, *Twyts* Touche. 16g. Huw Arwystl: *Gw* 476, karl a wnai *dwytssiau* mewn korlan dotsoch / Anfwyn di resswm yn fwyn a droessoch. 16–17g. *GST* i. 262, Byd cwerylus, byd creulon, / Blin yw *twyts* y blaned hon [marwnad Siôn Wyn ab Elisau]. 1716–18 *Llsgr R. Morris* 57, ni phraw fewurth madog ddropun ond dwr neu lasdwr enwun / dan ben y ffwuddyn dygun *dwtch.* Ar lafar, 'Mi ges inna *dwtsh* o'r clefyd', 'Mae dipyn o *dwtsh* arno fo' 'it is slightly burnt', *WVBD* 556; 'Ma tipyn o *dwtsh* myn'na' (sir Gaerf., am berson go falch neu rodresgar); 'Ma *twtsh* o annwd arni', *GTN* 828. Digwydd hefyd yn yr ystyr 'papur tanio', *TGG* (1907–8) 91 (sir Benf.).

twtsh[2], twtshus, gw. twtsiaf: twtsio, tejws.

twtsiaf, twytsiaf, &c.: **tw(y)tsio, twtsiad, twtsh[2],** &c. [bf. o'r e. *twtsh[1]*, *twyts*, &c.] *bg.a.* Cyffwrdd (â), hefyd yn *ffig.*: *to touch, also fig.*
15–16g. *TA* 272, Ni throut ddur eithr at ddewrion, / Ni'th *dwytsiai* ŵr, na'th dad, Siôn. 1547 *WS*, *Twytsio* Touche. 1574 *RhRC* (At.) 83, [d]uw . . . a roes yddo siars na *thwtsie* mor pren a elwid pren y gwybodaeth da a drwg. *id.* 186a, Thomas aquinas, vn or brodyr duon yn Iachay gwraig or klwy newydd wrth *dwitsio* o heni gwrr y gadach ef. 1580 *GGN* 8, [y] geira yma . . . ony dydyn yn *twitsior* gwyr newydd o loyger. 1583 *LlGC* 716, 117, fal y'roedd Eliiah yn gorfedd . . . angel a'i *twytsiodd* fo. *Diw.* 16g. *WLB* 54, Kymer babwyr kynhwylle brwyn . . . ac a hwnw *twtsia* y davadenau. *id.* 96, elia dy ddwyfron . . . a mogel *dowtsio* dy gylla. 1606 E. James: *Hom* ii. 32, megis pe buasei gwedi ei scrifenu mewn rhyw gornel, ac heb ei chyhoeddi yn helaeth ond gwedi ei *thwtsio* (*touched*) yn fyr ag yn dywyll. 1672 R. Prichard: *Gw* 42, Ni baidd Diawl nac angau *dwtchio* [:– cyffwrdd] / Neb, nes cael gan Grist ei lwo. 1759 *BC* 156, Gwili a [*sic*] *dwitsio* dim yn dy fyw, / A'r [*sic*] bren pob rhyw wybodaeth. *id.* 446, Na *thwtsied* Gwr anllad ar gariad y Gô. Ar lafar, ''Ddaru mi mo'i *dwtsio* fo', 'Peidiwch â *thwtsiad* yno fo', *WVBD* 556; ''Sa fiw 'chi *dwtsiad* ych llaw yn neb heddiw' (Arfon); 'Paid o'i *dwtsh* a, fe dy gnoiiff di', ''Dwi ddim wedi *twtsh* cig moch ys wthnosa', *GTN* 827; ''Odd 'i ddim bolon ifi *dwtsh* â dim byd yn y cwbwrt cornal' (dwyrain Morg.).

twt-twtiaf, tyt-tytiaf: twt-twtian, twt-twtio, tyt-tytian [bf. o'r ymad. *twt twt*] *bg.* Dweud twt twt: *to tut-tut.*
20g.
Amr.: **dwdwtio. 1899.**

twtyn, gw. twt[1].

tw-whit tw-hw, gw. tw-hw.

twybil [bnth. S. *twibill*] *eg.* Math o fwyall ddeulafn, hefyd yn *ffig.*: *twibill (two-edged axe), also fig.*
1547 *WS*, *Twybil* A twyble. 1603 W. Midleton: *Ps* 133, *Twybil* a gyrdh ond tebig / Torrant a darniant a dig, / Y kerfiad hardh ar kyrf teg / A lluniau dibwyll waneg. 17g. *Llst* 133, 76, Tebyg yw hwn i'r *twybil* / Troedtrwm o ryw hwyrdrwm hil. 18g. *Gron* 115, Dylech mewn prifodl ei dilyn [y gân],—rhagoch, / Megis rhigol corddyn; / Heb ŵyro lled gwybedyn, / A'r *twybil*, wiw gynnil gŷn ['atteb . . . i Elisa Gowper, pastynfardd'].

twyg [bnth. Llad. *thēca* 'amlen, cas, clawr'; Llyd. Diw. *tueg, toagenn* 'cas (gobennydd)', Gwydd. C. *tiag* 'clawr, cas'] *eb.g.* (bach. g. *-yn*, ll. *-nod*; ?b. *-an*) ll. *-au.* Tiwnig, mantell, clogyn, côt, gŵn, ffrog, ?toga; cas clustog neu obennydd, ticin; hefyd yn *ffig.*; ?pwrs: *tunic, mantle, cloak, coat, gown, frock, ?toga; pillowcase, cushion cover, ticking; also fig.; ?purse.*
11g. *RC* xxxviii. 15, *tuic*, gl. *curbanam.* c. 1400 *R* 583. 31–3, Ny chymmeraf gymun gan ysgymun uyneich ac eu *tỽygeu* ar eu clun. 15g. *GDLl* [104], Tegach na siaradach sêr, / *Twyg* o liain teg lawer [i ofyn pais]. 16g. Huw Arwystl: *Gw* 275, Tagell vawr *twyg* llyferydd / Dwy gaill vwy nai dagell vydd [i ofyn tarw]. 1604–7 *TW* (*Pen* 228) d.g. *Toga. id.* *Twycan, twyc* vechan d.g. *Tunicula.* 1632 *D*, *Twyg*, Amictus, tunica. 1716 J. Morgan: *LlT* 22, Maent yn gweithio 'n dost, ac yn chwysu 'n fynych, rhag i'w Cyrph a'i Calfonnau [*sic*] trwy Seguryd lyfrhâu; gan fudo o'r cysgod i'r Tes, o'r Tes i'r Gwynt, o'r *Twyg* i'r Llurig, o'r Distawrwydd i'r Floeddfa. 1722 *Llst* 189, *Twyg.* f.p. *Twygau.* A short cloak, coat, womans gown, robe. 1725 *SR* d.g. *A Taberd.* 1784 M. Williams: *S* i. 120–1, Eu gwisgad cyffredin yw cappau ffur, *twyg* gloes [*sic*] yn cael ei rhwymo â gwregys am eu canolau. 1794 *W*, *Twyg*, *twygyn* d.g. *Tick, ticken, or ticking* [*the case which holds the feathers or flocks of a bed*]. 1803 *P.* Ar lafar, '*twycyn*' 'câs (clustog etc)', ''Wi wedi bod yn nuthur *twycynnod* clustoca 'eddi', *GTN* 824.

twyl[1] [?bnth. S. *toil* 'battle, strife'] *eg.* ?Brwydr, cynnen; (geir.) ofn, arswyd: *?battle, strife; (dict.) fear, terror.*
15g. *GDLl* 95, A'r tyrau mewn taro maith, / A'r *twyl* am y tair talaith. 16g. Wiliam Llŷn: *Gw* (R. Stephens) (At.), *Twyl* ofn ar traen jawn ar tarw/n/ i waith / yn troi *twyl* ir /3/ talaith dd lloyd. 1632 *D*, *Twyl*, Metus ait [William] Ll[yn] & D[auid] P[owel-us] nusquam legi. 1722 *Llst* 189, *Twyl*, m. Fear.

twyl[2], *e.ll.* *Pysg.* Pencwn, cŵn môr: *dogfish (pl.).*
c. 1566 *B* xv. 119, *twyl* hallt ag ir / sef yw *twyl* / Cwn brychion.

twylen, *eb.* (g. *-yn*). Annwyd trwm, anhwylder: *heavy cold, slight illness.*
Ar lafar, '*twylen*' 'A heavy cold', *AGB* 225; 'Ma *twylyn* ar y fuwch ddu es dyrnota 'nawr' (dwyrain Morg.).

twyll[1] [?bnth. Llad. *tēla* 'gwe; cynllun'; H.

Lyd. *tuill*, gl. *ganna*, Llyd. Diw. *touell*; gw. hefyd *twyllwr*] *eg.b.* ll. *-au*, a hefyd gyda grym ansoddeiriol. Y weithred o dwyllo (hefyd fel trosedd gyfreithiol), dichell, hoced, celwydd, anwiredd, ystryw; malais, brad; nam, diffyg: *deception, deceit, fraud, lie, falsehood, guile*; *malice, treachery*; *fault, defect*.

12g. *GMB* 273, Tra'm oet o'm dawn Duw y gymhwyll / Tremynid vy mryd ym mrad a *thwyll*. **13g.** *LlI* 84, O guerthyr march a *thvyll* endau, ac na bo dyeythyr y croen ny dywygyr namyn e lv nas guydyat. **13g.** *BD* 143, keissyav y uredychu [Uthr] a guenvyn . . . Ac yna, guedy gvybot eissyoes o'r kewdavtwyr y *tvyll* hvnnv a'r brat. **14g.** *BT* 18, bu *dwyll* vawr abrad yrwng gruffud a rys veibyon ryderch. **14g.** *GDG*[3] 117, Nid gem, oferedd gymwyll, / Nid bedw glyn, nid dillyn *twyll*. **1547** *WS*, *Twyll* Frawd, gyle. **1588** *Eseia* liii. 9, efe a roddes ei fedd gyd a'r rhai anwir . . . er na wnaethe gam, ac nad oedd *twyll* yn ei enau. **1595** H. LEWYS: *PA* 23, Ioseph a werthwyd gan ei frodur . . . o *dwyll* (*malice*), a chenfigen. **16–17g.** *GST* i. 709, Dysgais, am ran ymannerch, / Deall i'm hoes *dwyllau* merch. **1632** *D*, *Twyll*, Dolus, fraus, fallacia. **1703** E. WYNNE: *BC* 37, be' sy yn y Byd mor ddymunol, oni ddymunei ddyn *dwyll* a thrais . . . a gwallco? **1772** *W* d.g. *Deceit, Fraud, Guile*. **1803** *P*. Ar lafar, *WVBD* 556 (*eg.*), *GTN* 824 (*eg.*).

Cfn.: **twyll awdl,** gw. *twyll odl*. *c.d.* **twyll gynghanedd (cynghanedd):** *metrical fault in Welsh prosody consisting of imperfect consonantal correspondence in a line of 'cynghanedd'*. **14g.** *GP* 54, Bei yw pob twyll ymadrawd . . . a phob *twyll gynghaned* (*id.* 32, *twyll kyghaneth*). *a.* **1587** *Y* 54, Y gwr eb radd, doed garbron, / Naddai *dwyll gynghaneddion*. **1632** *D*, *Twyllcynghanedd*, Ἀσυμφωνία, Falsus carminis concentus. **1803** *P* d.g. *Twyllgynghanez*. Cf. J. MORRIS-JONES: *CD* 299, *Twyll gynghanedd* yw bod cytsain yn un pen i'r gyfatebiaeth heb yr unrhyw i'w hateb yn y llall. *c.d.* **twyll gymeriad (cymeriad, gymhariad):** *metrical fault in Welsh prosody consisting of faulty 'cymeriad'* (*q.v.*). **14g.** *GP* 54, Bei yw . . . [p]ob *twyll gymharyat* (*id.* 13, *twyll gymeryat*; *id.* 32, *twyll kymeryad*). *p.* **1584** G. ROBERT: *GC* [275], *Twyll gymheriad*. **twyll drwy ymddiried,** gw. *twyll ymddiried*. *c.d.* **twyll gwreiddgoll:** *supposed metrical fault in Welsh prosody consisting of lack of correspondence for the first consonant in a line of 'cynghanedd'*. **1815** *TR* 76, *Twyll gwreiddgoll* fel hyn, —'Diau gelyn a goeliais'. *c.d.* **twyll odl, twyllodl, twyll awdl, twyllawdl:** *defective or false rhyme*. **14g.** *GP* 54, *twyll awdyl*. **1547** *WS*, *Twyllodyl*. *p.* **1584** G. ROBERT: *GC* [275], *Twyll odl*. **1632** *D*. **1803** *P*, *Twyllawdyl* . . . *twyllodlau* . . . False rhyme. Cf. J. MORRIS-JONES: *CD* 300, *Twyll Odl* y gelwir pob bai mewn odli ond trwm ac ysgafn a lleddf a thalgron. *c.d.* **twyll pengoll (bengoll):** *supposed metrical fault in Welsh prosody consisting of leaving the latter part of the line without 'cynghanedd'*. **1815** *TR* 77, *Twyll pengoll* fel hyn,—'Galwaf ar Dduw Nâf, Nef-deyrn'. *c.d.* **twyll sain:** *defective or false rhyme in a line of 'cynghanedd sain'*. *c.* **1580** *GP* 194, Twyll gynghanedd ar sain a elwir *twyll sain*, val: 'Ifan y gŵr kadarn, kall'. *id.* 196, Hefyd o phrydir trwm ag ysgafn ar gynghanedd sain, val: 'Aur i warr a gâr y gwann', hwnnw a elwir *twyll sain* o drwm ag ysgafn. *p.* **1584** G. ROBERT: *GC* [221], [236]. **twyll (drwy, trwy) ymddiried, twyll (trwy) ymddired:** *betrayal of trust, breach of faith, perfidy*. **13g.** *GDB* 137, Ac ny gymwyll *twyll trwy ymddired*. *c.* **1400** *R* 1027. 17–19, *Tỽyll trỽy ymdiret* gỽnaf . . . pa dial avyd arnaf. Or gỽney *dỽyll ymdiret*. heb ffyd heb grefyd heb gret. Key benyt ar dy seithuet. **1588** *Jer* xli. cs., Ismael yn lladd Gedaliah . . . o *dwyll trwy ymddyried*. **1632** *D* d.g. *Perfidia*. **17g.** *TBM* 299, Rhaid i chwi fod o ben da bwyll / Na wneloch *dwyll drwy 'mddiried* (Huw Gwyn).

twyll[2], twyllad, gw. twyllaf: twyllo, twylliad.

twyllaf: twyllo [bf. o'r e. *twyll*[1]; Crn. C. *tolle*, H. Lyd. *toillam*, gl. *pellicio*, Llyd. C. *toellaff*, Llyd. Diw. *touellañ*] *bg.a.* Peri i (rywun) gredu peth ffals, yn enw. er mwyn mantais bersonol, defnyddio twyll i ddwyn oddi ar (rywun), camarwain yn fwriadol, bod yn anffyddlon i, temtio neu hudo (yn enw. i gyflawni gweithgarwch rhywiol), siomi, cael mantais annheg (mewn gêm, arholiad, &c.) drwy ddichell neu dorri rheolau; bod yn dwyllodrus neu'n gamarweiniol: *to deceive, defraud, swindle, mislead purposely, be unfaithful to, entice, seduce, disappoint, cheat*; *be deceptive or misleading*.

12g. *GMB* 276, Rac an *twyllaw* byth o beth hebred / Y golli teithi tanc afneued. **12g.** *GCBM* i. 23, Berth radeu Rieu rygredir, / A'e credỽy, credỽch na *thỽyllir*. *id.* 131, Kertaur huenyt huanaỽ—auch maul, / Kert hep daỽl, hep *dwyllaw*. *id.* ii. 49, Ny *thwyll* pwyll pelluod heb arglwyt. **13g.** *C* 81. 9, Ath vradaste am *tuyllas* ynnev. **13g.** *BD* 3, ny *thvyllws* eu dewyndabaeth vynt, canys doeth eu devyndabaeth. *id.* 65, guedy *tvyllav* ohonav sened Ruuein trvy y ryv edewidyon tvyllodrus hynny. *id.* 104–5, Vrth hynny y dav dial yr Holl gyuoethavc, canys pob tir a *dvyll* y amaeth (*quia omnis ager colonos decipiet*). *c.* **1300** *B* ii. 31, Dychymic ditheu eiriev tec yn y erbyn yntev a gwna yn vn funut ac y goruc ynteu. a *thwyll* y drycdychymic. **1346** *LlA* 12, Paham y*twyllaỽd* y kythreul wynt. **14g.** *GDG*[3] 213, Ni cheir serch y loywferch lân, / Ni *thwyllir*, o'i nyth allan. *c.* **1400** *R* 1031. 28–9, ymdiryet y duỽ nyth *dỽylla*. **1547** *WS*, *Twyllaw* Begyle. **16g.** *GGH* 407, Nid *twyllo twyllo* twyllwr, / Ac nid un flas gwin a dŵr. **1620** *Jud* xii. 16, yr oedd yn chwannog iawn i gyd-orwedd â hi: canys yr oedd efe yn gwilied amser iw *thwyllo* hi, er y dydd y gwelsei efe hi. **1632** *D*, *Twyllo*, Decipere, fallere. **1716** E. SAMUEL: *GGG* 165, ni chwennychai na'n *twyllo* ni, ac ni *thwyllwyd* mono ynteu chwaith gan yr Angel Gabriel. **1803** *P* d.g. *Twyllaw*. Ar lafar, '*twyllo*' 'to deceive' 'to seduce . . . a woman', *WVBD* 556; 'Di gesot ti dy *dwyllo* yn yr 'en gelficyn 'na, 'dyw a ddim gwərth duddag swllt waith duddag punt', *GTN* 824. Digwydd hefyd yn yr ystyr 'pryfocio', '*twyllo*'r plant' (de-ddwyrain Morg.), ac yn yr ystyr 'rhoddi cawell i', ''Odd pawb yn cretu bod un o'r bechgyn wedi'i *thwyllo* 'i' (dwyrain Morg.).

Amr.: **twyllio.** **13g.** *BD* 8, *tvyllyav*. *c.* **1475** *B* xiii. 178, 182. **tywyllaf[2]: tywyllo** [?dan ddyl. *tywyll*]. ?**15g.** *MA*[2] 529a. 36. **1679** C. EDWARDS: *GGG* 64. **1765** J. EVANS: *CPE* 153.

twyllair, gw. twyll[1] + gair[1].

twyllawdl, gw. twyll[1]—twyll odl.

twyllawdr [bôn y f. *twyllaf*: *twyllo* + *-awdr*] *eg.* ll. *-odwyr, -awdwyr*. Twyllwr: *deceiver*.

c. **1400** *Études* vii. 68, kynghoruynnus vyd a huawdyl a *thwyllawdyr*. **15g.** *Cy* iv. 114, hyd pan syrtho y*tỽyllaỽdyr* yn drylle. **1595** M. KYFFIN: *DFf* [105–6], ni russodd ef alw'r Escobion a'r oeddynt y pryd hynny, yn *dwyllodwyr* (*deceivers*). **1799** M. WILLIAMS: *HHG* 19, yr ydym yn cael hanes am lawer o *dwyllodwyr*. **1803** *P*, *Twyllawdyr* . . . A deceiver.

twyllchwarae, gw. twyll[1] + chwarae.

twyllchwaraewr, twyllchwarëydd, twyllchwaraeydd [*twyll*[1] + *chwaraewr, chwarëydd, chwaraeydd*] *eg.* ll. *-chwarewyr, -chwareyddion*. Gamblwr, hapchwaraewr; twyllwr (ariannol): *gambler*; *cheater, swindler*.

1773 *W*, *twyll-chwarëydd* d.g. *Gambler*. **1803** *P*, *Twyllçwarëyz*, s. m.—pl. t. *ion* . . . One who plays cheatingly.

twyllddadl, twyllddadleuwr, twyllddichell, gw. twyll[1] + dadl, dadleuwr, dichell.

twylleb [*twyll*[1] + *-eb*] *eb.* ll. *-au*. Twyllresymiad, twyllresymeg: *sophism, sophistry*.

1803 *P*.

twylledig [bôn y f. *twyllaf*: *twyllo* + *-edig*] *a.bfl.* ll. *-ion*, a hefyd gyda grym enwol. Wedi ei dwyllo neu ei gamarwain; twyllodrus: *deceived, misled*; *deceitful*.

13g. *BD* 111, Vrth hynny y baed *tvylledic* (*illusus*) a geis y bleid a'r arth. **14g.** *RC* xxxiii. 217, Neut ỽyt *tuylledic* am wyry mal honn. **14g.** *LlCy* xiv. 219, Yr henwyr awnant gywelyach ar morynyon / ar dryc offeireit gyt ar *twylledigyon* werydon. *Dchr.* **15g.** *B* viii. 224, ynggorwac diogelwch. yn *twylledic* caryat. yn anweledigaeth neu genvigen. **16g.** *WLl* 6, Nid a lleidr neu *dwylledic* / Na dyn difraw dann dy fric [i Siôn Llwyd, Llanforda]. **1588** *Job* xii. 16, efe [Duw] piau y *twylledic*, a'r twyllodrus. **1604–7** *TW* (*Pen* 228), Cyfeilorni, bod wedy dwylho, yn *dwylhedic* d.g. *Allucinor*. **1653** (**18g.**) *Pant* 8, 15a, i bwy beth ir hurtiasoch eich *twylledigion* a rhesymmau . . . ag esponiadau penbleth. **1722** *Llst* 189, *Twylledig*. Deceived, deluded. **1775** *W* d.g. *Imposed upon*. **1803** *P*.

twylledd [*twyll*[1] + *-edd*[1]] *eg.* Twyll, dichell: *deceit, deception*.

1603 E. KYFFIN: *Ps* [22], Ei enau sy 'n llawn melltith, / a dichell chwith, a *thwylledd*: / Tann ei dafod hefyd mae / camweddae ag anwiredd. **1670** J. HUGHES: *AP* 171, Breuddiwydau [*sic*] aflan, *twylledd* budr neu hûd trwy gwsg.

twyllfathiad, twyllfawr, gw. twyll[1] + bathiad, mawr.

twyllforwyn [*twyll*[1] + *morwyn*] *eb.* ll. *-ion*. Un sy'n ymhonni'n wyryf: *false or spurious virgin*.

14g. *LlB* 61, Os *twyllvorwyn* a geffir heb wat, y chrys a torrir tu rocdi a'e thrachefyn. *id.* 116, Trydyd yw, o rodir *twylluorwynn* y wr, a gwedy y phroui y chaffel yn *twylluorwyn*, a mach ar y morwyndawt, kyt as gwanho a'e law neu a'e troet dros y gwely ac nas lladho, nys diwc. **1730** *Leg Wall*, 584, *Twyllforwyn*, Fallax virgo. **1753** *TR*, *Twyllforwyn* . . . a deceitful virgin. It is a word used of new-marry'd women, who had been deflour'd by others before they were given in marriage. **1803** *P*, *Twyllvorwyn*, s. f.—pl. t. *ion* . . . A false maid.

twyllfyd, gw. twyll[1] + byd[1].

twyllgar [*twyll*[1] + *-gar*] *a.* Twyllodrus, dichellgar, yn twyllo, bradwrus: *deceitful, cheating, treacherous*.

1621 E. PRYS: *Ps* 4a, Yn ddichellgar, yn *dwyllgar* iawn. **1661** E. LEWIS: *Drex* 386–7, fod siomedigaethau y cnawd a Sathan . . . i gyd oll yn *dwyllgar* ac yn ddrygionus. **1688** *TJ*, Bradog, *twŷllgar*. False, traiterous. *id.* Hoccedŷdd, dŷn *twyllgar*: a deceiver. **1753** D. JONES: *SD* 237, Pa bryd y caf fi fy rhyddhâu / Oddiwrth wefusau *twyllgar*? **1772** *W* d.g. *Deceptious, Fallacious*. **1803** *P*.

twyllgyfaill, gw. twyll[1] + cyfaill.

twyllgynghanedd, gw. twyll[1]—twyll gynghanedd.

twyllgyrch, twyllhoniad, twyllhonnaf: twyllhonni, twyllhonnwr, gw. twyll[1] + cyrch[1], honiad, honnaf: honni, honnwr.

twyllhudaf: twyllhudo, twyllhudoliaeth, gw. twyll[1] + hudaf: hudo, hudoliaeth.

twylliad, twyllad [bôn y f. *twyllaf*: *twyllo* + *-iad*[1], *-ad*] *eg.* ll. *-au*. Y weithred o dwyllo, twyll, dichell: *a deceiving, deceit, deception*.

1567 *TN* 360b, y rrai sy yn rrodio ar ol y cnawd . . . yn ymddigrifo yn eu *twylliaday*, pan font yn cydwleddu gida chwi. *id.* 3[71]a–b, cerddesont [athrawon gau] yn ffordd Cain, ac eu trosgwyddwyt can *dwylliat* cyfloc Balaam. **1772** *W*, *Twyllad* d.g. *A deceiving*. **1803** *P* d.g. *Twyllad*.

twylliaf: twyllio, gw. twyllaf: twyllo.

twylliaith, gw. twyll[1] + iaith.

twyllodl, gw. twyll[1]—twyll odl.

twyllodraeth [*twyllawdr* + *-aeth*] *e?b.* Twyll, dichell: *deceit, deception*.

15g. *Cy* iv. 128, setwyr aghewiryon vuoch ỽrth ymado ar meirỽ treulỽ [*sic*] y daa ỽrth gardode a gwasnaythe dyỽaỽl ychwitheu trỽy *dỽyllodrayth* nydroi [*sic*] yn reid ac yn wassaneth ychwyhunein. *Diw.* **15g.** *B* v. 109, pa bechodeu vwya a aruerir yn y byt . . . camsyberwyt kynuygen godineb *twyllodraeth*. **17g.** E. MORRIS: *B* 80, Celwyddau rhy heleth, anneddfol fywolieth, / Pob diffeth *dwyllodreth*, a lladrad.

twyllodrus [*twyll*[1] + *-awdr* + *-us*] *a.* Chwannog i dwyllo, dichellgar, bradwrus, ac iddi'r bwriad o dwyllo (am weithred, arfer, &c.), camarweiniol, ffug, hefyd yn *ffig.*: *deceitful, deceptive, treacherous, misleading, false, also fig.*

13g. *BD* 65, tvyllav . . . sened Ruuein trvy y ryv edewidyon *tvyllodrus* hynny. **14g.** *GDG*[3] 3, Doeth i'th gylch yn noeth drwy wenieithus—dôn / Iddeon, lladron rhy *dwyllodrus*. *c.* **1400** *ChO* 10, medygon kelwydawc *twyllodrus*. **15g.** *CSTB* 7–8, Anwadal o ddyn ydwyd, / Ac un oed dydd ar gwnt wyd. / Y llwydrew a fydd *twyllodrus*, / Llawer gair â'n ller ac us. **1547** *WS*, *Twyllodrus* Deceitfull. **16g.** *Med H* 40, Dwyn cogvran neu vran arall mewn arveu a arwyddocka siaradwr *twyllodrus*. **1588** *Gen* xxxiv. 13, Yna meibion Iacob a attebasant Sichem . . . ac a ymddiddanasant yn *dwyllodrus*. **1632** *D*, *Twyllodrus*, Dolosus, fraudulentus. **1688** S. HUGHES: *TSP* 210–11, y tir gan ei fod yn *dwyllodrus* (*deceitful*) oddi tanynt a dorrodd. **1790** T. JONES: *TOS* 81, ni bydd eu serchiadeu yn farwaidd mwy—na'u côf yn *dwyllodrus* (*treacherous*). **1803** *P*. Ar lafar, *GTN* 824.

Amr.: **tywyllodrus** [cf. *tywyllaf*[2]: *tywyllo*] **1604** R. HOLLAND: *BD* 11a. **1712** T. WILLIAMS: *CDdG* 315. **1788** M. WILLIAMS: *BM* 35. Ar lafar, 'Mae 'na rwbeth *tywyllodrus* a slei amdano fo' (sir Ddinb.).

twyllodrusedd [*twyllodrus* + *-edd*[1]] *eg.* Twyllodrusrwydd: *deceitfulness*.

1803 *P*.

twyllodrusrwydd [*twyllodrus* + *-rwydd*]

eg. Yr ansawdd neu'r cyflwr o fod yn dwyllodrus: *deceitfulness.*
1547 *WS, Twyllodrusrwydd* Desceitfulnes. **1803** *P.*

twyllofaint, twyllofain [*twyll*[1] + *-ofain*(*t*)] *eg.* Twyll (troseddol), dichell, hoced, siom: *deceit, deception,* (*criminal*) *fraud, cheating, disappointment.*
14g. *LlB* 66, Dros gussan trayan y sarhaet a uyd eisseu, kany bu weithret cwbyl yrydunt, nac o *twyllofeint* (*CHDd*[2] 65, *dwyllofein*) idi na phy wed bynhac y rodet y cussan. **1730** *Leg Wall* 584, *Twyllofaint,* Fraus, fallacia. **1770** *W, twyllofaint* d.g. *Balk* [*disappointmen*[*t*] *of excited curiosity or expectations*], *A beguiling, A cheating.* **1803** *P* d.g. *Twyllovaint.*

twylloffeiriadaeth, twylloffeiriadol, gw. **twyll**[1] + **offeiriadaeth, offeiriadol.**

twyllog [*twyll*[1] + *-og*] *a.* Twyllodrus: *deceitful.*
1790 Twm o'r Nant: *GG* 205, Gofid gyfog, / O wae euog, / Hyder *dwyllog,* / ydyw'r deilliad. **1803** *P, Twyllawg* . . . Full of deception.

twyllol [*twyll*[1] + *-ol*] *a.* Twyllodrus: *deceitful.*
17g. (**17–18g.**) *Llst* 133, 188b, Cynawon digllon plant diawl / Corbyllau tyllau *twyllawl* (James Dwnn). **1696** *CDD* 33, Y bŷd a'i chwant cnowdol a 'm dallodd yn *dwŷllol.*

twyllolwg, twyllolygfa, gw. **twyll**[1] + **golwg, golygfa.**

twyllreg, gw. **twyllwr.**

twyllreswm [*twyll*[1] + *rheswm*] *eg.* ll. *-resymau. Rhes.* Twyllresymiad, ymresymiad gwallus neu afresymegol: *sophism, fallacy, paralogism.*
1632 *D* d.g. *Elenchus.* **1686** WJ: *TR* [i], tra fyddo ei Rhufeinaidd negesseuwyr . . . yn Llafurio . . . i hudo'r Fath wannaf o Brotestaniaid y byddant hwytheu barod a byrr a chyflawn attebion yw [*sic*] *twyllresymmeu* arferol nhw. **1773** *W* d.g. *Fallacy* [*a sophism, or deceitful argument*], *Paralogism.* **1803** *P, Twyllreswm,* s. m.—pl. t. *au* . . . False reason.

twyllresymaf: twyllresymu [bf. o'r e. *twyllreswm*] *bg. Rhes.* Ymresymu'n wallus ond yn gredadwy (yn enw. er mwyn twyllo), ymresymu'n afresymegol: *to use sophistry, paralogize.*
1828.

twyllresymeg [*twyll*[1] + *rhesymeg*] *eb.g. Rhes.* Yr arfer o dwyllresymu, twyllresymiad, ymresymiad gwallus: *sophistry, sophism, fallacy.*
1847.

twyllresymiad [*twyll*[1] + *rhesymiad*] *eg.* ll. *-au. Rhes.* Ymresymiad sy'n ymddangos yn gredadwy ond sydd yn annilys a chamarweiniol, ymresymiad gwallus, ymresymu gorgywrain ac anniogel, twyllresymeg: *sophism, fallacy, casuistry, sophistry.*
[**1783**] *W* d.g. *Sophistry.* **1803** *P.*

twyllresymwr [bôn y f. *twyllresymaf: twyllresymu* + *-wr*] *eg.* ll. *-wyr. Rhes.* Un sy'n arfer twyllresymeg, soffydd; diwinydd, &c., sy'n datrys problemau cydwybod, dyletswydd, &c., drwy gyfrwng ymresymu gorgywrain ac anniogel: *sophist; casuist.*
1854.

twylltwng, gw. **twyll**[1] + **twng.**

twylluan, gw. **tylluan.**

twyllus [*twyll*[1] + *-us*; cf. Llyd. Diw. *touellus*] *a.* Twyllodrus, dichellgar, camarweiniol; diffygiol: *deceitful, deceptive, misleading; defective.*
16g. Huw Arwystl: *Gw* 357, fab *twyllys* chwedl siakedlom [i achau ffalsedd]. **1567** *Rhyddiaith Gymraeg* ii. 22, ag na choelioch ormod i'r byd *twyllys* yma nag i'ch synwyr ych hunan sydd debig i'ch sommi. **1603** W. Midleton: *Ps* 146, Buant anffydlon lonaid, / . . . / Troesant fel yn gyffelyb, / Bwa *twyllus* darnus dyb.

twyllwaith, twyllwelediad, twyllwisg, twyllwisgaf: twyllwisgo, gw. **twyll**[1] + **gwaith**[1], **gwelediad, gwisg, gwisgaf: gwisgo.**

twyllwr [bôn y f. *twyllaf: twyllo* + *-wr*; H. Grn. *tullor,* gl. *fallax,* Llyd. Diw. *toueller*] *eg.* (b. *-wraig, -reg*) ll. *-wyr.* Un sy'n twyllo, dichellwr, bradwr, ffugiwr, ymhonnwr, un sy'n cymryd arno gymeriad ffug: *deceiver, cheat, traitor, forger, pretender, impostor.*
13g. *GBF* 455, Gỽae *dỽyllỽr* a'e dỽyll nys madeu. **13g.** *BD* 122, Kywerssegvch y bratwyr *tvyllwyr.* **14g.** *WML* 140, Tri dyn cas kenedyl. lleidyr. A*thỽyllỽr* . . . Adyn a latho dyn oe genedyl ehunan. **1346** *LlA* 26, *twyllỽr* (*proditor*) yỽ yneb aadefuo kyfurinach arglỽyd yr nep awypo y vot yn elyn idaỽ. **16g.** *GGH* 407, Nid twyllo twyllo *twyllwr,* / Ac nid un flas gwin a dŵr. **1567** *TN* 269a, ydd ym yn ein profi ein hunain val yn wenidogion Duw . . . megis *twyllwyr,* ac er hyny yn gywir. **1604–7** *TW* (*Pen* 228), hudwr, *twylhwr* a geiriæ tec d.g. *pellicator.* **1630** *YDd* 279, gwell i ti roddi i ddêg o *Dwyllwyr* (*counterfeits*) na chynnwys ei [*sic*] Grist fyned yn ddi ymwared. **1632** *D* d.g. *Deceptor, Fraudator, Impostor.* **1661** E. Lewis: *Drex* 192, Nid ydwyt yn gwasanaethu un *twyllwr* (*impostor*) neu siommwr cyffelyb i Laban. **1755** *ML* i. 346, mi af i Gaerdroia, cyn y caffont y gair i ddywedyd fy mod i yn *dwyllwr* nag yn rhagrithiwr. **1771** *W* d.g. *Cheat, or cheater, Impostor.* **1803** *P.* Ar lafar, *WVBD* 556, *GTN* 825; '*twyllreg*' (de-ddwyrain Morg.).
Amr.: **twyllydd. 1787** (**1812**) Twm o'r Nant: *PG* 7. **tywyllwr** [cf. *tywyllaf*[2]: *tywyllo*]. **1712** T. Williams: *CDdG* 305. **1716** T. Evans: *DPO* 81. **18g.** *W Ballads* 135B, 6.
Cfn.: *Pysg.* **twyllwr du:** *squid; cuttlefish.* Ar lafar, *WVBD* 556.

twyllẃraidd, twyllyriaidd [*twyllwr* + *-*(*i*)*aidd*] *a.* Twyllodrus: *deceitful.*
c. **1400** *YCM*[2] 132, ny wybuant dim yny doeth Gwennwlyd attunt, ac yn gywreint *dwyllwreid,* vegys bradwr, ymdidan a oruc a Chyarlys. **15g.** *BB* 139, adwyn saesson baganieit ysgymhvn *twillyrieit* [*sic*] bradwyr y ynys brydein.

twyllwraig, gw. **twyllwr.**

twyllwriaeth [*twyllwr* + *-iaeth*] *eg.* Twyll: *deceit.*
13g. *C* 87. 8–10, Bu drvi. vewil. a*thuyllvriaeth* in hudaul gvar guassanaeth yargluit. **1803** *P.*

twyllydd, gw. **twyllwr.**

twyllymddangosiad, twyllymresymiad, gw. **twyll**[1] + **ymddangosiad, ymresymiad.**

twyllyriaidd, gw. **twyllẃraidd.**

twyllysgrifennaf: twyllysgrifennu, gw. **twyll**[1] + **ysgrifennaf: ysgrifennu.**

twym[1], **twymn, twymyn**[1] [cf. H. Grn. *toim,* gl. *calidam,* Crn. C. *tum,* Crn. Diw. *twbm, tubm,* Llyd. C. *toem,* Llyd. Diw. *tomm,* taf. Gwened *tuem*: o'r gwr. IE. **tep-* 'bod yn dwym', cf. *tân*; ?cf. hefyd Gwydd. C. *tim* 'gwan, meddal', *timme* 'gwres' ac 'ofn'; trafodir enghrau. o'r ff. *twymyn* fel e. d.g. *twymyn*[2]] *a.* ll. *twym*(*i*)*on, twymn*(*i*)*on,* a hefyd gyda grym enwol ac fel *eg.*

(*a*) Cymharol uchel ei dymheredd, yn enw. i'r synhwyrau dynol (am wrthrych, hinsawdd, &c.), cynnes, (eithaf) poeth; heintus: *warm,* (*quite*) *hot; infectious.*
13g. *C* 38. 6–11, issi Duu y hun . . . A un[a]eth *tuim* ac oer. a. heul a lloer. **13g.** *BD* 26, [Bleiddudd] a wnaeth yr enneint *tvymyn* yr medeginyaeth y rei marwawl. **1346** *LlA* 108, Deỽi . . . aỽnaeth ydỽuyr hỽnnỽ yn *dỽymynn* hyt dydbraỽt. Ahỽnnỽ aelỽir enneint *tỽymynn.* **14g.** *WM* 155. 36–156. 1, kerỽyn oed is laỽ y drỽs adỽfyr *tỽym* yndi. *id.* 467. 5–8, Pan elhynt y west . . . nyd edewynt ỽy na theỽ natheneu. na*thỽym* nac oer. **14g.** *GIG* 132, Yr ennaint *twymn* wyrennig, / Ni dderfydd, tragywydd trig [i Ddewi]. *c.* **1400** *R* 1346. 37–9, Cleuychwyt. iatlỽyt iwtlif . . . o *dwym* graffrỽym. griffri glaf. *c.* **1400** *YCM*[2] 86, Yvet a wnaethost diawt yn *dwymyn,* o'r llynn y kymmysc y medygon uaen ac ef. *c.* **1400** *Études* viii. 384, kymer y saxfragan . . . a thempra ef drwy win a phybyr, ac yfer yn *dwymaf* ac y galler. **15–16g.** *GLM* 176, Seigiau'n *dwym* sy gan dy wŷr, / sew o geirw i segurwyr. **1547** *WS, Twym* ne *twymyn* Warme. *Diw.* **16g.** *WLB* 89, wye a ffrier anos yw i toddi a *thwymach* ynt nar lleill. **1632** *D, Twymn,* Tepidus . . . Demet. *Twym.* **1696** *CDD* 265, Y tymmor hafedd *twŷmŷn,* / Disgleirwŷn, melŷn Mai. **1703** E. Wynne: *BC* 54, ryw hirnos Gaia dduoer, pan oedd hi'n llawer *twymnach* yn nghegin Glynn-cywarch nac ar ben Cadair Idris. **1722** *Llst* 189, *Twymn,* p. *Twymnon.* Hot, warm. **18g.** *Llr* C 24, 268, dod ar gadach brethyn cyn *dwymed* ag y gallo. **1771** *PDPh* 46, Y mae pethau lleithion a'u cymmeryd yn *dwymnion* yn well nâ dim arall. **1803** *P, Twym* . . . Hot, warm. Ar lafar, ''Dyw'r dŵr ddim yn ddicon *twym* i olchi'r llestri', *GTN* 825.

(*b*) Brwd, dwys, angerddol, tanbaid; annymunol, peryglus: *fervent, intense, passionate, heated; unpleasant, dangerous.*
c. **1400** *RB* ii. 12, Diomedes gỽr kadarn . . . a gỽychaf yn ymlad allef uchel. ac ymhennyd *twym* drỽc. **15g.** *LGC* 45, Dur glas sir Tomas arvau *twymon* mawr, / Mwy no'r holl varchogion. **16g.** *CMOC*[2] 106, mae yt, y ferch anerchdeg, / olygon *twymion* teg (Syr Dafydd Llwyd). **1567** *TN* 356b, Ymlaen pob peth bid cariad *twymyn* yn ych plith. *a.* **1587** *Y* 32, Ai rhaid i naf cerdd dafawd / Roi dim i neb ar *dwymn* wawd. **1630** *YDd* 298, mor ffrwythlawn ac y maga gariad *twymn* (*fervent*) rhwng rhai ni welsant wynebau eu gilydd erioed. **17g.** Huw Morus: *EC* i. 4, Syr Tomas a'i air *twymyn,* / Oedd wrês haf, mae'n ddiwrês hyn [marwnad Syr Tomas Mostyn]. **1688** S. Hughes: *TSP* 171, fe fyddai Cyfeillach y Sainct yn rhyw [*sic*] *dwym* [:– boeth] (*too hot*) iddynt. **1740** T. Evans: *DPO* 37, Ni arhosodd Jul-Caisar ond amser byrr . . . yr oedd y wlad yn rhy *dwym* iddo. **1765** J. Popkin: *Ll* 37, ond nid yw yn digyfrwng ganlyn, i fod yn rhaid i mi ochru yn *dwym* tuag attynt. Digwydd yn yr ystyr 'rhydderig', 'Ma'r 'wch yn *dwym*', *GTN* 825; a hefyd am ddyn trythyll, 'Un *twym* yw e, cofiwch', *ib.* Cf. *GBF* 132, Oet hael twym-ddiwael teleid.

Fel *e.* Gwres, hefyd yn *ffig.*; cryd, twymyn: *heat, also fig.; fever.*
1567 *TN* 12a, yn glaf or cryd [:– deirton, *twym,* or haint gwres]. **16–17g.** *CRC* 217, kawn Rai yn meddwl Eilwaith / heb fawr o Gariad Perffaith / Ond y dlyed y Gael rwym / Ac ofni *Twym* y Gyfrayth. **1722** *Llst* 189, Y *twymn.* m. A fever, burning ague. **1773** *W, twymn* (in S. Wales) d.g. *Fever.* **1803** *P, Twym,* s. m. . . . A heat; a flush.
Cfn.: **twym cwrw:** *type of mulled beer.* Ar lafar, '*twym cwrw*' 'cwrw cartref wedi ei dwymo gydag ychydig o siwgr, menyn, nytmeg a sinsir i'w flasu', *Geir Geg* 90–1 (Morg.). **twym llaeth:** *milk broth.* **1863–5.** Ar lafar, S. M. Tibbott: *AB* 57 (sir Gaerf.). **na thwym nac oer,** &c.: *neither cold nor hot, lukewarm, indifferent, Laodicean* (*also used in nominal phrases with ref. to a reticent or inscrutable person*). **1567** *TN* 377a, Mi adwen dy weithredoedd, nyd ydwyd *na thwym nac oer* [:– oer na gwresoc]. *c.* **1585** G. Robert: *DC* [viii], Mae'r Bonheddigion . . . heb feddwl am phydd yn y byd, heb fod *na thwymyn nag oer.* **1684** T. Jones: *GG* [24], Heb fod yn *dwymyn nag yn oer* / fel llugoer Laodiceaid. **1763** *ML* ii. 596, ar relyw o naddynt, nis gwn i moi *twymyn nau hoer* nhw. Ar lafar, ''wyddoch chi mo'i *dwymyn na*'i *oer* o', am berson nad yw'n dangos ei deimladau', *ISF* 75. Cf. *SE MS* 252a, nad oes modd cael ei *dwym na*'i *oer.* Ar lafar, 'Mae'n anodd gweud lle mae *twym ac oer* hwnna' (Cered.).

twym[2], **twymad,** gw. **twymaf: twymo, twymiad.**

twymaf, twymnaf: twym(n)o [bf. o'r a. *twym*[1], *twymn*; Llyd. C. *to*(*e*)*maff*] *bg.a.*

(*a*) Gwneud neu fynd yn dwym, cynhesu, poethi; eplesu (am wair, &c.): *to make or become warm or hot, warm, heat; ferment* (*of hay, &c.*).
13g. *DB* 57, Pan gerdo y duuyr trwy y lleoed guressauc brynnic henne y *twymna* enteu. **1346** *LlA* 121, Ar gỽyr heb orffỽys yn kynneu ytan dan ycrochann. Aphrynnhaỽn ny*thỽymassei* ydỽfyr etỽa. *c.* **1400** *MM* 48, Kymryt ystor gỽynn ae *dỽymaỽ.* *c.* **1400** *Études* vii. 290, y ostwng chwyd: kymer frangk, a sens . . . a hemloc, eu ffriauu mywn padell ar y tân . . . a dot arnaw lle bo y dolur, ac o'r byt reit *twym* drachefyn. **1547** *WS, Twymo* (ne) *twymno* Warme. **1588** *Dan* iii. 19, dywedodd am *dwymno*'r ffwrn seithwaith mwy nag y gwelsid ei *thwymno* hi. **1632** *D, Twymno,* Tepescere, tepefacere . . . Demet. *Twymo.* **1740** T. Evans: *DPO* 78, Brutaniaid . . . nad oeddent dda i ddim ond i *dwymno* eu Crimpau wrth Bentan. **1800** W. Owen[-Pughe]: *CP* 20, tail, ond iddo rîth o fod yn bydredig, yn gyfartal ei effaith i hwnw â fo wedi *twymo* (*fermented*) yn iawn. **1803** *P* d.g. *Twymaw, Twymnaw.* Ar lafar, ''Well imi *dwmo*'r llefrith 'ma cyn 'i roi o i'r oen llŵeth' (sir Ddinb.); '*twmo*', *Geir Geg* 116 (y De); ''Wyt ti'n dychra *twymo* 'nawr?', 'Fi *dwymas* y ffwrn i ddoti'r cig i mywn', *GTN* 825.

(*b*) (enghrau. ffig.: *fig. exx.*).
15–16g. *TA* 160, / Awch a'i *twym* [arf], o chaut ymwan, / A'th wayw dur brwd, a'th Dair Brân (i Syr Gruffudd ap Rhys). **1588** 1 *Br* iii. 26, ei hemyscaroedd a *dwymnasent* wrth ei mab. **16–17g.** *PCWG* 58, llais krist hefyd yn i evangel yn enyn yn *twmno* yn chwanogi ag yn awyddv kalonne r gwrandawyr teilwng. **1630** *YDd* 182, Canys Crist (gan roddi ei gorph sanctaidd dridiau a theirnos i orwedd yn y bedd) ai sancteiddiodd, ac (megis) a'i *twymnodd* ef i gyrph ei Seint. **1672** I. Langford: *HDdD* 475, Ti a

weli . . . pa ryw gariad oer a methiant sydd gennifi tu
ac attat ti, O *twymna* a bywoccá di fo. **1778** J.
HUGHES: *BB* 302, A phob merch addfed gowled gu, /
Sy am ddal fel craig a meddwl cry, / Ac etto a'i natur
yn llawn gwrês, / Pan *dwymno* 'n tres, di ameu trŷ.
a. **1791** W. WILLIAMS: *GP* 660, 'Rwyf fi'n *twymo* at
fy Iesu. Ar lafar, 'Mi ddechreuodd pethe *dwmo* yn y
cyfarfod neithiwr ar ôl i r̂wun ddeud bod isio codi
mwy o dai yn y pentre' (sir Ddinb.).

Amr.: **twymo**³ [2 un. grch. a 3 un. pres. myn.].
15g. *CSTB* 30, Oer yw 'mron fal pibonwy, / Ni
thwymyn' [sic] am undyn mwy. *c.* **1566** *B* xv. 120,
twymyn ystlys y llester mewn dwr. *Diw.* **16g.** *WLB* 2,
Kymer . . . haner chwart o hen gwrw kadarn a *thwym-
yn* ef a hauarn brwd.

twymbren [*twym*¹ + *pren*] *eg.* Cribin popty,
rhac: *oven-rake.*
1887. Ar lafar, 'twmbren, twymbren', Geir Geg 155
(sir Ddinb.).

twymder [*twym*¹ + -*der*; cf. H. Grn. *tunder*
[sic], gl. *calor*, Llyd. C. *to(e)mder*, Llyd.
Diw. *tommder*, taf. Gwened *tuemder*] *eg.* ll.
(prin) -*au*. Yr ansawdd neu'r cyflwr o fod
yn dwym, cynhesrwydd, gwres, poethder,
hefyd yn *ffig.*: *warmness, warmth, hotness,
heat, also fig.*
c. **1400** *Études* vii. 274, gat y defni mywn y clust,
gwedy claerhao mywn *twymder* llefrith. **1547** WS,
Twymder Warmnesse. **1604**–**7** *TW* (Pen 228) d.g.
Calefactus, us. **1607** *Rhyddiaith Gymraeg* i. 143, val y
parhao cymrodedh, vndeb, *twymder* a thirion gariat
rhyngoch olh. **1632** D, *Twymder, Tepor, calor.* **1632** J.
DAVIES: *LlR* 340, [t]*wymder* gwrês a dianwadalwch
Christianogaidd (*heat of Christian feruor and con-
stancy*) tu ac at ferthyrdod. **1672** R. PRICHARD: *Gw*
371, Mae'r Haul . . . / . . . yn edrych yn sûr, / Gan
ballu rhoi *thwymder* [sic], a'i gwres wrth ei harfer.
[**1740**] D. LLWYD: *YDD* 103, *Twymder* cyntaf
Diwygiad. **1755** *CBB* 4, [p]an elych i *Dwymder* y
Rhyfel. **1801** *MMf* 272–3, Un a fo'n waedryar . . . ef a
fydd dewr a hyderus gan *dwymder* y gwaed.
Amr.: **twymder** [*twym* + -*der*] **16g.** Mos 111, 163b,
ni chymer da *Twymder* Tan / ddwy bvnt am I ddav
benntan [Wiliam Cynwal i ofyn dau bentan]. **1803** P.

twymdra, twymndra [*twym*¹, *twymn* +
-*dra*] *eg.* Twymder, cynhesrwydd, gwres,
poethder, hefyd yn *ffig.*: *warmness, warmth,
hotness, heat, also fig.*
1604–**7** *TW* (Pen 228), *twymdra* d.g. *Calor.* **1796**
H. JONES: *MPC* 54, [g]waith o orthrech ac o *dwymn-
dra* mawr. **1803** P, *Twymdra*, s. m. . . . Warmth, hotness.
id. d.g. *Twymndra.*

**twymddwyraf, twymddwyraf, tym-
d(d)wyraf: t(w)ymd(d)wyro** [*twym*¹ +
elf. anh.] *bg.a.* Twymolchi; twymo, poethi;
hefyd yn *ffig.*: *to foment (with warm (medi-
cated) liquid); warm, heat; also fig.*
1545 *CM* 1, 308, gwna Ir goddeuwr Roddi I draed
. . . i vwydo ac i *dymddwyro* yn y dwr. id. 550, berw
w/ynnt [llysiau] mewn dwr ac ar isgell hwnw *Tym-
ddwyrat* groth. **16g.** *LlS* 100, Yr artempr . . . y dail ar
pennæ wedy berwi mewn dwfyr a barant gyscy o
thwymdwyrar ac wynt. *Diw.* **16g.** *WLB* 4, Kymer yr
aelod llei bo gwaew a *thwymdwyraf* [sic] ef yn gyntaf
a dwfr ffanigl. **1604**–**7** *TW* (Pen 228), *twymdhwyro*
d.g. *Foueo.* **1632** D, *Twymdhwyro, Calefacere, tepe-
facere.* **1676** W. JONES: *GB* 50, Oh bechadur . . . yn
twymddwyro (*bathing*) dy enaid wrth dân trachwant.
1716 E. SAMUEL: *GGG* 175, y Messiah . . . arbedai Ef
y Gorsen yssig ac y *twymdwyrai* (*cherish*) a fyddai o
wrês yn y Llîn sy 'n mygu. **1722** *Llst* 189, *Twym-
dwyro*. To make hot or warm. **1762** *ML* ii. 519, gartref
gyda'r wreigyn ar plant yn eu llochi ac yn eu *twym-
dwyro*. **1803** P d.g. *Twymddwyraw.*
Amr.: **dandwyro**. [cf. *tandwyro*] **1895**. Ar lafar yn y
ff. *dindwyro* yn yr ystyr 'rhoddi sylw i (blentyn),
magu (plentyn)' (godre Cered.). **tandwyro**. **1769**
TWM O'R NANT: *TChD* 10, [t]*andwyro*. Ar lafar, cf.
B viii. 325, *Tyn(h)wyro* a *tyndwyro* a glywir ar lafar
(yr ail sydd fwyaf cyffredin); fe'i ceir yn Arfon
hefyd. Ei ystyr bellach yw arfer gorofal diangenraid
am iechyd y corff nes ei dyneru; ''does dim daioni o
dyndwyro gormodd a mynd ma's wetyn i'r gwynt
ô'r . . . 'tyndwyro plentyn trwy ei 'dolach' . . . a'i
faldodi nes ei ddifetha (gorllewin Morg.).

twymdy [*twym*¹ + *tŷ*] *eg.* ll. -*dai*. Baddon
(aer) poeth, baddon ager, ystafell neu adeil-
ad â baddonau poeth, chwysty: *hot (air)
bath, steam bath, hothouse, sudatorium.*
1547 *WS*, Ystuws *twymduy* Stewes. **1604**–**7** *TW*
(Pen 228) d.g. *Balneum, Caldarius, Laconicum,
Vaporarium.* **1632** D d.g. *Sudatorium.* **1675**
R. DAVIES: *PY* 228–9, yn hwn a ommeddodd aros
yn yr vn *twymdy*, ar [sic] ymolchfa ar [sic] hæretic
Cerinthus. **1770** *W* d.g. *A bagnio.* **1784** M.

WILLIAMS: *S* i. 125, Constantinople . . . eu [sic]
hadeiladau eraill, megis temlau, mosques, *twym-dai*,
carafanses.
Amr.: **twymndy** [*twymn* + *tŷ*] **1812.**

twymddwyraf: twymddwyro, gw.
twymdwyraf: twymdwyro.

twymedig, twymnedig [bôn y f. *twymaf,
twymnaf*: *twym(n)o* + -*edig*] *a.bfl.* Wedi ei
dwymo neu ei boethi: *warmed, heated.*
1803 P d.g. *Twymedig, Twymnedig.*

twymedd [*twym*¹ + -*edd*¹] *eg.* Twymder,
cynhesrwydd, gwres: *warmness, warmth,
heat.*
1803 P.

twymfa [*twym*¹ + -*fa, ma*] *eb.* ll. -*feydd*. Lle
gwag dan y llawr y gyrrid aer poeth iddo
er mwyn cynhesu ystafell neu faddon
mewn adeilad Rhufeinig gynt; stof: *hypo-
caust; stove.*
1850.

**twymfryd, twymfrydedd, twymfrydig,
twymgalon,** gw. twym¹ + bryd, brydedd,
brydig, calon.

twymgar [*twym*¹ + -*gar*] *a.* Brwd, selog;
tirion, rhadlon: *fervent, zealous; cordial,
genial.*
16g. HUW ARWYSTL: *Gw* 131, *twymgar* y dof ith
ofyn / twymwres haf wyd Morys Wynn. **18g.** L.
HOPKIN: *FG* 66, Hawddgar, a *thwymgar* a theg, / A
distaw mewn da osteg.
Amr.: **twymngar** [*twymn* + -*gar*] **1838.**

twymgarwch [*twymgar* + -*wch*¹] *eg.* Brwd-
frydedd, selogrwydd: *fervour, zealousness.*
1709 H. POWEL: *G* 45, Canys raid gwressewi
duwfol wirioneddau gyd â *thwymgarwch* a gwressog-
rwydd Cariad.

**twymgell, twymglyd, twymgoch,
twymgylch,** gw. twym¹ + cell¹, clyd¹,
coch, cylch.

twymiad, twymad, twymn(i)ad [bôn y
f. *twymaf, twymnaf*: *twym(n)o* + -*iad*, -*ad*]
eg. ll. *twymiadau.* Y weithred o dwymo,
cynhesiad, poethiad, gwres, hefyd yn *ffig.*;
eplesiad (gwair, &c.): *a warming, heat(ing),
also fig.*; *fermentation (of hay, &c.).*
15g. *GLGC* 325, aur Siôn yn rhoddion, rhoi a
wyddiad, / aur gwynias Domas yn un *dwymiad*. **16g.**
HUW ARWYSTL: *Gw* 352, Dur dig ai ôl drwy dy gâs /
Draw fu dewmiad arf domas. **1681** T. JONES: *Alm*
[31], gochelwch oeri yn fuan ar ôl *twmniad.* **17**–**18g.**
O. GRUFFYDD: *Gw* 81, Y rheini sydd yn brudd heb
wres / Am bur elusen lawen les, / A'i chwerthiniad
twmniad tes / Mor gynnes yn eu gwydd. **1728** T.
BADDY: *DDG* 2, Y Ffwrnydd . . . os digwydd gael o
hono . . . ddeugain can mil [o wyau] ar un *twymad*
. . . etto efe au cymmysg hwy i gyd. **1757** *ML* i. 448,
my Lord's lease of yᵉ mine is not yet finished, but is
now on yᵉ brink of it—y *twymnad* diwaethaf. [**1761**]
GGf 27, dod iddo [aur] ddau neu dri *thwymniad* bach.
1800 W. OWEN[-PUGHE]: *CP* 18, Archwn ichwi
danu hanner y dognedd o galch ar y cnwd glâs yn
union cyn troi arno, yr hyn â gynnydda lawer ar y
twymiad (*fermentation*). **1803** P d.g. *Twymad, Twymn-
iad.* Ar lafar, 'twmiad' 'a heating, warming', *WVBD*
555.
Cfn.: **yn y twymiad**: *in the heat of the moment, on
impulse.* **20g.**

twymias, twymle, gw. twym¹ + ias, lle¹.

twymn, twymnad, twymnaf: twymno,
&c., gw. twym¹, twymnad, twymiad: twymaf:
twymo, &c.

twymnaidd, gw. twymnaidd.

**twymnfrydedd, twymnfrydig, twymn-
galon,** gw. twym¹ + brydedd, brydig,
calon.

twymngar, gw. twymgar.

twymngoch, twymngylch, gw. twym¹ +
coch, cylch.

twymniad, gw. twymiad.

twymnias, gw. twym¹ + ias.

**twymnog, twymnol, twymnolchaf:
twymnolchi, twymnwr, twymnyn,** gw.

**twymynog, twymol, twymolchaf: twym-
olchi, twymwr, twymyn².**

twymnyth, gw. twym¹ + nyth.

twymol, twymnol [*twym*¹, *twymn* + -*ol*] *a.*
Yn twymo, cynhesol, twym, poeth, hefyd
yn *ffig.*; twymynol, ac arno dwymyn:
warm(ing), hot, also fig.; *febrile, feverish.*
1773 W, *twymnawl* d.g. *Feverish.* **1790** TWM O'R
NANT: *GG* x, Weinidogaeth enwedigawl; / Eiliad
Tomas, elw *twymawl*; / Boed ei glôd hynod ei hawl,
ymhob Llŷs, / Yn fedrus anfeidrawl. **1803** P d.g.
Twymawl, Twymnawl.

**twymolchaf, twymnolchaf: twym(n)-
olchi** [*twym*¹, *twymn* + *golchaf: golchi*] *ba.*
Trin (rhan o'r corff, clwyf, &c.) â hylif
twym (meddyginiaethol): *to foment (with
warm (medicated) liquid).*
1813.

twymolchiad [bôn y f. *twymolchaf: twym-
olchi* + -*iad*¹] *eg.* ll. -*au.* Y weithred o
dwymolchi: *fomentation (with warm (medi-
cated) liquid).*
1813.

twympath, gw. twmpath.

**twymserch, twymwaed, twymwalch,
twymwawd, twymwin,** gw. twym¹ +
serch, gwaed, gwalch, gwawd, gwin.

twymwr, twymnwr, twymydd [bôn y f.
twymaf, twymnaf: *twym(n)o* + -*wr*, -*ydd*³]
eg. ll. *twymwyr, twymyddion.* Person neu
beth sy'n twymo, poethwr, gwresogydd:
person who, or thing which, warms, heater.
1632 D, *twymwr* haiarn gwallt d.g. *Ciniflo.* **1657**
MLl ii. 114–15, Mawr yw'r Haul, y Blaned freiniol /
. . . / . . . / *Twymnwr* (**1749** J. PRYS: *Alm* [28],
Twymwr) mwyneidd araf hyfryd. **1803** P, *Twymnwr*,
s. m. —pl. *Twymnwyr* . . . One who heats, a warmer.

twymwres, gw. twym¹ + gwres.

twymydd, gw. twymwr.

twymyn¹, gw. twym¹.

twymyn² [< *twymn* (cf. *twymyn¹*), gw.
BDe 38] *eb.g.* ll. -*on*, -*au*, (prin) -*od.*
(*a*) Gwres corff anarferol o uchel, yn
aml ynghyd â chryndod a phen tost (a del-
iriwm mewn achosion difrifol), afiechyd a
nodweddir gan y symptomau hyn, haint
gwres, cryd, hefyd yn *ffig.*: *fever, pyrexia,
also fig.*
13g. *Cylchg LlGC* v. 63, heint gvres er hvnn a
alwn ni *twymyn*. *c.* **1400** *MM* 16, Pedeir teirthon
yssyd . . . teirthon uut, a theirthon gryt, a bratgyuar-
uyot, ar *twymyn*. **1567** TN 50b, ygyd oedd chwefr
Simon yn gorwedd yn glaf o'r haint-gwres [:— cryd,
teirrton, twymyn]. **1707** *AB* 276b, A Fever, Y *Dwymyn*
from Twymo and Twmno; To heat; as the Latin
Febris from Februo. **1722** *Llst* 189, Y Twymn. m. A
fever, burning ague . . . *Twymyn.* **1725** D. LEWIS: *GB*
243, Oddiwrth Weithrediadeu cyffelyb i'r rhai hyn, y
mae'r Plâ, a *Thwymynon* heintus yn cyfodi. **1771**
PDPh 92, Y maent [moch] yn ddarostyngedig iawn i
dwymynau . . . y mae math o bendro yn cydfyned a hyn.
1773 W, twymn (in S. Wales), vulgô *twymyn*, y
dwymyn d.g. *Fever.* **1783** P. WILLIAMS: *FfA* 77,
Annioddefgarwch a cyfrif . . . [b]ob *twymyn* yn wall-
gof, a phob gwall-gof yn gynddeiriogrwydd. **1803** P.
Ar lafar, ''I gæs y *dwymyn* 'yn o'r blæn a 'i fu saith
wthnos yn y gwely', *GTN* 825.
(*b*) Diod dwym: *warm drink.*
c. **1400** *MM* 92–4, Kymer y betonica a berớ drớy
uel . . . a dyro un beunyd or pedwar dieu idaố y yuet
y myớn tớymyn. **1718** *Llsgr* R. Morris 180, chwi briod-
asoch fach y nuth / ni thal o futh iw ofun / duw a
mair ach catwo yn iach / rhowch lymed bach or
twumun.
Amr.: **twymyn** [cf. *twymn*]. **1793** *Cylchg* 41.
Cfn.: **twymyn goch**: *scarlet fever.* **1850.** Ar lafar,
GTN 825. **twymyn d(d)oben (dewben)**: *mumps.* **1803** P,
Twymyn . . . y *dwymyn doben.* Ar lafar, 'south from
the Rheidol, "mumps" is known as *dwymyn doben*',
LGW [488]–9; clywir hefyd 'y dwymyn joben' yng
nghanolbarth Cered. **twymyn ddu**: ?*typhoid (fever).*
1826. Ar lafar, 'Ryw dwymyn dramor yw'r *dwymyn
ddu*', *GTN* 825. **twymyn lyferth(in)**: *typhus (fever).*
1858. **twymyn donnol (donnog)**: *undulant fever, bruce-
losis.* **20g.** **twymyn dramor**: *typhoid (fever).* Ar lafar,
GTN 825. **twymyn ysgarlad**: *scarlet fever.* **1816.**
Gw. hefyd twym¹.

twymyn³, gw. twymaf: twymo.

twymynaidd, twymnaidd [*twymyn*², *twymn*+-*aidd*] *a.* Twymynol, ac arno dwymyn: *febrile, feverish*.
1773 W, *twymnaidd* (vulgò *twymynnaidd*) d.g. *Feverish* [*troubled with, or having the nature of, a fever*].

twymyneiddrwydd, twymneiddrwydd [*twymyn*², *twymn*+-*aidd*+-*rwydd*] *e?g.* Gwres, *yn ffig.: warmth, fig.*
1561-2 *Rhyddiaith Gymraeg* i. 62, vy nirfawr orchymvn o *dwymyneiddrwydd* meddylvryd kalon yn garedigawl attoch. **1594-6** *AP* 36, o *dwymneiddrwydd* meddylvryd ewllys lan galon vyngorchymyn at ych rhywiowglan voneddigeiddgorph.

twymynllyd, twymynlyd [*twymyn*²+-*llyd, -lyd*] *a.* Twymynol, ac arno dwymyn: *febrile, feverish*.
1816.

twymynog, twymnog [*twymyn*², *twymn*+-*og*] *a.* Twymynol, ac arno dwymyn: *febrile, feverish*.
1771 *PDPh* 46-7, y mae'r corph yn rhwym ac yn *dwymynog*, ac yn teimlo poen drylliedig. **1773** W, *twymnog* (vulgò *twymynnog*) d.g. *Feverish*.

twymynol, twymnol [*twymyn*¹,², *twymn*+-*ol*] *a.* Yn perthyn i dwymyn, a nodweddir neu a achosir gan dwymyn, ac iddo symptomau twymyn, ac arno dwymyn, hefyd *yn ffig.*; yn twymo, cynhesol: *febrile, feverish, also fig.; warming*.
1773 W, *twymynawl* d.g. *Feverish*. **1796** N. WILLIAMS: *HM* ii. 63, a chyfryw a weithio wrês *Twymynol*.

twyn [?cf. H. Lyd. *tuhen* (*uhel*), ?gl. *locus munitus*] *eg.* (bach. g. -*yn*; b. -*en*, ll. *twynenni, -ydd*) ll. -*i, -au*, (prin a diw.) -*ydd*.
(*a*) Bryn(cyn), twmpath, cefnen o dir, crug, tomen; pen (bryn, &c.), copa; twmpath neu gefnen o dywod, &c., a ffurfir gan y gwynt, yn enw. ar lan y môr; pridd y wadd; llwyn, perth; hefyd yn *dros.*: *hill(ock), mound, knoll, hummock, heap; top (of hill, &c.), peak; dune; molehill; bush, hedge; also transf.*
13g. *LTWL* 257, Tres loci legales sunt cuilibet lancee in consistorio . . . Tercius est eius capud in cumolo terre, id est, *twyn*, abscondere. **14g.** *LlB* 110, Tri gwanas gwayw kyfreithiawl yn y dadleu yssyd . . . gwan y benn y mywn *twyn* hyny gudyho y mwn. **14g.** *GDG*³ 168, Tau nyth megis *twyn* eithin, / Tew fydd, cryw o frwydwydd crin [i'r biogen]. **14-15g.** *IGE*² 296, Daethost yn Dad . . . / . . . / I ben y *twyn*, fwyn funer, / Dy deml di yw, fy Nuw Nêr (Siôn Cent). Dchr. **15g.** *GSCyf* 110, *Twyn* o forffrwyn oferffrig [Llywelyn ab y Moel i'r farf]. **15g.** *DE* 16, tegwch i grudd fal rhuddaur / *twyn* o wallt val tonnau aur. **16g.** *Llst* 6, 111, *twynay* llywch at wyn y llan / yddaw drwy gilydd jayan [Llywelyn ap Hywel i ofyn ŵyn]. **1604-7** *TW* (Pen 228) d.g. *Tumulus. id.* Brondhu'r *twynæ* d.g. *pardalus.* Dchr. **17g.** J 10, 160a, *Twyn.* molehill. **1617** *Minsheu* 58a d.g. *a Bush.* **1630** *YDd* xxiii, Mewn pechod darfu yngeni / Ac rwy'n ymdroi mewn drysni: / Mal y ddafad yn y llwyn / Ynghanol *twyn* mieri. **1725** D. LEWIS: *GB* 139, Nid yw'r *Twyni* a'r Panteu sydd yn y Bŷd, ond fel Llwch ar Wyneb Bŵl. **1770** W d.g. *Bank* [green tump, a hillock or rising ground], Hill, A little hill, Hillock. **1803** P d.g. *Twyn, Twynen, Twynyn.* Ar lafar, 'A Hill . . . Twyn . . . has strictly local currency, around the source of the Usk, and as a residual form in east Glamorgan (where it has been largely replaced by "bryn")', LGW [524]-5; "Odd a'n sefyll ar *dwyn* uwcha'r mynydd', 'Ma *twynyn* bach yn y cæ', GTN 825. Digwydd mewn e. lleoedd, e.e. *Twynllannau,* Llanddeusant, sir Gaerf., *Twyn y Gregen,* Llanarth Fawr, Myn.
(*b*) Falf (yn y galon): (*heart-*)*valve.*
1725 D. LEWIS: *GB* 77, Y mae un *Twyn* yn Stafell Ddeheu'r Galon, yn attal y gwaed sy'n disgyn oddiuchod, rhag curo yn ôl y gwaed sydd yn esgyn oddiobry; Ac yn yr Arteri fawr, ym mhen ychydig ar ôl dyfod o'r Galon, y mae amryw *Dwyni* yn troi'r gwaed i'r Cangheneu croes.
Amr.: **dwnen. 20g.** Ar lafar, '*dwnan*' (Llŷn).
Cfn.: **ar dwyn:** *conspicuously, openly, clearly.* **15-16g.** *TA* 472, Mynych y bum ddamunwr / Am Wen gael ymwan â'i gŵr, / Och nad ymwan amdani, / *Ar dwyn* er i mwyn, â mi. **16-17g.** *Cer RC* 35, Pwy all chwerthin byth *ar dwyn,* / A glywe gŵyn mor dostur. **17g.** HUW MORUS:: *EC* ii. 77, Ceir cariad bob amser yn dyner *ar dwyn* / Ei ffam y wr gras Iesu ar ei fagu fe'n fwyn. **1790** TWM O'R NANT: *GG* 53, Hardd a di-falch

oedd ef *ar dwyn,* / Ymhob Cysur-fwyn Swydd: **1803** P, Twyn . . . *Ar dwyn* . . . conspicuous.
Gw. hefyd *tywyn*².

twyndir, gw. *twyn*+*tir*.

twynen, gw. *twyn*.

twynog [*twyn*+-*og*] *a.* Llawn twyni, ponciog: *hillocky, hummocky*.
15g. *GTP* 50, Tir brwynog *twynog,* tyniad—twynnog, / Trwynog, tor llwynog, tir a llinad. **1803** P d.g. *Twynawg.*

twynpath, twynynath, gw. *twmpath, twyn*.

twys¹,², **twysaf:** twyso, twysen, twysennaf: twysennu, gw. *dwys* (hefyd At.), tywys¹, tywysaf: tywys, tywys¹, tywysennaf: tywysennu.

twysg [ansicr yw nifer o'r enghrau. isod; ynglŷn â'r ystyr 'llif, &c.' gw. *B* ii. 295] *eb.g.* (bach. b. -*en*) ll. -*au, -i*, a hefyd gyda grym ansoddeiriol.
(*a*) Rhan, cyfran, maint, swm, peth; pentwr, crugyn; llif, llifeiriant, rhuthr: *part, portion, amount, quantity, some; heap, mound; flow, stream, rush*.
14g. *GLlBH* 90, *d*o*yscen*o per dysc an parawd / del*o* or nef adeiler nawd [Dafydd ap Gwilym i'r Grog o Gaer]. *c.* **1400** *R* 1229. 22-3, Da vyd tyuyant. *d*o*ysc* ogonyant. dysc y gennyt. *id.* 1293. 43, *twysg* dra*o* oe getla*o* agat. **15g.** *GTP* 86, To dd*o*r tew ac ewyn, / Trawst y glaw yn trystio glyn [dychan i'r foryd]. **15g.** *GLGC* 229, gwnaed win ac enaid Einion / yt esgair iach fal *twysg* gron [i iacháu Dafydd ap Siôn]. *c.* **1566** *B* xv. 119, a dod *dwysc* yn dy dwylaw o vara gwyn a dyner o ogr a bwrw yn yr wie a ffvpyr a halen. **1604-7** *TW* (Pen 228), *twysc, twyscen* d.g. *Confluuium, Quantulum.* **1632** D, *Twysg,* Pars, portio, aliquanta pars, acervulus, cumulus. *id. Twysgen,* Particula, portiuncula. **1712** T. WILLIAMS: *CDdG* 385, yr oeddynt yn gwascu 'r bobl y modd y gallent dalu eu hardreth, ac ennill *twysceu* iddynt hwy ei hunain. **1760** *ML* ii. 266, Minnau, ac ef yn wr onest, a fynegais iddo *dwysgen* o'ch hanes. **1803** P, *Twysg,* s. m.—pl. t. au . . . A mass, a heap; a quantity; some quantity, some part. *id.* d.g. *Twysgen.* Cf. *R* 1281. 33-4, kat cur r*o*yf arthur ry va*o*rthin deigyr dwysc.
(*b*) Priciaid (o edafedd), pellen o edafedd; gwerthyd, bobin: *quill (of yarn), ball of thread; spindle, bobbin.*
1604-7 *TW* (Pen 228) d.g. *Glomeramen.* **1722** *Llst* 189, d.g. *Bottom.* **1753** *TR,* Twysg, the yarn on the spindle or a yarn-stick, before it is wound into bottoms. **1803** P. Cf. *Y Cymro,* 27 Chwef. 1969, 10, *Tywysgen* (Lluosog *twysgi,* S. cob) y gelwid yr holl edau yn y ffurf hon pan godid hi ymaith dros flaen gwerthyd.

twysgaf: twysgo [bf. o'r e. *twysg*] *bg.a.* Ymgasglu, ymgronni, ymgynnull, heidio; llifo (ynghyd); pentyrru, hel, cronni; (geir.) dirwyn yn bellen: *to collect (together), gather, assemble, flock together; flow (together); pile (up), heap together, amass; (dict.) wind into a ball*.
14g. *Yst Addaf* 26, Ac yna y t*o*ysca (*recidet*) auon o vr*o*nstan gyta than g*o*yllt or nef. **14g.** *OBWV* 95, Dysgaist am fy mhen *dwysgaw,* / Disgyn i lawr, glawr y glaw [Gruffudd Gryg i'r lleuad]. *c.* **1400** *YSG* i. 128, Ac yna y gwynt a *dwysgawd* yn hwyl yr yscraff. **15g.** *ID* 64, dysgu y bu *dwysgo* bwyd / nid i esgus y dysgwyd / nid ai r gwan gwedi r giniaw / heb lwyth yn wyneb i law. **1567** *YN* 66a, Ac ef a gyvodes o yno . . . a'r vintai a gyrchodd [:- *dwyscodd*] ataw drachefyn. **1604-7** *TW* (Pen 228) d.g. *Confluo, Conuenio. id. twysgaw'n* vinteioedd d.g. *Effundo.* **1632** D, *Twysgo,* Congregari, conglomerari, coaceruari. *id.* d.g. *Glomero.* **1773** W d.g. *To flock together.* **1803** P.

twysged [*twysg*+-*ed*¹] *eb.* ll. -*au.* Rhan neu gyfran (helaeth), maint neu nifer (mawr), llawer; (geir.) priciaid (o edafedd): (*large) part or portion, (great) amount or number, lot; (dict.) quill (of yarn)*.
16g. WILIAM LLŶN: *Gw* (R. Stephens) (At.), *Twysged* priked. **1722** *Llst* 189, *Twysged.* f. A considerable deal. **1765** J. EVANS: *CPE* 42, Canys bu fyw Matthew, Marc a Luc *dwysged* o flynyddau wedi rhoddi allan eu Hefangylau. **1771** *PDPh* 89, berwch yn y ddiod honno *dwysged* o'r llysiau a elwir Pwrs y bugail. **1772** W d.g. *Deal, A considerable, or pretty deal, Part* [a share or portion]. **1798** M. RICHARDS:: *CC* 23, Bu hyn yn achlysur o *dwysged* fawr o siarad rhyngddynt ynghylch y carcharorion. **1803** P, *Twysged,* s. f.—pl. t. au . . . A mass; a quantity; a good deal, a certain portion, some. Ar lafar, 'Yr o'dd *twysged*

fawr o ddyn'on yn yr anglodd heddy', 'Yr odd yn werth *twsgid* fawr o arian', LIGC 1174, 44; ''Gesot ti lawar?' 'Do, *twshgid*', GTN 827; 'ys *tysged* o flynydde' (gorllewin Morg.).

twysgen, twysiad, gw. *twysg, twysiad*.

twysog, twysogaeth, &c., gw. *tywysog, tywysogaeth,* &c.

twysoglin, twysoglwyth, gw. *tywysog*+ llin¹, llwyth².

twysogol, gw. *tywysogol*.

twysogwaed, twysowglin, gw. *tywysog*+ gwaed, llin¹.

twyswr, twyts, twytsiaf: twytsio, gw. *tywyswr, twtsh*¹, *twtsiaf:* twtsio.

twyth, *a.* a hefyd fel *eg.* (bach. -*yn*) ll. -(*i*)*on, -au.*
Fel *a.* Diysgog, cadarn, nerthol: *steadfast, firm, strong*.
12g. *GMB* 176, Teithia*o*c Prydein, *twyth* auyrdwyth Ywein. **16g.** *Brog* 1, 107r, dai [sic] *dwyth* a diwid wethian / wreigddai [sic] th lys rywiawg ddoeth lan (Siôn Ceri). **16-17g.** *GST* i. 375, Gair y Tad, treiglad traglew, / Yw'r carreg *dwyth* a'r graig dew. **1632** D, *Twyth* . . . Hinc Afrdwyth, cyfrdwyth, cyfafrdwyth, hydwyth, twythwal. Digwydd hefyd mewn cfns., e.e. *twythfalch,* GMB 446; *twythfawr,* GCBM i. 244; *twythwal,* GMB 198.
Fel *e.* Sbring (dyfais), hefyd yn *ffig.*; (geir.) hydwythedd, ystwythder: *spring (device), also fig.; (dict.) springiness, pliancy*.
1803 P, *Twyth,* s. m.—pl. t. ion . . . A spring, or pliancy.

twythaf: twytho [bf. o'r e. *twyth*] *bg.* Llamu, gwrthneidio: *to spring, (re)bound*.
1803 P, *Twythaw* . . . To spring, to bound.

twythell [*twyth*+-*ell*] *eb.* ll. -*au, -i.* Sbring (dyfais): *spring (device)*.
1850.

twythiad [bôn y f. *twythaf: twytho*+-*iad*¹] *eg.* Llamiad, adlamiad: *a springing, rebounding*.
1803 P.

twythiant [bôn y f. *twythaf: twytho*+ -*iant*] *eg.* Hydwythedd, elastigrwydd: *springiness, elasticity*.
1803 P.

twythig [*twyth*+-*ig*²] *a.* Lastig, hydwyth, gwrthneidiol, hefyd yn *ffig.*: *elastic, resilient, springy, also fig*.
1803 P.

twythol [*twyth*+-*ol*] *a.* Lastig, hydwyth, gwrthneidiol; ac iddo sbring: *elastic, resilient, springy; having a spring, sprung*.
1803 P d.g. *Twythawl.*

twythygl [*twyth*+?*-ygl,* ar ddelw *erthygl, perygl,* &c.] *eg.* Rwber: *rubber*.
1851.

twythyn, gw. *twyth*.

tŷ [H. Grn. *ti,* gl. *domus,* Crn. C. a Diw. *chy,* H. Lyd. (*bou*)*tig,* gl. *stabulum, ti(ol)*, gl. *edilis, teg(ran)*, Llyd. C. a Diw. *ti, ty,* H. Wydd. *tech, teg* (diryw; bôn yn -*s*-), Gwydd. Diw. *teach:* o'r gwr. IE. **(s)teg-* 'gorchuddio', cf. Llad. *tegō* 'gorchuddiaf', Gr. τέγος 'to; adeilad'; *tai < tei <* Clt. **tegesa,* cf. H. Gym. *inir[i]dolte* (≡ *iddoldei*) *in fanis;* am dreiglo e. priod, &c., ar ôl *tŷ, tai,* gw. *Treigladau* 109-10] *eg.* ll. *tai* (ll. dwbl *teiau, teiod*), *tyau, tyoedd,* a hefyd gyda grym ansoddeiriol.
(*a*) Adeilad i bobl fyw ynddo, yn enw. bellach un ac iddo lawr gwaelod ac un neu ragor o loriau uwch, a ddefnyddir fel preswylfa teulu, &c., annedd, cartref; un annedd o blith nifer mewn un adeilad, ystafell, cell, siambr; adeilad at bwrpas arbennig (e.e. 'tŷ opera', 'tŷ cwrdd'); adeilad i gadw anifeiliaid, nwyddau, &c.; (adeilad(au)) cymuned grefyddol, addoldy; (man cyfarfod) cynulliad cydgynghorol neu ddeddfwriaethol; lle busnes, cwmni siop

tafarn; cynulleidfa theatr, sinema, &c.; rhaniad mewn ysgol at ddibenion trefniadaethol, &c., llys; hefyd yn *ffig*.: (*dwelling-*) *house, home; one of a number of dwellings in a building, room, cell, chamber; house (building for a special purpose, e.g. 'opera house', 'meeting-house'); building for housing animals, goods, &c.; (house of) religious community, place of worship; (meeting-place of) deliberative or legislative assembly; place of business, company, shop, public house, pub; theatre, cinema, &c., audience; house (division of school); also fig.*

a. **909** ASSER: *LKA* 24, Snotengaham adiit (quod Britannice 'Tigguocobauc' interpretatur, Latine autem 'speluncarum domus'). **12g.** *GMB* 255, A dillad y noeth, naᵫt rac anwyd, / A gᵫely a *thy* a thes aelwyd. *id.* 360, Gweithred Tegwared! Cyn *ty* gweryd—llawr / Llawen beirdd o'i wynfyd. **12g.** *GCBM* i. 96, Hawddamawr i Gwm Brwynawg / A'r *tai* a'r terfynau enwawg. **13g.** *LlI* 4, E penteylu . . . E lety yv y *ty* mvyhaf en e tref a chymeruedhaf. **14g.** *T* 8. 19–20, ryprynhom ni an lloc yth*ty* di vab meir. **14g.** *GDG*³ 250, Gan na chaf, geinwych ofeg, / Le mewn *tŷ* liw manod teg. *c.* **1400** *ChO* 19, Llygoden *ty* gynt a gyuaruu a llygoden vaes. **15g.** *LGC* 46, A chrog lwyth Ronwen wrth gangenau, / Ac ennyn tewyn yn eu *tyau*. **16g.** *NBSB* 309, Tyfu 'dd ych—ond dof oedd hyn? —/ *Tyoedd* Arglwyddi'r Tywyn [Harri ap Rhys i Wiliam Phylip]. **1588** *Math* xxi. 13, *tŷ* gweddi y gelwir fy *nhŷ* maufi, eithr chwi a'i gwnaethoch yn ogof ladron. **1632** *D*, *Tŷ*, Domus, ædes. **1743** G. JONES: *HWI* ii. 18, Yr adar a fedrant adeiladu iddunt *deiau*, ac a wnânt eu nythod yn uchel. **18g.** I. BRYDYDD HIR: *Gw* 52, Lle rhyfedd i falchedd fod / Yw *teiau* yn y tywod. **1803** *P*. Ar lafar yn gyff., *WVBD* 557, *GDD* 289; '*Tŷ* 'yn ni isie, nid byngalo' (sir Gaerf.); *GTN* 794; hefyd yn yr ystyr 'siop', '[*t*]*ŷ* Dafydd Morgans yr Aes', *ib*.

(*b*) *Serdd*. Unrhyw un o ddeuddeg rhan y Sodiac; unrhyw un o arwyddion y Sodiac o'u hystyried fel safle'r dylanwad pennaf ar blaned arbennig: *house* (*in astrol.*).

1684 T. JONES: *Alm* [17], Y blaned mercher iw [*sic*] arglwydd y 3 ar 12 o *dai* yr addurn ag a ddigwyddodd ymma yn y 9 *tŷ*, ag yn cystuddio . . . Iou, sydd arglwydd y nawfed *tŷ*, ai chyfrbell dremiad yn y trydydd *tŷ*. **1693** E. MORGAN: *HRD* 20, Lyma [*sic*] *dai* y Saith Blaned. **1695** T. JONES: *Alm* 8, Y 12 o Rannau a fô ym mhôb addurn, a elwir *Tai* yr addurn.

Amr.: **tuy** [cf. *tuyly*, amr. ar *teulu*]. **1547** *WS*. **1551** W. SALESBURY: *KLl* 1b. **1636** *Pen* 321, 25b. **tyf²**. ?**15g.** *BDG* 324, Nid â, fy medwen, genyf / Dy lathlud, na'th dud na'th *dyf* (*OBWV* 90, dŷ). **18–19g.** *Llr* C 16, 177, *Tŷf*, a house, Denb.

Cfn. (detholiad yn unig): **tŷ allan:** (*farm*) *outbuilding or outhouse*. **1790** TWM O'R NANT: *GG* 137, [*t*]*ai allan*. Ar lafar, 'In the Dyfi-Rheidol-Ystwyth area the regional word is *tai allan*', *LGW* 109. **tŷ allan rheidiol:** *outside lavatory*. **1848.** **tŷ annedd:** *dwelling(-house), also fig*. **14g.** *GDG*³ 65, Nid hawdd ymy ddilid hwn, / A'i *dŷ annedd* hyd Annwn [i'r llwynog]. **15g.** *GO* [117], Ffynnon win ywhonn y' [*sic*] *nhai annedd* Siôn. **1588** *Lef* xxv. 29. **1604–7** *TW* (*Pen* 228) d.g. *domus*. **1728** T. BADDY: *DDG* 45. **1773** *W* d.g. *A dwelling, dwelling house, or dwelling-place*. Gw. hefyd *anhedd-dy*. **tŷ ar ffyrch:** *house of dissension*. **1877.** Ar lafar, *TGG* (1904) 47 (dwyrain sir Ddinb.). **Tŷ('r) Arglwyddi:** *House of Lords*. **1775** *CY* 20, [d]wyn bil i mewn i'r Parliament . . . gwrthodwyd ef yn *nhŷ yr Arglwyddi*. **1795** JAC GLAN-Y-GORS: *SG* 25, Ar ol iddynt uno yn y senedd cyffredin . . . rhaid gyrru'r weithred i *dy'r arglwyddi*. **tŷ bach:** (i) (*room containing a*) *lavatory, toilet*. **1770** *W* d.g. *Bog-house* [*a privy*]. **1787** (**1812**) TWM O'R NANT: *PG* 15, Carthu *tai bach*, a chario carpiau. Ar lafar yn gyff., *WVBD* 557, *GTN* 794. (ii) *small house* (*without adjoining land*), *cottage*. **1703** E. WYNNE: *BC* 13–14, [p]lasau gwrthodedig, a allasei . . . fod . . . yn fendith i fil o *Dai bâch* o'u hamgylch. Ar lafar yng Nghered. a gogledd sir Benf. Digwydd yn yr e. lle *Tai-bach*, Port Talbot, Morg. Gw. hefyd *tŷ bychan*. **tŷ brwd:** (i) *sweat-house, sudatorium*. **1545** *CI* 181, ymaruer a llauurio'r korf ynn hresymol ac j chwyssu mewn *ty brwd* ne mewn ennaint. **16g.** (*LlEG*) *Mos* 158, 341b, ysdwf nne [*sic*] *dy brwd*. (ii) *hothouse, greenhouse*. **1826.** **tŷ bwyta:** *restaurant, café*. **1773** *W* d.g. *An eating-house*. Ar lafar yn gyff., *Wês wês* 18; hefyd yn ardaloedd chwareli'r Gogledd am yr adeilad lle mae'r chwarelwyr yn bwyta, 'Y "caban" yn y chwarel', *B* xx. 385. **tŷ bychan:** (i) (*room containing a*) *lavatory, toilet*. **13g.** *LlI* 23, 62. (ii) *small house, cottage*. **20g.** Gw. hefyd *tŷ bach*. **tŷ('r) capel:** *house belonging to a chapel (and often adjoining it), used as a home for the caretaker, &c*. **1854.** Ar lafar yn gyff. **tŷ cerydd, tŷ('r) ceryddiad:** *house of correction*. **17g.** *LlGC* 10249, 208, *tü kerÿdd*. **1771** *WE*, *tŷ cerydd* d.g. *Bridewell*. **1794** E. JONES: *CP* 35, [*t*]*y ceryddiad* . . . [*t*]*y y ceryddiad*. **tŷ'r clec:** *gossip-shop*. **1780** *W* d.g. *A prating house*. **1794** *P* d.g. *Clec*. **tŷ corff:** *house where a corpse is kept before burial*. **1802.** Cf. T. M. OWEN: *WFC* 172, the house where the corpse lies was called, in Caernarvonshire and Anglesey, *tŷ corff*. **tŷ cownsil** = **tŷ cyngor.** **20g.** Ar lafar, 'Ma stade o *dai cownsil* yn bobman dyddie 'ma'. **tai crefydd**, gw. *tai o grefydd*. **tŷ cwrdd:** *meeting-house, place of worship, (nonconformist) chapel*. **1769** *DRh* 89, [*T*]*ai cyrddau* dirgel pabaidd. **1772** *W* d.g. *Congregation-house, Meeting-house*. **1798** W. RICHARDS: *CC* 36. Ar lafar, *GTN* 794. **tŷ cwrw (cwrf, &c.):** *alehouse, tavern*. **1688** *TJ*, Diod, Diottŷ, *tŷ cwrw*. An Alehouse. **1690** *Ymofynion* 5, Tafarn neu *du Cwrwf*. **1710** *LlGG* (*Gos*) 12, [T]afarnau neu *Dai-cwrf*. **1797** B. EVANS: *CG* 251, *tŷ cwrw*. **tŷ cyfarfod** = **tŷ cwrdd.** **17g.** HUW MORUS: *EC* i. 199, P'le cawsant awdurdod i'w *teiau cyfarfod* ['Ymddiddan rhwng Gwir Brotestant a'r Eglwys']. **1731** E. SAMUEL: *AE* 138, *Tai Cyfarfod*. **1791** GW. MECHAIN: *Rh* 124, un yn myned i'r eglwys, a'r llall i'r *ty cyfarfod*. **Tŷ('r) Cyffredin:** *House of Commons*. **16g.** (*LlEG*) *Mos* 158, 449b, y bwrdeishiaid or *ty K/yffredin*. **1794** E. JONES: *CP* xi, i ddirymu cyhuddiad gan y *ty cyffredin* o'r Senedd. Ar lafar, 'Ma gynnyn' nw arferion reit od tua *Tŷ'r Cyffredin*' (sir Ddinb.). **tŷ cyngor:** *council house*. **20g.** Ar lafar. **Tŷ'r Cynrychiolwyr:** *House of Representatives*. **19–20g.** *SE* d.g. *Cynnrychiolwr*. **tŷ diod** = **tŷ cwrw.** **1737** (**1766**) *OU* 70. **1778** J. THOMAS: *HB* 107. **tŷ D(d)uw:** *house of God*. **13g.** *B* ix. 146, [b]ugeil en *ty duw*. **15g.** *GLGC* 52, [*t*]*ŷ Dduw*. **15g.** *GO* 321, *Tŷ Duw*. **18g.** E. T. RHYS: *DA* 140, [*t*]*eiau Duw*. **tŷ dwbl:** *double-fronted house*. Ar lafar, 'Mae 'na ddau *dŷ dwbwl* yn stryd ni' (y Gogledd); hefyd yn yr ystyr 'tŷ ag ystafelloedd yn y ffrynt a'r cefn. Fel arfer bydd dwy ystafell yn y ffrynt a chefn y tŷ wedi ei drefnu'n ddwy neu dair ystafell', *Ceredigion* iv. 249 (Cered. a gogledd sir Benf.). **tŷ galw:** *public house, pub, tavern*. **20g.** Ar lafar. **tŷ glàs:** *greenhouse, conservatory*. Ar lafar yn y De. **tŷ('r) gwydr:** (i) *house of glass, house with glazed windows*. **15g.** *OBWV* 111, Gwnaf yno i hudo hon / Glos o fanadl glas feinion, / Modd y gwnaeth, saernïaeth serch, / Merddin *dŷ gwydr* am ordderch [i'r llwyn banadl]. **15g.** *GTP* 36, Ydd awn wrth ei wahodd ef / I'w *dai gwydr* duag adref [i Feredudd ap Llywelyn]. **15g.** *GLGC* 281, Pan las Tomas letemaur / ym Manbri gynt . . . / . . . ei arglwyddes ef / i'w *dai gwydr* a'i dug adref [i feddrod Tomas Fychan]. Cf. *R* 1295. 18–19, Morwyn vu ueir uwyn o vyᵫn hudy gᵫydyr. (ii) *greenhouse, conservatory; glass factory*. **1773** *W*, Gwydr-dy, *tŷ'r gwydr* d.g. *Glass-house* [*where Glass is made*]. Ar lafar, 'Ma un o ffenestri'r *tŷ gwydyr* 'di torri'. Gw. hefyd *gwydrdy*. **y Tŷ Gwyn:** *the White House*. **1872.** **tŷ haf:** *summer-house; holiday home*. **1688** *TJ*, Hafdŷ, *tŷ hâf*: A Summer-House. *c.* **1700** E. LHUYD: *Par* i. 16, Ŷ Plâs Ycha . . . yn *dy hav* a phlâs Iolyn oedd i dŷ Gaiav. **1795** *R. Crusoe* 46. Ar lafar, ''S dim cyment o sôn am losgi *tai haf* dyddie 'ma' (sir Gaerf.). Gw. hefyd *hafdy*. **tŷ ei hir gartref:** *eternity, the grave*. **1620** *Pr* xii. 5, pan êlo dŷn i *dŷ ei hir gartref* (**1588** *ib*. i dŷ ei dragwyddoldeb), a'r galarwyr yn myned o bôb tu yn yr heol. Ar lafar, 'Aeth yr hen ŵr i *dŷ 'i hir gartref*' (sir Drefn.). **(y) Tŷ Isaf:** (*the*) *Lower House, House of Commons*. **1664** J. DAVIES: *Art* [18], a than ddwylaw yr holl Eglwyswyr o'*r ty isaf*. **1755** *ML* i. 383, pan gyfarfyddo'r Palmant . . . ni feddant neb a digon o nerth gantho yn *y Ty Isaf*. **1775** *CY* 9. **tai lluniau:** *cinema, pictures*. **1935.** **tai (teiau) maes:** (*farm*) *outbuildings or outhouses*. **1770** *TG* iv. 102. Ar lafar, 'throughout the south the prevailing form is *tai ma(e)s* . . . In the extreme west of Pembrokeshire there are marginal instances of . . . *teie ma(e)s*', *LGW* 109. **tŷ marchnad:** *market-house, store, shop*. **1567** *TN* 13[3]b, na wnewch duy vy-Tat, yn *tuy marchnat* [:– marcet, masnach]. **1776** *W* d.g. *Market-house*. **1780** *W Jew* [3], Efe a eisteddodd i orphwys ar fainc wrth ddrŵs *Tŷ marchnad* y Crŷdd. **1792** H. HARRIS: *H* 46. Gw. hefyd *marchnaty*. **tŷ mawr:** *workhouse*. Ar lafar, '*Tymowr* . . . The workhouse. The epithet by which this institution is always spoken of', *GDD* 314; *GTN* 794. **tŷ meddyginiaethol:** *hospital*. **1779** M. WILLIAMS: *BM* [16], Hospitals neu *Dai Meddyginiaethol*. **tŷ mewn rhes**, gw. *tŷ rhes*. **tŷ moel:** *house without adjoining land*. **1932.** Ar lafar yn Arfon. **tŷ o glai:** *house of clay, with ref. to the (human) body*. **1588** *Job* iv. 19, Pa faint mwy y rhai ydynt yn trigo mewn *tai o glai*, y rhai sydd ai sail mewn pridd? **1759** P. WILLIAMS: *MC* 8. **1764** G. HOWEL: *DB* 46. **tai o grefydd, tai crefydd:** *monasteries, religious houses*. **15–16g.** LLAWDDEN, &c.: *Gw* 154. *c.* **1600** L. DWNN: *HV* i. 7. **tŷ opera:** *opera house*. **20g.** **tŷ o bridd**, gw. *tŷ pridd*. **tŷ pâr:** *semi-detached house*. **20g.** **Tŷ('r) Parlmant (Parlment, Parliament):** *Parliament House*. **1563** *GGH* 100, Perl mewn *Tŷ Parlment* yw hwn. / Peibl, wyneb pob haelioni, / A wnaeth yn act o'n iaith ni [i Humphrey Llwyd]. **16g.** *WLl* 167, Pur elw mewn *ty parlmant* wyd. **1632** *D* d.g. *Comitium*. **1636** *Pen* 321, 320a, drwy ddirgelgowain powdrgwn ofnadwy . . . J ogof dowyll dan *dy y parliament*. **tŷ potas:** *tavern, public house, pub*. **20g.** Ar lafar yn Arfon. **tŷ powdwr:** *magazine (in mine or quarry)*. **20g.** Ar lafar yn ardaloedd glofaol y De, *Geir Glo* 84; a hefyd yn ardaloedd chwareli'r Gogledd. **tŷ pridd, tŷ o bridd:** (i) *earthen house, cob house*. **1790** TWM O'R NANT: *GG* 216, Englynion i Bont Llandilo'r Ynys . . . Adeiladwyd . . . gan Mr. Dafydd Edward . . . Mab Mr. William Edward, Adeiladydd Pont y *Ty Pridd* . . . O'r *Tŷ pridd* mae'r top raddau, i'r pontydd. Ar lafar. Cf. M. RICHARDS: *ETG* 250, Hen ffurf Pontypridd oedd Pont-y-*tŷ pridd*, gan gyfeirio at hen dŷ a safai wrth ben y bont. (ii) (*human*) *body*. **1630** *YDd* 48, yr wyf yn clywed llinynnau y galon yn torri, y mae 'r *tŷ pridd* hwn yn cwympo ar fy mhen. *id*. 119, Y mae dy enaid a'i drigfa mewn *tŷ o bridd*. Gw. hefyd *pridd-dy*. **y tŷ priddlyd:** (i) *the grave*. **1672** R. PRICHARD: *Gw* 193, Meddwl fal yr awn oddi ymma, / Ir *ty priddlyd* am y cynta, / Mewn Cŵd canfas heb vn Beni, / Pe bae inni rent Arglwyddi. (ii) (*human*) *body*. **1778** J. HUGHES: *BB* 100, Mae calon dyn 'r un ffunud, / Fel achles fudr lychlyd, / Yn *y tŷ priddlyd*, tomlyd hwn. **1792** H. HARRIS: *H* 105, cymmer fi o'r *tŷ priddlyd* hwn. **tŷ (mewn) rhes** = **tŷ teras.** **20g.** **tŷ sengl (singl):** *detached house; house of a single room's width*. **1846.** Ar lafar, '*Tŷ singl*, neu tŷ a lofft—sef â llawr y tŷ yn ddwy neu dair ystafell mewn un rhes, a dwy neu dair ystafell uwchben', *Ceredigion* iv. 249 (Cered. a gogledd sir Benf.). **tŷ tafarn:** *tavern, public house, pub*. **1735** S. THOMAS: *HP* 138. **1747** *ML* i. 121. **1778** J. THOMAS: *HB* 144, *tai tafarnau*. Ar lafar, *GTN* 794. Gw. hefyd *tafarndy*. **tŷ teras:** *terrace(d) house*. **20g.** Ar lafar. **tŷ to** = **tŷ to gwellt.** Ar lafar, *TGG* (1904) 54 (tref Caerfyrddin); hefyd yng Nghered. **tŷ to cawn** = **tŷ to gwellt.** **1922.** **tŷ to gwellt:** *thatched house or cottage*. **1632** *D*, *tai tô gwellt* d.g. *Mapalia*. Ar lafar, *WVBD* 557. **tŷ tywyll** [ar ddelw'r S. *dark house*]: *place of confinement, lock-up*. **1815.** **(y) Tŷ Uchaf:** (*the*) *Upper House, House of Lords*. **1664** J. DAVIES: *Art* [18], yr Archescob a'r Escobion o'r *ty uchaf*. **tŷ uncorn:** *four houses built around one central chimney-stack*. **20g.** Ar lafar yn ardaloedd chwareli'r Gogledd. **tŷ unnos:** *house built overnight on common land (conferring right of abode on the builder)*. **1818.**

Gw. hefyd **teios.**

ty', gw. **tyfaf: tyfu.**

tyaeth [*tŷ*+-*aeth*; ansicr yw'r enghrau. llenyddol isod, a rhoddir y diff. ar sail *P*] *eg*. Preswylwyr tŷ, teulu: *household, family*.

15g. *GGl*² 37, Yntŵy un *tyaeth* o'r un farwniaeth / Yw'n maeth a'n lluniaeth a'n llawenydd [i Ddafydd ap Tomas ap Dafydd]. **16g.** *GGH* 268, Am lawenrhodd, aml anrheg, / Am gynheiliaeth *tyaeth* teg [marwnad Syr Dafydd Owain]. **1803** *P*.

tyaf: tyo [bf. o'r e. *tŷ*] *bg.a*. Darparu tŷ, cysgod, &c., ar gyfer, rhoddi (gwartheg, &c.) dan do, ymgartrefu (yn), hefyd yn *ffig*.: *to provide a house, shelter, &c., for, house (cattle, &c.), make one's home (in), also fig*.

Diw. **16g.** *IMCY* 243, Gan faint gwestl y tymhestloedd / Pawb ai gŵyn yn ymswyn oedd. / A braich Syr Water rhag braw / Y Tywydd yn eu *tyaw* [i Syr Water ap Tomas]. **1722** *Llst* 189, *Tÿo*. To house cattel. **1774** *W*, *Tŷo* anifeiliaid d.g. *To house cattle, &c*. **1800** W. OWEN[-PUGHE]: *CP* 114, Dyler *tyo* y lloi y nôs cyn rhoi y meddyginaeth hwn iddynt. **1803** *P* d.g. *Tyaw*.

tyaid [*tŷ*+-*aid*¹] *eg*. ll. *tyeidiau*. Llond tŷ, cynnwys tŷ, preswylwyr tŷ, teulu, hefyd yn ffig.: *houseful, household, family, also fig*.

14–15g. *IGE*² 283, A'r rhai da, fal rhyw *dyaid*, / I'r nef y cyrchant ar naid (Siôn Cent). **15–16g.** *TA* 313, Tynnodd o'r tŷ ohonun, / Tad nef y *tŷaid* yn un [marwnad Ieuan ap Dafydd a'i wraig]. *id*. 373, Marw *tŷaid* mawr, tad a mam,—/ Mwy yw 'r alaeth marw Wiliam [marwnad Wiliam ap Morys]. **16g.** *GGH* 271, Och bruddhau, doniau dinam, / Ar *dyaid* mawr dad a mam [marwnad Catrin wraig Wiliam Glynllifon]. **1588** *Jos* vii [18], efe a ddynesodd ei *dŷed* ef bob yu [*sic*] ŵr. **1632** *D*, *Tyaid*, Familia, plena domus. **1717** IACO AB DEWI: *MN* 212, Y Duw Goruchaf, Pen-teulu *Tyeid* mawr y Byd ymma. **1765** J. EVANS: *CPE* 149, Porthodd Duw ei bobl . . . efe a orchymynnodd iddynt gasglu o hono, bob un yn ôl ei fwyta, ac yn ôl rhifedi ei *dŷaid*, o ddydd i ddydd. **1774** *W* d.g. *House-ful*. **1803** *P*, *Tyaid*, s. m.—pl. *tyeidiau* . . . A housefull. Ar lafar, '*Tyad* mawr o deulu', *WVBD* 557; ''Odd y *tyid* o gelfi mwya' 'yfryd gintin' nw', *GTN* 795; hefyd yn y ff. *teied*, weithiau yn yr ystyr 'llond tŷ (gwair)', '*teied* o wair' (godre Cered.). Cf. hefyd *GDD* 314, *Tyed* . . . pl. *taieidi*.

Amr.: **tyfaid** [cf. *tyf*²]. **1552** *Rhyddiaith Gymraeg* i. 51.

tyaidd [*tŷ*+-*aidd*] *a*. Yn perthyn i'r tŷ neu'r teulu, teuluaidd, cartref(ol): *domestic, family (adj.), household (adj.)*.

1604–7 *TW* (*Pen* 228) d.g. *domesticus*. **1730** IACO AB DEWI: *YL* 46, Llonyddwch *tyeidd* neu dylwytheidd. **1803** *P*.

tyb¹ [bôn y f. *tybiaf*, *tybaf*: *tybied*, &c.] *eg.b*. ll. -*iau*, -*ion*. Opiniwn, barn, tybiaeth.

dyfaliad, syniad, tebygiad, damcaniaeth; dychymyg: *opinion, judgement, assumption, conjecture, idea, notion, supposition, hypothesis; imagination.*
14g. *GDG*[3] 172, Can ystlys, dyrys diroedd, / Hundy bun, hyn o *dyb* oedd. 15g. *GLGC* 422, O'm *tyb*, llyna amod dwys, / yma'r ydwyf ym Mh'radwys. 1527 *B* ii. 220, y brenin a gyrchodd yn vnion yw ysdavell j geisio gwirrioned oi *dyyb*. 1547 *WS*, *Tyb* Thynkyng. 1632 *D*, *Tŷb*, Opinio, existimatio, suspicio. 1632 J. DAVIES: *LlR* 146, y *tŷb* a'r meddwl (*the imagination*) a boenir trwy ddeall a gwybod oddiwrth y poenau y mae yn eu dioddef. 1718 E. SAMUEL: *HDdD* (Gweddïau) 39, Ymchwyddo gan *Dŷb* uchel o honom ein hunain. 1722 *Llst* 189, *Tŷb*. f.p. *Tybiau*. An opinion, notion, sentiment. 1772 *W* d.g. *Conceit* [*opinion, fancy or imagination*], *Hypothesis, Judgement* [*opinion*], *Notion* [*opinion, &c.*], *Opinion* [*sentiment, what one thinks or judges of a thing, &c.*]. 1783 *B* vi. 246, Cymmered Guttun ei *dybion* a'i resymau macwyaidd, minneu a bwysaf . . . ar ei farn wraidd. 1803 *P*. Ar lafar, ''n ôl '*nhyb* i' 'in my opinion', *WVBD* 557 (*eb.*); 'Un pwysig iawn yw a yn 'i *dyb* 'i 'unan', *GTN* 795 (*eg.*).
Cfn.: **tyb drwg:** *suspicion, distrust.* 16g. *GIIJV* 8, Nid da heb droed un *tyb drwg*. 1547 *WS*, *Tyb drwc* Suspycyon. 1567 *TN* 315b, ymryson, ymsenneu, *tybieu drwc* [:– drygdybieu]. Gw. hefyd *dryctyb*.

tyb[2], tŷb, gw. **tybiaf: tybied, twb.**

tybaco, tobaco, tabaco [bnth. S. *tobacco*] *eg.* (bach. *tobecyn*) Dail y planhigion *Nicotiana tabacum* a *N. rustica*, a sychir ac a baratoir i'w hysmygu, eu cnoi, neu eu cymryd fel snisin: *tobacco.*
Diw. 16g. *CRC* 186, J mae kwrw melyn hoyw / yn hy/r/ baili awn i'w brofi / ni a gawn yno gan *dobacko* / a wna i ddynion fod yn fwynion. 16–17g. T. R. ROBERTS: *EP* 294, Pan fych lac cais *Dybaco*, / Rhag haint y mae mewn braint a bro. *Dchr.* 17g. *CRC* 440, troed wrth troed [*sic*] yn carusio / a rhai ydoedd yno / yn yfed y *tabacco*. 17g. E. MORRIS: *B* 39, Pob dalen, gwelen g'wilydd, / Yn tanio *tobacco* bydd. 1672 R. PRICHARD: *Gw* 190, Bellach moes ymma ddalen o'r India, / A'i henw hi 'n benna *tybacco*. 1703 E. WYNNE: *BC* 142, o achos y *Tobacco* . . . mae myrdd o dlodion . . . yn soddi yma wrth roi pwys eu serch ar y *Tobeccyn*. 1718 *Cân o Senn* d.d., Cân o Senn iw hên Feistr *Tobacco*. 1722 *Llst* 189, *Tobacco*. m. Tobacco. *c.* 1740 *LlM* 30, cymmer *Dobacco* cryfa ac a fedrych ei gael a gollwng y mwg i'th Fol, new [*sic*] gnoi a llvngcu'r [*sic*] Sugn neu'r Poeryn. 1794 *W*, Myg-lys . . . vulgò *tybacco* d.g. *Tabacco*. Ar lafar, 'Ma sigaréts 'di rolo'n barod 'di cymryd lle y *tybaco* rydd erbyn 'yn' (sir Gaerf.).
Amr.: **dybaco.** 1725 D. LEWIS: *GB* 243, llawer o *Ddybacco*. 1753 *ML* i. 231, hen wrageddos yn cymeryd *dybacco* ag yn dywedyd hen chwedleu. **tybác.** 17g. (18g.) *CLlC* ii. 20, Moes im *dybac* a diod 'n frac.
Cfn.: **tybaco'r garreg:** *plug tobacco.* Ar lafar, *WVBD* 29. **tybaco (tobaco) main:** *twist tobacco, pigtail.* 1833. Cf. *baco*[1]—*baco main.*
Gw. hefyd **baco**[1].

tybacwr, tabacwr, tybacydd [*tybac(o), tabac(o)*+*-wr, -ydd*[3]] *eg.* Un sy'n gwerthu tybaco, &c., mewn siop, deliwr mewn tybaco; un sy'n ysmygu tybaco (yn gyson): *tobacconist, dealer in tobacco; (habitual) tobacco-smoker.*
c. 1700 E. LHUYD: *Par* i. 56, Thomas Jones mâb Edw. Jones y *Tybackwr*. 1762 *CGC* 13, David Reynolds . . . *Tybacydd*. 1794 *W*, *Tybaccwr* d.g. *Tobacconist* [*a manufacturer and vender of Tobacco*].

tybaf: tybed[1], tybed[2], gw. **tybiaf: tybied, tiped.**

tybfarn, tybfeddwl, tybfwriad, gw. **tyb[1] + barn, meddwl[1], bwriad[2].**

tybgarwch [*tyb*[1]+*-garwch*] *eg.* Yr ansawdd neu'r cyflwr o fod yn opiniyngar neu'n ddrwgdybus: *opinionatedness, suspiciousness.*
1773 *W* d.g. *Opinionativeness*. 1803 *P*, *Tybgarwç*, s. m. . . . Opinionativeness; suspectfulness, suspiciousness.

tybiad [bôn y f. *tybiaf, tybaf: tybied*, &c.+*-iad*[1]] *eg.* ll. *-au.* Opiniwn, barn, meddwl, tybiaeth, rhagdybiaeth, dyfaliad: *opinion, judgement, thinking, assumption, presumption, supposition.*
1683 H. EVANS: *CTF* 8, Os wyt werthfawr ond mewn dillad, / Am dy hun bid gwael dy *dybiad*. 1773 I. LEWIS: *EG* 18–19, Ac felly yr ydym yn gwahanu . . . rhwng Bwriad / a Chyfrifiad ac sydd yn gywir, a Bwriad a Chyfrifiad nid yw yn gywir, ond Ffug a *Thybiad* yn yr Ewyllys a'r Gallu greaduriol [*sic*]. 1794 *W* d.g. *A supposing, Supposition*. 1795 J. THOMAS: *AIC* 85–6, Gellir gwahanu . . . Difinyddiaeth yn bump o rannau, sef y Naturiol, Goruwch-na[t]uriol, Moesol, Hunanol, ac Ysgolhaigol . . . Yr Hunanol, y'w *Tybiadau* hên Dadau 'r Eglwys, ynghylch yr ysgrythyr lân. 1803 *P*.

tybiadol [*tybiad*+*-ol*] *a.* Tybiedig, rhagdybiol, dyfaliadol, damcaniaethol: *supposed, presumptive, putative, conjectural, hypothetical.*
1798 *WR* d.g. *Putative*.

tybiadwy [bôn y f. *tybiaf, tybaf: tybied*, &c.+*-adwy*] *a.* Y gellir ei (rag)dybied, dyfaladwy, meddyliadwy; tybiedig, rhagdybiol: *supposable, presumable, conjecturable, thinkable; supposed, presumptive.*
1832.

tybiaeth [*tyb*[1]+*-iaeth*] *eb.g.* ll. *-au* Yr hyn a (rag)dybir, opiniwn, barn, meddwl, dyfaliad, tebygiad, theori, damcaniaeth: *assumption, presumption, opinion, judgement, thinking, conjecture, supposition, theory, hypothesis.*
18g. *CC* 29, Sr Davidd Trefor ai Cant *tybyiath* [*sic*] may Doctor Sion Kent.

tybiaethol [*tybiaeth*+*-ol*] *a.* Tybiedig, dyfaliadol, rhagdybiol, damcaniaethol: *supposed, conjectural, presumptive, hypothetical.*
1771 J. THOMAS: *TA* 247, Eithr fel na feddylier hyn am *dybiaethol* ryfig yn ein pennau; da y sylwir, fod gwir edifeirwch yn myned o flaen ffydd. 1774 W. WILLIAMS: *A* 18, ymofyn am noddfa ansicr i *dybiaethol* ddarluniad o iechydwriaeth gyffredinol.

tybiaf, tybaf: tybied, tybed[1], tybio, tybiaid [Crn. C. *teby*] *bg.a.* Meddwl, tebygu, rhagdybied, ystyried, barnu, dychmygu, dyfalu, bwrw amcan; drwgdybio, amau, priodoli (trosedd, &c.); cymharu: *to think, suppose, presume, consider, judge, imagine, conjecture, guess; suspect, doubt, impute; compare.*
13g. *D Col* 46, O deruyd y alldut guneuthur lladrat, a chen *tebyau* urthau e lladrat. *Dchr.* 14g. *H* 124a. 34–5, kar daỽnus parchus perchir or ỽyron. kanon ateppyon ef nyỽ *tybyir* (Llywelyn Brydydd Hoddnant). 14g. *GDG*[3] 201, Tra fuom mewn tyrfaau, / Fi a'r ddyn, ofer o ddau, / Heb neb, ddigasineb sôn, / Yn *tybiaid* ein hatebion. 14–15g. *IGE*[2] 322, Na *thybied*, afrifed fryd, / Dawn hyllfawr dyn o'r hollfyd, / Yr hon wledd er ei rhannu / Heb ddiwedd, i henwledd Hu [Rhys Goch Eryri i Feuno]. *c.* 1400 *GIIF* 48, Llyma englyn a gant Llywelyn Vard . . . y Owein Vychan . . . am *dybyaỽ* arnaỽ orderchu y wreic. 15–16g. *TA* 331, Duw bïau nodi bywyd, / Duw, ba beth a *dyb* y byd [marwnad Hywel ap Siencyn]. 1547 *WS*, *Tybeit* Thynke. 1551 W. SALESBURY: *KLl* xliiib, Iesu a savodd yncanol e ddiscipulon . . . ac wy a *tybesynt* welet ysspryt. 1567 *TN* 361b, Nid ydiw yr Arglwydd yn ehwyrhau . . . megis y *tybia* rrai ehwyrdra. 1632 *D*, Tybio, & *Tybiaid* . . . Existimare, putare, opinari, suspicari. 1658 R. VAUGHAN: *GA* 33, ofer ydynt [gweddïau a ailadroddir] pan fyddo vn yn *tybed* fod eu Lliosogiad yn dwyn rhyw rinwedd. 1764 W. WILLIAMS: *Th* 12, Ond yn nyfnderoedd ofnau, fe godai ei ben i'r lan, / Yn *tybied* fod y barnwr i ymddangos yn y man. 1772 *W* d.g. *To conjecture, To deem, To judge* [*suppose or think*], *To suppose* [*think, &c.*]. 1803 *P* d.g. *Tybiaw, Tybied*.
Cfn.: **(ai) tyb(i)ed,** &c.: *I wonder.* 16–17g. *GHCEM* 150, Coeg anial ŵr, cei genny—atebion! / *Ai tybied* i'm hofni? 17g. *TBM* 271, *Ai tybed* mai'n lleian, lliw'r wylan, yr ewch [ymddiddan rhwng dwy ferch ynghylch priodi gan Ddafydd ap Huw'r Gof]? 1754 G. OWEN: *L* 96, *Ai tybiaid* mai Ysgottieid oeddynt? 1787 E. ROBERTS: *PCF* 40, *Ai tybied* fod y byd mor galed, / Ath lais anfwynedd ar lês fy Enaid. Ar lafar, 'Pwy sy' wedi prynu Siop y Gornel *tybed*?'

tybiannol [*tybiant*+*-ol*] *a.* Ac iddo fodolaeth ddamcaniaethol neu dybiedig yn unig, dyfaliadol, damcaniaethol: *notional, conjectural, hypothetical.*
1858.

tybiant [bôn y f. *tybiaf, tybaf: tybied*, &c.+*-iant*] *eg.* ll. *-au.* Opiniwn, barn, meddwl, damcaniaeth: *opinion, judgement, thinking, theory.*
1632 *D*, Tybygoliaeth, *tybiant* d.g. *Opinatio*. 1803 *P*.

tybiedig [bôn y f. *tybiaf, tybaf: tybied*, &c.+*-iedig*] *a.bfl.* Wedi ei (rag)dybio, dyfaliadol, wedi ei ddychmygu, tybiannol, damcaniaethol: *supposed, presumed, conjectural, imagined, notional, hypothetical.*
1723 J. JONES: *LlA* 67, cedwir llawer allan o'r Nefoedd am eu Daioni *tybiedig*. 1794 *W* d.g. *Supposed* [*imagined*]. 1803 *P*.

tybiedigaeth [*tybiedig*+*-aeth*] *eb.* Opiniwn, barn, tybiaeth, dyfaliad: *opinion, judgement, assumption, conjecture.*
1836. Ar lafar, ''Ma na lawar o betha i ddiffygiol, nôl yn *nhybiedicath* fach i', *LlGC* 1174, 46.

tybiedigol [*tybiedig*+*-ol*] *a.* Tybiedig, dyfaliadol, wedi ei ddychmygu: *supposed, conjectural, imagined.*
1780 *W* d.g. *Putative* [*supposed, reputed, &c.*]. 1803 *P* d.g. *Tybiedigawl*.

tybiol [*tyb*[1]+*-iol*] *a.* Tybiedig, tybiannol, dyfaliadol, dychmygol, damcaniaethol; deallusol; wedi ei amcangyfrif: *supposed, notional, conjectural, imaginary, hypothetical; intellectual; estimated.*
1773 I. LEWIS: *EG* 19, y mae Dyn i adnabod beth yn sylweddol yn gystal a phwy yn syniol, ac yn *dybiol* y mae ef yn addoli. 1798 *WR* d.g. *Notional*. 1803 *P* d.g. *Tybiawl*.
Amr.: **tybol.** 1794 *W*, *tybawl* d.g. *Fancied*.

tybius, gw. **tybus.**

tybiwr [bôn y f. *tybiaf, tybaf: tybied*, &c.+*-iwr*] *eg.* ll. *tybwyr*. Un sy'n tybio, dyfalwr, dychmygwr: *supposer, conjecturer, imaginer.*
c. 1566 *B* i. 144, ar neb a wypo yr ysbysrwydd hwnw heb ddysc celfyddyd ny bydd athro namyn *tybiwr* cerdd. 1604–7 *TW* (*Pen* 228) d.g. *Opinator*. 1775 *W* d.g. *Imaginer*. 1803 *P*, *Tybiwr*, s. m.—pl. *tybiwyr* [*sic*] . . . An opiniator, a supposer.

tybluniaf: tyblunio, gw. **tyb[1]+lluniaf: llunio.**

tybol, gw. **tybiol.**

tybolygiad, tybosodiad, gw. **tyb[1] + golygiad[1], gosodiad.**

tybost, gw. **tubost.**

tybsail, gw. **tyb[1]+sail[1].**

tybus, tybius [*tyb*[1]+*-(i)us*] *a.* Yn drwgdybio neu'n amau, drwgdybus, amheus (o); agored i'w ddrwgdybio, amheus; dyfaliadol: *suspecting, suspicious, doubtful, distrustful; liable to suspicion, suspicious, suspect; conjectural.*
c. 1400 *Études* vii. 70, Cameu bycheinn [*sic*] man arwyd yw y bot yn dervysgus ac yn *dybus* ac yn alluawc y weithredoed. 15g. *IGE*[2] 236, Ysbryd marw, garw ei gawdd, / Fyd *tybus*, a'm hatebawdd (Ieuan ap Rhydderch). *c.* 1455 *GP* 69, *Tybius* yw yr hynn ni wyper hysbus beth yw ai gwryw ai banyw, val y mae 'kyw gwydd' neu 'iar'. Ni wyr neb beth yw ai gwryw ai banyw onit i dyb. 1547 *WS*, *Tybus* Suspecte. *id.* Swspecsus ne *tybus* Suspiciouse. 16–17g. *GST* i. 748, Lle *tybus*, astrus, estron, / Llety'r haf lle taria hon [i yrru'r fronfraith yn llatai]. 1604–7 *TW* (*Pen* 228) d.g. *Conjecturalis*. 1606 E. JAMES: *Hom* ii. 128, symmud delwau o'r eglwysydd a'r temlau, megis puteiniaid ysprydol allan o leoedd *tybus* (*suspected*). 1632 *D* d.g. *Suspicax*. 1803 *P*.

tybyced, tybygaeth, tybygaf: tybygu, &c., gw. **tebyg[1], tebygiaeth, tebygaf: tebygu,** &c.

tyc, gw. **twc[1].**

tyciad [bôn y f. *tyciaf*[1]: *tycio*+*-iad*[1]] *eg.* Trechedd, goruchafiaeth; (geir.) ffyniant, llwyddiant: *(pre)dominance; (dict.) a prospering, success.*
1725–6 *Madd Ed* 80, [g]alluog *Dycciad* Esampl (*mighty prevalence of example*). 1803 *P*, *Tyciad*, s. m. . . . A prospering, a succeeding; a prevailing.

tyciáe, gw. **dycáe.**

tyciaf[1], tygiaf: tycio, tygio, *bg.* Bod o werth neu o fantais, llesu, elwa, talu, ffynnu, llwyddo; bod yn ddigon, gwneud y tro, bodloni; cael effaith: *to avail, benefit, profit, prosper, thrive, succeed; suffice, be adequate, satisfy; take effect.*
13g. *GBF* 226, Ny *thykya* rybut, hael rebyt,—racdaw, / Llawdrallaw drin wychyt. *id.* 480, Torri

gʋahardon a chynnal lladron / A threissaʋ gʋeinon, gʋnn na'th *dykya*. **13g.** *BD* 68, Amphibalus . . . guedy na *thygyei* hynny . . . ymrodes ym merthyrolyaeth trostav. **14g.** *WM* td. 211. 13–14, Achan hʋrd y gʋr ar march ny *thygyaʋd* y rifedi o arueu. *id.* 15. 33–16. 16, ef adybygei yr araued y kerdei y uarch yr ymordiʋedei ahi. A hynny ny *thygyʋys* idaʋ . . . Cany ʋelas ef *tygyaʋ* idaʋ ehymlit ymchʋelut aʋnaet adyuot yn ydoet pʋyll . . . Mi aʋeleis heb ynteu ny *thykya* y neb y herlit hi. **14g.** *GDG*[3] 120, Gwae fi, Fab Mair ddiwair dda, / Ei theced, ac na *thycia*. *c.* **1400** *YCM*[2] 69, Mi a giglef . . . nat oes hyt y dwyrein was well noc ef [Rolant], ac yn erbyn y gledyf na *thykya* dim. **15g.** *HCLl* 77, Ni *thygia* 'nghyfoethogi, / Ni thâl da ddim i'th ôl di [marwnad Gwilym Fychan]. **15–16g.** *GIF* 89, Deicyn wrth Lewys heb *dyciaw* erioed / am y wraig oedd iddaw [i haeru i ysbryd Deicyn ysbaddu Lang Lewys]. **1547** *WS*, *Tykyo* Suffyce. **16g.** *GGH* 180, *Tygiodd*, rhagorodd ar gant, / Irwaed Tegeingl yw'r tygiant [i Rys Llwyd o'r Hob]. **1567** *TN* 343b, da ydiw cadarnhau y galon a gras, ac nid a bwydydd, rain ni *thyciasont* ir rrai a fu yn ymarfer ac wynt. **1632** *D*, *Tyccio*, Prodesse, prosperare. **1716** E. SAMUEL: *GGG* 178, [M]ab Dafydd, yr hwn y *tycciai* pob peth yn ffynnadwy ac yn llwyddiannus iddo. **1770** *W* d.g. *To avail, To succeed* [*well*], *or have* [*meet with*] *good success.* **1803** *P* d.g. *Tyciaw*, *Tygiaw*.

Gw. hefyd **tygfod.**

tyciaf[2]: tycio, gw. **twcaf[2]: twco.**

tyciannaf: tyciannu [bf. o'r e. *tyciant*] *bg.a.* Gwella; (geir.) peri llwyddiant neu ffyniant, mynd yn llwyddiannus: *to improve*; (*dict.*) *cause success or prosperity, become successful.*

1718 E. SAMUEL: *HDdD* (Gweddïau) 4, ystyr drachefn pa odfeydd i wneuthur gwasanaeth i Dduw, neu ddaioni i'th Gymmydog . . . dyro dy gwbl fryd ar wneuthur y goreu o honynt, a bwriada hefyd pa fodd iw *tycciannu* (*improve*) hyd yr eithaf. **1803** *P*, *Tyciannu* . . . To cause prosperity, or success; to become successful.

tyciannol [*tyciant*+-*ol*] *a.* Ffyniannus, llwyddiannus, yn dwyn llwyddiant neu ffyniant; effeithiol, effeithlon, dylanwadol; ?(mwyaf) cyffredin, pennaf: *prosperous, successful, bringing success or prosperity; effective, efficacious, influential*; ?(*most*) *common, prevalent.*

1621 E. PRYS: *Ps* [61]a–b, Da yw yr Arglwydd i bob dyn, / a'i nodded sy'n *dyccianol.* **1722** *Llst* 189, *Tyccianol* . . . Successful, prosperous. **1725–6** *Madd Ed* 57, y mae Gwŷr câll a dâ yn arferol llyfodraethu eu hunain wrth ganmoladwy a *thyciannol* Ddefodau. *c.* **1729** S. RHYDDERCH: *LlCD* 422, Ystâd go Gymmedrol *dycciannol* o cawn, / Heb Rŵd Dyled erni dajoni da jawn. **1733** T. EVANS: *PP* 159, nid all yr holl Ddaioni a fedrwn ni oddiwrtho, fod yn *dycciannol* i dalu 'r ddyled. **1771** J. REES: *H-A* 36, Fe ymddengys ynte mai cnawdolrwydd yw ei chwant *tycciannol* (*prevailing*) ef. **1800** J. REES: *DFG* 10, cyfeiliornad cysurwyr Iob . . . y mae yn debygol ei fod yn gyfeiliornad *tyciannol* yn amser ein Iachawdwr. **1803** *P* d.g. *Tyciannawl.*

tyciannus [*tyciant*+-*us*; ansicr yw'r engh. gyntaf isod] *a.* Ffyniannus, llwyddiannus, llewyrchus, ffodus; effeithiol, effeithlon, dylanwadol: *prosperous, successful, thriving, fortunate; effective, efficacious, influential.*

c. **1400** *R* 1286. 38, gʋae *dygyannus* gʋiʋ dygynnyd. **16–17g.** EDWARD URIEN, &c.: *Gw* 357, Adeilad tai, rhad di-lys, / A'u cynnal yn *dyciannus.* **1632** *D*, *Tyciannus*, Prosper, a, um. *id.* d.g. *Felix.* **1676** W. JONES: *GB* [ii], Pwy a wyr mor *dyccianus* a ffrwythlon y dichon y traethawd plaen hwn brifio. **1679** C. EDWARDS: *GGG* 152, Drwy weddi y Sancteiddir y moddion eraill i ni, ac eu gwneir . . . yn *dyccianus* (*effectual*) ini. **1760** E. WILLIAMS: *UYB* 167, plant jachus a *thycciannus.* **1784** P. WILLIAMS: *YC* 12, Fel hyn y mae ffydd, yn rheswm *tycciannus* (*prevailing*), gyd â'r pechadur, i'w ddenu a'i droi o'r hyn ag oedd. **1803** *P.*

Amr.: **tygiannus** [cf. *tygiant*]. *c.* **1400** *R* 1286. 38.

tyciant, tygiant [bôn y f. *tyciaf*[1], *tygiaf*: *tycio, tygio*+-*iant*] *eg.b.* ll. (prin) *tyciannau.* Ffyniant, cyflwr llewyrchus, llwyddiant, budd, lles, ffodusrwydd: *prosperity, flourishing or thriving condition, success, benefit, good fortune.*

12g. *GLlF* 540, Ac ynteu a'n dʋc o'n diwet, / O'e *dygyant*, trigyant yn trugaret. **12–13g.** *GMB* 360, *Tygiant* eidduniant! Addef / Tegwared, Ednyfed, nef! **15g.** (**16g.**) *Mos* 148, 674, tydi forgan ddi anair / *tyciant* y penant ai pair (Ieuan Llwyd Brydydd). **15g.** *DE* 69, gwisc avr affiniav gwasgai ar ffyniant / goriwch iad hoiw gain gwir iechyd *dygiant.* **1547** *WS*, *Tykyant.* **16g.** *GGH* 180, Tygiodd, rhagorodd ar gant, / Irwaed Tegeingl yw'r *tygiant* [i Rys Llwyd o'r Hob]. **1632** *D*, *Tycciant*, Prosperitas, proficientia. *id. tycciant* d.g. *Processio.* **1667** C. EDWARDS: *FfDd* 39, Cafodd gweinidogaeth Zuinglius, a Leo Juda *dycciant* mawr yngwladwrieth Helvetia. **1677** *id.* 372, [c]aiff weled *tycciant* fendigedig ar ei alwedigaeth Gristianogol. **1701** E. WYNNE: *RBS* 58, mae'n rhydd i ti ddewis tammeid blasusach a gwrthod un gwaeth y bo llai ymborth neu *dycciant* ynddo (*less apt to nourish*). **1722** *Llst* 189, *Tycciant.* f.p. *ciannau*, Prosperity, good luck, thriving. **1803** *P.*

Amr.: **tygant** [bôn y f. *tygiaf*: *tygio*+-*ant*[2]] **12–13g.** *GLlLl* 265, Yn *hygant* y Tri, yn tecced—Adaf, / Neud adwyf y'th ganred!

tyciol [bôn y f. *tyciaf*[1]: *tycio*+-*ol*] *a.* Ffyniannus, llwyddiannus; (mwyaf) cyffredin, pennaf: *prosperous, successful*; (*most*) *common, prevalent.*

1803 *P* d.g. *Tyciawl.*

tycyn, tych, gw. **tocyn**[1], **tuch.**

tychaf: tychan, tychu, gw. **tuchaf: tuchan.**

tychanllyd, gw. **tuchanllyd.**

tydi, dydi [*ti*[1]+*ti*[1], *di*[5]+*ti*[1]; Cym. C. *tydi, dydi, tidi, didi, tidy, tydy, dydy*; ar y sill. olaf y mae'r acen bellach, ond gynt gallai fod ar y goben] *rh. prs.* annib. dwbl, 2 un. Ti (gyda grym pwysleisiol neu wrthgyferbyniol), ti (o'th ran) dy hunan: *thou* (*thee, you*) (*with emphasis or contrastive force*), *thou* (*thee*) *thyself* (*you yourself*), *thou* (*thee*) *for thy part* (*you* (*for your part*)).

12g. *GLlF* 507, *Tidi*, o mynny ym einnyoes,—arglwyt. **13g.** *GDB* 417, Neu ryorwyd, hael ydd hwyly, / Ni ryorug Duw dyn fal *tydy.* **14g.** *T* 58. 5, *tydi* goreu yssyd. or a uu ac auyd. **1346** *LlA* [3], O *dydy* glotuorussaf Athro. **14g.** *WM* 15. 5–6, A*thidy* heb ef ʋrth vn oy uakʋyeit. **14g.** *YBH* 37a, ny mynaf i *didi* yn dragywyd. **14g.** *GDG*[3] 168, *Dydi*, bi, du yw dy big. *c.* **1400** *YSG* i. 6, *Tydi* a elly weithyon vynet drachevyn. **1547** *WS*, Nith ne nid *tydy* Not thou. **1588** *Salm* xxxv. 10, ô Arglwydd, pwy sydd fel *tydi* . . .? **16–17g.** SIÔN MAWDDWY: *Gw* 287, Nid didolc onid *tydi*, / Nato Duw bod hebod ti [i Rydderch ap Rhys Fychan]. **1632** *D*, *tydi* d.g. *Tu.* **1655** WL: *DP* 146, Porthodd Duw *dy di* â gwaed ei fâb. **17g.** HUW MORUS: *EC* i. 58, Dewr *dydi*, nid ofni neb, / Da wrth wan, di-wrthwyneb. **1716** J. MORGAN: *MB* 23, Fry'n ymddiddan gyd a *thydi*, / Hyd Geulennydd y Goleuni. **1794** *W*, *tydi* d.g. *Thou.* **1795** *P* d.g. *Dydi.* **1803** *id.* d.g. *Tydi.*

Amr.: **todi**[2]. Ar lafar, *GDD* 302. **th'di** [ff. dreigledig gyw. sy'n digwydd ar ôl llaf., cf. *m'fi*, amr. ar *myfi*] **1346** *LlA* 148, megys yd ymydaʋssam a*th ti.* **1618** J. SALISBURY: *EH* 120, mae'r Arglwydh gyda*th di.* **1661** E. LEWIS: *Drex* 14, rhyngot a'*th di* dy h[u]n. **y chdi** [cf. *chdi*, amr. ar *ti*[1], ac *y ti* isod]. Ar lafar yng Ngwynedd, *WG* 272. **y ti** [cf. *y fi, y hi*, &c.]. Ar lafar, '*Y ti* ryws 'wnna ifi, 'wyt ti ddim yn cofio?', 'Næci fi ond *y ti* fu'n gwed', '*Y ti* yw'r cynta' i gyrradd', *GTN* 866.

tydïaf, dydïaf: tydïo, dydïo [bf. o'r rh. *tydi, dydi*] *ba.* Cyfarch (rhywun) â'r rhagenwau 2 brs. un. 'tydi, &c.', dweud 'tydi, &c.', wrth: *to address* (*someone*) *using the 2 pers. sing. pronouns 'tydi, &c.', use 'tydi, &c.' to, thou.*

1592 S. D. RHYS: *Inst* 82, bhybhiaw *tydiaw* nyniaw. **1675** R. DAVIES: *PY* 201, Eu harfer o *dydio* eu gwell, a'u anfoesawl ymddygiad tuag at swyddogion. **1725** *SR*, *Dydio* un d.g. *To Thou one.* **1794** *W*, *tydio* un d.g. *To thou one.*

tydithau, dydithau [*ti*[1], *di*[5]+*tithau*] *rh. prs.* pwysleisiol, 2 un. Tydi hefyd, hyd yn oed tydi, tydi dy hunan, tydi (o'th ran dy hun): *thou* (*you*) *also, thou thyself* (*you yourself*), *even thou* (*you*), *thou* (*for thy part*) (*you* (*for your part*)).

15–16g. *TA* 177, Tri a weddai'r tir uddun—/ Tad a thaid, *tydithau* un. **1688** S. HUGHES: *TSP* 2, nid yn unig myfi, ond *tyditheu* hefyd fy ngwraig, a chwithau fy anwyl blant. **18g.** *Beirdd y Berwyn* 93, Mewn twyll yn wir *dydithe* sydd, / Ond trwm yw'r loes, nid oes un dydd / Na bo nhw 'n cynneu dan y gŵydd. **1793** DAFYDD IONAWR: *CD* 208, *Tydithau* gei fwynhâu hedd.

tydmwy, gw. **tytmwy.**

tŷ-doriad [*tŷ*+*toriad*] *eg.* ll. -*au.* Y weithred o dorri i mewn i dŷ: *housebreaking.*

1851.

tydwed, tydwedd, tudwed(d) [am drafodaeth, gw. *CA* 307] *eb.g.* Tywarchen, pridd, llawr, tir, (wyneb y d)daear; bro, ardal, gwlad: *clod, soil, ground, land,* (*surface of the*) *earth; district, region, country.*

12g. *GMB* 74, Kreuyt y Creaʋdyr y gyfriued / Y Ruffut, gloywut a'e kut *tytwed.* *id.* 275, Y dreiaw caret, caru myned / Myn yt ymdaeth Crist ar gein *dydwet*—daear: / Kyn bwyf abar, a'm bo lluted. **12g.** *GLlF* 216, Llys Elysmer . . . / Llwyr llosged y *thydwed* a'e tho. *id.* 446, A Dewi a'e treitywys tros *tydwed*—eluyt, / Ar seint sywedyt dedwyt dyghed. **13g.** *C* 19. 10–20. 2, Trv ach dydivet. dy lauriav. o. vet. a segi a thraed ymlith prit a *thydwet.* **13g.** *A* 20. 18–19, ac ucheneit hir ac eilywet. en ol gwyr pebyr temyr *tudwet.* *id.* 37. 1–2, a chin iolo atan *tit guet* daiar dirlishei etar iued iuet. **13g.** *GBF* 152, Ger Flur, yr dolur dilen saeth,—dedwyd / O'e *dytwet* olo y daeth. **14g.** *T* 37. 6–7, Ac ef yn gyflet acʋyneb *tytwet.* **14–15g.** *IGE*[2] 336, Bid di-hawl, gwaith nefawl naf, / A bid lle y byd lleiaf. / Am roi *tydwedd* ar gleddyf / Noeth cyn ddisgleiried â nyf (Rhys Goch Eryri). *c.* **1400** *R* 1206. 22–3, oegeith deith *dytwed.* trist iaʋn yʋ gʋyned. *id.* 1230. 11–12, O *dytwet* uaʋr llet hyt uor llaʋn yggʋy. **15g.** *GDLl* [175], Trawstir ar y bordir bas, / *Tudwedd* wely, tid ddulas [i afon Dyfi]. **15g.** *GLGC* 32, Llywiwr o Dewdwr ar *dudwedd*—ei frawd, / ef a roed i orwedd [marwnad Edmwnd Tudur]. *Diw.* **15g.** *RWM* i. 424, *tydwedd* yw dayar. *c.* **1525** *TA* 737, A rhoi Tudur hyd *tydwedd*, / Aled, bardd ar waelod bedd [marwnad Tudur Aled gan Lewys Morgannwg]. **1547** *WS*, *Tudwedd* tir Soile, ground. **1567** *LlGG* (*Sall*) 59b, A bwytesont oll laswellt yn ei tir, ac a ysasont ffrwyth ei *tudwedd* [:- y tir hwy]. **1632** *D*, *Tudwedd*, & *Tudwed*, Solum. **1763** *DT* 254, Hiroes nid oes, gan hiraeth, / I mi, am *dudwedd* fy maeth. **1773** *W*, *tudwedd*, *tudwed* d.g. *Earth* [*land, not water*]. **1803** *P*, *Tudwed*, s. m. . . . A sward, or sod. *id.* *Tudwez*, s. f. . . . The face of the earth; the sward.

tyddaf: tyddu, gw. **tyfaf: tyfu.**

tŷ-ddaliwr, tŷ-ddeiliad, gw. **tŷ+daliwr, deiliad**[1].

tyddfiad [*twddf*+-*iad*[1]] *eg.* Ymwthiad, bargodiad, estyniad allan: *a jutting, projection.*

1803 *P.*

tyddia, gw. **oetyddiaf: oetyddio.**

tyddyn [*tŷ*+**dynn*] *eg.* (bach. (geir.) -*nyn*) ll. -*nod*, -*nau*, -*noedd.* Tŷ, yn enw. ffermdy, ynghyd â thir (a thai allan), daliad amaethyddol llai na fferm, crofft, fferm (fechan), tir, darn o dir, cae, ystad, bwthyn, cartref, trigfan, hefyd yn *ffig.*: *homestead, smallholding, croft,* (*small*) *farm,* (*piece of*) *land, field, estate, cottage, home, dwelling-place, also fig.*

12g. *GCBM* ii. 308, Kyn dylaʋ gychwyn *tytyn* tytwed, / Can dalu y Duʋ y dylyed. **12–13g.** *GLlLl* 25, Na'm gyrr y ʋrthyd, na'm gʋrthod ui, / Na'm gad ar gychuyn *dytyn* dewi. **13g.** *LlI* 53–4, Val hyn e dele brodyr rannu tyr erygthunt: pedeyr eru urth pob *tedyn* . . . Os tey a uyd, e braut eyl yeuhaf a dele rannu e *tedenneu.* **13g.** *C* 63. 16–64. 1, Bet gur gwaud urtin in uchel *tytin.* **13g.** *LTWL* 132, *tygdyn*, id est, edificia, patris sui. **14g.** *GDG*[3] 78, Tydi y sydd, berydd barabl, / *Tyddyn* pob llysewyn pabl [i'r haf]. **14–15g.** *IGE*[2] 291, Diddim ydyw o *dyddyn* / Ond saith droedfedd, diwedd dyn [Siôn Cent am y bedd]. ?**15g.** *BDG* 346, Awn i 'redig y *tyddyn* / Sy' rhwng y ty a'r odyn. **15g.** *DN* 16, Er troi o wynt ar hyd rriw / Dri *thyddyn* ynn draeth heddiw, / Ni ddichon y gwynt Jonawr / Ddwyn mil o *dyddynnau* mawr [i Bedrog am yrru'r tywod o'r Tywyn]. **1588** *Ecclus* xxviii. 27, Wele cae dy *dyddyn* â drain, eithr gwna i'th enau ddorau â chlôau. **1630** R. LLWYD: *LlH* 144, Am hynny y mawrhânt eu defaid, eu *tyddynnod* (*farms*), eu hychen. **1632** *D*, *Tyddyn*, Tenementum, prædium. **1657** *MLl* ii. 106, Venus yw 'r blaned eglur / Sydd dan yr Haul yn gyssur. / Fel yr Arrennau ynghorph dyn / Mae hon yn *nhyddyn* natur. **1716** J. MORGAN: *MB* 4, e ellir ein troi allan on *Tyddynnoedd* daearol pan fynnir. **1740** T. EVANS: *DPO* 293, y Plwyfolion . . . a brynent *Dyddyn* ehang o Dir. **1761** *ML* ii. 369, *Tyddyn* mawr wedi ei wneuthur oll yn erddi gwchion. **1803** *P* d.g. *Tyzyn, Tyzynyn.* Ar lafar, 'Ryw fân *dyddynnod* odd yma yn yr hen amser', *WVBD* 558; '*Tiddyn* yw fferm fel y ran fwya' o'r ffermydd bythdu'r ardal 'yn. *Tiddyn* bræs yw fferm fawr fel reina ar lawr y dyffryn', *GTN* 790. Digwydd mewn e. lleoedd, 'Yn Llanrug troes *Tyddyn* Rhirid . . . yn *Tyddyn* Rhyddid', I. WILLIAMS: *ELl* 10; hefyd yn y ff. gyw. *tyn*, e.e. *Tyn-y-groes*, sir Gaern., *Tyn'reithin*, Cered.

Amr.: **tyfyn.** **16–17g.** *GST* i. 208. **1615** R. SMYTH: *GB* 165. **1632** *D*, Tyddyn . . . Corruptè *Tyfyn* dôl at

fin y dwr R[ys] Teg[anwy]. Ar lafar, *TGG* (1904) 47 (dwyrain sir Ddinb. a'r cyffiniau).

tyddyndy [*tyddyn+tŷ*] *eg.* ll. *-dai.* Tyddyn, fferm fechan, bwthyn: *homestead, small farm, cottage.*
1815.

tyddynnol [*tyddyn+-ol*] *a.* Yn perthyn i dyddyn, nodweddiadol o dyddyn, amaethyddol, gwledig, gwerinol: *pertaining to, or characteristic of, a homestead or smallholding, agricultural, rural, peasant (adj.).*
1798 *WR, tyddynawl* d.g. *Predial.* **1803** *P* d.g. *Tyzynawl.*

tyddynnwr, tyddynnydd [*tyddyn+-wr, -ydd*[3]] *eg.* (b. *tyddynwraig*) ll. *tyddynwyr.* Un sy'n ffermio tyddyn (ar rent), amaethwr, ffermwr; (geir.) rhydd-ddeiliad: *smallholder, crofter, farmer; (dict.) freeholder.*
1793 R. POWELL: *ADV* 21, Gwyç yw cyvlwr / Y llavurwr, / A'r syzynwr [:– *Tyzynwr*, neu un yn trin tir.] / Syw ei zoniau. **18–19g.** *LlrC* 63, 222, *Tyddynydd* a freeholder. **1800** W. OWEN[-PUGHE]: *CP* 21, teflir y tai[l] yn gyffredin i fuarth y *tyddynwr.* Ar lafar, '*tiddinnwr*' 'a farmer', *GTN* 790.

tyddynnyn, tyddynwraig, gw. **tyddyn, tyddynnwr.**

tyf[1,2], gw. **tyfaf: tyfu, tŷ.**

tyfadwy [bôn y f. *tyfaf: tyfu+-adwy*] *a.bfl.* Yn tyfu, y gellir ei dyfu, ffyniannus, hefyd yn *ffig.*: *growing, growable, flourishing, also fig.*
1588 *Marc* iv. 8, A pheth arall [had] a syrthiodd mewn tir da, ac a roddes ffrwyth *tyfadwy* a chynyrchol. **1741** G. JONES: *HWI* i. 21, [b]rigyn wedi ei impjo yn rhisg pren, heb undeb *tyfadwy* ag ef. **1753** *TR,* Twf, *Tyfadwy,* that springeth up, that groweth. **1769** J. GRIFFITH: *A* 79, Ni a allwn fod yn Grist'nogion *tyfadwy,* heb fod ein serchiadau yn wastadol yn fywiog. **1785** E. BARNES: *MH* 25, Tâd . . . a gippwyd oddiwrth ei hiliogaeth *dyfadwy* (*growing*), cyn eu sefydlu yn y Byd. **1795** J. THOMAS: *AIC* 345, Hysop . . . Sydd o hîr barhad, ac yn *dyfadwy* mewn amryw fâth o dîr. **1803** *P.* Ar lafar yn yr ystyr 'conducive to growth', 'tywydd *tyfadwy*', *WVBD* 561.

tyfaf: tyfu [Crn. C. *tevy, tyff* (3 un. pres. myn.), H. Lyd. *tum* (3 un. pres. myn.), Llyd. Diw. *tenvañ, tinvañ* 'ffurfio craith', 'cymryd (am impyn)': < **tū-m-* o'r gwr. IE. **tauə-*, cf. Llad. *tumeō* 'chwyddaf', H. S. *pūma* (> S. *thumb*)] *bg.a.*

(*a*) Datblygu drwy gynyddu mewn maint ac aeddfedrwydd (am beth byw), prifio, aeddfedu; egino, blaguro; cynhyrchu (planhigion, ffrwythau, &c.) drwy amaethiad; caniatáu i (farf, gwallt, &c.) ddatblygu neu gynyddu o ran hyd: *to grow (of living thing), develop, mature; germinate, sprout; grow or cultivate (plants, fruit, &c.); grow (beard, hair, &c.).*
12–13g. *GMB* 347, Gnawd y *tyf* tywys o egin. **14g.** *T* 22. 24–5, bum gronyn erkennis, ef *tyfwys* ymryn. *id.* 28. 26–29. 1, hutlath vathonɓy. yg koet pan *tyfɓy.* **14g.** *GDG*[3] 79, Dyfod drimis i *dyfu* / Defnyddiau llafuriau llu [i'r haf]. *id.* 228, Lle y gwelir yn dragywydd, / Heb dwf gwellt, heb *dyfu* gwŷdd. *c.* **1400** *J* 1, 1082, *Tyuit* maban ny*thyf* ygadachan. ?**15g.** *BDG* 435, *Tyfu* cwrel i'th welais, / Tegach dy dop na siop Sais [i'r draenllwyn]! **15g.** *DE* 41, *tyvodd* ar yr etivedd / hainar o wellt hen aur wedd [i'r gwallt melyn]. **1551** W. SALESBURY: *KLl* lxxviiia, Ar dyn bychan oedd yn cynnyddy [:– *tyfy*]. *Diw.* **16g.** *WLB* 10, Rhag *tyfu* blew ar dy groen. **1615** R. SMYTH: *GB* 42, polypus . . . efe a fvvytu fonion i freichiau, gan fod yn ddiamau gentho y *tyfant* aillvvaith [*sic*]. **1703** E. WYNNE: *BC* 109, *tyfu* a wnai'r Pren pan dorrid ei geincieu. **1777** H. JONES: *M* 17, Yn y maes lle 'r hauer gwenith, / Fe *dŷ* 'r Efrau yno yn drafrith. **1803** *P.* Ar lafar, *WVBD* 561, *GTN* 829.

(*b*) (Peri) cynyddu neu ddatblygu, (ym)ffurfio, codi'n raddol, dod i fodolaeth; datblygu neu aeddfedu (am bersonoliaeth, &c.); bod ar ei chynnydd (am y lleuad): *to (cause to) grow, increase, or develop, form, arise gradually, come into existence; develop or mature (of personality, &c.); wax (of the moon).*
12g. *GMB* 201, Adwyn gwellt didrif pan *dyf* dieu. **13g.** *DB* 6[5], ny *thyf* ac ni chilya [y lleuad]. **13g.** *HGK* 12, Odena y *tyvaud* llawer o drwc a govut yg Gwyned. **13g.** *Brut B* 53, *tywv* ac amlhav a gwnaethant, a chyvanhedv er enys honno [Iwerddon] yr henny hyt hedyw. **14g.** *WM* 464. 1–3, vrth hynny *tyuɓys* heint yndaɓ a nychdaɓt hyt tra uu uyɓ. **14g.** *DB* 99, pan *dyfo* [y lleuad] y *tyf* [y llanw], a phann gilyo y kilya. **14g.** *GDG*[3] 405, Ni bydd yn unfarn arnaf, / O beiwyf hyn, ni bwyf haf, / Na'th ofn, ni *thyfaist* annerch, / Na'th garu, nes haeddu serch [ymryson â Gruffudd Gryg]. *c.* **1400** *RB* ii. 166, Yno y mae kyɓeirdeb o vein. yr hɓn ny allei neb yn yr oes hon y wneuthur o nyt o ethrylithyr a *tyfassei* y gelfydyt. **15g.** *GLGC* 238, *Tyfu*'n aeddfed, dofi hen wyddfil, / a wna o'i fenfyr fal hen Fwnfil [i Risiart Twrberfil]. **15g.** *GO* 161, I dai ef a 'i win a *dyf* awenydd, / Arglwydd, a 'm evrai, air gwleddav Merwydd. **16g.** *Mos* 113, 44, Ac o bydd i vab ef gwedy amlhau a *thyfü* (*Med H* 62, chwanegu) mwy o dir a gallü iddo, ef a all gymryd Seiphrwnn arall. **1551** W. SALESBURY: *KLl* lxixa, bod yn ffrwythlonion ympob gweithred da / can *tyfy* yngwy-byddeth Deo. **1588** *Pr* ii. 9, mi a *dyfaswn,* ac a gynnyddaswn yn fwy nâ neb a fuase o'm blaen i. **1605–10** *GP* 206, Tyfyad arddodyad. Mae arddodyad yn *tyfu* o enwad fal y mae enwad o arddodyad, fal 'bwyd, bwytta'. **1606** E. JAMES: *Hom* i. 194, o ymryson y *tŷf* pob drygioni. **17g.** HUW MORUS: *EC* i. 77, Cenad wyf, cwyn a *dyfodd,* / Cysur hwyl, yn ceisio rhodd. **1759** T. THOMAS: *WWDd* 70, peth mwyaf afressymmol, yw barnu y gall Dŷn dalu'r Dyled mwyaf a *dyfodd* ar Ddŷn erioed. **1773** *SBS* 31, mae'n rhaid iddo [pechod] gael amser i darddu a *thyfu* ynom, cyn y delo i gael llywodraeth arnom. Ar lafar, 'Mae'r Ŵyl 'di *tyfu*'n ofnadwy yn ddiweddar'.

(*c*) Iacháu, gwella: *to heal, make or become better.*
12g. *GCBM* ii. 49, Ny *thyf* cof rac cotyant ebrwyt. **12–13g.** *GLlLl* 25, Gɓnn, yn y gɓanwyf, gɓenwynic ui / Gɓyth wastaɓd tauaɓd nas *tyf* eli. *Diw.* **16g.** *WLB* 48, Cymer iiij ounces o vêl . . . hwnw a garth ac a *dyf* ac a greithia bob rhyw dorr croen.
Amr.: **twddu.** Ar lafar, *GDD* 297. **tyddu.** **1773** I. LEWIS: *FfB* 49. Ar lafar, *GDD* 297.
Cfn.: **tyfu (i) fyny(dd):** *to grow up.* **1691** T. WILLIAMS: *YB* 21, a *thyfu y fynu.* **1711** H. POWEL: *TY* 78, [t]*yfu y fynydd.* Ar lafar, 'Paid â bod mor blydi hurt—*tyfa i fyny,* 'nei di?', ''Dwi'n gofio fo'n hogyn bach ond mae o 'di *tyfu fyny* erbyn hyn'. **tyfu lan = tyfu i fyny.** Ar lafar yn y De.

tyfaid, tyfaraf: tyfaru, gw. **tyaid, edifaraf: edifaru** (At.).

tyfedig, tyfiedig [bôn y f. *tyfaf: tyfu+-(i)edig*] *a.* Wedi tyfu; yn tyfu; hefyd yn *ffig.*: *grown; growing; also fig.*
16–17g. *DCR* 186, Dy ieuenctid sydd debic / ir glaswellt gwyrddedic / a hwnnw yn *dyfiedic* // bevnydd. **16–17g.** *HG* 115, trwy wyllys ag yrddas, y brenin kyviawnras / ag yno ddoedd welltglas *tyvedig.* **1718 (1721)** S. THOMAS: *HB* 13, y Nodd sydd ymhob math o blanhigion *tyfedig.* **1773** *SBS* 31, mae'n rhaid iddo [pechod] gael amser i darddu a thyfu ynom, cyn y delo i gael llywodraeth arnom. Ac mi a allaf dywedyd yr un peth am yr hedyn o ras, canys y mae ef hefyd o natur *dyfedig.* **1803** *P.*

tyfedigion [*tyfedig+-ion*[2]] *e.ll.* Llysiau: *vegetables.*
1814.

tyfedigol [*tyfedig+-ol*] *a.* Llystyfol: *vegetative.*
1814.

tyfiad [bôn y f. *tyfaf: tyfu+-iad*[1]] *eg.* ac yn eithriadol *eb.* ll. *-au.* Y weithred o dyfu, twf, tyfiant, hefyd yn *ffig.*; eginiad; magwraeth, aeddfediad, datblygiad, cynnydd; llystyfiant; cychwyniad, tarddiad; ffurf; *Meddyg.* tiwmor, tyfiant, cambwl: *a growing, growth, also fig.; germination; nurture, maturing, development, increase; creation, vegetation; origin, derivation; form; growth, tumour, process, protuberance (of bone) (in med.).*
14g. *GDG*[3] 19, Myned o'm gwlad, *dyfiad* iôr, / A'th glod, a dyfod, Ifor [i Ifor Hael]. *id.* 67, Duw gwyddiad mai da y gweddai / Dechreuad mwyn *dyfiad* Mai. *c.* **1400** *DB* 39, O auon Danubi hyt yn Alpes y mae Germania uchaf, a gauas y henw o *dyuyat* y bobyl. **15g.** *GTP* 7, Cariad a fag *tyfiad* da, / Cywirdeb a fag gwyrda. **15g.** *GO* 213, Gwreiddyn pob gair, o'i addef, / A'i *dyviad,* a wyddiad ef [marwnad Robert Trefor]. **1604–7** *TW* (*Pen* 228), *tyfiatæ* crafelh yr ysgwydhæ or tu vewn d.g. *Anchiroides* (At.). **1605–10** *GP* 206, *Tyfyad* arddodyad. Mae arddodyad yn tyfu o enwad fal y mae enwad o arddodyad, fal 'bwyd, bwytta'. *Dchr.* **17g.** *J* 10, 154b, *Tyviad* grouthe. **1632** *D,* Twf, & *Tyfiad* . . . Incrementum, auctio. **1725** D. LEWIS: *GB* 37, Enaid teimladol yw Bywyd Anifail; ac y mae ymma *Dyfiad* a Theimlad. **1784** M. WILLIAMS: *S* i. 26, Am wîn nid oes yma fawr o *dyfiad* gartrefol. **1803** *P, Tyviad,* s. m.—pl. t. *au* . . . A growing, vegetation.
Cfn.: **ar dyfiad:** *growing, increasing, progressing, on the increase. c.* **1400** *R* 1283. 18. **1696** *CDD* 103. **1759** *DG* 147.

tyfiadol [*tyfiad+-ol*] *a.* Yn tyfu; yn hyrwyddo tyfiant; llysieuol: *growing; promoting growth; vegetable (adj.).*
1833.

tyfiannol [*tyfiant+-ol*] *a.* Yn tyfu, ffyniannus, cynyddol; yn hyrwyddo tyfiant; llystyfol: *growing, flourishing, increasing; promoting growth; vegetative.*
1725 I. HARRI: *RD* 60, fel ac y bydd yn amser *tyfiannol* gyda Phobl y tir . . . Gweinidogaeth a fydd y moddion er eu cynnydd . . . i Grist. **1786** B. FRANCIS: *A* ii. 120, O 'r fath dymmor hoff dymunol, / O 'r fath hin *dyfiannol* iawn. **1786** B. FRANCIS: *MJT* 3, Och! syrthiodd Afallen dda hollol, / Dêg, anwyl, *dyfianol,* i lawr. **1803** *P* d.g. *Tyviannawl.*

tyfiannus [*tyfiant+-us*] *a.* Ffrwythlon, ffyniannus, llewyrchus: *fruitful, flourishing, thriving.*
Diw. **18g.** *AL* ii. 498, ac o ddichweiniau amserau, a newidiau byd, a bywyd, a chyvlwrw, *tyviannus* anghyviawnder ar un yn amgen noc ar y llall. **1803** *P.*
Amr.: **tyfiantus. 1898.**

tyfiant [bôn y f. *tyfaf: tyfu+-iant*] *eg.* ll. *tyfiannau, tyfiantau.* Twf, tyfiad, aeddfediad, datblygiad, cynnydd; peth sy'n tyfu neu sydd wedi tyfu, llystyfiant; tarddiad; *Meddyg.* tiwmor; ?meddyginiaeth, moddion: *growth, a growing or maturing, development, increase; something which grows or has grown, vegetation; derivation; growth, tumour (in med.); ?medicine, medication.*
14g. *GEO* 113, Bu yn uffern, fignwern fodd, / Bedeirmil, bywyd ormodd, / A chwechant, cyn *tyfiant* hedd, / Flin Adda, o flynyddoedd. **14g.** *THSC* (1919–20) 124, trɓy ycedrus y deellir ytat or nef. kannys vchaf prenn *ydyfyant* yɓ. **14g.** *GDG*[3] 158, Mawl *dyfiant,* gwiw foliant gwŷdd, / Mynwair o dewfrig manwydd. *c.* **1400** *R* 1229. 22–3, Da vyd *tyuyant.* dɓysc ogonyant. dysc y gennyt. **15g.** *GDLl* 154, Treth i'r brenin a ffiniwyd, / Y llall aeth i Ddafydd Llwyd, / A'i dreth ef, o dri *thyfiant,* / A droes yn waeth na drws nant. *Diw.* **16g.** *WLB* 41, elio y kig ar kroen . . . drwy *dyfiant* a thynherwch. **1632** *D,* Twf . . . *Tyfiant,* Incrementum, auctio. **1725** D. LEWIS: *GB* 37, Enaid tyfol yw bywyd Pren; ac nid oes ymma ond *Tyfiant.* **1740** T. EVANS: *DPO* 22, amryw Eiriau o *Dyfiant* Groeg. **1803** *P.* Ar lafar, 'Ma 'na dipyn o *dyfiant* yn cae dan tŷ. ''Sdim byd wedi bod yn pori 'na drwy'r ha'' (gogledd Cered.); ''Os dim llawar o *dyfiant* ar 'yn o bryd', *GTN* 829.
Amr.: **twddiant** [cf. *twddu*]. Ar lafar, *GDD* 297.

tyfiantach [*tyfiant+-ach*[2]] *eg.* Llystyfiant (gwyllt): *(wild) vegetation.*
20g.

tyfiantus, tyfiedig, tyfn, tyfod, gw. **tyfiannus, tyfedig, dwfn** (At.), **tywod.**

tyfodaidd, tyfodlyd, tyfodog, &c., gw. **tywodaidd, tywodlyd, tywodog,** &c.

tyfol[1] [*twf+-ol*] *a.* Yn tyfu; yn hyrwyddo tyfiant; llystyfol, llysieuol: *growing; promoting growth; vegetative, vegetable (adj.).*
1725 D. LEWIS: *GB* 37, Enaid *tyfol* yw bywyd Pren, a'r cyfryw; ac nid oes ymma ond Tyfiant. **1774** *W* d.g. *Growing, or of a growing quality.* **1793** *Cylchg* 68, yr anifeiliaid, a'r pethau *tyfol.* **1800** W. OWEN[-PUGHE]: *CP* 40, Arddiad á gynnydda ymborth llysiau, egori y tîr i dderbyn porth *tyfol* (*vegetable food*) oddi yr awyr. **1803** *P* d.g. *Tyvawl.*
Gw. hefyd **tyfolion.**

tyfol[2], **tyfolen,** gw. **tafol**[2].

tyfolion [*tyfol*[1]*+-ion*[2]] *e.ll.* Llysiau, planhigion: *vegetables, plants.*
1796 *Geirgrawn* 210, y bellen ddaearol yma . . . yr amrywiaeth o bethau ag sydd yn hanfodi arni; pa un bynnag ai bywiolion, *tyfolion,* neu ynte anfywiogion. **1800** W. OWEN[-PUGHE]: *CP* 40, [d]arostwng *tyfolion* (*vegetables*) i ansawdd pydrawl.

tyfotir, gw. **tywod+tir.**

tyfwr [bôn y f. *tyfaf: tyfu+-wr*] *eg.* ll. *-wyr.* Un sy'n tyfu (cynnyrch, &c.), amaethwr, hefyd yn *ffig.*: *grower, cultivator, also fig.*

16g. HUW ARWYSTL: *Gw* 226, Duw'n *dyfwr* doniau difai / A rann ragoriaeth i rai. **1803** *P.*

tyfyn, gw. tyddyn.

tyff, twff^{2} (*y≡ə*) [bnth. S. *tough*] *a.* a hefyd (yn y ff. *tyff*) fel *ebd.* Gwydn (am gig, &c.), caled, garw (am berson); ebychiad yn mynegi diffyg amynedd neu gydymdeimlad: *tough* (*of meat, &c.; also of person*); *tough!*, *hard luck!*

20g. Ar lafar, '*Twff*' 'gwydn', *Cymru* xlvi. 23 (godre Cered. a gorllewin sir Gaerf.); "Odd y stêc 'na'n *tyff*'; "Di o'm isio mynd ond *tyff*!'

tyffoid, tyffws, gw. teiffoid, teiffws.

tyg, twg^{1} (*y≡ə; ŵ*) [bnth. S. *tug*] *eg.* ll. *tygiau, tygs.*

(*a*) Tynfad: *tug*(*boat*).

1926. Ar lafar.

(*b*) (yn y ff. l. *tygs*) Tresi (i anifail gwaith): *traces* (*for draught animal*), *tugs.*

20g. Ar lafar yn sir Gaerf., Brych., a Morg.

tygant, gw. tyciant.

tygaswn, &c., gw. tebygaf: tebygu.

tŷ-geidwad, gw. tŷ+ceidwad^{1}.

tyger, gw. teigr.

tygfod, tygfyddu [be. o fôn y f. *tygiaf*: *tygio*+*bod*^{3}; â'r ail ff., cf. *gwybyddaf*: *gwybyddu*] *bg.* Tycio, bod o werth neu o fudd: *to avail, be of worth or benefit.*

1604–7 *TW* (*Pen* 228), *tycvydhu* d.g. *proficio.* **1672** R. PRICHARD: *Gw* 42, Christ yw Meddyg y cristnogion, / Rhwn [*sic*] â gwerthfawr waed ei galon, / Sy'n Jachau archollion pechod, / Pan na'll dim amgenach *dygfod. id.* 55, Christ yw'r iawn sydd am bôb pechod, / Jawn amgenach ni all *tygfod* [:– Tyccio].

tygiaf: tygio, gw. tyciaf^{1}: tycio.

tygiannus, tygiant, tyngad, gw. tyciannus, tyciant, tyngiad.

tyngaf: tyngu [tebyg fod yma ddwy ferf yn wr., sef Cym. C. *tynghu* 'tynghedu' (gw. d.g. *tynged*) a *tyngu* (llw, &c.), Crn. C. *tof* 'tyngaf', Crn. Diw. *tye* 'tyngu', Llyd. C. *toeaff*, Llyd. Diw. *touiñ*, Gwydd. C. *tongu* 'tyngaf'] *bg.a.*

(*a*) Mynegi'n ddwys neu ar lw fel addewid neu er mwyn cadarnhau gwirionedd, addo ar lw, mynd ar ei lw, (peri) cymryd (llw), taeru'n gadarn; siarsio (drwy lw); rhegi: *to swear,* (*cause to*) *take* (*an oath*), *affirm strongly; adjure, charge; curse, swear.*

12g. *GLlF* 229, Gwr ny dωng, ny dal, ny byd ωrth wir. **12g.** *GCBM* i. 298, O'r glyw glew dywal ny dal ny *dig.* **13g.** *LlI* 67, *tegu* i Duu en e blaen ac e'r allaur honno . . .'nas creus tat eg kallon mam e mab hun namyn—'. **13g.** *GBF* 322, A *dygei* kynn Mei merweryd—gyfliw, / Gne gwynn gyllestyr riw, rin diednyd; / . . . / Hi *dygawd* yn hawd hediw o'e ffyd. **13g.** *BD* 195, llidyav a wnaeth Edwin ac adav y maes a'r dadleu, a *thygu* trvy irlloned y guiscei coron heb ganhyat Catwallavn. **14g.** *BT* 197, *tygawd* holl dywyssogyon kymry fydlonder y dauyd. **1551** W. SALESBURY: *KLl* xxiiia, Mi ath *tyngaf* trwy Deo byw / ar ytty ddoedyt yny ay ti yw Christ vap Deo. **1604** R. HOLLAND: *BD* 4–5, ar fedr i cadw yn dhirgel (gwedi imi yn gyntaf *dyngu*'r Printiwr am gadw cyfrinach) nis gadewais idho brintio ond saith o honynt [copïau o'r llyfr]. **1618** J. SALISBURY: *EH* 159–10, *Tyngu* . . . nyd yw amgen na dwyn Duw yn dyst o'r gwirionedh. **1630** R. LLWYD: *LlH* 172, ni'ch coelir chwi ddim cynt er maint a *dyngoch.* **1632** *D,* Twng . . . *Tyngu,* Jurare. **1714** R. PRYDDERCH: *GD* 171, Ai *tyngu* yw dywedyd myn Iaco? . . . a'r Cyffelyb? **1751** *GIA* 68, yn yfed ac yn *tyngu,* ac yn esgeuluso dyledswyddau sanctaidd. **1803** *P.* Ar lafar, 'Ddaru mi *dyngu* na naethwn i ddim', *WVBD* 560; 'Un budur i *dingu* odd a', *GTN* 791; '*tyngu* fel pywin', *id.* 829.

(*b*) Ymwrthod â (pheth) ar lw, diofrydu: *to renounce* (*on oath*), *forswear.*

14g. *BT* (*RB*) 216, trwy *twghv* ohonaw ynteu teyrnnas Loeger yn tragywydawl. **14g.** *Bren Saes* 220, a thalu dirvawr swm o arian i Lewys am i gost, drwy *dyngv* ohono Loegr yn dragwyddol. **14g.** *YBH* 47b, yd adolygassant y ieirll y brenhin *tyghu* y wlat idaω a rodi y tir y sabaot. **18–19g.** *GABC* 88, Rhaid i mi *dyngu*'r cwrw cadarn, / A chanu ffarwel i bob tafarn.

(*c*) Tynghedu, (rhag)ordeinio: *to destine,* (*pre*)*ordain.*

13g. *C* 69. 4–6, En eiwonit elvit tir. y mae gur hyduf hir. lleas paub pan *rydighir.* **13g.** *A* 4. 19–21, bu tru a dynghetven anghen gywir. a *dyngwt* y dutvwlch a chyvwlch hir. *id.* 26. 12, pawb pan ry *dyngir* yt ball. **14g.** *T* 55. 3–4, ny beirω bωyt llωfyr ny *rytyghit.* *c.* **1400** *R* 1056. 38–9, ny rydecho *rydygir.* **15g.** *GLGC* 134, Tydi angau, ti a *dyngwyd,* / Ti a'n lleddaist, gynt y'n lluddiwyd [marwnad Tomas ap Rhydderch].

Cfn.: **tyngu('n) anudon, tyngu anudonedd:** *to bear false witness, commit perjury, swear falsely.* **13g.** *LlI* 76, mae yaun y'r effeyryat croessy Duu racdau na *tygo anudon.* **1346** *LlA* 40, pann *tyghont anudonev.* *c.* **1400** *R* 1157. 4–5, Gωae alad dynyon. gωae a*tωng anudon.* onysdiwycka. **1547** *WS,* *Tyngy anudon* Foreswere. **1588** *Lef* xix. 12, na *thyngwch* i'm enw mau fi *yn anudon.* **1604–7** *TW* (*Pen* 228), *Tyngû Anudonedh* d.g. *Abiuro.* **1803** *P,* Tyngu . . . *tyngu anudon,* to swear a false oath. **tyngu a rhegi:** *to curse and swear.* **1703** E. WYNNE: *BC* 23. **1754** *ML* i. 298. **1790** T. JONES: *TOS* 322. Ar lafar, 'Ma 'yn yn ddicon i 'ela dyn i *dingu a reci*'n Sysnag', *GTN* 682. **tyngu('r) du yn wyn:** *to swear black is white.* **20g.** Ar lafar, *GTN* 830. **tyngu i'r cyrs ac i'r coed:** *to swear blind.* **16g.** (*LlEG*) *Mos* 158, 533b. **1753** *ML* i. 237. **1754** *id.* 272, 284. **tyngu llw(f) (mawr), tyngu('r) mawrl(l)w:** *to swear an oath* (*a great oath*), *deny with an oath* (*a great oath*). **13g.** *BD* 8, [*t*]*yngv llw.* **14g.** *Cy* vii. 139, A wnel y mawr drwc *tyghet y mawr llw.* **1604–7** *TW* (*Pen* 228), *Tyngû llwf* d.g. *Abiuro.* **1772** *W,* *tyngu mawr-llw* d.g. *To deny with an oath.* **1776** DEWI NANTBRÂN: *AN* 233, [*T*]*yngu Llwon mawr.* **tyngu plant:** *to swear to the paternity of illegitimate children.* **1897. tyngu tynged** [?cf. Gal. *toncnaman toncsiiontio*; gw. hefyd *HGB* [1]–15]: *to fix or swear a destiny.* **14g.** *WM* 454. 16–18, *Tyghaf tyghet* it na latho dy ystlys vrth wreic hyt pan geffych olwen. *c.* **1400** *R* 1036. 43–4, Truan a *dynghet adyngh*ωyt (*EWSP* 415, *dynget*) ylywarch. yr y nos y ganet.

tynged [H. Wydd. *toceth, tocad* (be. bf. **tocaid* 'tyngheda' (nas defnyddir ond yn oddefol); cf. Cym. C. *tynghu,* Llyd. C. *tonquaff* 'tynghedu, rhagordeinio', Llyd. Diw. *tonkañ*); cf. Brth. Lladinaidd *Tuncceta-ce* (gen.), Ogam Diw. *Togittacc*] *eb.g.* ll. *tynghedau, tynghedion.* Yr hyn a dynghedwyd, (grym sy'n rhagderfynu) cwrs anochel digwyddiadau, ffawd; proffwydoliaeth, darogan, tesni; hefyd yn *ffig.*: *destiny, fate, lot; prophecy, prediction, fortune; also fig.*

12g. *GMB* 150, Caru dyn, nyd dilys ogoned, / Can dydaw y uraw urwyn *dyghed.* **13g.** *GBF* 420, Gωae vi o'r gollet! Gωae vi o'r *dynghet!* **14g.** *T* 16. 2–4, nys gωnaho medut meddaωt genhyn. heb talet o*dynget* meint ageffyn. Oymdifeit veibon ac ereill ryn. **14g.** *WM* 454. 16–18, Tyghaf *tyghet* it na latho dy ystlys vrth wreic hyt pan geffych olwen. **14g.** *GDG*^{3} 279, Dos yn iach, gadarnach ged, / Dengoch fyfi o'r *dynged!* *c.* **1400** *R* 1036. 43–4, Truan a *dynghet* adynghωyt ylywarch. yr y nos y ganet. *Dchr.* **15g.** *B* viii. 137, Or gwnaeth *dyngheden* neu arwydon. **15–16g.** *GRB* 15, I dŷ Grist—un da i Gred—/ y dôi angel â'i *dynged* [i Gatwg]. **1547** *WS,* *Tynget* Destinie. **1632** *D, Tynged,* Fatum, fortuna. **17g.** HUW MORUS: *EC* i. 156, Och fi!—blin yw fy *nhynged,* / Mewn poen, a chlafed—pa'm na chlyw? **1703** E. WYNNE: *BC* 67, 'r oedd *Tynged* yn eiste, ac . . . yn darllen anferth Lyfr oedd o'i flaen . . . a *Thynged* wrth ei Lyfr yn torri 'r edafedd einioes. **1710** *LlGG* (*Gos*) 11, Cyfarfodau i Bregethau a eilw rhai Prophwydoliaethau, neu *Dynghedau* (*Prophecies or Exercises*). **1803** *P, Tynged,* s. f.—pl. t. *ion* . . . Destiny, fate, fortune, luck. *Tynged* zrwg izo! Bad luck to him! Ar lafar, *GTN* 829 (*eg.*).

tyngedfeniad [*tynghedfen*+*-iad*^{1}] *eb.g.* Tynged; *Diwin.* rhagarfaeth: *destiny; predestination* (*in theol.*).

1803 *P.*

tyngedfeniaeth, tyngedfennaeth [*tynghedfen*+*-*(*i*)*aeth*] *eb.* Tynghediaeth; tynged: *fatalism; destiny.*

1821.

tyngedfennaf: tyngedfennu [bf. o'r e. *tynghedfen*] *bg.a.* Siarsio (drwy lw); tynghedu, (rhag)ordeinio; ?ymwrthod â (pheth) ar lw, diofrydu: *to adjure, charge; destine,* (*pre*)*ordain;* ?*renounce* (*on oath*), *forswear.*

c. **1400** *R* 1217. 27–9, My vi vy ri tri trωy nertheu vynaf. a*tynghetvennaf* bob anaveu. *c.* **1400** (*SG*) *HMSS* i. 391, Lawnslot heb y forwyn yr mwyn y neb mwyaf a gereist eiryoet. na nackaa vi yn yr hynt honn . . . A unbennes heb y Lawnslot pechawt yw ytt vyn*tynghetuennu* o dim yn y byt. *Diw.* **16g.** *WLB* 41, mi ach *tynghedvena* chwi y pedair chwioredd hynn . . . na bo i chwi feddiant i glwyfo y dyn hwn. **1803** *P,* *Tyngedvenu* . . . To predestinate.

tyngedfennol [*tynghedfen*+*-ol*] *a.* Ac iddo ganlyniadau neu oblygiadau pellgyrhaeddol (a thrychinebus), pwysfawr, allweddol, argyfyngus; angheuol; wedi ei dynghedu; *Diwin.* rhagarfaethedig; ffodus: *fateful, momentous, crucial, critical; fatal; fated, destined; predestined* (*in theol.*); *fortunate.*

13g. *LlSt* 1, 39, Rywallavn . . . gwas yevanc tangnhevedvs A *thyghetvenavl* (*fortunatus*) oed hvnnv. **13g.** *BD* 10, o diaghei neb o'r damwein *tyghetuenavl* hvnnv y bodynt ar y dyured ger eu llav. **15g.** *BB* 14, ac val hynny y goruu arnadunt diodef eu hangheu *tynghetuenaul.* **15g.** *ID* 78, a fo penn *tynghedfenol* / ofer i neb i fwrw yn ol. **1632** *D* d.g. *Fatalis, Fatifer.* **1722** A. THOMAS: *DR* 5, er mwyn deff[r]oi dynion or hunhaint *dynghedfennol* hon. **1752** J. THOMAS: *FG* ivb, yr ydym yn dyrchafu tu a'r Nefoedd, neu yn suddo i lawr tu ag Uffern, yn ôl gogwyddiad *tynghedfenol* natur. **1803** *P* d.g. *Tyngedvenawl.*

tyngedfennus [*tynghedfen*+*-us*] *a.* Tyngedfennol, pwysfawr, allweddol, argyfyngus; wedi ei dynghedu; (drwg)argoelus: *fateful, momentous, crucial, critical; destined, fated, doomed; portentous, ominous.*

c. **1585** *MCr* 37, O ffol drwg *dynghedfenys!* *id.* 123, Dinaswyr y dinas hyny a sydd *dynghedfenys* a santaidd, canys y maynt yn gyfranog o rad anfeidrawl. *Dchr.* **17g.** *J* 10, 154a, *Tyngedvenus.* fatalis. **1803** *P.*

tyngedfennwr, tyngedfennydd [*tynghedfen*+*-wr, -ydd*^{3}] *eg.* ll. *tyngedfenwyr.* Un sy'n arddel tynghediaeth; *Diwin.* rhagarfaethydd: *fatalist; a predestinarian* (*in theol.*).

1773 *W,* *tyngedfennwr* d.g. *Fatalist.* **1803** *P, Tyngedvenwr,* s. m. pl. *wyr* . . . A fatalist; a predestinator.

tyngedfenolrwydd [*tyngedfennol*+*-rwydd*] *eg.* Tynghediaeth: *fatalism.*

1773 *W* d.g. *Fatality, or fatalness.* **1803** *P.*

tyngedfenyddiaeth [*tynghedfen*+*-ydd*^{3}+*-iaeth*] *eb.* Tynghediaeth: *fatalism.*

1798 *WR* d.g. *Fatalism.*

tynghedaeth, gw. tynghediaeth.

tynghedaf: tynghedu [bf. o'r e. *tynged*] *bg.a.*

(*a*) Siarsio (drwy lw); tyngu (ar lw); ymwrthod â (pheth) ar lw, diofrydu; *Egl.* bwrw allan (gythreuliaid); rhegi: *to adjure, charge; swear* (*on oath*); *renounce* (*on oath*), *forswear; exorcize; curse, swear.*

13g. *B* ix. 337, a dechreu y *dyghedu* en enw duw eny getymdeithocaei ef y riuedi e vrodyr. **1346** *LlA* 137, mi ath *tyghedaf* ti . . . yn enω ytat ar mab arysprytglan . . . py beth ωyt ti ae yspryt da. Ae vn drωc. **1551** W. SALESBURY: *KLl* xxviiib, Ag ef ynteu a ddechreadd velltithio [:– *tyngedy* ne ymgeinio] a thyngy nyd adwaen i y dyn. **1588** 1 *Sam* xiv. 24, *tynghedase* Saul y bobl gan ddywedyd, melldigedic fyddo y gŵr yr hwn a fwyttao fwyd hyd yr hwyr. **1604–7** *TW* (*Pen* 228) d.g. *Abiuro, Conjuro.* **1606** E. JAMES: *Hom* i. 179, mae fe yn gorchymmyn i ni ddifrif iawn, ac . . . yn ein *tynghedu* (*conjure*) ni yn y dull a'r modd ymma. **1632** *D, Tynghedu,* Adjurare. **1688** *TJ, Tynghedu,* gorchymmŷn yn enw Duw [diwyg.]: to adjure, to command in God's name. **1722** *LlSt* 189, *Tynghedu,* To adjure; conjure, deny with an oath, swear. **1774** T. JONES: *DG* 23, *tynghedwch* i mi trwy glwyfau Duw y gwnewch. **1790** W. RICHARDS: *LlA* 69, [y] ddefod o *dynghedu,* neu gonsurio'r cythraul i fyned allan o honynt. **1803** *P* d.g. *Tyngedu.*

(*b*) Pennu tynged neu ffawd i, (rhag)ordeinio: *to destine,* (*pre*)*ordain.*

1837.

tynghedfen [*tynged*+elf. anh. (?cf. *aerfen*)] *eb.* ll. *tyngedfennau, tyngedfennoedd.* Tynged, ffawd; *Chwedl. Glasurol* (un o dair) duwies tynged; proffwydoliaeth, darogan, tesni: *destiny, fate; Fate; prophecy, prediction, fortune.*

12g. *GLlF* 12, ωrth y uot ym Rωyf, a'm roted—awen, / Aωdyl dec *dyghedωen,* amgen ymgred. **13g.** *LlI* 53, O deruyd llesteyryau er oet, ae o uaru ae o *tyghetuen* arall. **13g.** *A* 4. 19–21, bu tru a *dynghetven* anghen gywir. a dyngwt y dutvwlch a chyvwlch hir. **13g.** *BD* 17, Och a'r tristyon *tyghetuenau.* **14g.** *BT* 139, ar dymestlawl *dyghetven* greulonaf chwaer y antropos. **14g.** *Bren Saes* 238, Yr haf rac wyneb yr ymchwelodd y *dynghedvenn* yn wrthnebus, ac y daliwyd Lewys y gan y Sarasiniaid. **14g.** *BT* (*RB*) 178, Antropos a'e chwioryd, y rei a elwit gynt yn Dwyesseu y *Tyghetuenoed.* **16g.** (*LlEG*) *Mos* 158, 52b, J vod Ef ynhroddi gormod k/oel ar *dyngheduenau.* **1632** *D, Tynghedfen,* Fortuna, fatum, parcæ. **1661** E. LEWIS: *Drex* 16, Yr hên wr yw *tyngedfen* [*sic*]: neû yn hyttrach yr hyn a

ordeiniodd Dûw er pob Tragwyddoldeb. **1740** T. EVANS: *DPO* 253, Dywed y Paganiaid hefyd, i Deml y Dduwies *Dynghedfen* lefaru wrth y Gwragedd. **1803** *P* d.g. *Tyngedven*.

tynghediad [bôn y f. *tynghedaf*: *tynghedu* + *-iad*^{1}] *eg*. ll. *tyngediadau*. Siars (drwy lw), yn enw. i fwrw allan gythreuliaid: *adjuration* (*esp. in exorcism*).

1632 *D* d.g. *Exorcismus*. *c*. **1658** R. VAUGHAN: *E* 2, [*T*]*ynghediadau* (*Adjurations*) . . . a arferai yr Archoffeiriad neu ddiafol wrth ein jachawdwr. **1718** S. THOMAS: *HB* 185, Fe wneir rhyw fath o *Dynghediad*, sef i dynghedu yr Ysprvd drwg . . . fyned allan o hono. **1722** *Llst* 189, *Tynghediad*. m. Adjuration. **1798** *WR* d.g. *Objuration*. **1803** *P* d.g. *Tyngediad*.

tynghediaeth, tynghedaeth [*tynged* + -(*i*)*aeth*] *eb*. Y gred fod pob digwyddiad yn rhagderfynedig ac anochel, agwedd ymostyngol tuag at ddigwyddiadau, &c., sy'n deillio o'r gred hon: *fatalism*.

1824.

tynghedig [bôn y f. *tyngaf*: *tyngu* + *-edig*] *a.bfl*. ll. (geir.) *tyngedigion*. Wedi tyngu (llw), rhwymedig dan lw, wedi listio; (wedi ei roddi) ar lw; addefedig, digymrodedd; rheglyd: *having sworn* (*on oath*), *bound by oath*, (*en*)*listed*; (*given*) *under oath*; *sworn, avowed, inveterate*; *foul-mouthed*.

14g. *YBH* 63a, ef a vyd *tyghedic* it pymthec brenhin. **15g**. *BB* 108, gossot gwyr *tyghedic* idaw. or rei dewraf a kadarnaf. *a*. **1561** *B* vi. 46, ystenta dy dir a renta y wyr kywirion a vo *tynghedic* yt. **1604–7** *TW* (*Pen* 228), milwyr *tyngedic* d.g. *Sacramenta*. **1606** E. JAMES: *Hom* ii. 100, Sathan gelyn *tynghedig* (*sworn*) Marwol Duw a dŷn. **1632** *D*, Brodyr *tyngedig* d.g. *Conuoti*. **1722** *Llst* 189, *Tyngedig*. p. *digion*. Sworn. **1727** J. JONES: *DFF* 112, ni ddylasech chwi ofni cyffwrdd a'm rhai eneiniog, fy Milwyr *tyngedig* (*listed*). *id*. 136, Drygweithredwyr ger bron y Frawdle, wedi i'r Cynghoriaid *tyngedig* (*jury*) eu cael yn euog. **1744** D. ROWLAND: *RY* [27], Mr. *Tynghedig* (*Mr. Swearing*). **1790–1** H. JONES: *T* 189, Bechadur *tynghedig* a chelwyddog. **1803** *P*, *Tyngedig* . . . Being sworn. Mae ev yn o *dyngedig*, he is rather addicted to swearing. Ar lafar gynt, '*tynghedig*' 'given to swearing', *WVBD* 560.

tynghedlawn, tynghedlon [*tynged* + *-lawn*, *-lon*] *a*. Tyngedfennol; ?ac iddo ffawd neu hanes nodedig: *fateful*; ?*having a notable fate or history*.

1852.

tynghedol [*tynged* + *-ol*] *a*. Tyngedfennol; wedi ei dynghedu; ?angheuol: *fateful*; *destined, fated*; ?*fatal*.

1658 R. VAUGHAN: *GA* 57, yr hvvn sydd ar y Scaffold, ac h[e]b edrych am ddim ond am y dyrnod *tynghedol*. **1658** R. VAUGHAN: *PS* 148, O Ryfyg . . . y digwydd yn fynych y codymmau ofnadwy *tynghedol* i anobaith. **1773** *W* d.g. *Fatal* [*caused or ordered by fate* . . .]. **1803** *P* d.g. *Tyngedawl*.

tynghedus [*tynged* + *-us*] *a*. Yn perthyn i dynged, tyngedfennol; (drwg)argoelus; wedi ei dynghedu; ?angheuol: *pertaining to destiny, fateful*; *portentous, ominous*; *destined, fated*; ?*fatal*.

1830.

tynghedwr, tynghedydd [bôn y f. *tynghedaf*: *tynghedu* + *-wr*, *-ydd*^{3}] *eg*. ll. *tynghedwyr, tyngedyddion*. Un sy'n siarsio (drwy lw), yn enw. i fwrw allan gythreuliaid, allfwriwr; rhegwr: *adjurer, exorcist*; *curser, swearer*.

1630 *YDd* 105, pwy o honoch am hargyhoedda fi o fod yn odinebwr, puteiniwr, *tynghedwr*, meddwyn.

tyngiad, tyngad [bôn y f. *tyngaf*: *tyngu* + *-iad*^{1}, *-ad*] *eg*. Y weithred o dyngu (llw); siars (drwy lw): *a swearing* (*of an oath*); *adjuration*.

1568 MORYS CLYNNOG: *AG* 39, Paddelo [*sic*] doedwchwi wrth fynu gwirhau rhyw beth? . . . ie'ne [*sic*] nag e yn sicyr . . . am nad ydiw hwn lw, ne *dyngiad*. **1803** *P* d.g. *Tyngad, Tyngiad*.

tynglyd, tyngllyd [bôn y f. *tyngaf*: *tyngu* + *-l*(*l*)*yd*] *a*. Rheglyd, ffiaidd (am iaith, &c.): *foul-mouthed, foul* (*of language, &c*.).

1737 (1766) *OU* 57, O am un funud o lonydd i'm tafod *tynglyd*, rheglyd. **1794** *W*, *tyngllyd* d.g. *Swearing, Given to* [*profane*] *swearing*.

tyngnefedd, tyngnefol, &c., gw. **tangnefedd, tangnefol,** &c.

tyngnofaf: tyngnofi, tyngsten, gw. **tangnefaf: tangnefu, twngsten.**

tyngwr [bôn y f. *tyngaf*: *tyngu* + *-wr*] *eg*. ll. *-wyr*. Un sy'n tyngu (llw); rhegwr: *swearer* (*of an oath*); *curser, swearer*.

1606 E. JAMES: *Hom* i. 90, tyngu . . . wrth brynu, gwerthu . . . megis y mae llawer yn *dyngwyr* (*swearers*) mawr arferol, mae'r fath dyngu yn annuwiol. **1630** R. LLWYD: *LlH* 176, y neb a fyddo yn *dyngwr* cyffredin, a fydd hefyd fynychaf yn gelwydd-wr cyffredin. **1703** E. WYNNE: *BC* 119, ymbell ddisiwr a chardiwr, ymbell *dyngwr* tlŵs. **1722** *Llst* 189, *Tyngwr*. m. A swearer, deponent. **1803** *P*. Ar lafar, yn enw. yn yr ymadr. '*tyngwr* a rhegwr', 'Mae o'n *dyngwr* a rhegwr heb 'i fath' (Arfon).

tyhun, gw. **dy**^{1} + **hun**^{2}.

ty-hw, tyladaeth, tyladwy, tylath, gw. **tw-hw, adeiladaeth** (hefyd At.), **dyladwy, tulath.**

tylathaf: tylathu [bf. o'r e. *tylath*] *bg*. Gosod distiau: *to lay rafters*.

1588 *Salm* civ. 3, Yr hwn sydd yn *tŷlathu* (*LlGG* (*Sall*) 57b, a osod tuylathae ei ystafell) yn y dyfroedd, yn gosod y cwmylau yn gerbyd. **1722** *Llst* 189, *Tylathu*. To rafter, fillet a roof.

tylau^{1,2}, gw. **teils, tyle**^{1}.

tylawd, tylawdi, tylciaf: tylcio, tylciog, tylcyn, gw. **tlawd, tlodi**^{2}, **twlciaf: twlcio, twlciog, twlc**^{1}.

tyle^{1}, *eg.b*. ll. *-au*.

(*a*) Heol neu lwybr serth (ar i fyny), llethr serth, allt, rhiw, bryn(cyn); (geir.) tir: *steep* (*upward*) *road or path*, (*steep*) *gradient or slope, hill*(*ock*); (*dict*.) *land*.

15g. *FfBO* 55, Geyr y llys y mae *tule* (*monticulus*) gwedy y wneuthur oc eur ac aryant. *id*. 56, y benn *tule* (*monticulum*) tywotlyt mi a dringeis . . . A phan deuthum i y benn y *tule* (*montis*), mi a welwn amylder o aryant ar hyt y daear. **1604–7** *TW* (*Pen* 228) d.g. *Terra*. **1753** *TR*, *Tyle*, in the present Welsh, signifies a steep ascent or rising of an hill, up-hill. **1780** *W* d.g. *A pinch* [*a short steep ascent*] *in a road*. **1803** *P*, *Tyle*, s. m.—pl. t. *au* . . . A gentle swell or elevation, a small rising hill, a down. Ar lafar, 'Hill (a steep gradient on a roadway) . . . East of the lower Tywi the prevailing response is *tyle*', *LGW* [526]–7; '*tila*' 'heol yn dringo bryn', 'Ma *tila* serth rwng Trelywi a Pen-tyrch', *GTN* 795 (*eg*.). Am drafodaethau ar *tyle* mewn e. lleoedd, gw. *Lochlann* iv. 214–25, *B* xxiv. 306–10.

(*b*) Gwely, glwth, lle cysgu; gorsedd; tabernacl, pabell; gwasarn (dan anifail); hefyd yn *ffig*.: *bed, couch, sleeping-place*; *throne*; *tabernacle, tent*; *litter* (*for animal*); *also fig*.

12–13g. *GLlLl* 88, Yg kyuaruot klot kludueird *dyle*, / Yg kyfrẃys gynnẃys gan Waẃr y le. **13g**. *LTWL* 129, Tres sunt partus unius precii ut precium matrum . . . et partus suis dum sit ar e *thele* (*LlB* 117, a torllwyth hwch ar y *thyle*). *Dchr*. **14g**. *AL* i. 752, Y gẃr bieu y bryccan ar nithlen ar gobenyd *tyle*. **14g**. *T* 44. 22–3, Tei athrefneu a *thyleeu* achelleu bẃyt. *c*. **1400** [*RB*] *WM* 203. 14–23, dyffygyaẃ aorugant a mynet ygysgu. Aphan edrychẃyt y *dyle* nyt oed arnei namyn byrwellt dysdlyt . . . Breckan lẃytkoch galetlom a dannẃyt arnei. *c*. **1400** *R* 1272. 26–7, Profes aruer cler clorya ireitlyt ar*dyle* medẃ gẃassa. *id*. 1356. 26–7, Role sẃs *dyle*dan saẃs daleu. **1567** *TN* 387b, [d]irmygy y Enw ef, ae dabernacl [:– *dyle*]. *id*. 390a, Tabernacl [:– lluest, tent, *tyley*] y tustolaeth. *c*. **1600** *AP* 54, sûccandrwbl newydhsûr yn dhiot, a *thyle* caletlom. **1604–7** *TW* (*Pen* 228), *tyle* d.g. *Grabatus*. **1632** *D*, *Tyle* . . . Apoc. 15. 5. Tabernaculum redditur *Tyle*. **1803** *P*, *Tyle* . . . a couch.

Amr.: **tylau**. **15g**. IEUAN GETHIN, &c.: *Gw* 106, O gorfydd, na dydd na dau, / Dorri'r talar drwy'r *tylau*, / . . . / Nid hawdd ag un ych brych brith / Ag un iau ddodi gwenith (Llywelyn Goch y Dant). **1603** W. MIDLETON: *Ps* 61, Didhawn hyffordh fforth [*sic*] yw ffau ef a dry, / Dhyfais drwg yw *dylau* (*LlGG* (*Sall*) 19b, ar ei wely). **1632** *D*, Tyle . . . Interdum *Tylau*. *a*. **1791** W. WILLIAMS: *GP* 150, Mi ddringais *tylau* mawr cyn hyn.

tyle^{2} [gair geir., sef *tŷ* + *lle*^{1}] *eg*. Safle (addas ar gyfer) tŷ neu adeilad; adfeilion, rwbel: *site of, or suitable for, a house or building*; *ruins, rubble*.

1632 *D*, *Tyle*, Locus vbi stetit domus, locus ædificandæ domui aptus, Rudus, parietina. **1722** *Llst* 189, *Tyle*. m. Ground, whereon a house has stood; a convenient place to build upon; house-room; rubbish. **1794** *W* d.g. *Toft* [*a place where a house or messuage has once stood*].

Amr.: **dyle**. **1632** *D*. **1688** *TJ*. **1722** *Llst* 189.

tylediw, tylediwrwydd, tyler, tylerau, tylinad, gw. **telediw, telediwrwydd, teiler, teler, tyliniad.**

tylinaf: tylino, *bg.a*. Gwneud (blawd wedi ei wlychu, clai, &c.) yn does neu'n bast drwy ei weithio â'r dwylo neu â pheiriant, gwneud (bara, crochenwaith, &c.) fel hyn, cymysgu neu gyfuno ynghyd (drwy dylino), mowldio; rhwbio neu bwnio (rhan o'r corff) er mwyn hybu cylchrediad, ystwythder, &c.; hefyd yn *ffig*.: *to knead, incorporate* (*by kneading*), *mould*; *massage*; *also fig*.

1545 *CM* 1, 332, haad gwenwyn yriair . . . maedda ef ynn vlawd a *thelina* Ef yn does. **1547** *WS*, *Tylino* Knede. **16g**. *LlS* 134, Ei suc [morel] wedy ei *dylino* gyd a halogrwydd iair . . . sy dda yw ddodi ar gadach lliain. **1588** *Jer* vii. 18, a'r gwragedd yn *telino* toes. **1588** *Doeth Sol* xv. 7, Y crochenudd hefyd a *delina* bridd meddal. **16–17g**. *PhA* 136. Talwn bwyth *tylino* y bydd / Tylinwr rhyd Dol Weunydd [i ofyn march]. **1604–7** *TW* (*Pen* 228), Twrnel y *dilino* bara 'ndhaw d.g. *Magis*. *Dchr*. **17g**. *J* 10, 161a, *Tlino*. to kneade. **1630** *YDd* 79, [t]ai wedi eu *tylino* o bridd (*houses of moulding clay*). **1632** *D*, *Tylino*, Depsere. **1656 (1745)** *MLl* ii. 150, Efe sŷdd yn *tylino* dy hôll Feddyljau yn ddistaw ar hŷd y Dydd. *c*. **1762–79** W. WILLIAMS: *P* 80, yn *tylino* Tôs, ac yn gwneid [*sic*] bara. **1800** W. OWEN[-PUGHE]: *CP* 104, dechreuer *tylino* y caws nes byddo wedi cymmysgu ynghyd. **1803** *P*, *Tylinaw* . . . To knead, to work dough. Mae gwaith Gildas wedi myned trw zwylaw y mynaiç; gwyr a vedrai yn za zigawn *dylinaw* pob pêth i'w dybenion eu hunain. Ar lafar, '*tlino*', *WVBD* 534; '*tylino* bara', *GTN* 831; hefyd yn y ff. '*clino*', *WVBD* 265.

tyliniad, tylinad [bôn y f. *tylinaf*: *tylino* + *-iad*^{1}, *-ad*] *eg*. ll. *-au*. Y weithred o dylino; y weithred o dylino'r corff; hefyd yn *ffig*.: *a kneading*; *massage*; *also fig*.

1604–7 *TW* (*Pen* 228), *tyliniat* d.g. *Subactio, Subactus*. *Dchr*. **17g**. *J* 10, 161a, *Tliniad*. Subactio. **1722** *Llst* 189, *Tylinad*. m. A kneading. **1775** *W*, *Tyliniad* d.g. *A kneading*. **1803** *P* d.g. *Tylinad*.

tylinwr [bôn y f. *tylinaf*: *tylino* + *-wr*] *eg*. (b. *-wraig*, ll. *-wragedd*) ll. *-wyr*. Un sy'n tylino, pobydd; un sy'n tylino'r corff; hefyd yn *ffig*.: *kneader, baker*; *masseur, massager*; *also fig*.

16–17g. *PhA* 136, Talwn bwyth tylino y bydd / *Tylinwr* rhyd Dol Weunydd [i ofyn march]. **1604–7** *TW* (*Pen* 228) d.g. *pistor*. **1722** *Llst* 189, *Tylinwr*. m. A kneader, baker. **1803** *P*, *Tylinwr*. s. m.—pl. *tylinwyr* . . . A kneader.

tylodaf: tylodi, tylodaidd, tylodedd, &c., gw. **tlodaf: tlodi, tlodaidd, tlodedd,** &c.

tylofaf: tylofi, tylofyn, gw. **dylofaf: dylofi, dylwyf.**

tŷ-losgiad, gw. **tŷ** + **llosgiad.**

tylt, tilt^{2} [bnth. S. *tilt*] *eg*. (Maes) ymwan: *joust, jousting-field*.

16g. *B* xviii. 323, ac ynghanol y kae hwn j daruoedd kyuodi *tylt* hir; ac o'r tu dehau j'r *tylt* j daruoedd kyuodi ty kyhyd a'r *tylt*. **16–17g**. *GST* i. 64, Os ar y *tylt*, siŵr wyt ti, / Syr Siôn, sêl ebron Salbri [i Siôn Salsbri o Leweni pan urddwyd ef yn farchog]. *id*. 412, Trin gwaywonnen, troi'n gynnwys, / Taro'n y *tylt* dyrnod dwys. **1604–7** *TW* (*Pen* 228), Rhedec yn y *tilt* a gwaewphyn d.g. *Hasticus*.

Amr.: **tyllt**^{2} [cf. *bollt*]. *c*. **1590** *RC* xlvi. 57, idd oedd iwsting rwng arglwyddi a marchogion a gwyr mawr o boparth i'r *tyllt*.

tylues, tyluwr, gw. **teulues, teuluwr.**

tylwyth [*tŷ* + *llwyth*^{2}] *eg*. ll. *-au, -oedd*.

(*a*) Teulu (estynedig), ceraint, llwyth, llinach; preswylwyr tŷ, gosgordd, dilynwyr; hefyd yn *ffig*.: (*extended*) *family, kinsfolk, tribe, lineage*; *household, retinue, followers*; *also fig*.

13g. *GDB* 434, Am *dylwyth* hydwyth, yr hyd—y buant / Amgylch gwawr Dygant yn deg hyfryd. **13g**. *GBF* 422, Pob *tylẃyth*, pob llẃyth yssy'n llithraẃ. **14g**. *BT* 193, arys gryg ay *tylwytheu* a holl dywyssogyon deheubarth. **1346** *LlA* 159, olẃyth dauid. Sef yẃhynny o*tylẃyth* dauid. **14g**. *GDG*^{3} 32, Llorf llwyth, ei

dylwyth hyd Wili—y traidd [i Lywelyn ap Gwilym]. **14g.** *GB* 54, dod ym fy Nuw Dad yma, / . . . / ym fy nhâl am fy *nhylwyth* (Llywelyn Fychan). **15g.** *GLGC* 328, Dwy aelwyd fu i'ch hen *dylwyth* / ag y sy un megis wyth, / a'ch meibion a'ch wyrion chwi, / a rhai aner i'r rheini, / a phob ŵyr i'ch gorwyrion / a lywia tai'r aelwyd hon [i Rys ap Phelpod a Mallt]. **15g.** *GGl*[2] 269, Deg llwyth yw *tylwyth* y tŷ, / Dau cannoes i'r deg hynny [i feibion Tomas Salbri]! **15–16g.** *TA* 5, Aethant, wythiaith, i'th iawn deithoedd, / A *thylwythoedd*, i'th ol weithiau. **1588** *Gen* xxiv. 38, ti a ei i dŷ fy nhâd, ac at fy *nhŷlwyth*. **1632** *D*, *Tylwyth*, Familia, famulitium, tribus; Cognati, consanguinei. **1703** E. WYNNE: *BC* 47, dechreuodd rhai o *dylwyth* y 'Scubor . . . lefaru. **1741** *ML* i. 64, Mae'r rhieni a'r *tylwyth* yn iach. **1803** *P*. Ar lafar, '*tylwyth*' 'family, kinsfolk', *WVBD* 558; hefyd yn yr ymadr. 'Anodd tynnu dyn oddi ar ei *dylwyth*', *ib*. Clywir hefyd yr ymadr. '*tylwth* tâl' 'gweision cyflog', *GTN* 831.

(*b*) *Biol.* Unrhyw un o'r grwpiau tacsonomig sydd gyda'i gilydd yn ffurfio teulu ac sy'n cynnwys un neu ragor o rywogaethau: *genus* (*in biol.*).

1813.

Amr.: **tolwyth. 14g.** *Bren Saes* 88, 118. **16–17g.** LLYWELYN SIÔN, &c.: *Gw* 457. **1606** E. JAMES: *Hom* iii. 23. **tuylwyth** [cf. *tuy*, amr. ar *tŷ*]. **1551** W. SALESBURY: *KLl* iva, herwydd e vod ef o duy a *thuylwyth* [:– llin] Dauid. **1567** *LlGG* (*Sall*) 65a, Efe wna ir wraic anblant drigo gyd a *thuylwyth* [:– vot yn duylwythoc]. **1567** *TN* 284a, [*t*]*uylwyth* y ffydd.

Cfn.: **tylwyth teg:** *fairies.* **15g.** *DGG*[2] 63, Hudol gwan yn ehedeg, / Hir barthlwyth y *Tylwyth Teg* [i'r niwl]. **1547** *WS*. **1703** E. WYNNE: *BC* 7, deellais nad Witsiaid oeddynt, ond mai rhai a elwir y *Tylwyth têg*. **1803** *P* d.g. *Tylwyth*. Ar lafar, *GTN* 831.

Gw. hefyd **tylwythyn.**

tylwythaidd [*tylwyth*+-*aidd*] *a.* Yn perthyn i'r teulu neu'r cartref, cartref(ol), teuluaidd; *Biol.* tylwythol, generig: *domestic, household* (*adj.*), *family* (*adj.*); *generic* (*in biol.*).

1730 IACO AB DEWI: *YL* 46, Llonyddwch tyeidd neu *dylwytheidd*.

tylwythen, gw. **tylwythyn.**

tylwythgar [*tylwyth*+-*gar*] *a.* Hoff o deulu a thylwyth, teyrngar i'r llwyth: *fond of one's family and relations, loyal to the tribe.*

1752 G. OWEN: *L* 17, Digon gweddol a *thylwythgar* y gwelais i hynny o Gymry a gyfarfum a hwynt yn Lloegr.

tylwythgarwch [*tylwythgar*+-*wch*[1]] *eg.* Hoffter o deulu a thylwyth, teyrngarwch i'r llwyth: *fondness for family and relations, tribal loyalty.*

1914.

tylwythion, gw. **tylwythyn.**

tylwythog [*tylwyth*+-*og*] *a.* A chanddo deulu mawr, a chanddo lawer o blant neu berthnasau; poblog, toreithiog; yn perthyn i'r teulu neu'r cartref, cartref(ol), teuluaidd; ?a chanddo osgordd: *having a large family, having many children or relatives; populous, prolific; domestic, household* (*adj.*), *family* (*adj.*); ?*having a retinue.*

14g. *GIG* 81, Gŵr digrif, gŵr rhif, rhwyf *tylwythawg* [i Ddafydd ap Bleddyn, esgob Llanelwy]. **15g.** *GDID* 41, Caws tew o laethfain, caws *tylwythog* [awdl ddychan Madog Amhadog]. **16g.** *Hop M* 173, mae rhai n credy wrth rhoi r tlawd, pe bai i vrawd *tylwythog* / or diwedd i wastae stor, bai olud jor ne varchog. **1588** *Doeth Sol* iv. 3, *tŷlwythoc* dyrfa (**1988** *ib*. epil toreithiog) yr annuwiol. **1632** *D*, *Tylwythog*, Cui magna est familia, cui plures sunt cognati. **17g.** E. MORRIS: *B* 79, Taleithiau *tylwythog*, holl Frydain fawr oediog. **1723** E. SAMUEL: *PDdC* 83, y Ddinas fawr *Dylwythog* (*populous*) yma. **1754** *Gron* 46, Dyn ydwyf dianwadal, / O serchog, *dylwythog* lin. **1803** *P* d.g. *Tylwythawg*.

Amr.: **tolwythog** [cf. *tolwyth*]. **16–17g.** LLYWELYN SIÔN, &c.: *Gw* 505. **tuylwythog** [cf. *tuylwyth*]. **1567** *LlGG* (*Sall*) 65a, Efe wna ir wraic anblant drigo gyd a thuylwyth [:– vot yn *duylwythoc*].

tylwythol [*tylwyth*+-*ol*] *a.* Llwythol, teuluol; *Biol.* yn perthyn i dylwyth, nodweddiadol o dylwyth, generig: *tribal, familial; generic* (*in biol.*).

1868.

tylwythyn [*tylwyth*+-*yn*[1]] *eg.* (b. -*en*) ll. *tylwythion.* Aelod o deulu, perthynas; (geir.) gwas; (yn y ll.) tylwyth teg: *family member, relative*; (*dict.*) *servant*; (*pl.*) *fairies.*

1772 *W* d.g. *Domestic* [*one in the service and family of a person of distinction*]. Ar lafar, "Os dim *tylwythyn* ginto yn y byd, druan og e!', *GTN* 831.

Cfn.: **tylwythyn teg** (b. *tylwythen deg*; ll. *tylwythion teg*): *fairy.* **1851.**

tylynaf: tylyno, tylyniwr, tylysaidd, gw. **telynaf: telynu, telyniwr, tlysaidd.**

tyll, tyllad, gw. **twll**[1], **tylliad.**

tyllaf: tyllu [bf. o'r e. *twll*[1]] *bg.a.* Gwneud twll neu dyllau (yn), trydyllu, trywanu, gwanu, treiddio drwy, ebillio, cloddio; torri (drwy), rhwygo, hollti; mynd yn bantiog, panylu; hefyd yn *ffig.*: *to make a hole or holes* (*in*), *hole, perforate, stab, pierce, penetrate, bore, dig; break* (*through*), *burst, breach; dimple, pit; also fig.*

12g. *GLlF* 13, Ny chymwyll nep twyll *tyllu* y dor. **13g.** *A* 9. 19, ragorei *tyllei* trwy vydinawr. **13g.** *DB* 53, pan dorro y gwynneu o'r gogoueu hynny y dayar vreu a'r dwfyr yn y *thyllu*, ac o hynny y dygwyd y dayar y mywn ac y llwnc y dwfyr. **14g.** *WML* 104, Y neb a*tyllo* derwen trôydi trugeint atal. **14g.** *T* 65. 1, *tyllynt* tal yscôydaôr rac taleu y veirch. *c.* **1400** *R* 1365. 22–3, Hi [swrcodan] a vu yn *tyllu* nyt tullyn clerôr. **15g.** *BB* 31, Ef a nessa linx . . . ae lymder a*dylla* kedernyt haearnawl ac vn elechawl. **15g.** *GLGC* 500, a'i llyw main yn *tyllu* môr, / a'i dengwart a'i dau angor. **1547** *WS*, Ebilliaw ne *dylly* Bore. **1588** *Luc* vi. 48, [d]ŷn yn adeiladu tŷ, yr hwn a gloddiodd ac a *dyllodd*, ac a osododd ei sail ar graig. **1603** W. MIDLETON: *Ps* 25, Yn wych i lewych ef a olevawdh / Y trwch dowyllwch ef a *dyllawdh*. **1632** *D*, Twll . . . *Tyllu*, Terebrare, perforare. **1759** J. EVANS: *PF* 45, Y Llê chwyddedig a *dylla* (*pits*) os pwysir arno a Bys. **1771** *PDPh* 96, *tyllwch* ddau clust y mochyn. **1771** *W*, *Tyllu* d.g. *To broach a vessel, To drill* [*bore with a drill*]. **1803** *P*. Ar lafar, "Fyddylas i ddim basa'r crotyn yn *tyllu*'i bocad a'i 'en bistol', 'Nw fuon' yn *tyllu* am lo ar y Graig', *GTN* 832.

Amr.: **twllaf**[1]: **twllu. 1864.** Ar lafar yn y De, *Geir Glo* 84.

Cfn.: **tyllu twll:** *to make or bore a hole.* **1588** 2 *Br* xii. 9. Ar lafar, *GTN* 832; hefyd yn ardaloedd chwareli'r Gogledd, '*tyllu twll*' 'Gwneud twll i roi'r powdwr ffrwydro', *B* xx. 386; ac yn yr un ystyr yn y diwydiant glo, *id.* viii. 223 (dwyrain Morg.).

tylledig, tylliedig [bôn y f. *tyllaf*: *tyllu*+-(*i*)*edig*] *a.bf.* Wedi ei dyllu neu ei drydyllu, tyllog: *holed, perforated, holey.*

1800 W. OWEN[-PUGHE]: *CP* 75, gorweddant ar laesodrau coed yn *dylledig* (*perforated*) i leithdra fyned trwodd. **1803** *P* d.g. *Tylliedig*.

tylles [?*twll*[1]+elf. anh.] *eb.* ll. -*au.* Ffau, gwâl, hefyd yn *ffig.*: *den, lair, also fig.*

14g. *B* x. 55, Ffrystyaw y mae ef [draig] y'm llyngku a cheisiaw uyn dwyn ganthaw yw *dylles*. **14g.** *GDG*[3] 289, Cynnwrf mynwes, *tylles* twyll, / Cynnil ddiffoddwraig cannwyll [i'r uchenaid]. **15g.** *CLlG* ii. 216, Ef yw'r Llew o fwy lles, / A daw allan o'i *dylles* [Robin Ddu o Fôn i'r seren]. **16–17g.** *Gesta Rom* 50, vod gan hediaid y nef nythod a chan y llwynogod *dyllesav*. Cf. E. LHUYD: *Par* iii. 126, Langonvyd . . . within it stood nant y *dylles* sometime ye dwelling house of Ma vychan.

tyllfawr, gw. **twll**[2]+**mawr.**

tyllfedd[1], gw. **twll**[1]+**bedd.**

tyllfedd[2] [*twll*[1]+-*fedd* (At.)] *eb.* ll. -*au.* Diamedr mewnol tiwb, silindr, &c.: *bore* (*of tube, cylinder, &c.*), *calibre.*

20g.

tyllfras, gw. **twll**[2]+**bras.**

tyllgorn [?*twll*[1]+*corn*; ?cf. *pillgorn*; ansicr yw'r ystyr yn y dfn. cyntaf isod, cf. *GPB* 81, 'Corn tyllu', efallai, yn hytrach na 'chorn tyllog'] *eg.* yn aml yn yr ymadr. *tyllgorn y gwegil.* Cefn y pen, gwegil; (geir.) trwmped, ratl: *back of the head, nape*; (*dict.*) *trumpet, rattle.*

c. **1400** *R* 1338. 29–30, Adaf rasgyl tôyllgasgyl *tyllgorn* pryuic: lledyr lleidyr aryan clippiedic. *Diw.* **16g.** *B* ix. 121, Croen y penn ar gwallt a chaeadeu yr emennydd a *thyllgorn* y gwegil. **1604–7** *TW* (*Pen* 228), rhann ôl yr ymenydh, nessaf y *dylhgorn* y gwegil d.g. *Cerebellum*. *id.* d.g. *Occipitium* (hefyd *D*). *Dchr.* **17g.** *J* 10, 153b, *Tyllgorn*. hornepipe. Buccina. Sistrum. **1774** *W*, *tyllgorn* . . . y gwegil d.g. *The hinder part of the head.*

tylliad, tyllad [bôn y f. *tyllaf*: *tyllu*+-*iad*[1], -*ad*] *eg.* ll. *tylliadau.* Twll, agoriad, hollt; y weithred o dyllu, ebilliad, trydylliad: *hole, aperture, breach; a holing or boring, perforation.*

c. **1400** *B* v. 22, [*t*]*yllat* yssyd yn y maen . . . A phan uo y mor yn llanw. y lleinw y *tyllat* ar y maen o dwfyr hyt y ymyleu. *Diw.* **15g.** *Pen* 67, 83, o kaewyd drws y koet draw / nad vn *tyllad* yn twyllaw (Hywel Dafi). *c.* **1585** *MCr*, 72, gyfynged oedd y *tyllad*. **1594–6** *HG Cref* 16, Tewion yw *tylhiad* coron dhrain y'm iad. *c.* **1600** *Rhyddiaith Gymraeg* i. 125, A phan ddaüth ef at y kaübrenn . . . ef a edrychawdd drwy *dyllad* i mewn. **1632** *D*, *Tylliad* d.g. *Terebratio*. **1800** W. OWEN-[-PUGHE]: *CP* 16, mal *tylliad* llestyr dyfru. **1803** *P*, *Tylliad*, s. m.—pl. t. *au* . . . A boring, perforation.

tylliedig, gw. **tylledig.**

tylliedydd [bôn y f. *tyllaf*: *tyllu*+-*iedydd*] *eg.* ll. -*ion.* Tyllwr, pwnsh: *borer, punch.*

1780 *W* d.g. *Punch* [*with which holes are made*]. **1803** *P*, *Tylliedyz*, s. m.—pl. t. *ion* . . . A borer.

tyllig [*twll*[1]+-*ig*[2], ond dichon mai *lletyllig* a welir isod] *a.* Wedi ei dyllu neu ei hollti: *holed, breached.*

c. **1400** *YSG* i. 109, Ac ynteu a ogylchynnawd y kaeroed yny gafas y mur yn lle *tyllic* (*percié*).

tyllog [*twll*[1]+-*og*] *a.* a hefyd gyda grym enwol. Ac ynddo dwll neu dyllau, llawn tyllau, wedi ei dyllu, wedi ei ebillio, trydyllog, mân-dyllog; ogofaol, cau; hefyd yn *ffig.*: *holey, full of holes, holed, bored, perforated, porous; cavernous, hollow; also fig.*

12g. *LL* 196, arihit diguairet bet ynyr alarun iniguartha dirmain *tillauc* dir cruc. *c.* **1400** *Études* vii. 68, Y neb y bo idaw wyneb cnodic *tyllawc* lletynvyt vyd ac anghyflyryus a geuawc. **15g.** *DN* 64, Gwna pwys dy wayw oll gann pais *dylloc*. **1588** *Hag* i. 6, a'r hwn a ymgyflogo sydd yn casclu cyflog i gôd *dylloc*. **16g.** *Def Hen* 64, dyfnion ychneidion *tyllog* (*hollow*) [yn uffern]. **1606** E. JAMES: *Hom* ii. 231, hwy . . . a gloddiasont iddynt eu hunain byllau *tyllog* y rhai ni ddalant ddim dwfr ynddynt. **1632** *D*, Twll . . . *Tyllog*, Perforatus, cauernosus, multicavus. **1743** D. ROWLAND: *T* 102, Gwisg o Frethyn *tyllog* ammherffaith jawn. **1770** *W* d.g. *Bored, Foraminous.* **1787** (**1812**) TWM O'R NANT: *PG* 22, Cysgod crefydd, gwisgiad cry', sy'n hardd fantellu'r *tyllog*. **1803** *P* d.g. *Tyllawg*. Ar lafar, '*tyllog*' 'full of holes', 'hen go' *tyllog*', *WVBD* 558; '*tyllog*' 'llawn o dyllau', *GTN* 832.

Amr.: **twllog. 1672** R. PRICHARD: *Gw* 555. **twlliog** [*twll*[1]+-*iog*]. **1899.**

tyllogrwydd [*tyllog*+-*rwydd*] *eg.* Mân-dylledd: *porosity, porousness.*

1780 *W* d.g. *Poriness.* **1803** *P*.

tyllt[1,2], gw. **tywalltaf: tywallt, tylt.**

tylluan, dylluan, *eb.* ll. -*od. Adar.* Unrhyw un o amryw fathau o adar ysglyfaethus o urdd y *Strigiformes*, ac iddynt lygaid mawr, pig fechan grom, a gwddf byr, gwdihŵ, hefyd yn *ffig.*: *owl, also fig.*

14g. *WM* 109. 27–32, Sef yô blodeuôed *tylluan* ieith yr aôr honn. Ac oachaôs hynny ymae digassaôc yr adar yr *tylluan* [*sic*]. Ac ef a elôir etôa y *dylluan* yn blodeuôed. **14g.** *GDG*[3] 75, Hyn a'm deffry, ni hunais, / Cân y *dylluan* a'i llais. **15g.** *DN* 8, Eryr wyd ar wŷr hyd eryrod. / Hwyntav'n y llwynav yw *tyllyanod* [i Rys o'r Tywyn]. **15g.** *GGl*[2] 209, Llawer a'th eilw'n *ddylluan*, / Ac yn y Brut dwg enw brân [i ddychanu Dafydd ab Edmwnd]. **1547** *WS*, *Dulluan* An owle. *id.* *Tylluan* An houle. **1588** *Lef* xi. 17, Ac aderyn y corph, a'r fulfran, a'r *ddylluan*. **1604–7** *TW* (*Pen* 228), *Tylhuan* glustioc d.g. *Noctus Amita.* **1632** *D*, *Dylluan*, & *Tylluan*. Bubo, glaux. *c.* **1730** *Taith C* 166, yr oeddwn i yn ddeffugiol, yn gysglud, a chyn dylotted a'r *Ddullian*. **18g.** *Pant* 19, 96, *Dyllhuan* glustiog, the short eared owl. **1776** *W*, *dylluan, tylluan* d.g. *Owl.* **1803** *P* d.g. *Dylluan*.

Amr.: **calluan** [dan ddyl. yr a. *call*]. Ar lafar, 'yr hen *galluan*', *TGG* (1904) 43 (Morg.). **dalluan** [dan ddyl. yr a. *dall*]. **1617** *Minsheu* 342a, *Dallhuân* d.g. *An Owle.* **dyallaan. 1693** *Arch Camb* (1860) 239. **1716–18** *Llsgr R. Morris* 60. **twylluan** [dan ddyl. yr e. *twyll*[1]]. *Diw.* **15g.** *Pen* 67, 26. **1547** *WS*. **1688** *TJ*. Cf. *Pen* 112, 291, hvan dwyll.

tylluanaidd, dylluanaidd [*tylluan, dylluan*+-*aidd*] *a.* Tebyg i dylluan, fel tylluan: *owl-like, owlish.*

1858.

Amr.: **dalluanaidd** [cf. *dalluan*]. **1861.**

tyllwedd, &c. [ansicr yw ff. a thrdd. y gair hwn] *eb.* Cytgord, cydfod, heddwch, distawrwydd, gosteg; ernes, gwarant, sicr-

had (rhag colled, &c.), llw (dros heddwch neu ddistawrwydd); hefyd yn *ffig.*: *concord, harmony, peace, silence, proclamation* (*of silence*); *pledge, security, indemnity, oath* (*of peace or silence*); *also fig.*

12g. *GCBM* i. 21, Maỽrwledic maỽrwlat *tyllued*. **12–13g.** *GMB* 397, Reit yỽ ynn dillỽng *tyllued*—pressent. **13g.** *GDB* 565, Yr y archolleu, doll gan *dillued*. **13g.** *LlI* 13, Ef a dele kemryt *tyllued* e gan e genedel am archolledyc o byd marv o'r uedegynyaeth a wnel ef. *id.* 45–6, Guedy henne e dodyr *tellued*: sef yu henne, gostec ar e maes. Puybynnac a torro e *tellued* honno, teyr buv camluru a tal. **13g.** *LlC* 16, E try oet e deleyr galanas . . . deuoet y kenedyl e tat ac un o kenedyl e uam . . . ac ena kymody a bot *telluet* tragywydaul e reghunt. **13g.** *D Col* 23, O deruyt y dyn guneuthur medegynyaeth . . . kemeret *telluet* am a gunel, ac onys kymer dywyget a wnel. *id.* 40–1, O deruyd y dyn rody *telluet* y arall a guedy hynny mennu y guadu . . . deleu [*sic*] guadu *telluet* val y guater bryduv. **13g.** *LlDW* 76–7, achymot tragywydaul . . . a *thyllued* tragywydaul y rygthunt. **14g.** *Cy* xvii. 143, kymeret *dyllwed* y mach ar y ober. **15g.** *LTWL* 457, Si contencio fuerit de aliqua re, primo datur fideiussor, postea fit kytestiaith, deinde *tellued*, tandem iudicium. **15g.** (**17g.**) *AL* ii. 578, ail yw torri *tylluedd* rhwng deu ddadleuwr. **1753** *TR*, *Tellwedd*, and *Tyllwedd* . . . A proclamation in court when the cryer commands silence. It is used also for security given by the relations of a sick person to the physician, or by the owners of distemper'd cattle to the farrier, that they will not enter an action at law against the physician or farrier, in case that sick person or those cattle should die. **1780** *W*, *tellwedd* d.g. *Proclamation*. **1803** *P*, *Tellwez*, s. f. . . . a release, or indemnity, in law.

tyllwr, tyllydd [bôn y f. *tyllaf*: *tyllu*+*-wr*, *-ydd*[3]] *eg.* ll. *tyllwyr, tyllyddion*. Person, anifail, neu beth sy'n tyllu neu'n ebillio: *holer, borer*.

1604–7 *TW* (*Pen* 228), *Tylhwr* d.g. *Cauator*. **1803** *P*, *Tyllwr*, s. m.—pl. *tyllwyr* . . . One who bores a hole. *ib.* *Tyllyz*, s. m.—pl. t. *ion* . . . A borer. Ar lafar, '*tyllwr*' 'a borer', *GTN* 832.

Cfn.: *Adar.* **tyllwr y coed:** *green woodpecker, Picus viridis*. **1725** D. LEWIS: *GB* 193.

tyllyr [bôn y f. *tyllaf*: *tyllu*+*-yr*] *eg.* ll. *-on*. Offeryn blaenfain a ddefnyddir i wneud tyllau yn y ddaear ar gyfer plannu neu drawsblannu, pren plannu: *dibble, dibber*.

1839.

tyma, tymbarîn, tymblaf: tymblo, gw. **dyma, tambwrîn, twmblaf: twmblo.**

tymblan, tymblen, tymbler, tymbliaf: tymblio, gw. **twmbler, twmplen, twmbler, twmblaf: twmblo.**

tymdwyraf: tymdwyro, tymddwyraf: tymddwyro, gw. **twymdwyraf: twymdwyro.**

tymentiaf: tymentio, gw. **tormentiaf: tormentio.**

tymer[1], tymyr[2] [bnth. dysg. Llad. *temperiēs*; dichon fod rhai enghrau. o *tymyr*[1] wedi eu cynnwys isod] *eb.g.* ll. *tymherau, tymheroedd*, a hefyd gyda grym ansoddeiriol.

(*a*) Hwyl (ddrwg), temper, anian, natur, tueddfryd; cymedroldeb, sobreiddiwch, hunanfeddiant: (*bad*) *temper, mood, temperament, nature, disposition*; *moderation, temperance, self-possession*.

13g. *C* 31. 7–8, Ni vir drud. nid yscrid iny *timhyr* (*R* 1158. 20, *tymher*). **15g.** *GLGC* 295, Trimeib aur, trwm bas, / *tymyr* Syr Tomas. **1599** (**1677**) R. HOLLAND: *AB* 6, A pha fath *dymmer* o galon y dyle ddyn weddio? **1606** E. JAMES: *Hom* i. 175, Hefyd arferwn sobredd, a chymmedrolder a *thymmer* dda wrth fwytta ac yfed. **1632** *D*, *Tymmer*, Temperamentum. **1711** TP: *CG* 31, megis pan bytho dyn yn breuddwydio ynghylch yr hyn a fytho ei feddylfryd arno'r dydd o'r blaen neu'n tarddu oddiwrth ei *dymherau* naturiol. **1722** *Llst* 189, *Tymmer*. f.p. *Tymmherau*. Temper, temperament, humour, state. **1728** *GMJ* 113, cai cynheddfau duwiol barhau i fod yn yr un enaid, gydâ'r gwrthwyneb *dymeroedd* pechadurus, fel y maent tan ddeddf grâs. **1775** *W*, *Tymmer* d.g. *Kidney* [*disposition, cast, &c.*], *Mood* [*temper, disposition, &c.*]. **1803** *P*, *Tymher*, s. m. . . . Temperament. Ar lafar, '*tymar* aflonydd, afrywiog, ddrwg, wyllt', *WVBD* 558 (ll. *tymhera*); '*tymar* wyllt', *GTN* 832.

(*b*) Hinsawdd, tywydd, cyflwr (hinsawdd, &c.); tymheredd: *climate, weather, state* (*of climate, &c.*); *temperature*.

c. **1400** *R* 1155. 13–14, Pymhet yny perued neb nys kyuanheda. ydeu oboptu ydyuu *tymer* da. Gỽres odyhỽnt ac oeruel odyma. **1567** G. ROBERT: *GC* 2, Canys yno [Cymru], er poethed fai'r *dymyr*, ef a gaid esmwythdra, a diddanwch i bob bath ar ddyn. **16–17g.** T. R. ROBERTS: *EP* 99, Ffrom hin noeth, erwin ni thyr, / Ffair y Dom, ffei o'r *dymmyr*. **1604–7** *TW* (*Pen* 228), y *dymyr* garw [*sic*] d.g. *Tempestas*. *id.* Ceiliawc yr y *dymer* d.g. *Triton*. **1612** *LlP* 167, Diolch i Dduw a'm [*sic*] *dymyr* têg. *c.* **1762–79** W. WILLIAMS: *P* 94, Nis tal dweud yntau i Dduw greu ymhob Gwlad Greaduriaid addas i'w *thymmer*, boed oer neu wressog. **1766** *CD* 64, Wrth, rodio gwlad ddifŷr, y Gogledd gu eglur, / Ar dwymŷn lon *dymur*, yn brysur heb rus. **1800** W. OWEN[-PUGHE]: *CP* 82, yn dibynu ar faint a chryfder y cywer à arferir, *tymher* yr hîn (*state of the atmosphere*), a phoethder y llaeth pan rodder ynghyd. *id.* 109, y llaeth wedi tynu ei hufen á ddylid ei ferwi, ac ei adel i sefyll nes oero i *dymher* un y fuwch. Ar lafar, '*tymar* gwaed' 'blood-heat', *WVBD* 558.

(*c*) Y radd o galedwch, ystwythder neu hydwythedd a roddir i fetel o'i dymheru, temper; cyflwr neu ansawdd (priodol), addasrwydd: *temper* (*of metal*); (*proper*) *condition or quality, suitability*.

1683 H. EVANS: *CTF* 4, 'Rhyn a wnaer i maes o amser, / Sydd ddi-flâs, heb dôn na *thymmer*. *id.* 29, Hallta ei flynyddoedd tyner; / 'Nol ei *Dymmer* blassa'r llester. **1725** D. LEWIS: *GB* 72–3, [b]od yn ddiolchgar iddo am . . . [g]ynnal yr Awyr hon yn ei hiawn *Dymmer*, er cymmaint o Darth afiach yn wasdadol sy'n dyrchafu i fynu iddi. **18g.** E. T. RHYS: *DA* 152, Ni chaed erioed ar ddur / Fath *dymher*, dyma'r gwir. [**1761**] *GGJ* 70, I wneud Cleddyf . . . or fath *Dymmer* fel y galloch Dor[r]i Haiarn ac ef. **1800** W. OWEN[-PUGHE]: *CP* 45, Mae genyf ddarn arall o chwech erw . . . yn gywir o un *dymher* (*temper*) a defnydd. Ar lafar, ''Wi'n ffaelu'n deg cal *tymer* ar yr ardd' (canolbarth Cered.).

Fel *a.* (yn y radd gmhr.) ?Mwynach: *milder*.

18g. *LlrC* 24, 335, a hwnw y fydd lax y sy *dymerach* no'r llall.

Amr.: **temer.** **1547** *WS*. **1604–7** *TW* (*Pen* 228) d.g. *Temperies*. **1711** H. POWEL: *TY* 22. *c.* **1762–79** W. WILLIAMS: *P* 613. **tymor[2]** [?neu ddefnydd ffig. ar *tymor*[1]]. **1712** T. WILLIAMS: *CDdG* 67, [y] *tymmor* meddwl canmoladwy hwnnw [*that admirable Temper of Mind*]. Ar lafar, '*tymora*' 'moods', *GTN* 832.

Cfn.: **tymer ddrwg:** *bad temper*. **1814.** Ar lafar, *GTN* 832.

Gw. hefyd **temper.**

tymer[2], gw. **tymyr[1].**

tymeredig [*tymer*[1]+*-edig*] *a.* ?Wedi ei sesno neu ei flasuso: *seasoned* (*of food*).

c. **1400** *RM* 120, or gỽenith hỽnnỽ y mynnaf i gỽneuthur bỽyt a llynn *tymeredic*.

tymereiddrwydd [*tymer*[1]+*-aidd*+*-rwydd*] *eg.* Cymedroldeb: *temperance, moderation*.

c. **1585** *MCr* 93, Doethineb, Cyfiawnder, Grymyster, *Tymeraiddrwydd* (*Temperance*). *id.* 120, *Tymeraiddrwy*[*dd*] (*temperance*) yw rinwedd y ffrwyno chwant y cnawd. **1604–7** *TW* (*Pen* 228) d.g. *Moderatio*. **1803** *P*, *Tymhereizrwyz*, s. m. . . . Temperateness.

Amr.: **temereiddrwydd** [cf. *temer*, amr. ar *tymer*[1]]. *c.* **1585** *MCr* 118.

tymerfesurydd [*tymer*[1]+*mesurydd*] *eg.* Thermomedr: *thermometer*.

1814.

tymeriadur [*tymer*[1]+*-iadur*] *eg.* ll. *-on*. Thermomedr: *thermometer*.

1934.

tymerusrwydd [*tymherus*+*-rwydd*] *eg.* Yr ansawdd neu'r cyflwr o fod yn dymherus (am hinsawdd, &c.), mwynder; mwyneidddra (cymeriad), cymedroldeb: *temperateness* (*of climate, &c.*); *mildness* (*of character*), *temperance, moderation*.

1632 *D*, *tymmerusrwydd* d.g. *Temperies*. **1672** J. LANGFORD: *HDdD* 79, Ymegniwch gan hynny i ddwyn eich Heneidiau i'r *tymmerusrwydd* tyner (*melting temper*) hwn. **1794** *W* d.g. *Temperateness*. **1803** *P* d.g. *Tymherusrwyz*.

tymestl, temestl [bnth. Llad. *tempestās*] *eb.g.* ll. *tymhestloedd, tymhestlau, temhestloedd, temhestlau*. Storm, drycin; gwynt cryf (o gryfder 8 neu 9 ar raddfa Beaufort); hefyd yn *ffig.*: *storm, tempest*; *gale* (*on Beaufort scale*); *also fig.*

12–13g. *GLlLl* 132, Naf eryr, teyrn rac *tympestyl*—kedeyrn. **13g.** *GDB* 51, Briỽgalch y rodaỽc o ryw *tymhestyl*—cat. **13g.** *DB* 59, Gwynnyeu y deheu a wnant y *tymestleu* (*tempestates*) muyhaf en e mor, canys o issel y chuythant. **13g.** *Llst* 1, 93, Ac eny oes ef e dechrewys e *tymhestyl* aorvc dyocletyan amheravdyr ar e crystonogyon. **13g.** *BD* 109, E rei a uynnont gochel y ueint *tymestyl* honno a lauuryant o'e dirgely o amraualyon gudedygaetheu. **14g.** *BT* 137, Blwydyn wedy hyny ybu diruawr varwolaeth . . . ar *dymestyl* hono aladawd aneiryf or bobyl. **1346** *LlA* 158, mi annuon/naf *tymestloed* arnaỽch. *c.* **1400** (*SG*) *HMSS* i. 425, ef aglywei drwst y marchawc yndyuot trwy y fforest megys *tymestyl* uawr. *c.* **1400** *Études* vii. 310, eli mawrweirthawc . . . a aruerir . . . yn erbyn amryw *dymhestloed* o gleuytyeu. **1595** H. LEWYS: *PA* 77, llawer o *demestloed*' rhyferthawc, enbydus. **1632** *D*, *Tymmestl*, Tempestas, procella. **1691** T. WILLIAMS: *YB* 108, ar ol holl *demestlau* creulon y byd trafferthus afrywiog. **1701** E. WYNNE: *RBS* 36, cadw hi [yr Eglwys] mewn . . . Undeb a Diogelwch ym mhôb *Temhestl*. **1761** *ML* ii. 313, Hi wnaeth yma *demestl* fawr nos Sul diweddaf. **1803** *P* d.g. *Tymhestyl*.

Amr.: **temest.** **1547** *WS*. **1604–7** *TW* (*Pen* 228) d.g. *Tempestas*. **1672** R. PRICHARD: *Gw* 325. **temystl** [dichon mai *te-* ≡ *ty-* yn yr engh. gyntaf]. **13g.** *DB* 57, *temystyl*. **16g.** *Yst Kym* 70. **tempestl** [dan ddyl. Llad. *tempestās*]. **1567** *TN* 25b.

tymestlogrwydd [*tymhestlog*+*-rwydd*] *eg.* Yr ansawdd neu'r cyflwr o fod yn dymhestlog neu'n stormus, hefyd yn *ffig.*: *tempestuousness, storminess, also fig.*

1770 *W* d.g. *Boisterousness*.

tymheraf: tymheru [bf. o'r e. *tymer*[1]; ?cf. H. Lyd. *temperam*, gl. *condio*, Llyd. C. *temperaff*] *bg.a.*

(*a*) Cymedroli, lleddfu, lliniaru; ffrwyno, rheoli, llywodraethu: *to temper, moderate, mitigate, mollify*; *restrain, regulate, control*.

1604–7 *TW* (*Pen* 228), *temheru*, cyfartalu d.g. *Tempero*. **1606** E. JAMES: *Hom* ii. 207, gallwn ddyscu ein *tymmheru* ein hunain, ac attal ein hanghymmedrol naws yn y mesur a ordeiniodd Duw. **1615** R. SMYTH: *GB* 272, llais i delyn, a oedd yn . . . *tymeru* phromder crevlondeb a gvvlltineb brenin Saul. **1632** *D* d.g. *Comprimo, Modero*. **1661** E. LEWIS: *Drex* 122, Y mae ef yn *tymmheru* ac yn pereiddio newyn a syched. **1719** *TDP* 96, megis ac y gwyr y Crochenydd pa faint a gynwys ei Lester efe, ac a *dymera* y maintioli or Clai yn ol hynny. **1770** *W* d.g. *To attemper*. **1779** T. JONES: *PS* 15, attal a *thymheru* ein deisyfiadau cnawdol. **1803** *P*, *Tymheru* . . . to mollify.

(*b*) Trin (metel) drwy ei boethi ac yna ei oeri mewn hylif nes iddo gyrraedd cyflwr priodol o galedwch a hydwythedd, tempro, anelio; tempro (clai, morter, &c.), cymysgu, cyfuno; paratoi, gwneud yn addas: *to temper or anneal* (*metal*); *temper* (*clay, mortar, &c.*), *mix, blend*; *prepare, make suitable*.

1615 R. SMYTH: *GB* 31, yna y cymerant [gwenoliaid] lvvch, ag ai *tymerant* a'r dvvr, ag a ddvvbiant i priciau ag yn y modd yma y gvvnant i nythod yn grvvnion. *id.* 172, nid ynt yn arbed iro a gvvenvvyn torsiau a chanvvyllau ai *tymeru*, 'n y cyfryvv fodd fal fod yn unig i savvyr ai aroglau yn lladd. **1620** *Esec* xiii. 10, un a adeiladai bared, ac wele eraill yn ei briddo â chlai heb ei *dymmheru*. **1632** *D*, Pŷg . . . a *dymmherer* â chwyr a halen d.g. *Zopissa*. **1703** E. WYNNE: *BC* 47, a dygwch beth o'r dwfr hwnnw i *dymmeru*'r clai at ail uno y rhwyg accw. **1707** S. WILLIAMS: *ADA* 10, Y Brethyn a liwir yn wlan a geidw ei liw oreu, a'r llestr a geidw arogl y gwlybwr hynny hwyaf a'r hwn y *tymherir* ef gyntaf. [**1761**] *GGJ* [1], Athrawiaeth i'r Hwsman pa fodd . . . i *Dymmheru* Arfau Miniog . . . i wneud i Mîn barayn [*sic*] dda. *c.* **1762–79** W. WILLIAMS: *P* 134, Y mur mawr rhwng China a Thartary . . . wedi ei hadeiliadu o Bricks a Mortar wedi ei *dymeru* cystal, fel mae hi nawr wedi sefyll daunaw cant mlynedd. **1798** *WR*, *tymheru* trwy wres d.g. *Neal*. **1800** W. OWEN[-PUGHE]: *CP* 9, ansawdd y tîr . . . drwy y maint o ddefnydd calchaidd y *tymherasid* (*impregnated*) gynt. **1801** *MMf* 96, Cymmer ddryll o surdoes trasur, yr un bwys o ferman . . . *tymmhera* nhwy ynghyd.

(*c*) Cynhesu (am yr haul); mwyneiddio (am hinsawdd neu dymheredd), cymedroli (am wres, &c.): *to heat* (*of the sun*); *become mild* (*of climate or temperature*), *moderate* (*of heat, &c.*).

Diw. **15g.** *Pen* 53, 17, fynawn gwres yn awyr a fynawn glwbwr [*sic*] ay *tymhera*. **1657** *MLl* ii. 114, Mawr yw'r Haul. y Blaned freiniol / . . . / Yn *tymheru* 'r

holl Blanedau. **1686** T. JONES: *Alm* [32], Gobeithio fod y sychder mawr wedi *Tymheru*, neu Gymhedroli peth. **1725** D. LEWIS: *GB* 143, Nid oes gormod o Foroedd . . . gogyfer a . . . [*th*]*ymheru* Oerfel un Wlad, neu Wres un arall. **1774** H. JONES: *CH* 2, Amser gwanwyn, yn ol i'r hin *dymmheru* a'r ddaear ddechrau cynnhesu. **1784** M. WILLIAMS: *S* i. 231, mae'r aer yn iachus, ac yn cael ei *thymheru* gan awelon hyfryd o wynt o'r môr.

(*d*) Sesno, blasuso, hefyd yn *ffig.*; cadw (bwyd) rhag pydru: *to season (food), also fig.; preserve (food).*

1588 *Col* iv. 6, Bydded eich ymadrodd yn raslon bob amser wedi ei *dymheru* â halen. **1632** *D* d.g. *Condio.* **1725** *SR* d.g. *Confect, or preserve.* *c.* **1740** *LlM* [44], gwnewch hwy i fynu mewn Ymenyn a Phêr Lysiau melysion, pereiddiwch a *thymmerwch* hwy. **1759** J. EVANS: *PF* 16, Pôb Ymborth . . . wedi ei *dymmheru*'n uchel (*high-seasoned*) sydd afiachus. **1800** W. OWEN[-PUGHE]: *CP* 93–4, rhwbiwch yn ei blith gymmaint o halen ag y dybioch ai *tymhera* (*will season it*).

Amr.: **temheru** [cf. *temer*, amr. ar *tymer*[1]]. **1604–7** *TW* (*Pen* 228) d.g. *piperatus, Tempero.*

tymheraidd [*tymer*[1] + *-aidd*] *a.* Cymedrol, ymatalgar; mwyn (am dywydd), tymherus; oriog: *temperate, self-restrained, moderate; mild (of weather), temperate; temperamental.*

1650 *TBM* 707, A phob peth di-feth di fod / *Dymheraidd*, nid amharod [marwnad Siân Meurig gan Watgyn Clywedog]. **1672** R. PRICHARD: *Gw* 211, Rho di râs inn' Arglwydd sanctaidd, / Gymryd pôb bwyd yn *dymheraidd.* **1792** M. WILLIAMS: *BM* [13], Tywydd *tymheredd* ar ddechreu 'r mis. **1803** *P, Tymheraiz* . . . Temperamental.

tymheredd [*tymer*[1] + *-edd*[1]] *eg.b.* ll. *tymereddau.*

(*a*) Cymedroldeb, sobreiddiwch, hunanfeddiant; anian, natur, tueddfryd: *moderation, temperance, self-possession; temperament, nature, disposition.*

1568 MORYS CLYNNOG: *AG* 55, y pedair prif rinwe[dd], pwy[ll]edd, gry/mhysedd, cyfionedd, *thymheredd* [*sic*]. *id.* 63, *Tymheredd*, temperantia. **1618** J. SALISBURY: *EH* 277, Felhy'r neb a fo gantho Rinwedh, megys *Tymheredh*, er sampl; ef a ymprydia yn hawdh. *id.* 286, *Tymheredh* sy'n attal, ag yn lhywodraethu'r chwantau. **1632** *D, Tymmheredd* d.g. *Temperatura.* **1670** J. HUGHES: *AP* 10, Y Pedair rhinwedd Cardinawl . . . *Tymeredd.* **1722** *Llst* 189, *Tymmheredd.* f.p. *mhereddau.* as Tymmer. **1764** DEWI NANTBRÂN: *CB* 70, *Tymmheredd* sydd yn dyscu i ni reoli, i attal, ac i ffrwyno 'n chwantau afreolus. **1794** *W* d.g. *Temp[e]rament* [*the state, habitude, or constitution of a body with respect to the proportion of it's humours, elements, &c.*].

(*b*) Gradd gwres mewn corff, sylwedd, &c., mesur o'r radd hon o wres: *temperature.*
1831.

tymherfryd, gw. **tymer**[1] **+ bryd.**

tymheriad [bôn y f. *tymheraf*: *tymheru* + *-iad*[1]; ansicr yw union ystyr rhai o'r enghrau. isod] *eg.* ll. *tymeriadau.*

(*a*) Anian, natur, tueddfryd; cymysgiad, cyfuniad; y weithred o sesno, sesnin; cyweiriad, paratoad; (geir.) y weithred o dymheru, temprad: *temperament, nature, disposition; a mixing or blending; a seasoning (action and substance); a setting in proper order or condition, preparation; (dict.) a tempering.*

16–17g. *B* v. 29, A phwy bynac a bhynno dhwyn ariandlws telyn neu grwth; rhaid idho . . . [dh]osparthv . . . [p]ob symvdbha ar *demheriad* a chyweirdant. **1632** *D, tymmheriad* d.g. *Conditio, Conditus, Mistura.* **1677** C. EDWARDS: *FfDd* 352, y puryd ffrwythlon, a gafodd gynhaiaf da, a *thymheriad* iawn. **1716** E. SAMUEL: *GGG* 133, Nid yw Jechyd ddim ond jawn *dymmheriad* rhannau'r Corph (*just temperature of the parts of the body*). **1722** *Llst* 189, *Tymmheriad.* m. Confection, a tempering, seasoning. **1728** *GMJ* 121, Mi a allaf gael fy ad-ddychwelyd er bod fy holl *dymheriad*, yn ymddangos i fod wedi ymosod fel hyn ar ddrŵg. [**1783**] *W* d.g. *A seasoning.* **1803** *P, Tymheriad*, s. m.—pl. t. *au* . . . A tempering.

(*b*) Tymheredd: *temperature.*
1831.

Amr.: **temheriad** [cf. *temer*, amr. ar *tymer*[1]]. **16–17g.** *B* v. 29. **1604–7** *TW* (*Pen* 228), *temheriat* petheu ghyt d.g. *Admistio.*

tymherog [*tymer*[1] + *-og*] *a.* Drwg ei dymer, oriog: *bad-tempered, temperamental.*
1830.

tymherus [*tymer*[1] + *-us*; cf. hefyd *temprus, temperus*; ansicr yw union ystyr yr engh. gyntaf yn adran (*b*) isod] *a.*

(*a*) A nodweddir gan fwyneidd-dra (am hinsawdd, &c.), mwyn, cynnes, tymhorol, hefyd yn *ffig.*; mewn cyflwr priodol, addas, cyfleus: *temperate (of climate, &c.), mild, warm, seasonal, also fig.; in proper condition, suitable, convenient.*

1545 *CM* 1, 133, oherwydd bod vennws A luwn or vn natturie . . . bydd constelashiwn ac amser *tymherus.* **1592** S. D. RHYS: *Inst* [xix], na chebhais nemor o gybhlawn na *thymhêrus* adec nac amser . . . i 'alhu cwplâu a' pherpheithio y Lhybhran yma. **1606** E. JAMES: *Hom* ii. 19, os chwennychwn gael tywydd *tym-mherus*, ac felly mwynhau ffrwythau y ddayar. *c.* **1658** R. VAUGHAN: *E* [vi], ffrwyth *tymerus* (*seasonable fruit*). **1672** R. PRICHARD: *Gw* 164, Hinon dempraidd, gwrês cymmedrol [:– *Tymmherus*]. **1696** *CDD* 280, Carol Haf, yn annog i glodfori Duw . . . Iw ganu ar ol Gaia *tymherus.* **17–18g.** O. GRUFFYDD: *Gw* 14, Mae'r awyr yn iachus, a'r tir yn *dymherus.* **1725** D. LEWIS: *GB* 278, Y mae'r Ddaear . . . yn cael ei dosbarthu yn bum Rhan; sef un Rhan Boeth . . . dwy Ran *Dymherus*; a dwy Ran rewlyd. **1763** R. THOMAS: *HR* 45, Yr oedd hyn mor *dymmerys* i'm Henaid ac yw'r cynnar a'r diweddar-Law yn ei amser: can's teimlais Wirionedd ei Eiriau ef trwy brofiad alaethus. **1800** W. OWEN[-PUGHE]: *CP* 28, Gwellt ac ŷd yn amser eu tyfiad â ddysychant ogylch hanner eu pwys o ddwr beunydd, o bydd yr hîn yn *dymherus.* Ar lafar, '*tymherus*' 'warm, temperate . . . in good condition (of soil), not too dry not too wet', *WVBD* 558.

(*b*) Cymedrol, ymatalgar; mewn cywair da (am hiwmorau'r corff, yn ôl ffisioleg yr Oesoedd Canol): *moderate, self-restrained, temperate; well-ordered (of bodily humours, according to medieval physiology).*

16g. HUW CORNWY, &c.: *Gw* 200, Teg yw'r tâl fal Absalon: / *tymerus* wyd am aur Siôn. **1615** R. SMYTH: *GB* 269, fod Alexander favvr gvvedi i gyfansoddi o natur gystal, ag mor *dymerys* (*de telle harmonie & temperament d'humeurs*), megis fod i anadl ef yn aroglu mal Balm. **1620** *Tit* i. 8, yn sobr, yn gyfiawn, yn sanctaidd, yn *dymmherus* (**1588** *ib.* yn ddianllad; **1988** *ib.* yn feistr arno'i hun). **1632** *D, Tymmherus*, Temperatus. *id.* d.g. *Continens, Modestus.* **1672** J. LANGFORD: *HDdD* 283, nid yw galw ûn yn ynfyd ond máth *dymherus* ar wradwyddo. **1746** G. JONES: *HWI* iii. 120, Ni a ddylem fod yn syml, yn sobr, a *thymherus* yn ein Lluniaeth. **1755** *ML* i. 380, byw'n *dymherus* ag ymattal oddiwrth wîn. **1794** *W*, Cymmedrol, *tymmherus* d.g. *Temperate.* Ar lafar, '*tymherus*' 'good-tempered', *WVBD* 558.

(*c*) Drwg ei dymer: *bad-tempered.*
1921.

tymherwch [*tymer*[1] + *-wch*[1]] *eg.b.*

(*a*) Anian, natur, tueddfryd; mwyneidd-dra (cymeriad), tynerwch: *temperament, nature, disposition; mildness (of character), tenderness.*

1658 R. VAUGHAN: *PES* 2, heddychrwydd fy *nhymerwch* llonyddol fy hun. **1658** R. VAUGHAN: *PS* 209, Pechod . . . a guria yr enaid . . . gan roddi ei hysgwydd allan or cymal; ar Corph allan oi *dymerwch.* **1672** J. LANGFORD: *HDdD* 199, gâd i mi . . . dy dynghedu di trwy'r holl *dymherwch* (*tenderness*) a'r cariad sydd ddledus arnati i anrhydedd Duw. **1741** *CAG* 121, Cariad a *thymerwch* tu ag at eich Cyd Greaduriaid.

(*b*) Tymerusrwydd (hinsawdd, &c.), mwyneidd-dra; tymheredd: *temperateness (of climate, &c.), mildness; temperature.*

1779 M. WILLIAMS: *BM* 4, Y *tymherwch* yn ganolig rhwng gwres ac oerfel. **1784** M. WILLIAMS: *S* i. 66, Mae'r wlad hon yn ddedwydd am *dymherwch* ei hardaloedd, yr awyr ond yn anfynych yn gymmylog.

tymhestlaf: tymhestlu [bf. o'r e. *tymestl*] *bg.a.* Bod neu fynd yn stormus, codi'n storm, rhuo (am storm), brochi; cynhyrfu, cyffroi; hefyd yn *ffig.*: *to be(come) stormy, roar (of storm), bluster; agitate, stir up; also fig.*

13g. *Llst* 1, 43, gwynhyev gwrthwynep en chwythv ac en *tymhestlv* e weylgy ac en gwascarv ev lloghev y amravaelyon traethev. **1657** *MLl* ii. 110, Gwyr yr Hwsmon fod lloer newydd / . . . / Ar yr awyr yn *tymhestlu.* **1658** R. VAUGHAN: *YPS* 31, pan fyddo ffafor ddynol yn chwthu oddiwrthym, ar Gallu amserol . . . yn *Tymestlu* arnom, dyna dywydd da a ddalo mlaen am y nefoedd. **1722** *Llst* 189, *Tymmhestlu.* To storm. **1770** *W* d.g. *To bluster* [*as the wind*], *To* [*blow a*] *storm.* **1803** *P.*

Amr.: **temhestlu** [cf. *temestl*; tebyg mai ff. orgraffyddol yw'r engh. gyntaf isod]. **13g.** *Llst* 1, 42. **1604–7** *TW* (*Pen* 228) d.g. *perhorresco.*

tymhestlawn [*tymestl* + *-lawn*] *a.* Tymhestlog, stormus: *tempestuous, stormy.*

13g. *BD* 49, [g]wynt *tymestlavn* (*RB* ii. 87, tymhestlaὐl).

tymhestlog [*tymestl* + *-og*] *a.* A nodweddir gan dymestl neu dymhestloedd, stormus, brochus, hefyd yn *ffig.*: *tempestuous, stormy, blustery, also fig.*

1567 *LlGG* (*Sall*) 62a, Can ys dywait ef ac a gyfyd wynt *tempestloc*, ac y dderchа ei donheu. **1620** *Act* xxvii. 14, cyfododd yn ei herbyn hi wynt *tymhestlog* (**1588** *ib.* tymhestl-wynt), yr hwn a elwir Euroclydon. **1632** *D, Tymmhestlog*, Tempestuosus, Procellosus. **1632** J. DAVIES: *LlR* 258, y mae Esai yn cyffelybu eu cyflwr hwy i fôr *tymmhestlog* aflonydd. **1658** R. VAUGHAN: *PES* 2, y cyfriw rawd anwybodawl o bobloedd *dymestlawg.* **1701** E. WYNNE: *RBS* 35, yn ynfyd gan ryfyg . . . yn *dymhestlog* (*disturbed*) o ddigllonedd. **1790** T. JONES: *TOS* 26, Beth sydd yn gosod terfyneu i ddyfroedd *tymmhestlog* y moroedd mawrion? **1803** *P* d.g. *Tymhestlawg.*

Amr.: **temhestlog** [cf. *temestl*]. **1604–7** *TW* (*Pen* 228) d.g. *Tempestuosus.* **1691** T. WILLIAMS: *YB* 147. **1795** *R. Crusoe* 65. **tempestlog** [cf. *tempestl*]. **1567** *LlGG* (*Sall*) 62a.

tymhestlol [*tymestl* + *-ol*] *a.* Tymhestlog, stormus, hefyd yn *ffig.*: *tempestuous, stormy, also fig.*

13g. *B* xxi. 290, A'r vall newyn honno y doeth *tymhestlaul* gwynvan angheu en e hol. **14g.** *BT* 139, ar *dymestlawl* dyghetven greulonaf. **14g.** *BT* (*RB*) 158, am na allei y llogeu . . . uorwydaw attunt y gayaf trwy *dymhestlawl* gynndared Mor Iwerdon. *c.* **1400** *RB* ii. 87, [g]wynt *tymhestlaὐl* (*BD* 49, tymestlavn). *id.* 339, yny ulὐydyn *dymhestlaὐl* honno ydymdangosses antropos.

tymhestlus [*tymestl* + *-us*] *a.* Tymhestlog, stormus, hefyd yn *ffig.*: *tempestuous, stormy, also fig.*

13g. *Llst* 1, 63, Ac evelly epeydyvs edyaspat *tymhestlvs* oe kyvoeth. **14g.** *Bren Saes* 2, Gwedy daruot yr anodun vall *dymhestylus* a'r newyn girat. *id.* 104, menegi idaw ry dyuot o'r mor tymhestylev . . . a ry diva yr ydev . . . ac am hynny ny alleint ymbresswiliaw yn y *dymhestlus* wlat honno. **14g.** *Cy* vii. 134, A haf gὐynnaὐc *tymhestlus.* ny byd da y gὐinllanneu. *c.* **1400** *RB* ii. 252, Ar girat newyn hὐnnὐ aerlynὐys *tymhestlus* agheu. **1803** *P.*

tymhigad, gw. **tymhigiad.**

tymhigaf, tymigaf, tem(h)ig(i)af, &c.: **tym(h)igo, tem(h)ig(i)o,** &c. [?cf. *tam*] *bg.a.* Brathu, cnoi, pigo, pinsio, plycio, rhwygo, darnio, llarpio, hefyd yn *ffig.*: *to bite, nip, sting, prick, pinch, pluck, tear (to pieces), mangle, also fig.*

13g. *BD* 111, Sef a wna y llewynavc . . . *temigyav* (*mordebit*; *MA*[2] 582, *Temhigaw*) y droet assw a'e diwreidyav oll o'i gorff. *c.* **1400** *MM* 98, *temigyaὐ* y gieu a wnant [cennin] rac y tostet. *c.* **1400** (*SG*) *HMSS* i. 245, Ar pennaf or marchogyon a *demigyawd* gwalchmei . . . Ac yna gwalchmei aarganuu tri defnyn or gwaet yn syrthyaw ar y bwrd geyr y vronn. **15g.** *BB* 133, Irllonhau awna y mynydawl galwedic bleid; achyrn y tarw a*temhickia* yndunt. **1545** ELIS GRUFFYDD: *Ll* 140, blew a vo yn tyvv o vewn yr amrane ac yn *temigo*'r gannwyll. **1547** *WS, Tymico* Nyppe pinch. **16–17g.** *PCWG* 76, lawer ymatko disymwth o drom farn dvw yn i *dymigo* fo ag yn i liasv. **1630** R. LLWYD: *LlH* [212], y mae'r byd drygionus yn llawn or cyfryw rai, ac sydd . . . yn brathu, yn *temmigo*, ac yn gwascu'r tlawd. **1632** *D, Tymmhigo*, Pungere, vellicare. **1661** E. LEWIS: *Drex* 55, Nero ar hyn yn deall ei *dymmhigo* (*toucht*) a barodd roi atto swm arall cymmaint a hwnnw. **1774** *W, tymmhigo* d.g. *To gripe* [*as pain doth* . . .], *To peck, To pinch* [*squeeze between the nails* . . .], *To pluck or give a pluck to, To stimulate, To sting, To twitch.* **1803** *P* d.g. *Tymhigaw.*

Amr.: **tamigo.** **1551** W. SALESBURY: *KLl* xxixa. **1753** *TR.* **tanbigo.** **1595** H. LEWYS: *PA* 83.

tymhigiad, tymigiad, tymhigad [bôn y f. *tymhigaf, tymigaf*: *tym(h)igo* + *-iad*[1], *-ad*] *eg.* ll. *tymigiadau.* Pigiad, brathiad, cnoad, pinsiad, plwc, hefyd yn *ffig.*: *a prick(ing), sting(ing), biting, bite, pinch, pluck(ing), also fig.*

c. **1548** *CM* 1, 630, diffig ar yr annadyl, A*thymigiade* ynn yr esblin. **1604–7** *TW* (*Pen* 228), *Tymigiat* d.g. *Compunctio.* **1611** *CM* 49, 28, rhocs [Duw] iddo *dymigiad* (*pinch*) yn i forddwyd: fel y cloffodd fyth

wedi. **1632** *D, tymmhigiad* d.g. *Compunctio, Morsus, Vellicatio.* **1661** E. LEWIS: *Drex* 9, Mor eirwir a chrefyddol y mae 'r llyfr euraid hwnnw o Ymddilynni ad [*sic*] Crist yn rhoi i ni *dymmhygiad* (*pull*) yn y glust yn y geiriau hyn. **1672** J. LANGFORD: *HDdD* 189, [*t*]*ymmhigiad* a chyhuddiad Cydwybod. **1699** T. JONES: *Alm* [9], Y *Tymhigiadau* oedd . . . yn fy mlino . . . yn y Corph a'r aulodau. **1722** *Llst* 189, *Tymmhigad, mhigiad.* m.p. *giadau.* Compunction, a picking with the bill, &c. stitch in any part of y[e] body. **1773** *W, Tymmhigiadau* d.g. *The Gnawings of Conscience. id. tymmhigiad* d.g. *A Plucking, A Prick of conscience, A stinging.* **1803** *P.*

tymhoraidd [*tymor*[1] + *-aidd*] *a.* Tymhorol, amserol, hwylus, cyfleus, priodol, addas; tymherus (am hinsawdd, &c.), mwyn; cymedrol, ymatalgar: *seasonable, timely, convenient, opportune, appropriate, suitable; temperate (of climate, &c.), mild; temperate, moderate, self-restrained.*

15–16g. *TA* 61, Tŷaid o ryw'r tad a'i wraidd, / Tŷ ymherawdr *tymhoraidd.* / *Tymhoraidd* i'r gwraidd yw'r gras—a'r trysor / Lle trwsiwyd im urddas [marwnad Siân Stradling]. **1547** *WS, Tymoraidd* Temperate. *c.* **1548** *CM* 1, 93, Jubeiter . . . y blanned honn ysydd . . . ynn *dymhoraidd* o wres ac oerni. **16g.** *B* xi. 86, gweddiav yn ddwyuol ar i gau dduwie ar ddanuon vddunt hin *dymhoraidd* ag amdler o ddwuyr. **16g.** D. R. THOMAS: *DS* 167, vn a garo dayoni: prudd: sobr: kyfion duwiol *tymhoraidd* (ardymherus) (*TN* 322b, temperus). **1567** *TN* 331a, y gael gras yn gymorth *temhoraidd* [:- amserol, ymrhyd]. **1595** *Egl Ph* 77, Ailgywair yw . . . galw gair yn ei ol ar a dhywetpwyd vnwaith; er mwyn dywedyd yn welh, neu'n *dymoreidhiach.* **1620** *Ecclus* xxxv. 20, Hyfryd [:- *Tymmhoraidd*] (**1988** *ib.* mor amserol) yw trugaredd yn amser adfyd. **1632** *D, Tymmhoraidd,* Tempestivus. **1693** *HC* 20, Bydded dy ffrwyth yn dda, yn a[m]l ac yn *dymhoraidd.* **1716** E. SAMUEL: *GGG* 28, mae Hwyl a symmudiad y rhain [yr haul a'r lleuad], cyn gyfaddased, a chyn *dymmhoreiddied* . . . nad ellid byth ddychymmygu dim well na chymmhwysach. [**1738**] E. JONES: *CE* 39, bid i'r Cynghor *tymmhoreiddiaf,* a holl dra-diddanus Gyssuron yr Efengyl gael eu Gweinyddu i Ddynion. **18g.** TWM O'R NANT: *CO* 41, Marw mae pob Oferddyn pur, / A meirw mae gwyr *tymhoredd.* [**1783**] *W,* yn *dymmhoraidd* d.g. *Season, In season. id.* d.g. *Temperate.* **1803** *P* d.g. *Tymmoraiz.* Ar lafar, '*Tymhoraidd*' 'at ease', *TGG* (1904) 47 (dwyrain sir Ddinb.).

Amr.: **temhoraidd.** **1567** *TN* 331a. **1604–7** *TW* (*Pen* 228) d.g. *Temperanter.* **temporaidd** [cf. *tempor*]. **1567** *LlGG* (*Sall*) 36a. **1567** *TN* 59a, 74a. **1604–7** *TW* (*Pen* 228) d.g. *Tepens.* **tymporaidd** [cf. *tympor*]. **16g.** *LlS* 120.

tymhorol [*tymor*[1] + *-ol*] *a.* ll. *tymorolion,* a hefyd gyda grym enwol. Yn perthyn i dymhorau'r flwyddyn neu i gylchdro arall tebyg, yn perthyn i dymor penodol, nodweddiadol o dymor penodol, wedi ei gyfyngu i dymor penodol, amserol; dros dro, byrhoedlog; yn perthyn i'r byd a'r bywyd hwn, bydol, seciwlar, materol; tymherus (am y tywydd, &c.), mwyn: *seasonal, seasonable, timely; temporary, short-lived; temporal, worldly, secular, material; temperate (of weather, &c.), mild.*

1687 (**1715**) J. OWEN: *TB* 55, Mae Duw yn fynych yn cospi tadau yn eu plant o herwydd nad ydynt yn rhoddi cospedigaeth *dymhorol* iddynt. **1722** T. EVANS: *PS* 79, y Gwyr Ysprydol, yr Esgobion . . . y Gwyr *Tymhorol,* Arglwyddi 'r Cyngor. **1722** *Llst* 189, *Tymmhorol.* Temporal: seasonable. **1725–6** *Madd Ed* 391, y Cyrph hyn . . . y rhai ni amcanwyd ond fel Pebyll neu Dabernaclau i'n byrr a'n *tymmhorol* (*temporary*) gyfanneddiad. **1735** S. THOMAS: *HP* 138, O ran ei Enedigaeth, a'i Amgylchiadau *tymmhorol,* nid ydoedd . . . ond o issel Radd. **1774** IG: *AF* 79, I gyfrannu iddynt o'u *tymhorolion* bethau er eu cynhaliaeth cyssurus, ac er eu buddioldeb i eraill. **1774** HUW AB HUW: *RBD* 53, rhosynnau, blodau a ffrwythau *tymhorol* eraill. **1791** J. HARRIS: *Alm* [8], Tywydd *tymhorol,* ac ysgafn i blant yr ysgol. **1794** *W,* vulgò *tymmhorol* d.g. *Temporal* [*opposed to eternal*]. *id.* d.g. *Temporal or secular. id. Tymmhorolion* esgob d.g. *The temporalities or temporalties* [*secular possessions*] *of a bishop.* **1803** *P, Tymmorawl* . . . Temporal; seasonable.

Amr.: **temhorol.** **1696** *GGTY* 239, yr oedd [cyfamod Duw ag Abraham] yn cynnwys llawer o fendithion *temmhorol* a braintiau.

tymhorwynt [*tymor*[1] + *gwynt*] *eg.* ll. *tymorwyntoedd.* Monswn, gwynt cyson: *monsoon, trade wind.*

1853.

tymig[1], **temig**[2] [bôn y f. *tymhigaf, tymigaf, tem(h)ig(i)af*: *tym(h)igo, tem(h)ig(i)o*] *eg.* ll. *tymhigau, tymhigion.* Pigiad, pinsiad, plyciad, gwingiad, hefyd yn *ffig.*: *a prick(ing), sting(ing), pinch(ing), pluck(ing), twitch(ing), also fig.*

15g. *GLGC* 167, Efô yw'r milwr dan fro Meilig / a'i wayw hyd Humyr a wna *temig. id.* 283, i hebog nid wyd annhebig—benrhaith, / hwn nid â ymaith ei hen *dymig.* **16g.** *GGH* 349, Olpau, tyllau tu allan, / Ôl pigau, *tymhigau* mân [i ofyn meini melin]. **16–17g.** *PCWG* 200, nid oedd yr edifeirwch ar dagre ar dolvr kalon yma ond *temig* i kydwybodae nhw. **1632** *D, Tymmig,* Vellicatio, punctio. **1780** *W* d.g. *Pinch, Prick, A prick of conscience, A stinging, Touch* [*a twitch or prick*], *Twitch.* **1803** *P, Tymhig,* s. m.—pl. t. *ion* . . . A prickle, a twitch, a stinging.

tymig[2] [*tymp* + *-ig*[2]] *a.* ll. (geir.) *tymhigion.* Tymhorol, amserol; dewr, gwrol: *seasonal, seasonable, timely; brave, valiant.*

16g. WILIAM CYNWAL: *Gw* (G. P. Jones) 67, Morgan trwm, irgam y trig, / Mur Tomas, ŵr mawr *tymig. p.* **1584** G. ROBERT: *GC* [393], mal aeron prenniau . . . megis yn egwan, ag yn hygwymp o addfedrwydd *tymig. a.* **1587** *Y* 86, Doyt, meddynt, tueddyt dic, / I'm tomen, wr ffrom *tymic.* **1595** H. LEWYS: *PA* liii, Tomas awdurwalch *tynig* [*sic*] / trwy /i/ oes su yn ddewr troes yn ddig. **16–17g.** T. R. ROBERTS: *EP* 281, Gwrando fardd dan wahardd dig, / Glan Domas galon *dymig.* **1604–7** *TW* (*Pen* 228) d.g. *Tempestiuus.* **1632** *D, Tymmig* . . . Fortis, strenuus. **1722** *Llst* 189, *Tymmig* (adj) p. *mhigion.* Brave, stout, valiant. **1803** *P.*

tymigaf: tymigo, tymigiad, gw. **tymhigaf: tymhigo, tymhigiad.**

tymor[1] [bnth. Llad. *tempor-,* bôn traws yr e. *tempus*; gw. hefyd *tymp*] *eg.* ll. *tymhor(i)au.* Unrhyw un o'r pedwar cyfnod hafal y rhennir blwyddyn iddynt (gwanwyn, haf, hydref, a gaeaf) ac a nodweddir gan amodau tywydd penodol, &c., cyfnod o'r flwyddyn a nodweddir gan amodau tywydd neu weithgareddau arbennig, cyfnod o'r flwyddyn pan fo ffrwyth, llysieuyn, neu fwyd penodol arall ar ei orau, cyfnod o'r flwyddyn pan fo anifail yn bridio, amser (priodol neu benodedig), cyfnod (cyfyngedig), unrhyw un o raniadau'r flwyddyn academaidd pryd y dysgir mewn ysgolion, &c., cyfnod sesiwn llys barn, term: *season, (suitable or appointed) time, (limited) period, term (also in school, of lawcourt, &c.).*

12g. *GLlF* 13, Yn llwybyr maбs achaбs uchel *dymhor.* **13g.** *LlI* 78, enwy e mys en e *tymhaur* ac enwy e *tymhaur* en e wluyden. **13g.** (*LlDW*) *ZCP* xx. 35, pan uenoent or dyd hunnu hyd haner heduref croen hyd kanys en e *temoryeu* henny ed helyr. **14g.** *T* 68. 12–13, Gбenбyn pyr doeth pedeir pennoeth meinoeth *tymhor. c.* **1400** *R* 1368. 8–9, A bychan a maбr ual y tyf drбy r llaбr. ymedwaбr *tymaбr.* gбaбr gбarant vyd. **15g.** *GLGC* 219, Pob blwyddyn yr af drwy'r brif afon, / pob *tymor* drwy'r môr o dir Meirion. **1567** *TN* 70a, Ac ar *dymor* [:- amser cyfaddas], y danvones ef was at y tir-ddiwylliawdwyr. **1588** *Gen* i. 14, bydded goleuadau yn ffurfafen y nefoedd . . . a byddant yn arwyddion, ac yn *dymmorau,* ac yn ddyddiau a blynyddoedd. **1588** *Nu* ix. 2, Cadwed meibion Israel y Pasc hefyd yn ei *dymmor.* **1588** *Jer* viii. 7, Y ciconia yn yr awyr a edwyn ei *dymhorau.* **1615** R. SMYTH: *GB* 22, phyrnigrvvydd yr avvyr a malingdra'r *tymor.* **1632** *D, Tymmor,* Tempus, tempestiuitas, tempestas. **1763** *ML* ii. 532–3, Mae'r bobloedd yn meirw yn aml iawn ym mhob cwr or ynys Fôn, er y tybia ddyn ei bod yn *dymor* iachus. **1794** *W* d.g. *Term* [*in Law*]. **1803** *P.* Ar lafar, *WVBD* 558, *GTN* 832.

Amr.: **tempor** [dan ddyl. Llad. *tempor-*]. **1567** *LlGG* 62a. **1567** *LlGG* (*Sall*) 2a. **tympor** [dan ddyl. *tymp*; cf. hefyd *tempor* uchod]. **1567** *TN* 40a.

Cfn.: **tymor byr:** *short(-)term.* **20g.** **tymor hir:** *long(-)term.* **1888.**

tymor[2], gw. **tymer**[1].

tymoreidd-dra [*tymhoraidd* + *-dra*] *eg.* Tymoroldeb, amseroldeb; cymedroldeb: *seasonableness, timeliness; temperance.*

1615 R. SMYTH: *GB* 47, edrych ar yr anifeiliaid . . . ar i cyn/heddfau . . . sef i cyfiavvnder a *tymoraiddra* [*sic*] i grym. **1679** C. EDWARDS: *GGG* 48, *tymoreidd-dra* trugareddau Duw. *id.* 230, A rhaid ini gymmeryd gofal ar wneuthur yr amryw ddyledswyddau hyn yn y fath drefn a *thymmoreidd-dra.* **1803** *P, Tymmoreizdra,* s. m. . . . Seasonableness.

tymoreiddiaf: tymoreiddio [bf. o'r a. *tymhoraidd*] *ba.* Gwneud yn addas neu'n gymwys; sesno, blasuso: *to make suitable or fit; season (food).*

1604–7 *TW* (*Pen* 228) d.g. *Attempero.* **1618** J. SALISBURY: *EH* 127, ni bu dhigon gan Dhuw adhurno a *thymorheidhio*'r forwyn santeidhiaf a phôb grâs. **1803** *P* d.g. *Tymmoreiziaw.*

Amr.: **temoreiddio** [cf. *temhoraidd*] **1604–7** *TW* (*Pen* 228), wedy *demhoreidhio* or Teim d.g. *Thymites.* **temporeiddio** [cf. *temporaidd*] **1604–7** *TW* (*Pen* 228) d.g. *Concinno.*

tymoreiddiwch, tymoreiddwch [*tymhoraidd* + *-iwch*[1], *-wch*[1]] *eg.* Addasiad; cyfoeth, cyflawnder; (geir.) tymoroldeb, amseroldeb: *modification; wealth, plenty; (dict.) seasonableness, timeliness.*

1636 *Pen* 321, 81a, rhaid fydd gan hyny ir cyfflybieth rhwng y 2 lech dderbyn *temor/eiddwch* (*modification*) a chydtoliad drwy ymoliade. **1723** WM: *PGG* 171–2, ni ddylai y Tlawd ar anghenus na grwgnach na chynfigennu wrth *Dymhoreiddwch* ei Gymmydoc (*the larger Portion of his wealthier neighbour*). **1803** *P, Tymmoreizwç,* s. m. . . . Seasonableness.

Amr.: **temoreiddwch** [cf. *temhoraidd*] **1636** *Pen* 321, 81a.

tymoreiddrwydd [*tymhoraidd* + *-rwydd*] *eg.*

(*a*) Tymoroldeb, amseroldeb, cyfleustra; tymerusrwydd (tywydd, &c.), mwynder: *seasonableness, timeliness, convenience; temperateness (of weather, &c.), mildness.*

1632 *D, Tymmhoreiddrwydd,* Tempestiuitas. *id.* d.g. *Maturitas.* **1707** S. WILLIAMS: *ADA* [ix], Am Amser a'i *dymmhoreiddrwydd,* nid achos bychan sydd gennym ni i'w brisio ef yn ddyladwy. *id.* 2, Hwn a elwir pryd neu *dymmhoreiddrwydd* amser, pan yw amser, llanw, a gwynt yn cydgyfarfod. **1716** T. EVANS: *DPO* 160, holl Ddisgyblion Christ . . . a fwynhânt . . . *dymhoreiddrwydd,* a goleuni araf-deg yr awel nefol. [**1783**] *W, tymmhoreiddrwydd* d.g. *Seasonableness* [*the quality of being seasonable*]. **1803** *P.*

(*b*) Cymedroldeb: *temperance, moderation.*

1551 W. SALESBURY: *KLl* lxib, A ffrwyth yn yspryt yw cariat . . . lledneisrwydd *temporeiddrwydd.* **1567** *LlGG* 130a, heddwch [:- *tymoreiddrwydd*] Sobrwydd, a' thangneddyf. **1793** *Cylchg* 189, sirioldeb, *tymoreiddrwydd,* a diolchgarwch.

(*c*) Cyfuniad (o'r pedair elfen neu o hiwmorau'r corff, yn ôl ffiseg neu ffisioleg yr Oesoedd Canol): *combination (of the four elements, or of bodily humours, according to the physics or physiology of the Middle Ages), blend.*

1545 *CI* 2, Y deunyddie ydiw'r pethau yr hrain y sydd ddigymusc o *dymhoreiddrwydd* (*temperance*) a chymusgedigaeth . . . o'r hrain y mae pedwar mewn hrif. Daiar. Aweel. Dwr. A than. **1615** R. SMYTH: *GB* 275, bod i vvaed yn vvresocach gan vvybod am fod i berthpaidrvvydd [*sic*] yn calyn *tymoraiddrvvydd* (*temperature*) a chomplescsvvn y corph.

Amr.: **temporeiddrwydd** [cf. *temporaidd*]. **1551** W. SALESBURY: *KLl* lxib.

tymoreiddwch, gw. **tymoreiddiwch.**

tymoroldeb [*tymhorol* + *-deb*] *eg.* Yr ansawdd neu'r cyflwr o fod yn dymhorol, amseroldeb; yr ansawdd neu'r cyflwr o fodoli dros dro yn unig: *seasonableness, timeliness; temporariness.*

1803 *P, Tymmoroldeb,* s. m. . . . Seasonableness.

tymp [bnth. Llad. *tempus,* H. Lyd. *temp,* Llyd. C. *tem*; gw. hefyd *tymor*[1]] *eg.* ll. *-au.* Amser (penodedig), adeg, pryd, cyfnod, tymor; (cyfnod) beichiogrwydd, amser esgor, genedigaeth; *Gram.* amser (berf): *(appointed) time, period, season, term; (period of) pregnancy, time (of childbirth), birth; tense (in gram.).*

12g. *GMB* 73, *Tymp* pan dreing terwyn toryf difreityaбc. **12–13g.** *GLlLl* 25, Kalan hyturef, *tymp* dyt yn edwi. **13g.** *Brut B* 1, Kanys pan dywu y *thym*[*p*] o'e vam y eghy, escorws ar was. **14g.** *T* 9. 24–5, At[бyn] *tymp* pan dyn lloe llaeth. *Diw.* **15g.** *Pen* 67, 28, naw tonn yr eigion a naw mis *tymp.* **1547** *WS, Tymp* amser. **1551** W. SALESBURY: *KLl* iva, Ac e ddamwyniodd tra oeddynt wy yno / ddywod dyddie i *thymp* [Mair] i escor. **1567** *TN* 259b, vegis gan vn antempic [:- a anet allan o *dymp,* ne amser]. *id.* 386a, Gwreic gwedy ymwisco ar heul . . . hi lefoedd [*sic*] dan dravaylu ar y *thymp.* **1632** *D, Tymp,* Tempus, propriè prægnantis. **1681** T. JONES: *Alm* [40], *Tympau,* sef.

Termau Cyfraith yn Westminster. **1722** *Llst* 189, *Tymp.* m. p. *Tympau.* Term time for law, an appointed time; a woman's full time for lying in. **1795** J. THOMAS: *AIC* 58, gwas'naethu [fel prentis] . . . i gyflawn ddiwedd *Tymp* o Saith mlhynedd [*sic*]. **1803** *P.* Ar lafar, '*tymp*' 'tymor esgor', *GTN* 791.

Amr.: **temp** [dan ddyl. Llad. *tempus*]. **1551** W. SALESBURY: *KLl* lxxviib. **1567** *TN* 82a. **1604–7** *TW* (*Pen* 228) d.g. *Aborior.*

Gw. hefyd **tymig²**.

tympan, timpan² [bnth. dysg. Llad. *tympanum* (o bosibl drwy S. C. neu H. Ffr. *timpan*); cf. Gwydd. C. *timpán* 'drwm; offeryn cerdd llinynnol'] *eb.g.* (bach. b. *tympanell,* ll. *-au*) ll. *tympanau.*

(*a*) Drwm, tabwrdd, drwm mawr ar lun powlen a philen drosti y gellir addasu ei thensiwn (ac felly'r traw); tambwrîn (neu offeryn arall tebyg), ratl; offeryn cerdd (?llinynnol) anhysbys: *drum, tabor, kettle-drum; tambourine* (*or other similar instrument*), *rattle; unknown* (?*stringed*) *musical instrument.*

13g. *BD* 115, Odyna y dav nebun yn *tinpan* (*in tympano*) a thelyn, ac a glaerhaa dywalder y llew. **14g.** *HMSS* ii. 44, a thelyneu yn llaw pob un onadunt yn eu canu. a *thumpaneu* yn ffustyaw. *c.* **1400** *YCM²* 168, [c]erd delyn, a chrwth, a *thimpan*, a phibeu. **14–15g.** *GGLl* 194, *Tympanau* côr, tannau teg, / A'i mawl ef drwy aml ofeg (Gruffudd Llwyd). **16g.** *GILlV* 50, *Timpan* dawel a thelyn / Tannau a gwawd tafawd dyn. **1547** *WS, Timpan* A tympan. **1588** *Eseia* v. 12, Ac yn eu gwleddoedd hwynt, y mae y delyn, a'r nabel, y *tympan*, y bibell hefyd. **1604–7** *TW* (*Pen* 228), *Tympan* d.g. *Crepitaculum.* **1621** E. PRYS: *Ps* [63]a, Molant ei Enw ar y bibell, / a *thympanell*, a thelyn. **1722** *Llst* 189, *Tympan.* f.p. *panau.* A timbrel. *ib. Tympanell.* f.p. *nellau.* A little timbrel. **1794** *W* d.g. *Timbrel.*

(*b*) *Pensaer.* Tympanwm: *tympanum* (*in architecture*).

1930.

Amr.: **tinpan², tynpan.** **13g.** *BD* 115. **16–17g.** *B* i. 146, Cor *Tynpan.*

Cfn.: **tympan y glust:** *tympanum, eardrum.* **1866.**

Gw. hefyd **timpani.**

tympanwm [bnth. S. *tympanum*] *eg.* ll. *tympana.* Tympan y glust; *Pensaer.* gofod trionglog cilanog (addurnedig) sy'n ffurfio canol pediment, gofod tebyg uwchben drws rhwng y lintel a'r bwa: *tympanum, eardrum; tympanum* (*in architecture*).

20g.

tympanwr, tympanydd [*tympan*+*-wr, -ydd³*] *eg.* ll. *tympanwyr, tympanyddion.* Un sy'n chwarae'r tympan(au), drymiwr: *timpanist, drummer.*

1604–7 *TW* (*Pen* 228), *Tympanwr* d.g. *Tympanista* (hefyd *D*). **1722** *Llst* 189, *Tympanwr.* m. A taberer.

tympath, tymplen¹, gw. **twmpath, twmplen.**

tymplen² [*tymp*+*llen*] *eb.* Cronicl: *chronicle.*

1604–12 *RWM* i. 1036, Ail llyfr *Tymplen.* **1623** *Pen* 309, i. 1260, *Tymplen* // Kronickl.

tympor, tymporaidd, gw. **tymor¹, tymhoraidd.**

tymyr¹, *eg.* ll. (geir.) *tymhyrau.* Tiriogaeth, bro, talaith, teyrnas, gwlad, mamwlad, tir(oedd), ystad, cyfoeth, eiddo: *territory, region, province, realm, country, homeland, land*(*s*), *estate, wealth, possessions.*

12g. *GMB* 142, Ny ryt rwysc eryr hyd troed o'e *dymhyr.* **13g.** *C* 53. 6–7, yn *tymhir* gurthtir a guystuiled. **13g.** *A* 9. 8–9, neb y eu *tymhyr* nyt atcorsan. **13g.** *GBF* 535, Nyt hawd, am yn kawd, kan aeth—o'e *dymmyr* / . . . / Hyt ɓrawt . . . / . . . damweinnyaw dim waeth. **14g.** *GDG³* 137, Nwyf gwŷr, aur *dymyr,* i'r deml. *c.* **1400** *R* 1046. 44, vymbrodyr am *tymyr* agɓynaf. *id.* 1375. 10, Gras yɓ mab thomas meɓn *tymyr* y daɓn. **14–15g.** *IGE²* 308, Fab Rhiwallawn dawn *dymyr* (Rhys Goch Eryri). **15g.** *GGl²* 268, Mae sôn am Tomas a'i wŷr, / Mab Tomas ym mhob *tymyr.* **18–19g.** *Iolo MSS* 261, A glywaist ti chwedl yr Eryr / Gwedi treiglaw pob *tymyr*? / Nid rhwystr un gwaith ei ystyr. **1803** *P, Tymhyr,* s. m.—pl. *au* . . . A temporality.

Amr.: **tymer².** **13g.** *GDB* 257, Llywelyn, gelyn yn y galwer, / Y gelwir am dir, am dud *dymer.*

Gw. hefyd **tymer¹**.

tymyr², gw. **tymer¹**.

tyn¹ [bôn y f. *tynnaf¹*: *tynnu,* Crn. C. *tyn, ten,* Llyd. C. a Diw. *tenn,* Gwydd. C. *tend* 'cadarn, cryf, llym', Gwydd. Diw. *teann* 'tyn, stiff, anhyblyg'] *a.* (b. *ten*) ll. *tynion,* a hefyd gyda grym enwol ac fel *eg.*

1. (*a*) Wedi ei dynnu neu ei ymestyn fel nad yw'n llac (am raff, arwyneb, &c.), anhyblyg, anystwyth, stiff; chwyddedig: *tight, taut, stretched, rigid, stiff; distended.*

Dchr. **14g.** *GGDT* [151], Agarw oedd glybod eigion —telynau / O gau wisg fleiddiau, tannau *tynion.* **14g.** *CMOC²* 24, pen morlysywen *den* doll [Dafydd ap Gwilym i'r gal]. **1547** *WS, Tenn* Strayte. **1595** *Egl Ph* 43, Po *tynna* bho'r lhinin cynta y tyrr. **1632** *D, Tynn* . . . strictus . . . distentus. **1672** R. PRICHARD: *Gw* 369, Ni fuom yn yfed, nes mynd yn cyn *dynned,* / Na allem ni gerdded, na myned o'r mann. **1803** *P, Tyn* . . . Stretched, tight. Ar lafar yn gyff., 'Tynna'r lein ddillad 'na'n *dynn* iddyn' nw gâl sychu'n iawn' (sir Gaern.).

(*b*) Wedi ei sicrhau, ei glymu, neu ei gau'n gadarn, wedi ei dynhau (e.e. am nyten neu sgriw), ffest, cryf, sownd; yn ffitio'n (rhy) glòs (am ddilledyn, &c., hefyd am uniad, &c.), wedi ei bacio'n glòs; dwys (am dyfiant, &c.), trwm (am bridd, &c.); cul, cyfyng: *tight, fast, firm, sound; tight* (*of garment, &c.*), *tight-fitting,* (*packed*) *tight; dense* (*of growth, &c.*), *heavy* (*of soil, &c.*); *tight or cramped* (*of space, &c.*).

14g. *GDG³* 255, Ysgwier gwiw ei ddwywisg, / A'r rhain cyn *dynned* â'r rhisg. *c.* **1585** G. ROBERT: *DC* 28a, er i bod nhwy wedy ei rwymo ef wrth y piler yn *dynn,* etto tynnach oedh ef wedy rwymo yno drwy gariad i dhiodhef drosom. **1632** *D,* wedi ei rwymo yn *dynn* d.g. *Restrictus.* **1632** J. DAVIES: *LlR* 294, po mwyaf y chwythai'r gwynt, *tynnaf* (*the more fast*) y daliai'r siwrneiwr ei gochl. **1709** HUW MORUS: *EC* i. 104, O's gyrwyd Eaws Geiriog / I *dynn* glai a'i *dynna* glog [marwnad Huw Morus gan Edward Samuel]. **1716–18** *Llsgr R. Morris* 146, gwedi i rwumo gan fair yn *dunn* / ai roddi yn y preseb. **1753** *TR, Tynn* . . . that is tied hard or close. **1759** J. EVANS: *PF* 99, Ni ddylid rhwymo un Plentyn yn *dunn.* **1803** *P, Tyn* . . . tightly stuffed or pressed. Ar lafar, 'Ma'r trywzyz 'na wedi mynd yn *dynn* arnot ti', *GTN* 791.

(*c*) (enghrau. *ffig.* ac mewn cyd-destun *ffig.*: *fig. exx. and exx. in a fig. context*).

15g. *GLGC* 100, i'm byw a gwayw ym mhob gïeuyn, / a'm gwythi'n torri gan ddolur *tyn.* **16g.** *AP* 4, [m]archogodd yn *dynn* ac yn galed. **1567** *TN* 63b, a 'orchymynawdd yn gaeth [:- *dynn*] yddynt na vanegent hyny i nep. *c.* **1585** G. ROBERT: *DC* 28a, er i bod nhwy wedy ei rwymo ef wrth y piler yn dynn, etto *tynnach* oedh ef wedy rwymo yno drwy gariad i dhiodhef drosom. **1675** R. JONES: *HCh* 119, mae'n perthyn i ti fod yn wiliadwrus ar dy feddyliau, a chadw dy galon yn *dynn* (*close*) wrth yr ordinhâd. **1688** S. HUGHES: *TSP* [11], Awn rhagom, a cherddwn yn *dynnach* (*let us mend our pace*). *id.* 294, Yr ydychi yn cerdded mor gyflym [:- Mor *dynn*], fel nad allafi gyd-gerdded â chwi. **1703** E. WYNNE: *BC* 6, ac â'i goriadeu plwm fe gloes ffenestri fy Llygaid a'm holl Synhwyreu eraill yn *dynn* ddiogel. *c.* **1730** *Taith C* 55, dymma Fryn *tyn* i'n hanadl ni. **1733** T. EVANS: *PP* v, Na welais i fawr Lesâd yn dyfod o ganlyn y Llythyren yn rhy *dynn.* **1749** J. OWEN: *PG* 14, Pa wahaniaeth, attolwg, y mae 'r 'Scrythur yn i roddi rhwng Tywyllwch Ysprydol a Thywyllwch, a grybwyllwyd 'n y Lleoedd ymma . . . A'r Gymmhariaeth *dynnaf* o honynt nid ydwyf 'n cael un. **1751** *GIA* 115, [pechaduriaid] wedi ei gludio cyn *dynned* wrth y byd. **1790** T. JONES: *TOS* 317, a chadw'th galon yn *dynn* at y gwaith. Ar lafar, 'Ma'm anal i'n *dynn* y bore 'ma', *GTN* 791.

2. Ystyfnig, cyndyn, di-ildio, cadarn, croes, sarrug, caled, ffyrnig, dygn, brwd, taer; cybyddlyd, crintachlyd, llawgaead, trachwantus; caled, anodd (am amgylchiadau ariannol, &c.): *stubborn, obstinate, pertinacious, steadfast, perverse, sullen, hard, fierce, earnest, diligent, eager, ardent; miserly, mean, stingy, covetous; hard, difficult* (*of financial circumstances, &c.*).

14g. *GDG³* 156, O chlyw fod, taer ofod *tyn,* / Brwydr yng ngwlad Ffrainc neu Brydyn. **15g.** *GGl²* 315, Cadr farchog tawedog *tyn,* / Callfryd fydd llorf y Collfryn. **15g.** *GOLlM* 2, Dwy wlad fawr daliai hyd Fôn, / a rhôi dano'r rhy *dynion.* / Yma Wiliam am olud / a geidw ei ran â gwayw drud. **16g.** HUW ARWYSTL: *Gw* 106, dyn tra *thynn* d'anturiaeth wyd. *a.* **1587** *Y* 63, Os derbyn, gwr *tyn* wyt i, / A gwawd ŵg yno digi. **16–17g.** *Cer RC* 146, Ac a ddalie falchedd *tyn* / Yn erbyn brenin Sesar. **1604–7** *TW* (*Pen* 228), gwadû'n *dynn* d.g. *Abnego.* **1621** E. PRYS: *Ps* 7a, A'r glan gwnei lendid ac i'r *tyn,* / y byddi gyndyn Arglwydd. **1632** *D, Tynn* . . . Contumax, pertinax. *id.* d.g. *Restrictus.* **1720** *App DP* 5, Yr y'ch yn siarad yn *dynn,* nid yw'n Heglwys ni mor greulon. **1752** J. THOMAS: *FG* 145, pan y bo ein holl Gymdeithas wedi ei gwneuthur i fynu o Liaws o Ysbrydion *tyn* a gwrthnysig. **1758** *W Ballads* 172, 3, bu llawer gwan yn gweiddi ai fŷd yn *dyn.* **1778** *W* d.g. *Obstinate, Opiniative, or opiniate.* **1796** T. JONES: *CCA* 307, y mae Duw yn fynych yn danfon y fath liaws o amryw gystuddiau i lettya gyd â rhyw un Cristion, fel y mae'n *dynn* arno eu croesawu hwy oll, a'u derbyn yn amyneddgar. **1803** *P, Tyn* . . . stubborn, pertinacious. Ar lafar, '*Tyn*' 'Diligent', *GDD* 314; '*tynn*' 'prin o arian', ''Odd 'i'n *dynn* iawn arnyn' nw a Dai'n dost ag yn ffaelu carco'i waith', *GTN* 791; hefyd yn yr ystyr 'cybyddlyd; anhael', 'Un *tyn* iawn odd a, 'roisa fa ddim du'i ewin i neb', *ib.*

Fel *e.* Tyniad, tynfa, plwc, hefyd yn *ffig.*; helfa (o bysgod); (geir.) dracht, llawciad: *a drawing or pulling, draught, pull, also fig.*; *catch* (*of fish*); (*dict.*) *draught, gulp.*

13g. *GDB* 256, A'r llinin ar *dynn* ar du kelein. **14g.** *GDG³* 176, Hagr *dynn,* rhyw eirionyn rhus, / Honno, trychiolaeth heinus [i'r fiaren]. *c.* **1400** (*SG*) *HMSS* i. 391, ac a roes *tynn* yr kwarel yny vyd y golovyn yn crynu. ac ae tynnawd allan. **15g.** *HCLl* 101, Dau ydynt ar du Edwy / Yn dal *tyn* eu dwywlad hwy [i erchi ychen]. **15–16g.** *TA* 288, Ym mwa 'r tad y mae 'r *tynn,* / A ddeil Wynedd i'w linyn [marwnad Morgan ap Sion ap Hywel]. **1567** *TN* 22a, cyffelip yw teyrnas nefoedd i rwyt *tynn* [:- dramwy, traws] a vwrit yn y mor. *id.* 89a, brawychy gan y *tynn* [:- veisciat, traill] o byscawt. *Diw.* **16g.** *LBS* iv. 407, o achaws bod y *thynn* ar le arall ni [all]ai orphwys tra fai yno. **1632** *D, Tynn* . . . Haustus, tractio. **1632** J. DAVIES: *LlR* 410, fo a gaiff weled y rhan fwyaf o ddynion yn eu. [*sic*] llywodraethu eu hunain wrth *dynn* eu gwyniau eu hunain. **1722** *Llst* 189, *Tynn* (sub) m. A pull, pluck; a swallow, draught; tendency, instinct. **1803** *P, Tyn,* s. m. . . . A pull, a draught . . . a tendency, or inclination. Ar lafar, 'Mae gynno fo *dynn* at hynny' (Dyffryn Clwyd); ''Toes 'na ddim *tyn* yno fo' (Arfon, am geffyl); hefyd yn yr ystyr 'y weithred o fwrw rhwyd samwn i'r dŵr (o gwch) a'i thynnu i'r lan', *B* xxv. 57 (sir Benf.).

Cfn.: **tyn ar ei sodlau:** *close behind.* **1903.** **tyn dop:** *chock-full.* **1916.** Ar lafar ym Môn. **ar dynn:** *tight, taut.* **13g.** *GDB* 256. **15–16g.** *TA* 427. **16–17g.** EDWARD URIEN, &c.: *Gw* 302, *Ar* eu *tyn* y mae'r tannau. Ar lafar, 'cadw cyplins y siwrna *ar dynn*', *Geir Glo* 123 (sir Ffl.).

tyn²,³, tyna, tynantiaid, gw. **tun¹, tyddyn, dyna, tenant¹.**

tynchwydd, gw. **tyn¹**+**chwydd.**

tynder [*tyn¹*+*-der*] *eg.* Tyndra, tyniant, tensiwn, anhyblygrwydd, stiffrwydd, hefyd yn *ffig.*: *tightness, tautness, tenseness, tension, rigidity, stiffness, also fig.*

1567 *TN* 3[71]b, yr ei a ddyweit eu geneu valchbetheu [:- gorsythdra, *dynder*]. *a.* **1587** *Y* 125, *Tynder* ag anghytundeb / Ni âd nawdd na da i neb. **1604–7** *TW* (*Pen* 228), [c]aethiwet dwyvron a *thynnder* d.g. *Orthopnæa.* **1621** E. PRYS: *Ps* 24b, Nid ar fy mai yr haeddais hyn, / ond *tynder* gelyn gwaedlyd. **1632** *D, Tynnder,* Arctitudo. Item Contumacia, pertinacia. **17g.** E. MORRIS: *B* 66, Gad ymaith dy falchder, cenfigen a *thynder,* / Cybydd-dod rhy ofer, a chwerwder a chwant. **1759** *DG* 10, Gorthrymder yw'r *tynder* tau, / Ddu-oer yngod ddîr Angau! **1778** *W* d.g. *Obstinacy, Rigidity, Rigor or rigour* [*Severity of temper or conduct, strictness, &c.*]. **1803** *P.*

tyndir, gw. **twn²**+**tir.**

tyndra [*tyn¹*+*-dra*] *eg.* ll. (prin) *tyndrâu.* Yr ansawdd neu'r cyflwr o fod yn dynn, tynder, tyniant, tensiwn, straen, anhyblygrwydd, stiffrwydd, hefyd yn *ffig.*; chwydd, chwyddiad: *tightness, tautness, tenseness, tension, strain, rigidity, stiffness, also fig.*; *a swelling, distension.*

1604–7 *TW* (*Pen* 228) d.g. *Tumor.* **1725–6** *Madd Ed* 16, natturiol gyttundeb y pethau, a hawsder y cymmhwysiad heb orchest na *thyndra* [*straining*]. [**1783**] *W* d.g. *Rigidity, Rigor or rigour.* **1796** N. WILLIAMS: *HM* ii. 55, i'r diben o esmwythau 'r baich a'r *tyndra* (*distension*) sydd yn y gwythienau. **1803** *P.* Ar lafar, 'Byth ers i hynny ddigwydd ma 'na dipyn o *dyndra* rhwng y ddau' (sir Ddinb.).

tyndro [*tyn¹*+*tro¹*] *eg.b.* ll. *-droeon.* Math o sbaner ac iddi enau cymwysadwy, sbaner gymwysadwy: *wrench, adjustable spanner.*

20g.

tyndwyraf: tyndwyro, gw. **twymdwyraf: twymdwyro.**

tynedig^{1} [bôn y f. *tynnaf^{1}*: *tynnu+-edig*] *a.bfl.* ll. *-ion,* a hefyd gyda grym enwol. Wedi ei dynnu (allan), yn tynnu (allan), tyniadol, hefyd yn *ffig.*; tarddiadol: *drawn or pulled (out), extracted, drawing (out), extracting, also fig.; derivative.*

14g. *RC* xxxiii. 192, paham y mae y llythyren gyntaf yn deirkonglawc . . . kymhedrawl dygedic *tynnedic.* **15g.** *GP* 71, o'r rai hynny [rhagenwau] petwar y ssydd dadogion a'r llaill y sydd *dynnetigion.* Pedwar tatoc yw y rai hynn, 'mi, ti, ei, hwnn', a'r llaill oll yn rif unic ac yn rif lluossoc, *tynnetigion* ynt. **1604–7** *TW* (*Pen* 228) d.g. *Extractorius.* **1719** Iaco ab Dewi: *TG* 108, nid yw 'r hyn a ddarfu iwch ei gymmell etto o'r Testament Newydd, ddim onid Canlyniadeu *Tynnedig* oddi wrth y Testun. **1723** J. Jones: *LlA* 103, Mae Rhwyd *dynnedig* yr Efengyl yn dal Pysgod drwg yn gystadl a'r rhai da. **1728** S. Rhydderch: *GC* 119, dwy brif Gynghanedd sydd . . . a'r Tair eraill *Tynnedigion* ydynt o'r ddwy hynny. **1744** *CMC* 86, Wele yma Gyfammod o Ras *tynnedig,* yn dywedyd, 'Minnau pan i'm derchefir a dynnaf bawb attaf fy hun.' Fel ac y mae Nerth a Rhinwedd, [*sic*] y Tynn-faen . . . yn tynnu yr Haiarn atti, felly mae Rinwedd Crist derchafedig yn tynnu y Barr Haiarn o'r Ewyllys. **1803** *P, Tynedig* . . . Being drawn or pulled.

tynedig^{2} [ceir engh. arall bosibl yn *TYP^{2}* 99] *a.* Arlliwiedig: *tinted.*
9–10g. (*Ox* 1) *B* vi. 114, ir*tinetic,* gl. *detincta.*

tynedigaeth [*tynedig^{1}+-aeth*] *eg.b.* ll. *-au.* Y weithred o dynnu (at ei gilydd), tyniad, atyniad: *a drawing (together), a pull(ing), attraction.*
1346 *LlA* 59, Pann gyuotto yrei gỽiryon engylyon ae tynn ỽyntev yr aỽyr yn erbyn crist ae etholedigyon . . . Ac yny *tynnedigaeth* hỽnnỽ (*in ipso raptu*) ybydant veirỽ. **1604–7** *TW* (*Pen* 228) d.g. *Attractio* (hefyd *D*). **1719** Iaco ab Dewi: *TG* 147, Nad oes un Dyn yn dyfod at Jesu Grist . . . ond trwy Rôdd, Gallu, a *Thynnedigaeth* y Tad. **1722** *Llst* 189, *Tynnedigaeth.* f. A tug, pluck. **1770** *W* d.g. *Attraction.* **1803** *P, Tynedigaeth,* s. m.—pl. t. *au* . . . Attraction.

tynedigol [*tynedig^{1}+-ol*] *a.* Yn tynnu, tyniadol, atyniadol: *drawing, pulling, attractive.*
1770 *W* d.g. *Attractive, Electric, or electrical.* **1803** *P* d.g. *Tynedigawl.*

tynelaf: tynelu, tynelliad, gw. **twnelaf: twnelu, tunelliad^{1}.**

tyner [bnth. Llad. *tener-,* bôn traws yr a. *tener,* Llyd. C. a Diw. *tener,* taf. Gwened *tinér*] *a.* ll. *-ion.* Heb fod yn wydn nac yn galed, hawdd ei dorri neu ei niweidio, brau, hawdd ei gnoi neu ei dorri (am fwyd), tender, meddal, ystwyth, eiddil, bregus; sensitif, cariadus, serchog, addfwyn, graslon; iraidd, anaeddfed, cynnar; tymherus (am dywydd, &c.), mwyn; esmwythaol: *tender, soft, supple, delicate, fragile; sensitive, loving, affectionate, gentle, gracious; fresh, immature, early; temperate (of weather, &c.), mild; emollient.*
12g. *GCBM* ii. 54, Maỽs metgyrn, teyrn *tyner*— a'm rotei. **12–13g.** *GLlLl* 251, Yg caeroet Aber *tyner* Teiui. **13g.** *GDB* 136, Rac llu egylyon tiryon *tyner.* **1346** *LlA* 95, Ac ydan hynny *tyneryon* hirwynnyon traet. **14g.** *B* ix. 327, Trugarha vorwyn vrth dy gorff a'th teguch a'th *tyner* ieuegtit. *c.* **1400** *MM* 156–8, llauurya dogyn o gerdet . . . a gỽressogach vyd y gylla, a *thynerach* vyd y gieu. *c.* **1400** *ChO* 19, y bwyt goreu . . . a'r caws *tyneraf.* **1567** *TN* 40a, pan yw ei gangen yn *dyner,* a'ei ddail yn tarddy, ys gwyddoch vot yr haf yn agos. **1588** *Gen* xxxiii. 13, fy arglwydd a ŵyr mai *tyner* yw y plant. **1595** *Egl Ph* 25, achos ei bod yn adrodhi geiriau *tyner,* esmwyth; am 'eiriau hagr, anhyner, anhybhwyn. **1632** *D, Tyner,* tener. **1725** D. Lewis: *GB* 146, Y mae rhyw Betheu am Dir gwressog . . . eraill am Dir *tyner.* **1771** *PDPh* 18, Cymmerwch wraidd Lili ac wniwnsyn, berwch mewn dwfr nes bônt yn *dyner.* **1772** J. Roberts: *C* 8, Tywydd *tyner* wrth fodd Llawer. **1803** *P.* Ar lafar, '*tynar*' 'tender, gentle', *WVBD* 559; 'Raid bod yn *dynar* gida plant bæch', *GTN* 832.
Amr.: **tener** [dan ddyl. Llad. *tener*]. **1546** *YLlH* [14]. **16g.** *LlS* 15, *tenerion.* **1615** R. Smyth: *GB* 56.

tyneraf: tyneru [bf. o'r a. *tyner*] *bg.a.* Gwneud neu fynd yn dyner, meddalu, hefyd yn *ffig.*; esmwytháu: *to make or become tender, tenderize, soften, also fig.; soothe.*
Diw. **16g.** *WLB* 2, i sugno ac i *dynery* ag oeri gormod gwres. **1588** *Eseia* i. 6, archollion . . . a gweliau crawnllyd: y rhai . . . ni *thynêrwyd* ag olew. **1604–7** *TW* (*Pen* 228) d.g. *Emollio* (hefyd *D*). **1675** R. Jones: *HCh* 5, A diammeu ydyw, gaffael o lawer o filoedd *dyneru* eu calonnau . . . pan oeddynt yn gweddio yn ddirgel. **1722** *Llst* 189, *Tyneru.* To make or grow soft or tender, to moderate, mollifie, yield. **1776** *W* d.g. *To mollify.* **1793** Dafydd Ionawr: *CD* 356, Gwelaist, *tyneraist,* oh Naf! / Ti noddaist blant hên Addaf! **1803** *P.* Ar lafar yn yr ystyr 'mwyneiddio (am y tywydd)' (Arfon); 'Ma 'i'n *tyneru* wth bod 'i'n 'eneiddio', ''Ôn' nw'n 'ongad y cig idd 'i *dyneru* fa', *GTN* 832.

tyneraidd [*tyner+-aidd*] *a.* Tyner, addfwyn: *tender, gentle.*
16–17g. *GST* i. 734, Ni charaf fwynder yn *dyneraidd,* / Dilawen ydwyf, dideuluaidd. **1803** *P.*

tyner-deimladol, gw. **tyner+teimladol.**

tynerder [*tyner+-der*] *eg.* Tynerwch, addfwynder: *tenderness, gentleness.*
1346 *LlA* 95, *tynerder* yr holl ysprydaỽl gnaỽt. *id.* 97, o*dynerder* yr ysprydaỽlgnaỽt kymeredic or yspryt glan.

tynereiddwch [*tyneraidd+-wch^{1}*] *eg.* Tynerwch, addfwynder: *tenderness, gentleness.*
1605–10 *Haf* 24, 624, trwy nerth y gerdd . . . yr ysbrydiav ynddynt [anifeiliaid gwyllt] . . . a smwytheir yn rhagorawl ac ar y velys gerdd honno, y gyrrir i *dynereiddwch.* **1609** *Rhyddiaith Gymraeg* i. 148, Kofiad y meddwl; *tyneriddwch* [*sic*] y serch.

tynerfwyn, tynergalon, gw. **tyner+mwyn^{1}, calon.**

tynerol [*tyner+-ol*] *a.* Tyner, addfwyn, esmwythaol: *tender, gentle, emollient.*
16g. *AP* 27, Arwydd i genî mewn Awr dda a than *dynerawl* blaened. **1793** Dafydd Ionawr: *CD* 117, *Tynerol* ar eu hol hwy / Hiraethodd [Jwda]. **1798** *WR* d.g. *Emollient.* **1803** *P* d.g. *Tynerawl.*
Amr.: **tenerol** [cf. *tener*]. **16g.** *AP* 34–5, Adolwyn ywch veinlloer . . . gymerud o honoch *denerawl* veddwl wrthyfi.

tynerus [*tyner+-us*] *a.* Tyner, addfwyn; tymherus (am hinsawdd, &c.), mwyn; tender (am fwyd), tyner; gwellhaol: *gentle, mild; temperate (of climate, &c.), mild; tender (of food); ameliorating.*
c. **1400** *Études* viii. 92, Persic . . . a'r rei a vo hawd eu gwahanu y wrth yr esgyrn ac yn *dynerus* eu substans kynt y todir. *Dchr.* **17g.** *T Ch* 68, mae yr dymyr yn esmwythau yn *dynherys.* **17–18g.** O. Gruffydd: *Gw* 47, Yn gydiaith dôn araith *dynerus.* *id.* 97, Fe drengai dan wyro 'n *dynerus* ei ben. **1795** J. Roberts: *C* 8, Hyn [*sic*] *dynherus* rywiog iachus. **1800** W. Owen-[-Pughe]: *CP* 18, maint o gnydiau gwancus à gymmerir yn gyffredin . . . heb roddi dim tail ar y tîr, nag yr un cnwd *tynerus* (*meliorating*) i gyfryngu.

tynerwch [*tyner+-wch^{1}*] *eg.* Yr ansawdd neu'r cyflwr o fod yn dyner, addfwynder, tiriondeb; maldod; tymerusrwydd (hinsawdd, &c.), mwynder; ieuenctid: *tenderness, gentleness, mildness; indulgence, a pampering; temperateness (of climate, &c.), mildness; tender age, youthfulness.*
1455–6 *B* xiii. 67, Kyd divwyner vy nghorff i, *tynerwch* a gaiff vy enaid i. *Diw.* **16g.** *WLB* 41, elio y kig ar kroen . . . drwy dyfiant a *thynherwch.* **1588** *Deut* xxviii. 56, Y wraig dyner . . . yr hon ni phrofodd osod gwadn ei throed ar y ddaear, gan fwythe a *thynêrwch.* **1632** *D, Tynerwch,* Teneritudo. **1672** J. Langford: *HDdD* 317, rhaid i'r Cerydd fód yn gymmhedrol, heb ragori cynneddf y bai, na *thynnerwch* y Plentyn. **1675** R. Jones: *HCh* 154, dichon gormod o *dynerwch* fod yn greulonder o'r mwyaf yn y diwedd. **1747** H. Harris: *H* 182, Cofiwch fi attynt gyd â'r *tynherwch* mwyaf. **1772** *W* d.g. *Delicacy* [*softness, tenderness, &c.*], *Indulgence* [*tenderness shewn one, &c.*]. **1803** *P.* Ar lafar, *WVBD* 559, *GTN* 832.

tynewyn, gw. **tenewyn.**

tynfa [bôn y f. *tynnaf^{1}*: *tynnu+-fa, ma*] *eb.g.* ll. *-feydd, -fâu.* Tyniad, atyniad, plwc, hefyd yn *ffig.*; dalfa (o bysgod), hefyd yn *ffig.*; tyndra, tensiwn, tyniant; caethder (y frest), asthma; *Mwyn.* drifft, lefel; *Math.* rhif tynnu; iau, harnais: *a pull(ing), attraction, tug, pluck(ing), also fig.; catch (of fish), also fig.; tightness, tension; constriction (of chest), asthma; drift, level (in min.); subtrahend (in math.); yoke, harness.*
1604–7 *TW* (*Pen* 228), ar *dynfae* d.g. *Vellicatim. id.* d.g. *Vellicatio* (hefyd *D*). **1659** *GlA* 26, Mae *tynfa* a th[u]edd ei fywyd ef at Dduw. **1688** S. Hughes: *TSP* 140, yn rhoddi i mi y fath *dynnfa* (*twitch*) creulon . . . hyd oni thybiais iddo gippio ymaith ran o'm cnawd i. **1722** *Llst* 189, *Tynfa* f.p. *fâau.* A pull, pluck, tug. **1737** J. Einnon: *HR* 140a, llawer *tynfa* (*pull*) a fu rhwng fy Enaid i a Satan. **1772** D. Rowland: *PP* 59, Pedr yn gadael ei rwydau ac yn dal miloedd o eneidiau ar yr un *dynfa.* **1790** *HNDd* 18, Lle y byddo gwrthddrych ein cariad, yno y bydd *tynfa*'r galon. **1794** E. Jones: *CP* 87, 1 s. yn y dydd am bob ceffyl neu bâr o ychen a arferir yn y cyfryw wedd neu *dynfa* aradr. **18–19g.** *Llr* C 44, 448, Mygydfa, Asthma a mygu, N.W. Y *dynfa.* **1803** *P.* Ar lafar, '*tynfa*' 'draught . . . (up a chimney)' 'attraction' 'tug of war', *WVBD* 560; 'Ma ryw *dynfa* sia thre yn bawb, ond ôs a?', *GTN* 832; hefyd yn yr ystyr 'unrhyw fan a fyddai'n tynnu aer neu wynt, megis yng nghyffiniau'r drysau', *Geir Glo* 10 (Rhosllannerchrugog).

tynfach, gw. **tyn^{1}+bach^{2}.**

tynfad [*tyn^{1}+bad^{2}*] *eg.* ll. *-au.* Cwch bach pwerus a ddefnyddir i dynnu llongau mawr, &c., tŷg: *tug(boat).*
1850.

tynfaen [*tyn^{1}+maen^{1}*] *eg.* ll. *-feini.* Carreg fagnetig (naturiol), (darn o'r cyfryw a ddefnyddir fel) magnet, hefyd yn *ffig.*: *lodestone, magnet, also fig.*
1659 *GlA* 25, Megis . . . [y] Nodwydd a gyffyrdder ar *Tynnfaen* yn oestadol yn troi tu ar Gogledd. **1714** D. Lewys: *CN* 9, Y *Tynfaen* a dynn atto'r Dûr. **1723** J. Jones: *LlA* 162, Cariad Ysbrydol ydyw, yr hwn sydd a Grâs a Sancteiddrwydd yn Brif-ddurfaen neu *Dŷnfaen* iddo. **1744** *CMC* 86, Fel ac y mae Nerth a Rhinwedd, [*sic*] y *Tynn-faen* . . . yn tynnu yr Haiarn atti, felly mae Rinwedd Crist derchafedig yn tynnu y Barr Haiarn o'r Ewyllys. **1748** P. Pugh: *DGG* 4[7], ni ddichon un Ehedfaen neu *Dynfaen* o Bleser . . . dynnu'r Enaid ar ei ôl ym Mhresennoldeb yr Arglwydd Jesu Grist. **1803** *P.*

tynfaeneg [*tynfaen+-eg^{1}*] *eb.* Magneteg, magnetedd: *magnetism (science and phenomenon).*
1858.

tynfaeniaeth [*tynfaen+-iaeth*] *e?b.* Magnetedd: *magnetism.*
1851.

tynfaenol [*tynfaen+-ol*] *a.* Magnetig: *magnetic.*
1842.

tynfalch, gw. **tyn^{1}+balch^{1}.**

tynfar [*tyn^{1}+bâr*] *eg.* Confylsiwn, sbasm, hefyd yn *ffig.*: *convulsion, spasm, also fig.*
1725 *SR* d.g. *The Convulsion.* **1725–6** *Madd Ed* 46, [yr] ysgrydiau cydwybod, a'r *Tynfar* (*convulsions*) cadarn. *c.* **1750** E. Williams: *HJI* 9–10, fel y meddyliodd efe i fod yn tueddu ir [*sic*] *tynfar* neu'r (Convulsion).

tynfarch, gw. **tyn^{1}+march.**

tynfeinig [*tynfaen+-ig^{2}*] *a.* Magnetig: *magnetic.*
1851.

tyngaead, tyngar, gw. **tyn^{1}+caead, car^{1}.**

tyngell [*tyn^{1}+cell^{1}*] *eb.* Drôr: *drawer.*
1835.

tynhad [bôn y f. *tynhaf*: *tynhau+-ad^{2},* trf. han.] *eg.* ll. *tynhadau.* Y weithred o dynhau, tyniad (yn dynn): *a tightening, stretching (taut).*
1794 *W* d.g. *A straining.* **1803** *P* d.g. *Tynâad.*

tynhaf: tynhau [bf. o'r a. *tyn^{1}*] *bg.a.* Gwneud neu fynd yn dynn, tynnu'n dynn, hefyd yn *ffig.*; gwasgu (ynghyd): *to make or become tight or taut, tighten (up), stretch (taut), also fig; press or squeeze (together).*
1604–7 *TW* (*Pen* 228) d.g. *Substrictus.* **1632** *D, Tynnhau,* Strictam facere. **1684** H. Owen: *DC* 303, Lle y diwynir dyn a llawer o bechodau . . . y *tynheir* â llawer o ofalon. **1722** *Llst* 189, *Tynnhau.* To draw or make strait or taught. **1800** W. Owen[-Pughe]: *CP* 100, cawsion . . . wedi eu *tynâu* (*closed*) â dwylaw mewn cawsellt. **1803** *P, Tynâu* . . . To tighten, to strain.

Ar lafar, ''Rodd y ffilm yn gwella tua'r diwadd, a'r plot yn *tynhau*' (Arfon); *GTN* 791.

tynhaol [bôn y f. *tynhaf*: *tynhau*+*-ol*] *a.* Yn tynhau, yn tynnu'n dynn, hefyd yn *ffig.*: *tightening, stretching (taut), also fig.*
1803 *P* d.g. *Tynâawl.*

tynhegl, *e?b.* ?Llif cryf: *strong flow.*
12g. *GLlF* 134, Gorewynaɓc tonn *tynhegyl* ebrwyt. **12–13g.** *GMB* 446, Ar helɓ bun araf, uch bannyeri, —tonn / *Tynhegyl* a gerteis-y, gortwfyr Dyui.

tynhwyddyd, gw. **tynwyddyd.**

tyniad[1], tynnad [bôn y f. *tynnaf*[1]: *tynnu* +*-iad*[1], *-ad*] *eg.b.* ll. *tyn(i)adau.*

(*a*) Y weithred o dynnu, tynfa, tyniant, atyniad, tynhad, plyciad, plwc, hefyd yn *ffig.*; y weithred o dynnu allan, echdyniad; dalfa (o bysgod); llwyth (a dynnir); dracht, llymaid; magnetedd; disgyrchiant; darlun, sgetsh, braslun; *Math.* y proses neu'r weithred o dynnu; *Her.* rhimyn cul: *a pull(ing) or drawing, attraction, traction, a stretching (taut), tug, also fig.*; *a pulling out, extraction*; *catch (of fish)*; *load (drawn)*; *draught (of drink, &c.)*, *drink*; *magnetism*; *gravity*; *drawing, sketch*; *subtraction (in math.)*; *tressure (in her.)*.

14g. *GDG*[3] 176, Mal y gwnâi, ni haeddai hedd, / Mul *dyniad*, mil o'i dannedd [i'r fiaren]. *c.* **1400** (*SG*) *HMSS* i. 330, Ac ar *dynyat* y gledyf paredur ae trewis ynteu. **1547** *WS*, *Tynniad* A draught. **16g.** *Mos* 113, 51, arfaü . . . brenhined Prydain . . . nid amgen *tyniad* (*Med H* 86, dwy res) dwbyl gida blaen Elestr o goch. **1567** *TN* 88b, Y *tynniat* mawr a'r [*sic*] byscot. *c.* **1580** *DWH* i. 164, Tynnwyd ar y vedd (*tynnad* avr foddionn) / . . . / Trwy oll y gwynaw, y tri llew gwynnionn (Dafydd Benwyn). **1632** *D*, Tynn & *Tynniad*, Haustus, tractio. **1725** D. LEWIS: *GB* 39, [y] Magnet, sef y Garreg sy'n tynnu 'r Dûr atti, ac yn troi at y Gogledd; ie os ydoedd ei *Thynnad* yn hysbys yn amser Plato, ac Aristotl, etto nid oedd ei Throad hyd yn Hŵyr. **1751** *GIA* 25, y mae 'r enaid dychweledic ai *dynniad* at Dduw. **1788** J. THOMAS: *CS* 159, Byd a chnawd â'u hên *dynniadau.* **1803** *P* d.g. *Tyniad.* Ar lafar, '*tyniad*', *WVBD* 559; hefyd yn yr ystyr 'tsiaen or wth y mynci yn cael 'i bachu ar freichia y drol', *ib.*

(*b*) *Crdd.* Y weithred o dynnu (tant neu dannau), math o gord (yng nghyfundrefn draddodiadol cerdd dant): *a plucking (of string(s), in mus.)*, *type of chord (in traditional Welsh string music)*.

14g. *DGG*[2] 116, E gâr meinwar fy mun,—lwys *dyniad* / Ar laes dannau'r delyn (Gruffudd ab Adda ap Dafydd). *id.* 147, Garw a fydd ai dydd ai dau, / Ei *dyniad* [crwth] heb ei dannau [marwnad Rhys ap Tudur gan Ruffudd Gryg]. *c.* **1523** *Trans Liverpool WN Soc* 94, os Telynor raid iddaw wybod . . . pob gorhwynfa ar *dyniad* a chywairdant. **1561–2** *B* i. 152, *Tyniad* yn rrol y krythor yw kyweirdant yn rrol y telynior. *c.* **1566** *id.* 143, o bydd a wypo dosparth y pedwar messur ar higain yn ddilys . . . nyd dieithrach yddaw glowed cam mewn cerdd dant nog i ddarllenwr da adel llythyren allan or sillaf ney air or Resswn / ag velly y mae yn dangos vod mewn kwlm a chaniad gywair dannau / a *thynniadau* o honynt . . . cyweirdant gwan a wna vn kadarn ar vn modd am y *tynniadau* kedyrn ac or rhai hynny i gwnair y pynkiau . . . llyma yr achosion y mae y cysylltiaday yn cael y henw / achos y bod yn cysylldy cywirdane a *thyniaday* / a llyma yr achos y cafas tagiad y henw oherwydd bod yn ystopio rhwng cywir dant a *thyniadau* ryw amser pen ddel i mewn cerdd crychiadau sydd yn cyflowni rwng cywir dane a *thyniaday.* **16–17g.** *GST* i. 343, Pob plethiad, pob *tyniad* tant, / Pob cordiad, pob cywirdant [marwnad Edward Llwyd o Lanynys]. **18g.** *Musica* 6, Llyma'r Prif *dynniadau* Y *Tynniad* Croes â'r Hirfys tros y Tannau a'r Bŷs yn ei le ei hun, a'r Graenfys tan fwrdwn y Cowirdant, a'r bys bach yn ei le, a'r tant lleddf ucha a Chrasdant y fawd, a'r Graenfys a'r Hirfys tros y Tannau. **1803** *P*, Tyniad . . . *Tyniadau* a çyweirdannau, modulations and chord-strings.

(*c*) ?Gewyn: *tendon.*
Diw. **16g.** *WLB* 43, ef a ostwng y chwydd ac a ddiwenwyna y dolur ac a ryddha y lliengig ar *tynnadeu.*

tyniad[2] [bôn y f. *tynnaf*[1]: *tynnu*+*-iad*[2]] *eg.* Cyffröwr (mewn rhyfel, &c.), enynnwr: *inciter (in war, &c.)*.

13g. *GDB* 255, Ef *dynnyad* yg cad Eingyl urad ureuaɓl. *c.* **1400** *R* 1310. 5, Ac estynnu hoedyl heb gas *dynnyat.* **16g.** SIÔN BRWYNOG: *C* 126, *Tyniad* gwrdd wyt, enaid gwŷr: / Teiroes a fo it, eryr [i Elis Prys, Plas Iolyn]!

tyniad[3], gw. **tuniaid.**

tyniadaeth [*tyniad*[1]+*-aeth*] *eg.* Magnetedd, hefyd yn *ffig.*: *magnetism, also fig.*
1850.

tyniadol [*tyniad*[1]+*-ol*] *a.* Yn tynnu, yn atynnu, atyniadol, hefyd yn *ffig.*; magnetig; yn tynnu allan, echdynnol: *pulling, attracting, attractive, also fig.*; *magnetic*; *extracting.*
1790 *Budd A* 155, pwer *tynniadol* ehed-faen, [*sic*] (load-stone). **1790** *HNDd* 18, Mae rhinwedd *tyniadol* yn yr Yspryd. **1792** *HWS* 22, Y mae gair Crist â grym *tyniadol* ynddo.

tyniant [bôn y f. *tynnaf*[1]: *tynnu*+*-iant*; ansicr yw union ystyr yr enghrau. isod] *eg.* Cyflwr o straen mewn corff o ganlyniad i rymoedd sy'n gweithio'n groes i'w gilydd, y cyflwr o fod wedi ei dynhau, tensiwn, tyndra, hefyd yn *ffig.*; tyniad, tynfa; ?symudiad (ymaith): *tension, tautness, also fig.*; *a drawing or pulling, traction*; ?*movement (away)*.
1550–1600 *B* iv. 34, Pann vo [y lleuad] ar i *thynnyant* (amr. ar y *tynyant*) y ar y radd gyntaf or arwydd a elwir Aries. **1798** R. DAVIES: *CG* 55, Gelynion Sior Frenhin ar frys, / Os etto marchogant / Y tonau mewn *tyniant.*

tyniar [gair geir.] *e.ll.* ac *eb.* ll. *-oedd.* Clychau dŵr, cloch ddŵr: *bubble(s)*.
1632 *D*, *Tynniar*, yw Clŷch Suddas, ait TW. **1771** *W* d.g. *Bubble* [*of water*]. **1803** *P*, *Tyniar*, s. f.—pl. t. *oz* . . . A bubble.

tyniedydd [bôn y f. *tynnaf*[1]: *tynnu*+ *-iedydd*] *eg.* ll. *-ion.* Echdynnwr; tractor; magnet; (yn y ll.) *Meddyg.* pâr o rodenni o fetelau gwahanol a ddefnyddid gynt i leddfu poen drwy eu tynnu dros groen person: *extractor*; *tractor*; *magnet*; (*pl.*) *tractors (formerly, in med.)*.
1773 *W* d.g. *Extractor.* **1803** *P*, *Tyniedyz*, s. m.—pl. t. *ion* . . . an extractor.

tynlafn [*tyn*[1]+*llafn*] *eg.* (bach. *-lefnyn*) ll. *-au.* Sbring: *spring (device)*.
1722 *Llst* 189, *Tynn-lefnyn.* m. The spring of a watch &c. **1778** *W* d.g. *Spring* [*of a watch, &c.*]. **1794** *Cylchg* 264, y *tyn-lafn* pennaf . . . (main-spring).

tynlanwaf: tynlenwi, tynlawn, gw. **tyn[1] +llanwaf: llanw, llawn.**

tynlefnyn, tynnad, gw. **tynlafn, tyniad[1].**

tynnaf[1]: tynnu [Crn. C. *tenna, tenne*, Crn. Diw. *tedna*, H. Lyd. *tinsit*, gl. *sparsit*, Llyd. C. *tennaff*, Llyd. Diw, *tennañ*, H. Wydd. *tendaid* 'fe wasga, fe dynha': ?o'r gwr. IE. **ten-* 'estyn', cf. Sans. *tanóti*, Groeg *τάνυται*, Llad. *tendō*, Goth. *uf-þanjan* 'ymestyn'] *bg.a.*

1. (*a*) Rhoddi grym ar (beth neu berson) i'w symud yn nes at ffynhonnell y grym hwnnw neu i beri iddo ddilyn ffynhonnell y grym hwnnw, peri i (beth neu berson) symud i gyfeiriad penodol drwy ddefnyddio'r fath rym, llusgo, halio, plycio; tynhau; dymchwel, dinistrio: *to pull, draw, drag, haul, tug, pluck*; *stretch (taut)*; *pull down, dismantle, destroy.*

13g. *BD* 173, A dodi a wnaeth Boso . . . y lav dros y wunvgvl [Petreius], a'e *dynnu* ganthav y'r llavr. **14g.** *BT* (*RB*) 106, vn . . . a *dynawd* yn y vwa (*RB* ii. 306, a*dynnaɓd* y vwa) ac a ellyghawd saeth. *c.* **1400** *R* 1276. 22–3, Or gɓyd oed veu. *tynnu* tyrreu ac eu torri. **15g.** *GLGC* 434, brawd yw'n medru *tynnu*'r tant / i gywirdeb â'i g'weirdant. **15–16g.** *GIF* 82, Nid onest ym *dynnu* stôl / dan arall—nid yw'n wrol. **16g.** *Pen* 192, 146, yn anrygaroc ith *dy/nwyd* ar hyd ac ar lled y groes. **1588** *Tob* vi. 3, a'r llangc a ddaliodd y pyscodyn, ac ai *tynnodd* i'r tir. **1595** H. LEWYS: *PA* 34, yna y daw y tad, ac ai *tynn* erbyn gwallt i benn. **1604–7** *TW* (*Pen* 228) d.g. *Tendo.* **1632** *D*, *Tynnu*, Trahere. **1681** S. HUGHES: *AC* 23, [d]arfod i ryw beth ei *dynnu* ef, o'r tu cefn iddo, wrth gwrre ei shercyn. **1703** E. WYNNE: *BC* 42, Tyrd trwodd weithian, eb yr Angel, ac a'm *tynnodd* i mewn. **1772** *W* d.g. *To draw, or hale along, To pluck, or give a pluck to, To pull.* **1803** *P.* Ar lafar, *WVBD* 559, *GTN* 792; hefyd ymhlith pysgotwyr glannau sir Gaern., 'cwch sy'n *tynnu* troedfedd o ddŵr' 'cwch y mae arno eisiau troedfedd o ddŵr i nofio', *B* xxv. 58; ac ymhlith pysgotwyr Llŷn yn yr ystyr 'defnyddio rhwyd dynnu', *id.* 57.

(*b*) Tynnu neu gymryd (i mewn), atynnu, hefyd yn *ffig.*; cymryd (anadl), anadlu (i mewn); symbylu, cymell, cyffroi, ysgogi, ennyn; dod â (chosb, &c.) (ar): *to draw or take (in), attract, also fig.*; *take (a breath), breathe (in)*; *incite, urge, stir, motivate, kindle*; *bring (punishment, &c.) (upon)*.

12–13g. *GMB* 538, Ket ath vo-di golut . . . / Na'th *tynnit* edlit yr y adaɓ. **13g.** *GDB* 428, Wedi *tynnu* Lloegr i'w llawn orchwydd. **13g.** *BD* 36, A guedy *tynnu* pavb yn un uedwl ac ef. **14g.** *BT* 173, a*thynnu* attunt llawer or kyt aruollwyr. **14g.** *T* 29. 11, ki y*tynnu.* March yrynyaɓ. *c.* **1400** *R* 1229. 14–16, Buan y *tynn* [y bedd]. y breisclu gɓynn. nyt brɓyscle gɓyt. *c.* **1400** *DB* 63, ac a gemero er awyr hwnnu ae en *tynnv* y anadyl ae enteu en buyta neu yn yuet. **16g.** *B* v. 30–1, dyscyblon . . . na *thynnont* gynhenion na phraeion. **1567** *TN* 154b, A' mi o'm derchefit or ddaiar, a *dynnaf* bavvp oll atafinef. **1615** R. SMYTH: *GB* 163, e/raill yn nychu . . . ag yn brin gallu *tynu* i anadel [*sic*] attynt. **1632** J. DAVIES: *LlR* 270, Duw yn *tynnu* o'r naill du, a'r byd, a'r cnawd a'r cythraul yn dal or tu arall. **1725** D. LEWIS: *GB* 304–5, Y mae'n sicr wrth Brofiad, fod rhai Cyrph yn gwthio ac yn gwrthod eu gilydd, ac eraill yn sugno ac yn *tynnu* eu gilydd. **1751** *GIA* xv, yn *tynny* barnedigaethau Duw arnom ni. **1799** *TY* 11, yn *tynnu* marwolaeth arno. Ar lafar, '*tynnu* serch rhywun', '*tynnu* dyn i gwffio', *WVBD* 559; 'Mi esh i allan i *dynnu* hogia' (Arfon); ''Wê hwnnw'n awyddus iawn i *dynnu* sharad â'r hen bregethwr', *Wês wês* 60; ''Dyw'r tæn ddim yn *tinnu*'n ddæ', *GTN* 792.

(*c*) Tynnu neu gymryd (allan neu i ffwrdd), echdynnu, symud (peth) ymaith; dadwisgo, diosg; dadwreiddio, codi (tatws, &c.), hel (ffrwythau, &c.), didol, dethol; sugno, codi (dŵr), peri i (waed) lifo; *Math.* didynnu; diddwytho, casglu; tarddu: *to pull, draw, or take (out or away), extract, remove*; *take off (clothes, &c.), strip*; *uproot, lift (potatoes, &c.), pick (fruit, &c.), select, choose*; *suck, suckle, draw (water, blood)*; *subtract (in math.)*; *deduce, infer*; *derive.*

13g. *LlI* 20, e porthavr . . . adele *tennu* krven er anyueyllyeyt a ladher en e kegyn. **13g.** *C* 97. 5–6, Boed emendiceid ir guit. A*ttinvis* y ligad. in y wit. **13g.** *BD* 87, minheu . . . a baraf dy *dynnu* o'r abit hvnnv . . . a'th wneuthur yn urenhin. **14g.** *T* 9. 24, At[ɓyn] tymp. pan *dyn* lloe llaeth. **1346** *LlA* 43, yny *tynner* yr haearn allan. **14g.** *Cylchg LlGC* vi. 174, yn mab ni . . . yn *tynnv* guaet abel y vraut. **14g.** *WM* 146. 5–6, A*thynnu* cledyf a wnaeth peredur atharaɓ y lleɓ. **14g.** *YBH* 11a, ac erchi idi mynet y *dynnu* arueu boɓn y ymdanaɓ. *c.* **1400** *R* 1276. 4–5, *Tynnv* r aualeu torri r kangenneu. **1547** *WS*, *Tynny* wynebyon llaeth ne gwrwf Flete. **1567** *LlGG* (*Sall*) xivb, Na *thynn* fi (**1988** *Salm* xxviii. 3, Paid â'm cipio ymaith) y gyd a'r andewiolion. **1588** *Ecs* xii. 21, *tynnwch* (**1988** *ib.* Dewiswch) a chymmerwch i chwi oen drwy eich teuluoedd. **1588** *Io* iv. 7, Daeth gwraig o Samaria i *dynnu* (*TN* 136a, gody) dwfr. **1615** R. SMYTH: *GB* 5–6, nad arbedais vn avvdyr na sacraidd, na llygaidd . . . o'r hain ni *thynais* beth i berpheithio y gvvaith yma. **1632** *D*, *Tynnu* . . . haurire. **1768** J. ROBERTS: *R* 23, yna af ymlaen a *thynnaf* 2 allan o 5, a chaf yn weddill 3. **1772** *W*, Casgliad . . . a *dynnir* oddi-wrth yr hyn a ddywetpwyd d.g. *Deduction.* **1790** T. JONES: *TOS* 220, Rhai dynion a *dynnant* eu gwrês oddiwrth lyfreu 'n unig. **1790** M. WILLIAMS: *BM* [27], hauwch radishes a *thynnwch* eich potatto. **1799** *TY* 56, er i'r sugn-bibau fod yn *tynnu* i fynu ddwy dunnell o ddwfr. Ar lafar, *WVBD* 560, *GDD* 299, *GTN* 792. Digwydd yn yr ymad. 'Anodd *tynnu* dyn oddi ar ei dylwyth', *WVBD* 14, *GTN* 792.

(*d*) Mynd neu ddod (yn nes), dynesu, cyrchu, ymestyn (tua); mynd (i ffwrdd), ymadael, cilio, ymneilltuo: *to go or come (closer), draw near(er), make for, stretch out (towards)*; *go away, depart, retreat, withdraw.*

12–13g. *GLlLl* 203, Ny phell *tynn* riein rac a garwy. **13g.** *GDB* 427, Mi ni ry*dynnaf* dan ei aflwydd. **13g.** *DB* 45, Yr Affric a dechreu yn dwyrein Indus auon, a thrwy y deheu a *tynn* (*tendit*) hyt parth a'r gorllewin. **14g.** *BT* (*RB*) 224, A dyw Merchyr racwynep y *tynnawd* y Caer Vyrdin. **14g.** *GDG*[3] 31, Lle y dêl, yr hollfyd a *dynn*, / Llaw hael, at enw Llywelyn. *c.* **1400** *R* 1234. 35–6, a*thynnyɓn* [*sic*] ued yn ri. **16g.** *GIIV* 4, *Tynnais* yn brudd ddihuddwawr / Ir gwlltoedd mynyddoedd mawr. **1567** *LlGG* 46b, ef a *dynnawdd* y wrthynt, yn-cylch ergit carrec. **1630** *YDd* 121, a'r rhwystrau . . . a fydd yn fwy rhwystr i ti fel y *tynnych* at henaint. **1672** R. PRICHARD: *Gw* 5, *Tynn* i Loegr.

tynn i Lundain, / Tynn dros fôr tu hwnt i Rufain, / Tynn i eitha 'r byd ar dreigyl, / Nes y caffech gwrdd a'r 'fengyl. **1699** T. JONES: *TP* 6, Gŵr a'i enw Efangylwr a'm cyfarwŷddodd i, i *dynnu* tua phorth bychan sŷdd o'n blaen. **1704** E. SAMUEL: *BA* 121, gan fod y llongwŷr yn chwennych *tynnu* ymmlaen i Phœnice. **1774** T. JONES: *DG* 138, efe a *dynnodd* i weddio yn ddirgel. Ar lafar, 'Mae o'n *tynnu* am 'i hannar cant' (Arfon); ''Odd y fuwch newydd yn *tynnu* lawr i'r cwm ar ôl y rai erill' (dwyrain Morg.).

2. (*a*) Gwneud, llunio, ffurfio, drafftio, paratoi, trefnu, gosod; gwneud (llun, hefyd â chamera), darlunio, portreadu, peintio; hefyd yn *ffig.*: *to make, fashion, form, draft, prepare, arrange, set; draw (picture), take (photograph), depict, portray, paint; also fig.*

13g. (*LlDW*) *ZCP* xx. 81–2, puebenac a *teno* annel ar tyr arall. **13g.** *BD* 118, ry syrthvs ef yn y magyl ry *dynnassei* (*parauerat*) ynteu y rei guirion. **16g.** HUW ARWYSTL: *Gw* 389, Dyhûddiant doe a heddiw / a *dynnai* lvn dyn ai liw. **1604–7** *TW* (*Pen* 228), *Tynnu* Furu ne Lun peth d.g. *delineo*. **1684** H. OWEN: *DC* [v], *tynnu* a scrifennu eu Gweithredoedd. **18g.** *Beirdd y Berwyn* 44, I *dynnu* pictiwr y fwyn fenyw. **1738** *ML* i. 6, Cael gwynt teg . . . a minnau yn *tynny* lluniau'r bryniau a'r trwynau, etc. **1744** D. ROWLAND: *RY* 153, [D]elw Shaddai . . . iddi gael ei *thynnu* yn Decach nag erioed o'r blaen. **1753** G. OWEN: *L* 51, er nas adwaenent hwy monof fi, ac nas *tynnais* gydnabyddiaeth yn y byd arnynt. **1770** *W* d.g. *To blazon arms*. **1790** T. JONES: *TOS* 245, dichon yr hwn sy 'n eistedd gartre' *dynnu* mapieu cywir o wledydd na welodd erioed. Ar lafar, '*tynnu* llun' 'to draw' 'to photograph' 'to have one's photograph taken', *WVBD* 560.

(*b*) Cyfieithu, trosi (e.e. i gynghanedd): *to translate, convert (e.g. into 'cynghanedd')*.

14g. *RC* xxxiii. 208, hyt pan wnelych dy *tynnv* y llyuyr honno yn Lladin. *Dchr.* **15g.** *GM* [1], Llyma wassaneth wedy *dynnu* o'r Lladin. *c.* **1514** *B* xviii. 132, hyd y medrodd syr huw pennant i *thynnv* or llading ynghymraec. **1567** *LlGG* [xii], Y mae Act arall, can pa un yr ordiniwyt ac yr enactwyt bot y Bibl a' llyvr y weddi Gyffredin wedi ei *tynnu* ir iaith Camberaec. **1567** *TN* xl, [y]r Scrythur 'lan wedy ei *thynnu* yn y hiaith y hunain. **1696** *CDD* [4], Cymerais lawer o boen iw hail yscrifennu, ac iw *tynnu* i gynghanedd.

Amr.: **tynnyd. 1853.**

Cfn. (detholiad yn unig): **tynnu am ei (dy, &c.) ben,** gw. *tynnu yn ei ben*. **tynnu ar:** (i) *to tease*. **20g.** Ar lafar. (ii) *to importune; pump (for information)*. **1604** R. HOLLAND: *BD* 2. (iii) *to draw upon (knowledge, &c.), use*. **20g.** **tynnu ar ei (dy, &c.) oed(ran):** *to be getting on (in years)*. **1931.** Ar lafar, *GDD* 300. **tynnu ar ôl:** *to take after (in appearance or temperament)*. Ar lafar, *GTN* 792. **tynnu ar (wrth, yn) r(h)affau'r addewidion:** *to claim God's promises*. **1931.** Ar lafar, yn enw. wrth weddïo o'r frest. **tynnu ato (ati):** *to shrink, shorten, contract*. **1771** *PDPh* 63, fe bair hynny i'r gewyn *dynnu atto* yn fwy. **1798** *WR*, *tynu atto* d.g. *Shrink*. Ar lafar, *B* iv. 304 (canolbarth Cered.); 'Ma'r dydd yn *tini ato*', *GDD* 299. **tynnwch atoch:** *help yourself (to food, &c.)*. **1890.** Ar lafar, *Geir Geg* 116 (Cered. a sir Gaerf.). **tynnu bicre:** *to bicker*. **1632** *D* d.g. *Velitor*. **17g.** HUW MORUS: *EC* ii. 99. **1780** *W* d.g. *To pickeer*. **tynnu blewyn cwta:** *to draw lots*. **1888.** Ar lafar. **tynnu blewyn o drwyn:** *to needle, goad, bait*. **1932.** Ar lafar, *WVBD* 560. **tynnu byrraf ei docyn (gwtyn) = tynnu blewyn cwta. 1892.** Ar lafar ym Môn ac Eifionydd. **tynnu bys allan ((i) maes):** *to pull one's finger out, fig.* Ar lafar. **tynnu cap (i):** *to take off one's cap (to), also fig.* **1910.** Cf. *tynnu het* isod. **tynnu coes:** *to pull one's leg, fig.* **1933.** Ar lafar yn gyff. **tynnu ei gorn (gyrn) ato (ei chorn (chyrn) ati, &c.), tynnu ei gorn (ei chorn, eu cyrn, &c.) i mewn:** *to draw in one's horns*. **16g.** (*LlEG*) *Mos* 158, 618a–b, Yr hyn awn/aeth Jr amerodyr ac Jr Kardnal *dynnv J kyrn J mewn* Adal J Tauode. **1780** *W*, *Tynnu ei gyrn atto* d.g. *To pull [draw] in one's horns, To queck [shrink for fear or pain]*. **tynnu cwtws (cytysau):** *to draw lots*. **16g.** *TRP* 178, nyni *dynwn gytysav*. **1551** W. SALESBURY: *KLl* xxivb, *tynnasont cwtysse*. **1793** *P*, *Tynu cytysau* d.g. *Cwtws*. Ar lafar, '*tynnu cwtws*', *WVBD* 310. **tynnu cwys:** *to plough a furrow, also fig.* **15g.** *GHC* 10, *Tynned gŵys* tros Bowys barth, / Y trawst dwbl tros Deheubarth. **18–19g.** *Llr C* 2, 293. Ar lafar, '*tynnu cwys*' 'to make a furrow', *WVBD* 310. Cf. hefyd R. E. JONES: *LlIC* 127, *Tynnu cwys* . . . 'byw bywyd'. **tynnu'r cyrtens, &c.:** *to draw the curtains*. **1732** *AABI* 132, a'r *cwrtains* wedi eu *tynnu*. Ar lafar. **tynnu dŵr o ddannedd:** *to make (one's) mouth water*. **1930.** Ar lafar, *WVBD* 559. **tynnu dydd (dyddiau):** *to delay, procrastinate, postpone; make a truce or peace*. **15g.** *GHC* 6, Dy genedl ydyw gwinwydd / Holl Gymru wrth *dynnu dydd*. **15–16g.** *GIF* 15, Tyn Went atat yn undydd—/ nid dannod yt *dynnu dydd*. **1604–7** *TW* (*Pen* 228), *tynnu dydhiæ* d.g. *Induciæ* . . . *Inducias facere, Traho*. **17g.** *DCR* 236, Tra foch di yn *tyny dyddie* / fo gymer gwen i naid. **17g.** *LlGC* 10249, 135, *Tynn ddydd* digerydd, düw gwarant, breiniol / Rhwng brenin a ffarlamant (Wmffre Dafydd ab Ifan).

tynnu dylâu: *to tease, worry, nag*. **1882.** Ar lafar, 'Rhyw greadur cas ydi o—yn *tynnu dylâu* ar rywun o hyd' (Môn). **tynnu dyled:** *to run up a debt, also fig.* **1797** D. DAVIES: *SEG* 315, Y mae pechod hefyd yn cael ei alw yn ddyled; oblegid pan y darfu i ni ddyfod yn fyr o dalu dyled o ufudd-dod, ni *dynasom ddyled* newydd i gyfiawnder Duw. **tynnu'r ewinedd o'r blew:** *to set about a task, &c., set to*. **1760** *ML* ii. 152. Ar lafar, *WVBD* 127. **tynnu gwep:** *to pull a face*. **1920.** Ar lafar. **tynnu gwifrau:** *to pull strings, fig.* **1903. tynnu'r gwynt o hwyliau:** *to take the wind out of (person's, &c.) sails, deflate; impede, frustrate, put at a disadvantage*. **20g.** Ar lafar, 'Nest ti *dynnu'r gwynt* o'i *hwylia* fo pan ddudest di hynny' (gogledd Cymru); 'Mae profiade bywyd yn gallu newid lwc dynion a *thynnu'r gwynt* o'u *hwylie*' (gogledd Cered.). **tynnu het (i):** *to take off one's hat (to), also fig.* **1721** *Llst* 111, sig. O4, Deiliad da, yr hwn yn unig a'i galwai ef yn frenin ac ai ar ei lin iddo, neu a *dynnai* ei *Het iddo*. **1778** *W* d.g. *Off with thy hat, To put off one's hat*. Cf. *tynnu cap* uchod. **tynnu lot(s) (lotiau):** *to draw lots*. **1763** *Cylchg LlGC* xvi. 160, Ar y 18 dudd or mis hwn y darfu *tynu Lots* y traen bans yn Nimbech, 5 oedd i fund allan o blwy Llanufudd. **tynnu llaeth:** *to separate milk*. Ar lafar, *Geir Geg* 117 (Cered. a sir Gaerf.). **tynnu llaw (ar) hyd, tynnu llaw dros:** *to stroke, also fig.* **1604–7** *TW* (*Pen* 228), *tynu lhaw rhyt* penn d.g. *Mulceo*. **1759** J. EVANS: *PF* 70, *tynnwch* eich *Llaw* yn ddwys *ar hyddi* [*sic*]. Ar lafar, 'câl rwbath gynno fo mor hawdd â *tynnu llaw hyd* 'i wynab', *WVBD* 192; '*tynnu llaw dros* ben rhywun' 'rhoi gweniaith i rywun er mwyn cael cydweithrediad', R. E. JONES: *LlIC* 215. **tynnu'r llenni = tynnu'r cyrtens. 20g.** Ar lafar. **tynnu('r) llwch:** *to dust*. **1872.** Ar lafar, *WVBD* 560, *GTN* 792. **tynnu pen ar:** *to conclude*. **1718** M. WILLIAMS: *P* 10. **1740** T. EVANS: *DPO* 176. **tynnu('r) penderfyniad:** *to draw a (the) conclusion*. **1789** H. JONES: *EN* 32. **1796** T. JONES: *CCA* 240. **tynnu perfedd:** *to gut, also fig.* **1894.** Ar lafar, 'Mân' nw wedi câl *tynnu'u perfeddion* ac wedi mynd i'r gongol' 'they have been hopelessly beaten', *WVBD* 426; 'Fe *dynniff* 'i *berfeddion* e mas' 'cael pob newydd allan ohono' (Morg.). **tynnu pig ar:** *to make a fool of, dupe*. **1934.** Ar lafar. **tynnu plet:** *to take a short cut*. **1924.** Ar lafar yng Nghered., *Cymru* xxxiv. [121]. **tynnu ei (dy, &c.) bwysau:** *to pull one's weight*. **20g.** Ar lafar. **tynnu pwythyn:** *to (make a) stitch*. **18g.** E. T. RHYS: *DA* vii. **tynnu (yn y) rhaff:** *tug of war, also fig.* **20g. tynnu sgwrs:** *to start up a conversation, chat*. **20g. tynnu sylw:** *to attract or draw attention*. **1888. tynnu tafod:** *to poke one's tongue out*. **20g. tynnu to:** *to prepare straw for thatching*. **1931** H. EVANS: *CE* 101, nid gwaith y medr pawb ei wneuthur yw *tynnu to*. Rhaid gafael yn nau ben y tusw o wellt a'i dynnu, ei osod yn ôl gyda'i gilydd, a'i dynnu dro ar ôl tro, ac yn y diwedd gafael yn un pen iddo a gwneuthur crib gyda bysedd y llaw arall a'u tynnu trwyddo, a gofalu na byddai'r un gwelltyn wedi ei blygu i gario y dŵr i'r to yn lle i'r gwelltyn nesaf; fel y gallai hwnnw ei gario drachefn tua'r bargod, yn lle ei gario i mewn i'r to. Ar lafar, *B* iv. 304 (canolbarth Cered.). **tynnu torch, tynnu'r dorch, tynnu yn (am) y dorch:** *to compete (in a tug of war), strive, also fig.* **17g.** *TBM* 775, Dyn yw Dic a *dynnai dorch*, / Ymaelai erioed mal yr iwrch [Siôn Gruffudd i Risiart Bwcle]. **1695** W. CAMDEN: *B* 659, and 'tis at this day a common saying in several parts of Wales, when any one tells his adversary, he'l strive hard, rather than yield to him; mi a *dynna'r dorch* a chwi; i.e. I'll pluck the torques with you. Ar lafar, '*tynnu torch*' 'Ymryson tynnu', *B* xv. 29 (Meir.). **tynnu ei draed (ato (eu traed atynt, &c.)):** *to pass away, die; draw to a close*. **1700** *TDP* 116, gan *dynu ei Draed*, efe a hunodd mewn tang-nefedd. Ar lafar, 'Ma'r flwyddyn yn *tinnu 'i dræd ato*', *GTN* 792. **tynnu ei draed (ei thraed) i'r gwely (a marw):** *to go to bed (and die), expire*. **1867. tynnu tros y ffordd:** *to seduce, rape*. **1870–2.** Ar lafar, *GDD* 300, *GTN* 320. **tynnu trwy:** *to get on with (someone); manage, get through (something)*. Ar lafar, 'Pam na driwch chi *dynnu trwy*'r hen wraig?' (Arfon); '*tynnu trwyddi*' 'gallu ymdopi' (dwyrain Morg.). **tynnu trwy'r dŵr:** *to rinse (clothes, &c.)*. Ar lafar, ''Dwi isio *tynnu*'n jympyr *drw dŵr*' (gogledd Cymru); *B* iv. 304 (gogledd Cered.). **tynnu wrth raffau'r addewidion,** gw. *tynnu ar raffau'r addewidion*. **tynnu wyneb(au):** (i) *to pull a face (faces)*. **1853.** Ar lafar, *WVBD* 192. (ii) *to act hypocritically*. Ar lafar, *WVBD* 559. **tynnu ymlaen:** (i) *to be getting on (of time, age, &c.)*. **1893.** Ar lafar, *GTN* 792. (ii) *to get on (with people)*. Ar lafar, 'Ma'r staff i gyd yn hawdd i *dynnu 'mlân* 'da nhw' (sir Gaerf.). **tynnu'n gareiau:** *to pull to pieces, also fig.* **1736 (1812)** *YRW* 43. Ar lafar, *WVBD* 240. **tynnu'n groes:** *to be awkward or contrary; oppose, thwart*. **1752** *GGYC* 12, neb na dim yn osio *tynnu'n groes* i'w Ewyllys bendigedig. **1773** D. MORYS: *CPC* [3]. Ar lafar, 'Mae o'n *tynnu'n groes* efo rwun yn dragwyddol'. **tynnu yn ôl:** (i) *to pull or take back, retract, draw back, withdraw, retreat, backslide, lapse; cancel*. **1604–7** *TW* (*Pen* 228) d.g. *Reprehendo* (hefyd *D*). **1620** *Heb* x. 39, yn *tynnu yn ol* (**1588** *ib.* ar encil; **1988** *ib.* cilio'n ôl) i golledigaeth. **1759** T. THOMAS: *WWDd* 357, Dynion yn *tynnu yn ôl* . . . heb bara'n ffyddlon hyd y diwedd. **18–19g.** R. DAVIES: *DB* 238, Nid gwres nac oerfel, croes nac arfau, / Tan y nef a'i *tyn* [angau] *yn ol*. Ar lafar, ''Dw i ddim 'di cael cyfle i baratoi, so bydd rhaid i fi *dynnu'n ôl*' (Cered.); ''Wi wedi gofyn iddo *dinnu*'i 'ira'*n ôl*', 'Ma'r cwrdd wedi cæl 'i *dinnu'n ôl*', *GTN* 792. **tynnu yn (am) ei (dy, &c.) ben:** *to quarrel with (someone), make an enemy of (someone); pull (building) down about one's ears, also fig. bring (trouble, &c.) on oneself*. *c.* **1754** *W Ballads* 161, 7, Ag i ddial llid a Sen, / Yn *tyny* yr babell *yn ei ben* [am Samson]. **1796** T. JONES: *CCA* 331–2. Ar lafar, 'Paid â'i *dynnu* o '*n dy ben*' 'don't quarrel with him' 'don't make an enemy of him', *WVBD* 419; ''Dwi'n mynd ffwr' 'fory—'dw i ddim isio *tynnu* gwaith *yn 'y mhen*' (Arfon); 'Di *dinnid* y tylwth yna *am dy ben* os gwetid di air cros am un o nw', *GTN* 792. **tynnu yn y rhaff,** gw. *tynnu rhaff*. **tynnu yn rhaffau'r addewidion,** gw. *tynnu ar raffau'r addewidion*. **tynnu yn y dorch,** gw. *tynnu torch*. **tynnu ystumiau:** *to pull faces*. **1923.** Ar lafar, ''Dudodd o'm byd ond 'ôn i'n weld o'n *tynnu 'stumia*' (gogledd Cymru).

tynnaf[2]: tynnu, tynnel, tynnell, gw. **tannaf[1]: tannu, twnnel, tunnell.**

tynnol [bôn y f. *tynnaf[1]*: *tynnu*+*-ol*] *a.* Yn perthyn i dyniant; yn tynnu, tyniadol, atyniadol; magnetig; trydanol: *tensile; pulling, drawing, attracting; magnetic; electric.*

1803 *P*, *Tynawl* . . . Drawing, straining, pulling.

tynnwr [bôn y f. *tynnaf[1]*: *tynnu*+*-wr*] *eg.* ll. *tynwyr, tynnwrs*. Person neu beth sy'n tynnu (allan, i ffwrdd, &c.), haliwr, hefyd yn *ffig.*; ffotograffydd; lluniwr (cytundeb, &c.): *puller (out, off, &c.), drawer, haul(i)er, also fig.; photographer; one who draws up (agreement, &c.)*.

1604–7 *TW* (*Pen* 228), *tynnwr* cynghwystlion d.g. *Transactor*. *id.* *tynnwr* alhan o bericl d.g. *Vindex*. **1632** *D*, *Tynnwr* llong, vn a dynno pethau i'r llong d.g. *Helciarius*. **17g.** E. MORRIS: *Gw* 253, Siôn ŵr helaeth sy'n rhylew / O'r tân i'r gwlyb *tynnwr* glew [i ofyn hocsed]. **17g.** HUW MORUS: *EC* i. 202, Fe'm rhoed [yr Eglwys] i'n briodol â'r bobl crist'nogol [*sic*]; / I'r *tynwyr* neillduol, gresynol groes iau, / Mae taerion ordderchion . . . / I'w cael yn gariadon, gau rwydau. **1769** TWM O'R NANT: *TChD* 35, Gan frolio'u Ceffyleu, na bydd mewn hoff helynt, / Mor [*sic*] ffasiwn *Dynnwrs* a Chêr am danynt. **1789** TWM O'R NANT: *TChB* 17, Y Tanner crych ar *tynnwr* croen. **1794** *W*, *tynnwr* . . . yn dynn d.g. *Strainer* [*one that strains*].

Cfn.: **tynnwr coes(au):** *leg-puller*. **20g. tynnwr corcyn:** *corkscrew*. **20g. tynnwr gwifrau:** *string-puller*. **1930. tynnwr lluniau:** *artist, painter; photographer*. **1936.**

tynnyd, gw. **tynnaf[1]: tynnu.**

tyno[1] [< H. Gym. *t(o)nou*, e. lle Crn. *Treknow* (1086 *Tretdeno*), H. Lyd. *t(o)nou* (mewn e. lleoedd), Llyd. C. *tnou, traou*, Llyd. Diw. *traoñ*; dichon mai ymgais i ddynodi ff. ar H. Gym. *tnou* a welir yn y dfn. o *A* isod] *eg.* ll. *?-au*. Dyffryn, glyn, pant, gwastatir, llannerch; ?lle, cartref; (geir.) bryncyn: *valley, vale, hollow, dale, plain, green; ?place, home; (dict.) hillock.*

12g. *LL* 166, Finis est mainaur *tnou*mur. *id.* 204, Finis illius est inlatitudine or*tonou*. cinscuit bihet Elei. **12–13g.** *GLlLl* 216, Hyd yt el y doryf ar *dyno*—a brynn. **13g.** *C* 102. 6–8, Dabre genhiw im *tino* . . . Vgnach yw. vy heno mab mydno. **13g.** *A* 14. 2–3, *tynoeu* dra thrumein drum essyth. **14g.** *WM* 466. 26–8, Gwadyn ossol pei safhei ar benn y mynyd mwyaf yny byd. ef auydei yn*tyno* gwastat dan y droet. **14g.** *GDG*[3] 228, Nid oes dwyn na dwys *dyno* / Yn neutu glyn Nant-y-glo. **15g.** *GLGC* 119, saethu, neidio *tyno* teg / yn nwfr rhyd nofio, rhedeg. **15g.** *GGl*[2] 27, Âwn hyd yno a'n dilyno, / Anrhaid *tyno* yn rhiw tanad [i abad Ystrad-fflur]. **16–17g.** T. PRYS: *Bardd* 45, yn Iach feinwasg i lasgoed / a dwyn gwen i *dyno* o goed. **1604–7** *TW* (*Pen* 228) d.g. *Tumulus*. **1632** *D*, *Tyno*, Area, areola, vallicula. **1722** *Llst* 189, *Tyno*. m. A green plain in a bottom. **1803** *P*, *Tyno* . . . A plain area, a plat, or plot; a dale; a green. Digwydd yn yr e. lle *Coetyno*, pl. Clynnog, sir Gaern., gw. I. WILLIAMS: *ELl* 41–2, a cf. yr enghrau. uchod o *LL*.

Amr.: **dyno. 1726** S. RHYDDERCH: *Alm* [4], Dani mae i'r *dyno* mwyn, / Daiar unlliw a'r Draenllwyn.

tyno[2] [?cf. S. *tenon*] *eg.* ll. *-au*. Tafod o bren, &c., sy'n ffitio mewn mortais, tenon: *tenon.*

1588 *Ecs* xxvi. 17, Bydded dau *dŷno* i vn bwrdd, wedi gosod fel ffynn yscal. *id.* xxxvi. 22, Dau *dyno* oedd i'r vn styllenn. **1722** *Llst* 189, *Tyno*. m. . . . tenon. **1794** *W* d.g. *Tenon* [*that runs into a mortise*]. Ar lafar, *B* xvi. 95 (sir Drefn.).

tynpan, gw. **tympan.**

tynraff, tynrwyd, gw. tyn[1]+rhaff, rhwyd.

tynrwymiad [tyn[1] + rhwymiad] eg. Rhwymedd (y coluddion): *constipation.*
1803 *P.*

tynwai [tyn[1]+ elf. *gwai* (cf. *P*, Gwai . . . That is in motion)+-yd[1]] eg. Magnetedd: *magnetism.*
1876.

tyn-wasgedig, gw. tyn[1]+gwasgedig.

tynwasgod [tyn[1]+gwasgod[1]] eb. ll. -au. Gwasgod gaeth, hefyd yn *ffig.*: *strait-jacket, also fig.*
1848.

tynwyddyd [elf. *tynwydd* (cf. *P*, Tynwydd . . . Direction, information; intelligence)+ -yd[1]] eg. Cyfarwyddyd, gwybodaeth; cyfeiriad (e.e. ar lythyr); *Rhes.* casgliad, anwythiad: *guidance, information; address (e.g. on letter); conclusion, induction (in logic).*
18-19g. *Llr C* 30, 186, Tynhwyddyd, information, intelligence, [Glam.]. 18-19g. *Llr C* 60, 418, Rhyfedd na chait *dynhwyddyd* a ellit ei goelio, pa faint o laeth y rhoddai buwch yn y dydd. 1803 *P*, *Tynwyzyd,* s. m. . . . Direction, guidance; information, intelligence.

tynwyraf: tynwyro, gw. twymdwyraf: twymdwyro.

tynwyrth [tyn[1]+gwyrth] eg. Magnetedd: *magnetism.*
1776 *W* d.g. *Magnetism.*

tynysgrif [bôn y f. *tynnaf*: tynnu+ysgrif] eg. Drafft, braslun: *draft, outline.*
1821.

tyol [tŷ+-ol] a. Yn perthyn i'r tŷ neu'r teulu, teuluaidd, cartref(ol): *domestic, family (adj.), household (adj.).*
1772 *W*, tyawl d.g. *Domestic.* 1803 *P* d.g. *Tyawl.*

typ (y≡ə) [bnth. S. *tup*] eg. Hwrdd: *ram (animal).*
Ar lafar yn sir Drefn.
Gw. hefyd twpa.

tŷp, typograffig, typograffydd, typsod, typtra, gw. teip, teipograffig, teipograffydd, twps[2], twptra.

tyr, 3 un. pres. myn. y f. *torraf*: *torri.*

tyran [gair geir., sef *twr*+-an[1]] eg. Tŵr bychan: *small tower.*
1604-7 *TW* (*Pen* 228) d.g. *Turricula* (hefyd *D*).
1722 *Llst* 189, Tyran. m. A small towre.

tyrand, gw. teirant.

tyraniaeth, tyrannaeth [tyran(t)+ -(i)aeth] e?b. Gormes, gorthrwm: *tyranny, oppression.*
1606 E. JAMES: *Hom* iii. 42, [p]echod, y byd, y cnawd . . . [g]an ddarfod i Christ unwaith ein gwared ni oddiwrth eu creulon *dyrannaeth* hwy, na chwympwn byth mwy i'w dwylo hwy. id. 294, camweddau, treisiau, yspail a rhyfaniaeth Escob Rufain. 1615 R. SMYTH: *GB* 109, i greulondeb ai *dyraniaith* [sic] [rhagfrenin o Sisilia] a arferasau [sic] yn erbyn i ddeiliaid.

tyrannaidd [tyrant+-aidd] a. Gormesol, gorthrymus: *tyrannical, oppressive.*
1611 R. SMYTH: *SG* 190, [c]yfraith *Tyrranaidd* i ladd plant yr Hebraiaid.

tyrannosor [bnth. S. *tyrannosaur*] eg. ll. -iaid. Unrhyw un o amryw fathau o ddeinosoriaid deudroed cigysol mawr o'r tylwyth *Tyrannosaurus* a oedd yn gyffredin yng ngogledd America yn ystod y cyfnodau Jwrasig uchaf a Chretasig: *tyrannosaur.*
20g.

tyrant, tyrban, gw. teirant, twrban.

tyrbin, tyrbein, twrb(e)in [bnth. S. *turbine*] eg. ll. tyrbin(i)au, tyrbeiniau, twrbinau. Peiriant ac iddo droell neu rotor a yrrir gan lif dŵr, ager, nwy, gwynt, &c., yn enw. i gynhyrchu trydan: *turbine.*
1906.

tyrbo [bnth. S. *turbo*] eg. Tyrbin: *turbo, turbine.*
20g.

tyrbwd, tyrbwt, gw. torbwt.

tyrc, Tyrc, Tyrcaeg, Tyrcaidd, Tyrceg, gw. twlc[2], Twrc, Twrceg, Twrcaidd, Twrceg.

tyrcen, tyrci, gw. twrci[1].

Tyrciad, Tyrciaidd, gw. Twrc (hefyd At.), Twrcaidd.

tyrciar [twrc(i) neu'r e. lle Twrc(i)+-iâr[1], ar ddelw'r S. *turkeyhen*] e?b. ll. -ieir. Adar. Twrci: *turkey.*
1771 *W*, Math ar aderyn trym-gorph . . . o ryw y *tyrc-ieir* d.g. *Bustard* [a wild turkey].
Cfn.: *Adar.* tyrciar y gwerni: bustard. 1866.

tyrcïen, tyrch[1,2], gw. twrci[1], twrch, torch.

tyrchaf, tyrchiaf: tyrchu, tyrchio [bf. o'r e. *twrch*] bg.a.
(a) Cloddio, palu (i'r wyneb); trwyno (am foch, &c.), turio, twrio; chwilota, ffureta; hefyd yn *ffig.*: *to burrow, dig (up); root up (of pigs, &c.), nuzzle; rummage, delve; also fig.*
1800 W. OWEN[-PUGHE]: *CP* 41, mal pe buasai genfaint o foch yn ei *dyrchu.* 1803 *P*, *Tyrçu* . . . To turn up; to burrow. Ar lafar, 'tyrchio' 'to burrow like a mole' 'to dig badly', *WVBD* 560; 'tarw'n *tyrchio*'r ddaear â'i gyrn', 'pegio mochyn rhag iddo *dyrchu*'r ddaear' (Arfon).
(b) Dal (tyrchod daear), gwaddota: *to catch (moles).*
Ar lafar, 'Mae o'n gneud arian da wrth *dyrchu*', *B* xv. 29 (Meir.); "Wyt ti'n dod gida fi i *dyrchu* gwaddod?', *GTN* 833.
Amr.: tyrcha. 1873.

tyrchaidd [twrch+-aidd] a. Tebyg i dwrch, mochynnaidd, ffiaidd; ?gwancus, rheibus: *hoglike, hoggish, swinish, vile; ?greedy, voracious.*
1722 *Llst* 189, Tyrchaidd. Hog-like. 1774 *W* d.g. *Hoggish.* 1794 E. JONES: *CP* xi, y Cybydd crintachlyd, *tyrchaidd* a milein-ddig. 1797 E. CHARLES: *EC* 36, mae'r dôn a'r lleisiau mulaidd . . . wrth bregethu, yn dangos eu bod yn *dyrcheiddiach* a gwradwyddusach, nag unrhyw bregethwyr eraill. 1798 *Cylchg LlGC* ii. 64, *tyrchaidd* taeogaidd &c. oedd llawer ohonynt tyngu a rhegu mai Twm or Nant oedd pen bardd Cymru oll. 1803 *P.* Clywir yn ff. *twrchaidd* yn yr ystyr 'gwgus, o dymer annymunol', 'Criatur *twrchaidd* iawn i gydwitho 'dag e yw a sbo' (dwyrain Morg.).

tyrcheidd-dra [tyrchaidd+-dra] eg. Yr ansawdd neu'r cyflwr o fod yn dyrchaidd, ffiaidd-dra: *hoggishness, vileness.*
1798 T. ROBERTS: *CG* 27, a'r gwirioniaid yn awchus i ymdynu . . . am ychydig o sycan, a hwnnw yn eu gwallgofi: a'r gwayr a'r dillad duon . . . yn gnafaidd yn cymmeryd mantais ar *dyrcheidd-dra* o dynion.

tyrches, tyrchiaf: tyrchio, gw. twrch, tyrchaf: tyrchu.

tyrchwr, tyrchydd [twrch+-wr, -ydd[3]] eg. ll. tyrchwyr, twrchwrs. Un sy'n dal tyrchod daear neu waddod, gwaddotwr; tarw dur: *mole-catcher; bulldozer.*
1789 TWM O'R NANT: *TChB* 17, Chwarelwr *Tyrchwr* calchwr certh. 1790 TWM O'R NANT: *GG* 101, Dangosodd pawb gariad at siarad Ffoulk Sion, / Hên *Dyrchwr* di orchest a dirwest ei dôn. 1803 *P* d.g. *Tyrcwr.* Ar lafar, 'tyrchwr', *WVBD* 560; 'twrchwrz', *GTN* 827.
Cfn.: tyrchwr dur: bulldozer. 20g.

tyrchyn, tyrd, tyrddaf: tyrddu, gw. twrch, tyred, twrddanaf: twrddan.

tyrddain, tyrddanaf: tyrddan(u), gw. twrddanaf: twrddan.

tyrddfawr, gw. twrdd[1]+mawr.

tyrddiad [twrdd[1]+-iad[1]] eg. Rhuad, twrw: *a roaring, din.*
1803 *P.*

tyrddus [twrdd[1]+-us] a. Rhuol, swnllyd: *roaring, noisy.*

1604-7 *TW* (*Pen* 228), rhyw opheryn y ganû lhais seiniawc *dyrdhus* ag efo d.g. *Crepitaculum.*

tyre, gw. dyre[1] (hefyd At.).

tyred, tyrd [amr. ar *dyr(e)d* (2 un. grch. y f. *dyredaf*: dyred)] bg. (2 un. grch.). Bydded iti ddod, dere: *come (thou).*
15g. *GDLl* 121, *Tyred,* mae merched a medd / I'th aros; paid â'th orwedd [marwnad Syr Gruffudd Fychan]. 1630 *YDd* 115, Fy mâb *tyred* allan o Babilon. 1632 *D*, Dyre, aiunt Dem. pro Venedotarum Dyred & Tyred, Accede. 1703 E. WYNNE: *BC* 85, Tyrd allan yspryd a dribridda! 1772 *W*, Tyred, bydd galonnog d.g. *To come* . . . Come, be of good cheer. Ar lafar, 'Tyd', *WVBD* 105.
Cfn.: tyrd â: bring, fetch (imper.). 16g. *GSC* 120, Tair sir a 'stynnir i'w stad; / Tyrd unwaith â'r tair danad. 17g. (18g.) *ClIC* ii. 20, Tyrd ag arian chwip imi. Ar lafar, 'Tyd â thymblar o ddŵr ifi' (Arfon).
Gw. hefyd dere, dyredaf*: dyred.

tyredig [bôn y f. *tyrraf*: tyrru+-edig] a.bfl. Wedi ei gasglu ynghyd, wedi ei bentyrru: *gathered, accumulated, heaped.*
1770 *W* d.g. *Accumulated, Gathered together on heaps.* 1803 *P.*

tyrf, gw. tirf.

tyrfa [twr+-fa, ma] eb. ac yn eithriadol eg. ll. -fâu, -feydd, -faoedd. Torf, llu, mintai, lliaws; nifer, swm, cyfanswm; cwmni (masnachol): *crowd, host, company, multitude; number, sum, total; (trading) company.*
12g. *GMB* 151, Tyrrua toryf teruysc heb diuwyn. 12g. *GLlF* 319, Gwelei daryf ar *dyrrua* osswyt. 14g. *GDG*[3] 200, Tra fuom mewn tyrfaau / Fi a'r ddyn, ofer o ddau. c. 1400 *R* 1241. 37-8, amkoryf toryf *tyruahoed* ohen. c. 1400 (*SG*) *HMSS* i. 358, mi aaf yr *dyrua* vwyaf a weleist. 1551 W. SALESBURY: *KLl* lxxiiia, a *thyrva* [:– niver] yr enweu oedd yncylch cant ar ucein. 1567 *TN* 14a, y cerddorion a'r tyrfa yn trystiaw. 1632 *D*, Tyrfa, Turma, turba. 1670 J. HUGHES: *AP* 454-5, yr arch Offeiriaid, a'r *tyrfeydd.* 1703 E. WYNNE: *BC* 19, [t]yrfa fawr o bobol yn ymdyrru tu a'r Porth. 1803 *P.* Ar lafar, *WVBD* 561, *GTN* 833. Digwydd hefyd yn yr ystyr 'diadell (o ddefaid)', *AGB* 67.
Amr.: turfa [dan ddyl. y Llad. *turba*]. 1567 *LlGG* 49a. *p.* 1584 G. ROBERT: *GC* [199]. 1615 R. SMYTH: *GB* 162.

tyrfaf: tyrfu [?bf. o'r e. *twrf*; H. Wydd. *torbaid* 'fe lesteiria, fe niweidia, fe ddrysa'] bg.a.
(a) Gwneud twrw, trystio, rhuo, taranu, diasbedain; seinio (moliant); cynhyrfu, ymgyffroi: *to make a din, roar, thunder, resound; sound (praise); agitate, be agitated.*
12g. *GMB* 73, Tyruei rac llafneu penneu peithwyt. 14g. *T* 77. 8, *tyruaôt* molut mawr edryssed. c. 1400 *R* 1037. 39, Tonn *tyruit* toit aches. id. 1250. 31-3, Duô adaô arnaô diwarnaôt kyhoed diwed yr oessoed toruoed *tyruaôt.* 1567 *LlGG* (Sall) 30a, cwynvan ydd wyf an yn vy gweddi, a' nadu [:– *thyrfu*, thrystio). 1567 *TN* 14a, y cerddorion a'r tyrfa yn trystiaw [:– *tyrfu*]. 1760 *ML* ii. 153, Mae'r Fâll yn cusanu'r merched yn y tywyll, ac yn crechwen chwerthin, ac yn *tyrfu.* Ar lafar, 'tyrfu hefo'r llestri' 'to clatter with the crockery', 'tyrfu â'r traed', *WVBD* 561.
(b) Tyrchu (am foch, &c.), trwyno, turio, twrio: *to root up (of pigs, &c.), nuzzle.*
14g. *T* 29. 11-12, Eidon y wan. hôch y tyruu. 1722 *Llst* 189, Tyrfu . . . to dig a pig. c. 1785-90 (1829) *CBYP* 158, Un hoyw a chain, ei Hwch anwyl; / Hi *dyrfai* ardd yn dra hardd yn hwyl.
(c) Ysigo (cymal, &c.), streifio, troi, tynnu: *to sprain, strain, wrench.*
c. 1400 *R* 1039. 43-4, [R]ly thyr vis [sic] vymbreich rygardwys vyeis. 15g. *CMOC*[2] 132, Doe y haeraist, dihiryn, / *dyrfu* 'nghwd dan dor fy nghŷn [Guto'r Glyn i ddychanu cal Dafydd ab Edmwnd]. 1588 *Diar* xxv. 19, megis dant wedi i dorri, a throed wedi *tyrfu.* 1604-7 *TW* (*Pen* 228), wedy *dyrfu* nei vriwo'n dhrwg d.g. *Quassus.* 1632 *D*, Twrf . . . Tyrfu, Distorqueri. 1722 *Llst* 189, Tyrfu. To sprain a joint or sinew, put out of joint. 1751 *GIA* 163, [t]yrfu gewyn, neu yrru asgwrn oi le. [1783] *W* d.g. *To sprain, To strain a sinew.*

tyrfaog [tyrfa+-og] a. Poblog; cynulleidfaol: *populous; congregational.*
1840.

tyrfedig [bôn y f. *tyrfaf*: tyrfu+-edig] a.bfl. Wedi ei ysigo (am gymal, &c.), wedi ei

streifio, wedi ei droi neu ei dynnu: *sprained, strained, wrenched.*
1759 J. EVANS: *PF* 82, Rhowch y llê *tyrfedig* yntho tros hanner awr. **1803** *P*.

tyrfedd [bôn y f. *tyrfaf*: *tyrfu*+-*edd*[1]] *eg.* Cynnwrf chwyrn mewn llif aer, dŵr, &c.; cynnwrf, cyffro: *turbulence.*
20g.

tyrfiad [bôn y f. *tyrfaf*: *tyrfu*+-*iad*[1]] *eg.* ll. -*au.* Ysigiad (cymal, &c.), streifiad: *sprain, strain, wrench.*
1688 *TJ*, Twrf, *tyrfiad*: a wresting of a Sinew, a sprain. **1759** J. EVANS: *PF* 82, *Tyrfiad* Cymmal. **1771** *PDPh* 62, Ysigiad, neu *Dyrfiad* yng Nghewynnau'r [*sic*] Cefn. [**1783**] *W* d.g. *Sprain* [*a wrench*], The straining of a sinew [*of a limb*]. **1803** *P*.

tyrfog [*twrf*+-*og*] *a.* Rhuol, swnllyd: *roaring, noisy.*
1793 DAFYDD IONAWR: *CD* 151, At y dorchawg *dyrfawg* don. **1799** DAFYDD IONAWR: *MB* 48, Nos lidiawg, *dyrfawg* heb dawl.

tyrfus [*twrf*+-*us*] *a.* Rhuol, swnllyd, stormus, cythryblus: *roaring, noisy, stormy, turbulent.*
1866. Ar lafar, 'Mân' nw'n blant *tyrfus* iawn' (Arfon).

tyrfwr [bôn y f. *tyrfaf*: *tyrfu*+-*wr*] *eg.* Cyffröwr (mewn rhyfel, &c.): *inciter (in war, &c.).*
c. **1400** *R* 1289. 9–10, taer [u]ur briὀgyrff gled *tyrvόr* bragat.

tyrhaus, gw. trahaus.

tyrhaustra, tyrhustra, gw. trahaustra.

tyriad [bôn y f. *tyrraf*: *tyrru*+-*iad*[1]] *eg.* ll. -*au.* Y weithred o bentyrru, pentwr, croniad, casgliad: *a heaping, heap, accumulation, collection.*
1722 *Llst* 189, *Tyrriad.* m. A piling, heaping up. **1803** *P*.

Tyriad [e.'r ddinas *Tyr(us)*+-*iad*[3]] *eg.* ll. -*iaid.* Un o drigolion Tyrus, brodor o Dyrus: *a Tyrian.*
1588 *Esr* iii. 7, i'r Sydoniaid, ac i'r *Tyriaid.* **1735** S. THOMAS: *HP* 219.

Tyriaidd [e.'r ddinas *Tyr(us)*+-*iaidd*] *a.* Yn perthyn i Dyrus neu'r Tyriaid: *Tyrian (adj.).*
1862.

tyrm, tyrmentiaf: tyrmentio, gw. term, tormentiaf: tormentio.

tyrmerig, twrmeric, &c. [bnth. S. *turmeric*] *eg.* Planhigyn trofannol Asiaidd o deulu'r sinsir, *Curcuma longa*, ac iddo risomau persawrus a ddefnyddir fel lliwur a sbeis; sbeis melyn ar ffurf powdr a baratoir o'r rhisomau bwch: *turmeric.*
1722 *Llst* 189, *Twrmeric.* m. Turmerick. **1722** S. RHYDDERCH: *Alm* [12], [P]owdr neu ulw, Ffenegrig, *Turmerig.* **1794** *W*, *Tyrmeric, tyrmerig* d.g. Turmerick. Ar lafar, 'I neud y reis yn felyn 'wy'n roi *tyrmeric* yn y dŵr' (sir Gaerf.).
Amr.: **trymrig. 1794** *W*, Tyrmeric, tyrmerig, vulgò *trymrig* d.g. Turmerick.

tyrn, tyrnaf: tyrno, gw. twrn, turniaf: turnio.

tyrnas, tyrnasaf: tyrnasu, &c., gw. teyrnas, teyrnasaf: teyrnasu, &c.

tyrner, tyrniaf: tyrnio, tyrniwr, gw. turner, turniaf: turnio, turniwr.

tyrnowt [bnth. S. *turnout*] *eg.* Y nifer o bobl sy'n mynychu cyfarfod neu'n pleidleisio mewn etholiad, &c.; y swm o nwyddau a gynhyrchir o fewn cyfnod penodedig; set neu arddangosfa o offer, dillad, &c.: *turnout.*
20g. Ar lafar, '*Tyrnowt* isel iawn oedd yne adeg yr etholiad dwytha''.

tyrnpeg, tyrnpeic, gw. tyrpeg.

tyrnpeiciwr, twrnpeiciwr, turnpic-(i)wr, &c. [*tyrnpeic,* &c.+-*(i)wr*] *eg.* Un sy'n cadw tyrpeg: *turnpike-keeper.*

1789 TWM O'R NANT: *TChB* 18, Towr, ar Cowper taer eu Copa, / A *Thurnpicwr* a thrwyn picca.

tyrnsgriw [bnth. S. *turnscrew*] *eg.* ll. -*iau.* Sgriwdreifer: *screwdriver.*
1935. Ar lafar yn y Gogledd, *B* xvi. 95 (sir Drefn.).

tyrnsteil [bnth. S. *turnstile*] *eg.* ll. -*s.* Giât ac iddi freichiau llorweddol sy'n troi o gwmpas postyn unionsyth gan roddi mynediad i bobl fesul un yn unig, llidiart tro: *turnstile.*
20g. Ar lafar.

tyrog [*tŵr*+-*og*] *a.* Ac iddo dŵr neu dyrau: *towered.*
14–15g. *IGE*[2] 249, Cestog conglog *dyrog* dai, / Castell Cruciaith nis costiai (Ieuan Waed Da). **15g.** *DN* 64, Bid i'th law'n taraw 'mhlas *tyroc*—bolox / Mab Elen lueddoc. **15–16g.** LLAWDDEN, &c.: *Gw* 196, Plas *tyrrawc,* Powls o Teiraith, / Peredur gynt, prydai'r gwaith. **1632** *D, Tyrawg* d.g. Turritus. **17g.** E. MORRIS: *B* 69, Ar Bablon *dyrog,* drwy hawddfyd godidog.

tyrogen, tyron, gw. torogen, teirant.

tyrpant, twrpant, turpant, &c. [ff. ar *tyrpentein,* &c., drwy golli'r sillaf olaf, cf. *melod, soseiat*] *eg.* Tyrpentein: *turpentine.*
1725 D. LEWIS: *GB* 72, Oyl Twrpant. **18g.** *Llr* C 24, 32, dwy owns o *dwrpant.* [**1762**] E. POWELL: *HEI* 53, Olew Twrbant. **1794** *W*, Terpentin, twrpentin, vulgò *twrpant* d.g. Turpentine [*the gum exuded by the Pine, so called*]. Ar lafar, 'Ol *tyrpan* fyddan' nw'n roid' (Llŷn); '*twrpant*', *GDD* 314; '*torpant*', '*twrpant*', *SC* vi. 135 (sir Benf.); '*tyrpant*', *GTN* 833.

tyrpeg, tyrnpeg, tyrnpeic, &c. [bnth. S. *turnpike*] *eg.* Tollborth, tollty; tollffordd, ffordd fawr; adeiladwaith amddiffynnol o bigau: *turnpike (gate), toll-gate, toll-house; toll-road, main road; defensive frame of spikes.*
16g. (*LlEG*) *Mos* 158, 611a, kymaint or sawdwyr ac agauas ddyuod J mewn ovewn y *twrnpeik* ynghalais. **1798** W. RICHARDS: *CC* 40, aethant eill dau gyd â'u gilydd oddi yno hyd iet *turnpeic* Abergwaun. Ar lafar, '*tyrpag*', *WVBD* 561; '*tyrpaig*' (Llŷn ac Arfon); '*tyrpeg*' (sir Drefn.). '*tyrpig*', *GTN* 833.
Amr.: **trympeg, trympic. 1886.** Ar lafar yn y ff. *trympeg* (sir Gaerf.).

tyrpentein, twrpent(e)in, tyrpentin, &c. [bnth. S. *turpentine*] *eg.* Oleoresin a secretir gan rai coed, yn enwedig pinwydd, olew anweddol egr a ddistyllir o'r oleoresin hwn neu o bren pin ac a ddefnyddir wrth gymysgu paent a farnais, ac mewn eli, &c.; terebinth; ?hefyd yn *ffig.*: *turpentine; terebinth; ?also fig.*
1545 *CM* 1, 334, A ffwys . . . or mwsg Ac or *twrfpenttein* wrth y pwys gymaint ac or holl [l]yshieuoedd Eraill. *Diw.* 16g. *WLB* 97, I wneuthur oyl *twrpentin.* **1604–7** *TW* (*Pen* 228), yn perthyn yr *terpentin* d.g. Terebinthus. **1632** *D, terpentin* d.g. Terebinthus. **1652** (**17–18g.**) *Llst* 133, 188b, Twrr blewog nerthog heb nag / Twrpandein turpin dinag [James Dwnn i ofyn siaced o groen bwch]. **1722** *Llst* 189, *Terpentin.* m. Turpentine. *c.* **1740** *LlM* 18, dwy wns o Turpentin. **1770** *TG* iv. 97–8, 300 baril o dar, a phyg, a *thyrpentine.* **1794** *W*, Terpentin, twrpentin, vulgò twrpant d.g. Turpentine [*the gum exuded by the Pine, so called*]. **1813** *WB* 228, Pren Terpentin; Pistacia Terebinthus; Turpentine tree.
Amr.: **twrmentein** [bnth. S. Diw. Cyn. *turmentyne*] **1547** *WS*.

tyrps (*y≡ə*) [bnth. S. *turps*] *eg.* Tyrpentein: *turpentine.*
20g. Ar lafar.

tyrraf: tyrru [bf. o'r e. *twr*; am engh. bosibl o'r be. *tyrred,* gw. *GDB* 501] *bg.a.* Pentyrru, cronni, crynhoi, cynnull; heidio, ymgasglu, ymdyrru: *to pile up, heap, amass, gather, assemble; crowd, flock, throng.*
12g. *GCBM* ii. 35, *Tyrrant* am eu rwyf, rwysc anogaόn. *id.* 119, Teyrn glyб terrwyn, *tyrrynt* preinyn drud. **13g.** *C* 2. 2–3, Rac deuur ineutur y *tirran.* **13g.** *Cylchg LlGC* v. 63, e edrech e gueithret ar guyrthyeu henne . . . *tyrru* a oruc e bobyl. **14g.** *GIG* 13, Os anogáon. *id.* Arddudwy aeth ar dy du [i Ieuan ab Einion]. **15–16g.** *GLM* 103, neiaint eryr yn *tyrru* / o ran eu tad o'r un tu [marwnad Hywel ap Tudur ap Dafydd]. **1567** *LlGG* 30b, *tyrrwch* [:– cesclwch] y plant. **1567** *LlGG* (*Sall*) 22a, ef a *dyrra* olud, ac ny ys gwyr pwy ei casgyl. **1632** *D*, Twrr, *Tyrru*, Cummulare, aceruare, congerere. **1696** *GGTY* 314, onid ydych chwi yn *tyrru* i fynu arrynt hwy lliaws o ofidiau. **1753** *ML* i. 229, fo *dyrrodd* lawer o ariân yn y wlad.

1803 *P* d.g. *Tyru.* Ar lafar, *LlLlM* 104, *B* xv. 29 (Meir.), *GTN* 833.

tyrrwr [bôn y f. *tyrraf*: *tyrru*+-*wr*] *eg.* ll. *tyrwyr.* Un sy'n tyrru, pentyrrwr: *one who heaps or piles up, amasser.*
17–18g. O. GRUFFYDD: *Gw* 111, Y rhwyddwych hael roddwr a farnwn yn fwynwr, / A'r *tyrrwr* yn annwr anhynaws. **1803** *P* d.g. *Tyrwr.*

tyrs, tyrts(h), gw. tors.

tyrthain, tyrthan, gw. tarthaf: tarthu.

tyryn, tysan, tysen, gw. twryn, tisan (hefyd At.), tatws.

Tysganaidd [yr e. lle *Tuscan(y)*+-*aidd*] *a.* Yn perthyn i Doscana neu ei thrigolion: *Tuscan (adj.).*
1870.

Tysganiad [yr e. lle *Tuscan(y)*+-*iad*[3]] *eg.* ll. -*iaid.* Un o drigolion Toscana, brodor o Doscana: *a Tuscan.*
1847.

tysic [bnth. S. Diw. Cyn. *tysyc,* ff. ar *phthisic*] *eg.* Enw ar amryw fathau o glefydau'r ysgyfaint neu'r llwnc, yn enw. darfodedigaeth yr ysgyfaint: *phthisic.*
1545 ÉLIS GRUFFYDD: *Ll* 120, Ac ynn erbyn kyuyngdra o'r ddwyuron a'r *tyssick* a ffob gouid ar a vo ynn magv o wlybyroedd oerion. *id.* 165, ynn erbyn e gouid a elwir *tysick. id.* 189, ynn erbyn y klwyuav a elwir *tyssik.*

tysmwy [?bnth. S. C *dismai* 'consternation, fear, uneasiness'] *eg.* ll. -*au,* -*on.* Cryndod, cryd, ysgryd; cystudd, trallod, ?arswyd: *a shaking, shivering, trembling; affliction, distress, ?horror.*
14g. *GDG*[2] 244, Nid esmwyth hyn o *dysmwy,* / Ni bu boen ar farwgroen fwy [dan y bargod]. **1632** *D, Tysmwy,* Afflictio, afflictatio, horror. **17g.** *LlGC* 10249, 148, Os dûw fûdd beünydd, byw ennyn, büchedd / in koledd, an calyn / beth a waeth pwy, *tyssmwy* tynn / ofn hîrbwyll, fo in herbynn (Wmffre Dafydd ab Ifan). **1722** *Llst* 189, *Tysmwy.* m.p. *mwyau.* Affliction, distress, horrour. **1770** *W* d.g. *Affliction, Distress.* **1803** *P, Tysmwy,* s. m.—pl. t. *on . . .* horror, trembling.

tysmwyaf: tysmwyo [bf. o'r e. *tysmwy*] *bg.* Crynu, rhynnu, ysgrydio; arswydo, syfrdanu: *to shake, shiver, quake; be horrified or astounded.*
1592 S. D. RHYS: *Inst* 102, Ny chwimlodh ag ny *thysmwyodh* arno o weled elhylh. **1632** *D, Tysmwyo,* Horrere. *Tysmwyo* ar vn wedi gweled ellyll. **1722** *Llst* 189, *Tysmwyo.* To have his hair stare for fear, shiver, tremble. [**1754**] G. OWEN: *L* 122, Braidd y mae ynof synnwyr i ddiolch am y gymwynas, gan synnu a *thysmwyo* rhag ei godidoced!

tysmwyth [cf. *tysmwy*; dan ddyl. *mwyth*[1]] *eb.* Meddyg. Ffit, hefyd yn *ffig.*: *fit (in med.), also fig.*
1723 J. JONES: *LlA* 30, ei geisio ef [Duw] wrth *Dysmwyth* ac Ennen (*by fits and girds*). **1727** J. JONES: *DFF* 163, ni bydd ond un *Dysmwyth* yn eu clefyd hwynt, ac fe fydd y *Dysmwyth* hon bob Amser yn y Man uwchaf.

tyst [bnth. ?*dysg.* Llad. *testis,* H. Grn. *tist,* gl. *testis,* Crn. C. *test,* Llyd. C. a Diw. *test,* H. Wydd. *teist*; petrus yw dosbarthiad rhai o'r enghrau. isod] *eg.* ac yn eithriadol *eb.* ll. -*(i)on,* (prin) -*iau.*
(*a*) Un sy'n bresennol mewn digwyddiad ac yn gallu rhoddi gwybodaeth amdano, un sy'n rhoddi tystiolaeth (yn enw. ar lw mewn llys barn), ardystiwr, hefyd yn *ffig.*: *witness, testifier, attestor, also fig.*
12g. *GMB* 199, Ac ysymy *dystyon* a'm testun ganthur / O essillyr Kynan, Koelig dadhanut. **12g.** *GLlF* 445, Ar'n uagyl eur y phenn, fowch recddi / Val rac tan, tost yd wan, *tyst* Duw iti. **12–13g.** *GMB* 376, Erbyn vi, vy Llyw, yn lle detuawl—gwyrtheu / Yr dy dost gethreu a'th *dyst* gethraόl. **13g.** *Ll* 44, reyt yu e'r eglues bot ydy a gatwo e breynt hunnu o *testyon* deduaul. *id.* 51, ony watta e ryst a yrrer arnau, byt lyssyedyc. *id.* 52, Tyst a dele tygu bot en wyr er hyn a dadarnhao. **14g.** *T* 12. 13–14, Can mil egylyon yssyd imi yn *tyston.* *c.* **1400** *R* 1037. 25, ti yn vyb adef yssy las. **15g.** *HCLl* 118, Rhaff gadarn, rhyw ffaig ydoedd, / Duw yn *dyst,* amdanad oedd. **1618** J. SALISBURY: *EH* 272, mae'n rhaid gwneuthur y Briodas yngwydh dau neu dri o *dystion.* **1632** *D, Tyst,* Testis. **1632** J.

Davies: *LlR* 123, yna y dechreu efe holi'r *tŷst* (*witnesse*), yr hwn yw ei gydwybod ef ei hun. [**1745**] W. Roberts: *FfM* 23, Dyma finnau'n dyfod heibio tan wilihoben / . . . i fynd yn *dyst* wrth y fargen. **1803** *P*, *Tŷst*, s. m.—pl. t. *ion* . . . witness. Ar lafar, *WVBD* 557, *GTN* 793.

(*b*) Tystiolaeth, prawf: *evidence, testimony, proof.*

14g. *SC* viii/ix. 184, yr arglwyd iessu grist . . . a rodes *tyst* yr evegyl. **14g.** *GDG*[3] 398, Llyma'r *dyst*, lle mae'r destun / Gwardd hir, yn ei gerdd ei hun. **15g.** *HCLl* 42, Lladron, mae digon o *dyst*, / A fu'n peri crogi Crist. **1696** *GGTY* 246, traddodiad am fedyddio babanod, a bod hwn yn sefyll ar *dyst* dau wr Origen ac Augustin. **1803** *P*.

(*c*) Gorchymyn dwyfol, cyfraith ddwyfol: *divine precept or law.*

1603 W. Midleton: *Ps* 146, Ni chadwasant . . . / Ei *dystiau* (**1588** *Salm* lxxviii. 56, ei destiolaethau) gorau geir-wir.

Amr.: **test**[2] [dan ddyl. Llad. *testis*]. **1567** *LlGG* 125a.

Cfn.: **tyst golwg:** *eyewitness.* **1632** *D* d.g. *Oculatus.* **18g.** I. Brydydd Hir: *Gw* 167. **Tystion Jehofa:** *Jehovah's Witnesses.* **20g.**

tystad, tystaf: tystu, gw. **tystiad**[2], **tystiaf: tystio.**

tystair, tystbrofaf: tystbrofi, gw. **tyst+ gair**[1], **profaf: profi.**

tysteb [*tyst+-eb*] *eb.* ll. *-au, -ion.* Llythyr ffurfiol, &c., sy'n tystio i gymeriad, ymddygiad, neu gymwysterau person, geirda, tystlythyr, llythyr cyflwyno, tystysgrif, dogfen, hefyd yn *ffig.*; rhodd a gyflwynir (yn enw. yn gyhoeddus) fel arwydd o barch, i gydnabod gwasanaeth, &c.: *a testimonial, credential, certificate, document, also fig.*; *testimonial (gift).*

1848. Ar lafar, *GTN* 793; hefyd yn y ff. *teisteb*, *TGG* (1907–8) 89 (sir Gaerf.).

tystebaf: tystebu [bf. o'r e. *tysteb*] *ba.* Rhoddi tysteb neu dystlythyr i: *to furnish with a testimonial, &c.*

1863.

tystfa [*tyst+-fa, ma*] *eb.* Llwyfan dystio: *witness-box, witness-stand.*

1827.

tystiad [bôn y f. *tystiaf, tystaf: tystio, tystu +-iad*[1]] *eg.* ll. *-au.* Tystiolaeth: *testimony, evidence.*

1567 *TN* 292a, ryw rybuddiadae . . . y gyd a *thestiat* oi ewyllysfryd tu ac atwynt. **16–17g.** Llywelyn Siôn, &c.: *Gw* 563, o waed jestyn wiw *dystiad*, / yn lle gwir ny ellir gwad. **16–17g.** *PhA* 452, nad adwaenyd wyd annyn / *dystiad* Duw dy stad dy hyn. **1803** *P*.

Amr.: **testiad** [cf. *testiaf*[2]: *testio*]. **1567** *TN* 292a. **1604–7** *TW* (*Pen* 228) d.g. *Testificatio.*

tystiaf, tystaf: tystio, tystu [bf. o'r e. *tyst*] *bg.a.* Rhoddi tystiolaeth (yn enw. ar lw mewn llys barn), bod yn dyst (i), gweithredu fel tystiolaeth neu arwydd (o), ardystio, gwarantu, cadarnhau, datgan: *to testify, depose, make deposition, witness, bear witness (to), attest, vouch for, affirm, declare.*

13g. *LlI* 6, e dysteyn . . . Ef a dely gossot navd a *thestu* guyrodeu. *id.* 26, Os kyuody a wna enteu . . . a *thestu* udunt hue [neithiorwyr] er regaffael hy en llygredyc . . . ny dele hy trannoeth dym y ganthau ef. **13g.** *HGK* [1], bonhedicaf gur oed y Gruffud hvnnv . . . megys y *tysta* . . . bonhed y reeni. **14g.** *LlB* 36, anuonent deu wr at y cwynwr y ofyn idaw pwy y tyston a enwis apheth a *tystwys* vdunt. **14g.** *WML* 120, Pan *tysto* tyst peth yny tystolyaeth yn gyfreithaỽl . . . Neu pan *tysto* amdiffynnỽr peth yn gyfreithaỽl yn erbyn tyston. **15g.** *GGl*[2] 53, Nid ystwyth bwa llwyth llaw, / Nid estyn yn ei *dystiaw*. / Ni thynnir o'r gwir ar gam, / Nid anelai dyn Wiliam [i Wiliam Fychan o'r Penrhyn]. **15g.** *DE* 51, ni *thysdia* bregeth awstin / gelfyddyd y myd oi min. **1567** *TN* 316a, rrwn tan Pontius Pylatus a *dystiodd* cyffes pybur. **1632** *D*, *Tystio* . . . Testari. **1776** I. Brydydd Hir: *P* i. 128, Iechydwriaeth oedd diben mawr dyfodiad ein Iachawdwr i'r byd, megis i mae ef yn *tystio* ei hunan. **1803** *P* d.g. *Tystiaw.* Ar lafar, '*tystio*', *WVBD* 561; '*tistio*', *GTN* 793; hefyd yn yr ystyr 'mynnu (dweud)', 'Ma fa'n *tistio* nag odd a ddim gyda nw ar y pryd', *ib.*

Amr.: **testiaf**[2]**: testio** [cf. *test*[2]]. **1567** *LlGG* 43b.

Cfn.: **tystu ar:** *to testify against.* **13g.** *D Col* 32. *c.* **1300** *LTWL* 355. **14g.** *LlB* 45. **15g.** *LHDd* 11.

tystiedig [bôn y f. *tystiaf, tystaf: tystio, tystu+-iedig*] *a.bfl.* Wedi ei dystio, ardystiedig: *witnessed, attested.*

1803 *P.*

tystiol [*tyst+-iol*] *a.* Yn tystio, ardystiol: *testifying, witnessing, attesting.*

1803 *P* d.g. *Tystiawl.*

tystiolaeth, tystol(i)aeth, &c. [*tyst+ -(i)ol+-(i)aeth*] *eb.g.* ll. *-au.*

(*a*) Gosodiad ffurfiol llafar neu ysgrifenedig (yn enw. mewn llys barn), datganiad difrifddwys, corff o ffeithiau neu wybodaeth sy'n tueddu i ddangos a yw cred, gosodiad, &c., yn wir neu'n ddilys ai peidio, ardystiad, prawf: *testimony, solemn declaration, evidence, attestation, proof.*

13g. *LlI* 52, Nyt *tystyolaeth tystyolaeth* un den. **13g.** *AL* ii. 146, guadu na cycleỽ ef *etestylyaeth* [*sic*] honno. **13g.** *Cy* xvii. 133, *Tystollaeth* [*sic*] a ellir ar eir ac ar weithret. **14g.** *LlB* 128, Y neb a vynho diuwynaw *tystolyaeth* varwawl, aet yn erbyn y neb a'e tysto. Y neb a vynho llyssu *tystolyaeth* vywawl, aet yn erbyn y tyston . . . ar eu geir. **14g.** *SC* viii/ix. 184, A rei hynny . . . a tygynt *tystolaetheu* ar welet ohonunt y poenev mwyhaf. *c.* **1400** *R* 1157. 7–8, Gỽae adycko *tystolyaeth* gam. *c.* **1400** (*SG*) *HMSS* i. 175, mi a gigle f *dystolyaetheu* y vot yn gywir. **1551** W. Salesbury: *KLl* lxxxiia, Ac wynt ae gorchvygysont ef drwy . . . air eu *tystiolaeth*. **1632** *D*, *Tystiolaeth*, Testimonium. **1661** E. Lewis: *Drex* 19, Y ddau *dystiolaeth* yma or yscrythur. **1688** S. Hughes: *TSP* 184, Proclaimwyd . . . yn erbyn y Carcharor wrth y barr, appyro o honynt ar frŷs, i roddi eu *Tystiolaeth* ir Cwrt. **1716** E. Samuel: *GGG* 35, Rhyfeddodau a Phrophwydoliaethau . . . yw'r *Tystioliaethau* (*proof*) siccraf am Ragluniaeth Duw. **1803** *P* d.g. *Tystiolaeth*. Ar lafar, 'Ma fa wedi cæl 'i alw i roi'i *distiolath* mwn llys barn', *GTN* 793. Fe'i defnyddir hefyd ynglŷn â phrofiad crefyddol, 'Fe fu'n roi'i *distiolath* yn y gyfeillach', *ib.*

(*b*) Tystysgrif: *certificate.*

1794 E. Jones: *CP* 28, *Tystiolaethau* (*Certificates*).

(*c*) *Beibl.* Gorchymyn dwyfol, cyfraith ddwyfol, (dwy lech y) Deg Gorchymyn: (*bibl.*) *divine precept or law,* (*the two tablets of the*) *Decalogue.*

1567 *LlGG* (*Sall*) 10b, Deddyf yr Arglwydd ys y ddivagyl . . . *testiolaeth* yr Arglwydd ysy ffyrf. *id.* 44b, [d]igiesont y goruchaf Ddew, a' ei *destiolaetheu* ny-chatwesant. **1588** *Ecs* xvi. 34, felly y gosododd Aaron ef i gadw ger bron y *destiolaeth*. **1588** *Deut* vi, 17, cedwch orchymynnion yr Arglwydd eich Duw ai *destiolaethau* ef.

Amr.: **testiolaeth** [cf. *test*[2]]. **1551** W. Salesbury: *KLl* xliva. **1567** *LlGG* (*Sall*) 10b. **1588** *Ecs* xvi. 34. **1588** *Salm* xix. 7. **1595** H. Lewys: *PA* 22.

tystiolaethad, gw. **tystiolaethiad.**

tystiolaethaf, tystol(i)aethaf: tystiolaethu, tystol(i)aethu [bf. o'r e. *tystiolaeth, tystol(i)aeth,* &c.] *bg.a.* Tystio (i), rhoddi tystiolaeth, bod yn dyst (i), gweithredu fel tystiolaeth neu arwydd (o), ardystio, cadarnhau, datgan; amlygu: *to testify (to), witness, bear witness (to), attest, affirm, declare; manifest.*

14g. *B* xiv. 272, y mae llauer . . . yn *tystolaethu* kyuodedigaeth crist. *c.* **1400** (*SG*) *HMSS* i. 238, mal y *tystolyaetha* iosep. **1632** *D*, Tystio, & *Tystiolaethu*, Testari. **1716** E. Samuel: *GGG* 90, nid yn ddiweddar y bu hyn [lledaeniad Cristnogaeth] eithr er ys talm o amser fel y *tystiolaetha* Hanesion pob oes. **1803** *P* d.g. *Tystiolaethu.*

Amr.: **test(i)olaethu** [cf. *testiolaeth*]. **1551** W. Salesbury: *KLl* xliva, llyma testiolaeth Deo yr hyn a *testolaythodd* Deo am eu [*sic*] vap. **1567** *LlGG* 17b, Nid efe [Ioan] oedd y golauni hwnw, anid ei ddanvon i *destiolaethu* o'r golauni. **1595** M. Kyffin: *DFf* [77], y mae llygaid pawb . . . yn ei lwyr ganfod, ag yn *testiolaethu* (*witness*) gida ni. *id.* [95–6], [y]r eglwys honno . . . a'i hamryfysedd yn amlwg wedi ei *destioliaethu* (*made manifest*) i'r byd. *c.* **1658** R. Vaughan: *E* [iv–v], Chwi a wyddoch pwy a *destiolaetha* (*protesteth*) fod yn well gadw drws yn nhy Dduw. **tystlaethu, testlaethu.** [drwy gyw.]. **1567** *TN* [xxxi], *testlaythy*. *p.* **1584** G. Robert: *GC* [143], *tystlaethu*.

tystiolaethgar [*tystiolaeth+-gar*] *a.* Yn perthyn i dystiolaeth, yn gweithredu fel tystiolaeth; yn tystio i gymeriad, ymddygiad, neu gymwysterau person (am lythyr, &c.): *pertaining to, or serving as, testimony or evidence; testifying to a person's character, conduct, or qualifications (of letter, &c.), testimonial.*

1708 *EGE* 177, ni chae neb mo'u cwbl urdda heb lythyrau *Tystiolaethgar* (*Letters Testimonial*). **1712** T. Williams: *CDdG* 137, Mae digon o hyspysrwydd allan o hên lyfrau Cyfrifol, *tystiolaethgar*, gyda'g amryw o dystiolaethau têg, fod Eglwys wedi'i Phlannu ym Mrydain yn nyddiau'r Apostolion.

tystiolaethiad, tystiolaethad [bôn y f. *tystiolaethaf: tystiolaethu+-iad*[1], *-ad*] *eg.b.* Tystiolaeth, prawf; y weithred o dystio: *testimony, evidence, proof; a testifying.*

1604–7 *TW* (*Pen* 228), *Tystiolaethiat* d.g. *Testificatio.* **1632** *D*, *Tystiolaethad* d.g. *Elogium.* **1675** R. Jones: *HCh* 162, Ac arfer Josua, fel yr ymddengus yn ei *dystiolaethiad* ef. [**1738**] E. Jones: *CE* 102, y *Dystiolaethiad* hon o Faddeuant. **1803** *P* d.g. *Tystiolaethiad.*

tystiolaethol [*tystiolaeth+-ol*] *a.* Yn perthyn i dystiolaeth, yn gweithredu fel tystiolaeth, tystiol; yn tystio i gymeriad, ymddygiad, neu gymwysterau person (am lythyr, &c.): *pertaining to, or serving as, testimony or evidence, testifying; testifying to a person's character, conduct, or qualifications (of letter, &c.), testimonial.*

1711 M. Maurice: *YAD* 377, Llythyr *Tystiolaethol*. **1755** *CBB* 31, trwy Seliad yr Yspryd yn *dystiolaethol* yn y Gydwybod. **1792** *AE* 15, Mae fe'n tynnu atto lewyrchiadau ei râs, *tystiolaethol* ac adnewyddol. **1794** *W* d.g. *Testimonial* [*having the nature or quality of a testimony*]. **1803** *P* d.g. *Tystiolaethawl.*

tystiolaethus [*tystiolaeth+-us*] *a.* Yn gweithredu fel tystiolaeth; tystiedig, ardystiedig: *serving as testimony or evidence; witnessed, attested.*

1604–7 *TW* (*Pen* 228), *Testiolaethus* d.g. *Attestatus.* **1651** Siôn Treredyn: *MDD* 258, efe a ddichon dyn ddisgwyl arnynt hwy fal hyspyssrwydd *tystiolaethus*.

Amr.: **testiolaethus** [cf. *testiolaeth*]. **1604–7** *TW* (*Pen* 228) d.g. *Attestatus.*

tystiolaethwr [bôn y f. *tystiolaethaf: tystiolaethu+-wr*] *eg.* (b. *-wraig*) ll. *-wyr.* Tyst, un sy'n rhoddi tystiolaeth: *witness, testifier.*

1588 *Job* xvi. 19, Wele hefyd yn awr fy nhŷst yn y nefoedd: a'm *testiolaeth-ŵr* yn yr vchelder. **1604–7** *TW* (*Pen* 228), *Tystiolaethwraic* d.g. *Testificatrix.* **1632** *D* d.g. *Testificator.* **1792** W. Thomas: *MRB* 31, goruchwiliwr, a *thystiolaethwr* o Grist. **1803** *P.*

Amr.: **testiolaethwr** [cf. *testiolaeth*]. **1588** *Job* xvi. 19.

tystioledig [*tyst+-iol+-edig*] *a.* Tystiedig, ardystiedig; yn tystio: *witnessed, attested; testifying.*

1749 J. Owen: *PG* 13, bod y Goleuni hwn 'n egluro am Dduw, sydd etto 'n *Dystioledig* o'r Rhuf. 19. **1765** J. Popkin: *Ll* 21, y Gwirionedd *tystioledig* am Grist wedi ei wneuthur yn hysbys i'r Gydwybod. **1795** J. Thomas: *AIC* 58, Gweithred i Rwymo Dysgwr ieuangc . . . Y weithred hon a wnaed y . . . dydd . . . yn *dystioledig* fod A. B. . . . yn ei gartrefu a'i rwymo 'i hûn yn ddechreuwr ei Gelfyddyd.

tystioliaeth, gw. **tystiolaeth.**

tystiwr, tystydd [bôn y f. *tystiaf, tystaf: tystio, tystu+-iwr, -ydd*[3]] *eg.* ll. *tystwyr.* Tyst, un sy'n rhoddi tystiolaeth, ardystiwr: *witness, testifier, attestor.*

16–17g. *LlCy* xi. 225, Ny does kyfrif klod lle del / ond gwr y nel hockettonn. / ffeinydd kelwydd *tystydd* kamm / a thwyllo y famm os dychonn (Edward Dafydd). **1632** *D*, *tystiwr* d.g. *Testificator.* **1803** *P* d.g. *Tystiwr.* Cf. *R* 1238. 26–7, kam/dystydd.

tystlaethaf: tystlaethu, gw. **tystiolaethaf: tystiolaethu.**

tystlw [*tyst+llw*] *eg.* ll. *-on.* Affidafid: *affidavit.*

1851.

tystlythyr [*tyst+llythyr*] *eg.* ll. *-au, -on.* Llythyr, &c., sy'n tystio i gymeriad, ymddygiad, neu gymwysterau person, geirda, llythyr cyflwyno, tystysgrif, hefyd yn *ffig.*: *a testimonial, reference, credential, certificate, also fig.*

1794 *W*, *tyst-lythr* d.g. *A testimonial.* **1799** *CGGLl* 11, wrth anfon *tŷst-lythyr* [:– Certificate] o dan ddwylaw ei Gapten.

tystolaeth, tystolaethaf: tystolaethu, tystoliaeth, tystoliaethaf: tystoliaethu, gw. **tystiolaeth, tystiolaethaf: tystiolaethu, tystiolaeth, tystiolaethaf: tystiolaethu.**

tystuniwr, tystydd, gw. testuniwr, tystiwr.

tystysgrif [*tyst+ysgrif*] *eb.g.* (bach. b. *-en*) ll. *-au*. Dogfen sy'n tystio neu ardystio'n ffurfiol i ryw ffaith, e.e. genedigaeth, priodas, marwolaeth, cyflwr meddygol, safon cyrhaeddiad, &c., diploma: *certificate, diploma.*

1773 *W*, *tyst-ysgrifen* d.g. *Evidence or evidences* [*deeds, papers, instruments, &c.*]. **18–19g.** *Llr* C 44, 380, *Tystysgrif*, certificate.

Cfn.: **Tystysgrif Addysg Gyffredinol:** *General Certificate of Education, GCE.* **20g. Tystysgrif Gyffredinol Addysg Uwch:** *General Certificate of Secondary Education, GCSE.* **20g.** Digwydd hefyd yn yr acronym *TGAU.*

tyt, gw. **twt**[2].

tytmwy, tydmwy, tidmwy [tywyll yw'r engh. gyntaf isod, a chynigir y diff. ar sail y geir.; ?a'r ff. olaf uchod dan ddyl. *tid*] *eg.* ll. *-au*. Tennyn, rhaff, cadwyn, llinyn; bwcl, clasb, botwm; tendril: *tether, rope, chain, cord; buckle, clasp, button; tendril.*

14g. *GDG*[3] 177, *Tydmwy* ar adwy ydoedd, / Tant coed o'r nant cadarn oedd [i'r fiaren]. **16g.** WILIAM LLŶN: *Gw* (R. Stephens) (At.), *Tytmwy* gwaec. **1604–7** *TW* (*Pen* 228), *Tytmwy* d.g. *Retinaculum.* **1632** *D*, *Tytmwy*, yw derbyniad, pen cengl, modrwy yn dal pwrs wrth wregys. **1688** *TJ*, *Tytmwy* . . . a Buckle, a Clasp. **1707** *AB* 220c, *Tidmwy*, A rope or cord, a string, &c. Any impediment. S. **1722** *Llst* 189, *Tidmwy*. m. A rope, cord, string, beene, tedder, lether. *id. Tytmwy*. m.p. *mwyau*. A buckle, clasp, hasp. **1771** *W*, *tytmwy* d.g. *Buckle, Button, Clasp* [*a sort of buckle*]. *id.* rhoi ceffyl wrth *didmwy* d.g. *To tether a horse.* **1798** *WR*, *Tytmwy* d.g. *Tendril.* **1803** *P* d.g. *Tidmwy, Tytmwy.*

tytmwyad, tidmwyad [bôn y f. *tytmwyaf, tidmwyaf*: *tytmwyo, tidmwyo+-ad*[2], trf. han.] *eg.* Rhwymiad, clymiad, botymiad: *a tethering, tying, buttoning.*

1722 *Llst* 189, A Buttoning . . . *tytmwyad.* **1803** *P*, *Tidmwyad*, s. m. . . . A teddering. *id. Tytmwyad*, s. m. . . . A fastening with a loop.

tytmwyaf, tidmwyaf: tytmwyo, tidmwyo [*bf.* o'r e. *tytmwy, tidmwy*] *ba.* Clymu, rhwymo, sicrhau, byclu, botymu: *to tie, tether, fasten, buckle, button.*

1632 *D*, *Tytmwyo*, Ligare, fibulare. **1688** *TJ*, *Tytmwyo*, (bwclio, clysbysu:) to tye, to buckle, to clasp. **1707** *AB* 220c, *Tidmwyo*, To tye, to tedder, &c. [S]. **1722** *Llst* 189, *Tidmwyo*. To bind, tye, tedder. *id. Tytmwyo*. To buckle, hasp, fasten. **1771** *W* d.g. *To buckle* [*fasten with a buckle*], *To button, To clasp* [*buckle*], *To tether a horse.* **1803** *P* d.g. *Tidmwyaw, Tytmwyaw.*

tytshus, tytsios, gw. tejws.

tyt-tytiaf: tyt-tytian, tytyr, tywad, gw. **twt-twtiaf: twt-twtian, titr, tywod.**

tywaden, tywoden[2] [?cf. *tywad, tywod*] *eb.* Tywarch: *turf, sod.*

1877. Ar lafar, cf. *CYLl* 126, John Morgan, Hafod, am glawdd 'carreg a *thywaden*'.

tywadlyd, tywaf: tywo, tywallaf: tywall, tywalledig, gw. **tywodlyd, towiaf: towio, tywalltaf: tywallt, tywalltedig.**

tywalltaf: tywallt [?< Clt. **to-skolt-*: o'r gwr. IE. **(s)kel-* 'torri'; cf. *archoll, hollt*] *bg.a.* (Peri) llifo neu arllwys, peri i (hylif, &c.) lifo allan o gynhwysydd, peri i (waed) lifo, (peri) gollwng (crawn, gwaed, &c.), llifeirio; disgyn yn drwm (am law); wylo (dagrau); gwagio, gwacáu; hefyd yn *ffig.*: *to pour (out), shed (blood), discharge (pus, blood, &c.), flow; pour (down) (of rain); shed (tears); empty; also fig.*

13g. (1641) *HGK* 24, Wedy kredu onaddunt y dwyll y Ffreink, y *tywalldassant* oll yr ynys. **14g.** *HMSS* ii. 280, llawer o waet a *dywelltir*. **14g.** *GDG*[3] 341, Cael y claerwin o'r dinas, / A'i *dywallt* yng ngwallt fy ngwas! **14g.** *GIG* 148, Berwa dew, burm a *dywallt*, / Bolmaen sarff, blowmones hallt [i'r llong]. *c.* **1400** *MM* 86, Rbymer deil y gannbreid brth y mordwyt asseu, a thynner yn ebrbyd ymeith wedy yd escoro rac *tballt* y hannyan. **15–16g.** *TA* 427, Ffrwynwr, o deil ffrwyn ar dynn, / Ffriw a *dywallt* ffrwd ewyn [i ofyn march]. **1547** *WS*, *Tywallt* Poure. **1551** W. SALESBURY: *KLl* lxia, can *tywallt* ynthunt [archollion] oleo a gwin. **1588** 2 *Cr* xxiv. 11, daeth scrifennudd y brenin, a swyddog yr Arch-offeiriad, ac a *dywalltasant* y gist. **1588** *Diar* xxix. 11, Y ffôl a *dywallt* ei hôll feddwl. **1632** *D*, *Tywallt*, Effundere, futire. **1655** WL: *DP* 139, *Towallt* y gwin. **1725** D. LEWIS: *GB* 98, Rhag iddynt fod yn *tywallt* Dagreu'n wastadol. **1749** J. OWEN: *PG* 20–1, dywedwn ni, pan bytho hi 'n Glawio yn helaeth, gwelwch fel y mae hi 'n *tywallt*. **1803** *P*. Ar lafar, '*towallt, tŵallt*', *WVBD* 538; 'Ma hi'n *tŵallt* y glaw' (Cwm Rhondda). Cf. *GTN* 828, *tŵallt* . . . ni ddigwydd ond gyda'r gair 'gwin', y gair cyffredin yw 'allws'.

Amr.: **tollti.** Ar lafar, '*tollti* . . . Fut. 3. *tolltith, tyllt*', *WVBD* 535. **tolltio. 1898. tywall. 1346** *LlA* 42, Ar gben-byn auo yn ev callonnev a*dybal*lant. **1567** *TN* 390b. **1803** *P*. **tywalltu. 1599 (1677)** R. HOLLAND: *AB* 3. *Dchr.* **17g.** *J* 10, 153a. **1803** *P*.

Cfn.: **tywallt ei gwd:** *to tell one's troubles, pour out one's heart; gossip.* Ar lafar, J. JONES: *Gwerin-eiriau* 165; hefyd yn Llŷn.

tywalltedig [bôn y f. *tywalltaf*: *tywallt+-edig*] *a.bfl.* Wedi ei dywallt, hefyd yn *ffig.*: *poured (out), also fig.*

1588 *Can* i. 3, olew *tywalltedic* yw dy enw. **1588** *Esec* xx. 33, â llidiawgrwydd *tywalltedic* y teyrnasaf arnoch. **1630** *YDd* 288, gwrthod ei Sacrament, sydd . . . yn argoel o wrthod ac esceuluso ei gariad, a'i waed-*tywalltedig*. **1775** *W* d.g. *Infused.* **1799** DAFYDD IONAWR: *MB* 20, Tew-dew lîd *tywalltedig*, / O'r Nef lân, a ddaw'n dân dig. **1803** *P*.

Amr.: **tywalledig** [cf. *tywall*]. **1759** *BC* 523.

tywalltfa [bôn y f. *tywalltaf*: *tywallt+-fa, ma*] *eb.* Tywalltiad, arllwysiad (hefyd am waed), llifeiriant; lle gwagio (lludw): *a pouring (out), shedding (of blood), flowing; place to empty (ashes).*

1620 *Lef* iv. 12, i le glan wrth *dywalltfa* (**1588** *ib.* dywalltle; **1988** *ib.* lle tywelltir) y lludw. **[1794]** M. WILLIAMS: *DUJ* 23, Ond oh! ar ben Calfaria, lle bu *tywalltfa* o waed!

tywalltiad [bôn y f. *tywalltaf*: *tywallt+-iad*[1]] *eg.* ll. *-au*. Y weithred o dywallt, arllwysiad (hefyd am waed), llifeiriant, hefyd yn *ffig.*: *a pouring (out), shedding (of blood), flowing, also fig.*

1588 *Job* xxxviii. 38, Gan wlychu pridd wrth y *tywalldiad* hwnnw, fel y glŷno y priddellau. **1604–7** *TW* (*Pen* 228), *Tywalhtiat* or nailh lestr yr lhalh d.g. *Transfurso.* **1632** *D* d.g. *Effusio, Fusio, Profusio.* **1687 (1715)** J. OWEN: *TB* 56, *tywalldiad* gwaed gwirion. **1693** J. OWEN: *BP* 24, Mae'n eglur fod bedyddio trwy daenelliad neu *dywalltiad* dwfr yn gyfreithlon. **1773** *W* d.g. *Effusion, Infusion* [*a pouring in*]. **1790** *Prif Crist* 24, [*t*]*ywalltiad* (*effusion*) mwy o'r yspryd. **1803** *P*.

tywalltol [bôn y f. *tywalltaf*: *tywallt+-ol*] *a.* A ddefnyddir i dywallt, yn tywallt: (*used for*) *pouring.*

1803 *P* d.g. *Tywalltawl.*

tywalltu, gw. **tywalltaf: tywallt.**

tywalltwr, tywalltydd, tywelltydd [bôn y f. *tywalltaf*: *tywallt+-wr, -ydd*[3]] *eg.* ll. *tywalltwyr, tywalltyddion.* Person neu beth sy'n tywallt, arllwyswr, un sy'n tywallt (gwaed), gwacawr, hefyd yn *ffig.*; (geir.) toddwr (metel): *pourer, shedder (of blood), emptier, also fig.; (dict.) caster (of metal).*

1588 *Doeth Sol* xii. 5, [*t*]*ywalltwŷr* gwaed oeddynt mewn gwleddau ffiaidd. **1604–7** *TW* (*Pen* 228), *tywalhtwr* d.g. *Fusor.* **1727** J. JONES: *DFF* 157, Am *Dywalltwr* (*inflicter*) y Gosbedigaeth. **[1783]** *W*, *Tywalltwr, tywelltydd* d.g. *Spiller.* **1803** *P* d.g. *Tywalltwr, Tywalltydd.*

Amr.: **tolltwr** [cf. *tollti*]. Ar lafar, "Ti di cal tebot newydd—'di o'n *dolltwr* da?'

tywarch [e. lle Crn. *Towargh Ane*, Llyd. Diw. *taouarc'h(enn)*] *eb.* (bach. b. *-en*, ll. *-nau*, g. *tywerchyn*) ll. *tyweirch, tywyrch*, (prin) *tywerchi*, (prin) *tywarchau*. Telpyn o bridd, clai, &c., haen o laswellt ynghyd â phridd a gwreiddiau, darn o'r cyfryw a dorrir o'r ddaear, hefyd yn *ffig.*: *clod, sod, (piece of) turf, also fig.*

9–10g. *Juv* 290, *tuorchennou*, gl. *glebis.* **12g.** *GCBM* i. 25, Kynnbys glein kynn glas *dywarchenn.* *id.* 95, Ym maes Mathrafal mathredig—*tyweirch* / Gan draed meirch mawrydig. **12–13g.** *GMB* 369, Cyn tewi rwyf *tywarch* glaswydd. **13g.** *LlI* 81, [t]an geueyl trefgord a uo seyth uryt erygthy a'r tey a hythey en peythento neu en tyglys neu en *tywarch.* **13g.** *A* 11. 9–10, am lwys amdiffwys *dywarchen.* **13g.** *BD* 46, yna y bu gyn galetet y vrvydyr yny oed y *tywarcheu* yn redec o'r guaet. *id.* 108, frvythlonder y *dywarchen* (*glebe*). **14g.** *GDG*[3] 49, Pregeth ryfedd oedd weddu / Dan hyn o *dywerchyn* du / Gwybodau, synhwyrau serch, / Gwmpas rodd gampus Rydderch. **15g.** *BE* 127, y llew . . . gwedy y dryllier y alodeu [*sic*] y byrı oe dadawl *dywarchen.* **15g.** *GO* 71, Torchi pedaiı *tywarchen*, / Trwch baedd, o'r tir vwch i ben. **1547** *WS*, *Towarchen* A turfe, sodde. **16g.** (*LlEG*) *Mos* 158, 185b, ni allwyd hroddi sw/ch mewn daiar Eı llauurio y *dywarch.* *c.* **1585** G. ROBERT: *DC* 18a, o ı vn *dywarchen* y gwnaed chwi a r hai cleifion er eilh [*sic*]. **1588** *Seff* ii. 6, bydd glann y môr yn fythod *tywyrch* y bugeiliaid. **1604–7** *TW* (*Pen* 228), *Tywarchen, tywerchyn* d.g. *Cæspes.* **1632** *D*, *Tywarch, & Tywarchen*, Gleba, cespes. **[1740]** L. ANWYL: *NG* 4–5, pa helbulion . . . a welir ymhlith trigolion yr oes hyn ynghylch sothach y *dywarchen* bresennol. **1774** H. JONES: *CH* 5, y dwylo geirwon fu'n trin *tywerchi*, a gant garrio ynddynt Balmwydden o fuddugoliaeth. **1803** *P* d.g. *Tywarç, Tywarçen, Tywerçyn.* Ar lafar, *WVBD* 556, *GTN* 828.

Amr.: **torchen**[2]. **20g.** Ar lafar, *WVBD* 556.

Cfn.: **tywyrch trum:** *ridge turfs, roofing turfs.* **1831.**

tywarchaf: tywarchu [bf. o'r e. *tywarch*] *bg.a.* Gorchuddio (tir) â thyweirch; claddu: *to cover (ground) with turf; bury.*

12–13g. *GMB* 383, Kynn annwabs tywabs *tywarchu*—vyg knabt, Tywarchen o boptu. **1794** *W* d.g. *To* [*cover with*] *turf.* **1803** *P*. Cf. *GTN* 828, Ma isia aildwarchu'r porfa 'yn.

tywarchawr, tywarchen, gw. **tywarchor, tywarch.**

tywarchog [*tywarch+-og*] *a.* A nodweddir gan dyweirch, llawn tyweirch: *characterized by, or abounding in, clods.*

1632 *D* d.g. *Glebosus.* **1773** *W* d.g. *Glebous, Soddy, Turfy.* **1803** *P* d.g. *Tywarçawg.*

tywarchor [*tywarch+-awr*[3], *-or*] *eg.* ll. *-ion, tyweirchorion*, (geir.) *tywarcheirion.* Ych a ddefnyddir i aredig neu fel anifail gwaith, hefyd yn *ffig.*: *ox used for ploughing or as a working animal, also fig.*

14–15g. *GGLl* [179], Pob march a phob *tywarchawr* / A ardd y maes, wir Dduw mawr (Gruffudd Llwyd). **15g.** *GOLlM* [3], Dau oerchwedl am *dywarchawr*, / dwywaith y wlad aeth i lawr [marwnad Dafydd Llwyd ap Syr Gruffudd Fychan]. *Diw.* **15g.** *Pen* 67, 90, *Tywarchoryon* tyrch evraid / tidiav yn gyplav pan gaid (Hywel Dafi). **15–16g.** *TA* 442, Tynnu 'r did hyd hanner dydd, / *Tyweirchorion* tyrch irwydd [i ofyn ychen]. **16–17g.** *GST* i. 637, Na fydd farch neu *dywarchawr*, / Neu fel mul, anifail mawr. *Dchr.* **17g.** *J* 10, 153a, *Tywarchor.* S. *Tyweirchorion* pl. Bos. Iumentum. **1632** *D*, *Tywarchawr*, Bos. A vertendis glebis. **1722** *Llst* 189, *Tywarchawr.* m.p. *warcheirion.* A plough-ox, work-ox, labouring beast. **1770** *W* d.g. *A beast of burden, or working beast, Cattle, Labouring-cattle, Ox . . . A work-* [*working*] *ox . . . The ox next the furrow, Plough-oxen.* **1803** *P*, *Tywarçawr*, s. m. —pl. *tywarçorion* . . . an epithet for the ox in a yoke on the turf side, as opposed to 'rhyçawr'.

tywas, gw. **tŷ+gwas**[1].

tywel, tŵel [bnth. S. C. *touel*, neu efallai'n uniongyrchol o'r H. Ffr. *towel*] *eg.* ll. *t(y)welau, t(y)weli, t(y)wel(i)on, tywels, tŵels.* Darn o frethyn amsugnol a ddefnyddir i sychu rhywbeth (yn enw. y corff ar ôl ymolchi), lliain (sychu), darn o liain, lliain bwrdd, hefyd yn *ffig.*: *towel, cloth (for drying or wiping), piece of cloth, tablecloth, also fig.*

14g. *WM* 226. 37–9, nachaf kabgeu aryant adbfyr y ymolchi yndunt *athbeleu* o wliant gwyn. *id.* td. 213. 5–6, glaswas ieuanc goaduein *athbel* am y vynbgyl a bbrn awelynt yny *tbel.* *c.* **1400** *YSG* i. 156, Ac yna Iosep a roes *twel* o sidan gwynn arnaw, ual roi corporal dros garegyl. **15g.** *HCLl* 63, Trulliad i'w gariad gorwyn, / Tal ei gorff mewn *tywel* gwyn [i erchi dau filgi]. **1567** *TN* 155b, a' chymeryd llieinyn [:- *twel* ffunen, pilin], ac ymwregysu. **16–17g.** *DCR* 233, Hilio'r byrdde a gwnion *dywele* ai llenwi o seigie yn amal. **1632** *D*, *Tywelau*, llieiniau dwylo d.g. *Manticularia.* **1672** R. PRICHARD: *Gw* 144, Sŷch â'r *tywel* main fy mrynti, / A rho d'yspryd sanctaidd immi. **1759** T. THOMAS: *WWDd* 105, Golchi eu traed hwy, a'u sychu â *Thywel.* **1803** *P*, *Tywel*, s. m. —pl. t. *i* . . . A cloth, a towel. Ar lafar, '*towel, tŵal*', *WVBD* 538 (ll. *tyweli*); hefyd mewn ymad. megis '*tywel* llestri', '*tywel* bord'.

tywell, tywelltydd, tywerchyn, tywlad, tywlaf: tywlu, tywlod, gw. **tywyll, tywalltwr, tywarch, tafliad, taflaf**[1]**: taflu, taflod**[1].

tywod, tyfod, *eg.* (bach. *tywodyn*) ll. *tywodydd*, a hefyd yn eithriadol fel *e.ll.* Sylwedd gronynnog sy'n deillio o dreuliad creigiau

silicaidd, &c., ac a geir ar draethau, gwelyau afonydd, diffeithdiroedd, &c., swnd, ehangder o dywod, gronynnau o dywod, hefyd yn *ffig.*; *Meddyg.* un o amryw o sylweddau tebyg i dywod a geir mewn organau neu secretiadau: (*stretch of*) *sand, grains of sand, also fig.*; *sand* (*in organs, &c., in med.*).

12g. *GMB* 142, Nyd haws y'th esgar esgor dy gosbaɓd / No chaffael tywyn ny bo *tywaɓd*. **12g.** *GLlF* 550, Gɓaelaɓt ty *tywaɓt* tawel / Gɓely rud Gwilim Ryuel. **13g.** *C* 35. 2–36. 7, Athuendicco de . . . *tyuvod* a thydued. **1346** *LlA* 167, mor *tyɓaɓt* ysyd yno ar gro yn kerdet heb dɓfyr. **14g.** *BT* (*RB*) 52, bwrw o lanw yr mor dielw wimon a'r *tywot* y'r tir. **14–15g.** *IGE*² 305, Cans rhodded ar Feredudd / *Tyfod*, marmor, côr a'i cudd (Rhys Goch Eryri). **15g.** *DN* 16, Bv ar i ol, heb erw âr, / Bv *dwod* dros bob daear. **1547** *WS*, *Tyfod* Sande. **1567** *TN* 11a, [g]wr ynfyt, yr hwn a adeiliedodd ei duy ar *dyvot*. **1588** 2 *Sam* xvii. 11, fel y *tywod* y rhai ydynt wrth y môr o amldra. **1632** *D*, *Tywod*, Arena. **1725** D. Lewis: *GB* 125–6, pob Dyn a phob Creadur byw yn dyfod o Stamen neu Hedyn . . . er na bydd ond cymmaint a *Thywodyn*. **1784** M. Williams: *S* i. 174, mynyddau mawrion . . . a *thywodydd* poeth anialwch Lybia a Barca. **1798** *WR*, y *tywod* a fager yng nghorph dyn d.g. *Psammos*. **1803** *P* d.g. *Tywawd*. Ar lafar, '*towod, tŵod*', *WVBD* 538; '*tŵod*', *GTN* 828.

Amr.: **tywad, tŵad. 1567** *TN* 396b, tyuod [:- *twad*, swnd]. **1749** *ML* (Add) 192, [*T*]*owad*. Ar lafar, '*twad*', *B* xxiv. 180 (Môn).

Cfn.: **tywod byw:** *quicksand*. **1892.**

Gw. hefyd **tywaden, tywoden¹**.

tywodaidd, tyfodaidd [*tywod, tyfod*+ *-aidd*] *a.* Tywodlyd: *sandy*.

1604–7 *TW* (*Pen* 228), *tyfodeidh* d.g. *Arenacus*. **1723** J. Jones: *LlA* 262, y mae'r Tŷ wedi ei adeiladu ar Sail *dywodaidd*. [**1783**] *W*, *Tywodaidd* d.g. *Sandish*. **1803** *P* d.g. *Tywodaiz*.

tywoden¹ [*tywod*+*-en*] *eb.* ll. *-nau.* Banc tywod, traethell, twyn: *sandbank, sand-dune*.

1722 *Llst* 189, *Tywoden* f.p. *dennau*. A sand-bank, flat. **1770** *W* d.g. *Bank* [*shelf or shoal of sand in the sea*], *A bed of sand* [*in the sea*], *Shoal* [*a shallow place in the sea*].

tywoden², gw. **tywaden.**

tywodfaen, tyfodfaen [*tywod, tyfod*+ *maen*¹] *eg.b.* ll. *tywodfeini*.

(*a*) Carreg waddodol a ffurfir o ronynnau o dywod, &c., wedi asio yn ei gilydd, carreg dywod; unrhyw un o amryw fathau o dywodfaen neu galchfaen hawdd eu torri neu eu llifio: *sandstone*; *freestone*.

1632 *D*, *tywawd-faen* d.g. *Tophus*. **1773** *W*, *Tywodfaen* d.g. *Free-stone*.

(*b*) *Meddyg.* Graeanwst, y grafel: *gravel* (*in med.*).

c. **1400** *Études* viii. 78, Os *tywawt uaen* (*MM* 32, *tywot uaen*) vyd, gwneuthur medyglyn drwy wenith gwryf. **1604–7** *TW* (*Pen* 228), *Tyfowtuaen* d.g. *Calculosus*. *id.* *Tyuowtuaen* Tostedh d.g. *Crithamus*.

tywodfanc, tywodflwch, gw. **tywod+ banc¹, blwch.**

tywodfryn [*tywod*+*bryn*] *eg.* ll. *-iau.* Banc tywod, traethell, twyn: *sandbank, sand-dune*.

1815.

tywodglai, tywodgraig, gw. **tywotglai, tywotgraig.**

tywodliw, gw. **tywod+lliw¹.**

tywodlyd, tyfodlyd [*tywod, tyfod*+*-lyd*] *a.* Tebyg i dywod, ac ynddo (lawer o) dywod, hefyd yn *ffig.*: *sandy, also fig.*

c. **1400** *MM* 114, Trwnc y cryt a uo gwadaɓt *tywodlyt* yndaɓ. **15g.** *FfBO* 56, y benn tule *tywotlyt* mi a dringeis. **1588** *Ecclus* xxv. 24, dringfa *dywodlyd*. *Dchr.* **17g.** *J* 10, 154b, *Tyvodlud*. Arenaceus. sandie. **1632** *D*, *Tywodlyd*, Arenosus. **1743** D. Rowland: *T* 143, a'r Sail *dywodlyd* y darfu iddo adeiladu ei Ffydd arni. **1795** J. Thomas: *AIC* 354, tîr meddal . . . o nattur *tyfodlud*. **1803** *P*. Ar lafar, *WVBD* 538.

Amr.: **tywadlyd** [cf. *tywad*]. **1774** Huw ab Huw: *RBD* 36.

tywodlys [*tywod*+*llys*⁵] *eg.* *Bot.* Unrhyw un o amryw fathau o blanhigion bychain, yn enw. o'r tylwyth *Arenaria*, sydd fel arfer yn dwyn blodau bychain gwynion, tywodwlydd: *sandwort*.

20g.

tywodog, tyfodog [*tywod, tyfod*+*-og*] *a.* Tywodlyd, hefyd yn *ffig.*: *sandy, also fig.*

16g. *LlS* 23, yr Esparag cyphredin yn tyfy . . . ar ryw vrynnæ *tyfodoc* y gân lan y môr. **1604–7** *TW* (*Pen* 228), *Tyfodoc* d.g. *Arenaceus*. **1717** Iaco ab Dewi: *MN* 241, er i bôb Sail *dywodog* arall ballu; etto fe saif fy Nedwyddwch i yn hollol. **1803** *P* d.g. *Tywodawg*.

tywodwlydd [*tywod*+*gwlydd*²] *eg.* *Bot.* Tywodlys: *sandwort*.

1813 *WB* 241, *Tywodwlydd*; Arenaria;—Sandwort.

tywodwydr, tyfodwydr [gair geir., sef *tywod, tyfod*+*gwydr*] *eg.* Awrwydr: *hourglass*.

1604–7 *TW* (*Pen* 228), *Tyfawt wytr* d.g. *Clepsammidium*. **1632** *D*, *tywawdwydr* awr d.g. *Clepsammidium*. **1774** *W*, *tywawd-wydr* d.g. *Hour-glass*.

tywodyn, gw. **tywod.**

tywotglai [*tywod*+*clai*] *eg.* Priddglai, pridd llwyd, lôm: *loam*.

1776 *W*, *tywod-glai* d.g. *Loam*.

tywotgraig [*tywod*+*craig*] *eg.b.* Tywodfaen: *sandstone*.

1850.

tywotir, gw. **tywod+tir.**

tywydd¹, *eg.b.* ll. (prin) *-au.* Cyflwr yr awyrgylch mewn lle penodol ac ar adeg benodol, o ran gwynt, glaw, gwres, heulwen, &c., hin, tywydd addas i ryw bwrpas, tywydd gwael neu stormus, hefyd yn *ffig.*: *weather, bad or stormy weather, also fig.*

14g. *T* 10. 27–11. 1, tir bydaɓt *tywyd*. gɓynt ytodo gɓyd. *c.* **1400** *MM* 160, kanys bo oera vo y *tywyd*, gorev y treula y kylla. **15g.** *DN* 115, Gŵyl Bawl wybodawl, llu bedydd—a'i clyw, / O bydd claear y *towydd*. **1595** H. Lewys: *PA* 4, pa bryd bynac gann hynny, y byd' i *dowyd*' stormus, niweidio ne lad' yd, a ffrwyth y ddaear. **16–17g.** *HG* 94, trwy ffydd i kas, [*sic*] hen Elias / y *tywydde*, vel i mynne. **1606** E. James: *Hom* ii. 164, na oddefwch eu halogi hwy [eglwysi] a glaw a *thywydd*. **1632** *D*, *Tywydd*, Tempestas, procella. **1688** *TJ*, *Tywŷdd*, hîn: the weather. **1719** *TDP* 101, a nineu yn cael ein coithi gan y *tywydd*, a fwriwyd ir Mor, an Llong ni a lenwyd a dyfr, ar *tywydd* a gurodd ac a dorrodd arnom ni o bob tu. **1760** *ML* ii. 158, Dymma hi'n *dywydd* heddy, rhew ac eira mawr. **1762** *id.* ii. 491, Mae hi'r *dywydd* yn sêch iawn ym Môn. *id.* 530, a daccw Ffreins Preifat-hîr . . . wedi dyfod i'r borth o eisiau *tywydd* i fyned o bouty Cernyw. **1803** *P*. Ar lafar, '*towydd, twydd*' 's.m., but always y *dowydd* (*dwydd*)', *WVBD* 538–9; hefyd yn yr ymad. '*towydd* mawr' 'stormy weather', *id.* 366; 'Ni geson *dwydd* nêt pyn ôn ni yn nŵr y môr', *GTN* 824; '*tywydd*: Defnyddir y gair ei hun i olygu "*tywydd* drwg" yn bur gyffredin', *B* xv. 29 (Meir.); '*Tewy*', *GDD* 297; hefyd yn yr ystyr 'tymer', 'We *tewy* ofnadwy ar Dafi', *ib.*, ac yn yr ystyr 'gofid', ''I gladdws y pump plentyn, un ar ôl y næll. Dyna *dwydd* iti', *GTN* 824.

Cfn.: **tywydd grifft:** *damp misty weather*. **20g.** Ar lafar, *ISF* 75, *BILlE* 44. **tywydd gwan:** *bad weather*. **20g.** Ar lafar yn y Gogledd. **tywydd llwynog:** *unsettled weather*. **20g.** Ar lafar, *B* xv. 29 (Meir.).

tywydd², gw. **tŷ+gwŷdd¹.**

tywyddiant [*tywydd*¹+*-iant*] *eg.* Meteoroleg: *meteorology*.

1858.

tywyddol [*tywydd*¹+*-ol*] *a.* Yn perthyn i'r tywydd: *pertaining to the weather*.

18–19g. *Llr* C 50, 170, Diarhebion *Tywyddawl* Morganwg.

tywyll [Crn. C. *teul, tevle*, H. Lyd. *temoel*, gl. *fenicatum*, Llyd. C. *teff*(*o*)*al, teu*(*o*)*al*, Llyd. Diw. *teñval*, taf. Gwened *tioél*: o'r gwr. IE. **temə-* 'tywyll', cf. Llad. *temere* 'yn fyrbwyll', *tenebrae*, Sans. *timirá-*; ?cf. hefyd H. Grn. *tipuigou*, gl. *tenebrae*, H. Wydd. *te*(*i*)*mel*] *a.* (b. *tywell*) ll. *-ion*, a hefyd fel *eg.* ll. (prin) *-au*.

1. (*a*) Heb (lawer o) oleuni, heb adlewyrchu neu drosglwyddo llawer o oleuni (am liw neu wrthrych), brown neu ddu (am liw croen, &c., neu am berson a chanddo groen, &c., felly); didraidd: *dark*; *opaque*.

13g. *DB* 65, Y tu a vo y'r lleuat kyuerbyn a'r heul, hwnnw a oleuhaa; a'r tu y urth yr heul, hwnnw a vyd *tywyll*. **1346** *LlA* 7, Amegys yd oed [Satan] loyɓhaf gynt. ybu *dyɓyllaf* wedy hynny. **14g.** *YBH* 14b, carbɓnculus a hɓnnɓ a oleuhaei y dref hyt nos yr *ythywyllet*. **14g.** *GDG*³ 176, Goryw treigl, gariad traglew, / Gael gwyll y coed *tywyll* tew. **14g.** *GIG* 29, Yr ynys *dywell*, cell cerdd, / Y gelwid Môn wegilwerdd [marwnad meibion Tudur Fychan]. *c.* **1400** *R* 1045. 2–3, Stauell gyndylan ys*tywyll* heno. heb dan heb gannwyll. *id.* 1054. 7–8, pannyɓ *tywyll* nos. *c.* **1400** *MM* 116, Vrin epatig *tywyll*. periglus yɓ. *c.* **1400** *YSG* i. 5, doeth damchwein a oed gyn ryuedet ac y kaeawd kwbyl o drysseu a ffenestri y neuad . . . Ac yr hynny nyt oed *dywyllach* arnadunt no chynt. **16g.** *YT* [65], Moruran . . . yn y diwedd am *dowylled*] liw yvo a'i henwyd ef Y Vagddu. **1632** *D*, *Tywyll*, Tenebricus, caliginosus, opacus, obscurus, tenebrosus. **1725** *SR*, Bara *tywyll* d.g. *Bread, Brown or course bread*. **1775** E. Griffiths: *GF* 309, cawsant fôr-daith dra pheryglus, oherwydd tymhestloedd a thywydd *tywyll*. **1778** *W* d.g. *Opacous, opake or opaque*. **1803** *P*. Ar lafar, '*towyll, twyll*', *WVBD* 539; 'dyn *twyll*', 'gwyrdd *twyll*', 'noswith *dwyll*', *GTN* 824. Digwydd yn aml mewn cyfatebiaethau megis 'cyn *dywylled* (mor *dywyll*) â bol(a) buwch (â'r fagddu)'.

(*b*) Dall, pŵl (am olwg): *blind, dim* (*of sight*).

13g. *LlDW* 133. 7, O deruyt y dyn uynet yn uach achyn teruynu yr haul y uynet yn clauur neu yn uynach neu yn *dywyll*. *c.* **1400** *Études* vii. 336, ffenigyl . . . da yw ev syd . . . y vwrw mewn llygeit a vo *tywyll* eu golwc. **1683** H. Evans: *CTF* 45, gwr *tywyll* hên wyfi. **1719** *TDP* 4, Yna Jacob, er i fod yn dra *thowyll* o herwydd ei oedran, yn edrych ar ddau Fab Joseph. **1790** *Prif Crist* 15, Mae pobl yn wir yn arfer dywedyd, yn anghymmwys, am ddynion deillion, eu bod yn *dywyll* (*dark*). Ar lafar, 'Dic *dywyll*' (Môn); 'cyn *dywylled* â thwrch daear', J. Jones: *Gwerin-eiriau*² 192; 'Mor *dywyll* a'r wadd', D. J. Evans: *HCS* 128; 'dyn *tewill*', *TGG* (1907–8) 89 (sir Benf.); 'Ma fe wedi mynd yn 'ollol *dywyll*' (Cwm Rhondda).

(*c*) (enghrau. *ffig.* ac mewn cyd-destun *ffig.*: *fig. exx. and exx. in a fig. context*).

12g. *GCBM* ii. 307, O dwyll, o *dywyll* dywysogaeth, / Yn dyndid, ym pryd, ym mru ban aeth. **14g.** *LlB* 73, Y neb a ofynho yn vn o'r dydyeu hynny, darparedic vyd idaw kaffel barn hyt y llall. Ac onys keiff yn y dyd arall, reit vyd idaw kyffroi dadyl megys o newyd, a *thywyll* (*obtrusum*) vyd y dadyl hyt y trydyd nawuetdyd. **1346** *LlA* 2, goleulyuyr. kanys yndaɓ ygoleuheir amryfalyon *dyɓyllyon* betheu. **15g.** *DN* 18, Genav y ddaear aeth gyn ddved / Ag i gwna dallv gan *dywylled* [marwnad Rhys ap Meredudd]. **1547** *WS*, Dychymic ymadradd [*sic*] *tywyll* A riddle. **1567** *LlGG* [xviii], nit ytynt wy Ceremoniae *tywyllion* na mution. **1595** *Egl Ph* 41, pan bho'r araith mor *dywylh*, ac nas gelhir onyd yn anhawdh iawn gasclu ei dealh, a'i deoghliad. **1604–7** *TW* (*Pen* 228) d.g. *Aenigmaticus*. **1696** *CDD* 3, Amrŷw o'r Carolau . . . a ddaethant i'm llaw yn yscrifen *dywŷll* iawn, ac yn llawn beiau o Gymraeg anghywir. **1703** E. Wynne: *BC* 86, ond yr anghyssondeb syfrdan, a syndod *tywyll* a'm dallasei i fyth. **1723** J. Jones: *LlA* 4, Llawer eraill o Eiriau a dybir eu bod yn rhy *dywyll* megis Gwinwryf. **1740** T. Evans: *DPO* 272, Giraldus [*sic*] . . . gwr dyscedig yn ei amser, ond efe a sgrifennodd mewn Oes *dywell*. **1790** T. Jones: *TOS* 141, eu cyfeillach a'u siarad digrif . . . mae 'r rhai'n oll yn brofedigaetheu nerthol iawn i'n cadw 'n *dywyll* ac anystyriol. Ar lafar, 'Mae fy syniad i arno fo'n *dowyll* iawn', *WVBD* 539, ''Ôt ti ddim mor *dwyll* nag ôt ti ddim yn dyall, 'ôt ti?', *GTN* 824.

2. (*a*) *Sein.* Canol a hanner caeedig neu hanner agored (am y llafariad *y*, e.e. yn y geiriau *y, yn, tynnu, tywod*): *obscure, neutral* (*in phonet., of the vowel* '*y*').

1861.

(*b*) *Sein.* Clir neu eglur (am y llafariad *y*): *clear* (*of the Welsh vowel* '*y*').

1567 G. Robert: *GC* 22–3, [mae] dau lafar i y, vn *towyll* mal y mae iddi yn y geiriau hyn, phydd, crefydd, yf. *a.* **1575** *GP* 90, ssilldaf leddf, pann vo 'y' yn y ssain *tywyll* rrwng dwy o'r kydssonaniaid heb i hysgrivenny, val y mae 'mydr'.

Fel *e.* Tywyllwch, gwyll, hefyd yn *ffig.*: *darkness, gloom, also fig.*

10–11g. *DGVB* 278, or *timuil*, gl. *nocte ceca*. **12g.** *GCBM* ii. 332, Dyfu bumoed byd o boen galled, / O dwyll, o *dywyll* trydwyll trefred. **14g.** *T* 15. 17, canhɓyll yn *tywyll* agerd genhyn. **14g.** *GDG*³ 329, A minnau, hagr wyniau hyll, / Yn tewi yn y *tywyll*. *c.* **1400** *R* 1054. 1–2, Prif gyuarch geluyd pan ryleat. pɓy kynt ae *tywyll* ae goleuat. **1567** *LlGG* (*Sall*) 49b, A adwaenir dy ryveddodae yn y *tywyll*? **16–17g.** *HG* 116, golaini a *thywylle*, dyddiau vel nose. **1620** *Esec*

xii. 12, A'r tywysog, yr hwn sydd yn eu canol, a ddwg ar ei ysgwydd, yn y *tywyll* (**1588** *ib.* Mewn tywyllwch). **1672** J. Langford: *HDdD* 269, Y fáth ymma o Enllibiwr yw'r perycclaf o'r cwbl, oblegid ei fód ef yn gweithio yn y *tywyll.* **1696** *CDD* 82, Tro-faus ddrŵg genhedloedd, yn trefnu gweithredoedd, / Llaweroedd minteioedd mewn *tywŷll.* c. **1729** S. Rhydderch: *LlCD* 334, Trwy'r Seren fel Canwyll, a roes Duŵ ar Ystwyll, / I dywys or [*sic*] *tywyll* wyr tawel. **1803** *P.* Ar lafar, 'ma'r lamp wedi mynd i'r *tywyll*' 'mae'r lamp wedi diffodd', *Geir Glo* 99 (sir Gaerf. a Morg.).

Cfn.: **tywyll bitsh:** *pitch-black, pitch-dark.* **20g.** Ar lafar. **tywyll bost (post):** *stone-blind, as blind as a bat.* **1893.** Ar lafar.

tywyllaf[1]: tywyllu [bf. o'r a. *tywyll*] *bg.a.*

(*a*) Gwneud neu fynd yn dywyll, hefyd yn *ffig.*: *to make or become dark, darken, also fig.*

13g. *BD* 108, prenn . . . yr hwn a *dywylla* vyneb y holl enys o let y deil. **1346** *LlA* 39, Y rei auo yn tywyllƀch annƀybot . . . onny dyscant ynda. mƀc ynt yn *tywyllu* ytan. **14g.** *B* xiv. 262, yna y *tywyllvys* dros wynep yr holl daear. **14g.** *GDG*[3] 239, Tröes y gwynt, bellynt bollt, / O ddeau'r galon ddwyollt, / A *thywyllawdd,* gawdd gordderch, / Yn fy mhen ddwy seren serch. **1455–6** *B* xiii. 69, Minnav a ddvgvm lavvr llawer o ddynion ac a leddais i meddyliav ac a *dywyllais* i synhwyrav ac a ddellais i llygaid. **1547** *WS, Tywylly* Waxe derke. **1551** W. Salesbury: *KLl* xxxvb, e ddaeth tywyllwch dros yr holl ddayar . . . ar haul a *dywylles.* **1567** *LlGG* [xvii], [m]awr ddally y bopul, a *thywyllu* gogoniant Duw. **1588** *Galarn* ii. 1, Pa fodd y *tywyllodd* yr Arglwydd ar ferch Sion yn ei sorriant? **1630** *YDd* 39, y dealltwriaeth wedi ei *dywyllu* gan anwybodaeth. **1632** *D, Tywyllu,* Tenebrescere; obtenebrare. **1767** W. Williams: *CAA* 75, mae yn tueddu yn hytrach i *dywyllu,* ac anghredu tystiolaeth yn erbyn y sawl a fo ef yn ei garu. **1803** *P.* Ar lafar, 'Wedyn 'odd 'i'n dechra *twllu*' (Arfon); 'gwallt gola . . . ond ma fa wedi *tywyllu*'n raddol', *GTN* 834.

(*b*) Gwneud neu fynd yn ddall neu'n bŵl ei olwg, mynd yn bŵl (am olwg), hefyd yn *ffig.*: *to make or become blind or dim-sighted, become dim (of sight), also fig.*

13g. *BD* 170, dyrnavt mavr arnav, yny oed y guaet yn hylithyr ar hyt y vyneb ac yn *tywyllu* drem y lygeit. **1346** *LlA* 67, moyssen ygƀr ny siglaƀd deint idaƀ yny oes. Ac ny *thyƀyllaƀd* llygat. c. **1400** *Études* vii. 330–2, y kenhin . . . brathu y kylla a wnant . . . a *thywyllu* y llygeit ony bwyteir letus neu y porpius yn eu blaen. **1567** *LlGG* (*Sall*) 4a, Mae vy llygat wedy *tywyllu* gan ddir-dra. **1632** *D,* pylu a *thywyllu* 'r llygaid â gormodd goleuni d.g. *Perstringo.* **1759** J. Evans: *PF* 48, Llygaid yn pallu neu 'n *tewyllu.* **1766** *CD* 14, Medd-dod . . . Gwaethyga 'r ymadrodd, Llwgr y gwaed, *Tywyllu* 'r Golwg. **1790** T. Jones: *TOS* 146, [p]echod gwybodol . . . Y mae 'n dallu neu 'n *tywyllu* llygad 'r enaid.

(*c*) (gyda'r neg.) Ymweld â: *to visit.*

1723 E. Samuel: *PDdC* 130, chwi sydd yn dyfod bob Dŷdd i'r Eglwys, yn euog or un pechodau ag Eraill nad ydynt un amser yn *tywyllu* mo'i drysau. Ar lafar, 'Di o 'm 'di *twllu*'r lle es blynyddodd'. Cf. *B* ii. 221, nycha y marchog yn tywyllu drws yr ysdavell.

Cfn.: **tywyllu cyngor:** *to cloud the issue.* **1588** *Job* xxxviii. 2.

tywyllaf[2]: tywyllo, gw. **twyllaf: twyllo.**

tywyllberth, tywyllbrudd, tywyllbryd, tywyllddu, gw. **tywyll + perth, prudd, pryd[2], du.**

tywylledig [bôn y f. *tywyllaf*[1]: *tywyllu* + *-edig*] *a.bfl.* Wedi ei dywyllu, wedi tywyllu, hefyd yn *ffig.*: *darkened, also fig.*

1658 R. Vaughan: *PS* 456, ond vn ai siomedig, neu *dywylledig* neu goluriol a serriol gydwybod. **1803** *P.*

tywylledd [*tywyll* + *-edd*[1]] *eg.* Tywyllwch, hefyd yn *ffig.*: *darkness, also fig.*

14g. *GDG*[3] 140, Pei rhôn ym, pei rhin amwyll, / Mewn brwysgedd, *tywylledd* twyll.

tywyll-felen, tywyll-felyn, gw. **tywyll + melyn.**

tywyllfrig, tywyllfyd, tywyllgoch, tywyllgoed, gw. **tywyll + brig, byd[1], coch, coed.**

tywyllhaf: tywyllhau [*tywyll* + *-hau*] *bg.a.* Tywyllu, pylu, hefyd yn *ffig.*: *to darken, grow dim, also fig.*

13g. *Llst* 1, 93, mavrhavs . . . dyw y trvgared ef em plyt e brytaneyt rac ev *tewyllav* wynt onossavl tewyllvc aghev. **13g.** *BD* 108, bwch . . . yr hwn a chuvth o'e froeneu y ueint wybren yny *dywyllao* vyneb yr holl enys. *id.* 116, E Wyry a esgyn keuyn y Seythyd, a *thywyllau* a wnan guerynolyon ulodeoed. *id.* 189, teruysc a chyghoruynt a *tywyllavs* medvl dy uryt ti.

tywylli [*tywyll* + *-i*[1]] *eg.* Tywyllwch, yn *ffig.*; dallineb, pylni (golwg): *darkness, fig.*; *blindness, dim-sightedness.*

16g. *LlS* 135, mel sy dda y iro y llygaid rhac *tywylli.* **1592** S. D. Rhys: *Inst* [xv], arwain iaith morr odîdoc . . . ac yw y Gymraec, alhan o'r dygn *dywylhi* y mae hi yndho.

tywylliad [bôn y f. *tywyllaf*[1]: *tywyllu* + *-iad*[1]] *eg.* Y weithred o dywyllu, y weithred o fynd neu wneud yn ddidraidd, tywyllwch, hefyd yn *ffig.*: *a darkening or obscuring, darkness, also fig.*

1604–7 *TW* (*Pen* 228) d.g. *Obscuratio.* **1606** E. James: *Hom* ii. 167, ewyllys Duw oedd arwyddocau wrth *dywylliad* (*darkness*) yr haul, i ba dywyllwch a dallineb o anwybod a delw-addoliad, y cwympai holl Gred. **1773** I. Lewis: *EG* 18, A pha bryd mae diffyg-rwydd mewn sancteiddhad, mae hefyd rhyw *Dywylliad* ar Gyfiawnhâd. **1778** *W* d.g. *Obscuration.* **1803** *P.*

tywyll-las, tywyll-liw, gw. **tywyll + glas[1], lliw[1].**

tywyllni [*tywyll* + *-ni*] *eg.*

(*a*) Tywyllwch, düwch, gwyll, mwrllwch, hefyd yn *ffig.*: *dark(ness), blackness, gloom, murk, also fig.*

1574 (1604) *Rhyddiaith Gymraeg* ii. 204, Lle yw yffern, llydan heb fessyr . . . Yno y may *tywyllni.* **1588** *Gen* xv. 12, wele ddychryn, a *thywyllni* mawr yn syrthio arno ef. **1595** M. Kyffin: *DFf* [100], fegis rhyw wreichionen, fal y galle'r dynion yn y *tywyllni* ei chanfod. **1604–7** *TW* (*Pen* 228) d.g. *Umbra.* **1615** R. Smyth: *GB* 222, myfi a gyfnevvidia y *tovvyllni* yn oleini. **17g.** Huw Morus: *EC* ii. 147, Nid oes *dywyllni* o fewn y byd, / . . . / Nad yw angylion Duw bob pryd, / Mewn goleu i gyd yn gwylio. **1722** *Llst* 189, *Tywyllni.* m. . . . darkness. **1731** E. Samuel: *AE* 216, yr anhawsder ar *tywyllni* sydd yn rhyw fannau or Ysgrythyr lân.

(*b*) Dallineb, pylni (golwg), hefyd yn *ffig.*: *blindness, dim-sightedness, also fig.*

1604–7 *TW* (*Pen* 228), *Tywylhni* lhygeit d.g. *Amaurosis* (At.). **1615** R. Smyth: *GB* 16, [y] mavvr *dovvyllni* a dallineb yn yr hain y mae dyn gvvedi i amdoi yntho. **1630** *YDd* 119, [t]*ywyllni* dy olygon, byddarwch dy glustiau. **1632** *D, tywyllni* golwg d.g. *Eluscatio.* **1722** *Llst* 189, *Tywyllni.* m. Blindness. **1775** *EDPP* 89, er na's gallaf fi, o herwydd *tywyllni* fy ngolwg, weled amherffeithrwydd fy nghyfiawnder fy hun. **1798** *WR* d.g. *Ablepsy.* Ar lafar, 'Mae 'na ryw *dywyllni* yno fo' 'he is slow in understanding', *WVBD* 555.

tywyllnos, gw. **tywyll + nos.**

tywyllodrus, gw. **twyllodrus.**

tywyllolau, tywyllsain, gw. **tywyll + golau, sain[1].**

tywyllter [*tywyll* + *-der*] *eg.* Tywyllwch, hefyd yn *ffig.*: *darkness, also fig.*

c. **1785–90 (1829)** *CBYP* 29, [d]iffyg deall a *thywyllder* pwyll a chrebwyll.

tywylltew, tywyllwaith, tywyllwawr, gw. **tywyll + tew, gwaith[1], gwawr.**

tywyllwch, tywyllwg [*tywyll* + *-wch*[1], *-wg*] *eg.* ll. (prin) *tywyllychau.*

(*a*) Yr ansawdd neu'r cyflwr o fod yn dywyll; didreiddedd; hefyd yn *ffig.*: *darkness; opacity; also fig.*

13g. *GDB* 388, A llƀyr *dywyllƀc* drƀc ƀrth drigyaƀ. **13g.** *DB* 63, A dywedeis i oll, y adan y lleuat y mae en er awyr; y ar henne, eglur yu hep *dywyllwc.* **13g.** *GBF* 471, Lle [uffern] mae tristƀch a *thywyllƀch* a llƀch a lleu. **14g. (1594)** *BY* 3, A gwahanû y lheûûer y wrth y *tywylhwc,* a galw y lleûûer yn dhydh a'r *tywylhwc* yn nos. **1346** *LlA* 17, Ydwyn yrei aoeddynt yn *tywyllƀc* kyfeilornn y oleuni gƀironed. c. **1400** *YCM*[2] 168, Dilechdit . . . a dysc y dyn dywedvt yr ymadrawd . . . ac a dysc amrysson o'r ymadrawd, a'e dyall or bryd yndaw *dywyllwch.* **1547** *WS, Tywyllwc* Derkenesse. **1567** *TN* 360a, y taflu i wared i vffern ay dodi mewn cadwynay *towyllwc.* **1632** *D, Tywyllwg, Tywyllwch,* Tenebræ, caligo, obscuritas. **1657** *MLl* ii. 77–8, or diafol y maent oll. ag i bwll y *tywyllwch* y maent yn perthyn. **1752** *Gron* 97, Ewch . . . / At wyllon y *tywyllwg,* / I oddef fyth ei ddu fwg. **1778** *W, tywyllwch* d.g. *Obscureness, or obscurity.* **1795** J. Thomas: *AIC* 254, Disgleirdeb a *Thywyllwch* (*Opacity*). **1803** *P* d.g. *Tywyllwç, Tywyllwg.* Ar lafar, '*twllwch*', *WVBD* 555; '*tywyllwch*', *GTN* 834.

(*b*) Dallineb, pylni (golwg), hefyd yn *ffig.*: *blindness, dim-sightedness, also fig.*

c. **1400** *R* 1235. 20–1, Ae gƀnaeth golƀc o *dyƀyllƀc.* c. **1400** *Études* vii. 332, Mwstart . . . da yw . . . rac *tywyllwch* y llygeit. **16g.** *LlS* 4, ysictot a *thywyllwc* llygaid. *Diw.* **16g.** *WLB* 5, Rhag dolur a *thywyllwg* or llygaid. **17g.** Huw Morus: *EC* i. 92, Beibl a droes y bobl o'u drwg / A deillion o *dywyllwg.* **1770** *W, tywyllwch* golwg d.g. *Blindness.*

(*c*) Diffyg (ar yr haul): *eclipse (of the sun).*

1545 *CM* 1, 39, A ffan ddigwyddo Jr llo[e]r ddyuod ir vn o ddavben y ddraig w/rth liw y dydd ynnamser y gyuynewid ynna Jr am/ddengys *towyllwg* ar yr haull [*sic*]. **1725** D. Lewis: *GB* 370, pan fo cwbl *Dyŵyllwch* ar yr Haul . . . bydd Cylch Rhuddgoch i'w weled o dautu'r Lleuad.

tywyllwerdd, tywyllwers, gw. **tywyll + gwyrdd[1], gwers.**

tywyllwg, tywyllwr, gw. **tywyllwch, twyllwr.**

tywyllwyrdd, gw. **tywyll + gwyrdd[1].**

tywyn[1] [bôn y f. *tywynnaf*: *tywynnu*] *eg.* ll. *-ion,* (geir.) *-nydd.* Tywyniad, disgleirdeb, gloywder, llewyrch, goleuni, pelydryn, hefyd yn *ffig.*: *a shining, brightness, brilliance, radiance, light, ray (of light), also fig.*

1346 *LlA* 24, Ac na loywheir y*tywynn* arykreirev. **14g.** *GDG*[3] 140, Teg Forfudd, Tegau eurfalch, / *Tywyn* haul daer ar gaer galch. **15g.** *GO* 245, Dvnnos aeth, heb *dwyn* sêr, / Ddoe am eirchiaid, Dduw Mercher. **16g.** *Pen* 76, 24, dyn klayrwyn val *towyn* tes (Huw Pennal). a. **1587** *Y* 220, Pob dŷn, fel ar *dywyn* dydd, / Yn gweled mwy na'i gilydd. **16–17g.** *GHCEM* 69, Eurgoed hwn, o'r gwaed hyna', / Eutun, Hwcs, fal *tywyn* ha'. **1632** *D, Tywyn,* Splendor. **1753** *TR, Tywyn,* brightness, splendour, shine. **1773** *W* d.g. *Gleam.* **1803** *P, Tywyn,* s. m.—pl. t. *yz* . . . a ray, or beam of light. Cf. T. H. Parry-Williams: *S* 44, heb ddim esgair laes i ddal *tywynion* goleuni ad-lewyrchedig.

tywyn[2] [e. lle Crn. C. *Tewyn,* Crn. Diw. *towan,* Llyd. Diw. *tevenn,* taf. Gwened *teŵenn*] *eg.* ll. (geir.) *-nydd.* Traeth, glan môr, arfordir, ymyl môr, twyn tywod: *beach, seashore, strand, coast, sand-dune.*

12g. *GMB* 142, Nyd haws y'th esgar esgor dy gosbaƀd / No chaffael *tywyn* ny bo tywaƀd. **14g.** *GDG*[3] 386, Tawel fryd uwch y *tywyn,* / Tua lle'dd oedd; twyllai ddyn. **16g.** (*LlEG*) *Mos* 158, 216b, Yr hrain a gyuaruu ar y *towyn* hrwng graulyn a mardeick. **1604–7** *TW* (*Pen* 228), *tywyn* mor d.g. *Arena.* **1632** *D, Tywyn,* Littus maris, arena maris. **1722** *Llst* 189, *Tywyn,* m. The sea-shore or sand, sea-coast, beach, wash, strand. **1748** *ML* i. 132, y Pinguicula, yr hwn a dyf ar *Dywyn* Tre Owein yn Mon. **[1783]** *W* d.g. *Sand, the sands.* **1803** *P, Tywyn,* s. m.—pl. t. *yz* . . . a strand. Digwydd fel e. lle, e.e. *Tywyn,* pl. Abergele, sir Ddinb., a *Tywyn,* Meir.

Gw. hefyd **twyn.**

tywyn[3,4], gw. **tywynnaf: tywynnu.**

tywynboeth, tywynbost, tywynbryd, gw. **tywyn[1] + poeth, post[1], pryd[1].**

tywynedig [bôn y f. *tywynnaf*: *tywynnu* + *-edig*] *a.bfl.* Yn tywynnu, disglair, gloyw: *shining, bright, brilliant.*

1567 *TN* 128b, gwiscoedd dysclaer [:– *towynedic*]. **1688** *TJ,* Echdywynnedig, disglaer, *tywŷnnedig.* Bright, shining, glittering. **1803** *P.*

Cf. **echdywynedig.**

tywynfa [*tywyn*[1] + *-fa, ma*] *e?b.* Lle disglair, disgleirdeb: *bright place, brightness.*

16–17g. *GHCEM* 124, Merch Anna, *tywynfa* tes, / Mair gloyw fun, miragl fynwes.

tywyniad [bôn y f. *tywynnaf*: *tywynnu* + *-iad*[1]] *eg.* ll. *-au.* Y weithred o dywynnu, disgleirdeb, goleuni, pelydriad, hefyd yn *ffig.*: *a shining, brightness, light, a radiating, also fig.*

1588 *Eseia* lx. 3, Cenhedloedd hefyd a rodiant yn dy oleuni, a brenhinoedd yn niscleirdeb dy *dywynniad.* **1630** *YDd* 131, Os gwna *tywyniad* vn Haul, i'r borau fod mor ogoneddus. **1688** *TJ,* Tywŷn, *Tywŷniad,* goleuni: brightness or shining. **1719** *TDP* 43–4, Fel Brenin i [*sic*] tywalld allan Oleuni Gwybodaeth yn yr eglur *dewyniad* Haul y dydd. **1774** H. Jones: *CH* 20, Nid yw ei ddyddie ar ddaear hon, / Ond megis *t'wnniad* haul ar fron. **1775** *W, Tywynniad* d.g. *Irradiation.* **1784** M. Williams: *S* i. 98, *Tywyniad*

yr eira, goleuni'r Lleuad. **1795** *R. Crusoe* 63, a'r ochrau a ddanghosasant gan mil o oleuadau wrth *dywynniad* fy nghanhwyllau i. **1800** W. Owen-[-Pughe]: *CP* 25, rhwystro yn llwyr *dywyniad* yr haul ar y tom. **1803** *P.* Digwydd yn yr ymdad. 'yn y *twniad*' yn yr ystyr 'ar unwaith', 'Mi ddo' i yn y *twniad*' (Llŷn).

tywynlliw, gw. tywyn[1]+lliw[1].

tywynnaf: tywynnu [?cf. *dy-*[1], *gwyn*[1]] *bg.a.* (Peri) disgleirio, llewyrchu, pelydru, goleuo, hefyd yn *ffig.*: *to (cause to) shine, radiate, light (up), illuminate, also fig.*

13g. *DB* 61, pan del palader er heul a *thywynnv* yn wybren geu. *id.* 73, megys na *thywynna* yr heul arnam ninheu pan vo yr wybyr en y chudyau. **14g.** *H* 122b. 23–4, O arffet myget mygyr vaƀrgeir y daƀ / a *dywyn* pop kyueir. **1346** *LlA* 42, ygƀr a*tywynna* yr heul ar wiryon. Ac enƀir. **14g.** *B* xiv. 267, llavenhav or goleuat a *tywynnvys* y arnam. **15g.** *DE* 24, A bric siric fal seren / awyr a pyst aur oi pen / Tan draic yn *tywynnu* drws / tair tid fal y twr tewdws. **1547** *WS, Towyny* val haul Shyne. **1551** W. Salesbury: *KLl* lxxxib, rac *tywynny* arnunt wy o lewych Euangel Christ. **1567** *TN* 27a, [*t*]*ywynnodd* [:– discleiriodd] y wynep ef val yr haul. *id.* 84a, Llewych i yw [*sic*] *dywynny* [:– ymatgudd] ir Cenetloedd. **1595** H. Lewys: *PA* 76, i cadarnheir y ffyd', ie, ac i *tewyniff* yn ddisclairiach. **1606** E. James: *Hom* iii. 94, lle mae haul cyfiawnder yn *tywynnu* yn wastadol. **1632** *D, Tywynnu*, Splendere. **1776** I. Brydydd Hir: *P* ii. 98, y wlad hôn, lle mae llewyrch yr efengyl dragwyddol wedi *tywynnu*. **1803** *P* d.g. *Tywynu.* Ar lafar, "Odd 'i'n bwrw ag yn *twnnu* haul ar unwath', *WVBD* 555; 'yr 'oul yn *twnnu*', *GTN* 826.

Amr.: **tywyn**[3]. **1696** *CDD* 70, Y cannaid Haul cynnar, sŷ'n *tywŷn* yn hawddgar.

tywynnog[1] [*tywyn*[1]+*-og*] *a.* Yn tywynnu, disglair, ysblennydd: *shining, bright, splendid.*

1803 *P, Tywynawg* . . . Having a splendour.

tywynnog[2] [*tywyn*[2]+*-og*] *a.* ?Tywodlyd: *sandy.*

c. **1400** (*SG*) *HMSS* i. 285, edrych aoruc ef y vyny tu a phennryn *tywynnawc.* **15g.** *GTP* 50, Tir brwynog twynog, tyniad—*tywynnog,* / Trwynog, tor llwynog, tir a llinad.

tywynnol [*tywyn*[1]+*-ol*] *a.* Yn tywynnu, disglair, hefyd yn *ffig.*: *shining, bright, also fig.*

1803 *P* d.g. *Tywynawl.*

tywynnwg [*tywyn*[1]+*-wg*; bôn tybiedig y f. *tywynygaf*: *tywynygu*] *eg.b.* Disgleirdeb, sglein: *shine.*

1803 *P, Tywynwg,* s. m. . . . A shiningness.

tywynnydd [bôn y f. *tywynnaf*: *tywynnu* +*-ydd*[3]] *eg.* Gwrthrych disglair, hefyd yn *ffig.*: *bright object, also fig.*

1825.

tywynygaf: tywynygu [amr. ar *dywynygaf*: *dywynygu*] *bg.a.* Tywynnu, disgleirio, goleuo, hefyd yn *ffig.*; adlewyrchu, dangos, ymddangos: *to shine, glisten, illumine, also fig.*; *reflect, show, appear.*

1567 *TN* 17b, a'r hwn yr ewyllysio 'r Map ei eglurhau [:– *dywynygu*, ddangos] iddo. *Diw.* **16g.** *LBS* iv. 414, y mae y wynfydedic Wenn Vrewy yn arwyddokaü y lle hwnn o nerthoed ac yni *dyuynygü* o anneirif wyrthiaü. **1632** *D* (*Diar*), Y fefl a wneler yn rhin nant, hi a *dywynnyg* yngŵydd cant. **1753** *TR*, Tywynnu, and *Tywynnygu*, to shine or glister; to appear. **1770** *W* d.g. *To break, or dawn* [*as the day*], *To glisten, glister or glitter, To shine.* **1803** *P* d.g. *Tywynygu.*

tywys[1] [?cf. Llyd C. *tamoes(enn), tamouesen,* Llyd. Diw. *tamoëzenn, tañvouzenn,* (taf. Gwened) *toësen,* neu cf. *tywys*[2]; dichon fod enghrau. o *tywys*[2] wedi eu cynnwys isod; ansicr yw'r engh. gyntaf yn adran (*c*)] *e.ll.* (un. b. *-en* (bach. *-nig*), ll. *-nau, -ni*).

(*a*) Y rhannau o blanhigion grawnog sy'n dwyn y blodau neu'r hadau: *ears* (*of corn, &c.*).

12–13g. *GMB* 347, Gnawd y tyf *tywys* o egin. **14g.** *WM* 73. 32–5, ƀedy daruot torri pob un yny doi yny *dyƀyssen* orkeleuyn a mynet eymdeith ar *teƀys* yn hollaƀl. **15g.** *DN* 29, Aml ar bob daear *dywys* gynhaiaf. **1547** *WS, Tywysen* o yd An ere of corne. **16g.** *WLl* 176, Y gwenith gwedi eginaw / Ar frys yn *dowys* i daw. **1567** *TN* 18a, ac ydd oedd newyn ar ei ddiscipulon ac a ddechreysont dynny *tywys* yr yd a' bwyta. *id.* 55b, y ddaiar a ddwc ffrwyth o hanei y hun, yn gyntaf yr eginin, yn ol hyny yr grawn yn llawn yn y *tywysen.* **1604–7** *TW* (*Pen* 228), Aberth o *dywysenæ* yyt d.g. *primetium.* **1615** R. Smyth: *GB* 22, hi a roes i'r hadau *dovvys* . . . i'r plannvvydd risc, i'r cnau blisc a chibau. **1632** *D, Tywys,* Sing. *Tywysen,* Spica, arista. **1718 (1721)** S. Thomas: *HB* 52, y *tywysenni* gwenith ydynt ddeunaw modfedd o hyd. **1773** *W, Tywysen* (pl. *tywys* and *tywysennau,* gorthowys) rhafn o ŷd d.g. *Ear* [*of corn*]. **1795** *R. Crusoe* 42, *tywysennau* o rice. **1801** *MMf* 293, Spicus, *tywysen.*

(*b*) (enghrau. *ffig.* a *thros.*, ac enghrau. mewn cyd-destun *ffig.*: *fig. and transf. exx., and exx. in a fig. context*).

13g. *A* 12. 3–4, Pan vuost di kynnivyn clot en amwyn *tywyssen.* gordirot ohaedot en gelwit redyrch gwyr not. **15g.** *GLGC* 106, gradd tŷ Hu, fal gwraidd *tywys,* / honno yw'r radd yn nhŷ Rhys. **15g.** *ID* 67, nyd oes yr un *dywysen* / yn grin o had Gronw hen. **16g.** Siôn Brwynog: *C* 43, Dyn fry a'i gwên dan frig aur, / Da Siân o *dywys* henaur. **16–17g.** Llywelyn Siôn, &c.: *Gw* 590, maestr Tomas . . . / lewys o hen *dowys* da. **17g.** *CC* 15, *tywys* gwaed y twysog ynt [marwnad tri brawd gan Watgyn Clywedog]. Gw. hefyd yr *Amr.* isod.

(*c*) Pidyn, cal: *penis.*

c. **1400** *Études* viii. 76, or parth assw yr *dywyssen* diot y maen. **1696** *GGTY* 93, Chwychwi a ddywedwch, fod calon Abram gwedi enwaedi arni cyn blaengroen ei *dywysen.*

Amr.: **twys**[2] (*e.ll.* (un. b. *-en,* ll. *-nau, -ni*) ll. dwbl *-au*). **14–15g.** *DGG*[2] 122, Nid oes o'm gwallt un *dwysen,* / Dusw draenblu perthidgnu pen. **1547** *WS, Twysen* o yd. **1588** *Deut* xxiii. 25, *twyssenau.* **1630** *YDd* x, curodd i lawr *dwysennau* cabledd Vorstius Athean. **17g.** *CC* 15, *twysau* hen lin waed sion lwys [marwnad tri brawd gan Watgyn Clywedog]. **17g.** Huw Morus: *EC* i. 41, Tori a dwyn o'r tir da, / T'*wysen* addfed tes noddfa [marwnad William Elis]. **1738** *Beirdd y Bala* 18, Sian Evans, *dwysen* nefawl. **1803** *P* d.g. *Twys, Twysen.* Ar lafar, '*twsan . . . twsenna*', '*twys*', *WVBD* 556; '*twysan*', *GTN* 825 (ll. *twys, twysenna*); hefyd yn sir Benf. yn y ff. *twesyn.*

tywys[2] [bôn y f. *tywysaf, tywysiaf*: *tywys,* &c.; dichon fod enghrau. o *tywys*[1] wedi eu cynnwys yma] *eg.* (Safle yn y) blaen, brig; arweinydd; (?geir.) arweiniad, cyfarwyddyd: *forward position, front, fore*; *leader*; (?*dict.*) *lead, guidance.*

12g. *GMB* 153, Liaƀs gwineƀ fadƀ fraƀt *tywys,* / Tu hir tref, tremynyad amdyfrwys. **13g.** *A* 18. 1–2, o gynnu aber rac fin. o *dywys* yn *tywys* yn dylin. *id.* 18. 15, Aer *dywys* ry dywys ryvel. **14g.** *T* 61. 12, gyrrƀys hyueid agododin alleu *towys.* **16g.** *Llst* 40, 23, gwaed gruffudd veredydd vrau / gwir *dywys* gwyr y deau [Morgan Elfael i Ruffudd Dwnn]. *a.* **1587** *Y* 125, Brutus drwm, brwd *tywys* drin, / A ddialodd y ddwylin. **1803** *P, Tywys,* s. m. . . . A lead, or guidance.

tywys[3,4], gw. tywysaf: tywys.

tywysaeth, gw. tywysiaeth.

tywysaf, tywysiaf: tywys[3], **tywysu, tywys(i)o** [H. Wydd. *tuus* > *tús*: < Clt. **tu-u̯es-su-* < **tu-u̯ed-tu-*, o'r gwr. IE. **u̯edh-* 'arwain' a welir yn *arweiniaf, arweddaf*: *arwain, arwedd(u), diwedd,* a *dyweddi*] *bg.a.* Arwain, mynd ar y blaen (i), dangos y ffordd (i), hebrwng, danfon, cyfeirio, hefyd yn *ffig.*: *to lead, guide, go before, conduct, show the way, escort, direct, also fig.*

12g. *GCBM* i. 132, Kynnetyf y aergun Argoedwys —werin / A waraud rac Lloegrwys / Rann y uraƀd, y ureint a'e *towys,* / Rann y chwaer na chueir o Bowys. **12–13g.** *GLlLl* 218, Mad *tywysseist* lu, Loegyr yrddant. **13g.** *A* 18. 15, Aer dywys ry *dywys* ryvel. **13g.** *BD* 119, Doeth oed yn *tywyssav* llu ac yn y llywav. **14g.** *YBH* 41b, A brenhin prydein a oed yn *tywyssyaƀ* y vydin vlaen. *c.* **1400** *YSG* i. 115, ef a deuei o'e gof ual y gnottaei y anyan y *dywyssyaw.* **15g.** *GHC* 31, Nid rhaid ond myned at Rys / I'r un tai,—aur a'n *tywys* [i Rys ap Gruffudd o Beniarth]. **1547** *WS,* Ledio neu *dywys* Lede. **1551** W. Salesbury: *KLl* lxxviiib, a dyuot hyd y porth hayarn / yr hwn a *dywys* yr dinas. **1567** *LlGG* (*Sall*) 40b, A'th cygor y *tywysy* vi. **1632** *D, Tywyso,* Ducere. **1751** *GIA* 100, oni wyddoch chwi fod y moddion yn *tywys* at y diben? **1772** *W* d.g. *To conduct* [*lead, guide, or direct*], *To lead.* **1790** T. Jones: *TOS* 279, Gâd i'th ffydd *dywys* dy galon i bresennoldeb Duw. **1803** *P* d.g. *Tywys, Tywyso.* Ar lafar, 'Fe *dywystws* ddyn dæll dros yr 'ewl', *GTN* 833; hefyd yn y ff. *twsu, ISF* 75, *WVBD* 556.

Amr.: **twyso.** ?**15g.** *BDG* 251. **1547** *WS.* **1775** *W* d.g. *To lead.* **1778** J. Hughes: *BB* 139.

Cfn.: **nid oes na thywys(u) na thagu arno (arni,** &c.**):** *he (she, &c.) is impossible to deal with, one can't do anything with him (her, &c.).* **1929.** Ar lafar, '*Doedd na thwsu na thagu arno* na chai o fynd' 'h.y. doedd dim modd ei drin na'i ddarbwyllo', *ISF* 75; "*Toe*[s] *'na ddim twsu na thagu arno* fo' 'he is impossible to deal with', *WVBD* 18.

tywysedig [bôn y f. *tywysaf, tywysiaf*: *tywys,* &c.+*-edig*] *a.bfl.* Seiliedig ar ffeithiau, &c., a osodir gerbron (i brofi dadl, &c.); (geir.) wedi ei dywys neu ei arwain: *based on facts, &c., enumerated* (*to prove an argument, &c.*); (*dict.*) *led, guided, conducted.*

1604–7 *TW* (*Pen* 228) d.g. *Circunductus.* **1722** *Llst* 189, *Tywysedig.* Led, conducted. **1732** *AABI* [34], Yn awr i fod yn anrhydedd o fod yn hen Ddysgabl [*sic*] mi brofaf trwy Rannau *tywysedig* (*by an induction of particulars*). **1803** *P.*

tywysel, tywysen, gw. **dwsel** (hefyd At.), **tywys**[1].

tywysennaf: tywysennu [bf. o'r e. *tywysen*] *bg.* Cynhyrchu tywysennau, egino'n dywysennau, cynhyrchu sbigau: *to produce ears* (*of corn, &c.*), *come into ear, produce spikes.*

16g. *LlS* 166, Y Lauandr . . . Dail y ddeuryw . . . Y' Mehefin ar Gorphenaf y *tywysennant* ac y blodeant. *Dchr.* **17g.** *J* 10, 430a, *Tywysennu.* Spico. **1632** *D,* Spico . . . *Tywysennu,* tyfu yn dywysennau. **1773** *W* d.g. *To ear* [*shoot into ears, as corn*], *To spire* [*as corn*].

Amr.: **twysennu. 1604–7** *TW* (*Pen* 228) d.g. *Spico.* **1803** *P* d.g. *Twysenu.*

tywysennig, gw. **tywys**[1].

tywysfaen [*tywys*[3]+*maen*[1]] *eg.* ll. *-feini.* Tynfaen, magnet: *loadstone, magnet.*

1776 *W* d.g. *Load-stone.*

tywysgen, gw. **twysg.**

tywysgiad [elf. anh.+*-iad*[1]] *eg.* Proses, hynt, cwrs, datblygiad: *process, progress, course, development.*

1803 *P, Tywysgiad,* s. m. . . . A proceeding forward.

tywysiad [bôn y f. *tywysaf, tywysiaf*: *tywys,* &c.+*-iad*[1]] *eg.*

(*a*) Arweiniad, arweinyddiaeth, cyfarwyddiad, cyflwyniad; sianel (ddŵr): *a leading, leadership, guidance, direction, introduction*; (*water*) *conduit.*

1632 *D* d.g. *Ducatas, Ductus.* **1696** *GGTY* 80, ffordd newydd o *dywysiad* i mewn i fod yn gyfrannogion o fraintiau'r Efengyl. **1718 (1721)** S. Thomas: *HB* 31, Mor greulon ac anwar yŵ eu tymmer . . . fel ac y mae'n amlwg eu bod dan *Dywysiad* a Rheolaeth y Gelyn uffernol. **1722** *Llst* 189, *Tywysiad.* m. A leading, guiding. **1732** *AABI* 38, [*T*]*ywysiadau* yr Yspryd. **1772** *W* d.g. *A conducting, A guiding.* **1776** I. Brydydd Hir: *P* ii. 97, Ir ŷm ni i edrych arno am gyfarwyddyd a *thywysiad* drwy holl ystod ein bywyd. **[1795]** W. Richards: *YDY* 18, [y] gorchymynion llysol a draddodir trwy awdurdod a than *dywysiad* y fath ddynion. **1803** *P.*

(*b*) *Ffis.*: Dargludiad: *conduction* (*in physics*).

1851.

(*c*) Gwifren (drydan), cebl: (*electrical*) *lead or cable.*

20g.

Amr.: **twysiad. 1661** E. Lewis: *Drex* 58, ynghylch *twysiad* eu dyfroedd (*Conduits*) a'i dwfr leoedd.

tywysiaeth, tywysaeth [bôn y f. *tywysaf, tywysiaf*: *tywys,* &c.+*-(i)aeth*; ansicr yw union ystyr yr engh. isod; 1814 yw dyddiad yr engh. nesaf] *e?b.* Arweinyddiaeth: *leadership.*

16g. Lewys Morgannwg: *Gw.* 654, pawb yt sy agos pob *tywysiaeth* [i Harri iarll Caerwrangon].

tywysiaf: tywysio, gw. **tywysaf: tywys.**

tywyslyfr, gw. **tywys**[3]+**llyfr**[1].

tywysog [H. Lyd. *toguisoc,* Ogam *tovisac* (gen.), H. Wydd. *toísech* 'arweinydd; cyntaf', Gwydd. Diw. *taoiseach*: < Clt. **tou̯issāko-* < **tuu̯essāko-*; cf. *tywysaf*: *tywys* a *-og*] *eg.* (bach. *-yn*) ll. *-ion,* a hefyd gyda grym ansoddeiriol. Mab i frenin, &c. (hefyd am berthnasau gwrywaidd agos eraill) arglwydd, pendefig, arweinydd, pennaeth, rheolwr, llywodraethwr, capten; tywysydd, arweinydd; un sydd ar y blaen (mewn

maes arbennig); hefyd yn *ffig.*: *prince, lord, sovereign, leader, ruler, governor, captain; guide, leader; leader (in a certain field); also fig.*

12g. *LL* 120, Lymma y cymreith ha bryein eccluys Teliau olanntaf arodes breenhined hinn h*atouyssocion* cymry (*id.* 118, datum . . . aregibus istis & principibus brittanniae. . . dy eccluys teliau). 12g. *GMB* 72, Eilweith yt eithum yn negessaỽc / Goleuuer camawn, yaỽn *dywyssaỽc*. 13g. *LlI* 1, Hewel uab Kadell, *tywyssavc* (*WML* 1, brenhin) Kemry oll. 13g. *BD* 5, gwedy dyrchauael Brutus yn *dywyssavc*, galv atav gvyr Tro a oruc. 1346 *LlA* 80, mi athỽediaf . . . val . . . na welỽyf *tyỽyssaỽc* ytyỽyllỽch. 14g. *WM* 210. 14–16, Gỽyr llychlyn yỽ y rei hynny. a march uab meirchaỽn yn*tywyssaỽc* ar nadunt. 15g. *BB* 11, am hynny y kymyrth y genedyl *tywyssawc* y coedyt y eu cudiaw yndunt. 15g. *GLGC* 271, Duw a ro iddaw drioed, / *dywysog* cerdd Gwent Is Coed [i Domas ap Dafydd]. 1567 *LlGG* (*Sall*) 82a, Na row[c]h eich coel ar *dywysogion* [:– benathieit [*sic*]]. 1567 *TN* 24b, Pharisaieit . . . *tywysogion* deillion ir deillion ynt. 1588 *Eseia* ix. 6, Canys bachgen a aned i ni . . . a gelwir ei enw ef . . . *Tywysog* tangneddyf. 1604–7 *TW* (*Pen* 228), captaen, ne *dywysawc* lhû d.g. *ductor*. 1606 E. JAMES: *Hom* i. 120, nid gorthrymmydd creulon, onid *tywysog* tirion i'n harwain ni o farwolaeth i fywyd. 1632 *D*, *Tywysog*, Dux, princeps. 1703 E. WYNNE: *BC* 10, Belial, *Tywysog* llywodraeth yr Awyr. 1722 *Llst* 189, *Tywysog*. m.p. *sogion*. A prince, kings son, sovereign, lord, captain, leader, guid. *id. Tywysogyn*. m. A petty prince. 1771 *W* d.g. *Captain, Commander, Conductor, General of an army, Leader, Prince*. 1803 *P* d.g. *Tywysawg*.

Amr.: **twysog.** *Diw.* 15g. *Pen* 67, 67. 1547 *WS*. 1725 T. BADDY: *CS* 50. 1780 *W* d.g. *Prince*.

Cfn.: **tywysog cydweddog:** *prince consort*. 1861.

Gw. hefyd tywysoges.

tywysogaeth, tywysogiaeth [*tywysog*+ -(*i*)*aeth*] *eb.* ac yn eithriadol *eg.* ll. *tywysogaethau*.

(*a*) Gwlad, talaith, &c., a thywysog, &c., yn ben arni, teyrnas, hefyd yn *ffig.*; Cymru (fel tywysogaeth): *principality, kingdom, also fig.*; *the Principality (of Wales)*.

13g. (*LlDW*) *ZCP* xx. [30], Heuel da . . . ha uelles e kemry en kamarueru or kefreythyeu ac a deuenus atau. uy. [*sic*] guyr o pop kemud eny *tehuyokaet* [*sic*] (*LlI* 1, yg Kemry). 14g. *GDG*[3] 244, Morfudd, fy nghrair diweirbwyll, / Mamaeth *tywysogaeth* twyll. *c.* 1400 *Ked AA* 10, [*t*]*ywyssogaeth* Byrgwynn. 16g. (*LlEG*) *Mos* 158, 23b, aeth hrobard dros ym/or I normandi Ynn y lle J tyuodd anghariad hryntho Ef ac arg/lwyddi J *dywysogiaeth*. 1588 *Esth* xiii. 3, y *dywysogaeth* yr hon yr ydym yn ei llywodraethu. 1591 *Rhyddiaith Gymraeg* ii. 129, o fewn Lloegr, Ywerddon, *Tywyssogaeth* Gymbru, eu gorwladoedd a'u hynysoedd. 1691 *ESGG* d.d., Catechism A osodwyd allan . . . iw arferu trwy Deirnas Loeger, a *Thywysogaeth* Cymru. 1776 *DALl* 31, Y Parlament a osododd Dreth, ar *Dywysogaeth* Caerlleon-Gawr, (Chester).

(*b*) Rheolaeth neu deyrnasiad (tywysog, &c.), sofraniaeth, penaduriaeth, llywodraeth, awdurdod, arweinyddiaeth; cyfarwyddyd, arweiniad: *rule or reign (of prince, &c.), sovereignty, supremacy, government, authority, leadership; guidance, lead*.

12g. *GCBM* i. 192, Gorpo teyrnuar *tywyssogaeth* —brut / Ar Brydein diryogaeth. *id.* ii. 307, O angor teỽdor (tud alaeth—gymhwyll), / O dwyll, o dywyll *dywyssogaeth*. 13g. *BD* 79, idav y gorchymynassei Vaxen *tywyssogyaeth* a llywodraeth y teyrnas. 14g. *B* xiv. [257], decuet vluydynn o *tywyssogaeth* herot val herot vrenhin galilea. 14g. *Cy* vii. 137, Tri *thywyssogaeth* detwyd. bot yn da y wassanaeth ae anyan ae gyfrinach. *c.* 1400 *RB* ii. 218, Ar vydin a ossodassant ygadỽ y carcharoryon . . . A*thywyssogaeth* y rei ereill aorchymynnỽyt y gadỽr Iarll kernyỽ. 1567 *LlGG* 22a, Duw, yr hwn trwy *tywysogaeth* seren a ddangoseist dy vn mab ir cenelaethau [*sic*]. 1588 1 *Mac* ix. 31, Ac Ionathas a gymmerodd y *dywysogaeth* arno yr amser hwnnw, ac a lywodraethodd yn lle Iudas ei frawd. 1632 *D*, *Tywysogaeth*, Principatus. 1743 J. JONES: *LlAW* 174, rhoddwn ein hunain tan *Dywysogaeth* yr Ysbryd Glân, gan hyderu yn wastad ar ei Gyfarwyddid ef. 1772 *W* d.g. *Dominion* [*lordship, government, empire, sovereign authority . . . or kingdom*], *Government, Principality* [*the dominion, dignity, &c. of a prince*].

(*c*) (yn y ll.) Un o raddau'r angylion: (*pl.*) *principalities (one of the orders of angels)*.

12g. *GCBM* ii. 268, Ef bieu radeu ratlonaeth / Vch naỽ torof, naỽ *tywyssogaeth*. 1346 *LlA* 102, *Tyỽyssogaetheu* yỽ yrei y bo ydanunt toruoed o egylyon. ac archengylyonn yrth gỽplay gỽassannaetheu duỽ. 1588 *Rhuf* viii. 38, nac angeu, nac enioes, nac Angelion, na *thwysogaethau* (*TN* 232b, na phennaethau). 1588 *Eff* iii. 10, [y] *tywysogaethau* (W. SALESBURY: *KLl* ixa, pennaethieit; *TN* 287b, llywodraethae) a'r awdurdodau yn y nefolion bethau.

Amr.: **twysogaeth.** 15–16g. *TA* 6. 1588 *Rhuf* viii. 38. 1670 J. HUGHES: *AP* 356. 1780 *W* d.g. *Principality* [*the dominion, dignity, &c. of a prince*].

tywysogaethol [*tywysogaeth*+-*ol*] *a.* Yn perthyn i dywysogaeth neu i Gymru (fel tywysogaeth); goruchel, pennaf: *pertaining to (Wales as) a principality; supreme, principal*.

1711 M. MAURICE: *YAD* 74, Yr hyn ag sydd yn gweithio peth arall i'r peth nad yw dueddol wrth nattur . . . y mae 'n offeryn yn llaw Effeithydd *tywysogaethol*. 1766 *FfA* 56, Angylion wedi eu creu a'u gosod yn y Nefoedd mewn cyflwr uchel a *thywysogaethol* (*in great estate and principality*). 1799 M. WILLIAMS: *HHG* 120, Na all un wladol neu *dywysogaethol* sefydliad o grefydd, fod yn gyttunol â'r drefn sydd wedi ei gosod i lawr yn yr efengyl.

tywysogaidd [*tywysog*+-*aidd*] *a.* Yn perthyn i dywysog, tebyg i dywysgog, o natur tywysog, tywysogol, brenhinol, bonheddig, ysblennydd, mawreddog, gwych, urddasol: *princely, princelike, royal, noble, splendid, magnificent, grand, dignified*.

16g. (*LlEG*) *Mos* 158, 281b, [p]arasant twy I wisgo Ef mewn archennad *tywysogaidd*. *c.* 1585 *MCr* 26, yr oedd Praxasbes . . . yn gweled ar y brenin yn cyfeddach yn anfesyrol. Fo ddywad wrth y brehnin nad oedd *dywysogaidd* yddo ef wnaethyr felly. 1632 *D* d.g. *Regalis*. *c.* 1730 *Taith C* 21, na ddigied ein Harglwydd wrth ei forwynion oherwydd i ni guro wrth ei borth *Tywysogaidd* ef. 1780 *W* d.g. *Princely, princelike, or like a prince*. 1791 W. RICHARDS: *TDB* 44, meddiannau helaeth a *thywysogaidd*. 1803 *P*.

Amr.: **twysogaidd.** 16g. HUW ARWYSTL: *Gw* 60, tês gwedd ffres *twysogaidd* ffrwyth. 1780 *W* d.g. *Princely, prince-like, or like a prince*.

tywysoges [*tywysog*+-*es*[1]] *eb.* ll. -*au*. Merch i frenin, &c. (hefyd am berthnasau benywaidd agos eraill), gwraig neu weddw tywysog, sofran benywaidd, pendefiges, arweinyddes, llywodraethwraig, hefyd yn *ffig.*: *princess, female sovereign, ruler, or leader, also fig.*

14g. *GIG* 139, Ys agos o beth, *dywysoges*, / Y deiryd dy fab it, nid eres [i Fair]. 1588 *Galarn* i. 1, pa fodd y mae *tywysoges* y talaithiau tann deyrn-ged. 1604–7 *TW* (*Pen* 228) d.g. *dux, Heroina*. 1632 *D* d.g. *Princeps*. 1688 W. FOULKES: *EGE* 87, eu brenhinawl Fawrhydi Mari *Tywysoges* Orange, a'r *Dywysoges* Ann o Ddenmarc. 1722 *Llst* 189, *Tywysoges*. f.p. *gesau*. A princess, governess, lady. 1755 *ML* i. 396, Dydd Gwyl *Tywysoges* Gymru. 1780 *W* d.g. *Princess* [*a prince's consort; also a king's daughter; &c.*]. 1803 *P*.

Amr.: **twysoges.** *Diw.* 15g. *Bren Saes* 226. 1547 *WS*. 1632 *D* d.g. *Dux*. 1703 E. WYNNE: *BC* 11. 1780 *W* d.g. *Princess* [*a prince's consort; also a king's daughter; &c.*].

Cfn.: **tywysoges frenhinol:** *princess royal*. 1857. **tywysoges waddoledig:** *princess dowager*. 1751 *ML* i. 172. **tywysoges waddolog = tywysoges waddoledig.** 1770 *TG* iv. 59. **tywysoges raglywyddol:** *princess regent*. 1827.

tywysogiaeth, gw. tywysogaeth.

tywysoglwyth, gw. tywysog+llwyth[2].

tywysogol [*tywysog*+-*ol*] *a.* Tywysogaidd, brenhinol, bonheddig, ysblennydd, mawreddog, gwych, urddasol: *princely, princelike, royal, noble, splendid, magnificent, grand, dignified*.

14g. *YBH* 66b, odyna yd aethant yr llys *tywyssogaỽl*. 1632 J. DAVIES: *LlR* 173, y nef . . . *tywysogawl* dreftadaeth ein Iachawdr Christ ydyw. 1710 *LlGG* (*Gos*) 7, gan ddilyn *Tywysogawl* Gamre'n godidocca' Frenhin. 1760 E. WILLIAMS: *UYB* 134–5, rhaid fod gan y cyfryw un ysbryd *tywysogol* a mawr-frydig, yr hwn sydd yn rhoi i fynu . . . ei fywyd . . . er mwyn Jesu. 1774 T. JONES: *DG* 63, dangosodd i'r Brenin, fod ei *dywysogol* awdurdod yn cael ei amharchu gan y Pab. 1780 *W* d.g. *Princely* [*of the rank and quality of a prince*]. 1803 *P* d.g. *Tywysogawl*.

Amr.: **twysogol.** 16–17g. *PhA* 164. 1630 *YDd* 142. 1707 *LlWD* 99.

tywysogwaed, gw. tywysog+gwaed.

tywysogyn, gw. tywysog.

tywysol [bôn y f. *tywysaf, tywysiaf*: *tywys*, &c.+-*ol*] *a.* Yn tywys, arweiniol; (*Ffis.*) dargludol: *guiding, leading; conducting (in physics)*.

1803 *P*, *Tywysawl* . . . Leading, conducting.

tywyswr, tywysydd [bôn y f. *tywysaf, tywysiaf*: *tywys*, &c.+-*wr*, -*ydd*[3]] *eg.* (b *tywyswraig*) ll. *tywyswyr, tywysyddion*.

(*a*) Un sy'n tywys, arweinydd, hebryngwr, cyfarwyddwr, hyfforddwr; llawlyfr arweinlyfr; hefyd yn *ffig.*: *guide, leader conductor, director, instructor; manual, guide (book); also fig.*

15g. *GGl*[2] 26, Rhôl cun Iesu, rhiwl cynhwyswr, Rhyw *dywyswr* rhai dewisiad [i Abad Ystrad-fflur] 1568 MORYS CLYNNOG: *AG* 4, Y groes sydd obaith i'r Cristnoniog [*sic*]; adgyfodiad i'r meiru, *towyssydd* i'r deillion, phon i'r cloph. 1604–7 *TW* (*Pen* 228) *Tywysydh, tywyswr* ynol y gefn d.g. *Reductor*. 1606 E JAMES: *Hom* i. 70, Am hynny y galwodd Christ hwy yn *dywyswyr* deillion. 1658 R. VAUGHAN: *YPS* 40, Y mae Duw yn gweled . . . efe yw r golygwr. Crist yw captaen, ei yspryd yw r *tywyswr*. 1728 T. BADDY *DDG* 29, ein dau *dywysyddion* a'n Dromedariaid 1772 *W* d.g. *Conductor, Guide, Leader*. *id. Tywyswraig* d.g. *Conductress*. *id. Tywysydd* dieithriaid ŵydd y brenhin d.g. *Master of the ceremonies*. 1803 *P* d.g. *Tywyswr*.

(*b*) (yn y ff. *tywysydd*) *Ffis.* Dargludydd: *conductor (in physics)*.

1853.

Amr.: **twswr.** 1617 *Minsheu* 280b. **twyswr.** 1631 *Cylchg LlGC* vi. 35, Nid oes ar Sion, *d'wyswr* serch, / . . . / ofn dim . . . / ond Duw a'i frenin tawel (Rhisiart Phylip). 1735 S. RHYDDERCH: *Alm* [33]. 1759 *BC* 11.

Th

th, cytsain, a'r bumed lythyren ar hugain yn yr wyddor Gymraeg; ar ddechrau gair digwydd fel cts. gsf. ac fel tr. lls. *t*.

-th, gw. -t.

'th [Crn. C. -*th*, -*t*, -*d*, Llyd. C. -*z*, H. Wydd. -*t*(-), sef rhagenwau sy'n tarddu o ff. cyw. a diacen ar gyflyrau traws y rh. prs. 2 un., gw. *WG* 276, *HPB* 335] *rh. m.* Yn perthyn i ti, dy; di, ti; i ti: *thy, your; thee, you; to thee (you)*.

(*a*) (o flaen e.: *before a n.*).

Dchr. 12g. *GMB* 6, Y'*th* arkiveir, arpennic peir o plant Nevuy. 12g. *GLlF* 37, Eryueis dy win o'*th* wen adaf—diwed. 13g. *C* 20. 2–3, Dihafal dy imteith dy isscar a*th* kedimteith. 13g. *A* 23. 10–11, Gododin gomynnaf o*th* blegyt. yg gwyd cant en aryal en emwyt. 14g. *GDG*[3] 362, Llaesa boen y dydd a ddaw; / Lles yw i'*th* enaid beidiaw. 15–16g. *GLM* 39, ac yn tŷ, Rys, gennyt draw, / wyth ugeinwr i'*th* giniaw. 1551 W. SALESBURY: *KLl* xxxvb, Y tat / i*th* ddwylo di y dodaf vy ysbryt. 1567 *LlGG* (*Sall*) 12b, dy wialen a*th* ffon, hwy am diddanant. 1670 J. HUGHES: *AP* 18, ymwrthod y diwrnod hwnnw a phob peth a all ddigio Duw, neu'*th* gymydog. 1703 E. WYNNE: *BC* 8, fel y gwelit dy wallco 'n anfodloni i'*th* stâd a'*th* wlâd dy hunan. 1790 T. JONES: *TOS* 144, nid elli ammeu mwy am dy ffydd, a'*th* gariad, na dyn a fo'n bur boeth ammeu ei wrês.

(*b*) (o flaen be.: *before a vn.*).

12g. *GLlF* 507, Neb ny oruc Duw, ỽrhyd Bennlli —Gaỽr, / Bannllef beirt y'*th* uoli. 12–13g. *GLlLl* 266, Mal yt wyt yt wyf y'*th* ganuod. 14g. *GDG*[3] 108, Diau yw hyn, y daw hi / I'th nawdd, a Duw i'*th* noddi. *id.* 372, Dywed a phaid â'*th* dewi, / Yma wyt ŵr, pwy wyt ti. *c.* 1400 *YCM*[2] 52, yny gymhellwyf arnat tewi, ae o' *th* [*sic*] oruot, ae o'*th* lad. 15g. *DN* 92, A thi ni vynaist i'*th* ddwynn / Onid Mair yn oed morrwyn. 1567 *TN* 150b, Am weithret da nid ym i'*th* lapyddio. 1655 WL: *DP* 95, dydd wedi i gyssegru i'*th* wasnaethu, a'i neilltuo i'*th* folianny di. 1672 R. PRICHARD: *Gw* 21, Rwyt ti'n haeddu pob gofydi, / Gwedi'*th* ddamnio cyn dy eni. 1683 H. EVANS: *CTF* 27, Nâd ith obaith ynte '*th* dwyllo. 1723 WM: *PGG* 5, Ond pa esgus sydd gennit i*th* feddwl dy hûn yn well nâg eraill. 18–19g. R. DAVIES: *DB* 237, Ond goddef iddo [Angau] ar dir dy daro, / Yna '*th* briddo o waith y breg?

(*c*) (o flaen bf. ac mewn bf. gyfansawdd: *before a vb. and in a compound vb.*).

12g. *GMB* 178, A'*th* lawdaf y'th lawn urtas, / A'*th*

lawt pa6b, penn teyrnas. **12g.** *GCBM* i. 353, Er-*yth*-gwynant cant kerta6r. **12–13g.** *GMB* 538, Na'*th* tynnit edlit yr y ada6. **13g.** *C* 68. 3, tra*th*lathei chvarthei vrthid. *id.* 98. 1–2, mor verth y *th*ogyue[r]chit. *id.* 101. 11–12, ny*th*adwaen. mi ry*th*welas. *id.* 108. 13–14, ni*th*elwir in dit reid. **13g.** *A* 31. 16–17, a*th* uodi gwas nym gwerth na thechut. **14g.** *T* 58. 5–6, or a uu ac auyd. ny*th* oes kystedlyd. **14g.** *GDG*[3] 104, Ofer oll er a allai / Na'*th* gawn; gwyn ei fyd a'*th* gâi! *c.* **1400** *YSG* i. 17, y dynghetuen a'*th* danuones di yma. **1551** W. SALESBURY: *KLl* xia, kymer dy olwc / dy ffydd a*th* iachaodd. **1595** H. LEWYS: *PA* 201–2, fe a*th* ddygwyd i fynu, ac a*th* addyscwyd oth ifiengtid mewn duwiol ddoethineb. **1696** *CDD* 221, Rhêd dy yrfa, di gai'*th* wobro. **1790** T. JONES: *TOS* 224, masnach ag ef yn y byd, ac efe a'*th* cynghora i brynu y perl drudfawr.

Amr.: a*th*. **12g.** *GCBM* i. 60. **12–13g.** *GMB* 538. *c.* **1400** *YSG* i. 36. y*th* [digwydd mewn Cym. Diw. ar ôl *pan*[1] yn y ff. y'*th* (i'*th*)]. **12g.** *GMB* 111, 275. **13g.** *GDB* 219. *c.* **1400** *ChO* 15. **1567** *LlGG* (*Sall*) 34a. **1672** R. PRICHARD: *Gw* 404.

thalidomid [bnth. S. *thalidomide*] *eg.* a hefyd gyda grym ansoddeiriol. *Meddyg.* Cyffur a ddefnyddid gynt fel tawelydd ond a achosai gamffurfiad o'r ffetws weithiau o'i gymryd ar ddechrau beichiogrwydd: *thalidomide.*
20g.

thallu, gw. ballu[2] (At.).

thanciw, thenciw, &c. [bnth. S. *thank you*] *ebd.* a hefyd gyda grym enwol. Diolch (iti, ichi): *thank you, thanks.*
1885. Ar lafar yn gyff., 'Thanciw mawr' (Arfon); ''N o lew *thanciw*, sut 'dach chi?' (Llŷn); 'Thanciw fowr am y croeso' (sir Gaerf.); 'thinciw fawr', *GTN* 835.
Amr.: **tanciw. 1855. tenci. 1899. thanci** [bnth. S. *thankee*]. **1828** *Geir Pob* 27. **thenci** [cf. *thanci*]. Ar lafar gynt, *Cy* vi. 119 (Cered., sir Gaerf., a Brych.).

Thatcheraidd [yr e. prs. *Thatcher*+-*aidd*] *a.* Yn perthyn i'r gwleidydd Ceidwadol Margaret Thatcher (1925–) neu i Thatcheriaeth, nodweddiadol o'r cyfryw: *Thatcherite (adj.).*
20g.

Thatcheriaeth [yr e. prs. *Thatcher*+-*iaeth*] *eb.* Polisïau gwleidyddol ac economaidd Margaret Thatcher (1925–): *Thatcherism.*
20g.

'thau, th'di, gw. rhyddhaf: rhyddhau, tydi.

theatr [bnth. S. *theatre*] *eb.g.* ll. -*au,* (prin) -*aid.*
(*a*) Adeilad neu fan awyr agored ar gyfer dramâu, &c., sydd fel arfer yn cynnwys llwyfan a rhesi o seddau ar gyfer cynulleidfa, chwaraeydd, llwyfan; amffitheatr; y ddrama (fel ffurf gelfyddydol, sefydliad, proffesiwn, &c.); drama, &c., o safbwynt ansawdd theatrig: *theatre, playhouse, stage; amphitheatre;* (*the*) *theatre* (*as art form, institution, profession, &c.*)*; theatre* (*in terms of dramatic quality*).
1604–7 *TW* (*Pen* 228) d.g. *Arena, Orchestra, Theatrum.* **1609** *Haf* 24, 569, ar Tradsedi . . . a chwareir ar y *theatyr* ne yr yskaffold. **1615** R. SMYTH: *GB* 79, oblegid i lavver o'r Emerodriaid Rufain . . . ymvvrthod ai llysoedd ai . . . *theatraid*, ai amphitheatraid. **1620** *Act* xix. 29, a ruthrasant yn vn-fryd i'r orsedd [: *Theatr* . . . golygfa]. **1661** E. LEWIS: *Drex* 54, Nero a oreurodd y *Theatr* trosto ei gyd, yr hwn oedd adail fawrwych oruchel ar waith hanner lleuad i'r bobl eistedd a'r [*sic*] y chwareyfeydd. *id.* 63, mewn *Theatrau* sef chwareuais. **1707** *GREE* 49, mal y cynghorodd un eiddynt i droi eu Temlau yn *Theatrau* neu'n olygfâau, ac i wneud eu Offeiriaid yn chwaryddion Interlud. **1722** *Llst* 189, *Thëatr.* f.p. *Theatrau.* A theater. **1794** *W* d.g. *Theatre.* Ar lafar yn gyff.
(*b*) *Meddyg.* Ystafell mewn ysbyty, &c., ar gyfer triniaeth lawfeddygol: (*operating*) *theatre* (*in med.*).
20g. Ar lafar.

theatraidd [*theatr*+-*aidd*] *a.* Yn perthyn i'r theatr, nodweddiadol o'r theatr, dramatig, dynwaredol, rhodresgar: *theatric(al), dramatic, histrionic.*
20g.

theatrig [*theatr*+-*ig*[2]] *a.* Theatraidd, dramatig: *theatric(al), dramatic, histrionic.*
1936.

theiroid, gw. thyroid.

thëist [bnth. S. *theist*] *eg.* ll. thëïstiaid, -*wyr.* Un sy'n arddel thëïstiaeth: *theist.*
1808.

thëistaidd [*thëist*+-*aidd*] *a.* Thëïstig: *theistic.*
20g.

thëistiaeth [*thëist*+-*iaeth*] *eb.* Cred ym modolaeth un Duw neu dduwiau, yn enw. ym modolaeth un Duw fel creawdwr a chynhaliwr y bydysawd sy'n ymwneud â'i greaduriaid ar lefel bersonol: *theism.*
1856.

thëistig [*thëist*+-*ig*[2]] *a.* Yn perthyn i thëïstiaeth neu thëïstiaid: *theistic.*
20g.

thêm [bnth. S. *theme*] *eg.b.* Thema, testun, pwnc: *theme, subject, topic.*
16g. *Hop M* 191, ny bydd dyrys, na rhy betrys / ond vel i gall, pawb i ddeall / ar *them* yw hynn, na vid undyn / yn rhy vlino, wrth i wrando. Ar lafar yn y ff. *thim*, 'Dyna 'ôn i'n gal, *thîm* y peth drwyddo draw' (Llŷn).

thema [bnth. dysg. Llad. *thēma*] *eb.* ll. *themâu.* Testun, pwnc: *theme, subject, topic.*
1926–7.

thematig [cfdds. o'r S. *themat(ic)* + -*ig*[2]] *a.* Yn perthyn i thema neu themâu, ac iddo thema neu themâu: *thematic.*
20g.

thenci, thenciw, gw. thanciw.

theocrataidd [cfdds. o'r S. *theocrat(ic)* + -*aidd*] *a.* Theocratig: *theocratic.*
1864.

theocratiaeth [bnth. S. *theocrat*+-*iaeth*] *eb.* Llywodraeth gan Dduw neu dduw yn enw. drwy gyfrwng urdd offeiriadol, gwladwriaeth dan y cyfryw lywodraeth: *theocracy.*
1926.

theocratig [cfdds. o'r S. *theocrat(ic)* + -*ig*[2]] *a.* Yn perthyn i theocratiaeth neu nodweddiadol ohoni: *theocratic.*
1937.

theodiciaeth [cfdds. o'r S. *theodic(y)* + -*iaeth*] *eb.* Cangen o ddiwinyddiaeth sy'n ymwneud ag amddiffyn priodoleddau Duw (yn enw. ei gyfiawnder) yn erbyn ymosodiadau sy'n seiliedig ar fodolaeth pechod, drygioni, &c.: *theodicy.*
1899.

theodolit [bnth. S. *theodolite*] *eg.* Dyfais (delesgopig) a ddefnyddir mewn tirfesuriaeth i fesur onglau llorweddol (a fertigol): *theodolite.*
20g.

theoffani [bnth. S. *theophany*] *eg.* Ymddangosiad Duw neu dduw i'r ddynoliaeth: *theophany.*
1926.

theogoni [bnth. S. *theogony*] *eb.* (Hanes) tarddiad neu achau'r duwiau mewn crefydd neu ddiwylliant penodol: *theogony.*
20g.

theologaidd [bnth. S. *theologue* neu'r Llad. *theolog(us)*+-*aidd*] *a.* Diwinyddol: *theological.*
1597 (18g.) *Rhyddiaith Gymraeg* ii. 160, herwydd y mesur a roddo Ef i chwi, i feddwl yr Yspryd Glan, yn *theologaidd.* **1609** R. SMYTH: *CAC* 2, y tair rhinwedd *theologaidd,* Sef yw phydd a gobaith a chariad perphaith. **1611** R. SMYTH: *SG* 2[84], D. Gryfyth Robert Canon *theologaidd* o fam Eglwys Dinas Mylen.

theologydd, theologwr [bnth. S. *theologue* neu'r Llad. *theolog(us)*+-*ydd*[3], -*wr*] *eg.* ll. theologyddion, -*iaid.* Diwinydd: *theologian.*
1597 (18g.) *Rhyddiaith Gymraeg* ii. 158, felly o'r defnydd a gaffo'r prydydd gan y *theologydd* i pryda'r prydydd dduwioldeb i ddynion. *ib.* Ceisiwch eich defnydd gan y sawl a'i gwyppont . . . yn gwbl berffaith o ran gwybodaeth eu celfyddyd . . . ai *theologyddion* ai philosophyddion. **1604–7** *TW* (*Pen* 228), *Theologwr* d.g. *Theologus.* **1611** R. SMYTH: *SG* 100, y *theologyddiaid* hynaf sy'n testiolaethu yni.

theologyddiaeth [bnth. S. *theologue* neu'r Llad. *theolog(us)*+-*ydd*[3]+-*iaeth*] *eb.* Diwinyddiaeth: *theology.*
1567 G. ROBERT: *GC* [ix], gwybodaeth philosophyddion . . . duwioldeb *theologyddiæth* i ddyscu, helpu, diddanu a pherpheiddio gwyr fyngwlad. **1597** (18g.) *Rhyddiaith Gymraeg* ii. 159, os damchweinia i'r un dyn fod yn brydydd da ag yn theologydd da, i mae ef yn benthycca neu yn echwyna anian defnydd *theologyddiaith* ganthaw e hunan. **1604–7** *TW* (*Pen* 228) d.g. *Theologia.* **1609** R. SMYTH: *CAC* d.d., drwy ddyfal astudiaeth a llafur D. Rosier Smyth o dref Lanelwy, Athraw o *Theologyddiæth.* **17g.** E. MORUS: *Gw* 23, Grasusol arferol faeth, / Gwyddoch *Theologyddiaeth* [i Esgob Llanelwy]. **1678** *Mos* 149, 352, *Theologyddiayth* i Achyb Enaid dyn.

theolygol [bnth. S. *theologue* neu'r Llad. *theolog(us)*+-*ol,* ?dan ddyl. geiriau eraill yn -*olygol*] *a.* Diwinyddol: *theological.*
1568 MORYS CLYNNOG: *AG* 55, y tair rhinwedd *theolygawl,* phydd, gobaith a chariad perphaith. **1764** DEWI NANTBRÂN: *CB* 66, [mae'r] gair *Theolygawl* yn arwyddoccau 'r peth a fo yn perthyn i Dduw. **1776** DEWI NANTBRÂN: *AN* 434, yr arfer dduwiol a iachusol o wneuthur Actau aml o'r Rhinweddau *Theolygawl.*

theoreiddiaf: theoreiddio [cfdds. o'r S. (*to*) *theor(ize)* + -*eiddio* (At.)] *bg.* Damcaniaethu: *to theorize.*
20g.

theorem [bnth. S. *theorem*] *eb.* Gosodiad cyffredinol nad yw'n hunanamlwg ond a brofir drwy ymresymiad, yn enw. un mewn math. a fynegir drwy gyfrwng symbolau neu fformwlâu: *theorem.*
1905.

theoretaidd [cfdds. o'r S. *theoret(ic)* + -*aidd*] *a.* Damcaniaethol: *theoretic(al).*
1899.

theoretig [cfdds. o'r S. *theoret(ic)* + -*ig*[2]] *a.* Damcaniaethol: *theoretic(al).*
1930.

theori [bnth. S. *theory*] *eb.* ll. *theorïau.* Damcaniaeth: *theory.*
1789 M. WILLIAMS: *BM* 34, [y] *theory,* neu'r gyfraith o atraction.
Cfn.: mewn theori: *in theory.* **20g.**

theorïwr [*theori*+-*wr*] *eg.* Damcaniaethwr: *theorizer.*
20g.

theosoffaidd [*theosoff(i)* + -*aidd*] *a.* Theosoffig: *theosophic.*
20g.

theosoffi [bnth. S. *theosophy*] *eb.* Unrhyw un o amryw systemau crefyddol neu athronyddol sy'n haeru ei bod hi'n bosibl ennill gwybodaeth o Dduw drwy berlewyg ysbrydol, sythwelediad uniongyrchol, &c., yn enw. daliadau'r Gymdeithas Theosoffig (1875–): *theosophy.*
1928.

theosoffiaeth [cfdds. o'r S. *theosoph(y)* + -*iaeth*] *eb.* Theosoffi: *theosophy.*
1920.

theosoffig [cfdds. o'r S. *theosoph(ic)* + -*ig*[2]] *a.* Yn perthyn i theosoffi: *theosophic.*
20g.

theosoffydd [*theosoff(i)* + -*ydd*[3]] *eg.* ll. -*ion.* Un sy'n arddel theosoffi: *theosophist.*
1939.

therapewtig, gw. therapiwtig.

therapi [bnth. S. *therapy*] *eg.b.* ll. *therapïau.* Triniaeth a roddir i leddfu neu wella afiechyd, &c., triniaeth seicolegol ar gyfer anhwylderau meddyliol, hefyd yn *ffig.*: *therapy, also fig.*
20g.
Cfn.: **therapi (g)alwedigaethol, therapi gwaith, therapi gweithgareddol:** *occupational therapy.* **20g. therapi llefarydd:** *speech therapy.* **20g.**

therapist [bnth. S. *therapist*] *eg.* Therapydd: *therapist.*
20g.

therapiwteg [cfdds. o'r S. *therapeut(ics)* +-*eg¹*] *eb.* Cangen o feddygaeth sy'n ymwneud â thrin a gwella afiechydon, &c.: *therapeutics.*
20g.

therapiwtig, therapewtig [cfdds. o'r S. *therapeut(ic)*+-*ig²*] *a.* Yn perthyn i drin a gwella afiechydon, &c., llesol (i'r corff neu'r meddwl), gwellhaol, iachaol, adferol: *therapeutic.*
20g.

therapydd [cfdds. o'r S. *therap(ist)*+ -*ydd³*] *eg.* ll. -*ion.* Arbenigwr mewn therapi penodol: *therapist.*
20g.

therm [bnth. S. *therm*] *eg.* ll. -*au.* Uned wres sy'n cyfateb i gan mil o unedau thermol Prydeinig (yn enw. fel yr uned statudol gynt yn y Deyrnas Unedig i fesur cyflenwad o nwy): *therm.*
20g.

thermal, gw. **thermol.**

thermionig [cfdds. o'r S. *thermion(ic)*+ *ig²*] *a.* Yn perthyn i electronau a allyrrir o arwyneb gwynias, yn defnyddio'r cyfryw: *thermionic.*
20g.

thermistor [bnth. S. *thermistor*] *eg.* ll. -*au.* Gwrthydd trydanol ac iddo wrthiant sy'n lleihau wrth iddo boethi fel y gellir ei ddefnyddio i fesur a rheoli tymheredd: *thermistor.*
20g.

thermo- [bnth. S. *thermo-*] *rhgdd.* Yn perthyn i wres, yn mesur gwres, a achosir gan wres: *thermo-.*

thermoblastig, gw. **thermoplastig.**

thermocwpl [bnth. S. *thermocouple*] *eg.* ll. *thermocyplau, thermocwplau.* Dyfais mesur tymheredd, sef dwy wifren o fetelau gwahanol a gysylltir wrth eu deupen, gan gynhyrchu cerrynt trydanol mesuradwy sy'n gyfrannol i'r gwahaniaeth yn nhymheredd y ddeupen hyn: *thermocouple.*
20g.

thermodrydanol [*thermo-*+*trydanol,* ar ddelw'r S. *thermoelectric*] *a.* Yn perthyn i gerrynt trydanol a gynhyrchir gan wahaniaeth tymheredd, a nodweddir neu a weithir gan y cyfryw: *thermoelectric.*
20g.

thermodynameg [cfdds. o'r S. *thermodynam(ics)*+-*eg¹*] *eb.* Gwyddor sy'n ymwneud â'r berthynas rhwng gwahanol fathau o egni, yn enw. rhwng gwres ac egni mecanyddol, trydanol, cemegol, &c.: *thermodynamics.*
20g.

thermodynamig [cfdds. o'r S. *thermodynam(ic)*+-*ig²*] *a.* Yn perthyn i thermodynameg: *thermodynamic.*
20g.

thermoelectrig [cfdds. o'r S. *thermoelectr(ic)*+-*ig²*] *a.* Thermodrydanol: *thermoelectric.*
20g.

thermograff [bnth. S. *thermograph*] *eg.* ll. -*au.* Dyfais sy'n recordio'r amrywiaeth mewn tymheredd dros arwynebedd neu dros gyfnod o amser: *thermograph.*
20g.

thermograffig [cfdds. o'r S. *thermograph(ic)*+-*ig²*] *a.* Yn perthyn i thermograff, a gynhyrchir gan thermograff: *thermographic.*
20g.

thermogram [bnth. S. *thermogram*] *eg.* ll.

-*au.* Cofnod a gynhyrchir gan thermograff: *thermogram.*
20g.

thermol, thermal [bnth. a chfdds. o'r S. *therm(al)*(+-*ol*)] *a.* a hefyd fel *eg.* ll. -*au,* -*s.* Yn perthyn i wres; yn cadw gwres (am ddillad, &c.); (yn y ff. *thermal*) cerrynt o aer cynnes sy'n codi ac a ddefnyddir gan adar, gleidwyr, &c., i godi'n uwch: *thermal (adj.); a thermal.*
20g. Ar lafar, ''Wi'n gwishgo'n 'sane *thyrmal* i fynd mas yn yr eira 'ma'. Clywir *thermals* a *thyrmals* ar lafar am ddillad (isaf) wedi eu cynllunio i gadw gwres.

thermomedr [cfdds. o'r S. *thermo(meter)* +*medr²*] *eg.* ll. -*au.* Offeryn i fesur neu gofnodi tymheredd, yn enw. tiwb gwydr main seliedig graddedig ac iddo fwlb sy'n cynnwys arian byw neu alcohol sy'n ymestyn ar hyd y tiwb wrth chwyddo: *thermometer.*
1937.

thermoniwclear [bnth. S. *thermonuclear*] *a.* Yn perthyn i ymasiad niwclear sy'n digwydd ar dymheredd uchel iawn, yn deillio o'r cyfryw; yn perthyn i arfau sy'n defnyddio adwaith thermoniwclear i gynhyrchu eu grym ffrwydrol, yn defnyddio'r fath arfau: *thermonuclear.*
20g.

thermopil [bnth. S. *thermopile*] *eg.* Set o thermocyplau at fesur gwres pelydrol: *thermopile.*
20g.

thermoplastig, thermoblastig [cfdds. o'r S. *thermoplast(ic)*+-*ig²* a *thermo-*+ *plastig*] *a.* a hefyd fel *eg.* ll. -*ion,* -*au.* Yn dynodi sylwedd sy'n mynd yn blastig(aidd) wrth boethi ac yn caledu wrth oeri, ac yn medru ailadrodd y proses, un o'r sylweddau hyn: *thermoplastic (adj. and n.).*
20g.

thermos [bnth. yr e. masnachol S. *Thermos*] *eb.* ll. -*au.* Fflasg wactod: *Thermos (flask).*
20g.

thermsffer [bnth. S. *thermosphere*] *eg.* ll. -*au.* Haen atmosfferig rhwng y mesosffer a'r ecsosffer, hyd at uchder o ryw 400 cilomedr uwchben y ddaear: *thermosphere.*
20g.

thermostat, thermostad [bnth. S. *thermostat*] *eg.* ll. -*au.* Dyfais sy'n rheoli tymheredd yn awtomatig, neu'n cychwyn dyfais arall pan fo'r tymheredd yn cyrraedd pwynt penodol: *thermostat.*
20g.

thermostatig [cfdds. o'r S. *thermostat(ic)* +-*ig²*] *a.* Yn perthyn i thermostat, yn defnyddio thermostat: *thermostatic.*
20g.

Thesaloniaid [e.'r ddinas *Thesalon(ica)*+ -*iaid¹*] *e.ll.* Trigolion Thesalonica; epistol Paul at y Thesaloniaid: *Thessalonians (also with ref. to the epistle of Paul).*
1567 *TN* [xlvii]b, *Thessalonieit.* id. 303a, Paul ... at Eccles y Thessalonieit . . . yn Duw Tat.

thesawrws [bnth. S. *thesaurus*] *eg.* Llyfr sy'n rhestru geiriau mewn grwpiau o gyfystyron neu gysyniadau cydberthynol: *thesaurus.*
20g.

thesis [bnth. S. *thesis*] *eg.b.* Traethawd ymchwil, yn enw. gan ymgeisydd ar gyfer gradd, &c.; damcaniaeth, &c., a gyflwynir fel rhagosodiad mewn dadl: *thesis, dissertation; thesis (proposition).*
1925.

thiamin [bnth. S. *thiamine*] *eg.* Fitamin B_1 a geir mewn grawnfwydydd cyflawn, ffa, afu, &c.: *thiamine.*
20g.

thîm, gw. **thêm.**

thimbl [bnth. S. *thimble*] *eg.* Gwniadur: *thimble.*
Ar lafar, 'Iwsia *thimbl* ne mi eith y nydwydd 'na drw dy fys di' (Arfon).

thinciw, thiroid, Thomistiaeth, gw. **thanciw, thyroid, Tomistiaeth.**

thoracs [bnth. S. *thorax*] *eg.* ll. -*au.* Y rhan o'r corff rhwng y gwddf a'r abdomen mewn mamoliaid, y rhan gyfatebol mewn adar, pysgod, &c., y rhan ganol o gorff pryfyn: *thorax.*
20g.

thorasig [cfdds. o'r S. *thorac(ic)*+-*ig²*] *a.* Yn perthyn i'r thoracs: *thoracic.*
20g.

thoriwm [bnth. S. *thorium*] *eg. Cem.* Elfen fetelaidd arianwen hydwyth ymbelydrol (symbol Th; rhif atomig 90): *thorium.*
20g.

Thraciad [e.'r wlad *Thrac(ia)*+-*iad²*] *eg.* ll. -*iaid.* Brodor o Thracia, un o drigolion Thracia: *a Thracian.*
1809.

thraid, gw. **rhaid—ni thraid.**

thred (*è*) [bnth. S. *thread*] *eb.* ll. -*s.* Edau, llinyn; edau (sgriw, &c.); llinyn (stori, &c.): *thread.*
Ar lafar.

thrediaf, thredaf: thred(i)o [bf. o'r e. *thred*] *ba.* Rhoddi (edau, &c.) mewn (nodwydd, &c.): *to thread (needle, &c.).*
Ar lafar.

thril (*i*) [bnth. S. *thrill*] *eg.* Gwefr, ias: *thrill.*
Ar lafar.

thriler [bnth. S. *thriller*] *eb.* ll. -*s.* Nofel, ffilm, &c., iasoer, yn enw. un sy'n ymwneud â throsedd, ysbïo, &c.: *thriller.*
20g. Ar lafar, 'Ethon ni i weld *thrilyr* yn y sinema nithwr'.

throbiaf, throbaf: throb(i)o, throban [bnth. S. (*to*) *throb*] *bg.* Curo, dychlamu (am y galon, &c.), gwynio (oherwydd poen), plycio (am ddant, &c.): *to throb.*
1866. Ar lafar.

thrombosis [bnth. S. *thrombosis*] *eg.* ll. -*au.* Tolcheniad lleol yng nghylchrediad y gwaed: *thrombosis.*
20g. Ar lafar.
Amr.: **thrombo** [drwy dalf.]. 20g. Ar lafar, hefyd yn *ffig.* am bwl o dymer.

thrombws [bnth. S. *thrombus*] *eg.* ll. *thrombysau.* Tolchen o waed sy'n ymffurfio oddi mewn i'r system fasgwlaidd ac yn atal llif y gwaed: *thrombus.*
20g.

thrôn [bnth. S. C. *throne*] *eb.* ll. *thronau, throni.* Gorsedd (brenin, &c.), hefyd yn *ffig.*; (yn y ll.) angylion o'r drydedd radd: *throne, also fig.; (in pl.) thrones (angels of the third order).*
14g. *B* xviii. 147, Hanpych well, y Vendigedic Veir . . . E mae dy vab y'th aros ac y gyt ac ef y *throni* a'r eglycyonn a holl nerth y nef. 1567 *TN* 81b, ac a rydd yr Arglwydd Dduw ydd-aw 'orsedd [:-*thron,* eistedd]fae] ei dat Dauid. id. 298b, ai *Thronae* [:- Eisteddfae], ai Arglwyddiaethae, ai Tywysogaethae. 1611 R. SMYTH: *SG* 2[65-6], uchel *thron* duw. 1656 (1745) *MLl* ii. 138, [y]r holl Greawdurjaeth anweledig; y *Thrônau,* a'r hôll Feinciau angelaidd. 1684 H. OWEN: *DC* 114, eithr ef a fyn gael dy galon di iddo eihun ynvnig, ac eistedd ynddi megis Brenin ar ei *Thrôn* ei hunan. 1722 *Llst* 189, *Thrôn. f.p. Thronau.* A throne. 18g. D. J. ODWYN JONES: *DR* 173, y bradwr hwn fyn gael y *thron.*

Gw. hefyd **trôn, trwn¹.**

throtl [bnth. S. *throttle*] *eg.* ll. -*au.* (Pedal, lifer, &c., sy'n gweithio) falf sy'n rheoli llif tanwydd, ager, &c., mewn peiriant, ysbardun (car, &c.), hefyd yn *ffig.: throttle (of engine), throttle-lever, also fig.*
1937. Ar lafar.

thrwblwm, thryblwm, gw. trwblwm.

thus, tus [bnth. Llad. *t(h)ūs*; cf. hefyd *tuslestr*] eg. (Resin persawrus a geir o goed o'r tylwyth *Boswellia* ac a ddefnyddir fel) aroglddarth, hefyd yn *ffig.*: (*frank*)*incense*, *also fig.*

14g. *T* 47. 9–10, Dydugant *thus* ac eur dilus oethiopia. **14g.** *GDG*³ 3, Dugant dair anrheg, diwgus —roddi, / O rym Mair a Thi, aur, myrr a *thus*. **14–15g.** *IGE*² 311, Mygu sens yn ei magwyr, / *Tus* teg mawr chweg, myrr a chwyr (Rhys Goch Eryri). *c.* **1400** *R* 1235. 31–2, Eur *tus* a myrr yr gôr nyt byrr yny perffeithrat. *Dchr.* **15g.** *GSCyf* 92, Tithau lwyn bedw gorhoenus, / Tew glwyd Mawrth, wyd myrr a *thus* (Llywelyn ab y Moel). **15g.** *GGI*² 286, Myrr o'i fin ar fy marf fydd / Mal *tus* dwy wefus Dafydd. **1551** W. SALESBURY: *KLI* ixb, offrymesant iddo anrheg—ion / aur / *thus* a myrrh. **1567** *TN* 393b, ffrankynsens [:—thus]. **1604–7** *TW* (*Pen* 228), Thus d.g. Thus. **1725** T. BADDY: *CS* 26, Nardus a Saphrwn, Calamus, / a phob pren Thus, Myrrh, Aloes. **1773** *W*, Thus d.g. *Frankincense* [*a gum so called*]. **1790** Gw. MECHAIN: *Gw* 225, Heb ryddid hoew (bereiddia' arogl *thus*), / Dilwydd ysw ardaloedd Asia. **1801** *MMf* 97, punt o *dus*. Ar lafar, '*thus*' yn iaith aelodau'r tai cyrddau', *GTN* 835.

thuser, thusur [*thus*+elf. anh. (?ar ddelw *senser*); ?a'r ail ff. drwy gmth.] eb. ll. *-au.* Llestr y llosgir aroglddarth ynddo, yn enw. mewn defod grefyddol: *thurible, censer.*

1588 *Ecs* xxvii. 3, ai chawgiau . . . ai *thusserau*: yn holl lestri a wnei o brês. **1588** *Lef* x. 1, [c]ymmerasant bob vn ei *thusser*, ac a roddasant dân ynddynt, ac a osodasant arogl-darth ar hynny. **1588** *Dat* viii. 5, A'r angel a gymmerth y *thusser*, ac a'i llanwodd hi â thân o'r allor. **1632** *D* d.g. *Thuribulum.* **1672** R. PRICH-ARD: *Gw* 553, Y lamp a dreulia'i hun o'r *Thyssur*, / Yn goleu'o'r gwîr addolwŷr. **1722** *Llst* 189, Thusser. f.p. *serau.* A censer. *c.* **1762–79** W. WILLIAMS: *P* 67, bydd delw . . . yn cael eu [sic] dwyn mewn prosseswin, gan Offeiriad yn cerdded o'i blaen hi a *thusurau* yn ei [sic] Dwylo. **1771** *W* d.g. Censer.

thyg (*y≡ə*) [bnth. S. *thug*] eg. ll. *-s.* Llab—wst ciaidd neu dreisgar: *thug.*

20g. Ar lafar.

thymp (*y≡ə*) [bnth. S. *thump*] eg. Dyrn—od, ergyd, pwniad; sŵn dyrnu neu guro: *thump.*

20g. Ar lafar.

thympiaf, thympaf: thymp(i)o, thym-pan [bnth. S. (*to*) *thump*] bg.a. Dyrnu, curo, pwnio'n galed; chwarae (tôn ar biano, &c.) â llaw drom; troedio neu gerdded yn drwm neu'n swnllyd: *to thump; thump (a tune) out; thump (around), tread heavily or noisily.*

1894. Ar lafar.

thyrmal, gw. thermol.

thyrocsin [bnth. S. *thyroxin*] eg. Y prif hormon a gynhyrchir gan y thyroid, sy'n cynyddu'r gyfradd fetabolig ac yn rheoli tyfiant a datblygiad: *thyroxine.*

20g.

thyroid, th(e)iroid [bnth. S. *thyroid*] eb. Chwarren fawr ddiddwythell yng ngyddfau fertebriaid sy'n secretu hormonau i reoli tyfiant a datblygiad drwy gyfrwng y gyfradd fetabolig: *thyroid.*

20g.

U

u, llafariad, a'r chweched lythyren ar hug—ain yn yr wyddor Gymraeg.

Cfn.: **u gron**: *the sound of* '*u*' *as opposed to* '*i*' *and* '*y*'. Ar lafar yn sir Gaerf. **u gwpan = u gron.** Ar lafar yn sir Gaerf. **u ddwbl = u gron.** Ar lafar yng nghanolbarth Cered. **u bedol = u gron.** Ar lafar yn gyff. **u yn y gwddwg = u gron.** Ar lafar yng nghanol—barth Cered.

'u, gw. eu¹.

-u¹, *oldd.* be., e.e. anadlu, caru, plannu, synnu.

-u², *trf. prs. ardd. rhed.* Cym. C. 3 ll., e.e. *arnu, gantu, uddu.*

ub, gw. wb.

ubaf: ubain, uban [?cf. *wb, ub*] bg. a hefyd gyda grym enwol i'r be. Ocheneidio, griddfan, cwynfan, wylofain, crio, llefain, galaru, nadu, udo, ebychu, gweiddi, cadw sŵn: *to sigh, moan, groan, sob, cry, wail, bewail, howl, bay, interject, yell, make a noise.*

13g. *GBF* 456, A phaʊb yn *ubein*, a phaʊb yn germein. **14g.** *GIG* 16, *Ubain* a llefain rhag llid / Am y gŵr mwya' a gerid. *c.* **1400** *R* 1157. 29–30, Yny mae *ubein*. yn y mae lleuein. a llawer pla. **15g.** *GGI*² 214, Gwiber dolef ac *ubain* / A genau mawr ac un main i ofyn corn canu. **1547** *WS*, Ubain Shoute. **16g.** SIÔN BRWYNOG: *C* 150, Griddfan ac *uban* heb gêl,—llid wylo, / Holl ddolurth gwaed Hywel. **16g.** *WLI* 152, Llawer trwm *ubain* llawer trom ebwch. **1632** *D*, Vbain, & Vban, Clamitare, ejulare. *id. id.* d.g. Clamo, Ejulatio, Exclamo, Gemitus, Luctus, Lugeo, Planctus, Plango, Vlulatus. **1655** R. JONES: *PC* 53, Uban [:– galar y brenin] paid. **1688** *TJ*, Ubain, uban, udo, gweiddi: to howl or make a noise. **1773** *W*, ubain d.g. Ejulation [*an outcry of affecting and penetrating grief*]. **1774** T. JONES: *DG* 174, y rhai sy'n dewis pechu . . . a gant ddioddef . . . Pan y byddwyf fi yn canu, hwy a fydd—ant yn udain neu yn ubain. **1776** DEWI NANTBRÂN: *AN* 62, yr aml Rwygiadau a newidiaethau mewn Crefydd, dan y rhain yr *Ubant* rwon. **18–19g.** Llr C 11, 251, Glamorgan . . . Blaidd yn chwyrnu, yn udain —yn ubain. **1803** *P* d.g. Ubain, Uban. Ar lafar yn y ff. uban (canolbarth a godre Cered.).

Amr.: **obain** [?ff. wallus). **14g.** *T* 16. 15, Atui obein vthyr rac ruthyr ketwyr.

Gw. hefyd wban.

uch¹,², **uch-,** **uchach¹,** gw. uwch, merch¹, uwch-, uwch.

uchach², gw. uwch+ach⁵.

uchaf¹ [*uch¹*+*-af¹,* cf. yr e. lle Gal. *Uxisama,* ?a'r e. lle Gal. *Uxama*] a. (gr. eith. yr a. *uchel*) ll. *-ion,* a hefyd gyda grym enwol ar fel e?g. ll. *-ion, -oedd, -au.* Mwyaf o ran pellter o'i waelod i'w frig, talaf, mwyaf uchel (o ran lleoliad), pellaf o'r ddaear, y gwaelod, neu lefel benodol; gorau neu wychaf (o ran gradd, safle, urddas, parch, &c.), pennaf, mwyaf aruchel neu ddyrchafedig, goruchaf; mwyaf (am rif, nifer, swm, gradd o eithafrwydd, &c.); mwyaf uchel neu swnllyd (am sŵn, llais, seiniau cerddorol, &c.); mwyaf uchel ei draw, meinaf: *highest, tallest, uppermost, topmost; highest(-ranking), best, greatest, chief(est), (most) sublime, supreme; greatest (of number, amount, degree of intensity, &c.); loudest or noisiest; highest(-pitched), most shrill.*

12g. *GMB* 101, Rex regʊm, Rebyt rwyt y voli, / Y'm Argloyt *uchaf* archaf weti. **13g.** *GBF* 580, A uo gnaʊs achaʊs *uchaf*—y uonet. **15g.** *LlA* 35, Ar mʊyhaf ylauur *vchaf* vyd yle. ar lleiaf ylauur yssaf vyd y le. **14g.** *YBH* 7b, kyuodi y ben y tʊr *vchaf* or kastell. *id.* 17b, torri y raf ar cledeu yn *vchaf* y gallei o duch y benn. *c.* **1400** *YCM*² 32, Rot y velin, y uann a uo issaf yr awr honn a uyd *uchaf* yr oric honno. **16g.** *Haf* 22, 350–51, Ac yna y kafas yr Arglwydd y llaw yn *ychaf* Ar y kythrayl. **1588** *Jud* ii. 21, Cilicia *vchaf.* **1632** *D*, Vchaf, Supremus, summus, altissimus. *id.* Rhoi i'r *vcha'*i gynnyg d.g. Addico. **17g.** HUW MORUS: *EC* i. 51, Aurau yn Hen-fachau fu, / *Ucha* cynnyrch i'w canu. **1778** *W* d.g. Overmost. [**1792**] M. J. RHYS: *D* 6, [dynion yn cael eu] gwerthu am yr *uchaf* geiniog. **1803** *P.* Ar lafar, 'i'r man *ucha*'' 'to extremes' (sir Gaern.); 'gwŷr y sirodd *ucha*'' 'pobl gogledd Cymru', *GTN* 853.

Fel *e.* Top, brig, (y) rhan fwyaf uchel neu allanol; person uwch ei safle neu ei statws, pennaeth: *top, (the) uppermost or outermost part, (the) highest; a superior.*

c. **1400** *MM* 76, gʊedy berwer bʊrʊ ym meith [sic] yr *uchaf*, a chymer y perued a chymysc hen ulonec ac ef. *c.* **1400** *SDR*² 66, Ac yr uyrder, o'e dal hyt *uchaf*—yon y iat nyt edewis un blewyn heb y dynnu ymeith. *c.* **1400** *Ymborth* 3, Anvuuddaant yw anostwng a brelat—yeit, neu y *uchafyon,* ar y kymenediweu. *Diw.* **16g.** *WLB* 5, Kymer . . . y rhisc perfedda a bwrw ymaith yr *uchafion. c.* **1720** *CIF* 45, edrych yn y Tablau yn *uchaf* y ddalen, am y lledd [sic] yn fodfeddau. **1793**

R. POWELL: *ADV* 9, Nÿça hyvaith *uçavion* tra amlwg, / Ac asserw olwg asur wiwlon [am y gwanwyn].

Amr.: **uchaf.** **1574** (**1604**) *Rhyddiaith Gymraeg* ii. 201. **1595** H. LEWYS: *PA* 75. **1764** W. WILLIAMS: *Th* 9. **1774** *W* d.g. Highest. Ar lafar, 'Cleren o'r domen sy'n hedfan *uwcha*', M. WILIAM: *DY* 89 (sir Gaerf.); 'Mynydd y Garth yw'r mynydd *uwcha*' yn yr ardal 'yn', *GTN* 853.

Cfn.: **ar uchaf:** *above, over, on* (*top of*), *upon; thereon.* **1346** *LlA* 95, ar *vchaf* y beis glaerwenn honno . . . ydoed ysgin o bali flammgoch. **14g.** *YBH* 9a, Ac ar *vchaf* hynny [llurig] quire diogel. *c.* **1400** *YCM*² 192, mi a drawaf a chledyf y gwr ar *uchaf* y arueu a penn. **1551** W. SALESBURY: *KLI* ib, Y disciplion . . . a ddygysont ar asen ar ebol ac osodysent y dillat arnadd—unt / ac ae dodysont ef *aruchaf* [sic]. **1567** TN 45b, Ef yn gweddiaw ar *ucha* y groc. *id.* 81b, Ac ef a deyrnasa ar *ucha* tuy laco yn tragywydd. Gw. hefyd acha, archa.

uchaf² [?amr. ar y f. *ochaf* dan ddyl. yr e. *uchenaid,* &c.] bg. Ochneidio: *to sigh.*

12g. *GLlF* 176, Pann uchel *uchet,* pann achupet—Freinc.

uchafaf: uchafu [bf. o'r a. *uchaf¹*] ba. Dyrchafu, codi; mwyhau neu gynyddu gymaint ag sy'n bosibl; gorchuddio â (haen—o fetel), gwneud (lliw) yn oleuach: *to raise; maximize; coat with* (*layer of metal*), *plate; make* (*colour*) *lighter.*

[**1761**] *GGJ* 9, Copper i mae tair Siort o honno [sic] . . . Y llygredig iw'r cynhwysaf yn Sylfaen, ac i mae'n gwasanaethu yn gyffredin i roi Mettelau eraill arno, megis i Ddeor neu i *uchafu* Aur neu Arian arno. *Amr.*: **uwchafu.** [**1761**] *GGJ* 73, *uwchafwch* eich Lliw ddigon ar y tro cyntaf, chwi ellwch dyfnhai [sic] ef ar eich dymyniaid [sic].

uchafbarth, gw. uchaf¹+parth.

uchafbwynt [*uchaf*+*pwynt¹*] eg. ll. *-iau.* Pwynt uchaf neu ddwysaf profiad neu gyfres o ddigwyddiadau, pinacl, anterth; *Ser.* anterth: *climax, pinnacle, peak; zenith (in astron.).*

1910.

uchafbwyntiol [*uchafbwynt*+*-iol*] a. Yn perthyn i uchafbwynt, yn ffurfio uchaf-bwynt: *climactic.*

20g.

uchafed, uchafedd [*uchaf*+*-ed¹, -edd¹*] eg. ll. *uchafedau.* Rhan uchaf esgid sy'n gorchuddio wyneb uchaf y droed, cefn esgid, blaen y rhan hon o'r esgid: *upper of a shoe, vamp.*

1775 *W*, Lledr *uchafedd* (vulgò *uchafed*) d.g. *Leather, The upper leather* [*of a shoe*], *Over, Over-leather* [*upper leather of a shoe*]. **1803** *P*, Uçaved . . . Lledr *uçaved,* upper leather. Ar lafar, "Odd eisie bends trwm i neud gwaelod sgidie a wedi 'ny bends ysgon i neud yr *ychafed*' (gogledd sir Gaerf.). Cf. *LlG* lix. 7a, Byddai nhad yn gwneud yr *uchafedau* lân llofft . . . yr *uchafed* yw rhan uchaf yr esgid (sir Gaerf.).

uchafedigol [*uchaf*+*-edig*+*-ol*] a. Rhag—orol, ardderchog; *Gram.* eithaf: *superlative* (*also in gram.*).

1794 *W*, Uchafedigol d.g. Superlative.

uchafedd, gw. uchafed.

uchafiad [*uchaf¹*+*-iad²*] eg. ll. *-iaid.* Per—son uwch ei safle neu ei statws, pennaeth: *a superior.*

1632 *D*, vchafiaid d.g. Superiores. **1675** R. DAVIES: *PY* 74, y mae trefn cyfiawnder yn gofyn ir holl isafiaid vfuddhâu iw *vchafiaid.* **1679** C. EDWARDS: *GGG* 236, Pob rhyw *vchafiaid* a elwir yn dadau ac yn fammau, i ddwyn ar gôf iddynt y dylaent hwy ddangos cariad, a thynerwch tuag at y rhai a fyddo is nac hwynt. **1701** E. WYNNE: *RBS* 141–2, yr wyt ti yn attebol iddynt hwy ac i Dduw hefyd, gan dy fôd yn gyffrifol i'th holl *Uchafiaid* ac felly maent hwy iw *Uchafiaid* hwytheu. **1722** *Llst* 189, Uchafiad. m.p. *chafiaid.* A superior. **1763** T. JONES: *RAH* 65, neu ymrysson a'm *Huchafiaid.*

Amr.: **uwchafiad.** **1722** A. THOMAS: *DR* 98, yn ufydd a Gostyngedig i'w *uwchafiaid.*

uchafiaeth [*uchaf¹*+*-iaeth*] eb.g. ll. *-au.* Goruchafiaeth, rhagoriaeth, arglwyddiaeth, tra-arglwyddiaeth, blaenoriaeth, penadur—iaeth: *supremacy, ascendancy, superiority, dominance, hegemony, primacy, pre-eminence.*

14g. *GIG* 100, Nid aeth o *uchafiaeth* ach / I grefydd wr ddigrifach [marwnad Ithel Ddu]. **15g.** *GLGC* 32, iarll Cymro, efo oedd *uchafiaeth*—hwnt, / Emwnt Lord

Rhitsmwnt oedd yng nglan traeth. *id.* 329, Dy ach Isbel uchel oedd, / . . . / ach o Ifor, *uchafiaeth,* / ach o'r Tanwr, gŵr nid gwaeth. **1632** D, *Vchafiaeth,* Suprematus, summitas. *id.* d.g. *Primatus, Sublimitas.* **1664** *LlGG* [532], y Llŵ am *Uchafiaeth* y Brenin. **1675** R. DAVIES: *PY* 70, Ac ymae Sanct Jerom yn dangos angenrhaid yr *vchafiaeth* yma. **1688** *TJ, Uchafiaeth,* penaduriaeth: supremacy. **1710** *LlGG* (*Gos*) 5, *Vchafiaeth* y Brenhin ar Eglwys Loegr. **1722** *Llst* 189, *Uchafiaeth.* f.p. *fiaethau.* The ascendant, superiority, pre-eminence. **1793** T. JONES: *SD* 38, am wrthsefyll *Uchafiaeth* y Pab, dychymmyg y Purdan, &c. **1803** *P, Uçaviaeth,* s. m. . . . Supremacy, superiority.

Amr.: **uwchafiaeth.** **1778** J. HUGHES: *BB* 275, Ei ygaid oedd ar silff *uwchafiaeth,* / Ni fedrai ei gwyro it ddrych beggeriaeth.

uchaflys, gw. uchaf[1]+llys[1].

uchafnod [*uchaf*[1]+*nod*[1]] *eg.b.* Uchafowynt, pinacl, anterth; uchelgais, nod: *climax, pinnacle, peak; ambition, aim.*

1780 *W,* Cyrrhaeddasant *uchaf-nod* . . . dysgeidiaeth dŷn d.g. *Pitch,* They arrived at . . . the highest pitch of human learning.

Amr.: **uwchafnod.** **1893.**

uchafol [*uchaf*[1]+*-ol*] *a.* Uchel; uwch o ran ansawdd, gradd, safle, statws, &c.: *high; superior.*

1860.

Amr.: **uwchafol.** **1862.**

uchafradd [*uchaf*[1]+*gradd*] *eb.g.* a hefyd fel *a.,* weithiau gyda grym enwol. *Gram.* Gradd eithaf; y tu hwnt i'r hyn sy'n normal neu'n naturiol, goruwchnormal: *superlative degree* (*in gram.*); *supernormal.*

1858.

uchafrif, uchafswm, gw. uchaf[1]+rhif[1], swm.

uchalaw, uchamserol, gw. uwchalaw, uwchamserol.

uchanianaeth [*uch-*+*anianaeth*] *eb.* Metaffiseg: *metaphysics.*

1803 *P, Uçanianaeth,* s. f. . . . The science of metaphysics.

Amr.: **uchaniaeth.** **1848.** **uwchanianaeth.** *c.* **1835.**

uchanianeg [*uch-*+*anianeg*] *eb.* Metaffiseg: *metaphysics.*

1899.

Amr.: **uwchanianeg.** **1905.**

uchanianol [*uch-*+*anianol*] *a.* Metaffisegol: *metaphysical.*

1803 *P* d.g. *Uçanianawl.*

uchanianydd [*uch-*+*anianydd*] *eg.* ll. *uchanianwyr.* Metaffisegwr: *metaphysician.*

1850.

uchanianyddol [*uch-*+*anianyddol*] *a.* Metaffisegol: *metaphysical.*

1869.

Amr.: **uwchanianyddol.** **1874.**

ucharn, gw. uffarn.

uchawdurol [*uch-*+*awdurol*] *a.* Clasurol: *classic, classical.*

1843.

uchawduron [*uch-*+*awduron* (ff. l. yr e. *awdur*)] *e.ll.* Awduron clasurol: *classical authors.*

1839.

Amr.: **uwchawduron.** **1874.**

uchawyr [*uch-*+*awyr*] *eb.g.* Ether: *ether.*

1861.

Amr.: **uwchawyr.** **1848.**

uchbaith, gw. uwch-+paith[1].

uchben, uchbennol, uchdaw, gw. uwchben, uwchbennol, uwch.

uchder [*uch*[1]+*-der*] *eg.* ll. *-au.*

1. (*a*) Pellter neu fesuriad o'r gwaelod i'r brig, y cyflwr o fod yn uchel, corffolaeth, taldra, codiad gwrthrych uwchlaw'r ddaear neu lefel benodedig, yn enw. lefel y môr, hefyd yn *ffig.: height, highness, stature, tallness, altitude, also fig.*

15g. *Cy* iv. 116, yn ydyd kyntaf . . . ykyuodant [*moroedd*] deugeint cupit o *vchter* o iar �6ynebeu yr holl creigyth. yr eil dyd ygostygant oy *huchter* dan drio. **1547** *WS, Uchder* Heyght. **16g.** *THSC* (1923-4) (At.)

Rhitsmwnt oedd. [continued above]

30, Ac velly y gwnaeth noe y llong honn . . . yn ysgwar yn y gwaelod a thrychad [*sic*] kyfyd o hyd a llet, a xxx a oedd y *hychder.* **1551** W. SALESBURY: *KLl* lxiiia, pa yw y lled ar hyd / ar dwfynder / ar *uchter* / a gwybod y goruchel cariat gwybyddieth o Christ. **1588** 1 *Sam* xvi. 7, nac edrych ar ei ol⒲g ef, nac ar *vchter* ei gorpholaeth. **1595** *Egl Ph* 41, gwelawdd Nebucadnezer mywn gweledigaeth, Brenn gwych . . . Ei *vchter,* oedh yn dangos ei vrdhassoldeb. **1632** D, *Vchel* . . . *Vchder* . . . Altitudo, celsitudo, sublimitas. **1632** J. DAVIES: *LlR* 326, yn odidog ragorol yn gweithredu tragywyddol bwys gogoniant yn *vchder* nef. **1688** S. HUGHES: *TSP* 45, pan y gwelais o *uchder* d.g. *High, Twenty-feet high.* **1803** P.

(*b*) Trahauster, rhodres, balchder; urddas, rhwysg; Ucheldera (teitl): *arrogance, pride; stateliness, majesty, pomp; Highness* (*title*).

1588 *Eseia* ii. 11, Uchel-drem dŷn a isêlir, ac *uchter* dynnion a ostyngir. *id.* Jer xlviii. 29, ei balchder ai thraha, ai hymchwydd, ac *vchder* ei chalon a glywsom. **1632** D, *vchder* d.g. *Superbia, Typhus.* **17g.** E. MORRIS: *B* 79, Chwydd rhyfyg, a balchder, cerdaun, mewn *uchder.* **1701** E. WYNNE: *RBS* 81, daw Anlladrwydd yn gôsp ar y balch i ddarostwng ei *uchder* ef (*the vanity of his pride*) trwy wradwydd ac ammarch aflendid. **1703** E. WYNNE: *BC* 107-8, gwell gan ysprydion o'n *uchder* ni deyrnasu mewn penyd na gwasanaethu mewn esmwythyd. **1803** P.

(*c*) Lle uchel, y rhan uchaf, top, brig, pinacl, uchafbwynt, anterth, hefyd yn *ffig.: height, high place, (the) highest part, top, summit, pinnacle, peak, climax, also fig.*

1588 1 *Mac* xii. 36, Ac am godi caerau Ierusalem, a chodi *vchter* mawr rhwng y tŵr a'r ddinas. **1620** 2 *Esd* iv. 21, [y]r hwn sydd yn aros vwch law y nefoedd yn vnic, a gaiff ddeall y pethau sydd goruwch *vchder* y nefoedd. **1620** 2 *Cor* x. 5, Gan fwrw dychymmygion i lawr, a phôb *vchder* ac sy yn ymgodi yn erbyn gwybodaeth Dduw. **1632** J. DAVIES: *LlR* 26, pan oedd wedi dyfod i *vchder* a brigyn ei hapusrwydd. **17g.** HUW MORUS: *EC* i. 34, Och dori brig *uchder* bro. **1722** *Llst* 189, *Uchder.* m. . . . top. **1727** J. JONES: *DFF* 162, y Gowt, y Garreg, y Colic pan yw un o honynt yn yr *Uchder* eithaf, sydd ddigon i beri i Ddŷn flino ar ei Fywyd. **1770** R. JONES: *YC* 16, o ddyfnder trueni i *uchder* gogoniant. **1798** *WR* d.g. *Acme.* **1800** W. OWEN[-PUGHE]: *CP* 33, Ffordd yma y gwelwch ar unwaith yn ddi drafferth y tueddiad cywir â ddyly fod i gerhynt y dwr, heb fod ar y draul o gloddio trwy *uchderau* (*digging through heights*) na llenwi pannylau.

(*d*) Un o'r lloriau mewn adeilad: *storey.*

1588 *Gen* vi. 16, o dri *uchder* y gwnei di hi [*arch Noa*]. **1620** *Esec* xlii. 3, yr ydoedd stafell ar gyfer stafell, yn dri *vchder.* **1725** *SR, uchder* llofft d.g. *A story in a house.* Ar lafar, 'pedwar *uchder*' (sir Gaern.).

Amr.: **uchdwr.** *c.* **1700** E. LHUYD: *Par* ii. 73, Mae hyn at *ych dwr* [*sic*] per yr Aran. **1704** T. SAMUEL: *BA* 107, fe syrthiodd i lawr o ffenestr ydoedd dair llofft o *uchdwr* oddiwrth y llawr. Ar lafar yn y ff. *ychdwr,* *WVBD* 575, *uchdwr* (Meir.). **uchder.** **1567** *TN* 398a. **1604** R. HOLLAND: *BD* 2a. **1769** D. ROWLAND: *CG* 69. **1770** *W* d.g. *Altitude, Height.* **1803** P. Ar lafar, "Odd y bocs bothdu *uwchdar* y ford 'na', *GTN* 477.

uchdir, uchdra, uchdwr, uchddaearol, gw. uwchdir, uwchdra, uchder, uwchddaearol.

uchddramataidd, gw. uwch-+dramataidd.

uched[1] [*uch*[1]+*-ed*[1]] *e?g.* Uchder; uchder sain: *height; loudness.*

13g. *DB* 65, Y chorff hitheu [*lleuad*] muy yu . . . no'r daear, keny weler y bot hi en uwy no guaeleut kerwyn am y *huchet.* **13g.** *BD* 99, ef [Hengist] a dywawt yn digavn y *uchet* o hyt y lef, "Nymyd ovyr sexes". **14g.** *BY* 12, deugein kufyd oed tewet y mur, a deu kann kufyd o'r *vchet.* **14g.** *WML* 56, Na⒲ dyrnued uyd *vchet* ygerⓑyn pan vessurer ar⒲yr ar cleis ⒲rth yr emyl yma. **1346** *LlA* 120, ahonno adyfaⓑod yn der⒲en dirua⒲ *yhuchet* ae fraffet. **14g.** *WM* 189. **14g.** *B* v. 197, Diuessur yw y Tat—nyt o hyt a llet ac *vchet* megys peth corfforaul. **14-15g.** *IGE*[2] 256, Camgerdded bedw a rhedyn, / A choed glas yn uched glyn (Siôn Cent). *c.* **1400** *YCM*[2] 8, kawssant y gorff yn vriw yssic, ar ulaen karrec uch penn y mor, teir milltir yn y *huchet.* *c.* **1400** *B* v. 139, A thruchant [*sic*] kufut vu y hyt A dec arhugeint vu y llet. A dec arhugeint vu y *huchet* [*arch Noa*]. **1707** *AB* 239a, *Uchet,* Height.

uched[2] [*uch*[1]+*-ed*[3]] *a.* (gr. gfrt. yr a. *uchel*).

Mor uchel (yn ôl amrywiol ystyron hwnnw): *so high.*

13g. *GBF* 420, *Uchet* y k⒲ynaf, och o'r k⒲ **14g.** *YBH* 60a, yr llyfnet vo y mur ac yr uchet af drosti [*sic*]. *c.* **1400** *YCM*[2] 169, Arismetica [*si* A'r neb a wypo honno, pann welo twr, yr *uch* ef a wybyt pa sawl maen a uo yndaw. **15-16** 470, Bendigeidran, lle 'r hanoedd, / Ni chai dŷ *uched* oedd. **16g.** *Med H* 34, ac er *uched* vo hi [hi a wyl y pyscod bychain yn y mor ac a'i hadnel **16-17g.** *PCWG* 40, [c]amddeall pwynt kyn t **1620** *Mos* 204, 29, Cyn *uched* ar gyfwybren. **16** (*R*) 65, Anomala hanc Comparationem formant Comparatiuo, lleied, hyned, ised, *vched* . . . tre **1703** E. WYNNE: *BC* 45, *uched,* gryfed a hardde oedd pob rhan o honi [Eglwys Loegr]. **1723** *PGG* 53, er maint ei Ddysg ac *uched* ei raddau W, cyn *uched* d.g. *High, As high as.*

Amr.: **uwched.** Ar lafar, 'uwchad', *GTN* 853.

uched[3], gw. uchaf[2].

uchedaf: uchedu [bf. o'r e. *uched*[1] olff. o'r e. *uchedydd*] *bg.* Esgyn: *to soar.* **1803** P.

uchedydd [amr. ar *ehedydd,* dan ddy *a. uch*[1]; cf. hefyd *echedydd*] *eg.b.* ll. (g *-ion.* Ehedydd, hedydd, *Alauda arve* ?llywodraethwr: *lark, skylark;* ? *ruler.*

14g. *B* ix. 326, llyma vi vegys sperwan neu *vc* kyfrwg craughev hebacc. *c.* **1400** *R* 1251. 31 brenhinaⓑl naf achedaⓑl nef uchedydd. *id.* 1337. 3 Lle rywann garan wyl giric . . . Lle byd uchedydd ary⒲ ic. lle mae tyll/euan [*sic*]. **16g.** *Llst* 6, 102, y bach kyd bai achyl / yw dy saic erbyn dyw syl / *ychedydd* (*GPhE* 21, ehedydd) ochaid [*sic*] / [ys] yn saigaid. **1672** R. PRICHARD: *Gw* 477, Côd y a'r y wawr-ddydd, / Am y cynta a'r *ychedydd.* **170** 8c, *Yⱪhedydh,* a Lark. **1722** *Llst* 189, *Ychedy* Hedydd. **18g.** E. T. RHYS: *DA* 122, Y gôg na'r fwy en ni chlywa'i'n iach lawen, / Na sain y wych *uchedydd.* **1753** *TR, Uchedydd,* i.e. Uwch-hedy lark. **1775** D. JONES: *HCY* 119, A chodi mae'r y *ydd* lon, / I byngcio fry i'th Awyr Don. **1790** T. J⒲ *TOS* 353, megis y mae 'r *uchedydd* yn canu 'n pan ehedo 'n uchel. **1803** P, *Uçedyz,* s. m.—pl. . . . a lark.

uchedd [*uch*[1]+*-edd*[1]] *eg.* ll. *-au.*

(*a*) Uchder, taldra, hefyd yn *ffig.*; ba der, rhwysg, rhagoriaeth: *height, high tallness, altitude, also fig.; pride, maj superiority.*

1567 *TN* 287b, beth yw lled, a' hyd a' dyfnd⒲ vcheleder [:— *uchedder*], a'r gwybot cariat Christ. **16** d.g. *Altitudo, Celsitas.* **1770** *W* d.g. *Altitude.* id. U. llong d.g. *Loof* [*the height*] *of a ship.* id. d.g. *Sup* ity. **1803** *P, Uçez,* s. m. . . . Highness, loftiness tude; grandeur.

(*b*) (Y) rhan uchaf, top, brig, arwy tu allan: (*the*) *highest part, top, summit, face, outside.*

1596 *Pen* 187, 37, *vchedd* yw hyd a lled dewdwr fal pan ddoeder akr, nev erw ni fesvri⒲ oi thewdwr am yn [*sic*] i hyd ai lled, yn vnion *v* afydd a llin ymhob kwr iddi. Teir rhyw *vche* sydd *vchedd* gwastad, *vchedd* kav ag *vchedd* amg og. **1604-7** *TW* (*Pen* 228) d.g. *Summitas, Super* **1703** *NThDd* 52, Barnwr dychrynnadwy . . . yr h dafloedd bendramwnwgl fyrdd o Angylion o *uch* Nef i ddyfnder eithaf y gauffos ddiwaelod. **172:** 189, *uchedd* gwely d.g. *A Beds* [*sic*] *tester.* **1753** *Uchedd* . . . the top, the surface, the out-side of a t **1794** *W* d.g. *Superfice.* **1803** P, *Uçez,* s. m. . . . a tc surface.

Amr.: **uwchedd.** **1803** P.

ucheddaf: ucheddu [bf. o'r e. *uchedd Ser.* Cyrraedd ei anterth, bod ar y naw (am gorff nefol); cyrraedd uchafbwyn *culminate* (*also in astron.*).

1838.

uchel [Crn. C. (*h*)*uhel,* vghell, H. I *uchel,* Llyd. C. a Diw. *uhel,* yr e. lle E *Uxel*(*l*)*a,* H. Wydd. *uasal,* Gwydd. C. *úasal,* yr e. lle Gal. *Uxellos:* o estyniad ff. a roes *uch*[1] (cf. *isel,* Gr. ὑψηλός); hefyd *ucheldad;* trafodir y ff. cmhr. *cyfu uched*[2], *uwch,* ac *uchaf*[1] mewn erthygla wahân (hefyd At.)]. *a.* ll. (prin) *-ior hefyd fel eg.* ll. *-(i)on, -oedd.*

1. Ac iddo bellter mawr o'i waelod frig, yn codi neu'n ymestyn uwchlaw'r normal neu arferol neu uwchlaw arwy neu lefel benodol, wedi ei leoli (ymł

uwchlaw'r ddaear, y gwaelod, neu lefel benodol, tal: *high, tall*.
Dchr. **12g.** *GMB* 6, Pedridauc heul, muyhaw y treul, *vchel* kylchwy. **12g.** *GLlF* 16, Kedwyr o du myr, o du morlann—*uchel*. **13g.** *C* 63. 16–64. 1, Bet gur gwaud urtin in *uchel* tytin. **13g.** *GBF* 619, Neud *uchel* gỽenndonn gỽyndir Enlli. **14g.** *YBH* 15a, erchi o ermin idaỽ ef peri crogi boỽn yn *vchel* o achos kyt gysgu o honaỽ ef a iosian y verch. **14g.** *DPh* 5, ef awnaeth pyrth *uchel* kedyrn y Gaer Droea. *c.* **1400** *YCM*^{2} 31, Duw . . . a wna tyuu o'r plenhigyn prenn yn *uchel*. *Dchr.* **15g.** *GM* 15, Molwch ef yn *vchelyon* leoed. **15g.** *GLGC* 306, dringaf ddeg gaeaf uwch Crucywel / i'r tai rhy iachus a'r tir *uchel*. **1567** *LlGG* (*Sall*) 37a, Yr hwn y varchoc ar y nefoedd goruchel [:– *uchelaf*]. **1595** H. Lewys: *PA* 102, hedeg 'n rhy *vchel*, ne yn rhybell. **1600** *Cy* xxvii. 124, na elhir credu yn hawdh alhu o'r prenn bhyned dros draws penn mynydh cyn *ucheled* ar hwnn hynn [*sic*] yma. **1632** *D*, *Vchel*, Altus, sublimis, celsus, excelsus. *id.* d.g. *Arduus, Præaltus, Procerus, Profundus*. **1703** E. Wynne: *BC* 16, Llys teg iawn, ac arno wedi derchafu 'n *uchel* hanner lleuad ar Faner aur. **1803** *P*. Ar lafar yn gyff., 'Pâr o sgidia du sodla *uchal*'; 'Faint o'r gloch ma'r llanw *uchel*?'; 'Nes i droi ar 'y migwrn yn gwishgo'r bŵts *uchel* 'na'; 'Ma'r wal 'yn yn lled *ychal*', *GTN* 853.

2. (*a*) Uwch neu well na'r cyffredin (o ran safle, urddas, parch, ansawdd, cymeriad, neu ddull), dyrchafedig, pwysig, difrifol, aruchel, arddunol, gwych, ardderchog, urddasol, parchus, cymeradwy: *high(-ranking), exalted, important, solemn, sublime, splendid, excellent, noble, stately, respectable, commendable*.
12g. *GMB* 274, Achaỽs y dyfu *uchel* uri ym mru / Meir yr maỽrhau llu llewenyt. **12g.** *GLlF* 13, Yn llwybyr maỽs achaỽs *uchel* dymhor. *id.* 442, Gweleis-y am ucher, *uchel* eu rwyf / Gỽraget, rianet, rei a garwyf. **13g.** *GBF* 356, Issel *uchel*, Emanuel, mel medylyeu. **13g.** *BD* 82, ys mvy y'm kymhellir y wylyav nogyt y dywedut pregeth ac ymadravd *uchel* (*in excelsum sermonem*). **14g.** *T* 44. 17, Efrei etuyl ar veib israel *vchel* enuryt. **14g.** *YBH* 65a, Ac *vchel* oed y dyd. nyt amgen no duỽ sulgwyn. **15g.** *GLGC* 219, eraill yn delynorion—ŵyl *uchel*, / rhai a â lle'dd êl, eraill a ddôn'. **15–16g.** *TA* 276, Yng Ngwynedd y rhyfeddwyd / Uwchlaw dim *ucheled* wyd. **1588** *Salm* cxxxviii. 6, *vchel* yw'r Arglwydd, ac efe a edrych ar yr issel. **1599 (1677)** R. Holland: *AB* 24, myfyrio ynghylch *vchel*-fawredd y gogoneddusaf Dduw. **1630** *YDd* v, At yr *vchel* allvocaf dywysog Charles. **1701** E. Wynne: *RBS* 203, ys da'r haeddei gymmaint benddithion a rhain *uchel*-goffadwriaeth blynyddawl. **1707** *AB* 26b, *Yχel*... Noble. **1710** *LlGG* (*Gos*) 8, Gweddiau ac Ymprydiau i'w harferu wrth *uchel*-urddiad Gweinidogion. *id.* 12, ar Ddyddiau Gŵyl ac *Uchel*. **1728** *GMJ* 73, Ymarfer dy hun â'r llawenydd purach ac *uchelach* hynny y mae tymmer difrif yn arwain iddo. **1753** *TR*, *Uchel* . . . stately. **1774** T. Jones: *DG* 275–6, Ei dduwioldeb . . . a'i gwnaeth yn boblog iawn, ac o *uchel* gymmeriad gyd â phobl Dduw. **1774** *W* d.g. *High* [*apply'd to rank, condition, &c.*], *High* [*apply'd to thoughts or sentiments*], *High* [*great*, &c.]. **1789** *PMP* [3], llyfrau . . . wedi eu 'sgrifennu mewn iaith *uchel* a dysgedig; a'r pregethau sydd yn cael eu traethu bob sabbath mewn ymadrodd rhy *uchel* i'r bobl gyffredin i ddeall ond ychydig o honynt. **1803** *P*. Ar lafar yn gyff., ''Rodd o'n *uchel* iawn gin bawb'; ''Di mynd yn *ychal* iawn fel barnwr'; 'Man' nw wedi cwnnu'n *ychal* yn y byd—yn uwch na ni, getyn', *GTN* 853.

(*b*) Balch, trahaus, haerllug, hy, ffroenuchel, snobyddlyd: *proud, haughty, arrogant, presumptuous, snobbish*.
1588 1 *Sam* ii. 3, Na chwanegwch lefaru yn *vchel vchel*. **1588** *Diar* xxviii. 25, Gŵr *vchel* ei feddwl a enynna gynnen. **1632** *D* d.g. *Insolens, Magnificus*. **1688** S. Hughes: *TSP* 302, y maent hwy yn *vchel* ac yn Feilchion (*proud and haughty*). **1704** E. Samuel: *BA* 86–7, hyn a'u gwnaeth hwynt yn feilchion ac yn *uchel*. **1776** *W* d.g. *Lofty* [*proud, &c.*]. **1777** W. Williams: *TEA* 34, caru ei gwŷr priod, ac ufuddhau iddynt yn yr Arglwydd, heb wisgo yn *uchel*, yn goeg, ac yn falchedd. Ar lafar, '*uchel*' 'balch', 'mae rhywbeth yn *uchel* yno'o [*sic*] fo', *Cymru* xlvii. [279] (sir Ddinb.); 'Dyn *uchel* iawn' (Cered.).

(*c*) Mawr (am rif, nifer, swm, gradd o eithafrwydd, &c., e.e. am bwysedd, gwynt, tymheredd, twymyn), yn dangos pwysedd atmosfferig uwch na'r cyffredin ac felly'n darogan tywydd da (am faromedr); mawr ei bris neu ei werth marchnadol, drud, prid; dwys, trwm, mawr, eithafol; moethus (am ymborth); ?meddw; cryf (am aroglau, blas, &c.), egr, poeth; dwfn neu lachar (am liw): *high* (*of number, amount, degree of intensity, &c., e.g. of pressure, wind, temperature, fever*), *marking high atmospheric pressure* (*of barometer*); *high-priced, expensive, dear; intense, heavy, great, extreme; luxurious* (*of diet*); *?drunk; strong* (*of smell, taste, &c.*), *pungent, hot; deep or bright* (*of colour*).
15g. *GDID* 97, Iachus yw dy liw *uchel*; / Oed dwy ddâr iti a ddêl. **15g.** *HCLl* 86, Mae tân *uchel* a gwely, / Mae 'mwyd im yma o'i dŷ. **16g.** *LlS* 59, ac aroglæ *vchel* yn pwyso tu a sawyr ceseilchwys. *Diw.* **16g.** *WLB* 6, i mae ef yn dowyll ac yn dryblus i liw ac a syrth yn y gwaelod a sawyr *uchell* [*sic*]. **1672** J. Langford: *HDdD* 181, gwilia . . . gynnal i fynu 'r flamm trwy ryw ymborth *uchel* anghymmedrol (*high or immoderate feeding*). **1683** T. Jones: *Alm* [17], Cenllysc neu odwlaw a gwynt *uchel*. **1707** *AB* 106c, A vo ag aroglæ *yχel* arno d.g. *Olidus*. *c.* **1740** *LlM* [47], gadewch iddynt Stiwio yn y Licer yna nes iddynt fod o Liw *uchel*. **1759** J. Evans: *PF* 15, Ymgadwch rhag pôb Bwyd cymmysc, ac o *uchel* halltiad. **1765** *JM: DDdC* 12, y mae'r Dwfr o liw coch *uchel*. **1771** *PDPh* 66, chwi a yspeiliwch geffyl o fwy o'i yspryd-oedd naturiol nag a ellwch adferu iddo mewn hir amser, heb lawer o orphwysdra a phorthiant *uchel*. **1774** *W* d.g. *High* [*apply'd to wind* . . .]. *id.* Poeth . . . *uchel* ei chwaith (ei flâs) . . . crŷf . . . *uchel* ei sawr . . . *uchel* d.g. *High* [*in Cookery, hot with spices; strong, &c.*]. *id.* Yfed yn galed (yn *uchel*, yn ddwfn) d.g. *High* . . . *To drink high*. *id.* Chwarae yn *uchel* (yn drwm, yn antur-fawr) d.g. *High* . . . *To play high*. *id.* d.g. *High or capital* . . . *opposed to little or petty*, *High* [*costing much*]. *id.* *Uchel* ei liw, â lliw *uchel* arno d.g. *High-coloured*. *id.* *Uchel* ei arogl (ei aroglau), ag arogl (fawr) *uchel* iddo d.g. *High-scented*. *id.* *Uchel* ei yspryd, ag yspryd *uchel* iddo d.g. *High-spirited*. **1777** W. Williams: *DN* 37, ac yntau wedi dychwelyd adref o neithior . . . yn rhy *uchel*. *id.* 46, daw ef adref yn *uchel* mewn diod. **18–19g.** *HAG* 118, O am bara i *uchel* yfed / O ffrydiau'r Iechydwriaeth fawr.

(*d*) Y gellir ei glywed yn glir, cryf, croch, seinfawr, swnllyd; a gynhyrchir neu a nodweddir gan ddirgryniadau cymharol gyflym (am sain, nodyn, llais, &c.), main: *loud; high(-pitched), shrill*.
12g. *GLlF* 176, Pann *uchel* uchet, pann achupet—Freinc. **12–13g.** *GLlLl* 52, Nac *uchel* na hanes. **14g.** *T* 7. 23–4, Tyrui aches ehofyn ygrad *uchel* ygỽaed. **14g.** *RC* xxxiii. 229, y dyỽot yn *vchel* val y klyỽei paub. **14g.** *YBH* 23b, Sef y clywei Josian yn ỽylaỽ yn *vchel*. *c.* **1400** *ChO* 3, A phan gigleu ef y twrd hwnnw, o diruawr ofyn ac ergryn roi llef *uchel* a oruc. **15g.** *GLGC* 306, y gog a achub brig diogel / i ganu'n awchus ac yn *uchel*. **1547** *WS*, *Uchel* val llef neu dwrwf Lowde. **1567** *TN* 56a, a llef *vchel* [:– groch, vawr]. **1615** R. Smyth: *GB* 125, yr Athenaid . . . a vvattorasont Simonides am i fod yn siarad yn rhy *uchel*. **1710** *LlGG* (*Gos*) 17, ymattal oddiwrth bob *uchel*-ddadwrdd ac ymdaeru. **1770** *W* d.g. *Aloud*, *High* [*apply'd to . . . voice, &c., loud, &c.*], *Loud* [*apply'd to the voice, a cry, a noise, &c. high, not low; great*]. **1799** *TY* 18, Hawdd yw haeru fod gennym allu i hyn, ac *uchel*-ddadlu yn ei gylch. Ar lafar yn gyff., ''Naethon ni ddim aros yno'n hir—'odd y miwsig ry *ychal*'; 'Bydd rhaid i ti siarad yn *uchel* neu 'chlywith neb monot ti'; 'Ma 'i llaish 'i'n ddigon *uchel* ifi glywed o ben arall yr 'ewl'.

(*e*) Yn rhoddi pwyslais mawr ar drefn a defodau eglwysig (am eglwyswr), llawn seremoni (am eglwys, gwasanaeth): *high* (*of churchman, church, service*).
1858. Gw. hefyd *uchel Offeren* isod, *Ucheleglwysig*, &c.

Fel *eg*. Lle uchel, ucheldir; person uchel (ei safle) neu falch: *high place, highland; high(-ranking) or proud person*.
14g. *T* 20. 16–17, pan echreuỽyt *uchel*. *Dchr.* **15g.** *GM* 12, Ryued yw'r Arglwyd yn yr *uchelon*. *id.* 32, Pwy mal yn Arglwyd ni a bresswyl yn *uchelyon*? **1551** W. Salesbury: *KLl* iva, Gogoniant i i [*sic*] ddeo yn yr *vchelion*. **1567** *LlGG* (*Sall*) 9b, E wnaeth vy-traet val traet ewigod, ac ar yr *vcheloedd* im gesodawdd. *id.* 44b, A' digiesant ef a'ei gwyddvaeu [:– *vcheloedd*], ac y cyffroesont ef y lidio a' ei delwae-cerviedic. **1588** *Pr* v. 7, y mae *vchel* yn gwilied ar *vchel*. **1606** E. James: *Hom* i. 9, mae gwybodaeth yr Scrythur lân . . . megis neuadd vchel, ond mae'r drws yn isel iawn, fal na ddichon yr *vchel* rhyfygus rhedeg i mewn iddi. [**1752**] *Gron* 52, Chwiliai ef yr *uchelion*, / Y mor, a thir am wyrth Ion. **1793** R. Powell: *ADV* 8, A lwyr çwâl o'r *uçelion* / Hyd y zaear hawzgar hon. **1800** W. Owen[-Pughe]: *CP* 21, Trwy y cyfan o Gymru . . . ac ar fyr, holl fânau bryniog a mynyddig Lloegyr, y mae y palliad hyn yn gyffredin; ac nid yw lai yn y Bânau a rhan fwyaf o *uchelion* yr Alban.
Amr.: **uwchel.** **1551** W. Salesbury: *KLl* xxxvb. **1567** *TN* 37b. **1600** *Rhyddiaith Gymraeg* ii. 175. [**1740**] D. Llwyd: *YDD* [iii], [p]ethau *uwchelach*.
Cfn.: **Uchel Almaeneg:** *High German*. **1858. uchel fradwriaeth:** *high treason*. **1753** *HFfS* 32. *c.* **1762–79** W. Williams: *P* 567. **1764** Dewi Nantbrân: *SAG* 54. **uchel Galfin = uchel Galfiniad. 1891. uchel Galfiniad:** *a high Calvinist*. **1866. uchel Galfiniaeth:** *high Calvinism*. **1867. uchel ei (dy, &c.) gloch:** *loud, noisy*. **1807.** Ar lafar yn gyff. **uchel gwnstabl:** *high constable, chief constable*. **1837. uchel gyhuddiad,** &c., gw. *uchelgyhuddiad*, &c. **uchel ddug (dduc), uchelddug, uchelddug:** *grand duke*. **1852. uchel ddugaeth (dduciaeth):** *grand duchy*. **1834. Uchel eglwyswr,** &c., gw. *Ucheleglwyswr*, &c. **uchel lanw:** *high tide*. **1833. uchel lys, uchelys:** *High Court; supreme court*. **1391–3** *The Extent of Chirkland* 60, De quolibet iudicio per ipsos, viz. iudicatores Comoti, erronie prolato ac adnullato per *Ughellys*, viz. duos proximos comotos adiacentes infra proprietatem domini. *c.* **1401** *AL* ii. 380–2, Teir *vchel llys* [*sic*] yssyd Yghymry nyt amgen llys Aberfraỽ; allys Dinefỽr; a llys y [*sic*] Mathrafel. Pop arglỽyd o arglỽydi Gỽyned ar Deheu adylyant atteb yny llys nessaf y gyfoeth ehun or teir *vchellys* vchot o bob haỽl agouyn or auo arnaỽ. **1651** Siôn Treredyn: *MDD* 30, ger bron *uchel-llys* [*sic*] nef. **1780** J. Roberts: *C* 2, Yr isel Râdd a genfigenant wrth eu Goruwchafiaid . . . Da o's peidir a hyn, yn yr *uchel-lysoedd*. **Uchel Lys Parliament:** (*High Court of*) *Parliament*. **1769** G. Howel: *Alm* 9. **uchel faer,** gw. *uchelfaer*. **uchel faeronaeth (faeroniaeth),** gw. *uchelfaeronaeth*. **Uchel Feistr:** *High Master* (*of order or society, e.g. Freemasons*). **1848. uchel neuadd:** *saloon, large hall*. [**1783**] *W* d.g. *Saloon* [*a stately hall*]. **uchel Offeren:** *High Mass*. **1858. uchel ei (dy, &c.) barch:** *well-respected, well-considered, highly-rated*. **20g. uchel ei (dy, &c.) ben:** *prominent, prevalent*. **1882. Uchel Raith, Uchelraith:** *Grand Jury*. **1774** *W*, yr *uchel-raith* d.g. *The grand jury or inquest*. **1803** *P*, *Uçelraith*, s. f.—pl. *uçelreithiau* . . . A grand jury. **Uchel Reithgor:** *Grand Jury*. **20g. Uchel Reithwyr:** *Grand Jury*. **1774** *W* d.g. *The grand jury or inquest, Inquest* . . . *The grand inquest*. **1798** W. Richards: *CC* 15. **uchel rodfa:** *terrace, also fig*. **1794** *W*, *Uchel-rodfa* d.g. *Terrass, terras, or terrace* [*a raised walk in a garden, &c.*]. **uchel seinydd,** gw. *uchelseinydd*. **Uchel Siryf (Siri(f), Sirydd):** *High Sheriff*. **1722** A. Thomas: *DR* [vii], *uchel Sirif* presennol Sir Abertifi. **uchel dad,** gw. *ucheldad*. **Uchel Dori:** *High Tory*. **20g. Uchel Doriaeth:** *High Toryism*. **1869. uchel drosedd:** *high crime, i.e. one against the state, esp. high treason*. **1826. uchel fy (ei, &c.) ystumog:** *high-stomached, proud, haughty*. **1789** Twm o'r Nant: *TChB* 40, Rwi'n *uchel fy Stwmog* mi wnaf bob ystumiau. **o uchel:** *from the top, at the top*. **13g.** *Cylchg LlGC* v. 62, urth gladu pydew dwuyn . . . y digwydus ynteu *o uchel* hyt yg gvaelavt y pydew. **15g.** *Pen* 15, 61b, ny olevhaei eglvrder ymein llawr ynevad yn gystal ar ty *ovchel*.
Gw. hefyd **cyfuwch** (At.), **uchaf**^{1}, **uched**^{2}, **uwch.**

uchelach, gr. gmhr., gw. **uchel.**

uchel-ael [*uchel*+*ael*^{2}, ar ddelw'r S. *high-brow*] *a.* a hefyd gyda grym enwol. Deallusol neu ddiwylliedig (am berson), wedi ei bwriadu ar gyfer y cyfryw (am lenyddiaeth, &c.), yn aml yn ddifr.: *highbrow, often derog*. **1936.**

uchelaf^{1}**: uchelu** [bf. o'r a. *uchel*] *ba.* Codi, dyrchafu, cynyddu, hefyd yn *ffig*.: *to raise, heighten, exalt, increase, also fig*.
1567 *LlGG* (*Sall*) 55a, Derchefwch [:– *Uchelwch*] yr Arglwydd ein Dew. **1774** *W* d.g. *To heighten* [*lift up higher, &c.*], *To Sublime or sublimate*. **1803** *P*.

uchelaf^{2}**,** gr. eith., gw. **uchel.**

uchelaidd [*uchel*+*-aidd*] *a.* Aruchel: *exalted*.
16–17g. Llywelyn Siôn, &c.: *Gw* 497, marchawydd beynydd vnbennaidd / yw honn, / hael yw y chalon, hil *ychelaidd*. **17–18g.** O. Gruffydd: *Gw* 86, Angyles nefoledd mewn rhediad anrhydedd, / Wych olwg *ucheledd* perl lwysedd pur lamp [i'r seren].
Gw. hefyd **ucheledd.**

uchelawdr [*uchel*+*-awdr*] *eg.* Uchelwr, pendefig (am Dduw): *nobleman, aristocrat* (*of God*).
c. **1400** *R* 1304. 23–4, Gỽneuthost uor taỽch. athir ffrỽythlaỽch. aỽch *uchelaỽdyr*.

uchelawg^{1}**,** gw. **uchelog.**

uchelawg^{2}**, uchelawr,** gw. **uchelfar**^{1}**.**

uchelbarch, uchelbell, uchelben, uchelbeth, gw. **uchel+parch, pell, pen**^{1}**, peth.**

Uchelbleidiaeth [*uchel*+*plaid*+*-iaeth*] *eb.* Toriaeth: *Toryism.*
1798 *WR* d.g. *Toryism.*

Uchelbleidydd [*uchel*+*plaid*+*-ydd*³] *eg.* Tori: *Tory.*
1798 *WR* d.g. *Tory.*

uchelbris, uchelbrisiaf: uchelbrisio, gw. **uchel**+**pris**¹, **prisiaf: prisio.**

ucheldad, uchel dad [*uchel*+*tad*, cf. H. Grn. *hupeltat* [*sic*], gl. *patriarcha*, Llyd. Diw. *ucheldad*] *eg.* ll. *-au.* Tad uchel (am Dduw); patriarch: *high father* (*of God*); *patriarch.*
13g. *GDB* 389, *Vcheldat* Vab Rat, rac rɓydaɓ—y haɓl. *c.* **1400** *R* 1211. 16–17, *ucheldat* mat meidraɓl. **15g.** *Cy* iv. 120, y varn bellach pan del arodes yr *uchel taad* yd yuaab [*sic*]. **1604–7** *TW* (*Pen* 228), *vcheldat* d.g. *patriarcha.* **1605–10** *IICRC* iii. 26, Ni all un dyn bydol *ucheldad* rhinweddol / relessio vy marwol bechode. **17g.** *CLlC* ii. 31, Rhag rhoi yn drygau an rhagreithiad / At raglinieth Duw *ucheldad* / A halogi'r gyffredin-wlad. **1672** R. PRICHARD: *Gw* 71, Ond mawr oedd y cariad, pan rhodde'r *ucheldad*, / O fenyw'r fath Geidwad i'n swccro. *id.* 127, Ni bu Batriarc [:- *Vcheldad*], ni bu Brophwyd, / Ni bu Bostol ag y glyw-wyd. *id.* 206, Bara a dwr oedd ffar ddigonol, / Gynt ir patriarcheid [:- *Vcheldadau*] duwiol. **1699** T. JONES: *TP* 26, Padriarchiaid, Sêf yr *uchel Dâdau*, megis Abraham, Isaac, &c. ar Prophwŷdi. **1709** H. POWEL: *G* 54, Atticus *ucheldad* Constantinopl. **1778** *W* d.g. *Patriarch* [*a chief father or head of a family, of a church, &c.*]. **1803** *P.*

ucheldaw, gw. **uchel**+**taw**¹.

ucheldeb [*uchel*+*-deb*] *eg.* Uchelder, hefyd fel teitl: *highness, also as a title.*
1547 *WS*, *Ucheldeb* Hyghnesse. **1567** *LlGG* [viii], a goll ac a fforfeicta y *vcheldep* y Urenhines . . . broffit ei h oll [*sic*] renti ysprytawl. **1567** *LlGG* (*Sall*) 41a, Yr hwn a godes y bwyeill ar y prenneu cyngavoc, oedd adnabodedic, val vn yn dwyn peth y *vcheldep* [:- berffeithrwydd].

uchelder [*uchel*+*-der*, cf. Crn. C. *vghelder*, Llyd. C. *uhelder*] *eg.* ll. *-au*, *-oedd*, (prin) *-edd.*

(*a*) Lle uchel; uchder, taldra; uchafbwynt, anterth: *high place*; *height, tallness, altitude*; *climax.*
14g. *GEO* 108, Iôr yr *uchelder*! **14g.** *GDG*³ 300, Mygr swyn gerllaw magwyr sêr, / Maith o chwyldaith *uchelder* [i'r ehedydd]. *Dchr.* **15g.** *GM* 1, yn y law ef y mae holl teruyneu y dayar, ac ef a edrych *uchelder* y mynyded. *id.* 18, Gogonedus, Ueir uawrwedus, ueinus uanon, / Gein drychafyat gan y gwirtat, Cunyat Canon, / Ar *uchelter* yn uch no'r ser, Muner mwynon. **1551** W. SALESBURY: *KLl* lxxivb, Wedy iddo escen yr *vchelder.* **1567** *LlGG* 80a, beth yw lled, ar [*sic*] hyd a'r dwfnder, ac *vchelder.* **1567** *LlGG* (*Sall*) 53b, yn y law ef y mae dwfnleoedd y ddaiar, ac *vchelderedd* y mynyddedd ysydd yddaw. **1588** *Deut* xxxii. 13, Gwnaeth iddo farchogeth ar *vchelder* y ddaiar. **1588** *Mic* i. 3, efe hefyd a ddescyn, ac a gerdd ar *vchelderau* y ddaiar. **1632** *D*, Vchel . . . *Vchelder*, Altitudo. *id.* d.g. *Summitas.* **1670** J. HUGHES: *AP* 227, Gogoniant i Dduw yn yr *vchelderoedd.* **1703** E. WYNNE: *BC* 88, heb feiddio cyffwrdd â Thrigolion Gwlâd *Vchelder.* **1803** *P*, *Uçelder*, s. m.—pl. t. *au* . . . Loftiness, height. Ar lafar, 'A fe æth yr eroplen lan i'r *ucheldar* o 'ngolwg i', *GTN* 470 (ll. *uchaldera*).

(*b*) Goruchafiaeth, awdurdod, rhagoriaeth, arucheledd, mawredd; balchder, trahauster; teitl a ddefnyddir yn enw. wrth gyfarch neu gyfeirio at dywysog neu dywysoges, &c.: *supremacy, authority, excellence, sublimity, majesty*; *pride, haughtiness*; *Highness* (*title*).
14g. *BT* (*RB*) 26, A'r Herald hwnw . . . a ennillawd yn andylyedus *uchelder* teyrnas Lloeger. *c.* **1400** (*SG*) *HMSS* i. 278, Arlgwyd heb hi . . . mi adoethum yma y erchi rod ytt. yr dy rym ath *uchelder.* *c.* **1400** *Ymborth* 3, Balchder yw gormod garyatchwant trahaus, wrth vawrhau priawt berson drwy wytyus *uchelder* medwl. *Diw.* **15g.** *Pen* 67, 59, Santes vair a ddolaf [*sic*] a gweddiaf dy *vchelder* di. **16g.** D. R. THOMAS: *DS* 150, a phawb ar a ossodet mewn *uchelder.* **1567** *TN* 245a, pan ddaethym atoch, ny ddeuthym a' ragoriaeth [:- *vchelder*] ymadrodd, neu ddoethinep. **1588** *Diar* xvi. 18, Balchder sydd yn myned o flaen dinistr: ac *vchelder* yspryd o flaen cwymp. **1588** *Eseia* xxvi. 10, ac ni wêl *vchelder* yr Arglwydd. **1733** T. EVANS: *PP* 45, a darostynged y rhyfyg a'r balchder i ymhonni ar *uchelder* Gwaed a Bonedd. **1740** T. EVANS: *DPO* 108, Bod-gwiw gan eich Mawrhydi . . . i appwyntio rhyw ddiwrnod, fel y caffo Hengist ein Harglwydd, gael Siarad . . . a'ch Brenhinol *uchelder.* **1774** *W* d.g. *Highness* [*a title given to princes*]. **1791** GW. MECHAIN: *Rh* 66, Nyni, dros ddeiliaid eich *Uchelder*, yn cyfanneddu y rhan honno o'r ynys â elwid Wales gan ein gorddwyon cyntaf, â ydym yn ostyngeiddiaf yn ymgrymu wrth draed eich *Uchelder* [Harri VIII], ac yn erfyn caffael ein derbyn a'n cynnwys i'r un gyfreithiau a breintiau â fwynheir gan ereill o'ch deiliaid.
Amr.: **uwchelder** [cf. *uwchel*]. *c.* **1585** *MCr* 112, i ddodi allan i yrddasrwydd, y *ywchelder*, i ogoniant a'y ally [Duw]. **1606** E. JAMES: *Hom* ii. 50, [d]odir hwy [delwau] mewn *uwchelder* anrhydeddus (*honourable sublimity*).

ucheldir [*uchel*+*tir*] *eg.* ll. *-oedd*, *-edd.* Tir uchel neu fynyddig, lle uchel; rhan fynyddig gogledd yr Alban: *highland, upland, high place*; *the Highlands.*
14g. *GGLl* 12, Gyrrais a llidiais farch bronllydan, —hoyw / . . . / Garir, braisg, *ucheldir* Brân (Hywel ab Einion Lygliw). *c.* **1400** *R* 1299. 23, erbyn vi gɓesti gɓastat *ucheldir.* **1699–1700** E. LHUYD: *SH* 79, er i vod ô ô'r *ycheldir* yr oedh yn Lhavary val Gwydhelod ywer[dh]on. *id.* [220], iaith *Ycheldir* Prydaen. **1761** *ML* ii. 354, mynd ar ein meirch rhyd yr *ucheldir* lle mae cloddio am goper gan Richardson. **1774** *W*, *Uchel-dir* (pl. *ucheldiredd*) . . . The Highlands of Scotland, *Ucheldir* yr Alban d.g. *High-land or highlands* [*a part of a country abounding in mountains*]. *id.* d.g. *Upland or uplands.* **1803** *P*, *Uçeldir*, s. m.—pl. t. *oz* . . . High land.

ucheldirol [*ucheldir*+*-ol*] *a.* Yn perthyn i dir uchel: *highland, upland.*
1852.

ucheldirwr [*ucheldir*+*gŵr*] *eg.* ll. *-wyr.* Un sy'n byw ar dir uchel; brodor o Ucheldir yr Alban: *highlander, uplander*; *Highlander.*
1834.

ucheldra [*uchel*+*-dra*] *eg.* Y cyflwr o fod yn uchel, uchder; gogoniant, mawredd, awdurdod: *highness, height*; *glory, majesty, authority.*
1618 J. SALISBURY: *EH* 51, Eithr bod ar y lhaw dheheu, sy'n arwydhau yn y pwnc hwn, bod yn gydradh mewn *vcheldra*, gogoniant, a mowredh. *id.* 83, odhiar y dhaear i *vcheldra*'r nefoedh. **1803** *P*, *Uçeldra*, s. m. . . . Highness, or elevatedness.

ucheldras, ucheldrem, ucheldrum, ucheldrumog, gw. **uchel**+**tras**¹, **trem, trum, trumiog.**

ucheldwr, ucheldy, ucheldyb, ucheldybiaf: ucheldybio, gw. **uchel**+**tŵr, tŷ, tyb, tybiaf: tybio.**

ucheldybus [*ucheldyb*+*-us*] *a.* Chwyddedig, rhwysgfawr, gormodol: *high-flown, bombastic, extravagant.*
1796 T. JONES: *CCA* 381, Oes *uchel-dybus* (*high-flown times*) yw hon.

uchelddawn, gw. **uchel**+**dawn.**

ucheldduc, uchelddug, gw. **uchel— uchel ddug.**

uchelddydd, uchelddysg, gw. **uchel**+**dydd, dysg.**

ucheled, gr. gfrt., gw. **uchel.**

ucheledig [*uchel*+*-edig*] *a.* Dyrchafedig, aruchel, ardderchog, bonheddig: *elevated, sublime, noble.*
14g. *GSCyf* [13], A darllain llyfrau llin breninllwythau, / A chanmol achau *ucheledig* (Sypyn Cyfeiliog). **1803** *P.*

ucheledd [*uchel*+*-edd*¹; dichon mai engh. o *uchelaidd* a welir yn y dfn. cyntaf] *eg.* ll. *-au.* Uchder, taldra; lle uchel; ardderchogrwydd, gwychder, mawredd, gogoniant, urddas, rhagoriaeth: *height, tallness, altitude*; *high place*; *splendour, magnificence, majesty, glory, dignity, excellence.*
16–17g. *HG* 108, tad a mab mewn ywchel vri, tair person sy n*y cheledd* [*sic*]. **1803** *P*, *Uçelez*, s. m. . . . Altitude, elevatedness.

Ucheleglwysaidd [*uchel*+*eglwysaidd*] *a.* Ucheleglwysig: *High Church* (*adj.*).
1846.

Ucheleglwysiaeth [*uchel*+*eglwysiaeth*] *eb.* Ucheleglwysyddiaeth: *High-Churchism, High-Churchmanship.*
1852.

Ucheleglwysig [*uchel*+*eglwysig*¹] *a.* Yn perthyn i draddodiad o fewn yr Eglwys Anglicanaidd sy'n arddel parhad Cristionogaeth Gatholig yn yr Eglwys honno ac yn pwysleisio awdurdod esgobion, defodau, a sacramentau: *High Church* (*adj.*).
1852.

Ucheleglwyswr [*uchel*+*eglwyswr*] *eg.* ll. *-wyr.* Un sy'n arddel egwyddorion Ucheleglwysig: *High Churchman.*
1809.

Ucheleglwysyddiaeth [*uchel*+*eglwysyddiaeth*] *eb.* Egwyddorion Ucheleglwysig: *High-Churchism, High-Churchmanship.*
1867.

Ucheleglwysyddol [*uchel*+*eglwysyddol*] *a.* Ucheleglwysig: *High Church* (*adj.*).
1866.

uchelfa¹ [*uchel*+*-fa*, *ma*] *eb.* ll. *-faon*, *-faoedd*, *-fâu*, *-feydd.* Lle uchel, tir uchel, uchelfan, codiad tir, copa: *height, high place, high or rising ground, summit.*
1567 *LlGG* (*Sall*) 44b, A' digiesant ef a' ei gwyddvaeu [:- vcheloedd, *vchelfae*]. **1588** *Lef* xxvi. 30, Eich *vchelfeudd* hefyd a ddifwynaf, ac a dorraf eich delwau. **1588** 2 *Sam* i. 19, efe a archollwyd ar dy *vchelfaoedd* di. **1588** *Eseia* xv. 2, Aeth i fynu i Baitha, Dibon, i'r *vchelfaon* i ŵylo. **1588** *Jer* xxvi. 18, a mynydd tŷ yr Arglwydd yn *vchelfa* goedoc. **1604–7** *TW* (*Pen* 228), *vchelfa* d.g. *Apex.* **1632** *D*, *Vchelfa*, Excelsus locus, excelsum, altum. **1721** J. P. PRYS: *DC* 136, Fe wrendu oi *uchelfa* ynghanol cyfyngdra. **1722** *Llst* 189, *Uchelfa.* f. p. *feydd*, *fäoedd*, *fâon*, An high place, eminence. **1773** *W*, *Uchelfa* d.g. *Eminence, or eminency* [*a high place, or rising ground* . . .], *Rising ground.* **1803** *P.*

uchelfa² [?amr. ar *uchelfar*¹] *eb.* Uchelwydd, *Viscum album*; eirinllys, *Hypericum*: *mistletoe*; *St. John's Wort.*
16g. *LlS* 54, hi [derwen] a ddwc ves avalæ a rhyw beth arall val lyseun [*sic*] yn gant o gymale cyngoc yn gweu yn ei gilydd ac a elwir yn Llatin Viscum yn Saesonac Myseltoe ac yn Camberaec yr *Vchelfa.* *id.* 64. **1604–7** *TW* (*Pen* 228) d.g. *dryos hyphear, Ixos, Viscum, Viscus.* **1632** *D* (*Bot*), *Vchelfa* . . . vchelwydd, Viscum, ixos, dryos hyphear. **1688** *TJ* (*Bot*), *Uchelfa* . . . uchelwŷdd: Misceltoe, upright, St. Johnswort [*sic*]. **1759** J. EVANS: *PF* 39, hanner Dram o *Uchelfa* (*misselto*) wedi ei wneud yn llŵch. **1776** *W* d.g. *Misletoe* [*a shrub that grows in the oak, the apple-tree, &c.*]. **1803** *P*, *Uçelva*, s. f. . . . a misseltoe. **1813** *WB* 242, Uchelawg . . . *Uchelfa* . . . Uchelwydd; Viscum album; Misseltoe.

uchelfab, gw. **uchel**+**mab.**

uchelfaer, uchel faer [*uchel*+*maer*, cf. H. Grn. *hupeluair* [*sic*], gl. *vicecomes*] *eg.* (b. *-es*) ll. *-feiri*, *-feir.* Arglwydd faer, siryf, cwnstabl, sensor (yn Rhufain gynt), rhaglaw, llywodraethwr, rheolwr, pennaeth, ceidwad, goruchwyliwr: *lord mayor, sheriff, constable, censor* (*in ancient Rome*), *consul, governor, controller, provost, guardian, steward.*
14g. *BT* (*RB*) 58, Walter, *ucheluaer* (*RB* ii. 283, *uchel uaer*) Caer Loew. *c.* **1400** *R* 1198. 10–11, Doeth delɓ ner aber wybyr *vɓch/eluaer* [*sic*]. nef. **15g.** *GGl*² 11, Gwych haelfab ar *uchelfaer* / Watcyn wyd, wayw deucan aer. *Diw.* **15g.** *Pen* 67, 42, Dyfod a wna y dyn i bo hawl gantho ar dir att yr *vchelvaer* a chymryt kroes a mynnet [*sic*] a hi ai dodi yn y tir drwy dystolyaeth dav ddeiliat. *id.* 125, y chelwr [*sic*] di vrychevlyd [*sic*] / *ychelvaer* swydd gaer i gyd (Hywel Dafi). **1594–6** *B* iii. 176, deudhec o wyr, y rhai oedhynt *vchel veiri* y brenhin. **1632** *D*, *Vchelfaer*, Vicecomes, constabularius. *id.* d.g. *Censor, Consul.* **1688** *TJ*, *Uchelfaer*, (siri,) (Cwnstabl:) a Sheriff, a Constable. **1771** *W* d.g. *Censor* [*an ancient Roman magistrate*], *Consul* [*a chief civil officer or magistrate among the ancient Romans*], *Mayor* . . . *The lord mayor.* *id.* *Uchelfaeres* d.g. *Mayoress* . . . *The lady mayoress.* **1798** *WR*, *uchelfaer* d.g. *Provost.* **1803** *P*, *Uçelvaer*, s. m.—pl. *uçelveiri* . . . A high constable.

uchelfaeronaeth, uchelfaeroniaeth [ffd. o'r e. *uchelfaer* ar ddelw'r e. *maeron*(*i*)*aeth*] *eb.* Swydd uchelfaer: *censorship* (*in ancient Rome*), *consulship, mayoralty.*
1632 *D*, *Vchelfaeronaeth*, *vchel-faeronaeth* d.g. *Censura, Consulatus.* **1722** *Llst* 189, *Uchelfaeronaeth.* f. Mayoralty. **1770** P. WILLIAMS: *BS*, *Dat* xvii, *uchelfaeroniaeth* (consulship). **1771** *W*, *uchel-faeronaeth* d.g. *Censorship* [*the censor's office and dignity*].

uchelfainc, uchelfaith, gw. uchel+mainc, maith.

uchelfal, gw. uchelfar[1].

uchelfalch, gw. uchel+balch[1].

uchelfan [uchel+man[1]] eg.b. ll. -nau. Lle uchel, tir uchel, codiad tir; pwynt uchel, uchafbwynt, anterth; hefyd yn ffig.: *height, high place, high or rising ground; high point, climax; also fig. highlight.*
1588 Barn v. 18, Pobl Žabulon a roddes eu heinioes i farw, felly y gwnaeth Nephthali ar *vchel-fannau* y maes. **1588** Salm xviii. 33, ac ar fy *vchel-fannau* i'm sefydlodd. id. lxxviii. 58, Digiâsant ef hefyd ai *huchel-fannau*. **1588** Eseia xvi. 12, A phan weler blino o Moab ar yr *vchel-fannau*, yna y daw efe i'w gyssegr i weddio, and ni thyccia. **1620** Job xxv. 2, y mae efe yn gwneuthur heddwch yn ei *vchel-fannau*. **1620** Eseia xlix. 9, yn yr holl *vchelfannau* y bydd ei porfa hwynt. **1722** Llst 189, Uchelfan. m. p. fannau. An eminence. c. **1730** Taith C 58, ar yr *uchelfan* hwn . . . y llosgwyd Anhyderus ac Ofnog. **1762** G. JONES: CFfOG 108, Bydd di, O Dduw, ymmhlaid y rhai sy'n anturio eu heinioes drosom i farwolaeth ar *uchel-fannau*'r maes. **1803** P, Uçelvan, s. f.—pl. t. au . . . A high place.
Cfn.: **ar ei (fy, &c.) uchelfannau:** elated, exhilarated, in high spirits. **1877.**

uchelfar[1] [uchel+elf. anh. (?bar[3]); cf. Llyd. Diw. uhelvarr; ynglŷn â'r ystyr yn y cyfreithiau, gw. LTMW 296] eg. Uchelwydd, Viscum album; ?cangen sy'n cyrraedd y brig (yn y cyfreithiau Cymreig): *mistletoe; branch reaching the top (in the Welsh laws).*
14g. LIB 98, Keig *ucheluaε*, trugeint a tal. **14g.** WML 104. **1707** AB 220d, Yχelvar, Misseltoe. Mon. & Heref. **1776** W d.g. Misletoe [a shrub that grows in the oak, the apple-tree, &c.]. **1801** MMf 268, y gwysgon-llys a elwir . . . *uchelfar* . . . Yr *uchelfar* a dyf gan fwyaf ar efeillgoed ag ar yr yspyddaid. **1803** P, Uçel-var, s. m. . . . the misselltow, otherwise called uçelva . . . uçelvar, s.m. . . . pren awyr, and gwysgonllys.
Amr.: **uchelawg[2]** [?cf. uchelawr]. c. **1400** CHDd[2] 85, Keing *uchellawε* [sic], trugeint a dal. **1803** P d.g. Uçel-fa. **1813** WB 242. **uchelawr** [?uchel+llawr[2], neu wall am*uchelfar* yn wr.]. **14g.** ALi. 98. **1803** P d.g. Uçelva, Uçellawr [sic]. **1813** WB 242. **uchelfal.** **1803** P. **1813** WB 242. **uchelfawr** [cf. uchelfar]. **1730** Leg Wall 263, 585. **uchelfel.** **1604-7** TW (Pen 228) d.g. Ixos, Viscus. **1632** D (Bot) d.g. Vchelfa. **1776** W d.g. Misletoe [a shrub that grows in the oak, the apple-tree, &c.]. **1813** WB 242.
Gw. hefyd uchelfa[2].

uchelfar[2], uchelfardd, uchelfawr, uchelfeddwl[1], gw. uchel+bâr, bardd, mawr, meddwl[1].

uchelfeddyliaf: uchelfeddwl[2], gw. uchel+meddyliaf: meddwl.

uchelfel, gw. uchelfar[1].

uchelfloedd, uchelfoes, gw. uchel+bloedd, moes[2].

uchelfor [uchel+môr[1]] eg. Llanw yn union ar ôl lleuad newydd neu lawn, pan fo'r gwahaniaeth mwyaf rhwng y llanw uchel ac isel, gorllanw; cefnfor, hefyd yn ffig.: *spring tide; high sea, also fig.*
[**1783**] W, uchel-for d.g. Spring tide [a high tide at the new and full moon, &c.].

uchelfrad, uchelfraint, gw. uchel+brad, braint[1].

uchelfreiniaf: uchelfreinio [bf. o'r e. uchelfraint] ba. Gwneud yn uchelwr, bon-heddu, rhagorfreintio: *to ennoble, invest with prerogative or privilege.*
1773 W d.g. To ennoble [make a commoner a noble-man; make noble or illustrious].

uchelfreiniog, uchelfreintiog [uchel-fraint+-iog] a. Ac iddo ragorfreiniau neu hawliau, breintiedig, rhydd (oddi wrth rwymedigaethau), urddasol, bonheddig: *enjoying prerogative or rights, privileged, free, immune from bonds or obligations, dignified, noble.*
1814.

uchelfreiniol, uchelfreintiol [uchelfraint +-iol] a. Ac iddo ragorfreiniau neu hawliau, breintiedig, urddasol, bonheddig, bren-

hinol: *enjoying prerogative or rights, privil-eged, dignified, noble, royal.*
1591 Rhyddiaith Gymraeg ii. 130, Yr hon a roddywd yn Llundain yn *vchel-freiniol* lys yr Admiraliaeth Loegr. **1706** Cyf Cym 15, y boneddigeiddrwydd mwyaf, ydyw bôd yn wâs i'r Duw mawr: Yr hwn a enir odd' vchod Sydd *vchel-/freiniol*. **1760** WLL: SAC 42, [yr] Urddas *uchel-freiniol* o fod yn wir foddion . . . i ddwyn arnom y rhadau . . . y maent [sacramentau] yn eu portreiadu.

uchelfreintiog, uchelfreintiol, gw. uch-elfreiniog, uchelfreiniol.

uchelfri, uchelfrig, uchelfron, uchel-fryd, gw. uchel+bri, brig, bron[1], bryd.

uchelfrydedd [uchelfryd+-edd[1]] eg. Uchel-gais, trahauster: *ambition, arrogance.*
1773 W d.g. Elation [haughtiness or pride, a being puffed up].

uchelfrydig [uchelfryd+-ig[2]] a. Uchelgeis-iol, trahaus: *ambitious, arrogant.*
1798 WR d.g. Elate. **1799** A. AB D. SION: CR 10, pa sawl un o ymladdwyr rhyddid fu'n . . . *uchelfrydig* (ambitious) i ddarostwng pawb i'r un gwastadedd.

uchelfrydigrwydd [uchelfrydig+-rwydd] eg. Uchelgais, trahauster: *ambition, arro-gance.*
1822.

uchelfrydus [uchelfryd+-us] a. Uchelgeis-iol, trahaus: *ambitious, arrogant.*
1822.

uchelfryn, uchelfryniog, uchelfur, gw. uchel+bryn, bryniog, mur.

uchelfwrdd [uchel+bwrdd[2]] eg. Rhan o ddec uchaf llong yn ymyl y starn a neilltuir fel arfer i'r swyddogion: *quarterdeck.*
1780 W d.g. Quarter-deck.

uchelfyd, uchelffair, uchelffordd, uchelffroen, uchelgaer, uchelgainc, gw. uchel+byd, ffair[1], ffordd, ffroen, caer, cainc.

uchelgais [uchel+cais[1]] eb. ll. -geisiau, hefyd fel a. (hefyd gyda grym enwol). Ysfa neu benderfyniad i lwyddo neu i wneud cynnydd, awydd neu ddyhead cryf; uchel-geisiol: *ambition, aspiration; ambitious.*
1701 E. WYNNE: RBS 185, ystyr fod ynddo [Duw] . . . Ffynnon o anrhydedd i'r *uchelgais*, a Thrysor diwaelod i'r chwannog. **1703** E. WYNNE: BC 58, Yn nesa 'r oedd drŵs Angeu Uchel-gais, i'r sawl sy 'n . . . torri eu gyddfau eisieu edrych tan eu traed. **1716** J. MORGAN: MB 10, Yno y bydd y Tlawd gostyngedig yn hy, ar [sic] balch *uchelgais* yn crynu gan ofn. **1718** E. SAMUEL: HDdD 210, mewn ddeisyfiad-au Cybyddaidd Uchel-gais. [**1724**] G. WYNN: YGD 12, *uchelgais* (ambition) Alecsandr . . . a ddinistrioid ran fawr o'r Byd. **1731** E. SAMUEL: AE 50, Plant y Bŷd hwn . . . pan fo'nt yn canlyn ar ryw fwriad *uchel-gais*, ac'n chwennych cael rhyw Haelioni gan y Tywysog. id. 113, Cenfigen ac *uchel-gais*. **1770** W d.g. Ambitious [proud, lofty, aspiringly]. id. d.g. High-flown. **1775** B. ROWLANDS: GF 267, Pan ddymunodd Iago a Ioan gael eu gwneuthur yn bennaf yn ei deyrnas . . . yr Iesu a gymmerth achlysur . . . i fogi pob *uchel-gais* ymhlith ei holl ddisgyblion. **1779** D. DAVIES: BDED 52, dyn coeg-falch *uchelgais*. **1798** WR d.g. Ambition, Aspiration. **1803** P. Ar lafar, 'Mynd yn ddoctor odd 'i *uchelgais* a pryt 'ynny', GTN 470.

uchel-Galfinaidd [uchel+Calfinaidd] a. Yn perthyn i uchel Galfiniaeth, nodwedd-iadol o'r cyfryw: *high Calvinist (adj.).*
1853.

uchelgalon, uchelgamp, gw. uchel+calon, camp[1].

uchelgar [uchel+-gar] a. ?Uchelgeisiol: *ambitious.*
1815.

uchelgeisgar [uchelgais+-gar] a. Uchel-geisiol: *ambitious.*
1842.

uchelgeisiaeth [uchelgais+-iaeth] e?b. Uchelgais: *ambition.*
1862.

uchelgeisiaf: uchelgeisio [bf. o'r e. uchel-

gais] bg.a. Bod yn uchelgeisiol, dyheu (am): *to be ambitious, aspire (to).*
1803 P d.g. Uçelgeisiaw.

uchelgeisiol [uchelgais+-iol] a. Llawn uchelgais: *ambitious.*
1823.

uchelgerth, uchelglod, uchelglodus, uchelgoeth, uchelgraig, uchelgrair, uchelgref, gw. uchel+certh[1], clod, clod-us, coeth, craig, crair, cryf.

uchelgrib, uchelgribog, uchelgroch, uchelgrog, uchelgryf, uchelguwch, gw. uchel+crib, cribog, croch, crog, cryf, cuwch[1].

uchelgyhuddaf: uchelgyhuddo [uchel+cyhuddaf: cyhuddo] ba. Cyhuddo o uchel drosedd neu gamymddygiad gerbron llys cymwys: *to impeach.*
20g.

uchelgyhuddiad [bôn y f. uchelgyhuddaf: uchelgyhuddo+-iad[1]] eg. ll. -au. Y weith-red o uchelgyhuddo: *impeachment.*
20g.

uchelgyrch [uchel+cyrch[1]] eg. a hefyd fel a. Uchafbwynt, anterth: *climax.*
1892.

Fel a. ?Aruchel, dyrchafedig: *sublime, lofty, elevated.*
c. **1785-90** (**1829**) CBYP 11, o chaner Mawlgerdd, bydded y laith yn *uchelgyrch*, eonfalch, i'w chyflawn ag helaethgyrch ymadrodd.

uchelhaf: uchelhau [uchel+-hau] bg.a. Codi, dyrchafu: *to rise, raise, elevate.*
1841.

ucheliad [bôn y f. uchelaf[1]: uchelu+-iad[1]] eg. Codiad, dyrchafiad: *a raising, heighten-ing.*
1803 P.

ucheliaid [uchel+-iaid[1]] e.ll. Pobl uwch eu safle neu eu statws, penaethiaid: *superiors.*
1606 E. JAMES: Hom i. 137-8, y frenhines Ann, tywysog Henri . . . a chyngor duwiol, anrhydeddus doeth: ac *ycheliaid* (superiors) ac isseliaid erraill mewn trefn dduwiol hardd. **1710** CBGEL 114-1[15], Meist-iaid a Gwenidogion, Swyddogion a Rheolwyr yn yr Eglwys ar Deyrnas, yr Ucheliaid ar Iseliaid.

ucheliaith, uchelnef, uchelnod, gw. uchel+iaith, nef, nod[1].

uchelog [uchel+-og] a. Uchel; uwchradd-ol; uwchradd (am ysgol): *high; superior; secondary (of school).*
14g. LIB 43, Deudyblyc vyd dirwy yn llys ac yn llan os mam eglwys ac *vchellawε* [sic] vyd. **1595** Egl Ph 90, Dy wybodaeth di sy rybhedhach, neu y galh-wybh ei thwylho: mae hi yn *vchelawg*, ni alhabh mo'i gornerthu. **1803** P, Uçelawg . . . Having height or alti-tude.

uchelradd [uchel+gradd] a. a hefyd gyda grym enwol ac fel eb. ll. (prin) -au.

(a) Uwchraddol, (o) safle, dosbarth, safon, neu statws uchel, tras uchel, o dras uchel, rhagorol: *superior (adj.), (of) high rank, class, standard, status, or pedigree, high-born, excellent.*
1588 Ecclus iii. 19, Y mae llawer yn *vchelradd* ac yn anrhydeddus. **1595** Egl Ph 22, nid gwedhus i dhyn iseliradh ymarber o honi wrth swydhog, *uchelradh*, ai id. 76, i bhrenhinoedh ag i wyr *vchelradh*. **1604** R. HOLLAND: BD 10, yn wedhus, yn gymmwys, ac yn nol [sic] i *vchel-radh* (ranke) au [sic] fawredh [am dywysog]. **1604-7** TW (Pen 228) d.g. Amplus, Magnas. **1618** J. SALISBURY: EH 36, Duw (mowredh ag *vchel-radd* ir hwn sydd dhigymar . . .). **1630** R. LLWYD: LlH 3, Cyflwr yw hwn cyffredin i bawb, i'r *vchel'radd* megis ir issel: ir tlawd fel i'r cyfoethog. **1675** R. JONES: HCh 149, Anrhydedd. Hyn y mae yr Arglwydd yn ei ofyn gan bob rhai iseliradh tu ag at y rhai Uchelradd (Superiors). **1696** CDD 122, Nid at rŷw wŷr mawrion, uchel-radd cyfoethogion, i daeth yr anglyion na newyddion o nêf. **1721** J. P. PRYS: DC 11, Mae eglur ddadcuddiad ond ystyr yn wastad, / Fod i ni wych alwad *uchelrâdd*. **1803** P, Uçelradr, s. f. —pl. t. au . . . A high degree.

(b) Gram. Gradd eithaf: *superlative degree (in gram.).*
14g. GP 42, Teir grad gymheryeit ysyd, nyt

amgen, grwndwalrad, a grad gymharyat, ac *vchelrad* . . . *Vchelrad* yw honn y bo y synnwyr vchaf a mwyaf arnei, ac ny aller dim dros hynny, val y mae 'goreu oll' neu 'gwaethaf oll'. **1560–87** *id.* 161, Pedwerydd kydgordiad a fydd Rwng yr *vchelradd* a'r genedio. *p.* **1584** G. ROBERT: *GC* [117], Pessawl gradd cymheiriad y sydd? . . . tair, y gyssefinradd, y ganolradd, a'r *uchelradd* . . . Yr *uchelradd* a ragora ar y gyssefinradd yn fwyaf ag yn uchaf oll, mal: gwnnaf, calettaf. **1632** *D* d.g. *Superlativus gradus.* **1725** *SR* d.g. *The Superlative Degree.*

(*c*) Uchelder (teitl): *Highness* (*title*).

1752 *LlGG* 24, Brenhinol *Uchelradd* Sior, Tywysog Cymru. **1771** *PDPh* d.d., ei ddiwedar [*sic*] *uchelradd* Wiliam Duwc o Cumberland. **1774** *W* d.g. *Highness* [*a title given to princes*].

Uchelraith, gw. uchel—**Uchel Raith.**

uchelrwydd [*uchel+-rwydd*] *eg.* Mawredd, safle neu statws uchel: *greatness, high rank or status.*

15–16g. *TA* 230, *Uchelrwydd*, mae'n ych haelwrid, / A thân gras aeth yn y gwrid; / Iechyd i'r ffriw, wychter Ffranc, / Esgwier twysog ieuanc. [**1740**] L. ANWYL: *NG* 7, y mawr-ddŷn hwn [Nebuchodonosor] yn ei ddyddiau digrifol a'i *uchelrwydd.*

uchelrwysg, uchelryw, gw. **uchel+ rhwysg, rhyw**[1].

uchelsaf [*uchel+saf*[1]] *eb.* ?a hefyd gyda grym ansoddeiriol. Cerfwedd uchel; ?pwynt uchel: *high relief* (*in sculpture*); ?*high point.*

[**1783**] *W* d.g. *Relief, in Sculpture . . . High relief, To round, in Sculpture.* **1803** *P.*

uchelsain, uchelsaint, gw. **uchel+ sain**[1], **saint**[2].

uchelsarn [*uchel+sarn*] *e?b.* ll. *-au.* Teras: *terrace.*

1794 *W* d.g. *Terrass, terras, or terrace* [*a raised walk in a garden, &c.*].

uchel-seingar, uchel-seiniol, gw. **uchel +seingar, seiniol.**

uchelseinydd [*uchel+seinydd* ar ddelw'r S. *loudspeaker*] *eg.* Cyfarpar sy'n trawsnewid ysgogiadau trydanol yn sain hyglyw: *loudspeaker.*

1936.

uchelserth, uchelson, uchelswydd, uchelsyth, gw. **uchel+serth**[1], **sôn**[1], **swydd, syth.**

uchelwaed, uchelwawd, uchelwawr, uchelwedd, uchelwerth, uchelwlad, gw. **uchel+gwaed, gwawd, gwawr, gwedd**[1], **gwerth, gwlad.**

uchelwr [*uchel+gŵr*, cf. H. Grn. *hupelpur* [*sic*], gl. *clito*] *eg.* (b. *-wraig*, ll. *-wragedd*) ll. *-wyr.* Perchen tir, rhydd-ddeiliad, landlord; gŵr bonheddig ei safle neu ei dras, bonheddwr, pendefig; person uwch ei safle neu ei statws, pennaeth; hefyd yn *ffig.* ac am Grist: *landed proprietor, freeholder, franklin, landlord; gentleman, nobleman, aristocrat; a superior; also fig. and of Christ.*

12g. *GCBM* i. 286, Priodaỽr Pennant, pennaf— *uchelwr*, / *Uchelwyr* uodrydaf. *c.* **1188** GIRALDUS CAMBRENSIS: *IK* 166, nobiles . . . qui Kambrice *Hucheilwer* quasi superiores viri vocantur. **13g.** *GDB* 389, *Ucheloʀ* mirein byrdrein drỽydeỽ [am Grist]. **14g.** *LlB* 4, Brenhin a dyly vn gwr ar pymthec ar hugeint yn y gedymdeithas . . . a'e deudec gwestei, a'e teulu, a'e *vchelwyr* (*LTWL* 318, *optimates*), a'e vaccwyeit. **14g.** *BT* (*RB*) 16, yna y llas Einawn ap Ywein drwy dwyll gan *vchelwyr* (*optimates*) Gwent. **14g.** *GP* 56, *Vchelwr* (*id.* 16. Brehyr) a uolir o'y dewred, a'y gedernit, a'y vilwryaeth, a'y bryt, a'y voned, a'y adwyndra, a'y haeloni, a'y digrifwch, a'y doethinab, a'y gymendawt, a'y wrdahaeth, a'y gynnhalyat, a'y gyuoeth, a'y vawrvrydus weithredoed, a'y gywirdeb o eir a gweithred a medwl wrth y arglwyd dyledawc. *c.* **1400** *B* ii. 11, *Vchelwyr* (*franc tenantz*) a meibon eillon beth a del y gantunt wy. *Diw.* **15g.** *Pen* 67, 125, *y chelwr* [*sic*] di vrychevlyd [*sic*] / ychelvaer swydd gaer i gyd (Hywel Dafi). **16g.** *GGH* 198, O'r ddysg a'r radd a wisgen', / Uwchlaw'r llaill, *uchelwyr* llên [moliant Elis Prys o Blas Iolyn]. **1632** *D* d.g. *Magnas, Superiores.* **1661** E. LEWIS: *Drex* 359, Nid ydym ond tenantiaid wrth ewyllys, ac nid *uchelwyr* (*Freeholders*). **1688** S. HUGHES: *TSP* 188, [b]ytheirio allan lawer o eiriau enllibiaidd eraill . . . am dan y rhan fwyaf o *vchelwyr* (*Gentry*) ein Tref ni. **1703** E. WYNNE: *BC* 98, A'r mân *uchelwyr* o'u hamgylch, rhaid i'r rheiny naill ai eu hofer-ganlyn, ai mechnio trostynt. **1718** E. SAMUEL: *HDdD* 227, fel hyn y gwna *Uchelwyr* (*landlords*) chwannog pan na wypo eu Hardretholion . . . pa fodd i ddarparu lle iddynt eu hunain. **1753** *TR*, *Uchelwr*, Mâb *uchelwr*, a gentleman, a free-holder. **1761** *ML* ii. 340–1, rhyw *uchelwr* meddw ni roddai atteb yn y byd yn y Cwrt, pan ofynwyd iddo dros bwy yr oedd yn fottiaw. *id.* 354, [c]iniewa yn nhy *uchelwraig*, cares i'r bobl. **1803** *P.* Ar lafar, "Odd man-gu'n arfadd gwed yn bod ni'n dishgyn o rwth *uchelwyr*', *GTN* 470. Cf. **1450** *Pen* 404, 96a, vchelwrs siue franckleyns.

Gw. hefyd **uchelydd.**

uchelwrdir, gw. **uchelwr+tir.**

uchelwriaeth [*uchelwr+-iaeth*] *eb.g.* Safle neu statws uchelwr, boneddigrwydd; tirddaliadaeth: *nobility; tenure* (*of land*).

c. **1400** *R* 1246. 23–4, llỽyr*uchelỽryaeth* llary ffraeth ffrỽythyaỽ. **1630** R. LLWYD: *LlH* 272, yn gystal ac y dichon y cyfreith-wr deddfol ddysc roddi barn am scrifennadau, a meddiannau *vchelwriaeth* fydol. *id.* 273, na ddichon . . . mwy nac y dichon cyfreith-wr feio ar fraint tîr, ac *vchelwriaeth*, pan fyddo'r cyfiawnder yn dda. [**1703**] *YGDB* 10, eu gwaredu . . . gan y brenin hwnnw . . . gan eu gwneuthur yn rhyddion drwy'r wlâd ôll, fel Arglwŷddi o ran rhydd-did ac *uchelwriaeth.* **1803** *P.*

uchelwrol [*uchelwr+-ol*] *a.* Yn perthyn i uchelw(y)r, nodweddiadol o uchelw(y)r, yn perthyn i safle, statws, teitl, neu dras uchelwr, pendefigaidd: *pertaining to, or characteristic of, a nobleman or the nobility, noble, aristocratic.*

20g.

uchelwych, gw. **uchel+gwych.**

uchelwychedd [*uchelwych+-edd*[1]] *eg.* Arucheledd: *sublimity, loftiness.*

1851.

uchelwydd [*uchel+gwŷdd*[1]] *eg. Bot.* Planhigyn parasitig sy'n tyfu ar goed afalau, derw, &c., ac sy'n dwyn aeron gwyn gludiog yn y gaeaf, *Viscum album*; eirinllys, *Hypericum*: *mistletoe; St John's wort.*

1632 *D* d.g. *Viscus. id.* (*Bot*) d.g. *Vchelfa.* **1725** *SR* d.g. *Missleto.* **1740** T. EVANS: *DPO* 152, Derwen lle y byddai y Llysieuyn a elwir *Uchel-wydd* [:– Viscus quercines. Missletoe.] yn tyfu. **1759** J. EVANS: *PF* 51, Cymerwch hanner Dram o *Uchelwydd* wedî ei wneud yn llwch. *id.* 87, Dail y Ffion ffrwyth, a Dail *Uchelwydd* (*St. John's wort*). **1813** *WB* 242.

uchelwyl, uchelwyllt, uchelwynt, gw. **uchel+gŵyl**[1], **gwyllt, gwynt.**

uchelydd [*uchel+-ydd*[3]] *eg.* ll. *-ion.* Person uwch ei safle neu ei statws, pennaeth: *a superior.*

1770 *TG* ii. 73, dim cynfigen gan y rhai fo is-radd wrth yr *uchelyddion.* **1803** *P.*

Gw. hefyd **uchelwr.**

uchelys, gw. **uchel—uchel lys.**

uchelysbryd, gw. **uchel+ysbryd.**

Uchellmyn, Uwchellmyn [*uch-, uwch-+ Ellmyn*] *e.ll.* Almaenwyr: *Germans.*

1707 *AB* 221, Ardaloedh yr hên *Yuχ-Elhmyn.* **1773** *W*, Yr *Uch Ellmyn* d.g. *Dutch . . . The High Dutch or Germans.*

uchenaid [H. Lyd. (*gurgued*) *huan*, gl. (*zefiro*) *flante, huanatou*, gl. *mirmicizontes*, Llyd. C. *huanat, vhanad*, H. Wydd. *osnad*: o'r un gwr. IE. **anə-* < **ə*e*nə-* 'anadlu' ag a welir yn *anadl, enaid*; cf. hefyd *tuchan*] *eb.* ll. *ucheneid*(*i*)*au, uchenediau, uch*(*e*)*neidion.*

(*a*) Ochenaid, griddfaniad, ?ebwch, ?anadliad llafurus, hefyd yn *ffig.*: *sigh, groan, moan, ?gasp, ?laboured breathing, also fig.*

12g. *GMB* 263, Gnaỽd erof hiraeth (edgyllaeth echen) / Ac *ucheneid* vore. **12g.** *GLlF* 120, Achenaf *ucheneid* gyfrin / Mi a'e maỽl, a melyn eithin. **12–13g.** *GMB* 460, Gwedy gwydyn garu llu a lleeu / A llaỽs achaỽs *ucheneidyeu.* **13g.** *A* 20. 18–19, ac *ucheneit* hir ac eilywet. en ol gwyr pebyr temyr tudwet. **13g.** *BD* 84, Kwynuuan ac *ucheneidyeu* (*RB* ii. 124, *ucheneideu*) y brytanyeit. **14g.** *T* 69. 15, mal *vcheneit* gỽynt ỽrth onwyd. *c.* **1400** *MM* 92, Rac chwydu ac *ucheneideu.* *c.* **1400** *Ked AA* 9, [b]wrw *uchenedyeu* praff, a gellwng dagreuoed hidleit. **15g.** *GGl*[2] 18, *Uchenaid*, tra fych yno, / A drig yn edrych dy dro [i abad Ystrad-fflur]. **15g.** *ID* 27, oer iawn a blin yw r ia n blaid / oerach yno r *ychenaid.* **1547** *WS*, *Ucheneid* A syghe. **16g.** *LIS* 35, Iscell Gwallt y ddayar . . . sydd dda . . . rhac yr *vcheneidion.* **1588** *Ecclus* xxv. 28, Dwylo gweiniaid, a gliniau rhyddion yw 'r hon ni chynorthwya ei gŵr yn ei *vchenaid.* **1632** *D*, *Vchenaid*, Gemitus, suspirium. **1650** *B* x. 49, Melldithion gweinion trethu'r tlodion / cyffredin *ucheneidion* a thrymder. **18g.** I. BRYDYDD HIR: *Gw* 61, Pa oer farn a ddaeth arnom, / A chwyn trist *uchenaid* drom? **1803** *P.*

(*b*) *Ieith.* Anadliad: *aspiration* (*in linguistics*).

14g. *GP* 39, Nyt llythyrenn 'h' herwyd mydyr, namyn arwyd *vcheneit.* **1593** W. MIDLETON: *B* 3, Ny thyrr H arwydh *ychenaid.* **1728** S. RHYDDERCH: *GC* 1, Nid Llythyren ydyw (h,) onid arwydd *uchenaid* yw.

(*c*) Saethweddi: *ejaculation* (*prayer*).

1768 *Cyf W* 16, [d]ywedyd Gweddi'r Arglwydd, a dwy neu dair o *Ucheneidiau.* *id.* 18, *Ucheneidiau*, Wrth fyned allan, neu ddyfod i mewn.

Amr.: **echenaid. 16g.** WILIAM CYNWAL: *Gw* (R. L. Jones) 735, *echneidion.* **16–17g.** *CRC* 266, *echneidion.* **17g.** EDWARD DAFYDD, &c.: *Gw* 133.

Gw. hefyd **achenaid, ochenaid.**

uchenaidweddi, gw. **uchenaid+ gweddi.**

ucheneidiaf, uchneidiaf, ucheneidaf: uch(e)neidio, ucheneido [bf. o'r e. *uchenaid*] *bg.* a hefyd gyda grym enwol. Ocheneidio, ochain, griddfan, ebychu, beichio wylo: *to sigh, groan, moan, gasp, sob.*

13g. *HGK* 12, A phan gigleu Trahaearn ry dyuot y llynges vrenhinyawl, tristau ac *ucheneidyav* a oruc. **14g.** *YBH* 38b, Y gyt ac y gwyl hi yffrỽst ef. *ucheneidaỽ* idi hitheu yn uchel. **14g.** *WM* 82. 33, Taỽ eneit ath *ucheneidaỽ.* *c.* **1400** *YCM*[2] 159, y ellwg o'e holl ogonyant a'e bechodeu yn yr awr yd *ucheneidyo.* *c.* **1400** (*SG*) *HMSS* i. 340, A gwedy daruot idaw edrych arnaw ef a *ucheneityawd.* *Dchr.* **15g.** *GM* 40, attat yd *ucheneidywn* drwy gwynvan ac wylofein yg glyn y dagreu hwnn. **1547** *WS*, *Ucheneidio* Syghe. **1567** *TN* 62b, Yno yr *vcheneiddiodd* [*sic*] [:– a roes ebwch] ef yn ddwys. **1609** *CRC* 326, O gedwch gedwch imi *ychneidio* / trymder kalon sydd im klwyfo. **1632** *D*, *Ucheneidio*, Ingemiscere, suspirare. **1661** E. LEWIS: *Drex* 37, heb gysgu na chau mo'i lygaid un amser ond *ucheneidio* a thuchan o rhan dolur o'i ben. **1803** *P.*

Amr.: **echneido. 16g.** *Hop M* 159, am dano ddwy *nechnaido.* **16–17g.** *HG* 103, tost *echnaidwn.*

Gw. hefyd **ocheneidiaf: ocheneidio.**

ucheneidiol [*uchenaid+-iol*] *a.*

(*a*) Ocheneidiol, byr ei wynt: *sighing, short-winded, panting.*

1604–7 *TW* (*Pen* 228) d.g. *Suspiriosus.* **1722** *Llst* 189, *Ucheneidiol.* Sighing, panting.

(*b*) *Ieith.* Anadlol; *Sein.* ffrithiol: *aspirate* (*in linguistics*); *fricative* (*in phonet.*).

1546 *YLlH* [7], or kytseinanyeid, rhai yn bicca . . . Eraillh yn *echneidawl*, val ch. th. ph. ney ff. **1728** S. RHYDDERCH: *GC* 1, yn y cyfryw Lythyrennau *ucheneidiawl* ar rhain, sef, hael, hoel, hoedl.

Amr.: **echneidol. 1546** *YLlH* [7].

Gw. hefyd **acheneidiol, ocheneidiol.**

ucheneidiwr [bôn y f. *ucheneidiaf, ucheneidaf*: *ucheneid*(*i*)*o+-iwr*] *eg.* ll. *ucheneidwyr.* Ocheneidiwr: *one who sighs or groans.*

1767 *Aberth Cym* x, cyhyd ag y mae rhai *Ucheneidwyr* (*sighing party*) y mae gobaith y cawn ni etto ein gwared. **1803** *P.*

Amr.: **echeneidiwr. 1594–6** *AP* 35, wrthyfi bruddvardd *echeneidiwr* yr hwnn wyf yn gyflawn drymglaf och anveidrawl gariad.

Gw. hefyd **ocheneidiwr.**

ucher [cf. Llad. *vesper*, Gr. ἕσπερος, Armeneg *gišer*] *eg.b.* ll. (prin) *-au*, ?*uchyr*, weithiau gyda grym adfl. Min nos, yr hwyr, noswyl, hefyd yn *ffig.*: *evening, eve, also fig.*

12g. *GLlF* 319, Cof Ewein y'm callonn yd uyt, / Diỽuner *ucher* ac echwyt. *id.* 442, Gweleis-y am *ucher*, uchel eu rwyf / Gỽraget. **12g.** *GCBM* ii. 179, Gỽrth *uchyr* gỽrthrychyeid ys gnaỽd. **13g.** *GDB* 135, Meir a Mihangel pan deler, / Bwyf trwyadyl kynnaddyl kyn noc *ucher.* **13g.** (**1641**) *HGK* 25, eu hemlynassant . . . y dydd hwnnw hyt *ucher.* *c.* **1400** *MM* 142, dot y wỽn gỽin dros nos hyt trannoeth *ucher.* *Diw.* **15g.** *Pen* 53, 42, Dyddiau blwyddyn dyn a dynnant / Chwech oes ar chwech awr a gerddant / A thri Vn ddau a thrugain y ddant / A tri [*sic*] *ycher* a thrychant. **16g.** WILIAM LLŶN: *Gw* (R. Stephens) (At.), *Vcher* heno haws *vcher* na borav. *Diw.* **16g.** *WLB* 77, dyro hanner llwyaid o gwrwf da hen ac yfed y klaf ef *ucher* a bore.

1632 D, *Vcher*, Vesper. **1639** *RWM* i. 1112, *Vcher* = o 6 i 9. **1710** *LlGG* (*Gos*) 13, na chanu 'r Clŷch o goelgrefydd, ar Wyliau ac *Ucherau*. **1803** P.

Gw. hefyd **educher, yforucher**.

ucheraf: ucheru [bf. o'r e. *ucher*] bg. Hwyrhau, nosi, darfod (am y dydd): *to become late, become night, decline (of day)*.

14g. *HMSS* ii. 27, A phan *ucherws* y dyd. pawb aeth oy bebyll. **1608** *Pen* 217, 9, a phan *vcherodd* y dydd y bv varw, ae a gymyrth dirfawr ovyn y rhwng diffeithyet y lle a thywyllet y nos. **1632** D, **Vcheru* Hist[oria] Carol[i] M[agni] Aduesperascere. **1803** P.

ucherwest, ucherwyl, gw. **ucher** + **gwest¹, gŵyl¹**.

uchfeirniad, uchfeirniadaeth, uchfesurydd, uchfioled, uchfodaeth, uchfodol, gw. **uwchfeirniad, uwchfeirniadaeth, uwchfesurydd, uwchfioled, uwchfodaeth, uwchfodol.**

uchfraint [*uch-* + *braint¹*] eb.g. ll. *-freintiau*. Rhagorfraint: *prerogative*.
1780 *W* d.g. *Prerogative.* **1803** P, *Uçvraint*, s. m.—pl. *uçvreintiau*, ... A supreme right, a prerogative.

uchfydol, gw. **uwchfydol.**

uchfferyllwyr [*uch-* + *fferyllwyr* (ll. yr e. *fferyllwr*)] e.ll. Alcemyddion: *alchemists*.
1906.

uch-gadben, uch-gadbennaeth, uch-gadfridog, gw. **uwch-gadben, uwch-gadbenniaeth, uwch-gadfridog.**

uch-ganwriad [*uch-* + *canwriad*] eg. Uwch-gapten; un o ganwriaid y gatrawd gyntaf (ym myddin Rhufain gynt): *major (in army); one of the captains of the first cohort (in the Roman army).*
1814.

uch-gapten, gw. **uwch-gapten.**

uch-gapteniaeth, uch-gaptennaeth, gw. **uwch-gapteniaeth.**

uch-gwnstabl, gw. **uwch-** + **cwnstabl.**

uchgwympedydd, uchgwympedyddiol, uchgwympiedydd, gw. **uwchgwympedydd, uwchgwympedyddol, uwchgwympedydd.**

uch-gyfreithiwr, gw. **uwch-gyfreithiwr.**

uch-hedol [*uch-* + *hedol*] a. Yn hedfan yn uchel, yn esgyn, hefyd yn ffig.: *high-flying, soaring, also fig.*
1845.

uchlaw, gw. **uwchlaw.**

uchlawr, gw. **uwch-** + **llawr¹.**

uchlenor, uchllaw, uchnaturiol, gw. **uwchlenor, uwchllaw, uwchnaturiol.**

uchneidiaf: uchneidio, gw. **ucheneidiaf: ucheneidio.**

uchneidus [*uchenaid* + *-us*] a. Ocheneidiol: *sighing*.
1588 (1692) *ClIC* ii. 10, Ag yn wae i 'r dynion hên / A llawer gwên uchneidys / A 'r holl blant dan nottarn brynt / Yn flin eu hynt yn yr ynys.
Amr.: **echneidus** [cf. *echenaid*]. **16g.** *IICRC* iii. 335, Pent [sic] oyddwan ar fore yn kerdded / Mewn kelli deg afrifed / yn *echneidys* ar lan Dwr / Na wypo un gwr fy mlined.

ucho, uchof [ff. adfl. ar yr ardd. *uch¹*, ?yn wr. ff. 1 un.] adf. a hefyd gyda grym ansoddeiriol.

(*a*) Uchod, uwchben, fry; yn y nefoedd: *above, on high; in heaven*.
15g. *GLGC* 98, Caeo wen *ucho* a nodd Non—a 'i mab / a Mair a 'r gwerydon. *id.* 514, Am olud y byd mi wylais—dŵr byw, / am *ucho*wir Dduw mi a chwerddais. **15-16g.** *TA* 318, Rhai 'n dosbarth pob parth i 'r pen, / Rhai *ucho* 'n meirw haeachen. **1603** W. MIDDLETON: *Ps* 27, Diwair ion *ucho* darian eiddyd. **1632** D, *Vcho* .. Adverb. Suprà, supernè. **1770** *W*, *ucho* d.g. *Above* [*Adv.*]. c. **1785-90 (1829)** *CBYP* 93, Mwyn y dail yr haf mewn dolydd, / Glessin gweynydd glwys yn gynnar; / A nod hwylus ednod tewlwyn / *Ucho*'n loywfwyn a chan lafar. **1800** W. OWEN[-PUGHE]:

CP 33, Oddi y cydiad *ucho* (*from the angle at the top*) y croger plymen. **1803** P d.g. *Uço*.

(*b*) Uchod (mewn llyfr, &c.): *above(-mentioned) (in book, &c.).*
13g. *LlI* 15, *Uchof* e traethvyd o ureynt ... er un svydavc. **1632** J. DAVIES: *LlR* 370, Fe fynnai bobl Israel er dim gael brenin, fel y dywedais *ucho.* **1800** W. OWEN[-PUGHE]: *CP* 11, y rhai â sonier *ucho* amdanynt. *id.* 60, Wrth ddilyn y drefyn *ucho.*

uchod [ff. adfl. ar yr ardd. *uch¹*, ?yn wr. ff. 2 un.; cf. H. Grn. *huchot*, gl. *sursum*] adf. a hefyd gyda grym ansoddeiriol.

(*a*) Ar bwynt uwch, i bwynt uwch, uwchben, fry; yn y nefoedd: *above, overhead, on high; in heaven*.
12g. *GLlF* 37, A 'th wyr y 'th orchymynaf / Y 'r Haeluron *uchot* uchaf. **12-13g.** *GMB* 460, Goresgynnós Mab Duw, Difeu,—nef *óchod.* **12-13g.** *GLlLl* 266, Boed yn nef a 'th hendref a 'th hauod,—teyrn, / Teyrnas Duw *uchod!* c. **1400** [*RB*] *WM* 207. **12-13,** Mi ae keueis arglóyd *uchot* ar yford. **15g.** *GLGC* 63, Syr Dafydd, bâr onwydd bras, / *uchod* wythoes fych dithau. **1551** W. SALESBURY: *KLl* xlb, keisiwch y pethe *vchot.* **1620** *Job* xxxi. 28, gwadaswn Dduw *uchod* (**1588** *ib.* oddi *uchod*). **1621** E. PRYS: *Ps* 28b, O 'r dyfnder daethym fel ar sawdd, / a 'r ffrwd a lifawdd *uchod.* **1760** E. WILLIAMS: *UYB* 199, 'Rwy 'n credu fod ei werthfawr Waed / O 'r anfeidrolaf Rym a rhâd, / Yn llenwi holl Drysorau Duw, / Ac *uchod* fyth yn Dalment adnu. **1770** *W* d.g. *Above* [*Adv.*]. **1803** P.

(*b*) (A grybwyllwyd neu y cyfeiriwyd ato) yn gynharach (mewn llyfr, &c.): *above(-mentioned) (in book, &c.).*
13g. *HGK* 8, y Robert a enwyt *uchot.* **1346** *LlA* 55, óynt aant yr poennev a dyóetbóyt *vchot.* c. **1400** B ii. 13, gwybydy di uot yn wir yr hynn *uchot.* c. **1400** *ChO* 7, Yr eryr *uchot* yw prelat yr eglwys. c. **1400** *GP* 14, or byd yr eglyn heb un o 'r beieu kyfreithawl *uchot* arnaw. *Diw.* **16g.** *WLB* 30, yr ysgell *uchod* yn fwygul. **1588** *2 Esd* vii. 27, A phawb a 'r a ddiango oddi wrth y drygioni *vchod*, a gaiff weled fy rhyfeddodau maufi. **1771** *PDph* 21, cymmerwch fomit fel *uchod.* **1800** W. OWEN[-PUGHE]: *CP* 6, Sylwad ar yr *uchod*, gan Young.
Cfn.: **ac uchod**: *and above (of age), and older.* **1588** *Ecs* xxx. 14, [m]ab vgain mlwydd ac *vchod.* **1588** *Nu* i. 3.

uchof, gw. **ucho.**

ucholygwr [*uch-* + *golygwr*] eg. Goruchwyliwr: *supervisor*.
1822.

uchom, gw. **uwch.**

uchradd, uchraddiaeth, &c., gw. **uwchradd, uwchraddiaeth, &c.**

uch-reithiwr, uchrif, uch-ringyll, gw. **uwch-reithiwr, uwchrif, uwch-ringyll.**

uchrodfa [*uch¹* + *rhodfa*] eb. ll. *-feydd.* Teras: *terrace.*
1848.

uchsarn, uchseiniol, uch-swyddog, gw. **uwchsarn, uwchseiniol, uwch-swyddog.**

uchswyddwr, gw. **uwch-** + **swyddwr.**

uchsynhwyrol, gw. **uwchsynhwyrol.**

uchuch, gw. **uwch—uwch uwch.**

uchyr, uchysgol, uchystafell, gw. **ucher, uwchysgol, uwchystafell.**

ud [bôn y f. *udaf: udo*; ansicr yw prth. *ut, A 6. 14*] elf. mewn geiriau cfns., e.e. *udfil*, *udflaidd.*

-ud, gw. **-it.**

udad, gw. **udiad.**

udaf: udo, bg.a. a hefyd gyda grym enwol i 'r be. Cynhyrchu llef hir uchel ddolefus (am gi, blaidd, tylluan, &c.), yngan llef hir uchel o boen, gwawd, chwerthin, &c. (am berson), crio neu wylo 'n uchel, nadu, bloeddio, gweiddi: *to howl, hoot, wail, yell, shout.*
13g. *C* 67. 6, Kian a *ud* yn diffeith cund [sic] drav otuch pen bet alltud. **13g.** *GBF* 422, Pob mab yn y grut yssy 'n *udaó.* **1346** *LlA* 109, yna kóynnvan ac *udaó* agriduan aoruc boya ae óreic aedylóyth. **14g.** *SC* viii/ix. 191, kyffroi yr awyr a wnaethant o leuein. hyt pan oed anaws idaw odef yr *vdaw* hwnnw ar

lleuein. **14g.** *GDG³* 76, *Udai*'n ffraeth, adwaen ei ffriw; / Edn i Wyn fab Nudd ydyw [i 'r dylluan]. **15g.** *GGI²* 230, *Udo* dduw Iau nad oedd iach, / Wedi 'i farw, ufa oerach. **1547** *WS*, *Vdo* Shoute. *id. Vdo* val ki Whowle. **1588** *Esec* xxi. 12, Gwaedda ac *vda* fab dýn. **1615** R. SMYTH: *GB* 46, y ci ... a gymerodd vvib o redeg yn i herbyn ... gan *udo* a chyfarth. **1630** *YDd* 233, rhyw wr ardderchawg ... yn *vdo* fel bytheiad. **1632** D, *Vdo*, Vlulare. **18g.** *CC* 209, Vdfardd wyf adfraidd ofin / *vda* floedd od af i Lun. **1803** P d.g. *Udaw.*
Amr.: **udain.** c. **1762-79** W. WILLIAMS: *P* 90-1, offeiriad ... sydd yn dyfod ac yn rhuo, ac yn *udain*, ac yn arferyd pob Seremoniau dewiniaeth tros y clâf. **1774** T. JONES: *DG* 174, y rhai sy 'n dewis pechu ... a gant ddioddef ... Pan y byddwyf fi yn canu, hwy a fyddant yn *udain* neu yn ubain. **18-19g.** *Llr* C 11, 251, Glamorgan ... Blaidd yn chwyrnu, yn *udain*—'Ma 'r ci 'n *ytin* cyn marwolath' (Morg.); "Odd ryw gi 'n *utin* trw 'r nos nithwr", *GTN* 485. **udan.** **1850.** Ar lafar yn y ff. *utan* (Morg.); 'Ytan cwrcatha' (Myn.). **udfan.** c. **1500** *NBSGaerf* 305, Dwyn Siôn, pand creulon yw 'r cryd? / Lle 'n *udfan* yn llawn adfyd. **16g.** RHISIART FYNGLWYD, &c.: *Gw* 150, A deutu Cymru o 'i cyd / Yn dwyn *udfan* dan adfyd. **1595** H. LEWYS: *PA* d.d., Y perl mewn blinfyd adfyd *vdfan.*

udfa [bôn y f. *udaf: udo* + *-fa*, *ma*] eb. ll. *-feydd, -faoedd, -fâu.* Y weithred o udo, dolef, cri tylluan, oernad, wylofain, gwaedd, galarnad: *a howling, hoot, (sad) cry, wailing, shout, lamentation.*
14g. *SC* viii/ix. 189, Nyt oed a allei dywedut yr *vtua* ar lleuein y rei y truein a welei ef yno. c. **1400** *YCM²* 8, gawr o awyr ... mal *utua* bleideu a llewot. c. **1400** *R* 1288. **24-5**, Kolli kyrch va. honneit *utua* hyt neut atvyt. **15g.** *GDID* 40, Ac irad *udfa* gan gŵn, gwerog—frad, / A garw frefiad gan afr frefog. **15g.** *GGI²* 230, *Udfa* dduw Llun, Dafydd Llwyd, / A roes gwŷr a wasgarwyd. / ... / Udo dduw Iau nad oedd iach, / Wedi 'i farw, udfa oerach. **1547** *WS*, Udfa A shout. **16-17g.** *GST* i. 716, Cyw egwyddfain, coeg udfa, / Bloeddio 'n uwch na blaidd a wna [i 'r dylluan]. **1604-7** *TW* (*Pen* 228), *udfa* bitheueit d.g. *Latratus, us.* **1630** *YDd* 53, ti gei glywed y fâth alar, wylofain, ac ocheneidiau, nad oedd gwaedd Corah, Dathan, ac Abiram pryd eu llyngcodd y ddaiar hwynt, ddim tebyg ir *vdfa* (*howling*) yma. **1632** D, *Vdfa*, Vlulatus. **1700** D. MAURICE: *AC* 32, yr *Udfaoedd* mwya gresynol. **1703** E. WYNNE: *BC* 111, yna cododd y fâth och, och, och! a 'r fâth wae ac *udfa* gyffredin. **1707** S. WILLIAMS: *ADA* 85, *udfeydd* gofidus, a rhuad enchyll Ysprydion mewn Carchar. **1803** P, *Udva*, s. f.—pl. *udvêyz* ... A howling, a yelling.

udfan, gw. **udaf: udo.**

udfardd, udfawr, gw. **ud** + **bardd, mawr.**

udfil [*ud* + *mil²*] eg. ll. *-od.* Hyena: *hyena.*
1850.

udflaidd [gair geir., sef *ud* + *blaidd*] eg. ll. *-fleiddiaid.* Hyena: *hyena.*
1916.

udiad [bôn y f. *udaf: udo* + *-iad¹*] eg. ll. *-au.* Udfa, oernad, wylofain, gwaedd, galarnad: *a howling, (sad) cry, wailing, shout, lamentation.*
1727 J. JONES: *DFF* 308, fe fydd eich Llefain a 'ch Cwynofain am Bechod ... yr un wedd ag *Udad* (*howling*) Ci yng Nghlustiau Duw. **1762** D. ROWLAND: *PA* 9, udiadau Cyfarth-Gŵn Scylla. **1774** *W* d.g. *A howl.* **1790-1** H. JONES: *T* 150, Yna y clywant ruad damnedigion megis rhuad eirth ... a megis *udiad* cŵn. **1803** P.
Amr.: **udad** [bôn y f. *udaf: udo* + *-ad²*] **1727** J. JONES: *DFF* 308.

udlais, udlef, udlefaf: udlefain, gw. **ud** + **llais, llef¹, llefaf: llefain.**

udol [*ud* + *-ol*] a. Yn udo neu 'n bloeddio: *howling, yelling.*
1803 P d.g. *Udawl.*

udoniaeth, udonaeth [?olff. o *anudon(i)aeth*] eg. Anudon, llw celwyddog, celwydd, llw; rheg: *perjury, false oath, lie; (profane) oath, curse.*
1672 R. PRICHARD: *Gw* 154, Os cais genyd wneuthur falstedd [sic], / Ac *vdonaeth* ac anwiredd. *id.* 271, Na ddwg winllan Naboth wirion / Ac o 'r drwg [sic] trwy *udonaeth* [:— Llw anuddon [sic], / Duw ddifetha dy hiliogaeth. **1803** P, *Udoniaeth*, s. m. ... An imprecation.

udoniaith [(*an*)*udon*+*iaith*] *eb.* Anudon, celwydd: *perjury, lie.*
c. **1661** *Traeth* xxxi. (1876) 40, Grwgnadu, *Udoniaith*, Gvvatvvar (Drych Cydwybod 109).

udonwr [?olff. o *anudonwr*] *eg.* ll. *-wyr.* Tyngwr anudon: *perjurer.*
1637 *DCR* 202, Tri ffeth sy gas gan ddvw yn kreawdvr / medd y ssant drwy lân ysgrythvr / tlawd, rhyfalch, hefyd kwaethog / a fo yn *vdonwr* a chelwddog. **1672** R. Prichard: *Gw* 550, Melldith Duw medd Zecharias, / A rêd i Dŷ'r *vdonwr* diras. c. **1729** S. Rhydderch: *LlCD* 324, Ar trawsion yn bryssur, 'n adeinio *Udonwyr*, / Au Cadw fel hyrwyr o hyd.

udwaedd, gw. **ud+gwaedd.**

udwr [bôn y f. *udaf*: *udo*+*-wr*] *eg.* (b. *-wraig*) ll. *-wyr.* Person neu anifail sy'n udo, iapiwr; unrhyw un o amryw fathau o fwncïod o dde America o'r tylwyth *Alouatta*: *howler, yelper; howler (monkey).*
1722 *Llst* 189, *Udwr.* m. A yelper. **1803** *P*, *Udwr*, s. m.—pl. *udwyr* . . . One who howls.

udd [< **iudd* (cf. e. prs. H. Gym. *Iudhail* (< *Ithel*), *Gripiud* (> *Gruffudd*), e. prs. H. Grn. *Iudprost, Bleidiud*, e. prs. H. Lyd. *Iudcant*) ? < **i̯oudh-*, ?cf. Llad. *iubeō* 'gorchmynnaf'] *eg.* ll. (prin) *-ydd*, a hefyd gyda grym ansoddeiriol. Arglwydd, pennaeth, brenin, hefyd am Dduw ac yn *ffig.*: *lord, chief, king, also of God and fig.*
Dchr. **12g.** *GMB* 6, Hyuel guledic, *vt* gveithvutic, id y guystlvy! *id.* 200, Pan amwyth *ut* Mon maỽs o'e dymyr. *id.* 201, Dy-m-gwallouyed y win o'e wenn adaf *ut.* *id.* 228, Annwyd profwyd prut yoli / *Ut* neuoet recoet roti. **12g.** *GLlF* 50, Archaf y *ud* naf, nodet. **12g.** *GCBM* ii. 333, Na'm diddawl o'th fudd, *Udd* Echeiniad. **12–13g.** *GLlLl* 294, Engiryaỽl, arwynyawl *ut.* **13g.** *A* 24. 7, mab brenhin teithiauc. *ud* gwyndyt gwaet kilyd gwaredauc. **14g.** *T* 33. 6, keint rac *vd* clotleu. *id.* 56. 7–8, Myneych dychnut val bleidiaỽr. o gyfranc *udyd* ae gỽidyanhaỽr. *id.* 61. 15, *Vdyd* kygryn. **14g.** *GDG*³ 34, Agwrdd *udd* y gerdd oeddud [marwnad Llywelyn ap Gwilym]. c. **1400** *R* 1243. 11–12, Dyro dat ynrat enryded divraỽ. deu / rut *ud* idaỽ ahodyaỽ hed. **15g.** *GLGC* 49, Ef a aeth fal *udd* / ei enw ef fal Nudd. **16g.** Wiliam Llŷn: *Gw* (R. Stephens) (At.), *vdd* arglwydd. **1632** *D*, *Vdd*, Dominus. **1753** G. Owen: *L* 40, *Udd* gwrawl haeddai gariad. **1803** *P.*

Udd—Môr Udd, gw. **môr¹.**

-udd, *trf. prs. ardd. rhed.* Cym. C. 3 ll., e.e. *ragddudd, ganthudd, uddudd.*

uddu, uddudd, gw. **i².**

udduddhaf: udduddhau, udduf, uddufhaf: uddufhau, uddunt, gw. **ufuddhaf: ufuddhau, ufudd, ufuddhaf: ufuddhau, i².**

uddyf, gw. **ufudd.**

ufel [Gwydd. C. *oibel(l)*] *eg.* ll. *-ydd, -ion, -au, -oedd*, a hefyd fel *e.ll.* a chyda grym ansoddeiriol. Tân (tanau), coelcerth(i), ffrwydrad(au), gwreichion(yn), hefyd yn *ffig.*; lafa, brwmstan, sylffwr; ocsygen: *fire(s), bonfire(s), explosion(s), spark(s), also fig.*; *lava, brimstone, sulphur; oxygen.*
Dchr. **12g.** *GMB* 30, Ruthur vthir avel rynaut *uvel* ryvel vebin. **12g.** *GCBM* i. 26, Grad *uuel*, greidyaỽl y ỽrhyt! **12–13g.** *GLlLl* 213, Diuỽg, blỽng, blaen *uuel* drwy uar. **13g.** *GBF* 274, Am yr dwyn terrwyn, tỽryf *uuel*—am riỽ. **14g.** *T* 56. 6–7, Ae vn *vfel* tan tỽrỽf diachor. *Dchr.* **15g.** *GM* 10, O vffern teruyn dwryf *uvelyd.* **15g.** *GLGC* 305, Efo yw'r dewraf â'r gwayw *ufel.* **15–16g.** *TA* 401, Dur ar fain drwy erw a fydd, / Dan filwr, dân *ufelydd.* **1632** *D*, **Vfel* . . . Ignis . . . Videtur propriè significare scintillam, ingiculum, rogum. *id.* **Vfelydd*, pl. ab 'Vfel'. vid. an Aelwyd. **1803** *P.* Ar lafar, 'yn llosgi'n *ufel*', *Cymru* xlvii. [279] (sir Ddinb.).
Amr.: **uwel** [cf. *cawod, cafod*; ?ff. eir. yn wr.] **1632** *D*, *Vfel, & *Vwel*, Ignis.
Gw. hefyd **ufelyn.**

ufelaf: ufelu [bf. o'r e. *ufel*] *bg.a.* Tanio, cynnau, cynhyrchu tân, hefyd yn *ffig.*: *to ignite, generate fire, also fig.*
18–19g. *Llr* C 36, 273, ai foliant yn *ufelu* / bryd huan yn y gân gû. **1803** *P.*
Gw. hefyd **ufelyn.**

ufelai [*ufel*+*-ai²*, cf. *blorai, ulai*] *eg.* Ocsygen: *oxygen.*
1803 *P* d.g. *Uvelai.*

ufelaidd [*ufel*+*-aidd*] *a.* Tanllyd, folcanig, sylffwrus: *fiery, volcanic, sulphurous.*
1803 *P* d.g. *Uvelaiz.*

ufelawd [*ufel*+elf. **-awd*, ar ddelw'r S. *-ate*] *eg.* Sylffad: *sulphate.*
1853.

ufeleiddiad [?*ufelaidd*+*-iad¹*] *eg.* Ocsygeniad, ocsidiad: *oxygenation, oxidation.*
1851.

ufelfaen [*ufel*+*maen¹*] *eg.* Brwmstan, sylffwr; pyrit, marcasit: *brimstone, sulphur; pyrites, marcasite.*
1801 *MMf* 128, Cymmer *ufelfaen*, a mal e'n fân.

ufelfellt, gw. **ufel+mellt.**

ufelgris [*ufel*+elf. *cris* (gw. *crisbilen, crisfaen*)] *e?g.* Sylffad: *sulphate.*
1850.

ufelhâl [*ufel*+*hâl¹*] *eg.* ll. *-halion.* Sylffad: *sulphate.*
1850.

ufeliar [*ufel*+elf. **gar*] *eg.* (?ac *e.ll.*) a hefyd fel *a.* Gwreichion, tân, coelcerth, hefyd yn *ffig.*; brwmstan, sylffwr; tanllyd: *sparks, fire, bonfire, also fig.*; *brimstone, sulphur; fiery.*
12g. *GMB* 151, Lluch ysgỽn pan esgein *uuelyar.* **12g.** *GLlF* 75, *Vuelyar* tan trỽy ysgyr, / Ergyr o'r syr yn syrthyaỽ. **12g.** *GCBM* i. 295, Neud gỽaruet meuet, mynwent uranar, / Neud gỽeryd Ririd, rwysc *uuelyar.* *id.* ii. 93, Llas Asser, aerllew, aerllid—*uuelyar*, / Aerbeir bar baet eruid. *id.* 272, Dilleinỽ llyr, didetkyr dylann, / Dychymer *ufelyar* bar bann. **12–13g.** *GMB* 348, A'm rhoddvd, rwysg *vfeliar*, / Da rodd dy fodd heb dy far. **12–13g.** *GLlLl* 214, Ked llosgwy nyd llesc *uuelyar.* **13g.** *GBF* 159, O . . . Rys, rwyf *vuelyar.* **14g.** *GEO* 9, Hyglaer arf rydaer rodiar—byddinoedd, / I filoedd *ufeliar.* c. **1400** *R* 1206. 25, toryfoed aer vilioed. awr *vuelyar.* **1632** *D*, *Vfeliar*, [Ignis]. **1803** *P.*

ufelid [*ufel*+elf. **-id*, ar ddelw'r S. *-ite*, ?cf. *egrid*] *eg.* Fitriol: *vitriol.*
1851.

ufelig, gw. **sur—sur ufelig.**

ufelin [*ufel*+*-in¹*; cf. *ufelyn*] *a.* a hefyd fel *eg.* Tanllyd; ocsygen: *fiery; oxygen.*
1803 *P.*

ufelnwy [*ufel*+*nwy³*] *eg.* Ocsygen; ether: *oxygen; ether.*
1850.

ufelog [*ufel*+*-og*] *a.* Tanllyd, sylffwrus: *fiery, sulphurous.*
1803 *P* d.g. *Ufelawg.*

ufelured [ffd. o'r e. *ufel* ar ddelw'r S. *sulphuret*] *e?g.* Sylffid: *sulphide, sulphuret.*
1866.

ufelwy [*ufel*+*gwy*] *eg.* Lafa: *lava.*
1850.

ufelwyn, gw. **ufel+gwyn¹.**

ufelyddiaeth [*ufel*+*-ydd³*+*-iaeth*] *eb.* Tân gwyllt, pyrotechneg: *fireworks, pyrotechnics.*
1800 Gw. Mechain: *Gw* i. 321, Ben budd dirfawr, buan bydded arfaeth / Yn fwy o lwyddiant i *Ufelyddiaeth* [:- Pyrotechny].

ufelyn [*ufel*+?*-yn¹*] *a.* Tanllyd, tanbaid, yn llosgi, gwreichionog, hefyd yn *ffig.*: *fiery, burning, sparking, also fig.*
12g. *GCBM* i. 24, Pan aeth gỽr, gormes *uuelyn*, / Gweith Gogỽy, gỽythgat ymoscryn. **13g.** *C* 6. 3–4, Seith tan. *vuelin.* seith kad kyuerbin. **13g.** *GBF* 491, Yr prynu mab dyn o'r tan *ufelyn* / Y gan y elyn oed yn aelaỽ. **15g.** *BDG* 347, Rhoes hi ffagl yn yr odyn, / Ond aeth hi'n dan *ufelyn.*

ufelltod, ufudod, gw. **ufylltod, ufudd-dod.**

ufudd, ufydd [*ufudd* < *ufydd*, ?amr. ar *ufyl*, neu fnth. Llad. *oboediens* (cf. H. Wydd. *oibid*) ?dan ddyl. *ufyl*] *a.* ll. *-ion*, a hefyd gyda grym enwol. Yn (fodlon) ufuddhau, yn (fodlon) gwneud ei ddyletswydd, ffyddlon; bodlon, ewyllysgar; gostyngedig, gwylaidd; ystwyth, hyblyg (am fetel): *obedient, dutiful, faithful; willing, ready; humble, meek; pliable (of metal).*
13g. **(1641)** *HGK* 28, [D]uw, yr hwnn a ddiyt y kywoethogyon syberw og eu kadeir ag a ddyrcheiff y rhei *ufydd.* **13g.** *RC* xxxiii. 240, an emchwelut ninheu en *vuydyon* idav. **13g.** *GBF* 322, Ny'm gorffeyrch morwyn, mor wyf *uỽyd!* **13g.** *BD* 8, ony wney dy yn gywyr *vuyd* yr hynn a archaf y yty. **14g.** *T* 46. 25, Gỽr y cyssyl y pop *vfud* rac geu. **14g.** *BT* 107, ac *vvid* oed wrth dlodyon ac *vuydyon.* **1346** *LlA* 34, gỽedy ypechodev gorthrymaf ybydant *vfudach.* **14g.** *YBH* 47b, Ac yna yd adolygassant y ieirll yr brenhin tyghu y wlat idaỽ a rodi y tir y sabaot. a hynny a gynytahaỽd y brenhin yn *uuyd* (*bonement*). **14g.** *B* ix. 326, kynn *vfydet* yd aey hi hyt na wrthwynnebey hi cadw deueit y mamaeth gyt a morwynnion ereill. **14g.** *GIG* 83, A'r llew *ufuddaf*, nid llaw fyddag [i Hywel Cyffin, deon Llanelwy]. c. **1400** *YCM²* 22, y mae iawn medylyaw meint cabyl y Gristawn na wassanaetho yn *ufyd* ar achenogyon Crist. *Dchr.* **15g.** *GM* 36, Drychafawd Duw nef y *vuudyon.* **1547** *WS*, *Ufydd* Obedyent. **16g.** *Med H* 36, yr aur sydd vettel *uvyddaf* a hynawsaf. **1567** *LlGG* 69a, ir *uvyddion* y dyry' rat. **1595** H. Lewys: *PA* 82, a ffan ydoed' ef yn i gledi . . . ef a wnaeth *vfud'* (*humble*) weddi. **1632** *D*, *Vfudd*, Obediens, humilis. **1719** *TDP* 4, pan ddarfu i Joseph . . . *ufydd* gytuno. **1773** *W*, *Ufudd* d.g. *Duteous or dutiful.* **1803** *P* d.g. *Uvyz.* Ar lafar, '*ufudd*' 'obedient . . . willing', '*ufudd* i weithio', *WVBD* 573; 'Plentyn bach *ufudd* iawn ôt ti, ond 'nawr ac yn y man ôt ti'n stybyrno!', *GTN* 482.
Amr.: **udduf, uddyf** [drwy drsd.]. ?**16g.** Dafydd ap Llywelyn, &c.: *Gw* 224, Fy Nhad . . . / A folaf yn *udduf.* **16–17g.** *HG* 13, *yddyvion* ddevaid. **1803** *P* d.g. *Uzyv.*

ufuddaidd, ufyddaidd [*ufudd, ufydd*+*-aidd*] *a.* Ufudd, yn (fodlon) gwneud ei ddyletswydd; gostyngedig: *obedient, dutiful; humble.*
16g. *WLl* 167, A dro yn uchel i draidd / I veddwl bid *ufuddaidd* / Dawn a gefaist yn gyfion / I lywio tu y wlad honn [moliant i Esgob Tyddewi]. **1696** *CDD* 61, Ir [*sic*] rheini'n gyfannedd fe fyddeu'n *ufuddedd*, / Iw [*sic*] calŷn, a'u coledd, yn daeredd bôb dŷdd. **1759** *BC* 32, Gan golli ei waed gwirion, a diodde rhwng lladron, / Yn ffyddlon o Foddion, *ufuddedd.* **1777** H. Jones: *M* 47, Awn drwy foddion, yn dra *ufuddaidd*, / Gras, ger bron yr Jesu a'i orsedd. **1803** *P* d.g. *Uvyzaiz.*

ufuddair, ufuddbarch, gw. **ufudd+gair¹, parch.**

ufudd-dod, ufydd-dod [*ufudd, ufydd*+*-dod*] *eg.b.* Yr ansawdd neu'r cyflwr o fod yn ufudd neu o fod yn (fodlon) gwneud ei ddyletswydd, teyrngarwch; gostyngeiddrwydd: *obedience, dutifulness, allegiance; humility.*
13g. *GDB* 429, Cenais wawd *vfudd-dawd* yn ei fywyd / I'm arglwydd gwladlwydd, gwladoedd oglyd. **14g.** *GDG³* 16, O *ufudd-dawd*, ffawd a ffydd—a chiried, / A charu ei brydydd. c. **1400** *R* 1350. 10–11, Y *huvyddaỽt* keudaỽt kof. y hard wenhỽyuar araf. **1547** *WS*, *Ufyddtot* Obedyence. *Diw.* **16g.** *B* ix. 118, Llyma ymadrodd . . . gwrthwyneb i valchder ac a elwir Drych yr *vfudd dawd.* **16–17g.** *HG* 66, A chyfiawnder ner ün wyd / pryffaidd dafydd y proffwyd / ag *yfydd dawd* parawd pür / fo n ddiwael yn y ddolür. **1632** *D*, *Vfudd-dod*, Obedientia. **1679** C. Edwards: *GGG* 222, Am hynny dylaem roddi *ufudd-dod* gywir iw holl orchymmynnion ef. **1703** E. Wynne: *BC* 39–40, eich union Frenin sy etto . . . 'n cynnyg i chwi gymmod, os trowch i'ch *ufudd-dod* oddiwrth y Gwrthryfelwr Belial. **1790** T. Jones: *TOS* 315, Felly cei wel'd y bydd i'th galon blygu . . . a'i synthni droi'n *ufudd-dod* (*compliance*) llonn. **1803** *P*, *Uvyzdawd*, s. m. . . . Humility, obedience. Ar lafar, *WVBD* 573; ''Ôn' nw'n roi pwys ar fforddi plant mwn *ufudd-dod*, pyn ôn i'n ifanc ac yn gweld 'ynny'n rinwadd', *GTN* 482.
Amr.: **ufudod** [cf. *rhydid*; ond nid amhosibl *ufudd-od*, cf. *rhyddid*]. **1346** *LlA* 19, Paham ybu varỽ krist. Oachos *vuudaỽt.* megys ydywedir. Ef auu vfyd hyt yn aghev. *id.* 68. **ufydod** [neu *ufyddod*, cf. *ufudod*]. **1346** *LlA* 36, 148. **14g.** *B* xiv. 268. **14g.** *RC* xxxiii. 213.

ufudd-dra, ufydd-dra [*ufudd, ufydd*+*-dra*] *eg.b.* Ufudd-dod; gostyngeiddrwydd, gwyleidd-dra: *obedience, dutifulness; humility, meekness.*
16g. D. R. Thomas: *DS* 174, am fy mod yn hyderus oth *vfyddtra* tau. **1567** *TN* 313a, vn a wyr reoli y dy i hun yn dda, yn cy[nn]al i blant tan *ufuddtra.* *id.* 345b, a' thrwy *vfuddtra* derbyniwch yr impiedic air. *id.* 357a, ymdrwsiwch o ddifewn ac *vfuddtra* meddwl. **16–17g.** *DCR* 200, Kowleidia /i/ air mewn gwir *vfyddra* / honn ywr vnion ffordd ar benna. **1604–7** *TW* (*Pen* 228), *vuûdhdra* d.g. *Auscultatio.* **1620** *Mos* 204, 19, Balchder a gwympir *ivudhdra* godir. **1803** *P* d.g. *Uvyzdra.*

ufuddedig, ufyddedig [*ufudd, ufydd*+ -*edig*] *a.* ?a hefyd gyda grym enwol. Ufudd, teyrngar: *obedient, loyal.*
16g. R. WHITE: *C* 23, Arwen [*sic*] *vfvddedig* a vv garedig / gwaredig gwir ydiwr kyflwr / hi aeth i ymweled nid oedd gam / a mam Jevan vedyddiwr. **1592** S. D. RHYS: *Inst* 126, Arbherêdig o dhaioni. Gwedhêdig idhô. *Vbhydhêdig* i'r brenhin.

ufuddfraint, ufuddgall, gw. **ufudd+ braint**[1], **call.**

ufuddgar, ufyddgar [*ufudd, ufydd*+-*gar*] *a.* Ufudd, yn (fodlon) gwneud ei ddyletswydd, ffyddlon, teyrngar; gostyngedig, gwylaidd: *obedient, dutiful, faithful, loyal; humble, meek.*
15g. *Glam Bards* 312, Kwyno llafar *ufuddgar* fach / Y llwynoc yn llawenach [marwnad Llafar Goch, bytheiades Cadwaladr ap Robert gan Risiart Brydydd]. **1547** *WS, Ufyddgar* Humble, meke. **1567** *LlGG* 97a, atolygwn yty ir oll escobion . . . yn ddyfal bregethu dy sanctaidd air, ac ir bobyl yn *vfyddgar* ddylyn yr vnryw. *p.* **1584** G. ROBERT: *GC* [347], gwyn i byd nhwy sydd waraidd. s[ef] yn *ufuddgar.* **16–17g.** *DCR* 201, a thra fych yn rhodio/r/ ddaiar / ith fam gnowdol bydd *vfvddgar.* **1604–7** *TW* (*Pen* 228) d.g. *Ancillor, petens.* **1710** T. JONES: *Alm* [1], iw hên [e]wŷllŷsgaraf ac *ufuddgaraf* wasanaethwr. **1718** E. SAMUEL: *HDdD* (Gweddïau) 36, Gostyngeiddrwydd . . . ymostwng yn *ufuddgar* (*obediently*) i wneuthur Ei Ewyllys Ef. **[1755]** *Gron* 71, Gwaraidd fych, Dwysawg eirioes, / Wrth ein gwâr *ufuddgar* foes. **1803** *P* d.g. *Uvyzgar.*

ufuddgarwch, ufyddgarwch [*ufuddgar, ufyddgar*+-*wch*[1]] *eg.* Ufudd-dod, teyrngarwch, gwrogaeth: *obedience, loyalty, homage.*
1630 R. LLWYD: *LlH* 119, Angelion . . . Efe [Duw] a rŷdd iddynt orchymmyn enwedigol i ymorol am danom . . . ac i ddangos i ni *vfyddgarwch* (*homage*) diballedig. **1679** C. EDWARDS: *GGG* 111, *ufyddgarwch* (*obedience*). *id.* 201, *ufuddgarwch* perffeith i Dduw. **1710** *CBGEL* 74, gweithred o *Ufuddgarwch* ac Addoliant im Duw. **1771** *W* d.g. *Buxomness, Obsequiousness.* **1803** *P* d.g. *Uvyzgarwç.*

ufuddhad, ufyddhad [bôn y f. *ufuddhaf, ufyddhaf: ufuddhau, ufyddhau*+-*ad*[2], trf. han.] *eg.* Ufudd-dod, y weithred o ufuddhau: *obedience, an obeying.*
1604–7 *TW* (*Pen* 228), *vvudhaat* d.g. *Morigeratio. id. vuudhaat* d.g. *Obtemperatio.* **1651** SIÔN TREREDYN: *MDD* 51, a roddo ym mhob ryw ffordd, *ufyddhaad* (*obedience*) perffaith ir gyfraith o weithredoedd. **1803** *P* d.g. *Uvyzâad.*

ufuddhaf, ufyddhaf: ufuddhau, ufyddhau [bf. o'r a. *ufudd, ufydd*] *bg.a.* Cyflawni gorchymyn, gwneud yr hyn a orchymynnir (gan), ymostwng (i); darostwng: *to obey, submit* (*to*); *humble.*
13g. *Brut B* 48, gwedy dywedwyt ohoney hy trwy wylav ac ygyon er amadrodyon hyn, kyffroy o gwarder a orvc, a hedychv y vryt a'e vedvl endav, ac *vuydhav* vrth y chyghor. **13g.** *BD* 36, sef a wnaeth Bran, hedychu ac *uuydhau* o'e uam, a bvrv y arueu. **1346** *LlA* 165, megys ygỽedha y ogonnyant yn maỽrỽdayeth ni darestỽg ac *vfydhav* gelynnyon croc crist. **14g.** *B* xxv. 265, yn oet deunaỽ mlỽyd. pan *vuudhaaud* hi [Catrin] ygỽassanaeth duỽ ac ymrodes idaỽ oe morỽynndaut. *c.* **1400** *RB* ii. 39, eneas a *vfudhaỽys* y arch ef. *c.* **1400** *ChO* 1, Dyget pob edyn y bluf y genthi [brân], ac velly hi a *vuydheir* (*humiliabitur*). *c.* **1400** *YSG* i. 88, Ef a *uvydhaawd* Lawnslot, ac a'e hyspeilyawd o'e dillat. **1547** *WS,* Gwedy *vfyddhau* Humbled. *ib. Ufyddhau* Obey. **1567** *TN* 301a, Y plant, *vvyddhewch* eich rhieni (**1620** *Col* iii. 20, i'ch rhieni) ym-pop dim. **1595** H. LEWYS: *PA* 3–4, Gan' fod . . . pob trwbleth . . . yn dyfod oddiwrth dduw ni a ddylem ddarostwng ac *ufud'hau* (*humble and submit*) ein calonneu. **1632** *D, Vfuddhau,* Obedire, humiliari. **1716** E. SAMUEL: *GGG* 119, nid oedd neb yn yr amseroedd hynny, a chanddo gymmaint Awdurdod yn yr Eglwys ag y buasid yn *Ufuddhau* iddo. **1803** *P* d.g. *Uvyzâu.* Ar lafar, *WVBD* 573; 'Ma'n raid *ufuddâu* i'r sawl sy dwch dy ben di yn y gwaith', *GTN* 482.
Amr.: **udduddhau.** **15g.** *Cy* iv. 122, ac *vthuthau* ydysk. **1508–10** *Rhyddiaith Gymraeg* i. 15, a hwnnw nid *vdduddhaodd* i'r Ruveinwyr. **uddufhau. 1880.**

ufuddhaol, ufyddhaol [bôn y f. *ufuddhaf, ufyddhaf: ufuddhau, ufyddhau*+-*ol*] *a.* Ufudd: *obedient.*
1803 *P* d.g. *Uvyzâawl.*

ufuddhawr, ufyddhawr [bôn y f. *ufuddhaf, ufyddhaf: ufuddhau, ufyddhau*+-*wr*] *eg.* ll. -*wyr.* Person ufudd, un sy'n ufuddhau: *obedient person, one who obeys.*
1803 *P, Ufyzâwr,* s. m.—pl. *uvyzâwyr* . . . One who obeys.

ufuddiaeth, ufyddiaeth [*ufudd, ufydd*+ -*iaeth*] *e?b.* Ufudd-dod, teyrngarwch, gwrogaeth: *obedience, allegiance, homage.*
13g. *LlSt* 1, 52, hep vynnv talv dyledvs *vfydyaeth* ydav. *id.* 77, Pa peth akeyssy ty y kanthav ef amgen ac *vuydyaeth* yty a thalv teyrnget y wyr rvueyn o enys prydeyn. **16g.** (*LlEG*) *Mos* 158, 199b, gwnaeth Edwart v/ab Edwart Kaernarvon brenin lloygyr . . . *vuyddiaeth* Iddo Ef dros ddugiaeth ayndgiw.

ufuddiant, ufyddiant [*ufudd, ufydd*+ -*iant*] *eg.* Ufudd-dod, gwrogaeth: *obedience, homage.*
1803 *P* d.g. *Uvyziant.*

ufuddol, ufyddol [*ufudd, ufydd*+-*ol*] *a.* Ufudd; gostyngedig: *obedient; humble.*
c. **1400** *R* 1213. 31, Mynaỽc *ufudaỽl* mam nefaỽl naf. **1567** *LlGG* 91a, atolygwn yn *vfuddawl* (*humbly*) ith vawredd. **1595** H. LEWYS: *PA* 8, pe i buase hiliogaeth dyn yn *vfud'ol* (*conformable*) i gyfreithie duw. **1618** (**17g.**) *CC* 428, kofiwn i fod kyfion fawl / yn i fedd ion *vfuddawl* [Rhisiart Phylip am Iesu]. **17g.** HUW MORUS: *EC* ii. 299, Pob Cristion caredig, *ufuddol* i'w feddyg. **1712** T. WILLIAMS: *CDdG* iii, y rhai hynny sy'n ei proffesu ei hunain yn aelodau *ufyddol* (*Obedient*) iddi. **1778** *W* d.g. *Obediential.* **1803** *P* d.g. *Uvyzawl.*

ufuddwas, ufuddwawr, gw. **ufudd+ gwas**[1], **gwawr.**

ufuddwch [*ufudd*+-*wch*[1]] *eg.* Ufudd-dod; gostyngeiddrwydd: *obedience; humility.*
16g. WILIAM LLŶN: *Gw* (R. Stephens) 28, Da fydd dy ddiwedd, dad *ufuddwch.* **1714** *W Ballads* 184, [7], Ar sawl y [*sic*] ddelo mewn *ufuddwch,* / Fo gaiff râs, drwy Edifeirwch.

ufuddwych, gw. **ufudd+gwych.**

ufullter, ufulltod, gw. **ufyllder, ufylltod.**

ufydod, gw. **ufudd-dod.**

ufydd, ufyddaidd, &c., gw. **ufudd, ufuddaidd,** &c.

ufyddiad [*ufydd*+-*iad*[1]] *eg.* Gweithred o ufudd-dod, y weithred o ufuddhau: *an act of obedience, an obeying.*
c. **1400** *R* 1221. 24–5, llonyd digeryd uyd *uvydyat.* **1803** *P.*

ufyddiaeth, ufyddol, &c., gw. **ufuddiaeth, ufuddol,** &c.

ufyl [bnth. Llad. *humilis,* cf. H. Grn. *huuel,* gl. *humilis,* Crn. C. *uvel,* Crn. Diw. *evall,* Llyd. C. *uuel,* H. Wydd. *umal*] *a.* Gostyngedig, gwylaidd, ymostyngol: *humble, meek, submissive.*
9–10g. *Juv* 81, it cluis it *humil* inhared celmed / rit pucsaun mi ditrintaut. **12g.** *GLlF* 13, Uchelwlad Gaduann myn yd gyduyt—bresswyl / Uchel euegyl *uỽyl* ouyt. **13g.** *C* 22. 2–4, An/deid iglethuir guerth na buost *vffil.* *id.* 26. 8–9, Mynymae ebestil am teernas *uwil.*
Amr.: **(h)ufyll** [dan ddyl. (*h*)*ufylltod*]. **1632** *D, Hufyll,* Li[ber] land[auensis]. Humilis. **1688** *TJ, Hufŷll,* Gostyngedig: humble. **1803** *P* d.g. *Huvyll, Uvyll.*
Gw. hefyd **hyful, ufudd.**

ufyllter, ufullter [*ufyl*+-*der* (cf. Crn. C. *uvelder*), a'r -*llt*- dan ddyl. *ufylltod*] *eg.* Gostyngeiddrwydd: *humility.*
c. **1400** *R* 1215. 14, Rac hirdilyt prit praỽ *ufullder* bryt. **1803** *P* d.g. *Uvyllder.*

ufylltod, ufulltod [bnth. Llad. *humilitāt-,* bôn traws yr e. *humilitās,* cf. H. Grn. *huueldot,* gl. *humilitas,* Llyd. C. *uueltet,* H. Wydd. *umaldóit*] *eg.* Gostyngeiddrwydd: *humility.*
12–13g. *GMB* 475, Crist Eli Keli, can *uỽyltaỽd* (*H* 16b. 17, *uỽeltaỽd; R* 1180. 5, *uvylldaỽt*). **13g.** *C* 40. 2–3, Duu a dyfu. oe garcharu gan *vuildaud.* *id.* 42. 12–14, val ioff. A diwaud urth y gureic. yam dreic *vffyldaud.* **1346** *LlA* 142, yny geir hỽnnỽ yd eirch duỽ ydyn ỽneuthur diỽall wassannaeth trỽy *vfylltaỽt.* *c.* **1400** *R* 1284. 18, Synnyaỽ rac pỽyllaỽ pell *evylldaỽt* [*sic*]. *c.* **1400** *YCM*[2] 64, Sef a wnaeth Otuel yna, gostwg ar benn y lin, a chan *vuulltawt* mawr a diolwch, rodi cussan y droet y brenhin. **1632** *D, Vfelltawd, & Vfylltawd,* Humilitas. **1803** *P* d.g. *Uvyllâawd.*
Amr.: **ufelltod** [tebyg mai hen org. a welir yn yr engh. gyntaf]. *c.* **1300** *H* 16b. 17. **1632** *D.* **1803** *P* d.g. *Uvelldawd.* **hufylltod, hufulltod** [dan ddyl. Llad. *humilitās*]. **1567** *TN* 300a, yn wyllys greffydd ac *huvylltotmeddwl.* *id.* 300b, y gariat ac *huvylltot.* **1604–7** *TW* (*Pen* 228), *Huvylhtot* . . . *huvultot* [*sic*] li[ber] lh[an] daf d.g. *Humilitas.* **1632** *D, Hufylltod,* Li[ber] land[auensis]. Humilitas. **1803** *P* d.g. *Huvylldawd.*

ufylltol [?*ufyl*+-*ol,* a'r -*llt*- dan ddyl. *ufylltod;* engh. arall bosibl yw *vfulltaỽt* [*sic*] *ỽassanaeth, AL* ii. 362] *a.* Gostyngedig: *humble.*
1346 *LlA* 128, ydoeth mab adỽynndec . . . Achyfuarch gỽell idav . . . Ar amheraỽdyr ae hattebaỽd drỽy *vfylltaỽl* waredogrỽyd. Agouyn ypale ypanndathoed.

uffach, uffar, gw. **uffern.**

uffarn [H. Grn. *lifern* [*sic*], gl. *talus,* Llyd. Diw. *ufern, uvern*] *eb.* ll. -*au,* -*edd.* Ffêr, migwrn, pigwrn, swrn, egwyd: *ankle, fetlock.*
13g. *LlI* 19, Ef [rhingyll] a dele coesseu er ychen a'r guarthec a kaffer o'y gyhud ef, e wneythur kuaraneu kyuuvch a'e *uffarneu.* **14g.** *LlB* 28, Gwirawt gyureithawl a geiff [rhingyll] . . . a choeseu y gwarthec a ladher ynn y gegin, y wnneuthur cuarannau idaw ny bydant vch no hyt *vffarnned* y traet. *c.* **1400** *MM* 24, A gordyfneit gỽaet y *vffarned* ae arreu. *c.* **1400** *R* 1343. 4–5, brwysc goffol breisc *uffarn.* *c.* **1400** *Études* vii. 308, Ac yna y byd Aquarius yn meistroli, a'e nerth o vywn y [diwyg.] mordwydyd a'[r] crimhogeu hyt y [*sic*] *uffarneu.* **1753** *TR, Uffarnau,* the ancles. **1803** *P, Ufarn,* s. f.—pl. t. *au* . . . The ankle; also called *uçarn,* fer, and migwrn. Ar lafar yn Nyffryn Aman yn y ff. *'ffarne.*
Amr.: **ucharn** (*eg.*). *Dchr.* **14g.** *AL* i. 674, *ucharned.* **14g.** *WML* 30, *vcharned.* *c.* **1400** *CHDd*[2] 19, *ucharned* y draet. **1803** *P, Uçarn,* s. m.—pl. t. *ez* . . . The region of the ankle; the ankle; the same as ufarn.

uffern [bnth. Llad. *īnferna,* H. Lyd. *iffernn,* gl. *parcas,* Llyd. C. *if(f)ern, infern,* Llyd. Diw. *ifern,* taf. Gwened *ihuern,* H. Wydd. *ifern,* Gwydd. Diw. *ifreann*] *eb.* ll. -*au,* -*oedd,* -*i,* a hefyd fel *eg.* (yn *ffig.*) a chyda grym ansoddeiriol ac ebychiadol.

(*a*) Trigfan (danddaearol) y meirw, man neu gyflwr lle cosbir y rhai drygionus yn dragwyddol, hefyd yn *ffig.*: *hell, also fig.*
12g. *GMB* 101, Rac *uffern* affan, wahan westi. **12–13g.** *id.* 390, *Vffern* dofyn, dyfynaf y chanaỽl. **1346** *LlA* 52–3, Pa beth yỽ *vffernn.* nev pyle ymae. Dỽy *vffernn* yssyd. yr vchaf. Ar issaf. Yr vchaf yssyd yny rann issaf or byt hỽnn. Ac yn gyflaỽnn o boenneu . . . *vffernn* issaf. lle ysprydaỽl yỽ yny lle y mae tan anniffodedic. **14g.** *B* xiv. 268, ar hynny nachaf sathan tywyssauc *vffernn* yn dyuot. *id.* 269, Ac yna y dyvat *vffern* vrth y vassanaethvyr envir ef. *c.* **1400** *YCM*[2] 82, Y corf a dygwydwys yn varw y'r llawr a'r eneit a aeth y *vffern.* **1547** *WS, Ufern* Hell. ?**16g.** (**1789**) *BDG* 492, O gael fy rhyddhau / Rhag caeth *uffernau.* **1567** *TN* 66a, gwell yw i ti vyned i deyrnas Duw yn vnllygeidioc, nag a' dau lygad genyt, dy davly i *yffern* dan. *id.* 172b, Can na adawy vy eneit yn y bedd [:– *yffern,* pwll, ffos]. **1588** *Eseia* v. 14, [y]r ymehangodd *uffern* ei hun, ac yr agorodd ei safn yn anferth. **1605–10** *IICRC* iii. 19, Ucha angel ydoedd e / o vewn y ne goruchoedd / isa kythrel yw vo n awr / ar waelod llawr *uffernoedd.* **1617** R. PRICHARD: *CE* [4], *Vffern* bwll syn [*sic*] lledy safan / Am gael llwncy r meddw aflan. **1632** *D, Vffern,* Orcus, tartara, gehenna, barathrum, infernus. *id.* d.g. *Auernus, Chaos, Erebus.* **1672** R. PRICHARD: *Gw* 45, F'aeth Adda a ninne yn euog o ange, / I *Uffern* [:– I gyflwr o golledigaeth] a'i phoene diffeitha. **1703** E. WYNNE: *BC* 112, Fo'i gelwir . . . Annw'n neu *Uffern*eitha [*sic*], cartre 'r Cythreuliaid. **1803** *P, Ufern,* s. f.—pl. t. *i* . . . the infernal region, hell. Ar lafar yn gyff., *WVBD* 571; 'Hen *uffarn* digywilydd' (Llŷn); 'y bitsh *uffarn*' (Meir.); ''Ôs dim llawar o neb yn cretu yn *uffarn,* y dydd 'eddi', 'Ma fa'n berwi yn *uffarn* 'eddi am beth næth a i fi!', 'Ymle *uffarn* mae 'nei goch i?', '*Uffarn* o ddyn drwg odd 'i frawd a', 'Wel, myn *uffarn* i', *GTN* 471. Yn *ffig.,* a chyda grym ansoddeiriol ac ebychiadol clywir hefyd y ff. *uffach,* (*i*)*yffach, uffar,* (*i*)*yffarn,* e.e. 'Mi redodd fel *uffar* pan welodd y plisman', ''Ti'n rêl hen *uffar* blin heddiw', 'Dos o 'ma y bastard *uffar!*', 'Chdi a dy gwyno *uffar!*', 'Be' *uffar* wyt ti isio 'rŵan eto?' (Arfon); 'Y diawl *yffarn!*', '*Yffach!* 'Ôs rhaid iti weiddi gymint?' (gogledd Cered.); 'Ma'r car *yffach* 'ma 'di torri lawr 'to' (sir Gaerf.); 'Myn *yffach* i', '*Yffarn!* Gæt ti 'wnna'n llonydd', *id.* 854. Fe'i clywir yn aml mewn ymad. ebychiadol fel '*uffach* bananas', '*uffach* gols', '*uffern* las', '*uffern* wyllt', '*uffach* sgots', '*uffern* dân', '*uffern* datws', a 'myn *uffach* (i), myn *uffar*(*n*) i'. Digwydd *Pwll Uffern* mewn enwau pyllau megis *Pwll Uffern ar Gothi,* a *Pwll Uffern Isod* (pl. Llanfihangel Abergwesyn, Brych.).

(*b*) Twll lludw: *ash-hole, ash-pit.*

1939. Ar lafar, *WVBD* 571. Digwydd hefyd yn yr ymad., 'Y cyw a fegir yn *uffern*, yn *uffern* y myn fod', M. WILIAM: *DY* 72.

Cfn.: **uffern, &c., (fach) ar y ddaear:** *hell on earth.* Ar lafar yn gyff., 'Mae'n *uffar ar y ddaear* efo'r holl ryfela 'ma' (Arfon); 'Llond stafell o blant—dyna be di *uffern ar y ddaear*'; ''I gæs Sara *uffarn fæch ar y ddaear* gyda fa', *GTN* 471. **uffern, &c., o:** *a (one) hell of a, a terrible, &c., used as an intensifier.* **20g.** Ar lafar yn gyff., ''O' 'na *uffar o* ffeit tu allan i'r pyb nithiwr', ''Ga'i fenthyg punt gin' ti?' 'Dim *uffar o* berig' (Arfon); 'Mae 'na *uffarn o* le acw 'rŵan, wedi i'r hen ddynas adal' (Llŷn); ''Odd e mewn *yffarn o* stad nithwr', ''Odd na *yffach o* ddim ar y teledu nithwr' (gogledd Cered.); ''Odd e'n *yffach o* foi yn y coleg', 'Ma fe'n *yffach o* dywydd gwael 'eddi' (sir Gaerf.).

uffernaidd [*uffern*+-*aidd*] *a.* Uffernol: *infernal, hellish.*

16–17g. *HG* 136, mae saith pechod ynyn mysg. yr hain an llysg oi llechwedd / waith yn bod yn karü r hawl, i lys y diawl *uffernedd.* **1604–7** *TW* (*Pen* 228) d.g. *Infernus.* **1609** *Rhyddiaith Gymraeg* i. 152, eraill [ysbrydion] sydd *uffernaidd*, y rhain sydd byth yn yr uffernawl bwll. **1696** *CDD* 137, Ymgadw yn ddiwair, ac yn lân, / Rhag medd-dod aflan ffiaidd, / Oni ymgedwi yn ddi-wâd, / Fe a'th ddwg i'r wlâd *uffern-aidd.* **1719** *EGBG* 3[9–40], Y gweywyr a'r cnofeydd *uffernaidd* . . . a'r dychrynfauau cydwybod euog. **1803** *P.*

uffernbwll, uffernddan, uffernddig, uffernddu, gw. **uffern+pwll, tân[1], dig, du.**

ufferneiddiaf: ufferneiddio [bf. o'r a. *uffernaidd*] *bg.a.* Rhegi, diawlio, melltithio: *to swear, curse, use profane language.*

1848. Ar lafar, 'Mi dorrodd y car lawr yn ganol dre ddoe—'ôn i'n *uffarneiddio*' (Arfon).

ufferngi [*uffern*+*ci*; cf. S. *hell-hound*] *eg.* ll. -*gwn*, (geir. a phrin) -*gïon.* Cythraul, diafol, person cythreulig: *hell-hound, fiend.*

1606 E. JAMES: *Hom* iii. 260, a pha artaith marwol-aeth wradwyddus y difethe efe y cyfryw *uffern-gwn* yn hytrach na drwg-ddynion, y cyfryw wrthryfelwyr yr ydwyf yn ei feddwl, ac y soniais ddiwethaf am danynt? **1630** *YDd* 43, y mae efe yn ofni dyfod allan, o blegid bod yr *vfferngŵn* hynny yn gwilio ei ddyfod-iad. **1703** E. WYNNE: *BC* 119, ac a fynnech chwi hên *ufferngi*, fyw bellach yn well na ninneu? **1737** J. EINNON: *HR* 154, megis *ufferngwn* difeistrolaeth. **1774** *W* d.g. *Hell-hound.* **[1788]** *EDP* 83, Mae'n debygol i'r *uffern-gî* yma [Balaam] wrth gynghori Balac alw i'w feddwl ferched Cain. **1803** *P, Ufferngi*, s. m.—pl. t. *on* . . . A hell-hound.

uffernig [*uffern*+-*ig*[2]] *a.* Uffernol: *infernal.*

1604–7 *TW* (*Pen* 228) d.g. *Infernus.* **1632** *D* d.g. *Infernus, Stygius.* **1722** *Llst* 189, *Uffernig* . . . Hellish, of hell, infernal. **1725** *SR* d.g. *Infernal.*

uffernle, uffernlle, gw. **uffern+lle[1].**

uffernol [*uffern*+-*ol*] *a.* ll. -*ion*, a hefyd gyda grym adferfol. Yn perthyn i uffern, tebyg i uffern; dychrynllyd, ofnadwy, erchyll: *infernal; terrible, awful, dreadful.*

12–13g. *GMB* 376, Dygyn enbyd benyd boen *vfernaol.* **13g.** *GBF* 644, Yn y may poythuan, peth *uffernawl.* **13g.** *BD* 14, Itti y mae canhyat treiglaw awyrolyon lwybreu, ac ellwng eu dylyet y daerolyon ac *vffernolyon* tei. **1346** *LlA* 31, megys berthal gynt agladoyt yny tan *vffernaol* gwedy ywledeu. **14g.** *GDG*[3] 168, Dydi, bi, du yw dy big, / *Uffernol* edn tra ffyrnig. *c.* **1400** *R* 1333. 10–11, tanaol *uffernaol* ffyrnic dachwed. *c.* **1400** *ChO* 10, Eissyoes pan del yr helywr a'e gwn, sef yw hwnnw angheu, a chwn *uffernawl* y eu hymlit, ac y eu daly, ac y eu sodi yn uffern. **1547** *WS, Vffernal* [*sic*] Hellysshe. **1609** *Rhyddiaith Gymraeg* i. 152, eraill [ysbrydion] sydd uffernaidd, y rhain sydd byth yn yr *uffernawl* bwll. **1632** *D, Vffernol*, Tartareus, infernus. **1759** T. THOMAS: *WWDd* 176–7, [p]echadur trüan, sy wedi cael ei frathu gan y sarph *uffernol* trwy bechod. **1774** *W* d.g. *Hellish, Infernal.* **1803** *P* d.g. *Ufernawl.* Ar lafar yn gyff., 'Mae'n *uffernol* o boeth 'ma', ''Dwi'n *uffernol* o sâl', ''Roedd o'n canu'n *uffernol*' (Arfon); ''Alli di ddim mynd mas fel 'na; ma golwg *uffernol* arnot ti' (gogledd Cered.); ''Ôs 'da chi jympyrs twym? Mae'n *yffernol* o ôr lan sia'r North' (sir Gaerf.); 'precath ddæ *uffymol*', *GTN* 470. Cf. *ib.* y mae naws reglyd ar y gair hwn ac nis defnyddir gan siaradwyr parchus. Clywir hefyd y ff. *yffachol*, ''Ni wedi câl haf *yffachol* o ran y tywydd' (sir Gaerf.).

Gw. hefyd **uffernolion[2].**

uffernolaf: uffernoli [bf. o'r a. *uffernol*] *ba.* Gwneud (rhywbeth) yn (debyg i) uffern: *to make (something) (like) hell.*

1819.

uffernolion[1], gw. **uffernol.**

uffernolion[2] [*uffernol*+-*ion*[2]] *e.ll.* Trigolion uffern, rhai uffernol, diawliaid, cythreuliaid: *the inhabitants of hell, infernal ones, devils, demons.*

[1740] L. ANWYL: *NG* 37, dedwyddwch Nefolion, a thrueni *Uffernolion.* **1793** DAFYDD IONAWR: *CD* 16, Neu'n ail, i'r *Uffernoliawn* / Ymdderchafu yn llu lawn.

Amr.: **(u)ffernols** [(*u*)*ffernol*+-*s*[2]]. **20g.** Ar lafar, 'Caewch ych cega'r '*ffernols*' (Arfon).

uffernwaith, gw. **uffern+gwaith[1].**

ufflon, &c., gw. **yfflon.**

ugain, ugaint [Crn. C. *ugens, ugans, vgons*, H. Lyd. *ucent*, Llyd. C. *uguent*, Llyd. Diw. *ugent*: < Brth. **uikantī* < IE. **uīkm̥tī*, cf. H. Wydd. *fiche* (gen. *fichet*), Llad. *vīgintī*; digwydd yn y ff. *hugain*(*t*) ar ôl yr ardd. *ar* mewn rhifolion cfns.] *rhif.* a hefyd fel *eg.* ll. *ugein*(*i*)*au.* Dau ddeg, rhifolyn (20, XX, xx) sy'n cynrychioli'r rhif hwnnw, y nifer hwnnw o bobl neu bethau; papur ugain punt; (yn y ll.) y rhifau o 20 i 29, yn enw. blynyddoedd mewn canrif neu fywyd rhywun, nifer mawr: *twenty, score; twenty-pound note; (pl.) twenties, scores.*

12g. *GMB* 177, A dygyuod clod cletyf diuri / Yn seith *ugein* yeith wy ueith voli. **12g.** *GLlF* 441, Yg goyt seith mil maor a seith *ugeint.* **13g.** *A* 2. 7–8, o wyr deivyr a brennych dychiawr *vgein* cant eu diuant en un awr. **14g.** *T* 6. 8–9, Pymthec *vgeint* seint auuant. **14g.** *LlB* 4, Brenhin a dyly vn gwr ar pymthec ar *hugeint* yn y gedymdeithas. **14g.** *WML* 46, yr *ugeinheu* atelir ygyt ar goarthec uyd y drychafaleu. **14g.** *GDG*[3] 128, Gormodd yw gwerth dyn gerth gain / Aros agos i *ugain. c.* **1400** *R* 1038. 3, Pedwarmeib ar*hugeint* ambu. **1547** *WS, Ugain* Twenty. **1593** W. MIDLETON: *B* [i], bydhai y Drudion gynt *vgain* mlynedh yn dysgû y gelfydhyd. **1632** *D, Vgain*, & *Vgeint*, Viginti. **1680** J. THOMAS: *UN* 8, mwmlio *ugeuniau* o Ave Mariau, a Phater Nosterau. **1740** T. EVANS: *DPO* 137, A llyma yr Oed y dylyir gwneuthur Dyn yn Farnwr, pan fo pum mlwydd ar *hugeint* oed. **1794** *W, Ugain, ugaint* d.g. *Twenty.* **1803** *P* d.g. *Ugain.* Ar lafar yn gyff.; ''*gieinia* o weithie', ''*gieinia* o filodd', *WVBD* 227; 'Ma arna' i *igian* punt iddo fo'; 'Ma hi yn 'i *higeinia* cynnar erbyn hyn' (Arfon); ''Odd 'na *ugeinie* o bobol 'na' (gogledd Cered.); 'Nest ti addo talu'r *ugen* punt 'na 'nôl ifi', 'Alla'i dy dalu di os ôs newid *ugen* 'da ti' (sir Gaerf.); '*Ucian* ôd odd 'næd yn prioti a 'mam yn ddunaw ôd', 'Ni fuon byw yno am drwa' *ucian* mlynadd', ''Odd *ugeinia* o'enyn' nw yno'r tro 'ny', *GTN* 470. Digwydd mewn rhifolion cfns. megis 'un (dau . . . pymtheg) ar *hugain*', cf. 'un *ugian* ar ddeg a phedwar' '224', 'pymthag *ugian*' '300', *WVBD* 227, a gw. hefyd *deugain, trigain, pedwar—pedwar ugain, chwech*[1]*—chwech ugain* (At.), *chweugain, saith*[1]*—saith ugain, wyth—wyth ugain, naw*[1]*—naw ugain* (At.).

ugeinfed [*ugain*+-*fed* (At.), Crn. Diw. *iganzvath*, H. Lyd. *XX met*, Llyd. Diw. *ugentvet*, Gwydd. C. *fichetmad*] *rhif.* a hefyd gyda grym enwol. Nesaf mewn trefn ar ôl y pedwerydd ar bymtheg, olaf mewn cyfres o ugain, yn dynodi un (rhan) o ugain: *twentieth.*

13g. *GDB* 521, *Vgeinvet* [cyrch], gan rat, hendref y hendat / . . . / Tros yr *ugeinuet* o Alun drefret / Hyt waelaot Dyuet yd eheta. *c.* **1400** *MM* 74, Ym Mei y mae pedwar [diwrnod peryglus]: y pymthecuet, ar unuet ar bymthec, ar deuuet ar bymthec, ar *ugeinuet.* **1588** **1** *Br* xv. 9, yn yr *vgeinfed* flwyddyn i Ieroboam. **1604–7** *TW* (*Pen* 228), yr *ugeinuet* rann d.g. *Vigesima.* **1632** *D* d.g. *Vicenarius, Vicesimus, Vigesimus.* **1721** J. JONES: *Alm* [i], Hon ydyw'r *Ugainfed*waith [*sic*] i mi ych gwasanaethu Chwi. **1803** *P, Ugeinved*, s. f. . . . A twentieth. a. Twentieth. Ar lafar, *WVBD* 227; 'Am yr *ugeinfad* waith, blentyn, bydd yn dawal', *GTN* 471.

Cfn.: **ar ei ugeinfed:** *with twenty others.* **13g.** *BD* 20, nachaf y cavr hvnnv yn dyuot *ar y ugeinuet* o'r kevri ereill (*cum xx gigantibus*) y gyt ac ef.

ugeiniaith, gw. **ugain+iaith.**

ugeiniol [*ugain*+-*iol*] *a.* Yn perthyn i ugain, yn dynodi ugain: *pertaining to twenty, denoting twenty.*

1657 *MII* ii. 109, Dyma 'r Lleuad gennad gaingron / Hallt ir blas, yn lliwio 'r saffron. / Yn mynd drwy 'r arwyddion nefol / Mewn wyth diwrnod ar *hugainiol.* **1803** *P, Ugeiniawl* . . . Belonging to twenty.

ugeinmil, ugeinmlwydd, ugeinmyrdd, ugeinoes, ugeinplyg, ugeinpunt, ugeinpwys, ugeinwaith, ugeinwlad, gw. **ugain+mil[1], blwydd, myrdd, oes[1], plyg[1], punt, pwys[1], gwaith[2], gwlad.**

ugeinwyr, ugeinwr [*ugain*+*gwŷr, gŵr*] *e.ll.* Ugain o wŷr, ugain dyn: *twenty men.*

14g. *BT* (*RB*) 24, Ac yna y dygwydawd amgylch seith *ugeinwyr* o teulu Gruffud drwy dwyll gwyr Ystrat Tywi. *c.* **1400** *YSG* i. 54, yno ef a gyfaruu ac ef *ugeinwyr* yn aruawc. **15g.** *DN* 71, Nid llai a wisgai am wŷr / Na gynau naw *ugeinwyr. Diw.* **15g.** *Pen* 67, 133, Ni a gawn naw *vgainwyr* / y ma [*sic*] waith bai mwy o wyr (Hywel Dafi). *id.* 135, yn hy r gwin i hea r gwyr / wrth gannwyll werth *vgainwyr* (Hywel Dafi). **1588** **2** *Sam* iii. 20, Abner a ddaeth at Ddafydd i Hebron ac *vgain-wr* gyd ag ef. **1588** **2** *Br* x. 24, Iehu a osododd iddo allan bedwar *vgain-wr.* **1588** *Jer* lii. 25, a thri *vgein-ŵr* o bobl y wlâd. **1588** **1** *Esd* viii. 47, ai meibion hwythau yr oedd *vgain-ŵr.* **1604–7** *TW* (*Pen* 228), *vgeinwyr* d.g. *Vigintiuiratus, Vigintiuiri.*

ul[1], *e?g.* ?Rhyw fath o radish neu ruddygl, *Raphanus*: *some sort of radish.*

c. **1400** *Études* vii. 56, raphana, yr *ul.*

ul[2] [?cf. *yyl*, amr. ar *oel*] *eg.* Olew: *oil.*

1770 *W, ûl, ul* d.g. *Blubber* [*fat of the whale*], *Oil, Train oil.* **18–19g.** *Llr* C 11, 197, *Ul* . . . Train oil in Caerm. see Walters.

ul[3], *a.* Llaith, tamp, trymaidd, clòs, mwll: *moist, damp, humid, close, muggy.*

18–19g. *Llr* C 11, 197, *Ul*, moist, damp, humid. Glam. **1803** *P, Ul* . . . Close and damp, or muggy. Mae yn *ul* iawn hezyw, it is very muggy to-day: Mae yr yd yn rhy *ul* izei valu, the corn is too damp to be ground: Mae y gwair yn rhy *ul* izei gywain, the hay is too moist to be carried off.

ulai [*ul*[3]+-*ai*[2] (cf. *blorai, ufelai, ulyfai*)] *eg.b.* Hydrogen: *hydrogen.*

1803 *P, Ulai*, s.c. . . . That generates humidity; hydrogene.

ulfyn, gw. **ulwyn.**

uliar [*ul*[3]+?elf. *-*iar* (?cf. *ufeliar*)] *eg.* Anian fflematig neu ddidaro: *phlegmatic temperament.*

1801 *MMf* 272, Pedwar cyfnywydd neu bedwar ardymmyr dyn, cyntaf y gwaedryar, ail yr *uliar*, trydydd y geri, pedwerydd y dueg. *id.* 273, I adnabod Cyfnywydd yr *Uliar.* Un a fo ai ardymmyr o'r *uliar* a fydd wineu o herwydd nad yw ei nattur ond egwan, yn yr ail gyfarwel hwy a fydd fyrrion a thewon y bobl a font o'r *uliar. id.* 274, pobl o'r *uliar* a fyddant dewon o achos amhuredd y corph. *id.* 276, os o'r *uliar* cymysc, hwy a gollant arnynt eu hunain ag a ymladdant eu hunain. **1803** *P, Uliar*, s. m. . . . A humid nature; a phlegmatic habit.

ulnwy [*ul*[3]+*nwy*[3]] *eg.* Hydrogen: *hydrogen.*

1858.

ulw, *e.ll.* a hefyd fel *eg.* a chyda grym ansoddeiriol ac adfl.

(*a*) Lludw, marwydos (poeth), marwor; llwch, gronynnau neu ddarnau (mân): *ashes, (hot) embers, cinders; dust, (small) particles or pieces.*

13g. *BD* 116, En dyrnavt y paladyr y kyuodant y moroed, ac *ylw* y rei hen a atnewydhaa. **14g.** *GDG*[3] 150, Aeth *ulw* dros frig wyth aelwyd; / Oio, gysgu ddu, mae 'dd wyd? *c.* **1400** (*SG*) *HMSS* i. 344, yny yttoedynt yn syrthyaw yr llawr megys lludw o *ulw* ffagleu. **15g.** *BB* 177, ef a welei y dreic yn bwrw tanllachar ar yr arth. ac yny losgi yn *ylw.* **1574** *RhRC* (At.) 292b, pridd ag esgyrn ag *ylwr* saint sydd yn dryllior diawled. **1604–7** *TW* (*Pen* 228) d.g. *Tutia* (At.). **1632** *D, Vlw*, Fauilla. **1722** *Llst* 189, *ulw* d.g. *Ashes.* **1753** *TR, Ulw*, hot embers, the white ashes wherein the fire is raked up, sparks of fire. **1778** *W* d.g. *Nill* [*the sparkles, ashes, or cinders that come from brass tried in the furnace*]. **1803** *P, Ulw*, s. m. . . . the remains of any thing burnt; ashes; cinders. Ar lafar, '*ulw*' 'ashes, powder', 'Mae o wedi torri'n *ulw* mân' 'It is broken to smithereens', *WVBD* 571 (*e.ll.*); ''Odd y tŷ'n *ulw* erbyn iddyn' nw gyrradd', 'Ma'r glo geson ni'r wthnos 'yn yn llosgi'n *ulw*, dim ond lluwch sy ar ôl, 'ôs dim cols na dim', *GTN* 483.

(*b*) (enghrau.'n goleddfu a. neu e., gyda grym cryfhaol: *exx. qualifying an adj. or a n., with intensifying force*).

1850. Ar lafar, 'wedi mynd yn ffagl *ulw*' 'hopping mad', 'yn greision *ulw* boeth' (sir Gaern.); ''Roedd y dŵr yn boeth *ulw* (*ulw* boeth, chwil *ulw* boeth)',

'Mae o'n chwil *ulw* bitsh' 'he is dead drunk', 'Mae'r tŷ'n benban *ulw*' 'the house is topsy-turvy', 'wedi torri'n dipia *ulw*' 'broken to smithereens', 'reit *ulw* wir' 'very true', *WVBD* 571–2; 'yn boeth *ulw*, chwil *ulw*', *Cymru* xlvii. [279] (sir Ddinb.).
Amr.: **elw².** **1547** *WS, Elw* tan Ysyle. **ulod** (*e.ll.*). Ar lafar, '*llod*-papur' 'The burnt remains of a printed paper, with the print still showing', *GDD* 172.
Cfn.: **yn ulw (lân):** *totally, utterly.* **20g.** Ar lafar, 'Mi fethis *yn ulw lân*', *WVBD* 572.
Gw. hefyd **ulwyn.**

ulw-hâl, ulwhal [*ulw+hâl¹*] *eg.* Carbonad: *carbonate.*
1850.

ulwin [*ulw+-in¹*] *a.* Carbonig: *carbonic.*
1850.

ulwlïain [*ulw+lliain*] *eg.* Lliain golosged, tender: *tinder.*
1794 *W, Ulw-liain* d.g. *Tinder,* [*linen burnt in order to receive the spark from the flint and steel*].

ulwyn [*ulw+-yn¹*] *eg.* Lludw, marwydos, marwor; carbon: *ash, embers, cinders; carbon.*
17g. *LlGC* 13215, 338, *Ulwyn* compos ab Ulw. **1707** *AB* 220d, *Ylwyn,* Ashes. [S]. **1768** Twm o'r Nant: *CTh* 42, Rhoi trethi a cherdodau i garpiau d—l, / Yn *ulwyn* bo'r sawl a wnelo. **1770** *W, ylwyn* d.g. *Ashes.* **18g.** Twm o'r Nant: *CO* 25, A hithe'r hen Alis—ni waeth ped ae'n *ulwyn.* **18–19g.** *Glam Bards* 316, nid a gantaw ir byd a ddaw / ger bron Duw gwyn werth yr *ulwyn.* **1803** *P, Ulwyn,* s. m. . . . The scoria or remains of any burnt matter; ashes, embers, or cinders.
Amr.: **ulfyn. 18–19g.** *Llr* C 45, 244, *uflyn* [*sic*] o wynt, Glam. Ar lafar, '*Ilfyn*' 'An atom, a small particle of anything', *GDD* 172.
Gw. hefyd **ulw.**

ulwynddygol [*ulwyn*+bôn y f. *dygaf: dwyn+-ol*] *a.* a hefyd gyda grym enwol. *Drg.* Carbonifferaidd: *carboniferous* (*in geol.*).
1851.

ulyf [?amr. ar *ulw,* cf. *ulfyn*] *eg.* Lludw, marwydos, marwor; carbon; carbonad: *ash, embers, cinders; carbon; carbonate.*
18–19g. *Llr* C 65, vii, canys maluriaw a wnaethant [esgyrn] yn *ulyf.*

ulyfai [*ulyf+-ai²* (cf. *blorai, ufelai, ulai*)] *e?g.* Carbon: *carbon.*
1850.

ulyfaint [*ulyf*+elf. anh.] *e?g.* ll. *-eintiau.* Carbonad: *carbonate.*
1850.

ulyfddwyn [*ulyf*+y be. *dwyn*] *a.* *Drg.* Carbonifferaidd: *carboniferous* (*in geol.*).
1858.

ulyfddygol [*ulyf*+bôn y f. *dygaf: dwyn+-ol*] *a.* a hefyd gyda grym enwol. *Drg.* Carbonifferaidd: *carboniferous* (*in geol.*).
1850.

ulyfedig [*ulyf+-edig*] *a.* Carbonedig: *carbonated.*
1883.

ulyf-hâl, ulyfhal [*ulyf+hâl¹*] *eg.* Carbonad: *carbonate.*
1851.

ulyfig [*ulyf+-ig²*] *a.* a hefyd fel *eg.* (Asid) carbonig: *carbonic* (*acid*).
1850.

ulyfsur [*ulyf+sur*] *eg.* Asid carbonig: *carbonic acid.*
1877.

ulltach [bnth. Gwydd. C. *Ul(l)tach*] *eg.* Gwyddel o Wlster, yn ddifr.: *Ulsterman, derog.*
c. **1400** *R* 1344. 16, eithyr bocsach *ulltach* alldut. *ib.* 17–18, *vlltach* gỽlat anllat enllys. *id.* 1357. 8, *Vlldach* ewingrach y wan arudgled. **1803** *P, Ulldaç,* s. m. . . . An oaf, a changeling.

-um, *trf. bfl.* 1 un. grff. mewn rhai berfau afreolaidd, e.e. *deuthum, euthum, gwneuthum.*

umbyr [?amr. ar *hiwmor*] *eg.* ll. *-s.* Hiwmor, diferlif, rhedlif: *humour, discharge* (*from body*).
1545 Elis Gruffydd: *Ll* 39, A lle i bo gwraig mewn gouid mawr o'r vamog, pa vn bynag vytho lliw'r *vmbyr,* ai koch ai du, gwna jddi arver o yved ii waith ne iii o'r dwr yma. *id.* 46, y vo a ddilea'r *vmbyrs* trwsgwll megis kolor kaled, fflem gwydyn, a malickolei tew allan o'r kylla. *id.* 59, y kyuriw *vmbyr* fiaidd ac a vo ynn dyuod yn hryuerthw o'r pen j'r trwyn. *id.* 81, Ac j wraig, j bo'r vshiw menstrum yn hry helaeth, gwna jddi arver o yved ii owns o'r dwr yma . . . ac y vo a sdopia'r *vmbyr.* *id.* 110–11, agorri yr av a'r esgyuaint a'r esblin a gwythenni'r korf ar a vo gwedi ysdopio j kwrs oherwydd tewdwr a gwydnedd *vmbyrs* kaled. *id.* 125, [g]lanhau'r ddwyuron o *vmbyrs* oerion.
Amr.: **wmbyr. 1545** Elis Gruffydd: *Ll* 42, y hryuerthwy o'r groeth [*sic*], yr hwn a redd allan ohonai hi yn wyn, yr *wmbyrs* ne'r gouid yma a hennwir leientria. **ymbr. 1545** Elis Gruffydd: *Ll* 30, a'i lwytho ef a chadache oni chwyso ef, ac y vo a wsgara'r *ymbr* gwenwynig o'i lleoedd.

umpir, umpryd, umprydiaf: umprydio, gw. **ympir, ympryd, ymprydiaf: ymprydio.**

un [Crn. C. *un,* H. Lyd, Llyd. C., a Llyd. Diw. *un,* H. Wydd. *óen*: < Clt. **oino-*, o'r gwr. IE. **oi-no-*, cf. H. Lad. *oinos* (> Llad. *ūnus*); ynglŷn â'r treigladau sy'n ei ddilyn, gw. *Treigladau* [129]–30; dichon fod rhai enghrau. o a. *un* yn yr ystyr 'dymunol, hyfryd' (cf. *unaf²*: *uno*) wedi eu cynnwys yma, gw. *P Tal* 101–2] *rhif.* a hefyd fel *eg.* ll. *-au,* (prin) *-oedd,* fel *a.*, a chyda grym adferfol a rhagenwol.

1. (*a*) Yr isaf o'r prifolion, sef hanner dau, rhifolyn (e.e. 1, I, i) sy'n cynrychioli'r rhif hwn, y nifer hwnnw o bobl, anifeiliaid, neu bethau; unigol, unig; unigryw, arbennig, dihafal; unedig, cyfunedig: *one; single, individual, only, sole; unique, special; united, combined.*
12g. *LL* 42, Deinde hal*un*guernen. **12g.** *GLlF* 119, Wy a *un* Mab Duỽ! maỽr a ryuet. *id.* 226, Ac or mynny hoedyl hyt *vn* vlỽydyn / Na didaỽl y barch kanyt perthyn. **12g.** *GCBM* i. 329, *Un* llofrut Prydein, pryderwn—y gert. **13g.** *GDB* 389, Yn *vn* boregweith y'ỽ hanreithyaỽ. **13g.** *BD* 76, kymodi a wnaethant trvy eu kedymdeithyon, a dyuot yn *un* garyat. **14g.** *BT* (*R*) 98–100, Ac yn *vn* dorof ygyt y kyrchassant gyfoeth Vchtrut. **14g.** *YBH* 29a, a minneu a af y edrych agyuarfo a mi *vn* gỽydlỽdyn. **1547** *WS, Un* One. i. **16g.** *Med H* 2, Hoell ap Syr Mathe a'i hysgrifennodd, oedran Krist mil a ffumkant ac *un* a thrigaint. **16g.** *WLl* 131, Merch eurdec mawr i cherdawd / Mae hi n brudd am i *hun* brawd. *Diw.* **16g.** *LBS* iv. 401, oni byddi di *vn* a mi oth vodd y lleddir dy benn ar cleddyf hwnn. **1588** *Tob* viii. 17, [d]au *vn* blant tad a mam. **1632** *D, Vn,* Vnus. **1667** C. Edwards: *FfDd* 79, Undeb yw'r peth gobiddoccaf mewn teulu, a theyrnas . . . Pa *unaf,* hyfrydaf a chryfaf. **1725** D. Lewis: *GB* 308, Haiarn yn Flawd-Durlif ac Aquafortis, a ymgynhyrfant yn rhyfeddol gyda mawr Wrês, ac wedyn a ânt yn *un* Dwfr. **1803** *P, Un* . . . That is individual, that is identified as one; one. Digwydd hefyd mewn rhifolion cfns. megis *un ar ddeg, un ar bymtheg, un ar hugain,* &c.

(*b*) (enghrau. o flaen e. ll.: *exx. before a pl. n.*).
1800 W. Owen[-Pughe]: *CP* 17, Gwelwn y calch yn *un* talpiau mawrion (*in large lumps*). Ar lafar, 'sagio rwbath a neud o'n *un* rhaffa', 'yn dŵad i lawr yn *un* tida o hyd', *WVBD* 572.

(*c*) (enghrau. ar ôl y fan.: *exx. following the def. art.*).
12g. *GCBM* ii. 307, Y'r *un* Duỽ, un Dyn, na uid hydraeth—brad. **12–13g.** *GMB* 476, Boed ef y bytwyf gỽedy bedraỽd / Kyd a'r *un* Duw maỽr yn y undaỽd. **14g.** *YBH* 43a, vygalanas a vadeuỽn it pei ar yr *vn* dyrnaỽt y lladut vymphen [*sic*].

2. (*a*) (defnydd enwol: *substantival use*).
9–10g. *Juv* 81, *un* hamed hapuil haper. **12g.** *GLlF* 120, *Un* yỽ'r ỽun a uyt kysseuin—uolyant. *id.* 397, *Vn,* Iarll Cernyw rhac ein aerllyw, eurllaw roddawg. **12g.** *GCBM* i. 329, *Vn* a vu, a dyvu deon, / *Vn* catcaut, cadulaut uleit galon, / *Vn* cadkun ual cadki Aeron, / *Vn* a vu haelaf o haelon—Kymry, / *Vn* kymreisc y rotyon, / *Vn* maỽrllary maỽrllỽrỽ kynreinon, / *Vn* maỽrllew, maỽrllyw kertoryon, / *Vn* maỽrwalch maỽrualch, mur dragon. **12–13g.** *GMB* 336, Kan wyt Tri, nyt reit itt amgen, / Kan wyt Deu (pell godeu) ac *Un.* *id.* 390, Llawer *un* a daỽ eneidyaỽl—yg gỽasc. **13g.** *GDB* 520, *Vn* [cyrch] ar dec diwreid Eluael, vro Hyueid. *id.* 521, *Vn* [cyrch] eisseu o ugeint arỽynaỽl y meint. **13g.** *A* 10. 2, *vn* seirchyawc saphwyawc son edlydan. **1346** *LlA* 19, ydwy nos. aarwydockant deu ryỽ anghev yssyd. *vn* y corff. ac *vn* yr eneit. **14g.** *WM* 441. 28–30, dỽyn ruthur y *un* o nadunt ae wan trỽydaỽ berued. **15g.** *GLGC* 257, nid gwell *un* ei lun o Linwent—i Sbaen, / ni bu yn Almaen neb un elment. *id.* 262–3, Tri ffrwythlon gerddor a ragorant: / *un* yw bardd ei hun ag a henwant, / ail yw storiawr ag a alwant, / trydydd teuluwr, cywydd os cant. **1567** *TN* 172a, gan ddywedyt *vn* wrth y llall [:– pawp wrth ei gylydd]. *id.* 244a, ys mi yw [:– wyf] *vn* i Bawl a' mineu *vn* i Apollos. **1632** *D* d.g. *Aliquis, Quidam.* **1688** S. Hughes: *TSP* 183, Dechreuasant . . . i gyssuro *vn* i gilydd [:– Y naill y llall]. **1703** E. Wynne: *BC* 113, Yna daw *un* o honom ninneu. **1725** D. Lewis: *GB* 89–90, os bydd i *un* o honynt ymollwng, fe fydd i'r llall dynnu'r Wyneb ar Dro. **1775** M. Rhys: *GBN* 6, Dyma *un* sy'n caru maddeu / I bechaduriaid mawr eu bai. **1798** T. Roberts: *CG* 19, Rhag i'r darllenydd feddwl fy mod i yn dueddol i *un* o'r ddwy blaid mwy na'r llall.

(*b*) (enghrau. ar ôl y fan., weithiau fel math o ragenw pth.: *exx. following the def. art., sometimes as a kind of rel. pron.*).
13g. *GBF* 629, Lle may'r ỽn a'r Tri trwy anwylyt —mat. **14g.** *YBH* 59a, ac y dywaỽt yr *vn* ỽrth y gilid. *c.* **1400** *RB* ii. 206, pob vn or rei hynny yn gar agos y mi . . . Yr *un* gỽedy y gilyd a gaỽssant amherodraeth rufein. **15g.** *BB* 4, henri vrenhin lloygyr . . . yr *vn* a wnaeth yanyanawl voledigrwyd yn ragoredic ym milwriaeth. **1567** *TN* 113a, dy vap hwn, yr *vn* a ysawdd dy dda y gyd a phutenieit. *id.* 158a, Iudas a ddyvot wrthaw (nyd yr *vn* Iscariot). *id.* 170b, Yr Iesu hwn yr *vn* y gymerwyt y vynydd y wrthych ir nef, a ddaw velly, yn y modd y gwelsoch ef yn mynet ir nef. **1632** *D* d.g. *Ille, Ipse, Is, Istic.* **1799** *TY* 43–4, Evans, yr *un* a anturiodd ymdaith i chwilio am y genedl hon [yr Indiaid Cymraeg].

(*c*) Person o'r enw, rhyw: *a person identified as, a certain.*
16g. *GGH* 244, Mae gennyf, ddisathr athrist, / Ymgwyno trwm, ganu trist, / Marw enaid bro, marwnad brudd, / *Un* Ifan, o Lanufudd. **1567** *TN* 207b, e ddaeth gyd a ni rei or discipulon o Caisareia, ac a dducesont gyd ac wynt *vn* Mnason o Cyprus, hen ddiscipul, y gyd a'r hwn y lletuyem. **1588** *Esr* v. 14, rhoddwyd hwynt i *vn* Sasbazar wrth ei henw. **1588** 2 *Esd* iv. 11, ti a adewaist *vn* Noah ai deulu, ac o honaw ef y daeth pôb cyfiawn. **1588** 2 *Mac* xiv. 3, *Un* Alcimus yr hwn o'r blaen a fuasse yr arch-offeiriad. **1681** S. Hughes: *AC* 23, cynnen ddiweddar y fuasai rhwng James Berard, cwtler o Fascon; ac *un* Samuel du Mont. **1687 (1715)** J. Owen: *TB* 14, daeth rhai Quakers o'r Gogledd i Gymru ynghylch Gwrexam, ac a hudasant *un* William Spenser. **1704** E. Samuel: *BA* 90, A'r hyn fe a ymsymmudodd i dŷ *un* Justus, Proselyt crefyddol. **1764** W. Williams: *Th* 21, Nes cododd *un* Seducus areithiwr mawr ei ddawn, / A wnawd trwy rym dysgeidiaeth i blethu geiriau'n iawn. **1798** W. Richards: *CC* 39, Ffrancod, y rhai a anfonwyd ymaith yn ddiattreg, tu a Hwlffordd i garchar, dan dywysiad *un* Perkins o'r March du yn y dref hono.

(*d*) (defnydd anafforig: *anaphoric use*).
12g. *GMB* 177, Teir lleng y doethant . . . / *Vn* o Iwerton, arall aruogyon / O'r Llychlynnigyon lwrw hiryon lli. **12–13g.** *GLlLl* 197, Ym bliant gwyrt ac *un* gwynn. *c.* **1400** *YCM²* 107, Pwy bynnac ac a dywedei yn eu plith neu a ledit ohonunt, ys trwc a dyghetuen oed y *un* ef. *c.* **1400** *B* ii. 13, o chwynnir bymthec niwarnawt neu wyth kynn gwyl Jeuan ef a dyf tri llyssewyn yn lle yr *un.* **15g.** *BB* 31, linx . . . ae lymder adylla kedernyt haearnawl ac *vn* elechawl. **1593** W. Midleton: *B* [1], kymhariad llythyrennennol [*sic*] yw kymharu y llythyren wreidhiol ag *vn* oe rhyw yn gyssefin pob braich trwy y pennill. **1620** *Col* iv. 16, Ac wedi darllen yr Epistol hwn . . . darllen o honoch chwithau yr *vn* o Laodicea. **1716** Iaco ab Dewi: *PTE* 19, od oes dim dajonus a Phrisiadwy ynghrefydd y Protestant, na dim Drwg ac Anrasrwydd yn yr *un* Babeidd, y mae gennym Achos i Ddiolch i Dduw, am ragachub yr *un,* a'n gwaredu ni rhag y llall.

(*e*) *Math.* (yn y ll. *unau*) Unedau: (*pl.*) *units* (*in math.*).
1677 C. Edwards: *FfDd* [422], gwybydd os bydd pedwar o honynt ynghŷd, fod y nesaf at dy law ddehau di yn arwyddoccau *unau,* a'r ail ddegau, a'r trydydd gantoedd, ar pedweryd filoedd, megis yn rhifedi y flwyddyn hon 1677. **1725** D. Lewis: *GB* 129, Y 6 Ffigren olaf ŷnt gynnifer o *Uneu,* 6 nesaf ŷnt gynnifer o Filiyneu, a'r 6 nesaf at hynny ŷnt gynnifer o Biliyneu. **1768** J. Roberts: *R* 3, *Unau,* Degau, Cantoedd, Miloedd &c. **1775** M. Williams: *MC* 8, cofiwch yn wastad ddechreu rhifo oddiwrth y Llaw ddeheu tua'r Aswy, gan ddywedyd *Unau,* Degau, Cantoedd &c. **1788** J. Roberts: *AR* 31, Cyfrifwch y Rhifnôd nesaf i'r llaw ddêheu, am *Unau,* yr ail am Ddêgau, y trydydd am Gantoedd. *ib.* *Unau* Units.

3. (*a*) Unrhyw (berson, anifail, neu beth): *any (one), either (one).*
12g. *GMB* 240, Ac os mi a'e haet herwyt twyllrin / Ny'm bo *un* keueith namyn Cain. **14g.** *WM* 6. 22–3, ny dywot ef ỽrthi hi *un* geir. **1592** S. D. RHYS: *Inst* [xiv], Eithr ninheu y Cymry . . . rhai o honon' ynn myned . . . (yn amgênach nog *vn* bobl aralh o'r byd) morr benhoeden. **1696** *CDD* [4], Etto er maint o boen a Gymmerais wrtho, nid allai addo fôd y llyfr hwn heb *un* bai ynddo chwaith. **1698** T. JONES: *Art* 6, Os *un* Clâf a weliff y fâth freuddwŷd. **1699** T. JONES: *TP* 61, fe . . . a ofynnodd ir porthor a welsai ef *un* Pererin yn myned heibio? **1795** J. THOMAS: *AIC* 74, bydd Rhieni'r plentyn yn Rhyddion oddiwrth *un* math o gosbedigaeth Gorphorol gan Gyfraith yr Eglwys. Ar lafar, 'dim *un* wan' 'not a single one', *WVBD* 572.

(*b*) (enghrau. ar ôl y fan.: *exx. following the def. art.*).
12g. *GLlF* 13, Ni chymu rhwyf llu â llawgyngor—yng ngawr, / Ny chymyrth aessaỽr yr *un* eisyor. **12–13g.** *GLlLl* 122, Dwyn meibyon Kynan kyn bu llwyd —yr *un.* **1346** *LlA* 40, Pa obeith yssyd yr gler. nyt oes yr *vn.* **14g.** *WM* 192. 6–8, Achyt bei lawer idaỽ [o] geyryd adinassoed. hon agarei yn uỽy nor *vn.* **14g.** *YBH* 7b, kany diaghei yr *vn* [marchog] yn disarhaet y ỽrthaỽ. *c.* **1400** *R* 1293. 27–8, Anryded hywed hywel ri nefaỽl yr *vn* ofyn nyt ymgel. **15g.** *GLGC* 279, deuwr aeth, ni chad yr *un,* / iarll Gwent, arall o Gintun. **17g.** HUW MORUS: *EC* i. 76, Ni ddaw, gwn, oddi genych, / Yr *un* gair cas, egr, cras, crych. **1755** *GAGC* 8, ym Mhybyrwch ei hymadroddion nid ydyw hi islaw yr *un.* Ar lafar, "Chysgis i'r *un* hun trw'r nos', *WVBD* 572.

(*c*) Person (amhenodol), dyn: *one (indefinite person).*
1698 T. JONES: *Art* 5, Pan Freuddwŷdio *un* ei weled ef ei hunan wedi ei lapio . . . fel dŷnbychan [*sic*]. **1760** WLL: *SAC* 72, Wrth hyn y geill *ûn* weled y mawr fûdd a'r lleshâad o gymmuno yn fynychach. Ar lafar, 'Fydd *un* yn twmo wth fynd i fyny'r allt', *WVBD* 572.

4. (enghrau. ar ôl y fan., fel rhagflaenydd cym. pth.: *exx. following the def. art., as antecedent of a rel. clause).*
13g. *LlI* 79, er *un* a uo eneyt uadeu, ny deleyr dym o'y da. **14g.** *WM* 92. 10–11, yr *un* a uu baed coet o honaỽch yrllyned. bit bleidast yleni. *c.* **1475** *B* xiii. 183, ny byd yr *vn* a allo rodi diheurdeb na neb ryw amdiffyn drostaw, namyn tewi megys kyffyon mudyon. **16g.** *GGH* 84, O'th enau pumiaith union / A'r *un* sydd i'r ynys hon. **1567** *LlGG* 104b, can nad gwirian [*sic*] gan yr Arglwydd yr *vn* a gymero y Enw ef yn ouer. *id.* 141b, can na'm boddhawr ym-marwolaeth yr *vn* a vo marw. **1567** *TN* 228a, yr hwn [Adda] yw ffurf yr *vn* a ddauei. **1588** *Io* ix. 8, onid hwn yw yr *un* oedd yn eistedd, ac yn cardotta? **1606** E. JAMES: *Hom* ii. 95, wrth yr *vn* a fytho yn entrewi y dywedir Duw a saint Ioan. **1712** T. WILLIAMS: *CDdG* v, fe ddichon llywodraeth gyfreithlawn ei dibennu yr *un* a fynno hi or ddwy ffordd. **1768** J. ROBERTS: *R* 8, fel y gellit gymmeryd, yr *un* a welit ti fwya cymmwys at dy dast.

5. (*a*) Tebyg, cyffelyb, o'r un fath; union debyg, heb fod yn wahanol, o'r un fath yn union; digyfnewid: *similar, alike, of the same kind or sort; identical, (exactly) the same (one); unchanged.*
Dchr. **12g.** *GMB* 7, *Vn* vid venuid y ellyspp bid, gelleist porthant. *id.* 273, *Vn* dra drugaret, vnwet ouri. / *Vn* dec deir person uch archegylyon, / *Vn* donyon neiuyon, nerth heb dreghi. **12–13g.** *GLlLl* 264, *Un* llysenw a Run. **13g.** *GDB* 38, ỽn angerd a Serlymaen. **13g.** *LlI* 17, *Vn* navd yv a choc e brenhyn. **13g.** *C* 7. 8–9, Neur uum y dan *un* duted a bun dec liu guanec gro. **14g.** *BT* (*R*) 140, Iweryd mam Owein ac Uchtrut ueibon Etwin vrenin Tegingl, a Bledyn uab Kynfyn oedynt vraỽt a chwaer *un* dat ac nyt *vn* vam. **14g.** *WM* 1. 36–7, Ac or aỽelsei ef o helgỽn ybyt. ny ỽelsei cỽn *un* lliỽ ac ỽynt. *id.* 48. 31–3, dial aỽnaethant gyrru branỽen o*un* ystauell ac ef ay chymell ybobi yny llys. **14g.** *GDG*³ 84, Dail ni chrinant ond antur / Celyn *un* derfyn â dur. *c.* **1400** *B* ii. 13, Ac yn *vn* llestyr y messurych y mywn. messur y maes. **15g.** *GLGC* 257, Priflys Syr Rhisiart sy'n *un* siarter / â phriflys Arthur am win pur pêr. **15g.** *DN* 64, *Vn* dwrf a llew ynn d'arfav lliwioc / Ynn tarfv gwerin mewn tref gaeroc. **15g.** *GGl*² 198, *Un* forddwyd â mab llwyd Llŷr, / *Un* foliant â'r hen filwyr. / *Un* fwnwgl yn ei faenawr, / *Un* faint â Geraint neu gawr. / *Un* ddefnydd, pan ddiddyfnwyd / Yn flwydd, â llew neu flaidd llwyd. **1547** *WS* [xvii], P, yn saesnec nid yw *vn* ddeddf a phi yn hebruw. **17g.** HUW MORUS: *EC* i. 211, Fel mwrdrwr pen-isel, heb gyfarch na ffarwel, / *Un* ddull ag anifail anufudd. **1696** *CDD* 124, Canodd Angylion, mawl Jesu moliason, / Yn ffyddlon *un* galon a'u gilŷdd. **1778** J. HUGHES: *BB* 101, Yn hwn mae 'r ddelw nefol, yn enaid byw ysprydol, / Anian dwyfol *un* a Duw, / Ae 'n anian *un* a ninne, cnawd, yspryd, gwad, esgeirie, / Cyneddfe yn radde o un ryw. **1803** *P, Un* . . . identical, of the same, same.

(*b*) (enghrau. ar ôl y fan.: *exx. following the def. art.*).
12g. *GCBM* i. 294, Y'r Mab, y'r Maỽrdad, rotyad Reen, / Y'r Ysbryd uchel o'r *un* echen. **14g.** *T* 41. 2–3, Achyn dybydyn llỽyth byt yr *vn* bryn. **14g.** *WM* 143. 5–6, yn medylyaỽ yr *vn* medỽl. **14g.** *YBH* 38a, Yr *vn* dyd hỽnnỽ yd doeth kennat at boỽn. **16g.** *Med H* 46, luws . . . nattur y pysc hwnn yw bwytta pyscod a vo llai noc ef, a mynych yw bod y dygiawdr o'r arwydd hwnn o'r *un* arvereu. **1567** *TN* 343a, Iesu Christ doy, a heddiw, yr *vn.* **1588** *Pr* iii. 20, Y mae y cwbl yn myned i'r *vn* lle. **1592** S. D. RHYS: *Inst* [xiv], bôd yn bhodhlon ganthynt, bhyned o'i gwelyeu euhûnain odhiwrth eu gwragedh prîod, a' godhebh i ryw bhrynt dhynion erailh bhyned i'r *vn* gwelyeu i gamarbhêru o 'i gwragedh a''i halôgi. **1632** *D*, Yr *vn* d.g. *Eadem, Idem.* **1651** SIÔN TREREDYN: *MDD* 43, Yn awr yr *yn* [*sic*] cyfammod ac y wnaethpwyd . . . ac Abraham, a adnewyddiwd ag Isaac. **1682** E. LLWYD: *EI* 2, nid yw yn gwneuthur mor [*sic*] *un* cynnig. **1687 (1715)** J. OWEN: *TB* 14, Yn yr *un* flwyddyn daeth rhai Quakers o'r Gogledd i Gymru ynghylch Gwrexam. **1718 (1721)** S. THOMAS: *HB* 7, Eu bod [planedau] yn troi o amgylch yr haul yn yr *un* môdd ac y mae Lleuad yn troi o amgylch y ddaiar. **1773** J. ROBERTS: *GY* [x], yr Hir lin . . . ar ol y Prif Air, y mae yn dangos mai yr *un* yw ei feddwl ar [*sic*] Gair o'r blaen. Ar lafar, 'yr *un* hyd a'r *un* led', *WVBD* 572; 'yr *un* ben â'i fam', *Treigladau* 39 (gorllewin Morg.); 'yr *un* drwch', "Wi'n nuthur bwyd yr *un* fel ag odd 'mam', *GTN* 483.

6. (enghrau. ar ôl ansoddair yn y radd eithaf: *exx. following an adjective in the superlative degree).*
12g. *GMB* 241, Meu ynteu, oreu *un* tormennaỽc. **12g.** *GLlF* 508, Goreu *un,* goreu gerennyt—y dyn. **12–13g.** *GLlLl* 172, Wytt goreu *un* gỽron o'r uas / A wnaeth Duỽ y dyt y'n creas. **13g.** *GDB* 285, Goreu ỽn kyỽeillt o'r kyỽeillon—meu. **14g.** *T* 63. 1, gleỽ ryhaỽt gleỽhaf *vn* yỽ vryen. **15g.** *GTP* 18, A gorau *un* gŵr o'i oed. **1718** M. WILLIAMS: *P* 13, gorau *un* dim yw Barddoneg i brofi Athrylith a Synwyr ac Awen. Ar lafar, 'a fi 'di gwaetha' *un* am hel y llyfra hefyd' (Llŷn). Clywir hefyd ymad. fel 'y peth rheitia' o'r *un*', *WVBD* 572.

Cfn. (detholiad yn unig): **yr un:** *each, for each one.* **20g.** Ar lafar yn gyff., 'Os talwn ni ddecpunt *yr un* mi fydd yn ddigon'; 'Punt *yr un* dalas i amdenyn' nw', *GTN* 483. **un ac arall:** *one and all.* **1604–7** *TW* (*Pen* 228) d.g. *promiscuus.* **1716** T. EVANS: *DPO* 233. **1733** T. EVANS: *PP* 48. *Diw.* **18g.** *AL* ii. 502. **un ac oll** = **un ac arall. 1812. un ac (?ag) un:** *one by one; in single combat.* *c.* **1400** *YCM*² 25, y doeth allan o'r gaer y gynnic ymlad *un ac un.* **1588** *Io* xxi. 25, Ac y mae hefyd lawer o bethau eraill a wnaeth yr Iesu, y rhai pe sgrifennid bob yn *un, ac un,* nid wyf yn tybied y cynhwyse y bŷd y llyfrau a scrifennid. **1721** B. MEREDITH: *PJ* 17, Canus fy Arglwŷdd a orchymynnodd i mi ym wneithr [*sic*] a phôb ûn o honoch, *ûn ag ûn* trwu air ei Jechudwriaeth. **1727** M. MAURICE: *WE* 17, rhoddi dealldwriaeth i'r Etholedigion *un ac un* i adnabod Crist. **un ai . . . ai:** *either . . . or.* **1630** *YDd* 27, Gan hynny nid oes dim yn Nuw, ar nad ydynt *vn ai* hanfod *ai* person (*not either his Essence or Person*). **17g.** HUW MORUS: *EC* i. 165. **1701** E. WYNNE: *RBS* 103–4. **1798** GW. MECHAIN: *D* 3. **un ai . . . neu** = **un ai . . . ai. 1658** R. VAUGHAN: *YPS* 35, *vn ai* synwyr dy siad *neu* gydwybod yn dy galon. **1677** C. EDWARDS: *FfDd* 382. **1797** D. DAVIES: *SEG* 220. **(ar) un amser:** *at any time, ever.* **12g.** *GCBM* i. 133, Ny'm gỽna tro treigylveirt *un amser.* **13g.** *LlI* 101, Nyt yaun dale beyd *un amser* en mochyrya. **1606** E. JAMES: *Hom* iii. 218, os ydynt hwy *ar vn amser* trwy bigad eu cydwybod, yr hwn sydd yn eu cyhuddo hwy, yn clywed na galar na thristwch. **1632** *D* d.g. *Siquando.* **1661** E. LEWIS: *Drex* 189, nid yw'r cloc yn sefyll *un amser.* **1712** T. WILLIAMS: *CDdG* 373, heb *un amser* ei [*sic*] Meddalu eu hunain a phleserau. **[1740]** L. ANWYL: *CA* 112, ni ddylem ni *un amser* lygadgammu ar yr arwydd lleiaf o hono [drygioni]. Ar lafar, 'Gofala di na 'nei di mo hynna eto, '*namsar*', *B* xiv. 189 (Meir.). Gw. hefyd *yn un amser, yn yr un amser.* **un arall:** *another (one).* **13g.** *BD* 199, hyach yd archaf ui dy ganhorthvy di noc *vn arall.* **14g.** *BT* 127, deuryw ymrysson . . . vn yrwng beird aphrydydyon. *vn arall* y rwng telynoryon achrythoryon. **1567** *TN* 30b, pwy pynac a wrthddoto ei wraic, dyethr am 'odinep, a phriody *vn arall,* y vot yn tori priodas. **1604–7** *TW* (*Pen* 228), pleitio gyt ac vn yn erbyn *vn aralh* mewn cynghaws d.g. *Subscribo.* **1703** T. BADDY: *PCh* 115, mewn *ûn arall,* neu yn yr ûn ûn ar amser arall. **1797** JAC GLAN-Y-GORS: *TD* 22, bydd un yn cael ei wneud yn olygwr ar ol ceffylau y brenin . . . ac *un arall,* yn arglwydd yr ystôl neu y ty bach. **Un a Thri, yr Un a'r Tri:** *(the) triune (God).* **13g.** *C* 36. 11–12, Arduireaue. tri trined in celi. yssi *un a thri.* **13g.** *GBF* 629, Lle may'r ỽn *a'r Tri* trwy anwylyt—mat. **15g.** *GLGC* 11, Rhi yw *Un a Thri* yma a thraw—i'n plith. **15g.** *DE* 119, ymofalwn am foli / i wnevthvr arch *vn a thri.* **1603** W. MIDLETON: *Ps* 158, Duw Arglwydh gu-lwydh geli y llywiant / Duw 'r lluoedh *vn a thri.* **18g.** *Beirdd y Berwyn* 35, A chynnal bawb yn ol i stad, / Wrth riwliad *Un a Thri.* **1776** H. JONES: *GC* 46, Mae'n rhaid bod Cariad *Un a Thri,* / Yn trigo yn ein Calonneu ni; / Cyn del i riwlio mewn da rôl. **(yr) un a'r unrhyw, un ac unrhyw:** *the selfsame, the very same, one and the same.* **1620** 1 *Cor* xii. 11, A'r holl bethau hyn y mae *yr vn a'r unrhyw* Ysbryd yn eu gweithredu. **1630** *YDd* 300, megis trwy gyfatteb cyfnewidiol na byddent [bara a gwin a chorff a gwaed Crist] ond *yr vn ar vnrhyw* beth. **[1710]** GW. AB IERWERTH: *SB* 65, amser cymmeradwy, a dydd yr jechydwriaeth yn ddau air, etto mewn ystyr a meddwl *un ac unrhyw* ydynt. **[1725]** *TS* [vi], nad oedd yr hen Destament a'r newydd . . . ond *un a'r unrhyw.* **1741** *CAG* 44, o's bydd Cyfattaliad i oestadol Ailadroddiad *un a'r unrhyw* Ffurf. Cf. *yr un unrhyw* isod. **un dim:** *anything; one iota, at all; of all.* **1718** M. WILLIAMS: *P* 13, gorau *un dim* yw Barddoneg i brofi Athrylith a Synwyr ac Awen. **1764** W. WILLIAMS: *C* [145], Na byddo gwrthnebiadau 'r bŷd, / Na chroesau o unrhyw [*sic*], / I'm hoeri nag i sugno mryd / *Un dim* oddiwrth fy Nuw. **1777** W. WILLIAMS: *DN* 25, Ni's cwymp ef i mi mewn *un dim.* Ar lafar, "Dodd 'no *un dim* i brotectio neb' (Llŷn). **yr un ffordd (â):** *at the same time (as), along or together (with).* Ar lafar, 'Os wyt ti'n mynd lawr i'r pentre heddiw, 'wnei di ddod â thorth i mi'r *un ffordd* os gweli'n dda?' (sir Ddinb.). Cf. R. E. JONES: *LlIC* 168, *Yr un ffordd â* (rhywbeth arall). Ynghyd â hwnnw. Fel rhan o'r un oruchwyliaeth. **un gwaith, un waith**[1,2], gw. *ungwaith, unwaith*[1,2]. **un lled:** *single width (of material).* Ar lafar, 'dunydd *un lled*' 'single-width material', 'Pyn ôn i'n gwinio, bothdi wech nu naw modfadd ar ucian odd dunydd *un lled*', *GTN* 511. **(yr) un fath (â):** *the same (as), just like; one kind of.* **15g.** *GDLl* 132, Nid wyf falch wedi efô / Ond *un fath â* dyn fetho. *id.* 187, A llen o sidan dano, / A'r *un fath* arnaw ef[ô]. **15–16g.** LLAWDDEN, &c.: *Gw* 14, Ei rawn fel hud ar winwydd, / Llaes *un fath* llysowen fydd. **1567** G. ROBERT: *GC* 15, eisie i'r cymru ddychmygu *vn fath* ar elfen i wasneuthu tros bobûn. *c.* **1585** G. ROBERT: *DC* 67b, rydym yn bwytta *yr vn fath* fwyd *ag* ynteu. **1588** *Eseia* xxiv. 2, bydd *vn fath* y bobl *a'r* offeiriad. **1588** *Doeth Sol* vii. 6, *Un fath* ddyfodiad i fywyd, sydd i bawb ac *vn fath* fynediad allan. *c.* **1762–79** W. WILLIAMS: *P* 477, [yr] un faintioli ag arwydd wrth dafarn, ac o'r *un fath* o baintiad. **1776** *W, Un . . . fâth* d.g. *Manner, One* [*the same*] *manner of.* **1790** TWM O'R NANT: *GG* 166, Caiff gwenith Llawn, *un fath a* Llerr, / Ei dorri'n amser Duw. Ar lafar, 'Mae o '*r u' fath â* 'tae o wedi llyncu mul', *WVBD* 572; 'Fe wedes i wrtho fe am ddod erbyn saith, ac y newn inne'*r un fath*' (gogledd Cered.); hefyd yn y Gogledd yn y ff. *fath â*, '*fath â* mwnci ar ben pric', M. WILIAM: *DY* 56. **yr un mor:** *equally.* **1881. yr un peth:** *the same (thing).* **1552** W. SALESBURY: *Gw* 306, Rackymeriat id p[an] gymerer y kyfan a chrybwyll ei rann[au] ei dychwelyd drachefn tüar *vn peth,* val hy[n] / Fynny'n dec ffown ni'n daü / Foes hon, a ffoeais inaü. **1567** G. ROBERT: *GC* 78, *Yrun peth* sydd iw farnu am y drydedd liossog. **1605–10** *Haf* 24, 560, Saint Grigori, sydd yn areithio *yr vn peth* lle i mae yn doedyd. **1752** *ML* i. 201. **1776** *W* d.g. *Much the same.* **1799** M. WILLIAMS: *HHG* 33, [c]yfraith Moses, yr hyn a ddengys, fod crefydd nattur yn oestad *yr un peth,* ymhob oes. Ar lafar, "*R un peth* ydi efo fo bob tro—byth dim pres gynno fo' (Arfon). **un pryd,** gw. *ympryd.* **(ar) yr un pryd:** *(at) the same time, all the same.* **1911.** Ar lafar yn gyff., *WVBD* 445. **un rhyw,** gw. *unrhyw.* **un swydd,** gw. *unswydd.* **un trew,** gw. *untrew.* **un tu,** gw. *untu.* **yr un un (â):** *(exactly) the same one (as).* **1703** T. BADDY: *PCh* 115, mewn ûn arall, neu yn *yr ûn ûn* ar amser arall. **1760** WLL: *SAC* 13, etto fyth yn newydd, ac etto fyth *yr ûn-ûn ac* ydoedd pan offrymmwyd gyntaf drosom. **1763** *DT* 150, Ai fy Mun, *yr un un* wyd [cywydd i Haerwen o Gaerludd, wedi iddi heneiddio]? **1803** *P,* Un . . . *Yr un un,* the same one, the very same, idem eadem. Ar lafar, "*Run-un* yw e a fuo ma o'r blân' 'He is the same one that was here before', *GDD* 242. **un unig:** *one and only, only one, one single; any single.* **1567** *TN* [xli], a' thrwy *vn vnic* offrwm ac aberth i perffeithiodd ef yn dragwyddol yr hai a santeiddier. **1588** 1 *Esd* iv. 7, nid yw efe [brenin] eithr *vn vnic,* od eirch efe ladd, fe a leddir. **1618** J. SALISBURY: *EH* 69, Megys y gelwir Teyrnas yn vn, a fo idhi *vn vnic* frenin. **1675** R. JONES: *HCh* 105, ac ef wedi ei argyhoeddi . . . o bob anallu ynddo ei hun, neu yn *ûn unic* greadur arall. **1719** *TDP* 98, gwybyddwch mae eich *un unig* Dduw sydd Arglwydd yn yr Wybrenau, ac ar y Ddaiar. **1721** RD: *CFf* 20, *un unig* fywiol, a gwir Dduw, gorsefylliad yr hwn sydd yntho ac o hono ei hun. **yr un unrhyw** = **un a'r unrhyw. 1618** J. SALISBURY: *EH* 69, trwy'r *yn vnrhyw* Yspryd, a than *yr vn vnrhyw* gyfreith. **ar un adeg:** *at one time.* Ar lafar. **ar un amser,** gw. *un amser.* **ar yr un amser,** gw. *yn yr un amser.* **ar yr un pryd,** gw. *yr un pryd.* **o un i un** = **un ac un. 14g.** (**17g.**) *AL* ii. 698, Ac wedy darffo yr ceitwat hwnnw tyngu, cymryt un arall ar neilltu a thraethu hwnnw fal y llall, ac felly *o un i un* hyt yr olaf. *c.* **1400** *R* 1048. 3–4, Brodyr

ambƀyat ny vall. adyuynt ual gƀyal coll *o vn yun* edynt oll. **15g.** *LHDd* 94. **15g.** *AL* ii. 268. **1703** E. WYNNE: *BC* 142. **yn un a chytûn:** *at one, in agreement.* **1618** J. SALISBURY: *EH* 84. **1740** T. EVANS: *DPO* 128. **1744** D. ROWLAND: *RY* 4. **yn un amser:** *at some time;* ?*at the same time.* **13g.** *GDB* 135, Nyd ef yd eir nef o nerth llonder / Nac o nerth ymsang *yn un amser* (amr. mewn rryw amser). **16–17g.** *HG* 16, a gwaeth nar kwn, yn pan ddwedwn / *yn un amser*, pader noster. **yn (ar) yr un amser:** *at the same time.* **1346** *LlA* 4, *ynyr vn amser* (*in omni tempore*) yd ardyme/ra [Duw] pob peth. **1488–9** *BSM* 15, Gwasanaethwr oedd *yn yr vn amser* i wr a elwid Tetradius prokonsul gwedy myned kythrel ynddo. **16–17g.** *B* viii. 117, *Ar yr vn amser* y doded Abraham dan gyfreith annwaediad. **yn un air:** *with one voice, of one mind or opinion, in (complete) agreement, unanimously.* **15g.** *FfBO* 36, dywedassant *yn vn eir.* **15g.** *GHS* 8, Mae Mair *yn un air* â ni / Mae plaid meudwyaid Dewi. **1588** *Ecs* xxiv. 3, attebodd yr holl bobl *yn vn air.*

Gw. hefyd **unyn.**

-un, *trf. prs. ardd. rhed.* Cym. C. 3 ll., e.e. *arnun.*

unad, unaeth, gw. **uniad, uniaeth.**

unaf[1]: uno [bf. o'r rhif. *un*; dichon mai yma y perthyn *unaf, GGLl* [157]] *bg.a.* Gwneud neu ddod yn un, dod ynghyd, cyfuno, ymuno, cysylltu; cytuno; cymodi: *to unite, unify, coalesce, amalgamate, combine, join, connect; agree; be reconciled.*

a. **1587** *Y* 71, A barnwr doeth heb wyrni / Yn yn iaith i'n *vno* ni. **1588** 2 *Cr* xx. 36, Ac efe a *vnodd* ag ef ar wneuthur llongau i fyned i Tharsis. **1604–7** *TW* (*Pen* 228), wedy *vno* d.g. *Vnitus.* **1630** *YDd* 9, a chwedi ei *vno* a Duw yn y cyfryw fodd, ac na ellir yn vnlle byth ei wahanu oddiwrth dduw. *id.* 57, ac felly y mae Duw wedi *vno* (*is reconciled*) atto. **1632** *D*, Vn, *Vno*, Vnire, concordare. **17g.** HUW MORUS: *EC* ii. 281, De'wch yn serchoglu, ac *unwch* i ganu. **1700** *TDP* 16, ond amcan ei feddwl efe nis *unodd* ac ûn dyminiad [*sic*] niweidiol. **1759** T. THOMAS: *WWDd* 84, Mae Duw a dynion wedi eu *huno* ynghyd yn Nwy Natur Crist. **1772** *W* d.g. *To co-alesce* [*unite together*], *To knit* [*unite, join, &c.*], *To make one or into one* [*unite, &c.*]. **1793** DAFYDD IONAWR: *CD* 10, Creaist, *unaist* bob anian, / Pob byw yr un rhyw i'w rhan. **1803** *P*, *Unaw* . . . To make into one; to unite; to accord, to agree. Ar lafar, 'Ma'r ddou dŷ cwrdd . . . [y]n *uno* â'i gilydd i alw gwynitog', *GTN* 484.

unaf[2]: uno [< **iunaf*: **iuno* (cf. *udd* < **iudd*), cf. *eiddunaf*: *eidduno*, ?yr e. prs. H. Gym. *Iunabui*, ?a'r e. prs. H. Lyd. *Iuncar, Iuntiern*; gw. hefyd drdd. y rhif. *un*; dichon mai yma y perthyn *unis, GMB* 200, a *rymun, A* 30. 7, 8] *ba.* Dymuno, chwennych, awyddu, ewyllysio, erfyn, gweddïo am: *to wish, desire, covet, will, crave, pray for.*

12g. *GLlF* 163, As ƀnasƀn-y heddiw, ƀarch gloywliw glas. **12g.** *GCBM* ii. 124, A'th uo, hael hil Run, a *unaf.* **13g.** *LlI* 28, sef yu e try e dele e maedu, am rody peth ny delyho e rody, ac am e chaffel gan ur adan tuell, ac am *unau* meuel ar e uaryf. **13g.** *C* 60. 20–1, *Vnyssun* aroun minit maon. **14g.** *T* 57. 1, *Vn ynt* [*sic*] tanc gan aethant golludyon. **14g.** *GDG*[3] 412, Ni fynnaf, nid *unaf* dwyll, / Gymod â dyn dig amwyll. **16–17g.** LLYWELYN SIÔN, &c.: *Gw* 497, *vnais* i yddynt einoes hyddaidd. *id.* 536, *vnaf* ar gan, nef i'r gwr.

unaidd [*un*+*-aidd*] *a.* Unedig; yn cynnwys un eitem, rhan, neu elfen, yn ymwneud ag un elfen: *united; unary.*

1744 *CMC* 92, Am hynny dewch mewn *unaidd* donn, / Ar uwcha Llais i ganu 'n llon.

unair, unanedig, gw. **un+gair[1], ganedig.**

unanheddol [*un annedd*+*-ol*] *a. Bot.* Monoëcaidd, cydryw: *monoecious* (*in bot.*).

1813 *WB* xi, 96.

unaniaeth, gw. **hunaniaeth** (hefyd At.).

unannedd [*un*+*annedd*] *a. Bot.* Monoëcaidd, cydryw: *monoecious* (*in bot.*).

1813 *WB* xv.

unarllwysfaolion [*un*+*arllwysfa*+*-ol*+*-ion*[2]] *e.ll. Swol.* Monotremiaid: *monotremata* (*in zoology*).

1851.

unawd [*un*+*-awd*[6]] *eg.* ll. *-au, unodau.* Darn o gerddoriaeth leisiol neu offerynnol, neu ddawns, a berfformir gan unigolyn gyda chyfeiliant neu hebddo: *solo* (*music or dance*).

1862. Ar lafar, *GTN* 483 (ll. *unawda*).

unawdl, gw. **unodl.**

unawdwr, unawdydd [*unawd*+*-wr*, *-ydd*[3]] *eg.* (b. *unawdwraig*, ll. *-wragedd*) ll. *unawdwyr, unawdyddion.* Person sy'n perfformio unawd: *soloist.*

1919. Ar lafar, 'Y fe odd *unawdwr* y côr', *GTN* 483 (ll. *unawdwyr*).

unawr, unbaich, unbais, unban, unbarch, unbardd, gw. **un+awr[1], baich, pais[1], ban[1], parch, bardd.**

unbeinaeth, unbeiniaeth, gw. **unbennaeth.**

unben [*un*+*pen*[1], H. Lyd. *unpenn*; ymddengys mai ll. yw'r ff. *unbyn*, ond fe'i trafodir fel un. gan rai geir.] *eg.* (b. *-nes*, ll. *unbenesau*) ll. *-iaid, -nau, unbyn.*

(*a*) Rheolwr neu lywodraethwr sydd ag awdurdod absoliwt, goruchaf ben, teyrn; pennaeth, uchelwr, tywysog, (pen-)arglwydd, brenin, penadur, ymherodr: *dictator,* (*absolute*) *monarch, supreme head, autocrat, tyrant, despot; chief(tain), nobleman, prince, lord* (*paramount*), *king, monarch, sovereign, emperor.*

Dchr. **12g.** *GMB* 6, Y valch teeirn, dinas *unbin*, degin adwi. **12g.** *GLlF* 448, Yssid unbennaeth *unbennesseu.* **12g.** *GCBM* i. 24, Tir gƀreid gorƀyf rac *vnbenn.* **12–13g.** *GLlLl* 140, Ked boed *unbennes* ys anebre. **13g.** *C* 65. 7, Bet mor maurhidic diessic *unben.* **13g.** *A* 11. 16–17, en lloegyr drychyon rac trychant *unben.* **13g.** *GBF* 193, *Unben* o *unbyn* Powys. **14g.** *T* 14. 10–12, Mab meir maƀr aeir pryt nas terdyn. kymry rac goeir breyr ac *vnbyn. id.* 17. 24, Deu *vnben* degyn dƀys eu kussyl. **14g.** *GDG*[3] 108, A'r ewig wen, *unbennes* / A garud di, hoen geirw tes ['Y Breuddwyd']. **15g.** *GLGC* 442, *Unben*, un wreichionen rudd, / ytiw ef o waet Dafydd. **1604–7** *TW* (*Pen* 228), *Vnbennes* d.g. *domina. id. unbenn, unbennes* d.g. *Unicus.* **1630** *YDd* 76, y mae [Crist] yn Frenin, Offeiriad, Prophwyd, ac *vnben* yr Eglwys. **1632** *D*, *Vnben*, & *Vnbyn*, Princeps, monarcha, imperator. *id. Vnbennes*, f.g. **1765** J. EVANS: *CPE* 56, Cystenyn Fawr yn *Unben* ar holl Ymmerodraeth Rhufain. **1770** *W*, *unben, unbyn* d.g. *An arbitrary prince, Despot* [*an absolute prince, lord, &c.*], *Emperor* [*the head or sovereign of an empire*], *Monarch* [*a governor invested with absolute authority*], *A paramount, or lord paramount* [*the highest or supreme lord of a fee*], *Prince.* **1803** *P*, *Unben*, s. m.—pl. *unbyn* . . . A one head, a one supreme, a monarch. *id. Unbenes*, s. f.—pl. t. *au* . . . A female monarch.

(*b*) (fel cyfarchiad (hefyd mewn ystyr wannach): *as a form of address* (*also in a weaker sense*)).

12g. *GCBM* ii. 155, *Unbyn* balch, bwlch ynn hetiw. **13g.** *BD* 173, A *unbyn* teulu, . . . canys heb vybot y an brenhin y dechreussam ni yr ymlad hvn, reit yv yn niheu ymoglyt rac yn dygvydav yn y ran waethaf. **14g.** *YBH* 9b, A *vnbennes* dos di y ben y tƀr ac edrych. **14g.** *WM* 144. 32–3, Graessaƀ ƀrthyt *vnben* heb yr arthur. *c.* **1400** *Ked AA* 5, Ha *vnben* teyrneid. *c.* **1400** *YCM*[2] 56, *Vnbennes* vonhedic . . . Duw a diolcho ytt. *c.* **1400** (*SG*) *HMSS* i. 194, a dywedut. a *unbennesseu* grassaw wrthywch. **15g.** *GLGC* 292, A oes Wyddel gwyllt na swyddog—na llu / na bo'n crynu, *unben* coronog? **1725** *SR*, *Un bennes* [*sic*] d.g. *Miss.* **1803** *P*, *Unben* . . . a complimentary appellation, like sir. *id. Unbenes* . . . a title of respect, equivalent to lady and madam.

Amr.: **unbeniad** [gair geir., sef adff. o'r ll. *unbeniaid*]. **1803** *P.*

unbenadur [*unben*+*-adur*] *eg.* Unben: *dictator.*

1811.

unbenaduriaeth [*unbenadur*+*-iaeth*] *eb.* ll. *-au.* Monarchiaeth, teyrnlywodraeth, unbennaeth: *monarchy, dictatorship.*

1799 A. AB D. SION: *CR* 8, Tra mae dinasyddiaethwyr yn ymddadleu ynghylch *unbenaduriaethau*, (monarchies) pendefygol-lywodraethau, (aristocracies) a gwerin-lywodraethau, (republics) mae Crist'nogrwydd yr un modd yn gymmwys, yn ddefnyddiol, ac yn gyfeillachol iddynt oll.

unbenaethdod [*unbennaeth*+*-dod*] *eg.* Unbennaeth: *dictatorship.*

1922.

unbenaethes, gw. **unbennaeth.**

unbenaethol [*unbennaeth*+*-ol*] *a.* a hefyd gyda grym enwol. Yn perthyn i unbennaeth, o natur unbennaeth, monarchaidd, gorthrymus, gormesol, absoliwt, goruchaf: *dictatorial, monarchial, autocratic, tyrannical, despotic, absolute, supreme.*

1770 *W*, *unbennaethol* d.g. *An arbitrary prince, Monarchial* [*belonging to, or of the nature of, monarchy*]. **1803** *P*, *Unbenaethawl* . . . Monarchical.

Amr.: **unbeniaethol. 20g.**

unbenaethwr [*unbennaeth*+*-wr*] *eg.* ll. *-wyr.* Monarchydd, cefnogwr unbennaeth: *monarchist, Caesarist.*

1866.

unbeneiddrwydd [*unbennaidd*+*-rwydd*] *eg.* Sofraniaeth, yn *ffig.*: *sovereignty, fig.*

c. **1400** *R* 1300. 43–4, vy mod beunydrod *vnbeneidrwyd.*

unbenesaidd [*unbennes*+*-aidd*] *a.* Boneddigesaidd, breninesaidd, hefyd yn *ffig.*: *ladylike, queenly, also fig.*

1756 *Gron* 15, Ac euraid wyt bob goror, / Arglwyddes, a meistres mor. / Gwrth y rhod trwod y traidd, / Ynysig *unbenesaidd* [am Fôn]. **1803** *P.*

unbengerdd, gw. **unben+cerdd[1].**

unbeniad, unbeniaeth, unbeniaethol, gw. **unben, unbennaeth, unbenaethol.**

unbennaeth [*unben*+*-aeth*] *eb.g.* (b. *unbenaethes*) ll. *unbenaethau* (adran (*a*)), *unbenaethiaid* (adran (*b*)).

(*a*) Gwladwriaeth a reolir gan unben neu frenin (absoliwt), llywodraeth gan unben neu frenin (absoliwt), monarchiaeth, teyrnlywodraeth, hefyd yn *ffig.*; penaduriaeth, (pen)arglwyddiaeth, sofraniaeth, goruchafiaeth: *dictatorship, monarchy, despotism, autocracy, also fig.*; (*over*)*lordship, sovereignty, supremacy.*

12g. *GLlF* 448, Yssid *unbennaeth* unbennesseu. **14g.** *GDG*[3] 40, Gwelaf yn bennaf ei *unbennaeth*, / Gwalch o hil Lawdden, gweilch helyddiaeth. **15g.** *HCLl* 117, Ble gwnaeth *unbennaeth* yn bennod—eglur / Ond eglwys y Drindod? **1632** *D*, *Vnbennaeth*, Monarchia, Principatus. **1664** *LlGG* [532], Y Llŵ am *unbennaeth* y Brenin. **1710** *CBGEL* 1[15]–16, o holl Rywogaethau Llywodraeth goreu yn fy marn i, ŷw Monarchi neu *Unbennaeth* . . . Ac yn enwedig yn y Wlâd hon, yr ŵyf yn cyfrif fy hûn yn rhwymmedig, hyd y gallwyf, i gynnal yr *Unbennaeth* yn ei hên a'i chywir Gyfiawnderau. **1722** *Llst* 189 d.g. *Absoluteness.* *c.* **1762–79** W. WILLIAMS: *P* 514, Y pab wedi clywed fod amryw ddynion yn Lions yn ammeu ei *unbennaeth* ef tros yr holl eglwys, a felldithiodd Waldo a'i ganlynwyr. *id.* 613–14, act . . . a baswyd yn y parlament cyntaf hwn oedd, yr act o *unbennaeth*, neu supremacy. **1770** *TG* ii. 72–3, Urania . . . *Unbennaeth* ywr llywodraeth, a'r Brenhin yn hollol Reolydd. **1770** P. WILLIAMS: *BS* [xvii], y pedwar anifail, yn arwyddoccau pedair *unbennaeth* y byd. **1770** *W* d.g. *Arbitrary government, Governance by one, Monarchy* [*the supreme government by a single person*].

(*b*) Unben, brenin, teyrn: *dictator, monarch, despot.*

1824.

Amr.: **unbeinaeth.** *c.* **1300** *LTWL* 328. **unbeiniaeth. 13g.** *LlI* 10. **14g.** *WML* 22. **unbeniaeth. 1730** *Leg Wall* 585.

Cfn.: **Unbennaeth (Unbein(i)aeth, &c.) Prydain (Brydain):** (*title of*) *a traditional song* ('*The Monarchy or Sovereignty of Britain*') *sung in medieval times before going into battle or at the sharing of the spoils.* **13g.** *LlI* 10, e bard teylu . . . a dele pan ranhoent hvy er enreyth canu '*Unbeynnyaeth Prydeyn*' udunt hvy. *c.* **1300** *LTWL* 328, et si belli conflictus imineat carmen ante familiam cantet quod dicitur '*Unbeinaeth Prydein*'. **14g.** *WML* 22, Ynteu agan *vnbeinyaeth prydein* racdunt yndyd kat ac ymlad. **1632** *D*, *Vnbennaeth* . . . *Brydain*, K[yfraith] H[owel Dda]. Hen gaingc o gerdd ydoedd. **1730** *Leg Wall* 585, *Unbennjaeth Brydain*, Monarchia Britannica. **1803** *P*, *Unbenaeth* . . . *Prydain*, the Monarchy of Britain, the name of a national hymn, now lost, which used to be sung before the armies, on the onset of battle.

unbennaidd [*unben*+*-aidd*] *a.* Unbenaethol, gorthrymus, gormesol, absoliwt, goruchaf; uchelwrol, bonheddig, brenhinol: *dictatorial, autocratic, tyrannical, despotic, absolute, supreme; lordly, noble, royal.*

15g. *CMOC*[2] 46, na fydd *unbennaidd* o foes. **15g.** *GLGC* 265, yn wrda llawen, yn *unbennaidd*, / yn ardwyo clêr yn wrdäaidd. **16–17g.** LLYWELYN SIÔN,

&c.: *Gw* 563, maestres Mari hoewfri hael, / aür dduwies gywair ddiwael. / bonedd hon, *vn bennaidd* [*sic*] had / bv wenn gywirwen gariad. **16–17g. (18g.)** *CC* 304, ac ireiddiaf *un benneiddiaf* [*sic*] a gwreiddiaf o'r gwiw raddau (Huw Pennant). *c.* **1785–90 (1829)** *CBYP* 82, F'enaid war fynwes / *Unbennaidd* Beunes. **1803** P, *Unbenaiz* . . . Monarchal; royal.

unbennes, gw. unben.

unbennig [*un+pen*[1]*+-ig*[2]] *a.* Ar ei ben ei hun, unigol; cyffredin: *on one's own, alone, individual; common*.

1636 *Pen* 321, 34a, os dyn *unbennig* (*a common Christian*) wyt na ymwenheutha i ti dy hun yn dy lesgedde ath wendid. *id.* 127a, nid ydi ddigon J benteuluodd weddio n *vnbennig* (*by themselves alone*) ond pob iawnaddolwr duw A weddia n galonog.

unbennol [*unben+-ol*] *a.* Unbenaethol, gorthrymus, gormesol, absoliwt, goruchaf; uchelwrol, bonheddig, brenhinol: *dictatorial, autocratic, tyrannical, despotic, absolute, supreme; lordly, noble, royal*.

1727 J. JONES: *DFF* 207, Areithiau teg Teyrnfawl, a Cherddau clodforus *unbennol* (*panegyricks*) i rai Gwŷr â [*sic*] Gwraged hynod yn eu Hamser. **1776** *W, Unbennawl, unbennol* d.g. *Monarchal* [*of, or belonging to, a monarch*]. **1803** P, *Unbenawl* . . . Monarchal; royal.

unbennwr [*unben+gŵr*] *eg.* Teyrn, unben: *despot, dictator*. **1850.**

unbenogaeth [*unben+-og+-aeth*] *e?b.* Goruchafiaeth: *supremacy*. **1857.**

unbenrwydd (?*r ≡ rh*) [*unben+-rwydd*] *eg.* ?Sofraniaeth, arweinyddiaeth: *sovereignty, leadership*.

c. **1400** *RM* 201. 26–8, yn dyscu . . . Kyuartalr6yd ac adf6ynder ac *unbenr6yd*.

unbenyw, gw. unfenyw.

unblaid, gw. un+plaid.

unbleidiol [*unblaid+-iol*] *a.* Yn ymwneud ag un blaid, a chanddo un blaid: *pertaining to one party, having one party*. **20g.**

unbleth, gw. un+pleth.

unblyg, gw. unplyg.

unboen, gw. un+poen.

unbotensial [*un+potensial*] *a.* Ffis. (Wedi ei gyfansoddi o bwyntiau) ac iddynt yr un potensial: *equipotential (in physics)*. **20g.**

unbraich, unbraint, unbrawd, gw. un +braich, braint[1], brawd[1].

unbriodas [gair geir., sef *un+priodas*] *eb.* Monogami: *monogamy*.

1776 *W, Un-briodas*, un briodas heb ail d.g. *Monogamy* [*one marriage and no more*]. **1803** P, *Unbriodas*, s. f. . . . Monogamy.

unbryd, gw. un+pryd[2].

unbyn, gw. unben.

uncam, uncant, gw. un+cam[1], cant[1].

uncanuog [*un+y be. canu+-og*] *a.* neu *e.* (Yn ffurfio) un uned o farddoniaeth: *(forming) one unit of poetry*.

13g. *A* 28. 7–8, Canu *vn canuawc* adal pob awdyl or gododin herwyd breint yng kerd amrysson.

uncial, gw. wnsial.

unclo [*un+clo*] *eg.* a hefyd fel *a.* Clo, hefyd yn *ffig.*: *lock, also fig.*

15g. *GLGC* 254, unclust holl Gymru'n y gwindy gwyn, / *unclo*'r Cing Edwart yw'r Herbart hwn. **1794** E. JONES: *MPR* 51, Od aeth hwnt mae 'n adwyth hyn, / Duw, dan *unclo* (*GST* i. 556, â 'n huncloc) Dai Nantclyn.

Fel *a. c.d.* Ac un gytsain yn unig yn cyfateb rhwng y naill ran a'r llall (am gynghanedd sain neu draws): *having only one consonant corresponding between both parts (of 'cynghanedd sain' or 'cynghanedd draws') (in Welsh prosody)*.

p. **1584** G. ROBERT: *GC* [232], Pryd na bytho ond un, o'r odlddarn ai cyfatteb genthi yn yr or[dd]arn,

---

a chysseiniaidd, [*sic*] eraill yn co[ll]i, honno a elwir sain *unclo*, am fod un gyssain yn unig ai chlo genthi, ag eraill o'r cysseiniaid, yn rhydd, ag yn ddiglo. *id.* [263], Traws *unclo* . . . Y sillafau nessaf ar ol cloeau ywr [*sic*] rhagodl, a'r odl, y cysseiniaid eraill sy'n co[ll]i yn y canol a fernir yn llanw.

unclust, uncnawd, uncoes, uncorff, gw. un+clust, cnawd[1], coes, corff.

uncorn, ungorn[1] [*un+corn*; cf. H. Grn. *uncorn*, gl. *unicornis*] *eg.* ll. *uncyrn*, a hefyd fel *a.*

(*a*) Creadur chwedlonol a bortreedir gan amlaf fel ceffyl gwyn ac iddo gorn hir yn tyfu o'i dalcen, algar; ac iddo un corn: *unicorn; one-horned*.

1603 W. MIDLETON: *Ps* 35, Ateb fi kadw difradw fryd / Rag kyrn yr *unkyrn* enkyd. *id.* 177, Tydi am dyrchefi'n chwyrn: / Ior enkyd rhag yr *unkyrn*. **1604–7** *TW* (*Pen* 228), *Vngorn* d.g. *Vnicornis, ne.* **1632** D, Anifail *vncorn* d.g. *Monoceros. id. Vncorn* d.g. *Vnicornis, e.* **1707** *AB* 176b–c, Ynkorn, ag yn korn idho d.g. *Unicornis.* **1803** P, *Uncorn*, s. m.—pl. *uncyrn* . . . an unicorn.

(*b*) (Ac iddo un) corn simnai: (*having one*) *chimney-stack*. **1905.**

Gw. hefyd unicorn.

uncorniog, uncornog [*un corn+-(i)og*] *a.* Ac iddo un corn: *one-horned*.

14g. *B* ix. 328, Rydha ti vy . . . ygan gyrnn yr annyueileit *vn cornavc*. **14g.** *id.* x. 54, noda ui rac kyrn yr aniueileit *unkorniawc*.

uncrys, uncwys, gw. un+crys, cwys.

uncyswllt, gw. ungyswllt.

uncyw, gw. un+cyw.

unchwant, unchwedl, unchwydd, gw. un+chwant, chwedl[1], chwydd.

undab, undabaeth, gw. undeb, undebaeth.

undad, undanc, undarn, gw. un+tad, tanc[1], darn.

undeb [*un+-deb*] *eg.b.* ll. *-au*. Yr ansawdd neu'r cyflwr o fod yn un neu'n unedig, undod, cyfundod, y weithred o ffurfio neu'r ansawdd neu'r cyflwr o fod yn ffurfio un cyfan o gydrannau unigol, rhywbeth cyfan neu orffenedig a geir o ganlyniad i uno cydrannau neu aelodau; cytundeb, harmoni, cytgord, cydsyniad; cymdeithas, cynghrair, neu gydffederasiwn o unigolion neu grwpiau ar gyfer diben cyffredin, brawdoliaeth; nifer o wledydd, taleithiau, &c., wedi eu huno'n un cydffederasiwn deddfwriaethol; nifer o blwyfi wedi eu huno ar gyfer gweithredu deddf y tlodion; cymdeithas o eglwysi annibynnol; cymdeithas o weithwyr a ffurfir er mwyn amddiffyn ac ymestyn eu hawliau a'u buddiannau, undeb llafur; cymdeithas am eu buddiannau ac sy'n darparu cyfleusterau adloniant, &c.; iddynt, adeilad sy'n cartrefu'r fath gymdeithas a'i chyfleusterau: *unity, union; agreement, harmony, concord, consent; association, alliance, or confederation of individuals or groups for a common purpose, fraternity; legislative union; poor-law union; an association of independent churches; trade(s) union; students' union*.

12–13g. *GMB* 529, *Vndeb* da6n digra6n, digreulonhaf. **15g.** *GLGC* 455, Yr un ŵyr a geidw er neb / dir Arwndel drwy *undeb*. **15–16g.** *TA* 269, Elusen oedd, ni las neb, / Ar lendid eiriol *undeb*! **16g.** (*LIEG*) Mos 158, 33a, ymgredodd pendeuigion Kymru . . . nawnelai yr vn ohonaunt twy *vndeb* ar bre/nin heb vodd ae *vndeb* a'i llaill. **1567** *TN* 288a, gan astudiaw cadw *vndep* yr Yspryt yn rhwymedigeth tangneddyf. **1607** *Rhyddiaith Gymraeg* i. 143, eruyniaf . . . ar Dduw Celi . . . v'arglwydhi giwirwu a bonehddicion vrdhasol a phawb olh o'm anwylgu wladwyr, eich hyrwydho a'ch cynysgaedhu, val y parhao cymrodedh, *vndeb*, twymder a thirion gariad rhyngoch olh. **1609** R. SMYTH: *CAC* [vi], pwy bynag a el oddiwrth *vndeb* ar Eglwys a mae'n, [*sic*] angenrheidiol cyfri hwnn ymysc yr Hereticiaid . . . felly y gorchymynnaf di y dduw, yrwn ath geidw yn i ras ag yn *vndeb* i Eglwys.

1618 J. SALISBURY: *EH* 228, am ei bod [priodas] yn arwydhocau y cwlwm diogel, a'r *vndeb* cyfymwasc, sydh rhwng Crist, a'r Eglwys. **1620** *Esth* (*Apocr.*) xiii. 4, [m]ynegodd i ni fod pobl adcas wedi ymgymyscu â holl lwythau o'r byd . . . yn esceuluso yn wastad orchymynion brenhinoedd, fel na all *vndeb* ein teyrnasoedd ni . . . fyned rhagddi. **1632** D d.g. *Cohærentia, Conciliatio, Concordia, Vnanimitas, Vnitio. TDP* 2, i gymeryd Gwraig, ac i fyw mewn llonyddwch; o herwydd Priodas heb *undeb* (*consent*) Rhieni, a gwir ystyrieth y ddwy-blaid o'r cytundeb. **1708** *EGE* 60, cyfyd yr *undeb* anwahanol honno. [*sic*] a chymmun y Sainct, sy'n peri iddynt oll fôd o'r ûn feddwl a'u gilydd. **1794** *W* d.g. Unity, or union. **1795** JAC GLANY-GORS: *SG* 21–2, Mae gan y brenin allu i wneuthur rhyfel a'r deyrnas a fynno . . . Geill hefyd wneuthur *undeb* a'r deyrnas a fynno, yn y modd y gwelo ef yn dda er ei hun. **1803** P, *Undeb*, s. m. . . . Unity. *Undeb* a brawdgarwc, unity and brotherly love. Ar lafar yn gyff., 'Treni na fasa mwy o *undab* rynton ni fel Cymry', 'Ma fa'n ddyn mawr gyda'r *Undab*', *GTN* 473 (*eg.*; ll. *undeba*); 'Licet ti fynd i'r *Undeb* heno? Ma Bob Delyn yn chware'.

Amr.: **undab.** **15–16g.** *TA* 269, Y Drindod a ro *undab* / Er deigr Mair deg ar i Mab! **1551** W. SALESBURY: *KLI* lxiiib, a bod yn astud y catw *undab* ar yspryt drwy rwymiat tangnedyf. *a.* **1587** E. PRYS: *Gw* 291, Credaf gael drwy ddi ffael ffydd, / Under gwiw, byw'n dragywydd. / Dyma ungred, mau iawngrair, / Dyma *undab* un mab Mair. **undawb** [ff. eithriadol]. **1728** S. RHYDDERCH: *GC* I [43], Er parch hŷ Alarch hylaw bucheddol, / Ewch heddyw mewn *Undawb*, / O jawn Osgedd yn Esgawb; / I'th Ryw pur neu Athraw pawb.

Cfn.: Diwin. **(yr) undeb hypostataidd (hypostatadd):** (*the*) *hypostatic union* (*in theol.*). **1711** M. MAURICE: *YAD* 181, yr *undeb* Hypostataidd. **1778** N. WILLIAMS: *D* 55, yr hwn sy Dduw a dyn, yn yr *undeb* hipostataidd. *id.* 56. **undeb llafur:** *trade(s) union*. **1938.** Ar lafar, 'Ma siaw o drin ar yr *undeba* llafur y dydd 'eddi, ond ymle basa'r gwithwr oni bai amdenyn' nw?', *GTN* 473.

undebaeth, undebiaeth, undabaeth [*undeb, undab+-(i)aeth*] *eb.* Undod, undeb; (ymlyniad wrth) egwyddorion neu theori undeb(au), yn enw. undebau llafur: *unity, union; (trade-) unionism*.

1551 W. SALESBURY: *KLI* lxxva, hyd any ddelom y gyd oll y mywn *vndabeth* ffydd a gwybyddieth am vap Deo.

undebol [*undeb+-ol*] *a.* Yn ymwneud ag undeb (llafur), yn aelod o undeb (llafur); unedig: *pertaining to a (trade(s)) union, belonging to a (trade(s)) union, unional; united*. **1854.**

undebwr [*undeb+-wr*] *eg.* ll. *-wyr.* Aelod o undeb (llafur), dadleuwr dros undebau llafur; Unoliaethwr: *a union member, unionist, advocate of trade unions; Unionist*. **1858.**

undeg, gw. un+teg.

undegfed [*un+degfed*; cf. deuddegfed] *rhif.* Unfed ar ddeg: *eleventh*.

12g. *GLIF* 75, *Vndecuet* dyd, kerth keugant. **12g.** *GCBM* i. 118, *Undecued* awen, *undecued*—awyt. **1632** D, Vn ar ddèg . . . *Vndegfed*, Vndecimus. C[ynddelw brydydd mawr]. **1803** P.

under [*un+-der*] *eg.* Yr ansawdd neu'r cyflwr o fod yn un neu'n sengl; undod; union debygrwydd, unfathiant, tebygrwydd: *oneness, singleness, unicity; unity; identity, sameness, similarity*.

15g. *DE* 124, chweched yw i byw ai bod / drwy *vnder* gar llawr drindod [am saith goruchafiaeth Mair]. **16g.** LEWYS MORGANNWG: *Gw* 609, Havrenn undenn vrenhinbysg / yn *vnder* i dysg. **16–17g.** E. PRYS: *Gw* 291, Credaf gael drwy ddi ffael ffydd, / Under gwiw, byw'n dragywydd. **1603** W. MIDLETON: *Ps* 245, Gorchymynnaist peraist pûr-ion dyst howdhgar / Gôf *under* gwâr gyfiownder gwirion. *c.* **1785–90 (1829)** *CBYP* 69, y Naw Gorchan . . . nid oes ond un brif angen ernynt; sef yw hynny Cyhydedd ar Unodl: ag o hynn ef a'u gelwir yn Arddunogion, am yr *under* answydd y sydd ernynt. *id.* 70. **1803** P, *Under*, s. m. . . . Unity, simpleness, singleness.

undim, gw. un+dim.

undo, gw. tan[1]—dan unto.

undod [bnth. Llad. *ūnitāt-*, bôn traws yr e. *ūnitās*] *eg.b.* ll. *-au.*

(*a*) Un peth cyfan unigol, cyfuniad o

nifer o elfennau yn un cyfanwaith, uned, grŵp (cydlynol); yr ansawdd neu'r cyflwr o fod yn unol neu wedi ei (gyf)uno, unoliaeth, under; cytundeb: *unity, unit, (coherent) group; unity, solidarity, oneness, singleness, unicity; agreement*.

9g. (*MC*) *VVB* 228, *Untaut*, gl. *orbem*. 12g. *GCBM* ii. 241, Llywelyn heilyn, haelaf—o undyn / O *undawd* plant Addaf. 12–13g. *GMB* 522, Y'r Undu'o'n yr *vndaot* y'm gadant. 13g. *A* 8. 18–19, ys deupo kynnwys yg kyman. can drindawt en *vndawt* gyuan. 13g. *B* x. 32, yessu grist er hwnn a wledycha y gyt ar tat ar yspryt glan en drindavt teir person ac en vn duw *vndavt* en oes oessoed amen. 14g. *T* 66. 7–8, As rod'o'y trinda'o'[t] trugared dydbra'o't yn *vndao't* heb eisseu. c.1400 *DB* 21, kytwledychu gyta'r Tat Trindawt yn *Vndawt* [*in unitate*]. ?15g. *IGE²* 106, Glendid mawr, gloyw *undod* mad, / Gwledd trugaredd trwy gariad. 1567 *LlGG* ixb, a'r Trindot yn yr *vndot*, syd [*sic*] y'w addoli. 1630 *YDd* 11, Ac o herwydd nad yw sylwedd y duwdod (cyffredin ir holl dri phersonau) ond vn, hwnnw a alwn ni *vndod*. 1632 *D*, *Vndod*, Vnitas. 1704 E. SAMUEL: *BA* 98, ysgrifennodd ef ei Epistol cyntaf at y Corinthiaid, er mwyn eu hannog i *undod* a chyttundeb ymmysg eu gilydd. 1759 T. THOMAS: *WWDd* 82, Yr hyn ydwyfi 'n ei feddwl wrth y gair Drindod, yw Tri-mewn-*undod*, neu Tri-mewn-un-bod. 1778 *W* d.g. *Oneness* [*unity; the quality of being single*], *Unity* [*the state of being but one*]. id. Gwŷr yr *undod*, vulgo unitariaid d.g. *Unitarians*. 1790 T. JONES: *TOS* 58, Pleser, elw, ac anrhydedd, yw trindod y dyn anianol, a'i gnawdol hunan, yw rhai'n mewn *undod*. 1803 *P*, *Undawd*, s. m. . . . United [*sic*], a state of being one.

(*b*) (geir.) *Math.* Uned; y rhif(olyn) un: (dict.) *unit; unity (in math.)*.

1604–7 *TW* (Pen 228), rhif *vndot* d.g. *Monas*. 1794 *W* d.g. *Unit, in arithmetic* [*one*]. id. Yr *Undodau* d.g. *Unit, in arithmetic* [*one*] . . . The Units.

(*c*) (yn y ll.) Y tair egwyddor (ddramatig) a ddiffiniwyd gan Aristotlys, sef amser, lle, a gweithred: (*pl.*) *the (dramatic) unities (of time, place, and action)*.

20g.

undodaeth, gw. undodiaeth.

Undodaidd [*undod*+*-aidd*] *a. Diwin.* Yn perthyn i'r Undodwyr neu Undodiaeth neu nodweddiadol ohonynt: *Unitarian (adj.) (in theol.)*.

18–19g. Llr C 61, 293, Hymn *undodaidd*.

undodiad [*undod*+*-iad³*] *eg.* ll. *-iaid. Diwin.* Undodwr; undduwiad: *a Unitarian; monotheist (in theol.)*.

1792 TOMOS GLYN COTHI: *Ap* 40, gair o gyfarwyddyd ac annogaeth i bawb *Undodiaid*. 1794 M. J. RHYS: *SD* 7, Bydd rhai, ond odid, yn yr un gynnulleidfa yn drindodiaid, ac eraill yn *undodiaid*. 1796 TOMOS GLYN COTHI: *E* 90, Y Crist'nogion Iuddewig . . . y rhai oeddynt *Undodiaid* manol. 1799 M. WILLIAMS: *HHG* 64, Mae'r Sosiniaid yn ddiweddar wedi cymmeryd arnynt eu hunain y titl o *Undodiaid*. id. 182, *Undodiaid* (Unitariaid). 18–19g. Llr C 65, 350, Cymdeithas *Undodiaid* Gristnogol Deheubarth Cymru. 1803 *P*, *Undodiad*, s. m.—pl. *undodiaid* . . . Unitarian.

undodiaeth, **undodaeth** [*undod*+*-(i)aeth*] *eb.g. Diwin.* Athrawiaeth yr Undodwyr; undduwiaeth: *Unitarianism; monotheism (in theol.)*.

1793 TOMOS GLYN COTHI: *GG* 7, yr athrawiaeth bur ac anllygredig o *undodiaeth*. 1795–6 *Trys Gym* 27, Y farn . . . yr hon a elwir yn gyffredin *Undodiaeth*, neu Sosiniaeth. 1803 *P*, *Undodiaeth*, s. m . . . . Unitarianism.

Undodwr [*undod*+*-wr*] *eg.* (b. *-wraig*) ll. *-wyr. Diwin.* Person sy'n dal mai undod (yn hytrach na thrindod) yw Duw, aelod o enwad crefyddol sy'n arddel y ddysgeidiaeth hon ac yn argymell rhyddid rhag dogma neu ddysgeidiaeth, Undodiad: *a Unitarian (in theol.)*.

1817.

undon¹, gw. un+ton².

undon², **un-dôn** [*un*+*tôn¹*] *eb.* a hefyd fel *a.* Ffordd o siarad heb amrywio tôn y llais; undonedd: *a monotone; monotony, monotonousness*.

1798 WR, *un-dôn* d.g. *Monotony*. 1803 *P*, *Undon*, s. f. . . . That is of one tone.

Fel *a.* Ar un dôn (am lais, darlleniad,

pregeth, &c.); undonog: *monotone (adj.), in the same tone (of voice, reading, sermon, &c.); monotonous*.

1776 *W*, darlleniad *un-don* d.g. *Monotony* [*the having but one tone of voice in reading, than which nothing can be more disagreeable*]. 1803 *P*, *Undon* . . . Monotonous.

undonaeth, **undoniaeth** [*undon²*+*-(i)aeth*] *eb.* Ffordd o siarad heb amrywio tôn y llais; undonedd: *a monotone; monotony, monotonousness*.

1833.

undonaidd [*undon²*+*-aidd*] *a.* Ar un dôn (am lais, darlleniad, pregeth, &c.); undonog: *monotone (adj.), in the same tone (of voice, reading, sermon, &c.); monotonous*.

1832.

undonedd [*undon²*+*-edd¹*] *eg.* ac yn eithriadol *eb.* Y cyflwr o fod yn undonog: *monotony, monotonousness*.

1921.

undoniad [*undon²*+*-iad¹*] *eg.* Undonedd: *monotony, monotonousness*.

1817–19.

undoniaeth, gw. undonaeth.

undonog [*undon²*+*-og*] *a.* Ar un dôn (am lais, darlleniad, pregeth, &c.); heb amrywiaeth, diflas (o unffurf neu ddigyfnewid), annidorol, marwaidd: *monotone (adj.), in the same tone (of voice, reading, sermon, &c.); monotonous, boring*.

1847. Ar lafar, 'Un tirus ofnadw i ryndo arno'n prigethu odd a, 'odd 'i laish a mor *undonog*', *GTN* 483.

undonogrwydd [*undonog*+*-rwydd*] *a.* Undonedd: *monotony, monotonousness*.

1868.

undonol [*undon²*+*-ol*] *a.* Ar un dôn (am lais, darlleniad, pregeth, &c.); undonog, annidorol, marwaidd: *monotone (adj.), in the same tone (of voice, reading, sermon, &c.); monotonous, boring*.

1831.

undonrwydd [*undon²*+*-rwydd*] *a.* Undonedd: *monotony, monotonousness*.

19g.

undonyddiaeth [*undon²*+*-ydd³*+*-iaeth*] *eb.* Undonedd: *monotony, monotonousness*.

1776 *W* d.g. *Monotony*. 1803 *P*, *Undonyziaeth*, s. f. . . . Monotony.

undonyddol [*undon²*+*-ydd³*+*-ol*] *a.* Ar un dôn (am lais, darlleniad, cyfansoddiad cerddorol, &c.): *monotone (adj.), in the same tone (of voice, reading, musical composition, &c.)*.

1883.

undras, gw. un+tras.

undre, **undref**, gw. un+tref.

undrefn, **undreigl**, **undroed**, **undrws**, **undull**, **unduw**, gw. un+trefn, treigl², troed, drws, dull, duw¹.

unduwaidd, **unduwiad**, **unduwiaeth**, gw. undduwaidd, undduwiad, undduwiaeth.

undwf, gw. un+twf.

undyblyg [*un*+*dyblyg* (cf. *dauddyblyg*, *tridyblyg*)] *a.* Unplyg, sengl: *one-fold, single*.

13g. *Ll* 70, Enteu [arglwydd] a dele kamluru am pob un onadunt huy herwyd meynt er affeyth: un en trydeblyc, arall en deudeblyc, arall en *undeblyc*. 15g. *LHDd* 64, o byd yrargl'o'yd yn y llys talu or ha'o'lor gaml'o'rb deu dyblic. ony byd yr yr [*sic*] argl'o'yd ehynan yny llys caml'o'rb *vn dybic* [*sic*].

undydd, gw. un+dydd.

undyddiog [*undydd*+*-iog*] *a.* Yn para am un diwrnod (penodedig), byrhoedlog, dros dro, darfodedig: *lasting for one (fixed) day, transitory, fleeting, ephemeral*.

13g. *Ll* 37, Ny dele nep kemryt mach en un dydyauc, canes onys haul en y dyd hunnu neut edyu en amser nat oes uach ydau. id. 44, Sef achaus e mae nau nyeu guedy kalan gayaf o'r keureyth en kayat, a

nau nyeu guedy guel San Freyt en agoret, rac kaeu keureyth en *un dedyauc*; ac en un funut a henne nau nyeu guedy kalan Mey en kaeat a nau nyeu guedy Aust en agoret, rac agory keureyth en *un dedyauc* heuyt. 13g. *LTWL* 152, In nono die Maii debet queri 'teythi kynflyt' aut nunquam; '*undydyauc* yw kynflyt'. 15–16g. *TA* 84, Dafydd, i fro i feddu dawn, nid oeddud *undyddiawg*. 1604–7 *TW* (Pen 228), *Vndydhiawc* d.g. *Ephemera*. id. Cryt *vndydhiawc* d.g. *Ephemera Febris*. 17g. *LIGC* 13215, 338, *Undyddiawg* Diaria febris. 1772 *W*, *Un-dyddiawg* d.g. *Day, Living* [*continuing, existing &c.*] *but for a day*. 1803 *P*, *Undyziawg* . . . Of a single day.

undyn, **unddawn**, **unddelw**, **unddull**, gw. un+dyn, dawn, delw, dull.

undduwaidd, **unduwaidd** [*un*+*duw¹*+*-aidd*] *a.* Monotheïstaidd: *monotheistic(al)*.

1858.

undduwiad, **unduwiad** [*un*+*duw¹*+*-iad³*] *eg.* ll. *-iaid.* Monothëist: *monotheist*.

1858.

undduwiaeth, **unduwiaeth** [*un*+*duw¹*+*-iaeth*] *eb.* Monothëistiaeth: *monotheism*.

1828.

undduwiol [*un*+*duw¹*+*-iol*] *a.* Monothëistaidd: *monotheistic(al)*.

1858.

uned¹ [*un*+*-ed¹*] *eb.g.* ll. *-au*.

1. (*a*) Peth, person, anifail, neu grŵp unigol o'i ystyried fel un peth cyfan diwahân gwahanredol ac yn enw. fel elfen sylfaenol mewn corff, system, neu gyfanwaith mwy; dyfais ac iddi swyddogaeth benodol fel rhan o beirianwaith cymhleth; ystafell(oedd) hunangynhaliol o fewn adeilad neu grŵp o adeiladau mwy; dodrefnyn neu gyfarpar i'w osod ynghyd â rhai eraill tebyg; system, cyfarpar, neu sefydliad sy'n cyflawni swyddogaeth benodol: *unit (esp. as a distinct element within a larger whole)*.

1930. Ar lafar.

(*b*) Swm neu faint penodol a dderbynnir fel mesur safonol: (*standard*) *unit (of measurement)*.

1933.

(*c*) *Math.* Rhif cyfan llai na deg; y rhif(olyn) un: *unit; unity (in math.)*.

20g.

2. Undod: *unity*.

13g. *C* 36. 11–37. 1, Arduireaue. tri trined in celi. yssi un a thri. *vned* un ynni. 1803 *P*, *Uned*, s. m . . . . Unity.

Cfn.: **uned thermol Brydeinig**: *British thermal unit*.

20g.

uned² [bon y f. *unaf²*: *uno*+*-ed¹*]; cf. yr e. prs. H. Gym. *Iunet*; ansicr yw prth. 'mor *unet*', *B* iv. 117] *eb.g.* Dymuniad, deisyfiad, erfyniad: *wish, desire, entreaty*.

13g. *GDB* 137, Archaf y Duw dwy *uned*: / Un fyt a chreuyt, a chred. 14g. *T* 52. 3–4, Ar sa'o'l am cly'o' poet meu eu*hunet*. 1803 *P*, *Uned*, s. m . . . . intreaty, solicitation.

Gw. hefyd **cyduned**.

unedig [bon y f. *unaf¹*: *uno*+*-edig*] *a.bfl.* Wedi ei (gyf)uno, ar y cyd: *united, unified, combined, joint (adj.)*.

1664 *LlGG* [xxii], [P]rebendiaeth Shipton, yn Eglwys Gadeiriol Sarum, *unedig* a Chyssylltedig (*united and annexed*) at y yr ûn Professor i'r Brenhin o amser bwy gilydd. 1721 RD: *CFf* 36–7, yn ei Anian Ddynol *unedig* fel hyn â'r Dduwiol. 1732–3 J. OWEN: *GB* 37, Cyngor cytunus y Gweinidogion *unedig* sydd yn Sîr Ddefon a Chernyw ar eu Cyfarfod yn Ecseter. 1761 *NBCR* d.d., Natur Bwriad A Cyffredin Rheolau [*sic*] Y Cymdeithasai [*sic*] *unedig*. 1776 DEWI NANTBRÂN: *AN* 86, Fal y cymmodlonem yn ddiolchgar, a'th rodiann ymostwng, i fod yn *Unedig*.

unedol [*uned¹*+*-ol*] *a.* A phwerau'r rhannau cyfansoddol unigol wedi eu rhoddi i gorff canolog (am system o lywodraeth neu drefniadaeth); yn perthyn i unedau; *Math.* yn perthyn i'r rhif un: *unitary (of system of government or organization); unit (adj.); unitary (in math.)*.

20g.

unedd [*un+-edd*[1]] *eg.* Undod, unoliaeth: *unity, solidarity*.
17g. *LlGC* 10249, 147, Kadw fi düw, mewn kedol, [*sic*] vnedd / Enaid a chorphorol. 1653 R. JONES: *TTN* 27, nid oes dim *unedd* / rhwng Christ a Belial. 1655 R. JONES: *PC* 37, ei drefni 'mysg Manasseh rhai / o Ganan sai, trêth *unedd*.

unenw, unfaeth, unfaint, gw. *un+enw, maeth*[1], *maint*[1].

unfalent [cfdds. o'r S. *univalent*] *a. Cem.* Ac iddo falensi o un: *monovalent, univalent* (*in chem.*).
1937.

unfam, unfan, unfarn, unfath, gw. *un +mam, man*[1], *barn, math.*

unfathiant [*unfath+-iant*] *eg.* ll. (geir.) *unfathiannau.* Union debygrwydd: *identity, sameness.*
20g.

unfathrwydd [*unfath+-rwydd*] *eg.* Unffurfiaeth, undonedd: *uniformity, monotony, monotonousness.*
20g.

unfed [*un+-fed* (At.); ni ddigwydd ond fel rhan o drefnolion cyfansawdd] *rhif.* a hefyd gyda grym enwol. Cyntaf mewn trefn, un rhan (mewn cfn. â rhif. eraill): *first in order, one part* (*in comb. with other numerals*).
13g. *GDB* 520, Vnvet ar bymthec o Vaela6r Saesnec / Pan aeth ar ostec y dir Panna. 14g. *BT* (*R*) 54, bu uar6 Sulyen . . . y petwar ugeinuet vl6ydyn oe oes, ar *unvet* eisseu o vlwydyn ae gysseggredigaeth nos galan Iona6r. 1632 J. DAVIES: *LlIR* 46, Darllenned y neb a fynno, yr amyn *vnfed* bennod vgain o Exodus. 1803 P.
Cfn.: **unfed a deugain (trigain,** &c.): *forty-first (sixty-first,* &c.). 1588 2 Cr xvi. 13, a fu farw yn yr *unfed* flwyddyn *a deugain* o'i deyrnasiad ef. **unfed ar ddeg:** *eleventh; eleventh (interval) (in mus.).* 13g. *LlI* 12, Unuet ar dec yv e medyd. c. 1400 *MM* 68, da heuyt y6 yr *vnuet* dyd *ar dec* oll6ng g6aet ar mis h6nn6. *Diw.* 15g. Pen 41, 33, yn yr *vnvet* vlwydyn *ar dec* o'r brenhineath ni. 1588 Esec xxx. 20, yn y mîs cyntaf o'r *vnfed* flwyddyn *ar ddec.* 1588 1 Cr xxiv. 12, Yr *vnfed* [coelbren] *ar ddec* i Eliasib. 1688 *TJ.* 1773 W, Yr *unfed ar ddeg* d.g. *Eleventh, the eleventh.* Gw. hefyd yr *unfed awr ar ddeg* isod. **unfed ar ddeg ar hugain:** *thirty-first.* 1591 *Rhyddiaith Gymraeg* ii. 130, yr *Vnfed* dydd *ar ddec ar hugain* o fis Gorphennaf. **unfed ar bymtheg:** *sixteenth.* 13g. *GDB* 520. 13g. *LlI* 14-15, Pemthecuet yv e koc . . . *Vnuet ar bymthec* yv e kanhvyllyd. c. 1400 *RB* ii. 396, A gwedy tyfu y wyrtheu ae rinwedeu yn yr *vnuet* vl6ydyn *ar bymthec* oe var6olyaeth panndyrchaf6yt y gorff. 1543 *B* viii. 298, Melinidd sy yn addo Gwneuthur hyn . . . kymerud yr *vnved* llestred *ar bymthec* yni a doll a phan i kymero i rov [sic] yny gist. 1688 *TJ,* wns,) yr *unfed* ran *ar bymtheg* o'r pwÿs: an ounce. [1783] W d.g. *Sixteenth.* **unfed ar hugain:** *twenty-first.* 1588 1 Cr xxv. 28, yn *vnfed* [coelbren] *ar hugain* i Hothir. 1794 W, Yr *unfed ar hugain* d.g. *Twentieth* . . . *The one and twentieth, or the twenty first.* 18-19g. Llr C 16, 293, Gwyl Alban Eilir, yr *unfed ar hugain* ddydd o Fawrth. **yr unfed awr ar ddeg:** *the eleventh hour, the latest possible moment* (*with ref. to Matt. xx.* 6). 1551 W. SALESBURY: *KLl* xiva, Ef aeth allan hefyd yncylch *yr vnvet awr ar ddec* / ac a gauas rei ereill yn sefyllian. 1658 R. VAUGHAN: *PS* 431, gelwir rhai ar *yr vnfed awr ar ddec.*

unfeddwl, gw. *un+meddwl*[1].

unfenyw [*un+benyw*] *a. Bot.* Ac iddo un pistil, colofnig, neu stigma yn unig: *monogynous, having a single pistil, style, or stigma* (*in bot.*).
1813 *WB* [1], 2.
Amr.: **unbenyw. 1909.**

unferch, unfin, gw. *un+merch*[1], *min.*

unfiniog [*unfin+-iog*] *a.* Ac iddo un min (am gleddyf, &c.): *single-edged* (*of sword,* &c.).
14g. *YBH* 31b, ar y ystlys yd oed yspodyl drom *vnuinia6c.* 1740 T. EVANS: *DPO* 52, Nid oedd y Brutaniaid hwy yn cydnabyddus a'r fath Ymgyrch a hwn law-law frig-frig, ac nid oedd ganddynt hwy ond Cleddyfau *un-finiog,* a Blaen pul [*sic*] a'i blyg tuag i fynu. 1803 P, *Unviniaw* . . . *Having one edge.*

unflwydd [*un+blwydd*] *eb.* a hefyd fel *a.* Blwydd (oed); *Bot.* yn byw am flwyddyn neu lai (am blanhigyn): *one year* (*old*); *annual* (*of plant in bot.*).
14g. *GDG*[3] 392, Gruffudd Gryg, wyg wag awen, / Grynedig, boenedig ben, / Cynnydd cerdd bun o *unflwydd,* / Coeg yw un dyfiad cyw g6ydd. 17g. E. MORRIS: *B* 15, Mil chwechant ac trigant, ac *unflwydd* yn amgen, / Oedd oedran ein Perchen mewn llawer wellhad.

unflwyddiad [*unflwydd+-iad*[3]] *eg.* ll. *-iaid. Bot.* Planhigyn unflwydd: *an annual* (*of plant in bot.*).
20g.

unfod [*un+?bod*] *a.* ?Wedi ei leoli yn yr un man: *situated in the same place.*
12-13g. *GMB* 383, B6yf *vnvot* wossot wassau / O weisson y wassanaethu.

unfodd, unfon, unfraich, unfraint, gw. *un+modd, bôn, braich, braint*[1].

unfreichiog [*unfraich+-iog*] *a.* A chanddo un fraich, unfraich: *one-armed.*
1762 *ML* ii. 469, Mi welaf fod yna arian i'r Fottom yma, dynan *unfreichiawg.*

unfrest [*un+brest*] *a.* Ac iddi un rhes o fotymau a thyllau botymau yn unig (am siaced, &c.): *single-breasted* (*of jacket,* &c.).
1850.

unfri, unfrig, unfron, unfryd, gw. *un+bri, brig, bron*[1], *bryd.*

unfrydedd [*unfryd+-edd*[1]] *eg.* Y cyflwr o fod yn unfryd(ol), cytundeb llwyr: *unanimity, total agreement.*
1794 *W* d.g. *Unanimity* [*conformity or union of sentiments,* &c.].

unfrydiaeth [*unfryd+-iaeth*] *eb.* Unfrydedd: *unanimity.*
20g.

unfrydig [*unfryd+-ig*[2]] *a.* Unfryd(ol); penderfynol: *unanimous; single-minded.*
1807.

unfrydol [*unfryd+-ol*] *a.* O'r un farn, unfryd, llwyr gytûn; ag un bwriad, penderfynol: *unanimous, of the same opinion, likeminded; with a single purpose, single-minded.*
1837. Ar lafar, 'Fe baswd y cinnig yn *unfrydol*', *GTN* 483.

unfwa, unfflam, unffon, unffordd, unffriw, unffunud, gw. *un+bwa*[1], *fflam, ffon, ffordd, ffriw, ffunud.*

unffurf [*un+ffurf*] *a.* a hefyd fel *eb.* ll. *-iau.* Heb newid nac amrywio (o ran ffurf neu natur), yr un fath, digyfnewid, ac iddo'r un ffurf neu natur, cyson: *uniform* (*adj.*), *homogeneous, having the same form or nature, consistent, regular.*
Dchr. 14g. (17g.) Pen 231, 116, a llawer o bobyl y gyt ac wynt ae tyngassant en *unfurv* a henne. 1346 *LlA* 92, g6allt . . . yn *vnffuryf* aphei gellit llunya6 nev vedylya6 d6y yscubell o van adaued. 14g. *GDG*[1] 125, Anhunawg am fun hynwyf, / Anfferf ddyn, *unffurf* ydd wyf. 15g. *GLGC* 194, Tewdwr, Llawdden, wr o'r Nordd, / arall *unffurf,* iarll Henffordd. 1567 *TN* 232a, Can ys yr ei y ragwybu ef, yr vn rei hefyt a rac/luniawdd ef y vot yn *vnffur'a'* delw y Vap ef. 1632 D, *Vnffurf,* [Vniformis] 1688 *TJ, Unffurf,* yn yr fâth, fel eu gilydd: uniform, all alike. 1710 *LlGG* [iii], Y rhai'n [gweddïau, &c., ychwanegol] . . . a iawn gyfléwyd . . . yn gyfartal ac *unffurf* â'r Argraphiadeu Seisnig diweddaraf. 1725 D. LEWIS: *GB* 184, Y mae'r Pen mywn Dÿn yn *Unffurf,* adyn y nur ac Anifeiliaid Pedairtroediog yn amrafael, ie yn amrywio ym mhob Rhyw o honynt. 1740 *LlWS* 16, yr *unffurf* Gyffes o'r Ffydd a roddwyd unwaith i'r Saints. 1796 T. JONES: *CCA* 54, Mae gwir ffydd yn *un-ffurf,* neu yn gysson yn ei gweithrediad. 1803 P, *Unfuryv* . . . Of the same form. Cf. hefyd *GP* 10, a phennill hir o bedeir sillaf ar bymthec vn ffuryf a gwae6dodin arall; 1677 C. EDWARDS: *FfDd* 83, gwelwyd seren gynffonnog vn ffurf â chleddyf.
Fel *e.* (*a*) Unffurfiaeth: *uniformity.*
1792 (1868) GW. MECHAIN: *Gwi* ii. 190, [d]ymuno arnoch argrafflu llythyrau eich gohebwyr yn y dull y derbynioch hwynt. Felly byddai pob ysgrifenydd yn atebol am ei ddull ei hun, yn lle eich bod chwi yn y drafferth o gaboli eiddo pawb. Yr wyf yn o farn mai felly y cyrhaeddid *unffurf* gyntaf. 1803 P, *Unfuryv,* s. m. . . . Sameness of form.

(*b*) Gwisg unffurf swyddogol a wisgir gan aelodau o grŵp (e.e. milwyr, plant ysgol, &c.): *uniform* (*clothing*).
1808.

unffurfdeb [*unffurf+-deb*] *eg.* Unffurfiaeth, cysondeb: *uniformity, consistency.*
1841.

unffurfedd [*unffurf+-edd*[1]] *eg.* Unffurfiaeth, cysondeb, undonedd: *uniformity, consistency, monotony, monotonousness.*
1898.

unffurfiad [*unffurf+-iad*[4]] *eg.b.* Unffurfiaeth, cysondeb: *uniformity, consistency.*
1567 *LlGG* [vii], Act am *vnffurfiat* ar Gyffredin vveddi a ministrat y Sacramentae, yr hon a repeliwyt . . . can Act Parliament. 1672 J. LANGFORD: *HDdD* 436, i'm cadw i mewn *Un-ffurfiad* parhaus i'th Ewyllus Sanctaidd di. 1710 *CBGEL* 88-9, Trefn osodedig hefyd ŷw'r unig ffordd i gynnal *Unffurfiad* yn ein plith ein hunain. 1725 *SR* d.g. *Uniformity.* 1760 WLL: *SAC* 76-7, Y mae'r rhan fwyaf . . . o Ddifeinyddiaeth Sainct Paul . . . yn rhedeg yn gysson ar yr *unffyrfiad* hwn o weithredoedd a Dioddefiadau. c. 1762-79 W. WILLIAMS: *P* 617, Am hynny y resolfwyd i fynn [*sic*] act o *unffurfiad* mewn gwasanaeth cyhoedd. *id.* 628, a thelerau *unffurfiad* eglwysig yn awr oedd y llw o unbennaeth, cydseiniad a'r act o *unffurfiad,* a'r gyffes hon o ffydd. 1775 *CY* 49, Nid yw *unffurfiad* ddim yn fwy angenrheidiol mewn gweddi nag y mae mewn pregeth. 1790 W. RICHARDS: *LlA* 34, nad oes dim o'r fath beth ag undeb neu *unffurfiad.* 1794 *W* d.g. *Uniformity* [*the being of one form and fashion through-out*].

unffurfiaeth [*unffurf+-iaeth*] *eg.b.* Yr ansawdd neu'r cyflwr o fod yn unffurf ag arall neu eraill, cydymffurfiad ag un ffurf neu ansawdd, unffurfiad, cysondeb, undonedd; tebygrwydd ymddangosiad, ffurf, &c.; unffurfiaeth neu gydymffurfiad ag un safon o farn neu ymarfer, yn enw. o ran defnyddio'r *Llyfr Gweddi Gyffredin: uniformity, consistency, monotony, monotonousness; similarity of appearance, form,* &c.; (*religious*) *uniformity or conformity, esp. in relation to the use of the 'Book of Common Prayer'.*
1815.

unffurfiaf: unffurfio [bf. o'r *a. unffurf*] *bg.a.* Gwneud yn unffurf, cysoni, safoni; cydymffurfio: *to make uniform or consistent, standardize; conform.*
1760 WLL: *SAC* 77, na bu i'n Iachawdwr na Genedigaeth na marwolaeth, nac adgyfodiad yma ar y ddaiar, ond y cyfryw ac a ddylem ni *unffurfio*'n hunain iddo. c. 1762-79 W. WILLIAMS: *P* 636, Yr oeddent yn petruso *unffurfio* â rhai cynheddfau a seremoniau.

unffurfiol [*unffurf+-iol*] *a.* a hefyd gyda grym adferfol. Unffurf, safonol, cydymffurfiol: *uniform, standard, consistent.*
c. 1658 R. VAUGHAN: *E* 131, i roddi diolch i Dduw . . . mewn modd *vnffurfiol* (*in an uniforme manner*) am ei holl fendithiau. 1664 *LlGG* [xi], ûn *Unffurfiol* Drefn ar wasanaeth a Gweddi Gyffredin. 1717 IACO AB DEWI: *MN* 220, Ufydd-dod *unffurfiol* i'r Duw hwnnw. 1723 J. JONES: *LlA* 80, Ardderchawg-rwydd Bywyd Gras ydyw ei fod yn Fywyd *unffurfiol.* 1725-6 *Madd Ed* 192, gwir Fwriad Edifeiriol . . . yn *Unffurfiol* a Chyffredinol. *id.* 262, yr Efengyl . . . a wnae y Drygjonus a'r halogedig i fod yn *unffurfiol* Sanctaidd a rhinweddol. 1765 J. EVANS: *CPE* 57, peri i'r Esgobion yno fod yn *unffurfiol* ag Eglwys Loegr. 1797 B. EVANS: *CG* 165, Os yw *un-ffurfiol* amrywiaeth yn gwneud i fynu harddwch. [1798] M. JONES: *PAC* 24, Golwg . . . *unffurfiol* a diduedd ar holl orchymmynion Duw.

unffurfrwydd [*unffurf+-rwydd*] *eg.* Unffurfiaeth: *uniformity.*
1848.

unffurfwisg, gw. *unffurf+gwisg.*

ungad, ungafell, gw. *un+cad*[1], *caffell.*

ungafellog, gw. *ungaffellog.*

ungaffell, gw. *un+caffell.*

ungaffellog, ungafellog [*ungaffell, ungafell+-og;* dichon mai gwall am y ff. gyntaf yw'r ail] *a.* Ungloriog: *univalve* (*adj.*), *having one valve or shell.*
1850.

ungaill, ungainc, ungair, ungamp, ungar, unged, ungell, gw. un+caill, cainc, gair[1], camp[1], câr, ced, cell[1].

ungellog [*ungell*+*-og*] *a.* Ac iddo un gell (yn unig), ungell: *unicellular, monocellular.* **1858.**

ungenedigion [*un*+bôn y f. *canaf: canu*+*-edig*+*-ion²*] *a.ll.* ?Yn canu ar eu pennau eu hunain: *singing alone.*
9g. (MC) *VVB* 227, Uncenetticion, gl. solicanæ.

ungest [gair geir., sef *un*+*cest*] *a.* Boliog, cestog: *pot-bellied, big-bellied.*
1604-7 *TW* (Pen 228) d.g. Ventriosus (hefyd D). **1722** Llst 189, Ungest. Gorbellied. **1773** *W* d.g. Gorbellied.

ungloch, unglod, gw. un+cloch, clod.

ungloriog [*un*+*clawr*[1]+*-iog*] *a.* Ac iddo un falf neu gragen yn unig: *univalve (adj.), having one valve or shell.* **1850.**

unglust, ungnawd, gw. un+clust, cnawd[1].

ungoel, ungoes, ungof, ungor, ungorff, gw. un+coel[1], coes, cof, côr³, corff.

ungorn[1], gw. uncorn.

ungorn² [?cf. *ungor*] *a.* Ungor, digyfrodedd: *single-ply, untwisted.*
15g. *CSTB* 16, A rhoi uwch blodeuyn rhos / Edau ungorn (Pen 76, 106, ede vngor) i'w dangos (Bedo Brwynllys). **1632** D (*Diar*), Cadarnach yw'r edau yn gyfrodedd nag yn vngorn. **1803** P, Ungorn . . . Of a single turn. Edav *ungorn,* the same as edav *ungor.*

ungornfil [*ungorn*[1]+*mil*²] *eg.* Uncorn, ungorn; rhinoseros: *unicorn; rhinoceros.*
1798 WR d.g. Unicorn.

ungragennog [*un gragen*+*-og*] *a.* Ungloriog: *univalve (adj.), having one valve or shell.* **1850.**

ungred, ungrefft, ungroth, gw. un+cred, crefft, croth.

ungwaith, un gwaith [*un*+*gwaith*[1]] *eg.* Unig bwrpas neu waith, hefyd yn *ffig.: sole purpose or work, also fig.*
14g. Bren Saes 22, A gwr a oed yn y cappel yn y *vn gweith* yn wastat yn gwneithur teir kannwill gogymeint beunyd. ?**15g.** *BDG* 384, Ei thad ei *ungwaith* ydyw / Gadw'r lloer: deged ei lliw! **15g.** *GGI*[1] 113, Eu *hungwaith* yw a'u hangered / Lladd coed, mae'n llai o wŷdd cerdd. *id.* 248, Gorau *ungwaith* ym weithian / Gweddïo Mair â'r gwŷdd mân [i ddiolch am baderau]. **15g.** *HCLI* 56, Yr *ungwaith,* fal ariangoed, / Oedd roi in ei dda erioed. **15-16g.** *GLM* 325, Colli *ungwaith* cell angerdd: / cael heddiw gwyn claddu'i gerdd [marwnad Rhys Nanmor]. *c.* **1525** *id.* 332, Caid o'i *ungwaith* cadwyngerdd / cadwai'r cof, cadeiriog cerdd [marwnad Tudur Aled]. **16g.** *GGH* 377, Ei *hungwaith,* lais hengath lwyd, / Yw garw ynglef dan gronglwyd. **1803** P.
Cfn.: **yn (ei, &c.) ungwaith (un gwaith):** *expressly, deliberately, especially, directly, solely.* **14g.** Bren Saes 22. *Diw.* **15g.** *AP* 21, Iownach yt edrych ar ynifver [*sic*] sydd or tv hwnt yt noc edrych arnaf i *yn dungwaith* (amr. *yn dy un gwaith*). **1567** TN 288b, y wneuthuriad pob aflendit, yn vnchwant [:- wancus, *vngwaith,* vn swydd]. **1604-7** *TW* (Pen 228), yn *vngweith* d.g. Actuose. **1740** ML i. 45, Gyrrais inneu ddyn *yn ungwaith* pan ge's eich llythyr yw lawenychu. **1759** BC 159, Y Brenin Shesbar a oedd o bell daith. / Yn un-gwaith, daeth o'i wir fôdd.
Gw. hefyd *unwaith²*.

ungwerth, ungwr, gw. un+gwerth, gŵr.

ungwryw [*un*+*gwryw*] *a.* Bot. Ac iddo un brigeryn yn unig: *monandrous, having a single stamen (in bot.).*
1813 WB viii, y mae . . . Linnews, wedi llunio . . . y Drefn Ystlenaidd (yn mha un y dosperthir llysieuaeth . . . i pedair cenedl ar hugain; sef yn ol y rhifedi o wrrywod a'u trefn ym mhob blodeuyn . . . megis y Genedl gyntaf *Ungwrryw,* yr ail genedl Deuwrryw. *id.* xv.

ungwys, gw. un+cwys.

ungyfeiriadol [*un*+*cyfeiriadol*] *a.* Yn symud i un cyfeiriad yn unig: *unidirectional.* **1936.**

ungyfeiriol [*un*+*cyfeiriol*] *a.* Ungyfeiriadol: *unidirectional.* **1936.**

ungyfref, gw. un+cyfref.

ungyswllt, uncyswllt [*un*+*cyswllt*] *a.* Bot. A'r ffilamentau wedi eu huno'n un swp ar ffurf tiwb o gwmpas y golofnig (am frigerau), a'i frigerau wedi eu cysyllt felly (am blanhigyn): *monadelphous.*
1813 WB xv, Uncysswllt Briger cyssylltiedig yn y bonion, rhyddion eu penau. *id.* 65.

ungyw, gw. un+cyw.

unhad-ddalennog [*un*+*had-ddalen* (cf. *had-ddail*)+*-og*] *a.* Bot. Monocotyledonaidd: *monocotyledonous (in bot.).* **1853.**

unhadgibog [*un*+*hatgib*+*-og*] *a.* Bot. Monocotyledonaidd: *monocotyledonous (in bot.).* **1858.**

unhadgibogion [*unhadgibog*+*-ion²*] *e.ll.* Bot. Monocotyledonau: *monocotyledons (in bot.).* **1858.**

unhadgodog [*un*+*hatgod*+*-og*] *a.* Bot. Monocotyledonaidd: *monocotyledonous (in bot.).* **1858.**

unhaen, unhawl, unhenw, gw. un+haen, hawl[1], enw.

unhun, unhyd, gw. unun, unyd.

uniad, unad [bôn y f. *unaf*[1]: *uno*+*-iad*[1], *-ad*] *eg. ll. -au.* Y weithred o (gyf)uno, cysylltiad, cydgysylltiad, cyfuniad; cydgysylltiad dau neu ragor o ddarnau (o bren, metel, &c.): *union, a uniting, combination, unification, amalgamation, joining (together), junction; joint (e.g. in wood- or metalworking).*
1604-7 *TW* (Pen 228), Vniat d.g. Adunatio, Vnitio. **1722** W, uniad, unad d.g. Co-adunation, better co-adunition [*an uniting, or gathering together in one*] *An uniting.* **1803** P, Unad, s. m. . . . A making into one; union. *id.* Unad, s. m. . . . A making one; a uniting.
Cfn. (detholiad yn unig): **uniad bagl(au):** *bridle joint.* **20g. uniad bôn:** *butt joint.* **20g. uniad cynffonnog:** *dovetail joint.* **20g. uniad ffrâm:** *sash joint.* **20g. uniad haneru (hanerog):** *halving joint.* **20g. uniad hoelbren:** *dowel joint.* **20g. uniad meitr(og):** *mitre(d) joint.* **20g. uniad mortais a thyno:** *mortise and tenon joint.* **20g. uniad rhigol:** *housing joint.* **20g.** Math. **uniad setiau:** *union of sets (in math.).* **20g. uniad tafod a rhigol (rhych):** *tongue and groove joint.* **20g.**

uniadaf: uniadu [bf. o'r e. *uniad*] *ba.* Cysylltu ag uniad(au): *to connect by means of a joint or joints.* **20g.**

uniadol [*uniad*+*-ol*] *a.* Diwin. Yn uno'n ysbrydol â Duw: *unitive (in theol.).* **20g.**

uniaeth, unaeth [bôn y f. *unaf*[1]: *uno*+*-(i)aeth*] *eb.g.* Undod, yr ansawdd neu'r cyflwr o fod yn un, under; union debygrwydd, unfathiant; hunaniaeth, personoliaeth; Athr. moniaeth: *unity, oneness, singleness, unicity; identity, sameness; identity, personality; monism, unicity (in philos.).* **1862.**

uniaethad, gw. uniaethiad.

uniaethaf: uniaethu [bf. o'r e. *uniaeth*] *bg.a.* Darganfod pwy neu ba beth yw, dangos neu gadarnhau hunaniaeth, adnabod; dangos mai'r un yw, ystyried yn un; cysylltu yn anwahanadwy (â digwyddiad, lle, person, &c.), trin neu ystyried fel pe bai'n debyg neu'r un fath: *to identify, establish identity of; consider as identical, equate; identify or associate (with).* **1939.**

uniaethiad, uniaethad [bôn y f. *uniaeth*-af: *uniaethu*+*-iad*[1], *-ad*] *eg.* Y weithred o

uniaethu, y ffaith o fod wedi ei uniaethu (â): *identification (with).* **20g.**

uniaethol [*uniaeth* neu fôn y f. *uniaethaf: uniaethu*+*-ol*] *a.* Yn uniaethu; Athr. yn perthyn i ddamcaniaeth yr uniaethwyr ynglŷn â'r berthynas rhwng yr ymennydd a'r meddwl: *identifying; pertaining to the mind-brain identity theory (in philos.).* **20g.**

uniaethwr, uniaethydd [bôn y f. *uniaeth*-af: *uniaethu*+*-wr*, *-ydd*³] *eg. ll. uniaethwyr.* Person sy'n uniaethu; Athr. un sy'n uniaethu'r ymennydd a'r meddwl: *identifier (person); adherent of the mind-brain identity theory (in philos.).* **20g.**

uniaith [*un*+*iaith*] *a.* a hefyd fel *eb.*

(*a*) Yn medru un iaith yn unig, mewn un iaith yn unig, unieithog: *monoglot (adj.), monolingual.*
1689 E. MORUS: *RC* 1, Att y Cymro Uniaith. **1740** T. EVANS: *DPO* 228, [p]regethasant . . . i'r werin *un-jaith* yn Gymraeg. *c.* **1762-79** W. WILLIAMS: P [iii], A phan y b'o Dyn *un-jaith* yn clywaid son am y Geiriau, Philosophy, y Mathematics, Geography a'r cyfryw, prin y tybia nad Geiriau o Ddewiniaeth ydynt. **1770** P. WILLIAMS: *BS, Act* ii, fel y llafarodd yr Apostolion *uniaith* ym mhob iaith. **1775** *W* d.g. Language, Having [*that hath*] *but one language.*

(*b*) Yn perthyn i'r un genedl neu iaith, yn siarad yr un iaith: *belonging to the same race or language, speaking the same language.*
15g. *DGG²* 15, Ac yn y tŷ mwyngu maith / Dau denant glwyd unjaith. ?**15g.** *IGE²* 259, Fy ngheidwad hoff, fy mhroffwyd, / Fy nghydymaith *uniaith* wyd [?Siôn Cent am ei bwrs]. **15g.** *GDLI* 39, Owain fwyn, awen o Fôn / . . . / Hwn yw fo yn ôl hun faith / A wna'n hynys yn *uniaith.* *id.* 123, Pob brenin, pob rhai *uniaith,* / Pob twysog nerthog o'n iaith. **15g.** *GO* 283, Beli Mawr ar gwbl o'm iaith, / A blaenor y bobl *vniaith.* **15g.** *DE* 58, y mayn nyn a mi n *vnjaith* / ac ny chwyf y genay chwaith [i ferch a gollasai ei lleferydd wrth y bardd]. **16g.** *GGH* 10, Penrhaith pobl *uniaith*—pwy blaenor—pob pen?—/ Piau'r parch a'r rhagor. *id.* 435, Cadi Hywel, Wyddel iaith, / Hi a Siôn y sy uniaith / Y rhain, medd gwŷr hen i mi, / Y sydd addas ddyweddi. **16g.** WLl 232, Och heno mae achwyn mawr / O gyd wylo gau d elawr / ni thawa fi *uniaith* fodd / ni thau dyn ath adwaenodd. **1604-7** *TW* (Pen 228) d.g. Homoglossus. **1775** *W, Un-iaith* yw â mi . . . *Un-iaith* ydyw efe â myfi d.g. Language, Of the same language . . . *He is of the same language with me.* **1803** P, Uniaith, s. f. . . . Of one language.

Fel *e.* **Un iaith:** *single language.*
1793 DAFYDD IONAWR: *CD* 61, Nid oedd, drwy eu lluoedd llawn, / Ond *uniaith* rhwng y dyniawn. **1803** P, Uniaith, s. f. . . . A single speech.

uniant [bôn y f. *unaf*[1]: *uno*+*-iant*] *eg.* Uniad, integreiddiad; Crdd. streto: *union, integration; stretto (in mus.).*
1803 P, Uniant, s. m. . . . The act of making into one; union.

unias, uniau, gw. un+ias, iau[1].

uniawn, uniawn-, &c., gw. union, union-, &c.

uniawnad, uniawnaf: uniawni, gw. unioniad, unionaf: unioni.

uniawnbwyll, uniawnbwys, gw. union+pwyll[1], pwys[1].

uniawndeb, uniawnder, gw. uniondeb, unionder.

uniawnfarn, uniawnfryd, uniawnffordd, uniawnffurf, uniawngongl, gw. union+barn, bryd, ffordd, ffurf, congl.

uniawngred, uniawn-gred, gw. uniongred.

uniawngrededd, gw. uniongrededd.

uniawngrwn, uniawngyrch, gw. union+crwn, cyrch[1].

uniawngyrchiol, uniawngyrchol, gw. uniongyrchol.

uniawnlin, uniawnllin, gw. union+llin¹.

uniawnllwybr, gw. union+llwybr.

uniawnserth, uniawnsyth, uniawnsythder, gw. unionserth, unionsyth, unionsythder.

uniawnwaith, uniawnwedd, gw. union+gwaith¹, gwedd¹.

unicbeth, gw. unig+peth.

unicorn [bnth. S. C. neu Ffr. *unicorn(e)*, a'i ailddehongli fel *unig+corn*, cf. y ff. l. *unicyrn* a'r engh. isod o *W Best* 8] *eg.* ll. *-(i)aid, unicyrn.* Uncorn; anifail ac iddo un corn, e.e. rhinoseros, môr-uncorn: *unicorn; one-horned animal, e.g. rhinoceros, narwhal.*

1455–6 *B* xiii. 67, [c]adw vi rrac yr *vnikorn.* **15g.** *W Best* 8, natur yr *vnigkorn* yw nad oes yn y byt anivail anos i hely na'i ddaly noc ef. **1547** *WS, Vnicorn* anifal ac vn corn Unicorne. **1567** *LlGG* (*Sall*) 12a, Cadw vi rac safn y lleo, ac atep vi gan vynghadw y wrth yr *vnicornieit* [:– *vnicyru* [*sic*]]. **1588** *Nu* xxiii. 22, nerth *vnicorn* sydd iddo. **16–17g.** *W Best* 21, megis i delir yr *vnikorn* (amr. *inikorn*) drwy aroglav morwyn jevank . . . ag vn korn a sydd yddo ynghenol i dalken. **1604–7** *TW* (*Pen* 228) d.g. *Monoceros, Vnicornis, is.* **1725** I. HARRI: *RD* 259, Disgyniad yr *Unicorniaid. c.* **1762–79** W. WILLIAMS: *P* 160, Mae ef yn cadw llîaws o fwystfilod gwylltion . . . megis Llewod, Elephantiaid . . . *Unicorniaid.* **1773** J. ROBERTS: *GY, Unicorn*] Anifail Tanllyd gwyllt, anhawdd ei ddofi. Ei Gorn sy'n tyfu yn ei Dalcen. **1794** *W* d.g. *Unicorn* [*a sort of one-horned beast, so called*].

Gw. hefyd **uncorn.**

unicter [*unig+-der*] *eg.* Unigrwydd, arwahanrwydd: *loneliness, solitariness, isolation.*

1803 *P, Unigder,* s. m. . . . Solitariness, loneliness.

unictra [*unig+-dra*] *eg.* Unigrwydd, arwahanrwydd: *loneliness, solitariness, isolation.*

1803 *P, Unigdra,* s. m. . . . Solitariness, loneness.

unieithedd [*uniaith+-edd*¹] *eg.* Unieithrwydd: *monolingualism.*

1893.

unieithog [*uniaith+-og*] *a.* a hefyd fel *eg.b.* ll. *-ion.* Uniaith, yn medru un iaith yn unig; mewn un iaith yn unig; person sy'n medru un iaith yn unig: *monolingual, monoglot* (*adj. and n.*).

1824.

unieithogrwydd [*unieithog+-rwydd*] *eg.* Unieithrwydd: *monolingualism.*

20g.

unieithrwydd [*uniaith+-rwydd*] *eg.* Y cyflwr o fod yn uniaith: *monolingualism.*

20g.

unifersal [bnth. S. *universal*] *a.* Cyffredin(ol), byd-eang, rhyngwladol: *universal.*

1928.

unifersaliaeth [cfdds. o'r S. *universal(ism)+-iaeth*] *eb. Diwin.* Cyffredinoliaeth: *universalism* (*in theol.*).

1838.

unifersi [bnth. S. *universi(ty)*; am golli'r sill. olaf, cf. *soseiat, melawd*] *e?b.* Prifysgol, yn *ffig.*: *university, fig.*

16g. (1592) S. D. RHYS: *Inst* 242, *Vnibhersi* Nêdh lhyna bhowrson (Lloegr,) / Lhuger[n] Phraighc Jwerdhon [Lewys Morgannwg i Leision, abad Glyn Nedd].

unifersiti, uniferseiti, uwnifersiti, &c. [bnth. S. *university*] *eb.* ll. *unifersitis.* Prifysgol, coleg: *university, college.*

16g. (*LlEG*) *Mos* 158, 269a, ysgolheigion *vwniuerssytti* parys. *id.* 491a, yrhynn a ddaru oedd I ysgolheigion o boob *vnneuerseitti* ynghred ddangos I hopiniw/n nadoedd y vrenhinnes Kattrin ynn deilwng I briodi y brenin. **1583** *LlGC* 716, 45a, Ac ir na roe paap Rufen cenat ir brenin Harri, ddatot y periodas anvwiol hon, gwedi iddo ef ofvn cyngor, a barn, tair ne pedair [*sic*] o *universitis. c.* **1600** L. DWNN: *HV* i. 136, Gwehylyth Rolant Meurig. Doctor or ddwy *Uwniverssiti.* **1604–7** *TW* (*Pen* 228), *vniuersiti* d.g. *Commune, Gymnasium.* **1615** R. SMYTH: *GB* 119, mi a vvn hefyd fod llavver o ddoctoriaid urddasol ag athravvyr godidavvg, 'n yr *unifersiti* yma. *c.* **1762–79** W. WILLIAMS: *P* 525, John Huss tra fu ef yn *unifersity* Prague, a gafodd weled llyfrau Wicliff.

unig [?bnth. (?dysg.) Llad. *unicus* (?o dan ddyl. y trf. *-ig*²)] *a.* a hefyd gyda grym enwol.

(*a*) Ar ei ben ei hun, wrtho ei hun, heb gwmni, heb gyfeillion; heb ateg na chadarnhad; sengl, dibriod; heb (lawer o) boblogaeth, heb anheddau cyfagos, heb drigolion, anghyfannedd, anghysbell, diffaith, hefyd yn *ffig.*: *alone, on one's own, lonely, lone*(*some*), *solitary, companionless; uncorroborated; single, unmarried, celibate; lonely* (*of place*), *solitary, unfrequented, uninhabited, isolated, desolate, also fig.*

c. **1188** GIRALDUS CAMBRENSIS: *IK* 188, Sicut Britannice in hunc modum; Dychaun Dyu da dy *unic.* i.e. facere potest bene Deus unico; ac si diceret, hominem potest juvare Deus, etsi solus sit. *c.* **1400** *R* 1034. 21–2, Gorwyn blaen ysgaỽ. hydyr ny gyghein anaỽ *unic. id.* 1036. 35–6, Wyfhen ỽyf *unic* ỽyf annelwic oer. **1551** W. SALESBURY: *KLl* xlviia, ac y gedwch vi yn *unic* / ac eto nyd wyf yn *vnic* / can vot y tat y gyd a myvy. **1567** *LlGG* 40a, Sathrais yn y gwasc-lestr yn *unic.* **1567** *LlGG* (*Sall*) 36a, Dew a wna ir ei *vnic* (**1620** *Salm* lxviii. 6, yr *vnig*) drigo yn duylwyth. **1567** *TN* 23b, ydd oedd ef yno yn *vnic* [:– wrtho yhun]. **1588** *Pr* iv. 9–10, Gwell yw dau nag vn . . . Canys os syrthiant, y naill a gyfŷd y llall ond gwae yr *vnic*: canys pan syrthio efe nid oes ail i'w gyfodi. **1588** *Tob* viii. 6, Nid da bod gwr yn *vnic.* **1604–7** *TW* (*Pen* 228) d.g. *Secretus, Solitarius, Solivagus, Solus, Viduus.* **1632** *D* d.g. *Cælebs.* **1675** R. JONES: *HCh* 45, Megis ac y dylit ti fod yn wiliadwrus arnat dy hunan pan ydwyt yn *unic* (*alone*), felly hefyd y dylit ti fod pan ydwyt mewn cymdeithas, gan edrych at dy ymddygiad ynddo. **1710** *LlGG* (*Gos*) 15, ac na choelier cyffes *unig* y partïau eu hunain. **1764** DEWI NANTBRÂN: *SAG* 78, Sancteiddrwydd a Sarrugrwydd eu crefyddol Raddau o Wŷr a Menywod: Buchedd *unig* eu Hoffeiriaid a'u Hesgobion. **1770** *W* d.g. *Alone, Lone* [*solitary*], *Lonely, or lonesome* [*solitary, &c.*], *Desolate* [*solitary, applied to persons*], *Desolate* [*uninhabited, laid waste, solitary, &c.*]. **1803** *P, Unig* . . . lonely, lonesome, single, solitary. Ar lafar, '*inig*' 'alone', *WVBD* 484; 'Ma rwun yn gallu bod yn *unig* iawn mwn torf', 'Man' nw'n byw mwn lle *unig* iawn, 'os dim tŷ ar bwys', *GTN* 484.

(*b*) Unigryw, digymar, nad oes un arall yn bod; arbennig, penodol; ?diffuant: *unique, peerless, only, exclusive, sole; special, specific; ?sincere.*

12g. *GMB* 72, Keimyad cas agarw, syberw serchaỽc, / Ked galwed *unyc* nyd oet ofnaỽc. **12g.** *GCBM* ii. 91, Gwalch gỽaedrwyf, hynwyf, *unic*—a gereis. **12–13g.** *GLlLl* 281, Am ỽnic treissic y trawsiolaf—Duw / A ddigaỽn yach o glaf. **13g.** *C* 53. 5, Rac *vnic* bariffvin gvehin dived. **14g.** *WM* 469. 30, Rathtyen merch *vnic* clememyl. **15g.** *GLGC* 284, Myn difa'r lladron, fy mhendefig, / ordeinia i eraill bardwn orig, / ennyn y gyfraith *unig*—i Gymru / o fro Dolarddu fry i Dalerddig. *Diw.* **15g.** *B* v. 105, daudyblic yw tan pur kyffredin ac *vnic* (amr. gwaha[n]redol, gosodedig). **1547** *WS,* Fenics ederyn *vnic* Phenix. **1551** W. SALESBURY: *KLl* lxxxiiib, Y sawl sydd yn gwady deo yr Arglwydd *vnic.* **1567** *TN* 71b, Yr Arlwydd ein Duw, yw'r Arglwydd *vnic* (**1588** *Marc* xii. 29, vn Arglwydd yw). **1578–81** *B* xv. 281, i olwc [Iesu] ssydd *vnic* (*simplicem*) ac addved. **1588** *Deut* vii. 6, yr Arglwydd dy Dduw a'th ddewisodd di i fod yn bobl *vnic* iddo ei hun. **1670** J. HUGHES: *AP* 31, ein Harglwydd, a'n Ceidwad *vnic.* **1803** *P, Unig* . . . O yr *unig*! Oh the oddness! Bless me how singular!

(*c*) (enghrau.'n rhagflaenu'r e.) Nad oes un arall yn bod; arbennig, penodol; union: (*exx. preceding the n.*) *only, one* (*and only*), *exclusive, sole; special, specific; very, exact.*

1545 *CM* 1, 145, I maer Edgippsians . . . ynn dywedud vod I bobe [*sic*] dydd annos I *vnnig* Ennaid ne ysbryd I gyvlowni ir planntt a anner oi mewn wynt I natturie ynnol ysbryd y dydd arnos I ganner y mab ner verch. **1568** MORYS CLYNNOG: *AG* 2, yn enw duw y tad, / a'r *vnig* fab mad. **1588** *Gen* xxii. 2, cymmer yr awran dy fâb yr hwn a hoffaist sef dy *vnic* Isaac. **1588** *Tob* iii. 16, *Vnic* ferch wŷf i'm tad. **1670** J. HUGHES: *AP* 43, dy roddion mawr ac aneirif, sy'n deilliaw o'th *vnic* ddaioni di. **1677** R. JONES: *BB* 165, Mi a dybygwn ped anghofiech un o'r lleill, y dylae yr *unig* Ystyriaeth hon (*this one Consideration*) . . . beri i chwi ymgynhyrfu. [**1710**] GW. AB IERWERTH: *SB* 9, nid yw 'r pechod o anedifeirwch hyd y diwedd . . . wedi ei gyflawni hyd yr *unig* funudyn (*the very moment*) o farwolaeth dyn. **1715** T. EVANS: *GC* 14, Y Crynwyr yw *Unig* Weinidogion Christ. **1730** IACO AB DEWI: *YL* 2, *unig* Lifreu Crist'nogrwydd (*very badge of Christianitie*). **1798** T. ROBERTS: *CG* 23, mor siccr a'u bod nhw yn yr *unig* a'r iawn ffordd. Ar lafar, 'Fe fu farw 'i *unig* fæb a'n ifanc', *GTN* 484. Gw. hefyd *un—un unig.*

(*d*) Unigol (hefyd mewn gram.); heb ddim ond un digid (am rif): *single, singular* (*also in gram.*); *single-digit* (*of number*).

14g. *GP* 43, Deu ryw henw galwedic ysyd, henw *vnic,* a henw lluossawc. Henw *vnic* yw vn peth, val y mae 'dyn' . . . Henw *vnic* e hunan yw hwnn y bo arnaw synnwyr *vnic* a dywedwydyat *vnic* y gyt, val y mae 'dyn' neu 'lwdyn'. Henw *vnic* kynnulledic yw hwnn y bo arnaw dywedwydyat *vnic* a synnwyr luossawc, val y mae 'llu, toryf'. . . Deu rwy henw lluossawc ysyd, nyt amgen, lluossawc *vnic,* a lluossawc llyaws. Lluossawc *vnic* yw hwnn y bo arnaw diwedwydyat [*sic*] *vnic* a synwyr luossawc, val y mae 'llu, toryf'. *id.* 45, ardangos . . . a vyd pan vo y kwbyl yn *vnic,* a'r rann yn lluossawc, a'r geir gwann yryngthunt yn arwydokau molyant neu ogan a aller y rodi y'r rann ac y'r kwbyl, a hwnnw, herwyd rif, yn y dwyn ar y kwbyl, ac nyt ar y rann, val y mae 'gwr du y lygeit, gwreic wenn y hesgeiryeu'. A'r ffigur honno . . . a esgus dros *vnic* a lluossawc y gyt yn ymadrawd. *id.* 53, Bei ar gerd yw *vnic* a lluossawc y gyt, val pei dywetit 'pedwargwr', pan dylyit dywedut 'pedwargwyr'. **1547** *WS* xviii, yr enw *vnic,* neur gair *vnic* hwnw a liosocka ne arwyddocka chwanec nac vn peth. *a.* **1575** *GP* 92, dwy ssilldaf yw 'bygwl' a thri [*sic*] yw 'bygylav', kans ssilldaf rragor a ddyly vod yn y lliosawc rrac yr *vnic.* **1595** *Egl Ph* 34, pan osodir mewn araith *vnic* yn lhe lhuossawg. **1604–7** *TW* (*Pen* 228), Figur pan gyssylhter Enw cynnulhetic *Vnic* a beru lyosawc d.g. *Synthesis.* **1632** *D* d.g. *Simplus, Singularis, Vnicus.* **1691** T. WILLIAMS: *YB* 209, syrthio i bechu rhyw un pechod pennodol *unig.* **1707** W. EVANS: *EGG* 53, Mae pôb *unig* ddyn, y cwymp yn y Bŷd hwn yn torri Gorchymynion Duw mewn meddwl. **1752** *ML* i. 192, Mae'ch brawd Gwil byth yn unigol, un tŷ, un ardd, un bachgen, un lodes . . . *unig* yw pob peth a berthyn iddaw, a thebyg i fod felly am a glywafi. **1768** J. ROBERTS: *R* 29, Y Lliosogiad sydd naill a'i [*sic*] yn *unig* neu yn gyssy[ll]tiedig. Yn *unig* pan fo y Lliosogiad ar Lliosogaeth bob un o honynt, yn sefyll ar Un ffigur, megis Lliosogi 4 â 3. *ib.* rhoddaf y Tabl Lliosogaeth *unig* ar lawr. Gw. hefyd *rhif—rhif unig(ol).*

Cfn.: **nid (. . .) yn unig (. . . on(i)d (eithr, (n)amyn) . . .):** *not only* (. . . *but* . . .). **1551** W. SALESBURY: *KLl* lxxxiiia, ac *nyd* y myvy *yn vnic namyn* y powp oll (**1588** *2 Tim* iv. 8, *nid* i mi *yn vnig, onid* i'r holl rai) a gerynt y ddyuodiat. **1567** *TN* 155b, *nyd* vy-traet *yn vnic, amyn* hefyd y dwylo a'r pen. *id.* 344b, *Nid yn unig* trwy eu [*sic*] wrandaw . . . *eithr* hefyd bucheddu yn gytun ag ef. **1592** S. D. RHYS: *Inst* [xvi], ebh a dharbhu idhynt *nyd yn vnic* dhibha 'r Iaith a'r Brydydhiaeth, *onyd* hebhyd colhi eu hên Bhraint. **1730 (1755)** E. WYNNE: *PAC* 54, mewn matter *nid yn unig* cyfreithlon *ond* hefŷd Duwiol a charedigol. **1770** *TG* ii. 5[5]–6, Fe ddylai tir porfa a gwair gael ei hau â'r cymmysg uchod . . . yr hwn *nid yn unig* a achlesa ac a bortha wraidd y borfa, *ond* hefyd a chwanega ac a dd[w]g allan fath n[e]wydd o borfa ffrwythlon. **yn unig:** *only, solely, merely.* **1545** ELIS GRUFFYDD: *Ll* 9. **1551** W. SALESBURY: *KLl* lxxxiiia. **1588** *Barn* xix. 20, *yn vnic* nac aros tros nos yn yr heol. **1615** R. SMYTH: *GB* 21. **1632** *D* d.g. *Duntaxat, Solùm, Tantùm.* **1675** R. DAVIES: *PY* 55, nid oes neb ond Duw *yn vnig* . . . yn vwch nar Ymmerawdwr. Ar lafar, *WVBD* 227. **yn (fy, ei, &c.) unig swydd:** *expressly, solely. c.* **1762–79** W. WILLIAMS: *P* 341, y rhai oedd yn ei gwneuthur *yn unig swydd* iddynt astudio, ac agor y traddodiadau hynny. Ar lafar, 'Fi etho' yno *yn 'ym unig swydd* idd 'i gweld 'i', *GTN* 751. Gw. hefyd *unswydd.*

unigaeth, unigiaeth [*unig+-(i)aeth*] *eb. Athr.* Moniaeth: *monism.*

1899.

unigaf: unigo [bf. o'r a. *unig*] *ba.* Neilltuo, gwahanu, ynysu, unigoli: *to isolate.*

1604–7 *TW* (*Pen* 228) d.g. *Solo.* **1803** *P, Unigaw* . . . To render sole.

unigaidd [*unig+-aidd*] *a.* Unig (am le), anghysbell; yn byw ar ei ben ei hunan (am anifail, &c.): *lonely, isolated* (*of place*); *solitary* (*of animal, &c.*).

1882.

unig-anedig, unig-enedig [*unig+ganedig, genedig*] *a.* a hefyd gyda grym enwol. (A genhedlwyd yn) unig (blentyn, fab, ferch): *only(-begotten).*

1567 *TN* 135a, Can ys velly y carodd Duw y byt, y ny roddes ef ei vnig-enit [:– *vnig enedic*] vap (W. SALESBURY: *KLl* xlixb, e vn-map). **1588** *Sech* xii. 10, galarant hefyd am dano, fel vn yn galaru am ei *vnig-enedic.* **1588** *Io* i. 14, gogoniant yr *vnic-ganedic* (W. SALESBURY: *KLl* va, vn-mab; *TN* 131b, vn-Mapgeni [:– vnganedic vap]; **1620** *Io* i. 14, *vnig-anedig*) fab yn dyfod oddi wrth y Tad. **1595** H. LEWYS: *PA*

30, os duw nid arbedod', i *vnic genedig* fab. **1618** J. SALISBURY: *EH* 16, O achos ei fod ef yn wir-dâd i'w *vnic-enedic* Fâb. **1620** *Tob* viii. 17, bendigedic fyddech am i ti drugarhau wrth ddau *vnig-anedic* (**1588** *ib.* vn blant tad a mam). **1630** *YDd* 7, yn rhoddi ei *vnig anedig* fab i gymmeryd cnawd arno. **1632** *D*, *unigenedig* d.g. *Vnigenitus*. **1782** D. HUGHES: *TFf* 5, fe elwir y Person cyntaf y Tad: dull . . . yr ail Berson yw bod yn genhedledig . . . ac fe a'i gelwir *uniganedig* (yn ol y Saisonaeg *unig-genhedledig*) y Tad, a'i Fab priodol ef ei hun. **1803** *P* d.g. *Uniganedig.*

Gw. hefyd **unig-enid.**

unig-bennaeth [*unig ben+-aeth*; cf. *un-bennaeth*] *eb.* Unbennaeth: *supremacy*.
1849.

unig-ddoeth, gw. **unig+doeth**[1].

unigdduwiaeth [*unig dduw+-iaeth*] *eb.* Addoliad un duw yn unig er tybio bod duwiau eraill yn bod: *monolatry.*
1891.

unigedd [*unig+-edd*[1]] *eg.* ll. -*au.* Unigrwydd, arwahanrwydd, preifatrwydd; lle unig neu anghysbell: *loneliness, solitariness, solitude, isolation, privacy; lonely, solitary, or isolated place, solitude.*
1776 *W* d.g. *Loneliness, or lonesomeness* [*solitariness*], *Privacy* [*the state of being secret; &c.*]. **1803** *P, Unigez,* s. m. . . . Solitude, loneliness.

unigeddol [*unigedd+-ol*] *a.* Yn perthyn i unigedd neu nodweddiadol ohono; unigol: *solitary; single.*
1855.

unig-enedig, gw. **unig-anedig.**

unig-enid [cfdds. o'r Llad. eglwysig *ūnigenitus*, cf. S. Diw. Cyn. *unigenit*; dichon mai -*i*=-*t* yn yr engh. gyntaf] *a.* Unig-anedig: *only-begotten.*
1567 *TN* 135a, Can ys velly y carodd Duw y byt, y ny roddes ef ei *vnig-enit* [:– vnig enedic] vap. **1803** *P, Unigenid* . . . Only-born.

unigfa [*unig+-fa, ma*] *eb.* ll. -*feydd.* Unigedd (cyflwr a lle): *solitude (condition and place).*
1801 *MMf* 275-6, y bobl a font dduegawl . . . carant ganu un yr *unigfa*, a charant o'r unig wrandaw cerdd a thannau.

unigfan, gw. **unig+man**[1].

unigffyddiad [*unig+ffydd+-iad*[3]] *eg.* ll. -*iaid.* Diwin. Un sy'n arddel unigffyddiaeth: *a solifidian (in theol.).*
[**1783**] *W, Unig-ffyddiad* (pl. *unigffyddiaid*) d.g. *Solifidian.*

unigffyddiaeth [*unig+ffydd+-iaeth*] *eb.* Diwin. Y gred fod ffydd yn unig heb weithredoedd yn ddigon i gael achubiaeth: *solifidianism (in theol.).*
1858.

unigffyddiwr [*unig+ffydd+-iwr*] *eg.* Diwin. Unigffyddiad: *a solifidian (in theol.).*
1850.

unig-genedledig [*unig+cenedledig*] *a.* a hefyd gyda grym enwol. Unig-anedig: *only-begotten.*
1567 *LlGG* 106a, ein Arglwydd Iesu Christ *vnic cenedledic* vap Duw, cenedledic gan ei Dat cyn yr oll oesoedd . . . cenedledic nyd gwneuthuredic. **1567** *TN* 366b-367a, can y Ddyw ddanvon ei *vnic-genedledic* Vap (W. SALESBURY: *KLl* lib, i vn-map; **1588** 1 *Io* iv. 9, ei *vnic genhedledic* Fab) ir byt. **1604-7** *TW* (Pen 228), *unicgenetledic* d.g. *Vnigenitus.* **1679** C. EDWARDS: *GGG* 93, nid un mab a laweroedd, ond ei *unig-genhedl-edic.* **1731** E. SAMUEL: *AE* 174, Aberthiad ei *unig-cenedledig* Fâb Ef. **1756** W. WILLIAMS: *GDC* 13, Mâb *unig-genhedledig*, un Sylwedd bur â'r Tâd. **1760** E. WILLIAMS: *UYB* 41, *unig-genhedledig* Fâb y Tâd (allan o'i galon ef) yw Efe cyn yr holl oesoedd. **1776** DEWI NANTBRÂN: *AN* 36, dy *unig-genhedledig* Fâb. **1778** *W* d.g. *Only-begotten.* **1782** D. HUGHES: *TFf* 5, fe elwir y Person cyntaf y Tad: dull . . . yr ail Berson yw bod yn genhedledig . . . ac fe a'i gelwir *uniganedig* (yn ol y Saisonaeg *unig-genhedledig*) y Tad, a'i Fab priodol ef ei hun.

unigiaeth, gw. **unigaeth.**

unigle, gw. **unig+lle**[1].

unigol [*unig+-ol*] *a.* a hefyd gyda grym enwol. Yn dynodi un (hefyd mewn gram.

am ffurf neu ddosbarth berf, enw, &c.); ar gyfer un(igolyn), yn perthyn i un(igolyn), nodweddiadol o unigolyn; sengl, dibriod; unigryw; arbennig, penodol; ar ei ben ei hun; unig, anghysbell, anghyfannedd; syml: *singular (also in gram.); single, individual; single, unmarried, celibate; unique; special, specific; on one's own; lonely, desolate; simple.*
1567 *LlGG* 95a, Ollalluawc Arglwydd yr hwn a wiscaist dy . . . Apostol Barnabas ac *vnigol* (*singular*) roddion dy yspryt glan, na'd y ni vod yn ddefficiol oth liosawc ddoniae. **1567** *TN* 239b, A' thrwy *vnigol* (**1588** *Rhuf* xv. cs., vnic) dirgaredd Dduw. **16g.** *LlB* 17, palatr meindwf sy iddo ac *vnicol* (*simplex*) ac yn hwy no chubyt. *a.* **1575** *GP* 138, y dychwel *vnigol* a'r dychwel lliossawc; y dychwel *vnigol*, val y mae 'bren-hin', a'r dychwel lliossawc, val y mae 'brenhinedd'. *p.* **1584** G. ROBERT: *GC* [127], Ef a e[ll]ir rhoi att bob un o'rhain yn y trydydd person *unigawl*, ef, fô, ne fê: yn y trydydd lliossawg wy. **1604-7** *TW* (Pen 228) d.g. *Exquisitus, Vnicus.* **1632** *D* d.g. *Privus, Simplarius, Simplex, Simplus, Singularis.* **1688** *TJ* (At.) [30], i selnodau a fyddant lythyrennau *unigol.* **1696** *GGTY* 167, pa rinwedd . . . sydd mewn proffes ammodawl, *vnigol* (*simple*) oddiallan. **1711** L. EVANS: *LlW* [54], Llawer o Blwyfau neu siroedd, a dim yn siroedd *unigol*, dim ond Rhannau o Sir, dim ond Plwyfau *unigol.* **1721** RD: *CFf* 80, Adduneldau Monachlogaidd Pabaidd, o Fywyd *unigol* parhaus. **1740** T. EVANS: *DPO* 328, nid Barn *unigol* rhyw wr neillduol oedd hyn. **1746** G. JONES: *HWI* iii. 20, canys ar ddull neillduol, yn y Nifer *Unigol*, megis wrth bob dŷn ar ei ben ei hun, y mae Duw yn llefaru pob un o honunt [y Deg Gorchymyn]. **1752** *ML* i. 192, Mae'ch brawd Gwil byth yn *unigol*, un tŷ, un ardd, un bachgen, un lodes . . . unig yw pob peth a berthyn iddaw, a thebyg i fod felly am a glywafi. **1795** J. THOMAS: *AIC* 144, nid oes un Ffugur *unigol* am ddêg. **1796** *Geirgrawn* 167, hunan elw . . . y *unigol* holl weith[r]ediadau dynol. **1803** *P, Unigawl* . . . Of a solitary or singular quality; un-united, independent.
Cfn.: **yn unigol:** *only, alone, on one's (its) own; individually.* **16g.** *Haf* 22, 350, Nid ydiw dyn yn byw *yn vnigol* Ar vwytta bara. **1661** E. LEWIS: *Drex* 328, Yma mae gennem [*sic*] orchymmyn St Paul i'r Ephesiaid, ac nid *yn vnigol* ei ddymuned (*and not his wish only*). [**1725**] *TS* [28], trwy eu hystyried *yn unigol* megis swyddogion.

Gw. hefyd **unigolyn.**

unigolaf: unigoli [bf. o'r a. *unigol*] *ba.* Peri bod yn unigol, unigolyddu; unigo, ynysu: *to individualize, make individual; isolate.*
1852.

unigolaidd [*unigol+-aidd*] *a.* Yn perthyn i'r unigolyn; unigolyddol (hefyd mewn gram.): *pertaining to the individual; individualist(ic); singulative (in gram.).*
1928.

unigoldeb [*unigol+-deb*] *eg.* Unigolrwydd; ?unigrwydd: *individuality, singularity; ?loneliness, solitude.*
1803 *P.*

unigolder [*unigol+-der*] *eg.* Unigolrwydd; ?unigrwydd: *individuality, singularity; ?loneliness, solitude.*
1803 *P.*

unigoledd [*unigol+-edd*[1]] *eg.* Unigol-rwydd; ?unigrwydd: *individuality, singularity; ?loneliness, solitude.*
1852.

unigoliad [bôn y f. *unigolaf: unigoli+-iad*[?]] *eg.* Y weithred o unigoli: *individualization.*
1884.

unigoliaeth [*unigol+-iaeth*] *eb.* Unigol-rwydd; unigolyddiaeth: *individuality, singularity; individualism.*
1822.

unigoliaethol [*unigoliaeth+-ol*] *a.* Yn perthyn i unigolyddiaeth: *individualistic.*
1924.

unigolrwydd [*unigol+-rwydd*] *eg.* Cymer-iad unigol; unigrwydd, arwahanrwydd; under: *individuality, singularity; loneliness, solitude, isolation; oneness, singleness, unicity.*
1632 *D* d.g. *Solitudo.* **1722** *Llst* 189, *Unigolrwydd.*

m. Lonesomness; singleness. **1725-6** *Madd Ed* 175-6, efe a aeth allan . . . i ymddiddan ag ef ei hun . . . ac er cael cymmhwysdra i wneuthur hyn, ddewisodd *unigolrwydd* y Maesydd. **1776** *W* d.g. *Loneliness, or lonesomeness, Singularity* [*the being singular, or but one*], *Solitude* [*a being alone, &c.*]. **1778** T. JONES: *TGEL* 334, Y mae gan adfyd a hawddfyd, gorchwyl a hamdden, cymdeithas ac *unigolrwydd*, eu peryglon neillduol. **1803** *P.*

unigolydd [*unigol+-ydd*[3]] *eg.* ll. *unigolwyr.* Un sy'n cefnogi unigolyddiaeth, person annibynnol ei farn, ei weithredoedd, &c.; ?unigolyn: *individualist*; ?*individual.*
1868.

unigolyddaf: unigolyddu [bf. o'r e. *unigolydd*] *ba.* Unigoli; unigo, ynysu: *to individualize, make individual; isolate.*
20g.

unigolyddiaeth [*unigolydd+-iaeth*] *eb.* Yr ansawdd neu'r cyflwr o fod yn annibynnol (o ran barn, gweithredoedd, &c.); damcan-iaeth gymdeithasol sy'n cefnogi rhyddid yr unigolyn: *individualism.*
1916.

unigolyddol [*unigolydd+-ol*] *a.* Yn perth-yn i unigolyddiaeth neu unigolwyr, nod-weddiadol o'r cyfryw, annibynnol (ei farn, ei weithredoedd, &c.); Gram. yn dynodi ffurf unigol: *individualist(ic); singulative (in gram.).*
1916.

unigolyddwr [*unigolydd+-wr*] *eg.* Unigol-ydd: *individualist.*
20g.

unigolyn [*unigol+-yn*[1]] *eg.* ll. *unigolion.* Person, anifail, neu beth unigol; digid: *an individual; digit.*
1793 *Cylchg* 60, Yr ail ran o Wybodaeth a gynnwys bob cynnyrch neilltuawl . . . sef Dwyfawl, Dynawl, Anianawl, a Chelfydd; i'r gyntaf y perthyn hynny a wyddis am Dduw a Chrefydd; yr ail, y hyn a berthyn yn fwy pennodawl i Ddynoliaeth, pa'r un bynag ai *Unigolion*, ai Cymdeithasolion. **1803** *P, Unigawl* . . . Y naw *unigolion*, the nine digits.

unigolynnol [*unigolyn+-ol*] *a.* Yn perthyn i unigolyn: *individual.*
20g.

unigrif [*unig+rhif*[1]] *eg.* ll. -*au.* Digid: *digit.*
1850.

unigrwydd [*unig+-rwydd*] *eg.* Y cyflwr o fod yn unig neu ar ei ben ei hun, arwahan-rwydd; under, yr ansawdd neu'r cyflwr o fod yn un: *loneliness, solitariness, solitude, isolation; oneness, singleness, unicity.*
1658 R. VAUGHAN: *LlB* 3, Beth a ddeallwch chwi wrth yr *unigrwydd* neu'r symlrwydd o anian Duw? Nad oes na rhannau na chynneddfau ynddo. **1776** *W* d.g. *Loneliness, or lonesomeness* [*solitariness*], *Privacy* [*the state of being secret; &c.*], *Retiredness, Singularity* [*the being singular, or but one*]. **1803** *P.*

unigryw [*unig+rhyw*[1]] *a.* Nad oes un arall o'i fath yn bod, ar ei ben ei hun, heb ei debyg, digyffelyb, dihafal, digymar; neilltu-ol, nodedig: *unique, unparalleled; exception-al, outstanding, notable.*
c. **1785-90** (**1829**) *CBYP* 70, Cyssefinddull odl yw unodlaeth, ag erni y mae cyflwyr ardduniant; am nad yw ond unllef unllais; yr hynn nis gellir ei wedyd am unrhyw ddull arall ar awdl; ag o achos hynn o ardduniant, neu under *unigryw* unodl.

unigrywedd [*unigryw+-edd*[1]] *eg.* Unigryw-iaeth: *uniqueness, unicity.*
20g.

unigrywiaeth [*unigryw+-iaeth*] *eb.* Yr ansawdd neu'r cyflwr o fod yn unigryw: *uniqueness, unicity.*
1846.

unigwr, gw. **unig+gŵr.**

unigyn [*unig+-yn*[1]] *eg.* Unigolyn: *individ-ual.*
1849.

union, uniawn [*un+iawn*] *a.* a hefyd gyda grym enwol.
(*a*) Syth, uniongyrchol, diwyro; union-

syth, yn ei sefyll; sgwâr (am ongl): *straight, direct, unswerving; upright, erect; right (of angle).*

12g. *GCBM* ii. 241, Cadwent pan gyrchaist, gyrch *union*—sengi, / Sangei bawb ei alon. **13g.** *GBF* 370, Ar hyt ffyrd *unyaŵn* y'm harwedych. *c.* **1400** *YCM*[2] 196, dotter dwy geinawc dordor ar benn y piler, a minneu . . . a'e byryaf a chledyf noeth yn gynn *vnyawnet* . . . ac y byrywyf yr uchaf y ar yr issaf heb ysgogi yr issaf o'e lle. *c.* **1400** (*SG*) *HMSS* i. 331, amcanu aoruc ef yn *unyawnaf* ac y gallawd ae vedru ymperued y breuant ae gledyf. **15g.** *GLGC* 333, ffordd cerddorion, *union* oedd, / i dai'r Bedo drwy'r bydoedd. **1551** W. SALESBURY: *KLl* lxxiia, Kyuot / a cherdda yr ystryt (a elwir *V-/nion*). **1604–7** *TW* (*Pen* 228) d.g. *Irretortus, Orthos.* **1615** R. SMYTH: *GB* 37, yr entri nid yvv llefel nag *union* . . . ond y mae ar osco. **1632** *D, Uniawn*, Rectus. **17g.** HUW MORUS: *EC* i. 45, Och eilwaith, yn iach Wiliam, / *Union* ei gorff, ni wnae gam. **1725** D. LEWIS: *GB* 378, Y mae'r Goleuni yn dyfod oddiwrth yr Haul . . . ac yn rhedeg mywn Llinellau *union.* **1772** *W* d.g. *Direct, Even* [*straight*], *Right* [*straight, not crooked*], *Straight* [*not crooked*]. **1803** *P, Uniawn* . . . Right, straight, direct. Ar lafar, 'cyn *inioned* â haul drwy dwll', 'cyn *inioned* â saeth', 'tynnu cwys *inion*'. *WVBD* 227.

(*b*) Penodol, manwl, ar ei ben: *precise, exact, not approximate.*

16g. *Pen* 127, 243, Ac val ymae ef [du] yn wrthwyneb *vnion* ir gwynn. *id.* 245, ll iw [*sic*] Coch ywr lliw trydydd Canolic ac y sydd *vnion* o bellder rrwng eithavoedd gwynn a dv. *c.* **1585** G. ROBERT: *DC* 27b, mae pymtheg bob dydh yn y flwydhyn yn dwad i bym mil, pedwar cant, a phymtheg a thrigeint *vnion.* **1631** O. THOMAS: *CC* 53, y rhai â wir destiolaethant yr *vnion* wrthwyneb i'r hyn a deurir. **1768** J. ROBERTS: *R* 72, *Union* rannau Swllt. *Union* rannau Punt.

(*c*) Cywir, iawn, gwir, cyfreithlon, dyledus; cyfiawn, teg; gonest, diffuant, didwyll, diddichell: *correct, accurate, true, rightful, due; righteous, just, fair; honest, sincere, straightforward.*

14g. *GDG*[3] 56, Lluniawdr pob deall *uniawn* / A llyfr cyfraith yr iaith iawn. *c.* **1400** *R* 1310. 18–19, Kynnedueu selyf kein vod seilyat daŵn. kyfyaŵn ac *unyaŵn* y digonyat. *c.* **1400** *RB* ii. 237, llaŵer o uanachlogoed yn yrei ydoedynt kenueinoed y duŵ ynkynal *unyaŵn* reol ac vrdas. ?**15g.** *IGE*[2] 110, E' wna Rys, iawn 'wyllys nêr, / I'w faendai y cyfiawnder. / Deil fo o Reidol i Fôn / Yn daer iawn gyda'r *union.* **1551** W. SALESBURY: *KLl* lxxxa, Tybyeit ydd wyf i may hwn a vaddauawdd ef iddo vwyaf. Ac ef a ddyuot wrtho: ti a verneist yn *vniown.* **1604–7** *TW* (*Pen* 228) d.g. *Iustus, Legitimus.* **1630** *YDd* 239, Yr *vnion* fodd (*The true manner*) o gadw yn sanctaidd, ddydd yr Arglwydd. **1675** R. JONES: *HCh* 98, onid yw or fath gyfiawnaf ac *uniownaf* fod i ni wneuthur cydwybod o roddi i Dduw ei Ddŷdd ef . . .? **1691** T. WILLIAMS: *YB* 6, pe *uniawn* ystyriem ni (*we rightly consider*) y peth hyn [marwolaeth]. **1759** T. THOMAS: *WWDd* 196, pwy a âll fessur yr amser rhwng credu, a chyfiawnhau. Yr hwn ni chymmer fodlonrwydd yn hyn, chwylied ffordd arall; ac os caiff ef ffordd *unionach*, yr wyf fi'n fodlon. **1774** *W* d.g. *Honest* [*just or not given to stealing; upright; equitable, &c.*], *Just* [*right, meet, &c.*], *Right, Adj.* [*not wrong, just, &c.*]. **1803** *P, Uniawn* . . . upright, perfect, just.

Cfn.: **union (uniawn) o('r) galon:** *upright of heart.* **1567** *LlGG* (*Sall*) 53a, Can ys y gyfiawnder yr ymchwel barn, ac ar ei ol y daw yr oll rei *vnion o galon.* **1693** *DQM* 49, Yn ei gwneuthur [crefydd] yn Bistol i saethu at yr *union o galon.* **1696** *CDD* 6, Pan dorwŷd gorchymynion, y cadarn Dduw cyfion, / Pob *union o'r galon* a giliodd. **ar fy (dy, &c.) union:** *directly, forthwith, immediately, instantly; straight ahead, straight on; upright, straight.* **1894.** Ar lafar, '*ar* (*ych*) *inion*' 'straight on', *WVBD* 19, 227; 'yn mynd *ar 'i inion* fel hoel' 'going straight as the crow flies' (Arfon). **ar yr union:** *directly; immediately; correct, just.* **1621** E. PRYS: *Ps* 9b, 11b. **17g.** HUW MORUS: *EC* i. 258. **1723** WM: *PGG* 194. **1761** *ML* ii. 370. **1763** T. JONES: *RAH* 5. **yn union (uniawn):** (i) *directly, in a straight line.* **13g.** *BD* 35, Ac y peris [Beli] guneuthur fyrd breinyavl o uein a chalch ar hyt yr enys, o Penryn Kernyv hyt yn traeth Cathneis ym Prydein, *yn vnyavn* (*recto limite*) trvy y dinassoed a gyuarfei a hi. **14g.** *DB* 91, I'r gwladoed hynny *yn vnyawn* (*recta linea*) y maent o'r dwyrein hyt y mor yssyd ym perued y dayar. **1545** *CM* 1, 69, I mae ogyl [*sic*] negornel ydd [*sic*] ddaiar *yn vnion* ar gyuair y lle ar man i bydd yr haul ar hanner dydd. **1604–7** *TW* (*Pen* 228), *yn vnion* tua'r lhawr d.g. *perpendicularis. id. yn vniawn* vchbenn vn d.g. *Zenith.* Ar lafar, '*yn inion* o danan ni', *WVBD* 227. (ii) *exactly, precisely.* **1632** J. DAVIES: *LlR* 217, y mae hynny *yn vnion* iawn yn dangos (*aptly expresseth*) ein ystâd a'n cyflwr ninnau. **1661** E. LEWIS: *Drex* 17, Ai naw cufydd a deugain *yn union* oedd hi, heb na mwy na llai? Ar lafar, ''r u' fath *yn inion*', 'chwech o'r gloch *yn inion*', 'Mae o'n actio fo'*n inion*' 'he takes him off exactly', *WVBD* 227. (iii) *directly* (*of time*), *straight* (*away*), *immediately, without delay; by and by, presently.* *c.* **1550** A. BORDE: *FB* 130, By and by. *Yn ynian* [*sic*]. *Diw.* **16g.** *WLB* 52, gwnaed y claf ddwfr ac yfed ef *yn inion* yn gyntaf ac yn ddiwaethaf ac iach fydd yn wir. **1740** T. EVANS: *DPO* 313, [b]od yr hen Gristnogion *yn uniawn* ar ol dyddiau 'r Apostolion yn arfer Gweddi'r Arglwydd. **1759** J. EVANS: *PF* 23, Mŷned i'r Gwelu a chwysu *yn uniawn* ar ei ol (*immediately after it*). *id.* 39, Y mae'n gwneud llês *yn uniawn* (*immediately*). *a.* **1791** W. WILLIAMS: *GP* 651, Dewch i'r frwydr, dewch *yn union*, / Filwyr Iesu yn foreu iawn. Ar lafar, 'Mi gawn ni chwanag o law'*n inion*' 'we shall have more rain presently', *WVBD* 228. **yn ei (dy, &c.) union (uniawn) sefyll:** *standing straight up.* **1588** 1 *Esd* ix. 46, hwy a safasant *yn eu hiniawn sefyll.* **1604–7** *TW* (*Pen* 228) d.g. *Arrectus, Rectus.* **yn union saeth:** *straight as a die, straight as an arrow.* **18g.** *W Ballads* 167, 5. **1769** E. ROBERTS: *GN* 20, 37, 50. **1770** *TG* ii. 38, gan syrthio *yn union saeth* i'r ceudwll yn eu holau. **yn union (uniawn) deg:** *straight away; by and by, presently.* **1604–7** *TW* (*Pen* 228) d.g. *Recta.* **1691** T. WILLIAMS: *YB* 7. **1760** WLL: *SAC* 111. Ar lafar, *WVBD* 227–8.

unionad, gw. **unioniad.**

unionaf, uniawnaf: unioni, uniawni [bf. o'r a. *union, uniawn*] *bg.a.*

1. Gwneud yn syth neu'n wastad, sythu; cywiro, iawnhau, gosod yn iawn, dwyn i drefn; cyfeirio, arwain, cymhwyso, rheoli: *to make straight or level, straighten; correct, rectify, redress, put right, put to rights; direct, guide, adjust, regulate.*

16g. (*LlEG*) *Mos* 158, 62b, megis ac I gallai Ef *vnioni* y kam a gowsai Ef gann I was/naethwyr Ef. **1551** W. SALESBURY: *KLl* lxxviia, *Vniownwch* y llwybyr y en [*sic*] Deo yn yr anialwch. **16g.** HUW ARWYSTL: *Gw* 71, gair yn dy ar enav doeth / a *vniowna* vn anoeth. **1567** *TN* 85a, Arlwywch ffordd yr Arglwydd, *vniownwch* y lwybrae ef. *id.* 309b, A'r Arglwydd a gyfrwyddo [:- *vniono*, gyfeirio] eich caloneu at cariat ar Dduw. **1588** *Pr* vii. 13, Edrych ar orchwyl Duw: canys pwy a all *inioni*'r peth a gammodd efe? **1592** S. D. RHYS: *Inst* [xv], na gwelha dim o'r yssydh arr bhai, nag *vniawni* dim o'r yssydh yn ghhamm. **1604** R. HOLLAND: *BD* 9a, gwnewch yn welh *inionwch* eich gweithredoedh yn ol eich barn eich hun hyd y galhoch. **1632** *D, Vniawni*, Rectificare, dirigere. *id. vniowni* d.g. *Æquo. id. vnioni* d.g. *Collimo, Corrigo, Regulo.* **1657** *MLl* ii. 112, Yno mae hi 'n ennyn rhyfel, / Ymchwydd, gwaed, ymryson, cwarel. / Ag yn cammu pethau vnion, / Wrth *vnioni* pethau ceimion. **1682** E. LLWYD: *EI* [xiv], O Gweli ddim ychwaneg a'r [*sic*] gam, *uniona* whynt [*sic*] yn howddgar. **1701** E. WYNNE: *RBS* 188, bydd haws i ti *unioni* (*rectify*) dy gariad. **1772** *W* d.g. *To correct* [*amend*], *To rectify* [*make right*], *To straighten, or make straight.* **1803** *P, Unioni* . . . To straighten, to rectify; to make even. Ar lafar, 'mynd â peth i'r efal i' '*nioni*', ''*nioni* 'i ben' 'to hold up one's head', *WVBD* 396.

2. (*a*) Mynd yn unionsyth, sythu, ei sythu ei hun, ymsythu, sefyll yn syth: *to straighten* (*oneself*), *stand* (*up*) *straight.*

13g. *Cylchg LlGC* v. 63, edlynv a oruc ar gueryt o gylch e bed gan dihewyt y aelodau kyrrvachedic ef a gavas yechyt val e bu amlwc en e gorff wede *vnyavnu.* **15g.** *ID* 78, o gorfv i blygv gan blaid / e *vniownodd* yn vnnaid. **15–16g.** *TA* 463, Bwrw saeth drom o'r braswaith draw, / Bwrw stonddart a'm brest ynddaw; / I hun yno 'r *uniona*, / Lle 'fynno dyn, fal llafn da [i'r bwa yw]. **1588** *Luc* xiii. 11, Ac wele'r oedd yno wraig . . . ac oedd wedi myned yn grom, ac ni alle hi mewn modd yn y bŷd *iniawni.* **1632** *D, Vniawni* . . . rectum fieri. **1696** *CDD* 288, I roedd y ddwŷ goes wisgi, / Ar ddeu-droed wedi rhewi, / Ni allen mor *unioni*, / Na symŷd bŷs ar lawr. **1803** *P, Unioni* . . . to become straight. Ar lafar yng ngodre Cered. a sir Benf. yn y ff. '*niawnyd*, hefyd yn yr ystyr 'bwrw (iddi)', '*Niawnwch* atti nawr, bois bach!', *GDD* 207.

(*b*) Mynd neu anelu (am), mynd yn syth: *to make or aim* (*for*), *go straight.*

1864. Ar lafar, ''*nioni* dros y cae', *WVBD* 396.

unionbraff, unionbwyll, unionbwys, gw. **union + praff, pwyll[1], pwys[1].**

uniondeb, uniawndeb, uniondab [*union, uniawn + -deb, -dab*] *eg.* Iawnder, cyfiawnder, unionder, tegwch; gonestrwydd, gwirionedd, cywirdeb, diffuantrwydd: *rightness, justice, righteousness, justness, equity; honesty, truth, integrity, sincerity.*

1567 *LlGG* (*Sall*) 81a, tywyset vi dy yspryt daonus i dir yr *vniondap* [:- iawnder]. **1567** *TN* 105b, Nad ymroddom i chwanoc 'ofal y vuchedd hon, Eithyr i *vniondap*, eleeseni, gwiliaw, dioddefgarwch. *id.* 289b, can ys ffrwyth yr yspryt a hanoedd o bop daoni, ac *vniondep* [:- a' chyfiawnder]. **1588** *Diar* xvi. 13, a'r brenin a gâr a draetho *iniawndeb.* **1604–7** *TW* (*Pen* 228) d.g. *Ius, Iustitia, Rectum.* **17g.** *TBM* 617, Gŵr ni fyn yn erbyn neb / Dan unduw ond *uniondeb.* **1703** E. WYNNE: *BC* 121–2, mynnant am gamm ddwbl y ffis a roid gynt am *uniondeb.* **1768** RISIART AP ROBERT: *CB* 184, Chwi a grybwyllasoch amryw weithiau am *uniawndeb* nattur y Duwdod. **1773** *W, uniondeb* d.g. *Equity* [*justice, right* . . .], *Honesty, Integrity* [*purity of mind* . . .], *Rightness, Uprightness.* **1791** GW. MECHAIN: *Rh* 82, bod y cyhuddwr neu y cyhuddol yn ammau ei fod yn cael cam, mae ganddo ryddid neu iawn i ymbil y goruwch lysoedd am sefydlu *uniondeb* rhyngtho a'i wrthwynebwr. **1803** *P* d.g. *Uniondeb.*

Cfn.: **uniondeb calon:** *uprightness* (*of heart*). **1588** *Deut* ix. 5, am *iniondeb* dy *galon.* **1588** 1 *Br* iii. 6, mewn *iniodeb calon.* **1588** 1 *Cr* xxix. 17, yn *iniondeb* fyng-*halon.* **1630** *YDd* 128, rhaid i'r gwir gristion gymmeryd gofal i rodio mewn *vniondeb calon.* **1759** T. THOMAS: *WWDd* 93.

uniondeg, gw. **union + teg.**

unionder, uniawnder [*union, uniawn + -der*] *eg.* Sythder; iawnder, cyfiawnder, uniondeb, tegwch; gonestrwydd: *straightness; rightness, justice, righteousness, justness, equity; honesty, integrity.*

13g. *BD* 55, Gvr devr oed Teneuan ac a garei cadv *unyavnder* guiryoned. **16g.** *Med H* 36, Am na wedda i'r amerodr vod yn pwysso gyd a'r naill blaid mwy no'r llall, onid edrych ar *uniowndwr* y gyfraith ar arveu. **16g.** HUW ARWYSTL: *Gw* 437, kai glod / tro ystod / trawsder: / dan gerydd / a / nâd yn vndydd / ond *vniawnder.* **1567** *LlGG* (*Sall*) 13b, Cadwet vi vy gwiriondep a'm *vnionder*: can ys gobeithiais ynot. **16g.** *Yst Kym* 51, Manogen . . . gwr hynaws oedd ef ag *vniawnder*, kydtindeb [*sic*] a gwirionedd a fynai ef rhwng i bobloedd. **1588** *Diar* xiv. 2, Yr hwn sydd yn rhodio yn ei *iniawnder* sydd yn ofni yr Arglwydd. **1595** H. LEWYS: *PA* 8, ystyria, a ffwysa, megys mewn cowir glorian, yr *vnionder* (*righteousness*) . . . y mae duw . . . yn i erfyn arnom. **1632** *D, vniowndwr* d.g. *Æquitas, Parilitas. id. vniawnder* d.g. *Bonitas.* *c.* **1658** R. VAUGHAN: *E* 119, *vnionder* y farn ddigyfnewidiol, sydd raid ei ystyrried yn ddiesceulus ac yn grefyddol ei osod at y galon. **1765** J. EVANS: *CPE* [49], Mewn ystâd o *Uniawnder* y creodd Duw ddyn. **1772** *W, unionder* d.g. *Directness* [*straightness, nearness of way, &c.*], *Rightness, Straightness* [*the quality of not being crooked*]. *id. unionder* safiad peth d.g. *Erectness* [*an upright posture*]. **1783** P. WILLIAMS: *FfA* 11, a'i fod yn llywodraethu eu [*sic*] greaduriaid yn ol perffeithiaf reol *unionder.* **1803** *P, Unionder*, s. m. . . . Rightness; straightness.

uniondra [*union + -dra*] *eg.* Sythder; iawnder, cyfiawnder, uniondeb, cywirdeb: *straightness, directness; rightness, justice, righteousness, rectitude, correctness.*

1772 *W* d.g. *Directness* [*straightness, nearness of way, &c.*]. **1803** *P, Uniondra*, s. m. . . . Rightness; directness.

unionedd [*union + -edd*[1]] *eg.* Sythder; iawnder, cyfiawnder, uniondeb: *straightness; rightness, justice, righteousness.*

[**1783**] *W* d.g. *Rectitude* [*rightness, in a literal and figurative sense*], *Rightness, Straightness* [*the quality of not being crooked*]. **1803** *P, Unionez*, s. m. . . . Rightness; directness.

unionfarn, unionfryd, unionffordd, unionffurf, uniongongl, gw. **union + barn, bryd, ffordd, ffurf, congl.**

uniongonglog [gair geir., sef *uniongongl + -og*] *a.* Sgwâr-onglog: *right-angled.*

1778 *W* d.g. *Orthogonal* [*right-angled*], *Rectangular.* **1803** *P, Uniongonglawg* . . . Rectangular.

uniongred, union-gred, uniawngred, uniawn-gred [*union, uniawn + cred*] *a.* a hefyd gyda grym enwol ac fel *eb.* Yn cydymffurfio â safonau cydnabyddedig crefydd, ymddygiad, &c., confensiynol, a ystyrir yn gywir neu wir (am ddysgeidiaeth grefyddol, safonau moesoldeb, &c.), heb fod â meddwl annibynnol, anwreiddiol; *Diwin.* yn dynodi neu'n perthyn i'r Eglwys Uniongred Ddwyreiniol, sef teulu o Eglwysi Cristionogol sydd mewn cymundeb â Phatriarch Caergystennin; yn cydymffurfio â'r dehongliad Rabinaidd o'r gyfraith Iddewig a'i harferion a'i defodau traddodiadol (am Iddewiaeth): *orthodox, conventional,*

conforming to accepted beliefs or standards, unoriginal; orthodox (in theol.).
1632 D, *vniowngred* d.g. *Orthodoxus*. **1675** R. DAVIES: *PY* 6, fel y byddo y rhai cymmeradwy (y rhai onest, ac *vniowngred*) yn eglur yn eich plith chwi. **1716** T. EVANS: *DPO* 171, bu Cymanfa yn Ffraingc fal y chwilid allan y godidoccaf o'i holl Dduwiolion i'w danfon i Frydain i'w cynnorthwyo a'i sefydlu yn y ffydd *uniawngred*. **1718** M. WILLIAMS: *P* 11, Gwragedd gweddwon a Phlant tlodion Eglwyswyr diwair ac *uniowngred*. **1720** *App DP* 79, y Gwahanwyr *union-gred*. **1722** *Llst* 189, *Uniawngred*. Orthodox. **1731** E. SAMUEL: *AE* [vi], Prif-Athrawon *Uniongred* yr Eglwys Grist'nogol. **1750** D. ROWLAND: *Y* 3, Ymddiddan rhwng Methodist *Uniawn-gred*, ac un Camsyniol. **1751** *GIA* xxxia, Yr *Vniawn gred* a ddywaid fod Ewyllys-rhŷdd wedi ei lygru. *c.* **1762-79** W. WILLIAMS: *P* 97, mae Athrawiaeth *union grêd* yr Efengil wedi goresgyn yno amryw Ardaloedd. **1763** T. JONES: *RAH* 38, er mor *uniowngred* a chadarn y byddo gweinidog y lle. **1778** *W* d.g. *Orthodox* [right in belief or the faith, sound in doctrine or opinion]. **1803** P, *Uniongred* . . . Of right belief, orthodox.

Fel *e.* Athrawiaeth (ac arferion) awdurdodedig neu gydnabyddedig (yn enw. ym myd crefydd), uniongrededd: *orthodoxy.*
1718 M. WILLIAMS: *P* 14, ac i blannu *Uniowngred* a phob Rhinwedd dda yn eu lle hwynt. **1778** *W*, *uniongred* d.g. *Orthodoxy* [rightness of belief, soundness of faith or opinion, &c.]. **1798** WR, *uniawn-gred* d.g. *Catholicism*. **1803** P, *Uniongred*, s. f. . . . *Orthodoxy.*

uniongredaeth [*uniongred* + -*aeth*] *eb.* Uniongrededd: *orthodoxy.*
1904.

uniongrededd, uniawngrededd [*uniongred, uniawngred* + -*edd*[1]] *eg.b.* Yr ansawdd neu'r cyflwr o fod yn uniongred; athrawiaeth (ac arferion) awdurdodedig neu gydnabyddedig (yn enw. ym myd crefydd): *orthodoxy.*
1858.

uniongrediniaeth [*union* + *crediniaeth*] *eg.* Uniongrededd: *orthodoxy.*
1731 E. SAMUEL: *PGB* 22, yr oedd Ei Synwyr, ei Gywreindeb . . . yn eglur-ymddangos yn . . . ei Dduwioldeb, ei *Uniongrêdiniaeth.*

uniongredol [*uniongred* + -*ol*] *a.* Uniongred: *orthodox.*
1910.

uniongredwr [*uniongred* + *gŵr*] *eg.* ll. -*wyr.* Person uniongred: *orthodox person.*
1893.

uniongrwn, uniongyfeiriol, uniongyrch, gw. union + crwn, cyfeiriol, cyrch[1].

uniongyrchedd [*uniongyrch* + -*edd*[1]] *eg.b.* Yr ansawdd neu'r cyflwr o fod yn uniongyrchol neu'n ddigyfrwng, ansawdd mewn drama, llenyddiaeth, &c., sy'n ennyn ymateb uniongyrchol; symlrwydd, plaendra: *directness, immediacy; simplicity, straightforwardness, plainness.*
1858.

uniongyrchol, uniongyrchiol, uniawngyrch(i)ol [*uniongyrch, uniawngyrch* + -(*i*)*ol*] *a.* Syth, heb newid cyfeiriad nac aros, heb doriad, digyfrwng, heb ymyrraeth, digymell; di-oed, union; syml, i'r pwynt, heb flewyn ar dafod, plaen (am araith, llenyddiaeth, &c.): *straight, direct; direct, without intervention, spontaneous; immediate, instant; simple, straightforward, frank, plain (of speech, literature, &c.).*
1790 *Budd A* 18, nid yw Paul . . . mewn modd *uniongyrchol* yn dymuno cael ei ddiosg neu yn hytrach ei arwisgo, fel y byddai marwoledd i gael ei lyngcu i fynu gan fywyd. **1797** D. DAVIES: *SEG* 92, fe aeth [Crist] oddi amgylch y cyflawniad o honynt [swyddau] yn *union-gvrchol* ar ol y cwymp. **18-19g.** *HAG* 90, O am ddyfod o'r Anialwch / I fynu fel colofnau mwg, / yn *uniawn gyrchiol* at ei orsedd. **1803** P, *Uniongyrçawl* . . . Directly proceeding.

unioniad, unionad, uniawnad [bôn y f. *unionaf, uniawnaf; unioni, uniawni* + -*iad*[1], -*ad*] *eg.* Sythiad; cymhwysiad, cywiriad: *a straightening; adjustment, rectification.*
1632 D, *Uniownad* d.g. *Directio*. **1803** P, *Unionad,*

---

s. m. . . . A straightening, a righting, a making even, a rectifying.

unionlin, gw. union + llin[1].

unionlinell [*union* + *llinell*] *a.* Mewn llinell syth; paralel: *rectilinear; parallel.*
1833.

unionlinellog [*union* + *llinellog*] *a.* Unionlinell, mewn llinell syth: *rectilinear.*
[1783] *W* d.g. *Rectilineal, rectilinear, or rectilineous* [right-lined, i.e. consisting of right lines].

unionlinellol [*union* + *llinellol* neu *unionlinell* + -*ol*] *a.* Unionlinell, mewn llinell syth: *rectilinear.*
1851.

unionlwybr, unionllin, unionllwybr, uniononol, gw. union + llwybr, llin[1], llwybr, ongl[1].

uniononglog [*uniononol* + -*og*] *a.* Sgwâronglog: *right-angled.*
[1783] *W* d.g. *Rectangular* [right-angled].

unionred [*union* + *rhed*] *a.* Uniongyrchol, syth: *direct, straight.*
1803 P.

unionrwydd [*union* + -*rwydd*] *eg.* Sythder; uniondeb, cywirdeb: *straightness; rectitude, rightness.*
[1783] *W* d.g. *Rectitude* [rightness, in a literal and figurative sense], *Rightness, Straightness.* **1803** P, *Unionrwyz, s. m.* . . . Straightness.

unionserth, uniawnserth [*union, uniawn* + *serth*[1]] *a.* Perpendicwlar, fertigol, yn ei (union) sefyll, unionsyth, serth iawn (am lethr): *perpendicular, vertical, erect, upright, sheer, very steep (of a slope).*
1778 *W, uniawn-serth* d.g. *Perpendicular* [downright, or directly down]. **1803** P, *Unionserth* . . . Straightly falling.

unionsyth, uniawnsyth [*union, uniawn* + *syth*] *a.* a hefyd gyda grym enwol. Syth; yn ei union sefyll, fertigol, perpendicwlar; hefyd yn *ffig.* cyfiawn, cywir; di-oed, uniongyrchol: *straight; upright, erect, vertical, perpendicular, also fig. righteous; immediate, direct.*
1604-7 *TW* (*Pen* 228), *vniawnsyth* d.g. *Rectus et Rectissimus.* **1699-1700** E. LHUYD: *SH* 71, hithe [neidr] yn i *inionwsyth* hanner lhâth. **1776** I. BRYDYDD HIR: *P* i. 210, yr edifeiriol, pan fo ef yn sefyll yn fwyaf *unionsyth* trwy ffydd, sydd raid iddo wylied rhag iddo syrthio. **1778** *W* d.g. *Perpendicular* [downright, or directly down], *Right up* [up-right]. **1803** P, *Unionsyth* . . . Directly erect.

unionsythder, uniawnsythder [*unionsyth, uniawnsyth* + -*der*] *eg.* Yr ansawdd neu'r cyflwr o fod yn unionsyth, fertigoledd: *perpendicularity, verticality.*
c. **1840-50.**

unionwaith, unionwedd, gw. union + gwaith[1], gwedd[1].

unionwr, unionydd [bôn y f. *unionaf: unioni* + -*wr*, -*ydd*[3]] *eg.* ll. *unionwyr, unionyddion.* Un sy'n unioni neu'n sythu; un sy'n unioni (cam, &c.), cywirwr; cyfeiriwr; dyfais neu sylwedd sy'n gadael i gerrynt trydanol lifo i un cyfeiriad yn unig, e.e. i drosi cerrynt eiledol yn gerrynt union: *straightener; rectifier (of wrong, &c.); adjuster; director; rectifier (of electrical current).*
1604-7 *TW* (*Pen* 228), *cyfeiriwr, vnionwr* d.g. *Gubernator. id. vnionwr* holion d.g. *Judex.* **1803** P, *Unionwr, s. m.*—pl. *unionwyr* . . . A straightener. *id. Unionyz, s. m.*—pl. t. *ion* . . . A straightner.

unionwych, gw. union + gwych.

unionydd, gw. unionwr.

Unitariad [cfdds. o'r S. *Unitar(ian)* + -*iad*[3]] *eg.* ll. -*iaid.* Undodwr: *Unitarian.*
1792 TOMOS GLYN COTHI: *A* 27, Sosiniaid, neu *Unitariaid.* **1793** B. JONES: *AD* 89, mi fedrwn ddangos o waith un o'r *Unitariad* mwyaf, fel fyn cyd-fyned ac awdwr Dirgelwch Duwioldeb. **1794** *W*, Gwŷr yr undod, vulgò *unitariaid* d.g. *Unitarians* [a sort of Religionists so called]. **1799** M. WILLIAMS: *HHG* 182, Undodiaid (*Unitariaid*)

---

unleisiol, unlinellol, gw. unlleisiol, unllinellol.

unllafar, unllafn, unllais, unllam, unllath, unllaw, gw. un + llafar, llafn, llais, llam, llath, llaw[1].

unllawiog, unllawog, unllofiog [*unllaw* + -(*i*)*og*] *a.* a hefyd gyda grym enwol. Ac iddo un llaw'n unig (yn rhydd): *one-handed.*
14g. *WM* 471. 17-23, Sef a oed ar uedwyr . . . kyt bei un *llofyaỏc* nyt anwaydỏys tri aeruaỏc kyn noc ef yn un uaes ac ef. **15g.** *GPhE* [25], Yr un lleian *unllawog,* / Llawn o gerdd yng nghelli'r gog (Syr Phylib Emlyn). **[1547]** W. SALESBURY: *OSP, Unllawioc* vydd mamaeth. **1547** *WS, Unllawyoc* One handede. **1588** *Marc* ix. 43, os dy law a'th rwystra, tor hi ymmaith, gwell yw i ti fyned i mewn i'r bywyd yn *unllawiog*, na myned i vffern â dwy law. **1604-7** *TW* (*Pen* 228), *vnlhawiawc* d.g. *Mancus.* **1632** D, *Vnllawiog, Vnimanus.* **1661** E. LEWIS: *Drex* 151, yn cywilyddus ei ddiffynnio fel hyn, yn un-/llygeidiog, ac yn *un-llawiog.* **17-18g.** O. GRUFFYDD: *Gw* 66, Dwyn traed y cloff efryddiog, / Dwyn braich un *llawiog* llwm. **1753** *TR, Unllofiawg.* The same as *Unllawiog.* **1778** *W, Un-llawiog* d.g. *One-handed.* **1803** P d.g. *Unllawiawg.*

unllawr, gw. un + llawr[1].

unlle [*un* + *lle*[1]] *eg.* a hefyd gyda grym adferfol. Lle neu fan penodol, rhywle; (yr) un lle; (nid . . .) unman, unrhyw le: (*a*) *certain place, somewhere;* (*the*) *same place;* (*not* . . .) *anywhere, nowhere.*
14g. *BT* 123, ef aanuones wyrda oy lys y wyliaw yn garedic rac mynet y vab odyno y *vnlle.* **1346** *LlA* 4, Ef adyỏedir nat ydiỏ ef yn *vnvnlle.* kanys corfforaỏl yỏ ylle. ac aghorfforaỏl yỏ duỏ. **15g.** *ID* 89, o doedir ym dador wyl / na bwyf awr heb vy arwyl / bedo ssyn llithio pob lle / brwynllys nyd byw ar *unlle.* **16g.** *THSC* (1923-4) (At.) 51, ve hapion vod llawer o bobl yn kerdded, gwedy ymgassgly yr *vnlle* [xxxvi], pann amcano dyn . . . fyned y *vnlle,* hi a dowait . . . mi a af ir [sic] man a'r man. **1604-7** *TW* (*Pen* 228), nyt mewn *vnlle* d.g. *Necubi. id.* yn *vnlle* d.g. *Vsquam.* **1618** J. SALISBURY: *EH* 75, A'r grâs dirfawr hon, nyd ydiw i'w chael yn *vnlle* alhan o'r lân Eglwys. **1790** T. JONES: *TOS* 192, Nid yw Duw yn *unlle* mor eiddigus ag yma. **1803** P. *id.* Unlliw . . . Adar o'r unlliw a dynant i'r *unlle.* Ar lafar, "Welis i o 'rioed yn *unlla*', 'Mae'n well yn y tŷ nag yn *unlla*', 'Lle 'dach chi'n mynd?' '*Unlla*', *WVBD* 572.

Amr.: **nunlle** [< *yn unlle*]: Ar lafar, "Dwi'n mynd i *nunlla* efo'r gwaith 'ma", "Sgen Tony *nunlla* i fyw" (Caernarfon); "Dyw a ddim *nunlla* iddi 'i weld", 'Ymle 'wyt ti wedi bod?' '*Nunlla*', *GTN* 591.

Cfn.: **yn ei (yr, fy, &c.) unlle:** *in one place, in the same place, still.* **1545** *CM* 1, 143, Tai y plannedau . . . Ar xij ty yma y sydd . . . yn ddi dreigyl ac ynse/uyll ynnwasdad *ynni hunlle* pob vn ynniardal ai gyule. **1588** *Jos* x. cs., Iosuah . . . yn cael gan Dduw beri i'r haul sefyll *yn ei vn-lle.* **1603** E. KYFFIN: *Ps* [iii], eyn hiaith eyn hunain yr honn a ddeffynnodd y Goruchaf dduw *yn yr vn-lle* yn y deyrnas honn ers seith-gant-a'r higen o flynyddoedd. **1604-7** *TW* (*Pen* 228), eistedh *yn ei vnlle* d.g. *deisdeo.* **1677** R. JONES: *BB* 185, na sefwch *yn eich unlle,* tra fo gennych cymmaint iw wneuthur.

unlled, unllef, gw. un + lled[1], llef[1].

unlleisiol, unleisiol [*un* + *lleisiol*] *a.* Unsain; ar gyfer un llais (am gân, &c.); heb amrywiaeth traw neu dôn, monoton, undonog: *unison; for one voice (of a song, &c.); monotone; unanimous.*
1834.

unllew, unllid, gw. un + llew[1], llid[1].

unllinellog [*un llinell* + -*og*] *a.* Ac ynddo un llinell: *having one line.*
1592 S. D. RHYS: *Inst* 202, Cyhydedh bherr a bhesûrir o bedwar llion o'r *Judex.* **1794** W, Gwŷr yr undod, vulgò *unitariaid* d.g. *Unitarians* [a sort of Religionists so called]. **1799** M. WILLIAMS: *HHG* 182, Undodiaid (*Unitariaid*) yn wyth sylhabh bôb vn o nadhunt. **17g.** *UGC* 13215, 338, *Unllinellog* Monogrammus.

unllinellol, unlinellol [*un llinell* + -*ol*] *a.* Mewn un llinell; ?uniongyrchol: *in one line; ?direct.*
1873.

unlliw, gw. un + lliw[1].

unlliwiog [*unlliw* + -*iog*] *a.* Ac iddo un lliw, unlliw: *having one colour, monochrome, monochromatic.*
16g. *Med H* 48, kroes lefn . . . Pann iw o bwynt y darian i gwedda dechrau dysgrio pob arfe lle bo y

pwynt yn *unlliwiog*, a lliw'r pwynt vydd Maes yr arfe. **1604–7** *TW* (*Pen* 228) d.g. *Vnicolor.* **1772** *W* d.g. *Colour, Of one colour.* **1803** *P, Unlliwiawg* . . . Having one colour.

unllofiog, gw. unllawiog.

unllong, unllu, unllun, unllw, unllwybr, unllyfr, gw. un+llong¹, llu, llun¹, llw, llwybr, llyfr¹.

unllygeidiog, unllygeidog [*un*+ff. aff. ar yr e. *llygad*+-(*i*)*og*] *a.* a hefyd gyda grym enwol. Ac iddo un llygad; rhagfarnllyd, unochrog: *one-eyed; biased, one-sided.*

13g. (1641) *HGK* 27, kynullaw holl wrachiot . . . kloff, *unllygeityawg*, gormessawl, diallu. **1346** *LlA* 165, dynyon achyrnn arnunt . . . dynyon *vnllygeidaỽc.* Aciclopes. **14g.** *WM* 152. 34–6, Ac yn ol y tỽrỽf ef awelei ỽr du maỽr *vn llygeityaỽc* yn dyfot ymyỽn. **14g.** *Cy* vii 145, *Vn llygeidiaỽc* a vyd brenhin ygwlat y deillion. *c.* **1400** *DB* 31, Yno y maent ryw bobyl *vnllygeityawc* (*monoculi*), ac a elwir Arismapi a Siclopes. **1547** *WS, Unllygeidioc* One eyed. **1567** *TN* 66a, gwell yw i ti vyned i deyrnas Duw yn *vnllygeidioc*, nag a' dau lygad genyt, dy davly i yffern dan. **1604–7** *TW* (*Pen* 228) d.g. *Cocles, Lusca, Luscus.* **1632** *D, Vnllygeidiog*, Vnoculus. **1661** E. Lewis: *Drex* 151, Gwedi iddynt yn gywilyddus ei ddifynnio fel hyn, yn *un-/llygeidiog*, ac yn un-llawiog, rhoesant am dano hugan ferr salw iawn. **1703** E. Wynne: *BC* 54, Pan oedd Phœbus *un-llygeidiog* ar gyrraedd ei eithaf bennod yn y deheu. **1773** *W* d.g. *Eye, One-eyed, Monocular.* **1803** *P.*

Amr.: **unllygadog** [*un llygad*+-*og*]. **20g.** Ar lafar, 'Dyn *unllygatog* iawn odd e, dim ond 'i ochor 'i 'unan odd a'n weld', *GTN* 483.

unllygeidrwydd [*unllygeid(iog)*+-*rwydd*] *eg.* Rhagfarn, unochredd: *bias, one-sidedness.*

20g.

unmab, gw. un+mab.

unman [*un*+*man*¹] *eg.* Lle neu fan penodol; (yr) un lle; unrhyw le, unlle: (*a*) *certain place; one place,* (*the*) *same place; anywhere.*

15g. *GDID* 77, Nid mawr o gerddawr heb gael—ei harian, / O Hodni'n *unman* hyd yn Ninmael. *c.* **1525** *GSC* 128, Rhestio'n cerdd; rhoes Duw'n y côr, / Rhoes yn *unman* Rhys Nanmor [marwnad Tudur Aled]. **1592** S. D. Rhys: *Inst* [xvii], ac o'r parth aralh, o's chwaith ammherpheithrwydh yssydh mywn *vnman* yndhô, mae y chwi hebhyd bieu hynny. **1632** *D*, rhedeg i'r *vn-man* fal afonydd d.g. *Corriuor.* *id.* Rhag o *vnman.* Nid yn *vnman* d.g. *Necunde.* *id.* Os o vnlle, os o *vnman* d.g. *Sicunde.* **1778** *W*, Nid . . . yn *unman* d.g. *No, No where.* **1803** *P.* Ar lafar, ''Ôs dim bara i' gæl yn *unman*', ''Ôs dim *unman* yn well na man 'yn', *GTN* 473.

Cfn.: **yn ei (yr, fy, &c.) unman:** *in one place, in the same place, still.* **1692** *DCR* 271, nid digon gan gythrel / gael punt am y bwsiel / a'r mesur yn jsel / lle gwertho / fe fynn mwy o arian / wrth gyngor hên satan / neu'i ddodi'*n yr vnman* / i lwydo. **18g.** E. Richard: *E* 16, Hi saif *yn ei hunman*, y Bont ar ddau bentan. **1803** *P*, Unman . . . Gwir tros byth *yn yr unman.*

unmarch, unmath, unmeistr, unmin, unmis, unmodd, gw. un+march, math, meistr, min, mis, modd.

unnaid, unnaws, unne, unnerth, unnod, unnos, gw. un+naid¹, naws, gne, nerth¹, nod¹, nos.

unochraeth [*un ochr*+-*aeth*] *eb.* Unochredd, rhagfarn, pleidgarwch, annhegwch: *one-sidedness, bias, partiality, unfairness.*

1875.

unochredd [*un ochr*+-*edd*¹] *eg.* Yr ansawdd neu'r cyflwr o fod yn unochrog, rhagfarn, pleidgarwch, annhegwch: *one-sidedness, bias, partiality, unfairness.*

1887.

unochrog [*un ochr*+-*og*] *a.* Ar un ochr, a wneir gan un person neu barti, yn effeithio ar un person neu barti; yn perthyn i un ochr i ddadl, testun, cystadleuaeth, &c., yn trafod neu'n ystyried y cyfryw yn unig, pleidiol, tueddol, rhagfarnllyd, annheg: *on one side, unilateral; one-sided, biased, partial, unfair.*

1841.

unochrol [*un ochr*+-*ol*] *a.* Ar un ochr, unochrog; unochrog (am ddadl, &c.), pleidiol, tueddol, rhagfarnllyd, annheg: *on one side, unilateral; one-sided, biased, partial, unfair.*

1850.

unodl, unawdl [*un*+*odl*, *awdl*] *a.* (weithiau gyda grym enwol) a hefyd fel *eb.* Ar (yr) un odl; yn odli, yn cynnwys odl; (yr) un odl: *monorhyme(d); rhyming, containing (a) rhyme;* (*the*) *same or single rhyme.*

14g. *GP* 46, ynglynn *vnawdyl.* *c.* **1400** *id.* 12, Awdyl gywyd a uessurir o bedeir sillaf ar dec, a geir kyrch yndaw, ac yn *vnawdyl* y byd y kywyd oll. **1455–6** *B* iv. 211, Tri ynglyn *vnodl* y sydd nid amgen *vnodl* vnion ac *vnodl* kyrch ac *vnodl* krwka. *c.* **1560–87** *GP* 184, Kynghanedd lvsc yssydd *vnawdl*, ac a vnodla pan fo tyrfyniad aken yn ateb i'r silldaf nessaf at yr odl. *p.* **1584** G. Robert: *GC* [288], pette un yn gwneuthur cannig. o ugain pennill yn y messur hynn; a fyddai raid cadw 'r breichiau igyd yn *unodl*, a phob loscurn [*sic*] hefyd yn unsain trwy'r holl gannig? **1593** W. Midleton: *B* 5, Ni chydwedha sillaf, [*sic*] yr orphwysfa i broestu ar brifodl mewn braich o bennill *vnodl.* *id.* 11, Pennill o gywydh losgyrnog a fesurir, o dhau fraich or draws gyhydedh, yn *vnodl* a sillaf gorphysfa [*sic*] y gynhanedh [*sic*], yn y llosgwrn. **1595** *Egl Ph* 61, pann osoder lhawer o 'eiriau yghhyd, a bhont yn terbhynu yn *vnodl*; a Thebigdhiwedhiad y gelwir. **1632** *D, Vnodl* d.g. *Homæoteleuton.* **17g.** *B* iv. 216, Kowydd llosgyrnioc a vessurir o ddau bennill hirion o wyth silldaf . . . ac yn *unodyl* drwy y kowydd. *c.* **1785–90 (1829)** *CBYP* 55, Cynghanedd *Unodl*, neu'r Gynghanedd Sain; a'i phwys pennaf ar lef *unodl* o gydsain a llafariad . . . Cynghanedd Gymmysg, neu'r Gynghanedd Lusg, a elwir felly o'i bod a'i phwys pennaf yn sefyll ar Gymmysg o'r Gynghanedd Gydsain a'r un *Unodl.* *id.* 62, Yr ail ansodd ar gynghanedd yw *Unodl.* *id.* 101, Tribann Morganwg . . . a wneir fal hynn, deufann *unodl* o'r Gyhydedd lefn yn y dechreu, ag ar ei ddiwedd Bann Cyrch cydbwys. **1803** *P, Unawdyl*, s. f. . . . A single rhyme. a. Unirhyme.

unodlaeth [*unodl*+-*aeth*] *eb.* Yr ansawdd neu'r cyflwr o fod yn unodl; odl: *the quality or condition of being monorhymed; rhyme.*

c. **1785–90 (1829)** *CBYP* 62, Cynghanedd unodl a fydd pan fo'r gair neu'r sill olaf yn rhywle ar y fraich yn unodli a'r sill nesaf i'r olaf . . . ag ni ddylai cydsain fod yn nechreu'r sill olaf o air yr awdl, yn amgen nag a fo yng ngeiriau neu sillau'r *unodlaeth*; a'r gynghanedd fal hynn: . . . Son am y mawr ddaioni. *id.* 102, braint nerth o barth odli'n gyd-gyfrann a Thriban Milwr y sydd i'r mesur hynn [triban Morganwg], sef ei *unodlaeth*, a'i broestodlaeth, a'i gymmysgodlaeth. **1803** *P, Unodlaeth*, s. f. . . . Sameness of rhyme.

unodlaf: unodli [bf. o'r a. *unodl*] *bg.a.* Odli, ffurfio unodl; peri bod yn unodl, peri odli; defnyddio (un)odl: *to rhyme, form a monorhyme; cause to* (*form a mono*)*rhyme; use* (*a*) (*single*) *rhyme.*

c. **1560–87** *GP* 184, Kynghanedd lvsc yssydd vnawdl, ac a *vnodla* pan fo tyrfyniad aken yn ateb i'r silldaf nessaf at yr odl. **1592** S. D. Rhys: *Inst* 140, Pôb rhyw dhiphthogh wib ny cheiph dhim mywn proest . . . A' gwib y gelwir am ei bôd ynn gwibiaw arr osgaw, hyd na cheiph dhim heb westodl a'i *hunotlo*, ac am na cheiph dhim mywn cerdh a'i proesto. **1593** W. Midleton: *B* 3–4, Odl, yw kydateb sain mewn sillafau perthynas. a hynny sydh o dhau ryw, sef. *vnodli*, a phroestu . . . *Vnodli*, yw bod sillafau or unrhyw yn kydateb yw gilydh: naill ae mewn perfedh braich, neu yn y brifodl . . . kans nas *vnodla* a sillaf dalgron ond talgron arall; a hynny or un bwys, o bydh y dhwy o aken dhyrchafedig. **1728** S. Rhydderch: *GC* 93, Y Gyhydedd ferr a fesurir o bedwar Pennill byrrion . . . ac yn *Unodli* bob un o honynt. *c.* **1785–90 (1829)** *CBYP* 57–8, Yn yr ail fraich y mae y gair Ir o flaen yr orphwysfa yn *unodli* a Gwir o flaen gair y prifodl . . . a chyda hyn o *unodli* yn gymmodd a geiriau cyfunodl y fraich gyntaf. **1803** *P, Unodli* . . . To agree in rhyme.

unodlog [*unodl*+-*og*] *a.* Unodl, hefyd yn *ffig.*: *monorhyme(d), also fig.*

1803 *P, Unodlawg* . . . Having unity of rhyme.

unoed, unoes, gw. un+oed, oes¹.

unofn, gw. unon.

unol [*un*+-*ol*] *a.* Unedig, ar y cyd: *united, unified, combined.*

1740 E. Davies: *Alm* [12], A dwy fil dyna fawl, / Dan y 'fengil ddwfn *Un-awl.* **[1745]** W. Roberts: *FfM* 41, Rwy 'n coelio 'n dyner deg, am danoch, / Fod gwrthiau Nefol *unol* ynoch. **1755** *Gron* 62, Diddan a fyddo 'n dyddiau / Yn *unol*, ddiddidol ddau. **1778** J. Hughes: *BB* 361, Ym mhob cwrr, mewn happ cariad, / Yn *unol* â'i dŷ, 'n anwyl dâd. **1803** *P* d.g. *Unawl.*

Cfn.: **(yr) Unol Daleithiau:** (i) (*the*) *United States* (*of America*). **1795–6** *Trys Gym* 21, derbyniad . . . gwresog i chwi i'r *Unol-daleithiau* hyn [America]. (ii) (*the*) *United Provinces* (*the seven northern provinces of the Netherlands*). **[1795]** W. Richards: *YDY* 22. **Unol Daleithiau America:** *the United States of America.* **20g.** **yn unol â (ag):** *in accordance with, in keeping with, in compliance with.* **1843.**

Gw. hefyd **unolion.**

unolaeth, gw. unoliaeth.

unolaf: unoli [bf. o'r a. *unol*] *bg.a.* Gwneud neu fynd yn un, uno; uniaethu, adnabod, enwi: *to unify, unite; identify.*

1803 *P, Unoli* . . . To render united, to accord; to become the same; to identify.

unoldeb [*unol*+-*deb*] *eg.* Unoliaeth, undeb; union debygrwydd, unfathiant; *Athr.* monad: *unity, union; identity, sameness; monad* (*in philos.*).

1568 Morys Clynnog: *AG* 55, a phob vn o honynt ill dau ynghyd a ddylent gaddu [*sic*] heddwch *vnoldeb.* phydlonedd [*sic*] a chariad. **1611** R. Smyth: *SG* 214, y Scruthur lan sydd yn gosod allan uddynthwy (yrhain sy'n aros yn yr Eglwys ag yn i *unoldeb*, ag yn dymyno i rhyddhau) lawer o foddion i lanhau i Pechodau. **1632** *D* d.g. *Vnitas.* **1798** *WR* d.g. *Monad.* **1803** *P, Unoldeb*, s. m. . . . Unity; identicalness.

unolder [*un*+-*ol*+-*der*] *eg.* Unoliaeth; union debygrwydd, unfathiant: *unity; identity, sameness.*

1346 *LlA* 6, ygỽnaeth ef . . . dyn o vn rad o achaỽs *vnnolder* (*propter unitatem*). *id.* 55, vn *vnolder* ynt (*uniti sunt*) a duỽ megys yreigbod vdunt yvrodyev ef ympop peth. *id.* 91, yr heul *vnolder* teir personn ytrindaỽt yỽ. *c.* **1400** *YCM*² 29, Yn y personyeu y mae priodolder, ac yn y dwywolyaeth y mae *unolder.* **16g.** *GGH* 69, Un amcan, irlan arlwy, / *Unolder* eu haelder hwy, / Un galondid mewn glander, / Un gwrs glân groeso i glêr. **1604–7** *TW* (*Pen* 228) d.g. *Vnitas.* **1803** *P, Unolder*, s. m. . . . Identicalness, sameness.

unoliad [bôn y f. *unolaf*: *unoli*+-*iad*¹] *eg.* Uniad, undeb; uniaethiad: *a uniting, unification, union; identification.*

1803 *P.*

unoliaeth [*un*+-*ol*+-*iaeth*] *eb.g.* Yr ansawdd neu'r cyflwr o fod yn unol neu wedi ei (gyf)uno, undod, under, unigrywiaeth; union debygrwydd, unfathiant, tebygrwydd; cytundeb, cydsyniad, unfrydedd: *unity, solidarity, oneness, singleness, unicity, uniqueness; identity, sameness, likeness; agreement, assent, unanimity.*

1346 *LlA* 126–7, yn *vnolyaeth* ar engylyon. ar archengylyon, yn *vnolyaeth* adysgyblon iessu grist. yn *vnolyaeth* naỽ rad nef yrei nyphechassant. yn *vnolyaeth* ytat ar mab ar yspryt glan. *id.* 134, py beth a rỽystra ydyn ỽneuthur penyt abot *vnolyaeth* yrydaỽ an yachỽyaỽdyr ni. *id.* 162–3, Ac or tat ar mab ydeuth caryat. Ac *vnnolyaeth* rỽng ytat ar mab. **14g.** *Bren Saes* 36, yd oed rei anwastad onadunt na wassanaethent y cor vn vlwydyn yr mil o bunnoed o eur ydunt, ac o *vnoliaeth* dywedut na wnaynt amgen noc y gwnaethant gynt. **14g.** *GDG*³ 40, Neud af, anwylaf *unoliaeth,*—ataw, / Nid wyf hy hebddaw, ddifraw ddofraeth. *c.* **1400** *YCM*² 124, am hynny y keif ynteu *unolyaeth* pawb. **15g.** *BB* 212, Ac weldy yna ef yn torri y dagneued ar hedwch yn ynys brydein. a phan deholes y deu neieint. a phan geissiawd *vnoliaeth* genyfynev arglwyd yth erbyn di. **15–16g.** *TA* 55, Yng Nghred, ni weled, *unoliaeth*—Gwalchmai, / Wr well a fedrai roi llyfodraeth. **1604–7** *TW* (*Pen* 228) d.g. *Conspiratio.* **1632** *D, Vnoliaeth*, Vnanimitas, vnitas. **1688** *TJ, Unoliaeth*, cyttundeb meddwl, unfrud: unanimity, concord of heart and mind. **1696** *CDD* 296, Ystyriwn raglunieth *unoliaeth* a wnâf, / Mae Duw sŷ'n rhoi cyfoeth lle gwelo fe'n ddâf. **1794** *W* d.g. *Unity* [*the state of being but one*]. **1803** *P, Unoliaeth*, s. m. . . . The state of being the same or identified; accordance.

Amr.: **unolaeth. 16g.** (*LlEG*) *Mos* 158, 238b.

unoliaethol [*unoliaeth*+-*ol*] *a.* Yn perthyn i undeb, yn enw. rhwng (Gogledd) Iwerddon a Phrydain Fawr, yn cefnogi undeb o'r fath; unedig; union debyg, unwedd, unffurf: *unionist, Unionist; united; same, identical, uniform.*

1838.

Unoliaethwr [*unoliaeth*+-*wr*] *eg.* (b. -*wraig*) ll. -*wyr.* Person sy'n cefnogi undeb

rhwng (Gogledd) Iwerddon a Phrydain Fawr: *Unionist.*
20g.

unolion [*un+-ol+-ion*[2]] *e.ll.* Unau, unedau: *ones, units.*
9g. (*MC*) *VVB* 228, Trui ir *unolion*, gl. *per monades.*

unolrwydd [*unol+-rwydd*] *eg.* Undod, under; union debygrwydd, unfathiant, tebygrwydd: *unity, oneness, singleness, unicity; sameness, similarity.*
1778 *W* d.g. *Oneness* [*unity; the quality of being single*]. **1803** *P*, *Unolrwyz*, s. m. . . . Sameness, similarity.

unolwedd, gw. **unol+gwedd**[1].

unolwr [bôn y f. *unolaf*: *unoli+-wr*] *eg.* ll. *-wyr.* Unwr; Unoliaethwr: *unifier; Unionist.*
1898.

unon, unofn [*un+ofn*[1] (?ac *ofn*[2])] *eg.* ?a hefyd gyda grym berfenwol. Ofn: *fear.*
14g. *YBH* 20b, kymerth y march . . . ac heb *vnofyn* yna arnaɓ y kerdaɓd racdaɓ. **1632** *D*, *Vnon*, Metus. Corruptè pro *Vnofn.* **1688** *TJ*, *ûnon, unofn*, ofn, arswŷd: fear. **1765** J. EVANS: *CPE* 337, Nid oedd *uno'n* na's diwallai Dduw ef. **1803** *P* d.g. *Unon.*
Cfn.: **heb uno(f)n:** *without fear.* **14g.** *YBH* 20b. **1776** H. JONES: *GC* 84, Pan ddel Etifeddion *heb unon* ir Bŷd, / Bydd rhaid ar ôl hynny, rwy 'n credu gael Cryd. **1793** DAFYDD IONAWR: *CD* 276. **nid oes arno (arnaf, &c.) unon:** *he does* (*I do, &c.*) *not fear.* **1630** R. LLWYD: *LlH* 180, dywedyd . . . *nad oedd arno vnon* neb (*he regarded no man's person*). *id.* 364, *Nid oes arnaf* mor *vnon* (*fear*) am hwn. **nid rhaid,** &c. **(i ti,** &c.**) uno(f)n:** (*you, &c., need*) *have no fear, fear not.* **15g.** *DE* 71, dywyneb *nyd traid ynon* nas gweler / y gyryo llawer hyd gaerlleonn. **16g.** *CLl* 159, I'r wlad nefol at Apostolion / Entriwyd ei enaid, *nid rhaid unon* (Morys Dwyfech). **1631** O. THOMAS: *CC* 55, *nid rhaid i chwi vnon* vn gau-ddyscawdwr. **1664** *LlGG* [xxxiii], fel *nad rhaid* fawr *unon* (**1752** *id.* [iv], *unofn*) y camarferir hwy rhagllaw. **17g.** HUW MORUS: *EC* ii. 315, *Nid rhaid i ni unon*, twyllodrus elynion, / Tra byddom ni ffyddlon i'r cyfion Dduw cu. **1703** E. WYNNE: *BC* 73, *nid rhaid i ti un o'n* [*sic*] soddi at Lucifer. **1718** E. SAMUEL: *HDdD* 89, *nid rhaid i chwi unon* mo hynny. **1767** *Gron* 118, *nid rhaid unon.* **1803** *P*, Unon . . . *Ni raid unon* y doi di yma. Ar lafar gynt, "*Raid ichi ddim unon*" (canolbarth Cered.).

unparth, unpen, unpeth, gw. **un+parth, pen**[1]**, peth.**

unpethder [*unpeth+-der*] *eg.* Undonedd: *monotony.*
1935.

unplas, gw. **un+plas.**

unplyg, unblyg [*un+plyg*[1]] *a.*

(*a*) A ffurfiwyd o ddalen(nau) a blygwyd unwaith; wedi ei blygu unwaith: *folio; folded once.*
1604–7 *TW* (*Pen* 228), *vnplyc* d.g. *Simplex.* **1727** J. JONES: *DFF* 166, Bwriwch fod Pellen gron y Ddaeren yr ŷm ni yn sathru arni yn gau oddifewn, a'i bod yn llawn o Lyfrau mawrion a Llenni *unblyg*, cyn dynned ag a allai ei Cheudod hi enni . . . Beth wrth hynny a gynnwysai Dalen lawn o Lyfr mawr o Lenni *unplyg*? . . . [ll]anw holl Encyd y byd o Lyfrau *unplyg* eu Llenni. **1765** *Rhed Y* d.d., Ail Lyfr *un-blyg* yr Awdwr. **1773** *W*, Llyfr *un-plyg* d.g. *Folio . . . A folio-book, or a book in folio.* **1803** *P* d.g. *Unplyg.*

(*b*) Ac iddo un nod neu fwriad yn unig, penderfynol, llwyr a diamod, digwestiwn; didwyll, diffuant: *single-minded, resolute, absolute, unquestioning; straightforward, sincere.*
1840.

(*c*) *c.d.* Yn cynnwys un odl, heb fod yn ddwbl (am gynghanedd sain): *containing one rhyme, not double* (*of 'cynghanedd sain'*).
Diw. **16g.** (**1605**) *GP* 211, Dau fath sydd ar gynghanedd sain, dyblygedig ag *unblyg* . . . Sain *unblyg* sydd o ddau fath, sef kyflawn ag anghyflawn. Sain kyflawn sydd pan fo yr holl gyseinieid a vo rrwng y ddau gyfddiweddiad ag un ar ol y diweddiad ola yn kyfatteb a phob un ohonunt, val hynn: Davudd, bur ddeurudd, bardd wyd. A honno sydd weddaidd yn niwedd englun. Sain anghyflawn sydd pan vo kysain rrwng y ddau ddiweddiad heb ddim yn atteb iddi fal hynn: Yw d'wr, Gwenn, y vachgen fych.

unplygrwydd [*unplyg+-rwydd*] *eg.* Yr ansawdd neu'r cyflwr o fod yn unplyg, penderfynoldeb; didwylledd, diffuantrwydd: *single-mindedness, resolve; straightforwardness, sincerity.*
1881.

unporth, unpren, gw. **un+porth**[2]**, pren.**

unpryd[1]**,** gw. **ympryd.**

unpryd[2]**,** gw. **un+pryd**[2]**.**

unpryd-ddydd, gw. **ympryd+dydd.**

unprydiaf: unprydio, unprydiol, gw. **ymprydiaf: ymprydio, ymprydiol.**

unradd, unraith, gw. **un+gradd, rhaith.**

unres, gw. **unrhes.**

unrif, gw. **un+rhif**[1]**.**

unrwydd [*un+-rwydd*] *eg.* Undod, under: *unity, oneness, singleness, unicity.*
1778 *W* d.g. *Oneness* [*unity, the quality of being single*]. **1803** *P.*

unrwysg, gw. **unrhwysg.**

unrym, gw. **un+grym.**

unryw, unrywiaeth, unrywiog, unrywiol, unrywiolaf: unrywioli, gw. **unrhyw, unrhywiaeth, unrhywiog, unrhywiol, unrhywiolaf: unrhywioli.**

unrhent, gw. **un+rhent.**

unrhes, unres [*un+rhes*[1]] *a.* Ac iddi un rhes o dannau (am delyn); ar ffurf rhes unigol: *single-strung* (*of harp*)*; forming one row.*
1838.

unrhif, gw. **un+rhif**[1]**.**

unrhodd, unrhwyf, unrhwysg, gw. **un +rhodd**[1]**, rhwyf**[1]**, rhwysg.**

unrhyw, unryw, un r(h)yw [*un+rhyw*[1]] *a.* hefyd fel *eg.*

(*a*) Union debyg, (yr) un, heb fod yn wahanol, o'r un fath yn union, unwedd, unffurf; tebyg, cyffelyb, o'r un fath, o'r un natur, cydryw; dywededig, y cyfeiriwyd ato o'r blaen: *same, identical, uniform; similar, alike, of the same kind or sort, of the same nature, homogeneous; same, aforesaid, previously mentioned.*
13g. *LlI* 52, Keytweyt a dele tygu *un ryu* llw ac a tygo e llourud en eu blaen em pob pung. *id.* 54, Ereyll a dyweyt e mae guyalen gyhyt a'r gur huyaf en e tref a'e lau uuch y pen, ac yn *un ryu* gerdet ar honno ac ar e llall. *c.* **1300** *B* ii. 30, Nyt o *vnryw* rededegiaeth [*sic*] y gwrthebant y petheu kyntaf ar pethev dywaethaf. **14g.** *BT* 134, ar *vnryw* hywel hwnnw . . . arydhaawd y vaelgwn y vrawt. **1346** *LlA* 20, Yr atnewydu ybyt . . . yn yr *vn/ryɓ* dyd ac ygwnnaethoed. **14g.** *WM* 144. 27–8, A chymryt awnaeth peredur *vn ryɓ* wisc aoed y walchmei. **14g.** *B* v. 197, *Vnryv* yv y Tat a'r Mab a'r Yspryt Glann. *id.* ix. 334, nyt oes Duw *vnryw* y weithredoed a thi. **14g.** *GDG*[3] 126, Hirddig a wnaeth hardd ei gne, / Henlleidr *unrhyw* â hunlle. *id.* 340, Yno'dd oedd, haul Wynedd yw, / Yn danrhwysg, Enid *unrhyw.* *id.* 349, Nid oedd *unrhyw*, deddf anrheg, / Y dydd echdoe â doe deg. *c.* **1400** *MM* 100, kymer gic uran yn yr *un ryɓ* losgyat. *c.* **1400** *GP* 2, Sillaf drom a uyd pan uo dwy o'r kytseinanyeit *unryw* yn y diwed, ual y mae 'gwenn', 'llenn'. **1545** ELIS GRUFFYDD: *Ll* 134, A'r *vnhryw* venneginiaeth ysydd y'w wneuthud j'r kyuriw ddyn ac a vo yn arver o boiri gwaedd [*sic*]. **1551** W. SALESBURY: *KLl* liva, can wybot vot yr *vnryw* poenedigaetheu yn dygwyddo ych brodoriaeth / sydd yn y byd. **1567** *TN* 260a, Nyd yvv oll cnawd yr *vn ryvv* g[n]a[w]d (**1588** 1 *Cor* xv. 39, Nid pob cnawd sydd *un rhyw* gnawd; **1620** *ib.* Nid yw pob cnawd *vn rhyw* gnawd). **1595** M. KYFFIN: *DFf* [102], Ar *vn rhyw* (*same*) Barnardurs a scrifennodd. **1599** (**1677**) R. HOLLAND: *AB* 20, wedi eu gosod ar lawr yn yr *vn rhyw* (*the very same*) eiriau â gweddi 'r Arglwydd. **1632** J. DAVIES: *LlR* 8, Yr *vnrhyw* (*like*) orchymmyn a roddes Duw ei hun i Josua. **1710** *LlGG* (*Gos*) 44, A'r cyfryw o'r *unrhyw* Ganoniaid . . . a gyrchant yn ebrwydd i'w Heglwysi . . . neu at ryw Ofalaeth arall. **1798** GW. MECHAIN: *D* 4, eu plant yn cael eu dwyn i fynu yn yr *unrhyw* fuchedd o elyniaeth yn erbyn nef a daear. **1803** *P*, *Unryw* . . . Of the same kind. Cf. T. GWYNN JONES: *Cymeriadau* (1933) 106, Er mai byr fu'r cyfnod a chymysglyd, yn wir, y mae iddo bellach helaethach mesur ac *unrhywiach* modd.

(*b*) Ni waeth pa un (pa rai, o ba faint, o ba fath, &c.), (gyda'r neg.) yr un: *any.*
1567 *TN* 330b, llymach nac *vnrryw* gleddau-daufinioc. **1664** *LlGG* [vii], mewn *un rhyw* (*any*) Enterlud, Chwareon, Caniadau, Rhimmynnau, neu drwy eraill eiriau agored. **1733** J. OWEN: *TBG* 33, o's gŵyrdrown ni yr amser hwn at *un rhyw* arferjad arall. **1752** J. THOMAS: *FG* [9], Cyn y dyallom beth yw Natur, Defnydd, a Godidowgrwydd *unrhyw* Foddion, rhaid fod gennym uniawn a chywir Wybodaeth o'r Dibenion priodol hynny. **1776** *W* d.g. *Manner, Any manner of.* **1778** J. THOMAS: *HB* 107, y mae'r weithred yn cyfarwyddo'r Ymddiriedwyr i roi y rhent at *un rhyw* achos elusengar a welont oreu.

(*c*) Unigryw; syml, digymysg: *unique; simple, unmixed.*
1588 *Doeth Sol* vii. 22, y mae ynddi hi [doethineb] yspryt dehallgar, sanctaidd, *vnrhyw* (**1620** *ib.* unig; **1988** *ib.* unigryw). **1759** J. EVANS: *PF* 8, Meddeginiaethau *un-rhŷw* aethant . . . allan o arfer.

Fel *e.* (Yr) un fath; (yr) un (person, anifail, neu beth); (y) dywededig, (yr) un y cyfeiriwyd ato o'r blaen; (yr) un rhyw (gwryw neu fenyw); un math, un rhyw (gwryw neu fenyw); unrhyw fath: (*the*) *same kind or sort;* (*the*) *same* (*person, animal, or thing*)*;* (*the*) *same, aforesaid, or previously mentioned;* (*the*) *same sex; one kind or sort, one sex; any kind or sort.*
14g. *BT* 184, y gwnae ydaw amgastell aberteiui *vnryw* ac awnathoed y vaelgwn am gaer vyrdin. **1346** *LlA* 25, [c]orff yr arglɓyd . . . Ponyt *vn ryw* (*idem*) agymerth iudas Aphedyr. **14g.** *GIG* 132, Un bwyd a aeth yn ei ben, / Bara oer a beryren / A dwfr du tra fu fyw, / Waneg anrheg, o'r *unrhyw* / Ag aeth ym mhen Non wen wiw / Er pan gad, penaig ydyw [i Ddewi]. *c.* **1400** *MM* 100, Rac yr *un ryɓ.* **15–16g.** *GLM* 347, Arianrhod,—ni bu'r *unrhyw*—/ ni byddai Fath hebddi fyw. **1567** *TN* 8a, A ny wna 'r Publicanot [:- Amobryddot, tollwyr] yr *vn ryw* [:- yr vn peth hynny]? *id.* 239b, Mae ef yn dangos ei serchvryd arnynt wy, a'r Eccles. Ac yn erchi yr *vnryw* gan/thyn hwytheu. *id.* 328b, gan fod y plant yn gyfrannog o gig a gwaed, yntau hevyd yr vn modd a wnaythbwyd yn gyfrannog or *vnrryw.* **16g.** *LlS* 22, *vn rhyw* sydd a elwir yn gyphredin Carduus Mariæ yn Llatin. **1672** J. LANGFORD: *HDdD* 191, y rhai a fu tros ei holl fywyd yn edrych pa fôdd i dreulio ei hamser, a roddai'r holl fŷd y prŷd hynny i brynnu'r *unrhyw.* **1704** E. SAMUEL: *BA* 47, a'u corpholaethu yn yr Eglwys megis gwir aelodau or [*sic*] *Unrhyw.* **1757** *ML* (Add) 326, a elwir *un rhyw* o'r gleisiad yna yn Benllwyd? **1759** J. EVANS: *PF* 92, Sychwch a malwch yn llwch Ddalen Collen Ffrengig, a thanwch y Llwch yma hyd-ddo, a rhowch Ddalen arall o 'r *unrhyw* (*another walnut leaf*) ar hynny. **1795** J. THOMAS: *AIC* 64, [C]ant punt o Gyfreithlawn Arian Brydain fawr, gyda Chyfreithlawn lôg am yr *unrhyw.* **1803** *P*, *Unryw*, s. m. . . . A same kind, a same sex; same.
Cfn.: **unrhyw,** &c., **fath:** *any kind or sort.* **1719** T. EVANS: *CDW* 71, Y Gair Bedyddio a arferir yn y Sgrythur am *unrhyw fath* o Olchiad. **1746** T. RICHARDS: *CER* 29, cymmeryd Cósp mwy tôst . . . arnynt heb *unryw fath* i Laryeiddiwch. **1759** T. THOMAS: *WWDd* 301, pwy a all ddywedyd, gyd ag un rhîth o resswm, y gall Dŷn annuwiol wneuthur *un rhyw fâth* o weithred ddâ a'r na's gall y Duwiol ei gwneuthur. **yr unrhyw fath:** *the same kind or sort.* **1630** *YDd* 196, trwy'r *vnrhyw fâth* ymddygiad ac anrhydedd gweddol, dyro ddiolch i Dduw. **unrhyw,** &c., **beth:** *anything.* **1711** M. MAURICE: *YAD* 67, y mae tragwyddol ordinhadau Duw [diwyg.] . . . heb ei hadeiladu ar *unrhyw beth* yn y Creadur. **1725** D. LEWIS: *GB* 288, Onid yw'n rhyfedd fod cymmaint o Dân yn dyfod oddiwrth yr Haul . . . ag a lysg *un rhyw beth.* [**1740**] L. ANWYL: *NG* 31, na âd i *unrhyw beth* fy' nallu. **1746** T. RICHARDS: *CER* 28, os bydd i unryw Ddŷn . . . wneuthur . . . *unryw beth* yn wrthwyneb i'r Ystattun honno. **1792** H. HARRIS: *H* 139, ymogelwch rhag *unrhyw beth* a fo yn trafferthu eich meddyliau. **18–19g.** *LlGC* 13221, 18, yr hynn a bair *unryw beth.* Ar lafar, "Ti isio *unrw beth* arall?". **yr unrhyw beth:** *the same* (*thing*)*, the above-mentioned* (*thing*). **1588** 2 *Mac* xii. 8, pan ddeallodd efe fod yr Iamniaid ar fedr dwyn i ben *yr vnrhyw beth* yn erbyn yr Iddewon. **1630** *YDd* 300, megis trwy gyfatteb cyfnewidiol na byddent [bara a gwin a chorff a gwaed Crist] ond yr vn ar *vnrhyw beth.* **1688** S. HUGHES: *TSP* 6, chwi a gewch fwynhau *yr vnrhyw bethau* daionus. **1722** T. EVANS: *PS* 3, y mae 'r Eglwys Grist'nogol wedi ei sefydlu yn ôl Portreiad yr un Iuddewig . . . Fe ryngodd bôdd i Christ ei Hawdur, ei Hadeiladu ar yr un sylfaen, i gadw *yr unrhyw bethau* hanffodol, yn gystal yn eu Hanian a'i Rhifedi. **unrhyw rai:** *any* (*pl. pron.*). **20g.** **unrhyw un:** *anyone.* **1852.** **yr unrhyw,** &c., **un:** *the same* (*person*)*, the above-mentioned* (*person*). **1664** *LlGG* [vii], bod i'r *un rhyw un* (*the same Person*) felly yn troseddu . . . am yr ail drosedd fforffettio . . . [p]edwar

cant o forciau. **o'r unrhyw:** *of the same kind or sort.* **14g.** *GIG* 132. **15g.** *GLGC* 343. **15–16g.** *GLM* 221. **1593** W. MIDLETON: *B* 3. **1728** S. RHYDDERCH: *GC* 3. **o'r un rhyw:** *of the same kind or sort; of the same sex.* **20g.**

unrhywdeb [*unrhyw+-deb*] *eg.* Union debygrwydd, unfathiant; hunaniaeth, personoliaeth: *identity, sameness; identity, personality.*
1794 E. JONES: *CP* 135, o ran *unrhywdeb* [:- Identity] yr eiddo a brofir trwy lw y cwnstabl.

unrhywiad [bôn y f. *unrhywiaf*: *unrhywio* +*-iad*[1]] *eg.* Union debygrwydd, unfathiant; uniaethiad: *identity, sameness; identification.*
1866.

unrhywiaeth, unrywiaeth [*unrhyw, unryw+-iaeth*] *eb.g.* Union debygrwydd, unfathiant; hunaniaeth, personoliaeth; unffurfiaeth, undonedd: *identity, sameness; identity, personality; uniformity, monotony.*
1774 *W*, *Un-rhywiaeth* d.g. *Identity* [*sameness*]. **[1798]** M. JONES: *PAC* 10, Eithr am y gronynau nad y'nt yn hanffodol, nid ydynt yn angenrheidiol i *unrhywiaeth* y corph na'r person; am hynny, nid angenrhaid i ni feddwl yr adgyfodir hwynt. **1803** *P*, *Unrywiaeth*, s. m. . . . identity.

unrhywiaf: unrhywio [bf. o'r a. *unrhyw*] *ba.* Uniaethu, ystyried yn un: *to identify, equate.*
1858.

unrhywiog, unrywiog [*unrhyw, unryw+-iog*] *a.* Syml, anghyfansawdd; unffurf, diamrywiaeth; unrhywiol: *simple, uncompounded; uniform, unvaried; unisexual.*
1836.

unrhywiol, unrywiol [*unrhyw, unryw+-iol* ac *un+rhywiol*] *a.* Yn perthyn i un rhyw'n unig; union debyg, unwedd, unffurf; digyfnewid, cyson; *Athr.* monistig: *unisexual; same, identical, uniform; unvarying, constant; monistic (in philos.).*
1808.

unrhywiolaf, unrywiolaf: unr(h)ywioli [bf. o'r a. *unrhywiol, unrywiol*] *ba.* Uniaethu, ystyried yn un; gwneud yn unffurf: *to identify, equate; make uniform.*
1858.

unsaig, gw. **un+saig.**

unsain [*un+sain*[1]] *a.* a hefyd fel *eb.* ll. *unseiniau. Crdd.* Union debyg eu traw, yn seinio ar yr un traw neu mewn wythfedau; ac iddo'r un dôn neu sain, undonog (o ran sain), union debyg (o ran sain); cyfystyr; unfryd; *Sein.* ac ynddi lafariad heb lithriad (e.e. am sillaf); hefyd yn *ffig.*: (*in*) *unison, unisonous (in mus.); having the same tone or sound, monotonous, identical (in sound); synonymous; unanimous; monophthongal (in phonet.); also fig.*
p. **1584** G. ROBERT: *GC* [284], cowydd deufraich hirion . . . a fydd a dau fraich unodl, *unsain*, ynddo, a saith sillaf ymhob braich. *id.* [299], megis y gelwir yn unodl *unsain* yr englyn, y bytho odl pob braich yn *unsain* ynddo fe[ll]y pann fo amrafael sain, a'r un cysseiniaid odlig ymhob braich i'r englyn, ei gellwir yn brost. **1595** *Egl Ph* 57, Y mae'r geiriau hynn caerau a thyrau yn *vnsain* yn dechreu'r araith gybhannodawl, a rhagwahannodawl. *id.* 102, rhaid yw i'r araithiwr gadw cymedrolder; sebh na bo hi, na rhy dhobhn, na rhy bhain: ac na bo hi *vnsain.* **1632** *D*, dwy fogail *vnsain* d.g. *Diphthongus. id.* d.g. *Homophonos.* **1717** IACO AB DEWI: *MN* 207, [c]yweirio fy Nhafod bob Amser yn *un-sain* â'm Càlon. **1774** *W* d.g. *Homotonous, Unison* [*Adj.*]. **1775** *CY* 31, henuriaid neu henafgwyr; pa eiriau a arferir yn eglur fel yn *unsain* (*synonymous*) ag esgobion. *c.* **1785–90 (1829)** *CBYP* 16, Rhai eiriau ydynt *unsain* unsynnwyr yn y Gymraeg a'r Saes'neg. *id.* 50, ar 'Awdl' y mae deg rhyw ag ansodd. Yn gyntaf 'Unodl', lle bo'r geiriau gobennydd yn unllef *unsain* herwydd llafar a chydsain. **1803** *P.* Cf. J. MORRIS-JONES: *CD* 254, fe broestia 'llaeth', 'doeth', 'ffrwyth', 'rhaith'. Nid yw'r elfen led-lafarog yn hollol *unsain* yn y pedair hyn yn awr; ond mewn Hen Gymraeg 'i' oedd ei sain ynddynt oll.

Fel *e. Crdd.* Union debygrwydd traw, yr ansawdd neu'r cyflwr o fod yn seinio ar yr un traw neu mewn wythfedau, monoton, tôn undonog; (yr) un sain; *Sein.* llafariad heb lithriad; hefyd yn *ffig.*: (*a*) *unison (in mus.); (the) same sound; monophthong (in phonet.); also fig.*
1774 *W*, o'r *unsain* d.g. *Homotonous. id.* d.g. *Unison, Subst.* [*in Music*]. **1803** *P.*
Cfn.: **mewn unsain:** *in unison.* **1823.**

unsais, gw. **un+Sais.**

unseiniog [*unsain+-iog*] *a.* Ac iddo un sain; *Sein.* unsain: *having one sound; monophthongal (in phonet.).*
1803 *P*, *Unseiniawg* . . . Having one sound.

unseiniol [*unsain+-iol*] *a.* Unsain; undonog; ffonetig: *unisonous; monotonous; phonetic.*
1794 *W* d.g. *Unison* [*Adj.*].

unsill, gw. **un+sill.**

unsillafion [*un sillaf+-ion*[2]] *e.ll.* Geiriau unsillafog: *monosyllables.*
1928.

unsillafog [*un sillaf+-og*] *a.* (Yn diweddu â gair) ac ynddo un sillaf, yn defnyddio neu wedi ei fynegi mewn geiriau un sillaf: (*ending with a word*) *having one syllable, monosyllabic.*
14g. *GP* 49, ac yna . . . y geir todeit dros yr awdyl yn *vnsillafawc. id.* 54, Bei . . . ar ynglynn vnawdyl yw y vot yn din ab, sef yw hynny, bot . . . [y] deu bennill vyrryon hynny yn *vnsillafawc. c.* **1400** *id.* 13, deusillafawc yw 'baglev', wrth hynny, *unsillafawc* uyd 'bagyl', kany dyly bot yn y geir wedy lluossogi namyn vn sillaf ragor rac y geir kynn y luossogi. **1567** G. ROBERT: *GC* 55, Oni byddai orau roddi .y. . . rhwng y fud ar dawdd mal lleidyr . . . Na orau ddim: canys nid yw'r geiriau yma ond *vn sillafog.* **1727** J. JONES: *DFF* [357], seinio yn beraidd yn y Glust mewn Proest gyfnewidiol, ac mewn Awdl *unsyllafog* yn terfynu pob Braich trwodd oll. **1776** *W*, Gair *unsillafog* d.g. *Monosyllable.* **1791** *AUA* 17, Nid oes gair *unsillafog* yn cydseinio â Duw, am a wn i.
Amr.: **unsilltafog. 1579** *Llst* 55, 177. **unsylaftog. 1732** *AABI* 8. **unsylafftog. 1707** *CEBM* 6.

unsillair, gw. **unsill+gair**[1].

unsillog, unsilliog [*unsill+-(i)og*] *a.* Unsillafog: *monosyllabic.*
1803 *P*, *Unsillawg* . . . Having one syllable.

unsilltafog, gw. **unsillafog.**

unsud, unsut, gw. **un+sut.**

unswn, gw. **un+sŵn.**

unswydd, un swydd [*un+swydd*] *a.* a hefyd fel *eb.* Pwrpasol, (wedi ei wneud) i'r pwrpas, i unig bwrpas, i bwrpas penodol; ac iddo('r un) awdurdod neu alwedigaeth; (yr) un awdurdod neu alwedigaeth; pwrpas (penodol), unig bwrpas, bwriad: *appropriate, (made) for the purpose, for the sole or specific purpose; having authority or a profession, having the same authority or profession; (the same) authority or profession; (sole or specific) purpose, intention.*
14–15g. *GGLl* [105], Angel wyf yng ngoleufiant, / Eiriol rhwydd, *un swydd* â sant (Gruffudd Llwyd). **15g.** *GTP* 60, Edrych a gaf fwa fyth, / Ydd wyf *unswydd*, addfeinsyth [i ofyn bwa]. **15g.** *GGl*[2] 50–1, Maer a meistr ar fwrdeistref, / Mae'n *un-swydd* dan Arglwydd nef. / Rysyfwr ydyw'r gŵr gwiw, / A swyddog Iesu heddiw. *id.* 312, Un a swydd ym os haeddai / A fyn rhwysg i ofni rhai, / Un heb *unswydd* neu bensiwn / I rwymo pawb yw'r mab hwn. *c.* **1525** *TA* 725, Ffydd y saint, hoff oedd i swydd, / Ffrawnsys a hoffai 'r *unswydd* [marwnad Tudur Aled gan Ruffudd ap Ieuan ap Llywelyn Fychan]. **16g.** *WLl* 259, F *unswydd* oedd hela fenswn / A thal cei dithau o hwn. **1604–7** *TW* (*Pen* 228), vn or pvmwyr *vnswydh* d.g. *Quinquevir.* **1632** *D*, Vgeinwyr o'r *vnswydd* d.g. *Vigintuiri.* **17g.** *LlGC* 13215, 338, *Unswydd* × Ungwaith Professio. **1701** E. WYNNE: *RBS* 169, yn ei Addoli Ef . . . ac yn gwneud Iddo bôb Parch ac anrhydedd trwy foddion priodol ac *unswydd.* **1721** J. P. PRYS: *DC* 53, Tri Pherson Sancteiddiol yn *unswydd* gyttunol, / Tragwyddol da dduwiol diddiwedd. **1722** *Llst* 189, Gŵr *unswydd.* A colleague. **1803** *P*, *Unswyz*, s. m. . . . A same office or business; one purpose. a. Of one business or purpose.
Cfn.: **o un swydd = yn unswydd. 1770** *TG* ii. 76, unig Fab Ymerodr mawr y wlad . . . a ddaeth yma *o un swydd* yn gennad arbennig. **yn unswydd (un swydd):** *purposely, intentionally, deliberately, specially, expressly.* **1567** *TN* 288b, y wneuthuriad pob aflendit, *yn* vnchwant [:- wancus, vngwaith, *vn swydd*]. **1672** R. PRICHARD: *Gw* 32, Mâb Duw pan y gwelas ein cyflwr mor dôst, / Fe ddaeth *yn* ei *un-swydd* or nefoedd yn bôst. **1689** E. MORUS: *RC* 8, gallwn ni dybio wneuthur o'r Duw sanctaidd ni *yn un-swŷdd* i bechu yn ei erbyn. **1778** J. THOMAS: *HB* 110, Aethum yn fy *un swydd* i weled y garreg. Ar lafar, *ISF* 71, *WVBD* 511; 'Mi ddethum *yn un swydd* i'ch gweld chi', *GDD* 330. **yn un swydd gwaith = yn unswydd. 1929.**

unsylaftog, unsylafftog, gw. **unsillafog.**

unsylweddol [*un sylwedd+-ol*] *a.* O'r un sylwedd neu anian, cydhanfodol, hanfodol, hypostatig: *of the same substance or nature, consubstantial, hypostatic(al).*
1604–7 *TW* (*Pen* 228) d.g. *Omousius.* **1630** *YDd* 295, O ni buasai ein hanain [*sic*] ni yn gyntaf gael ei vno megis yn *vn-sylweddol* (*Hypostatically*) ag Anian Duw yn yr ail person. **1722** *Llst* 189, *Unsylweddawl.* Consubstantial, hypostatical. **1803** *P*, *Unsylwezawl* . . . Homogenial.

unsyniad [*un+syniad*[1]] *eg.* Cydsyniad: *assent, consent.*
17g. *LlGC* 13215, 338, *Unsynniad* Homologatio. **1723** J. JONES: *LlA* 39, Gwybodaeth achubol am Dduw a Christ, yr hon sydd yn cynnwys ynddi *Unsyniad* y Meddwl (*assent of the mind*), a Chydsyniad yr Ewyllys.

-unt, *trf. prs. ardd. rhed.* Cym. C. 3 ll., e.e. *arnunt, rhagddunt, ganthunt, uddunt.*

untad, untal[1,2]**, untant,** gw. **un+tad, tâl**[1,2]**, tant.**

unto, gw. **tan**[1]**—dan unto.**

untref, gw. **un+tref.**

untrew, un trew [*un+trew*] *eg.* (Un) tisiad: (*one*) *sneeze.*
13g. *C* 82. 3–4, Ar helv uy ren y guiscav hetiu. *un trev* a glyuaw. **14g.** *T* 60. 2, Nac *vn treö* nadeu ny naöd yraceu (*J* 1, 1074, rac agheu). *id.* 70. 8–9, Rymafei win gloyö ac oleö. Rymafei torof keith rac *vn treö. c.* **1400** *J* 1, 974, *Vntreö.* o garchar. **15g.** *GDLl* 136, Pawb yn f'ôl, fel pe bawn fwyn, / Ac *untrew* fel bai gantrwyn. **1632** *D*, *Vntrew*, Jdem quod Trew. **1688** *TJ*, *Untrew*, trew, tissio: sneezing. **[1783]** *W* d.g. *Sneeze.* Ar lafar yn yr ymad. 'taro *untrew*', *B* viii. 325 (Morg.).

Gw. hefyd **entrew.**

untrewaf, &c.: **untrewi,** &c. [bf. o'r e. *untrew*] *bg.* Tisian: *to sneeze.*
c. **1400** *J* 1, 1070, Koffa dydin pan *vntrewych.* **1722** *Llst* 189, *Untrewi.* To sneeze. **1725** *SR*, *yntrewi* d.g. *To Sneece.* **1753** *TR*, *Intrewi*, taro, intrew [*sic*], to sneeze. **[1762]** E. POWELL: *HEI* 46, oni chaffo *yntrewi* i beri iddo waredu llawer o'r geri gwyddyn a fyddo yn ei Ben.

Gw. hefyd **entrewaf: entrewi.**

untri [*un+tri*] *a.* a hefyd fel *eg.* Triunol; triundod: *triune (adj.); triunity.*
1632 *D*, *Vntri*, Trinunus antiquis. **1722** *Llst* 189, *Untri.* Trin-une, tri-une. epithetic of the Godhead importing the Trinity in Unity. **1754** *Gron* 67, Hap llesol, pwy a'i llysodd?—Duw *un-tri*, / Ei Geli a'i galwodd. **1803** *P*, *Untri*, s. m. . . . Three united in one.

untro, untroed, gw. **un+tro**[1]**, troed.**

untroediog, untroedog [*untroed+-(i)og*] *a.* Ac iddo un troed neu un goes (y gellir ei defnyddio) yn unig; ac un troed iddo'n gyfwerth â'r anifail cyfan (yn y cyfreithiau Cymreig): *one-footed, one-legged; one of whose feet is equivalent in value to the whole animal (in the Welsh laws).*
13g. *LTWL* 257–8, Tria sunt animalia que dicuntur '*untroidiauc*': scilicet, equs, accipiter, 'gellki'. Si quis fregerit pedem unius istorum, precium totum solvet. **14g.** *LlB* 115, Tri annyueil *vntroedawc* yssyd: march, a hebauc, a milgi. *c.* **1400** *R* 1291. 29–30, Costyaf y vadaöc. kastyn *vntroedyaöc.* **1632** *D*, *Vntroediog* d.g. *Vnipes.* **1730** *Leg Wall* 585, *Untroedawg*: Anifail *untroedawg*, Animal quod uno pede fracto nihil valet. **1753** *TR*, *Untroedawg*, having but one foot. Anifail *untroedawg*, K[yfraith] H[ywel Dda] a beast that having one foot broken is worth nothing. **1803** *P*, *Untroedawg* . . . Having one foot.

untu, un tu [*un+tu*; tebyg nad yma y perthyn *untu*, *LlI* 90, gw. *LTMW* 295–6] *eg.* a hefyd fel *a.* Un ochr, un blaid; unochrog; hefyd yn *ffig.*: *one side, one party; one-sided, unilateral; also fig.*
13g. *BD* 153, Ac y bu ar *untu* yndi [ynys Prydain] heb uynet un lle ohonei deudec mlyned. *a.* **1587** *Y* 57, Pan ddêl o'r fatel a fu / Hên baeintiwr [*sic*] wyneb *vntv*, / Nid mor ddall nas deallai / Waeled beirdd,

weled i bai! **1604–7** *TW* (*Pen* 228), Justus wedy y dhewisaw o *vn tû* d.g. *Aedititius Judex.* **1777** W. WILLIAMS: *TEA* 49, Os neb a ddechrau . . . ddarnguddio eu cyflyrau, a dweud *un tu* i'r ddalen a chelu'r llall. **1803** *P, Untu*, s. m. . . . One side. a. One-sided.

Cfn.: **ar untu (un tu):** (i) *continuously, in succession, on end, one after another.* **13g.** *BD* 153. **14g.** *BT* 229, pedeir blyned eu hedwch wastat *ar vn tu.* *c.* **1400** *Études* viii. 380, ir dy gorf yn gwbyl tri dieu *ar vntu.* **15g.** *BB* 160, ny orffwissawt arthur yna yny ladawt *ar vn tu* or saesson. dec athrugeint a phedwar cant. *c.* **1740** *LlM* 30, [e]i roi ir clâf iw yfed tros dridiau *ar untu.* (ii) *on the same side, together, at the same time, all at once.* **14g.** *GDG*³ 128, Ond na rown bunt *ar untu* / I'm dyn drwyadl geinddadl gu. *c.* **1400** *YSG* i. 29, ae y gyt *ar vntu* yr ymledwch chwi a myui? (iii) *on one side.* Ar lafar yn yr ymad. 'ista *ar 'i huntu*' 'to ride side-saddle' (Arfon). **i untu:** *in succession.* *c.* **1400** *RB* ii. 21, ymladassant pedɓar ugein niɓarnaɓt beunyd *yuntu.* *id.* 28, uelly yd ymladaɓd seith niɓarnaɓt *yvntu.* **o'r untu (un tu)** (i) = **ar untu** (i). **16g.** *CRC* 388, Fo fu rhyngom ymladd mawr / Do bedair awr *or un tu.* **1604–7** *TW* (*Pen* 228), a heûer bob blwydhyn, ne dhwy vlynedh *or vntu* d.g. *Restibilis.* **1795** J. THOMAS: *AIC* 53. **o'r untu** (ii) = **ar untu** (ii). **15–16g.** *GLM* 103, neiaint eryr yn tyrru / o ran eu tad *o'r un tu* [marwnad Hywel ap Tudur ap Dafydd]. **1604–7** *TW* (*Pen* 228) d.g. *Vna.* **1725** *SR* d.g. *Together.*

untuog [*untu, un tu*+*-og*] *a.* Unochrog, ar (gyfer) un ochr; ar yr un ochr; pleidiol, pleidgar, rhagfarnllyd: *one-sided, unilateral, on one side, for one side; on the same side; partial, biased.*

14g. *YBH* 37a, a hitheu val morɓyn gywir aegɓrthodes ef ae dda yn *vntuaɓc* heb vynnu dim ganthaɓ. *c.* **1400** *YSG* i. 66, na wnaf i yrot ti dim ony rody ditheu dy gret ar uot yn *vntuawc* y gyt a myvi yn erbyn pob dyn. **15–16g.** *TA* 427, *Untuog* fwng—ond teg fydd? / Ag yn hardd fal gwawn hirddydd. *a.* **1587** *Y* 178, Ys drŵg o dŷst ar wiwgerdd / Ydych; cynt ywch wadv'ch cerdd. / *Vntvog* ych, nid da gwall / Cwyswch wîr, ceisiwch arall. **1604–7** *TW* (*Pen* 228), dyn *untuog* d.g. *partiarius.* **1632** *D, Vntuog*, Partialis. **1722** *Llst* 189, Cyfrwy *untuog.* Side-saddle. **1768** RISIART AP ROBERT: *CB* 119, gan fod y daioni hwn yn gwneuthur y cyfryw ragoriaeth rhwng y naill a'r llall, a ydyw efe . . . yn *untuog* yn ei ewyllys da. **1803** *P, Untuawg* . . . One-sided; partial.

untuogrwydd [*untuog*+*-rwydd*] *eg.* Unochredd, pleidgarwch: *one-sidedness, partiality.*

1778 *W* d.g. *Partiality.* **1803** *P, Untuogrwyz* . . . The state of being on one side; partiality.

untwr, unty, gw. **un**+**tŵr, tŷ.**

untyaeth [*unty, un tŷ*+*-aeth*] *eb.* Teulu, preswylwyr tŷ: *family, household.*

15–16g. *TA* 286–7, Wylo'n aml a wn yma, / Wylais byth ddwyn Elsbeth dda; / Yn tëyrn, o *untŷaeth*, / At i wraig, ag at Dduw'r aeth. **1604–7** *TW* (*Pen* 228) d.g. *domus, Familia.* **1722** *Llst* 189, *Untyaeth* f. A family, household.

Gw. hefyd **tyaeth.**

untyrch, gw. **entrych** (At.).

unuchedd [*un*+*uchedd*] *eg.* a hefyd fel *a.* Lefel, gwastad: (*a*) *level.*

1775 *W* d.g. *Level* [*even*].

unun [*un*+*hun*¹] *e?b.* (mewn cyd-destun neg.) Unrhyw gwsg: (*in a neg. context*) *any sleep.*

14g. *GDG*³ 150, Anodd ym gysgu *unun* / Pei canai Dduw huw ei hun. **1751** *ML* (Add) 208, na chaiff *unhun* y fun fad / na chwsg awr achos cariad (Ieuan Fardd).

ununaf:ununo [bf. o'r ymad. *un un*] *ba.* Uniaethu: *to identify.*

1938.

ununiaeth [*un un*+*-iaeth*] *eg.* Union debygrwydd, unfathiant: *identity, sameness.*

1899.

unwaed, gw. **un**+**gwaed.**

unwaith¹**, un waith**¹ [*un*+*gwaith*²] *adf.* a hefyd fel *eb.* a *chys.* (Ar) un achlysur neu adeg yn unig, (ar) un pwynt neu gyfnod (yn y gorffennol), ar ryw adeg, unrhyw bryd, rhywbryd; (ar yr) un pryd: *once, (on) one occasion, (at) one or any time, sometime; (at the) same time.*

9–10g. *Juv* [81], rit ercis [o]raut inadaut presen piouboi int groisauc in*ungueid* guoled trintaut. **12g.** *GLlF* 501, Cannhweith mal *unweith* enɓ bell—ohanaɓd / Heneuyt Bro Hiryell. **13g.** *LlI* 7, Ef a dele kylch ar e byleynneyt *un weyth* en e wlveden. **13g.** *B* ix. 339, adolwyn er pab a oed ene amser nyt *vn weith* nyt dwy namen en vynych. **14g.** *YBH* 15a, Mi ath borthaf di . . . yr *vnweith* hon yn dda. **14g.** *GDG*³ 144, Mynwes gylchyniad mad maith, / Mynwair fuont ym *unwaith.* *c.* **1400** *YSG* i. 86, Bwrt, yr hwnn gynt a golles y vorwyndawt . . . o achaws gweithret knawdawl a wnaeth *un weith* a gwreic. *c.* **1400** *B* ii. 13, Par *vn weith* bop pythewnos gwassarnu dy deueit. **1547** *WS, Unwaith* Ones. **16g.** *B* x. 296, [d]ywedud J byddai ef [Ercwlff] *vnwaith* ogonia/ant J holl voneddigion Groeg ac ymddiffynwr ohonnauntt. **1567** *TN* 148a, VVy y dducsont at y Pharisaieit hwnvv y vesei gynt [:- *vnwaith*] yn ddall. **1595** H. LEWYS: *PA* 161, Y mor coch, ar Iorddonen, a ymholltasont fal y galle blant yr Israel fyned trosod' yn sych heb *vnwaith* wlychu i traed. **1595** M. KYFFIN: *DFf* [91], lleidr, ar ol iddo *vnwaith* frathu y vewn ty gwr arall. **1630** R. LLWYD: *LlH* 428, cynt y diyspyddid y môr trwy gymmeryd allan o honaw lwyaid *vnwaith* mewn can mîl o flynyddoedd. **1630** *YDd* 54, Yn yr hwn bwll heb waelod, gwedi *vnwaith* dy fwrw, ti a fyddi yn syrthio bob amser. **1632** J. DAVIES: *LlR* 70–1, na wrthodasant hwy Grist ond *vnwaith*, a ninnau yn ei wrthod ef yn fynych. *id.* 438, [m]addeuai ef [Duw] i Core, Dathan ac Abiram tros *vnwaith.* **1661** E. LEWIS: *Drex* 357, *Unwaith* y mae yn rhaid iddo farw, eithr rhaid i'r *unwaith* honno fod bob amser. **1672** R. PRICHARD: *Gw* 458, Ac o byddwn marw *vnwaith*, / Na ddoe 'morol [:- Ymofyn] arnai'r eilwaith. **1718** E. SAMUEL: *HDdD* 355, gwedi i ymrafael *unwaith* dorri allan, mae megys fflamm angerddol. *c.* **1720** *CIF* [98], Cymerwch wialen, rhoden, neu Gadwaen haiarn o ugain Troedfedd ei hŷd . . . a hyd honno *un waith*, a'i hŷd hi *un waith* yn groes. **1752** G. OWEN: *L* 19, gwych a fyddai i Fôn gael y llaw uchaf *unwaith*, i dalu galanas yr hên Ruffudd Gryg? **1771** *PDPh* 85, y mae [meddyginiaeth] *unwaith* yn gwasanaethu, ond prin y mae dwy waith byth yn methu. **1777** W. WILLIAMS: *DN* 49, pan tyfo yspryd ymneilldud *un waith* i fynu rhwng gŵr a gwraig, gwaith anodd iawn yw eu dwyn hwynt i lawn heddychiad. **1784** M. WILLIAMS: *S* i. 41, Pob bil ag fo'n rhoi pardwn cyffredinol, nid ydys yn arferol o'i ddarllain ond *un waith.* **1795** J. THOMAS: *AIC* 44, Os gwneith Ingc *unwaith* Rewi . . . mae 'n colli ei dduwch a'i harddwch. **1803** *P, Unwaith*, s. f. . . . One time . . . adv. Once, at one time. Ar lafar, '*Un waith* yn unig dethon' nw 'ma', '*Unwith* yn ddyn dwywith yn blentyn', *GTN* 474.

Fel *cys.* Pan, cyn gynted ag: *when* (*once*), *as soon as.*

1632 *D* (*Diar*), *Vnwaith* yr aeth yr arglwyddes i nofio hi a foddodd. **1703** E. WYNNE: *BC* 88, oddieithr *unwaith* yr estynnais fy nhrwyn allan o'r llen-gêl, tarawodd y fâth archfa fi . . . ac a'm gorphenasei. Ar lafar, '*Unwaith* fydda' i wedi torri'r ffrog, 'fydda' i ddim yn 'ir yn 'i doti ddi 'ngyd', *GTN* 854.

Cfn.: **unwaith ac eilwaith:** *more than once.* **1567** *TN* 297a. **1778** *W* d.g. *Once and again.* **unwaith (ac) am byth:** *once and for all.* **1912. unwaith eto:** *once again, yet again, once more, one more time.* **1588** *Hag* ii. 7, *vnwaith etto* (bychan yw hynny) a mi a escydwaf y nefoedd. **1595** H. LEWYS: *PA* 92–3, pe i bawn *vnwaith etto* yn iach . . . myfi a ymddygwn, ac am ordriwn fy hun mal i dylwn. **1740** T. EVANS: *DPO* 56, i gleimio eu Rhydd-did a'i Braint *unwaith etto.* **1778** *W* d.g. *Once, Yet once.* Ar lafar, 'Ma'r 'en gi 'na wedi dod yn rydd *unwaith 'to*', *GTN* 688; 'Fe dorrws yr 'en gar i lawr *unwaith eto*', *id.* 801. Gw. hefyd *eto —eto unwaith.* **unwaith neu ddwy(waith), un waith neu ddwy:** *once or twice.* **1545** ELIS GRUFFYDD: *Ll* 10, j golchi hi *vnwaith* ne ddwy. **1588** *Neh* xiii. 20, *vn-waith, neu ddwy.* **1588** *Job* xxxiii. 14, *vn-waith neu ddwywaith.* **1737** J. EINNON: *HR* 64, yr oeddwn yn barod a Llwygu *un waith neu ddwy.* **1778** *W, Unwaith neu ddwy* d.g. *Once or twice.* Ar lafar, '*unwath ne ddwy*', *WVBD* 573. **unwaith yn y pedwar amser:** *once in a blue moon.* **1701** E. WYNNE: *RBS* [ix], Nid fel cymmeryd Môr-dafol, *unwaith yn y pedwar amser.* **ar unwaith, ar un waith:** (*at*) *once, immediately; at the same time, together.* **14g.** *GDG*³ 292, Ni'm lludd meinwar i'w charu, / Ni'm lladd *ar unwaith* em llu. *c.* **1400** *R* 1047. 43, Llas vymbrodyr *ar vnweith.* *c.* **1400** *YCM*² 39, Pedeir petol *ar vn weith* a esdynnei yn hawd y rwg y dwylaw. **1547** *WS, Ar vnwaith* At ones. *Diw.* **16g.** *WLB* 76, a dod ir claf oi yfed lloned llwy arian *ar unwaith* gida gwin. **1604–7** *TW* (*Pen* 228) d.g. *Vna.* **1667** C. EDWARDS: *FfDd* 79, am fod Crwmach y diafol yn bwrw Cyscod, fal na thywyno'r haul arni ei gyd *ar un waith.* **1701** E. WYNNE: *RBS* 63, ni all nêb fôd yn llawn o Ysbryd Duw ac o wîn hefyd *ar unwaith.* **1768** J. ROBERTS: *R* 146, Pa faint raid ei Ehengi [odyn], mynegwch mewn pryd, / I Grâsu *ar un waith*, Dri chymmaint o Yd. **1793** DAFYDD IONAWR: *CD* 237, Deuddeg oed Fab diddig aeth / I Salem Ddinas helaeth, / Tangnhefeddol rasol Ri, / *Ar unwaith* a'i Rieni. Ar lafar, '*ar unwath* â chi', '*ar unwath*' 'at once', *WVBD* 573. **ar yr unwaith, ar yr un waith:** *at the same time.* **1588** 1 *Sam* iii. 12, gan ddechreu a diweddu *ar yr vnwaith.* **1588** *Doeth Sol* xviii. 12, wedi meirw *ar yr vn-waith* o'r vn farwolaeth. **1797** B. EVANS: *CG* 72, *ar yr un waith.* **o'r unwaith:** *at once, immediately; at the same time.* *Diw.* **16g.** *WLB* 2, yf yn dwymun *or unwaith.* *id.* 50, pwy gore fo i flas mwyaf a gymer dyn o hono *or unwaith.* **1670** J. HUGHES: *AP* 7[2]. **1684** H. OWEN: *DC* 52, 328. **yn unwaith, yn un waith:** *at the same time.* **9–10g.** *Juv* [81]. *c.* **1400** *R* 1053. 8, Dydɓyn dyn att duɓ *yn vn weith.*

Gw. hefyd **ungwaith.**

unwaith²**, un waith**² [*un*+*gwaith*¹] *e?g.* a hefyd fel *a.* Yr un gwneuthuriad; o'r un gwneuthuriad: (*of*) *the same work or making.*

14g. *WM* 85. 10–14, deudec kyfrɓy ar y meirch Ac am pob lle y dylyei hayarn uot arnunt y bydei gɓbyl o eur. ar frɓyneu yn *un ɓeith* a hynny. **14g.** *GDG*³ 313, Llythr *unwaith* llathr ei annwyd, / Lleian ym mrig llanw môr wyd [i'r wylan]. **15g.** *GLGC* 344, E' wisg y march dilesg mau / ryw gasul o wregysau; / . . . / Ar ei rawn, dail o'r *unwaith*, / ac ar ei frest yn gaer fraith. **15–16g.** *GIF* 65, Awn i weled anwylwaith / Wiliam. Pwy wnâi lamp *un waith*?

unwaith-am-byth-rwydd [*unwaith am byth*+*-rwydd*] *eg.* Yr ansawdd neu'r cyflwr o fod neu ddigwydd unwaith ac am byth: *once-for-allness.*

1939.

unwawr, unwe, gw. **un**+**gwawr, gwe.**

unwedig, gw. **enwedig.**

unwedd, gw. **un**+**gwedd**¹.

unweddaf: unweddu [bf. o'r a. *unwedd*] *bg.a.* Uniaethu, ystyried yn un; mynd yn union debyg: *to identify, equate; become identical.*

1798 R. DAVIES: *CG* 104, Dyn roddir ar loyw-dir lys / Ennyd awr, ac nid erys, / *Unweddwn* i anniddos / Darth, neu wyliadwriaeth nos, / Un hûn yw ein heinioes, / Freued y'm, Duw fyred oes.

unweddedig [*unwedd*+*-edig*] *a.* *Gram.* Atblygol: *reflexive* (*in gram.*).

c. **1455** *GP* 80, O'r kystrowennav perffaith o rif a synnwyr i gyd, Rai ysydd *vnweddedic* . . . *Vnweddedic* yw'r gystrowen y bo yr unrryw berson yn wnevthvredic ac yn ddioddefedic ynddi e hvn, val y mae 'mi a'm karaf'. **1560–87** *id.* 160. *a.* **1575** *id.* 105.

unweddiad [*unwedd* neu fôn y f. *unweddaf: unweddu*+*-iad*¹] *eg.* Cysondeb, unffurfiaeth, undonedd: *consistency, uniformity, monotony.*

1832.

unweddog [*unwedd*+*-og*] *a.* a hefyd gyda grym enwol. Monogamaidd; unffurf, cyson: *monogamous; uniform, consistent.*

1632 *D* d.g. *Vnijugus.* **1722** *Llst* 189, *Unweddog.* Once marryed. **1803** *P, Unwezawg* . . . Having a fellow or partner s. c. A monogamist.

unweddogaeth: [*unweddog*+*-aeth*] *eb.* Monogami: *monogamy.*

1914.

unweddol [*unwedd*+*-ol*] *a.* Unffurf, cyson: *uniform, consistent.*

p. **1584** G. ROBERT: *GC* [93], hyfryd gennyf, pan welais wrth a ddoedassoch, y ge[ll]id cael trefn *unweddawl*, a lluybr [*sic*] hyphordd, i sgrifennu ynhiaith. *id.* [201], am y geiriau newydd a wneler, ef a eill y cymru dyscedig gadw phordd *unweddawl.* **1803** *P* d.g. *Unwezawl.*

unweddwisg [*unwedd*+*gwisg*] *eb.* Gwisg unffurf swyddogol, swyddwisg, iwnifform: *a uniform.*

1794 *W* d.g. *Uniform.*

unwerth, unwisg, unwlad, unwr¹**,** gw. **un**+**gwerth, gwisg, gwlad, gŵr.**

unwr² [bôn y f. *unaf*¹: *uno*+*-wr*] *eg.* ll. *unwyr.* Person neu beth sy'n uno: *unifier.*

1803 *P, Unwr*, s. m.—pl. *unwyr* . . . A man who unites or agrees.

unwraidd, unwraig, gw. **un**+**gwraidd, gwraig.**

unwreiciaeth, unwreigiaeth [*un wraig*+*-iaeth*] *eb.* Monogami: *monogamy.*

1798 *WR, unwreigiaeth* d.g. *Monogamy.*

unwy [*un*+*wy*] *a.* *Biol.* Monosygotig: *monozygotic* (*in biol.*).

1909.

unwynebog [*un wyneb*+*-og*] *a.* Unplyg,

diffuant; *c.d.* yn digwydd yn ddigyfatebiaeth ar ddiwedd hanner cyntaf llinell o gynghanedd groes (am gytsain neu gytseiniaid): *single-minded, sincere; occurring at the end of the first half of a line of 'cynghanedd groes', without a corresponding consonant (or consonants) at the end of the second half (of a consonant or consonants).*

p. **1584** G. ROBERT: *GC* [251], mi a ddehe[ll]ais wrth a ddoedassoch y geill cyssain ragodlig fod weithiau yn *unwynebog.* s. heb wneuthur dim ond terfynu'r rhagdarn. mal: Am try amgen, om trymgwsg. n. **1803** *P* d.g. *Unwynebawg.*

unyd [*un+hyd*] *a.* O'r un hyd neu daldra; o'r un ansawdd, cyfwerth, tebyg, unffurf: *of the same length or height; of the same quality, equal, similar, uniform.*

14g. *OBWV* 93, Bu ddewr ef, mewn bedd yr oedd, / A synnwyr cerdd, naws *unyd,* / A gwae Ddyddgu pan fu fud [Gruffudd Gryg i'r ywen uwchben bedd Dafydd ap Gwilym]. *c.* **1400** *R* 1288. 18–19, gϐaϐr eidionyd gϐeiryd *unyt.* ?**15g.** *B* i. 306, Tri llew glas fel yr asur, / Trwy wyllt dân, a'r tair rhwyll dur. / . . . / Llyna'r tair bwyall *unyd,* / Lle mae'r gwaith llu mawr i gyd. **16g.** *GIIV* 59, Ysgwyddau breichiau un bryd / Lluniaidd mewn pebyll *unhyd.* **16g.** *LlCy* viii. 211, Os gwyn iawn—oes gown *unyd?* / Yw lliw ei gorff oll i gyd [Wiliam Cynwal i ofyn elyrch]. *a.* **1587** *Y* 13, Pan yryd *vnyd* anerch / I Rys Wyn, oer yw y serch. **1603** W. MIDLETON: *Ps* 178, Di-syfl-wal ffyrf-wal hôff oedh, / Seilfa *vn-yd* sylfaenoedh. **1604–7** *TW* (*Pen* 228) d.g. *Aequus.* **1703** E. WYNNE: *BC* 50, Gwel ddyn, Adeilad hyfryd / O'r Llawr i'r Nenn yn *unud.* **1800** W. OWEN[-PUGHE]: *CP* 83, yn un llyn cyfnaws neu *unyd* (*homogenous or uniform fluid*). **1803** *P* d.g. *Unhyd, Unyd.*

unyddiaeth [?*un+-ydd*³*+-iaeth*] *eb.* *Athr.* Moniaeth: *monism.*
1932.

unyn [*un+-yn*¹] *eg.* Uned: *unit.*
1925.

upas [bnth. S. *upas*] *e?g.* Mallwydden: *upas (tree).*
1827.

-ur [?olff. o eiriau megis *awdur, doethur, modur, thusur;* ?cf. yr oldd. -(*i*)*adur*] *oldd.* *enwol,* e.e. *deurodur, gwresraddur, lliwur, llodur.*

urael, uriael, *eg.* a hefyd fel *a.* Brethyn neu ddilledyn drudfawr gwych, lliain main, math honedig o liain anllosgadwy; asbestos; gwych, rhagorol: *fine expensive cloth or garment, fine linen, alleged kind of incombustible flax; asbestos; fine, excellent.*

13g. *GBF* 356, Pali ny mynn, nyt *vryael* gϐynn y gynhynneu. **1346** *LlA* 95, Sef yϐ yr ystinos. maen gϐerthuaϐr claerwynn . . . ac aellir ynyddu. a gwneuthur gϐiscoed or adaued hϐnnϐ. Arwisc awneler ohonaϐ a olchir yny tan pann vvtraho. abyth ypara. Ac aelϐir *vryael.* kannys vr o efrei. tan yϐ ogymraec. **14g.** *GGrG* [47], Y rhiain ddiorhëwg, / Â'r ael ddu (*urael* a ddwg) (Iorwerth ab y Cyriog). **14g.** *GDG*³ 45, Deuruddlas fain was wyf yn wael—er gwen, / Aur gannwyll mewn *urael.* *id.* 46, Gwrm ael fun *urael* fain, irad [marwnad Angharad]. *c.* **1400** *R* 1318. 31–2, dyn eur avu yndwyn *vrael.* *id.* 1329. 1–2, Gweleis symut sut sidan ac awmael ac *vrael* ac aryan. **15g.** *GLGC* 8, Mab addwyn morwyn mewn rhwym *urael* —maith, / Mab Arglwydd yr Israel. *id.* 35, Ar dyrau gwynion, ar dai *urael*—mawr / y mae ei lawn afael. **1632** *D, Vrael,* Asbestinum. *Urael* yw lliein wisg o 'r manweiddiaf o'r maen ystinos, ac a olchid â'r tân wedi y budreddai. Prŷd mab Duw. **1688** *TJ, Urael,* mâth ar lîn: a kind of Flax. **1754** *Gron* 42, Dwg *urael,* diwyg eurwerth, / Na fo gael un o fwy gwerth, / Aur osodiad ar sidan / I'r lwys wawr lan [awdl briodasgerdd]. **1803** *P* d.g. *Urael.*

urdd [bnth. Llad. *ōrdō,* Llyd. C. (*e*)*urz,* Llyd. Diw. *urzh,* taf. Gwened *urh,* cf. H. Wydd. *ord, órd* (bnth. Llad. **ordō*); ansicr yw dosbarthiad rhai o'r enghrau. isod] *eb.* ac yn eithriadol *eg.* ll. *-au,* (prin) *-ion,* a hefyd fel *a.*

(*a*) *Egl.* Unrhyw un o raddau'r weinidogaeth Gristionogol, e.e. esgob, offeiriad, diacon, (yn aml yn y ll.) gradd neu safle rhywun sydd wedi ei ordeinio, cyflwyniad urddau eglwysig, ordeiniad: *holy orders.*

13g. *LlI* 23, Teyr keluedyt nyt dele mab taeauc e dyscu hep ganhyat e arglued (a chet as dysco ef a dele eu duen tra cheuen, onyt escolheyctaut guedy e kemerho *urdeu*). ?**14g.** (**1640**) *B* v. 131, saith *urdd* effeiriad. **15–16g.** *TA* 452, Pedwardyn fro Eutun frig, / Un, glaswyn, yn eglwysig; / Mwy 'r henwir,—mae rhai unoed,—/ Ar ddyn gwych, *urddau,* nag oed. **1547** *WS, Urddeu* Orders. *p.* **1584** G. ROBERT: *GC* [346], Y Seithfed sagrafen yw'r *urddau,* trwy'r hwn y mae duw yn rhoddi i'r urddedig urddas, gallu, ag awdurdod i bregethu. **1664** *LlGG* [xvii], mal na allo ei gymeryd nai dderbyn i *Urdd* Offeiriad dros dymp ûn flwyddyn gyfan. **1688** *TJ,* Urdd, *Urddau* . . . grâdd eglwŷswr . . . holy Order. **1760** *HDY* 61, Fe roes St. Paul *urddau* iddo ef [Timotheus]. [**1763**] *ML* ii. 588, Nid yw'r Gwenog etto mewn *urdda.* **1803** *P.*

(*b*) Cymdeithas o fynaich, lleianod, &c. (neu o farchogion gynt), sy'n dilyn yr un rheol buchedd, cymdeithas o bobl (a sefydlwyd gan frenin neu frenhines fel arfer) y penodir iddi fel anrhydedd; corff neu gymdeithas o bobl a chanddynt yr un alwedigaeth neu ddiddordebau; unrhyw un o naw gradd yr angylion; *Biol.* dosbarthiad tacsonomig islaw dosbarth ac uwchlaw teulu: (*religious, military*) *order, order of chivalry; order, body or guild of people sharing the same occupation or interests; order of angels; order (in biol.).*

c. **1400** *R* 1238. 10–11, llewyt eilkynghor eurdor *urdeu.* *id.* 1252. 11–12, Archϐn yr tat ordeheuwlat *vrdeu* hywlyd. **15g.** *IGE*² 236, Gwiw ddeall, yn gweddïaw / Ar Dduw nef a'i *urddau* naw. **1466** *GHS* [39], Llwyd yw'r wisg, penllad ar ôl, / Arwydd bod yn *urdd* bydol [urddo Wiliam Herbert Ieuanc yn Farchog o'r Badd]. **1591** *Rhyddiaith Gymraeg* ii. 128, Marchog o'r ardderchoccaf *Vrdd* y Gardys. **1756** *Gron* 14, Adroddwch, mae'r Derwyddon, / *Urdd* mawr, a fu'n harddu Mon! **1803** *P.*

(*c*) Urddas, anrhydedd; (person) urddasol neu anrhydeddus, urddol (am farchog), ?ordeiniedig (am glerigwr): *dignity, honour; dignified or honourable (person), dubbed (of knight), ?ordained (of cleric).*

12g. *GCBM* ii. 50, Y Gyndelϐ oet ardelϐ urdein, / *Urt* wledic, llluryc llu aergrein. *id.* 93, Angut *urt* ortwy hynod, / Angert ulaϐt aglaϐt aglod. *id.* 182, Angut but, beirnyeid gyuradwch, / Ongyr *urt* angert Uallolwch. **12–13g.** *GLlLl* 7, Breisc Dauyt, o defaϐd y'th yaϐl / Brenhinet *urt* uonhet urtaϐl. *Dchr.* **14g.** *GGDT* [151], Tra fu Lywarch, parch perchenogion—elw, / A Chynddelw, arddelw *urdd* ddledogion. ?**14g.** *GSCyf* [35], Minnau, mau *urddau* ordderch, / Dengyn moel diangen merch. **14g.** *GDG*³ 411, O chafas y gwas wg wên / *Urdd* newydd ar ddwyn awen. *c.* **1400** *R* 579. 12, nyt gϐaeth *urd* odynn noc urd oeglϐys. *id.* 1205. 15–16, Trϐm adolur vyd tramedylyeu kar. amlyϐ ac eurdar amlϐc *vrdeu.* *id.* 1302. 42, ne[r]thaϐc erdyrn uarchaϐc *urd.* **15g.** *GLGC* 162, Phylib ni adodd, a ffeled—fu'r gawr, / fwrw i'r llawr gerddawr rhag ei *urdded.* **15g.** *HCLl* [112], Un i'n plith o'i bendithion / Yw *urddau*'r holl ddaear hon [i Fair]. **1672** R. PRICHARD: *Gw* 37, Prynwr Crêd, ein hedd a 'n *hurddau* [:- Ein heddwch a 'n gogoniant]. **17g.** HUW MORUS: *EC* ii. 388, Saith *urddion* doethion odiaethol—didwyll / Dadau maeth ysprydol [i saith esgob]. **1688** *TJ, Urdd* . . . urddas . . . Order. **1707** *AB* 279a d.g. *Honour.*

(*d*) Trefn, disgyblaeth, rheolaeth; dull: *order, discipline, rule, control; manner.*

1567 *TN* 299b, ydd wyf gyd a chwi yn yr yspryt yn llawenechu, ac yn gweled eich trefn [:- *vrdd,* ordr]. **1664** *LlGG* [xxxii], etto nid bai bychan yngolwg duw, yw troseddu a thorri *Urdd* a Rheolaeth Gyffredin.

(*e*) Rhes: *row.*

10g. (*Cpt*) *B* iii. 256, In irtritid *urd* id est Intrited retec.

Cfn.: **urddau cysegredig:** *holy orders.* **14g.** *WML* 39. **1346** *LlA* 144. **1722** T. EVANS: *PS* 85. **urddau cysegrol = urddau cysegredig. 1664** *LlGG* [xv]. **1778** *W* d.g. *Orders, or holy orders.* **urddau effeir(i)adaeth,** gw. *urdd offeiradaeth.* **urddau eglwys(ig) = urddau cysegredig. 1778** *W, Urddau eglwys, urddau eglwysig* d.g. *Orders, or holy orders.* **1792** H. HARRIS: *H* 41, yn pregethu o amgylch heb *Urddau eglwysig.* **Urdd Gobaith Cymru (Fach):** *the Welsh League of Youth.* **1922.** Ar lafar, fel arfer yn y ff. 'yr *Urdd*', "Odd o'n arfar gwithio i'r *Urdd*". **urdd farchogol:** *knightly order, equestrian order.* **1773** *W* d.g. *Equestrian . . . The equestrian order.* **urdd fynachaidd:** *monastic order.* **1844. urdd(au) offeir(i)adaeth, urddau effeir(i)adaeth:** *holy orders, (order of) priesthood.* **14g.** *WML* 128, *vrdeu effeiradaeth.* **14g.** *LlB* 112, *vrdeu offeiradaeth.* **1550** W. SALESBURY: *BWD* [1], *urdeu effeyryadaeth.* **1664** *LlGG* [536], *Urdd Offeiriadaeth.* **urddau sanctaidd = urddau cysegredig. 1675** R. DAVIES: *PY* 37.

Gw. hefyd **urddyn.**

urddad, gw. **urddiad.**

urddaelodaf: urddaelodi [*urdd+aelodaf: aelodi*] *bg.a.* Matricwleiddio: *to matriculate.*
1851.

urddaelodiad [bôn y f. *urddaelodaf: urddaelodi+-iad*¹] *eg.* ll. *-au.* Y weithred o fatricwleiddio: *matriculation.*
1851.

urddaf: urddo [bf. o'r e. *urdd*] *bg.a.* Penodi i anrhydedd, dyletswydd, neu swydd, ordeinio, coroni, gwneud yn farchog; canoneiddio; anrhydeddu, dyrchafu, urddasoli, cysegru; penodi, deddfu: *to appoint to an honour, duty, or office, ordain, crown, dub (knight); canonize; honour, elevate, dignify, dedicate; appoint, decree.*

12g. *GMB* 255, Ryllouyes ynteu yndanc gyuatef; / Gan egylyon nef neu *ryurtwyd.* **12g.** *GCBM* ii. 50, *Urtϐs* Duϐ diwyrnaϐd Ywein. **13g.** *GDB* 118, *Urdut* ny blygut yn aϐr blygein. **13g.** *B* ix. 146, A phan weles er archesgop henne . . . gossot arall teilung en vugeil en ty duw. A guede *urdav* hvnnv. **13g.** *Brut B* 122, Ac ena emkynvllav e pobyl a gwnaethant y gyt ena, ac *vrdav* Emreys Gwledyc en vrenyn. **14g.** *WM* 122. 27–9, Vy mam a erchis im dyuot ym *vrdaϐ* yn varchaϐc urdaϐl at arthur. **14g.** *Bren Saes* 264, gwedy *vrddo* Edwart Kaer yn Arvon yn vrenin yn Lloegr ac yn dywysoc Kymry. **14g.** *GDG*³ 67, Tadmaeth beirdd heirdd, a'm *hurddai,* / Serchogion mwynion, yw Mai. *c.* **1400** *R* 1248. 25, morwyn eurdwyn *aurdwyt* [i Fair]. **1588** *Nu* iii. 10, *vrdda* di Aaron ai feibion i gadw eu hoffeiriadaeth. **1630** *YDd* 421, Fod yr holl wir Gristianogion yn Seinctiau, ac nid yr rhai y mae'r Pab yn eu *hurddo* (*canonize*). **1632** *D, Vrddo,* In ordines admittere, gradu aliquo & ordine honorare, decorare, honestare, honoratum facere. **17g.** HUW MORUS: *EC* ii. 383, Ffynnon dw'r tirion teiriaith,—yn tarddu, / At *urddo* cerdd berffaith. **1701** E. WYNNE: *RBS* 46, *Urdda* (*ennoble*) fy enaid a graddau mawr o Gariad tu ac attat ti. **1803** *P* d.g. *Urzaw.* Ar lafar, 'wedi cæl 'i *urddo*'n fardd yn y 'steddfod', *GTN* 474.

urddain, urddiain [?*urdd+-(i)ain* (cf. o bosibl *mirain, madiain*), neu cf. *urdden, urddyn*] *a.* Urddasol, anrhydeddus, clodfawr; (geir.) wedi ei anrhydeddu: *dignified, honourable, praiseworthy; (dict.) honoured.*

12g. *GCBM* ii. 50, Y Gyndelϐ oet ardelϐ *urdein.* **12–13g.** *GLlLl* 252, Un *urtyein* Lundein o lan deithi. **13g.** *GDB* 78, Gvr *urtdein* gvrhyd Por. **13g.** *GBF* 249, Post prydein *urtein,* wrt gyhussed. **1632** *D,* *Vrdden, Vrddain* . . . Idem quod Vrddol. **1772** *Hop M* 359, Os gweithred dda foledwiw / *Urddain* gais rhyw eur-ddyn gwiw. **1803** *P* d.g. *Urzain.*

urddarwyddion [*urdd+arwyddion* (ll. yr e. *arwydd*)] *e.ll.* Bathodynnau neu arwyddluniau yn dynodi aelodaeth, swydd, neu urddas: *insignia.*
1815.

urddas [*urdd+-as*²; petrus yw dosbarthiad rhai o'r enghrau. isod] *eg.b.* ll. *-oedd, -au,* a hefyd gyda grym ansoddeiriol ac fel *a.*

(*a*) Yr ansawdd neu'r cyflwr o fod yn deilwng o anrhydedd neu barch, anrhydedd, boneddigrwydd, gradd uchel, enw da, statws, gradd gymdeithasol, safle mewn hierarchiaeth; yr ansawdd neu'r cyflwr o fod yn urddasol (o ran ymarweddiad, &c.); trefn, rhestr: *dignity, honour, nobility, high rank, reputation, status, rank; dignity (of bearing, &c.); order, list.*

12g. *GMB* 274, Ac yn rynnaϐt fraϐt fraeth yt adwyf / Yn *urtas* heb dras dros a brydwyf. **12g.** *GLlF* 445, Rymetylyeis-y hynn y honni—urtaϐl, / Y *urtas* anuedraϐl a vedyr roti. **12–13g.** *GLlLl* 149, Archaf arch y Bedyr o berthynas—Crist / A duc Croc yn *urtas.* **13g.** *C* 62. 2–3, Kertorion allan heb ran *vrdas.* **13g.** *BD* 70, A'r try wyr hynny a ossodes ef yn *vrdas* sened Ruuein. **14g.** *BY* 19, O . . . Eleazar, y bu llin etiuedyaeth yr Effeireit, megys y keffir yn *vrdas* (*secundum ordinem*) y Brawdwyr a'r Brenhined a'r Prophwydi. **1346** *LlA* 53, dayar ytyϐyllϐch yϐ hi. lle nat oes vn *vrdas* (*ubi nullus ordo*) namyn aruthred tragyϐyd. **14g.** *WM* 192. 22–4, yr keissaϐ achwanegu anryded ac *urdas* a theilygdaϐt y eu kenedyl. **14g.** *BB* 50, y yrru o *vrdas* vychan y vn aoed vwy. *c.* **1400** *MM* 148, Chϐant a charyat ac erbynnyeit *urdas* bydaϐl. **15g.** *GLGC* 403, Calon Gwerthrynion a'i throed—a'i harddwrn / a'i *hurddas* fu erioed [marwnad Dafydd ap Meredudd]. **1547** *WS, Urddas* Honour. **1552** *Pen* 403, 43, *vrddasoedd* bydol. **1615** R. SMYTH: *GB* 49, yr ofn sydd arnynt-hvvy golli i golud daearavvl, sef i rhenti i prebendau ai *hurddas.* **1632** *D, Urddas,* Decus, honor, dignitas. **1672** J. LANGFORD: *HDdD*

154, Clôd ac *Urddas* (*reputation*). **1675** R. DAVIES: *PY* 64, yr tri rhyw pennaf o *vrddasau* yn yr Eglwys, Apostolion, prophwydi, Athrawon. **1772** *W* d.g. *Dignity, Honour* [*Rank and title*...]. **1803** *P.* Ar lafar yn yr ystyr, "Odd yr 'en wraig yn fenyw fwyn, dawal, a ryw *urddas* yn perthyn iddi', *GTN* 474; hefyd yn yr ystyr 'pedigri', "Wyt ti'n talu llawar mwy am gi *urddas* nag am fwngral', *ib.*

(*b*) Urdd grefyddol: *religious order.*
13g. *Cylchg LlGC* v. 61, menachloc o *vrdas* cistavs. **13g.** *B* ix. 337, dywedut idav bot en ormodd gorthrymdder *urddas* cluni. **13g.** *BD* 87, ac a baraf dy dynnu or abit hvnnv ket boet gvrthvyneb gan yr *urdas*, a'th wneuthur yn urenhin. *id.* 159, y cvuenhoed o uynych a chanonwyr ac ysgolheigyôn yn amrauael *urdassoed* yn eu processio yn canu.

(*c*) Bonedd (fel dosbarth cymdeithasol), arglwyddi: (*the*) *nobility, peerage, lords.*
16g. D. R. THOMAS: *DS* 19, trwy eu awdurtot ae gorchymyn hwynt (Y Urenhines, yr *urddas* a chyffredin y deyrnas). **1567** *TN* [xxx], yn fawr dy ddiolch i Dduw, i ras y Vrenhines, i *vrddas*, ac i gyffredin y deyrnas.

(*d*) Math, ffurf: *kind, form.*
c. **1455** *GP* 74, Tri ryw *vrddas* ysydd i gysylltiad, kanis rrai o'r kyssylltiadav ysydd racosodedic ... Rai ysydd gysylltedic ... Rai ysydd gyffredin. *a.* **1575** *id.* 100, Tri ordr nev dri *vrddas* yssydd i gyssylldiad.

(*e*) *Ser.* Safle planed lle y dwyseir ei dylanwad, naill ai oherwydd ei safle yn y Sodiac neu ei hagweddau â phlanedau eraill: *dignity* (*in astrol.*).
c. **1400** *Études* vii. 304, Deudec arwyd yssyd disgynnawl bob blwydyn vnweith yn eu lle ehun. Vn ohonunt yw *urdas* a dylyo r mis y bo yn meistroli ac yn bennadur arnaw.

Fel *a.* (yn y gr. cmhr.) Urddasol, anrhydeddus, bonheddig: *dignified, honourable, noble.*
15g. *BB* 170, o bob parth ir vrddasolion niver or pyngkiav tecaf ac *vrdasaf* or mvsic. **1488–9** *BSM* 33, Ar gwr da hwnnw a roes i vryd ... ar amylhav yr eglwys vwch benn korff Marthin ... yn *vrddasach* noc yr oedd. **16g.** *Med H* 20, llew ... pennaf anivail anrresymol yw, ac *urddasaf* a dewraf ymhob perigl. **1604–7** *TW* (*Pen* 228), yr *vrdhasaf* d.g. *primus.* **1728** S. RHYDDERCH: *GC* 86, Caer yw *Urddasaf* crair ddewisedd.

urddasaf: urddasu [bf. o'r e. *urddas*] bg.a. Urddasoli, anrhydeddu, mawrygu, parchu'n fawr, dyrchafu, gwneud yn fonheddig, rhoddi teitl i; addurno; trefnu; (geir.) ennill gradd (prifysgol), *Egl.* ordeinio: *to dignify, honour, venerate, revere, elevate, ennoble, confer a title upon; adorn; arrange, order;* (*dict.*) *gain a* (*university*) *degree,* (*eccl.*) *ordain.*
1346 *LlA* 169, Yllys ... aỽnaethpỽyt ar ansaỽd achyffelybrỽyd yllys a *vrddassaỽd* (*ordinavit*) thomas ebostol y wyndofforus brenhin yr yndia. **14g.** *SC* viii/ix. 183, vffernn y dan y daear ... nyt *vrdessir* (*asseritur*) neb yn y lle hwnnw. **15g.** *GHC* 17, Da fu, *urddasu*'r ddwysir, / Dy gael, bumed hael i'n tir [i Ruffudd ap Rhys]. **1488–9** *BSM* 2, ef a dynodd atto gariad i gyd varchogion hyd pann wnent [*sic*] i *urddassv* ef yn an Ryvedd. **1575–6** *B* vi. 318, *Vrddassv* 'r meistr ag ofni'r wialen. **1604–7** *TW* (*Pen* 228) d.g. *Observo, Orno.* **1712** T. WILLIAMS: *CDdG* 126, Duwioldeb a rhinwedd dda yw'r unig Gynneddfau sy yn *urddasu* (*ennoble*)'r Enaid. **1722** *Llst* 189, *Urddasu.* To confer honour upon, grace, dignifie, reverence. **1725** *SR* d.g. *Degree, To Take a Degree in the University.* **1794** J. WILLIAMS: *AGDd* 11, I Dduw wrth *urddasu* (*dignify*) y Dyn Crist â'r Enw Iesu. **1803** *P, Urzasu* ... To dignify, to honour; to confer orders.

urddasâf: urddasáu [*urddas+-hau*] ba. Anrhydeddu; addurno: *to honour; adorn.*
1567 *LlGG* 126b, yr hon wynfydedic stat a addurnawdd ac a brydferthawdd [:- *vrddasawyt*] Christ ai gynnyrcholdeb y hun. **1725** *SR* d.g. *To honour.*

urddasaidd [*urddas+-aidd*] a. Urddasol, anrhydeddus, uchel ei radd, bonheddig; trefnus: *dignified, honourable, of high rank, noble; orderly.*
13g. *Llst* 1, 86, amravaylyon kenveynnyoed *vrdasseyd* o vrdolyon. **13g.** *BD* 159, A guedy guisgav am y brenhin, kychvyn a wnaethpvt ac ef yn *urdasseid* (*ordinate*) parth ac eglvys yr archesgobty. **14g.** *H* 77b. 26, llywyawdyr *urdaseid* deyrneid dei (Hillyn). **14g.** *GDG*[3] 43, Nid bas, cyweithas ŵr *urddasaidd*, / Neud bardd, ei neddair, ffyrfair, ffurfaidd. *c.* **1400** *YCM*[2] 185, [g]wneuthur llestri odidawc *urdasseid* o eur ac aryant. **15g.** *BB* 189, a pheri ev dwyn y vanachlogoed yn *vrdasseid* ac ev kladu yn enrydedus. **15–16g.** *GLM* 326, athrawaidd llew uthraidd llathr, / ac *urddasaidd* gerdd ddisathr [marwnad Rhys Nanmor]. **1604–7** *TW* (*Pen* 228) d.g. *Celeber, Maiestas.* **1803** *P.*

urddasedig [bôn y f. *urddasaf*: *urddasu+-edig*] *a.bfl.* Urddasol: *dignified.*
1803 *P.*

urddasfawr, gw. **urddas+mawr.**

urddasiad [bôn y f. *urddasaf*: *urddasu+-iad*[1]] *eg.* ll. *-au.* Y weithred o urddasoli, anrhydeddiad, urddiad (â theitl); *Egl.* ordeiniad; (geir.) dathliad (gŵyl grefyddol): *dignification, an honouring, ennoblement;* (*eccl.*) *ordination;* (*dict.*) *celebration* (*of religious feast*).
16g. *WLl* 106, Mal hiliogaeth Seth difeth dyfiad / Mal irwydd Eissac mawl *urddasiad.* **1604–7** *TW* (*Pen* 228) d.g. *Celebratio.* **1728** S. RHYDDERCH: *GC* 98, Ach rhyw oeddynt wych wreiddiad / Ar ddewisol *urddasiad.* **1772** *W* d.g. *Dignification* [*the act of conferring honour, or promoting to some honourable post*]. **1803** *P, Urzasiad,* s. m. ... A dignification; a conferring of holy orders.

urddaslon, urddaslawn [*urddas+-lon, -lawn*] *a.* Urddasol: *dignified.*
16g. *WLl* 35, Gwr o stad *urddaslon.* **17g.** *TBM* 773, Ysgwier dyfnder pob dawn—wyt Wiliam / O'r tylwyth *urddaslawn* (Siôn Gruffudd).

urddasog [*urddas+-og*] *a.* a hefyd fel *eg.* ll. *-ion.* Urddasol, anrhydeddus, uchel ei radd, bonheddig; *Egl.* ordeiniedig; urddasolyn, person urddasol: *dignified, honourable, of high rank, noble;* (*eccl.*) *ordained; a dignitary, dignified person.*
12g. *GLlF* 442, Y hebrỽg anrec redecaỽc / Y Lasgwm, nyd oet trỽm tri *urtassaỽc.* **16–17g.** EDWARD URIEN, &c.: *Gw* 276, Ni phrisia fôn y bonedd, / Na'r ddysg oll, *urddasog* wedd. **1803** *P, Urzasawg,* a. ... Having dignified or sacred orders; dignified. s. m. —pl. *urzasogion.* A dignitary.

urddasol [*urddas+-ol*] *a.* ll. (prin) *-ion.* A chanddo urddas, a nodweddir gan urddas, anrhydeddus, bonheddig, uchel ei radd; uchel ei glod, hybarch: *dignified, honourable, noble, of high rank; esteemed, revered.*
14g. *BT* (*RB*) 60, ny weda yni mynet yn dissyuyt am y penn namyn ynn eglur dyd gyt ac *urdassawl* gyweirdep niuer. **14–15g.** *IGE*[2] 297, A chael dodi'n corff, o chaid, / Yn deg mewn tir bendigaid; / A nawdd, a gras *urddasol*, / A nef i'r enaid yn ôl (Siôn Cent). **15g.** *DGG*[2] 15, Gwneuthum dŷ i garu gwen, / ... / Trefnais gwmpas *urddasawl* / Adeilad mân blethiad mawl. **1547** *WS, Urddassol* Honorable. **1551** W. SALESBURY: *KLl* lxxxia, Rei ae llywadraythant a elwir yn Wyrda *urddasawl.* **1567** *TN* 343a, *Urddasawl* [:- Anrydeddus] yvv priodas ym hob dyn. **1615** R. SMYTH: *GB* 119, mi a vvn hefyd fod llavver o ddoctoriaid *urddasol* ag athravvyr godidavvg, 'n yr unifersiti yma. **1632** *D, Urddasol,* Venerabilis, honorificus. **1744** D. ROWLAND: *RY* 233, Llythyr *urddasol* (*highly-esteemed*), o Law ein cywyr a'n Caredig gyfeill. **1772** *W* d.g. *Dignified, Noble, Adj.* [*of high rank* ...], *Noble, or illustrious.* **1803** *P* d.g. *Urzasawl.* Ar lafar, "Odd a'n wilia'n bwyllog ac yn *urddasol*, fel prigethwr cyrdda mawr', *GTN* 474.

Gw. hefyd **urddasolion**[1].

urddasolaf: urddasoli [bf. o'r a. *urddasol*] *bg.a.* Rhoddi urddas (ar), gwneud yn urddasol, anrhydeddu: *to dignify, add dignity* (*to*), *honour.*
1803 *P.*

urddasoldeb [*urddasol+-deb*] *eg.* Urddas, anrhydedd: *dignity, honour.*
1595 *Egl Ph* 41, gwelawdh Nebucadnezer mywn gweledigaeth, Brenn gwych ... Ei vchter, oedh yn dangos ei *vrdhassoldeb.* **1803** *P.*

urddasolder [*urddasol+-der*] *eg.* Urddas, anrhydedd: *dignity, honour.*
1803 *P.*

urddasolion[1] [*urddasol+-ion*[2]; ansicr yw'r engh. gyntaf isod] *e.ll.* (un. g. *urddasolyn*). Pobl o radd gymdeithasol uchel, pobl sy'n dal swyddi (eglwysig) uchel, pobl, &c., urddasol: *dignitaries, dignified people, &c.*
15g. *BB* 170, o bob parth ir *vrddasolion* niver or pyngkiav tecaf ac vrdasaf or mvsic. **1793** DAFYDD IONAWR: *CD* 114, Yn awr fe fawr fyfyriawdd, / Addwyn wr, am Dduw a'i nawdd. / Sylwi wnai 'r *Urddasolion* / Ei gystudd, yn brudd eu bron.

urddasolion[2], gw. **urddasol.**

urddasolrwydd [*urddasol+-rwydd*] *eg.* Yr ansawdd neu'r cyflwr o fod yn urddasol, urddas, anrhydedd, hefyd fel teitl o barch: *dignity, honour, also as a title of respect.*
1803 *P.*

urddasolyn, gw. **urddasolion**[1].

urddasrwydd [*urddas+-rwydd*] *eg.* Urddas, anrhydedd, hefyd fel teitl o barch: *dignity, honour, also as a title of respect.*
c. **1585** *MCr* 125, i weled gogoniant fy Ngreawdr, ag i synaid ar y gariadys *yrddasrwydd* ef. **1744** D. ROWLAND: *RY* 163, Os gwel eich *Urddasrwydd* yn ddâ i ddanfon am ryw un.

urddasryw, urddaswaed, urddaswaith, urddaswedd, gw. **urddas+rhyw**[1]**, gwaed, gwaith**[1]**, gwedd**[1]**.**

urddaswr [*urddas+gŵr*] *eg.* ll. *-wyr.* Urddasolyn, person urddasol: *a dignitary, dignified person.*
16g. WILIAM LLŶN: *Gw* (R. Stephens) 226, Ni ddygi gas, f'*urddaswr*, / Cas byth a wna cosb i ŵr [i Iemwnt Llwyd]. **16–17g.** *IMCY* 227, Yr awen ... / 'Sydh 'n awr yn / danbhon trwscyl bennvlhyon attat *vrdhasswr* am diphynnwr. **16–17g.** *GST* i. 108, Mab Tomas yw'n *urddaswr*, / Mostyn, llew gwyn yn lle gŵr.
1803 *P.*

urddaswych, gw. **urddas+gwych.**

urddeb [*urdd+-eb*] *eb.* ll. *-ion.* Teitl (person): *title* (*of person*).
1828.

urddedig [bôn y f. *urddaf*: *urddo+-edig*] *a.bfl.* ll. *-ion,* a hefyd gyda grym enwol. Urddasol, anrhydeddus, bonheddig, uchel ei radd, wedi ei urddo (am farchog), wedi ei anrhydeddu, dyrchafedig, ysblennydd; *Egl.* ordeiniedig; ?wedi ei orchymyn, ordeiniedig: *dignified, honourable, noble, of high rank, dubbed* (*of knight*), *honoured, exalted, splendid;* (*eccl.*) *ordained;* ?*decreed, ordained.*
12g. *GMB* 242, Erbynned eruei eur ualchwaỽd Walchmei / Yn aỽr diuei, yn *urtedic.* **12g.** *GLlF* 442–3, Gweleis-y glas ac urtas *urtedic* haelon, / Ymplith dedwytyon doethon dothwyf. *Dchr.* **14g.** *GGDT* 152, Gan rwyf Bangor gôr, goron—*urddedig.* **14g.** *YBH* 67a, Arglỽyd heb hi pỽy a gynheil dy gyfoetheu *urdedic* (*riches*). *id.* 67b, [p]eri y urenhined *vrdedic* (*grant*) ... dỽyn y kyrff yr eglỽys. **14g.** *GDG*[3] 17, O degwch, brifflwch brafflyw—*urddedig*, / Pendefig rhyfyg rhyw [i Ifor Hael]. **14g.** *GIG* 86, *Urddedig* arwydd ydiw, / Brenin yng ngwlad y gwin gwiw [i Syr Rosier Mortimer]. *c.* **1400** *R* 1251. 17, Eil *urdedic.* duỽ nydolic. ny didolyd. **15g.** **(1594)** *B* xvi. 260, vy *vrdhediccaf* Arglwydh Jesu Ghrist. **15g.** *GO* 179–81, Powdr llysiav siopav y sydd / Ar ddiodydd *vrddedic.* **1547** *WS, Urddedic* Honored. *c.* **1585** *MCr* 41, ar i ben yr oedd goron amherodraidd ... ag yn y law ef teyrn wialen *yrddedig.* *c.* **1600** *March C* 49, Ei [*sic*] allwn ni ddamuno peth *urddedicach* na bod yn blant i Dduw ...? **1613** *TBM* 642, O'u deug[or]ff *urddedigion* / Y dôi mawl Deau a Môn [marwnad Syr Huw Owen gan Owen ap Rhys]. **1632** *D, Urddedig,* Honoratus. **1766** *CD* 188, Yr oedd yn tyfu'n *Urddedig*, / Yno Sinsir, a Nutmig. **1770** *W*, bôd yn *urddedig* d.g. *To admit, To be admitted into orders.* *id.* d.g. *Knighted.* **1803** *P.*
Amr.: **urddiedig** [bôn y f. *urddaf*: *urddo+-iedig*]. **1836.**

urddeiniol [*urddain+-iol*] *a.* Urddasol: *dignified.*
p. **1584** G. ROBERT: *GC* [340], mae'r penphydd dofydd dwyfawl gidathi / ith urddoni eneth *urddeiniawl.* **1803** *P* d.g. *Urzeiniawl.*

urdden [?cf. *urddyn*] *e?b.* a hefyd fel *a.* Urddas(ol), anrhydedd(us), clod(fawr); (geir.) wedi ei anrhydeddu, *Egl.* ordeiniedig: *dignity, honour, praise; dignified, honourable, praiseworthy;* (*dict.*) *honoured,* (*eccl.*) *ordained.*
Dchr. **12g.** *GMB* 7, Vrten arnav, rad ac anaw a ffav a phlant! *id.* 29, Hervit *urten* autyl Kyrridven, ogyrven amhad. **12g.** *id.* 71, Gỽanei yg kynhor eissor Medraỽd / Mal Vryen *urten* a'e amgyffraỽd. **12g.** *GCBM* i. 25, Aruolyant urdyant, *vrden* waỽt. **12–13g.** *GMB* 336, Gallaf y'th garaf y'th gaer *urden.* **1632** *D*, **Vrdden* ... Idem quod Vrddol. **1772** *W, urdden* ... eglwys d.g. *Church, Church-man.*

urddenw [*urdd+enw*] *eg.* ll. *-au.* Teitl (er

anrhydedd), enw barddol, llysenw; ?term (geiriol): title (of honour), bardic name, nom de plume; ?term (expression).

1794 *W* d.g. *The title of a book . . . Titles of honour.*

urddfoes, gw. urdd+moes².

urddfreiniad [bôn y f. urddfreiniaf: urddfreinio+-iad¹] eg. Achlysur neu ddefod agoriadol, defod urddo neu sefydlu: *inauguration.*

1851.

urddfreiniaf: urddfreinio [urdd+breiniaf: breinio] ba. Rhoddi cychwyn (swyddogol neu ffurfiol) i, sefydlu mewn swydd neu mewn grym yn ffurfiol neu'n ddefodol, agor yn ddefodol, cyflwyno'n ffurfiol: *to inaugurate.*

1850.

urddfreiniol [urdd+breiniol] a. Yn perthyn i urddfreiniad, yn ffurfio rhan o ddefod urddfreinio, agoriadol (am ddarlith, cyfarfod, &c.): *inaugural.*

1848.

urddiad, urddad [bôn y f. urddaf: urddo +-iad¹, -ad] eg.b. ll. -au. Egl. Y weithred o urddo (offeiriad, &c.), ordeiniad; y weithred o urddo('n farchog, &c.), anrhydedd(iad); derbyniad (i gymdeithas, &c.); (yn y ll.) urddarwyddion: (eccl.) *ordination; conferment (of knighthood, &c.), an honouring, honour; initiation (into a society, &c.); (pl.) insignia.*

14–15g. IGE² 171, Ysbryd, Tad urddad eurddellt, / Glân, a Mab goleuni mellt (Rhys Goch Eryri). **1588** Act vi. cs., Vrddiad saith o ddiaconiaid yn yr Eglwys. **1657** T. POWEL: CI 18, Bedydd . . . sydd Sacrament o râdd neu'r urddiad cyntaf (initiation), neu dderbyniad dŷn i'r Eglwys weledig. **1661** E. LEWIS: Drex 51, Y Rhufeiniaid oedd yn tybied y gallent dragywyddoli eû clôd dair math ar ffordd, a throsgl[wy]ddo eû hûrddad, i'r byd a ddoe ar ol. **17g.** HUW MORUS: EC ii. 383, Naw yn dy iâd urddiad wirddwys—trwy drefn, / Ym mysg y ddysg ddefn, awen lefn lwys. **1710** LlGG [ix], ffurf Urddiad (Ordination) a Chyssegriad Esgobion Offeiriaid a Diaconiaid. **1722** Llst 189, Urddad m. Ordination. **1778** *W* d.g. Ordination. **1798** WR d.g. Installation. **1803** P, Urziad, s. m.—pl. t. au . . . A dignifying, a conferring of honour; a giving of degree, rank, or order; an ordaining.

urddiadol [urddiad+-ol] a. Egl. Ordeiniadol: (eccl.) *pertaining to ordination.*

1856.

urddiain, gw. urddain.

urddiant [urdd a bôn y f. urddaf: urddo+-iant] eg. Urddas; urddiad, anrhydeddiad: *dignity; an honouring.*

12g. GCBM i. 25, Lluch varan, lluchuann y vola0t, / Aruolyant urdyant, vrden wa0t. id. ii. 165, Yn urtyant uolyant ual yd glywer. **1670** J. HUGHES: AP 213, i'th addoli di yn y Sacrafen fendigedig hon a'r Vrddiant goruchaf ac a gostyngeiddrwydd iselfryd. **1721** J. P. PRYS: DC 95, Pa draethod adroddant ai wirio dan Warrant, / Eill gynnwys mwy moliant wych Urddiant na Cherdd. **18g.** Beirdd y Berwyn 29, Y brenin da i foliant ddihangodd i Scotland, / Tan dybied, ond cael meddiant da urddiant i dad. **1789** LlCy i. 32, [p]ob perthynas arall . . . a baro urddiant I ddieuddawn Prydydd iawn Cymru. **1803** P.

urddiedig, urddin, gw. urddedig, urddyn.

urddineb [urddin+-eb] eg. Urddas, cyflwr urddasol: *dignity, dignified state.*

1803 P.

urddlythyr [urdd+llythyr] eg. ll. -au. Diploma: *diploma.*

1772 *W* d.g. Diploma [a deed of privilege or degree].

urddnodau [urdd+nodau (ll. yr e. nod¹)] e.ll. Urddarwyddion: *insignia.*

1848.

urddog [urdd+-og] a. ll. (gyda grym enwol) -ion. Wedi ei urddo (am farchog), wedi ei anrhydeddu; Egl. ordeiniedig, urddasol, bonheddig, ysblennydd: *dubbed (of knight), honoured; (eccl.) ordained; honourable, noble, splendid.*

16g. HUW ARWYSTL: Gw 365, ag vrddawg len y gwyrdd gloes / ag yn honno gan heinioes [i'r ceiliog

bronfraith]. **16–17g.** EDWARD URIEN, &c.: Gw 62, O wraidd gwaed urddog ydych / Arfon, Gwent, aur fannau gwych [i Rolant Puw o Fathafarn]. **16–17g.** NBSA 155, Marchog urddog Gogerddan, / Mwy na thri iarll myn i'th ran [Siôn Cain i Syr Rhisiart Prys]. **1778** *W* d.g. Order, Honoured with some order or degree. **1803** P, Urzawg . . . Having dignity; having orders.

urddol [urdd+-ol] a. ll. -ion, a hefyd fel eg. ll. -ion. Urddasol, anrhydeddus, bonheddig, gwych; wedi ei anrhydeddu, wedi ei urddo (am farchog); graddedig; Egl. ordeiniedig, ordeiniol: *dignified, honourable, noble, fine; honoured, dubbed (of knight); graduated; (eccl.) ordained, relating to ordination.*

12g. GLIF 447, Ny syrthei y'r lla0r ua0r uilltireu, / Namyn ar dyn urta0l urthynt seinheyeu. **12g.** GCBM ii. 50, Urt0s Du0 diwyrna0d Ywein, / Urta0l benn, pria0dnenn Prydein. **13g.** GDB 255, Gweleis Lywelyn, eurdyn urta0l, / Yn urtas dreicwas dragywyta0l. **13g.** BD 99, yeirll a barvnyeit a marchogyon urdavl. **14g.** WML 121, Abadeu . . . adylyant vot yn yscolheigon vrdolyon. **14g.** WM 59. 29–31, o acha0s y ped0arugeint mlyned hynny y gel0it. yspyda0t urdaul benn. **14g.** GDG³ 318, Dyrain mawr ederyn Mai / . . . / Eirian farchog donïog dôn / Urddol aur ar ddail irion. **15g.** GGI² 21, Urddatvl fab arddelw a fyn / Fur loywlyfr, ŵyr Lywelyn [i Abad Ystrad-fflur]. **15g.** ID 93, er y ddaulu urddolion / ba wir w rail lle bwriwyd on. **1630** YDd 37, Wyt ti o rieni vrddol (nobly descended)? **1632** D, Urddol, Gradu aliquo & ordine honoratus. **17g.** HUW MORUS: EC ii. 391, 'R oedd gweision mwynion eu mawl—bob tymmor, / I Syr Tomas urddawl. **[1756]** Gron 11, O farddwaith od wyf urddawl, / Poed i[m] wau emynau mawl. **1794** E. JONES: CP 9, y person, sef yr offeiriad urddol. **1803** P d.g. Urzawl.

Fel e. Person urddasol neu anrhydeddus, urddasolyn; marchog urddol; clerigwr ordeiniedig: *dignified or honourable person, dignitary; dubbed knight; ordained cleric.*

12g. GLIF 445, Rymetylyeis-y hynn y honni— urta0l, / Y urtas anuedra0l a vedyr roti. **13g. (1641)** HGK 32, A roddes ynteu y esgob ag archdiagon, effeirieit ag urddolyon ag athrawon. **14g.** GIG 153, Gwaethaf brawd i bregethu / Ei foes wrth urddol a fu. **15g.** GLGC 32, Heb lin brenhinol / yma'r ŷm ar ôl / heb urddol breiniol, heb wirionedd [marwnad Edmwnd Tudur]. id. 46, Fy eurog farchog a gyferchid, / fy urddol grasol, ac a groesid [i Syr Rhys ap Tomas]. **16g.** WLl 55, Kollwyd urddol hael dewrddoeth / Kwmpnïwr a dyddiwr doeth [marwnad Arthur ap Huw]. **1593** W. MIDLETON: B 15, Mawr oedh ir dheulu myrdh o vrdholion. **1772** *W*, urddol eglwysig d.g. Dignitary [a dignify'd clergyman . . .].

urddolaf: urddoli [bf o'r a. urddol] bg.a. Urddasoli, anrhydeddu, urddo('n farchog); addoli; Egl. ordeinio; cyflwyno gradd brifysgol i: *to dignify, honour, dub; worship; (eccl.) ordain; confer a university degree upon.*

16g. SIÔN BRWYNOG: C 147, Aur ddail urddo[li], a'i felys foli, / O'i law frau holi lifrai helaeth. **16g.** D. R. THOMAS: DS 169, ir urddoli anrhydeddu urddasu (TN 323a, val yr addurnant) addysc eyn nac vrddola hwynt. **id.** 46, Na wna yt dy hvnaan ddelw gervedic . . . nac ymddarostwng vddunt, nac vrddola hwynt. **16g.** Credu i Dduw a's ofni a'i garv . . . a'm holl nerth, y'w vrddoli Ef. **16–17g.** IICRC iii. 50, Urddolwch i y gwr a wnaeth / y mor ar traeth ar pysgod. **1774** *W* d.g. To graduate [dignify with a degree in an university]. **1803** P.

urddoledig [bôn y f. urddolaf: urddoli+-edig] a.bfl. Urddasol, anrhydeddus, bonheddig: *dignified, honourable, noble.*

16g. WILIAM CYNWAL: Gw (R. L. Jones) 703, A gwayw a thalaith y Ffydd Gatholig, / Iawn arddel odiaeth iôn urddoledig [i Thomas Davies, esgob Llanelwy]. **16–17g.** HG 138, ag oi gredigrwydd yn vwy, ve parwys hwy n rhwymedig / yn vigailaid ysbrydol, mewn galwad yrddoledig.

urddoledd [urddol+-edd¹] eb.g. Urddas, cyflwr urddasol: *dignity, dignified state.*

1696 CDD 268, Cŷd-gofiwn ar ddaiaren, / Ddammeg y ffigŷs-bren, / Ni a wŷddom ar ei ddeilen, / Urddoledd bur lle bai, / Mae pwŷso bŷdd, nid amgen, / Yr amser ar ei ddiben. **1803** P, Urzolez, s. m. . . . A dignified state.

urddoles [gair geir., sef urddol+-es¹] eb. ll. -au. Offeiriades, diacones; gwraig urddasol neu fonheddig: *priestess, deaconess; dignified or noble lady.*

1604–7 TW (Pen 228) d.g. Sacerdotissa (hefyd D). **1722** Llst 189, Urddoles eglwysig. A priestess, deacon-

ess. **1803** P, Urzoles, s. f.—pl. t. au . . . A female who holds dignity or rank.

urddoliad [bôn y f. urddolaf: urddoli+-iad¹] eg. Urddasiad, anrhydeddiad; Egl. ordeiniad: *a dignifying or honouring; (eccl.) ordination.*

1667 Cylchg LlGC viii. 30, Ffei greiriau seintiau ffei serth vrddoliad / ar ddelwau mud anferth. **1803** P, Urzoliad, s. m. . . . A dignifying . . . ordination.

urddoliaeth [urddol+-iaeth] eb.g. ll. -au. Urddas, anrhydedd; urdd (marchogion); Egl. ordeiniad: *dignity, honour; order (of chivalry); (eccl.) ordination.*

16g. GP 202, Saith math o varchoc vrddoliaeth ysydd. Cyntaf yw marchoc o'r Gowlden Phlis . . . marchoc o'r Gartyr. **16g.** WILIAM LLŶN: Gw (R. Stephens) 61, Cymro o waedryw, cai 'merodraeth, / Cadw air a ddwywlad, coed urddoliaeth [i Siôn Salbri ifanc]. **1803** P, Urzoliaeth, s. m. . . . Ordination.

urddoliant [bôn y f. urddolaf: urddoli+-iant] eg. Urddasiad, anrhydeddiad; addoliad; urddas: *dignification, an honouring; worship; dignity.*

16g. GILIV 7, Llyma r dallter arferwyd / Delwau oedd well no Duw lwyd / Mab Mair i scluso ymhob modd / Mawrhau diawl mawr hudolodd / Rhoi urddoliant ar ddeulin / A ddylai Grist ar ddelw grin. **16–17g.** Cer RC 20, Y tyrnasoedd a weli, a rodda' i gyd iti: / Syrthia, gwna imi urddoliant. **1728** S. RHYDDERCH: GC 68, Gwir ddeliwch ag Urddoliant, / Gair Moliant a grym Wiliam.

urddolwaed, urddolwaith, urddolwych, gw. urddol+gwaed, gwaith¹, gwych.

urddoniant, gw. urdduniant.

urddonol, urddoniol [?urddon(iant)+-(i)ol] a. Urddasol: *dignified.*

1869.

urddosodiad [urdd+gosodiad] eg. Arwisgiad, sefydliad (mewn swydd): *investiture, establishment (in office).*

1810.

urddradd [urdd+gradd] eb. ll. -au. Gradd (er anrhydedd), anrhydedd: *(honorary) degree, honour.*

1824.

urddreg, urddroddol, gw. urdd+rheg², rhoddol.

urddunaf, urdduniaf: urddun(i)o [?bf. o'r e. urddun(iant)] ba. Anrhydeddu, dyrchafu; (geir.) dathlu (gŵyl grefyddol): *to honour, exalt; (dict.) celebrate (religious feast).*

1568 MORYS CLYNNOG: AG 32, rwyfi hefyd in i hur[ddu]nio hwynt [y saint]. id. 47, e fyn yr egl[w]ys vrdduno'r saint i phlant hi, megis y darfu idynhwythau vr[dd]unio duw. **1604–7** TW (Pen 228), vrdhvnio d.g. Ago. **1752** Gron 11, A phlant celfyddgar a garo—eu hiaith, / A hardd awenwaith a'u hurdduno. **1803** P d.g. Urzunaw.

urdduniad [bôn y f. urddunaf: urdduno+-iad¹] eg. Anrhydeddiad, urddasiad: *an honouring or dignifying.*

1568 MORYS CLYNNOG: AG 37, y tri cyntaf [o'r deg gorchymyn] sy'n perthyn at vrdduniad duw. **1803** P.

urdduniaf: urddunio, gw. urddunaf: urdduno.

urdduniant [?ff. ar ardduniant dan ddyl. urdd, urddas, &c.] eg. Urddas, anrhydedd, gogoniant, clod, parch, parchedig ofn, addoliant: *dignity, honour, glory, renown, respect, reverence, adoration.*

14g. GDG³ 46, Gwrygiant urdduniant eurddoniad—facwy, / Gwreigaidd olywy, gwragedd leuad [marwnad Angharad]. **1527** B ii. 221, os chychwi ai gwnna, a vydd vrdduniant tragywydd i ni yr devoydd. **16g.** GSC 122, On'd iawn ar hon dynnu tant, / I'r Dwy Wynedd urdduniant? **1567** LlGG 13a, gallom gaffael ffrwythau y ddaiar in mwynnaint ny, ac ith urdduniant tithae, trwy Ieshu Christ ein Arglwydd. **1604–7** TW (Pen 228), vn a wedhio drwy anrhydedh ac urdduniant d.g. Adorator. id. 23g. Reuerentia. **1618** J. SALISBURY: EH 142, y neb sy'n adholi Duw a'r vrdhuniant pennaf. **1630** YDd 210, Ac nid yw yr anrhydeddus un-dydd yr Arglwydd, yn lleihau gogoniant y Sabboth: eithr yn hytrach wedi ei roddi atto, y mae yn chwanegu

ei *vrddiniant* [sic] (*dignity*). **1632** D, *Vrdduniant*, vid. Ardduniant. **1672** J. LANGFORD: HDdD 447, ein *hurdduniant* (*reverence*) ni i'th ddirfawr Fawrhydi di. **1718** E. SAMUEL: HDdD 268, a thalu . . . bob Anrhydedd ac *urdduniant* (*Esteem*) iddo. **1803** P.

Amr.: **urddoniant**. **15g.** DE 51, per val y pader myn pedr / melysach no mel lesedr / *vrddoniant* vel avrddonen / o fwsg avr oedd wefys gwen. **16–17g.** GST i. 495, Amal tôn mawl tant, amal cerdd mil cant, / A mwy *urddoniant* ym mwrdd Annes. **1803** P.

urdduniog, urdduniol, gw. urddunog, urddunol.

urddunog, urdduniog [*urddun(iant)* + -*(i)og*] *a.* Urddasol: *dignified.* **1845.**

urddunol, urdduniol [*urddun(iant)* + -*(i)ol*] *a.* Aruchel, urddasol, clodwiw, hybarch: *sublime, dignified, laudable, revered.* **1768** J. JONES: HC [5], Urdduniol eu Barddoniaeth, / Llawn o Fêr a llyn o faeth. **1803** P d.g. Urzunawl.

urddwaith, gw. urdd + gwaith[1].

urddweddi [*urdd* + *gweddi*] *eb.* Egl. Gweddi ordeinio: (*eccl.*) *ordination prayer.* **1818.**

urddwisg [*urdd* + *gwisg*] *eb.* ll. -*oedd.* Unrhyw un o wisgoedd swyddogol clerigwyr, &c., a wisgir yn ystod gwasanaethau crefyddol, yn enw. casul; swyddwisg, dilledyn swyddogol neu seremonïol; hefyd yn *ffig.*: (*eccl.*) *vestment; uniform, official or ceremonial garment; also fig.* **1773** W, urdd-wisgoedd d.g. *Formalities.* **1803** P.

urddwisgaf: urddwisgo [bf. o'r e. *urddwisg*] *ba.* Arwisgo: *to invest, robe.* **1916.**

urddwisgiad [*urddwisg* + -*iad*[1]] *eg.* Arwisgiad, sefydliad (mewn swydd): *investiture, establishment* (*in office*). **1852.**

urddwr [*urdd* a bôn y f. *urddaf*: *urddo* + -*wr*] *eg.* ll. -*wyr.* Gŵr urddasol neu anrhydeddus, gŵr bonheddig, urddasolyn; rhoddwr urddas: *Egl.* ordeiniwr: *dignified or honourable man, nobleman, dignitary; dignifier;* (*eccl.*) *ordainer.* *Dchr.* **15g.** GSCyf [119], A'r gair amddiffyn, aur gof, / Gwedd treigl, a guddiwyd rhagof, / Ddirfawr gelc, oni ddarfu, / Trwy lid, fal cyfnewid cu, / Ym osod pris, dewis di, / *Urddwr* awdl, ar ddireidi (Llywelyn ab y Moel). **16g.** GILIV 26, Yr *urddwr* piar urddas / Ar grawn ar egin ar gras. **16g.** DAFYDD AP LLYWELYN, &c.: Gw 6, Tra fuost, difost ofeg, / *Urdd-wr* dysg, 'ry ddaear deg [Dafydd ap Llywelyn i Ddyfnog]. *a.* **1587** Y 56, Vno eilwaith, winevlain, / *Vrddwyr* hêdd, ar ddav o 'rhain. **1803** P, Urzwr . . . A man who dignifies; one who ordains or confers orders.

urddyn [?bnth. Llad. *ōrdin*-, bôn traws yr e. *ōrdō*, ond dichon mai *urdd* + *dyn* a welir yn rhai o'r enghrau. isod] *eg.* a hefyd fel *a.* Urddas(ol), anrhydedd(us), clod(fawr); (geir.) wedi ei anrhydeddu, *Egl.* (clerigwr) ordeiniedig, (*person*) graddedig: *dignity, honour, praise; dignified, honourable, praiseworthy;* (*dict.*) *honoured,* (*eccl.*) *ordained* (*clergyman*) *graduate(d).* **12g.** GMB 275, Tramwy caradwy kaerua *urtyn.* **12–13g.** GLlLl 180, Mab Ioruerth, mad ganed *urtyn.* **13g.** GDB 64, Maŵr dilyw detyw am diryon—*urtyn.* id. 468, Vrddyn Lywelyn, lyw y Berfeddwlad. **13g.** C 63. 16–64. 2, Bet gur gwaud *urtin* in uchel tytin. **13g.** A 6. 18, blwydyn en erbyn *urdyn* deuawt. **14g.** T 76 11–12, Mil ym braŵt prydein *vrdin.* Ac yam gysswn kyffin. *c.* **1400** B ii. 120, Meckyt Meir am dirion—*urdyn* arnaw. *c.* **1632** D, *Vrdden . . . *Vrddyn,* Idem quod Vrddol. **1722** Llst 189, *Urddyn.* m. A graduate. **1803** P d.g. Urzin, Urzyn.

Gw. hefyd urdden.

urddysgol [*urdd* + *ysgol*[1]] *eb.* ll. -*ion.* Prifysgol, hefyd yn *ffig.*: *university, also fig.* **1794** W d.g. University.

urea, urein, gw. wrea, urin.

uriad [?olff. o *henuriad*] *eg.* ll. (prin) *uriaid,* (geir.) *uriadon.* Henuriad, henadur, seneddwr, pennaeth, arglwydd, pendefig; hen

ddyn, henwr: *elder, alderman, senator, chief, lord, noble; old man.* **14g.** GEO 9, Hygad *uriad* arail can câr. **14g.** GDG[3] 46, Gwrthwyneb galon, gartheiniad—gytbar, / Gwrddfar gwingar ddâr, gwen-gerdd *uriad* [marwnad Angharad]. id. 205, Y don hael, adain heli, / Y tâl a ddylwn i ti, / Nith mordraeth, anoeth mordrefn, / N'ad y trwch *uriad* trachefn [i ddymuno boddi'r gŵr eiddig]. **15g.** GLGC 227, pob llygad *uriad* a ŵyl, / pe bai ddysg, pawb a ddisgwyl. **16g.** WLl 107, Dra fo dwr na gwr nac *uriad*—na braint / Oes ytt a henaint Tomos Tanad. **1604–7** TW (Pen 228) d.g. presbyter. **1632** D, *Vriad,* Senator, senex. **1722** Llst 189, *Uriad.* m.p. *riaid.* An alderman, elder, senatour; elderly man. **18–19g.** IEUAN LLEYN: C 101, Ei oedran ef, addefir, / Un teg, gan *uriad* ein tir. **1803** P, *Uriad,* s. m.—pl. t. on . . . an exalted one; an elder.

uriael, urig, gw. urael, wrig.

urin [bnth. S. C. *urin(e)*] *eg.* Troeth, trwyth, piso: *urine.* *c.* **1400** MM 106, A reit yŵ kynnullaŵ yr *vrin* y myŵn llestyr gŵydyr. id. 116–18, *Vrin* epatig tywyll, periglus yŵ . . . *Vrin* coch o heint mala, periglus vyd. *c.* **1400** Études vii. 58–60, Pybyr . . . gwaret . . . hwyd a wnant a pheri *urin.* **1488–9** RWM i. 17, Tabl yw honn o amravaelion liwiav ar *vrin* a dyfroedd dynion. **16g.** LlS 4, escor drwy yr phordd issaf a gyd ar *vrin* nei'r trwnc. *Diw.* **16g.** WLB 32, Kymer y ffrwyth a fydd ar yr onn ai fferwi [sic] yn dda mewn *urin* dyn i hun. *Amr.*: **urein** [bnth. S. Diw. Cyn. *ureyne*]. **1545** ELIS GRUFFYDD: Ll 14.

Gw. hefyd wrin.

urinal [bnth. S. *urinal*] *e?g.* ll. -*ys.* Llestr i ddal troeth cleifion, &c., i'w archwilio; (geir.) pot piso: *urinal* (*for examination of urine*); (*dict.*) *chamber-pot.* **15g.** GLGC 79, a'i *urnel,* bid Duw'n farnwr, / a'i grywyn dellt a'i gyrn dŵr [marwnad Siôn Dafydd ap Gruffudd Fychan]. **1545** ELIS GRUFFYDD: Ll 2, Ag ynna kymer dau lestyr o wydyr ar waith *vrunalis.* **1604–7** TW (Pen 228), *Vrinal,* troethlestr d.g. Matula. *Amr.*: **urnel** [cf. S. C. *urinel, urnal*]. **15g.** GLGC 79.

urn, urnel, gw. wrn, urinal.

us [H. Grn. *usion,* gl. *palea,* Crn. Diw. *ision,* Llyd. Diw. *uzien*] *eg.* (un. -*yn*) ll. -*ion,* a hefyd gyda grym ansoddeiriol. Manus, eisin, peiswyn, siaff, torion; pethau neu weddillion diwerth, ysbwrial, dernynnau, malurion; hefyd yn *ffig.*: *husks, chaff; worthless things or remains, rubbish, fragments, debris; also fig.* **1346** LlA 166, Ac ydygant gantunt *vs* a mynŵs a górysc sych ar yr enynnant ycoet gylch ogylch. **14g.** GIG 44, A'i gwympio yno'n gampus / I lawr, a'i aesawr yn *us.* *c.* **1400** B ii. 12, cost y march . . . chweugein, a phedeir a dimei heb y wellt ar *us.* **15g.** GO 79, Y gŵr yngorff ag Iorvs / A wnai'r on yn wewyr *us.* **15–16g.** TA 500, Mae 'r fforn union yn ysig, / Mynychod im nych o'i dig. **15g.** TA 11, Ewer a sewer, fyrddau llyseuog, / *Usier* a phanter a cherfer a chôg. **16g.** GGH 163, Gorchestol, garw iach ystwyth, / *Isier* i'w Ras Harri Wyth. **GHCEM** 99, Yn chwennych bod, glod y glêr, / Wych iawn iawn, iwch yn *usier.* *c.* **1730** Thos. Lloyd D (LlGC) 156b, Isier. An usher.

usiongrug, usiw, gw. eisingrug (hefyd At.), isiw (hefyd At.).

uslen [*us* + *llen*] *eb.* ll. -*ion,* -*nau.* Bot. Eisinyn: *glume* (*in bot.*). **1851.**

uslennog [*uslen* + -*og*] *a.* Bot. Eisinog: *glumaceous* (*in bot.*). **1852.**

uslyd [*us* + -*lyd*] *a.* Llawn us neu ruddion, tebyg i us neu ruddion, eisinllyd, plisgynnog: *chaffy, branny.* **1604–7** TW (Pen 228) d.g. *paleatus.* **1632** D d.g. Aceratus, Acerosus. **1771** W d.g. Chaffy. **1803** P.

usog [*us* + -*og*] *a.* Uslyd, eisinllyd, plisgynnog; diwerth: *chaffy, branny; worthless.* **1636** Pen 321, 37a, J cyffylbiaeth hwynt o dywysogion daiarol sydd *vsog* a diddim os dygir hwynt at fantol y cyssegyr. **1771** W d.g. Chaffy. **1803** P d.g. Usawg.

ust, (h)ist, &c. [cf. S. *hush(t), whis(h)t*] *ebd.* a hefyd fel *eg.* Galwad am dawelwch, gosteg!, taw! (tewch!); tawelwch, distawrwydd: *hush* (*int.*); *a hush, silence, stillness.* **13g.** B iv. 6, Can ust can heneint. **15–16g.** TA 104, O chotai wynt a chyd twng, / Ag un *ust* y gwnei i ostwng [i Rosier Salbri]. **1547** WS, Ust. **16g.** Huw ARWYSTL: Gw 223, os drwy dofn was dewr difalch / *ist* oth fin as dwythai [sic] falch / ni chais vn o chais einioes / dreisio/n/ dwydd dy dras yn does. **1632** D, Vst, ys taw, Tace, desine, st, au. **1703** E. WYNNE: BC 33, *ist, ist,* eb ef, dim anair i Wyr yr Eglwys. *c.* **1730** Thos. Lloyd D (LlGC) 209a, 'St. Ust. Hush! 'St blentyn. Hush, child! **1744** D. ROWLAND: RY 328, Yna y Gwnaethpwydd [sic] O Ust am Ddistawrwydd. **1771** J. JONES: CDB 42, Hyst! f' anwylyd, gorwedd, heppian. **1774** W, ust d.g. Hist! [*silence*], Hush. **1786** Twm o'R NANT: PCG 41, Hist, tewch fy 'neidie a nadu. **1793** DAFYDD IONAWR: CD 367, Bydd gosteg drwy 'r gloywdeg Lys; / Ystyriol *ust* a erys. **1803** P, Ust, s. m. . . . . A silence; a hush, or hist. It is also the imperative verb: Hush! Ar lafar, '*isht,* interj.' 'hush', WVBD 229. *Amr.*: **eis(h)t.** *c.* **1920.**

ustus, iustus, iestus, &c. [bnth. S. C. *justice*] *eg.* ll. -*(i)aid.* Ynad, barnwr, llywodraethwr, rheolwr, hefyd yn *ffig.*: *justice, magistrate, judge, governor, ruler, also fig.* **14g.** BT 44, gwallter goruchaf *yustus* kaer loyw. **14g.** BT (RB) 176, Henri, archescob Keint, *justus* hael Loegyr. **14g.** GDG[3] 325, Ustus gwiw ar flaen gwiail, / Ystiwart llys dyrys dail [i'r ceiliog bronfraith]. **14–15g.** GGLl 147, Oes farchog urddawl, hawl hy, / Trais ac amraint, tros Gymry / Ond Dafydd, uswydd aesawr, / diwerth *Jestus* a meddiannus mawr [Gruffudd Llwyd i Owain Glyndŵr]. *c.* **1450** B xix. 264, Neur deuthym yôrth vy mam am tat yssyd oruchaf *iestus* heb y mab. **15g.** DN 99, Ni ŵyr neb, tyred tiraid, / Ystyr onid *ievstis* pob enaid. **15g.** GG[2] 240, Nychaf, deallaf dy well, / Nudd ac Iestus Nedd gastell. **15g.** HClU 66, Iustus a ddaw i eisteid / Ydyw'r mab lle bo da'r medd. **1547** WS, Ustus A iustyce. **16g.** (LlEG) Mos 158, 98a, dechr/ouodd barwniaid y dyrnas wneuthud achwyn ar ymra/uaelion o swyddogion y brenin megis *vsdussied* siruiai/d a bayliaid . . . Am i bod wynt yn kam aruer or gyuraith. **16g.** BEDO HAFESB, &c.: Gw 187, *eusdys* or kwrwm eisdau ar gyfraith [marwnad Elin Pilstwn]. **16g.** THSC (1923–4) (At.) 54, Mi a gaf yn esgrifenedic yn llyfyr yr Ryfainwyr vod emprwr gwedy danvon gwr mawr o ddysc y wlad bell y vod yn *jestys.* **1551** W. SALESBURY: KlU lvib, yna na bo yth wrthwynebwr dy roddy yn llaw'r ynat [:- beirniat *iustus*]. **1567** LlGG [x], Iustusieit Oyer ac Determiner. *a.* **1585** G. ROBERT: DC 26a, gar bron brawdwyr, yngneid ag *iustusieid.* **16–17g.** CRC 243, Gwaith y kyfreithwyr yw ymgymheny [sic] / Gwaith *jestiseid* ydiw barny. **1618** J. SALISBURY: EH 184, Y Tywysogion, a'r *Vstusiaid,* yr hai sydd ganthynt gyhoedh awdurdawd. **15g.** Iudex. **1696** CDD 143, Dos i lŷs yr *Justus* frŷ, / I geisio lletty heno. **1761** ML ii. 374, Aie *ustus* o'r Tew, ni soniawdd air wrthyf fi nag am ustusiaeth nac am Bryse i fab *Justus* Llwyd. **1775** W, ustus d.g. *Judge.* Digwyddyd yn e.'r bardd (yr) (I)ustus Llwyd.

Cfn.: **ustus hedd:** *justice of the peace.* **16g.** GGH 63.

er; usher (*who walks before someone of high rank*). **15g.** GDLl 109, Ni bu sewer y 'deryn, / Nac *usier* heb goler gwyn. **15g.** GHS 35, Y sawl i'w seler a roes yr *isier,* / Bwtler a sewer a'm croesawant.

17g. *TBM* 780. **1714** R. PARRY: *DA* [2]. **ustus (yr) heddwch, ustus,** &c., **o('r) heddwch = ustus hedd. 16**g. *GGH* 199, *ustus heddwch.* **1591** *Rhyddiaith Gymraeg* ii. 128–9, *Vstusiaid o heddwch.* **1632** *D, Iustus o heddwch* d.g. *Irenarches.* **1722** A. THOMAS: *DR* [ix], *Ustus or heddwch.* **1761** *ML* ii. 379, *ustus yr heddwch.* **ustus,** &c., **(o'r) pes = ustus hedd. 16**g. HUW ARWYSTL: *Gw* 437, prafflys / wyd *vstvs* dwyster: / prafflew llwyd / *pês* a'i rym ytwyd / pwysir mater. **1611** *NBSB* 254, *Iestys* . . . / *O'r Pes.* **17**g. *IICRC* iii. 257, *Jestus* cyfion oedd *or pes* / yn rhanny lles i'r gwledydd.

ustusaidd, iustusaidd [(*i*)*ustus*+-*aidd*] *a.* Yn perthyn i ustus, ynadol, barnwrol: *pertaining to a magistrate, magisterial, justiciary, judicial.*

1604–7 *TW* (*Pen* 228), *Iustusaidh* d.g. *Iudiciarius.*

ustusiaeth, iustus(i)aeth, &c. [(*i*)*ustus,* &c.+-(*i*)*aeth*] *e?b.* Swydd neu awdurdod ustus, ynadaeth: *justiceship, magistracy.*

15–16g. *TA* 259, Dyro ddefod ar ddifeilch, / Dos trwy 'r byd, distrywia 'r beilch; / Eiste—isod *ustusiaeth,* / Eisteddwyr fu wŷr oedd waeth. **16**g. LEWYS MORGANNWG: *Gw* 442–3, os dewisir *justysaeth* / eisiau dwr sir justis aeth. *id.* 452, moes roi dis am hasart aeth / a moes dis am *jestysaeth.* **16**g. HUW ARWYSTL: *Gw* 109, *Iestisiaeth* kysswllt dwy sir / sy gryf gan ysgwier ir. *id.* 174, eisde i osod *ysdvsiaeth.* **1604–7** *TW* (*Pen* 228), *Iustusiaeth* d.g. *Iurisdictio.* **1761** *ML* ii. 374, Aie ustus o'r Tew, ni soniawdd air wrthyf fi nag am *ustusiaeth* nac am Bryse i fab. **1775** *W, justusiaeth* d.g. *Justiceship.*

ustusol [*ustus*+-*ol*] *a.* Yn perthyn i ustus, ynadol, barnwrol: *pertaining to a magistrate, magisterial, justiciary, judicial.*

1872.

usur [bnth. S. C. *usure*] *eg.* Usuriaeth, ocraeth; llog: *usury; interest* (*on money*).

14g. *BY* 52, Neemias . . . ef a rydhaawd y bobyl o *vssur,* ac a gauas tan newyd o'r karth a gudyassei Jeremias brophwyt. **1346** *LlA* 40, kannys odỽyll. Ac annudonev. ac *vsur.* Ac ockyr ykeissynt pob peth hayach oe kynnull. *c.* **1400** *R* 1257. 13–14, vyngham uessur brat ac *usur.* bryder gỽysseu. *c.* **1400** *Ymborth* 4, *Vsur* yw kymryt mwy no dylyet gan werthu yr amser. **16**g. *GSH* [97], Ni fwriwch werth, trafferth trwch, / Ni wnewch *ysur,* ni cheisiwch. **1567** *TN* 119a, Pa am . . . na roddyt' vy arian i'r vord, val y gallwn pan ddelwn, ei gofyn y gyd ac elwant [:– *vsur,* ocr, mantais]. *p.* **1584** G. ROBERT: *GC* [356], o bydd ar i dwng, yn bur, / Heb fradu, neb oi frodur. / Na thrwy *usur* ni threisia, / y gyd ddyn ai god o dda. **1604–7** *TW* (*Pen* 228) d.g. *Vsura.*

usuriaeth [*usur*+-*iaeth*] *eb.g.* Y weithred neu'r arfer o fenthyca arian ar log (afresymol neu anghyfreithlon), ocraeth; llog: *usury; interest* (*on money*).

15–16g. *TA* 302, Ni roes aur ar *usuriaeth,* / Rhoi 'n well i barhau a wnaeth. **1567** *LlGG* (*Sall*) 7b, Yr hwn ny roddes ei arian ar *vsurieth.* **1588** *Diar* xxviii. 8, Y neb a chwanego ei gyfoeth drwy *vsuriaeth* ac occreth. **1589–93** *Rhyddiaith Gymraeg* ii. 133, Ag velly benthycca ar *vssiriaeth* a welir yn felys yn y dechreyad, eithr yn y diweddiad y llygriad gwenwynig a rêd tros i goweth cyn gynted fal i try i gwbwl olyd yn ddylêd arnof. **16–17**g. *GST* i. 584, *Usuriaeth* helaeth holir, llog arian, / Uffern dân dylan lle dielir. **1618** J. SALISBURY: *EH* 195, pob *vsuriæth,* sef lhôg, neu occer a wneler wrth fenthygio arian, ne'u gwerth, tan ammod cael y nechwyn adref, gyda hyn a hyn ychwaneg o lôg. **1632** *D, Vsuriaeth,* Fœneratio. **1685** G. GRIFFITH: *GA* 121, ei gippio [bara] o law yr Arglwydd trwy *usuriaeth,* trawsedd, attafaela. **1688** W. FOULKES: *EGE* 98, Pôb gorthrymder, neu gribddail . . . neu *usuriaeth* tostlym. **1794** *W* d.g. *Usury.* **1797** D. DAVIES: *SEG* 226, Beth yw *usuriaeth?* . . . Cymmeryd elw anghyfreithlon am arian a fyddo yn cael eu rhoddi allan ar fenthyg.

Amr.: **ensuriaeth 1766** *CD* 110. **uswriaeth. 1589–93** *Rhyddiaith Gymraeg* ii. 133. **uwsyriaeth. 16**g. *Hop M* 177.

usuriwr, usurwr [*usur*+-(*i*)*wr*] *eg.* (b. *usurwraig*) ll. *usurwyr.* Un sy'n rhoi benthyg arian ar log (afresymol neu anghyfreith lon), ocrwr: *usurer, moneylender.*

16g. *GSH* [97], *Ysurwr* a'i holl sorod, / Ei dda fo'i cuddia mewn cod. **1595** H. LEWYS: *PA* 211, Yr *vsuriwyr* [*sic*], y beilchion, y gwag-ogoneddus . . . ni phrisiant er ei cwilyd'. **16–17**g. *GST* i. 614, Breibiwr, a'r cribnowtiwr crach, / A'r *usuriwr* sy arwach. **16–17**g. *Cer RC* 161, Hawdd yw hepgor y troseddwyr, / A'r holl ladron a'r *usurwyr.* **1632** *D, Vsuriwr,* Fœnerator. **1714** R. PRYDDERCH: *GD* 121, A ddylyd cenadu Cymmundeb yr Eglwys i'r *Ussuriwr?* **1794** *W, Usuriwr* d.g. *Usurer.* Cf. *GBF* 492, A cham guhudỽr, a cham usurỽr, / A thỽyllỽr bratỽr bradaỽc dwylaỽ.

uswriaeth, gw. **usuriaeth.**

uswydd [?*us*+*gwŷdd*[1], ond cf. hefyd *rhyswydd, yswydd*] *e.ll.* a hefyd fel *a.* Darnau, drylliau, malurion, ysgyrion; chwilfriw, maluriedig, drylliedig; hefyd yn *ffig.*: *pieces, fragments, splinters, smithereens; smashed, shattered, wrecked; also fig.*

13g. *A* 8. 16, gwaewawr *uswyd* agkyuan. **13**g. *GBF* 194, Gỽr eurglaỽr aessaỽr *usswyt* holli. **14–15**g. *GGLl* 147, Oes farchog urddawl, hawl hy, / Trais ac amraint, tros Gymry / Ond Dafydd, *uswydd* aesawr, / Jestus a meddiannus mawr [Gruffudd Llwyd i Owain Glyndŵr]. **16**g. MORUS DWYFECH: *Gw* 90, Yma'n ei byw, man y bydd, / Â'i briw'n ais ei bron *vswydd.* **1567** *TN* 35a, ar pwy pynac y cwymp, y mal ef yn vriwion [:– chwilvriw / *vswydd*]. **1632** *D, Vswydd,* Frustatim, frustulatim, minutim, minutatim. **1722** *Llst* 189, *Uswydd.* In pieces, in shivers. **1730 (1755)** E. WYNNE: *PAC* 183, Mil saith gan-mlwydd a thri dengmlwydd / Ir nôs mewn preseb *uswydd.* [**1745**] W. ROBERTS: *FfM* 63, Ffitiach i chwi fod Sorod Sur, / Yn Ymg'leddu 'ch Brodyr briwedig. / . . . / Mwy lwc na Sgil a gaed, / Na basant yn *uswydd* dan draed yn wasarn. Cf. *GDB* 303, Klỽyfuswyd, nyt plyd, neut plyc / Clot gyhoed kaeroed kerryc.

usyn, -ut, gw. **us, -it.**

utgan [*ud*+*cân*[1]] *eb.g.* Bloedd, sŵn neu seiniad (trwmped neu gorn): *shout, sound*(*ing*) (*of trumpet or horn*).

1588 *Nu* xxxi. 6, yr offeiriad a anfonodd efe i'r rhyfel . . . ac vdcyrn yr *vdgân* yn ei law. **1588** *Esec* xxi. 22, Yn ei law ddehau yr oedd dewiniaeth Ierusalem, am ossod capteniaid i agoryd safn mewn lladdedigaeth, i dderchafu llef mewn *vdcan.* **1655** R. JONES: *PC* 137a, Hollti saith sêl . . . saith Angel, saith / o udcyrn maith . . . offrymmir . . . / pedwar *udcân,* daw amryw blâ . . . / trigolion a fygythir. *c.* **1770** *LlGC* 352, 23, 11, Taw ath *utcan* hen fythiadgi. **1803** *P, Udgan,* s. f. . . . A sound of trumpet.

utganaf: utganu [bf. o'r e. *utgan*] *bg.a.* Seinio, canu, neu chwythu (trwmped neu gorn), hefyd yn *ffig.*: *to sound or blow* (*trumpet or horn*), *also fig.*

1588 *Barn* iii. 27, ef e a *vdcanodd* mewn utgorn. **1588** *Jer* iv. 5, *vdcenwch* vdcorn yn y tir. **1588** 2 *Cr* vii. 6, yr offeiriaid oeddynt yn *vdcanu* ar eu cyfer hwynt. **1620** *Math* vi. 2, pan wnelych elusen, na *vdcana* o'th flaen. **1620** *Dat* viii. 6, A'r saith Angel, y rhai oedd â'r saith vdcorn ganddynt, a ymbaratoesant i *vdcanu* (*TN* 382a, y ga/ny'r trwmpeday; **1588** *Dat* viii. 6, i ganu 'r vdcyrn). **1632** *D* d.g. *Buccino, Clango.* **1687 (1715)** J. OWEN: *TB* 141–2, danfonodd y Brenin ddihenyddwr ganol nôs i *udcanu* o flaen drws ei frawd. **1722** *Llst* 189, *Udcanu.* To blow or sound a trumpet, winde a horn. **1737** J. EINNON: *HR* 2[02], Bunyan . . . / . . . / Yn awr o'r bedd y mae'n *Utganu,* / I rhybuddio [*sic*] pobl Gymru. **1770** *W* d.g. *To blow a trumpet, a horn, &c.* [**1792**] M. J. RHYS: *D* 7, Am bump ar y gloch y boreu yr ydys yn *udganu* mewn cragen fawr, i'w galw allan i'r maesydd at eu gwaith. **1803** *P* d.g. *Udganu.*

utganiad [bôn y f. *utganaf*: *utganu*+-*iad*[1]] *eg.* Seiniad (trwmped neu gorn): *a sounding* (*of trumpet or horn*).

1588 1 *Cr* xv. 28, holl Israel a gyrchasant Arch cyfammod yr Arglwydd ag *vdcaniad,* a llais trwmpet ac vdcyrn. **1725** I. HARRI: *RD* 269, Fe ymddengys yn amlwg y bydd rhai o'r meirw yn cael eu barnu ar *udganiad* y saithfed Udgorn. **1798** *WR* d.g. *Trumpeting.* **1803** *P* d.g. *Udganiad.*

utganwr, utganydd [bôn y f. *utganaf*: *utganu*+-*wr, -ydd*[3]] *eg.* ll. *-ganwyr.* Un sy'n canu neu'n seinio trwmped neu gorn, trwmpedwr, hefyd yn *ffig.*: *player or sounder of trumpet or horn, trumpeter, also fig.*

1588 *Dat* xviii. 22, Ac ni chlywir ynot ti mwy lais telynorion, a cherddorion, a phibyddion, ac *vdcanwŷr.* **1630** R. LLWYD: *LlH* 412, Y Cledd-glududd, yr *Utcan-wyr,* a'r Rhag-arlwy-wyr fyddant or blaen. **1632** *D, vtganwr* d.g. *Tibicen, Tubicen.* **1699** T. JONES: *TP* 203, Daeth allan hefŷd ar yr amser hwnnw amrŷw o *Udcanwŷr* y Brenin iw cyfarfod hwŷnt. **1722** *Llst* 189, *Udcanwr.* m. A trumpeter, cornet. **1743** D. ROWLAND: *T* 57–8, ni bydd y Tafou [*sic*] ddim ond hynny yn *Udganwr* i Ymddiddanion ofer. **1744** D. ROWLAND: *RY* 49, Capt. Boanerges a anfonodd ei *udganwr* at Borth y Clust, i seinnio megis o'r blaen am wrandawiad. **1794** *W* d.g. *Trumpeter.* **1803** *P* d.g. *Udganwr.*

utgi [*ud*+*ci*] *eg.* ll. *-gwn.* Ci sy'n udo, hyena, udfil, yn aml yn ddifr. am berson: *howling dog, hyena, often derog. of a person.*

16–17g. (**17**g.) *CC* 131, y mae Cî *vdci* atcas / ag ael gref yn gwilio grâs (Thomas Prys). *c.* **1755** *Gron* 73, Hen Suddas, atgas *utgi,* / Gelyn enaid dyn wyt ti. *c.* **1770** *LlGC* 352, 20, Ateliwch i'ch Tafod efo'ch Deifas / Hen Grwytci *utgi* atgâs.

utgorn [*ud*+*corn*] *eg.* ll. *-gyrn.* Trwmped, corn, hefyd yn *ffig.*: *trumpet, horn, also fig.*

12–13g. *GLlLl* 88, Mab medel *utkyrn* heyyrn dyhe. **14**g. *WML* 138, llefein. ac *vtgyrn* rac llu gorwlat. **14**g. *GIG* 16, Chwerw iawn yw gennyf, chwaer orn, / Gytgerdd rhwng cloch ac *utgorn* [marwnad Tudur Fychan]. **15**g. *DGG*[2] 79, Clywais fry, ciliais o fraw, / Carliaid *utcyrn* y curlaw [i'r daran]. **1547** *WS,* Trwmplys *vtcorn* Trumpet. **1551** W. SALESBURY: *KLl* lb, ar llef gyntaf a glyweis oedd megis i *vtcorn.* **1567** *TN* 8b, na phar gany *vtcorn* [:– trwmpet] geyr dy vron. *id.* 261a, wrth lef yr *vtcorn* dywethaf. **1588** *Nu* xxxi. 6, yr offeiriad a anfonodd efe i'r rhyfel . . . ac *vdcyrn* yr vdgân yn ei law. **1632** *D, Vdcorn,* Tuba, buccina. **1773** J. ROBERTS: *GY, Udgorn*] Offeryn o Arian, neu Efydd, I chwythu ynddo, i gyhoeddi Rhyfel . . . Ac i gefnogi yr Milwyr i ymladd. **1794** *W* d.g. *Trump, or trumpet.* **1803** *P.* Ar lafar, '*utgorn*' 'cornet; trumpet', *GTN* 476.

utgornaidd [*utgorn*+-*aidd*] *a.* Tebyg i drwmped neu gorn: *like a trumpet or horn.*

1855.

utgornfloedd, gw. **utgorn+bloedd.**

utgornwr, utgornydd [*utgorn*+-*wr, -ydd*[3]] *eg.* ll. *utgornwyr.* Un sy'n canu neu'n seinio trwmped neu gorn, trwmpedwr: *player or sounder of trumpet or horn, trumpeter.*

1604–7 *TW* (*Pen* 228), *vtgornwr* d.g. *Aeneator, Buccinator, Tubicen* (hefyd *D*). **1722** *Llst* 189, *Udcornwr.* m. A trumpeter, cornet. **1725** *SR, Udgornwr* d.g. *A Trumpeter.*

utgri, gw. **ud+cri**[2].

utilitaraidd, utilitariad, utilitariaeth, gw. **iwtilitaraidd, iwtilitariad, iwtilitariaeth.**

Utopaidd, Utopia, utriaf: utrio, gw. **Iwtopaidd, Iwtopia, wtriaf: wtrio.**

uthr [?cf. Crn. C. *vth* 'arswyd', Llyd. C. *euz,* Llyd. Diw. *euzh* 'arswyd', Gwydd. C. *úath* 'arswyd'] *a.* Arswydus, brawychus, enbyd, ofnadwy, aruthrol, nerthol, gormesol, creulon; rhyfedd(ol), syfrdanol, rhagorol: *fearful, dreadful, awful, terrible, tremendous, mighty, overbearing, cruel; wonderful, wondrous, astonishing, excellent.*

Dchr. **12**g. *GMB* 30, Ruthur *vthir* avel rynaut uvel ryvel vebin. **13**g. *GDB* 389–90, Gnaỽt yn *uthyr* vot ruthyr y ryngthaỽ—a'e esgar / A gnaỽt vot gỽyar o'r ymdaraỽ. **13**g. *GBF* 264, Grymus *uthyr* yn ruthyr yn anreithyaỽ. **14**g. *T* 16. 15, Atui obein *vthyr* rac ruthyr ketwyr. **14**g. *GDG*[3] 309, *Uthr* yw mor aruthr y'th roed / O bantri wybr heb untroed [i'r gwynt]. **14**g. *GIG* 69, Gŵr *uthr,* gorau oedd Ithael / O'r meibion llên, gŵr hen hael [marwnad Ithel ap Robert]. *c.* **1400** *R* 1290. 42–3, Wythrif drossed. *uthraf* lymgled. aeth y vaỽred ieith avarwy. **15–16**g. *GLM* 103, Mae'n y côr hwnt—Môn a'i cred—/ ŵr *uthr* ei air a'i weithred [marwnad Hywel ap Tudur ap Dafydd]. **1567** *TN* 73a, ac a wnant arwyddion ac aruthroedd [:– ryveddodae *vthur*]. **1632** *D, Vthr,* Admirandus. *id.* d.g. *Crudelis, Horribilis.* **1756** G. OWEN: *L* 172, Digwydd a wnaeth y Llew ddal sulw arnaf yn ysmoccio fy nghettyn ynghyfarfod y Cymmrodorion, ac *uthr* oedd gantho weled Bardd (fal Iâr mewn mŵg). **1772** *W* d.g. *Cruel, Direful.* **1803** *P* d.g. *Uthyr.* Digwydd fel e. prs., gw. *TYP*[2] 520–3.

Gw. hefyd **uthred.**

uthraf: uthro [bf. o'r a. *uthr*] *bg.a.* Rhyfeddu, syfrdanu; brawychu: *to astonish, amaze, be astonished or amazed; terrify.*

Dchr. **12**g. *GMB* 255, Yr maỽr gwymp Madaỽc, modur plymnwyd, / Am bost cad ked goeth, oeth y'm *uthrwyd.* **15**g. *IGE*[2] 228, Deellais, da *uthrais* eithr, / Däed cael pethau dieithr (Ieuan ap Rhydderch). **15**g. *GB* 74, Gwn *uthro* fal gwan athrist, / gŵr digon creulon yw Crist [marwnad i'w fab gan Ieuan Gethin]. **1803** *P, Uthraw* . . . To astonish, to amaze; to terrify.

uthraidd [*uthr*+-*aidd*] *a.* Rhyfedd(ol), syfrdanol, rhagorol; dychrynllyd, brawychus: *wonderful, wondrous, astonishing, excellent; frightful, dreadful.*

15g. *DN* 101, Pa feistr o art o bart i bo? / Pa *uthraidd*

ddoctor? Pa athro? **15–16g.** *GLM* 326, athrawaidd llew *uthraidd* llathr, / ac urddasaidd gerdd ddisathr [marwnad Rhys Nanmor]. **16g.** *GHCEM* 37, Na choeliwch, gwelwch gwaelod—gwirionedd, / Gair wyneb y Drindod: / Na chus ferch, ni chais o'i fod, / Na gwag *uthraidd* goeg athrod. *Dchr.* **17g.** *Mos* 147, 193, llawn yw i gorff llvn y gist / torkav *vthraidd* Twrk athrist [Cadwaladr ap Rhys i ofyn tarw du]. **1803** *P*, *Uthraiz* . . . Tending to astonish.

uthrddrud, gw. **uthr+drud**[1].

uthred [?*uthr+-ed*[1], neu radd gfrt. yr a. *uthr* fel e.] *e?g.* Erchyllter: *horror.*

12g. *GLlF* 74, Trydyd ar dec, trỽy deithi, / Maỽr *uthret* gỽelet gỽeilgi.

Gw. hefyd **uthredd.**

uthredd [*uthr+-edd*[1]; dichon mai *uthred* a welir yn yr engh. gyntaf isod] *eg.b.* Rhyfeddod, syndod; creulondeb, ffyrnigrwydd: *wonder, astonishment; cruelty, fierceness.*

16g. (*LlEG*) *Mos* 158, 37b, Ynn y lle ar amser J kymerth brenin Ryuedd/od mawr . . . o lewdwr ac *vthred* [*sic*] y bobyl ai llesdeiriasai ef. *id.* 264b, p/eduiasai *vthredd* ynny byd yn halon [*sic*] y brenin na chowirdeb yngh/alonne neb oi wasnaethyr [*sic*] Ef ni daethai Ef ynn vyw allann or kasd/ell. **1604–7** *TW* (*Pen* 228) d.g. *Acritas, Admiratio, Crudelitas.* **1722** *Llst* 189, *Uthredd.* d. Admiration; cruelty. **1770** *W* d.g. *Admiration, or admiring.* **1803** *P*, *Uthrez*, s. m. . . . Astonishment.

uthrog [*uthr+-og*] *a.* Dychrynllyd, brawychus; ?rhyfeddol, rhagorol: *frightful, dreadful;* ?*wonderful, excellent.*

16g. HUW ARWYSTL: *Gw* 427, Oni thrig llen *vthrawg* llwyd / Anllad Edn, yn llei dodwyd [i yrru'r ceiliog du i annerch Rhys ap Morys].

uthrol [*uthr+-ol*] *a.* Dychrynllyd, brawychus; rhyfeddol: *frightful, dreadful; astonishing.*

a. **1634** *NBSF* 754, Boddodd lle'r ymdrochodd draw / Brâd fu *uthrol* brawd f'athraw [Rhisiart Cynwal mewn ymryson â Rhisiart Phylip ynghylch Rhiwedog]. **17g.** *LlGC* 10249, 164, Am di grêd, weithred *vthrawl* / digiais hwynt, lle dygais hawl (Wmffre Dafydd ab Ifan). **1793** DAFYDD IONAWR: *CD* 216, *Uthrawl* wynebau athrist, / Duon a thrymmion a thrist. **1798** R. DAVIES: *CG* 96, Tu fewnol elynol lid, / Rhyfel, a phob rhyw ofid, / Yn drylliawg dori allan, / Mal *uthrawl* an'dwyawl dân. **1803** *P*, *Uthrawl* . . . Astonishing, amazing; terrific, horrible.

uthrwas, uthrwedd, gw. **uthr+gwas**[1], **gwedd**[1].

uwch, uch[1] [*uwch* < *uch*; Crn. C. *a vgh*, H. Lyd. *uh* (*ham nertou*), gl. *pro* (*uiribus meis*), *huch*, gl. *suspensior*, Llyd. C. *a uch*, Llyd. Diw. *euc'h*, *o'ch*, *ouc'h*, H. Wydd. *ós*, *huas*: < **ouxs-* < **oups-*, o'r gwr. IE. **upo-* '(oddi) tanodd, uchod', cf. Gr. *τὸ ὕψος* 'uchder, top', *ὕψι* 'uchod', H. Slafoneg Eglwysig *vysokŭ* 'uchel'; ansicr yw'r union brth. lafarog; ynglŷn â hyn, a'r posibilrwydd nad yr un yw ffd. yr ardd. a'r radd gmhr., gw. *B* xxix. 681–2; gw. hefyd *uchel*, *uchaf*[1]; prin yw'r enghrau. o ff. prs. (3 prs. un. g. *uchdaw*, prs. 1 ll. *uchom*, a cf. *ucho(f)*, *uchod*, a ff. prs. yr ardd. *odduch*)] *ardd.* a hefyd fel *a.* (gr. gmhr. yr a. *uchel*), weithiau gyda grym enwol.

(*a*) Uwchben, uwchlaw, goruwch, ar ben, ar gefn, dros, ar, y tu hwnt i, hefyd yn *ffig.*; ?wedi, ar ôl; o flaen: *above, on top of, over, on, beyond, also fig.*; ?*after; in front of.*

9–10g. *Juv* 81, *uuc* nem isnem intcouer. **12g.** *GLlF* 284, Pwy briw *uch* browysuarch cann? **12g.** *GCBM* ii. 50, *Uch* myrtwyr, *uch* Myrtin oet kein, / *Uch* gwalchlan yn gwalchlat pennein, / *Uch* gwaeỽ rynn yn rutaỽ adein; / *Uch* gỽaet gwynt, gwoleu hynt gwylein. *id.* 118, Pan arurwydyr arurys arlwy blys—bleityaỽr / A gwaewaỽr *uch* gỽregys. *id.* 184, Gnaỽd *uch* knaỽd knudoet ar gylchyn. **12–13g.** *GLlLl* 214, Llary deyrn *uch* kyrn kyuarwar, / Llỽrỽ kyduod, yr clod, ys claear. **13g.** *LlI* 3, petwar onadunt ys coryf a dec *uwch* coryf. **13g.** *C* 29. 10–12, Duv *uchom.* Duu ragom. Duu vet. **13g.** *A* 6. 19–20, or sawl yt gryssyassant *uch* gormant wirawt. **13g.** *GBF* 314, Mawredus ueinus ỽen yd ỽernid—kreir,—/ Mor wen y hesgeir *wch* y hesgid! **14g.** *WM* 455. 25–7, yn yr awyr *uch* y benn gveitheu *uchtaỽ* gveitheu istaỽ. **14g.** *GDG*[3] 21, Fy mod es talm, salm Selyf, / Yn caru dyn *uwch* Caerdyf. *id.* 161, Bannau'r haul leufer loywfys, / Bliant *uwch* y grisiant grys. **15g.** *GLGC* 409, cysgu awr, o cwsg erof, / estynnu *uwch* sidan of. **1547** *WS*, *Uch* (ne) vchlaw A boue [*sic*]. **1567** *LlGG* (*Sall*) 31a, Ymddercha, Ddew, *uch* (**1588** *Salm* lvii. 11, *vwch*) y nefoedd. **1632** *D*, *Vch* . . . supra. *id.* Bwytta *vwch* peth arall d.g. *Supermando.* **1672** R. PRICHARD: *Gw* 68, Ond pan fo rhain yn tybied, y dringant *uwch* y Sêr, / I uffern boeth y cwympant, lle syrthiodd Luciffer. **17g.** HUW MORUS: *EC* i. 70, Fel y ser *uwch* y deri, / Uwch, uwch aeth eich achau chwi! **1683** H. EVANS: *CTF* 6, Pam y crogi *uwch* y boeth-fan [:– uffern]. **1782** W. WILLIAMS: *RhHN* 8, Bod gennyf drysorau *uwch* gwybod y byd. **1803** *P* d.g. *Uç, Uwç.* Digwydd yn gyff. yn enwau hen unedau gweinyddol, e.e. *Uwch Aeron, Uwch Coed, Uwch Aled*, yn yr ystyr 'yr ochr draw i' (o safbwynt y ganolfan weinyddol, &c.), gw. *Cylchg HC* ii. 9–18.

(*b*) Mwy na, rhagor na: *above, more than.*

14g. *GDG*[3] 110, Ni bu rhyngom *uwch* trigair, / O bu, ni wybu neb air. **1725** D. LEWIS: *GB* 178, Plyfyn rhyfeddol jawn yw'r Ephemeron, yr hwn nid yw'n byw, *uwch* 5 neu 6 Awr. *id.* 213, heb bwyso *uwch* dau Ronyn a hanner.

Fel *a.* Heb fod mor isel (o ran lleoliad), nes i fyny, talach; gwell (o ran gradd, urddas, parch, &c.); mwy (am rif, nifer, swm, gradd o eithafrwydd, &c.); a gynhyrchir neu a nodweddir gan ddirgryniadau cyflymach (am sain, nodyn, &c.), mwy uchel neu swnllyd (am sŵn, llais, seiniau cerddorol, &c.); mwy uchel ei draw, meinach; cryfach (am aroglau): *higher, farther up, taller; higher(-ranking), better; greater* (*of number, amount, degree of intensity, &c.*); *louder or noisier; higher(-pitched), more shrill; stronger* (*of smell*).

12–13g. *GLlLl* 96, O'th gynnygyn, gynnogyn bydin, / Nyd *uch* wyneb neb no'e lin. **13g.** *LlI* 78, ysef y ryu wyr yu e rey henne, gur *uuch* e ureynt a gur ys e ureynt noc ef. **14g.** *T* 11. 3–5, Atuyd cryn dygryn. adayar gychwyn. Ac *uch* pop mehyn. **1346** *LlA* 164, Jeuan offeirat . . . ysyd yn anvon annerch. a llyỽenyd orat prydest. Athrỽy hynny gann ysgynnv ar betheu auont *vch.* **14g.** *BT* (*RB*) 40, ac yna y drychefis Henri vrenhin ef ar teilygdawt *vch* yn archescob. *id.* 56, Ac ef a'ch mawrhaa ac a'th dyrcheif ynn *vch* ac ynn bennach no neb. **14g.** *GDG*[3] 14, Ni bydd anrhegydd un rhagor—nac *uwch*, / Ni bu ogyfuwch neb ag Ifor. *id.* 48, Ni bu i'm gwlad, rhoddiad rhydd, / . . . / Na meingorn uwch llethr mangoed, / Na chloch *uwch* no'r och a roed. **15g.** *GLGC* 306, *uwch* no dim yw nef, dref ddidrafel, / yno i ddringo ydd â'r angel. **15g.** *GGl*[2] 98, Och fi, o'i drochi drichwrs, / Na bawn ynglŷn yn ei bwrs! / . . . / Och finnau, *uwch* yw f'anap, / Am simwr y gŵr a'i gap! **16g.** *LlS* 123, Y rhôs gwylltion ynt yn arwach ei gwiail ai dail ac yn *vwch* arogläe ac yn vwy. **1588** *Deut* xxviii. 1, yna 'r Arglwydd dy Dduw a'th esyd yn *vwch* na holl genhedloedd y ddaiar. **1632** *D*, *Vch*, Superior, altior. *id.* Bod yn *vwch* nag arall d.g. *Minor.* **1661** E. LEWIS: *Drex* 335, Na bo i neb a fo is genfigennu ei *uwch* (*superiour*). **1703** E. WYNNE: *BC* 107, bonllef *uwch* na chan ergyd o Ganon, cufuwch [*sic*] pe possibl, a'r Udcorn ddiweddaf. **1710** *LlGG* (*Gos*) 18, y sawl a'u hawdurdodo, os Esgobion, ar rybudd eu *Huwch*, a ddiswyddant y rhai a fo dros ben y rhifedi terfynedig. **1761** *ML* ii. 301, Ai tybio'r ych mae mewn plas yr wyf, nage nage, gronyn *uwch* na'r [cachdy] . . . yw fy nhy. **1803** *P* d.g. *Uç, Uwç.* Ar lafar, "Roedd o'n chwerthin yn *uwch* 'i gloch na neb oedd yno', *WVBD* 571; 'Mân' nw wedi cwnnu'n ychal yn y byd—yn *uwch* na ni, getyn', *GTN* 853.

Amr.: **uchach**[1] [*uch*[1]*+-ach*[1]]. **1688** *TJ*, Uch, uwch, *uchach*: above, higher, superiour. **1803** *P*, Uç, prep. . . . used for *uçaç. id.* d.g. *Uwç.* **uwchynt** [*uwch+-ynt*[4]] (3 ll.). **1824.**

Cfn.: **uwch bawd sawdl,** gw. *bawd—uwch bawd sawdl.* **uwch (uch) corf:** *above the bar, in the upper section or division of the hall according to the Welsh Laws.* **13g.** *LlI* 3, petwar onadunt ys coryf a dec *uwch coryf.* **14g.** (**17g.**) *AL* ii. 584–6, Teir rhan y dyly neuadd y brenin y chyfansoddi: un *uch coryf* yna y bydd y brenin yn eistedd yn gyntaf, sef yw *uch coryf* uch celfi. **uwch (y) cyntedd, uch cyntedd, uwchgyntedd:** (*in*) *the upper section or division of the hall according to the Welsh Laws,* ?*inner court.* **13g.** *LlI* 4, guneythur cam *uvch y kynted.* **13g.** *LTWL* 118, in anteriori parte aule, id est, *huch kyntet.* *c.* **1400** *R* 1208. 31–2, Try llew gỽarant cant *ywch kynnted* beirdlu. **15–16g.** *GLM* 11, Palmeriaid, gweiniaid, rif gwenyn / cyntaid *uwch cyntedd* tŷ Hwlcyn. **uwch daear:** *on earth, above the earth, above ground.* **1701** E. WYNNE: *RBS* 94, y ffrwythau hardd-dêg hyn a ymddengus *uwch daiar.* **uwch i fyny(dd), uch i fynydd:** *higher up.* **1551** W. SALESBURY: *KLl* lxvia, Y car / eistedd yn *uch i vynydd* (*TN* 110b, *uwch i vynydd*; **1588** *Luc* xiv. 10, *vwch i fynu*). Ar lafar, 'tair llath blwm yn *uwch i fyny*', *WVBD* 435. **uwch (uch) law (llaw),** gw. *uwchlaw.* **uwch (y) llawr, uch llawr:** *on earth, above the earth, above ground.* **12g.** *GLlF* 444, Ragor maỽr *uch llaỽr* rac lluossyt. **12g.** *GCBM* ii. 304, Ked gwypwyf hetiỽ haỽtuod *uch llaỽr.* **1755** *Gron* 57, A lle i'm pen tan nennawr, / Ryw fath, drichwe' llath, *uwch llawr.* **uwch (uch) ben (pen),** gw. *uwchben.* **uwch uwch, uchuch:** *higher and higher,* (*ever*) *upwards; louder and louder.* **13g.** *GDB* 302, *Vchvch* y dyd herwyd hydyr, / Issis dyd oswyd oeswydyr. *id.* 323, Gỽynnluch eiry *uchuch* aches dolyd. **15g.** *GO* 141, *Vwch, vwch* oedd bob iach i chwi. **17g.** HUW MORUS: *EC* i. 70, Fel y ser uwch y deri, / *Uwch, uwch* aeth eich achau chwi! **1703** E. WYNNE: *BC* 10, yn mynd rhagddi *uwch uwch* tu a'r Dwyrain. **1776** *W*, *Uwch-/uwch* d.g. *Louder . . . louder and louder.* **1803** *P*, *Uçuç* . . . Above and above.

uwch-, uch- [gw. *uwch, uch*[1]] *rhgdd.* a ddefnyddir yn gfns. mewn enwau, ansoddeiriau, a berfau, ac a gyfetyb i'r S. *advanced, high(er), hyper-, meta-, over-, senior, super-, supra-, top-, ultra-,* &c., gan ddynodi safle, swydd, swyddogaeth, gradd, gweithgaredd, &c., uwch, e.e. *uwchadeiledd, uwch-arglwydd, uwchbridd, uwchdechnoleg, uwchddaearol, uwch-ddarlithydd, uwchfioled, uwchgenedlaethol, uwchiaith, uwchradd, uwchraddiaf, uwchraddio, uwch-ringyll, uwchsain.*

uwchadeiledd [*uwch-+adeiledd* (At.)] *eg.* Aradeiledd: *superstructure* (*concept or idea*). **20g.**

uwchaf, uwchafaf: uwchafu, uwchafiad, uwchafiaeth, uwchafnod, uwchafol, gw. **uchaf**[1], **uchafaf: uchafu, uchafiad, uchafiaeth, uchafnod, uchafol.**

uwchalaw, uchalaw [*uwch-, uch-+alaw*[2]] *eb.g.* ll. (prin) *-on. Crdd.* Y llais canu gwrywaidd uchaf ac eithrio soprano o fachgen; y llais canu uchaf; y rhan mewn cyfansoddiad cynganeddol ar gyfer un o'r lleisiau hyn; hefyd yn *ffig.*: *counter-tenor, alto; treble, soprano; a part in a harmonized musical composition for one of these voices; also fig.* **1822.**

uwchamserol, uchamserol [*uwch-, uch-+amserol*] *a.* a hefyd gyda grym enwol. Uwchlaw amser, yn trosesgyn amser: *supertemporal, transcending time.* **1911.**

uwchanianaeth, uwchanianeg, gw. **uchanianaeth, uchanianeg.**

uwchanianegol [*uwchanianeg+-ol*] *a.* a hefyd gyda grym enwol. Metaffisegol: *metaphysical.* **1898.**

uwchanianyddol, gw. **uchanianyddol.**

uwcharbenigaf: uwcharbenigo, gw. **uwch-+arbenigaf: arbenigo.**

uwcharennol [*uwch-+aren*[2]*+-ol*] *a. Meddyg.* A leolir uwchben yr arennau, ar yr arennau, yn ymyl yr arennau, yn perthyn i'r chwarennau uwcharennol neu eu secretiadau: *suprarenal, adrenal.* **20g.**

uwch-arglwydd [*uwch-+arglwydd*] *eg.* ll. *-i.* Pen-arglwydd, prif arglwydd: *overlord.* **20g.**

uwch-arglwyddiaeth [*uwch-+arglwyddiaeth*] *eb.* ll. *-au.* Urddas a braint uwch-arglwydd: *overlordship.* **20g.**

uwch-arolygydd [*uwch-+arolygydd*] *eg.* ll. *-arolygwyr.* Swyddog yn yr heddlu nesaf ei radd uwchben arolygydd: (*police*) *superintendent.* **20g.**

Cfn.: **prif uwch-arolygydd:** *chief superintendent.* **20g.**

uwchawduron, uwchawyr, gw. **uchawduron, uchawyr.**

uwchawyrol, gw. **uwch-+awyrol.**

uwchbalaeolithig, gw. **uwch-+palaeolithig.**

uwchben, uchben, u(w)ch ben, u(w)ch pen [*uwch, uch*[1]*+pen*[1], cf. H.

Wydd. *huas ciun*] ardd. a hefyd fel *adf.* (weithiau gyda grym ansoddeiriol).

(*a*) Mewn lle uwch na (phen), ac iddo safle uwch na, yn unionsyth (uwchlaw), goruwch, ar ben, dros, y tu hwnt i, hefyd yn *ffig.*: *above* (*the head of*), *on top of, over, beyond, also fig.* **12g.** *GMB* 360, Vwchben bedd newydd Ednyfed—y bum. **13g.** *LlI* 77, deuet *uuch pen* e peth a dalhyo. **13g.** *C* 107. 9–10, Tec yd gan iradaren ar perwit pren. *vch. pen* gwen. *c.* **1300** *B* iv. 126, bychan a wyr ryderch hael *vch benn* y wled. / a bortheis i neithwyr o anhvned. **14g.** *WM* 146. 7–8, yn dibin ỻrth y gadỻyn *uch pen* y pỻll. **14g.** *GDG*³ 377, Oerfel *uwchben* ei wely, / A phoeth fo dy feistr o ffy. *c.* **1400** *Ked AA* 7, [ll]w ac aruoll . . . *uchbenn* yr allawr vawr a'r creiryeu gwynnyaeithyat. *c.* **1400** *B* v. 22, Ederyn yssyd yn ynys prydein yn presswylaw y mywn tarrenni mawr. doet y neb a vynno *uchpenn* y nyth. **1488–9** *BSM* 33, Ar gwr da hwnnw a roes i vryd . . . ar amylhav yr eglwys *vwch benn* korff Marthin. **1545** ELIS GRUFF-YDD: *Ll* 180, gwna j'r goddeuwr eiste yn dinoeth ar ysdool gav *vwchben* y dwr berwedig. **1546** *YLlH* [5], mi a ddodeis gwyddor or lhythyreu islaw, ac *ywch benn* pob vn air y ddangos nerth pob lhythyrenn. **1551** W. SALESBURY: *KLl* iiia, heddwch deo yr hwn sydd *vchben* pop deallt. *id.* liivb, Nyd yw'r discipul *uch pen* i athro. **1606** E. JAMES: *Hom* i. 71, gosodasant eu traddodiadau eu hunain gogyfuwch, neu *vwchben* (*above*) gorchymynion Duw. **1618** J. SALISBURY: *EH* 6, yr hwn sydh vwchlaw ag *vwchpen* yr holh betheu eraylh yn oruchaf. **1632** D, Y pwngc o'r ffurfafen a fo 'n vnion *vch ben* vn pa le bynnag y bo d.g. *Zenith*. **1703** E. WYNNE: *BC* 84, daeth arnai heppian *uchben* fy mhapur. **1770** W, *uwch-ben* d.g. *Above* [not below . . .]. *id.* uchben, uwchben d.g. *Over, Prep.* Ar lafar, 'pyslo *uwchben* problem'.

(*b*) Mwy na, rhagor na: *above, more than.* **1547** *WS* [xiii], enweu lliosawc, sef yw hynny . . . geirieu a arwyddockaant *vch pen* rhifedi vn peth.

Fel *adf.* Dros neu uwch safle'r pen, yn enw. yn yr awyr, uchod; uchod (mewn llyfr, &c.): *overhead, above; above, above-mentioned* (*in book, &c.*). **12–13g.** *GMB* 361, Glyw parchfawr am eu Perchen, / A'u peirch Duw Dofydd *vchben.* **14g.** *GDG*³ 301, Dyn *uwchben* a'th argenfydd / Dioer pan fo hwyaf y dydd [i'r ehedydd]. **1618** J. SALISBURY: *EH* 20, wrth y gair Nef y deuelhir yr awyr hefyd a'r adar, a'r holh betheu vwch ben. **1632** D, bod ynghrôg *vwch benn* d.g. *Impendeo.* **1699** T. JONES: *Alm* [45], A chyferb┊n a hynnŷ dan henw'r porth a fynnoch cewch yr Awr tan A. a'r mynudŷn tan M. o ben llanw'r môr y dŷdd a hwnnw, yn y Porth neu'r porthau a henwir *uwchben.* **1774** H. JONES: *CH* 34, a'r wybr gymmysglyd *uwch ben*, yn fawr ei therfysg. **1778** W, *Uch ben, uwch ben* d.g. *Over-head.* **1793** DAFYDD IONAWR: *CD* 207–8, Cymmylu 'n bygddu *uwch ben* / Yn ebrwydd wnai o wybren. Ar lafar, 'yn drwchus *uwchben', WVBD* 550.

Cfn.: **u(w)ch fy mhen (ei ben, eu pen(nau), &c.):** *above or over me* (*him, them, &c.*), *above or over my* (*his, their, &c.*) *head*(*s*), *also fig.* **13g.** *LlI* 54, a'e lau *uuch y pen.* **13g.** *GBF* 357, Ac amgen not no'r ser uchot *vch y penneu.* **14g.** *T* 28. 14–15, Agheu *uch an pen* yslledan y lenn. **14g.** *WM* 179. 15–16, Ar heul aoed yn uchel ar yr awyr *vch eu pen.* **14g.** *GDG*³ 101, Ac *uwch dy ben*, fedwen fau, / Gaer loywdeg o gwrlidau. **1551** W. SALESBURY: *KLl* lxxixb, Lhawer o vertet a glasgasan olud: a thydy aythost *uch eu penneu* wy y gyd oll. **1632** D, a fo *vwch ein pennau* d.g. *Imminens.* [**1750**] *ML* (Add) 199, a rhoi yn hwnnw [cwrwgl] wernen / a chodi Cynfas *uwch ei ben.* Ar lafar, 'Ma'i'n byw yn y fflat *uwch* i ben o', 'Ma'r holl beth *uwch* 'y mhen i'. **uwchben ei draed** (**eu traed, &c.**): *on his* (*their, &c.*) *feet, also fig.* [**1911**]. Ar lafar, 'gwair sy wedi gywwo *uwchben* i draed', *WVBD* 573; "Odd o'n cysgu *uwchben* 'i draed'.

uwchbennol, uchbennol [*uwchben, uchben* + *-ol*] *a.* Fertigol, unionsyth: *vertical.* **1805.**

uwchblaned [*uwch-* + *planed*] *eb.* ll. *-au.* *Ser.* Planed ac iddi orbit sydd ymhellach oddi wrth yr haul nag orbit y ddaear: *superior planet.* **1833.**

uwchbridd [*uwch-* + *pridd*] *eg.* ll. *-oedd.* Haen uchaf y pridd: *topsoil.* **20g.**

uwchbrisiaf: uwchbrisio [*uwch-* + *prisiaf: prisio*] *ba.* Gorbrisio, prisio'n rhy uchel: *to overestimate, overrate, write up the value of.* **20g.**

uwch-bwyllgor [*uwch-* + *pwyllgor*] *eg.* Un

---

o bwyllgorau sefydlog Tŷ'r Cyffredin sy'n trafod materion penodol sy'n ymwneud â Chymru neu'r Alban: (*Welsh or Scottish*) *Grand Committee.* **20g.**

uwchdaflunydd [*uwch-* + *taflunydd*] *eg.* ll. *-ion.* Cyfarpar sy'n taflunio delwedd fwy o dryloywlun llorweddol wedi ei oleuo oddi tano: *overhead projector.* **20g.**

uwchdechnoleg [*uwch-* + *technoleg*] *eb.g.* weithiau gyda grym ansoddeiriol. Datblygiadau neu gyfarpar technolegol cymhleth diweddar, yn enw. mewn electroneg: *high technology, high tech* (*n.*). **20g.**

uwchdechnolegol [*uwchdechnoleg* + *-ol*] *a.* Yn perthyn i uwchdechnoleg neu'n ei defnyddio, yn efelychu arddulliau ymarferol sy'n fwy cyffredin mewn diwydiant, &c. (mewn pensaernïaeth a chynllunio mewnol): *high tech* (*adj.*). **20g.**

uwchder, gw. uchder.

uwchdir, uchdir [*uwch-, uch-* + *tir*] *eg.* ll. *-oedd.* Tir (cymharol uchel: *upland.* **1894.**

uwchdonydd [*uwch-* + *tonydd*] *eg.* ll. *-ion.* *Crdd.* Y nodyn uwchlaw'r tonydd, ail nodyn graddfa ddiatonig, ardonydd: *supertonic* (*in mus.*). **1938.**

uwchdra, uchdra [*uwch, uch*¹ + *-dra*] *eg.* Uchder, y pwynt uchaf, y radd eithaf; digywilydd-dra; statws uchel: *height, the highest point, the utmost degree; insolence; high status.* **1752** J. THOMAS: *FG* 284, Can's oni chymmerwch Ofal i'w ysgythru [pechodau] pan font yn ddatgloi allan . . . hwy a dyfant i fynu yn fuan i Arferion o Falchder ac *Uwchdra* (*Insolence*), Llid ac Anghariadoldeb. **1771** J. ROWLANDS: *PGW* 22, Nid yw 'r athro hwnnw yn unig mewn uchel-swydd, ond hefyd yn berchen crefydd yn ei galon . . . etto duwioldeb, ac nid *uwchdra* swydd fydd dda iddo mewn amser a ddaw. **1795–6** *Trys Gym* 99, nag anghofia byth gadw ceiniog, bob dydd, ar ol bwrw dy holl gyfrifon a thalu dy holl draul. Yna fe fydd *uwchdra* dedwyddwch, a hunan-ymddibyniad yn darian a bwcler, yn helm ac yn goron i ti. **1803** *P, Uçdra,* s. m. . . . . Loftiness, altitude, height. *id. Uwçdra,* s. m. . . . . Highness, altitude.

uwchddaearol, uchddaearol [*uwch-, uch-* + *daearol*] *a.* weithiau gyda grym enwol. Yn perthyn i fyd uwch na'r daearol, goruwchddaearol, nefol; ?uwchben y ddaear: *superterrestrial, celestial; ?overground, overhead.* **1830.**

uwchddargludedd [*uwch-* + *dargludedd* (At.)] *eg.* *Ffis.* Y briodwedd o fod â gwrthedd trydanol sero sydd gan rai sylweddau ar dymheredd isel iawn: *superconductivity.* **20g.**

uwch-ddarlithydd, gw. uwch-+darlithydd.

uwchddyn [*uwch-* + *dyn*] *eg.* ll. *-ion.* Goruwchddyn: *superman.* **1915.**

uwchddynol [*uwch-* + *dynol*] *a.* weithiau gyda grym enwol. Goruwchddynol: *superhuman.* **1858.**

uwched, uwchedd, gw. uched², uchedd.

uwchefrydiau, gw. uwch-+efryd.

uwchego [*uwch-* + *ego*¹] *eg.* ll. *-au.* *Seic.* Y rhan o'r meddwl sy'n gweithredu fel cydwybod ac sy'n ymateb i reolau cymdeithasol, gorego: *superego.* **20g.**

uwchel, gw. uchel.

uwchelffordd, gw. uchel+ffordd.

Uwchellmyn, gw. Uchellmyn.

uwchfarchnad [*uwch-* + *marchnad*] *eb.* ll. *-oedd.* Archfarchnad: *supermarket.* **20g.**

uwchfaterol, gw. uwch-+materol.

uwchfeirniad, uchfeirniad [*uwch-, uch-* + *beirniad*] *eg.* ll. *-feirniaid.* Un sy'n ymarfer ag uwchfeirniadaeth: *higher critic.* **1894.**
Gthg. isfeirniad.

uwchfeirniadaeth, uchfeirniadaeth [*uwch-, uch-* + *beirniadaeth*] *eb.* Beirniadaeth sy'n ymwneud â ffynonellau, nodweddion, &c., testunau, yn enw. rhai Beiblaidd: *higher criticism.* **1868.**
Gthg. isfeirniadaeth.

uwchfeirniadol [*uwch-* + *beirniadol*] *a.* Yn perthyn i uwchfeirniadaeth, nodweddiadol o uwchfeirniadaeth: *pertaining to, or characteristic of, higher criticism.* **1900.**

uwch-feistr, gw. uwch-+meistr.

uwchfesurydd, uchfesurydd [*uwch-, uch-* + *mesurydd*] *eg.* Theodolit: *theodolite.* **1851.**

uwchfioled, uchfioled [*uwch-, uch-* + *fioled*] *a.* weithiau gyda grym enwol. *Ffis.* Yn perthyn i belydriad electromagnetig a'i donfedd yn fyrrach na thonfedd pen fioled y sbectrwm gweladwy ond yn hwy na thonfedd pelydr X, yn defnyddio pelydriad o'r fath: *ultraviolet.* **20g.**

uwchfodaeth, uchfodaeth [*uwch-, uch-* + *bodaeth*] *eb.g.* Trosgynoldeb: *transcendence.* **1893.**

uwchfodol, uchfodol [*uwch-, uch-* + *bodol*] *a.* Trosgynnol: *transcendent.* **1910.**

uwchfodolaf: uwchfodoli [*uwch-* + *bodolaf: bodoli*] *bg.a.* Trosesgyn, bodoli ar lefel uwch: *to transcend, exist on a higher plane.* **1910.**

uwchfyd [*uwch-* + *byd*¹] *eg.* ll. *-oedd.* Byd uwch, y byd nefol neu anfaterol: (*the*) *overworld, the celestial or immaterial world.* **1920.**

uwchfydol, uchfydol [*uwch-, uch-* + *bydol*] *a.* Trosgynnol; uwchlaw'r byd: *transcendent; supermundane.* **1850.**

uwchffurfiant [*uwch-* + *ffurfiant*] *eg.* Aradeiledd: *superstructure* (*concept or idea*). **20g.**

uwch-gadfridog,   uch-gadfridog [*uwch-, uch-* + *cadfridog*] *eg.* Cadlywydd: *field marshal.* **1814.**

uwchgangen, gw. uwch-+cangen.

uwch-Galfiniad [*uwch-* + *Calfiniad*] *eg.* ll. *uwch-Galfiniaid.* Arddelwr neu bleidiwr uchel Galfiniaeth, uchel Galfinydd: *high Calvinist.* **1823.**

uwch-Galfiniaeth [*uwch-* + *Calfiniaeth*] *eb.* Calfiniaeth eithafol, uchel Galfiniaeth: *high Calvinism.* **1840.**

uwchganolbwynt [*uwch-* + *canolbwynt*] *eg.* ll. *-iau.* *Drg.* Y pwynt lle mae daeargryn yn cyrraedd wyneb y ddaear: *epicentre.* **20g.**

uwch-gapten, uch-gapten, uch-gadben, &c. [*uwch-, uch-* + *capten, cadben*] *eg.* ll. *uwch-gapte(i)niaid, uch-gadbeiniaid.*

Swyddog yn y fyddin rhwng is-gyrnol a chapten: (*army*) *major*.
1776 W, *uch-gadpen, uch-gapten* d.g. *Major, in the Army.*

uwch-gapteniaeth, uch-gapteniaeth, uch-gaptennaeth, uch-gadbennaeth [*uwch-gapten, uch-gapten, uch-gadben+ -(i)aeth*] *eb.g.* ll. *u(w)ch-gapteniaethau.* Swydd uwch-gapten: *majorship.*
1776 W, *Uch-gadpennaeth, uch-gaptennaeth* d.g. *Majordom, or majorship.*

uwchgenedlaethol [*uwch-+cenedlaethol*] *a.* Y tu hwnt i ffiniau cenedlaethol: *supranational.*
1915.

uwchglerigaeth, uwchglerigwr, gw. uwch-+clerigaeth, clerigwr.

uwchgrid [*uwch-+grid*] *eg.* ll. -*iau.* Grid dosbarthu sy'n gwasanaethu ardal ehangach na gridiau eraill neu sy'n ymgorffori gridiau eraill: *supergrid.*
20g.

uwch-gwnstabl, gw. uwch-+cwnstabl.

uwchgwympedydd, uwchgwympiedydd, uchgwymp(i)edydd [*uwch-, uch-+ cwymp+-(i)edydd*] *eg.* ll. -*ion.* Diwin. Un sy'n arddel y ffurf ar yr athrawiaeth Galfinaidd am ragarfaethiad sy'n dal mai cyn cwymp Adda yr ordeiniodd Duw etholedigaeth neu anetholedigaeth dynion unigol i fywyd tragwyddol, cyngwympydd: *a supralapsarian.*
1794 W d.g. *Supralapsarians.*

uwchgwympedyddol, uwchgwympiedyddol, uchgwymp(i)edyddol [*uwch-gwympedydd, &c.+-ol*] *a.* Yn perthyn i'r uwchgwympedyddion neu i'w hathrawiaeth, nodweddiadol o'r cyfryw: *supralapsarian* (*adj.*).
1848.

uwchgwympiedydd, uwchgwympiedyddol, gw. uwchgwympedydd, uwchgwympedyddol.

uwch-gyfreithiwr, uch-gyfreithiwr [*uwch-, uch-+cyfreithiwr*] *eg.* Bargyfreithiwr, aelod o'r radd uchaf o fargyfreithwyr y dewisir barnwyr cyfraith gwlad ohoni gynt: *barrister, serjeant-at-law.*
1836.

uwchgynghrair, uwch-gynhyrchydd, gw. uwch-+cynghrair, cynhyrchydd.

uwchgyntedd, gw. uwch—uwch cyntedd.

uwch-hidlaf: uwch-hidlo [*uwch-+hidlaf: hidlo*] *bg.a.* fel arfer gyda grym enwol i'r be. Hidlo gan ddefnyddio cyfrwng sy'n ddigon mân i ddal moleciwlau bras, firysau, a gronynnau coloidaidd: *to ultrafilter, subject to ultrafiltration.*
20g.

uwchiaith [*uwch-+iaith*] *eb.* ll. -*ieithoedd.* Ffurf ar iaith a ddefnyddir i drafod iaith, system o osodiadau ynghylch gosodiadau, metaiaith: *metalanguage.*
20g.

uwch-las [*uwch-+glas¹*] *a.* Uwchfioled: *ultraviolet.*
20g.

uwchlaw, uchlaw, u(w)ch l(l)aw, u(w)chllaw [*uwch, uch-+llaw¹*] *ardd.* a hefyd fel *adf.*

(*a*) Uwchben, dros, goruwch, y tu hwnt i, hefyd yn *ffig.: above, over, beyond, also fig.*
14g. *WM* td. 217. 3-5, *uch laó y bont or tu traó yr auon ys góelynt kastelltref teccaf awelsei neb eiroet. id.* 12. 13-5, *Achyrchu penn gorssed aoed uch llaó y llys.* c. **1400** R 1209. 35-6, *achlybot y weith . . . yóchlaó aber.* **15g.** *DGG²* 230, *Hedeg ymhell a elly / Uwch law y fron uchel fry [i'r alarch].* **15g.** GO 165, *A chael aur rodd vwch law rhif, / A byd yn ail bod y'nef.* **15-16g.** *TA* 276, *Yng Ngwynedd y rhyfeddwyd / Uwchlaw dim*

ucheled wyd. **1545** ELIS GRUFFYDD: *Ll* 167, *gwna j'r goddeuwr ddal j benn vwchlaw 'r mwg megis ac j gallo ef vynned j'r geudod ac j'r peen.* **1547** WS, Uch (ne) *vchlaw* A boue [*sic*]. **16g.** *GGH* 198, O'r dydd a'r radd a wisgen', / *Uwchlaw'r* llaill, uchelwyr llên [moliant Elis Prys o Blas Iolyn]. **1567** *TN* 270b, *Canys yn ei gallu (ddwy'n testiolaethu) ac uchlaw* [:- *tuhwnt*] *ei gallu, ydd o/ddent* [*sic*] *yn 'wyllysgar. id.* 296b, *A' thangneddyf Duw yr hwn' sy uwchlaw pop dyall.* **1588** 2 *Esd* iv. 21, [y]r hwn sydd yn aros *vwch law* y nefoedd yn vnic a gaiff ddeall y pethau sydd goruwch y nefoedd. **1618** J. SALISBURY: *EH* 6, yr hwn sydh *vwchlaw* ag vwchpen yr holh betheu eraylh yn oruchaf. **1632** *D,* safiad *vwch law* eraill d.g. *Extantia.* **1703** E. WYNNE: *BC* 9, ar godiad *uwch-law* 'r Strydoedd eraill. **1755** *Gron* 61, Hardded wyt ti, 'r lili lân! / Lliw 'r eira, *vwch law* arian. **1784** M. WILLIAMS: *S* iv, heb ychwanegu'r pris *uchlaw* cyrraedd y cyffredin.

(*b*) Mwy na, rhagor na, hŷn na: *above, more than, older than.*
a. **1587** *Y* 167, Mi a rifais yn ych gwawd chwi o'r beiav hwn *vwchlaw* cant at yr vn synwyr. **1714** R. PRYDDERCH: *GD* 118, megis gwragedd gweddwon *uwch law* hanner cant, [*sic*] oed. **1746** T. RICHARDS: *CER* 41, lladdwyd *uchlaw* 100,000. **1768** J. ROBERTS: *R* 148, Yr Epact sydd Rifedi nad yw yn myned *uwch law* 30.

Fel *adf.* Yn uwch (i fyny), hefyd yn *ffig.: higher* (*up*), *also fig.*
13g. *LlI* 78, Ac ysef y ryu keytweyt a dele bot ydau, kemedauc *uuch llau* ac arall ys llau . . . ysef . . . gur uuch e ureynt a gur ys e ureynt noc ef. **14g.** *LIB* 11, ef [distain] bieu gossot bwyt y'r brenhin, a seyc *vch* llaur a seic is llaw. **14g.** *WML* 14, Distein . . . bieu gossot bwyt a llyn rac bron y brenhin a seic *vch* laó ac arall is y laó. **14g.** *GDG³* 301, Trwch ei lid, tro *uwch ei law* / Tra êl â'i hobel heibiaw. **15g.** *GIBH* [63], Lle da ydyw lle'i doded, / *Uwch ein llaw* a'i freichiau'n lled [i'r grog yn Aberhonddu]. **1630** *YDd* 68, y mae i ddŷn ragorfraint *vwch eu llaw* hwynt oll. **1751** *GIA* 139, Ond chwi a garasoch y byd a'ch cnawd *uwch ei law* ef. **uwchlaw iti** (**iddo, &c.**) = **uwch dy law.** **1759** T. THOMAS: *WWDd* 366, yr hyn sydd mewn llyth'rennau gogwyddol, ar odre ambell ddalen . . . â llin ddu *uchlaw iddo.*

uwchlawr, uwchle, gw. uwch-+llawr¹, lle¹.

uwchlys [*uwch-+llys¹*] *eg.b.* ll. -*oedd.* Llys ac iddo awdurdod uwch; (y) Goruchaf Lys: *higher court;* (*the*) *Supreme Court.*
1833.

uwchlywodraeth, uwch-lywodraethwr, gw. uwch-+llywodraeth¹, llywodraethwr.

uwchllaw, gw. uwchlaw.

uwchnaturiol, uchnaturiol [*uwch-, uch-+naturiol*] *a.* a hefyd gyda grym enwol. Goruwchnaturiol: *supernatural.*
1618 J. SALISBURY: *EH* 283, mae Duw yn rhoi i ni y rhinwedh *vwch-naturiol* hon. *id.* 284, trefnydh, a rhodydh [*sic*] grâs, a goponiant, yr hai ydynt dhaeoni, a chymwynasse *vwch-naturiol.* **1651** SIÔN TREREDYN: *MDD* 226, y mae ffydd yn sugno rhinwedd *uwch-naturiol* (*supernatural*), allan o farwolaeth, a bywyd Christ Iesu. **1712** T. WILLIAMS: *CDdG* 276, drwy wrthiau, nas gallei neb moi gwneuthur ond yr holl-alluog, neu or hyn lleiaf ryw allu *ywch Naturiol* y'm cyn siwred fod y cyfryw Eglurhadau yn profi fod Datcuddiad *ywch Naturiol,* cystal ac y mae Creadigaeth y Bŷd yn profi fod Duw. **1765** J. EVANS: *CPE* [469], Ei groeshoelio [Iesu] rhwng dau leidr . . . Yn gorchymmyn ei Fam i olygiaeth St. Joan. Y tywyllwch *uwchnaturiol.*

uwchnofa [*uwch-+nofa*] *eb.* ll. -*nofâu.* Ser. Seren sy'n ffrwydro ac yn mynd yn llawer disgleiriach dros gyfnod byr: *supernova.*
20g.

uwchnormal, gw. uwch-+normal.

uwcholwg [*uwch-+golwg*] *eg.* ll. -*olygon.* Cynllun (adeilad, &c.), plan: *plan* (*of building, &c.*).
20g.

uwchradd, uchradd [*uwch-, uch-+gradd*] *eb.* ll. -*au,* a hefyd fel *a.* (weithiau gyda grym enwol). Safle, statws, neu radd uwch; gradd gymharol (ansoddair): *higher*

rank, status, order, or degree; comparative degree (*of adj.*).
1752 J. THOMAS: *FG* 144, [y] rhai o *Uwch-râdd* i ymostwng at Lês cyffredin eu His-radd.

Fel *a.* Uwch ei safle, ei statws, neu ei radd, uwchraddol; ar gyfer rhai (rhwng 11 a 18 mlwydd oed fel arfer) sydd eisoes wedi derbyn addysg gynradd (am addysg, ysgol, &c.): *superior, of higher rank, status, order, or degree; secondary* (*of education, school, &c.*).
1703 T. BADDY: *PCh* 37, pa mwya' *ûwchrâdd* i chwi yw'r hwn sy'n eich gwahodd at ei fwrdd, mwya'r ydych yn ymbaratoi i fyned i eistedd wrtho. **1752** J. THOMAS: *FG* 142-3, yr ydym yn rhwym gyd â Gwylder i ufuddhâu i'n *Huwch-Rädd,* ac yn llawen i ymddarostwng j'n His-rädd. **1797** D. DAVIES: *SEG* 211, Pa rai yw'r pêchodau . . . y mae'r *uwch-radd* yn . . . euog o honynt yn erbyn yr is-radd?

uwchraddaf: uwchraddu, gw. uwchraddiaf: uwchraddio.

uwchraddedig, gw. uwch-+graddedig.

uwchraddiaeth, uchraddiaeth [*uwch-radd, uchradd+-iaeth*] *eb.* Uwchraddoldeb, rhagoriaeth: *superiority.*
1834.

uwchraddiaf, uwchraddaf: uwchraddio, uwchraddu [*uwch-+graddiaf, graddaf: graddio, graddu*] *ba.* Gwneud yn uwchradd(ol), gwella (peiriant, cyfrifiadur, &c.) yn enw. drwy roddi cydrannau newydd ynddo: *to upgrade.*
c. **1873.**

uwchraddol, uchraddol [*uwchradd, uchradd+-ol*] *a.* Uwch ei safle, ei statws, neu ei radd, uwchradd; clasurol (am awdur, &c.); uwchradd (am addysg, ysgol, &c.): *superior, of higher rank, status, order, or degree; classical* (*of author, &c.*); *secondary* (*of education, school, &c.*).
1732 J. JONES: *C* 24, Ammarch i Wŷr *uwchraddol.* **1733** J. OWEN: *TBG* 115-16, Mae hi yn llawn brŷd i adael y Gwaith, ac i dorri ar y Gwasanaeth, oni bai fôd rhwymedigaethau *uwchraddol* yn ein clymmu ni i lawr wrth ein dyledswydd.
Gw. hefyd **uwchraddolion.**

uwchraddoldeb, uchraddoldeb [*uwchraddol, uchraddol+-deb*] *eg.* Yr ansawdd neu'r cyflwr o fod yn uwchraddol, rhagoriaeth: *superiority.*
1828.

uwchraddoliad, uchraddoliad [*uwchraddol, uchraddol+-iad¹*] *eg.* Uwchraddoldeb, rhagoriaeth: *superiority.*
1856.

uwchraddoliaeth, uchraddoliaeth [*uwchraddol, uchraddol+-iaeth*] *eb.* Uwchraddoldeb, rhagoriaeth: *superiority.*
1834.

uwchraddolion, uchraddolion [*uwchraddol, uchraddol+-ion²*] *e.ll.* Pobl uwch (eu safle, &c.), pobl well (eu gallu, eu doniau, &c.): *superiors.*
1791 Gw. MECHAIN: *Rh* 10, gorthrymder sydd yn wastad yn tarddu oddiwrth yr *uchraddolion* at yr israddol.

uwch-reithiwr, uch-reithiwr [*uwch-, uch-+*(*cyf*)*reithiwr*] *eg.* ll. -*reithwyr.* Bargyfreithiwr (a benodwyd i gynnal llysoedd lleol ar adegau penodol er mwyn adolygu'r rhestrau o etholwyr seneddol): (*revising*) *barrister.*
1850.

uwchreolaeth, uwchresymol, gw. uwch-+rheolaeth, rhesymol.

uwchrif, uchrif [*uwch-, uch-+rhif¹*] *eg.* ll. -*au,* -*iaid,* a hefyd gyda grym ansoddeiriol. Mwyafrif; uchafswm; gweinidog Wesleaidd wedi ymddeol; (geir.) rhif a ysgrifennir neu a argreffir yn uwch na gweddill y testun: *majority; maximum; supernumerary*

(*retired Wesleyan minister*); (*dict.*) *super-script figure*.
1838.

uwchrifol [*uwchrif+-ol*] *a.* Uwch na'r rhif arferol neu benodedig, ychwanegol, diangen; a gyflogir yn ôl yr angen (am weinidog Wesleaidd wedi ymddeol): *supernumerary, additional, extra, unnecessary; engaged on an ad hoc basis (of a retired Wesleyan minister).*
1888.

uwchrifyddiaeth, gw. uwch-+rhifyddiaeth.

uwch-ringyll, uch-ringyll [*uwch-, uch-+rhingyll*] *eg. ll. -iaid.* Swyddog milwrol digomisiwn o'r radd uchaf yn y fyddin, hefyd am unrhyw un o amryw fathau o swyddogion gwarant: *sergeant-major.*
1814.

uwchrywogaeth, uwchsafonol, gw. uwch-+rhywogaeth, safonol.

uwchsain [*uwch-+sain*] *eb.g. ll. -seiniau,* a hefyd fel *a.* (Yn perthyn i) sain y mae amledd ei thonnau yn uwch na therfyn uchaf y clyw dynol; *Crdd.* unrhyw un o'r tonau uwchben y dôn isaf mewn cyfres harmonig: *ultrasound, ultrasonic; overtone.*
20g.

uwchsarn, uchsarn [*uwch-, uch-+sarn*] *eb. ll. -au.* Teras: *terrace.*
1848.

uwch-sarsiant [*uwch-+sarsiant*] *eg. ll. -iaid.* Uwch-ringyll: *sergeant-major.*
20g.

uwchsonig [*uwch-+sonig*] *a.* Yn (gallu) teithio neu symud yn gyflymach na buanedd sain, yn dynodi buanedd cyflymach na buanedd sain; yn perthyn i uwchsain neu yn ei defnyddio, uwchsain: *supersonic; ultrasonic.*
20g.

uwchstrwythur [*uwch-+strwythur*] *eg.b.* Aradeiledd: *superstructure (concept or idea).*
20g.

uwch-swyddog, uch-swyddog [*uwch-, uch-+swyddog*] *eg. ll. -ion.* Swyddog uwch; swyddog milwrol uwch na chapten ond is na chadfridog: *senior officer or official; field officer.*
1815.

uwchsynhwyrol, uchsynhwyrol [*uwch-, uch-+synhwyrol*] *a.* Y tu hwnt i'r hyn y gellir ei ganfod â'r synhwyrau: *supersensible, extrasensory.*
1899.

uwchweithredwr, uwchwerinol, uwchwladwriaeth, gw. uwch-+gweithredwr, gwerinol, gwladwriaeth.

uwchwybrennol [*uwch-+wybrennol*] *a.* Uwchlaw'r wybren, uwch na'r nefoedd: *supercelestial.*
1810.

uwchymwybod [*uwch-+ymwybod*] *eg.* Ymwybod y tu hwnt i'r ymwybod dynol arferol: *superconsciousness.*
1923.

uwchymwybyddiaeth [*uwch-+ymwybyddiaeth*] *eb.g.* Uwchymwybod: *superconsciousness.*
1924.

uwchynt, gw. uwch.

uwchysgol, uchysgol [*uwch-, uch-+ysgol¹*] *eb. ll. -ion.* Ysgol uwchradd debyg i ysgol ramadeg: *high school, gymnasium.*
1852.

uwchystafell, uchystafell [*uwch-, uch-+ystafell*] *eb. ll. -oedd.* Goruwchystafell: *upper room.*
1853.

---

uwd, iwd [*uwd < ịwd,* H. Grn. *iot,* gl. *puls,* H. Lyd. *iot,* Llyd. Diw. *iod,* taf. Gwened *ioud,* ?a H. Wydd. (*h*)*ith:* ?o'r *gwr.* IE. **ịeuə- 'cymysgu (bwyd)',* cf. Llad. *iūs* 'cawl, saws'; ynglŷn â'r engh. gyntaf, gw. *LHEB* 55] *eg. ll.* (prin) *ịydoedd.* Math o fwyd a wneir drwy ferwi blawd ceirch neu rawn arall mewn dŵr neu lefrith, bwyd meddal ar gyfer plentyn neu glaf, hefyd yn *ffig.: porridge, pottage, hasty pudding, stirabout, pap, also fig.*
10g. (*Ox* 2) *ESC* 3, *pultum i. iot.* **13g.** *B* iv. 2, A vo amyl y uel dodet en y *yut. id.* 6, Dirieit a geiff draen yn y *yut.* **14g.** *LlB* 62, a muneit o wenith y wneuthur *iwt* idaw. *c.* **1400** *MM* 20, [c]ymryt bara pynnyol g6enith neu uara keirch . . . a *iot* g6eiscon tr6y d6fyr. *c.* **1400** *Études* vii. 328, kymer laeth buwch . . . a blawt heid a mel y mywn padell, a berw yny el yn *iwt,* a dot ef yn dwym wrth dy groth. **15g.** *GIBH* 26, Rhaid iddo, rho Duw, addef / Wneuthur *uwd* i'w neithior ef. **15-16g.** *GLM* 67, Dau faen *uwd* o Fôn ydynt, / Gog a Magóg yma gynt [i ofyn meini melin]. **1547** *WS, Vwt* gruel Gruell. **1632** *D, Vwd,* Zomos, pulmantum, pulticula, pappa. **1760** *ML* ii. 264, rhaid croesawu bwyd llwy y sef *uwd* . . . a phosel. **1801** *MMf* 203, arfer ag *ịydoedd* a succanau blawd ceirch gyda llaeth neu fêl. **1803** *P* d.g. *Uwd.* Ar lafar, 'byta *uwd* gyda bniawyd' 'to attempt the impossible', *WVBD* 573; "R *uwd* annwyl!', *ib.;* 'Mi ro' i halen yn dy *uwd*' (Arfon); hefyd yn y ff. *iwd,* "Odd yn bechgyn ni . . . ddim yn folon bita *iwd* i frecwast', *GTN* 490. Ar lafar ym Môn clywir y rhigwm, 'Uwd llaeth, *uwd* llefrith, *uwd* llymru, / Yn eno'r *uwd,* sawl *uwd* sy?'.
Cfn.: **uwd bara can:** *panada, bread boiled to a pulp.* **1778** *W* d.g. *Panado [a sort of food very easy of digestion, made by boiling bread 'till it be in a manner dissolved in water].* **uwd blawd (ceirch):** (*oatmeal*) *porridge.* **1632** *D, vwd blawd a dwr* d.g. *Athera.* **1761** *ML* ii. 309, bwytta *uwd blawd* a dewlaeth. Ar lafar, '*uwd blawd, uwd blawd ceirch*' 'berwi llond sosban o ddŵr, ei dewhau â blawd ceirch a'i ferwi am gyfnod hir. Ei flasu â halen a'i fwyta mewn llaeth oer neu lefrith. Roedd hwn yn bryd cyffredin ar gyfer swper', *Geir Geg* 27 (y Gogledd, Sir Benf., a Morg.). **uwd (iwd) dyn bach (bychan):** *child's pap.* **18g.** *Llr C* 24, 302, a gwna fal *Iwd dyn bach.* **uwd maidd glas:** *grits boiled in whey.* **1803** *P.* **uwd papur:** *paper pulp, furnish, stuff.* **20g.** **uwd (iwd) peillia(i)d:** *flour boiled in milk, pap.* **1547** *WS, Ywd peillieid* Pappe. **1632** *D, Vwd peilliaid* d.g. *Athera.* **17g.** *LlGC* 13215, 338, *Uwd peilliad* Pappa. **18g.** *Llr C* 24, 352, fel y bo yn gymhesur o dewdwr fal *iwd peilliaid.* **1803** *P.* **uwd reis:** *oatmeal porridge to which rice has been added.* **1908.** Ar lafar, '*uwd reis*' 'ychwanegu llond cwpan o reis at y blawd ceirch i'w ysgafnhau', *Geir Geg* 27 (Morg.). **uwd rhynion:** *gruel, grits porridge.* **15g.** *GTP* 20, Camlan, wrth y tân, tynion-fu'u pennau, / Crimogau, trwynau fal *uwd rhynion.* **15-16g.** *TA* 532, Yfory ym mwrdd Ifor Môn, / Trennydd ti gei *uwd rhynion.* **1547** *WS, Ywd rhynion* Gruell. *c.* **1689** (**1802**) L. WILLIAM: *Sherlyn Benchwiban* 44, Un o'm gweddill ofalon, / Giniawa ofer ddynion, / Dod y sawl a ddelo'n west, / Caiff lond ei gest o *uwd rhynion.* Ar lafar, *Geir Geg* 27 (Môn), *Cymru* xlvii. [195] (sir Ddinb.), *B* iii. 209 (Penllyn). Clywir hefyd y ff. *uwd rhinon* (godre Cered.). **uwd sucan:** *sowens.* **1912.** Ar lafar, *Geir Geg* 27 (godre Cered., sir Benf., a Morg.). **uwd (iwd) sugaethan:** *porridge, flummery, sowens; poultice.* **1632** *D, Vwd sugaethan,* Puls, pultis. *id.* d.g. *Pulmentarium, Puls . . . Puls frumentacea.* **1688** *TJ, Uwd Sugaethan, uwd a Rodder wrth friw iw sugno; a Poultise.* **1803** *P, Uwd . . . uwd sugaethan,* a poultice. Ar lafar, '*uwd sugaethan*' 'rhoi sawl darn yn wlych mewn dŵr oer a'i adael i suro cyn ei hidlo a'i ferwi', *Geir Geg* 27 (Morg.); '*iwd sugaethan*', *GTN* 490, 739.

uwdfys [*uwd+bys*] *eg. ll. -edd.* Y bys nesaf i'r fawd, bys yr uwd, mynegfys: *forefinger, index finger.*
15g. *LHDd* 90, Sef y6 meint y llacka6d kyhyd a ch6gyn yr e6in ar yr y6d6ys. **1564** *RWM* ii. 875, Deaf and dumb alphabet: A = bawd, B = *uwdvys* &c. **1773** *W,* yr *uwd-fus* d.g. *Finger, The fore-finger.*

uwdffon, uwel, uwnifersiti, uwsiaf: uwsio, uwsyriaeth, uwsiaf: iwsio (hefyd At.), usuriaeth, gw. uwtffon, ufel, unifersiti, iwsiaf: iwsio (hefyd At.), usuriaeth.

uwtffon [*uwd+ffon*] *eb.* (bach. *-nig*). Mopren, lletwad, ysbodol: *porridge stick, ladle, spatula.*
1604-7 *TW* (*Pen* 228), cylhelhbren yr Apothecarieit, *uwtphonic* d.g. *Ligula.* **1688** *TJ,* Lledffed, *uwdffon,* mopbren, (ledl:) a ladle. **1725** *SR, uwd ffonn* d.g. *A Laddle.* **18g.** mopren . . . hefyd . . . *uwddffon, wtffon*, J. JONES: *Gwerin-eiriau* 186; '*wtffon*' 'darn o bren unionsyth a blaen llydan iddo neu bren hirgoes a thro yn ei flaen. Fe'i defnyddid naill ai i droi

---

bwyd neu i'w berwi neu i droi hufen', *Geir Geg* 156 (Meir.). Clywir hefyd y ff. *rhwtffon, Folk Life* xii. 35 (Meir.).

W

w, llafariad, a'r seithfed lythyren ar hugain yn yr wyddor Gymraeg; digwydd hefyd fel lledlafariad (*w*).
Cfn.: **w ansillafog:** *non-syllabic 'w'.* **1923.** **w gytsain:** *consonantal 'w'* (*w*). **20g.** **w gytseiniol = w gytsain.** **1923.** **w lafarog:** *vocalic 'w'.* **20g.** **w driphlyg:** *www* (*as part of a URL*). **20g.**

w¹, gw. gŵr.

w² [gair yn dynwared y sŵn, cf. *S. ooh*] *ebd.* Ebychiad yn mynegi syndod, pleser, poen, &c.: *ooh!*
Ar lafar, 'W! 'ne dda, 'ôn i jyst â marw isio peint!'.

'w¹,², gw. ei¹, eu¹ (At.).

wa, wà, gw. gwas¹ (hefyd At.).

wab (*à*) [bnth. S. *wap*] *eg.* (bach. b. *-en*) *ll. -iau.* Slap, ergyd (ysgafn), ffaten, cernod: *slap, blow.*
1803 *P, Wab,* s. m.—pl. t. *iau* . . . A slap, a stroke. Ar lafar, *WVBD* 567.
Cfn.: **dan wab:** *under the thumb, under strict subjection.* **1858.** Ar lafar yng Nghered.

wabiaf, wapiaf: wabio, wapio [bnth. S. (*to*) *wap*] *ba.* Slapio, cernodio, ergydio, taro, curo, trechu: *to slap, cuff, strike, beat, defeat.*
1803 *P, Wabiaw* . . . To slap, to beat, to cuff. Ar lafar, '*wabio* fe ar 'i gefen' (gogledd Cered.); hefyd yn y ff. *gwabio, gwobio*).

wabiwr [bôn y f. *wabiaf: wabio+-iwr*] *eg. ll. wabwyr.* Un sy'n slapio neu'n ergydio: *slapper, striker.*
1803 *P, Wabiwr,* s. m.—pl. *wabiwyr* [sic] . . . A slapper.

wablaf¹, wabliaf¹, woblaf¹: wabl(i)o, woblo [cf. S. taf. (*to*) *wabble, wobble*] *bg.a.* Gorchuddio â throchion sebon (cyn eillio), trochioni, seboni, hefyd yn *ffig.: to lather, also fig.*
18g. *LlGC* 833, 9, Gynna gyda Merddin / mi ddois o dre Gaerfyrddin / ac mi af etto iddo yn wâs / J waeblo [sic] ac yr âs y Brenin. Ar lafar, "Wn odd y llestar 'odd a'n iwso i *woblo*' (dwyrain Morg.). Clywir *woblo* hefyd yn yr ystyr 'rhoi saim . . . ar ecsdri olwynion dramiau ar ben y gwaith', *Geir Glo* 23 (dwyrain sir Gaerf.), a hefyd 'dileu'r rhifau a roddasai'r glowyr mewn sialc ar eu dramiau wrth eu llenwi', *id.* 123 (dwyrain sir Gaerf.).

wablaf²: wablo, wablan, gw. woblaf²: woblo.

wablen, wabliaf¹: wablio, gw. waplin. **wablaf¹:** wablo.

wabliaf²: wablio, wablian, gw. woblaf²: woblo.

wabling, gw. waplin.

wablingaf: wablingo [bf. o'r e. *wabling*] *bg.a.* Gorchuddio â throchion sebon, trochioni, seboni: *to lather.*
1775 *W, wablingo* (in Caermarthen-shire) d.g. *To lather.* Ar lafar gynt yng ngodre Cered.

wablin, gw. waplin.

wac [bnth. S. *whack* 'turn; portion'] *eb.* Dogn, cyfran, stem (o waith): *allowance, portion, lot; shift (of work), stem.*
Ar lafar, 'Efed bawb i *wac*', *Cymru* liv. 200 (dwyrain sir Drefn.); 'Galw am glased 'odd e wrth ddod o'r clwb a 'na 'i *wac* e' (sir Gaerf.). Digwydd hefyd yn ardaloedd chwareli'r Gogledd yn yr ystyr 'stem (o waith)'.

wâc [bnth. S. *walk*] *eb.g.* (bach. b. *wacen*) *ll. -s.* Tro, cerddediad, rhodfa, taith, reid; llwybr, rhodfa; bing, ffodrwm, ransh:

walk, stroll, ride; path, avenue; alley (in cowshed), bin.

1899. Ar lafar, 'mynd am *wâc* yn (y) car' (Cered. a'r De); 'Mae'n *wâc* fach neis trw ffald Tresysyllt', *Wês wês* 12; '*Wac* . . . A private path leading to a mansion or private residence', *GDD* 315. Digwydd hefyd yn y ff. *wacen*, ac mewn ymad. megis 'Ma'r siswrn 'na wedi mynd am *wâc* siwrne 'to' (sir Benf.). Am ddosbarthiad *wâc* ar lafar yn yr ystyr 'bing', gw. *LGW* [362]–3.

Cfn.: **wâc laeth:** *milk round. c.* **1920.**

wacaf: waco [bnth. S. *(to) walk*] *bg.a.* Mynd am dro, cymryd am dro, mynd ar ymweliad neu ar daith bleser; canlyn, cadw cwmni (mewn carwriaeth): *to go or take for a walk, stroll, go visiting or on a trip; court, conduct a courtship.*

1896. Ar lafar, '*wâco*' 'to go visiting', *SC* vi. 136 (sir Benf.); 'Mas in *waco*'r babi', ''Odi'r ddou in *waco*, te?' (sir Benf.); '*waco*' 'mynd ar ymweliad neu daith bleser', *GTN* 843.

wacen, gw. **wâc.**

waci [bnth. S. *wacky*] *a.* Rhyfedd, od, hynod: *wacky.*

20g. Ar lafar.

wad[1] (*à*) [bnth. S. taf. *wat*, amr. ar *welt* 'blow'] *eb.g.* ll. *-s.* Ergyd (nerthol), ffaten, cernod: *(heavy) blow, stroke, clout.*

18–19g. *Llr* C 55, 128, *Wad*, a blow, a stroke—wat. Ar lafar, 'Dyma'r 'en Johns yn roi *wad* i'r sinc â'r ffon' (sir Gaerf.); 'Rho *wàd* iddo!', *GDD* 315.

wad[2] (*à*) [bnth. S. *wad*] *eg.*

(*a*) Lwmpyn neu sypyn o ddefnydd meddal a ddefnyddir i lenwi twll, i gadw pethau ar wahân, yn eu lle, &c.; joe (o faco): *wad; plug or quid (of tobacco).*

Ar lafar, ''Odd a'n cnoi *wad* o faco', *GTN* 840.

(*b*) Clobyn (o berson neu anifail): *person or animal of considerable size.*

18–19g. *Llr* C 75, 203, *wad* o gi mawr. Ar lafar, 'Mae'n *wad* o fenyw' (Myn.).

wadaf: wado [bf. o'r e. *wad*[1]] *bg.a.* Curo, taro, colbio, dyrnu, trechu: *to beat, strike, wallop, thrash, defeat.*

18–19g. *Llr* C 30, 177, *Wado*, to beat, to lash. Ar lafar, *Cymru* xxxv. [233] (godre Cered.), *GDD* 315, *BIBC* 52, *GTN* 840.

Cfn.: **wado arni:** *to carry on, persevere.* **20g. wado bant:** *to work hard, work like fury.* **1929.** Ar lafar, *B* iv. 304 (canolbarth Cered.), *Wês wês* 67. **wado ymlaen:** *to grow old; persevere.* **20g.** Ar lafar, 'Mae e siŵr o fod yn *wado 'mlân*' (sir Gaerf.); 'Ma fa'n *wado mlēn* yn fishi', *BIBC* 52.

wadi [bnth. S. *wadi*] *eb.g.* ll. *-s, wadïau.* Dyfrffos greigiog sych (ar wahân i'r tymor glawog) yng ngogledd Affrica, &c.: *wadi.*

1866.

wadiaf: wadio [bnth. S. *(to) wad*] *ba.* Llenwi neu gadw mewn lle â wad, leinio neu stwffio (dilledyn neu gwrlid) â gwlân cotwm, &c.: *to wad.*

1916.

wadin [bnth. S. *wadding*] *eg.* Defnydd meddal ystwyth o gotwm, gwlân, &c., a ddefnyddir i leinio neu stwffio dillad, cwiltiau, &c., neu i bacio pethau hawdd eu torri, gwlân cotwm, hefyd yn *ffig.*: *wadding, cotton wool, also fig.*

1916. Ar lafar, *SC* vi. 136.

waej [bnth. S. *wage*; ansicr yw union ff. rhai o'r enghrau. isod] *e?g.* ll. *-ys.* Cyflog, hur; cyflogaeth, gwasanaeth (cyflogedig): *wage(s), hire; employment, (paid) service.*

14g. *BT* (*RB*) 160, yntev a dywat na chlywssei ef eiroet vot brenhin yn wr pae nac dan *waes.* **1547** *WS*, *Waydys* Wages. **16g.** (*LlEG*) *Mos* 158, 232a, talu J *waydgis* J bob gwr or llu. **1567** *TN* 85b, byddwch voddlawn ich cyfloge [:– *waydys*].

waetiaf, waetaf, gwaetiaf, &c.: **waetio, waet(i)an, gwaetio,** &c. [bnth. S. *(to) wait*; petrus yw dosbarthiad rhai o'r enghrau. isod] *bg.a.*

(*a*) Gweithredu fel gwasanaethydd neu weinydd (i), gweini: *to act as an attendant or servant (to), wait, attend.*

15–16g. *TA* 109, Heb ddowt y byddi waetiwr, / O *waetio* 'n iawn, ti ai 'n ŵr [i Siôn Salbri]. **1527** *B* ii. 219, val ir oydd y marchawc ar ddiwyrnawd yn *wayttio* ar vwrdd y brenin. **16g.** *id.* xviii. 326, a serttein o ard brenin Lloygyr gwedi j nodi i *waettio* ac y'w gwsnauthu wynnt a bwydydd ac a diodudd. ?**16g.** *MA*[2] 456, dethol a oruc ev [Gwrtheyrn] . . . bedƀargainwyr o Vaibion y dlyedogion . . . y *ƀaettan* ƀrth ben march y brenin. **1567** *TN* 186b, ef a alwodd ar ddau oei weison, a' milwr creddyfol, vn or ei oedd yn dylyn wrthaw [:– *waytio* arnaw]. **1568** MORYS CLYNNOG: *AG* 18–19, a'r yngylion a'r saint yn *waetio* arno [Crist]. *c.* **1585** G. ROBERT: *DC* 19a, Nid yw angel pob vn o honom yn cael swydh yn y byd, on d [*sic*] *waetio* pawb ar ei dhyn. *c.* **1588** *Rhyddiaith Gymraeg* ii. 78, doy wsanethwr a llaw forwyn y *waytan* erni hi. **1602** *GST* i. 887, Ar Elsbeth, heb feth, bu fo / Yn neutu'r cwrt yn *waetio*; / . . . / *Waetio* heddiw, pwy'n addas? / Y mae ar Grist, mwy yw'r gras [marwnad Siôn Tudur gan Simwnt Fychan]. **1670** J. HUGHES: *AP* 244, miloedd o Angelion bendigedig ac o Seinctiau ac sydd yno . . . yn *waetian* yn ostyngeiddlawn arno ef. **1712** T. WILLIAMS: *CDdG* 36, Angylion Sanctaidd y rhai a *waetiant* (*attend*) arno. **1786** TWM O'R NANT: *PCG* 10, Mae gwmpas y môr (a glywai sôn) / A'r mynydd i chwi weision mwynedd. / Eu gwaith mwyaf ydyw *gwaetio* / Ar eu [*sic*] gilydd, ac ymwenwyno. Ar lafar, '*wetio*' 'to wait at table', *WVBD* 570; '*weitio*'n deiningrŵm' (Llŷn).

(*b*) Aros (am), disgwyl (wrth); gwylio'n (ofalus), bod yn wyliadwrus (rhag); llechu (i ymosod): *to wait (for), await; watch or observe (closely), be watchful (of); lie in wait (to attack).*

15–16g. *TA* 384, Nid rhaid ond *waetio* 'r adwy, / Nid a na march na dyn, mwy [i erchi march]. **16–17g.** *Cer RC* 55, Am f'Arglwydd edrych yr wy' bob tro, / A'm henaid yn *waetio* amdanad. **17g.** *TBM* 407, Mae'n ddyn anllad, *waitiwch* arno / Ym mysg merched nid yw o'i goelio. **17g.** *DCR* 247, ohonom ine [*sic*] ir oedd drichant / ar ael y nant yn *waitio* / ofarchogion [*sic*] arfog lawn / yn barod iawn /i/ daro. **1672** R. PRICHARD: *Gw* 205, Bid dy lygaid ditheu'n *waetan* [:– Disgwyl], / Ddydd a nôs rhag rhwydau Satan. *id.* 430, Gwel Angelion Duw i'th *waetan* [:– I ddisgwyl wrthyt]. **1768** TWM O'R NANT: *CTh* 17, Oni theliff e'n gwitt, rhaid *gwaitio.* **1788** J. THOMAS: *CS* 263, Pan yr aeth ei enaid allan, / 'Roedd angylion yn ei *waetan*; / Hwy dygasant e'n dra llawen, / Fel y fellten, heibio'r haulwen. Ar lafar, ''Fedra i'm *gwitsied* i fynd ar 'y ngwylie' (sir Ddinb.); '*Weitia* fi' 'wait for me', *WVBD* 569; '*Weitan*', *Cymru* xxxv. [233] (godre Cered.); ''Odd 'i'n *witan* y næll i ddod' (Myn.).

Cfn.: **(g)waetio ar y cewyll (dy gewyll),** &c.**):** *?to look nearer home, mind one's own business.* **17g.** E. MORRIS: *B* 72, Wrth weled yn glettach rai llettach eu llôg, / Cadw'n lle cynull, ac *waytio ar y cewyll* / Sydd cystal ag enill y geiniog. **1738** *W Ballads* 119, 6, *Gwaitia ar dy Gewill* me[wn] gofal bydd gall.

waetiwr, gwaetiwr [bôn y f. *(g)waetiaf*, &c.: *(g)waetio*, &c. + *-iwr*] *eg.* ll. *waetwyr.* Gweinydd, gwasanaethydd; ?llechwr (er mwyn ymosod): *waiter, attendant; ?ambusher.*

15g. *LGC* 25, Bydd gall, v' anwyl! baedda guellwyr, / Mae bwriad eto, mae brad i *waetwyr.* **15–16g.** *TA* 109, Heb ddowt y byddi *waetiwr*, / O waetio 'n iawn, ti ai 'n ŵr [i Siôn Salbri]. **16g.** LEWYS MORGANNWG: *Gw* 439, tri chwrs gan *waetwyr* a chog. **1547** *WS*, *Waytiwr* Wayter. **1604–7** *TW* (*Pen* 228), *waetiwr* d.g. *Assecla. c.* **1730** *Thos. Lloyd D* (LlGC) 163b, lle'r *waytiwr* llochwr 'ny llys. Q. 188.

Gw. hefyd **weiter.**

waets, waetsh, gw. **watsh.**

waetsiaf: waetsio, waetsiwr, gw. **watsiaf: watsio, watsiwr.**

wafaf, wafiaf, we(i)fiaf: waf(i)o, we(i)fio [bnth. S. *(to) wave*] *bg.a.* Chwifio; gwneud yn donnog (am wallt): *to wave; make wavy (of hair).*

1863–5. Ar lafar, 'A hancas bocad fel cyfnas gynno fo'n *wefio*' (Llŷn); 'Nes i *weifio* ta-ta ar Jac' (Arfon); 'Un budur i *wafo*'i frycha yw a wth bod a'n wilia', *GTN* 843. Digwydd hefyd yn yr ystyr 'gweithio'n galed neu'n ddiwyd', 'Mân' nw wedi bod yn *wafo*'n fudur 'ma' (Morg.).

wafraf, wafriaf: wafr(i)o [bnth. S. *(to) waver*] *bg.* Simsanu, siglo, gwamalu; gwyro, mynd ar grwydr: *to be unsteady, sway, waver; deviate, stray.*

1617 *Minsheu* 143a–b, i *wafrio* ne fynd ar gam d.g. *to Digresse.* **1828** *Geir Pob* 28, *Wafrio*, anwadalu, siglo.

waffer [bnth. S. *wafer*] *eb.* (bach. *waffren*, ll. *-nau*) ll. *-i, -au, -s.* Bisged felys grimp ysgafn a thenau, yn enw. y math a fwyteir gyda hufen iâ; afrlladen (offeren); llethen: *wafer; (mass) wafer, host; sealing-wafer.*

1618 J. SALISBURY: *EH* 239, Yr aferlhaden a welwch ar yr Alhor, cyn ei chyssegru, nyd yw dhim ond ychydig fara, a grased yn rhith tisennau [*sic*] dene, neu *waffrysen.* **1714** *PYHFf* 14, y Bara yn y Cymmyn (neu *vvafer* y Papistiaid). [**1740**] L. ANWYL: *NG*, hysbyseb, cwŷr Côch *Waffers.* **1752** *EGG*, hysbyseb o flaen y dd.d., Cŵyr ar Afrllad neu *Wafferau* Selio. [**1760**] *ML* ii. 281, mae gan y Brenin newydd yna ddigon o gŵyr goch [*sic*] . . . ac o bowdwr ink ac o *waffers*, a phensils. *c.* **1762–79** W. WILLIAMS: *P* 393, nid ydynt yn unig ond rhoi'r *waffer* yng ngheneuau'r [*sic*] Cymunwyr. Ar lafar, 'Dyna ferch dena yw 'i, ma'i fel *waffar* o dena', *GTN* 841; hefyd yn y ff. *waffan*, *WVBD* 567, a *welffan*, *id.* 569; ac yn gyff. yn y ff. *weffyr.*

Amr.: **waffrysen. 1618** J. SALISBURY: *EH* 239.

wag (*à*) [bnth. S. *wag*] *eg.* ll. *-s*, (prin) *-iaid.* Cymeriad ffraeth neu gellweirus, tynnwr coes, person direidus neu gyfrwys: *wag, mischievous or sly person.*

1862. Ar lafar yn gyff.

waganét, gw. **wagonét.**

wagen [bnth. S. Diw. Cyn. *wagen*; dichon fod rhai enghrau. treigledig o'r gair *gwagen* wedi eu cynnwys yma] *eb.* ll. *-(i)au, -i.* Gwagen; tryc, lorri; tryc (rheilffordd), dram (mewn pwll glo, &c.): *wagon; truck, lorry; (railway) wagon, tram (in coalmine, &c.).*

1545 *CM* 1, 69, Y mysg yr h/rain Jmaer Seer A hennwir Shiarlys, [*sic*] waen, ne *wagen* shiarls. **16g.** (*LlEG*) *Mos* 158, 467b, [t]air o *waggenav* ne o gerttwenni hirion. **1583** *LlGC* 716, 67b, Iehoram aeth allan a'i . . . hol [*sic*] *wagen-ie* gidac ef. *Dchr.* **17g.** *T Ch* 130, Yn tynnu yr euraid *wagen* a'i thanllyd belydyr ir oedd pedwar o geffyle. **1746** *ML* (Add) 866, fe Gymerwyd . . . [y]r holl *Wagenau* oedd yn Carrio neu Cludo eu holl berthnasau au Trysorau. *c.* **1762–79** W. WILLIAMS: *P* 168, y mae amryw gantoedd o wyr yn tynnu yn galed i symmud y *wagen* fawr. **1784** M. WILLIAMS: *S* i. 225, nid llai nac o wyth i ddeng mil o *wagenni* sy'n carrio meddiannau. **1794** E. JONES: *CP* 95, Gadel cerbydau, *waggeni* neu beiriant arall ar y ffordd. Ar lafar yn y Canolbarth yn yr ystyr 'trol, gambo', *LGW* [372]–3, ac yn ardaloedd chwareli'r Gogledd yn yr ystyr 'Car gyda phedair ochr i lwytho cerrig a rwbel', *B* xx. 386; 'Dyna lle odd *wagan* fawr o flæn y tŷ yn llawn o datws', ''Odd gofyn dou geffyl . . . i fynd â llond *wagan* o gelfi', *GTN* 841. Digwydd hefyd yn y ff. '*wagin*', *GDD* 315, ac yn y ff. l. *wegins*, *B* viii. 223 (dwyrain Morg.). Am yr enwau ar y gwahanol fathau o wageni yn chwareli'r Gogledd, gw. *B* xx. 386–7.

Amr.: **wagon** [bnth. S. *wagon*]. **1604–7** *TW* (*Pen* 228) d.g. *Carpentum.*

Cfn.: **wageni rheilffordd:** *railway trucks.* **1915.** *Ser.* **Wagen Siarls:** *Charles's Wain, the Plough (in astron.).* **1545** *CM* 1, 69. **ar y wagen:** *on the wagon, teetotal.* **20g.** Ar lafar.

Gw. hefyd **gwagen.**

wagenaid [*wagen* + *-aid*[1]] *eb.* ll. *-eidiau.* Llond wagen, llwyth wagen, gwagenaid, hefyd yn *ffig.*: *wagonful, wagonload, truckload, also fig.*

20g. Ar lafar, 'Ni fynson *wagenid* o dail rynton ni i gyd i'r lotmants', *GTN* 841.

Gw. hefyd **gwagenaid.**

wagenwr [*wagen* + *-wr*] *eg.* ll. *wagenwyr.* Gyrrwr wagen, certweiniwr, gwagenwr: *wagoner.*

1769 *DRh* 25, Certwynwr, *Wagenwwr*, neu ryw alwad wael o'r fath. **1770** *HGD* 16, Gwisgoedd *wagenwŷr.* Ar lafar, 'Drifo wagan yw 'ngwaith i, ia 'na fe, *wagenwr*', *GTN* 841.

Gw. hefyd **gwagenwr, wagner.**

wagin, gw. **wagen.**

wagner, gwagner, (g)waginer, wagoner [bnth. S. *wagoner*] *eg.* ll. *(g)wag(i)neriaid.* Wagenwr, certweiniwr: *wagoner.*

1892. Ar lafar.

Gw. hefyd **wagenwr.**

Wagneraidd [yr e. prs. *Wagner* + *-aidd*] *a.* Yn perthyn i gerddoriaeth, operâu, &c., y cyfansoddwr o Almaenwr Richard Wagner (1813–83), nodweddiadol o'r cyfryw: *Wagnerian.*

20g.

wagon, wagoner, gw. wagen, wagner.

wagonét, waganét [bnth. S. *wagonette*] eb. ll. *wagoneti, wagonetiau.* Cerbyd pleser pedair olwyn a dynnir gan geffyl(au); y mae iddo ddwy sedd hir yn wynebu ei gilydd ar hyd-ddo, a sedd ar draws yn y blaen i'r gyrrwr: *wagonette.*
20g.

wainsgot, waistgot, wajen[1,2], gw. wensgod, gwasgod[1] (hefyd At.), wej, wejen[2].

wajer [bnth. S. *wager*] e?b. Bet, cyngwystl: *bet, wager.*
1769 E. ROBERTS: *GN* 24, Darfu iddun ddal *wager* y leni rwi 'n ame, / Pwu fedra dori ore; / Nis gwn i eto pwu eiff ar maen ir wal, / Nid oes run yn dal yn unlle. **1828** *Geir Pob* 28, *Wadger,* cyngwystl.

wajys, wal, wala, gw. wej, gwal, wele.

walabi [bnth. S. *wallaby*] eg. ll. *walabïod, walabïaid, -s. Swol.* Unrhyw un o amryw fathau o folgodogion o deulu'r *Macropodidæ* sy'n debyg i'r cangarŵ ond yn llai: *wallaby.*
1910. Digwydd 'Y *Walabis*' fel e. ar dîm rygbi cenedlaethol Awstralia.

Walaciaid [cfdds. o'r S. *Wallach(ian)* + *-iaid*[1]] e.ll. Brodorion Wallachia (tywysogaeth sydd bellach yn rhan o Românîa): *Wallachians.*
1844.

walaf: walo, gw. waliaf: walio.

walap, walop [bnth. S. *wallop*] e?g. Ergyd drom, dyrnod: *wallop, thump.*
1832.

walbant, gw. gwalbant (hefyd At.).

walblad, walblat, gw. gwalblaid.

walbon, whalbon [bnth. S. *whalebone*] eg. ll. *-s.* Sylwedd cornaidd hyblyg sy'n tyfu yng ngorfant rhai morfilod, strip o'r cyfryw fel cyfnerthydd mewn staes, &c.: *whalebone.*
1630 R. LLWYD: *LlH* 50, [y] dwy-/fron-bren, ar *whâl-bôns.* Ar lafar, "Odd *walbons* mywn staesys, flynydda'n ôl', *GTN* 841. Digwydd hefyd mewn cyffelybiaethau megis 'ystwyth fel *walbon*', *WVBD* 568; 'fel *walbons*' 'ystwyth; hyblyg', *GTN* 841.

walciaf: walcio, gw. gwalciaf[2]: gwalcio.

wald, waldas, walden, gw. gwald (hefyd At.).

Waldensaidd, Waldensiaidd [cfdds. o'r S. *Waldens(ian)* + *-(i)aidd*] a. Yn perthyn i'r Waldensiaid neu i'w credoau: *Waldensian (adj.).*
1890.

Waldensiad [cfdds. o'r S. *Waldens(ian)* + *-iad*[3]] eg. ll. *-iaid.* Aelod o sect biwritanaidd a sefydlwyd *c.* 1170 yn ne Ffrainc fel mudiad diwygiadol o fewn yr Eglwys Gatholig Rufeinig: *a Waldensian.*
1693 J. OWEN: *BP* 154, arferiad y *Waldensiaid,* y rhai oedd y Christnogion puraf yn yr oes hon, ac mewn ymneulltuaeth oddiwrth Eglwys Rhufain. **1701** J. OWEN: *YE* 163, Mi a brofais oddiwrth gyffes y *waldensiaid,* eu bod yn bedyddio eu plant. *c.* 1762-79 W. WILLIAMS: *P* 513-14, 1147 . . . ymhen ychydig amser ar ol hyn, y cododd y *Waldensiaid.*

Waldensiaidd, waldiaf: waldio, gw. Waldensaidd, gwaldaf: gwaldu (hefyd At.).

waldiwr [bôn y f. *waldiaf: waldio* + *-iwr*] eg. Ergydiwr, colbiwr, hefyd yn *ffig.: striker, basher, also fig.*
20g.

waldon, wale, gw. gwald (hefyd At.), wele.

waled, walet [bnth. S. *wallet*; ceir enghrau. eraill posibl d.g. *gwaled*] eb. ll. *waledi, waledau, waleti.* Gwaled; satsiel, ysgrepan, bag: *wallet; satchel, scrip, bag.*
1547 *WS, Walet* A wallet. Ar lafar, '*walad*' 'wallet . . . e.g. for carrying food', *WVBD* 567; '*waled, walat*' 'bag mawr o galico gwyn i'w gario ar y cefn. Ynddo byddai'r chwarelwyr yn cario eu bwyd ar gyfer yr

---

wythnos pan fyddent yn gweithio oddi cartref ac yn byw mewn barics', *Geir Geg* 155 (sir Gaern.); 'Fe sbilws rwun 'i *walat* a yn Gardydd', *GTN* 843.
Gw. hefyd **gwaled.**

wali [bnth. S. *wally*] eg. ll. *-s.* Person hurt neu ddi-lun, lembo: *wally.*
20g. Ar lafar, 'Mae o rêl *wali*'.

waliaf, walaf: wal(i)o [bf. o'r e. *wal*] bg.a. Gwalio, murio: *to wall.*
1869. Ar lafar, 'Ma'r pwll wedi cael ei *walo* o'r pwll lan' (sir Gaerf.); '*walo* wal sych' (Brych.).
Gw. hefyd **gwaliaf: gwalio.**

walics, walop, walpant, walpiaf: walpio, gw. holics, walap, gwalbant (hefyd At.), warpiaf: warpio.

walplat, walplath, gw. gwalblaid (hefyd At.).

walrws, walrys [bnth. S. *walrus*] eg. ll. *walrysod, -iaid.* Mamolyn mawr ysgithrog, *Odobenus rosmarus,* sy'n perthyn i'r morlo a'r morlew, a'i gynefin ym Môr yr Arctig: *walrus.*
1851.

walts [bnth. S. *waltz*] eb. ll. *-iau.* (Cerddoriaeth mewn amseriad triphlyg ar gyfer) dawns i gyplau sy'n cylchdroi gan symud yn eu blaen o gwmpas y llawr: *waltz.*
20g.

waltsiaf: waltsio [bf. o'r e. *walts*] bg. Dawnsio walts: *to waltz.*
20g.

walwart, gw. walword.

Walwneg, Walwnaeg [bnth. S. *Walloon* + *-eg*[1], *aeg*] eb. Tafodiaith Ffrangeg a siaredir yn nwyrain a de Gwlad Belg ac ardaloedd cyfagos Ffrainc: *Walloon (dialect).*
1870.

walword, walwort, walw(a)rt [bnth. S. C. *wal-wort*] e?b. *Bot.* Llwyn tebyg i'r gwyddfid, a'i gynefin yn Ewrop ac Asia, sy'n dwyn dail danheddog a blodau gwyn, *Sambucus ebulus,* ysgaw Mair: *wallwort, dwarf elder, danewort.*
c. **1400** *Etudes* vii. 52, ebula, y *walword. id.* 288, *walwort. Diw.* 16g. WLB 97, kymer *Walword* ai berwi mewn dwfr. *Dchr.* 16g. RWM i. 966, Henwe llysie enaint: y *walwart* = ysgaw mair. **18g.** Llr C 24, 241, Cymer sudd y *wallwort* [*sic*] a mel a halen. **1813** *WB* 242, *Walwrt.* (corruption of Wall-wort) edr. Corysgawen.

wallai, wampen, gw. efallai (hefyd At.), whampyn.

wampiaf[1]**: wampio** [bnth. S. (*to*) *vamp* 'to repair'] ba. Trwsio, atgyweirio: *to repair.*
Ar lafar, *ISF* 75, *WVBD* 568.
Gw. hefyd **ailwampiaf: ailwampio.**

wampiaf[2]**: wampio** [?cf. *wabiaf: wabio*] ba. Ergydio, dyrnu, taro: *to beat, thump, strike.*
1863. Ar lafar, '*Wampio*' 'dyrnodio neu ergydio', J. JONES: *Gwerin-eiriau*[1] 57.

wampliaf: wamplio, gw. warpiaf: warpio.

wampwm [bnth. S. *wampum*] eg. Gleiniau cregyn a linynnir ynghyd i'w defnyddio fel arian, addurniadau, &c., gan Indiaid gogledd America: *wampum.*
1834.

wampyn, gw. whampyn.

'wan, 'ŵan, gw. yrŵan.

wanaco, gw. gwanaco (hefyd At.).

wanc [bnth. S. *wank*] eb. ll. *-iau.* Mastyrbiad, hefyd yn *ffig.: wank, masturbation, also fig.*
20g. Ar lafar, hefyd yn *ffig.,* 'Ma gwaith yn *wanc*'.

wancar [bnth. S. *wanker*] eg. ll. *-s.* Wanciwr: *wanker (contemptible, &c., person).*
20g. Ar lafar.
Gw. hefyd **wanciwr.**

---

wanciaf: wancio [bnth. S. (*to*) *wank*] bg.a. Mastyrbio: *to wank, masturbate.*
20g. Ar lafar.

wanciwr [cfdds. o'r S. *wank(er)* + *-iwr*] eg. Person dirmygedig neu dda i ddim: *wanker (contemptible, &c., person).*
20g.
Gw. hefyd **wancar.**

wandiaf: wandio [bnth. S. (*to*) *wand*] ba. Curo â ffon neu wialen: *to beat with a rod or switch.*
20g. Ar lafar, 'Mi *wandia* i o'n iawn', *Cymru* liv. [200] (dwyrain sir Drefn.).

wandraf, wandriaf: wandr(i)o [bnth. S. (*to*) *wander*] bg. Crwydro; ?ffwndro: *to wander*; ?*become confused.*
1716-18 Llsgr R. Morris 22, Pan aeth i ffordd i *wandrio* / ymhrentis gorfu ymrwumo. *c.* **1761** *W Jew* 2, ni chei di Buth orffwus ond *wandro* hud tan i ddelw [*sic*] i etto ar y ddaiar. **1828** *Geir Pob* 28, *Wandro,* crwydro, gwibio.

wanglaf: wanglo [bnth. S. (*to*) *wangle*] ba. Cael (ffafr, &c.) drwy sgamio neu gynllwynio, newid neu ffugio (adroddiad, &c.) i beri iddo ymddangos yn fwy ffafriol: *to wangle.*
20g. Ar lafar.

wantan, wanton [bnth. S. *wanton*; ceir enghrau. eraill posibl d.g. *gwantan*] a. Anniwair, trythyll: *wanton, lascivious.*
1675 R. JONES: *HCh* [171], Anllad, Cnawdol, godinebus, *wanton. id.* [174], Nwyfus, *Wantan.* ib. Trythyll, *Wantan,* godinebus. **1683** H. EVANS: *CTF* 12, Cadw 'n issel dy Gorph nwyfus [:– *Wantan*]. **1688** S. HUGHES: *TSP* 137, myfi a gyfarfum ag un a elwid Drythyll [:– Anllad, VVantan]. *id.* 304-5, Hwy a roddant le yn y dirgel, i ymddiddanion cnawdol a *wantan (wanton).*
Gw. hefyd **gwantan.**

wantanrwydd [*wantan* + *-rwydd*; ceir enghrau. eraill posibl d.g. *gwantanrwydd*] eg. Anniweirdeb, trythyllwch: *wantonness, lasciviousness.*
1672 R. PRICHARD: *Gw* 462, Minnau dreuliais ddydd yr Arglwydd, / Mewn glothineb ac anlladrwydd [:– Drythyllwch, *wantanrwydd*]. **1675** R. JONES: *HCh* [171], Anlladrwydd, Drygchwant, *wantanrwydd. id.* [174], Trythyllwch, Nwyfiant, *wantanrwydd.* **1677** C. EDWARDS: *FfDd* [423], Agoriad ar ryw eiriau yn y llyfr hwn y cyfieithwyd yn rai pobl yn Neheubarth Cymru . . . Anlladrwydd, *wantanrwydd.* **1725-6** Madd Ed 183, tynnu i lawr y Balchder, gwrthbrofi y Didduwiaeth, jachau *Wantanrwydd.* **1768** TWM O'R NANT: *CTh* 24, Na 'mroddwch yn rhy-rwydd, at unrhyw *wantanrwydd.*
Gw. hefyd **gwantanrwydd.**

wanton, gw. wantan.

wanws, weinws [bnth. S. *wain-house*] eg. Cartws, tŷ allan ar gyfer wageni: *cart-house, wagon-house.*
1929. Am ddosbarthiad daearyddol *wanws, weinws* ar lafar, gw. *LGW* [110]-11.

wapiaf: wapio, gw. wabiaf: wabio.

waplin, wablin(g), &c. [cf. *wablaf*[1]: *wablo*] eg. Trochion sebon (eillio), ewyn; chwys ewynnog: (*shaving*) *lather, foam, froth; frothy sweat.*
1722 Llst 189, *Wapplin.* m. Sope-suds, suds. **1775** *W, wabling* (in Caermarthen-shire) d.g. *Lather.* Ar lafar, '*wablin*', *TGG* (1907-8) 112 (gogledd Cered.); '*woblin*', (sir Gaerf.); '*waplin*', *GDD* 316; '*waplyn*' 'lather, the frothy sweat of a horse, foam from soap', *SC* vi. 136 (sir Benf.).
Amr.: *wablen* (*eb.*). **1930.**

wâr[1] [bnth. S. *ware*; ceir enghrau. eraill posibl d.g. *gwâr*[2], a dichon mai yno y perthyn rhai o'r enghrau. isod] eb.g. ll. *warau.* Nwydd(au), peth(au) ar werth, hefyd yn *ffig.: goods, article(s) for sale, also fig.*
15g. *GGl*[2] 85, A werthu'r *wâr* i wrthym / Rhai ar oed a rhywyr ym. **15-16g.** *TA* 263, Nad o ddaear ddierth, / yd *wâr* o ddoe i wirth. **1547** *WS, Waar* Ware. **1608** *CRC* 215, kawn fasnach amar ddierth / yn Gwerthy Er y Trigwerth. **1636** *Pen* 321, 166a, mae n pechu drwy ledrad y sawl sy shiflo *war* da a drwg. **17g.** *DCR* 248, rhag maint o ganans oedd iw siar / fo las or *war* cynhwynol / mwy o lawer myn fynghred / nag o brytanied gwrol. *c.* **1760** (19g.) *CM*

522, 66, Tewch y *war* uffernol / A'ch lleisie anfelusol. *c*. 1762–79 W. WILLIAMS: *P* 126, Amber, Sidan, Cabinettau, ac amrywiol *warau* eraill wedi eu marneisio. 1828 *Geir Pob* 28, Wâr, nwyfau, eiddo gwerth.

wâr² [bnth. S. *ware*] *ebd.* Ebychiad sy'n rhoddi rhybudd pan fo perygl yn agos, gochel!, enbyd!: (*be*)*ware*!

   20g. Ar lafar yn ardaloedd chwareli'r Gogledd, 'Wâr' 'Rhybudd wrth saethu neu rybuddio unrhyw berygl o'r graig . . . S. beware', *B* xx. 387. Digwydd hefyd yn yr ymad. 'Wâr owt', *ib.* Cf. *LlIlM* 116, 'Does dim drwg lladd ar ôl gweiddi wâr.

wâr³ [bnth. S. *war*] *eb.* ll. *wârs*. Rhyfel, gwrthdaro: *war, conflict*.

   17g. HUW MORUS: *EC* i. 66, Wyth gant a aeth âg yntef, / O'r *war* i garchar âg ef. *id.* 228, Ac oni bae 'r milwyr, sy 'n erlid y treiswyr, / . . . / Fe ddyg[a]i'r *wâr* waedlyd, trwy'r cleddyf dychrynllyd, / Ein bywyd, a'n golud i'w ganlyn. Ar lafar, 'Bydd yn *wâr* yn Tsieina arnat ti', *WVBD* 568.

   Amr.: **wors** (*e.ll.*). Ar lafar, mewn ymad. megis '(wedi bod) yn y *wors*'.

warach, warant, warantedig, gw. **gwariach** (hefyd At.), **gwarant** (hefyd At.), **gwarantedig** (hefyd At.).

warbl, wharbl [bnth. S. *warble*] *eb.* Sŵn telori, trydar: *warble, trill.*

   1896.

warblaf: warblo [bnth. S. (*to*) *warble*] *bg.a.* Telori, trydar, hefyd yn *ffig.*: *to warble, trill, also fig.*

   1863–5.

warblat, gw. **gwalblaid** (hefyd At.).

ward [bnth. S. *ward*; ceir enghrau. eraill posibl (ac enghrau. posibl o'r ff. *wart*) d.g. **gwart**; ansicr yw union ystyr rhai o'r enghrau. isod] *eb.g.* ll. -(*i*)*au*.

   (*a*) Ystafell neu adran ar wahân mewn ysbyty, &c.; rhan o etholaeth, &c., a gynrychiolir gan gynghorydd neu gynghorwyr, &c., (geir.) rhaniad etholiadol yn Rhufain gynt; carchar; gwarchodaeth, cadwraeth, gwyliadwriaeth: (*hospital, &c.*) *ward*; (*electoral*) *ward*, (*dict.*) *century* (*electoral division in ancient Rome*); *prison; guardianship, guard, watch, custody.*

   15g. *GLGC* 94, Mae'n wrda Wiliam, mae'n *wardiaw*—arnam, / mae'n *ward* Wiliam Manerdeilaw. 16g. (*LlEG*) *Mos* 158, 602a, Kadw I wattsh ai *ward*. 16g. *GGH* 122, Dyblu *wardiau* dardiau dur / Dwbl ystad i blas Dudur. 1604–7 *TW* (*Pen* 228), Golycwyr ny bont rwymedic y wneuthur cyfrifae yr rhai mewn *ward* ac yn eü catwadaeth d.g. *Analogistæ.* *id.* d.g. *Custodia, phylaca.* *id. wardæ* d.g. *Tribus.* 17g. *TBM* 766, Byddwch oll, ni chewch golli, / Wyrda oll wrth fy *ward* i [cyngor i Rydderch ap Siôn a Gruffudd ap Siôn beidio â chwmnïaeth gan Syr Rowland Williams]. Ar lafar, 'Ma'r ddwy onyn' nw'n gwithio ar yr un *ward*'.

   (*b*) Plentyn dan oed a roddir dan ofal gwarcheidwad, plentyn dan oed, &c., a roddir dan nawdd llys: *ward* (*of court*).

   1604–7 *TW* (*Pen* 228), Ceitwat *Wardæ* ne Blant dan oet d.g. *Curator.*

   Gw. hefyd **gwart**.

wardeiniad, wardeiniaeth, gw. **warden, wardeniaeth.**

wardeiniol [*warden*+-*iol*] *a.* Yn perthyn i wardeniaeth: *pertaining to wardenship.*

   1794 E. JONES: *CP* 2, Y rhai a allant ymwrthod a'r swydd *wardeiniol. id.* 14, eu llw *wardeiniol* cyntaf.

warden [bnth. S. *warden*; dichon mai yma y perthyn *wardein*, *R* 1198. 7 (sef yr engh. gyntaf d.g. **gwarden**)] *eg.* ll. **warde(i)n-iaid**. Swyddog goruchwyliol, llywydd neu lywodraethwr coleg, ysgol, ysbyty, &c.; un o'r ddau brif gynrychiolydd lleyg etholedig mewn plwyf Anglicanaidd sy'n gyfrifol am eiddo eglwysig symudadwy ac am gadw trefn yn yr eglwys; hefyd yn *ffig.*: *warden; churchwarden; also fig.*

   15–16g. *TA* 399, Pa lys a'i frig fal Powls fry? / Pwy 'r *warden* i'r Priordy? 16–17g. *llCRC* iii. 308, Gadw yn sikir gylch y fedd / hyd y drydydd nos perwch / Rag ofon yr dyssgyblion / drwy fawr dwyll a chynghorion / Geiso yn lledrad ddwyn y korff / er ymborth yr kristnogion / Chwi Chwi *ywarden* gorycha / Ar fyrder

---

gwnewch hyn yma. 1604–7 *TW* (*Pen* 228) d.g. *Custos.* 1672 R. PRICHARD: *Gw* 234, Gossod vn neu ddau o'th deulu, / Fel *wardeniaid* ith gyd-helpu. 1710 *LlGG* (*Gos*) xi, y *Wardeiniaid* (*Church-wardens*) o bob un o'r Plwyfau dywededig a dalant allan o Arian y Plwyf yn eu llaw. 1722 *Llst* 189, Warden m.p. *deniaid*. A warden, church-warden. 1763 T. JONES: *RAH* 66, yr wyf hefyd yn gochel . . . fy rhoddi yn y swyddau mwy cyfreithlon, megis swyddog plwyfol, cwnstabl, *warden*, a'r cyffelyb.

   Amr.: **wardeiniad** [olff.]. 1759 *ML* ii. 104.

   Cfn.: **warden (yr) eglwys:** *churchwarden.* 1591 *Rhydd-iaith Gymraeg* ii. 129, Ficariaid, Curadiaid, *Wardeniaid eglwys*. 1604–7 *TW* (*Pen* 228) d.g. *Hierophylax.* 1710 *LlGG* [134]. **warden traffig:** *traffic warden.* 20g.

   Gw. hefyd **gwarden**.

wardeniaeth, wardeiniaeth [*warden*+-*iaeth*] *eb.* Swydd(ogaeth) warden: *wardenship.*

   1722 *Llst* 189, Wardeniaeth. f. Wardenship.

   Gw. hefyd **gwardeniaeth**.

wardiaf: wardio [bnth. S. (*to*) *ward*] *bg.*

   (*a*) Gwarchod, gwylio: *to guard, watch, look out.*

   15g. *GLGC* 94, Mae'n wrda Wiliam, mae'n *wardiaw*—arnam, / mae'n *ward* Wiliam Manerdeilaw. 1604–7 *TW* (*Pen* 228), yr hwnn nyt rhait ydhaw'n y rhyuel na *wardio* na gwylio d.g. *Beneficiarius.* Ar lafar, 'Wardiwch!' 'look out!', *WVBD* 568; 'Wardia'n fan 'ma nes i'r ergyd fynd allan' (Arfon).

   (*b*) Ymguddio, llechu, cwato: *to take cover, hide, lie hidden.*

   1937.

   Gw. hefyd **gwardiaf: gwardio.**

wardrob [bnth. S. *wardrobe*; dichon mai engh. o *gwardrob* a welir yn y dfn. cyntaf isod] *eb.* ll. -*au*, -*s*. Gwardrob, cwpwrdd dillad; holl ddillad person; adran wisgoedd theatr, cwmni ffilmiau, &c.; ystafell ddillad, arfau, &c.; gweision tŷ brenhinol, &c., sy'n gyfrifol am ddillad; hefyd yn *ffig.*: *wardrobe* (*furniture*); *wardrobe* (*person's clothes*); *wardrobe* (*in theatre, television, &c.*); *wardrobe* (*room for clothes, arms, &c.*); *wardrobe* (*of royal, &c., household*); *also fig.*

   15–16g. *TA* 241, Ni ddaw gwaed newydd godi, / A'th laned, iarll, i'th lin di; / Nid un rhent, nid unrhyw waed, / Nid un *wardrob*, edn eurdraed [i Arglwydd Dwdlai]. 1604–7 *TW* (*Pen* 228), hwn sy'n catw *wardrobe* ne dhilhat gistae d.g. *Capsarius.* Ar lafar, 'Helpa fi i symud y *wardrob* i'r llofft'.

   Gw. hefyd **gwardrob**.

wardwn [bnth. S. C. *wardun* 'baking pear'] *e?g.* ll. -*s*. Math o ellygen goginio, hefyd yn *ffig.*: *warden* (*pear*), *also fig.*

   15g. *GGl¹* 227, O gad Duw hil o goed hwn / Yn wrda fal pren *wardwn*. 15–16g. *TA* 389, Llygaid y bueiliad, bôn / I'r dans glew 'n *wardwns* gloywon; / Dau afal bual i'w ben, / Dau fryn dur, dwyfron derwen [i ofyn march]. 16g. *B* xxiv. 33, Afalau teg, wyt bregeth, / *Wardwns* mân, peran, pob peth [Ieuan Tew mewn ymryson â Bedo Hafesb].

waren, warin, &c. [bnth. S. *warren*] *eb.* ll. *warens*. Gwaren, cwninger, hefyd yn *ffig.*: *rabbit warren, also fig.*

   c. 1585 *MCr* 50, *warens* yn llawn cwningod ag ysgyfarnogaid. 1722 *Llst* 189, Warin. f. A warren. Ar lafar, 'Ma'r holl ffyrdd bach 'ma fel *waring* gwning-od'.

   Gw. hefyd **gwaren**.

warhows, wariach, gw. **warws, gwariach.**

wariar, warior, warier, wariwr [bnth. a chfdds. o'r S. *warr*(*ior*)(+-*iwr*)] *eg.* ll. -*s*. Cymeriad pybyr, penderfynol, lliwgar, &c.; cyn-filwr; (fel arfer yn y ll.) llabwst, hwligan: *warrior* (*vigorous, determined, colourful, &c., character*), *veteran*, (*usu. pl.*) *ruffian, hooligan.*

   1652 (17–18g.) *Llst* 133, 188b, A phan fai'r drin fyddin fu / J'w loches yr ai lechu / Adre daeth rhy gaeth yr hîn / y coeg *warriwr* cyw gerwin [James Dwnn i ofyn siaced o groen bwch]. Ar lafar, 'Ma'r hogyn yma'n hen gena bach isio cwffio efo pawb. Mae o'n ffri *wariar*, 'n ei fath â'i dad!' (Llŷn). Cf. Wês wês 52, Wê sawl i hen *warier* wedi troi ma's leni 'to, / . . . / A mae'n od i glwed am y rhifel ginta / A'r byd wedi anghofio yr rhifel ddiwetha.

waring, warin, gw. **waren.**

---

warior, wariwr, gw. **wariar.**

warlin(g), warlin(g)iaf: warlin(g)io, gw. **gwarlin(g), gwarlin(g)iaf: gwarlin(g)io.**

warniaf, warnaf, worniaf: warn(i)o, wornio [bnth. S. (*to*) *warn*] *ba.* Rhybuddio, siarsio: *to warn, caution.*

   1547 *WS*, Warnio rhybyddio Warne. 1716–18 *Llsgr R. Morris* 143, yr Arglwudd dduw a *warnia* yr dun / . . . / gwilia di brofi dim or bwud. Ar lafar.

warning, worning [bnth. S. *warning*] *eb.* Rhybudd; *Cyfr.* rhybuddiad; hefyd yn *ffig.*: *warning; caution* (*in law*); *also fig.*

   15g. GWILYM TEW: *Gw* 457, Ennill gad Ebrill, di bring—ywn d'urddas, / Ar y deyrnas yr wyd *warning* [i Edmwnt Malffawnt]. 15–16g. *GIl* 35, Y Deau, erni yr wyd *warning*, / er ffaelu eraill fal aur fflwring. 15–16g. *GLM* 107, Ni'th wad neb na'th adu'n ing / Ni bu dwrn na baud *warning*. 1547 *WS*, Warnyng rhybydd Warnyng. 1580 *GGN* [4], mi a ysgrifenais . . . Rybydd a mawredd . . . fod yn ddamnedig fyned yr Eglwys ar amser gwasanaeth [y Gwyr newydd]. 1672 R. PRICHARD: *Gw* 391, Pan na chymre dodol Juda, / *Warning* [:— Rhybydd] brûdd oddiwrth Samaria. Ar lafar, 'Rho *warning* cyn dod i mewn', 'Gath o *worning* gan y plisman'. Fe'i clywir hefyd ynglŷn â symptomau sy'n rhoddi rhybudd o drawiad calon, 'Mae o wedi cal sawl *worning*'.

warpaf: warpo, gw. **warpiaf: warpio.**

warpaig, warpeg, gw. **wyrpaig.**

warpiaf, warpaf, walpiaf, whalpiaf: warp(i)o, w(h)alpio [bnth. S. (*to*) *warp*] *bg.a.* Mynd yn gam (dan effaith gwres, tamprwydd, &c.), gwneud yn gam, gwyro, camu, hefyd yn *ffig.*: *to warp, also fig.*

   1828 *Geir Pob* 28, *Warpio*, gwyro, camu. Ar lafar, '*walpio* . . . *warpio*', *WVBD* 568; 'Ma'r drws wedi *warpo*', *GTN* 842; hefyd yn y ff. *wamplio*, *WVBD* 568.

warpin, warsel, gw. **gwarbin** (hefyd At.), **gwasael.**

warws [bnth. S. *warehouse*] *eb.g.* ll. *warysau*. Adeilad ar gyfer storio nwyddau (adwerthol), storfa, siop gyfanwerthu neu adwerthu fawr, hefyd yn *ffig.*: *warehouse, also fig.*

   1748 P. PUGH: *DGG* xiva, yn ei Siop a'i *Warws*. Ar lafar yn gyff.

   Amr.: **warhows.** 1828 *Geir Pob* 28, Wârhows, nwyf-dŷ, ystor-dŷ.

wasael, wasel [bnth. S. C. *wassail*; ceir enghrau. eraill posibl d.g. **gwasael**] *eg.* ll. *waselau*. Gwledd(a), cyfeddach, gloddest; *gwasael* (diod); ?gwasael (fel arfer werin-ol): *a feast*(*ing*)*, carousal, revelry; wassail* (*drink*); ?*yule-tide folk customs* (*see 'gwasael'*).

   15g. *GLGC* 114, a medd i'w gyfedd a gaf / mal *wasael* o'r melysaf. *id.* 306. 15g. *DN* 39, Weddaidd Selav ddydd *waselav* / Am levelav mil o viledd. 16–17g. *GST* i. 204, Da'r Rhiwlas, lle cair *wasael*, / Tri myw Siân, ferch Domas hael. 1716–18 *Llsgr R. Morris* 87, *wasal wasail* morwyn ddiwael / ag yfed hi gwen oi llaw feinwen. Ar lafar, '*wasel*' 'twymo cwrw cartre' a'i arllwys ar fara wedi'i friwo. Ei flasu â siwgr a'i roi i'r claf i godi archwaeth am fwyd', *Geir Geg* 27 (sir Benf.).

   Amr.: **wasol** (*eb.* ll. -*ion*). 1722 *Llst* 189, Wassol. f.p. solion. A wassail, christmass-bowl.

   Gw. hefyd **gwasael**.

wasbws [?bnth. S. *washboards*] *e.ll.* (un. b. *wasben*, ll. -*ni*). Ofergarfanau, ripls: *thripples, sideboards* (*of cart*).

   1889. Ar lafar, '*wasban*' 'styllen ar oleddf ar ochr trol i gymryd mwy o lwyth', *ISf* 76; '*wasbws*' 'boards placed upon the body of a cart to heighten it', *WVBD* 568.

wasel, wasgod, gw. **gwasael, gwasgod¹** (hefyd At.).

Washingtonaidd [cfdds. o'r S. *Washington*(*ian*)+-*aidd*] *a.* Yn perthyn i Gymdeithas Ddirwest Washington (a sefydlwyd yn Baltimore yn 1840) neu'r arfer o ddirwest a argymhellid ganddi: *Washingtonian* (*with ref. to the Washingtonian Temperance Society*).

   1847.

wasier [bnth. S. *washer*] *eb.* ll. *-i*, *-s*. Cylch modrwyol gwastad o rwber, metel, lledr, &c., a osodir wrth uniad i'w selio, cylch tebyg a osodir dan ben sgriw, bollten, &c., neu dan nyten er mwyn lledu'r pwysedd: *washer*.

1922. Ar lafar, 'sbrag a *wasier*' (sir Gaerf.). Clywir *wasiar* yn Arfon yn yr ystyr 'hoop (toy)', *B* i. 102, hefyd yn y ff. *wasial*, *ib.*

wasiws [bnth. S. *wash-house*] *e?g.* Golchdy, tŷ golchi: *wash-house*.

20g. Ar lafar, hefyd yn y ff. *'washaws'*, *AGB* 121.

wasol, gw. **wasael.**

wast[1] [bnth. S. *waste*] *eg.b.* ll. (prin) *-ydd*, a hefyd fel *a.* Gwastraff, oferdraul, afradlonedd; ardal neu dir diffaith; diangen, gwastraffus, treulgar, afradlon; anghyfannedd (am dir), heb ei drin, diffaith: *waste, extravagance, prodigality; wasteland; superfluous, wasteful, extravagant; waste (of land)*.

15g. *GLGC* 281, Hawddamawr heb unawr *wast* / i'r tir a'r tai o Herast. *id.* 286, barwn yw heb air yn *wast*, / iarll hir fo'r llew o Herast. **1547** *WS*, *Wast* Waste. **16g.** *GGH* 49, Nid taerfost fydd anturfawr, / Ni bu *wast* fwy no bost fawr. **16–17g.** *CRC* 322, mynd y gwledydd teg yn *wast* / ni dydoedd dast or bregeth / ond gwell fiase ofny dyw / a ffeidio byw mor ddifleth. **1746** G. JONES: *HWI* iii. 133, Ni a ddylem edrych yn ddiesgeulus am y Meddiannau a fo gennym, ac na wnelom *Wâst* nac Afrad o ddim. **1768** W. WILLIAMS: *HTS* 21, [g]wneud *wast* ac afreolaeth ar holl drugareddau'r Arglwydd. Ar lafar yn gyff., *WVBD* 568 (*eg.*), *GTN* 842 (*eg.*).

Gw. hefyd **gwast**[1].

wast[2], gw. **gwast**[2] (hefyd At.).

wastiaf, wastaf, gwastiaf: wast(i)o, wastian, gwastio [bf. o'r e. *wast*[1]] *bg.a.* Gwastraffu, afradu; niweidio, difrodi, treulio, gwanhau; (peri) nychu neu ddihoeni, clafychu; lleihau ((am) hylif): *to waste, squander; damage, destroy, wear away, weaken; (cause to) grow weak or feeble, (cause to) waste away, sicken; reduce ((of) liquid)*.

15–16g. *TA* 496, Ystyr i wan *wastio* i rudd / O'th liw, f'anrhaith ael feinrhudd! **1545** ELIS GRUFFYDD: *Ll* 30, A berwi iii dyrnaid ne iiii o'r llyshiav yma mewn gwin da oni *wasdio*'r hanner ymaith. **16g.** (*LIEG*) *Mos* 158, 189b, ynnol dyuodiad y tywysog Edw/art . . . o ysbaen ynn yr hon I darua/sai Iddo Ef *wasdio* I dda ai ddynion heb gaffel dim am danno. **16g.** *THSC* (1923–4) (At.) 39, Ac velly . . . y dya y gwefyssav . . . ac y *wastia* dy holl gorff. *a.* **1561** *B* vi. 49, Y pedwrydd yw na wnel ef anysmanaeth, na *wasto* mwy noc a vo raid yddaw ar dda gwr arall. **1574** *RhRC* (At.) 129b–130a, opiniadwyr . . . *wastian* ymeth fel y mayr pryf yn *wastior* cadach. **1595** H. LEWYS: *PA* 230, y mae trystyd, a thrymder yn *wastio* (*hurt*) calon dyn. **16–17g.** *LlCy* xi. 233, Fo fydd Honno perchen plant / yn fawr y thrachwant llwygüs / troi y llaw yn ol y *wasto* yn faith / Fel dyna waith twyllodrüs (Edward Dafydd). **1604–7** *TW* (*Pen* 228), *wastio* d.g. *Consumo, populor.* **18g.** *Llr* C 24, 345, berw gyda Vinegar hyd pan *wastio* y finegr yn llwyr yn sych. **18g.** E. T. RHYS: *DA* 102, *Wastio*'r amser, a myn'd ar gyfer yn llaw'r gofid. Ar lafar yn gyff.; hefyd yn yr ystyr 'darfod, cau', '*wasdio* dwy ogo', *Geir Glo* 43 (sir Fflint).

wat [bnth. S. *watt*] *eb.g.* ll. *-iau*. Uned bŵer safonol, gyfwerth ag un joule yr eiliad, sy'n cyfateb i gyfradd ynni mewn cylched drydanol lle mae'r gwahaniaeth potensial yn un folt a'r cerrynt yn un amper: *watt*.

20g.

watraf, wateraf, wotr(i)af: wat(e)ro, wotr(i)o [bnth. S. (*to*) *water*] *bg.a.* Dyfrhau, dyfrio: *to water, irrigate*.

1761 *ML* ii. 310, dyma fi newydd fod yn yr ardd . . . Mae'n rhaid gwneuthur trwyth o huddigl i *waterio* pob peth. Ar lafar yn gyff. yn y ff. *watr(i)o, wotro*. Digwydd hefyd yn yr ystyr 'gwasgaru ychydig o ddŵr ar (ddillad glân rhy sych)', 'Ma 'i'n sychu'n rwydd, tyn nw mywn ne fydd isia'u *watro* nw' (Morg.).

watsh, wats, waets(h) [bnth. S. *watch*] *eb.* ll. *watshys*, (prin) *watsiau*.

(*a*) Amserydd bychan cludadwy a wisgir fel arfer ar strap ar yr arddwrn neu a gedwir mewn poced neu a sicrheir wrth ddilledyn, oriawr, hefyd yn *ffig.*: *watch (timepiece), also fig.*

Dchr. **17g.** *RWM* i. 94, Englyn i *waets* syr Tomas Mostyn, sef yw *waets* klock bychan yw arwain mewn' poked. *c.* **1658** R. VAUGHAN: *E* 192, Wrth glywed y cloc, *wats*, neu ddiol. **1706** *Cyf Cym* 123, Gosodwch *watsh* neu glocc eich bywyd wrth haul y cyfiawnder . . . oblegyd dyna'r amser yn vnig y mae *watsh* eich bywyd yn my/ned yn jawn. **1756** *ML* (Add) 877, y gaseg ai Tawlodd ddwy waith neu dair, ac fe gollodd y *Waits*, ac ni welwyd byth o honi. **1761** *ML* ii. 326, Pam na fuasech yn rhoi rhyw fath ar olchfa i'r *watch* bach cyn ei gyrru yma? Ni cherddai hi ddim ar y cynta . . . yn awr y mae hi yn enill dwy awr mewn 24 . . . Mae yma Scotchmen yn carrio *watches* second-hand i'w gwerthu. Ar lafar yn gyff. yn y ff. *watsh*, *WVBD* 568, *GTN* 842.

(*b*) Gwylfa (nos), gwyliadwriaeth, gwyliwr neu grŵp o wylwyr (yn enw. fel patrôl nos): *(night) watch, lookout, watchman or group of watchmen (esp. as a night patrol)*.

15–16g. *TA* 103, Aer Llyweni, iarll wyneb, / A chalon Nudd, uwchlaw neb, / Rotsier, dwg wŷr *waets* ar d' ôl, / Salbri, edn sêl briodol. *id.* 146, Seithgan rae, saith gannwr *waets*, / Sarff Wiliam, sêr a phelaets. **16g.** (*LIEG*) *Mos* 158, 248a, ynn twy . . . a gadwasantt *waytsh* yn ddisgeulusach ddydd a n/os. *id.* 602a, ynny ma/n nydoedd wyr lloigyr yn Kadw I *wattsh* ai ward. *c.* **1590** *RC* xlvi. 64, Ag ar hynny llyma'r *waits* [:- watchmen] yn dyvod o boparth i'r dref ag yn dala y gwr hen. *p.* **1605** *DCR* 241, O vewn llythyr vo gad gwybod / ossod brad yn rhvle/n/ barod / pwyntied *waits* ai gossod allan / doeth golevni am hynn yn vvan. / / Kaed y dyn vo gaed y lanter / kaed y ganwyll yn y seler / pwysso/r/ *waits* yn rhydrwm atto / dan i gloc vo geissie i chvddio. **1828** *Geir Pob* 28, *Wats* . . . gwyliadwriaeth. Ar lafar, 'Ar y *watsh* ar gownt 'y nhad' 'on the watch for my father', *WVBD* 568; ''Wi wedi bod ar 'i *wats(h)* e es getyn' (Morg.).

Cfn.: **fel watsh:** *like clockwork*. **20g.** Ar lafar; hefyd mewn ystyr estynedig, 'disgrifid pâr o goed a oedd yn ffitio i'r dim fel "pâr yn ffito *fel watsh*"', *Geir Glo* 76 (sir Gaerf.). Digwydd hefyd yn yr ymad. '*fel wats* Llangefni neu gloc Llanrwst' 'h.y. cadw amser yn dda', *ISF* 76.

watsiaf, gwatsiaf, (g)waetsiaf: (g)wa(e)tsio, gwatsied, &c. [bnth. S. (*to*) *watch*] *bg.a.* Gwylio('n ofalus), cadw golwg ar, cadw gwyliadwriaeth, cymryd gofal: *to watch (carefully), keep an eye on, keep watch, take care*.

16g. *GLD* [40], *Gwaetsio*'r oedd gyda Syr Rhys, / Goed o Rôn, i gadw'r ynys. **1547** *WS*, *Waytsio* Watche. **16g.** *GGH* 64, Wrth yrru beilch north ar ball, / *Waetsio* Norwits un arall. **1574 (1604)** *Rhyddiaith Gymraeg* ii. 198, vo fydd y kythreilied mewn kymint o rifedi yn *watsio* dyn a'r a fo yn marw mewn pechode. **16–17g.** *GST* i. 339, Oeri gan wythi, gwneuthum, / At asau beth, *waetsio* bûm [i ofyn gown]. **16–17g.** *DCR* 245, yn downs /i/ gododd cyffro / gosod ddydd a nos i *waitchio* / nes cael gwybod yn safedig / hanes gwir y twrw ffyrnig. **1828** *Geir Pob* 28, *Watsio*, gwylio, gwylied. Ar lafar, 'Ddaru mi'u *watsio* nw', '*Watsiwch* y lantar', *WVBD* 568; '*watsian*', *SC* vi. 136 (sir Benf.); 'bydd hi'n mynd dros i dibin os na *watshith* hi!', *Wês wês* 13; '*watsian*', *GTN* 842.

watsiwr, waetsiwr [bôn y f. *watsiaf, waetsiaf*: *wa(e)tsio*, *&c.* + *-iwr*] *eg.* ll. *wa(e)tswyr*. Gwyliwr, gwarchodwr: *watcher, guard, sentry*.

15–16g. LLAWDDEN, &c.: *Gw* 152, O Arfon drwy afon draw / Y cai *waetswŷr* i cwytsiaw. *id.* 162, Ysgwitsiwn ar wasg *waetsiwr* [i ofyn bwcled]. **16–17g.** *GST* i. 401, Tra buost yn gefnbost gwŷr / Ni thwytswyd un o'th *watswyr*.

wawch, gw. **gwawch**[1].

wb, ub [tebyg mai geir. yn unig yw'r ail ff., ond cf. *ubaf*: *ubain*] *ebd.* a hefyd fel *eg.* ll. (prin) *wbion, wbau*. Och!, gwae!, O!; ochenaid, griddfaniad, bloedd, llef: *woe!, alas!, O!, oh!; sigh, moan, shout, cry*.

13g. *GBF* 456, Yd oed yn berði (*ub* o'r bareu!) / Seith canmil peireit o eneideu. **14g.** *WM* 473. 18–19, *vb* wyr naðd dyð ragoch yr y byt na wneðch hynny. **14g.** *GDG*[3] 73, O Eiddig (oerfel iddaw!) / Â'i gaib (*wb* o'i raib!) a'i raw. **14g.** *GIG* 30, Ni ddoeth at Frawd llednoeth Llwyd / I'w briddo—*wb* o'r breuddwyd! **15–16g.** *GIF* 25, Mae pob enw yn llawn gwenwyn, / mae *wb* a lladd ym mhob llwyn. **1567** *TN* 88a, Och [:- *Wb*] beth 'sy i ni a wnelam a thi. **16g.** *Hop M* 195, y byd ar cnawd ar bob taith, ar diawl oi waith ny beri / hwynt am twyllant *wb* ag och, vel i twylla r mes y moch. **1632** *D*, *Wb*, Oh. **1722** *Llst* 189, *Wb* . . . m. A hue & cry, outcry: alass, fie upon't. *c.* **1785–90** (**1829**) *CBYP* 102, Oer yw galar a gwaelaidd, / *Wb* o'r brath, a byw o'r braidd. **1803** *P* d.g. *Ub*, *Wb*.

Am *wb wb*, gw. **wbwb.**

wban, wbain, wben [be. o'r ebd. *wb*; digwydd hefyd yn eithriadol fel bf. rediadol] *bg.* a hefyd fel *eg.* ac *ebd.* Ocheneidio, griddfan, cwynfan, wylofain, crio, llefain, galaru, nadu; ochenaid, griddfaniad, udiad; och!, gwae!, O!: *to sigh, moan, groan, sob, cry, wail, bewail, howl; a moan, groan, a howling; woe!, alas!, O!, oh!*

1567 *LlGG* (*Sall*) 19a, Egoresont ei geneue arnaf, gan ddywedyt, Aha, aha [:- Wi, wi, *Wban, wban*]. **1567** *TN* 77b, Och [:- *Wban*, Ow], tydi yr hwn a ddinistryt y Templ. **1578–80** (**17–18g.**) *Cylchg LlGC* vii. 276, Ni chae neb na chaen *wban* / Na thy'n Hirddowel na thân [dychan i Fynydd Hirddywel]. **1615** R. SMYTH: *GB* 195, *vvban*, pa anirif o eneidiau truain sy'n glaf o'r clefyd yma. **1632** *D*, *wban* d.g. *Ehem, Heu, Hoi.* **1722** *Llst* 189, Wb, *Wban* . . . m. A hue & cry, outcry: alass, fie upon't. **1727** J. JONES: *DFF* 286, Gwae chwithau . . . gan yr wylo, y cwyno, y rhingcian Dannedd, yr udo, yr *wban*, y bloeddio. **1727** RE: *CDd* 76, Oh di a fyddi yn gorwedd yn *wban* yn dragywydd yn y llosgiadau tragywyddol. **1753** D. JONES: *SD* 183, Mae f'enaid fel rhyw anial ros / Lle adar nos sy'n *wban*. **1803** *P*, *Wbain* . . . To make a howling, to howl. Ar lafar yng Nghered. a sir Gaerf. yn y ff. *wben*, *TGG* (1907–8) 91.

Amr.: **wbian. 18g.** L. MORRIS: *LW* 198.

Gw. hefyd **ubaf: ubain.**

wbaniad [*wban* + *-iad*[1]] *eg.* ll. *-au*. Ochenaid, griddfaniad, udiad: *moan, groan, a howling*.

1837.

wben, wbian, gw. **wban.**

wbwb, wb wb [*wb* + *wb*, ?hefyd dan ddyl. S. *hubbub*] *eg.b.* a hefyd fel *ebd.* Twrw dryslyd, cyffro, stŵr, dadwrdd, llef groch; och!, gwae!, O!: *hubbub, commotion, clamour, uproar, noise, outcry; woe!, alas!, O!, oh!*

15–16g. LLAWDDEN, &c.: *Gw* 172, *Wb wb* cadbibau cedyrn, / Yn waed y coed hyd y cyrn [i ofyn tarw]. **16g.** LEWYS MORGANNWG: *Gw* 292, *Wbwb* trwy went bob ty r rawc / utgyrn am vawrchwyrn varchawc [marwnad Rhisiart Herbart]. **1547** *WS*, Ys *wb wb* Foy foy. **1575** (**1587**) W. MIDLETON: *B* 54, *wb wb* or alaeth bob rai a wylant [marwnad Catrin, iarlles Penfro]. **1632** *D*, *Wbwb*, Oh. **1688** S. HUGHES: *TSP* 12, *Wbwb*! [:- Och! och!] . . . ym mha le yr ydym ni yn awr? **1719** IACO AB DEWI: *TG* 98, nid yw efe yn ddychrynedig gan y Sŵn, fel y galwaf ef, yr *Wb-wb* a'r llef (*hue and cry*). **1740** T. EVANS: *DPO* 36, a phan ddaeth Llongau Cæsar yn ddiarwybod ar draws y rhei'ny Gwae fi, pa waeddi *Wbwb* a therfysc oedd ar hynny ym mysc Sawdwyr Rufain. *id.* 102, Nid oedd . . . ond yr *Wbwb* gwyllt, ac Oernad, ac ymdrabaeddu mewn Gwaed. **1753** *TR*, *Wbwb*, Oh! alas! **1775** *EDPP* 187, felly y mae diefeiliaid (os bydd yn wir) yn cyfodi mewn dyn lef *wbwb* (*outcry*) yn erbyn ei galon. **1803** *P*, *Wbwb*, interj. . . . It is expressive of distress, anxiety, and revolting. Ar lafar, '*wbwb* ofnadwy', *Cymru* xlvii. [279] (sir Ddinb.).

Gw. hefyd **hwbwb, iwbwb, sybwb.**

Wcreiniad [e.'r wlad *Ukrain* + *-iad*[3]] *eg.* ll. *-iaid*. Brodor o Ukrain, un o drigolion Ukrain: *a Ukranian*.

1935.

-wch[1], *oldd. enw.*, e.e. *hyfrydwch, tawelwch*.

Gw. hefyd **-wg.**

-wch[2], *trf. bfl.* 2 ll. pres. myn. a grch., e.e. *gwelwch*.

-wch[3], *trf. prs. ardd. rhed.* 2 ll., e.e. *gennwch*.

wchw, *eb.g.* a hefyd fel *ebd.* Cyffro, stŵr, dadwrdd, twrw, llef groch, bloedd; och!, hai!, (h)oi!: *commotion, clamour, uproar, noise, outcry, shout; alas!, hey!, hoy!*

17g. HUW MORUS: *EC* ii. 410, Croch Och *wchw* —garw twrw taran, / Gwaedd g'oedd gŵydd—gwedd giaidd gân. **1803** *P*, *Wçw*, interj. . . . It is expressive of calling out for assistance: Hoa.

Gw. hefyd **hai**[1]**—hai wchw.**

wdbein [bnth. yr e. masnachol S. *Woodbine*] *eb.* ll. *-s*. Sigarét (o wneuthuriad Woodbine): (*Woodbine*) *cigarette*.

20g. Ar lafar, "Odd o'n arfar smocio *wdbeins*'.

wden, gw. **gwden.**

wdroeth, wdrwth, &c. [?cf. *wdrwff*;

ansicr yw'r engh. gyntaf isod] *e?g. Bot.* Unrhyw un o amryw fathau o blanhigion o'r tylwyth *Melilotus*; unrhyw un o amryw fathau o blanhigion o'r tylwythau *Asphodel* ac *Asphodeline*: *melilot*; *asphodel*.
c. **1400** *MM* 14, ar uabcoll, ar *udrot*, ar grygyon. **18g.** *Llr* C 24, 367, Melilot[us] / y *wydroyth* / wenwyrllys. **1813** *WB* 242, *Wdroyth, wdrwth, wdrwyth, wdwyth*; Asphodelus;—Asphodel, King's Spear.

wdron [?cf. S. *woodruff*] *eg. Bot.* Wodrwff, mandon, llysiau'r eryr, briwydden bêr, *Galium odoratum*: (*sweet*) *woodruff*.
1813 *WB* 242.

wdrwff, gw. **wodrwff.**

wdrwth, wdrwyth, gw. **wdroeth.**

wdwart, wdward, wtwart [bnth. S. C. *wode-ward*] *eg.* Coedwigwr, fforestwr, hefyd yn *ffig.*: *forester, ranger, also fig.*
14g. *GDG*[3] 78, Teg *wdwart*, feistr tew goedallt, / Tŵr pawb wyd, töwr pob allt [i'r haf]. c. **1400** *RM* 166, Ac *wtwart* (*WM* 228. 27–8, [c]oydʋr) yʋ ar y koet hʋnnʋ. **1753** *TR*, *Wdward*, a ranger of a forest; a keeper, &c. *id. Wtwart*. Vid. *Wdward*. **1794** *W*, *wdward, wtwart* d.g. *Wood-ward*. Cf. *CYLl* 146, hen *wdwart* ar stât y Dderi.

wdwl, wdwyth, gw. **awdl, wdroeth.**

we, wei [bnth. S. *w*(*h*)*ay*] *ebd.* Gair a ddefnyddir i arafu neu stopio ceffyl, &c.: *w*(*h*)*ay*!, *whoa*!
1923. Ar lafar, '*we*', *WVBD* 568; '*wei*', *GTN* 845.

webin, webing [bnth. S. *webbing*] *eg.* ll. *-au.* Defnydd cul cryf wedi ei wehyddu'n dynn a ddefnyddir ar gyfer beltiau, mewn clustogwaith, &c.: *webbing*.
20g.

wêc [bnth. S. *wake*] *eg.* Ôl llong, &c.: *wake* (*of ship, &c.*).
20g.

wedars [bnth. S. *waders*] *e.ll.* Esgidiau uchel gwrth-ddŵr neu ddillad gwrth-ddŵr ar gyfer y coesau a'r corff a ddefnyddir wrth bysgota, &c.: *waders*.
20g. Ar lafar.

wedi, wedy [ff. treigledig ar *gwedi, gwedy*; dileer yr enghrau. o *wedi, wedy* a welir yno; am y treiglad sefydlog i'r be. a geir weithiau ar ôl *wedi* mewn cym. pth., gw. *Treigladau* 162–4] *adf.* a hefyd fel *ardd.* a *chys.* Wedyn, ar ôl hyn(ny), yna, yn ddiweddarach; yn ogystal, hefyd: *after*(*wards*), *then, later*; *as well, also*.
13g. *GDB* 211, Mor dygawn y mae digymroded—*wedy*: / Penkeyrdeth Kymry yghamryssed. *id.* 416, Hanbwyf ohonawd am wawd *wedy*. c. **1400** *R* 1044. 44–1045. 1, Stauell gyndylan ys tywyll heno heb dan heb wely. wylaf wers tawaf *wedy*. *id.* 1157. 33–4, Ac nat oes datolʋch. nac ediuarʋch. vyth *wedy* yma. **15g.** *GLGC* 290, Ei bugail ydwyd hyd Gyfeiliog, / ei bwa *wedy* hyd Bebidiog. **1582** *Rhyddiaith Gymraeg* ii. 52, Yna Davudd a ganmole'r gwr am wr da kymeradwy, ac *wedi* y dywede i gyngor. **1588** *Gal* iii. 17, y ddeddf . . . oedd bedwar-cant a deng-mhlynedd ar hugain *wedi* (**1567** *TN* 280b, gwedy; **1988** *Gal* iii. 17, yn ddiweddarach). **1595** H. LEWYS: *PA* 14, yn gystal o flaen gorthrymder, ac *wedi*. **1696** *CDD* 15, Yn Dduw iw addoli, yn Fab, yn frawd iddi, / I cheidwad wŷch *wedi*, ac Jachawdwr. **1703** E. WYNNE: *BC* 5–6, Felly o hir drafaelio â'm Llygad, ac *wedi* â'm Meddwl daeth blinder. **1757** G. OWEN: *L* 196, Mi fedyddiais un plentyn . . . ac a'i cleddais ef *wedi*. **1759** J. EVANS: *PF* 22, Os dáw Ffit *wedi*, arferwch Blaster newydd. **1800** W. OWEN[-PUGHE]: *CP* 114, yn union *wedi*, bwrier i ffroenau y llo hanner llwyaid o ddistyll pyrwydd. **1803** *P*, *Wedi*, adv. . . . After, afterwards; then.

Fel *ardd.* Ar ôl, yn ôl, yn dilyn; yn null: *after, following*; *in the manner of*.

(*a*) (enghrau. o flaen enw neu ragenw: *exx. before a noun or pronoun*).
12g. *GMB* 178, Gnaʋd *wedy* ryserch rysseilyaw cas. **12–13g.** *id.* 336, Llathreit vy mardeir *wedy* Myrdin. **13g.** *LlI* 50, mab a adawo y tat *wedy* ef ar e tyr. c. **1400** [*RB*] *WM* td. 100. 32–5, Pa wed . . . y gallʋn i rodi naʋd ytti *wedy* y gyniuer collet asarhaet ry wnaethost titheu y mi. **15g.** *GGl*[2] 219, Nid wyf syth na da fy sâl / *Wedi* ef, na diofal [marwnad Harri Ddu o Euas]. **1588** *Salm* lxxviii. 65, deffrôdd yr Arglwydd . . . fel cadarn yn bloeddio *wedi* gwin. **1728** S. RHYDDERCH: *GC* 33, Berf [w]neuthuredig . . . a fynn gael Achusiaid *wedi* hi. **1773** J. ROBERTS: *GY*, Pentecost, deg a deugain. Sef y dyddiau *wedi*'r Pasg. Ar lafar, 'ugian munud *wedi* chwech', *WVBD* 568. Gw. hefyd y cfn. *wedi hyn, wedi hynny* isod.

(*b*) Mwy na, dros: *more than, over*.
1588 *Neh* v. 15, y tywysogion cyntaf . . . a gymmerasent ganddynt am fara a gwîn *wedi* deugain sicl o arian. **1667** C. EDWARDS: *FfDd* 3, ymerodraeth fawr *wedi* pum mil o filltyroedd o hyd. *id.* 7, y mae'r tân yn dyfod allan, *wedi* deuddeg ugain-llâth o ddyfnder. **1776** D. ELLIS: *HI* 74, fe godwyd i fynu *wedi* ddeuddeg basgedaid yn llawn o'r briwfwyd.

(*c*) (enghrau. o flaen be., weithiau'n cyfateb i a.bfl. neu rangymeriad: *exx. before a vn., sometimes corresponding to a verbal adjective or participle*).
12g. *GCBM* i. 78, Corn *wedi* lladd, corn llawen. *id.* 296, Ry-m-gʋnaeth yn athrist athreityaʋ—Pennant / A'e phennyadur *wedy* syrthyaʋ. **13g.** *DB* 61, Y kenllysc enteu y defnynnyeu glaw ynt, *wedy* rewi ac yaennv o oervel. **13g.** *GBF* 421, Pony welʋch chʋi'r syr *wedi* r'syrthyaʋ? **13g.** *BD* 5, *wedy* gvelet o Vrutus amylder y gvyr. c. **1400** *Études* vii. 292, gwynn wy *wedy* y gymyscu yn da. *Dchr.* **15g.** *GM* [1], Llyma wassaneth *wedy* dynnu o'r Lladin. **1568** MORYS CLYNNOG: *AG* d.d., Athravaeth Gristnogavl, Lle cair *wedi* cynnwys yn grynno'r holl brifbynciau. **1595** M. KYFFIN: *DFf* 172, y mae gennym *wedi* ossod o'n blaen . . . athrawiaeth yr yspryd glan. **1651** SIÔN TREREDYN: *MDD* 58, dyn, *wedi* ei argyoeddi oi wendid ei hunan. **1672** R. PRICHARD: *Gw* 463, *Wedi* i Grist â'i waed eu prynu. **1760** WLL: *SAC* 28, ceir pren *wedi* blannu i faentumio eu bywyd. **18–19g.** *GABC* ix, Dyma 'stad credadyn dedwydd. / Sydd yn dwad i adnabod, / Crist yn sylfaen ei breswylfod, / *Wedi* talu grym a dyled. **1800** W. OWEN[-PUGHE]: *CP* 5, *Wedi* iddo danu arno y maint cymmesurol o galch. Ar lafar, 'Fi etho' i *wedi* iddyn' nw ddod', 'Fi æ' i gmoni'm 'unan 'nawr *wedi* ifi gwplo'r gwaith', *GTN* 845.

(*d*) (enghrau. mewn cst. beriffrastig gyda'r f. *wyf*: *bod*, yn ffurfio'r amser prff. a'r grb.: *exx. in a periphrastic construction with the vb. 'to be', forming the perfect and plup. tenses*).
14g. *WM* 73. 1–2, menegi uot y crydyon ʋedy duunaʋ ar y lad. **15g.** *HCLl* 121, Gwae a ddywed gweddïau / Ag y sydd *wedi*'i gasáu! **1595** *Egl Ph* 13, y mae'r prydydh *wedi* gosod y pennaeth medhiannawl dros yr holh bhydin bhilwrawg. **1700** D. MAURICE: *AC* 4, yr hwn sydd *wedi* ei gymhwyso yn ansoddol i'r Sacrament. **1740** T. EVANS: *DPO* 22, y mae'r gair *wedi* golli. **1750** *ML* i. 157, Wfft i'r bobl fawrion am yfed. Roeddwn *wedi* bod . . . yn byw yn dra rheolus. **1768** W. WILLIAMS: *HTS* 17–18, treuliodd Prodigalus arian fel gro yr afon, arian ag oedd ei hynafiaid *wedi* gadw iddo. **1790** T. JONES: *TOS* 65, Eu bod hwy *wedi* eu rhagordeinio. Ar lafar, 'Mae o *wedi* mynd', ''Rodd o *wedi* mynd', 'Mae o *wedi*'i ladd', *WVBD* 569; 'Ma rwpath '*di* cwmpo', *TNS* 117. Cf. *CyCC* 148, Y ffurf 'wan' arferol drwy Gymru yw '*di* . . . Yn ne-ddwyrain Morgannwg . . . gall *w* hefyd fod yn ffurf wan.

Fel *cys.* Ar ôl yr amser pan: *after*.
13g. *GDB* 428, *Wedi* na wnaeth Duw diddanrwydd —ym myd / Ny gaffei llew gryd greidiaw awydd. **13g.** *LlI* 74, Sarhaet pob gureyc *wedy* gurhao. **13g.** *C* 24. 10–12, Keugant kywraghaum. *wide* kywisscaran [*sic*]. **14–15g.** *IGE*[2] 290, *Wedi* bo yno unawr, / Y dyn â'r gwallt melyn mawr, / Llyffant hyll, tywyll yw'r tŷ, / Os gwŷl, fydd ei was gwely (Siôn Cent). **15g.** *GLGC* 411, Uddunt hwy ydd êl dwyoes, / *wedy*'dd êl y drydedd oes. *Diw.* **16g.** *B* ix. 121, *wedi* ydd escorant dir vydd ir anian ymellwng i angeu. **1588** *Salm* xc. 4, mil o flynyddoedd ydynt yn dy olwg di fel doe, *wedi*'r êl heibio. **1655** WL: *DP* 149, *wedi* y delo, y mae yn i gael yn wâg. **1701** E. WYNNE: *RBS* 219, *Wedi* y gwnelech dwrn dâ na sôn byth am dano.
Amr.: **chwedi, chwedy** [yn wr. yn yr ymad. *a chwedi*, ar ddelw *a chan*, &c.; cf. hefyd *a chwedyn*] **15g.** *GGl*[2] 95, A *chwedi*'r hael ni chaed rhodd. c. **1585** G. ROBERT: *DC* [xvii], l'awer o r l'yfræ hynn . . . wedy myned ar golh a *chwedy* eu difa yn l'wyr. *Dchr.* **17g.** *GDG*[3] 421, a *chwedi* ei ddyrnu ei grasu'n gras. **1794** *P* d.g. *Chwedi*. **18–19g.** *GABC* 77. Ar lafar, '"a *chwedi*" is still often heard among old people', *WVBD* 568; 'digwydd yn yr ym. "a *chweti*'ny"', *GTN* 269. Cf. W. REES: *AFR* 21, mi rydw i *chwedi* cymryd at y ci. Gw. hefyd *cynt—cynt na chwedi*.
Cfn.: **wedi bo(d) nos:** *after dark, in the evening*. **1615** R. SMYTH: *GB* 172, ni fynant ddim mo i hebrwng adref *wedi bod nos* a thorsiau. **wedi'r cwbl:** *after all*. **1653** *MLl* i. 171. **18g.** TWM O'R NANT: *CO* 24. Ar lafar. **wedi'r cyfan = wedi'r cwbl.** **1776** H. JONES: *GC* 65. Ar lafar. **wedi chwech:** *too late*. Ar lafar, 'Ma 'i *wedi wech* arnot ti, 'ngwas i', *GTN* 845; hefyd yn yr ystyr '"ar ben" am rywun tost', 'Ma 'i *wedi wech* arno, druan bæch', *ib.* **wedi (wedy, chwedi) hyn:** *after this, afterwards*. **15g.** *GDLl* 76, A daw haf *wedi hyn* / Yr un flwyddyn medd Fleddyn. **1604–7** *TW* (*Pen* 228), *wedy hynn* d.g. *dehinc, Hinc*. **1770** *W*, *Wedi . . . hyn* d.g. *After, afterward, or afterwards*. **1776** I. BRYDYDD HIR: *P* i. 22, A *chwedi hyn*. Gw. hefyd *wedyn*. **wedi (wedy, chwedi) hynny:** *after that, afterwards*. **12–13g.** *GMB* 460, Ac *wedy hynny* hynn a oreu. **1550** W. SALESBURY: *BPI* [9], a *chwedy hynny*. **1770** *W*, *Wedi . . . hynny* d.g. *After, afterward, or afterwards*. Ar lafar, ''I æth sia'r Bont i siopa a *wedi 'ny*, ar y ffordd nôl dæth 'i 'ma', '*we*' '*ny* off ag e'n 'amddenol', *GTN* 845. **wedi went:** *gone, too late* (*facet.*). **20g.** Ar lafar, 'enghraifft o gymoedd Gwent a Morgannwg a ddechreuodd fel jôc, ar wn i, sy'n ddigon cyffredin . . . yw *wedi went* am rywbeth sydd wedi mynd i ebargofiant', M. WILIAM: *DY* 29–30.
Gw. hefyd **gwedi.**

wedyn [cyw. o *wedi hyn*] *adf.* Wedi hyn(ny), ar ôl hyn(ny), yn ddiweddarach, yn dilyn hyn(ny), yna; hefyd, ar y llaw arall, wedi'r cwbl: *afterwards, after this, subsequently, later, then*; *also, on the other hand, after all*.
1672 R. PRICHARD: *Gw* 3[4], A *chwedyn* i hoelio, ar grogpren trwy gûr. **1725** D. LEWIS: *GB* 95, Nid ŷnt [esgyrn] ar y cyntaf ond rhyŵ Lŷs fel Edef Sydan [*sic*], yna yn Ewyneu, ac *wedyn* yn Esgyrn celyd. **1759** T. THOMAS: *WWDd* 349, na orphwys ar ryw gynhyrfiadau a chyffroïadau, yn dy feddwl a'th gydwybod; canys y mae llawer wedi profi hynny a myned i Uffern *wedi'n* yn y diwedd. [**1762**] E. POWELL: *HEI* 16–17, tro'r Lliain yn esmwyth . . . o'i amgylch, a rho'r Pastbwrdd . . . *wedyn*. **1771** *PDPh* 32, gadewch iddo ferwi nes tybioch fod yr Alum a'r Mêl gwedi toddi, *wed'yn* cedwch at eich achos. **1778** J. HUGHES: *BB* 148, Nid yw enwaediad yno *wedyn*, / Na dienwaediad yn dwyn undyn. Ar lafar, ''Tasa tipyn o eira'n dŵad i lawr, fasa'n gnesach *wedyn*', *WVBD* 46; 'Mae'n chwith iawn ar y rhei 'ny *wedyn*' 'it is very hard on them too', ''Ddoth o ddim *wedyn*' 'he never came after all', *id.* 569.
Amr.: **chwedyn** [yn wr. yn yr ymad. *a chwedyn*, ar ddelw *a chan*, &c.; cf. *a chwedi*]. **1672** R. PRICHARD: *Gw* 3[4]. **1688** S. HUGHES: *TSP* 52, A *chwedyn* [:- Gwedi hynny], fe groch-waeddodd. **1790** *Prif Crist* 7, a *chwed'yn* rhoddaf fy atteb iddo. Ar lafar, ''Welis i mono fo gynt na *chwedyn*', 'Os drwg cynt gwaeth *chwedyn*', *WVBD* 569; 'digwydd yn yr ymad "na chynt na *chwetyn*" yn unig', *GTN* 269. Cf. W. REES: *AFR* 109, Ond py sut y fu *chwedyn*, Jemi?
Gw. hefyd **gwedi—gwedi hyn, gwedyn, ochodyn, wedi—wedi hyn.**

wedderglas [bnth. S. *weather-glass*] *e?g.* Cloc tywydd, baromedr, hefyd yn *ffig.*: *weather-glass, barometer, also fig.*
1761 *ML* ii. 328–9, Mae hi heddyw'n o ddryghinog. Pam raid i mi wrth *wedderglas*? Oni wyddwn i neithiwr wrth fy nhroed aswy y bydda hi felly.

weddro [bnth. S. (*to*) *weather*] *ba.* yn yr ymad. *ei weddro hi.* Goroesi cyfnod anodd, &c., dod drwy'r gwaethaf, dod drwyddi: *to weather a storm, fig.*
1897.

wefiaf: wefio, weffyr, wei, gw. **wafaf: wafo, waffer, we.**

weiar, weier, w(e)ir [bnth. S. *wire*] *eb.g.* (bach. b. *w*(*e*)*iren, wieren*) ll. *weiars, w*(*e*)*irs* (un. b. *w*(*e*)*irsen*), a hefyd fel *e.ll.* (yn y ff. *w*(*e*)*ir*) a chyda grym ansoddeiriol. Gwifr, hefyd yn *dros.* ac yn *ffig.*: *wire, also transf. and fig.*
1547 *WS*, *Weir* val edau vydd erthyr [*sic*] o vettel Wyere. **16g.** *DCR* 233, i gwallt ar *weir* dvlas mor gwrtli gweithas yn cadw cwmpas i thalcen. **16g.** *CRC* 386, Cenawon Cythreulŷg . . . / . . . / A *Weir* yn eu ffroeneu, fal Baeddod a dirieu. **16–17g.** *TBM* 33, A'r tannau fal *weir* tynion [Huw Machno i ofyn telyn]. **1604–7** *TW* (*Pen* 228), yr ail o dannæ ne *wir* ar edauedh metal d.g. *Musica*. **1640** *HVN* 527, mae r vyrginal vanol vaü / dywnaidd heb i *weirs* dannav [marwnad Tomas Wiliam Hywel gan Watgyn ap Hywel]. **1688** *TJ*, Gwifr, (*weir*:) a wire. **1703** E. WYNNE: *BC* 34, *weir* oedd yn troi delw St. Pedr, ac . . . wrth *weir* yr oedd yr Ypsprydd [*sic*] Glân yn descyn o lofft y grôg ar yr Offeiriad. **1759** T. THOMAS: *WWDd* 110, fflangell o *wyrs* heyrn. **1761** *ML* ii. 385, Gwae fi am y *weiren* a'r blew ar ei phen oedd gan y Frenchman yn y Treasury gynt a welsoch i. You ought always to have a goose feather by you in case of extremity to thrust down your throat. **1787 (1812)** TWM O'R NANT: *PG* 20, 'Roedd eu penau nhwy'n ddigon melldigedig, / Y capiau *weier*, a'r torchau cythreulig. **1795** J. THOMAS: *AIC* 286–7, goddef un oz. [o aur] ei dynny yn *Weiar* 174500 o Lathenni o hŷd. Ar lafar, '*weiar . . . weiran*', *WVBD* 569 (*eb.* ll. *weirs*); '*wirsan . . . wirs*', 'Ma isia cwpwl o *wirs* man

'yn i gatw cathod mæs', *GTN* 848; ''Ôn ni'n gallu mynd o dan y *weiar* i'r cæ', *id.* 852 (*eg.*). Digwydd hefyd yn yr ystyr 'teligram', 'Ddoth 'na *weiar* yma pnawn Sadwrn' (Llŷn).
Cfn.: **weiren bigog, weiar,** &c., **bigog (pigog):** *barbed wire.* **1906.** Ar lafar, '*weiran bigog*', '*weiar bigog*', '*weirs pigog*', *WVBD* 569; '*weiar picog*', *GTN* 852.

weiarles, weierles, wiarles, &c. [bnth. S. *wireless (set)*] *eb.* ll. (prin) *weiarlesi.* (Set dderbyn) radio: *wireless (set), radio.*
20g. Ar lafar.

weiarnetin, weiarneting, weirnetin [bnth. S. *wire netting*] *eb.* Netin (weiar): *wire netting.*
20g.
Gw. hefyd **netin—netin weiar.**

weiar-rôp [bnth. S. *wire rope*] *eg.* Rhaff a wneir drwy gyfrodeddu gwifrau: *wire rope.*
20g. Ar lafar yn yr ystyr 'Rhaff inclên', *B* xx. 387 (ardaloedd chwareli'r Gogledd).

weid [bnth. S. *wide*] *a.* Pell (o'r nod): *wide (of the mark).*
1574 *RhRC* (At.) 302, fel ag y pare yr pen syrthio yn fynych lathen yn *weid* or naill dû yr klystoge ar y llawr kaled. *p.* **1584** G. ROBERT: *GC* [320], harddach yw saeth, dann wregis, nog yn ormod *weid* oddiwrth y nod.

weier, weierles, weifiaf: weifio, gw. weiar, weiarles, wafaf: wafo.

weils [bnth. S. *wiles*] *e.ll.* Castiau: *wiles.*
16g. HUW ARWYSTL: *Gw* 149, ni wnayd wrth drin kallineb / ymdro na *weils* am dir neb. **16–17g.** (**17g.**) *CC* 40, canfod *weils* dissiau ffeilsion / yn gyrru in braw gar ein bron (Thomas Prys).

weindiaf, weindaf, windiaf, windaf[2]: w(e)ind(i)o [bnth. S. *(to) wind*; ceir enghrau. eraill posibl d.g. *gwindiaf: gwindio*] *bg.a.* Troelli, dirwyn, tynhau sbring troellog (cloc, &c.), hefyd yn *ffig.*; halio (glo, &c.) i'r wyneb gydag offer weindio: *to wind, coil, wind up (clock, &c.), also fig.*; *hoist (coal, &c.) to the surface by means of a winding engine.*
1736 (1812) *YRW* 19, Rhwbio'r dripping-pan a'r bear yn barod, / A *windio*'r jack pan fyddo'n gorfod. **1828** *Geir Pob* 28, *Windio*, dirwyn, tynu i fynu. Ar lafar, '*weindio* cloc', *WVBD* 569; '*Weindo*', *GDD* 317. Digwydd hefyd mewn ymad. megis 'Mae o 'di *windio*' am rywun sydd wedi cynhyrfu'n lân; ''Wi'n lico *windo* bois y Blaid lan' (canolbarth Cered.).
Gw. hefyd **gwindiaf: gwindio.**

weinws, gw. wanws.

weip [bnth. S. *wipe*] *eb.* (bach. *-en*) ll. *-s.* Sylw miniog neu wawdlyd, cerydd coeglyd: *cutting remark, taunt, sarcastic reproof.*
20g. Ar lafar, yn aml yn yr ymad. 'taflu *weips* (*weipan*)'. Clywir y ff. *weip* hefyd yn yr ystyr 'a tweak or slight touch', 'Mi rois i hwnna *weip* ar draws 'i drwyn' 'I gave him a tweak on the nose . . . also fig. . . . I administered him a well-deserved reproof', *WVBD* 569.

weiper, weipyr [bnth. S. *wiper*] *eg.* ll. *-s.* Sychwr ffenestr: *(windscreen) wiper.*
20g. Ar lafar, 'Ma un o'r *weipars* 'di torri'.

weir, weiraf: weiro, weiren, gw. weiar, weiriaf: weirio, weiar.

weiriaf, weiraf: weir(i)o [bnth. S. *(to) wire*] *ba.* Gosod gwifrau trydan mewn (tŷ, &c.); amgáu â gwifrau (er diogelwch, &c.), ffensio â gwifrau; rhwymo neu sicrhau â gwifr(au), hefyd yn *ffig.*: *to wire (house, &c.); wire in, fence with wire*; *(fasten or secure with) wire, also fig.*
20g. Ar lafar.

weirnetin, weirsen, gw. weiarnetin, weiar.

weiter, we(i)tar, weityr [bnth. S. *waiter*] *eg.* ll. *-s.* Gweinydd (mewn tŷ bwyta, &c.); un sy'n disgwyl (am rywbeth): *waiter (in restaurant, &c.)*; *one who waits (for something).*
1828 *Geir Pob* 28, *Waiter*, dysgwylydd. Ar lafar, 'Ma'r *wetar* 'di mynd â'r gwin'. Clywir *weitar* hefyd yn yr ystyr 'hambwrdd' (dwyrain Morg.).

weitiaf: weitio, gw. waetiaf: waetio.

weitwash [bnth. S. *whitewash*] *eg.* Gwyngalch: *whitewash.*
20g. Ar lafar, *WVBD* 330, 569.
Gw. hefyd **chweitwas(h).**

weitwasiaf: weitwasio [bnth. S. *(to) whitewash*] *bg.a.* Gwyngalchu: *to whitewash.*
1916. Ar lafar, *WVBD* 330, 569.
Gw. hefyd **chweitwasiaf: chweitwasio.**

weityr, weithan, weithau, gw. weiter, weithian, weithiau.

weithian, weith(i)on, weithan, &c. [cyw. o *(y) waith hon*] *adf.* Yn awr, ar hyn o bryd, y dyddiau hyn; o hyn ymlaen, o hyn allan, bellach: *now, at the present time, nowadays; from now on, henceforth, hereafter.*
12g. *GCBM* i. 96, Gwae yw y byd hyd y gwn / A braint, diffaith *y weithon.* **13g.** *Cylchg LlGC* v. 61, tal *weithe on* [*sic*] a edeweist can wyt kyvoethauc. **13g.** *GBF* 610, Meu, rac dolur cur kyr 6y mron,—rac dic, / Dygyn atnabod *weithyon.* **14g.** *WML* 36, Hyt hyn . . . kyfreitheu llys rytraethassam. *weithon* . . . kyfreitheu gwlat adangosswn. **14g.** *WM* 83. 10–14, Aniveileit bychein . . . Moch ygelƀir 6eithon. **15g.** *GHC* 10, *Weithian*, Llywelyn, wythoes / I buro'i fawl, byr yw f'oes. **15g.** *GGl*[2] 217, Gweithydd fûm ar gywydd gŵr, / Ac *weithian* brawd bregethwr. **15g.** *ID* 42, ag *waithan* roi amkan rys / ar yredig yrydis. **1547** *WS*, *Weithyan* Nowe than. **1551** W. SALESBURY: *KLl* lxxxiiia, *weithian* y may coron iownder yncadw ymy. **1604–7** *TW* (*Pen* 228), *weithian* d.g. *posthac.* **1753** G. OWEN: *L* 57, Wele bellach ddigon ar y lol bottes yma, ac *weithian* am hanes y Llew. **1803** *P* d.g. *Weithian, Weithion, Weithon.*
Amr.: **gweithon** [*gwaith*[2] + *hon*]. **1803** *P.*

weithiau, weithau, gweith(i)au [defnydd adferfol ar ff. ll. yr e. *gwaith*[2]] *adf.* Ar rai adegau, yn achlysurol: *sometimes, occasionally.*
13g. *HGK* 11, Na ryvedet y bobyl, hagen, bot *gueithyeu* gorvot a *gueithyeu* fo y'r tywyssogyon herwyd damwein. **13g.** *BD* 76, A *gueitheu* gan uudugolyaeth, *gueithyeu* ereill hebdi. **14g.** *BT* (*RB*) 82, A hwnnw a trigyawd amgylch dwy vlyned, *weitheu* gyt a Gerallt, stiwart castell Penuro. **14g.** *GP* 39, kyt boet sillaf neu eir *weithyeu* o vn llythyren. **14g.** *GDG*[3] 377, *Gweithiau* y tau, annwyd da, / Ac *weithiau* y'm bygythia. **1547** *WS*, *Weithiau* Some tyme. *c.* **1585** G. ROBERT: *DC* [2]b, nid ydym ond *weithie* yn clowed yn ysgafn son fod y fath beth. **1595** M. KYFFIN: *DFf* [128], dwy Escobaeth, *weithie* tair, *weithieu* pedair. **1632** *D*, *Weithiau*, Interdum, aliquando, aliquoties. **1703** E. WYNNE: *BC* 86, anferth Wlâd . . . *weithie*'n oer ac *weithie*'n boeth. **1716** E. SAMUEL: *GGG* 169, mae'r Juddewon . . . heb Deml, ac os ceisiasant *weithieu* adeiladu un newydd, hwy a luddiwyd bob amser. **1800** *P* d.g. *Gweithau, Gweithiau, Weithiau.* Ar lafar, '*weithia* fel hyn, *weithia* fel arall', *WVBD* 171; ''Wi'n mynd yno *witha*, pyn cæ' i amsar', *GTN* 851.
Cfn.: **(g)weith(i)au eraill:** *at other times.* **13g.** *BD* 76, *gueithyeu ereill.* **14g.** *BT* (*RB*) 82, *gweitheu ereill.* **14g.** *HMSS* ii. 268, *weitheu ereill.* **1595** M. KYFFIN: *DFf* [45], *weithie eraill.* **1768** W. WILLIAMS: *HTS* 10, *weithiau eraill.* **weith(i)au iawn:** *rarely, seldom.* **1693** *PGLl* 16, *weithiau jawn*, os ûn amser, y mae hynny yn bôd. **1709** H. POWEL: *G* 26, Ragorfraint uchel yw hon, etto peth hynod yw nad ydynt yn sefyll erni, nac onid *weithiau iawn* yn ei harddel. Ar lafar, ''Ôn' nw'n arfadd bod yn ffyddlon, ond *witha iawn* mân' nw'n dod sia'r cwrdd 'nawr', *GTN* 851.

weithion, weithon, gw. weithian.

wej [bnth. S. *wedge*] *eb.* (bach. *-en*) ll. *-ys*, a hefyd gyda grym ansoddeiriol. Lletem; cŷn, gaing: *wedge; chisel.*
1828 *Geir Pob* 28, *Wedg*, cŷn, gwrth-hoel. Ar lafar, '*wejan* . . . *wejys*', *WVBD* 569; ''Dwi 'di cal sgidia *wej* newydd' (Arfon); '*wej* fach dan y wil' (Brych.); hefyd yn y ff. *wajan* (ll. *wajys*), *GTN* 840.

wejaf: wejo [bf. o'r e. *wej*] *bg.a.* Lletemu, geingio; mynd yn sownd: *to wedge; become wedged.*
1906. Ar lafar, ''Rodd y garrag 'di *wejo* rhwng yr olwyn a'r llawr' (Môn); '*Weja*'r drws yn 'gorad' (Arfon).

wejen[1], gw. wej.

wejen[2] [bnth. S. *wench* + *-en*] *eb.* ll. *wejys, wejens.* Cariad (benywaidd), cariadferch: *girlfriend, sweetheart.*
19g. Ar lafar, 'Cariad occurs as a word for "girl-friend" throughout the country. South of the Ystwyth, however, the regional word is *wedjen*', *LGW* 523; ''We gwragedd a'r *wejens* yn dod hefyd' (sir Benf.); hefyd yn y ff. *wajen* (ll. *wajys*), *GTN* 840. Clywir *wejan* hefyd yn ddifr., 'hen *wejan* gythral', *WVBD* 569.

wel[1] [bnth. S. *well*, ond cf. hefyd *wel*[2]] *ebd.* Ebychiad yn mynegi syndod, taerineb, ymostyngiad, &c., neu'n cyflwyno sylw, &c.: *well!*
1703 E. WYNNE: *BC* 147, *Wel*', eb yr Angel, weithian ni a ddychwelwn. **1759** T. THOMAS: *WWDd* 220, *Wel*', mae 'r credadyn felly yng Nghrist. **1803** *P.* Ar lafar, '*Wel*, mae o wedi mynd', *WVBD* 569; '*Wel*, erbyn detho' i 'nôl, 'ôn' nw wedi mynd', *GTN* 844.
Cfn.: **wel, wel!,** &c.: *well, well!, &c.* **1778** J. HUGHES: *BB* 73. Ar lafar, '*Wel! wel!* 'chlŵas i 'riôd siŵ' beth o'r blæn', *GTN* 844; hefyd yn y rhigwm '*Wel! wel!*, mydda Wil wth y wal / ond 'ddŵad y wal ddim wth Wil', *ib.*

wel[2], &c. [talf. o'r Cym. C. '*(A) wel(y) (di yma, &c.)*'; cf. *wele*, &c.] *gn.* sy'n digwydd yn y cfn. isod.
Cfn.: **wel dacw:** *look or see (over) there, that is, there is (are).* **1632** *D*, *Weldaccw*, pro Wele d'accw, Ecce illic. **1793** DAFYDD IONAWR: *CD* 156, *Wel daccw* y wlad fad fawr. Cf. *WM* 59. 12, 6eldy racco. **wel diso:** *look or see below.* **14g.** *GDG*[3] 344, *weldiso* ddydd. **1632** *D*, *Weld'iso*, Ecce infra D.G. **1803** *P*, Wel . . . *wel diso*, see now below. **wel ducho:** *look or see above.* **1632** *D*, *Weld'ucho*, Ecce supra. **1803** *P.* **wel,** &c., **dyma:** *look or see here, this is, here is (are).* *c.* **1400** (*SG*) *HMSS* i. 221, 315. *c.* **1585** G. ROBERT: *DC* [xvii], *fal dyma.* **1588** *Deut* xxii. 17, *fel dymma.* **1599 (1677)** R. HOLLAND: *AB* 5, *Mal dyma.* **1632** *D*, *Weldyma*, pro Wele dymma, Ecce hîc. *a.* **1791** W. WILLIAMS: *GP* 834, *Wel*, dyma'r deml fawr. **1803** *P.* Ar lafar, '*Wel dyma* hwch!' (am eneth fach sydd wedi ei baeddu ei hun). **wel dyna,** &c.: *look or see (over) there, that is, there is (are).* **13g.** *GBF* 473, *Weldy yna*, perchen traha . . . / Yn hardymer gan Luciffer, bryder bradeu. **14g.** *GDG*[3] 119, *Weldyna* weled anawdd! / Wi o'r tâl dan we aur tawdd! *id.* 135, 344. ?**15g.** *BDG* 383, *Fel dyna.* **16g.** R. WHITE: *C* 27, *fal dyna.* **1632** *D*, *Weldyna*, Ecce istîc. **1778** J. HUGHES: *BB* 294, *Wel dyna* folach ddigon. **1803** *P.* Ar lafar, '*Wel dyna* gachu shimpil o beth!' (Morg., am dro sâl).

wela, gw. wele.

welcwm [bnth. S. *welcome*] *e?g.* a hefyd fel *ebd.* Croeso(!): *welcome(!).*
17g. WILIAM BODWRDA: *Gw* 462, *welcwm* i'r Bedyn Wilcof. **1672** R. PRICHARD: *Gw* 587, Dawnsio *welcwm* Prins y Cymru.

weldaf: weldo, gw. weldiaf: weldio.

weldiad [bôn y f. *weldiaf: weldio* + *-iad*[1]] *eg.* Y weithred o weldio, asiad: *a weld(ing).*
20g.

weldiaf, weldaf: weld(i)o [bnth. S. *(to) weld*] *bg.a.* Asio (darnau o haearn, &c.) naill ai drwy eu poethi a'u morthwylio, &c., neu drwy ddefnyddio arc drydan, &c., llunio (gwrthrych) drwy weldio, hefyd yn *ffig.*: *to weld, also fig.*
20g.

weldiwr [bôn y f. *weldiaf: weldio* + *-iwr*] *eg.* ll. *weldwyr.* Un sy'n weldio, hefyd yn *ffig.*: *welder, also fig.*
20g.

wele, wely, &c. [< Cym. C. *(A) wely (dy)*; a'r ail ystyr isod dan ddyl. *wel*[1]] *adf.* a hefyd fel *ebd.* Gwêl (yma), dyma; wel!: *look or see (here), here is (are)*; *well!*
1547 *WS*, *Wele* Lo. **1551** W. SALESBURY: *KLl* xxiib, Nycha [:– *wele*]'r awr wedy nesau. **1567** *TN* 152a, *Wely* [:– Synna], mal yr oedd e yn y garu ef. **1632** *D*, *Wele*, En, ecce. ?*Diw.* **17g.** *Gwaseila* 402, Llysia Lu rhaid i mi roi i'm henaid, / Ond druan na cheid cyn troi y defaid. / *Wala* dwyniaid! *wala* dwyniaid. **1688** S. HUGHES: *TSP* 156, *Wele* (*Well*) fy Mrawd yr wyf yn rhwym i'ch coelio chwi. **1803** *P*, *Wela* . . . Lo, behold, see, see now; well.
Cfn.: **wala, wala!, wale, wale!:** *well, well!* **1740** *ML* i. 38, *Wala, wala*, mae gwendid ar bawb weithiau. **1754** G. OWEN: *L* 136, *Wale, wale*, mi welaf nad oes dim siawns am ddyfod i Gymru. Ar lafar yn Llŷn yn yr ymad. '*wala, wala* dyn anwadal'. **wele,** &c., **hai:** *well, well!; very well then.* *c.* **1689 (1802)** L. WILLIAM: *Sherlyn Benchwiban* 6, Wele hwre, *Wele hai.* **1753** *ML* i. 266, *Wala hai*, rhaid bodloni. **1760** *id.* ii. 201, *Wale hai*, mi attebaf ymbell air attoch. **1803** *P*, Wela . . . *wela hai*, very well then.

welffan, gw. waffer.

welingtons, welintons [bnth. S. *welling-*

tons] *e.ll.* (un. b. *welin(g)ton*, bach. b. *wel-in(g)tonsen*). Esgidiau uchel gwrth-ddŵr o rwber neu blastig: *wellingtons, wellington boots.*

20g. Ar lafar, 'Ma'n *welingtyns* i'n hen fel pechod'.

welis [bnth. S. *wellies*] *e.ll.* Welingtons: *wellies.*

20g. Ar lafar.

weltaf, weltiaf: welt(i)o [bnth. S. *(to) welt*] *bg.a.* Gwaldasu; ergydio, dyrnu: *to (provide with a) welt; strike, thump.*

1885.

welten, whelten [bnth. S. *welt+-en*] *eb. ll. welts.* Ergyd drom: *welt, heavy blow.*

20g. Ar lafar, *SC* vi. 136 (sir Benf.), *GTN* 844.

weltiaf: weltio, wely, gw. weltaf: welto, wele.

wen, wem [bnth. S. *wen, wem*] *eb.* Lwmpyn neu chwydd ar y corff neu ar gorff ceffyl, chwydd y gwddf, goitr: *wen (also on horse), goitre.*

[1762] E. POWELL: *HEI* 51, Llwgr Cefn, a'r Corn, y *Wenn,* neu Glwyf dwfn arall. Ar lafar, 'wem' 'a big swollen lump on the neck or side of the head', *WVBD* 569; 'wem' 'chwydd ar goes ceffyl ac i fyny tan y gesail', *B* iii. 209 (Penllyn); ''Odd *wen* fawr ar 'i gwddwg 'i', *GTN* 844.

Wendaeg [cfdds. o'r S. *Wend(ish)+aeg*] *eb.* Sorbeg: *Wendish or Sorbian (language).*

1847.

wensgod, wensgot, wainsgot, &c. [bnth. S. *wainscot,* ?a'r engh. gyntaf isod dan ddyl. *coed*] *eb. ll. wensgodau, wensgotiau, wainsgotiau,* a hefyd gyda grym ansoddeiriol. Gwensgod; derw mewnfor uchel ei safon: *wainscot (also of a type of oak).*

1670 J. HUGHES: *AP* [72], eistedd . . . mewn gorseddi *wenscod* . . . i wrando. *c.* **1720** *ClI* d.d., Lloriau, Muriau, *Wenscott,* Gwydr. **1736** S. RHYDDERCH: *Alm* [12], Cwyr, *Wainscot,* Gwenith, Rhyg. **1775** M. WILLIAMS: *MC* d.d., *Wainscotian.* **1795** J. THOMAS: *AIC* 218–19, Llofftyddi, Byrddau, *Wenscodau,* Ffenestri. Ar lafar, '*wenscod', WVBD* 569. Dengydd *wensgot, wensgod* hefyd yn yr ystyr 'Darn o graig yn sefyll allan o wyneb y clogwyn ac heb ei weithio', a 'Darn o blyg llechfaen a gormod o ithfaen neu ddiffygion ynddo fel nad yw'n broffidiol ei weithio', *B* xx. 387 (ardaloedd chwareli'r Gogledd).

Gw. hefyd gwensgod.

wep, wepan, gw. gwep (hefyd At.), gwepian.

wêr [bnth. S. *wear*] *eg.* Traul (ar ddefnydd, &c.): *wear (and tear).*

20g. Ar lafar.

weraf: wero [bnth. S. *(to) wear*] *bg.a.* fel arfer yn yr ymad. *wero mas.* Treulio'n ddim, (cael e d)defnyddio nes mynd yn ddi-fudd, &c., hefyd yn *ffig.: to wear out, also fig.*

Ar lafar, 'Ma 'i wedi cæl 'i *wero* mæs'.

wercws, gw. wyrcws.

wermod, wermw(o)d, &c. [bnth. S. C. *wermod,* S. *wormwood*] *eb.g.* a hefyd fel *e.ll. Bot.* Unrhyw lwyn(i) coediog o'r tylwyth *Artemisia,* ac arno (arnynt) flas persawrus chwerw, yn enw. *A. absinthium,* y wermod lwyd, chwerwlys, hefyd yn *ffig.: wormwood, also fig.*

1346 *LlA* 31, yn lle ygvledeu yllenwir wynt o *wermot* ahverbed. **14g.** *GDG*[3] 60, Cerdd *wermod* a ddatodai (dychan i Rys Meigen). *c.* **1400** *MM* 20, kymryt y *wermot* ac eu tarav ar dvfyr ae yuet. *c.* **1400** *Études* vii. 56, absinthium, *wermot.* **15g.** *DN* 117, Betoni a ssendyrric y sydd—a rvw, / A'r *wermod* bedwerydd. **1547** *WS, Wermod* Wormwode. **1567** *TN* 382b, enw'r seren a elwir *wermwd:* am hyny trydedd ran y dylredd aethant yn *wermod.* **16g.** *LlS* [1], Tri rhyw *wermod* sydd sef Ponticum, Marinum, a Santonicum. **1588** *Galar* iii. 19, Cofia di fy mlinder a'm gofid, y *wermod,* a'r bustl. **1630** *YDd* 353, Megis . . . y mae'r fammaeth gariadus yn rhoi *wermwd* neu fwsdard ar ei mynwes. **1672** R. PRICHARD: *Gw* 94, Chwerwach oedd gen inne ei flâs, / Na'r *wermwd* câs gwrthnebus. **1732** *AABI* 157, yn fwy chwerw nac *Wrmwd.* a. **1791** W. WILLIAMS: *GP* 436, Yr hoelion,

a'r *wermwd,* a'r goron o ddrain. Ar lafar yn y ff. *wermod, WVBD* 570 (*eb.*), *GTN* 844 (*eb.*).

Amr.: **gwermod, gwermwd. 1547** *WS, Gwermod* Wormwode. **1725** *SR, Gwermwd* d.g. Wormwood. Ar lafar, '*Gwermwd', GDD* 154. **wermwot, wermont. 18g.** *Llr C* 24, 213, *wermont.* Ar lafar, 'Wermwnt', *GDD* 317; 'wermwnt', *GTN* 844; 'wermont' (Myn.).

Cfn.: **wermod Ffrengig (Ffrainc):** French wormwood, Artemisia gallica or santonica. **16g.** *LlS* [3], *Wermod Phrengic* (W. SALESBURY: *LlM* 6, wermod phraingc). **1604–7** *TW* (*Pen* 228), *Wermod Frenic* d.g. Absynthium. **(g)wermod (wermwd, wermwnt) wen:** feverfew, Tanacetum parthenium. *c.* **1400** *Études* vii. 52, febrifuga, y *wermot wenn.* **1547** *WS, Wermod wenn* Fedder fewe. **1632** *D* (*Bot*), y *Wermod wenn,* Parthenium, matricaria, febrifuga. **1707** *AB* 87a, y *wermwd wen* d.g. Matricaria. **1813** *WB* 243, *Wermod Wen;* Pyrethrum Parthenium; Common Feverfew. Ar lafar, gw. G. AWBERY: *BM* 18. **wermod (wermwd, wermwnt, wermont,** &c.**) lwyd:** wormwood, Artemisia absinthium. *Diw.* **16g.** *WLB* 15, haner dyrned or *wermod lwyd.* **1632** *D* (*Bot*), y *Wermod Lwyd,* vid. Chwerwlys. **1813** *WB* 242, *Wermod Lwyd;* Artemisia Absinthium; Common Wormwood. Ar lafar, gw. G. AWBERY: *BM* 28. **wermod y môr:** sea wormwood, Artemisia maritima. **16g.** *LlS* [3], 4. **1604–7** *TW* (*Pen* 228) d.g. Absynthium . . . seriphium. **1688** *TJ* (*Bot*), *Wermod y môr:* Sea-worm-/wood. **1813** *WB* 243.

wermodaidd, gwermodaidd [(g)*wermod+-aidd*] *a.* Tebyg i'r wermod, chwerw: *like wormwood, bitter.*

1843.

wermont, wermwd, wermwnt, wermwod, gw. wermod.

werydd, gw. gwerydd[2] (hefyd At.).

Wesle, Weslead, &c. [yr e. prs. *Wesley (+-ad*[2])] *eg.b. ll. Wesleaid.* Aelod o enwad a sefydlwyd gan John Wesley (1703–91), hefyd yn *ffig.: Wesleyan (n.), also fig.*

1805. Ar lafar, 'Wesla . . . Wesliad', *WVBD* 570; hefyd gyda grym ansoddeiriol, 'capel Wesla', *ib.,* ac weithiau gyda grwgn., 'hen dro Wesla'. Cf. T. G. JONES: *Brithgofion* (1944) [45], *Wesle* wyllt / Ar ben y gwrych / Yn watshio mellt a thranau; R. T. JENKINS: *Hanes Cymru yn y Bedwaredd Ganrif ar Bymtheg* (1933) 37, Cafodd Wesleaeth hithau ei hymraniadau—y '*Wesle* Bach' yn 1831.

Wesleaeth [yr e. prs. *Wesley+-aeth*] *eb.* Daliadau crefyddol John Wesley (1703–91), dysgeidiaeth ac arferion y Wesleaid: *Wesleyanism.*

1805.

Wesleaidd [yr e. prs. *Wesley+-aidd*] *a.* Yn perthyn i'r Wesleaid: *Wesleyan (adj.).*

1806.

west, gw. gwast[2] (hefyd At.).

westras, westrys, gw. wystrys.

wetar, gw. weiter.

wetres [bnth. S. *waitress*] *eb.* Gweinyddes (mewn tŷ bwyta, &c.), ?morwyn: *waitress, ?maid.*

20g. Ar lafar, 'Gin honno *wetres* a bob dim felly' (Llŷn).

wew, wewc, gw. acha—acha wew(c).

wewcs, gw. heliaf: hel—hela wewcs.

wff [?cf. *hwff*] *eg.* Hyrddiad, gyriad allan: *blast, expulsion.*

1803 *P.*

wfft, *ebd.* a hefyd fel *eb.g.* ll. (prin) *-au.* Ebychiad yn mynegi ffieidd-dod, dirmyg, &c., ffei!; cerydd, anghymeradwyaeth, sarhad: *fie!, to hell (with)!; reproach, disapproval, slight.*

1567 *LlGG* (*Sall*) 23a, Haha, haha [:— Wi, wi, *Wfft,* w[ff]t, Och, och, &c.]. **1604–7** *TW* (*Pen* 228) d.g. Exprobatio, prouocatio. **1632** *D, Wfft,* Vox abhorrentis & exprobrantis. **1688** *TJ, Wfft,* herr: a word of defiance, or sometimes upbraiding. **1722** *Llst* 189, *Wfft.* m. A word of abhorrence or upbraiding. Bless me from, fie upon: an exprobration, upbraiding. **18g.** E. T. RHYS: *DA* 88, *Wfft* i geffyl gwraig Sion Llwyd. **1754** G. OWEN: *L* 124, *Wfft* iddo fo, am fod 9 diwrnod yn dyfod hyd yma. *c.* **1756** I. BRYDYDD HIR: *Gw* 56, A rhoddaf, fal yr haeddent, / *Wfft* i Seison caethion Cent. **1760** *ML* ii. 171, *wfft,* a dwbl *wfft,* i'r gweryn rheini. **1803** *P, Wfft,* s. m. . . . a slight, or scorn; a fie, an expression of disapprobation. Ar

lafar, 'Naw *wfft* iddo fo', *WVBD* 561; 'Wel *wfft* iti—dishgwl beth nethot ti 'nawr', *GTN* 836.

wfftaf: wffto, wfftan, gw. wfftiaf: wfftio.

wfftiad [bôn y f. *wfftiaf: wfftio+-iad*[1]] *eg.* Y weithred o wfftio, cerydd, sarhad: *an expression of disgust, contempt, &c., rebuke, slight.*

1604–7 *TW* (*Pen* 228) d.g. Sanna. **1722** *Llst* 189, *Wfftiad.* m. A rebuke, twitting. **1803** *P, Wfftiad,* s. m. . . . A pushing off scornfully; a shewing disapprobation with surprize; a crying fie upon. Ar lafar yn y Gogledd yn yr ymad. 'naw *wfftiad*', hefyd yn y ff. *offtiad,* 'naw *offtiad* iti wneud y fath beth' (Arfon).

wfftiaf, wfftaf: wfft(i)o, wfft(i)an [bf. o'r ebd. a'r e. *wfft*] *bg.a.* Mynegi ffieidd-dod neu ddirmyg, ceryddu, diystyru, sarhau, gwawdio: *to express disgust or contempt, reproach, dismiss, slight, deride.*

1604–7 *TW* (*Pen* 228), *wfftio* d.g. Exprobro, prouoco. **1718** *Cân o Senn* 6, *wfftio* blined Aiphtiedd blâ. **1722** *Llst* 189, *Wfftio.* To cast into ones dish or teeth, upbraid, reproach. **1780** *W, wffto* d.g. To pish. **1803** *P, Wfftiaw* . . . To push away with disapprobation; to cry shame; to cry fie. Ar lafar, 'Dy *wffto* di naiff a am fod mor ddwl' (Morg.); '*wfftan*' (sir Benf.); hefyd yn y ff. *offtio, 'offtio* rwn am 'i ddrygioni', 'Mae pobol yn *offtio* atat ti bo' ti mor ryfadd', *WVBD* 561.

wfftiol [*wfft+-iol*] *a.* a hefyd gyda grym enwol. Gwawdiol, bychanus: *derisive, dismissive.*

20g.

wfftiwr [bôn y f. *wfftiaf: wfftio+-iwr*] *eg. ll. wfftiwyr.* Un sy'n wfftio, ceryddwr; heriwr: *one who expresses disgust or contempt, rebuker; provoker.*

1604–7 *TW* (*Pen* 228) d.g. prouocator. **1722** *Llst* 189, *Wfftiwr.* m. An upbraider.

wfftlyd [*wfft+-lyd*] *a.* Gwawdiol, bychanus: *derisive, dismissive.*

-wg, oldd. enw., e.e. *trythyllwg, tywyllwg.* Gw. hefyd -wch[1].

wng [?cf. *ing, yng*] *a.* a hefyd fel e?g. Agos, agosrwydd, cyffiniau; cyfyng: *near, close; nearness, vicinity.*

13g. *GDB* 350, Pan uo dyt gorwlad a chad yn *ôg.* **13g.** *BD* 83, vyntvy a oresgynnynt y gvladoed a'r brenhinaetheu o *vng* ac o bell yr vrthunt. **14g.** *Cy* vii. 140, Dywedi o *wg* galanas o bell. *GDG*[3] 329, Dihengais i, da *wng* saint, / I Dduw'r archaf faddeuaint. *c.* **1400** *R* 1038. 19–20, Mat dodes y uordwyt dros obell yorwyd o *wug* [sic] ac/obell. **1632** *D* d.g. Proximus. **18–19g.** IEUAN LLEYN: *C* 26, Y Mediaid, Persiaid, amodawl,—eu rhuthur / *Wng* yw yr aruthur, lu cyngreiriawl.

Amr.: **wnc. 13g.** *B* iii. 25, Nyellyr emell ahanuo *ohunc.* **13g.** *GBF* 91, Llafynrut Uaredut, llyv drinc, / Lleb ny ad Lloegyr yn y *6nc.*

wha-, whalbon, whalocs, gw. chwa-, walbon, holics (hefyd At.).

whalpiaf: whalpio, gw. warpiaf: warpio.

wham [bnth. S. *wham*] *ebd.* Ebychiad sy'n cyfleu sŵn trawiad grymus: *wham!*

20g.

whampyn, wampyn, w(h)ompyn [?cf. S. taf. *whapper,* S. *whopper;* dichon mai gair gwahanol (?cf. S. *whomp*) a welir yn adran (b)] *eg.* (b. *w(h)ampen, w(h)ompen*).

(a) Person neu beth o gryn faint, clamp: *person or thing of considerable size, whopper.*

20g. Ar lafar, 'whompen o fenyw', ''Ond vw e'n whompyn 'te?' (Cered., am fabi); 'whampyn o grwt', '*whampen* o garreg', '*wompen* o fenyw' (sir Gaerf.); 'Ma fa'n *wampyn* o fachan' (Morg.).

(b) Cernod, ergyd: *clout, blow.*

19g. Ar lafar, hefyd yn yr ystyr 'sws glec', 'Rhois i *wampen* deidi iddo fe' (Cered.).

wharbl, whe-, whelten, wheret, gw. warbl, chwe-, welten, whiret.

whewcs, gw. heliaf: hel—hela wewcs (hefyd At.).

whi-, whig, whingi-whangal, gw. chwi-, wic, igam-ogam (hefyd At.).

whil, wil [bnth. S. *wheel*] *eb.* (bach. *-en*)
ll. *w(h)ils* (un. *w(h)ilsen*). Olwyn: *wheel.*
1896. Ar lafar, '*whilsen*', B xiii. 141 (canolbarth
Cered.); '*Whils, Whilsen*', TGG (1907–8) 112 (godre
Cered.); 'Odd wils newydd odani' (sir Gaerf.);
hefyd yn yr ystyr 'llyw [ar long]', LILLM 107.

whilaf, wilaf: w(h)ilo [bf. o'r e. *w(h)il*]
bg.a. Olwynio, rholio: *to wheel, roll.*
20g. Ar lafar, ''Ôn' nw'n dychre *wilo* lawr' (sir
Gaerf.); '*wilo* wilbar', GTN 851.

whilber, wilber [bnth. S. *wheelbarrow*]
eb. ll. *w(h)ilberi*, (prin) *w(h)ilbers*. Berfa,
hefyd yn *ffig.*: *wheelbarrow, also fig.*
1870. Ar lafar yng Nghered., sir Benf., a'r De,
LGW [180]–1, GDD 327; 'Fe lanws y *wilbar* a off ag
e', GTN 846; 'Odd e'n mynd o 'mlæn i'n feddw
wilbar nithwr', *ib.*
Cfn.: *wilber gols: metal wheelbarrow.* Ar lafar, hefyd
yn *ffig.* yn yr ystyr 'menyw siaradus', 'O wfft! Dyna'r
'en *wilbar gols* drws nesa'n dod yto', GTN 846.

whilberaid, wilberaid [*w(h)ilber* + -*aid*[1]]
eb. ll. *whilbereidiau, whilbereidau.* Llond
whilber, cynnwys whilber, berfâid, hefyd
yn *ffig.*: *wheelbarrowful, also fig.*
20g. Ar lafar.

whilbero, wilbero, whilberio [be. o'r e.
w(h)ilber] *ba.* Cludo mewn whilber neu
ferfa, hefyd yn *ffig.*: *to carry in a wheel-
barrow, also fig.*
1894. Ar lafar, '*whilbero* mwg' (Cered.).

whilcar [bnth. S. *wheel car*] *e?g.* Trol
fferm syml: *wheel car.*
1936.

whilen, whilsen, gw. **whil.**

whilws [bnth. S. *wheel-house*] *eg.* Caban
llywio, caban peilot: *wheel-house.*
20g.

whim [bnth. S. *whim*] *e?g.* Math o winsh i
godi mwyn neu ddŵr o bwll glo, &c.:
whim (in coalmine, &c.).
1827. Ar lafar, 'Cwnnu glo a *whim*', B viii. 224
(dwyrain Morg.).

whimben, whimbil[1,2], **whindaf:
whindo, whindrew**, gw. **ewinbren**
(hefyd At.), **ewinbil** (hefyd At.), **gwimbill**
(hefyd At.), **windaf**[1]: **windo, ewinrhew.**

whingil, wingil, *a.* Sigledig, simsan:
shaky, unstable.
20g. Ar lafar yn sir Gaerf. a sir Benf.

whiparwhil [bnth. S. *whippoorwill*] *eg.* ll.
whiparwilod. Adar. Nyddwr neu droellwr,
Caprimulgus vociferus, a geir yng ngogledd
a chanol America: *whippoorwill.*
20g.

whiped, gw. **wipet.**

whiperín [bnth. S. *whipper-in*] *eg.* Swydd-
og presenoldeb plant ysgol, plismon plant:
school attendance officer.
20g. Ar lafar yng Nghered. a'r De.

whipet, gw. **wipet.**

whip-stitsh [bnth. S. *whipstitch*] *e?g.* yn
yr ymad. adfl. *bob whip-stitsh.* Yn gyson, o
hyd: *constantly.*
20g. Ar lafar, 'a chyn bo ni'n clapo'n lliged, wê
nhw'n gweld i gily ffrit ffrat, *bob whipstitsh* ac yn
caru'n dynn', Wês wês 41.

whiret, wheret [bnth. S. taf. *whirret,
wherret*] *eb.g.* Ergyd sydyn, clusten: *sharp
blow, slap.*
20g. Ar lafar, '*whiret*', SC vi. 136–7 (sir Benf.),
hefyd yn sir Gaerf.; a hefyd yn y ff. *wheret* yn sir
Benf. a Morg.

whisbran, wisbran, whisbren, w(h)isbro
[bnth. S. *(to) whisper*] *bg.a.*
(*a*) Sibrwd: *to whisper.*
1750 H. LLOYD: PTNU 23, mi glywn Lais Distaw
yn *whisbren* wrth fy ysbrŷd.
(*b*) Chwilota'n ddiangen, tyrchu: *to
search unnecessarily, rummage.*
20g. Ar lafar, '*Whispro, Whispran*', TGG (1907–8)
111 (godre Cered.).

---

whisgeraidd, whisgeren, whisgerog,
gw. **wisgeraidd, wisgers, wisgerog.**

whisgers, whisgersen, gw. **wisgers.**

whisgigówt, gw. **sig-owt** (hefyd At.).

whisgyrs, gw. **wisgers.**

whishgít, whiw[1], gw. **hysgát, chwiw**[2].

whiw[2] [bnth. S. *whew*] *ebd.* Ebychiad yn
mynegi syndod, gollyngdod, &c.: *whew!*
20g.

whompen, whompyn, gw. **whampyn.**

whŵ [?gair yn dynwared y sŵn] *ebd.* a
hefyd gyda grym enwol. Ebychiad yn
mynegi gofid, &c., gwae!, och!: *exclamation
expressing regret, &c., alas!, woe!*
15–16g. GLM 131, os gwewyr, ewch dros Gaer
Wynt, / os harnais, *whŵ* arnunt. p. **1584** G. ROBERT:
GC [192], Taflodiad . . . Dylefawl *whw.* **1803** P.

whyntell, whysygówt, gw. **gwyntyll**
(hefyd At.), **sig-owt** (hefyd At.).

wi, *ebd.* (a'i ddilyn yn aml gan *a*[7] neu *o*[2])
a hefyd gyda grym enwol ac fel *eb.* ll. *-on.*
Ebychiad sy'n mynegi llawenydd, bodd-
had, syndod, &c., O!, ha!, hai!: *int. express-
ing joy, satisfaction, surprise, &c., O!, oh!,
hey!*
12g. GLlF 119, Wy a un Mab Duŵ! maŵr a ryuet, /
Mor yŵ eilon mygyr, meint y reuet! **14g.** GDG[3] 70,
Glud anianol y'i molaf, / Glwysfodd, *wi* o'r rhodd
yw'r haf! **14g.** GIG 16, *Wi* o Dduw, a wyf ddiorn?
14–15g. IGE[2] 286, Llyma'r achau, heidiau hil, /
Ewropa, *wi* o'r epil (Siôn Cent)! *Dchr.* **15g.** B ii. 190,
Geirieu ereill a dangossant tristyt val y mae *wi.*
1567 LlGG (*Sall*) xixa, *Wi*
[:– O], ein enaid bydd lawen. **1567** TN 41a, Da-iavvn
[:– *Wi*] was da a' ffyddlawn. *id.* 118b, Oi [:– Oian,
wi, Divai, Tec] was da. **1632** D, *Wi*, Eu, euge, euax,
val. **1753** TR, *Wi*, heida! ho brave! ha ha! **1759** DG 9,
Wi wi hŵylia wiw helynt / Dêg iawn dan gofleidio
gwynt. **1803** P, *Wi*, interj. It is expressive of joy:
Hey; heyday; oh.
Fel e. Llawenydd, (geir.) teimlad disym-
wth: *joy*, (dict.) *sudden emotion.*
18–19g. R. DAVIES: DB 16, Chwaengiad clŷch yn
agor / Mawr *wi* sain am hiroes Siôr. **1803** P, *Gwi*, s. f.
. . . A sudden emotion.
Amr.: **gwi.** **1803** P.
Gw. hefyd **awi, ow, owi.**

wiarles, wibwr, gw. **weiarles, gwyllt—
gwyllt chwibwrn.**

wibwrn[1] [ansicr yw'r engh. gyntaf isod
(?cf. *gwibwrn*[1]), a rhoddir y diff. ar sail y
geir.] *eg.* Math o edau las: *Coventry blue
(kind of thread).*
15g. DE 20, siop *wibwrn* dros yw pybyr / syth i
gwallt yn sevthv gwyr [i'r ywen]. **1632** D, *Wibwrn*,
Rhyw edafedd glâs. D[afydd] ap E[dmwnd] Countrie
blew. **1722** Llst 189, *Wibwrn.* m. Coventry blue. **1772**
W d.g. *Coventry-blue.*

wibwrn[2], gw. **gwyllt—gwyllt chwibwrn.**

wic [bnth. S. *wick*] *eg.* Pabwyr: *wick.*
1838. Ar lafar.
Amr.: **whig** (i). **1912.** **wig**[2] (i). **1937.**

wiced, gw. **gwiced.**

wicedwr [*wiced* + *-wr*] *eg.* ll. *-wyr.* Y
maeswr sy'n sefyll yn uniongyrchol y tu ôl
i'r wiced (mewn criced): *wicketkeeper.*

Wicliffiad [yr e. prs. *Wycliffe* + -*iad*[3]] *eg.*
ll. *-iaid.* Un o ddilynwyr y diwinydd a'r
diwygiwr crefyddol Seisnig John Wycliffe
(*c.* 1320–84): *a Wycliffian.*
1718 S. THOMAS: HB 112, Eithr y *Wicklifiaid* . . .
ni allodd y Papistiaid e'u [*sic*] llwyrddifa hyd oni
ddaeth Duw a gwaredigaeth iddynt. *c.* **1762–70** W.
WILLIAMS: P 513, *Wicliffiaid*, a Lutheriaid mewn
oesoedd diweddaredd, oddi wrth Wicliff a Luther.
1775 CY 3, a *Wicliffiaid*, am eu bod yn cofleidio
athrawiaethau Wicliff.

wicsen [bnth. S. *wig* 'bun'] *eb.* ll. *wics.*
Math o fynnen neu deisen fechan, yn enw-
teisen fflat o does burum gyda rhesins,
cyrans, neu hadau carwe: *wig (type of bun,
&c.), teacake.*
1862. Ar lafar yn y Gogledd, '*wigsen*' 'math o deisen-

---

nau toes hirgrwn a chyrens neu hadau carwe ynddynt',
Geir Geg 44; '*wics* . . . *wicsan*' 'a kind of plain oblong
bun containing caraway seeds', WVBD 570.

wìc-wàc, gw. **wich-wach.**

wicws[1,2], gw. **chwigws** (hefyd At.), **mic-
ws**[1].

wich-wach, wich-di-wach [cf. *gwich*, ac
o ran ffd. *chwit-chwat, ling-di-long*] *adf.* a
hefyd gyda grym enwol ac ansoddeiriol. Yn
wichlyd, yn sgrechlyd, yn swnllyd: *squeaki-
ly, screechingly, noisily.*
16g. WLl 23, Weithiau draw bydd wrth droi benn /
Wich wach yn ol chwech ychenn. *a.* **1587** Y 100,
Ymnyddvv, rysv rheswm, / *Wich*, *wach*, o fewn cilfach
cwm. *c.* **1648** DCR 273, ag yma a thraw bydd di ddistaw /
na fydd *wich-wach* am gyfrinach. **18g.** E. T. RHYS:
DA 156, A rhociaid bach, â'u corgwn crach, / Yn ffoi
oddiwrtho *wich di wach!* *c.* **1756** Bangor 1007, 20, efo
dau nei dri o blantos bach ar heini [*sic*] *wich wach* yn
gweiddi. **1803** P, *Wiçwaç*, interj. . . . . It is expressive of
frolick. Ar lafar, 'shwsis gwyn yn *wich-wach* i gyd',
Wês wês 43; yn ne-ddwyrain Morg. clywir 'yn *wich-
wach*' yn yr ystyr 'yn galonnog', 'Odd yn wyrthin
yn *wich-wach*'.
Amr.: **wìc-wàc.** Ar lafar, 'Ma pidere ar wddwg
Rhagrith, yn *wic-wac* yn 'i thrâd hi', GDD 102; '*Wic-
wac*' 'The noise made by new boots or shoes; always
regarded as a sign of pride in the wearer', *id.* 317.
wich-i-wach. **1869.**

widnes, widw, gw. **witnes, gwidw.**

wid-wid [?gair yn dynwared sŵn (cf. S.
tweet tweet)] *eg. Adar.* Corhedydd y graig,
Anthus petrosus: *rock pipit.*
20g.

widwiff, widwith, gw. **gwidwith** (hefyd
At.).

wieren, wif, wifren, wiff, gw. **weiar,
gwif** (hefyd At.), **gwifr**[1] (hefyd At.),
chwiff (hefyd At.).

wig[1] (i) [bnth. S. *wig*] *eb.g.* ll. *-iau, -s.*
Gwallt gosod, ffugwallt, perwig: *wig, peri-
wig.*
16–17g. CRC 184, y gwr yn walltok y locks yn
anserchog / ar gwragedd yn gribiok ay *hwicks* kwmpass-
og. **17g.** E. MORUS: Gw 79, Teg liniwid, ynteu 'glyw-
odd / Eich bod chwithau, fowrfrau fodd, / Yn gwisgo
'ch *wig*, llownfrig llwynfig, / Rawn llusg ar y naill
ysgwydd. **18g.** W Ballads 504B, 2, Mae llawer Rog a
gwall ryw rig / yn gwisco ei *wic* Gompana. Ar lafar,
'Wi'n siŵr fod y dyn 'na'n gwisgo *wig*' (Arfon).

wig[2], **Wig, wigi-wogam**, gw. **wic, Chwig**
(hefyd At.), **igam-ogam** (hefyd At.).

wiglaf: wiglo [bnth. S. *(to) wiggle*] *bg.a.*
(Peri) symud yn afreolaidd yn ôl ac ymlaen
neu o ochr i ochr, siglo: *to wiggle.*
20g. Ar lafar.

wigwam [bnth. S. *wigwam*] *eg.b.* ll. *-au, -s.*
Cwt neu babell fwaog tebyg i dipi a ddef-
nyddid yn wr. gan rai o Indiaid gogledd
America, adeiladwaith tebyg ar gyfer plant,
&c.: *wigwam.*
1897. Ar lafar.

wing-wang, gw. **igam-ogam** (hefyd At.).

wihi [gair geir.; cf. S. *wehee*] *eg.b.* Gweryr-
iad (ceffylau): *neighing or whinnying (of
horses).*
1632 D, *Wihi*, Est vox hinnientium equorum. **1722**
Llst 189, *Wihi*. f. The neighing of a horse. **1803** P,
Wihi, s. m. . . . The whinnying of a horse.

wijwn [bnth. S. *wigeon*] *e?g. Adar.* Chwiw-
ell, *Anas penelope*: *wigeon.*
1545 CI 67, yr hwyad wyllt a'r . . . *widgiwn* y sydd
haaws i vwynhau no'r darn arall o'r kig.

wil, gw. **whil.**

wil, wili, *e. prs.* sy'n digwydd yn y cfn.
isod: *personal name* (= *Will(y)*), *used in the
combs. listed below.*
Cfn.: *Bot. wili bach: sweet william, Dianthus barba-
tus.* **20g.** Ar lafar, G. AWBERY: BM 27 (sir Gaern.).
Adar. wil cap(an) du: stonechat, Saxicola torquata. **20g.**
Ar lafar gynt yn yr ystyr '*furze chat*', Cymru Fydd ii.
(1889) 493 (ardal Tyddewi, sir Benf.). *Bot.* **wil gar-
iadus:** *field bindweed, Convolvulus arvensis; hedge
binweed, Calystegia sepium; cleavers, Galium aparine.*
20g. Ar lafar, '*wil gariadus*' 'bindweed', G. AWBERY:
BM 29 (sir Drefn.); 'cleavers', *id.* 34 (sir Drefn.).

Adar. **wil y dŵr**: *dipper, water ouzel, Cinclus cinclus.*
1934. **wil y wawch**, gw. *gwawch*[1] (hefyd At.). **wil wyllt**:
(i) *spiny spider crab, Maia squinado.* **20g.** (ii) *unidenti-
fied grass, 'carnation grass'.* **18–19g.** *IAW* (LlGC) 123,
63, *Wil Wyllt* Carnation grass. *Adar.* **wil nyddwr**:
nightjar, Caprimulgus europæus. **20g.** **wili wad** [?yr e.
prs. *Wili* (ond cf. hefyd *chwil*[1], *chwilen*) + ?*gwaed*]:
blood-spitting beetle. **1899.** Ar lafar, 'Wili wad' 'a blood-
spitting beetle.—Arferai plant boeri ar lawr a gosod
y chwilen ynddo, ac yna ei hannerch gyda—"Wili,
wili wâd, / Poera wad / Neu ddamsgena / Ar dy
drâd."', *Cymru* xxxv. [51] (godre Cered.). Clywir
hefyd yn ff. 'Wili Wêr', *id.* lxv. 153 (godre Cered.
a gogledd sir Benf.). *Adar.* **wil wal waliog**: *cormorant,
Phalacrocorax carbo.* Ar lafar, 'Wil Wal Waliog', *Nat*
xviii. 17 (Gwynedd a sir Gaerf.).

**wilaf: wilo, wilameg, wilber, wilber-
aid, wilbero**, gw. *whilaf: whilo, gwilam-
eg* (hefyd At.), *whilber, whilberaid,
whilbero.*

wilffrai, wili, wiliaf: wilia, wilsen, gw.
gwilffrai (hefyd At.), *wil, chwedleuaf:
chwedleua* (hefyd At.), *whil.*

Wilsonaidd [yr e. prs. *Wilson* + -*aidd*] *a.*
Yn perthyn i'r gwleidydd Llafur Harold
Wilson (1916–95) neu i'w bolisïau, &c.,
nodweddiadol o'r cyfryw: *Wilsonian (with
ref. to Harold Wilson).*
20g.

wimben, wimbil[1,2], **wimbled**, gw. *ewin-
bren, ewinbil* (hefyd At.), *gwimbil*[1]
(hefyd At.), *gwimbled* (hefyd At.).

wimp [bnth. S. *wimp*] *eg.* ll. -*s.* Person
gwan aneffeithiol, llipryn: *wimp.*
20g. Ar lafar.

wimpl, winc[1], gw. *gwimpl, gwinc*[1].

winc[2] [bnth. S. *wink*] *eb.g.* Trawiad llygad,
ysmiciad llygad, amrantiad; y mymryn
lleiaf (o gwsg): *wink, a twinkling; smallest
amount (of sleep).*
1794 W, gwingc, vulgó *wingc* d.g. *Wink.* Ar lafar,
"Odd o'n deud nad odd o'm 'di cysgu *winc* drw'
nos' (y Gogledd); 'Nath e roi *winc* fach imi' (gogledd
Cered.), *GTN* 846 (*cf.*).
Gw. hefyd *chwinc*[1], *gwinc*[2].

winc[3], **wincad, wincaf: winco**, gw.
chwinc[2] (hefyd At.), *winciad*[1], *winciaf:
wincio.*

winciad[1], **wincad** [bôn y f. *winciaf, wincaf;
winc*(*i*)*o* + -*iad*[1], -*ad*] *eg.* ll. -*au.* Amrantiad,
munudyn, eiliad, moment: *a twinkling,
trice, moment, jiffy.*
1855. Ar lafar, 'winciad', *WVBD* 570; "Fu a ddim
wincad cyn cwplo'r cyfan', *GTN* 846. Digwydd yn
aml mewn ymad. megis 'mewn *winc*(*i*)*ad* (llygad
(llo))'. 'cyn pen *winciad*'.
Gw. hefyd *chwinciad.*

winciad[2], gw. *winciaf: wincio.*

winciaf, wincaf: winc(*i*)**o, wincian**
[bnth. S. (*to*) *wink*] *bg.a.* Cau('r llygad)
am eiliad fel arwydd neu awgrym, amneidio
(â'r llygad), gwneud llygad bach; fflachio;
cysgu: *to wink (an eye); wink (of light);
twinkle, flicker; sleep.*
16g. HUW ARWYSTL: *Gw* 423, Lled wenniaeth
lliw od ionawr / a *winkia* dael enkyd awr. **1672** R.
PRICHARD: *Gw* 137, Ni *winc*, ni chwsc, ni hun, ni
heppian, / Fy nhâd grasol tra fwi 'n slwmbran. **17g.**
HUW MORUS: *EC* i. 305, Ni fu mo 'i fath am *wincio*
llygaid, / Golygyn gwlad ym marchnad merched. **1794**
W, gwingcio, vulgó *wingcio* d.g. *To wink.* Ar lafar,
'Fe wincws arno' i wth 'i chefan 'i', *GTN* 846.
Amr.: winciad[2] (dichon amai engh. o *winciad*[1] a
welir isod]. **1790** TWM O'R NANT: *GG* 189, Tan
chwerthin a *wingciad*, mor râd oedd yr wydd.
Cfn.: **winco ar**: *to wink at (wrongdoing, &c.),*
c. **1762–79** W. WILLIAMS: *P* 589, Ond nid oedd y
frenhines a'i hoffeiriaid pabaidd ond *winco* ar y
pethau hyn.
Gw. hefyd *chwinciaf: chwincian,
gwinciaf: gwincio.*

windaf[1], **whindaf: w**(h)**indo**, *bg.* Cicio
â'r traed ôl (am geffyl): *to kick with the
hind legs (of a horse).*
c. **1870.** Ar lafar yn sir Gaerf. a sir Benf. yn y ff.
windo, GDD 319.

---

windaf[2]: **windo, windas gaws, windiaf:
windio**, gw. *weindiaf: weindio, gwin-
das*[1]—*gwindas gaws* (hefyd At.), *weind-
iaf: weindio.*

windre, windro, gw. *ewinrhew* (hefyd
At.).

windsgrin [bnth. S. *windscreen*] *eb.* ll. -*s.*
Sgrin neu ffenestr wydr ar flaen cerbyd
modur, sgrin wynt: *windscreen.*
20g. Ar lafar, "Ddoth 'na jipings i fyny o'r lôn a
mi dorrodd y *windsgrin*' (Arfon); 'Whalodd y *win-
sgrin* yn yfflon' (gogledd Cered.).

winegr, gw. *gwinegr.*

winfforch [bnth. S. *whin* 'furze' + *fforch*]
eb. Fforch bren at ddal eithin, &c., wrth eu
torri: *wooden fork for holding furze, &c., for
cutting.*
20g. Ar lafar, *TGG* (1907–8) 91 (de-orllewin sir
Gaerf.).

wingil, gw. *whingil.*

wingi-wangam, wingi-wonga, gw.
igam-ogam (hefyd At.).

winglos, gw. *gwylnos.*

**winion, winionen, winionyn, win-
iwn(s), winon**, gw. *wynwyn.*

wins, winsgrin, gw. *winsh, windsgrin.*

winsh, wins [bnth. S. *winch*] *eb.g.* ll. -*ys.*
Dirwynlath; (olwyn at godi dŵr o) ffynnon;
hefyd yn ffig.: *winch; well(-wheel); also fig.*
15–16g. *GIll* 85, Deallodd—y mae'n dwyllwr—/
dull gwen wrth dwyllo ei gŵr. / Mynnu bwrw—
mae'n ei beri—/ maen 'n y *wins* er y mwyn i [i ateb
Siôn ap Hywel Gwyn]. **1672** R. PRICHARD: *Gw* 183,
Os cwympaist yn y *wins* [:– Pwll] o feddwdod, / Llêf
am gymmorth oddi-vchod. *id.* 295, Yf dy ddwr o'th
winsh [:– Ffynnon] dy hun. Ar lafar, 'Winsh' 'A deep
well', *GDD* 320 (eb.); 'winsh' 'dirwynlath', ffynnon
ddofn; a winch', *GTN* 847 (eg.). Clywir *winsh* yn yr
ystyr 'y wasg lle gwasgir y "colffran"' ... yn gaws', *B*
iv. 304 (canolbarth Cered.), a hefyd yn ngogledd
sir Gaerf. Digwydd yn yr e. lle *Winsh-wen*, Abertawe.

winshin [bnth. S. taf. *winchin* '(Winches-
ter) bushel'] *eg.* Uned fesur sych amrywiol
ei faint, cyfwerth â bwysel fel arfer: *variable
unit of dry measure, usually equivalent to a
bushel.*
1835. Ar lafar, *TGG* (1907–8) 112 (godre Cered.),
GDD 320.

winsi [bnth. S. *wincey*] *eg.* a hefyd gyda
grym ansoddeiriol. Brethyn ysgafn cryf o
wlân a chotwm neu liain: *wincey.*
18g. *WLl* (Geir) 285, tenllif *winsi.* Ar lafar, 'ffrog
winsi', *WVBD* 570; 'winzi' 'deunydd o'r enw winsey',
'ffrog *winzi*', *GTN* 847.

winsiaf: winsio [bnth. S. (*to*) *winch*] *ba.*
Halio neu godi â winsh: *to winch.*
20g.

wintraf: wintro [bnth. S. (*to*) *winter*] *bg.a.*
Gaeafu (defaid): *to winter (sheep).*
20g. Ar lafar, "Ôn ni'n *wintro* defed yn Llanystum-
dwy am flynyddoedd', "Ôn ni'n *wintro* yn Rhosgyll
Fawr' (sir Drefn.).

wintrin, wintring [bnth. S. *wintering*] *eg.*
a hefyd gyda grym ansoddeiriol. Y weith-
red o aefau (defaid), tir ar gyfer hyn: *a
wintering (of sheep).*
1931. Ar lafar, "Den ni'n mynd â'r defed i *wintring*
wythnos nesa', "Den ni'n mynd i edrych ar y defed
wintring bob rhyw ddau fis, i weld bod nhw'n iawn'
(sir Drefn.).

winthrew, winwedd, gw. *ewinrhew*
(hefyd At.).

**winwin, winwns, winwnsyn, winwyn,
winwynyn**, gw. *wynwyn.*

wipet [bnth. S. *whippet*] *e?g.* Brid o gi sy'n
groes rhwng milgi a daeargi neu sbaniel ac
a ddefnyddir i rasio: *whippet.*
20g.

wir, wir(s)en, gw. *weiar.*

wisbro, wisbran, gw. *whisbran.*

---

wisgawn, wisgen, gw. *gwisgon* (hefyd
At.).

wisgeraidd [*wisger*(*s*) + -*aidd*] *a.* Wisger-
og: *whiskered, whiskery.*
20g.

wisgeren, gw. *wisgers.*

wisgerog [*wisger*(*s*) + -*og*] *a.* A chanddo
wisgers: *whiskered, whiskery.*
20g.

wisgers, whisgers, &c. [bnth. S. *whiskers*]
e.ll. (un. b. *w*(*h*)*isger*(*s*)*en*, g. *wisgeryn*).
Blew (ar y bochau, &c.), locsys, cernflew;
blew synhwyro stiff ar wyneb cath, llygod-
en, &c., gweflflew: (*side-*)*whiskers; whiskers
(on cat, &c.).*
1916. Ar lafar, 'wishgarz', *GTN* 849; 'wishgeryn'
'whisker'; moustache', 'Un complêt odd a!' 'Odd dim
wishgeryn o le arno byth', *id.*
Cfn.: *Bot.* **wisgers dad-cu**: *perennial cornflower,
Centaurea montana.* Ar lafar, G. AWBERY: *BM* 24
(sir Gaerf.).

wisgi, wisgon, wisgyrs, gw. *chwisgi*
(hefyd At.), *gwisgon* (hefyd At.), *wisgers.*

wishgon, wishgwn, gw. *gwisgon* (hefyd
At.).

wisl, gw. *chwisl.*

wislaf: wislo, wislan, gw. *chwislaf:
chwislo* (hefyd At.).

wit [bnth. S. *wit*] *eg.* ll. -*s.* Ffraethineb,
doniolwch; person ffraeth: *wit, humour; a
wit.*
1860–70. Ar lafar, 'Ma gynno fo *wit* reit dda'
(Arfon); clywir *wits* yn yr ystyr 'straeon digrif, jôcs',
'Ma *wits* bach doniol 'da Jâms o hyd' (sir Benf.).

witi [bnth. S. *witty*] *a.* Ffraeth, doniol:
witty, humorous.
1895. Ar lafar, 'Rai *witi* iawn ŷn' nw. 'Wyt ti'n cæl
dicon o sbort yn 'u cwmni nw', *GTN* 849; hefyd yn
yr ystyr 'quick-witted, quick of comprehension',
WVBD 571; a 'rhyfedd ... odd, peculiar', 'Ôn' nw'n
arfadd gwed yn y Gwaelod ... taw Cymræg *witi* odd
ginnin ni yn Nantgarw. 'Falla 'i fod a'n *witi*, ond
'odd a ddim yn llawn o ira Sisnag!', *GTN* 849.

witnes [bnth. S. *witness*] *eg.* ll. -*oedd, -on.*
Tyst: *witness (person).*
1749 J. OWEN: *PG* 45, Y mae Gweinidogion Crist
'n Dystion yddo ef, a pharch y *Witnes* yw, fod ef
wedi clywed, gweled neu deimlo. **1765** *W Ballads* 82,
3, Pob hen bechod wedi pasio, / Er ys dyddiau aeth
yn ango, / Fo ddaw i'r farn a'i *witnes* hefyd, / Y dydd
a'r awr a'r man a'r munud. Ar lafar, 'witneson' 'The
word is used in the plural only, and in a strictly legal
sense. "Tyst" is used in the Singular', *GDD* 320;
hefyd yn Llŷn yn y ff. *widnes.*

wits, gw. *witsh.*

witsgrafft, witsgrefft, gw. *witshgrafft.*

witsh, wits [bnth. S. *witch*] *eb.* ll. -*ys,
-iaid, -od.* Hudoles, dewines, gwrach, hefyd
yn ddifr. am (hen) wraig: *witch, (old) hag.*
1547 *WS, Wits* dewimwraic [sic] A wytche. **16–17g.**
CRC 428–9, yr oedd yno lawer o *wyttsis* / wedi darfod
vddyn ddewis / diawl yn feistyr vddyn. **1670** J.
HUGHES: *AP* 85, Mynd at Swyn-wragedd, *Witsys*,
neu ddewinion i gael cyngor. **1681** S. HUGHES: *AC* 6,
fe osododd allan Lyfr ynghylch Cythreuliaid a *Witsh-
od*, o'r Enw Dæmonologia. **1688** TJ, Gwiddon, cawr-
es, (*wits*;) a Witch, a Sorceress. **1703** E. WYNNE: *BC*
7, deellais nad *Wittsaid* oeddynt, ond mai rhai a
elwir y Tylwyth têg. **1725–6** *Madd Ed* 135, Amm-
heuthyn-fwydydd Dewinesau (neu *Wytsis*) ac
Ysbrydion drwg. **1777** E. ROBERTS: *DG* 45, Nid
hyny oedd y matter *wits* ynfytta. Ar lafar, 'witsh',
WVBD 570. Yn y De-ddwyrain clywir ymad. fel 'Ma
'i'n itha' *witsh*' am wraig sydd wedi darogan rhywbeth
yn gywir.

witshgrafft, witshgrefft, &c. [bnth. S.
witchcraft, S. Diw. Cyn. *witchcreft*] *e?g.*
Hudoliaeth, dewiniaeth, swyngyfaredd:
witchcraft.
1547 *WS, Witscrefft* Wytchecrafte. **16g.** *YT* 65,
hud, *witshkrafft*, a sossri. **1561–2** *Celtica* ii. 99–100,
saffir ... ar maen hwnn a dwylla *witskreft.* **1567** *TN*
394b, ath cyfareddion [:– rinie, swynion, sybelden-
weith, *wiscrefft* [sic] i twyllwyd yr holl nasioney. **16g.**
LlS 7, Sothernwd ... da ydyw/r/llysae hynn y waredy
y neb a rwystrer drwy *witscrepht* nei dewinideb y
gydio er planta. **1600** *Card* 3.240, 222b, na wnelid vn

rhyw o *witsgrafft* a rhiniau. **1670** J. HUGHES: *AP 85*, ymarfer eihûn [*sic*] ryw *Witsgreft* neu Ofergoel.

witsiaf: witsio [bnth. S. (*to*) *witch*] bg.a. Rheibio; swyno, cyfareddu: *to bewitch; charm, allure.*
1547 WS, *Witsio Wytche.* **16g.** WILLIAM CYNWAL: *Gw* (R. L. Jones) 247, *Witsio* bydd . . . / Mwg mawrswyn nigromansu. *Dchr.* **17g.** *CRC* 443, duw Jessu or nef am katwo / rhag ofn y ty [*sic*] *witchio* / y dafarn sydd yth *witchio* / ar kwrw sydd yth hudo. **1681** S. HUGHES: *AC* 40, swyngyfaredd ne[u] *witshio.* **1688** *TJ*, Arganfod, (*witsio*). To bewitch. **1688** S. HUGHES: *TSP* 138, mi a gauais fy llygaid, rhag ofn cael fy *witshio* [:– Llygad-/tynnu] gan ei golygon hi. **1787** E. ROBERTS: *PCF* 48, Roeddwn ymron *witsio* rhyw Rôgs ysmala / Oedd yn cymryd sport o hona, / Wrth yngweled i'n syrthio ar fy hyd gyd / Yn ymgyttal ar ŷd oedd gwtta. Ar lafar yn yr ystyr 'rheibio', *WVBD* 571, *GTN* 849.

witsiwr [bôn y f. *witsiaf: witsio*+-*iwr*] eg. ll. -*s*. Un sy'n witsio, rheibiwr: *bewitcher.* **1925.**

Wittgensteinaidd [yr e. prs. *Wittgenstein* +-*aidd*] a. Yn perthyn i athronydd Ludwig Wittgenstein (1889-1951) neu i'w ddamcaniaethau neu ei ddulliau, nodweddiadol o'r cyfryw: *Wittgensteinian (adj.).* **20g.**

wit-wat, witwith, wiwer, gw. chwitchwat (hefyd At.), gwidwith (hefyd At.), gwiwer (hefyd At.).

wlff [bnth. S. *wolf*] eg. a hefyd gyda grym ansoddeiriol. Blaidd, hefyd yn *ffig.: wolf, also fig.*
15-16g. LLAWDDEN, &c.: *Gw* 144, Baedd coed y'th roed wrth yr *wlff* / Bwrw daircad brawd i Ercwlff (Rhys Nanmor). **1688** *TJ*, Blaidd; (*wlff*). A wolf. **1773** J. PRYS: *Alm* 20, Geulan yw eu [*sic*] galon *Wlff* / Echras foddion Dal-ffon Delff [i'r cybydd].

wlffram, gw. wolfFram.

wlian [tywyll yw'r engh. gyntaf isod, a dichon nad yma y perthyn] bg. Bod yn brysur, brysio: *to be busy, hurry.*
15g. GO 85, Karol ar ôl yr elain, / Kywydd ar yr hydd yw 'rrain, / Klerwyr kyssonlef nevol, / Klych Duran yn *wlian* ôl [i ofyn cŵn]. **1629** R. LLWYD: *P* 19, Ac darfyddo iddynt wybro, ac *wlian* i fynu, ac i wared, a chwilottach hôll gonglau eu synnwyr. **1677** *TC* 8a, Wlian, bod yn fussy.

wlna [bnth. S. *ulna*] eg. Yr asgwrn teneuaf a hwyaf o'r ddau yn rhan flaen y fraich o'r penelin hyd yr arddwrn: *ulna.* **20g.**

wlpan [bnth. Saesneg *ulpan*, neu'n uniongyrchol o'r Heb. '*ulpān*] eg. ll. -*au*, a hefyd gyda grym ansoddeiriol. Cwrs dwys i ddysgu iaith, yn enw. Cymraeg neu Hebraeg: *intensive language course (esp. with ref. to learning Welsh or Hebrew), ulpan.* **20g.**

wlser, ylser [bnth. S. *ulcer*] eg. ll. *wlsers, wlserau, ylsers.* (Nam ar wyneb y croen neu ar bilen fwcaidd sy'n achosi) briw agored nad yw'n gwella'n rhwydd: *ulcer.*
16g. *LlS* 13, Dyl berwedic . . . a dyrr ddolur ac a addfeda *wlsers.* Ar lafar yn y ff. *ylsyr,* 'Ma gin' i *ylsyr* poenus un 'yn stumog' (Arfon).

wltimatwm, yltimatwm [bnth. S. *ultimatum*] eg. ll. *wltimata.* Cynnig neu rybudd terfynol gan un parti mewn anghydfod, &c., sy'n gallu arwain, o'i wrthod neu ei anwybyddu, at ddiffyg cydweithrediad, rhyfel, &c.: *ultimatum.* **1902.**

wltrafioled [cfdds. o'r S. *ultra*(*violet*)+ *fioled*] a. Uwchfioled: *ultraviolet.* **1936.**

wltramontaniaeth [cfdds. o'r S. *ultramontan*(*ism*)+-*iaeth*] eb. *Diwin.* Egwyddorion y garfan yn yr Eglwys Gatholig Rufeinig sy'n arddel awdurdod goruchaf y Pab ym materion ffydd a disgyblaeth: *ultramontanism (in theol.).*

wltrasoneg [cfdds. o'r S. *ultrason*(*ic*)+

-*eg*[1]] *eb.* Gwyddor tonnau uwchsonig: *ultrasonics.* **20g.**

wltrasonig [cfdds. o'r S. *ultrason*(*ic*)+ -*ig*[2]] *a.* Uwchsonig: *ultrasonic.* **20g.**

wmbel, ymbel [bnth. S. *umbel*] *eg.* ll. -*au. Bot.* Pen blodeuyn ar lun clwstwr o goesynnau gogyhyd sy'n codi o'r un pwynt canolog gan ffurfio arwyneb gwastad neu grwm ac sy'n nodweddu planhigion o deulu'r persli: *umbel (in bot.).* **20g.**

wmbellferaidd [cfdds. o'r S. *umbellifer*- (*ous*)+-*aidd*] *a. Bot.* Yn perthyn i deulu'r *Umbelliferæ,* sef teulu'r persli, nodweddiadol o'r cyfryw: *umbelliferous (in bot.).* **20g.**

wmber, wmbr [bnth. S. *umber*] *eg.* a hefyd gyda grym ansoddeiriol. Pigment naturiol tebyg i ocr ond yn dywyllach ac yn frownach, lliw brown tywyll (a gynhyrchir gan y pigment hwn): *umber.* **20g.**

wmberela, wmbr, wmbralo, gw. ambarél (hefyd At.), wmber, ambarél (hefyd At.).

Wmbreg [e.'r wlad *Wmbr*(*ia*)+*eg*[1]] *eb.g.* Iaith Italig Wmbria gynt: *Umbrian (language).* **20g.**

wmbreth, wmbredd, wm(b)wrdd, &c. [?cf. S. *umber,* ff. ar *number*] *eg.* ll. *wmbreddoedd, wm(b)reddau, wmbrethi.* Amlder, helaethrwydd, nifer mawr, toreth, llawer; rhif: *abundance, amplitude, large number, multitude, many, plenty; number.*
16g. (*LlEG*) *Mos* 158, 24b, Ir man I daeth *owmwr/rdd* mawr o ddieithredd [*sic*]. *id.* 624a, *owmwrdd* mawr osawdwyr kyffrednin [*sic*]. *c.* **1585** G. ROBERT: *DC* 59a, Wrth hyn gan fod y Saint alhan o rhifedi [*sic*] ag o *wmbreth* dyn, yn fil fil o filioedd, para oleuni a fydh . . . lhe i bo hyn yn yr vn lhe. *id.* 65a, Mae Job santeidhiol yn dangos nad oes *wmbredh* na rhifedi ar filwyr Duw. **16-17g.** *DCR* 244, nid ovdd or holant . . . o longe i gid ond degarhigien / yngyd [*sic*] fwriad ddiriaid ddewrion / yn geisio rhyw *wmbwrdd* or gelynion. **1670** J. HUGHES: *AP* 76, yn prisio dim am eu gweithredoedd da . . . o'rhai erhynny [*sic*] y gwnant hwy *wmbredd* beunydd. **1741** *ML* i. 51, Prisiau gwychion am fuchod, o achos bod *wmbredd* o warthegau wedi meirw. **1753** *id.* 252, *wmbwrdd* o blant ag wyrion, abundance. **1756** G. OWEN: *L* 174, Hi fyddai'n addaw y cael rhyw *wmbreth* o bethau pan fyddai hi farw. **1759** *BC* 367, Pan ddaeth i Ddydd mewn cystudd caeth / Wmbreddoedd aeth, yn bruddion! Ar lafar, '*wmbrath*' 'a great number', *WVBD* 562.

wmbrethol, wmbreddol [*wmbreth, wmbredd+*-*ol*] *a.* a hefyd gyda grym enwol. Di-rif, lliaws, helaeth, mawr: *innumerable, multitudinous, ample, great.*
17-18g. D. GRUFFYDD: *Gw* 60, A main wich front mewn awch fry, / Dôn diflas i din-daflu; / Taflu, anafu 'n ol, / Brathu o'i flaen *wmbreddol.* **1725** *SR,* Innumerable . . . *wmbreddol.* **1769** E. ROBERTS: *GN* 11, Ai dyma 'r parch a newch heb nam, / Ich didwyll fam nodedig. / . . . / Mam imi hen Jad anhirion, / Ai *hwmbrethol* lygaid brithion. **1777** E. ROBERTS: *DG* 61, A nhwyhe Ladis ar Miwsis misi / a welodd ei gwragedd wedi ymgrogi / wrth geisio ei dynwared ar fynd yn wirion / efo i *wmbrethol* o Owne brithion. **1798** T. ROBERTS: *CG* 13, nid yw yn angenrheidiol talu, a hynny yn erbyn cin hewyllys cin *wmbrethol* i'r Esgobion a'r Personiaid.
Amr.: **wmfrethol.** **1767** E. THOMAS: *CD* 50, Ac a 'drychith yn bûr ddiniwad, / Dan chwewian ar yr Ieir a'r Chwiad: / Ac a sneciff ar y Tŷ ar ôl, / Ac a rydd *wmfrethol* frathiad.

wmbwrdd, wmbyr, wmed, wmedaf: wmedu, wmfrethol, gw. **wmbredd,** umbyr, wyneb, wynebaf: wynebu, wmbrethol.

wmff [bnth. S. *oomph*] *e?g.* Yr ansawdd neu'r cyflwr o fod yn gyffrous, egniol, neu

rywiol atyniadol, 'mynd', egni, brwdfrydedd: *oomph.* **20g.**

wmlys, (m)wmlws, mymlws [bnth. S. C. *oumles*; â'r ff. yn *m*-, ?cf. S. C. *noumbles*] *eg.* Syrth neu offal bwytadwy anifeiliaid neu bysgod, math o stiw wedi ei wneud o'r cyfryw: (*type of stew made from*) *umbles.*
c. **1400** *R* 1339. 22-3, Groec loeỽ dỽysec dỽssel mal *mymlɔs.* grud lỽyt bonỽs mỽs mysfein wemral. **15g.** *GGl* 214, Melys rhoi *wmlys* yr hydd / Mewn gwin ymhen o'i gynydd. **15-16g.** *GLM* 172, Aml ym win am ael mynydd, / aml saig ym o *fwmlws* hydd. *c.* **1566** *B* xv. 120, llyma val y gwnair *wmlws* gleisiad cymryd ay crafu yn lan / ay berwi . . . ay briwo yn fan.

wmolch, gw. ymolchaf: ymolchi.

wmpl, wmpwl [bnth. rhyw ff. ar S. *wimple*] *e?b.* Gwimpl, fêl: *wimple, veil.*
15g. *CSTB* 21, P'le mae man heb blwm i mi, / P'le oedd heb *wmpwl* iddi? *Diw.* **15g.** *AP* 18, ar vcha ymatrys yroedd saithlenllien *wmpl* (amr. *wmpwl*).
Gw. hefyd gwimpl.

wmpwy, gw. ympwy.

wmraf: wmro [bnth. S. (*to*) *humour*] *ba.* Ildio i ddymuniadau (rhywun) er mwyn ei fodloni, boddio: *to humour.*
20g. Ar lafar, 'Mae gwaith *wmro* mawr arno fo' 'he is difficult to humour', *WVBD* 562.

-wn[1], *trf. bfl.* I un. amhff. myn. a dib., e.e. *byddwn, carwn, elwn, oeddwn;* hefyd trf. I un. grb. wedi ei ychwanegu at fonau grff., e.e. *aethwn, dysgaswn, adwaenaswn.*

-wn[2], *trf. bfl.* I ll. pres. myn. a grch., e.e. *dysgwn, adwaenwn.*

wnc, gw. wng.

wncwl, wncl, yncl [bnth. S. *uncle*] *eg.* ll. *wncwls, wncwlod, yncls.* Ewythr: *uncle.* **1906.** Ar lafar, hefyd am rywun nad yw'n perthyn o ran gwaed, '*Yncl* Wil oddan ni'n 'alw fo, er bod o'n perthyn dim inni' (Arfon).
Amr.: **nwncwl** [? < (*fy*)*n wncwl,* ond cf. hefyd S. taf. *nuncle*; cf. ymhellach *nanti*). Ar lafar, *TGG* (1906) 18 ('Dyfed'); hefyd ym Morg.

wnifeintoedd ['wn i faint+-*oedd*'] *e.ll.* Niferoedd mawr, llaweroedd; amser hir, oesoedd: *large numbers, multitudes; long time, ages.*
20g. Ar lafar, *Wês wês* 14, 44.

wnion, wnionyn, wniwn, wniwnsyn, gw. wynwyn.

wns, gw. owns[1] (hefyd At.).

wnsach, *e?g.* Enw ar un o'r pedwar mesur ar hugain yng nghyfundrefn cerdd dant gynt: *name of one of the twenty-four metres or measures of traditional Welsh string music.*
16-17g. *B* i. 146-7, Cerdh dannae: lhyma henwae Clymeu ac eu penneu yn canlyn, aû mesureu: . . . *Wnsach.* **17g.** *Musica* 107, Llyma [r] pedwar mesvr arhigain kerdd dant . . . *wnsach.*

wnsial, uncial [bnth. S. *uncial*] *eg.b.* ll. -*au, uncialiaid,* a hefyd gyda grym ansoddeiriol. Unrhyw un o'r llythrennau mawr crwn digyswllt sy'n nodweddu llawysgrifau o'r bedwaredd ganrif i'r wythfed, arddull neu lawysgrif sy'n defnyddio'r cyfryw: (*an*) *uncial.* **1926.**

wnwyn, gw. wynwyn.

ŵo [gair yn dynwared y sŵn] *eg.* Llef (cŵn hela), hefyd yn *ffig.: cry (of hounds), also fig.*
15g. *GLGC* 398, gwrandaw byth y'r grwnd y bo / ar hued yn rhoi *ŵo. id.* 512, canu i bawb acen o'i ben, / canu '*ŵo*' er cneuen [marwnad Siôn y Glyn]. **15g.** *GDID* 100, Canu *ŵo,* cŵn ieuainc, / Cyn y cig, canu cainc. / Cyson o'r afon i ro / Ar war ewig yw'r *ŵo.* **15g.** BEDO AERDDREM, &c.: *Gw* 162, mae riain yn roi *ŵo* / ar waith gwyr draw wrth gaer dro / . . . / y Maym bryd yma im bro / a chowydd ddiolch ŵo. **1632** *D, Wo,* Vox canum venantium. Est duarum syllabarum. **18-19g.** *Llr* C 4, 244, *ŵo* yn y fro'n un fryd. N i'r helgwn . . . **1803** *P, Wŏ,* s. m. The cry of hounds in chace.

woblaf[1]**: woblo,** gw. wablaf[1]: wablo.

woblaf², **wabliaf²**, **wablaf²**: **woblo, wabl(i)o, wabl(i)an** [bnth. S. *(to) wobble*] *bg.* Symud neu siglo mewn modd ansefydlog, simsanu: *to wobble*.
1938. Ar lafar, "Odd y nghoesa' i'n *woblo* i gyd'; 'We'r ford in *wablan* dros i lle i gyd achos bo 'i mor llawn' (sir Benf.).

woblin, gw. **waplin.**

woc [bnth. S. *wok*] *eb.g.* Padell fetel fawr ar ffurf powlen a ddefnyddir i ffrio bwyd Tseineaidd, &c.: *wok.*
20g. Ar lafar.

wodrwff, wdrwff, &c. [bnth. S. *woodruff*] *eg. Bot.* Planhigyn Ewrasaidd, *Galium odoratum*, sy'n dwyn blodau gwynion a dail troellog, mandon, llysiau'r eryr, briwydden bêr: *(sweet) woodruff.*
c. **1400** *Études* vii. 54, hasta regia, y *wotrwff. ib.* mellilotum, y *wotrwff. id.* [270], Rac pissaw gwaet: kymer y llyssewyn a elwir *wytrwf* ac yf ygyt a gwin twym. **15g.** *Pen* 204, 31, *wodrwff.* hwnn iacha Cleuyt y genav. **1515** *Llst* 10, 19, Rac pisso gwaed kymer y llyssiewyn aelwir *wdrw wdwrwff* [sic].
Gw. hefyd **wdron.**

woestres, gw. **wystrys.**

wolffram, wlffram [bnth. S. *wolfram*] *eg.* Twngsten: *tungsten, wolfram.*
20g.

wombat [bnth. S. *wombat*] *eg.* Unrhyw anifail bolgodog llysysol Awstralaidd o deulu'r *Vombatidæ*, hefyd yn ddifr.: *wombat, also derog.*
20g. Ar lafar mewn ystyr ddifr., 'rêl *wombat*' (Arfon).
Amr.: **wombac** [bnth. S. *wombach*]. **1928.**

wompen, wompyn, gw. **whampyn.**

worcws, gw. **wyrcws.**

Wordsworthaidd [yr e. prs. *Wordsworth* + *-aidd*] *a.* Yn perthyn i'r bardd Seisnig William Wordsworth (1770–1850) neu i'w weithiau, nodweddiadol o'r cyfryw: *Wordsworthian.*
1887.

worniaf: wornio, worning, wors, worsib, gw. **warniaf: warnio, warning, wâr³, wrsib.**

worsib(i)ol, gw. **wrsibiol.**

worsip, worsipiol, gw. **wrsib, wrsibiol.**

wotraf, wotriaf: wotr(i)o, gw. **watraf: watro.**

wowcs, gw. **heliaf: hel—hela wewcs.**

wpadéis, wpsadeisi, &c. [bnth S. *ups-a-daisy*] *ebd.* Ebychiad i roddi cysur neu sicrwydd i blentyn sydd wedi disgyn neu sy'n cael ei godi; neu: *ups-a-daisy!; oops!*
20g. Ar lafar, 'Wpsadeisi, i fyny â ti!'; '*wp-a-deis, wpsi-deis*' 'an exclamation made to a child when lifting it up, bidding it to rise after a fall, etc.', *SC* vi. 137 (sir Benf.); hefyd yn y ff. *ypadéis, &c.*

wps [bnth. S. *oops*] *ebd.* Ebychiad sy'n mynegi syndod neu ymddiheuriad, yn enw. ar ôl gwneud camgymeriad: *oops!*
20g.

wpsadeisi, wpsidéis, gw. **wpadéis.**

-wr, -iwr [cf. H. Grn. (*cad*)*pur*, *gl. miles uel adletha* [sic], (*dathel*)*uur*, *gl. concionator*, H. Lyd. (*camp*)*gur*, *gl. agoniteta*, yr e. prs. (*Cat*)*uur*, (*Ri*(*g*))*uur*, Llyd. Diw. (*marc'had*)*our* 'gwerthwr', Gwyddeleg C. (*bruig*)*fear* 'tirfeddiannwr', (*cath*)*ar* 'cadwr, milwr', yr e. prs. Gal. (*Seno*)*uir*[*us*]: < Clt. -*uiros*, gw. *gŵr*] *oldd. enw.* ll. *-wyr, -(i)wrs*, sy'n dynodi person, gweithredydd, neu offeryn, e.e. *Almaenwr, barnwr, corddwr, cyfrwywr, chwarelwr, ffermwr, gofodwr, gweithiwr, myfyriwr, sychwr.*

wraniwm, iwraniwm [bnth. S. *uranium*] *eg. Cem.* Elfen fetelaidd arianwen drom ymbelydrol (symbol U; rhif atomig 92) a ddefnyddir fel tanwydd mewn adweithyddion niwclear: *uranium.*
20g.

wranwtang, wrcws, gw. **orangwtang, wyrcws.**

wrea [bnth S. *urea*] *eg. Cem.* Cyfansoddyn nitrogenaidd grisialaidd di-liw sy'n cael ei ysgarthu yn nhroeth mamoliaid a rhai anifeiliaid eraill: *urea.*
1930.

wremia [bnth S. *uraemia*] *eg. Meddyg.* Lefel uwch nag arfer o gyfansoddion gwastraff nitrogenaidd (yn enwedig wrea) yn y gwaed: *uraemia.*
20g.

wrestiaf, wrestaf: wrest(i)o [bnth. S. *(to) wrest*] *ba.* Gwyrdroi neu ystumio ystyr: *to pervert or twist the meaning of.*
17g. *CllC* ii. 28, Mae 'r dall 'n pregethu weithredoedd [sic] 'r Iessu / . . . / 'N wrestio yr yskythur [sic] a beible 'n bybyr. *id.* 33, Cablu geirie Duw drwy ddisigil, / Llygru'r srythyr [sic], wrestio'r 'fengil. **1654** *LlCy* iii. 103, Pynn gneythbwyd y messyr y bobloedd ddiystyr / Sy yn *wresto* yr Holl scrythyr santeidda.

wrestlaf: wrestlo, gw. **reslaf: reslo** (hefyd At.).

wreter [bnth. S. *ureter*] *eg.* ll. *wret(e)rau.* Dwythell sy'n cario troeth o'r aren i'r bledren, &c.: *ureter.*
20g.

wrethra [bnth. S. *urethra*] *eg.b.* Dwythell sy'n cario troeth o'r bledren allan o'r corff (a hefyd yn y gwryw yn cario'r had): *urethra.*
20g.

wrethritis [bnth. S. *urethritis*] *eg.* Llid yr wrethra: *urethritis.*
20g.

wrig, urig [bnth. S. *uric*] *a.* Yn perthyn i droeth, yn deillio o droeth: *uric.*
1916.

wring, gw. **gwring.**

wrin, iwrin [bnth. S. *urine*] *eg.* Troeth, trwnc, piso: *urine.*
20g.
Gw. hefyd **urin.**

wrinaidd [*wrin* + *-aidd*] *a.* Troethol: *urinary.*
20g.

writ, gw. **gwrit¹.**

wrjaf, wrjiaf: wrj(i)o, gw. **hwrjiaf: hwrjio.**

wrlys, wrls, orls, &c. [bnth. S. C. *urlis*, &c. (ll. *ar g ourl*) neu'n uniongyrchol o'r H. Ffr.] *e.ll.* Ymylon (ar ddillad, &c.), rhimynnau; ffwr; (geir.) planhigion: *borders (on clothes, &c.), fringes; fur; (dict.) plants.*
13g. *LlI* 23, Try peth ny dele brenhyn e rannu ac arall: eursullt ac aryant, a kyrn bual, a guysc e bo *urles* eur urthy. **13g.** *D Col* 79, O pob anreyth y brennyn a dyly endy trayan eir eur a'r aryant a'r sullt a'r kyrn bual a'y ueyn gaerthuaur ac escynneu ac *urlus* urthunt. *c.* **1400** *R* 1408. 9-11, Arleisleuyn dyn eiry loyslið *orlys* gwyn a eur lewys gwið. **14-15g.** *IGE²* 127, O Gymro, fam dinam dad; / Gwisgo *wrls* ac ysgarlad (Gruffudd Llwyd). **15g.** (**17g.**) *AL* ii. 578, Tri *wrllys* [sic] a ddyly a'r frenines: croen beleu; a llostlydan a charlwng. **15g.** *GGl²* 200, Haws caru lliw du lle dêl / Na charu *orls* a chwrel [i Harri Ddu o Euas]. **1604-7** *TW* (*Pen* 228), A rhwymynæ, Labelæ, ne *wrlys* yn dibynnu 'lawr d.g. *Lemniscatus.* **1632** *D*, *Wrlys*, rhyw lysiau. *Wrlys* gwynn ar lewys gwiw. S[ypyn] Kyf[eiliog]. **1688** *TJ*, *Wrlys*, Rhyw Lysiau: a kind of Herbs. **1773** *W*, *wrlys* d.g. *Fringe*, *or fringes.*
Amr.: **gwrlys.** **1800** *P.*

wrmwd, gw. **wermod.**

wrn [bnth. S. *urn*] *eg.b.* ll. *-(i)au, yrnau.* Fas neu lestr ar gyfer storio lludw person a amlosgwyd, hefyd yn *ffig.: (funerary) urn, also fig.*
15-16g. *GRB* 32, Mae batelau 'mhob talwrn. / Mae Owain? Aeth mewn ei *wrn. Dchr.* **17g.** *RWM* i. 106, Y meibion moelion a vydd alltvdion / yngharchar yn *wrn* Saeson.
Amr.: **yrn** (*y* ≡ *ə*). **20g.**
Cfn.: **wrn claddu:** *burial urn.* **20g. wrn te:** *tea-urn.* **20g.**

wrsib, (w)orsib, &c. [bnth. S. *worship*] *eg.* a hefyd fel *a.* (yn y radd eith. *wrsipaf*) Parch, clod, anrhydedd, bri, urddas, hefyd yn *ffig.*; addoliad; mwyaf anrhydeddus, urddasolaf: *respect, praise, honour, repute, dignity, also fig.*; *worship*; *most honourable or dignified.*
14-15g. *IGE²* 265, Och faint fu'n *wrsib* uchod! / Och ddechrau claer ddyddiau clod (Siôn Cent)! **15g.** *DN* 51, Yn blaid y daw, blodau'n tir, / Attaw *wrsib* y teirsir. **15-16g.** *GLM* 148, Bu i Siân Gruffudd ddydd i ddyweddi, / merch marchog i'w phriodi: / . . . / bu *orsib* ail Barsabi. **1527** *B* ii. 219, [m]eddylied am yr hyn yssydd byrthynedic jch gorvchavieth chwi am *wrshep jnnev.* **1539** *GGH* 65, Llawn d'*orsib*, llu yn d'arswyd, / Llyna, wir, ym Mhenllyn wyd. **16g.** *Med H* 48, ac ymysc yr holl arwyddion meirw *wrssipaf* ac urddassaf arwydd yw Kroes. *a.* **1587** *Y* 44, Hyn a *wrsip*, iôn mawrsyth, / Ysgol barn, na ddisgwyl byth. **16-17g.** *GST* i. 224, Dwyn y glod a wna glewdwr, / Drws heb gau, da *wrsib gŵr. c.* **1607** *NBSD* 36, Chwi yw *wrsip*, wych eursail, / Tw y naw sir, trwy iawn sail (Gruffudd Hafren). *p.* **1609** *BM* 36, 61b, Gwael ywr llais gryglais grib / taw wers mewn tv o *worship* [Thomas Llywelyn i'r crwth]. *c.* **1729** *S. RHYDDERCH: LICD* 325, *Wrsib* a Bonedd Cyffredin ynghyd. *c.* **1730** *Thos. Lloyd D* (*LlGC*) 186a, *Orsib* . . . *Worship.*
Gw. hefyd **gorsib.**

wrsibedd [*wrsib* + *-edd¹*] *e?g.* Anrhydedd: *honour.*
1574 *RhRC* (*At.*) 131a, Daniel y proffwyd . . . ef a roes yddo ef (y grist) bwer / *wrsibedd* a thernas.

wrsibiol, wrsibol, (w)orsibiol, &c. [*wrsib*, (*w*)*orsib* + *-(i)ol*] *a.* Parchus, anrhydeddus, parchedig, urddasol: *respectable, honourable, worshipful, dignified.*
16g. (*LlEG*) *Mos* 158, 233a, kymaint a chweugeinwyr o honaunt twy yn *wrshibiol* ar geuyn chweugein meirch. **16g.** *GGH* 70, Gras hybarch wraig *wrsibiawl*, / Gwreigdda man gorau gwedd mawl. *c.* **1588** *Rhyddiaith Gymraeg* ii. 79, [c]linio *woorssibol* ynghastell Abertivi. **16-17g.** *PhA* 333, *wyrssibiol* ddoniol ddynion / wrsib sad morys ab sion. **16-17g.** *NBSA* 160, Aeres Aber, *wrsibawl* / Bechan ferch, nid bychan fawl (Siôn Cain). **1621** *Cer RC* 184, Marchogion urddasol, penaethied rhagorol, / Ustusied *wrsibiol*, syber wrth wan. **17g.** *CC* 412, yn *wrshipiol* ith foli pvrol wyd / pair in wlad dy hoffi. **1696** *CDD* 68, Hôll ddŷsc y brif yscol, a rhinwedd rhagorol. / Nid ennill lê buddiol, *worsibiol* i Sant (Edward Morus).

wrsibus [*wrsib* + *-us*] *a.* Parchus, anrhydeddus, parchedig, urddasol: *respectable, honourable, worshipful, dignified.*
16g. *Hop M* 185, moliant i wr lle rhoe serch, ne wraig ne verch *wrsibys.* **16-17g.** (**17g.**) *LlCy* xi. 233, O ddûn Rassol fwyneidd Hardd / lliw blodey gardd *wrsibüs* (Edward Dafydd). **17g.** *HVN* 485, yn *wrsibys* wr sywbarch (Morgan Powel).

wrsieb, wrsi(e)p, gw. **wrsib.**

wrsted, wrstid, wrstyd, gw. **wstid.**

wrth, gwrth¹ [Crn. C. (*w*)*orth*, *ow*, H. Lyd. *gurth*, Llyd. C. *o*(*u*)*z*, Llyd. Diw. *o*; cf. H. Wydd. *frith-*, *fri* (< Clt. *urit-i* < cyflwr dadiol neu leol yr e. IE. *uri̯t-*): o'r gwr. IE. *uert-* 'troi'; gw. hefyd *gwrthucher*, petrus yw dosbarthiad rhai o'r enghrau isod; ansicr yw union brth. H. Gym. *gurthdo*, gw. *Juv* 503] *ardd. rhed.* gyda'r ff. *prs. wrthyf* (Cym. C. *gwrthyf*), *wrthyt* (Cym. C. *wrthyd*), *wrtho* (Cym. C. *gwrthaw*), *wrthi* (Cym. C. *gwrthi*, *wrthdi*), *wrthym*, *wrthych* (Cym. C. *wrthywch*), *wrthynt* (Cym. C. *wrthunt*, *wrthu*(*dd*)), a hefyd fel *cys.* yn y cfn. *wrth na.*

1. (*a*) Yn ymyl, gerllaw, yn agos i, hefyd yn *ffig.*; gyferbyn â, yn wynebu: *by* (*the side of*), *at, near, close to, also fig.*; *opposite, facing.*
10g. (*Cpt*) *B* iii. 256, Hacet is*gurth.* ir serenn hai bid in eir cimeir .o. retit loyr irdid. hinnuith. *Dchr.* **12g.** *GMB* 30, Kanholicion, caffaud eilon keinon *vrthav.* **12g.** *id.* 101, Y lloc a achef achen wrth. *id.* **13g.** *GBF* 619, Gwaeddus ual Arthur 6rth Gaer Uenlli. **1346** *LlA* 82, koffa heuyt pann yttoed yvor6yn *wrth* ydros yth argannvot. **14g.** *WM* 41. 27-31, Ac yn hynny

guanydan y meirych athorri y guefleu ϐrth y danned udunt ar clusteu ϐrth y penneu. Ar raϐn ϐrth y keuyn. **15g.** *LHDd* 121, yndragoϐydaϐl rϐymedic yϐ y sefyll ϐrth y ardelϐ llϐyddo na lϐydo. **15g.** *GTP* 26, Mae'r deri rhôm a'r dwyrain / *Wrth* yr haul ar wartha'r rhain. **1588** *Ruth* ii. 6, A'r llangc yr hwnn oedd yn sefyll *wrth* y medel-wŷr a attebodd. **1632** *D*, *Wrth*, Iuxta, Propè. **1696** *CDD* 4, Argrephais destŷn Cymwŷs i pôb Carol a dyri *wrth* eu dechreu. **1753** *TR*, *Wrth*, by, nigh, near to . . . *Wrth* fynydd yr Olewydd. **1803** *P*, *Wrth* . . . close to; by . . . *wrthov* . . . *wrthot* . . . *wrthom* . . . *wrthoç*. Ar lafar, '*wtha*' (i) . . . *wthat* (ti) . . . *wtho* (fo), *wthi* (hi) . . . *wthan* (ni) . . . *wthach* (chi) . . . *wthyn*' (nw)', ''Rodd gynnon' nw gwt wedi'i fildio *wth* dalcan y tŷ', '*wth* 'i sgil', '*wth* y drws', '*wth* 'i draed', '*wth* ymyl Bangor', '*wth* f'ymyl i', '*wth* f'ochor i', *WVBD* 562; '*wthdo*' i . . . *wthdot* ti . . . *wthdo* fe . . . *wthdi* [dd]i . . . *wthdon* ni . . . *wthdoch* chi . . . *wthdyn*' nw', 'Ma'u tŷ nw *wth* ochor yr afon', *GTN* 838; gw. hefyd *CyCC* 58–9.

(*b*) (enghrau. mewn cyd-destun sy'n dynodi cysylltiad, rhwymiad, glyniad, &c., hefyd yn *ffig.*: *exx. in a context denoting attachment, fastening, adhesion, &c., also fig.*).

12g. *GCBM* i. 296, *Wrth* ar a'm carei caraf gymen —gadw. **13g.** *C* 98. 12, Nim gade gan kyulauaret athi. *urthi*fruin yd wet. **13g.** *BD* 83, ny orffovyssei y gelynyon o wurv . . . bacheu gvrthuynyavc *vrth* linynneu. *id.* 152, y Leu uab Kynuarch y rodes Yarllaeth Lodoneis ac a *berthynei* vrthi. **14g.** *LlB* 32, yn wr eglwyssic rwymedic *wrth* vrdeu kyssegredic neu *wrth* greuyd. **1346** *LlA* 152, paϐl a ϐelas gyr bronn pyrth vffernn deri tanllyt. Ac *vrth* y keinghev pechaduryeit ygkroc. **14g.** *BT* (*RB*) 180, ac yn Aber Hodni y llusgwyt *wrth* rawn meirych drwy yr heolyd hyt y crocwyd. **15g.** *GDID* 30, A chob glas i achub glaw, / A chlog mawrwyrthiog *wrthaw* [i ddiolch am baun]. **1632** *D*, yr hoel a ddeil yr olwyn *wrth* yr echel d.g. *Paxillus*. *id.* y rhâff y rhwymir llong *wrth* y tir d.g. *Prymnesium*. *id.* Clymmu *wrth*, rhwymo *wrth*, crogi *wrth*, cyssylltu *wrth* beth wedi arall d.g. *Subnecto*. **1778** J. Hughes: *BB* 282, fo duchanodd yntef na chowsai fod yn un a'r gwŷr, i roi cengl neu rywbeth *wrth* y Cyfrwy i'r prydydd. **1795** *R. Crusoe* 26–7, Cyn yr ystorom, yr oedd gennym fâd yn rhwym *wrth* ben ol y llong. Ar lafar, ''Roedd y ci'n sownd *wth* y gadar', 'pum tafarn yn sownd *wth* 'i gilydd', 'glynu *wth*', 'fel tasan' nw'n dal y byd *wth* 'i gilydd', *WVBD* 562.

(*c*) Mewn cyffyrddiad â, ar: *in contact with, on.*

13g. *GBF* 357, A'e vam ar laϐr, a'e bronn werthuaϐr ϐrth y eneu. **1346** *LlA* 83, Arodi yenev ϐrth yr elor. *c.* **1400** *MM* 78. Rac dolur bronneu.—Mortera wreid y greulys a hen ulonec, a dot ϐrthunt. *c.* **1400** *Études* vii. 274, ac yna y dodir *wrthaw* [chwydd] val *wrth* bostwm. *c.* **1400** *ChO* 6, A'r vran a aeth, ac a gymerth gwer, ac yspurge, ac a'e briwawd y gyt, ac a'e dodes *wrth* lygeit yr eryr. **1545** Elis Gruffydd: *Ll* 8–9, A fflastyr o'r llyshiewyn yma ynn vnig a dyr dolur pen . . . onid j roddi ef *wrth* y pen. **1759** J. Evans: *PF* 48, Neu, roddwch *wrthynt* Usop wedi ei berwi. **1803** *P*, *Wrth* . . . In contact.

(*d*) Yn erbyn, hefyd yn *ffig.*: *against, also fig.*

9–10g. (*Ox* 1) *VVB* 148, *Gurt* paup, gl. *consistes*. **12g.** *GLlF* 397, Gwenydd *gwrth* lawr, gwenydd aessawr, osswydd gwyddaw. **13g.** *GDB* 500, ϐrth a vynno Duϐ, dim ny ellir. **14g.** *T* 61. 5–6, yd ymarmerth gϐledic ϐrth kymryeu. **14g.** *BT* 176, [c]yffroi llu aoruc . . . ac ansodi toruoed a mynet *wrth* aberhodni ac aruaethu distryw y dref yn gwwbyl. **14g.** *WM* 31. 6–10, llibin yd ym pob blϐydyn yn gadu heppil yn cassec heb gaffel yr un o honunt. peth a ellir ϐrth hynny heb hi. **14g.** *YBH* 16b, a chyt ac y dygϐydaϐd yn enkil rac y march y trewis y ben ϐrth y mur. *c.* **1400** *R* 1286. 5–6, Pan vo amser ner nertha ϐrth angeu. **15g.** *BB* 30, O bechawt yr hen ypecha ymeibion *wrth* eu tat. **1588** *Jer* xlvi. 12, canys cadarn *wrth* gadarn a dramgwyddodd. **1632** *D*, Taro *wrth* d.g. *Illido*. *id.* gorphowys *wrth* d.g. *Innitor*. *id.* Y peth y tramgwydder *wrtho* d.g. *Offensaculum*. **1703** E. Wynne: *BC* 41, dyma drwp o bobl . . . yn ddigon hŷ'n curo *wrth* y Porth. **1776** *W*, taraw . . . *wrth* d.g. *To meet with*. Ar lafar, 'taro *wth* . . . 'i gilydd' 'to meet, to come across one another', *WVBD* 563; ''Allsa fo ddim *wtho* fo' 'he was powerless against it', *ib.*; ''Ma gnoc *wrth* y drws' (gorllewin Morg.).

(*e*) (O'i gymharu) â, yn ymyl: (*compared*) *with, beside.*

11g. *Cylchg LlGC* ii. 69, Amcen creiriou *gurth* cyrrguenn. **13g.** *C* 95. 12–13, Oet guaget bragat *vrth*. kei ig kad. **13g.** *BD* 154, nat oed dim gan neb o'r a'e clywhei ony allei ymgyffelybu *vrthi*. **14g.** *T* 62. 13–14, gϐaesa gϐlatda. ϐrth uruϐyn. **14g.** *GDG*³ 16, Ofer un *wrth* Ifor udd. **15g.** *GGl*² 317, Eiddil cywydd o'i addef, / A gwan *wrth* a ganai ef. *c.* **1585** G. Robert: *DC* [47b], er na chlowsoch ond peth bychan, *wrth* a al'asswn i dhangos. **1620** *Barn* viii. 2, beth a wneuthum i yn awr *wrth* a wnaethoch chwi (**1588** *ib.* megis chwi)? **1632** *D*, *wrth* d.g. *A*, & *Ab*. **1661** E. Lewis: *Drex* 275, pa beth yw 'r ddaiar mewn cymmhariaeth i'r Nefoedd? Nid yw hi ond . . . defnyn *wrth* y môr. **1703** E. Wynne: *BC* 5, tan syn-fyfyrio decced a hawddgared (*wrth* fy ngwlâd fy hun) oedd y Gwleddydd pell. **1753** *TR*, *Wrth* . . . in comparison of. **1803** *P*, *Wrth* . . . in comparison, compared with. Ar lafar, 'Mae o'n fawr iawn *wth* hwnna', *WVBD* 563.

(*f*) (enghrau.'n cyflwyno e. neu ragenw sy'n dynodi math o weithgaredd, &c.: *exx. introducing a n. or pron. denoting a type of activity, &c.*).

12–13g. *GLlLl* 26, Doethgert laϐr werthuaϐr yt wyf ϐrthi. **13g.** *LlI* 4, Ot a gvr ar teylu y gan y brenhyn o achavs yrlloned ef a dely y wahaud *urth* y wyt a'y gymodi a'r brenhyn. *id.* 12, e medyc . . . E navd yv o'r pan archo e brenhyn ydav mynet *vrth* den archolledyc, nac en e llys e bo nac eythyr e llys, ene del y vrthav, dven e den a wnel y kam. **14g.** *LlB* 59, gwenigawl . . . pedeir ar hugeint vyd y sarhaet, sef vyd honno, gwreic *wrth* y notwyd. **14g.** *YBH* 46a, A phan el boϐn ϐrth y vϐyt y lys dy tat. *id.* 59a, peri dϐyn y goron achoronhau gi. o honei. Ac ϐrth hynny yd oedynt escyb ac abadeu. **14g.** *BT* (*RB*) 60, buessynt *wrth* loscedigaeth y castell. **14g.** *WM* 18. 2–4, [p]a gerdet yssyd arnat ti. kerdet ϐrth uy negesseu heb hi. *c.* **1400** *YCM*² 88, a Melions, ac Apolin Uawr . . . a vuant *wrth* wisgaw ymdanaw. **1551** W. Salesbury: *KLl* lxixa, y gwyr *wrth* gerdd. **1609** *CRC* 354, ag awst a ddaw rhwng yn dwylaw / pawb a allan *wrth* i gryman. **1632** *D*, Llafurio *wrth* beth y nos d.g. *Evigilo*. **18g.** E. T. Rhys: *DA* vii, efe a roddwyd *wrth* y gelfyddyd o wneuthur esgidiau. Ar lafar, 'Maen' nw *wthi* yn canu o hyd', 'Mae o *wth* 'i ginio', *WVBD* 562; ''Odd tri dyn *wrth* 'wnna: y tinman, y winshman a'r cwnnwr' (gorllewin Morg.).

2. (*a*) Oherwydd, o achos, ar gyfrif; drwy, o ganlyniad i: *because of, on account of; by, as a result of.*

12g. *GCBM* i. 60, Nyd clod uyg gϐrthod *gorth* vy naed! **13g.** *LlI* 1, sef achavs y doethant yno y Garawys, *vrth* delyu o pavb bot yn glan yn yr amser gleyndyt hvnnv. **15g.** *BB* 149, gwedyr uudugoliaeth honno; yd aeth vthyr hyt yngkaer wynt *vrth* varuuolaeth emreis y vraut. **1592** S. D. Rhys: *Inst* [xvi], Bhelhy y Prydydhion, *wrth* bhôd yn gymeint eu hawydh i geisio cadw dirgelion . . . yr Iaith . . . a dharbhu idhynt . . . dhibha 'r Iaith. **1632** *D*, y brynti a gasglo peth *wrth* ei hir gadw d.g. *Situs*. **1632** J. Davies: *LlR* 7, mae llawer mil o Gristianogion yn cael gweled eu bod ym mhorth vffern cyn iddynt ammeu dim o'r cyfryw beth, *wrth* adael eu harwain trwy ddyffryn y fuchedd hon. **1717** Iaco ab Dewi: *MN* 7, y mae'n ddiogel gennyf fy mod; ac *wrth* fy mod i, y mae'n sicr gennyf fod Duw. Ar lafar, '*wth* bod o'n felfat 'te' (Llŷn).

(*b*) Mewn ymateb i: *in answer to.*

13g. *GDB* 109, O echen lawen ϐrth lef a gwys. **13g.** *BD* 67, *vrth* y wys honno y doethant pavb o'r a hanoed o genedyl y Brytannyeit. *id.* 73, *vrth* yr ymadrodyon hynny y kychuynnvs Maxen . . . hyt yn enys Prydein. *c.* **1400** *YCM*² 96, *wrth* y kyrn hynny yd ymgynnullwys ugein mil o'r paganyeit. *c.* **1400** *ChO* 15, Llygoden . . . a gwympawd mywn pylleit o'r gwin . . . Ac yno llefein a drycyruerth a oruc. Ac *wrth* y llef y cath ar vrys a doeth. **15g.** *GTP* 36, Ydd awn *wrth* ei wahodd ef / I'w dai gwydr duag adref. **1788** J. Thomas: *CS* 123, O dewch *wrth* wahoddiad, y swpper sy fawr, / Rhag i'ch [*sic*] gael gwrthodiad, O de'wch iddi 'nawr. **1798** *WR*, tref yn swydd Flint lle cadwai'r beirdd eu heisteddfodau *wrth* wys y prifardd d.g. *Caerwys*.

(*c*) I, er mwyn, i berwyl, ar gyfer: (*in order*) *to, for* (*the purpose of*), (*in preparation or provision*) *for.*

12g. *GMB* 101, Rwyf pobua, mor wyt da ϐrth dy yoli. **12g.** *GLlF* 446, A llech dec dros wanec a thros weilgi / A'e dytuc, dybu Duw ϐrth y throssi. **13g.** *LlI* 22, Try anhepcor brenhyn ynt e effeyryat, *urth* uendygav e uuet a chanu efferen; a'r egnat llys, *urth* deosparth petheu pedrus; a'e teylu, *urth* y agheneu. **13g.** *BD* 143, anuon kennadeu . . . y dinas yd oed y brenhin yndav yn glaf, *vrth* vybot ansavd y llys. **14g.** *T* 57. 5–6, Adullyaϐ diaflym dϐys ϐrth kat. **14g.** *BT* 102, Blwydyn wedy hynny y duc henri vrenhin lloegyr diruawr lu hyt gaer lleon *wrth* darystwng gwyned ydaw. **14g.** *B* xxv. 266, Teilϐg oedϐnn .i. ym lluscaϐ ϐrth vyg krogi pei gϐnelhϐn hynny. **14g.** *GIG* 80, Debre *wrth* fy nadebru [i Ieuan, esgob Llanelwy]. *c.* **1400** *YCM*² 11, llyna yr achaws y dywedei ef hynny, yr mynnu y adnabot *wrth* y lad, ot ymgaffei ac ef ym brwydyr. **15g.** *FfBO* 51, Yno y byd dec ysgriuennyd yn ysgriuennu pob geir o'r a dywetto y brenhin, *wrth* eu kadw ar gof. **1527** *B* ii. 202, O digwydd jth ywyllys roddi dy vab attaf i *wrth* j ddysgv, mi a ddysgaf jddo . . . gimaint ac a wyddom ni oll. **1588** *Dan* iii. 2, i ddyfod *wrth* gyssegru y ddelw yr hon a gyfodase Nabuchodonosor y brenin. **1632** *D*, Yr hyn a sgrifenner *wrth* addysg vn arall d.g. *Dictamen*.

(*d*) Ar ran, dros, i: *on behalf of, for.*

12g. *GCBM* i. 255, Gϐr a wnaeth kymryd gϐrhyd *gorthi* [Cymru]. **14g.** *WML* 25, Yn rat ygϐna ef medeginyaetheu ϐrth y teulu a gϐyr y llys. **1346** *LlA* 44, gϐell treulyaϐ yda yd elit ac ef. *vrth* anghennogyon. **14g.** *WM* 252. 17–20, oed diryeit y minheu treulaϐ gϐerth seith ugein punt o iryeit gϐerthuaϐr ϐrth dyn heb ϐybot pϐy yϐ. **14g.** *B* x. 56, Kytsynnya a myui ac adola uyn dwyweu, kanys da yawn y gweda *wrthyt*. *c.* **1400** *MM* [6], Yma gan borth Duϐ goruchel bendeuic, y dangossir y medegynyaetheu arbennickaf a phennaf ϐrth gorff dyn.

(*e*) Am, ynghylch: *about, concerning.*

13g. *BD* 82, pobyl yvch aghyfrvys heb vybot dim *vrth* ymlad. **14g.** *WM* 33. 27–30, [g]orchymyn synyeit ϐrth y march ae uot yn hyϐed erbyn pan elei y mab y uarchogaeth a chϐedyl ϐrthaϐ. *id.* 93. 31–3, Je heb mab mathonϐy mi abaraf uedydyaϐ hϐn ϐrth y mab brasuelyn. *c.* **1400** *RM* 194, Beth yϐ hϐnn heb y peredur ϐrth y kyfrϐy. **1606–23** *AP* 13, y mae y makwy serchowgddeddf . . . yn nychu oth gariad. Mae dy gyngor di . . . *wrth* hynny? **1679** C. Edwards: *GGG* 162, Ystyriwch y pethau hyn yn ofalus, ac ymholwch *wrthynt* hwy. Ar lafar, ''Rwy'n gwbod *wrthi* hi pan fydd hi'n flin'.

(*f*) Oddi wrth, gan: *from.*

12g. *GCBM* i. 231, Ny daϐl ϐrth a'e maϐl mavrvut. **14g.** *T* 59. 22, dygϐynyc ychyngar ϐrth ypedyt. **1346** *LlA* 88, hyt na bo neb ryϐ beth a allo dy wahanu *vrth* garyat duϐ. **1632** J. Davies: *LlR* 153, Oh na fedrai'r naill ddyn gymmeryd esampl *wrth* y llall! **1723** E. Samuel: *PDdC* 8, dyscu *wrth* Esampl yr Apostolion. Ar lafar, 'I ni 'n câl llithir *wrth* John bob wthnos', *GDD* 323.

3. (*a*) Yn ôl, yn unol neu'n gyson â; fesul: *according to, in accordance with; by* (*before quantity or amount*).

9–10g. *Juv* 81, *gurd* meint icomoid imolaut. *Dchr.* **12g.** *GMB* 6, Caffaud Hyuel, *urth* y hoewet, wy rybuchvy. **12–13g.** *GLlLl* 239, Ac eur ac aryant ϐrth chwant chwannaϐc. **13g.** *LlI* 103, nys dele namen talu ydau *urth* lw perchennauc yr yscrybyl a'y llygrus, na maur na bychan uo. **13g.** *A* 27. 19–21, Etmygir e vab tecvann *wrth* rif ac *wrth* rann wyr catvan colovyn greit. **1346** *LlA* 92, yn gymedraϐl y dϐf Adyat ygorff. ohyt Aphraffter *vrth* yoet. **14g.** *WM* 3. 3–6, Pa delϐ hep ynteu y pryny di. *vrth* ual y bo dy anryded. *c.* **1400** *Études* vii. 64, ychydic o eireu onyt *wrth* aghenreit. **1546** *YLlH* [24], .o. y peth ny arwyddockaha rhif yn y byd ehun, onyd ef a bair *wrth* y lhe y bo yn sevylh yr rhif y vo yn y vlaen vod yn ywch y rif. **1567** *TN* [192b], O had hwnn yma y cyvodes Dew *wrth* [:-herwydd, yn ol] ei addewit ir Israel, yr Iachawdr Iesu. **1604** R. Holland: *BD* 5, y copieu pheilsion sydh alhan eusus *wrth* a glywais i. **1632** *D*, *Wrth* ei ewyllys, *wrth* ei ddymuniad d.g. *Optato*. *id.* *wrth* yr wns . . . *wrth* y fodfedd d.g. *Vnciatim*. **1632** J. Davies: *LlR* 6–7, Yn arwydd o'r hyn beth y cyfrifid yn aflan *wrth* gyfraith Moses bob anifail ni chnoai ei gil. **1701** E. Wynne: *RBS* 60, wrth ddewis ein bwyd rhaid yw mesur Cymmedroldeb yn gyfattebol i'r amser presennol, ac *wrth* y Cwmpeini. **1776** *W*, Rhoi allan (rhannu, &c.) *wrth* fesur i d.g. *To measure out* [*deal out in set portions*] *to*. Ar lafar, 'mesur pawb *wth* 'i lathan 'i hun', *WVBD* 563; ''Ôn i'n gwybod bod rhywbeth wedi digwydd *wrth* y ffordd 'ôn' nhw'n siarad' (sir Benf.).

(*b*) (enghrau. mewn cyd-destun sy'n dynodi ymostyngiad, ildiad, ufudd-dod, cydsyniad, &c.: *exx. in a context denoting submission, yielding, obedience, consent, &c.*).

12g. *GLlF* 229, Gwr ny dϐng, ny dal, ny byd ϐrth wir. **12g.** *GCBM* i. 369, Ny bytud *wrth* gyureith. **13g.** *BD* 62, *vrth* archesgobavt Lundein y doeth (*submissa est*) Lloegyr a Chernyv. **14g.** *WM* 130. 9–10, A gϐedy keffych gϐbyl ny bydy ϐrth neb. *c.* **1400** *RB* ii. 8, ef awnaeth yr meibon ieuaf idaϐ uot ϐrth gygor y rei hynaf. *c.* **1400** *ChO* 4, Pan vont wrth y tan yn kyuedach . . . wynt a dywedant na bydei vn ohonunt *wrth* bedwar o'r Ffreingk yn ymlad. **15g.** *DN* 14, O bv'r byd i gyd ar gael / *Wrth* Rvvain vawr i thravael, / Y sir, ddav ystlys Aeronn, / Oll ysydd *wrth* y llys honn. **1545** Elis Gruffydd: *Ll* 2, drwy dreigiad y petthau trymion natturiol oddiwrth y hrai ysgauyn j mae yn hraid j'r hrai ysgauyn vod *wrth* lywodraeth a hriolaeth y neuolion gyrf. **1632** *D*, Bod *wrth* orchymmyn vn d.g. *Obtempero*. **1655** WL.: *DP* 175, Nid ydym ond Tenantiaid *wrth* ewyllys. **1766** *CD* 171, Caf Aur ac Arian *wrth* Orchymyn.

4. (*a*) (enghrau.'n cyflwyno person, &c., a gyferchir, &c.: *exx. introducing a person, &c., addressed, &c.*).

12g. *GMB* 202, Ac ϐrthyf kyuerchynt, 'O deyrnet Prydein / Pa vronn heilin haelaf yssyt?'. **12g.** *GLlF* 318, Nyt oed ϐr dwy aϐr, dwy areith—ϐrth nep. **13g.** *LlI* 13–14, e dressavr . . . Ny dele eysted en e neuad namen ar tal y deu glyn guneythur y neges *vrth* e brenhyn. **13g.** *C* 42. 12–13, Ac im cow. val ioff. A diwaud *urth* y gureic. yam dreic vffyldaud. **13g.** (*LlDW*) *ZCP* xx. 92, ny huypuynt huenteu pa deueter

urthunt. 1346 LlA 113, ar kennadeu adeuthant ydyd ydyɓat deɓi vrthv. 14g. Bren Saes 124, o'r diwed y kyhudwit vrth y brenhin. 14g. GGLl 12, Mynnu 'dd wyf draethu heb druthiad—na gwŷd / Wrthyd, haul gymryd, gamre wastad (Hywel ab Einion Lygliw). c. 1400 R 577. 9–10, syɓ pob tut traethɓyt ɓrthyf. c. 1400 ChO 1, a dyuot a oruc y achwyn wrth yr eryr am hynny. 15g. GDLl 84, Dewi ddifri ei ddwyfron, / Wyrth nef, a ddywod wrth Non, / . . . / O rad nef a roed i ni. 1632 D, Ymadrodd wrth y bobl d.g. Concionor. 1703 E. WYNNE: BC 7, Wel', ebr fi wrthi [sic] fy hun, yn iâch weithian i'm hoedl. 1759 T. THOMAS: WWDd 179, pwy bynnag a ddywedo wrthit, nad ydwyt gymwys . . . nag ymressymma ddim â hwynt. Ar lafar, 'deud wth', WVBD 562; 'Fe ddŵad wthdo' i fod a'n dod 'eddi', GTN 838.

(*b*) (enghrau. gyda geiriau sy'n dynodi agwedd feddyliol, &c.: *exx. with words denoting mental attitude, &c.*).

12g. GMB 73, Gwae a ymdired wrth uyd bradaɓc! id. 151, O diffeithyad Lloegyr (llafyn dyar—ɓrthut). 12g. GCBM ii. 179, Gɓr gɓrthaɓ gɓrthrych ys defavd. id. 306, Gɓrthyf ny bo trist Crist Creadur. 12–13g. GLlLl 294, Can llewenyt ɓrthaw! 13g. GDB 388, Maɓr, gɓyrthuaɓr, gɓrthyf gɓarandaɓ. 13g. C 43. 12–14, Ny chedwis eva irawallen per. barauys duv. vrthi. 13g. BD 75, o achavs dy uot titheu yn cadv fydlonder vrth Duv. 14g. T 69. 21, kaletach ɓrth elyn noc ascɓrn. 14g. WM 39. 27–9, duɓ arodo da yɓch heb ef a grayssaɓ ɓrthyɓch. 14g. YBH 7a, a sorri ɓrth y porthmyn ay hanuonyssei yno. 14g. GIG 57, Mi a wnawn . . . / . . . / Drwy groeso Duw, droi gras da / Wrtho ef a'm diwartha [i ofyn march]. c. 1400 R 1270. 26–7, Rei adel gochel daly gucheu ɓrthun. c. 1400 YCM^2 127, na dala lit na bar wrthym yr y geiryeu drycanyan a dywetpwyt gynneu. c. 1400 BDe 16, Sef a wnaeth Dewi yna, trugarhau wrthi (amr. wrthti). 1551 W. SALESBURY: KLl xb, Byddwch wresoc yn yr yspryt . . . a chyfranny wrth angenoctit y saint. 1588 Diar xx. 22, disgwil wrth yr Arglwydd ac efe a'th achub. 1592 S. D. RHYS: Inst [xvi], A' thra yttoedhynt ynn cynbhigennu wrth eraillh . . . y lhadhodh Cenbhîgen ei pherchen. 16–17g. Cer RC 46, Yno fal y tostur tad / Wrth ei had naturiol, / Y tosturia Brenin Ne' / Wrthom ninne'i bobol. 1629 RGYC [6], os arhosi yn oddefgar wrth yr Arglwydd. 1741 Cat Bed 17, Duw . . . yn dal sulw, ac yn mawr anfodloni wrth y pechod. 1790 RLlD 148, Fe roddodd [Iesu] ei enaid yn aberth dros bechod . . . Ychydig o ryfeddu wrth hyn yma, sydd well na hir weddïo. Ar lafar, 'digio wth', 'ffeind wth', 'brwnt wth', WVBD 563.

5. (*a*) Ac yntau (hithau, &c.) yn (o flaen be.), gan, yn y weithred o: *while* (*used before a vn.*), *in the act of*.

12g. GMB 198, Goruynnhic uym pwyll ym pell amgant hetiw / ɓrth athreityaɓ tir tu Efyrnwy. 12g. GLlF 134, Vrth gamu brwynen breit na dygwyt. 12–13g. GLlLl 252, Eithyr gwarth a gɓrthrynn ɓrth ymbroui. 13g. GDB 118, Wrth ofɓy arlɓy, eurlein—teyrned. 14g. T 51. 15–17, Ac yt wnahont eu bryt ɓrth eu helya ywedant gɓystlon yeuropa. 14g. YBH 48b, ar y tir y bu ganthunt kɓynuan maɓr athristɓch ɓrth ymwahanu ɓynt ar marchogyon a sabaot. c. 1400 R 1376. 36–8, Taryan holl wyr mewn anturyeid grɓydyr ɓrth aros ym rɓydyr ɓr arthureid. 15g. Cy iv. 128, Ychwitheu setwyr aghewiryon vuoch ɓrth ymado ar meirɓ. 1591 Rhyddiaith Gymraeg ii. 129, [c]ael . . . vn ar ddec o archollion gweledig ac wrth eu hiachau, treulio, a gwarrio o honaw yr ychydig olud a fedde efe ei hun. 1618 J. SALISBURY: EH 32, dywedir fod mam eyn Harglwydh Iesu Grist bob amser yn Forwyn wyryf; cyn escor, wrth escor, a chwedi escor. 1632 D, wrth fyned heibio d.g. Obiter, Transeunter. 1722 Llst 189, Wrth weddïo d.g. In the Act of praying. 1759 T. THOMAS: WWDd 51, beth a dâl yr holl bethau hyn i chwi, wrth ystyriaid y Cyflwr trüenus yr ydych ynddo? 1803 P, Wrth . . . While . . . Wrth ganu, while singing. Ar lafar, 'Wth i mi fynd i'r 'Werddon', 'Mi dorrodd y gyllath wth i mi bwyso arni hi', WVBD 563.

(*b*) Ar adeg, ar achlysur, yn ystod: *at* (*the time or moment of*), *on the occasion of, during*.

12g. GCBM i. 254, Gɓedy gwaɓr Kymry, kymreisc gɓrth naɓn. id. ii. 51, Garɓ ɓrth arɓ ɓrth aɓr gyminet, / Chwec ɓrth chwec ɓrth chwetyl y uaɓret, / Chwerɓ ɓrth chwerɓ ɓrth chwant kyrwysset, / . . . / Gleɓ ɓrth leɓ ɓrth lyɓ teyrnet. 12–13g. GLlLl 300, Gɓrth herwdyt osswyt, oes o yaen. 13g. HGK 32, Wrth y ddiwedd ynteu y doethant y gwyr mwyaf a doethaf o'r holl gywoeth. 14g. WM 226. 11–14, hardach oed no gwenhɓywar gɓreic arthur pan uu hardaf eiryoet duɓ nadolic ne duɓ pasc ɓrth offeren. 15g. GTP 47, Dyfod i mewn rai difudd / Wrth y nos, byr ddangos budd. 1632 D, Wrth enedigaeth d.g. Natu. 1655 WL: DP 191, Arferol ymmysg y Cenhedloedd oedd wylo wrth enedigaeth, a llawenychu wrth gladdedigaeth ei ceraint. 1719 TDP 1, Testament Jabob, a wnaeth efe wrth ei Farwolaeth yw Ddauddeg Mab y Padriarch.

6. (*a*) Drwy (gyfrwng), gyda chymorth, â: *through, by* (*means of*), *with* (*the aid of*).

12g. GCBM i. 224, Gwiraɓd a'n gvrthuyn gɓrth syr—a lleuad. 13g. A 4. 21, Ket yvem ved gloyw wrth leu babir. c. 1400 MM 58, dodet y sychi [sic] ɓrth yr heul. c. 1400 YCM^2 45, y cledyf hwn . . . Wrthaw y'm hurdwyt i yn uarchawc urdawl. 16g. HUW ARWYSTL: Gw 362, daeth wrth seren glaerwen glod / Dy stori yn dyst i Erod. 1567 TN 282b, Can nyni trwy'r Yspryt ym yn gwilied am 'obeith cyfiawnhad wrth ffydd. 1599 (1677) R. HOLLAND: AB 12, y mae gweithredoedd goreu y duwiolaf ar y ddaiar yn ammherffaith, fel yr oedd Paul yn gwybod wrth brofiad. 1606 E. JAMES: Hom iii. 263, teyrnas nêf, yr hon a brynodd Christ wrth ei vfydd-dod. 1632 D, adnewyddu tir wrth ei fynych gloddio a'i lafurio d.g. Repastino. 1759 T. THOMAS: WWDd 262, dangos dy ffŷdd wrth dy weithredoedd o ufudd-dod. 1776 W, Gweithio (astudio, myfyrio) yn y nos neu wrth ganwyll d.g. To lucubrate. 1803 P, Wrth . . . Wrth liw dyz, by day light. Ar lafar, 'Mi fydda' i'n sbeitio nw wth drio ailadrodd be' fyddan' nw'n ddeud', 'cerddad wth 'i fagla', WVBD 562; ''Ôn i'n arfadd gwitho wth ola cannwll', GTN 839.

(*b*) *Math.* Yn cyflwyno'r rhif y lluosir neu y rhennir ag ef: *by* (*before the multiplier, &c., in math.*).

1736 S. RHYDDERCH: Alm [37], lluosogwch . . . drachefn wrth 5. 1775 M. WILLIAMS: MC [45], lliosogwch ef wrth 4, a hynny fydd Maintiolaeth y Pren. id. 76, lliosogwch yr Hyd a'r Lled ynghyd, a chyfranwch y Cynnyrch wrth 9, a'r Cyfran yw'r Llatheidiau o Fesuriad y To.

Amr.: **wrtham.** (1 ll.). a. 1587 Y 182. Cf. hefyd ff. llafar megis 'wtha' i, &c.' (gw. adran 1 (*a*) uchod).

Cfn.: **wrth angen:** *according to need, as necessary.* c. 1400 R 1241. 33–4, Amkyueillt keueis ɓrth aghen. 1753 G. OWEN: L 42, f'am naccaodd y cadno o fenthyg chweugain wrth f'angen. 1800 W. OWEN-[PUGHE]: CP 63, lluniont fath o gafyn, yn symudol wrth angen. Ar lafar yn y dywediad 'Slwt sy'n golchi dy' Sadwrn / Dynes wrth ei hangen dydd Gwener', M. WILIAM: DY 36 (Cered.). **wrth angor:** *at anchor.* 14g. T 18. 19, Saesson ɓrth agor ar vor peunyd. 14g. GIG 71, Siglo a wnâi'r groes eglwys / . . . / Fal llong eang wrth angor, / Crin fydd yn crynu ar fôr. 16–17g. EDWARD URIEN, &c.: Gw 15, Llongau morau wrth angorau. Ar lafar. **wrth fron:** *near, close to, at the point of, almost.* 15g. BEDO AERDDREM, &c.: Gw 276, ag na char rrag ofn chwerwedd / wr hen fyth wrth fron i fedd. 1551 W. SALESBURY: KLl lxvib, ervyniodd iddo ddawot y weret ac iachay i vap. O bleit yddoedd ef wrth vron marw. 1615 R. SMYTH: GB 206, pen vvybu fod faustina i vvraig, yn caru phenser, ag megis vvrth fron marvv oi gariad. **wrth gynffon:** *at the tail* (*of*), *behind, following.* 16–17g. Cer RC 28, Cythrel corniog safnog swrth, / A bache wrth i gynffon. 1740 T. EVANS: DPO 27, [G]wr canolig a phump neu chwech o Ddihirwyr wrth ei gynffon yn beiddio mwrddro a lledratta. Ar lafar, 'Fethes i'n lân â gorffen y smwddio a'r bychan wrth 'y nghynffon i drw'r dydd' (sir Ddinb.). **wrtho ei (wrthyf fy, &c.) hun(an):** *by himself* (*myself, &c.*), *alone.* 14g. GDG^3 168, Mawr yw dy ferw, goeg chwerw gân, / Henwr, wrthyd dy hunan. 1551 W. SALESBURY: KLl lixb, Y Pharysat oe sefyll a weddiawdd mal hyn wrtho ehunan. 1632 D, wrtho ei hun d.g. Seorsum. 1764 DEWI NANTBRÂN: SAG 82, Ar y cyntaf; eb y Luther . . . yr oeddwn wrth fy hunan. **wrth hyn(ny):** *on account of this* (*that*), *therefore, thereupon, accordingly.* 13g. LlI 45, urth henne e guercheytweyt a deleant oet urth porth. 14g. WM 45. 11–13, ɓrth hynny y dodet at y kymɓt hɓnnɓ o hynny allan tal ebolyon. 1567 TN 363b, wrth hyn y gwyddam yr adwaenam ef, a's cadwn y' orchymynion ef. c. 1585 G. ROBERT: DC 16a, Wrth hyn myfyriwch para gariad a diolwch sy dhyledus i dhuw. 1632 D, wrth hynny d.g. Ergô, Ideo, Igitur, Itaque, Quando, Vtpote. 1703 E. WYNNE: BC 132, ymddangosodd y Diawl ei hun . . . ac wrth hynny gyrrodd bawb oi [sic] bleser iw [sic] weddieu. [1788] EDP 81, Deliwch sulw wrth hyn, nad yw ffydd a duwioldeb yn dreftadol. Ar lafar, 'wth 'ynny' 'according to that; from that; by that', ''Ôn i'n cretu wth 'ynny 'u bo' nw'n mynd', GTN 839. **wrth law, wrth y llaw:** (i) *nearby, at hand.* 15–16g. TA 388, Wrth law 'r tabrer y chwery, / Wrth faner trwmper y try. 1547 WS [xix], rac ofyn na chyrayddo pawp o honawch gaffael wrth i law tafodioc seisnic yw haddyscy. 1751 GIA xv, a phob moddion wrth law a'r a allwn ni eu dymuno. Ar lafar, ''Odd 'wnna ddim wrth law gin' i ar y pryd' (de-ddwyrain Morg.). (ii) *by hand.* 1722 Llst 189, Llaw . . . Pwysad wrth y llaw. Awncel weight. Ar lafar, 'Cwnnu'r llo wrth law' (de-ddwyrain Morg.). **wrth fynd heibio:** *in passing* (*of comment*). 20g. Ar lafar. **wrth na(d):** (i) *because or since . . . not.* 12g. GLlF 442, Ac ef a'n gɓrthuyn ɓrth nad ofnaɓc. 13g. GDB 417, Ystyria wrthyf, wrth, o'm colly, / . . . na'm hennilly. 13g. BD 5, A'r rei hynny yd oet wyr Groec yn keyssyav eu dwyn y arnav vrth na hanoed y vam ef o Groec. c. 1400 Ked AA [1], erchi y dehongyl, wrth na wydyat ef beth a arwydockaei hynny. 15g. B xiii. 180, wrth na mynnawd Duw y dyn o'r byt . . . gwybot hysbys wybodolyaeth wir amdanaw. Ar lafar, 'Ma'r lluwch yn dod i mewn yn arw wrth nad oes 'ma ddim teiriad' (Meir.). (ii) *by not.* 1568 MORYS CLYNNOG: AG 45, Paddelw y cadwn ni'r nawed? . . . wrth na ddisyfon [sic] wraig vn arall. **wrth ben:** *on top of, above,* (*standing*) *over, also fig.; at or on the head, edge, or end of.* 14g. GDG^3 328, Mynych dwyll amwyll ymwrdd, / Fy nhalcen wrth ben y bwrdd. 17g. DCR 166, ag ni chae hi a droi wrth ben / i / bys / un ede nis gadawe. 1688 TJ (At.) [81], wrth ben yr Hwylfa hîr . . . by the end of Long Ally. Ar lafar, 'wth ben' 'above, over', 'wth ben 'r afon' 'on the river bank', WVBD 421; ''Odd 'i wrth ych pen chi trw'r dydd' (gorllewin Morg.); 'Mishtir clawd yw a, ma fa wth bena'r dynnon o 'yd', GTN 839. **wrth ei ben (ei phen, &c.) (ei hun), wrth eu pennau:** *one by one, singly, individually.* 1588 Nu i. 2, dan rif eu henwau, pob gwryw wrth eu pennau. 1725 SR, Wrth ei ben ei hun d.g. Singular. 1735 S. THOMAS: HP 17[8a], Eu harfer oedd, dwys ystyried pob Pwngc yn neullduol, wrth ei ben ei hun. 1765 J. EVANS: CPE 434, Bod Duw, ar bob pryd ag y derbyniom ni y Sacrament, yn adnewyddu y testament neu 'r cyfammod hwnnw â phob cymmunwr, wrth ei ben ei hun. 1782 P. WILLIAMS: CC 33, rhaid nid yn unig cyfaddef ein bod yn bechaduriaid, eithr hefyd cyfaddef pob pechod wrth ei ben. **wrth ben ei ddigon,** gw. digon. **wrth draed:** *at the feet* (*of*) (*also as disciple, &c.*). 1567 TN 209b, wedy'r vaethddrin yn y dinas hon wrth draet Gamaliel. 17g. (18g.) CLlC ii. 24, Mae'r lliprin gwael yn farchog hael / A chantho ffwtman wrth ei draed. 1791 GW. MECHAIN: Rh 66, ymgrymu wrth draed eich Uchelder [Harri VIII]. Ar lafar.

Gw. hefyd i^4—i wrth, rhaid (*m*) ac (*n*).

wrwd [cf. *iwrwd*] *e.* Llawer: *a lot* (*of*).

Ar lafar gynt, 'wrwd o bethe', 'wrwd o waith' (sir Drefn.).

-ws^1, trf. bach., e.e. *bolws, cwtws^2, deintws, drudws, minws, troedws.*

-ws^2, *trf. bfl.* 3 un. grff. Cym. C., e.e. *bendigws, cerddws;* hefyd ar lafar mewn rhai mannau yn y De, e.e. *gwelws, gwetws.*

Gw. hefyd -wys^2.

wsnos, wsnoth, gw. wythnos.

wstid, wrstid, &c. [bnth. S. *worsted*] *eg.* ll. *wrstids,* a hefyd gyda grym ansoddeiriol. Edafedd main llyfn a nyddir o wlân ffibr hir wedi ei gribo, edafedd hirwlan, brethyn wedi ei wneud o'r cyfryw: *worsted.*

1547 WS, Saint omers wstyd Saynt homers worsted. id. Wystyd Worstede. 16g. (LlEG) Mos 158, 165b, nabai gy/ureithlon I wreing ac I vchelwyr y dyrnas wisgo na lliain na brethyn nassae nag wrsdyds naffusdion onid ykyuriw ac a vai wneuthuredig ovewn y dyrnas. 17g. CRC 328, Cael fy sane o wstit main / a gardio y rhain yn dynnion. 1736 S. RHYDDERCH: Alm [6], Sidan wstid gwlan ac o Edau. 1779 W. WILLIAMS: BH 43, Mr. Watson, yr hwn a'm rhoddodd i gyhudo [sic] sidan ac wysted ynghyd. 1794 W, wsded d.g. Worsted. Ar lafar, 'wstid', WVBD 562, GTN 838.

Amr.: **wrsted. 1870.**

wstrws, wt, wtffon, gw. wystrys, hwt^1, uwtffon.

wtgnaiff [bnth. S. *wood-knife*] *eb.* Math o ddagr neu gleddyf byr a ddefnyddid gan helwyr i dorri helgig neu fel arf: *wood-knife* (*huntsman's dagger or short sword*).

15g. GGl^2 211, Dyro wtgnaiff, dur waetgnaif, / I'w dwyn i Siôn, d'enw a saif. 15g. GO 93, Knyw o'r vâl, gwedi knoer 'vo, / Yr wtkneiff a wna'r atkno. 15g. GOLlM 44, Distain gwylain y'i gelwir: / dau can ffos â'i wtcnaiff hir.

wtgri, wtiaf: wtio, gw. owtgri (hefyd At.), hwtiaf^1: hwtio.

wtla, (o)wtlaw [bnth. S. *outlaw*] *eg.* Herwr, hefyd yn *ffig.*: *outlaw, also fig.*

15g. GTP 50, A fu haeach o achos / Yt, liw bustl, wtla bostus, / Ond tywyllnaint tywyllnos? / Ti, a lladron twyllodrus [dychan i Ruffudd ap Deicws]. 15g. GWILYM TEW: Gw 506, Wtlaw wyf i, watlef fain / I'th neuadd, fath hen Owain. 15g. GGl^2 33, Wtla mud es talm ydwyf, / Dewi â thi, di-waith wyf. id. 190, Nid ambwyllir dim bellach / Ond hely byth ein wtla bach [dychan i Ddafydd ab Edmwnd]. 15–16g. TA 392, Wtla lledwyllt, tâl llydan, / Iwrch a fynn gloch, archfain, glân [i ofyn march]. 1547 WS, Wtla An outlawe. 16–17g. GST i. 329, Wedi iawn gwrs, yn edn gwâr / At law aed wtla adar [i ofyn gosogl]. id. 805, A bod Cariad Perffaith / Yn owtlaw (CRC 419, wtlaw) drwy'r gyfraith.

wtlâf: wtláu [bnth S. (*to*) *outlaw*] *ba.* Cyhoeddi'n herwr, herwrio: *to outlaw.*

14g. *GIG* 18, Ni thitid câr amharawd, / Odid od *wtlëid* tlawd [marwnad Tudur Fychan]. **15–16g.** *TA* 280, Bil anfonaf, blaen f'ynys, / At Lowri hael—*wtláu* Rhys! **16g.** (*LlEG*) *Mos* 158, 10a, Ac or achos hwn I ffoes Iarll herffordd ac ac [*sic*] Iarll norffock a ssuffock dros y mor I ddenmark yr hrain a *wttlawyd* ynn lloygyr.

wtlaw, gw. wtla.

wtlawr [*wtla*+*gŵr*] *eg.* ll. *-wyr.* Herwr: *outlaw.*

15–16g. *GLM* 58, Ai ti, Lewys *wtläwr,* / a wnaeth hyn, annoeth o ŵr [dychan Deon Bangor a'i feirdd gan Lywelyn ap Gutun]? *Dchr.* **16g.** *CTC* 156, Aniwed gwaith yn oed gŵr / A wyt, leuog *wtläwr* (Dafydd Gowper). **16g.** *Pen* 181, 383, A oes *wtlawyr* . . . yn trigo o vewn yr Argylwyddieth.

Wtopaidd, Wtopia, gw. **Iwtopaidd** (hefyd At.), **Iwtopia** (hefyd At.).

wtra, wtre [?cf. S. taf. *outrake* 'free passage for sheep'] *eb.* ll. *wtregydd, wtrëydd.* Lôn (wledig), trac, llwybr, ffordd (gul), tramwyfa, (?geir.) ffordd fawr: (*country*) *lane, track, path,* (*narrow*) *road, thoroughfare,* (?*dict.*) *highway.*

1547 *WS, Wtra.* **?16g.** *LlGC* 1560, 549, *wttra wttregydd* Hwylfa ['geirie . . . sathredig yn Sir Drefaldwyn']. **1604–7** *TW* (*Pen* 228), *wtra* d.g. *Via . . . Via regia.* **1632** *D, Wttra,* Via publica. **1688** S. Hughes: *TSP* 242, o'r wlâd hon, yr oedd *wttra* [:- Ffordd] gam (sef lôn neu foidir fechan) yn dyfod ir ffordd yr oedd y Pererinion ynthi. **1737** J. Einnon: *HR* 28, mi a gyfarfum ac ef ar y ffordd mewn rhyw *Wttra.* **1766** *CD* 12, [p]an Welodd ei lu y Capten ar lawr; ffô a wnaethant, ai hymlid a wnaeth y lleill . . . i'r *Wttra* byllog, ac i fwlch yr ysbail. **1803** *P, Wtre,* s. f.—pl. *wtrëyz* . . . A lane. Ar lafar, '*Wtre* neu *Wtra*—Ffordd plwyf, neu dref-ddegwm; hwylfa, neu lôn', J. Jones: *Gwerin-eiriau* 57; '*wtra*' 'track', *LGW* 313 (Meir. a sir Drefn.); '*Wtre*' 'ffordd wledig, gul', *Cymru* liv. [200] (dwyrain sir Drefn.). Clywir y ff. l. *wtregydd* yn sir Drefn.

wtraf: wtro, gw. **wtriaf: wtrio.**

wtrans, wtrawns [bnth. S. *utterance*] *e.* Traethiad, mynegiant; masnachiad, gwerthiant: *utterance, expression*; *a trading or selling.*

1547 *WS, Wtrans* Utteraunce. **16g.** (*LlEG*) *Mos* 158, 461a, Ir ydoedd vershiandwyr treui y dyrnas heb gaffael y kyuriw *wttrans* ari marshiandiaeth. **16–17g.** *LlCy* xi. 236, Fo gas Rhoddiad *wttrawns* ffraeth (Edward Dafydd). **1828** *Geir Pob* 28, *Wtrans,* siarad, gwerthiad.

wtre, gw. wtra.

wtres[1] [bnth. S. C. *outrage* 'excess, extravagance, wantonness', neu'n uniongyrchol o'r H. Ffr.] *eg.b.* ll. (geir.) *-au.* Afradlonedd, moethusrwydd, rhodres; cyfeddach, gloddest, gormodedd (o fwyd a diod), meddwdod; anlladrwydd, chwant cnawdol, angerdd; hefyd yn *ffig.*: *prodigality, luxury, ostentation*; *revelry, carousal, excess* (*of food and drink*), *drunkenness*; *wantonness, lust, passion*; *also fig.*

14g. *GDG*³ 264, Na fydd anghywir hirynt, / N'ad tros gof ein *wtres* gynt. **15g.** *GTP* 32, Dwyn fy *wtres* a'm presen, / Ducpwyd fy mhroffwyd a'm Rhên [marwnad Meredudd ap Tudur ap Hywel]. **15–16g.** Hywel Rheinallt: *Gw* 56, Tŷ annedd rhag gwynt Ionawr, / Tŷ Rys ym Môn, *wtres* mawr. **16g.** *Llst* 6, 142, angel praff mal seraffyn / wyt tros went *wtres* win (Hywel Dafi). **16g.** *GSC* 42, Aed dros ben *wtres* beunydd, / A chan a rhost ucho'n rhydd. **1547** *WS, Wtres* Outrage. **1604–7** *TW* (*Pen* 228) d.g. *Lustror.* **1632** *D, Wttres,* Prodigalitas, luxuria. **1688** *TJ, Wttres,* chwant y Cnawd, anlladrwŷdd, afradlonrhwŷdd: Luxury, Prodigality. **1722** *Llst* 189, *Wttres.* m. Drunkenness, wastfull expence, intemperance, luxury. **1776** *W* d.g. *Luxury, Riot* [*loose and disorderly mirth, proceeding from or consisting in, excess in eating and drinking*; *&c.*]. **1796** *Geirgrawn* 46, Rhoddodd y tad orchymmyn na chai fod . . . na thyngu, nag *wttres,* na gloddest. **1803** *P, Wttres,* s. f.—pl. t. *au* . . . A revel, a carousal.

wtresaf: wtresa, wtresu, wtres² [bf. o'r e. *wtres*¹] *bg.a.* Bod yn afradlon, byw yn foethus, cyfeddach, gloddesta, gwledda neu yfed (i ormodedd), hefyd yn *ffig.*: *to be extravagant, live in luxury, carouse, revel, feast or drink* (*to excess*), *also fig.*

?14g. *MA*² 576. 55, Ac wedi bod nosweith en *wtres* wrth e tan. **14g.** *GIG* 13, A'u trysor lle'r *wtresen*', / A'u pont i'w cynnal a'u pen. **15g.** *GLGC* 95, da Ddafydd drydydd, da draw—da yma, / da am *wtresa* ydiw i'm trwsiaw. **15g.** *DE* 47, *Wttresswn* newid trasserch / yndav ar gvssanav serch. **15–16g.** *GLM* 179, *wtreswn* win tros y nos: / ni chawn ŵr ond chwi'n aros. **16g.** Siôn Brwynog: *C* 155, O gwŷl trasau gael *wtresu,* / Dirodresu dewrder osog. **1595** H. Lewys: *PA* 237, i ledrata, i ocreth i *wttresu,* i dorri pyrsae. **1604–7** *TW* (*Pen* 228), *wttresu* d.g. *Luxurio.* **1632** *D, Wttres* . . . In luxu viuere. *id. wtresa* d.g. *Prodigo.* **1722** *Llst* 189, *Wttres* (ver) *Wttresa* . . . To riot, revel, surfet, carouse, rant, squander. **1736** S. Rhydderch: *Alm* [30], *Wtresa* Gwledda a Gloddest. **1770** *W, wttresa* d.g. *To banquet riotously, Glutton, To play the glutton, Rake, To* [*play the*] *rake, To riot* [*live in a riotous manner*]. **1803** *P, Wttresu* . . . To carouse, to riot, to revel.

wtresgar [*wtres*¹+*-gar*] *a.* Afradus, gormodol, moethus, yn ymroi i loddest, anlladrwydd, &c.: *extravagant, excessive, luxurious, indulging in revelling, wantonness, &c.*

1632 *D,* Bod . . . yn *wttresgar* ar fwyd a diod ac anlladrwydd d.g. *Pergræcor.* **1722** *Llst* 189, *Wttresgar.* Riotous, luxurious. **1773** *W* d.g. *Epicurean* [*luxurious, voluptuous, &c.*], *Revel-rout* [*a great concourse of disorderly people, bawling, drinking, singing, dancing, &c.*]. **1803** *P* d.g. *Wttresgar.*

wtresol [*wtres*¹+*-ol*] *a.* A nodweddir gan loddest neu gyfeddach, afradus; yn gloddesta, yn cyfeddach: *characterized by revelry or carousing, extravagant*; *revelling, carousing.*

1803 *P* d.g. *Wttresawl.*

wtreswr, wtresydd [*wtres*¹ a bôn y f. *wtresaf*: *wtresa,* &c.+*-wr, -ydd*³] *eg.* ll. *wtreswyr.* Afradwr, oferddyn, gloddestwr, cyfeddachwr; carwr; hefyd yn *ffig.*: *extravagant person, spendthrift, waster, carouser, reveller*; *lover*; *also fig.*

c. **1400** *R* 1362. 28–9, amgri bileinseis treis *6tress6r.* **15g.** *GDID* 27, Dyfod at wyrion Dafydd / Dros y rhos, *wtreswr* rhydd. **15g.** *DE* 27, trwsiaf gerdd val *wtresydd* / tec myn mair yw krair y krydd. **15–16g.** *GLM* 97, Doe y rhoed llech ar droed Llŷr; / doe treisiwyd yr *wtreswyr* [marwnad Gruffudd Felyn]. **16g.** *GSC* 63, Twmpath—mae unllath?—meinllef, / Tewdwr gwar, *wtreswr* tref [i ofyn tarw]. **1604–7** *TW* (*Pen* 228) d.g. *Acolastus, Heluo, potator. Dchr.* **17g.** *CRC* 436, ymddyddan . . . rhwng yr *wtresswr* Ar dyllu-ann. **1632** *D, Wttreswr,* Prodigus, luxuriosus. **1661** E. Lewis: *Drex* 147, yr *wttreswr* a'r rhyseddwr. **1722** *Llst* 189, *Wttreswr.* m. A belly-god, prodigal, rioter, epicure. **1803** *P* d.g. *Wttreswr.* Cf. *GDG*³ 340, Troes ugain i'm traws ogylch / O'm cyd-wtreswyr i'm cylch.

wtriaf, wtraf: wtr(i)o [bnth. S. (*to*) *utter*] *bg.a.* Traethu, mynegi; masnachu, gwerthu; gollwng, anfon allan, cyflenwi: *to utter, express*; *trade, sell*; *discharge, send forth, supply.*

15–16g. *GLM* 68, *Wtrio* (*Llst* 6, 72, *wtro*) gwenith trigeinyn: / ni pharhâi'n ei gorff er hyn [i ofyn meini melin]. **1547** *WS, Wtrio* Utter. **16g.** (*LlEG*) *Mos* 158, 112b, yr hrain . . . a oeth yn hwrwymedig . . . I *wttrio* ac I n/ewidio war amwar ac I werthu marshiandiaeth y dieithred. *id.* 476a, yr ydoedd golled ac anniwed mawr ynn digwyddo vddunt twy vwyvwy . . . ohe/erwydd [*sic*] na doeddeunt twy ynn kaffel *wttrio* i Brethynnau. **16g.** *GGH* 14, Mawlair *wtro,* aml retrig, / Mynwes euraid mewn sirig. **16g.** Wiliam Cynwal: *Gw* (R. L. Jones) 650, Ac yno *wtrio* rhetrig—a fedrych, / Wyliam bu edrych, ail i Badrig. **16–17g.** *HG* 172, gwael vydd anreg y gegin / bwtri gwael heb *wtro* gwin. **1672** R. Prichard: *Gw* 365, A Shini a Shangco, a lisens i *wttro* [:- cennad i werthu], / Bûr [*sic*], Cwrw, tobacco, heb reol. **1828** *Geir Pob* 28, *Wtro,* masnachu, gwerthu.

Gw. hefyd **hwtraf: hwtro.**

wtrigl, wtricl [bnth. S. *utricle*] *eg.* ll. *-au. Bot.* a *Swol.* Unrhyw un o amryw fathau o ffurfiannau tebyg i bledren neu goden mewn planhigion neu anifeiliaid: *utricle* (*in bot. and zoology*).

20g.

wtwart, wthnos, gw. wdwart, wythnos.

wy¹ [H. Grn. *uy,* gl. *ouum,* Crn. C. *oy,* Crn. Diw. *oye,* Llyd. C. *uy, v(u)y,* Llyd. Diw. *vi,* taf. Gwened *ui*: ? < Clt. **ău̯i̯o-* < IE. *(*ə*)*ōu̯i̯o-* 'wy', cf. Llad. *ōvum,* Gr. *ᾠόν*; ansicr yw prth. H. Wydd. *og,* Gwydd. C. *obh, ubh*] *eg.* ll. *-au.* Corff atgenhedlol hirgrwn neu grwn a ddodwyir gan adar benyw ac anifeiliaid benyw eraill ac sy'n cynnwys embryo, &c., wedi ei amgáu o fewn pilen neu gragen, cynnwys wy (yn enw. cynnwys anffrwythlon wy iâr ddof fel bwyd), hefyd yn *dros.* ac yn *ffig.*; *Biol.* ofwm: *egg, also transf. and fig.*; *egg* (*in biol.*), *ovum.*

9g. (*MC*) *VVB* 90, Nouircrunnui, gl. *oui.* **13g.** *LlI* 19, O serheyr e ryghyll ac ef en eysted tra uo e dadleu, ny dele caffael namen gogreyt keyrch a blysgyn *vy.* **13g.** *BD* 111, kyrch yr ysgymun edyn hvnnv glynn Galabes . . . Tri *wy* a dydw yn y nyth, o'r rei y byd llewynavc a bleid ac arth. **14g.** *YBH* 17a, ar yr vn dyrna6t bychan y pagan h6n y dyg6ydeis inheu yr lla6r ac ony ddialaf ineu y dyrna6t ny rod6n yrof 6y piliedic. **14g.** *GDG*³ 169, Llyma 'nghred, gwylied Geli, / O gwelaf nyth byth i'r bi, / Na bydd iddi hi o hyn / Nac *wy,* dioer, nac ederyn [i'r biogen]. *c.* **1400** *Études* vii. 286, Kymer *wyeu* brau. *c.* **1400** *ChO* 21, y gethlyd . . . dotwi a wna mywn nyth y bwrnet, ac eisted a wna yr ederyn hwnnw ar *wy* y gethlyd megys yr eidaw e hun. **15–16g.** Llawdden, &c.: *Gw* 65, Meibion *wyeu* 'mhob neuadd [am eleirch]. **1545** Elis Gruffydd: *Ll* 202, bwrw ynntho [cymysgedd] y gwyn o gymaint a vii o *wye,* a gad wynt i ymgymerud diwyrnod a noswaith. **1547** *WS, Wi* /ne/ *wy* An egge. **1567** *TN* 103b, A's govyn map vara gan yr vn o hanoch ysy dad, a rydd ef iddo vaen? . . . Neu a gofyn ef *wi,* a rydd ef iddo scorpion? **1618** J. Salisbury: *EH* 265, ag na fyttether dim cîg; nag *wye* chwaith o fewn y grawys. **1632** *D, Wy,* & Demet. *Wi.* Ovum. **1725** D. Lewis: *GB* 176–7, Y mae 'r Fenyw yn yr holl Fywiolion gan mwyaf yn derbyn oddiwrth y Gwryw, ac wedyn y mae'r Creadur yn cael eu [*sic*] ffurfio Ynghorph y Fam, ac yn yr *Wy.* *id.* 178, Y mae eu *Hwyeu* yn mynd yn gyntaf yn Bryfed . . . ac wedyn Blŷf. **1771** *PDPh* 90, diod . . . i attal trogennau i fagu ac i ddinystrio eu *wyau.* **1803** *P.* Ar lafar, ''Roedd gin' i lawar iawn o *wya* ond 'ddaru dim un ohonyn' nw ddyor', *WVBD* 563; '*wi* wedi'i ferwi', '*wi* wedi'i ffrio', *GTN* 850. Digwydd yn yr ymad. '*wy* ar drosol (ar ben trosol)' wrth sôn am rywbeth ansefydlog, ''Neith eira mis Chwefror ddim aros mwy na *wy* ar ben trosol'; cf. *Mont Coll* xi. 304, Mor simsan ag *wy* ar drosol.

Cfn.: **wy addod:** *nest egg* (*as inducement to laying*). **?16g.** *LlGC* 1560, 549, *wy addod* wy nyth ['geirie . . . sathredig yn Sîr Drefaldwyn']. **1632** *D,* Addod, *wy addod,* Ovum in nido relictum & repositum. Ar lafar, *WVBD* 563; hefyd yng ngodre Cered., sir Gaerf., a sir Benf. Clywir hefyd y ff. *wy addo, GDD* 324. **wy'r cymod** = **wy Pasg.** Ar lafar, *GTN* 850. **wy digalch:** *shell-less or soft-shelled egg.* Ar lafar, *Geir Geg* 67 (dwyrain Morg.). **wyau ffrocod:** *frog-spawn.* Ar lafar yn nedwyrain Morg. **wyau wiwer:** *baked beans.* Ar lafar, *LlG* iv. 16 (Llŷn). **wy llaith** = **wy digalch.** Ar lafar ym Myn. **wy meddal** = **wy digalch.** Ar lafar yn sir Gaern. a Meir. *Swol.* **wy('r) môr:** *sea urchin.* **1695** W. Camden: *B* 683, Echinus marinus, whereof one sort . . . is call'd at this day in most parts of Wales where they are found, *Wyeu'r môr,* i. e. Sea-eggs. **wy('r) nyth** = **wy addod.** **?16g.** *LlGC* 1560, 549, wy addod *wy nyth* ['geirie . . . sathredig yn Sîr Drefaldwyn']. **1688** *TJ,* Addod, wy addod, *ŵy'r nyth* . . . an egg left . . . in the nest. **wy Pasg:** *Easter egg.* **1798** T. Roberts: *CG* 45, [m]yned o'r naill dŷ i'r llall, i hel *wyau pasg*! Ar lafar. **wy siop:** *illegitimate child.* Ar lafar, 'Plentyn 'wn a 'wn yw a, *wi siop* yw a', *GTN* 850.

wy²,³,⁴, gw. **hwy**¹, **o**⁵, **wi.**

-wy, *trf. bfl.* 3 un. pres. dib. mewn Cym. C., e.e. *achubwy, dyrchafwy, rhoddwy, trefnwy.*

wyaidd [*wy*¹+*-aidd*] *a.* Tebyg i wy, hirgrwn: *egg-like, oval.*

1826.

wyall, wyallt, gw. bwyall (hefyd At.).

wybr [H. Grn. *huibren,* gl. *nubes,* Crn. C. *ebron, ebren* 'ffurfafen', Llyd. C. *noabrenn* 'cwmwl', Llyd. Diw. *oabl, oüabr* 'ffurfafen', taf. Gwened *ebr* 'ffurfafen, cwmwl'] *eb.* ac yn eithriadol *eg.* (bach. b. *-en,* ll. *-nau, -noedd, -nydd, -ni*) ll. *-au, -oedd,* (prin) *-edd.*

(*a*) Awyr, ffurfafen, nefoedd; cwmwl; hefyd yn *dros.* ac yn *ffig.*: *sky, firmament, heaven*; *cloud*; *also transf. and fig.*

12g. *GCBM* ii. 50, Yg ga6r huysg6r huysgein—yn *wybyr* / Yn ebrwyt gyuarwein. **12–13g.** *GLlLl* 300, Ardwyad cancad kyn ked o'e benn, / Ys kynt no rywynt uch rut *wybrenn.* **13g.** *BD* 108, bwch y serchavl gastell . . . yr hwn a chuyth o'e froeneu y ueint *wybren* (*nebulam*) yny dywyllao vyneb yr holl enys. **14g.** *T* 43. 1–2, Ac eryr uch 6ybyr all6ybyr granwyn. **1346** *LlA* 129, dy6 llun y goruc ef yr *6ybrev.* Ar lleuat. Ar heul ar syr. **14g.** *GDG*³ 115, Gwedy dêl, prif ryfel praff, / Dros ei phen *wybren* obraff, / . . . / Dylawn fydd

yr *wybr* dulas, / Delw eilywed, blaned blas. *c.* **1400** *MM* 108, Or byd *wybren* ar wyneb y trwnc, heint rac llaỽ a arỽydockaa. *c.* **1400** *DB* 105, Kyntaf onadunt yw septemtrio, a wna oeruel ac *wybrenneu* (*nubes*). **15g.** *IGE*[2] 240, *Wybrennoedd* ar gyhoedd gynt / I dduo'r haul a ddeuynt (Ieuan ap Rhydderch). **15g.** *GLGC* 422, Moesen fu farw o henaint, / ni bu ar hwn *wybr* o haint. **1547** *WS*, *Wybyr* The welkyn. *id.* *Wybredd* The skye. *id.* *Wybren* A cloude. **1567** *TN* 384a, mi weleis Angel cadarn arall yn discyn or nef, gwedy dillatу or *wybren*. *Diw.* **16g.** *WLB* 23, megis i gallo pob un ohonyn fwrw allan i gormodion ai amhuredd o wenwyn ac *wybur* ddrwc ai lanhau i hun. **1597** (**18g.**) *Rhyddiaith Gymraeg* ii. 159, cenwch o'r ddaear, o'r dwfr, o'r awyr, o'r tân, o'r *wybroedd* a'r ser. **1632** *D*, *Wybr*, Æther, cœlum, nubes. *id.* *wybren* d.g. *Mundus, Nebula.* **1703** E. Wynne: *BC* 97, dyma 'r Ellyll . . . yn rhoi iddo wedi deg tro ar hugain yn yr *Wybr* danbaid. **1772** *W*, yr *wybren* d.g. *The clouds. id.* d.g. *Firmament.* **1803** *P* d.g. *Wybren, Wybyr.* Ar lafar, 'golwg cyffrous ar y *wubyr*', *WVBD* 571; 'Ma'r *wibyr* yn goch 'eno', *GTN* 850.

(*b*) (yn y ff. *wybren*) Pilen (ar y llygad), magl: *cataract* (*of the eye*).
Diw. **16g.** *WLB* 7, Rhag pob klwyf or llygaid ac yn enwedic Magl ne *wybren*. **18g.** *Llr* C 24, 311, [y]r Eli . . . a dreilia r *wybren* ar bilen ar Magal.

wybraf: wybro, wybran [bf. o'r e. *wybr*; ansicr yw union ystyr nifer o'r enghrau. isod] *bg.a.* Crwydro (yn ddiamcan), gwibio, ?hedfan; (geir.) edrych tua'r nen: *to wander* (*aimlessly*), *rove*, ?*fly*; (*dict.*) *look up to the sky*.
12–13g. *GMB* 348, Na'm gad i *wybraw*, heb obryn —dy far, / O'th fawr ehang derfyn. **16g.** Lewys Morgannwg: *Gw* 568, da i *wybro* wysgdir a braint / da gwrol gydai geraint. **16g.** Wiliam Cynwal: *Gw* (R. L. Jones) 300, *Wybro* yn oer obry a wnâi / O feddwl mai oed fyddai [i wraig briod]. **16–17g.** Huw Machno: *Gw* 62, Llwybra ag *wybra* lle gwedd, / Lled d'esgyll, llwyd tu osgedd [ymddiddan â'r eryr]. **17g.** *LlGC* 13215, 339, *Wybro* Astra intueri. **1677** *TC* 8b, *Wybro*, gwibio. **1716–18** *Llsgr R. Morris* 171, ond gwedi ini *wubro* a cherdded a chwilio / ni ymrouson i gordio fel gwurda. **1759** *BC* 508, Pa ham yr wyt ti yr awran, / Mor ebrwydd yma i *Wybran* [ymddiddan rhwng Henwr a Chydwybod]. **1803** *P*.

wybraidd [*wybr*+-*aidd*] *a.* Yn perthyn i'r wybren neu'r ffurfafen, wybrennol, nefol, awyrol; cymylog: *pertaining to the sky or firmament, celestial, aerial; cloudy*.
16g. *EWGP* 38, Mis Ebrill, *wybraidd* gorthir, / lluddedig ychen, llwm tir. **1609** *Rhyddiaith Gymraeg* i. 152, ysbrydion . . . *wybraidd* ne nefaidd, y rhai sydd yn smudo'r kwmpas [:- glob]. **18–19g.** *Llr* C 4, 26, Cyfar, a cover, gwynbleth or *wybraidd* geinblu / oer gyfar ar ddaear ddu, Ls. Glyn Cothi ir eira. **1803** *P*.

wybran, wybren, gw. **wybraf: wybro, wybr.**

wybrenfyd, gw. **wybr+byd**[1].

wybrennaidd [*wybren*+-*aidd*]. *a.* Yn perthyn i'r wybren neu'r ffurfafen, wybrennol, nefol, awyrol, hefyd yn *ffig.*: *pertaining to the sky or firmament, celestial, aerial, also fig.*
1609 *Haf* 24, 425, (y kordiad . . .) sydd yn kynhyrfy [r] korff trwy natur *wybrennaidd* impiedic yn y kymyskiad. **1609** *Rhyddiaith Gymraeg* i. 152, eraill [ysbrydion] sydd *wybrennaidd* yn krogi yn yr awyr. **1803** *P*.

wybrennog [*wybren*+-*og*] *a.* Yn perthyn i'r wybren neu'r ffurfafen, wybrennol, nefol, awyrol; cymylog, hefyd yn *ffig.*: *pertaining to the sky or firmament, celestial, aerial; cloudy, also fig.*
c. **1400** *Etudes* viii. 372, O'r byd *wybrennawc* y trwngk, heint rac llaw a arwydockaa. **1752** *Gron* 88, Ac ar y llen, [*sic*] *wybrennog*, / E rydd Grist arwydd ei grog.

wybrennol [*wybren*+-*ol*] *a.* Yn perthyn i'r wybren neu'r ffurfafen, nefol, awyrol; cymylog: *pertaining to the sky or firmament, celestial, aerial; cloudy*.
14g. *BT* 120, nyt oed adas y gwynt kanys amser *wybrennawl* oed. **1604–7** *TW* (*Pen* 228), ystyriaeth ne 'mresymiat am hythyrithiæ *wybrenawl* d.g. *Astrologia.* **1677** C. Edwards: *FfDd* 55, Wrth eu bod [cythreuliaid] yn yr awyr ynghymdogaeth y sêr a'r cymylau, deallant y darpariadau *wybrennol*. **1717** Iaco ab Dewi: *MN* 128, Fehicleu neu Gludeion *Wybrennol* Plato. **1759** *BC* 371, Yn yr *wybrennol*, [*sic*] Gaer ragorol, / Mewn da fwriad Edifeiriol. **1770** *W* d.g. *Aerial.* **1803** *P*, *Wybrenawl* . . . Firmamental.

wybrenwynt, wybrgylch, wybrliw, gw. **wybr+gwynt, cylch, lliw**[1].

wybrol [*wybr*+-*ol*] *a.* Yn perthyn i'r wybren neu'r ffurfafen, nefol, awyrol; wedi ei gyfansoddi o aer (yn ôl ffiseg a ffisioleg yr Oesoedd Canol): *pertaining to the sky or firmament, celestial, aerial; airy* (*according to the physics and physiology of the Middle Ages*).
14g. *GIG* 111, Llawenydd a fydd i'w fam, / Lliw *wybrol*—a llu Abram. **15–16g.** *TA* 286, Dŵr *wybrol*, dôi ar Ebron, / Diliw, rhoed dial ar hon. **1545** *CI* 3, j mae'r mattyr ne'r sudd ynn ddaiarol ne yn ddyuerllyd, yn *wybrol* ne yn danllyd. **1547** *WS*, Taran trwst *wybrol* A thonder. **16g.** *WLl* 153, Kerdd *wybrol* kar dda obru / Keilioc y dail arr kloc du [i'r fwyalchen]. **16g.** *LIS* 84, Yr artempr . . . y suc id o ddyfrol ac *wybrol* sychder. **16–17g.** *W Best* 17, nid oes yddynt [cigfrain] ymborth . . . ond gwlith *wybrol*. **1632** *D*, Y cylch *wybrol* y mae 'r deuddeng harwydd ynddo d.g. *Signifer.* **1770** *W* d.g. *Aerial, Sky, Of the sky.* **1803** *P* d.g. *Wybrawl.*
Amr.: **gwybrol. 1891.**
Cfn.: **bob dydd (g)wybrol:** *day after day, every single day.* **1824.** Ar lafar, '*Bob dy' gwibrol*' 'Every day without exception', *GDD* 155.

wybrwr, wybrydd [*bôn y f. wybraf*: *wybro* a *wybr*+-*wr*, -*ydd*[3]] *eg.* ll. *wybrwyr, wybryddion.* Seryddwr; sêr-ddewin; teithiwr, crwydryn (digartref), gwibiwr: *astronomer; astrologer; traveller, wanderer, vagabond, rover.*
c. **1400** *R* 1251. 13–14, Kynnelỽ angỽnel. kennat a briel. kanneit *wybryd*. *id.* 1359. 28–30, Llywyd mỽs ỽybryd. mis ebrill ar ffest yn erbynnyỽr gwest yn arỽ bennill. **15g.** *HCLl* 122, Ni fynnwn, er mwyn f'enaid, / *Wybrwr* llon a'm bwrw i'r llaid [i erchi ceffyl diog]. **1596** *Pen* 187, 32b, Nid yw pob blwyddyn yn yr vnhyd o achos rhol fechan yma r *wybrwyr* yn i fyfyrio. **16–17g.** *PhA* 240, yn Iach Aber Wych *Wybrydd* / Daron deg wedi r dydd. **1604–7** *TW* (*Pen* 228), *wybrydh* d.g. *Astrologus.* **1632** *D*, *Wybrwr*, Astronomus. **1767** *Gron* 120, Ebrwyddaf oedd o'r *wybryddion*,—hyglod, / A llwyr ryfeddod holl rifyddion [marwnad Lewis Morris]! **1769** G. Howel: *Alm* 2, Mesurwr *wybrwr* ebrwydd yw Gwilim / O gwelwch ei fawr swydd, / Yn d'allt Cylchau Rhodau rhwydd, / A'u cuf Oriau cyfarwydd. **1770** *W* d.g. *An astronomer.* **1803** *P* d.g. *Wybrwr.*

wybrwynt, gw. **wybr+gwynt.**

wybrydd, gw. **wybrwr.**

wybryddiaeth [*wybrydd*+-*iaeth*] *e?b.* Seryddiaeth; sêr-ddewiniaeth; meteoroleg: *astronomy; astrology; meteorology.*
Diw. **16g.** *RWM* i. 26, Rheol y Sŷr neu *Wybryddiaeth*: Celvydhyd yw i adnabod rhediad neu hwyl a grym y corph. **1605–10** *GP* 204, Arddangossyaeth (yr honn a eilw y Groegwyr 'mathematicen') . . . o'r honn y mae pedair kaink, nyd amgen, kyfryfyddyaeth, messuryddyaeth, *wybyryddyaeth*, kanyddyaeth.

-wyd[1], *trf. bfl.* amhrs. grff. myn., e.e. *cynhaliwyd, dywedwyd, gwelwyd, sefydlwyd.*

-wyd[2], *trf. bfl.* 2 un. prff. rhai berfau afreolaidd mewn Cym. C., e.e. *athwyd, dothwyd, gwneddwyd.*

wydrwff, wyell, gw. **wodrwff, bwyall** (hefyd At.).

wyf: bod[3] [daw'r rhan fwyaf o'r ff. pres. ac amhff. myn. o'r gwr. IE. **es-* 'bod' (e.e. *ys* (H. Gym. *is*), H. Lyd. *is*, H. Wydd. *is*: < IE. **és-ti*, cf. Sans. *ásti*, Llad. *est*, H. S. a S. Diw. *is*); daw'r ff. yn *b-* o'r gwr. IE. **bheuə-* 'bod' (e.e. *bydd* (H. Gym. *bid*), H. Lyd. *bid, bed*, Crn. C. *beth, byth*, H. Wydd. -*bi*: < **biį-*, cf. Gal. *biiete* (2 ll.), Celtibereg *PionTi* (3 ll.), Llad. *fīō* 'deuaf i fodolaeth, deuaf neu af yn', H. S. *bēo* 'ydwyf' (> S. Diw. *be*)); ansicr yw trdd. *y mae*, Crn. C. (*y*(*m*))*ma*, Llyd. C. *ema*; ynglŷn â'r be. *bod*, gw. *bod*[1]] *bg.*; am ff.'r f. gw. *G* d.g. *bot*, *GMW* 136–8, S. J. Williams: *Elfennau Gramadeg Cymraeg* (1959) 119–21; ni cheisiwyd nodi isod bob un o'r ff. a grybwyllir yn y llyfrau hyn; am rai ff. ychwanegol, gw. yr *Amr.* isod.

1. (Yn mynegi hafaliad): *to be* (*equative use*).
9g. (*Ox* 1) *B* v. 241, amcibret ir maut biheit heitham ir eguin *hittoi* ir hunc. **9g.** (*MC*) *VVB* 167, *Iss mi*, gl *intemerata.* **9–10g.** *Juv* 284, *ismi* Christus, gl. *quem.* **12g.** *GLlF* 507, Rotes Duỽ dri daỽn y drinwychyd—naf: / Nerth Ercỽlff *yỽ*'r trydyt. **14g.** *WM* 3. 12–14, Araỽn urenhin annỽuyn *ỽyf* i. *id.* 51. 26–7, Y deu lygat ef . . . *yỽ* y dỽy lynn. *id.* 79. 17–18, Miui *yỽ* llwyt uab kil coet. *id.* 480. 39–481. 1, *ys* hỽy yr rei hynny nynhyaỽ apheibyaỽ. *c.* **1400** *R* 1148. 13–14, Ef *yỽ*r tat. Ef *yỽ*r mat mỽyhaf. **15g.** *GDLl* 38, Hyd na wyddan', syfrdan sôn, / Pwy *yw*'r gŵr piau'r goron. **1567** *TN* 77b, *ys* ef Brenhin Yr Ivdaeon. *id.* 366b, Yr hwn ny char, nyd edwyn e Ddyw: can ys cariat *yw* Duw. **1672** R. Prichard: *Gw* 47, Daeth hefyd Angelion, i faneg i ddynion, / Mae ef *oedd* yr vnion Fessia. **1714** D. Lewys: *CN* 12, Calonnau 'r rhai sy dan eu nôd, / Ddi ymmod yn dy Ddeddfeu, / A gadwant dy ffyrdd di or trwch / *Wyt* eu Hyfrydwch hwynteu. **1730** (**1755**) E. Wynne: *PAC* 54, eithr y cwestiwn *ydy* hwn. **1768** W. Williams: *HTS* 16, Deffrowch, ac edifarwch, wel' heddyw *ydyw*'r dydd. Ar lafar, 'Pwy '*di*'r gwneidog newydd yn Soar?' (Arfon).

2. (Yn mynegi priodoledd): *to be* (*ascriptive use*).
(*a*) (enghrau. heb y gn. *yn*[3]: *exx. without the prt.* '*yn*[3]').
9g. (*MC*) *VVB* 72, *Iss* cimadas, gl. *par.* *id.* 121, Enuein di sibellae *int* hinn. **9–10g.** *Juv* 81, *is*abruid icinimer. **12g.** *GLlF* 540, Treissỽr *yỽ* agheu ar bob trosset. **12g.** *GCBM* i. 256, Nyd *oet* agcloduan y uann yd uei. **12–13g.** *GMB* 538, Dinam *bwyat* Duỽ a'e goreu. **13g.** *C* 46. 2–3, Gogywarch de gwinet boed tev *wyant*. *id.* 50. 2–3, *Oef* kas gan gwassauc guaessaf Rydirch. *id.* 52. 6–7, llauen *vi* bri. brython. **13g.** *GBF* 285, A rechdyr a'e wyr, *bynt* waretaỽc / Yt, ddreic y Weun. *c.* **1300** *B* ii. 32, megis y *bych* garedic dithev. **14g.** *T* 22. 9, pan *yỽ* du pyscaỽt. **1346** *LlA* 7–8, anvarỽaỽl *hynt* yr engylyonn. **14g.** *Cy* vii. 153, *bydaỽt* gwaeth budelw no chrowyn. **14g.** *WM* 38. 12–14, Bendigeiduran uab llyr *aoed* urenhin coronaỽc ar yr ynys hon. *id.* 83. 12, bychein *ynt* ỽynteu. *id.* 108. 34–6, goreu *yỽ* genhyf i bo kyntaf y caffỽyf iaỽn. *id.* 476. 1–3, *Oed* melynach y fenn no blodeu y banadyl. **14g.** *YBH* 8a, ys deỽr awas *ỽyti*. *c.* **1400** *R* 581. 38–9, *biaỽt* trathrum ebyr. *id.* 1046. 11, Eglỽysseu bassa *ynt* ffaeth heno. *c.* **1400** *MM* 148, ny *bydỽn* vyỽ i yr bỽyta bỽyt yn ry uynych. *c.* **1400** *YCM*[2] 195, Parawt *wyf* i. **15g.** *Cy* iv. 112, Enoc ac heli yrei yr pan anet *ysynt* vyỽedigyon. **15g.** *FfBO* 35, A phet *vehut* doeth di. *id.* 47, y gwraged a *veynt* wryawc. **15g.** *GDID* 24, Gwylan *sy*' deg ac alarch, / Dau edn y byd, nid un barch. **1547** *WS*, *Bod* anwydoc Beyng colde. **1567** *TN* 168b, pan *vych* hen. **1606** E. James: *Hom* i. 16, yr holl Dduwiolion (er mor gyfion *faent*). **1618** J. Salisbury: *EH* 49, gan nad *ydiw*'r dhaear drigfa gymhwys . . . i'r cyrph gogonedhus. **1686** WJ: *TR* [i], *byddant* hwytheu barod a byrr a chyflawn attebion. **1703** E. Wynne: *BC* 7, A phe' *sy* waeth, dechreuais ammeu nghymdeithion. **1778** J. Hughes: *BB* 39, A'i [*sic*] tybio 'r ydych medd y dŷn, / Mai angredadyn *ydw*? Ar lafar, '*Mae*'r dydd mor fyr!', *WVBD* 45; 'Athro '*di* John erbyn hyn' (Arfon).

(*b*) (enghrau. a ddilynir gan y gn. *yn*[3]: *exx. followed by the prt.* '*yn*[3]').
12g. *GMB* 73, Yg gwlad nef *boed* ef yn dreftadaỽc. **13g.** *C* 60. 13–14, Mor enryuet na *bit* un enhid y bid inunwet. **13g.** *B* ix. 335, wynt ry *vuessynt* gynt . . . en gyt yscolheigyon. **14g.** *LlB* 74, Or gwneir eglwys o ganhat y brenin y mywn tayawctref . . . a'e *bot* yn gorfflan hi. **14g.** *BY* 4, *bint* yn arwydhion ac yn amseroedh. **14g.** *WM* 1. 1–3, Pwyll pendeuic dyuet *aoed* yn arglỽyd ar seith cantref dyuet. *id.* 8. 6–9, ef a eill *uot* yn ediuar gennyf gỽneuthur a ỽneuthum itt. *id.* 60. 4–6, yd *oed* yn gyn hyspysset ganthunt ygyniuer collet agollyssynt eiryoet. *id.* 105. 17–18, y*maent* yn baraỽt. **15g.** *GDID* 99, Owain, Einion, ddistain ddoeth, / Ynyr, nid *oedd* yn annoeth. **1595** H. Lewys: *PA* 7, pa fod' y *mae* cospedigaeth . . . yn ddyledus am bechodau. **1675** R. Jones: *HCh* 7, pe *byddynt* yn ddigonol. **1778** J. Hughes: *BB* 283, Gyda'i Gyfrwy *basai* 'n bleser, / Gan inne roi Crwpper i'r Creppa. Ar lafar, 'Y peth *sy*'n iawn *sy*'n iawn', *WVBD* 45.

3. Yn cyflwyno cymal pwysleisiol, &c.: *introducing an emphatic clause, &c.*
9g. (*Ox* 1) *B* v. 234, prinit hinnoid iiii aues et u . . . *is* cihun argant agit eterin illũd. **10g.** (*Cpt*) *B* iii. 256, *Is* aries isid in arcimeir aries. **12g.** *GMB* 228, Nyd *oet* a lludw y llaỽtei ui. **13g.** *C* [1]. 8–9, *Oed* maelgun a uelun inimuan. *id.* 46. 2–3, Gogywarch de gwinet *boed* tev wyant. **14g.** *WM* 35. 6–8, ny *bu* hir ybuont yny doethont y arberth. *id.* 45. 18, ni ỽn na *bo* yno y caffo. *id.* 456. 34–5, *bydhaỽt* ragot ti gyntaf yd agoraỽr y porth. *id.* 472. 8–11, Mynet a orugant . . . hyny *uyd* kaer awelynt mỽyaf ar keyryt y byt. *id.* 479. 29–30, *ys* mi ae heirch. **14g.** *YBH* 8a, *ys* deỽr awas

ɓyti. **15g.** *GDID* 58, *Ys* da fab a gefaist, Fair. **1567** *TN* 225b, *Ys* buan yvv ei traet y ellwng gwaet. **1689** E. MORUS: *RC* 9, *Ys* trueiniaid ynfyd ac anniolchgar ydym. Cf. R. POWELL: *ADV* 16, Ys y diwyd weis deuant yr awrhon, / A'r morwynion, y rhai à 'mranant.

4. (*a*) (Yn mynegi bodolaeth, lleoliad, &c.), bodoli, digwydd, hefyd yn *ffig.*: *to be (expressing existence, location, &c.), exist, occur, also fig.*

9g. (*LISC*) *LL* xliii, dierchim. tir telih. hai*oid* ilau elcu. *ib.* ir ni *be* câs igridu. **10g.** (*Cpt*) *B* iii. 256, Oraur. ni *hois.* ir loc guac hinnith. in pagina regulari. *ib.* ir serenn. hai *bu* in arcimeir .o. **12g.** *GMB* 101, As *bwyf* yn adef yn arhos y llef. **12g.** *GLlF* 14, Moladɓy ɓn Duɓ, un diffynyad—*yssyt.* **13g.** *C* 21. 13–22. 1, A*ffv* ac nid*oes.* ac nithreghis. ev hoes. **13g.** *A* 1. 7–8, ku kyueillt ewein. kwl y *uot* a dan vrein. **14g.** *T* 38. 4, Seith seren *yssyd.* *id.* 57. 25, vy mod *yssyd* arnat. **14g.** *LlB* 38, Ot adef pob vn o'r gwyr *ryuot* eu kynhen yn y wyd ef kyn no hynny. **14g.** *BT* 68, a rei hynny kyd *beint* or vn genedyl agwyr keredigyawn. **14g.** *WM* 4. 11–12, kyt *bwyf* i yno hyt ym penn y ulɓydyn. *id.* 54. 31–2, *Yssit* yny boly hɓnn amryɓ ulaɓt. *id.* 456. 1–2, A *oes* porthaɓr. *id.* 470. 32–5, Dygyrch ti genhym ni hyd pan dywettych ti nat *oes* hi yny byt. **14g.** *GDG*[3] 323, Nid *oedd* yna, myn Duw mawr, / Ond aur oll yn do'r allawr. *c.* **1400** [*RB*] *WM* 204. 36, na *vit* ofyn arnaɓch. *c.* **1400** *YCM*[2] 60, [p]ei na *bei* y Rolant ymoglyt rac y dyrnawt hwnnw. **15g.** *GLGC* 406, Gwell Efa wrth bawb rhag gwallofain, / gwell am fwyd i bell yn y lle y *bain'.* **15g.** *HCLl* 128, Os ei dal gais hudolion / A *oes* gair hud nas gŵyr hon? **16g.** *GGH* 16, Pa ŵr sad, pwy arswydir, / Pan *fo*'r taro yn y tir? **1551** W. SALESBURY: *KLl* lxxvia, Yn tuy vymtat y *may* llawer o dricvanne. **1567** *LlGG* (*Sall*) 5a, Oll ddeueit ac ychen *ys.* **1567** *TN* 87a, Yspryt yr Arglwydd, *ys id* arna vi. **1588** *Luc* ii. 1, *Bu* hefyd yn y dyddiau hynny fyned gorchymyn allan . . . i drethu yr holl fyd. **1653** *MLl* i. 237, gwell yw dioddef y cam mwyaf, na *bôd* yn y gynnen leiaf. **17g.** HUW MORUS: *EC* i. 89, Rhyw Bothan, hir y *bythoch.* **1703** E. WYNNE: *BC* 19, Yr *oedd* yn y Stryd hon fyrdd o Hispaenwyr . . . ac Iddewon. **1717** IACO AB DEWI: *MN* 7, y mae'n ddiogel gennyf fy *mod*; ac wrth fy *mod* i, y mae'n sicr gennyf *fod* Duw. **1735** S. THOMAS: *HP* 138, nid *ydoedd* . . . ond o issel Radd. **1759** T. THOMAS: *WWDd* 19, y mae yspryd Dŷn i fyw ac i *fôd*, bŷth. **1770** *W* d.g. *To exist, or be existent.* *id.* Y rhai *oeddynt* dan ddwy (flwydd) ar bymtheg oed d.g. *Under, in number* . . . *They that were under seventeen years old.* **1778** J. HUGHES: *BB* 51, Mewn wlys crŷ; i wared pechaduried, / *Sydd* dan gaethiwed du. Ar lafar, 'Mi *fuoch* yno, 'n do?', *WVBD* 45; 'Tra *bydd* 'i fam o', *id.* 47.

(*b*) (enghrau. mewn ymadroddion adferfol ynghyd ag enwau'n dynodi cyfnod o amser: *exx. in adverbial expressions with nouns denoting a period of time*).

13g. *GBF* 323, Ys mi ysy yn merwi mor angheɓyd / *Ys* blwyddyn am ne ysblennyd—gawat. **14g.** *WM* 123. 2–3, Ardoethoed *oed* blɓydyn kyn no hynny y lys arthur. Am enghrau. eraill o *ys* yn yr ystyr hon gw. *er—er ys.*

5. (Ynghyd ag arddodiad neu ragenw mewnol dadiol yn mynegi meddiant, &c.: *with a prep. or infixed dative pronoun expressing possession, &c.*).

12g. *GMB* 150, Car a'm *oet* ny'm *oes.* *id.* 275, Ac *yssym*-i Duw a diwykwyf—o'm drwc. *id.* 276, Ac *yssyn*-ni (llsgrau. *yssy* yni; *yssy* ymi) vetyc a uet gɓared—an geu. **13g.** *C* 97. 14–15, dinam eiroes am *oes* naut. **14g.** *T* 15. 11–12, ny *byd* y vedyc mwyn or awnaant. *id.* 26. 15–16, a naɓ cant *oed* genhyf inheu. *id.* 58. 6, nyth *oes* kystedlyd. **14g.** *WM* 487. 1–2, whedleu porth y genhyt. *yssydynt* genhyf. *c.* **1400** *BDe* 1, A mab a *vu* idaw. **15g.** *GLGC* 413, A *bod* ym dafod o'r dur, / . . . / ni pharhawn, mwy no'r gawnen, / i gwyno pawb ag un pen. **1567** *TN* [iv], Ianawr *ys ydd* yddo. xxxj. die. **1672** J. LANGFORD: *HDdD* 199, *bid* cywilydd genniti fôd rhag llaw yn gyfryw ûn ynfyd. **1679** C. EDWARDS: *GGG* 229, ir rhai *y sydd* â meddyliau ysprydol. **1778** J. HUGHES: *BB* 102, Nid *oes* gan yspryd natur, / I'w wneuthur mwy na nhwythe, / Ond cwestiwno ag ymrwstro. Ar lafar, '*Bydda* gin 'nhaid lawar iawn o straeon', *WVBD* 45.

6. (fel bf. gynorthwyol mewn cystrawen beriffrastig ynghyd â be.): *to be (as auxiliary verb in a periphrastic construction with a vn.).*

12g. *GLlF* 355, Bran a gre yn y gyfarthfa, / Ni ddarogan ym ddim da / *Bod* mab brenhin gwyn Gwynedd / Yn gorwedd yn yr aerfa. **12g.** *GCBM* i. 53, Mel yd *wyf* yn kelu kallon yssic. **13g.** *HGK* 3, A thra *ytoed* hvnnv en e yspeillyav . . . y glynws y dwylav urth y dorch. *id.* 17, *mae* deu yarll . . . y'th annerch ac y'th wediav. **13g.** *BD* 5, gvyr Groec *oedynt* yn ryfelu arnav. *id.* 51, y *mae* ynteu weithyon y'm digyuoethi inheu. **14g.** *WM* td. 221. 5–6, yma yd *yttoedɓn* yn kerdet vi ar gɓr mɓyhaf agarɓn. **1346** *LlA* 81, An kyt ebestyl . . . *bint* yn canu molyannev yduɓ arglɓyd. **14g.** *WM* 45. 29–30, Yn hela yd *oedɓn* yn iɓerdon dydgueith. *id.* 86. 36–87. 2, *Maent* guedy gɓneuthur creu udunt yny cantref arall issot. *id.* 103. 31–2, Medylyaɓ yd *ɓyf* . . . yr hynn ny medylyut ti amdanaf i. *c.* **1400** [*RB*] *WM* 214. 20–3, ae oth anuod di y *mae* mackɓyeit yr amheraɓdyr. yn brathu dy vrein. *id.* 217. 30–1, A phan *yttoedynt* gɓedy gɓare talym. *c.* **1400** *YSG* i. 120, A'r prenn . . . a oed wynnach noc eiry pan *vei* newyd odi. **15g.** *GDID* 42, Do, ddwywaith, teirgwaith hyd hyn / D'olau *oedd* yn eu dilyn [dychan i'r lleidr a ddug wartheg y bardd]. **1551** W. SALESBURY: *KLl* xiia, Cans nad *ynt* y llywyawdwyr yn pery ofn am weithred da. **1567** *TN* 25b, A'r ei *vesyn* yn bwyta oedd pedeirmil o wyr. **1595** H. LEWYS: *PA* 11, pan *fo* duw ddim ond gwneuthur cyfiawnder. **1606** E. JAMES: *Hom* i. 149, Yr *ydys* gwedi scrifennu y gwersi a'r siamplau hyn, er dysc i ni. **18g.** E. T. RHYS: *DA* 167, Tra *bo*'r ieuenctyd pêr yn para. **1778** J. HUGHES: *BB* 53, Rhwng Crist a ni, mewn braint a bri, / Hyn *sy*'n cyhoeddi hedd. Ar lafar, 'Mynd 'fory *mae* o', *WVBD* 45; '*Mae* o newydd fynd', *id.* 394. Digwydd hefyd mewn cst. debyg ynghyd â rhai enwau megis *angen, eisiau, ofn,* &c., '*Mae* dy fam d'isio di', *WVBD* 229. Am enghrau. o ff. 3 un. y f. *wyf*: *bod* yn rhagflaenu *piau*, gw. *piau*: *pieufod.*

Amr.: **bech** (2 un. pres. dib.). *a.* **1644** *Bl B XVII* 252. **1672** R. PRICHARD: *Gw* 84, 550. **1683** H. EVANS: *CTF* 15. *c.* **1750** J. THOMAS: *T* 27. **beir, baer** (amhrs. pres. arf. neu ddib.). *c.* **1400** *B* ii. 11, *veyr.* *a.* **1561** *id.* vi. 46, *vayr.* **1561–2** *id.* 303, *vaer.* **boe** (3 un. pres. dib.). **9–10g.** (*Ox* 1) *VVB* 150, Hacboi. **16–17g.** *HG* 178, yn wirgryf nes *boe* n wargrwm. **1672** R. PRICHARD: *Gw* 195, Sang ar sarph tra *foi* 'n y plisgin. **bost**[2] (2 un. pres. dib.). **1759** T. THOMAS: *WWDd* 205, 252. *a.* **1791** W. WILLIAMS: *GP* 106. **botho** (3 un. pres. dib.). **1620** *Mos* 204, 53. **1716–18** *Llsgr R. Morris* cxi. **1776** H. JONES: *GC* 46. **buais,** &c. (grff.). **1655** WL: *DP* 263, os *buaist* yn Siampl. **1800** W. OWEN-[PUGHE]: *CP* 35, *Buais* yn dra manwl. Ar lafar, gw. *CyCC* 69; 'Mi *fuo*' fo'n gweithio yn y Llyfrgell'. **buaseint** (3 ll. grb.). **1651** SIÔN TREREDYN: *MDD* 48. **1701** E. WYNNE: *RBS* 61. **buysynt, bysynt** (3 ll. grb.). **14g.** *DPh* 5, *buyssynt.* **1592** S. D. RHYS: *Inst* [xvi], *byssynt.* **byddeid** (3 un. grch.). **1651** SIÔN TREREDYN: *MDD* 3, 8. **byddost** (2 un. pres. dib.). **1777** W. WILLIAMS: *DN* 27. **byddot** (2 un. pres. dib.). **1795** J. THOMAS: *AIC* 357. **byddys** (amhrs. dyf.). **1675** R. DAVIES: *PY* 198. *c.* **1700** E. LHUYD: *Par* ii. 70. **1790** TWM O'R NANT: *GG* [iii]. **bysynt,** gw. *buysynt.* **maes**[2] (amhrs. pres. myn.). **1878. oeddys** (amhrs. amhff. myn.). **1875. own,** &c. (amhff. myn.). **17g.** HUW MORUS: *EC* i. 66, *oent.* **1696** *CDD* 21, *oid.* [**1741**] *Cylchg CHMC* ii. 37, *own.* Ar lafar, gw. *CyCC* 66; 'Mi fues i'n drwso yn y pwll pan *own* i'n grwt'.

Cfn.: **(pa) beth sy('n bod) (ar):** *what's the matter (with).* **1885.** Ar lafar, '*Be' sy?*', *WVBD* 45; '*Be' sy'n bod arnot* ti, 'ti'n flin uffernol' (y Gogledd-ddwyrain); 'Ôt ti'm yn gwaith ddoe, *beth o'n bod?*' (Cered.). **i fod,** gw. *i*[2] 9 (*e*).

Gw. hefyd **bod**[2], **canys**[1], **id**[1], **mae**[1], **mai**[1], **pe, piau: pieufod, po**[1], **sef, taw**[2], **tra**[3] (*b*).

wyfa [*wy*[1] + *-fa, ma*] *eb.* ll. *-oedd, -fâu, -feydd.* *Biol.* Organ genhedlu sy'n cynhyrchu wyau mewn anifeiliaid benyw, ofari, wygell; *Bot.* bôn cau carpel blodeuyn sy'n cynnwys un neu ragor o ofwlau, wygell: *ovary.*

1811.

wyfaen [*wy*[1] + *maen*[1], cf. S. *oolite*] *eg.* Gronellfaen, grawnfaen: *oolite, roestone.*

1858.

wyfal, wyfel, wyfell [?cfdds. o'r S. *oval* fel *wy*[1] + *fal, mal*[1], *fel*; ?â'r ff. olaf dan ddyl. *felly*] *a.* a hefyd gyda grym enwol. Ar lun wy, hirgrwn: *ovoid, ovate, oval.*

18–19g. *Llr* C 2, 291, *Wyfell, Wyfel* . . . oval.

wyfeinig [*wyfaen* + *-ig*[2]] *a.* Yn perthyn i wyfaen: *oolitic.*

1858.

wyffurf [*wy*[1] + *ffurf*] *a.* Ar lun wy, hirgrwn: *ovoid, ovate, oval.*

1906.

wygell [*wy*[1] + *cell*[1]] *eb.* ll. *-oedd.* *Biol.* Wyfa, ofari; *Bot.* wyfa: *ovary.*

1858.

wylaf: wylo [Crn. C. (*w*)*ole*, Llyd. C. *go(u)elaff*, Llyd. Diw. *gouelañ*] *bg.a.* a hefyd gyda grym enwol i'r be. Colli (dagrau), crio, llefain, galarnadu, hefyd yn *ffig.*: *to weep, shed (tears), cry, bewail, lament, also fig.*

12g. *GLlF* 48, Ny wna dreic dragon *wylo*; / Ny wnaeth drɓc a'e diwyko. *id.* 550, Gweleis le a'm de amdanaɓ—heddiw, / Hawd y gallaf *wylaw.* **13g.** *GDB* 420, Kan ys meu alar, ys meu *wylaɓ.* **13g.** *Cylchg LlGC* v. 62, Ac en e lle pan synnyws enteu y yechyt *wylav* a oruc a lewenyd. **13g.** *B* x. 21, gan wediav ac *wylav* dagreuoed ger bronn e hallavr. **13g.** *BD* 189, y creulonhaf paganyeit yn distryv dy wlat . . . yr hyn a *wyl* (*lugebunt*) dy etiued hyt dyd bravt. **14g.** *T* 75. 1–2, ɓylhaɓt eil echɓyd yn torroed mynyd. **14g.** *YBH* 26a, nac ɓyl di heb y bonsei. **14g.** *GDG*[3] 29, Herwydd *wylaw* glaw, glas ennaint—orchest, / Am Ifor a Nest, mwyfwy yw'r naint. *c.* **1400** *R* 1044. 44–1045. 1, Stauell gyndylan ys tywyll heno heb dan heb wely. *wylaf* wers. tawaf wedy. *c.* **1400** *Ked AA* 15, Ac yna y disgynnawd *wylaw* ar Amlyn. **15g.** *GLGC* 471, *Wylais* achos marwolaeth, / *wylaw*, gwae ni, hael a'i gwnaeth; / *wyled* Môn am lew du mawr, / *wyled* fil o wlad Faelawr; / Arfon, Hywel ap Gronwy, / a *ŵyl* môr heli a mwy. / . . . / Mae Gwrecsam am ŵr o'm iaith / gwedy *wylaw* gwaed eilwaith [marwnad Hywel ap Gronwy]. **15g.** *GGl*[2] 62, Wylofus wyf fal afon, / *Wylais* waed ar wely Siôn. **1547** *WS*, *Wylo* Wepe. **1567** *TN* 166b, Ha wreic paam yr *wyly* [:– pa *wylo* ydd wyt]? **1632** *D*, *Wylo*, Flere, plorare, lachrymare. **1719** *TDP* [1]36, Yno fe a ddaeth *wylo* arnaf. **1770** R. PRICHARD: *CC* v, Dywaid wrthynt i'r hen Ficcer, / *Wylo*'n dost a chalon dyner. **1772** *W* d.g. *To cry, or cry aloud, To weep.* **1803** *P* d.g. *Wylaw.*

Amr.: **hwylaf**[2]: **hwylad.** **16–17g.** LLYWELYN SIÔN, &c.: *Gw* 340, am wenn annwyl ddwi n *hwylad*, / a mwy na chûr am na chad. **1672** R. PRICHARD: *Gw* 124, Yno *hwylir* hallton ddagrau, / Yno bloeddir gan y poenau. **wylad.** **14g.** *GDG*[3] 46, Gwaith drwg i'r olwg hir *wylad*—yng nghaeth, / Gwaeth, cyfyng hiraeth, cof Angharad. **wylio.** **13g.** *BD* 194, A phan dyrcheif eisyoes y vyneb a guelet y gvr yeuanc yn *vylyav*, gouyn a wnaeth idav paham yd *vylyei.*

Gw. hefyd **wylofain.**

wyledig [bôn y f. *wylaf*: *wylo* + *-edig*] *a.bfl.* Yn wylo: *weeping.*

1837.

wyliaf: wylio, wyliofain, gw. **wylaf: wylo, wylofain.**

wylment, wylmant [bnth. dysg. Llad. *oleāmentum*] *eg.* ll. *wylmentau.* Eli, ennaint, hefyd yn *ffig.*: *ointment, unguent, salve, also fig.*

c. **1400** *MM* 64, Aruera o *vɓlment* [*sic*] ac o wreid y llysseu ac o enneint. **15–16g.** *GIF* 35, O throwch chwi ar gad, ni throwch ar gil, / ni'th atal y North, na phorth, na phil; / a'u dyfod hwy, fil, trwy fedd y troi fil, / a throi'r eilmil i waith yr *wylment.* **16g.** *IICRC* iii. 306, wele may genyf inay / *wilmant* yr holl archolliey. / Irwn ef or iay ir llawr / Ay gorff gwrthfawr Rinwedday. **16g.** *Cy* xxxi. 208, ar vair honno yn wir a wylmentoedd [*sic*] yr arglwydd ac *wylment.* **1567** *LlGG* 49b, paratoesont aroglae ac *wylmentae* [:- ireidiae]. **1567** *TN* 364b, y mae y chwi enneint [:– *wylment*] o ddywrth yr hwn ys y Sanctaidd. **1604–7** *TW* (*Pen* 228), *wylment* peruelus d.g. *Nicerotianum.* **1692** *RWM* ii. 1129, Cymraf *wylment* wrth gymmro, hyddysg (Morgan ap Hywel). **1722** *Llst* 189, *Wylment.* m. An unguent, thin ointment. **1778** *W*, Ennaint, vulgò *ŵylment* d.g. *Ointment.*

Amr.: **oelment** [dan ddyl. *oel*[1]]. **15g.** *GLGC* 229, Huw Dafi'n rhoi dau ofeg, / Wiliam Tew'n rhoi *oelment* teg. **1567** *TN* 153b, [y] tuy a lanwyt o arogl yr irait [:– *oelment*].

wylmentaf: wylmentu [bf. o'r e. *wylment*] *ba.* Eneinio: *to anoint.*

16g. *Cy* xxxi. 208, ar vair honno yn wir a *wylmentoedd* [*sic*] yr arglwydd ac wylment. *c.* **1585** *MCr* 85, hi a *wylmentoedd* [*sic*] draed yn Arglwydd ni. **1604–7** *TW* (*Pen* 228), *wylmentu* d.g. *perlino, Vnctito.*

Amr.: **oelmentaf: oelmentu** [cf. *oelment*]. *c.* **1730** *Thos. Lloyd D* (LlGC) 183a, *Oelmentu* G. 32.

wylnos, gw. **gwylnos.**

wylofain [bôn y f. *wylaf*: *wylo* + *-ofain*] *bg.a.* a hefyd fel *eg.* Llefain, cwynfan, galarnadu, wylo, crio; llef, cwynfan, galarnad: *to (be)wail, lament, weep, cry; a wail(ing), lamentation.*

13g. *BD* 205, ac adav eu gulat yn diffeith gan griduan a chvynuan ac *vylyouein.* **1346** *LlA* 117, Oɓɓy yna aallei diodef *ɓylouein* y seint neu vcheneideu ymeudɓyot. *c.* **1400** *ChO* 15, y tywyllwch eithaf, yn y lle mae *wylofein* a deincryt. **15g.** *BB* 138, Kerbyd y lluat [*sic*] agynhyrua zodiacum: ac yn *wylouein* y torrant pliades. **15g.** *GO* 49, Os wylo 'r wyd, salw yw'r wên, / Dilafvr yw d' *wylofen.* *c.* **1525** *GSC* [127], *Wylofain* wnaf fi lifoedd, / Alwynau dŵr, laned oedd [marwnad Tudur Aled]. **1551** W. SALESBURY: *KLl*

xiia, yno y bydd *wylouain* ac escyr/nygy danedd. **1588** *Gen* xxiii. 2, Abraham aeth i alaru am Sara, ac i *wylofain* am deni. **1588** 2 *Br* xx. 3, Hezecia a ŵylodd ag *wylofain* mawr. **1630** R. Llwyd: *LlH* 220, Mynych y ceir yn *wylofain* . . . wrageddos gweddwon truein. **1632** *D*, *Wylofain*, Lugere, efflere. **1703** E. Wynne: *BC* 90, Yma fil can mil o floeddiadau . . . draw *wylofain* crôch. **1753** G. Owen: *L* 82, disgwyl iddi drengi bob pen awr, ac *wylofain* a nadu o'i phlegid. **1803** *P*.

Amr.: **gwaelofain. 16g.** *Def Hen* 64. **gwylofain. 1615** R. Smyth: *GB* 281. **1699** T. Jones: *TP* 70. **1791** Gw. Mechain: *Rh* 111. **gwylofan. 18g.** *W Ballads* 164B, 5. **wyliofain. 13g.** *BD* 205. **wylofaint. 1567** *TN* 393b, ny welaf dim *wylofent* [:– 'alar, cwynvan, cwynofain].

wylofedd [*wylof(ain)* + *-edd*¹] *e?g*. Wylofain, cwynfan, galarnad: *a wail(ing), lamentation*.

15g. *CMOC*² 128, a'th lefain a'th *wylofedd*, / ac o'th fors gwae'r wraig a'th fedd [Dafydd ab Edmwnd i ddychanu ceilliau Guto'r Glyn]. **1632** *D*, *Wylofedd*, Luctus, ploratus. **1655** R. Jones: *PC* 101, *Wylofedd* ddarfod ddifrawd Caer / drwy Antioch daer ai phobloedd. **1775** *W* d.g. *Lamentation*. **1803** *P*.

wylofus [*wylof(ain)* + *-us*] *a*. a hefyd gyda grym enwol (ll. *-ion*). Yn wylofain, yn wylo, dagreuol, galarus, truenus, cwynfanus, hefyd yn *ffig*.: *wailing, weeping, tearful, doleful, pitiful, plaintive, also fig.*

13g. *B* ix. 336, ac en keissyav en *wylovus* gwynvanvs trugared duw. **14g.** *GDG*³ 3, A'th rwymiad creulon yn orthrymus—gaeth, / Mawr lefain a wnaeth Mair *wylofus*. *Dchr.* **15g.** *GM* 36, Santes Veir, nertha drueinyon . . . kymorth *wylouussyon*. **15g.** *GGl*² 62, *Wylofus* wyf fal afon, / Wylais waed ar wely Siôn. **15g.** *HCLl* 53, A'th ddillad â lliwiad llus, / A'th lefain, iaith *wylofus*. **1551** W. Salesbury: *KLl* xb, A llawenhay gyd a rhei llawen / ac wylo gyd ar *wylufos* [*sic*]. **1632** *D*, *Wylofus*, Plorabundus, lachrymosus. **1677** R. Jones: *BB* 221, Och pa gyndyn, ie pa *wylofus* glefyd yw'r anheimlad ar caledrwyd [*sic*] calon hwn! **1733** J. Owen: *TBG* 23, wrth ystyrjed mor isel ac mor *wylofus* yw cyflwr y dynion hynny. **1793** Dafydd Ionawr: *CD* 124, Hyd entyrch codai yntef / *Wylofus* alarus lef. **1803** *P*. Ar lafar, ''Odd 'i'n dishgwl yn *wylofus* ar bawb', *GTN* 837.

Amr.: **gwaelofus** [cf. *gwaelofain*]. **16g.** *Def Hen* 25. **gwylofus** [cf. *gwylofain, gwylofan*]. **1728** *GMJ* 39. **1770** P. Williams: *BS*, 2 *Sam* xi. **1798** D. William: *GMS* 25.

wylog [bôn y f. *wylaf*: *wylo* + *-og*] *a*. Yn wylo, dagreuol: *weeping, tearful*.

1851.

wylun [*wy*¹ + *llun*¹] *a*. Ar lun wy, hirgrwn: *ovate, ovoid, oval*.

20g.

wylwr [bôn y f. *wylaf*: *wylo* + *-wr*] *eg*. ll. *-wyr*. Un sy'n wylo: *weeper*.

1604–7 *TW* (*Pen* 228) d.g. *plorator*. **1632** *D* d.g. *Plorator*. **1794** *W* d.g. *Weeper*.

wyll, gw. ill.

ŵyll, *eb.g.* (b. *wylles*) ll. *wylliaid*. Ellyll, drychiolaeth, hefyd yn *ffig*.; tylluan (wen); (?geir.) gwrach, un o'r tylwyth teg: *goblin, apparition, also fig.*; (*screech*) *owl*; (?*dict.*) *witch, fairy*.

14g. *GDG*³ 76, *Ŵyll* ffladr a gân i'r lladron, / Anffawd i'w thafawd a'i thôn [i'r dylluan]! *id.* 179, Mynychglap, mewn mynachglos, / Melin *ŵyll* yn malu nos [i'r cloc]. **14g.** *GIG* 147, Ni bo, *wyll* gyflo geuflong, / Hawddamawr ar llawr y llong. **14–15g.** *IGE*² 332, Truth *ŵyll*, onid tra'th eilliwyf / Tebygach i fwbach wyf [Rhys Goch Eryri i'r farf]. *c.* **1400** *R* 1344. 18–19, *wyll* utvaỽr tra maỽr trimỽs. ?**15g.** *WLl* 243, Llawena clowa val cloch / Llais yffroc *wylles* ffriwgoch [i'r gog]. **15g.** *GTP* 42, Eilun gweirfforch, lawn gorffwyll, / Yn gwarchad ei wlad fal *ŵyll*. **15g.** *HCLl* 71, Trem *ŵyll* yn tramwy allan [i erchi âb]. **16g.** *Pen* 76, 76, kyrchwen *wyll* mewn kyrochan ia / kar yddiorwc kiwr ddera [Robin Leiaf i'r dylluan]. **1547** *WS*, *Wyll* A night mare. **1588** *Eseia* xxxiv. 14, yr *ŵyll* a orphywys yno hefyd. **1604–7** *TW* (*Pen* 228), yr *Wylh* d.g. *Larua*. **1632** *D*, *Wyll*, Strix, ephialtes. **1722** *Llst* 189, *Wyll*. f.p. *Wylliaid*. A fairie. **1766** *CD* 133, Dae wylliad or Nogŵyll, / Awyddus a redai fel yr *ŵyll*, / Ac a chwithig neidiai arno [march], / Ac a Sowdl frathai ynddo.

Amr.: **gŵyll** (ll. *gwyll(i)on*). **1547** *WS*, *Gwyll* a bletha vwng kephyl Nyght mare. **1632** *D*, *Gŵyll*, Strix, lamia, larua. **1770** *TG* iii. 10, Nid ofnaf ddewinion, 'does bryder ysbrydion, / Na gwilliaid na *gŵyllion* [:– Schriech [*sic*] Owls, Adar y Corph], rai blinion eu bloedd. **1773** *W*, *gŵyll* (pl. *gwyllon*) d.g. *Goblin*. **gwylles** (*eb.*). *c.* **1859. rwyll** [< *yr ŵyll*]. Ar lafar gynt yn sir Ddinb. yn yr ystyr 'a kind of bogy or bugbear', *B* i. 333.

wymed, ŵyn, gw. wyneb, oen.

wyna [bf. o'r e. ll. *ŵyn*] *bg*. Bwrw oen, oena; casglu neu gardota ŵyn, hefyd yn *ffig*.: *to lamb; gather or beg for lambs, also fig.*

14g. *GIG* 67, Yta ac *wyna* a gawn, / Rhad drwy'r Berfeddwlad fuddlawn. **14–15g.** (*Diw*. **16g.**) *Gwyn* 3, 169, Lliw briw bras hwyr-was herwa llawr llethr-graig / llodr-ddraig erynaig a ŵyr *ŵyna* [Rhys Goch Eryri i'r llwynog]. **15g.** *GDLl* 151, *Wyna*, defeitia, da fydd, / Arianna holl Feirionnydd. *id.* 161–2, Defeitia pawb yma y bu, / Ac *wyna* a goganu. **15g.** *GGl*² 91, Achos hyn, o chais *wyna*, / Ni chaiff i'm gwlâd ddafad dda. **15g.** *GGM* [84], Ceinioca bu'n gynta' gwaith, / Yta ac *wyna* ganwaith [Dafydd Llwyd i yrru Llywelyn ap Gutun at Werful Mechain yn llatai]. *id.* 93, Da oedd gael dyddiau gwylion / Gwin a medd ac *wyna* ym Môn; / *Wyna*, defeita eto, / Gwynedd fraisg, gyfannedd fro. **1803** *P*, *Wyna* . . . To collect lambs. Ar lafar, ''Ches i'm noson o gwsg drw'r tymor *wyna* 'leni' (sir Ddinb.).

wyne, gw. oen.

wyneb, gwyneb [H. Gym. *enep*, H. Grn. *eneb*, gl. *pagina*, H. Lyd. a Llyd. C. *enep*, Llyd. Diw. *eneb*, H. Wydd. a Gwydd. C. *enech*, Gwydd. C. *ainech*: ? < **enik*^{u}*ā*, o'r gwr IE. (ə)*ok*^{u}- 'gweld' gyda'r rhgdd. *(ə)*en*(*i*)- 'mewn', Gr. ἐνώπια; *wyneb* ? < **ēnik*^{u}*ā* < **eenik*^{u}*ā* < **ep-enik*^{u}*ā* gyda'r rhgdd. ychwanegol *(ə)*ep*(*i*)- 'ar, agos'; cf. H. Gym. *leteinepp* (gw. d.g. *lledwyneb*)] *eg*. ll. *-au*, *-ion*.

1. Blaen pen dyn neu anifail o'r talcen i'r ên, wynepryd; golwg (yr wyneb), gwep: *face, countenance; expression (of the face), grimace*.

10g. (*Ox* 2) *ESC* [1], ham hol *enep*, gl. *totam faciem meam*. **12g.** *GCBM* i. 62, Ac a dan rutem, ruteur vodrwy, / Ac uch *wynep* gwynn, gwineu uagwy. **12–13g.** *GLlLl* 96, O'th gynnygyn, gynnogyn bydin, / Nyd uch *wyneb* neb no'e lin. **13g.** *LlI* 96, Teyr kreyth gogyuarch ysyd: un ar *vynep* ac arall ar llau a'r tryded ar troet. **13g.** *BD* 115, Emchuelut a wnant pob eilwers eu *hvynebeu* (*Auertent mutuo a sese facies*). **14g.** *YBH* 12b, Sef a wnaeth hitheu yna ellỽg y dagreu yn hidleit yny wlychaỽd y *hỽyneb* hi oll gan y dagreu. **14g.** *GDG*³ 104, Mi a'th gaf, addwyn *wyneb*, / Fy nyn, pryd na'th fynno neb. *id.* 130, A'm *wyneb* at y ferch goeth / A'm gwegil at Dduw gwiwgoeth. **15g.** *DE* 46, banhadlen ywch yr *wyneb* / bron bele lliw sioppe sieb. **1545** Elis Gruffydd: *Ll* 53, ynn erbyn kochnni o'r *wyneb* a'r trwyn ar a vo yn kodi ynn blorynod. **1588** *Pr* vii. 30, doethineb gŵr a lewyrcha ei *wyneb*. **1595** H. Lewys: *PA* [249], Poerwyd yn *dwyneb* purwyn / Parod twyll fu 'r poeriad hynn. *c.* **1630** *Y* 60 (amr.), amlwg fydd trwyn ar *wyneb*. **1632** *D*, *Wyneb*, Facies, vultus. *id.* Y lliw a ddŷd gwragedd ar eu *hwynebau* i'w gwneuthur yn dêg d.g. *Offucia*. **1753** G. Owen: *L* 30, Mae'r frech wenn . . . yn britho llawer *wyneb* yn y parthau hyn. **1764** W. Williams: *Th* 18, Ei *wyneb* gynt fu wridog, oedd heddyw'n ddrych o'r bedd. **1800** *P*, *Gwyneb*, s. m. pl. t. *au* . . . A face, a countenance. **1803** *id.* d.g. *Wyneb*. Ar lafar, 'Ma hi 'fo clamp o graith ar 'i *gwuneb*', ''Odd 'i'n werth gweld 'u *gwnebe* nw ar noson Guto Ffowc', 'Ma'r baswr 'ne'n gneud *gwnebe* ofnadwy wth ganu' (sir Ddinb.); ''Odd *gwinab* y cradur yn depyg i fwnci', *GTN* 456.

2. Arwyneb, arwynebedd; blaen, ochr dde (defnydd, &c.), ochr; genau neu agoriad cynhwysydd, &c.: *face, surface, area; front, right side (of material, &c.), side; mouth or opening of container, &c.*

12g. *GLlF* 74, Y daỽ pob pysc o'e odeb / Hyt ar *wyneb* yr eigaỽn. **12g.** *GCBM* ii. 48, Mur moreb deu *wyneb* Dyfnant. **13g.** *BD* 108, bwch y serchavl gastell . . . yr hwn a chuyth o'e froeneu y ueint wybren yny dywyllao *vyneb* yr holl enys. *c.* **1400** [*RB*] *WM* td. 98. 43–4, allenn o pali ar *wyneb* y gerwyn. *c.* **1400** *R* 1046. 24, ar *wyneb* y gỽellt y gỽaet. *c.* **1400** *MM* 114, Trwnc yr heint gỽres . . . megys gỽadaỽt a nywlen ar y *wyneb*. **15g.** *Cy* iv. 116, ac ykyuodant deugeint cupit o vchter o iar *ỽynebeu* yr holl creigyth. **1567** *TN* 194b, Iupiter, yr hwn ytoedd ger *wynep* y dinas. **1588** *Gen* i. 2, yspryd Duw yn ymsymmud ar *wyneb* y dyfroedd. **1588** 2 *Sam* xvii. 19, Yna y wraig . . . a ledodd glawr ar *wyneb* y pydew. **1604–7** *TW* (*Pen* 228), blaen y gâd . . . *wynep* y drin d.g. *Acies*. *Dchr.* **17g.** *J* 10, 100a, *Gwyneb* y dwr. Summum aquæ. **1632** *D*, bod ar *wyneb* y dwr d.g. *Fluctuo*. **1725** D. Lewis: *GB* 140, Y mae'r Ddaear yn Bêl fawr iawn . . . Y mae o dautu 8 Mîl o Drwch, 24 Mîl o Gwmpas, 200 Miliwn o *Wyneb*. *c.* **1762–79** W. Williams: *P* 442, gwastadhâu *wynebau* eraill â plane neu siswrnau. **1774** H. Jones: *CH* 37, mae 'r aradr . . . yn troi 'r tu pridd i fynu ir [*sic*] *gwyneb*. **1776** *W* d.g. *The mouth of a cup*. **1803** *P*, *Wyneb* . . . a surface. Ar lafar, 'ar *wunab* y môr', '*gwunab* y dorth', *WVBD* 192; '*gwinab* y tŷ cwrdd', 'tringad drŵs *winab* y graig', 'Ma dou *winab* 'run peth gin y dunydd 'yn'', 'P'un yw *gwinab* y dunydd 'yn?', *GTN* 455–6. Digwydd hefyd yn y diwydiant glo yn yr ystyron 'ffas', 'talcen', *Geir Glo* 11 (ardal Rhosllannerchrugog); ac yn yr ystyr 'banc', *ib.* (gorllewin Morg.).

3. (*a*) (enghrau. *ffig.* ac mewn cyd-destun *ffig.*: *fig. exx. and exx. in a fig. context*).

12g. *GLlF* 507, Haỽt y baỽp a thi y'th *wyneb*—am vut / Ymueityaỽ am attep. **15g.** *GLGC* 410, Madws ym, fal am dai Sieb, / adref yno droi f'*wyneb*. **15–16g.** *TA* 4, *Wyneb* wedi neb ydwyd, / *Wyneb* y dawn, Abad wyd. **1547** *WS* [xix], T / hefyd a wna yr vn *wyneb* i Sais a chymro val hyn tresure tresuwr trysor. **16g.** *TRP* 134, rwng synwyr a doethineb / ewch i *wyneb* y gogledd. **1551** W. Salesbury: *KLl* xxixa, ac o bleit hyn y caledeis vy *wynep* val y mayn callestr. **1588** *Gen* iii. 19, Trwy chwŷs dy *wyneb* y bwyttei fara. **1588** *Ecs* xxxiii. 14, fy *wyneb* a gaiff fyned gyd a thi. **1588** 2 *Sam* x. 9, Pan ganfu Ioab fod *wyneb* y rhyfel yn ei erbyn ef ym mlaen, ac yn ôl. **1703** E. Wynne: *BC* 7, Ond wrth feddwl fod y *wynebeu* a adwaenwn i wedi eu claddu. **1790** T. Jones: *TOS* 114, nid yw hynny ond ar *wyneb* ei enaid (*in the surface of his soul*) yn unig. Ar lafar, ''r hen *wunab*!' 'implying ugliness', *WVBD* 192.

(*b*) Anrhydedd, parch, statws, safle: *honour, respect, status, position*.

12g. *GMB* 73, Goreu gỽeith gwynnyeith a'e gyweithyt / Pan gedwis y *wyneb* heb gewilyt. **12–13g.** *GLlLl* 287, Nef y'r gwr, arwr eur ossep—kerddeu, / Ny dduc card e *wynep*. **13g.** *A* 6. 8–9, mab syvno. sywyedyd ae gwydyei. a werthws e eneit er *wyneb* grybwyllyeit. **13g.** *B* iii. 26, Nybit *uyneb* menabo ouen. **14g.** *T* 71. 3, Ystic y*ỽyneb* nyt estỽg yneb na chymry na Saesson. **14g.** *WM* 470. 29–31, Mynet awnaf. i. at*hỽyneb* di adygaf. i. genhyf. **14g.** *GDG*³ 5, Gwae fi, Dduw Tri, pond trahaus—i neb / Gwerthu dy *wyneb*, gwyrth daionus? *c.* **1400** *YCM*² 146, Ac o'r ryw dyrnodeu hynny y kynhalwn ni *wyneb* y Freinc. *c.* **1400** *R* 1037. 7–8, O diegyd athwelwyf. oth ryledir ath gỽynnỽyf [*sic*]. na choll *wyneb* gỽyr argnif. **1551** W. Salesbury: *KLl* xlib, nad yw Deo yn derbyn wrth yr *wy/nep*. **1588** *Deut* xxviii. 50, Cenedl wynebgaled, yr hon ni dderbyn *wyneb* yr henafgwr.

(*c*) Hyfdra, haerllugrwydd, beiddgarwch, digywilydd-dra: *effrontery, impudence, audacity, shamelessness, cheek*.

c. **1400** [*RB*] *WM* 241. 32–5, Lunet heb yr iarlles py *wyneb* yssyd arnat ti. pryt na delut y edrych y gofut auu arnafi. **16g.** Wiliam Llŷn: *Gw* (R. Stephens) 567, Gŵr mawr fu'n ei gaerau medd: / Enwog enw, Owain Gwynedd. / . . . / Athrod fyth ar wawd a fyn, / A thrydar mwy no thridyn. / Wynebwr yw a wna brad, / Wynebus, fal hen abad. / Ni bu 'rioed *wyneb* ar ŵr / Fwy'i raib, oni bai freibiwr. **1675** R. Jones: *HCh* 109, A pha *wyneb* gan hynny y meiddia pechadur anedifeiriol . . . ryfygu cymmeryd y corph hwnnw a ddrylliwyd . . .? **1677** R. Jones: *BB* 100, Eithr oblegyd fod yr *wynebau* gennych i ddywedyd yn erbyn Duw 'r gwirionedd. **1754** R. Rees: *GGG* 12, pa fodd y gallasai Dynion . . . gael y *Wyneb* i lefaru mor hŷ. Ar lafar, ''Odd gynno fo *wunab* o gastîl yn deud hynna wrtha' i' (Arfon); ''Todd gynni hi *wuneb* yn dod yma i ofyn am bres?' (sir Ddinb.); ''Fasa fa ddim o'r *winab* i ofyn siŵ' beth, 'os bosib!', *GTN* 455.

Amr.: **chwyneb. 1851 (1878)** W. Rees: *LlHFf* 82, rhoid cywloge mawr iddun nhw, am neythud dim ar *chwyneb* ton y ddyar yma. Ar lafar, '*chwunab*', *WVBD* 192. **wymed, &c. 1617** *Minsheu* 296b, Masg ne *wumed*-gudd d.g. *a Maske*. **1718** *CCC* 4, Bid drwg bid da fo'i Weithred, / Hi'm ddengys [*sic*] yn ei *Wymed*. Ar lafar, 'Be' 'di'r hôl 'na sy ar dy *wumad* di?', *WVBD* 210; 'hen *wumad* piblyd', *id.* 428; 'pwtsian dŵr ar ych *gwumad* chi', *id.* 449; 'Fe bletiff a chi nes bo fa 'n [dd]u yn i *wymad*', *LlGC* 1171, 149 (Morg.); hefyd yn y ff. *chwumad*, *WVBD* 192; ac yn y ff. *wmed* yng ngodre Cered., sir Benf., a sir Gaerf.

Cfn.: **(g)wyneb a chefn:** (*on*) *both sides* (*of paper, &c.*). **1588** *Esec* ii. 10, Ac efe ai dadblygodd o'm blaen i, ac yr oedd efe wedi ei scrifennu *ŵyneb, a chefn* [am blyg llyfr]. **1632** *D*, a sgrifennwyd *wyneb a chefn* d.g. *Opisthographus*. **1760** *ML* ii. 257, chwilio *gwyneb a chefn* y tudded. **wyneb a gwrthwyneb, wyneb yng ngwrthwyneb, wyneb wrthwyneb,** &c.: (i) *in the form of an antimetabole, with interchangeable half lines* (*of cynghanedd*). **1561–2** *DN* 119, Pennyll *wyneb a gwrthwyneb*. / D'alw ydwy gida delwad. **1593** W. Midleton: *B* 6, kroesgynghanedh gyfan rywiog . . . gellir i throi *wyneb yngwrthwyneb*. fal y rhai hynn. / Am hen iarll mae hynn o iawn. L.M. / I farnu a fu arnynt. **1595** *Egl Ph* 67, Dulh aralh ar dhadymchoeliad y sydh, pann adrodhir geiriau *wyneb y gwrthwyneb*. Gwrthnewid yw ei henw. Eghraph. Bid yw'ch chwech bywyd o'ch iaith, / Be delech heb y dalaith. / Bywyd o'ch iaith bid yw'ch chwech, / Heb y dalaith pe delech.

1759 *BC* 226, Carol i Noswyl Fair . . . i'w ganu *Wyneb y Gwrthwyneb.* (ii) *thoroughly; inside out, upside down, back to front, in the reverse order.* **1780** *W*, Cribo . . . *wyneb a gwrthwyneb* d.g. *To rake fore and aft. id.* chwilio peth *wyneb a gwrthwyneb* d.g. *To ransack. id.* a fo *wyneb yngwrthwyneb* d.g. *Preposterous [having that before which should be behind, &c.].* **1788** B. EVANS: *LlG* 44, [curo]'r hen Wr, *Wyneb a Gwrthwyneb*, heb adael cymmaint a Gair da iddo. **wyneb ar wyneb:** *face to face.* **14g.** *B* x. 54, ymlad a'm gwrthwynepwyr *wynep ar wynep.* **(g)wyneb blwyddyn, (g)wyneb y flwyddyn:** *spring, springtime.* **1595** H. LEWYS: *PA* 119, *Wyneb blwyddyn* syd' fwy cymeradwy, hyfryd, a chroesafus genym. **1604–7** *TW* (*Pen* 228), *wynep blwydhyn* d.g. *Vernatio.* **1704** T. JONES: *Alm* [28], [T]uag *wyneb y flwŷddŷn.* **1728** T. BADDY: *DDG* 78, nes i *Wyneb blwyddyn* eu cymmell allan i w hunrhyw Daith. **(g)wyneb daear, wyneb y ddaear:** *the surface of the earth.* **12g.** *GLlF* 76, Ar *wyneb daear* dybi. **14g.** *T* 37. 14–15, Mɓyhaf y vanyar ar6yneb dayar. **1630** *YDd* 72, yr hon fan y mae rhai . . . yn adrodd ei fod yn gannolbarth *wyneb y ddaiar.* **1725** D. LEWIS: *GB* 276, Tynnell ar *wyneb y Ddaear*, os codir 4 Mil o Filldiroedd, ni bydd ond Cwarter. **18–19g.** *Iolo MSS* 187, yn cloriaw *gwyneb daear.* Ar lafar, ''Wn i ddim ar *wunab y ddaear*', *WVBD* 192; 'Lle ar *wuneb y ddaear* ŵt ti 'di bod?' (sir Ddinb.). **(g)wyneb gosod:** *mask.* **1604–7** *TW* (*Pen* 228), dyn wedy 'mdhioli . . . ag *wynep gossot* d.g. *Larvatus.* **1632** *D*, vn ag *wyneb gosod* iddo d.g. *Larvatus.* Ar lafar yn y ff. *gwunab gosod* (Meir.). **Wyneb Gwrthucher:** *name of Arthur's sword.* **14g.** *WM* 459. 34–5. **wyneb wrthwyneb,** gw. *wyneb a gwrthwyneb.* **(g)wyneb (yr) haul:** *the direct rays of the sun, sunlight, (broad) daylight.* **1545** ELIS GRUFFYDD: *Ll* 4, Kymer ledyr gwyn a gwna'r gennav ynn ddiddos, a hrwym ef . . . ac edau ac ynaa dod ef mewn tyuod maan vwchlaw'r hanner mewn man diddos yn *wyneb yr haul. a.* **1561** *B* vi. 49, defaid a ddlyant gael tir ynechray y gwanwyn . . . a'y troi y gayaf y gael *wyneb hayl. ib.* kadw dy wenen yn dda, a gwybydd vod y llestri yn ddiddos, a gosod di hwynt yn *wyneb hayl. c.* **1785–90 (1829)** *CBYP* xviii, Yng *ngwyneb haul* a llygad Goleuni. **18–19g.** *Iolo MSS* 61, edrych yn *wyneb haul* a llygad Goleuni. Ar lafar, 'Ma'r blotyn 'yn yn lico bod yng *ngwinab yr 'oul'*, *GTN* 455. Bydd Gorsedd Beirdd Ynys Prydain yn cyfarfod 'yn *wyneb haul* llygad goleuni'. **(g)wyneb hir:** *long face (lit. and fig.).* **14g.** *BT* 93–4, gwallt melyn pen grych ydaw. *wyneb hir.* llygeit mawr rudleissyon llawen. Ar lafar, 'tynnu *gwunab hir*', *WVBD* 192; ''Ath y cyfweliad ddim yn dda 'dw i'n siŵr, 'odd gynno fo *wunab hir* yn dŵad allan' (Arfon). **wyneb,** &c., **maidd:** *type of cheese made from boiled whey and milk.* **1848.** Ar lafar, '*wyneb maidd*', '*wmed maidd*', *Geir Geg* 27 (godre Cered., sir Gaerf.). **(a'i) wyneb i wa(e)red:** *upside down, face downwards, in an inverted position; all over the place, up and down. c.* **1400** *YSG* i. 147, ef a syrthyawd Lawnslot y'r llawr, *a'e wyneb y waeret*, yn y lewyc. **1545** *CM* 1, 344, Kymer bott arall o bridd Adod y pott . . . ai dinn [*sic*] I vynv ac *ai wyneb I waredd* [*sic*]. *Diw.* **16g.** *WLB* 28, a chymer y kawg ar hufen wrtho a dod *ai wyneb i wared* ar warthaf yr osgyd. **1632** *D*, A fo *â'i wyneb i wared* d.g. *Pronus.* **1775** *W*, Gorwedd *â'i wyneb i waered* d.g. *To lie flat.* Ar lafar, 'Mi drodd y car *wyneb i waered* yn y ddamwain'; 'whilo *wmed-i-wared* am yr hwrdd', *GDD* 321. **wyneb pryd,** gw. *wynepryd. Sein.* **wyneb y tafod:** *front of the tongue (in phonet.).* **20g.** **wyneb teip:** *typeface.* **20g.** **wyneb yng ngwrthwyneb,** gw. *wyneb a gwrthwyneb.* **wyneb yn wyneb:** *face to face, facing (each other), opposite; confronted with, up against.* **13g.** *LlI* 48, guedy e delher *uynep en uynep*, yaun yu y paub eysted en e le. **14g.** *WM* 479. 26–7, Kadeir a dodet y danaᴗ *vyneb yn vyneb* ac ef. **14g.** *GDG*³ 173, Petem, fi a'm dlifem dlos, / *Wyneb yn wyneb* nawnos. *c.* **1400** *DB* 47, Ac a elwir Ciclades, pedeir ynys ar dec ar hugeint yssyd *wyneb yn wyneb.* **15g.** *BB* 7, agwedy dyuot ydeu lu *wyneb yn wyneb.* **1551** W. SALESBURY: *KLl* xvb, yno y cawn welet *wynep yn wynep.* **1618** J. SALISBURY: *EH* 94, mae fe'n ymdhangos eihun i'w weled, *wyneb-yn-wyneb* i'r Angylion. **1632** *D*, *wyneb yn wyneb* d.g. *Coram.* **1703** E. WYNNE: *BC* 69–70, Rhwymwch y ddau, *wyneb yn wyneb*, gan eu bod yn hên gyfeillion. **1740** T. EVANS: *DPO* 108, Siarad *wyneb yn wyneb* . . . a'ch Brenhinol uchelder. **1776** *W* d.g. *Mouth to mouth.* Ar lafar, 'Nw ddethon' *winab yn winab* yn Gardydd', *GTN* 455. Gw. hefyd *yn wyneb wyneb.* **o flaen (g)wyneb:** *in front of, in the presence of, before.* **1588** *Deut* xxviii. 31, dy assyn a ddugir drwy drais *o flaen* dy *wyneb.* **1588** *Luc* vii. 27, wele yr wyf yn anfon fyng-hennad *o flaen* dy *wyneb*, yr hwn a drefna dy ffordd. *c.* **1621** *CRC* 143, Mi a ddyga *o flaen* i *wyneb* / fy nôt or holl gyttvndeb. **1661** E. LEWIS: *Drex* [xv], ni charaf ganmol neb *o flaen* ei *wyneb.* **1672** J. LANGFORD: *HDdD* 152, os canmolir fi, rhaid i hynny fôd naill ai *o flaen yngwyneb*, neu yn ôl fynghefn. **1803** *P*, Traç . . . Canmawl doeth traç ei gevyn, a merç *o vlaen* ei *gwyneb.* Adage. **yn(g ng)wyneb:** *in the face of; in front of, in the presence of, before; facing, opposite; against; in view of, confronted with; face to face. c.* **1400** *Ked AA* 15, A dyhunaw a wnaethant ac edrych *yn wyneb* eu tat. **15g.** *GDID* 123, Y fun a wnaeth fwy no neb / O weniaith *yn* fy *wyneb.* **16g.** *Mos* 113, 43, achos bod pob kongl *ynn wyneb* i gilydd. **17g.** HUW MORUS: *EC* i. 63, Ni wnei weniaith *yn wyneb*, / Nac absen ffol yn ol neb. **1710** *LlGG* (*Gos*) 17, Ac hefyd i bob Cangellwyr . . . *yn wyneb* y Llŷs . . . gymmeryd yr un Llŵon. **1740** T. EVANS: *DPO* 120, Dydd dû *yn* ei *wyneb*, a phob Bradwr câs megis yntef. **1791** B. EVANS: *AD* 31, Y mae ei haeriad . . . mae prif a phriodol Ystur y gair Baptizo . . . yw trochi . . . Onid yw Dyn . . . a gamdystiolaetho *yn wyneb* y Geiriau mwyaf eglur, yn gwneud ei hun yn Wrthddrych cwbl anheilwng o'u [*sic*] gredu. Ar lafar, 'deud rwbath *yn* ych *gwunab* (noeth)', 'gneud rwbath *yn wumad* y gyfrath' 'in the face of, against the law', *WVBD* 192; 'Well gin' i i rywun ddeud *yn* 'y *ngwunab* i nag yn 'y nghefn i', 'siarad *yn wunebau*'i gilydd' 'to speak face to face' (Arfon); 'Mi ddudis i wtho fo *yn* 'i *wuneb* 'mod i'n gwbod 'i fod o'n deud clwydde' (sir Ddinb.). Gw. hefyd *wyneb haul.* **yn wyneb wyneb:** *face to face.* **1657** *MLl* ii. 122, Anrhaethadwy yw 'r ddoethineb / Ai gwnaeth oll *yn wyneb wyneb.* **1713** D. THOMAS: *TSC* 4, cawn rodio'*n wyneb wyneb* ymhresenoldeb Duw. Gw. hefyd *wyneb yn wyneb.*

Gw. hefyd **wynebyn.**

wynebaf, gwynebaf: (g)wynebu [bf. o'r e. *wyneb*, *gwyneb*] *bg.a.*

(*a*) Edrych tuag at, bod wyneb yn wyneb (â), bod gyferbyn (â), hefyd yn *ffig.*; annog, cefnogi: *to face, look towards, confront, be opposite, oppose, also fig.*; *encourage, support.*

15–16g. *TA* 414, *Wynebai* a fynnai fo, / Pe 'r trawst, ef a'i praw trosto [i ofyn march]. **16g.** (*LlEG*) *Mos* 158, 36a, Yn gymaint ac vdduntt twy *w/ynebu* I llu amynned ynn ddisymwth am ben ywain ai bobyl. **1567** *LlGG* (*Sall*) 22b, Gwyn ei vyt y gwr y gynner [*sic*] yr Arglwydd yn ei ymddiriet, ac ny *wyneba* [:- edrych, thry] at y beilchion. **1588** 1 *Sam* xiv. 47, yn erbyn pwy bynnac yr *ŵynebodd*, efe ai gorchfygodd hwynt. **1620** *Eseia* lvi. 11, *wynebant* oll at eu ffordd eu hun. **1632** *D*, *Wynebu*, Aspicere, respicere. **1701** E. WYNNE: *RBS* 16, fel y *wynebech* at Ogoniant Duw. **1759** J. EVANS: *PF* 11, mannau yn ei Lyfrau a oedd yn *wŷnebu* gormod (*too much countenanced*) ar y dull diweddar. **1764** W. WILLIAMS: *Th* 11, Yn hyfryd yn *wynebu* yn un blaid tua'r ne'. **1772** D. RISIART: *HFP* 197, Fel Caleb yn hu, *wynebwn* y llu, / Hwy faeddwyd gan Iesu ar Galfari fry. **1777** H. JONES: *M* 77, y mae eu hanwybodaeth, a'u gweithredoedd yn gelyr dystio eu bôd yn cefnu ar y nefoedd, ac yn *gwynebu* tu ag uffern. **1790** M. WILLIAMS: *BM* [27], Plannwch bŷs a ffa cynnar mewn tir sych, a fyddo'n *wynebu* a'r haul. **1800** *P* d.g. *Gwynebu.* **1803** *id.* d.g. *Wynebu.* Ar lafar, ''Thala ffon ddim i *wunebu* taith yn yr hen amsar', *WVBD* 192; ''Fedra' i ddim *gwunebu* mynd i'r capal bora 'ma' (Arfon); 'Ma'r 'en dai i gyd yn *gwinepu* sia'r de', ''Dyw 'i 'riôd o'r blæn wedi gorffod aros i *winepu* dynnon ar ôl ffraeo sia nhw', *GTN* 449.

(*b*) Gorchuddio (arwyneb), rhoddi haen ar; rhoddi ffesing ar (ddilledyn): *to face, coat, overlay; face (garment).*

1606 E. JAMES: *Hom* ii. 209–10, Rhaid i ni gael vn gŵn y dydd ac vn arall y nôs . . . vn a dwbl drwyddo ac vn arall wedi *wynebu* (*faced*) ei ymmylau yn vnig. **1728** T. BADDY: *DDG* 44, [d]au ddrws . . . y rhain a *wynebwyd* (*well lined*) yn ddwys a haiarn cerfiedig. *ib.* y lle meddant hwy a ganwyd ein Jachawdwr ynddo, yr hwn a *wynebwyd* (*lined*) a meini clais. **1800** W. OWEN[-PUGHE]: *CP* 54, gwneir yno gloddiau pur gryno gan *wynebu* (*facing*) y clawdd â cheryg.

Amr.: **wmedu** [cf. *wmed* (gw. d.g. *wyneb*)]. Ar lafar yn sir Benf.

wyneb-agored, gwyneb-agored [*wyneb, gwyneb*+*agored*¹] *a.* Agored, didwyll a diffuant; digywilydd: *open, open-faced, frank; barefaced.*

1846.

Amr.: **wyneb-egored** [cf. *egored*]. **1799** DAFYDD IONAWR: *MB* 36, A Gwir *wyneb-egored*, / Heb fraw, a'u dwy law ar led.

wynebaidd [*wyneb*+*-aidd*] *a.* Dymunol; da ei safle (am le): *pleasant; well-situated (of place).*

16g. RHISIART FYNGLWYD, &c.: *Gw.* 142, Y dyn glew wyd, dan ei glod, / Oedd *wynebaidd* i'dd 'nabod. **16–17g.** LLYWELYN SIÔN, &c.: *Gw* 497, gwiwlan yw domas galon dwymaidd, / glain gwynn a naythwyd, glan gwnithaidd. / gwelwn oi nabod, glan *wynebaidd* / gwisg i liw'n llonnwych, gwas glan llynnaidd. **18–19g.** *Llr C* 16, 166, *Wynebaidd*, having a good aspect, lle *wynebaidd*, a well situated place, of good site.

wyneb-bresaidd, wynebdaenaf: wynebdaenu, gw. **wyneb+presaidd, taenaf: taenu.**

wynebddalen, gwynebddalen [*wyneb, gwyneb*+*dalen*] *eb.* ac yn eithradol *eg.* ll. *-nau.* Dalen ar ddechrau llyfr sy'n nodi'r teitl, yr awdur, &c., dalen deitl, blaenddalen; wynebddarlun; hefyd yn *ffig.*: *title-page; frontispiece; also fig.*

c. **1720** *CH* [3], crybwyllir am danynt yn *wynebddalen* y llyfr hwn. **1725** *SR*, *Wyneb dalen* [*sic*] d.g. *A Frontispeice* [*sic*].

wynebddarlun [*wyneb*+*darlun*] *eg.* ll. *-iau.* Darlun sy'n wynebu dalen deitl llyfr neu un o'i raniadau: *frontispiece.*

1916.

wynebddewin [*wyneb*+*dewin*] *eg.* ll. *-iaid.* Arbenigwr mewn ffisiognomi, dewin wyneb: *physiognomist.*

1780 *W* d.g. *Physiognomer.*

wynebddewiniaeth [*wyneb*+*dewiniaeth*] *eb.* Ffisiognomi: *physiognomy (art).*

1780 *W* d.g. *Physiognomy.*

wynebddrych, wynebddu, wynebdduaf: wynebdduo, gw. **wyneb+drych, du, duaf: duo.**

wynebddull, gwynebddull [*wyneb, gwyneb*+*dull*] *eg.* ll. *-iau.* Wynepryd, pryd a gwedd, hefyd yn *ffig.*: *physiognomy, lineaments, (facial) appearance, also fig.*

1809.

wynebddysg, gwynebddysg [*wyneb, gwyneb*+*dysg*] *eb.* Ffisiognomi: *physiognomy (art).*

1845.

wynebedd, gwynebedd [*wyneb, gwyneb* +*-edd*¹] *eg.* ll. *-au.* Wyneb, arwyneb: *surface.*

1774 H. HARRIS: *CHH* 20, [d]yfod i fynu oddi tan feichiau, a phrofedigaethau trwy foddion cnawdol, a thymmerau ar *wynebedd.* **1800** *P*, *Gwynebez* . . . A superficies.

wyneb-egored, gw. **wyneb-agored.**

wynebfesur, gwynebfesur [*wyneb, gwyneb*+*mesur*¹] *eg.* ll. *-au.* Arwynebedd; *Math.* sgwâr (rhif): *area, surface area, superficial measure; a square (number, in math.).*

1825.

wyneb-galed, gwyneb-galed [*wyneb, gwyneb*+*caled*] *a.* Digywilydd, haerllug, hy: *barefaced, brazen-faced, shameless, impudent, cheeky.*

1588 *Deut* xxviii. 50, Cenedl *wyneb-galed*, yr hon ni dderbyn wyneb yr henafgwr. **1588** *Esec* ii. 4, Meibion *wyneb-galed* hefyd, a chadarn galon. **[1745]** W. ROBERTS: *FJM* 10, Fod rhagor mawr rhwng Mab Duw ei hun, / A Gelyn o ddyn *wyneb galed.* **1774** *W*, *ŵyneb-galed* d.g. *Hard-favoured, or hard-featured.* **1798** T. ROBERTS: *CG* 42, y rhai yn *wynebgaled* a haerent eu teilyngdod i eiddo pobl eraill. Ar lafar, *WVBD* 192; 'Dim otsh gin hwnna am neb—un *gwunab-galad* iawn ydi o' (Arfon); hefyd yn y ff. *gwumad-galad*, 'Mae o mor *wumad-galad* na neith rheswm mo'i droi o', *ib.*

wyneb-galedwch, gwyneb-galedwch [*wyneb-galed, gwyneb-galed*+*-wch*¹] *eg.* Digywilydd-dra, beiddgarwch, haerllugrwydd, hyfdra: *shamelessness, audacity, impudence, cheek, effrontery.*

1773 *W* d.g. *Effrontery.* Ar lafar yn y ff. *gwunabgledwch*, *WVBD* 192.

wyneb-gethin, wynebgochaf: wynebgochi, wyneb-greulon, gw. **wyneb+cethin, cochaf: cochi, creulon.**

wynebiad, gwynebiad [bôn y f. *wynebaf: gwynebaf: (g)wynebu*+*-iad*¹] *eg.* ll. *-au.* Arwyneb, wyneb; haen neu orchudd (arwynebol), hefyd yn *ffig.*; ymddygiad; *Serdd.* agwedd; *Ser.* a *Serdd.* ?gwrthsafiad; (geir.) ?blaen, ?ffin: *surface; (superficial) facing, also fig.; behaviour; aspect (in astrol.); ?opposition (in astron. and astrol.); (dict.) ?front, ?frontage, ?boundary.*

1567 *TN* 100b, can vot y *wynebiat* [:- agwedd] ef val yn myned i Gaerusalem. **1604–7** *TW* (*Pen* 228), *wynepiat* [*sic*] y tuy ar drws d.g. *Limen, inis. id. wynepiat* d.g. *Limes.* **1703** E. WYNNE: *BC* 11, tair hudoles ddinistriol . . . a'u holl degwch a'u mwynder sy 'n serenni 'r Strydoedd, nid yw ond *wynebiad* ar wrthuni a chreulonder. **1704** T. JONES: *Alm* [28], [T]uag

wyneb y flwŷddŷn . . . ar ddyfodiad yr haul i arwŷdd yr hwrdd, neu ddechreuad y flwŷddŷn sywedyddòl . . . wrth yr *wŷnebiad* hwnnw, nidoes [*sic*] na heddwch na Gwŷnfŷd iw ddisgwŷl yn y flwŷddŷn hon. **1770** J. PRYS: *Alm* 15, [diffyg ar yr haul] yn anweledig ini ynghymru a Lloegr hefyd o herwydd fôd gyrfa 'r lleuad islaw *wynebiad* 'r [*sic*] haul at drigôlion Brydain fawr. **1777** M. WILLIAMS: *BM* 27, Dechreuad Pedwar Cwarter y Flwyddyn, 1777, a sywedyddawl Farnedigaeth oddiwrth *Wynebiad* y Ffurfafen ar y cyfryw Amser. **1779** CAIN JONES: *Alm* 8, Mae *gwyneb-iad* yr Haul i wyneb Sadwrn fel 1000 i 137. **1779** J. PRYS: *Alm* 8, mewn hydrym ymarbed oddiwrth *wynebiad* pob un o'r planedau cilwgaidd. **1795** J. THOMAS: *AIC* 218, Mae amryw fâth a'r [*sic*] Fesurau . . . Mesur ar *Wynebiad* (Superficial) neu Fesur Yscwâr, y'w 'r hwn y Mesurir hyd a llêd. **1800** *P* d.g. *Gwynebiad*. **1803** *id.* d.g. *Wynebiad*.

wynebion [*wyneb*+-*ion*²] *e.ll.* Arwyneb, wyneb; y rhan o hylif sy'n codi i'r wyneb, ewyn (cwrw), hufen; ?gwlych wedi ei lei-hau: *surface*; *top* (*of liquid*), *scum*, *froth*, *head* (*of beer*), *cream*; ?*reduced liquor*.

15g. *OBWV* 115, Mawl goleulwys mal gloywlwybr, / Meillion ar *wynebion* wybr [i'r sêr]. **1547** *WS*, Tynny *wynebyon* llaeth ne gwrwf Flete. *c.* **1566** *B* xv. 120, cymryd y gylla ar colydd ay crafy yn lan / ay berwi mewn *wynebion* isgell gleisiad. *Diw.* **16g.** *WLB* 81, Kymer lieingig ysgyfarnoc . . . a thrwy *wynebion* kig mollt berw ias arno. **1604–7** *TW* (*Pen* 228), *wynepion*, lhymrû: Succan eisin: brwchan d.g. *Cremor. Diw.* **17g.** *B* iii. 90, yn bwrw fod tair mil o ganol gwaelod y ddayar ir *wynebion*. **18g.** *Llr* C 24, 291, Cais lynger y sgyfarnog ai harenne a ffeth or gwaed a thrwy *wynebion* yr isgell y berwer y cig. *a.* **1767** *Gwaseila* 865, Os darfu ichwi, feinir, yfed *wynebion* y gwpaned / Fe fentrwn ninnau godi'r tôst gan fod y gost gan gysted. **1800** W. OWEN[-PUGHE]: *CP* 80, Cymmysg-er y ddwy drwyth hyn ynghyd . . . mal y delo yr *wynebion* (*scum*) i fyny helier yn lân oddiarno. **1801** *MMf* 212, Cymmer *wynebion* cwrw newydd o'r il.

wyneblan, wyneblas, wyneblasaf: wyneblasu, gw. wyneb+glân, glas¹, glas-af: glasu.

wyneb-lawen, wyneblawn, wynebled-af: wynebledu, wynebliw, wyneblon, wynebloyw, gw. wyneb+llawen, llawn, lledaf: lledu, lliw¹, llon, gloyw.

wyneblun, gwyneblun [*wyneb*, *gwyneb*+*llun*¹] *eg.* ll. -*iau*. Wynebddarlun; ffurf neu siâp wyneb; blaenlun: *frontispiece*; *the form or shape of the face*; *front elevation*.

15g. *OBWV* 105, Dau afal aur difai lun, / Dwy nobl aur dan *wyneblun*. **16g.** *Llst* 6, 160, 82, dwy wefys o waith lysy / [ ]yn hal y ffroynay hy / [ ]noeth yr diawl wnaythyr dyn / [ ]a roi n abl yr *wyneblyn* [i ofyn âb]. **16–17g.** *HG* 38, wedy ddelo duw oddiwrtho / ny char un dyn y *wyneblyn*. **1773** *W* d.g. *Frontispiece of a book*. **18–19g.** *Llr* C 44, 282, *Wyneblun*, front view, elevation.

wyneblwyd, wyneblwydaf: wyneb-lwydo, wyneb-lydan, wyneblyfn, gw. wyneb+llwyd, llwydaf: llwydo, llydan, llyfn.

wynebnoeth [*wyneb*+*noeth*] *a.* Heb or-chudd ar yr wyneb; wynebgaled, digywil-ydd: *with the face uncovered*; *barefaced*, *shameless*.

16g. (*LlEG*) *Mos* 158, 344b, lle i hrodded [corff] . . . I orwedd ar lawr yr Eglwys ynn *wynnebnoeth*. **1588** *Tob* ii. 9, ac a gyscais . . . wrth bared y neuadd yn *wyneb-noeth*. **1604–7** *TW* (*Pen* 228) d.g. *Inopertus*. **1732–3** J. OWEN: *GB* 34, gan fwrw Geiriau ammharch-us yn Wynebau Dynion yn *Wynebnoeth* ei wala. **1769** *DRh* 76, [pregeth] â'r titl *wynebnoeth* hwn Dim Cymmeradwyaeth Gyd A Duw Trwy Ffydd yn Unig. **1793** T. JONES: *SD* 74, Am yr ysprryd pleidiol, cyfyng, a chas, sydd yn ymddangos yn eich gwaith; y mae'n wir yn dra *wyneb-noeth*.

wynebol, gwynebol [*wyneb*, *gwyneb*+-*ol*] *a.* Anrhydeddus, teilwng; yn perthyn i'r wyneb neu'r blaen, yn wynebu; addawol, ffafriol; (?geir.) golygus, prydferth; (geir.) ymddangosiadol deg, credadwy; (geir.) ?difrifol yr olwg: *honourable*, *worthy*; *facial*, *front* (*adj.*), *facing*; *promising*, *favourable*; (?*dict.*) *handsome*, *beautiful*; (*dict.*) *plaus-ible*; (*dict.*) ?*solemn-faced*.

15–16g. *TA* 5, Wynebwr wyd yn Abad, / *Wynebol* yn i abyd. **16g.** *GGH* 144, Nid oes, wythwaed disoth-ach, / Amau na dowt mewn dy iach, / Nac osgo chwaith, gwas gwych wyd, / Na blot, *wynebol* ytwyd [moliant Edwart Cinast]. **16g.** WILIAM CYNWAL: *Gw* (R. L. Jones) 627, Yn faith iawn, obaith *wynebol*,—y gŵyr / Yn obur synnwyr rhoi'n bresennol. **1588** 1 *Sam* i. 5, i Hannah y rhoddes efe vn rhan *wynebol*. **16–17g.** EDWARD URIEN, &c.: *Gw* 95, Yn ei blas, *wynebol* ŵr, / Rhydd ginio rhwydd i gannwr. **1632** *D*, *Wynebol*, Speciosus, spectabilis, vultu speciosus. *id.* d.g. *Vultu-osus*. **17g.** HUW MORUS: *EC* ii. [397], Nad oedd neb mor *wynebawl*, / Am rodd i Huw, mawredd hawl. **1688** *TJ*, *Wŷnebol*, golygus: beautiful, goodly to behold. **1759** *BC* 487, Cymer galon ymwrola, a bydd / *Wynebol*. **1770** *W* d.g. *Beauteous*, *or beautiful*, *Fair to see to*, *or in appearance*, *Plausible*. **18–19g.** *Llr* C 41, 400, *Wynebol*, promising. Glam. mae'r flwydd-yn—mae pethau . . . yn *wynebol* iawn . . . mae golwg *wynebol*, there 's a promising appearance. **1800** *P*, *Gwynebawl* . . . . Facing, fronting. **1803** *id.* *Wynebawl* . . . Belonging to the face.

wynebolrwydd [*wynebol*+-*rwydd*] *eg.* Hygrededd; (geir.) harddwch (wyneb): *plausibility*; (*dict.*) (*facial*) *beauty*.

1722 *Llst* 189, *Wynebolrwydd* .m. The comely features of the face. **1780** *W* d.g. *Plausibleness*, *or plausibility*.

wyneb-sarrug, wynebsur, gw. wyneb+sarrug, sur.

wynebsyth [*wyneb*+*syth*] *a.* Ac iddo wyneb syth (e.e. am graig); digywilydd: *having a straight face* (*e.g. of rock*); *impudent*.

1722 *Llst* 189, *Wynebsyth*. Impudent. **1768** TWM O'R NANT: *FF* 11, Gwnewch bob rhyw fedrusrwydd ar drwsiad a gair, / Wrth rodio'n *wyneb-syth* Wylmabsant neu Ffair. **1770** *W* d.g. *Brazen-face or brazen-faced* [*impudent*].

wyneb-uchel, gwyneb-uchel [*wyneb*, *gwyneb*+*uchel*] *a.* Trahaus, penuchel; digywilydd, haerllug, hy; urddasol; hapus, llawen: *haughty*, *arrogant*; *shameless*, *auda-cious*, *impudent*; *stately*; *happy*, *joyous*.

16g. (*LlEG*) *Mos* 158, 640b, Ynny lle ar amser Irattebodd Esgob kaerwynt ynn*wyneb vchel*, Ac yngadarn Iawn, dr/wy ddywedud roddi or brenin I veistyr, ykyuriw orchymyn arno ef, arna wranndawai ef vn gair. **1552** *Pen* 403, 81, Nid yn vnic kyflowni i gorchymyn hwynt a ddyle hi yn wyllyscar / ond hevyd yn llawen ac yn *wyneb vchel*. **1604–7** *TW* (*Pen* 228), *wynep vchel* d.g. *Hilaris*. *id.* *wynebûchel* d.g. *Lætus*. **1632** *D*, cerdded fel gwr mawr yn *wynebvchel* d.g. *Incedo*. **1688** *TJ*, Mawrfrydig, mawrfrydus, hŷ, *wynebuchel*: stout-hearted, magnanimous. **1703** E. WYNNE: *BC* 18–19, [Stryd Elw] nid hanner mor wŷch . . . â Stryd Balchder, na'i phobl hanner mor ehud *wyneb-uchel*, canys dynion llechwrus iselgraff oedd yma. **1718** E. SAMUEL: *HDdD* 226, Wrth Drawsder, yr arwyddocceir y Lladrad Cyhoedd, *wyneb-uchel*, o ymaflyd trwy drais ym meddiannau rhai Eraill. **1723** WM: *PGG* 33, Rŷm yn digio wrth eraill am fod yn hŷ ac *wyneb-uchel*. [**1788**] *EDP* 62, Saul . . . fe fynnai lanhau ei hun, gan ddweud yn *wyneb-uchel* o flaen Samuel, iddo ef gwblhau gor-chymmyn yr Arglwydd. **1798** GW. MECHAIN: *D* 31, rhai yn *gwyneb-uchel* waradwyddo crefydd ac addoliad Duw.

wynebus [*wyneb*+-*us*] *a.* Anrhydeddus, ?hael; digywilydd; (?geir.) golygus, pryd-ferth; (geir.) ?difrifol yr olwg: *honourable*, ?*generous*; *shameless*; (?*dict.*) *handsome*, *beautiful*; (*dict.*) ?*solemn-faced*.

15–16g. *TA* 5, *Wynebus* awen wybod, / Wynebliw gras, noblau gwrid. *id.* 178, Ni bu Siêb, *wynebus* oedd, / Well i sew a'i llyseuoedd. **16g.** *GGH* 8, Nid adwen, lawen lywydd—gafaelfawr, / *Wynebus* haelfawr, neb sy elfydd. **16g.** WILIAM LLŶN: *Gw* (R. Stephens) 567, Gŵr mawr fu'n ei gaerau medd: / Enwog enw, Owain Gwynedd. / . . . / Athrod fyth ar wawd a fyn, / A thrydar mwy no thridyn. / Wynebwr yw a wna brad, / *Wynebus*, fal hen abad. / Ni bu 'rioed wyneb ar ŵr / Fwy'i raib, oni bai freibiwr. **16g.** WILIAM CYNWAL: *Gw* 285, Ni bu, nid oes i'n oes ni / Dyn lanach dan oleuni. / Na bo'i rediad, brau ydyw, / Heb oes hir, *wynebus* yw. **16–17g.** EDWARD URIEN, &c.: *Gw* 39, Ni bu sant, *wynebus* iach, / Ni bu ddyn neb oedd iawnach. **1604–7** *TW* (*Pen* 228) d.g. *Vultuosus*. **1803** *P*, *Wynebus* . . . Of countenance; of goodly vis-age; seemly.

wynebwarth, gwynebwarth [*wyneb*, *gwyneb*+*gwarth*¹; cf. *wynebwerth*] *eg.* Wynebwerth (yn y cyfreithiau Cymreig): *compensation for insult* (*in the Welsh laws*).

13g. *LlI* 14, Ef [drysor] a dele atnabot holl svydog-yon e llys ac nas attalyo allan urun onadunt en e porth, ac os etteyl, talet kamlurv e'r brenhyn, ac os un o'r pensvydogyon uyd talet ydav e *vynepwarth*. *id.* 24, os e wreyc a del ar e gur a gusc arnadunt [dillad gwely], talet e'r wreyc a escarhuyt a hy e *huenepwarth*. *c.* **1400** *RM* 30, ef a geiff yn *wynabwarth* [*sic*] (*WM* 43. 25, ɞynepɞerth) idaɞ llatheu [*sic*] aryant a uo kyvref a chyhyt ac ef ehun. **15g.** *LHDd* 81, o darffeu ymɞystlaɞ o dyn ar ynad am vraɞd a gorvod or ynad ef adyly kaffel *ɞynebɞarth*. **1753** *TR*, *Wynebwarth* . . . a fine paid for an abuse done to any person. **1800** *P*, *Gwynebwarth*, s. m. . . . Shame of face. **1803** *id.* *Wynebwarth*, s. m. . . . the fine in law for an affront.

wyneb-wastad, wynebwedd, wyneb-welw, wynebwen, gw. wyneb+gwast-ad, gwedd¹, gwelw, gwyn¹.

wynebwerth, gwynebwerth [*wyneb*, *gwyneb*+*gwerth*; cf. H. Llyd. *enep uuert*, *enep guerth*, gl. *ditatione* [*sic*], Llyd. C. *enebarz* 'gwaddol', Llyd. Diw. *enebarzh*; cf. ymhellach Wydd. C. *enechlóg*] *eg.* ll. -*oedd*.

(*a*) Gwerth wyneb neu anrhydedd, iawn-dal am sarhad (yn y cyfreithiau Cymreig); statws, safle: '*honour price*', *compensation for insult* (*in the Welsh laws*); *status*, *position*.

13g. *LlI* 28, O deruyd e ur adef duen treyse ar wreyc . . . os moruen uyd, [talet] y chowyll a'e haguedy en e ueynt uuyhaf e deleho a'e *huenepwerth* a'e dylesruyd. **13g.** *LlC* 15, O deruyd emuystlau a'r egnat a'y uot ef ar yr yaun, ef a dyly y *wynebwerth* y gan y dyn a'e ymwystlus. **13g.** *D Col* 50, *Vynepwerth* pob dyn, kymeynt a'y sarhaet. **13g.** *LTWL* 145, et animalia que redduntur pro *uynebwerth*. **14g.** *LlB* 83, Petwar aghyfarch gwr ynt, y varch, a'e arueu, a thwnc y tir, a'e *wynebwerth*. **14g.** *WM* 43. 25–7, ef ageif yn *ɞynepɞerth* (*RM* 30, wynabwarth [*sic*]) idaɞ Llathen aryant a uo kyuref a chyhyt ac ef e hun. *id.* 138. 27–8, [m]enegi rygael y vorɞyn yn wiryon. Ac yn *ɞynebɞerth* idi hi dy uɞrɞ ohonofi. **1567** *TN* 70b, nyd edrychy ar *wynebvverth* dyni/on. **1632** *D*, *Wyneb-werth* . . . Satisfactio. Cf. *LL* 233, iudicatum est episco-po pretium faciei suę longitudine et latitudine inpuro [*sic*] auro cum emendatione faciendia familię suę ad condignum honorem suum et nobilitatem parentelę suę.

(*b*) Gwerth enwol: *face value*, *nominal value*.

20g.

wynebwr [*wyneb*+*gŵr* a bôn y f. *wynebaf*: *wynebu*+-*wr*; ansicr yw dosbarthiad rhai o'r enghrau. isod] *eg.* (b. -*wraig*) ll. -*wyr*.

(*a*) Gŵr sy'n dwyn clod ac anrhydedd, gŵr anrhydeddus, pencampwr, amddiffyn-nwr: *man of honour*, *honourable man*, *cham-pion*, *defender*.

15g. *DN* 67, Ni bv o'r holl oes honn *wynebwr* well i sud. **15g.** *GLGC* 267, nid aeth ei ddoethach yn dad —eglwyswr, / nid oes *wynebwr* ond Siôn Abad. **15g.** *GGl*² 290, *Wynebwr* yn ei abid, / Un obaith â naw abad. **15–16g.** *GRB* 23, Dan wybr nid âi *wynebwraig* / â lliw erioed well ar wraig. **15–16g.** *TA* 5, *Wynebwr* wyd yn Abad, / Wynebol yn i abyd. *id.* 49, Un tad yn abad, *wynebwr*—grasus / A groeses Sain Safiwr. **16g.** *IG* 564, Vab Ioseb wiw *wynebwr* / Vab Iona wel dyna wr. **16–17g.** *GST* i. 249, Ni chad yn ôl mab Cadell, / Ni bu 'rioed *wynebwr* well. **17g.** E. MORRIS: *Gw* 286, Syn iawn, wyf oes heno neb / A wna i wendid union-deb? / Ni bu rhwysg *wynebwr* hedd / A'i onestach yn eistedd. / Nis dygodd, naws diogan, / Na thir gŵys na thŷ ŵr gwan.

(*b*) Gwrthwynebwr, hefyd yn *ffig.*: *oppon-ent*, *confronter*, *also fig.*

15g. *LlCy* v. 181, *wynebwr* a milwr main / wyneb Jenn ap owain (Ieuan ap Tudur Penllyn). **15–16g.** *GIF* 63, Ni bu o'r gwylliaid *wynebwr* gallach; / ef air heb wylliaid i feirw bellach. **16g.** WILIAM LLŶN: *Gw* (R. Stephens) 567, Gŵr mawr fu'n ei gaerau medd: / Enwog enw, Owain Gwynedd. / . . . / Athrod fyth ar wawd a fyn, / A thrydar mwy no thridyn. / *Wynebwr* yw a wna brad, / Wynebus, fal hen abad. / Ni bu 'rioed wyneb ar ŵr / Fwy'i raib, oni bai freibiwr. **16–17g.** *HG* 182, na ro wasanath ir hen / *wynebwr* llwyd aniben [henaint]. **17g.** *DCR* 238, ynte ddaw yn *wynebwr* brych / fe fydd hoff gan sowdiwr gwych / yn wllysgar ynte mafel / fe geyff gwdwn kyn y madel. **17–18g.** O. GRUFFYDD: *Gw* 90, Dy waethaf, di-wythen, dwl lewyrch di-lawen, / *Wynebwr* aniben, a'i ddichwen yn ddig. **1772** D. ROWLAND: *PP* 122, Tro'n fy ol i hyll *wynebwr* hŷ, / Byrrhâodd ef dy bwer di. **1803** *P*, *Wynebwr* . . . pl. *wynebwyr* . . . A facer.

Amr.: **wynebydd** [bôn y f. *wynebaf*: *wynebu*+-*ydd*¹]. *c.* **1595** *B* viii. 243, Nid kyffes sisial dhiofal dhydh / Nag ynghlust manach gyfrinachydh / . . . / Neu Abad, Nofus wynebydh herlod (Wiliam Midleton).

wynebwridaf: wynebwrido, wyneb-wyn, gw. wyneb+gwridaf: gwrido, gwyn¹.

wynebydd, gw. wynebwr.

wynebyn, gwynebyn [*wyneb, gwyneb*+ *-yn*[1]] *eg.* ll. *-nau.* Wyneb bach (pert); un ochr i rywbeth amlochrog: (*pretty*) *little face; facet.*

1604–7 *TW* (*Pen* 228), wynepryt bychan, *wynebyn* d.g. *Vulticulus.* **1722** *Llst* 189, *Wynebyn.* m. A pretty little face. **1773** *W* d.g. *Face* . . . *A pretty little face.*

wynepglawr [*wyneb*+*clawr*[1]; cf. Gwydd. C. *clár-enech, clár-ainech*] *eg.* a hefyd fel *a.* (Person) heb na thrwyn na llygaid, (person) ac iddo wyneb gwastad neu lydan, hefyd yn *ffig.*: (*person*) *without a nose or eyes, flat- or broad-faced* (*person*), *also fig.*

12g. *GIIF* 445, *Wynepclawr* ditawr dim ny weli / Pesychwys, dremwys drwy vot Dewi. **1346** *LlA* 107, ac or awr yganet dall *wynebclawr* oed. **14g.** *GIG* 132, Ei dad bedydd, dud bydawl, / Dall *wynepglawr*, mawr fu'r mawl [i Ddewi]. *c.* **1400** *R* 1055. 15, Gossymdeith llefoet *wynebclawr.* yw hynn. **15g.** *GIBH* [54], A dall *wynepclawr* / a frathodd ein Gwawr / Â gelynwayw mawr [am Longinus]. *Diw.* **15g.** *Pen* 53, 15, nys dyddawr seis or llall mwy noc or dall *wynebclawr.* **15–16g.** *GIF* 75, daeargist fwy dargest fawr, / dull nepglairch dall *wynepglawr* (Wiliam Egwad). **1716** T. Evans: *DPO* 59, yr oedd Miloedd o rai cyndyn (a Merfyn Frych *wyneb-glawr* yn Ben-capten arnynt).

wynepgoch, gw. wyneb+coch.

wynepgoel, gwynepgoel [*wyneb, gwyneb* +*coel*[1]] *e?g.* Ffisiognomi: *physiognomy.*

1845.

wynepgrwn, wynepgrych, wynepgul, gw. wyneb+crwn, crych, cul.

wyneplon, wynepllon, gw. wyneb+llon.

wynepryd, gwynepryd, wyneb-pryd [*wyneb, gwyneb*+*pryd*[2]] *eg.* Wyneb, gwedd, pryd a gwedd, hefyd yn *ffig.*: *face, countenance, visage, also fig.*

14g. *GDG*[3] 76, A'i gwedd, *wynepryd* dyn gwâr, / A'i sud, ellylles adar [i'r dylluan]. *id.* 315, Nawpren teg eu *hwynepryd* / Y sydd o goedydd i gyd. **14g.** *GIG* 105, Aeth fy ngwep a'm *hwynepryd*, / Gol gên, yn geden i gyd [i'r farf]! **1567** *TN* 48a, A' ei ddrych [:- *wynepryd*] oedd val mellten. **1588** *Gen* iv. 5, fel y syrthiodd ei *wyneb-pryd* ef. **1595** M. Kyffin: *DFf* [66], a'r gwragedd a beintiasant eu *hwyneb-pryd.* **1604–7** *TW* (*Pen* 228), *wynepryt* bychan, wynebyn d.g. *Vulticulus.* **1629** R. Llwyd: *P* 39, medrent [Iddewon] ddirnad *wynepryd* yr awyr, ond ni fedrent ddirnad arwyddion yr amserau. **1632** *D, wynebpryd* d.g. *Aspectus, Facies, Figura, Vultus.* **1661** E. Lewis: *Drex* 346, bydded i'm *hwyneb pryd* lasu. **1672** J. Langford: *HDdD* 147, Clefyd a lygra 'r *wynebpryd* glânaf. **1713** D. Thomas: *TSC* 4, cawn fwyta eu ffrwythe hefyd ac yfed dwfr y bywyd / a rhodio'n un *wynebpryd* a Iesu un Duw tri. **1759** P. Williams: *MC* 15, Yr Haul a'r Sêr i gyd, / A'u *hwyneb prŷd* yn drist, / Y'nt dystion llawn i'r Bŷd, / O waedlyd angau Crist. **1772** *W, wyneb-pryd* d.g. *Countenance* [*the face, visage, looks* . . .]. *id. wynebpryd* d.g. *Visage.* **1784** M. Williams: *S* ii. 26, astronomyddion yn rhannu lled *wyneb-pryd* yr Haul a'r Lleuad yn ddeuddeg rhan. **1791** Gw. Mechain: *Rh* 18, Mahomet . . . fe dòrodd . . . ben merch ieuanc, o herwydd ei bod yn rhy lân ei *gwynebpryd.* **18–19g.** *HAG* 98, Er mai cwbwl groes i nattur / Yw fy llwybur yn y byd, / Ei deithio a wnaf, a hyny'n dawel / Yngwerthfawr [*sic*] wedd dy *wyneb pryd.*

wynepteg, wyneptlws, wyneptrist, gw. wyneb+teg, tlws, trist[1].

wynglos, wyni, gw. gwylnos (hefyd At.), oen.

wynos [*ŵyn*+*-os*] *e.ll.* Ŵyn bach: *little lambs, lambkins.*

1803 *P.*

wynt, gw. hwy[1].

-wynt[1], *trf. bfl.* 3 ll. pres. dib. Cym. C., e.e. *atchwelwynt, elwynt.*

-wynt[2], *trf. prs. ardd. rhed.* 3 ll. Cym. C., e.e. *amdanwynt.*

wyntau, gw. hwyntau.

wyntment, ointment [bnth. S. *ointment*] *eg.* Eli, ennaint: *ointment.*

16g. *B* xvi. 90, [d]aythant ac *wyntment* y offrwm y gorff yr arglwydd. *Diw.* **16g.** *WLB* 40, ir y clwyf ar *oyntment* hwnw ac ef a fydd iach heb ddim ol. Ar lafar, "Ges i *ointment* gin y doctor i' roi ar y briw'.

wyntwy, gw. hwynt-hwy.

wynwyn, w(i)nion, winiwn, &c. [bnth. S. C. *oinyon*] *e.ll.* (un. g. *wynwynyn, w(i)nionyn,* &c., ll. *winionynnau*; b. *w(i)nionen*) ll. dwbl *wynwyns, win(i)wns,* &c. (un. g. *wynwynsyn,* &c.; b. *winiwnsen,* &c.), a hefyd fel *eg. Bot.* Planhigion o deulu'r lili a dyfir er mwyn eu bylbiau bwytadwy cryf eu blas a'u haroglau, *Allium cepa,* bylbiau'r planhigion hyn a ddefnyddir wrth goginio, &c., un o'r cyfryw blanhigion neu fylbiau, hefyd yn *dros.* ac yn *ffig.*: *onion(s), also transf. and fig.*

14g. *GB* 52, chwerw ben *wynwyn* gwrthwyneb, / chwarren bach ni eiriach neb [i haint y nodau]. *c.* **1400** *Études* vii. [270], kymer y llyngher o'r daear, a chymer *wynwyn* a gwna bwll yndaw. *id.* viii. 86, Yr *wynwyn,* gwressawc ynt yn y rad gyntaf a sych. **15g.** *GDID* 42, Lleidr anner a lleidr *wynwyn,* / Lleidr ych rhudd a lledr a chrwyn. **1515** *Llst* 10, 34, *winwyn.* **1546** *YLlH* [12], had garddeu val *wniwn,* kennin, persli, ar vath hynny. **1547** *WS, Wynwyn* llyseun [a] ddyryr gwragedd wrth eu llygait er kymel [*sic*] wylo pan vo meirw eu gwyr An onyon. *Diw.* **16g.** *WLB* 45, [p]lastr o *winwyn* gwnion rostiedic ac y menyn neu oyl olifs. **1588** *Nu* xi. 5, y cucumerau, ar [*sic*] pompionau, a'r cennyn, a'r *winiwn,* a'r garllec. **16–17g.** Edward Urien, &c.: *Gw* 377, Sionyn *winionyn* wenwynig—ei glap / A'i glopa wrthnysig. **1604–7** *TW* (*Pen* 228), Gwely o *winion* d.g. *Cepetum. id.* Tebyc y *winionen* d.g. *Cepeus. id.* hen *wnionen,* pen *wnion* d.g. *Vnio.* **1632** *D, Wynwyn* d.g. *Vnio.* **1632** *D* (*Bot*), *Winwyn,* Caepe, caepa. **1632** J. Davies: *LlR* 238, Ni ddanfonodd Duw mo'r Manna hyfryd i bobl Israel, tra barhaodd y peillied a'r *winwyn* a ddygasent o'r Aipht. **1657** RE: *CDd* [29]7, yr oedd yr Israeliaid yn dymuno bôd gida 'r *winiwns* ar [*sic*] garlleg drachefn yn yr Aipht. **1681** T. Jones: *Alm* [21], ac i hau Pus [*sic*] a Ffâ, a *Winwyns.* **1759** J. Evans: *PF* 22, [P]en *wynwynsyn* mawr wedi ei hollti. **1771** *PDPh* 18, Cymmerwch wraidd Lili ac *wniwnsyn,* berwch mewn dwfr nes bônt yn dyner. *id.* 23, Oddi wrth bob bwyd ag *wniwn* a garlleg ynddo. **1778** *W, Winwyn* (sing. *winwynyn*) d.g. *Onions.* Ar lafar, 'sometimes *winwin, winwins* in the aggregate', *WVBD* 396; 'Cofia brynu digon o *winiwns* pan fyddi di'n siopa' (gogledd Cered.); '*winiwnsen* . . . pl. *winiwns*', *SC* vi. 137 (sir Benf.); '*winwnsyn,* ll. *winwns*', *B* xii. 25 (Llanelli a'r cylch); "Wi'n lico *winwns* mwn bwyd', *GTN* 848.

Amr.: **gwynwyn** (un. g. *-yn*). **1801** *MMf* 115, 283. *id.* 156, Cwmmer eliw gliwydden ddwy lwyaid . . . a *gwynwynyn* maint wi colommen. **(o)nionod** (un. g. *nionyn*). **1930.** Ar lafar, '*nionyn* . . . *nionod*', *WVBD* 396; '*Nionyn* 'di ferwi a brachdan ọdd 'yn swper i nithiwr'(sir Ddinb.). Digwydd hefyd mewn ymadr. fel "Ôn i 'di lapio fel *nionyn* ond mi ôn i'n fferru' (sir Ddinb. ac Arfon), 'hen *nionyn* o ddyn', 'yr hen *nionyn* gwirion' (Arfon). **o(i)nion** (un. b. *onionen*). **16g.** *LS* 83, Cepa yn Llatin, an Oinion yn Saesonaec ac *Oinion* yn Camberaec. **1604–7** *TW* (*Pen* 228), *onionen* vechan d.g. *Ascalonia.* **1615** R. Smyth: *GB* 164, [ll]ysievyn gvvenvvynig a elvvyr [*sic*] Scyla s[y]'n debig i *oynion* ne gennin gvvylltion.

Cfn.: **nionod dodwy,** gw. *wynwyn dodwy.* **nionod ifainc:** *spring onions.* Ar lafar, '*nionod ifinc*' (Rhosllanerchrugog). **nionod picl,** gw. *wynwyn picl.* **(g)wynwyn coch(ion):** *red onion(s).* **1722** S. Rhydderch: *Alm* [12], Rhag Chŵydd ynghyrph Anifeiliaid . . . ychydig Huddigl, Bol-Armoniac, *Winwy[n] côch* a phlisgin Wy. **1759** J. Evans: *PF* 32, Rhoddwch wrtho *Wynwyn cochion* wedi eu 'Sigo. **1801** *MMf* 101, Cais ben *gwynwyn coch.* **wynwyn,** &c., **y cŵn:** *star of Bethlehem, Ornithogalum; crow garlic, Allium vineale.* **1604–7** *TW* (*Pen* 228), *wnion y Cwn* d.g. *Ornithogalum.* **1632** *D* (*Bot*), Winwyn gwyllion, Winwyn y maes, *winwyn y cŵn,* Souillano, ornithogalum. **1778** *W, winwyn* y maes (*y cŵn*) d.g. *Onions* . . . *Wild* [*dog-*] *onions.* **wynwyn (nionod) dodwy:** *shallots.* **20g.** **wynwyn,** &c., **gwyllt(ion) = wynwyn y cŵn.** **1604–7** *TW* (*Pen* 228), yr *wnion* gwynn *gwyllt* d.g. *Ornithogalum.* **1632** *D* (*Bot*), *Winwyn gwylltion,* Winwyn y maes, winwyn y cŵn, Souillano, ornithogalum. **1688** *TJ* (*Bot*), *Winwŷn gwŷlltion* . . . Dogs-onions. **1778** *W, Winwyn gwylltion* d.g. *Onions* . . . *Wild* [*dog-*] *onions.* **wynwyn,** &c., **y maes = wynwyn y cŵn.** **1604–7** *TW* (*Pen* 228), *wniwn y maes* d.g. *Ornithogalum.* **1632** *D* (*Bot*), Winwyn gwylltion, *Winwyn y maes,* winwyn y cŵn, Souillano, ornithogalum. **1778** *W, winwyn y maes* (*y cŵn*) d.g. *Onions* . . . *Wild* [*dog-*] *onions.* **wynwyn (wnionen) y môr:** *sea onion, squill, Urginea maritima.* **1604–7** *TW* (*Pen* 228), *wnionen y mor* d.g. *Scilla.* **1632** *D, Wynwyn y môr* d.g. *Scilla.* **1725** *SR, wynwyn y môr* d.g. *A Squill, or sea Onion.* **[1783]** *W, Winwyn y môr* d.g. *Squill.* **wynwyn(s) (nionod) picl:** *pickled onions.* **20g.** Ar lafar, 'Bob tro 'dwi'n mynd i lle Nain 'dwi'n cal ham, salad, a *nionod picl*' (sir Ddinb.).

wyol [*wy*[1]+*-ol*] *a.* Hirgrwn; yn dodwy wyau, dodwyog, dodwyol; oolitig, yn perthyn i ronellfaen, ar ffurf gronellfaen: *oval; oviparous; oolitic.*

1823.

ŵyr [?cf. H. Lyd. *ni on uret,* gl. *idem uenturos*; ?cf. H. Wydd. *aue,* Ogam *avi* (gen.), Gwydd. C. *óa, úa, ó* ? < Clt. **āu̯o-,* o'r gwr. IE. **au̯o-* 'taid, &c.'(cf. Llad. *avus* 'taid'); ansicr yw prth. *Uir,* (*Ox* 1) *VVB* 227; ynglŷn â threiglo e. prs. ar ôl *ŵyr,* gw. *Treigladau* 108] *eg..* ll. *wyr(i)on,* (prin) *wyriau.* Mab i fab neu ferch, plentyn i fab neu ferch, disgynnydd, hefyd yn *ffig.*: *grandson, grandchild, descendant, also fig.*

Dchr. **12g.** *GMB* 30, Keluit id gan cluir *vir* Aedan, kywlavan lev. **12g.** *GCBM* ii. 94, Mab y Ewein prein preityawr, / *Wyr* y Ewein madyein, mawr. **12–13g.** *GLlLl* 252, O *wyron* Ywein, arwyneb Prydein, / Un urtyein Lundein o lan deithi. **13g.** *LlI* 59, A guedy dyffody tadues e urenhynyaeth e kauas enteu hyhy o cogeyl, urth y uot en *vyr* e'r brenhyn. **13g.** *BD* 132, a meibon honno a'e *hwyryon* a vyd vdunt yr ynys ol yn ol. **14g.** *WM* 485. 10–12, bwlch achyuwlch a syuwlch meibyon kilyd kyuwlch. *wryon* [*sic*] cledyf diuwlch. **14g.** *GDG*[3] 137, Ac o Wynedd pan henyw, / Ac *ŵyr* i haul awyr yw [am ei gariad]. **14g.** *GIG* 52, Gŵr gorsedd, ag *ŵyr* Gwrseus / Y tynnaf waed dan ei weus. **15g.** *DN* 63, Davydd *ŵyr* Ddavydd, gyrr ddwyvil— ar ffo / Val Syr Ffwc a'th vassil. **15g.** *GLGC* 45, a'u mam oedd hi Gwenllian, / *ŵyr* Tewdwr ac nid gŵr gwan. **1551** W. Salesbury: *KLl* viib, Llyma liver genedigeth Ieshu Christ vap [:- *wyr*] Dauid. **1588** *Gen* xxi. 23, twng wrthif fi i Dduw, na fyddi anffyddlon i mi, nac i'm mâb, nac i'm *hwyr.* **1632** *D, Wyr,* Nepos, neptis. **1760** *ML* ii. 186, haflug o blantos, y rhan fwyaf o honynt yn ddogn ieuainc i fod yn *wyrieu* ac yn wyresau ym. **1803** *P, Wyr* . . . a grandchild; a grandson. Ar lafar, '*ŵyr*' 'grandson', *WVBD* 563 (ll. *wirion*); 'Ma saith o *wyron* gin' i—pump bachgan a dwy ferch', *GTN* 837.

Gw. hefyd **wyres.**

-wyr[1], gw. -wr.

-wyr[2], *trf. bfl.* 2 un. pres. dib. Cym. C., e.e. *bwyr, edrychwyr.*

wyrain, gw. ***wyreaf: wyrain.**

wyrcsiop [bnth. S. *workshop*] *eb.* Gweithdy: *workshop.*

20g.

wyrcws, wercws, &c. [bnth. S. *workhouse*] *eg.* Tloty: *workhouse, poorhouse.*

1837. Ar lafar, *WVBD* 571, *GTN* 852.

***wyreaf: wyrain** [< **ēreg-* (? < **epireg-*), o'r gwr. IE. *(*ə*)*reg-* 'mynd ar ei union', cf. *dwyrain,* H. Wydd. *éirge*; 1914 yw dyddiad yr engh. (eir.) gyntaf o'r be.] *bg.* a'r be. hefyd fel *e?g.* Codi; (y) dwyrain: *to rise;* (*the*) *east.*

13g. *A* 11. 1–2, Disgynsit en trwm rac alauoed *wyrein. wyre* llu llaes ysgwydawr.

wyres [*ŵyr*+*-es*[1]] *eb.* ll. *-au.* Merch i fab neu ferch: *granddaughter.*

c. **1700** E. Lhuyd: *Par* i. 22, *Wyres* ag Aeres i Dommas ap Elis ap Harri. **1760** *ML* ii. 186, haflug o blantos, y rhan fwyaf o honynt yn ddogn ieuainc i fod yn wyrieu ac yn *wyresau* ym. *id.* 262, yr *wyres* hyna yr ydis yn meddwl a feddianna'r etifeddiaeth. **1803** *P, Wyres* . . . A granddaughter. Ar lafar, '*wyras*' (ll. *wyresa*), *WVBD* 563, *GTN* 837; hefyd yn y ff. '*wras*', *id.* 838 (ll. *wresa*).

wyrm (*y≡ə*) [bnth. S. *worm*] *eb.* Darn o haearn troellog sy'n cysylltu llafn a throed pladur: *grass-nail.*

Ar lafar, *B* i. 294 (Edeirnion); *id.* iii. 206 (Penllyn).

wyrpaig, wyrpag, warpaig, warpeg [?bnth S. *work-bag*] *eg.* Bag bychan (i ddal marblis, offer gwnïo, &c.) ac arno linyn crychu i'w gau; ?basged: *small work-bag with drawstring, Dorothy bag;* ?*basket.*

1939. Ar lafar ym Môn, Arfon, a Meir.

wyrs, wyrsibiol, gw. weiar, wrsibiol.

-wys[1] [H. Gym. *-uis* (*Linnuis*), bnth. Llad. *-ensēs*] *trf. ll. e.,* e.e. *Gwennwys, Lloegrwys, Monwys.*

-wys[2], *trf. bfl.* 3 un. grff. Cym. C., e.e. *cyrchwys, hudwys, rhithwys.*

Gw. hefyd **-ws**[2].

wysg [?cf. H. Wydd. *éis*] *e?g.* a hefyd

gyda grym arddodiadol. Llwybr, hynt, cwrs, cyfeiriad, hefyd yn *ffig.*: *path, track, course, direction, also fig.*

12g. *GLlF* 397, Rhygn dygn disgyn, rhwysg *wysg* wrysgryn wosgryn wosgor. **14g.** *GEO* 9, Maer *wysg* Fflur llafnddur. *c.* **1400** *R* 1287. 31–2, *wysc* rƀysc ryaƀt waƀt widec [*sic*]. ys yƀch y gƀyn no dwyn dec. *id.* 1314. 27, Brƀysc *wysc* aer vuel. breisc weisc waet uchel. *id.* 1354. 26–7, Kyuaruot corot karƀ bannaƀc ffysgyat. a rat ƀysc vurnyat ysgyfuarnaƀc. **16g.** *GSC* [153], Dithau yn ŵr, Duw a'th wnaeth, / Da *wysg*, abad, esgobaeth. **1632** *D.* **1803** *P.*

Amr.: **gwysg. 1588** 1 *Sam* iv. 18, yntef a syrthiodd oddi ar yr eisteddle *yng-ŵysc* ei gefn. **1798** *WR* d.g. *Aback.*

Cfn.: **(yn) wysg (yng ngwysg) ei gefn (eu cefnau, (y) cefn, &c.):** *backward(s), also fig.* **14g.** *GDG*[3] 167, O'r noethfaes, edlaes edling, / *Yn wysg ei gefn* drefn y dring. **1547** *WS, Yn wysc kefyn* Backwarde. **1567** *LlGG* (*Sall*) 65a, Iorddanen a droeswyt *yn wysc hei chefyn.* **1588** 1 *Sam* iv. 18, yntef a syrthiodd oddi ar yr eisteddle *yng-ŵysc ei gefn.* **1632** *D,* tynnu *yngŵysg cefn* d.g. *Detrecto. id.* Ciliad *yn ŵysg cefn* d.g. *Tergiuersatio.* **1778** J. HUGHES: *BB* 304, Pan drippioch chwithau *'n wysg eich cefn,* / I bla mun lwys ar blymmen lefn. **1798** *WR, yng wysg y cefn* d.g. *Aback.* Ar lafar, 'Cerad *wishg yn cefna* 'ôn ni pyn cwmpws Edith lawr i'r twll 'ny', *GTN* 849. **wysg ei ochr (eu hochrau, &c.):** *sideways, laterally or tangentially (also of thinking, &c.); lateral or tangential (of thinking, &c.).* **20g. (yn) wysg (yng ngwysg) ei ben (eu pennau, &c.):** *head first, headlong, also fig.* **14g.** *WM* 55. 28–30, yny ƀant y mab *yn ƀysc y benn* yny gynneu. **16g.** *GGH* 313, Gwybu'*n wysg ei ben* ysgafn / Gweled rhwd gwaelod yr hafn. **1604–7** *TW* (*Pen* 228), yn mynet *yn nwysc* [*sic*] *y benn* d.g. *Torrens, tior.* **1606** E. JAMES: *Hom* i. 168, mor bell . . . y denfyn [godineb] ef [dyn] *yngwysc ei ben* i bob beiau. **1630** *YDd* 51, [rh]edeg *yn wysg fy mhen* ir cystuddiau yma o boenau annibennus. **1728** T. BADDY: *DDG* 139, wedi rhedeg *yngwysg eu pennau.* **1774** H. JONES: *CH* 49, Nifeiliad a dorrant allan dros glawdd . . . ac ymaith a nhw ar eu hynt, *yn wysg eu penneu,* heb wybod i ba le. Ar lafar, 'cwmpo *wishg i ben*' (Nantgarw, Morg.), *B* xvi. 101. **(yn) wysg ei din (eu tinau, &c.):** *backward(s), also fig.* **1747** *ML* i. 104, Mae'r byd yn mynd *yn ŵysg ei din* yn y fangre yma, ni welwyd mor fath farweidd-dra yn oes neb sy'n fyw heddyw. **1798** R. DAVIES: *CG* 84, Mi glywais i'ch elusen laesu, / A thynnu *'ngwysg ei thin.* Ar lafar, 'Mynd *yn wysg 'i din* fel twrna'n mynd i'r nefoedd' (Arfon). **(yn) wysg ei drwyn (eu trwynau, &c.):** *following one's nose, straight on, without a specific purpose, aimlessly; against one's will, unwillingly.* **1830. wysg yn wysg:** *?one after another, in (unbroken) succession.* **14g.** *H* td. 350, tuoed ƀycs [*sic*] *yn ƀysc.* **o wysg ei draed:** *on foot.* *c.* **1728** T. EVANS: *GI* 18, ceisio dringo i'r Nefoedd *o wysc ei draed.* **1740** T. EVANS: *DPO* 176. Gw. hefyd *yn wysg ei draed* isod. **yn, &c., wysg:** *after, also fig.* **14g.** *WM* 86. 35–6, Mae yr aniueileit yd aethaƀch *yn* eu *hƀysc* heb y math. *c.* **1400** *R* 1041. 10–11, Angerdd uryen ys agro gennyf. kyrchynat ympob bro. *ynwisc* louan laƀ difro. *Dchr.* **15g.** *GM* 9, Canneitlu creudwysc a gerdant *y'th wysc.* **16g.** *GSH* 67, Na gofid, na gwayw afiach, / Nas gwnaud *yn* ei *wysg* yn iach. **18g.** IOAN SIENCYN: *Gw* 437, Moria antyria wr tirion / trwy r berw tro ir aberodd mawrion / yn wisci dal *yn wysc* y don / taith ddawnys iti ath ddynion. **yn wysg (y) blaen:** *forward(s).* **1547** *WS, yn wysc blaen* Forwarde. **1632** *D, Yn ŵysg y blaen* d.g. *Cuspidatim.* **yn wysg ei gefn, ei ben, ei din, &c.,** gw. *wysg ei gefn, ei ben, ei din,* &c. **yn wysg ei draed:** *on foot.* **1632** *D,* Wysg . . . In pedes, *yn ŵysg ei draed.* Gw. hefyd *o wysg ei draed* uchod. **yn wysg ei drwyn, &c.,** gw. *wysg ei drwyn.* **yn wysg ei wyneb (eu hwynebau, &c.):** *straight ahead; on one's face.* **14g.** *RC* xxxiii. 189, Ony bei uot hwnn yn duw ny syrthyassei an dwyweu ni *yn wysc eu hwynepeu.* **1588** *Esec* i. 9, aent bob vn *yn ŵysc ei wyneb.*

wystn, gw. gwystn.

wystrys, oestrys [bnth. S. C. *oistres*] *e.ll* (un. b. *-en*; g. *wystr, oestr*). Unrhyw un o amryw fathau o folysgiaid deufalf o deulu'r *Ostreidæ,* llymeirch: *oysters.*

15g. *IGE*[2] 231, Torri ar ergyd dirwystr / Gragen deg ar osteg *wystr* [diwyg.] (Ieuan ap Rhydderch). *Diw.* **15g.** *Pen* 55, 199, llymeirch yw *oesstrys.* **1547** *WS, Oestyr* Oyster. **1575–6** *B* vi. 315, ewinedd vel kregin *oestrus.* *c.* **1578–80 (17–18g.)** *Cylchg LlGC* vii. 276, Corbyllau diawl crybwyll dig / Cewyll *oestrys* cyllestrig [dychan Hywel ap Syr Mathew i Fynydd Hirddywel]. **1589–93** *Rhyddiaith Gymraeg* ii. 137, yr hwn . . . a egorodd yr *oystryssen,* ag a roes bliscyn i bob vn, ag a fytadd y pyscodyn i hûnan. **1604–7** *TW* (*Pen* 228), rhyw . . . chwareû a chrogen *oestr* d.g. *Epostracisonus.* **1632** *D, Oestrysen* d.g. *Ostrea.* *c.* **1740** *LlM* [44], I Halltu Llymeirch neu Biclo *Oestrys.* **1756** W. WILLIAMS: *GDC* 71, Yr *Oester* brâs sy'n cysgu o fewn ei Gragen glyd. **1778** *W, oestrysen* (pl. *oestrys*), *ŵystrysen* (pl. *ŵystrys*) d.g. *Oyster.*

Amr.: **oestren** (*eb.*). **1604–7** *TW* (*Pen* 228), *oestrenæ* d.g. *Ostrea.* **1632** *D* d.g. *Ostrea.* **1722** *Llst* 189. **1778** *W* d.g. *Oyster.* **oestres. 1630** R. LLWYD: *LlH* 73. *c.* **1730** *Thos. Lloyd D* (LlGC) 185a. **ostrs. 1604–7** *TW* (*Pen* 228), heliwr *ostrs* d.g. *Conchyta.* **ostrysen** (*eb.*). **1707** *AB* 110b d.g. *Ostrea.* **westras. 1756** *ML* i. 412. Ar lafar, *WVBD* 570 (un. b. *westran, westrasan*). **westrys. 1594–6** *B* iii. 166. *c.* **1600** *CRC* 177, *westrysen.* **woestres. 1609** *CRC* 89. **wstrws. 1725** D. LEWIS: *GB* 310, Cregin *Wstrws.* **18g.** *Llr* C 24, 310. Ar lafar (Cered. a sir Benf.; un. b. *wstrwsen*). **wystrwys.** *c.* **1762–79** W. WILLIAMS: *P* 126. **1764** W. WILLIAMS: *GDC* 44. **1771** *PDPh* 30.

Cfn.: *Bot.* **wystrysen y coed:** *oyster mushroom, Pleurotus ostreatus.* **20g.**

wystryswr, oestryswr, &c. [*wystrys, oestrys*+*-wr*] *eg.* ll. *-wyr. Adar.* Pioden fôr, un o adar yr arfordir, *Hæmatopus ostralegus*: *oystercatcher.*

1632 *D, oestryswr* d.g. *Conchyta.* *c.* **1730** *Thos. Lloyd D* (LlGC), 185a, *oestryswr*—Conchyta. Cf. H. E. FORREST: *FNW* 334, *Wstryswr.*

wystyd, gw. wstid.

wyt, 2 un. pres. myn. y f. *wyf*: *bod.*

wyth [Crn. Diw. *êath,* H. Lyd. *eith,* Llyd. C. *eiz,* Llyd. Diw. *eizh*: < Brth. **oχtī* < Clt. **oxtū* (cf. H. Wydd. *ocht*) < IE. **oktō(u),* cf. Llad. *octō*; gall beri tr. meddal (*wyth* bechod), a thr. trwynol i rai geiriau yn *b-, d-* (*wyth* mlynedd, *wyth* nyn), gw. *Treigladau* 135–6] *rhif.* a hefyd fel *eg.* ll. *-(i)au, -oedd,* ac fel *adf.*

(*a*) Un o'r prifolion, sef un yn fwy na saith neu un yn llai na naw, rhifolyn (e.e. 8, VIII, viii) sy'n cynrychioli'r rhif hwn, y nifer hwn o bobl, anifeiliaid, neu bethau; yr wythfed (am frenin): *eight; the eighth (of king).*

10–11g. *DGVB* 232, iseith *uith,* gl. *septies octoni.* **12g.** *GMB* 274, Hi a hawt borthes lles llin y hennyt / Rac llwyth *wyth* bechaƀd, priaƀd prifwyt. **12g.** *GLlF* 120, Keueis-y *wyth* yn hal pwyth peth o'r waƀd—yr geint. **12g.** *id.* 426, *Wyth* cad ac *wyth* cant ac *wyth* teulu—taer. **13g.** *BD* 208, ac *vyth* mlyned a thrugeint y buant yn ryuelu y dywal ac yn wastat ar y Saesson. **14g.** *WML* 42, Holl aelodeu dyn pan gyfriffer y gyt. *ƀyth* punt aphetwar vgeint punt atalant. *c.* **1400** *YCM*[2] 16, *Wyth* diwarnawt y buant y a dan y pyrth. *id.* 168, Music . . . nyt oes yndi namyn pedeir llin ac *wyth* don. A thrwy y rei hynny y dyellir pedwar nerth a berthyn ar y corff, ac *wyth* obrwy yr eneit. *c.* **1400** *Ked AA* 5, ef a'e *wyth* mrodyr maeth yn sweinyeit idaw. **15g.** *Glam Bards* 283, penkerdd ydiw a cherddwr / penn prydydd ar gywydd gwr / *wythiau* a brwvan yn bro / or wythran ef yw r athro [Ieuan Du'r Bilwg i ymofyn Llywelyn Goch y Dant]. **15g.** *GLGC* 37, *wyth* o eirth a saith arthes / a wenwynodd ein ynys. **15–16g.** *GLM* 284, ac arch di, goruwch Dwywent, / at Harri *Wyth* eto rent. **16g.** *GIIW* 1, *Wyth* fil wen ath foliannan / Or iad i lawr ir wyd lan. **1547** *WS, Wyth* Eyght, viii. **1567** *TN* 99b, Ac e ddarvu yn-cylch pen *wyth* diernot gwedy y gairiae hyny. **1588** *Pr* xi. 2, Dyro ran i saith, neu hefyd i *ŵyth.* **1632** *D, Wyth,* Octo. **1727** J. JONES: *DFF* [357], Wedi ei rifo yn gywir, fel ag y ceir y Mesur cyffredin trwodd wedi ei gyfansoddi o *Wythau* a Chwechau yn ôl fel y mae pob Tôn o'r Mesur hwnnw yn gofyn. **1803** *P, Wyth,* s. m.—pl. t. *au* . . . the number eight, eight. a. Eight. Digwydd mewn rhif. cfns. megis *wyth ar hugain, wyth a deugain,* &c.; gw. hefyd y cfn. *wyth deg* ac *wyth ugain* isod, ac *wythgant.*

(*b*) *Crdd.* Wythfed: *octave (interval, in mus.).*

1869.

Fel *adf.* Wyth gwaith (cymaint), o lawer: *eight times (as much), by far.*

14g. *GDG*[3] 225, Trist fûm na'th gawn, ddawn ddiwael, / Tristach, *wyth* gulach o'th gael. **1786** TWM O'R NANT: *GG* 138, A thelynnor, *ŵyth* [*sic*] lawnach / Nag un oll, yn ei gân iach [i Syr Watkin Williams Wynne].

Amr.: **oeth**[2]. **10–11g.** *DGVB* 276, *oith* gueid guar cant. Cf. (*Cpt*) *B* iii. 256, ir. oithaur hinnith.

Cfn.: **wyth gan(t), wyth can(t),** gw. *wythgant.* **wyth deg:** *eighty.* **1689** E. MORRIS: *B* 111, Dau wythgant, meddant i'n mysg, / Pan gladdwyd pen goleuddysg; / *Wyth deg* a naw, a theg nod, / Oed Iesu wedi' osod. **1784** *GABC* 16, Ond oes er pan fu'r newydd rhyfedd [am eni Crist], / Fil seith-gant, *wyth-deg,* pedair blynedd? Gw. hefyd *wythdegau.* **wyth nyn,** gw. *wythnyn.* **wyth obrwy (yr enaid):** *eight blessings (of the soul).* *c.* **1400** *YCM*[2] 168. *c.* **1566** *B* i. 155, Ar wyth don hyn a berthyn yr *wyth obrwy* sydd yr enaid. **wyth bechod:** *eight (deadly) sins.* **12g.** *GMB* 274. *c.* **1400** *Llst* 27, 28b, *wyth bechawt* yn achwyssawl a ennynnant o odineb. **wyth brifwyd, wyth prifwyd = wyth bechod. 12g.** *GCBM* i. 23, Kynn arnaf ernywed wyth heint, / *Wyth prifwyd,* ƀyth prifwyth kymeint. **12–13g.** *GMB* 407, *Wyth brifwyt* yssyd (ys enbyt) / O'r wyth gƀyth, gƀaethaf syberwyt. **wyth r(h)an, wyth tant,** gw. *wythran, wythdant.* **wyth ugain:** *eight score, one hundred and sixty.* **14g.** *T* 59. 12–13, ƀyth vgein vn lliƀ o loi abiƀ. **15g.** *DN* 67, Oes o Gaer Wysc yno le nas goresgynnud? / *Wyth vgain* o'i keyrydd, a thai a gongkwerud. **15–16g.** *GLM* 215, *wyth ugain* mil o filiau: / ni'th friwai hyn, na'th frawhau. **16g.** (*LlEG*) *Mos* 158, 26a, ac *wythugain* o en/eidiau. **1547** *WS,* Mork *wythugain* o arian A marke. **1588** 2 *Mac* iv. 8, o ryw ardreth arall *wythugain* talent.

wythach, gw. wyth+ach[5].

wythaint [?cf. Gwydd. C. *échtach*; anodd gwahaniaethu rhwng enghrau. treigledig o *gwythaint* a'r gair hwn; dileer y ddwy engh. gyntaf isod o'r erthygl ar y gair *gwythaint*] *e.ll.* Adar ysglyfaethus: *birds of prey.*

Dchr. **12g.** *GMB* 7, Ryuel dywal, Vrien haval, arial *vytheint.* **14g.** *T* 36. 11–13, Gƀeleis ymlad taer yn nant ffrangcon. Duƀ sul pryt pylgeint rƀg *ƀytheint* agƀydyon. *id.* 71. 23–4, poet ygan vrein ac eryr ac *ƀytheint.*

wythawd [*wyth*+*-awd*[3]] *eg.* ll. *-au,* (prin) *wythodau. Crdd.* (Cerddorion sy'n perfformio) cyfansoddiad cerddorol ar gyfer wyth llais neu offeryn; wythfed (cyfwng); *Brdd.* wyth llinell gyntaf soned: *octet (in mus. and poetry); octave (interval, in mus.).*

1819.

wythawr, wythban, gw. wyth+awr[1], ban[1].

wythblyg, &c. [*wyth*+*plyg*[1]] *a.* a hefyd gyda grym enwol. O faint llyfr neu ddalen a geir drwy blygu llen safonol deirgwaith i ffurfio cwir o wyth tudalen; yn cynnwys wyth rhan; (geir.) wyth gwaith cymaint: *octavo; eightfold, having eight parts; (dict.) eightfold, eight times as many or as much.*

1632 *D,* Wedi ei ddyblu wythwaith, *wythblyg* d.g. *Octuplicatus.* **1688** *TJ* (At.) [31], *Wŷthblŷg,* ŷw llyfr a plygwŷd [*sic*] pôb papurlen ynddo yn wŷth o ddalennau. *id.* [57], Gan fôd y llyfr yn 21 a hanner o bappurlennau, ac yn *wŷthblŷg* (*in Octavo*). **1773** *W* d.g. *Eight, Eight-fold. id. Wyth-blyg, wythplyg* d.g. *Octavo.* **1803** *P, Wythblyg,* s. m. . . . That is of eight folds. a. Of eight folds.

wythbunt, wythbwys, gw. wyth+punt, pwys[1].

wythdant, wyth tant, &c. [*wyth*+*tant*; ansicr yw union ystyr yr enghrau. Beiblaidd isod] *eg.* ac *e.ll.* a hefyd gyda grym ansoddeiriol. (?Offeryn ac iddo) wyth o dannau: *eight strings; ?eight-stringed instrument.*

16g. *WLl* 171, Rhif mesur glwys pwys heb hyn / Yw r duwoliaeth ar delyn / O untant i *wythtant* oedd / Pan i caid pynciau ydoedd. **1567** *LlGG* (*Sall*) 3b, Ir gorchestol yny Neginoth ar gyffurf yr *wythtant. id.* 6b, I ragorol ar yr *wythdant.* **1770** P. WILLIAMS: *BS, Salm* vi, Seminith, sef, offeryn *wyth dant,* neu 'r Bâs.

wythdegau [*wyth deg*+*-au*] *e.ll.* Y rhifau rhwng 80 ac 89, gan gynnwys y rhifau hynny, yn enw. wrth gyfeirio at flynyddoedd canrif neu oedran: *eighties.*

1935. Ar lafar, 'Ma hi'n dal yn heini iawn er 'i bod hi 'mhell yn 'i *hwythdege*'; 'Man U odd tîm y nawdege ond Lerpwl odd tîm yr *wythdege*'.

wythdroed, gw. wyth+troed.

wythdroediog, wythdroedog [*wythdroed*+*-(i)og*] *a.* Ac iddo wyth o draed: *eight-footed.*

1632 *D, Wythdroediog* d.g. *Octipes.* **1803** *P, Wythdroedawg* . . . Having eight feet.

wythfed [Crn. Diw. *ethas,* H. Lyd. *eithmet,* Llyd. C. *eizvet,* Llyd. Diw. *eizhved,* Hen Wydd. *ochtmad,* Gal. *oxtumetos*: < Clt. **oxtūmetos*; cf. *wyth, -fed*] *rhif.* a hefyd gyda grym enwol ac fel *eg.* ll. *-au,* (*prin*) *-i.* Nesaf mewn trefn ar ôl y seithfed, olaf mewn cyfres o wyth, yn dynodi un rhan o wyth; un o wyth: *eighth; one of eight.*

12g. *GLlF* 75, *Wythued* dyd dybyd dyar—/ Dedueu dieu diarchar. *id.* 540, *Wythued* yƀ llat a llafneu cochwet / Kelein a chathyl brein ar y bronnwet. **12g.** *GCBM* i. 117, *Wythued* lwyth gynnwyth gynwan—eu detyf, / Eu dewis gyflauan. **13g.** *BD* 69, a chyn pen

yr *vythuet* dyd y bu uarv. **14g.** *WML* 40, *ɓythuet* yɓ enynnu y peth y lloscer ac ef. **1346** *LlA* 116, Or dyd hɓnnɓ hyt yr *ɓythuet* nyt aeth deɓi or eglɓys o bregethu y baɓp a gɓediaɓ. **14g.** *WM* 57. 22–5, Ac y kychɓynassant ar penn gantu drɓod yseithɓyr hynn. a branɓen yn *ɓythuet*. *c.* **1400** *Études* viii. 382, Wyth rann a dyly bot ym pob dyn. Y rann gyntaf o'r daear . . . yr *wythuet* o Leuuer y Byt, yr hwnn a elwir Crist. **1567** *TN* 360a, eithr Noe yr *wythfed* dyn (**1988** 2 *Pedr* ii. 5, ynghyd â saith arall) pregethwr y cyfiownder, a waredodd ef. **1595** *Egl Ph* 84, Harri *wythbhed* anrheithbhaes. / A'i on waiw melht yn y maes (Siôn Tudur). **1604–7** *TW* (*Pen* 228), yr *wythuet* d.g. *Octauus*. **1632** *D*, *Wythfed* ran wns d.g. *Drachma*. *id*. *Wythfed* ar hugain d.g. *Duodetricesimus*. **1730 (1755)** E. WYNNE: *PAC* 34, Yr *Wythfed* Orchymŷn. **1803** *P*, *Wythved*, s. m. . . . An eighth. a. Eighth. Digwydd hefyd mewn trefnolion cfns., e.e. *wythfed ar hugain*, *wythfed a deugain*, &c., ac yn eithriadol *wythfed ar ddeg*, e.e. W. SALESBURY: *KLl* lxiiia, Yr *wythfed* sul *ar ddec*.

Fel *e*. *Crdd*. Cyfwng rhwng wyth nodyn dilynol ar y raddfa ddiatonig (e.e. C–C); dau nodyn eithaf y cyfwng hwn; y ddau nodyn hyn wedi eu seinio ynghyd: *eighth (interval or chord in mus.), octave*.
1897.

Cfn.: **ar ei wythfed:** *as one of eight, with seven others.* **14g.** *BY* 9, gwedy y vynet ef [Noa] y'r llong *ar y wythued* dyn (*cum septem animabus*). **1620** 2 *Pedr* ii. 5, Noe pregethwr cyfiawnder a gadwodd efe *ar ei wythfed*.

wythfys, gw. wyth+bys.

wythgant, wythgan, wyth gan(t), wyth can(t) [*wyth+cant*[1]] *rhif.* a hefyd fel *e.ll.* ac *eg*. Wyth o gannoedd; wyth canpwys: *eight hundred*; *eight hundredweight*.

c. **1400** *R* 1244. 40–1, *Vythcant* annerch daɓnserchdyn. uthur vrys vro henrys urenhin. *c.* **1400** *YCM*[2] 171, y bedwared vlwydyn ar dec ac *wyth cant* o oet Ieussu [*sic*] Grist. **14–15g.** *IGE*[2] 272, Ac *wythgant*, meddant i mi, / O bryfed yn ei brofi (Siôn Cent). **15g.** *GLGC* 64, Mae'n y wisg *wythgan* plisgyn, / a'r plisg yn y wisg yn wyn [i ofyn curas]. **16g.** (*LlEG*) *Mos* 158, 401b, *wyth gann* mil o fflwrensys. **16g.** *GGH* 222, Seithgorff yn pwyso *wythgant*, / Saith oes o gannoes a gânt. **1588** *Gen* v. 4, dyddiau Adda wedi iddo genhedlu Seth oeddynt *wythgan* mlhynedd. **1632** *D*, *Wythgant* d.g. *Octingenti*. **1689** E. MORRIS: *B* 111, Dau *wythgant*, meddant i'n mysg, / Pan gladdwyd pen goleuddysg; / Wyth deg a naw, a theg nod, / Oed Iesu wedi' osod. **1690** HUW MORUS: *EC* i. 38, Dau *wyth gant*, odiaetha gwr, / Oedran Iesu, deyrnaswr; a naw deg pan ei dygodd / Un Duw 'r iach enaid a rodd. **1703** E. WYNNE: *BC* 117, Ha, ha, ha, he—ebr *wythgant* o Ddiawliaid. **1751** *GIA* 10, cyn y diluw, pan oedd dynion yn byw *wythgant*, neu naw cant o flynyddoedd. **1803** *P*, *Wythgant*, s. m. . . . Eight hundred.

wythiach, wythiaith, gw. wyth+ach[5], iaith.

wythiliwn [cfdds. o'r S. *octillion*, cf. *triliwn*] *e?b*. ll. *wythiliynau*. Nawfed pŵer mil (10^{27}), yn wr. wythfed pŵer miliwn (10^{48}): *octillion*.
1828.

wythliw, gw. wyth+lliw[1].

Wythlyfr [*wyth+llyfr*[1]] *eg*. Wyth llyfr cyntaf yr Hen Destament gyda'i gilydd: *Octateuch*.
1858.

wythmil, wythmis, wythmys, gw. wyth +mil[1], mis, bys.

wythnos [*wyth+nos*] *eb*. ll. *-au*. Cyfnod o saith diwrnod olynol, yn enw. y cyfnod rhwng hanner nos nos Sadwrn a'r un amser y Sadwrn dilynol, hefyd yn *ffig.*: *week, also fig.*

12g. *GMB* 111, Difyeu ym penn teir *wythnos* / (Tru a nos!) yd ith later. **13g.** *LlI* 6, o hanner Chweuravr hyt yn dywed e gesseuyn *vythnos* o Uavrth. **1346** *LlA* 136, py ham ymae yaɓnach vnprydyaɓ duɓ gɓener. no diɓarnnaɓt arall or *ɓythnos*. *c.* **1400** *R* 1264. 34–5, *Wythnos* ym annos om annun gyffro aeth etto ɓyth eittun. *c.* **1400** *YCM*[2] 45, wrth uot yn diogel idaw o'm plegyt i hyt ympenn yr *wythnos*. **15g.** *GLGC* 237, Bychan bob *wythnos* o Fwrdios fil / o longau â gwin, neu leng gynnil. *c.* **1475** *B* xiv. 9, Ac y gossodes seith diwarnawt, y rei yssyd yn kyflenwi yr *wythnos*. **1547** *WS*, *Wythnos* A weke. *a.* **1561** *B* vi. 47, dayddec *wythnos* a daigain y sydd yn y vlwyddyn, ac o hyny wyth *wythnos* yn Sylay a gwylay, a ffedair a daigain y lafyrio. **1567** *TN* 48a, a'r dydd centaf o'r *wythnos* yn dechrae gwawrio. **1588** *Jer* v. 24, ein Duw . . . a geidw i ni ddefodol *wythnosau* cynhaiaf. **1630** *YDd* 223, y mae saith diwrnod yn gwneuthur *wythnos*. **1632** *D*, *Wythnos*, Hebdomas, septimana. **1672** J. LANGFORD: *HDdD* [v], Dyddiau, ac *Wythnosau*, a Misoedd, a Blynyddoedd. **1762** *ML* ii. 520, Bellach am y tywydd. Gwych ydoedd drwy'r *wythnos* hyd heddyw. [**1783**] *W* d.g. *Se'n-night*. **1803** *P*. Ar lafar, '*wsnos* i heiddiw', *WVBD* 542; '*wthnos* ginta'r mish', *GTN* 839; hefyd yn y ff. *wsnoth* (Cered., sir Benf., a'r De).

Cfn.: **wythnos gadw:** *first week in a job, when pay was held over until the following week, week in hand.* **1820.** Ar lafar, '*wthnos gatw*', *GTN* 839, *Geir Glo* 146 (Morg.). Cf. *LlGC* 1134, 18, wythnos gadwad . . . the week's money which is held in hand by the Colliery Officials from a workman. When a workman leaves after serving his notice, this money as well as all other monies due to him are handed over. **Wythnos y Catgoriau,** gw. *Wythnos y Cytgoriau*. **Wythnos y Grog:** *Holy Week, Passion Week*. **1722** T. EVANS: *PS* 92, Y mae gan y Pasc . . . nid yn unig yr holl Rawys yn Barottoad; eithr Wythnos gyfan a elwir *Wythnos y Grôg*. **1725** *SR* d.g. *Passion Week*. **1778** *W* d.g. *Passion . . . Passion-week*. **Wythnos y Cytgoriau, Wythnos y Catgoriau:** *Ember week*. **1707** *AB* 215d, Cydgoriay, *Wythnos y kydgoriay*, Ember-week. **1710** *LlGG* (*Gos*) 8, Jejunia quatuor temporum, a elwir yn gyffredin *Wythnose 'r Cyd-coriau*, pwyntiedig yn 'r hên amser i Ymprydio a Gweddio. **1767** G. HOWEL: *Alm* 8, *Wythnosau y Cydgoriau*, neu'r Dyddiau dirwest. **1780** *W*, *Wythnos y cŷd-goriau* (y gorymdeithiau) d.g. *Procession-week*. **Wythnos y Dioddefaint,** &c.: *Holy Week, Passion Week.* **14g.** *Bren Saes* 174, Ac y doeth y brenhin yn *wythnos y diodeifein* hyt yn Penvro. **1547** *WS*, *Wythnos y dioddefaint* The passyon weke. **1630** *YDd* xxvi[i]. **1725** *SR* d.g. *Passion Week*. **(yr) wythnos,** &c., **d(d)iw(a)ethaf,** &c.: *last week; final week.* **1630** *YDd* 118, pe bai ddŷn o fuchedd ddrwg, yn tybied fod y flwyddyn hon, yn flwyddyn ddiweddaf iddo, y mis hwn, yn fis diwaethaf, yr wythnos hon, yn *wythnos ddiwaethaf*. **1752** *ML* i. 201, gallu ohonynt *yr wythnos diwaethaf* ddyfod yma. **1753** *id*. 250, Bu yma riolti mawr, *yr wythnos ddiwaetha* pan oedd Brenin y Gwyddelod yn ein plith. Ar lafar, "*r wsnos dwytha*", *WVBD* 562; "Ôn' nw 'ma'*r wthnos diwetha*", *GTN* 327. **wythnos,** &c., **gwas newydd:** *period of diligence by a new worker, &c., (cf. 'a new broom sweeps clean'), the honeymoon period (e.g. of a government).* **1883.** Ar lafar, '*wsnos gwas newydd*, a phrase alluding to the diligence of a new servant or to the popularity of a new man', *WVBD* 174. **Wythnos y Gweddïau:** *Rogation Week*. **1547** *WS*. **1604–7** *TW* (*Pen* 228) d.g. *Robigalia*. **1803** *P* d.g. *Wythnos*. **Yr Wythnos Fawr:** *Holy Week, Passion Week*. **1866.** **Wythnos y Pasg, yr Wythnos Basg:** *Holy Week, Passion Week*. **1794** E. JONES: *CP* 15, Sidesmen . . . dewisir y rhai hyn . . . yn *yr wythnos basg* [*sic*]. **wythnos rag:** *rag week*. **20g.**

wythnosol [*wythnos+-ol*] *a*. Yn digwydd, &c., unwaith yr wythnos; yn perthyn i'r wythnos (gthg. y penwythnos neu'r Sul): *weekly, hebdomadal*; *pertaining to the week (opp. the weekend or Sunday)*.

1675 R. JONES: *HCh* 79, a haeddodd yn fwy o lawer gael *wythnosawl* goffadwriaeth. **1711** M. MAURICE: *YAD* 392, neu Gyfarfod *wythnossawl* gosodedig. **1718 (1721)** S. THOMAS: *HB* 105, Felly dangosasom pa fath ydoedd eu Defosionau a'r [*sic*] y diwrnodau *wrthnosawl* [*sic*]. **1725** *SR*, *wythnosawl* d.g. *Weekly*. **1744** D. ROWLAND: *RY* 190, nhwy a osodant *wythnosol* . . . Ddarllenniad ynot ti. **1769** J. GRIFFITH: *A* 221, Byddai dda gennyf, gael atteb i'r ymofynniad canlynol yn y cyfarfod *wythnosol*. **1795** *R. Crusoe* 38, yr oeddwn yn cadw fy nghyfri *wythnosol*, misol, a blynyddol. **1799** *TY* 43, allan o'r Rhestrydd *Wythnosol*, (Weekly Register). **1803** *P*, *Wythnosawl* . . . Weekly, belonging to a week. Ar lafar, "Wi'n talu'r siop yn *wthnosol*", *GTN* 839.

wythnosolyn [*wythnosol+-yn*[1]] *eg*. ll. *wythnosolion*. Papur newydd neu gylchgrawn a gyhoeddir yn wythnosol: (*a*) *weekly (newspaper or periodical)*.
1893.

wythnoswyl [*wythnos+gŵyl*[1]] *eb*. ll. *-iau*. *Egl*. Wython, octaf: *octave (of feast)*.

1778 *W*, *wythnos ŵyl* [*sic*] d.g. *Octave of a holiday*.

wythnyn, wyth nyn [*wyth+dyn*] *e.ll.* Wyth o bobl, wyth o ddynion: *eight persons*, *eight men*.

15g. *GGl*[2] 43, *Wythnyn* teg aeth yn un tŷ, / A Noe hen un o hynny. **15–16g.** *TA* 38, A'th arf a'th wayw a orfu, / Aethnen o faich *wythnyn* fu. **1567** *LlGG* 13a, yr hwn am bechot dyn y voddeist vnweith yr oll vyd, o ddiethr *wythnyn* popul. **1588** *Jer* xli. 15, Ond Ismael mab Nathaniah a ddiangodd yng-hyd ag *wyth nyn*. **1595** M. KYFFIN: *DFf* [97], nid oedd onid *wythnyn* o ddynion. **1606** E. JAMES: *Hom* iii. 62, pan foddodd ef yr holl fŷd oddieithr *wythnyn* o bobl. **1759** *BC* 438, Yr *Wyth-Nyn* hyn eilwaith ae'n helaeth mewn hîl. **1762** D. ROWLAND: *PA* 9, pan soddodd yr holl fŷd oddigerth *wyth Nŷn* i Ddeism. **1766** *CD* 4, ar [*sic*] *wyth Nŷn* yn yr Arch. **1773** *W*, *Wyth-nŷn* d.g. *Eight persons*. **1790–1** H. JONES: *T* 162, ni ddarllenwn ond am *wyth nŷn* a achubwyd ynddo rhag y diluw. **1803** *P* d.g. *Wythnyn*.

wythochr, gw. wyth+ochr.

wythochrog, wyth ochrog [*wyth ochr+-og*] *a*. Ac iddo wyth ochr, wythonglog: *eight sided, octagonal*.

1632 *D*, *Wythochrog* d.g. *Octangulus*. **1716** T. EVANS: *DPO* 113, [P]aladr melin o haiarn *wyth ochrog*. **1770** *TG* ii. 119, [g]wneuthur i chwi lestr pren . . . yn *wyth ochrog*. **1803** *P*, *Wythoçrawg* . . . Octagonal.

wythoes, wythongl, gw. wyth+oes[1], ongl[1].

wythonglog [*wyth ongl+-og*] *a*. a hefyd gyda grym enwol. Ac iddo wyth ongl, wythochrog; ciwbig: *octagonal, octangular*; *cubic*.

1632 *D*, *Wyth-onglog* d.g. *Octangulus*. **1747** *ML* i. 113, *Wythonglog* or chweochrog will not do for a cube . . . Chweonglog is rather a hexagon, *wythonglog* an octagon. **1778** *W*, *Wyth-onglog*, ag (a'r y mae) ŵyth ongl iddo d.g. *Octangular, or octagonal*. **1803** *P* d.g. *Wythonglawg*.

wython [*wyth+-on*[1]] *e*. ll. *-au*.

(*a*) *Crdd*. Wythfed: *octave (in mus.)*.
1822.

(*b*) *Egl*. Yr wythfed diwrnod ar ôl dydd gŵyl, cyfnod o wyth niwrnod sy'n dechrau ar ddydd gŵyl, octaf: *octave (of feast)*.
?*c.* **1870.**

wythran, wyth r(h)an [*wyth+rhan*[1]] *e.ll.* ac *eb*. ll. *-au*, a hefyd fel *a*. (Ac iddo) wyth o rannau; wyth rhan ymadrodd, gramadeg; wythfed ran: (*having*) *eight parts*; *the eight parts of speech, grammar*; *an eighth*.

c. **1400** *Études* viii. 382, *Wyth rann* a dyly bot ym pob dyn. Y rann gyntaf o'r daear . . . yr wythuet o Leuuer y Byt, yr hwnn a elwir Crist. **15g.** *Glam Bards* 283, penkerdd ydiw a cherddwr / penn prydydd ar gywydd gwr / wythiau a brwvan yn bro / or *wythran* ef yw r athro [Ieuan Du'r Bilwg i ymofyn Llywelyn Goch y Dant]. **15g.** *LGC* 24, Un twr, un milwr, un melan Cymmru, / Un Cymmro o *wythran*. **15g.** *GLGC* 272, mae *wythran* yn lân lonaid—y dengwlad, / mam, henfam, hendad a thad a thaid. **15g.** *GGl*[2] 227, Moel Othrwm a mawl *wythran*, / Mae'r glod hyd ym mrig y Lan. **15g.** *Pen* 57, 35, Aithr hynn long *wythrann* lyngess. **15–16g.** *TA* 250, Ewch yn hŷn no chanhonwr, / Aeth i'r un gwasg *wythran* gŵr. **16g.** *Llst* 40, 67, pwyn enwog rwyog pob rann / pwyn athro penn I *wythrann* [Ieuan Gwinionydd i Ruffudd Dwn]. **16g.** *WLl* 94, Ac oedi rryw goed yrrawc / *Wythran* disathr hen dwysawc. **16g.** WILIAM LLŶN: *Gw* (R. Stephens) 571, Gwybydded gŵr addfed gân / Gau rethrig ar ei *wythran* (Owain Gwynedd). *a.* **1587** *Y* 147, Beirdd a'i dring, bu arwydd draw, / Boet *wythran*, na bv yt athraw. **16–17g.** T. R. ROBERTS: *EP* 281, *Wythran* gwawd a'i ddieithredd, / Athro beirdd aruthr heb wedd. **1632** *D*, *wythran* o ddeuddeg d.g. *Bes*. **1803** *P*, *Wythran*, s. f. . . . That has eight shares. a. Of eight shares or parts.

Cfn.: **wythran ymadrodd (o 'madrodd), wyth r(h)an ymadrodd:** (*the*) *eight parts of speech, grammar*. **15g.** *DN* 119, Pennyll o'r *wythrann ymadrodd*. / Gwae Ievan ac yn kanv / Nad evô arnad a vv. **1547** *WS*, Tafflodiat vn o *wythran ymadrodd*. An interiection. **16g.** *GP* ciii, Raid yw kyn govyn Rodd / medrv *wythran ymadrodd* (Gruffudd ap Ieuan ap Llywelyn Fychan). **1567** G. ROBERT: *GC* 81, *wythran o'madrodd*. **1605–10** *GP* 205, *Wyth rann ymadrodd* ysydd. **17g.** E. MORRIS: *B* 35, Mawr athro am ei *wythran*, [*sic*] / *Ymadrodd*, profodd bob rhan.

wythryw, wythsill, wythwaed, gw. wyth+rhyw[1], sill, gwaed.

wythwaith [*wyth+gwaith*[2]] *adf*. a hefyd fel *e.ll.* Ar wyth achlysur, wyth o weithiau, wyth tro; (mwy, &c.) o ffactor o wyth: *on eight occasions, eight times*; *eight times (bigger, &c.)*.

13g. *DB* 67, mwy *wythweith* no'r daear. **1346** *LlA* 20, Pysaɓl gweith yd ymdangosses ef. dedengweith [*sic*]. *wythweith* yny dyd kynntaf y Joseph arimathia. **14g.** *DGG*[2] 115, Euthum *wythwaith*, glwyfiaith glau, / I'r wig hwnt, orwag hyntiau (Gruffudd ab Adda). **15g.** *GLGC* 65, Aur y sydd, newydd bob naw, / deg *wythwaith* wedi'u gweithiaw. **15–16g.** *TA* 5, Aethost, *wythwaith*, â thyst ieithoedd, / Wyth o lwythoedd, â

thaleithiau. *Diw.* **16g.** *Gwyn* 3, 104, A gwneuthur mi a'i gwnn *wyth-waith* / i rai ni cherddai ychwaith. **1632** *D* d.g. *Octies, Octuplicatus. id. Wythwaith* ar hugain d.g. *Duodetricies.* **1803** *P.*

wythwart, wythwawd, wythwell, wythwin, wythwlad, gw. wyth+gwart, gwawd, gwell¹, gwin, gwlad.

wythwr [*wyth+gŵr*] *eg.* ll. *-wyr.* Y blaenwr yng nghanol rheng ôl sgrym osod (mewn gêm rygbi): *number eight (in rugby).*
20g.

wythwynt, gw. wyth+gwynt.

wythwyr¹ [*wyth+gwŷr* (ll. yr e. *gŵr*)] *e.ll.* Wyth o wŷr, wyth dyn, hefyd yn *ffig.*: *eight men, also fig.*
13g. *D Col* 44, Sef achaus o gedyr xxx ar y brennyn, urth ware ohonau en erbyn *wythwyr* [am ddarnau gwyddbwyll]. **15g.** *GLGC* 264, Gwell wyd Trahaearn, darn deÿrnaidd, / nog *wythwyr* o wŷr ysgwieriaidd. *id.* 281, A wnaeth Rhods, na'i *hwythwyr* hen, / yn wyth hal, a wnaeth Elen? *id.* 311, Pond *wythwyr* fu'r gwŷr gwirion—rhwng Cadell? / Pa wyth y sy well? Pa waeth yw Siôn? *Diw.* **15g.** *Pen* 67, 35, Meirw oedd saith am orwedd sion / meirw yw r *wythwyr* mawr weithion (Hywel Dafi). **1620** 1 *Esd* viii. 37, a chŷd ag ef *wyth-wŷr* ar hugain.

wythwyr², gw. wythwr.

Y

y, llafariad, a'r wythfed lythyren ar hugain yn yr wyddor Gymraeg.
Cfn.: *Sein.* **y glir:** *'y' pronounced as Welsh 'u'.* **20g.** *Sein.* **y dywyll:** *'y' pronounced obscurely or neutrally.* **20g.**

y¹, yr¹, 'r¹ [H. Grn. *en*, Crn. C. *an, en, -n*, H. Lyd. *in, en, -n*, Llyd. C. *an(n), en, -n, ar, -r*, Llyd. Diw. *an, -n* (o flaen llafariaid, *h-, d-, t-, n-*), *al, -l* (o flaen *l-*), *ar, -r* (o flaen cts. eraill, *i*, ac *w*), H. Wydd. *in(t)*: < Clt. **sindo-*; ?cf. *hyn*, Gal. *(in)sinde, indas (mnas), sosin*] *ban.* sy'n peri tr. ml. i eb. un. (ac eithrio *ll* a *rh* fel rheol); am drafodaeth fanwl, gw. *Treigladau* [1]–18.

1. (*a*) (yn dynodi person, anifail, neu beth a grybwyllwyd eisoes neu a ystyrir yn hysbys, yn gyfarwydd, &c.): *the (denoting person, animal, or thing already mentioned, or taken as known, familiar, &c.).*
9g. (*Ox* 1) *VVB* 165, *Ir*digatma, gl. *area.* **9g.** (*Ox* 1) *B* v. 234, *ir* pimphet eterin. **10g.** (*Cpt*) *B* iii. 256, Or bissei pan diconetent. ir. oithaur hinnith. **12g.** *GMB* 101, Diheu darogant y Adaf a'e blant / Y ry-draethyssant *y* proffwydi. **12g.** *GLlF* 170, Treghissyant trydydyd o Uei—trychanllog / Yn *y* llyghes bordei. **13g.** *C* 56. 16–57. 1, *y* wlet. a portheise neithuir. *id.* 66. 10, Pieu *yr* bet. *id.* 98. 14–15, Nid *y* tawue nessaw alawaraw urthid. namvin *y* tawue eithaw. **14g.** *WM* 169. 21–2, llyma *y* iarll yn dyuot. **14g.** *GDG³* 91, Ym y rhoes . . . / *Y* rhodd a gadwaf y rhawg. **15g.** *GDLl* 38, Hwn yw'*r* ceiliog a henwais. **1588** *Gen* xxxvii. 19, wele accw *y* breuddwyd-wr yn dyfod. **1688** S. Hughes: *TSP* 109, Dranoeth hwy a'i tywysasant ef *ir* Arf-dy. **1703** E. Wynne: *BC* 12, Stryd Balchder yw *'r* bella. **1790** *HNDd* d.d., *Yr* Happusrwydd o Nesau at Dduw. **1800** W. Owen[-Pughe]: *CP* 8, mal na byddo dim o *y* llwch ar ol. Ar lafar yn gyff., weithiau gyda phwyslais, 'Hon ydi *y* soffa'.

(*b*) (yn dynodi person, anifail, neu beth (a ystyrir yn) unigryw): *the (denoting a unique person, animal, or thing, or one so considered).*
10g. (*Cpt*) *B* iii. 256, Ceis in*ir* loyr ha chepi. hinn inguir. **12g.** *GCBM* i. 66, Gwae yw *y* byd hyd y gwn. **13g.** *GBF* 421, Pony welbch chbi'*r* heul yn hbylab—'*r* awyr? **14g.** *WM* 107. 3–4, [c]yn elei yn*y* daear. **14g.** *GDG³* 54, Digywydd *y* bydd *y* byd [marwnad Madog Benfras]. **15g.** *GDID* 33, Dilyn *y* brenin rhag brad / Yn addwyn iawn a wyddiad [marwnad Lewys ap Maredudd]. **1551** W. Salesbury: *KLl* d.d., Kynniver llith a ban or yscrythur lan. **16–17g.** *CRC* 397, kanv yn hylwydd gainck *yr* arglwydd. **1632** *D*, Deonglwr *yr* Scrythur lân d.g. *Hierophanta.* **1703** E. Wynne: *BC* 43, Dyma Borth *yr* Arglwydd. *c.* **1762–79** W. Williams: *P* 15, [Ll]ythyren ac Ysprydy Bibl. **1794** *W*, *Y* Sanct d.g. *The . . . The Holy One.* Ar lafar, 'Ma'*r* haul yn gryf heddi'.

(*c*) (ynghyd ag e. lle, gwlad, neu afon): *the (with the name of a place, country, or river).*
Dchr. **12g.** *GMB* 6, Teir Racynis a'*r* Teir Inis a'*r* tramordvy. **12g.** *GCBM* ii. 241, Cad anhawdd *y* Coedaneu. **12–13g.** *GMB* 397, A'm dodby Douyd, amduded—*yr* Israel, / Oesrann y delwyf y dangneued. **13g.** *BD* 104, *yr* Affric. **14g.** *T* 80. 2, vn yb *yr* asia. deu yb *yr* affrica. **15g.** *IGE²* 235, Gwedi bod yn hir . . . / Yn *yr* Alban . . . (Ieuan ap Rhydderch). **15g.** *GDEp* [30], *Yr* Ysgêr a wasgarodd, / Arno 'n y môr yn un modd [i Gynog Sant]. **1595** H. Lewys: *PA* 161, *Y* mor coch, a*r* [*sic*] Iorddonen. **1653** *MLl* i. 177, o'*r* werddon ac o Scotland. **1703** E. Wynne: *BC* 12, h[i] a elwir *y* Ddinas ddihenydd. *c.* **1762–79** W. Williams: *P* 262, Mae 'r Ostrich yn *yr* Aipht. Ar lafar, 'Mân' nw'n symud i'*r* Swistir'. Ynglŷn â'r fan. o flaen e. afonydd, gw. *Treigladau* 5.

(*d*) (ynghyd ag e. person, teitl, &c.): *the (with personal name, title, &c.).*
12g. *GLlF* 134, Ny'm keryt Iessu, *y* Kyfarwyt. **12–13g.** *GMB* 529, Crettych Di vi, *yr* Keli keluydaf. **13g.** *GDB* 135, Rac deulin Trined tri niuer—a daw / A'r trydy y law *y* Lucufer. **13g.** *B* x. 25, *e* seint agnes. **13g.** *GBF* 447, Nabd *y* Iessu caru. *id.* 480, talu ger bronn *yr* Iessu. **14g.** *B* x. 57, a'*r* Arglwyd Grist. **15g.** *GLGC* 225, Llaw Dduw i'th gylch, lluydda'th gaid, / lliw sinobl o'*r* Lleisioniaid. **15g.** *DE* 102, jr byd swllt yw*r* abad John / aur wellwell o rywallon. **1588** *Esth* i. 15, archedigaeth *y* brenin Ahasferus. **1661** E. Lewis: *Drex* [iii], I'*r* Ddiwair a'*r* rinweddol bendefiges. **1664** *LlGG* [569], dydd Merthyrolaeth Brenin Charles *y* cyntaf. *id.* 571–2, Brenin Charles *y* Merthyr. **1677** C. Edwards: *FfDd* 199, Ir rhinweddolaf . . . Dywysoges. **1761** *W Ballads* 480, 2, Cymro ganedigol o'n gwlad ni . . . Sir John *yr* Haidd. **1794** *W*, Siors *y* trydydd d.g. *The . . . George the third.* Ar lafar, 'Mae siop James *y* Bara 'di cau ers blynyddoedd'.

(*e*) (o flaen e. a ddilynir gan a. dng.: *before a n. followed by a dem. adj.*).
9g. (*MC*) *VVB* 147, *Ir*gur hunnoid, gl. *celebrat.* **10g.** (*Cpt*) *B* iii. 256, Or bissei pan diconetent. *ir.* oithaur hinnith. **13g.** *C* 67. 15–16, Piev. *y* bet. hun. **14g.** *T* 18. 21, *yr* ynys hon. **14g.** *WML* 56, Nab dyrnued uyd vchet *y* gerbyn . . . or cleis trab *yr* emyl yma. **14g.** *WM* 140. 3–4, [c]yfoeth *y* iarlles honn. *Dchr.* **15g.** *B* vii. 376, *y* ryw betheu hynny. yn y rei y gnottaant wy godi duw. **15g.** *GDID* 55, Dafydd, o'*r* unwŷdd, yr aeth / O'*r* imp hwnnw rym pennaeth. **1551** W. Salesbury: *KLl* lxiia, A phwy rei bynac a ddylynant *y* Reol hon. **1653** *MLl* i. 173, fe alle *y* gŵyr *y* golomen *y* dirgelwch hwn. **1675** R. Jones: *HCh* 103, heb *yr* wybodaeth ymma. **1717** Iaco ab Dewi: *MN* 193, *yr* Adfyfyrdod gyssurus ymma. **1794** *W*, *Y* gŵr hwnnw d.g. *That . . . That man.* **1800** W. Owen[-Pughe]: *CP* 86, *Y* briwion hyny o gaws. Ar lafar, 'Ma'*r* gôt 'ma'n hen fel pechod'.

(*f*) (o flaen rh., &c., a ddefnyddir yn annib.: *before a pron., &c., used independently*).
9g. (*MC*) *B* vi. 112, *ir* hinn issid. **12g.** *LL* 121, hay bot . . . yn yscumunetic *y*[ ] neb aitorro. **12g.** *GLlF* 508, Goreu un, goreu gerennyt—*y* dyn / *Yr* honn Dub tragywyt. **12g.** *GCBM* i. 59, Colleis gall attep *y* nep a'm nwyf. **13g.** *A* 22. 19–20, o*r* sawl yt gyrhaedei dy dat ty ae gicwein. **14g.** *GDG³* 116, Paham, eiddungam ddangos, / Na ddeaill *y* naill y nos, / A'*r* llall yn des ysblennydd, / Olau da, i liwio dydd? **15g.** *GDID* 110, Bendithiwn *yr* hwn a'i rhoes [i adeilad newydd Llwydiarth]. **1551** W. Salesbury: *KLl* lxviiia, y nertholdab / trwy'*r* hwn e gall ddarestwng pop peth y dano ehunan. **1592** S. D. Rhys: *Inst* [xvii], bhy mryd . . . yn 'welh . . . no'*r* eidhoch chwi. **1595** H. Lewys: *PA* 243, *y* sawl sy 'n parhau . . . yn ei anynadrwyd'. **1703** E. Wynne: *BC* 115, gan daeru 'r haeddei eu Lêg . . . fwy parch ar eich llaw nac *yr* un. **1754** G. Owen: *L* 110, ffiaidd gennyf y cywydd gorau ar a welais ermoed wrth *yr* rhain. **1794** *W*, *Yr* hwn . . . *yr* hon d.g. *Who* [*relative* . . .]. Ar lafar, ''Does 'r un ohonyn' nhw'n gallu dod heno'.

(*g*) (o flaen e. yn y cyflwr cyfarchol: *before a n. in the vocative case*).
13g. *B* x. 27, Or argluydes waredoccaf. **13g.** *GBF* 369, Titheu, *yr* eneit, peit! **14g.** *WM* 76. 24, pan doy di *yr* yscolheic. **14g.** *GDG³* 146, *Y* feinferch, hwde f'anfodd, / Gwedy'r haf gwae di o'r rhodd! *id.* 313, *Yr* wylan deg ar lanw dioer. **15–16g.** *GIF* 14, Tydi'*r* gwan, taw di â'r gwir. **16g.** *GGH* 361, *Yr* hydd a elwir Rhydderch. **16–17g.** *GHCEM* 59, *Yr* eryr glân â'r aur gledd / O iarll biniwn, eurllew bonedd. **1752** *Gron* 93, Dowch *y* pydron ddynionach. **18–19g.** *Bl BGC XVIII* 189, *Yr* haf, bendefig rhyfalch, / Ple'r aethost? Ti fuost falch (Iolo Morganwg). Ar lafar, 'Paid â neud hynna, *y* lembo'.

(*h*) (gyda grym rhagenw meddiannol): *the (as the semantic equivalent of a possessive pronoun).*
13g. *B* x. 27, cavas e troet . . . wedy ry etvryt *yr* hen yechyt. **14g.** *GDG³* 99, Er syrthio o'*r* gwallt, cwnsallt cur, / I ar fy iad, erfai awdur. *id.* 328, Trewais, ni neidiais yn iach, / *Y* grimog, a gwae'*r* omach. *c.* **1400** *R* 1238. 22–3, Kar *y* tat . . . anrydeda*r* vam. **15g.** *GO* 239, Y'*r* enaid gwedy'r einioes / Y daw'r aur a'r da a rroes. **1604–7** *TW* (*Pen* 228), os bwyteir mewn bara e wna'*r* penn yn syfrdan d.g. *Lolium.* **1658** R. Vaughan: *PS* 88, Amser clefyd . . . pan fyddo *y* pen yn rhwystredig, *y* galon yn orthrymedig. **1672** R. Prichard: *Gw* 143, Gwisc *y* Pen â helm y gobaith. **1759** *ML* ii. 121, Daccw'*r* mab . . . wedi cwmpo oddiar garraid o yd a chwedi torri ei fraich . . . Ni bu ond y dyd rhwng *y* fam ac erthylu pan glywws y newydd . . . Roedd *y* goes yn ymendiaw. Ar lafar, 'Sut ma'*r* pen bore 'ma?'

(*i*) (o flaen e. y mae e. gen. pendant yn dibynnu arno: *before a n. on which another definite n. depends*).
12g. *LL* 120, Llyma *y* cymreith ha bryein | eccluys Teliau. **13g.** *LlC* 10, Er erv gentaf e'*r* amaeth . . . e pedwaret y'*r* eytheuyc e guellt. **13g.** *LlDW* 21. 11, Er eyl eu *er* efeyryat. e urenynes. **14g.** *WM* 154. 29–30, meibon *y* brenhin ydiodeifeint. **14g.** *B* xiv. 270, truy *y* prenn y groc. **15g.** (**1594**) *BY* 4, Bit dhaû oleûni yn *y* fûrûaûen y nef. *c.* **1475** *B* xiv. 10, yn *y* llyuyr y brawt.

2. (*a*) (o flaen e. a ddefnyddir yn rhywogaethol neu fel math o'i ddosbarth): *the (before a n. used generically or as a type of its class).*
12g. *LL* 120, a*r*mefyl ha*r*sarhayt ha*r*cam. **12g.** *GCBM* i. 4, Ermid y greulaw ar *y* greulan. **14g.** *T* 40. 20, Kanu *y* cbrbf. **14g.** *GDG³* 34, Agwrdd udd *y* gerdd oeddud. *id.* 364, Cerdd a genir ymhob gwledd / I ddiddanu rhianedd, / A phader yn *yr* eglwys / I geisio tir Paradwys. **15g.** *GDLl* 173, Eiddigedd, gynddaredd gen, / A fagodd *y* genfigen. **1595** H. Lewys: *PA* 6, yr hwn a ymwel a phechodae *y* tadau ar *y* plant. **1603** W. Midleton: *B* 100, Yn ol brigyn lew brevgerdh / Bwy weithian a gân *y* gerdh? **1758** *ML* ii. 63, Mi welaf yn *y* papurau fod *y* cwest drosodd. **1759** T. Thomas: *WWDd* 291, felly hefyd *y* Rhagrithwr, y mae efe 'n ymhyfrydu mewn ymddangos ei fod ef, yr hyn nid yw ef. *c.* **1762–79** W. Williams: *P* 562, yn Seville, rhowd wyth cant o Grist'nogion i'*r* incwisision o blegyd *y* gwirionedd. **1799** *TY* 52, Syr Egerton Leigh oedd yn *y* Gadair, fel Rhaglywiawdwr. Ar lafar, 'Ar *y* radio glywes i'r hanes'; 'Ma'*r* ymwelwyr yn boen yn yr ha''; 'dŵad hefo'r trên', *WVBD* 542.

(*b*) (o flaen e. sy'n dynodi cenedligrwydd, crefydd, daliadau gwleidyddol, &c.): *the (before nouns denoting nationality, religion, political beliefs, &c.).*
12g. *GMB* 199, Gwalchmei y'm gelwir, gelyn *y* Saesson. **13g.** *BD* 135, dothoed *y* Brytannyeit am eu pen. **14g.** *GDG³* 141, Felly y gwnaeth Mab maeth Mair / Am y dall, diamau dôn, / Ar ddaear, o'*r* Iddewon. **1588** *Luc* xii. 1, surdoes *y* Pharisæaid. **1592** S. D. Rhys: *Inst* [xiv], eyn hiaith ni *y* Cymry. **1696** *GGTY* d.d., Ymmhle y mae *'r* Bedyddwyr yn cael eu hamddiffyn. **1790** W. Richards: *LlA* 26, Gŵyr *y* pabyddion . . . fod gwrthod taenelliad babanod yn eu difeddiannu. Ar lafar, 'Sa i'n dyall iaith *y* Gogs'.

(*c*) (o flaen e. ieithoedd): *the (before names of languages).*
14–15g. *IGE²* 239, *Y* Ladin berffaith loywdeg / A'*r* groyw Ebryw a Gröeg (Ieuan ap Rhydderch). *c.* **1400** *ChO* 2, megys y dywedir yn *y* Lladin. **1567** G. Robert: *GC* 7, e fydd caledi mawr pan geissier cyfieuthu . . . i'*r* gymraeg. **1592** S. D. Rhys: *Inst* [xv], *yr* Hebráec, a''*r* Gróec, a''*r* Lhadin, a''*r* Arabiaith. *c.* **1785–90** (**1829**) *CBYP* 15, gwilied y Bardd nad arfero fyth a . . . geiriau o'*r* Saes'neg, nag o'*r* Ffrangeg. Ar lafar, 'Ma'*r* Gymrâg yn iaith anodd'.

(*d*) (o flaen e. rhannau o'r dydd, dyddiau'r wythnos, misoedd, tymhorau, gwyliau crefyddol, &c.): *the (before names of times of the day, days of the week, months, seasons, religious festivals, &c.).*
9g. (*LlSC*) *LL* xlv, douceint torth . . . in *ir*ham. ha douceint torth. in *ir*gaem. **13g.** *LlI* 40, e teyr guel arbennyc (*e* Nodolyc neu *e* Pasc neu *e* Sulguen). **14g.** *BT* 203, kadw *y* sul. **14g.** *GDG³* 67, Duw mawr a roes doe *y* Mai. *id.* 68, Pyllog, gorau pe pallai, / *Y* gaeaf, mwynaf yw Mai. *id.* 76, Ffraethach yw hon mewn bronnallt / *Y* nos no'r eos o'r allt. **1567** *LlGG* 10a, ar *y* Sulieu, *y* Merchurieu, a'*r* Gwenereu. **1630** R. Llwyd: *LlH* 145, Rhai a redant i butteinia ar *y* suliau. **1771** *W*, *y* nadolig d.g. *Christ-mas.* Ar lafar, ''Dwi'n treulio'*r* Pasg efo'r teulu bob blwyddyn'.

(*e*) (o flaen e. afiechydon, anhwylderau, &c.: *before names of diseases, ailments, &c.*).
13g. *LlI* 87, rac *e* uynyglauc. **14g.** *GIG* 55, Marw

o'r gysb, mawr argosbion [i ofyn march]. c. 1400 MM 80, Rac y parlis. 15g. GTP 61, Lewys Môn ddyrys, y ddera'n—ei ben. 15–16g. TA 451, Lliw 'r frech oll ar i freichiau. 1547 WS, Gormwyth yranwyd [sic] Colde. 1722 Llst 189, Y Pŵd ar ddefaid. The rot on sheep. 1770 W, Yr anwyd d.g. Cold [*the disease so called*]. 1771 PDPh 15–16, Rhag y Consumsiwn neu'r Darfodedigaeth. Ar lafar, 'Ma'r ffliw arno fe'.

(*f*) (o flaen e. planhigion, ffrwythau, &c.: *before names of plants, fruits, &c.*).
9g. (LlSC) LL xlvii, di pul irderuen. 14g. ACL i. 43, Pullagium. borage, y brymllys. c. 1400 MM 90, Yuet yr apiỽm yn uynych. c. 1400 Études vii. 272, kymer y wermot. a chalamint. 16g. LlS 97, Yr hockys dof a dyfant . . . yn y garddæ. 1606 E. JAMES: Hom iii. 14, y grabyssyn, a'r beren dagu. 1772 W, y galdrist d.g. Dogs-stones. Ar lafar, "Di'r tatws yn dod yn 'u blân?'.

(*g*) (o flaen e. offerynnau cerdd): *the* (*before names of musical instruments*).
1346 LlA 66, amryuaelon leisseu ynyr organev. 14g. GDG[3] 375, A'r dysgiad, diwygiad dyn, / Eurai dalm ar y delyn. 1588 Dan iii. 5, Pan glywoch sŵn y cornet, y chwibanogl, y delyn. c. 1658 R. VAUGHAN: E 271, Da yw moliannu r Arglwydd . . . ar y nabl. a. 1791 W. WILLIAMS: GP 687, Oll a dderfydd . . . / Onid swn y delyn aur. Ar lafar, 'Mae o'n canu'r piano a'r ffidil'.

(*h*) (o flaen e. pwysau, mesurau, &c., i ddynodi graddfa: *before names of weights, measures, &c., in stating a rate*).
1604–7 TW (Pen 228), ocræth ne vsuriaeth o betwar yn y cant d.g. Trientarius. 1696 CDD 299, Pechodau di fesur, feswl y Cant. 1758 ML ii. 73, cig baccwn 3½d. y pwys. 1768 J. ROBERTS: R 118, Llofftydd a gwensgodydd, a fesurir wrth y Llath. 1774 W. WILLIAMS: AB 24, [rh]agdalu wrth y Dwsen, a chael tri ar ddeg o Lyfrau yn y Dwsen. Ar lafar, 'Mae'r pris 'di codi deg y cant', 'Sawl doler sydd i'r bunt'.
Amr.: **yd**[4] [gair geir., ?ffrwyth cymysgu â'r gn. *yd*[1]]. 1547 WS. **ydd**[2] [gair geir. yn wr., ?ffrwyth cymysgu â'r gn. *ydd*[1]]. 1688 TJ.
Gw. hefyd yn[5].

y[2] [ff. ar y gn. *ydd*[1] o flaen cts.; Crn. C. *y*, Llyd. C. a Diw. *e*; ynglŷn â'r ff. llafarog ar y rh. m., gw. *'m, 'th, ei*[1], *ein, eich, eu*[1]] *gn.* rhagferfol cadarnhaol a phth.

(*a*) (enghrau. ar ddechrau prif gymal o flaen *mae, maent*, 3 un. a ll. pres. myn. y f. *wyf*: *bod*: *exx. at the head of a main clause preceding 'mae, maent', 3 sing. and pl. pres. ind. of the vb. 'wyf: bod'*).
12g. GCBM ii. 222, Y mae y'th ddibleu ddeu ddinac. 13g. C 69. 13–16, Y Beddeu. yny morua ys bychan ay haelewy: y mae sanauc syberw vun. y mae run ryuel afwy. y mae earrwen verch hennin y mae lledin a llywy. 13g. BD 51, y mae ynteu weithyon y'm digyuoethi inheu. 14g. WM 83. 8–13, hobeu . . . ymaent ynsymudaỽ enỽeu. 14g. GDG[3] 325, Y mae bob Mai difeioed / Ar flaenau canghennau coed / Cantor hydr ar gaer wydr gyll. c. 1400 (SG) HMSS i. 369, y mae yma deudec marchawc urdawl. 15g. GGl[2] 240, Y mae'r glod yt am roi gwledd / Ym Môn a thalm o Wynedd. 1567 TN 85b–86a, anid y mae vn cryfach na myyi, yn dyuot. 16g. LlS 157, Y suc . . . a roir yn gymmwys mewn cyfareddion . . . ac y maent wy yn dda rhac issuw gwresowglym. 16g. GHCEM 27, Y mae Wiliam, fel maelier / A nwyts a phwyts hyd ei ffêr. 1672 R. PRICHARD: Gw 36, Y mae 'r plentyn yn y stabal, / Gwedi drin gan Fair yn rhial. 1759 T. THOMAS: WWDd 254, Y mae dy sabboth tragywyddol di yn agoshau.

(*b*) (enghrau. ar ddechrau prif gymal o flaen bf. yn y grff.): (*exx. at the head of a main clause followed by a vb. in the past tense*).
13g. C 44. 5–8, Jn ytoet aradur in eredic tir. Herwit guir ingueini. y diwaud y trindaud keli. ew ae mam dinam daun owri. 13g. BD 27, Ac y dywavt hitheu ry garu ef eryot [sic] mal y dylyei uerch caru y that. 14g. YBH 42b, Pan gigleu boỽn hynny ny bu ky lyỽenet eiroet. ac y kylyassant er/gyt dỽy saeth y ỽrth y llu. 14g. WM 33. 24–6, Y rodet y march yr mab Ac y deuth hi at y guastrodyon. c. 1400 R 1156. 11–13, Ac ynydiỽed ydyuu. iachaaỽl iessu. hyt yn ierosolima. y kymerth croc a chethreu. ib. 15–17, Ef kyuodes y trydyd dyd oe orwedua. Ac y doeth att y disgyblon gỽedy bỽyta. 1551 W. SALESBURY: KLl xxiia, val ydd oeddent yn bwyta y kymerth Ieshu vara ac a ddiolchadd / ac ae toradd.

(*c*) (yn dilyn be. ar ddechrau prif gymal: *following a vn. at the head of a main clause*).
14g. GDG[3] 48, Gorwyn alarch yng ngwarchae, / Gorwedd mewn maenfedd y mae. c. 1400 YSG i. [153], Traethu y mae yr ymdidan yma. 15g. GLGC 7, Crist a farn heb ddim tristydd, / Crist Iesu, barnu y bydd. 15–16g. TA 77, Ymollwng y mae allan / Amodau 'r brud am dair brân. 1567 TN [xlv], Y sawl a wrthladdant 'air Dew, cenvigenu y maent wrth iechyd eneit dyn. id. 9a, anffurfyaw ei h'wynepae y byddant. 1630 R. LLWYD: LlH 146, Cyfaddeu y maent yr adwaenant Dduw, eithr ar eu gweithredoedd y maent yn ei wadu ef. 1724 G. OWEN: L 104, Yfed y mae y ddaear / Y Gwlith a wlŷch Rŷch yr Ar. 18g. I. BRYDYDD HIR: Gw 160, Nawdd Duw rhag gorchwyddaw, gorewynu, a gordderchafu y mae'r tônau cynddeiriawg!

(*d*) (enghrau. mewn cym. enw.: *exx. in a n. clause*).
12g. GLlF 256, Dywed y doỽn Arwystli. c. 1300 B ii. 35, Ac ef a dywedir . . . pwy bynnac ac [sic] gatwo y kynghorev hynn . . . y keiff nef oy eneit. 1346 LlA 58, ef awyd/dyat ycollei ef yveddyant o hynny allann. c. 1400 B ii. 11, Achaws hynny y dywedaf i y dichawn aradwr llauuryaw naw vgein erw yn y ulwydyn. 15g. GDLl 45, Gwenddydd . . . / I ddwyfil gynt a ddyfawd, / Y deuai Dduw, a dau ddyn / Hynod i gyfod o'r gefyn. 1551 W. SALESBURY: KLl lvia, Ac o buam ni veirw gyd a Christ / ydd ym ni yn credy y byddom vyw y gyd ac ef. 1606 E. JAMES: Hom iii. 277, mae 'r Scrythur lân yn dywedyd y bydd i adar yr awyr eu cyhuddo hwy. 1653 MLl i. 173, fe alle y gŵyr y golomen y dirgelwch hwn. 1721 J. P. PRYS: DC [i], gan obeîthio . . . y bydd iddo [llyfr] gael ei groesawu ym mysc Cynnifer o Dâdmaethod Parchedig. 1778 J. HUGHES: BB 298, Mi wn y bydd, y dydd, y do'n, / I feirion Sir fawr enw a son. Ar lafar, 'Mân' nhw'n deud y bydd dynion yn medru câl babis cyn bo hir'.

(*e*) (enghrau. mewn cym. pth. afrywiog: *exx. in an improper rel. clause*).
12g. GMB 240, Arllutya Rodri y rodwyt y del. 13g. LlI 8, E lety yv estauell e brenhyn, er hon e bo en kescu endy. 13g. GBF 421, Nyt oes le y kyrcher rac carchar braỽ, / Nyt oes le y trigyer: och o'r trigyaỽ! 13g. BD 6, pan genhyettych dy vdunt vy presswylav yn y coedyd y foassant vdunt gan rydyt. 14g. WM 130. 11–12, braỽt yr gỽr y buost neithỽyr yn y lys. c. 1400 YCM[2] 188, y brenhin y kiglef . . . y glot. Dchr. 15g. B vii. 376, y ryw betheu hynny. yn y rei y gnottaant wy godi duw. 15g. GDID 12, Tyddyn y daw gwynt iddo, / Tŷ symud ar fud yw fo [am long]. 1567 TN 18b, Nycha . . . vy-caredic yn yr hwn y digrifir vy enait. 1632 D, Crogenbysg y gwneid y lliw porffor o'i isgell d.g. Murex. 1703 E. WYNNE: BC 147, yr anfad anghenfil o Gawres y gwelswn ei thraed hi o'r blaen. 1723 WM: PGG 99, Mor ddifyr ydyw Taith a Siwrne'r Dŷn, y bo Grâs Duw yn Gydymmeth iddo. c. 1762–79 W. WILLIAMS: P 162, Y llyfrau hyn y maent yn eu dysgu ar eu tafodau. Ar lafar, 'Dyna'r dyn y buon ni yn 'i dŷ fa', GTN 852, ond 'anaml iawn y dewisir y rhagenw hwn gan siaradwyr y dafodiaith. Yr hyn sy'n arferol yw ei hepgor', ib.

(*f*) (enghrau.'n dilyn *yn*[6]: *exx. following 'yn*[6]*'*).
12g. GLlF 66, Nid oes neb yn y bu gant. id. 341, Yn y berwid brad Brython—agcristyaỽn. 13g. LlI 10, En e kerdho egyt a beryd [sic] ereyll ef a dele ran deu vr. 13g. A 1. 11–12, twll tal y rodawr ene klywei awr. 13g. HGK 7, Ac en e bei tervynedic y kyfruch a gvahanedic y kyngor. 14g. WM 131. 34–5, mi . . . a af gyt a thi yn ymae ymarchaỽc.

(*g*) (enghrau.'n dilyn adf., ymad. adfl., traethiad, istraethiad, &c.: *exx. following an adv., adv. phr., predicate, sub-predicate, &c.*).
12g. GMB 177, Teir lleng y doethant, liant lestri. id. 201, Can haelon hyỽyt haỽt y treityeis. 12g. GCBM i. 27, Y Meiuot y maent arỽydon / Arỽreid y wreid Vrythyon. 13g. C 71. 3, Y duv y harchaw arch roti argluit. 13g. A 18. 2–3, oed garw. y gwnaewch chwi waetlin. 13g. GBF 357, Dyn a welant, Duỽ y credant, da y credeu. 13g. BD 95, Ac yr hynny hyt hediw y mae y deuavt honno wedy yr adav ym plith y kyuedychwyr yn enys Prydein. 14g. T 15. 10–11, llym llifeit llafnaỽr llwyr y lladant. 14g. WM 15. 3–5, ni aaỽn yr yniuer y buam doe y penn yr orssed. c. 1400 R 1156. 18–19, ynynef y bu. yn y nef y byd. yn y nef y mae. c. 1400 MM 20, eu berỽi y gyt y myỽn, [sic] crochan . . . yn oreu y galler. Dchr. 15g. GM 35, O hyn allan gwynuydic y'm diueit holl genedloed. 15–16g. TA 291, Am Robert y mae 'r ebwch / Yn f'ais drom, anafus, drwch. 1632 D, mor araf ac y galler rhoi troed ar lawr d.g. Pedepressim. 1703 E. WYNNE: BC 10, I ba beth y mae 'r Merched yna 'n sefyll. 1778 J. HUGHES: BB 298, Mi wn y bydd, y dydd, y do'n, / I feirion Sir fawr enw a son. 1790 T. JONES: TOS 12, Mor belled ag y mae corph ysprydol, mwy disglair na'r haul, yn rhagori ar y talp gwael afiach hwn o gnawd. Ar lafar, 'Ar y bwrdd y mae o', WVBD 574, ond 'in such cases y is more frequently omitted', ib.

(*h*) (enghrau.'n dilyn cys. isradd: *exx. following a subordinating conj.*).
12g. LL 78, Maliduc guern iduon intaf. trans iminid inhiaun ipenn nant eilon. 12g. GMB 101, Pryd y bo kyfnod yn kyuodi, / Y ssawl yssy 'met, armaa ui. 13g. BD 27, Ac y dywavt hitheu ry garu ef eryot [sic] mal y dylyei uerch caru y that. 1346 LlA 23, Amegys ymegir y corff or bara. velly y porthir yr eneit ovỽyt nefaỽl. 14g. WM 52. 19–21, Ar hynny gyt ac y kyuodes ef. llyma gennadeu matholỽch yn dyuot attaỽ. c. 1400 (SG) HMSS i. 369, yn dywedut yth ledir di. ual y llas y lleill. 1551 W. SALESBURY: KLl xia–b, O gellir (hyd y bo ynoch chwi) bydwch mewn hedwch a phawb dyn. 1632 D, ymegori fel y gwna blodeuyn d.g. Expando. 1683 H. EVANS: CTF 9, Moddion da yw'r lloches ore, / Pan y delo trwm gafode. 1796 T. JONES: CCA 352, y fath daniwr yw pechod, fel y mae'r fflammau a ennynir ganddo, yn 'hedeg . . . o'r naill wlad i'r llall. Ar lafar, 'Mae o'n gallu gneud fel y mynno', WVBD 574.
Gw. hefyd mai[1], taw[2], ydd[1], yr[4].

y[3,4,5,6,7,8], **'y**, gw. a[1] (hefyd At.), ei[1], eu[1], i[3,5], yn[3], fy[1].

Yahwistaidd, yco, gw. **Iawistaidd, acw**.

ych[1] [*ych* < Brth. *$u\chi\bar{\imath}$ < Clt. *uxū (cf. Gwydd. C. *oss* 'carw'): < IE. *uk^{u}sō 'ych', cf. H. S. *oxa* (> S. *ox*); ff. l. *ychen*, Crn. C. *oghan*, H. Lyd. (*penn*) *ohen*, gl. *caput boum*, Llyd. Diw. *o(u)c'henn*: < Clt. *uxenes < IE. *uk^{u}senes, cf. Sans. *ukṣānas* 'teirw ieuainc'] *eg.* ll. *-en, -ain.* Anifail (gwryw disbaddedig) o'r rhywogaeth *Bos taurus*, a gedwir fel anifail gwaith ac ar gyfer ei gig, &c., hefyd mewn ystyr estynedig ac yn ffig.: *ox, also in extended sense and fig.*
12g. GLlF 442, Deu ychen Dewi, deu odidaỽc, / Dodyssant-hwy eu gỽarr dan garr Kynaỽc; / Deu ychen Dewi, ardderchaỽc—oetynt, / Deu gar a gertynt yn gydpreinyaỽc. 12–13g. GLlLl 216, Gnaỽs achaỽs yn ych kyn aduo, / Gnaỽd y lat, ny lwyt y abo. 13g. GDB 565, Pan uu ym presseb (ym pryssur wed) / Yr ych a'r assenn gyt a Iossed. 13g. LlI 97, Paub byeu duyn y defnydyeu y eredyc, nac ych na heyrn na petheu ereyll a uo ydau . . . Ny dele er amaeth taflu er ychen rac eu brywau. 13g. C 33. 3–5, Ereidir in rich. ich iguet. Guirt mor brithottor tiret. 13g. A 11. 4, gorwyd gwareus rith ryn ych eurdorchawr. 14g. WML 74, Ny byd telediỽ ych namyn o allweith hyt ynaỽuetweith. c. 1400 YCM[2] 35, benn ac wyth ychen y danei. 15g. GLGC 461, Ychen gwâr Brycheiniog ŷm, / neu Adar Llwch Gwin ydym. 15–16g. GLM 203, Aur ywch y did ar eich dôl / a wnâi'ch gwddf yn ŷch gweddol. 1547 WS, Ych An oxe. 1588 Salm lxvi. 15, aberthaf ŷchen, a bychod. 1595 Egl Ph 53, iachau rhei cleibhion, dynion, ychain, a debhaid. 1632 D, Ych, Bos. id. d.g. Taurus. 1672 R. PRICHARD: Gw 464, Awn ar [sic] ddau ŷch fawr o'r arad, / Rhag ir [sic] naill o'r ychen freifad. 1760 ML ii. 523, Yr ydych chwi yn bostiaw o gig ychain. 1778 W d.g. Ox [*a castrated bull*]. Ar lafar, 'ych' 'ox', WVBD 571 (ll. ychain); 'Ma ryw frith gof gin' i o'u gweld nw'n 'retig gida ychin yn Dyffryn Isia'', GTN 853. Fe'i clywir hefyd mewn ymad. megis 'bwyta fel ych', 'yfed fel ych'. Digwydd mewn e. lleoedd, e.e. *Rhydychen, Penychen*, cf. LL 247, Quartus cantref. Penychen.
Cfn.: **ych bannog**: *horned ox, also fig.* 14g. WM 480. 35, Deu ychen bannaỽc. 15g. OBWV 156, Adyn ar ei hôl ydwyf, / Uwchben gwen ych bannog wyf (Dafydd Nanmor). ?Cf. DE 117, a men yr ychen mannog / a chan llwyth ni chawn i llog. Gw. hefyd CLC[2] [800]. **ych bôn**: *hindmost ox, also fig.* 15g. GOLlM 97, Gwan yw'r did gan Ardudwy / uwchben maes heb ych bôn mwy [marwnad Tudur Penllyn]. 16g. WLl 15, Ych bon ai gŵys uwch benn gŵyr / Ac uwch pawb wr gwych pybyr. 1778 W d.g. Ox [*a castrated bull*] . . . *The hindmost ox* [*any one of the two hindmost oxen*] *in a plough or team.* **ych brych**: *brindled ox* (*mythological creature*). 13g. TYP[2] 117, Tri Phryf Ychen Enys Prydein . . . A'r Ych Brych. 14g. T 55. 21–2, ny ỽadet ỽy yr ych brych bras ypenrỽy. 14g. WM 480. 31–3, Y melan melyn gwanhỽyn. Ar ych brych yn deu gytbreinhaỽc auynhaf. **ych gwaith**: *work-ox, also fig.* 1509 AAST (1935) 101, Trwm yw'r byd tramawr heb win / Heb ŷch gwaith na buwch gethin [marwnad Harri VII gan Ddafydd Trefor]. 1632 D, ŷch gwaith d.g. Bos. **ych gwyllt**: *wild ox, bison, buffalo.* 1588 Eseia li. 20, Dy feibion a lewygasant, gorweddasant ym mhen pob heol fel ŷch gwyllt mewn magl. 1632 D, Bual, ŷch gwyllt d.g. Bubalus. 1672 R. PRICHARD: Gw 131, Ni all Bual [:- Ych gwyllt] drigo 'n heppell, / Lle bo gwichiad ciw neu barchell. **ych mannog**, gw. *ych bannog*.

ych[2], 2 ll. pres. myn. y f. *wyf*: *bod*.

ych[3,4], gw. eich, merch[1].

ych[5] (*y*≡*ə*) [cf. *ach*[2], *och*] *ebd.* a hefyd gyda grym enwol. Ebychiad yn mynegi ffieidd-dod neu atgasedd cryf: *yuck, ugh.*
Ar lafar, 'Ych! Ma'r lle 'ma'n drewi!', 'Hen ych

yw e'; hefyd yn yr ymad. '*ych* a fi' (cf. 'ach y fi', gw. *ach*[3]), '*ych* pŷch'.

-ych[1] [Cym. C. -(*h*)*ych*] *trf. bfl.* 2 brs. un. pres. dib., e.e. *bych, cerych, gwnelych.*

-ych[2] *trf. prs. ardd. rhed.* 2 brs. ll., e.e. *gennych, wrthych.*

ycha [gair geir., ?ffrwyth camrannu *nycha* (gw. *nachaf*)] *adf.* Wele, dyma: *behold, lo.*
1604–7 *TW* (*Pen* 228), *ycha* d.g. *Ecce.* **1632** *D*, **Ycha*, En, ecce; & antefixo. **1803** *P.*

ychaidd [*ych*[1] + *-ol*] *a.* Yn perthyn i ych, nodweddiadol o ych, ar lun ych, buchaidd: *ox-like, bovine.*
1604–7 *TW* (*Pen* 228), Bucheidh, *ycheidh* d.g. *Bucerius.* **1632** *D*, *Ychaidd* d.g. *Bucerius.*

y chdi, ychedig, gw. tydi, ychydig.

ychel, ychelaidd, &c., gw. uchel, uchelaidd, &c.

ychenaid, ychenog, gw. uchenaid, achenog.

ychgig, gw. ych[1] + cig.

ychlân, ychre, ychryd, ychryn, ychrys, gw. achlân, echrê, echryd (hefyd At.), echryn (hefyd At.), echrys.

-ychu, *oldd. be.*, e.e. *bradychu, clafychu, gwanychu, gwladychu.*

ychwaith, gw. chwaith[2].

ychwaneg, ychwanegaf: ychwanegu, &c., gw. chwaneg, chwanegaf: chwanegu, &c.

ychwerig, y chwi, gw. chwerig[1] (hefyd At.), chwychwi (hefyd At.).

ychydig [cf. *bychydig*] *eg.* (bach. *-yn*, ll. *-nau*) ll. *-ion*, a hefyd gyda grym ansoddeiriol ac adferfol. Maint neu nifer bychan, swm bach, peth, mymryn, gronyn; peth amser, ysbaid fer, ennyd; pellter bach: *a small amount or number, a little, a few, some, bit, trifle; some time, short while, moment; short distance.*
13g. *HGK* 9, breid y diengis enteu en gvynvanus, ac *ychydic* gyt ac ef, o'r vrwyder. *ib.* guede llithrav odena *ychydic* o amser. **14g.** *YBH* 4b–5a, Sef awnaeth ef edrych *ychydic* ar y llaỽ deheu. *id.* 63a, galỽ a oruc iuor yn vchel ar boỽn ac erchi idaỽ aros *ychydic.* **14g.** *HMSS* ii. 252, [c]erdet *ychydigyn* awnaeth. *c.* **1400** *RB* ii. 395, *Ychydic* ydoed lei y siward hỽnnỽ no chaỽr. *c.* **1400** *B* ii. 13, o symudy yr *ychydic.* llawer a golly. **15g.** *GIBH* 58, Yno, cawn . . . / Ddiod fal buchedd Ieuan, / *Ychydig*, dysgedig oedd, / Â'r forwyn un arferoedd (i ffynnon Gwenfrewy). **1567** *LlGG* 28a, llawer a alwyt, ac *ychydigion* a ddetholwyt. **1567** *TN* 113b, Hwn 'sy ffyddlawn yn y lleiaf [:– yr *ychydica*f], ysy ffyddlawn hefyd yn llawer. *id.* 375a, Eithr y mae genyf *ychydicion* yth erbyn. **1604–7** *TW* (*Pen* 228), *ychydicyn* d.g. *Aliquandiu. id. ychydigyn* d.g. *Momentum.* **1632** *D*, *Ychydig*, Parum, paululum, paucum. *id. Ychydigyn*, Diminut. Pauxillum. **1733** J. Owen: *TBG*, 21, yr oedd rhyw *ychydigynnau* o Oleuni yn saethu i mewn iddo, yn awr ac eilwaith. **1759** T. Thomas: *WWDd* 79, A thu ag at gael *ychydig* o Drefn ar y Pwngc mawr hwn, mi gâf ystyried; a thrîn '*chydig.* **1776** *W*, *Ychydig* d.g. *Little* [*small in quantity; not much, &c.*]. *id. ychydigyn* d.g. *Modicum* [*a small pittance or matter*], *A small time.* **1803** *P.* Ar lafar, ''*Chydig* welis i o'r gêm ddydd Sadwrn', 'Ma Siân newydd gychwyn siarad '*chydig*'.
Amr.: **achydig. 14g.** *YBH* 2a. **echydig. 1547** *WS.* **1567** *TN* 118b, *echydigyn.* **ychedig. 1583** *LlGC* 716, [194]b. **1615** R. Smyth: *GB* 14. **1753** *TR.*
Cfn.: **ychydig(yn) (bychan) bach:** *a* (*very*) *little* (*time or thing*). **1547** *WS*, *Echydic bach* A lytell tyne [*sic*]. **1567** *TN* 339a, *ychydigyn bychan bach.* **1588** *Eseia* xvi. 14, a'r gweddill fydd *ychydig bach*, a dirym. **1688** S. Hughes: *TSP* 80, *ychydig bach* is law eto. **1800** W. Owen[-Pughe]: *CP* 100, *ychydig bach* y gywer, digon yn unig i beri cawsio. Ar lafar, 'Gyma' i '*chydig bach* mwy o datws'. **ychydig bachigyn:** *a* (*very*) *little while.* **1620** *Heb* x. 37. **1790** *Prif Crist* 57. **ychydig (y)chwaneg:** *a little more.* **1588** *Diar* vi. 10. **1751** *GIA* viii, *ychydig ychwaneg* o oriau difir. **ychydig mwy = ychydig chwaneg. 1630** R. Llwyd: *LlH* 193–4, o bydd dyn wedi cael crap wrth gwmpniaeth *ychydig mwy* na digon weithiau. **ychydig rhagor = ychydig chwaneg. 1775** *CY* 11, *Ychydig rhagor* na phedair blynedd. **tros (dros) ychydig:** *for a little* (*while*), *temporarily; temporary.* **1722** E. Lloyd: *MC* 95, *tros ychydig* amser. **1759** J. Evans: *PF* 54, ffefer oriog, neu a fo'n peidio *tros ychydig.* **1773** J. Roberts: *GY*, Lluesty, Math o Dy *tros ychydig.* **1793** *Cylchg* 91, *dros ychydig.*

ychydigrwydd [*ychydig*+*-rwydd*] *eg.* Yr ansawdd neu'r cyflwr o fod yn ychydig mewn nifer, maint, &c.: *fewness.*
1722 *Llst* 189, *Ychydigrwydd.* m. Fewness.

ychydigyn, gw. ychydig.

yd[1] [H. Lyd. *it, et* < **ita* < IE. **i-tə* 'felly', ff. ar y bôn rhagenwol a dangosol **i-*, cf. Llad. *ita* 'felly', Sans. *íti* 'felly'; ansicr yw adran (*d*) isod (am drafodaeth ac engh. bosibl ychwanegol, gw. *CA* 328); dichon fod enghrau. o *ydd*[1] wedi eu cynnwys isod; ansicr yw'r engh. gyntaf yn adran (*f*)] *gn.* rhagferfol cadarnhaol a phth.

(*a*) (enghrau. ar ddechrau prif gymal: *exx. at the head of a main clause*).
9–10g. *Juv* 370, *itdárnésti*, gl. *agitare.* **12g.** *GCBM* i. 257, *Yd* gilyei pob llwfyr yny llated. **13g.** *GDB* 470, Bum y gydag ef, *yd* gefais wledd. **13g.** *C* 53. 16–17, *Yd* welese guendolev in perthic riev. **13g.** *A* 8. 5–6, *yt* rannei rygu e rywin. *yt* ladei a llauyn vreith o eithin. **14g.** *T* 24. 1–2, bum yg kaer nefenhir *yt*gryssynt welltagỽyd. *id.* 58. 18–19, *Yt* lad *yt* gryc *yt* vac *yt* vyc. **14g.** *WM* 471. 7–10, pan uei uỽyaf y glaỽ dyrnued uch y laỽ ac arall is y laỽ *yt* uyd yn sych yr hynn a uei yny laỽ. *c.* **1400** *R* 1036. 11–12, Baglan brenn neut gayaf hynn. *yt* uyd llauar gỽyr ar lynn.

(*b*) (enghrau. mewn math o gym. pth.: *exx. in a type of rel. clause*).
13g. *A* 6. 19–21, or sawl *yt* gryssyassant uch gormant wirawt. *id.* 18. 20, Keint amnat amdi[u]a dy gell. ac ystauell *yt* uydei. *id.* 22. 19–20, or sawl *yt* gyrhaedei dy dat ty ae gicwein. **1346** *LlA* 29, Yrei *yt* lysc gorthrymaf dolur rac llaỽ.

(*c*) (enghrau.'n dilyn adf., ymad. adfl., &c.: *exx. following an adv., adv. phr., &c.*).
Dchr. **12g.** *GMB* 30, Lleuver synhuir, llauer a vyr, llvir *id* woriv. **12g.** *LL* 120, aperua ardir teliau dyr loggou adiscynno nythir ypopmynnic *yt* uoy. **12g.** *GMB* 111, Difyeu ym penn teir wythnos / (Tru a nos!) *yd* ith later. **12g.** *GLlF* 444, Rac creiryeu Dewi *yd* gryn Groec. **13g.** *GDB* 136, Tra maỽr *yd* ym daỽr a'm donyer—o da. **13g.** *C* 107. 9, Tec *yd* gan iradaren ar perwit pren. **13g.** *A.* 14. 20–1, y gyt en vn vryt *yt* gyrchassant. **14g.** *T* 74. 13–14, Duỽ maỽrth *yt* rannant. **14g.** *WM* 470. 39–471. 2, Naỽ nos a naỽ dieu *hyd* uydei heb gyscu. *c.* **1400** *R* 1034. 33, Yn aber cuaỽc *yt* ganant gogeu.

(*d*) (enghrau. wedi eu mewnddodi: *infixed exx.*).
9g. (*Ox* 1) *B* v. 238, imm*it* cel irnimer bichan gutan irmaur nimer. **13g.** *A* 35. 21–2, cintebic e celeo er*it* migam.

(*e*) (enghrau.'n dilyn cys. isradd: *exx. following a subordinating conj.*).
12g. *GCBM* i. 62, Ardunyant molyant, mal *yd* glywir. *id.* 296, Delw *yd* oreu Duw y dewissaỽ. **14g.** *T* 29. 13–15, Gỽyduet coet kein eu syllu. hyt *yt* uuant ahyt *yt* uu. **14g.** *GP* 48, Mynwn, kyt *yt* gahwn gwc, / Meu dy gael, rin adael rec. **14g.** *WM* 71. 28–31, bei etuỽni yn dechreu uy ieuengtit. mi a gadỽn gyỽirdeb ỽrth pryderi. **14g.** *YBH* 27b, pei ett*ỽ*n i yn lloegyr. **16g.** *LIS* 158, Yn y garddæ val *yd* yspyswyt or blaen y tyf yr yssop dof.

(*f*) (enghrau.'n dilyn *yn*[6]: *exx. following* '*yn*[6]').
9–10g. *Juv* 344, init*ó*id, gl. *maculata.* **12g.** *GLlF* 37, Yn *yt* uydei trỽch ny bei trechaf. **12g.** *GCBM* i. 22, Yn *yt* gar gỽyr gwanar gỽinwled. **12–13g.** *GMB* 513, Divrat y garyat yn *yt* garo. **13g.** *C* 63. 8, yn*yd*vna ton tolo. **13g.** *B* iv. 4, Bassaf dwuyr yn *yt* leueir. **14g.** *T* 19. 1–2, kanet pan darffo. sywedyd yn *yt* uo. *c.* **1400** *B* ii. 121, Na wna ogan yn *yt* vych.

Gw. hefyd **hud**[2], **nad**[1,2], **neud, nid**[1,2], **od**[2], **ped**[1], **petawn, rhyd**[2].

yd[2,3,4], gw. i[2], hyd, y[1].

-yd[1], *oldd. enw.*, e.e. *iechyd, mebyd, seguryd.*

-yd[2], *trf. be.*, e.e. *cymryd, gafaelyd, ymyrryd.*

-yd[3], *trf. bfl.* 3 un. pres. myn. (annib. yn wr.) mewn Cym. C., e.e. *chwerddyd, llewyrchyd, perhëyd*; hefyd trf. 3 un. grff. mewn Cym. C. a ychwanegid at fonau grff. yn *-s*, e.e. *llochesyd, pregethysyd*, ac yn *-th*, e.e. *eithyd, gwneithyd.*

-yd[4], *trf. bfl.* 2 ll. pres. myn. mewn Cym. C., e.e. *dywëyd, erlynyd*; hefyd trf. 2 ll. grch. mewn Cym. C., e.e. *crynyd.*

ŷd [H. Grn. *yd*, gl. *seges, hitaduer*, gl. *messis*, Crn. C. (*e*)*ys*, Llyd. C. *et*(*h*), *yt*, Llyd. Diw. *ed*, H. Wydd. (*h*)*ith*; gw. hefyd *ydlan*] *eg.* (bach. g. *ydyn*, b. *yden*) ll. *ydau.* Unrhyw un o amryw fathau o blanhigion o deulu'r *Gramineæ* a dyfir er mwyn eu hadau bwytadwy, grawn, llafur, hefyd yn *ffig.*: *corn, grain, a cereal, also fig.*
12g. *GCBM* i. 26, Gre yg gredyf yn lledyf yn llucuryt / Yg karchar yn daear, yn *yt.* **13g.** *C* 62. 8–9, Dolit vy iscubaur. nyd maur. vy *id.* **13g.** *BD* 77, gvlat frvythlavn yv honn o *ydeu* amrauael. **14g.** *BT* 237, y vlwydyn y doeth y dymmestyl drwc heb adel yr *hyt* aduedu yny doeth y gayaf. **14g.** *WM* 456. 20, llith yth gỽn ac *yd* yth uarch. **15g.** *GGl*[2] 188, Ni bu hwn eb ei henyd, / Ni bo'r gŵr heb aur ac *ŷd!* **1547** *WS*, *Yd* llyseun adnabyddus Corne. **16g.** Huw Arwystl: *Gw* 361, glân wyd Edn glain nod Adar / edn o rann *yden* ar iar. **1567** *LlGG* (*Sall*) 35a, y glynnoedd . . . a ymdoant ac *ŷd* [:– llavur]. **1595** H. Lewys: *PA* 56, A wyd ti *yd* pur? **1632** *D*, *Yd*, Frumentum, seges. *id. Yden*, Sing. Vnum frumenti granum, vel segetis spica. **1690** Huw Morus: *EC* i. 35, O frig Madog, enwog *ŷd*, / A'mrhedydd y mae 'r hadyd [marwnad Edward ap Tomas]. **1725** D. Lewis: *GB* 268, Yn awr onid yw Rhagluniaeth Duw yn ymddangos ymma, gan na all un Dŷn beri i gymmaint ag *Ydyn* na Blewyn dyfu? **1772** *W* d.g. *Corn.* **1803** *P*, *Yd*, s. m. r.—pl. t. *au* . . . corn. Ar lafar, 'Pa fath o *ŷd* 'di hwn, cerch ne haidd?'; '*ŷd*' 'corn . . . Speaking generally *ŷd* implies "oats"', *WVBD* 571.
Cfn.: **ŷd bara:** *bread-corn.* **1632** *D* d.g. *Frumentum.* **1688** *TJ*, Amŷd, *ŷd barra.* Bread-corn. **ŷd (yr) India, ŷd Indiaidd:** *Indian corn, maize.* **1728** T. Baddy: *DDG* 81, nid oes dim iw fwyta ond Maiz wedi grafu ac *ŷd India.* *c.* **1762–79** W. Williams: *P* 86, Ymborth mwya cyffredin yr Indiaid yw *Yd yr India*, wedi ei ferwi yn Botten. **1776** *W*, Gwenith neu *ŷd yr India* d.g. *Maiz* [*Indian wheat or corn*]. **ŷd meddw:** *darnel, Lolium temulentum, also fig.* **1788** J. Roberts: *AR* iv, yr wyf yn meddwl cael gan Wŷr diduedd, fwrw golwg ofalus trosto ef [llyfr] yn gyntaf, Rhag fy mod i wedi casglu Tywys gweigion . . . neu gasglu llawer o *ŷd meddw*, i lenwi 'r pen a sŵn.

Gw. hefyd **ydig.**

ŷd-dy, yden, gw. yty, ŷd.

ydfaes, gw. ŷd + maes[1].

ŷd-fasnachwr, ŷd-fasnachydd, gw. ŷd + masnachwr.

ŷd-felin, gw. ŷd + melin[1].

ydfran, ŷd-frân [*ŷd*+ *brân*] *eb.* ll. *ydfrain. Adar.* Aderyn mawr Ewrasaidd o deulu'r brain, *Corvus frugilegus*, sydd â phlu duon a gwaelod gwyn i'w big, brân bigwen, hefyd yn *ffig.*: *rook* (*in ornith.*), *also fig.*
16g. Lewys Morgannwg: *Gw* 518, ba riw yr Jeirll biau radd / bw emlynn biau ymladd / kenaist *ydvrann* kyn awst vry / kychwnnwch lle kewch hynny / kiw airyri kar Urien / kola sydd walch Nicolas hen. **1707** *AB* 51c, *ydvran*, a rook d.g. *Cornix.* [**1783**] *W* d.g. *Rook* [*a species of crow*]. **1803** *P.*

ydfwyd, gw. ŷd + bwyd.

ydig [*ŷd*+ *-ig*[1]] *e?g. Bot.* Bulwg yr ŷd, pabi'r gwenith, *Agrostemma githago*; efrau, *Lolium temulentum*; hefyd yn *ffig.*: *corncockle; darnel; also fig.*
16–17g. *HG* 5, ve gyvyd ny vysg *ydig* ac ever / a maedens a gwyg kyn i meder. **16–17g.** Llywelyn Siôn, &c.: *Gw* 602, mae nych mysg chwi, ffailst broffwydi, / a rhai or gaü, antikristaü / yn haü ymlith, [*sic*] y pür wenith / *ydig* ever, a chwyn lawer. **18–19g.** *Llr* C 11, 259, *Ydig*, Darnel in Dim. Efr in Glam. . . . *ydig* also in Glam. Iolo Morg. **1803** *P*, *Ydig*, s. m. dim. . . . cockle; it is also called gith. **1813** *WB* 244, *Yaig* [*sic*]; Agrostemma githago; Cockle.

ydlan [*ŷd*+ *llan*; H. Wydd. *ithlann*] *eb.* ll. *-nau, -noedd, ydlennydd.* Buarth neu iard lle cedwir tasau o ŷd, gwair, gwellt, &c., gardd ŷd, cadlas; granar: *rickyard, stackyard, barnyard; granary.*
9–10g. *Juv* 522, *itlann*, gl. *area.* **13g.** *B* iv. 5, Cogor yeir yn *ytlan.* **13g.** *BD* 105, Ena y byd truan adawyat y deyrnas, ac *ydlanneu* yr ydeu a ymchuelant yn anfrvythlavn. **14g.** *LlB* 86, Gwydeu a gaffer yn llygru yt trwy yscubawr, neu trwy *ytlan.* **15g.** *GLGC* 146, Blaenidl wrth blaned loyw oedd, / bragod lyn, brig *ydlannoedd.* **15g.** *GPhE* [99], Ac *ydlan* gyfan ei gwedd / Yn llawn o *ŷd* erllynedd. **1588** *Joel* i. 17, yr yscuboriau a anrhaithiwyd, yr *yd-lannau* (**1988** *ib.*

granar) a fwriwyd i lawr. **1604–7** *TW* (*Pen* 228) d.g. *Granarium*. **1632** *D*, *Ydlan*, Area vbi reponuntur collectæ segetes. **1722** *Llst* 189, *Ydlan*, f.p. *lannau*. A haggard. **1772** *W*, *Yd-lan* d.g. *Corn-yard*. **1803** *P*, *Ydlan*, s. f.—pl. t. *oz* . . . A corn-yard. Ar lafar, 'Peth braf 'di gweld llwyth ola'r cnaea'n cyrraedd yr *ydlan*' (sir Ddinb.); '*ydlan*' 'lle cedwir yr ŷd a'r gwair yn stôr erbyn y gaeaf', *B* iv. 304 (canolbarth Cered.). Clywir *iglan*, *yglan* yn sir Benf., *GDD* 172, a *rytlan* yng ngorllewin Morg.

ydle, ydlofft, gw. ŷd+lle[1], llofft.

ydoedd, &c., gw. wyf: bod.

ydol [*ŷd*+-*ol*] *a*. Yn perthyn i ŷd neu rawn: *cereal* (*adj*.).
1824.

ydolwg[1], ydolygaf: ydolwg[2], gw. atolwg, adolygaf[1]: adolwyn (hefyd At.).

ydrawn [*ŷd*+*grawn*] *eg*. Grawn, ŷd, grawn ŷd, weithiau'n benodol am reis: *corn*, *grain*, *a cereal*, *sometimes specifically of rice*.

[1783] *W*, Mâth ar *yd-rawn* o'r enw, vulgò Reis d.g. *Rice* [*a sort of esculent grain so called*]. **1790** Twm o'r Nant: *GG* [iii], ychydig *ŷdrawn* ysgafnfrig gwedi bod allan lawer noswaith farugog.

Cfn.: **ydrawn yr India:** *rice*. **1831.**

ydrawnol [*ydrawn*+-*ol*] *a*. Yn perthyn i ŷd neu rawn; codlysol: *cereal* (*adj*.); *leguminous*.
1831.

ydrych, ydrywedd, ydtir, ydty, gw. edrychaf: edrych, adrywedd, ytir, yty.

ydwellt [*ŷd*+*gwellt*] *e.ll*. Gwellt ŷd, creifion neu gribinion ŷd, hefyd yn *ffig*.; (geir.) *Bot*. pefrwellt, *Phalaris canariensis*: *corn straw*, *scrapings or rakings of corn*, *also fig*.; (*dict*.) *canary-grass*.

1604–7 *TW* (*Pen* 228) d.g. *phalaris*. Cf. *SE MS* 571b, *ydwellt* . . . the scrapings or rakings of a cornfield, after the corn has been tied into sheaves . . . Cyfeiliog. Ar lafar mewn ymad. fel 'cwbwl yn *ydwellt* ylw' 'am aflerwch', *B* xiv. 282 (gogledd Cered.).

ydwyf, ydwyt, ydych, ydym, gw. wyf: bod.

ydyn, gw. ŷd.

ydynt, gw. wyf: bod.

ydd[1] [Crn. C. *yth*, H. Lyd. *id*, *ed*, Llyd. C. a Diw. *ez*: < **ide* ?< IE. **i-dhe* 'yma', ff. leol ar y bôn rhagenwol a dangosol **i*-, cf. Afesteg *iδa* 'yma', Sans. *ihá* 'yma'; ?cf. H. Wydd. -(*i*)*d*-] *gn*. rhagferfol cadarnhaol a phth.

(*a*) (enghrau. ar ddechrau prif gymal: *exx. at the head of a main clause*).

12g. *GIIF* 319, A nu bei gallỽn ymgeryt—a Duw / *Yt* oet ymy ddefnyt. **12g.** *GCBM* i. 159, Delw yt wytt pen rieu, penn reith, / *Yt* wyf penn prifueirt o'm prifyeith. *c.* **1300** *B* iv. 121, amlwm ardu afyrdwl hynt. /*yd* af yn ol a ethynt. **14g.** *T* 73. 10, *yd* atrefnỽys nefỽy yn ard nefon. **14g.** *YBH* 17a, *yd* archaf it nam gettych yny poeneu hyn. *c.* **1400** *R* 584. 37–8, Byt auyd bryt ỽrth erchỽys. *yd* adeilaỽr yn dyrys. **15g.** *GLGC* 223, *Ydd* wyf yni ddêl / heb fedd a heb fêl [i Ddafydd ap Siôn]. **1551** W. Salesbury: *KLl* xxva, *Ydd* oedd ef ae ymddiriet ar Deo. *c.* **1585** G. Robert: *DC* [xvi–xvii], *Ydd* wyf hefyd . . . yn amrywio . . . yr . . . orthographi. **1700** *TDP* 132, *Ydd* ydwyfi yn Grogedig neu yn Dagedig. **1753** G. Owen: *L* 81, *Ydd* wyf yn disgwyl clywed o Allt Fadog cyn y bo hir. **1793** Dafydd Ionawr: *CD* 223, Torrodd yr hên wr tirion / I'r fawrglod Gân hynod hon: / *Ydd* ydwyf yma 'n ddedwydd!

(*b*) (enghrau.'n dilyn be. ar ddechrau prif gymal: *exx. following a vn. at the head of a main clause*).

12–13g. *GMB* 376, Diwyd lwyd arwyt, eiriawl—*yt* ydwyf / Na bwyf arnad, Rwyf, rwym engiriawl. **13g.** *BD* 17, ouynhau *yd* oed dyuot Goffar a thywyssogyon Freinc y gyt ac ef a llu aruavc ganthunt y ymlad ac ef. **14g.** *WM* 32. 12–13, Arglỽydes heb ef ay kyscu *yd* ỽyt ti. *id*. 45. 29–30, Yn hela *yd* oedỽn yn iỽerdon dydgueith. **14g.** *GDG*[3] 197, Ceisio yn lew heb dewi / Beunydd fyth bun *ydd* wyf fi. **15g.** *GLGC* 321, Chwennych *ydd* wyf farch yno, / a'i gael a'i own o ddu'r glo. **15g.** *GGl*[2] 293, Siaradus o ŵr ydwyf, / Sôn am hen ddynion *ydd* wyf. **15–16g.** *TA* 396, Bwrw dau ddews, brodio *ydd* oedd [am farch brith]. **1567** *LlGG* (*Sall*) 70b, Pa garu *ydd* wyd ar dy Ddeddyf? *a.* **1587** *Y* 56, Cynydd wawd, canu *ydd* ydwyd, / Cynwal, anwadal yn wyd. **1594–6** *B* iii. 275, 'Cysgu *ydh* wyt ti, Marcol.' 'Na chysgu', heb ef. **1731** *ML* (Add) 19, Tybio *ydd* ŵyf fi y gall y geiriau hyn . . . wasanaethu mewn cynghanedd.

(*c*) (enghrau. mewn cym. enw.: *exx. in a n. clause*).

13g. *B* x. 26, dywaut heuyt . . . *yd* aei or vuched honno ar benn e deng nie arugeint. **13g.** *BD* 50, gogyuadav Auarvy a wnaeth gan tyghu *yd* anreithei y gyuoeth. *c.* **1300** *B* ii. [31], o rodir ytt peth dielw. tebic di *yd* a yny vo elwic. *c.* **1400** *YCM*[2] 185, adaw idaw . . . *yd* aei y'r Yspaen y ymlad a'r paganyeit. *c.* **1400** *YSG* i. 2, Yr abades yna a dywawt wrth Lawnslot *yd* anvonynt wy y mab yno pan welynt y vot yn amser. *id*. 116, Pan weles y brenhin y cledyf yn gyn lymet a hynny, ef a vedylyawd *yd* aei y gyrchu y wein.

(*d*) (enghrau. mewn cym. pth. afrywiog: *exx. in an improper rel. clause*).

12–13g. *GMB* 447, Arch *yt* wyf yn arch yn y erchi / Am archuein riein: reid y meni. **13g.** *LlI* 22, e korn *ed* euo e brenhyn. **13g.** *GBF* 560, Aghall a dyall *yt* ym yndaỽ. **13g.** *BD* 8, y neges *yd* vyf i yn y herchy yty. **14g.** *WM* 3. 6–8, brenhin corunaỽc ỽyf i yny ỽlat *yd* hanỽyf o heni. **1567** *TN* 284b, trueni eithaf, yn yr hyn *ydd* oeddent yn soddedic cyn nac yddynt adnabot Christ. **1595** *Egl Ph* [x], Ioan Salusburi . . . i'r hwnn *ydhwyd* ti iaith gymraec yn rhwymedig iw garu. **1595** H. Lewys: *PA* 16, llwyddiannus bethau eraill, 'rhain sy genym a rhain *yddym* yn oestadol yn i mwynhau.

(*e*) (enghrau.'n dilyn *yn*[6]: *exx. following* '*yn*[6]').

12g. *GMB* 275, Mor drỽm yr eneid yn *yt* eduyn. **12g.** *GCBM* i. 59, Pan dreiteis-y yno yn *yt* oetynt. *id*. ii. 307, Yn *yt* aeth Cain can y weithred—cam. **13g.** *GDB* 258, Y orofyn gỽraf yn *yd* eler. **13g.** *C* 44. 5–6, Jn *yt*oet aradur in eredic tir. **13g.** *BD* 10, eny doeth y dyd yn *yd* oed amlvc gvelet meint yr aerua a wnathoedyt. **14g.** *T* 63. 4, vd tra blaỽd yn *yd* el oth vod. **14g.** *WM* 14. 22–3, ymchỽelut yn *yd* oed pỽyll aỽnaeth. *id*. 56. 6–8, yn *yd* aeth paỽb ympen yr arueu. y kynhelis bendigeiduran uranỽen.

(*f*) (enghrau.'n dilyn adf., ymad. adfl., istraethiad, &c.: *exx. following an adv.*, *adv. phr.*, *sub-predicate*, *&c*.).

12g. *GMB* 274, Ac yn rynnaỽt fraỽt fraeth *yt* adwyf. **12g.** *GCBM* ii. 54, hyd Aeron—*yt* aeth / Y bennaeth o Benmon! **13g.** *LlI* 86, ac os y neyll tu *yd* ard . . . ac nat ardho y tu arall, xv. pob bluydyn a tal. **13g.** *C* 33. 12, impop fort *it*elher. **13g.** *A* 2. 14–15, byrr vlyned en hed *yd* ynt endaw. *id*. 3. 5, dwys dengyn *ed* emledyn aergwn. **13g.** *BD* 16, y savl uilioed *yd* yvch yn fo rac un gvr. **14g.** *WM* 9. 28–31, a phan uu amserach kymryt hun no chyuedach y gyscu *yd* aethant. **14g.** *GDG*[3] 59, I nef, gwiw oedd ef, *ydd* aeth [marwnad Gruffudd Gryg]. **15g.** *GLGC* 262, Uwch *ydd* â gwrda o ddau g'weirdant / nog o wŷr milain chweugain a chant. **1567** *TN* 41b, am hyny *ydd* ofneis, ac *ydd* aethym ac a guddieis dy dalent yn y ddaear. **1595** H. Lewys: *PA* 40, Eythr os heb gospedigaeth *yddych*. **1632** *D* (*Diar*), O flewyn i flewyn *ydd* â'r pen yn foel. **1723** J. Jones: *LlA* 210, o's megis Plant yn y Riceddau *ydd* wyf yn tyfu 'n wan yn y Traed.

(*g*) (enghrau.'n dilyn cys. isradd: *exx. following a subordinating conj*.).

12g. *GMB* 73, Delw *yt* amgyrwyf bwyf kynheilwaỽc. **12–13g.** *GLlLl* 95, Priodaỽr tud allmyr, / Hyd *yt* a clod rod rywyr, / Hyd *yt* aeth hwyl heul a ssyr. **13g.** *HGK* 9, megys *yd* amdiffynnvs Iudas Machabeus gulat er Israel y gan y brenhined paganyeit. **14g.** *T* 66. 5, Nyt aeth neb is nef hyt *yd* aeth ef. **14g.** *GDG*[3] 147, Ar draws aerwyau drysi, / Mul ddyn ŵyl, mal *ydd* awn i. **15g.** *GLGC* 164, Od af fal *ydd* af am dda / un wyth awr i neithiora. **1551** W. Salesbury: *KLl* xvb, Pe *ydd* ymddiddanwn a thavodeu dynion ac angelion. **1567** *TN* 176b, A' rhanny a wneit i bop vn, megis *ydd* oedd yn rhait iddaw vvrtho. **16–17g.** *HG* 196, Cyn *ydd* el i maes oi blas / Dan awyrlas i lwybrydd. **1800** W. Owen[-Pughe]: *CP* 10–11, ni chlywir . . . sôn am gnydiau wedi llosgi o ran gormod o galch, yn y gwledydd hyny lle *ydd* arferir yn wrtaeth cyffredin.

Amr.: **'dd.** **14g.** *GDG*[3] 328, Lle '*dd* oedd gawg yrhawg yn rhydd / A llafar badell efydd. **15g.** *GGl*[2] 23, Torri '*dd* wyf . . . / Oedau â Rhys. **16–17g.** *GST* i. 545, A rhoi '*dd* wyf y rhodd fawr. **1606** E. James: *Hom* i. 119, lle '*dd* aeth Christ y pen mae 'r aelodau yn gobeithio y cânt hwythau ganlyn. **18–19g.** *IMCY* 225, Y lle'*dd* ai lliuedd Ywain. **idd[2].** **15g.** *ID* 25, am a genais mi gwyna / yn y man yn ddychan *idd* a. *a.* **1587** *Y* 124, A Chynwal, gwych o'i henwi, / I maes *idd* aeth o'm swydd i. **1595** H. Lewys: *PA* 11, y gwendid, y cle/fyd, ne 'r adfyd . . . 'rhain *i ddym* ni yn i dioddef, o her/wyd' ein pechodae. **16–17g.** *SC* x/xi. 278, Ar serten o amser *idd* oedd dwy fran.

Gw. hefyd y[2].

ydd[2], gw. y[1].

-ydd[1], *oldd. enw.*, e.e. *lleferydd*, *lleuferydd* (cf. *llawenydd*), ?a hefyd mewn a., e.e. *llonydd*.

-ydd[2], *trf. ll. e.*, e.e. *afonydd*, *coedydd*, *ffosydd*, *mynwentydd*, *selerydd*, *trefydd*.

-ydd[3], *oldd. enw.* ll. -yddion, sy'n dynodi person, gweithredydd, offeryn, &c., e.e. *athronydd*, *clochydd*, *llyfrgellydd*, *melysydd*, *mesurydd*, *pabydd*, *prosesydd*, *Rhufeinydd*, *sillafydd*, *ysgrifennydd*.

-ydd[4], *trf. bfl.* 3 un. pres. myn. pth. mewn Cym. C., e.e. *clywydd*, *gwelydd*, *gwnëydd*, *ysydd*; ni ddigwydd mewn Cym. Diw. ond yn y ff. (*y*)*sy*(*dd*) (H. Gym. *is*(*s*)*id*.)

-ydd[5], *trf. bfl.* 2 un. pres. myn. mewn H. Gym., e.e. *egid*, ac mewn Cym. C., e.e. *cynullydd*, *digonydd*, *dywedydd*, *gwesgerydd*.

-ydda, *oldd. be.*, e.e. *esgobydda*, *lecsiwnydda*, *llyfrydda*.

-yddiaeth, *oldd. enw.*, e.e. *cwacyddiaeth*, *chwarelyddiaeth*, *epayddiaeth*, *henlancyddiaeth*, *Iancyddiaeth*, *llyfryddiaeth*.

-yddol, *oldd. a.*, e.e. *chwarelyddol*, *enwadyddol*, *llaethyddol*, *llongyddol*, *llyfryddol*, *tafarnyddol*.

-yddu, *oldd. be.*, e.e. *proffesyddu*, *sgandalyddu*, *stampyddu*.

-yf, *trf. prs. ardd. rhed.* 1 un., e.e. *gennyf*, *wrthyf*.

yfadwy [bôn y f. *yfaf*: *yfed*+-*adwy*] *a.bfl*. Y gellir ei yfed, addas neu bleserus i'w yfed: *drinkable*, *potable*.

1772 *W* d.g. *Drinkable*. **1801** *MMJ* 228, dyro yn glaerdwym i'r claf i yfed y cwbl o hono, ag o'r gwin a gwnelo'n [*sic*] *yfadwy*. **1803** *P*. Ar lafar, 'Ma'r gwin 'na'n edrych yn *yfadwy* iawn!'

yfaf: yfed [Crn. C. *eve*, *eva*, Llyd. C. *euaff*, Llyd. Diw. *evañ*, taf. Gwened *ivet*, H. Wydd. *ibid*: < IE. **pi-bo-*, o'r gwr. **pō*(*i*)- < **peə*(*i*)- 'yfed', cf. Llad. *bibō* (< **pibō*), Sans. *pibati*] *bg.a.* a hefyd gyda grym enwol i'r be.

(*a*) Llyncu (hylif), yn enw. i dorri syched neu i gael maeth, llyncu'r hylif mewn (llestr): *to drink*.

13g. *DB* 57, seirff a nadred y wenwynant y dyfroed nessaf, a'r lle y kyuodant y adan y daear a lad a'e *hyuo* ual y guna avon uffern. **13g.** *BD* 143, guedy *yuet* o'r brenhin y dvuyr guenvynic llygredic hvnnv. *c.* **1400** *MM* 54, *Yf* y bore lloneit plisgyn wy o sud y uedon chwerỽ. **15g.** *GDID* 82, A gwir yw'r arwydd, ac eryrod / A *yfan'* y gwaed heb anafod. **1547** *WS*, *Yfed* Drynke. *id*. *Yfed* potaes Suppe potage. **1551** W. Salesbury: *KLl* xxiia, A chymeradd y calic can ddiolch a ddoedyt [*sic*] yddynt: *Yfwch* pawp o hwn. **1632** *D*, *Yfed*, Bibere. **1632** J. Davies: *LlR* 11, y rhai sy 'n yfed pechod cyn rhwydded ac yr *ŷf* yr anifeiliad [*sic*] ddwfr. **1672** R. Prichard: *Gw* 209, Nid oes gennym ddwr iw *yfed*. **1772** *W* d.g. *To drink*. **1803** *P*. Ar lafar, '*yfad*, *efad*, *ufad*', *WVBD* 581; '*ifad*', *GTN* 481.

(*b*) Yfed (alcohol), hefyd i ormodedd: *to drink* (*alcohol*), *also to excess*.

9–10g. *Juv* 274, cet *iben* med nouel. **12g.** *GMB* 72, *Yueis* gan deyrn o gyrn euraỽc. **12g.** *GCBM* i. 196, Yn llys Ywein hael . . . / Yn y mae *yued* heb neued,—heb nac. **13g.** *LlI* 19, e ryghyll . . . a dele *yuet* ygyt a'r svydwyr. **13g.** *C* 96. 6–7, Pan *y uei* [*sic*] o wual *y uei* [*sic*] urth peduar. **13g.** *A* 36. 9–10, oed mor guanauc idinin mal *iuet* med neu win. **14g.** *T* 58. 25, Pystalat tỽrỽf ac *yuet* cỽrỽf. **14g.** *GDG*[3] 351, Hawdd *yfaf*, dibrinnaf bryn, / Hawdd *yf* a ŵyl ei hoywddyn. **15g.** *GLGC* 402, Eu cartref, nef pob dyn oedd, / awn i *yfed* i nefoedd. **1604–7** *TW* (*Pen* 228), diota, *yfet* yn wastat d.g. *perpoto*. **1672** J. Langford: *HDdD* 197, Y mae etto fai mwy, y mae llawer o'r rhai nerthol ymma i *Yfed* yn euog o hono, sef, ei gosod ei hunain yn bwrpasol i feddwi eraill. **1772** *W*, Gorchfygu un (bwrw un i lawr) wrth *yfed* d.g. *To drink one down*. Ar lafar, '*ifad*' 'yfed diod feddwol', *GTN* 481–2. Digwydd hefyd mewn ymad. megis '*yfed* fel pysgodyn', '*yfed* fel ych'.

(*c*) Amsugno, anadlu (i mewn), ysmygu: *to absorb*, *inhale*, *smoke* (*tobacco*).

Diw. **16g.** *WLB* 16, Kymer ddwfr . . . ai ddodi ar y dolur ac ef ai *hyf* ar hynt. **1588** *Jer* ii. 24, fel assyn wyllt wedi ei chenefino â'r annialwch, wrth ddymuniad ei chalon yn *yfed* (**1988** *ib*. ffroeni) gwynt. *id*. xiv.

6, *yfasant* wynt fel dreigiau. **1759** J. EVANS: *PF* 63, Rhwbiwch ef yn ddâ yng[hl]edrau 'r Dwylaw, hyd oni *yfont* ef i mewn. [**1783**] *W*, *Yfed* (llosgi) tybacco d.g. *To smoke tobacco*.

(*d*) (enghrau. *ffig*. ac mewn cyd-destun *ffig*.: *fig. exx. and exx. in a fig. context*).

1551 W. SALESBURY: *KLl* xxxiiib–xxxiva, y nep a vytao ac a *yvo* yn anteilwng / barn iddo [*sic*] hun y may vo 'ny vwyta ac yny *evet* [*sic*]. *id*. xxxviia, A nyd *yvaf* y calic a ddodes vymtat ymmy? **1588** *Eseia* li. 17, cyfot Ierusalem, yr hon a *yfaist* o law 'r Arglwydd gwppan ei lidiawgrwydd ef. **1604–7** *TW* (*Pen* 228), *yuet* dysc d.g. *Combibo*. **1632** *D*, *yfed* y chwedl, *yfed* ei ddŷsg d.g. *Haurio*. **1632** J. DAVIES: *LlR* 11, y rhai sy 'n *yfed* pechod cyn rhwydded ac yr ŷf yr anifeiliad [*sic*] ddwfr. **1751** *GIA* viii, Megis lleidr, yr hwn sy'n eistedd mewn tafarn i *yfed* yr arian a ledrattodd ef.

Amr.: **yfeta. 1905. yfedach, yfetach. 1724** E. WELLS: *CC* 41, eistedd ac *ufedach*.

Cfn.: **yfed at:** *to drink to, toast, also fig*. **16g**. (*LlEG*) *Mos* 158, 498a. **1604–7** *TW* (*Pen* 228) d.g. *propino*. **1714** R. PRYDDERCH: *GD* 154. **yfed helth = yfed iechyd. 16–17g**. HUW MACHNO: *Gw* 89. **17g**. E. MORUS: *Gw* 71. **1687** (**1715**) J. OWEN: *TB* 68. **yfed iechyd (da) (at):** *to drink a health* (*to*), *drink the health* (*of*). **1675** R. DAVIES: *PY* 59. **1714** R. PRYDDERCH: *GD* 146. **1727** RE: *CDd* 24. **yfed yr annwyd:** *to be full of a cold, be smothered with a cold*. Ar lafar, "Dwi'n swp go iawn heddiw—'dwi'n *yfad yr annwyd*' (Arfon).

yfair [bôn y f. *yfaf*: *yfed*+*gair*¹] *eg*. ll. *yfeiriau*. Llwncdestun, iechyd da: *toast* (*in drinking*), *health*.

1822. Ar lafar yn y ff. '*yfar*', *GTN* 853.

yfdestun [bôn y f. *yfaf*: *yfed*+*testun*] *eg*. ll. *-au*. Llwncdestun, iechyd da: *toast* (*in drinking*), *health*.

1836.

y fe, yfedach, yfelly, gw. efe, yfaf: yfed, felly.

yfentr [bnth. S. *aventure*] *e?b*. Mentr, beiddgarwch: *venture, audacity*.

1605 *CRC* 395, Bevnvdd *yfentr* dewredd gwasgwychder / sy/n/ peri mewn rryfel gael mowredd trwy glod.

Gw. hefyd **mentr**.

yfentriaf, yfentraf: yfentr(i)o [bnth. S. (*to*) *aventure*] *bg.a*. Mentro, anturio: *to venture, risk*.

15–16g. *GLM* 294, *yfentria* wayw fewn trywyr, / a gwaeda'i fin o goed fyr. **1591** *BM* 31, 61a, o herwydd nas gwnai ddihiryn / *y fentrio* (*GST* i. 606, Fentro) i oes ofewn trin. **16–17g**. *GST* i. 235, Trwy fôr yr anturiai fo, / Trwy dir *yfentrai* daro. *id*. 239, *Yfentriodd*, sathrodd bob sarn, / Gydag aer Sacfild gadarn.

Gw. hefyd **mentraf: mentro**.

yfeta, yfetach, gw. **yfaf: yfed**.

yfetri [gair geir., sef y be. *yfed*+elf. anh.] *bg*. a hefyd gyda grym enwol. Diota, llymeitian: *to booze, tipple*.

1547 *WS*, *Yfedtri*. **1604–7** *TW* (*Pen* 228), vn ac *yfetri* arno d.g. *Bibaculus*. **1632** *D*, *Yfettri*, Bibitare, potitare. **1770** *W* d.g. *To bezzle* [*guzzle, or tipple*], *To tipple*.

yfgar [bôn y f. *yfaf*: *yfed*+*-gar*] *a*. Diotgar: *bibulous*.

1604–7 *TW* (*Pen* 228) d.g. *Bibulus*. **1632** *D* d.g. *Bibax*. **1770** *W* d.g. *Bibacious*. **1803** *P*.

y fi, yflyn, y fo, gw. **myfi, ulwyn** (hefyd At.), **efô** (hefyd At.).

yfol [bôn y f. *yfaf*: *yfed*+*-ol*] *a*. Yn perthyn i yfed (alcohol): *drinking* (*adj*.).

1803 *P* d.g. *Yvawl*.

yforucher, &c. [*yfory*+*ucher*] *adf*. Yfory gyda'r hwyr: *tomorrow evening*.

14g. *WM* 392. 2–4, Os byδ uydaf. i. heb ef erbyn pryd naδn *y uorucher* ti aglywy chδetleu o dianghaf. **15g**. *GLGC* 85, Hwy a'm gwnân' ban gân y gog / *y forycher* yn farchog. *id*. 349, *Forycher* y gwnaf warchan / i far braisg Ifor a Brân. **16g**. *WLl* 145, Doe heddyw bob dydd / Dirynnwn drennydd / Y foru echwydd / *y forucher*.

yfory, afory, &c. [*yfory* ?< *afory* < elf. *a-* (?cf. *eleni*)+ff. draws ar yr e. *bore*, cf. H. Grn. *auorou*, gl. *cras*, Crn. C. *avorow*, Gwydd. C. *i mbárach*] *adf*. a hefyd gyda grym enwol. (Ar) y diwrnod ar ôl heddiw, hefyd yn *ffig*.: *tomorrow, also fig*.

13g. *BD* 117, keis le y fo . . . canys *auory* y deuant traeth Totneis. **1346** *LlA* 113, vy meibon i gδybydδchδi ydaδ kennadeu yma *avore*. **14g**. *WM* 170. 38–9, ti a uydy gyt a mi hediδ ac *a vory* athrenhyd. *id*. 401. 11–12, y lys arthur yd af. i. ar uorδyn hon *y uory*. **14g**. *GDG*³ 53, Breuddwyd aruthr ebrwyddarw, / A dry *yfory* yn farw [marwnad Madog Benfras]. **15g**. *GLGC* 338, trannoeth, *yfory*, trennydd, / tradwy megis fwyfwy fydd. **1547** *WS*, *Efory* To morowe. **1567** *TN* 349a–b, Heddiw neu *fo/ry* ni awn i gyfryw ddinas. **1632** *D*, *Yfory*, Cras. **1672** J. LANGFORD: *HDdD* 148, fe all ún a fo yn gyfoethog heddyw fod yn dlawd *y foru*. [**1745**] W. ROBERTS: *FfM* 36, Chwi gewch *y foru* fynd yn firi, / I drin drwy genad bob drygioni. **1776** *W*, *Foru*, *y foru*, *fory*, *y fory*, *efory* d.g. *To-morrow*. **1803** *P* d.g. *Yvory*. Ar lafar, 'Hwyl, wela' i di '*fory*!'; 'bora '*fory*', 'nos '*fory*', *WVBD* 566; 'Fe ddaw '*fory*', "*fory* Siôn Crydd' 'yfory na ddaw byth', *GTN* 365. Yn Arfon clywir yr ymad. "*fory* wedyn' yn yr ystyr 'trennydd'.

Cfn.: **yfory nesaf:** *tomorrow* (*without fail*), *as soon as possible, at the earliest opportunity*. **18g**. I. BRYDYDD HIR: *Gw* 236, ni newidwn i mo'r mymryn lleiaf, ped fawn i farw *fory nesaf*. Ar lafar, 'Fase fe'n riteiro '*fory nesa*' 'tase fe'n cael y tsians', 'Mi wna' i'r gwaith *fory nesa*".

yfwch [bôn y f. *yfaf*: *yfed*+*-wch*¹] *eg*. Y weithred neu'r arfer o ddiota, sesiwn yfed, meddwdod: (*bout of*) *drinking, drunkenness*.

20g. Ar lafar yng ngorllewin Morg.

yfwr [bôn y f. *yfaf*: *yfed*+*-wr*] *eg*. ll. *-wyr*, *yfwrs*. Un sy'n yfed (alcohol), meddwyn: *drinker* (*of alcohol*), *drunkard*.

1547 *WS*, *Yfwr* gormodd A dronkard. **16g**. *GGH* 443, Tripheth mewn cantir a hoffa—eurych, / Arwydd *yfwr* iawndda: / Gŵr geirwir a gwraig ara' / A bod y ddiod yn dda. **1567** *TN* 17a, Wele ddyn glwth, ac *yfwr* gwin, car ir Publicanot a' phechaturieit. **1604–7** *TW* (*Pen* 228), *yfwr* mawr d.g. *Bibax*. **1630** R. LLWYD: *LlH* 290, yr ydych . . . yn rhodres-wr, yn afradlon, yn *ŷfwr*. **1632** *D*, *Yfwr*, Bibitor, potator. **1763** *ML* ii. 566, Ai nid marw'r Ffelics yn un swp; *yfwr* trwm ydoedd meddan hwy. **1772** *W* d.g. *Drinker*. **1797** B. EVANS: *CG* 251, nid oedd neb o'r *Yfwyr* hyn yn cymmeryd arnynt i fod yn grefyddol. **1803** *P*. Ar lafar, 'Ma'r teulu i gyd yn dipyn o *yfwrs*' (Arfon); '*yfwr*' 'drinker; drunkard', *GTN* 482.

yffach, yffarn, gw. **uffern**.

yffeirad, yffeiriadaeth, &c., gw. **offeiriad, offeiriadaeth,** &c.

yffern, gw. **uffern**.

yfflon, ufflon, *e.ll*. a hefyd gyda grym ansoddeiriol. Darnau, tameidiau, teilchion, drylliau, malurion, ysgyrion, cyrbibion, hefyd yn *ffig*.: *pieces, bits, shards, fragments, shatters, shivers, smithereens, also fig*.

1617 *Minsheu* 445b, y dorri yn *hyfflon* d.g. *to Shiuer in peeces*. **1672** *Catec* [xiii], rhag i lyfr mor werthfawr gael ei dorri 'n *yfflon* [:– ddarnau] yn nwylo plant neu eraill y fo yn dyscu darllain. **1672** R. PRICHARD: *Gw* 585, Ust, llawn llwydi, êst yn *vfflon* [:– yn ddrylliε] / Na wnant beth y nawr mor ffinion. **1688** S. HUGHES: *TSP* 230, gwna iddynt goelio, y bydd iti cyn pen wythnos eu rhwygo hwyntau 'n *vfflon* [:– Yn ddarnau yn chwilfriw]. **1731** T. LEWYS: *BMA* 24, Calonnau . . . ar dorri yn *ufflon*. [**1783**] *W*, Ysgyrioniad . . . yn *ufflon* d.g. *A shivering in pieces*. **18–19g**. *Llr* C 2, 353, Yn *ufflon* mân . . . Glam. **1803** *P* d.g. *Yflon*. Ar lafar, 'wedi torri'n *yfflon* mân', *WVBD* 575; 'fe i torrodd e'n *iffion*' 'he broke it to pieces', *TGG* (1907–8), 77 (de-orllewin sir Gaerf.). Digwydd hefyd. mewn ymad. megis '*yfflon* (*ufflon*) jibets', '*yfflon* (*ufflon*) jibidêrs', '*yfflon* (*ufflon*) rhacs'.

Amr.: **hyfflon** (un. g. *hyfflyn*). **1617** *Minsheu* 445b. **1803** *P* d.g. *Hyflyn*. **ufflwn. 20g**. Ar lafar, 'Malu'r llestri'n *ufflwn* mân' (Llŷn). **ufflyn,** gw. *yfflyn*. **ufflyw.** Ar lafar, 'wedi torri'n *ufflyw* gybibion' (Arfon). **ufflo. 1672** R. PRICHARD: *Gw* 171, Ti sy'n peri 'r rhyfel beido, / Ti sy'n torri'r spêr yn *ufflo* [:– Yn ddarnau]. **yfflyn, ufflyn** (un. g.). **1920**. Ar lafar, '*yfflin*' 'a bit, particle', 'D'os gita fi ddim *yfflin*', *Cymru* xlvi. 24 (Morg.).

ygalen, yglan, gw. **hogalen, ydlan**.

ygoraf: ygor(yd), ygoriad, gw. **agoraf: agor** (hefyd At.), **agoriad** (hefyd At.).

yng¹,², **-yng,** gw. **ing, yn**¹, **-ing** (hefyd At.).

yngaf: yngu [bf. o'r a. *wng* neu *yng*¹] *bg.a*. Nesáu, dynesu; (geir.) gwneud yn gyfyng, culhau: *to come near, approach*; (*dict*.) *narrow*.

14g. *WM* 69. 9–10, A phan *ynghei* yguyr y kilyei eilδeith ac y torrei gyuarth. **1794** *W* d.g. *To straiten, or make strait* [*narrow*]. **1803** *P*, *Yngu* . . . To close, to straiten.

ynganadwy [bôn y f. *ynganaf*: *yngan*(*u*)+*-adwy*] *a.bfl*. Y gellir ei ynganu, cynanadwy: *utterable, pronounceable*.

1866.

ynganaf, yngenaf: yngan(u), yngen, *bg.a*. a hefyd gyda grym enwol i'r be. Llefaru, siarad, dweud, datgan, mynegi, sôn, crybwyll; seinio (llythyren, gair, &c.), cynanu; hefyd yn *ffig*.: *to speak, talk, say, tell, declare, express, utter, mention*; *pronounce* (*letter, word, &c*.); *also fig*.

14g. *GIG* 18, Na *ynganer* yng Ngwynedd, / Na ddalier ych dan wych wedd [marwnad Tudur Fychan]. *id*. 38, Tawwn, gorau yw tewi, / Am hwn ni *ynganwn* ni [i achau Owain Glyndŵr]. *Diw*. **15g**. *Pen* 67, 81, gwaew ng wynnedd rac *ynganv* / a tharyan vawr ythwrn vv (Hywel Dafi). **16g**. *GHV* 42, A chwedi angau ni chaid *yngan* / A chau r gorweddfedd och er griddfan [i Iesu]. **1567** *TN* 240a, Can na veiddiaf *yngan* [:– son] am ddim. **1588** *Gen* xxxi. 24, ymgadw arnat, rhag *yngen* o honot wrth Jacob na da na drwg. **1588** 1 *Sam* xx. 26, nid *yngênodd* Saul ddim y diwrnod hwnnw. **1632** *D*, *Yngan*, Fari, loqui. **17g**. E. MORRIS: *B* 27, Paun waraidd glod, penwyrdd glân, / Pryd angel parod *yngan*. [**1783**] *W*, *yngan* d.g. *To say* [*speak, tell, &c*.], *To utter*. **1803** *P* d.g. *Ynganu*. Ar lafar, 'Ma'r Saeson yn warthus am *ynganu* enwa Cymraeg' (sir Ddinb.); "Ôs neb wedi *yngan* gair wthdo' i am y peth', *GTN* 854.

Amr.: **angenyd. 16–17g**. *B* v. 125, nid *angenawdd* trystan ddim. **1618** J. SALISBURY: *EH* 180, *angenyd*. **1712** T. WILLIAMS: *CDdG* 239. **ynganyd. 1672** R. PRICHARD: *Gw* 128. **yngenyd. 1688** *TJ*, Yngan, *yngenyd*. **1753** G. OWEN: *L* 45. **1777** H. JONES: *M* 71.

ynganiad [bôn y f. *ynganaf*: *yngan*(*u*)+*-iad*¹] *eg*. ll. *-au*. Y modd yr yngenir llythyren, gair, &c., y weithred o ynganu neu lefaru, mynegiant: *pronunciation, an uttering, utterance*.

1834. Ar lafar, 'Mae'i *ynganiad* o'n berffaith'.

ynganyd, gw. **ynganaf: yngan**.

yngder, yngdra, gw. **ingder**.

yngenaf: yngen(yd), gw. **ynganaf: yngan**.

ynghadw [*yn*¹+y be. *cadw*] *adf*. Ar gadw, wedi ei gadw, hefyd yn *ffig*.: *reserved, kept, also fig*.

1551 W. SALESBURY: *KLl* lxxxiiia, weithian y may coron iownder *yncadw* ymy. **1567** *TN* 361a, ffynnonnay ydynt heb ddyfr . . . ir hain y may duedd tywollwg *ynghadw* yn dragowydd. *Diw*. **16g**. *Gwyn* 3, 235, Y mae ei benglog ef [Gruffudd ab Adda ap Dafydd] *yng-hadw* yn Nolgellgau [*sic*]. **1629** R. LLWYD: *P* 38, pe bai ganddynt edi/feirwch *ynghadw* yn eu llewis. **1704** J. MORGAN: *B* 38, y mae gan Dduw goronau a theyrnwielyn *ynghadw* iw sainct ai weision. **1760** WLL: *SAC* 27, am y wîr fwyniant a'r meddiant, y mae *ynghadw* i ni yn y Nêf, ac yno yn guddiedig gyd a Christ yn Nuw.

ynghaead, yngham, ynghanol, ynghau, gw. **caead—ynghaead, cam**²**—yngham, canol—yng nghanol, cau—ynghau**.

ynghenog, ynghladd, ynghlo, gw. **anghenog** (hefyd At.), **cladd—ynghladd, clo—ynghlo** (hefyd At.).

ynghlwm [*yn*¹+*clwm*] *adf*. Wedi ei glymu neu ei sicrhau, yn sownd, yn gysylltiedig, hefyd yn *ffig*.: *tied, secured, joined, connected, also fig*.

1718 *Cân o Senn* 2, Ai rhessymmol er rhyw swmm, / Y [*sic*] ddail India ddala undŷn / yn Gyflogddyn glŷn *ynghlwmm*. **1732–3** J. OWEN: *GB* 7, pob Awdurdod a Threfn yr oedd Gwŷr yr ochr arall yn eu dwyn ymmaith (megis pe buasent wedi eu dodi *yng nglwm* [*sic*] dan eu Gwregysau). **1733** J. OWEN: *TBG* 51, y rhan waelaf, yr hon y bu'r Enaid *yng nghlwm* mewn cyfathrach gyfrinachol â hi. **1771** *PDPh* 60, dodwch y belen ganlynol *ynghlwm* yn nhyllau sodlau ei draed blaen. **1773** M. RHYS: *G* 10, Mae freichiau am danaf *yngh'lwm*.

Amr.: **ynghwlwm** [*yn*¹+*cwlwm*¹]. **1743** G. JONES: *HWI* ii. 171, Fe waredir y Cyfiawn . . . oddi wrth lygredd Pechod, ag oedd fel corph marw *ynghwlwm* wrthunt.

yngholl, ynghrog, gw. coll[1]—yngholl, crog—ynghrog.

ynghrwm [*yn*[1] + *crwm*] *adf.* Yn gefngrwm, yn wargrwm: *crook-backed, stooping.*

1927.

ynghudd [*yn*[1] + *cudd*[1]] *adf.* Wedi ei guddio, yn guddiedig, dan gêl: *hidden, concealed.*

13g. *B* x. 29, e gist a gemereist ene traeth e mae gennyt *yg kud* adan dy swlld. **14g.** *GIG* 34, Yng nghôr, fy ngharw, yng nghyhudd, / Yng Nghaer fardd Emrys *ynghudd.* c. **1400** *SDR*[2] 61, dywedut . . . bot barileit o eur yn ymyl porth y dinas *yghud.* c. **1400** *R* 1042. 7–8, Anrec rym gallat odyfryn: mewyrnyaɓn yg [*sic*] *ygkud* yghelɓrn. **15g.** *GLGC* 461, Planed Madog ap M'redudd / a roed yng nghôr Duw *ynghudd* [marwnad Gwerful ferch Fadog]. **1567** *TN* 104b, Nyd enyn neb ganwyll a'i dodi yn-cudd [:– *ynghudd*], nac y dan vail. **1588** *Deut* xxxii. 34–5, Onid yw hyn *yng-hudd* gyd a'm fi, wedi ei selio ym mysc fy nhrysorau: I mi y perthyn dial, a thalu y pwyth. **16–17g.** E. Prys: *Gw* 235, Os bai sydd i'w hysbysáu, / *Ynghudd* yn fy nghywyddau. **1632** *D*, Bod *ynghûdd* d.g. *Muscor, Oblitesco.* **1764** W. Williams: *Th* 117, Am hynny chwilia'n f'anwl [*sic*], na adael fan *ynghudd.* **1775** *W*, Bôd *ynghûdd* d.g. *To lay, To be lay'd up in store.*

ynghwaethach, ynghyfoethach [< *yng nghyfoethach* (gw. *cyfoeth*); â'r ff. gyntaf, cf. *anghwaethach*] *adf.* Chwaethach, heb sôn am, llai fyth, llai o lawer: *much less, not to mention, let alone.*

13g. *B* x. 29, e gist a gemereist ene traeth e mae gennyt yg kud adan dy swlld hep wybot keuei yth wreic *yg chvaethach* y ereill. **13g.** *WM* td. 91b. 24–8, Ky/hung vn asgurn endaɓ na menwes vn ewin *yg kyuoethach* lle a vei uwy no hɓnnɓ nyt oed ar ny bei gyflaɓn o gareat e vorwyn. **14g.** *B* xiv. 260, Pwy bynnac hep wynt a volesto cesar ef a haed y dienydyu. *ygkyuoethach* a volesto yn erbyn duv. c. **1400** [*RB*] *WM* 208. 25–8, yny oed ryued beitrewit ardur na bei yssic *ygkwaaethach* aikic neu ascɓrn. c. **1400** *RM* 108, Henwas adeinaɓc ny allɓys mil pedwar troetaɓc eiryoet y ganhymdeith hyt un erɓ. *yghwaethach* (*WM* 463. 20, anoethach) a ue bellach no hynny. c. **1400** *SDR*[2] 72, y marchawc a welas nat oed diberigyl idaw kynnal karadas a gwreic y brenhin yn un wlat ac ef, *ygwaethach* yn y lys a'e gastell ehun.

Gw. hefyd **anghwaethach, chwaethach.**

ynghwlwm, gw. **ynghlwm.**

ynghwplws [*yn*[1] + *cwplws*] *adf.* Wedi ei gyplysu neu ei gysylltu, yn sownd, yn gysylltiedig: *coupled, joined, connected.*

p. **1584** G. Robert: *GC* [246], e gymrir y gyssain ragodlig, ai [*sic*] chynglo yn ddauwynebog, ag fe[ll]y wrth fessuro cerdd, ei cyrmrir [*sic*] nhwy nid yn unig megis terfyn i'r ddarn y maent ynddi, eithr hefyd megis *ynghwplws* ar [*sic*] ddarn sy'n callyn. **1587** *GP* 187, y silldaf nesa i'r odl yn kanganheddv i'r gwahan kyntaf, a'r ail yn odli i'r penill, ag *ynghwplws* a'i gilydd i byddant. **1588** *Esec* i. 9, Eu hadenydd hwynt oeddynt *yng-hwplws* y naill wrth y llall. **1632** *D* d.g. *Copulatus.* **17g.** *HCRC* iii. 7, A arche r fün feindlws, Jubiter a fenws / rwy n kredü *ynghwplws* a füon / J enill mor heleth, beiniw mor berffeth / ymhob golygieth mor dirion. **1722** *Llst* 189, *Ynghwplws.* Coupled, joined. **1759** *BC* 468, Ni weithid fyth wrth fynd *ynghwplws*, rhwng dau / Dewion. **1772** *W* d.g. *Conjunctly* [*jointly, together*], *Coupled, or coupled together.*

ynghwsg [*yn*[1] + *cwsg*] *adf.* Yn cysgu, hefyd yn *ffig.*; *Bot.* a'i ddatblygiad wedi peidio dros dro (am blanhigyn): *asleep, sleeping, also fig.*; *dormant* (*in bot.*).

c. **1730** *Taith C* 8, y mae hi'n llefain am Drugaredd *ynghwsc* ac yn neffro. **1770** *W* d.g. *Asleep.*

ynghyd [*yn*[1] + *cyd*[1]; cf. *i gyd* (ii) (gw. *cyd*[1])] *adf.* Gyda'i gilydd: *together.*

14g. *WM* 103. 4–5, pa furu y kehynt uot *ygkyt.* **14g.** *BT* (*RB*) 80, Ac ymaruolli *yghyt* a wnaethant. **14–15g.** *GGLl* 96, Ac a'n rhodded, ced cydrym, / *ynghyd*: nid yw wynfyd ym [Gruffudd Llwyd i Eiddig]. **15g.** *GDLl* 62, Y tarw a'r bastart oeryd / A yrr yng Nghent wŷr *ynghyd.* **1545** Elis Gruffydd: *Ll* 3, kymer iii bwrdd o vwy no throeduedd o led a hoelia wynnt *ynghyd.* **1567** *LlGG* 38a, lle ydd oedd yr Scrivenyddion ar Henuriait wedy'r ymgascly *yn-cyt.* **1595** H. Lewys: *PA* 58, Gosod Pharao a Dafydd *ynghyd*, y naill yn erbyn y llall. **1632** *D* d.g. *Copulatus.* **1703** E. Wynne: *BC* 30, ni choeliai fynd o ddau *ynghŷd* erioed trwy fwy o gariad na ninneu. **1775** *W* d.g. *Joiningly, Jointly.* **1803** *P.* Ar lafar, 'Unwaith fydda' i wedi torri'r ffrog, 'fydda i ddim yn 'ir yn 'i doti ddi '*ngid*', *GTN* 854.

Cfn.: **ynghyd â:** (*together*) *with, along with.* ?**15g.** *BDG* 211. **1588** *Deut* xxxii. 14. **1730 (1755)** E. Wynne: *PAC* [i]. **1794** *W* d.g. *Together with.*

ynghyfair, ynghyfeiryd, ynghyfer, gw. **cyfair[1]—yng nghyfair, cyfeiryd—yng nghyfeiryd, cyfair[1]—yng nghyfair.**

ynghyfoethach, ynghyfyl, gw. **ynghwaethach, cyfyl—yng nghyfyl.**

ynghylch [*yn*[1] + *cylch*] *ardd.* O amgylch, o gwmpas, yn ardal; tua (ynghyd â rhif, amser, &c.), oddeutu; parthed, ynglŷn â, gyda golwg ar: *around, about, in the area of*; (*round*) *about, approximately*; *concerning, about, with regard to.*

13g. *A* 17. 7, hu mynnei *eng kylch* byt. eidol anant. **13g.** *DB* 84, *ygkylch* y furuauen y credir eu bot en damgylchynedic. **13g.** *HGK* 15, *yg kylch* gosper wynt a doethant y venyd. **13g.** *GBF* 491, A'r gɓaet yn ffrydyeu *ygkylch* y vronneu. c. **1300** *B* ii. 33, llei vyd goual dyn . . . *yg kylch* ychydic noc *yg kylch* llawer. **14g.** *T* 6. 1–2, *yg kylch* eluyd ybuant. **14g.** *WM* 147. 25–7, peredur aglywei gordyar gɓyr ameirch *yg kylch* y kastell. **14g.** *GDG*[3] 9, A'r deuddeg, lawendeg lu, / A asiwyd *ynghylch* Iesu. c. **1400** *YCM*[2] 24, Ac *ygkylch* mil yd oedynt. **1545** Elis Gruffydd: *Ll* 19, Gore amser i gasglu'r llyshiewyn yma y'w wneuthud yn ddwr ydiw *ynghylch* hanner mis Mai. **1547** *WS* [xix], Ac o mynny chwanec o hyspysrwydd *ynkylch* i llais. **1588** *Ruth* iii. cs., Cyngor Naomi i Ruth *yng-hylch* Booz. **1632** *D* d.g. *Am, Circa, De, Sub.* **1687 (1715)** J. Owen: *TB* 14, daeth rhai Quakers o'r Gogledd i Gymru *ynghylch* Gwrexam. **1703** E. Wynne: *BC* 71, Llythyr at Angeu, *ynghylch* y saith garcharor hyn. **1722** *Llst* 189, *Ynghylch.* About, surrounding, a matter of, some, toward, as to. **[1745]** W. Roberts: *FfM* 18, Mae genif lawer yw [*sic*] esbonio beunydd, / *Ynghylch* y ddiniwaid ddichell newydd. **1803** *P.* Ar lafar, ''Odd trafotath *yngylch* y peth ym bwyllgor y gymanfa', *GTN* 854.

Cfn.: **yn ei (dy, &c.) gylch:** *around or about him* (*you, &c.*), *concerning him* (*you, &c.*). **13g.** *BD* 2, [c]yfnewydyeu o'r gwladoed *yn y chylch* [afon]. **14g.** *WM* 32. 6, troi llenn o bali *yny gylch.* **15g.** *DE* 2, dyn dec wyd nawdd duw *n dygylch.* **1588** *Io* x. 24, daeth yr Iddewon *yn ei gylch* ef. **1672** R. Prichard: *Gw* 275, heb gyfodi vn cwestiwn i fyny *yn eu cylch* [tadau a mamau bedydd]. **1790** T. Jones: *TOS* 167, addo myn'd *yn ei chylch* [dyletswydd] yn ddioed.

Gw. hefyd **cylch—yng nghylchon.**

ynghymysg [*yn*[1] + *cymysg*] *adf.* Yn gymysg(edig), wedi ei gymysgu, blith draphlith, trwy'r trwch: *mixed* (*in, up*), *in confusion, all together.*

c. **1400** *RB* ii. 159, Achymryt teir mil o varchogyon llydaɓ ac eu gossot *ygkymysc* ar ynyssolyon vrytanyeit yn eu bydin. c. **1588** *B* i. 322, brethyn medlai: y tu brethyn /n/ goch a du ar lleia or du *ynghymysg.* **1595** H. Lewys: *PA* 55, Pann ddyrnir yr yd, y gronyn syd' *ynghymysc* ar vs, a gwedi hynny i nailldu-ir hwy ar gwagr. **16–17g.** *HG* 151, pan elwyf j n jsel, *ynghymysg* y gravel / y waelod y demel, [*sic*] eglwysig. **1632** *D* d.g. *Indefinitè. id.* Olew *ynghymmysg* â surwin d.g. *Oxoleon.* **1714** R. Prydderch: *GD* 110, nid ydys yn gwarafyn i Wyr, a gwragedd ddawnsio *ynghymmysc.* **1801** *MMf* 296, Mwyd, bwrw oer neu ferw o ddwr neu arall o lynn ar a blyddhao, ag a elo *ynghymysg.*

ynghyn [*yn*[1] + *cyn*[6] (At.)] *adf.* Wedi ei gynnau, ar dân, yn llosgi: *alight, lit, lighted, on fire, burning.*

1779 D. Davies: *BDED* 23, y tân . . . a gedwid *yng nghynn* yn wastadol.

ynghynt [*yn*[1] + *cynt*] *adf.* Yn gynt, yn gynharach, yn flaenorol, cyn hynny; yn gyflymach: *earlier, previously, before* (*that*); *more quickly.*

1753 *ML* i. 253, digrifach a fuasai fis *ynghynt* i gaffael haelsiad or amrafael ancwyn. Ar lafar, 'Mi ro' i'r dillad allan, ac mi sychan' *ynghynt* wedyn yn y tŷ'.

ynghyntaf [*yn*[1] + *cyntaf*] *adf.* hefyd yn yr ymad. *ynghyntaf peth.* Cyn unrhyw un neu beth arall, yn gyntaf, yn y lle cyntaf: *first*(*ly*).

1744 D. Rowland: *RY* 61, *ynghyntaf peth* (*first*) nhwy a wnaethant eu Byddin yn gadarnach. **1753** *ML* i. 260, Mae'r gwr yn dra chywraint yn mynd i roddi allan lyfr o'r môr blanhigion . . . fe addawodd yrru imi hadau gwchion am rai, ond ffitiach iddo fo ddechreu *ynghyntaf.*

ynghyswllt [*yn*[1] + *cyswllt*] *adf.* Yn gysylltiedig, wedi ei gyplysu neu ei gysylltu; ynghyd: (*ad*)*joined, adjoining, connected*; *together, in conjunction.*

14g. *BT* 42, ahitheu ay duc ef yr ysteuyll bychein a oed *ynghysswllt* ar ty. *a.* **1575** *GP* 137, Enw ffyrf a ssaif i hvnan heb ddodi llef arall *ynghyswllt* ac ef. **1630** *YDd* 88–9, yr holl greaduriaid (o'r holl fyd) *ynghyswllt* (*united together*). **1719** Iaco ab Dewi: *TG* 25, yn y Geirieu diweddaf yma yr ydys yn gwthio i mewn *ynghyswllt*, Atteb.

ynglais, ynglef, yngloes, ynglyn, gw. **inglais, inglef, ingloes, englyn.**

ynglŷn [*yn*[1] + *glŷn*] *adf.* a'i dilyn yn aml gan yr ardd. *â, wrth.* Yn sownd, yn ddi-syfl, ynghlwm; wedi ei gyplysu neu ei gysylltu; ynghyd: *stuck, sound, fast, entangled*; *joined, connected*; *together, in conjunction.*

1346 *LlA* 22, megys y mae ycorff *yg glyn* vrth ypenn . . . velle y mae yr eglɓys drɓy leindit corff crist gɓedy rygyssylltu vrthaɓ. **14g.** *SC* viii/ix. 188, Y rei a oed yn y maes arall oed ae croth *yglyn* vrth y dayar. **14g.** *GDG*[3] 309, Ni boddy, neu'th rybuddiwyd, / Nid ai *ynglŷn*, diongl wyd [i'r gwynt]. **14g.** *OBWV* 95, Teflaist yng ngwar tir Harri, / *Ynglŷn* fyth, fy ngelyn, fi [Gruffudd Gryg i'r lleuad]. *Diw.* **15g.** *Pen* 53, 80, bvm *ynglyn* megis dyn dall / bedeir oes mewn byd arall. **15–16g.** *GIF* 91, mae naw bai'n y man y bôn / *ynglŷn* yn ei englynion. c. **1580** *Cylchg LlGC* vi. 298, y lleidr a oedd *ynglyn* ar groes. *p.* **1584** G. Robert: *GC* [137], Odid un ferf weithredol na thry i'r naturiaeth yma pan ddoder, ym, oi blaen *ynglyn* ahi. *id.* [261], [mae] gann y printwyr, st, sc, sp, *ynglyn*, iw gossod ar vn clap. **1606** E. James: *Hom* iii. 163, fal nad elo dy gymydog tylawd . . . *ynglŷn* [:– Yn ffest] yndi [ffordd wael]. **1618** J. Salisbury: *EH* 239–40, A chan fod gwir gorph eyn Harglwydh ynawr yn fyw, ag *ynglyn* gyfunedic wrth y Duwdod. **1632** *D*, rhoi *ynglŷn* d.g. *Infigo.* **17g.** Huw Morus: *EC* ii. 176, Er colli fy iechyd, oedd wynfyd i ddyn, / I'm profi, ac i'm dofi, fel dafad *ynglŷn.* **1755** *Gron* 64, A durwayw 'r poethgryd eirias, / *Ynglŷn* â phigyn a phâs. **1759** T. Thomas: *WWDd* 79, Effaith cyfiawnhad pechadur, neu'r pethau y sydd *ynglŷn* wrtho. **1790–1** H. Jones: *T* 157, yr wyf yn dywedyd i ti . . . fod y fendith a'r enedigaeth-fraint *ynglŷn* a'u gilydd.

Cfn.: **ynglŷn â:** *in respect of, with reference to, regarding, concerning.* **1834.** Ar lafar, 'Mae gen' i feddwl agored *ynglŷn â*'r mater'.

yngnad, yngnadaeth, yngneidiol, gw. **ynad, ynadaeth, ynadol.**

yngo [?ff. adfl. ar *wng, yng*[1], cf. *iso, ucho, yngod*] *adf.* Gerllaw, wrth ymyl; yno: *nearby*; *there.*

14g. *GDG*[3] 313, *Yngo*'r aud wrth yr angor / Lawlaw â mi, lili môr [i'r wylan]. **15g.** *GLGC* 284, ac o ystlys llys Gelliwig—i'r Nordd, / *yngo* o Henffordd hyd yng Nghynffig. *id.* 399, Y mae treth Hywel Gethin / *yngo*'n y llall rhwng naw llin. **15g.** *GGl*[2] 110, Yng ngwar Rhiw, *yngo* y rhoed, / Angel diargel derwgoed [am dŷ]. **15–16g.** *TA* 79, Ewin llew yn y lluoedd, / Yng ngwarrau ieirll *yngo* 'r oedd [i Syr Rhys ap Tomas]. **16g.** *GSC* [137], Mae *yngo* gledd ym mwng gwlad: / Mab i ymladd am bumwlad [i ofyn bwcled gan Forys ab Ieuan]. **1603** W. Midleton: *Ps* 11, Creaist goris dilis don / Angylion *yngo* a weler. **1632** *D* d.g. *Ibi, Illic.* **1803** *P*, *Yngo* . . . Hard by, near, here.

Amr.: **yngof** [?cf. *uchof*]. **15g.** *IGE*[2] 233, Yr angel Iesu *yngof* / Wrth Gadwaladr, ceidwadr cof (Ieuan ap Rhydderch).

yngod [?ff. adfl. ar *wng, yng*[1], cf. *isod, uchod, yngo*] *adf.* Gerllaw, wrth ymyl; yno: *nearby*; *there.*

14g. *WM* 118. 3–5, ef a doeth dracheuyn adref uy mam heb ef peth ryued a weleis i *yghot.* **14g.** *GDG*[3] 380, Pan welais, pefr gludais glod, / Yn dy gongl un deg *yngod.* **14–15g.** *IGE*[2] 263, Pwy'r glew a gymerth, pur glod, / Angau dros gyfaill *yngod* (Siôn Cent)? c. **1400** (*SG*) *HMSS* i. 304, y tir a weleist di *yngot* gwedy y diua. **15g.** *IGE*[2] 239, Angel da a fydd *yngod* / Yn rhifo, cludeirio clod [Ieuan ap Rhydderch i'r offeren]. **15g.** *GLGC* 419, Lle *yngod* gerllaw angel, / a llyn a gaf, a llen gêl. **15–16g.** *GLM* 49, Dof *yngod*—nid wyf angall—/ er hyn, gwen—mae rhai yn gall. **16g.** *WLl* 127, Taer *yngod* wytt yr angau / Yn tori ystad in tristau [marwnad Robart Morgan]. **1632** *D* d.g. *Ibi, Illic.* **1759** *DG* 10, Gorthrymder yw'r tynder tau, / Ddu-oer *yngod* ddîr Angau! **1803** *P.*

yngof, gw. **yngo.**

yngres[1] [?*yng*[1] + *gres*[1]] *eg.* Gwrthdaro, ymosodiad, trais, erledigaeth, cosb: *conflict, attack, violence, persecution, punishment.*

12–13g. *GLlLl* 52, Deu dragon yn *ygres.* **14g.** *T* 3. 12–13, Ren nef rymawyr dy wedi. rac *ygres* rymgɓares dy voli. **14g.** *GIG* 140, Ti a ffoaist ag ef tua pheues, / I'r Aifft rhag anghraifft a rhag *yngres.* **14–15g.** *IGE*[2] 173, Rhodol bres *yngres* anghraff, / Ar hyd yr wybren

yn rhaff [Rhys Goch Eryri y yrru'r ddraig goch].
c. **1588** B ii. 241, *yngres*: ymwasc. **1632** D, *Yngres* . . .
Ego existimo Angustiam significare. **1803** P, *Yngres*,
s. m. . . . Violence.

yngres² [gair geir.] *ardd.* Rhwng, ymhlith:
between, among.
  1604-7 TW (*Pen* 228) d.g. *Inter.* **1632** D, *Yngres*,
est Inter, ait [William L]l[yn], et D[auid] P[owelus].
1688 *TJ, Yngrēs*, rhwng: between. **1722** *Llst* 189,
Yngres. Between, amidst. **1770** W d.g. *Between, or
betwixt*.

yngwaneg, gw. chwaneg.

yngwrth [cf. *engyrth, yngyrth*] *a.* yn aml
yn yr ymad. adfl. *yn yngwrth* a hefyd gyda
grym adferfol. Sydyn, disymwth, annis-
gwyl, dirybudd: *sudden, unexpected, without
warning*.
  1604-7 TW (*Pen* 228), *yn yngwrth* d.g. *Repente*.
1630 YDd 351, rhag eu [*sic*] ni syrthio i lawer o
bechodau eraill, i'r rhai oni bai hynny, y rhedem ni
yn yngwrth. **1632** D, *Yngwrth* . . . Subitò, inexpectatò,
repentè. id. *yn yngwrth* d.g. *Abruptè*. id. d.g. *Subitane-
us*. **1701** E. WYNNE: *RBS* 242, fel y bo pechod yn
dychwelyd yn anamlach, yn wannach, yn llai ei
groeso, ac *yn yngwrth* (*by surprise*), heb ei ragfwriadu.
1703 E. WYNNE: *BC* 127, dyma 'r Farchoges fawr
yn taro wrth y Brenin *yn yngwrth* ar ei hynt. [**1724**]
G. WYNN: *YGD* 47, mae 'n rhyfedd nad oes mŵy
yn marw *yn yngwrth*, ddirybudd (*suddenly*), gan mor
afreolus yw ein Bucheddau. **18g.** *Beirdd y Berwyn* 13,
Mi ymroiswn, mi fum ry-swrth, / Nes cael y mhero
yng-ngwrth (M. AB ROBERT: *CC* 98, f'mriwo'n
yngwrth) / Ym mron ange. *id.* 16, Munud awr o bleser
cnawdol, / A chwedi hynny yfory 'n farwol; / Duw,
mor *yngwrth* y daw'r ange. **1736** L. MORRIS: *LW*
221, Clywch yn y Fro'r Clych, yn Frau / *yngwrth* [:-
Sudden], Orthrechiad Angau. **1793** DAFYDD IONAWR:
CD 53, Canfod, ar ol gormod gwall, / *Yngwrth* droseddi-
ad angall. **1803** P.

yngyrth, y hi, yleni, ylser, yltimatwm,
gw. engyrth, hyhi, eleni, wlser, wltim-
atwm.

ylw, ylwyn, gw. ulw, ulwyn.

yll, gw. ill.

ylltyr, yllyr [gair geir.] *eg.* Gwadd, twrch
daear: *mole* (*animal*).
  1632 D d.g. *Talpa*. **1722** *Llst* 189, *Ylltyr*. m. A
mole, want. **1803** P d.g. *Yllyr*.

**yllyma, y llyn, yllyna, yllynedd, yllyr,
yllyried**, gw. llyma (hefyd At.), llyn³, llyna
(hefyd At.), llynedd, ylltyr, erllyriad
(hefyd At.).

ym¹,², gw. 'm, yn¹.

ym³ [cf. *fy¹, ym¹, myn¹*] *ardd.* Myn (mewn
llw, o flaen yr hyn y tyngir iddo): *by* (*in
oaths*).
  14g. WM 75. 27, Ac *ym* kyffes yduꞷ. **14g.** GDG³
213, A'm dwy ais, *ym* Crist a cael / gwaith heb fudd fu.
id. 244, *Ym* Gŵr a'm gwnaeth,
nid gwaeth gwâl. **15g.** GLGC 127, *ym* Saint Grigor
ni'm dorwn / euro'r gŵr â'r aerwy gwyn. **1632** D, *Ym*,
Aduerbium jurantis idem significans quod *Myn. id.*
ym ffŷdd d.g. *Mediusfidius*. **1688** *TJ, Ym*, myn: an
Adverb of swearing, by.
  Cfn.: **ym Grog** [? < *ym y Grog*]: by the Cross. **15g.**
GHC 24. **15g.** *ID* 5.

ym⁴ [cf. S. *um*] *ebd.* Ebychiad yn mynegi
petruster neu saib mewn ymadrodd: *um*.
  20g. Ar lafar.

ym⁵, gw. i².

ym- [gw. *am-²* (hefyd At.)] *rhgdd.* atbl. a
chilyddol mewn enwau, ansoddeiriau, a
berfau, e.e. *ymfflamychol, ymgais, ymholiad,
ymladdaf¹*: *ymlâdd, ymladdaf²*: *ymladd,
ymladdgar, ymolchaf*: *ymolchi*; mewn rhai
geiriau y mae grym gwreiddiol *ym-* i bob
pwrpas wedi diflannu, e.e. *ymofynnaf*:
ymofyn, ymosodaf: *ymosod, ymollyngaf*:
ymollwng.

-ym¹, *trf. bfl.* I ll. prff. mewn rhai berfau
afreolaidd mewn Cym. C., e.e. *doddym,
ethym*; hefyd trf. prs. I ll. amhff. dib. y f.
af: mynd mewn Cym. C., *elym*.

-ym², *trf. prs. ardd. rhed.* I ll., e.e. *gennym*.

ŷm, I ll. pres. myn. y f. *wyf*: bod.

---

yma, yman [Crn. C. *om*(*m*)*a*, *ma*, *me*, H.
Lyd. *hont hâc amma*, gl. *utramque*, Llyd.
C. *aman*, *-man*, Llyd. Diw. *amañ, -mañ*]
adf. a hefyd gyda grym enwol ac fel *a. dng.*
Yn y fan neu'r safle hon, i'r fan neu'r safle
hon: *here*.
  12g. GLlF 14, Dillꞷg tan *yman* y mꞷon dillad. *id.*
443, Kreic Vuruna dec *yma*, tec y mynyt. **12-13g.**
GLlH 266, Canyd oes *yman* amuod—y dricyaꞷ. **13g.**
LlI 15, *eman* e dechreuvn ny traethu. **13g.** HGK 13,
Pwy wyt titheu . . . ac y ba beth ry doethost *ema*? **14g.**
T 37. 17, ef [y gwynt] hꞷnt ef *yma*. **1346** LlA 113,
nyt af vi heb ef yno. ysgꞷell gennyf ꞷediaꞷ duꞷ *yman*.
1547 WS, *Yma* Here. **1588** *Math* xvii. 17, dywch ef
ymma attafi. **1595** H. LEWYS: *PA* 51, Y Saer maen a
dyrr y cerrig cledion, ac ai nad', peth *yma*, peth ackw.
1632 D, *Yma* & *Yman*, Hîc. **1661** E. LEWIS: *Drex* 9,
rhaid i ni osod ein Eisteddleoedd i fynu yn y nefoedd,
ac nid *yma*. **1703** E. WYNNE: *BC* 8, Yn wîr . . . nis
gwn i p'le yw *yma*. **1764** W. WILLIAMS: *Th* 6,
rhwng *yma* ar Dwyrain wawr. **1803** P d.g. *Yma,
Yman.* Ar lafar yn gyff., *WVBD* 576, GTN 857;
hefyd gyda grym enwol, 'Lle braf i ista ydi *yma*',
WVBD 576.

Fel *e.* Machlud (haul), hefyd yn *ffig.*: *a
setting* (*of the sun*), *sunset, also fig*.
  14g. GDG³ 115, Nid annhebyg, ddig ddogni, /
Ymachludd Morfudd â mi. **15-16g.** LLAWDDEN, &c.:
Gw 134, Ym a [*sic*] gwelir mae golau / Ond oddi
hwnt yn dyddhau, / *Ymachludd* llym a chledd llŵyr /
Ymoleuo mal awyr. **1632** D, *ymachlud* d.g. *Obitus,
Occidens. id. ymachludd* d.g. *Occultatio.* **1773** W,
ymachlud . . . haul d.g. *The going down of the sun.*
1803 P d.g. *Ymaçlud, Ymaçluz*.
  Amr.: **ymachluddio.** *c.* **1400** B xiv. 188.
  Gw. hefyd **machludaf**: machlud.

ymachubaf: **ymachub** [*ym-+achubaf*:
achub] *bg.a.* a hefyd gyda grym enwol i'r be.
  (*a*) Achub, amddiffyn, diogelu, ei achub,
ei amddiffyn, neu ei ddiogelu ei hun; atal:
to save, preserve, or defend (*oneself*); *prevent*.
  15-16g. TA 157, Nid wyd wyllt fal naid y don—/
Gwellhineb a gyll dynion; / Os d' anian a gais d'
ennyn, / Mae 'ch pwyll yn *ymachub* hyn. **1567** THSC
(1901-2) 118, fal nad oes i chwi (pa fodd bynog
[*sic*] y diainc ereill) vn phordd ond vn i'ch *ymachub*.
1588 *Bar* vi. 11, ni allant hwy *ymachub* oddi wrth
rwd a phryfed. *ib.* 49, y rhai nid *ymachubant* eu hunain
rhag rhyfel. **1595** *Egl Ph* 23, nas galhei bhyth *ymachub*
o'r bharwolaeth dhibhenwawl a roesent idho. **1620** 2
Sam xx. 6, rhac iddo gael y dinasoedd caeroc, ac
ymachub (**1588** *ib.* diangc) o'n golwg ni. **1677** C.
EDWARDS: *FfDd* 225, A phan fetho gan rai *ymachub*
er allont ei wneuthur, pan ddigwyddo 'r dial arnynt,
dywedir mai peth oedd a fynnai fod. **1744** D.
ROWLAND: *RY* 319, mae ê'n tebyg y gall ê *ymachub*
oddiwrth yr hyn a osodir yn ei erbyn ê yn y Cyhyddiad.
1789 BDG xlii, rhyfedd fod cynnifer wedi *ymachub*
rhag disgyn i drigfânau anghof. **1803** P.

  (*b*) Paratoi, achub y blaen (ar): *to prepare,
anticipate*.
  c. **1400** B ii. 9, A *ymachuppo* or blaen o bell: agos y
keiff y les. Y mae llawer o dynyon a thir a dayar
udunt. ny wdant y lywyaw yn da . . . Achaws eu bot
yn buchedockau heb *ymachub* or blaen. *a.* **1561** id. vi.
45-6, nyd afraidach yt vod yn gymen ar dir gwr arall
noc ar dy dir dy hvn . . . o byddy di yn byw ar
dir a dayar heb *ymachyb*, a heb lywodraeth jawn . . .
ny bydd ganto ef ddim y helpy y hvnan. **1604-7** TW
(*Pen* 228) d.g. *præoccupo.* **1632** D d.g. *Anticipo.* **1725**
SR d.g. *To anticipate*.

  (*c*) Esmwytho, gwella: *to relieve, cure*.
  c. **1400** R 1270. 8-9, Kyout drycwas cas keis laeth
bronneu moch *ymachub* ath glꞷyfeu.

ymadaf, &c.: **ymadu, ymadael**, &c.
[*ym-+gadaf*: *gadu, gadael*] *bg.a.* Gadael,
mynd i ffwrdd, ymwahanu; gadael drwy
farw, marw; cefnu, ymwrthod, rhoddi'r
gorau (i); cael gwared (ar): *to depart, leave,
part, separate*; *depart by death, die*; *forsake,
renounce, give up, leave off*; *get rid* (*of*).
  1547 WS [vi], Eithyr etto eilwaith i *ymady* a chyfeil-
ornson / ac or diwedd i ddechreu ar hysbysy . . . hanes
ac ystyriaeth y llyfer yma. *id. Ymadael* Departe. **16g.**
DAFYDD BENWYN: Gw 541, Mawr yw kwyn, *ym*
mvriav kor, / madwys, am waed y Semor [marwnad
Siors Gruffudd]. **1595** H. LEWYS: *PA* 20, y cyfryw
wag feddylieu . . . hwy a wnant i ni ymwrthod, ac
ymadael (*a flee from*) drwy fvw. **1632** D, *Ymadael,*
discedere, abire, abscedere. **1632** J. DAVIES: *LlR* 122,
Och mor dostur ac mor ffain fydd yr *ymadael* (*parting*)
hwnnw! *id.* [3]75, yr enaid a *ymad* a'r corph tros vn
hanner awr. **18g.** E. T. RHYS: *DA* 116, A phob anifail
'mâd a'i flew. **1751** GIA 26, gweddio ac ymegnio ar
gael *ymadel* (*be rid of*) ef. **1764** W. WILLIAMS: *Th*
6, Mor anodd ydoedd '*madel* a chnawd o'i gnawd ei
hun. **1803** P d.g. *Ymadael.* Ar lafar, 'madal o'r tŷ',
WVBD 359; ''Odd hi'n *madel* yr ysgol' (sir Gaerf.);
'*matal* â'i wraig' (Morg.); 'cwrdd *ymadal*' 'cwrdd
ffarwel i weinidog yn mynd i eglwys arall', GTN
858; hefyd yn yr ystyr 'to move' . . . e.g. furniture,
etc., from one house to another, 'Hwn ddaru *fadal*
ych petha', *WVBD* 359.

ymadara [*ym-+adara*] *bg.* Ymdrechu;
?adara: *to endeavour*; *?fowl*.
  1592 S. D. RHYS: *Inst* [xix], rhyw bhâth ar Brydydh-
ion, a dremygynt a gwîr, ac a geisiynt yn vnic bhyned

i *ymadâra* am bhodhlôni y cyphrêdin. **1604–7** *TW* (*Pen* 228) d.g. *Aucupor.*

ymadawaf, &c.: **ymado,** &c. [*ym-*+ *gadawaf*: *gado*] *bg.a.* Ymadael, gadael, mynd i ffwrdd, ymwahanu; gadael drwy farw, marw; cefnu, ymwrthod, rhoddi'r gorau (i): *to depart, leave, part, separate; depart by death, die; forsake, renounce, give up, leave off.*

13g. *LlI* 21, Ef a dele e gan pob kerdavr guedy yd *emadavho* a'e dysc ef pedeyr ar ugeynt. **13g.** *D Col* 22, canyt *emedewys* e ardelu ef a'r da. **13g.** *Cylchg LlGC* v. 60, A guede bwrw y emdeith e traet prenn. ac *emadav* a chynhelydyaeth arall e dechreuws emdeith yg gwyd paub. **1346** *LlA* 23, *ymadaw* a chwant ybyt ac ae wydyeu. **14g.** *WM* 408. 2–3, nyt *ymydawn* (*WM* td. 204. 24, ymdidanwn) inheu ac ef yny vypwn pwy uei. **14g.** *Cy* iv. 128, wrth *ymado* ar meirw treulw [*sic*] y daa wrth gardode. *c.* **1400** [*RB*] *WM* 205. 29–30, teirnos kynn gorffen y gatgamlan. yd*ymedeweis* ac wynt. *Diw.* **15g.** *B* v. 105, dan geissiaw *ymadaw* cristonogaeth. **1568** MORYS CLYNNOG: *AG* [viii], nhwy a' *madawant* ai diogswrth eisteddach. **1588** *Gen* ii. 24, O herwydd hyn yr *ymedu* gŵr ai dâd, ac ai fam. **1588** 1 *Sam* iv. 21, y gogoniant a *ymadawodd* o Israel. **1588** *Hos* vi. 4, eich mwynder sydd yn *ymado* fel cwmwl y boreu. **1595** M. KYFFIN: *DFf* [15], [d]yn sygatfydd a'*madawe* . . . oddi wrth ei grefydd. **1595** H. LEWYS: *PA* 245, Scipio . . . a ddewisawd' yn hytrach, *ymadaw* a Rhufain, na darostwng . . . ei elynnion, drwy fin arfeu. **1606** E. JAMES: *Hom* ii. 244, A ddylem ni weddio dros y rhai a *ymmadawsont* o'r byd hwn ai na ddylem. **1696** *CDD* 285, Ar enaid wrth *ymado*, / Yn wulo 'rhŷd ei rudd. **1701** E. WYNNE: *RBS* 50, Meddwl am dy hôll Garedigion y rhai a *ymadawsant* o'th flaen di. **1803** *P* d.g. *Ymadaw.*

Amr.: **ymadawu. 1896.**

Gw. hefyd **ymadawiaeth.**

ymadawedig [bôn y f. *ymadawaf*: *ymado* +*-edig*] *a.bfl.* a hefyd fel *eg.* ll. *-ion.* (Wedi) marw: *deceased, departed* (*adj.*).

1850.

Fel *e.* Person marw penodol: (*the*) *departed.*

1814. Ar lafar, 'Yn y cwrdd man' nw'n wilia am yr *ymadawedig.* Dyna fel man' nw'n sôn am rwun wedi marw', *GTN* 858.

ymadawiad, &c. [bôn y f. *ymadawaf*: *ymado*+*-iad*[1]] *eg.* ll. *-au.* Y weithred o ymadael, ecsodus, ymwahaniad; gwyriad (oddi wrth safon, &c.); y weithred o ymadael â'r byd hwn, marwolaeth; ymwrthodiad: *a departing, departure, exodus, parting, separation; deviation* (*from standard, &c.*); *decease, death; renunciation.*

1547 *WS*, *Ymawyad* [*sic*] Departyng. **1567** *TN* 320b, amser vy *ymadawiat* [:- datdodiat] (W. SALESBURY: *KLl* lxxxiiia, gellyngdot) ys ydd yn agos. *id.* 340a, Trwy ffydd pan oedd Ioseph yn marw, ycoffaodd am *ymadawiad* (**1988** *Heb* xi. 22, exodus) plant Israel. **1604–7** *TW* (*Pen* 228) d.g. *Abitio, Abscessio.* **1615** R. SMYTH: *GB* 76, ystyrivvn nad ivv *ymadavviad* a 'r byd yma ddim arall na chyfnevvidiad drvvgioni am ddaeoni. *id.* 213, *ymadavviad* yr enaid a 'r corph. **1630** *YDd* 371, Pan fyddo amser dy *ymadawiad* yn nessau. **1632** *D* d.g. *Apostasia, Exitus, Relictio, Transfugium.* **1632** J. DAVIES: *LlR* 131, am wely angau dyn a'i *ymadawiad* o'r byd. **1658** R. VAUGHAN: *YPS* 5, o herwydd nid *ymadawiad* ond dychweliad ir lân Ecclwys Gatholic ydyw. **1725** D. LEWIS: *GB* 195, Am Symmudiad ac *Ymadawiad* rhai Adar. **1803** *P.*

ymadawiadol [*ymadawiad*+*-ol*] *a.* Ymadawol, ffarweliol: *departing, farewell* (*adj.*).

1842.

ymadawiaeth, &c. [?bôn y f. *ymadawaf*: *ymado*+*-iaeth*, ond dichon mai be. a welir isod] ?*eb.* Ymadawiad, ymwahaniad: *departure, separation.*

1721 J. P. PRYS: *DC* 54, Mewn poenfa ddiderfyn a dig Duw 'n ei hennyn, / Lle 'roedd y rhai cyndyn yn derbyn eu tâl; / Am Falchder camsynniaeth feddylfryd ammherffaith, / Heb Obaith '*madawieth* eu dial. **1762** D. ROWLAND: *PA* 48, pan brofodd Solomon *ymmadawiaeth* â Duw.

ymadawol [bôn y f. *ymadawaf*: *ymado*+ *-ol*] *a.* Yn (perthyn i) ymadael, ar adeg ymadawiad, ffarweliol; ?ysbeidiol: *departing, farewell* (*adj.*); ?*intermittent.*

1796 N. WILLIAMS: *HM* ii. [9]–11, Mae Twymynon yn Dair rhan gyffredinol, sef, Parhaol, Llaesol, ac *Ymadawol* . . . y mae'r Dwymyn Barhaol ar [*sic*] un laesol weithiau yn terfynu ar ol ychydig amser, yn *ymadawol*; a thrachefn, trwy gamdriniaeth, hwy allant droi yn Barhaol.

ymadawr [bôn y f. *ymadawaf*: *ymado*+ *-wr*] *eg.* ll. *ymadawyr.* Un sy'n ymadael; ymwrthodwr, gwrthgiliwr, enciliwr: *departer, leaver; renouncer, apostate, deserter.*

1604–7 *TW* (*Pen* 228) d.g. *Apostata.* **1632** *D* d.g. *Defector, Desertor.* **1687** (**1715**) J. OWEN: *TB* 4, Barnedigaetheu Duw ar Apostats, neu *ymadawyr* a'r ffydd. **1701** E. WYNNE: *RBS* 237, Cyfryw yw gwirfodd a maleisus *Ymadawyr* â'r Ffydd (*apostates*), Hudolion, a dynion gwrthnysig. **1722** *Llst* 189, *Ymadäwr.* m. A runnagate, deserter. **1803** *P*, *Ymadawwr*, s. m. —pl. *ymadawwyr* . . . One who leaves or forsakes.

ymadawu, gw. **ymadawaf: ymado.**

ymadferaf: ymadfer, &c., gw. **ym-**+ **adferaf: edfryd,** &c.

ymadferth[1] [bôn y f. *ymadferthaf*: *ymadferth, ymadferthu*] *eg.b.* ll. *-oedd,* (prin) *-ion.* Ymgais, ymdrech, egni, nerth, ymgeledd, adferiad (iechyd), adfywiad, adnewyddiad, hefyd yn *ffig.*; (?geir.) amddiffyniad, hunangadwraeth: *effort, endeavour, energy, strength, succour, recovery, reinvigoration, restoring, also fig.*; (?*dict.*) *defence, self-preservation.*

16–17g. *PCWG* 64, Hyn a allwn i i gyd ynte o *ymadferth* tvog [*sic*] at egoryd y drws. **1604–7** *TW* (*Pen* 228) d.g. *Recreatio, Recuperatio, Refectio, Reparatio. id.* heb sylfud oi vnlhe, na gwneuthur *ymatuerth* yn y byt d.g. *Veternosus.* **1621** E. PRYS: *Ps* 25a, I ti canaf, o Dduw fy nerth, / a'm *hymadferth* (**1567** *LlGG* (*Sall*) xxxiib, nerth) rymusol. **1630** R. LLWYD: *LlH* xvi, hyn â ddengys i ni . . . Drueni dyn tan naturiaeth, a'r *ymadferth* i ddiangc rhagddo. **1632** *D* d.g. *Defensio.* **1632** J. DAVIES: *LlR* 62, pa *ymadferth* (*shift*) a wnant hwy yn y cyfyngder hynny? **17g.** E. MORRIS: *B* 26, A dwyn ei byd dan y berth, / Am oedfa o *ymadferth* [am beunes]. **1688** *TJ*, *Ymadferth*: activity, defence. **1696** IACO AB DEWI: *Gw* 284, O chuddia fy '*madferth* wiw brydferth ei bryd / Oddiwrthyf yn wastad ei fwriad ai fryd / . . . / Fe a yngalon alarus ar ddyfrys yn ddwy [am Dduw]. **1722** *Llst* 189, *Ymadferth.* f. Self-preservation; protection; an attempt. [**1724**] G. WYNN: *YGD* 74, aros hyd y Moment hwnnw, y pryd y bydd dy holl *Ymadferth* (*endeavours*) dy hun yn ofer ac na bydd neb i'th gymmorth nac i fod o'th blaid. **1733** J. OWEN: *TBG* 112, fe'i gwneir hwynt yn wannach etto, trwy gaffael o honunt eu gwrthwynebu weithiau gan y sawl y gallent ddisgwyl y cymmorth a'r *ymadferth* mwyaf ganddunt. **1755** *ML* i. 366, fe allai Ierwerth ap Iorwerth yntau gynull llawer peth, pe bai ddim *ymadferth* yn yr hurthgen. **1803** *P.*

ymadferthaf: ymadferth[2]**, ymadferthu,** *bg.a.* Dod ato ei hun, dadebru, adfywio, ymgryfhau, gwella, adfer; ymgeisio, ymdrechu; (?geir.) ei arbed, ei warchod, neu ei amddiffyn ei hun: *to recover, revive, strengthen, heal, restore; attempt, endeavour*; (?*dict.*) *save, protect, or defend oneself.*

13g. *RC* xxxiii. 247, Ac urth y orchemyn enteu [Iesu] yd *ymatuerthus* ioseph. **1567** *TN* [xxxiv], Ef a *ymadfertha* (**1567** *LlGG* (*Sall*) xiib, adver) vy enait. *p.* **1584** G. ROBERT: *GC* [136], *ymadferth* se recuperare. **1595** H. LEWYS: *PA* 186, fal y dechreu ef gablu a chasau duw, gan geisio moddion anghyfreithlawn Yw helpio ac yw *ymadferth* (*remedy himself*). **1604–7** *TW* (*Pen* 228), *ymadverth* d.g. *Recipio. id. ymaduerthu* d.g. *Reconcilio, Recreo, Recupero.* **1615** R. SMYTH: *GB* 96–7, anifeiliaid gvvlltion . . . pen fytho gvvanc o nevvyn yn gvvascu arnynthvvy . . . y mae'nthvvy'n ymvvared ag yn *ymadferth* i hunain a 'r arfau a roddodd natur iddynt. **1632** *D*, *Ymadferth*, Sese tueri, defendere, auxiliari. *id. ymadferthu* d.g. *Molior.* [**1703**] *YGDB* 19, Natur yr Erŷr, pan ddêl ei gywion ef i allu *ymadferth*, ac i ddeall ei feddwl ef. **1722** *Llst* 189, *Ymadferth* . . . To save ones self . . . attempt. **1753** *TR*, *Ymadferth*, to defend, protect or help himself. **1803** *P* d.g. *Ymadverth, Ymadverthu.*

ymadfyw [amr. ar *amadfyw*] *a.*

(*a*) Lledfyw, ar ddarfod: *half-alive, moribund.*

20g.

(*b*) (geir.) Adfywiedig: (*dict.*) *revived.*

17g. *LlGC* 13215, 330, *Ymadvyw* Redivivus.

Gw. hefyd **adfyw, amadfyw, dadfyw, madfyw.**

ymadfywiaf: ymadfywio, gw. **ym-**+ **adfywiaf: adfywio.**

ymadlaes [*ym-*+*adlaes*; â'r ystyr, cf. *edlaes*] *a.* Egwan, swrth: *languid, sluggish.*

c. **1400** *Études* vii. 318, Arwydon kylla afiachus ynt: trymder korff, anorbeitrwyd ymwasgu ac ef, diogi yn y weithredoed, hwyd yn y wyneb . . . golwg *ymatlaes.*

Gw. hefyd **amadlaes.**

ymadlonnaf: ymadlonni, ymadnewyddaf: ymadnewyddu, ymadolygaf: ymadolwyn, gw. **ym-**+**adlonnaf: adlonni, adnewyddaf: adnewyddu, adolygaf**[1]**: adolwyn.**

ymadrawddfwyn, ymadrawddlym, gw. **ymadrodd**[1]+**mwyn**[1]**, llym.**

ymadrodd[1], &c. [bôn y f. *ymadroddaf*, &c.: *ymadroddi*, &c., neu'r be. *ymadrodd*[2] fel e.] *eg.b.* (bach. g. (prin) *-yn*) ll. *-ion,* (prin) *-au.*

(*a*) Grŵp bychan o eiriau sy'n ffurfio uned syniadol, uned ramadegol ar lefel rhwng y gair a'r cymal, dywediad, gosodiad, gair neu eiriau, term; ?brawddeg; y gallu i lefaru, y weithred o lefaru, lleferydd, dull o lefaru, mynegiant, araith, adroddiad, traethawd, hanes, stori, ymddiddan, sgwrs, iaith, llais; dedfryd: *phrase, saying, expression, statement, word*(*s*), *term*; ?*sentence*; *speech, manner of speaking, utterance,* (*formal*) *address, report, essay, narration, story, discourse, conversation, language, voice; sentence* (*of court*).

12g. *GCBM* i. 132, Kynnetyf y Bowys benn *ymadraut*—gwyr / Uch gwiraud eurgymlaut. **12–13g.** *GMB* 390, Meu adrawd *ymadrawd* meidryawl / Vd Meidryat medrwyt dywadawl. **13g.** *GDB* 445, Ni wybum erioed medru Saesneg, / Ni wn *ymadrawdd* o ffrawdd Ffrangeg. **13g.** *B* ix. 338, anrydedus yw [Mair] y gan yr engylyon en nef . . . A guede er *emadraud* hvnnv divlannv a oruc er angel. *id.* 339, hi a doeth ar le pab trvy weledigaeth a dywedut urthav er *emadrodeon* hynn. **14g.** *BT* (*RB*) 122, canys tec oed o furyf a drych a hynaws o *ymadrawd* (*RB* ii. 313, *ymadrodyon*). *c.* **1400** *MM* 60, Pwy bynnac a gollo y synnwyr neu y *ymadrawd*, yuet sud y briallu. *c.* **1400** (*SG*) *HMSS* i. 378, Dywedut y mae yr *ymadrawd* yma varchogaeth o arthur a gwalchmei yny doethant y ynys. *c.* **1400** *GP* 14, Mwyhaf bei ar gerd yw eisseu beryf yndi, kanys eneit ac ystyr a synnwyr pob *ymadrawd* yw beref. *c.* **1400** *Études* vii. 68, Y neb y bo *ymadrawd* melys ganthaw. **15g.** *B* ii. 189, Anhervynedic yw pryt na bo na rif na pherson val y mae caru. clybot. ac ar y modieu hynny oreu y bernir pan vont yn *ymadrodeu.* **1547** *WS*, *Ymadrodd* Speache. **1567** *TN* 234b, pwy a gredawdd i'n *ymadrodd* [:- clywet] ni? *Diw.* **16g.** *LBS* iv. 416, dyfod a orüc gar bronn allor Gwenn Vrewy ac *ymadrodd* gwynfanüs dan wylaw. **1632** *D*, *Ymadrodd*, Sermo, locutio. **17g.** HUW MORUS: *EC* ii. 38, Drwy weddus *fadroddion.* **1704** *Cym Cr* 16, Rhodd ragorawl a llessol i ddyn, yw, *ymadrodd* (*Speech*). **1723** WM: *PGG* 215, na âd i ûn Dŷn dy dwyllo er tecced ac er llyfned ei *Ymadrodd.* Canys nid Tafod llithrig a ynnill Deyrnas Nêf. *c.* **1750** E. WILLIAMS: *HJI* 21–2, I ddatcan *ymadroddion* marwolaeth (*sentence of death*) arno. **1803** *P* d.g. *Ymadrawz.*

(*b*) *Beibl.* Gweithred, ymddygiad: (*bibl.*) *act, behaviour.*

1588 1 *Br* xi. 41, onid ydynt hwy yn scrifennedic yn llyfr *ymadroddion* Salomon? **1588** 1 *Sam* xxi. 13, efe a newidiodd ei *ymadrodd* yn ei gŵydd hwynt. **1620** *Tob* i. 1, Llyfr *ymadroddion* [:- Neu, gweithredoedd] Tobit.

Amr.: **amadrodd**[1]. **13g.** *D Col* [1]. **1346** *LlA* 75. **1567** *LlGG* (*Sall*) 58b. **1800** W. OWEN[-PUGHE]: *CP* 7.

Cfn.: **ymadrodd rhydd (rydd):** *prose. p.* **1584** G. ROBERT: *GC* [202], [p]awb sydd yn traethu peth, mewn *ymadrodd rydd.* **1722** T. EVANS: *PS* 37, *Ymadrodd rhydd.*

ymadroddaf, &c.: **ymadroddi, ymadrodd**[2], &c. [*ym-*+*adroddaf*: *adrodd*(*i*)] *bg.a.* Llefaru, siarad, ymddiddan, sgwrsio, adrodd, datgan, traethu, areithio; yngan, dweud: *to speak, talk, discourse, converse, relate, declare, pronounce, make a speech; utter, say.*

13g. *GDB* 79, O gysgawd tauavd, da yr avr—y medreis / *Ymadravt* o Duv mavr. **13g.** *HGK* 13, A Rys gentaf a *emadrodes* val hynn . . . Hanbych well Gruffud. **14g.** *T* 57. 20–2, lloegrwys aegwydant pan *ymadrodant.* Agheu a gawssant amynych godyant. **14g.** *GDG*[3] 34, Nid diboen na'm hatebud, / Nid hawdd *ymadrawdd* â mud. **15g.** *B* ii. 189, Tair person beryf yssyd . . . y gyntaf yw honn a *ymadrawd* ohonei

ehun val y mae karaf i. **15g.** *DGG*² 46, *Ymadrodd* chwedl fal Medrod, / O'r llyn wrth orllewin ôd [i'r eog]. **1567** *LlGG (Sall)* 39a, Vy-tafod hefyd a' *madrodd* oth gyfiawnder. **1567** *TN* 23b, yny man, yr *ymadrodd-odd* yr Iesu wrthwynt, gan ddywedyt, Cymerwch gysir da. **1588** *Jer* i. 6, wele ni fedraf *ymadroddi*: canys bachgen ydwyfi. **1588** *Math* xii. 34, pa wedd y gellwch *ymadrodd* pethau da a chwi yn ddrwg. **1632** *D*, *Ymadrodd*, Loqui, sermocinari. **1725** D. LEWIS: *GB* 55, Gwefusau . . . Y maent yn helpu Dŷn i *ymad-roddi*, a'r Plentyn i Sugno. **1790–1** H. JONES: *T* 151, Er y medrai *ymadroddi* yn hwylus wrth y gwahodded-igion; etto Arglwydd y wledd . . . fydd yn ei daro yn fud. **1803** *P* d.g. *Ymadrawz*, *Ymadrozi*.

Amr.: **amadrodd²**. **1567** *TN* 170b, 209a. **1605–10** *Haf* 24, 409, *amadrodda* o bethau galaraidd.

ymadroddgar [*ymadrodd*¹ + *-gar*] *a.* a hefyd gyda grym enwol. Huawdl; (?geir.) hoff o iaith neu ddysg: *eloquent*; (?*dict.*) *fond of language or learning.*

c. **1400** *R* 1225. 29–30, Mat rẏyd gẏnn *ymat rodgar* [*sic*]. mydyrieith ynbenn kyfreithẏr. **1594–6** *B* iii. 167, cann wyt *ymadrodhgar* mewn arhenedh, cyt bych hagr ac anvodhog. **16–17g.** *GST* i. 477, Mor dda yw'ch camp, myrdd a'ch câr, / Medreiddgamp *ymadroddgar*. **1673** E. MORRIS: *B* 30, *Ymadroddgar* glaiar glod, / O iaith ddifyr, a thafod [marwnad Gabriel Goodman]. **1780** *W*, un llên-gar; geirgar, ieithgar; *ymadroddgar* d.g. *Philologer* [*a lover of learn-ing, of language, &c*].

ymadroddiad, &c. [bôn y f. *ymadroddaf*: *ymadroddi*, *ymadrodd* + *-iad*¹] *eg.* Mynegiant (geiriol), mynegiad, y weithred o lefaru, dull o lefaru, y gallu i lefaru, lleferydd, ar-aith, trafodaeth, traethawd, darn (o lyfr, &c.), adroddiad, gosodiad: (*verbal*) *expres-sion*, *utterance*, (*act or manner of*) *speaking*, (*power of*) *speech*, *address*, *discussion*, *essay*, *extract* (*of book*, *&c.*), *account*, *statement.*

c. **1400** *R* 1310. 24–6, Kein allaẏr yngherd kynnullyat clotueith. kyfreith mydyr rwydieith *ymadrodyat*. **16g.** *GGH* 11, Grasus dairieithus draethiad—goleuddysg, / Gloywddoeth *ymadroddiad* [i Elis Prys o Blas Iolyn]. **1595** M. KYFFIN: *DFf* [xi], [d]arn o waith dyscedig . . . mor odidawg ei *ymadroddiad*. *id.* [136], ffolder . . . yw gwneuthyr trin a thrallod yn y byd, drwy fath newydd a'r [*sic*] *ymadroddiad* (*speaking*). **16–17g.** *HG* 129, pedwar defnydd oedd i ddyn . . . / tan ag awyr mor a thir, a hynn sy wir *madroddiad*. **1632** *D* d.g. *Enunciatio*. **1672** J. LANGFORD: *HDdD* 278, *ymadrodd-iad* (*Speech*) a roddwyd i ni megys offer o gyfeillach a chyweithasrwydd. **1675** R. JONES: *HCh* 111, y mae Cariad Duw . . . tu hwnt i bob *ymadroddiad* (*beyond all expression*). **1716** E. SAMUEL: *GGG* 89, O herwydd gynnysgaeddu o honaw ei Ddisgyblion: ag *ymadrodd-iad* (*a power to speak*) amryw Jeithoedd na ddyscasont erioed. **1722** *Llst* 189, *Ymadroddiad*. m. Utterance. **1790–1** H. JONES: *T* 112, [d]yfod at neillduol *ym-adroddiad* y geiriau, a'u trin yn drefnus ac yn rheol-aidd. **1800** W. OWEN[-PUGHE]: *CP* 60, *ymadroddiad* (*extract*) allan o Amaeth Cyfarwydd Mr. Parkinson. **1803** *P*, *Ymadroziad*, s. m.—pl. t. *au* . . . A discoursing.

ymadroddiaeth [*ymadrodd*¹ + *-iaeth*] *eb.g.* Mynegiant (geiriol), lleferydd, sgwrs, ymgom; gramadeg: (*verbal*) *expression*, *speech*, *conversation*; *grammar.*

1605–10 *GP* 203–4, *Ymadroddiaeth* (yr honn a eilw rrai o'r gair Groeg gramadeg) sydd addusg i skrifennu yr iaith yn iawn, y'w darllein a'i threuthu yn ddilediaith. **18–19g.** *MA* iii. 254, Tri pheth tragerwin a thrwsgl eu saïn: llev iâr . . . mên olwynog . . . ac *ymadroddiaeth* Sais. **1803** *P*, *Ymadroziaeth*, s. m. . . . Conversation.

ymadroddol [*ymadrodd*¹ + *-ol*] *a.* a hefyd gyda grym enwol. Yn perthyn i ymadrodd, yn cynnwys ymadrodd, ar ffurf ymadrodd, fesul ymadrodd; yn perthyn i lefaru, llafar, areithyddol, huawdl; yn perthyn i iaith neu ramadeg, gramadegol; (geir.) *Gram.* traeth-iadol: *phrasal*; *pertaining to speaking*, *spoken*, *oral*, *oratorical*, *eloquent*; *pertaining to lan-guage or grammar*, *grammatical*; (*dict.*) *pre-dicative* (*in gram.*).

1604–7 *TW* (*Pen* 228), Cyhûdhiat, predicament, yr *ymadrodhol*, am ei dharostyngol d.g. *Categoria*. **1605–10** *GP* 204, Y tair *ymadroddawl* a'r pedair yma a elwir y saith gelfyddyd. **1759** *BC* 427, Rhyfedd Lywydd *ymadroddol*, / Rhyfedd Arglwydd Llu Daiarol [i Dduw]. **1803** *P*, *Ymadrozawl* . . . Discoursive. **1808** W. OWEN[-PUGHE]: *CIG* 20, Mae dau ystyr i genedl enw: un o barthred arwydd rhyw o wryw a benyw y sydd amlwg ar fywolion; y llall oddiwrth y nodwedd ymadrawdd â berthyno i enw . . . Cenedl yn ol ei nodwedd *ymadroddawl* sydd yn peru aml gyf-newidiad ar ddull yr enw.

ymadroddreg, gw. ymadroddwr.

ymadroddus, &c. [*ymadrodd*¹ + *-us*] *a.* Huawdl, coeth (ei leferydd), hefyd yn *ffig.*; areithyddol: *eloquent*, *well-spoken*, *also fig.*; *oratorical.*

1547 *WS*, Huawdyl ne *ymadroddus* Wellspoken. **1567** G. ROBERT: *GC* 6, yr ydoedd genthynt yn i hiaith ihunan . . . areithwyr *ymadroddus*. **1588** *Ecs* iv. 10, ni bum wr *ymadroddus* (**1988** *ib.* huawdl) vn amser. **1595** M. KYFFIN: *DFf* [108], Hosius . . . ydoedd wr *ymadroddus* (*well spoken*) ag nid annysced-ig. **1595** *Egl Ph* 5, ymogelwch . . . rhag bod annrhebhn, ac anurdhas ar y geiriau *ymadrodhus*, rhag dygwydh twylh ymadrodh yndhynt. **16–17g.** *HG* 148, gwynt a mwg a than i mae, yn llosgi n fflamae llwygys / mawr i groes heb olau n sywr, medd llyfr pywr *madroddys*. **1632** *D*, *Ymadroddus*, Eloquens. **17g.** HUW MORUS: *EC* ii. [271], Pob enaid hyderus, pob calon gariadus, / Pob tafod *ymadroddus*, awch felus, rhowch fawl. **1723** WM: *PGG* 11, Na ddisgwiliwn yn yr yscrythyr Araith *ymadroddus*, na godidowgrwydd geiriau. **1803** *P*.

ymadroddwr [bôn y f. *ymadroddaf*: *ym-adroddi*, *ymadrodd* + *-wr*] *eg.* (b. *ymadrodd-reg*) ll. *ymadroddwyr*. Llefarwr, llefarydd (hefyd dros fudiad, &c., ac yn Nhŷ'r Cyff-redin), siaradwr, areithiwr, adroddwr, datganwr, ymddiddanwr: *speaker* (*also in the House of Commons*), *spokesman*, *orator*, *relater*, *reciter*, *discourser.*

14g. *BT* 91–2, sulgenius vab richemarch . . . *ym-adrodwr* achyngaws dros ygenedyl. **1567** *TN* 194b, [g]alwasant . . . Paul, yn Mercurius, can ys bot ef yn *ymadroddwr* [:- tavodioc] pennaf. **1595** *Egl Ph* 39, *ymadrodhwr* araithgar. **1595** M. KYFFIN: *DFf* [117], Pan ddechreuodd Pawl gyntaf bregethu a dihengly'r Efengyl yn Athens, ei galwed ef yn *ymadroddwr* (*tid-ings-bringer*) Duwieu newydd. **1632** *D* d.g. *Locutor*, *Orator*. **1661** E. LEWIS: *Drex* 57, Pulpyd yn llawn cornelau . . . lle byddei *ymadroddwyr* yn sefyll i areithio. **1770** *TG* iv. 20, y ddau dŷ o barliament, â'u *hymadrodd-wr* yn myned o'u blaen, a gyd-gerddasant yn dacclus o gappel St. Stephen i St. Iago palas y brenhin. **1803** *P*.

ymadroddyn, gw. ymadrodd¹.

ymadwaen: ymadnabod, gw. ym- + adwaen: adnabod.

ymadwaith [*ym-* + *adwaith*] *eg.* ll. *-weith-iau*. Rhyngweithiad: *interaction.*

20g.

ymadws, gw. madws¹.

ymaddasaf: ymaddasu, ymaddawaf: ymaddo, gw. ym- + addasaf: addasu, addawaf: addo.

ymaddfedaf: ymaddfedu, ymaeddfed-af: ymaeddfedu, gw. ym- + aeddfedaf: aeddfedu.

ymaelaf, &c.: **ymaelyd, ymaelu**, &c. [cyw. o'r f. *ymafaelaf*: *ymafael(yd)*] *bg.a.* a hefyd gyda grym enwol i'r be. *ymaelyd*. Gafael, cydio, cipio, cymryd; ymgodymu, ymaflyd codwm, ymladd; hefyd yn *ffig.*: *to take hold*, *grasp*, *seize*, *take*; *grapple*, *wrestle*, *fight*; *also fig.*

14g. (*LlDB*) *LlGC* 7006, 11a, Pan rodet yr arwyd yn y demyl hwynt a *y maelassant* [*sic*] yndi [Elen] Ac nid oe hanvod hi namyn hynny oed y wyllys genthi. **15g.** *LHDd* 83–4, By haẏl bynac a varner y dyn ogyfreith ac nad *ymælo* yny mediant or na ẏledycho vn dyd a blẏydyn: kyfreith adẏaid vyned gẏydẏaled rygtaw æ haẏl. **15–16g.** LLAWDDEN, &c.: *Gw* 199, Mae Wiliam yn *ymaelyd* / Y tir gwych a'r tyrrau i gyd. **16g.** *B* x. 292, Thessiws . . . ni bu ef gyffelib J Erkules o nerth a gwroldeb; kannis y vo a *ymaelai* a'i gwyr mwya. *c.* **1550** *CRC* 297, Mihangel a *maelodd* yn yr enaid / ar kythrel a *maelodd* yn yr enaid. **1567** *TN* 335a, Nid ar ol y Testament a wneuthym i ay taday hwynt, yn y dydd yr *ymeilais* i yn y llaw hwynt, yw dwyn o dir ir Aipht. **16g.** *Yst Kym* 5, pan weles Gorinews yr anghenfil hwnw yn dyfod i gyfarfod ag ef, ennynu o lewenydd a wnaeth Gorinews . . . ag erchi i 'r kawr ddyfod i '*meylyd* ag ef. **1604–7** *TW* (*Pen* 228), *ym-eylyt* d.g. *Luctans*. **1630** *YDd* 325, cyffrô dy enaid i amgyffred ac i *ymeulyd* (*apprehend*) am Grist trwy ffydd. **1632** *D*, A ddysg blant i *ymaelyd* d.g. *Gymnasta*. **17g.** E. MORRIS: *B* 86, Ac eraill yn gyru aur tiroedd i'w tyru, / Drwy garu *ymaelu* am olud. **1696** *CDD* 311, Rhedeg, neidio, taflu maen, / *Ymmeulŷd* seuthu saeth wen fain. **1699** T. JONES: *TP* 68, fe a estynnodd Cristion ei law allan yn egniol, ac a *ymaelodd* yn ei gleddŷf. **1778** J. HUGHES: *BB* 129, Am nad oedd neb yn haeddu, / Na chyfion i'w derchafu, / I *ymaelu* a chymaint mael. Clywir *maelyd* yn yr ystyr 'ym-drechu, stryglo', ''Oedd mam yn wraig oedd wedi *maelyd* yn galed', 'Mae'r hen greadur 'ma'n *maelyd*' (sir Drefn.).

Amr.: **amaelyd. 17g.** *LlGC* 13215, 324, *Amaelud* Palæstra. **1707** *AB* 213b, *Amaelyd*, Wrestling. **em-aelyd. 17g.** *LlGC* 13215, 336. **ymaelydia** [ff. 3 un. pres. myn. drwy gymryd y be. *ymaelyd* fel bôn newydd]. **16–17g.** *GHCEM* 147, Od *ymaelidia*, Maelawr, / Myn gwaed mwnc, wna godwm mawr. **(y)melyd. 1769** E. ROBERTS: *GN* 37, Rwy yn dy gymerud di ynfydog i *ymelud* 'n fy aden, / I 'Nghuro ag i nobio ag i wneuthur y niben. *id.* 57, Gras duw yw 'r ganllaw hyfrud, / Ar melus le ini *ymelud*. Ar lafar yn yr ymad. 'colli'r *melyd*' 'colli'r frwydr' (Môn).

Cfn.: **ymaelyd codwm**, &c.: *to wrestle*. **1725** *SR*, *ym*/*aelyd codwm* d.g. *To Wrastle*. **18g.** *LlGC* 833, 50, Taflwn ein harfe, *ymaelwn Godymme*. **18g.** *LlGC* 19, 254, *Maelu cwdwm* ar dir teg / Neu redeg am y cynta'. Ar lafar, '*maelyd codwm* hyd lawr', *BILlE* 26; '*meili codwm*', *B* xiv. 289 (Meir.). Digwydd hefyd yn y ff. '*Melin-godwm*', *LlLlM* 88. **ymaelyd**, &c., **cwymp** = **ymaelyd codwm. 1604–7** *TW* (*Pen* 228), *ymeylyt cwymp* d.g. *Luctans*. *id.* y gamp o '*meulyt cwymp* d.g. *palæstra*. **1632** *D*, *ymaelyd cwymp* d.g. *Lucto*.

Gw. hefyd ymafaelaf: ymafael, ymaflaf: ymaflyd.

ymaelgar [bôn y f. *ymaelaf*: *ymaelyd* + *-gar*] *a.* Tyn ei afael, dygn: *tenacious.*

16–17g. (**17g.**) *CC* 31, ac nym calyn gylddyn gwâr / vn milgi iawn *ymaelgar* [marwnad i lawer o gymdeith-ion da gan Thomas Prys]. **1759** *BC* 131, Hai Adre cyfeiriwn, un gwrŷch nid eiriechwn [*sic*] / Mi ai neid-iwn, fel milgwn *ymaelgar*.

ymaelodaeth [bôn y f. *ymaelodaf*: *ymael-odi* + *-aeth*] *eb.* Aelodaeth; y weithred o fat-ricwleiddio: *membership*; *matriculation.*

20g.

ymaelodaf: ymaelodi [*ym-* + *aelodaf*: *aelodi*] *bg.* Mynd neu ddod yn aelod, ymuno (â chymdeithas, &c.); matricwleidd-io: *to become a member*, *join* (*society*, *&c.*); *matriculate.*

1653 *MLl* i. 207, nid canu, nid cymmun, nid vno, nid gweddio, nid *ymaelodi* mewn vn Eglwys oni bydd ysbryd y pen yn rheoli mewn nerth. **1803** *P*, *Ymaelodi* . . . To make one's self a member; to become a member. Ar lafar, 'Ma fa wedi *ymaeloti* yn yn cwrdd ni', 'Fe *ymaelotes* yn glwb yr Iforiid', *GTN* 861.

ymaelwr, ymaelydd [bôn y f. *ymaelaf*: *ymaelyd*, *ymaelu* + *-wr*, *-ydd*³] *eg.* ll. *ymael-wyr*, *ymaelyddion*. Ymaflwr codwm, ym-godymwr, ymladdwr, hefyd yn *ffig.*: *wrest-ler*, *fighter*, *also fig.*

15g. *GDLl* 138, Milwr glew, *ymeilwr* gwlad, / A gwncweria gan cariad. **15–16g.** *GIM* 272, Pa '*maelydd* piau Maelawr? / Pe bai lew'n fyw, Pablon fawr [marwnad Siôn ab Elis]. **16g.** *WLl* 222, Ymladdwr milwr ne *ymeulydd* / A fu a ddarfu ne a dderfydd. *a.* **1587** *Y* 4, Mawr son am Samson y sydd, / Milwr a phrif *ymaylydd*. **1604–7** *TW* (*Pen* 228), meistr yr *ymaelydhion* d.g. *Aliptes*. **1632** *D*, *Ymaelydd*, pro Ymafaelydd, Luctator, palæstrita, athleta. **17g.** *LlGC* 10249, 150, Rhag trais a malais, *ymaelwyr*, geirwon / Anhrigarog Sawdwyr. **1688** *TJ*, *Ymaelŷdd* . . . *ymeulwr*: a Wrestler. **18g.** *CC* 218, Antur llew milwyr *ymaelydd* mawlgadr [i filgi]. **1794** *W*, *ymaelydd* d.g. *Wrestler*.

Amr.: **amaelwr** [cf. *amaelyd* (gw. *ymaelaf*: *ymael-yd*)]. **15g.** IEUAN GETHIN, &c.: *Gw* 117, Mynnwch, chwarthoriwch, wrth erwyn—Dre'r Tŵr, / Acw, *amaelwr*, pob cymelyn.

Gw. hefyd ymafaelwr, ymaflwr.

ymaelydia, ymaelydd, ymafaelad, gw. ymaelaf: ymaelyd, ymaelwr, ymafael-iad.

ymafaelaf, ymafaeliaf: ymafael(yd), ymafaelio [*ym-* + *gafaelaf*, *gafaeliaf*: *gafael*, *&c.*] *bg.a.* a hefyd gyda grym enwol i'r be. *ymafael*. Gafael, cydio, cipio, cymryd; ymgodymu, ymaflyd codwm, ymladd; hefyd yn *ffig.*: *to take hold*, *grasp*, *seize*, *take*; *grapple*, *wrestle*, *fight*; *also fig.*

13g. *RC* xxxiii. 247, Ac ena yd *ymeueilis* ioseph a phen e prenneu. **13g.** *B* x. 28, nachaf e kythreul ene gyrchu en rith ki kyndeiryavc ac en *emavael* ae danhed endav. **14g.** *WM* 70. 11–15, Adyuot aẏnaeth yn yd oed y caẏc ac *ymauael* ac ef. Ac y gyt ac yd *ymeueil* ar caẏc glynu y dẏylaẏ ẏrth y caẏc. **14g.** *B* ix. 333, heb ohir yd *ymyvaelavd* y keisseit yndi [Mar-gred]. **14g.** *GDG*³ 252, A myfy yn *ymafael* / A chwr fy hun, fy chwaer hael. *c.* **1400** *YCM*² 53, yr iarll a

ysgynnwys yn gyamyscawnet na dodes na'e droet yn y warthafyl, ac nat *ymauaelwys* a'r goryf. *c.* **1400** *YSG* i. [121], A'r ganghen ynteu trwy ewyllys Duw a *ymafaelyawd* a'r daear. **15g.** *BB* 8, ac yna *ymauel* ell deu oangerd amilwriaeth. *Diw.* **15g.** *Pen* 41, 26, Os y dyn y doeth y tir attaw nit dygymvt ar perchennoc am y fferym or tir ac nat oes gennat herwyd y llythyr y *ymavel* ar tir yr hawlwr drwy vryvet o gytvot, Ef a dyly kaffel y dir amrygoll. *Diw.* **16g.** *WLB* 45, Rhag klefyd yn y killa ar ddwyfron o dravel, ne *ymafel* a gormod maeth a melystra. **1588** *Sech* viii. 23, bydd i ddêc o ddynion . . . *ymafelyd* yn ymyl dilledyn vn Iddew. **1632** *D*, *Ymafael*, Prensare, præhendere. Item Luctari, colluctari. *id.* *Ymafaelu* d.g. *Comprehendo*, *Concipillo*. *id.* *ymafael* d.g. *Lucta*, *Palæstra*. *c.* **1688** *YHD* 14, Yr vnig ffordd i Enaid cystuddiol ni fedro *ymafaelio* neu *ymaflyd* mewn Cyssurau o'r blaen . . . yw, Adnewyddu ei Edifeirwch. **1722** *Llst* 189, *Ymafael*. To apprehend, attach, buckle together as wrastlers, grapple: to contend, wrastle. **1776** I. BRYDYDD HIR: *P* ii. 102, rhoi nerth ynnom i *ymafaelyd* a'n caledi. **1803** *P* d.g. *Ymavael*, *Ymavaelu*.

Amr.: **amafel.** **17g.** *LlGC* 13215, 324, *Amavel* × Ymavel. **1707** *AB* 213b, *Amavel*, To wrestle.

Cfn.: **ymafael cwymp:** *to wrestle*. **15g.** *GLGC* 119. **1547** *WS*. **1775** D. ROWLAND: *TP* 70.

Gw. hefyd **ymaelaf: ymaelyd, ymaflaf: ymaflyd.**

ymafaeliad, ymafaelad [bôn y f. *ymafaelaf*, &c.: *ymafael(yd)*, &c. + *-iad*[1], *-ad*] *eg.* Amgyffrediad; ?synnwyr arogleuo; (geir.) gafael(iad), cipiad: *comprehension*; *?sense of smell*; (*dict.*) *a hold(ing) or seizing*.

1346 *LlA* 9, Or awyr uchaf yglywet. Or issaf yymauaelat (*olfactum*). Or dwfyr y vlas. **1604–7** *TW* (*Pen* 228), *ymafiaeliat* d.g. *Apprehensio*.

Gw. hefyd **ymafliad.**

ymafaeliaf: ymafaelio, gw. **ymafaelaf: ymafael.**

ymafaelwr, ymafaelydd [bôn y f. *ymafaelaf*, &c.: *ymafael(yd)*, &c. + *-wr*, *-ydd*[3]] *eg.* ll. *ymafaelwyr*, *ymafaelyddion*. Ymaflwr codwm, ymgodymwr: *wrestler*.

15–16g. *GLM* 286, *ymafaelydd*, hirddydd haf, / heb roi pin lle bai'r pennaf. **1604–7** *TW* (*Pen* 228), eli y mae'r *ymafaelydhion* yn ei arver d.g. *Alemon*. **1632** *D*, Ymaelydd, pro *Ymafaelydd*, Luctator, palæstrita, athleta. **1688** *TJ*, Ymaelŷdd, *ymafaelŷdd* . . . a Wrestler. **1794** *W*, *Ymafaelwr*, *ymafaelydd* d.g. *Wrestler*. **1803** *P*, *Ymavaelwr*, s. m.—pl. *ymavaelwyr* . . . a wrestler. *id.* *Ymavaelyz*, s. m.—pl. t. *ion* . . . a wrestler.

Gw. hefyd **ymaelwr, ymaflwr.**

ymaflaf: ymaflyd, &c. [cyw. o'r f. *ymafaelaf*: *ymafaelyd*] *bg.a.* a hefyd gyda grym enwol i'r be. Gafael, cydio, cipio, cymryd; ymgodymu, ymladd (hefyd drwy ymgodymu â gwrthwynebwr gan geisio ei daflu i'r llawr); hefyd yn *ffig.*: *to take hold, grasp, seize, take*; *grapple, wrestle, fight*; *also fig.*

16g. *GHD* 23, Llwyr wrth *ymaflyd* â llaw / Lleinw 'nwrn, llinyn arnaw [i erchi bwa]. **1551** W. SALESBURY: *KLl* lviiia, Nyd *ymaflodd* yno-chwi o ddieithyr provedigaeth ddynawl. **1567** *TN* 35a, Ac wy yn ceisiaw *ymavlyt* ynddo [:– ei ddala]. **1588** *Ruth* iii. 15, moes dy fantell yr hon sydd am danat, ac *ymafl* ynddi. **1588** *Eseia* iii. 6, gŵr a *ymeifl* yn ei frawd. **1632** *D* d.g. *Lucto*, *Palæstra*. **17g.** HUW MORUS: *EC* i. 83, Codi Ecseis a threisiaw, / Cyd ran drwg y cedyrn draw; / Brysiant, *ymaflant* â mil, / Brys fawr i brisio 'i faril. **1759** T. THOMAS: *WWDd* 225, efe a bwysa ar ei Dŷ, ond ni saif, efe *ymeifl* ynddo, ond ni phery. **1790** T. JONES: *TOS* 279, Gâd i'th ffydd *ymaflyd* yn dy galon. **1803** *P* d.g. *Ymavlyd*.

Amr.: **ymeflyd. 16–17g.** *Cer RC* 183, Ac ynte wrth y tân / Yn *ymeflyd* a'r cwpan.

Cfn.: **ymaflyd codwm,** &c.: *to wrestle, also fig.* **1718** E. SAMUEL: *HDdD* 208, *ymaflyd Codwm*. **1740** T. EVANS: *DPO* 33, *ymaflyd Cwdwm*. **1757** *ML* ii. 51, *ymaflyd codwm* a'r peswch beunos. **18–19g.** JAC GLAN-Y-GORS: *Gw* 40. **ymaflyd,** &c., **cwymp** = **ymaflyd codwm. 1588** *Gen* xxxii. cs., *ymaflyd cwymp* a'r angel. **1672** R. PRICHARD: *Gw* 185, *maflyd cwymp* a'r cwrw. **1803** *P*, Ymavlyd . . . *Ymavlyd cwymp*, to wrestle a fall.

Gw. hefyd **ymaelaf: ymaelyd, ymafaelaf: ymafael.**

ymafliad [bôn y f. *ymaflaf*: *ymaflyd* + *-iad*[1]] *eg.* Y weithred o ymaflyd codwm, ymgodymiad; gafael; hefyd yn *ffig.*: *a wrestling*; *hold*; *also fig.*

1632 *D* d.g. *Luctamen*. **1633** *Addysg i Farw* 56, *ymafliad* Jacob a'r angel. **1651** SIÔN TREREDYN: *MDD* 171, ymrhwymiad ydyw a chydiad nid yn unig o'ch *ymafliad* (*apprehension*) â Jachawdwr eithr o cyssylltiad [*sic*] eich enaid â Jachawdr. *id.* 286, gwir *ymafliad* ar Dduw yn Ghrist trwy ffydd. **1725** *SR* d.g. *A Wrastling*.

Gw. hefyd **ymafaeliad.**

ymaflwr, ymaflydd [bôn y f. *ymaflaf*: *ymaflyd* + *-wr*, *-ydd*[3]] *eg.* ll. *ymaflwyr*. Un sy'n ymaflyd codwm, ymgodymwr, hefyd yn *ffig.*: *wrestler, also fig.*

1604–7 *TW* (*Pen* 228), *ymaflwr* d.g. *Luctator*. *id.* *ymaflydh* d.g. *Xysticus*. **1651** SIÔN TREREDYN: *MDD* 176, ffydd fel y gweithred yn *ymaflydd*, a Christ fel y gwrthdrych iw ymaflyd ynddo. **1794** *W*, *ymaflydd* d.g. *Wrestler*. **1803** *P*, *Ymavlwr*, s. m.—pl. *ymavlwyr* . . . a wrestler.

Cfn.: **ymaflwr codwm:** *wrestler*. **20g.**

Gw. hefyd **ymaelwr, ymafaelwr.**

ymagennaf: ymagennu, ymageraf: ymageru, gw. ym- + **agennaf: agennu, ageraf: ageru.**

ymagoraf, ymegoraf: ymagor(i), ymagoryd, ymegor(i), ymegoryd [*ym-* + *agoraf*: *agor*, &c., *egoraf*: *egor*, &c.] *bg.*

(*a*) Ei agor ei hun, agor (allan), ymledu, ymhollti, hefyd yn *ffig.*: *to open oneself, open (out or up), split or burst open, also fig.*

14g. *WM* td. 221, Ar trydyd . . . ae trewis achlopa . . . yny *ymegyr* y holl welioed. **1346** *LlA* 91, ef abelei ybraót ynef oll yn ymdorri. Ac yn*ymegori*. **14g.** *B* ix. 230, *ymagori* a oruc y garrec ac erbyn y corff yndi. **16g.** *THSC* (1923–4) (At.) 48, *ymagores* y mor yn ddav hanner. **1551** W. SALESBURY: *KLl* lxb, Hipatha / ys ef yw hynny / *ymagor*. **1567** *TN* 62a, yn y man ydd *ymagorawdd* ey glustiae. **16g.** *LIS* 60, cnapiæ bychain yn *ymagoryd* yn vlodæ melynion. **1595** H. LEWYS: *PA* 188, fe ddyle hyn wneuthur i galon . . . *ymygoryd* (*yearn*) a thoddi. **1599** (**1677**) R. HOLLAND: *AB* 11, ni a wyddom fod y tîr sydd wedi boethi gan dês, yn *ymagoryd* ei hun yn holltau ac yn agennau. **16–17g.** *Cer RC* 74, A thri rhwydd-deb merch y sydd;—/ Noswaith dowyll, dawel brudd; / Dôr dda i *ymagor*, gyngor gudd, / A'r tylwyth fydd yn huno. **1632** *D*, *ymagori* d.g. *Hiulco*. **1656** (**1745**) *MLl* ii. 148–9, nid oedd ef fodlon i *ymagorŷd* ac ymollwng i'r Gair ymma. **1699** T. JONES: *TP* 38, a'r [*sic*] hynnŷ yr *ymegorodd* y pwll di-waelod. **1744** D. ROWLAND: *RY* 235, Tref Mansoul o honi ei hun a *ymagoriff* i ni. **18g.** *W Ballads* 95B, d.d., hanes am ddychrynedig ddinistr a gafodd y Sity Lisbon o herwydd daiar gryn . . . fel roedd yr ysdrydoedd yn cynhyrfy ac yn *ymegor*, ar tân yn fflamio allan oi hagenau hwynt. **1803** *P* d.g. *Ymagori*, *Ymagoryd*, *Ymegori*.

(*b*) Dylyfu gên: *to yawn*.

1632 *D*, *ymegori* d.g. *Hisco*. Ar lafar, '*ymagor*', *LGW* [444]–5 (Cered.), *AGB* 231.

ymagoriad, ymegoriad [bôn y f. *ymagoraf*, *ymegoraf*: *ymagor*, *ymegor*, &c. + *-iad*[1]] *eg.* ll. *-au*. Agoriad, agorfa, hollt, agen; y weithred o ymagor; hefyd yn *ffig.*: *an opening, aperture, cleft, chink*; (*act of*) *opening*; *also fig.*

1604–7 *TW* (*Pen* 228), *ymagoriat* paret d.g. *Lysis*. **1632** *D*, *ymegoriad* d.g. *Hiatus*, *Lysis*. **1722** *Llst* 189, *Ymegoriad*. m. A gaping, cleft. **1803** *P*, *Ymagoriad*, s. m.—pl. t. *au* . . . A becoming open. *id.* *Ymegoriad*, s. m. . . . A disclosing one's self.

ymagorol [bôn y f. *ymagoraf*: *ymagor*, &c. + *-ol*] *a.* Yn ymagor, hefyd yn *ffig.*: *opening (up or out), also fig.*

1803 *P* d.g. *Ymagorawl*.

ymagwedd [bôn y f. *ymagweddaf*: *ymagweddu*] *eb.g.* ll. *-au*. Agwedd (meddwl), meddylfryd, dull (o ymwneud â pherson neu beth): *attitude, disposition, approach*.

1803 *P* d.g. *Ymagwez*.

ymagweddaf: ymagweddu [*ym-* + *agweddaf*: *agweddu*] *bg.* Ymddwyn, ymarweddu, cymryd agwedd; cydymffurfio; ymffurfio: *to behave, conduct oneself, take an attitude*; *conform*; *take shape, form*.

1683 H. EVANS: *CTF* 7, I Stâd isel rhaid it blygu; / Ac ir groes rhaid *ymagweddu*. **1716** E. SAMUEL: *GGG* 95, nid ellir dywedyd mo hyn am y llaill, y rhai, beth bynnag oedd dirgel-feddwl eu Calonnau, oeddynt yn eu gweithredoedd cyhoedd yn *ymagweddu* (*conformed themselves*) at ymddygiad y Cyffredin. **1720** *App DP* [iii–iv], [y] Proffeswyr Laodiceaidd hynny . . . Y fath ac allo *ymagweddu* pan fo gwascfa â phob peth. **1771** J. THOMAS: *TA* 97, Nâ âd i'm traed dueddu / I *ymagweddu* 'n gâs, / Yn llwybrau pechaduriaid, / Rai diried a di-râs. **1803** *P*, *Ymagwezu* . . . To conform oneself.

ymagweddiad [bôn y f. *ymagweddaf*: *ymagweddu* + *-iad*[1]] *eg.* ll. *-au*. Ymddygiad, ymarweddiad, agwedd (meddwl); cydymffurfiad; ystum: *behaviour, conduct, attitude*; *conformity*; *gesture*.

1723 E. SAMUEL: *PDdC* 117, 'r ydym yn rhwymedig i'w goelio, ac i ddangos ein crediniaeth trwy bob cyfryw barchus a gostyngedig *ymagweddiad* (*gestures*) ger ei fron Ef. **1731** E. SAMUEL: *AE* 149, Mae Ofn ac Arswyd ei Fawrhydi yn ymddangos yngolygon [*sic*] ac *ymagweddiad* pawb sydd yn agos atto! **1803** *P*.

ymaith [< (*i*) *ymddaith* (gw. *ymddâf*: *ymddaith*)] *adf.* a hefyd gyda grym ebychiadol. Yn dynodi symudiad oddi wrth le, person, anifail, neu beth, i ffwrdd, i bant, (allan) o'r ffordd; yn dynodi gwahaniad, lleihad, diflaniad, &c. (ynghyd â berfau megis *torri*, *tynnu*, *dwyn*, *toddi*, *sugno*), i ffwrdd, i bant: *away, off, out of the way*.

13g. *D Col* 5, O deruyd y dyn deuot e ty arall en trwytet ac escrybyl ganthau . . . pan el *emeyth* (*LlDW* 132. 22, ymdeyth) ny dyly menet ganthau nac epyl na teyl. **1346** *LlA* 80, *ymeith* ydaeth yn orchyvygedic. *c.* **1400** *RM* 2, gyrru yr erchwys a ladyssei y carô *ymeith* (*WM* 2. 7, eymdeith). *c.* **1400** *MM* 52, ar hôyd a a *ymeith*. *id.* 76, A gôedy berwer bôrô *ymmeith* yr uchaf. *id.* 86, a thynner yn ebrôyd *ymeith* wedy yd escoro. **1547** *WS*, [xii], 'w' a dawdd *ymaith*. *id.* *Ymaith* neu y maes Away, forthe. **1567** *TN* 132a, Wely yr Oen Duw yr hwn 'sy yn tynnu-*ymaith* pechotae 'r byt. **1595** M. KYFFIN: *DFf* [50], gallem dorri *ymmaeth* [*sic*] holl weddillion pechod. **1615** R. SMYTH: *GB* 14, Gadavvn *ymaith* Timon y phylosophydd. **1632** *D*, *Ymaith*, Extra, ex. *id.* *Ymaith* os mynni d.g. *Apagesis*. *id.* mynediad *ymaith* d.g. *Recessus*. *id.* Croesi *ymaith* d.g. *Refigo*. **1684** J. DAVIES: *LlR* 379, Symmud *ymmaith* rai attalion a rhwystrau. **1703** E. WYNNE: *BC* 47, trowyd hwy [Cwaceriaid] *ymaith*. **1716–18** *Llsgr R. Morris* 191, Cerddwch *ymaith* yn ych ol / nid ydech ond ffol am ddwad. **1766** *FfA* 44, y mae'r Tir-ddiffrwythwr . . . yn sugno calonnau *ymaith* ac ireidd-dra oddiwrth y coet eraill. **1770** *W* d.g. *Away* [*be gone*]. **1790–1** H. JONES: *T* 70–1, anghrediniaeth sy'n . . . dwyn *ymaith* awch ac ysbryd gweddi. **1803** *P*.

Cfn.: **ymaith â:** (i) *away with, be off with*. **1567** *TN* 127a, yr oll lliaws a lefawdd . . . *Ymaith ac* ef. **1620** *Bar* iv. 19, *ymmaith a* chwi fy mhlant. **1699** T. JONES: *TP* 5, *ymmaith a*'ch llyfr. **1790** T. JONES: *TOS* 249, *Ymaith a*'r meddylieu drygionus, os nid cableddus, hyn! (ii) *away* (*he, she, &c.*) *went*. **1703** E. WYNNE: *BC* 7, ac yna *ymaith â* ni fel y Gwynt. *id.* 99, 125.

ymalwad, gw. ym- + **galwad.**

ymalltudaf, ymalltudiaf: ymalltud(i)o, gw. ym- + **alltudiaf: alltudio.**

ymamlygaf: ymamlygu, gw. ym- + **amlygaf: amlygu.**

yman, gw. **yma.**

ymanafaf, &c.: **ymanafu, ymanafyd,** &c. [*ym-* + *anafaf*: *anafu*, *anafyd*] *bg.a.* Anafu, brifo, niweidio, difetha, ei anafu neu ei niweidio ei hun: *to hurt, injure, spoil, hurt or injure oneself*.

15g. *BB* 110, gorthrwm y kymyrth arnaw. *amanaffu* [*sic*] idaw yr ynys. **15g.** *GO* 43, A min nwyvol *ymanevais*, / Aml a gevais val mêl gavad [i ferch wriog]. **18g.** *Wy* 4, 49, Och och mae riwbeth yn ymrhocio / ai tybed ddarfod i rhwyn fy witsio / mae fel minawyd yn *minafy* / ffarwel ar golwg mi af im gwelu. **1800** *CLl* 227, O'm ieuengtyd, mebyd, mabiaeth,—y cerais / *Manefais* mewn afiaeth (Twm Pedrog). **1803** *P*, *Mynavu*, *Ymanavu*, *Ymanavyd*. Ar lafar, 'Mae'r ceffyl yn sicr o *mynafyd* y dyn' (Môn).

Amr.: **amanafu. 15g.** *BB* 110. **bynafyd, bynafu.** Ar lafar, '*Bynafud*' 'anafyd', *TGG* (1904) 42 (sir Ddinb.); '*bnafu(d)*' 'Anafu, brifo', 'Mi dynnodd y dentis dri dant imi, ond 'nath o ddim *bnafud* o gwbl', *B* xiv. 194 (Meir.).

ymandaw [engh. bosibl arall yw *ym mando*, *TA* 159] *eg.* Arglwydd: *lord*.

12g. *GLlF* 397, Rhyn wyn wenwyn, rhad tad terwyn, torf *ymandaw*. **13g.** *GBF* 264, Drud a glud, gôladoet *ymandaô*. *id.* 420, Arglôyd neut maendo, *ymandaô*—Kymry. **14g.** *GIG* 85, Teilwng oedd it gael talaith / Aberffraw, f'*ymandaw* maith.

ymanfonaf: ymanfon, gw. ym- + **anfonaf: anfon.**

ymanhweddaf, ymanhyeddaf, &c.:

ymanhŵedd, ymanhyedd, &c., gw. ymneheddaf: ymnehedd.

ymanhyeddgar [bôn y f. *ymanhyeddaf*: *ymanhyedd*+-*gar*] *a*. Gwenieithus, ffalsiog: *flattering, fawning*.

Dchr. **15g.** *B* viii. 136, Or bu eiryoet *ymanhyedgar*. *Diw*. **16g.** *Cylchg LlGC* iv. 187, Gwassnaethwr twyll-odrys vyosti ymi pan ddygeyst yr arglwyddyaeth om llaw: ac yn hygar *ymaynhyedgar* [*sic*] drwy annoc y byt ym boddayst i mewn pydew pechodey. *ib*. a gwedy dy gyvoythogy di or holl nerthoedd hyny tithay a ymroddeyst ymi yn ynvyt: ac yn *ymanheygar* [*sic*]: ac ny wrthwynebeist ym yn vn lle.

ymanhyeddwr [bôn y f. *ymanhyeddaf*: *ymanhyedd*+-*wr*] *eg*. ll. -*wyr*. Gwenieithiwr, ffalsiwr: *flatterer, fawner*.

c. **1400** (*SG*) *HMSS* i. 429, y neb a ysgaelusso kyngor gwyr da yr twyllwr *ymanhyedwr*. *Dchr*. **15g.** *B* viii. 135, O gwatwarawd ac o diualornes y rei tlawt. neu rei diwybot. ac o charawd *ymanhyedwyr*.

ymannaf: ymannu, gw. mannaf: mannu.

ymannerch [*ym*-+*annerch*[1,2]] *eg*. ll. *ymanerchion*, a hefyd fel *bg*. Cyfarchiad, annerchiad, ymddiddan; cyfarch, croesawu, annerch, ymddiddan; canu'n iach, ffarwelio: *greeting, address, conversation*; *to greet, welcome, salute, address, converse*; *bid farewell, say goodbye*.

14g. *GGrG* [147], Minnau, da gwn *ymannerch* / Er ei mwyn, deg orau merch, / A laddaf yn oleuddawn / Ddau neu dri yn ddinidr iawn [i'r celffaint]. **14g.** *GDG*[3] 220, Saethodd hon o'i gloywfron glau / Serch *ymannerch* â minnau. *c*. **1400** (*SG*) *HMSS* i. 282, lawnslot . . . a gwalchmei . . . *ymannerch* awnaethant bop un ae gilyd onadunt. **15–16g.** *GLM* 6, wrth *ymannerch* â'r ferch fain / ni bu neb na bai'n ubain [marwnad Elin Bwlclai]. **1567** *TN* 202b, wedy iddaw gyfarch-/gwell ir [:– *ymanerch* a'r] Eccles. *id*. 207a, wedy daroedd y ni ymgydgyfarch [:– ymgredigaw . . . cany yn iach, *ymanerch*]. **1593** W. MIDLETON: *B* 79, gael o friwtwn gwn y gwir / gwyn *ymannerch* gan meinir. **16–17g.** LLYWELYN SIÔN, &c.: *Gw* 598, Mesurwn swrn meis eryr, / Mydr a gwawd nas medr y gŵyr. / Minnau wnes gerdd *ymannerch* / Mewn celfyddyd sywbryd serch. **1632** *D* d.g. *Commendo, Consalutatio*. **1701** E. WYNNE: *RBS* 255, [c]roesawu d' Arglwydd bendigedic â phôb croeso Cariad a mwynder *ymannerchion*. **1803** *P*, *Ymanerç*, s. m.—pl. t. *ion* . . . A mutual greeting; congratulation; v. a. To congratulate.

ymannos[1] [?*yman*+*nos*] *adf*. Y noson o'r blaen, echnos, (?geir.) neithiwr; (?geir.) gynt, o'r blaen, ers talm; (geir.) echdoe: *the other night, the night before last*, (?*dict*.) *last night*; (?*dict*.) *formerly, long since*; (*dict*.) *the day before yesterday*.

14g. *GDG*[3] 110, Fal yr oeddwn *ymannos*, / . . . / Yn rhodio . . . / . . . / Gar llys Eiddig a'i briod. *id*. 358, Lleidr i mewn diras draserch / *Ymannos* fûm, mynnais ferch. **14–15g.** *GGLl* [134], Llafar, *ymannos* noswaith, / Oeddwn wrth gyfedd medd maith [i Owain Glyndŵr]. *c*. **1400** *R* 1264. 34–5, Wythnos *ym annos* [*sic*] om annun gyffro aeth etto6yth eittun. **15g.** *GDID* 39, Ei lwyau arian i liaws,—ei fydd, / Ei feddgyrn *ymannaws*. **15–16g.** *TA* 470, Ar y mynydd fry, *ymannos*, / Odi a wnaeth hyd y nos. **16–17g.** *GST* i. 578, Gwna gŵyn am ŵyn *ymannos*, / I bori'n rhyw bryn a rhos. **1603** W. MIDLETON: *Ps* 141, Wrth olau tân *ymmannos*, / Cyfrwydhai nodai liw nos. **1604–7** *TW* (*Pen* 228) d.g. *Nudiustertius*. **1632** *D*, **Ymannos*, Olim, pridem, nox quæ hesternam præcessit: Vt alijs placet, Pridie, nudiustertius. T[homas Guilielmus] . . . D[auid] P[owelus]. **1722** *Llst* 189, *Ymannos*. Heretofore, formerly, two dayes or two nights ago. **1778** *W* d.g. *Night, The night before last* [*night*], *Yesternight, The night before yesternight*. **1803** *P*, *Ymannos*, adv. . . . The night certainly past; the night before the present; the night before last; heretofore.

ymannos[2], gw. ym-+anosaf: annos.

ymanoddaf: ymanoddi [?*ym*-+*anoddaf*: *anoddi*; am drafodaeth gw. *B* x. 133–4] *bg.a*. Suddo, ymdreiddio: *to sink, penetrate*.

14g. *WM* 54. 13–15, guascu y benn yny gly6 y uyssed yn *ymanodi* yny ureichell [*sic*] dr6y yr asc6rn. **17g.** *TW* (*Pen* 228), *Ymanodhi* bysedh drwy y vrithelh drwy yr asgwrn d.g. *Comprimere*.

Gw. hefyd **ymnoddaf**[1]**: ymnoddi.**

ymanogaf: ymannog, ymanosaf: ymannos[2], gw. ym-+anogaf: annog, anosaf: annos.

ymarbed[1] [bôn neu fe.'r f. *ymarbedaf*: *ymarbed*] *eg.b*. Ymataliad, ymwrthodiad, cymedroldeb: *abstinence, continence, temperance*.

1604–7 *TW* (*Pen* 228) d.g. *Abstinentia, Continentia*. **1632** *D* d.g. *Temperantia*. **1701** E. WYNNE: *RBS* 196, *ymarbed* (*abstinence*) hollawl oddi wrth bôb ymborth tros yr amser pennodol. **1712** T. WILLIAMS: *CDdG* 497, annog i *ymarbed* bwyllog oddiwrth bleserau diniwed, a gofalon bydol. **1722** *Llst* 189, *Ymarbed* (sub) m. Abstinence, temperance, continence. **1760** E. WILLIAMS: *UYB* 125, cynnefin ydyw iddo i foddhau ei felus-/chwantau . . . etto ar ryw achosion fe ddangosodd *ymarbed* mawr. **1763** T. JONES: *RAH* 55, er bod holl fywyd dŷn tlawd yn rhyw fath ar *ymarbed*, a grawys gwastadol. **1790** *Prif Crist* 61, cymmedroldeb mewn ymborth, ac *ymarbed* oddiwrth ddifyrrwch ac ysbleddach y byd. **1803** *P*.

ymarbedaf: ymarbed[2], &c., gw. ym-+arbedaf: arbed, &c.

ymarddelaf, ymarddelwaf: ymarddel, ymarddelw(i), gw. ym-+arddelaf: arddel.

ymareiliaf: ymarail, gw. ym-+areiliaf: areilio.

ymarfaethaf: ymarfaethu, &c., gw. ym-+arfaethaf[1]: arfaethu, &c.

ymarfer[1] [bôn neu fe.'r f. *ymarferaf*: *ymarfer*, &c.] *eg.b*. ll. -*ion*, -*oedd*. Gweithgaredd sy'n gofyn ymdrech gorfforol, feddyliol, neu ysbrydol (yn enw. fel hyfforddiant neu mewn ymgais i wella), set o symudiadau, cwestiynau, tasgau, &c., i hyfforddi, gwella, neu brofi gallu rhywun mewn maes arbennig, practis, rihyrsal; arferiad, defod; defnydd, arfer; profiad; gweithred: (*physical, mental, or spiritual*) *exercise, practice, rehearsal*; *habit, custom*; *use*; *experience*; *act*(*ion*).

1545 *Cl* 118, ymeulud o nerth y breichiau . . . A'r kyuriw *ymarueroedd* a llauur a'r hrain a'i kyuriw anghwannecka nerth a grym mawr. **1588** *Col* iii. 9, Na ddywedwch gelwydd wrth eu gilydd, gan i chwi ymddiosc yr hên ddŷn yng-hyd a'i *ymarferion* (**1567** *TN* 300b, weithrededd). **1618** J. SALISBURY: *EH* 277, o bydh gan dhyn gelfy/dhyd, ag arfer ganu crwth, neu delyn fe a wna gysson, a cherdh, a dalo ei chlywed . . . lhe o bydhe dhyn anghelfydh, ag arno dhiffic y gelfydh, neu'r *ymarfer* a hi, cyfwrdh y tannæ a dhichon . . . ond nis gwna yn hyfedr nag yn felysaidd. **1630** *YDd* [iii], Yr *Ymarfer* O Ddvwioldeb. **1631** O. THOMAS: *CC* 69, chwilio yr Scrythurau . . . [d]ynion bydol-feddwl â ymosodant yn daer . . . yn erbyn yr *ymarfer* dduwiol, angenrheidiol hon. **1632** *D* d.g. *Exercitatio, Gymnas, Vsus*. **1657** RE: *CDd* [xii], dynion o feddyliau llygredig, ac o *ymarferion* melldigedig. **1701** E. WYNNE: *RBS* [x], *Ymarfer* (*custom*) a'th wnâ 'n feistr arno [pechod] beth bynnac yw. **1740** T. EVANS: *DPO* 234, Digon yw hyn i ddangos fod Bedydd Plant yn *Ymarfer* ym mysc yr hen Frutaniaid. **1753** *TR*, *Ymafer* [*sic*], exercise, use, custom, practice. **1800** W. OWEN[-PUGHE]: *CP* 10, y cyfryw sylwadau â hapioedd i mi fy hun, am y gwrtaeth hyn, mewn *ymarfer* (*experience*) go helaeth. **1803** *P*, *Ymarver*, s. f.—pl. t. *ion* . . . exercise, practice, habit, custom.

Cfn.: **ymarfer corff:** *physical education, training, or exercise*. **20g.** Ar lafar yn gyff., 'Ma gen' i wers *ymarfer corff* cyn cinio'; '*marfar corff*', *GTN* 545. **ymarfer corfforol (gorfforol):** *physical exercise*. **1567** *TN* 313b. **ymarfer dysgu:** *teaching practice, teacher-training*. **20g.** Ar lafar.

ymarfer[2], gw. ymarferaf: ymarfer.

ymarferadwy [bôn y f. *ymarferaf*: *ymarfer*, &c.+-*adwy*] *a*. Ymarferol; y gellir ei ymarfer: *practical*; *exercisable*.

1814.

ymarferaf, &c.: **ymarfer**[2]**, ymarferu, ymarferyd,** &c. [*ym*-+*arferaf*: *arfer*, &c.] *bg.a*. Arfer (hawl, gofal, &c.), rhoddi ar waith, defnyddio; ymgynefino, arfer; gwneud ymarfer corff, gwneud ymarfer(ion), ailadrodd (gweithgaredd) er mwyn gwella, practeisio, rihyrsio: *to exercise* (*right, caution, &c.*), *practise, use*; *become accustomed, get used*; (*take physical*) *exercise, do exercise*(*s*), *practise, rehearse*.

?**14g.** *GDG*[3] 416, Rhag cyfraith dewfaith Dafydd wr beiuvs / Ar Bwa llym gigydd / gorav i ti rhag garw oed dydd / *ymarfer* peidio a Morfydd (?Gruffydd Gryg). *c*. **1400** (*SG*) *HMSS* i. 294, tra vu ef yn y twrneimant yd oed idaw arueu gwynnyon. Achynno hynny yd *ymaruerei* ef o arueu eureit. **15g.** *GLGC* 108, *Ymarfer* o'i phaderau, / hynny a wnaeth honno'n iau [marwnad Gwenllian ferch Rys]. **1488–9** *BSM* 18, Pawlinvs gwr oedd yn *ymarfer* o gyvarwyddion. **16g.** *Med H* 4, Rac myned y gelvyddyt honn ar arveu hevyt ar gyveiliorni ymysg y genedlaeth, megis y mae yn debic o eissieu *ymarver* ohoni yn iaith y Bryttanieid. **1567** *TN* 313b, gad heibio anlan, a gwraichiaidd chwedlae, ac *ymarfer* di dyhun i dduwioldeb. **1604–7** *TW* (*Pen* 228), *ymarueru*, *ymaruer* d.g. *Tracto, Versor*. **1632** *D*, *ymarfer* d.g. *Assuesco, Exerceo*. **17g.** *TBM* 414, *Ymarferwch* weddi'n ddyfal, / Rhag temtasiwn cym'rwch ofal. **1722** *Llst* 189, *Ymarfer* â swyddau o ffydd d.g. *Act, Exercise Acts of faith*. **1759** T. THOMAS: *WWDd* 182, *ymarferyd* â holl Ordinhadau 'r Efengyl. **1801** *MMf* 197, a phan bo achos *ymarfer* a llwyaid o hono ar gryn ddiod o hen gwrw cadarn a da. **1803** *P* d.g. *Ymarver*, *Ymarveru*. Ar lafar, '*marfar* 'y ngrefft', *GTN* 545.

ymarferedig [bôn y f. *ymarferaf*: *ymarfer*, &c.+-*edig*] *a.bfl*. Ymarferol; arferol; a (ym)arferir: *practical*; *usual*; *practised*.

1728 *GMJ* [vii], gellwch ddyscu sylweddau *ymarferedic* grefydd mewn ymadroddion hawdd iw deall. **1741** *CAG* d.d., cynnygiad Amcan Gostyngedig Tu Ag At yr Adfywiad O Grefydd *Ymarferedig* Ym Mhlith Cristianogion. **1779** *DBW* 32, Amryw yw 'r esgusodion a'r dadleuon . . . yn erbyn ufuddhau i Orchymynion . . . Duw . . . Nad ydiw Gorchymmynion ein Harglwydd yn *ymarferedig*. **1782** H. JONES: *GA* 10, a debygwch chwi nad oedd hyn, gyd â llawer o feiau mawrion eraill, *ymarferedig* yn ein plith . . . yn peri i'r Arglwydd ddigio.

ymarferedd [*ymarfer*[1]+-*edd*[1]] *eg*. Ymarferiad; ymarferoldeb: *practice*; *practicality*.

1609 R. SMYTH: *CAC* 27, phydd, gobaith, a ddioddefedd [*sic*] ag *ymarferedd* cristnogawl.

ymarferfa [*ymarfer*[1]+-*fa*, *ma*] *eb*. Maes ymarfer, maes parêd: *exercise ground, parade-ground*.

1778 *W*, *Ymarferfa* . . . milwŷr d.g. *Parade* [*a place in a garrison, &c. where soldiers are exercised*].

ymarferiad, &c. [bôn y f. *ymarferaf*: *ymarfer*, &c.+-*iad*[1]] *eg*. ac yn eithriadol *eb*. ll. -*au*, (prin a diw.) -*on*. Ymarfer, practis, rihyrsal; perfformiad, gweithred; arfer, defod; ymddygiad: *exercise, practice, rehearsal*; *performance, action*; *use, habit, custom*; *conduct*.

1618 J. SALISBURY: *EH* 310, Camwedh yw'r *ymarferiad* . . . a dyfodh mewn dyn, drwy fynech bechu; yr hon sy'n peri i dhyn bechu yn howsach . . . ag yn lhawenach. **1632** *D* d.g. *Exercitatio*. **1707** *GREE* 1, mae'r Apostol yn rhoi ei hunan i geryddu yn dost . . . eu hanuwiol *ymarferiadau*, au drwg weithredoedd. **1759** T. THOMAS: *WWDd* 352, Mae efe 'n hiraethu . . . am fwy o Sancteiddrwydd . . . yn ei *ymarferiadau* crefyddol. **1759** J. EVANS: *PF* 15, Arferwch gymaint o Lafuriaeth (neu *ymarferiad*) yn feunyddiol, ac a alloch, heb flinder, a hynny tan yr Awyr. **1759** J. THOMAS: *GI* 7, Mae ffydd yn cadw holl Synhwyreu yr Enaid mewn act ac *ymarferiad* ar y gwir wrthrych ac y mae pob un yn ei ganfod. **1773** *W* d.g. *Exercise* [*employment of the body or mind*: *use, practice, &c.*]. **1803** *P*. Ar lafar, ''n ôl nerth (*y*)*marferiad*' 'by force of habit' (Arfon).

ymarferiadol [*ymarferiad*+-*ol*] *a*. Ymarferol; yn perthyn i ymarfer; ?arferol: *practical*; *pertaining to practice*; ?*usual*.

1774 IG: *AE* 25, Y mae greddfau cyfrannol ac *ymarferiadol* yn cynnyddu . . . trwy fynych weithrediadau ar wrthddrychau cymmwys. **1792** *AE* 41, pan ydym ni yn dal allan air y bywyd yn athrawiaethol, a chwithau yn ei ddal allan yn *ymarferiadol*. **1792** *HWS* 37, Y mae'n ganmoliaeth neu'n gymmeradwad [*sic*] *ymarferiadol* o Grist, ag sydd yn tarddu oddi wrth ddatguddiad cadwedigol o hono. *id*. 58, Canmolwch ef [Crist] yn ostyngedig . . . yn ystyriol, ac yn *ymarferiadol*.

ymarferiaeth [*ymarfer*[1]+-*iaeth*] *eb*. Ymarfer, practis; arfer: *exercise, practice*; *habit*.

1809.

ymarferle [*ymarfer*[1]+*lle*[1]] *eg*. Campfa: *gymnasium*.

1916.

ymarferol [bôn y f. *ymarferaf*: *ymarfer*, &c.+-*ol*] *a*. a hefyd gyda grym enwol. Yn perthyn i weithio neu weithredu (yn hytrach na damcaniaethu), addas i'w ddefnyddio, wedi ei lunio i gyflawni diben; yn tueddu

i weithredu yn hytrach na damcaniaethu (am berson), medrus (â'i ddwylo); y gellir ei roddi ar waith neu ei ddwyn i ben, dichonadwy, realistig; arferol, cyson; yn ymarfer â'i swydd (e.e. am gyfreithiwr): *practical; practicable, feasible, realistic; usual, habitual; practising (e.g. of lawyer)*.

1680 J. THOMAS: *UN* d.d., *Ymarferol* Athrawiaeth Gweddi; Yn Dangos bêth . . . Yw 'r Ddyledswydd bwysfawr honno. **1710** *LlGG* (*Gos*) 14, Dadleuwr *ymarferol* (*practising*) yn y dywededig Lŷs. **1711** H. POWEL: *TY* d.d., Traethawd *Ymarferol* am Gyflawn-Awdŷrdod Duw. **1725–6** *Madd Ed* 46, ysgwyd ymmaith hirsefydlog ag *ymarferol* (*habitual*) yrfa o bechod. **1744** D. ROWLAND: *RY* 199, [d]eallodd Emanuel fôd Câlonnau gwŷr Mansoul gwedi oeru [*sic*] a threio yn eu *hymarferol* Gariad tu ag atto ef. **1759** T. THOMAS: *WWDd* 231–2, Sancteiddrwydd *ymarferol*, yw gwir ufudd-dod. **1765** J. POPKIN: *Ll* 121, pa mor lleied y mae ein Scrifenyddion *ymarferol* yn ddal o Sylw ar y Testament newydd. **1780** *W* d.g. *Practical, or practic.* **1793** T. JONES: *SD* 29, [b]yw mewn troseddiad gwirfodd *ymarferol* o un o orchymynion Duw. **1803** *P* d.g. *Ymarverawl.* Ar lafar yn gyff., 'Yn wir, 'wi wedi gorffod dysgu bod yn *ymarferol*, 'odd dim arian gin' i i fod yn ddim byd arall!', *GTN* 858; "Dwi 'di penderfynu peidio prynu tŷ yn Nhal-y-bont. 'Fase fo ddim yn *ymarferol* a finne ddim yn gyrru'.

ymarferoldeb [*ymarferol*+*-deb*] *eg*. Yr ansawdd neu'r cyflwr o fod yn ymarferol, dichonoldeb: *practicality, practicability, feasibility*.
1780 *W* d.g. *Practicalness.* **1799** *Trysorfa* 315, nad oedd yn credu ar y cyntaf yn na gwerth nag *ymarferoldeb* yr Ysgolion Sul yng Nghymru.

ymarferolrwydd [*ymarferol*+*-rwydd*] *eg*. Ymarferoldeb, dichonoldeb: *practicality, practicability, feasibility*.
1780 *W* d.g. *Practicalness.*

ymarferwr, ymarferydd [bôn y f. *ymarferaf*: *ymarfer*, &c.+*-wr*, *-ydd*[3]] *eg*. ll. *ymarferwyr, ymarferyddion*. Un sy'n ymarfer, un sy'n ymarfer â phroffesiwn (yn enw. meddygaeth), perfformiwr: *practiser, practitioner, performer*.
1604–7 *TW* (*Pen* 228), *ymaruerwr* d.g. *Exercitator.* **1630** *YDd* 120–1, na âd . . . i gau obaith o enioes anwadal, dy rwystro di i fod yn bresennol *ymarferwr* o dduwioldeb crefyddol. *id.* 125, dyfod yn wir *ymarferwr* (*practizer*) Duwioldeb. **1709** H. POWEL: *G* 15, Nid rhyfedd gennif fod cynnifer o Wrandawyr; a chyn leied o *ymarferwyr*. **1769** J. GRIFFITH: *A* iii, yr *ymarferydd* difrifol o'r grefydd Grist'nogol. **1790–1** H. JONES: *T* 203, I weled rhai pregethwyr y gair, proffeswyr, ac *ymarferwyr* ac ordinhadau yn dyfod yno. **1803** *P* d.g. *Ymarverwr.*
Cfn.: **ymarferydd meddygol:** *medical practitioner.* **1851.**

ymarfogaf: ymarfogi, ymarfoll[1], gw. ym-+arfogaf: arfogi, arfoll[1].

ymarfollaf: ymarfoll[2], **ymarfolli**, gw. ym-+arfollaf: arfoll.

ymargaf, ymargiaf: ymarg(i)o, gw. ym-+argiaf: argio.

ymarhosaf, ymarhoaf, ymarhof: ymaros[1], **ymarhoi** [*ym-*+*arhosaf, arhoaf, arhof*: *aros*] *bg.a*. Aros, disgwyl, oedi, parhau, dyfalbarhau; bod yn amyneddgar neu'n hirymarhous, goddef, dioddef; dibynnu: *to wait, await, linger, remain, persevere, persist; forbear, be patient or long-suffering, endure, suffer; depend*.
1346 *LlA* 20, Paham na chyuodes ef yr aƀr ybu varƀ. nev nat *ymarhoes* yntev avei hƀy am gyuodi. Rac dyƀedut na buassei varƀ. **14g.** *WM* 163. 24–7, anuon . . . [y] meirch ar arueu y wreic y melinyd yr *ymaros* am yr aryant echƀyn. **15g.** (**17g.**) *AL* ii. 606, fal y mae y brawt hi yn briodawr o dref y dat y may y phriodolder hitheu ar gwaddawl ot *ymery* wrth y chenedyl. **15–16g.** *TA* 299, E gae ustus roi i gwestiwn, / Nid *ymarhóid* am air hwn [marwnad Dafydd Llwyd ap Tudur]. **1567** *TN* 257b, goddef pop dim, credu pop dim: gobeitho pop dim: *ymaros* ym pop dim [am gariad]. *c.* **1600** *IGE* 218, Mwygl ei fodd, maglai fyddin, / Môr sych yn *ymaros* hin [i'r niwl]. **1632** *D*, *ymaros* d.g. *Consisto, Duro, Resto.* **1661** E. LEWIS: *Drex* 316, Canys er bod pob peth arall yn myned ymmaith, er hynny mae Tragywyddoldeb yn wastadol yn *ymaros.* **1722** *Llst* 189, *Ymaros* . . . To attend, expect, wait for, suffer, endure, linger, stop. **1784** M. WILLIAMS: *S* i. 231, Am ffrwythlondeb y tir, mae hynny yn *ymaros* ar e[i] sefyllfa. **1803** *P* d.g. *Ymaraws, Ymarôi.*

ymarhosrwydd [*ymaros*[2]+*-rwydd*] *e?g*. Dioddefgarwch, hirymaros: *long-suffering, forbearance*.
1568 MORYS CLYNNOG: *AG* 56, Goddefedd. *Ymarosrwydd.* Daionedd. **1604–7** *TW* (*Pen* 228), *ymaroswydh* [*sic*] d.g. *Longanimitas.*

ymarhous [bôn y f. *ymarhoaf, ymarhof*: *ymaros*, &c.+*-us*] *a*. Dioddefgar, hirymarhous; araf, hwyrfrydig: *long-suffering, forbearing; slow, dilatory*.
15–16g. *TA* 295, Morys, dyn *ymarhous*, dewr, / Gwayw aeth ynddynt, Gethin-ddewr [marwnad Rhys ap Maredudd]. **1567** *TN* 306b, byddwch *ymarous* [:- ddyoddefus] wrth bavvp oll. **1588** *Diar* xvii. 27, gŵr pwyllog sydd *ymarhoeûs* ei yspryd. **1604–7** *TW* (*Pen* 228) d.g. *Toleranter.* **1605–18** HUW CAE LLWYD, &c.: *Gw* 143, dyn distaw a duw yn dystiad / *ymarrous* a gaiff mawrhad. **1632** *D* d.g. *Patiens.* **1672** R. PRICHARD: *Gw* [xxix], gan ei fôd yn llawn tosturi, ac yn *ymarhous* [:- Yn cyd-ddwyn yn hîr]. [**1738**] E. JONES: *CE* 111, O's ni ddanfoni di iddo Ymwared . . . cymmorth ef i ddal allan yn *ymarhôus.* **1774** H. JONES: *CH* 4, Os yr hwsmon a fydd *ymarhoes* i grynhoi ar ei dir erbyn Clammai . . . bydd yn ei golled yn fawr o'r achos. **1803** *P* d.g. *Ymarôus.*
Amr.: **amarhous.** *c.* **1585** G. ROBERT: *DC* 24a. **ymorthous.** **1567** *LlGG* (*Sall*) 55b. **1567** *TN* 257a. **1595** H. LEWYS: *PA* 95. **1604–7** *TW* (*Pen* 228) d.g. *Longanimus.*

ymarlloesaf: ymarlloes, ymarllwysaf: ymarllwys, &c., gw. ym-+**arlloesaf: arlloesi, arllwysaf: arllwys**, &c.

ymaros[1], gw. **ymarhosaf: ymaros.**

ymaros[2] [*ymaros*[1] fel e.] *eg*. Arhosiad, disgwyliad, oediad; dyfalbarhad; dioddefgarwch, hirymaros: *a waiting, abiding, delay; perseverance; long-suffering, forbearance*.
1567 *TN* 298b, wedy ymnerthu . . . i bob dioddefgarvvch [:- *ymaros*], a' hwyr/ddic. **1588** *Act* xxv. 17, pan ddaethant ymma, yr ail dydd heb wneuthur *ymaros* (**1567** *TN* 215a, eb 'oludd) pan eisteddais ar y faingc, mi a erchais ddyfod â'r gŵr ger fy mron. **1604–7** *TW* (*Pen* 228) d.g. *pausa, Tolerantia.* **1632** *D* d.g. *Cunctatio, Patientia, Remansio.* **1770** *W* d.g. *An abiding* [*a continuing; a permanent state*], *Long-sufferance, or long-suffering, Omittance, or forbearance.* **1788** J. GRIFFITH: *DCC* 198, Yr ydwyf yn hyderu dy fod yn gwybod, fod fy *ymaros* hwn yn cyfodi yn unig oddiwrth y diffyg o ddeall fy nyledswydd. **1803** *P* d.g. *Ymaraws.*

ymarswydaf: ymarswydo, gw. ym-+**arswydaf: arswydo.**

ymarwain, gw. **ymarweddaf: ymarweddu.**

ymarwar [*ym-*+*arwar*] *bg*. a hefyd fel *eg*. Siarad, ymddiddan, trafod; sgwrs, ymddiddan, trafodaeth; (geir.) anghydfod: *to talk, converse, discuss; conversation, discussion; (dict.) discord*.
12g. *GCBM* i. 295, Neud amrygyr kyrt kyd *ymarwar.* **13g.** *GDB* 109, Ual *Ymarwar* Llut a Lleuelys. **14g.** *T* 78. 18, *Ymarwar* lludd bychan. *id.* 78. 26–79. 1, kyn *ymarwar* lludd allefelis. **14g.** *WM* 41. 8–11, ar sƀydƀyr adechreusant *ymaruar* am rannyat y meirych ar gƀeisson. **1604–7** *TW* (*Pen* 228) d.g. *Discordia.* **1722** *Llst* 189, *Ymarwar.* m. Discord. **1753** *TR.*

ymarwedd[1] [bôn neu fe.'r f. *ymarweddaf*: *ymarweddu*, &c.] *eg.b*. Ymarweddiad, ymddygiad, cymeriad: *conduct, behaviour, character*.
17g. *LlGC* 13215, 330, *Ymarwedd* Conversatio. **18–19g.** *MA* iii. 247, Tri atgas bŷd: meddw yn chwydu ar ei vwyd, balchder ofeiriad, ac *ymarwedd* mab y crinwas. **1803** *P.*

ymarweddaf: ymarweddu, ymarwedd[2], **ymarwain** [*ym-*+*arweddaf*: *arweddu, arwedd, arwain*] *bg.a*. Ymddwyn, bihafio, arwain (bywyd); arfer, ymarfer; ymwneud, cymdeithasu, ymddiddan; ?dwyn, gwisgo: *to behave, conduct oneself, lead (a life); use, practise, exercise; deal, associate, converse; ?bear, wear*.
15g. *Pen* 51, 40, kybydd . . . hwnnw a *ymarwedd* o Ddrygwyd anyssbrydawl. **15–16g.** *TA* 240, *Ymarwedded* em ruddaur, / O ieirll Westm'rlond erlond aur. **1567** *TN* 185b, gan yddwynt rodiaw [:- *ymarwain*] yn ofn yr Arglwydd. **1632** *D*, *ymarwedd* d.g. *Gero . . . gerere se.* **1633** *Addysg i Farw* 42, Yr apostol Pedr . . . sydd yn *ymarwedd* [:- vwsio] hyn megis testyn ac argymmen. **1661** E. LEWIS: *Drex* 136–7, Nid ydym ni un amser wrth ein bodd, ond pan fo'm ni yn *ymarwedd* ymmysg eraill: Eithr nid yw ein ymarweddiad ni yn y nefoedd un amser, lle dylei fod. **1688** W. FOULKES: *EGE* 111, dy air di, trwy ba ûn y mae yn wiw gennit ti *ymarweddu* a mi. **1722** *Llst* 189, *Ymarwedd* . . . To behave, practise. **1743** J. JONES: *LlAW* 38, Gwnewch eich goreu yn wastad, pan gaffoch yr achlyssur i blannu cychwynfa ddâ yn meddyliau y neb y bôch yn *ymarweddu* â hwynt. **1771** *W*, *Ymarwedd* d.g. *To carry* [*behave*] *one's self.* **1803** *P* d.g. *Ymarwain, Ymarwez, Ymarwezu.*
Amr.: **ymwareddu** [drwy drsd.]. **1835. ymwreddu. 1595** H. LEWYS: *PA* 52, 217.

ymarweddiad, &c. [bôn y f. *ymarweddaf*: *ymarweddu*, &c.+*-iad*[1]] *eg*. ac yn eithriadol *eb*. ll. (prin) *-au*. Ymddygiad, ffordd o ymddwyn neu o fyw, buchedd; osgo, ystum; agwedd, tueddfryd, natur, cymeriad; *Beibl.* gwladwriaeth, cymdeithas: *behaviour, conduct, manner of living, way of life; bearing, posture; attitude, inclination, disposition, character; (bibl.) state, society*.
15–16g. *TA* 36, Diameu roddion, da '*marweddiad*, / Di-omedd i glêr, di-ymwedd gwlad. *c.* **1525** *GLD* [78], Yma'r oedd *ymarweddiad* / Nanmor hen yn un mawrhad [marwnad Tudur Aled]. **1599 (1677)** R. HOLLAND: *AB* 65, *ymarweddiad* dduwiol ac vnion ger bron Duw a dynion. **1620** *Phil* iii. 20, ein *hymarweddiad* (W. SALESBURY: *KLl* lxviiia, gwladwriaeth) ni sydd yn y nefoedd. **1630** *YDd* 116, y mae heddwch cydwybod, yn anwahanol yn canlyn *ymarweddiad* cyfiawn. **1632** *D* d.g. *Conuersatio, Gestus, Officium, Vita.* **1688** S. HUGHES: *TSP* 104, ni allafi ganmol fy *ymarweddiad* (*life*): Canys myfi a wn fy mod i 'n llithro mewn llawer o bethau. **1730 (1755)** E. WYNNE: *PAC* [3], er iawn drefnu ei fuchedd ai *ymarweddiad* yn ôl rheol gorchmynion Duw. **1770** *W* d.g. *Behaviour, Conduct, Morals* [*manners, &c.*]. **1803** *P*, *Ymarweziad*, s. m.—pl. t. *au* . . . A demeaning one's self, a behaving; behaviour. *Ymarweziad* da, good behaviour.
Amr.: **ymwareddiad** [cf. *ymwareddu*]. *a.* **1587** *Y* 134. **1604–7** *TW* (*Pen* 228) d.g. *Urbanitas.* **1658** R. VAUGHAN: *PS* [9]1. **1790** *Prif Crist* iv. **ymwreddiad** [cf. *ymwreddu*]. **1551** W. SALESBURY: *KLl* xlva. **1604–7** *TW* (*Pen* 228) d.g. *Vitæ.* **1655** WL: *DP* 142.

ymarweithiaf: ymarweithio [*ym-*+*ar-*+*gweithiaf*: *gweithio*] *bg*. Rhyngweithio: *to interact*.
20g.

ymarwerydd, gw. merwerydd (hefyd At.).

ymasiad [bôn y f. *ymasiaf*: *ymasio*+*-iad*[1]] *eg*. ll. *-au*. Y weithred o (ym)asio; *Ffis.* adwaith niwclear sy'n digwydd pan fo niwclysau atomig yn ymasio i ffurfio niwclews trymach gan ryddhau ynni, y proses hwn fel ffynhonnell ynni: *(nuclear) fusion*.
20g.

ymasiaf: ymasio, gw. ym-+**asiaf: asio.**

ymatal[1] [bôn neu fe.'r f. *ymataliaf*: *ymatal*] *eg*. ll. *-ion*. Ymataliad, ymwrthodiad, hunanreolaeth, cymedrolder: *abstention, abstinence, self-restraint, moderation, continence*.
c. **1400** *YSG* i. 89, kystal yw hynny a ffaelaw ohonawch ar uot dim o'r alussen ynoch nac ychweith o'r *ymattal* am wneuthur y drwc. **1604–7** *TW* (*Pen* 228) d.g. *Abstinentia, Temperamentum.* **1632** *D* d.g. *Continentia, Temperantia.* **1632** J. DAVIES: *LlR* 411, *Ymattal* (*Continency*) oddiwrth bob drygioni. *c.* **1661** *Traeth* xxxi. (1876) 39, Ni chedvvais mom corph yn isel, drwy vnprydio, ag *ymattalion* eraill (Drych Cydwybod 162). **1661** E. LEWIS: *Drex* [xiv–v], rhestr o'ch rhinweddau . . . eich pûr *ymattal*, a'ch Astudrwydd. **1670** J. HUGHES: *AP* 10–11, Deuddeg Ffrwyth yr Yspryd Glan . . . *Ymattal.* **1770** *W* d.g. *Abstinence, A refraining.* **1803** *P.*

ymatal[2], gw. **ymataliaf: ymatal.**

ymatalgar [*ymatal*[1]+*-gar*] *a*. Ymataliol, ymwrthodol, yn arfer hunanreolaeth, cymedrol: *abstinent, self-restraining, moderate, continent*.
1803 *P.*

ymataliad [bôn y f. *ymataliaf*: *ymatal*+*-iad*[1]] *eg*. ll. *-au*. Y weithred o ymatal, ymwrthodiad, hunanreolaeth, cymedrolder:

abstention, abstinence, self-restraint, moderation, continence.

1771 J. THOMAS: *TA* 232, dylem . . . ymwrthod â'n holl weithredoedd ein hunain, a dyfod at Grist heb na thwyll nag *ymataliad.* **1796** T. JONES: *CCA* 135, Yr ydym, trwy'n hympryd a'n *hymattaliad* allanol, yn datgan grym ac awch y serchiadau tufewnol hynny, sydd i fod ar waith mewn gweddi anghyffredinol. **1798** *WR* d.g. *Abstinence.* **1803** *P.*

ymataliaeth [*ymatal*[1] *+ -iaeth*] *eb.* Ymataliad, ymwrthodiad, hunanreolaeth, cymedroldeb: *abstention, abstinence, self-restraint, moderation, continence.*

1568 MORYS CLYNNOG: *AG* 63, Cym/gadwriæth, ne ymattaliæth, continentia, aut abstinentia. **1606** E. JAMES: *Hom* ii. 170, ympryd . . . *ymattaliaeth* oddiwrth fwyd a diod a phob ymborth corphorol, a hoffderau 'r corph. **1759** J. EVANS: *PF* 16, Nid oes dim yn fwy ar lês Jechyd, nag *ymattaliaeth*, Ymborth cymmhesur, a chymwysder o Lafur.

ymataliaf, &c.: ymatal[2], &c. [*ym-+ ataliaf: atal*] *bg.* ac yn eithriadol *ba.*

(*a*) Ei atal ei hun, ymwrthod, ymgadw, ei reoli neu ei ffrwyno ei hun, gwrthsefyll, ei ddal ei hun yn ôl, aros, oedi, ei stopio neu ei rwystro ei hun, peidio; ei arbed ei hun: *to restrain oneself, abstain, refrain, contain or repress (oneself), resist, hold back, wait, pause, stop, prevent (oneself), desist; spare oneself.*

c. **1400** *YSG* i. 89, dylyem ninheu ymogelut ac *ymattal* rac mynet yng gweithredoed wrth ewyllys y corff. **1567** *TN* 3[05]a, pryd na allwn *ymattal* [:- ymaros] yn hwy, ys a[n]vonais ef y ymwybot y wrth eich ffydd. **1588** *Gen* xliii. 31, efe . . . ai *ymattaliodd* ei hun, ac a ddywedodd gosodwch fwyd. **1604–7** *TW* (*Pen* 228), yn *ymattal* d.g. *Temperans.* **1607** *Rhydd-iaith Gymraeg* i. 140–1, Wiliam Iarll Penvro . . . ny' *mattaliai* 'mysc goreugwyr y Deyrnas adrodh iaith ei vam yn vlaenhlym. **1632** *D* d.g. *Abstineo, Resisto, Tempero.* **1688** S. HUGHES: *TSP* [1] oblegit nad allai efe *ymattal* yn hŵy, fe a dderchafodd ei lêf yn alarus iawn. **1699** T. JONES: *TP* 25, fe orfu i mi *ymattal* rhag mynyd ymhellach. **1703** E. WYNNE: *BC* 10, Ni fedrais i *ymattal* ddim hwy heb ofyn i'm cyfell a gawn gennad i siarad. **1751** *GIA* 4, oni fodlona hyn hwynt, nid *ymettyl* efe er hynny rhag ei cospi hwynt. **1772** *W* d.g. *To desist, To forbear* [*refrain, &c.*]. **1803** *P.*

(*b*) Cydio, ymlynu: *to cling.*

16g. *LlS* 36, Y winwydden . . . ei baglŵr yn cyfeirio hwnt ac yma a mal yn ceisio gafel dân ddwylo y *ymattal* . . . wrtho.

ymataliol [*ymatal*[1] *+ -iol*] *a.* Yn arfer ymataliaeth neu hunanreolaeth, ymatalgar, cymedrol; cynnil (am arddull): *abstinent, self-restraining, moderate, continent; restrained (of style).*
1889.

ymataliwr [bôn y f. *ymataliaf: ymatal+ -iwr*] *eg.* ll. *ymatalwyr.* Un sy'n ymatal, ymwrthodwr, dirwestwr: *abstainer.*
1850.

ymatalus [*ymatal*[1] *+ -us*] *a.* Ymataliol, ymatalgar, yn arfer hunanreolaeth, cymedrol: *abstinent, self-restraining, moderate, continent.*

1606 E. JAMES: *Hom* i. 176, y rhai sydd yn clywed ynddynt eu hunain, y gallant . . . fyw yn vnig, ac yn *ymattalus*, clodforant Dduw am eu rhoddiad. **1632** *D* d.g. *Continens.* **1661** E. LEWIS: *Drex* 162, yn nrheuliad oes yn ddiwair ac yn *ymattalus.* id. 298, O ddyn aflan, efe brifiau [*sic*] yn ddiwair ac yn *ymattalus.* **1725** *SR* d.g. *Continent.* **1803** *P.*

ymateb[1] [bôn neu fe. 'r f. *ymatebaf: ymateb*] *eg.* ll. *-ion.* Teimlad, symudiad, newid, &c., a achosir gan symbyliad neu ddylanwad, adwaith, ateb; *Egl.* atebiad: *response, reaction, answer, reply;* (*eccl.*) *a responsory.*

1620 1 *Pedr* iii. 21, *ymatteb* cydwybod dda tu ac at Dduw. **1632** *D, ymatteb* i esgusodi d.g. *Apologia.* [**1724**] G. WYNN: *YGD* 127, pa beth a fydd cael ein canmol gan yr holl Angelion a'r Sainct mewn *ymatteb-ion* Nefol? [**1740**] D. LLWYD: *YDD* 44, Y mae ein Heglwys ni wedi cyfrannu ir bobl rhai attebion neu *ymattebion* byrion i'n gweddiau.

ymatebaf, &c.: ymateb[2], &c. [*ym-+ atebaf: ateb*] *bg.* Gweithredu neu ymddwyn mewn ymateb, adweithio, (rhoddi) ateb; bodloni, cyflawni, diwallu; cyfateb: *to re-*

spond, react, answer, reply; satisfy, fulfil, meet; correspond (to).

14g. *LlB* 110, ynat yn gwarandaw hawlwr, ac amdiffynnwr yn *ymatteb*; a mach yn gwarandaw y kynnogyn, a'r talawdyr yn *ymatteb.* c. **1400** *YCM*[2] 162, *ymatteb* ac wynt a wnaeth yr archescob a govyn udunt beth a arwedynt. c. **1400** *B* ii. 20, tybyus wyt ot ymadrody neu ot *ymatteby* am beth kynn y haeru arnat. **15g.** *GDLl* [120], D'alw ydd wyf uwch dôl Ddyfi,—/ Gwrtheb, *ymateb* â mi [marwnad Syr Gruffudd Fychan]. ?**15g.** *IGE*[2] 94, Sef gwnaeth yn ddig ar drigair / Sioseb, *ymateb* â Mair. **15–16g.** *TA* 91, Meitr Asa it, mae trwy Siêb, / A chyn meitr, chwi 'n *ymateb* [mawl i Ddafydd ab Owain, esgob Llan-elwy]. p. **1584** G. ROBERT: *GC* [175], Nesaf un air cymraeg a ddaw at naturieth y cyfranniaid yma yw'r geiriau yn, edig, ag weithiau nhwy a'*mattebant* iw gilydd, mal: gorchmynnedig, mandatus, creueddig [*sic*], creatus. **1588** 1 *Sam* xviii. 7, A'r gwragedd yn chware a *ymnatebent*, ac a ddywedent: tarawodd Saul ar ei filoedd, a Dafydd ar ei fyrddiwn. **1632** *D* d.g. *Refuto, Respondeo, Responso.* **1656** (**1745**) *MLl* ii. 161, y Natur danllŷd a ysgog yn gyntaf mewn Trefn . . . ac yno mae 'r Mâb yn *ymatteb* ac yn bodloni 'r Tâd. **1770** *W* d.g. *To answer, To correspond* [*answer, agree* . . .].

Amr.: **ymatebu. 1604–7** *TW* (*Pen* 228) d.g. *Respondeo.* **1803** *P.*

ymatebiad [bôn y f. *ymatebaf: ymateb+ -iad*[1]] *eg.* ll. *-au.* (Y weithred o) ymateb, adwaith; (geir.) cyfatebiaeth: *a responding, response, reaction;* (*dict.*) *correspondence* (*to*).

1772 *W* d.g. *Correspondence* . . . [*the answering, or agreement of two things together*]. **1803** *P,* Ymattebiad, s. m. . . . A correspondence.

ymatebol [*ymateb*[1] *+ -ol*] *a.* Yn ymateb, yn adweithio; cyfatebol, addas, cymwys; yn dynodi rhan o'r system nerfol awtonomig, sef y nerfau sy'n ymestyn o'r ganglia gerllaw rhan ganol madruddyn y cefn i'r organau a'r chwarennau mewnol, &c., yn perthyn i'r system hon; *Egl.* ar ddull atebiad neu atepgan: *responsive, reactive; corresponding, appropriate, suitable; sympathetic* (*in physiology*); (*eccl.*) *responsorial.*

1772 S. PHILIPPS: *ET* 15, gweinidogaeth efangylaidd . . . rhiw beth *ymattebol* i hyn yma, sŷ raid ei fôd yn ein Teuluoedd, i'w cyfenwi yn Eglwysi bychain. [**1783**] *W* d.g. *Responsive, or responsory* [*of an answering quality*]. **1803** *P* d.g. *Ymattebawl.*

ymategaf: ymateg(u), gw. ym-+ ategaf: ategu.

ymatgno, ymatgof, ymatgofiaf: ymatgofio, gw. ym-+ atgno, atgof, atgofiaf: atgofio.

ymatguddiaf: ymatgudd(io), gw. ym-+ atguddiaf: atguddio.

ymatreg [*ym-+ atreg*] *eg.* Edifeirwch: *penitence.*

13g. *C* 8. 2–3, Nytiuuc rac dricweithred. *imattrec* guydi darffo. c. **1400** *R* 1027. 32, Ac aelwir *ymatrec* [*sic*] llywelyn ag6rnerth.

ymawdurdodaf: ymawdurdodi, ymawyddaf: ymawyddu, ymbabellaf: ymbabellu, ymbaffiaf: ymbaffio, gw. ym-+ awdurdodaf: awdurdodi, awyddaf: awyddu, pabellaf: pabellu, paffiaf: paffio.

ymbalfalaf: ymbalfalu [*ym-+ palfalaf: palfalu*] *bg.a.* Chwilio neu deimlo'r ffordd â'r dwylo, &c. (yn y tywyllwch), palfalu, teimlo â'r llaw, swmpo, cyffwrdd, hefyd yn *ffig.: to grope about* (*in the dark*), *grope, fumble, feel, touch, also fig.*

1567 *TN* 201a, bydd ei [*sic*] yddwynt gan *ymbalfaly* [:- deimlo] y gaffael ef. **1588** *Deut* xxviii. 29, Byddi hefyd yn *ymbalfalu* ganol dydd, fel yr *ymbalfale* y dall yn y tywyllwch. **1632** *D* d.g. *Expalpo.* **1753** *TR, Ymbalfalu,* to grope out one's way in the dark. **1760** E. WILLIAMS: *UYB* 193, edrych arno [Iesu] yn ein hysbryd, ac *ymbalfalu* ôl ei hoelion Ef. **1803** *P.*

Cffn.: **ymbalfalu yn y (mewn) tywyllwch:** *to grope about in the dark, also fig.* **1588** *Deut* xxviii. 29, Byddi hefyd yn ymbalfalu ganol dydd, fel yr *ymbalfale* y dall yn y tywyllwch. **1718** (**1721**) S. THOMAS: *HB* 5, yn gwag siarad, neu yn *ymbalfalu* yn y tywyllwch. **1765** J. POPKIN: *Ll* 154, Y mae hyn yn ei gadw fel

Seren Pegwn y Gogledd, rhag *ymbalfalu mewn tywyllwch*, ar ol pob gwag ddychymmyg.

ymbalfaliad [bôn y f. *ymbalfalaf: ymbalfalu+ -au*] *eg.* ll. *-au.* Y weithred o ymbalfalu, palfaliad, hefyd yn *ffig.: a groping, fumbling, also fig.*
1803 *P.*

ymbalfalwr [bôn y f. *ymbalfalaf: ymbalfalu +-wr*] *eg.* ll. *-wyr.* Un sy'n ymbalfalu, palfalwr, hefyd yn *ffig.: groper, fumbler, also fig.*
1803 *P.*

ymbaratoaf: ymbaratoi, &c., gw. ym-+ paratoaf: paratoi, &c.

ymbarchaf: ymbarchu, ymberchi, gw. ym-+ parchaf: parchu.

ymbarchusaf: ymbarchuso, gw. ym-+ parchusaf: parchuso.

ymbarél, ymbarela, ymbarelo, gw. ambarél (hefyd At.).

ymbarlaf, ymbarliaf: ymbarlu, ymbarlio, gw. ym-+ parliaf: parlio.

ymbasad, gw. ambasad (hefyd At.).

ymbasadur, ymbaseter, gw. ambasadur (hefyd At.).

ymbel, gw. wmbel.

ymbelydraf: ymbelydru [*ym-+ pelydraf: pelydru*] *bg.a.* Pelydru, tywynnu; gwneud yn ymbelydrol, arbelydru: *to radiate, beam; make radioactive, irradiate.*
1834.

ymbelydredd [bôn y f. *ymbelydraf: ymbelydru+-edd*[1]] *eg. Ffis.* Allyriad pelydrau neu ronynnau a achosir gan ddadfeiliad digymell niwclysau atomig, pelydrau neu ronynnau a allyrrir felly, pelydriad: *radioactivity, radiation* (*in physics*).
20g.

ymbelydriad, gw. ym-+ pelydriad.

ymbelydrol [bôn y f. *ymbelydraf: ymbelydru+-ol*] *a. Ffis.* Yn cynhyrchu neu'n defnyddio ymbelydredd, yn perthyn i ymbelydredd: *radioactive* (*in physics*).
20g.

ymbell, ymbellflew, gw. ambell, ambellflew (hefyd At.).

ymbellhaf: ymbellhau, &c., gw. ym-+ pellhaf: pellhau.

ymbenoethaf: ymbenoethi [*ym-+ pen*[1] *+ noethaf: noethi*] *bg.* a hefyd gyda grym enwol i'r be. Tynnu cap (fel arwydd o barch), noethi'r pen: *to doff one's cap* (*as sign of respect*), *bare the head.*

1606 E. JAMES: *Hom* ii. 153, *ymbennoethi* (*capping*) . . . ac arogl-darthu iddynt [delwau]. **1632** J. DAVIES: *LlR,* 129, Pa le y mae 'r *ymbennoethi* a'r ymostwng y byddei'r bobl i mi, a'r mawrbarch a roid i mi? **1675** R. JONES: *HCh* 157, ymddygiad parchedig . . . drwy *ymbennoethi*, ymgrymmu eu corph. **1771** *W, Ymbennoethi* . . . i un d.g. *To cap* [*take off one's hat*] *to a person.* id. d.g. *To make the head bare.* **1803** *P* d.g. *Ymbennoethi.*

ymbentyriaf, ymbentyrraf: ymbentyrio, ymbentyrru, gw. ym-+ pentyrraf: pentyru.

ymbepreth [*ym-+ pepreth*] *bg.* Chwarae, cellwair: *to play, jest.*

1677 R. JONES: *BB* 113, *ymbepreth* neu chwarae â'r matterion mwyaf. **1677** *TC* 8a, *Ymbepreth,* chware. **1751** *GIA* 86, Nid ydyw Duw fel dyn i ti *ymbepreth* a chwarau ag ef. id. 223, *Ymbepreth* cytgam.

ymberffeithiaf: ymberffeithio, &c., gw. ym-+ perffeithiaf: perffeithio, &c.

ymberthynaf: ymberthynu [*ym-+ perthynaf: perthynu*] *bg.* Ymwneud, ymboeni: *to be concerned, concern oneself.*

1765 J. POPKIN: *Ll* 45, Y peth ag wyf yn prif *ymberthynu* o'i herwydd yw attebiad eglur bodlonol i'r Holiadau uchod. id. 63, [d]ynion ag oedd yn difrifol yn *ymberthynnu* mewn achos Crefydd. id. 210, cynifer ag y sydd yn difrifol ac yn gwresog *ymberthynu*

yn ei chylch [yr Efengyl]. **1766** *FfA* 75, y mae 'r Arglwydd yn mawr *ymberthynu* (*doth much concern himself*) ynhriniaeth y barnedigaethau hyn. [**1788**] *EDP* 26, maent yn meddwl eu bod yn happus heb *ymberthynu* (*though not concerned*) mewn cyfammod gras.

ymbesgaf: ymbesgi, gw. ym-+pesgaf: pesgi.

ymbigaf: ymbigo [*ym-+pigaf: pigo*] *bg.* Cweryla; colynnu, pigo, yn *ffig.*: *to quarrel; sting, prick, fig.*
1684 H. OWEN: *DC* 192, Yr hên Sarph a *ymbiga* ac a ymgreulona, ond â gweddi y gyrrir ef ymmaith. *c.* **1689 (1802)** L. WILLIAM: *Sherlyn Benchwiban* 23, Gwrando, wraig, wyt ti yna etto, / Gyd â'r beger yn *ymbigo*? **18–19g.** *LlrC* 30, 183, *Ymbigo*, to pick quarels, [Glam].

ymbil[1] [bôn neu fe.'r f. *ymbiliaf: ymbil,* &c.] *eg.* ll. *-iau, -ion.* Ymbiliad, deisyfiad, erfyniad, eiriolaeth: *an imploring or beseeching, entreaty, supplication, intercession.*
14g. *YBH* 21b, A varchaỽc heb hitheu ouer yỽ it dy *ymbil* a mi am vỽyt kanys cristaỽn ỽyt ti. *c.* **1400** *R* 1345. 22–3, Cafyngeu uaed codeu kadyr ebyr ambaỽr. ae *ymbil* nyỽ hepkyr. **15g.** *GLGC* 238, â'i bâr isod fal briwio asil / y briw ambell oni bai'r *ymbil. Diw.* **15g.** *B* v. 105, diodeuaint crist gweithredoed mair vorwyn ac *ymbil* y saint. **1588** *Salm* lxxxvi. 6, Clyw Arglwydd fyng-weddi: ac ystyria ar lais fy *ymbil.* **1588** 1 *Tim* ii. 1, Cynghori yr ydwyf am hynny . . . fod *ymbil* (**1620** *ib. ymbiliau*), gweddiau, deisyfiadau a thalu diolch dros bôb dŷn. **1604–7** *TW* (*Pen* 228), *ymbil* y Saint d.g. *Intercessio.* **1615** R. SMYTH: *GB* 127, gvvae chvvi a lygrvvyd drvvy arian ag *ymbilion* . . . gan farnu y drvvg yn dda a 'r da yn ddrvvg. **1632** *D*, *Ymbil* . . . Obtestatio, obsecratio. **1664** *LlGG* [135], y Letani, neu *ymbyliau* cyffredinol. **1710** *LlGG* (*Gos*) 14, na chaniattáer un Inhibisiwn . . . ar *ymbil* neb, heb law Dadleuwr ymarferol yn y dywededig Lŷs. **1795** *R. Crusoe* 6, [y] gorau o Rieni . . . daeth eu cynghorion da i'm meddwl, au dagrau, au *hymbiliau.* **1803** *P.*
Amr.: **ambil. 16–17g.** *HG* 14, *ambilion.*

ymbil[2], gw. ymbiliaf: ymbil.

ymbilgar [*ymbil*[1]+*-gar*] *a.* Yn ymbil, deisyfol, erfyniol: *imploring, beseeching, entreating, suppliant.*
Dchr. **15g.** *GSCyf* 105, Yn chware, 'r ddelw welw weflgrach, / Wenhwyfar *ymbilgar* bach [Llywelyn ab y Moel i'r tafod]. **15g.** *GLGC* 500, Annes a oedd yn nhŷ saint, / wawr *ymbilgar,* am bylgaint. **15g.** *HCLl* 121, *Ymbilgar* wyf am bylgaint, / Ba les im ymbil â saint? **1632** *D* d.g. *Procax.* **1790** *GY* 60, Ei drallod a'i dlodi sy 'n peri iddo lefaru gyd ag yspryd mwy *ymbilgar,* na'r hwn a fyddo yn iach ac yn amhlygiedig. **1794** *W* d.g. *Suppliant or supplicant* [*entreating,* &c.].

ymbiliad [bôn y f. *ymbiliaf: ymbil,* &c.+*-iad*[1]] *eg.* ll. *-au.* (Y weithred o) ymbil, deisyfiad, erfyniad: *an imploring or beseeching, entreaty, supplication.*
1687 (1715) J. OWEN: *TB* 70, yr oedd y diawl wedi cael y fath allu yntho, fel na wrandawei ef, nac ar lef ei dad, nac ar *ymbiliadau* yr fam a'i hescorodd ef. **1712** T. WILLIAMS: *CDdG* 529, Gweddi ydyw *ymbiliaid* [*sic*] yr Enaid a Duw. **1722** T. EVANS: *PS* 68, Canys bod y Colectau o'r blaen yn *Ymbiliadau* drosom ein hunain. **1803** *P.*

ymbiliaeth [*ymbil*[1]+*-iaeth*] *e?b.* Ymbiliad, deisyfiad, erfyniad: *an imploring or beseeching, entreaty, supplication.*
1683 H. EVANS: *CTF* 10, Nâd i *ymbiliaeth* dyn un-amser, / D'yrru 'fynd tu-hwnt ith dymmer. **1724** E. WELLS: *CC* 73, *ymbiliaeth* ar Dduw am y pethau y mae arnom eu deffyg.

ymbiliaf, &c.: **ymbil**[2], **ymbilio,** &c., *bg.* Erfyn, deisyf, begio, pledio, eiriol: *to implore, beseech, entreat, beg, plead, intercede.*
14g. *WM* 4. 20–2, A chyt archo ef yti rodi yr eil na dyro yr a *ymbilio* athi. *c.* **1400** *R* 1270. 20–1, Arch esgyrn achyrn acharneu deueit acireit or goreu. *ymbil* amwer yth ffereu. **15g.** *HCLl* 121, Ymbilgar wyf am bylgaint, / Ba les im *ymbil* â saint? *Diw.* **15g.** *B* v. 111, Ewch ych ford ac *ymbyliwch* drossof i a thros yr holl eneitieu yssyd yn y tan pur. **16g.** *GIIW* 1, *Ymbil* wyth deir mil ath dad / Y mae dynion am danad. *Diw.* **16g.** *CRC* 274, efom *biliodd* fy mam gnowdol / A myfi erstalm am fyned yr yssgol. **1588** 1 *Br* xiii. 6, gweddia attolwg ger bron yr Arglwydd dy Dduw, ac *ymbil* trosofi fel y dychwelo fy llaw attafi. **1632** *D*, *Ymbil,* Supplicare, obtestari, implorare, obsecrare. **1716** E. SAMUEL: *GGG* 150, Moses . . . pan flinwyd Ef â chamweddau or Echryslonaf, f' a *ymbiliodd* tros ei Elynion. **1772** *W* d.g. *To deprecate* [*pray earnestly against an impending judgment,* &c.], *To intreat* [*sue to*] *one.* **1803** *P* d.g. *Ymbil, Ymbiliaw.*
Amr.: **ymbilian. 1672** R. PRICHARD: *Gw* 127, 132. **1775** *EDPP* 87.

ymbiliaid [bôn y f. *ymbiliaf: ymbil,* &c.+*-iaid*[1]] *e.ll.* Ymbilwyr, erfynwyr: *implorers, beseechers, supplicants.*
c. **1400** *R* 1306. 6–7, Euo hepkorus y vud. y veird *ymbilyeit* oe vod. **1757** *ML* ii. 59, Breninoedd Denmarch, Ysbaen, Portugal . . . yn chwareu cardiau . . . am ddarna o ymherodraethau a theyrnasoedd yr *ymbiliaid.*

ymbilian, gw. ymbiliaf: ymbil.

ymbiliol [*ymbil*[1]+*-iol*] *a.* Ymbilgar, erfyniol: *imploring, beseeching, suppliant.*
1834.

ymbiliwr, ymbilydd [bôn y f. *ymbiliaf: ymbil,* &c.+*-iwr, -ydd*[3]] *eg.* (b. *ymbilwraig*) ll. *ymbilwyr.* Un sy'n ymbil, deisyfwr, erfyniwr: *implorer, beseecher, suppliant.*
15g. *GGl*[2] 214–15, *Ymbiliwr* am ebolion / Y sydd annhebyg i Siôn [i ofyn corn canu]. **1588** *Ecclus* iv. 4, Na fwrw ymmaith *ymbiliwr* gorthrymmedig. **1606** E. JAMES: *Hom* ii. 238, Fe ddaeth vnwaith at frenin Agesilaus ryw *ymbiliwr* (*suitor*) taer, yr hwn a geisiai gantho ryw beth yn daer. **1630** *YDd* 390, yr ydym ni mor hŷf a dyfod yn ostyngedig *ymbilwyr* at dy dduwiol Fawrhydi, dros ein anwyl frawd. **1632** *D* d.g. *Persuasor, Precator.* **1718** E. SAMUEL: *HDdD* (Gweddïau) 89, tosturia wrth dy *ymbilwyr* gostyngedig. **1794** *W*, *ymbilïwr, ymbilydd* d.g. *A suppliant or supplicant.* **1803** *P* d.g. *Ymbiliwr.*

ymbincaf: ymbinco, gw. ymbinciaf: ymbincio.

ymbinciad [bôn y f. *ymbinciaf, ymbincaf: ymbinc(i)o+-iad*[1]] *eg.* Y weithred o ymbincio neu addurno('r hunan): *a dressing up, (self-)adornment.*
1604–7 *TW* (*Pen* 228) d.g. *Lenocinium* (hefyd *D*). **1803** *P.*

ymbinciaf, ymbincaf: ymbinc(i)o [*ym-+pinciaf*[1], *pincaf*[1]: *pincio, pinco*[1]] *bg.* ac yn eithriadol *ba.* Ymwisgo'n drwsiadus, sbriwsio, ei harddu neu ei addurno ei hun, harddu, addurno, gwisgo colur; ymbluo: *to dress up, spruce (oneself), beautify or adorn (oneself), put make-up on; preen.*
1588 *Jud* x. 5, y hi a *ymbingciodd* yn wŷch iawn. **16–17g.** *CRC* 118, ag wrth y drych *ymbinkio* / hi a wna lawer o ymdrwssio / i ladd y dyn ai gwelo. **1604–7** *TW* (*Pen* 228), *ymbincio* d.g. *Niteo.* **1606** E. JAMES: *Hom* ii. 147, rhyw buteiniaid mursennaidd gwedy *ymbincio* (*well-trimmed harlots*). **1692** *DCR* 272, gwynfyd y bressen / yw disgwyl yn ei thalcen / mor ffeind y mae'r faeden / yn *ymbinco.* **1753** *TR, Ymbingcio,* to trick or trim one's-self, to dress. **1777** W. WILLIAMS: *TEA* 14, Fel mae arfer merched wrth wisgo ac *ymbingcio,* yw edrych ar wisgoedd eu gilydd. **1780** *W* d.g. *To plume* [*adjust the feathers, as a fowl* . . .], *To prank, To prune the wings or feathers, To spruce it.* **1803** *P* d.g. *Ymbinciaw.*

ymbinciwr [bôn y f. *ymbinciaf, ymbincaf: ymbinc(i)o+-iwr*] *eg.* (b. *ymbincwraig*) ll. *ymbincwyr.* Un sy'n ymbincio neu'n sbriwsio, addurnwr, hefyd yn ddifr.: (*smart*) *dresser, one who spruces himself up, adorner, also derog.*
18–19g. *MA* iii. 239, Tri dŷn ni thalant eu cwnu oddiar y dòmen: gloddestwr, *ymbinciwr,* a chrochwerthinwr. **1803** *P.*

ymblaid [*ym-+plaid*] *eb.* ll. *ymbleidiau.* Carfan, sgism, sect: *faction, schism, sect.*
1632 *D* d.g. *Schisma.* **1658** R. VAUGHAN: *YPS* 9, Schismau ac *ymbleidiau.* **1677** C. EDWARDS: *FfDd* 33, Pan fethei gan Satan ddiddymu'r ffydd drwy'r erlidwyr Paganaidd, cyffroei *ymbleidiau* yn yr eglwysydd. **1701** E. WYNNE: *RBS* 298, Cadw dy hôll bobl rhag Heresiau ac *ymbleidiau.* **1740** T. EVANS: *DPO* 71–2, Rufain a'i holl Gadernid a aeth . . . yn chwilfriw mân, o ran yr aml *Ymbleidiau* o'i mewn. **1791** GW. MECHAIN: *Rh* 38, *Ymbleidiau* â wnaeth 'lanastra creulon ymmhlith meibion Rhyddid. **1803** *P.*

ymblannaf: ymblannu, gw. ym-+plannaf[1]: plannu.

ymbledaf, ymblediaf, ymbled(i)o, gw. ym-+plediaf: pledio.

ymbleidaf: ymbleido, gw. ymbleidiaf: ymbleidio.

ymbleidgar [*ymblaid+-gar*; mae tystiolaeth yr enghrau. yn gryf yn erbyn y sill. *ymbleitgar*] *a.* A nodweddir gan ymbleidio, cynhennus; pleidiol, cefnogol, ffafriol: *factious, contentious; supportive, favourable.*
1773 *W* d.g. *Factious.* **1803** *P.*

ymbleidiad [bôn y f. *ymbleidiaf, ymbleidaf: ymbleid(i)o+-iad*[1]] *eg.* (Y weithred o ffurfio neu beri) ymblaid, carfan, sgism, sect: (*the action of forming or causing a*) *faction, schism, sect.*
1595 M. KYFFIN: *DFf* xvii, Secta, Sect; sef, *ymbleidiad* neu ymwahanus gyttundeb mewn syth opinionau. **1632** *D* d.g. *Factio.* **1658** R. VAUGHAN: *PS* 38, euog o wasanaeth diffaeth i ti ac iddo ef . . . a thynnu Crefydd i *ymbleidiad.* **1796** T. JONES: *CCA* 302, Pa beth ni faidd dynion o bennau cyfrwys . . . ei wneuthur er dwyn y'mlaen eu *hymbleidiad* drygionus. **1803** *P.*

ymbleidiaeth [*ymblaid+-iaeth*] *eg.b.* Yr ansawdd neu'r cyflwr o fod yn ymbleidiol, pleidgarwch, partïaeth: *factiousness, partiality, partisanship.*
1822–3.

ymbleidiaf, ymbleidaf: ymbleid(i)o [*ym-+pleidiaf, pleidaf: pleid(i)o,* a bf. o'r e. *ymblaid*] *bg.* a hefyd gyda grym enwol i'r be.
(*a*) Anghydweled, anghytuno, dadlau, cweryla, ffurfio ymblaid; cefnogi (ei gilydd), cymryd rhan (rhywun), ochri: *to disagree, dissent, argue, quarrel, form a faction; support (one another), take (someone's) part, side (with).*
14g. *BT* 235, *ymbleydyaw* yn gadarn o bop tu. a o/rugant. **15g.** *GLGC* 333, blodau, yn lle'r *ymbleidir,* / Buellt teg, ni bu well tir [i dri mab Dafydd ap Hywel]. **1567** *TN* 242b, A' chan ryfic yr ei hynn y cyvodes cyfryw *ymbleidio* ac ymryson in yr Eccles. **1632** J. DAVIES: *LlR* 362, Hyd onid aeth *ymbleidio* (*schisme*) ac ymrafael yn eu plith hvvy. **17g.** *LlGC* 13215, 332, *Ymbleidio* Suffragor. **1672** J. LANGFORD: *HDdD* 463, Codi i fynu yn ei erbyn ef, neu *ymbleidio* (*taking part*) a'r rhai a wnánt felly. **1701** E. WYNNE: *RBS* 91, Tydi sy'n . . . *ymbleidio* (*setting up a faction*) yn erbyn pôb deisyfiad daionus a chyfiawn. **1722** *Llst* 189, *Ymbleidio* . . . To combine, make a faction. **1753** *ML* i. 247, Daccw Huw, mab Syr Bodeon, ym Mhresaddfed, pawb yn erbyn Bodorgan ond haid o offeiriaid sydd yn *ymbleidio* o'i du. **1803** *P* d.g. *Ymbleidiaw.*
(*b*) Pledio, yn enw. mewn cyd-destun cyfreithiol: *to plead, esp. in legal context.*
15g. *LHDd* 111, Os gỽedy *ympleidaỽ*: di varny ynn dragỽdaỽl. *Diw.* **15g.** *Pen* 53, 4, tri gwrthneit *ym bleydaw* (*LlCy* viii. 78, *ambleidyaw*) a beir dirrydyaw y kyffreitheu dolurys oe talareu. **16–17g.** *CRC* 425, ar gwyr o gyfraith hwythe / ar twrneiod a fydde / o bobtv ir barr yn *ymbleidio* / am fatter a fai yw wrando. **16–17g.** *Cer RC* 49, A'r trydydd a gare'r penadur o'r gore, / Fel ffreind o hyd breichie, brochus ni bu; / Eithr dwys addo â'r brenin *ymbleidio,* / A'i bardwn i fegio ar untu.

ymbleidiol [*ymblaid+-iol*] *a.* Ymbleidgar, cynhennus; pleidgar, partïol: *factious, contentious; partisan, partial.*
1733 J. THOMAS: *HYB* 68, Ymadael oddiwrthynt i ganlyn Dysgawdwyr *ymbleidiol.*

ymbleidiwr, ymbleidydd [bôn y f. *ymbleidiaf, ymbleidaf: ymbleid(i)o+-iwr, -ydd*[3]] *eg.* Un sy'n hyrwyddo neu'n arwain ymblaid, sgismatig; partisán, cefnogwr: *a factionist, schismatic; partisan, supporter.*
16g. *Llst* 40, 54, gwyar noday ar eloday [*sic*] / orym bloday yr *ymblaidydd* / dydd afynnych di ddifannav / dwys aur gannad dos ar gynnydd. **1685** *Art* 5, gwneuthur ei oreu ar wrth-droi y gau Aberthwŷr Pabaidd, ag *ymbleidwŷr* eraill oi cyfeiliorniad. *c.* **1700** D. MAURICE: *CGG* 17, Hereticciaid, ag *ymbleidwyr.* **1722** *Llst* 189, *Ymbleidiwr.* m. A schismatick, partyman. **1758** *ML* ii. 149, Fe gadd ein *hymbleidiwr* Brenhin Prwsia ei waethygu gan Frenhines Hungary. **1796** T. JONES: *CCA* 296, gelynion y saint, yn *ymbleidwŷr* (*sticklers*) mor brysur, ac yn erlidwŷr mor waedlyd. **1803** *P.*

ymbleitgar, gw. ymbleidgar.

ymbleseraf: ymbleseru, &c., **ymbletiaf: ymbletio, ymblethaf: ymblethu,**

gw. ym-+pleseraf: pleseru, plediaf: pledio, plethaf: plethu.

ymbluaf, ymblufiaf: ymbluo, ymblufio [*ym-+pluaf, plufiaf: pluo, plufio*] *bg.* Tacluso plu, &c., â'r pig (am aderyn), hefyd yn *ffig.*: *to preen, also fig.*

15g. *GDID* 87, Mynag edn, minwag ydwyd, / I ble 'dd ai, *ymbluo* 'dd wyd [i'r gigfran]. **15g.** *GTP* 52, Ail sud i farcud oedd fo, / Abl ei awydd, 'n *ymbluo* [dychan i dre'r Fflint ac i'r pibydd]. **15–16g.** *AAST* (1935) 90, I ba ddŵr ydd a i ŵra? / *Ymbluo* 'ddwy, i ble 'dd a [Dafydd Trefor i ofyn alarch]? **1745** *CM Archives* (LlGC), (*Trevecka Letters*) 1353, nad oes ond ambell un yn Diangc o Balase r fall . . . gwedy *ymblifio* mewn air ac arian. **18g.** *CC* 235, pa golled galed galar / o'i nyth erioed wnaeth yn iâr? / ymdreiglo yno anair / blâ gwarth *ymbluo* 'n y gwair [i'r iâr a'r mynawyd]. **1780** *W*, *ymbluo, ymblufio* d.g. *To plume* [*adjust the feathers, as a fowl* . . .]. *id. ymbluo* d.g. *To spruce it.* **1803** *P*, *Ymbluaw* . . . To plume one's self; to adjust the feathers. *id. Ymbluviaw* . . . To self-feather.

ymblygaf: ymblygu, gw. ym-+plygaf: plygu.

ymblygiad [bôn y f. *ymblygaf: ymblygu+-iad*[1]] *eg.* ll. *-au.* Plygiad, moesymgrymiad, osgo wargam, hefyd yn *ffig.*; goblygiad, ymhlygiad: *a bending, bow, stoop, also fig; implication.*

1770 *W*, *ymblygiad* . . . at orchwyl d.g. *Attention to business. id. ymblygiad* . . . yn fwa d.g. *A bending archwise. id.* d.g. *Implication.* **1803** *P*, *Ymblygiad*, s. m. . . . A bending one's self.

ymboenaf: ymboeni, ymboeraf: ymboeri, ymboethaf: ymboethi, gw. ym-+poenaf: poeni, poeraf: poeri, poethaf: poethi.

ymborth[1] [bôn neu fe.'r f. *ymborthaf: ymborthi,* &c.] *eg.b.* Bwyd, maeth, lluniaeth, cynhaliaeth, hefyd yn *ffig.*; porthiant (anifeiliaid): *food, nourishment, provender, sustenance, also fig.*; *fodder, forage.*

13g. *LlI* 20, porthavr . . . Ef a delc e *emborth* en wastat o'r llys. **1346** *LlA* 90, ygaryat ef yỽ *ymborth* yn eneideu ni. **14g.** *Cy* vii. 137, Tri *ymborth* gỽr. hela. a chyfneỽit. ac eredic. **16g.** *THSC* (1923–4) (At.) 38, nid yr *ymborth* dayarol yw yr *ymborth* a berv yn dragwyddol. **1551** W. SALESBURY: *KLl* lxxixa, y arlwyaw bwyt yw thuylwyth / ac ew [*sic*] llaw vorynion eu *ymborth* [:– lluniaeth]. **1588** *Job* ix. 26, megis yr eheda eryr at *ymborth.* **1588** *Eseia* ix. 18, bydd y bobl fel *ymborth* tân. **1632** *D*, *Ymborth*, Pastus, refectio, pabulum. **1715** T. EVANS: *CCG* [i], [y]r *ymborth* iachusol hon [y llyfr]. **1758** *ML* ii. 87–8, y wraig Elin rywiog oleu wedi myned yn *ymborth* i'r morfilod. **1803** *P*.

ymborthaf, &c.: **ymborthi, ymborth**[2], &c. [*ym-+porthaf: porthi*] *bg.a.* Ei fwydo, ei faethu, neu ei gynnal ei hun, bwydo, maethu, cynnal, hefyd yn *ffig.*; goddef, dioddef, derbyn; (?geir.) dwyn, cludo: *to feed, nourish, or sustain (oneself), live, also fig.*; *bear, suffer, accept*; (?*dict.*) *bear, carry.*

12g. *GMB* 101, Meir, mad *ymborthes* y beichiogi! *id.* 150, Rewin maỽr am wyr waỽr waredred, / Rwysc heb warth, rwyt o'e barth *ymborthed.* **12g.** *GLlF* 36, Ar orwydaỽt berth yd *ymborthaf.* **12g.** *GCBM* ii. 118, Hud *ymbyrth* y ysgwyd asgen. **13g.** *GDB* 198, Rwng y prenn frwydlawn a'r teir prif ffynnawn / Nyt oed ar hirgrawn yd *ymborthyt.* **13g.** (**1641**) *HGK* 30, gwneithur adeiladeu murddin, ag *ymborth* o ffrwytheu y ddaear. *c.* **1300** *B* ii. [31], dysc geluydyt y bop vn onadunt mal y gallont *ymborth* ehvnein. **1567** *TN* [xlvi], a's chwychwi trwy rat . . . a gynnydwch y allu treulo bwyt a vo dwysach a' ffyrfach . . . trwy nerth Duw, yr hwn ach gwnel yn addas, yn barawt . . . y *ymborth* arno. **1588** *Salm* xlix. 14, angeu a *ymborth* arnynt. **1606** E. JAMES: *Hom* iii. 164, ni rydd ef yn vnig i chwi ymborth i'ch *ymborthi*, ond fe a rydd i chwi gylla iachus hefyd. **1615** R. SMYTH: *GB* 22, hi [natur] roddodd i ddyn avvydd gvvancys i '*mborthi.* **1630** *YDd* 140, am henaid yn cael ei *ymborthi* (*feed*) yn llawen â thynghneddyf cydwybod. **1632** *D*, *Ymborthi*, Pasci, pascere se. Item ferre, portare. **1771** *PDPh* 68, os ydyw cig ei ddannedd blaen wedi chwyddo yn rhy uchel, fe attal hynny'r ceffyl i *ymborthi.* **1803** *P* d.g. *Ymborthi.*

Gw. hefyd amborthaf: amborthi.

ymbortheg [*ymborth*[1]*+-eg*[1]] *eb.* Dieteteg: *dietetics.*

1916.

ymborthegol [*ymbortheg+-ol*] *a.* Yn perthyn i ddeiet neu ymbortheg: *dietetic.*

20g.

ymborthegwr, ymborthegydd [*ymbortheg+-wr, -ydd*[3]] *eg.* (b. *ymborthegwraig*) ll. *ymborthegwyr, ymborthegyddion.* Arbenigwr ar ddeiet: *dietitian.*

20g.

ymborthfa [*ymborth*[1]*+-fa, ma*] *eb.* Ffreutur: *refectory, mess.*

[**1783**] *W* d.g. *Refectory.*

ymborthiad[1] [bôn y f. *ymborthaf: ymborthi,* &c.+*-iad*[1]] *eg.* ll. *-au.* Y weithred o ymborthi neu fwydo, bwyd, pryd o fwyd, cynhaliaeth, hefyd yn *ffig.*: *a feeding, food, meal, sustenance, also fig.*

16g. *Def Hen* 28–9, Eithr y tylawd eglwyswyr o'r Yfengil yn dwyn rhybydd llawen o'n cadwedigaeth, ir ydis yn i rhyfygy, i ysclyso . . . yn meddwl fod pob peth bychana yn ormod uddynt, a'i gwneythyd yn *ymborthiad* i bob brilin o swyddogyn. **1606** E. JAMES: *Hom* iii. 94, breuddwydio am *ymborthiad* cnawdol (*carnal feeding*). **1719** *TDP* 11, Yspryd Archwaethu, drwy ba un i mae *ymborthiad* (*feeding*) yn dyfod ar y pethau a fwyteir neu a yfer. **1800** W. OWEN[-PUGHE]: *CP* 128, yr amryw *ymborthiadau* (*provisions*) o irfwyd. **1803** *P*.

ymborthiad[2] [bôn y f. *ymborthaf: ymborthi,* &c.+*-iad*[2]] *eg.* ll. *-iaid.* Bwytawr; bwydwr, porthwr, cynheiliad: *eater*; *one who gives food, feeder, maintainer.*

12g. *GCBM* i. 256, Branhes *ymborthyad*, nyd amborthei—gabyl. **1800** W. OWEN[-PUGHE]: *CP* 64, y fath *ymborthiaid* glanwaith â defaid.

ymborthiannol [*ymborthiant+-ol*] *a.* Yn perthyn i fwyd; bwytadwy: *pertaining to food; edible.*

1835.

ymborthiant [*ymborth*[1]*+-iant*] *eg.* Bwyd, ymborth, maeth, lluniaeth, cynhaliaeth, hefyd yn *ffig.*: *food, nourishment, provender, sustenance, also fig.*

1658 R. VAUGHAN: *LlB* 41, Swpper yr Arglwydd; yr hwn a selia i ni yn *ymborthiant* yn oestadol. **1711** M. MAURICE: *YAD* 365, [e]i Gorph ai wâd [*sic*] ef, a'i holl Ddoniau, yw [*sic*] *Hymborthiant* ysprydol au Cynnydd mewn Grâs. **1803** *P*.

ymborthol [*ymborth*[1]*+-ol*] *a.* Yn perthyn i fwyd neu faeth, lluniaethol, dietegol; bwytadwy: *pertaining to food or nourishment, dietary; edible.*

1604–7 *TW* (*Pen* 228) d.g. *Victualis.* **1778** *W* d.g. *Pabular.* **1803** *P* d.g. *Ymborthawl.*

ymborthwr [bôn y f. *ymborthaf: ymborthi,* &c.+*-wr*] *eg.* Bwytawr; bwydwr, porthwr, cynheiliad: *eater; one who gives food, feeder, maintainer.*

1606 E. JAMES: *Hom* i. 48, yr oedd ganthynt hefyd ddiogel obaith a hyder y byddai fe yn Dduw iddyn hwy . . . yn *ymborthwr* (*maintainer*) ac yn ymddiffynnwr. **1803** *P*.

ymbr, gw. umbyr.

ymbranciaf: ymbrancio, gw. ym-+pranciaf: prancio.

ymbraw, gw. ymbrofaf: ymbrofi.

ymbrawf[1] [*ym-+prawf*[1]] *eg.* ll. *ymbrofion,* (prin) *ymbrawfion.* Arbrawf, prawf, cais, cynnig, ymgais; prawf (barnwrol), treial; profiad; hunanymholiad: *experiment, test, trial, try, attempt;* (*judicial*) *trial; experience; self-examination.*

1722 *Llst* 189, *Ymbrawf.* m. A trial of skill. **1723** J. JONES: *LlA* 22, Y n[e]b a elo rhagddo . . . heb nag *Ymbrawf* (*rub*) nag Ammau ynghylch ei Gyflwr, nid wyfi yn ammeu Cyflwr neb yn fwy na'r eiddo ef. **1771** *W* d.g. *Bout* [*trial*]. **1777** W. DAVIES: *CHL* 103, [d]ynion . . . a aethant i wrandaw y cyfryw athrawon, nid er mwyn adeiladaeth . . . eithr er mwyn gwybod pa beth oedd ganddynt i'w ddywedyd . . . Eithr y cyfryw *ymbrawf* (heb alwad cyfion a chyfreithlon) sydd ryfygus a pheryglus. **1803** *P* d.g. *Ymbrawv.*

ymbrawf[2], gw. ymbrofaf: ymbrofi.

ymbrela, ymbrelo, gw. ambarél (hefyd At.).

ymbresenolaf: ymbresenoli, ymbriodaf: ymbriodi, gw. ym-+presenolaf: presenoli, priodaf: priodi.

ymbrodraf, ymbrodriaf: ymbrodr(i)o, gw. embroedraf: embroedro (hefyd At.).

ymbrofaf: ymbrofi, ymbrawf[2], **ymbraw** [*ym-+profaf: profi*] *bg.a.* Ymrafael, cystadlu, ymgynnig (yn erbyn), herio, dadlau, trafod; ei chwilio ei hun, ymholi; profi, rhoddi prawf ar, cael profiad o; ceisio, ymgeisio: *to contend, compete, pit oneself (against), contest, argue, debate; question or examine oneself; prove, test, experience; try, attempt.*

12g. *GCBM* ii. 118, Hud ymbyrth y ysgwyd asgen, / Hud *ymbraw* am breityaỽ breiscnenn. **12–13g.** *GLlLl* 252, Eithyr gwarth a gỽrthrynn ỽrth *ymbroui.* **13g.** *GDB* 198, Herwyd gwir a breynt yd *ymbroỽyt.* **13g.** *C* 42. 14–16, Ban dywu guas duv diwarnaud attav. ir *imbrav.* ae briaud. **13g.** *B* ix. 337, A phan gigleu was duv henne e dyscu a oruc e emendav e vuchedd en gentaf ene byt ac *embroui* ehun. **14g.** *T* 14. 19, odiruaỽr yydinaỽr pan *ymprofyn.* **14g.** *CR* 156, Nyt oes neb a ymveidiaw y *ymbroui* kedernyt a Rolant (*YCM*[2] 128, *ymbroui* a chedernit Rolant). **14g.** *WM* 391. 36–9, ef adaỽ yny diwed y gyuanhed y caffỽyf i arueu . . . ual y caffỽyf *ymbraỽf* ar marchaỽc. **14g.** *GDG*[3] 399, *Ymbrofwn* od ŷm brifeirdd / Â dau dafawd hyrddwawd heirdd [ymryson â Gruffudd Gryg]. **15g.** *IGBO* 34–5, dywedut eu bot yn wyr doethon, ac yn gwybot yr holl ysgritthur lan . . . da yw *ymbroui* ac wynt o'r ffyd. **15g.** *BB* 81, *ymbroves* y kythrel ac ef. **1551** W. SALESBURY: *KLl* xxxiiib, *ymprovet* [:– chwiliet] dyn ehunan. **1632** *D*, *ymbrofi* d.g. *Argumentor, Decerno, Experior.* **1725** *SR*, *ymbrofi* d.g. *To assay, try, or prove, To Experience, To Trie.* **1803** *P*.

ymbrofiad [bôn y f. *ymbrofaf: ymbrofi,* &c.+*-iad*[1]] *eg.* ll. *-au.* Cynnig, cais, arbrawf; profiad: *attempt, try, experiment; experience.*

1770 *W* d.g. *An assaying, Bout* [*trial*]. **1803** *P*.

ymbrofol [*ymbrawf*[1]*+-ol*] *a.* Empeiraidd: *empirical.*

1852.

ymbruddhaf: ymbruddhau, ymbrydferthaf: ymbrydferthu, ymbrynaf: ymbrynu, ymbrysuraf: ymbrysuro, ymburaf: ymburo, gw. ym-+pruddhaf: pruddhau, prydferthaf: prydferthu, prynaf: prynu, prysuraf: prysuro, puraf[1]: puro.

ymbwnciaf, ymbwncaf: ymbwnc(i)o, gw. ym-+pynciaf: pyncio.

ymbwniaf: ymbwnio [*ym-+pwniaf*[1]: *pwnio*; ansicr yw union ystyr nifer o'r enghrau. isod] *bg.* Ymdrechu, ymgodymu; curo ei gilydd, gwrthdaro: *to strive, grapple; strike one another, clash.*

17g. E. MORRIS: *Gw* 342, Crychu ffroen drwy boen *ymbwnnio*,—pand drwg? / Pen y trwyn yn rhostio [i Ddafydd ap Huw am ymadael â'r tybaco]. **1683** H. EVANS: *CTF* 2, Y rhai meirw mi dybyga, / Bôd eu hesgyrn yn *ymbwnnio*, / Ai bôd nhwy yn ymgofleidio. *Diw.* **17g.** *Card* 21, 10, Düll kybydd beünydd iw *ymbwnio* ar byd / ir bod digon gantho. [**1743**] *ML* (Add) 125, yr wyf yn *ymbwnio* yn y byd oreu y gallwyf. **1761** *B* vi. 21, Cais aflanfodd, ces flinfyd / Wrth geisio *ymbwnio* a'r byd; / Oes neb na chadd o'i febyd / Groesni wrth ymboeni a'r byd (Robin Ddu o Fôn)? **1766** *CD* 65, Sir Richard Bîr hefyd, Sir William Gwîn hyfryd / Oedd enbyd dan benyd i *ymbwnnio.* **1768** TWM O'R NANT: *CTh* 11, Mae ambell Wr yn Berson, / A wnaethai Eurych purion; / Felly mae'r Bŷd mewn llawer Llam, / Wedi *ymbwnio* mewn cam Dibennion [*sic*].

ymbwyaf: ymbwyo, ymbwyllaf: ymbwyllo, ymbwysaf: ymbwyso, &c., gw. ym-+pwyaf: pwyo, pwyllaf: pwyllo, pwysaf: pwyso, &c.

ymbwythaf: ymbwyth(o) [*ym-+pwythaf: pwytho*] *bg.* ?Ymdrechu, ymegnïo: *to strive, exert oneself.*

15g. *GLGC* 75, Ni *ymbwyth* ac ni ffrwythai / eithr a wnêl ewythr a nai [i ofyn bwcled]. **15–16g.** LLAWDDEN, &c.: *Gw* 67–8, Am bethau teg *ymbwythwn* / Am gig hydd a magu cŵn. **16g.** LEWYS MORGANNWG: *Gw* 659, Minau yn ddiau a ddaw / am beth attoch *ym bwythaw.* **1803** *P*, *Ymbwythaw* . . . To exert one's self.

ymbynciaf, ymbyncaf: ymbync(i)o, gw. ym-+pynciaf: pyncio.

ymbyrth, gw. ymborthaf: ymborthi.

ymcanaf: ymcanu, ymcreiniaf: ymcreinio, ymchoel[1]**,** gw. amcanaf: amcanu (hefyd At.), ymgreiniaf: ymgreinio, ymchwel[1].

ymchoel[2]**, ymchoelaf: ymchoelyd,** gw. ymchwelaf: ymchwelyd.

ymchoelaid, ymchoeledig, ymchoeliad, gw. ymchweiliad, ymcheledig, ymchweliad.

ymchwalaf: ymchwalu, ymchwanegaf: ymchwanegu, ymchwaraeaf: ymchwarae, ymchwedleuaf: ymchwedleua, gw. ym-+chwalaf: chwalu, chwanegaf: chwanegu, chwaraeaf: chwarae, chwedleuaf: chwedleua.

ymchweilaf: ymchweilyd, gw. ymchwelaf: ymchwelyd.

ymchweiliad [bôn y f. ymchweilaf, ymchweiliaf: ymchweilyd+-iad[2]] eg. ll. -iaid. Un sy'n troi ymaith neu'n dymchwel; (geir.) dychwelwr: *one who turns away or overthrows; (dict.) returner.*
13g. GDB 482, Doeth esgyrn gwyr chwyrn ei ymchwelion, / Ymchweiliad tromgad, trwm ei gofion. 1803 P, Ymçweiliad, s. m.—pl. ymçweiliaid . . . One that returns, or that causes a return.
Amr.: **ymchoelaid** [cf. ymchoelaf: ymchoelyd] (e.ll) Dchr. 15g. GM 26, Gwna da, Arglwyd, y da dynyon, / Ac o'e calonneu kyfiawnyon. / Ymchoelein (declinantes; 1567 LLGG (Sall) lxxivb, A'r ei y ymchwelant; 1588 Salm cxxv. 5, y rhai a ymdrônt; 1988 ib. y rhai sy'n gwyro) a duc Duw mywn trafael.

ymchweiliaf: ymchweilyd, gw. ymchwelaf: ymchwelyd.

ymchwel[1]**, ymchoel**[1] [bôn y f. ymchwelaf, ymchoelaf: ymchwelyd, &c.] eg.b. ll. ymchwelion, ymchwelau. Tro, troad, enciliad; dymchweliad; dychweliad; tro (da, &c.); hefyd yn ffig.: turn, turning, retreat; overturning; return; (good, &c.) turn; also fig.
13g. GDB 482, Doeth esgyrn gwr chwyrn ei ymchwelion, / Ymchweiliad tromgad, trwm ei gofion. 13g. C 5. 6-8, llyaus ev hymchuel in eu hymvan. id. 56. 5-6, Bei ychenauc duv gunai. ymchuelev. 13g. GBF 480, Hynny aeth heibaʊ val ymchoel dy laʊ. 14g. GIG 16, Dygn ymchwel dwyn Hywel hardd. c. 1400 YCM[2] 55, Ac yna ar yr ymchoel y doeth Isoret. 1604-7 TW (Pen 228), Gwneuthur ymchwel da a chymmwynas d.g. luuo. 1803 P, Ymçwel, s. f. . . . A return; a reverse.
Cfn.: **ar ei ymchwel:** inverted (in her.). 16g. Med H 64, Mae yn dwyn arian, sieffrwn ar i ymchwel o sabl.
Gw. hefyd **ymhoel.**

ymchwel[2]**,** gw. ymchwelaf: ymchwelyd.

ymchwelad, gw. ymchweliad.

ymchwelaf, ymchoelaf, &c.: ymchwelyd, ymchwelu, ymchweli, ymchwel[2]**, ymchoel**[2]**, &c.** [bf. o ym-+chwêl, cf. atchwelaf: atchwelyd, dychwelaf: dychwelyd: dymchwelaf: dymchwelyd, &c.] bg.a.
(a) Dychwelyd, mynd neu ddod yn ôl, troi (yn ôl), troi drosodd neu i fyny, troi a'i ben i waered, dymchwel, troi (pridd, &c.), aredig, hefyd yn ffig.; troi (yn erbyn neu ar); troi neu newid (yn): *to return, go or come back, turn (back), turn over or up, turn upside down, upturn, upset, turn (soil, &c.), plough, also fig.; turn (against or on); turn or change (into).*
13g. LlI 30, canyt emchuel y breynt tracheuen ar e chenedel. 13g. C 45. 7-9, Sew awnaethant plant kai y vrth y medel ym chueli. 13g. LlC 41, Pvybennac a ardho tyr en agheuarth, talet iiii d' am y agori, ac i d' am pob kuys a arduyt, neu eu emchuelu draceuyn. 13g. HGK 12, a'e annoc a orugant idav y emchuelut dracheuyn en gyflym. 13g. Cylchg LlGC v. 61, emchuelus e dolur ef en lleuenyd. 13g. GBF 273, Trist y'n goruc Crist (kred nyd ymchwel) / Treis dirgwyn ac nyd treis dirgel. 14g. LIB 71-2, yno y tric yn orffwyssawl hyt in amser medi, ac ymchoelut y gesyn ar y das. id. 80, a cheinhawc dros pob cwys a ymchoeles yr

---

aradyr. id. 116, o iawnder nyt ymchoel trachefyn. 14g. RC xxxiii. 209, ef a gilyaud or temel ac a ʊylaud. ac nyt ymchʊoelaud [sic] y ty. 14g. GDG[1] 61, Canmil chwil a ymchwelai / Cau was gorflwng rhwng pob rhai [dychan i Rys Meigen]. c. 1400 YCM[2] 59, amdiffyn ym Rolant, ac ymchoel gallon Otuel Sarascin. 1547 WS, Ymchwelyd Tourne. id. Ymchwelyd val carr din drosben Type ouer. 1567 LLGG 30b, Pwy a wyr a ymchwel ef ac etivarhay. 1567 TN 97a, Ynchwyl ith tuy. 16g. LIS 125, da gantun dir bras gwrteithus a wedy ei ymchoelyd yn vynech. 1588 Am iv. 11, Mi a ddymchwelais rai o honoch, fel yr ymchwelodd Duw Sodoma, a Gomorra. 1595 M. KYFFIN: DI'f [60], rhai yn doedyd fod sylwedd y bara, yn ymchwel (return) drachgefn. 1632 D, Ymchwelyd, Euertere, reuertere. 1678 RWM i. 213, ar tân yn llydw, ar lludw yn ddwr, ar dwr yn ymchoel yn blwm. 1723 WM: PGG 57, Da fyddo ini ymchoelyd [sic] at Dduw fel Disgyblion iefangc. 1780 W, ymchwelyd d.g. To plough. 1803 P d.g. Ymçwelyd.

(b) Cyfieithu, trosi; trawslythrennu: *to translate; transliterate.*
13g. BD 41, A'r gyureith honno a ymchuelvs Aluryt urenhyn o Gymraec yn Saesnec. c. 1400 YCM[2] 41, A'r llyuyr hwnn a ymchoeles Madawc ap Selyf o Ladin yg Kymraec. 15g. BB 3-4, trossi ac ymchweʌut y llyuyr kymraec hwnnw yn lladin. 1547 WS [xv], Ac im tʃp i nid hoffach gan y Groecwyr a llythyr ch, pan ymchwelynt or ebryw Iohannes yn lle Iochanna. c. 1585 G. ROBERT: DC [xx], Yna y bydd rhaid ymchwel bob geir yn gymhwys ag yn ei briawd anian cyd bo tywyll i lawer.
Amr.: **ymchweilaf, ymchweilaf: ymchwelyd.** 14g. Bren Saes 70, ymchweilit y lygeit. 15g. BB 8, ymchweiliassant. id. 48, ymchweilawd.
Gw. hefyd **ymhoelaf: ymhoelyd.**

ymcheledig, ymchoeledig [bôn y f. ymchwelaf, ymchoelaf: ymchwelyd, ymchoelyd, &c.+-edig] a.bfl. Wedi dychwelyd, wedi troi (yn ôl, i ffwrdd, &c.); wedi cael tröedigaeth (grefyddol), yn peri tröedigaeth (am ras); wedi ei droi wyneb i waered neu i'r gwrthwyneb, dymchweledig; hefyd yn ffig.: returned, turned (back, away, &c.); converted (in religious sense), converting (of grace); overturned, reversed; also fig.
13g. LIst 1, 186, Ac ar avrhon megys gwynllann da gwedy dyrywyav ymchweledyc (RB ii. 235, ymchoeledic) en chwerwed hyt na elly ty amdyffyn dy wlat nath wraged. nath veybyon. 15g. (1594) BY 7, ef a lehawyt Cherubin angel a chledhyf tân gantaw ymchweledic ar dhrws Paradwys. 1567 LLGG 93a, na bythom val plant ymchweledic (carried away) gan bop awel wag ddysceidiaeth. 1604-7 TW (Pen 228), ymchweledic o dhywrth dhrwc d.g. Conuersus. id. ymchweledic o ʊuersus, Versatilis. 1672 J. LANGFORD: HDdD 420, Dyro dy . . . ymchweledic (converting) Râs i'r rhai sydd mewn pechod. 1743 J. JONES: LIAW 162, Diddanwch i bob gwir gredadwy, edifeiriol, ac ymchweledig bechaduriaid. 1803 P d.g. Ymçweledig.

ymchweledigaeth [ymchweledig+-aeth] eg.b. Tröedigaeth (grefyddol), newid, troad: (religious) conversion, change, turning.
16g. (LlEG) Mos 158, 608b-609a, Kanis oddier bodd Kywir ymch[w]eledigaeth ynny Kraduriaid daiarol, Ni dar Kyuriw nevolion arwyddion a chyssyylldiadau heibio ynover. Diw. 16g. LBS iv. 406, cophaü a orüc y wyryf fendigedic y hymchweledigaeth. 1604-7 TW (Pen 228) d.g. Conuersio. 1608 Pen 217, 2, Trydyd vu ymchweledigaeth ryved. ac am hynny y gelwir yn etholedic ryvedd. Kanys ymchwel y gret gwir wy ethol. 1711 M. MAURICE: YAD 25, anghyfnewidioldeb Duw . . . trwy ba ûn y mae ef bob amser yr un yntho fe ei hun, heb yr ymchweledigaeth lleiaf. id. 101, Ei bod hwy [y pedair elfen] yn ei nhattur yn ddarostyngedig i ymchweledigaeth. 1803 P, Ymçweledigaeth, s. m. . . . Conversion.

ymchweliad, ymchwelad, ymchoeliad [bôn y f. ymchwelaf, ymchoelaf: ymchwelyd, ymchoelyd, &c.+-iad[1], -ad] eg. ll. -au. Tröedigaeth (grefyddol), newid, troad; dychweliad; gwrthgiliad, gwrthryfel; cyfieithiad; esgyniad (i'r orsedd): (religious) conversion, change, turning; return; backsliding, rebellion; translation; accession (to the throne).
13g. (1641) HGK 26, Hu yarll a'r ʃ'Ffreink ereill, yn llawen o ymchwelyat Magnws vrenhin. 1551 W. SALESBURY: KLl xlvb, tad y goleuni / y gyd ar hwn nyt oes yo mutiat [sic] neu nascawt y[m]choeliat. 1552 W. SALESBURY: Gw 321, Tropos, Kynnwrf, id ymchoeliat ne ysmûtiat gair neü ymadrodd or helaeth arwyddockaat ar arwyddockaat arall. 1567 TN 195b, gan vanegy ymchweliat y Cenetloedd. 1588 Hos xiv. 4, Meddiginiaethaʃf eu hymchweliad hwynt. 16-17g. B ix. 109, A chyd bair andyscedic yw darwen ar ei

---

ymchweliad ir Camberaec [am gyfieithiadau William Salesbury]. 1604-7 TW (Pen 228), ymchweliat d.g. Conuersio. 1606 E. JAMES: Hom iii. 200, po gwaethaf fu dy fywyd bydded dy edifeirwch a'th ymchweliad dithau difrifach a gwresoccach. 1670 J. HUGHES: AP 209, ymchweliad yr Anffyddloniaid . . . i'r Ffydd Gatholic. 1688 S. HUGHES: TSP 300, ymchweliad (backsliding) [:- Cyliad [sic] yn ôl, oddiwrth Grefydd]. 1765 J. POPKIN: LI 223, [C]ydsyniad y tair Teyrnas ar yr Ymchweliad (dyfodiad y Brenin Wiliam i'r orsedd). 1803 P, Ymçweliad, s. m. —pl. s. au . . . Conversion.

ymchwelwr [bôn y f. ymchwelaf: ymchwelyd, &c.+-wr] eg. ll. -wyr. Un sydd wedi cael tröedigaeth (grefyddol); dychwelwr: (religious) convert; returner.
1774 T. JONES: DG 100, [y] Paganiaid . . . cwympasant ar eu cyd-ddinasyddion, yr ymchwelwyr newydd, ac a'u torrasant yn ddarnau. [1788] EDP 41, nid yw'r gwybodaeth yma mewn ymchwelwyr ar y cyntaf, gan hynny, pan ddechreuo Duw eu deffro. 1803 P, Ymçwelwr, s. m.—pl. ymçwelwyr . . . One who returns, a reverter; a converter.

ymchwerwaf: ymchwerwi, gw. ym-+chwerwaf: chwerwi.

ymchwil [bôn y f. ymchwiliaf: ymchwilio] eb.g. ll. -ion, a hefyd gyda grym ansoddeiriol. Archwiliad neu astudiaeth i ddarganfod ffeithiau a dod i gasgliadau newydd, astudiaeth drylwyr a chyfundrefnol o ddefnyddiau, ffynonellau, &c., er mwyn cadarnhau ffeithiau, crynhoi gwybodaeth, &c. (yn enw. fel astudiaeth ôl-raddedig ffurfiol), arolwg o farnau, &c., ymchwiliad, ymholiad: research, investigation.
17g. LlGC 13215, 332, Ymchwyl Disquisitio. Ar lafar, 'Sut ma'r ymchwil yn mynd 'ta?'

ymchwilgar [ymchwil+-gar] a. Awyddus am wybodaeth, ymofyngar, chwilfrydig, yn ymchwilio('n ddiwyd; chwilgar (am gwestiwn, &c.), treiddiol: eager for knowledge, inquiring, curious, researching (diligently); probing (of question, &c.).
1838.

ymchwiliad [bôn y f. ymchwiliaf: ymchwilio+-iad[1]] eg.b. ll. -au. Y weithred neu'r proses o ymchwilio, ymholiad, chwiliad, ymchwil, archwiliad: inquiry, investigation, search, research, examination.
1718 (1721) S. THOMAS: HB 152, Examinasion ac Ymchwiliad fanawl jawn a wnaed. 1803 P, Ymçwiliad, s. m. . . . A self-searching.

ymchwiliadaeth [ymchwiliad+-aeth] eb. Ymchwil, astudiaeth: research, study.
1852.

ymchwiliadol [ymchwiliad+-ol] a. Yn perthyn i ymchwiliad neu ymchwilio, ar gyfer ymchwiliad, ymchwiliol: investigational, investigative.
1848.

ymchwiliaeth [ymchwil+-iaeth] eb.g. ll. -au. Ymchwil, ymchwiliad: research, investigation.
1845.

ymchwiliaf: ymchwilio [ym-+chwiliaf: chwilio] bg.a. Gwneud ymchwil (i), gwneud ymchwiliad trylwyr a chyfundrefnol, gwneud ymholiadau neu ymchwiliad (swyddogol), chwilio am wybodaeth yn ffurfiol, astudio'n ofalus, archwilio: to research, make researches, investigate (officially), inquire, study carefully, examine.
1567 LlGC 133a, yddwyf yn erchi yty ymchwilio [:- ymholi] dy hun, a'th gyflwr. 1604-7 TW (Pen 228), ymchwylio d.g. Examino. 1677 R. JONES: BB 84, Yr ydych . . . tros ben ymofyn ac ymchwlio [sic] arnoch eich hunain (self-examinations), o ran cael ymwared na'i obaith. 1725 SR d.g. To Examine. 1803 P d.g. Ymçwiliaw.

ymchwiliol [ymchwil+-iol] a. A nodweddir gan ymchwil, ymchwiliadol, archwiliol: investigative, investigational, exploratory.
20g.

ymchwiliwr, ymchwilydd [bôn y f. ymchwiliaf: ymchwilio+-iwr, -ydd[3]] eg. ll. ymchwilwyr, ymchwilyddion. Un sy'n

ymchwilio neu'n gwneud ymchwil: *research-er*.

1803 P, *Ymçwiliwr*, s. m.—pl. *ymçwiliwyr* [*sic*].

ymchwydd [bôn y f. *ymchwyddaf: ymchwyddo*] *eg.* Chwydd(iad), cynnydd; symudiad sydyn ymlaen neu ar i fyny; dygyfor (y môr, &c.), gorlif; balchder, rhyfyg, rhodres: *a swell(ing), increase; surge, heave; swell (of sea, &c.), billowing, flood; pride, presumption, pomposity.*

1588 *Jer* xlviii. 29, Moab . . . ei balchder ai thraha, ai h*ymchwydd*, ac vchder ai chalon. **1588** *Job* xxxviii. 11, *ymchwydd* dy donnau di. **1599 (1677)** R. HOLLAND: *AB* 38, Ond medd y Papistiaid, bod yn hyderus ac yn siccr o drugaredd Duw sydd *ymchwydd* (*presumption*), a rhyfyg mawr. **1620** *Salm* xlvi. 3, er crynu o'r mynyddoedd gan ei *ymchwydd* (**1567** *LlGG* (*Sall*) 26a, vordwy) ef [y môr]. **1632** *D* d.g. *Inflatio*. **1657** RE: *CDd* [29]7, Felly, mae llawer dŷn yn cyffwrth a threistwch [*sic*] ddigon yn ei *ymchwydd* pechadurus. **1657** *MLl* ii. 111-12, Mercury . . . Yno mae hi 'n ennyn rhyfel, / *Ymchwydd*, gwaed, ymryson, cwarel. **1677** *TC* [vii], chwythu chwsigen oferedd hyd oni thorrai o *ymchwydd*. **1791** GW. MECHAIN: *Rh* 11, Balchder ac *ymchwydd* sychedig, yn hiraethu am glod a gwag ogoniant. **1803** P.

ymchwyddad, gw. ymchwyddiad.

ymchwyddaf, &c.: **ymchwyddo**, &c. [*ym-+chwyddaf: chwyddo*] *bg.a.* Chwyddo, ehangu, lledu, cynyddu; chwyddo gan falchder, &c., ymddyrchafu; chwyddo (am y môr, &c.), dygyfor: *to swell, expand, dilate, increase; swell or puff up with pride, &c., elevate oneself; billow, swell, surge (of sea, &c.).*

c. **1400** *Ymborth* 3, Vn geingk ar bymthec yssyd y valchder, nyt amgen: ymwychyaw . . . *ymchwydaỏ*, kynhennu. c. **1475** *B* xiii. 176, Yr auonyd a ymdorrant gan *ymhwydaw* yn weilgioed. **1567** *TN* 257a, cariat nyd ymffrostia: nyd *ymchwydda* (W. SALESBURY: *KLl* xvb, nyd ymchwtha). **1588** *Salm* cxxxi, 1, nid *ymchwyddodd* fyng-halon. **1599 (1677)** R. HOLLAND: *AB* 47, ni ddyle y rhai sydd wedi eu cynnyscaeddu â mwy messur o ras, *ymchwyddo* (*swell*) mewn balchder oblegit hynny. **1632** *D* d.g. *Ampullesco, Intumeo*. **1732-3** J. OWEN: *GB* 56, gan fod y Llyfr wedi *ymchwyddo* eisioes i fwy Faintioli nac oeddwn i yn amcanu ar y cyntaf. **1784** M. WILLIAMS: *S* ii. 31, fe deneua'r ychydig aer tufewnol, gan *ymchwyddo*'r bledren i'r gradd eithaf. **1803** P d.g. *Ymçwyzaw*. Ar lafar 'Mae o 'di cael lle gwell nag oedd o a mae o 'di *ymchwyddo*'n arw' (Arfon).

ymchwyddedig [bôn y f. *ymchwyddaf: ymchwyddo+-edig*] *a.bfl.* Chwyddedig, ymchwyddol (am y môr, &c.); chwyddedig (gan falchder, &c.), balch, trahaus; chwyddedig (am iaith, &c.): *swollen, swelling or billowing (of sea, &c.); swollen or puffed up (with pride, &c.), proud, haughty; bombastic (of language, &c.).*

1633 *Addysg i Farw*, 50, Pa beth amgen y maent hwy ['y sawl sydd yn y byd'] yn i gael ond moroedd *ymchwyddedig*, yn llawn terfysg a helbul, lle ir ydis yn i haldian nhw ymma a thraw gan amryw gafodydd o dymhestloedd gwynt. **1716** E. SAMUEL: *GGG* 180, Dynion *ymchwyddedig* gan falchder a thraha. **1733** J. OWEN: *TBG* 74, lliw rhagorol o fawr ac *ymchwyddedig* eirjau gwagedd. **1803** P.

ymchwyddgar [*ymchwydd+-gar*] *a.* Rhodresgar, bombastig: *pompous, bombastic.*

20g.

ymchwyddiad, ymchwyddad [bôn y f. *ymchwyddaf: ymchwyddo+-iad¹, -ad*] *eg.* Chwydd(iad), cyflwr chwyddedig, mwyhad, ehangiad, ymlediad; balchder, rhyfyg, rhodres: *a swell(ing), bloating, enlarging, expansion, dilation; pride, presumption, pomposity.*

1620 *2 Cor* xii. 20, rhag bôd cynhennau, cenfigennau . . . *ymchwyddiadau* (**1567** *TN* 276a, ymchwyddo). **1773** W, *ymchwyddiad, ymchwyddad* d.g. *Elation* [*haughtiness or pride, a being puffed up*]. **1803** P, *Ymçwyziad*, s. m. . . . A puffing up one's self.

ymchwyddog [*ymchwydd+-og*] *a.* hefyd gyda grym enwol. Ymchwyddol (hefyd am y môr, &c.), ehangol; chwyddedig (gan falchder, &c.), balch, trahaus: *swelling*

(*also of sea, &c.), expansive; swollen (with pride, &c.), proud, haughty.*

1826.

ymchwyddol [*ymchwydd+-ol*] *a.* Yn chwyddo (hefyd am y môr, &c.), cynyddol, ehangol, *Meddyg.* chwyddedig, chwyddedig (gan falchder, &c.), balch, trahaus; bombastic: *swelling (also of sea, &c.), increasing, expanding, oedomatous (in med.); swollen (with pride, &c.), proud, haughty; bombastic.*

1793 DAFYDD IONAWR: *CD* 218, Caisar fawr yn awr a wnaeth / Farn hynod trwy 'r Frenhiniaeth: / Ef oedd a'r Byd i'w feddiant, / Gwnai 'n ol ei *ymchwyddol* chwant. **1803** P d.g. *Ymçwyzawl.*

ymchwyl, gw. ymchwelaf: ymchwelydd.

ymchwythaf: ymchwythu, gw. ym-+chwythaf: chwythu.

ymdaclaf: ymdaclu, ymdaclo, ymdaclusaf: ymdacluso, gw. ym-+taclaf: taclu, taclusaf: tacluso.

ymdaenaf: ymdaenu [*ym-+taenaf: taenu*] *bg.a.* Taenu, lledaenu, ymledu, ehangu: *to spread (out or abroad), disseminate, become widespread, expand.*

1746 *Barn* xv. 9, Yna y Philistiaid a aethant i fyny, ac a wersyllasant yn Juda, ac a *ymdaenasant* (**1588** *ib.* ymledasant) yn Lehi. **1800** W. OWEN[-PUGHE]: *CP* 27, llifeiriant y gauaf yn *ymdaenu* dros ei feusydd. **1803** P.

ymdaenedig [bôn y f. *ymdaenaf: ymdaenu+-edig*] *a.bfl.* Wedi ei daenu neu ei ledaenu, gwasgaredig, cyffredin; gorchuddiedig: *spread (out), scattered, widespread, common; covered.*

1848.

ymdaeniad [bôn y f. *ymdaenaf: ymdaenu+-iad¹*] *eg.* ll. *-au.* Ymlediad, lledaeniad, gwasgariad, ehangiad: *a spread(ing), dissemination, diffusion, expansion.*

1772 D. RISIART: *HFP* 125, yr act am *ymdaeniad* yr efengyl yng Nghymru. **1803** P.

ymdaenol, ymdanol [bôn y f. *ymdaenaf: ymdaenu+-ol*; â'r ail ff. cf. *tanaf¹: tanu*] *a.* Lledaenol, ymledol, cynyddol, ehangol; ymlusgol (am blanhigyn), ymgripiol, ymledol: *spreading, increasing, expansive; trailing (of plant), creeping, spreading.*

1803 P d.g. *Ymdaenawl.* **1913** *WB* 11, Creeping Fescue-grass; Peisg-wellt *ymdanawl.*

ymdaeraf: ymdaeru, &c., gw. ym-+taeraf: taeru, &c.

ymdaflaf: ymdaflu [*ym-+taflaf¹: taflu*] bg.a. ac yn eithriadol *ba.* Ei daflu neu ei hyrddio ei hun, taflu, hyrddio, hefyd yn *ffig.*; llofneidio (mewn gymnasteg); troi a throsi, symud yn aflonydd neu o ochr i ochr (am long, &c.), dygyfor (am donnau, &c.); rhuthro'n erbyn ei gilydd; ymwthio (allan), estyn allan: *to throw or hurl (oneself), also fig.; vault (in gymnastics); toss and turn, toss (of ship, &c.), surge (of waves, &c.), billow; rush or charge one another other; protrude, jut out.*

13g. *A* 3. 11-12, milcant a thrychant a *emdaflawr*. gwyrantlyr gwynnodynt waewawr. **1603** W. MIDLETON: *Ps* 190, Gann dy lid a gofidio / Ymgodais *yndeflais* do. **1620** *Mos* 204, 41, Chware ymdaflu, ag yfale dur. **1632** J. DAVIES: *LlR* 175, Y mor o'r tu allan i'r llaill yn fawr ei fordwy, a'i ryferthwy a'i donnau yn *ymdaflu* ac yn ymdreiglo. **1653** *MLl* i. 257, yn llawn tristwch, ond yn mwynhau canwyll llawenydd di-gymmar, yn *ymdaflu* mewn tonnau, ond yn sicr wrth yr angor. **1740** T. EVANS: *DPO* 299, Pa raid . . . i Dadau bedydd *ymdaflu* i berygl y rhai allant farw cyn cyflawni yr Addewidion a wnaethant. **1753** *HFfS* 15, *ymdaflu* i lawr ac i fynu ar y Gwely. **1779** D. DAVIES: *BDED* 32, hi a flinasai ei hunan wrth *ymdaflu* ac ymdroi yma a thraw yn ddibaid heb allel fyth gael dim gorphwystra. **1803** P.

ymdafliad [bôn y f. *ymdaflaf: ymdaflu+-iad¹*] *eg.* Y weithred o ymdaflu, llam, hyrddiad, dygyfor (tonnau, &c.), plymiad, pendiliad; echdoriad (llosgfynydd), pistylliad;

bargodiad; hefyd yn *ffig.*: *a leaping or hurling, leap, hurl, surge (of waves, &c.), swoop, swing (of pendulum); eruption (of volcano), gush; projection; also fig.*

1794 *W*, Disgynniad neu syrthiad disymmwth (ymsaethiad *ymdafliad* . . .) hebog ar ei ysglyf d.g. *Swoop.* **1803** P d.g. *Ymdavliad.*

ymdafodaf,   ymdagaf: ymdagu, ymdangnefeddaf: ymdangnefeddu, gw. ym-+tafodaf: tafodi, tagaf¹: tagu, tangnefeddaf: tangnefeddu.

ymdaith¹ [*ym-+taith¹*, ond gw. *ymddâf: ymddaith*] *eb.* ll. *ymdeithiau, ymdeithion.* Taith, siwrnai, hynt, cwrs, tramwy, crwydriad, gorymdaith, hefyd yn *ffig.*; arhosiad (dros dro), preswyliad: *journey, voyage, expedition, course, transit, wandering, march, also fig.; (temporary) stay, a dwelling.*

1588 *Gen* xvii. 8, mi a roddaf i ti, ac i'th hâd ar dy ôl di, wlâd dy *ymdaith* . . . yn etifeddiaeth dragwyddawl. *id.* xlvii. 9, dyddiau blynyddoedd fy *ymdaith* ydynt ddêc, [*sic*] ar hugain, a chan mhlynedd. **1588** *Doeth Sol* xix. 10, y pethau a ddigwyddase iddynt yn eu *hymdaith* (**1988** *ib.* eu preswyliad mewn gwlad ddieithr). **1661** E. LEWIS: *Drex* [xvii-xviii], am nad yw dy *ymdaith* di i farn a Thragywyddoldeb ond siwrnai ddiwrnod. **1704** E. SAMUEL: *BA* 74, Pan ddaethant yno hwy a fynegasant ir Eglwys eu *hymdaith*. **1722** *Llst* 189, *Ymdaith* . . . f. p. *deithiau.* A journey, march, voyage, sojourning. **1775** *W* d.g. *Journey* [*travel by land; way, progress, &c.*], Travel, Voyage. **1803** P, *Ymdaith*, s. f.—pl. *ymdeithiau* . . . A journey.

ymdaith², gw. ymdeithiaf: ymdeithio.

ymdalaf: ymdalu, &c., gw. ym-+talaf: talu, &c.

ymdan-, gw. am³.

ymdanaf, ymdannaf: ymdan(n)u, gw. ym-+tannaf¹: tannu.

ymdanol, gw. ymdaenol.

ymdarawaf,   ymdarawo,   ymdarawiaeth, ymdarawus, gw. ymdrawaf: ymdaro, ymdrawiaeth, ymdrawus.

ymdarddaf: ymdarddu, gw. ym-+tarddaf¹: tarddu.

ymdaro, gw. ymdrawaf: ymdaro.

ymdawelaf: ymdawelu, gw. ym-+tawelaf: tawelu.

ymdawr [?drwy gamddeall engh. fel *ymdawr*, *T* 65. 9 (gw. *doraf: dori*); gw. hefyd *diymdawr*] *eg.* Gofal, pryder: *care, concern.*

1772 IOAN WALLTER: *DB* 43, pob un y sy'n fwy ei ofal a'i *ymdawr* am ymddiffyn ei farn a'i ddaliad ei hun, nag am olrhain a chael allan y gwirionedd. *id.* 44, *Ymdawr* Concern. **18-19g.** *MA* iii. 209, Tri pheth â wedant yn well no thavawd beth à vo mewn dŷn: ei law, ei lygad, a'i *ymdawr.* **1803** P.

ymdebygaf: ymdebygu, ymdebygolaf: ymdebygoli, ymdecâf: ymdecáu, &c., gw. ym-+tebygaf: tebygu, tebygolaf: tebygoli, tecâf: tecáu, &c.

ymdeimlad, &c. [bôn y f. *ymdeimlaf: ymdeimlo+-ad²*, trf. han.] *eg.* ll. *-au.* Teimlad (greddfol), synnwyr, synhwyriad, ymwybyddiaeth, ymwybod, argyhoeddiad (o bechod, &c.): *(instinctive) feeling, sense, sensation, consciousness, conviction (of sin, &c.).*

1604-7 *TW* (*Pen* 228), *ymdeimlat* d.g. *Intellectus.* **1684** J. DAVIES: *LlR* 382, Pa ham . . . y byddei i *ymdeimlad* [*sic*] o'th bechodau dy ddal di rhag myned at Grist. **17-18g.** O. GRUFFYDD: *Gw* 108, Wrth goffa drwg gyffes fy hanes fy hun, / A 'mdeimlad o'th nodded yn aned [*sic*] yr un. **1717** IACO AB DEWI: *MN* 243, *Ymdeimlad* oddi mwyn o'i Ddyled ei hun. **1775** E. GRIFFITHS: *GF* 272, Pa fodd y dygwyd Pedr i ymdeimlad ac edifeirwch am y pechod hwn? **1785** E. BARNES: *MH* 6-7, Oh na ddeallent hyn! na fai ganthynt iawn *ymdeimlad* o'u lleshadau ysbrydol.

ymdeimlaf: ymdeimlo [*ym-+teimlaf: teimlo*] bg.a. Teimlo, ymwybod (â), bod neu ddod yn ymwybodol (o), ymglywed (â), bod neu ddod yn effro (i), sylweddoli; hefyd yn *ffig.*; cyffwrdd (â), ?cofleidio: *to*

feel, have a feeling (of), be(come) conscious, sensible, or aware (of), realize, also fig.; touch, ?embrace.

c. 1400 MM 154, Arwydon kylla afiachus ynt: trymder corf, anorbeidrƀyd ym deimlaƀ ac ef. c. 1400 YSG i. 122, yna yd ymdynessaawd pobun ohonunt att y gilyd, ac yd ymdeimlassant. Dchr. 15g. B x. 125, Yn ymdeimlaw yn ansyberw. 1552 Pen 403, 19, Saint Jerom / a vynne ir verch vrddassol / paula / ymdeimlo a gwlan. 1604–7 TW (Pen 228) d.g. Exploro, Tango. 1632 D d.g. Persentio. 1657 RE: CDd 301, nid ydynt ûn amser yn dyfodd [sic] i ymdeimlo a'u cyflwr. 1701 E. WYNNE: RBS 27, ped ystyrid a phe iawn ymdeimlid â'r Gwirionedd yma. 1760 E. WILLIAMS: UYB 59, i fod yn ddynion, a ymdeimlant lygredigaeth pechod yn gystal a chomffwrdd grâs. 1773 W d.g. To feel in one's self, begin to feel, or have some feeling of [a matter, pain, sickness, &c.]. 1803 P d.g. Ymdeimlaw.

ymdeimlfa [bôn y f. ymdeimlaf: ymdeimlo + -fa, ma] eb. Synhwyrfa, hefyd yn ffig.: sensorium, also fig.

[1783] W d.g. Sensory.

ymdeithdon, ymdeithdorf, ymdeithgan, gw. ymdaith¹ + tôn¹, torf, cân¹.

ymdeithgar [ymdaith¹ + -gar] a. Teithiol, symudol: travelling, moving.

1771 P. WILLIAMS: GWM 22, [t]ystio . . . fy mod yn cael fy argyhoeddi fwy fwy o sicrwydd diamheuol, ac anfeidrol bwys y gwirioneddau mawrion a draddodais o bryd i bryd; ac mor bell oddiwrth fod yn edifar gennyf eu traddodi mewn ffordd ymdeithgar, fel pe b'ai gennyf allu yn gyfattebol i'm hewyllys, mi a'i pregethwn o begwn y gogledd hyd begwn y dehau.

ymdeithiad [bôn y f. ymdeithiaf: ymdeithio, &c. + -iad¹] eg.b. ll. -au. Taith, ymdaith, crwydriad; arhosiad (dros dro), preswyliad; hefyd yn ffig.: journey, a travelling or wandering; (temporary) stay, a dwelling; also fig.

1620 1 Pedr i. 17, ymddygwch mewn ofn tros amser eich ymdeithiad (1567 TN 352b, preswylfa). 1661 E. LEWIS: Drex 255, gogoniant Tragywyddol am ymdeithiad ychydig ddyddiau [am fywyd dyn]. 1722 Llst 189, Ymdeithiad. f. as Ymdaith. 1728 GMJ 82, Onid yw dy ffieidd-dra yn gwneud Duw yn ddychryn itti ymmhôb dyledswydd, yn gystal ag y mae yn dwyno'r ddyledswydd trwy ymdeithiadau (wandrings) meddwl budr. [1738] E. JONES: CE 95, Eithr gan ymddwyn mewn ofn dros holl amser ein hymdeithiad yma. 1803 P.

ymdeithiaf: ymdeithio, ymdaith² [ym- + teithiaf: teithio; cf. ymddeithiaf: ymddeithio (d.g. ymddâf: ymddaith); ansicr yw'r engh. gyntaf isod] bg. Teithio, siwrneio, cerdded, tramwyo, mynd (mewn gorymdaith), gorymdeithio; aros (dros dro), preswylio; hefyd yn ffig.: to travel, journey, voyage, walk, traverse, go (in procession), march; stay (temporarily), dwell; also fig.

14g. GDG³ 19, Hyd yr ymdaith (Pen 76, 7, ymddaith) dyn eithaf, / Hyd y try hwyl hy haul haf. 1588 Gen xii. 10, Abram aeth i wared i'r Aipht, i ymdeithio yno. 1588 2 Esd xvi. 33, [y] ffyrdd a'r holl lwybrau a dyfant yn llawn o ddrain, am nad ymdeithia neb trwyddynt. 1618 J. SALISBURY: EH 337, ymdeithio âr [sic] hyd lhwybræ rhinwedhawl. 1632 D, Ymdaith, Itinerare; ambulare. id. ymdeithio d.g. Consto. 1632 J. DAVIES: LlR 404, felly y mae'r cyfoethogion sy'n ymdaith yn y byd hwn. 1675 R. JONES: HCh [174], Ymdeithio, Shwrneua. 18g. E. T. RHYS: DA 181, A Christ ei hun oedd un fu'n ymdaith, / Heb dŷ na gwely i'w gynhesu ganddo noswaith. 1775 W, ymdeithio, ymdaith d.g. To journey. id. ymdaith ar fôr d.g. To navigate. 1803 P d.g. Ymdeithiaw.

ymdeithiaid [bôn y f. ymdeithiaf: ymdeithio, &c. + -iaid¹] e.ll. Teithwyr, siwrneiwyr, crwydrwyr; preswylwyr (dros dro): travellers, voyagers, wanderers; (temporary) dwellers.

1588 Heb xi. 13, [c]yfaddef eu bod yn ddieithr, ac yn ymdeithiaid (1567 TN 339b, ddieithred) ar y ddaiar. 1718 (1721) S. THOMAS: HB 65, bydde ei had ef [Abraham] bedwar cant o flynyddoedd yn Ymdeithiaid mewn gwlad ddieithr.

ymdeithiol [ymdaith¹ + -iol] a. Teithiol, symudol, gorymdeithiol: travelling, moving, processional.

1632 D d.g. Itinerarius. 1784 D. JONES: LlDI 14, mi a ddychwelaf, i gymmeryd byrr olwg arno yn ei Ymdeithiol Lafur. Cafodd Yspryd ei Feistr, yr hwn a garodd wasgaru ei Fendithion, a'u taenu dros y byd. 1803 P d.g. Ymdeithiawl.

Gw. hefyd **amdeithiol.**

ymdeithiwr, ymdeithwr, ymdeithydd, &c. [bôn y f. ymdeithiaf: ymdeithio, &c. + -(i)wr, -ydd³] eg. ll. ymdeithwyr, ymdeithyddion. Teithiwr, siwrneiwr, crwydrwr; preswylydd (dros dro); hefyd yn ffig.: traveller, voyager, wanderer; (temporary) dweller; also fig.

1588 Jer xiv. 8, pa ham y byddi . . . fel ymdeithudd yn troi i letteua? 1588 2 Sam xii. 4, ymdeithudd a ddaeth at y gŵr cyfoethog. 1588 Salm xxxix. 12, ymdeithudd ydwyf gyd â thi, ac alltud fel fy holl dadau. a. 1600 (1681) Rhyddiaith Gymraeg ii. 163, hen wr oedd dad i mi (yr hwn a fuase ymdaithiwr mawr ac yspys iawn ymmhob gwlad). 1620 Esec xxvi. 17, y rhai a roddasant eu harswyd ar ei holl ymdeith-wŷr (1588 ib. bresswylwŷr) hi. 1630 YDd 401, lle mai'r ymdeithydd byth heb orphywys nes myned i ben e'i [sic] daith. 1632 D, Ymdeithiwr d.g. Peregrinator. id. ymdeithwr d.g. Hodæporus. id. ymdeithydd d.g. Diuersor. 1688 S. HUGHES: TSP 13, mal y gallai ymdeithwyr [:- Trafaelwyr] tlodion siwrneio tuag yno yn ddibryderach. 1713 TBM 245, Nis oes 'ddewid yma i 'mdeithydd / Syth dianglod ond saith dengmlwydd. 1779 J. PRYS: Alm 8, hyn sy'n arwyddo cynennau, ac ymrysonau, helbul ac Aflwyddiant i ymdaithyddion ar di'r [sic] a dŵr. 1794 W, ymdeithydd d.g. Traveler, Wayfaring man. 1803 P d.g. Ymdeithiwr, Ymdeithyz.

Gw. hefyd **ymddeithydd.**

ymdeithwastad, gw. ymddeithwastad.

ymdeithwr, ymdeithydd, gw. ymdeithiwr.

ymdemlaf: ymdemlu, ymdeneuaf: ymdeneuo, gw. ym- + temlaf: temlu, teneuaf: teneuo.

ymderaf: ymderu, gw. ymdderaf: ymdderu.

ymderfynaf: ymderfynu, ymderfysgaf: ymderfysgu, ymdesach, gw. ym- + terfynaf: terfynu, terfysgaf: terfysgu, tesach.

ymdesaf: ymdesu [bf. o ym- + tes] bg. Torheulo: to sunbathe, bask.

1803 P.

ymdewychaf: ymdewychu, gw. ym- + tewychaf: tewychu.

ymdiraf, &c.: ymdiro, &c. [?cf. twymdwyraf: twymdwyro] bg.a. Ei dwymo ei hun, twymo: to warm (oneself).

15g. GGl² 261, Y mae deuwres i'm diro, / Ei goed o'r glyn gyda'r glo. 1632 D, Ymdiro, Sese nudum ad ignem calfacere. 1722 Llst 189, Ymdiro . . . To warm ones self, to chafe ones self till he is warm. 18–19g. LlrC 52, 346, Medd i bob mîn, / A chwrw a gwîn, / Tan coed a glo / I'm ymdiro.

ymdirionaf: ymdirioni, ymdoaf: ymdoi, ymdoddaf: ymdoddi, &c., gw. ym- + tirionaf: tirioni, toaf: toi, toddaf: toddi, &c.

ymdoddbwynt [bôn y f. ymdoddaf: ymdoddi + pwynt¹] eg. Toddbwynt: melting point.

20g.

ymdonnaf: ymdonni, &c., gw. ym- + tonnaf¹: tonni, &c.

ymdopaf, ymdopiaf, &c.: ymdopi, ymdopio, ymdopian, &c. [cf. topaf³: topi] bg. Dod i ben (â), ymorol amdano ei hun, delio, ymdrin, ymwneud; ?ymdrechu, ymegnïo: to cope, manage, shift or fend for oneself, deal, have to do; ?strive, exert oneself.

16–17g. HG 173, nides a hi, ny wedir / dop yn hop, ym doppiyn [sic] hir / . . . / o hir ym doppi, a hon / groiwlwg, filaines, grilon [i'r henaint]. 16–17g. RAGR 307, ymdopia di yn galed /i/ ymelyd ar pared / cyn myned mewn dyled ofalüs. 17g. TBM 742, Ond blin am dipyn yw ymdopiaw—Rhys? / Y Dyfais rhai maleisfawr, / Ag egwan fe wnân' rhagawr—/ Ymdaro mwy am dir mawr. 1740 T. EVANS: DPO 44–5, Efe a ymgyrchodd naw mlynedd a holl Gadernid Rhufain, ac a allasai ymdoppi naw eraill, oni bu'sei ei fradychu ef. 1759 BC 264, Ar [sic] byd amserol deithiol drô, / Gad etto i'm doppio dippyn. 1787 (1812) TWM O'R NANT: PG 41, Y Methodistiaid a'r Dissenters, / Sy'n ffaelu ymdopio gydâ'r Dippers. 1798 W. RICHARDS: CC 20, Mi a allwn . . . ymdopi yn lled weddol etto, oni bae y Methodistiaid! Ar lafar, 'Gallwch chi mdopyd i gwnnu 'wnna 'ch 'unan' (dwyrain Morg.); 'Fi ymdopa' i ar 'wn', GTN 858.

Amr.: **myndopyd, myndopi.** 1894. Ar lafar, 'myndopi', GTN 580.

ymdorchaf: ymdorchi, gw. ym- + torchaf: torchi.

ymdordynnaf: ymdordynnu [bf. o ym- + tordyn] bg. Gloddesta, gwledda, hefyd yn ffig.; ?gorffwys, segura: to gorge, feast, also fig.; ?rest, idle.

1740 T. EVANS: DPO 92, yn lle gofalu dros eu Diadellau, eu Teml hwy a fyddai Cegin Tafarnau ac ymdorr-dynnu a chanu Maswedd. id. 126, ni roddes iddynt ond ychydig Hamdden i wledda ac ymdordynnu. 1777 W. DAVIES: CHL 105–6, O mor werthfawr y byddai'r fendith o bregethiad yr efengyl yngolwg rhai o bobl ddirgel yr Arglwydd, ag sydd ymddifaid o'r ordinhadau, ar y rhai y mae proffeswyr eraill wedi ymdordynnu. 1803 P.

ymdorheulaf: ymdorheulo [bf. o ym- + tor² + heulaf: heulo] bg. Torheulo, hefyd yn ffig.: to sunbathe, bask, also fig.

1701 E. WYNNE: RBS 54, dyfyrrwch cnawdol a'th ddiffrwytha wrth i ti ymdorheulo gŷd â 'r Gelyn (by yielding to that enemy). 1725 SR d.g. To Lye a sunning. 18g. Beirdd y Berwyn 100, Ni a gawn ymddiosg eto, / Gan ymdorheulo 'r ha. 1756 G. OWEN: L 176, weithion gwych ganddi ymdorheulo yn yr ardd.

ymdorraf: ymdorri, &c., gw. ym- + torraf: torri.

ymdrabaeddaf: ymdrabaeddu, gw. ymdrybaeddaf: ymdrybaeddu.

ymdrafodaf: ymdrafod(i), ymdrafferthaf: ymdrafferthu, &c., gw. ym- + trafodaf: trafod, trafferthaf: trafferthu, &c.

ymdraffulliaf: ymdraffull(io), ymdraffullian [bf. o ym- + traffull] bg. Ymdrechu, ymegnïo, ymdrafferthu, bod yn (rhy) brysur, prysuro, brysio: to strive, exert oneself, take pains, be (too) busy, busy oneself, hurry.

c. 1400 ChO 19, ymdraffill a oruc hitheu y geissaw ymrydhau odyno. c. 1400 B iii. 12, A glyweist di a gant y pysc. / wrth ymdraffill ymplith gwrysc. 1552 (Diw. 16g.) id. ii. 116, dy ady di yn vnic y ymofaly, y ymdrapheth ac ymdraphillian. 1567 TN 299a, yr hyn ydd wyf i hefyt yn ymtravaelu ac yn ymdrech [:- ymdraphillio]. 1632 D, Ymdraffullio, Satagere. 1722 Llst 189, Ymdraffullio . . . To embark in a business; to make a great haste. 1771 W d.g. Busy, To be busy, To hasten too much [make too much haste], To stickle in or about an affair. 1803 P d.g. Ymdrafulliaw.

ymdrallodaf: ymdrallodi, gw. ym- + trallodaf: trallodi.

ymdrawaf, ymdarawaf, &c.,: ymdaro, ymd(a)rawo, &c. [ym- + trawaf, tarawaf: taro, t(a)rawo; ansicr yw'r engh. gyntaf yn adran (b)] bg. a hefyd gyda grym enwol i'r be.

(a) Taro ei gilydd, gwrthdaro, brwydro, ymladd, ymrafael; taro (ar rywun); hefyd yn ffig.: to strike one another, clash, battle, fight, contend; happen (upon someone); also fig.

13g. GDB 388, Yg gwaelaƀt uffern, affleu vraƀ—einyoes, / Yd oed bedeiroes yn ymdaraƀ. id. 389–90, Gnaƀt yn uthyr vot ruthyr y ryngthaƀ—a'e esgar / A gnaƀt vot gƀyar o'r ymdaraƀ. 13g. GBF 421, Pony welƀch chƀi'r deri yn ymdaraƀ? 13g. BD 173, yr ymurathu o bob parth, a'r ymsang, a'r ymtarav. 14g. YBH 7a–b, nyt oed yny llys vn marchaƀc yr y gryuet a veidei ymdaraƀ neu ymdrech ac ef. c. 1400 B iii. 10, a duw nyt da ymdaraw. 15g. GGl² 45, O daw rhyw ymdaro'r rhawg / Ac ymwan ar feirch gemawg. 15g. GOLlM 33, Mae dau eraill a 'mdery,—/ o drin a ffair dro ni ffy. a. 1587 Y 26, Ni wadaf, gwir iawn ydyw, / Ymdaro yn wych, tra fych fyw. 1588 Jer xii. 5, O rhedaisti gyd a'r gwŷr traed . . . pa fodd yr ymdrewi a'r meirch? 1632 D, ymdaraw d.g. Congressio. 17g. TBM 742, Ond blin am dipyn yw ymdopiaw—Rhys? / Y Dyfais rhai maleisfawr, / Ag egwan fe wnân' rhagawr—/ Ymdaro mwy am dir mawr. 1703 E. WYNNE: BC 115, felly o ymdaeru i ymdaro o eiriau i arfau. 1770 W, ymdaraw d.g. Battle, To give an enemy battle or join battle with an enemy, Conflict [a combat, a fight]. 1803 P d.g. Ymdaraw.

(b) Ymorol amdano ei hun, ymdopi, goddef (sefyllfa &c.), delio, ymwneud: to

shift or fend for oneself, cope, bear (situation, &c.), deal, have to do.

c. **1400** *YSG* i. 25, Melian a drigyawd yno heb allel chweith *ymdaraw (soi relever)* gwedy briwaw . . . yny yttoed yn agos y angheu. **1567** *LlGG* 74a, eithyr gyd ar brovedigaeth y gwna ef ellyngdawt. modd y galloch *ymadaro* [*sic*] [:– aros, ddyoddef]. *a.* **1587** *Y* 142, Gad ar feirdd o'r gadair fain / Ar hyn *ymdaro* i hvnain. **1595** H. Lewys: *PA* 139, rhai yn medru *ymdaro* dros ennyd, ac yn medru darbod o hanynt i hunain. **16–17g.** *Cer RC* 156, Helped Duw y tlawd gwan; / Y cywaethogion, nhwy *ymdrawan*'. **1629** R. Llwyd: *P* 51, y mae gennif hyder yr *ymdarawafi* tra fo gennif ffydd dda yn Nuw. **1672** R. Prichard: *Gw* 325, Bwedd y gallsei ddŷn *ymdaro*, / Heb y tân, pa bassem hebddo? **1688** S. Hughes: *TSP* 247, hwy . . . a adawsant Ychydig-Ffydd i *ymdaro* [:– I wneuthur] drosto ei hun fal y gallai. **1727** J. Jones: *DFF* 229, llawer mwy galluog oedd efe yn awr . . . i *ymdaro* â'r Saduceaid. **1752** G. Owen: *L* 14, ynghylch yr amser yr oeddwn yn dechreu gallu *ymdaro* trosof fy hun, fe fu farw fy Mam. **1753** *TR*, *Ymdaro*, to shift for himself, to make a shift. [**1783**] *W*, *ymdaro* d.g. *To shift for ones self [find subsistence or safety by means of some expedient]*. **1803** *P* d.g. *Ymdaraw*.

ymdrawiaeth, ymdarawiaeth, &c. [bôn y f. *ymdrawaf, ymdarawaf: ymdaro*, &c. + *-iaeth*] *eg.* Ymdrech, ymgais; cyflwr: *effort, endeavour; condition.*

1657 RE: *CDd* 294, efe a glyw arno aros yn y bŷd, oh ddŷn truan, sydd yn clywed arno wneuthur pôb *ymdrawieth* i aros ymma. **17g.** E. Morris: *B* 54, Wele'r druan wan ei *ymdrawiaeth*, / Er Duw,'n ceisio ei hilio'n helaeth. *id.* 73, A chneifio dy dyn-wlan, a'th dwyllo di os gallan, / Nes myned yn druan, dy *'mdrawieth*. **1696** *CDD* 109, Er amled fy *'mdrawieth*, i foddio ei naturieth, / Ar unweth naws gwenieth nis Gwênodd. / Ni wena'r Bŷd diffeth, ond ar ei gydymeth, / A fedro ei naturieth, a'i *'mdrawieth* iw drîn. **1721** J. P. Prys: *DC* 95, Pa Fachgen na Geneth o druan *ymdrawieth*, / Heb ganddynt Gerddwrieth rai llyweth mew[n] llaw. **1763** *ML* ii. 568, anaml y gwelir pobl ieuangc . . . yn eu llawn synwyr yn gall ac yn gyfrwys a chystal eu *ymdarawiaeth* ac y byddynt byth. **1768** Twm o'r Nant: *CTh* 23, Er hyn mae Lle helaeth, mewn rhyw Alwedigaeth, / Ini dreio'n *Hymdrawiaeth*, yn berffaith bôb un.

ymdrawr [bôn y f. *ymdrawaf: ymdaro*, &c. + *-wr*] *eg.* Ymladdwr: *fighter.*

15g. *GHC* 2, Ar anghyfraith y gweithud / Waith milwr, *ymdräwr* drud. **16g.** *Pen* 86, 189, *ymdrawr* mawr fydd ag ni fydd kywaethog fyth.

ymdrawsffurfiaf: ymdrawsffurfio, gw. **ym-** + **trawsffurfiaf: trawsffurfio.**

ymdrawus, ymdarawus [bôn y f. *ymdrawaf, ymdarawaf: ymdaro*, &c. + *-us*] *a.* Abl (i ymorol amdano ei hun), medrus, darbodus, diwyd: *able (to shift for oneself), skilful, thrifty, industrious.*

1604–7 *TW* (*Pen* 228), *ymdrawus* d.g. *Versutus*. **18–19g.** *Llr* C 2, 344, *Ymdrawus* . . . Glam. . . . thrifty, industrious. **18–19g.** *Llr* C 50, 259, *Ymdrawus*, thrifty, dyn *ymdrawus*, gwraig *ymdrawus*. Ar lafar ym Môn a chanolbarth Cered.

ymdrech[1] [bôn neu fe.'r f. *ymdrechaf: ymdrechu*, &c.] *eb.g.* ll. *-ion*, (prin) *-au.* Y weithred o ymdrechu neu ymegnïo, llafur, ymgais, cynnig, cais; ymryson, ornest, ymrafael, ymladdfa, brwydr; hefyd yn *ffig.*: *effort, exertion, toil, endeavour, attempt, try; contest, struggle, conflict, combat, battle; also fig.*

Diw. **15g.** *Pen* 53, 11, Ef addaw tri goleuny trwy galon ir awyr Naw wyr bieu yr *ymdrech* (Rhys Fardd). **1567** *TN* 291a, Can nad yw ein *ymdrech* (W. Salesbury: *KLl* lxvib, tringyrch) ni yn erbyn cic a' gwaed. *id.* 320b, Mi a ymdrechais *ymdrech* (W. Salesbury: *KLl* lxxxiiia, trin) tec. **1620** 1 *Tim* vi. 12, Ymdrecha hardd-deg *ymdrech* y ffydd. **1632** *D*, *Ymdrech* . . . lucta, luctatio. **1632** J. Davies: *LlR* 277, y mae i ni ystyried yr *ymdrech* mawr a fu rhyngtho a'i elyn ysprydol. **1661** E. Lewis: *Drex* 254, rhaid iddo fod yn *ymdrech* dda, yn gyffelyb i ymdrechwyr Christianus. **1684** H. Owen: *DC* 302, holl Saint . . . a gowsant *ymdrech* mawr yn y byd ymma. **1722** *Llst* 189, *Ymdrech* . . . d. . . . A bickering, combate, encounter, toil. **1772** *W* d.g. *Conflict [a contest, strife, struggle, &c.]*, *Effort*. **1778** T. Jones: *TGEL* 134, A'r wir eglwys anweledig hon o eiddo Crist . . . yn rhyfela yn wastadol, yn erbyn profedigaethau y bŷd . . . ac *ymdrechau* pob tueddiad camweddus oddifewn. **1803** *P*. Ar lafar, *ymdrach* (ll. *ymdrechion*), *WVBD* 575 (*eg.*), *GTN* 858 (*eb.*).

ymdrechaf, &c.: **ymdrechu, ymdrech**[2], &c. [*ym-* + *trechaf*[2]: *trechu*] *bg.* ac yn eithriadol *ba.* Rhoddi gallu corfforol neu feddyliol ar waith (er mwyn cyflawni nod), gwneud ymdrech, llafurio, ymegnïo, ymgeisio, cynnig, ceisio; ymryson, cystadlu, ymgodymu, ymladd, brwydro; hefyd yn *ffig.*: *to make an effort, exert oneself, toil, strive, endeavour, attempt, try; contest, contend, compete, wrestle, struggle, fight, battle; also fig.*

12–13g. *GLlLl* 217, Gorlleinỽ gwaed am draed, am drychant / Amdrychyon pan *ymdrechassant*. **14g.** *YBH* 7a–b, nyt oed yny llys vn marchaỽc yr y gryuet a veidei ymdaraỽ neu *ymdrech* ac ef. **15g.** *GGl*[2] 302, Am dri chwymp yr *ymdrechwn*, / Am dra-chwant yr *ymdrech* hwn. **1547** *WS*, *Ymdrechy*. **1567** *TN* 253a, A' phob dyn a *ymdrecho* [:– y[m]rysono]-am-gamp, a ymgymedrola rrac pop dim. *id.* 302a, Epaphras gwas Christ . . . yn ymdrino [:– *ymdrech*] drosoch yngweddieu. *id.* 320b, Mi a *ymdrechais* ymdrech tec. **1588** *Ecclus* li. 25, Fy enaid a *ymderchodd* [*sic*] am dani hi. **1632** *D*, *Ymdrech*, Luctari. **1657** *MLl* ii. 25, troell ymdrechgar naturiaeth, yn yr hon y mae da a drwg yn *ymdrech* ai gilydd. **1675** R. Jones: *HCh* 126, edrych ar Iesu Grist yn crogi ar y Groes, yno yn *ymdrech* (*conflicting*) â digofaint ei Dâd. **1722** *Llst* 189, *Ymdrech* . . . To affray, scuffle, justle. also, To take pains, to labour. **1772** *W*, *ymdrech* d.g. *To conflict [strive, contend, or struggle for victory]*, *Effort*, *To make a great [a strong] effort*, *To struggle*. **1790** T. Jones: *TOS* 203, Pa ragrith sydd yma, yn cymmeryd arnom ymladd ac *ymdrechu* am y nefoedd. **1803** *P* d.g. *Ymdreçu*. Ar lafar, '*ymdrechu*, *mdrechu*' 'to make great effort', *WVBD* 575; '*ymdrechu*' 'to struggle; to make an effort', *GTN* 858.

ymdrechfa, &c. [*ymdrech*[1] + *-fa, ma*] *eb.* ll. *-feydd.* Ymdrech, llafur; (man cynnal) cystadleuaeth, ymryson, &c.; hefyd yn *ffig.*: *effort, toil; (place of) competition, contention, &c.; also fig.*

1632 *D* d.g. *Arena*. **1677** C. Edwards: *FfDd* 60, Nid oes i ni ddim iw ddywedyd, iw weled, nac iw glywed . . . ynghreulondeb yr *ymdrechfa*. **1722** *Llst* 189, *Ymdrechfa*. f. A list, place of exercise. **1780** *W* d.g. *A playing-place, A wrestling place*. **1794** *Cylchg* 279, bernwch am y nattur ddynol fel y mae . . . dinistrwch bob *ymdrechfa* deg, a thriniwch ddynion fel anifeiliaid ac anghenfilod. **1797** W. Thomas: *CC* 159, *ymdrechfa* galed â Satan. **1803** *P*, *Ymdreçva* . . . A place of mutual strife; a contest. Ar lafar, '*ymdrechfa*, *mdrechfa*' 'struggle', 'Mae'n *ymdrechfa* ofnadwy hefo gwynt mawr', *WVBD* 575.

ymdrechgar, &c. [*ymdrech*[1] + *-gar*] *a.* Yn ymdrechu, llawn ymdrech, egnïol; a nodweddir gan ymryson: *striving, effortful, energetic; characterized by contention.*

1657 *MLl* ii. 25, Nid iw oll ond chwaryddiaeth troell *ymdrechgar* (*wrestling*) naturiaeth, yn yr hon y mae da a drwg yn ymdrech ai gilydd. **1793** T. Jones: *SD* 79, Yr oedd ei Hathrawon [yr Eglwys Gristionogol] . . . yn iachusol yn eu barn a'u hathrawiaeth; yn llafurus ac *ymdrechgar* yn eu swydd. **1794** *W*, yn *ymdrechgar* d.g. *Strivingly*. Ar lafar, '*ymdrechgar*, *mdrechgar*' 'energetic; striving, persevering', *WVBD* 575.

ymdrechiad [bôn y f. *ymdrechaf: ymdrechu*, &c. + *-iad*[1]; dichon mai *-iad*[2] a welir yn yr engh. gyntaf isod] *eg.* ll. *-au.* Ymdrech, llafur, ymgais, cynnig, cais; ymryson, brwydr; hefyd yn *ffig.*: *effort, toil, endeavour, attempt, try; contention battle; also fig.*

15g. *GGl*[2] 82, Ac wyneb Rolant ac un prelad, / A gem i drychant ac *ymdrechiad*. **1567** *TN* 312a, gellech trwyddynt wy ymdrechu yr *ymdrechiad* ta [*sic*]. **1588** *Gen* xxx. 8, ymdrechais *ymdrechiadau* tra gorchestol a'm chwaer. **1661** E. Lewis: *Drex* 23, ar ol pob marwolaeth ac *ymdrechiad* a marwolaeth. **1759** T. Thomas: *WWDd* [101], trwy *ymdrechiad* cyfrwys Satan i'w berswado ef i dorri'r cyfammod. *c.* **1762–79** W. Williams: *P* 236, nid oedd ef ddim dieithr i'r . . . *ymdrechiadau* oedd rhyngddynt am dderchafiad. **1776** *W* d.g. *Luctation [a wrestling, striving, &c.]*. **1781** J. Jones: *LlA* 41, Chwenychiad y cnawd yn erbyn yr yspryd . . . *ymdrechiad* yr hen ddyn, yn erbyn y Dyn newydd. **1803** *P*.

ymdrechiadol [*ymdrechiad* + *-ol*] *a.* Ymdrechgar, llawn ymdrech, egnïol; ymrysongar, cynhennus: *striving, effortful, energetic; contentious, quarrelsome.*

1657 RE: *CDd* 64, y mae llawer dŷn a fo yn bŷw tan weinidogaeth pregethwr ffyddlon a than wialennodiau a dyrnodiau cydwybod geryddgar, ac *ymdrechiadol*. **1764** *LlCB* 6, bod yn *ymdrechiadol* i gadw cywybod [*sic*] ddâ. **1767** *Aberth Cym* 58, Pa sawl llewygfa *ymdrechiadol*, a gafodd Israel â Duw yn yr Anialwch? **1778** J. Thomas: *HB* 14, Y Cymro enwog nesaf a fu mor *ymdrechiadol* i gael gair Duw i blith ei genedl oedd, Dr. William Morgan. *id.* 157, Bu ef yn *ymdrechiadol* iawn yn y weinidogaeth, ac adfywiodd yr Eglwys.

ymdrechle [*ymdrech*[1] + *lle*[1]] *eg.* Campfa: *gymnasium.*

1848.

ymdrechol [*ymdrech*[1] + *-ol*] *a.* Ymdrechgar, llawn ymdrech, egnïol: *striving, effortful, energetic.*

1768 *LlCB* 5, caffer chwi yn Israeliaid *ymdrechol*, heb fod na dall na diog. **1798** W. Richards: *CC* 17, offeiriadon efangylaidd, wedi bod yn dra diesceulus . . . ac *ymdrechol* . . . i gadw eu hunain a'u pobl yn yr iawn lwybr.

ymdrechus [*ymdrech*[1] + *-us*] *a.* Ymdrechgar, llawn ymdrech, egnïol: *striving, effortful, energetic.*

1738 G. Jones: *GOG* 143, ni ddylem ofalu'n *ymdrechus* jawn am fyw yn nhymmer ac ysbryd Gweddi. **1744** *CMC* 82, Y mae pob Gwr tlawd *ymdrechus* yn Dywysog. **1778** J. Thomas: *HB* xxxiii, Dyma'r gwyr enwog a fu mor *ymdrechus* i ddwyn gair Duw i'r wlad yn ein iaith ni. *id.* 204, Gwasanaethwr da i Iesu Grist; gwr *ymdrechus* iawn.

ymdrechwaith, gw. **ymdrech**[1] + **gwaith**[1].

ymdrechwr, ymdrechydd [bôn y f. *ymdrechaf: ymdrechu*, &c. + *-wr, -ydd*[3]] *eg.* (b. *ymdrechwraig*) ll. *ymdrechwyr.* Un sy'n ymdrechu, un sy'n gwneud ymdrech; rhyfelwr, ymrysonwr (mewn chwaraeon), ?pencampwr; hefyd yn *ffig.*: *striver, one who makes an effort; warrior, contender (at games), ?champion; also fig.*

15g. *Glam Bards* 215, *ymdrechydd* y nydd y nod / ydiwr angau dewr yngod (Llywelyn ap Hywel ap Ieuan ap Gronw). **1604–7** *TW* (*Pen* 228), *ymdrechwr* d.g. *Athleta, Luctator*. *id.* *ymdrechwreic* d.g. *Bellatrix*. **1632** *D*, *ymdrechwr* d.g. *Agonista*. **1651** Siôn Treredyn: *MDD* 43, gelwid Jacob yn Israel, hynny yw . . . *ymdrechwr* a Duw. **1661** E. Lewis: *Drex* 254, rhaid iddo fod yn ymdrech dda, yn gyffelyb i *ymdrechwyr* Christianus. **1723** WM: *PGG* 70, mae'r *ymdrechwr* dewr-wych ymysg ei holl Drallodion yn cynnyddu mewn Grâs a Duwioldeb. **1772** *W*, *Ymdrechwr, ymdrechydd* d.g. *Contender, Striver*. **1791** Gw. Mechain: *Rh* 5, Po mwyaf helbul a thrapherth â gaffo *ymdrechwr* i ennill campdlws, mwyaf anwyl a gofalus à ddylai fod o honi. **1803** *P* d.g. *Ymdreçwr*.

ymdrefnaf: ymdrefnu, gw. **ym-** + **trefnaf: trefnu.**

ymdreiddiad [bôn y f. *ymdreiddiaf: ymdreiddio* + *-iad*[1]] *eg.* ll. *-au.* Y weithred o ymdreiddio, treiddiad: *penetration, permeation.*

1850.

ymdreiddiaf: ymdreiddio [*ym-* + *treiddiaf: treiddio*] *bg.* Treiddio, hydreiddio; mynd a dod, tramwyo: *to penetrate, pervade, permeate; come and go, traverse.*

13g. *GBF* 421, Llawer gwaet am draet ỽedy *ymdreidyaỽ*, / Llawer gỽedỽ a gỽaed y amdanaỽ. **1346** *LlA* 33, Paham ygodef yr etholedigyonn gwrthỽynnebed ybyt hỽnn ygyt arei drỽc. ae bot yny plith. Am *ymdreidyaỽ* ymỽyn [*sic*] pethev bydaỽl. **14g.** *HMSS* ii. 35, A thrannoeth ygkylch awr echwyd. a chyngreir y rygthynt y *ymdreidyaw*. y doeth aygolant ar charlymaen. ?**15g.** *MA*[2] 537a. 34–7, A ffan darvu e gỽasanaeth en e dỽy eglỽys. ỽedi mynych *emdreidiaỽ* or niveroed or eglỽys pỽy gilyd i ỽrandaỽ amryval gyỽydolaethau or organ teckaf. *Diw.* **16g.** *GP* civ, *ymdraidd* pvmp ymadrodd per / kyfvndeb ai kyfiownder. **1803** *P*, *Ymdreiziaw* . . . To exercise one's self in walking.

ymdreigl [bôn y f. *ymdreiglaf: ymdreiglo*] *eb.g.* Hynt, cwrs, llwybr, hefyd yn *ffig.*: *way, course, path, also fig.*

c. **1400** *R* 1241. 24–5, *ymdreigyl* brat yỽ bryssyat bressen. **1604–7** *TW* (*Pen* 228) d.g. *Conuersatio* (hefyd *D*). [**1738**] E. Jones: *CE* 107, Mae'n Drugaredd fawr, O Arglwydd . . . gael . . . o hono beth Hamdden, ar ôl cymmaint o anesmwythdra, ac o *ymdreigl* flinedig gan angerddol bwŷs ei Ddolur.

ymdreiglaf, &c.: **ymdreiglo,** &c. [*ym-* + *treiglaf: treiglo*] *bg.* Treiglo, troi, ymdroi, (ym)symud, teithio, siwrneio, nesáu, cyrchu, rhuthro; ymdrybaeddu, rholio, syrthio, twmblo, ymdaflu; mynd heibio (am amser); llifo; hefyd yn *ffig.*: *to turn or move (oneself), travel, journey, approach,*

make (for), rush; wallow, roll, fall, tumble, throw oneself; pass (of time); flow; also fig.

13g. *BD* 75, ytoedut ti yn *ymdreiglav* yn heneint ual nat oed havd yt tuhunan llywyav y teyrnas a uei hvy no hynny. **15–16g.** *TA* 334, *Ymdreiglo* am dŷ 'r Eglwys, / Addo bûm i Dduw i bwys. **1551** W. SALESBURY: *KLl* xviib, Od map Deo wyt / *ymdreigla* ir llawr. **1567** *TN* 12b, yr oll genvaint voch a *ymdreiglei* [:– yrthiwyt, dducpwyt] dros y dibin i'r mor. *id.* 64a, ef a gwympodd yr llavvr ar y ddaiar, gan ymcreinio [:– *ymdreiglo*], a' maly-ewyn. *id.* 273a, y ymgyrhaeddyd [:– ddyvot, ymddirwyn, *ymdreiglo*] ac yd atoch. **1588** *Barn* vii. 13, wele dorth o fara haidd yn *ymdreiglo* (**1988** *ib.* rhowlio) i werssyll y Madianiaid. **1588** *Jer* xlvi. 9, ô gerbydau *ymdreiglwch* a deuwch allan y cedyrn. **1604–7** *TW* (*Pen* 228), '*mdreiglodh* d.g. *Volutatus*. **1632** *D* d.g. *Prouoluo*. **1632** J. DAVIES: *LlR* 272, wele fel yr ydym ni yn *ymdreiglo* mewn cnawd a gwaed. **1675** R. JONES: *HCh* 137, Y ffydd o ymlyniad, drwy yr hon yr ydym ni yn *ymdreiglo* (*roul our selves*) ar Grist. **1696** *CDD* 81, Mewn pechod er syrthio, na'*mdreiglwn* ddim yntho. **1722** *Llst* 189, *Ymdreiglo*. To wallow, roll. **1740** T. EVANS: *DPO* 38, Fe amcanodd Augustus Cæsar . . . *ymdreiglo* i'r ynys hon. **[1783]** *W* d.g. *To roll . . . or roll one's self, To wallow, or wallow one's self.* **1803** *P*, *Ymdreiglaw* . . . To roll one's self.

Amr.: **ymdreinglo.** **1681** T. JONES: *Alm* [9]. **1699** T. JONES: *TP* 9. **1753** *W Ballads* 112, 6.

Cfn.: **ymdreiglo yn henaint:** *to get old, be(come) advanced in years.* **13g.** *BD* 75. *c.* **1400** *YCM*² 122. **15g.** *BB* 213.

ymdreiglfa [bôn y f. *ymdreiglaf*: *ymdreiglo* + *-fa, ma*] *eb.* Trybola: *wallow, mire.*

1588 2 *Pedr* ii. 22, y cî a ymchwelodd at ei chwdiad ei hun, a'r hwch wedi ei golchi iw *ymdreiglfa* (**1567** *TN* 361a, ymdroyad) yn y dom. **1632** *D* d.g. *Volutabrum*. *c.* **1700** D. MAURICE: *CGG* [40], *ymdreiglfa* hwch yn y dom. **1722** *Llst* 189, *Ymdreiglfa*. f. A wallowing place. **1794** *W* d.g. *A wallowing [wallowing-place] in the mire.*

ymdreinglaf: ymdreinglo, gw. ymdreiglaf: ymdreiglo.

ymdreuliaf: ymdreulio, &c., gw. ym- + treuliaf: treulio, &c.

ymdrin¹ [bôn y f. *ymdriniaf*, &c.: *ymdrin*, &c.; yn ôl *OIG* 3, ceir dau aceniad, sef *ýmdrin* ac *ymdrîn*] *eg.* Triniaeth (arw neu greulon); ymryson, ymladdfa: *(harsh or cruel) treatment; dispute, fight.*

1588 *Phil* i. 30, Gan fôd i chwi yr vn *ymdrin* (**1567** *TN* 293b, ymdrino), ag a welsoch ynofi. **1632** *D*, *Ymdrin*, Lucta, concertatio. *id.* d.g. *Certamen, Congressio*. **1677** C. EDWARDS: *FfDd* 71, Dioddefodd y Christnogion yr un *ymdrin* yn Ewyllyscar mewn mannau eraill. **1766** *CD* 11, A tharo mawr ag *ymdrin* tost a fu rhyngthynt. **1767** W. WILLIAMS: *CAA* 91, nid ant yno heb gael yr un *ymdrin* gan bob gelyn ag y gefais i fy hun. **1803** *P*.

ymdrin², **ymdrinaeth, ymdrinaf: ymdrino,** gw. ymdriniaf: ymdrin.

ymdriniad [bôn y f. *ymdriniaf*, &c.: *ymdrin*, &c. + *-iad*¹] *eg.* ll. *-au.* Triniaeth, ymdriniaeth, ymwneud, cyfathrach; trafodaeth, beirniadaeth: *treatment, a dealing, intercourse; discussion, critique.*

1672 J. LANGFORD: *HDdD* 63, fe addunedir ymma yn erbyn pob *ymdriniad* (*dealing*) a Diafol. **1700** D. MAURICE: *AC* 6, holl *ymdriniad* neilltuol Duw tuag at Ddyn. **1710** *CBGEL* 57, yr ŵyf yn Ystyried pob *Ymdriniad* a Pherthynas yr ŵyf yn sefyll ynddo yn y bŷd. **1728** *GMJ* 75, [d]ywedyd celwydd . . . y mae yn dinistrio cymdeithas ddynol, ac yn wenwyn pôb cymdeithas ac *ymdriniad*. **1759** T. THOMAS: *WWDd* 39, Nid yw rhesswm dynol . . . yn Rheol ddigonol i ddeall meddwl Duw, a'i *Ymdriniadau*, â'i Greaduriaid. **1768** W. WILLIAMS: *HTS* 25, gwastad, ac amyneddgar yn eu holl *ymdriniadau* â dynion poethion. **1803** *P*.

ymdriniaeth [bôn y f. *ymdriniaf*, &c.: *ymdrin*, &c. + *-iaeth*] *eb.g.* ll. *-au.* Triniaeth, ymwneud, cyfathrach; trafodaeth, beirniadaeth: *treatment, a dealing, intercourse; discussion, critique.*

1675 R. JONES: *HCh* 40, Bydded gan hynny wirionedd, uniondeb a thegwch yn dy holl *ymdriniaeth* â dynion. *id.* [174], *Ymdriniaeth*, Dealings. **1688** S. HUGHES: *TSP* 259, Fe fydd llawen gennif, os ni chyfarfyddaf yn ol hyn, â'r fath *ymdriniaeth*. **1722** A. THOMAS: *DR* 23, ar un *ymdriniaeth* a rossom [*sic*] ni iddo ef, a rydd yntef i ninnau. **1725** S. RHYDDERCH: *Alm* [13], yr *ymdriniaeth* caled a dderbyniasai ef oddiwrth y 12 Biler. **1725–6** *Madd Ed* 304, yr *Ymdriniaeth* raslawn hon o eiddo Duw a Phechaduriaid Edifeiriol. **1794** *W* d.g. *Dealing, or dealings* (At.). **1796** T. JONES: *CCA* 83, a wyt ti yn cael dy wneuthur yn llonydd dan *ymdriniaeth* Duw. **1803** *P*.

ymdriniaf, ymdrinaf, &c.: **ymdrin**², **ymdrin(i)o,** &c. [*ym-* + *triniaf*², *trinaf*²: *trin*, &c., ?a hefyd *trinaf*¹, *triniaf*¹: *trin(io)*, &c.; gw. hefyd *ymdrin*¹] *bg.* ac yn eithriadol *ba.* a hefyd gyda grym enwol i'r be. Trin, trafod, arfer, paratoi, delio, ymwneud, cyfathrachu; ymdrechu, ymegnïo; ymryson, ymladd; trafod (pwnc, &c.), sôn: *to treat, handle, use, prepare, deal, have to do, associate; strive, exert oneself; contend, fight; discuss, talk.*

15g. *BB* 182, gado bedwyr a Richart i gadw y Karcharorion ac *ymdrinaw* a orugant yn ddiryol. **1567** *TN* 211b, nac ymladdwn [:– wrthladdwn, *ymdrinwn*]-ni-a-Dew ddim. *id.* 293b, gan vod ychwy yr vn *ymdrino* [:– ymdrech], a'r a welsoch yn-y-vi. **1592** S. D. RHYS: *Inst* [xvi], bhybhi bhyhûn yn vnic a *ymdrînawdh* ac a dhodrebhnawdh . . . yr holh lybhr. **16–17g.** T. R. ROBERTS: *EP* 291, Ffei o'r mis, fferu mysedd, / A rhewi'r inc rhy oer wedd; / Wrth gymryd pin i'*m drinaw*, / Ond llesg na chymale'r llaw. **1632** *D*, *ymdrin* d.g. *Decerto, Dimico*. **1632** J. DAVIES: *LlR* [35], o'r rhai sy'n dwyn enw Christianogion ac sydd amlaf yn *ymdrin* (*strive*) yn y byd. **1675** R. JONES: *HCh* 50, os ydynt i *ymdrin* (*deal*) â throseddwyr drygfawr hynodol . . . rhaid yw iddynt geryddu. **1677** R. JONES: *BB* 163, a'ch calonnau fyddant ar wasgar, pan ddylaech fod yn hollawl yn *ymdrin* (*wholly taken up*) â Duw. **1723** WM: *PGG* 50–1, Na chais Gymdeithas gwyr mawr, ac na *ymdrina* â hwynt. **18g.** E. T. RHYS: *DA* 103, Nhwy ddysgant fod yn fedrus / A hwylus ar eu hynt, / I *ymdrin* arfau rhyfel, / Fel rhai o'r gene'l gynt. **1792** GW. MECHAIN: *Gw* ii. 126, trwy wrol *ymdrin* â'r Seison, ynnillodd yn ol amryw barthau o'r ynys. **1793** DAFYDD IONAWR: *CD* 79, Fe drodd, fe ganfyddodd fod / Hwrdd hoenus hardd a hynod / Wrth ei gedyrn gyrn yn gaeth / Mewn drain yn mawr *ymdrinaeth*. **1803** *P*, *Ymdrin* . . . To strive mutually.

ymdristâf: ymdristáu, gw. ym- + tristâf: tristáu.

ymdro [*ym-* + *tro*¹] *eg.* Tro, troad, cylchdro, cyfrodeddiad; hynt, cwrs, llwybr; ystryw, cast, dichell; cynllun (am y tro), sgil, ymdrech; hefyd yn *ffig.*: *a turn(ing), revolution, winding; way, course, path; trick, ruse, guile; shift, expedient, effort; also fig.*

13g. *GDB* 172, Ysym-i vd kwysrud, kas agro, / Foddiaʋc, fodyaʋc y *ymdro*. *id.* 429, Am drueni mawr dwyn gwawr Gwyndyd, / (*Ymdro* rhiallu fu o'i febyd). **13g.** *GBF* 250, Diflisc wisc, wascaʋdueirt *ymdro*, / Detueu hael wrth paʋb a'e holo. *id.* 441, Nys canlyn o'e da, o'e diuer—*ymdro*, / Eithyr y amdo, amdlaʋt biner. *c.* **1400** *R* 1200. 19–20, Rat mat meir geir ragori. anduc on dygyn an *ymdro*. *id.* 1241. 23–4, Amdrist ʋyf gorffʋyf ymgorffenn. *ymdro* call kynn dirwall derwen. *id.* 1353. 26–8, Clo *ymdro* lle ybo bywyaʋc nachlywir. kywir yngeir gʋir ongyr gʋeraʋc. *Dchr.* **15g.** *GM* 25–6, Yn heneit a denwyt mal ederyn y to / O hoenyn yr helwyr a'e twyll *ymdro*. **16g.** HUW ARWYSTL: *Gw* 149, ni wnayd wrth drin kallineb / *ymdro* na weils am dir neb. **16g.** *LlS* 66, Y Llindro . . . yn deillio ac yn ymgyrheuddydd or cangæu bwy gylydd ac *ymdro* plethedic mal y ysbyssy ei enw priodol. **1632** *D* d.g. *Conuersatio, Versutia, Volutatio*. **1658** R. VAUGHAN: *PS* 420, A pha gellit ti wneuthur rhyw *ymdro* neu sift trosot dy hun i fod yn gadwedig. **1718** *CCC* 6, Ymgadwed pawb yn gyfrdo, / Rhag Twyll y Fall a'i *Hymdro*, / Ac na wnaed ddim er Brynn na Bâr, / A fo'n edifar iddo. **1722** *Llst* 189, *Ymdro*. m. A cunning artifice: a pretence: a turning, revolution. **1770** *W* d.g. *Conversion, Revolution [the state of being revolved or rolled in a circle], Shift [some contrivance or device, to which one has recourse in some pressing necessity; &c.]*. **1803** *P*, *Ymdro* . . . one's course.

Gw. hefyd **amdro.**

ymdroaf, ymdrôf, &c.: **ymdroi** [bf. o'r e. *ymdro*] *bg.* Troi, ei droi ei hunan (o gwmpas neu o amgylch), ymlapio; symud, crwydro; sefyll(ian), loetran, aros; delio, ymwneud; ymdrybaeddu; hefyd yn *ffig.*: *to turn (oneself) (round or about), wrap oneself; move, wander; stand, dawdle, loiter, linger, stay; deal, have to do; wallow; also fig.*

13g. *Llst* 1, 146, engonniannu a oruc e brenhin. ac *ymdroi* ehun ar yr elor. **14g.** *WM* 388. 7–9, ryuedu a oruc arthur na deffroes gwenhʋyuar. Ac nad *ymdroes* yny gwely. **14g.** *GDG*³ 176, Ar draws un yr *ymdrois* i, / Er morwyn, o'r mieri. *c.* **1400** *YCM*² 82, yna val yd yttoed Englers yn *ymdroi* ymplith y niueroed. *c.* **1400** (*SG*) *HMSS* i. 416, ar y kwymp hwnnw torri y esgeir hyt na allei *ymdroi* yn y lle yroed. **15–16g.** *TA* 358, Mae 'n ôl am un a welais, / Mae drain fil yn *ymdroi* 'n f' ais [marwnad Dafydd ap Hywel]. *c.* **1585** G. ROBERT: *DC* 27a, wedy rhwymo ei ben ai draed ai dhwylo, ny fydhei fodh idho *ymdroi* yma na thraw. **1588** *Jer* vi. 26, Merch fy mhobl ymwregysa â sachliain, ac *ymdroa* yn y lludw. **1588** *Ecclus* viii. 9, Na ddiystyra draethiad y doethion: eithr *ymdroa* di ym mysc eu diharebion hwynt. **16–17g.** E. PRYS: *Gw* 211, O daw'r cledd, da yr â clod, / Am hwnnw, arf lem hynod. / Ni'm dorwn am wawd irwych, / Na ddôi un a '*mdrôi* mewn drych [Huw Machno mewn ymryson i ofyn am gleddyf a merch]. **1620** *Eseia* xxviii. 20, cûl yw 'r cwrlid i *ymdroi* ynddo. **1630** *YDd* 36, *ymdroist* (*inwrapped*) mewn cwmmwl o drueni. **1632** *D* d.g. *Conuerto, Tergiuersor*. **1632** J. DAVIES: *LlR* 155, Efe a *ymdrŷ* ac a ymdreigla o ystlys i ystlys. *id.* 380, Y mae olwyn y felin yn *ymdroi* llawer. **1672** R. PRICHARD: *Gw* 466, Mi *ymdrois* ym-mhob rhyw bechod, / Nês ir [*sic*] Angeu roi im' ddyrnod. **1721** E. PUGH: *AC* 49, Ni's gallai ddim o'm rhan fy hun, / Ond fel y mochyn eil-waith, / *Ymdroi* 'n y dom. **1722** *Llst* 189, *Ymdroi*. To wheel about, wallow . . . wreath it self, enwrap it self, turn himself. **1794** *W*, *Ymdrôi* d.g. *To wallow, or wallow one's self.* **1803** *P*, *Ymdroi* . . . To turn one's self; to delay.

Gw. hefyd **amdroaf: amdroi.**

ymdrobaeddaf: ymdrobaeddu, gw. ymdrybaeddaf: ymdrybaeddu.

ymdrochaf, &c.: **ymdrochi,** &c. [*ym-* + *trochaf*: *trochi*] *bg.* Ymolchi (mewn baddon), gwlychu, mwydo, socian; ymdrybaeddu; mynd i'r môr, &c., er mwyn pleser, nofio; hefyd yn *ffig.*: *to (take a) bath, wash (oneself), wet, steep, soak; wallow; bathe (in the sea, &c.), swim; also fig.*

14g. *YBH* 43a, y naʋr y digaʋn syr don *ymdrochi*. **15–16g.** *AAST* (1935) 103, Gormes a'*m droches* [*sic*] ar draeth, / Draw chwiliwyd am drychiolaeth [marwnad Wiliam ap Griffith ac yntau'n fyw gan Ddafydd Trefor]. **16g.** (*LlEG*) *Mos* 158, 198a, syrthio . . . mew/n tri or vij bechod mar[w]ol Nid amgen No / diogi / kybydddod / a Godineb ynn yr hrain Jr *ym droches* Ef ynn aruthur. *Diw.* **16g.** *LBS* iv. 408, pwy bynnac o ddyn claf a *ymdrochei* ynny phynnon honno y vyned adref yn iach. **1588** 2 *Br* v. 14, efe . . . a *ymdrôchodd* saith waith yn yr Iorddonen. **1615** R. SMYTH: *GB* 60, os gedevvch efe yn y crud, efe a '*mdrochaf* [*sic*] yn i fudreddi i hun. **1632** *D*, llestr *ymdrochi* d.g. *Solium*. **1677** R. JONES: *BB* 84, *Ymdrocha* ynghefn fôr [*sic*] ei gariad ef [Duw]. **1722** *Llst* 189, *Ymdrochi*. To dip himself; to wallow. **1740** T. EVANS: *DPO* 173, [C]elaneddau y meirw yn *ymdrochi* mewn amhuredd a Brynti! **1772** *W* d.g. *To dip one's self, To wash one's self.* **1803** *P*.

Amr.: **mydrochi.** Ar lafar, *Cymru* xlvii. [141] (sir Ddinb.).

ymdrochdy [bôn y f. *ymdrochaf*: *ymdrochi* + *tŷ*] *eg.* Baddondy: *bath-house.*

1813.

ymdrochfa, &c. [bôn y f. *ymdrochaf*, &c.: *ymdrochi*, &c. + *-fa, ma*] *eb.* ll. *-feydd, -fâu.* Baddondy, bath; ymdrochiad (yn y môr, &c.); hefyd yn *ffig.*: *bath(-house); a bathing (in the sea, &c.); also fig.*

1604–7 *TW* (*Pen* 228), ymolchua, ne '*mdrochua* gyphredin d.g. *Balnea*. **1632** *D* d.g. *Nymphæum*. **1632** J. DAVIES: *LlR* 102, Sacrament y Bedydd . . . sydd *ymdrochfa* a golch wedi ei wneuthur o waed Christ ei hun. **1677** C. EDWARDS: *FfDd* 38–9, Nid i'r *ymdrochfa* yr anfonodd Esaias chwi, fel y golchech ymmaith lofruddiaeth, a phechodau eraill, y rhai nid yw dwfr y môr ddigonol iw [*sic*] glanhau. **1722** *Llst* 189, *Ymdrochfa*. f. A washing place. **[1724]** G. WYNN: *YGD* 206–7, Os ei i fewn *ymdrchofa* [*sic*] (*bath*), ai gael yn boeth jawn, meddwl am Uffern. **1770** *W* d.g. *A bath.*

ymdrochiad [bôn y f. *ymdrochaf*: *ymdrochi* + *-iad*¹] *eg.* Y weithred o ymdrochi (yn y môr, &c.), hefyd yn *ffig.*; ymolchiad (mewn baddon): *a bathing (in the sea, &c.), immersion, also fig.; a bathing (in a bath).*

1604–7 *TW* (*Pen* 228), *ymdrochiat* d.g. *Lauatio* (hefyd *D*). **1722** *Llst* 189, *Ymdrochiad*. m. A bathing, plunging. **1780** *W* d.g. *Plunge*. **1803** *P*.

ymdrochle [bôn y f. *ymdrochaf*: *ymdrochi* + *lle*¹] *eg.* ll. *-oedd.* Baddondy, bath; lle i ymdrochi (yn y môr, &c.), tref lan môr: *bath(-house); place for bathing (in the sea, &c.), (seaside, &c.) resort.*

1725 *SR* d.g. *A Bain, or Bath, A Bath.* **1770** *W* d.g.

A bath. **1796** T. JONES: *CCA* 66, sefyll ennyd mewn *ymdrochle* brwd (*hot bath*).

ymdrochwr [bôn y f. *ymdrochaf*: *ymdrochi* +-*wr*; 1851 yw dyddiad yr engh. gyntaf o *ymdrochwr*] *eg.* (b. -*wraig*) ll. -*wyr*. Un sy'n ymdrochi (yn y mor, &c.), hefyd yn *ffig.*: *bather* (*in the sea*, *&c.*), *also fig.*
15g. *Cy* xxiii. 226, tuth draig *ymdrochwraig* drachref / tynn ar draws y tonav ir dref (Robin Ddu).

ymdroellaf: ymdroelli, gw. ym-+ troellaf: troelli.

ymdrôf: ymdroi, gw. ymdroaf: ymdroi.

ymdroliaf: ymdrolio, ymdrolian, gw. ym-+troliaf[1]: trolio.

ymdrosaf: ymdrosi, ymdrosglwyddaf: ymdrosglwyddo, gw. ym-+trosaf[1]: trosi, trosglwyddaf: trosglwyddo.

ymdröwr [bôn y f. *ymdroaf*, *ymdrôf*: *ymdroi*+-*wr*] *eg.* ll. *ymdrowyr*. Un sy'n loetran neu'n tin-droi, oedwr, seguryn, pwdryn: *loiterer, lingerer, procrastinator, lazy person, idler.*
1604–7 *TW* (*Pen* 228) d.g. *Tergiuersator*. **[1740]** L. ANWYL: *NG* 18–19, [d]ywedir wrthŷti, *ymdrowr* Diofal . . . Ewch oddiyna, nid adwaen monoch.

ymdrwsiad, &c. [bôn y f. *ymdrwsiaf*, &c.: *ymdrwsio*, &c.+-*iad*[1]] *eg.* ll. -*au*. Gwisgiad, addurniad, gwisg(oedd), dillad, dilledyn; ymbaratoad, paratoad: *a dressing, adorning, clothes, garment(s)*; *a making* (*oneself*) *ready, preparation.*
1567 *TN* 288b, er ymdrefnyat [:- ymgymenny, *ymdrwsiat*]. **1632** *D* d.g. *Apparatus*. **1651** SIÔN TREREDYN: *MDD* 275, awydd at *ym*[*d*]*rwssiadau* dieithr (*artificial dressing*). **1701** E. WYNNE: *RBS* 295, Gweddi o *ymdrwsiad* (*preparation*) ac Ymbarotoad at y Sacrament. **1714** R. LEWYS: *HDdC* 21, Dillad neu *Ymdrwsiad*, sy raid fod hefyd ir dibenion hyn. **1722** *Llst* 189, *Ymdrwsiad*. m. A garment, vesture. **1753** L. OWEN: *ADdE* [i], i ddangos tacclusrwydd, ac *Ymdrwsiadau* eu gwisgoedd. **1803** *P*.

ymdrwsiaf, &c.: **ymdrwsio,** &c. [*ym*-+ *trwsiaf*: *trwsio*] *bg.* Ymwisgo, gwisgo amdano, ei addurno ei hun, ymdecáu, ymdwtio, ymbincio, gwisgo colur; ymbluo; ymbaratoi, gwneud trefniadau neu baratoadau; mynd (i), cyrchu; hefyd yn *ffig.*: *to dress or clothe oneself, decorate or adorn oneself, pretty oneself, put on make-up*; *preen*; *prepare oneself, make preparations or arrangements*; *go* (*to*), *resort* (*to*); *also fig.*
15g. *GDLl* 38, Dilynaf hwynt eleni / Dros y dŵr; *ymdrwsia* di! **15g.** *GTP* 14, Pob gwawd â thafawd a thant / I dai Rys yr *ymdrwsiant*. **15g.** *HCLl* 109, Os gwir yn oes agori / Drysau nef, *ymdrwsiwn* ni. / Onid ânt o bob cantref, / Eled un dros wlad neu dref [i'r saint]. **[1547]** W. SALESBURY: *OSP*, Dauparth taith *ymdrwsio*. **16g.** *GGH* 365, Byclodd ac *ymdrwsiodd* draw, / Bygliw gyrn baglog arnaw [i ofyn hwrdd]. **1567** *LlGG* 69a, *ymdrwsiwch* o ddy mewn a gestyngeiddrwydd. **1567** *TN* 312b, Uelly hefyd y gwragedd, bod yddynt *ymdrwsiaw* mewn dillad gweddus, gida lledneisrwydd a chymesurwydd. **16g.** DAFYDD BENWYN: *Gw* 269, Penwyn yw'r mab, poniwr mawl, / prydyddfardd parodaiddfawl, / mewn pynkav, kolofnav kerdd, / a'i gyd-ergid gadairgerdd, / val na wnn, be '*mdrwssiwn* draw, / Arthur, pa law rof wrthaw. **1588** *Tob* v. 16, *ymdrwsia* (**1988** *ib.* gwna dy baratoadau) i'r daith. **1599 (1677)** R. HOLLAND: *AB* 23, O bydd dyn i ddyfod ger bron tywysog, [*sic*] daiarol . . . efe a *ymdrwssia* mor weddus ac y gallo. **1701** E. WYNNE: *RBS* 101, pwy bynnac a *ymdrwsio* mewn digter ac anynadrwydd, diammeu mae e'n gwisco balchder yn isaf, ac Anorchwyledd yn uchaf. **1722** *Llst* 189, *Ymdrwsio*. To adorn, deck himself. **1770** *W* d.g. *To adorn, To plume* [*adjust the feathers, as a fowl or bird is wont to do*]. *a.* **1791** W. WILLIAMS: *GP* 525, Mae f'y esgyrn yn *ymdrwsio*, / I lechu yn y ddaear ddu. **1803** *P*, *Ymdrwsiaw* . . . To dress one's self. Ar lafar, '*ymdrwsio*' 'to make oneself neat', *WVBD* 575.
Amr.: **amdrwsio.** **16g.** (*LlEG*) *Mos* 158, 295b. **16–17g.** *CRC* 413.

ymdrwythaf: ymdrwytho, gw. ym-+ trwythaf: trwytho.

ymdrybaeddaf, ymdrabaeddaf, &c.: **ymdrybaeddu, ymdrabaeddu,** &c. [*ym*-+*trybaeddaf*, &c.: *trybaeddu*, &c.] *bg.* ac yn eithriadol *ba.* Ymdreiglo (mewn llaid, &c.), ymdrwytho, trwytho, yn aml yn *ffig.*: *to wallow, steep* (*oneself*), *often fig.*
1588 2 *Sam* xx. 12, Amasa a *ymdrabaeddase* (**1620** *ib.* oedd yn *ymdrybaeddu*) mewn gwaed yng-hanol y briffordd. **1588** *Jer* xlviii. 26, Moab a *ymdrybaeddodd* yn ei chwdredd. **1595** H. LEWYS: *PA* 134, wedi yddyn *ymdrabaeddu* yn i pechod. **1632** *D*, *ymdrybaeddu* d.g. *Voluto*. **1672** J. LANGFORD: *HDdD* 28, y mae y cyfryw foddion . . . yn lle ein gwaredu ni allan o'n cyfyngderau, yn ein *hymdrobaeddu* ni (*plunge us*) mewn rhai mwy ô lawer. **1703** E. WYNNE: *BC* 23, gwelem rai ar welâu sidanblu yn *ymdrobaeddu* mewn trythyllwch. **1722** *Llst* 189, *Ymdrybaeddu*. To embrew, dabble, wallow. **1754** *ML* i. 324, ond am Fodewryd, un bydol yw ac ni thâl i sôn am dano. Un yn *ymdrobaethu* [*sic*] mewn cyfoeth, ac untroed yn y bedd iddaw. **1790** T. JONES: *TOS* 111, Gwelwch pa farchogaeth a rhedeg, pa *ymdrybaeddu* a chribinio, sydd am betheu gwael. **1803** *P*, *Ymdrybaezu* . . . To wallow, or to welter; to wallow mutually. Ar lafar, "Odd yr 'en fochyn yn *ymdrabaeddyd* yn y mŵd', *GTN* 858; hefyd yn yr ystyr 'ymdrechu', 'Pwy yw'r reina sy'n *ymdrabaeddyd* i fynydd i'r mynydd', *ib.*

ymdryboliaf: ymdryboli, ymdrybola, gw. ym-+trybolaf: tryboli.

ymdrychaf, ymdrychiaf: ymdrych(u), ymdrychio, gw. ym-+trychaf: trychu.

ymdrythyllaf: ymdrythyllu, gw. ym-+ trythyllaf: trythyllu.

ymdumiaf: ymdumio [cf. *mydumiau*] *bg.* Gwneud ystumiau: *to gesture.*
1803 *P*, *Ymdumiaw* . . . to bend or to mould one's self.

ymdumiau [cf. *mydumiau*] *e.ll.* Ystumiau: *gestures.*
1834.

ymdwmnaf: ymdwmno, ymdwtiaf: ymdwtio, gw. ym-+twymaf: twymo, twtiaf[2]: twtio.

ymdwyaf: ymdwyo [amr. ar *andwyaf*: *andwyo* dan ddyl. *ym*-] *ba.* Andwyo, difetha, dinistrio: *to undo, ruin, destroy.*
1691 T. WILLIAMS: *YB* 153–4, [rh]yw fab afradlon, sydd wedi ei *ymdwyo* (*ruined*) ei hunan. *id.* 173, amser colledig yw yr hwn a beriff ein colli ni, yr hwn a'n *hymdwya* (*which undoes us*), yr hwn a'n tynn yn ddrylliau.
Gw. hefyd andwyaf: andwyo.

ymdwyllaf: ymdwyllo, gw. ym-+twyllaf: twyllo.

ymdwymaf: ymdwymo, ymdwymnaf: ymdwymno, gw. ym-+twymaf: twymo.

ymdwyol [amr. ar *andwyol* dan ddyl. *ym*-] *a.* Dinistriol, niweidiol: *ruinous, injurious.*
1712 T. WILLIAMS: *CDdG* xi, yn erbyn ympinionau *ymdwyol*, [*sic*] yr Ana-baptistiaid.
Gw. hefyd andwyol.

ymdyfaf: ymdyfu, ymdynghedaf: ymdynghedu, ymdymheraf: ymdymheru, gw. ym-+tyfaf: tyfu, tynghedaf: tynghedu, tymheraf: tymheru.

ymdynnaf: ymdynnu [*ym*-+*tynnaf*[1]: *tynnu*; Crn. C. *omdenna*, Crn. Diw. *ombdina*, Llyd. Diw. *emdennañ*] *bg.* Ymryson, ymgodymu, hefyd yn *ffig.*; ymdrechu, ymegnïo; tynnu'n ôl, encilio, dianc; tynnu ato, crebachu: *to contend, wrestle, also fig.*; *strive, exert oneself*; *draw back, retreat, escape*; *shrink, contract.*
13g. *B* ix. 335, [t]rigyav eno ene rodes e mor e hynt idi en ryd gan *emdynnv* drachevyn eny donneu. **13g.** *HGK* 16, guedy darvot y vrwyder, ofynhav brat o barthret Gruffud a oruc Rys. *Ymdynnv* a dan gel kyfliw gur a llwyn a oruc o gedymdeithas Gruffud a'e wyr. **14g.** *GDG*[3] 401, Dewis, Dafydd, ai dywaid / Ym beth a fynnych neu baid . . . / . . . / Ai ymdoniog *ymdynnu* / Tros dân, ŵr trahäus du (Gruffudd Gryg). **15g.** *GDID* 44, Ni'th ddisgyn un dyn, *ymdynnych*—â'th ffrwyn / O eisiau achwyn, oni sychych [dychan i'r lleidr a ddug wartheg y bardd]. **1547** *WS*, *Ymdynny* Stryue. **1551** W. SALESBURY: *KLl* xviib, Yna y dyuot Ieshu wrtho: *Ymdyn* Satan. **1567** *TN* [xxv], Ysbys ydyw i bawb syn darllain historiay beth fu ddiwedd yr *ymdynnu* rhwng y Sayson ar Brytaniait. *a.* **1587** *Y* 58, *Ymdynna*, mae d'awenydd / Yn gaeth rwym ne yn goeth rydd. **1618** J. SALISBURY: *EH* 300, Dedwydh yw'r adhfwyn; sef, y rhai a rodhont le i bawb, heb *ymdynu*, nag ymdrechu a'r neb a ymwthio o'r blaen. **1632** *D*, *Ymdynnu*, Luctari. **1722** *Llst* 189, *Ymdynnu*. To pull or strive hard, tug one another. *c.* **1762–79** W. WILLIAMS: *P* 447–8, fel y maent yn wastad yn *ymdynnu* mewn rhyfeloedd o dref, ac mewn cyfreithiau â'u gilydd gartref. **1803** *P*, *Ymdynu* . . . To pull or drag one another; to strive together, to contend.

ymdyrraf: ymdyrru, ymdywalltaf: ymdywallt, gw. ym-+tyrraf: tyrru, tywalltaf: tywallt.

ymdywynygaf: ymdywynygu, ymdywynnyg, gw. ymddywynygaf: ymddywynygu.

ymdda, ymddâ, gw. ymddâf: ymddaith.

ymddadebraf: ymddadebru, ymddadfeiliaf: ymddadfeilio, &c., gw. ym-+ dadebraf: dadebru, dadfeiliaf: dadfeilio, &c.

ymddadlaf: ymddadlu, ymddadleuaf: ymddadlau, &c., gw. ym-+dadleuaf: dadlau, &c.

ymddadrysaf: ymddadrys(u), ymddadwreiddiaf: ymddadwreiddio, ymddaearaf: ymddaearu, gw. ym-+datrysaf: datrys, dadwreiddiaf: dadwreiddio, daearaf: daearu.

ymddâf: ymddaith[2] [dichon mai -*d*-≡-*d*- yn rhai o'r enghrau isod, cf. *ymdaith*[1], *ymdeithiaf*: *ymdeithio*; aneglur yw union ffd. y gair hwn, ond gw. *SDR*[2] 101, *LP* 335; am gynnig gwahanol, gw. *B* xxxiv. 123–4] *bg.* ac yn eithriadol *ba.* a'r be. hefyd fel *eg.b.* ll. *ymddeith*(*i*)*au*. Mynd, cerdded, teithio, siwrneio, symud: *to go, walk, travel, journey, move.*
12g. *GMB* 275, Myn yt *ymdaeth* Crist ar gein dydwet—daear. **13g.** *C* 22. 10–11, Gvae vi pir *imteith* genhide in ky ueith [*sic*]. *id.* 50. 19–51. 1, it vif in *ymteith* gan willeith a gwillon. *id.* 88. 9–10, Redecauc duwyr echwit. Cv da. cvd *ymda*. Cv. treigil. Cv threwna. **13g.** *A* 12. 15–16, nyt *emda* daear nyt emduc mam. mor eiryan gadarn haearn gaduc. **13g.** *GBF* 274, Ar Wiryonet yaɓn daɓn yt *ymdel*: / Erbynnyed arbennic agel, / Yn barchussaf naf ar nef yt el. **14g.** *WM* 477. 9–11, kɓt *ymdeɓch* yd *ymdaɓn* (*RM* 118, pan doethaɓch. neur doetham) y erchi olwen dy uerch y gulhɓch mab kilid. *id.* 29–30, hanbyd gɓaeth yd *ymdaaf* gan anwaeret. **14g.** *B* ix. 225, Ef heuyt a *ymdavys* ar warthaf y tonnev. yn troet noeth. *c.* **1400** *DB* 85, Ar y dayar y gwnaethpwyt pethau a *ymdaant*; y'r dwfyr y rei a nofyant. *c.* **1400** *SDR*[2] 72, Anawd iawn . . . yw ymi venegi ytti y gyniuer fford amdyfrwys a *ymdeeis* i o'm gwlat hyt yma. **1551** W. SALESBURY: *KLl* lxxiia, mal ydd oedd ef yn *ymddaith* [:- siwrneio]. **1567** *TN* xxviii, ae gadael megis yn ddeillion i *ymddaith* ac i siwrneio trwy wylltineb y byt hwnn. **1607** *Rhyddiaith Gymraeg* i. 139, ag amryglh golhed o'r elw damweiniol wrth *ymdheith* ar lhet er gofwyaw cleifion a'i trino. **1632** *D* d.g. *Ambulo*.

Fel *e.* Taith, siwrnai, symudiad; gofod, pellter, ehangder: *voyage, journey, movement*; *space, distance, expanse.*
12g. *GLlF* 378, Neud gormail gormodd o *ymddaith*. **12g.** *GCBM* i. 61, Ny'm athreit-y meingann meingadyr y hystlys, / Ny'm hu vrys o'e llys y llaes *ymdeith*. **13g.** *LlI* 59, Sef achaus e messurus ef henne, yr guybot y mal a'e mylltyryeu a'e *hemdeythyeu* en e dyeoed. **13g.** *C* 20. 2–3, Dihafal dy *imte*[*i*]*th* dy isscar ath kedimteith. **13g.** *BD* 132, ac nat oed y rygthav a hi namyn *ymdeith* hanner dywyrnavt. **14g.** *WM* 154. 26–7, Mi arifaf yt *ymdeitheu* hyt yno. **14g.** *RC* xxxiii, 188, megis y galloch gerdet yn un dyd *ymdeith* dec niwyrnawt arugeint. **1545** *CM* 1, 43, J mae yn hraid J ni ddyalld y modd J mae kymaint o *ymddaith* ne o bellder hrwng yr ozron ar pwmel. **16g.** (*LlEG*) *Mos* 158, 78a, [p]obyl ahenwid tarttaris . . . yr hrain aennillodd *ym ddaith* mawr o dir a daiar gida dinassoedd a threui a chesdyll o vewn gogledd gorllewin gwledydd assia. **1567** *TN* 58a, na chymerent [disgyblion] dim y'w *hymddeith* [:- gosymddaith, taith, siwrnai] amyn ffon yn vnic. *id.* 170b, mynydd Olivar, yr hwn 'sydd yn agos i Gaerusalem, ys ef yspait *ymddaith* diernot Sabbath. *Diw.* **16g.** *WLB* 57, os hi a fydd beichiog . . . hi a glyw *ymddaith* a goglais a merwindod ynghylch i bogel y nos honno, ac oni bydd beichiog ni chlyw hi ddim kyffro or byd. **16–17g.** *HG* 29, kreawdr mor mawr, myriaw pysgod, rhwyd / yn carü ni r ydwyd kreawdr yr ednod / kreau yr holl *ymddaith*, kreod, yr engylion. **1604–7** *TW* (*Pen* 228), *ymdheith* d.g. *Iter*, *Spatium*. *id.* *ymdheith* vorawl d.g. *Nauigatio*. **1632** *D* d.g. *Peregrinatio*.
Amr.: **ymdda** (?neu *ymddâ*) [?drwy ddeall 3 un.

pres. myn. y f. fel be.]. *c.* **1588** *RWM* i. 964, *ymdda* = cerdded. **1753** *TR*, †*Ymdda*, to go, to walk. V. **ymddeithio** [drwy gymryd *ymddaith*[2] fel bôn newydd; cf. hefyd *ymdeithiaf*: *ymdeithio*]. **16g.** *YT* 81, poob peth a *ymddaith* / J geishio J borthianntt. **1567** *TN* 240b, Ac yr awrhon yr *ymddeithiaf* (**1588** *Rhuf* xv. 25, yr wyf yn myned) y Caerusalem. **1604–7** *TW* (*Pen* 228) d.g. *Itineror*.

Cfn.: **i ymddaith:** *away, hence, off.* **12g.** *GCBM* i. 159, Gweiuryd bryd, bryssyaw *y ymdeith*. **13g.** *B* x. 28, hi a divlannws *y emdeith*. **13g.** *HGK* 18, Ac y kerdus *y emdeith* ef a'e gedemdeitheon pyrnavn. **14g.** *WM* 2. 5–7, at y cŵn y doeth ef. agyrru yr erchŵys aladyssei y carŵ *eymdeith* (*RM* 2, ymeith). *id.* 31. 30–1, a tharaŵ y ureich o not yr elin *eymdeith*.

Gw. hefyd ymaith, ymddaith[1].

ymddangos, &c., gw. ymddangos (*ng*= *n-g*), &c.

ymddaith[1] [< *i ymddaith* (gw. *ymddâf*: *ymddaith*)] *adf.* Ymaith, oddi yma, i ffwrdd: *away, hence, off.*

13g. *LlDW* 132. 20–2, O deruyd y dyn dyuot yn truydet dyn arall ac yscrybyl ganthau . . . pan el *ymdeyth* (*D Col* 5, emeyth) ny dyly uynet ganthau nac epyl na theyl. **14g.** *WM* td. 205. 34–5, Achyn aŵch mynet *ymdeith* (*RM* 264, ymeith) atteb a geffŵch. **14g.** *WML* 42, Or trychir clust dyn oll *ym deith* . . . dŵy uu a deu vgeint aryant atal. **1346** *LlA* 125, Yna y tynnaŵd ybrenhin trŵy ylit *ymdeith*. **14g.** *YBH* 22a, yn y aeth y vreich ddeheu idaŵ *ymdeith*. *c.* **1400** *RB* ii. 8, gellŵg y gynulleitua *ymdeith* aŵnaeth ef. **1488–9** *BSM* 7, A phan ddoeth ef yno Ilar a aethodd *ymddaith* or dref. **1567** *TN* 370a, er mwyn y Enw ef ydd aethant *ymddaith*. *c.* **1585** G. ROBERT: *DC* 25b, wyntwy a i gadawsont yn nwylo ei elynion, ag a redasont *ymdeith* [*sic*] pawb i w fann.

Gw. hefyd ymaith.

ymddaith[2,3], gw. ymddâf: ymddaith.

ymddaliad [bôn y f. *ymddaliaf*, *ymddalaf*: *ymddal(a)*+*-iad*[1]] *eg.* ll. *-au.* Barn, safbwynt, daliad; osgo, ymarweddiad: *opinion, viewpoint, stance; posture, stance.*

c. **1585** *MCr* 88, er mwyn maeddy i lawr falchedd ag *ymddaliad* (*opinion*) y Ffariswr ynfyd. *id.* 104, y orbwyso at i opiniwn ney *ymddaliad* (*opinion*) ef. **1803** *P*, *Ymzaliad*, s. m.—pl. t. *au*. . . . an opinion.

ymddaliaf, ymddalaf: ymddal(a) [*ym-* +*daliaf*, *dalaf*: *dal(a)*] *bg.* Ei ddal ei hun yn ôl, ymatal; dyfalbarhau, ymdrechu, ymegnïo; dal, cadw, ei ddal ei hun, ymgadw; ?dadlau: *to restrain or contain oneself; persevere, strive, exert oneself; hold or keep (oneself); ?argue.*

15g. *GLGC* 508, fab *ymddâl* [*sic*], fab ymddylyd [i'r meddwdod]. **15g.** *DE* 54, ir na chawn gyfrinach hoyw / eithr *ymddal* a threm ddvloyw [i wraig weddw]. **1561–2** *Rhyddiaith Gymraeg* i. 62–3, vy nirfawr orchymvn o dwymyneiddrwydd meddylvryd kalon yn garedigawl attoch, megis yr *ymddail* ffyddfrawd o eithafbell garedigrwydd ar y llall. *c.* **1585** *MCr* 88, y Ffariswr, yr hwn oedd yn *ymddala* a'r wraig bechadyrys. **1604–7** *TW* (*Pen* 228), *ym delir* [*sic*] d.g. *Teneor*. **1707** *AB* 249c, To strive . . . *Ymdhal*. **1803** *P*, *Ymzal* . . . To persevere.

ymddallaf: ymddallu, ymddallgeibiaf: ymddallgeibio, gw. ym-+dallaf: dallu, dallgeibiaf: dallgeibio.

ymddangosad, gw. ymddangosiad.

ymddangosaf, &c.: **ymddangos,** &c. [*ym-*+*dangosaf*: *dangos*] *bg.a.* a'r be. hefyd fel *eg.* ll. *-ion.* Ei ddangos neu ei amlygu ei hun, dod yn amlwg, dod i'r golwg; dangos, arddangos; edrych fel pe bai, rhoddi'r argraff o fod (yn), ymrithio; ymbresenoli'n ffurfiol (mewn llys barn, &c.), perfformio (yn gyhoeddus); cael ei gyhoeddi, mynd ar werth (am gyhoeddiad, &c.): *to appear, show oneself, become apparent or evident, turn up; show, display; appear (as if), look as if, seem (to be); appear (in court, on stage, &c.); be published, appear (of publication, &c.).*

12g. *GCBM* ii. 165, Cadyr yt *ymdengys* Rys yn racter. **13g.** *B* ix. 147, am hanner nos yd *emdangosses* idav an argluydes ni meir gvir vam grist. **13g.** *BD* 70, *ymdangos* a wnaeth Custennyn bot yndav bonhed mavr. **14g.** *WM* td. 216. 19, hi awelei varchaŵc yn *ymdangos* or nyŵl. **14g.** *LlB* 128, Gwrthneu gwybydyeit yw pan *ymdangossont* gyntaf yn erbyn amdiffynwr o'r achwysson hyn. **14g.** *WM* 424. 24–5, aŵr dyd yn *ymdangos* (*id.* td. 212. 34, dangos) y lleuuer. **14g.** *GDG*[3] 114, Y naill wers yr *ymddengys* / Fy nyn gan mewn llan a llys, / A'r llall . . . / Yr achludd gloyw Forfudd glaer. **14–15g.** *GGLl* 114, *Ymddangos* erof, cof certh, / Yn entyrch wybr cyn anterth [Gruffudd Llwyd i'r haul ac i Forgannwg]. *c.* **1400** *Ymborth* 4, Ffalster . . . yw cudyaw drycvuched drwy dwyllodrus *ymdangos* kyffelybrwyd y santeidrwyd. *c.* **1400** (*SG*) *HMSS* i. 366, nyt oes dynghetuen y neb y dynnu ef [cleddyf]. ony byd un or rei yr *ymdangosses* y greal udunt. **1547** *WS*, *Ymddangos* Appere. **1551** W. SALESBURY: *KLl* xlixa, myvy ae caraf ef / ac a *ymddangosafvy* hun iddo. **1567** *TN* 268a, *ymddangos* [:– apero] geyr bron brawdle Christ. **1595** *Egl Ph* [viii], Drwy gymmorth . . . y gelbhydhyd ymma [rhethreg] mae doethineb yn *ymdhangos* yn ei glendid. **1615** R. SMYTH: *GB* 11, Timon . . . a '*mddangosodd* i hun yn benna gelyn i ddynion. **1630** *YDd* vi, Y mae'n *ymddangos* yn eglur mai y rhain ydyw y dyddiau diweddaf. **1632** *D*, *Ymddangos*, Apparere, sese ostendere. **1661** E. LEWIS: *Drex* 119, Od oes ynot ddim ymwrandawiad, efe *ymddengys* ei hûn yma. **1735** S. THOMAS: *HP* 59, wedi ei holi a'i chwilio, fe *ymddangosodd* mai ei Farn oedd, mai Dyn ei hun sydd yn gwneuthur i'w Ewyllys ewyllysio yr hyn sydd dda. **1770** *W* d.g. *To appear* [*shew itself, or become visible to the eye*], *Manifest, To be made manifest*. **1803** *P*, *Ymzangaws* . . . to shew one's self.

Fel *eg.* Ymddangosiad (allanol), sioe; arwydd; ffenomenon: (*outward*) *appearance, show; sign; phenomenon.*

1684 H. OWEN: *DC* 115, yr *ymddangos* a wna dynion oddiallan. [**1740**] D. LLWYD: *YDD* 168, ymgrymmu yr Corph . . . Plygu yr gliniau . . . derchafu yr dwylo . . . yr *ymddangosion* rhain o barch iw Creawdwr. **1803** *P*, *Ymzangaws*, s. m. . . . a shewing of one's self.

Amr.: **amddengys** [3 un. pres. myn.]. **1545** ELIS GRUFFYDD: *Ll* 28, 29.

Cfn.: **ymddangos fel:** *to appear to be, seem to be, look as if; resemble.* **1722** *Llst* 189, *Ymddangos fel*. To resemble. **1759** J. EVANS: *PF* 66, Un a fo 'n *ymddangos fel* wedi ei ladd (*seemingly killed*). **1770** *W* d.g. *To appear* [*seem or look*].

ymddangosfa [bôn y f. *ymddangosaf*: *ymddangos*+*-fa, ma*] *e?b.* Arddangosfa, golygfa, sioe, pasiant; (maes) parêd: *exhibition, scene, show, pageant; parade(-ground).*

1630 R. LLWYD: *LlH* 98, Y byd, môr o wydr ydyw, *ymddangosfa* ffôl-ddigrifwch (*a pageant of fond delights*), chwareufa oferedd. **1778** *W* d.g. *Parade* [*a place in a garrison, &c. where soldiers are exercised*], *Rendezvous* . . . [*a meeting, also a place of meeting, appointed*], *Scene* [*a sight, view, or representation exhibited*].

ymddangosgar [bôn y f. *ymddangosaf*: *ymddangos*+*-gar*] *a.* Rhodresgar, rhwysgfawr: *ostentatious, showy.*

1778 *W* d.g. *Ostentatious*. **1803** *P*.

ymddangosgarwch [*ymddangosgar*+ *-wch*[1]] *eg.* Rhodres, rhwysg(fawredd): *ostentatiousness, ostentation, showiness.*

1778 *W* d.g. *Ostentatiousness*. **1803** *P*.

ymddangosiad [bôn y f. *ymddangosaf*: *ymddangos*+*-iad*[1]] *eg.* ll. *-au.* Golwg, gwedd, edrychiad, tebygrwydd; y weithred o ymddangos, amlygiad, datguddiad; drychiolaeth, ysbryd; gwedd allanol, ymrithiad, llun (ar), sioe; gwedd (ar y lleuad, &c.); y weithred o ymddangos mewn llys barn, drama, ffilm, &c.; cyhoeddiad (llyfr, &c.); ffenomenon: *appearance, aspect, look, resemblance; an appearing, appearance, manifestation, revelation; apparition, spirit; outward appearance, semblance, façade, show; phase (of moon, &c.); appearance (in court, on stage, screen, &c.); publication (of book, &c.); phenomenon.*

1547 *WS*, *Ymdangosiat* Apperaunce. **1551** W. SALESBURY: *KLl* lxiva, a chwi yn aros *ymddangosiat* ewn Arglwydd Ieshu Christ. **1567** *TN* 320b, yr hwn [Iesu] a vairn y byw a'r meirw yn ei *ymddangosiat* [:– ddyvodiat]. **1592** S. D. RHYS: *Inst* [xvii], na bydhei yno nebryw bhai, onyd *ymdhangosiad* a' lliw beieu yn vnic, ac heb dhim gwirbhai. **1632** *D* d.g. *Epiphania, Visio*. **1661** E. LEWIS: *Drex* 12, darfod i/ddynt ar *ymddangosiad* y Basilisc redeg i gyd ymmaith. **1683** J. JONES: *TG* 138, a gwneuthur mawr *ymddangosiad* Blodeuog o Addoliad oddiallan. **1701** E. WYNNE: *RBS* 108, fel y bô i *ymddangosiad* y goreu ddallu golygiad y gwaethaf. **1723** WM: *PGG* 31, Mae ymbell weithred yn ymddangos megis ffrwyth gwir Gariad, pan nad yw, yn y gwaelod, ddim ond rhyw *ymddanghosiad* ymffrostus i fodloni Cîg a Gwaed. **1725** D. LEWIS: *GB* 43, Yr ŷm yn cael sicrwydd am *ymddangosiadeu* oddiwrth y Meirw, ym mhob Oes a Gwlâd. **1727** J. JONES: *DFF* 11, *Ymddangosiadau* mawrion a rhw[y]sgfawr . . . rhai Tywysogion yn eu Gor[f]oleddau. **1770** *W* d.g. *Appearance* (*outside show, in opposition to reality*), *Appearance* [*form, fashion, shape, figure*], *Appearance or outward appearance, Appearance* [*in a court of justice*], *An appearance* [*vision, or shadowy appearance*], *Appearance* . . . *The first appearance* [*rising*] *of the sun, &c., Look, or appearance, A manifestation of one's self, or one's manifestation* [*appearance*], *Phenomenon, rather phænomenon* [*an appearance in the air, &c*]. *id.* *Ymddangosiadau* y lleuad d.g. *Phases* [*the enlightened appearance*] *of the moon*. **1774** H. JONES: *CH* 35, nid yw dyn ond megis gwneuthur *ymddangosiad* yn y byd. **1776** I. BRYDYDD HIR: *P* i. 155, Mae amryw *ymddangosiadau* doethineb Duw iw canfod yn y creadigaeth. **1803** *P*.

Amr.: **ymddangosad** [bôn y f. *ymddangosaf*: *ymddangos*+*-ad*[2], trf. han.]. *c.* **1877.**

ymddangosiadol [*ymddangosiad*+*-ol*] *a.* Yn ymddangos yn ddilys neu'n real (ond heb fod felly o reidrwydd), rhithiol: *apparent, ostensible, seeming.*

1723 J. JONES: *LlA* 241, ei Gyfiawnder *ymddangosiadol*, ond nid ei Drueni gwirioneddol. **1770** *W* d.g. *Apparent* [*seeming, in opposition to real*]. **1772** D. RISIART: *HFP* 115, trwy gymmeryd arno, yn *ymddangosiadol* . . . i beiddio [*sic*] a themtio yr Arglwydd. **1790–1** H. JONES: *T* 158, sancteiddrwydd *ymddangosiadol* a ffurfiol. **1793** T. JONES: *SD* 13, [y]r *ymddangosiadol* anwastadrwydd yn ei driniadau. **1799** M. WILLIAMS: *HHG* 180, gwirioneddau priodol a gwirioneddau *ymddangosiadol* . . . pan yr ydys yn dywedyd fod yr haul yn codi neu'n machlud, nid gwir priodol yw hynny, ond gwir *ymddangosiadol*.

ymddangosiadus [*ymddangosiad*+*-us*] *a.* Rhodresgar, rhwysgfawr; credadwy (ond twyllodrus): *ostentatious, showy; plausible, specious.*

1780 *W* d.g. *Plausible* [*fair and approve-able rather in semblance or appearance than in reality, specious, &c*], *Shewy, or shewish* [*showy, or showish*]. **1794** J. WILLIAMS: *AGDd* 21, dyma'r gwrthddadl mwyaf *ymddangosiadus* (*most plausible objection*) a gyfarfum i ag ef. **1803** *P*, *Ymzangosiadus* . . . Ostentatious.

ymddangosol [bôn y f. *ymddangosaf*: *ymddangos*+*-ol*] *a.* Ymddangosiadol; *Ffis.* seiliedig ar arsylwi (ond gan anwybyddu ffactorau megis symudiad yr arsylwr, newidiadau yn yr amgylchedd, &c.); gweladwy: *apparent (also in physics); visible.*

1767 J. THOMAS: *TFf* 94, Mae teimlad yn edrych i mewn—Ffydd yn edrych allan.—Hi a ddichon atteb *ymddangosol* wrth-dd'wediadau . . . oddiwrth air Duw. **1790** *GY* 62, Nid ydyw hwyrfrydigrwydd *ymddangosol* yn Nuw yn arwydd o'i anfodlonrwydd. **1790–1** H. JONES: *T* 186, [g]wahaniaethu rhwng gras gwirioneddol a gras *ymddangosol* yn unig. **1803** *P*, *Ymzangosawl* . . . self-exposing.

ymddanheddaf: ymddanheddu, &c., gw. ym-+danheddaf: danheddu, &c.

ymddantaf: ymddantu, ymddantan [bf. o *ym-*+*dant*] *bg.* Cweryla, ymladd: *to quarrel, fight.*

1740 T. EVANS: *DPO* 76, megis Corgi yn *ymddantu* a March rhygyngog, os digwydd iddo cael [*sic*] Cernod, yna efe a bryssura yn llaes ei gynffon tuag adref. **18–19g.** *Llr* C 68, 74, *Ymddantu* a'u gilydd—Glam, or, dala dant au gilydd. **1803** *P*, *Ymzantu* . . . To shew one's teeth. Ar lafar ym Morg., 'Pidwch *ymddantan* â'ch gilydd, dda chi', ''Na ddicon ar y hen *ymddantan* 'na'.

ymddarbodaf: ymddarbod(i), gw. ym-+darbodaf: darbod.

ymddarfodaf: ymddarfod(i) [*ym-*+ *darfodaf*: *darfodi, darfod*] *bg.* Cweryla; darfod: *to quarrel; cease.*

1643 *MLl* i. 40, yr hen Adda syn *ymddarfod* / a naturiaeth yn ymddattod. **1718** (**1721**) S. THOMAS: *HB* 86, Y modd yr *ymddarfododd* Luther a'r Pab, a'r Achlysur a gymmerodd i Ymadel a Chymdeithas Eglwys Rufain, ydoedd fel y canlyn. **1722** *Llst* 189, *Ymddarfodi*. To quarrel, fray. **1773** *W*, *ymddarfodi* d.g. *To fall out* [*quarrel*] *with one*.

ymddarniaf: ymddarnio, ymddarostyngaf: ymddarostwng, ymddarparaf: ymddarparu, &c., gw. ym-+darniaf: darnio, darostyngaf: darostwng, darparaf: darparu, &c.

ymddatblygaf: ymddatblygu, ymddat-

guddiaf: **ymddatguddio**, &c., gw. ym-
+datblygaf: datblygu, datguddiaf:
datguddio, &c.

ymddatodaf: ymddatod(i), **ymdded-
wyddolaf: ymddedwyddoli**, &c., gw.
ym-+datodaf: datod, dedwyddolaf:
dedwyddoli, &c.

ymddeffroaf, **ymddeffrôf: ym-
ddeffro(i)**, &c., gw. ym-+deffrôf:
deffro, &c.

ymddeithiaf: ymddeithio, gw. ymddâf:
ymddaith.

ymddeithig [ymddaith² + -ig²; ansicr yw'r
engh. gyntaf isod] a. a hefyd fel e?g. Buan,
chwim; crwydrwr, teithiwr: *fast, swift;
wanderer, traveller.*
  14g. T 70. 21-3, Gɤlat uerɤ dyderuyd hyt valaon.
lludedic eu hoelyon *ymdeithic* eu hafɤyn. **14g.** WM
168. 16-20, ef a welei varchaɤc yn dyfot yr porth
allan y hela y ar palfrei gloyɤdu ffroenuoll *ymdeithic.*
A rygig wastatualch escutlym ditramgɤyd ganthaɤ.
14g. Cy vii. 137, Tri dyn y mae iaɤn rodi bɤyt vdunt.
ymdeithic a golochɤydor. a llauurôr. c. **1400** YCM² 72,
a hwynt a dugant idaw amws du *ymdeithic* (*mivant*).
id. 97, ac ynteu ar gefyn march uchel *ymdeithic* (*cor-
ant*). c. **1400** R 1373. 30-1, hopkyn eirgoeth doeth
ɤrth *ymdeithic.*

ymddeithiwr, gw. ymddeithydd.

ymddeithwastad, **ymdeithwastad** [ym-
ddaith², ymdaith¹ +gwastad] a. Rhygyngog
(am geffyl, &c.), yn paso: *ambling (of horse,
&c.), pacing.*
  14g. WM td. 217. 7, ar varch maɤr uchel *ymdeith
wastad* hywedualch. **1604-7** TW (Pen 228), *ymdheith-
wastat* d.g. *Equus . . . Equus Gradarius, Gradarius,
Tolutarius.* **1632** D, *ymdeithwastad* d.g. *Gradarius,
Tolutarius.* **1722** Llst 189, *Ymdeith-wastad.* Ambling,
pacing. **1770** W, March rhygyngog (*ymdeith-wastad*)
d.g. *An ambler, or ambling horse.* **1803** P d.g. *Ymdeith-
wastad.*

ymddeithydd, **ymddeithiwr** [ymddaith²
a bôn y f. ymddeithiaf: ymddeithio + -ydd³,
-iwr] eg. ll. ymddeithyddion. Teithiwr, siwr-
neiwr; anifail: *traveller, voyager; animal.*
  1550-75 BY 134, Arweddynt y ddeufydd *ymddaith-
ydd* o enaidiawl byw (id. 4, letɤegin ac eneit byw
yndho). **1604-7** TW (Pen 228), *ymdheithiwr* d.g.
Hodæporus. id. *ymdheithydh* d.g. *Viator.* **1693** RY 4,
pob maeth a'r [sic] luniaeth yr hyn oeddyd arferol
o'i ddwyn mewn yscrippannau, neu Gôdau *ymddaith-
uddion* [sic] ar eu Taith.
  Gw. hefyd ymdeithiwr.

ymddelwaf, &c.: **ymddelwi**, &c. [ym-+
delwaf: delwi] bg. ?a hefyd ba.
  (a) Ymffurfio, ymddangos, ei amlygu ei
hun; (geir.) myfyrio, ystyried, rhoddi'r
dychymyg ar waith, ?dychmygu: *to take
shape or form, appear, manifest oneself;
(dict.) meditate, consider, use one's imagin-
ation, ?imagine.*
    1604-7 TW (Pen 228) d.g. *Cogito, Informo, Vsurpo.*
  id. circul wedy *mdhelwi* n y furuauon d.g. *Zona.*
  (b) Mynd fel delw, cael ei barlysu (gan
ofn, &c.), syfrdanu; mynd yn ddryslyd
(yn feddyliol), mwydro, ffwndro: *to become
motionless, be paralysed (with fright, &c.),
be amazed; be(come) confused or bewildered.*
    1716-18 Llsgr R. Morris 140, meddwl am y diwrnod
mawr / a wna ini yn awr *ymddelwi.*

ymddelweddaf: **ymddelweddu**, gw.
ym-+delweddaf: delweddu.

ymddeolaf: ymddeol(i) [ym-+deholaf:
deol, deholi] bg. Rhoddi'r gorau i swydd
oherwydd oedran, salwch, &c.; ymddi-
swyddo, ymddiorseddu; ymryddhau (o
gyfrifoldeb, &c.), cilio, ymneilltuo, tynnu'n
ôl, tynnu allan, ymwadu, ymwrthod,
rhoddi'r gorau, cefnu; ei alltudio ei hun,
ymwahanu, mynd ei ffordd ei hun: *to retire
(from employment); resign, abdicate; relieve
oneself (of responsibility, &c.), retreat, with-
draw, pull out, renounce, give up, abandon;
banish oneself, separate oneself, go one's own
way.*
    1722 Llst 189, Ymddëol. To banish himself. **1770**

W, *ymddëol* d.g. *To banish one's self.* **1803** P, Ymzeoli
. . . To separate mutually; to separate one's self; to
banish one's self.

ymddeoledig [bôn y f. ymddeolaf: ymdde-
ol(i) + -edig] a.bfl. ll. (gyda grym enwol)
-ion. Wedi ymddeol: *retired.*
  1852.

ymddeoliad [bôn y f. ymddeolaf: ymdde-
ol(i) + -iad¹] eg. ll. -au. Y weithred o ym-
ddeol o swydd, cyfnod o fywyd ar ôl
ymddeol; ymddiswyddiad, ymddiorsedd-
iad; ymneilltuad: *retirement; resignation,
abdication; a withdrawing.*
  1803 P.

ymddeoraf: ymddeor(i), gw. ym-+
dehoraf²: deor.

ymdderaf, ymdderiaf, &c.: **ymdderu,
ymdderian**, &c. [ym-+elf. anh. (?cf.
dera); gwelir -rr- yn nifer o'r engrau.
isod] bg. a hefyd gyda grym enwol i'r be.
Cweryla, ymgecru, herio, dadlau'n daer;
ymryson, ymgodymu: *to quarrel, bicker,
taunt, argue fiercely; contend, struggle.*
  1615 R. SMYTH: GB 194, Gadavyn ymaith *ymdera*
[sic] 'r henavɤgvvyr chvvannog yma. **17g.** E. MORRIS:
B 89, A phawb yn *ymdderu* bob un am y dewra.
[**1745**] W. ROBERTS: FfM 52, Os doi di i '*mdderru*
ami [sic] mwy, / Mi rof Gleddau drwy dy Goluddion.
1751 GIA [v], a adwaenoch eich pechod, ac er hynny
a bechwch, megis ped faech yn *ymdderru* â Duw (*set
God at defiance*)? **1752** G. OWEN: L 22, bychan a
fyddai fod cell haiarn i bob un o honynt [plant yr
ysgol] o'r neilltu, gan yr *ymdderru* a'r ymgeintach y
byddant. **1756** id. 168, am ei bod yn amser rhy
beryglus i fyned i *ymdderru* a'r Ffrancod yn eu
gwlad eu hunain. **1803** P, Ymzeru . . . To taunt mutu-
ally. Ar lafar gynt, 'Cyndyn ddadlu olygir wrth *ym-
dderu*', J. JONES: Gwerin-eiriau, 58.

**ymdderbyniaf, ymdderbynnaf: ym-
dderbyniaid, ymdderbynnaid** [ym-+
derbyniaf, derbynnaf: derbyniaid] bg. Mynd
i'r afael (â'r gelyn), ymosod, ymladd: *to
engage (the enemy), attack, fight.*
  14g. BT 74, ymae lluossogrwyd yn hymlid ar nyd
oes gennym ni allu y *ymderbynnyeid* ac wynt. id. 156-
7, ar dywededigyawn rys ac ywein meibyon gruffud
heb allu *ymderbynnyeit* ar veint gedernyt honno a
anuonassant kennadeu ar fauks. y cyfanosdi hedwch
vdunt. **15g.** BB 13, ny ellynt wy *ymderbynneit* ac wynt
rac meynt y nyuereod allan. id. 102, Ar hyn a edewys-
yt o wedillion trueyn yn ynys brydeyn heb allel
ymderbynneit ac wynt. id. 103, gwedy gwelet an brytt-
annyeit na alleynt *ymderbynneit* ac wynt.

**ymdderchaf: ymdderchu, ymdderchaf-
af: ymdderchafu**, gw. ym-+dyrchaf¹:
dyrchu, dyrchafaf: dyrchafu.

ymdderiaf: ymdderian, gw. ymdderaf:
ymdderu.

ymddialaf: ymddial, &c., gw. ym-+
dialaf: dial, &c.

**ymddibennaf: ymddibennu, ymddi-
bynnaf: ymddibynnu**, gw. ym-+diben-
naf¹: dibennu, dibynnaf: dibynnu.

ymddidolaf: ymddidoli, &c., gw. ym-+
didolaf: didoli, &c.

ymddiddanaf, &c.: **ymddiddan(u)**, &c.
[ym-+diddanaf: diddanu; petrus yw dos-
barthiad yr engh. gyntaf yn adran (b)] bg.
a'r be. ymddiddan hefyd fel eg. ll. -ion, -au.
  (a) Siarad (â'i gilydd), llefaru, ymgomio,
sgwrsio, hefyd yn ffig.: *to talk (to one an-
other), speak, converse, chat, also fig.*
    13g. Ll 53, e rodyr oet e'r egnat e emgoffau ac e
endydyan a guyr. **13g.** BD 145, pa wed y gallei cael
kyffuryf y *ymdidan* a'e uravt. **14g.** YBH 45a, y march-
ogyon a *ymdidanassant* a'e rygthunt. **14g.** WM 44.
19-21, A dechreu *ymdidan* a naeth matholɤch a
bendigeituran. **14g.** GDG³ 347, Eresyn doeth, er ised /
Yr *ymgiidan* [sic] *ymddiddan*, grym gred, / Ateb a gwrtheb yn
gau / Yn ei hiaith a wnâi hithau [carreg ateb]. c. **1400**
YCM² 118, nac edrych ar neb tra vych yn *ymdidan*
a Charlys, namyn ar Chyarlys ehun. c. **1400** YSG i.
53, uelly yr *ymdidanawed* y llef ac ef. **15g.** ID 17, och
am ddydd gwych i *ymddidan* / ar y min cae i siwgwr
man. **1547** WS, Sonio ne ym/ddidan . . . talke. **1551**
W. SALESBURY: KLl xvb, Pe ydd *ymddidanwn* a
thavodeu dynion ac angelion. **1632** D d.g. *Alloquor,
Communico, Conuenio.* **1699** T. JONES: TP 35, fe a

archodd y Deonglwr iddo *ymddidan* a'r Dŷn. **1776**
I. BRYDYDD HIR: P ii. 132, pan ddarfyddo iddo
ymddiddan a dynion, i ceiff drigo gyda Duw, ac
ymddiddan ag angylion. **1803** P d.g. *Ymzyzan.*
  (b) Mwynhau, (en)joio, ymhyfrydu;
cysgodi: *to enjoy oneself, delight; shelter.*
    1696 CDD 79, Dowch *mddiddanu*, ac unwch i
ganu. **1717** IACO AB DEWI: MN 278, pa Wyrthwyneb-
ion neu Drychinebeu bynnag a ddigwyddo i mi, yr
wyf yn bwriadu . . . *ymddiddanu* ac ymorfoleddu
ynddynt. **1725-6** Madd Ed 46, *ymddiddanu* rhag
halogrwydd (*escape the pollutions*) y Byd mewn
gwniau cnawdol. **1765** J. EVANS: CPE 238, yn bwyta
ei gig a'i waed croeshoeliedig ef, ac . . . ac yn *ymddi-
ddanu*, ac yn ymlawenhâu ynddo efd.
  Fel e. Y weithred o siarad (â'i gilydd),
ymgom, sgwrs, deialog; stori, hanes,
chwedl; cerdd, &c., ar ddull ymddiddan;
?cyfathrach (rywiol): *conversation, chat,
discourse, colloquy, talk, dialogue; story, ac-
count, tale; poetic, &c., colloquy; ?(sexual)
intercourse.*
    12g. GLlF 227, Dywallaɤ-di'r corn, kanys amcan
—kennyw / Yd ymgyryɤ glyɤ gloeɤ *ymdidan.* **13g.** BD
48, nyt oed na chywyd nac *ymdidan* gan neb. **14g.** T
46. 3, kigleu *ymdidan.* paɤb yny gochvan. **14g.** WM
84. 9-11, didanu yllys a ɤnaeth ac *ymidaneu* digrif
achyuarɤydyt. **14g.** GDG³ 362, Gwae fi na ɤyr y
forwyn / Glodfrys, â'i llys yn y llwyn, / Ymddiddan a
brawd llygliw / Amdani a'r dydd heddiw. c. **1400** (SG)
HMSS i. 282, Yma y mae yr *ymdidan* yn tewi. **15-
16g.** TA 498, Lleihau *ymddiddanau* 'dd ŷch, / Mwyhau
arnaf mae hirnych. **16g.** AP 4, Gwgon . . . mi a glywais
i gerdd gadwynoc, az *ymddiddanau* deuair. **1595** Egl
Ph [viii], i dhodrebhnu *ymdhidhanion* mwynbhoes.
1604-7 TW (Pen 228) d.g. *Oratio.* **1609** R. SMYTH:
CAC d.d., *ymddiddan* ne ddialogiaith rhwng y dyscibil
ar Athraw. **1632** D d.g. *Alloquium, Loquela, Oratio.*
1661 E. LEWIS: Drex 45, Crist yn ei *ymddiddan* a'r
wraig o Samaria, sydd yn fynych yn sôn am dra-
gywyddoldeb. **1701** E. WYNNE: RBS 66, Tymhera
dy brŷd bwyd âg *ymddiddanion* duwiol. **1803** P d.g.
Ymzyzan.
  Amr.: **amddiddan. 16g.** LBSiv. 400. (y)**mddifan.** ?**15g.**
MA² 538a. 22-3, en segur yggɤledau a masɤed ac
emdivan a gɤraged. **1488-9** BSM 22, mae Rann vawr
or *ymddivan* hwnn yn koffav Rinweddav a gwyrthiev
Marthin. **1536** Rhydiaith Gymraeg i. 39, Myvi sy
ganad i Wyn Ap Nvdd, brenin Anwn, i erchi i ti
ddyvod i *mddivan.* **1609** CRC 73, gwn i medyr mwyn
i *ymddifan* / ganv lvwtt a chanv organ.

ymddiddanfa [bôn neu fe.'r f. ymddiddan-
af: ymddiddan(u) + -fa, ma] e?b. Parlwr;
cynhadledd: *parlour; conference.*
  1778 W d.g. *Parlour.*

ymddiddangar [bôn neu fe.'r f. ymddi-
ddanaf: ymddiddan(u) + -gar] a. Huawdl,
rhugl, llafar, siaradus, hoff o sgwrsio,
cymdeithasgar; yn medru llefaru: *eloquent,
fluent, articulate, talkative, conversable, soci-
able; having the power of speech.*
  14g. RC xxxiii. 232, Iessu a dyɤot vrthau yn
ymdidangar. Diw. **15g.** Pen 67, 33, nid kerddgar ond
ym ddidangar [sic] nid *ymddiddangar* ond Am dduw.
1561-2 Celtica ii. 110, Y kalsseidon . . . a wna y neb ai
dyko o dre i ymadrodd ac yn *ymddiddangar.* **1604-7**
TW (Pen 228), Areithber, *ymdhidhangar* d.g. *Elo-
quens.* **1710** T. WILLIAMS: AF 48-9, nid allaf lai na
meddwl yn waeth o'r sawl a wnaethant a'm fi y fath
gam. A dymma'r peth sy'n peri imi . . . [b]eidio a
dyfod ar eu cyfyl, a bod mor hy arnynt, ac mo'r [sic]
ymddiddangar a hwynt, ac a bum gynt. **1803** P,
Ymzyzangar . . . Fond of discourse.

ymddiddaniad [bôn neu fe.'r f. ymddi-
ddanaf: ymddiddan(u) + -iad¹] eg. (Y weith-
red o) ymddiddan, ymgom, sgwrs, hefyd
yn ffig.: *a talking or conversing, conversation,
discourse, also fig.*
  1651 SIÔN TREREDYN: MDD 272, fal cynghlo in
holl *ymddiddaniad.* **1675** R. JONES: HCh 44, Mi a
allaf alw y cyntaf yn Ddwysfeddyliad, wrth yr hyn y
wyfi yn meddwl *ymddiddaniad* i deallttwriaeth yng-
hylch y matter y pennoder arno. **1696** CDD 284,
Fel'a bŷr [sic] *ymddiddaniad*, / Rhwn [sic] corph ac
Enaid prudd. **1741** S. THOMAS: DY 112, yr *ymddi-
ddanniad* hwnnw rhwng Crist a'r scrifennydion.
1744 D. ROWLAND: RY 69, eich Udcorn yn lleisio
am *ymddiddaniad* â ni. **1803** P d.g. *Ymzyzaniad.*

ymddiddaniaeth [bôn neu fe.'r f. ymddi-
ddanaf: ymddiddan(u) + -iaeth] eb. Ymddi-
ddan, ymgom, sgwrs: *conversation, chat.*
  1832.

ymddiddanol [bôn neu fe.'r f. ymddiddan-

af: ymddiddan(u)+-ol] a. Yn perthyn i ymddiddan, ar ffurf ymddiddan, sgyrsiol, llafar: *conversational, colloquial*.
1803 P d.g. *Ymzyzunawl.*

ymddiddanwr, ymddiddanydd [bôn neu fe.'r f. *ymddiddanaf: ymddiddan(u)+-wr, -ydd³*] *eg.* (b. *ymddiddanwraig*) ll. *ymddiddanwyr.* Un sy'n dda am sgwrsio neu'n hoff o sgwrsio, sgwrsiwr, siaradwr, adroddwr; cyflafareddwr; *Beibl.* eiriolwr: *conversationalist, speaker, talker, narrator; arbitrator; (bibl.) advocate.*
14g. WM 44. 28–9, nit ƀyt gystal *ymdidanꝺr* heno ac un nos. *id.* 62. 30–2, Mi a debygaf na ƀerendeƀeist eiryoet ar *ymdidanꝺreic* ƀell no hi [Rhiannon]. ?**15g.** IGI:² 96, Ângylion gwynion yw'r gwŷr / Oedd, i wn, *ymddiddanwr.* **1567** TN 363b, ac a phecha nep, y may y ni *ymddiddanwr* [:– ddadlewr, negeswr] (**1588** 1 Io ii. 1, eiriolwr) y gyd a'r Tat. **1718** S. THOMAS: HB 70, [Ll]yfr Job . . . Elihu un o'r pedwar *Ymddiddanwyr* a'i *Scrifennodd.* **1799** M. WILLIAMS: HHG 177, fel na bo'r gymdeithas yn cael ei gadael heb ryw *ymddiddanwyr.* **1803** P d.g. *Ymzyzanwr.*
Amr.: **ymddifanwr** [cf. *ymddifan*]. **1545** CM 1, 91.

ymddiddoraf: ymddiddori [*ym-+diddoraf: diddori*] *bg.* Bod â diddordeb, cymryd diddordeb, ymhyfrydu: *to be interested, take an interest, delight.*
1869.

ymddiddyfnaf: ymddiddyfnu, gw. *ym-+diddyfnaf: diddyfnu.*

ymddieithriaf, ymddieithraf: ymddieithr(i)o, &c., gw. *ym-+dieithriaf: dieithrio,* &c.

ymddifad, ymddifadaf: ymddifadu, &c., gw. *amddifad, amddifadaf: amddifadu,* &c. (hefyd At.).

ymddifan, ymddifanwr, ymddiddanaf: ymddiddan, ymddiddanwr.

ymddifarchaf: ymddifarchu, gw. *ymddihafarchaf: ymddihafarchu.*

ymddifedi, ymddifeidi, gw. *amddifedi* (hefyd At.).

ymddiflannaf: ymddiflannu, gw. *ym-+diflannaf: diflannu.*

ymddifolaf: ymddifoli, gw. *ymddyfolaf: ymddyfoli.*

ymddifregaf: ymddifregu [?bf. o *ym-+difreg*] *bg.a.* Ymbil (am), erfyn, gweddïo (am): *to implore, entreat, beseech, pray (for).*
14g. YBH 16b, A gwedy bot boꝺn chueblyned yn gꝺbyl ygharchar y dechreuis ef *ymdifregu* a iessu grist. *id.* 38b, *ymdifregu* ar arglꝺyd duꝺ a wnaeth. **1604–7** TW (Pen 228), atolwyn, *ymdhiuregu* d.g. *Obsecro.* **1632** D, *Ymddifregu* â Duw, Deum obsecrare. **1770** W, *Ymddifregu* (ymioli) â Duw d.g. *To beseech God.* **1776** DEWI NANTBRÂN: AN v–vi, Yno, i *ymddifregu* a Duw, gan offrwm, a chyflawnyo 'n Gweddiau. *id.* 304, Cynnorthwya dy Weision, y rhain o ddifrif calon a *ymddifregant* dy Drugaredd. **1803** P.

ymddifrifolaf: ymddifrifoli, gw. *ym-+difrifolaf: difrifoli.*

ymddifwyn, gw. *ym-+diwygiaf: diwygio.*

ymddifwynaf: ymddifwyno, gw. *ym-+difwynaf: difwyno.*

ymddifyrraf: ymddifyrru, ymddifferaf: ymddifryd, &c., gw. *ym-+difyrraf: difyrru, differaf: diffryd,* &c.

ymddiffyn, ymddiffynfa, &c., gw. *amddiffyn¹, amddiffynfa,* &c. (hefyd At.).

ymddigiaf: ymddigio, ymddigonaf: ymddigoni, gw. *ym-+digiaf: digio, digonaf: digoni.*

ymddigrifaf: ymddigrifo, ymddigrifu, ymddigryfaf: ymddigryfu, gw. *ym-+digrifaf: digrifo.*

ymddigwd, ymddigwyd, gw. *ym-ddygwd.*

---

ymddihaerad, ymddihaeraf: ymddihaeru, gw. *ymddiheuriad, ymddiheuraf: ymddiheuro.*

ymddihafarchaf: ymddihafarchu [bf. o *ym-+dihafarch*] *bg.* Ymdrechu, ymryson, ymladd: *to strive, contend, fight.*
14g. Cy vii. 136, Dy gyghor . . . yƀ . . . Ym *dihauarchu* [sic] a drut kany didaꝺr drut pa wnel. ?**14g.** MA² 573. 45–6, Agwedy kyuaruot y moryon ar yscymunedic pobyl honno gwedy gwelet o nadunt tecced y gwraged keissaw awnaethant *ymdiauarchu* ac wyut [sic] ac eilenwi y godineb. *c.* **1400** [RB] WM 260. 36–8, ymadoydi yndrut. ac *ymdihauarchu* ac ef aoruc owein. **1604–7** TW (Pen 228), *ymdhihaûarchu* d.g. *Annitor.* **1632** D, *Ymddihafarchu,* Idem quod Ymdrechu. **1773** W d.g. *To fight.* **1803** P.
Amr.: **amddihafarchu.** **16g.** THSC (1923–4) (At.) 60, pan ddayth y peilat hwnn atynt, ef *amddiafarchodd* y gaissio gwnaythyr yn ol y ewllys hwynt. **ymddifarchu.** *Diw.* **15g.** Pen 67, 15, Dy gyngor . . . yw . . . *ymddivarchu* a drvt kans na ddiddawr drvt beth a wnel. **16–17g.** HG 24, ha dechre wna, *ymddivarcha* / na garbed [sic] kan, ir hen aran.

ymddihangaf: ymddianc, gw. *ym-+dihangaf: dianc.*

ymddihatraf: ymddihatru [*ym-+dihatraf: dihatru*] *bg.a.* Dadwisgo, (ymd)diosg, (ymd)dinoethi, (ym)noethi, tynnu (dillad, harnais, &c. (oddi am), hefyd yn ffig.: *to undress, take off one's clothes, strip, denude or bare (oneself), remove (clothes, harness, &c. (from)), also fig.*
1567 TN 299b, gan ymddyosc [:– *ymddihatry*] y pechaturus gorph y cnawt. *id.* 300b, can ddarvot y chwi ymddiosc [:– *ymddihatry*] yr hen ddyn. **1632** D, *Ymddihattru,* Idem quod Ymddiosg, Exuere se. **1733** W. WILLIAMS: TC 120, [b]od Angau yn barod i'ch *ymddihattru.* **1739** D. ROWLAND: LIY 3, rhaid iddynt *ymddihatru* eu pechodau oddiam danynt. **1740** T. EVANS: DPO 218, [yr hen Frutaniaid] ar ol iddynt *ymddihattru* ag un Heresi ddinistriol, a ddiwynwyd eilwaith ag un beryglus arall. **1744** D. ROWLAND: RY 118, yr Amser y buwyd yn *ymddihattri* [sic] 'r Cawr. **1756** W. WILLIAMS: GDC 56, Pe *ymddihatrai'r* Haulwen o'i Harddwch oll ei gyd, / A throi yn Dwmpath pugddu [sic] fel un o Frynniau'r Byd. **1770** W d.g. *Bare, To make one's self bare.* **1771** J. THOMAS: TA 208, Pe gallwn esgyn i ben Pisga, / I weled cwr y Gana'n wlad, / Hiraethu wneuthwn am *ymddiatru,* / A dyrcha' fru i dŷ fy nhâd. **1803** P, *Ymzihatru* . . . To undress one's self.
Amr.: **matru, matryd. 1919.** Ar lafar yng Nghered. a sir Benf., 'Nesum i ddim *matru'r* gaseg, jyst i gadel hi fel wêdd hi', *Wês wês* 69. **(y)mhatru. 18g.** D. J. ODWYN JONES: DR 197, *Ymhatrodd* o'i Frenhinol wysg [sic] / Fe ddaeth in mysg Bendigaid fo / Mewn preseb gwael mewn agweddi gwas / Ei eni cas boed hyn mewn co. Ar lafar, 'mhatru', *Cymru* xxxi. 258 (Cered.).

ymddiheurad, gw. *ymddiheuriad.*

ymddiheuraf, &c.: **ymddiheuro,** &c. [*ym-+diheuraf: diheuro*] *bg.a.*
(a) Dweud ei fod yn ddrwg ganddo, syrthio ar ei fai, mynegi edifeirwch, ymesgusodi: *to apologize, make an apology, express regret, excuse oneself.*
1803 P d.g. *Ymziheuraw.* Ar lafar, "Alsa'r dyn ddim 'nuthur racor na *ymddieuro'n* goeddus iti", GTN 858.
(b) Ei gyfiawnhau, ei ddifeio, neu ei glirio ei hun, cyfiawnhau, difeio; gwaredu (bai, &c.); datgan, taeru: *to exonerate, vindicate, or clear (oneself); remove (fault, &c.); assert, affirm.*
13g. RC xxxiii. 241, enteu a *emdiheurus* na dodassei law arnei eryoet. **14g.** LlB 34, Y neb a latho tan . . . talet ehinan . . . ony dichawn *ymdiheuraw* trwy reith gwlat. **14g.** Cy xvii. 145, O deruyd y dyn gyrru peth ar arall y creireu. Ac ynteu yn *ymdiheuraꝺ.* Hônnꝺ aelwir yn gyfreith anudon. **14g.** GDG³ 71, Hiraeth, nid *ymddiheuraf,* / Dan fy mron am hinon haf. *c.* **1400** Ked AA 9, erchi idaw yn wrawl *ymdiheuraw* os gallei, a dangos y vot yn wirion. **15g.** LHDd 62, Ny byd eneid vadeu . . . os trwy dedryd gôlad y dychaꝺn *ymdiheuraꝺ.* **1604–7** TW (Pen 228), *ymdhiheuro,* ymlanhaꝺ o dhywrth y cardieu bei dg. *diluo.* **1620** Deut xxi. cs., Y môdd i *ymddiheuro* oddiwrth lofruddiaeth heb wybod pwy a'i gwnaeth. **1630** R. LLWYD: LlH 171, *ymddiheuro* oddiwrth ryw fai anafus. **1632** D, a allo *ymddiheuro* d.g. *Piacularis.* **1701** E. WYNNE: RBS 95, os dieuog wyt . . . na byddi ry ffwdanus iw *ymddiheuro (remove it),* ond yn hytrach gwnâ ddeunydd o hono i gystwyo pôb mawrhydri ac uchel-dyb o honot dy hun. **1765** J. JOHN: HY 45,

---

Myn rhai roi'r Bai o'u bodd ar Dduw, / fel pe'r prif achos o hono yw, / Ond fe 'mddiheura 'ddiwrtho 'n hŷ, / au [sic] Hesgus hwy 'n eu herbun try. **1789** BDG 21, I ymddiheuro merch Ifor Hael. **1803** P, *Ymziheuraw* . . . to vindicate one's self.
Amr.: **ymddiheurio. 1938. ymddiheuru. 1923.**

ymddiheurawd [bôn y f. *ymddiheuraf: ymddiheuro+-awd⁴*] *eg.* ll. -au. Ymddiheuriad: *apology.*
1888.

ymddiheurgar [bôn y f. *ymddiheuraf: ymddiheuro+-gar*] a. Yn ymddiheuro, ymddiheurol, ymesgusodol: *apologetic, apologizing, excusatory.*
20g.

ymddiheuriad, ymddiheurad [bôn y f. *ymddiheuraf: ymddiheuro+-iad¹, -ad*] *eg.* ll. *ymddiheuriadau.* Y weithred o ymddiheuro, ymesgusodiad; y weithred o'i gyfiawnhau ei hun; (geir.) iawn (am gamwedd, &c.): *apology; exoneration or vindication (of oneself); (dict.) expiation.*
1604–7 TW (Pen 228), *ymdhiheurat* d.g. *Expiamentum.* **1632** D, *ymddiheurad* d.g. *Expiamentum.* **1723** J. JONES: LlA 9, Amddeffinaeg neu *Ymddiheuriad* yr Apostol Paul. **1803** P, *Ymziheurad* . . . Self-vindication.

ymddiheuriadol [*ymddiheuriad+-ol*] a. Yn ymddiheuro, ymddiheurol, ymesgusodol: *apologetic, apologizing, excusatory.*
1868.

ymddiheuriaf: ymddiheurio, gw. *ymddiheuraf: ymddiheuro.*

ymddiheurol, ymddiheuriol [bôn y f. *ymddiheuraf: ymddiheuro+-(i)ol*] a. Yn ymddiheuro, ymesgusodol: *apologetic, apologizing, excusatory.*
1918.

ymddihoenaf: ymddihoeni, gw. *ym-+dihoenaf: dihoeni.*

ymddihunaf: ymddihuno, ymddilynaf: ymddilyn, ymddilid, gw. *ym-+dihunaf: dihuno, dilynaf: dilyn.*

ymddilladaf: ymddilladu, gw. *ym-+dilladaf: dilladu.*

ymddinodaf: ymddinodi [bf. o *ym-+di-nod*] *bg.* Ei ddeithrio ei hun (drwy guddwisg, &c.), ymgelu: *to disguise or conceal oneself.*
14g. OBWV 73, Dyn god yn *ymddinodi,* / Debyg fodd, debygaf i. / Ni bu erioed, gwn hoed gŵr, / Y rhyw lun ar halaenwr [Madog Benfras i'r halaenwr]. **16g.** B x. 289, I bai dda ganthai hi ymrithio an i eulun J *ymddinodi* hrag J neb J hydnabod.

ymddinoethaf: ymddinoethi, ymddiodaf¹: ymddiodi, gw. *ym-+dinoethaf: dinoethi, diodaf¹: diodi.*

ymddiodaf²: ymddiod(i) [*ym-+diodaf: diod(i)*] *bg.* Ymladd, ymryson; (geir.) ymddiosg, dadwisgo: *to fight, contend; (dict.) undress, take off one's clothes.*
12g. GCBM i. 255, Am Ywein Prydein, Pryderihaual, / Prennyal ymdial *ymdiodi.* **14g.** T 8. 4–5, Madꝺs mynet yr *ymdiot* acheluydeit amgeluydyt. **14g.** WM 259. 7–11 A phei mynneꝺch chꝺi vyui drostaꝺ ef. miui aaꝺn y chꝺi . . . A mynet aorugant y *ymdiot* ac owein. **1632** D, *Ymddiodi,* [Exuere se]. **1803** P d.g. *Ymzyodi.*

ymddioddefaf: ymddioddef, ymddioddau, gw. *ym-+dioddefaf: dioddef.*

ymddiofalaf: ymddiofalu, ymddiofalhaf: ymddiofalhau, ymddiofrydaf: ymddiofrydu, ymddiogaf: ymddiogi, ymddiogelaf: ymddiogelu, &c., gw. *ym-+diofalaf: diofalu, diofalhaf: diofalhau, diofrydaf: diofryd(u), diogaf: diogi, diogelaf: diogelu,* &c.

ymddiolaf, &c.: **ymddioli,** &c. [?bf. o *ym-+di-⁴+ôl*] ansicr yw union ystyr yr enghrau. llenyddol isod, a dichon mai geir. yn unig yw rhai o'r ystyron] *bg.* Ei ddeithrio ei hun (drwy guddwisg, &c.); dileu ei olion ei hun; crwydro, mynd ar gyfeiliorn:

to disguise oneself; erase one's tracks; wander, stray.

16g. WILIAM LLŶN: *Gw* (R. Stephens) 565, Enwi man a wnâi i mi, / Meddylied *ymddioli*; / Hyntio i Fôn hwnt a fynnai, / Ac ar y gair i Gaer-gai [Owain Gwynedd mewn ymryson]. **1604–7** *TW* (*Pen* 228), *ymdhioli* . . . medhylieis drw'*ymdhioli* / gasâu d'wr ath geisiaw di d.g. *deformo*. *id.* d.g. *deuio, Exorbito*. *id.* dyn wedy '*mdhioli* . . . A chael modh y gwydhoch i dhelw ag *ymdhioli* . . . Gr[uffydd] ap Ie[uan ap] lh[ywelyn] V[ychan] yr paentiwr d.g. *Larua*. **1632** *D, Ymddioli*, Vestigia sua delere. *id.* Vn wedi ymddieithro ac *ymddioli* d.g. *Laruatus*. **1770** *W* d.g. *To blot out one's own tracks, or foot-steps*. **1803** *P*.

ymddiorseddaf: ymddiorseddu, gw. ym-+diorseddaf: diorsedd(u).

ymddiosgaf: ymddïosg [*ym-+diosgaf: diosg*] *bg.a.* Dadwisgo, (ymd)dinoethi, (ym)noethi, ymddihatru, tynnu (dillad, &c.), hefyd yn *ffig.*: *to undress, take off one's clothes, strip, denude or bare (oneself), remove (clothes, &c.), also fig.*

c. **1400** *R* 1270. 22, *ymdiosc* rac llosc y llev. *c.* **1400** (*SG*) *HMSS* i. 187, *ymdiosc* aoruc arthur. **1567** *TN* 299b, gan *ymddyosc* [:– ymddihatry] y pechaturus gorph y cnawt. **1588** 2 *Sam* vi. 20, brenin Israel . . . yr hwn a *ymddioscodd* heddyw yng-ŵydd llawforwynion ei weision. **1632** *D*, Ymddihattru, Idem quod *Ymddiosg*. **1688** S. HUGHES: *TSP* 106, iddo ef [Iesu] *ymddiosc* o'i Ogoniant. **1712** T. WILLIAMS: *CDdG* 525, nertha fy enaid i *ymddiosc* ei hunan oddiwrth holl wyniau cnawdol cyn iddi ymadael am Corph. **1759** T. THOMAS: *WWDd* 220, yr ydwyt ti . . . dan fendith yn ymwisgo, a than fendith yn *ymddïosg*. **1770** *W* d.g. *Bare, To make one' self bare*. **1790** T. JONES: *TOS* 318, a *ymddiosgaist* o'th feddylieu daearol. **1795** *R. Crusoe* 30, Gan fod yr hin yn frwd mi *ymddioscais* fy nillad. **1803** *P* d.g. *Ymzÿosgi*.

ymddiraddiaf: ymddiraddio, ymddirdynnaf: ymddirdynnu, gw. ym-+diraddiaf: diraddio, dirdynnaf: dirdynnu.

ymddired[1], gw. ymddiried[1].

ymddired[2,3], gw. ymddiriedaf: ymddiried.

ymddiredus, gw. ymddiriedus.

ymddires [?cf. *ymddir(i)ed*[1,2]] *bg.* a hefyd fel *e?g.* Ymddiried (be. ac e.): *(to) trust.*

15–16g. *GRB* 37, *Ymddires* am ddau arwydd, / am ddant Sais a meddiant swydd. **16g.** *HCRC* iii. 248, Diolched cowir fore a hwyr i Grist drwy lwyr *ymddires*. **1567** *TN* 270b, llawen wyf can i mi allu ymddiried [:– *ymddires*, hydery] ynoch ym-pop dim. *c.* **1585** *Rhyddiaith Gymraeg* i. 102, traylo fy amser mewn hoffter a gwynfyd gan *ymddires* y'm rhiolwraig Ffolineb ynn vy holl bethey. **1632** *D*, Ymddiried, Confidere . . . Demet. *Ymddires*. **1718** *PGAD* 15, Gwae dorro Gred, ac Adduned, / Llw a phroffes, ac *Ymddires*.

ymddirgelaf: ymddirgelu, gw. ym-+ dirgelaf: dirgelu.

ymddiriaid[1,2], gw. ymddiried[1], ymddiriedaf: ymddiried.

ymddiried[1], ymddired[1], &c. [?cf. *ym-, di-*[3], *rhed*; dichon fod enghrau. o *ymddiried*[2], *ymddired*[2] wedi eu cynnwys yma] *eg.b.* ll. *-au.* Ymddiriedaeth, hyder, ffydd, cred, coel; tasg, &c., a roddir yng ngofal rhywun: *trust, confidence, faith, belief, reliance; task, &c., entrusted.*

12g. *GMB* 75, Pan gaffo penn gwyr (peuer *ymdired*) / Gan egylyon voes (ny'm oes neued). *id.* 276, Ac yssyn-ni vetyc a uet gbared—an geu, / A dodwn nyneu yn *ymdired*. **13g.** *GDB* 137, Ac ny geis na threis na thraws gerted / Ac ny gymwyll twyll trwy *ymddired*. **13g.** *HGK* 19, canys ena gentaf ry dothoed atav gan *emdiryet* y geissyav porth. **13g.** *GBF* 249, Gnaod yr dreic dragon *ymddired*, / Grym ysgwn, ysgwyd wyarlled. *c.* **1400** *YCM*[2] 147–8, Bit dy *ymdiret* ti ym Mahumet, ac uelly y keidw Mahumet a ymdiretto idaw. *c.* **1400** (*SG*) *HMSS* i. 403, nyt oes bellach dim agelwyfi ragot ti rac meint dy *ymdiryet* ym. **15g.** *ID* 24, o dydwyd fal i dwedyn / gwan gred yw *ymddiried* i ddyn. **1551** W. SALESBURY: *KLl* xxva, Ydd oedd ef ae *ymddiriet* ar Deo. **1567** *TN* 116b, y'r ei oedd ei *ymddiriet* [:– coel] arnyn ehunain ey bot yn gyfiawn. **1588** *Tob* x. 14, yr ydwyf yn rhoddi fy merch i ti mewn *ymddyried*. **1606** E. JAMES: *Hom* iii. 93, lle y gellwch ddeall ac adnabod ymborth ysprydol y swpper werthfawr hon, a'r *ymddiriedau*, a'r ffrwythau llwyddianus y mae hi yn ei ddwyn [*sic*] gyd ag hi. **1632** *D, Ymddiried* . . . Fiducia, confidentia, fides quam in aliquo reponimus. **17g.** *TBM* 299, Rhaid i chwi fod o ben da bwyll / Na wneloch dwyll drwy '*mddiried*. **1672** J. LANGFORD: *HDdD* 254, Y mae'r hwn a dwylla ddŷn mewn rhyw *Ymddiried* a orchymynnir iddo, yn euog o Anghyfiawnder dirfawr a thrabradychus. **1722** *Llst* 189, *Ymddiried*. d. Trust, confidence. **1759** T. THOMAS: *WWDd* 337, mae hefyd yn troi heibio, yr hen *ymddiried* oedd ganddo, yn ei weithredoedd a'i gyflawniadau ei hun. **1799** M. WILLIAMS: *HHG* 166, Madam Bourignon a gyhoeddodd lawer o ddarnau ar ddwyfol gariad, *ymddiriedau* ysprydol. **1803** *P* d.g. *Ymziried*.

Amr.: **ymddiriaid[1].** *c.* **1400** *YCM*[2] 147, Bit dy *ymdiriet* yn awr y Mahumet. **1547** *WS, Ymddirieit* Truste. **1603** W. MIDLETON: *Ps* 125, Dydi er hynn dad y rhaid / Dhuw orig yw f'*ymdhiriaid*. **1630** *YDd* 58, i ddyfod mewn hyfdra ac *ymddiriaid* ger bron Duw.

ymddiried[2,3], gw. ymddiriedaf: ymddiried.

ymddiriedadwy [bôn y f. *ymddiriedaf: ymddiried,* &c.+*-adwy*] *a.bfl.* Y gellir ymddiried ynddo, ffyddlon, dibynadwy: *trustworthy, faithful, dependable, reliable.*

1865.

ymddiriedaeth [*ymddiried*[1]+*-aeth*] *eb.* ll. *-au.* Ffydd neu hyder mewn person, anifail, neu beth o ran ffyddlondeb, cywirdeb, gallu, nerth, cryfder, &c., ymddiried, cred, coel; mandad: *trust, confidence, faith, belief, reliance; mandate.*

1842.

ymddiriedaf, ymddiredaf: ymddiried[2], ymddired[2], ymddiriaid[2] [bf. o'r e. *ymddiried*[1], *ymddired*[1] (a dichon fod enghrau. o'r gair hwnnw wedi eu cynnwys yma)] *bg.* Rhoddi ymddiriedaeth (yn), bod â ffydd (yn), hyderu, dibynnu (ar); rhoddi (peth) yng ngofal (rhywun), rhoddi'r cyfrifoldeb dros (rywbeth i rywun): *to trust, have faith or confidence (in), rely or depend (on); entrust.*

12g. *GMB* 73, A nu neud gberyd yn warweidyabc; / Gwae a *ymdired* wrth uyd bradabc! **13g.** *BD* 82, pa hyt . . . yd *ymdiredvch* yn estravn genedyl ny bei devrach na chadarnach no chui. **14g.** *WML* 32, Reit yb bot ygbylybr yn vonhedic gblat. kanys idab yd *ymdiredir* or brenhin. **14g.** *WM* 482. 22–4, Nyt *ymdiredaf* y neb o gadb yr yskithyr namyn y kadb o prydein. **14g.** *B* x. 54, megis y rodwyf angreifft yr holl Werydon y *ymdirieit* ynot ti. **14g.** *GDG*[3] 233, *Ymddiried* ym a ddaroedd. *c.* **1400** *YCM*[2] 147–8, Bit dy ymdiret ti ym Mahumet, ac uelly y keidw Mahumet a *ymdiretto* idaw. **1551** W. SALESBURY: *KLl* lxvb, *Ymddiriaid* vap (**1567** *TN* 13a, Y map, *ymddiriet*) / cans dy pechateu a vaddeuir yty. **1588** *Barn* ix. 15, deuwch ac *ymddyriedwch* yn fyng-hyscod. **1632** *D, Ymddiried*, Confidere, in aliquo fiduciam habere. **1672** J. LANGFORD: *HDdD* 27, Y Pummed Ddlêd-swydd i Dduw ydyw *Ymddiried* ynddo ef, hynny yw, rhoddi ein goglud a'n hyder arno ef. **1723** E. SAMUEL: *PDdC* ii. 29–30, Megys y bydd rhaid i ni'n wastadol gredu yr hyn a ddysgodd Efe, felly y bydd rhaid i ni yn wastad *ymddiried* wrtho. **1772** *W, ymddiried* d.g. *To commit [in trust] unto, To entrust, To intrust*. **1775** M. RHYS: *GBN* 62, Pa'm yr ofnaf neb cre'duriaid? / Yn yr Arglwydd 'rwy'n *ymddiriaid*. **1803** *P* d.g. *Ymziried*. Ar lafar, 'Ma'n gysur bod dyn yn gallu *ymddiriad* yn Nuw', *GTN* 858 ('yn y cywair crefyddol').

Amr.: **amddiried.** **1567** *LlGG* lxviia.

ymddiriedgar [*ymddiried*[1]+*-gar*; mae tystiolaeth yr enghrau. yn gryf yn erbyn y sillafiad *ymddirietgar*] *a.* Yn ymddiried, yn rhoddi ei ymddiriedaeth; y gellir ymddiried ynddo, ffyddlon, dibynadwy: *trusting, trustful; trustworthy, faithful, reliable.*

1855.

ymddiriedgwbl, gw. ymddiried[1]+cwbl.

ymddiriediad [bôn y f. *ymddiriedaf: ymddiried,* &c.+*-iad*[1]] *eg.b.* Ymddiried(aeth), ffydd, hyder: *trust, reliance, confidence.*

1651 SIÔN TREREDYN: *MDD* 59, am ei bod hwy yn chwyddo gan *ymddiriediad* orwyllt ynddint [*sic*] eu hunain. **1803** *P, Ymziriediad*, s. m. . . . A confiding.

ymddiriedig [?cyw. o **ymddiriededig*] *a.* Wedi ei ymddiried: *entrusted.*

1700 D. MAURICE: *AC* 25, eu rhwymo eu hunain a llw neu Sacrament na byddai iddynt Ladratta dim . . . na bradychu un peth *Ymddiriedig*. **1701** J. WILLIAMS: *BG* 48, ni ddylem dwyllo, neu fyned tros ben ein Cymmydog, ym mhethau *ymddiriedig* i ni am danynt.

ymddiriedol [*ymddiried*[1]+*-ol*] *a.* Y gellir ymddiried ynddo, ffyddlon, dibynadwy; a roddir neu a ddelir mewn ymddiriedaeth (yn enw. am arian); cyfrinachol; wedi ei benodi'n ymddiriedolwr: *trustworthy, faithful, reliable; (given or held) in trust, fiduciary; confidential; appointed as trustee.*

1714 R. LEWYS: *HDdC* 25, I'r [*sic*] ydym ni 'n unig yn *Ymddiriedol* Oruchwylwyr Duw, i gyfrannu'r hyn a roddo ef yn ein Dwylo . . . ir [*sic*] sawl sydd ai [*sic*] heisiau arnynt. **1722** *Llst* 189, *Ymddiriedol*. Committed to ones charge. **1729** *ML* (Add) 2, a chael o honwy odfa i'w danfon hi gydag *ymddiriedol* gennadwr. **1773** *W, ymddiriedawl* d.g. *Fiducial*. **1794** E. JONES: *CP* 16, os wardeiniaid a roddasant arian y plwyf allan yn anghall . . . nid oes i'r plwyf wellhâad yn hyn . . . o ran i'r plwyf eu gwneuthur hwynt yn *ymddiriedol*.

ymddiriedolaeth [*ymddiriedol*+*-aeth*] *eb.* ll. *-au.* Corff o ymddiriedolwyr, swydd(ogaeth) ymddiriedolwr; cwmni neu sefydliad a reolir gan ymddiriedolwyr; ymddiriedaeth: *body of trustees, trusteeship; (a) trust; trust.*

1844.

Cfn.: **(Yr) Ymddiriedolaeth Genedlaethol:** (*The*) *National Trust.* **1936.**

ymddiriedolaethol [*ymddiriedolaeth*+*-ol*] *a.* Yn perthyn i ymddiriedolaeth, a ddelir mewn ymddiriedolaeth; yn dynodi talaith, &c., a lywodraethir gan wlad estron dan nawdd y Cenhedloedd Unedig: *pertaining to, or held in, (a) trust (also of territory).*

1844.

ymddiriedolwr [*ymddiriedol*+*-wr*] *eg.* (b. *-wraig*) ll. *-wyr.* Un yr ymddiriedir rhywbeth iddo, un sydd â chyfrifoldeb dros reoli neu weinyddu eiddo sydd mewn ymddiriedolaeth, aelod o bwyllgor canolog ymddiriedolaeth: *trustee, a fiduciary.*

1798 *WR* d.g. *Fiduciary, Trustee*. **1800** *TY* 275, yn *ymddiriedolwr*, i blant ymddifaid.

ymddiriedus, ymddiredus [*ymddiried*[1], *ymddired*[1]+*-us*] *a.* Y gellir ymddiried ynddo, ffyddlon, dibynadwy; hyderus; cyfrinachol; yn ymddiried, ffyddiog: *trustworthy, faithful, reliable; confident; confidential; trusting, trustful.*

14g. *BT* 15, ef aerbynnyawdd y elynyon yn *ymddiredus*. **14g.** *BT* (*RB*) 20, yn *ymdiredus* adaw a wnaeth vdunt mae ef a oruydei. *c.* **1400** *SC* viii/ix. 152, minneu a gwplaaf awch gorchymyn chwi yn *ymdiretussach* ar grynodeb yr rei mul. **1455–6** *B* xiii. 66, i ateb yn *ymddiriedus* y'r tywysoc enwir pechadvrvs hwnn. **16g.** (*LlEG*) *Mos* 158, 233b, I mae ynn hraid I ni ddangos ychgorchest a ch damuniad chwi Jnn *ymddiriedus* gyngor. **1632** *D.* d.g. *Confidens, Fidelis, Fidens, Fidus*. **1661** E. LEWIS: *Drex* 230, Na fydd ry *ymddiriedus* (*confident*). **1680** J. THOMAS: *UN* 38, *ymddiriedus*, ufydd, a bucheddol swyddogion. **1722** *Llst* 189, *Ymddiriedus*. Faithfull, trusty. **1772** *W* d.g. *Confident*. **1803** *P, Ymziriedus* . . . Confiding, trusting.

Amr.: **amddiredus.** **14g.** *BT* (*RB*) 94.

ymddiriedwr, &c. [bôn y f. *ymddiriedaf: ymddiried,* &c.+*-wr*] *eg.* ll. *-wyr.* Ymddiriedolwr, un y gellir ymddiried ynddo; un sy'n ymddiried: *trustee, one who can be trusted; truster.*

1603 E. KYFFIN: *Ps* [10], Dy-'*mddiriedwyr* (**1588** *Salm* v. 11, y rhai oll a ymddyriedant ynot) llawenhânt. **1749** J. OWEN: *PG* 53, [p]awb . . . ac fytho ar feddwl Priodi, o's bydd ganddynt hwy Rhieni neu rhai sydd dan Gyfarwyddiad Golygwyr neu *Ymddiriedwyr*. **1778** J. THOMAS: *HB* 107, y mae'r weithred yn cyfarwyddo'r *Ymddiriedwyr* i roi y rhent at un rhyw achos elusengar a welont oreu. **1794** E. JONES: *CP* 110, iawn a wneir gan yr *ymddiriedwyr* (Trustees) . . . i ddeiliad y cyfryw diroedd.

ymddirwynaf: ymddirwyn, ymddirywiaf: ymddirywio, ymddisgleiriaf: ymddisgleirio, ymddisgyblaf: ymddisgyblu, ymddistawaf: ymddistewi, ymddiswyddaf: ymddiswyddo, &c., gw. ym-+dirwynaf: dirwyn, dirywiaf: dirywio, disgleiriaf: disgleirio, disgyblaf:

disgyblu, distawaf: distewi, diswyddaf: diswyddo, &c.

ymddiwadaf: ymddiwad(u) [*ym-+ diwadaf: diwad(u)*] *bg.* Ymwadu, gwadu, ymwrthod: *to renounce, deny, disown.*

13g. *B* ix. 146, mi a vynnaf *emdiwat* a christ ac a meir e vam ohonav. *id.* 147, a thi wedy ry diwat ve mab i yacha wr e byt ac a *emdiwedeist* a minheu e vamm ef. **14g.** *HMSS* ii. 252, Kynn canu heno or keilawc yd *ymdiwat* di deirgweith a mi. *c.* **1400** *YCM*[2] 175, mi a *ymdiwadaf* a Mahumet. *c.* **1400** *B* xiv. 187, erchi idaw pop peth o'r a wnaethoed o da kynno hynny *ymdiwat* ac ef, ac ymwrthot a'e holl Gristonogaeth. **1632** *D, Ymddiwad,* Renunciare, abnegare. **1722** *Llst* 189, *Ymddiwad* . . . To deny, disown. **1803** *P* d.g. *Ymzywadu.*

ymddiwallaf: ymddiwallu, ymddiwygiaf: ymddiwygio, ymddiwylliaf: ymddiwyllio, gw. ym-+diwallaf: diwallu, diwygiaf: diwygio, diwylliaf: diwyllio.

ymddiwyn, ymddiwynaf: ymddiwyno, gw. ym-+diwygiaf: diwygio, difwynaf: difwyno.

ymddoethaf, &c.: **ymddoethi,** &c. [bf. o *ym-+doeth*[1]] *bg.* Doethinebu, clebran; bod neu fynd yn ddoeth: *to prate, prattle; be-(come) wise.*

1551 W. SALESBURY: *KLl* xa, na bo trosym ddoethi [*sic*] nag y bo dir / eithyr *ymddoethy* i wir *ymddoethy* (**1588** *Rhuf* xii. 3, deall o honaw i fod yn sobr; **1988** *ib.* bod yn gyfrifol yn ei gyfrif). **1766** *CD* 137, Ae'r ddau Gyfell, / Ir [*sic*] un Ystafell; / I *ymddoethi* yn fain, / Heb ond y nhwy eu h[u]nain. *id.* 150, Yn cadw gweision i ddiogi, / A morwynion i'*m ddoethi.*

ymddolennaf: ymddolennu, ymddotiaf: ymddotio, ymddringaf: ymddringo, &c., gw. ym-+dolennaf: dolennu, dotiaf[2]: dotio, dringaf: dringo, &c.

ymddrychiolaf, ymddrycholaf: ymddrych(i)oli [bf. o *ym-+drych+-(i)ol*] *bg.* Ymddangos, ymbresenoli; (geir.) ei weddnewid ei hun, ymdebygu: *to appear, present oneself; (dict.) transform oneself, resemble.*

c. **1401** *AL* ii. 318, athremygu yr orsed ohonunt heb dyuot y *ymdrycholi.* **1632** *D, Ymddrychioli,* Apparere, comparere. A Drych. **1722** *Llst* 189, *Ymddrychioli* . . . To transform himself into another shape, resemble. **1770** *W* d.g. *To appear, To personate.* **1803** *P, Ymzryçioli* . . . To make one's self apparent.

ymddrylliaf: ymddryllio, ymddrysaf: ymddrysu, &c., gw. ym-+drylliaf: dryllio, drysaf[1]: drysu, &c.

ymdduaf: ymdduo, gw. ym-+duaf: duo.

ymddugiad, ymddugwd, gw. ymddygiad, ymddygwd.

ymddulliaf: ymddullio, ymddullu, gw. ym-+dulliaf: dullio.

ymddwyn, ymddŵyn, ymddwynaf, gw. ymddygaf: ymddwyn.

ymddybennaf: ymddybennu, gw. ym-+dibynnaf: dibynnu (hefyd At.).

ymddychanaf: ymddychanu, ymddychwelaf: ymddychwelyd, ymddyfalaf: ymddyfalu, gw. ym-+dychanaf: dychanu, dychwelaf: dychwelyd, dyfalaf: dyfalu.

ymddyfolaf: ymddyfoli [*ym-+dyfolaf: dyfoli*] *bg.* Bwyta neu yfed i ormodedd, gwledda, gwancio, hefyd yn *ffig.*: *to eat or drink to excess, feast, gorge, also fig.*

16–17g. *PCWG* 160, kymerwn medda fi y byd in gwsnaethy ag nid yw beriodi . . . nid i *ymddifoli* arno fo . . . ond ymarfer o hono fo i borthi anghenrheidie r korff marwol. *id.* 222, mae yn ych kynvlleidfaoedd chwi gyfryw ddrwg siample o ymbleidio . . . o ddiystyrwch o *ymddifoli* o fedddod. **1604–7** *TW* (*Pen* 228), *ymdhyvoli* d.g. *Ingurgito* (hefyd *D*). **1630** R. LLWYD: *LlH* 195, crefftwyr . . . yn eistedd yn segur drwy'r dydd yn y tafarndŷ . . . yn llygad'rythu, yn *ymddifoli,* yn ymyfed. **1722** *Llst* 189 d.g. *To Bub.* **1774** *W* d.g. *To guzzle, To swill.*

ymddygaf: ymddwyn, ymddŵyn [*ym-+dygaf: dwyn*; petrus yw dosbarthiad nifer o'r enghrau. isod] *bg.a.* a'r be. fel *eg.* ll. (prin) *ymddwynion.*

1. (*a*) Cenhedlu, beichiogi, cario, esgor (ar): *to conceive, become pregnant, carry, bear, give birth (to).*

12–13g. *GLlLl* 7, Mad ganed, maбr uam a'e *hymduc.* **13g.** *LlI* 32, pedeyr blyned ar dec a deu ugeynt e dele bot en e hyeuegtyt, ac o henne allan peydyau ac *emduen.* **13g.** *BD* 36, erchi y'v charedic uab coffau y poen a'r gouut a gavssei yn y *ymdvyn* nav mis yn y challon. **14g.** *GIG* 140, Rhyfedd fu'r gallu o Fair gyfeilles, / *Ymddŵyn* yn forwyn, Fair f'arglwyddes, / Morwyn cyn *ymddŵyn,* fwyn fynaches, / Morwyn yn *ymddŵyn,* gorllwyn geirlles. *c.* **1400** *DB* 87, Pigmones . . . y rei a *ymdygant* (*pariunt*) yn eu teir blwyd, ac a henaant yn eu wyth mlwyd. *Dchr.* **15g.** *GM* 7, ti a *ymdygy* veichogi y'th groth. **1547** *WS,* Magy ne *ymddwyn* Brede. *id. Ymddwyn* Conceyue. **1567** *TN* 81a–b, nycha yr *ymddugy* [*sic*] (**1588** *Luc* xi. 31, ti a gei feichiogi) yn dy vru, ac yr escory ar vap ac a elwir ei enw Iesu. **1630** R. LLWYD: *LlH* [ii], arhosodd rhag-llaw gyd a'm fi, megis plentyn tan ei *ymddwyn* yn y grôth. **1632** *D, Ymddwyn,* Concipere fœtum, impregnari. **1716** IACO AB DEWI: *LlCB* 25, [C]orph ac Eneid unedig Jesu Grist, wedi eu ffurfio trwy Allu'r yspryd Glan yng-Nghroth y Forwyn: A'u *Hymddwyn* hwynt yno? **1771** *W* d.g. *To bring forth young.* **1803** *P, Ymzwyn* . . . to bear, or go with young.

(*b*) Cludo, cario; gwisgo: *to bear, carry; wear.*

12–13g. *GLlLl* 218, Mad *ymdugost* waew, mad y'th want—arall / Yn aruoll ysgarant. **13g.** *LlI* 9, Ef [pengwastrawd] a dele *emdven* arueu e brenhyn. **13g.** *C* 19. 9–10, Drud dytihenit. dy *imtuin* ar llogylwit. **14g.** *T* 61. 24, nyt *ymduc* dillat na glas na gaбr. *c.* **1400** [*RB*] *WM* 498. 31–3, Sef oed y sбyd ef yn wastat *ymdoyn* peir arthur. **16–17g.** *GST* i. 211, Moeswch Siac, llac fel y llew, / Methiant, i *ymddwyn* Mathew [i ofyn march].

(*c*) (enghrau. *ffig.* ac mewn cyd-destun *ffig.*: *fig. exx. and exx. in a fig. context*).

12–13g. *GMB* 486, *Ymdwyn* croes yr Crist ar uy ysgwyt. **13g.** *C* 32. 2–4, Meithrin corph. y lyffeint a nadret. a llevod ac *imtuin* enwiret. **1551** W. SALESBURY: *KLl* xlvb–xlvia, Ef e [*sic*] oe ewyllys ehun an *ymdduc* / a gair y gwirionedd. **1588** *Job* xv. 35, *ymddwyn* gofid, ac escor ar anwiredd. **1588** *Iago* i. 15, gwedi i drachwant *ymddwyn,* escor ar bechod a wna. **1604–7** *TW* (*Pen* 228), rhyw wybodaeth naturiol wedy'r *ymdhwyn* yn y medhwl d.g. *prolepsis.* **1630** *YDd* 57, O ran ei fod wedi ei *ymddwyn* trwy'r ysbryd, ynghrôth ei fam sef yr eglwys. **1717** IACO AB DEWI: *MN* 157, onid yw raid i mi, o 's mynnaf byth ragflaenu 'r Pechodeu hyn yn fy Muchedd, ymegnio i rwystro iddynt *ymddŵyn* yn fy Nghâlon. *c.* **1762–79** W. WILLIAMS: *P* 352, pobl yw yr Iuddewon y dydd heddyw a fedrant *ymddwyn* a'r cyflwr, a'r amser y b'ont ynddo, pa fath bynnag, os eu helw hwynt fydd trwy hynny. **1799** M. WILLIAMS: *HHG* 138, Nid yw gwiw i ni yma fyned i mewn i nattur yr ymddadleuon hyn; mae'r difinyddion yn ddigon adnabyddus o honynt, ac ni a wyddom na all y gwan 'mo'u *hymddwyn.*

2. Gweithredu neu fihafio mewn ffordd benodol (yn enw. tuag at eraill); arfer â: *to behave (oneself), bear or conduct oneself; be used to.*

13g. *C* 30. 6–9, Ym gueinvod im gorod im gorwet. guydi meirch ac *imtuin* glassuet. **13g.** *A* 23. 6–7, Gveleys y dull o bentir a doyn aberthach coel kerth a *emdygyn.* **1567** *LlGG* (*Sall*) 19a, *Ymddugwn* [*sic*] val wrth gar, neu val wrth vy brawt. **1567** *TN* 290b, Pa wedd y mae ir plant *ymddwyn* tu ac at ei tadeu, ai mameu. *id.* 293b, *ymddugwch* [*sic*], val y mae addas er Euangel Christ. **1604–7** *TW* (*Pen* 228), *ymdhwyn* d.g. *Tracto.* **1620** *Act* xxvii. 3, Julius a *ymddûg* yn garedigol (**1588** *ib.* gan fod yn gymmwynascar) tu ac at Paul. **1632** *D, Ymddŵyn,* Gerere se benè vel malè. **1632** J. DAVIES: *LlR* 499, Wrth y geiriau hyn y rhybuddir ni, pa fodd y mae i ni *ymddwyn* yn y fuchedd hon. **1661** E. LEWIS: *Drex* 253, yn ol fel yr *ymddygom* ac yr ymarweddom y bydd hynny. **1672** R. PRICHARD: *Gw* 419, Derbyn Gennad Duw 'n resawgar, / *Ymddwg* dano yn ddioddefgar. **1688** *TJ, Ymddwŷn*: to behave one's self well or ill. **1759** T. THOMAS: *WWDd* 147, yr oedd Duw yn *ymddwyn* tu ag atto ef, pan yr oedd yn ei Gyfyngder mawr, fel at bechadur eüog. **1803** *P* d.g. *Ymzwyn.* Ar lafar, 'Ma fa'n biafio'n gwylyddus! Ma isia i rwun ddisgu iddo fe ffor' i *ymddwyn*', 'Cofia bot ti'n *ymddwn* yn iawn yn yr ysgol Sul 'nawr', *GTN* 858.

Fel *e.* (*a*) Cenhedliad, beichiogiad, beichiogrwydd; amgyffrediad, dealltwriaeth: *conception (of child), gestation; (mental) conception, apprehension, comprehension.*

1604–7 *TW* (*Pen* 228), *ymdhwyn* d.g. *Conceptio, Genitura.* **1632** *D,* yr *ymddwyn* d.g. *Conceptus.* **1658** R. VAUGHAN: *PS* 64, Arglwydd yr hwn am bendithiodd ag *ymddwyn* gobeithiol Corona dy drugaredd ynof. **1670** J. HUGHES: *AP* 91, Llestair neu rwystro *ymddwyn,* colli'r baich neu ddistrywio'r ffrwyth. **1696** *GGTY* xi, ei ddichymygion di-sail ef ydynt, a'i *ymddwynion* cyfeiliornus (*mistaken Apprehensions*). **1803** *P, Ymzwyn,* s. m. . . . gestation.

(*b*) Ymddygiad: *behaviour.*

18–19g. *Iolo MSS* 11, er cynnal cyfiawn *ymddwyn* mewn Rhyfel. **1801** *MMf* 273, ef a fydd hael ei galon . . . ag ef a fydd gariadus, ag a fydd serchogaidd ei *ymddwyn.* **1803** *P, Ymzwyn* . . . A self-comportment.

Amr.: **ymddwynaf** [drwy gymryd y be. fel bôn bfl. newydd]. **1551** W. SALESBURY: *KLl* viiia, y peth a *ymddyned* [*sic*] ynthei hi. **1670** J. HUGHES: *AP* 7, yr hwn a *ymddwynwyd.* *id.* 36, hi a *ymddwynodd.* *id.* 287, *ymddwynwyd* fi. **1764** DEWI NANTBRÂN: *CB* 3, 16.

Cfn.: **(yr) Ymddwyn Difrycheulyd:** (*the*) *Immaculate Conception.* **1670** J. HUGHES: *AP* 2, 318. **(ei) ymddwyn ei hun(an),** &c.: *to behave oneself.* **1588** *Ecclus* viii. cs., Y modd y mae i vn *ei ymddwyn ei hun* tu ag at amryw fath a'r [*sic*] ddynion. **1591** *Rhyddiaith Gymraeg* ii. 130, drwy *ymddwyn* o honaw *ei hun* yn iawn. **1595** H. LEWYS: *PA* 170, pa wed' y dylem ni yn llywodraethu a'*n ymddwyn ein hunain.* **1618** J. SALISBURY: *EH* 317, os *ymdhygwn eyn hunain* yn dha. **1761** *ML* ii. 428–9, Par sut y mae o yn *ei ymddwyn ei hun* yn y Senedd, dywedoch?

ymddygawdr, ymddygiawdur [bôn y f. *ymddygaf: ymddwyn, ymddŵyn+-awdr, -iawdur* (At.)] *eg.* Dygwr, cludwr: *bearer, carrier.*

c. **1400** *YCM*[2] 57, 'Da iawn yw vy aruev i' heb hi, 'a'e *hymdygawdyr* wynteu, nyt llyvwr o dim'. **1604–7** *TW* (*Pen* 228), *ymdhygiawdûr* yn mynet ar negeseû d.g. *Angarus.* *id. ymdhygiawdur* d.g. *Gestator, Tabellarius, rii.*

ymddygiad, &c. [bôn y f. *ymddygaf: ymddwyn, ymddŵyn+-iad*[1]] *eg.b.* ll. *-au.*

(*a*) Ffordd o ymddwyn, ymarweddiad, buchedd; rheolau confensiynol ynghylch ymddygiad cwrtais, &c.; osgo, safiad, ystum, amnaid; hefyd yn *ffig.*: *behaviour, conduct, (moral) life; etiquette; bearing, stance, deportment, gesture; also fig.*

14g. *GDG*[3] 393, Pam y'm cên yr awenydd / Draw i'm diswyddaw y sydd—/ Gruffudd ddigudd *ymddygiad* / Fab Cynwrig, Wyndodig dad? *c.* **1400** *R* 1299. 28, Rac tan llosgedic dic *ymdygyat.* *c.* **1400** (*SG*) *HMSS* i. 178, ef a debygei bawp y uot yn alluawc o gorff. ac yn uonhedic y *ymdygyat.* *c.* **1400** *Ymborth* 6–7, Drycannyan yw ardangos . . . ar wyneb ac *ymdygyat* gwarchaedic chwerwder marwolyaeth medwl. **1567** *TN* 314a, yn siampl, ar 'air, ar *ymddygiad.* **1567** G. ROBERT: *GC* [vi], pennaeth . . . yn dan/gos dirfawr serch oi wlad naturiol, ar i' *mddygiad* ai' [*sic*] madrodd. *p.* **1584** *id.* [299], ni welafi resswm yn erbyn hynn, o bydd synnwyr, ag *ymddygiad* yr ymadeodd yn goddr [*sic*]. **16–17g.** *GHCEM* 51, Dull eich tad, *ymddygiad* ddoeth, / Nid âi'n un adyn annoeth. **1606** E. JAMES: *Hom* iii. 83, Fel hyn y gellwch brofi fod eich *ymddygiad* (*conversation*) chwi yn y nêf. **1632** *D* d.g. *Gestus, Habitus.* *id. ymddygiad* gwasaidd d.g. *Vernilitas.* **1703** O. LEWIS: *ADC* 39, Dyma anrhydeddu llyfodraeth, a llyfodraethwyr, ac nid gwagedd rhagrithiol, efog *ymddygiadau* (*gestures*) eulynol. **1722** *Llst* 189, *Ymddygiad.* m.p. *adau.* A behaviour. **18g.** *Beirdd y Berwyn* 52, Pan elom i rodio ac i osio am gael gwyr, / . . . / Ymwisgwn yn geindli, ag *ymddygiad* lled neis. **1784** M. WILLIAMS: *S* i. 46, Mae gan y brenin bob *ymddugiad* o fawrhydi. **1803** *P, Ymzygiad,* s. m.—pl. t. *au* . . . behaviour, deportment, demeanour. Ar lafar, "Odd *ymddyciad* boneddicadd gin yr 'en ŵr, well na llawar o wŷr mawr 'wi wedi gweld', *GTN* 858.

(*b*) Cenhedliad, beichiogiad: *conception (of child).*

1761 *ML* ii. 420, Dydd *Ymddygiad* Mair Forwyn.

ymddygiadaeth [*ymddygiad+-aeth*] *eb.* Damcaniaeth sy'n dal mai astudio ymddygiad yn wrthrychol yw priod faes seicoleg (gan anwybyddu mewnsylliad, &c.), triniaeth seiliedig ar y ddamcaniaeth hon sy'n ceisio gwella anhwylderau seicolegol drwy newid patrymau ymddygiad: *behaviourism.*

1930.

ymddygiadol [*ymddygiad+-ol*] *a.* Yn perthyn i ymddygiad; yn perthyn i ymddygiadaeth neu nodweddiadol ohoni; cyfarwydd: *behavioural; behaviourist(ic); accustomed.*

1725–6 *Madd Ed* 47, wedi ymmossod ei hun

mewn buchedd sanctaidd, ag yn *ymddygiadol* (*habituate*) mewn llwybrau Duwiolder.

ymddygiadus [*ymddygiad*+*-us*] *a.* ?Galluog wrth arwain neu reoli; (geir.) moesgar, ymddygiadol: ?*skilful in leadership or management*; (*dict.*) *civil, behavioural*.
> **1725** *SR* d.g. *Civil.* **1744** D. ROWLAND: *RY* 177, nhwy hefyd a wyddent ei fod ef yn Wr *ymddygiadus* (*a man of conduct*), Cadarn. id. 273, [Gw]r cálonnog, *ymddygiadus*, cadarn nerthol. **1803** *P* d.g. *Ymzygiadus*.

ymddygiadwr [*ymddygiad*+*-wr*] *eg.* ll. *-wyr, ymddygiedwyr.* Pleidiwr neu ymarferydd ymddygiadaeth: *behaviourist*.
> **1930.**

ymddygiaeth [*ymddyg(iad)*+*-aeth*] *e?b.* Ymddygiadaeth: *behaviourism*.
> **20g.**

ymddygiawdur, gw. ymddygawdur.

ymddygnaf: ymddygnu, gw. ym-+dygnaf: dygnu.

ymddygwd, ymddigwd, &c., *bg.* a hefyd gyda grym enwol. Ymdrechu, llafurio, bod yn brysur; ymryson, ymgiprys, ysgarmesu: *to strive, toil, be busy; contend, scuffle, skirmish*.
> **1567** *TN* 106b, Ystyriwch' y lili . . . nyd yyn yn travaely [:- poeni, *ymddygwd*, yn llafuriaw, ymluddedigaw], nag yn nyddu. **1604–7** *TW* (*Pen* 228), *ymdhigwd* d.g. *Concerto, Reluctatus.* **17–18g.** *CLIC* iv. 19, A dywaid wrth honno, dy fyned i speilio / Marsiandwr a chantho, fawr gyfoeth / Ag it wrth *ymddigwyd*, ei ladd yn y ffrygwyd, / A diangc rhag gofrwyd, y gyfraeth. **1703** E. WYNNE: *BC* 24, Erbyn i ni fyned i mewn, darfasei'r *ymddugwd*, na un ar y llawr yn glwtt, un arall yn bwrw i fynu. **1753** *TR*, *Ymddygwd*, to toil. **1754** *ML* i. 302, 'rwyn deall eich bod yn *ymddugwd* a rhai a ellid adael heibiaw, o bai ormod o luddet. Y pethau rwyf yn ei feddwl yw tynnu llunia seintia, etc. **1766** *CD* 68, Pan deimle fe'n amrwd, drwy ddygŷn *ymddigwd*, / Fe deflid ei Scerbwd, pen ffrwgwd y ffrau [i 'Sir John Heidden']. **1771** *W*, *ymddugwd* d.g. *Busi-ness, or busy-ness.* **1803** *P*, *Ymzygwd*, s. m. . . . A self-striving . . . To employ one's self in toil; to be toiling.

ymddyheaf: ymddyheu, ymddyrchaf: ymddyrchu, ymddyrchafaf: ymddyrchafu, &c., gw. ym-+dyheaf: dyheu, dyrchaf[1]: dyrchu, dyrchafaf: dyrchafu, &c.

ymddyrof: ymddyroi, gw. ymroddaf: ymroddi.

ymddyrysaf: ymddyrysu, ymddywedaf: ymddywedyd, ymddyweddiaf: ymddyweddïo, gw. ym-+drysaf[1], drysu, dywedaf: dywedyd, dyweddïaf: dyweddïo.

ymddywynygaf, ymdywynygaf: ymd(d)ywynygu, ymdywynyg [*ym-+dywynygaf: dywynygu, dywynnyg a tywynygaf: tywynygu*] *bg.* Tywynnu, disgleirio, fflachio; ymddangos, ei amlygu ei hun: *to shine, glitter, flash; appear, become evident*.
> **13g.** *DB* 57, Pan *ymdywynyco* (*scintillat*) y mor y nos y'r morduywyr mal tan. **13g.** *BD* 104, Diwyll y gristonogaeth a dileir, a chvymp yr eglvysseu a *ymdywynnic* (*patebit*). id. 115, E hvnnv y dynessa diwyllavdyr yr Alban, yr hvnn yd *ymdywynnic* (*imminebit*) *B* xxi. 298, ymdengys y sarph dra'e gwyn. Hvnnv a orffwys y ymchuelut y daear, vrth *ym-dywynygu* (*candeat*) (*ib.* wynhao) o'r tan. **1346** *LIA* 17, kylch eureit a*ymdywynnygaód* (*claruit*) ygkylch yr heul. *c.* **1400** *YCM²* 88, Clarel hagen, a gyuodes ual yr *ymdywynnygwys* vry y dyd. *c.* **1400** (*SG*) *HMSS* i. 310, etto nyt *ymdywynnygawd* dim o seint greal yno. **15g.** *BB* 135, Cawr a*ymdywynnycka* kyn wynnet alliw eiry. *Diw.* **16g.** *LBS* iv. 410, A llyma y wyry y mae arwyddion búddúgoliaeth yn *ymdywenygú* yr eglwys ac yr walat honn. **1632** *D*, *Ymdywynnygu*, Micare, rutilare, fulgere, splendere. **1722** *Llst* 189, *ymdywynnig* d.g. *To Appear.* **1803** *P* d.g. *Ymdywyn-ygu*.

ymddywynygrwydd [*bôn y f. ymddywyn-ygaf: ymddywynygu+-rwydd*] *eg.* Gloywder, disgleirdeb, hefyd yn *ffig.*: *brilliance, brightness, also fig.*
> **14g.** *BT* 138–9, *ymdtwynnygrwyd* dosparth mawr-

---

vrydrwyd herkwlff. **15g.** *BB* 137, *Ymdtywynwgrwid* (*splendor*) yr heul a nycha lectrin mercurius.

ymedfryd, gw. ym-+adferaf: edfryd.

ymedlaf: ymedlo, gw. medlaf: medlo.

ymedleiaf: ymedleio, ymedleiaeth, gw. medleiaf: medleio.

ymedliaf: ymedlio, gw. medlaf: medlo.

ymefin [?cf. *ymewinaf: ymewino*] ?*ba.* a hefyd gyda grym enwol. ?Cythryblu: *to agitate*.
> **14g.** *GDG¹* 310, Drycin yn *ymefin* môr, / Drythyllfab ar draethellfor [i'r gwynt]. *c.* **1400** *R* 1281. 23–4, tyrueu myfyr drut toryf *ymevin*.

ymeflyd, gw. ymaflaf: ymaflyd.

ymegluraf: ymegluro, ymegnïaf: ymegnïo, &c., gw. ym-+egluraf: egluro, egnïaf: egnïo, &c.

ymegoraf: ymegor(i), ymegoryd, gw. ymagoraf: ymagor.

ymegoriad, ymegyr, gw. ymagoriad: ymagoror: ymagor.

ymehangaf: ymehangu, ymehengi, &c., gw. ym-+ehangaf: ehangu, &c.

ymehofnaf: ymehofni, gw. ym-+ehofnaf: ehofni.

ymefl, gw. ymaflaf: ymaflyd.

ymeiliaf: ymeilio, ymeilliaf: ymeillio, gw. ym-+eiliaf[1]: eilio, eilliaf: eillio.

ymeiriaf, &c.: **ymeirio**, &c. [*ym-+geiriaf: geirio*] *bg.* a hefyd gyda grym enwol i'r be. Cecru, cweryla, dadlau, ymryson (ar lafar); siarad, ymddiddan: *to bicker, quarrel, argue, contend, dispute; talk, converse*.
> **15–16g.** LLAWDDEN, &c.: *Gw* 104, Gwen loywfain, gwae ni lefys / Tra blin fu troi blaen ei fys, / Na chellwair nag *ymeiriaw*, / Na thröad llygad na llaw. **16g.** (*LIEG*) *Mos* 158, 38a, kyuodes *ymeirio* hrwng gruffudd . . . a hririd I geuynder ynghylch I glaaim ai gyuiawnder obowys. **16g.** *GGH* 151, Mae rhywiowgwaed mawr ragor, / Mae gras Duw, rym gorau stôr, / Mae'r ddysg, os i 'meirio'dd ânt, / Mae'r synnwyr; na 'mrysonant. *c.* **1574** *DGA* 171, Tra fu y wrach fantach faw / A'i morwyn yn *ymeiriaw*. **1594–5** *B* iii. 167, ni a *ymeiriwn* a vo mwy. Sef mi a dhechreuaf ymofyn a thi, titheu dyred yn ol a'th atteb. **1604–7** *TW* (*Pen* 228) d.g. *Colloquor, Concerto.* **1632** *D*, *Ymeirio*, λογομαχεῖν, verbis contendere. **1722** *Llst* 189, *Ymeirio*. To scold, wrangle. **1727** J. JONES: *DFF* 298, na Siaradwch nac *ymeirinch* â Phechod (*never parly with sin*). *c.* **1730** Thos. Lloyd D (LlGC) 172a, Ni *Mei[r]tia* un arian. **1770** *W* d.g. *To brabble, To word it . . . with one, To wrangle.* **1793** DAFYDD IONAWR: *CD* 86, Am arian nid *ymeiriant*, / Hyn oedd eu gofyn a gant. **1803** *P* d.g. *Ymeiriaw*.
> *Amr.:* **ymeirian** [*ym-+geirian*]. **1848**.

ymeiriolaf: ymeiriol, gw. ym-+eiriolaf: eiriol.

ymeiriwr [bôn y f. *ymeiriaf: ymeirio*+*-iwr*] *eg.* Cecryn, dadleuwr: *quarrelsome person, one who bickers, wrangler*.
> **1725** *SR* d.g. *Wrangler*.

ymelwaf: ymelwa, ymelwi, &c., gw. ym-+elwaf: elwa, &c.

ymelyd, gw. ymaelaf: ymaelyd.

ymellin [ansicr yw'r engh. gyntaf isod, gw. *GDG³* 533; tywyll yw *ymellin*, *T* 19. 4, *ymellun*, id. 77. 24] *e.* ?Manna: *manna*.
> **14g.** *GDG¹* 315, I danun', eiddun addef, / Meillion ir, *ymellin* (amr. mynn myllin; myn myllni) nef. **15g.** *FfBO* 33, lle y keffir amylder o'r manna, sef yw hwnnw, *ymellin* nef.
> *Amr.:* **melli²** (bach. b. *mellïen*). *a.* **1577** *Pen* 49, 84, meillion ir a *melli* nef. **18–19g.** *Llr C* 25, 331, *Melli, mellien*, (Blaen. Morg.) am ei fod a mel ynddo, mellion aur a *melli* nef.

ymelltigaf: ymelltigo, ymelltigedig, gw. emelltigaf: emelltigo, emelltigedig.

ymellyngaf: ymellwng, gw. ym-+gellyngaf: gellwng.

ymendaf: ymendo, gw. ymendiaf: ymendio.

---

ymendâf: ymendáu [amr. ar *emendâf: emendáu*, neu fnth. S. (*to*) (*a*)*mend*] *bg.a.* Diwygio, iacháu, gwella, cywiro, unioni; ymddiwygio, gwella (o ran buchedd neu iechyd), cael adferiad iechyd; gwneud iawn: *to reform, heal, amend, improve, correct, rectify; reform* (*oneself*), *mend one's ways, improve, be restored to health; make amends*.
> **14g.** *Bren Saes* 40, Ac ny allwyt y gerydu onyt vn o dri pheth . . . hynny a *ymendahawd* ef oll drwy dysg Seyn Dunstan. **14–15g.** *IGl:²* 255, Bûm yn dwyn, heb *ymendáu*, / Baich adwyth o bechodau (Siôn Cent). *c.* **1400** *YSG* i. 39, gwnn i panyw vym pechodeu a'm llesteiryawd. A phan dylyasswn i v'*ymendav* vyhun y doeth y kythreul. id. 61, Duw a *ymendao* dy gyflwr ditheu. *c.* **1400** (*SG*) *HMSS* i. 183, ny elleist di dyuot y mywn hediw . . . Ac nys gelly vyth yny darffo ytt *ymendau* dros dy bechodeu y duw. **15g.** *LHDd* 9, hefyd argyŵedyon segyrllyd a ŵneler yr eglŵysŵyr a dylir *ymendenhau* [sic] udynt yny sened. **1545** *CI* 108, myneed j'r gwely j gymerud j esmwythdra, j *ymendav*'r diffig ysydd ar y nattur drwy gysgv.

Gw. hefyd emendiaf: emendio, mend-âf: mendáu, mendiaf[1]: mendio, ymend-iaf: ymendio.

ymendiad [amr. ar *emendiad*, neu fôn y f. *ymendiaf: ymendio+-iad[1]*] *eg.* Gwellhad, diwygiad: *improvement, reform*.
> **17g.** *NBSB* 221, Pob mwynder, pob *ymendiad*, / A thi'n rhoi pob peth yn rhad (Robert Dyfi). **1696** *CDD* 299, A chymmaint o ddillad, *ymendiad* dy fŷd, / A allech di gario i'th gadw di'n gŷd. **17–18g.** O. GRUFFYDD: *Gw* 13, Fal dyma ar fyrr droiad gu odiaeth gynhyddiad, / Wiw radol waredïad o *ymendiad* i'n mysg, / Lle'i gwelwn Dduw cyfion i'n llwytho â bendithion / Ar ol ei geryddon goreuddysg.

Gw. hefyd emendiad, mendiad.

ymendiaf: ymendio [amr. ar y f. *emendiaf: emendio*, neu fnth. S. (*to*) (*a*)*mend*] *bg.a.* Diwygio, iacháu, gwella, cywiro, unioni; trwsio, atgyweirio; ymddiwygio, gwella (o ran buchedd neu iechyd), cael adferiad iechyd: *to reform, heal, amend, improve, correct, rectify; mend, repair; reform* (*oneself*), *mend one's ways, improve, be restored to health*.
> **16g.** SIÔN BRWYNOG: *C* 101, Mynd Wiliam, oen y dalaith, / Myn Duw *ymendio* ei waith. **1552** *Rhydd-iaith Gymraeg* i. 50, Mal pete baentiwr wedi portreio llvn neu ddelw yn gelvydd . . . yna o deye vn arall a rroi i law arni ar odde keisio i *ymendio*. **1574** (**1604**) id. ii. 200, rybiddioedd [sic] y brenin ef yn dyfal y gyffessu ag *ymendio* ag ymwrthod a'y bechode. **16–17g.** *GST* i. 585, *Ymendiwn* cyn mynd o'r mwyndir bydol. **17g.** E. MORRIS: *B* 103, Eich mwynder a'm clwyfodd, a'ch dig a'm *ymendiodd*. **17g.** E. MORRIS: *Gw* 423, Dowch, ymendio sy fy yma 'nawn. **1696** *CDD* 32, Gwna heddŵ dy heddwch cŷn mynd jr [sic] nosyllwch / . . . / Fyngharwr *ymendie* cŷn myn'd yn rhŷ hwŷr. id. 140, Makwn i ni, deled i'n cô, / Ar frŷs *ymendio*'n buchedd. **1712** T. WILLIAMS: *CDdG* 347, gallom yn hwylusach, . . . geisio *ymendio* (*rectify*) beiau rhai eraill. **1716–18** *Llsgr R. Morris* 31, fe all dy ŵr di etto *ymendio* a mund yn Iach. **1740** T. EVANS: *DPO* 361, erfyn a'r [sic] y Gweinidogion i heddychu ac i *ymendio*'r Rhwyg. **1763** *DT* 122, Claf iawn a fum, cul wan fodd, / A'i Mwynder a'm *hymendiodd*. **1778** J. HUGHES: *BB* 280, Ac yn neillduol rwi 'n ddyledus, / I Harry aer F'ew'rth Edward Moses, / . . . / Odid Fab ar Dâd *ymendia*, / Ond hwn o'r howddgara rhagorodd.
> *Amr.:* **ymendo**. **16–17g.** *CRC* 320, gwae ninav nad *ymendem*.

Gw. hefyd emendiaf: emendio, mend-âf: mendáu, mendiaf[1]: mendio, ymend-âf: ymendáu.

ymeneiniaf: ymeneinio, &c., gw. ym-+eneiniaf: eneinio, &c.

ymennydd, &c. [< *en-kuennio-*, cf. pen¹, H. Grn. *impinion*, gl. *cerebrum*, Crn. C. *empynnyon*, *ympynnyon*, Llyd. Diw. *empenn*, Gwydd. C. *inchinn*] *eg.* ll. *ymenydd-(i)au*, &c. Organ o feinwe nerfol meddal ym mhenglog fertebriaid sy'n gweithredu fel canolbwynt cydgysylltiol i'r synhwyrau a gweithgaredd meddyliol a nerfol; sylwedd ymenyddaidd (hefyd fel bwyd); gallu deall-usol, (y) meddwl: *brain* (*also as food*); *brain(s), intellectual capacity, mind*.
> **15g.** *Lll* 96, Try arperygyl den: dyrnaut em pen hyt er *emenhyd*. **13g.** *HGK* 17, dywedynt y uot ef en wr kymedraul a veint . . . ac *emennyd* guressauc. **14g.**

T 16. 13–14, Atui pen gaflaẟ heb *emennyd*. **14g.** *GIG* 16, Dyrnod pen hyd *ymennydd* / Ar dlodion gwlad Fôn a fydd [marwnad Tudur Fychan]. *c.* **1400** *MM* 88, Kymer *emhennyd* ysgyuarnaẟc. **15g.** *LGC* 25, A myn waed am vrad i vrodyr o 'stâd, / Na myn addaw gwaed; ond *menyddiau* gwyr. **15–16g.** *GLM* 96, Llai saethu pan ddarfu'i ddydd, / llai ym Môn: hollai '*mennydd* [marwnad Gruffudd Felyn]. **1547** *WS*, *Emenydd* Brayne. **16g.** *THSC* (1923–4) (At.) 61, physto y ben a chlwphae yni ymwahanodd yr *ymhennydd* oi benn. **16g.** DAFYDD BENWYN: *Gw* 389, Yngrog, bryf diviog, Risiart Davydd goeg, / y bo'r gwas digwilydd: / wrth ysgawen, a'i *mhenydd* / y maes o'i benn, mes y bydd. **1592** S. D. RHYS: *Inst* [xv], na chwaith dhechymygu dim o'i *hemenydhieu* a''i synhwyreu euhûnain. **16–17g.** E. PRYS: *Gw* 328, Newydd achwr, ni ddichon, / *Fennydd* Sais am fonedd sôn. **1606** E. JAMES: *Hom* i. 71, nid y fath weithredoedd a ddychymmygodd dynnion o'u *ymmenyddau* eu hunain. *id.* iii. 152, i daflu oddiwrthynt synhwyrau eu *ymmhenyddau*. **1632** *D*, *Ymmenydd*, Cerebrum. **1661** E. LEWIS: *Drex* 74, Pa sawl gwr dyscedig a dreuliasant eu *ymmynnyddiau* mewn dychymmygion newyddion. **1677** C. EDWARDS: *FfDd* 243, dy *mennydd* i ddeall ac i gofio. **1681** S. HUGHES: *AC* 4, yn ffurfio cyfarfodau a dawnsiau'r witshod yn eu *mhennyddiau* hwynt. **1704** E. SAMUEL: *BA* 54, curid allan *fennyddiau* eu plant bychain. **1714** R. PRYDDERCH: *GD* 146, gwallgof *ymhenyddieu* ewynog Dynion halogedig. **1723** E. SAMUEL: *PDdC* 43, rhaid iddynt feddwl am hwnnw, heb bendifadu mo'u '*mynnyddiau* ynghylch dim arall. **1762** *ML* ii. 511, Gobeitho y daw'r pen a'r *emennydd* yw [*sic*] hwyl cyn y bo hir. **1795** *P* d.g. *Emenyz*. **1803** *id.* d.g. *Ymenyz*. Ar lafar, ''Ôn ni'n codi'r crôn off â'r gyllell rhint asgwrn y *mennydd* a'r crôn' (sir Gaerf.); 'Fi fwra'u *mynydda* nw', 'Ma *mennydd* dæ ginto, 'ôs dim dywt', *GTN* 554.

ymenwogaf: ymenwogi, gw. ym-+ enwogaf: enwogi.

ymenyddaf, ymenyddiaf: ymenyddu, ymenyddio [be. o'r e. *ymennydd*] *bg.a.* Defnyddio'r deall, ysgrifennu neu lefaru'n ddeallusol, gwneud yn ddeallusol, hefyd yn ddifr.: *to intellectualize, also derog.*

1803 *P* d.g. *Ymenyzu*.

ymenydd-dro, gw. ymennydd+tro¹.

ymenyddeg, &c. [*ymennydd*+-*eg*¹] *e?b.* Ffrenoleg, creuaneg: *phrenology, craniology.*

1850.

ymenyddegwr, ymenyddegydd, &c. [*ymenyddeg*+-*wr*, -*ydd*³] *eg.* Ffrenolegwr: *phrenologist.*

1853.

ymenyddglaf, gw. ymennydd+claf.

ymenyddiaeth, &c. [*ymennydd*+-*iaeth*] *eb.* Ffrenoleg; deallusrwydd, meddwl, ?deallaeth: *phrenology; intelligence, thought, ?intellectualism.*

1846.

ymenyddiaf: ymenyddio, gw. ymenyddaf: ymenyddu.

ymenyddol, ymenyddiol, &c. [*ymennydd*+-(*i*)*ol*] *a.* Yn perthyn i'r ymennydd, deallusol, meddyliol: *cerebral, intellectual, mental.*

a. **1587** *Y* 112, Vn a ddoe o iawn ddeall / A bwrw i'r llawr obry'r llall, / Vn a roes Duw o'i râs dâ / *Ymynyddol* mewn Adda. **1803** *P* d.g. *Ymenyzawl*.

ymenyddwaith, gw. ymennydd+ gwaith¹.

ymenyn, (e)menyn [H. Grn. *amenen*, gl. *butirum*, Crn. Diw. *manyn*, Llyd. C. a Diw. *amanenn*, Llyd. Diw. *amann*, Gwydd. C. *imb*: < IE. **n̥gᵘ-en-*, o'r gwr. IE. **ongᵘ-* 'eneinio', cf. Llad. *unguen* 'eli', H. Uchel Alm. *ancho*] *eg.* Sylwedd brasterog melynaidd a geir drwy gorddi hufen ac a ddefnyddir i goginio, i'w daenu ar fara, &c., hefyd yn *dros.*: *butter, also transf.*

9g. (*LISC*) *LL* xlv, triuceint torth. ha maharuin. ha gourthoueir *emeninn*. **13g.** *LlI* 64, mannat *emenyn* kyulet a'r dyscel letaf. *c.* **1400** *RB* ii. 257, yna ydymchoelaẟd y llaeth ar *emenyn* yn waet. **15g.** *Pen* 205, 39, mortera a gwna eli drwy *ymenyn*. **15g.** *GDID* 40, Dysgeulo ei laeth mewn dwy 'sgalog—lyn, / A chweirio *menyn* yn drichaerog. **1547** *WS*, *Emenyn* Butter. *id.* *Ymenyn* Butter. **1567** *LlGG* (*Sall*) 30b, Llyfnach oedd ymadrodd ei enau na'r *emenyn*. **1567** G. ROBERT: *GC* 71, Beth yw gwraidddorriad? . . . Modd i dorri ymaith ddarn o ddechrau'r gair, mal *menyn*, tros *ymenyn*. *Diw.* **16g.** *WLB* 78, chwart o *menyn* mai. **1588** *Diar* xxx. 33, megis y dwg yr hwn a gorddo laeth *ymênyn* allan. **16–17g.** *Bl B XVII* i. 127, Yn Ffrainc yr yfais yn ffraeth—win lliwgar, / Yn Lloegr, cawl odiaeth, / Yn Holand, *menyn* helaeth, / Yng Nghymru, llymru a llaeth (Huw Llwyd). **1632** *D*, *Ymenyn*, Butirum. **17g.** *CRC* 179, i lewa nid lliwus rhiw fyrrwr rhv farvs / dy *fenyn* anflassus yn flewsych. **1722** *Llst* 189, *Emenyn*. m. Butter. **1756** *ML* i. 441, [g]werth 13s. o *menyn* melyn Môn. **1759** J. EVANS: *PF* 72, [C]ennyn wedi eu ffrîo mewn *Menyn*. **1803** *P* d.g. *Ymenyn*. Ar lafar, '*menyn*', *WVBD* 371, *GTN* 558–9. Am restr o wahanol fathau o ymenyn, gw. *Geir Geg* 79–81, a'r cfn. isod.

Cfn.: **(y)menyn bach:** *home-made butter.* **20g.** Ar lafar yn Llŷn ac Arfon. **menyn Cymru, menyn Cymreig:** *Welsh butter.* **20g.** Ar lafar, '*menyn Cymru*', *GTN* 559. *Bot.* **ymenyn gwrach (y wrach) = (y)menyn witsh. 1930. (y)menyn (emenyn) gwyry(f) (gwyrf, gwyrdd,** &c.): *unsalted butter, fresh butter. c.* **1400** *Études* vii. 278, *emenyn gwyry*. **1545** *CM* 1, 540, *ymennyn gwyrf*. *Diw.* **16g.** *WLB* 4, *ymenyn gwyryf*. **1812** W. DAVIES: *RMB* 66, *ymenyn gwyrddan*. Ar lafar, '*menyn gwyrdd*' 'butter without salt formerly kept to apply to sores, etc.', *WVBD* 371; '*menyn gwira*' 'fresh butter', *GTN* 559; gw. hefyd *Geir Geg* 80. **(y)menyn (emenyn) hallt:** *salted butter. c.* **1400** *MM* 8, 30. **1758** *ML* ii. 99, 148. Ar lafar, *Geir Geg* 80 (sir Gaerf., Brych., a Morg.). **(y)menyn (emenyn) Mai:** *unsalted butter kept for medicinal use. c.* **1400** *Études* vii. 276. *Diw.* **16g.** *WLB* 26, 29, 78. **1769** E. ROBERTS: *GN* 34. **(y)menyn melys:** (*sweet*) *white sauce.* **20g.** Ar lafar, *BILlE* 27, *Geir Geg* 44 (gogledd Cymru). **(y)menyn newydd:** *fresh butter.* **1759** *ML* ii. 148. **1759** J. EVANS: *PF* 63, 93. **(y)menyn pot:** *potted salted butter.* **20g.** Ar lafar, *Geir Geg* 80 (Môn, sir Gaern., a Meir.). **(y)menyn toddi:** (*sweet or savoury*) *white sauce.* **1860.** Ar lafar, '*menyn toddi*', *ISF* 55; hefyd yn sir Ddinb. a Meir. **(y)menyn (y) tylwyth teg:** *rock-oil.* **1777** JOHN BRAND: *Observations On Popular Antiquities* (1813) ii. 339, there is a substance found . . . in crevices of lime-stone Rocks . . . near Holywell . . . which is called *Menyn Tylna* [*sic*] *Teg*, or Fairies' Butter. *Bot.* **(y)menyn witsh:** *witches' butter* (*gelatinous fungi, esp. Exidia glandulosa*). **1711** TP: *CG* 40, [rh]yw beth aflan y maent yn i alw yn *Fenyn Witch.*

ymenynnaf: ymennyn, ymenynnu, gw. ym-+enynnaf: ennyn.

ymer, ymerawdr, ymerawdres, ymerawdwr, gw. emyr, ymherodr, ymerodres, ymherodr.

ymerbyniaf, ymerbynnaf: ymerbyn(nu), ymerbyniaid, ymerbynio, ymerbynnaid, gw. ym-+erbyniaf: erbyn.

ymerfyniaf: ymerfyn(io), gw. ym-+ erfyniaf: erfyn.

ymerlidiaf, &c.: **ymerlid,** &c. [*ym*-+*erlidiaf*: *erlid*] *bg.* Ceisio; erlid; ymwneud, ymhél, ymyrryd: *to seek; persecute; be involved, deal, meddle.*

1604–7 *TW* (*Pen* 228), *ymerlit* d.g. *Ago*. **1610** *Pen* 217, 303, yr oedd Alexandyr greylon yn *ymerlid* ar Kristynogion. **1612** *LlP* 73, yr hon nerth ysydd raid i ni vvrth fynych vveddio *ymyrlid* [*sic*] am deni trvvy favvr ddeisyf ar Dduvv ddy[dd] a nos. **1721** J. P. PRYS: *DC* 145, Gan dybied heb wradwydd *ymerlid* a mawrlwydd / Mai eu gallu ai diwidrwydd ai hawydd o hyd. Clywir *merlid* yn yr ystyr 'ymhél, ymyrryd', 'Pwy sy wedi bod yn *merlid* â 'nwls i?', 'Un i *ferlid* â busnas dinnon erill yw 'i', *GTN* 556; hefyd yn y ff. *merlitach*, 'Da 'machgan i, pidwch â *merlitach* â'r cwrw' (dwyrain Morg.).

ymerlynaf: ymerlyn, gw. ym-+erlynaf: erlyn.

ymerod, ymerodr, gw. ymherodr.

ymerodraeth, &c. [*ymherodr*+-*aeth*] *eb.g.* ll. -*au*. Grŵp eang o daleithiau neu wledydd dan un prif awdurdod, yn enw. ymherodr neu ymerodres; teyrnasiad, llywodraeth, (pen)arglwyddiaeth, awdurdod (goruchel): *empire; reign, dominion,* (*sovereign*) *power or authority.*

Diw. **15g.** *Pen* 53, 27, aruthr reith twr *ym*/*herodreith* taer ymrwydreu [Ieuan ap Rhydderch i'r Prol]. **16g.** *Med H* 34–6, gwr o ddauddyblic *ymerodraeth*, nid amgen Ewropa ac Asia [am Alecsander]. **16g.** SIÔN BRWYNOG: *C* 159, Gwae ni am Rodri, gŵyn '*merodraeth* [awdl farwnad Tomas Mostyn]. **1567** *LlGG* 69b, Iddo ef y bo gogoniant, ac *ymperotraeth* yn oes oesoedd. **1588** 2 *Esd* ii. 41, dymuna ar *ymerodraeth* yr Arglwydd sancteiddio dy bobl y rhai a alwyd o'r dechreuad. **1588** *Luc* iii. 1, y bymthecfed flwyddyn o *ymerodraeth* Tiberius. **1606** E. JAMES: *Hom* ii. 72, a'r *ymmerodraeth* yr hon oedd vn o'r blaen a rannwyd yn ddwy. **1632** *D*, *Ymmerodraeth*, Imperium. **1716** E. SAMUEL: *GGG* 91–2, f' a ymledodd y Grefydd . . . tros holl Ardaloedd *ymmerodraeth* Rhufain. **1768** RISIART AP ROBERT: *CB* 177, *ymerodraeth*: hynny yw, gallu i orchymmyn, megis pen rheolwr. **1803** *P*, *Ymherodraeth*, s. m. . . . The sway of government of an emperor; an empire.

Amr.: **emerodraeth** [cf. *emherodr*]. **1567** *TN* 357b. **1615** R. SMYTH: *GB* 14. *c.* **1762–79** W. WILLIAMS: *P* 154.

Gw. hefyd **amerodraeth.**

ymerodraethaf: ymerodraethu [bf. o'r e. *ymerodraeth*] *bg.* Rheoli (fel ymherodr): *to rule* (*as emperor*).

18–19g. *Iolo MSS* 42, Cyfergyd a'r amseroedd hyn y bu Cwstenin Amherawdr yn *ymherodraethu* yn ynys Prydain.

ymerodraethol [*ymerodraeth*+-*ol*] *a.* Ymerodrol, imperialaidd: *imperial, imperialistic.*

1805.

ymerodraetholdeb [*ymerodraethol*+-*deb*] *eg.* Imperialaeth: *imperialism.*

1918.

ymerodraethwr, ymerodraethydd [*ymerodraeth*+-*wr*, -*ydd*³] *eg.* ll. *ymerodraethwyr*. Imperialydd: *imperialist* (*n.*).

1819.

ymerodraidd, &c. [*ymherodr*+-*aidd*] *a.* Ymerodrol; unbenaethol, trahaus: *imperial; despotic, imperious.*

14g. *GLlG* 14, Lle '*merodraidd* llysaidd, llesau—ciwdod, / Lle parod gwirod a gwaryau. **1606** E. JAMES: *Hom* ii. 61, [d]inas *Ymmerodraidd* (*imperial*) Constantinopol. *id.* 66, hi a ddifuddiodd ei Mab o'i *Ymmerodraidd* fraint. **1632** *D* d.g. *Augustus, Imperiosus*. **1717** IACO AB DEWI: *MN* 125, Jesu Grist . . . a ddisgyn o'r Nef . . . yn *Ymmerodreidd* â Llu aneirif o Angylion Gogoneddus. **1770** *W* d.g. *Arbitrary* [*despotic, positive, dogmatic*], *Emperor, Of, or like an emperor*. **[1795]** W. RICHARDS: *YDY* 15, y buddugoliaethau hynod trwy ba rai y bu gwiw ganddo goroni ei harfau *ymmerodraidd*. **1803** *P*.

Amr.: **amerodraidd** [cf. *amherawdr*]. *c.* **1585** *MCr* 41, [t]ywysog mawredig . . . Ag ar i ben yr oedd goron *amherodraidd* o ayr. **emerodraidd** [cf. *emherodr*]. **1658** R. VAUGHAN: *YPS* 11.

ymerodres, ymerawdres [*ymherodr*, *ymherawdr*+-*es*¹] *eb.* ll. *ymerodresau*. Gwraig sy'n llywodraethu ymerodraeth, gwraig ymherodr: *empress.*

1527 *B* ii. 203, yr oydd yr *ymerodres* ar ddiwrnod ysgavala yn ymddaith mew[n] gardd. **16g.** (*LlEG*) *Mos* 158, 26b, Mawd yr *ymerodres*. **1606** E. JAMES: *Hom* ii. 68, *ymmerodes* (*empress*) dduwiol a ddanfonasid oddiwrth Dduw. **1632** *D*, *Ymmerodres*, Imperatrix. **1661** E. LEWIS: *Drex* 7, yr oedd gan Faûstina yr *ymmerodres* arian gwedi eû bathû yn ôl y dûll a'r Argraph hwn. **1740** T. EVANS: *DPO* 288, [d]eolwyd . . . Joan aur-enau . . . drwy arch yr *Ymherawdres* . . . Eudocsia. **1803** *P*, *Ymherodres*, s. f.—pl. t. *au* . . . An empress.

Amr.: **emerodres** [cf. *emherodr*]. **16g.** *Mos* 113, 66.

Gw. hefyd **amerodres.**

ymerodrol [*ymherodr*+-*ol*] *a.* Yn perthyn i ymerodraeth neu wladwriaeth sofran debyg, nodweddiadol o'r cyfryw, yn perthyn i ymherodr neu nodweddiadol ohono, sofran; a ddefnyddir neu a ddefnyddid gynt drwy statud yn y Deyrnas Gyfunol (am bwysau a mesurau heb fod yn fetrig): *imperial* (*also of weights and measures*).

16g. (*LlEG*) *Mos* 158, 48a, goruchauiaeth *ymerodrawl*. **1618** J. SALISBURY: *EH* 168, wrth y gyfreith *Ymerodrol*, marwolaeth yw difenwi. **1775** *W* d.g. *Imperial*. **1803** *P* d.g. *Ymherodrawl*.

Amr.: **emerodrol** [cf. *emherodr*]. **16g.** (*LlEG*) *Mos* 158, 5b.

Gw. hefyd **amerodrol.**

ymerodroldeb [*ymerodrol*+-*deb*] *e?g.* Imperialaeth: *imperialism.*

20g.

ymerodrydd [*ymerodr*(*aeth*)+-*ydd*³] *eg.* ll. -*ion*. Imperialydd: *imperialist* (*n.*).

1815.

ymerraeth¹,²**,** gw. ymyrraeth¹, ymyrraf: ymyrryd.

ymesgoraf: ymesgor, ymesgusodaf: ymesgusodi, &c., gw. ym-+esgoraf[1]: esgor, esgusodaf: esgusodi, &c.

ymesgydwaf: ymesgwyd, ymesgytiaf, gw. ymysgydwaf: ymysgwyd.

ymesmwythaf: ymesmwytho, ymesmwythâf: ymesmwytháu, ymestronaf: ymestroni, gw. ym-+esmwythaf: esmwytho, esmwythâf: esmwytháu, estronaf: estroni.

ymestwng, gw. ymostyngaf: ymostwng.

ymestwyraf, ymestwyriaf: ymestwyro, ymestwyrian, gw. ymystwyriaf: ymystwyrian.

ymestyniad, ymystyniad [bôn y f. ymestynnaf, ymystynnaf: ymestyn, &c.+-iad[1]] eg. ll. -au. Y weithred o (ym)estyn, estyniad, hefyd yn ffig.; hydwythedd (metel, &c.): a stretching (out), extension, also fig.; ductility (of metal, &c.). **1704** J. MORGAN: B 64, briwo yscwydd neu sigo cymmal, ymmynd asgwrn allan oi le, neu ymestyniad gwythi. **1717** IACO AB DEWI: MN 164, Mae'r Eneid . . . yn gweithio bob Amser . . . yr hyn sy mor naturiol a phriodol i'r Eneid ag yw Ymystyniad i'r Corph. **1759** T. THOMAS: WWDd 186, y ma[e] yno ymestyniad yn y blaen, a dymuniad, ac ymdrechiad i fwynhau y Dystiolaeth hyderus hon. **1765** J. POPKIN: Ll 99, i ddwyn ymestyniad yn y blaen bob Dynion difrifol, dymunol yn eu hymestyniad tuagat [sic] Sancteiddrwydd. **1778** W d.g. Pandiculation. **1779** D. DAVIES: BDED ix, cariad at Dduw . . . a thaer ymnestyniad awyddus am ddyfod yn fwy fwy cyfrannog o'i sancteiddrwydd. [**1791**] J. THOMAS: GB 52, cynhygion gras yn yr efengyl ydynt gyffredinol ac i bawb oll; ond ymystyniad (extention) gras etholedigiaeth sydd neillduol a phriodol i rai. **1795** J. THOMAS: AIC 255, dywedodd yr un Mr. Boyle, am Ductility neu Ymystynniad . . . fôd y Briodoliaeth hon yn rhagorol iawn gan yr Aur fel y gellir Curo un Gronyn o hono yn Ddalen 50 Modfedd yscwâr. **1803** P d.g. Ymestyniad.

ymestynnaf, ymystynnaf, &c.: **ymestyn(nu), ymystyn(nu),** &c. [ym-+estynnaf, ystynnaf: estyn[2], estynnu, ystyn[2], ystynnu] bg.a. a hefyd gyda grym enwol i'r be. Estyn neu ei hun i hyd neu faint mwy, gosod neu orwedd yn ei hyd eithaf, taenu ar led, estyn (braich, &c.), estyn hyd at bwynt penodol neu dros bellter neu ardal benodol, helaethu, cynyddu, tyfu, hefyd yn ffig.; gorwedd (i lawr), syrthio ar ei hyd; crogi (am berson): to extend, stretch (out), expand, increase, grow, also fig.; lie (down), prostrate oneself; hang, be hanged (of person). **1346** LlA 80, yna yd ymystynnaƀd (B xviii. 149, ymystynnwys) meir Ar yllaƀr a ƀeidaƀ yr argloƀyd. id. 165, kerd/da yn tir ni or yndia eithaf . . . Athroy ydiffeith yd ymystynn hyt ygorlleƀin yr heul. **14g.** WM 56. 27-8, Emystynnu (RM 40, Ymestynnu) idaƀ ynteu yny peir yny dyrr y peir. c. **1400** YCM[2] 57, Da uu y llurugeu hagen, wrth na thorres vn vodrwy ohonunt, ac nat ymystynnwys. c. **1400** Études vii. 318, ymestyn dy aelodeu drwy grynoi dy benn a'th vyngwyl. **15g.** BB 149, ar paladyr a ymystynhawd dros freinc. a arwydockaa mab ytti. **1547** WS, Ymestyn Stretche. **1551** W. SALESBURY: KLl liia-b, hwn oedd yn gorwedd [:- ymystyn] geyr llaw eu porth yn gornwydlyd. **1567** TN 273a, Can nad ym ni yn ymestyn y tuhwnt [sic] in mesur. **1588** I Br xviii. 42, Elias a aeth i fynu i benn Carmel, ac a ymestynnodd ar y ddaiar. **1620** Phil iii. 13, anhofio [sic] y pethau sydd o'r tu cefn, ac ymestyn at (**1567** TN 295b, tynnu at) y pethau o'r tu blaen. **1632** D, Ymestyn, Extendere se. **1754** G. OWEN: I. 102, Llyma Wyddel wedi myned i Hirgaer i garchar, am briodi dwy wraig o fewn llai na dwy filldir at eu gilydd. Mae'n debyg y caiff ymystyn; ac ni haeddai amgen. **1789** TWM O'R NANT: TChB [3], Mae balchder y Cymry ffolion, / I ymestyn ar ôl y Saeson. **1790** T. JONES: TOS 238, mi a gynghorwn i ti sydd yn ymestyn at (aspire after) fywyd nefolaidd. **1803** P, Ymestyn . . . To stretch one's self. Ar lafar, 'Ma'r dydd yn mystyn', 'Mi rois i gic iddo fo tan oedd o'n mystyn ar y ffordd', WVBD 388; 'mistyn' 'to stretch; to reach', 'mistyn cos y cig', 'mistyn stori', 'yn mystyn yn mystyn', GTN 563; hefyd yn yr ystyr 'ymlâdd', ib. Yng Nghered. a sir Benf. clywir 'ei mistyn (mistyn) hi' yn yr ystyr 'trengi (am anifail)', 'Ma'r llo wedi mistyn i' 'The calf is dead', GDD 198. Clywir 'mistynnu' yn sir Drefn. yn yr ystyr 'cynyddu'.

ymestynnedd [bôn y f. ymestynnnaf: ymestyn, &c.+-edd[1]] eg. Y gallu i ymestyn neu helaethu: expansibility, expandability. **20g.**

ymestynnol [bôn y f. ymestynnnaf: ymestyn, &c.+-ol] a. a hefyd gyda grym enwol. Yn (ym)estyn, estynedig, hefyd yn ffig.; arhosol: extending, extended, elongated, also fig.; lasting. **1803** P d.g. Ymestynawl.

ymeuthundod, gw. ameuthundod (hefyd At.).

ymewinaf, ymewiniaf, ymwinaf, &c.: **ymewin(i)o, ymwino,** &c. [bf. o ym-+ewin] bg. ac yn eithriadol ba. Crafangu, cripio, ysgraffinio, gafael â'r ewinedd, cipio, hefyd yn ffig.; ymdrechu, ymgodymu: to claw, scratch, grip with the nails, snatch, also fig.; strive, grapple. **14g.** Pen 14, 162, gwedy gallu or mei/ƀion ymeuiniaw ac ymdaraw am dillynn/yon. **1592** S. D. RHYS: Inst 256, Crôes Gyghhânedh Ewinoc a elwir bhelhy, o achos y bôd ynn ymewino ag ynn ymabhlud. **16-17g.** T. PRYS: C 428, Mi wnaf gerdd, nis gwaherddir, / Na fynno hwn fyw yn hir, / . . . / Nes mynd o'r rôg i 'mgrogi / I fol y coed fal y ci, / Ac yno y trig, gwŷn a'i troes, / Ymwino am ei einioes [dychan i Edmwnd Prys]. **1604-7** TW (Pen 228), ymewino d.g. Arripio, Laxo. **1632** D, Ymewino, Vnguibus obniti. **17g.** HUW MORUS: EC i. 27, Y gwr cryfaf, gair croywfoes, / Gwan ei law i gynnal oes; / Ymewino yma ennyd, / Mawr y gwaith, a meirw i gyd! **1721** J. P. PRYS: DC 70, Ymwino am ryw Wenieth i borthi Naturieth, / Gan dybied marwolaeth ei Mammaeth ym mhell. **1722** Llst 189, Ymewino. To scratch, claw. **1747** ML i. 126, Aos mewn ysbytty mae Dafis . . . Mae Salbri yn ymwino a'r byd ag yn grwgnach arno'n greulon. **1763** DT 170, Wrth hir gropian, ac ym'wino, / Cael i ben y Bryn, dan gwympo. **1803** P d.g. Ymewinaw.

Gw. hefyd ymefin.

ymewn, gw. mewn.

ymfachaf: ymfachu, ymfaeddaf: ymfaeddu, ymfaglaf: ymfaglu, gw. ym-+bachaf: bachu, baeddaf: baeddu, baglaf[2]: baglu.

ymfalchïad [bôn y f. ymfalchïaf: ymfalchïo+-iad[1]] eg. Y weithred o ymfalchïo, balchder: (a taking) pride. **1803** P.

ymfalchïaf: ymfalchïo [ym-+balchïaf: balchïo] bg. Bod neu fynd yn falch, ymhyfrydu, ymffrostio: to be(come) proud, take pride, pride oneself, delight, boast. **1567** TN 235b, nag ymffrostia [:- ymhoffa, ymvalchïa]. **1588** Eseia iii. 5, y bachgen yn erbyn yr hen-wr, a'r gwael yn erbyn yr anrhydeddus a ymfalchiant. **1620** Salm cxxxi. 1, ni ymfalchïodd (LIGG Sall 76a, ymdderchavawdd; **1588** Salm cxxxi. 1, ym-chwyddodd) fy nghalon. **1723** J. JONES: LlA 203, Mae Dyn anianol yn ymfalchio yn ei Ddyledswyddau. **1776** W d.g. Lofty, To grow lofty. **1793** Cylchg 202, Gochel ymfalchïo pan y'th ganmolir. **1803** P d.g. Ymvalçiaw. Ar lafar, "Dwi'n ymfalchïo yn y Geiriadur".

ymfaluriaf: ymfalurio, ymfarweiddiad, ymfasnachaf: ymfasnach(u), gw. ym-+maluriaf: malurio, marweiddiad, masnachaf: masnachu.

ymfawrhaf: ymfawrhau, ymfawrygaf: ymfawrygu, gw. ym-+mawrhaf: mawrhau, mawrygaf: mawrygu.

ymfedyddiaf: ymfedyddio, ymfeddwaf: ymfeddwi, ymfeichiogaf: ymfeichiogi, ymfeiddiaf: ymfeiddio, ymfendithiaf: ymfendithio, ymferwaf: ymferwi, gw. ym-+bedyddiaf: bedyddio, meddwaf: meddwi, beichiogaf: beichiogi, beiddiaf: beiddio, bendithiaf: bendithio, berwaf: berwi.

ymfinial [be. o ym-+minial (gw. miniaf[1]: minio) bg. Cyfeillachu, cymdeithasu; (geir.) cusanu, mwytho big ym mhig (am adar): to associate, socialize; (dict.) kiss, bill (of birds). **1552** Pen 403, 105-6, Ni vynnwn i chwaith i vrodur / chware gida i chwiorydd . . . nai kussanv nac ysbleddach / nac ymvinial a hwynt. id. 116, Kariad a vac ac a ynnyn drwy gyveillach a ymvinial a gwyr / kanis ymysc lluossowgrwydd o wleddoedd . . . y tyrnasa Cupide a Venvs. **1632** D d.g. Collabello. **1722** Llst 189, Ymfinial. To bill as doves. **1775** W d.g. Kiss, To kiss often. **1803** P.

ymflinaf: ymflino, ymflonegaf: ymflonegu, ymfocsachaf: ymfocsach(u), ymfodlonaf: ymfodloni, ymfodolaf: ymfodoli, &c., gw. ym-+blinaf: blino, blonegaf: blonegu, bocsachaf: bocsachu, bodlonaf: bodloni, bodolaf: bodoli, &c.

ymfoddaf: ymfoddi, ymfoddhaf: ymfoddhau, ymfoddlonaf: ymfoddloni, ymfoelaf: ymfoeli, ymfoethaf: ymfoethi, &c., gw. ym-+boddaf: boddi, boddhaf: boddhau, bodlonaf: bodloni, moelaf[1]: moeli, moethaf: moethi, &c.

ymfoethusaf: ymfoethuso [bf. o ym-+moethus] bg. a hefyd gyda grym enwol i'r be. Mwynhau mewn modd moethus, ymhyfrydu: to luxuriate, take delight. **1916.**

ymfolychaf: ymfolychu [ym-+mawl+-ychu] bg. Ymffrostio, brolio, ymfalchïo, ymhyfrydu: to boast, brag, take pride or delight. **1604-7** TW (Pen 228) d.g. Glorior (hefyd D). **1718** E. SAMUEL: HDdD 207, Mae Dynion yn chwannog i ymffrostio . . . Ond f'a wyr Duw fod llawer or rhai sydd felly 'n ymfolychu, yn fwy niweidiol na neb yn y byd. **1722** Llst 189, Ymfolychu. To brag, glory. [**1724**] G. WYNN: YGD 22, Eraill a ymfolychant o ran ei huchel waedoliaeth. **1772** J. PRYS: Alm 7, ar milwyr . . . a ymfolychant, yn yr helaeth fe yswagrant. Amr.: **ymfolachu** [ff. eir.; tebyg mai yma y perthyn, ond cf. hefyd molach]. **17g.** LlGC 13215, 332. **1770** W d.g. To boast, or boast one's self. **1803** P.

ymfrasâf: ymfrasáu, gw. ym-+brasâf: brasáu.

ymfrawdolaf: ymfrawdoli [bf. o ym-+brawdol[1]] bg. Cyfeillachu: to fraternize, associate. **1812.**

ymfrigaf: ymfrigo, ymfrodoraf: ymfrodori, gw. ym-+brigaf[1]: brigo, brodoraf[1]: brodori.

ymfronnaf: ymfronni [bf. o ym-+bron[1]] bg. Ymchwyddo, hefyd yn ffig.: to swell, also fig. **1653** MLl i. 217-18, mae . . . llawer yn hoywfeilchion, yn ymfronni, ac yn ymosod allan, orau y gallont. **1803** P.

ymfrwydraf: ymfrwydro, ymfrwysgaf: ymfrwysgo, ymfucheddaf: ymfucheddu, gw. ym-+brwydraf: brwydro, brwysgaf: brwysgo, bucheddaf: bucheddu.

ymfudaf: ymfudo [ym-+mudaf[1]: mudo] bg. a hefyd gyda grym enwol i'r be. Gadael ei wlad ei hun er mwyn ymgartrefu'n barhaol mewn gwlad arall, symud o un ardal neu gynefin i un arall, yn enw. yn rheolaidd gyda threigl y tymhorau (am adar, pysgod, &c.), mudo, symud (tŷ): to (e)migrate, move (house). **1830.**

ymfudiad [bôn y f. ymfudaf: ymfudo+-iad[1]] eg. ll. -au. Y weithred o (ym)fudo, (sy)mudiad: (e)migration, move. **1837.**

ymfudiaeth [bôn y f. ymfudaf: ymfudo+-iaeth] e?b. ll. -au. Ymfudiad, mudiad: (e)migration. **1849.**

ymfudlong [bôn y f. ymfudaf: ymfudo+llong[1]] eb. Llong ar gyfer ymfudwyr: ship for emigrants. **1850.**

ymfudol [bôn y f. ymfudaf: ymfudo+-ol] a.

Yn (perthyn i) ymfudo, (sy)mudol: *(e)migratory, moving.*
1848.

ymfudwr, ymfudydd [bôn y f. *ymfudaf*: *ymfudo*+-*wr*, -*ydd*³] *eg.* ll. *ymfudwyr.* Un sy'n ymfudo, un sydd wedi ymfudo, mudwr: *(e)migrant.*
1818.

ymfwriadaf: ymfwriadu, gw. ym-+ bwriadaf: bwriadu.

ymfwriaf: ymfwrw [*ym-+bwriaf*: *bwrw*] *bg.* ac yn eithriadol *ba.* a hefyd gyda grym enwol i'r be. Ei fwrw neu ei daflu ei hun, yn aml yn *ffig.*; tasgu, ffrydio; tywynnu; taro: *to cast or throw oneself, often fig.*; *burst out, stream forth*; *beam*; *strike.*
1567 *TN* 219a, ac a 'orchymynodd ir [*sic*] ei vedrent nofiaw, *ymvwrw* ir [*sic*] mor yn gyntaf. **1701** E. WYNNE: *RBS* 175, Yn amser profedigaeth na fydd rŷ brysur i ymresymmu, eithr *ymfwrw* ac ymollwng ar Dduw. **1716** IACO AB DEWI: *LICB* 89–90, Ai ychydig a fydd Cadwedig? . . . Ac a ydych chwi yn tebig yr ychydig hynny yn ormod? Pa ham yr *ymfwriwch* allan o'u Rhifedi hwynt? **1721** J. P. PRYS: *DC* 67, A chwedi 'r Sul Sanctedd *ymfwrw* i oferedd. *id.* 120, Ceid llai yn *ymfwrw* am fyw 'n fawrion. **1750** *RBHM* 24, Pechod . . . yn *ymfwrw* yn galed arno nês ei Syrthio. **1770** *W*, *Ymfwrw* (ymdaflu) ar eraill am eu barn d.g. *To appeal* [*apply one's self to others for their opinion*].

ymfwynhaf: ymfwynhau, ymfydiaf: ymfydio, ymfyddinaf: ymfyddino, ymfynegaf: ymfynegi, gw. ym-+ mwynhaf: mwynhau, bydiaf: bydio, byddinaf: byddino, mynegaf: mynegi.

ymfywhaf: ymfywhau, ymfywiocâf: ymfywiocáu, ymfywiogaf: ymfywiogi, ymffieiddiaf: ymffieiddio, gw. ym-+ bywhaf: bywhau, bywiocâf: bywiocáu, bywiogaf: bywiogi, ffieiddiaf: ffieiddio.

ymfflamychaf, ymfflemychaf: ymfflamychu, ymfflemychu [*ym-+fflamychaf, fflemychaf*: *fflamychu, fflemychu*] *bg.a.* a hefyd gyda grym enwol i'r be. Fflamio, cynnau, ennyn, tanbeidio, llosgi, gwreichioni, hefyd yn *ffig.*; *Meddyg.* llidio, enynnu: *to flame, kindle, blaze, burn, spark, also fig.*; *become inflamed (in med.).*
c. **1400** *YCM*² 190, Oliuer a dodes y olwc arnei [merch y frenhines], ac yn diannot *ymfflemychu* o'e charyat. **1604–7** *TW* (*Pen* 228) d.g. *Accendo, Adoleo, Recandeo.* **1632** *D* d.g. *Ardeo, Inflammo.* **1661** E. LEWIS: *Drex* 346, bydded i oerni fy ngyrru yn fy nghwrrwm, bydded i mi *ymfflammychu* gan wres. **1722** *Llst* 189, *Ymfflammychu.* To inflame. **1725–6** *Madd Ed* [iii], g[o]ssod o'i blaen hwynt y cyfryw Esampl ag a *Ymfflammychai'r* Boneddigaidd, ag a Gwilyddiau'r [*sic*] Mysgrell a'r Drygionus. *id.* 146, Crŷd poeth . . . yn *ymfflammychu'r* Gwaed. **1771** *W* d.g. *To burn* [*to be or wax hot*], *To inflame one's self, To sparkle.* Ar lafar, '*ymfflamychu*' 'to become warmed to one's subject, to blaze away', *WVBD* 575.
Amr.: **ymfflamychio. 1604–7** *TW* (*Pen* 228) d.g. *Concalefacio.*

ymfflamychiad [bôn y f. *ymfflamychaf*: *ymfflamychu*+-*iad*¹] *eg.* ll. -*au.* Y weithred o ymfflamychu, fflamiad, hefyd yn *ffig.*; *Meddyg.* llid, enyniad: *a flaming, also fig.*; *inflammation (in med.).*
1604–7 *TW* (*Pen* 228) d.g. *Inflammatio* (hefyd *D*). **1766** *CD* 76, Y Droppsi, y Gout . . . *Ymfflamychiad* y gwaed. **1775** *W* d.g. *Inflammation* [*the act of inflaming* . . .].

ymfflamychiaf: ymfflamychio, gw. ymfflamychaf: ymfflamychu.

ymfflamychol [bôn y f. *ymfflamychaf*: *ymfflamychu*+-*ol*] *a.* Fflamllyd, fel arfer yn *ffig.* tanbaid, yn peri cynnen: *flaming, usu. fig. inflammatory.*
1887.

ymfflamychwr [bôn y f. *ymfflamychaf*: *ymfflamychu*+-*wr*] *eg.* ll. -*wyr.* Un sy'n ymfflamychu neu'n cyffroi: *one who inflames or excites.*
1892.

ymfflemychaf: ymfflemychu, gw. ymfflamychaf: ymfflamychu.

ymfforchaf: ymfforchi, gw. ym-+ fforchaf: fforchi.

ymffrost [bôn y f. *ymffrostiaf*: *ymffrostio*] *eg.* Ymffrostiad, bost(fawredd), bocsach, brol, coegfalchder; rhodres: *a boast(ing) or brag(ging), vainglory*; *ostentation.*
1620 2 *Cor* xi. 10, ni argaeir yr *ymffrost* (*TN* 274a, gorfoledd) hyn yn fy erbyn, yngwledydd Achaia. **1620** *Iago* iv. 16, gorfoleddu yr ydych yn eich *ymffrost* (*TN* 349b, gwacfost). **1632** *D*, *Ymffrost*, Gloriatio. **1759** T. THOMAS: *WWDd* 154, Fe fyn efe [Duw] dorri ymaith bob achlyssur *ymffrost*, oddi wrth y creadur, yn Jachawdwriaeth yr Enaid. **1770** *W* d.g. *A boast, or boasting, A brag, or bragging.* **1803** *P*, *Ymfrost*, s. m. . . . A self-vaunting.

ymffrostgar [*ymffrost*+-*gar*] *a.* Llawn ymffrost, coegfalch; rhodresgar: *boastful, vainglorious*; *ostentatious.*
1657 *MLl* ii. 112, Cario chwedlau yn *ymffrostgar*, / Megis doeth, ond nid ddeallgar [*sic*]. **1789** B. EVANS: *LG* 91, Pwy attolwg yw y Rhyfelwr *ymffrostgar* hwn? Ai Goliath, neu Rabshaceb? *ib.* Nid y Iaith *ymffrostgar* hon y mae'r Ysprvd Glan yn ddysgu. [**1795**] W. RICHARDS: *YDY* 4–5, Mae Iesu Grist yn gwahardd crist'nogion i fod yn *ymffrostgar* pan yr ymprydiont. **1798** *WR* d.g. *Thrasonical.*

ymffrostiad [bôn y f. *ymffrostiaf*: *ymffrostio*+-*iad*¹] *eg.* Y weithred o ymffrostio neu frolio, bocsach: *a boasting or bragging.*
1701 J. OWEN: *YE* 77, Nid ei ofer *ymffrostiad* ef a rydd y fyddugoliaeth iddo. **1803** *P.*

ymffrostiaf: ymffrostio [*ym-+ffrostiaf*: *ffrostio*] *bg.* Siarad yn goegfalch neu'n hunanfodlon ynghylch ei alluoedd, ei gyraeddiadau, ei feddiannau, &c., ei hun, canu ei glod ei hun, brolio, bocsachu, ymfalchïo, ymhyfrydu: *to boast, brag, take pride or delight.*
1551 W. SALESBURY: *KLl* xivb, O bydd dir *ymffrostio*, mi a ffrostia or petheu sydd yn deiryd im gwendit. **1567** *LlGG* 29b, cariat . . . nyd *ymffrostia*: nyd ymchwydda. **1567** *TN* 235b, nag *ymffrostia* [:– ymhoffa, ymvalchia]. **1588** *Diar* xiii. 7, Rhyw vn a *ymffrostia* ei fod yn gyfoethog, ac heb ddim ganddo. **1620** *Gal* vi. 14, na atto Duw i mi *ymffrostio* (*TN* 284a, ymhoffi; **1588** *Gal* vi. 14, orfoleddu), ond ynghroes ein Harglwydd Iesu Grist. **1632** *D*, *Ymffrostio*, Gloriari. **1712** W. ROWLANDS: *HEC* 17, Nid ydyw efe yn *ymffrostio* o Waedoliaeth a Mawredd ei Dylwyth. **1759** T. THOMAS: *WWDd* 173, Dynion cyfeiliornus oedd yn *ymffrostio* o'u ffŷdd . . . er nad oedd eu ffŷdd hwy ond ffŷdd farw. **1790** T. JONES: *TOS* 231, na ymddiried i'th nefoedd, ac na *ymffrostia* am dy elw, nes y paro 'th brofiad iti *ymffrostio.* **1803** *P* d.g. *Ymfrostiaw.*

ymffrostiwr [bôn y f. *ymffrostiaf*: *ymffrostio*+-*iwr*] *eg.* ll. *ymffrostwyr.* Un sy'n ymffrostio, bostiwr, broliwr: *boaster, bragger.*
1567 *TN* 319b, dynion a'i serch arnyn y hunain . . . *ymffrostwyr* . . . cablwyr. **1595** *Egl Ph* 33, galw . . . gwr doeth yn Selebh; *ymphrostiwr* yn Thraso. **1632** *D* d.g. *Gloriator, Ostentator.* **1651** SIÔN TREREDYN: *MDD* 222–3, nid yw ef ychwaith yn dywedyd, yn ol ofer ymarfer ryw *ymffrostwyr*, sef, Nid am ddim y cefais i hyn a hyn o rhadau [*sic*], a rhoddion, a gwybodaeth, efe a orfu i mi cymmeryd [*sic*] llawer o boen cyn eu cael hwy. **1688** S. HUGHES: *TSP* 163, Y mae Gwybodaeth yn wir yn bodloni siaradwyr ac *Ymffrostwyr* (Boasters).

ymffrostus [*ymffrost*+-*us*] *a.* Ymffrostgar, coegfalch; rhodresgar: *boastful, vainglorious*; *ostentatious.*
1722 *Llst* 189, *Ymffrostus.* Vain-glorious, ostentatious. **1723** WM: *PGG* 31, Mae ymbell weithred yn ymddangos megis ffrwyth gwir Gariad, pan nad yw, yn y gwaelod, ddim ond rhyw ymddanghosiad *ymffrostus* i fodloni Cîg a Gwaed. **1775** *EDPP* 111, yr oedd y Pharisead tlawd yn anwybodus o'r pethau hyn, pan y daeth mor *ymffrostus*, â'i 'O Dduw, yr wyf yn diolch i ti,' i'r deml i weddio. **1791** GW. MECHAIN: *Rh* vi, yr ysgolhaig balch *ymffrostus*, â fyddo yn edrych yn ddirmygus ar waith ei is-raddolion.

ymffrwst, ymffrwynaf: ymffrwyno, ymffurfiaf: ymffurfio, &c., gw. ym-+ ffrwst, ffrwynaf: ffrwyno, ffurfiaf: ffurfio, &c.

ymffust¹ [*ym-+ffust*] *eg.* Brwydr, ymladdfa, ymrafael, ymryson, trais; twrw, sŵn; ymdrech: *battle, fight, conflict, contention, violence*; *din, noise*; *effort.*
13g. *BD* 46, ual yd oedynt yn yr *ymfust* hvnnv (*aduersis cateruis*) y kyuaruu y uydyn yd oed Nynnyav uab Beli yn y llywyav. **14g.** *GIG* 16, Pa dwrw yw hwn, gwn gannoch, / Pa *ymffust* i'm clust fal cloch [marwnad Tudur Fychan]? **14–15g.** *IGE*² 320, Bost fawr y sydd yr awron, / *Ymffust* hardd, am y ffest hon (Rhys Goch Eryri). *c.* **1400** *YCM*² 108, a'e ffustaw a chleuydeu ar eu helmeu hyt na chlywei dyn yno dyrueu awyr a'e glusteu, rac meint yr *ymffust.* **1567** *LlGG* (*Sall*) 22a, Cymer y wrthyf dy bla: gan *ymfust* [:– vrwydr, ddyrnot] dy law y cystuddiais. **1567** *TN* 209a, e ddarvu gorvot y ddugy [*sic*] ef gan y milwyr rac *ymfust* [:– trais] y dyrfa. **1595** H. LEWYS: *PA* 232, Megys ac y mae yr edn, a ddalier 'n y glud pwy fwyaf a wnaiff o *ymffust* yw [*sic*] waredu i hun, fwyfwy yr ymdru ac y glyn ei esgyll ef yn y glud. **1604–7** *TW* (*Pen* 228), drwy *ymfust* mawr d.g. *Vix.* **17g.** *LlGC* 13215, 332, *Ymffust* pugna. **1803** *P.*

ymffustaf, ymffustiaf, &c.: **ymffust**², **ymffust(i)o,** &c. [bf. o'r e. *ymffust*¹] *bg.* Brwydro, ymladd, ymryson, ymosod, curo, taro, ergydio, gwrthdaro; gwneud twrw; ymdrechu, llafurio: *to battle, fight, contend, attack, beat, strike, deal blows, clash*; *make a din*; *strive, toil.*
13g. *HGK* (1641) 26, A'r brenhin e hun . . . a vrathws a saeth Hu yarll Amwythig yn y lygat, ag ynteu a ddigwyddws . . . dan *ymffustyaw* ar y arfeu. **13g.** *BD* 120, atuyd y syrthei y neill ohonam rac y gilid tra *ymfustem* a chledyfeu. **1346** *LlA* 53, ydieuyl. Arseirff Ar dreigev . . . yn vdaɩ Ac wylaɩ. Ac yn *ymffust* (*clamor*). **14g.** *HMSS* ii. 257, torres gwisc y temyl yn dwyran. or gwarthaf hyt y gwaelawt. a chyffroy y daear. ac *ymffustaw* or kerryc. *c.* **1400** *B* xiv. 190, Os gwaet llew a vyd trechaf yndaw pan vo medw, ef a *ymffust* yny orffo ef ar bawp neu ynteu a orffer. ?**15g.** *MA*² 525a. 18–20, ymvydinaɩ aorugant ac ymgyrchu ac *ymfust* yny gymhellɩyt Gillamɩri i ffo. **15g.** *GLGC* 324, clych yn *ymffust* i'm clustiau, / cyrn a oedd utgyrn bob ddau [marwnad Phelpod ap Rhys]. **15–16g.** *TA* 480, Edn a'i draed ydwy 'n y drain, / A'r glud ar gil i adain, / Nid a, a'r ffesta '*mffustio*, / O'r glud fyth, er glewed fo! **1595** H. LEWYS: *PA* 233, Y neb sy a baich gorthrwm ar i gefn, pwy fwya yr*ymffustiff* [*sic*] ac yr ymguriff ac efo, mwyfwy y poenir ganthaw. **1609** R. SMYTH: *CAC* 39–40, a'n bod yn y'*mphustio* [*sic*] yn dost a'r byd a'r cnawd ag a Satan. **1632** *D*, *ymffusto* d.g. *Tumultuo.* **1722** *Llst* 189, *Ymffusto* . . . To lay on thwick-thwack. [**1761**] *ML* i. 335, llanc pedair ar hugain oed, hanner pan . . . Fo fu o ar [*sic*] ffeiriad Gwyddelig yn *ymffisto*'r nos arall. **1803** *P* d.g. *Ymfustiaw.*

ymffyddiaf, &c.: **ymffyddio,** &c. [bf. o *ym-+ffydd*] *bg.* Addo, tyngu, rhoddi ei gred, dyweddïo: *to promise, swear, pledge, become engaged.*
14g. *LlB* 40, Reit yw dyuot teir llaw y gyt wrth rodi dyn yn vach; llaw y mach, a llaw y neb a'e rotho yn vach, a llaw y neb a'e kymero; ac *ymffydyaw* o law y law. Or byd eisseu vn llaw o hynny yn *ymffydyaw*, balawc vechni y gelwir honno. **14g.** *DPh* 34, gwedy *ymfydyaw* (*fide data*) ymwybot a wnaethant wy o pob parth. *c.* **1400** *YCM*² 90, ardymhera dy lit, a galw attat dy bwyll yr uygharyat i, kanys derw ymi *ymffydyaw* ac ef ar ymlad. **1567** *LlGG* 127b, bot y bob vn ymgredy [:– *ymffyddio*] ai gylidd. **1567** *TN* 81a, anvonwyt yt Angel Gabriel gan Dduw . . . at vorwyn wedy dyweddiaw [:– *ymffyddio*] a gwr. **16–17g.** *PCWG* 59, mae gair dvw yn rymvs i droi kyndynrhwydd kalon dyn i *ymffyddio* a dvw o newydd. **1604–7** *TW* (*Pen* 228), '*mfydhio* d.g. *pactus.* **1632** *D* d.g. *Coniuro.* **1722** *Llst* 189, *Ymffyddio* . . . To plight troth to one another. **1770** *W* d.g. *To betroth . . . each other mutually, To plight one's troth.* **1803** *P* d.g. *Ymfyziaw.*

ymffyrnigaf: ymffyrnigo, ymgadarnhaf: ymgadarnhau, gw. ym-+ffyrnigaf: ffyrnigo, cadarnhaf: cadarnhau.

ymgadwad [bôn y f. *ymgadwaf*: *ymgadw*+-*ad*², trf. han.] *eg.* Ymataliad, ymwrthodiad, ymataliaeth, tawedogrwydd: *abstention, abstinence, self-restraint, reserve.*
1651 SIÔN TREREDYN: *MDD* 13, *ymgadwad* hollawl oddiallan rhag pechod. **1748** P. PUGH: *DGG* 28, A wyt ti yn gwrthwynebu, ac yn ymgadw rhag Pechod? ac a ydyw'r Gwrthwynebrwydd a 'r *Ymgadwäd* ymma yn settledig ac yn sefydlog yn dy Gâlon . . .? [**1783**] *W* d.g. *Reserve* [*closeness of speech and behaviour*]. **1803** *P.*

ymgadwaf: ymgadw [*ym-+cadwaf*: *cadw*] *bg.* a hefyd gyda grym enwol i'r be.
(*a*) Ei gadw ei hun, aros, parhau; cadw

(addewid, &c.), cynnal: *to keep oneself, stay, remain; keep (promise, &c.), maintain.*
14g. *BT* 56–7, ac eissyoes *ymgadw* awnaeth [Madog] ynygyngreir yny darvv y vlwydyn. **14g.** *HMSS* ii. 102, or kyfryw dyrnodeu hynny heuyt yd heydy getymdeithas charlymaen. ac yd *ymgedwy* ae enryded. **14g.** *YBH* 16a, hi a *ymgetwis* yn diweir yn hir o achos y garyat ef. *c.* **1400** *R* 1238. 28, Keis *ymgadỽ* athlỽ ath lad os geu. **1567** *TN* 274a, ym-pop dim ydd *ymgedwais* ac ydd *ymgadwaf* yn ddibwys arnoch. *id.* 372a, *ymgadwch* yn-cariat Dyw. **16g.** *LlS* 120, Glana wyd ti'r Gelynèn/ or goedwic/ A *ymgedwis* yn irbrèn. **1699** T. JONES: *TP* 168, gadewch i ni ymddiddan ynghŷlch rhŷw beth buddiol, fel a [*sic*] bo i ni trwŷ hynnŷ *ymgadw* ein hunain yn effro. **1771** *PDPh* 33, *ymgedwch* yn wresog iawn. **1803** *P*.

(*b*) Ymatal, ymwrthod: *to abstain, refrain.*
c. **1400** *MM* 146, pỽy bynnac a *ymgattwo* rac yuet neu vỽytta gormod. **1545** ELIS GRUFFYDD: *Ll* 46, gwna jddo . . . *ymgadw* oddi wrth na bwyd na diod. **1551** W. SALESBURY: *KLl* xviib, llyma ewyllys Deo / sef ych ymsanteiddat chwi ac *ymgatw* o honoch o ywrth ffornicrwydd. **1567** *TN* 249b, Anyd er hyny, y *ymgadvv* rac godineb, bid ei wraic i bop gwr. **1632** *D* d.g. *Abstineo.* **1701** E. WYNNE: *RBS* 66, Mae Ffydd y Tyrciaid yn gwahardd iddynt yfed gwîn a hwytheu'n *ymgadw* (*abstain*) yn Grefyddol, fel meibion Rechab. **1748** P. PUGH: *DGG* 28, A wyt ti yn gwrthwynebu, ac yn *ymgadw* rhag Pechod? **1775** *W*, *Ymgadw* rhag gwenu d.g. *To keep . . . To keep one's countenance.* **1803** *P*.

(*c*) Ei amddiffyn, ei ddiogelu, neu ei achub ei hun, ei guddio neu ei gysgodi ei hun, aros yn ddiogel, cymryd gofal: *to defend, protect, or save oneself, hide or shelter oneself, stay safe, take care.*
12g. *GMB* 255, Boed a'm dysgwy Dwy dwys *ymgadwyd* / Rac cadeir enweir yn weithen rwyd. **13g.** *BD* 94, canhyata ditheu y'th was guneuthur ar y tir a rodeist kymeint ac yd ymgyrhaedo carrei y damgylchynu o hundy, mal y bo dyogelach ym *ymgadv* y myvn hvnnv rac uy gelynyon. **14g.** *T* 17. 6, *ymgetwynt* gymry pan ymwelant. **1346** *LlA* 135, py beth awisc dyn *yymgadỽ* rac medyant kythreul. **15g.** *DE* 21, duwsul yr *ymgadwasom* / dann ei phriw rhag y dyn phrom [i'r draenllwyn]. *Dchr.* **16g.** *Pen* 127, 250, Wedi hynny ef ai dwc hwynt i le ni bo ond vn ffordd i ddyvod i mewn. Cans yno i gallant *ymgadw* rrac pob aniveil. **1551** W. SALESBURY: *KLl* xxva, *ymgadw* (*TN* 47a, cadw; **1988** *Math* xxvii. 40, achub) dyhun: os map Deo wyt descen o croc. **1630** *YDd* 53, Yn y cyffryw [*sic*] gresynol hwn, fe fydd amhossibl itti *ymgadw* (*hide thy selfe*). **18g.** E. T. RHYS: *DA* 177, Os dygwydd loes i'th anwyl oes, / Mewn 'stormydd trymion, creulon, croes, / *Ymgadw* ma's rhag creigydd cas, / Na syrthio fyth ar draethen fâs. **1775** E. GRIFFITHS: *GF* 205, yspeilwyr . . . y rhai ydoedd yn *ymgadw* mewn mynyddoedd a thyllau creigydd hyll a serth. **1803** *P*.
Amr.: **ymgadwyd.** **12g.** *GMB* 255.

ymgadwynaf: ymgadwyno, ymgaeaf: ymgau, ymgaeraf: ymgaeru, ymgaethiwaf: ymgaethiwo, gw. ym-+cadwynaf: cadwyno, caeaf: cau, caeraf: caeru, caethiwaf: caethiwo.

ymgaf, ymgaffaf: ymgael, ymgaff(a)el [*ym-+caf, caffaf: cael, caff(a)el*] *bg.a.*

(*a*) Dod ynghyd, ymgynnull, cyfarfod (hefyd mewn brwydr); agosáu, cyrraedd, dod o hyd, cael, ennill: *to come together, assemble, meet (also in battle); approach, reach, find, attain, acquire.*
13g. *LlI* 23, Pa le bennac ed *emgaffoent* er effeyryat a'r dysteyn a'r braudur llys, ena e byd breynt e llys. **13g.** *BD* 137, pvy a allei rodi kyghor yti, pryt na bo ford yn y byt y *ymgaffael* (*accedere*) a hi [Eigr]? **14g.** *WM* 1. 26–8, ual yd oed yerchỽys ef yn *ymgael* ac ystlys y llannerch. *id.* 402. 24–7, arthur a *ymgauas* ac ef achyn kyflauanu o neb arnaỽ. neu rydaroed y arthur lad y benn. *c.* **1400** *YCM*[2] 108, gwedy *ymgael* o'r marchogyon grymus yghyt, torri arueu eu gelynion a wnaethant. *c.* **1400** *SDR*[2] 78, ymlusc o'r mab ar y dwylaw a'e draet yny *ymgafas* a charrec yrwng allt a mor. **15g.** *BB* 179, ymguraw ar cawr aoruc [Arthur]. yny *ymgavas* y gledyf ay emehennyd. ?**15g.** *MA*[2] 523b. 42–6, yr oed Eidal iarll kaer Loyỽ yn ymgeisyaỽ a Hingestyr. Ac or diỽed yr *ymgaỽsant.* Ac ymlad ony bu y tan oe harueu val mellt lluchedenaỽl ymlaen taran. **1567** *TN* 233b, Can ir Cenetloedd, yr ei ny ddilynesont gyfiawnder, *ymgahel* [:– orddiwes, oddiweddyt] a chyfiawnder. **1604–7** *TW* (*Pen* 228), *ymgaphael* d.g. *Adæquo, Comprehendo.* **1632** *D*, *Ymgael* . . . sibi inuicem obuiare, congredi. q.d. se inuicem inuenire. *id.* *ymgael, ymgaffael* d.g. *Occurro.* **1776** *W*, *Ymgael* d.g. *To meet one another, or meet together.* **1803** *P* d.g. *Ymgael, Ymgafael.*

(*b*) Cael cyfathrach rywiol; cenhedlu (plentyn): *to have sexual intercourse; conceive (child).*
14g. *WM* 102. 31–4, ny bu ohir e*ymgael* o honunt amgen nor nos honno. Ar nos honno kyscu y gyt aỽnaethant. **1604–7** *TW* (*Pen* 228), cytio a gwreic, *ymgael* . . . bot achaws cnowdol d.g. *Cognosco.* **1632** *D*, *Ymgael* . . . Concipere Antiquis, Pa fam a'i *hymgaodd* (cf. *RC* xxxiii. 192, pa uam ae hymduc ef [Iesu]). *c.* **1689 (1802)** L. WILLIAM: *Sherlyn Benchwiban* 45, Gorwyr y wraig o Garon, / A adawe'n rhwydd fyn'd ar hon; / Ond da yr *ymgadd*, mewn gradd grin, / Rôg o ŵr a'i wraig erwin. **1722** *Llst* 189, *Ymgael* . . . to conceave with child. **1803** *P*, *Ymgael* . . . to conceive.

ymganghennaf: ymganghennu, &c., gw. ym-+canghennaf: canghennu, &c.

ymgais[1] [bôn neu fe.'r f. *ymgeisiaf, ymgeisaf: ymgeis(i)o, ymgais*; trafodir y ff. l. *ymgeisiadau* d.g. *ymgeisiad*] *eb.g.* ll. *ymgeisiau, ymgeision.* Cais, cynnig, ymdrech, menter; chwiliad, ymchwil(iad), archwiliad; Chwilys; cystadleuaeth, cydymgais; cyfarchiad, arch: *attempt, effort, endeavour, enterprise; search, investigation, examination; Inquisition; rivalry; address, petition.*
14–15g. *IGE*[2] 303, Ymgroesed gwawd tafawd hen, / *Ymgais*, ni wn i amgen (Rhys Goch Eryri). **15g.** *GLGC* 515, Fal uwchben amgen *ymgais*—am adegr, / yma am gysegr mi ymgeisiais. **1592** S. D. RHYS: *Inst* [xv], er mwyn galhu o honynt drwy *ymgais* a' chann eu pwylh, gáel beieu ynn y lhybhr. **1632** *D* d.g. *Captatio, Conamen, Conquisitio, Contentio, Excussio, Inquisitio, Inuestigatio.* **1677** C. EDWARDS: *FfDd* 116, Yn yr Hispaen mae yr *ymgais* yn llâdd llawer o rai duwiol, dyscedig, a boneddigaidd. **1677** R. JONES: *BB* 195, Gwnâ gan hynny y Cyfryw ragor rhwng Duw a dŷn yn dy *ymgais* (*addresses*) atto, ac y mae ei fawrhydi ef yn ei ofyn. **1684** J. DAVIES: *LlR* 380, *ymgais* difrifol, ar ddidyfnu eich calonnau fwyfwy oddiwrth gariad y pethau daiarol hynny. **1688** S. HUGHES: *TSP* 223, Methasant y noson honno, er cymaint eu *hymgais*, ddyfod yn ôl at y ganfa. **1731** E. SAMUEL: *AE* 186, Yr holl Dystiolaethau hyn . . . ydynt Amddeffyn a Tharian ddiogel i ni, yn erbyn holl *ymgeisiau* cyfrwysddrwg Dynion a Chythreuliaid. **1740** T. EVANS: *DPO* 340, Gwelwn pa *Ymgais* wresog oedd rhwng y ddau, pa un a ddioddefai gyntaf [am ferthyron]. **1803** *P*, *Ymgais*, s. f.—pl. *ymgeisiau* . . . An effort, an attempt; self-exertion.

ymgais[2], gw. ymgeisiaf: ymgeisio.

ymgaledaf: ymgaledu, ymgalonnaf: ymgalonni, ymgalonogaf: ymgalonogi, gw. ym-+caledaf: caledu, calonnaf: calonni, calonogaf: calonogi.

ymgallhaf: ymgallhau [*ym-+call+-hau*] *bg.* Callio, bod yn gall(ach): *to be(come) wise(r).*
13g. *BD* 48, A guedy guelet o Vlkessar hynny, *ymgallau* a oruc ynteu, ac ny mynnvs ymrodi ym pedrus damwein ymlad a'r pobyl honno greulavn. ?**15g.** *MA*[2] 517a. 49–53, kanys os gwyr eu bot en mynnu ryvelu arnam ny er rey henny en e lle a allont gwybot brat a gweythredoed eu kyt kenedyl ac an rybudyant nynheu val e bo haỽs en emoglet *emgallhau* en eu herbyn. **18–19g.** *Llr* C 2, 319, *ymgallhâu*, to become wiser, to grow wiser. **1803** *P* d.g. *Ymgallâu.*

ymgampiaf, ymgampaf: ymgamp(i)o, gw. ym-+campiaf[1]: campio.

ymganlynaf: ymganlyn, ymgaraf: ymgaru, gw. ym-+canlynaf: canlyn, caraf: caru.

ymgaredigaf: ymgaredigo [bf. o *ym-+caredig*] *bg.* a hefyd gyda grym enwol. Caru (ei gilydd), ymhoffi, syrthio mewn cariad, ymgyfeillachu, dod i adnabod, ymgynefino; cofleidio (hefyd wrth gyfarfod neu ffarwelio), anwylo: *to love (one another), be fond, fall in love, make friends, get to know, familiarize oneself; embrace (also in greeting or saying goodbye), caress.*
?**14g.** *MA*[2] 599. 64–5, gwedy *ymgaredigaw* ar vyrder trwy amrauael ymadrawd hi uenegys idaw ansawd y llys. **1567** *TN* 8a, a's byddwch garedigol i 'ch [:– *ymgaredigwch* ach] brodur yn vnic, pa ragoriaeth a wnewch. *id.* 207a, wedy daroedd y ni ymgydgyfarch [:– *ymgredigaw*, ymgofleidiaw, ymvreicheido, cany yn iach, ymanerch]. **1588** *Gen* xxix. cs., Iacob yn dyfod at Laban, yn cyfarfod a Rahel, ac yn *ymgaredigo* a hi. **1604–7** *TW* (*Pen* 228) d.g. *Adamo, peramo.* **1630** R. LLWYD: *LlH* 88, Oni bai fod diafol wedi eu caledu hwynt yn athrugar, nid *ymgaredigent* ar dywarchen (*they would not be so nearly knit to the clod*). **1632** *D* d.g. *Amplector, Osculor.* **1701** E. WYNNE: *RBS* 77, Er bôd *ymgaredigo* â'u gilydd (*mutual endearments*) yn ddiogel iddynt tan nawdd a braint Priodas; etto dylei y rhai sy ganddynt wragedd neu wŷr fôd megis pe baent hebddynt. **1773** *W* d.g. *To embrace . . . To embrace one another.* **1803** *P* d.g. *Ymgaredigaw.*
Amr.: **ymgaredigio.** **1805.**

ymgaregaf: ymgaregu, gw. ym-+caregaf: caregu.

ymgariaf: ymgario [*ym-+cariaf: cario*] *bg.* Ymddwyn, bihafio: *to behave or conduct oneself.*
18g. *Beirdd y Berwyn* 52, Pen elom i rodio ac i osio am gael gwyr, / Mewn ffair ac mewn marchnad, a'n bwriad yn bur, / Ymwisgwn yn geindli, ag ymddygiad lled neis, / *Ymgario*'n bur gobi, a hyn mewn dyfeis. **1759** *DG* 51, Pe gwyddau [*sic*] bennau'r bonedd / O wyched ti ni chait hedd / *Ymgarrient* am y gore / Glydo o'th rhin gwlad a thre. **1768 (1813)** TWM O'R NANT: *FF* 50, Mae'r cnawd yn meddalu wrth ymdynu efo dyn; / Os gonest *ymgeriwch*, er dygwydd trwstnaiddŵch, / A'ch cariad cyweirwch, ymglymwch yn glau. **1794** J. HARRIS: *Alm* 34, Wrth sefyllfa'r planedau uchod, ni a allwn ddirnad fod llawer iawn o bobl yn anfoddlongar yn eu meddyliau . . . eisiau eu bod yn gallu *ymgario* eu hunain yn y blaen yn uwch nâ'u sefyllfa. **18–19g.** *GABC* 121, Gall dyn ei rhodio a i gredit ganddo, / Ac iawn *ymgario* a bario ei bwrs.

ymgartrefaf: ymgartrefu, ymgarthaf: ymgarth(u), ymgasglaf: ymgasgl(u), ymgastellaf: ymgastellu, &c., gw. ym-+cartrefaf: cartrefu, carthaf: carthu, casglaf: casglu, castellaf: castellu, &c.

ymgatewrach [be. o *ym-+catewrach* (gw. *cathefrach*)] *bg.* a hefyd gyda grym enwol. Ymladd, ysgarmesu, ymrafael, ymryson, cynhennu: *to fight, skirmish, brawl, contend, wrangle.*
1607 *Rhyddiaith Gymraeg* i. 139, goual cystudhliw wyneb odhyuewn ag *ymgatewrach* (*TN* 270a, ymladdae) odhyalhan. **1632** *D*, *Ymgattewrach*, Velitari, dimicare. *id.* d.g. *Confligo, Congredior, Prælior, Procursus.* **1722** *Llst* 189, *Ymgattewrach* . . . To skirmish. **1760** E. WILLIAMS: *UYB* 127–8, Ni allant ddisgwil ddim amgen, nag y bydd pechod yn feistr, y bydd i'r diafol eu sathru dan draed er gwaethaf eu *hymgattewrach.* **1770** *W* d.g. *To battle it with one, To skirmish* [*fight in small parties . . .*].
Amr.: **ymgathewrach** [cf. *cathewrach* (gw. *cathefrach*)]. **1803** *P*.

ymgecraf: ymgecru, ymgecraeth, ymgecran, &c., gw. ym-+cecraf: cecru, &c.

ymgecrus [*ym-+cecrus*] *a.* Cecrus, cynhennus: *quarrelsome, contentious.*
1604–7 *TW* (*Pen* 228), *ymgrecus* [*sic*] d.g. *Iurgiosus.*

ymgecrusaf: ymgecrusu [bf. o'r a. *ymgecrus*] *bg.* Cweryla, cynhennu: *to quarrel, wrangle.*
16–17g. *PhA* 486, dechrai [*sic*] geirw donau gair du / gair kas ag *ymgrekcrysu* [*sic*] [yn erbyn meddwi]. **1751** *GIA* 85, Efe yn unig sydd yn ei dybied ei hun yn ddoethach nâ Duw. Efe a *ymgeccrusa*, ac a ymddedlu Ddadl y pechod, ac ni arbed. *id.* 107, rhyfygant gwestiwnu y gwirionedd egluraf o'r eiddo Duw, ie ei groesi, ac *ymgeccrysu* iw erbyn.

ymgefnogaf: ymgefnogi, ymgegaf: ymgegu, ymgega, gw. ym-+cefnogaf: cefnogi, cegaf: cegu.

ymgenglaf: ymgenglu, gw. ym-+cenglaf: cenglu.

ymgeingiaf: ymgeingio, ymgeinaf: ymgeino, gw. ymgeiniaf: ymgeinio.

ymgeinciaf[1]**: ymgeincio,** gw. ym-+ceinciaf: ceincio.

ymgeinciaf[2]**: ymgeincio,** gw. ymgeiniaf: ymgeinio.

ymgeinfa [bôn y f. *ymgeiniaf: ymgeinio*+*-fa, ma*] *eb.* ll. *-fâu.* Sen, sarhad, (?geir.) ymryson (llafar): *abuse, insult, (?dict.) disputation.*
13g. *BD* 53, anoethineb ar aghymhendavt yv guneuthur sarhaedeu ac *ymgeinuaeu* (*contumeliis*) y'r neb y caffer y uudugolyaeth trvdunt yn wastat. **1346**

LlA 28, Einon ygof hỽnn [y Diafol] yỽ poen . . . Ylifuyev ynt. tauodev ygogannỽyr. Ar *ymgeinvaev* (*detrahentium*). *Dchr.* **15g.** *B* x. 125, Yn ffalstyeu amyl ac amryuael. yn *ymgeinvaeu* llawer. **1604–7** *TW* (*Pen* 228) d.g. *Altercatio, Lis, Logomachia.*

ymgeingar [bôn y f. *ymgeiniaf*: *ymgeinio* + *-gar*] *a.* Sarhaus, difrïol, cwerylgar, cynhennus: *abusive, insulting, quarrelsome, contentious.*

c. **1400** *B* xiv. 190, Os gwaet ab, *ymgeingar* kynhennus vyd, ac o'e gynnen y syrth mywn gwaratwyd. **1604–7** *TW* (*Pen* 228) d.g. *Contentiosus, Iurgiosus.* **1605–10** *AP* 31, tri amorth serchog y sydd, gwrach ddig *ymgeingar*, a dor dromwichiedig, a chostog tom llafarddrwg. **1620** *Mos* 204, 103, Mogel dhyn *ymgeingar*. **17g.** *EWGP* 35, dirieid bid *ymgeingar* (*R* 1030. 20, ymladgar). **1770** *W* d.g. *Brawling.* **1803** *P.*

ymgeiniaf, ymgeinaf, &c.: **ymgein(i)o,** &c. [*ym-* + *ceiniaf*: *ceinio*] *bg.* Bod yn sarhaus, yn ddifrïol, neu'n ddilornus; melltithio, rhegi; cweryla, ymgecru, cynhennu: *to be insulting, abusive, or scornful; curse, swear; quarrel, bicker, wrangle.*

13g. *D Col* 25, puybennac a *emgeynnyo* a'y gylyt e datleu neu e menwent neu en egluys. **14g.** *YBH* 35b, yna yd *ymgeinaỽd* (*ledenger*) ef ar esgob. **14g.** *GDG*[3] 404, Daith draws, ni wnei dithau draw / Amgenach nog *ymgeiniaw* [ymryson â Gruffudd Gryg]. *c.* **1401** *AL* ii. 360, *ymgeinyaỽ*, nyt amgen dỽedut geireu gỽarthredus o nebun ỽrth arall. **1547** *WS, Ymgeinio* ne ymserthy Chyde, braule. **1551** W. Salesbury: *KLl* xxviiib, ef ynteu a ddechreadd velltithio [:– tyngedy ne *ymgeinio*] a thyngy nyd adwaen i y dyn yma. **1567** *LlGG* (*Sall*) 57a, Yr Arglwydd . . . Nid ymddadle [:– ymryson, *ymgeinia*] ef bop amser. **1604–7** *TW* (*Pen* 228), Wedy *'mgeiniaw* ag ef d.g. *Insectatus.* **1632** *D, Ymgeinio,* Venedotis est imprecari, execrari; Powystanis Litigare, rixari. **1770** *W, ymgeinio* d.g. *To bicker* [*skirmish, or quarrel*], *To curse.* **1803** *P* d.g. *Ymgeinniaw.*

Amr.: **ymgeingio.** **1595** *Egl Ph* 24, nid oedh ebh bhodhlon i'r atteb, [*sic*] a gawsai anid *ymgeighiaw* ac ebh a wnaeth. **1604–7** *TW* (*Pen* 228) d.g. *Rixor.* **ymgeinciaf**: **ymgeincio.** [**1703**] *YGDB* 37, ffôl i ddŷn mewn gwŷn *ymgeingciaw*, a dŷn / ar [*sic*] ûn dennŷdd [*sic*] ynddaw. **1725** *SR* d.g. *To Jangle.* **ymgenno.** **15g.** *LHDd* 43.

ymgeiniau, ymgeniau [bôn y f. *ymgeiniaf, &c.*: *ymgeinio, &c.* + *-iau*] *e.ll.* Sarhadau, sennau, dilorniadau; ymrysonau, cynhennau: *insults, affronts, revilings; contentions, disputes.*

1551 W. Salesbury: *KLl* lva, nyd dody drwc tros ddrwc / ne *ymgenieu* tros *ym/geniau*. *id.* lxib, gweithredoedd y cnawt ynt eglur / ac wyntwy yw'r y [*sic*] rei hyn . . . gwynvydy / *yngeinieu* [*sic*] / amravaelion. **1567** *TN* 300b, yr awrhon rhowchwi y ffordd ys yr [*sic*] oll petheu hyn, digofeint . . . dryc davodlen [:– cabl, *ymgeiniae*] croesan-air, allan o'ch geneu.

ymgeintachaf: ymgeintach(u), &c., gw. ym- + ceintachaf: ceintach(u), &c.

ymgeirnial, ymgeisaf: ymgeiso, gw. ymgernial, ymgeisiaf: ymgeisio.

ymgeisgar [*ymgais*[1] + *-gar*] *a.* Chwilfrydig; (geir.) caffaelgar, crafangus: *inquisitive*; (*dict.*) *acquisitive, grasping.*

1596 *Pen* 187, 54, astronomi . . . yn yr hwn nid dvwiol i gristion fod yn rhy ysmala fanwl nev ry *ymgeisgar* a chwileingar. **1604–7** *TW* (*Pen* 228) d.g. *Appetentissimus, Quæsitebundus. id. ymgeisgarach* d.g. *Quæsitior.* **1632** *D* d.g. *Captiosus.* **1704** *Cym Cr* 105, pan maent [disgyblion] yn dyfod atto [Iesu] a chwestionau *ymgeisgar*, nid ydŷw yn ei hatteb, ond mae 'n eu ceryddu hwynt yn llym. **18–19g.** *MA* iii. 21[3] Tri peth o'u cael y'nghyd â wnânt ddoethineb: deall ystyrgar, diwydrwydd *ymgeisgar*, ac addvwynder tangnevgar.

ymgeisiad[1] [bôn y f. *ymgeisiaf*: *ymgeisio* + *-iad*[1]] *eg.* ll. *-au.* Ymgais, ymdrech, cynnig, cais: *effort, endeavour, attempt, try.*

1714 S. Rhydderch: *DG* [2], bydded yn gymeradwy gennit fy *ymgeisiadau* gwael i'm cymhwyso fy hunan i dderbyn yn deilwng y Cymmun Bendigedig hwnnw. **1725–6** *Madd Ed* 178, [yr] *Ymgeisiadau* cryfaf yw'r rhei'ny a wneir trwy Garedigrwydd a Daioni. **1789** *AUA* 13, yr wy'n dymuno o'm Calon i Awdwr pob Daioni a Rhoddwr pob Doethineb lwyddo eu *hymgeisiadau*. **1801** *MMf* 272–3, dyn gwaedryar . . . bydd awengar ag ef a gar ddychymygiaethau ac *ymgeisiadau* ag ni ddigia ef yn hawdd. **1803** *P, Ymgeisiad,* s. m. . . . A making an effort or attempt; self-exertion.

ymgeisiad[2] [bôn y f. *ymgeisiaf*: *ymgeisio* + *-iad*[2]] *eg.* ll. *-iaid.* Ymgeisydd: *candidate.*

18–19g. *Llr* C 2, 182, Un o'r *Ymgeisiaid* yw 'r Capten Thomas Windsor . . . Yr *ymgeisiad* arall yw Mr. Wyndham o'r Dwnrufan.

ymgeisiaeth [*ymgais*[1] + *-iaeth*] *eb.* Ymgeisyddiaeth: *candidature.*

1914.

ymgeisiaf, ymgeisaf: ymgeis(i)o, ymgais[2] [*ym-* + *ceisiaf, ceisaf*: *ceis(i)o*] *bg.* Holi, chwilio, neu edrych (am), ymholi, ymorol, ymofyn; ymweld; siarad, ymddiddan, ymgomio; cynnig, ceisio, ymdrechu; gofalu (am), gwarchod; gwneud cais (am swydd, &c.), sefyll (mewn etholiad); cystadlu: *to ask, search, or look (for), inquire, seek, want; visit; talk, converse; attempt, try, strive; care (for), protect; apply (for post, &c.), stand (in election); compete.*

14g. *YBH* 44a, gỽedy hynny y kerdaỽd ef a sabaot y *ymgeis* ar brenhin ac y caỽsant ef y myỽn ystauell o uein marmor. **14g.** *WM* 121. 26–7, A chyuodi aoruc ymlaen y marchaỽc y *ymgeissaỽ* a pheredur. **14g.** *GDG*[3] 197, Gwydnach ydd wyf, trymglwyf trais, / Yn amgylch bun yn *ymgais*. **15g.** *BB* 21, wynt a aethasseint ford arall y*ymgeisiaw* abrutus ae lu. **1567** *LlGG* (*Sall*) 18a, *ymgais* a thangneddyf [:– cais heddwch] a' dilyn ef. *id.* 80b, nyd oedd nep a *ymgeisiai* [:– ymorolei, a bryderei, ovalei] am enait. **1567** *TN* 136b, y Tat a vyn [:– gais, *ymgais*] y cyfryw 'r ei y'w addoly ef. **1588** *Diar* xxix. 10, Gwŷr gwaedlyd a gasânt yr iniawn ond gwŷr iniawn a *ymgais* ag ef. **1604–7** *TW* (*Pen* 228), ymerlyn ne *ymgeisiaw* am swydh d.g. *Ambio.* **1632** *D, ymgeisio* d.g. *Anhelo, Conquiro, Quæro. id. ymgais* d.g. *Indago, Inquiro.* **1632** J. Davies: *LlR* 148, Y mae 'n tân ni . . . yn ceisio esgyn, ac yn *ymgais* ar i fynu. **1677** R. Jones: *BB* 80–1, *Ymgais* at Grist, llefa yn grôch arno ef am ei râs maddeugar ith adnewyddu. **1753** *TR, Ymgais,* to seek or look for: also, to visit, in Glam. and Brec. **1803** *P, Ymgais* . . . To make an effort, to attempt; to seek for; to visit; to seek mutually. *id.* d.g. *Ymgeisiaw.*

Gw. hefyd **amgeisiaf: amgeisio.**

ymgeisiol [*ymgais*[1] + *-iol*] *a.* Yn ymgeisio (am swydd, &c.), yn sefyll mewn etholiad, cystadleuol, ymdrechgar, egnïol; chwilfrydig; (geir.) dethol, rhagorol: *applying (for post, &c.), standing (in election), competitive, striving, effortful; inquisitive; (dict.) choice, exquisite.*

1604–7 *TW* (*Pen* 228), *ymgeisiawl* d.g. *Exquisitus.* **1724** E. Wells: *CC* 97, Yr ŷm yn awr gwedi amlygu y tri Phwngc cyffredinol o Hunan-Ymholiad crybwylledig yn y Catechism, megis yn *ymgeisiol* er dyfod yn deilwng i'r Sacrament.

ymgeisiwr, gw. **ymgeisydd.**

ymgeisnod, gw. ymgais[1] + nod[1].

ymgeisydd, ymgeisiwr [bôn y f. *ymgeisiaf,* &c.: *ymgeisio,* &c. + *-ydd*[3], *-iwr*; 1810 yw dyddiad yr engh. gyntaf o'r ff. *ymgeisydd*] *eg.* (b. *ymgeisyddes,* ll. *-au*) ll. *ymgeiswyr, ymgeisyddion.* Un sy'n ymgeisio am swydd, &c., neu a enwebir am y cyfryw, un sy'n sefyll mewn etholiad; cystadleuwr; un sy'n sefyll arholiad; un sy'n ymgeisio am urddau neu gonffirmasiwn; chwiliwr; ymhonnwr (i'r orsedd): *candidate, applicant; competitor; candidate (in examination), examinee; ordinand, confirmand; searcher, seeker; pretender (to the throne).*

1604–7 *TW* (*Pen* 228), *ymgeisiwr* d.g. *Accersitor.* **1632** *D, ymgeisiwr* d.g. *Captator, Cultor.* **17g.** *LlGC* 13215, 332, *Ymgeisiwr* Rixator. **1803** *P* d.g. *Ymgeisiwr.*

ymgeisyddiaeth [*ymgeisydd* + *-iaeth*] *eb.* Y weithred o ymgeisio am swydd, &c., neu o sefyll mewn etholiad, yr ansawdd, y cyflwr, neu'r statws o fod yn ymgeisydd: *candidature.*

1888.

ymgelaf: ymgel(u), &c., gw. ym- + celaf: celu, &c.

ymgeledd[1], &c. [?bôn y f. *ymgelaf*: *ymgel(u)* + *-edd*[1]] *eg.b.* Gofal, swcwr, amddiffyn, cymorth, cynhaliaeth, meithriniad, nawdd, noddfa, lloches, caredigrwydd, cysur, hefyd yn *ffig.*: *care, succour, protection, relief, provision, a fostering, patronage, refuge, shelter, kindness, comfort, also fig.*

14g. *WM* 103. 6–9, keissaỽ yganthaỽ gỽybot pa furu y del y angheu a hynny yn rith *ymgeled* amdanaỽ. *c.* **1400** *R* 1194. 10–11, Kyflaỽn dawn dar. y rwym galar. ar *ymgeled.* **15g.** *GGl*[2] 293, O gariad mawr a gwrid medd / Y galwaf ar f'*ymgeledd*. **1567** *TN* 267a, Ydd ys yn ein ymlid, and ny'n gedir eb navvdd [:– *ymgeledd*]. **1588** *Job* x. 12, Bywyd, a thrugaredd a ddarperaist i mi, a'th *ymgeledd* a gadwodd fy yspryd. **1604–7** *TW* (*Pen* 228), mynet yn swga ag yn dhipheith o eisie *'mgeledh* a gwrteith d.g. *Squaleo.* **1632** *D, Ymgeledd,* Curatio, tutela. **1632** J. Davies: *LlR* 82, y mae efe 'n colli cariad Duw a'i ewyllys da, ac wrth hynny yn colli ei . . . *ymgeledd* ef. **1688** S. Hughes: *TSP* 235, A oes yn y lle yma lettu ac *ymgeledd* [:– Swccwr] i Bererinion llêsc lluddedig îw gael? **1722** *Llst* 189, *Ymgeledd.* f. . . . A taking care of, indulgence, favour. **1771** *W* d.g. *Care* [*regard, protection, and support*], *Help, Protection.* **1790** T. Jones: *TOS* [iii], camwedd a thrueni dirfawr ydyw, na bai iddi [yr iaith Gymraeg] well *ymgeledd*, a mwy o barch. Ar lafar, *'ymgeladd'* 'succour; support', 'Dyna bishyn o ŵr dismicil gæs 'i! 'Fu a ddim llawar o *ymgeladd* iddi 'i næ'r plant ariôd!', *GTN* 859.

Cfn.: **ymgeledd cymwys (gymwys)**: *wife, helpmate, helpmeet.* **1588** *Gen* ii. 18, gwnaf *ymgeledd cymmwys* iddo [Adda]. **17g.** E. Morris: *B* 4, Ni bu heb gael *ymgeledd gymwys*, / Ymbriodol yn Mharadwys. **1774** Huw ab Huw: *RBD* 57, Cofia dy fod . . . yn *ymgeledd gymmwys* i ddyn, ac nid yn gaeth-ferch. Ar lafar, 'Ma'r wraig yn *ymgeladd gymws* idd 'i gŵr, cofia; dyma ma'r 'En Air yn wed', *GTN* 859.

Gw. hefyd **amgeledd, ymgeleddes.**

ymgeleddaf: ymgeleddu, ymgeledd[2] [bf. o'r e. *ymgeledd*[1]] *bg.a.* Gofalu am, edrych ar ôl, swcro, coleddu, llochesu, cysuro, meithrin, maethu, darparu ar gyfer, cynnal, hefyd yn *ffig.*; diweddu (corff marw): *to care for, look after, succour, cherish, shelter, comfort, foster, nourish, provide for, support, also fig.; lay out (corpse).*

15g. *DN* 55, A'r mairi yno a'r gwŷr, a'r morynion, / Yn *ymgeledd*, yno y'm gwelon. **1514** *RC* xlviii. 47, govyn a wna y'w gwr . . . pa edrychud ti ar vyghymdoges i? . . . Od *ymgeleddi* ddyn arall, hi a debig mae i chassav a wnaid yna. **1567** *LlGG* 11a, Teilyngy o hanot amddeffen ac *ymgleddy* y plant amddyfeit, a'r gwragedd gweddwon. **1567** *TN* [xxviii], [g]ardd lysiae . . . oi esceuluso, heb nai diwill nai threfnu, nai *ymgleddu* . . . diffaith fyddai ac anhardd. *id.* 35[9]a, yn y modd hwn digonawl ydd *ymgleddir* chwi [:– y trefnir y chwi], o fforddiat i dragwyddol teyrnas [*sic*] eyn Arglwydd an Achubwr Jesu Christ. **1588** *Gen* xxvi. cs., Duw yn *ymgeleddu* Isaac yn amser newyn. **1604** R. Holland: *BD* 4, [g]wneuthyr i frenhinoedd fod yn ofalusach rhag derbyn ac *ymgeleddu* yn i calonnau y meddwl lleiaf a fae cywilidd ganthynt. **1632** *D, Ymgeleddu,* Curare, fouere. **1701** E. Wynne: *RBS* 286, *ymgeleddwyd* dy Gorph i'r claddedigaeth. **1771** *W, ymgeleddu* d.g. *To care, To take care of* [*look after* . . .], *To cherish* [*make much of* . . .], *To defend, To succour* [*aid or relieve in distress; &c.*]. **1803** *P* d.g. *Ymgelezu.*

Gw. hefyd **amgeleddaf: amgeledd(u).**

ymgeleddes [bôn y f. *ymgeleddaf*: *ymgeleddu,* &c. + *-es*[1]] *eb.* ll. *-au.* Nyrs (fenyw): (*female*) *nurse.*

1848.

ymgeleddfa [*ymgeledd*[1] + *-fa, ma*] *eb.* Lloches, noddfa, hefyd yn *ffig.*: *refuge, shelter, also fig.*

1760 E. Williams: *UYB* 129, un o'r pethau cyntaf a wnaiff Efe i ni, yw, parottoi *ymgeleddfa* a hêdd i ni. **1768** J. Thomas: *NSGG* 21, Pwy ŵyr na cheidw'r Arglwydd / Wir rydd-did crefydd yn ei grym, / A rhoi i ni 'gyd, / *Ymg'leddfa* glyd, / Rhag llid gelynion llym. **1771** J. Thomas: *TA* 149, Yn hollte' yr graig dod im' *ymg'leddfa* glyd, / Mewn tawel hedd, ne's myn'd trwy'r anial fyd.

ymgeleddgar [*ymgeledd*[1] + *-gar*] *a.* Yn rhoddi ymgeledd, gofal, swcwr, &c., amddiffynnol, coleddus, caredig; ffafriol, pleidiol, cymeradwyol: *giving care, succour, &c., protecting, caring, cherishing, kind; favourable, supportive, approving.*

[**1547**] W. Salesbury: *OSP* [iv], atolwg ychwy gludo ych llyfreu . . . at y ryw *ymgleddgar* wladwyr a hynny. **1567** *TN* 294b, yr hwn a 'ofala yn ffyddlawn [:– bur, *ymgeleddgar*] dros eich negesae. **1677** C. Edwards: *FfDd* 210, Y mae'r Saeson oeddent fleiddiaid rheibus, wedi myned i ni yn fugeiliaid *ymgeleddgar*. **1722** *Llst* 189, *Ymgeleddgar.* Favourable. **1723** E. Samuel: *PDdC* [xi], f' [*sic*] wna lawer mwy o lês i'n Gwlâd yn ein Tafod-iaith Naturiol, os

bydd gwiw gennych chwi Anrhydeddus Arglwydd, ei dderbyn yn groesawus ac yn *ymgeleddgar*. **1771** *W* d.g. *Cherishing*. **1783** P. WILLIAMS: *FfA* 43, y mae Rhagluniaeth *ymgeleddgar* wedi gwarchod drosom holl ddyddiau ein heinioes.

Gw. hefyd **amgeleddgar**.

ymgeleddiad [bôn y f. *ymgeleddaf*: *ymgeleddu*, &c. + -*iad*[1]] *eg*. Ymgeledd, gofal, swcwr, cynhaliaeth, meithriniad, cefnogaeth; y weithred o ddiweddu corff marw: *care, succour, provision, a fostering, support; a laying-out (of corpse)*.

1662 (**1759**) *BC* 235, Gwraig ni chwennych yn ddi-wâd / Na phlant Farwolaeth ar eu Tâd / Ac os digwydd ceiff yn rhâd, *ymgeleddiad* iw gladdu. **1735** S. THOMAS: *HP* 152, trwy yr *Ymgeleddiad* a'r Annogaeth a gawsent oddiwrth y Swyddogion, hwynt hwy . . . a ddechreuasant bregethu ymma ac accw ym mysg y Bobl. **1803** *P*.

ymgeleddol [*ymgeledd*[1] + -*ol*] *a*. Ymgeleddgar, amddiffynnol, coleddus: *caring, protecting, cherishing*.

1780 *W* d.g. *Protecting*. **1803** *P* d.g. *Ymgelezawl*.

ymgeleddreg, gw. **ymgeleddwraig**.

ymgeleddus [*ymgeledd*[1] + -*us*] *a*. Ymgeleddgar, amddiffynnol, coleddus, trugarog, hefyd yn *ffig*.; gofalus: *caring, protecting, cherishing, merciful, also fig.; careful*.

14g. *YBH* 57b, boôn yn *ymgelydus* [*sic*] am arôndel rac y ragôns. *c.* **1543** *Rhyddiaith Gymraeg* i. 45, cadw di, Alexandyr, y gorchymyn hwnn mawrwerthioc, ac yn *ymgeleddus* cadw y gwres anianawl. **1567** *LlGG* 60b, [t]rwy dy *ymgeleddus* dywysogaeth ei gwneuthyd yn ddibennus trwy oes Acglwydd [*sic*] Iesu Christ. **1630** R. LLWYD: *LlH* 113, *ymgeleddus* ragddarbodaeth Duw tu ag at ei blant . . . o ran eu hymborth a'u dillad. **1722** *Llst* 189, *Ymgeleddus*. Merciful, indulgent. **1751** *GIA* 209, gwelyau esmwyth . . . a rydd lê ini obeithio am gŵsg *ymgeleddus*. **1759** *BC* 450, Ond Crist ein gwledd oedd Dad *ymgeleddus*, / A'r Samariad i Rys y Morus. **1771** *W* d.g. *Cherishing, Protecting*. **1803** *P*.

Gw. hefyd **amgeleddus**.

ymgeleddwr [bôn y f. *ymgeleddaf*: *ymgeleddu*, &c. + -*wr*] *eg*. ll. -*wyr*. Un sy'n ymgeleddu, swcwrwr, coleddwr, meithrinwr, cynorthwywr, cynhaliwr, cefnogwr, noddwr, amddiffynnydd, ceidwad, gwarcheidwad, gwarchodwr: *carer, succourer, cherisher, fosterer, helper, maintainer, supporter, patron, protector, custodian, keeper, guardian*.

15–16g. *TA* 391, Am gael iddi *ymgeleddwr* / Ni châi byth hon ych bath, ŵr. **1551** W. SALESBURY: *KLl* viia, eithyr may ef y dan tutorion ac *ymgeleddwyr* / hyd yr amser a osododd i dat. **1567** *LlGG* (*Sall*) 39b, ef a ymwared y tlawt pan waeddo . . . ar nep ny bo yddaw ymwaredwr [: – *ymgeleddwr*]. **1592** S. D. RHYS: *Inst* [xiv], moliant a' gogoniant . . . i *Ymgeleddhwyr* yr ieithoedh hynny [Groeg a Lladin]. **1604–7** *TW* (Pen 228), *ymgeledhwr* rhai bychein dioet d.g. *Curator*. **1632** D, *Ymgeleddwr*, Curator, tutor. **1723** WM: *PGG* 77, eithr efe fydd yn oruchwyliwr ffyddlon ac yn *ymgeleddwr* tyner ith Enaid. **1795** J. THOMAS: *AIC* 135, Mars oedd y Duw a gyfrifid yn *ymgeleddwr* y Gwyr Arfog. **1803** *P*.

Amr.: **ymgeleddydd**. **1814**.

Gw. hefyd **amgeleddwr**.

ymgeleddwraig, **ymgeleddreg** [bôn y f. *ymgeleddaf*: *ymgeleddu* + *gwraig*] *eb*. Nyrs (fenyw): noddwraig: *(female) nurse; patroness*.

1633 *Addysg i Farw* 2, *ymgeleddwraig* (*patronesse*) ddiffug pob traethawd gwir ddefosionol. **1725** *SR*, *ymgeledd wraig* d.g. *A Nourse*.

ymgeleddydd, gw. **ymgeleddwr**.

ymgellweiriaf: **ymgellwair**, **ymgellweirio**, gw. ym- + cellweiriaf: cellwair.

ymgenhedlaf: **ymgenhedlu**, gw. ym- + cenhedlaf: cenhedlu.

ymgeniau, **ymgennau**: **ymgenno**, gw. ymgeiniau, ymgeiniaf: ymgeinio.

ymgernial, **ymgeirnial**, &c. [?bf. o ym- + *cern*[1]] *bg*. Ymgecru, cynhennu, cweryla, dadlau, ymryson, gwrthdaro: *to bicker, wrangle, quarrel, dispute, contend, clash*.

16g. *AP* 71, minnau ynn ymgiwc ar plant, ac yn *ym geirnial*, mi am gwraic. *c.* **1648** *Llst* 124, 141, arall o fewn i droell fav / *im gernial* [*sic*] ai migyrnav [Rhys

---

ap Llywelyn i ofyn meini melin]. **1803** *P*, *Ymgernial* . . . To wrangle; to quarrel cheek by jowl. Ar lafar, 'ymgernial' 'to quarrel, wrangle', *WVBD* 576; 'Mgernial â'i gilydd', *ib*.

ymgeryddaf: **ymgerydd(u)**, gw. ym- + ceryddaf + ceryddu.

ymgestiaf, **ymgestaf**: **ymgestio**, **ymgestu** [bf. o ym- + *cest*; ansicr yw'r engh. gyntaf isod] *bg.a.* Yfed neu fwyta'n awchus neu yn ormodedd, llawcio, traflyncu: *to gulp, guzzle*.

14g. *T* 7. 19, ôyf sarff ôyf serch yd *ymgestaf*. **1688** *TJ*, Gloddest, *ymgestio* ar fwyd neu ddiod, a Riot, an excessive Eating or Drinking. **1695** T. JONES: *Alm* 31, llawer a glwyfa o ddoluriau gloddestol, / drwŷ *ymgestio* garmod [*sic*] ar ancwŷn a ffrwŷthŷdd coed afiachus. **1803** *P* d.g. *Ymgestu*.

ymgeulaf: **ymgeulo**, gw. ym- + ceulaf: ceulo.

ymgigaf: **ymgigo** [bf. o ym- + *cig*] *bg*. Ymbesgi, tewhau, ?ymgecru, cynhennu: *to grow fat; ? bicker, wrangle*.

16–17g. *GHCEM* 148, Cerddor min gogor, myn *ymgigo* – fyth / Yn y fan lle'i delo. **17g.** *IICRC* iii. 88, vynghenedl y ddaw yno '*ym gigo* wrth yrhany [golud]. **1672** R. PRICHARD: *Gw* 549, Di gae weld yn nhai Gwŷr mawrion / Bedwar Pâr o garde brithion, / I rai oedd ac *ymgigo*, / Heb vn llyfyr i weddio. **1733** J. OWEN: *TBG* 106, Gormodedd o win a bair difrio ac *ymgigo* hefyd.

ymgildynnaf: **ymgildynnu**, **ymgiliaf**: **ymgil(io)**, **ymgintachaf**: **ymgintach(u)**, &c., gw. ym- + cildynnaf: cildynnu, ciliaf: cilio, ceintachaf: ceintach, &c.

ymgiprysaf: **ymgiprys** [*ym- + ciprysaf*: *ciprys*] *bg*. a hefyd gyda grym enwol i'r be. Ymryson, ymrafael, cystadlu, ymgodymu, brwydro, ysgarmesu, ymladd; ymgecru, cweryla: *to contend, vie, compete, grapple, struggle, skirmish, fight; bicker, quarrel*.

1604–7 *TW* (Pen 228), *ymgipris* d.g. *Congredior*. id. *ymgiprys* d.g. *Velitatio* (hefyd *D*). **1711** H. POWEL: *TY* 23–4, Na fydded i chwi *ymgipris* a Phrofedigaethau (fel Sampson) gan feddwl myned allan ac ymesgwyd fel Cynt. **1722** *Llst* 189, *Ymgipris, giprys* . . . m. A fray, bickering. **1733** T. EVANS: *PP* ix–x, pwy yno ond Satan yn *ymgiprys* a hi yn y man. **1740** T. EVANS: *DPO* 39, fel . . . i Dau Waed-gi gwangcus yn *ymgiprys* frigfrig am asgwrn. id. 126, Ambell Ysgarmes frwd . . . ac ambell *Ymgiprys* a Chynllwyn. **1744** D. ROWLAND: *RY* 62, Fe fu llawer o *ymgiprys* . . . rhwng y Gwerssyll a Gwyr y Dref. [**1783**] *W* d.g. *To skirmish* [*fight in small parties* . . .]. **1803** *P*. Ar lafar, '*ymgiprys*' 'to grapple', 'A dyma nw'n *ymgiprys* gida'i gilydd, y deichid!', *GTN* 859.

ymgladdaf: **ymgladdu**, gw. ym- + claddaf: claddu.

ymgleddaf: **ymgleddu**, &c., gw. ym- + cleddaf: cleddu, &c.

ymgloaf: **ymgloi**, **ymglosiaf**: **ymglosio**, **ymglustfeiniaf**: **ymglustfeinio**, **ymglymaf**: **ymglymu**, &c., gw. ym- + cloaf: cloi, closiaf: closio, clustfeiniaf: clustfeinio, clymaf: clymu, &c.

ymglyw [bôn y f. *ymglywaf*: *ymglywed*] e?g. Teimlad, ymdeimlad, synnwyr, ymwybyddiaeth; cyfweliad: *feeling, sense, consciousness; interview*.

1658 R. VAUGHAN: *PS* 163, Y mae [cybydd-dod] yn marweiddio y cydwybod, heb *ymglyw* oi fewn, ar galon at ei dyled oll yn fud. **1675** R. DAVIES: *PY* [viii], Nid chwant ymffrost, neu wâg ogoniant a wnaeth i mi osod allan y llyfran hwn . . . ond y dyfn *ymglyw* sydd gennif o'r amryw gau athrawiaethau a ddysgir yn rhy gyffredin, a hyfaidd yn ein mysg.

ymglywaf, &c.: **ymglywed**, &c. [*ym- + clywaf*: *clywed*] *bg.a.* a hefyd gyda grym enwol i'r be. Teimlo, ymdeimlo, synhwyro, ymwybod, bod yn ymwybodol; ymwneud, delio; clywed (ei gilydd); teimlo ar ei galon: *to feel (oneself), have a feeling, sense, be conscious or aware; be involved, deal; hear (one another); feel inclined*.

12–13g. *GMB* 446, Neu'm goreu agheu agkyfnerthi, / Nyd *ymglyw* dyn byw o'r byd ual mi. **13g.** *BD* 110, E am y dvy lann yd *ymglyvant* y dynyon

---

(*auditur homo ab homine*). **14g.** *WM* 39. 20–2, nessaôys y gŵyr attunt ual yd *ymglyôynt* ymdidan. **14g.** *GIG* 144, Cywion brain yn ymgreiniaw, / Ciwed yn *ymglywed* â glaw. *c.* **1400** (*SG*) *HMSS* i. 261, ef a gyuodes paredur y uyny ac a *ymgigleu* y uot yn iach. **1604–7** *TW* (Pen 228), *ymglywet* d.g. *Sentio* (hefyd *D*). **1632** J. DAVIES: *LlR* 233, Trwy 'r . . . *ymglywed* (*feeling*) yma oddiwrth yr yspryd glân . . . yr helpir y rhai duwiol . . . yn ffordd cyfiawnder. **1657** *MU* ii. 58, *ymglywed* a rhinwedd vchaf y cariad. **1679** C. EDWARDS: *GGG* 155, Nes i bobl *ymglywed* â'u llygredigaethau naturiol . . . nid ymroddant i gymeryd edifeirwch. **1701** E. WYNNE: *RBS* 250, trwy *ymglywed* â'th glefyd y gallech dderbyn y feddyginiaeth. **1800** W. OWEN[-PUGHE]: *CP* 110, Od â y llo awr neu ddwy tu hwnt iw amser arferol o fwyta, bydd yn *ymglywed* yn bur anesmwyth yn hiraethu am borth. **1803** *P*.

Amr.: **my(n)glywed**. Ar lafar, "Wi ddim *myglŵad* cerad lan" (dwyrain Morg.); "Dwi ddim yn *myngliŵad* mynd sia'r cwrdd 'eno', *GTN* 578.

ymgnawdiaf: **ymgnawdio**, gw. ym- + cnawdiaf: cnawdio.

ymgnawdolaf: **ymgnawdoli** [*ym- + cnawdolaf*: *cnawdoli*] *bg.a.* a hefyd gyda grym enwol i'r be. Cymryd ffurf gnawdol neu ddynol (yn enw. am Ail Berson y Drindod, bod yn ymgnawdoliad o (haniaeth, teimlad, syniad, &c.), ymgorffori, hefyd yn *ffig*: *to become incarnate (esp. of the Second Person of the Trinity), embody, also fig*.

1618 J. SALISBURY: *EH* 30, y modd y cydweithiant y tri phersan yr ymgnawdoliaeth, heb *ymgnawdoli* yr vn o honynt ond y Mâb yn vnic. **1679** C. EDWARDS: *GGG* 98, peth tra-anhygoel oedd . . . i'r Duwdod *ymgnawdoli*. **1755** *CBB* 9, fe fuasai'r ail Berson yn Fâb naturiol i Dâd, pe na buasai Achos iddo i *ymgnawdoli*. **1760** E. WILLIAMS: *UYB* 42, pan ganiatteir, ddarfod i'r Gair, wedi iddo unwaith *ymgnawdoli*, fyw mewn iselder a thlodi fel gwrengyn arall. **1797** D. DAVIES: *SEG* 34, Y Mab . . . er pan darfu iddo *ymgnawdoli*, y mae yn cael ei alw, yr Arglwydd Iesu Grist.

ymgnawdoledig [bôn y f. *ymgnawdolaf*: *ymgnawdoli* + -*edig*] *a.bfl.* a hefyd gyda grym enwol. Wedi ymgnawdoli, mewn cnawd, hefyd yn *ffig*: *incarnate, also fig*.

1858.

ymgnawdoliad [bôn y f. *ymgnawdolaf*: *ymgnawdoli* + -*iad*[1]] *eg*. Y weithred o ymgnawdoli (yn enw. am Ail Berson y Drindod), ffurf gnawdol neu ddynol a gymerir gan ysbryd, &c., ffurf ddiriaethol ar haniaeth, teimlad, syniad, &c., ymgorfforiad: *incarnation (esp. of the Second Person of the Trinity), embodiment, also fig*.

1870.

ymgnawdoliaeth [bôn y f. *ymgnawdolaf*: *ymgnawdoli* + -*iaeth*] *eb*. Ymgnawdoliad (yn enw. am Ail Berson y Drindod): *incarnation (esp. of the Second Person of the Trinity)*.

1568 MORYS CLYNNOG: *AG* 8, *ymgnowdoliæth* yn harglwydd ni Iesu Grist. **1618** J. SALISBURY: *EH* 5, Y dirgeledh cyntaf, yw vndod a Thrindod duw: yr ail, yw *ymgnawdolieth* a diodhefaint eyn Iachawdwr. **1727** J. JONES: *DFF* 212, doethineb Duw a allai drefnu y Ffordd i fodloni de Gyfiawnder ef, trwy *Ymgnawdoliaeth* ei Fâb. **1760** E. WILLIAMS: *UYB* 61, Ar y wybodaeth o *Ymgnawdoliaeth* Iesu rhaid i bob peth orbwyso.

ymgnithiaf: **ymgnith(io)**, **ymgnoaf**: **ymgnoi**, **ymgnofa**, **ymgodaf**: **ymgodi**, &c., gw. ym- + cnithiaf: cnithio, cnoaf: cnoi, cnofa, codaf: codi, &c.

ymgodymaf: **ymgodymu** [*ym- + codymaf*: *codymu*] *bg*. a hefyd gyda grym enwol i'r be. Ymaflyd codwm, mynd i'r afael, ymryson, hefyd yn *ffig*.: *to wrestle, grapple, contend, also fig*.

1803 *P*.

ymgodymwr [bôn y f. *ymgodymaf*: *ymgodymu* + -*wr*] *eg*. ll. -*wyr*. Un sy'n ymgodymu neu'n ymaflyd codwm, un sy'n mynd i'r afael, ymrysonwr, hefyd yn *ffig*.: *wrestler, grappler, contender, also fig*.

1848.

ymgoddaf: **ymgoddi**, **ymgoethaf**: ym-

goethi, gw. ym-+coddaf: coddi, coethaf: coethi.

ymgofleidiaf, ymgofleidaf: ymgofleid-(i)o, &c., gw. ym-+cofleidiaf: cofleidio, &c.

ymgofoethogaf: ymgofoethogi, gw. ymgyfoethogaf: ymgyfoethogi.

ymgoffâf: ymgoffáu, ymgoffa, gw. ym-+coffâf: coffáu.

ymgoleddaf: ymgoledd(u), ymgol-(a)eth, gw. ym-+coleddaf: coledd.

ymgollaf: ymgolli, &c., gw. ym-+collaf: colli, &c.

ymgom[1] [bôn neu fe.'r f. *ymgomiaf: ymgom-io*, &c.] *eb.* ll. *-iau, -ion.* (Testun) sgwrs neu ymddiddan, anerchiad neu araith anffurfiol, deialog: *(subject of) chat or conversation, informal talk or address, dialogue.* **1852.**

ymgom[2], gw. *ymgomiaf: ymgomio.*

ymgomiad [bôn y f. *ymgomiaf: ymgomio,* &c.+*-iad*[1]] *eg.b.* ll. *-au.* Sgwrs, ymddiddan, siarad; ymryson (llafar), dadl: *chat, conversation, talk; dispute, debate.*
1604–7 TW (*Pen* 228), *ymcommiat* d.g. *dissertatio* (hefyd *D*), *Quæstio, Ratiocinatio.* Dchr. **17g.** *Pen* 121, 280, Yr Eglwŷs (gymwŷs *ymgomiad*) . . . / . . . / fydd fůwiol drwy reoliâd / a chadarn yn ei cheidwad. **1803** P, *Ymgomiad,* s. m. . . . A discoursing together.

ymgomiaf, &c.: **ymgomio, ymgom**[2], &c., *bg.* a hefyd gyda grym enwol i'r be. Sgwrsio, ymddiddan, siarad, sôn, trafod; ymryson (ar lafar), dadlau: *to chat, converse, talk, mention, discuss; dispute, debate.*
Diw. **16g.** CRC 276, Ac am hyny ffarwel heno / Nyd oes fodd yn hwy ymi dario / Ac ymhen y flwyddyn etto / Mi garfydda ath di *ymgommio* [sic]. **1631** O. THOMAS: CC 31, Peth anfynych ei weled yn ein gwlâd ni yw *ymgommio* am fatterion ysprydol. **1632** D, *ymgomio* d.g. *Communico, Disputo, Dissero.* **1659** TBM 227, Nid gwiw ar y ddaear mwy 'mgomio'm ei gymar. **17g.** HUW MORUS: *EC* ii. 25, Taw sôn! ni *ymgomiaf* mwy, / A thi 'r gwaeledig glwy'. **1696** CDD 317, *Ymgomio* rhwn [sic] a Clâf o'r Darfodedigaeth a'i Glwŷf. **1723** WM: *PGG* 15, *ymgomia* yno nid ynghylch maswedd ond ynghylch y pethau a berthynant i iechadwriaeth [sic] yr Enaid. **1746** G. JONES: HWI iii. 45, yn chwedleua neu 'n *ymgommio* ynghylch Crefydd a Gair Duw. **1770** W, *ymgommio* d.g. To argue [dispute or reason], To commune [converse, or talk together], To dispute. **1793** Cylchg 20, un esgobaeth fyddai'n *ymgommio* â'r llall am oruchafiaeth. **1803** P d.g. *Ymgomiaw.*

ymgomiol [bôn y f. *ymgomiaf: ymgomio, &c.*+*-iol*; **1852** yw dyddiad yr engh. nesaf ar ôl TW (*Pen* 228)] *a.* Sgyrsiol, ymddiddanol, llafar; (deir.) yn perthyn i ymryson (llafar) neu ddadlau: *chatty (of style, &c.), conversational, colloquial;* (dict.) *pertaining to dispute or debate.*
1604–7 TW (*Pen* 228) d.g. *Ratiocinatiuus.*

ymgomiwr, &c. [bôn y f. *ymgomiaf: ymgomio, &c.*+*-iwr*] *eg.* ll. *ymgomwyr.* Sgwrsiwr, ymddiddanwr, siaradwr: *conversationalist, talker, speaker.*
1753 G. OWEN: *L* 50, n[i] chlywais i ermoed haiach well pregethwr, na digrifach, mwynach, *ymgommiwr.* **18–19g.** JAC GLAN-Y-GORS: *Gw* 38, Y person ar hynny a gogiodd yr henwr, / A dyna'r fath gymun fu rhwng y ddau 'mgomiwr. **1803** P.

ymgomwest, gw. *ymgom*[1]+*gwest*[1].

ymgorau [?< *ymagorau, cf. *ymagoraf: ymagor*] *e.ll.* Mandyllau: *pores.*
1630 YDd 368, [c]orff llygredig . . . ammhuredd ffroenau yr hwn, ei glustiau, ei *ymgorau* (*pores*) a'i fannau eraill . . . a ymddengys yn fryntach ac yn ffieiddiach, nar [sic] pwll budr. **1675** R. JONES: HCh 121, [t]reiddio o waed Crist drwy *ym'gorau* ei gorph ef mewn modd mor helaethlawn, ac y defnynnodd ef ir [sic] llawr yn dra-aml. id. [174], *Ymgorau,* Chwysdwllau.

ymgordeddaf: ymgordeddu, ymgorddaf: ymgorddi, &c., gw. ym-+cyfrodeddaf: cyfrodeddu, corddaf: corddi, &c.

ymgorffolaf: ymgorffoli, ymgorfforaf:

ymgorffori, ymgorniaf: ymgornio, &c., gw. ym-+corffolaf: corffoli, corfforaf: corffori, corniaf: cornio, &c.

ymgos, ymgosaf: ymgosi, ymgosbaf: ymgosbi, &c., gw. ym-+cos, cosaf[1]: cosi, cosbaf: cosbi, &c.

ymgowaethogaf: ymgowaethogi, ymgowethogaf: ymgowethogi, gw. ymgyfoethogaf: ymgyfoethogi.

ymgowleidiaf: ymgowleidio, gw. ym-+cofleidiaf: cofleidio.

ymgrabiniaf: ymgrabinio, gw. ymgribiniaf: ymgribinio.

ymgrafaf: ymgrafu, ymgrafial, &c., gw. ym-+crafaf: crafu, &c.

ymgrafangaf: ymgrafangu [bf. o ym-+*crafanc*] *bg.* a hefyd gyda grym enwol i'r be. Crafangu, cipio, cydio, gafael, ymgodymu, hefyd yn *ffig.: to clutch, claw, grasp, grab, grapple, also fig.*
16g. Mos 113, 61, M aur ac assur dau lew aur yn *ymgravangu* a tauot tan llyd [sic] ai arvae yn gowls. **1595** M. KYFFIN: *DFf* [v], nid oes yr owr'on . . . ddim cyffredinach . . . nog ymdrechu, ymgyfreithio, ag *ymgrafangu,* drwy gam. **1774** W d.g. To grapple [engage in close fight]. **1803** P.

ymgrebachaf: ymgrebychaf: ymgrebachu, ymgrebychu, gw. ym-+crebachaf: crebachu.

ymgred[1] [ym-+*cred* neu fôn y f. *ymgredaf: ymgredu*; ansicr yw'r engh. gyntaf isod, gw. *GLlF* 26] *eb.g.* ll. *-ion.* Dyweddïad; ymddiriedaeth, teyrngarwch: *betrothal, engagement; trust, loyalty, allegiance.*
12g. GLlF 12, 6rth y uot ym Růyf, a'm roted—awen, / A6dyl dec dyghed6en, amgen *ymgred.* **1604–7** TW (*Pen* 228), *ymgred* d.g. *Sponsalia* (hefyd *D*). **1656** AP 50, [c]ael fynghariadferch mewn priodaslan deilyngwedd, a didor gaethrwym *ymgred.* **1722** LlSt 189, *Ymgred.* f. A plighting troth. **1770** W, *ymgred* d.g. *Affiance,* [Betrothing], *An affiancing, A betrothing,* Contract of marriage. **18–19g.** Iolo MSS 247, Ensail *ymgred* / ac ail Luned. **1803** P, *Ymgred,* s. m. . . . espousal.

ymgredaf: ymgredu, ymgred[2] [bf. o'r e. *ymgred*[1] neu ym-+*credaf: credu*] *bg.* Rhoddi cred neu addewid, addo teyrngarwch; dyweddïo; ?ymddiried; ?cymryd meichiau: *to give one's word, promise, pledge allegiance; betroth, become engaged; ?trust; ?take sureties.*
13g. AL ii. 146, Pvybynnac auynno llyssu egnat llysset kyn kyweyryeu or egnat e pleydyeu ac *emkredu* amdanau. **14g.** WM td. 215. 8–9, ar gór racco yd *ymgredeis* i eiroet. ac nyt anwadalaf yôrthaö. **14g.** BT 31, wynteu ageissa[s]ant achwyssyon yesgwssodi [sic] kany alleint ymgret ar y brenhin. **15–16g.** TA 490, Ai gwir ydyw d'*ymgredu*? / Nid o'm bodd nad â mi bu! **1567** LlGG 127b, A'r Gwenidoc . . . a bair ir Mab gymeryd y Uerch ebrwy i llaw ddeau, ac velly bot y bob vn *ymgredy* [:– ymffyddio] ai gylidd. **1588** Deut xx. 7, A pha ŵr bynnac a *ymgredodd* a gwraig, ac ni phriododd hi. **1632** D, *ymgredu* d.g. *Despondeo, Sponsa.* **1658** R. VAUGHAN: PS 345, ei gymeryd [dyn] ir fath Gymun sanctaidd cyfagos. Ac am hyn i *ymgredu* a Duw a Christ mewn cariad. **1710** LlGG (*Gos*) 14, Ni cheiff dim Plant, dan oedran unmlwydd ar hugain llawn, *ymgredu* na Phriodi, heb gydsyniad eu rhieni. **1722** LlSt 189, *Ymgredu* . . . To contract for marriage. **1770** W d.g. To betroth [promise in marriage . . .], To plight one's troth. **1786** TWM O'R NANT: PCG 32, Oni rown i chwi [cyfreithiwr] agos Dair a chweigen, / Pe dysge chwi fine'n Attyrne tost, / I *ymgred* a rhoi cost yn gywren.

Gw. hefyd **amgredaf: amgredu.**

ymgreiniaf, ymgreinaf, &c.: **ymgrein-(i)o**, &c. [ym-+*creiniaf: creinio*] *bg.* Ymdreiglo, rholio, ymdrybaeddu, hefyd yn *ffig.*; ymddarostwng (i'r llawr), ymgrymu, mynd neu ymsymud ar ei dor, yn enw. yn *ffig.*; gwingo (mewn poen): *to roll (around), wallow, also fig.; prostrate oneself, bow, grovel, esp. fig.; wince (in pain).*
13g. B iv. 8, En y lle yt *ymgrennio* march yd edeu peth oe whe. **14g.** YBH 49a, a chan y g6anhet hi ny all6ys leuein pan doeth copart ar sarassinieit etti ac chymryt ac adaö y deu uab yn y lle y buassei y my6n deil yn *ymgreina6.* **14g.** GIG 144, Cywion brain

yn *ymgreiniaw,* / Ciwed yn ymglywed â glaw [dychan i'r delyn ledr]. **1547** WS, *Yngreingio* val dyn Wallowe. id. *Ymgreingio* val march Walter. **1567** TN 64b, ef a gwympodd yr llavvr ar y ddaiar, gan *ymcreinio* [:– ymdreiglo], a' maly-ewyn. **1575–6** B vi. 318, Assen yn j phorva . . . lle j *hymgreinio* hi a dyr y glo. **16–17g.** HG 70, pawb heb priso, sy *nym graino* [sic] / ag yn ymod, mewn pob pechod. **1615** R. SMYTH: *GB* 164, efe a ddechreuodd *'mgreingio* a chrio o vvir ddiglloni. **1632** D, *Ymgreinio.* Vide Amcreinio. **1672** R. PRICHARD: *Gw* 374, Pan dlyem weddio, a phryssur repento, / Mewn llwch ac *ymgrino* am bardwn a gras. **1722** LlSt 189, *Ymgreinio* . . . To wallow. c. **1762–79** W. WILLIAMS: *P* 395, cymmeryd urddau sanctaidd, cadw nos ŵyliau ympryd; *ymgrinad* at y groes. **1770** W, *ymgreinio* d.g. To batten [welter, or wallow] in, To grovel [creep, crawl, or lie prostrate on the ground]. a. **1791** W. WILLIAMS: *GP* 762, Pan torro fi i'r llawr / Mae'n siwr o'm codi i'r lan, / Ni's gedy fi yn hir / I *ymgrinad* yn y fan. **1803** P, *Ymgreiniaw* . . . . To roll one's self along the ground. Clywir *megrinad, mygrinad* yn Sir Gaerf. a Morg. am geffyl 'yn taflu pâr o bedolau neu'n rholian ar y llawr'; a chlywir *ymgr(e)inad* (Morg.) a *myngrinad* (Morg. a Myn.) yn yr ystyr 'gwingo (mewn poen)'.

Gw. hefyd **amgreiniaf: amgreinio.**

ymgreiniol [bôn y f. *ymgreiniaf, ymgreinaf: ymgrein(i)o*+*-iol*] *a.* Yn ymgreinio'n wasaidd, taeogaidd, cynffongar: *grovelling, obsequious, servile, fawning.* **1852.**

ymgreiniwr [bôn y f. *ymgreiniaf, ymgreinaf: ymgrein(i)o*+*-iwr*] *eg.* Person ymgreiniol, cynffonnwr: *groveller, fawner.* **1852.**

ymgreiriaf: ymgreirio [ym-+*creiriaf: creirio*] *bg.* Ymgynghreirio, (cyd)uno, (?geir.) dyweddïo; (geir.) tyngu (llw, &c.), cyd-dyngu; ?melltithio, tyngu, rhegi: *to form an alliance, join (together), (?dict.) become engaged; (dict.) swear (oath, &c.) (together); ?curse, swear.*
1780 W d.g. To plight one's troth. **1803** P, *Ymgreiriaw* . . . To swear one's self; to covenant mutually.

ymgreniaf: ymgrenio, gw. ymgreiniaf: ymgreinio.

ymgreulonaf: ymgreuloni, gw. ym-+creulonaf: creuloni.

ymgribaf, ymgribiaf: ymgrib(i)o [ym-+*cribaf: cribo*] *bg.*
(*a*) Ysgarmesu, ymryson; cripio, crafu: *to scuffle, contend; claw, scratch.*
c. **1400** [RB] WM 506. 11–12, nyt dec ac nyt digrif genhym dy welet yn ymgribya6 aggrach. **16–17g.** PhA 475, cofia di cyfod Awen / y co fydd am backws hen / A gafar oedd gyfrwyddwych / iddo yn *ymgribo* ar gwrych [i ymliw â'r gwin]. **1725** SR, *ymgribo* d.g. To Claw or scratch. **1756** ML i. 419, Wfft i'r mawrion rheini sydd yn *ymgribo* a'u gilydd yn lle meddwl am amddiffyn i deyrnas ai [sic] pherthynasau.
(*b*) Dringo, esgyn; ymlusgo, ymgripio, cripian; hefyd yn *ffig.: to climb, ascend; crawl, creep, clamber; also fig.*
1604–7 TW (*Pen* 228) d.g. *Ascendo, Conscendo.* **1799** Trysorfa 217, Efe a *ymgribodd* o ddeutu 'r adeilad.

ymgribiniaf, &c.: **ymgribinio**, &c. [ym-+*cribiniaf: cribinio*] *bg.*
(*a*) Cribinio neu grafu (ynghyd), casglu, crynhoi, hel, cipio, cydio, fel arfer yn *ffig.: to rake or scrape (together), collect, gather, grab, grasp, usu. fig.*
1604–7 TW (*Pen* 228), *ymgribinio* d.g. *Corrado* (hefyd *D*). **1657** RE: CDd 294, pa fodd i geisio etifeddiaeth sydd well nar hon y maent yn *ymgribinio* ymma am dani. **1660** (1759) BC 209, Pan elir i'm *gribinio* u'r bŷd, / Ni cheir un munud mwynedd. **1703** E. WYNNE: *BC* 136, dyfeisio a thwyllo, ymgurio, *ymgribinio,* lladd a lledratta. [**1710**] GW. AB IERWERTH: SB 13, Y mae llawer iawn . . . a wariant eu hamser gwerthfawr am ymdrafferthu a'r byd, yn *ymgribinio* am elw [carking Gains]. **1722** LlSt 189, *Ymgribinio.* . . . To scramble, rake. **1766** CD 81, A rhai oedd yn lluoedd, / Er llawer o flynyddoedd, / Yn *Ymgribinio* 'n fawr ei chwant, / I gael cywaeth iw [sic] meddiant.
(*b*) Ymlusgo, ymgripio, cripian, hefyd yn *ffig.: to crawl, creep, clamber, also fig.*
1703 E. WYNNE: *BC* 117, splentydd dibyn o rew anhygyrch, ac ymbell raiadr serthgry, sy 'n rhydost

oll i *'mgribinio* trostynt oni byddei gennych ewinedd diawledig o hŷd.

Amr.: **ymgrabinio. 1833. ymgrabino. 1877.**

ymgripiad [bôn y f. *ymgripiaf²*: *ymgripio*, &c.+-*iad*¹] *eg.* Y weithred o ymgripio (yn enw. am bridd neu blanhigyn), ymlusgiad: *creepage, a creeping (esp. of soil or plant), crawl.*

20g.

Cfn.: **ymgripiad pridd:** *soil creep.* 20g.

ymgripiaf¹: **ymgripio** [*ym-*+*cripiaf*¹: *cripio*] *bg.a.* Crafu, crafangu; ymgodymu; hefyd yn *ffig.*: *to scratch, claw; grapple; also fig.*

1552 *Pen* 403, 111, ymddiddan / ymdeimlo / *ymgripio* . . . a llawer o bwintiav trythyll eraill. 16–17g. (17g.) *CC* 44, owr ship is wrth *ymgrippio* / weake and fwl off leake beelo (Thomas Prys). 16–17g. *DCR* 234, Cyn tynv fy sane na daffod gardyse i roeddwn i garte [sic] yn effro / yn syden mi ddychrynais ar pared mi *ymgripiais* a meinwen a golles yno. 16–17g. *GST* i. 793, A hel brywes mewn cegin, / Ac *ymgripio* â bechgyn. 1604–7 *TW* (*Pen* 228) d.g. *Confrico*. 1803 *P* d.g. *Ymgripiaw*.

ymgripiaf²: **ymgripio**, **ymgripian** [*ym-*+*cripiaf*²: *cripio*, *cripian*] *bg.* Cripian, ymlusgo, cropian, sgrialu, sgrabinio, dringo, symud yn llechwraidd, hefyd yn *ffig.*: *to crawl, creep, scramble, scrabble, climb, sneak, also fig.*

1699 T. JONES: *TP* 153, efe a ymegeniodd i *ymgrippio* (scrabble) i fyned ymaith. 1737 J. EINNON: *HR* 170, rhyw ymroad i *ymgrippian* (scramble) ac ymlysgo a'r [sic] hyd y Dwfr. 1767 W. WILLIAMS: *CAA* 57, Gostyngeiddrwydd yntef a *ymgripiodd* ar y ddaear. Ar lafar, '*ymgripian*' 'to creep . . . (on all fours)', *WVBD* 576.

ymgripiol [bôn y f. *ymgripiaf²*: *ymgripio*, &c.+-*iol*] *a.* Yn ymgripio (yn enw. am blanhigyn), yn cripian, ymlusgol: *creeping (esp. of plant), trailing, crawling.* 1924.

ymgrisialaf: ymgrisialu, gw. ym-+crisialaf: crisialu.

ymgroenaf: ymgroeni [bf. o *ym-*+*croen*] *bg.a.* Dyheu, blysio; (geir.) tynnu croen, digroeni, blingo: *to long for, desire; (dict.) to skin, flay.*

15g. *GTP* 41, Oedi, *ymgroeni* am gred, / Ymgellwair am ei golled. 1604–7 *TW* (*Pen* 228) d.g. *Excorio, prurio*. 17g. *LlGC* 13215, 332, *Ymgroeni* Prurio.

ymgroes¹ [bôn y f. *ymgroesaf, ymgroesiaf*: *ymgroesi, ymgroesio*; ansicr yw union ystyr yr enghrau. isod a dichon fod grym ebychiadol i rai ohonynt] *eb.g.* ?Arwydd y groes, bendith: *the sign of the cross, blessing.*

16g. HUW ARWYSTL: *Gw* 58, trem gras fyth trwy *ymgroes* fo / yma i geraint am garo [sic] / iawn yw drwy sal duw ar saint / ywen koed garv ch kyd geraint. 17g. *DCR* 250, Nid oes na Bardd, na Phrydydd llon / . . . / na Dewin, na Dewines wyr, / pa beth a wnaeth, yr *ymgroes* llwyr, / Llosgi a lladd pob cyfriw /o/ nadd / . . . / ni ddichon kledd, fyth wneuthur hedd / nes kaffo Charles, /i/ eiddo /i/ hun. c. 1689 (1802) L. WILLIAM: *Sherlyn Benchwiban* 44, Have at wonder bellach, / How down boys, Sisli'r Sittrach; / Er *ymgroes*, da gan bawb a'i clyw, / Gyfled yw ei gaflach.

Cfn.: **ymgroes dda:** ?*a prayer for God's blessing or protection.* 1703 E. WYNNE: *BC* 96, *Ymgroes dda* i bawb, der fi, be' sy 'n peri i'r rhain achwyn mwy na nêb. 1736 (1812) *YRW* 27, *Ymgroes dda* i bob rhyw gristion, / Hyll yw'r Fall a'i holl ddichellion. 1758 *ML* ii. 88, Mae rhai yn rhoddi clod . . . i bylor y Dr. Siams . . . Ond gan fod y rhan fwya o'r trueiniaid yma yn ymendiaw o'r dwymyn, gwell yw *ymgroes dda* na'i ddodi iddynt.

Gw. hefyd croesymgroes, gwallymgroes.

ymgroes², gw. ymgroesaf: ymgroesi.

ymgroesaf, ymgroesiaf, &c.: **ymgroesi, ymgroesio,** &c. [*ym-*+*croesaf*: *croesi* a bf. o *ym-*+*croes*] *bg.*

(*a*) Gwneud arwydd y groes (arno ei hun), bendithio, hefyd yn *ffig.* gochel, cymryd gofal: *to make the sign of the cross, cross oneself, bless, also fig. beware, take care.*

13g. *B* ix. 146, Edrech na bo ovyn arnat nac er a welych nac er a glywych ac nat *emgroessych*. 14g. *id.*

331, mi . . . a baraf vdunt bechu yn kwsc i'r rhai a fydynt heb *ymgroesi*. Ac er hynny y rhai a *'mgroeso* yn da, rraid i minne ffo yn wradwydus. 14g. *THSC* (1919–20) 122, *ymgroessi* aoruc ynteu adodi arna6 ar6yd y teirnawd. 15g. *OBWV* 114, *Ymgroesais*, afledneisfloedd, / Rhywyr oll a rhy oer oedd. 15–16g. *TA* 200, Nid gwiw addun, dwg weddi, / Ameu gras Duw, *ymgroes* di. 1547 *WS, Ymgroesi* Blesse. 16–17g. *GHCEM* 147, Mingas wyt, *ymgroes* y mangawr,— Moesen / Rhag misiff hyd elawr (Edward Maelor). 1632 *D, Ymgroesi*, Sese signo crucis signare, sese benedicere. 17g. HUW MORUS: *EC* i. 278, Mi *ymgroesaf* rhag carowsio, 'r wy 'n addo rhoi nâg. c. 1689 (1802) L. WILLIAM: *Sherlyn Benchwiban* 42, Wele weithian *ymgroesiwch*. 1703 E. WYNNE: *BC* 131, a'r lleidryn pan ei gwelodd [cythraul] a *ymgroesodd* byth wedi. 1739 *ML* i. 12, Mae arnaf ofn na fydd genyf ffyrling i *ymgroesi* erbyn y delwyf yna. 1772 *W* d.g. *To cross one's self.* 1790 TWM O'R NANT: *GG* 195, Mewn traserch, rhŷ anllad a'i llygad yn llon; / Fe ddyle ddyn grasol *ymgroesi* rhag hon. 1803 *P, Ymgroesi*, v. a. . . . To cross one's self; to secure one's self; to be cautious, to be mindful, to beware.

(*b*) Croesi (ei gilydd), croestorri: *to cross (each other), intersect.*

1772 *W* d.g. *To cut, or intersect, To intersect.*

(*c*) Dod i delerau, cyfaddawdu: *to come to terms, compromise.*

Ar lafar, 'Triwch wir *ymgroesi* hefo'ch gilydd'— peth cas iawn bod dim byd rhwng dau frawd' (Arfon).

ymgroesiad [bôn y f. *ymgroesaf, ymgroesiaf*: *ymgroesi, ymgroesio*+-*iad*¹] *eg.*

(*a*) Y weithred o ymgroesio, croesiad; (geir.) gofal, pwyll: *a crossing (with the sign of the cross); (dict.) caution.*

1618 J. SALISBURY: *EH* 5, a phôb vn o'r dhau [ddirgeledd], [sic] a gynhwysir yn yr *ymgroesiad* arferedic ag arwydh y Grôg. 1803 *P, Ymgroesiad*, s. m. . . . A securing one's self, a bewaring.

(*b*) Man croesi, croestoriad: *a crossing, intersection.*

1775 *W* d.g. *Intersection [the cutting or crossing each other].*

ymgroesiaf: ymgroesio, gw. ymgroesaf: ymgroesi.

ymgroeswr [bôn y f. *ymgroesaf, ymgroesiaf*: *ymgroesi, ymgroesio*+-*wr*] *eg.* ll. -*wyr.* Un sy'n gwneud arwydd y groes: *one who makes the sign of the cross.*

16g. WILIAM LLŶN: *Gw* (R. Stephens) 156, Nid yw un brau yn dwyn brig / Dan nawnef er da'n unig. / Y gras, o bydd *ymgroeswr*, / A dawn a wna dyn yn ŵr.

ymgrogaf: ymgrogi, ymgronnaf: ymgronni, ymgropiaf: ymgropian, ymgrwydraf: &c., gw. ym-+crogaf: crogi, cronnaf: cronni, cropiaf: cropian, crwydraf: crwydro, &c.

ymgrybychaf: ymgrybychu, ymgrydeddaf: ymgrydeddu, ymgryfhaf: ymgryfhau, ymgrymaf: ymgrymu, &c., gw. ym-+crebachaf: crebachu, cyfrodeddaf: cyfrodeddu, cryfhaf: cryfhau, crymaf: crymu, &c.

ymgrynhoad [bôn y f. *ymgrynhoaf: ymgrynhoi*+-*ad*², trf. han.] *eg.* Y weithred o ymgrynhoi, Meddyg. crebachiad, cyfangiad, hefyd yn *ffig.*: *the act of contracting, contraction (in dict.), also fig.*

[1783] *W* d.g. *Shrink.* 1803 *P* d.g. *Ymgrynôad*.

ymgrynhoaf: ymgrynhoi [*ym-*+*crynhoaf: crynhoi*] *bg.* Casglu ynghyd, ymgasglu, crynhoi, cronni; crebachu, tynnu ato, mynd yn llai; (geir.) crynu, ysgwyd: *to gather together, assemble, amass; contract, shrink; (dict.) to shake, tremble.*

1606 E. JAMES: *Hom* ii. 255, eglwysydd a themlau, i'r rhai y gallai y bobl *ymgrynhoi* yn well ynghyd. 1773 *W* d.g. *To gather one's self up, To shrink.* 1782 E. JONES: *DB* 21, i Falwedan . . . a ddichon *ymgrynhôi* yn syppyn. [1783] *W*, *ymgrynhôi* . . . rhag ofn d.g. *To shrink for [through] fear.* 1800 W. OWEN[-PUGHE]: *CP* 124, rhoddi naws idd y caws o *ymgrynôi* (contracting itself). 1803 *P* d.g. *Ymgrynôi*.

ymgudd, ymguddfa, ymguddfan, ymguddiad¹, gw. ym-+cudd: cuddfa, cuddfan, cuddiad.

ymguddiaf: ymguddio, ymguddiad², &c., gw. ym-+cuddiaf: cuddio, &c.

ymguddle, gw. ym-+cuddle.

ymgur¹ [bôn neu fe.'r f. *ymguraf: ymguro*] *e?g.* Y weithred o daro (ei gilydd) neu o guro neu ymguro, gwrthdrawiad; cur, yn *ffig.*: *a beating or striking (one another), conflict; ache, fig.*

1667 C. EDWARDS: *FfDd* 61, Oddiwrth *ymgur* y dûr a'r Callestr ennynnodd goleuni gyda'r tân. 1677 *id.* 53, Gwyddai 'r Juddewon fod Christ i ddyfod, ac yn awr y maent yn disgwil ei ddyfodiad ef, nid oes neb ryw *ymgur* mwy rhyngom ni a nhwythau. 1727 J. JONES: *DFF* 153, Och gyd â pha Ofid diamgyffred ac *Ymgur* Calon y daw iddynt y Cofion hyn!

ymguraf, &c.: **ymguro, ymgur²,** &c. [bf. o *ym-*+*cur*¹] *bg.* a hefyd gyda grym enwol i'r be. *ymguro.* Taro (ei gilydd), ei daro ei hun, curo, gwrthdaro, ymladd, hefyd yn *ffig.*; ymdrechu, ymlafnio, ymboeni; aflonyddu: *to beat (one another or oneself), strike, clash, fight, also fig.; struggle, strive, be concerned; grow or be restless.*

13g. *GDB* 390, Gna6t cledyf gilyd yn ymgilya6, / Cuall ac arall yn *ymgura6*. 14g. *GDG*¹ 345, Mae cŵn dan lef ny dref draw / Ag eraill yn *ymguraw*. c. 1400 *R* 1363. 25–6, Panwelas dd' h6yldyd haeldedyf. y g6yr yn *ymgur* tyst dolur tost. c. 1400 *YSG* i. 29, ef a dynnaw6 y gledyf, ac wynteu a dynnassant eu cledyfeu. Ac uelly *ymguraw* a orugant yn ffest. 15g. *Med H* 30, velly yr *ymgur* vwyvwy o lid a'r ordd. 15g. *GLGC* 311, pan fo *ymguro* dwy goron—wrawl, / pan fo iso hawl pennaf yw Siôn. 15g. *DE* 13, o myn i troi ym nid Raid / *ymguraw* am gae evraid. *Diw.* 16g. *WLB* 24, ef a fydd yn *ymguro* ac yn ysmudo heb orffwys. 1588 *Gen* xxv. 22, A'r meibion a *ymgurasant* yn ei chroth hi. 1588 *Pr* i. 13, dymma drafael flin a roddes Duw ar feibion dynnion i *ymguro* (1988 *ib.* ymboeni) ynddi. 1595 H. LEWYS: *PA* 232, pwy fwyaf'r *ymguriff* y pyscodyn a ddaliwyd yn y rhwyd. 16–17g. *GST* i. 378, Wyrion y gŵr yno, gynt, / Am y goron a *'mgurynt*. 1604–7 *TW* (*Pen* 228) d.g. *Restans*. 1632 J. DAVIES: *LlR* 362, i ba beth yr wyt ti yn cymmeryd cymmaint o boen, ac yn *ymguro* cymmaint, am beth mor ofer ac yw gorwag-clod a gair y byd? *id.* 380, Y mae olwyn y felin yn ymdroi llawer, ac yn *ymguro* (beateth itself) o ddydd i ddydd. 1701 E. WYNNE: *RBS* 119, megis aderyn yn *ymguro* yn y Rhwyd. 1750 *ML* i. 159, rhaid *ymguro* oreu gellir i fynd i ben y tir, fal yr arddwr. 18g. I. BRYDYDD HIR: *Gw* 20, Ni bydd dur nac *ymguraw*, / Na llid na chelain rhag llaw. 1803 *P, Ymguraw* . . . To beat one's self; to beat mutually. Ar lafar, '*ymguro*' 'to beat one's arms against the chest in cold weather', 'to strive hard to live under adverse circumstances', *WVBD* 576.

Amr.: **ymguriaf¹: ymgurio.** 16–17g. T. R. ROBERTS: *EP* 291, Wrth fynd i'r maes am llaes-own, / Duliais *ymguriais* a'm gwron [cywydd i'r bel-droed]. 1703 E. WYNNE: *BC* 136, tyngu, rhegu, ymladd, ymgyfreithio, dyfeisio a thwyllo, *ymguro*, ymgribinio, lladd a lledratta.

ymguriaf²: ymgurio, ymgusanaf: ymgusanu, gw. ym-+curiaf¹: curio, cusanaf: cusanu.

ymgutiaf, &c.: **ymgutio,** &c. [?amr. ar *ymgydiaf: ymgydio*; tywyll yw llawer o'r enghrau. isod] *bg.* ?Ymdrechu, ymlafnio: *to struggle, strive.*

Diw. 16g. W. MIDLETON: *B* 59, ym droi ffel ymdaro fllwch / ym *gvtio* am y goetwch. 16–17g. *GST* i. 608, A 'mgoto yr a '*mgytiawdd* [sic], / Swrth iawn hap, a syrth yn hawdd. 1603 W. MIDLETON: *Ps* 60, A ymgotto wrth *ymguttiaw* / Oerboen drwch im erbyn draw. 17g. *HCRC* iii. 134, Am hynny meddyliwn ar unduw gweddiwn / iachawdwr pob ffasiwn ar glefyd / er trymed iw'n trafel *ymguttio* am y gattel / yr wastad ar adel yr iechyd. 1696 *CDD* 45, Fê â Teyrnas i ryfel, i'm *guttio* am y gattel [sic], I gadw 'r Corph isel, yn uchel ei naid. 1786 TWM O'R NANT: *PCG* 41, Wel gan fod yr hen froliwr mor anodd ei rulo, / Mi ai gadawa fe ar gyfer, bod rhyngyn ac efo, / Ac a ddiengaf yn siwr, heb dalu dim siot, / Fe geiff yr hen got *ymgutio*.

ymgwaethogaf: ymgwaethogi, gw. ym-+gwaethogaf: gwaethogi.

ymgweiriaf: ymgweirio, gw. ym-+cyweiriaf: cyweirio.

ymgwffiaf, &c.: **ymgwffio,** &c. [bf. o *ym-*+*bnth. S. (to) cuff* 'to strike, buffet'] *bg.* Ymladd, ymgyrnu: *to fight.*

1667 C. EDWARDS: *FfDd* 30, yr un yspryd balchder yrrodd y ddau Arch.escob [sic] saesnig mewn cyman-

fa eglwysig i ymwthio ac i *ymgwffio* am yr eusteddle uchaf. **1747** *ML* i. 104, Am Goffi a Thea fe'*mgwff-iodd*—i'r Gwrych / Nid oes gwrach nas curodd.

ymgwilyddiaf: ymgwilyddio, ymgwplysaf: ymgwplysu, ymgwynaf: ymgwyno, ymgydiaf: ymgydio, &c., gw. ym-+cywilyddiaf: cywilyddio, cyplysaf: cyplysu, cwynaf: cwyno, cydiaf: cydio, &c.

ymgydnabyddaf: ymgydnabod, ymgydnabyddu [*ym-*+*cydnabyddaf*: *cydnabod, cydnabyddu*] *bg.* Ymgyfarwyddo (â'i gilydd), dod yn gyfarwydd, cynefino, ei wneud ei hun yn gyfarwydd neu'n gynefin, ymgynefino; cydnabod ei fod (yn): *to become acquainted* (*with each other*), *acquaint or familiarize oneself; acknowledge oneself to be.*

16g. *THSC* 1923–4 (At.) 19, y mae yn raid y bob ryw ddyn vwrw oddiwrtho bob ryw enwiredd y lawr . . . ac *ymgyddnabod* [*sic*] ehvn yn bechadyr dayarol. **1567** *TN* [xxxii], yma i cei *ymgydnabot* ath hen ffydd. **1588** *Gen* xlv. 1, nid arhosodd neb gyd ag ef, pan *ymgydnabu* Ioseph ai frodyr. **1604–7** *TW* (*Pen* 228), *ymgytnabydhû* d.g. *Adiungo.* **1701** E. WYNNE: *RBS* 255, *ymgydnebydd* â'i holl orchmynion ef. **1721** RD: *CFf* 12[5], yr ŷm yn *ymgydnabod* yn rhwym wrth orchmmynion Duw, ddwy[n] ein plant i fynu yn athrawiaeth ac addysg yr Arglwydd.

ymgydnabyddiaeth [?bôn y f. *ymgydnabyddaf*: *ymgydnabyddu*+*-iaeth*] *eb.g.* Adnabyddiaeth, gwybodaeth: *acquaintance, familiarity, knowledge.*

1727 J. JONES: *DFf* 74, mewn ffordd o Agosrwydd ac *Ymgydnabyddiaeth* cyfrinachol.

ymgydsylltaf: ymgydsylltu, ymgydymdeithiaf: ymgydymdeithio, gw. ym-+cysylltaf: cysylltu, cydymdeithiaf: cydymdaith.

ymgyfaddasaf: ymgyfaddasu, ymgyfamodaf: ymgyfamodi, ymgyfansoddaf: ymgyfansoddi, ymgyfarchaf: ymgyfarch, gw. ym-+cyfaddasaf: cyfaddasu, cyfamodaf: cyfamodi, cyfansoddaf: cyfansoddi, cyfarchaf: cyfarch.

ymgyfarchwelaf: ymgyfarchwel [*ym-*+?*cyfarchwelaf*: *cyfarchwel(yd)*, drwy ei gysylltu â'r e. *cyfarch*[1] a'r f. *gwelaf*: *gweld*] *bg.* a hefyd gyda grym enwol i'r be. Cyfarfod, ymgyfeillachu, ymgydnabod; cyfarch: *to meet, associate, be(come) acquainted; greet.*

18–19g. *MA* iii. 209, Tair cainc dyledswydd dŷn: *ymgyvarchwel* â Duw, llesâu dŷn, a gwellâu gwybodau.

ymgyfarfod[1]**, ymgyfarfyddaf: ymgyfarfod**[2]**, ymgyfartalaf: ymgyfartalu,** &c., gw. ym-+cyfarfod[1], cyfarfyddaf: cyfarfod, cyfartalaf, cyfartalu, &c.

ymgyfarwyddaf: ymgyfarwyddo [*ym-*+*cyfarwyddaf*: *cyfarwyddo*] *bg.* Cyfarwyddo, dod yn gyfarwydd, cynefino, ei wneud ei hun yn gyfarwydd, ymgynefino: *to become accustomed or familiar, accustom or familiarize oneself.*

1717 IACO AB DEWI: *MN* 274, [y] Rheol, ag yr wyfi yn bwriadu 'n hollol *ymgyfarwyddo* wrthi. **1730** IACO AB DEWI: *YL* 17, Milwyr hyfedrus a *ymgyfarwyddant* mewn Hyfforfeydd bychein cyn rhoddi Brwydr i'w Gelynion mewn Ymladdfa. **1803** *P* d.g. *Ymgyvarwyzaw.*

ymgyfathrachaf, &c.: **ymgyfathrach(u),** &c. [bf. o *ym-*+*cyfathrach*[1]] *bg.* ac yn eithriadol *ba.* a hefyd gyda grym enwol i'r be. (Peri) ymgysylltu, ymwneud, cyfeillachu, ymgyfeillachu; cynghreirio, uno (drwy briodas); cael cyfathrach rywiol: *to (cause to) associate oneself, have to do, have dealings, be(come) friendly; ally, unite (by marriage); have sexual intercourse.*

14g. *WM* 40. 2–4, Byryö neges yö yr eidaw ef [Matholwch] . . . Mynnu *ymgyuathrachu* athidy. **15g.** *BB* 102, na elllyt [*sic*] rac galanasseu *ymgyvathrachu* ac vn genedyl onyt ar eidunt ev hyn [*sic*]. **1547** *WS*, *Ymgyfathrachy* Be alyed. **1588** *Gen* xxxiv. 9, *ymgyfathrechwch* a ni. **1588** *Deut* vii. 3, Nac *ymgyfathracha* y chwaith [*sic*] a hwynt. **1588** 1 *Br* iii. 1, Salomon a *ymgyfathrachodd* a Pharao brenin yr Aipht. **1604–7** *TW* (*Pen* 228), wedy cyngreiriaw, ne'*mgyûathrachû* [*sic*] d.g. *Amicus.* **1632** *D*, ymgymmharu, ymrain, *ymgyfathrachu* d.g. *Coeo.* **1658** R. VAUGHAN: *PES* 8, yr ŷm ni oll yn frodyr mal yn Gristianogion. Gwyr a *ymgyfathrachwyd* y naill ar llall trwy vn gobaith. **1740** T. EVANS: *DPO* 20, Ond ym mhen talm o Amser . . . fe *ymgyfathrachodd* y Tô nessaf a Thrigolion y wlad. **1803** *P*, *Ymgyvathraç* . . . v. a. To form a mutual connection.

ymgyfeillachaf, &c.: **ymgyfeillach(u),** &c. [bf. o *ym-*+*cyfeillach*] *bg.* a hefyd gyda grym enwol i'r be. Cyfeillachu, cymdeithasu, cadw cwmni, ymwneud; cynghreirio, hefyd yn *ffig.*: *to be(come) friendly, associate, keep company, have to do, have dealings; ally (oneself), also fig.*

1588 2 *Cr* xx. 37, o herwydd i ti *ymgyfeillach* ag Ahazia, yr Arglwydd a rwygodd dy waith di. **1588** *Io* iv. 9, nid yw yr Iddewon yn *ymgyfeillach* â'r Samariaid. **1606** E. JAMES: *Hom* iii. 152, o blegid diball dryssor yw hi yr hwn pwy bynnac a'i harfero y maent hwy yn *ymgyfeillach* â Duw. **1620** *Eseia* viii. 9, *Ymgyfeillechwch* bobloedd, a chwi a ddryllir. **1632** *D*, *Ymgyfeillach* d.g. *Assector, Comito, Vtor. id.* *ymgyfeillachu* d.g. *Associo.* **1677** R. JONES: *BB* 164, Os bydd possibl *ymgyfeillachwch* â Christianogion bywiol, esgyd a gwisgi. **1701** E. WYNNE: *RBS* 75, Dylei Wyryfon fôd yn ddirgel ac yn neilltuol, am fôd pôb penrhydd a chrwydrus *ymgyfeillach* yn briwo'r morwyndod. **1759** T. THOMAS: *WWDd* [20], ag na chwennychai neb o'r Cyfeillion goreu . . . *ymgyfeillachu* âg ef. **1775** *W*, Ymgyfeillio (uno, *ymgyfeillachu*) ag un d.g. *To join, To join fellowship . . . with one.* **1784** M. WILLIAMS: *S* i. 72, Yn Ffraingc mae'r gwragedd yn cael pob rhyddid i ramblo, ac *ymgyfeillachu* â'r sawl y fynont.

Amr.: **ymgyfeilliach(u),** &c. [cf. *cyfeilliach*]. **1704** E. SAMUEL: *BA* 29, ymddiddan ac *ymgyfeilliachu* a hwynt. **[1745]** W. ROBERTS: *FfM* 13, Wrth hir ymrwyfo mewn ymrafael / Caeth rwysg, 'faeth i'*mgyfeilliach* [*sic*] a'r Cythrael. **1751** *GIA* xi, a phan nad ydych chwi ond *ymgyfeilliach* â'r ddaiar ac â'r cnawd. **1803** *P* d.g. *Ymgyveilliaç, Ymgyveilliaçu.*

ymgyfeilliaf, ymgyfeillaf, &c.: **ymgyfeill(i)o,** &c. [bf. o *ym-*+*cyfaill*] *bg.* Cyfeillio, gwneud ffrindiau, ymgyfeillachu; cynghreirio; hefyd yn *ffig.*: *to become friendly, make friends, associate oneself; ally; also fig.*

14g. *BT* 117, *ymgyueillyaw* ar brenhin aoruc ahedychu ac ef. **14g.** *BT* (*RB*) 152, *ymgyfeillaw* a oruc a'r brenhin trwy adaw idaw trychann meirch a phedeir mil o ychen. **1588** *Nu* xxv. 3, *ymgefeillodd* Israel â Baal Peor. **1588** *Hos* iv. 17, Ephraim a *ymgefeillodd* ag eulynnod. **17g.** *LlGC* 13215, 332, *Ymgyveillio* Amico. **1731** E. SAMUEL: *AE* 189, F'a ymresymmodd ac a *ymgyfeilliodd*, a dywedir gynnyddu o hono [Iesu] mewn Doethineb. **1760** E. WILLIAMS: *UYB* 78, Mae 'n Hiachawdwr wedi *ymgyfeillo* ac ymgwplysu . . . a'i weision. **1773** *W*, *Ymgyfeillio* (ymgyfeillachu) ag un d.g. *To enter, To enter into friendship with one.*

ymgyfeiriaf: ymgyfeirio, ymgyfenwaf: ymgyfenwi, gw. ym-+cyfeiriaf: cyfeirio, cyfenwaf: cyfenwi.

ymgyfhwrdd, gw. ymgyffyrddaf: ymgyffwrdd.

ymgyfiawnhaf: ymgyfiawnhau, gw. ym-+cyfiawnhaf: cyfiawnhau.

ymgyflawniad, gw. ym-+cyflawniad.

ymgyflogaf: ymgyflogi, ymgyflwynaf: ymgyflwyno, ymgyfnewidiaf: ymgyfnewid(io), ymgyfodaf: ymgyfod(i), &c., gw. ym-+cyflogaf: cyflogi, cyflwynaf: cyflwyno, cyfnewidiaf: cyfnewid, codaf: codi, &c.

ymgyfoethogaf, ymgyw(a)ethogaf, &c.: **ymgyfoethogi, ymgyw(a)ethogi,** &c. [bf. o *ym-*+*cyfoethog*] *bg.* Cyfoethogi, ei gyfoethogi ei hun, hefyd yn *ffig.*: *to become rich, enrich (oneself), make oneself rich, also fig.*

13g. *Brut B* 14, eyssyoes e wudvgolyaeth a kavssant wy, ac *emkyvoethogy* oc ev hyspeyl wy. **13g.** *BD* 71, *ymgyuoethogi* a wnaeth o eur ac aryant. **15g.** *BB* 94, gan ev llad . . . ac *ymgyuoethogi* ehvn oc ev sswllt. **16g.** *GGH* 299, Mintai hardd o'i maint yw hi, / A theg *ymgywaethogi.* **1567** *TN* 316a, *ymgyvoethogi* [Gr. ploutein] o weithredoedd da. *id.* 394a, Marsiantwyr y pethey hyn yrrein *ymgofoythogasant*, y safant ymhell oddiwrthi hi. **1588** *Diar* xxiii. 4, Na ddeffygia mo honot dy hun, yn *ymgyfoethogi.* **1589–93** *Rhyddiaith Gymraeg* ii. 136, a'r marsiandwyr sydd yn *ymgoweth-ogy* trwy falchder a gwchder. **16–17g.** *GST* i. 646, Er bod dyn, nac arbed ti, / Gwaith egr, yn *ymgwaethogi.* **1688** S. HUGHES: *TSP* 203, Abraham a Solomon a *ymgyfoethogasant* er eu bod yn Grefyddol. **[1710]** GW. AB IERWERTH: *SB* 49, i *ymgyfoethogi* tuac at Dduw. **1753** *TR*, *Ymgyfoethogi*, to grow rich. **1759** T. THOMAS: *WWDd* 243, os ydwyt ti yn Ddyn cyfoethog, y mae Duw yn disgwyl i ti *ymgyfoethogi* mewn gweithredoedd da. **1803** *P* d.g. *Ymgyvoethogi.*

ymgyfoethogiad [bôn y f. *ymgyfoethogaf*: *ymgyfoethogi*+*-iad*[1]] *eg.* Y weithred neu'r proses o ymgyfoethogi: *the action or process of making oneself rich, self-enrichment.*

1773 *W* d.g. *Enrichment.* **1803** *P.*

ymgyfogaf: ymgyfogi, ymgyfrangaf: ymgyfranc, ymgyfrangu, &c., gw. ym-+cyfogaf[1]: cyfogi, cyfrangaf: cyfrengi, &c.

ymgyfrannaf: ymgyfrannu, ymgyfranogaf: ymgyfranogi, &c., gw. ym-+cyfrannaf: cyfrannu, cyfranogaf: cyfranogi, &c.

ymgyfreithiad [bôn y f. *ymgyfreithiaf*: *ymgyfreithio*, &c.+*-iad*[1]] *eg.* Achos cyfreithiol: *litigation, lawsuit.*

1776 *W* d.g. *Litigation.* **1803** *P.*

ymgyfreithiaf: ymgyfreithio, ymgyfreith(i)a [bf. o *ym-*+*cyfraith*] *bg.* a hefyd gyda grym enwol i'r be. Mynd i gyfraith, cyfreithio; barnu: *to go to law, litigate; judge.*

15g. *Glam Bards* 181, byd drudfaith yw *m gyfreithia* / bwrion ar gymdogion da (Gwilym Tew). **16g.** SIÔN BRWYNOG: *C* 134, Rhwyll o drin a rhoi llw draw, / Go fraith ac *ymgyfreithiaw* [cywydd y Ddwy Ffydd]. **1567** *TN* 248b, brawd yn *ymgyfreithio* a brawd. **1588** *Eseia* lxvi. 16, yr Arglwydd a *ymgyfreithia* (**1988** *ib.* bydd yn barnu) â thân. **1588** *Ecclus* viii. 17, Nag *ymgyfreithia* ag vstus. **1599 (1677)** R. HOLLAND: *AB* 106, fo a eill Cristion *ymgyfreithio* ac er hynny caru y neb y bo efe yn ei ganlyn. **1604–7** *TW* (*Pen* 228) d.g. *Actito, Litigo.* **1672** J. LANGFORD: *HDdD* 467, Dwyn gelyniaeth o'n mewn tu ac at y rhai y bôn ni yn *ymgyfreithio* a hwynt. **17g.** HUW MORUS: *EC* i. 95, Trin trawster, arfer oerfrwnt, / *Ymgyfreithio*, breibio brwnt. **1718** E. SAMUEL: *HDdD* 356, Nid o herwydd fod pob *ymgyfreithio* yn llwyr anghrist'nogol. **1730** IACO AB DEWI: *YL* 134, Pa Holion, ymgynhennu a Dadleuon aflonydd, ac *ymgyfreitha* sydd yn awr . . . am wir Ffiloreg? **1756** *ML* i. 419, pan oedd y Cymru cneccys yn *ymgyfreithiaw* au gilydd. **1775** *W* d.g. *Law, To go to law with one.* **1803** *P.*

ymgyfreithiau [*ym-*+*cyfreithiau* (ll. yr e. *cyfraith*)] *e.ll.* Achosion cyfreithiol: *lawsuits.*

1688 W. FOULKES: *EGE* 98, O Fy Nuw . . . ymwrthod yr wyfi . . . Pôb gorthrymder, neu gribddail, neu anrhaith, *ymgyfreithiau* trallodus. **1701** E. WYNNE: *RBS* 10, Heddychwch rhwng gelynion, rhag-rwystrwch *ymgyfreithiau*, a dibennwch bôb ymrysonau. **1786** M. WILLIAMS: *BM* [32], sy'n drogan *ymgyfreithiau* ac ymryson.

ymgyfreithiol [*ym-*+*cyfreithiol*] *a.* Cyfreithiol; (geir.) yn ymwneud ag achos cyfreithiol: *legal; (dict.) litigant (adj.).*

1672 J. LANGFORD: *HDdD* 401, Y mae un pwngc o dangnheddyf na wneir fawr gyfrif o hono ymysg dynion, a hynny yw mewn trosseddiadau *ymgyfreithiol.*

ymgyfreithiwr, ymgyfreithydd [bôn y f. *ymgyfreithiaf*, *&c.*: *ymgyfreithio*, &c.+*-iwr*, *-ydd*[3]; geir. yn unig yw'r ail ff.] *eg.* ll. *ymgyfreithwyr.* Un sy'n ymgyfreithio; (geir.) ymgyfreithiwr blinderus: *a litigant; (dict.) barrator, vexatious litigant.*

1770 *W*, *Ymgyfreithiwr* d.g. *Barrator* [*one who is fond of law-suits*]. *id.* *ymgyfreithydd* d.g. *Litigant.* **1803** *P*, *Ymgyfreithiwr*, One who litigates.

ymgyfrinachaf: ymgyfrinachu, ymgyfrinach, gw. ym-+cyfrinachaf: cyfrinachu.

ymgyfrodeddaf: ymgyfrodeddu, ymgyfunaf: ymgyfuno, gw. ym-+cyfrodeddaf: cyfrodeddu, cyfunaf: cyfuno.

ymgyfwrdd, gw. ymgyffyrddaf: ymgyffwrdd.

ymgyfyngaf: ymgyfyngu, gw. ym-+ cyfyngaf: cyfyngu.

ymgyffelybaf: ymgyffelybu [ym-+cyffelybaf: cyffelybu] bg.

(a) Cyffelybu, ymdebygu, cymharu; cymharu, gwneud cymhariaeth; dynwared: *to be similar, resemble, compare; compare, make a comparison; imitate.*

13g. *DB* 71, O henne y gelwir den y byt lleihaf, urth *ymgyffelybu* o'e ansaud y neuaul organ. 13g. *BD* 154, ac nat oed dim gan neb o'r a'e clywhei ony allei *ymgyffelybu* vrthi [llys Arthur]. 14g. *YBH* 57a, a phan gyuodassant y bore. ny welynt neb a *ymgyffelybei* udunt. c.1400 *YCM²* 130, ny allei holl oludoed Chyarlys, awch brenhin chwi, *ymgyffelybu* a'r kae hwnn. 1567 *TN* 273a, Can ys na vaiddiwn ymgynwys, nau *ymgyffelypu* a ryvv rei ys y yn eu canmol eu hvnain. *Diw.* 16g. *B* ix. 122, Panit ynfydrwydd i ddyn valchau or petheu hynny ac *ymgyphelybu* ar brenin ac ymhoywi a phengrychu gwallt. 1604-7 *TW* (*Pen* 228) d.g. *Adæquo, Respondeo*. 1630 R. LLWYD: *LlH* 324, drwy *ymgyffelybu* ag eraill, y rhai . . . ydynt cynddrwg â chwithau. 1632 *D* d.g. *Assimulo*. 1779 D. DAVIES: *BDED* 33, mor hawdd yr *ymgyffelyba* cariadon a chyfeillion i'r sawl a hoffant. 1803 *P*.

(b) Uno (drwy briodas), ?paru: *to unite (by marriage), ?pair (off).*

14g. *YBH* 11a, gwaeth y gwedei ym *ymgyffelybu* ath [sic] thydi. 14g. *WM* 155. 22-3, *ymgyffelybet* pa6b o hona6ch ae gilyd mal y mynho. c.1400 *RB* ii. 26, Nyt er tebygu ohona6 ef na bei deil6g y iachelar6y *ymgefflybu* [sic] ac ef.

Amr.: **ymgythlybu**. 16g. *TRP* 192, Ni all neb *ymgyth-lybu* / ych anrydedd ach gallv.

ymgyffelybiad [?bôn y f. *ymgyffelybaf*: *ymgyffelybu*+-iad¹] eg. Cyffelybiad, cymhariaeth; dynwarediad: *a likening or comparing, comparison; imitation.*

1595 *Egl Ph* [69], Gwelwch bhod yma *ymgyphelybiad* ar 'eiriau o amrabhaela gwrthwynebus arwyddocad. 1630 R. LLWYD: *LlH* 5, bod ei lygredigaeth ef yn descyn i ni drwy *ymgyffelybiad* (*imitation*) ac nid trwy heppiliad. 1777 W. DAVIES: *CHL* 136, Yn 'y gair dyrchafu,' fe allai fod *ymgyffelybiad* nid yn unig at ei yspryd . . . eithr hefyd at ei bregethiad. 1803 *P*.

ymgyffesaf: ymgyffesu, gw. ym-+cyffesaf: cyffesu.

ymgyffredaf, ymgyffrediad, &c., gw. amgyffredaf: amgyffred, amgyffrediad, &c. (hefyd At.).

ymgyffroaf: ymgyffroi, ymgyffro, &c., gw. ym-+cyffroaf: cyffroi, &c.

ymgyffryd, ymgyffrydu, gw. amgyffredaf: amgyffred (hefyd At.).

ymgyffyrddaf: ymgyffwrdd, ymgyfwrdd [ym-+cyffyrddaf: cyffwrdd, cyfwrdd] bg. a hefyd gyda grym enwol i'r be. *ymgyfwrdd*. Cyffwrdd; cyfarfod; ymladd, brwydro, ymryson; hefyd yn *ffig.*: *to touch; meet; fight, engage in battle, contest; also fig.*

14g. *GIG* 84, Ymwan â ieirll diamwynt, / Ymwrdd, *ymgyfwrdd* ag wynt. *Diw.* 15g. *AP* 22, Ac owchus lefain, adrud *ymgyfwrdd*, agolygon ar gas. 16g. SIÔN BRWYNOG: *C* 128, Gŵr wyt ti i garu tant / Uchlaw mil, a chlo moliant. / I'th iad aeth Dosbarth Edyrn / A dwned a cherdded chwyrn; / Campau, arferau ar fwrdd, / Cloi am gof, cael *ymgyfwrdd*; / Cerdd Dafawd, fyfyrdawd faith, / Canu telyn cnot eilwaith [i Elisa ap Wiliam Llwyd, Rhiwedog]. a. 1600 (1681) R. HOLLAND: *DG* 457, Dav Gymro Yn Taring, Yn Bell O'i Gwlad Ac Yn *ymgyfwrdd* ar fynydd. 1604-7 *TW* (*Pen* 228), pedeirphordd *ymgyfwrdd* d.g. *Quadruvium*. *id*. *ymgyfwrdd* d.g. *Tactio*. 1632 *D*, *ymgyfwrdd* d.g. *Congressio, Contactus, Incursio, Pertingo*. 17g. HUW MORUS: *EC* ii. 381, Hiraethlon foddion wyf fi —am gaffael / *Ymgyfwrdd* â'th gerddi. c. 1700 E. LHUYD: *Par* i. 58, Y mae lhe yn ymmyl yr Eglwys a elwir Croes ennen lle mae dwy ffordh yn *ymgyffwrdh*. 1703 E. WYNNE: *BC* 30, a phawb yn deg ei wich, ac yn llaes ei foes i'r llall, ac yn rhedeg i *ymgyfwrdd* a'u trwyneu gan lawr, fel dau Geiliog a fyddei 'n mynd i daro. *id*. 129, ni bu 'r holl Bennaethiaid a'u Swyddogion dro llaw 'n *ymgyfwrdd* i wneud yr eisteddfod gythreulig i fyny eilwaith. *id*. 136, Os Ffair, os Marchnad, os Sessiwn, os Lecsiwn, os rhwy *Ymgyfwrdd* arall. 1710 *LlGG* (*Gos*) 6, Os haera neb o hyn allan, fod yn gyfreithlawn i radd yn y byd o Eglwyswyr na Gwŷr Llŷg . . . *ymgyfwrdd* a gwneuthur Rheolau. 1716 E. WYNNE: *GGG* 52, po odidoccaf fo'r pethau y bo 'r Meddwl neu'r Enaid yn *ymgyfwrdd* neu'n ymsynnied a hwynt . . . bydd o hynny'n berffeithiach, ac yn alluoccach. 1722 *Llst* 189, Ymgyf-

wrdd (sub) m. A battel; meeting. *id*. *Ymgyfwrdd* (ver) To conflict; meet. 1768 RISIART AP ROBERT: *CB* 266, rhagoriaeth rhinweddau yn *ymgyfwrdd* yn yr un man. 1803 *P* d.g. *Ymgyvwrz*.

ymgyffyrddiad [bôn y f. *ymgyffyrddaf*: *ymgyffwrdd*+-iad¹] eg. Cyffyrddiad; cyfarfyddiad, cysylltiad: *touch; meeting, contact.* 1872.

ymgyngannaf, ymgynghannaf: ymgyng(h)enni, gw. ym-+cyngannaf: cyngenni.

ymgynghoraf: ymgynghori, ymgyngor [ym-+cynghoraf: cynghori] bg.a. a'r be. *ymgyngor* hefyd fel ll. *ymgynghorion, ymgynghorau*. Gofyn barn neu gyngor, cyd-drafod, ystyried, ceisio gwybodaeth neu gyngor; gwneud (cynllun neu gynllwyn); cyngor, cyfarfod; ymgynghoriad: *to consult, confer, deliberate, seek information or advice; make (plan or plot); council, meeting; consultation.*

13g. *BD* 72, Ac yg kylch diwed y oes, *ymgyghor* a wnaeth Eudaf a'e wyrda pa wed yd adavei y gyuoeth guedy ef. 14g. *WM* 103. 2-5, Ar nos honno y bu yr *ymgynghor* ganthunt pa fuv a kehynt uot ygkyt. *id*. 478. 10-11, Reit y6 im *ymgynghori* ac vynt. 14g. *RC* xxxiii. 223, Kanyt oes dim yn y costreleu ac nat oes le y ymgyghori y geissa6 d6fyr. c.1400 *RB* ii. 18, Ac yna agamemnon a *ymgyghores* aegedymdeithon ae hyt dyd ac hyt nos y g6nelynt h6y y deruysc. *id*. 20, Ar nos hono agamemnon ael6is y holl dy6ysogyon y *ymgyghor*. c.1400 [*RB*] *WM* 201. 15-16, Ac *ymgyghor* ac 6ynt beth awnelei am hynny. *Diw.* 15g. *B* v. 102, A gwedy gwelet ar prior kwynuan a gouyt a wraic peri canu cloch i dyuynnu y brodyr . . . i *ymgynghor* ac i ymbwyssaw am y pwnk. 1567 *LlGG* (*Sall*) 7a, Yd pa hyd yr ymgyyoraf yno vy hun. 1567 *TN* 18b, *ymgyggori* [1988 *Math* xii. 14, [c]ynllwyn] a wnaethont yn y erbyn ef, pa vodd y gellynt ei ddiva. *id*. 278a, nyd ymchwedeleyais [:- chyfrinecheis, *ymgygoriais, ymorolais*] a chnawt a' gwaed. 1588 *Eseia* vii. 5, Syria a *ymgynghorodd* gyngor drwg yn dy erbyn. 1632 *D* d.g. *Adverto, Confero, Consulto, Delibero*. 1723 WM: *PGG* 208, Ymhôb Caethiwed fe gyrchai Moses ir Babell i *ymgynghori* a Duw. 1777 W. DAVIES: *CHL* 13, Yr wyf yn hyderu y bydd i'r Arglwydd eich bendithio yn eich *ymgynghorion*. 1803 *P*.

ymgynghorfa [bôn y f. *ymgynghoraf*: *ymgynghori*, &c.+-fa, ma] eb. Cyngor, cynghorfa; ymgynghoriad: *council; consultation.* 1728 T. BADDY: *DDG* [1]06, y Tywysogion ymma ill deuwedd . . . a ganiattasant i'r Juddewon i gynnal eu *Hymgynghorfa* yno.

ymgynghoriad [bôn y f. *ymgynghoraf*: *ymgynghori*, &c.+-iad¹] eg. ll. *ymgyngoriadau*. Y weithred o ymgynghori, ystyriaeth, trafodaeth, dadl; cyngor, cyfarwyddyd: *consultation, deliberation, consideration, discussion, debate; advice.* 1604-7 *TW* (*Pen* 228) d.g. *Notatio*. 1632 *D* d.g. *Deliberatio, Destinatio*. 1664 *LlGG* [44], [ll]ywio a llwyddo eu holl *ymgynghoriadau* er derchafiad i'th ogoniant. 1672 J. LANGFORD: *HDdD* 162, Fe a gyfrifir yr *ymgynghoriad* hwn mewn pôb pethau bydol yn ran o Ddoethineb. 1716 E. SAMUEL: *GGG* 113, Os dywyd Gwyr Doethion i ni mae enbyd ymorol am fanwl am *ymgynghoriadau* Brenhinodd [sic]. 1725 S. RHYDDERCH: *Alm* [12], attolygu ar ei Fawrhydi . . . ymwrthod ar [sic] Ymgynghoriadau hynnny a roddasid iddo yn erbyn eu Gweithredoedd hwy Yn [sic] Rhydychen. 1744 D. ROWLAND: *RY* 228-9, mi a wn iddo ef ei ddywedyd er mwyn ymannog i Ymgynghoriad mwy manol ynghylch hynny. 1772 *W* d.g. *Consultation, Deliberation*. 1803 *P*.

ymgynghoriaeth [bôn y f. *ymgynghoraf*: *ymgynghori*, &c.+-iaeth] eg. ll. *ymgyngoriaethau*. Ymgynghoriad: *consultation.* 1835.

ymgynghorol [bôn y f. *ymgynghoraf*: *ymgynghori*, &c.+-ol] a. Yn rhoddi cyngor (proffesiynol mewn maes arbenigol): *advisory, consultative, consulting (of doctors, &c.).* 1850.

ymgynghorydd, ymgynghorwr [bôn y f. *ymgynghoraf*: *ymgynghori*, &c.+-ydd³, -wr] eg. ll. *ymgynghorwyr*, (prin) *ymgyngoryddion*. Un sy'n rhoddi cyngor (proffesiynol mewn maes arbenigol), yn enw. meddyg

uchel ei radd mewn ysbyty; (geir.) un sy'n ceisio cyngor neu'n ystyried: *adviser, consultant*; (*dict*.) *one who consults or considers.* 1604-7 *TW* (*Pen* 228), *ymgynghorwr* d.g. *deliberator*. 1632 *D*, *Ymgynghorwr*, vn ystyriol, vn pwyllig d.g. *Deliberator*. 1770 *W*, *Ymgynghorwr*, *ymgynghorydd* d.g. *An adviser* [one taking advice].

ymgynghreiriaf: ymgynghreirio, gw. ym-+cynghreiriaf: cynghreirio.

ymgyngor, gw. ymgynghoraf: ymgynghori.

ymgyngoriadol [*ymgynghoriad*+-ol] a. Ymgynghorol; (geir.) ystyriol: *advisory*; (*dict*.) *deliberative.* 1772 *W* d.g. *Deliberative* [relating to deliberation or weighing in the mind before-hand; apt to consider].

ymgyhuddaf: ymgyhuddo, ymgyhwfanaf: ymgyhwfan(u), ymgyhwrdd, gw. ym-+cyhuddaf: cyhuddo, cyhwfanaf: cyhwfan, cyhyrddaf: cyhwrdd.

ymgyhydaf, &c.: ymgyhydu, &c. [ym-+cyhydaf: cyhydu] bg.a. Ei wneud ei hun yn gyfartal, cyhydu; (ym)estyn; cysylltu ynghyd, ymgordeddu; hefyd yn *ffig.*; cydorwedd: *to make oneself equal; extend; join together, intertwine; also fig.; lie together.*

Dchr. 14g. *B* xxxv. 79, ena e mae jaun e'r amdiffennur dangos a vreynt entev y *ankehedu* a breynt er haulor. 14g. *GDG⁴* 380, Pan welais . . . / Yn dy gongl un deg yngod, / Forwyn, bonheddig feinir, / Hoywdwf yn *ymgyhydu*. 16-17g. *HG* 31, om gyhydy ai arglwydd / ef aeth yn aflwydd rragddo. 1632 *D*, *Ymgyhydu*, Sese simul extendere. 1688 *TJ*, *Ymgyhydu*: to joyn or twist together. 1725 *SR* d.g. *To Join*. 1733 T. EVANS: *PP* 10, nid all un fath o Weddi arall . . . *ymgyhydu* at achos pob un neilldwol drwy'r Gynull-eidfa. 1753 *TR*, *Ymgyhydu*, to extend themselves together. D. G. to make of equal length. 1758 *ML* (*Add*) 362, gwell ydoedd peidiaw ymddyrysu ac *ymgyhydu* â Rhiain dwyllodrus o'r wlad honno. 1776 DEWI NANTBRÂN: *AN* 160, gan gyssylltu ein gweddiau, ac *ymgyhydu* 'n calonnau, a'n llafr [sic], gyda 'r Bendigedig yn y Nêf. 1803 *P*.

ymgyhyrddaf: ymgyhwrdd, ymgyhyrddu, gw. ym-+cyhyrddaf: cyhwrdd.

ymgylchaf: ymgylchu, ymgylchiad, ymgylchynaf: ymgylchynu, gw. amgylchaf: amgylchu, amgylchiad, amgylchynaf: amgylchynu (hefyd At.).

ymgylymaf: ymgylymu, ymgyllellaf: ymgyllellu, ymgyllaf: ymgyllu, gw. ym-+clymaf: clymu, cyllellaf: cyllellu, cyllaf: cyllu.

ymgymathaf: ymgymathu, gw. ym-+cymathaf: cymathu.

ymgymdeithasaf, ymgymdeithiasaf: ymgymdeith(i)asu, gw. ym-+cymdeithasaf: cymdeithasu.

ymgymedrolaf: ymgymedroli, gw. ym-+cymedrolaf: cymedroli.

ymgymeraf: ymgym(e)ryd [ym-+cymeraf: cym(e)ryd] bg.

(a) Ymrwymo i gyflawni, mynd yn gyfriol, cychwyn (ar orchwyl, gweithgaredd, &c.), ymroddi; llwyddo, ffynnu, (dechrau) tyfu (am blanhigyn); ymdoddi, cael ei amsugno; (ym)symud; ?ymddwyn, bihafio: *to undertake, take responsibility, start (on task, &c.), devote oneself; succeed, prosper, take (of plant); coalesce, be absorbed, take (e.g. of dye); move (oneself); ?conduct oneself, behave.*

14g. *BT* (*RB*) 196, velly y goresgynnawd ef y castell oll eithyr vn twr. Ac ynn hwnnw yr *ymgynmerth* y castellwyr wrth ymlad ac amdiffyn ac ergyteus a pheiranneu ereill. 1545 ELIS GRUFFYDD: *Ll* 122, Kymer hanner peint o sugyn berwr . . . a thawdd y gymaint arall o vloneg . . . a chynwysg wynt oni ddarffo vddunt *ymgynmerud* a myned ynn iraid. 1567 *TN* 69b, pwy pynac a ddyweto wrth y mynyth hwn, *Ymgymer* ymaith a' bwrw dy hun i'r mor. 1632 *D*, *ymgymeryd* â'i dwf d.g. *Coalteo*. c. 1740 *LlM* 25, Cais Saim y Pryf Llwyd a Salet Oel . . . ai ferwi ar Dan araf oni bydd wedi *ymgymmerud* yn un. 1748 P. PUGH: *DGG* 33, beth a dâl i ni *ymgymmeryd* fel pe byddem Blant i Dduw, pan y bo'n amlwg yn y cyfamser ein bod yn ein Bywyd tan Awdurdod a Gallu Pechod a Satan!

[1761] *GGJ* 36, [p]an gryfhao'r lliw, Gwlychwch eich sidanau ynddynt [*sic*] . . . dair gwaith neu bedair ar [*sic*] lliw a *gymgymera* [*sic*] yn dda. **1794** *W* d.g. *To take or succeed* [*as a project, &c.*]. **1803** *P* d.g. *Ymgymmeryd.*

(*b*) Cydio (am dân), cynnau, fflachio: *to catch* (*of fire*), *ignite, flash.*
1588 *Ecs* ix. 24, cenllysc, a thân yn *ymgymmeryd* yng-hanol y cenllysc. **1657** *MLl* ii. 79, mae 'r tân yn *ymgymryd* ag yn i ddiddymu ei hun. **1703** E. WYNNE: *BC* 39, caech weled y tân tu draw i'ch caereu ar *ymgymeryd* i'ch losci [*sic*] hyd Annwfn. **1718** E. SAMUEL: *HDdD* 355, gwedi i ymrafael unwaith dorri allan, mae megys fflamm angerddol nad ellir mo'i diffodd cyn gynted ag y gallesid pan oedd y Tân yn dechreu *ymgymmeryd.*

ymgymeriad [bôn y f. *ymgymeraf*: *ymgym*(*e*)*ryd*+-*iad*[1]] *eg.* ll. -*au.* Y weithred o ymgymryd, gwaith, &c., yr ymgymerir ag ef, menter; derbyniad (teitl, &c.): *an undertaking, enterprise*; *assumption* (*of title, &c.*).
1567 *TN* 142b, Yr Iesu yn argyweddu *ymgymeriat* ei gerent. **1725** S. RHYDDERCH: *Alm* [13], f' alwyd ynghyd y Dadleuwyr i Rydychen, Eu *Hymgymmeriadau* a ddigwyddodd o Effeithiolaeth ddrŵg, nes i Alw Insanum Parliamentum, neu 'r Ddadleudŷ Orphwyllog. **1803** *P* d.g. *Ymgymmeriad.*

ymgymerwr, ymgymerydd [bôn y f. *ymgymeraf*: *ymgym*(*e*)*ryd*+-*wr*, -*ydd*[3]] *eg.* ll. *ymgymerwyr.* Un sy'n trefnu angladdau fel galwedigaeth, un sy'n ymgymryd â gorchwyl, &c., contractiwr: *undertaker, contractor.*
1858.

ymgymharaf: ymgymharu, ymgymhellaf: ymgymell, ymgymhlethaf: ymgymhlethu, ymgymhwysaf: ymgymhwyso, gw. ym-+cymharaf: cymharu, cymhellaf: cymell, cymhlethaf: cymhlethu, cymhwysaf: cymhwyso.

ymgymodaf: ymgymodi, ymgymreigiaf: ymgymreigio, gw. ym-+cymodaf: cymodi, Cymreigiaf: Cymreigio.

ymgymysgaf, &c.: **ymgymysg(u),** &c. [*ym*-+*cymysgaf*: *cymysg*(*u*); petrus yw dosbarthiad rhai o'r enghrau. isod] *bg.* ac yn eithriadol *ba.*

(*a*) Cymysgu (ynghyd), cyfuno, uno; ymwneud, cyfeillachu; mynd yn ddryslyd; ?chwifio (cleddyf) ymysg: *to mix* (*together*), *intermingle, blend, join*; *have to do, deal, associate*; *become confused*; ?*brandish* (*sword*) *in the midst of.*
13g. *BD* 200, A guedy adnabot o Ureint y dewin, *ymgymysgu* a wnaeth a'r achanogyon yn y parth yd oed y dewin yn ryoli. **1346** *LlA* 31, *ymgymyscu* ar ɢʙraged tec. *c.* **1400** *DB* 55, ual yd *ymgymysco* y dwfyr croew a'r hallt. *c.* **1400** *YCM*[2] 73, o chaffaf *ymgymysgu* Dwryndal ac wy hediw, ti a'm gwely yn y trychu ac yn eu llad. *Dchr.* **15g.** *B* viii. 137, Ot *ymgymmysgawd* a phutein. neu ac vn nys adnapei. **15g.** *BB* 162, Aphedwar ryw bysgaut yny llynn; vn ymphob konghyl or llynn. ac nyt *ymgymysc* yr vn onadunt ay gilit byth. **15g.** *Cy* iv. 120, herwyth yr maab diskyn ac *ymgymysku* ac annyan dyn. **16g.** *THSC* (1923–4) (At.) 67, gwlldia yr ysbryd glan oddiwrthyd ti gwedy *ymgymysgech* di a ffechod. **1567** *LlGG* (*Sall*) 61a, *ymgymyscy* a'r cenedloedd. **16g.** R. WHITE: *C* 34, Nid ar pagan llesg i ddysg / *im gymysg* ar Jddewon. **1588** *Dan* ii. 43, A lle y gwelaist haiarn wedi ei gymmyscu â phridd cleilyd, *ymgymmyscant* â hâd dyn, ond ni lŷnant y naill wrth y llall, megis nid *ymgymmysc* haiarn â phrîdd. **1630** R. LLWYD: *LlH* 17, goleuni a thywyllwch yn *ymgymmysc* au gilydd yn gyflewyrch trosti. **1756** W. WILLIAMS: *GDC* 165, Cans ysgwyd y Greadigaeth a chwymp i maes oi [*sic*] Lle, / Holl Natur a *ymgymysg* wrth weld ei Berson e'. *a.* **1791** W. WILLIAMS: *GP* 684, Arglwydd tirion na'd fi *ymgymmysg* / A phleserau gwag y byd. **1803** *P* d.g. *Ymgymmysgu.*

(*b*) Ymosod (ar ei gilydd), ymladd: *to attack* (*one another*), *fight.*
14g. *YBH* 63a, y mae gyt a minheu brenhined ad [*sic*] admiralys. A maɓr vyd hynny gɓedy *ymgymyscant* (*soint ajustez*). *c.* **1400** (*SG*) *HMSS* i. 289, Dechreu y twrneimant awnaethpwyt o bop parth. ar ranneu a *ymgymysgassant* (*les meslées s'antreviennent*). **15g.** *BB* 19, rac tewet y bydinoed yn *ymgymysgu* y colles corineus y gledyf.

ymgyndynnaf: ymgyndynnu [bf. o *ym*-+*cyndyn*] *bg.* Cyndynnu, ystyfnigo: *to be or become obstinate or stubborn.*
1588 *Salm* xviii. 26, a'r cyndyn yr *ymgyndynni.* **1770** P. WILLIAMS: *BS, Ecs* ix, Pa fwyaf yr oedd efe yn *ymgyndynnu,* trymaf oll yr oedd Duw yn cospi. **1772** S. PHILIPPS: *ET* 75, [g]wneuthur Gwrthddadleuon yn ei erbyn . . . [T]uedd i *ymgyndynnu* ac i draws-ddadleu. **1782** P. WILLIAMS: *CC* 11, Paham yr *ymgyndynwn* yn erbyn ei drugaredd . . .? **1803** *P* d.g. *Ymgyndynu.*

ymgynddeiriogaf: ymgynddeiriogi, ymgynefinaf: ymgynefino, gw. ym-+ cynddeiriogaf: cynddeiriogi, cynefinaf: cynefino.

ymgynhaliaf: ymgynnal [*ym*-+*cynhaliaf*: *cynnal*] *bg.a.* a'r be. hefyd gyda grym enwol ac fel *eb.*

(*a*) Ei gynnal ei hun, cynnal (bywyd, &c.), byw, bodoli; dal ei dir, dal (ati), parhau; sefyll ynghyd, pwyso, dibynnu: *to maintain or support oneself, support* (*life, &c.*), *live, exist*; *stand one's ground, hold* (*out*), *persist, continue*; *stand together, lean, depend.*
13g. *GBF* 159, O'r gɓyr [ ] edmyc, / Goronɓ, gɓawr diorwac, / Gobeith [ ]veith dec / Ac *yngynhal* Morganhɓc. **13g.** *BD* 67, erchi idav eu gellvng y emdeith o'r enys heb dim da ganthunt namyn eu heneideu, can daroed eu llad oll vynt namyn un lleng oed ettwa yn *ymgynnhal.* **14g.** *BT* 168, a phan weles kastellwyr aberteiui na alleint *ymgynnal* yn eu kastell. *Dchr.* **15g.** *GM* 30, *Ymkynhalyawd* vy eneit yg geir Culwyd; / Gobeithawd vy eneit yn yr Arglwyd. **1551** W. SALESBURY: *KLl* xxixa, ymddiriedet yn enw yr Arglwydd / *ymgynhaliet* wrth y ddeo. **1588** *Barn* xvi. 29, Samson a gofleidiodd y ddwy golofn ganol . . . ac efe a *ymgynhaliodd* wrthynt hwy. **1632** *D, Ymgynnal* . . . se inuicem sustinere. **1716** E. SAMUEL: *GGG* 53, gan nad yw 'r Enaid neu'r Meddwl yn *ymgynnal* (*depend*) ar y Corph. **1728** T. BADDY: *DDG* 6, o herwydd nad oes ymma ddim i *ymgynnal* Byddinoedd ond Tywod a Dwfr hallt. **1776** *W* d.g. *To live on or upon* [*subsist, be supported by, &c.*]. **1803** *P.*

(*b*) Ymatal, ymwrthod, ymgadw: *to abstain, refrain, keep away.*
14g. *HMSS* ii. 243, llawer o drygoed a doeth o achaws gwreic . . . *ymgynhal* a oruc ohonei. **1567** *TN* 196b–197a, Bot i chwy *ymgynnal* y wrth y pethae 'ry offrymir y ddelwae. *Diw.* **16g.** *WLB* 7, *ymgynal* . . . rhac swrffed ac rac travel. **1632** *D, Ymgynnal,* Continere se. **1722** *Llst* 189, *Ymgynnal* . . . To abstain, contain himself. **1803** *P.*

Fel *e.* Ymataliad, ympryd, cymedrolder, diweirdeb: *abstinence, a fasting, continence, chastity.*
1567 *TN* 30a, Bot diweirdep [:– *ymgynnal*] yn ddawn gan Ddyw. **1632** *D, Ymgynnal,* Continentia. **1632** J. DAVIES: *LlR* 199, y gorfoleddus wyryfon, a orchfygasant chwant y cnawd, drwy nerth eu *hymgynnal.* **1670** J. HUGHES: *AP* 329, O Dduw, yr hwn wyt yn puro dy Eglwys ag *ymgynnal* y Garawys bob blwyddyn. **1722** *Llst* 189, *Ymgynnal* . . . f. Abstinence, continence, chastity.

ymgynhennaf: ymgynhennu, ymgynhesaf: ymgynhesu, ymgynhwysaf: ymgynnwys, ymgynhwyso, gw. ym-+ cynhennaf: cynhennu, cynhesaf: cynhesu, cynhwysaf: cynnwys.

ymgynhyrfaf: ymgynhyrfu, ymgynigiaf: ymgynnig, ymgyniweiriaf: ymgyniwair, &c., gw. ym-+cynhyrfaf: cynhyrfu, cynigiaf: cynnig, cyniweiriaf: cyniwair, &c.

ymgynullaf: ymgynnull[1]**, ymgynullo,** &c., gw. ym-+cynullaf: cynnull, &c.

ymgynnull[2] [bôn neu fe.'r f. *ymgynullaf*: *ymgynnull,* &c.] *eg.b.*

(*a*) Cynulliad, cynulleidfa, cyfarfod: *assembly, gathering, congregation, meeting.*
12g. *GIIF* 227, Kigleu ym Maelaɓr gaɓr uaɓr vuan / A garɓ disgyr gɓyr a gɓyth eruan, / Ac *ymgynnull* am drull am dramyuan. **1606** E. JAMES: *Hom* ii. 157, [c]ael vn *ymgynnull* gyhoedd (*solemn assembly*) i draethu ac i ymddiddan ynghylch vn peth. **1632** *D* d.g. *Conciliatus, Frequentia.* [**1783**] *W* d.g. *Rendezvous.* **1803** *P, Ymgynnull,* s. m. . . . a mutual gathering.

(*b*) *Gram.* a *Rhet.* Ffigur lle y mae gair yn cyfeirio at ddau air arall yn yr un frawddeg, ond o ran ffurf(droad) yn cytuno ag un ohonynt yn unig: *syllepsis* (*in gram. and rhetoric*).
14g. *GP* 45, Vn yw *ymgynnull,* a honno a vyd pan vo rann a chwbyl yn ymadrawd, a geir gwann yryngthunt a arwydokao priodolder a aller y rodi y'r rann ac y'r kwbyl . . . val y mae 'gwr gwynn y law', 'gwreic wenn y throet'. *a.* **1575** *id.* 130, ffugr *ymgynnvll,* yr honn a esgvsoda dros wrw a banw wrth ddwyn y rrann at y kwbl. *c.* **1785–90 (1829)** *CBYP* 203, ffugr *ymgynnull,* (a elwir Syllepsis yn y Groec).

ymgynyddaf: ymgynyddu, ymgyplaf: ymgyplu, ymgyplysaf: ymgyplysu, gw. ym-+cynyddaf: cynyddu, cyplaf: cyplu, cyplysaf: cyplysu.

ymgyrch[1] [bôn y f. *ymgyrchaf*: *ymgyrchu,* &c.] *eg.b.* ll. -*oedd,* -*ion,* -*au.*

(*a*) Dull trefnus o weithredu ac iddo nod penodol, yn enw. ysgogi diddordeb neu ennyn cefnogaeth; cyfres o gyrchoedd milwrol mewn ardal benodol neu i gyflawni amcan neilltuol, cyrch, ymosodiad, ymladdfa, gwrthdaro; y weithred o dyrru, cynulliad, torf; cyrchfa, dynesiad; ymdrech: (*electoral, advertising, &c.*) *campaign*; (*military*) *campaign, expedition, assault, fight, conflict*; *a crowding, assembly, crowd*; *a resorting, approach*; *effort.*
1567 *TN* 360b, y rrai sy yn rrodio ar ol y cnawd . . . megis enifeiliaid anrrysymol, rrain a ymborthir hwynt drwy anianol *ymgyrch* a wnaythbwyd yw dala. **1604–7** *TW* (*Pen* 228), magnel rhyuel wedy gwneuthur o goet a chlwytæ gwielyn, dann y rhai, wrth *ymgyrch* rhyuel, y deuent y gwyr yn dhiangol dan wallie'r dref d.g. *Vinea.* **1620** *Act* xix. 40, gan nad oes vn achos, trwy yr hwn y gallom roddi rheswm o'r *ymgyrch* (*TN* 204b, cynnired; **1588** *Act* xix. 40, ymgyrchfa) hwn. **1632** *D, Ymgyrch,* Insultus, aggressus. **1679** C. EDWARDS: *GGG* 22, dichon ef â'i Allu Duwiol ein cadarnhau ni i wrthsefyll pob *ymgyrch* gelynol. **1704** E. SAMUEL: *BA* 85, ymhob man arall lle byddai mwyaf *ymgyrch* Pobl. **1718** E. SAMUEL: *HDdD* 215, ymgadw 'n ddieuog oddiwrth y mawr Gamwedd . . . pob cychwynfa ac *ymgyrch* (*approaches*) tuag atto. **1722** *Llst* 189, *Ymgyrch.* m. An affray, conflict: a confluence, concourse, p. -*gyrchau.* **1776** DEWI NANTBRÂN: *AN* 279, Y Sacrament bendicedig yw 'r gwir a'r goreu Lurig yn erbyn *ymgyrchion* difiog y Byd, y Cnawd, a'r Cythraul. **1803** *P.*

(*b*) Elastigrwydd, hydwythedd; *Ffis.* atyniad: *elasticity*; *attraction* (*in physics*).
1795 J. THOMAS: *AIC* 286, mae agos bob Mettal yn gwellhau ar ei Sŵn a'i *ymgyrch* (Elasticity or Spring).

ymgyrchaf: ymgyrchu, ymgyrch[2] [*ym*-+*cyrchaf*: *cyrchu*; petrus yw dosbarthiad ac ystyr rhai o'r enghrau. isod] *bg.* ac yn eithriadol *ba.* a hefyd gyda grym enwol i'r be. *ymgyrchu.*

(*a*) Cynnal neu gymryd rhan mewn ymgyrch; ymosod (ar), dwyn cyrch neu ruthro (ar ei gilydd), brwydro, ymladd, cystadlu: *to campaign*; *attack, assault or charge* (*one another*), *battle, fight, compete.*
14g. *YBH* 3b, *ymgyrchu* a wnaethant ar iarll a uyryɓyt yr llaɓr. **14g.** *Bren Saes* 86, yn y vlwydyn honno y bv mynych *ymgyrchu* y rwng y Kymre a'r Freinc. **14g.** *GIG* 167, Haws it . . . / Sychu march Ithel Ddu ddoeth / . . . / . . . nag *ymgyrchu* / Ag ef, da goddef y Du. **15g.** *BB* 177, ef a welei y dreic ar arth yn *ymgyrchu*; ac ymlad girat rynghtunt. **16g.** *B* xv. 269, o vewn y kyuamser hwn J bu *ymgyrchu* mawr hrwng gwyr Lloegyr a'r Ffranckod. **1604–7** *TW* (*Pen* 228), *ymgyrchû* d.g. *Adorior.* **1632** *D, Ymgyrchu* . . . se invicem aggredi. **1725** S. RHYDDERCH: *Alm* [15], y Brennin . . . a gasglodd ynghyd fyddin gref, ac a *ymgyrchodd* y Drêf ac ai cymmerodd. **1788** J. GRIFFITH: *DCC* 175, yr wyf yn ofni y bydd i'r gelynion . . . adfywio, i gymmeryd eu harfau, ac i *ymgyrch* (*renew the assault*) i'th erbyn mewn rhyw fodd. **1803** *P* d.g. *Ymgyrçu.*

(*b*) Cyrchu, dynesu; ymgyrraedd (at), ymgeisio; ymgynnull, heidio; ymwneud, ymhél, troi (at): *to make* (*for*), *approach*; *reach* (*for*), *seek*; *gather together, flock*; *be involved, deal, resort* (*to*).
15g. *GGl*[2] 8, Pan fu *ymgyrchu* gorchest / Ym min Rôn, â'i wayw mewn rest. **1592** S. D. RHYS: *Inst* [xxi], y sawl a arbhêrynt o *ymgyrchu* i'r Moelydh a''r Banneu hynny er mwyn bugeila. *a.* **1600 (1681)** *Rhyddiaith Gymraeg* ii. 165, rhyw gyfeillach ac *ymgyrchu* rhwng y cythrel a rhai o'r hen wragedd sydd yn cael yr enw o fod yn swyno ac yn rheibio. *id.* 167, Pe

buase ddrwg gan Dduw . . . i ddynion ymofyn ac ymgynghori a rhain, fo a fuase yn i air yn peri i ddynion nad *ymgyrchent* attynt hwy. **1632** *D*, *Ymgyrchu*, Congredi. **1688** S. HUGHES: *TSP* 126, yr oedd y fflam yn *ymgyrchu* tuag atto ef yn wastadol. **1704** E. SAMUEL: *BA* 57, A'r [*sic*] ddŷdd gosodedig . . . f'a *ymgyrchodd* gydâ thyrfa luosog o bobl i fynŷdd y Capitolium. **1735** S. THOMAS: *HP* 163, Wedi i'r Gweinidogion, trwy amryw Rwystrau . . . barhau yn amyneddgar ae [*sic*] yn wrol i ddwyn eu Tystiolaeth dros amser, darfu iddynt *ymgyrchu* at y Prince of Orange. **1767** J. ROBERTS: *H* 21, *Ymgyrchu* at y Nôd. **1803** *P* d.g. *Ymgyrçu*.

ymgyrchfa [*ymgyrch*¹ + *-fa*, *ma*] *eb.* ll. *-feydd*, *-faon*. Cynulliad, cyfarfod, man ymgynnull neu gyfarfod, cynullfan, cyrchfan, (pen) taith; nod; ymosodiad, cyrch: (*place of*) *assembly*, *meeting*(*-place*), *rendezvous*, *resort*, *destination*, *journey*; *objective*; *attack*, *assault*.

1588 *Act* xix. 40, enbyd yw rhag ein ceryddu am y derfysc heddyw: am nad oes vn achos i ni iw rhoi drosom am yr *ymgyrchfa* (*TN* 204b, cynnired) hon. **1732–3** J. OWEN: *GB* 79, Nyni a allwn yn gyfiawn fwrw attoch chwi yr Holiadau ymma, am i chwi gymmeryd attoch eich hunain . . . yr Ymryson a'r *Ymgyrchfa* hyn a gododd efe. **1796** T. JONES: *CCA* 116, Pan alwo cyfaill gwych arnat i *ymgyrchfa* feddw (*drunken meeting*), ni fedr dy ffydd dy gadw allan o'r fagl.

ymgyrchiad [bôn y f. *ymgyrchaf*: *ymgyrchu*, *&c.* + *-iad*¹] *eg.* ll. *-au*. Ymosodiad, cyrch; cais, ymdrech, gweithgaredd; cynulliad, y weithred o dyrru: *attack*, *assault*; *attempt*, *effort*, *activity*; *assembly*, *a crowding*.

1725–6 *Madd Ed* 258, y mae efe yn galw i mewn holl Gynnorthwyon Gras Duw . . . yn ei argauad ei hun yn erbyn pob *Ymgrychiadau* [*sic*] (*assaults*) a Gafaelon disymmwth. **1728** T. BADDY: *DDG* 136, A chymmaint oedd *ymgyrchiadau* 'r (*confluence*) Juddewon i'r lle hwnnw, hyd oni feddyliodd y Tyrciaid wneud elw o honynt. **1744** D. ROWLAND: *RY* 251, yr *Ymgyrchiad* (*assault*) hynny a roddwyd i'm Harglwydd, pan ddarfu i Emanuel ei drîn ef mor wradwyddus, beri iddo gollu [*sic*] ei Gyfiawnder. **1776** I. BRYDYDD HIR: *P* ii. 83, Nyni a gawn râs i wrthwynebu *ymgyrchiadau* diafol. **1788** J. GRIFFITH: *DCC* 1, Pan edrychom . . . ac ystyriaid nodau ac *ymgyrchiadau* (*pursuits*) dynion, ni welwn yn eglur fod llawer o honynt . . . yn esgeuluso Crefydd. **1803** *P*.

ymgyrchol [*ymgyrch*¹ + *-ol*] *a.* Yn ymgyrchu: *campaigning* (*adj.*).

1803 *P* d.g. *Ymgyrçawl*.

ymgyrchwr, ymgyrchydd [bôn y f. *ymgyrchaf*: *ymgyrchu*, *&c.* + *-wr*, *-ydd*³] *eg.* (b. *ymgyrchwraig*, ll. *-wragedd*) ll. *ymgyrchwyr*, *ymgyrchyddion*. Un sy'n ymgyrchu, ymosodwr: *campaigner*, *attacker*.

1770 *W*, *Ymgyrchwr* d.g. *An attacker*. **1770** *TG* ii. 63, llawer Tafarnwr Boldyn . . . yn haeru, wrth ei *Ymgyrchwyr*, mai diwasanaeth a difudd ydyw [yr Eurgrawn Cymraeg]. **1791** GW. MECHAIN: *Rh* 69, hyd oni ddygwyd nid yn unig . . . ein hamrywiol oresgynwyr o Loegr, ond hefyd yr *ymgyrchwyr* ar ein parthau i iawn gymmedrolder.

ymgyrhaeddaf: ymgyrraedd, ymgyrhaeddyd, ymgyrhaeddu [*ym-* + *cyrhaeddaf*: *cyrraedd*, *cyrhaeddyd*, *cyrhaeddu*] *bg.a.* Cyrraedd, dynesu; ymestyn, cynyddu, tyfu; (ym)estyn (am), gafael; hefyd yn *ffig.*: *to reach*, *approach*; *stretch*, *extend*, *increase*, *grow*; *reach out* (*for*), *grasp*; *also fig.*

13g. *BD* 94, Arglvyd . . . canhyata ditheu y'th was guneuthur ar y tir a rodeist kymeint ac yd *ymgyrhaedo* carrei y damgylchynu o hundy. **14g.** *B* ix. 229, cleuychynt wy o gryt . . . paub or a *ymgyrhaedei* ar lle hvnnv hyt ar eu hageu. **14g.** *HMSS* ii. 101, Da yw yn gwyr ni . . . ac ar nyt ydiw onadunt yn *ymgyrhaedu* a brwydraw. mi a attwen glewder ganedic eu gwlat yndunt. **1567** *TN* 273a, mesur y Reol, rhon y rhanawdd Duw i ni hei mesur y *ymgyrhaeddyd* [:– ddyvot, ymdirwyn, ymdreiglo] ac yd atoch. Can nad ym ni yn ymestyn y tuhwnt in [*sic*] mesur, vegis pe na's *ymgyraeddesem* yd atoch. **16g.** *LlS* 66, vn cwnsallt aruthrol o hyd yn deillio ac yn *ymgyrheuddyd* or cangæu bwy gylydd. **1604–7** *TW* (*Pen* 228), *ymgyrheüdhyt* ar d.g. *Adhaino*. **1632** *D*, *ymgyrraedd* d.g. *Apporigo*, *Assequor*. **1632** J. DAVIES: *LlR* 222, [c]ariad i beri i ni ymgais ac *ymgyrhaeddyd* (*embracing*) â phob gweithred fawrfrydig wrolwych. *id.* 254, Edrychwch ar wr a fo gwag-ogoneddus neu yn *ymgyrhaeddyd* am oruchafiaeth. **1651** SIÔN TREREDYN: *MDD* 74, mae cyn esmwythed i ffydd *ymygryraedd* [*sic*] (*apprehend*) cyfiawnder i ddyfod ac y mae i daro gafael ar cyfiawnder, a sy wedi myned heibio eusys. *id.* 261, ymwrolaf i *ym cyrrhaedd* [*sic*] (*endeavour after*) gwir ffydd. **1701** E. WYNNE: *RBS* 103, n[i]d yw ei chwant ef yn *ymgyrraedd* (*enlarge*) dim tu hwnt iw gyflwr presennol. **18g.** TWM O'R NANT: *CO* 13, 'Rydw'i agos a meddwl yma 'mod / Wedi *ymgyredd* am ormod gwrw. **1803** *P* d.g. *Ymgyrhaez*, *Ymgyrhaezyd*.

ymgyrhaeddiad [bôn y f. *ymgyrhaeddaf*: *ymgyrraedd*, *&c.* + *-iad*¹] *eg.* ll. *ymgyraeddiadau*. Y weithred o ymgyrraedd (am), fel arfer yn *ffig.*: *a reaching out* (*for*), *usu. fig.*

1704 E. SAMUEL: *BA* 162, eu hawyddus *ymgyrhaeddiad* am swyddau. **1803** *P*.

ymgyrwydraf: ymgyrwydro, gw. ym- + crwydraf: crwydro.

ymgyrwyf: ymgyrfod, gw. amgyrwyf: amgyrfod.

ymgysegraf: ymgysegru, ymgysgodaf: ymgysgodi, &c., gw. ym- + cysegraf: cysegru, cysgodaf: cysgodi, &c.

ymgystadlaf: ymgystadlu, ymgystalaf: ymgystalu, gw. ym- + cystadlaf: cystadlu.

ymgystlynaf: ymgystlynu, ymgystlwn(g) [*ym-* + *cystlynaf*: *cystlynu*, *cystlwn(g)*] *bg.a.* a hefyd gyda grym enwol i'r be. *ymgystlwn(g)*. Hawlio neu arddel (perthynas (drwy waed)), datgan ei enw ei hun, perthyn, ymgynghreirio, cyfeillachu, cael cyfathrach (rywiol), ymwneud, delio; ?datgan, cyfarch: *to claim or acknowledge* (*kinship or relationship*), *declare one's name*, *be related*, *make an alliance*, *associate*, *have* (*sexual*) *intercourse*, *be involved*, *deal*; ?*declare*, *address*.

14g. *WM* td. 204. 23–4, Nyt arnafi ybu hynny heb y Gereint. namyn aryuyc edern ehun. nat *ymgystlynei*. *id.* 132. 6–7, Jaôn lle yd *ymgystlyny* o arthur. **14g.** *Bren Saes* 112, anvon a oruc attadunt y *ymgystlwn* kerennyd ac wynt. *c.* **1400** *YSG* i. 97, hitheu o hyt y llef yn *ymgystlwn* a Meir. **15g.** *BB* 10, dyuot aorugant attaw ac *ymgystlwn* ac ef ev hanuot or vn genedyl. *id.* 105, ef a *ymgystlynavd* kerrennyt ar brenhyn yn gyntaf. ?**15g.** *GPhE* [38], Y mae'n *ymgystlwng* â mi / O genedl, anian gyni, / Nawfwy o dalm, nwyf diloer, / Nog y sydd ym, neges oer. **1567** G. ROBERT: *GC* [xiv], *yngystlwng* ag estroniaith cyn adnabod ddim honi. **1632** *D*, *Ymgystlwng*, Vide Cystlwn. *id.* *ymgystlwn* d.g. *Pe*[*r*]*tineo*. **1632** J. DAVIES: *LlR* 47, parodd Duw i'r bobl ymsancteiddio . . . ac na byddai i neb *ymgystlwn* (*company*) â'i wraig. **1722** *Llst* 189, *Ymgystlwng* (sub) m. Alliance . . . (ver) To belong unto. *id.* *Ymgystlwn* . . . To know carnally. *id.* *Ymgystlynu* . . . To make an alliance. **18–19g.** *Iolo MSS* 76, gellid adnabod pob un herwydd ei genedl, ac y gallai bob gwr *ymgystlwn* ai genedl ei hun. **1803** *P* d.g. *Ymgystlynu*.

ymgystlyniad [bôn y f. *ymgystlynaf*: *ymgystlynu*, &c. + *-iad*¹] *eg.* ll. *-au*. Cyfathrach (rywiol), cysylltiad, cynghrair: (*sexual*) *intercourse*, *connection*, *alliance*.

1803 *P*.

ymgystuddiaf: ymgystuddio, ymgysuraf, ymgysuriaf: ymgysur(i)o, gw. ym- + cystuddiaf: cystuddio, cysuraf: cysuro.

ymgysylltaf, ymgysylltiaf: ymgysylltu, ymgysylltio, &c., gw. ym- + cysylltaf: cysylltu, &c.

ymgytgamaf: ymgytgam, ymgytunaf: ymgytuno, gw. ym- + cytgamaf: cytgam, cytunaf: cytuno.

ymgythlybaf: ymgythlybu, gw. ymgyffelybaf: ymgyffelybu.

ymgythruddaf: ymgythruddo, gw. ym- + cythruddaf: cythruddo.

ymgywaethogaf: ymgywaethogi, ymgywethogaf: ymgywethogi, gw. ymgyfoethogaf: ymgyfoethogi.

ymgyweiriaf: ymgyweirio, ymgywilyddiaf: ymgywilyddio, gw. ym- + cyweiriaf: cyweirio, cywilyddiaf: cywilyddio.

ymgywrdd, ymgywreiniaf: ymgywreinio, gw. ym- + cyhyrddaf: cyhwrdd, cywreiniaf: cywreinio.

ymhaeraf: ymhaeru, ymhaerllugaf: ymhaerllugo, ymhalaethaf: ymhalaethu, ymhalogaf: ymhalogi, ymharddaf: ymharddu, &c., gw. ym- + haeraf: haeru, haerllugaf: haerllugo, helaethaf: helaethu, halogaf: halogi, harddaf: harddu, &c.

ymhatraf: ymhatru, gw. ymddihatraf: ymddihatru.

ymhawl [*ym-* + *hawl*¹; ansicr yw'r engh. gyntaf isod, gw. *LlB* 185] *eb.g.* ll. *ymholion*. Hawliad (cyfreithiol), achos cyfreithiol; y weithred o holi (tyst), ymchwiliad; cwestiwn: *claim* (*to entitlement*, *in law*), *lawsuit*; *examination* (*of witness*), *investigation*; *question*.

c. **1300** *LTWL* 373, o caffael tystolyaeth o un or kynnogyn ar y gilyt trwy *ymhyawl* yn llys. *Dchr.* **14g.** *AL* i. 756, Or byd *ymhaôl* rôg etiuedyon am dadanhud ny eill neb ôrthlad y gilyd oe dadanhud. **14g.** *WML* 316–17, Pôybynhac a dechreuho *ymhaôl* am tir Ar amdiffynnôr yn paraôt y atteb. **14g.** *Cy* xvii. 144, or byd un dyd a blôydyn heb y haôl. a heb *ymhaôl* ymdanei. Bit hitheu yn haôl dra blôydyn. **14g.** *AL* i. 434, Ny disgyn camlôrô oymlad onyt trôy tystolyaeth ny aller y llysu ac a tyst er trôy *ymhaôl* yn llys. *c.* **1400** *CHDd*² 32, Eil yw o gaffel tystolyaeth o vn o'r kynnygyn ar y gilyd o *ymhawl* yn llys. *id.* 86, Eil aruer yw, kynnal mod kyfreithawl y dadleu gan *ymhawl*. *c.* **1401** *AL* ii. 380, nat aeth y ganthaô nac o rod nac o brit neu oôerth, nac *ymhaôl* yn dadleu namyn o venffyc. *Dchr.* **15g.** *RWM* i. 956, Trydyd praw ar na wnaethpwyt peth y bo *ymhawl* amdanaw Canys anawd yw provi. y peth ny bu. **14g.** *LHDd* 3a, kynn *ymhaôl* ydygant eu tystolyaeth. **1657** T. POWEL: *CI* [1], cyd-ymddiddan trwy *ymholion*.

ymheddychaf: ymheddychu, ymhelaethaf: ymhelaethu, &c., gw. ym- + heddychaf: heddychu, helaethaf: helaethu, &c.

ymheliaf, ymhelaf, &c.: **ymhél, ymhela, ymhely,** &c. [*ym-* + *heliaf*, *helaf*: *hel*, *hela*, *hely*] *bg.a.* Ymwneud, delio, bod a wnelo, ymgyfeillachu; busnesa, ymyrryd, stwna; trafferthu, poeni; chwilio, ceisio; ?ymgynnull, ymgasglu: *to be involved*, *deal*, *have to do*, *associate*; *meddle*, *tamper*, *fiddle*; *bother*, *take pains*; *search*, *seek*; ?*assemble*, *gather*.

15–16g. *TA* 160, Offer y cawr, Ffaracûd, / A'th wayw nowllath, ynillud; / Cwyno maent, be caen *ymhel*, / Cymry iefainc, am ryfel. **16g.** *Yst Kym* [1], gwŷr 'n gwlad ni yn *ymhel* ag ymofyn am ystoriau y Groegwyr. **1595** H. LEWYS: *PA* 97, pwy fwyaf ir ymdroe ac ir *ymhelie* (*hunt*) yr Arglwyd' ynghylch Dafydd. **1630** R. LLWYD: *LlH* 139, dirmygu yr Efengyl . . . hyn fyddei gymmaint â dibrisio y Sacrament: peth ni ddylid *ymhel* ag ef, mwy na difenwi Brenin. **1632** *D*, *Ymhel* d.g. *Consector*. **1632** J. DAVIES: *LlR* 369, Nid aeth efe i *ymhel* am ditlau anrhydedd ei hynafiaid i chwanegu ar ei barch a'i fowredd. **1725** *SR*, *ymmhel* d.g. *To Tamper with*. **1751** *ML* i. 179, eisiau gwaith i wneuthur sydd ar bawb a *ymhelio* ar benywaid. **1754** G. OWEN: *L* 91, Da chwithau na *ymheliwch* ddangos m'oni i neb. **1765** J. EVANS: *CPE* 166, Pan welodd yr Jesu y Phariseaid yn anfoddog . . . ni fynnai efe *ymhely* â hwynt, rhag eu myned waethwaeth. **1774** H. JONES: *CH* 5, dim mwy *ymhela* a phridd a cherrig y ddaear. **1798** W. RICHARDS: *CC* 33, Ond fod yn rhaid fod rhyw *ymhel* wedi bod â'r tystion. **1803** *P* d.g. *Ymhel*, *Ymhela*. Ar lafar, 'Peidiwch â *mhel* â fo', *WVBD* 388; 'Paid â *mela* 'da pethe fanna 'nawr' (gogledd Cered.); ''Faswn i'n *ymél* dim og e, 'taswn i di', 'Paid *mel* dim racor o'r tacla', *GTN* 858; hefyd yn y ff. '(*y*)*melach*', ''Dyw *ymelach* o bethach siwd'ny byth yn ddoeth', *ib.*

ymhell [*yn*¹ + *pell*] *adf.*

(*a*) Yn bell (i ffwrdd) (o ran gofod neu amser), hefyd yn *ffig.*; i raddau mawr neu helaeth, yn fawr: *far* (*off or away*) (*in space or time*), *also fig.*; *to a great extent or degree*, *greatly*.

13g. *C* 82. 11–13, Dyrcheuid bran yhasgell. Arowun myned. *impell*. **14g.** *GDG*³ 328, Rhoi diasbad o'r badell / I'm hôl, fo'i clywid *ymhell*. *c.* **1400** *DB* 27, y deyrnassoed ereill *ympell* yd ant. **1588** *Diar* xxvii. 10, gwell yw cymmydog yn agos, na brawd *ym mhell*. **1595** M. KYFFIN: *DFf* [25], er ei fod ef *ymhell* oddi wrthym megis y mae ef ddyn, Etto ei fod ef yn oestadol

gida ni megis y mae ef Dduw. **1630** *YDd* 360, Na osod mo ddydd marwolaeth *ymhell* (*farre off*) oddiwrthit. **1632** *D*, Symmudo peth *ym mhell* d.g. *Elongo*. **1677** C. EDWARDS: *FfDd* 96, [b]od y wir grefydd ym mhlith dynion *ym mhell* cyn i'r bwngler hwn glyttio darnau o'i ysmaldod. **1686** WJ: *TR* 43, Yr ydych chwi yn camgymeryd *ymmhell*. **1691** T. JONES: *Alm* [2], pan fô 'r haul *ymhellaf* oddiwrthom Gefen y Gauaf. **1699** T. JONES: *TP* 14, [p]ethau *ymmhell* uwchlaw eu dealltwriaeth. **1703** E. WYNNE: *BC* 9, gwelwn y Ddaiar . . . megis pellen fechan gron *ymhell* odditanom. **1770** *TG* ii. 63, Syr, y mae synddod yn fy nglwyfo [*sic*] *ymhell* wrth eich clywed. **1773** J. ROBERTS: *GY*, Palmwydydden] Pren sy'n tyfu'n union . . . Ei frigau a gysgoda *ymhell*. **1779** D. DAVIES: *BDED* 21, er ei fod *ymhell* oddi wrth anheimladrwydd cuall . . . etto efe a ymostyngodd yn hollol i'r tro llym dost [*sic*] hyn o ragluniaeth. **1803** *P*. Ar lafar, *GTN* 859.

(*b*) O lawer (yn goleddfu a.): *by far* (*qualifying an adj.*).

c. **1400** *R* 1376. 6–9, Gbell *ymhell* . . . yb no neb am win anobyl. *c.* **1585** *MCr* 48, Edrych ar wraig yn ryfygys y sydd gymelliad godineb, ag am hyny da oedd na edrychid erni, ond gwell *ymhell* oedd na thaimlid hi, ag na fedlyd hi yn gnawdol. **1732** *AABI* 124, gan ei fod ef yn ddall Gartref, ac yn rhy Lygad graff [*sic*] *ymhell* oddiamgylch (*too quick-sighted abroad*).

Cfn.: **ymhell ac (yn) agos**: *far and near*. **1595** H. LEWYS: *PA* 65. **1632** *D* d.g. *Latè*. **ymhell bell**: *far away*. **1703** E. WYNNE: *BC* 5, 9, 86. **1752** *ML* i. 212.

ymhellach [*yn*¹+*pellach*, gr. gmhr. yr a. *pell*] *adf.* Yn bellach (i ffwrdd), hefyd yn *ffig.*; yn ddiweddarach; (i raddau) mwy, yn fwy, rhagor; (yn ychwanegol) at hynny (yn enw. wrth gyflwyno sylw newydd), ar ben hynny, yn ogystal: *further* (*away*), *also fig.*; *later*; *to a greater extent, more*; *moreover, furthermore*.

15g. *HCLl* 34, Ach Bleddyn ei hun awn â hi—*ymhellach* / Lle'r aem â'r iawnach Llŷr Merini. **15–16g.** *TA* 296, *Ymhellach*, o'm hewyllys, / Ni cherdda 'r haul no cherdd Rhys [marwnad Rhys ap Maredudd]. **16g.** *YT* 73, ffoledd J wr ynn y byd goelio J wraig am ddiweirdeb J chorffe *ymhellach* nog J gallo ef J gweled yhi. *a.* **1561** *B* vi. 49, na odro hwynt *ymhellach* nac Awst. **1567** *TN* 333b, pam raid *ymhellach* no hynny (**1588** *Heb* vii. 11, mwyach; **1988** *ib.* pellach), godi effeiriad arall. **1575–6** *B* vi. 317, o bydd rran bodd gennyd ni a ymddiddanwn *ymhellach*. **1600** *DK* 50, Kyn myned *ymhellach*, ymhob pwnk, meddylwch mae'ch pechodav chwi a Roesant achos i Grist ddioddef y kwbl. **1632** *D*, Bargodau tai a fo yn dyfod allan *ym mhellach* nâ 'r adail d.g. *Proiecta*. **1632** J. DAVIES: *LlR* 2, Vnpeth . . . sy raid i ni rybuddio 'r darlleydd o'i blegid, cyn myned *ym mhellach*. **1653** *MLl* i. 193, fe alle fôd hyn yn i gwylltio hi *ymhellach*. **1688** S. HUGHES: *TSP* [iii], sefyll ar yscwyddau y lleill, fal y gallwn ganfod *ym mhellach* nag hwynt-hwy. **1753** *TR*, *Ymhellach*, further, furthermore. **18g.** I. BRYDYDD HIR: *Gw* 186, Nid af ddim i chwanegu *ym mhellach* ar destun mor bruddaidd. **1803** *P*. Ar lafar, *GTN* 859.

ymhen [*yn*³+*pen*¹] *ardd.* Ar ddiwedd (cyfnod (penodol)), wedi, ar ôl: *at the end of* ((*specified*) *period of time*), *after*.

12g. *GMB* 111, Difyeu *ym penn* teir wythnos / (Tru a nos!) yd ith later. **1346** *LlA* 21, Paham nat anuones ef yr yspryt glann *ympenn* y deugein nyhev. **14g.** *WM* 474. 35–7, A gvneuthur eu gbasanaeth *ym penn* gwers pan at pabb eu damsathyr. *c.* **1400** *YCM*² 7, *ympenn* y decuet diwarnawt ar hugeint . . . yd ymdangosses y marw idaw. **1588** 2 *Cr* xviii. 2, *ym mhen* ennyd o flynyddoedd. **1604–7** *TW* (*Pen* 228), val y gwneir *ymhen* y mis, ne'*mhenn* y vlwydhyn d.g. *Cenotaphium*. *c.* **1730** *Taith C* 114, a'r Briodas a gyflawnwyd *ymhen* amser. [**1762**] *ML* ii. 477, Ceisiwch le yn barod iddo *ymhen* y flwyddyn. *c.* **1762–79** W. WILLIAMS: *P* 599, *Ymhen* ychydig Mr. John Bradford . . . a ddioddefodd ferthyrdod. **1794** E. JONES: *CP* 135–6, pa eiddo attafaeledig, a ddylid werthu *ym mhen* pedwar diwrnod.

Gw. hefyd hir—ymhen hir a hwyr.

ymhennydd, ymher, ymherawdr, ymherawdres, gw. ymennydd, emyr, ymherodr, ymerodres.

ymheriaf: ymherio, ymherian, &c., gw. ym-+heriaf: herio, &c.

ymherodr, ymherawdr, ymerawdwr, &c. [bnth. Llad. *imperātor*, Llyd. C. *impala(e)zr*, *emparazr*, *empalazr*, Llyd. Diw. *impalaer*] *eg.* ll. *ymerodr(i)on*, *ymerod(r)wyr*, *ymerawdwyr*, *ymerodrau*. Llywodraethwr (gwryw) goruchaf ymerodraeth, llywodraethwr uwch ei radd na brenin, arweinydd milwrol, hefyd am Dduw ac yn *ffig.*: *emperor, also of God and fig.*

12g. *GCBM* ii. 166, *Ymerabdyr*, llybyabdyr, llyw amniuer. **12–13g.** *GMB* 460, *Ymerabdyr* Greabdyr. **14g.** *GDG*³ 32, Llywiawdr, *ymherawdr* meiri—hyd Elfed, / Llyw yw ar Ddyfed, llawer ddofi. **14g.** *GIG* 122, Ni cheffir eithr o'i weithred / Aberth Crist i borthi Cred, / Na bywyd—pam y beiwn?—/ Pab nac *ymherodr* heb hwn [i'r llafurwr]. **15g.** *GDLl* 63, Buant, o hil moliant Môn, / Mawr ym mrwydr, *ymerodron* [i Harri VII]. **15–16g.** *TA* 462, Maer y dref a'i '*merodr* wyt, / Mor sad â'r merys ydwyt. **1586 (1604)** *B* v. 312, ag i mae ir *ymerod* / dair o wragedd yn briod. **1595** M. KYFFIN: *DFf* [81], Pa ham y mae ef yn peri i'r holl *Ymerodreu*, ar [*sic*] Twysogion, roi llwf ffyddlondeb. **1606** E. JAMES: *Hom* ii. 52, Constantinus fawr a Chonstantius ei fab ef, *Ymherodron*. *id.* 71, meddiant yr *ymmerodwyr* y rhai yr oedd eu trigfa . . . yn Constantinopol. **1661** E. LEWIS: *Drex* 60, Oh! chwi *ymmerawdwyr*, oh chwi, frenhinoedd! **1687 (1715)** J. OWEN: *TB* 31, Julian yr *Ymmerawdwr*. **1759** *BC* 38, *Ymerod* y mowredd, uniownedd o'r Nef. **1803** *P* d.g. *Ymherawdwr*, *Ymherawdyr*.

Amr.: **emherodr,** &c. **15g.** *Med H* 12, *Emerawdr*. **16g.** *id.* 36, *emherodr*. *c.* **1585** G. ROBERT: *DC* [v], *Emherawdr*. **1611** R. SMYTH: *SG* 77, *Emerodiaid*. **1615** R. SMYTH: *GB* 79, *Emerodriaid*. **1618** J. SALISBURY: *EH* 211, *Emerodrwyr*. **1637** *CRC* 268, *emerod*. **1655** R. JONES: *PC* [viii], *Emrodr*. **1658** R. VAUGHAN: *YPS* 24, *Emerodwyr*. **1686** WJ: *TR* 8, *Emrodrwyr*. **1709** H. POWEL: *G* 48, *Emerawd[wr*. **1712** T. WILLIAMS: *CDdG* 91, *Emerodwr* . . . *Emeradwr*. **1797** J. OWEN: *GAE* 11, *Emerawdwyr*. **1797** JAC GLAN-Y-GORS: *TD* [17], *emherodwr*. **imherodr,** &c. [dan ddyl. Llad. *imperātor*] **1604–7** *TW* (*Pen* 228), *Imerawtr* d.g. *Imperator*. **1609** R. SMYTH: *CAC* 11, *Imerodr*. **1615** R. SMYTH: *GB* 226, *imeroder*. **1707** *AB* [xvi], *Imherodr*.

Cfn.: **ymherod(r) o gyfoeth,** &c.: *very wealthy person, Croesus*. *a.* **1600 (1681)** *Rhyddiaith Gymraeg* ii. 163, *ymmerodr o gyfoeth*. **1754** G. OWEN: *L* 133, *Ymerodr o gywaeth*. **1757** *ML* i. 483, *ymherod o gyfoeth*. *id.* ii. 495, *ymerod o gyfoeth*.

Gw. hefyd amherawdr, ymerodres.

ymherodraethaf: ymherodraethu, ymherodraethol, ymherodres, ymherodrol, gw. ymerodraethaf: ymerodraethu, ymerodraethol, ymerodres, ymerodrol.

ymheulaf, ymheuliaf: ymheul(i)o, gw. ym-+heulaf: heulo.

ymheurnach [?cf. *ymhaeraf*: *ymhaeru*] *bg.* Dadlau, cynhenna: *to argue, wrangle*.

1720 *App DP* 75, peth cyffredin ydyw gan eich Athrawon chwi fod yn *ymheurnach* ac yn ymgintach . . . ynghylch gwag Ffiloreg. **1740** G. JONES: *HOG* xl–xli, Ordinhadau a Dyledswyddau Crefydd . . . [b]ôd yn barod i gwerylu ac ymbleidjo, neu *ymheurnach* yn eu cylch.

ymheuthun, gw. amheuthun (hefyd At.).

ymhidlaf: ymhidlo, &c., gw. ym-+hidlaf: hidlo, &c.

ymhinsoddaf: ymhinsoddi [bf. o *ym-*+*hinsawdd*] *bg.* Cynefino â hinsawdd, hefyd yn *ffig.*: *to acclimatize, also fig.*
1850.

ymhlaid, ymhlegid, gw. plaid—ym mhlaid, plegid—ym mhlegid.

ymhleth, &c. [*yn*¹+*pleth*] *adf.* Yn gafael ynghyd (am ddwylo), yn blethedig (am ddwylo, breichiau, neu goesau), hefyd yn *ffig.*: *clasped* (*of hands*), *folded* (*of arms*), *crossed* (*of legs*), *also fig.*

17g. HUW MORUS: *EC* i. 208, Ond bellach mae a'i ddwylaw '*mhlêth* (*Llsgr R. Morris* 158, *ymhleth*) / Heb gael derbyn dim o'r dreth. **18g.** E. T. RHYS: *DA* 160, Ni chawn i daro'm dwylaw '*mhleth*, / Nac aros peth yn 'smala.

ymhlith [*yn*¹+*plith*] *ardd.* Ymysg, yng nghanol, (wedi ei gynnwys) yn neu mewn, i (blith), gyda, ynghyd â: *among(st)*, *in or to* (*the midst of*), (*together*) *with*.

12g. *GMB* 101, Kreabdyr a'm crewys a'm kynnwys i / *Ymplith* plwyf gwirin gwerin Enlli. **13g.** *LlI* 22, o kyll den anyueyl a'e gaffael *em plyth* anyueyllyeyt e brenhyn, ef a dele pedeyr keynnyauc am pob un o'r a gaffo. **13g.** *C* 20. 1–2, asegi a thraed *ymlith* prit athydwet. **14g.** *GDG*³ 168, Gwell yt, myn Mair air aren, / Garllaw tân, y gŵr llwyd hen, / Nog yma '*mhlith* gwlith a glaw / Yn yr irlwyn ar oerlaw. **15g.** *GDID* 26, *Ymhlith* llin Rhys Chwith ni chaid, / Ond aur gan benaduriaid. **1595** H. LEWYS: *PA* 15, Plinius . . . wrth ddiddanu, [*sic*] vn oi gym/deithion . . . *ymhlith* pethau eraill, a escrifenna fal hynn. **1632** *D* d.g. *Inter*. **1653** *MLl* i. 167, heresiau dinistriol *ymhlith* y colomennod. **1770** *W* d.g. *Among, or amongst*. **1803** *P* d.g. *Ymhlith*, *Ymmhlith*.

Cfn.: **yn ein (eich,** &c.) **plith:** *among(st) us* (*you*, &c.). **12g.** *GCBM* i. 147, A gwyach hylef, hylith, / A gwytua bleit *yn y blith*. *c.* **1400** *YCM*² 107, Pwy bynnac ac a dygwydei *yn eu plith* . . . ys trwc a dyghetuen oed y un ef. **1567** *TN* 304a, ydd oeddem yn dyner *yn eich* cyfrwng [:- pervedd, cenol, *plith*]. **1588** *Ecs* xxxiii. 3, nid afi i fynu *yn dy blith*, o blegit pobl war-galed wyt. **1592** S. D. RHYS: *Inst* [xvi], y Prydydhion, wrth bhôd yn gymeint eu hawydh i geisio cadw dirgelion a'rhinoedh yr Iaith a''r Brydydhiaeth *ynn eu plîth* e'hûnain . . . ebh a dharbhu idhynt . . . dhibha'r Iaith a''r Brydydhiaeth. **1751** *ML* i. 250, Bu yma riolti mawr . . . pan oedd Brenin y Gwyddelod *yn ein plith*. **ymhlith hynny** [cf. Llad. *intereā*]: *in the meantime*. **14g.** *BT* 58. **14g.** *Bren Saes* 98. *c.* **1400** *RB* ii. 211, *ymhlith hynny* (*Interea*).

ymhlyg [?bnth. dysg. Llad. *implic-*, ar ddelw'r S. *implicit*; ansicr yw ystyr yr engh. gyntaf isod] *a.* Wedi ei awgrymu (yn hytrach na'i fynegi'n bendant), anuniongyrchol, goblygedig; ac iddo gysylltiad hanfodol neu agos iawn (â): *implicit*, *implied*; *implicit* (*in*).

1725 *SR*, *ymmhlyg* d.g. *Implicite*. **1749** J. OWEN: *PG* iv, nid yw yn ymofyn ar ol *Ymmhlyg* Barch (*implicit credit*).

ymhlŷg [*yn*¹+*plyg*¹] *adf.* Yn blygedig, yn lapiedig; yn ymhlyg: *folded*, *bent*, *bowed*, *enfolded*; *implicit(ly)*.

16g. BEDO HAFESB, &c.: *Gw* 249, ewch *ym lüg*, arch am huw lan / ing wr nad, ynghor nidan [marwnad Huw ap Rhys gan Lewys Menai]. **1632** *D*, Yr hyn y bo peth *ym mhlŷg* ynddo fel y melynwy yn y gwynnwy d.g. *Volua*. **1722** *Llst* 189, *Ymhlyg*. Infolded. *id.* *Ymmhlyg*. Bowed, bent, folded up. Cf. *Ll* iv. (1925) 177, ymresymu oddiwrth yr hyn a gynhwysir *ymhlyg* yn y gyfundrefn foesol honno at werth parhaol ac arhosol personoliaeth dyn; W. A. BEBB: *Machlud y Mynachlogydd* (1937) 93, Addefodd eu llefaru [geiriau bradwrus], heb fawr feddwl y perygl oedd *ymhlŷg* ynddynt.

Gw. hefyd plyg¹—yn fy mhlyg.

ymhlygaf: ymhlygu [bf. o'r a. *ymhlyg*] *bg.a.* Awgrymu (hefyd fel canlyniad rhesymegol): *to imply*.
20g.

ymhlygiad [*ymhlyg* neu fôn y f. *ymhlygaf*: *ymhlygu*+-*iad*¹] *eg.* ll. -*au*. Y weithred o ymhlygu, yr hyn a ymhlygir, goblygiad: *implication*.
1939.

ymhoel [bôn y f. *ymhoelaf*: *ymhoelyd*, &c.] *e?g.* sy'n digwydd yn yr ymad. *ar ei ymhoel*. Ar ei ddychweliad; a'i ben i waered: *on his return*; *inverted*, *upside down*.

14g. *BT* (*RB*) 230, Ac odyna *ar y ymhoel* y llosges tref Golunwy. **16g.** *Mos* 113, 45, mae ynn dwyn arfaü Siephrwnn *ar i ymhoel* (*Med H* 64, ymchwel) o Sabl.

Gw. hefyd ymchwel¹.

ymhoelaf, &c.: **ymhoelyd, ymhoelu,** &c. [cf. *ymchwelaf*: *ymchwelyd*, *ymchwelu*, &c.] *bg.a.* Dychwelyd, mynd neu ddod yn ôl, troi (yn ôl), troi drosodd neu i fyny, troi a'i ben i waered, dymchwel, troi (yn erbyn neu ar), troi (pridd, &c.), aredig, hefyd yn *ffig.*; troi, newid: *to return*, *go or come back*, *turn* (*back*), *turn over or up*, *turn upside down*, *invert*, *upturn*, *upset*, *turn* (*against or on*), *turn* (*soil*, &c.), *plough*, *also fig.*; *turn*, *change*.

14g. *WML* 60, a cheinhabc o pop kbys a *ymhoeles* yr ar adyr. *id.* 124, petwar achabs yd *ymhoelir* brabt. o ofyn gbr kadarn. achas galon. acharyat kyfeillon. A serch da. **1346** *LlA* 109, *ymhoelut* adref aoruc boya ae dylbyth ygyt ac ef. *id.* 157, Aminhev a*ymhoelaf* vy byneb ybrthybch. **14g.** *YBH* 47b, *ymhoyles* pen y varch y brth y brenhin. *id.* 52b, *ymhoelabd* penn y varch at bobn. *id.* 61a, *Ymhoel* y bedrein y racwan. **14g.** *BT* (*RB*) 96, A phan *ymhoelych* drachefen, mi a dalhaf y bwyth yt yn teilwg. *id.* 110, bu varw Morgan ap Cadwgawn yn Cipris yn *ymhoelut* o Gaerussalem. **14g.** *WM* 418. 19–21, yr a glywych . . . arnaf. i. nac *ymhoyl* di dracheuyn. *id.* 432. 19–22, Sef a oruc ynteu ereint *ymhoylut* arnab a gossot a gwayb yn debret y daryan. *id.* 457. 11–15, Ac ar nyd beichabc onadunt *ymhoelabd* eu callonneu yn vrthtrbm arnadunt mal na bbynt ueichabc byth o hedib allan. *c.* **1401**

AL ii. 380, Ac or dichaön yr haölör profi hynny ef adyly cael y tir o *ymhoelet* yr amdiffynnör y tir os myn. **15g.** *LHDd* 27, yno y tric . . . hyd amser medi ac *ymhoelyd* y gefen ar y das. **15–16g.** *GIF* 39, mae'n oergwymp am ein eurgart, / mal cwymp pan *ymhoelo* cart. **16g.** *Mos* 113, 44, daü Siephrwnn . . . gwedy *ymhoelyd* (*Med H* 64, ymchwoelud) ai benn ynn issaf. **16g.** *Hop M* 167, gedwch ni *m hoelyd* [*sic*] at ddüw, i gaiso rhyw rhymedi. **1688** S. HUGHES: *TSP* 56, Rhai hefyd o'm Cymmydogion a alwasant arnaf i *ymhoelyd* [:– Ddychwelyd]. **1722** *Llst* 189, *Ymhoelyd* . . . To return. Ar lafar, '*Moelu*' 'To turn over, i.e., to capsize', *Cymru* xxxi. 258 (Cered.); '*Moilid*' 'To upset a cart', *GDD* 200; 'Fe æth y cart drŵs garrag fawr a fe *feilws*', 'Ma isia *meilyd* yr ardd yleni', *GTN* 578; hefyd yn yr ystyr 'plygu drosodd', 'Fi welwn yr 'en dderwan yn dychra *meilyd* yn y gwynt a'n sytan dyma 'i lawr!', *ib.*, ac yn yr ystyr 'cyrraedd neu droi oedran arbennig', 'Ma 'i'n *meilyd* un ar bymthag ôd', *ib.* Fe'i clywir hefyd yn yr ystyr 'ymgeleddu (corff)', '*moilid*' 'Occasionally used to refer to a corpse being laid aside', *GWG* 288.

Amr.: **amhoelyd.** **14g.** *SC* viii/ix. 186. **16g.** *Hop M* 179–80. **16–17g.** *HG* 62. **ymhwelyd.** **1346** *LlA* 30. **14g.** *WM* 32. 3. **17–18g.** *Llst* 133, 7b, Mal cwymp pan *ymhwelo* (*GIF* 39 ymhoelo) cart.

Cfn.: **ymhoelyd,** &c., **llygaid:** *to stare, gaze.* **1858.** Ar lafar, 'Wedd e'n *moilid* i *liged* arna i', *TGG* (1907–8) 81 (de-orllewin sir Gaerf.).

Gw. hefyd ymchwelaf: ymchwelyd.

ymhoenaf: ymhoeni, ymhoffaf: ymhoffi, ymhongiaf: ymhongian, ymholaf: ymholi, &c., gw. ym-+hoenaf: hoeni, hoffaf: hoffi, hongiaf: hongian, holaf[1]: holi, &c.

ymholiad [bôn y f. *ymholaf*: *ymholi*+ -*iad*[1]] *eg.* ll. -*au.* Y weithred o (ym)holi, holiad, cwestiwn, gofyniad, ymchwiliad, archwiliad, arholiad, prawf, hunanymholiad: *inquiry, question, query, investigation, examination, test, introspection.*

1658 *Examen* d.d., Examen quotidianum *Ymholiad* beunyddiol. Neu, Gyhyddiad pechod ar orseddfarn cydwybod. **1672** R. PRICHARD: *Gw* 496, Ni elli ddioddef cyffwrdd ag ef [pechod], na thrwy dy *ymholiad* dy hun, nac argyhoeddiad rhai eraill. **1718** E. SAMUEL: *HDdD* 73, Yr ail rhan on *ymholiad*, a berthyn ir troseddau a wnaethom yn erbyn y Cyfammod hwn. **1772** *W*, ymresymmiad (*ymholiad*, &c.) ynghŷlch rhyw gâled-bwnc d.g. *Discussion, or a discussing.* **1798** *WR* d.g. *Inquiry.* **1803** *P.*

ymholltaf: ymhollti, gw. ym-+holltaf: hollti.

ymholltiad [bôn y f. *ymholltaf*: *ymhollti*+ -*iad*[1]] *eg.* ll. -*au.* Y weithred o (ym)hollti; *Biol.* ymraniad cell, &c, yn gelloedd, &c., newydd (fel dull o atgynhyrchu); *Ffis.* adwaith niwclear sy'n digwydd pan fo niwclews trwm yn ymhollti gan ryddhau egni: *a splitting; fission* (*in biol.*); (*nuclear*) *fission* (*in physics*).

1803 *P.*

ymhongar [bôn y f. *ymhonnaf*: *ymhonni*+ -*gar*] *a.* Ffuantus, rhodresgar, mawreddog, haerllug: *affected, pretentious, pompous, arrogant.*

1848.

ymhonnaf: ymhonni, &c., gw. ym-+ honnaf: honni, &c.

ymhonnus [bôn y f. *ymhonnaf*: *ymhonni* +-*us*] *a.* Ymhongar, ffuantus, rhodresgar: *affected, pretentious.*

1851.

ymhonnwr, ymhonnydd [bôn y f. *ymhonnaf*: *ymhonni*+-*wr*, -*ydd*[3]] *eg.* ll. *ymhonwyr.* Un sy'n (ym)honni, yn enw. yn ddi-sail, un sy'n esgus, twyllwr, hocedwr, ymffrostiwr; un sy'n hawlio gorsedd, yn enw. am James Stuart (1688–1766) a'i fab Charles Stuart (1720–80): *assertor, pretender, cheat, charlatan, boaster; pretender* (*to throne*), (*Old or Young*) *Pretender.*

1796 T. JONES: *CCA* 127, *Ymhonwŷr* mawr am reswm oedd y rhan fwyaf o honynt; rhai wedi dibrisio'r gair, a myned allan dan falchïo yn eu deall. **1803** *P* d.g. *Ymhonwr.*

ymhosibl, gw. amhosibl (hefyd At.).

ymhoywaf: ymhoywi, gw. ym-+hoywaf: hoywi.

ymhryd, &c. [*yn*[1]+*pryd*[1]] *adf.* Mewn pryd, mewn da bryd, ar yr adeg gyfaddas neu briodol: *in* (*good*) *time, at the right or proper time.*

1567 *LlGG* (*Sall*) 58b, val y rhoddych vwyt yddwynt yn ei amser [:– *ymrhyd*]. *c.* **1585** G. ROBERT: *DC* [xix], Nyd yw r dial mawr y sydd yn y l'yfr yma, yn erbyn y rhai da, nag yn erbyn y pechadurieid, os troant at Dhuw *ym mrhyd* ag amser. **1606** E. JAMES: *Hom* ii. 247, rhaid yw ini edrych am alw ar y dadleuwr hwn *ymrhyd* tra caffom ennyd yn y bywyd hwn. **1651** SIÔN TREREDYN: *MDD* 259, yr ych chwi yn gwneuthur yn dda i ymofyn am cyfarwyddid [*sic*] *ym mhryd.* **1672** R. PRICHARD: *Gw* 58, Dere *ymmhryd*, cais gymmorth gantho [Iesu]. *id.* 393, Rwi 'n crio *m'mrhyd* [*sic*] [:– Mewn amser] am swccwr. *c.* **1730** *Thos. Lloyd D* (LlGC) 188b, disgwyliaf i *ym Mryd* am farchog mawr clŷd. CW. 173. *ib.* pe meddech *ym Mryd* ar olud y byd. CW. 176.

ymhugwd, gw. mwgwd.

ymhunanaf: ymhunanu, ymhuodlaf: ymhuodli, ymhurtiaf: ymhurtio, gw. ym-+hunanaf: hunanu, huodlaf: huodli, hurtiaf: hurtio.

ymhweddaf, &c.: **ymhŵedd,** &c. [cf. *cymweddaf**, *cymhŵeddaf*: *cym*(*h*)*ŵedd*] *bg.a.* a hefyd gyda grym enwol i'r be. Ymbil, erfyn, crefu, deisyf, dymuno, perswadio: *to beseech, implore, crave, entreat, desire, persuade.*

16–17g. *HG* 123, ony ddylyem ninnau n vwy, am hynn ir wy nym *hwedd* / a chwi oll vy mrodyr pam, tivary am yn balchedd. **1672** R. PRICHARD: *Gw* 326, O herwydd hyn 'rwyfi yn dwad, / Attad ti fy Nuw am Ceidwad, / Ar fy naulin heno i '*mhwedd*, / Am dy gymmorth a'th drugaredd. *id.* 359, Ni chaiff neb ganlyniaeth gantho, / Er *ymhwedd* [:– Ymbil] ac er ceisio. **1753** *TR*, *Ymhŵedd*, to intreat or beseech earnestly. **1793** *Cylchg* 238, ni a'i cynghorem i fyned i Rufain ac *ymhwedd* ar yr hen Bab. **1794** *W*, *ymhŵedd* . . . ar un d.g. *Suit* . . . *To make suit unto one.* **1796** *Geirgrawn* 48, derbyniodd yr arian, *ymhweddodd*, [*sic*] am yr Ystâd. **1803** *P.* Ar lafar, 'in *imhŵedd* pawb arall i neud run peth', *Wês wês* 74; hefyd yn y ff. *mŵes*, 'biodd in *mw-es* arnai beidio mind', *TGG* (1906) 33 (sir Benf.).

Amr.: **ymhyweddaf**[2]**: ymhywedd.** **1744** D. ROWLAND: *RY* 91, A ydyw ef yn *ymhowedd* arnoch, rhag eich ofn chwi?

ymhwelaf: ymhwelyd, ymhwrdd, gw. ymhoelaf: ymhoelyd, ymhyrddiaf: ymhyrddio.

ymhwyliaf: ymhwylio, gw. ym-+hwyliaf: hwylio.

ymhwyth, gw. pwyth—ym mhwyth.

ymhyderaf: ymhyderu, ymhyfhaf: ymhyfhau, ymhyfrydaf: ymhyfrydu, &c., gw. ym-+hyderaf: hyderu, hyfhaf: hyfhau, hyfrydaf: hyfrydu, &c.

ymhyllaf, ymhylliaf: ymhyllu, ymhyllio, gw. ym-+hyllaf: hyllu.

ymhyrddaf: ymhyrddu, gw. ymhyrddiaf: ymhyrddio.

ymhyrddiad [bôn y f. *ymhyrddiaf*, *&c.*: *ymhyrddio*, *&c.*+-*iad*[1]] *eg.* ll. -*au.* Y weithred o (ym)hyrddio, hyrddiad, gwthiad, rhuthr: *a hurling or thrusting* (*oneself*), *rush, charge.*

1803 *P.*

ymhyrddiaf, ymhyrddaf: ymhyrddio, ymhyrddu, ymwrdd [*ym*-+*hyrddiaf*, *hyrddaf*: *hyrddio*, *hyrddu*] *bg.a.* a hefyd gyda grym enwol i'r be. Hyrddio, taflu, neu wthio (ei gilydd), ei hyrddio, ei daflu, neu ei wthio ei hun, ymosod, rhuthro, ymladd, ymryson, gwrthdaro, hefyd yn *ffig.*; cyffwrdd; trin, trafod: *to hurl, throw, or push* (*one another or oneself*), *attack, charge, fight, contend, clash, also fig.*; *touch; treat, discuss.*

12g. *GCBM* ii. 122, Yn *ymhört* am haelon. **13g.** *Llst* 1, 17, o bey emtaraö neö *emhwrd* er rygthaö ef ac ön or kewry. **13g.** *GBF* 31, Ger Myniö, llyö, lleö Haörfort, / Y göeleis-y Rys Ros *ymhört.* **14g.** *GDG*[3] 14, Hawdd *ymwrdd* ym mwrdd, hawddamor—beunydd, / Hawdd fyd bryd brawdffydd ufudd Ifor. *c.* **1400** *ChO* 7, A gwedy hynny y doluryaw ynteu a'e vlinhau yn cadw ac yn *ymwrd* a'r golut, heb orffowys. **15g.** *GDLl* 41, I Filfwrdd mewn *ymwrdd* mawr / Y tirian' o fewn teirawr. **15g.** *GTP* 48, Estyn lliain yn heini / Ar hyd bwrdd, lle *ymwrdd* llif. *Diw.* **15g.** *Pen* 67, 103, pawb am gwrthot ym tlodi / y mae ar dduw vy*mwrdd* i (Hywel Dafi). **1604–7** *TW* (*Pen* 228), *ymhyrdhû*, *ymhyrdhio* d.g. *Admolior, Conisco, Renitor, Repulso.* **1612** *LlP* 235, Richard 3. yr hwn a *ymhyrddodd* ei hun i'r goron. **1630** R. LLWYD: *LlH* [203], pan fyddom yn segur . . . yna agored ydym ir cythraul . . . Ac ynteu sydd yn *ym/hyrddu* i mewn ynom, ac yn ein gorchfygu. **1632** *D*, *Ymhwrdd*, Impetum in se invicem facere. **1672** J. LANGFORD: *HDdD* 361, Rheswm yw hwn y gwelodd Crist ei hún yn gymmwys i'w arferu, er mwyn *ymhyrddu*'r Ddledswydd hon arnon ni. **1675** R. DAVIES: *PY* 121, y maent yn *ymhyrddu* i bôb sectau, ac yn dwyn eu rhith, au dull hwy arnynt. **1677** C. EDWARDS: *FfDd* 179, mi ai [*sic*] cymmellaf hwynt [bwystfilod] i'm llyncu: myfi a *ymhyrddaf* fy hun arnynt hwy. *id.* [2]36, A fynni di i Grist fyned ir bôen i ddioddef yn fynnych, ac i adgyfodi ym mhôb oes, ac ym mhôb gwlâd, a gadel i bob llaw *ymhyrddu* iw friwiau ef? **1740** T. EVANS: *DPO* 27, Ac am Ditl y Pâb . . . nid yw e ddim amgen na'i Drais yn *ymhyrddu* ar Anwybodaith dynion. **1770** *W*, *ymhwrdd*, *ymhyrddu*, *ymhyrddio* d.g. *To arietate* [*butt or attack with the head, like a ram*], *To assault, or assail, An attack, To attack one another, To encounter* [*engage, fight, or combat with; oppose or attack an enemy*], *To jostle* [*rush or run against a person, &c.*], *To run at tilt.* **1776** I. BRYDYDD HIR: *P* i. ix, Pa beth yw 'r achos hefyd fod cynnifer o Saeson yn *ymhyrddu* i Gymru, ag yn ceisio dwyn ymmaith ein cannwyllbren, sef gair Dduw [*sic*], yn ein iaith ein hunain. **1778** J. HUGHES: *BB* 154, Ag rhag ofn iddo egino ar gynydd, / *Ymhyrdd* y gelyn mo'r [*sic*] ddi g'wilydd. **1803** *P* d.g. *Ymhwrz.*

ymhyriaf, ymhyrraf: ymhyrio, ymhyrru, &c., gw. ym-+heriaf: herio, &c.

ymhysbysaf: ymhysbysu, ymhyweddaf[1]**: ymhywedd(u),** gw. ym-+hysbysaf: hysbysu, hyweddaf: hyweddu.

ymhyweddaf[2]**: ymhywedd,** gw. ymhweddaf: ymhŵedd.

ymiachâd [bôn y f. *ymiachâf*: *ymiacháu*+ -*ad*[2], trf. han.] *eg.*

(*a*) Iachâd, hefyd yn *ffig.*: *a healing, also fig.*

16g. LEWYS MORGANNWG: *Gw* 108, ymrudd les gyffes nid gau / *ymiachad* om mechodau. **1567** *TN* 270a, pa amddeffen [:– *ymiachaad*, ymgliriad]. **1803** *P.*

(*b*) Ffárwel, ymadawiad, hefyd yn *ffig.*: *farewell, departure, also fig.*

c. **1585** *MCr* 37, hi a rhoddes y mi *ymichad* [*sic*] ar rythr, gan ddywedyd, 'O tydi, ddyn anghenfilaidd!' **1651** SIÔN TREREDYN: *MDD* 298, *ymiachaad*, neu ymadawiad y galon oddiwrth ei hymarferau rheswmmol ac anianol. **1773** *W*, Gwlêdd *ym-iachâd* d.g. *Foy* [*a treat given to one's friends at parting* . . .]. **1803** *P.*

ymiachâf: ymiacháu [*ym*-+*iachâf*: *iacháu*] *bg.*

(*a*) Ymadfer (o ran iechyd), gwella, mendio, hefyd yn *ffig.*: *to recover one's health, get better, also fig.*

13g. *BD* 109, Odyna yny *ymyachao* (*refecerit*) hitheu o yachvydavl uedyclynn y kymer yn y deheu llvyn Kelydon, yn y hassw hagen muryoed Llundein. **1588** 2 *Br* viii. 29, Ioram y brenin a ddychwelodd i Iezrahel i *ymiachaû* o'r dyrnodiau a'r rhai y tarawse y Syriaid ef yn Ramah. **1632** *D*, *Ymiacháu* . . . sibi mederi. **1740** T. EVANS: *DPO* 218, Ond nid hwyrach ac y dechreuasant ymelio ac *ymjachau* o'r naill Blâ, ond hwy a lygrwyd drachefn ag un arall o dyfiant Brydain. **1775** D. ROWLAND: *TP* 46, Arfer y cleifion pan wellont, yw *ymiachau* a chryfhau bob ychydig ac ychydig. **1803** *P.*

(*b*) Ffarwelio, canu'n iach, ymadael, hefyd yn *ffig.*: *to bid farewell, say goodbye, depart, also fig.*

14g. *YBH* 50b, Ac yskynnu ar eu meirch a orugant ac *ymiachau.* *id.* 60b, *ymiachau* ae dylwyth aoruc. *c.* **1400** (*SG*) *HMSS* i. 327, *ymiachau* ar marchawc aorugant wy. a cherdet racdunt tu a chaer llion. *Diw.* **15g.** *Pen* 67, 117, englynnyon yn vydyon vydd / *ym iachav* r ym a chywydd (Hywel Dafi). **1567** *TN* 100b, gad i mi yn gyntaf vyn'd a' chanu yn iach [:– ac *ymiachay*] ir ei sy i'm tuy. **1632** *D*, *Ymiacháu*, Sibi inuicem valedicere. **1745** *LlBH* 4, Or byd or byd mae'n rhaid *michau* [*sic*] / 'Does imi help na meddig lai. **1773** *W* d.g. *Fare-well, To take one's fare-well of one, or bid one fare-well, Leave, To take leave of.* **1803** *P.*

Amr.: **mycháu.** **1722** *Llst* 189, *Mychäu* ag un. To

take his leave of one at parting, to bid farewell. **1775** *W* d.g. *Leave, To take leave of.*

ymiawnhaf: ymiawnhau, gw. ym- + iawnhaf: iawnhau.

ymidiau, gw. emnaid (hefyd At.).

ymillyngaf: ymillwng, ymiolaf: ymioli, ymiraf: ymiro, ymiselaf: ymiselu, gw. ym- + gellyngaf: gellwng, iolaf[1]: ioli, iraf: iro, iselaf[1]: iselu.

ymiwsiaf, &c.: **ymiwsio,** &c. [bnth. S. (*to*) *amuse*] *bg.* Ymddifyrru: *to amuse oneself.*

16–17g. *Cer RC* 19, Dy gyngor dysyfa', ag arno gwrandawa',—/ Pa ddelw yr *ymiwsia'* i fy hunan. **1726** S. Rhydderch: *Alm* [12], Trown heibio bob gwagedd na *'miwsiwn* a Maswedd / Ond crefu am Drugaredd drwy amynedd Amen.

ymlaciad [bôn y f. *ymlaciaf*: *ymlacio* + *-iad*[1]] *eg.* Y weithred o ymlacio, yr ansawdd neu'r cyflwr o fod wedi ymlacio: *a relaxing, relaxation.*

20g.

ymlaciaf: ymlacio [*ym-* + *llaciaf*: *llacio*] *bg.* ac yn eithriadol *ba.* a hefyd gyda grym enwol i'r be. (Peri) mynd yn llai tyn, yn enw. am berson o ran corff neu feddwl, ymorffwys, hamddena; llacio (am afael, &c.); hefyd yn *ffig.*: *to relax, slacken, also fig.*

1858.

ymlaciol [bôn y f. *ymlaciaf*: *ymlacio* + *-iol*] *a.* Wedi ymlacio; yn (peri) ymlacio: *relaxed; relaxing, relaxant.*

20g.

ymladd[1] [bôn neu fe.'r f. *ymladdaf*[2]: *ymladd*; dichon fod enghrau. o *ymladd*[2] wedi eu cynnwys isod] *eg.* ll. *-au.* Y weithred o ymladd, brwydr, ymladdfa, cynnen: *a fight(ing), battle, combat, strife.*

12–13g. *GMB* 461, Gwedy llid ymlid yn *ymlateu.* **13g.** *LlI* 70, Ny deleyr dyruy am affeyth galanas namen cammluru; dyruy *emlad* a deleyr. Sef yu er *emlad*, dyrchaf a gossot, a guaet, a guely. **13g.** *A* 28. 12–14, Noc a dele gwr mynet y *emlad* heb arveu. ny dele bard mynet e amrysson heb e gerd honn. **14g.** *T* 36. 11–12, Gøeleis *ymlad* taer yn nant ffrangcon. **14g.** *WM* 38. 30–2, Y llall a barei *ymlad* y røng y deu uroder ban uei uøyaf yd ymgerynt. *c.* **1400** *R* 1289. 37, Dar ymleidyat uthyr dor *ymladeu.* **15g.** *FfBO* 42–3, o rinwedeu y mein y goruydant hwy yn y brwydreu a'r *ymladeu.* **15g.** *GLGC* 428, Arthur o'i ddolur oedd wan, / ac o *ymladd* Cad Gamlan. **1567** *TN* 270a, in gorthymid [*sic*] o bop parth, gan *ymladdae* oddy allan. **1632** *D*, *Ymladd* . . . Pugna. **1653** *MLl* i. 172, Digon yw hynny o *ymladd*, Di gefaist dy guro yn fynych. **1770** *W* d.g. *Battle* [*an engagement between two numerous bodies of men, a conflict*]. **1803** *P.*

Cfn.: **ymladd ceiliogod:** *cock-fight(ing).* **1790** Twm o'r Nant: *GG* 197. Gw. hefyd *ymladdaf*[2]: *ymladd—ymladd ceiliogod.*

ymladd[2,3], gw. ymladdaf[2]: ymladd.

ymladdaf[1]**: ymlâdd** [*ym-* + *lladdaf*: *lladd*] *bg.* a hefyd gyda grym enwol. Mynd yn lluddedig iawn, blino'n lân, diffygio; ei ladd neu ei niweidio ei hun, lladd ei gilydd, hefyd yn *ffig.*: *to tire or wear oneself out, be exhausted; kill or injure oneself, kill one another, also fig.*

15g. *DE* 53, Y verch weddw ddivrychev[dd]eddf / wedir *ymladd* ar drem leddf. **15–16g.** *TA* 479, Ni 'th edais—annoeth ydwyf—/ Nes *ymlâdd*, annisyml wyf. *p.* **1584** G. Robert: *GC* [136], *ymladd* a'r accen yn y ddiwaethaf se lędere. **1611** *CM* 49, 115, y Philistiaid a laddodd i dav fab, ag ynte a *ymladdodd* i hvn. **1632** *D*, *Ymlâdd*, Occidere se, enecare se, se inuicem occidere. **17g.** *HCRC* iii. 2, Dyn wyfi n *ymladd* oth serch. **1688** *TJ*, *Ymlâdd* . . . to commit self-murder. **1753** *TR*, *Ymlâdd*, to kill one another. Ar lafar, *WVBD* 576, *TGG* (1904) 48 (sir Gaerf.).

ymladdaf[2]**: ymladd**[2] [*ym-* + *lladdaf*: *lladd*] *bg.a.* Ymryson neu ymdrechu mewn (brwydr, gornest, &c.), brwydro, rhyfela, gwrthdaro, ymosod, hefyd yn *ffig.*; rhoddi (ceiliogod, &c.) i ymladd: *to fight, battle, clash, attack, also fig.*; *set (cocks, &c.) to fight.*

10–11g. *DGVB* 219, *imladum*, gl. *attritu.* **13g.** *C* 95. 4–6, Jn neuat awarnach in *imlat* ew agurach. **13g.** *A* 3. 5, dwys dengyn ed *emledyn* aergwn. **13g.** *BD* 148, *ymledvch* dros avch gvlat, a diodeuvch agheu drosti. **14g.** *LlB* 80, Or *ymlad* gwr escob neu abat a gwr brenhin ar tir y brenhin . . . y brenhin bieu eu dirwyon. **14g.** *WM* 189. 16–18, edrychassant øy ar wyr rufein yn *ymlad* ar gaer. *c.* **1400** *R* 1027. 3–4, pan *ymladho* tonn am vrynn. *Dchr.* **15g.** *GM* 20, canyt oes neb arall a *ymlado* drossom namyn tidi, yn Duw ni. **15g.** *GDLl* 62, Gwerin aml, gwŷr yn *ymladd*, / Gwenwyn ym mhob llwyn yn lladd. **1551** W. Salesbury: *KLl* xlva, mi attaolygaf [*sic*] ywch . . . ymgadw o ywrth cnawdolion chwanteu / y rein a *ymladdant* ar eneit. **1567** *TN* 315b, *Ymladd* ymladdiad gorchestol y ffydd. **1632** *D*, *Ymladd*, Pugnare. **1703** E. Wynne: *BC* 136, tyngu, rhegu, *ymladd*, ymgyfreithio, dyfeisio a thwyllo. **1773** *W* d.g. *To fight.* **1803** *P.* Ar lafar, '*ymladd*' 'to struggle', ''Dwi'n *ymladd* yn erbyn y gwynt', *WVBD* 576; 'Ma dou gi'n *ymladd* mæs 'co', *GTN* 859; hefyd yn y ff. *wmla'*, *GDD* 321, ac *wmladd* (y De-ddwyrain).

Amr.: †**imladum.** **10–11g.** *DGVB* 219.

Cfn.: **ymladd ceiliogod:** *to set cocks to fight, engage in cock-fighting.* **1792** H. Harris: *H* 22. Ar lafar, ''Odd rai'n para i *ymladd cilocod* pyn ôn i'n ifanc', *GTN* 859. Gw. hefyd *ymladd*[1]*—ymladd ceiliogod.* **ymladd dau fywyd:** *to fight a duel.* **1810** T. Lewis: *HPF* 590.

ymladdfa [*ymladd*[1] + *-fa, ma*] *eb.* ll. *-feydd, -faoedd, -fâu.* Ymladd(iad), brwydr, hefyd yn *ffig.*: *a fight(ing), battle, also fig.*

1688 S. Hughes: *TSP* 254, Mi a fûm fy hun yn y frwydr [:– *Ymladdfa*] yma. **1711** M. Maurice: *YAD* 284, *Ymladdfa* Ysprydol barhaus. **1716** E. Samuel: *GGG* 78, [Rh]yfeloedd . . . ac *ymladdfau* . . . gwaedlyd. **1759** T. Thomas: *WWDd* 48, beth ond ffrwyth y pechod, a'r felldith: yw 'r . . . *ymladdfeydd* sŷdd yn y Bŷd. **1803** *P.* Ar lafar, *GTN* 859.

ymladdfaes, gw. ymladd[1] + maes[1].

ymladdgar [*ymladd*[1] + *-gar*] *a.* a hefyd gyda grym enwol ac fel *eg.* Chwannog i ymladd, rhyfelgar, ymosodol, cynhennus; yn perthyn i ymladd neu ryfel, milwrol: *pugnacious, warlike, bellicose, aggressive, quarrelsome; pertaining to fighting or war, warlike, martial.*

13g. *HGK* 15, y sein *emladgar* a glywyt ympell. **13g.** *GBF* 456, Ny bøyf gyhudgar, ny bøyf *ymladgar.* **13g.** *BD* 107, O Gynan y kerda baed *ymladgar.* **14g.** *BT* 107, agarw ac anhygar wrth gedyrn *ymladgar.* *c.* **1400** *R* 1030. 33–4, bit ynvyt *ymladgar.* *c.* **1400** *Études* vii. 68, Y neb y bo geneu llydan, *ymladgar* vyd a glew. **1620** *Mos* 204, 13, Amravaulus pob *ymladhgar.* **1632** *D*, *Ymladdgar*, Pugnax. **1696** *CDD* 333, A deiliaid *ymladdgar*, yn lladd-gar eu llid. **1773** *W* d.g. *Fighting, or given to fighting, Pugnacious* [*fond of fighting; &c.*]. **1803** *P.* Ar lafar, '*ymladdgar*' 'given or prone to fighting', *GTN* 859.

Fel *eg.* *Adar.* Pibydd torchog, colomen grech, paffiwr, *Philomachus pugnax*: *ruff (in ornith.).*

Diw. **19g.** *SE MS* 597b.

ymladdgarwch [*ymladdgar* + *-wch*[1]] *eg.* Yr ansawdd neu'r cyflwr o fod yn ymladdgar, rhyfelgarwch: *pugnacity, bellicosity.*

1632 *D* d.g. *Pugnacitas.* **1780** *W* d.g. *Pugnacity* [*fondness of fighting; &c.*]. **1803** *P.*

ymladdiad [bôn y f. *ymladdaf*[2]: *ymladd* + *-iad*[1]] *eg.* ll. *-au.* Y weithred o ymladd, brwydr, hefyd yn *ffig.*: *a fight(ing), battle, also fig.*

1588 *Dan* viii. cs., *Ymladdiad* hwrdd a bwch yn arwyddocâu rhyfel rhwng y Persiaid a'r Groegiaid. **1630** *YDd* 372, nid ymleddais i mor *ymladdiad* da . . . fel y dylaswn. **1803** *P.*

ymladdle, gw. ymladd[1] + lle[1].

ymladdol [*ymladd*[1] + *-ol*] *a.* Yn ymladd, ymladdgar, rhyfelgar; yn perthyn i ymladd neu ryfel, milwrol: *fighting, pugnacious, warlike, bellicose; pertaining to fighting or war, warlike, martial.*

16g. *GGH* 381, Rhai'n cael eu lladd, *ymladdol*, / Am waith drygog, fforchog, ffôl. **1803** *P*, *Ymlazawl* . . . Pugnacious, fighting.

ymladdwr [bôn y f. *ymladdaf*[2]: *ymladd* + *-wr*] *eg.* ll. *-wyr.* Un sy'n ymladd, brwydrwr, rhyfelwr, hefyd yn *ffig.*: *fighter, combatant, warrior, also fig.*

13g. *HGK* 8, Odena yd anvones *emladdwyr* . . . y emlad a Chenwric. **14g.** *BT* 138, grymus *ymladwr* y kaeryd kyffrowr ytoruoed. *c.* **1400** *YCM*[2] 25, O gyssegredickaf vydin *ymladwyr* Crist! **15g.** *GLGC* 127, Ef a âi yn lew pan fai'n ei lid, / *ymladdwr* ydiw od ymleddid. **1567** *TN* 178b, rac bot eich caffael yn *ymladdwyr*-yn-erbyn-Dew. **1632** *D*, *ymladdwr* pybyr d.g. *Pugil.* **1772** *W* d.g. *Combatant.* **1777** W. Williams: *TEA* 66, *ymladdwr* dewr dros yr Arglwydd. **1803** *P.* Ar lafar, *GTN* 859.

ymlaen, ym mlaen, &c. [*yn*[1] + *blaen*] *ardd.* a hefyd fel *adf.*

(*a*) O flaen, ar flaen, ar y blaen (i), ym mhen (uchaf); gerbron, o flaen, hefyd yn *ffig.*: *in (the) front (of), before, ahead (of), at the front, head, or top (of); before (judge, &c.), in front (of), also fig.*

12g. *GCBM* i. 132, *Ym blaen* cadeu cadw aruod. **14g.** *BT* 72, mi avynnaf dy vod ti *ymlaen* vy mab ay lu wrth y wrthlad ef ymeith. **14g.** *GP* 40, Sillaf dalgronn a vyd pan vo vn vogal e hunan yn y sillaf, beth bynnac a vo o'r kytseinannyeit yn ol nac *ymlaen* y vogal. **14g.** *GDG*[3] 29, Mae'n waeth am dadmaeth; mae dôr—rhof ac ef / Yn gyfyng *ym mlaen* côr [marwnad Ifor Hael]. **15g.** *GLGC* 84, Ef a wŷl dau o'i filwyr / *ymlaen* ugeinmil o wŷr. *id.* 85, a'm swydd am eu gorwydd gwâr / a redai *'mlaen* yr adar. **15–16g.** *GLM* 67, *Ym mlaen* nant mae 'melin i / yn weddw eisiau main iddi. **1588** *Eseia* xvii. 6, dau neu dri o rawn *ymlaen* y brig. **1606** E. James: *Hom* i. 58, Er tecced ac er mor ogoneddus *ymmlaen* dynion a fytho 'r gwaith a wnelom ni heb ffydd, etto nid yw *ymmlaen* Duw onid Marw. *c.* **1700** E. Lhuyd: *Par* i. 6, Lhyn y tri Grayenyn *ym mlaen* K[wm] Rhwydhor. **1803** *P*, Pysgota . . . Pysgota *ym mlaen* y rhwyd. To fish in front of the net. Clywir *ymlaen* weithiau yn yr ystyr 'tua, obeutu', ''Wedd e'n pwyso *'mlân* chwech tunnell' (sir Benf.); clywir hefyd '*ymlaen* tua', '*ymlaen* obeutu', ac '*ymlaen* rhyw' yn yr un ystyr. Cf. *LL* 78, O dina bet imblain isceuiauc.

(*b*) Cyn: *before (of time).*

13g. *BD* 122, tanllachar yn ysgeinnyav . . . megys mellt *ymlaen* taran. **14g.** *WM* 134. 32–4, ymgynnic o honaf inheu idaø ef *ymlaen* vyg gorderchu i ohonaø ef. ny allafi yr dim. **15g.** *Cy* iv. 120, *ymblayn* kaøad orglaø. **15–16g.** *GLM* 278, Gwerful aeth, ei gair fu lân, / mal i nef *ymlaen* Ifan [marwnad Ieuan ap Hywel a'i wraig Gwerful]. **1545** Elis Gruffydd: *Ll* 13, A hroddi o'r dwr yma ynn y llygaid awr *ymlaen* mynned j'r gwely a eglurha y golwg. **1567** *TN* [xxiv], Y Brytaniait a dderbyniasont attunt gyfraith Dduw . . . *ymlaen* yr ynysoedd oll.

(*c*) Yn anad, o flaen, cyn, uwchlaw, yn hytrach na: *in preference to, before, above, rather than.*

13g. *BD* 79, diodef achanoctit *ym mlaen* mynet wlat arall y aruer o digrifvch a drythyllvch. *c.* **1300** *B* ii. 28, duw . . . anrydedet bawb hwnnw *ymlaen* pawb. *id.* 33, O gelly wneithur da y nep gwna yth gyfnesseiuyeit *ymlaen* estronyon. **14g.** *LlB* 4, yr etlig . . . a dylyir y enrydedu *ymlaen* pawb yn y llys eithyr y brenhin a'r urenhines. *c.* **1400** *YCM*[2] 2, etholes ynteu didi *ymblaen* neb, y barattoi hynt ymi. **15–16g.** *GRB* [13], er yt aros wrth Ioseb / moli wnaud Dduw *ym mlaen* neb [i Fair]. **16g.** *Med H* 36, dwyn yr eryr y mae *ymlaen* adar ac aniveiliaid eraill oblegid y kyneddveu a ddywetpwyd uchod. **1567** *TN* 350a, Eithr *ymlaen* pob peth, fymrodyr, na thyngwch, nac ir nef, nac ir ddayar. *Diw.* **16g.** *LBS* iv. 413, chwithaü a ddylywch garü y rhyw arglwydd a hwnnw . . . *ymlaen* pawb. **1588** 1 *Tim* ii. 1, Cynghori yr ydwyf am hynny, *ym mlaen* pôb peth, fod ymbil, gweddiau, deisyfiadau a thalu diolch dros bôb dŷn.

Fel *adf.* (*a*) I'r (tu) blaen, yn y (tu) blaen; am gyfnod amhenodol ar ôl hyn(ny), yn y dyfodol; yn dynodi parhad gweithred, &c.; hefyd yn *ffig.*: *forward, on(ward), ahead, in (the) front; on(ward) (of time), in the future; on (denoting continuation of action, &c.); also fig.*

14g. *GIG* 7, Anian mab Gruffudd, rudd rôn, / *Ymlaen* am ei elynion [i Syr Hywel y Fwyall]. **15g.** *GDID* 96, Mi a welaf fy Melwas, / Hywel, *ymlaen* â'i helm las. **16g.** *GGH* 54, Amser bûm ais oer heb wedd, / Aeth *ymlaen* es wyth mlynedd. **1588** 2 *Sam* x. 9, Pan ganfu Ioab fod wyneb y rhyfel yn ei erbyn ef *ym mlaen*, ac yn ôl. **1632** *D*, pwyso *ymlaen* d.g. *Proclino.* **1661** E. Lewis: *Drex* 331, Mynych y mae'r Apostol yn ein hysparduno ni *ym mlaen.* **1703** E. Wynne: *BC* 90, gan y Diawliaid oedd o'u hôl 'r oedd yn gorfod i'r damniaid hyn fynd *ymlaen.* **1753** D. Jones: *SD* ix, ymlusgo *ym mlaen* yn drymmaidd [am ganu]. **1764** W. Williams: *Th* 7, Ac fe ymffrostiai yn fynych os einioes gai *ymla'n*, / Na chai o'r Bibl sillaf fod heb ei roi yn dân. **1778** *W*, *Ym mlaen* d.g. *On* [*forward*], *On* [*go on*], *Onwards, or onward.* Ar lafar, 'mynd *ymlaen* hefo'r gwaith', *WVBD* 40; 'Cera *'mlæn* i'r ffrynt', 'Cera *'mlæn*! 'Wyt ti'n tinnu 'ngos i 'nawr!', 'doti'r cloc *'mlæn*', 'Fe gæs fynd *ymlæn* i witho am sbel fæch ar ôl amser riteiro', 'ishta *'mlæn*' 'to sit forward in a chapel or other public building', *GTN* 860; hefyd yn yr ymad. 'bod *'mlaen*' yn yr ystyr 'bod o flaen llys barn'. Clywir *ymlaen*

wrth sôn am henaint, "Odd e *'mlân* dipyn erbyn 'ny' (sir Benf.).

(*b*) O'r blaen, eisoes, yn barod; o flaen llaw, ymlaen llaw: *previously, already; beforehand.*

1527 *B* ii. 206, Sef a orrvc y marchawc a ddywettpwyd *ymalayn* [*sic*]. *id.* 225, y tri gorchwyl anhygar a draythwyd *ymlayn.* **1567** *TN* 155a, Ef yn rhybuddio *ymblaen* am ymwad Petr. *id.* 167b, Ef yn ei rubuddiaw *ymblaen* o ei varwolaeth. *id.* 172b, efe yn gwybot hyn *ymblaen*, a bwyllawdd am gyfodiadigeth Christ. **1595** *Egl Ph* 9, Wele wrth hynny osod yr achosedig, yn lhe'r gwneuthuriawl; mal y clywsoch *ym mlaen.*

(*c*) (Wedi ei wisgo) amdano; i'r (neu yn y) safle weithredol (am swits, tap, &c.), yn derbyn cyflenwad trydan, nwy, &c. (am ddyfais, &c.); i'w gynnal yn ôl y disgwyl (am adloniant, digwyddiad, &c.), yn cael ei darlledu neu ei pherfformio (am raglen, drama, &c.), yn digwydd: *on (of clothes, switch, light, event, &c.).*

20g. Ar lafar, 'Rho dy gôt *'mlân*, mae'n oer' (Cered.); 'Beth sy *'mlân* yn y sinema wythnos hyn?', 'Rho'r gole *'mlân* wrth iti ddod mywn' (sir Gaerf.); 'Be' sy *'mlân* yn y cwrdd 'eno?' (dwyrain Morg.).

Cfn.: **yn ei (dy, &c.) flaen, yn ein, &c., blaen(au):** *on his (your, our, &c.) way, forward, on(ward); before him (you, &c.) (of time).* *c.* **1400** *Études* vii. 330–2, y kenhin . . . brathu y kylla a wnant . . . ony bwyteir letus neu y porpius *yn eu blaen.* **16–17g.** *Cer RC* 73, Mynd *yn i flaen* yn lysti, / A gwrthod gwiail heini. **1771** *PDPh* 57, teithiwch *yn eich blaen.* **1774** H. JONES: *CH* 43, Hefyd yn malurio'r cloggiau, / Sy'n rhwystro'r egin *yn ei blaenau.* Ar lafar, 'Cerwch *yn eich blaen*', 'Tyd . . . *yn dy flaen*', *WVBD* 40; 'Dowch *yn ych blaena*' (Arfon). **ymlaen llaw, ymlaenllaw:** *previously, beforehand.* *c.* **1400** *YSG* i. 43, ryuelwr drwc, yr hwnn a edewis y arglwyd gwedy kael y gyfloc *ymlaen llaw.* **15–16g.** *GLM* 214, Mae cannwr am eu ciniaw, / mal yn y llys *ymlaen llaw.* **1547** *WS* [viii], Ac eb law hyn oll a ddywedais *ymblaenllaw.* **1618** J. SALISBURY: *EH* 143, amfrudo *ym-mlaen-lhaw*, a rhagdhywedyd petheu damweiniol a'r [*sic*] dhyfod. **1632** *D*, dyfalu *ym mlaen llaw* d.g. *Præsumo.* **1722** E. LLOYD: *MC* 83, y wraig weddwdylawd [*sic*] . . . oedd lawer gwell yn ol marw y gwr, nac oedd *ymlaen llaw.* **1803** *P* d.g. *Ymmlaenllaw.* Ar lafar, "Ôn i wedi paratoi digon o fwyd i bawb *'mlaen llaw*' (Arfon); 'Rhaid mewn ymad. fel 'mynd *ymlaen llaw* iddo fo' 'to forestall him', *WVBD* 40.

ymlaenaf [*yn*[1]*+blaenaf*] *adf.* a hefyd fel ardd. Yn y blaen, yn flaenaf; yn anad, uwchlaw: *in front, foremost; in preference to, above.*

1732 *RE* 38, lle mae ffŷdd *ymlaena* fe ddyle Bedŷdd gael canlyn. **1770** *W*, *ym mlaenaf* dim d.g. *Above all* [*more especially*]. Ar lafar, 'troed gora *ymlaena*'', *WVBD* 549.

ymlaenllaw, gw. ymlaen—ymlaen llaw.

ymlaesaf: ymlaesu, gw. ym-+llaesaf: llaesu.

ymlaferydd, gw. ymlefaraf: ymleferydd.

ymlafniaf: ymlafnio [*ym-+llafniaf: llafnio*] *bg.* a hefyd gyda grym enwol i'r be. Llafurio, ymdrechu, ymdrafferthu, stryffaglio, ymlâdd, bustachu (ymlaen); cystadlu, ymladd; hefyd yn *ffig.*; (?geir.) prancio: *to toil, labour, strive, struggle, strain, tire oneself out, plod (on); contend, fight; also fig.; (?dict) romp.*

1803 *P*, *Ymlavniaw* . . . to romp. Ar lafar, '*ymlafnio*' 'to tire oneself out', *WVBD* 576.

ymlafuriaf: ymlafurio, gw. ym-+llafuriaf: llafurio.

ymlaith, ymlath, ymlith [?*ym-+llaith*[3]] *eg.* Cosi, ysfa: *itch(ing).*

1753 *TR*, *Ymlath*, an itching. **1773** *W*, bod ag *ymlath* arno d.g. *To fret* [*itch or be uneasy*]. *id. ymlaith* (in Glamorgan-shire . . .) d.g. *Itch.* Ar lafar yn y ff. *ymlith, imlith* (Morg.).

ymlamaf: ymlamu, ymlanhaf: ymlanhau, gw. ym-+llamaf: llamu, glanhaf: glanhau.

ymlanwad, ymlenwad [bôn y f. *ymlanwaf, ymlenwaf: ymlanw, ymlenwi+-ad*[2]] *eg.* ll. *-au.* Dylanwad; (geir.) y weithred o lenwi ei hun, llifiad i mewn, dirlenwad: *influence; (dict.) a filling oneself, flowing in, saturation.*

1604–7 *TW* (*Pen* 228), *ymlanwad* d.g. *Influentia* (hefyd *D*). **1633** *Addysg i Farw* 116, y donniau hyn ydynt o'r un naturiaeth ac ydyw yr *ymlanwad* sy yn desgin o'r nef arnom. **1696** *GGTY* 320, mae ganddvnt hwy, gan eu bod gwedi cael eu huno mewn gweithred â Christ ei *ymlanwadau* bendigedig ef arnynt. **1722** *Llst* 189, *Ymlanwad.* m. A filling it self. **1725** *SR* d.g. *Influence.* **1740** *ALB* 9–10, Nid oes amheu na all Duw pan y mynno weithio ar Feddyliau Dynion trwy *Ymlanwadau* anarferol. **1775** *W*, *ymlenwad* d.g. *Impregnation* [*In Chymistry, a saturation: a being saturated*]. [**1784**] *LIGD* 7, buoch tan *ymlanwad* y llygredigaeth tufewnol. **1803** *P.*

ymlanwaf: ymlanw, ymlapiaf: ymlapio, ymlarieiddiaf: ymlarieiddio, gw. ym-+llanwaf: llanw, lapiaf[1]: lapio, llarieiddiaf: llarieiddio.

ymlath, gw. ymlaith.

ymlathraf: ymlathru, ymlawenaf: ymlawenu, ymlawenhaf: ymlawenhau, ymlawenychaf: ymlawenychu, gw. ym-+llathraf: llathru, llawenaf: llawenu, llawenhaf: llawenhau, llawenychaf: llawenychu.

ymleasaf: ymleasu, gw. ymliasaf: ymliasu.

ymlechaf: ymlechu, ymledaenaf: ymledaenu, ymledaf: ymledu, ymledanaf: ymledanu, &c., gw. ym-+llechaf: llechu, lledaenaf: lledaenu, lledaf: lledu, lledaenaf: lledaenu, &c.

ymlefaraf: ymleferydd, ymlefaru [*ym-+llefaraf: lleferydd, llefaru*] *bg.a.* a hefyd gyda grym enwol i'r be. *ymleferydd.* Llefaru, siarad, sgwrsio, ymddiddan, clebran, rwdlan, rhefru, malu awyr, siarad ag ef ei hun, gwirioni, ynfydu: *to utter, speak, converse, chat, prate, drivel, ramble, talk nonsense, talk to oneself, rave.*

14g. *GDG*[3] 168, Ys mul arwydd am swydd serch, / *Ymleferydd* am loywferch. *c.* **1400** *R* 1263. 5–6, geiryeu amyl vwryeu *ymleueryd. Dchr.* **15g.** *GSCyf* [104], Awr daw hyd ar dalm o'r dydd: / Aml ferw yn *ymleferydd* [Llywelyn ab y Moel i'r tafod]. **15g.** *GGl*[2] 7, Dyrys oedd eu hymdaeru, / Deunydd *ymleferydd* fu. **16g.** (*LlEG*) *Mos* 158, 204b, ynn *ymll*/*yuerydd* megis dyn mewn gorffwyl [*sic*]. **1567** *TN* 209b, ny chlywsant leferydd y neb oedd yn *ymleferydd* [:- chwedlea, ymddiddan / ymleflef] a mi. **1584** (**18g.**) *CC* 294, naw mîl o'i farw sy'n *ymleferydd* [marwnad Rhisiart Fychan gan Huw Pennant]. **1632** *D*, *Ymlyferydd*, Delirare, voces incongruas sine sensu effutire, more ægrotantium. **1632** *D* (*Diar*), Nid â ar fôr nid *ymlefair.* **1656** (**1745**) *MLl* ii. 145, y mae Efe yn *ymlefaru* ei hun wrth bawb ar unwaith. **1703** E. WYNNE: *BC* 56, rhai 'n ochain, rhai 'n *ymleferydd.* **1722** *Llst* 189, *Ymleferydd.* To rave, delirate. *ib.* *Ymleferydd* (sub) m. Dotage. **1759** J. EVANS: *PF* 54, Y Syfrdandod neu 'r *Ymleferydd* ymma a iachawyd lawer pryd, trwy roddi Yscyfaint Oên yn gynnes wrth y Pen. **1772** *W* d.g. *Dotage, To ramble* [*talk ramblingly*]. **1778** J. HUGHES: *BB* 199, Pob clefyd trwm sy 'n troi 'n y mennydd, / I yrru 'r tafod i *'mleferydd.* **1803** *P* d.g. *Ymlevaru, Ymleveryz.*

Amr.: **ymlaferydd** [cf. *llafaraf: llafaru, llaferydd*]. *a.* **1587** *Y* 195, Ag yno'r ai, a'i gân rydd, / Mal i fwrw *ymlaferydd.*

ymleflef [be. o ?*ym-+llef*[1]*+llef*[1]] *bg.* a hefyd gyda grym enwol. Llefaru, ymddiddan, gweiddi, llefain, rhegi, dadlau, ymryson (ar lafar), cweryla, cynhennu: *to speak, converse, shout, cry out, swear, argue, dispute, contend (verbally), quarrel, wrangle.*

1567 *TN* 204b, cody a wnaeth *ymleflef* [:- gawri, bloeddio] dros yspait dwy awr hayachen. *id.* 209b, ny chlywsant leferydd y neb oedd yn ymleferydd [:- chwedlea, ymddiddan / *ymleflef*] a mi. *id.* 211a, Yno y bu llefain [:- *ymleflef*] mawr. **1632** *D*, *Ymleflef*, Verbis contendere, rixari. *id.* d.g. *Altercor, Contentio, Inclamo, Logomachia, Occento.* **1653** (**18g.**) *Pant* 8, 26b, myned ar gwyr llen ar lleygion dan *ymleflef* o amgylch yr eglwys. **1722** *Llst* 189, *Ymleflef.* To scold, billingsgate. **1770** *W* d.g. *A brabble* [*a quarrel, or clamorous noisy contest*], *To brabble, To brawl* [*scold, or quarrel in a noisy manner*], *To scold.* **1803** *P.*

ymleiddiad [bôn y f. *ymladdaf*[2]*: ymladd +-iad*[2]] *eg.* ll. *-iaid.* Ymladdwr, brwydrwr: *fighter, combatant.*

c. **1400** *R* 1289. 37, Dar *ymleidyat* uthyr dor ymladeu. **1803** *P.*

ymlenwaf: ymlenwi, gw. ym-+llanwaf: llanw.

ymlewhaf: ymlewhau, gw. ym-+glewhaf: glewhau.

ymlewyddaf: ymlewydd(u), *bg.a.* Erfyn, ymbil, deisyfu, crefu; perswadio, gwenieithio, cynffonna, bod yn gyfeillgar: *to implore, beseech, crave; persuade, flatter, fawn, be friendly.*

1551 W. SALESBURY: *KLl* xxiva, Ar archoffeiriait ar henurieit *ymlewydd* a wnaythant ar popul er mwyn govyn Bar-rabah. **1567** *LlGG* (*Sall*) 3b, *ymlewydd* [:- gwenieuthu] a wnant a ei tafod. *a.* **1587** *Y* 47, *Ymlewydd* a mawl awen / Fel Davydd hy-awydd hên. **1595** H. LEWYS: *PA* 101, Ci ffyddlon, er ei [*sic*] feistr i daro ef, eto fe ai car er hyny, ac a *ymlewyd*' (*fawneth*) ac ef drachefn. **1632** *D*, *Ymlewydd*, Idem quod Ymhêdd. **1637** *DCR* 201, *Ymlewydd* a ffawb ffordd i rhodiach / ond a rhai na wna gyfeillach. **1722** *Llst* 189, *Ymlewydd* . . . To intreat, implore. **18–19g.** *LlrC* 2, 51, Syr Robert . . . Arlwydd y Corbwys . . . a wnaeth lawer o drefydd a phentrefydd . . . fel y bai i bawb oi blaid fyw mewn cadernyd a llonydwch . . . a hyn a wnaeth lawer o'r Cymry ddyfod attynt ag *ymlewyddu* cyfathrach a hwynt. **1803** *P* d.g. *Ymlewyz.*

ymliasaf, ymleasaf: ymliasu, ymleasu [*ym-+lliasaf: lleasaf: lliasu, lleasu*] *bg.* Ymrafael, gwrthdaro, ymgecru, cynhennu; poeni, trafferthu; ei ladd ei hun: *to contend, clash, wrangle, bicker; trouble, bother; kill oneself.*

15g. *FfBO* 40, yn y diwed pan *ymleasso* (*seipsum interfecit*) y dyweit, 'Marw yr vyn duw a vynnaf i'. **16g.** *THSC* (1923–4) (At.) 61, kymerth ef [Pilat] y gyllell ehvn, ac *ymleassodd.* **1551** W. SALESBURY: *KLl* xxib, Paam ydd ych chwi yn *ymliasy* ar (*TN* 42b, molesty [:- *ymliasu* ar] yr) wraic? *c.* **1588** *Rhyddiaith Gymraeg* ii. 81, Ony weli di y modd y mae dy blant di beynydd yn ymladd ag *ymliassy* am dy dir di. **1592** S. D. RHYS: *Inst* [xx], gyrru pawb benbenn, i *ymleassu* a'e' gilydh, ac i waethu pawb arr eu gilydh. **1604–7** *TW* (*Pen* 228), *ymliassû* ar eiriae d.g. *Compugno.* **1722** *Llst* 189, *Ymliassu* . . . To bicker, brabble. **1803** *P* d.g. *Ymliasu.*

ymlid[1] [bôn neu fe.'r f. *ymlidiaf*[1]*: ymlid*] *eg.* ll. *-iau.* Y weithred o ymlid, helfa; erledigaeth: *pursuit, chase; persecution.*

12–13g. *GMB* 461, Gwedy llid *ymlid* yn ymlateu. **13g.** (**1641**) *HGK* 25, Ar nos a wastatwys yr *ymlit.* *c.* **1400** *RB* ii. 161, A phvy bynnac a gaffei o honunt yn yr *ymlit* hvnnv. gvr llad vydei neu ynteu yn dragyvdavl geithiwet. *c.* **1400** *B* iii. 14, A glyweisti a gant garselit. / gwydel diogel *ymlit.* / drwc pechawt oe bell erlit. **1547** *WS*, Sias *ymlid* Chase. **1567** *TN* [xxiv], *ymlit* creulon ar y Chrystynogion. *id.* 320a, *Ymlidiae* (**1588** 2 *Tim* ii. 11, erlid), a' gorthrymdereu y ddaeth y mi yn Antiocheia. **1632** *D* d.g. *Persecutio.* **1683** J. JONES: *TG* 141, ni pheidiasant a'u *hymlid* arno [Paul] nes iddynt ei ladd yn Rhufain. **1794** *W*, *ymlid* diobaith d.g. *A wildgoose-chase.* **1803** *P.*

ymlid[2], gw. ymlidiaf[1]: ymlid.

ymlidfa [*ymlid*[1]*+-fa, ma*] *eb.g.* Ymlid, helfa; erledigaeth: *pursuit, chase; persecution.*

13g. (**1641**) *HGK* 28, y rhei a aethoeddynt y alltudedd o'r *ymlitfa* a ddywetpwyt uchot. **16g.** (*LlEG*) *Mos* 158, 187a, ynnyr *ymlidua* hon I daliodd y saesson Addmrel gwyr denmark yr hon aoedd yn llawn o von/eddigion denmark. **1632** *D* d.g. *Persecutio.* **1722** *Llst* 189, *Ymlidfa.* f. A chasing, prosecution. **1760** T. WILLIAMS: *AD* 197, yr Ednyfad fychan [*sic*] hwnw ar *ymludfa* [*sic*] Rhyfelgar a Laddodd Lawer or Saeson. **1778** *W* d.g. *Persecution, Pursuit.* **1803** *P.*

ymlidiad[1] [bôn y f. *ymlidiaf*[1]*: ymlid+-iad*[1]] *eg.* Ymlid, helfa, hefyd yn *ffig.*: *pursuit, chase, also fig.*

1604–7 *TW* (*Pen* 228) d.g. *Amolitio.* **1796** T. JONES: *CCA* 93, amheuaeth yr anghredadyn yn debyg i *ymlidiad* y donn, yr hon a deflir lle y gyrro'r gwynt hi. **1803** *P.*

ymlidiad[2] [bôn y f. *ymlidiaf*[1]*: ymlid+-iad*[2]] *eg.* ll. *-iaid.* Ymlidiwr: *pursuer.*

[**1547**] W. SALESBURY: *OSP*, Gwell vn keidwad, na dau *ymlidiad* (*J* 1, 1065, ymlynnyat). **1766** *CD* 35, bagad o *ymlidiaid* Clust laesion troweddgais [am gŵn hela].

ymlidiaf[1]**: ymlid**[2] [*ym-+*glid* (cf. *erlidiaf*:

erlid, a gw. *G* d.g. *glynu*; gw. hefyd *ymlynaf*: *ymlyn(u)*); dichon fod enghrau. o *ymlid*[1] wedi eu cynnwys yma] *bg.a.*

(*a*) Dilyn (yn enw. er mwyn dal), canlyn, hela, gyrru ymaith, hefyd yn *ffig.*; erlid: *to pursue, follow, chase, hunt, drive away, also fig.; persecute.*

13g. *BD* 6, sef a gavssant yn eu kyghor, lluydav yn eu hol ac eu *hymlyt*. **1346** *LlA* 122, Ar brenhin ae hargannuu hi yn ffo. ae *hymlit* aoruc. **14g.** *YBH* 22b, Affawed y diegis ynteu or karchar. Affawed yd *ymlitiōyt*. **14g.** *WM* 13. 30–4, a phan doeth yny herbyn . . . y *hymlit* aōnaeth ual y gallei gyntaf o pedestric. **14g.** *GDG*[3] 107, Clywwn oriau, lleisiau llid, / Canu'n aml, cŵn yn *ymlid*. *id.* 182, Nid gwiw i ddyn o'i gyfair / *Ymlid* maen mererid Mair. **16g.** *GGH* 381, Ffei o'r lwc, lle bo swcwr, / Amled dyn yn *ymlid* hŵr. **1567** *TN* 278b, Yr vn oedd yn ein *ymlit* ni gynt, 'sydd yr awrhon yn precethu'r ffydd. **1588** *Ecs* xiv. 4, mi a galedaf galon Pharao fel yr *ymlidio* ar eu hol hwynt. **1632** *D* d.g. *Propello, Prosequor.* **1740** T. EVANS: *DPO* 64, efe a *ymlidiodd* ymaith y Rhagrithiwyr [*sic*]. **1803** *P*. Ar lafar, "Wi'n *ymlid* pob cæth ddaw i'r ardd', "Odd y crots yn *ymlid* ryw 'en dderyn bach', *GTN* 860.

(*b*) Cnuchio (am anifail gwryw), ?ffrwythloni: *to copulate* (*of male animal*), ?*impregnate.*

1865. Ar lafar, 'Mae myherod yn twrcio yn amsar *ymlid*', *WVBD* 576.

Cfn.: **ymlid chwedlau:** *to gossip.* **1750** *W Ballads* 144, 6.

ymlidiaf[2]**: ymlidio,** gw. ym- + **llidiaf: llidio.**

ymlidiedig [bôn y f. *ymlidiaf*[1]: *ymlid* + *-iedig*] *a.bfl.* Wedi ei ymlid neu ei yrru ymaith, hefyd yn *ffig.*; wedi ei erlid: *pursued, driven away, also fig.; persecuted.*

1846.

ymlidiol [*ymlid*[1] + *-iol*] *a.* Yn ymlid, yn hela; erledigaethol: *pursuing, chasing; persecuting.*

1803 *P* d.g. *Ymlidiawl.*

ymlidiwr [bôn y f. *ymlidiaf*[1]: *ymlid* + *-iwr*] *eg.* ll. *ymlidwyr.* Un sy'n ymlid; erlidiwr; hefyd yn *ffig.*: *pursuer; persecutor; also fig.*

Dchr. **15g.** *B* vii. 372, [p]awl ebostol yr hwnn a wnaethpwyt o *ymlitywr* yn llestyr etholedigaeth. **15g.** *ID* 86, mwyn o beth ym wyneb oedd / *emlidiwr* ym ol ydoedd [i gymodi â Rhys ab Edryd]. **15–16g.** *GRB* 46, *Ymlidiwr* eu mawl ydwyf, / malu'r iaith yn aml yr wyf. **1567** *TN* 311b, a' mine [Paul] or blaen . . . yn *emlidiwr*, ag yn draws. **1588** *Galarn* i. 6, myned yn ddi-nerth o flaen yr *ymlid-wŷr*. **1688** *TJ*, Ymlŷniad, erlidiwr, *ymlidiwr*: a Persecutor, a Pursuer. **1795** *R. Crusoe* 67, sefais rhwng yr hwn [Gwener] oedd yn ffoi am ei einioes a'r *ymlidwyr*. **1803** *P*.

ymlifaf: ymlifo, ymlifeiriaf: ymlifeirio, ymliosogaf: ymliosogi, &c., gw. ym- + **llifaf**[1]**: llifo, llifeiriaf: llifeirio, lluosogaf: lluosogi,** &c.

ymlith, gw. ymlaith.

ymlithiaf: ymlithio, ymlithraf: ymlithro, &c., gw. ym- + **llithiaf**[2]**: llithio, llithraf: llithro,** &c.

ymliw[1] [bôn neu fe.'r f. *ymliwiaf*[1], *ymliwaf*: *ymliw*, &c.; dichon fod rhai enghrau. o *ymliw*[2] wedi eu cynnwys yma] *eg.* ll. *-(i)au.* Cerydd, edliwiad, danodiad, ffrae, ymrafael, cwyn daer: *rebuke, reproof, reproach, quarrel, contention, expostulation.*

12g. *GCBM* ii. 94, Gōan garthan, gyrth yn *ymliw*, / Gōan ōrth ōan, gōaedluman liw. **13g.** *B* x. 21, yd oed *emliw* truan ene cabidwl. **13g.** *GBF* 471, Pob kamwedaōc, paōb ys ofynaōc rac eu safnev / Yn disgyrnu danned arnu, orn *ymliweu*. **14g.** *GDG*[3] 155, *Ymliw* glân o amlwg lais, / Em o bryd, am a brydais. *c.* **1400** *YCM*[2] 22, Kanys newyn a vu arnaf ac ny rodassawch ym uwyt . . . a' r *ymliweu* ereill y am hynny? *c.* **1400** *B* iii. 11, A glyweist ti a gant gwynlliw. / tat katwc kywir *ymliw*. / edewit ny wnelher nyd iw. **15g.** *GLGC* 448, Llawer *ymliw* a cherydd / amdano 'Nghors Fochno fydd. **1632** *D* d.g. *Expostulatio.* [**1710**] Gw. AB IERWERTH: *SB* 99, Y trydydd defnydd sydd ddefnydd o ymofyniad neu *ymliw* (*Expostulation*). **1722** *Llst* 189, *Ymliw* (sub) m. A twitting; expostulation. **1803** *P*.

ymliwaf: ymliw[2], gw. ymliwiaf[1]: ymliw.

ymliwiad [bôn y f. *ymliwiaf*[1], *ymliwaf*: *ymliw*, &c. + *-iad*[1]] *eg.* Cerydd, edliwiad, danodiad, cwyn daer: *rebuke, reproof, reproach, expostulation.*

1716 IACO AB DEWI: *LlCB* 68, Ystyriwch pa Holiadeu, sy'n codi oddi wrth y Gair, Chwi, yn yr *ymliwiad* cysegredig hwn. **1722** *Llst* 189, *Ymliwiad.* m. [A twitting; expostulation]. **1773** *W* d.g. *Expostulation.* **1803** *P*.

ymliwiaf[1]**, ymliwaf: ymliw**[2]**, ymliwio, ymliwied** [*ym-* + *lliwiaf*[2], *lliwaf*[2]: *lliwio, lliwied*] *bg.* ac yn eithriadol *ba.* Ceryddu, edliw, dannod, cystwyo, cwyno'n daer, ?pledio: *to rebuke, reprove, reproach, upbraid, expostulate, ?plead.*

13g. *GDB* 389, Ac *ymliō* ac ef am rylunyaō—geu. **14g.** *RC* xxxiii. 217, Ar esgob a *ymliōod* ac ef yn serth. **14g.** *B* ix. 334, Argluyd, nac *ymliw* a'r neb yssyd y'm dienydyav. **14g.** *GDG*[3] 264, Ofer, pryd eiry cyn Ystwyll, / *Ymliw* â thi, aml ei thwyll. **16g.** SIÔN BRWYNOG: *C* 133, *Ymliwio* y ceir, mal y cŵn: / Ymhob pen y mae piniwn [i'r ddwy ffydd]. **1615** R. SMYTH: *GB* 122, dyma yr modd y mae y gvvr santaidd yma 'n *ymlivvio* a 'r præladiaid. **1632** *D*, *ymliwied* d.g. *Expostulo.* **1696** *GGTY* 81, a pha fodd y gallant hwy *ymliwied* (*expostulate*) am ei cyflwr ei hûn? **1722** *Llst* 189, *Ymliw* . . . To cast in ones teeth, expostulate. *id.* *Ymliwied* . . . To twit, upbraid. **1766** I. BRYDYDD HIR: *Gw* 201, ef a gaiff y gwarthus ymddygiad yma ei lym argyhoeddi, a'i *ymliw* er mefl iddynt yng ngŵydd y byd. **1803** *P* d.g. *Ymliw, Ymliwiaw.*

ymliwiaf[2]**: ymliwio,** gw. ym- + **lliwiaf**[1]**: lliwio.**

ymliwied, ymloaf: ymloi, gw. ymliwiaf[1]: ymliw, ymoloaf: ymoloi.

ymlochesaf: ymloches(u), gw. ym- + **llochesaf: llochesu.**

ymlochlach, ymlochlachu, &c. [?cf. *llochaf*: *llochi*] *bg.* a hefyd gyda grym enwol. Cynffonna, gwenieithio, seboni, cyfeillachu, ymwneud, cael cyfathrach (rywiol): *to fawn, flatter, blandish, associate, be involved, have (sexual) intercourse.*

c. **1588** *B* ii. 236, rhonnio: kynfonlonni, *ymlochlach* [drll.]. **16g.** *Def Hen* 40, rhai tomengwn cyfarthlyd a fynent frathy pes llefasent, rhai yn *ymlochlach* fel dargwn [*sic*]. **1604–7** *TW* (*Pen* 228), yspledhach ne *mlochlach* ag vn d.g. *Alludo.* **1615** R. SMYTH: *GB* 91, rhaid iddynt groesafu 'r dieithred ag *ymlochlach* ag ynthvvy i ynill i phafer. **1630** *YDd* 370, Y mae [marwolaeth] yn troi yr enaid o drueni y byd hwn, ac o *ymlochlach* (*contagion*) â phechod. **1632** *D*, *Ymlochlach*, Adulari. **17g.** *LlGC* 13215, 331, *Ymlochlachu* Conversor. **1716** E. SAMUEL: *GGG* 30, ffieidd[i]o *ymlochlach* a'u Cyfnesyfiad (*abhorrence of incest*). **1722** *Llst* 189, *Ymlochlach* . . . To coaks, dissemble. **1757** *ML* i. 462, anrhydedd ddigon oedd caffael *ymlochlach* a Llyw Powys. **1803** *P* d.g. *Ymloçlaç.*

ymloddestaf: ymloddesta, ymloddestu, gw. ym- + **gloddesta.**

ymlonnaf: ymlonni, ymlonyddaf: ymlonyddu, &c., gw. ym- + **llonnaf: llonni, llonyddaf: llonyddu,** &c.

ymlosgach [*ym-* + *llosgach*[1]] *eg.* a hefyd fel *bg.* (Cyflawni) llosgach, hefyd yn *ffig.*: (*to commit*) *incest, also fig.*

1588 *Gen* xix. cs., Merched Lot yn meddwi eu tad iw ddwyn ef i *ymlosgach* a hwynt. **1604** R. HOLLAND: *BD* 15a, *ymlosgach* (yn enwedig o fewn gradheu gwardhedic rhwng cyfathrach achyd-genedl [*sic*]). **1632** *D* d.g. *Incesto.* **1657** RE: *CDd* 74, Euog gan hynny wyti . . . o *ymlosgach* calon. **1722** *Llst* 189, *Ymlosgach.* m. Incest. **1760** *HDY* 12, Cyfreithieu yn erbyn *ymlosgach* neu orwedd gyda gwrŷw a chydag Anifail. **1765** J. EVANS: *CPE* 223, Wedi i Herod ysgar ei briod wraig gyfreithlon . . . er mwyn *ymlosgach* â Herodias. **1775** *W* d.g. *Incest, To commit incest.* **1803** *P*.

Amr.: **ymlosgrach** [cf. *llosgrach*]. **1604–7** *TW* (*Pen* 228) d.g. *Incesto.*

ymlosgaf: ymlosgi, gw. ym- + **llosgaf: llosgi.**

ymlosgrach, gw. ymlosgach.

ymlowiaf: ymlowio, ymloywaf: ymloywi, ymluchiaf: ymluchio, ymluniaf: ymlunio, ymluosogaf: ymluosogi, gw. ym- + **llawiaf: llawio, gloywaf: gloywi, lluchiaf**[1]**: lluchio, lluniaf: llunio, lluosogaf: lluosogi.**

ymlusg, ymlusgad, gw. ymlusgaf: ymlusg, ymlusgiad[1].

ymlusgaf: ymlusg(o) [*ym-* + *llusgaf*: *llusgo*] *bg.* Symud yn araf gan gadw'r corff wrth y ddaear, dod, mynd, neu symud yn araf neu'n llechwraidd, ymgripio, cropian, *Beibl.* symud; nofio gan symud y breichiau dros yr ysgwydd bob yn ail a'r coesau i fyny ac i lawr; tyfu ar hyd y ddaear neu ar hyd wal, &c., drwy gyfrwng tendrilau, &c. (am blanhigion); hefyd yn *ffig.*: *to creep, crawl,* (*bibl.*) *move; do the crawl* (*in swimming*); *creep* (*of plant*); *also fig.*

1346 *LlA* 132, ti a *ymlusgy* ar dyvoly ohynn allann. *c.* **1400** *SDR*[2] 78, o dwywawl dyghet, *ymlusc* o'r mab ar y dwylaw a'e draet yny ymgafas a charrec yrwng allt a mor. **1551** W. SALESBURY: *KLl* lxxxiiib, e a *ymluscadd* (*TN* 3[71]a, wedy *ymlusco*) rei annuwiol y mewn. **16g.** *LlS* 111, Y Gwlydd . . . Llysae ydynt a gwydd goyscaroc yn *ymlusco* rhyd y dayar. **1588** *Gen* vii. 21, Yna y bu farw pôb cnawd yr hwn a *ymlusce* (**1988** *ib.* oedd yn symud) ar y ddaiar. **1595** M. KYFFIN: *DFf* [105], Nhwy a welsent . . . ddarfod i amryfysedd *ymlysco* (*crept*) i'r eglwys. **16–17g.** *CRC* 406, Nid oedd Jfin yn ddi ffael / ond gwr gwael im daro [*sic*] / ag ni cherddodd gam erioed / ond wrth y koed *ymlvsgo*. **1606** E. JAMES: *Hom* iii. 195, gweision gwyr mawr . . . y rhai a dreuliant eu hamser mewn seguryd . . . gan anghofio nad yw gwasanaeth yn etifeddiaeth, ac yr *ymlusca* oedran arnynt. **1632** *D*, A *ymlusg* fel prŷf d.g. *Reptabundus.* **1672** R. PRICHARD: *Gw* 399, Rwi 'n *ymlysco*, o 'ngrheawdwr [*sic*], / Attad ti i geisio Swccwr. **1772** *W* d.g. *To crawl, To creep.* **1790** T. JONES: *TOS* 48, Mor fuan y mae ymadroddion enllibus . . . yn *ymlusgo* i'n calonneu! **1803** *P* d.g. *Ymlusgaw.*

ymlusgaidd [*bôn y f. ymlusgaf*: *ymlusg(o)* + *-aidd*] *a.* Ymlusgol, yn ymgripio: *creeping, crawling.*

1784 M. WILLIAMS: *S* i. 181, a phob math o greaduriaid ehedfanog ac *ymlusgaidd.*

ymlusgiad[1]**, ymlusgad** [bôn y f. *ymlusgaf*: *ymlusg(o)* + *-iad*[1], *-ad*[2]] *eg.* Y weithred o ymlusgo, ymgripiad, hefyd yn *ffig.*: *a creeping, crawling, also fig.*

1708 *EGE* 14, Balchder, Gwrth-ryfel, *ymlusciad* oddiwrth y ffydd (*Apostacy*). **1773** I. LEWIS: *EG* 22, yr amryw Eneidiau Meirw ymhob lle . . . fyddant gynnifer o Dystion yn eu herbyn hwynt, wrth eu *hymlusgiad* ar y Ddaear. **1775** *W*, cyfrwys *ymlusgiad* (ymlithriad) i ffafr un d.g. *Insinuation* [*the quality of stealing into the affections*]. **1803** *P* d.g. *Ymlusgad.*

ymlusgiad[2] [bôn y f. *ymlusgaf*: *ymlusg(o)* + *-iad*[3]] *eg.* ll. *ymlusg(i)aid.* Unrhyw un o amryw fathau o anifeiliaid cennog gwaed oer o'r dosbarth *Reptilia*, sy'n cynnwys nadredd, madfallod, crocodeilod, môr-grwbanod, crwbanod, &c., creadur sy'n ymlusgo, hefyd yn *ffig.*: *reptile, creeping creature, also fig.*

1567 *TN* 187a, pop ryw anifal pedwar carnol y ddaear . . . ac *ymluscieit*, ac ehediait y nef. **1588** *Gen* i. 21, A Duw a greawdd y mor-feirch mawrion, a phôb *ymlusciad* byw. **1632** *D* d.g. *Reptabundus, Reptilis, Serpens.* **1643–4** *DCR* 262, na nefeileid nag *ymlysgeid* / gwasgod didwyll pysgod hediaid. **1677** R. JONES: *BB* 159, a gaiff gwawd a bygythion pryfedyn o *ymlysgiad* . . . orchfygu y rhai'n oll. **1703** E. WYNNE: *BC* 91, *ymlusciaid* uffernol, llawer gwaeth na Seirph a Gwiberod. **1772** *W* d.g. *Creeper, Reptile, Subst.* **1803** *P*.

ymlusgol [bôn y f. *ymlusgaf*: *ymlusg(o)* + *-ol*] *a.* Yn ymlusgo (hefyd am blanhigyn), yn ymgripio, hefyd yn *ffig.*; yn perthyn i'r ymlusgiaid, nodweddiadol o'r cyfryw: *creeping* (*also of plant*), *crawling, also fig.; reptilian.*

1832.

ymlusgwr, ymlusgydd [bôn y f. *ymlusgaf*: *ymlusg(o)* + *-wr*, *-ydd*[3]] *eg.* ll. *ymlusgwyr.* Person neu beth sy'n ymlusgo neu'n ymgripio, hefyd yn *ffig.*: *creeper, crawler, also fig.*

15g. *DGG*[2] 63, *Ymlusgwr* bwriwr barrug / Hyd moelydd grinwŷdd a grug [i'r niwl]. **1800** *TY* 317, Y cybydd—pwy wybydd wall / Yr *ymlusgwr* maleisgall? **1803** *P*, *Ymlusgwr*, s. m.—pl. *ymlusgwyr* . . . One who drags himself or creeps along.

Cfn.: *Adar.* **ymlusgydd y coed:** *treecreeper, Certhia familiaris* (*in ornith*). **1896.**

ymlusgyn [bôn y f. *ymlusgaf: ymlusg(o)+ -yn*[1]] *eg.* Lindysyn: *caterpillar.*
1903.

ymlwybraf: ymlwybro, ymlwybran, gw. ym-+llwybraf: llwybro.

ymlwythaf: ymlwytho, gw. ym-+llwythaf: llwytho.

ymlyfaf, ymlyaf: ymlyfu, ymlyo, &c. [*ym-+llyfaf, llyaf: llyfu, llyo,* &c.] *bg.* Ei lyfu ei hun, llyfu gweflau, hefyd yn *ffig.*; ymgartrefu, setlo (i lawr), ffynnu: *to lick oneself, lick one's lips, also fig.; settle (down), thrive.*
1651 SIÔN TREREDYN: *MDD* 110–11, llawer enaid anwybodus . . . o bydd dim o nam arnint, hwy a *ymlyfant* eu hunain (*lick themselves*) yn holl iach. **18g.** E. T. RHYS: *DA* 65, Os â fe [ci], 'nol *ymluo'n* lân, / 'Gael gwres y tân i'r tŷ. **1771** *PDPh* 76, diffug blys at fwyd ar wartheg . . . y maent yn . . . peidio ag *ymlyfu* fel yn arferol. **1775** W, Ymlyu, ymlyfu d.g. *To lick one's self.* **1803** *P* d.g. *Ymlyvu.* Ar lafar yn yr ystyr 'setlo (i lawr), ffynnu', "Dwi'n credu 'i fod o'n *ymlyfu* reit dda acw" (Llŷn).

ymlyferydd, gw. ymlefaraf: ymleferydd.

ymlygraf: ymlygru, &c., gw. ym-+llygraf: llygru, &c.

ymlynaf, &c.: **ymlyn(u),** &c. [*ym-+glynaf: glynu; bg.* hefyd *ymlidiaf*[1]: *ymlid*; petrus yw dosbarthiad rhai o'r enghrau. isod] *bg.a.* a hefyd gyda grym enwol i'r be. *ymlyn.*

(*a*) Dilyn (yn enw. er mwyn dal), canlyn, hela, ymlid, gyrru ymaith: *to pursue, follow, hunt, chase, drive away.*
12g. *GCBM* i. 24, Pann gyrchʋyt, *ymlynwyt* rʋyt rynn, / Ym plymneit ym pleit ymʋrthuyn. **13g.** *HGK* 9, A Gruffud a'e niuer a'e *hemlynvs* enteu. **13g.** (**1641**) *id.* 19, eu *hemlyn* a wnaethant . . . yg coet ac y maes. *id.* 26, datkanu . . . pa anrheithyaw, a pha *emlynnu.* **14g.** *BT* (*RB*) 22, A'e Gwyndyt yn llidyawc a'e *hymlynawd.* **14g.** *GIG* 65, Ymlynais ym Maelienydd / Dy ôl di fal helgi hydd [ymddiddan rhwng y corff a'r enaid]. **15–16g.** *GLM* 213, Ei saeled a'i gorsed, gynt, / am Lyweni *ymlynynt* [i Roesier Salbri]. **1567** *TN* 310a, val y dodem einunain yn esempl y'wch i'n dilyn [:– *ymlyn*]. **1632** *D* d.g. *Consector, Insecto, Persequor.* **17g.** I. BRYDYDD HIR: *P* ii. 220–1, mor wâg ag ofer oedd eu helynt a'u gofal am y pethau ir oeddynt o'r blaen yn eu hoffi ac yn eu *hymlyn* yn awyddus. **1803** *P* d.g. *Ymlynu.*

(*b*) Glynu, uno, cysylltu, cydlynu, hefyd yn *ffig.*: *to stick, adhere, join, connect, cohere, also fig.*
9g. (MC) *VVB* 161, *Immisline,* gl. *allinebat.* *Diw.* **15g.** Pen 41, 32, Ninnev dros gyffredin cynghor tangneved a hedwch pobyl gymry a genhiadwn y pynkev hynny Ac nat *ymlynont* Ac nat ymyrront yn lledradev nos. **1567** *LlGG* 95a, ef a gyggorodd oll ar vot yddwynt trwy osodiat calon *ymlyn* wrth yr Arglwydd. **1567** *id.* 249a, yr hwn a *ymlyn* [:– ymgyssyllto] a phutain. **1588** I *Esd* iv. 20, Dŷn a ymedu a'i dâd . . . ac a *ymlyn* wrth ei wraig. **1604–7** *TW* (*Pen* 228), *ymlynu* d.g. *Adhæreo.* **1606** E. JAMES: *Hom* i. 128, fe ddlyai eu hymddygiad duwiol hwy yn y byd hwn . . . a'u gwastadol *ymlyn* wrth ei drugaredd ef. **1632** *D, ymlyn* d.g. *Adhæreo.* **1672** R. PRICHARD: *Gw* 179, I ddigio Duw, I nyrddo ei Demel, / I 'mado â Christ, i 'm-lynu â chythrel. **17g.** HUW MORUS: *EC* ii. 91, Gan bechod ysgymmyn, yn gwŷnio fel gwenwyn, / Nid oes 'honof ronyn yn *ymlyn* yn iach. **1723** J. JONES: *LlA* 248, rhyw Drachwant . . . yn y Galon, ag sydd yn llestair *ymlynu* 'n galonog a Christ. **1803** *P* d.g. *Ymlynu.*

Gw. hefyd amlynaf: amlynu.

ymlynedig [bôn y f. *ymlynaf: ymlyn(u)+ -edig*] *a.bfl.* Cysylltiedig, atodedig, hefyd yn *ffig.*: *connected, attached, also fig.*
1833.

ymlynedd [bôn y f. *ymlynaf: ymlyn(u)+ -edd*[1]] *eg.* Ffren. Ymlyniad: *adhesiveness (in phrenology).*
1854.

ymlyngar [bôn y f. *ymlynaf: ymlyn(u)+ -gar*] *a.* Yn teimlo ymlyniad (emosiynol, &c.), teyrngar, ffyddlon: *(emotionally, &c.) attached, loyal, faithful.*
1836.

ymlyngarwch [*ymlyngar+ -wch*[1]] *eg.* Ymlyniad, teyrngarwch: *adherence, loyalty.*
1886.

ymlyniad[1] [bôn y f. *ymlynaf: ymlyn(u)+ -iad*[1]] *eg.* ll. *-au.* Y weithred o ymlynu (wrth gredo, plaid, &c.), cysylltiad (emosiynol, &c.), hoffter, teyrngarwch; glyniad, cydlyniad; *Ffren.* gallu i ffurfio a chynnal ymlyniad wrth bersonau; *Meddyg.* uniad annormal yn sgil enyniad neu anaf: *adherence (to belief, party, &c.), (emotional, &c.) attachment, loyalty; adhesion, cohesion; adhesion (in phrenology); adhesion (in med.).*
1604–7 *TW* (*Pen* 228) d.g. *Adhæsio.* **1670** J. HUGHES: *AP* 189, Bydded [y cymun] . . . yn *ymlyniad* diogel wrthoti y gwir a'r unic Dduw. **17g.** Huw MORUS: *EC* ii. 176, Tri deg o flynyddoedd . . . / . . . / Yn cadw ei brïodas . . . / Trwy gariad *ymlyniad,* un dyniad ein dau. *c.* **1762–79** W. WILLIAMS: *P* 564, ei *ymlyniad* diysgog wrth y gwirionedd.

ymlyniad[2] [bôn y f. *ymlynaf: ymlyn(u)+ -iad*[2]] *eg.* ll. *-iaid.* Dilynwr, ymlidiwr; helgi, bytheiad, hefyd yn *ffig.*; (?geir.) gwas (bach), gwas lifrai: *follower, pursuer; hound, also fig.;* (? *dict.*) *servant, page, footman.*
14g. *GDG*[3] 65, Rhodiwr coch, rhydaer y'i caid, / Rhedai 'mlaen rhawd *ymlyniaid* [i'r llwynog]. **14g.** *DGG*[2] 148, Na chyngyd iawnwych angerdd, / Na chân *ymlyniad,* na cherdd [marwnad Rhys ap Tudur gan Ruffudd Gryg]. *c.* **1400** *J* i, 1065, Gʋell vn keitwat. no deu *ymlynnyat.* **14–15g.** *IGE*[2] 303, Gwaith milgwn rhif gwŷr difeilch, / A gwaith *ymlyniaid* a gweilch (Rhys Goch Eryri). *c.* **1400** *R* 1326. 44–1327. 2, lliʋ geirʋ ryt obryt awnaeth brat ym gne gnaʋt serchaʋc *ymlynyat.* **15g.** *IGE*[2] 330, Mynny arlwy mewn irlwyn / Ym mlaen dôl, *ymlyniad* ŵyn [i'r llwynog]. **15g.** *GO* 45, Anymannerch yw'n amynedd, / A naw mlynedd yn *ymlyniad* [i ferch wriog]. **15–16g.** *TA* 466, Ymlyniaid y melinydd, / Ag nid i hely ar gnawd hydd [i ofyn meini melin]. **1604–7** *TW* (*Pen* 228) d.g. *Acoluthus.* **1632** *D, Ymlyniad,* Persecutor, insecutor: Canis venaticus. **1770** *W* d.g. *Boy, A servant-boy, Page* [a lad attending on a great person as his trainbearer, &c.]. **1803** *P.*
Amr.: **emlyniad.** **16g.** HUW ARWYSTL: *Gw* 266. **1605–10** *AP* 41. **18–19g.** Iolo *MSS* 294.

ymlynol [bôn y f. *ymlynaf: ymlyn(u)+ -ol*] *a.* Glynol, gludiog, hefyd yn *ffig.*: *sticking, adhesive, also fig.*
1770 *W* d.g. *Adherent.* **1803** *P* d.g. *Ymlynawl.*

ymlynoliad [*ymlynol+ -iad*[1]] *eg.* Gludiogrwydd: *adhesiveness.*
1867.

ymlynwr [bôn y f. *ymlynaf: ymlyn(u)+ -wr*] *eg.* ll. *-wyr.* Ymlidiwr, dilynwr; un a chanddo ymlyniad at gredo, plaid, &c.; cefnogwr: *pursuer, follower; adherent.*
13g. (**1641**) *HGK* 26, datkanu y'r brenhin . . . pa anrheithyaw, a pha emlynnu, pwy yr *emlynwyr.* **14g.** *HMSS* ii. 96, Ti am gwely i hediw yn ymlit yr anffydlonyon yn gathrogir. ac y bei lei boen gantunt eu marw. no gwelet dyrnodeu eu *hymlynwr.* Dchr. **15g.** *AP* 22, *ymlynwyr* kollwaed, a thra marwolaeth, a glew yn glynv. **1803** *P.*
Amr.: **ymlynydd.** **1860.**

ymlythaf: ymlythu, ymlythyraf: ymlythyru, ymlywiaf[1]: **ymlywio, ymlywiaf**[2]: **ymlywio,** &c., gw. ym-+glythaf: glythu, llythyraf: llythyru, llywio, llawiaf: llawio, &c.

ymn, gw. hymn.

ymneheddaf, ym(a)nheddaf, &c.: **ymn(e)hedd, ymanhedd,** &c. [bf. o *ym-+ymhwedd: ymhwedd*] *bg.* ac yn eithriadol *ba.* a hefyd gyda grym enwol i'r be. *ymanhyedd,* &c. (ll. *-au*). Ymbil, erfyn, crefu, deisyf, eiriol, perswadio; gwenieithio, seboni, cynffonna; (?geir.) cyfarch: *to beseech, implore, crave, entreat, intercede, persuade, flatter, fawn;* (? *dict.*) *address.*
13g. *RC* xxxiii. 247, Eilweith o dena yd erchis yr ideon y ioseph a meir *ymanhyed* ar mab ae dwyn ar athro arall yu dyscu. *c.* **1300** *B* ii. 26, na wna watwar drwy *ymanhyed* a gwenn ynveith. *id.* 29, edrych dyhun pa beth wyt. kany wdost na bo yr gwatwar amdanat nev yr *ymanheed* y kano dynyon ytt. *id.* 30, Y nep ny bo fydlawn gyueillt o gallon ac a *ymynhedo* o eir. gwna dithau uelly yn gynhebic y hynny. *id.* 30–1, ot

ymneidiaf: ymneidio, gw. ym-+neidiaf: neidio.

ymneilltuad [bôn y f. *ymneilltuaf: ymneilltuo+ -ad*[2], trf. han.] *eg.* ll. *-au.* Y weithred o ymneilltuo, enciliad, ymwahaniad, ymraniad: *secession, withdrawal, retreat, separation, division.*
1604–7 *TW* (*Pen* 228) d.g. *Secessio.* **1632** *D* d.g. *Discessio.* **1710** *CBGEL* 150, Schism (neu) ymneilltuad Anghyfreithlawn . . .). **1722** *Llst* 189, Ymneilltuad. m.p. *adau.* A retirement, withdrawing, division. **1723** J. JONES: *LlA* 25–6, Y Gwyryfon . . . Hwy a aethant allan . . . Y mae hyn yn dangos allan eu Hymneilltuad oddi wrth y Byd. **1765** J. EVANS: *CPE* 436, ymbleidiau ac *ymneilltuadau* diachos. **1772** *W* d.g. *Dissent, Secession.* **1777** W. WILLIAMS: *DN* 49, pan tyfo yspryd *ymneilltuad* un waith i fynu rhwng gŵr a gwraig, gwaith anodd iawn yw eu dwyn hwynt i lawn heddychiad. **1803** *P.*

ymneilltuaeth [bôn y f. *ymneilltuaf: ymneilltuo+ -aeth*] *eb.* ac yn eithriadol *eg.* Ymneilltuad, enciliad, ymwahaniad; *Crf.* Anghydffurfiaeth: *secession, withdrawal, retreat, separation; Nonconformity, Dissent.*
1588 Nu vi, Holl ddyddiau ei *ymneilltuaeth* [Nasaread] i'r Arglwydd na ddeued ar gorph marw. **1693** J. OWEN: *BP* 154, y Waldensiaid, y rhai oedd y Christnogion puraf yn yr oes hon, ac mewn *ymneilltuaeth* oddiwrth Eglwys Rhufain. **1735** J. EVANS: *YMS* 159, [m]yfyrdod astud, *ymneilltuaeth* oddiwrth wrthrychion ein synhwyrau. **1752** J. THOMAS: *FG* 66, [c]ael ei hail-uno â'r Corph . . . yw'r unig Gnawdolrwydd ag allo fod mewn Enaid yn ei Gyflwr o *Ymneilltuaeth.* **1775** *CY* vii–viii, [mae] yn gweddu yn dda i Gyfeillion Rhydd-did a Christ'nogaeth bur i wneud eu goreu i gynnal i fynu Achos yr *Ymneilltuaeth.* **1803** *P,* Ymneilltuaeth, *s. m.* . . . Selfrecession.

ymneilltuaf: ymneilltuo [*ym-+ neilltuaf: neilltuo*] *bg.* ac yn eithriadol *ba.* Mynd o'r neilltu, encilio, gwahanu, ymwahanu, tynnu allan, cadw draw, ymbellhau; ymddiswyddo, ymddeol; dethol; ymatal: *to go aside, withdraw, retreat, separate (oneself), secede, keep away, distance oneself, resign, retire; select; abstain.*
c. **1585** G. ROBERT: *DC* [76]a, Rho ym dy rat . . . i fod yn foddlon i *ymneilltuaw* oddiwrthynt [dynion]. **1588** Nu vi. 2–3, pan *ymneilltuo* gŵr neu wraig i addo adduned Nazaread, gan *ymneilltuo* i'r Arglwydd. *Ymneilltuaf* oddi wrth win a diod gref. *ib.* 5, nes cyflawni y ddydiau [sic] y rhai yr *ymneilltuodd* i'r Arglwydd. **1588** *Ecclus* xii. 1, Mewn gwyn-fyd gŵr a bydd ei elynnion ef yn drist, ac yn ei drygg-fyd yr *ymneilltua* y cyfaill. **1595** M. KYFFIN: *DFf* [30], y sawl ydifarhaus a anfodlonasant galonneu eu brodyr drwy gamwedd hynod a chyhoeddys, wedi iddynt *ym-neulltuo* am hynny, ag ymddieithro . . . oddi wrth cyffredin [sic] gymdeithas yr Eglwys. **1632** *D* d.g. *Recedo, Secedo.* **1725–6** *Madd* St 16, mi a *ymneilltuaf* (*select*) allan yn mysg. St. Jerom ei hun yn hen, a Hugo Grosivvs am y Diweddar. **1740** T. EVANS: *DPO* 325, ni chaniattywyd i neb *ymneilltuo* o'r Eglwys, a chynnal Cyfarfodydd gwahanol. **1771**

PDPh 17, y mae 'r dwfr pan wneler gyntaf yn wyn fel llaeth, ond yn ol aros rhai oriau, y mae 'r defnydd hwnnw yn *ymneilltuo* (*separates*) oddi wrtho, ac yn syrthio i'r gwaelod. **1803** *P* d.g. *Ymneilltuaw*.

ymneilltuaidd [bôn y f. *ymneilltuaf*: *ymneilltuo*+*-aidd*] *a*. *Crf*. Anghydffurfiol, Ymneilltuol: *Nonconformist, Dissenting*.

1711 L. EVANS: *LlW* [34], eich Dyscawdwr *Ymneilltuaidd* chwi. **1790** W. RICHARDS: *LlA* 30–1, [c]ymmeryd ei bortreiad o fedydd o wasanaeth yr eglwys sefydledig, ac nid o'r Testament Newydd. Dangosodd y dadleuwyr *ymneillduaidd* anfoddlonrwydd mawr i hyn. **18–19g**. *HG* 213, Fe ddechreuodd fagad o gyrddau'r wlad hynn, yn ol y drefn ar [*sic*] farn *ymneillduaidd* ynghylch amser dyfodiad Siarles yr Ail i'r Goron.

ymneilltuedig [bôn y f. *ymneilltuaf*: *ymneilltuo*+*-edig*] *a.bfl*. *Crf*. Anghydffurfiol, Ymneilltuol; wedi ymneilltuo; encilgar, swil: *Nonconformist, Dissenting*; (*having*) *withdrawn*; *retiring, shy*.

18–19g. *HG* 212, Feallai mai yn Sili o gyfodiad Rhawlins White y bu'r cyntaf a ellir ei galw yn gynnulleidfa *ymneillduedig*.

ymneilltuedd [bôn y f. *ymneilltuaf*: *ymneilltuo*+*-edd*[1]] *eg*. Yr ansawdd neu'r cyflwr o fod wedi ymneilltuo, enciliad, arwahanrwydd; yr ansawdd neu'r cyflwr o fod yn ddiarffordd; ymddeoliad: *withdrawal, retreat, separateness*; *secludedness*; *retirement*.

[**1783**] *W* d.g. *Retirement* [*the state or condition of a person who retires from a public station, from company, &c.*].

ymneilltuol [bôn y f. *ymneilltuaf*: *ymneilltuo*+*-ol*] *a*. *Crf*. Anghydffurfiol; wedi ymneilltuo, wedi tynnu allan, wedi ymwahanu: *Nonconformist, Dissenting*; *withdrawn, seceded, separated*.

1711 L. EVANS: *LlW* [62], eich cynnulleidfaoedd *ymneilltuol* chwi. **1765** J. EVANS: *CPE* 95, Dwy blaid *ymneillduol*, o ran crefydd, oedd y Phariseaid a'r Saduceaid. **1776** *B* vi. 3, fy chwaer Catrin yn byw . . . gyda phregethwr *ymneillduol* (Dissenting Minister). **18–19g**. *HG* 218, cymdeithasau o bobl grefyddol . . . a ymgorphorasant . . . yn eglwysi *ymneillduol*. **1803** *P* d.g. *Ymneilltuawl*.

ymneilltuwr, ymneilltuydd [bôn y f. *ymneilltuaf*: *ymneilltuo*+*-wr*, *-ydd*[3]] *eg*. (b. *ymneilltuwraig*) ll. *ymneilltuwyr, ymneilltuyddion*. *Crf*. Anghydffurfiwr; un sy'n ymneilltuo neu'n tynnu allan, ymwahanwr; ?meudwy: *a Nonconformist, Dissenter*; *withdrawer, seceder, separatist*; ?*hermit*.

1711 L. EVANS: *LlW* [3], Llythyr oddiwrth Weinidog o Eglwys Loeger at *Ymneilltuwr* o'i Blwyf, o Farn Presbyterian. **1715** T. EVANS: *GC* 14, Ynghylch Gweinidogion yr *Ymneilltuwyr*. **1725–6** *Madd Ed* 24, yr Iuddewon . . . yn arferol i ymrannu eu hunain yn dair rhan neu Drefnau . . . y Phariseaid neu'r *Ymnaillduwyr* (*Separatists*). **1772** *W*, *ymneillduwr, ymneillduydd* d.g. *Dissenter*. **1775** *CY* 3, Yr oedd yn ol iawn ystyr y gair, *Ymneillduwyr* (*Dissenters*) yn Lloegr yn hir cyn dyfodiad y Diwygiad. **1798** W. RICHARDS: *CC* 5, y mae yn ddigon amlwg iddynt hwy ddyoddef dros yr *ymneillduwyr* . . . Dyoddefodd Thomas John am ei fod yn un o'r Bedyddwyr. **18–19g**. *HG* 214, Mi glywais . . . mai Thomas Llewelyn o Regoes oedd y Pregethwr cyntaf ynghymru i gynnulleidfa o *ymneillduddion* [*sic*] oddiwrth Eglwys Loegr. **1803** *P*. Ar lafar, 'Amsar priotws 'næd a 'mam, 'alsat ti ddim prioti yn dai cyrdda'r *Ymneilltuwyr*', *GTN* 860.

ymnerthaf: ymnerthu, ymnesaf: ymnesu, ymnesâf: ymnesáu, ymnewidiaf: ymnewid(io), &c., gw. ym-+**nerthaf: nerthu, nesaf**[2]**: nesu, nesâf: nesáu, newidiaf: newid**, &c.

ymnheddaf: ymnhedd, gw. **ymneheddaf: ymnehedd.**

ymnoddaf[1]**, ymnoeddaf: ymno(e)ddi** [cf. *ymanoddaf*: *ymanoddi*; dichon mai orgraffyddol yn unig yw'r ff. yn *-oe-*, gw. *B* x. 133–4] *bg*. Ymsuddo, torri (i mewn i), ymdreiddio; (?geir) ymnyddu: *to sink, cut* (*into*), *penetrate*; (?*dict*.) *entwine oneself*.

16g. (*LlEG*) *Mos* 158, 494b–5a, y klyme . . . ynn *ymnoeddi* o vew/n y Kroen ar Kig ar asgwrn. **1588** *Job* xiii. 27, yn peri i'r cyffion *ymnoddi* am fy fferau. **1604–7** *TW* (*Pen* 228), *ymnodhi* d.g. *Immergo*. **1632** *D*, *Ymnoddi*, Sese in aliquid intorquere.

ymnoddaf[2]**: ymnoddi**, &c., gw. ym-+ **noddaf: noddi.**

ymnoeddaf: ymnoeddi, gw. **ymnoddaf**[1]**: ymnoddi.**

ymnoethaf: ymnoethi, gw. ym-+**noethaf: noethi.**

ymnofiaf, &c.: **ymnofio, ymnofiad**, &c. [*ym*-+*nofiaf*: *nofio, nofiad*] *bg*. Nofio, arnofio, hwylio, hefyd yn *ffig*.: *to swim, float, sail, also fig*.

1651 SIÔN TREREDYN: *MDD* 233, y mae mor bossibled i hauarn *ymnofiad*. **18g**. *AGM* 92, Pryd cynta 'g y gwelais mi '*mnoefais* mewn nwyf. **1760** E. WILLIAMS: *UYB* 111, y geuffos . . . ym mha un y mae dynion anianol yn *ymnofio*. **1803** *P* d.g. *Ymnoviaw*. Ar lafar yn y De-ddwyrain, 'Fe all *fynoifad* a'r gora', 'Fe *fynoifws* yn gro's i wddwg afon Tâf', *LlGC* 1171, 64; yn nwyrain Morg. gwahaniaethir rhwng *myneifad* a 'nofio' (yn yr ystyr 'arnofio'), "Dwi ddim yn un dæ i *fyneifad* ond 'wi'n gallu nofio ar 'y ngefan yn y dŵr', *GTN* 594.

ymnofiwr [bôn y f. *ymnofiaf*: *ymnofio, &c*.+*-iwr*; ni ddigwydd ond yn y ff. llafar isod] *eg*. Nofiwr: *swimmer*.

Ar lafar, "Odd dy dad cu'n itha' *fyneifwr*' (dwyrain Morg.); '*mynoifatwr*', *LlGC* 1171, 64 (canol a dwyrain Morg.).

ymnyddaf: ymnyddu, ymnythaf: ymnythu, &c., gw. ym-+**nyddaf**[1]**: nyddu, nythaf: nythu**, &c.

ymo [?cf. *ymwng*; gw. *B* xv. 197] *a*. ?Helaeth, mynych: *ample, frequent*.

12–13g. *GLlLl* 216, Llwyr duc y Wytgruc, nyd fuc fo, / Lloegrwys, eu llucuryd ys *ymmo*. **13g**. *GBF* 250, Beilch yw y gadweilch, gadarnglo—Maelaɓr, / Breisclym orwytaɓr, rotyon *ymo*. **1803** *P*.

ymobryn [?cf. *gobryn, gobrynaf*: *gobryn*] *eg*. a hefyd fel *bg.a*. Contract, cytundeb; bargeinio (ynghylch): *contract, agreement*; *to bargain* (*about*).

14g. *WM* 94. 22–4, *ymobryn* aɓnaeth ar ɓreic ueithryn y mab. **1604–7** *TW* (*Pen* 228) d.g. *Conductio*. **1803** *P*, *Ymobryn*, s. m. . . . A mutual bargain. v.a. To bargain mutually.

ymochelaf, &c.: **ymochel(u), ymoch(e)lyd**, &c. [*ym*-+*gochelaf*: *gochel*, &c.] *bg.a*. Gofalu neu wylio (rhag), gochel, bod yn wyliadwrus, cymryd gofal neu sylw; osgoi, ymatal; cysgodi neu lochesu (rhag): *to beware* (*of*), *guard* (*against*), *take care or heed*; *avoid, abstain*; *take cover or* (*seek*) *shelter* (*from*).

14g. *GDG*[3] 306, *Ymochel* rhag dy weled, / Dros fryn i lwyn rhedyn rhed [i'r carw]. **15g**. *GDID* 94, Ymachludd heb *ymoch'lyd* / Yn y gerdd a wnâi i gyd. **1567** *TN* 105b, Christ yn gorchymyn *ymochelyt* rac hypocrisi a' ffuant. *id*. 390b, Rybudd y *ymochelyd* a' gwilied. **1588** 2 *Sam* xx. 10, Ond ni *ymochelodd* Amasa rhac y cleddyf yr hwn oedd yn llaw Ioab. **1588** *Ecclus* xviii. 27, yn amser pechod efe a *ymochel* rhag amryfusedd. **c. 1600 (1681)** *Rhyddiaith Gymraeg* ii. 169, onis bydd iddynt gael gras mewn amser i *ymochlyd* y cythrel a'i gennadon. **1604–7** *TW* (*Pen* 228), *ymochel* d.g. *Animaduerto*. *id*. *ymochelû* d.g. *declino*. **1632** *D*, *ymochlyd* d.g. *Effugio*. **1696** *CDD* 73, I'*mochel* [*sic*] gau lwŷbrau, i droi at y goreu. **1735** S. THOMAS: *HP* [35], [c]ynghori Dynion i *ymochelyd* rhag y cyfryw Opiniwnau. **1798** *WR*, *ymochelyd* d.g. *Abstain*. **1803** *P* d.g. *Ymoçelyd*. Ar lafar, 'dan y goedan i *mochal* glaw', *WVBD* 377; "Wi'n dueddol i gæl bronceitis . . . 'wi'n gorffod *mochelyd* rog cæl annwd', *GTN* 567; 'Cofia *mochal* rog y pylla dyfwn o ddŵr', 'Mân' nw wedi ffraeo a 'nawr ma'r ddou yn trio *mochal* rog dod winab yng ngwinab o'i gilydd!', *id*. 570.

ymochelgar [bôn y f. *ymochelaf*: *ymochel*, &c.+*-gar*] *a*. Gochelgar, gofalus: *wary, careful*.

c. **1775** J. JENKIN: *P* 5, y mae'n gofyn bôd yn *ymochelgar* wrth farnu yng nghylch achosion neulltuol. **1803** *P*.

ymocheliad [bôn y f. *ymochelaf*: *ymochel*, &c.+*-iad*[1]] *eg*. Y weithred o ymochel, gochelgarwch: *a taking care, wariness*.

1604–7 *TW* (*Pen* 228), *ymocheliat* d.g. *Animaduersio*. **1682** E. LLWYD: *EI* 128, A hyn a ddylai gynnyddu cynhyrfiad ymhob un o honom ni, ac iawn *ym-ocheliad*, rhag ein bod o nifer rhifedi y rhai Anfuddiol. **1803** *P*.

ymod[1] [bôn neu fe.'r f. *ymodaf*: *ymod*(*i*), &c.] *eg*. Symudiad, gallu i symud, tramwy, hefyd yn *ffig*.; fferi: *a moving, movement, locomotion, passage, also fig*.; *ferry*(*boat*).

15–16g. *GIF* 54, Claf fûm lle clywi f'*ymod*: / closty Mair clywaist 'y mod. / Gyrraist ar draws pob gerwin / gŵr march i gario ym win [i ddiolch am win]. **16g**. *B* xi. 89, I harwain hi dros avon o ddwr ynn y lle Ir ydoedd ef yn kadw *ymod* ne fferi. **1604–7** *TW* (*Pen* 228) d.g. *Admotus*. *id*. *ymot* y medhwl d.g. *Cogitatio*. *id*. nat oes *ymmot* ydhei . . . heblaw r *ymmot* beunydhol or dwyrein yr Gorlhewin d.g. *Fixa stella* (At.). *Diw*. **18g**. *AL* ii. 538, tri chyvallwy corf, clyw, golwg, ac *ymmod*. **1803** *P* d.g. *Ymmod*.

ymodaf, &c.: **ymodi, ymod**[2], &c. [?*ym*-+*odaf*: *odi*] *bg.a*. ?a hefyd gyda grym enwol ll. yn y ff. †*immottimou*. Symud (yn ôl ac ymlaen), pendilio, gwthio, cyffroi, troi (bwyd, &c.); ymystwyrian; trafod neu deimlo (â'r llaw, &c.), llochi, cyffwrdd; trin (clwyf); trafod (pwnc): *to move* (*to and fro*), *push, agitate, stir*; *bestir oneself*; *handle, feel, stroke, touch*; *treat* (*wound*); *discuss*.

9g. (*MC*) *B* vi. 111, *immottimou* [drll.], gl. *gesticulationes*. **14g**. *CR* 116, nys attebawd Chiarlymaen . . . namyn . . . *ymodi* y varyf lwyt a oed dros y dwy vronn. **14g**. *BT* (*RB*) 118, A phan glywspwyt hynny, y delis y Germanwyr Catwaladyr, ac ynteu a *ymodes* vdunt dwy vil o geith. **14g**. (**17g**.) *AL* ii. 586, Tri dyn a *ymyt* bwyd y brenin cog a thrullyat a swyddwr llys. *c*. **1400** *ZCP* xiii. 67, Gwelet yn *ymot* arueu, keder[n]it a arwydockaa. *c*. **1400** *Études* vii. 286, Dot ystor yndaw ac *ymot* yn da. ?**15g**. *MA*[2] 543b. 39–41, pa veint o gɓynvan a gɓneint wyr Angyɓ ta yteidunt [*sic*] en *ymodi* gɓelieu Kei eu teɓyssaɓc. **15g**. *DE* 5, *ymodais* i ysmudaw / or lle /n/ y dref ir llwyn draw. **1551** W. SALESBURY: *KLl* lvb, Gwthia [:– *ymmod*] ir dyfndwr. **1567** *LlGG* (*Sall*) 9a, Yno y cynnyrvodd y ddaiar . . . a' seiliae y mynyddedd a *ymodwyt*. **16g**. *Hop M* 187, maer cythraulaid gwaelon taer, ar hyd y ddaer yn *ymod*. *a*. **1587** *Y* 224, Am dy radd *ymodi* yr wyd / A Gruffudd, gŵr a hoffwyd. *Dchr*. **17g**. *J* 10, 34b, *Modi*. moveo. **1632** *D*, *Ymmod*, Mouere, loco mouere. **1707** *AB* 11a, *ymododh*, He handl'd. **1755** G. OWEN: *L* 153, Chwi a welwch na fedraf ond rhy brin *ymodi* fy mhin na'm bysedd i 'sgrifennu. **1803** *P* d.g. *Ymmodi*. Ar lafar, '*Moda*'r gwlanen ma, mor gynnes mâ o', *Cymru* lii. 211 (dwyrain sir Drefn.); hefyd yn y ff. *modyd*, 'yn *modyd* rownd y corn' (sir Drefn.).

Amr.: **amodaf**[2]**: amodi**. *Dchr*. **17g**. *Pen* 111, 2. **emodi**. **17g**. *LlGC* 13215, 336.

ymodedig [bôn y f. *ymodaf*: *ymodi*, &c.+*-edig*; ynglŷn â'r glos H. Gym. *immotetin*, gw. *B* i. 122] *a.bfl*. Symudol (am ŵyl); wedi symud: *movable* (*of feast*); *moved*.

1567 *LlGG* [xxi], [g]wyl *ymotedic* [:– ysmutedic] neu anymodedic. **1803** *P*, *Ymmodedig* . . . Being moved.

ymodiad, &c. [bôn y f. *ymodaf*: *ymodi*, &c.+*-iad*[1]] *eg*. ll. *-au*. Symudiad, hefyd yn *ffig*.; synnwyr cyffwrdd, ?y weithred o gyffwrdd neu drafod: *movement, motion, also fig*.; *sense of touch*, ?*a touching or handling*.

1562 *GGH* 202, Gwaelach ar fawlgerdd gwelydr / Gosodiad *ymodiad* mydr [marwnad Siôn Brwynog]. **1603** *NBSA* 138, Pâr fraintiadoedd, parch bagadoedd, / Pur glaimiadoedd, pâr glau '*modiad* (Lewis Dwnn). **1604–7** *TW* (*Pen* 228) d.g. *Admotus*. **1630** R. LLWYD: *LlH* 282, rhai . . . mor dyner eu *ymmodiad* (*feeling*), ac y medrant ddirnad pwys y bluen yscafnaf. **17g**. HUW MORUS: *EC* i. 95, Lledrad sydd *ymodiad* mall, / Gwas dewraidd, ar gost arall. **1716** E. SAMUEL: *GGG* 131, annwadal a chyfnewidiol, fel . . . *ymmodiad* y Creaduriaid sydd a rhydd-did Ewyllys ganddynt. **18–19g**. *MA* iii. 212, Tri pheth â ddadanhuddant athrylith a chynneddvau anianawl dŷn: ei olwg, ei lavar, a'i *ymmodiadau*. **1803** *P* d.g. *Ymmodiad*.

ymodol [bôn y f. *ymodaf*: *ymodi*, &c.+*-ol*] *a*. Symudol: *moving*.

1595 *Egl Ph* 103, y mynydiau *ymodawl*, a'r ymdhygiad, sydh raid i'r araithiwr . . . ei dangos. **16–17g**. E. PRYS: *Gw* 295, Ni all tafod *ymodawl* / Drin fyth mo draean ei fawl [marwnad Rhisiart Fychan]. **1803** *P* d.g. *Ymmodawl*.

ymodwrdd, ymoddefaf: ymoddef, ymoddiweddaf: ymoddiwes, ymoedaf: ymoedi, gw. ym-+**godwrdd, goddefaf**[1]**:**

goddef, goddiweddaf: goddiweddyd, oedaf: oedi.

ymoei, ymoelaf: ymoelyd, gw. *moaf: moi, ymhoelaf: ymhoelyd.

ymoeraf: ymoeri, gw. ym-+oeraf: oeri.

ymofalaf: ymofalu, ymofidiaf: ymofidio, &c., gw. ym-+gofalaf: gofalu, gofidiaf: gofidio, &c.

ymofyn[1] [bôn y f. *ymofynnaf*: *ymofyn*] *eg.* ll. *-ion.* Ymholiad, gofyniad, cwestiwn, holiad, ymchwiliad (chwilfrydig): *inquiry, query, question, interrogation, (inquisitive) investigation.*

14g. *WM* 19. 16–19, Pa *ymouyn* bynnac auei ganthunt ỽy yỽrth y uorỽyn. y chỽedleu ereill y trossei ynteu. 14g. *GDG*[3] 372, 'Myfy wyf, gad d'*ymofyn*, / Dy gysgod hynod dy hun. c. 1400 *GP* 5, Sef yw rachenw, pob peth o'r a arwydockao personolyaeth, neu vedyant, neu *ymofyn* . . . *ymouyn*, val y mae 'pwy', 'pa beth'. 1567 *LlGG* 117b, Yna yr ymofyn yr Offeiriat a r [*sic*] Tadeu betydd, a'r Mammau betydd yr *ymofynnion* hyn iso. 1632 *D*, Gofyn, *ymofyn* d.g. *Problema.* 1690 *Ymofynion* d.d., *Ymofynion* Iw Hatteb Gan Brocatorion, Wardeinied, a Swyddogion eraill. 1701 E. WYNNE: *RBS* 98, manwl yspîo a chenfigennu cuddiedic bleser gŵr arall . . . nid yw'r *ymofynion* (*inquisitions*) hyn na chyfion na gonest nac hyfryd, na chan mwyaf ond seithug i'r manwl-ymofynwyr. 1755 *GAGC* 4, nid gwaith hawdd yw dyfod i Iawn sicrwydd yn y cyfryw *ymofynion* (*researches*). 1773 *W* d.g. *Enquiry, Question, or enquiry.* 1803 *P*.

Cfn.: **ar ymofyn:** *lost, absent.* 1651 SIÔN TREREDYN: *MDD* 21, ei anrhydedd . . . a aeth *ar ymofyn* (*was lost*). *id.* 214, pa le bynnac y mae cariad *ar ymofyn* (*Wheresoever love is not*).

Gw. hefyd **amofyn.**

ymofyn[2,3], gw. **ymofynnaf: ymofyn.**

ymofyngar [*ymofyn*[1]+*-gar*] *a.* Ymholgar, chwilfrydig, chwilgar: *inquiring, inquisitive, curious.*

1604–7 *TW* (*Pen* 228) d.g. *perquisite, Quæsitebundus.* 1630 *YDd* 156, Na fydd *ymofyngar* i wybod gweithredoedd rhai eraill. 1693 J. OWEN: *BP* vi, Darllen y llyfr hwn ddwy waith drosto yn ddi-duedd . . . gydâg yspryd *ymofyngar* am y gwirionedd. 1701 E. WYNNE: *RBS* 98, cyffelyba Plutarch y Clustiau manwl *ymofyngar*, i byrth y felldith mewn Dinas. 1772 *W* d.g. *Inquisitive.* 1778 J. THOMAS: *HB* 326, y cyfraithiau oeddent mor gaeth, a'r erlidwyr mor *ymofyngar* ac mor graffus, fel o'r diwedd y daliwyd y gwr da hwn. 1803 *P*.

ymofyngarwch [*ymofyngar*+*-wch*[1]] *eg.* Chwilfrydedd, chwilgarwch: *inquisitiveness, curiosity.*

1772 *W* d.g. *Inquisitiveness, Over-curiosity.* 1803 *P*.

ymofyniad [bôn y f. *ymofynnaf*: *ymofyn*+*-iad*[1]] *eg.* ll. *-au.* Ymholiad, gofyniad, cwestiwn, holiad, ymchwiliad, archwiliad; ceisiad, chwiliad: *inquiry, query, question, interrogation, investigation, inspection; a seeking or searching.*

16g. *GGH* 156, A phan fo, coel euro cledd, / *Ymofyniad* am fonedd / Y mygr o Onennau Meigiawn. 1632 *D* d.g. *Examinatio, Interrogatio, Percontatio.* 1651 SIÔN TREREDYN: *MDD* 60, peri iddint weled eu ynfydrwydd eu hunain, yn eu *ymofynniad* (*seeking*) o fywyd trwy 'r fath ffordd [*sic*] a honno. 1714 R. PRYDDERCH: *GD* 115, Duwiolion dyscedig . . . a scrifenasant am *ymofyniadeu* Cydwybod. 1722 *Llst* 189, *Ymofyniad.* m. A scrutiny. c. 1730 *Taith C* 171, Cristiana Gwraig i Gristion y Pererin, gwnaethpwyd *ymofyniad* (*Enquiry*) am deni, a chaed y Tŷ lle'r oedd hi. 1773 *W* d.g. *Inquest* [*an inquiry or search, especially that made by a Jury . . .*], *Inquiry, Query.* 1803 *P*.

ymofyniadol [*ymofyniad*+*-ol*] *a.* Ymchwilgar, chwilfrydig, chwilgar: *inquiring, inquisitive, curious.*

1790 *Budd A* 61, Pa oruwch ogoniant y mae'r cristion *ymofyniadol*, druan, yn ei ganfod ymhlith rhyfeddodau mwyaf ei ras! *id.* 84, Goodwin ac Owen y rhai a osodasant allan gryfder eu hymofyniadau i chwilio am ogoniant a rhyfeddodau person Crist . . . Y cyntaf o'r rhai'n, gyd ag *ymofyniadol* dueddiad, a olrheiniodd i maes lawer o fyfyrdodau newydd ac anghyffredin. 1798 *WR*, *ymofyniadawl* d.g. *Zetetic.*

ymofynnaf, &c.: **ymofyn**[2], &c. [*ym-*+*gofynnaf*: *gofyn*] *bg.a.*

(*a*) Gofyn, cwestiynu, holi: *to ask, question, inquire.*

14g. *Bren Saes* 124, gwedy y dyvot adref *ymovyn* a oruc am Grufud vab Rys. 14g. *WM* 11. 17–23, Ynteu pỽyll pendeuic dyuet adoeth y gyuoeth ac y ỽlat a dechreu *ymouyn* a gỽyrda y ỽlat beth auuassei y arglỽydiaeth ef arnunt hỽy y ulỽydyn honno. 14g. *GDG*[3] 78–9, Manag ym, haf, mae'n gam hyn, / Myfy a fedr d'*ymofyn*, / Pa gyfair neu pa gyfoeth, / Pa dir ydd ei, myn Pedr ddoeth. 15g. *FfBO* 45, y mab a a at yr offeiryat y'r synagoc, ac adolwyn ydaw *ymouyn* a'e duw beth a deruyd am y dat o'e gleuyt. 15g. *GO* 57, *Ymofynaf* â'm tafod / Yr hwn ni vynnwn i vod, / Gofvn bod dy beriodas / Val dyn yn gofyn i gas. 1551 W. SALESBURY: *KLl* ixb, A gwedy iddo gynull yr oll archoffeirieit a gwyr llen y popul / yr *ymovynnadd* ac wynt ym pale le y genit Christ. 1567 *LlGG* 117b, Yna yr *ymofyn* yr Offeiriat a r [*sic*] Tadeu betydd, a'r Mammau betydd yr ymofynnion hyn iso. 1588 *Deut* iv. 32, *ymofyn* yn awr, am y dyddiau cyntaf y rhai a fuant o'th flaen di. 1632 *D* d.g. *Inquiro, Interrogo.* 1751 *GIA* xvii, Och anamled yw'r teuluoedd sy'n ofni 'r Arglwydd, ac yn *ymofyn* ai [*sic*] air ef ai [*sic*] weinidogion, pa fôdd y dylâent fyw. 1773 *W* d.g. *To inquire.* 1803 *P*.

(*b*) Ceisio, dymuno, bod ag eisiau, chwilio am, cyrchu, hôl, nôl; bod yn ei gwres (am gaseg, &c.): *to seek, desire, want, search for, fetch, get; be in heat (of mare, &c.).*

14g. *GIG* 93, Mae ef? Pwy a'i *hymofyn*? / Na chais mwy, achos ni myn [marwnad Llywelyn Goch ap Meurig Hen]. 15g. *GDID* 89, *Ymofyn* o Lyn Eleirch, / Er fy mwyn, arfau a meirch. 15–16g. *GIF* 70, Yr eos ar ir wiail / am Iefan deg *mofyn* dail. 1567 *LlGG* (*Sall*) 5a, Can ys pan *ymovyno* ef am waed, y cofia am danei. 17g. HUW MORUS: *EC* ii. 286, Rhoes arnynt orchymmyn, oedd addas i ddeuddyn, / Nad elent i *ymofyn* am afal un pren. 1753 *TR*, *Ymofyn*, to seek. a. 1791 W. WILLIAMS: *GP* 184, Mi ddarfum yma, af yn mhell / I '*mofyn* am 'difeddiaeth gwell. Ar lafar, '*mofyn*, *mwyn*' 'Ma mam yn *mofyn* pywnd o fenyn', 'buwch yn *mofyn* tarw', 'Cera i *fofyn* plæt arall o'r pantri', *GTN* 571; '*moyn*' 'ymofyn, ôl', 'Gair nodweddiadol ddeheuol a geir yn helaeth i'r de i Ddyfi ac Efyrnwy', *CyCC* 124.

Gw. hefyd **amofynnaf: amofyn.**

ymofynnol [*ymofyn*[1]+*-ol*] *a.* Ymholgar, chwilfrydig, chwilgar; yn ceisio, yn chwilio: *inquiring, inquisitive, curious; seeking, searching.*

1727 J. JONES: *DFF* 211, llwyr amhosibl ydoedd i un dŷn o'r Ymmennydd mwyaf *ymofynnol* (*searching*) ac o'r dychymmygiad mwyaf rhagorol byth mo'i dychymmygu. 1767 *Aberth Cym* 87–8, enaid *ymofynnol* (*seeking*), gad i mi dy gynghori di, fel na bo i ti gael dy dwyllo. 1774 T. JONES: *DG* 133, Wrth chwilio'r gwirionedd hwn, yr hyn a wnaeth yn *ymofynol* ac yn ddiwyd. 1803 *P*, *Ymovynawl* . . . Inquiring.

ymofynnwr, ymofynnydd, &c. [bôn y f. *ymofynnaf*: *ymofyn*+*-wr*, *-ydd*[3]] *eg.* (b. *ymofynyddes*) ll. *ymofynwyr.* Ymholwr, cwestiynwr, holwr, archwiliwr, ymchwiliwr, rheithiwr; ceisiwr, chwiliwr; ymgeisydd: *inquirer, questioner, inquisitor, inspector, investigator, juror; seeker, searcher; candidate.*

1588 *Esec* xiv. 10, vn fath fydd anwiredd yr *ymofynnudd*, ac anwiredd y prophwyd. 1604–7 *TW* (*Pen* 228), *ymofynnwr* d.g. *Conquisitor, Inquisitor.* ?17g. *CLlC* v–vi. 64, Os daw '*mofynwr* ffyrnig / I ofyn pwy ydiw yr ewig. 1651 SIÔN TREREDYN: *MDD* 183, pe delei 'r *ymofynwyr* dewisiedig gan roddi eu barn i mewn i'r llys ar eich bod yn euog. 1653 *MLl* i. 220–21, Eryr. Pwy yw y rheini sydd yn byw yn y cnawd yn ôl y cnawd? Colomen . . . yr usdusiaid anghyfion, yr *ymofynwyr* partïol, y cyfreithwyr cyfrwysddrŵg. 1710 *LlGG* (*Gos*) 6, Na oddefed y Wardeiniaid neu *Ymofynnwyr* (*Inquisitores*), a'u Cynnorthwywyr, ddim Segurwyr i aros nac yn y Fonwent nac ym Mhorth yr Eglwys. c. 1762–79 W. WILLIAMS: *P* 70, yr Offeiriad oedd yma yn rhoi yr holl Attebion mewn rhyw le o tu Cefn i'r Eulun i dwyllo 'r *ymofynwr* annwybodus. 1773 *W* d.g. *Examiner, Inquisitor.* 1790 W. RICHARDS: *LlA* 65, yr *ymofynwr* dysgedig, llafurus, a manol hwnnw, Dr. Wall. 1803 *P*, *Ymovynwr*, s. m.—pl. *ymovynwyr* . . . An inquirer.

Gw. hefyd **amofynnwr.**

ymogelaf: ymog(e)lyd, ymogel(u), &c., gw. ym-+gogelaf: goglyd, &c.

ymogelwr [bôn y f. *ymogelaf*: *ymog(e)lyd*, &c.+*-wr*] *eg.* (b. *-wraig*) ll. *-wyr.* Efaciwî: *evacuee.*

1803 *P*.

ymogoneddaf: ymogoneddu, gw. ym-+gogoneddaf: gogoneddu.

ymogoniannaf, &c.: **ymogoniannu,** &c. [bf. o *ym-*+*gogoniant*] *bg.* Ymwroli, llawenhau: *to take heart, rejoice.*

14g. *BB* 219, wedi menecgi y arthur vot y glot ay ovyn velly. *ymogynnanv* [*sic*] aoruc ynteu yna. 15g. *id.* 160, Ac ny orffwissawt arthur yna yny ladawt ar vn tu or saesson. dec athrugeint a phedwar cant. A phan welas ybryttannyeit hynny *ymogonyhauv* [*sic*] aorugant; a galw ev nerthoed attadunt. *id.* 171, ac yr gweith diodev yd ymdangossei y gwraged yr gwyr. canys *ymogonyhanv* awnai y gwyr oc ev gwelet. ?15g. *MA*[2] 530b. 3–6, *emogonniannu* a oruc e brenhin. ac ymdroi ehun ar yr elor . . . ac ef a godes yn i eiste o lyỽenyd. *id.* 541b. 42–3, am heny wyrda *emogoniannỽn* ninheu en fynniant a gleỽder. ?*Dchr.* 17g. *id.* 576. 20–1, Ac ena *emoginniannu* [*sic*] aoruc constans ac ataw i ortheirn gadu itaw ev lliwiaw e deirnas ogwbwl wrth i gighor.

ymogor, &c. [*ym-*+*gogor*[1]] *eg.b.* Tŷ, cartref, trigfan, lloches, cysgod; stordy; cnwd; hefyd yn *ffig.*: *house, home, abode, shelter, cover; storehouse; crop; also fig.*

14g. (17g.) *AL* ii. 594, Tri amryw gyfreith y sydd am foch a ddalyer ar *ymogor* neu lafur dyn. 14g. *GIG* 38, Be magwn, byw *ymogor*, / Genau i neb, egin iôr [i achau Owain Glyndŵr]. 15g. *GLGC* 77, Nawdd Caron ar Siôn, nawdd Pedr a Sain Siôr, / nawdd Ulltud Farchog fo ar ei '*mogor.* *id.* 383, ap Madog, o'i *ymogawr*, / ab Adam, walch y byd mawr. 16g. (*LlEG*) *Mos* 158, 240b, I gaffel dyuod I vewn *ymogor* treui megis a/ac [*sic*] I gelleint twy gaffel hryw beth I Esmwythau Ar y diale/dd Iroeddeint twy ynniodde gan boethni yr haul. 1562 *B* ii. 241, *Ymogor*: annedd ne gyvannedd. 1567 *TN* 106b, Ystyriwch vvedd y cicvrain . . . nid oes yddyn na chell [:– *ymogor*] nac yscupawr. *Diw.* 16g. W. MIDLETON: *B* 76, A chornor o *ymogor* maith / awch hoiwrym gwych i araith. 1632 *D*, *Ymogor*, Habitaculum, domicilium. 1661 E. LEWIS: *Drex* 141–2, y pryfcoppyn yn gweu ei we . . . nyddu ei edafedd main, eu gweu hwynt yn eu gilydd, gweithio i/ddo ei hun *ymogor* fyw. 1770 *W* d.g. *An abode* [*dwelling-place*]. 1776 DEWI NANTBRÂN: *AN* 339, Dyro i Eneidau . . . dy Feibion, a'th Ferched . . . yr *ymogor* o Esmwythyd, y dedwyddwch o orphwysdra, a disgleirdeb y Goleuni dibaid. 1803 *P* d.g. *Ymogawr.*

Gw. hefyd **amogor.**

ymogwyddaf: ymogwyddo, gw. ym-+gogwyddaf: gogwyddo.

ymogyfuchiaf, ymogyfuchaf, &c.: **ymogyfuch(i)o,** &c. [bf. o *ym-*+*gogyfuch*] *bg.* Ei wneud ei hun yn gydradd, bod yn gydradd neu'n gyfartal; cystadlu, cydymgeisio: *to make oneself equal, be equal, match; compete, vie.*

1346 *LlA* 6, sathan . . . pann welas ef y vot yn ragori rac yr holl raddeu yr egylyon o ogonyant . . . ef aarvaethaỽd *ymogyuuchaỽ* a duỽ (*voluit Deo aequalis . . . existere*). 16g. (*LlEG*) *Mos* 158, 115a, A ff/ob vn or barwniaid hynn a *ymogyuuchiodd* bob vn a/i gilidd drwy ymgysdedlydd . . . ai gilidd. *id.* 242b, [p]ennaethiaid ysgottlond . . . klyweint twy vod gwyr lloygyr pawb ymhen i gilidd megis ac I galleint twy ddial I henn alannas . . . treuai vrenin lloygyr ynn *ymogyuuchio* ai Ewythrydd ynghweryl serttein oi gyngor. 1604–7 *TW* (*Pen* 228), *ymogyfuchio* d.g. *Adæquo* (hefyd *D*), *Comparo, Exæquo.* *id.* a digon o alhu *mogyfuchio* d.g. *par.* 1803 *P* d.g. *Ymogyvuçiaw.*

ymohebaf: ymohebu, ymohebiaeth, ymohiriaf: ymohirio, gw. ym-+gohebaf: gohebu, gohebiaeth, gohiriaf: gohirio.

ymolchaf, &c.: **ymolch(i),** &c. [*ym-*+*golchaf*: *golchi*] *bg.a.* Ei olchi ei hun, golchi (babi, ci, &c.), hefyd yn *ffig.*: *to wash (oneself), wash (baby, dog, &c.), also fig.*

13g. *LlI* 9, escop . . . [c]yuody racdav [y brenin] ac eysted en e ol a dale e lewys tra *ymolcho.* 1346 *LlA* 45, Ae pechaỽt yr gỽassannaethỽyr dienydv yrei camgylus . . . Nac ef. namyn *ymolchi* ymaent yg/ỽaet ypechaduryeit. 14g. *B* xiv. 261, yna y kymerth pilatus dvuyr. ac *ymolchi* ygwyd y bobyl. 14g. *YBH* 53b, hitheu a *ymolches* or lliỽ a oed erni hyny ydoed yny lliỽ ehunan. 14g. *GDG*[3] 338, Llyn gwin egr, llanw gwineugoch, / Lloches lle'r *ymolches* moch [i'r pwll mawn]. 15–16g. *GIF* 39, Torres dwfr dilwfr hyd aelawd o'm drem, / dŵr *ymolch* hyd fy nghnawd [marwnad Syr Water Herbert]. 1547 *WS*, Lafer i *ymolchi* Lauoure. 1567 *TN* 147b, Cerdda, *ymolch* yn y llyn Siloam . . . Ef aeth ymaith gan hyny, ac a *ymolchawdd.* 1588 *Eseia* i. 16, *Ymolchwch*, ymlanhewch, bwriwch ymmaith ddrygioni eich gweithredoedd oddi ger bron fy llygaid. c. 1590 *RC* xlvi. 82, [c]odi

vynydd a orug yr hen farchog, a chymeryd baswn a dwfr yn y law, ar vedr dala dwr i *ymolch* i'r brenin, ag nys mynnai ef. **1606** E. JAMES: *Hom* iii. 93, fymrodyr anwyl, *ymolchwch* ynnyfroedd bywiol gair Duw. **1693** J. OWEN: *BP* 24, Eu dwylo yr oeddent yn eu golchi . . . nid gan eu trochi mewn dwfr, eithr trwy dywallt dwfr arnynt, canys felly yr *ymolchei* yr Iddewon. **1703** E. WYNNE: *BC* 42–3, Am fod yn rhaid i bawb *ymolchi* ynddi cyn cael braint yn Llŷs Immanuel, hi a elwir Ffynnon Edifeirwch. **1794** *W, Ymolchi* d.g. *To wash one's self, or to wash.* **1803** *P.* Ar lafar, '*molchi*', *WVBD* 377; '*ymolch*', *GTN* 861; hefyd weithiau fel *ba.*, '*molchi* . . . 'y nulo', *WVBD* 377; ''Odd 'i'n *ymolch* y babi'n barod i fynd sia'r gwely', 'Ma isia *ymolch* yr 'en gi ma'n dost', *GTN* 861.

Amr.: **amolchi.** **13g.** *B* x. 31, A phan aeth e teir guerydon a dywetpuyt uchot e dinoeth y chorff hi urth e *hamolchi* o arwylyaul deuaut. **molchyd.** **1898.** Ar lafar yn nwyrain sir Gaerf. **wmolch.** **1894.** Ar lafar yng ngorllewin Morg. a dwyrain sir Gaerf.

ymolchdy [bôn y f. *ymolchaf*: *ymolch(i)* + *tŷ*] *eg.* ll. *-dai.* Baddondy: *bath-house.*
1798 *WR* d.g. *Bagnio, Balneary.*

ymolchfa [bôn y f. *ymolchaf*: *ymolch(i)* + *-fa, ma*] *eb.* ll. *-feydd, -faoedd, -fâu.* Baddondy, bath; tref lan môr: *bath(-house)*; *seaside resort.*
1604–7 *TW* (*Pen* 228) d.g. *Alipterium, Balnea.* **1675** R. DAVIES: *PY* 228–29, Sanct Joan . . . a ommeddodd aros yn yr vn twymdy, ar *ymolchfa* ar hæretic Cerinthus. **1722** *Llst* 189, *Ymolchfa.* f. . . . A bath; washing place. **[1724]** G. WYNN: *YGD* 16, P'le mae 7 Ryfeddod y Byd? . . . *Ymolchfâu* brydion Dioclesian? **1770** *W* d.g. *A bath, Lavatory, A washing-place.* **1784** M. WILLIAMS: *S* i. 82, Yn Ferona mae . . . archau coffadwriaeth, *ymolchfaoedd.* **1803** *P, Ymolçva,* s. f.—pl. t. *oz* . . . A lavatory.

ymolchiad, &c. [bôn y f. *ymolchaf,* &c: *ymolch(i),* &c.+*-iad*[1]] *eg.* ll. *-au.* Y weithred o ymolchi, hefyd yn *ffig.*: *a washing (oneself), ablution, also fig.*
Diw. **16g.** *WLB* 6–7, kydnabyddieth sydd ar urin . . . yw *ymolchiad,* ynneiniaw, ymdrochi, gwybod os o hynny i kad y klwyf. **1588** *Ecclus* xxxiv. 29, Y neb a ymolcho wedi cyffwrdd ar marw, ac a gyffyrddo, [*sic*] ac ef eil-waith: pa fudd a gaiff efe oi *ymolchiad*? **1595** M. KYFFIN: *DFf* [37], Y Bedydd . . . sydd Sacrament . . . o'r *ymolchiad* sydd eiddom yngwaed Crist. **1630** *YDd* 109, gelwir y bedydd *ymolchiad* adenedigaeth, ac adnewyddiad yr Yspryd glân. **1632** *D* d.g. *Lauatio.* **1688** S. HUGHES: *TSP* 38, yr oedd yr Israeliaid yn gyffredinol yn credu, ar ei Haberthiad a'i *ymolchiad,* y byddei Duw yn Drugarog wrthynt. **1770** *W* d.g. *Ablution, A washing of one's self.* **1784** M. WILLIAMS: *S* i. 143, [y] grefydd Fahometanaidd . . . ei hegwyddorion neillduol . . . ymarfer *ymolchiadau* yn fynych, ag ymburo. **1803** *P.*
Amr.: **molchad** (*eb.*). **20g.** Ar lafar yn y De.

ymolchle [bôn y f. *ymolchaf*: *ymolch(i)* + *lle*[1]] *eg.* ll. *-oedd.* Baddondy, bath; tref lan môr: *bath(-house), bath; seaside resort.*
1688 *TJ* (At.) [24], Bâdd neu *ymolchle.* *ib.* Bâdd Mair, neu *ymolchle* mair.

ymolchlestr, gw. **ymolch + llestr**[1].

ymolchyd, gw. **ymolchaf: ymolchi.**

ymoleithiad [gair geir., sef bôn y f. *ymoleithiaf*: *ymoleithio* + *-iad*[1]] *eg.* Gweniaith, sebon, geiriau teg: *flattery, cajolery, a coaxing.*
1604–7 *TW* (*Pen* 228), *ymoleithiat* d.g. *Allectatio, Assentatio, Blanditia, palpum.* **1722** *Llst* 189, *Ymoleithiad.* m. Flattery, coaksing. **1770** *W* d.g. *Adulation, A fawning* [*on*], *A flattering, Palpation.*

ymoleithiaf: ymoleithio [*ym-* + *goleithiaf*[1]: *goleithio*; dichon mai ffrwyth camddeall yr engh. gyntaf isod yw'r ystyron yn adran (*b*)] *bg.*
(*a*) Cilio, osgoi: *to retreat, avoid.*
14g. *Cy* vii. 136, Dy gyghor ath gusul yó . . . *Ymoleithio* a gleó.
(*b*) Gwenieithio, ffalsio (i), tynnu drwy deg: *to flatter, fawn (upon), coax.*
1562 *B* ii. 241, *ymoleithio* . . . doedyd yn deg. **1604–7** *TW* (*Pen* 228) d.g. *Blandior, parasitor, placo.* **1632** *D, Ymoleithio,* Adulari. **1672** J. LANGFORD: *HDdD* 260, y mae'r néb sydd gantho fwyaf o'r gelfyddid resynol yma o siommi yn ei *ymoleithio* ac yn ei ganmol ei hûn. **1722** *Llst* 189, *Ymoleithio* . . . To coaks, sooth. **1731** T. LEWYS: *BMA* 81, Fel hyn yr *ymoleithient* ag ef [mab annuwiol], ac yr ennillent fwy o'i feddwl. **1770** *W* d.g. *To blandish, To cant* [*wheedle, flatter*], *To cringe, To fawn* [*upon*], *To flatter.* **1801** J. G. BEVAN: *CH* 18, yr arfer o lefaru wrth un dyn megys wrth nifer . . . wedi codi . . . oddiwrth chwant i *ymoleithio.*

ymoleithydd [gair geir., sef bôn y f. *ymoleithiaf*: *ymoleithio* + *-ydd*[3]] *eg.* Gwenieithiwr, ffalsiwr: *flatterer, fawner.*
1604–7 *TW* (*Pen* 228) d.g. *Blandiloquus.* **1632** *D* d.g. *Adulator.* **1722** *Llst* 189, *Ymoleithydd.* m. A claw-back. **1770** *W* d.g. *An adulator, Flatterer.*

ymoleuedd [*ym-* + *goleuedd*] *eg.* Allyriad goleuni ar dymheredd isel drwy unrhyw broses ar wahân i wyniasedd, y cyfryw oleuni: *luminescence.*
20g.

ymoliaf: ymol [?cf. *bol*; dichon mai bf. wahanol a welir yn *B* isod] *ba.?g.* Gwneud neu fynd yn gyflo; peri bolio allan: *to get in calf; cause to billow out.*
13g. *LlI* 85, Am lo bychan. O'r nos y ganer hyt kalan gayaf, iiii.k'; o kalan gayaf allan, duy keynnyauc pob tymaur hyt yr Aust e dele y *hymol.* *ib.* O hanner haw allan y dyly y *hymol,* a gwedy yd *ymholyer* [*sic*] y dyrcheyw iiii.k' yn y dyd hunnv. *c.* **1400** *B* v. 22, pwy bynac a savo yn eu hymyl [ogofau]. a bwrw dill/llat yndunt. ef ae *hymyl* y gwynt wynt allan ac ae kyuyt yr awyr. *c.* **1401** *AL* ii. 104, O deruyd y dyn prynu buch y gan arall amach ar teithi y genti, ac *hymol* yny vlóydyn gyntaf, abot llo allaeth genti kyt bo ryderic óedy hynny byth ny dyly y neb y doeth y gantaó teithi o hynny allan. **1730** *Leg Wall* 585, *Ymol*: De Vaccis dicitur quando mares illas ineunt. **1753** *TR.*

ymoloaf, ymloaf: ymolöi, ym(o)loi [*ym-* + *goloaf*: *golöi*] *bg.* Ymguddio, llechu; ymdreiglo, ymdrybaeddu, hefyd yn *ffig.*: *to hide oneself; wallow, also fig.*
14g. *T* 80. 18–19, Rodaóc braó llaó y treghi. Ac yn eryri *ymoloi.* **16g.** *Hop M* 186, nydoes na jevanc na hen, na llüg na llen yn darvod / at y creawdr am droi, ond byth *ymloi* mewn pechod. **18–19g.** *Iolo MSS* 157, Twrch yn *ymloi*'n y llaid budr. **1803** *P, Ymoloi* . . . To lie down, to wallow. A vagwyd ar y domen a gar *ymoloi* yn y dom. That is bred upon the dunghill loves to wallow in the dung. Adage.

ymollyngaf, &c.: **ymollwng,** &c. [*ym-* + *gollyngaf*: *gollwng*] *bg.* a hefyd gyda grym enwol i'r be.
(*a*) Disgyn, suddo, syrthio, cwympo, dymchwelyd, ymddatod; dod yn rhydd, llacio; gwaddodi, (?geir.) toddi: *to descend, sink, drop, fall, collapse, disintegrate; become loose, loosen; precipitate (of substance), (?dict.) melt.*
c. **1400** *YSG* i. 37, yr awr y gweles y marchawc urdawl claf ef yn dyuot, ef a *ymollynghawd* y'r llawr o'r lle yr oed. *id.* 131, am na thygyei dim udunt, wynt a ffoassant y'r ffenestri ac y'r muryoed ac a *ymollyngassant* y dorri eu mynygleu. *c.* **1400** (*SG*) *HMSS* i. 337, caeat yr ysgrin agyuodes ac *aymollyngawd* gan ystlys yr ysgrin yr llawr. *c.* **1400** *Études* viii. 384, Y dorri maen tostedd . . . dot lwyeit o'r dwst hwnnw mywn dwfyr a dot yndaw y maen a vynnych, ac ef a *ymollwng* yn diannot. **1588** *Marc* vii. 35, yn ebrwydd yr ymagorodd ei glustiau ef, ac yr *ymollyngodd* rhwym ei dafod ef, ac efe a lefarodd yn eglur. **1588** 2 *Pedr* iii. 11, A chan fôd yn rhaid i hyn eu gŷd *ymollwng,* pa ryw fath ddynion a ddylech chwi fôd mewn sanctaidd ymwreddiad a duwioldeb? **1632** *D* d.g. *Colliquesco, Eliquesco, Resoluo.* **1703** E. WYNNE: *BC* 86, troesom oddiwrth y byd bâch, a thros y Cyfwng *ymollyngasom* i'r Wlâd tragwyddol, rhwng y ddau Lŷs i'r Gwagle hyll. **1773** *W* d.g. *To fall asunder.* **1800** W. OWEN[-PUGHE]: *CP* 125, Mal y peidiont ei drafodi, y caws á *ymollynga* (*precipitates itself*) yn fuan hyd y gwaelod. **1803** *P, Ymollwng* . . . To let or loosen one's self.
(*b*) Ildio (i demtasiwn, &c.), ymroddi, dygymod; torri allan (i wylo, chwerthin, &c.); dirywio, diffygio, digalonni: *to give way (to temptation, &c.), give oneself up, resign oneself; break out (crying, laughing, &c.); deteriorate, fail, lose heart.*
14g. *GIG* 59, Rho Duw mawr, y march blawr blwng, / Mall yr wyd yn *ymollwng.* *c.* **1400** *RB* ii. 395, Duó pasc mal yd oed y brenhin yn goronaóc yn eisted ar y bórd yngwestymynstyr. *ym ollwg* [*sic*] aoruc y chwerthin. *c.* **1400** *Ymborth* 4, *Ymollwng* yw ymrodi yn wahanredawl y gynnullaw da bydawl heb oledyf, na chwedyl, na darbot pa wed y kaffer. ?**15g.** *MA*[2] 512b. 5–8, achub pob tewyssaóc a phob yarll en e veynt hon hyt nat oed un gobeyth yn ep [*sic*] o nadunt namyn *emollóng* ac emrody yr tyghetven. *Diw.* **16g.** *LBS* iv. 413, a phawb ar oedd yny lle yn gweled hynny yn *ymollwng* o ddagreü a chwynfan. **1588** 2 *Cor* iv. 16, nid ydym ni yn *ymollwng* (**1988** *ib.* digalonni), eithr er llygru ein dŷn oddi allan, er hynny y dŷn oddi mewn a adnewyddir o ddydd i ddydd. **1620** *Heb* xii. 3, Ystyriwch am hynny yr hwn a ddioddefodd gyfryw ddywedyd yn ei erbyn gan bechaduriaid, fel na flinoch, ac nad *ymollyngoch* (**1588** *ib.* wedi deffygio) yn eich eneidiau. **1632** *D* d.g. *Consido, Deficio, Remollesco.* **1661** E. LEWIS: *Drex* 93, Oes amryw flinderau arnoch? na *ymollwngwch* i lawr, cymmerwch galon. **1701** E. WYNNE: *RBS* 171, Gweddio heb ammeu, heb flino, heb *ymollwng* heb na drwg-dybio na gwan-goelio dim am Dduw. **1740** T. EVANS: *DPO* 71, Buan y parodd y fath Afreolaeth a hyn . . . i holl Ymerodraeth Rufain Siglo ac *ymollwng.* **1773** *W* d.g. *To fall* [*as one's courage*], *To resign one's self.* **1798** *WR* d.g. *Succumb.* Ar lafar, '*ymollwng*' 'to let go', 'Os aiff merch i yfad, mae'n *ymollwng* yn fwy na dynnon', 'Llymitach odd a cyn 'ny, ond wedi marw Sara fe *mollyngws* yn læn, a mynd yn feddwyn reit', *GTN* 860.

ymollyngdod [bôn y f. *ymollyngaf*: *ymollwng* + *-dod*] *eg.* Gollyngdod (meddyliol), ymlaciad; digalondid: *(mental) relief, relaxation; dejection.*
1848.

ymollyngiad [bôn y f. *ymollyngaf*: *ymollwng* + *-iad*[1]] *eg.* Y weithred o ymollwng neu ildio (i demtasiwn, &c.), ymroddiad; digalondid; rhyddhad (emosiynol), ymlaciad; llaciad, ymddatodiad; tywalltiad, yn *ffig.*: *a giving way (to temptation, &c.), a giving oneself up (to); dejection; (emotional) release, relaxation; a relaxing, slackening, or loosening, dissolution; outpouring, fig.*
1604–7 *TW* (*Pen* 228), *ymolhyngiat* d.g. *Resolutio.* **1632** *D* d.g. *Dejectus, Demissio, Lysis, Solutio.* **1675** R. JONES: *HCh* 64, pan fo marw Plant, yna marw hefyd o yspryd tâd neu fam . . . hyn sydd yn *ymollyngiad* (*a fainting*) tan faich ein cystuddiau. **1688** W. FOULKES: *EGE* 22, Rhyfeddol a hawddgar iw dy weithredoedd, o arglwydd . . . dibaid *ymollyngiad* dy ddaioni ar bob creadur. **1771** *PDPh* 50, Twymyn yn y Gewynau. Arwydd . . . blinder ac *ymollyngiad* mawr yn yr ysprydoedd. **1795** J. THOMAS: *AIC* 254, Priodoliaethau . . . [y]r hôll Gyrph . . . Dwyster ac Ysgafnder . . . Disgleirdeb a Thywyllwch . . . Tynniad a [*sic*] *Ymollyngiad.* **1803** *P.*

ymollyngol [bôn y f. *ymollyngaf*: *ymollwng* + *-ol*] *a.* Yn peri digalondid, digalon; yn peri ymollyngiad (emosiynol), ymlaciol: *dispiriting, dejected; causing a release (of emotion), relaxing.*
1766 *FfA* 79, Y mae myfyrdodau arswydus yn ei ddilyn, ystyriaethau *ymollyngol* ofnadwy o Dduw yn ei frawychu. **1803** *P* d.g. *Ymollyngawl.*

ymollyngar [bôn y f. *ymollyngaf*: *ymollwng* + *-gar*] *a.* Digalon: *dejected.*
1766 *GDTD* 16, trallodau tufewnol ag allanol, amheuon, a meddyliau *ymollyngar* yn dechreu rhuo. **1796** T. JONES: *CCA* 230, Gwridwch ynte, a chywilyddiwch, O chwi saint *ymollyngar* (*drooping*).

ymopráu [be. o *ym-* + *gobr* + *-hau*] *bg.* Bargeinio: *to bargain.*
14g. *WM* 33. 7–10, A chynn penn y pedóryd ulóydyn yd oed yn*ymoprau* a gueisson y meirch am y adu oe dóyn yr dóyr.

ymor, ymoralw[1,2], gw. **nemor, ymorol**[1], **ymorolaf: ymorol.**

ymoralwad [bôn y f. *ymoralwaf*: *ymoralw* + *-ad*[2], *trf. han.*] *eg.* Erfyniad (ar y saint, &c.), galwad (am gymorth, &c.): *invocation (of saint, &c.), call (for help).*
1604–7 *TW* (*Pen* 228), *ymoralwat* d.g. *Inuocatio.* **1764** DEWI NANTBRÂN: *SAG* 57, Pa beth ydych chwi 'n ei feddwl wrth *Ymoralwad* ar y Saint? . . . Yr wyf fi 'n deuall y fath Erfynion neu Arch a wneir i ddymuno eu Gweddiau. **1803** *P, Ymoralwad,* s. m. . . . An inquiring.

ymoralwaf: ymoralw, gw. **ymorolaf: ymorol.**

ymorawl[1,2], gw. **ymorol**[1], **ymorolaf: ymorol.**

ymorchestaf: ymorchest(u), &c., gw. **ym- + gorchestaf: gorchestu,** &c.

ymorchmynnaf: ymorchymyn, ymorchmynnu, gw. **ym- + gorchmynnaf: gorchymyn.**

ymorchuddiaf: ymorchuddio,

ymorchwydd, gw. ym-+gorchuddiaf: gorchuddio, gorchwydd.

ymorchwyliaf: ymorchwylio [bf. o *ym-+gorchwyl*] *bg.* Ymgymryd, gofalu, bod yn brysur: *to undertake, take care, be busy.*

1567 *TN* 1a–b, datcan y ddysc ef [Iesu] . . . Ioan ys ydd yn bennaf yn *ymorchwyliaw* yn hyn. **1772** D. RISIART: *HFP* 70, *Ymorchwilia* yn wastadol ynghylch gwneuthur daioni.

ymorddiweddaf: ymorddiweddyd, ymorddiweddu, ymorddiwes(u), gw. ym-+goddiweddaf: goddiweddyd.

ymorfoleddaf: ymorfoleddu, ymorffwysaf: ymorffwys(o), &c., gw. ym-+gorfoleddaf: gorfoleddu, gorffwysaf: gorffwys, &c.

ymorheulaf, &c.: **ymorheulo, ymorheula,** &c. [bf. o *ym-+gor-+haul*] *bg.* Torheulo, bolheulo: *to sunbathe, bask.*

18–19g. *CRIM* 56, Dewch bawb i *'morheulo*'n bur hyles, / Da mwynder y mandes ym Mai. **18–19g.** *LlrC* 4, 36, *ymorheulo* Glam, to Bask in ye sun. **1803** *P*, *Ymorheula* . . . To bask one's self in the sun.

ymornestaf: ymornest(u), &c., gw. ym-+ornestaf, gornestaf: (g)ornestu, &c.

ymorol[1], ymoralw[1], ymorawl[1], &c. [bôn neu fe.'r f. *ymorolaf, ymoralwaf,* &c.: *ymorol, ymoralw, ymorawl,* &c.] *eg.*

(*a*) (Ym)holiad, cwestiwn, gofyniad; cyfle (i holi); gofal, pryder: *inquiry, question, query; opportunity (to inquire); care, concern.*

16–17g. *HG* 198, O daw *'morol* pwy wnai'r carol / Mwyn myfyriol newydd. **1632** *D, ymorawl* d.g. *Conquisitio.* **1703** E. WYNNE: *BC* 120, Ni chês i fawr *ymoroll* [*sic*] na chlywn i ganu cyrn prês a gwaeddi lle! lle! lle! **1712** T. WILLIAMS: *CDdG* 33, bernir ni yn enwedig am Esceuluso 'n Dledswyddau, *ymorol* (*Enquiry*) manwl a fydd, [*sic*] am hynny yn ymofynnion y dydd mawr hwnnw. **1803** *P* d.g. *Ymoralw, Ymorol.*

(*b*) (yn y ff. *ymoralw*) *Gram.* a *Rhet.* Diffyg cytundeb rhwng goddrych a berf: *lack of agreement between subject and verb (in gram. and rhetoric).*

14g. *GP* 45, Y dryded ffigur neu liw yw *ymoralw*, a hynny a vyd pan vo y dryded berson neu yr eil yn y dwyn, neu yn y galw, ar briodolder y berson gyntaf, val y mae pe dywettit 'mi a wyr prydu', 'ti a wyr dachanu'. A'r figur honno a esgus dros wyd ac absen y gyt yn ymadrawd. **15g.** *id.* 25, Y drydedd ffigur a elwir *ymoralw*, a honno a vyd pan vo yrrauaelyon personeu y gyt yn ymadrawd, val y mae yn yr eglyn hwnn: Mi yw'r gwas gweddeiddlas, gwan. **1605–10** *B* iv. 216, *ymoralw* . . . honno a ysgussota dros roi y naill berson ar y llall neu ddywedud kam berson val y mae yr ymadrodd hwnn. Myvi yw y gwr, Tydi ywr gwr.

ymorolaf, ymoralwaf, &c.: **ymorol[2], ymoralw[2], ymorawl[2],** &c. [*ym-+goralwaf*: *goralw*; petrus yw dosbarthiad rhai o'r enghrau. isod, a dichon mai i *ymorol*[1] y perthyn rhai ohonynt] *bg.* ac yn eithriadol *ba.*

(*a*) Galw (allan), gweiddi, bloeddio, gwysio: *to call (out), shout, summon.*

14g. *CR* 208, *ymoralwwn* y gyt ar Vrynn y Llewenyd am arwydeon Chiarlymaen. **14g.** *Bren Saes* 102, yno y foes Hywel ac y kanlynawd Gwgawn ef o bell gan *ymoralw* a'y gedymeithion. *c.* **1400** *R* 1199. 1–2, Meu *ymoralw* o bwyll disalw o bell dwysalw. *c.* **1400** *YCM*[2] 71, Ac yna yd *ymorelwis* Clarel yn vchel ar eu harwyd 'Naimawnt'. **15g.** *FfBO* 36, petwar Sarasin a gymerassant y Brawt Jacob ac a'e bwryassant yn y tan, a chymeint oed flam o'r tan ac na allei neb y welet, dieithyr y glybot yn *ymoralw* a Duw. **1567** *LlGG (Sall)* 23b, Sef eigiawn a *ymoralw* am eigiawn gann lais dy ddyfr-bistillieu. **1604–7** *TW (Pen* 228), *ymoralw* d.g. *Aduoco.*

(*b*) Holi, gofyn, ymholi; ei holi ei hunan, ystyried, myfyrio; ymgynghori: *to ask, inquire, query; question oneself, consider, contemplate; consult.*

?**14–15g.** *IGE*[2] 98, Y marw ni ŵyr *ymorol* / Am a wnaeth, y mae yn ôl (?Siôn Cent). *Dchr.* **15g.** *GSCyf* 105, Ai *ymorol* am Euron, / Mordwy serch, mawr yw dy sôn [Llywelyn ab y Moel i'r tafod]. **1567** *TN* 278a, nyd ymchwedleyais [:- chyfrinecheis, ymgy/gorais, *ymorolais* . . .] a chnawt a' gwaed. **1588** *Esec* xiv. 3, a attebwn i hwynt er iddynt *ymorol* (**1988** *ib.* ymofyn) â mi? **1599 (1677)** R. HOLLAND: *AB* 79, Nyni a ddylem cyn pob gweithred, *ymorol* a cheisio gwybod yn fanol pa beth yw ewyllys Duw am y weithred. **1604–7** *TW (Pen* 228), *ymorol* d.g. *Cognosco.* **1632** *D, Ymorol,* Corruptè pro *Ymoralw,* Sciscitari, percontari. **1672** J. LANGFORD: *HDdD* 63, fe addunedir ymma yn erbyn pob ymdriniad a Diafol . . . ai trwy arferu Dewiniaeth ein hunain, ai *ymoralw (consulting)* ar [*sic*] rhai y sydd yn gwneuthur felly. *id.* 161, Esgeluso 'r Ystyriaeth ymma a ddistrywiodd lawer o Eneidiau . . . trwy fyned ymlaen yn ddiofal, heb gymmaint ac *ymoralw (asking themselves)* beth yw ei cyflwr. **1723** WM: *PGG* 193, Yr ydym yn chwannog i *ymorol* pa beth ne pa faint a wnaeth y Gŵr a'r Gŵr. **1772** *W, ymoralw, ymorol* d.g. *To demand, or demand of, To enqire.* **1803** *P* d.g. *Ymoralw, Ymoroli.*

(*c*) Chwilio, ceisio, bod ag eisiau, dymuno; cyrchu, hôl, nôl, cael: *to search, seek, want, desire; fetch, get, obtain.*

1567 *TN* 289b, rhodiwch mal plant golauni . . . gan yvych broui [:- *ymorol,* ymarddel, dderbyn] hyn 'sy gymradwy gan yr Arglwydd. **1631** O. THOMAS: *CC* 70, Gwir yw mai arfer newydd y nghymru yw *ymorol* yn gydwybodus am Air Duw. **1632** *D, ymorawl* d.g. *Conquiro.* **1653** *MLl* i. 163, er i'r golomen gyntaf, a'r ail ddyfod i'r Arch eilwaith ni ddaeth y drydedd i *ymorol* am dano mwy. **1703** E. WYNNE: *BC* 37, [Ll]awer wedi lled-troi oddiwrth hudoliaeth y Pyrth dihenydd, ac yn *ymorol* am Borth y bywyd. **1751** *ML* i. 180, Nag oes yma neb yn derbyn mwnws ir Domas Risiart yna am a glywaf i pam na *ymeryl* o am rywun? **1803** *P* d.g. *Ymoroli.*

(*d*) Gofalu (am); bod yn ofalus (i), sicrhau, ymdrechu; poeni, pryderu, malio: *to take care (of); take care (to), ensure, strive; worry, be concerned, mind.*

1568 MORYS CLYNNOG: *AG* 21, *ymorolwch* yn ddyfal am wasnaethu . . . Iesu Grist. *p.* **1584** G. ROBERT: *GC* [225], bydd y gynghanedd, [*sic*] nid ar yr unryw swn, ond ar swn cyphelib ne syrn debig . . . pann fytho'r gynghanedd, yn cloi ar y cysseiniaid yn unig, heb *ymorol* am y seiniaid. **1588** *Bar* vi. 6, fy Angel mau fi a fydd gyd â chwi minne hefyd a *ymorolaf* am eich eneidiau chwi. **1604–7** *TW (Pen* 228), *ymorol* d.g. *prouideo.* **1723** WM: *PGG* 70, nid *ymorolodd* am ddim ond am Gyfraith berffaith yr arglwydd. **1723** E. SAMUEL: *PDdC* 95, mae 'n gymmwys ac yn angenrhaid i Bobl *ymorol* am (*mind*) Orchwylion eu hamryw alwedigaethau yn gystal ag am eu Duwiol-swyddau Cyhoeddus. **1771** *W, ymorol* d.g. *To care, or take care.* Ar lafar, '*Ymorol* di am fod yno mewn pryd' (Môn); '*morol* am' 'to bear in mind to', *WVBD* 9; 'Fydda rhaid 'ni *forol* bod y silfers yn lân' (Llŷn).

Amr.: **ymwrol. 18g.** E. T. RHYS: *DA* 52, Yr oeddynt felly cyn eu marw, / Dan drwm gur y tywydd garw, / Yn *ymwrol* bawb ei orau / Yn erbyn ing a dyrnod angau. **1772** D. ROWLAND: *TPEN* 11, tammaid o fara . . . un waith yn yr wythnos; pe caent ond hynny mi a ddisgwyliwn iddynt gryfhau, ac *ymwrol* am lawer ychwaneg. **1784** M. WILLIAMS: *S* i. 125, Nid oes yma neb yn *ymwrol* am wybodaeth.

ymorolgar [*ymorol*[1]+-*gar*] *a.* Ymholgar, chwilfrydig: *inquiring, inquisitive.*

1722 *Llst* 189, *Ymorolgar.* Inquisitive. **1775** *W* d.g. *Inquisitive.*

ymorseddaf: ymorseddu, gw. ym-+gorseddaf: gorseddu.

ymortrechaf: ymortrech, gw. ymorthrechaf: ymorthrechu.

ymorthous, gw. ymarhous.

ymorthrechaf, ymortrechaf: ymorthrechu, ymortrech [*ym-+gorthrechaf, gortrechaf*: *gorthrechu, gortrechu*] *bg.* Ymdrechu, ymegnïo: *to strive, exert oneself.*

1567 *TN* 109a, Ymdynnwch [:- Ymorchestwch, *Ymorthrechwch*] am vynet y mywn i'r porth cyfing. **1693** *PGLl* 56, y mae'r Gweinidog a'r Bobol ar eu cylch yn derchafu eu Calonnau at Dduw . . . fel pe baent yn *ymortrech* [:- Ymdrechu] i ynnill y blaen y naill 'ar y llall.

ymorugaf: ymorugo [*ym-+gorugaf*: *gorugo*] *bg.* Gorfoleddu, llawenhau, ymffrostio; ymwroli, (geir.) bod neu fynd yn ffyrnig; llywodraethu, yn *ffig.*: *to rejoice, exult, boast; take heart, (dict.) be(come) fierce; rule, fig.*

1567 *LlGG (Sall)* 8a, Erwydd pa bleit y llawenychawdd vy-calon, ac y [*sic*] *ymorugawdd* [:- ybu [*sic*] hyfryd] vy-gogoniant. *id.* 53a, pa hyd yr *ymorugan* yr andewolion? **1567** *TN* 126b, wyntae ymlewhay [:- *ymorugo*] a wnaethant. *id.* 178a, Canys o vlaen y dyddiae hynn, y cyfodes vn Theudas, gan ymffrostio [:- *ymorugo*]. *id.* 301a, A' thangneddyf Duw a lywodraetho [:- *ymorugo*] yn eich calonae. **1632** *D, Ymorugo,* & Ymlewhau, vertit WS. ἐπισχύειν Luc 23. 5. **1722** *Llst* 189, *Ymorugo* . . . To be or wax fierce. **1770** *W, ymorugo* . . . yn erbyn pŷd d.g. *To brave . . . dangers.*

ymorweddaf: ymorwedd(u), gw. ym-+gorweddaf: gorwedd.

ymorweddian, gw. ym-+gorweddian.

ymorwst, gw. ymwrwst.

ymorysgwyddaf: ymorysgwyddo [*ym-+gorysgwyddaf*: *gorysgwyddo*] *bg.* Gwthio (allan neu i ffwrdd), ymgodymu, hefyd yn *ffig.*: *to push (out or away), wrestle, also fig.*

1629 R. LLWYD: *P* [6], Ni safodd efe yn ystyfnig ar ei wâd, gan *ymoryscwyddo* a Duw. **1675** R. JONES: *HCh* 7, na âd ir gweddiau hyn *ymorysgwyddo* allan (*justle out*) mo'th weddiau yn dy stafell, nac yn dy deulu. **1677** *TC* 9a, *Ymoryscwyddo,* ymdynnu.

ymosgreiniaf: ymosgrain [bf. o *ym-+go-+es-+crain*; cf. *ymysgreiniaf*: *ymysgrain*] *bg.* Ymdrybaeddu, ymdreiglo (ar lawr), cropian, ymlusgo, hefyd yn *ffig.*: *to wallow, roll (on the ground), crawl, drag oneself, also fig.*

13g. *GDB* 256, Llutedic edmic meirch maƀrthic mein / A lluoet yg gwisgoet yn *ymosgrein.* **1722** *Llst* 189, *Ymosgrain* . . . To tumble, wallow. *c.* **1785–90 (1829)** *CBYP* 158, A'i pherchen bob dydd y sydd i'w sain / Yn wr musgrell, yn oer *ymosgrain* [marwnad hwch]. **18–19g.** *MA* iii. 52, Pei gwelai ddiawg y drwg ai ery ev â *ymosgreiniai* o'i lesgedd rag ovyn a chywilydd. **1803** *P, Ymosgreiniaw* . . . To drag one's self along, to crawl along.

Amr.: **ymosgrynnaf[2]: ymosgryn** [geir., ?drwy gamddeall enghrau. o *ymosgrynnaf*[1]: *ymosgryn*]. **1632** *D,* Ymysgrain, Ymosgrain, & *Ymosgryn,* Vide Crain. **1753** *TR.*

ymosgryn[1], ymosgrynnaf[1]: ymosgryn[2], gw. ym-+gosgryn, gosgrynnaf: gosgrynnu.

ymosgrynnaf[2]: ymosgryn, gw. ymosgreiniaf: ymosgrain.

ymosod[1] [bôn neu fe.'r f. *ymosodaf*: *ymosod*] *eg.* Ymosodiad, cyrch, ymladdfa, brwydr, hefyd yn *ffig.*: *attack, assault, fight, battle, also fig.*

14–15g. *GGLl* [168], Pan ddaethon', clywson' eu clod, / I'r maes lle bu'r *ymosod* [Gruffudd Llwyd i farf Owain ap Maredudd]. **1588** 2 *Cor* xi. 28, Heb law y pethau sy yn digwydd oddi allan, y mae yr *ymosod* (*TN* 275b, [c]ymhelri]) beunyddol arnaf, sef y gofal tros yr hôll eglwysi. **1632** *D* d.g. *Aggressio, Congressio, Oppositio, Prælium.* **17g.** HUW MORUS: *EC* i. 70, Rhifo 'r gwlith, rhyw fawr glod, / Neu wellt maes, wyllt *ymosod* [i ofyn pâr o ddillad]! **1770** *W* d.g. *An assault [attack made on persons or places], An attack, Onset.* **1803** *P* d.g. *Ymosawd.*

ymosodaf, &c.: **ymosod[2],** &c. [*ym-+gosodaf*: *gosod*; dichon fod rhai enghrau. o *ymosod*[1] wedi eu cynnwys yma] *bg.a.*

(*a*) Gweithredu yn erbyn (person, anifail, neu beth) drwy drais, dwyn cyrch, rhuthro (ar), hefyd yn *ffig.*: *to attack, assault, assail, charge, also fig.*

12–13g. *GLlLl* 266, Dy gletyf ryglyƀssam ar rod / A'th waew rut yn rynn *ymwossod. c.* **1400** *R* 1343. 41–2, tƀrƀf massƀ torof *ym mossot* [*sic*]. **15g.** *DN* 7, Anos yw d'aros wrth *ymosod* / A tharo wrthych na thwr airthod [i Rys o'r Tywyn]. *Diw.* **15g.** *Pen* 67, 110, Torri maes taer *ymessyd* / tir gwydd yw n taraw i gyt (Hywel Dafi). **1567** *LlGG (Sall)* 2b, Ny bydd arnaf ofn myrdd o'r bopul a *ymosodent* im amgylch ogylch. **1632** *D* d.g. *Oppugno.* **1675** R. DAVIES: *PY* [iii], yr wyf yn *ymosod* yn erbyn amryw wrthwynebwyr fy Mam, Eglwys Frudain. *c.* **1762–79** W. WILLIAMS: *P* 146, dwedir . . . i'r Emerawdwr ddyfod allan yn eu herbyn hwythau . . . ac *ymosod* a hwynt mewn câd gyffredin. **1770** *W* d.g. *To assault, or assail, To attack [assault].* **1803** *P* d.g. *Ymosawd, Ymosodi.* Ar lafar, '*mosod* arno fo yn 'i gefn', *WVBD* 379; 'Fe *mosotws* y ddou grotyn ar 'i gilydd fel dou gi', *GTN* 569; 'Paid *ymosod* ar y Librals tra bo fe 'ma 'nawr, cofia. Ma fa'n frwd gyda nw', *id.* 860.

(*b*) Ei osod neu ei roddi ei hun, gosod, hefyd yn *ffig.*; byddino; sefydlogi (am y tywydd); annog, cymell; cyfarch: *to set or*

put (oneself), also fig.; deploy (for battle); set in (of weather); urge, press; address.

1567 *LlGG (Sall)* 2a, Brenhinedd y ddaiar ys yn *ymosot* [:- ymgadvau], a'r pennaethae a ymgygoresont ynghyt yn erbyn yr Arglwydd. *id.* 19b, ef a *ymosyt* [*sic*] (**1588** *Salm* xxxvi. 4, ai gesyd ei hun; **1988** *ib.* ymsefydla) ar ffordd nyd yw dda. **1620** *Act* xviii. 6, A hwythau gwedi *ymosod* yn ei erbyn (*TN* 201b, y wrthladd; **1588** *Act* xviii. 6, yn gwrthwynebu), a chablu. **1632** *D, ymosod* yn erbyn d.g. *Oppono.* **1651** SIÔN TREREDYN: *MDD* 151–2, fel y safeu [*sic*] Dduw gyferbyn a dyn . . . efe a *ymsodododd* [*sic*] ei hun yn ei fab Jesu Ghrist, ac a ymguddiodd ei hunan ynddo. *id.* 260, fal pe bai och anfodd i ufyddhau i orchymynnion Duw . . . er cael sail i *ymosod* eich cred arno. **1701** E. WYNNE: *RBS* 27, wedi i ti ymostwng ac *ymosod* yn ei Wydd Ef. [**1740**] D. LLWYD: *YDD* 14, Y mae ein Heglwys ni yn Cennadu arferiad rhai offerau-cerdd Pwyllog I rheolu [*sic*] llafar y rhai sy'n canu . . . Ond nid *ymosodir* hyn ar unrhyw gynnulleidfa. **1775** E. GRIFFITHS: *GF* 308, Paul a *ymosododd* at (*addressed*) frenin Agrippa mewn geiriau mor garuaidd a llathraidd, fel y cyffesodd yn eglur. **1775** *W* d.g. *To set in, as the weather.* **1803** *P* d.g. *Ymosawd, Ymosodi.*

(*c*) Ymdrechu, ymegnïo, ymroddi, bwrw ati, rhoddi bryd (ar): *to strive, exert or apply oneself, set about, set one's mind (on), also fig.*

1567 *TN* 314a, Hyd oni ddelwyfi, *ymosod* (**1988** 1 *Tim* iv. 13, ymroi) i ddarllein, i gyngor, ac i athrawaeth. **1599 (1677)** R. HOLLAND: *AB* 54, Duw . . . yn cospi y rhai sy . . . yn *ymosod* eu hunain iw ddianrhydeddu ef. **1631** O. THOMAS: *CC* 69, y mae llawer mâth ar ddynion bydol-feddwl â *ymosodant* yn daer . . . i ddadleu yn erbyn yr ymarfer dduwiol. **1672** J. LANGFORD: *HDdD* [iv], pwy bynnag sy'n bwriadu *ymosod* ar (*set upon*) fuchedd Gristianogawl. **1675** R. JONES: *HCh* 19, mae eu meddyliau wedi eu *ymosod* (*set on*) ar drygchwant yn hollawl. **1677** R. JONES: *BB* 84, Cyfod gan hynny, ac *ymosod* (*ply*) at y gwaith yn ddiwyd. **1751** *GIA* 31, [y] galon sydd gwedi *ymosod* i wilied arno ef [Duw] ai wasanaethu.

Cfn.: **ymosod allan:** *to flaunt oneself; set out.* **1567** G. ROBERT: *GC* [viii], wrth geissio *ymossod allan* i ddangos f' wyneb ymysc yrieithoedd ereill. **1630** R. LLWYD: *LlH* 61, Pobl gyffredin y wlâd â *ymosodant allan* (*will flaunt it*) fel gwŷr llŷs y brenin. **1632** *D, ymosod allan* er ceisio clód d.g. *Vendito.* **1682** E. LLWYD: *EI* 103, y Cyd-ddilyniad mwyaf yw dechreu yn dda wrth *ymosod allan* i'r byd.

ymosodedd [*ymosod*[1] + *-edd*[1]] *eg.* Agwedd neu ymddygiad ymosodol neu dreisgar: *aggression (of attitude or behaviour).*

20g.

ymosodgar [ymosod[1] + -gar; mae tystiolaeth yr enghrau.'n gryf yn erbyn y sillafiad *-tg-*] *a.* Ymosodol, ymladdgar: *aggressive, belligerent.*

20g.

ymosodiad [bôn y f. *ymosodaf: ymosod+ -iad*[1]] *eg.* ll. *-au.* (Y weithred o) ymosod, cyrch, rhuthr, hefyd yn *ffig.*; ymdrech, ymegnïad, ymroddiad; gosodiad (mewn safle); *Egl.* arddodiad (dwylo): *attack, assault, charge, also fig.; effort, endeavour, application; a placing (in position); (eccl.) imposition (of hands).*

1651 SIÔN TREREDYN: *MDD* 272, efe a roddodd iddi ei hynt ysprydol ynddi ei hunan hyd onid oedd yr enaid yn y corph o rhan [*sic*] *ymosodiad* yn lleawl (*by location*). **1681** S. HUGHES: *AC* 18, pan y ceisiodd hi agoryd y drws gwedi ei ddadfolltio ef, hi a glywe *ymosodiad* yn ei herbyn. **1696** *GGTY* 68, yn gyntaf bedyddier chwy, a gwedi hynny trwy *ymossodiad* (*Imposition*) dwylaw. [**1725**] *TS* 20, bendithiai Duw ei air y bregethid ganddynt hwy i'r Cenhedloedd . . . er gwaethaf holl *ymmosodiad* a gwrthwynebiad y Gelyn. **1754** R. REES: *GGG* 58, yr wyf yn casglu . . . Mai 'r parotoad angenrheidiol i'w wneuthur erbyn y farn i ddyfod, yw *ymosodiad* diwyd i gyflawnu 'r Dyledswyddau hynny. **1772** S. PHILIPPS: *ET* 23, uno . . . mewn cyflawniadeu crefyddol gyda chymmaint o barch ac *ymosodiad* (*application*), a oddef eu hoedran. **1798** *WR* d.g. *Attack.* **1803** *P.*

ymosodiadol [*ymosodiad+ -ol*] *a.* Ymosodol, yn ymosod, ymladdgar, gelyniaethus: *aggressive, attacking, offensive, belligerent, hostile.*

1819.

ymosodol [*ymosod*[1] + *-ol*] *a.* Chwannog i ymosod, yn ymosod, yn perthyn i ymosod neu ymladd, a ddefnyddir i ymosod neu ymladd, a nodweddir gan ymosod(iad), ymladdgar, gelyniaethus, hefyd yn *ffig.*: *aggressive, attacking, offensive, belligerent, hostile, also fig.*

1778 *W, ymosodawl* d.g. *Offensive* [*apply'd to war and arms, and opposed to defensive*]. **1803** *P* d.g. *Ymosodawl.*

ymosodwr, ymosodydd [bôn y f. *ymosodaf: ymosod+ -wr, -ydd*[3]] *eg.* ll. *ymosodwyr.* Un sy'n ymosod, cyrchwr, hefyd yn *ffig.*: *attacker, assailant, aggressor, also fig.*

1632 *D, ymossodwr* d.g. *Consertor.* **1770** *W, ymosodydd* d.g. *An assailant, or assailer, An assaulter, or assailant.* **1803** *P* d.g. *Ymosodwr.*

ymostegaf: ymostegu, gw. ym- + gostegaf: gostegu.

ymostyngaf, &c.: **ymostwng,** &c. [*ym-+ gostyngaf: gostwng*] *bg.* Plygu (i lawr), crymu, ymgrymu, moesymgrymu; bod yn ostyngedig, ymddarostwng, ei iselhau ei hun, ufuddhau, ildio, plygu i'r drefn, dygymod; ildio (i'r gelyn); hefyd yn *ffig.*: *to bend (down), stoop, make obeisance; be humble, abase or demean oneself, submit, yield, resign oneself; surrender, capitulate; also fig.*

1551 W. SALESBURY: *KLl* xxia, ef a *ymostyngadd* ehunan can vot yn vuydd hyd angeu. **1567** *TN* 145a, A'r Iesu a grymodd [:- *ymostyngodd*] i lawr. *id.* 296b, Sef y metraf *ymostwng* [:- ymiselu, ymvychanu]. *c.* **1585** G. ROBERT: *DC* [xx–xxi], o chaf wybod vn bai nag aral', mi a fyddaf barod i *ymostwng* ag i vfuddhau i r sawl bynnag ai danghosso. **1630** *YDd* 106, Yn dy weddi . . . *ymostwng* ar dy liniau i dystiolaethu dy ostyngeiddrwydd. **1632** *D* d.g. *Accido, Adoro, Submitto.* **1751** *GIA* 4, Eglur annogaeth ir annuwiol i ddychwelyd; Lle mae Duw nid yn unig yn gorchymyn, ond yn perswadio, ac yn *ymostwng* i ymresymmu â hwynt, paham y byddent feirw? **1772** *W* d.g. *To humble one's self, To stoop* [*bend downwards or forwards*], *To yield* . . . [*submit as conquered, &c.*]. **1774** B. FRANCIS: *A* 7, '*Mostyngwn* ger dy fron yn awr, / Addolwn mwy dy enw mawr. **1798** W. RICHARDS: *CC* 41, gwelsant 12 neu ychwaneg o Ffrancod, wedi eu cymmeryd gan ein milwyr ni . . . Clywsant . . . fod y Ffrancod wedi *ymostwng.* **1803** *P, Ymostwng* . . . To bring one's self down; to make a bow. Ar lafar, '*mostwng*' 'to submit', 'Cæl 'u concro nethon' nw a gorfod *mostwng* i'r concwerwr', *GTN* 569.

Amr.: **ymestwng.** [*ym-+ estyngaf: estwng, gestyngaf: gestwng*]. **16g.** *THSC* (1923–4) (At.) 38, Yn wir, heb y kythrayl, hynn a rof i y ti er *ymestwng* ac addoli y myvi. **1567** *LlGG* 26a, *Ymestynget* pop enait ir Awdurdodae goruchaf. **1604–7** *TW* (*Pen* 228) d.g. *Obsecundo.*

ymostyngiad [bôn y f. *ymostyngaf: ymostwng+ -iad*[1]] *eg.* Y weithred o ymostwng (i awdurdod, &c.), hunanddarostyngiad, gostyngeiddrwydd; agwedd ymostyngol (i'w dynged, &c.); ildiad (i'r gelyn): *submission (to authority, &c.), self-abasement, humility; resignation (to fate, &c.); surrender, capitulation.*

1604–7 *TW* (*Pen* 228) d.g. *Submissio.* **1675** R. JONES: *HCh* 147, hwy a feistrolant ar eu Gwŷr, a bŷth o hynny allan hwy a daflant ymmaith bob *ymostyngiad* (*Subjection*) iddynt. **1731** E. SAMUEL: *AE* 33, A pha foddion cyn gyffelyped i gael Trugaredd gan Dduw ag ydyw Ympryd ac *Ymostyngiad* Cyffredinol y Brenhin âr [*sic*] Bobl? **1772** *W* d.g. *Submission* [*a submitting one's self; a yielding, &c.*], *A yielding* [*giving out, &c.*]. **1776** I. BRYDYDD HIR: *P* i. v, mae efe [Crist] megis Arglwydd a Brenin, yn gofyn ufudd-dod ac *ymostyngiad* iddo. **1798** W. RICHARDS: *CC* 45, tri diwrnod ar ddeg ar ol *ymostyngiad* a charchariad y Ffrancod. **1803** *P.*

ymostyngol [bôn y f. *ymostyngaf: ymostwng+ -ol*] *a.* Parod i ymostwng (i awdurdod, &c.), hunanddarostyngol, gostyngedig; ?yn peri gostyngeiddrwydd: *submissive, self-abasing, humble; ?humbling.*

1790 *Budd A* 186, A dderbyniais i ef [Iesu] fel fy Arglwydd a'm Iachawdwr, dan yr enwau a'r swyddau *ymostyngol* hynny y rhai y mae ef yn gynnal i fynu er iachawdwriaeth pechadur. **1799** *Trysorfa* 76, [y] galon . . . a gymmer i fynu'n *ymostyngol* weddi Pedr, 'Arglwydd, cadw fi; darfu am danaf'. **1803** *P* d.g. *Ymostyngawl.*

ymostyngar [bôn y f. *ymostyngaf: ymostwng+ -gar*] *a.* Ymostyngol, hunanddarostyngol, gostyngedig: *submissive, self-abasing, humble.*

1772 *W, ymostyngar* d.g. *Condescending, or condescensive.* **1803** *P.*

ymotbren, ympêl, ympeliaf: ympelio, ympiniwngar, ympiniwn, ympiniwnus, gw. mopren, apêl (hefyd At.), apeliaf: apelio (hefyd At.), opiniyngar, opiniwn, opiniynus.

ympir [bnth. S. *umpire*; ansicr yw'r engh. gyntaf isod] *eg.* ll. *ympwyr.* Canolwr, cyflafareddwr: *umpire, arbitrator.*

15–16g. *GLM* 305, prif geyrydd a moelydd main—/ perllandir *ympir* Llundain. **15–16g.** DAFYDD TREFOR: *Gw* 138, Prelad ac *ympyr* eilwaith, / Plwy Gallgo yw, ple gwell gwaith? **16g.** SIÔN BRWYNOG: *C* 6, O ras Duw! er ys dwyoes / *Ympwyr* a dyddwyr nid oes [i gymodi rhwng Syr Rhisiart Bwclai a Wiliam Lewis]. **1604–7** *TW* (*Pen* 228) d.g. *Arbiter.*

ympiriaf, ympiraf, &c.: **ympir(i)o,** &c. [bnth. S. (*to*) *appear*, dan ddyl. *ym-*] *bg.* Ymddangos (hefyd mewn llys, &c.), hefyd yn *ffig.*: *to appear (also in court, &c.), also fig.*

15g. *CSTB* 48, Ni'm collir er *ympiriaw*, / Ni'm ca'd a'm lladrad i'm llaw. **15–16g.** *TA* 251, Impren ir, *ympiria* 'n wyn, / Afal da o'i flodeuyn. *id.* 531, Perigl sydd arnaf? *Ympirion*—i'r bar / Am roi bwriad creulon! **15–16g.** *GLM* 101, Ni thorrai fyth awr o'i fis / heb *ympirio*'n bwmparis [marwnad Llywelyn ap Tudur]. *a.* **1587** *Y* 230, O doi i'r iawn, chwedl di-rus, / I *ympirio* fêl [*sic*] grym Porus. **16–17g.** *GST* i. 784, *Ympiriodd* im, mab hardd oedd, / Drwy goedwig fel draig ydoedd. **1609** R. SMYTH: *CAC* 26, rhaid i ni bawb yn i gnawd *ympirio* garbron gorsedd Crist. **1632** *D, Ympirio* d.g. *Compareo.* **1655** R. JONES: *PC* 54–5, Cynhwysiad llyfr cyntaf y Brenhinoedd . . . gogoniant Duw *ympiriodd.* **1672** R. PRICHARD: *Gw* 173, Nâd in wneuthur dim drygioni, / Nac vn herc na allom roddi, / Gownt [*sic*] oi blegid heb gwilyddio, / Ddydd y farn pan doir i *ympyro* [:- Ymddangos]. **1696** *CDD* 165, A geirie Nêf trwŷ gywir nôd, / Llu parod oedd i '*mpirio.* *id.* 338, Pôb un ag sŷdd yno, y bore yn *ympurio*, / Or bêdd neu'r lle a byddo yn bydio yn ddibaid. **1722** *Llst* 189, *Ympirio* . . . To appear. **1770** *W, ympirio* d.g. *To appear before one, To appear* [*answer to attention by attending a court of justice*]. **1774** H. JONES: *CH* 56, oni bydd iddo ef [tenant] *ympirio* [i dalu'r rhent], bydd mewn perigl o anfodloni ei feistr.

Amr.: **empirio.** **16g.** *WLl* 64, *Empirio* mae imp arall / O Domas gyweithas gall [marwnad Thomas Fychan]. **ymprio.** **1545** ELIS GRUFFYDD: *A* 4, po kyntta jr *ymprio*'r dannedd . . . lleia vydd gouid y dynn bach. **16g.** (*LlEG*) *Mos* 158, 112a, ymddangos ne *ymprio* gari uron ef ynni barleman/t ynn lloeyr [*sic*].

ympn, ympriaf: ymprio, gw. hymn, ympiriaf: ympirio.

ympryd, umpryd, unpryd[1], **un pryd** [*ympryd* < *umpryd* < *unpryd*[1], sef *un+ pryd*[1]] *eg.* ll. *-iau.* Y weithred o ymprydio, cyfnod (penodol) o ymprydio, streic newyn, hefyd yn *ffig.*: *a fast(ing), hunger strike, also fig.*

12–13g. *GMB* 406, Diruaỽr uu, o uedỽl, *unpryt*: / Dyrwest Duỽ bu deugeinpryt. **14g.** *BT* 28, kreawdyr y kreaduryeid drwy *vnprydyeu* agwedieu. **1346** *LlA* 101, ỽedy ryymbaratoych kynn no hynny *ovn pryt* a gỽedieu. **14g.** *RC* xxxiii. 221, yn y temyl yn wastat yn kynnal *wympryt* [*sic*] a guedy. ?**14–15g.** *IGE*[2] 99, *Ympryd* Wener offeren / O'n dig byth a'n dwg i ben (?Siôn Cent). *c.* **1400** *Ymborth* 6, [k]ymryt bwyt neu diawt gan dorri *vnprytyeu* a ossotto yr Eglwys Gatholic. **15g.** *B* iii. 84–5, ef a welei gwyr a gwraged yn seuyll yn veirw o newyn, a llawer o ffrwyth ger eu bronn, ac ni cheffynt dim ohonaw: llyma, hep yr angel, y neb ny chetwis eu *humpryt.* *c.* **1514** *id.* v. 11, gweddi ag *vnpryd* beunyddiawl. **1551** W. SALESBURY: *KLl* xivb, Nos a dydd y bum yn yr eigyawn . . . mewn *vmpridieu* yn vynych. **1567** *LlGG* 10b, dy Uedydd, dy *vmpryd* [:- gythlyngdawt] ath prouedigaeth. **1588** 2 *Sam* xii. 16, Dafydd a ymprydiodd *ympryd.* **1588** *Neh* ix. 1, meibion Israel a ymgynnullasant mewn *ympryd*, ac mewn sach-liain. **1606** E. JAMES: *Hom* ii. 187, gwelwn pa rym sydd yn ein *hympryd* ni oddiallan, pan gysyllter ef ag *ympryd* y meddwl oddimewn, yr hwn yw . . . ffiaiddio ein drwg weithredoedd. **1632** *D, Ympryd* d.g. *Iejunium.* **1718** E. SAMUEL: *HDdD* 132, mae *Ympryd* yn cynnwys rhyw fesur o ymddial, a hynny a gyfrifir yn rhan ysbyssol o Edifeirwch. **1773** *W, Ympryd* (*un-pryd*) d.g. *Fast, or abstinence from food.* **1803** *P* d.g. *Ympryd.*

ymprydaf: ymprydo, gw. ymprydiaf: ymprydio.

ympryd-ddydd, gw. ympryd + dydd.

ympryдiaeth [*ympryd*+-*iaeth*] *e?b.* Y weithred o ymprydio, ympryd: *a fast(ing).*
16g. *Def Hen* 45, Yn pregethwyr ni . . . a gymrasont boen fawr i gyro ymhenne'r bobl ymwrthod a chay *ymprydiaeth.*

ymprydiaf, ymprydaf, umprydiaf, unprydiaf, &c.: **ympryd(i)o, ymprydied, umprydio, unprydio,** &c. [bf. o'r e. *ympryd, umpryd, unpryd*[1]] *bg.a.* Ymwrthod â bwyd(ydd) neu ddiod(ydd) neu gyfyngu ar y deiet mewn ffordd benodol, yn enw. am gyfnod(au) penodol neu ar achlysur(on) penodol am resymau crefyddol, moesol, &c., bod neu fynd ar streic newyn, cadw (ympryd), hefyd yn *ffig.*: *to fast, be or go on hunger strike, keep (a fast), also fig.*
14g. *T* 6. 1, ym pop ieith *ym prydant.* **14g.** *BY* 38, A gwedy *vnprydyaw* deugein diwyrnawt . . . ef a yrrawd Acab llu gwyr Siria ar ffo. **1346** *LlA* 133, iessu . . . deugein niɓarnaɓt y [*sic*] *ymprydyaɓd* ef tros bopyl ybyt. **14g.** *Cylchg LlGC* vi. 173, bych iach oth bechodau. a minheu deugeint niwarnavt a *vn prydyaf. Diw.* **15g.** *Pen* 53, 42, llymma ir achossion y delyr *ymprīdiet* / duw Gwener yn vwy no diwarnod arall. **15–16g.** *GLM* 68, Melin angel Llanelwy, / pe rhoid main ni *'mprydiai* mwy. **1551** W. SALESBURY: *KLl* xviia, gwedy iddaw [Iesu] vod ar eu [*sic*] gythlwng [:– *vmprydio*] deugain diernot a deuugain nos yn ol hyn e newynawdd. *id.* lixb, Yddwyf yn *vmprydiaw* ddwywaith yn yr wythnos. **1567** *LlGG* 31a, Pan *vmprytioch*, na vyddwch wynep soric. **1567** *LlGG* (*Sall*) 37b, Wylais ac *vmprytiawdd* vy enait. **1568** MORYS CLYNNOG: *AG* 46, Gorchmynion yr eglwys . . . *Umprydio*'r grawys, ar dyddiau eraill gorchmynedig heb fwytta cig na gwener na sa[dw]rn. *Diw.* **16g.** *WLB* 70, Rhag y Gowt . . . ar ddiwedd .40. diwarnod *ymprydied* ar fara a dwfr ac ef a fydd iach. **1588** 2 *Sam* xii. 16, Dafydd a *ymprydiodd* ympryd. **1588** *Jud* viii. 5, hi a *ymprydiodd* holl ddyddiau ei gweddwdod. **1594–6** *B* iii. 174, A dhel i'r bwrdh yn rhyhwyr a *vmprytia* yn rhyhir. **1632** *D*, *Ymprydio* d.g. *Iejuno.* **1718** E. SAMUEL: *HDdD* 131, yn y prophwydi pan elwir ar y bobl i edifarhau . . . f'a orchymmynir iddynt *ymprydio* hefyd. **1773** *W*, *Ymprydio* d.g. *To fast.* [**1795**] W. RICHARDS: *YDY* 20, Yr oedd y Ninefeaid yn gwisgo sach-liain . . . ac mae'n debyg i fod yr anifeiliaid yn cael eu gwisgo â sachliain, ac yn gorfod *ymprydio.* **1803** *P* d.g. *Ymprydiaw.*
Amr.: **emprydio.** **16g.** *YT* 81.

ymprydiol, unprydiol [*ympryd, unpryd*[1] +-*iol*] *a.* Yn perthyn i ympryd(io); yn ymprydio, chwannog i ymprydio; wedi ei benodi ar gyfer ymprydio (am ddydd); (geir.) newynog; hefyd yn *ffig.*: *pertaining to a fast or fasting; (given to) fasting; appointed for fasting (of day); (dict.) hungry; also fig.*
c. **1400** *Études* vii. 288, yf y diawt honno yn *unprydyawl. c.* **1585** *MCr* 86, o byosti lwthig bydd *ymprydiol.* **1604–7** *TW* (*Pen* 228), *vnprytiol* d.g. *Ieiunus.* **1632** *D*, *ymprydiol* d.g. *Iejunus.* **1670** J. HUGHES: *AP* 181, nad elo neb at y Dirgeledd mawr hwn, ond yn *ymprydiol* . . . ac a newyn ysbrydol. **1712** T. WILLIAMS: *CDdG* 241, St. Iaco . . . yr oedd ef mo'r [*sic*] *ymprydiol* nad oedd ei Gorph o'r achos hwnnw ond a lliw Gwan ac yn bûr wâel. **1776** DEWI NANTBRÂN: *AN* 3, Ar y Gwenerau uchod oll nid ydynt *Ymprydiol*, Rhaid yw dirwestu, neu ymattal rhag Cig. **1803** *P* d.g. *Ymprydiawl.*

ymprydiwr [bôn y f. *ymprydiaf*: *ymprydio* +-*iwr*] *eg.* ll. *ymprydwyr, umprydwyr.* Un sy'n ymprydio: *one who fasts, faster.*
16–17g. *PCWG* 117, [y]r *vmprydwyr* yma a gyfflyba dvw . . . i farchfrwynaen yr hon a ostwng i ffen gida r gafod wynt. **1606** E. JAMES: *Hom* ii. 182, Mae rhyw *ymprydwyr* ni fwyttant ddim ond bara yn sŷch. **1658** R. VAUGHAN: *YPS* 15, St. Peter ai geilw hwynt (nid *ymprydwyr* ond gwleddwyr). [**1795**] W. RICHARDS: *YDY* 20, Yr oedd y Ninefeaid yn gwisgo sach-liain . . . ac mae'n debyg i fod yr anifeiliaid yn cael eu gwisgo â sachliain, ac yn gorfod ymprydio . . . Nid yw ein *hymprydwyr* ni yn barnu fod neb o'r pethau hyn yn deilwng i'w canlyn. **1803** *P*, *Ymprydiwr*, s. m.—pl. *ymprydiwyr* [*sic*] . . . One who keeps a fast.

ympuriaf: ympurio, gw. **ympiriaf: ympirio.**

ympwy [cf. *dympwy, mympwy*] *eg.* ll. *-au.* Mympwy, ffansi, chwim, chwiw; chwant, dymuniad; natur, anian, tueddfryd: *fancy, whim, caprice, fad; desire, wish; nature, disposition.*
1591 *CM* 16, 43, ef a allai na wnaeth yr Apostol ond rhac-ddywedyd hyn o gwrs, ac wrth ddynawl *ympwy* yn debyccach, nai roi i lawr fel cyfraith drwy rad nefawl. *id.* 168, bod llawer o ddynion gan iddynt esponio a deongl yr ysgrythur lân wrth eu *hympwy* a'u phansi e'u [*sic*] hunain, yn camgymeryd. **1615** R. SMYTH: *GB* 6, cephylau clafrllyd . . . sy . . . mor ogleisiog yn i chvvantau ai *ympvvau* [*sic*] i hunain. *id.* 13, vvedi iddynt ddeall greglais [*sic*] estronaidd yr erchyll anghenfil yma [Timon o Athens] (gan vvybod erys talm o amser i *ympvvy* ai naturiaeth). *id.* 100, y mae 'n rhaid iddynt ymroi yn hollavvl i galyn i *ympvvy* ai evvylys ef. **1772** D. RISIART: *HFP* 54, Ni chaiff Cristion ond ychydig o gysur wrth ddioddef am yr hyn nad yw ond *ympwy* yn ei ben, ac nid yn wirionedd sefydlog yn ei galon.
Amr.: **ampwy.** **17g.** *LlGC* 13215, 325, *Ampwy* Placidum. **1753** *TR.* **wmpwy.** **1677** R. JONES: *BB* 134. **1677** *TC* 8a.
Gw. hefyd **dympwy, mympwy.**

ympwyol [*ympwy*+-*ol*] *a.* Dymunol: *pleasant.*
1595 *Egl Ph* 89, Rhaid yw edrych . . . ar bhod rhyw achos gymmhelhig i beri arbher y dhulh honn. Yno . . . rhaid yw edrych ar ei bod yn *ympwyawl* i bhodhhau. **1604–7** *TW* (*Pen* 228), *ympwyawl* d.g. *Iucundus.*

ympwyr, ympyr, gw. **ympir.**

ympyraf: ympyrio, gw. **ympiriaf: ympirio.**

ymrafael[1], &c. [amr. ar *amrafael*] *a.* ll. -(*i*)*on*, a hefyd gyda grym enwol ac fel *eg.* (ac yn eithriadol *eb.*) ll. *-ion.* Gwahanol, o wahanol fathau, amrywiol, amryfal, amryw: *different, of different kinds, various, sundry.*
14g. *BT* (*RB*) 116, y rei a daroed y gwasgaru kyn no hynny y *ymrauaelon* wladoed y gan y Normanyeit. **14g.** *DGG*[2] 122, *Ymrafael* ŷm o reufedd, / Enw brad gwŷr, o bryd a gwedd [Madog Benfras i ferch]. *c.* **1400** (*SG*) *HMSS* i. 40, tyngawd na orffowyssei vyth yny wypei paham ydymdangosses seint greal yn *ymrauael* (*YSG* i. 38, amrauael) leoed yn lloegyr. **15g.** *GDID* 77, Gorddyfnu gallu, gallael—rhoi'n ddiddig, / Gwn yma ryfyg, gwin *ymrafael.* **15g.** *GGl*[2] 287, Yno cawn fawrddawn fyrddau—mawr yfed / Ac *ymrafael* fwydau [i Ddafydd, abad Llanegwest]. **16g.** (**1592**) S. D. RHYS: *Inst* 242, Ag orgânau i'r gwyr gwnion, / A' mawr bholiant *ymrabhaelion* [Lewys Morgannwg i Leision, abad Glyn Nedd]. **1545** *CI* 3, Komplecksyon ydiw kombuwnashiwn o ddau *ymrauel* nattur. **16g.** *B* ix. 288, O'r man J dechreuodd hi wneuthud *ymrauaelion* areithiau a sswynion dieulig J'r dduwies. **16g.** *Med H* 60, Mae rrai yn dwyn arfau bariog o *ymrafaelion* liwie. *Diw.* **16g.** *WLB* 93, rhaid adnabod *ymravel* fyddyginiaeth ir oer. **1588** 1 *Esd* ii. 9, A'r rhai oeddynt oi hamgylch hwynt ai cynnorthwyâsant ym mhob peth . . . ag *ymrafael* addunawl roddion. **1632** J. DAVIES: *LlR* 188–9, Ynddo ef y cawn ni fwynhau pob *ymrafael* fath ar amseroedd sydd yma yn hyfryd gennym ni. **1677** R. JONES: *BB* 210, fel na huder eich cydwybodau ddim hwy dan rith o *ymrafael* opinionau dynion mewn Crefydd. **1728** S. RHYDDERCH: *GC* 74, Englyn Prôst . . . a derfyna weithiau mewn pedair Bogail *Ymrafael*, weithiau mewn un Gydsain o *ymrafael* Bogeiliaid [*sic*]. **1795** J. THOMAS: *AIC* 276, ni feddafi yma mo'r lle i roi eu *ymrafaelion* farnau i lawr.

Fel *e.* (*a*) Gwahaniaeth; amrywiaeth, math (gwahanol): *difference; variety, (different) sort or kind.*
15g. *GDID* 40, Medai ddyw Calan garbron Madog —/ Deunaw *ymrafael* o gaws doniog. *Dchr.* **16g.** *Pen* 127, 249, nid oes *ymravael* (*Med H* 26, amravel) mewn lliw Ryngtho [y pard] ar pantera namyn gwynnach yw mannev y pantera nor eiddaw ef. **1545** ELIS GRUFFYDD: *Ll* 32, Ac mae *ymrauel* o bobyl ynn mentimio vod y hrinwedde yma yn wir. **16g.** *B* x. 287, deuai *ymrauaelion* o wragedd a merched brenhines Amffitrion J weddio ar ddelw y dduwies. **1630** *YDd* 208, o herwydd . . . rhagoriaeth yr amser o godiad neu fachludiad yr haul yn y naill fan rhagor y llall, megis mewn rhyw fan y bydd y pedwaredd ran . . . mewn man arall y dydd cyfan o *ymrafael* [:– Ragoriaeth] rhyngddynt. **1716** E. SAMUEL: *GGG* 44, Oble[g]yd fod Judea 'r pryd hwnnw yn fwy adnabyddus nag or blaen ai holl Gymmydogion yn Elynion atcas iddi o herwydd *ymrafael* Crefydd (*difference of religion*). Ar lafar, 'Chweigian odd y *mrafal*' 'swm y gwahaniaeth rhwng y pris a gynigir a'r pris y gofynnir amdano wrth daro bargen', 'rhannu y *mrafal*' 'to split the difference', *WVBD* 380.

(*b*) Ymryson, anghydfod, cynnen, dadl; ffrwgwd, ysgarmes: *strife, contention, controversy; brawl, scuffle.*
1588 *Deut* xxv. 1, Pan fyddo *ymrafael* rhwng dynion, ai dyfod i'r gyfraith iw barnu. **1588** 2 *Sam* xv. 4, dele attafi bob gŵr yr hwn fydde ganddo *ymrafel* neu gynghaws. **1588** *Luc* xii. 51, ydych chwi yn tybied fy nyfod i i roddi heddwch ar y ddaiar? naddo meddaf i chwi ond *ymrafael.* **1604–7** *TW* (*Pen* 228) d.g. *Rixa.* **1609** *CRC* 280, ac am hyn o *mrafel* sydd / fy mab a fydd yn barnv. *id.* 335, ac heb ddywedyd chwerwon eirie / nid ai *ymrafel* byth yn vnlle. **1615** R. SMYTH: *GB* 134, gan vveled na fedrau [*sic*] y gvvragedd gyttuno ai gvvyr o hervvydd anirif o *ymrafaelion* ag ymrysonau. **1632** *D* d.g. *Altercatio, Contentio, Litigium, Seditio.* **1661** E. LEWIS: *Drex* 222, Rhyw *ymrafael* oedd rhwng Joan Padriarch Alexandria ac un Nicetas, Pennaeth o'r ddinas honno. **1718** E. SAMUEL: *HDdD* 177, [y]r amryw *ymrafaelion* meddwon a welwn beunydd. *c.* **1730** *Taith C* 29, yr oedd y Gwragedd mewn *ymrafael* (*scuffle*) mawr, a'r plant yn sefyll gerllaw ac yn llefain. **1770** P. WILLIAMS: *BS*, 1 *Tim* vi, Gwelwn y dylai athrawon ymwrthod âg *ymrafaelion* anfuddiol, ac ymrafaelwyr anffyddlon. **1799** DAFYDD IONAWR: *MB* 6, Ffy 'r Galon beilchion a'u bâr / I dywyll gonglau Daear, / Mewn gwagedd, llygredd a llid, / *Ymrafael* a mawr ofid. **1803** *P*, *Ymravael*, s. f.—pl. t. *ion* . . . Contention, variance, or strife. Ar lafar, 'Mae tipyn o *mrafal* rhyngthi a'i brawd', *WVBD* 380; ''Odd ryw *ymrafal* yn y tŷ cwrdd yna byth a beunydd', *GTN* 861.
Gw. hefyd **amrafael.**

ymrafaelaf: ymrafael, ymrafaelu, gw. **ymrafaeliaf: ymrafaelio.**

ymrafaeledig, ymrafaeliedig [bôn y f. *ymrafaeliaf*, &c.: *ymrafaelio*, &c.+-(*i*)*edig*] *a.bfl.* Wedi gwahaniaethu, gwahanol, amrywiol: *diversified, diverse, various.*
1728 T. BADDY: *DDG* 117, pa fodd y mae 'r Gwyr Dysgedig yn cymmeryd y cyfryw rydd-did, yn ôl y Gwirionedd, eu bod hwy 'n *ymrafaeliedig* cymmaint oddiwrth eu gilydd . . . a'i dibenion yn gwahanu cymmaint.

ymrafaelgar [*ymrafael*[1]+-*gar*] *a.* Cynhennus, ymrysongar: *contentious, quarrelsome.*
1589–93 *Rhyddiaith Gymraeg* ii. 137, i espeilio pwrsse cyfran o *ymrafaelgar* ffylied. **16g.** *Def Hen* 39, mae rhain ar y sydd o natiriaeth *ymrafaelgar* yn i calyn ag yn clodfori i gweithredoedd. **1595** M. KYFFIN: *DFf* [60], mor amheuys ag *ymrafaelgar* hyd yn hyn o amser yw dull holl crefydd [*sic*] y gwyr hyn. **1604–7** *TW* (*Pen* 228) d.g. *Repugnax.* **1772** *W* d.g. *Contentious, Quarrelsome.* **1803** *P.*
Gw. hefyd **amrafaelgar.**

ymrafaeliad [bôn y f. *ymrafaeliaf*, &c.: *ymrafaelio*, &c.+-*iad*[1]] *eg.* ll. *-au.* Anghytundeb, anghydfod, ymrafael, ymryson: *disagreement, contention, strife, quarrel.*
1723 J. JONES: *LlA* 12, y mae 'r Geiriau yn gwneuthur peth *Ymrafaeliad* ym mysg y Dysgedigion. [**1740**] L. ANWYL: *CA* 122, dyma siccr battrwm i holl filwyr Crist'nogawl, y rhai a ddylent ymarferu eu hunain i bob Creulondeb a chaledi, ydynt yn gyffelybol o'u cyfarfod yn eu *hymrafaeliad* yma ar y ddaiar. **1770** *TG* ii. 73, Nid oes yno ddim *ymrafaeliadau* ynghylch rhagorfreintiau. **1791** W. RICHARDS: *TDB* 45, Pa fodd y gallodd efe ynte mewn cydwybod roddi ond un ochr o'u *hymrafaeliad* ger bron ei ddarllenwyr? **1803** *P.*
Gw. hefyd **amrafaeliad.**

ymrafaeliaeth [*ymrafael*[1]+-*iaeth*] *e?b.* Amrywiaeth, gwahaniaeth; ?anghydfod, cynnen: *variety, difference; ?strife, contention.*
1595 M. KYFFIN: *DFf* [xvii], Schisma, Sçism, sef, ym-wahanus ymrwygiad oddi wrth vndod a chyttundeb yr Eglwys, drwy *ymrafaelieth* opinionau. **1604** R. HOLLAND: *BD* 14a, cofiwch yr *ymraflaeliaeth* a osodais i rhwng phurf llywodraeth brenin da, a vilain cam-ardheledig.

ymrafaeliaf, ymrafaelaf, &c.: **ymrafaelio, ymrafael**[2]**, ymrafaelu,** &c. [bf. o'r e. *ymrafael*[1]] *bg.a.*

(*a*) Gwahaniaethu neu amrywio (yn ôl), newid: *to differ or vary (in), change.*
c. **1400** *YSG* i. 86, y rei a oedynt wedy *ymrauaelyaw* eu lliwoed drwy eu balchder a'e pechodeu. **1545** ELIS GRUFFYDD: *Ll* 1, a ffob vn . . . a'i nattur megis ynn *ymrauaelio* bob vn oddiwrth i gilidd. **16g.** (*LlEG*) *Mos* 158, 190b, I maer ysdoriay ynn *ymrauaelio.* **1560–87** *GP* 152, Pedair llythyren ar hvgain ysydd yn iaith Gameraec . . . Ac am fod Rai o'r llythrenav hynn yn *ymrafaelio* natvriav, Raid yw gwybod pa ffyrf ir adnabyddir hwynt. **16g.** *LlS* 72, [c]odæ val cyd a bys ne hwy a phrwyth llydan ynthi [ffäen] ar lun ewin dyn ai liw a *ymrafaelia* yn ol ei oedran. *id.* 150, eb law bod y ddeuryw hyn yn *ymrafaely* lliw ei blodæ. **1588** *Esth* iii. 8, ai cyfreithiau hwynt sy yn *ymrafaelio* oddi wrth gyfraith yr holl bobl. **1592** S. D. RHYS: *Inst* 193, Gair cyrch ynn nechrau yr ail Bann, ynn atteb i'r Awdl gyntabh; a''r Awdl dhiwêthabh yn *ymrabhael.* **17g.** *Musica* 7, y rhai sy 'n dangos lleis-

iau gwahanedig, bob un o honynt yn *ymrafaelu*. **1722** *Llst* 189, *Ymrafaelio* . . . To differ.

(*b*) Ymryson, cweryla, anghytuno, hefyd yn *ffig.*: *to contend, quarrel, disagree, also fig.*

15g. *GLGC* 118, Ni chair hael i '*mrafaelu*, / na dewr a doeth, ond o'r du. **15g.** *GGl²* 231, *Ymrafaelodd* marfolaeth, / Marw hon ddoe, marw hwn oedd waeth. **16g.** *GGH* 384, Mae i ryw ful, ni '*mrafaeliwyd*, / Un o'i fath i ddwyn ei fwyd. **1588** *Ecs* xxi. 22, os *ymrafaelia* dynion, a tharo o honynt wraig feichiog. **1588** *Math* x. 35, mi a ddaethym fel yr *ymryfaelie* dŷn yn erbyn ei dâd. **1630** *YDd* 259, O bydd rhai gwedi *ymrafaelio*, gwna di dy orau ar wneuthur vndeb rhyngddynt. **1631** O. THOMAS: *CC* 53, Nid ywr [*sic*] Scrythyrau yn *ymrafaelio* a'i gilydd, eithr pa bêth bynnac â ddywed y naill le â gadarnhâ y lle arall. **1632** *D*, *ymrafaelio* d.g. *Certo, Conflicto, Velitor. id. ymrafaelu* d.g. *Concerto, Decerno, Litigo. c.* **1658** R. VAUGHAN: *E* 39, eithr heb *ymrafael* (*without quarreling*) ellir eu cyfrif yn saith. **1703** E. WYNNE: *BC* 121, a gymmeraint arnynt *ymrafaelio* a'u gilydd dim ond i gael lladd y sawl a ddêl rhyngddynt. **1766** *CD* 200, Nid oedd y pryd hynny un estron yn rheoli yr ynys ond y Cymry'n unig, Ond ei bod hwy yn *ymrafaelio* a'i gilydd. **1803** *P* d.g. *Ymravaeliaw*. Ar lafar, '*mrafeilio*' 'to contend; to bargain', *WVBD* 380.

Gw. hefyd **amrafaelaf: amrafaelu.**

ymrafaeliedig, gw. **ymrafaeledig.**

ymrafaeliwr, ymrafaelwr [bôn y f. *ymrafaeliaf*, &c.: *ymrafaelio*, &c. + -(*i*)*wr*] *eg.* ll. *-wyr.* Un sy'n ymrafael, person cwerylgar, cecryn, hefyd yn *ffig.*: *quarreller, quarrelsome person, wrangler, also fig.*

1706 *Cyf Cym* 68, pechod ydyw 'r *ymrafaeliŵr* rhwng Duw a'r enaid. **1722** *Llst* 189, *Ymrafaelwr*. m. A quarreller. **1770** P. WILLIAMS: *BS*, 1 *Tim* vi, Gwelwn y dylai athrawon ymwrthod âg ymrafaelion anfuddiol, ac *ymrafaelwyr* anffyddlon. **1793** T. JONES: *SD* 2, myrddiynau o *ymrafaelwyr*, sy'n llenwi ein hardaloedd. **1803** *P* d.g. *Ymravaeliwr*.

ymrafaelus [*ymrafael*¹ + -*us*] *a.* Cynhennus, ymrysongar; a nodweddir gan gynnen neu ymryson: *contentious, quarrelsome; characterized by contention or strife.*

1632 *D* d.g. *Litigiosus*. **1711** T. JONES: *Alm* [35], chwyl yr amser ymma sy *ymrafaelus*; y bobl sy'n chwy/ddo o lid a chenfigain.

Gw. hefyd **amrafaelus.**

ymrafaelwr, gw. **ymrafaeliwr.**

ymrafiaf: ymrafio, ymragoraf: ymragori, gw. **ym- + rafiaf: rafio, rhagoraf: rhagori.**

ymrain, gw. **ymreaf: ymrain.**

ymranedig [bôn y f. *ymrannaf*: *ymrannu* + -*edig*] *a.bfl.* Wedi ei rannu, rhanedig, hefyd yn *ffig.*: *divided, also fig.*

1725–6 *Madd Ed* 414, p'un ai oddi wrth ei Gelynion cyttunus, neu oddi wrth ei chyfeillion *ymrannedig* y mae Crefydd yn dioddef fwy.

ymraniad [bôn y f. *ymrannaf*: *ymrannu* + -*iad*¹] *eg.* ac yn eithriadol *eb.* ll. *-au.* Y weithred o ymrannu, rhaniad, rhwyg, hefyd yn *ffig.*; carfan, sect; sgism; y weithred o ymrannu gan aelodau seneddol er mwyn pleidleisio: *division, separation, split, rift, also fig.*; *faction, sect*; *schism*; (*parliamentary*) *division.*

1604–7 *TW* (*Pen* 228) d.g. *Schisma*. **1632** *D* d.g. *Factio, Schisma*. **1664** *LlGG* [xii], A llaweroedd a dywyswyd i *ymranniadau* a Schismau (*Factions and Schisms*). **1693** J. OWEN: *BP* 182, trwy wneuthur *ymranniad* ynghorph Christ. **1733** T. EVANS: *PP* 9, y mae ymddiddoli oddi wrth yr Eglwys am ei bod yn cadw Ffurf o Weddi . . . yn *ymranniad* ysgeler pechadurus, ac yn Schism erchyll. *c.* **1762–79** W. WILLIAMS: *P* 235, Yr oedd ef . . . yn gwybod am eu *hymraniadau* truenus hwynt. **1765** JM: *DDdC* 7–8, Y mae 'r Dwfr sydd yn dyfod o'r corph yn dew . . . ac yn dyfod o hono ei hun yn loyw ac yn oleu, yn Ddwfr da . . . a chymmaint a hynny yn fwy, os wedi yr *ymraniad*, y bydd y rhan dewaf yn aros yn y gwaelod. **1790** T. JONES: *TOS* 49, yr holl *ymranniadeu* annedwydd, a'r cynnhenneu anghrist'nogol. **1793** T. JONES: *SD* 72, Ar ol darlunio Schism; Ei fod yn *ymranniad* gwirfodd, heb gyfiawn achos. **1803** *P*, *Ymraniad*, s. f.—pl. t. *au* . . . A becoming divided; a dividing into schisms.

ymrannaf, &c.: **ymrannu,** &c. [*ym-* + *rhannaf*¹: *rhannu*] *bg.* Rhannu, ei rannu ei hun, gwahanu, ymwahanu, gwasgaru; ?ymroddi, bwrw iddi: *to divide* (*itself*), *separate* (*oneself*), *part, split* (*up*), *scatter, break up*; ?*set to work.*

13g. *BD* 83, A guedy gvybot onadunt ry uynet guyr Ruuein y emdeith . . . ehofnach noc y gnoteynt yd *ymrannassant* y dystryv y mur. *id.* 128, Ac ar hynny yd *ymrannasant* (*indulserunt*) trvy arch Myrdin, ac yd ymrodasant pavb onadunt . . . y geissyav tynnu y mein. *c.* **1400** [*RB*] *WM* 201. 36–202. 2, hyt yn nillystön trefan yny rychtir hönnö yd *ymrannassant* y göyr hynny. **15g.** *BB* 148, Ar paladyr arall a welit dros iwerdon. ac yn *ymrannv* yn sseith paladyr bychein. **15g.** (*Diw.* **16g.**) *Gwyn* 3, 172, Morwynion yn *ymrannu* / merched bwa caled cu [Thomas Derllys i ddiolch am fwa a saethau]. **1545** ELIS GRUFFYDD: *Ll* 7, pan welych di megis kymwl ynn *ymranv* yngwaelod y gwydyr megis klwyde o eira. **1567** *TN* 107b, bydd pemp yn yr vn tuy wedy'r *ym/ranu*, tri yn erbyn dau . . . Y tat a *ymranna* yn erbyn y map, a'r map yn erbyn y tat. **1588** *Gen* x. 32, o'r rhai hyn yr *ymrannodd* y cenhedloedd ar y ddaiar wedi y diluw. **1588** 2 *Esd* vi. 41, A'r ail dydd y gwnaethost yspryd y ffurfafen a gorchymynnaist iddo ef *ymrannu* a gwneuthur dosparth rhwng y dyfroedd. **16–17g.** *B* viii. 115, vn dafodiaith oedd gan bawb, hyd pan ymwasgodd ev nifer oll ir vn twmpath ynghyd i *ymrannv* dros wyneb yr holl fyd. **17g.** *LlGC* 13215, 331, *Ymrannu* Segrego. **1703** E. WYNNE: *BC* 84, ai [*sic*] felyngrych aurgudynnau yn *ymrannu* 'n ddwybleth loewdeg oddiarnodd ar lûn Coron. **1719** *TDP* 24, ychydig a *ymreniff* yn Levi a Juda, canis Juda a fydd eich Captain. **1765** JM: *DDdC* 6, mor gynted ag y gweler y Dwfr . . . cyn y dechreuo *ymrannu*. **1793** DAFYDD IONAWR: *CD* 152, Ar unwaith yr *ymrannodd* / Y môr coch. **1793** R. POWELL: *ADV* 16, Ys y diwyd weis deuant yr awrhon, / A'r morwynion, y rhai â '*mranant* / Yn bleidiau maith, a gweithiant eu gorau, / A'r deheu gribiniau garw-boenant. **1803** *P*. Ar lafar, 'Mawr o *ymrannu* ac ysgaru sy rwng gwŷr a gwracadd y dydd 'eddi', *GTN* 861.

ymrannol [bôn y f. *ymrannaf*: *ymrannu* + -*ol*] *a.* Rhanedig; yn perthyn i ymrannu, yn tueddu i ymrannu, yn peri ymrannu: *divided*; *pertaining to, or inclined to, division or separation, divisive.*

1790 W. RICHARDS: *LlA* 24, Y mae eu teyrnas hwy . . . yn un *ymrannol* . . . Y mae o ran yn gref, ac o ran yn frau. **1803** *P*.

ymrannwr, ymrannydd [bôn y f. *ymrannaf*: *ymrannu* + -*wr*, -*ydd*³] *eg.* ll. *ymranwyr, ymranyddion.* Un sy'n (peri) ymrannu, ymwahanwr, sgismatig: *a separatist, schismatic.*

1675 R. DAVIES: *PY* 71, ei fod ef yn eu cyfrif hwynt yn *ymranwyr* annuwiol, y rhai sydd yn dal mai rhan o ddiwgiad [*sic*] yr Eglwys yw, bod heb Escobion. **1685** *Art* 10, A oes dim or Pabaidd *ymranwyr*, neu o sect arall yn eich plwyf chwi . . .? **1768** RISIART AP ROBERT: *CB* 335, hyn a ddywedai efe ynghylch sismau, gan beri iddynt achub y blaen arnynt, cyn myned o honynt yn *ymranwyr* cyhoeddus. *id.* 356, ymgynhaliwn . . . yn erbyn pob *ymranwyr* gwrthwynebol. **1793** T. JONES: *SD* 80, taranu yn eich erbyn chwithau, fel *Ymranwyr* a therfysgwyr. **18–19g.** *HG* 215, Yr oedd pregethiaid Mr. Erbri . . . wedi peri llawer o ymwrthod a Defodau'r eglwys sefydledig . . . fe ymunodd rhifedi mawr iawn o'r *ymranyddion* hyn a byddin Cromwel. **1803** *P* d.g. *Ymranwr*.

ymranwen, ymranwyn, gw. **amranwen** (hefyd At.).

ymread¹ [bôn y f. *ymreaf*: *ymrain* + -*ad*², trf. han.] *eg.* Cyfathrach rywiol (â'r fenyw), ymgydiad; tafliad had: *sexual intercourse* (*with the female*), *copulation*; *ejaculation.*

1632 *D*, *Ymread*, Coitus, spermatizatio. Ni thâl dim drŵg *ymread*. **1688** *TJ*, *Ymread* . . . copulation. **1722** *Llst* 189, *Ymrĕad* (sub) . . . The act of copulation, a casting of generative seed. **1753** *TR*, *Ymread*, carnal copulation or company with a woman. **1771** *W* d.g. *Carnal copulation, Coition* [*the act of propagating the species*]. **1803** *P*.

ymread², gw. **ymreaf: ymrain.**

ymreaf, &c.: **ymrain,** &c. [?cf. *dyreaf*: *dyrain*] *bg.a.* a hefyd gyda grym enwol ac fel *eg.* Cael cyfathrach rywiol (â), ymgydio (â), cnuchio; ?taflu had, cenhedlu; hefyd yn *ffig.*; embryo; had, semen: *to have sexual intercourse* (*with*), *copulate* (*with*), *fuck*; *ejaculate* (*semen*), *procreate*; *also fig.*; *embryo*; *semen.*

13g. *LlI* 26, Os e *hemreyn* a deruyd, e sarhaet honno a dercheuyr ar uod e hanner. **13g.** *B* iv. 3, A *ymreo* y gont porthet y din. **14g.** *LlB* 59, Teir gweith y drycheif ar sarhaet gwr a *ymreer* y wreic y treis. *id.* 66, Or byd y wreic achaws dybryt gyt a gwr arall, ae o gussan ae o ouyssyaw ae o *ymrein*, y gwr a dichawn y gwrthot. *c.* **1400** *R* 1335. 8–9, llygat *ymrein* glein llygat gronyn pys. *c.* **1400** *Études* viii. 86, mawr y magant [maip] a gwanegu *ymrein* a wnant. **15g.** *LHDd* 102, os y gör avyd claför neu anadyl dreöedic neu na allo *ymrein*. *a.* **1547** *GGH* 421, Gŵr gwan a egyr ei gwd / Yn *ymrain* awen amrwd (Siôn Brwynog). **1547** *WS*, *Ymrein* ne vod gan riein Deflowre. **1604–7** *TW* (*Pen* 228), *Emrein*, y rhith emrith, rhith dyn cyn ei furuo d.g. *Embryon*. **1632** *D*, *Ymrain*, Spermatizare, semen emittere. **1632** *D* (*Diar*), *Nid o'i gorph ydd *ymre* y gwybedyn. **1688** *TJ*, *Emrain*, *ymrain*, hâd hiliogaeth. The seed of generation. *id.* *Ymrain*, hâdu, enill plant: to bring forth seed. **1771** *W* d.g. *Carnally, To have carnally to do with, or have carnal knowledge of.* **1790** GW. MECHAIN: *Gw* i. 221, Dyfethwyd pob rhwysg, camrwysg, ac *ymrain* / Y mynachod, oedd yma yn ochain / Tan gymylau tònog milain. **1803** *P*.

Amr.: **ymread**². **1722** *Llst* 189, *Ymrĕad* (ver) To play the wanton, act carnally.

ymredaf: ymredeg, gw. **ym- + rhedaf: rhedeg.**

ymredyd, ymredu [?amr. ar *anrhedyd, anrhedu* (gw. d.g. *anwaredaf*: *anwaredud*] *ba.* Dynwared, efelychu: *to imitate, copy.*

1552 W. SALESBURY: *Gw* 313, pan el vn eb lwyddo i geisio dynwared ne ddylyn ar ryw athroaeth mal y may Kler y dom yn keisio *ymredyt* y Penkeirddieit ar ei kerdd wy. **1604–7** *TW* (*Pen* 228), dynweret, *ymredyt* d.g. *Assimulo*. **1636** *Pen* 321, 1b, gan *ymredyd* yn hyn Vrsin ar fyrr wyddor Melancthon. *id.* 96b, am hyny bydded J wenidogion *ymredyd* golychwyd Paul. **17g.** *LlGC* 13215, 331, *Ymredu* Simulo.

ymreddfaf: ymreddfu, ymregaf; ymregi, gw. **ym- + greddfaf: greddfu, rhegaf: rhegi.**

ymrengian, gw. **ymremial.**

ymreibiaf: ymreibio, ymreibiwr, gw. **ym- + rheibiaf: rheibio, rheibiwr.**

ymremial, ymremialu, ymremian, ymrymial, ymrengian [*ym-* + *gremial*, &c.] *bg.* a hefyd gyda grym enwol i'r be. *ymremial.* Cweryla, ffraeo, ymgecru: *to quarrel, scold, bicker.*

1552 *Pen* 403, 48–9, Ac ni chaif neb yngan nac *ymrenial* [*sic*] dim yn y ty. **16g.** WILIAM CYNWAL: *Gw* (G. P. Jones) 148, Ni wna'n ei dŷ y sy'n sâl, / Dim remwth, ond *ymremial*. **16g.** WILIAM CYNWAL: *Gw* (R. L. Jones) 295, Annifyr fydd, o'i fâr fo, / *Ymremial* wedi 'mrwymo. **1604–7** *TW* (*Pen* 228), *ymremialû* d.g. *Castigo*. *id.* *ymremial* d.g. *Rixa*. *id.* *ymremialu* d.g. *Rixor*. **1632** *D*, *ymremial* d.g. *Delitigo, Rixor*. **17g.** *CRC* 74, o wr mileng [*sic*] drwg i rhiw / ni thai yn i fuw ai *ymremial*. **17g.** *LlGC* 13215, 331, *Ymremial* Debacchor. **1699** T. JONES: *TP* 6, Peidiwch ag *ymremial* (*revile*) ebŷr Meddal. **1722** *Llst* 189, *Ymremial*, To scold, wrangle. **1770** *W*, *ymrymial* d.g. *To argue* [*dispute wranglingly*], *To brabble, To debate* [*quarrel, or contest*]. **1803** *P*, *Ymremial*, s. m. . . . A wrangling together. Ar lafar, 'Paid â *mrengian*!' (wrth blentyn anniddig) (Llŷn). Cf. *Hen B* 149, Siôn a Gwen sarrug y nos wrth y tân, / Wrth sôn am eu cyfoeth i '*mremian* yr a'n' [*sic*].

ymreolaeth [*ym-* + *rheolaeth*] *eb.* ac yn eithriadol *eg.* Hunanlywodraeth (wleidyddol): *autonomy, self-government, home rule.*

1880. Cf. *Y Geninen* x. (1892) 52, myfi, o eisiau gair cyffredin, a luniodd y gair *ymreolaeth* . . . myfi oedd y cyntaf yng Nghymru i ddadleu dros y peth y mae y gair yn ei olygu (Emrys ap Iwan).

ymreolaethol [*ymreolaeth* + -*ol*] *a.* Yn ei llywodraethu ei hun (am genedl, gwlad, &c.), hunanlywodraethol: *autonomous, self-governing.*

20g.

ymreolaethus [*ymreolaeth* + -*us*] *a.* Hunanlywodraethol, ymreolaethol: *autonomous, self-governing.*

20g.

ymreolus [*ym-* + *rheolus*] *a.* Hunanlywodraethol, ymreolaethol: *autonomous, self-governing.*

20g.

ymreolwr [*ym-* + *rheolwr*] *eg.* Pleidiwr ymreolaeth neu hunanlywodraeth: *advocate of autonomy or self-government.*

1886.

ymresaf: ymresu, gw. ym-+rhesaf[1]: rhesu.

ymrestraf: ymrestru [ym-+rhestraf: rhestru] bg. Listio, (ym)aelodi, hefyd yn ffig.; ymdrefnu, bod mewn trefn; alinio: to enlist, enrol, also fig.; arrange themselves, be in order; align.
1800 TY 348-9, newydd listio, neu ymrestru y'mhlith y milwŷr.

ymrestriad [bôn y f. ymrestraf: ymrestru +-iad[1]] eg. ll. -au. Y weithred o listio neu ymrestru: enlistment.
1835.

ymreswm, gw. ym-+rheswm.

ymresymaeg, ymresymaeth, gw. ymresymeg, ymresymiaeth.

ymresymaf: ymresymu, gw. ym-+rhesymaf: rhesymu.

ymresymeg [ym-+rhesymeg] eb. Rhesymeg, dilechdid: logic, dialectic.
1632 D d.g. Dialectica, Logica, æ. 1722 Llst 189, Ymresymeg. f. Logick.
Amr.: ymresymaeg, &c. 1604-7 TW (Pen 228), Rhacymrodh dilechtit ne 'mrysymæc d.g. Effatum. 1727 J. JONES: DFF 209, Ymresymaeg, neu Gelfyddyd meddylio. 1787 (1812) TWM O'R NANT: PG d.d., A Welsh Dialogue. Cynnadlaidd Ymresymaeg Rhwng Pleser a Gofid.
Gw. hefyd **amresymeg.**

ymresymgar [ymreswm+-gar] a. Rhesymegol, rhesymol; dadleugar: logical, reasonable; argumentative.
1683 J. JONES: TG 23[9], ymgynghori a'r rhan ymresymgar honno mewn dyn.

ymresymiad [bôn y f. ymresymaf: ymresymu+-iad[1]] eg. ll. -au. Y proses neu'r weithred o (ym)resymu, rhesymeg, rhesymiad; dadl, traethawd: (a) reasoning, logic, inference; argument, treatise.
1588 Ecclus ix. 19, bydded dy ymrysymmiad ti ar synhwyrol. 1588 Luc v. 22, Pan wybu 'r Iesu eu hymresymmiad (TN 89b, meddyliae) hwynt. 1599 (1677) R. HOLLAND: AB 109, ymresymiad neu logic y cythrel. 1604-7 TW (Pen 228) d.g. disputatio, dissertatio, Ratiocinatio. 1632 D d.g. Argutatio, Quæstio. 1636 Pen 321, 382b, sancteiddia n holl foddion in llwyddo an rhwyddhau dy air di sacrafene gweddi myfyriade ymrysymiade ar cyffelib. 1684 J. DAVIES: LlR 387, bydd sicr na roddech le i ymresymiadau cnawdol. 1696 GGTY 170, y mae agweddi achos i gredu a gawsant eu hethol er jechawdwriaeth, yn ôl eich ymresymmiad eich hun. 1711 M. MAURICE: YAD 21, y mae y gwybodaeth ag y sydd gennym oddywrth resswm yn Cyfodi oddiwrth ymrhessymiadau gwahanol addiwrth [sic] bethau. 1722 Llst 189, Ymresymiad. m.p. miadau. A dissertation, disputation, treatise. 1751 GIA 98, Ymresymmiad chwith yw, yn gystal o ran y ddadl, a'r ymresymwry. 1770 W d.g. Argumentation, Disputation, or dispute, A reasoning. 1790 Prif Crist 27, Yr hyn a barodd i Ddafydd dorri allan yn ei ymresymmiadau (expostulations) â Duw, I ba le yr af oddiwrth dy yspryd? 1793 Cylch 85, pan fyddo'r ymresymiad mor gadarn fal na ellir ei atteb. 1803 P.
Amr.: amresymiad. 1841.

ymresymiadol [ymresymiad+-ol] a. a hefyd gyda grym enwol. Yn rhesymu, yn perthyn i (ym)resymu, rhesymegol: reasoning, logical, ratiocinative.
1790 Budd A 117, [y] rhifedi o osodiadau, gwirioneddau, a dadleusyddau, a ellir eu tynnu mewn maith oesoedd olynol trwy arferiad ein pwerau ymresymmiadol.

ymresymiaeth, ymresymaeth [ymreswm+-(i)aeth] eb. Rhesymeg, ymresymiad, rhesymiad, dadl: logic, ratiocination, reasoning, argument.
1823. Cf. R. VAUGHAN: E 109, Logic neu ymresymiaith Gwraig Manoah yn y cyfriw achosion.

ymresymol [ymreswm+-ol] a. Yn rhesymu, yn perthyn i (ym)resymu, rhesymegol: reasoning, logical, ratiocinative.
1803 P d.g. Ymresymawl.

ymresymwr, ymresymydd [bôn y f. ymresymaf: ymresymu+-wr, -ydd[3]] eg. ll. ymresymwyr. Un sy'n rhesymu, rhesymegwr, dadleuwr: reasoner, logician, disputant.
1567 G. ROBERT: GC 6, yr ydoedd genthynt yn i

---

hiaith ihunan, i gyfeddach, ag imgynghori [sic] a hwynt ... ymryssymwyr ystrowgar. 1632 D, ymresymmwr d.g. Dialecticus. 1722 Llst 189, Ymresymmwr. m. A disputant. 1737 J. EINNON: HR 25, ymresymwr bywiog ... ynghylch matterion Crefydd. 1751 GIA 98, Ymresymmiad chwith yw, yn gystal o ran y ddadl, a'r ymresymwry. 1770 P. WILLIAMS: BS, 2 Cor i, Yr oeddynt yn dirmygu ei Berson, megis Dyn gwael yr Olwg arno, ac yn Ymresymmwr gwan mewn Dadl. id. Tablau [i], Ymresymmwyr, a godent ac a derfynent Gwestiynau o'r Gyfraith. 1777 W. DAVIES: CHL 157, Ynghylch cyd-ymffurfio â'r byd . . . Y mae'n deilwng o bin ysgrifennydd doeth neu ymresymmydd cyfarwydd. [1783] W, ymresymmwr d.g. Reasoner. 1790 T. JONES: TOS 225, gwell gennyf gael cymdeithas cristion o feddwl nefolaidd, na 'r ymresymmwyr dysgediccaf. 1794 E. JONES: CP iv, Yr ysgrifenydd a'r ymresymydd cadarn hwnnw Mr. Locke. 1803 P d.g. Ymresymwr.

ymrewyddaf: ymrewydd(u), gw. ym-+rhewyddaf: rhewyddu.

ymriniaf, ymrinaf: ymrinio, ymrin [ym-+rhiniaf, rhinaf: rhin(i)o] bg. Siarad yn ddirgel, dweud cyfrinach, sibrwd, hefyd yn ffig.: to speak secretly, tell a secret, whisper, also fig.
1775 EDPP 139, y mae Publican wedi dyfod i ymrin â Duw! 1803 P, Ymriniaw . . . To employ one's self in secret councils; to talk mutual secrets.

ymrithiaf, ymrithaf: ymrith(i)o, &c., gw. ym-+rhithiaf: rhithio, &c.

ymroad, ymroadol, ymroaf: ymroi, gw. ymroddiad, ymroddiadol, ymroddaf: ymroddi.

ymrodiaf: ymrodio, ymrodial, ymrodien, gw. ym-+rhodiaf: rhodio.

ymrodresaf: ymrodresu, gw. ym-+rhodresaf: rhodresu.

ymrodwr, gw. ymherodr.

ymroddaf, ymrof, ymro(e)af, &c.: ymro(dd)i, &c. [ym-+rhoddaf, rhof[1]: rho(dd)i] bg.a.
(a) Ei roddi neu ei ddodi ei hun; cymryd arno, esgus, cogio; ildio, ymostwng, ymfodloni, dygymod; ?ymddiddan; ysigo, pantio, rhoddi; tarddu, llifo: to give, put, or place oneself; pretend; give up, give way, yield; surrender, submit, resign oneself; ?converse; sag, give; emanate, flow.
12g. GLlF 15, Namyn haŏt amraŏt yn ymroti—a bart / A gwyr hart heb gart, heb galedi. 13g. LlI 27, Pvebennac a rodho gureyc y vr, ef byeu talu e hamober . . . os hytheu ehun a emryd, talet e hamober . . 13g. BD 68, gan euelychu Crist Arglvyd, y gvr a ymrodes ehun dros y deucit. 1346 LlA 108, Deu sant aoed ygkedŏeli aelŏit boducat Anailtrum aymrodassant yndisgyblion idaŏ. 14g. BT (RB) 176, Ac odyna y kywhynawd . . . y ymlad a chastell Colwyn a'e gymell y ymrodi. c. 1400 YSG i. 107, Kanys o'th achaws di yd ymroessum i yn y perigyl hwnn. 15g. Cy iv. 124, ychwi yngyntaf yrei aymroyssoch (B xiii. 182, a gymerassawch arnawch) ych bod yn arglŏythi heb ych bod. 15g. BB 86, wynt aymrodassant yn geith yr brenhyn. 1450-1500 B xiii. 179, Y chwechet dyd ny byd na phrenn na llyssewyn ar y daear nyt ymrodo gwlybwr a gwlith o honaw. 15g. ID 93, ym roi ygid y mayr goydwig / marw vyr un mawr i vrig [marwnad Syr Rhisiart Herbert]. 16g. GILlV 33, Ar groes erom ni. 1547 WS, Ymroi Yelde. 1588 Jerl. 15, Bloeddiwch chwi arni hi [Babilon] o amglych, hi a ymrydd, ei sylfeini hi a syrthiant. 1606 E. JAMES: Hom i. 180, gwell yw ymroi yn lledneis, nâ gorchfygu trwy dorri cariad perffaith. 1696 CDD 99, Ymrown dan faner, [sic] gwŷch Frenin ucheder. 1701 E. WYNNE: RBS 73, pe annogai ŵr ei wraig i ymladd yn erbyn y gelynion yr ymroes ef ei hunan eusus yn garcharor iddynt. 18g. Beirdd y Berwyn 11, Cyn torri ffyddlon galon gu, / Mae'n rhaid bod cur a dolur du, / A phoen ar rywun, a phwy ma, bynnag / bod yn 'n hir? 1803 P, Ymrozi, Ymroi. Ar lafar, "Ddaru mi ddim mynd i'r Ysgol Sul dwytha'; ddaru mi ymroi rywsut a chysgu'n y gadair' (Arfon).
(b) Bwrw ati, mynd ati, ymgymryd, ymbaratoi, ymdrechu, penderfynu, ymrodd yn benderfynol; ei gyflwyno ei hun, ei neilltuo ei hun, ymgysegru (i ddiben, achos, &c.), listio; bod yn chwannog, mynd yn gaeth neu'n ddibynnol; cyflwyno, rhoddi: to apply oneself, set about, undertake, prepare (oneself), strive, resolve, be determined; devote

---

oneself, dedicate oneself, enlist; be given, be addicted; devote, give.
13g. Études ii. [45], En e wal honno yd emrodes e chorff e buteindra. 13g. Llst 1, 64, kasswallaŏn a emrodes y warder. 13g. BD 128, ymrodassant pavb onadunt y eu holl nerthoed . . . y geissyav tynnu y mein. 14g. Bren Saes 10, ynteu a aeth e Freinc ac a ymrodes y dysgu marchogaeth ac ymdwyn arnev. c. 1400 YCM[2] 173, Sef a oruc ynteu, ef a ymroi deirnos a thridieu y wedi a dyrwest. c. 1400 (SG) HMSS i. 265, mynet y ymroi ym milwryaeth. 16g. GILlV 34, Ymrown ninneu goreu gwaith / Iw adoli Dduw eilwaith. 1567 TN 323a, nyd wedy ymroi i win lawer. 1588 Deut i. 41, gwiscasoch bob vn ei arfau rhyfel, ac a ymroesoch i fyned i'r mynydd. 1588 Ruth i. 18, Pan welodd hi ei bod hi wedi ymroddi i fyned gyd a hi: yna hi a beidiodd a dywedyd wrthi hi. 1618 J. SALISBURY: EH 215, Trwy ymroi o fod yn dhiwair yn oestadol. 1630 YDd 265, yr wyf yn fy ymroi fy hûn i'th ewyllys tra-bendigedig. 1661 E. LEWIS: Drex 287, y rhai ymroesant rhyngddynt a bleu eu hunain yn eu meddyliau, i dorri trwy bob anhawsder. 1675 R. JONES: HCh 24, Hyn a attaliodd Joseph rhag ymroi i drythyll ddeniadau ei feistres. id. 91, dylaech ymroi . . . ar fod yn fwy gwiliadwrus. 1682 E. LLWYD: El [iii], ymroa yn hollawl dy hunan i wasanaeth Duw. 1716 E. SAMUEL: GGG 77, gan ymroddi i ffyddlon Ufudd-dod, y rhoddwn ein holl bwys ar goglud ar Dduw. 1718 (1721) S. THOMAS: HB 171, yr oedd [Cranmer] yn ymroi pan ele i'r tân y câe Hi [ei law] losci yn gynta un o'i holl aelodau. c. 1730 Taith C 15, Christiana a ymroddodd i fyned i'w Thaith. 1744 D. ROWLAND: RY 243, Fe ddarfu hefyd i Dref Mansoul enwog resolvo, neu ymroi, ar fod i Ympryd Cyhoeddus . . . gael ei gadw. 1770 R. PRICHARD: CC 269, Gan hynny 'mrown i fyw 'n Grefyddol. 1790 TWM O'R NANT: GG 28, Distawed oll feddyliau dyn, / Ymroed pob un i'w holi ei hun. 1798 WR d.g. Inlist. Ar lafar, 'ymroi i ddiod' 'to be addicted to drink', WVBD 577; 'Odd 'nhad a 'mam yn ddinnon trefnus iawn, dinnon wedi ymroi' (sir Gaerf.); 'Ma raid ifi ymroi i witho 'eddi i gwplo'r 'oll waith', GTN 861.
Amr.: amroddi. 14g. Haf 1, 94b, Ac ereill o nadunt oc eu bod a amrodassant y garcharo/ryon. amroi. 1778 J. THOMAS: HB 85, ymgynghorwyd, cytunwyd, ac amrowyd i adeiladu Tŷ ar y tir hwnnw. **ymddyroi,** &c. [cf. dyroddaf, dyrof: dyro(dd)i] 15g. BB 127, Y dechreu ef a ymdyro i orwaged. 1595 H. LEWYS: PA 41, ymddyro dy hun gann hynny drwy ymyned', i ewyllys duw. 1672 R. PRICHARD: Gw 425, Ond ymddoro [:– Ymegnia) yn ddi-drydar, / Ddwyn dy ddolur yn ddioddefgar. 1718 E. SAMUEL: HDdd 60, na feddwl yn unig, eithr ymddyro iw wneu[th]ur hefyd.
Cfn.: **ymroi ati:** to set about (doing something). 1853. Ar lafar, 'Mai e'n mroi eti gwmint bith', TGG (1907-8) 81 (de-orllewin sir Gaerf.).

ymroddedig [bôn y f. ymroddaf: ymroddi +-edig] a.bfl. Ymroddgar, wedi ymgysegru, diwyd, dyfal; wedi ymfodloni neu ddygymod, chwannog, caeth, dibynnol; (geir.) ?wedi ei benodi: devoted, dedicated, committed, diligent, assiduous, industrious; resigned, given, addicted; (dict.) ?appointed.
13g. B x. 23, Ysgolheic oed en dinas carnotum ysgavyn oe annwyt ac either mod emrodedic e damunet e gnavt. 1604-7 TW (Pen 228) d.g. Addictus. [1783] W d.g. Resigned. 1803 P.
Amr.: ymroëdig [bôn y f. ymroaf: ymroi+-edig]. 1872.

ymroddgar [bôn y f. ymroddaf: ymroddi+ -gar] a. Yn ymroddi, yn ei roddi ei hun, ymroddedig, wedi ymgysegru, diwyd, dyfal, penderfynol; wedi ymfodloni neu ddygymod, (geir.) parod i ildio: devoted, dedicated, committed, diligent, assiduous, industrious, resolute; resigned, (dict.) yielding.
1657 MLl ii. 22, mae ysbryd Duw yn gweithio yn vnig yn y gostyngeiddrwydd ymroddgar. id. 25, Pwy bynnag a wnelo beth, heb i wneuthur mewn ewyllys ymroddgar . . . nid iw hwnw ond anrheithio a gwascaru. 1711 M. MAURICE: YAD [2]73, Pa fodd y mae Plentyn Duw yn ymroddgar mewn modd Dyledys? 1771 J. THOMAS: TA 294, bod yn wir ymroddgar i'w ffyrdd ef. 1782 P. WILLIAMS: CC 177, tra byddo'r yspryd yn ymroddgar i drefn yr Hollalluog. 1785 E. BARNES: MH 19, ei gwilio gan luoedd cedyrn ac ymroddgar. id. 53, Byddwch gauad fy 'nghlustiau, yn ymroddgar gauad. 1794 W d.g. Yielding. 1796 T. JONES: CCA 63, [e]u meddyliau yn ddiddeall ac ymroddgar i ddrygioni. 1800 TY 314, yn wresog ac yn ymroddgar mewn crefydd.
Amr.: **ymroegar** [bôn y f. ymroeaf: ymroi+-gar]. 1794 W, ymroigar d.g. Studious [addicted, or much given, to study].

ymroddgarwch [ymroddgar+-wch[1]] eg.

Ymroddiad; (geir.) parodrwydd i ildio: *devotion, dedication*; (*dict.*) *yieldingness*.
1794 *W* d.g. *Yieldingness*.

ymroddiad, ymro(e)ad, &c. [bôn y f. *ymroddaf, ymrof, ymro(e)af,* &c.: *ymro(dd)i*, &c.+-*iad*¹, -*ad*] *eg.* ac yn achlysurol *eb.* ll. *ymro(e)adau.*

(*a*) Y weithred o ymroddi (i ryw ddiben, achos, &c.), ymgysegriad, diwydrwydd, dyfalbarhad, penderfyniad; ymdrech: *devotion, dedication, application, diligence, industry, resolution*; *endeavour, exertion.*
1599 (1677) R. HOLLAND: *AB* 140–1, bydded yr *ymroad* yma ynot ti, ar i'ti [*sic*] fôd yn fwy gofalus rhag cwympo i'r fâth bechodau. **1605–10** *Haf* 24, 580, Moral sef gwelediad o bethav doethawl mewn ty, a darllain a chlowed ystoriav sydd fwy o lwynychtod i *ymroddiad* y meddwl at ddawn na cherddwriaeth. **1658** R. VAUGHAN: *PS* 52, bydded i mi trwy nerth *ymroad*, a resolusion sanctaidd gostyngedig . . . fyngosod fy hunan i dorri ymaith fy rhwymau. **1693** *HC* 70, Eisieu cwbl *ymroddiad* o honynt eu hunain i Grist . . . maent yn llaccio mewn profiad. **1696** *CDD* 175, Cyffes o ddilŷn pôb oferedd mewn ieuiengtŷd, ac *ymroiad* iw gadel oll heibio. **[1710]** GW. AB IERWERTH: *SB* 120, bod *ymroad* Cristion yn *ymroad* hollawl a chadarn . . . Y mae ef yn *Ymroad* presennol. **1714** S. RHYDDERCH: *DG* [4], bydded gymeradwy gennit fy *'mroadau* Duwiol hyn am hamcanion Daionus. **1723** J. JONES: *LlA* 95, Dichon Dŷn ddymuno Grâs heb fod ganddo *Ymroadau* cyfattebol am Râs. **[1738]** E. JONES: *CE* 8, yn gofyn yr Hunan ymwâd a'r *Ymroad* ddifrifaf. **1751** *GIA* 187, Os dywedi di ond y gair, yr *ymroiadau* Gweinion hyn a ffyunant [*sic*] i ynnill llawer o eneidiau. **1761** J. EVANS: *BHNO* 14, myfi a adnewyddais yr *ymroiadau* da a wnaethwn or blaen. **1773** *W*, *ymröad* d.g. *Endeavour.*

(*b*) Ildiad, ymostyngiad, y cyflwr o fod wedi ymfodloni neu ddygymod, gwrogaeth; (geir.) dibyniaeth: *a surrender(ing), yielding, resignation, homage*; (*dict.*) *addiction.*
1604–7 *TW* (*Pen* 228), *ymrodhiat* yr gelynion d.g. *Transfugium*. **1632** *D*, *ymroad, Ymroad* d.g. *Cessio, Deditio*. **1657** *MLl* ii. 52, aros yn ddibaid yn yr *ymroddiad* gostyngedig. *id.* 64, Ond am yr enaid drwg, Ni fyn ef yn amser y bywd [*sic*] yma mor myned i mewn ir *ymroddiad* nefol (*Divine Resignation*) allan oi ewyllys ei hun. **1672** J. LANGFORD: *HDdD* 39, *ymroad* diddig, ac ewyllysgar i ba gystuddiau bynnag a welo Duw yn dda ei rhoddi arnon 'i. **1688** *TJ*, Gwarogaeth . . . *ymrôad*, ymistwng; Homage. **1701** E. WYNNE: *RBS* 254, Wrth i ti dderbyn, ymarfer â swyddeu o Ffydd, trwy fawr hyder ac *ymroddiad* calon (*resignation*). **1722** *Llst* 189, *Ymröad.* m. A surrender, yielding resolution. pl. *-röadau.* **1770** *TG* ii. 12, yr oedd ef ar orwedd i lawr mewn *ymroddiad* i'w gyflwr annedwydd. **1770** *W*, *Ymroddiad* d.g. *An addicting*. *id. Ymröad* d.g. *Dedition*. *id. ymroddiad, ymröad* d.g. *A surrendering*. **1803** *P* d.g. *Ymröad, Ymroziad.*

ymroddiadol, ymroadol [*ymroddiad, ymroad*+-*ol*] *a.* Ymroddgar, ymroddedig: *devoted, dedicated, committed.*
1819.

ymroddol [bôn y f. *ymroddaf*: *ymroddi*+-*ol*] *a.* Ymroddgar, ymroddedig; parod i ildio, wedi ymfodloni neu ddygymod: *devoted, dedicated, committed*; *yielding, resigned.*
1796 *Geirgrawn* 173, Nid oes un Elfen mor nerthol, mor gyfrwys, mor *ymroddol* (yielding) . . . ag na fedri di eu gwneuthur yn wasanaethgar. **1803** *P* d.g. *Ymrozawl.*

ymroddus [bôn y f. *ymroddaf*: *ymroddi*+-*us*] *a.* Ymroddgar, ymroddedig: *devoted, dedicated, committed.*
1814.
Gw. hefyd **ymrous.**

ymroddwr [bôn y f. *ymroddaf*: *ymroddi*+-*wr*] *eg.* ll. -*wyr.* Un sy'n ymroddi, person ymroddedig; un sy'n ildio, yn ymfodloni, neu'n dygymod: *one who gives oneself, devotee, one who is dedicated*; *one who yields or resigns himself.*
1773 J. ROBERTS: *GY*, Nethiniaid] *Ymroddwyr*. Y Gibioniaid, yr rhai ymroesant at wasanaeth Duw, er ei bod y swydd waelaf. **1803** *P*, *Ymrozwr* . . . One who resigns himself. Gwell *ymrozwr* no dialwr . . . Adage.
Amr.: **ymröwr** [bôn y f. *ymroaf*: *ymroi*+-*wr*]. **1897.**

ymroead, ymroeaf: ymroi, ymroëdig, ymroegar, ymrof: ymroi, gw. **ymroddiad, ymroddaf: ymroddi, ymroddedig, ymroddgar, ymroddaf: ymroddi.**

ymroliaf: ymrolio, ymrolian, &c., gw. **ym-**+**rholiaf: rholio,** &c.

ymron, ym mron [*yn*¹+*bron*¹] *adf.* a hefyd fel *ardd.* Bron, agos, o fewn ychydig: *nearly, almost.*
16–17g. *HG* 134, veth aned . . . / . . . / yn ddirym i wnaethyr lles, *ymronn* heb wres di agwedd. **1714** R. PRYDDERCH: *GD* 130, Onid yw ef *ymron* fel pettei; [*sic*] Wedi marw iw fam ei hun? *c.* **1741** *Cylchg CHMC* ii. 37, yr own mor Ddigonsern ar pagan *ymron* am ogoneddi duw. **1770** *W*, Yr oedd yr ŷd *ym mron* (gerllaw) addfed d.g. *Almost* [*near performing an action, within a little of, &c.*] . . . *The standing corn was almost ripe.* **1773** G. RHYSIART: *MACP* 13, nes iddo, *ym mron* ddallu ei synhwyrau. **1775** E. GRIFFITHS: *GF* 307, danfonodd ef . . . gydâ phum cant o wyr arfog *ymron* i'w ddiogelu ef. **1789** W. RICHARDS: *ABD* 46, Byddai'r fath dybygiad, *ymron*, os nid yn llwyr mor wrthun a chwedl Sant Ffrancis. **1803** *P* d.g. *Ymron, Yn mron.*

Fel *ardd.* (*a*) Yn union cyn, ar fin; yn agos at, o flaen; o fewn ychydig i: *just before, on, at the point of*; *near to, in front of*; *almost, just under.*
14g. *SC* viii/ix. 189, namyn dynyon *ymron* agheu. y clywit eu rwgc. *c.* **1400** *MM* 20, *ym ronn* hanner dyd, kymryt y wermot. **15g.** *BB* 6, y doethant hyt *ymron* y tir. *id.* 92, Agwedy ev dyvot ygyt *ymron* y gaer. **15g.** *GDLl* [175], Morwyn gau *ymron* gaeaf, / Archfain fel rhiain yr haf. **15g.** *GLGC* 259, Salmon yn troi *'mron* y trimor oedd [Syr Rhisiart Herbert]. **15–16g.** *GLM* 256, Ar groen yr ewig yr af / *ym mron* tân amrantunaf. **1621** E. PRYS: *Ps* 3a, Cloddiodd ef bwll hyd eigion llawr, / o fwriad mawr i'r truan: / Ac ef a syrthiodd *ymron* bawdd, / i'r dyfn iw [*sic*] glawdd ei hunan. *id.* 37b, Truan *ymron* marwolaeth wyf, / mewn trymglwyf o'm ieuenctyd. **1672** R. PRICHARD: *Gw* 351, Mae medd Christ *ymron* y dryssau, / Trwsswn bob rhai ein Lusernau. **1725** D. LEWIS: *GB* 387, mae'r Goleuni yn rhedeg . . . *ymron* 200 Mil o Filldiroedd mywn Moment. **1770** *W*, Y mae hi ger llaw (*ym mron*) nôs d.g. *Almost* [*near performing an action, within a little of, &c.*] . . . *It is almost night.*

(*b*) (enghrau. o fl. be.: *exx. before a vn.*).
c. **1400** *B* ii. 14, Tir gwlyb teila ef *ymronn* y eredic. **16g.** DAFYDD BENWYN: *Gw* 682, Nag ofna (enwa vnaid), kav wyll / ('dd wi *mronn* kolli v'enaid). *c.* **1590** *RC* xlvi. 79, yny oedd hi *ymronn* ffainto wrth y tan. **1592** S. D. RHYS: *Inst* [xv], bhôd gelynion yr iaith *ym mronn* cáel eu gwynbhyd arnei. **16–17g. (17g.)** *CC* 34, Mae fy nghalon gron drwy gri / ymraint oer *ymron* torri (Thomas Prys). **1630** *YDd* 401, fel nad ydym ni *ym mron* llewygu bob amser. **1687 (1715)** J. OWEN: *TB* 38, cafwyd ef mewn cyflwr gresynol, ac *ymron* gwallgofi. **1688** S. HUGHES: *TSP* 63, ei fod ef [llwch] *ym mron* dy dagu di. **1701** E. WYNNE: *RBS* [iv], pa ryfedd er oeri'r diwrnod a'r Haul *ymron* machludo? **1714** D. LEWYS: *CN* 38, Fy llafur sy *ymron* mynd ar goll, / Deuwch bob un oll a chryman. **[1740]** *ML* (Add) 861, Mae Rhyfel hefyd *ymron* torri allan rhwng y Muscoviaid a'r Swediaid. **1752** J. THOMAS: *FG* 234, y Mwyniant pechadurus hynny ag oedd efe *ymron* anghofio ei Flâs hudolaidd. **1759** T. THOMAS: *WWDd* 179, mae dïalydd y gwaed *ymron* dy ddala di. **1773** G. RHYSIART: *MACP* 6, pan oeddwn bellach *ym mron* digoni fy hun. **1789** TWM O'R NANT: *TChB* 10, Wrth glywed eu Saes'neg 'n hwy 'n hynny o fan / *Ymron* piso gan anhapusrwydd.

Cfn.: **yn ei,** &c., **bron:** *compared with her, &c. c.* **1585** *MCr* 87, y fod ef yn tybied y hynan y fod yn ddibechod ag yn gyfion *ynn y bron* hi. **ymron â:** (*before a vn.*) *almost, on the point of.* **1722** *Llst* 189, Llw . . . *Ymron a* Llwgi. Almost stifled. **1757** *ML* (Add) 890, ar Meineriaid druain *ymron a* Chlemio. **1773** D. MORYS: *CPC* 14, Dal fy yspryd llesg i fynu, / Sydd *ym mron a* llwfrhau. **ymron angau:** *near death, at the point of death.* **14g.** *SC* viii/ix. 189. *c.* **1400** (*SG*) *HMSS* i. 242, megys dyn a vei *ymbronn* y *angheu*. **1567** *TN* 274b, yncarchare vn amlach: *yn bron angeue* yn vynych. **1595** H. LEWYS: *PA* 93, y mae vn yn ei glaf-wely, *ymronn angeu*. **ymron bedd:** *near death, at the point of death, at death's door, with one foot in the grave.* **17g.** HUW MORUS: *EC* i. 17, A'i morwyn bur *ym mron bedd*, / Yn dewis yr un diwedd. **1691** T. WILLIAMS: *YB* 167, neu er mwyn gwasanaethu eu gwlâd, gweled gwŷr *ymron eu bedd*. **ymron (y) dydd:** *just before daybreak. c.* **1400** [*RB*] *WM* 501. 34–6, Ar bore *ymbronn ydyd* drannoeth yd ymordiwedabd rei or gbyr ac ef. **15g.** *GLGC* 364, ac ar dasg y gwnaeth basgwaith / *ym mron dydd* ym Marned waith. **ymron marw = ymron angau.** **1567** *TN* 93a, yn glaf ac ar varw [:– *ymbron marw*]. **1588** *Diar* xiv. 32, y cyfiawn a obeithia *ym mron marw*. **16–17g. (17g.)** *CC* 46, ir neidr oer ddig lasfrig lwyd / *ymron* oedd *marw* o annwyd (Thomas Prys). **1803** *P*, Ymron . . . *Ymron marw*, almost dying.

ymron ei (dy, &c.**) bwll = ymron bedd.** **1567** *TN* 358a, ar dervynu ei einioes [:– ymbraint angeu, *ymbron ei bwll*]. **1701** E. WYNNE: *RBS* 85, Ni ddaw mo'th Synhwyr attat nes y bŷch *ym mron dy bwll*, hynny yw, nes y bo rhyhwyr i ti wrtho. **1722** E. LLOYD: *MC* 19, Simeon oedd wr hen *ymron ei bwll.*

ymrous, &c. [bôn y f. *ymroaf,* &c.: *ymroi,* &c.+-*us*] *a.* Ymroddgar, ymroddedig, diwyd, dyfal, penderfynol; yn rhoddi, meddal; (geir.) ymhlyg (am ffydd): *devoted, dedicated, assiduous, resolute*; *yielding* (*to the touch*), *soft*; (*dict.*) *implicit* (*of faith*).
1630 R. LLWYD: *LlH* 265, megis y bydd sachau gwlân, a'r cyffelyb ddefnyddiau *ymrôus*, a meddal, yn tagu, ac yn gwrth-droi dyrnodiau. **1703** T. BADDY: *PCh* 125, Byddwch mwy *ymrous* i ddioddef, ac i farw tros Grist. **1712** T. WILLIAMS: *CDdG* 376, Ysprydola fi a chalon ŵrol, *ymrous* (*with Courage and Resolution*) oddiuchod. **[1738]** E. JONES: *CE* 201, i ymladd mo'r [*sic*] *ymrous* a chalonnog yn erbyn ei Elynion ysprydol. **1741** G. JONES: *HWI* i. 86, o's wyf fi yn wîr *ymröus* i gadw o honof wynfydedig Ewyllys Duw. **1769** D. ROWLAND: *CG* 42, Gadewch i ni fod mor *ymrous* ag y mynnom i gael ei uniawnid. **1775** *EDPP* 167, fel dyn wedi ei ddeffroi a'i oleuo, *ymrous.* **1775** *W*, Ffŷdd *ymröus*, neu heb sail amgen nâ gair un arall d.g. *Implicit* [*resting, or taken up, on the authority of another without examination*] . . . *Implicit faith.* **1798** W. RICHARDS: *CC* 17, wedi bod yn dra diesceulus, gofalus, *ymrous*, ac ymdrechol. Ar lafar, 'Ma fe'n *mrous* iawn 'da'r capel' (Cered.).
Amr.: **amrous.** **1765** *Cyf C* 147, ond pedfuaswn i mor *amroes* ag y bu rhai o'm blaen heb roi fy Llyfrau allan.
Gw. hefyd **ymroddus.**

ymrowliaf: ymrowlio, gw. **ym-**+**rholiaf: rholio.**

ymröwr, gw. **ymroddwr.**

ymruglaf: ymruglo [*ym-*+*rhuglaf: rhuglo*] *bg.a.* Rhwbio (yn erbyn ei gilydd), ei rwbio ei hun, rhuglo, crafu, treulio; ymwneud, cyfeillachu: *to rub* (*together*), *rub oneself, scratch, scrape, wear*; *deal, have to do, associate.*
1580 *GGN* 7, y gwyr newydd yma a ffawb ar y sudd yn *ymryglo* a hwynt. **16–17g.** *PCWG* 8, bod dvw oi ryfedd ddaioni ai diriondeb i hvnan yn ymgais ag yn *ymrvglo* wrth ddyn heb ryglyddiad na haeddydigaeth. **1604–7** *TW* (*Pen* 228) d.g. *Affrico, Attero, Blandior, Scabo.* **1632** *D* d.g. *Confrico, Prætero, Scalpturio.* **[1703]** *YGDB* 20, *ymruglo* ei lechwedd ai balfais a wna hefŷd, i ddangos ei ystwŷthdra [am darw]. **[1783]** *W* d.g. *To rub . . . or rub one's self.* **1803** *P.*
Amr.: **ymryglu.** **1812** W. DAVIES: *RMB* 74, sef cau allan bob dafad neu anifail clwyfus neu afiachus oddiwrth ereill, fel na byddo iddynt gyd-bori nac *ymryglu.*

ymruthraf: ymruthro, gw. **ym-**+**rhuthraf: rhuthro.**

ymrwbiad [bôn y f. *ymrwbiaf*: *ymrwbio*+-*iad*¹] *e?g.* Y weithred o ymrwbio, rhwbiad, cyswllt; traul: *a rubbing, contact*; *attrition.*
1823.

ymrwbiaf: ymrwbio [*ym-*+*rhwbiaf: rhwbio*] *bg.* Rhwbio, ei rwbio ei hun; cyfeillachu, ymgyfarwyddo, hobnobio; dyfalbarhau; hefyd yn *ffig.*: *to rub* (*oneself*); *associate, familiarize oneself, rub shoulders, curry favour*; *persevere*; *also fig.*
16–17g. *RWM* ii. 170, lle yr oedd yn *ymrwbio* wrth gelffeinen derwen wedy syrthio ir llawr. **16–17g.** E. PRYS: *Gw* 217, Er na bai, ŵr lletbai llwyd, / Sy' braffwasg, ond ffals broffwyd; / Iddo, *ymrwbio* oedd raid, / A Gwenno addwyn, gannaid, / A chael ei dwyn, a chloi'i dŷ, / Wawr Olwen, ar ei wely (Huw Machno). **1630** R. LLWYD: *LlH* 93, [g]welwn nad yw pob cnawd ond *ymruhio* [*sic*] tros amser ar dwmpath trueni y byd hwn. **1722** E. LLOYD: *MC* 22, y'rha[i] . . . yr ydys yn eu tynnu . . . allan or byd hwn; sydd orau gan Dduw rhag iddynt *ymrwbio* wrth anwiredd y bŷd brwnt ymma. **1736 (1812)** *YRW* 49, Tan gynffon-lonni ai'r Gath gyweithes, / I *ymrwbio*'r [*sic*] â'r brenin a'r frenhines. **1757** *ML* i. 475, mae'n rhaid *ymrwbio* trwy'r tew a'r teneu. **[1783]** *W* d.g. *To rub . . . or rub one's self.* **1796** T. JONES: *CCA* 45, cerfiwr delwau . . . fe a â yn gyntaf at y tân, ac a *ymrwbia* yn ei wres, hyd nes delo ei fysedd, oedd yn syth a marwaidd, i fod yn ystwyth. **1799** *TY* 66, yn *ymrwbio* megis hefyd wrth gyfeillion crefyddol. Ar lafar, '*ymrwbio* yn rhywun' (Arfon).
Amr.: **ymrwbian.** **1860.**

ymrwgnachaf: ymrwgnach(u), gw.
ym-+grwgnachaf: grwgnach.

ymrwmaf: ymrwmo, gw. ymrwymaf:
ymrwymo.

ymrwydaf: ymrwydo, gw. ym-+rhwyd-
af: rhwydo.

ymrwyfaf, &c.: ymrwyfo, &c. [ym-+
rhwyfaf¹: rhwyfo] bg.a. Troi a throsi, anes-
mwytho, cynhyrfu, chwifio breichiau a
choesau; rhwyfo; ymdrechu, ymlafnio,
llafurio, brwydro, cystadlu; crwydro, teith-
io; nofio, ymdonni; hefyd yn ffig.: to toss
about, toss and turn, be agitated, thrash about;
row (boat); struggle, toil, fight, compete;
wander, travel; swim, float, undulate; also fig.
    16g. GHCEM 54, A fyn ifanc fal nofiaw / Ymrwyfo'r
byd, lwybrfryd law [Edward Maelor i Owain Bruw-
twn pan oedd oddi cartref yn ymladd]. **16-17g.** PhA
453-4, Synnwyr fydol ai ddolef / sydd ffolder yngwydd
ner nef / Balchio ymrwyfo ir wyd / Bwlch di rad balchder
rydwyd / Casa bechod Cosb buchedd / gan dduw
hwn o gwyn ddi hedd. **1605-10** Haf 24, 623, bydd
gwyr ffôl gwallgofvs yn ymrwyfo llai pann lonyddir i
ysbryd. **1630** YDd 55, marw beunydd, a byth heb
farw, beunydd yn ymrwyfo mewn gofidiau angau.
1661 E. LEWIS: Drex 196, Cei ymrwyfo (swim) yn y
mor mawr diwaelod o hyfrydwch. **1675** R. JONES:
HCh 86, i gadw eich meddyliau rhag ymrwyfo (roving)
ar ôl pethau eraill. **17g.** HUW MORUS: EC i. 192, Tra
buont hwy yn ymrwyfo, / Mewn cynnwrf am eu cinio.
1701 E. WYNNE: RBS 104, nid tlawd neb ond a'i
tybio'i hun yn dlawd. Ond mae'r llawnaf arno od â.i
[sic] ymrwyfo am ychwaneg yn datcan ei dlodi a'i
waelder. **1721** J. P. PRYS: DC 21, A chwedi 'n bedydd-
io i 'mrwyfo am ei Râs. **18g. (1818)** R. JONES: GP
282, Ymrwyfo am yr afal, / Ffoledd yw ffaelio i ddal
[i ferch]. **1803** P. Ar lafar yn y ff. (y)mrwyfo 'to toss
about . . . e.g. in a fever' 'to strain oneself to the
utmost', 'Ymrwyfo i fyw mewn ffarm heb ddigon o
stoc i dalu', WVBD 577.
    Amr.: **ymrwyfan.** **1672** R. PRICHARD: Gw 161, Di
gae dwttan a thrafaelu, / Ac ymrwyfan a thrafferthu.
1767 Aberth Cym 18, y mae ei dosturiaethau yn
ymrwyfan i fynu ac i wared o'i fewn. **ymrwyfio. 1794** J.
HARRIS: Alm 33, Nid oes ond y rhyfel, ymrwyfio ac
ymrafael.

ymrwyfiad [bôn y f. ymrwyfaf: ymrwyfo+
-iad¹] eg. Y weithred o ymrwyfo, anes-
mwythyd, cynnwrf; ?ymgreiniad: a tossing
about, tossing and turning, agitation; ?grovel-
ling.
    1605-10 Haf 24, 623, anifeiliaid gwilltion a glowan
lai o wres y bvstl ac ymrwyfiad pan fo i ysprydiav
gwedi i kyffroi yn wlltach. **1803** P.

ymrwyfiaf: ymrwyfio, gw. ymrwyfaf:
ymrwyfo.

ymrwyfus [bôn y f. ymrwyfaf: ymrwyfo+
-us] a. Aflonydd, anesmwyth, gwinglyd,
rhwyfus: restless, agitated, struggling, uneasy.
    1885. Ar lafar, 'Mae'r plentyn 'ma yn ymrwyfus
iawn', Cymru lxiii. 84 (gorllewin Meir.).

ymrwyfyn [bôn y f. ymrwyfaf: ymrwyfo+
-yn¹] eg. ?Pryfyn: insect.
    p. **1858.**

ymrwygaf: ymrwygo, gw. ym-+rhwyg-
af: rhwygo.

ymrwygiad [bôn y f. ymrwygaf: ymrwygo
+-iad¹] eg. ll. -au. Rhwygiad, rhwyg,
gwahaniad, ymwahaniad; ffrwydriad, ech-
doriad: (a) split, separation; burst, explosion,
eruption.
    1595 M. KYFFIN: DFf [xvii], Schisma, Sçism, sef,
ym-wahanus ymrwygiad oddi wrth vndod a chyttun-
deb yr Eglwys, drwy ymrafaelieth opiniynus. **1803** P.
    Amr.: **amrwygiad.** **1732-3** J. OWEN: GB 56, Sail eu
Hanesmwythder hwynt, ac Achosion eu Hamrwygiad
oddiwrth yr Eglwys ydyw yr oeddynt yn Aeloday o honi.

ymrwygol [bôn y f. ymrwygaf: ymrwygo+
-ol] a. Rhwygol, ffrwydrol, hefyd yn ffig.:
tearing, eruptive, also fig.
    1847.

ymrwygwr [bôn y f. ymrwygaf: ymrwygo
+-wr] eg. ll. -wyr. Sgismatig: a schismatic.
    1813.

ymrwyllaf: ymrwyllo [ym-+?rhwyllaf:
rhwyllo] ansicr yw'r enghrau. llenyddol
isod, a rhoddir y diff. ar sail y geir.] bg.?a.

Dianc, ei ryddhau ei hun, ymryddhau
(?o): to escape, free oneself, extricate oneself
(?from).
    15g. BEDO AERDDREM, &c.: Gw 125, Mab
Tomas benn bras ar brut / Ymrwyllo'r mor a allut. **15-
16g.** GLM 129, Lle'r ymrwyllo'r môr allan, / lle ing y
mae llongau mân. **1604-7** TW (Pen 228), ymrwylho
d.g. Enauigo. Dchr. **17g.** LBS iv. 438, ymrwyllais or
mor allan / mal glaisad at lewdad lan (Thomas Celli).
1632 D, Ymrwyllo, Extricare se. a Rhwyll. **1688** TJ,
Ymrwyllo, ymddiffyn: to shake off or deliver one's self.
1753 TR, Ymrwyllo, to disentangle or disengage
one's self, to extricate himself. From Rhwyll. **1770** W
d.g. To break loose, To disengage one's self, To get clear
of a thing. **1803** P d.g. Ymrwyllaw.

ymrwym¹ [bôn y f. ymrwymaf: ymrwymo]
eg. ll. -au, -ion. Ymrwymiad, cytundeb,
rhwymedigaeth, cyfamod: obligation, bond,
agreement, commitment, covenant.
    13g. B ix. 148, a mi direityaf. en emrwym er ysgemvn
emwat a wneithum. **c. 1400** AL ii. 80, yr meint y
ymrōym ac ef. **16-17g.** Gesta Rom 68, priodwch
hwynt ynghûd, a hynny a vydd ymrwym o'r heddwch
dros vyth. **id.** 74, aeth ef at vrenin Caersalem i achwyn
rag i vab, gan ddangos yddo ef yr ymrwymav a oedd
ryngto ef a'i vab. **1632** D d.g. Obligatio, Sponsio,
Stipulatio. **1696** GGTY 322, nid bedydd . . . eithr
ymrwym (stipulation) cydwybod dda trwy'r adgyfod-
iad. **1722** Llst 189, Ymrwym. m. An engagement,
obligation; bargain. **1725-6** Madd Ed 100, [b]od
ymrwym y Dyledswyddau yn rhy aml a rhy galed.
1770 W d.g. Bond of appearance, Engagement, Escuage,
Insurance, Sacrament.

ymrwym²,³, **ymrwymad,** gw. ymrwym-
af: ymrwymo, ymrwymiad.

ymrwymaf, &c.: ymrwymo, ymrwym²,
&c. [ym-+rhwymaf: rhwymo] bg.a. Ei
rwymo ei hun (drwy gytundeb), ei roddi
ei hun dan rwymedigaeth, ymroddi, ym-
gysgeru (i achos, &c.), addunedu, addo,
rhoddi addewid, cyfamodi; uno, cysylltu,
ei gysylltu ei hun; dyweddïo, ?cyd-fyw,
?priodi; hefyd yn ffig.: to bind oneself (by
an agreement), place oneself under an obliga-
tion, commit oneself, dedicate oneself (to a
cause, &c.), promise, pledge, covenant; unite,
join (oneself); be engaged or betrothed, ?co-
habit, ?marry; also fig.
    14g. BT 156, ymrwymaw ar rodi ohonaw yr brenhin
vgein mil owarthec. **14g.** LIB 81, Or ymrwym gwreic
wrth wr heb gyghor y chenedyl, y plant a ennillo o
hwnnw, ny chaffant ran o tir y gan genedyl eu mam
o gyfreith. **14g.** CR 152, kennat y Freinc, a ymrwym-
aw a myvi doe o'r law deheu a e'e ymoualu am an
lles ni yn wastat. **1346** LIA 134, ymaent rei ohonunt
ymplith ydynyon bydaōl ynytroi yar yhysprydolyon
vedylyev yymrōymaō ymyōn pechodeu marōaōl. **14g.**
WM 40. 6-8, ef a uyn ymrwymaw ynys y kedeirn ac
iōerdon ygyt. **c. 1400** DB 25, [p]ob rei onadunt [y
pedwar defnydd] oc eu priodolder a ymrwymant pob
vn a'e vreich dros y gilyd (quasi quibusdam brachiis
se invicem tenent). **15g.** BB 203, ymrwymaw yngked-
ymeithas a orugant. **15g.** GLGC 452, Dau amrant
wedy ymrwym, / dyrnau rhodd o'r dur yn rhwym [i
ofyn arfwisg]. **1588** Ecclus vii. 8, Na ymrwym â phech-
od ddwywaith. **1595** M. KYFFIN: DFf [15], eithr i'r
rhai a dyngant ag a'm rwymant [sic] ar gadw yr
oruchafiaeth ac Eglwysig. **1604-7** TW (Pen 228) d.g. Teneor. id.
wedy 'mrwymo y vn megys mewn priotas, y gwr yw
wraic d.g. Vnijugus. **1632** D d.g. Alligo, Pango, Repro-
mitto. **1730 (1755)** E. WYNNE: PAC 54, y peth a
ymrwymodd Efe ei hunan ei wneuthur. **1773** J. ROB-
ERTS: GY, Mell-ten] Tarth poeth a sych, sy'n
ymrwymo yn y Cymmylau. **1775** W, Ymrwymo ar
ddïogelu llongau d.g. To insure. **1803** P d.g. Ymrwym-
aw.
    Amr.: **ymrwmo** [cf. rhwmo (gw. d.g. rhwymo)].
p. **1584** G. ROBERT: GC [283], blin yw
ymrwmo i geissio geiriau byrrion, cym[w]ys i'r
messur o gysseiniaid, cyfaddas i'r gynghanedd. **18g.**
Beirdd y Berwyn 75, Dyle pob gŵr gwedi ymrwmo /
Wneyd y fydde gweddol iddo, / . . . / Ni all dyn ne
dynes heini / Fyw ar gariad a chusanu.
    Gw. hefyd amrwymaf: amrwymo.

ymrwymeb [bôn y f. ymrwymaf: ymrwymo
+-eb] eb. ll. -au. Bond (ariannol), gwarant,
hefyd yn ffig.: (financial) bond, security,
also fig.
    1850.

ymrwymedig [bôn y f. ymrwymaf: ym-
rwymo+-edig] a.bfl. a hefyd gyda grym
enwol. Wedi (ei) ymrwymo (ei hun), wedi
ymgysgeru, ymroddedig; (geir.) wedi ei

rwymo drwy indentur: committed, dedicated,
engaged; (dict.) indentured.
    1809 T. JONES: CCA 341, Rhyfeddol yw'r ymad-
roddion trwy ba rai y mae'r gwr sanctaidd hwn yn
mynegi mor ymrwymedig oedd ei galon yn ngwaith
yr Arglwydd.
    Amr.: **amrwymedig.** **1809** T. JONES: CCA 195, holl
allu y Nef sydd amrwymedig yn ei gweryl.

ymrwymedigaeth [ymrwymedig+-aeth]
eb. Ymrwymiad (wrth achos, &c.): commit-
ment.
    20g.

ymrwymiad, ymrwymad [bôn y f.
ymrwymaf: ymrwymo+-iad¹, -ad] eg. ll. -au.
Y weithred o ymrwymo, yr ansawdd neu'r
cyflwr o fod yn ymrwymedig (wrth achos,
&c.), rhwymedigaeth, cytundeb, cyfamod,
adduned, llw, bond; prydles, les: commit-
ment, obligation, engagement, agreement,
covenant, promise, pledge, bond; lease.
    1676 W. JONES: GB 70-1, Yr wyf yn addef yn
wir, nad ydyw 'r ymrwymiad eglur hwn o honom ein
hunain i Dduw . . . yn llwyr-angenrheidiol i Iechydwr-
iaeth. **1696** GGTY 313, mae'n weithred o ymrwym-
iad, hynny yw . . . y mae plentyn yn ei fedydd yn
myned mewn cyfammod â Duw. **1719** EGBG 63,
cyfammod yw cyttundeb cyngreiriol neu amodol
ymrwymiad rhwng dau neu ragor o bartion. **1723** J.
JONES: LlA 192, Trallod ei Gydvvybod ydyvv Sail
Ymrwymiad llavver Dyn mevvn Crefydd. **1725-6**
Madd Ed 177, heb gael Rhagfarn trwy weithredol
ymrwymadau (not prejudiced by actual ingagements).
1767 J. THOMAS: TFff 89, mae ei nerth [Crist] yn
ddigonol i gyflawni ei ymrwymiadau. **1767** AADdG
211, y mae'r gwerthwr yn gofyn Machnïydd, ac ar
gyfrif ymrwymiad y Machnïydd, y mae rhan o'r
defaid yn cael eu rhoi i'r prynwr. **1773** W, ymrwym-
ad, ymrwymo [a bond, an obligation:
a binding, &c.]. **18-19g.** R. DAVIES: DB 89, A thalwyd
cyfoeth hylawn / Ys am ei rydd swm mawr iawn; /
Tan ymrwymiad safadwy / Na thynai 'n groes am oes
mwy. **1803** P d.g. Ymrwymaw.

ymrwymol [bôn y f. ymrwymaf: ymrwymo
+-ol] a. Ymrwymedig, dan rwymedigaeth,
wedi ymgysgeru; yn rhwymo: obliged,
committed; binding.
    1797 B. EVANS: CG 245, y byddai yn gymmwynas
i mi . . . ac y byddwn ymrwymol iawn iddo. **1803** P
d.g. Ymrwymawl.
    Amr.: **amrwymol.** **1785** TBPB 12, Bedydd . . . sydd
arwydd Gwahaniaethol ac Amrwymol hefyd.

ymrwymwaith, gw. ymrwym¹+
gwaith¹.

ymrwymwr, ymrwymydd [bôn y f.
ymrwymaf: ymrwymo+-wr, -ydd³] eg. ll.
ymrwymwyr. Un sy'n ymgysgeru neu'n
ymrwymo, un sy'n rhwymedig i un arall
drwy gytundeb, &c.; ymgymerwr: one who
commits or binds himself, obligor; one who
undertakes to do something, undertaker.
    1778 W, ymrwymydd d.g. Oblige-or, or obligor. **1803**
P, ymrwymwr, s. m.—pl. ymrwymwyr . . . One who
binds himself.

ymrwysgaf: ymrwysgo, gw. ym-+
rhwysgaf: rhwysgo.

ymrwystr [ym-+rhwystr] eg. Rhwystr,
atalfa; (geir.) penbleth: hindrance, obstacle;
(dict.) perplexity.
    14g. GDG³ 262, O'r amrant, er ymrwystr fydd, /
Bugeiliaeth serch, bwygilydd. **1632** D d.g. Implicatio.

ymrwystraf: ymrwystro [bf. o'r e.
ymrwystr] bg. Cael ei dramgwyddo neu ei
siocio; cael ei lesteirio, ei faglu, neu ei atal,
hefyd yn ffig.; ymdrafferthu, ymboeni: to
be offended, scandalized, or shocked; be hin-
dered or ensnared, be put off or stopped, also
fig.; to be concerned or bothered.
    1551 W. SALESBURY: KLl iib, gwynnydedic yw'r
neb ni rwystrir (:– ymrwystro) wrthyfvi. **1567** LlGG
37b, Pe rhan i bawp ac ymrwystro oth pleit ti, eto ni
im rhwystrir i byth. **1567** TN 251b, a's trancwydda
bwyt vy-brawt, ny vwytawyf gic yn tragyvothawl, rac
ym beri im brawt dramcwyddo (:– ymrwystro). id.
318a, Nyd oes neb a ryvela, a ymymblyc [sic] (:–
ymrwystra, ymdraffertha, ymrwystra) a negeseuon y
vuchedd hon. id. 361a, os wedi eu diainc o iwrth hal
ogedigrwydd [sic] y byd . . . y ceffir hwynt eilwaith
wedi ymrwystro ar vn pethau. **1604-7** TW (Pen 228)
d.g. Retardo. **1677** C. EDWARDS: FfDd 157, [p]an
ymrwystrodd trigolion Prydain hefyd â'r ddadl hon.

1679 C. Edwards: *GGG* 191, nid rhaid i neb *ymrwystro* ynghylch y lle iw gymmeryd ef [Swper yr Arglwydd] ynddo. **1765** J. Evans: *CPE* 79, Na *ymrwystred* y darllenydd, os gwêl efe gryn unhawsder [*sic*] . . . yn y ddwy restr achau. **1768** Risiart ap Robert: *CB* 193, Ac i *ymrwystro* oddi wrth yr arferion hynny, nid yw lai nâ rhwystro ein cymmundeb ni â'r prophwyd mawr hwn. **1778** J. Hughes: *BB* 102, Nid oes gan yspryd natur, / I'w wneuthur mwy na nwhythe, / Ond cwestiwno ag *ymrwstro* [*sic*], / Tramgwyddo wrth ei eirie. **1783** P. Williams: *FfA* 32, Jona . . . yn ffoi i Darsus, ac yn *ymrwyst*[*r*]*o* yn ryfygus [*sic*] â pheryglon enbyd. **1803** *P* d.g. *Ymrwystraw.*

ymryddhad, ymryddhaf: ymryddhau, ymryfeddaf: ymryfeddu, gw. ym- + rhyddhad, rhyddhaf: rhyddhau, rhyfeddaf: rhyfeddu.

ymryfusaf: ymryfuso, gw. amryfusaf: amryfuso (hefyd At.).

ymryfygaf: ymryfygu, gw. ym- + rhyfygaf: rhyfygu.

ymryfysg, gw. amryfus (hefyd At.).

ymryglaf: ymryglu, gw. ymruglaf: ymruglo.

ymrygnaf: ymrygnu, gw. ym- + rhygnaf: rhygnu.

ymryliw, ymrymial, gw. amryliw (hefyd At.), ymremial.

ymryson[1], &c. [?cf. H. Wydd. *im*(*b*)*res*(*s*)*an*] *eg.b.* ll. *-au, -ion.* Anghytundeb, ymrafael, cynnen, anghydfod, dadl, anghydweledіad, gwahaniaeth barn, gwrthdaro, ymgiprys, helynt; cystadleuaeth neu ddadl (farddol, &c.): *contention, strife, dispute, quarrel, controversy, difference of opinion, conflict, rivalry, trouble*; (*bardic, &c.*) *contest or debate.*

12g. *GCBM* ii. 122, Rydysgaf disgywen ueirtyon, / Ry-m-gedir y gadeir *ymrysson.* **14g.** *WML* 308, y teruyn. auo yrwng y dev *ymrysson.* Arennir in deuhanner. **14g.** *GDG*[3] 81, Pob cwlm addwyn er mwyn merch, / *Ymryson* am oreuserch [i'r ceiliog bronfraith]. *Dchr.* **15g.** *Cy* iv. 124, torri *ymrissoneu* rôg gwyr agwyr yr ydôyn y garyad achytundeb. **1551** W. Salesbury: *KLl* lxib, gweithredoedd y cnawt . . . yw'r / y [*sic*] rei hyn: Gordderchyat puteindra / aflendit . . . *ymrysonion.* **1567** *TN* 329b, Na chaledwch ych calonau, megis yn yr *emryson* [:– y chwerwedd, anoc]. **16g.** Dafydd Benwyn: *Gw* 177, Kwynant rhiolwyr, kwynant rhai haelionn: / kwyn dv am Risiart, kan o daw *mrysonn.* **1599** (**1677**) R. Holland: *AB* 106, canys dial gen mwya yw pob *ymryson* ddirgel a phrifat. **16–17g.** *B* v. 26, gossodes dhav ryw *ymrysson*; vn rhwg y beirdh a'r prydydhion, ac aralh rhwgh y telynorion a'r Crythorion, a phibydhion. **1604** R. Holland: *BD* 7, [p]et fae 'r articl am y Drindod mewn *ymruson* [*sic*] neu ymrafael. **1604–7** *TW* (*Pen* 228), '*mrysson* d.g. *Vindiciæ. id.* d.g. *Vnda.* **1632** *D*, *Ymrysson* . . . Rixæ, lis, contentio. **1688** *TJ*, *Ymryson*: a strife. **1712** T. Williams: *CDdG* 375, Na âd i un *ymryson* Crefydd orchfygu ynof y cyfryw gariad. **1747** *ML* i. 107, Ni welais i ond rhyw ychydig o *ymrysonion* Edmund Prys a William Cynwal. **1803** *P.*

Amr.: **rhyson** [?olff.]. **1828.**

Cfn.: **ymryson aredig:** *ploughing match.* **1840.** **ymryson barddol:** *bardic contest or debate.* **20g.** **ymryson y beirdd:** *bardic contest.* **1937.** **ymryson crasineb:** ?*banter, jest.* **1859.**

Gw. hefyd amryson.

ymryson[2], ymrysona, gw. ymrysonaf: ymryson.

ymrysonaeth [*ymryson*[1] + *-aeth*] *eb.g.* Ymryson, anghytundeb, ymrafael, cynnen: *contention, strife, controversy.*

1677 R. Jones: *BB* 76, Cashewch y profedigaethau . . . ond yn bendifaddeu y rhai ach maglei mewn *ymrysonaeth* (*controversie*) â'r nefoedd. **1793** Dafydd Ionawr: *CD* 199, Mawr swn ac *ymrysonaeth* / Ym mysg cwn Annwn a wnaeth. **1803** *P*, *Ymrysonaeth*, s. m. . . . Contention.

ymrysonaf: ymryson[2], ymrysona, ymrysoni [bf. o'r e. *ymryson*[1]] *bg.a.* Bod yn rhan o ymryson neu ymrafael, ymdrechu yn erbyn gwrthwynebydd, llafurio, gwrthdaro, ymladd, ymgiprys, cystadlu, dadlau (yn swnllyd), ceryddu; cymryd rhan mewn ymryson barddol neu gerddorol (i benderfynu): *to contend, strive, dispute, struggle, labour, engage in conflict, clash, fight, be in rivalry, compete, quarrel, brawl, chide*; *take part in a poetic or musical contest* (*to decide*).

14g. *Bren Saes* 182, A'r Nodolic hwnnw y gwnaeth Rys ap Grufud y wled vawr yngastell Aberteiui y *ymrysson* pwy orev o gerd tant nev gerd tavot dros wyneb Kymre a Lloegyr. *c.* **1400** *YCM*[2] 28, a thros y dedyf . . . yd *ymryssonwn. c.* **1400** *RB* ii. 155, Ar cranc a *ymrysson* ar heul. **1488–9** *B* iv. 198, *ymrysones* y ddwy elment ai gilydd nid amgen y gwynt ar tan. **1567** *LlGG* 43b, pwy a *ymryson* a mi? **1567** *TN* 3[71]a, Mihacael yr Archangel, pan *ymrysonawdd* ef yn erbyn diavol, ac ymddadleu am corph Moysen. **1588** *Ecs* ii. 13, wele ddau Hebræ-wr yn *ymryson.* **1599** (**1677**) R. Holland: *AB* 83, wrth wneuthyr dai/ioni, *ymryson* ac ymegnio (*strive*) am ddy[f]od i berffeithrwydd. **1604** R. Holland: *BD* 8a, *ymrusonwch* (*laboure*) am allu o honoch gadw y gydwybod hon yn dhilwgwr. **1604–7** *TW* (*Pen* 228), *ymrysoni* d.g. *Contendo.* **1606** E. James: *Hom* i. 62, Gwir yw, nid *ymrysonaf* ddim yn hynny. **1632** *D*, *Ymrysson*, Rixari, contendere. **1688** S. Hughes: *TSP* 3, weithie hwy a *ymrysonnent* (*chide*) ag ef. **1716–18** *Llsgr R. Morris* 198, lle bo cantorion rhaid *ymryson.* **1753** *TR*, *Ymrysson*, to strive, to contend, to quarrel. **18–19g.** *MA* i. 553, Llu tramawr yn helau [*sic*] tonnau Teifi / Uchel eu rhwysg rhwyf rhyddyfysgi / Tair breuddwyd a brofir / Eu bod yn wir a gwir / Tair Rhandir yn *ymrysoni.* **1803** *P* d.g. *Ymryson.* Ar lafar yn yr ystyr 'cymryd rhan mewn ymryson barddol'.

Gw. hefyd **amrysonaf: amryson.**

ymrysonedig [bôn y f. *ymrysonaf*: *ymryson*, &c. + *-edig*] *a.bfl.* Yr ymrysonir yn ei gylch: *disputed.*

14g. (**17g.**) *AL* ii. 580, lladd celin [*sic*] ar y tir *ymrysonedic. id.* 664, Tri llw pedrus y sydd llw ynat na ddaw cof iddaw pa diw y barnawdd ef y frawt *ymryssonedic.* **1540** *Edwinsford* 4224, [p]erchen dilis yr tir *ymryssonedic.*

ymrysonedd [*ymryson*[1] + *-edd*[1]] *e?g.* Ymryson, ymrafael, cynnen, anghydweledіad, dadl: *contention, strife, controversy, quarrel.*

16g. Rhisiart Fynglwyd, &c.: *Gw* 4, Tadog ynys, tai digonedd, / A'ch gogonedd o'ch goginiad / Am ras ynys *ymrysonedd*, / Wyt o fonedd at ofyniad. **1716** E. Samuel: *GGG* 194, Pwy bellach, lle byddo achos o *ymrysonedd* na ddywed mae diogelaf yw sefyll wrth y Gyfraith. **1718** E. Samuel: *HDdD* 355, mae Pob un or rhain mewn perygl trwy gynnen ac *ymrysonedd* (*strife and contention*). **1719** *TDP* [vii], Ymdrechwch gyda Simeon . . . i ochelyd *Ymrysonedd.* **1723** E. Samuel: *PDdC* ii. 55, [t]roi ei Grefydd Ef yn Ymddadl ac yn *Ymrysonedd* (*controversy*).

ymrysonfa [*ymryson*[1] + *-fa, ma*] *eb.* ll. *-feydd.* Ymryson, ymrafael, cynnen, gwrthdaro, ymladdfa, brwydr, ornest, gêm, cystadleuaeth; (geir.) y weithred o bryfocio: *contention, strife, conflict, fight, battle, contest, game, match, competition*; (*dict.*) *provocation.*

1567 *LlGG* 3a, na chaledwch eych calonau: megis yn yr *ymryson va* [*sic*], a' megis yn-nydd prouedigaeth yn y dyffaithwch. **1709** H. Powel: *G* 53, yn arfer scrifennu y prif bethau mewn *ymryssonfa* o Gyfraith. **1722** *Llst* 189, *Ymrysonfa.* f. A provocation. **1793** T. Jones: *SD* 68, yr Arglwydd . . . yn cynnal *ymrysonfa* dirion, mewn dydd o ras . . . â phawb o ddynol-ryw. **1797** D. Davies: *SEG* 237, y mae'n *ymrysonfa* yn erbyn doethineb . . . Duw.

Cfn.: **ymrysonfa aredig:** *ploughing match.* **1844.** **ymrysonfa bêl-droed:** *football match.* **1932.**

ymrysongar [*ymryson*[1] + *-gar*] *a.* a hefyd gyda grym enwol. A nodweddir gan ymryson neu wrthdaro, cynhennus, cwerylgar, dadleugar, cecrus, ffraegar; dadleuol: *characterized by strife or conflict, contentious, quarrelsome, argumentative, fractious, brawling*; *controversial.*

1547 *WS*, *Ymrysongar.* **1567** *TN* 224a, ir ei sy yn cynnenus [:– *ymrysongar*]. **1588** *Jer* xv. 10, Gwae fi fy mam, ymddwyn o honot fi, yn ŵr *ymrysongar.* **1604–7** *TW* (*Pen* 228) d.g. *Trico.* **1606** E. James: *Hom* i. 35, etto fe allai na wasanauthai 'r cwbl i'r rhai ydynt *ymryssongar* (*contentious*), o herwydd fe lunia'r *ymryss*[*o*]*ngar* (*contenders*) achos o ymrysson. **1632** *D*, *Ymrysongar*, Contentiosus. **1651** Siôn Treredyn: *MDD* 280, dynion o synnwyr cyfrwys, ac o ysprydiau *ymrysongar.* **1737** J. Einnon: *HR* 153a, Nid oeddwn un amser yn gofalu am gyffwrdd a phethau *ymrysongar* (*controverted*), nag ymmhlith y Saints bethau ysg[a]fn. **1743** J. Jones: *LlAW* 45, ni ddylai fod dim anghydfod . . . dim ymranniadau *ymryssongar* nac ymrafael yn eich plith. **1790** T. Jones: *TOS* 349, y byd trafferthus, *ymrysongar*, cybyddlyd. **1803** *P.*

ymrysongarwch [*ymrysongar* + *-wch*[1]] *eg.* Yr ansawdd neu'r cyflwr o fod yn ymrysongar neu'n gwerylgar: *contentiousness, quarrelsomeness.*

1632 *D* d.g. *Pugnacitas.* **1722** *Llst* 189, *Ymrysongarwch.* m. Contentiousness. **1803** *P.*

ymrysongerdd [*ymryson*[1] + *cerdd*[1]] *eb.* ll. *-i.* Ymryson (geiriol neu farddol), dadl neu gynnen (eiriol), cweryl, anhrefn, anghytgord: (*verbal or poetic*) *contest*, (*verbal*) *debate or contention, quarrel, disorder, discord.*

1567 *TN* 259a, Can nad ydyw Duw yn avvdur *ymrysongerdd*, anyd tangneddyf. *id.* 324a, gwrthladd questione ynvydion, ac iachae, a' chynneneu ac *ymrysongerdd* o bleit y Ddeddyf. *a.* **1587** *Y* [1], *ymrysongerdd* rhwng Edmwnd Prys . . . yn erbyn Wiliam Cynwal. **1604–7** *TW* (*Pen* 228) d.g. *Advelitatio, Altercatio, Concertatio, dissonantia, Logomachia.*

ymrysoniad [bôn y f. *ymrysonaf*: *ymryson*, &c. + *-iad*[1]] *eg.* Ymryson, gwrthdaro, cweryl, dadl: *contention, conflict, quarrel, argument.*

1683 J. Jones: *TG* 51, *ymrysoniadau* yspryd Duw yn eu Cydwybodau eu hynain. **1789** B. Evans: *LlG* 89, A ydyw hyn yn ymresymiad, ag onite yn *ymrysoniad?* **1793** *Cylchg* 186, byddi ddiysgog ynghanol *ymrysoniad* yr elfenau. **1803** *P*, *Ymrysoniad*, s. m. . . . A contending.

ymrysonol [*ymryson*[1] + *-ol*] *a.* Ymrysongar, cynhennus, cwerylgar, dadleugar, gwrthdrawiadol; dadleuol: *contentious, quarrelsome, argumentative, conflicting*; *controversial.*

1658 R. Vaughan: *PS* [ix], Rhag Shismau yn gwau angenawl ei sut, / wele swyn rhagorawl, / oes rhin gwell rhag dichell diawl, / ai synwyr *ymrysonawl.* **1680** J. Thomas: *UN* [vii], mi a adewais *ymrysonawl* ran Gweddi i ddyscawdwyr gwell. **1792** *AE* 17, Yr y'm yn wir yn byw mewn oes ddadleugar ac *ymrysonol* mewn pethau eraill y mae'n tybiau yn amrywol. **1803** *P* d.g. *Ymrysonawl.*

ymrysonus [*ymryson*[1] + *-us*] *a.* Cynhennus, cwerylgar: *contentious, quarrelsome.* **1852.**

ymrysonwaith, gw. ymryson[1] + gwaith[1].

ymrysonwr, ymrysonydd [bôn y f. *ymrysonaf*: *ymryson*, &c. + *-wr, -ydd*[3]] *eg.* (b. *ymrysonwraig*, ll. *-wragedd*) ll. *ymrysonwyr, ymrysonyddion.* Un sy'n ymryson neu'n cweryla, cecryn, ymladdwr, cystadleuwr; un sy'n cymryd rhan mewn ymryson barddol; ymgyfreithiwr; bargyfreithiwr: *contender, quarreller, brawler, fighter, combatant, competitor*; *one who takes part in a poetic contest*; *litigant*; *barrister.*

1588 *Eseia* xlix. 25, myfi a ymryssonaf a'th *ymryssonudd.* **1589–93** *Rhyddiaith Gymraeg* ii. 138, dialedd Duw ydiw y llygrieth yn y cyfreithwyr a ddanfonodd Ef . . . i orthrymy cyfriw chwennedig *ymrysonwyr* rheithwyr anfodlon. **1595** *Egl Ph* 77, Ny ni a dyghassom garr eich bronn chwi i gael barn, nid lheidr; eithr herwr agherdhawl . . . nid *ymrysonwr*; eithr lhawrydh aghardhyn. **1632** *D*, *Ymryssonwr* d.g. *Litigator.* **1661** E. Lewis: *Drex* [x–xi], yr *ymryssonwyr* yn wyr o undeb, y godinebwyr yn ddiwair. **1722** *Llst* 189, *Ymrysonwr.* m. A quarreller, contender. *id.* *Ymrysonydd.* m.p. *nyddion.* [A quarreller, contender]. **1768** Risiart ap Robert: *CB* 330, mae'n debyg ped fuasai'r cyfryw un . . . y buasai i'r *ymrysonwyr* (*litigants*) eu hunain apelio i'w farn ef. **1796** T. Jones: *CCA* 238, Fel rhyw *ymrysonwr* ceccrus (*wrangling barrister*), sy'n ceisio cymmaint a fedro gael o gyfarwyddyd yn y gyfraith; yn unig fel y byddo yn fwy abl i roi pobl onest mewn blinder trwy ei gŵynion cynhennus. **1803** *P* d.g. *Ymrysonwr.*

ymrythaf: ymrythu [*ym-* + *rhythaf*: *rhythu*] *bg.* a hefyd gyda grym enwol. Gorfwyta, llawcio bwyd; agor (yn llydan), lledu, ehangu, tyfu, estyn; hefyd yn *ffig.*: *to overeat, eat ravenously*; *open* (*wide*), *widen, enlarge, grow, extend*; *also fig.*

1632 *D* d.g. *Comessor, Ingurgito, Voro.* **1657** *MLl* ii. 86, fel y mae 'r ddayar megis pwll yn agoryd ei cheg i lyngcu yr holl gyrph . . . felly y mae vffern yn *ymrythu* am yr holl eneidiau cnawdol. **1688** *TJ*, Gloddest, ymgestio neu *ymrythu* ar fwŷd neu ddiod. **1701** E. Wynne: *RBS* 121, Nid rhaid i mi sôn am yr anghymmedrolder sy gynnefin i fyrddeu llownion, nac

am y drygau a ddaw o *ymrythu* (*fulness*), balchder ac anlladrwydd, yspryd gwammal a mwythus. **1722** *Llst* 189 d.g. [*Broad*] . . . *To grow Broad.* **1725** *SR* d.g. *To Revell.* **18g.** *W Ballads* 71, 5, *Ymrythu*'n an hiraethol [*sic*] ar bob difyrwch cnawdol / Plesere an amserol [*sic*] i ddigio'r nefol Dduw. **1773** *W* d.g. *To enlarge itself, To extend* [*it-self*], *To open* [*widen, or grow wide*]. **18–19g.** J. THOMAS: *EG* 164, Yn hwsmon, mewn un dydd, mwy nid âf; / *Ymrythu* am fwy na'i ran / Baeddu'r gwan, y bydd y gwych. **1803** *P.*

ymsaethaf: ymsaethu, ymsafaf: ymsefyll, &c., gw. ym-+saethaf: saethu, safaf: sefyll, &c.

ymsafnrhythaf, ymsafnrythaf: ymsafnr(h)ythu [*ym-+safnrhythaf, safnrythaf: safnr(h)ythu*] *bg.* Agor led y pen, agor ei geg neu ei enau, anadlu'n fyr a chyflym; difrïo: *to open wide, open one's mouth or jaws, pant; inveigh* (*against*).

1591 *CM* 16, 48, yn erbyn hynny [dysgeidiaeth newydd] y gwichia rhyw Lyffaint, Cricciaid, ac ednogod darfodadwy, cyfryw ac yw 'r Pelagianiaid dan *ymsafnrythu* ie, wrth y rhai Catholic. **16–17g.** *PCWG* 235, nid *ymsafnrhythv* i gellwair . . . am oferedd. **1604–7** *TW* (*Pen* 228), *ymsafnrhythû* d.g. *dehisco.* **1632** *D, ymsafnrhythu* d.g. *Fatisco.* **1718** E. SAMUEL: *HDdD* 241, pan fŷch yn *ymsafnrythu* (*gaping*) i draflyncu dy Frawd. **1722** *Llst* 189, *Ymsafnrhythu.* To gape (for breath) open or cleave of it self. **1771** *W* d.g. *To breathe short* . . . *To gape* [*yawn; open the mouth wide*]. **1803** *P* d.g. *Ymsavnrythu.*

ymsafol [*ym-+safol*] *a.* Ar ffurf cerfwedd: *in relief* (*of sculpture, &c.*).

1851.

ymsang¹ [*ym-*+bon y f. *sangaf: sengi*] *eg.* ac yn eithriadol *eb.* ll. *-au*, a hefyd gyda grym ansoddeiriol.

(*a*) Cynulliad, cynulleidfa, torf, tyrfa; sathriad (ar ei gilydd), gwasgfa, gwasgiad, pwysedd; ymryson, ymgodymiad: *assembly, a gathering, crowd, throng; a treading or trampling* (*on each other*), *pressing, pressure; contest, a wrestling.*

12g. *GCBM* i. 255, *Ymsag* toryf am goryf, am gert westi. **13g.** *GDB* 135, Nyd ef yd eir nef o nerth llonder / Nac o nerth *ymsang* yn un amser. **14g.** *WM* 249. 11–13, dyfot a oruc y lu attunt yna gan *ymsang* a brys y geissyaw gwelet owein. **14g.** *Haf* 1, 91b, Ac yna y bu aerua galet o pop parth. yna y bu y kynhwryf ar lleuein ar gorteri ar ymurathu ar *ymsag* ar ymtaraw. **14g.** *GDG*³ 401, Ai *ymsang*, ŵr eang wg, / Am radd, ai ymladd amlwg. **14–15g.** *IGE*² 302, Cynnal yn ynial a wnae / Llys agwrdd, gaer llysygae, / Beirdd *ymsang* fal Ehangwen / Fawr ei pharch o fur a phen [Rhys Goch Eryri i Robert ap Meredudd]. *c.* **1400** *YCM*² 63, Mawr, hagen, oed y niueroed o ieirll a barwneit a marchogyon, a'r *ymsang* gantunt yn edrych ar vedydyaw Otuel. **15–16g.** *TA* 46, Naw ynys i'w lys, dan law usier, / Yn peri *ymsang* bob rhyw amser. **1547** *WS*, Pres *ymsang* Prease. **1567** *TN* 51b, A' phryt na allent ddyvot yn nes ataw gan y dorf [:– *ymsang*]. **1604–7** *TW* (*Pen* 228), rhyw ryngylh a gadwe'r popul ymeith lhe bai *ymsang* mawr d.g. *Mastigophorus.* **1606** E. JAMES: *Hom* iii. 261, hi a gafodd cymmaint cyrchfa ac *ymsang* [:– Ymwasc] (*throng*) o bobl, fel na chafodd hi le mewn vn lletty. **1632** *D, Ymsang*, Pressura, coarctatio. *id.* d.g. *Pressus.* **1688** *TJ, Ymsang*, ymwâsg: a pressing, a straining. **1722** *Llst* 189, *Ymsang* . . . A pressing down or together. **1722** E. LLOYD: *MC* 64, a syrthiwn ni i'r anobaith llwrf caeth cyfing ymma? natto Duw. Wele gan beth a wnawn ni yn yr *ymsang* ymma. **1803** *P, Ymsang*, s. f. . . . A mutual treading or trampling; an employing one's self in treading; a mutual struggle; a wrestling.

(*b*) Gair, cymal, &c., a ddodir fel esboniad neu ôl-feddwl mewn darn sy'n ramadegol gyflawn hebddo ac a nodir fel arfer gan gromfachau, gwahanodau, neu atalnodau, sangiad; (fel arfer yn y ll.) pâr o gromfachau neu fachau petryal a ddefnyddir i nodi hyn; ymwthiad (sain neu lythyren), epenthesis; ychwanegiad, gorymddwyn: *parenthesis;* (*usu. pl.*) *parentheses, brackets; epenthesis; addition, intercalation.*

1552 W. SALESBURY: *Gw* 294, Syncope, Kyttrwch, id fugûr wrthnebûs hi natur i *Ymsang*, obleit trychy darn y vaes o bervedd gair a wna. **1604–7** *TW* (*Pen* 228), *ymsang*diwrnawt [*sic*] d.g. *Embolismus. id.* Attraethiat, ynol [*sic*] parenthesis, ne *ymsang* hir d.g. *Epanalepsis.* **1632** *D, Ymsang, ymsang* llythyren ynghanol gair d.g. *Epenthesis. id.* Yr amser cyfrwng, y cyfrwng, y gorymddwyn, yr *ymsang* d.g. *Intercalarium.* **1677** C. EDWARDS: *FfDd* [422], A phan welech eiriau wedi cau arnynt ymmlaen ac yn ôl (fal hyn) *ymsang* mewn rheswm ydynt. **1688** *TJ* [xi], Yr *Ymsang*, neu'r nodau hyn ( ). *id.* (At.) [28], Yr ydŷs y rhan fynychaf yn arferu'r cromfachau yn yr un deunŷdd a'r *ymsangau.* **1722** *Llst* 189, *Ymsang* . . . a parenthesis: an epenthesis. **18g.** *LlCy* iii. 188, Bydded llinellau neu nodau'r *Ymsang* Saisnaeg yn onglog, fel hyn, [ ], a'r rhai Cymraeg yn gefn-grwmm, fal hyn, ( ). **1793** M. J. RHYS: *CA* 40, ( ) *Ymsangau*, sydd yn cau i mewn ryw air neu eiriau a ellir eu gadael allan.

Amr.: **mysaing²**. **1632** *D* d.g. *Conculcatio.*

Gw. hefyd **amsang.**

ymsangaf: ymsengi, ymsangu, ymsang², &c. [*ym-+sangaf: sengi*] *bg.a.* Sathru (ar (ei gilydd)), mathru, troedio; sleifio, cripian, ymwthio, ei wthio ei hun, gwreiddio, hefyd yn *ffig.*: *to tread or trample* (*on* (*one another*)), *set foot; sneak, creep, intrude, thrust* (*oneself*), *take root, also fig.*

14g. *GIG* 36, Orwyr Madog, iôr medeingl, / Fychan yn *ymseingian* Eingl [achau Owain Glyndŵr]. **15g.** *LGC* 478, Amlys im', dan ymliw ser, / *Ymsang* yn Lloegr un amser. **16g.** (*LlEG*) *Mos* 158, 69a, y vo a *ymsangodd* serttain or Iddewon ymhlith pobyl Eraill I geishio . . . ddyu/odd [*sic*] Ir neuadd. **1551** W. SALESBURY: *KLl* lvb, ar dyrva yn pwyso [:– *ymsengy*] ato y wrando ar air Deo. **16g.** D. R. THOMAS: *DS* 163, or fath hyn e maynt yr hai a fo yn *ymsengi* y fewn tai. **1567** *TN* 105b, *ymsengynt* [:– ymsethrynt] ar y gylydd. *id.* 300a, gan ymgodi [:– *ymsengi*] ym-petheu ny's gwelawdd e erioed. *id.* 321b, 'rei o ryfic a geisient *ymsengi* y vot yn Uugelydd. **16g.** *LIS* 50, had deilioc wedy'r anhuddo mewn rhisc. Vn gwreiddyn yn *ymsengy* yn ddwfyn. **1604–7** *TW* (*Pen* 228), *ymsengi* d.g. *Comprimo, Insero, Interpono.* **1722** *Llst* 189, *Ymsengi* . . . To tread upon one another. **1803** *P* d.g. *Ymsangu.*

Amr.: **mysengi, mesyngi, mysaing¹,** &c. **1567** *LlGG* (*Sall*) 10a, *myssengais* wy [gelynion] mal pridd yr heolydd. **1567** *TN* 7a, y'w vwrw allan [halen], a'i sathry [:– *vysyng*] gan bawp. *id.* 95b, peth [had] a syrthiawdd ar emyl y ffordd, ac a sathrwyt [:– *vessyngwyt*]. *id.* 97b, y mae 'r dorf yn dy wascu, ac ith sathru [:– *vysseing*]. *id.* 241b, Duw pen y tangneddyf a sathr [:– *vysseing*, dwmpan, vathr] Satan y dan eich traed. *id.* 284b, gau ebestyl, yr ei 'sy yn ceisio dadchwelyd y ffydd hwy, a' *missing* [:– sathru] yr Euangel dan draet. **1604–7** *TW* (*Pen* 228), *myssingo* d.g. *Calco. Dchr.* **17g.** *J* 10, 28b, *Mysengu.* **1632** *D, Maessing*, Idem quod *Myssaing*, conculcare. *id. Myssaing*, Pedibus conculcare. **1803** *P* d.g. *Maessyng, Mysangu.*

ymsangiad [bôn y f. *ymsangaf: ymsengi*, &c.+*-iad¹*] *eg.* Sathriad; ymyriad: *trampling; interposition.*

1725–6 *Madd Ed* 58, y fath arlwybrau o'i Ewyllys . . . Neu yn ail wrth ei anghynefinol *ymsangiad* (*interposition*), yn amlwg adrodd ei ewyllys a'i feddwl i Feibion dynion. **1803** *P.*

Amr.: **mysyngiad. 1851.**

ymsangol [*ymsang¹+-ol*] *a.* A ychwanegir at y calendr er mwyn ei gysoni â'r flwyddyn heulol (am ddiwrnod, mis, &c.); yn gweithredu fel sangiad, ymwthiol (am sain neu lythyren); heidiol, yn sathru (ar ei gilydd): *intercalary; parenthetical, epenthetic; thronging, treading or trampling* (*on one another*).

1775 *W, ymsangawl* d.g. *Intercalar, or Intercalary.* **18–19g.** R. DAVIES: *DB* 116, Gwel feibion pell a merched / Na aned etto 'n wir, / Yn gyd dorfeydd *ymsangol*, / Dyfodol dyrfa fawr. **1803** *P, Ymsangawl* . . . Self-treading, mutually treading.

ymsaincteiddiaf: ymsaincteiddio, ymsancteiddiaf: ymsancteiddio, ymsanteiddiaf: ymsanteiddio, gw. ym-+sancteiddiaf: sancteiddio.

ymsarllach, gw. ymsorllach.

ymsathr¹ [*ym-+sathr¹*] *eg.b.* Sathriad (ar ei gilydd), curiad; tyrfa; hepgoriad (llythyren): *a treading or trampling* (*on one another*), *beating; crowd; omission* (*of letter*).

1604–7 *TW* (*Pen* 228), not *ymsathr* d.g. *Apostrophus. id.* d.g. *Collisio.* **1611** *NBSB* 139, I'th neuaddau maith nodder, / Heb *ymsathr* mae bob amser; / I'w swyddau, lle'i hansodder, / Waith i fitlo i'th fwtler, / A gŵys hoyw cog a sewer, / A'th bobl loywwaith, bob lawer (Dafydd Llwyd Mathew). **1707** *AB* 263a, *Ymsathr* (*C* 49. 16–17, amsathir) yn î bôn, maon yn i chylch. **1803** *P, Ymsathyr*, s. f. . . . The employment of one's self in treading.

Cfn.: **ymsathr odl(au):** *type of partial 'proest' within a line, considered by some as a fault in Welsh prosody* (*sometimes also in a wider sense*). *a.* **1575** *GP* 126, *Ymsathr Odlav* a vydd pann vo yr orffywyssva gynghaneddol nev rann o'r ssilldaf honno yn ymssathr a'r awdl, val hynn: 'Y gwr o Gaerlleon Gawr'. *c.* **1580** *id.* 195, *Ymsathr odlav* ysydd vai kyffredin, ag a ddigwydd ar groes gynghanedd pan vo'r orphwysfa'n ddisgynedig ar eiriav llvosawc o silltav, a'r odl yn vnsilltafoc, val hynn: 'Llwy[b]rav terfysg lle bv'r twrf'. Ag ar draws gynghanedd val hynn: 'Pleidwyr yn i harfav plad'. . . *Ymsathr odl* ar gynghanedd lvsg a ddigwydd pan vo'r silltaf at yr odl heb gaffel i chwbl aken yn vnodl i ateb i'r silltaf a vytho o'r blaen yn yr orphwysfa, ne pan vo darn o'r odl i hvn yn ateb yn vnodl i'r silltaf a vo yn yr orphwysfa, val hynn: 'Gyrwch y mab i'r stabl'. **1815** *TR* 77, *Ymsathr odlau*, sef pan fyddo rhan o sillaf yr orphwysfa yn sathru ar y brifodl. Cf. J. MORRIS-JONES: *CD* 260, Nid yw dwy sillaf fel 'byd' a 'bwyd' yn proestio, am mai llafariad a deusain sydd ynddynt; ond y mae diwedd y llafariad yn un â lled-lafariad y ddeusain, nes bod yr effaith yn debyg i broest . . . am na ellid ei galw'n broest i'r odl, fe'i galwyd yn '*ymsathr odlau*'.

Gw. hefyd **amsathr.**

ymsathraf: ymsathru, ymsathr² [*ym-+sathraf: sathru*] *bg.a.* a hefyd gyda grym enwol i'r be. *ymsathru.*

(*a*) Sathru (ar ei gilydd), mathru, curo, hefyd yn *ffig.*: *to tread or trample* (*on one another*), *beat, also fig.*

1567 *TN* 105b, ymsengynt [:– *ymsethrynt*] ar y gylydd. **1588** *Eseia* xxii. 5, diwrnod blinder, ac *ymsathru* ac ymddryssu. **1588** *Luc* xii. 1, ymgasclodd yng-hyd liaws aneirif o bobl, hyd oni *ymsathre* 'r naill y llall. **1604–7** *TW* (*Pen* 228), *ymsathrû* d.g. *Collido.* **17g.** *LlGC* 13215, 331, *Ymsathru* Conculco. **1725–6** *Madd Ed* 130, nid yn fwy i anfodloni'r Hollalluog . . . nag i ddirmygu ac *ymsathru* (*insult*) y Natur ddynol. **1753** *TR, Ymsathru*, to tread one upon another. **1803** *P* d.g. *Ymsathru.*

(*b*) *c.d.* Ffurfio lled-broest (â): *to form a partial 'proest'* (*with*).

a. **1575** *GP* 126, Ymsathr Odlav a vydd pann vo yr orffywyssva gynghaneddol nev rann o'r ssilldaf honno yn *ymssathr* a'r awdl, val hynn: 'Y gwr o Gaerlleon Gawr'. **17g.** *id.* 191, Gwiliwch lvsg yn *ymsathr* y llynn: 'Nad dy fab i'r ysdabl'. *c.* **1785–90** **(1829)** *CBYP* 132–3, gormodd odlau yn *ymsathr* eu gilydd.

ymsawd, gw. ym-+sawd¹.

ymsawdd¹ [*ym-+sawdd¹*] *eg.* Soddiad: *a sinking.*

14g. *T* 7. 23, Val *ymsawd* yn llyn heb naw. **1615** R. SMYTH: *GB* 180, ef a agorodd y ddaear yn y cyfryvv *ymsavvd* o fevvn Europa megis i ddvvy dref yn disvvmvvth [*sic*] gida i dinasvvyr 'msyddo. **18–19g.** *Llr* C 65, 321, Y Glo dan y graig lwyd, ac *ymsawdd* tua'r dwyrain. **1803** *P, Ymsawz*, s. m. . . . A self-sinking; a mutual sinking in.

ymsawdd² [?amr. ar *ansawdd*, ?dan ddyl. *ym-* a *sawdd²*] *eg.* Natur, ansawdd, cymeriad, athrylith (iaith, &c.): *nature, character, genius* (*of language, &c.*).

1726 S. RHYDDERCH: *Alm* [26], Fe fydd yn y flwyddyn hon bedwar o ddiffygiadau . . . Dau ar yr Haul, a dau ar y lleuad . . . *Ymsawdd* y Diffyg a fydd ar yr Haul y 14 dydd o Fis Medi 1726. **1728** S. RHYDDERCH: *GC* [i], *Ymsawdd*, Rhinweddau, Haeddedigaethau . . . y Frutanaeg. **18g.** L. HOPKIN: *FG* 4, A phan ddaeth cyflawnder wir *ymsawdd* yr amser. *id.* 47, Nid yw'r byd ennyd unwaith—da *ymsawdd*, / Ond amser ein hymdaith. **1777** H. JONES: *M* 83, Elfennau, *ymsawdd* a thrigil [*sic*] yr hên ardderchog Iaith Gymraeg. **18–19g.** *Llr* C 73, 400, fal y gallai gwyr da fy Ngwlad amgyffred eu hansawdd au *hymsawdd.*

ymsefydlaf: ymsefydlu, ymsefydlogaf: ymsefydlogi, &c., gw. ym-+sefydlaf: sefydlu, sefydlogaf: sefydlogi, &c.

ymseingian, gw. ymsangaf: ymsengi.

ymseisnigaf: ymseisnigo, ymseisnigeiddiaf: ymseisnigeiddio, ymsennaf: ymsennu, ymserch, ymserchaf: ymserchu, &c., gw. ym-+Seisnigaf: Seisnigo, Seisnigeiddiaf: Seisnigeiddio, sennaf¹: sennu, serch, serchaf: serchu, &c.

ymserth¹ [bôn y f. *ymserthaf: ymserthu*] *eg.b.* Cecraeth, cystwyad, dwrdiad, cerydd, difrïaeth, iaith sarhaus, cynnen, cweryl, dadl (swnllyd), ffrwgwd, cynnwrf: *a bickering, scolding, chiding, rebuke, invective, abusive language, contention, quarrel, brawl, altercation, commotion.*

1588 *Diar* xix. 13, *ymserth* gwraig sydd megis

defni parhaus. **1632** D d.g. *Inuectio, Iurgium.* **17g.** *LlGC* 13215, 331, *Ymserth Convitium.* **1722** *Llst* 189, *Ymserth.* d. An invective, railery. **1770** *W* d.g. *Altercation, A brabble, Brawl.* **1778** J. HUGHES: *BB* 330, Temhestloedd gwrês ac oerni, neu *ymserth,* / Dyfnnerth defni, parhaus wna dorri einioes dyn. **1803** *P, Ymserth,* s. m. . . . The giving one's self up to abuse; mutual abuse.

ymserthaf: ymserthu, ymserth[2] [cf. *serthaf: serthu*] *bg.* a hefyd gyda grym enwol i'r be. *ymserthu.* Cecru, cystwyo, dwrdio, ceryddu, dweud y drefn, tafodi, difrïo, difenwi, dirmygu, arfer iaith sarhaus, cweryla, cynhennu, dadlau'n swnllyd: *to bicker, scold, chide, rebuke, reprimand, rail (against), inveigh (against), revile, deride, use abusive language, quarrel, brawl.*
c. 1400 *YCM[2]* 90, Bagan . . . llawer iawn a dywedeist, a da y'th dysgwyt y *ymserthu.* **c. 1400** *Ymborth* 3, Kynhennu, neu *ymserthu,* yw llefawr a bloedgar gyngheussed yn erbyn y wirioned. *id.* 6, Pedeir keing ar dec yssyd y irlloned . . . cas, annuundeb, kynnen, sarhaet, ymwychaw, anodef, *ymserthu.* *ib. Ymserthu* yw ymdorri, drwy deissyfut gyffro medwl, a mywn anadvwynyon ymadrodyon serthyon. **1543–8** *RWM* i. 950, Mae gwlad yn swydd benfro y bydd ysbrydoedd yn vynych wna y blino y bobl ac yn J kvro a thom ac a thywairch dan *ymsserthv* a hwynt. **1545** *CI* 174, ffromi a llidio yn ddi-/achos ac ynn ddissymvth, gidag annuodlonedd ac *ymserthu* a'r tauod a geiriau dirmygus. **1547** *WS,* Ymgeinio ne *ymserthu* Chyde, braule. **16g.** *B* xi. 89, Epodome, yr hon ynn y diwedd a gauas ef yn wylouus garllaw y kawr Eurickws, a'r hwn Jr *ymserthodd* Erkwlf yn vawr am wneuthud y kyuriw anosdeg yn y wledd. **1567** *LlGG* 58b, Yr hwnn pan *ymserthwyt* ac ef, nyd *ymserthawdd.* a. **1587** *Y* 72, Groch ymswn gwrach a *ymserth:* / Ai swn yw o eisiav nerth? **16–17g.** *GST* i. 747, Digiais, *ymserthais,* wrthyd, / Druan gwr, am dario'n g'yd. **1604–7** *TW* (*Pen* 228), *ymserthu* d.g. *Altercor, Occento.* **1632** *D, Ymserthu,* Rixari. **1688** *TJ, Ymserthu,* ymsennu, ymgeccru: to scold. **1725** *SR* d.g. To Bicker, To brabble, or brawl, To Chide. **1754** G. OWEN: *L* 127, nid dawn awenydd, ond dawn ymdafodi, ac *ymserthu'*n fustlaidd ddrewedig anaele. **1781** M. WILLIAMS: *BM* 37, Trai'n ymswyn, tri'n *ymserth.* **1803** *P* d.g. *Ymserthu.*
Amr.: **amserthu.** **1778** J. THOMAS: *HB* 170, amserthu llawer yn ei gylch.

ymserthgar [*ymserth*[1]+*-gar*] *a.* Cwerylgar, cecrus: *quarrelsome, bickering.*
16g. (*LlEG*) *Mos* 158, 633a, haid o bobyled gyyurisgin *ymserthgar.* **1552** *Pen* 403, 15, Quintilian a dybiodd y gymhessur roddi gorchymyn ir mamaethod na byddent vvdron nac *ymserthgar.*

ymserthiad [bôn y f. *ymserthaf: ymserthu, &c.*+*-iad*[1]] *eg.* ll. *-au.* Ymddygiad milain neu sarhaus, natur gynhennus: *spiteful or abusive behaviour, contentious nature.*
1595 M. KYFFIN: *DFf* [6], cael eyn herlid a gogan, *ymserthiadeu* (*spiteful dealings*), ag a chelwyddau. **1793** M. J. RHYS: *CA* 37, Duw, maddeu in' plentyn-aidd lid, / A symmud ein *hymserthiad* / Rho gyd âg oedran ras a dawn / A chalon lawn o gariad. **1803** *P.*

ymserthwr [bôn y f. *ymserthaf: ymserthu, &c.*+*-wr*] *eg.* ll. *-wyr.* Difenwr, cecryn: *reviler, bickerer.*
1545 *CM* 1, 92, Plannt y bla/nned Sattwrn Addyly vod ynn sharadwyr ac ynn *ymserthwyr* ai/Reswm. **1545** *CI* 4, a ffe gallai ef laadd ne grogi j *ymserthwr* a gair, diogel ydiw j dywaid ef y gair hwnw ynn i lid. **1567** *TN* 248a, a's oes neb a elwir . . . yn gablwr [:-sennwr, *ymserthwr*] . . . y gyd a'r cyfryw vn na vwytewch. **1725** *SR* d.g. A Wrangler.

ymsgrwtiaf: ymsgrwtian, ymsgrytiaf: ymsgrytian, gw. ym-+ysgrytiaf: ysgrytian.

ymsiaradaf: ymsiarad, ymsicrhaf: ymsicrhau, ymsifftiaf: ymsifftio, ymsiglaf: ymsiglo, &c., gw. ym-+siaradaf: siarad, sicrhaf: sicrhau, sifftiaf: sifftio, siglaf: siglo, &c.

ymsioncaf: ymsionci, ymsionciaf: ymsioncio, gw. ym-+sioncaf: sionci.

ymsiriaf: ymsirio, ymsiriolaf: ymsirioli, ymsisialaf: ymsisial, ymsoddaf: ymsoddi, gw. ym-+siriaf: sirio, siriolaf: sirioli, sisialaf: sisial, soddaf: soddi.

ymsoledaf: ymsoledu [bf. o *ym-+soled*]

bg. Troi'n solet, solidio, caledu, hefyd yn ffig.: *to solidify, also fig.*
20g.

ymson[1] [*ym-*+*sôn*[1]] *eb.g.* ll. *-au,* (prin) *-ion.* Golygfa mewn drama lle mae un cymeriad yn llefaru ar ei ben ei hun, cyfansoddiad dramatig ar gyfer un perfformiwr, araith hir gan un person, y weithred o siarad ag ef ei hun neu heb ystyried unrhyw wrandawr, yn enw. mewn drama, hefyd yn ffig.: *monologue, soliloquy, also fig.*
1803 *P.*
Amr.: **amson.** **1828.**
Gw. hefyd **ymswn.**

ymsonaf: ymson[2], ymsoni, ymsona, gw. ymsoniaf: ymson.

ymsongan [*ymson*[1]+*cân*[1]] *eb.* Darn dramatig ar gyfer un perfformiwr: *dramatic monologue, monodrama.*
1883.

ymsongar [*ymson*[1]+*-gar*] *a.* Yn cynnwys ymson(au), a nodweddir gan ymsonau: *containing a soliloquy or soliloquies, characterized by soliloquies.*
1914.

ymsongerdd, gw. ymson[1]+cerdd[1].

ymsoniaf, ymsonaf: ymson[2], ymsonio, ymsoni, ymsona [bf. o'r e. *ymson*[1]] *bg.* Llefaru ar ffurf ymson, yngan ymson, siarad ag ef ei hun; sôn, crybwyll: *to monologize, soliloquize, talk to oneself; mention.*
c. 1785–90 (**1829**) *CBYP* 42, mae yn haws *ymson* ag ymswydd am amrafaelion farnau. **1803** *P* d.g. *Ymson, Ymsoniaw.*

ymsonol [*ymson*[1]+*-ol*] *a.* Ac iddo ffurf neu natur ymson: *monological, soliloquizing.*
1903.

ymsonwr [bôn y f. *ymsoniaf, ymsonaf: ymson, &c.*+*-wr*] *eg.* ll. *-wyr.* Un sy'n ymson, awdur neu berfformiwr ymsonau: *soliloquist, monologist.*
20g.

ymsorllach, ymsarllach [gair geir., sef *ym-*+*sorllach, sarllach*] *bg.a.* a hefyd fel *eg.* Gwenieithio, cynffonna, ffalsio, seboni, perswadio drwy eiriau teg, hudo; ymddwyn yn swnllyd: *to flatter, fawn (upon), blandish, coax, cajole, allure; behave noisily.*
1604–7 *TW* (*Pen* 228), *ymsorllach* d.g. *Adblandior. id. ymsarllach* d.g. *parasitor.* **1632** *D, Ymsorllach,* Adblandari. **1688** *TJ, Ymsorllach,* gwenheithio, pratio: to flatter. **1722** *Llst* 189, *Ymsorllach* . . . To coaks, dissemble, smooth, wheedle. **1725** *SR, ymsarllach* [*sic*] d.g. To Cogg or Flatter, To Creep or fawn. **1770** *W* d.g. To blandish, To cajole [*soothe up, coax, or flatter*], To cog [*flatter, cajole, coax, or wheedle*]. **1803** *P, Ymsarllaç,* s. m. . . . To behave riotously.

Fel *e.* Adloniant, difyrrwch, pleser, ymddygiad swnllyd: *recreation, amusement, pleasure, noisy behaviour.*
1604–7 *TW* (*Pen* 228), *ymsarllach* d.g. *Oblectatio.* **1632** *D, ymsarllach* d.g. *Oblectamen.* **1803** *P, Ymsarllaç,* s. m. . . . A behaving riotously.

ymstwyraf: ymstwyran, ymstwyro, ymstwyriaf: ymstwyrian, ymstwyrio, gw. ymystwyriaf: ymystwyrian.

ymsuddaf: ymsuddo, &c., gw. ym-+suddaf[1]: suddo, &c.

ymswn [*ym-*+*swn*] *e?g.* ?Ymson: *monologue, soliloquy.*
a. **1587** *Y* 72, Groch *ymswn* gwrach a ymserth: / Ai swn yw o eisiav nerth? *Dchr.* **17g.** *CRC* 445, kyn diwedd hyn o *ymswn* / gwneuthur preseb y gwelwn.
Gw. hefyd **ymson**[1].

ymswrn [cf. *amswrn*] *eg.* a hefyd fel *bg.* Ymryson, gwrthdaro, ymladd, cynnen, ymdrech, cynnwrf, terfysg, dadwrdd; gwasgiad; ymrafael, ymdrechu, bod yn ferw gwyllt, dadwrdd: *contention, conflict, a fighting, strife, struggle, tumult, turmoil, bluster; a pressing or squeezing; to contend, struggle, be in uproar, bluster.*
14–15g. *IGE*[2] 309, Fab Satwrn croyw *ymswrn* cryf, /

Fab Solas beirdd, fab Selyf (Rhys Goch Eryri). **15g.** *GDLl* 47, Dyma'r amser y daw'r *ymswrn* / Y dewr yn ddig, a dur 'n ei ddwrn. **16g.** *B* x. 296–7, ar hynny J trewis y ddwyblaid ynghyd. Ynn y lle, ynn ol hir *ymswrn,* J goruw ar Danndariws weiddi am help. *a.* **1587** *Y* 85, Ni henwaist, glynaist wrth gler, / Am yr *ymswrn* mo'r amser. *Diw.* **16g.** *WLB* 7, ai o yssig ne *ymswrn* ne ddrwg-/keidwad y doeth y klwy. **1603** W. MIDLETON: *Ps* 199, Cais wyneb cynn neb yn ner / Heb *ymswrn* yt bob amser. **1632** *D, Ymswrn,* Pressus, us, ui. *id.* d.g. *Dimico, Tumultus.* **1688** *TJ, Ymswrn,* gwasgfa: a pressing or squeezing. *id. Ymswrn.* m. An adoe, clutter, faction, tumult. *id. Ymswrn* . . . To keep adoe, bluster. **1803** *P.*
Gw. hefyd **amswrn.**

ymswyddaf: ymswyddo, ymswydd [?*ym-*+*swyddaf: swyddo*] *bg.* Gweithio; ?trafod, ymhêl, ymwneud: *to be employed, work; ?discuss, deal, be involved.*
18g. *CC* 229, At y prydydd sydd yn *ymswyddo* a bir / ai benn wedi briwo / S[r] Rŷs afiachus iw fo / ai dalcen wedi dolckio. **c. 1785–90** (**1829**) *CBYP* 42, mae yn haws ymson ag *ymswydd* am amrafaelion farnau. **1803** *P, Ymswyzaw* . . . To employ one's self in office; to seek for office; to officiate.

ymswynaf: ymswyn(o) [*ym-*+*swynaf: swyno*] *bg.a.* a hefyd gyda grym enwol i'r be. *ymswyn.* Ymgroesi, gwneud arwydd y groes (arno ei hun); gochel, bod yn ofalus, cymryd pwyll; swyno, consurio: *to cross (oneself); beware, be careful, take care; conjure.*
14g. *YBH* 34b, ac rac y ofyn degweith yd *ymsoyn-aod.* **14–15g.** *IGE*[2] 301, Marchogaeth pob march agwrdd, / Ymswyn ag ysgwr gŵr gwrdd, / Yn deg rhwng plymlwyd a dur, / Dawn gyd term dan gotarmur (Rhys Goch Eryri). **15g.** *GDLl* 79, Ymswyn, ar hyn o amser, / Na cheisied, siomed y sêr. *id.* 90, Troed Harri tri naturiaeth / Yn Gymro rhag gweithio gwaeth. / Od yw'n Sais, mae malais mawr, / *Ymswyned* cyn mis Ionawr. **15–16g.** *TA* 154, Am dy nerth, mae dy wayw 'n us, / Mae sôn mawr, *ymswyn,* Morys. **16g.** *TRP* 254, myfi y syth rebiddio / ac yn chwenych yt *ymswynaw* / rag yr kythrel dy dwyllaw. **16g.** Huw ARWYSTL: *Gw* 24, estyn vyth oes o dyw n verr / awna *ymswyn* yn amser. **16–17g.** SIÔN MAWDDWY: *Gw* 347, At union fryd ti wnai'n frau / Ysmonaeth megis minnau, / Ac felly difyrru'n fwyn / Yr amser; düw rho *ymswyn.* **1604–7** *TW* (*Pen* 228), *ymswyn* rhag methl y cythreul d.g. *Berillistica* (At.). **1632** *D, Ymswyn,* Idem quod Ymgroesi. **1672** R. PRICHARD: *Gw* 180, *Ymswyn* [:- Gwachel. Am yr *ymswyno* trwy groesu 'r talcen, nid yw hynny ond papyddiaeth ac oferedd] rhag ir fâll d' orchfygu. **1688** *TJ, Ymswyno,* ymgroesi: to bless one's self with the sign of the cross. **1722** *Llst* 189, *Ymswyn,* swyno . . . To bless or cross ones self. **1764** DEWI NANTBRÂN: *CB* 17, Paham y mae 'r Ffyddloniaid yn *ymswyno* eu hun mor fynych ag Arwydd y Groes? **18g.** (**1818**) R. JONES: *GP* 185, Daccw un a ffaeliodd Deicyn y Ffowler, / Dyddiau heb *ymswyn* di Dduw bob amser. **1803** *P* d.g. *Ymswyn, Ymswynaw.* Ar lafar, '*Ymswynwch* Rhag Gwyr Y Gloran', *TGG* (1906) 16 (Môrg.); hefyd yn yr ystyr 'synnu a rhyfeddu', 'Fe *ymswynws* pawb pyn dæth y newydd', 'Wel, fi *ymswynas* i! 'Dwi ddim wedi gallu angofio'r peth', *GTN* 861.

ymswynwr [bôn y f. *ymswynaf: ymswyn-(o)*+*-wr*] *eg.* ll. *-wyr.* Un sy'n ymswyno neu'n ymgroesi; swynwr, consuriwr: *one who crosses himself; enchanter, bewitcher, conjurer.*
1552 *Pen* 403, 120, na wrando ddim ar y kariad hwnnw / mwy noc i gwrandawyd ar *ymswynwr* nev hudol / kanis ef a ddaw y llariaidd drwy druth a gwenieth. **1803** *P.*

ymsychaf: ymsychu, ymsymudaf: ymsymud(o), &c., gw. ym-+sychaf: sychu, symudaf: symud, &c.

ymsynhwyraf: ymsynhwyro, ymsyniaf: ymsynio, ymsynied, ymsyniaid, &c., gw. ym-+synhwyraf: synhwyro, syniaf[1]: synio.

ymsynnaf: ymsynnu, ymsypiaf: ymsypio, ymsyrthiaf: ymsyrthio, ymsythaf: ymsythu, gw. ym-+synnaf: synnu, sypiaf[1]: sypio, syrthiaf: syrthio, sythaf: sythu.

ymsywen, ymsywyn [digwydd *ymsywyn* fel ff. 2 un. grch. hefyd] *bg.* a hefyd fel *e?g.* Anghyd-weld, dadlau, cweryla, cecru; ymdrechu; cynnen, ymrafael, ffrwgwd,

cystwyad: *to disagree, argue, quarrel, bicker; strive; strife, contention, brawl, scolding.*
1588 *Ecclus* viii. 2, Nac *ymsywyn* (**1620** *ib. ymgynhenna*) â dyn cyfoethog. *id.* xxi. 5, *Ymsywen* a cham a anrheithia gyfoeth. *id.* xxvii. 14, Ymadrodd yr hwn a dyngo lawer a wna i'r gwallt godi, ac *ymsywyn* y cyfryw a wna gaeu clustiau. **1604–7** *TW* (*Pen* 228), *ymsywen* d.g. *Altercor.* **1606** *RWM* i. 1108, *Ymsywen* = ymryson. **1632** *D*, *Ymsywyn*, Rixari. *id. ymsywyn* d.g. *Altercor. id. ymsywen* d.g. *Concerto, Exagito, Rixa.* **1688** *TJ*, *Ymsywŷn*, ymsennu: to scold, to cavil. **1693** *HC* 29, glanheiff y safn oddiwrth serthedd . . . absendrwg, *ymsywen*, y rhai . . . a dorrent allan fel fflaglau oddiwrth uffern yn y galon. **1722** *Llst* 189, *Ymsywen, sywyn* . . . To inveigh ag[t]. one another. *id. Ymsywen, sywyn* (sub) Railery. **1770** *W*, *ymsywyn* d.g. *To argue* [*dispute wranglingly*], *Blood-shed, A brabble, To brawl.*

ymudol [cf. *mudol*] *a.* Yn perthyn i symudiad y cyhyrau neu i'r nerfau sy'n ysgogi hyn: *motor* (*adj.*).
20g.

ymufuddhaf: ymufuddhau, gw. ym-+ **ufuddhaf: ufuddhau.**

ymunad, gw. ymuniad.

ymunaf: ymuno [*ym-*+*unaf*[1]: *uno*] *bg.* Mynd yn rhan (o gwmni, grŵp, gweithgaredd, &c.), ymaelodi (â chymdeithas, &c.), listio, cymryd rhan; uno, ymffurfio: *to join, become a member* (*of society, &c.*), *enlist, take part; unite, form.*
17g. *LlGC* 13215, 330, *Ymuno* x Aduno. **1656 (1745)** *MLl* ii. 190, mai 'r Achos . . . o Golledigaeth dyn yw am iddo fynnu pechu, ac am na fyn ef *ym-uno* ar [*sic*] Gair ymma. *id.* 194, felly . . . yr *ymunit* ac ef trwy golli a gwadu dŷ Ewyllŷs dŷ hun. **1677** C. Edwards: *FfDd* 82, *ymuno* ar [*sic*] gau brophwyd hwn, a i gymeryd ef yn ben-ciwdod. **1776** *W*, *Ymuno* â chymdeithas d.g. *To make one* [*amongst a company*]. **1790** *GY* 86, Y dydd cyntaf yr *ymunech* ag eglwys Dduw. **1800** W. Owen[-Pughe]: *CP* 84, wedi ceulad bychan o lês á ddaw o roddi hwn, can nad ellir arfer moddion er ei draphlitho yn y cyfan, heb gynhyrf[u] y caws yn *ymuno* (*forming curd*). **1803** *P* d.g. *Ymunaw.* Ar lafar, 'Ma fa wedi *ymuno* â'r côr', *GTN* 859.

ymundod [bôn y f. *ymunaf*: *ymuno*+ *-dod*] *eg.* Undod: *unity, union.*
18–19g. *IMCY* 239, Heb wybod *ymundod* modd / Y mydrau na'r ymadrodd. **1803** *P* d.g. *Ymundawd.*

ymunedig [bôn y f. *ymunaf*: *ymuno*+ *-edig*] *a.bfl.* Wedi ymuno, unedig: *joined, united.*
1836.

ymuniad, ymunad [bôn y f. *ymunaf*: *ymuno*+*-iad*[1], *-ad*] *eg.* Y weithred o ymuno, uniad, cyfuniad: *a joining, union, combination.*
1770 *W*, *ymuniad* d.g. *An Association, or associating.* **[1791]** J. Thomas: *GB* 51–2, yr hwn ras sydd . . . yn ynnill yspryd y dewisolion, gan weithio ynddynt y cydsyniad diffuant ac *ym-unad* â hi, ag sy'n ei gwneuthur yn effeithiol i'w hiachawdwriaeth ddiymmod. **1803** *P* d.g. *Ymuniad.*

ymuniaethaf: ymuniaethu, gw. ym-+ **uniaethaf: uniaethu.**

ymuniawnaf: ymuniawni, ymunionaf: ymunioni, gw. ym-+**unionaf: unioni.**

ymunwr [bôn y f. *ymunaf*: *ymuno*+*-wr*] *eg.* ll. *-wyr.* Un sy'n ymuno (â chymdeithas, &c.): *joiner, one who joins* (*an association, &c.*).
1808.

ymwacâd [bôn y f. *ymwacâf*: *ymwacáu*+ *-had*] *eg. Diwin.* Ymwrthodiad â'i fraint ddwyfol wrth ymgnawdoli (am Grist); hunanwacâd: *kenosis* (*in theol.*); *a self-emptying.*
1803 *P* d.g. *Ymwagâad.*

ymwacâf: ymwacáu [*ym-*+*gwacâf*: *gwacáu*] *bg.* Mynd yn wag neu'n ofer: *become empty or vain.*
1567 *TN* 223a, ny ddiolchesant, eithyr *ymwacau* o hanynt yn ei rhesymae, a'i calon ampwylloc oedd yn llawn tywyllwch. **1803** *P* d.g. *Ymwagâu.*

ymwad[1] [bôn y f. *ymwadaf*: *ymwadu*] *eg.* Gwadiad (rhywun neu rywbeth), cefniad, gwrthgiliad, apostasi, y weithred o wrthod ymgymryd neu ymwneud; hunanymwadiad: *denial* (*of someone or something*), *abjuration, a disowning, apostasy, renegadism, renouncing, forsaking; self-denial,* (*self-*)*abnegation.*
13g. *B* ix. 147, Mi a emwadaf a christ hep ef ac a meir e vam. Ac ena gvneithur cirograff er yscymvn *emwat* hvnnv. **14g.** *OBWV* 73, Yntau, diamau *ymwad*, / Un destun ganthun' nyw gad [Madog Benfras i'r halaenwr]. **1567** *TN* 155a, Ef yn rhybuddio ymblaen am *ymwad* Petr. **1604–7** *TW* (*Pen* 228) d.g. *Inficiatio* (hefyd *D*). **1632** *D*, *Ymwad*, Abnegatio. *id.* d.g. *Renunciatio.* **1675** R. Jones: *HCh* 165, Vfudd-dod Gweision . . . Rhaid yw iddo fôd yn Vfydd-dod pûr . . . Drwy *ymwâd*, Nid â llygad-wasanaeth. **1688** *TJ*, *Ymwad*: a denial. **1722** *Llst* 189, *Ymwad.* m. . . . A denial; self-denial; apostacy. **1753** *TR*, *Ymwad*, a denying, a r[e]nouncing. **1772** *W* d.g. *Denial* [*a denying, a negation, a refusal, &c.*]. **1801** J. G. Bevan: *CH* 23, Tystiolaeth o *ymwad*: sef ysgrifen yn adrawdd y bai. **1803** *P*, *Ymwad*, s. m. . . . Self-denial.

ymwadaf: ymwadu, ymwad[2] [*ym-*+ *gwadaf*: *gwadu*] *bg.a.* Gwadu (rhywun neu rywbeth), gwrthod ymgymryd neu ymwneud, ymwrthod, cefnu, ymatal, rhoddi'r gorau (fel arfer mewn cyd-destun crefyddol); hunanymwadu: *to deny* (*someone or something*), *abjure, disown, renounce, forsake, abstain, refrain, give up* (*usu. in a religious context*); *deny oneself.*
13g. *B* ix. 147, Mi a *emwadaf* a christ hep ef ac a meir e vam. **13g.** *id.* x. 24, guedy na allei *emwadu* ar gyflavan e ducpwyt yv grogi hep nep ryw drugared na gohir. **14g.** *T* 16. 24–5, Agynhon dulyn genhyn ysafant. pan dyffont yrgatnyt [*sic*] *ymwadant.* **14g.** *HMSS* ii. 264, a phan yth loscer ti a *ymwedy* ar crogedic. *c.* **1400** *ChO* 4, Megys y gwnaeth Pedyr gynt, pan dywawt am Iessu . . . nat *ymwadei* ac ef. **1551** W. Salesbury: *KLl* iiib, en dyscy i *ymwady* ac anwywolder a chwante bydol. *id.* xxviiib, Petr . . . a wadadd . . . a canadd [*sic*] y ceiloc . . . Ac ef drachefyn a *ymwadadd.* **1567** *TN* 99a, A's ewyllysa nep ddyuot ar v'ol i [Iesu], *ymwadet* ehun. *id.* 174a, chwi a *ymwadasoch* a'r sanct a'r cyfiawn. **1618** J. Salisbury: *EH* 216, ymwrthod o dhyn a'i farn, ag a'i'wlhys [*sic*] eihun; gan ganu'n iach vdhynt, dros fyth (yr hyn a elwir yn yr Efengyl *ymwadu* o dhyn eihunan). **1632** *D*, *Ymwadu*, Abnegare, renunciare. *Ymwad* â 'r drwg, Renunciare. **1722** *Llst* 189, *Ymwadu*'r ffydd. To apostasize. **1728** T. Baddy: *DDG* 16, y lle yr *ymwadodd* Peder Crist. **1770** *W* d.g. *To abjure* [*renounce*], *To deny* [*renounce, dis-own*], *To renounce.* **1803** *P* d.g. *Ymwadu.*

ymwadiad [bôn y f. *ymwadaf*: *ymwad*(*u*) +*-iad*[1]] *eg.* ll. *-au.* Gwadiad (rhywun neu rywbeth), cefniad, gwrthgiliad, apostasi, y weithred o wrthod ymgymryd neu ymwneud; hunanymwadiad: *denial* (*of someone or something*), *abjuration, a disowning, apostasy, renegadism, renouncing, forsaking; self-denial,* (*self-*)*abnegation.*
1675 R. Jones: *HCh* 20, beth bynnag sy yn myned tu hwnt i siccrhâad neu *ymwadiad* syml plaen, o'r drwg y mae, hynny yw o'r Diafol y mae. **1718 (1721)** S. Thomas: *HB* 171, ymwrthodiad a llwyr *ymwadiad* o'i grefydd. **1722** *Llst* 189, *Ymwadiad* y ffydd d.g. *Apostacy. id.* Ymwad . . . [*Ym*]*wadiad.* m. A denial; self-denial; apostacy. **1803** *P.*

ymwadol [bôn y f. *ymwadaf*: *ymwad*(*u*)+ *-ol*] *a.* Hunanymwadol: *self-denying.*
1770 *W*, buchedd farweiddiedig ac *ymwadol* â hawdd-fyd d.g. *An austere life.* **1774** W. Williams: *A* 16, taenelliad gwaed y croes-hoeliedig Iachawdwr . . . heb ba un nid yw y bywyd mwya *ymwadol* . . . ond aflan. **1775** G. Howel: *Alm* 2, Huw Esgob Lincoln . . . gwr duwiol, yn enwog am fywyd *ymwadol* ac arbedrwydd. **1803** *P*, *Ymwadawl* . . . Self-denying.

ymwadwr [bôn y f. *ymwadaf*: *ymwad*(*u*) +*-wr*] *eg.* ll. *-wyr.* Gwrthgiliwr, apostat; (geir.) hunanymwadwr: *apostate, renegade;* (*dict.*) *self-denier, one who practises self-denial.*
1632 *D* d.g. *Apostata.* **1675** R. Davies: *PY* 60, Genebrard . . . sydd yn scryfennu i . . . Babau Rhufain . . . ymadaw a rhinweddau eu hynafiaid, au dangos eu hunain yn *ymwadwyr* y ffydd Gristianogawl. *id.* 219, Julian yr *ymwadwr* oedd wr cyfiawn, cymmhedrol, ac o fuchedd dda, ac etto yn elyn dygasol i Grist. **1722** *Llst* 189, *Ymwadwr.* m. A renegade. **1725** *SR* d.g. *An apostate.* **1803** *P*, *Ymwadwr*, s. m.—pl. *ymwadwyr* . . . One who denieth himself.

ymwahanaf: ymwahanu, &c., gw. ym- +**gwahanaf**[1]: **gwahanu,** &c.

ymwaith [bôn y f. *ymweithiaf*: *ymweithio*] *eg.* ll. *ymweithiau.* Adwaith (cemegol); eplesiad: (*chemical*) *reaction; fermentation.*
1773 *W* d.g. *Ferment.*

ymwallgofaf: ymwallgofi, gw. ym-+ **gwallgofaf: gwallgofi.**

ymwanaf: ymwan(u) [*ym-*+*gwanaf*[1]: *gwanu, gwân*; cf. Crn. C. *ymwanas* 'trywanodd ei hun'] *bg.a.* a hefyd gyda grym enwol i'r be. *ymwan* (ll. *-au*).

(*a*) Ymladd ornest â gwaywffyn rhwng deuddyn ar gefn ceffyl, yn enw. fel adloniant neu ymarfer, ymladd (ornest rhwng deuddyn), brwydro, hefyd yn *ffig.*: *to joust, tilt, engage in single combat, fight, do battle, also fig.*
13g. *C* [1]. 8–9, Oed maelgun a uelun in *imuan. id.* 5. 6–8, llyaus ev hymchuel in eu *hymvan.* **14g.** *BT* 237, en y vlwydyn. honno y gyssoded oed *ymwan* gwyl vihag/el en chepp en llvndein. **14g.** *WM* td. 225. 27–8, yn diannot *ymwan* aorugant. *c.* **1400** *YCM*[2] 73, a'r neb a el yn *ymwaneu* a chyvraghodeu mynych ny dianc yn iach yn bresswyl. *c.* **1400** (*SG*) *HMSS* i. 324, Y marchawc yna eissyoes arueu gwynyon oed idaw pan *ymwanawd* gwalchmei ac ef. **15g.** *BB* 10, ymrodi a oruc ef y arueu. y *ymwaneu.* ac y tornemanneu. **15g.** *GLGC* 280, Mewn y lle a'r man y llas / Duw a *ymwan* am Domas. **15g.** *GGl*[2] 3, Anturiaw modd y daw dis, / *Ymwan* pur ym min Paris. *id.* 209, O mynni yma einioes, / *Ymwan* granc, a myn y groes [dychan i Ddafydd ab Edmwnd]. *id.* 257, Main gwiw i *ymwan* â gwynt, / Moledau fy nheml ydynt [i ofyn ysglâts]. **1527** *B* ii. 206, A dywyrnod, irr oydd dwrnimant mawr ac *ymwan* rwng arglwyddi a marchogion. **16g.** D. R. Thomas: *DS* 133, Myfy *ymwenais* ymwaniad orchestol. **1567** *TN* 348b, ych trachwantay, rrai ynt yn *ymwan* [:– ymladd] yn ych aylodau. **1604–7** *TW* (*Pen* 228), [y]r hwnn sy'n *ymwan* yn nessaf at y lhuman d.g. *primipilus.* **1621** E. Prys: *Ps* 146, Pleidia (o Arglwydd) yn fy hawl, / â'r sawl a dery'n ferbyn [*sic*]: / Lle'r ymrysonant â myfi, / *ymwana* di â'r gelyn. **1632** *D*, *Ymwan*, Luctari; Lucta, concertare, pugnare. **18g.** I. Brydydd Hir: *Gw* 70, Y gwawr wrth Faddon fawr fu / Ym mynydd yn *ymwanu.* **1803** *P* d.g. *Ymwan, Ymwanu.*

(*b*) Cael cyfathrach rywiol: *to have sexual intercourse.*
a. **1587** *Y* 162, I Noe, rhoe i bob vn i rhan, / I bv drimaib drwy *ymwan.*
Amr.: **ymswan** [?ff. eir. wallus, ond ?cf. *ymsywen*]. **1688** *TJ.* **1725** *SR* d.g. *To Wrastle.*

ymwanhaf: ymwanhau, gw. ym-+ **gwanhaf: gwanhau.**

ymwaniad [bôn y f. *ymwanaf*: *ymwan*(*u*) +*-iad*[1]] *eg.* Ymladdfa, ymwan, hefyd yn *ffig.*: *fight, joust, also fig.*
16g. D. R. Thomas: *DS* 133, Myfy ymwenais *ymwaniad* orchestol. *id.* 156, ymwan ddayonus *ymwanniad* ffydd. **16–17g.** Siôn Mawddwy: *Gw* 109, Siôn, pen y dewrion, pwy un doriad? / Siôn, pen yr haelion, pwy un ruwliad? / Siôn, Ifor mwynion, fawr *ymwaniad.* **1803** *P*, *Ymwaniad*, s. m. . . . A mutually wounding; a combating with lances; a combating.

ymwanwr [bôn y f. *ymwanaf*: *ymwan*(*u*) +*-wr*] *eg.* (b. *-wraig*) ll. *-wyr.* Person sy'n ymwan, ymladdwr (ornest rhwng deuddyn), rhyfelwr, hefyd yn *ffig.*: *jouster, combatant, fighter, warrior, also fig.*
14g. *GDG*[3] 194–5, *Ymwanwraig* loyw dwfr croyw crych [i'r don ar afon Dyfi]. **14–15g.** *GGLl* 135, Pan oedd fuan *ymwanwr* / Y marchog duog o'r dŵr (Gruffudd Llwyd). *c.* **1400** *YCM*[2] 110, wedi ymgaffel o' r *ymwanwyr* dewron hynny yghyt . . . Kyrchu y urwydyr a orugant. **15g.** *GGl*[2] 203, Ofydd yw mab Gruffudd gryf / I'r ferch hon ar farch anyf. / Troelus i Wladus lwydwen, / Triniwr, *ymwanwr* am Wen. **15g.** *GO* 109, Y llew main â llaw *ymwanwr* / A chalon dewrion Glyn Dŵr. **15g.** *GOLlM* 35, *Ymwanwyr* gwych mewn aur gynt / y bedyddiwyd byd uddunt. **15–16g.** *TA* 325, Mair Fadlen! marw fu waedlew, / Mae 'n oer gwlad *ymwanwr* glew! **1603** W. Midleton: *Ps* 44, Farglwydh prydferth yw fy nerthwr / Am tarian yd wyf *ymwanwr.* **1604–7** *TW* (*Pen* 228), *ymwanwreic* d.g. *Bellatrix.* **1632** *D* d.g. *Bellator, Miles, Præliator.* **1763** *DT* 138, I Nannau, nid fal Cynhennwr, Mi af, / I Ymofyn Gwladwr; / Gwilym Fychan, *Ymwanwr*, / Fwyn a doeth, o fewn ei Dwr. **1803** *P*, *Ymwanwr* . . . One who wounds with a lance; a

combatant. Cf. *GIG* 22, I ymwybod â meibion / Tudur, ben[-]ymwanwyr Môn.

ymwarandawaf: ymwarando, gw. **ymwrandawaf: ymwrando.**

ymwarchodaf: ymwarchod [*ym-*+ *gwarchodaf: gwarchod*] *bg.* Bod yn wyliadwrus, gwylio; ymgadw: *to beware, be on guard; abstain.*

1848.

ymwared[1], &c. [*ym-*+*gwared*[1]] *eg.b.* ll. *-au, -ion,* (prin) *-oedd.* Gwaredigaeth, achubiaeth, adferiad, iachâd, rhyddhad, dihangfa, cymorth: *deliverance, salvation, redemption, relief, remedy, redress, escape, help.*

12g. *GLlF* 226, Gʋyr ygaʋr gʋerthuaʋr, gʋrd *ymwaret.* **13g.** *GDB* 566, Mynnet *ymwaret* o iaʋn wared. **13g.** *C* 79. 13, bid pyrfe. yth. [*sic*] ingueithred keyisun [*sic*] *ymmared* [*sic*; *B* ii. 128, Keisswn yma *ymwaret*] drvi fit a. crevit. A cred. **14g.** *WM* 43. 15–16, nyt oes *ymʋaret* e uynet ef yn anygneuedus. **14g.** *GDG*[3] 257, Eiriol, er dy greuol gred, / Ar em Wyry roi *ymwared.* **14g.** *GIG* 90, Mold y digrifwch a'i modd, / *Ymwared* im am wiwrodd [marwnad Dafydd ap Gwilym]. *c.* **1400** *YCM*[2] 91, ny byd *ymwaret* itt vyth. **15–16g.** *TA* 344, Marw Ifor im ar y fron, / Marw oed ag *ymwaredion.* **1567** *LlGG* (*Sall*) [1]b, I vyrhau, yma y gallwn gael yr *ymwaredæ* parotaf yn erbyn oll brouedigaetheu. **1588** *Barn* xv. 18, tydi a roddaist yn llaw dy wâs yr *ymwared* mawr ymma. **16–17g.** *NBSB* 120, Mawr yw cwyn am y wraig hon, / Mawr ydoedd ei *'mwaredion.* **1658** *Examen* 32, A chan dy fôd yn gwel'd ar lêd, / Galetted ydiw arnaf; / Gwrando fynghwynfan tostyr yw, / Dy *'mwared* Duw goruchaf. **1658** R. Vaughan: *PS* 100, Derbyn Aberth fy enaid diolchgar . . . am dy holl fendithiau ath *ymwaredoedd* trugaroglawn. **1704** E. Samuel: *BA* 138, Eithr pan yw [Paul] 'n dweud mi a waredwyd o Enau y llew; mae 'n arwyddocau rhyw *ymwared* fawr a gawsei. **1803** *P, Ymwared,* s. m. . . . deliverance; defence.

Amr.: **amwared.** *c.* **1401** *AL* ii. 354, Tri ryʋ gamdosparth yssyd y keffir *amʋaret* amdanunt herʋyd kyfreith Hyʋel.

ymwaredaf: ymwared[2], ymwaredu, &c. [*ym-*+*gwaredaf: gwared(u)*] *bg.a.* Gwaredu, ei waredu ei hun, (ei) achub (ei hun), gwarchod, amddiffyn, dianc, rhyddhau, cynorthwyo, ymgeleddu: *to deliver or redeem (oneself), save (oneself), protect, defend, escape, release, help, care for.*

12g. *GLlF* 442, Cared *ymwared* ac yghenaʋc. **13g.** *C* 19. 6–7, Onid *imwaredit.* or druc digonit. *id.* 24. 9–10, Nac imadneirun nev. r*imwaredun.* **13g.** *A* 34. 2, nyt oed hyll ydellyll en *emwaret.* **13g.** *BD* 73, pa achavs y dyodefy di dy dremygu ual hyn, a ford ititheu y *ymwaret?* **14g.** *T* 43. 5, aduʋyn eu gʋerin yn *ym waret.* **15g.** *LGC* 424, Croes, Duw mawr! Crist *ymweryd,* / Cynnal bwys canol y byd. **16g.** D. R. Thomas: *DS* 158, rhwn an *ymwaredawdd* ni. **1567** *LlGG* 44a, *ymwaredd* [*sic*] dyhun, a' descen o groc. **1567** *LlGG* (*Sall*) 57a, Yr hwn a *ymwared* [:– achup] dy vywyt o ddivancoll. **16g.** Dafydd Benwyn: *Gw* 394, Y sir olvdog y sydd / yleni heb lywenydd: / os gwir, ny *mwaredir* mwy / yn svwr vann yn sir Vynwy. **1609** *Haf* 24, 366, gwir ydiw vod kerdd yn gynhyrchol o Dduw ac o impiad sprydol ar kyrff nefol, gwedi ei dowallt ai *ymwaredu* i bob sylwedd naturiol ar ol gogoniant a mowredd Duw. **1632** *D, ymwared* d.g. *Libero, Saluo, Subuenio.* **1696** *CDD* 44, Cyngor i *ymwared* a Balchder. **1707** *AB* 220d, *Ymwared,* To defend. **1765** J. Evans: *CPE* 452, [c]redu o hono [Judas] y byddai i 'r Jesu *ymwaredu* a myned yn ddiangol allan o ddwylaw ei erlidwyr. **1803** *P* d.g. *Ymwared, Ymwaredu.*

ymwarediad [bôn y f. *ymwaredaf: ymwared(u)*+*-iad*[1]] *eg.b.* ll. *-au.* Gwarediad, achubiaeth; (yn y ll.) adnoddau: *deliverance, redemption;* (*pl.*) *resources.*

1599 (1677) R. Holland: *AB* 99, ein cyfiawnhâd, sancteiddiad, *ymwarediad,* gogoneddiad. **1630** *YDd* 224, y gweithredid eu *hymwarediad* tragywyddol, trwy farwolaeth Crist. **1675** R. Jones: *HCh* 7, O achos y tra-aml drugareddau, bendithion ac *ymwarediadau* y maent . . . yn eu derbyn oddiwrth Dduw. **1716** E. Samuel: *GGG* 161, [y]r *ymwarediad* oddiwrth Gaethiwed yr Aipht oedd yr achos o gadw'r Sabboth. **[1738]** E. Jones: *CE* 138, Perffeithia, Arglwydd daionus, yr *ymwarediad* honno iddi hi [gwraig feichiog], yr hon mo'r [*sic*] rasusol a ddechreuaist. **1796** *Geirgrawn* 282, ansawdd ein marsiandiaeth, ein gweithiau, a'n trethiadau, yn profi caderndid [*sic*] a helaethrwydd *ymwarediadau* (resources) 'r wlad. **1803** *P* d.g. *Ymwarediad.*

ymwaredol [*ymwared*[1,2]+*-ol*] *a.* a hefyd gyda grym enwol. Gwaredol, achubol, yn cynorthwyo; wedi ei achub: *saving, helping, helpful; saved.*

1567 *LlGG* 139a, rhyddâd *ymwaredawl* (*safe deliverance*). **1630** *YDd* 311, estyn dy law *ymwaredol* o'r nef i achub dy was tlawd. **1651** Siôn Treredyn: *MDD* 52, dysceidiaeth cyffredinol ein difynyddion ni yw hyn, ein bod ni yn *ymwaredol* oddiwrth y gyfraith. **17g.** E. Morris: *B* 20, Un rhyw a nerth yn rhoi'n ol, / I'm rydid *ymwaredol.* *id.* 32, Ow, 'r llew gâr! o allu gwych, / *Ymwaredol* maer ydych. **[1740]** D. Llwyd: *YDD* 109, Rhaid i wybodaeth lythrennol o ewyllys Duw fyned yn wastad oflaen [*sic*] yr *ymwaredol.* **1778** J. Hughes: *BB* 197, Pan wel ei bod mewn stâd achubol, / Hi gân am rydid *ymwaredol.* **1803** *P* d.g. *Ymwaredawl.*

ymwaredwr, &c. [bôn y f. *ymwaredaf: ymwared(u)*+*-wr*] *eg.* ll. *-wyr.* Gwaredwr, achubwr: *redeemer, saviour.*

15g. *Glam Bards* 51, a ffum llywenydd hoff wr / mair ydwyd *ymwaredwr* / arglwydd deheurwydd hoywras / un a thri awn ith ras (Rhys Brydydd). **15g.** *GGl*[2] 284, *Ym waredwr* mawr ydwyd, / Medd y gwŷr, gorau meddyg wyd. **15–16g.** *TA* 299, Diweddu gwaed oedd y gŵr,—/ Duw, mae 'r wyd, *ymwaredwr!* **16g.** *GILlV* 61, *Ymwaredwr* mawr ydwyt / A mach dun am yechyd wyt [i Gynhafal rhag gwayw mewn clun]. **16g.** *GSC* 154, *Ymwaredwr* mawr ydych, / Milwr sant mal Iorys wych [i Lwchhaearn]. **16g.** *GGH* 44, Pruddach ŷm bellach am bwyllog—wladwr, / Pan âi *'mwaredwr,* paun mawr-oediog. **16g.** *WLl* 262, Y dewrion ar gwchion gynt / *Ymwaredwyr* marw ydynt [marwnad Meredydd ap Gronw ap Gruffydd]. **1567** *LlGG* (*Sall*) 39b, Can ys ef a ymwared y tlawt pan waeddo: yr angenawc hefyt, ar nep ny bo yddaw *ymwaredwr* [:– ymgleddwr]. **1567** *TN* 181a, yn dywysawc, ac yn *ymwaredwr.* **1632** *D* d.g. *Conservator, Liberator, Redemptor, Saluator.* **17–18g.** O. Gruffydd: *Gw* 30, I r holl fyd sydd hefyd siwr / Am wir raid *ymwaredwr.*

ymwareddaf: ymwareddu, ymwareddiad, gw. **ymarweddaf: ymarweddu, ymarweddiad.**

ymwareiddiaf: ymwareiddio, gw. **ym-**+**gwareiddiaf: gwareiddio.**

ymwasg[1] [*ym-*+*gwasg*] *eg.b.*

(*a*) Pwysedd, gwasgfa, cynulliad, torf, tyrfa (yn enw. mewn lle cyfyng); ymosodiad, gorthrwm; pwmp; cofleidiad; argraff: *pressure, crush, assembly, crowd, throng; assault, oppression; pump; embrace, hug; impression.*

?**14g.** *IGE*[2] 92, Oni ddêl tarw rhyfel taer / Ym mysg Eingl, *ymwasg* anghlaer / Trwy Gymru . . . *Dchr.* **15g.** *GSCyf* [109], Diystyr oedd, distryw oer, / Gan fun oleulun liwloer, / Ymysg y coed, *ymwasg* cu, / A'm esgyrn cul ymwasgu [Llywelyn ab y Moel i'r farf]. **15g.** *GDLl* 40, Y rhain ddyry llawer, rhôn' / *Ymwasg* sias ymysg Saeson. **16g.** *CLl* 176, Y mysc pawb *ymwasc* pybyr / Wineudeg walch enaid gwyr (Morys Dwyfech). **1604–7** *TW* (*Pen* 228) d.g. *Amplexus, Compressio, Impressio.* **1606** E. James: *Hom* iii. 261, hi a gafodd cymmaint cyrchfa ac ymsang [:– *Ymwasc*] o bobl, fel na chafodd hi le mewn vn lletty. **1620** 2 *Mac* xiv. 45, efe a redodd drwy ganol yr *ymwasc.* **1632** *D* d.g. *Pressura, Pressus.* **1661** E. Lewis: *Drex* 144–5, gwir feddwl . . . am farwolaeth . . . gwnaeth ef y cyfryw *ymwasg* (*impression*) trwn [*sic*] yn ei feddwl, ac a barodd iddo encilio oddiwrth y byd. **1677** C. Edwards: *FfDd* 112, tarw . . . a whyliodd [*sic*] y Doctor Whittington . . . gan lusco ei ymyscaroedd ef hyd yr heol wrth ei gyrn, heb gwffwrdd [*sic*] â neb arall yn yr holl *ymwasc.* **1723** J. Jones: *LlA* 7, Dwfr-wryf, Math o Orwasg Arwasg neu *Ymwasg* i dynnu neu yrru Dwfr. **1760** E. Williams: *UYB* 148, lliaws ac *ymwasg* y bobl. **1772** J. Prys: *Aln* 20, Ac Etto mae gwae o roi gwasg, a gwarrau / Y Gwerin dan *ymwasg* / Gorthrymder gwyr a thromdasg / Rwymo deddf ormod o Dasg (Jonathan Hughes). **1794** *W* d.g. *Throng.*

(*b*) Ymsang, cromfachau: *parenthesis, parentheses, brackets.*

1688 *TJ* (At.) [28], ( ) Y mae'r ymsang neu'r *ymwasg* hwn . . . yn cau i mewn rŷw Barabliad fechan. **1725** *SR* d.g. *Parenthesis.* **1788** J. Roberts: *AR* 21.

ymwasgaf, &c.: **ymwasgu, ymwasg[2],** &c. [*ym-*+*gwasgaf: gwasgu*] *bg.a.* a hefyd gyda grym enwol i'r be. *ymwasgu.* Gwasgu (ei gilydd), ei wasgu ei hun, pwyso, gwthio, ei wthio ei hun, cywasgu, cyfangu, mynd yn gywasgedig; glynu, ymlynu; dynesu, agosáu, ymdyrru, uno, ymuno, cadw cwmni, cyd-fyw; cydio (yn), cofleidio; hefyd yn *ffig.*: *to squeeze (one another), squeeze oneself, press, push or thrust (oneself), contract, become compressed; cling, adhere; approach, draw close, throng, join, keep company, cohabit; hold, embrace, hug; also fig.*

13g. *B* x. 22, A chan henne gviscav amdanav e wisc neuavl. Ac en yd a amdanav *emwasgu* ene gylch en dra chyving ae varw en diannot. **14g.** *BT* 67, kerennyd achyfnessafrwyd yn annad neb o geredigyawn aoedynt yn *ymwasgu* ac ef. **1346** *LlA* 98, Athitheu yrʋg y vreicheu yntev yn *ymwascu.* Ac yn ymgaru ac ef. **14g.** *WM* 391. 39–41, Dos ditheu heb hi ac nac *ymwasc* ac ef yny geffych arueu da. **14g.** *CL* 369, Ac yno yd *ymʋascuys* a llys pilatus a oed raglao yno. **14g.** *GDG*[3] 262, O'r amrant, er ymrwystr fydd, / Bugeiliaeth serch, bwygilydd, / Hyd nad *ymweisg,* ddyn ddwysgall, / Un, aur ei llun, ar y llall. **14–15g.** *IGE*[2] 279, A'r ddaear ddwys yn pwyso, / A'r grudd yn *ymwasg* â'r gro (Siôn Cent). *c.* **1400** *YSG* i. 122, ef a anuones Duw attunt wy y erchi udunt *ymwasgu* y gyt herwyd anyan. **1543–8** *Rhyddiaith Gymraeg* i. 66, Ymhob kongl o'r llynn y mae un [pysgodyn], ac nid *ymwasg* yr un a'i gylydd, ac ni chad yr un onaddunt yn rran y llall erioed. **16g.** *GHD* [28], Mae gorchest i'th frest a'th fron; / *Ymwasg* d'air ymysg dewrion. **1567** *LlGG* (*Sall*) 47a, Asshur hefyd a *ymwascodd* ac wynt. **1567** *TN* 187b, Chvvychwi wyddoch nad yw gyfreithlawn i wr o Iddew *ymwascy* n'ai ddyvot at alltut. **1567** G. Robert: *GC* 74, pan fo rhaghenw yn bennaeth iddo, e fydd hyfach i'*mwascu* ag ef mal hwn, yrhwn, yrhon, yrhyn. **16g.** *LlS* 66, y *ymwascy* ar llysæ ne brennæ a chael cynnyddieth. *c.* **1585** G. Robert: *DC* 27b, *ymwascu* ei fola medhalaidh tyner. **1604–7** *TW* (*Pen* 228), *ymwasgu* d.g. *Amplector.* **1630** *YDd* 417, i wahodd llaweroedd, i nerhu [*sic*] a chydffurfio pawb, i *ymwascu* ac i ymgofleidio a'r gwirionedd hwnnw. **1632** *D, Ymwasgu,* Adhære, adiungere se. **1688** *TJ, Ymwasgu*: to embrace, to hugg or clip close. **1725** D. Lewis: *GB* 65, rhag i'r Gwaed gael ei daflu 'n ôl, pan fo'r Galon yn *ymwasgu* ynghŷd, iw [*sic*] dywallt i Arteri'r ysgyfaint. **[1740]** D. Llwyd: *YDD* 206, ni allwn . . . ddiscwyl ar i chwi *ymwasgu* i dref (*press home*) ar eich pobl enbydrwydd eu hesceulystra. **[1783]** *W, ymwasgu* d.g. *To sink, sink down or lower.* **1803** *P* d.g. *Ymwasgu.*

ymwasgaraf: ymwasgaru, ymwasgar, gw. **ym-**+**gwasgaraf: gwasgaru.**

ymwasgaroedd, gw. **ymysgar[1].**

ymwasgiad [bôn y f. *ymwasgaf: ymwasg(u)*+*-iad*[1]] *eg.* Gwasgiad, cywasgiad, cyfangiad, teneuad; ymuniad; canolbwyntiad (y meddwl): *a pressing, contraction, emaciation; joining; application (of the mind).*

1604–7 *TW* (*Pen* 228), *ymwasciat* d.g. *Compressio.* **1675** R. Jones: *HCh* 43, Myfyrdod pennodol bwriadol, yw difrifol *ymwasgiad* (*applying*) y meddwl wrth rhyw fatter ysprydol. **1789** H. Jones: *EN* 65, nid yw proffes ddifywyd, ddiras o Grist ddim ond ei osod ef yn y beudŷ; ond *ymwasgiad* calon â Christ, a hoffder sanctaidd atto, dyma ei dderbyn ef i'r llettŷ. **1803** *P, Ymwasgiad,* s. m.

ymweaf: ymweu, ymwau, gw. **ym-**+ **gweaf: gweu.**

ymweddaf: ymweddu, gw. **ym-**+**gweddaf: gweddu.**

ymweithiad [bôn y f. *ymweithiaf: ymweithio*+*-iad*[1]] *eg.* ll. *-au.* Eplesiad; gweithiad; hefyd yn *ffig.*: *fermentation; a working; also fig.*

1670 J. Hughes: *AP* 257, [t]rwy dy ras cyflawna, a pherffeiddia ynofi *ymweithiadau* a rhinweddau y Sacrafen hon fendigedic, er moliant i ti, O fy Arglwydd Dduw. **1684** H. Owen: *DC* 161, Am ryfeddol *ymweithiad* Cariad ar Dduw. **1803** *P, Ymweithiad,* s. m. . . . A self-working; a fermentation; a mutual operation.

ymweithiaf: ymweithio [*ym-*+*gweithiaf: gweithio*] *bg.* Eplesu, hefyd yn *ffig.*; gweithio, llafurio, gweithredu, cael effaith, adweithio: *to ferment, also fig.; work, labour, act, operate, take effect, react.*

1653 *MLl* i. 219, a'r gydwybod yn *ymweithio* fel gwîn mewn llestr. **1728** *GMJ* 122, Bu Duw ar waith gydâ phob un jeuangc yn y gynnulleidfa hon. Bu yn *ymweithio* (*labouring*) gydâ thi, trwy gyngor rhieni. **1773** *SBS* 32, y mae'r Diafol . . . yn dechreu *ymweithio* yn gynnar, cyn yr adnabyddom y llaw ddeheu oddi wrth yr asswy. **1796** H. Jones: *MPC* 57, O ba natur bynnag y byddo'r afiechyd ysprydol, ac ymha ffordd bynnag y mae'n *ymweithio* allan (*make itself*

out). **1803** *P*, *Ymweithiaw* . . . To work one's self; to ferment; to operate mutually.

ymweithiedig [bôn y f. *ymweithiaf*: *ymweithio*+-*iedig*] *a.bfl.* Eplesedig; ?wedi pydru: *fermented*; ?*decomposed.* **1835.**

ymweithiol [bôn y f. *ymweithiaf*: *ymweithio*+-*iol*] *a.* Yn (perthyn i) eplesu, hefyd yn *ffig.*: *fermenting, fermentative, also fig.* **1815.**

ymweithredaf: ymweithredu, gw. ym-+gweithredaf: gweithredu.

ymweithydd [bôn y f. *ymweithiaf*: *ymweithio*+-*ydd*[3]] *eg.* ll. -*ion.* Adweithydd niwclear; ?carthydd: (*nuclear*) *reactor*; ?*a laxative.* **1861.**

ymwel, ymwêl, gw. ymwelaf: ymweld.

ymwelad, gw. ymweliad.

ymwelaf, &c.: **ymwel(e)d,** &c. [*ym*-+*gwelaf*: *gwel(e)d*] *bg.a.* a hefyd gyda grym enwol i'r be.

(*a*) Mynd neu ddod i weld (person, lle, &c.), gweld (ei gilydd), dod wyneb yn wyneb, cyfarfod, hefyd yn *ffig.*: *to visit, see* (*each other*), *come face to face, meet, also fig.*

13g. *GDB* 501, Gɓahan hir a hɓyr *ymwelet.* **13g.** *Brut B* 36, dywedwyt bot Lleyr y chwegrvn en dyvot y *emwelet* ac ef. **14g.** *LlB* 8, y waetwisc a geiff ef [y meddyg llys] a'r tudedyn vchaf y'r brenhin, pan *ymwelho* gynntaf ac ef. **14g.** *WM* 142. 4–7, Ar aghyfartalɓch hɓnnɓ ac atuyd a gyfaruu ar gɓyr a *amwelas* ac ef yn diwethaf. **14–15g.** *GGLl* [113], Arwain di, orhoen y dydd, / Benwn Morgannwg beunydd, / A phrynhawn lawn oleuni / *Ymwŷl* i'm hemyl â mi (Gruffudd Llwyd). *c.* **1400** *YCM*[2] 49, llywya ni . . . hyt y lle y kaffom *ymwelet* a'r genedlaeth vudur honno. *c.* **1400** *RB* ii. 173, gɓedy eu dyuot hyt pan *ymwelsant* o bop tu ɓynt a ossodassant eu bydinoed. *c.* **1400** *YSG* i. 146, chwi a ellwch dywedut yn lle gwir nat *ymwyl* (*ni verra*) yr vn ohonawch a'e gilyd yny *ymweloch* yn y llewenyd ysprydawl. *c.* **1400** *B* v. 23, aet vn ohonunt yr lleill fford ar llall yr fford arall. ny byd *ymwelet* byth y ryngtunt. **15g.** *GDID* 100, A'r dydd a'r awr, ni'm dawr, dod, / *Ymwêl* â mi, dan amod. **1567** *LlGG* 5a, Bendigait vo Arglwydd Dduw'r Israel: canys *ymwelawdd* ac a brynawdd ei bobl. **1567** *TN* 42a, bum glaf, ac *ymwelsoch* a' mi [:– gofwyeso/chvi [*sic*]]. **1588** 2 *Br* xiv. 8, *ymwelwn* ai gilydd. **1595** H. LEWYS: *PA* 81, mewn adfyd ir *ymwelsont* a thi. **1605–10** *Haf* 24, 599, velly ir bod kerdd o honi i hun yn gynorthwyad mawr. / ir hynny os ymry dyn iw myfyrio ac *imweled* ynddi ai holl nerth, mae hi yn vriwedic. **1632** *D* d.g. *Conuiso, Inuiso.* **1675** R. JONES: *HCh* 81, [d]ydd o *ymweled* eu cyfeillion. **1753** *TR*, *Ymweled*, to visit. **1755** G. OWEN: *L* 156, Gofynnwch i Sion Owen pa bryd y daw i'm *hymweled.* **1790** T. JONES: *TOS* 94, gobaith yr annuwiol a ffy ymaith, ac ni *ymwel* a'r enaid byth mwy. *id.* 291, [rh]êd . . . drwy heolydd Caersalem . . . gan *ymweled* a'r patriarchiaid, a'r prophwydi. **1803** *P* d.g. *Ymweled.* Ar lafar, 'Y deaconiid odd yn *ymwelad* â'r clifon, flynydda'n ôl', *GTN* 861.

(*b*) Cosbi, peri (dioddefaint, &c.): *to punish, inflict* (*suffering, &c.*).

1588 *Ecs* xx. 5, *ymweled* ag anwiredd y tadau ar y plant. **1588** *Hos* ix. 7, Dyddiau i *ymweled* a ddaethant, dyddiau talu 'r pwyth a ddaethant. **1595** H. LEWYS: *PA* 6, [d]uw eid'igus, yr hwn a *ymwel* (*visit*) a phechodae y tadau ar y plant. *id.* 9, os ni a ymgylchir, ne os *ymwelir* a ni, a chlefyd.

(*c*) Ymddangos: *to appear, seem.*

1672 J. LANGFORD: *HDdD* 124, fe all fod hefyd reswm arall iddi hi i *ymweled* i fôd yn annifir i ni.

Amr.: **ymwel, ymwêl.** *Dchr.* **15g.** *IGE*[2] 200, Gwaed Dafydd a Gruffudd gryf, / Gwych gynnes, ac iach gennyf / *Ymwel* â'i lys, aml ei wledd, / Marc hynod sy'm mrig Gwynedd. **15g.** *GGl*[2] 147, *Ymwêl* a wnaeth ymlaen neb / Â'i frenin gyfair wyneb. **1488–9** *BSM* 5, [m]yned i *ymwel* ai wlad. **17g.** HUW MORUS: *EC* ii. 54, Mewn ammarch mae'n *ymwel*, â'r ysig a'r isel, / A'i arfaeth yn ddirgel i'r uchel a'r iach.

ymwelediad [y be. *ymweled*+-*iad*[1]] *eg.* Ymweliad; ymweliad gan Dduw i gysuro, cosbi, &c., cosb (ddwyfol), tynged: *visit*; *visitation* (*by God*), (*divine*) *punishment, fate.*

1588 *Nu* xvi. 29, Os bydd y rhai hyn feirw fel y bydd marw pob dŷn, ac os ymwelir a hwynt ag *ymwelediad* pôb dŷn nid yr Arglwydd a'm hanfonodd i. **1588** *Jer* xlviii. 44, myfi a ddygaf arni sef ar Moab flwyddyn eu *ymwelediad* hwynt. *id.* li. 18, yn amser eu *hymwelediad* y difethir hwynt. **1605–10** *Haf* 24, 465–6, mae yn anghenrhaid yn y byd yma ynechreuad *ymwelediad*, ir llawer mwy i kanorthwyia yn y dechreuad on *ymwelediad* serchawl ir nefoedd nac ir gwneuthuriad. **1621** E. PRYS: *Ps* [v], trugaredd Duw tad / a'i *ymwelediad* tyner. **1630** *YDd* 365, Yn gyntaf drugarog *ymwelediad* (*dealing*) Duw â thydi. **1803** *P.*

ymweledig [bôn y f. *ymwelaf*: *ymwel(e)d*+-*edig*] *a.bfl.* Yr ymwelir ag ef neu a gosbir (gan Dduw): *visited or punished* (*by God*).

1567 *LlGG* 132b, A's y dyn *ymweledic* (*person visited*) vydd yn drymglaf, yno y dychon y Curat orphen ei gygcor yn y van hon. *id.* 135a–b, dy was hwn yma *ymweledic* gan dy law. **1630** *YDd* 173, Gan gofio . . . [ei] holl frodyr *ymweledig* (*visited*) neu erlidiedig.

Gw. hefyd **ymweledigion.**

ymweledigaeth [*ymweledig*+-*aeth*] *e?b.* Ymweliad (gan Dduw), cosb (ddwyfol): *visitation* (*by God*), (*divine*) *punishment.*

1588 *Jer* viii. 12, yn amser eu *hymweledigaeth* y syrthiant. **1588** *Am* v. cs., dydd eu *hymweledigaeth.* **1794** *W* d.g. *Visitation* [*the state of being visited*].

ymweledigion [*ymweledig*+-*ion*[2]] *e.ll.* Ymwelwyr: *visitors.*

1762 *ML* ii. 488, Mae rhyw eraill *ymweledigion* yma hefyd.

ymweledydd [y be. *ymweled*+-*ydd*[3]] *eg.* (b. -*es*) ll. -*ion*, *ymweledwyr.* Ymwelydd: *visitor.*

[1740] L. ANWYL: *CA* vii, fe allai Rhieni attal a lluddias y digwyddiad anhappus hwn wrth gaû eu drysau yn erbŷn y fâth *ymweledwŷr* drygionus.

ymweles [bôn y f. *ymwelaf*: *ymwel(e)d*+-*es*[1]] *eb.* ll. -*au.* Ymwelydd benywaidd; lleian sy'n perthyn i Urdd yr Ymweliad, a sefydlwyd yn 1610 gan Madame de Chantal dan gyfarwyddyd Sant Francis de Sales: *female visitor*; *Visitandine.* **1853.**

ymwelfa [bôn y f. *ymwelaf*: *ymwel(e)d*+-*fa, ma*] *e?b.* ll. -*feydd.* Cyrchfan, pen y daith: *resort, destination.* **1867.**

ymwelgar [bôn y f. *ymwelaf*: *ymwel(e)d*+-*gar*] *a.* Yn ymweld, hoff o ymweld: (*fond of*) *visiting.* **1922.**

ymweliad [bôn y f. *ymwelaf*: *ymwel(e)d*+-*iad*[1]] *eg.* ll. -*au.* Y weithred o ymweld, arhosiad dros dro; ymweliad ffurfiol neu swyddogol, yn enw. archwiliad esgob o blwyf yn ei esgobaeth; ymweliad gan Dduw i gosbi, cosb (ddwyfol); ymweliad Mair ag Elisabeth (gw. *Luc* i. 39–6), yr ŵyl sy'n coffáu'r ymweliad hwn (2 Gorffennaf): *visit*; (*formal or official, esp. episcopal*) *visitation*; *visitation* (*by God*), (*divine*) *punishment*; *the Visitation.*

1551 W. SALESBURY: *KLl* lixa, can nad adwaynost amser dy *ymwelat* (**1588** *Luc* xix. 44, *ymweliad*). **1567** *LlGG* 132a, ymwel a' dyro ir claf hwn i iechyt . . . neu ddyro yddaw rat i gymryd velly dy *ymweliad.* **1567** *TN* 353b, [m]oliannu Dyw yn y dydd ir ymweler ac wynt [:– y gofwy, *ymweliat*]. **1588** *Eseia* x. 3, A pha beth a wnewch yn nydd yr *ymweliad*, a'r destruw a ddaw o bell? **1595** H. LEWYS: *PA* 6, ymhob bath ar gosbedigaeth, ac *ymweliad* (*visitations*), a ddengys . . . drefn, ne ordr i gyfiawnder ai anfeidrawl ddiclloned'. **16–17g.** *CRC* 49, Hwn sy'n arwyddo i bawb ar a'i dalldo, / Gweithredoedd da a wnelo drwy fwynaidd dŵ,—/ Bwyd, diod, llety, *ymweliad* carchardy, / Gyda daearu y rhai meirw. **1620** *Doeth Sol* iii. 18, ni chânt obaith, na chyssur yn nydd *ymweliad.* **1632** *D* d.g. *Visitatio.* **1632** J. DAVIES: *LlR* 324, y byddinoedd Angylion sydd yn gweini ar eu harglwydd yn ei *ymweliad* yma. **1675** R. JONES: *HCh* 141, pa fodd i ddwyn dy *Ymweliad* presennol, a gwneuthur defnydd o hono. **1677** R. JONES: *BB* 217, Caru yr ydych hir Wleddoedd, a hir *ymweliad* (*long visits*) a'i gilydd. **1710** *LlGG* (*Gos*) 13, eraill sy ag Awdurdod i gadw *Ymweliadau* Eglwysig drwy Gyttundeb. **1753** *TR*, *Ymweliad*, visitation. **1776** I. BRYDYDD HIR: *P* i. 259, mynegi yn eglur iddynt, i bydd waeth iddynt nag i Dyrus a Sidon yn nydd yr *ymweliad.* **1803** *P.*

Amr.: **ymwelad** [bôn y f. *ymwelaf*: *ymwel(e)d*+-*ad*[2], trf. han.]. **1551** W. SALESBURY: *KLl* lixa.

Cfn.: **trwy ymweliad Duw:** *by act of God.* **1814.**

ymweliadol [*ymweliad*+-*ol*] *a.* Yn ymweld, yn perthyn i ymweliad neu ymwelydd (swyddogol): *visiting, visitational, visitatorial.* **1848.**

ymweliedydd [bôn y f. *ymwelaf*: *ymwel(e)d*+-*iedydd*] *eg.* (b. -*es*) ll. -*ion.* Ymwelydd: *visitor.* **1807.**

ymwelwaf: ymwelwi, gw. ym-+gwelwaf: gwelwi.

ymwelwr, ymwelydd [bôn y f. *ymwelaf*: *ymwel(e)d*+-*wr*, -*ydd*[3]] *eg.* (b. *ymwelwraig*, *ymwelyddes*, ll. -*au*) ll. *ymwelwyr*, *ymwelyddion.* Un sy'n ymweld â pherson neu le (ar wyliau), teithiwr (yn enw. i wlad dramor); person sy'n ymweld yn swyddogol â sefydliad (e.e. eglwys neu goleg) i'w arolygu, arolygydd, comisiynydd, hefyd yn *ffig.*: *visitor, tourist*; (*official*) *visitor, inspector, commissioner, also fig.*

1605–10 *Haf* 24, 463, I mae gan hynny yn brofadwy vod Kerdd yn fwy pyrthynawl i Dduwiolaeth mwy nac i weithredoedd ac *ymwelwyr* or bucheddawl vowyd mwy nac ir practeiswyr. **1710** *LlGG* [x], *Ymwelwr* neu *Ymwelwyr* yr unrhyw Golâs neu Awl. **1720** *App DP* 12, Episkopos, hynny yw *ymwelwr*, neu olygwr. **1785** E. BARNES: *MH* 44, Y Drws rhydlyd sy 'n malurio ar ei fachau: Yn anarferol a derbyn llawer o *ymwelwyr* (*Visitants*), y mae 'n fy nerbyn i gydâ gwrthwyneb a Murmur. **1794** *W*, *Ymwelwr*, *ymwelydd* d.g. *Visitant.* **1803** *P* d.g. *Ymwelwr.* **1809** T. JONES: *CCA* 54, Rhai Ystyriaethau Cysurol, i'r Cristion tan ormod Iselder Yspryd, o Achos Meddyliau gwibiog mewn Gweddi . . . Dy fod yn cael dy flino gan y fath *ymwelwŷr* (*guest*) aflonydd, nid yw ddim mwy nâg y mae'r goreu o saint wedi ei brofi. Ar lafar, '*ymwelwyr* yr ha'' (Llŷn).

Cfn.: **ymwelydd iechyd:** *health visitor.* **20g.**

ymwellhaf: ymwellhau, &c., gw. ym-+gwellhaf: gwellhau, &c.

ymwenieithaf, ymwenieithiaf: ymwenieithu, ymwenieithio, gw. ym-+gwenieithiaf: gwenieithio.

ymwenwynaf: ymwenwyno, ymwersyllaf: ymwersyllu, ymwerthaf: ymwerthu, gw. ym-+gwenwynaf: gwenwyno, gwersyllaf: gwersyllu, gwerthaf: gwerthu.

ymwng, &c. [ansicr yw ystyr rhai o'r enghrau. isod a dichon fod yma fwy nag un gair; ynglŷn â'r trdd., gw. *B* xv. 197] *a.* Disymwth; ?aml, mynych: *immediate*; ?*many, frequent.*

14g. *T* 57. 23–4, Ac *eimɓnc* [*sic*] collet a maɓr aghyffret heb gaffel gɓaret. **14g.** *H* td. 351, ti ympob pwnk. yn ry *ymwnk.* nyn ryomed (Gruffudd Gryg). **14g.** *OBWV* 95, Troaist fi, *ymwng* truan, / Oerffwrdd lif, odd ar ffordd lân [Gruffudd Gryg i leuad Ebrill]. **14g.** *GDG*[3] 381, Amryw bwnc *ymwnc* amwyll, / Ai hwn yw'r bwth twn bath twyll [i'r adfail]? *c.* **1400** *R* 1035. 37–8, *Ymɓng* ucheneit. adyuet arnaf ynol vyggordyfneit. ny at duɓ da ydiryeit. *id.* 1204. 30, Arodi yn *ymɓng* rudyon emeu. **15g.** *GDLl* 57, Cnau amal, canu *emwnc* / Ar ffon y person pob pwnc. **1632** *D*, *Ymwngc*, Ab Wng. D.G. **1672** R. PRICHARD: *Gw* 356, Felly 'n chwyrn, ac Felly 'n danllyd, / Felly 'n *immwngc* [:– Disymmwth], felly 'n aethlyd. *id.* 382, Dy blag y ddaw yn *ymwngc* [:– Agos a disymmwth] hefyd, / Fel y diluw ar y cynfyd. **1753** *TR*, *Ymwngc*, from Wng, near. **1803** *P*, *Ymwng* . . . Imminent, immediate. *id.* *Ymwnc* . . . Imminent, immediate.

ymwibiaf: ymwibio, ymwingaf: ymwingo, gw. ym-+gwibiaf: gwibio, gwingaf: gwingo.

ymwinaf: ymwino, gw. ymewinaf: ymewino.

ymwisgaf: ymwisgo, ymwleddaf: ymwledda, &c., gw. ym-+gwisgaf: gwisgo, gwleddaf: gwledda, &c.

***ymwn: ymwybod,** gw. *ymwybyddaf: ymwybod.

ymwnâf: ymwneud, ymwneuthur, &c. [*ym*-+*gwnaf*: *gwneuthur*, *&c.*] *bg.* a hefyd gyda grym enwol i'r be.

(*a*) Bod yn gysylltiedig neu'n berthnasol, bod â pherthynas (gyfeillgar) neu gysylltiadau (busnes, &c.), delio, trafod; gweithredu, paratoi; cytuno, ymuno, cyfuno, cynghreirio, cynllwynio: *to pertain or relate, have deal-*

ings, deal, discuss; act, prepare; agree, join, combine, ally, conspire.

12g. *GLIF* 228, Ketwyr kyuaruaeth yd *ymwnaethant.* **14g.** *BT* (*RB*) 74, A Chadwgawn heb dybyaw dim drwc a *ymwnaeth* ynn llesc, hep vynnu ffo. **14g.** *Bren Saes* 18, A phan doeth ar y Pab, ef a *ymwnaeth* ac ef hyt na phenydit dyn o'e deyrnas ef. **16g.** (*LlEG*) *Mos* 158, 7a, addar/uoedd I ddo [*sic*] Ef *ymwneuthud* ar hran vwyaf o bennaethiaid y gogledd ar droi ynnerbyn ybrenin. **1547** *WS*, *Ymwneuthur* i wneuthyd drwc Conspyre. *id.* *Ym*[*w*]*neuthur* Confeder. **1632** *D*, *ymwneuthur* rhwng rhai d.g. *Insidiae.* **1672** J. Langford: *HDdD* 97, fe ddarfu i Dduw a thithau *ymwneuthur* mewn Cyfammod, a Chyngrair o Gaderigrwydd ac addfwynder. **1701** E. Wynne: *RBS* 252, mewn llawenydd a sanctaidd ofn, ac awch cariad *ymwnâ* (*address thy self*) iw dderbyn Ef. **1740** T. Evans: *DPO* 258, na fydded i chwi *ymwneuthur* ag ef. **18g.** *W Ballads* 104, 3, wyt i'n *ymwneyd* drwy Dduw ai ras / am fyw rhag llaw yn dduwiol was. **1803** *P* d.g. *Ymwneuthur, Ymwneyd.* Ar lafar, '*ymneud* â diod feddwol', ''Fedra' i'n 'y myw '*mneud* â hwn a hwn', *WVBD* 577.

(*b*) Ei wneud ei hun (yn), mynd (yn); cymryd arno, honni: *to make oneself, become; pretend, claim.*

13g. *HGK* 14, eno yd *emwnaethant* en gyueillyon fydlavn trwy aruoll y greiryeu. **13g.** *BD* 111, Pan el ynteu y'r dadleu yd *ymwna* (*finget*) yn varw. *id.* 160, uelly diweirach yd *ymwnaei* (*efficiebantur*) y guraged, a chlotuorach yd *ymwnaei* y marchogyon ymilvryaeth. **1346** *LlA* 79, Amynhev lleiaf 6yf ohonom oll. Ac nyt *ym6naf* (*nec me vobis aequare praesumo*) yn gyffelyb y6ch. **14g.** *B* xiv. 262, *Ymwnaet* yn iach ehun. ac os mab y duw. disgynnet ef ehun or groc. *c.* **1400** *Ymborth* 3, Bocsachu yw *ymwneuthur* o dyn y vot y eidaw y peth nyt ydiw. *c.* **1400** *B* ii. 24, doethineb mawr yw *ymwneuthur* yn hurt (*stultitiam simulare*) yn llawer lle. **1567** *TN* 349a, pwy bynac a fynno fod yn car ir byd, y may yn *ymwneuthyr* yn elyn i Ddyw.

(*c*) *Beibl.* Cam-drin (yn rhywiol): (*bibl.*) *to abuse* (*sexually*).

1588 *Barn* xix. 25, hwi ai hadnabuant hi, ac a *ymwnaethant* a hi 'r holl nos.

Cfn.: **ymwneuthur â Duw:** *to make peace with God.* **13g.** *BD* 205, cany chymerassam penyt tra gavssam yspeit y penydyav ac y *ymwneuthur a Duv.* **[1703]** *YGDB* [50], *ymwna a Duw.* **1753** *TR.* **ymwneuthur am, ymwneud am:** *to make for; exert oneself.* **1751** *GIA* xi, *ymwneuthur am* fywyd didrangcedig. **18g.** I. Brydydd Hir: *Gw* 201. **1790** Twm o'r Nant: *GG* 22, *Am* y newydd *ymwnawn.* **ymwneuthur at, ymwneud at:** *to address oneself; make for.* **1743** J. Jones: *LlAW* 139, a beunydd i *ymwneuthur atto* ef am dano [gras]. **1768** Risiart ap Robert: *CB* 128, annogaeth i weddio ac *ymwneuthur at* y goruchaf Dduw. *id.* 222, ein callineb ni ydyw *ymwneuthur at* Grist.

ymwnc, gw. ymwng.

ymwr, gw. ymwriaf: ymwrio.

ymwrandawaf, ymwarandawaf: ymw(a)rando [*ym-*+*gwrandawaf, gwarandawaf: gw(a)rando*] *bg.* Gwrando (gydag ufudd-dod neu gydymdeimlad), ystyried, clustfeinio, gwrando'n ofalus (am); bod yn ymwybodol, teimlo, ymdeimlo; rhoddi sylw, archwilio, dirnad; ?blasu; hefyd yn *ffig.*: *to listen* (*compliantly or sympathetically*), *consider, listen out* (*for*); *be aware, feel, sense; pay attention, examine, perceive; ?taste; also fig.*

13g. *Brut B* 118, *emwarandaw* am e neges ed oedynt en y cheyssyaw. **14g.** *YBH* 49b, Syr heb hitheu *ym6aranda6* a mi. **14g.** *WM* 7. 9–12, A 6yrda heb ef *ym6erende6ch* (*RM* 5, *ymwrandewch*) yn da y r6ng y deu wrenhin y mae yr oet h6nn. *c.* **1400** *YSG* i. 147, ef a *ymwarandawawd*, ac ef a glywei ganu. **15g.** *DE* 57, gwiliad o gysgod gwaliau / yr un dyn ir ym yn dau / o dduw nef a oedd iawn ynn / *ymwrando* am yr undyn. **1547** *WS*, *Ymwrando* Harken. **16g.** *Med H* 4, i deffro hynny ddarlleodrion [*sic*] kymraec ar ni bwynt ddysgedic mewn ieithoedd eraill i *ymwrando* ac i ymwybod ac i ymgeisio am gelvyddyd arveu. *c.* **1585** G. Robert: *DC* 35b, Gwelwch nalh dyn *ymwrando* a dau dholur or vnwaith. *Diw.* **16g.** *WLB* 27, ai yfed ar un dracht i gid heb *ymwrando* ac ef. **1588** 2 *Cr* vi. 40, bydded dy lygaid yn agored, a'th glustiau yn *ymwrando* a'r weddi. **1604–7** *TW* (*Pen* 228), *ymwrando* ai vriw d.g. *Expostulo.* **1630** *YDd* 272, Am gymmeryd golwg a'r [*sic*] bechod oddifewn, ac *ymwrandaw* a thrueni. *id.* 327, Fel y byddych di yn *ymwrandaw* (*feelest*) ar [*sic*] gwin Sacramentaidd yr hwn a yfaist, yn cynhesu dy ddwyfron. **1632** *D*, *Ymwrando*, Auscultare. *id.* *ymwrando* d.g. *Persentio, Sentio.* **1632** J. Davies: *LlR* 71, *Ymwrandawed* (*examine*) pob pechadur ag eigion ei gydwybod yn hyn o beth. **1755** G. Owen: *L* 145, byddwch gan fwyned ag *ymwrando* am offeiriadaeth imi erbyn Calanmai. **1803** *P* d.g. *Ymwrandaw.*

Gw. hefyd ***amwrandawaf: amwrando.**

ymwrandawiad [bôn y f. *ymwrandawaf*: *ymwrando*+*-iad*[1]] *eg.* Gwrandawiad, ystyriaeth; sylw, sylwgarwch, ymwybyddiaeth, argyhoeddiad, teimlad, ymdeimlad: *a hearing, consideration; attention, attentiveness, consciousness, conviction, feeling, sense.*

1599 (1677) R. Holland: *AB* 9, Os rhaid bod gan hynny *ymwrandawiad* a theimlad ynom, o'n pechodau a'n trueni. **1604–7** *TW* (*Pen* 228) d.g. *Attentio.* **1630** *YDd* 272, Am gymmeryd golwg a'r [*sic*] bechod oddifewn, ac ymwrandaw a thrueni. Yr *ymwrandawiad* (*sense*) ar [*sic*] golygiad hwn a weithredir ynot. **1661** E. Lewis: *Drex* 122, Y mae ef yn esmwythau yr *ymwrandawiad* (*sense*) o wasg-tlodi. *id.* 299, Hynny a wnae gyd ag ystyriaeth ac *ymwrandawiad* (*attention*). **1688** W. Foulkes: *EGE* 70, gwrando . . . gyd' ac *ymwrandawiad* difrif calon ennynnus. **1725–6** *Madd Ed* 9, [c]ynhyrfu *ymwrandawiad* (*attention*) y meddwl, a dennu Pobl i jawn ddyfal ymholiad. **1743** J. Jones: *LlAW* 152–3, [g]osod allan wir sylfaen Crist'nogrwydd . . . a haeddai ddifrif *ymwrandawiad* gennych. **1744** D. Rowland: *RY* 11, y Cawr a aeth i fynu at y Porth, ac a alwodd ar y Dref Mansoul am *Ymwrandawiad* (*audience*). **1803** *P.*

ymwrdd, ymwreddaf: ymwreddu, ymwreddiad, gw. **ymhyrddiaf: ymhyrddio, ymarweddaf: ymarweddu, ymarweddiad.**

ymwregysaf: ymwregysu [bf. o *ym-*+*gwregys*] *bg.a.* Ymwisgo, gwregysu, ei wisgo neu ei wregysu ei hun; sicrhau (cleddyf, &c.) wrth wregys; hefyd yn *ffig.*: *to dress or gird* (*oneself*); *gird or buckle on* (*sword, &c.*); *also fig.*

Dchr. **15g.** *GM* 11, Gwiscawd gedernyt ac *ymwregyssawd.* **1547** *WS*, *Ymwregysy* Gyrde. **1551** W. Salesbury: *KLl* lxxviiib, *Ymwregysa* a gwisc dy escide. *id.* lxxvib, wedy'r *ymwregysy* ych clunieu a gwirionedd. **1567** *TN* 155b, rhoi heibio ei ddillat vchaf, a' chymeryd llieinyn, ac *ymwregysu.* **1588** *Barn* xviii. 11, chwe chanwr wedi *ymwregyssu* ag arfau rhyfel. **1588** 1 *Sam* xxv. 13, *ymwregysodd* Dafydd hefyd ei gleddyf. **1588** 2 *Sam* iii. 31, *ymwregysswch* mewn sach-liain. **1588** *Salm* lxv. 12, a'r brynnau a *ymwregysant* â hyfrydwch. **1604–7** *TW* (*Pen* 228) d.g. *Accingo.* **1714** D. Lewys: *CN* 9, Fe *ymwregysei* ei hun yn gymmen, / I'm gwasnaethu yn dra llawen. **1722** *Llst* 189, *Ymwregysu.* To begird himself, apply or address himself to. **1803** *P.*

Gw. hefyd **amwregysaf: amwregysu.**

ymwregysiad [bôn y f. *ymwregysaf*: *ymwregysu*+*-iad*[1]] *eg.* Gwregysiad: *a girding.*

1588 *Eseia* xxii. 12, *ymwregyssiad* â sach-liain. **1803** *P.*

ymwreiddiaf: ymwreiddio, ymwresogaf: ymwresogi, gw. ym-+**gwreiddiaf: gwreiddio, gwresogaf: gwresogi.**

ymwria, gw. ymwriaf: ymwrio.

ymwriad [bôn y f. *ymwriaf*: *ymwrio*+*-iad*[1]; ansicr yw'r engh. gyntaf] *eg.* Ymchwydd neu ddygyfor (y môr); ymdrechiad: *surge* (*of sea, &c.*); *a striving.*

15–16g. *CTC* 50, Duw a bair, a Mair, *ymwriad*— â'm hael, / Dwy oes i adael, da'i osodiad [Wiliam Egwad i Ddafydd ab Owain abad Aberconwy]. **1803** *P*, *Ymwriad*, s. m. . . . a mutually striving.

ymwriaf: ymwrio, ymwrial(u), ymwr(ia(n)) [?bf. o *ym-*+*gŵr* neu o bosibl elf. **gwr*(*i̯*)- (?cf. *gwriawr*, Llad. *urgeō* 'gwthiaf; gwasgaf')] *bg.a.* a hefyd gyda grym enwol i'r be. (ll. (prin) *ymwrion*). Taro (yn erbyn ei gilydd), ymosod (ar ei gilydd), ymryson, ymladd, brwydro, ymgodymu, ymdrechu, ymlafnio, hyrddio; ymchwyddo neu ddygyfor (am y môr, &c.); rhefru, torsythu; hefyd yn *ffig.*: *to strike* (*against each other*), *clash, attack* (*each other*), *contend, fight, do battle, grapple, struggle, strive, dash; surge* (*of sea, &c.*); *hector, swagger; also fig.*

13g. *GDB* 390, A gna6t oduch Trenn trin *ymwrya6.* **13g.** *GBF* 560, Hil Maredut dra6s, ha6t drosta6—ledkynt, / Hil eduynt Bletynt, bleit *ym6ryaw.* **14–15g.** *GGLl* 135, Pan oedd drymaf dy lafur / Draw yn *ymwriaw* â'r mur / Torres dy onnen gennyd / . . . / . . . yn dair ysgyren [Gruffudd Llwyd i Owain Glyndŵr]. **16g.** *B* xi. 24, yn ol hir ymwan ac *ymwrio* a'i Kleddyddau ac ymeulud a'i breichiau, Erkwlf a gauas y maes. **16g.** *WLl* 101, Drafo [*sic*] dor a mor yn *ymwriaw* / Ac o ser lawer yn goleuaw. **1604–7** *TW* (*Pen* 228), *ymwrio* d.g. *Illido.* **1632** *D*, *Ymwr*, Concertatio, impetus. Mawr oedd ŵth, *ymwr* (*TA* 20, wrth ymwrdd) ei ddart. T[udur] A[led]. *id.* *Ymwrio*, Concertare, impugnare. A Gŵr. Habent Antiqui. Tân a dwr yn *ymwriaw*, Yw'r taranau dreigiau Draw. D[afydd ap] G[wilym]. **1710** *F* 88, O ryfeloedd y byd ymma, / Goreu rhyfel ac *ymwria*, / Yw rhyfela ac ymorfod (Iaco ab Dewi). **1722** *Llst* 189, *Ymwr* . . . m. A brunt, charge, thrust. *ib.* *Ymwr* . . . To bicker, struggle. **1767** *Aberth Cym* 38, Fe fu amser yn wir y pryd y gallsai ymwroli, ie *ymwrio* (*hector*) â Duw ei hunan, gan ddywedyd, Pa beth ydyw 'r Hollalluog fel y gwasanaethem ef? **1771** *W*, *ymwr* d.g. *Charge* [*onset, or attack*], *Effort* [*a struggle; an endeavour*]. **1775** *EDPP* 74, Ni ddichon ymysgog, ymareithio, ac *ymwrio* (*swagger*) fel yr wyt ti yn gwneuthur. **1793** Dafydd Ionawr: *CD* 260, *Ymwriai* 'r tonnau mawriawn. **1803** *P* d.g. *Ymwrial, Ymwriaw.*

ymwridaf: ymwrido, gw. ym-+**gwridaf: gwrido.**

ymwriol [bôn y f. *ymwriaf*: *ymwrio*, &c.+*-iol*] *a.* Yn ymchwyddo neu'n dygyfor (am y môr, &c.), hefyd yn *ffig.*: *a surging* (*of the sea, &c.*), *also fig.*

1784 E. Thomas: *Alm* 9, Dan Arglwydd Dduw'r Lluoedd, / Yn siwr y mae'r Seroedd, / Yn llywio teyrnasoedd a moroedd *ymwriol.*

ymwrn [?cf. *mwrn*] *e?g.* ?Baich, ymdrech: *burden, effort.*

14g. *GEO* [112], Dyw Sadwrn, cyn *ymwrn* cawdd, / Buan deg y bendigawdd. *Diw.* **15g.** *B* v. 103–4, A phan glybu bawb yr ymdidan hwnnw y rai a ossodet y maes trwy *y mwrn* [*sic*] ac ymrysson mawr a deuynt y mewn.

ymwrol, gw. **ymorolaf: ymorol.**

ymwrolaf: ymwroli, gw. ym-+**gwrolaf: gwroli.**

ymwrthedd [*ym-*+*gwrth-*+*-edd*[1]] *eg.* ll. *-au. Biol.* Diffyg sensitifedd i gyffur, &c. oherwydd cynefino neu newid genetig: *resistance* (*in biol.*).

20g.

ymwrthfynnaf: ymwrthfyn, ymwrthladdaf: ymwrthladd, ymwrthnebaf: ymwrthnebu, &c., gw. ym-+**gwrthfynnaf: gwrthfyn, gwrthladdaf: gwrthladd, gwrthwynebaf: gwrthwynebu**, &c.

ymwrthodaf, &c.: **ymwrthod**, &c. [*ym-*+*gwrthodaf*: *gwrthod*] *bg.a.* a hefyd gyda grym enwol i'r be. Gwrthod (ymgymryd neu ymwneud), gwrthod derbyn, ymatal, gwrthsefyll, osgoi; cefnu (ar), gwrthgilio, rhoddi'r gorau: *to refuse, reject, abstain, resist, avoid; forsake, turn one's back* (*on*), *renounce, give up.*

13g. *B* ix. 339, A phan weles e pab en *emvrthot* ae vadeu kynnic a oruc enteu dirvaur riuedi o da. **13g.** *BD* 207, yna yd ymedewis Catwaladyr Uendigeit ac yd *ymvrthodes* a phob peth bydavl yr caryat tragywydavl teyrnas Duv. **14g.** *BT* (*RB*) 184, *ymwrthot* a wnaeth a'r ymaruoll yg gwyd pawb. *c.* **1400** *YCM*[2] 59, *Ymwrthot* . . . a Mahumet . . . a chret yn vn Duw Hollgyuoethawc. **15g.** *BB* 200, Pan wybu delflet . . . *ymwrthot* o dvnawt dyuot gyt ac austin. **1551** W. Salesbury: *KLl* lxiib, o glyn ef wrth vn / e a *ymwrthyd* ar [*sic*] ys all. **1567** *TN* 26b, *ymwrthoted* y vn, a chymered ei groc. **1592** S. D. Rhys: *Inst* [xxi], ny 'welspwyt eiróet edêryn o 'r byd ynn cyrchu nac idho [llyn], nac atto, nac ynn nobhiaw arno; onyd yn holholh ynn *ymwrthod* ac êbho. **16–17g.** *HG* 169, o *mwrthodwn* a phob drwg, trwy ras vo n dwg yn llywydd. **1604–7** *TW* (*Pen* 228) d.g. *Transfugio.* **1615** R. Smyth: *GB* 30, *ymvvrthod* a phob ymborth a lliniaeth. *id.* 56, orfod ar y gvvyr *ymvvrthod* ai gvvragedd dros yr amser hvvnvv. **1632** *D* d.g. *Recusatio, Renunciatio.* **1632** J. Davies: *LlR* 35[1]–2, Demas . . . a *ymwrthododd* â S. Paul yn ei rwymau, rhydig o ffaen ei farwolaeth. **1728** S. Rhydderch: *GC* 119, Y Ddwy Gynghanedd uchod . . . a *ymwrthodwyd* a hwynt; yn y Diwygiad a'r Cadarnhâad diwaetha. **1764** Dewi Nantbrân: *SAG* 83, Esgobion . . . y rhain oll ond un a symmudwyd o'u Lle am eu Llysiant, neu *Ymwrthod.* **1803** *P* d.g. *Ymwrthawd* [*sic*].

Amr.: **ymwrthodi. 1800** W. Owen[-Pughe]: *CP* 39. **1803** *P.*

ymwrthodiad [bôn y f. *ymwrthodaf*: *ymwrthod*+*-iad*[1]] *eg.* Y weithred o

(ym)wrthod, gwadiad, ymataliad; y weithred o gefnu (ar rywun neu rywbeth), gwrthgiliad: *refusal, rejection, denial, abstinence; a forsaking, desertion, renunciation, apostasy.*
1604–7 *TW* (*Pen* 228) d.g. *derelictio, desertio.* **1632** *D* d.g. *Apostasia, Defectio.* **1696** *GGTY* 263, Yr wyf yn addef i fedydd babanaidd fod mewn rhan yn fodd o gynnal i fynu y grefydd gristnogaidd yn yr Eglwys gyfeiliornus er amser yr *ymwrthodiad* (*Apostacy*). **1718 (1721)** S. THOMAS: *HB* 171, *ymwrthodiad* a llwyr ymwadiad o'i grefydd. **1725–6** *Madd Ed* 357, hyn y maent yn anwybodus yn alw nesâd a chiliad yr Ysbryd Glân, neu lawn hyder ffydd, a chyflwr o *ymwrthodiad* (*desertion*). **1759** T. THOMAS: *WWDd* 351, llê y mae gwir Sancteiddrwydd, y mae yno *ymwrthodiad* â phob drigioni. **1768** RISIART AP ROBERT: *CB* 278–9, Nis gwaharddir gras rhag neb drwy ewyllys Duw, neu *ymwrthodiad* (*desertion*) ysprydol, fel y geilw rhai. **1774** T. JONES: *DG* 56, Myfi [James Bainham] yn ewyllysgar . . . ydwyf yn dychwelyd oddiwrth fy heresi, ac yn eu cwbl wadu hwynt . . . Pan oedd yn dodi ei law ac yn selio'r *ymwrthodiad* hyn, y Canghellawr a'i ffeiniodd ef i ugain o bunnau i'r Brenin. **1776** I. BRYDYDD HIR: *P* ii. 29, I mae edifeirwch gan hynny, yn cynnwys *ymwrthodiad* a phob drwg. **[1783]** *W* d.g. *Recusancy.* **1803** *P.*

ymwrthodol [y be. *ymwrthod*+*-ol*] *a.* Yn ymatal, yn gwrthod; *Gram.* diryw: *abstaining, rejecting; neuter* (*in gram.*).
1708 *EGE* 73, Tri mewn rhyw Gwrywaid, ac felly tri pherson, un mewn rhyw *ymwrthodawl* (*One in the Neuter*), ac felly ûn peth. **1803** *P*, *Ymwrthodawl* . . . Self-rejecting; abstinent.

ymwrthodwr, ymwrthodydd [bôn y f. *ymwrthodaf*: *ymwrthod*+*-wr*, *-ydd*[3]] *eg.* (b. *ymwrthodwraig*) ll. *ymwrthodwyr, ymwrthodyddion.* Gwrthodwr, reciwsant, anffyddiwr, gwrthwynebydd (cydwybodol), un sy'n ymwrthod (â diodydd meddwol, &c.); gwrthgiliwr; hefyd yn *ffig.*: *rejecter, recusant, atheist,* (*conscientious*) *objector, abstainer* (*from alcohol, &c.*); *apostate; also fig.*
1595 M. KYFFIN: *DFf* [xvii], Apostata; sef, Gwadwr, ag *ymwrthodwr* a'r ffydd. *id.* [52], wrth hynny, ydoedd Origenes, Ambros, Awstin, Chrysostom, Gelasius, Theodoretus, *ymwrthodwyr* (*forsakers*) a'r ffydd gatholic? **1632** *D* d.g. *Defector, Desertor.* **1710** *LlGG* (*Gos*) 11, Pob Gweinidog o Bregethwr, a chanddo *Ymwrthodydd* neu *Ymwrthodyddion* Pabaidd yn ei blwyf. **1725** *SR* d.g. *A Recusant.* **1725–6** *Madd Ed* [viii–ix], un anwadal chwidr . . . yn dyfod yn *ymwrthodwr* (*Atheist*) Epicureaidd. **1727** J. JONES: *DFF* 131, Deuwch allan yr holl Wrthgilwyr a'r *Ymwrthodwyr* (*apostates*) oddi wrthyf fi a'm Ffydd. **1772** D. RISIART: *HFP* 161, y llw o ufudd-dod . . . ni fwriadwyd y llw hynny gymmaint yn erbyn Protestainiaid [*sic*] (er iddynt fod yn ymneilldûwir [*sic*]) ag yn erbyn *ymwrthodwyr* pabaidd. **1793** T. JONES: *SD* 67, y mae'n achwyn yn dra chwerw ar yr *Ymwrthodwyr*, fel y mae'n eu galw, am naccâu plygu i drefniadau 'r Eglwys. **1803** *P* d.g. *Ymwrthodwr, Ymwrthodyz.*

ymwrthryn, ymwrthrynu [*ym-*+(*gwrthryniaf*:) *gwrthryn*(*u*)] *eg.* a hefyd fel *bg.* Ymrafael, cynnen, ymryson, ysgarmes, ymladd, gornest, gwrthdaro, dadl, anghydwelediad; ymosod, cyrchu, gwrthsefyll; hefyd am ddull o hawlio tir (yn y cyfreithiau Cymreig): *contention, strife, combat, skirmish, fighting, contest, conflict, quarrel, controversy; to attack, charge, resist; also of type of land-claim* (*in the Welsh laws*).
12g. *GCBM* i. 244, Y lafyn yg kreulif, yg kreulynn —gwyar, / Yg kreulaůn *ymwrthrynn.* **13g.** *LlI* 56, Ny deleyr guarandau urun o'r teyr haul hyn en amser cayat keureyth am tyr a dayar: sef ynt e rey henne, haul pryodolder a haul datanhud a haul *emurthryn.* **13g.** *C* 58 (ymyl y ddalen), ad/vit *imurthrin* ina gan vitinaur. **13g.** *A* 3. 7–8, rugyl en *emwrthryn* rynn riadwn. **13g.** *AL* ii. 130, ena e mae yaun y kyghaus er haulur dyweduyt y haul ae messur ae o priodolder y mynho y haul; ae o ach ac edryf ae o datanhud ae o uamwys ae o *emurthryn*; ae o emteruynu. *id.* 134, Os o *emvrthryn* e dewys den e haul ny eyll *emvrthryn* namyn deu dyn auo en eysted ar er un tyr y gyt: ac os un onadunt a uyn gurthryn y llall . . . yaun dyweduyt y uot ef en priodaur ar e tyr hun ar dayar en gubyl. *id.* 138, O deruyd bot *emurthryn* e rug deu dyn am tyr a dayar. **14g.** *T* 14. 17–18, kymry a saesson kyferuydyn yam lan ymtreulaů ac *ymůrthryn.* **1632** *D* d.g. *Controuersia, Lis.* **1655** R. JONES: *PC* 53, *Ymwthrin* [*sic*] [:– ymrafael, caetha]. **1722** *Llst* 189, *Ymwrthryn.* m. A contest, conflict, scuffle. **1725** *SR* d.g. *A Controversy.* **1770** *W* d.g. *A brabble* [*a quarrel* . . .], *Broil* [*quarrel*], *To resist one another.* **1803** *P* d.g. *Ymwrthryn, Ymwrthrynu.*
Amr.: **ymwrthrym** [?ff. wallus neu amr. dan ddyl. yr e. *grym*]. **15g.** *LHDd* 121. **1604–7** *TW* (*Pen* 228) d.g. *Controuersia.*

ymwrthwynebaf: ymwrthwynebu, gw. ym-+gwrthwynebaf: gwrthwynebu.

ymwrwst, ymorwst, &c. [?bf. o *ym-*+*gor-*+*gwst*[1]] *ba.* a hefyd fel *e?g.* Ymdrechu, ymlafnio, ymorchestu, ymrafael, ymryson, ymladd; ymryson, ymrafael, gornest, dadl, ymdrech (lafurus), ymlafniad, trafferth, cynnwrf, cyffro; hefyd yn *ffig.*: *to struggle, strive, exert oneself, contend, contest, fight; contention, strife, contest, dispute,* (*laborious*) *effort, striving, trouble, commotion, excitement; also fig.*
15g. *GTP* 57, Meirig, nid hawdd *ymorwst*, / O iawnllin Rhys yn Llanrwst. **1604–7** *TW* (*Pen* 228), *ymorwst* d.g. *Certo, as, Concerto, Contendo.* *id. ymwrwst* d.g. *Concerto, Contendo, Lucto, Nitens, Restans.* **1632** *D*, *Ymorwst*, Concertare, luctari. Concertatio, lucta. Vulgò dicunt *Ymwrwst. Ymmwrwst* â 'i thŵst mirain. D[afydd ap] G[wilym]. *id. ymwrwst* d.g. *Eluctor, Ineluctabilis, Nixus.* *c.* **1760 (19g.)** *CM* 522, 20, Di gest ti docyn mi wn gan Dici / Na ni ymododd monwyf fi mewn difri / Ond mi ai clywais yn cadw trwst / Ac yn *ymwrwst* efo Mari / Mae Mari am danat ti yn rhyfedd / Geill hi dewi, yn boeth bo ei pherfedd. **1762** D. ROWLAND: *PA* 52–3, [c]ewch weled eich bod yn *ymorwst* ynghanol y frwydr, naill ai yr ydych yn ymladd yn erbyn eraill, neu y mae eraill yn ymladd i'ch erbyn chwi. **1771** *W*, *ymorwst* d.g. *To buckle together* [*in fighting*], *To encounter* [*engage, fight* . . .]. *id. ymwrwst* d.g. *Endeavour.* **1803** *P*, *Ymwrwst*, s. m. Mutual struggle, v.a. To struggle mutually. **1808** TWM O'R NANT: *BB* iv, mae 'n anhawdd cyfieithu, [*sic*] llawer o betheu sy 'n *ymwrwst* ar ymenydd âml un. *id.* 18, 'R oedd natur y cyfan, i *ymwrwst* am arian, / Rhai 'n sypio 'n siopwyr, a rhai yn dafarnwyr, / A phawb yn llawn castiau, mewn mesur, a phwysau.

ymwthgar [bôn y f. *ymwthiaf*: *ymwthio*+*-gar*] *a.* a hefyd gyda grym enwol. Tueddol i ymwthio (am berson), hy: *intrusive* (*of person*), *pushy, impudent.*
1778 *W* d.g. *Obtrusive.* **1803** *P.*

ymwthgarwch [*ymwthgar*+*-wch*[1]] *eg.* Yr ansawdd neu'r cyflwr o fod yn ymwthgar, hyfdra: *intrusiveness, pushiness, impudence.*
20g.

ymwthiad [bôn y f. *ymwthiaf*: *ymwthio*+*-iad*[1]] *eg.* ll. *-au.* Y weithred o ymwthio (ymlaen), gwthiad, gyriad, hefyd yn *ffig.*; *Sein.* datblygiad sain ymwthiol: *a pushing oneself* (*forward*), *push, also fig.*; *epenthesis* (*in phonet.*).
1604–7 *TW* (*Pen* 228) d.g. *Antiperistasis, Impressio* (hefyd *D*). **1737** J. EINNON: *HR* 129a, meddwl byrbwyll . . . yn erbyn *ymwthiad* gwastadol y Galon. **1748** P. PUGH: *DGG* 13, *Ymwthiadau* rhwng y Cnawd a 'r Ysbryd. **1775** *W*, *Ymwthiad* i mewn d.g. *Intrusion, or an intruding.* **1803** *P.*

ymwthiaf: ymwthio [*ym-*+*gwthiaf*: *gwthio*] *bg.* a hefyd gyda grym enwol i'r be. Ei wthio ei hun (ymlaen), gwthio (ei gilydd), gyrru; gwthio i mewn; taflu allan, bargodi; hefyd yn *ffig.*: *to push oneself* (*forward*), *push* (*one another*), *drive; intrude; protrude; also fig.*
15g. *CMOC*[2] 90, Meithwae Ieuan o'r dannod, / *ymwthiaw* byth, methu bod (Ieuan Gethin). ?**15g.** *B* i. 302, Weithian, profi *ymwthiaw* / Y maen' ar draws ym Môn draw. **1567** *TN* 114a, teyrnas Duw . . . [p]awp dyn 'sy'n tori y mewn [:– ymyrru, ymsengi, *ymwthio*, ymdynu] y-ddei. **1604–7** *TW* (*Pen* 228), *ymwthio'n* erbyn d.g. *Renitor.* **1618** J. SALISBURY: *EH* 293, Rhyfic a gormod hyder a wna i dhyn *ymwthio* eihun [*sic*] mewn peryglon eglur, a goleu. **1632** *D* d.g. *Impello.* **1681** S. HUGHES: *AC* 18, pan y ceisiodd hi agoryd y drws gwedi ei ddadfolltio ef, hi a glywe ymosodiad yn ei herbyn, megis a phe buase ddyn o'r tu allan yn *ymwthio* yn wrthwyneb iddi. **1687 (1715)** J. OWEN: *TB* 5, Gwraig oedrannus arall, gwedi ymado a'r gwirionedd . . . etto *ymwthiodd* i gynnulleidfa'r ffyddloniaid, ac a dderbynniodd swpper y Arglwydd. **1703** E. WYNNE: *BC* 19–20, a thyrfa fawr o bobl yn ymdyrru tu a'r Porth, a'r fath *ymwthio* ac ymdaeru. **1775** *W*, *Ymwthio* i neges d.g. *To interlope.* *id. Ymwthio* i mewn i d.g. *To intrude into, or intrude* [*thrust*] *one's self into.* **1803** *P* d.g. *Ymwthiaw.*
Amr.: **ymwythio** [?ff. wallus]. **1711** H. POWEL: *TY* 21, Ffydd . . . Nid yw hi yn *ymwythio* i un lle, lle ni allo hi fynd y mewn.

ymwthiol [bôn y f. *ymwthiaf*: *ymwthio*+*-iol*] *a.* Ymwthgar, hy; yn ymwthio i mewn neu allan, hefyd yn *ffig.*; *Sein.* epenthetig: *intrusive* (*of person*), *pushy, impudent; intrusive, protrusive, also fig.; epenthetic* (*in phonet.*).
1803 *P* d.g. *Ymwthiawl.*

ymwthiwr [bôn y f. *ymwthiaf*: *ymwthio*+*-iwr*] *eg.* (b. *ymwthwraig*) ll. *ymwthwyr.* Un sy'n ymwthio neu'n gyrru (i mewn, allan, ymaith, &c.), ymyrrwr; person ymwthgar: *pusher or driver* (*in, out, away, &c.*), *intruder; intrusive or pushy person.*
1604–7 *TW* (*Pen* 228) d.g. *Expulsor* (hefyd *D*). *ib. ymwthwreic* d.g. *Expultrix.* **1722** *Llst* 189, *Ymwthiwr.* m. An intruder, driver in. **1775** *W*, *Ymwthiwr* . . . i neges ni pherthyn iddo d.g. *Interloper.* *id. Ymwthiwr* i mewn d.g. *Intruder.* **1787** E. ROBERTS: *PCF* 47, Yn y lotri droi ar swye [*sic*] ar dwndwr, / Ir ffeiriwr Ceffyle fo ydi'r ffowliwr; / Mewn eitha clod *ymwthiwr* clên, / I ddwylo hên Gribddeiliwr. **1803** *P*, *Ymwthiwr*, s. m.—pl. *ymwthiwyr* [*sic*] . . . One who pushes himself.

ymwybod[1] [*ymwybod*[2] fel e.] *eg.* ll. *-au.* Ymwybyddiaeth (o), ymdeimlad, meddwl, syniad; (y) meddwl ymwybodol, ymwybyddiaeth: *consciousness or awareness* (*of*), *feeling, thought, notion;* (*the*) *conscious, consciousness.*
1651 SIÔN TREREDYN: *MDD* 171, hyd onid yw undeb y briodas y sy rhyngoch chwi â Christ yn fwy nac *ymwybod* noeth (*bare notion*). *id.* 218, gwâgfeddylied am y nefoedd tan ryw *ymwybodau* cnawdol (*carnal notions*). **1724** S. WILLIAMS: *ADA* 36, nid yw hi'n sefyll mewn *ymwybodau* gweigion a gwyntiog, a meddyliau'r pen. **1772** *W* d.g. *Consciousness.* **1803** *P.*

ymwybod[2], gw. ***ymwybyddaf: ymwybod.**

ymwybodaeth [*ymwybod*[1]+*-aeth*] *eb.g.* Ymwybyddiaeth (o), sythweledиad: *consciousness or awareness* (*of*), *intuition.*
1772 *W* d.g. *Consciousness.*

ymwybodi, gw. ***ymwybyddaf: ymwybod.**

ymwybodol [*ymwybod*[1]+*-ol*] *a.* Ar ddihun ac yn ymwybod ag ef ei hun a'i sefyllfa, &c., a nodweddir gan ymwybyddiaeth, yn perthyn i ymwybyddiaeth; a chanddo ymwybyddiaeth (o), yn ymwybod (â); bwriadol: *conscious; conscious or aware* (*of*); *deliberate.*
1772 *W* d.g. *Conscious.* **1793** L. REES: *MB* 25, yn *ymwybodol* o'i aml . . . bechodau. Ar lafar, "Ôn i'n *ymwybotol* 'i fod a'n mynd i brioti ond 'odd y peth yn cæl 'i gatw'n dawal', "Odd 'i'n *ymwybotol* fod y darfodedicath arni, druan fæch', *GTN* 861.

ymwybodolrwydd [*ymwybodol*+*-rwydd*] *eg.* Ymwybyddiaeth (o): *consciousness or awareness* (*of*).
1772 *W* d.g. *Consciousness* [*internal sense, persuasion, or perception of merit or demerit*].

ymwybodus [*ymwybod*[1]+*-us*] *a.* Ymwybodol (o); bwriadol; ymwybodol: *conscious* (*of*); *deliberate; conscious.*
1772 *W* d.g. *Conscious.*

***ymwybyddaf, *ymwn,** &c.: **ymwybod**[2], &c. [*ym-*+*gwybyddaf* a *gwn*[2]: *gwybod*; prin yw'r ff. rhed.] *bg.* ac yn eithriadol *ba.* Bod neu ddod yn ymwybodol (o), ymdeimlo neu ymglywed (â), synhwyro, sylweddoli, (cael) gwybod; adnabod ei gilydd, ymgydnabod, ymgyfarwyddo, ymgyfathrachu: *to be*(*come*) *conscious, sensible, or aware* (*of*), *have a feeling* (*of*), *sense, realize,* (*get to*) *know; know each other, be*(*come*) *acquainted* (*with each other*), *acquaint oneself, associate oneself.*
13g. *BD* 121, eissyoes yd oed Eidol o'e holl uryt a'e uedvl yn ymgeissyav a Heingyst y *ymwybot* ac ef. **14g.** *GIG* 22, I *ymwybod* â meibion / Tudur, ben ymwanwyr Môn. **15g.** *GIBH* [50], I'r nef, ato Ef, y Tad / A'r mab drwy fawr *ymwybod* / . . . / Yr awn. **15g.** *GOLlM* 34, Y tad a'r mab a '*mwybydd* / ysbryd un rhyngthyn fo'r hydd [i ofyn dau filgi]. *Diw.* **15g.** *Pen* 67, 18, Morynnon meibion *ymwybydd* ai plait / mil

yn ymddifaid am lin ddafydd [marwnad Gwenllïan Hafard gan Hywel Dafi]. **16g.** *Med H* 4, megis i deffro hynny ddarlleodrion kymraec . . . i ymwrando ac i *ymwybod* ac i ymgeisio am gelvyddyd arveu. **1567** *TN* 3[05]a, ys a[n]vonais ef y *ymwybot* (**1588** 1 *Thes* iii. 5, gael gŵybod) y wrth eich ffydd, rrac darvot ir temptiwr eich temptio mewn neb ryw vodd. **1632** *D*, *Ymwybod*, Visitare, agnoscere, recognoscere. **1632** J. DAVIES: *LlR* 240, gan fod ei gydwybod yn cael ei blino wrth *ymwybod* ac ymglywed a'i bechod. **1733** J. THOMAS: *HYB* 47, *Ymwyddant* eu bod yn euog o ryw Bechodau mawr. **1778** *W* d.g. *To perceive in one's self*. **1803** *P*, *Ymwybod* . . . To acquaint one's self; to get mutual knowledge. Cf. T. HUGHES A J. P. ROBERTS: *Cofiant John Evans, Eglwysbach* (1903) 325, Pan ddeallais y dirgelwch, ac yr *ymwybyddais* fy sefyllfa, aeth tôn oer o hiraeth dros fy nghalon.

Amr.: **ymwybodi. 18–19g.** *MA* iii. 286–7. **ymwybyddu. 1910.**

ymwybyddiad [bôn y f. **ymwybyddaf*: *ymwybod+-iad*^{1}] *eg.* Ymwybyddiaeth (o); ymwybyddiaeth: *consciousness or awareness (of); consciousness.*

1846.

ymwybyddiaeth [bôn y f. **ymwybyddaf*: *ymwybod+-iaeth*] *eb.g.* Yr ansawdd neu'r cyflwr o fod yn ymwybodol; yr ansawdd neu'r cyflwr o fod yn ymwybodol (o), ymdeimlad, synhwyriad; cydwybod: *consciousness, awareness; consciousness or awareness (of), feeling, sensation; conscience.*

1810.

ymwybyddol [bôn y f. **ymwybyddaf*: *ymwybod+-ol*] *a.* a hefyd gyda grym enwol. Ymwybodol (o); ymwybodol: *conscious or aware (of); conscious, aware.*

1840.

ymwybyddu, gw. ***ymwybyddaf: ymwybod.**

ymwybyddus [bôn y f. **ymwybyddaf*: *ymwybod+-us*] *a.* Ymwybodol (o); ymwybodol: *conscious or aware (of); conscious, aware.*

1806.

ymwychaf, ymwychiaf: ymwychu, ymwych(i)o, gw. **ym-+gwychaf: gwychu.**

ymwydnhaf: ymwydnhau, ymwyddfodolaf: ymwyddfodoli, ymwyleiddiaf: ymwyleiddio, ymwyliaf: ymwylio, ymwylied, gw. **ym-+gwydnhaf: gwydnhau, gwyddfodolaf: gwyddfodoli, gwyleiddiaf: gwyleiddio, gwyliaf: gwylio.**

ymwylltaf, ymwylltiaf: ymwyllt(i)o, ymwynfydaf: ymwynfydu, ymwyraf: ymwyro, gw. **ym-+gwylltiaf: gwylltio, gwynfydaf: gwynfydu, gwyraf: gwyro.**

ymwyriaf: ymwyrio, ymwys, gw. **moeriaf: moerio** (hefyd At.), **amwys.**

ymwystlad, ymwystliad [bôn y f. *ymwystlaf*: *ymwystlo+-ad*^{2}, *-iad*^{1}] *eg.* Gwystl(ad), ymrwymiad: *a pledging, pledge, commitment.*

1664 *LlGG* [xvii], yn yr hwn [llys] ni Chaniadheir nac asswyn, na nawdd nac *ymwystlad* Cyfraith. **1773** *W*, *ymwystlad* d.g. *Engagement* [*the act of giving security to discharge a debt; a promise, &c.*]. **1803** *P* d.g. *Ymwystliad.*

ymwystlaf, &c.: **ymwystlo,** &c. [*ym-+gwystlaf*: *gwystlo*] *bg.a.* Gwystlo, rhoddi ernes neu fechnïaeth, addo, addunedu, ymrwymo: *to (give a) pledge, give bail, promise, vow, commit oneself.*

13g. *LlI* 8, O deruyd e den *emwystlav* a'r egnat llys neu ac arall, o dychavn e den hvnnv prouy bot en cam e uravt a uarnvs er egnat, collet e tauavt neu enteu a'e prynno e gan e brenhyn o'e werth kyureyth. *c.* **1300** *LTWL* 393, Or deruyt y ygnad barnu un urawd yn datleu, a gwrthwynebu itaw or neb y barnwyd arnaw y urawd, a chynnic y wystyl en y erbyn, ac ar hynny gwasgaru or arglwyt y orset ae pleideu, ac gwedy hynny bod yn ediuar gan yr ygnad nas cadarnhawys, a mynnu *ymwystlaw* yna, a dywedwyd or nep y barnwyd y urawd arnaw na dyly *ymwystlaw* yna, canyd *ymwystlwys* en y urawdle, kyureith a dyweid na ellir nac *ymwystlaw* na chadarnhau y urawd namyn y mywn y datleu y barnwyd. **14g.** *LlB* 16, Pann orffo [barnwr] o *ymwystlaw* y gyt a'e varnn, ny dichaun brenhin dwyn breint brawdwr swydawc hynny dycco y swyd y gantaw. *id.* 100, Ny dygwyd neb yg gwerth y tauawt onyt brawdwr ehunan, neu y neb a *ymwystlo* ac ef, pan rodont eu deu wystyl, erbyn yn erbyn, yn llaw y brenhin am vrawt—gwystyl a gwrthwystyl. *id.* 129, Pwy bynhac a ebreuycco yr amser hwnnw y *ymwystlaw*, na'r dadleuwr yn erbyn y vrawt, na'r brawdwr gyt a'e vrawt, ny dichawn byth gwedy hynny *ymwystlaw* herwyd kyfreith. **16g.** *GSC* 124, Moes law i '*mwystlaw* am air, / A maddeuwch am ddeuair. **1567** *LlGG* 128a, ar hynny darfod yddynt ymgredy ac *ymwystlo* bob vn yw gylydd. **1632** *D* d.g. *Oppignero, Vador.* **1722** *Llst* 189, *Ymwystlo* . . . To engage, lay to pledge. **1773** *W*, *To engage* [*give or pass one's word*]. *id. ymŵystlo* . . . ar ymddangos d.g. *To enter into bond for appearance.* **1798** M. JONES: *DG* 10, y Cenhadau yn *ymwystlo* i barhau yn nerth ac enw'r Arglwydd. **1803** *P* d.g. *Ymwystlaw.*

Amr.: **amwystlo. 15g.** *LHDd* 46.

ymwystliad, gw. **ymwystlad.**

ymwystlwr, ymwystlydd [bôn y f. *ymwystlaf*: *ymwystlo+-wr, -ydd*^{3}] *eg.* ll. *ymwystlwyr.* Gwystlwr, mechnïwr: *pledger, surety.*

1770 *W*, *ymwystlwr* . . . dros arall d.g. *Bail* [*the person giving such security, a surety*]. *id. ymŵystlwr, ymŵystlydd* d.g. *Engager.* **1803** *P*, *Ymwystlwr*, s. m.—pl. *ymwystlwyr* . . . One who pledges himself.

ymwythiaf: ymwythio, ymy, gw. **ymwthiaf: ymwthio, i**^{2}.

ymyfed [be. o *ym-+yfed*; digwydd hefyd yn eithriadol fel bf. rediadol] *bg.* ac yn eithriadol *ba.* a hefyd gyda grym enwol. Yfed (alcohol), potio, diota, hefyd yn *ffig.*: *to drink (alcohol), tipple, booze, also fig.*

1567 *TN* 356a, meddtod, glothineb, *ymyved* [:- diota]. **1604–7** *TW* (*Pen* 228) d.g. *Adbibo.* **1631** O. THOMAS: *CC* 91, pan oedd ei gŵr yn ei lawenydd yn *ymyfed* gyd a'r gelyn Haman. **1632** *D* d.g. *Compoto, Potatio, Potito.* **1672** R. PRICHARD: *Gw* 157, I garowso [:- *Ymyfed*] a gordderchu. **1722** *Llst* 189, *Ymyfed* . . . To tipple, drink much + often. *id. Ymyfed* (sub) m. A swilling, tippling. **1766** *CD* 11, mynd i'r maes a Wnaethant gerllaw drws y Dafarn . . . a Chyd ar [*sic*] Capten yr oedd . . . Madog mynych gwymp, ac *Ymyfed* ap Dadwrdd. **1770** *W* d.g. *To bouse* [*tope*]. **1803** *P.*

ymyfol [*ymyf(ed)+-ol*] *a.* Yn perthyn i yfed (alcohol): *pertaining to drinking (alcohol).*

1893.

ymyfwr [*ymyf(ed)+-wr*] *eg.* ll. *-wyr.* Un sy'n (rhy) hoff o yfed (alcohol), yfwr (trwm), meddwyn: *tippler, (heavy) drinker, drunkard.*

1770 *W*, *ymyfwr* d.g. *Bibacious* [*much addicted to drinking*].

ymyl^1, **emyl,** &c. [e. lle Crn. *Amal* (1086), Gwydd. C. *imbel*; tebyg mai *e-* ≡ *ə-* yn yr enghrau. cynnar isod] *eg.b.* ll. *-on, -(i)au, ymyloedd,* &c. (Rhan agos i) ffin allanol gwrthrych, arwyneb, ardal, &c., terfyn, min, glan, byl, cant, rhimyn, ochr; godre (dilledyn, &c.), gwrym, hem, rhidens; (yn aml yn y ll.) ardal bellennig, cyffin(dir), goror, cwr; bordor (mewn gardd, &c.); hefyd yn *ffig.*: *edge, margin, border, boundary, brink, bank, brim, rim, verge, side; edge (of garment, &c.), hem, fringe; (often pl.) remote area, border(land), outskirts; border (in garden, &c.); also fig.*

12g. *LL* 268, bet pandiscinn diguairet dirpull ibronn *emil* igueirclaud. **12g.** *GLlF* 170, Hawd gwelet goleulosc arnei / O gaer wenn geir *ymyl* Menei. **13g.** *GDB* 285, Y neill *emyl* yd a morua Meiryon—ber / A'r llall, kar llawer, gyr Kaer Lleon. **13g.** *LlDW* 69. 22–3, duy [dorth] . . . yn gyndewet ac na plycey yr eu daly erbyn y deu*emyl*. **13g.** *Llst* 1, 137, *emylev* eythaf yr affryc. **14g.** *WM* 104. 24–6, A dodi ohonof uinheu y neill troet ar geuyn y bbch a [*sic*] llall ar *emyl* ygerbyn. **14g.** *GDG*^{3} 88, Aml y gwisg *ymylau* gŵydd, / Am ei ben y mae beunydd [i gae bedw Madog]. *c.* **1400** *YCM*^{2} 16, ymgynullwys yr holl luoed yn *ymylyeu* Burdegal. *id.* 144, mynnei y rei onadunt a vei yn *ymyl* y llu eu bot yn eu perued rac ofyn. Ac ny phetrussod Rolant a'e lu y *ymyl* y vrwydyr mwy no'e pherued. **15g.** *GLGC* 292, a mwg o rubi ar helm gribog, / ac *ymyl* ei ŵn lliw'r melynog. **16g.** (*LlEG*) *Mos* 158, 10b, ymrauaelion gyrch/au kreulon ar *Emylau* y gwledydd. **1547** *WS*, Orne [*sic*] *emyl* Brinke. **16g.** HUW ARWYSTL: *Gw* 268, rrol o *mylav*'r Havl melyn / yw mefvs Duw am fys dyn. **16g.** *Yst Kym* 41, y Ffeichtiaid . . . a ddaliassant feddiant ar *ymyloedd* 'r Alban, a elwir heddiw Scotland. **1604–7** *TW* (*Pen* 228), Cic drwc ag *emylae* tewion chwydhedic d.g. *Vlcus* . . . *Chironium Vlcus.* **1630** *YDd* 236, ymgadw o fewn *ymylau*'r gyfraith. **1632** *D*, *Emyl*, Ora, potiùs *Ymyl. id. ymyl* d.g. *Fimbria, Labrum, Margo, Os.* **1703** E. WYNNE: *BC* 77, a Checcryn ynteu yn rhuthro 'i daflu ei hun tros yr *ymyl* ofnadwy. **1722** *Llst* 189, *Ymyl.* m. p. *mylau.* The brow or brink of anything, border or fringe of a garment, margine of a leaf, edge . . . rand, rim. **1756** W. WILLIAMS: *GDC* 100, Or [*sic*] fath Glefydion mawrion Cyndeiriog yn parhau, / Nes mynd i '*myl* y Beddrod cafarfu [*sic*] o honom rai. **1776** *W* d.g. *Border of a country, Border* [*skirt*] *of a garment, Edge* [*brink, rim, or border of any thing*], *Margin.* **1803** *P* d.g. *Ymyl.* Ar lafar yn gyff., *WVBD* 576 (*eg.*), *GTN* 859 (*eb.*); hefyd yn y De yn yr ystyr 'cantel het', *LGW* 303.

Cfn.: **ymyl (y d)dalen:** *margin (of page, &c.).* **16g.** *Yst Kym* 3, ar *emil* pob *dalen* i mae y flwyddyn o dyrnassiad pob brenin. **1599 (1677)** R. HOLLAND: *AB* 64, fel y mae yn *ymyl y dalen.* **1776** *W*, *Ymyl dalen* llyfr neu'r cyffelyb d.g. *Margin.* **hyd yr ymyl (emyl),** &c., **i'r ymyl, at yr ymyl:** *to the brim or edge, also fig. c.* **1400** *B* v. 22, [t]yllat yssyd yn y maen . . . A phan uo y mor yn llanw. y lleinw y tyllat ar y maen o dwfyr *hyt y ymyleu.* **15–16g.** *TA* 198, Aruthr yw'r bwrdd wrth roi 'r bwyd, / *Hyd yr emyl* a drumiwyd. **1551** W. SALESBURY: *KLl* xia, Lhanwch y dyfyrlestri a dwfyr. Ac wynt ae llanwasant *hyd yr emyl.* **1632** *D*, llenwi *hyd yr ymyl* d.g. *Corono, Oppleo.* **1771** *W*, llenwi *hyd yr ymyl* d.g. *To brim, or fill to the brim.* **1790** T. JONES: *TOS* 16, byddi di, y pryd hynny, yn llawn *at yr ymyl* o gariad. Ar lafar, 'llawn *i'r ymyl*' (Arfon). Cf. *byl—hyd y fyl.* **wrth ymyl:** *beside, near.* **1588** *Dan* x. 4, yr oeddwn i *wrth ymyl* yr afon fawr. *c.* **1793** E. BARNES: *HBF* iv, yr hirwellt *wrth ymyl* llwybrau traed hynod. Ar lafar, "Dwi'n byw *wth ymyl* yr eglws' (Arfon). **yn ymyl (emyl,** &c.**):** *beside, near(by), on the brink or verge (of), also fig.* **13g.** *LlI* 12, E le [meddyg] en e llys en e neuad emon e post a uo egyt a'r keluy e bo e brenhyn en eysted *en e emyl.* **13g.** *C* 97. 3–4, Can is coegauc yssi moreurauc ahin *in emil* llis guallauc. **13g.** *BD* 186, cladvyt yg cor y kevri ger llav Uthyr Pendragon *yn emyl* Salsbri. **14g.** *WM* 35. 9–10, bynt abelynt riannon yn eisted *yn emmyl* yr yskynuaen. *c.* **1400** *R* 1319. 10–11, amyl gwed *yn emyleu* gwae. **15g.** *HCLl* 15, Rhyw oed *yn ymyl* yr hwyr, / Rhyngom a wnaethom neithiwyr. **1605–10** *Haf* 24, 621, Yr Alarch ar a gân kynn i marw . . . hi a duwnia ac ai gossod i hun a llawenaidd gân ai thafod *yn emyl* pallu. **17g.** *TBM* 321, 'Duw, pa'r amcan ydyw hwnnw / A wnewch â merch sy'*n ymyl* marw (Rhys Gray)? **1703** E. WYNNE: *BC* 57, Uwchben un drŵs gwelwn Newyn, ac etto ar lawr *yn ei ymyl* byrseu a chodeu llownion. **1761** *ML* ii. 362, Mewn porfa mae'r llwdn *yn ymyl* yr eglwys. Ar lafar, "Di'r tŷ'n bell?' 'Nag 'di, mae o'*n ymyl*' (Arfon).

Gw. hefyd **ymylyn.**

ymyl^2, gw. **ymoliaf: ymol.**

ymylaf, emylaf, &c.: **ymylu, emylu,** &c. [bf. o'r e. *ymyl*^{1}, *emyl*] *bg.a.* a'i dilyn yn aml gan yr ardd. *ar.* Ffurfio ymyl, ffinio, bod neu ddod yn agos (at); cyflenwi â bordor, hem, &c.; hefyd yn *ffig.*: *to (form a) border, be or come close (to); provide with a border, hem, &c.; also fig.*

16g. *GHCEM* 92, Mola Dduw, mawl i'w ddewis, / Mola ddyn, na '*myla* ddis. **1604–7** *TW* (*Pen* 228), *Emylû* d.g. *Margino. id.* huc laes wedy *hemylu* d.g. *prætexta.* **1632** *D*, *ymylu* d.g. *Corono, Margino. id.* Gwisg laes a *ymylid* â sidan porffor d.g. *Prætexta.* **1770** *W*, *Ymylu* (eirionynnu) dilledyn d.g. *To border a garment.* **1803** *P.* Ar lafar yn gyff., "*mylu* deud fod o'n lleidar', *WVBD* 386; 'Ma fa'n *ymylu* ar fod yn wallgof', 'Ma 'u tir nw'n *ymylu* ar yr afon yn y man'na', *GTN* 861.

Amr.: **ymylo.** *c.* **1762–79** W. WILLIAMS: *P* 491, [c]roesau . . . gwedi eu *hymmylo* â dalenau aur.

ymylaidd [*ymyl*^{1}*+-aidd*] *a.* Ymylol: *marginal, peripheral.*

1838.

ymylbost, ymyldir, ymylddalen, gw. **ymyl**^{1}**+post**^{1}**, tir, dalen.**

ymylddalennol [*ymylddalen+-ol*] *a.* Wedi ei ysgrifennu neu ei argraffu ar ymyl y ddalen: *marginal (of note, &c.).*

1848.

ymylddu, gw. **ymyl**^{1}**+du.**

ymyleiddiaf: ymyleiddio [*ymyl*^{1}*+-eiddio*

(At.)] *ba.* Gwneud yn ymylol, yn *ffig.*: *to marginalize.*
20g.

ymylennol [*ymyl*[1] + *llen* + *-ol*] *a.* Ar ymyl y ddalen (am nodyn, &c.): *marginal (of note, &c.).*
1824.

ymylfa [*ymyl*[1] + *-fa, ma*] *eb.* Silff, ysgafell: *shelf, ledge.*
1848.

ymylfin, ymylfylchog, ymylgoch, gw. ymyl[1] + min, bylchog, coch.

ymylgoed [*ymyl*[1] + *coed*] *e.* Ffrâm (darlun, &c.): (*picture-, &c.*)*frame.*
1823.

ymylgylch, ymylgylchaf: ymylgylchu, ymyl-lydan, ymylnod, gw. ymyl[1] + cylch, cylchaf: cylchu, llydan, nod[1].

ymylnodol [*ymylnod* + *-ol*] *a.* Ar ymyl y ddalen (am nodyn, &c.): *marginal (of note, &c.).*
1837.

ymylog, emylog [*ymyl*[1], *emyl* + *-og*] *a.* Ac iddo ymyl, bordor, hem, &c.; ymylol: *having an edge, margin, border, hem, &c.; marginal, peripheral.*
1604-7 TW (*Pen* 228), *emyloc* d.g. *Labrosus.* 1632 D, *ymylog* d.g. *Fimbriatus, Labrosus, Marginatus.* 17g. *DWH* i. 343, Arfeu *ymylog,* pan fyddo yr emyl yn unlliw drwyddo. 1771 W, *Ymylog* d.g. *Brimmed, or having a brim, Marginated.* 1803 P d.g. *Ymylawg.*

ymylol [*ymyl*[1] + *-ol*] *a.* Wedi ei leoli ar yr ymyl, yn perthyn i'r ymyl(on), hefyd yn *ffig.*; ac iddi fwyafrif bach (am sedd mewn senedd): *marginal, peripheral, also fig.; marginal (of parliamentary seat).*
1833.

ymylriff [*ymyl*[1] + *riff*[1]] *eg.* ll. -*iau.* Riff cwrel sy'n amgylchynu ynys: *fringing reef.*
20g.

ymylwaith, ymylwe, ymylwisg, gw. ymyl[1] + gwaith[1], gwe, gwisg.

ymylwydd [*ymyl*[1] + *gw*ŷ*dd*[1]] *eb.* Ffrâm (darlun, &c.): (*picture-, &c.*)*frame.*
1773 W, *Ymyl-wydd . . .* eilun d.g. *Frame of a picture.*

ymylyn, emylyn [*ymyl*[1], *emyl* + *-yn*[1]] *eg.* ll. -*nau.* Ymyl (dilledyn, &c.), hem, rhidens: *edge (of garment, &c.), hem, fringe.*
1567 TN 22b, Ef yn iachay pawp a gyhyrddodd ac *emylyn* y wisc ef. *id.* 37a, estyn *emplynae* [*sic*] [:- fimbria] (1588 *Math* xxiii. 5, ymylwaith) ei gwisc-oedd.

ymymbiliaf: ymymbil, gw. ym- + ymbiliaf: ymbil.

ymyn, ymynedd, gw. emyn, amynedd (hefyd At.).

ymynfydaf: ymynfydu, gw. ym- + ynfydaf: ynfydu.

ymynheddaf, ymynhweddaf: ymynhedd, ymynhŵ**edd,** gw. ymneheddaf: ymnehedd.

ymynnydd, ymynyddol, gw. ymennydd, ymenyddol.

ymyr[1], &c. [bôn y f. *ymyrraf: ymyrryd,* &c.; ansicr yw *ymyr, R* 1311. 31] *eg.* a hefyd fel *bg.* Ymyrraeth; ymyrryd: *interference; to interfere.*
1567 TN 201a, Gallio yn gommedd *ymmur* ar y creddyf. 16g. *LlS* 129, Endif . . . Ar gwyllt y galwant yr hŵn a dyf oe naturieth ehunan eb *emyr* o law ddyn ar gyweirio lle iddo. 1604-7 TW (*Pen* 228) d.g. *Ministerium, Vaco.* 17g. *LlGC* 13215, 330, Ymyr Insero. 1722 *Llst* 189, *Ymyrr.* m. . . . A dealing or medling with. 18-19g. *MA* i. 552, Pan ddel llu dihafarch o barth gogledd / I Aberdaugleddau heb *ymyr* ommedd. 1803 P.

ymyr[2], gw. ymyrraf: ymyrryd.

ymyradur [bôn y f. *ymyrraf: ymyrryd* + *-adur*] *eg.* ll. -*on.* Ffis. Offeryn ar gyfer mesur tonfeddi, &c., drwy ddefnyddio ffenomenau ymyrraeth: *interferometer (in physics).*
20g.

ymyraduriaeth [*ymyradur* + *-iaeth*] *eb.* Ffis. Gwyddor mesur ffenomenau ymyrraeth, y weithred o fesur y ffenomenau hyn, gwyddor ymyraduron: *interferometry (in physics).*
20g.

ymyraethgar [*ymyraeth*[1] + *-gar*] *a.* Ymyrgar, busneslyd: *interfering, meddlesome.*
1835.

ymyraethol [*ymyraeth*[1] + *-ol*] *a.* Ymyrgar, busneslyd: *interfering, meddlesome.*
20g.

ymyrgar [bôn y f. *ymyrraf: ymyrryd,* &c. + *-gar*] *a.* Yn tueddu i ymyrryd, busneslyd: *interfering, meddlesome.*
1771 W d.g. *Busy* [meddling, officious, pragmatical], *Meddling,* or *meddlesome.* 1803 P.

ymyrgarwch [*ymyrgar* + *-wch*[1]] *eg.* Yr ansawdd neu'r cyflwr o fod yn ymyrgar, busnesgarwch: *interferingness, meddlesomeness.*
1858.

ymyriad, &c. [bôn y f. *ymyrraf: ymyrryd,* &c. + *-iad*[1]] *eg.* ll. -*au.* Ymyrraeth: *interference.*
1776 W d.g. *A meddling, A tampering.* 1803 P.

ymyriant [bôn y f. *ymyrraf: ymyrryd,* &c. + *-iant*] *eg.* ll. -*iannau.* Ymyrraeth: *interference.*
20g.

ymyrr[1], gw. ymyr[1].

ymyrr[2], **ymyrrach,** gw. ymyrraf: ymyrryd.

ymyrraeth[1], &c. [bôn y f. *ymyrraf: ymyrryd,* &c. + *-aeth*] *eb.g.* Y weithred o ymyrryd neu fusnesa, ymwthiad (i sefyllfa, &c., yn enw. er mwyn ei newid), toriad ar draws, amhariad; camdriniaeth (rywiol); deliad, triniad; amhariad ar drosglwyddiad neu dderbyniad tonnau radio gan signalau neu ffenomenau allanol, signalau, &c., sy'n achosi amhariad o'r fath, effaith amhariad o'r fath; *Ffis.* cyfuniad o ddau neu ragor o fudiannau ton sy'n ffurfio ton ganlyniadol gan atgyfnerthu neu ddileu'r dadleoliad: *an interfering or meddling, interference, intrusion, intervention, disruption; (sexual) abuse or molestation; a dealing or treating; interference (to radio signals); interference (in physics).*
14-15g. *IGE*[2] 285, Ar faes Senar, oer fesur, / A main y gwnaethpwyd y mur, / Trwy gyngor, lle trig angau, / Nemroth gawr ny '*myrraeth* gau [Siôn Cent am Dŵr Babel]. 16g. D. R. THOMAS: *DS* 154, [m]yned o dyy i dyy . . . yn siaradus ag yn fawr eu *ymyrreth* (TN 314b, yn rrodresgar) yn doyded pethau ni weddaû [*sic*]. 1604-7 TW (*Pen* 228), *ymmyrræth* d.g. *Tractatio* (hefyd *D*). 1711 M. MAURICE: *YAD* 233, nyd yw'r holl wrthwynebiad a wneur [*sic*] yn waith Christ yn marw yn ein lle ni, ond gwir *ymhyrraeth.* 1740 T. EVANS: *DPO* 212, Arius . . . a daerodd . . . Nad oedd Christ Jesu yn unig ond gwr a Brophwyd . . . Fe wnaeth hyn Derfysc ac Y*mmyrraeth* greulon yn holl Ardaloedd Crêd. 1751 *GIA* 31, Gweithredoedd Sancteiddrwydd yr ydoedd ef yn flin arnynt or blaen, ac yn eu gwneud fwy *ymyrreth* nag a ydoedd raid. 1775 W, *Ymyrraeth* d.g. *An interfering, or interference, An intermeddling, A meddling.* 1803 P, *Ymyraeth,* s.m. . . . an intermeddling. Ar lafar, '*myrrath*' 'meddlesomeness, malice aforethought', ''Dach chi wedi'i neud o o *fyrrath* ddrwg?', *WVBD* 387.
Amr.: ymerraeth[1]. 1723 WM: *PGG* 47, wrth ymadel a phôb *ymerreth* bydol, y mae yn nesáu at Dduw.
Cfn.: o ran ymyrraeth, Am. *:out of interest or curiosity, for the hell of it.* 20g. Ar lafar yn y Gogledd.

ymyrraf, &c.: **ymyrryd, ymyrraeth**[2], **ymyrru,** &c. [*ym-*+*gyrraf: gyrru*] *bg.* a hefyd gyda grym enwol i'r *be. ymyrryd, ymyrru.* Atal (proses, gweithgaredd, &c.) rhag mynd yn ei flaen (yn iawn), peri ymyrraeth (hefyd i signal radio), trin neu newid heb ganiatâd, cymryd rhan yn ddiangen neu heb wahoddiad, busnesa, ymhél,

amharu, ymwthio (i sefyllfa, &c., yn enw. er mwyn ei newid); cam-drin (yn rhywiol); delio, ymwneud, cymdeithasu, cymryd rhan, bod ynglŷn (â), gweithredu; ymdrafferthu, ymboeni; hefyd yn *ffig.*: *to interfere, cause interference (also to radio signal), meddle, disrupt, intrude, intervene; molest or abuse (sexually), interfere; deal, have to do, associate, take part, be engaged (in), act; trouble oneself, bother; also fig.*
13g. *LlI* 61, Penkenedel . . . ef a dele *emerru* (*LlDW* 66. 25, *ymyrru*) ygyt a'e kar em pob reyt o'r a del arnau. 13g. *D Col* 25, Güedy y bo maru y uam y mab a eyll *emerru* a dewedut y uot en uab o'r y genedyl. 14g. *WM* 9. 33-6, kyntaf ygönaeth ef ymdidan ay [öreic] ac *ymyrru* ar digriwöch serchaöl a charyat arnei. *id.* 37. 14-16, yna y rodet y mab y pendaran dyuet ac yd *ymyrröys* göyrda yölat ygyt ac ef. *id.* 67. 24-6, nit *ymyrrön* ar gyöeiraö lledyr namyn y brynu yn baraöt. *id.* 405. 12-15, o ardelö caru y *ymyrröys* yny torneimeint am y llamysten. *c.* 1400 *ChO* 7, ny beid y kythreul wasgu nac *ymyrreit* arnadunt. 15g. *GP* 35, Ni pherthyn ar brydyd *ymyru* ar glerwryaeth, er aruer ohoni, kanys gwrthwneb yw y greffteu prydyd. 15g. *GHC* 20, Fo a rydd Gruffudd, ni chais graffu dim / Nid *ymyr* ar ballu. 1567 *TN* 3[05]b, gwneuthur y petheu sy y'ddwch eichunan [:- *ymyr* ar yr eiddoch] (1988 1 *Thes* iv. 11, dilyn eich gorchwylion eich hunan). *id.* 356b, vn a vo yn *ymyrreth* a materion rrai eraill [:- *ymyrr*]. 16g. DAFYDD BENWYN: *Gw* 186, Ty am wr etto *myrais*: / ty ym sydd, ty y amav Sais. 1588 *Diar* xxiv. 21, Fy mab ofna'r Arglwydd a'r brenin: ac nac *ymmyr* a'r annwadal. 1604-7 TW (*Pen* 228), *ymyrru* d.g. *Tango, Tracto.* 1632 D, *ymyrryd* d.g. *Insero, Tango, Tracto, Versor.* 1711 H. POWEL: *TY* 1, Nid bwriad . . . Yr awdur oedd *ymyrred* erni, ond fel y darfu y [*sic*] anghenrheidrwydd a thref y Pethau yr oedd yn eu [*sic*] drin ei gymell i wneuthur hynny. 1712 T. WILLIAMS: *CDdG* 467, nid oeddent yn *ymyryd* [*sic*] a dim mwy o ymborth, ond y wasanaethei eu cadw yn fyw. 1722 *Llst* 189, *Ymyrryd* â. To deal with or in, intermeddle, be engaged in. 1732 *AABI* 160, O Bobl ifengc, peidiwch ag *ymhurrach* [*sic*] a Chydwybod. 18g. *Llr* C 24, 282, Tri thor croen sydd ar ddyn ny ddyly pesygwr *ymhyrry* a hwynt Nid amgen pillhenod yr ymhenydd . . . twn ar golydd dyn . . gwsigen ddwr. 1775 W, *Ymyrru, ymyrryd* d.g. *To interfere . . . in an affair, To intermeddle, To meddle, or be meddling.* 1792 H. HARRIS: *H* 44, gallaf tystio i'm [*sic*] gael fy nghadw gan yr Arglwydd, rhag ymyrrafeilion a'r ymddadleuon ynghylch mannau allanol crefydd. 1803 P d.g. *Ymyru, Ymyryd.* Ar lafar, '*myrrath*' 'to meddle', '*myrrath* â ddud', *WVBD* 387; 'Gofala nag wyt ti'n *ymyrrath* yn 'u busnas nw', *GTN* 862.
Amr.: amyrraeth. 16-17g. *CRC* 274. ymerraeth[2]. 1688 S. HUGHES: *TSP* 19, *ymmerreth.* 1789 B. EVANS: *LlG* 45, *Ymherreth.*
Gw. hefyd ymyr[1].

ymyrrol [bôn y f. *ymyrraf: ymyrryd,* &c. + *-ol*] *a.* Ymyrgar, busneslyd; yn ymyrryd (mewn sefyllfa, digwyddiad, &c.): *interfering, meddlesome; intervenient.*
1803 P d.g. *Ymyrawl.*

ymyrrus [bôn y f. *ymyrraf: ymyrryd,* &c. + *-us*] *a.* Ymyrgar, busneslyd; rhyfygus, trahaus: *interfering, meddlesome; presumptuous, arrogant.*
1547 *WS* [xx], busy busi prysur ne *ymyrus.* 1567 *TN* 263a, megis yr oedd yr ei *ymyrrus* [:- rhyvygus, rhwyfus] hyny yn y enllibiaw ef . . . *c.* 1730 *Taith C* 52, dechreuasant hefyd ddwyn enllib ar ei Weision ef, a chyfrif y gorau o honynt yn rhai *ymmyrrus,* anesmwyth, manulgais [*sic*]. 1803 P, *Ymyrus . . .* Apt to be intermeddling.

ymyrrwr [bôn y f. *ymyrraf: ymyrryd,* &c. + *-wr*] *eg.* ll. *ymyrwyr.* Un sy'n ymyrryd neu'n busnesa; un sy'n cymryd rhan neu'n ymuno: *interferer, meddler, busybody; one who takes part or joins in.*
c. 1400 *R* 1293. 13-14, ac *ymyrwyr* brys eur gymyrred. 1567 *TN* 356b, vn a vo yn *ymyrreth* a materion rrai eraill [:- *ymyrrwr*]. *c.* 1730 *Taith C* 152, Yna'r tri hyn, sef, Penwyll, Anysturiol, ac Y*myrwr-ym-materion-rhai-eraill,* a dynnasant arnaf. 1803 P d.g. *Ymyrwr.*

ymysbrydolaf: ymysbrydoli, &c., gw. ym- + ysbrydolaf: ysbrydoli, &c.

ymysg [*yn*[1] + *mysg*] *ardd.* Wedi ei amgylchynu gan, yng nghanol, yng nghwmni, ymhlith; rhwng (yn dynodi gweithredu ar y cyd, cyfathrebu cilyddol, &c.), ymhlith:

among(st), in the midst of; between or among (indicating joint action, reciprocal communication, &c.).

14g. *GDG*³ 175, Cerddais *ymysg* y cordderw, / Cof oedd, a chaeroedd uwch erw. **15g.** *OBWV* 107, Minnau mewn bedd a gleddir, / *Ymysg* dail a maswgoed ir. **15g.** *GDLl* 73, Tor diroedd tua'r dwyrain, / Taro '*mysg* y tyrau main. **16g.** *GLD* 38, Gair un a gad ar Wynedd, / Gaenor, *ymysg* gwin a'r medd. **1588** *Can* ii. 2, Megis lili *ym mysc* y drain. **1632** *D* d.g. *Inter.* **1703** E. Wynne: *BC* 47, mi glywn si oddi fynu *ymysc* y Pennaethiaid. *id.* 77, bu lawen iawn genni 'ngweled fy hun etto *ymŷsc* y rhai byw. **1753** G. Owen: *L* 79, ond, och fi! erbyn rhoi tro neu ddau *ymysg* penaethiaid y Groegiaid beilchion. **1770** *W* d.g. *Amid, or amidst, Among, or amongst.* **1803** *P* d.g. *Ynmysg* [*sic*].

Cfn.: **yn ein (eu, &c.) mysg, i'n (i'w, &c.) mysg** [am enghrau. eraill posibl o *i'n*, &c., *mysg*, gw. *mysg—i fysg*]: *among(st) us (them, &c.), in our (their, &c.) midst, in.* **14g.** *GIG* 143, Y mae cerdd seiniog *i'n mysg*. *c.* **1400** [*RB*] *WM* 503. 26–7, yno y llas llɷydaɷc gouynnyat *yny mysc*. **15g.** *GDID* 27, Troi'*n eu mysg*, trwy ddysg, ydd wyf. **16g.** *GSC* 145, Cordiwch, mae cariad *i'ch mysg*. *Diw.* **16g.** *WLB* 94, kymer halen a llosc ef yn bowdr a dod *yn i fysc* fêl ac a hwnw elia lygaid y dyn klaf. **16–17g.** *GHCEM* 27, Yn enw Mair, awn *yn eu mysg*. *c.* **1601** *DCR* 178, fod llafvrys boen *iw fysg* / a thramawr derfysg erchyll. **1703** E. Wynne: *BC* 85, byw '*n eich mŷsc* a marw i'ch achub. **[1745]** W. Roberts: *FfM* 4, Ffalstra 'r Method, sydd *yn ein mysg*. Ar lafar, '*Yn 'u mysg* nw 'odd crotyn mawr, diarth', *GTN* 563. **ymysg hynny:** *in the meantime, meanwhile; furthermore.* **14g.** *WM* 33. 30–3, *Emysc hynny* ɓynt a glyɓssont chɓedlydyaeth y ɓrth riannon ac am y phoen. *c.* **1400** *MM* 32, ac *ymysc hynny* kymryt kyuot ohonei. **1632** *D* d.g. *Inibi.*

ymysgafn, ymysgafnhaf: ymysgafnhau, &c., gw. ym-+ysgafn¹, ysgafnhaf: ysgafnhau, &c.

ymysgar¹, emysgar, &c. [tebyg mai *e-*≡ *ə-* yn yr enghrau. cynnar isod] *eg.* ll. *-oedd.*

(*a*) Perfedd(ion), coludd(ion), hefyd am organau mewnol eraill (e.e. croth neu stumog): *bowel(s), intestine(s), entrail(s), gut(s), also of other internal organs (e.g. womb or stomach).*

13g. *LlI* 5, a'r cogeu a delyant e guer a'r dyhennyon a'r *emyscar*. **13g.** *Cylchg LlGC* v. 63, dirvaur chwyd en diskynnv oe *emyscar* yv chuyssigen. *c.* **1400** (*SG*) *HMSS* i. 214, gwalchmei . . . a beris yr march y gyvarsenghi yny yttoed y *ymysgar* am y draet. **1567** *LlGG* (*Sall*) 38b, ty di am cymerth allan o *emyscaroedd* [:– groth] vy mam. **1588** 2 *Cr* xxi. 15, A thi afyddi mewn clefydau lawer, mewn clefyd o'th *emyscaroedd*. **1632** *D*, *Ymysgar*, & *Ymysgaroedd*, Exta, intranea, viscera. **1661** E. Lewis: *Drex* 165, Gwell yw . . . dioddef peth chwerwedd yn y genau, na phoenau tragywyddol yn yr *ymysgaroedd*. **1718 (1721)** S. Thomas: *HB* 33, y mae'r Yspaniards yn ffeindio yno Gyrph meirwon mewn Ogofau yn gyfan gwbl oddieithr eu *Hymyscaroedd* y rhai a dynnwyd allan cyn e'u [*sic*] gosod i lawr. **1722** *Llst* 189, *Ymysgar*. m. . . . The entrails, bowels. **1770** *W*, *Ymysgaroedd* (Sing. *ymysgar*) d.g. *Bowels*. *id.* *Ymysgaroedd* d.g. *Entrails*. **1803** *P* d.g. *Ymysgar*, *Ymysgaroz*. Ar lafar gynt, '*masgarodd*', *GWG* 277.

(*b*) (enghrau. *ffig.*, yn enw. ynglŷn â thosturi: *fig. exx., esp. with ref. to pity*).

14–15g. *GGLl* [151], Ymysg gwŷr *ymysgaroedd* / Lles y gerdd, lluosog oedd (Gruffudd Llwyd). *Dchr.* **15g.** *GM* 19, Drwy *ymysgaroed* trugared Duw, dwywawl Ner. **1551** W. Salesbury: *KLl* liiia, Ar nep a vydd a golud y byd yma ganto / ac o gwyl e vrawd ac eisie arno / a chau eu [*sic*] *emyscaroedd* o ywrthaw / paddelw y may cariat ar ddeo yn aros yn hwnw? **1567** *TN* 270b, y may y galondit [:– *ymyscaroedd*] ef yn helaethach tu ac atochvi. **1588** *Gen* xliii. 30, cynhessase ei *ymyscaroedd* ef tu ag at ei frawd. **1620** *Philem* i. 7, herwydd bod *ymyscaroedd* (*TN* 325b, caloneu) Sainct wedi eu llonni trwot ti, frawd. **1672** J. Langford: *HDdD* 322, Os oes gan hynny ddim *ymyscaroedd* gan Rieni, na dim tynnerwch tu ac ei Plant. **1714** D. Lewys: *CN* 23, O Gariad at fy anwyl Gar, / Fy '*myscar* sydd yn llanw. **1722** *Llst* 189, *Ymysgar*. m. . . . affection, compassion. *c.* **1730** *Taith C* 18, *Ymysgaroedd* a weddei i Bererinion, ac yr wyt ti yn gweneuthur dros dy Gyfeillion, fel y gwnaeth fy Ngŵr drosof finneu pan i'm gadawodd. **1796** T. Jones: *CCA* 156, i beri iddo wybod am ei ddyffyg o *ymysgaroedd* tosturi at ei frodyr.

Amr.: **ymwasgaroedd** [?dan ddyl. *gwasgar*] (*e.ll.*). **1630** *YDd* 95. **1649** *Cylchg LlGC* i. 144. **1658** R. Vaughan: *YPS* 10–11.

Gw. hefyd **amysgar.**

ymysgaraf: ymysgar², ymysgaru, &c., gw. ym-+ysgaraf¹: ysgaru, &c.

ymysgarddewin, ymysgargoel, gw. ymysgar¹+dewin, coel¹.

ymysgariaf: ymysgario, ymysgawn, ymysgogaf: ymysgog(i), &c., gw. ym-+ ysgaraf¹: ysgaru, ysgafn¹, ysgogaf: ysgogi, &c.

ymysgreiniaf: ymysgrain, ymysgreinio [cf. *ymosgreiniaf*: *ymosgrain*] *bg.* a hefyd gyda grym enwol i'r be. *ymysgrain*. Ymdrybaeddu, ymdreiglo (ar lawr): *to wallow, roll (on the ground).*

12g. *GCBM* ii. 7, Gweleis rac teruysc twryf aduirein, / Toruoet ymosgryn, taryf *ymysgrein*. **1632** *D*, **Ymysgrain*, & Ymosgrain, & Ymosgryn, Vide Crain, & vide an hinc *Ymysgreinio*. **1722** *Llst* 189, *Ymysgrain, greinio*. To tumble or wallow on the ground. **1770** *W*, *ymysgrain* d.g. *To sprawl*. **1803** *P* d.g. *Ymysgrain*, *Ymysgreiniaw*.

ymysgrwynaf, ymysgrwyniaf: ymysgrwyn(i)o, *bg.* a hefyd gyda grym enwol i'r be. Crynu, ysgwyd; ymystwyrian, ymestyn: *to shiver, shake; stretch (oneself).*

1545 *CI* 127, kynnwr ac *ymysgrwyno* (*shrouelynge*) yn gymusgedig a gwres yn dyuod j'r korf yn ddisymwth. **1604–7** *TW* (*Pen* 228), *ymyscrwyno* d.g. *Commoueo, pandiculor.* **17g.** *LlGC* 13215, 330, *Ymyscrwynio* Commoveo.

ymysgrytiaf: ymysgrytian, ymysgrytio, gw. ym-+ysgrytiaf: ysgrytian.

ymysgwfl [?*ym-*+*ysgwfl*¹] *eg.* ?Cipiad: *snatch.*

c. **1400** *R* 1337. 7–8, Adysc mysc *ymysgɓfyl* ffyrnic. **1803** *P*, *Ymysgwvyl*, s. m. . . . The employing one's self in snatching; a mutual snatch.

ymysgwydaf: ymysgwyd, ymysgwyddaf: ymysgwyddo, &c., gw. ym-+ ysgydwaf: ysgwyd, ysgwyddaf: ysgwyddo, &c.

ymysgydiaf, ymysgydwaf, ymysgytiaf, ymysgytwaf: ymysgydio, ymysgydwaid, ymysgytio, &c., gw. ym-+ysgydwaf: ysgwyd, &c.

ymystumiaf: ymystumio, gw. ym-+ ystumiaf: ystumio.

ymystwyr [bôn y f. *ymystwyriaf*, &c.: *ymystwyrian*, &c.] *e.* Dylyfiad gên: *yawn.*

1794 *W* d.g. *Yawn* [*a gape*].

ymystwyriaf, ymstwyriaf, ym(y)stwyraf, &c.: ym(y)stwyr(i)an, ym(y)stwyr(i)o, &c. [?*ym-*+*ystwyriaf*, &c.: *ystwyrian*, &c.] *bg.* ac yn eithriadol *ba.* a hefyd gyda grym enwol i'r be. Ystwyrian, stwrio, gwingo, ymestyn (a dylyfu gên), hefyd yn *ffig.*: *to (be)stir, wriggle, stretch oneself (and yawn), also fig.*

1545 *CM* 1, 549, namyn krio a gweiddi ac *ymestwyro* a llauurio I gorf ynn wasta/dol. **1604–7** *TW* (*Pen* 228), *ymystwyro*'r holh gorph d.g. *pandiculor.* **1632** *D*, *Ymystŵyro*, Pandiculari. **1722** *Llst* 189, *Ymystwyro*, To stretch himself (with yawning). **1759** *BC* 512, A'r boreu cyn i godi, / *Ymstwyro* a dweud ei 'Stori. **1768** Twm o'r Nant: *CTh* 13, A chwitheu'n ymroi, i'ch trîn, ac i'ch troi, / Gan ochneidio ac *ym'stwyro* nes gwyro ac osgoi. **1769** E. Roberts: *GN* 9, Pan ddechreuo hono *ymstwirian*. *id.* 24, Dan ddylyfu gen ag *ymstwirio*. **[1783]** *W*, *Ymystwyro* d.g. *To retch* [*stretch one's self with yawning*], *To stretch* [*with yawning*]. **1803** *P* d.g. *Ymystwyraw*.

Amr.: **ymestwyrian. 1851.**

ymystwythaf: ymystwytho, gw. ym-+ ystwythaf: ystwytho.

ymystyniad, ymystynnaf: ymystyn(nu), ymywn, gw. ymestyniad, ymestynnaf: ymestyn, mewn.

yn¹, 'n² [Crn. C. *yn*, H. Lyd. *i(n)*, Llyd. C. *e(n)*, H. Wydd. *i (n-)*, Gal. *in*: < Clt. **in*, o'r gwr. IE. *(*ə*)*en*(*i*), 'yn', cf. Llad. *in*, Gr. *ἐν*(*ί*); try *yn* yn *ym* o flaen *p-*, *b-*, *m-*, ac yn *yng* o flaen *c-*, *g-*, a dilynir ef yn yr iaith safonol gan y tr. trwynol (ond gw. ymhellach *Treigladau* 390, *CyCC* 49, *WVBD* 577, *GTN* 862); mewn Cym. C. defnyddid *yn* o flaen e. amhd. yn ogystal ag e. pen., gw. *GMW* 215; ynglŷn â ff. megis *yngham*, *ynghyntaf*, gw. *id.* 22, a cf. adran 2 (*d*) isod] *ardd. rhed.* gyda'r ff. prs. *ynof*; *ynot*, *ynod*; *ynddo*, *yntho*; *ynddi*, *ynthi*; *ynom*; *ynoch*; *ynddynt*, *ynthynt*; ansicr yw grym *-d-* yn y ff. Cym. C., a cheir hefyd ff. 3 ll. yn *-un(t)*; gw. hefyd yr *Amr.* isod.

1. (*a*) Yn dynodi safle oddi mewn i wrthrych, yng nghanol lle amgaeedig, neu rhwng ffiniau penodol, wedi ei amgylchynu('n rhannol) gan, wedi ei ddal neu ei fframio gan, o fewn, (wedi ei gynnwys) mewn, y tu mewn i; (wedi ei gofnodi) mewn (llyfr, &c.); ar: *in, within, inside, (partly) enclosed by, (held, contained, or framed) in; (recorded) in (book, &c.); (up)on.*

9g. (*Ox* 1) *B* v. 230, in sextario .i. *hi* hestaur mel. **9–10g.** *Juv* 81, rit ercis oraut *in*adaut presen. *Dchr.* **12g.** *GMB* 6, Godrut y var, gurt *in* trydar: gvae ry cothvy! **12g.** *LL* 120, y diruy haycamcul *yndi* didi yn hollaul . . . hay guir. hay braut dy lytu yrecluys *yg*undy teliau *ynn*lantaf. hac *ny* lys. **12g.** *GLlF* 13, *Yn* llwybyr maɓs achaɓs uchel dymhor. *id.* 48, Goreu gɓas *ym* Prydein. *id.* 355, Gwayw *yn* Hywel a welais. **12g.** *GCBM* i. 196, *Yn* teyrnas nef noted! **13g.** *LlI* 26, kyuody . . . a'e gale *en* e seuyll. **13g.** *A* 15. 5, or sawl a weleis ac a welaf *y myt*. **13g.** *GBF* 440, A Christ *ym* prenn croc yr creulonder. *id.* 455, Mae *yn* y Bibyl eu henweu. **13g.** *BD* 136, y goruleheu [*sic*] eureit a'r guirodeu *yndynt*. *id.* 157, deu can yscol ac athraon yn canu *yndun* o amrauael geluydodeu. **14g.** *WM* 1. 24–5, ef aɓelei lannerch *yny* coet. **14g.** *GDG*³ 345, Mae cŵn dan lef *ny* dref draw. *c.* **1400** *YCM*² 17, Sarassinyec a rydysgassei ynteu Chyarlymaen *yn* Twlws. **14–15g.** *IGE*² 283, Yno y cloir ac y rhoir rhwys / *Yn* uffern a'i ffwrn affwys (Siôn Cent). **15g.** *Med H* 14, y dail a'r llysiau, pan vo lleithrwydd *ynthunt* mewn amser haf. **15g.** *GGl*² 224, Distain yn Llaneurgain yw, / Dŷ maen fal Dewi'*m* Mynyw. **15g.** *HCLl* [33], Rhyw '*ng* Nghymru dynnu daioni—o'i chwedl. **16g.** *GSC* 128, Rhestio'n cerdd; rhoes Duw'*n* y côr; / Rhoes *yn* unman Rhys Nanmor [marwnad Tudur Aled]. **1551** W. Salesbury: *KLl* [xxxiv]a, O bydd newyn ar vn bytaet *yn* tuy. **1588** *Act* xxv. 6, a thranoeth efe a eisteddodd *yn* yr orsedd. **1592** S. D. Rhys: *Inst* [xiv], gelynion i'r Iaith Gymreic . . . bydhant barod dhigon i ganbhod lhawer bai *ynn* y lhybhr hwnn. **16–17g.** *GST* i. 207, Tra fu'*n* Norffog gyffro gwns. **1632** *D*, *Yn*, In. **1699** T. Jones: *TP* 3, fe roes iddo rôl o Femrwn, ac yr oedd yn yscrifennedig *ynthi*, ffowch rhag y digofaint a fŷdd. **1727** J. Jones: *DFF* [xii], [y] Fâth Fwgdarth o Dybiau gweigion ag sydd *yn* rhai Llyfrau. **1768** J. Roberts: *R* 34, Cyssylltwch y Gwagnodau fyddo *ynthynt* at y Cynnyrch olaf. **1775** *W* d.g. *In*. **1803** *P*. Ar lafar, '*yng* ngardd 'y nhad', *WVBD* 577; '*yn* tŷ', *GTN* 792; '*yn* y tŷ', *id.* 862.

(*b*) (enghrau. *ffig.*: *fig. exx.*).

9g. (*LlSC*) *LL* xliii, tir telih. haioid *ı*lau elcu. **12g.** *GLlF* 379, Oedd colofn *yn* ofn andyfnig. **12g.** *GCBM* i. 21, Duɓ a'm dɓc y'm dogyn anryded / . . . / *Yn* elɓch, *yn* hedɓch, *yn* hed. **12–13g.** *GMB* 522, Y'r Unduɓ'*n* yr vndaɓt y'm gadant. **13g.** *C* 45. 11–13, Yt oet iny diffrid .y. gid a hi. yspríd glan a gleindid *indi*. **13g.** *BD* 56, annoc y gedymdeithyon, a gyrru grym ac angerd *yndunt*. **14g.** *GP* 54, ynglynn . . . a dychymic ac ystyr *yndaw*. *c.* **1400** *RB* ii. 25, treulaɓ y vuched aɓnaeth ef *yn* llesged ac *yn* seguryt ogaryat y uorɓyn. *c.* **1400** *YCM*² 74, aneiryf o'r paganyeit . . . yn gorwed yn vrathedic *yn* anobeith. **15g.** *OBWV* 116, Ni chysgaf, nid af o dŷ, / *Ym* mhoen ydd wyf am hynny. **1551** W. Salesbury: *KLl* va, *Ynto* ef yddoedd y bywyd. **1567** *TN* 57b, braw anveidrawl aeth *ynddynt*. *id.* 142b, yr Iesu yn gwybot *yndo* ef bot ei ddiscipulon yn murmuro wrth hyn. **1595** H. Lewys: *PA* 9, er hynn i gyd, mae *ynom* galoneu budron. **1617** R. Prichard: *CE* [1], Ofna Dduw tro bowyd *ynod*. **1655** WL: *DP* 303, y galwedigaethau i'n gosodaist *ynthyn*. **1755** *ML* i. 330, Ni choeliach i byth yr anhunedd sy *ynwyf* o eisiau clywed hanes y brawd Llewelyn. **1774** H. Jones: *CH* 50, Arglwydd trwy 'r ynfydrwydd's [*sic*] *ynddom*, / Delled [*sic*] y cyfeiliornasom. Ar lafar, ''Tos 'na ddim llawar o werth *yno* fo', 'Ma 'na dipyn o law *yni* hi', *WVBD* 578; 'Ma 'na hen ddichall *yno* fo' (Arfon); hefyd i ddynodi aelodaeth, &c., 'Mae o *yn* y côr ers talwm iawn' (Arfon).

2. (*a*) I mewn i; tuag at; yn erbyn; hefyd yn *ffig.*: *into; towards; against; also fig.*

12g. *LL* 134, Opeurdin hyt pandiscynn *yn* ned . . . hyt crafnell bet pandiscynn *yn* uysc. **12g.** *GLlF* 445, Ac ef a'e dytuc oll heb eu colli / *Yn* un ysgubaɓr uaɓr a'r llaɓr llenwi. **12g.** *GCBM* i. 328, Gɓaew y dreis *yn* eis, *yn* ysgwyd. *id.* ii. 51, As duch Duɓ *yn* y dagneuet. **12–13g.** *GMB* 406, Duɓ Sadɓrn ys aeth, ys eithyt—*ym* med. **13g.** *GDB* 520, Pan el *yn* ryuel, nyt ymgela.

13g. *C* 67. 2–3, Bet unpen o pridein yn lleutir guynnassed. yn yda lliv *yn* llychur. **13g.** *BD* 118, ymchuelvn an arueu *yn* an gelynyon (*RB* ii. 158, yn erbyn an gelynyon) (*uertamus arma in hostes*). **14g.** *T* 47. 15, *Yg* kaer nazared nyt aeth. **14g.** *WM* 1. 5–7, adyuot *yny* uryt ac *yny* uedỽl uynet y hela. **14g.** *GDG*[3] 256, Nid oes glefyd na bryd brwyn / A êl *ynddo* o Landdwyn. *c.* **1400** *B* ix. 113, Kymriw greduawl a daw y wrth wawr dyd. a hwnnw gan ruthraw *yn* y dwyrein. *Dchr.* **15g.** *GSCyf* 121, Ni beiddiaf, egluraf glod, / Syml iawn, roi swmwl *ynod* [Llywelyn ab y Moel i ateb Rhys Goch Eryri]. **1551** W. SALESBURY: *KLl* xiiib, o ba le ynte yd aeth yr efre *ynto.* **1714** D. LEWYS: *CN* 5, Tywallt dy gariad *ynof.* **1753** *TR*, Yn . . . *Yn* y tân, into the fire. *Yn* yr afon, into the river. **1778** J. HUGHES: *BB* 344, damweiniodd i un o'r gweithwyr daflu ystyllen o le uchel *yn* ei ben ef. **1803** *P*, *Yn* . . . into. Ar lafar, 'trawo 'mhen *yn* y bwrdd', *WVBD* 578.

(*b*) Ymysg, ymhlith, hefyd yn *ffig.*: *among(st), in the midst of, also fig.*

13g. *B* x. 29, tyvu newyn *ene* bobyl. **13g.** *GBF* 358, Ac a'n gỽna lle yn tecca bre, *yg* gobrỽyeu. **1346** *LlA* 159, benndigedic ỽyt ti *yn* (*in*) y gỽraged. **14g.** *B* ix. 334, nyt oes Duv tebic yti *yn* yr holl dwyweu.

(*c*) Yn ôl (am ddull, &c.), yn unol â; ar (lun, ffurf, &c.): *in* (*of manner, &c.*), *in accordance with*; *in* (*the shape, form, &c., of*).

12g. *GCBM* i. 190, Eu rwytuot *yn* amhad. *id.* 194, *Yn* rith rynn ysgwyd rac ysgwn blymnwyd. **13g.** *B* x. 27, en gurthwynebu idav *yg* gosgeth tarw. **13g.** *GBF* 186, Dilut but ual Nut *ynetuon*—Mordaf. **14g.** *LlB* 3, *Yn* y mod hwnnw y telir sarhaet brenhin. **1346** *LlA* 57, ỽynt arithyant *y*gosged engylyon da y dỽyllaỽ dynyon. **15g.** *ID* 64, llaw n cynnull *yn* y dull y del / llaw n hau yn llwyn Howel. **16–17g.** *C* 46. 19–20, *yn* y wedd hon. **16–17g.** *GHCEM* 122, A maddau, Duw . . . / . . . / *Yn* y modd, Duw iawnrodd Dad, / Y maddeuom yn ddiwad. **1679** C. EDWARDS: *GGG* 2, *Yn* y Cyffelyb fodd ymegniwn ninnau am wybodaeth o Dduw. **1714** R. PRYDDERCH: *GD* 86–7, Mae rhai yn Gwrando y Gair ac heb ei wneuthur: ond nid oes neb yn eu [*sic*] wneuthur heb ei wrando *yn* rhyw ystyr. **1768** W. WILLIAMS: *HTS* 39, a'r rhan hynny o honof ag oedd yn gnawd . . . am gael rhagor o fwynhad o'r creadur *yn* y dull uffernol hyn. **1776** *W*, *Yn* y môdd hwn d.g. *Manner, After* [*in, on*] *this manner.*

(*d*) Fel, ar gyfer: *as, for.*

12g. *GLlF* 120, Keueis-y wyth *yn* hal pwyth peth o'r waỽd—yr geint. **13g.** *C* 6. 9–10, Seith ugein haelon. aaethan *yg*wllon. *id.* 96. 15–16, Nau ugein kinlluc. a cuytei *in* y buyd. **13g.** *A* 25. 18–19, aessawr *yn* nellt a llavyn eg wallt eis obedror. **13g.** *HGK* 8, a'r breichrwy a rodes Dauyd idav enteu en llawen *en* e goelvein am y chuedel llewenyd. **14g.** *WML* 8, *Yn* eu sarhaet y telir naỽ mu anaỽ ugeint aryant. *Yg* galanas pop vn o honu y telir naỽ mu anaỽ ugein mu gan tri drychauel. *id.* 32, ygỽylyỽr . . . Pop bore y keiff ef torth ae henllyn *yny* uoreuỽyt. *id.* 90, talet idi teir punt *yny* hegỽedi.

(*e*) Ynglŷn â, gyda golwg ar, o ystyried, ar gyfrif; o ran (pwnc, maes astudiaeth, &c., yn dynodi gallu neu gyfyngiad meddyliol neu foesol): *with respect or regard to, considering, on account of*; *in* (*subject, field of study, &c., denoting mental or moral ability or limitation*).

12g. *GLlF* 14, Llutedic uy ghert *y* ghynrabad / Lluyton a berthon parth ac attad. *id.* 227, Deu arueid, deu leỽ *yn* eu kyngyr. **12–13g.** *GLlLl* 265, *Yn* hygant y Tri, *yn* tecced—Adaf. **13g.** *GDB* 257, Llewenyt lluoet, lleỽ *yn* hyder. **13g.** *HGK* 5, nyt oed o'r holl Wydyl a allei na gurthuynebu na cheffylybu idav *en* y neit. **14g.** *AL* i. 374, doethyon dysgedic *yg*kyfreith. **15g.** *GDID* 37, A'i ruban, is yr abid, / Uwch no'r aur iach *yn* ei wrid [i ddiolch am darw coch]. **1592** S. D. RHYS: *Inst* [xv], gwyr dyscêdic *ynn* yr iaith Gymráec. **1604** R. HOLLAND: *BD* 5a, Bydhwch hy-dhysc *yn* y text. **1691** *ESGG* 14, yn goleuo ein meddyliau *yng*wybodaeth Christ. **1740** G. JONES: *HOG* xxviii, eu hyddysgrwydd *yn* yr Ysgrythurau. **1791** W. RICHARDS: *TDB* 40, un o'r dynion mwyaf hyddysg . . . *yn* y iaith Gymraeg. Ar lafar, 'Mae o'n hyddysg *yn* 'i Feibl'.

(*f*) Yn dynodi cyfrwng mynegiant (e.e. iaith, mydr, ysgrifen, llafar), ar ffurf, i ffurf; yn ffurfio, wedi ei gynnwys mewn (am fesur llai mewn mesur mwy): *in* (*denoting medium of expression, e.g. a language, metre, writing, speech*), *in(to) the form of*; *forming, making up, in* (*of measure*).

12g. *GMB* 177, *Yn* seith ugein yeith wy ueith voli. *id.* 240, Y enw *yn* Eurei ac *yn* Lladin. **13g.** *GDB* 405, *Ym* marddair mawrddawn gyssefin. **13g.** *LlI* 59, try hyt gronyn heyd *en* e uotued; teyr motued *en* llet e palyf. **13g.** *HGK* [1], yg kymvt Colomcell y magwyt, y lle a elwir *yg* Gwydelec Svrth Colomcell. **14g.** *B* v. 195, yn damunav caffel Credo Anathasius Sant *yg* Kymraec. *id.* 196, pan trosser ieith *yn* y llall, megys Lladin *yg* Kymraec, na ellir yn wastat symut y geir *yn* y gilyd. **1547** *WS* [xvi], k, *yng*hymraec a saesnec vn gyneddf yw. **1567** *TN* [xxx], yn dwyn yt *yn* gymraeg, ac yn brint yr yscrythyr 'lan. **1592** S. D. RHYS: *Inst* [xvi], y lhybhr goreu a 'wnaethpwyd eirioed *ynn* y Gymráec. **1658** *Examen* d.d., Ac a gyfieythwyd *yn* gymraeg. **1747** *ML* i. 109, 5 troedfedd *yn* y Gam-lath, ag 1056 cam-lath *yny* Filldir. **1775** *W*, *Yn* Saesoneg (Saes'neg), *yng* Nghymraeg, *yn* Lladin, *yng* Ngroeg d.g. *In English, in Welsh, in Latin, in Greek, &c.*

(*g*) Yn gwisgo; yn dwyn (arfau, &c.): *in* (*of clothes*), *wearing*; *bearing* (*arms, &c.*).

12g. *GLlF* 142, Hirwenn *yn* y llenn lliỽ ehoec. **12–13g.** *GLlLl* 197, *Ym* bliant gwyrt ac un gwynn. *id.* 213, Ef dyfu dreic llu *yn* llassar—dillad. **13g.** *GDB* 172, Baran lleỽ *yn* lluryc eurdo. *id.* 256, A lluoet *yg* gwisgoet yn ymosgrein. **13g.** *GBF* 31, Teyrn yn heyrn yn hart. **14g.** *WM* td. 204. 34–5, Ar neb awelhei yuorỽyn *yny* wisc honno. ef awelei olỽc wedeidlỽys arnei. *c.* **1525** *GHD* 48, Ni'm lluddian', gwn na'm lladdwyd, / Nes ei gloi *yn* ei wisg lwyd [marwnad Tudur Aled]. **17g.** E. MORRIS: *B* 27, Oes *yn* ei wisg loywisg liw, / Oes medle a symudliw [i ofyn paun a phaunes]. **1753** G. OWEN: *L* 50, Climmach o ddyn amrosgo ydyw—garan anfaintunaidd—afluniaidd *yn* ei ddillad. **1784** M. WILLIAMS: *S* i. 42, fe ddaw ei fawredd *yn* ei wisg frenhinol. Ar lafar, 'Mi welish i o *yn* 'i ddillad gora bora 'ma'.

3. Yn ystod, ar (adeg, &c.), o fewn (cyfnod): *during, in, on* (*occasion, &c.*), *at, within* (*period*).

9g. (*LlSC*) *LL* xliii, grefiat guetig nis minn tutbulc . . . *in* ois oisou. *id.* xlv, *in* irham . . . *in* irgaem. **12g.** *GLlF* 227, Deu ryd *yn* dyd cat eu kyfergyr. *id.* 540, Yt yn kny-ny daear *yn* y diwet. **12g.** *GCBM* i. 95, Llemenyc *yn* Ionawr. **13g.** *GDB* 78, Brennhin kywrenhin, kywir—*yn* y dyt. **13g.** *GBF* 455, Gỽae lỽth o'e lithiaỽ *yg* Gỽenereu. **1346** *LlA* 4, *yn* vn voment ybyd or dỽyrein yr gorlleỽin yn llunyeithaỽ pob lle. aphob peth. **14g.** *WM* 1. 13, *yn* ieuengtit y dyd. *id.* 480. 6–8, A hynny o[ll] a uynaf y wneuthur *yn* un dyt. **14g.** *GDG*[3] 50, Bod yn galw is afalwydd / Eos *yn* nos ac *yn* nydd. **15g.** *GLGC* 229, *yn* unmis Dafydd Nanmawr / a'i dyry'n iach draean awr. **1551** W. SALESBURY: *KLl* xviia, *yn* amser kymradwy y gwrandeweis arnat. **1588** *Gen* i. 1, *Yn* y dechreuad y creawdd Duw y nefoedd a'r ddaiar. **1677** C. EDWARDS: *FfDd* 205, *yn* y flwyddyn 1595 gwnaeth Harri Perri ddosparth ar Retoreg. *c.* **1762–79** W. WILLIAMS: *P* 260, *Yn* mis Hydref, a mis Tachwedd mae eu gwenith . . . yn cael ei hau. **1775** E. GRIFFITHS: *GF* 195, sect frigog *yn* nyddiau ein Iachawdwr. **1800** *Eurgr* 52, Y gwaith mwyaf cyffredin yn y wlad yma [UDA], *yn* y gauaf, ydyw gyrru Ysglediau. Ar lafar, '*yn* y Pasg' (sir Gaern.); 'Ma isie iti roi lan smoco *yn* y flwyddyn newydd' (sir Gaerf.).

4. (ar ôl rhai berfau, enwau, ac ansoddeiriau gan ddynodi i ba gyd-destun penodol y cyfeirir eu harwyddocâd: *after certain verbs, nouns, and adjectives denoting the context to which their significance is limited*).

13g. *B* x. 32, megys e gobeithyassam *enot.* **13g.** *BD* 82, ac yd ymdiredvch *yn* estravn genedyl ny bei devrach na chadarnach no chui. **1346** *LlA* 138, Credu ohonom ni *yn* vn duỽ ynytrindaỽt. **14g.** *YBH* 3b, *yn* y drindaỽt y dodaf vy ymdiret. **14g.** *B* v. 196, credu *yn* y Trindaut o nef. *id.* ix. 333, heb ohir yd ymyvaelavd y keisseit *yndi.* **16g.** *WLl* 247, Poen am danat a gadwen / Oes gobaith *yn* y gwaith gwen. **1567** *LlGG* lxviia, Duw yr hwn wyt wir nerth pawb oll ysy yn amddiried *ynot.* **1567** *TN* 199a, Cred *yn* yr Arglwydd Iesu Christ a' chatwedic vyddy. *id.* 303b, ys buom hyderus *yn* ein Duw. **1588** 2 *Br* ii. 12, efe a ymaflodd *yn* ei ddillad, ac ai rhwygodd yn ddauddarn. **1672** R. PRICHARD: *Gw* 27, *Yndo* ef ym llwyr foddlonwyd. **1759** T. THOMAS: *WWDd* [69], mwy mwy y mae 'r gyfraith yn gafaelu *yndo* ac yn ei osod ef dan gaethiwed. **1790** T. JONES: *TOS* 120, Mae amrywiol glefydeu yn barod i afaelu *ynnom.* Ar lafar, 'dim yn credu *yn* 'i Feibyl', *WVBD* 293; 'sownd *yn* y gadar', 'gafal *yn* 'i law', 'hidio'r un tatan *yno* fo', *id.* 578; ''Ôs gin' i ddim ffydd *yn* y dyn', *GTN* 374; 'ymddiriad *yn* Nuw', *id.* 858.

Amr.: **yndof,** &c. [dichon mai *-d-* ≡ *-d-* yn rhai o'r ff. a ddyfynnwyd yn y brif erthygl, gw. *WG* 402]. **15g.** *GDLl* 62, Llundain ni chair lle *yndi.* **15–16g.** *GIF* 84, oen Duw a sant *yndo* sydd. *a.* **1561** *B* vi. 47, chwech milltir o hyd *yndynt.* Ar lafar, '*yndo* i', '*yndot* ti', '*yndo* fe, '*yndi* 'i', '*yndon* ni', '*yndoch* chi, '*yndyn*' nw', *GTN* 862. **yndd-,** &c. **1774** H. JONES: *CH* 50, *ynddom.* **1803** *P*, *Ynzov* . . . *ynzot* . . . *ynzom* . . . *ynzoç* d.g. *Ynzo.* **ynddeunt, yntheunt. 1545** ELIS GRUFFYDD: *Ll* 43, 106. **yno**[2], &c. Ar lafar, '*yno* (fo)', '*yni* (hi)', '*ynyn*' nw', *WVBD* 577. **ynto, &c. 15–16g.** *GRB* 32, Awen Tir Iarll—*ynto*'r aeth. **16g.** WILIAM LLŶN: *Gw* (R. Stephens) 562, Â dwy rent neu dair *ynti.* **1567** *TN* 143b, dim ancyfiawnder *ynto* nyd oes. **ynthei. 1547** *WS* [xiv], f, seicsonic ehun sydd gymeint o synnwyr *ynthei* ac mewn dwy f. **yntheunt,** gw. *ynddeunt.* **ynthoch. 18g.** *LlGC* 57, ii. 8. **ynwyf. 1755** *ML* i. 330. **1777** W. WILLIAMS: *DN* 41.

Cfn.: **yn y blaen** [ansicr yw'r engh. gyntaf yn adran (ii) isod]: (i) *in, to, or at the front, forward, on.* **13g.** *GDB* 38, A dreid ỽal bleid *yn y blaen.* **14g.** *WM* 109. 2–3, Gỽydyon agerdỽys *yn y blaen.* **15–16g.** *GRB* 50, Mwya ydyw—mi adwaen—/ y neb a'i lu *yn y blaen.* **1759** T. THOMAS: *WWDd* 350, [b]arnu eu bod hwy yn myned *yn y blaen* tu a'r Nefoedd o hŷd. (ii) *before(hand), previously, already.* **13g.** *LlI* 85, a'e duen [bwuch] en lle kyvyewyn ny el un lludyn *en e blaen.* **16g.** *THSC* (1923–4) (At.) 29, A chwbyl o hynny y gyd a wnaethbwyd o blegid y pechod a wnathoedd ef *yn y blaen.* **1632** J. DAVIES: *LlR* 98, a thithau heb fod ond telpyn o bridd a chlai *yn y blaen.* *c.* **1730** *Taith C* 182, Ei brîs i'r Subscribers fydd Swllt, chwê Cheiniog *yn y blaen* gydâ eu Henwau. (iii) *firstly, immediately, at once, forthwith.* **13g.** *LlI* 34, Ot a enteu en llv tyget e Duu *en e blaen* ac e'r kreyr esyd en llau er egnat hyt nat mach ef e ganthau ef. **13g.** *LIst* 1, 151, nyt en ol e saysson en kyntaf ed aeth ef namyn *en e blaen* achvbeyt ev llogheu a orvc. Gw. hefyd *ymlaen.* **yn ei (dy, &c.) ddiod,** gw. *diod.* **yn nwylo:** *in(to) the hands, power, or possession* (*of*), *under the authority or protection* (*of*), *in(to) the custody or care* (*of*). **1588** *Nu* xxii. 7, a gwobr dewiniaeth *yn* eu *dwylo.* **1728** T. BADDY: *DDG* 28, gosod fy hun *yn nwylo* dau o Arabiaid gwylltion. **1774** *W*, dodi peth *yn nwylaw* un d.g. *Hand, To put a thing into one's hands or power.* Gw. hefyd *yn llaw* isod. **ynddo (ynddi, &c.) ei hun(an), ynddynt eu hunain,** &c.: *by, in, to, or of oneself or itself.* **14g.** *GP* 44, Beryf erchvynedic yw honn ny bo digawn o synnwyr *yndi e hun* heb wrthrych wrth beth arall yn y hol, val y mae karaf, keissyaf. *c.* **1400** *id.* 4, Beryf ryd yw yr honn y bo digawn o ymadrawd *yndi e hunan* heb wrthrych wrth beth yn y hol, val y mae kerdaf, eistedaf. **1588** *Luc* xviii. 11, Y Pharisæad o'i sefyll a weddiodd *ynddo ei hun* fel hyn. **1657** *MLl* ii. 73–4, Y bywyd a ddatcuddir yn ei holl weithredoedd, a phob vn a gais ag a gaiff ei farn ai sentens *ynddo ei hunan.* **1786** W. WILLIAMS: *I* 10, pob nattur yn aros yn gyfan *ynddi ei hun* [am Iesu]. **1795** J. THOMAS: *AIC* 143–4, Gwag-nod . . . Nid y'w . . . 'n ddim *ynddi ei hûn.* **1799** M. WILLIAMS: *HHG* [3], y corphilaidd philosophi, yr hon *ynddi ei hun* yw gwreiddiol ddechreuad y system neu gyfundraeth yr Atheistiaid. **yn hyn:** *thereupon, then, with that.* **1567** *TN* 136b, *yn hyn* [:– ar hyny, yn y cyfamser] y daeth ey ddiscipulon. **1703** E. WYNNE: *BC* 41, *Yn hyn* dyma drwp o bobl o Stryd Balchder yn ddigon hŷ'n curo wrth y Porth. **yn hynny:** (i) *thereupon, then, with that.* **13g.** *BD* 169, guedy keissyav ohonav ef kydyav a hi ac nas gallvs, *yn hynny* y bu uarv hi rac y ouyn ef. **14g.** *WM* 41. 27–8, *yn hynny* guan ydan y meirych athorri y guefleu. **1592** S. D. RHYS: *Inst* [xvi]. (ii) *meanwhile, in the meantime, during that time.* **14g.** *WM* 103. 27–9, ef adyỽot parabyl ar eil ỽrthi. Ac *yn hynny* parabyl nis cauas. (iii) *thus engaged.* **13g.** *Cylchg LlGC* v. 61, A thra ytoed *en henne* e guelit idav synhyav ar e draet. **14g.** *BT* 32, aphan oedynt *yn hynny* medylyaw aoruc ernwlf wneuthur tangnefed ar gwydyl. **14g.** *WM* td. 205. 15–16, Ablỽydyn adwy atheir ybu ef *yn hynny.* **14g.** *YBH* 67b, Athra yttoydyn *yn hynny* ef a athoed boỽn y edrych y varch. (iv) *on account of that, for that reason.* **14g.** *B* ix. 47, *ynn hynny* y gelwit yntev Pilatus o Ynys y Bont. **yn hynny o:** *in such a . . . as that; for that, as regards that, as far as that is concerned.* **14g.** *B* ix. 46, *yn hynny o* gnorvyn y lladawd Pilatus y vrawt ydan gel. **1567** G. ROBERT: *GC* 70, Pamser y dieithrir yn gylfyddus o ddiar y briphordd . . . Pan allo gwr roddi rhesswm trosto *yn hynny o beth*, megis i ochel drygsain, i achub pennill, ne i ryw beth arall a fyddai ressymol. **1765** *Cyf C* 116, A Chariad mawr iw chyredd, / *Yn hynny o* fregedd frŵd. **yn hynny o amser, yn hynny o ysbaid:** *meanwhile, during that time.* **13g.** *LlI* 65, *en henne o amser.* **13g.** *BD* 12, *yn hynny o yspeyt.* **14g.** *B* ix. 47, *yn hynny o amser.* **18g.** *W Ballads* 160, 5, *Yn hynny o amser.* **yn hyn o beth,** gw. *hyn—yn hyn o beth.* **yn llaw:** (i) *in(to) the hands, power, or possession* (*of*), *under the authority or protection* (*of*), *in(to) the custody or care* (*of*); *in the gift of*; *to.* **9g.** (*LlSC*) *LL* xliii. **12g.** *GLlF* 442, A phobloet Kymry a gymer attaỽ / Ac a ryt *yn llaỽ* llwyr deithiaỽc. **13g.** *BD* 142, syrthvs y uudugolyaeth *yn llav* y Brytannyeit. **14g.** *T* 18. 4–5, o vynaỽ hyt lydaỽ *yn* eu *llaỽ* yt vyd. **1551** W. SALESBURY: *KLl* lvib, pan na bo yth wrthwynebwr dy roddy *yn llaw*'r ynat. **1588** *Esec* xxi. 31, rhoddaf di *yn llaw* dynion poethion, seiri dinistr. **1735** J. EVANS: *YMS* 52, O fy Nuw, dymchwel fi attat ti dy hun, *yn llaw* yr hwn . . . a elli ortrechu unol nerthwch fy ngelynion pleidiog. (ii) *in hand* (*of task, &c.*); *in hand* (*of cash, &c.*). **14g.** *GDG*[3] 128, Chwe cheiniog yw'r llog *yn llaw*, / Pedair a rown rhag peidiaw. **16–17g.** *GST* i. 938, a lle drwg oll i drigaw / i ddyn llwyd heb dda *yn llaw* [am Lundain]. **1740** *ML* i. 36, nid yw abl i gymryd y fath fordaith *yn llaw.* **1770** *W* d.g. *Hand, To take in hand.* **1788** J. GRIFFITH: *DCC* v, mi a gymmerais *yn llaw* y gwaith poenfawr o gyfieithu y llyfr. (iii) *in check, under control.* **1714** R. PRYDDERCH: *GD* 151, Y mae'n rhaid yfed weithieu, os mynnwn gadw Dynion *yn llaw.* (iv) *in the autograph or hand of.* **20g.** Gw. hefyd *mewn—mewn llaw*, ac *yn nwylo* uchod.

yn lle: (i) *instead of, in lieu of; in exchange for; on behalf of, for the sake of.* **13g.** *LlI* 29, rody gureyc arall kestal a hy e wassanaethu *ene lle* ene agho. **13g.** *HGK* 4, a'e deu vab enteu, y rei a doethant *en e le.* **1607** *Rhydd-iaith Gymraeg* i. 143, y lhythyren T yn niwedh geiriae, *yn lhe* d. **1775** *W* d.g. [*Lieu*] . . . *In lieu* [*stead*] *of, Place . . . In place of.* Ar lafar, '*yn 'i le*', *WVBD* 344; hefyd yn y Gogledd mewn ymad. fel 'Faint sy arnoch chi isio *yn 'i le* fo?' (ii) *as* (*if*), *in the capacity of, for.* **13g.** *LlI* 66, dele bot *en lle* mab ydau. **14g.** *Bren Saes* 154, a'y guraw yn yssic a'y adaw *yn lle* marw. **14g.** *DPh* 58, pan gymerwyt Omyr *yn lle* (*pro*) ynvyt. **15g.** *BB* 117, na chymereynt *yn lle* drwc ev dyuot. **16g.** (*LlEG*) *Mos* 158, 627a, y neb a gymerth y matter *yn lle* da. **1588** *Ecs* ii. 10, efe a fu iddi *yn lle* mab (**1620** *ib.* yn fab). **1595** H. Lewys: *PA* 145, y drwg presennol . . . prisier a chymerer ef *yn lle* yscafn (*taken for light*). **1773** *W,* Cofleidio *yn lle* (megis) gwirionedd . . . Gorwedd fel (megis, *yn lle*) marw d.g. *For* [*instead of; as, &c.*]. (iii) *forthwith, immediately.* **14g.** *Bren Saes* 62, *yn lle* gwedy hynny y bu varw Hardechnout. *id.* 160, *yn lle* (amr. ar hynny) yd aeth drwy vor. **yn y lle** = **yn lle** (iii). **13g.** *B* ix. 340, o vravt egluys barnu arnav *ene lle.* **14g.** *BT* 123, *yny lle* (*BT* (*RB*) 160, hep ohir). **14g.** *B* x. 55, *En y lle* gwedy hynny y doeth y mamaeth y'r carchardy atei. **1547** *WS, Yny lle* Sone. **1753** *TR,* Lle . . . *Yn y lle,* presently. **yn ôl hynny,** gw. *ôl*[1]—*yn ôl hynny.* **yn nhre(f), yn dre(f)** [?*yn dre*(*f*) < *yn y dre*(*f*)]: (*at*) *home.* **16g.** *HG* 24, i ddoedd aise, gwraig arnai *n rhe* / ym gwsnaethy, yn vy llety. **1551** W. Salesbury: *KLl* [xxxiv]a, O bydd newyn ar vn bytaet yn tuy [:- *ynref* ne gartref]. **16–17g.** *CRC* 407, gwell oidd geni myn dyw ne /y/ mod i *yn re* yn sir vynwe. **1707** *AB* 72c, Intus . . . *yn dre, yn re* . . . at home. **18g.** D. J. Odwyn Jones: *DR* 173, byw *yn nhref.* **1753** *TR,* Trêf . . . Is the man at home? . . . For which they say in some parts of S. Wales, A ydyw'r gŵr *yn Nhre?* **1755** *ML* i. 341, Dyma fi wedi darn ddigio wrth y Benant, o achos pallu o hono aro tridie ne bedwar *yn dref* yn lle mynd ar oferedd i rodio. **1777** W. Williams: *DN* 53, hynny [cwmnïaeth] oedd raid gael *yn nhref,* neu o dref. Ar lafar yn y ff. *yn dre, GTN* 809, *BIBC* 51; ac yn y ff. *'nhre* (Dyffryn Wysg). **bod yn y ffliw (yr annwyd, &c.):** *to have influenza* (*a cold, &c.*). **20g.** Ar lafar, ''Ddaw o ddim i'r gwaith heddiw—*mae o yn y ffliw*' (Arfon).

Gw. hefyd **i**[3].

yn[2], **'n**[3] [?yr un gair ag *yn*[1]; cf. Crn C. *yn vn*+be., Llyd. Diw. *en eur*+be., ac ymad. megis *yn ei eistedd, yn ei sefyll*; ynglŷn â threiglo be. ar ei ôl, gw. *Treigladau* 162–3, 448–9] *gn.* berfenwol.

(*a*) (o flaen be. mewn cystrawen beriffrastig: *before a vn. in a periphrastic construction*).

12g. *GLlF* 355, Bran a gre yn y gyfarthfa, / Ni ddarogan ym ddim da / Bod mab brenhin gwyn Gwynedd / *Yn* gorwedd yn yr aerfa. **12g.** *GCBM* i. 53, Mel yd wyf *yn* kelu kallon yssic: / Ny mad gyrchawd gỽenn gỽely Eidic! **13g.** *GDB* 199, Ynheyrn adef, ynheyrnas nef, / Gwr ysy'*n* godef y goreilyt. **13g.** *HGK* 3, A thra ytoed hvnnv *en* e yspeillyav ac *en* tynnv torch vaur o eur y am y uwnvgyl. **14g.** *T* 28. 1, Awdosti cỽd uyd nos *yn* arhos dyd. **14g.** *WM* 1. 30–2, llyma yr erchỽys a oed yny ol *yn* ymordiỽes ac ef. *id.* 45. 29–30, *Yn* hela yd oedỽn yn iỽerdon dydgueith. **14g.** *GDG*[3] 344, Uchel y bûm *yn* ochi, / Echnos y bu hirnos hi. **15g.** *GDID* 42, Do, ddwywaith, teirgwaith hyd hyn, / D'olau oedd *yn* eu dilyn [dychan i'r lleidr a ddug wartheg y bardd]. **1551** W. Salesbury: *KLl* xiia, Cans nad ynt y llywyawdwyr *yn* pery ofn am weithred da. **1592** S. D. Rhys: *Inst* [xvii], gwneuthur mal y gwyr pôb vn o honoch' o'r y bûm *ynn* ymgeisio ac ebh. **1675** R. Davies: *PY* 109, yn feibion Belial . . . nid oeddynt *yn* gwîr wasanaethu, [*sic*] yr Arglwydd. **18g.** E. T. Rhys: *DA* 167, Tra bo'r ieuenctyd *yn* para. **1778** J. Hughes: *BB* 53, Rhwng Crist a ni, mewn braint a bri, / Hyn sy'*n* cyhoeddi hedd. Ar lafar, '*yn, 'n, ym, 'm, yng, 'ng,* particle . . . used before infinitives to express the present participle . . . "*ym* berwi", "*yng* gweld", etc., are certainly heard, except when unusual emphasis is required, as "Mae o *yn* berwi"', *WVBD* 578.

(*b*) (o flaen be. mewn cystrawen nad yw'n beriffrastig: *before a vn. in a non-periphrastic construction*).

12g. *GMB* 152, Gỽeleis hael *yn* heilyaỽ bann llaỽn. **12–13g.** *GLlLl* 25, Kalan hyturef, tymp dyt *yn* edwi. **13g.** *C* 94. 8–9, Oet rinn vy gueisson *in* amuin ev detvon. **14g.** *T* 66. 13–14, Brattau iessu Ac ef *yn* credu. Dayar *yn*crynu Ac eluyd *yn*gardu. **14g.** *WM* 34. 14–16, goueileint a dellis yndaỽ. o gamhet idaỽ attal y mab ganthaỽ, ac ef *yn* gỽybot y uot yn uab y ỽr arall. *id.* 453. 8–9, Diwarnaỽd *yn* hyly yr brenhin. **14g.** *GDG*[3] 167, A'r ehedydd . . . / . . . / *Yn* myned mewn lludded llwyr / Â chywydd i entrych awyr. *c.* **1400** *YCM*[2] 61, dygwydaw Rolant y ar y draet y'r llawr, ac *yn* tynnu y gledyf attaw y dywawt. **15g.** *GDID* 87, Rhai'*n* myned o'r drwydded rydd, / Rhai'*n* dyfod, er hyn, Dafydd. **15g.** *GLGC* 253, a chwegwyr a mil yn dorchogion, / a chwemil arfog *yn* eu dilyn. **1551** W. Salesbury: *KLl* lxia, Ac wele / vn or cyfreithwyr *yn* cyfody yn i se/fyll. **1630** R. Llwyd: *LlH* 220, Mynych y ceir *yn* wylofain . . . wrageddos gweddwon truein. **1655** Wl: *DP* 51, Am dy ddioddefgarwch *yn* arbed, am dy drugaredd *yn* maddeu, am dy haelder *yn* rhoddi. **1703** E. Wynne: *BC* 14, A mi '*n* edrych o bell ar y rhain . . . dyma '*n* dyfod heibio i ni globen o baunes frith. **18–19g.** *CRIM,* 50, A minnau'*n* hwyr myfyrian yn unig wrtho i'm hunan. **18–19g.** Ann Griffiths: *Gw* 126, Wele'*n* Sefyll rhwng y myrtwydd / Wrthddrych teilwng o fy mryd. Ar lafar, 'Ddaru rŵun ofyn cwestiwn iddo fo a fynta ddim *yn* medru atab', *WVBD* 566.

Gw. hefyd **i**[5].

yn[3], **'n**[4] [< H. Gym. †*int*; fel gn. adferfol, cf. H. Lyd. *in*(*t*), *ent,* Llyd. C. *en*(*t*), Crn. C. *yn,* H. Wydd. *in*(*d*): ?ff. ar y fan. (cf. *yn*[5]); tebyg mai'r un gair yw'r gn. traethiadol; cf. hefyd *yn*[1] adran 2 (*d*)] *gn.* traeth. ac adfl. sy'n peri tr. ml. i gts. fl. sy'n dilyn ac eithrio *ll-* a *rh-* (fel arfer yn yr iaith lenyddol).

1. (defnydd traeth.: *pred. use*).

(*a*) (enghrau. o flaen e., be., rh., neu rifolyn: *exx. before a n., vn., pron., or num.*).

9–10g. (*Ox* 1) *VVB* 154, *Hin* map di iob, gl. *Jove dignus.* *Dchr.* **12g.** *GMB* 6, Duv *in* kymhorth, *in* nerth, *in* porth, *in* canhorthuy / Y valch teeirn. **12g.** *GLlF* 12, Kedwis Duỽ urtas, *yn* ỽr ac *yn* was. *id.* 341, Tra vuam yn seith, triseith—ny'n beitei. **12g.** *GCBM* ii. 241, Cefeist a dofaist *yn* dau / Cad anhawdd y Coedaneu. **13g.** *GDB* 445, Pan geisiais-i esill o Ennill-eg, / Cam oedd, neud ydoedd *yn* Wyndodeg! **14g.** *WM* 63. 15–16, mi a throessum *yn* ỽreic y uanaỽydan uab llyr. **14g.** *GDG*[3] 25, Lle y trig y bendefigaeth, / *Yn* wleddau, *yn* foethau, '*n* faeth. **15g.** *GTP* 98, Lladd pen Gwynedd wen *yn* ddau / Yw lladd awen holl Ddeau. **15g.** *GLGC* 219, Rhan o bob addysg, rhai'*n* bibyddion, / weithiau rhai eraill *yn* grythorion. **1551** W. Salesbury: *KLl* xxxvi[ii]b, O gellyngy di hwn / nyd wyt ti *yn* kar i Cai/sar. **1588** 1 *Br* xix. 15, eneinia Hazael *yn* frenin ar Syria. **1606** E. James: *Hom* ii. 133, delwau . . . Onid yw eu gosod hwy i fyny *yn* fagl i'r holl ddynnion ac *yn* demptio Duw? **1672** R. Prichard: *Gw* 27, Yno *yn* ddeg ar hugein oedran, / Pan bedyddiwyd ef gan Joan. **1703** E. Wynne: *BC* 150, Ddoe *yn* Ddyn a heddyw '*n* fallgi. **1778** J. Hughes: *BB* 148, Hwn ei hunan sy am y cyfan, / mae '*n* oll ag oll, i mewn ag allan *yn* darian, / Ag *yn* dŵr. **18–19g.** *CRIM* 139, Hawddfyd lle bûm *yn* fachgen / Ym Mro Morgannwg lawen. Ar lafar, 'Mae o'*n* ddyn', *WVBD* 578; 'Ma 'yn *yn* ddicon i 'ela dyn i dingu a reci'n Sysnag', *GTN* 682.

(*b*) (enghrau. o flaen a.: *exx. before an adj.*).

9–10g. *Juv* 112, nou*inn*guo/tricusegetic/ion, gl. *delata.* **10g.** (*Cpt*) *B* iii. 256, Ceis inir loyr ha chepi. hinn *inguir.* **12g.** *GLlF* 441, Y vreint ỽrth y uryd y vreinyaỽc—yssyt / A'e eluyt *yn* ryt, *yn* rietaỽc. **12g.** *GCBM* ii. 307, A mi a'm awyt *yn* geheued / Yn afrifaỽ Duỽ yn efrifed. **13g.** *A* 2. 14–15, byrr vlyned en hed yd ynt *en*daw. **14g.** *WM* 81. 5–6, ef aỽelei yr holl ỽlat *yn* gyuanhed. *id.* 99. 18–20, nyt oes in gynghor onyt caeu y gaer arnam. ay chynhal *yn* oreu a allom. *id.* 136. 34–5, Y vorỽyn *yn* hyfryt lawen y nos honno. *id.* 157. 12–14, val y brefei vn or defeit gỽynyon. y deuei vn or defeit duon drỽod ac y bydei *yn* wen. **14g.** *YBH* [1]a, fforest ynyal a oed yny iarllaeth giỽn *yn* gyuagos yr kastell yd oedynt yn pressỽylyaỽ yndaỽ. **14g.** *GDG*[3] 220, Mae'*n* fawr, braich cawr, broch y ci. *Dchr.* **15g.** *GM* 30, Bint dy glusteu *yn* ystyredigyon / Wrth lef vyg gwedi a gwawd vyg calon. **15g.** *IGE*[2] 244, Cafas fod, cyfoesi fydd, / *Yn* bennaf o'r saint beunydd [Ieuan ap Rhydderch i Ddewi]. **1551** W. Salesbury: *KLl* xiva, Velly y bydd y rei olaf *yn* vlaynaf / ar rei blaynaf *yn* olaf. **1567** *TN* 172a, Can nad yw yr ei hyn *yn* veddwon, val ydd yw chwi yn tybieit. **1620** *Job* xxxiii. 7, ni bydd fy llaw *yn* drom (**1588** *ib.* llaw drom) arnat. **1672** R. Prichard: *Gw* 37, Mâb a Thâd y Fam a'i Ferch, / *Yn* lleia ei sôn, *yn* fwya ei serch. **1703** E. Wynne: *BC* 5, Spienddrych . . . i weled pell *yn* agos, a phetheu bychain *yn* fawr. [**1745**] W. Roberts: *FfM* 46, Rych chwi bellach *yn* rhydd ac *yn* rhad, / I fyn'd i'r Wlad a fynnoch. Ar lafar, 'Mae o'n fawr', *WVBD* 578; 'Ma'r 'wch *yn* dwym', *GTN* 825.

2. (enghrau. o flaen a. neu drefnolyn yn ffurfio adf.: *exx. before an adj. or ordinal forming an adv.*).

9–10g. *Juv* 81, it clus [*in*]bann iciman guorsed. *ib.* un hamed hapuil haper uuc nem isnem *int*couer. **12g.** *LL* 120, ycyfreith idi *yn*hollaul. **12g.** *GLlF* 447, Yssid gyfetach gan gyfeteu / A charu Duw *yn* drech no phennaetheu. **12–13g.** *GLlLl* 263, Kyrchaf *yn* gynttaf kyntet—Deheubarth. **12–13g.** *GMB* 390, Crist a daỽ *yn* war, *yn* wraỽl,—Dydbraỽt, / Yr dirprỽy pressennaỽl. **13g.** *BD* 7, yn y wed honno ny orfowysassant oc eu llad yny daruu eu dystryw *yn* gvbyl hayach. **14g.** *T* 33. 13–14, Ystyryem *yn* llỽyr kyn clỽyr cyffes. dyfot *yn* diheu agheu nessnes. **14g.** *WM* 465. 7–8, ny feit neb dỽuyr athan *yn* gystal ac ef. **14g.** *GDG*[3] 93, Cerddais *yn* gynt, helynt hir, / No mellten ddeunaw milltir. **15g.** *GLGC* 401, mi af *yn* gynt ar fy march / hyd Raeadr no'r padriarch. **15–16g.** *GRB* 5, Chwyddais oll—och Dduw a'i saint—/ unig amwyll—*yn* gymaint / o waith y pryf aeth heb rin / â gorwydd Ffwg ap Gwarin. **1588** 1 *Cr* ii. 13–15, Isai a genhedlodd ei gyntaf-anedic Eliab, ac Aminadab *yn* ail, a Simaa *yn* drydydd. **1592** S. D. Rhys: *Inst* [xiv], ei gweled yn amlwc ynn eu hiaith a'e' [*sic*] lhybhreu hwy, *yn* gyn amled, a' bôd holh Europa yn gybhlawn o 'i hiaith a''i lhybhreu hwy. **16–17g.** *GHCEM* 91, Cwyno'*n* wir, nid canu a wnaf. **1606** E. James: *Hom* i. 155, mae Escob Rhufain yn dyscy fod y rhai ydynt dano ef *yn* rhyddion oddiwrth bob baich a chost gyffredin. **1655** Wl: *DP* 191, *In* ddiweddaf, Angeu fel Angel a'n achub-allan o Sodom, ac an harwain i Zoar, i ddinas noddfa. **1675** R. Davies: *PY* 37, yr ydym wrth wneuthur hyn, *yn* ddirgel yn dinistrio ein hyder yn Nuw. **1703** E. Wynne: *BC* 108, cewch brofi pwys fy llid arnoch eich hunain *yn* gyntaf. **1730** (**1755**) E. Wynne: *PAC* 6, pe cedwid y gorchymyn hwn '*n* iawn. **1771** *PDPh* 47, [c]ymmeryd cymmaint a allai gyfodi ar swllt *yn* olaf y nos ac *yn* gyntaf y bore. **1803** *P,* Yn . . . *yn* fuan, quickly. Ar lafar, '*yn, 'n, ym, 'm, yng, 'ng,* particle . . . used to form adverbs, as "*yn* ddrwg"', *WVBD* 578; ''Dyw'r tæn ddim yn tinnu'*n* ddæ', *GTN* 792.

Amr.: †**it**[1] **9–10g.** *Juv* 81, *it* cluis *it* humil inhared celmed. **y**[8] [tebyg mai gair gwahanol yw hwn, gw. *B* xix. 302–3, ond fe'i trafodir yma o ran hwylustod; dichon mai gwallus yw rhai o'r enghrau. isod] **13g.** *GDB* 128, Chweched, chwerw chweirys *y* gynyar. **13g.** *A* 1. 7, kynt *y* vwyt y vrein noc y argyurein. **13g.** *BD* 23, a chymryt ohonei hytheu Kernyv *y* ymborth idi. *id.* 41, eu blygav *y* vyv rac y uron. **14g.** *WM* 46. 32, a gỽedy bot *y* baraỽt yr ystauell. *id.* 49. 34–5, adaỽ seithỽyr *y*dyỽyssogyon yma. *Dchr.* **15g.** *GM* 6, Wrth hynny, yth vendigaỽd duỽ *y* dragyỽyd. **1552** *Pen* 403, 15, Quintilian a dybiodd *y* gymhessur roddi gorchymyn ir mamaethod na byddent vvdron nac ymserthgar. **1595** H. Lewys: *PA* 3, mae gwallt ych penn *y* gyfrifedig.

yn[4], gw. **ein.**

yn[5], ff. wedi ei ffosileiddio ar y fan., gw. *awr*[1],—*yn awr, naill, 'nawr;* ?cf. hefyd *yn*[6].

yn[6], **'n**[6] [H. Lyd. *in*(*id irha*), *in*(*it damcirhinn*); ?cf. H. Wydd. *a*[n] 'pan', yn wr. ff. ddiryw ar y fan., ?cf. *yn*[5]; petrus yw dosbarthiad rhai o'r enghrau. isod] *cys.*

(*a*) (I'r) lle (y), yn y lle (y), pa le bynnag (y): (*to*) *where, wherever.*

12g. *GLlF* 37, Mi a uum genhỽch, ny haedech hedỽch, / *Yn* yt uydei trỽch ny bei trechaf. *id.* 64, Nyt oes neb *yn* y bu gant. **12g.** *GCBM* i. 196, *Yn* y mae gỽaret a gỽared, / *Yn* y mae gỽare gỽaredred, / *Yn* y mae ued heb neued. **13g.** *LlI* 17, dryssavr e urenhynes . . . Ef a dele dven guyravt *en* e bo med. **13g.** *C* 67. 3, *yn* yda lliv yn llychur. **13g.** *B* iv. 4, Bassaf dwuyr *yn* yt leueir. **14g.** *T* 38. 18–19, Mal tan tỽym tarth *yn* yt vo. **14g.** *WM* 14. 22–3, ymchỽelut *yn* yd oed pỽyll aỽnaeth. *id.* 41. 31–2, *ny* caei graf ar yr amranneu eu llad ỽrth yr ascỽrn. *id.* 75. 12–13, Dyuot yr ystauell *yn* yd oed kicua. *id.* 131. 34–5, A mi a gladaf ygỽr. Ac a af gyt athi *yn* ymae ymarchaỽc.

(*b*) Pan, pryd y, tra, gan: *when, while, since.*

9–10g. *Juv* 344, *in*itoid. **12g.** *GMB* 275, Mor drỽm yr eneid *yn* yt eduyn. **12g.** *GLlF* 341, *Yn* y berwid brad Brython—agcristyaỽn / O Cristin a'e meibyon. **12–13g.** *GMB* 397, Teirfford y deuant, etiued,—ar Duỽ / *Yn* y dyuyd paỽb y'r Vraỽt gyhed. **13g.** *LlI* 10, *En* e kerdho egyt a beryd [*sic*] ereyll ef a dele ran deu vr. **13g.** *A* 1. 11–12, twll tal y rodawr *ene* klywei awr. ny rodei nawd meint dilynei. **13g.** *HGK* 7, Ac *en* e bei tervynedic y kyfruch, a gvahanedic y kyngor, y kerdus drachevyn y weilgi parth a chastell Rudlan. **13g.** *BD* 10, treulvyt y nos eny doeth y dyd *yn* yd oed amlvc gvelet meint yr aerua a wnathoedyt. *id.* 71, Ac *yn* yd oedynt vrivedic a lladedic y wyr (*laceratis militibus*) y foes Trahayarn. **14g.** *WM* 56. 6–8, Ac *yn* yd aeth paỽb ympen yr arueu. ykynhelis bendigeiduran uranỽen. *c.* **1400** *RB* ii. 168, Ac *yn*yd oedynt briỽetigyon a lladedigyon y gỽydyl. ỽynt agymellassant gillamỽri ar fo.

Cfn.: **yn pan:** *when.* **10g.** (*Cpt*) *B* iii. 256, passerenn. pigurthet. loyr *in pan* aed bid. ad ir loc. guac. **1594–6** *HG Cref* 14, Neu'n doeth adail mad *yn pan* yth gafad. **16–17g.** *HG* 16, a gwaeth nar kwn, *yn pan* ddwedwn / yn un amser, pader noster.

yn[7,8], gw. **i**[2], **fy**[1].

yn[9], gw. **myn**[1] (hefyd At.).

-yn¹ [?cf. H. Wydd. -(*i*)*ne*] *oldd. enw.* un. a bach. g., e.e. *blewyn, cecryn, coesyn, copyn¹, gronyn, plentyn,* &c.
Gw. hefyd **-en.**

-yn², gw. -ing.

-yn³, *trf. prs. ardd. rhed.* Cym. C. 1 ll., e.e. *gennyn.*

-yn⁴, gw. -ynt¹.

yna, ynaeth [Crn. C. *ena, na, ne*; ?cf. *yma, yno*; ansicr yw union brth. *yna* ac *ynaeth* (cf. *yno, ynoeth*); petrus yw dosbarthiad rhai o'r enghrau. isod] *adf.* a hefyd gyda grym enwol ac fel *a. dng.*

(*a*) Y pryd hwnnw, yr adeg honno, ar hynny, wedyn, yn dilyn hynny; yn yr achos hwnnw, gan hynny, os felly: *then, at that time, thereupon, afterwards, subsequently; in that case, therefore, then.*

Dchr. **12g.** *GMB* 6, O'r saul pennaeth a geis *inaeth* arvaeth camrvy / Hydir y kymhell Hywel o pell: guell yv noc vy! **12g.** *GCBM* ii. 273, Duỽ a'm ryd, o'm reidun ovan, / Rỽyd obeith o weith y winllan, / Ac *yna* daỽ braỽt, braỽ gymann, / Ar deheu vy Rieu vy rann! **13g.** *LlI* 14, Ef ehun a dele dyuot a'r anrec dywethaf a'e gossot rac bron e brenhyn, ac *ena* y dyly e brenhyn e anregu o wet a llyn. **13g.** *GBF* 357, Gỽelsont seren o liỽ amgen ac amgylcheu / Ac amgen not no'r ser uchot vch y penneu: / Geni *yna* y Brenhin da, arwyd diheu / Vu gysseuin gan dri brenhin, vaỽr y breineu. **14g.** *BT* (*RB*) 210, anuon kynadeu a orugant at Wilym Varscal, jarll Penuro, y gwr oed *yna* hyneif a phenn kyghorwr y teyrnnas. **14g.** *WM* 52. 12–15, a uo penn bit pont. Mi a uydaf pont heb ef. Ac *yna* gyntaf y dyỽetpỽyt y geir hỽnnỽ. **14g.** *GDG³* 362, Ebr y Brawd wrthyf *yna*, / 'Mi a rown yt gyngor da. *c.* **1400** *Ked AA* 14, gwedy kaffel yr ystauell yn gaeat, *yna* yd erchis yr iarll idaw . . . dywedut idaw pwy a vuassei yn ymdidan ac ef. **15g.** *GDLl* 76, Pan gryno y byd crinoeth / *Yna* y crŷn pob dyn doeth. **1588** *Gal* ii. 21, os trwy y ddeddf y mae cyfiawnder, *yna* y bu Crist farw yn ofer. **1632** *D* d.g. *Deinceps, Tum, Tunc.* **1703** E. Wynne: *BC* 6–7, distawodd y trŵst, a phawb a'i lygad arnai [*sic*], a than wichian, 'Bardd', ebr un, 'trafaelio' eb un arall, 'in plith ni' ebr y trydydd . . . *Yna* dechreuasant sibrwd o glust i glust ryw ddirgel swynion. **1803** *P* d.g. *Yna.* Ar lafar, '*yna*' 'then', *WVBD* 578–9; 'Ac *yna*, wedi iddo fe gyrradd, ni ethon 'nôl', *GTN* 862.

(*b*) Yn y fan neu'r safle honno, i'r fan neu'r safle honno, yno: *there, thither.*

12g. *GCBM* ii. 270, Perys Ef, Peryf nef, nodua, / Per adaỽt, paradwys wydua, / Pereit loc y enỽ *yna* / Y Adaf, adef ny vwyna. **13g.** *LlI* 23, Pa le bennac ed emgaffoent er effeyryat a'r dysteyn . . . *ena* e byd breynt e llys. **1346** *LlA* 161, Oe briaỽt ydeuth. Sef oed hynny yỽlat yr israel oed megys gỽlat briaỽt idaỽ. Athreftat ỽahanredaỽl *yna.* **14g.** *YBH* 65a, ynteu [y Pab] a doeth . . . hyt ymỽmbraỽnt. Aphan doeth y pab *yna* dyuot a orugant yny erbyn maỽr a bychan. **1547** *WS, Yna* There. **1551** W. Salesbury: *KLl* lxvia, anvonwch ef yr tywyllwch eithaw / *yna* y bydd wylovain ac yscyrnygy dannedd. **1632** *D* d.g. *Ibi, Illac, Istic.* **1703** E. Wynne: *BC* 45, y Brenhinlle godidog . . . *yna* mae fy lle a'm siars a'm gorchwyl inneu. **1803** *P.* Ar lafar, 'Cerwch *yna*', 'Pwy sy '*na*?', 'Dos o '*na*', *WVBD* 578; 'Ma perllan *yna* 'nawr', ''Odi fa '*na* 'nawr?', *GTN* 862.

(*c*) (enghrau. sangiadol rhwng un o ff. 3 un. y f. *wyf*: *bod* neu'r be. a goddr. amhd., fel arfer yn y cyfnod diweddar heb rym adferfol): (*exx. interpolated between one of the 3 sing. forms of the vb.* '*wyf*: *bod*' *or the vn. and an indef. subject, usu. in the later period without adverbial force*) *there* (*is, &c.*).

14g. *WM* 443. 18, Y mae *yna* (*id.* td. 222. 11, imi) Jarllaeth da. **14g.** *GDG³* 323, Nid oedd *yna*, myn Duw mawr, / Ond aur oll yn do'r allawr. *c.* **1400** *YSG* i. 34, nyt oed *yna* chwaith kyfyawnder yn y byt. **16g.** *GHCEM* 113, Y mae *yna*'n ymannerch, / Ŵr mawr a ŵyr euro merch. **1703** E. Wynne: *BC* 57, mae *yna* rai'n perthyn i Segurwyr a Hwsmyn-tafod. **1757** *ML* i. 454, Mi fydd *yna* williad yn yr heolydd gefn nos fawr. **1761** *id.* ii. 427, Mae *yna* meddir gan bobl tin machines ar ben cyrn i simna sydd yn gweneuthur mawr lles. **1777** W. Williams: *DN* 8, pa fodd daeth satan i wneud y fath ysgar rhyngoch a'ch gilydd? mae *yna* oerfelgarwch nad oes ond anaml o'i fath. Ar lafar, ''Toes '*na* ddim taw ar 'i glep o', *WVBD* 525; ''Odd '*na* blant wth y drws', *GTN* 862; weithiau hepgorir y goddr., ''Dos '*na*'m llefrith 'ma!' 'Oes, ma '*na*!' (Arfon). Digwydd hefyd gyda bf. ar wahân i *wyf*: *bod*, e.e 'Fe ddoth '*na* dros ddeugain mil i'r sioe', 'Nath '*na* un ymwelydd ddeud . . .'.

Fel *a. dng.* (ar ôl e. a ragflaenir fel arfer gan y fan.) Hwnnw, honno, hynny: (*following a n. usu. preceded by the def. art.*) *that, those.*

1632 *D*, O'r tu *yna*, y ffordd *yna* d.g. *Illac.* **1653** *MLl* i. 178, sefyll ymhell oddiwrthit, ac nid wrth dy glûn di yn y modd *yna.* **1703** E. Wynne: *BC* 21, pa fodd y gelwch y Pendefigion urddasol *yna* yn fwy Lladron na 'Speilwyr-ffyrdd? **1744** *ML* i. 79, Aie mae'r tir wedi blino ffordd *yna.* **1760** *id.* ii. 249, Rhyfedd na fedrai rai o honoch . . . dadogi y cerddi *yna* sydd amddifaid. Ar lafar, ''r hogyn '*na*', 'y tŷ '*na*', 'ffor' '*na*', *WVBD* 388; 'paid a sbwbio 'r het *yna*', *Cymru* xlvii. [195] (sir Ddinb.); 'Pwy yw'r dyn *yna*?', 'Ma'r tŷ '*na* ar wərth', *GTN* 862.

Amr.: **ene, yne** [dileer y cofnod d.g. *ene*]. **1852.** Ar lafar, ''Weles i ddim byd fel *ene* erioed o'r blaen' (y Gogledd-ddwyrain); ''Ôs '*ne* rwun *yne*?', 'Pwy sy '*ne* 'rŵan eto?' (sir Ddinb.).

Cfn.: **fel yna,** &c.: *like that, in that manner; of that sort or kind.* **1925.** Ar lafar yn y ff. *fel 'na, fel 'ne,* ''Well i chi adal llonydd i straeon *fel 'na*', *WVBD* 467; 'Be' ŵt ti'n sefyllian *fel 'na*?', *id.* 480; '*Fel 'ne* ma 'i 'di bod, *fel 'ne* ma 'i a *fel 'ne* fydd 'i os na newidith pethe' (sir Ddinb.); 'Ryfyg yw wilia bychanus *fel'na* am grefydd', *GTN* 698.

Gw. hefyd **o¹—o yna, oddi—oddi yna, oddyna, yno¹.**

ynachaf, gw. nachaf (hefyd At.).

ynad, yngnad [< *gnə-to- (o'r gwr. IE. *gnō- < *gneə- 'gwybod, adnabod', cf. *dirnad¹*, ac ymhellach *adnabod, gnawd*) ynghyd â rhgdd. (**ambi-* neu **en-*); cf. Gwydd. C. *aigne*] *eg.* ll. *ynadon, y(ng)naid, y(ng)nadau, ynadoedd.* Swyddog sifil sy'n gweinyddu'r gyfraith, ustus, barnwr, un sy'n hyddysg yn y gyfraith, gŵr doeth, hefyd yn *ffig.*: *magistrate, justice, judge, one who is learned in law, wise man, also fig.*

Dchr. **12g.** *GMB* 29, Kenetyl woror, kywrisc woscor, kygor *hygneid.* **12g.** *GCBM* ii. 271, Bernit Duỽ an dỽyn y wennbleit / Y neuoed yn neuot *yneit.* *id.* 333, Can wyd bronn proffwyd, can wyd *Ynad* [am Dduw]. **13g.** *LlI* 8, Pemhet yv er *egnat* llys . . . Ef dely pedeyr ar ugeynt e gan pob *egnat* a prouo ef. *id.* 45, e brenhyn . . . a'r *egnat* llys, neu *egnat* e kemhut, er henaf a uo, en eysted rac y uron ef. **13g.** *D Col* 34, Herwyd rey o'r *eneyt* ny deleyr e'r *enat* llys ebedyv o ureynt. **13g.** *LlC* 14, Pvybennac a uennho bot en *egnat*, guybydet y leuer hun en da ac en teylug; a pan welo y athro y uot ef euelly, ellyget ef ar y *egnat* llys, ac o guyl er *egnat* llys deleu ohonau egneydyaeth, dewedet henny e'r argluyd. Ac ena e dyly er argluyd estennu ydau dyouryt braut a bot yn uarnedyc y uarn a uarno; ac enteu a dyly talu xxiiii en obyr e'r *egnat* llys. **14g.** *T* 53. 23, Selyf *ygnat* agennis gỽlat. **14g.** *GDG³* 326, *Ynad,* mygr gynheiliad Mai, / Enw gwiwddoeth; yno y gweddai [i'r ceiliog bronfraith]. **1547** *WS, Ynad* ne ieustus A iudge. **1551** W. Salesbury: *KLl* lvib, pan na bo yth wrthwynebwr dy roddy yn llaw'r *ynat* [:- beirniat iustus]. **1588** *Esr* vii. 25, gosot farn-wŷr, ac *ynadon* i farnu 'r holl bobl. **1595** *Egl Ph* 48, Rhaid yw canmawl . . . *ynadoedh* am ei pwylhedh. **16–17g.** *RWM* ii. 1078, E gyfyd llew a ffydd oi *yngnadav* gav elorvdd. **1632** *D, Ynad,* Judex; & Interdum *Yngnad.* **1672** R. Prichard: *Gw* 229, Bydd gynghorwr, bydd yn *ynad* [:- Barnwr, Jestus]. **1759** *DG* 1, Dawn yr *ynad* tra chadarn, / Diwedd y bŷd a dydd barn. **1775** *W, ynad* d.g. *Justice* [*of Assize, &c.*]. **1803** *P* d.g. *Ynad.* Digwydd hefyd mewn e. prs., e.e. *Gruffudd ab yr Ynad Coch,* gw. *GBF* [409]–516. Am drafodaeth ar swydd yr ynad, gw. *LAL* [258]–73.

Cfn.: **ynad cyflogedig:** *stipendiary magistrate.* **1916.** *Egl.* **ynad eglwysig:** (*eccl.*) (*an*) *ordinary.* **1794** E. Jones: *CP* 8. **ynad (yr) heddwch:** *justice of the peace.* **1789** *IAW* (LlGC) 117, dogfen 13, 10, *Ynad Heddwch.* **ynad llofruddiaeth:** *coroner.* **1814.**

ynadaeth, ynadiaeth, yngnadaeth, yngneid(i)aeth [*ynad, yngnad*+-(*i*)*aeth*] *eb.g.* Swydd neu awdurdod ynad, corff o ynadon; barn (gyfreithiol), dedfryd; awdurdod (wrth weinyddu cyfraith); gwyddor cyfraith, cyfreitheg: *magistracy, justiceship;* (*legal*) *judgement, sentence; jurisdiction, authority; jurisprudence.*

13g. *LlC* 14, o guyl er egnat llys deleu ohonau *egneydyaeth,* dewedet henny e'r argluyd. **14g.** *LlB* 1, Hywel Da . . . a dyuynawd attaw o pob kymhwt o'e teyrnas chwegwyr a aruerynt o awdurdawt ac *ygnadaeth.* **14g.** *WML* 112, Pvmp allwed *ygneitaeth* yssyd. Vn yỽ ofyn dy athro ae garu. Eil yỽ mynych ouyn dy dysc. Trydyd yỽ cadỽ genhyt ydysc ageffych. Petweryd yỽ tremygu golut. Pymhet yỽ cassau kelwyd acharu guiryoned. *c.* **1400** *YCM²* 161, Ffynnawn *ygneityaeth.* Prud o gyghor. *c.* **1400** *RB* ii. 10, apoloni-us duỽ yr *ygneityaeth.* *c.* **1400** *R* 577. 8–10, Deuthum i attat y atraỽd *ygnadaeth* y gogled y gennyf. Syỽ pob tut traethỽyt ỽrthyf. **1632** *D,* **Yngneidiaeth,* Judicatura. *id. yngneidiaeth* d.g. *Iudicatio. id. Yngneidiaeth* d.g. *Iurisdictio.* **1722** *Llst* 189, *Yngneidiaeth.* f. Arbitration. **1727** J. Jones: *DFF* 71, a chlywed o honynt draethu 'r *Ynadjaith* [*sic*] (*sentence*) ar y rhai cyfion. **1764** Dewi Nantbrân: *SAG* 72, Ac yn y Gradd hwn yr ymarferodd Hi [gorseddfa Pedr] er y Dechreuad *Yngneidiaeth* dros yr Eglwysi eraill. **1770** *W, yngneidiaeth* d.g. *Administration of justice. id. Yngneidiaeth* d.g. *Justiceship.* **1803** *P, Ynadaeth,* s. m. . . . The office of a judge. *id.* d.g. *Yngneidiaeth.*

ynadaidd [*ynad*+-*aidd*] *a.* Ynadol, barnwrol: *magisterial, judicial.*

1732–3 J. Owen: *GB* 41, nac adrodd Barn mewn môdd *ynadaidd* oll.

ynadfa [*ynad*+-*fa, ma*] *eb.* Llys yr Ynadon: *Magistrates' Court.*

1898.

ynadiaeth, gw. ynadaeth.

ynadlys, gw. ynad+llys¹.

ynadol [*ynad*+-*ol*] *a.* Yn perthyn i ynad(on), nodweddiadol o ynad(on), addas i dreial gan ynadon (am drosedd), barnwrol: *magisterial, summary* (*of offence*), *judicial.*

1595 *Egl Ph* 26, y gobhaeg sy'n cynnyrchu'r rhan gyntabh o'r gymhariaith; ac yno iawn bharn sy'n argymhwyso'r ail rhann. Obledid cyd galhu o dhyn gobhio yn dha y peth a welawdh: etwa ony bydh yndho bharn *ynadawl,* ni bheidr gymharu'n gymmwys na gwneuthud cyphlybrwydh rhwgh peth amrabhaelus.

ynadwr [*ynad*+*gŵr*; â'r ff. l. *yngneidwyr,* cf. *yngnaid* (ll. yr e. *yngnad*)] *eg.* ll. -*wyr, yngneidwyr.* Ynad: *magistrate, justice.*

15g. *AL* ii. 410, godef o dyn y arglỽyd y gymell ar y afles ygỽyd y llys ahỽnnỽ aeilỽ kyfreith yn dỽyll anianaỽl ygỽyd yr *ygneid ỽyr.* **1779** *DS* 9, *Ynadwyr* neu Ustusiaid.

ynaeth, ynal, yncl, yndê, gw. yna, anial, wncwl, onid³—onid e.

yndeintur, yndentur [bnth. S. *indenture*] *eg.b.* ll. -*iau.* Indentur, cytundeb, cyfamod: *indenture.*

1543–8 *B* xxiii. 166, y naill rann or *yndeintvr* hwnn yn drigedic gida'r rragddywededic gyffredin. **16g.** (*LlEG*) *Mos* 158, 85b, O vewn y/r amser I gwnaethbwyd yr *yndentturiav* hrwng y paab ar brenin. **1548** *B* xxi. 321, Yr *yndeintvr* honn o gydvod a wnaethbwyd yn ymyl Pont Gamarch. *Dchr.* **17g.** *GLM* 278 (amr.), *yndentyr.*

Gw. hefyd **deintur², endeintur, indentur.**

yndermeiniaf: yndermeinio [bnth. S. (*to*) *undermine*] *ba.* Tanseilio: *to undermine.*

16–17g. *GST* i. 461, Naw ugain coron a goncweriodd, / Naw o dyrau main a *yndermeiniodd.* **1755** *ML* i. 357, our adversaries have fortifyd themselves so well by bribery and corruption . . . ond ni wnawn eu *undermeinio* nhwy yn y man.

yndof, ynddof, &c., gw. yn¹.

yne, gw. yna.

ynemawr, ynemor, gw. nemor (hefyd At.).

yneuadd, gw. neuadd¹.

ynfyd, &c. [?cf. H. Lyd. *enbit,* gl. *debilis*; ansicr yw prth. H. Gym. *inbith, anbithaul*; ynglŷn â'r trdd., gw. *Ériu* xxxix. 191–2] *a.* ll. -*ion*, a hefyd gyda grym enwol (ll. -*ion,* -*iaid*). Ffôl, gwirion, twp, hanner pan; gwallgof, gorffwyll, cynddeiriog: *foolish, silly, stupid, idiotic; mad, insane, furious, enraged.*

12g. *GCBM* ii. 305, Ny rygolles nef ny uo *ynuyd.* **13g.** *D Col* 9, sef ev drut, dyn *enuyt* ac ny ellyr cemell dym arnau namyn y hewyllys. **13g.** *GBF* 421, Pony chredỽch chỽi y Duỽ, dynyadon *ynvyt*? **13g.** *BD* 127, nyt ryued genyf ui allu o genedyl lesc anreithyav enys Brydein rac eu *hynuytet* ac eu symlhet. **14g.** *BT* (*RB*) 68, A'r eilweith yd aethant a galw *ynuydyon* Keredigyawn. *id.* 88, ymgynnullassant jeueinc *ynuytyon* y wlat o poptu attaw. **14g.** *B* xxv. 266, kymerỽch yr *ynvyt* honn [Catrin] a dodyỽch hi ỽrth brenn yn rỽym. **14g.** *GDG³* 131, Ateb ni chaiff tra fo fyd; / Wtied i ddiawl, beth *ynfyd*! *c.* **1400** *YCM²* 49, Mi a'ch clyỽyaf [*sic*] yn dywedut gorwacrỽyd ac ymadrodyon *ynvut.* **15–16g.** *GLM* 44, awn yn fud neu'n *ynfydion* / o farw i'n mysg frenin Môn [marwnad Rhys ap

Llywelyn]. c. 1514 RC xlviii. 49, Os yntav o achos ettifedd y keisir y gwragedd . . . envyttia' dim yw hynny. 16g. Lewys Morgannwg: Gw 540, E rannai vwydau yr ynvydiaid. 1547 WS, Fwl ne ynfyd A fole. id. Ynfyd Madde. 1551 W. Salesbury: KLl xivb, Chwi o ddefwch [sic] ynuydion yn llawen. 1567 TN 216b, lliaws o ddysc sydd ith wneythy'r [sic] yn ynvyd. 1588 2 Br ix. 11, pa ham y daeth yr ynfyd hwn attat ti? 1632 D, Ynfyd, Stultus, infanus, ineptus, demens. 1703 E. Wynne: BC 18, i ba le y mae 'r ynfydion accw 'n ceisio mynd . . .? id. 25, i yrru eu Cariadeu yn saith ynfyttach nac oeddynt eusys. 1776 W d.g. Mad. 1790 T. Jones: TOS 52, Derfydd yn fuan am Baradwys ynfydion. 1803 P. Ar lafar, 'dynes ynfyd' '"giddy" (of women—in fig. sense)', WVBD 579; 'ynfyd gan oglais', B xiv. 282 (gogledd Cered.); 'ynfyd' 'dros ei ben mewn cariad' 'gwallgof' 'dig', 'Ma'n ynfyd amdeni', 'Dyna beth ynfyd idd 'i nuthur', ''Odd a'n ynfyd gwyllt', GTN 862.

Cfn.: **ynfyd cynhwynol (gynhwynol, canhwynol):** *born idiot; mad; very foolish.* 14g. Cy xvii. 147, Hyn Ny dylyir credu eu tystolaeth. Kaeth. Mut. Bydar. Ynuyt canhwynawl. 1595 M. Kyffin: DFf viii, [y] fath ynfydion cynhwynol. 1604–7 TW (Pen 228), ynvyt cynhwynawl d.g. Maniacus. 1696 CDD 295, Fe a fernir . . . / Yn ynfŷd gynhwŷnol. 1718 E. Samuel: HDdD 44, ynteu ei hun yn ynfyd gynhwynol (*very foolish*).

Gw. hefyd **ynfytyn.**

ynfydaf: ynfydu [bf. o'r a. a'r e. *ynfyd*] bg.a. Mynd neu wneud yn ffôl neu'n wirion, mynd yn ynfytyn, dotio; mynd neu wneud yn wallgof neu'n orffwyll, cynddeiriogi: *to become or make foolish or silly, become an idiot, dote; become or make mad or insane, rage.*

13g. BD 66, A sef a wnaeth guyr Ruuein ynuydu, heb vybot pvy uei eu gelynyon, pvy uei eu guyr ehunein. 14g. YBH 60b, A phan gigleu boỽn dỽyn y varch. breid nat ynuydaỽd o digofeint. c. 1400 YCM[2] 86, o'r llynn y kymmysc y medygon uaen ac ef, y wneuthur . . . [m]edeginyaeth ohonaw, ath ynuydawd. 15g. GDLl 81, Y beirdd a ynfydodd y byd, / Duw a'i gŵyr ond a'i gweryd. 15g. AL i. 602, A oes vn dyn adyly galanas hep y chyfranu a neb or genedyl? Oes: arglỽyd am ynuyt aynuytto yn vab. 1547 WS, Ynfydy Waxe madde. 16g. GGH 371, Anian eu llais yn un llu / A wna i fadyn ynfydu [i ofyn pedwar daeargi]. 1567 LlGG (Sall) 56a, Paunydd im divenwa vy-gelynion, ar ei ysy yn ynvydu [:– brochi] wrthyf. 1567 TN 216b, Paul, ydd wyt yn ynvydu [:– wedy ampwyllo]. 1588 Pr vii. 7, Trawsedd a ynfyda'r doeth. 1604–7 TW (Pen 228), cyndheiroc yn peri nvytu d.g. pentadryon (At.). 1632 D, Ynfydu, Insanire, ineptire, furere. 1655 WL: DP 65–6, Teilyngu o honot . . . ynfydu cyngor, a gwasgaru nerthoedd a bwriadau y [sic] rhai a gasânt Sion. 1754 ML i. 282, a gwir ddigon yw'r gair fod yr hen gorphyn ymron ynfydu am wraig. 1775 W d.g. To infatuate, To madden. 1803 P, Ynvydu. Ar lafar, 'Paid â ynfydu'n wirion' (Arfon).

Cfn.: **ynfydu ymaith:** *to squander.* 1727 J. Jones: DFF 154, ni a ynfydasom ymmaith (*fool'd away*) ein Jachaadwriaeth. 1732 AABI 88, na oferwch ac na ynfydwch ymmaith (*fool away*) eich Eneidiau gwerthfawr.

ynfyd-ddyn, gw. **ynfytyn.**

ynfydfalch, ynfyd-grefyddol, gw. **ynfyd +balch[1], crefyddol.**

ynfydog, ynfydiog [*ynfyd*+-(*i*)*og*] a. ll. *ynfydogion*, a hefyd gyda grym enwol. Gwallgof, gorffwyll, cynddeiriog; ffôl, gwirion, twp, hanner pan: *mad, insane, furious, enraged; foolish, silly, stupid, idiotic.*

1604–7 TW (Pen 228), ynvytoc d.g. Insanus. 1728 T. Baddy: DDG 160, Dedwydd oedd y Dŷn a ddiangai rhag cynddeiriogrwydd y Bobl ynfydiog (*enraged*). 1759 BC 1[2]9, A galw pob Swlog, na thalau [sic] ddwy Geiniog, / Anfoddog ynfydog, yn Fadam! 1765 BDGU 86, Cochwyn dithe ar ei ôl, / Ynfydog ffôl ddifeder. 1803 P d.g. Ynvydawg.

ynfydol [*ynfyd*+-*ol*] a. Cynddeiriog; (geir.) ffôl: *furious, enraged;* (*dict.*) *foolish.*

1712 T. Williams: CDdG 136, yr oedd ei Zêl ynfydol (*furious zeal*) yn ei yssu. 1803 P, Ynvydawl, Tending to folly.

ynfydrwydd [*ynfyd*+-*rwydd*] eg. Ffolineb, gwiriondeb, twpdra; gwallgofrwydd, gorffwylledd, cynddaredd; ?hurtrwydd: *foolishness, silliness, stupidity; madness, insanity, frenzy; ?stupefaction.*

12g. GLlF 134, Adwyf-y yn anuedret o ynuydrwyt —caru. 13g. BD 128, pvy a gigleu eiryoet y ryv ynuydrvyd hvnn? 14g. LlB 104, dyn gorffwyllawc—dyn a orffo y rwymaw . . . am y ynuytrwyd. 14g. GDG[3] 140, Pei rhôn ym . . . / Ddywedyd gair cellweirus / Yrhwng ynfydrwydd a rhus. c. 1400 RB ii. 391, Ar abat o ynvytrwyd asyrthyaỽd yny dorres y vynỽgỽl. 15g. ID 28, V' ynvydrwydd vu na vedrwn / Rwymo peth ar y mab hwn. 1547 WS, Ynfydrwydd Madnesse. 1551 W. Salesbury: KLl xlva, peri y ddynon anwybodawl ystewy ae ynfydrwydd. 1567 LlGG (Sall) 37a, Dew, ti adwaenost vy ynvydrwydd [:– ffolinep]. 1567 TN 91a, Yno yr ymlanwent wy o ynvydrwydd [:– gynddaredd, gorpwyll, ammwyll]. 1604–7 TW (Pen 228), ynvytrwydh cynhwynawl d.g. Rabies. 1632 D, Ynfydrwydd, Insania, stultitia, dementia, amentia. 1672 J. Langford: HDdD 252, Ynfydrwydd yw i ddŷn gredu y gall efe Ledratta yn wastad yn ddiogel. 1675 R. Jones: HCh [174], Syndod, Ynfydrwydd. 1772 D. Risiart: HFP 111, Y diwrnod yr aeth fy ngwraig i W. teimlais dueddiad ynof i ynfydrwydd. 1776 W d.g. Madness. 1803 P, Ynvydrwyz. Ar lafar yn yr ystyr 'tomfoolery', 'Ma'r 'en grwts wedi nuthur ryw ynfytrwdd budur', GTN 862; a hefyd yn yr ystyr 'cosi neu oglais di-reol', B xiv. 282 (gogledd Cered.).

Amr.: **enfydrwydd.** 1567 TN 360b. 16–17g. HG 179.

ynfydus [*ynfyd*+-*us*] a. Ffôl, gwirion, twp, hanner pan; gwallgof, gorffwyll: *foolish, silly, stupid, idiotic; mad, insane.*

1696 CDD 62, Gorfod ymado, a hwnnw'r awr honno, / Trwŷ ddygŷn ofidio, ynfydus wall. 1797 E. Charles: EC 20, yn swn dynion ynfydus, y rhai nad ydynt yn dyall sylwedd yr efengyl. 1798 J. Thomas: CIC 77, Y mae'r holl fyd annychweledig mewn 'stad ynfydus.

ynfydwaith, ynfydwas, gw. **ynfyd+ gwaith[1], gwas[1].**

ynfydwr [*ynfyd*+*gŵr*] eg. ll. -*wyr*. Gwallgofddyn; ynfytyn, ffŵl: *madman; idiot, fool.*

c. 1400 RB ii. 72, A chymryt kyghor yr ynuytwyr tỽyllodrus aỽnaeth. 1721 J. P. Prys: DC 102, Os goflin ei gyflwr drwy fod yn ynfydwr [am feddwyn]. 1789 BDG 502, Nofiedydd wyf, ynfydwr, / Yn dŷn yn erbyn y dwr.

Amr.: **ynfytwraig** [?dan ddyl. *ynfytyn*] (eb.). 20g.

ynfydwyllt, gw. **ynfyd+gwyllt.**

ynfydyn, gw. **ynfytyn.**

ynfytbeth, gw. **ynfyd+peth.**

ynfyten, gw. **ynfytyn.**

ynfytffol, ynfytserch, gw. **ynfyd+ffôl[1], serch.**

ynfytwraig, gw. **ynfydwr.**

ynfyty, gw. **ynfyd+tŷ.**

ynfytyn, ynfydyn [*ynfyd*+-*yn*[1], ?a *dyn*] eg. (b. *ynfyten*). Person ynfyd, hurtyn, twpsyn, ffŵl; gwallgofddyn: *idiot, imbecile, fool; madman, maniac.*

1725 SR, Ynfattyn [sic] d.g. A Fop. 1770 P. Williams: BS, Esec xxiii, yn putteinio gyd â phob ynfydyn. 1770 TG ii. 64, rhyw anghrediniwr etto, canys ysywaeth mae ymbell ynfydyn o 'r fath yn byw y tu yma i fôr Iwerddon. Ar lafar, 'ynfytyn', 'ynfyten' (Arfon).

Amr.: **ynfyd-ddyn.** 1850.

ynfflamasiwn [bnth. S. *inflammation*] e. Meddyg. Llid, enyniad: *inflammation* (*in med.*).

1545 Elis Gruffydd: Ll 51, A'r dwr yma ysydd dda j ddiffoddi ynnflamasiwn ynn yr av.

Gw. hefyd **infflamesion.**

ynhereg, y nhw, y nhwy, yni, y ni, ynial, ynialedd, yniales, ynialus, ynialwch, gw. **hanereg, nhw, nhwy, yny[1], nyni, anial** (hefyd At.), **anialedd, aniales** (hefyd At.), **anialus** (hefyd At.), **anialwch** (hefyd At.).

ynifer [amr. ar *nifer*, gydag *y*- brosthetig; dichon mai yma y perthyn yr enghrau. d.g. *enifer*] eg. ll. -*oedd*. Llu, cwmni, mintai, gosgordd; ?nifer, rhifedi: *host, company, retinue; ?number.*

14g. WM 5. 23–7, llyma y guelei ef teulu ac yniueroed. ar niuer hardaf achyỽeiraf or aỽelsei neb yn dyuot ymyỽn. id. 15. 3–5, ni aaỽn yr yniuer y buam doe ypenn yr orssed. ib. 23–4, Ac y kychỽynassant yr yniueroed hynny parth ac aberfraỽ. 16g. (LlEG) LlGC 5276, 271a, ynny man Irydoedd serttain oi longau Ef yn aros Irhain I llyngesodd Ef ac yniuer bychan o bobyl gidag ef.

Gw. hefyd **nifer, enifer.**

ynilladwy, ynillaf: ynnill, ynillfawr, &c., gw. **enilladwy, enillaf: ennill, enillfawr,** &c.

ynïol [*ynni*+-*ol*] a. Llawn ynni, egnïol; ?naturiol: *full of energy, energetic; ?natural.*

18–19g. MA iii. 201, Tri chyvlwr y sydd ar bob peth: ynniawl, cylchiadawl, a galledigawl. 18–19g. Iolo MSS 195, Bydded wr Deddfol a Dedwydd o reddf a Chynneddf. a dwyfawl o gydwybod, a dedwydd ynniawl. 1803 P d.g. Ynïawl.

ynn[1], ff. l., gw. **onn.**

ynn[2], gw. **i[2].**

ynnhirog [*yn*[1]+*tir*+-*og*] a. Mewndirol; (geir.) canoldirol: *inland* (*adj.*); (*dict.*) *mediterranean.*

1775 W, Ynnhirawg d.g. Inland [*situate up a country* . . .].

ynnhirol [*yn*[1]+*tirol*] a. Mewndirol: *inland* (*adj.*).

1866.

ynni [*ynni* < *ynnif* < **engnīm*-, cf. *gnif, gweini, egni*; ?cf. Gwydd. C. *engnam* 'medr; dewrder, gwrhydri'] eg. ll. (prin) *ynïau, ynïon.*

(*a*) *Ffis.* Gallu mater ac ymbelydredd i wneud gwaith (e.e. i beri symudiad), mesur o'r gallu hwn, unrhyw ffurf ar y gallu hwn sy'n deillio o adnoddau megis olew, nwy, neu lo, ac a ddefnyddir i gynhyrchu pŵer, egni, pŵer; egni (corfforol, meddyliol, &c.), grym, nerth, hoen; hefyd yn *ffig.*: *energy* (*in physics*), *power;* (*bodily, mental, &c.*) *energy, force, strength, vigour; also fig.*

12g. GMB 273, Traethaf, armaaf o'r meint ynni. 13g. HGK 7, Ena yd adolygus enteu o'e holl enni udunt hwy y ganorthuyav. 13g. GBF 619, Uegys meibyon Llyr, llwyrglod ynni. 13g. BD 136, treiglav y holl uedvl a'e holl enni . . . yn y hanrydedu hi. 14g. GDG[3] 75, Ynni mawr, myn ŵyr Anna, / Annos cŵn y nos a wna [i'r dylluan]. c. 1400 RB ii. 226, yd oed yndechreu blodeuaỽ dewred y ieuenctit. ac yn vaỽr y ynni. 15g. GGl[2] 169, Mae glewder naw cwncwerwr / Mewn ei gorff, mae ynni gŵr [i Siôn Hanmer]. 1632 D, Ynni, Animus virilis, vigor. 1722 Llst 189, Ynni. m. Boldness, bravery, vigour, courage. 1756 Gron 15, Clywaf arial i'm calon, / A'm gwythi, gan ynni Mon. 1770 W, Rhoi ynni (awch) yn un d.g. [Agog] . . . To set one agog. 18–19g. Llr C 48, 222, Synhwyrau Corph a meddwl, Athrylith Awen, a Dosparth Celfyddyd . . . ou myned y syrth Llygredigaeth ar ynniau awen. 1803 P d.g. Yni. Ar lafar, 'Ma gormod o ynni yn y plant 'yn!', GTN 863.

(*b*) Anian, natur, bwriad, cymhelliad, ewyllys: *nature, intention, motive, will.*

12g. GCBM ii. 306, Caret y'm ynni, neud mi a'e maeth, / Caru a mynnu uym mabolaeth. 12–13g. GLlLl 26, Na orssaf arnaf yr neb ynni. 14g. DPh 66, Y bobyl eissyoes . . . a archassant yr brenhin dywedut y ynni ef (*quid vellet fieri*). c. 1401 AL ii. 382, pei keissei dyn vyỽ arall, ac or gỽeithret hỽnnỽ y varỽ; ny diỽygir o dim: canys yn ynni da y gỽnaethpỽyt, ac nyt yn ynni drỽc. Dchr. 15g. B viii. 140, Mi a gyffessaf ry bechu ohonaf . . . Yn angkyfyawnder gweithret. yn ynni dybryt. yn ewyllys mawr drygyawc. Diw. 16g. LBS 400, Ny thebygai hi vod na thwyll na brad ganthaw tü ac atti hi. Y ynni ef ai ewyllys oedd yw gordderchü.

Amr.: **ynnif.** c. 1400 R 1265. 26–7, ac ennill dysc ac ynnif. ac antur byd yn gyntaf.

ynnyl, gw. **annel** (hefyd At.).

yno[1], ynoeth [Crn. C. *eno*, H. Lyd. *ino*, Llyd. C. a Diw. *eno*, taf. Gwened *inou*; ?ff. adferfol ar yr ardd. *yn*[1], ond ansicr yw union brth. *yno* ac *ynoeth* (cf. *yna, ynaeth, oddynoedd*, ac o bosibl †*hinnuith*, †*hinnoid*, &c. (gw. d.g. *hwnnw* a *hynny*)); petrus yw dosbarthiad rhai o'r enghrau. isod] adf. a hefyd gyda grym enwol.

(*a*) Yn y fan neu'r safle honno, i'r fan neu'r safle honno, yna: *there, thither.*

12g. GLlF 442, Breinhyaỽl uyth uytaf ban delwyf —eno, / Ny byt yn eu bro a bryderwyf. 12g. GCBM i. 60, Nyd clod uyg gỽrthod gỽrth vy naed! / A dywed yno eniwed—ohonaf / A dywan attaf ac attep ked. 13g. Ll 6, O deruyd e den guneythyr cam ys coryf . . . a'y daly eno kyn caffael navd, traean e dyrvy a dely e dysteyn. 13g. C 66. 5, Teulu oeth ac anoeth a dyuu y noeth yeu gur yeu guas. ae ceisso vy clated guanas. 13g. HGK 4, Wynt a adeilassant yno [Llydaw] dinassoed llawer. 13g. BD 67, guedy eu dyuot hyt eno . . . ymlad . . . a wnaethant. 14g. WM 1. 11–12,

Ac *yno* y bu y nos honno. **14g.** *GDG*[3] 316, *Yno* heno, hoen gwaneg, / Awn ni ein dau, fy nyn deg. **15g.** *GDID* 5, I Gaerllion . . . / . . . / *Yno* od aeth yn oed ieithydd / Adre' y daw heb dorri dydd. **1551** W. SALESBURY: *KLl* xia, Ar trydydd dydd ydd oedd priadas [*sic*] yn Cana . . . ac ydd oedd mam Ieshu *yno*. **1632** *D*, *Yno*, Ibi. **1701** E. WYNNE: *RBS* [iii], Hyd pan ddaeth Tynged at y galon, *yno* cafwyd Gwreiddyn y bywyd. **18g.** I. BRYDYDD HIR: *Gw* 218–19, Pwll Dwr (Appledore) . . . Ni arosodd *yno* un curad sefydledig er ys mwy nog ugain mlwydd. **1803** *P* d.g. *Yno*. Ar lafar, '*yno*', *WVBD* 579, *GTN* 863; hefyd yn y ff. '*no*, *WVBD* 396, *GTN* 863.

(*b*) Yna, y pryd hwnnw, yr adeg honno, ar hynny, wedyn, yn dilyn hynny; yn yr achos hwnnw, gan hynny, os felly: *then, at that time, thereupon, afterwards, subsequently; in that case, therefore, then.*

14g. *Bren Saes* 34, Edwinus vab Edmwnd . . . Y dyd y gwnaethpwyt ef yn vrenhin ef a duc gwreic briaut y ar y gwr priaut y dreis . . . Ac *yno* ymrodi y odineb ac y ryuelu ac Eglwys Duw. **14g.** *WM* 60. 4–10, yd oed yn gyn hyspysset ganthynt y gyniuer collet agollyssynt eiryoet . . . achyt bei *yno* y kyuarffei ac 6ynt. **14g.** *DGG*[2] 138, Rhestr o boer, rhwystr aberoedd, / Rhoes hwrdd i'm llong, rhoes flong floedd; / Dywad *yno* yn dawel, / 'Dyn gain a'm gyrrodd dan gêl . . .' (Gruffudd Gryg). **16g.** *GGH* 394, Y gar gwan gwyro a gais / A'r ddwyglun, arwaidd oglais, / Ac *yno* diffyg anadl / Ac ar ddwedyd gair o ddadl [i'r cryd]. **1551** W. SALESBURY: *KLl* lvib, does [*sic*] ymaith yn gyntaf a chymod ath vrawd / ac *yno* dyret ac offryma dy rodd. **1595** *Egl Ph* 11, O bydh priod arwydhocad y geiriau yn yr scruthur lan yn aghhydwedh a'i [*sic*] a gobhydheb y phydh; ynte a'r mannau eglur o'r scruthur lan; *yno* rhaid yw ceisio synwyr, a dealh aralh yn ol amsodhion y geiriau, neu naturaieth y peth. **1606** E. JAMES: *Hom* iii. 83, Ymrowch . . . i fyw ynghrist . . . yr hwn os bydd gennych ei ffafor a'i gynnorthwy, *yno* y mae gennych eisoes fywyd tragwyddol. **1630** *YDd* 40, Gwedi i'r gŵr oedrannus ymdrechu a hir glefyd . . . *yno* y daw Angau i mewn. **1632** *D* d.g. *Protinus, Tum.* **1675** R. DAVIES: *PY* 230, Canys dyn a ddellir yn gyntaf gan ei bechodau, ac *yno* y tywysir, ac y twyllir ef gan y cythrael. **18g.** I. BRYDYDD HIR: *Gw* 224, Da iawn fyddai pei cawn yr atebion . . . ac *yno* fo fyddai yn llyfr diddan, amgenach. **1803** *P* d.g. *Yno*.

Amr.: **ono**[2]. **1853**. Ar lafar, 'yno as *ono*', *TGG* (1901) 36.

Gw. hefyd o[1]—o yno, oddi—oddi yno, oddyno, yna.

yno[2], &c., gw. yn[1].

ynod, ynoeth, ynoethach, ynrhydedd, ynrhydeddus, gw. yn[1], yno[1], **anoethach** (hefyd At.), **anrhydedd** (hefyd At.), **anrhydeddus** (hefyd At.).

ynsail, ynseiliaf: ynseilio, ynsel, gw. **insel** (hefyd At.), **inseliaf: inselio** (hefyd At.), **insel.**

ynt, gw. yn[3].

-ynt[1], **-yn**[4], *trf. bfl.* 3 ll. pres. myn. mewn H. Gym. a Chym. C., e.e. †*limnint*, †*diuryssint, llwybryn.*

-ynt[2], *trf. bfl.* 3 ll. amhff. myn. a dib., e.e. *cerynt, elynt, oeddynt*; hefyd trf. 3 ll. grb. wedi ei ychwanegu at fonau grff., e.e. *athoeddynt, buasynt, carasynt.*

-ynt[3], *trf. bfl.* 3 ll. prff. mewn rhai berfau afreolaidd mewn Cym. C., e.e. *ethynt, dethynt.*

-ynt[4], *trf. prs. ardd. rhed.* 3 ll., e.e. *arnynt, ganddynt, rhyngddynt.*

ŷnt, 3 ll. pres. myn. y f. *wyf*: *bod.*

yntau[1] [?cf. Crn. C. (*ott*)*ense* 'wele yntau'] *rh. prs.* cysylltiol, annib. a dib. ôl ategol 3 prs. un. gwr. Ef (hefyd), ef yn ogystal, ef hyd yn oed, ef ar y llaw arall, ef o'i ran ei hunan: *he* (*him, it*) (*too*), *he* (*him, it*) *also, even he* (*him, it*), *he* (*him, it*) *on the other hand or on the contrary, he* (*him, it*) *for his* (*its*) *part.*

(*a*) (fel rh. annib.: *as independent pron.*).

12g. *GMB* 241, Ac o rodrioet y rodria6c / Meu *ynteu*, oreu un tormenna6c. **12g.** *GLlF* 540, Ac *ynteu* a'n d6c o'n diwet, / O'e dygyant, trigyant yn trugaret. **13g.** *GDB* 451, Gwelsam-ni wawr Maelawr megis *ynteu*. **13g.** *LlI* 20, Chuechet yv e gvyllvr . . . *enteu* a dele kescu e dyd. **13g.** *HGK* 2, Avloed *enteu* oed vab y Sutric vrenhin. **13g.** *GBF* 491, A'e goron yn drein ac *ynteu* yn gelein. **13g.** *BD* 97, A phavb onadunt vynteu yn griduan . . . ac *ynteu* yn eu didanu hvy ac yn eu kyghori. **14g.** *WM* 11. 17–19, *Ynteu* p6yll pendeuic dyuet adoeth y gyuoeth ac y 6lat. **14g.** *GDG*[3] 134, Ac *yntau* a ddechreuawdd / Cynhyrchiad sain cariad cawdd. **15g.** *BB* 87, Lles vab coel . . . ef a berys bedydiaw pavb gwedy *yntev.* **16–17g.** *GST* i. 211, Rhygyngog gynt, rhyw gainc wan, / Tuthiog yw *yntau* weithian [i ofyn march]. **1620** *Ecs* xxxii. cs., Ac *yntau* [Duw] ar ymbil Moses yn diddigio. **1632** *D*, *Ynteu*, Et ipse, Ille verò. **1704** E. SAMUEL: *BA* 49, *ynteu* ei hun a fu farw . . . gan bryfeid yn ei yssu. **1764** W. WILLIAMS: *Th* 20, A Theomemphus *yntau* a hunodd gyda hwy. **1803** *P*. Ar lafar, 'Mi rodd *ynta* yno hefyd', *WVBD* 579.

(*b*) (fel rh. dib. ôl yn ategu rh. bl., rh. m., rh. medd., neu ff. 3 prs. un. (gwr.) bf. neu ardd. rhed.: *as dependent affixed pron. supplementing prefixed pron., infixed pron., poss. pron., or 3rd pers.* (*masc.*) *sing. form of vb. or conjugated prep.*).

12g. *LL* 121, ou bot oll yn hollaul dy escop teliau ny lys *yntou.* **12g.** *GMB* 255, Ryllouyes *ynteu* undanc gyuatef. **12g.** *GLlF* 447, Pan aeth Ywerton, y wyrth *ynteu*, / Ac eigyl racda6, dra6 dra thonneu. **13g.** *LlI* 3, En nessaf ydav *enteu* [yr offeiriad teulu] yr egnat llys. En nessaf ydav *enteu* y bard kadeyryavc. **1346** *LlA* 19, Os ef ehun arodes y vab oe vod. Beth a becha6d Judas yr yrodi *yntev.* **14g.** *YBH* 7a, Argl6yd heb *ynte* bo6n y6 vy en6. **14g.** *WM* 18. 29–30, Rof i a du6 heb *ynteu* p6yll (*RM* 11, B6yll). *id.* 93. 16–17, Yna y kymerth *ynteu* yr hutlath ay chamu. **14g.** *GDG*[3] 40, Na welaf Ieuan ddifan ddofaeth, / Na wŷl *yntau* fi, rhi rhywogaeth. **15g.** *GLGC* 352, saint oll a'i cedwis *yntau* a'i wŷr [am Siôn ab Ieuan]. **16g.** *GGH* 305, Rhwydd a dewr y rhoddai dâl, / Rhôi *yntau* ymy rental. *id.* 453, Antur plant iddo *yntau*, / Hitrwm oll yw y tarw mau. **1551** W. SALESBURY: *KLl* iiia, wynt a ofynesont pwy ynte? Ai Helias wyt ti? medd *ynte* / Nag ef. **1567** *TN* 331a–b, am y fod *yntau* [:– ef y hun] hevyd wedi y amgylchu a gwendid [am archoffeiriad]. **1632** *D*, Hwn sy dâd a'i dâd *ynteu* yn fyw d.g. *Pater patrimus.* **1757** G. OWEN: *L* 196, edrych arno *ynteu*'n yfed ei winoedd . . . ac yn sipian ei weflau diawl i godi blys arnom. **1777** W. DAVIES: *CHL* 83, Efe sydd eiddo fi, a minnau yw eiddo *yntau.* **1778** J. HUGHES: *BB* 65, Er mwyn gwneud ffordd i ninne, / I wisgo ei natur *ynte.* Ar lafar, 'Mi gafodd *ynta* gariad newydd', *WVBD* 579; 'Ma 'i dæd *ynta*'n gwitho ym bwll Nantgarw', *GTN* 863.

Amr.: (**f**)**otha.** Ar lafar, '*Fotha, otha*', 'Mi ath *otha* hefyd', *TGG* (1907–8) 94 (Arfon). **yntef**[1] [cf. *minnef, tithef, yntef*[2]]. **14g.** *WM* 619. 16–18. **1567** *TN* 36[5]a. **1798** W. RICHARDS: *CC* 46.

Gw. hefyd efyntau.

yntau[2], **yntê, yntef**[1,2], **yntefe,** gw. **ynteu, onid**[3]**—onid e** (hefyd At.), **yntau**[1], **ynteu, onid**[3]**—onid e** (hefyd At.).

ynteu, yntau[2] [yr un gair ag *yntau*[1]] *cys.* a hefyd fel *adf.* Neu (fel arall) (yn aml mewn cyfosodiad ag *ai*[1] neu *neu*[1]): *or* (*otherwise*) (*often in apposition to* '*ai*[1]' *or* '*neu*[1]').

13g. *LlI* 51, Medylyet er amdyffynnur ena o pa hon e menno ef dystryu e testyon, ae o uot ganthau rey esyd aduuynach a haus eu credu ae *enteu* oc eu llessu. **14g.** *WM* 192. 12–14, Ag6edy dyuot estra6n genedyl idi y gelwit hi lundein neu *ynteu* l6ndrys. **c. 1400** *MM* 78, llosci redyn a chymysgu y lludw h6nn6 a g6ynn 6y, neu *ynteu* ole6. **1567** G. ROBERT: *GC* 2, hwn a fynnychwi ai mawl i rinwedd, *yntau* gogan i ddrwgcampau. **1588** *Gal* iii. 2, ai wrth weithredoedd y ddeddf y derbyniasoch yr Yspryd, *ynte* trwy wrandawiad y ffydd? **1592** S. D. RHYS: *Inst* [xv], at Siopwragêdhos . . . neu *ynteu* at Deilwrieit. **1606** E. JAMES: *Hom* i. 117, clefydau tostion . . . naill ai cyn, ai *yntau* yn amser angau. **1632** *D*, ai *ynteu* d.g. *Num.* **1764** W. WILLIAMS: *Th* 17, Un bader cyn ymadell [*sic*] neu *yntau* air sydd lai. **1778** *W*, *ynte*, ai *ynte* d.g. *Or* [*Conj.*]. **1803** *P*, *Ynte* . . . Ai *ynte*, or otherwise. Ar lafar, 'Llanc '*ta* gŵr ydi o?', *WVBD* 341; ''Oni'm yn gwbod '*ta* cefn '*ta* ffrynt' (Llŷn).

Fel *adf.*: Gan hynny, felly, yna: *in that case, therefore, then.*

13g. *LlI* 25, Puebennac *enteu* a torro kemen kyureythyavl . . . eskemunedyc uyd mal publican. **13g.** *DB* 61, Twryf e tan a'r guynnyeu *enteu* (*ergo*) yu taran. **14g.** *WM* 22. 28–30, bl6ydyn y heno *ynteu* ybyd g6led darparedic yny llys honn itheu. *id.* 26. 6–7, y neuad *ynteu* a gy6eir6yt y p6yll a e niuer. **c. 1400** *R* 1219. 21–2, G6na6n glot *ynteu* oth dra6s gampeu nythdreis g6ymp6yt. *Diw.* **15g.** *B* v. 109, paham *ynteu* nad ydiw y ty hwnn yn llosgi. **1551** W. SALESBURY: *KLl* iiia, wynt a ofynesont pwy *ynte*? Ai Helias wyt ti? **1567** *TN* 288b, Hyn *ynteu* [:– gan hyny] a ddywedaf. **1632** *D*, beth *ynteu*? d.g. *Quidni*? **1679** C. EDWARDS: *GGG* 31, *Ynteu* (*Therefore*) na siomwch mo honoch eich hunain. **1703** E. WYNNE: *BC* 126, Mae . . . A[th]rodwr, a Medleiwr . . . wedi torri 'r carcharau . . . Nid oes *ynteu* ddim rhyfedd, ebr y Fall fawr pedfasei 'chwaneg o gythryfwl. **1759** T. THOMAS: *WWDd* 30, os yw 'r poen sydd ar Bl[a]nt yn rhan o Effaith pechod . . . yna *ynteu*, mae 'n rhaid i ni farnu mai Effaith pechod gwreiddiol yw. Ar lafar, 'Mi'i ceiff 'i o '*nta*', *WVBD* 398; 'Cerwch '*ta*!', *id.* 520; '[p]an gwelodd hi fi, '*te*, tyma hi'n dod ata i fel roced, chweld', *Wês wês* 49–50; 'Beth yw sail y stori 'na, '*ta*', *GTN* 702.

Amr.: **onte.** **1703** T. BADDY: *PCh* [3], ai gydâ Duw *onte* cythreuliaid y byddi yn dragwyddol? **yntef**[2] [cf. *minnef, tithef, yntef*[1]] **1588** 2 *Sam* xxiv. 13. **1606** E. JAMES: *Hom* iii. 301. **1803** *P*.

ynti, ynto, &c., gw. **yn**[1].

yntôl [bnth. S. *at all*, gydag -*n*- ymwthiol] *adf.* O gwbl: *at all.*

1897. Ar lafar, ''Dos 'na'm interffiriant *yntôl*' (Llŷn).

Gw. hefyd **ytôl.**

yntred [cfdds. o'r Llad. *intr*(*oitus*) neu'r S. *intr*(*oit*)+-*ed*[1]] *eb.g.* ll. -*au*. *Egl.* Gweddi fer a genir neu a adroddir ar ddechrau'r Offeren neu'r Cymun Bendigaid: (*eccl.*) *introit.*

1898.

yntredaf: yntredu [?cf. Llad. *intrō*, S. (*to*) *enter*; dichon mai -*d*- ≡ -*dd*- yn yr enghrau. isod] *bg.* Mynd neu ddod i mewn: *to enter, get in.*

14g. *Pen* 5, 13a, Atheyrnas pampilia a geithi6ant yn amsser h6nn6 am nat *yntredant* (*Pen* 14, 51, doeth; *LlCy* xiv. 218, ymredant) druy drus y dauatty. **14g.** *RC* xxxiii. 210, hi aeth y chudugyl. ac a *yntredaud* yr guely. *id.* 219–20, Hitheu a erchis vdunt *yntredu* attei. Zelomy a doeth. a Salome nyt *yntredod.*

yntwy, gw. **hwynt-hwy.**

ynthei, ynthi, yntho, &c., gw. **yn**[1].

ynwst, &c., *a.* a hefyd gyda grym enwol. Llaith, tamp, gwlyb: *moist, damp, wet.*

1547 *WS*, *Ynwst* Dankesshe. **16g.** *LlS* 149, Tyfy a wna'r llysæ hŷn [gwallt y forwyn] ar creicleoedd *ynwst* lle ni bo tywyn haul. *Diw.* **16g.** *WLB* 9, Kymer y peth a elwir yn dowth yn Saysneg yn sych ac yn *onwst.* *id.* 44, kymer dail y bressych coch a briw hwynt . . . a chymysc ar powdwr oni fo *gonwst.* **1604–7** *TW* (*Pen* 228) d.g. *Humidus.* **1632** *D*, *Ynwst*, Madidus, humidus. **1722** *Llst* 189, *Ynwst.* Damp, moist, wet. **1794** *W* d.g. *Wet.* **1803** *P*, *Ynwst*, s. m. . . . Humidity, dampness.

ynwyf, gw. **yn**[1].

yny[1], **hyny**[1], **(h)yni** [< H. Gym. *hit ni*; petrus yw dosbarthiad rhai o'r enghrau. isod; am drafodaeth, gw. *Treigladau* 376–8] *cys.*

(*a*) Nes, hyd nes, hyd oni: *until.*

12g. *GMB* 74, *Yny* uwyf gynneuin a derwin wyt / Ny thorraf a'm car vy gerenhyt. **12g.** *GCBM* i. 257, Yd gilyei pob llwfyr *yny* llated. **13g.** *LlI* 7–8, penhebogyd . . . O'r pan dotto er hebavc emut *ene* ((*LlDW*) *ZCP* xx. 36, *enyu*) tenno allan ny dyly attep e nep o havl namen e un o'y gytsvydogyon. *id.* 8, egnat llys . . . ef a geyf navd o'r pan dechreuho deosparth e dadleu kentaf *eny* darfo e dywethaf e dyd hvnnv. **13g.** *A* 1. 12–13, ny chilyei o gamhawn *eny* verei waet. **13g.** *GBF* 491, Och hyt ar Vrenhin vreint ucheldaб, / . . . / Na chret pechadur y diuurya6 / *Hynny* el y b6ll y bell drigya6. **13g.** *BD* 56, ny orfovyssvs Gueirit oc eu hymlit o le y le *yny* godiwavd ar glan y mor. **14g.** *T* 57. 11–13, Ac *yny* vall6yf y hen . . . ny bydif yn dirwen. na mol6yf i vryen. **1346** *LlA* 107, ah6nn6 a dysca6d de6i *hyny* vu athro. **14g.** *WM* 47. 10–13, Ac yna y bu y kynghor ganthunt h6y ymherued lla6r yr ystauell ac yd arhoes ef *yny* uyd y pleit haearn yn 6enn. *id.* 95. 19–21, mi a dynghaf dyghet ida6 na chaffo en6 *yny* caffo y genhyf i. **15g.** *GLGC* 257, nid af o'i neuadd nac o'i dent—sidan / *yni* elwyf dan fan o'r fynwent. **1803** *P*, *Hyni* . . . Until.

(*b*) Fel y (yn mynegi canlyniad neu bwrpas): (*with the result*) *that, so that, in order that.*

13g. *Cylchg LlGC* v. 61, henwr gorthrum . . . wedy kemryt abit o honav *ene* llunyethei weledigaeth duw. **13g.** *BD* 4, kymeynt wu y davn yn eu plyth *yny* oet garedyc a chymeredyc y gan y brenhyned. *id.* 46, yna y bu gyn galetet y vrvydyr *yny* oed y tywarcheu yn redec o'r guaet. *ib.* [c]ymeint uu y dyrnavt ac *yny* glynvys y cledyf yn y taryan. **14g.** *T* 43. 19, Allen lli6 ehoec a medu prein. *hyny* u6yf taua6t ar veird prydein. **14g.** *BT* (*RB*) 222, llifhav a wnaeth avon Nilus ar y fford a'e gwarchae rwg dwy auon *yny* vodes anneiryf ohonunt. **14g.** *WM* 7. 24–9, y g6r aoed yn lle ara6n aossodes ar hafgan ymperued bogel y daryan *yny*

hyllt yn deu hanner ac *yny* dyrr yr arueu oll. **14g.** *YBH* 10b, rodi dyrnaɷt idaɷ *yny* dygɷydaɷd ynteu yr llaɷr. *Dchr.* **15g.** *B* vii. 372, Duw a rodho ytti rat y gyffessu dy bechodeu *yny* ellych gaffel madeueint ohonunt y gan duw. *Dchr.* **15g.** *GM* 11, Santes vamaeth Duw, gwedia drossom. / *Yny* vom teilwg y gael edewedigyon Crist. **1551** W. SALESBURY: *KLl* xlixb, Velly y carawdd Deo y byd / *ynny* ddodes e vn-map oni bo y bawp a credo na choller / namyn caffael bywyd tragyvythol. **1567** *TN* 139a, *Yny* bo [:- Er mwyn bot] i bawp anrydeddy y Map. *c.* **1585** G. ROBERT: *DC* 29a, plethu coron o dhrain lhymion pigawg, ai gyrru cyn dynned am ei ben, *yny* oedh yn ei bigo hyd at yr asgwrn. *Diw.* **16g.** *LBS* iv. 398, mi ath weddiaf di *yny* gyniattaych di oth dref tadawl ddylyed gyfrann y dduw.

Amr.: **ynyd¹** [?ffrwyth cymysgu ag *yn⁶* (*yd*)]. **1609** *Pen* 217, 204–5, Luwk . . . a vu yno [Bethania] *yn yd* oedd ef yn un athrugein oed.

Gw. hefyd **hyd** (adran 3 (*b*)), **hyd— hyd oni, oni².**

yny², hyny² [yr un gair ag *yny¹*, *hyny¹*; â'r gst., ?cf. H. Wydd. *co n-*; engh. arall bosibl yw *WM* 55. 29–30] *gn. rhagferfol.* (yn cyflwyno cym. cadarnhaol annib., gydag effaith ddramatig: *introducing an independent affirmative clause, with dramatic effect*).

14g. *WM* 145. 2–4, ar hynny *hyny* vyd y vrenhines ae llaɷuorynyon yn dyfot. *id.* 472. 7–17, Mynet a orugant hyd pan deuuant y uaestir maɷr *hyny* uyd kaer a welynt . . . Mal y deuant eissɷys ar un maes a hi. *han* [*sic*] *ny* uyd dauates uaɷr awelynt. *c.* **1400** [*RB*] *WM* 212. 30–213. 1, nachaf y gɷelynt . . . *yny* vyd mackɷy ieuanc pengrych melyn llygatlas yn glassu baryf yn dyuot. *id.* 492. 30–3, Ac y kerdassant hyt pann deuthant am y uagɷyr ar karcharaɷr. *yny* uyd kɷynuan agriduan aglywynt.

yny³, ynyal, ynychaf, ynyd¹, gw. **yn⁶, anial** (hefyd At.), **nachaf, yny¹.**

ynyd² [bnth Llad. *initium* 'dechreuad', Crn. Diw. *enez*, H. Lyd. *enet*, Llyd. Diw. *ened*, Gwydd. C. *init*] *eg.* Y tridiau cyn y Grawys pryd y byddid yn cyffesu, dydd Mawrth Ynyd; glythineb, gloddest; hefyd yn *ffig.*: *Shrovetide, Shrove Tuesday; gluttony, feasting; also fig.*

12–13g. *GMB* 406, Goreu yɷ y dyn, diɷ *Ynyt*—peri / Periglaɷr y gymryt. **14g.** *GDG³* 315, Nid tam o ginio amaeth, / Nid fal *ynyd* ciglyd caeth. *c.* **1400** *RB* ii. 405, O wyl clemens hyt yn nos *ynyt* a blɷydyn y bu varɷ cadwaladyr wedy owein. **15g.** *GGl²* 35, Yfory i'w dŷ a'i dud, / A heddiw y'm gwahoddid, / A thrennydd gwneuthur *ynyd*, / A thrannoeth saethu'r unnod. **15g.** *GIBH* [65], Y modd y bu, medd y byd, / Ar Wener wedi'r *Ynyd*, / A'i weliau yn loywon: / Duw nef a'i frath dan ei fron. **1547** *WS*, *Ynyd* Good tyde. **1551** W. SALESBURY: *KLl* lxib, A gweithredoedd y cnawt . . . yw'r y [*sic*] rei hyn . . . lladdiadeu / methdot *ynyd* [:- glythineb]. **1609** *CRC* 353, ar *ynyd* a ddaw o hir dariaw / kawn i feichie o grampoge. **1621** *id.* 139, chwi a gewch ych *ynyd* arni [cytundeb rhwng dau ŵr i gymryd yr un wraig]. **1632** *D*, *Ynyd*, Hilaria, bacchanalia, feriæ bacchantium ante ieiunium quadragesimale. **1757** G. OWEN: *L* 186, Diw Mawrth *Ynyd.* **1759** *BC* 377, Pan fyddaî pob rhyw Lencyn hyfryd, / Yn gwasgu'n Dynn, drwy serch di-synn, Yr Eneth cyn yr *Ynyd.* **1780** *W*, Sûl (dŷdd sûl) *ynyd*, sûl yr *ynyd* d.g. *Quinquagesima-sunday.* **1803** *P.* Ar lafar yn y rhigwm 'Dydd Mawrth *Ynyd*, crempog bob munud'.

ynylaf: ynylu [amr. ar *anelaf*: *anelu*] *ba.* Camu, hefyd yn *ffig.*; ?cyfeirio (traed): *to bend, also fig.*; ?*direct* (*feet*).

16g. *GIIW* 35–6, Och fi fab ni chae fe i fin / Heb *ynylu* i benelin / Ai bawen fal kigwen kog / A wnai fferchen yn fforchog [i ofyn Wil Hwysgin]. **16g.** (*LIEG*) *Mos* 158, 84b, y mo/dd I daruoedd Ir preladiaid *ynnylu* kalonai [*sic*] llawer o voneddig/ion . . . yni erbyn Ef. **16g.** *LlCy* viii. 210, *Ynylu*'i wddf yn olwyn, / Cnyw ffres, fel petai'n cnoi'i ffrwyn [Wiliam Cynwal i ofyn elyrch]. **16–17g.** (**17g.**) *CC* 83, yn ael trumm y *ynyly* traed / i ymaros am irwaed [Thomas Prys i ofyn milgi].

Gw. hefyd **anelaf: anelu, enylaf: enylu.**

ynymawr, gw. **nemor.**

ynynnaf: ynnyn, ynynnu, gw. **enynnaf: ennyn.**

ynys [Crn. Diw. *enys*, H. Lyd. *inis*, H. Lyd. a Llyd. C. *enes*, Llyd. Diw. *enez*, taf. Gwened *iniz*, Gwydd. C. *inis*; ?cf. Llad. *īnsula*; petrus yw dosbarthiad rhai o'r enghrau. isod] *eb.* (bach. b. *-an*, *-en*, *-ig* (ll. *ynysigau*); g. *-yn* (ll. *-nau*)) ll. *-*(*o*)*edd*, (prin) *-au.*

(*a*) Tir a amgylchynir gan ddŵr (ond sy'n llai na chyfandir); (yn y ll.) Ynysoedd y Gorllewin, &c., dan reolaeth y Llychlynwyr yn ystod yr Oesoedd Canol: *island, isle*; (*pl.*) (*the*) *Western Isles, &c., ruled by the Scandinavians during the Middle Ages.*

12g. *GLlF* 354, Ym Mon, y mewn ei *hynys*, / Ydd ym lleddir a llafn glas. **13g.** *C* 33. 11, ym brin in tyno. in *inysset* mor. **14g.** *Bren Saes* 84, Yn y vlwydyn honno y torrat Mynyw y gan gwyr anfydlon o'r *Ynyssoed.* **14g.** *WM* td. 90b. 21–2, Ef a welei e dyuot y *enys* decaf or byt. **14g.** *GIG* 29, Yr *ynys* dywell, cell cerdd, / Y gelwid [Mô]n wegilwerdd. **1400–50** *B* xiv. 104, Aedan a dyuyd o dramwy mor llydan. / A llu o vanaw a gyuyt ganthaw. / ar *ynyssoedd* ar fordd allt wyddyl. / kyfrang dieuyl kyfret agwydd. **1567** *TN* 219b, wedy yddwynt ddianc yn-iach, yno y gwybuant mae Melita y gelwit yr *ynys.* *c.* **1590** *Cewri* 290, wrth dhwyn y cawr i *ynysan* bhechan a oedh wrth y borthbha. **1632** *D*, *Ynys*, Insula. **1703** E. WYNNE: *BC* 138–9, Ai tybed nad allwn i [Satan] a anrheithiais yr holl fyd, roi rwan gyngor a wasanaethei am un *Ynysig* fechan [Prydain]? **1766** *CD* 182, Ac yn un o'r *ynyse*, / Yr hon a elwir Lampne; / Y mae mynydd a thouau, / Yn llawer uwch na'r Cymylau! **1803** *P.* Ar lafar, *WVBD* 579; ''Wi'n cofio *Ynys* y Barri yn *ynys*. 'Ôt ti'n gorfod croesi mywn bata pyn odd y llanw mywn', *GTN* 862. Digwydd mewn e. lleoedd, e.e. *Ynys Môn, Ynys Prydain, Ynys Bŷr, Ynys Seiriol.*

(*b*) (enghrau. *ffig.* a *thros.*, yn enw. yn yr ystyr teyrnas, gwlad, talaith, bro, ardal, a hefyd dôl ar lan afon: *fig. and transf. exx., esp. with the meaning kingdom, realm, land, province, region, area, and also river-meadow, holm*).

601 *Cart Sax* 835, Anno dominice incarnacionis sexcentesimo primo Rex Domnonie terram que appellatur *Ineswytrin* ad ecclesiam vetustam. concessit. **12g.** *LL* 242, Finis lann mihacgel ipull cecin irall inicreic arparth gulleugin dir ecclius bet mouric di penn *irinis* adhuchti ha penn irall adisti. **12g.** *GMB* 71, Llys lleuuer *ynys*, gɷrys goruyndaɷd. **12g.** *GCBM* ii. 118, Anlloet kyrn, teyrn teir *ynys.* **14g.** *Bren Saes* 10, A'r Brichricus hwnnw a deholas Egbirtus o'r *ynys* (*regno*) yn y ieuengtyt. **15g.** *TYP²* 228, Teir *Ynys* Prydein: Lloegyr a Chymry a'r Alban. **15g.** *GLGC* 103, Ba lwyn ir abl a'n eurai / Fal Llwyn Tren, felly ond rhai? / Erw o wenith ar *ynys* / yw'r derw, a'r rhain ar dir Rhys. *id.* 196, Nos a wnaeth i'n nasiwn ni, / a nos du i *ynys* Dywi [marwnad Hywel ap Dafydd]. **15g.** *GGl²* 39, Pumbys i *ynys* Wynedd, / Pum llew'r glod, pum llaw ar gledd. **15–16g.** *TA* 284, Yr oedd lwyn, irddail *ynys*, / Awen, a'i gwraidd, yn i grys [marwnad Dafydd ab Edmwnd]. **15–16g.** *GIF* 79, Cau'r llys i'n *ynys* a wnaf, / a chau dwrn, a chadw arnaf. *Diw.* **16g.** *Rhyddiaith Gymraeg* i. 119, yna i parawdd y brenin alw geyr i vronn holl wyr boneddigion yr *ynys* (*londe*). *c.* **1762–79** W. WILLIAMS: *P* 198, yr oedd *ynys* oddautu 5 milldir o led, o dir sicr ynghanol yr anialwch hynny o dywod. **18–19g.** *Llr* C 11, 252, *Ynys* . . . a meadow along the side of a river, Glam. **1803** *P*, *Ynys* . . . a rising ground or dry spot in a marshy place. Digwydd mewn e. lleoedd, e.e. *Ynys Ddu* (ger Cricieth), *ELlSG* 117–18; *Ynyslas, Ynys Tachwedd* (gogledd Cered.). Gw. hefyd I. WILLIAMS: *ELl* 30.

Cfn.: **Ynys Afallach (Afallon):** *the island of Avalon.* **13g.** *BD* 148, Caletuvlch . . . yr hvn a wnathodit yn *enys Auallach* (*Auallonis*). *id.* 185, Arthur . . . a ducpvt hyd yn *enys Auallach* (*Auallonis*) y yachau y welioed. **14–15g.** *IGE²* 328, Gŵyr feistr ystlysiaith, iaith iach, / Felly *Ynys Afallach* [Rhys Goch Eryri i'r faslart]. Cf. T. GWYNN JONES: *Caniadau* (1934) 33, Draw dros y don mae bro dirion . . . / a phery / Pob calon yn hon yn heiny a llon, / *Ynys Afallon* ei hun sy felly. Fe'i defnyddir weithiau am Glastonbury, cf. *TW* (*Pen* 228), ynys Witrin; Glassenb. *ynys Aualhach* d.g. *Vitreus.* Gw. hefyd *CLC²* 805–6. **Ynys y Cedyrn,** &c.: *Island of Britain.* **14g.** *WM* 40. 6–8, ef auyn ymrɷymaɷ *ynys y kedeirn* ac iɷerdon. **1632** *D* d.g. *Britannia.* **1755** *ML* i. 394, ni allasid byth daro wrth ei fath pei chwiliasid holl *ynys y cedyrn.* **yr Ynys Wen, y Wen Ynys = Ynys y Cedyrn.** **13g.** *BD* 213, Ac esef henw a oed en er amser hvnnv albyon. sef oed henny *er enys wen* (*insulae Albion*). **14g.** *T* 79. 1, *ywen ynys.* *c.* **1400** *RB* ii. 40, Brytaen oreu o'r enyssed, er hon a elvyt *er Enys Wen.* **15g.** *BB* 17, albion yw yhenw. sef oed hynny *y wen ynys* yn gymraec. **1771** *W*, *yr Ynys Wen* d.g. *Britain.* **ynys draffig:** *traffic island.* **20g.**

ynysaf: ynysu [bf. o'r e. *ynys*] *ba.* Gosod ar wahân neu ar ei ben ei hun, neilltuo; gwahanu neu amddiffyn drwy gyfrwng defnydd sy'n atal neu'n lleihau trosglwyddiad trydan, gwres, neu sŵn; hefyd yn *ffig.*: *to isolate; insulate; also fig.*

1850.

ynysaidd [*ynys* + *-aidd*] *a.* Ynysol, ynysig: *insular.*

1851.

ynysan, gw. **ynys.**

ynysedig [bôn y f. *ynysaf*: *ynysu* + *-edig*] *a.bfl.* Wedi ei ynysu: *isolated, insulated.*

1858.

ynysen, gw. **ynys.**

ynysfor [*ynys* + *môr¹*] *eg.* ll. *-oedd.* Môr ac ynddo lawer o ynysoedd: *archipelago.*

1816.

ynysgraig, gw. **ynys + craig.**

ynysiad [bôn y f. *ynysaf*: *ynysu* + *-iad¹*] *eg.* ll. *-au.* Y weithred o ynysu: *isolation, insulation.*

1916.

ynysig¹, gw. **ynys.**

ynysig² [*ynys* + *-ig²*] *a.* Yn perthyn i ynys, ynysol, cul (am feddylfryd, &c.), plwyfol; wedi ei ynysu, diarffordd; ynysol (am lawysgrifen): *insular* (*also of mentality, &c.*); *isolated; insular* (*of handwriting*).

1879.

ynysigrwydd [*ynysig²* + *-rwydd*] *eg.* Culni (meddwl), plwyfoldeb: *insularity.*

1896.

ynysog [*ynys* + *-og*] *a.* Ynysig, ynysol; ynysedig; llawn ynysoedd: *insular; insulated; archipelagic.*

1803 *P*, *Ynysawg* . . . Having islands.

ynysol [*ynys* + *-ol*] *a.* ll. *-ion.* Yn perthyn i ynys, ynysig, cul (am feddylfryd, &c.), plwyfol; llawn ynysoedd; yn ynysu; yn tarddu o Iwerddon a Phrydain yn yr Oesoedd Canol cynnar, yn enw. am fath o lawysgrifen Ladin; yn perthyn i'r ieithoedd Brythonig a Goedelig; o Ynys Prydain: *pertaining to an island, insular* (*also of mentality, &c.*); *archipelagic; insulating; insular* (*of handwriting*); *insular* (*of Celtic*); *from Britain.*

13g. *BD* 105, Odyna y dynessa llew guiryoned, ar ureuiat yr hvnn yd ergrynant tyroed Freinc a'r *enyssolyon* dreigeu. *c.* **1400** *RB* ii. 159, Achymryt teir mil o varchogyon llydaɷ ac eu gossot ygkymysc ar *ynyssolyon* vrytanyeit (*BD* 120, gwyr enys Brydein) yn eu bydin. **1604–7** *TW* (*Pen* 228) d.g. *Insularis* (hefyd *D*). **1775** *W* d.g. *Insular, or insulary, Island, Of, or belonging to, an island.* **1803** *P* d.g. *Ynysawl.*

ynysolaf: ynysoli [bf. o'r a. *ynysol*] *bg.* Ynysu, gosod ar wahân: *to isolate.*

1858.

ynysoldeb [*ynysol* + *-deb*] *eg.* Arwahanrwydd; ynysigrwydd: *isolation; insularity.*

1858.

ynysrwydd [*ynys* + *-rwydd*] *eg.* Arwahanrwydd; ynysigrwydd: *isolation; insularity.*

20g.

ynystir, gw. **ynys + tir.**

ynyswr, ynysydd [*ynys* a bôn y f. *ynysaf*: *ynysu* + *-wr*, *-ydd³*; ynglŷn â'r ail engh. isod, gw. *Bl BGCC* 263] *eg.* ll. *ynyswyr, ynysyddion.*

(*a*) Un sy'n byw ar ynys; (yn y ll.) Llychlynwyr Ynysoedd y Gorllewin, &c., yn ystod yr Oesoedd Canol: *islander;* (*pl.*) *the Scandinavians of the Western Isles, &c., during the Middle Ages.*

14g. *BT* 24, ytorred mynyw y gan yr *ynyswyr.* **14g.** *T* 5. 22–4, Ac *ynys gɷyr* terwyn mor. Nifer seint ynys prydein. **1798** *WR* d.g. *Islander.*

(*b*) Defnydd neu ddyfais sy'n ynysu rhag trydan, gwres, neu sain: *insulator.*

1916.

ynysyn, ypadéis, ypiniwn, gw. **ynys, wpadéis, opiniwn** (hefyd At.).

ypsét [bnth. S. *upset*] *a.* Gofidus, wedi cynhyrfu: *upset.*
20g. Ar lafar.

ypsetiaf, ypsetaf: ypset(i)o [bnth. S. *to upset*] *bg.a.* Cynhyrfu, cythryblu, tarfu; peri diffyg traul i, dioddef gan ddiffyg traul: *to (be) upset (also of stomach).*
20g. Ar lafar, ''Ôn i 'di *ypsetio*'n ofnadwy pan glŵis i bod o 'di marw', 'Ma'r brandi 'na 'di *ypsetio*'n stumog i' (Arfon).

yr^{1,2}, gw. **y^{1}, er^{1}.**

yr^{3} [ffurf ar *rhy^{2}*; gw. hefyd *yr^{4}*] *gn.* rhagferfol cadarnhaol a phth., weithiau gyda grym prff. neu'n mynegi posibilrwydd, &c., ond yn aml heb rym penodol amlwg.

(*a*) (enghrau. o flaen bf.: *exx. before a vb.*).
12g. *GLlF* 12, Allaɓr Bedyr y'ɓ uedyr yd *yr* uolhed, / . . . / Eglwys fyt a chreuyt a chred—a chymun, / Ual ɓrth Duɓ e hun yd *yr* lunhyed. *id.* 120, Keueis-y wyth yn hal pwyth peth o'r waɓd—*yr* geint; / Ys da deint rac tauaɓd! **12g.** *GCBM* ii. 332, Ac Ef yn osseb *yr* ossoded / Yn hollawl, meidrawl, hawl huanred. **12–13g.** *GMB* 398, Pechu *yr* digonsam o gam gared. **13g.** *GBF* 273, Gɓae ui, Duɓ, o'r diruaɓr golled / *Yr* golleis-y, ny'm gellir gwared. **13g.** *BD* 20, yn y borth *yr* disgynnassei yndi. *id.* 28, ny allvs ef dyodef y dianrydedv mal *yr* daroed. *id.* 54, yn guneuthur yavn ymy am y sarhaet *yr* wnaeth ymy. *id.* 55, canys Auarvy *yr* athoed Ruuein. *id.* 61, Canys y gvyrtheu *yr* wnathoed yr ebestyl yn pregethu ar hyt y byt *yr* daroed kyffroi . . . y gallon ef. *id.* 88, Ef *yr* dywetpvt imi. *id.* 89, tebygu panyv o prudder *yr* dywedassei Ortheyrn vrthunt. *id.* 125, gan eturyt y'r plant dylyet eu ryeni *yr* ry gollysynt. *id.* 128, aethant hyt ymynyd Kilara y lle yd oed y mein *yr* dothoedynt y eu keissyav. *id.* 63, prouedic *yr* geueis i avch kyghoreu. *id.* 169, dyuot ar y gedymdeithyon a mynegi udunt *yr* welsei. **14g.** *Bren Saes* 120, canys nev *yr* daroed y Gilbert vab Richart kyhudaw Oweyn wrth y brenhin. **14g.** *WM* 41. 20–2, Yma y mae brenhin iɓerdon. Ac *yr*gyscɓys gan uranɓen dy chɓaer. *c.* **1400** *YCM^{2}* 56, Da iawn *yr*wisgwyt amdanaf.

(*b*) (enghrau. o flaen be.: *exx. before a vn.*).
13g. *GBF* 274, Och *yr* uyned gɓr gɓrtleɓ ryuel. **14g.** *BT* (*RB*) 36, A'r Brytannyeit, wedy *yr* gilyaw y'r lleoed kadarnnaf vdunt o'e gnotaedic deuawt. **14g.** *Bren Saes* 60, a'y droi yntev yn wisc y ystlys yny vythei y holl coludyon gwedy *yr* droi yngchylch [*sic*] y kyff megys raf. **14g.** *B* ix. 330, Llyma vi yn guelet y dreic coch wedy *yr* vwrw ydan vyn traet y'r llaur. *c.* **1400** *RB* ii. 213, Achlusteu arthur gɓedy *yr*bylu abydaru gan dɓrd y dyrnaɓt. *c.* **1400** *YCM^{2}* 53, y nef a'r dayar, wedy *yr*gwmpassu yn gywreint.
Amr.: **er^{2}** [?ff. org. yn unig]. **12g.** *GCBM* i. 96, Nid adawo Duw dyn yn fyw—bellach, / Deubyllawg *er* deryw. **13g.** *GDB* 417, Ystyriws Dews dawn ytty—*er* gaint. **13g.** *PKM* 308, a sefyll *er* wnaeth ef uelly.
Gw. hefyd **rhy^{2}.**

yr^{4}, 'r^{4}, r- [?enghrau. o *yr^{3}* o flaen llaf. neu ff. ar *ydd^{1}* dan ddyl. *yr^{3}*; dichon fod enghrau. o *yr^{3}* wedi eu cynnwys isod] *gn.* rhagferfol cadarnhaol a phth.

(*a*) (enghrau. ar ddechrau prif gymal o flaen ff. pres. ac amhff. myn. *wyf*: *bod*: *exx. at the head of a main clause preceding pres. and imperf. indic. forms of* '*wyf*: *bod*').
14g. *GDG^{3}* 328, *Yr* oedd gerllaw muroedd mawr / Drisais mewn gwely drewsawr. *c.* **1400** *YSG* i. 24, *Yr* Wyf Yn Gorchymyn Nat El Neb Y'r Assw, Ony Byd Gwr Da. **15g.** *GDLl* 158, *Yr* oeddit yn wreiddwych / Cyn fy ngeni'n erchi'n wych. **1588** *Job* i. 1, *Yr* oedd gŵr yng-wlâd Hus ai enw Iob. **1588** *Luc* xi. 9, *yr* ydwyf yn dywedyd i chwi: gofynnwch, ac fe a roir i chwi. *id.* xv. 11, Ac efe a ddywedodd, *yr* (*TN* 112a, ydd) oedd i ryw ŵr ddau fâb. **1595** M. Kyffin: *DFf* [x], *yr* oedd cyfled llediaith . . . yn yr ymadrodd brintiedig, na alle clust gwir Gymro ddioddef clywed mo 'naw 'n iawn. **16–17g.** *Cer RC* 63, 'Roedd i lifrai o'r gwyrdd modlai; / Fo gostiase ddeg o noble. **1606** E. James: *Hom* i. 146, *yr* ydoedd Dafydd dduwiol mor bell oddi wrth lawenychu am y newyddiau ymma. **1615** R. Smyth: *GB* 36, y cvvningod nid ynt chvvaith mavvr, ag etto *yr* ynt yn gvvneythyr i taiau yn y ddaer. **1653** *MLl* i. 186, Roedditi o'r blaen yn canlyn yn wŷch dy ddiharebion. **1740** T. Evans: *DPO* 250, *Yr* oeddid yn credu fod Rhinwedd mewn pob tân-bren a maen a wneid ar ddull y Groes. **1755** *ML* i. 386, Roedd y Llew . . . yn dadwrdd rhywbeth ynghylch rhyw droadau oedd yna. Ar lafar, ''Rodd o'n sâl isio mynd', *WVBD* 472.

(*b*) (enghrau.'n dilyn be. ar ddechrau prif gymal: *exx. following a vn. at the head of a main clause*).
14g. *GDG^{3}* 130, Plygu rhag llid *yr* ydwyf, / Pla ar holl ferched y plwyf! **14–15g.** *GGLl* [94], Caru'r oeddwn, gwn gwynfan, / Cariatserch ar loywferch lân (Gruffudd Llwyd). **15g.** *GTP* 59, Cynnal *yr* wyd ddau cannyn, / Cenau llew, 'nhalcen y llyn [i ofyn march]. **15g.** *GIBH* [31], A dyfod, annod uniawn, / I'r tŷ *yr* oedd—ŵr taer iawn. **16g.** *TRP* 250, edolwg *yr* wyf fy rhayd / yn erbyn yr oll gethreylayd. *a.* **1587** *Y* 207, Dyfod o dadwys difeth, / Rymvs wîr, *yr* ym o Seth. **1595** M. Kyffin: *DFf* [20], torri 'r holl bethau *yr* ydis heb destiolaeth yr [*sic*] Scruth'r lan. **1703** E. Wynne: *BC* 28, sôn *yr* oeddid am ei Betheu, ac am ei Lythyr-cymmun. **1751** *GIA* ix, Segura *yr* ydych chwi, eithr eich barnedigaeth er ystalm nid yw segur.

(*c*) (enghrau. ar ddechrau cym. enw.: *exx. at the head of a n. clause*).
14g. *WM* 15. 33–6, ef adybygei yr araued y kerdei y uarch *yr* ymordiɓedei ahi. *c.* **1400** *YSG* i. 17–18, Owein a esgynnawd ar y varch, a dywedut *yr* aei ef y gyt ac wynt. **15g.** *GDLl* 83, Yn gynnar iawn gwn *yr* ân', / Ffiaidd ddull, o'r ffydd allan. **1588** *Luc* xxii. 34, yr wyf yn dywedyd i ti Petr, na chân y ceiliog heddyw, cyn i ti wadu dair gwaith *yr* adweini fi. **1606** E. James: *Hom* ii. 218, fe alle *yr* attebai rhyw fursen wammal fi, a dywedyd mai rhaid idddynt [*sic*] hwy wneuthur rhyw beth i ddangos ei bonedd. **1653** *MLl* i. 195, Rwi'n gobeithio . . . *yr* agori di i mi ddirgelwch dy deyrnas di. **1703** E. Wynne: *BC* 94, nid rhaid uno'n *yr* [e]wch i 'n ôl bellach i ddywedyd chwedleu. Ar lafar, 'Mi ddeudodd hi *yr* â hi', *WVBD* 575.

(*d*) (enghrau. ar ddechrau cym. pth. afrywiog: *exx. at the head of an improper rel. clause*).
c. **1400** *Ked AA* 4, govyn a wnaethant y fford parth a'r llys *yr* oed yr iarll yndi. *c.* **1400** *YSG* i. 15, pa le yd oed y daryan *yr* oed y son amdanei. **1567** *TN* 67b, Diau yr yfwch o'r cwppan *yr* yfa vi o honavv. **1588** *Barn* iv. 22, dangosaf i ti y gŵr yr hwn *yr* ydwyt ti yn ei geisio. **1588** 1 *Sam* x. 2, cafwyd yr assynnod y rhai *yr* aethost i'w ceisio. **1588** *Act* vi. 10, ni allent wrthwynebu y doethineb, na'r Yspryd, drwy yr hwn *yr* (*TN* 179a, yr hwn ydd) ymadroddodd efe. **1653** *MLl* i. 172, di weli dy hunan ein bôd ni yn cael agos bôb peth ar *yr* ydym ni yn i ofyn. **1723** WM: *PGG* 36, Cymmer olwg ar Fuchedd yr hên Dadau bendigedig, ymhâ rai *yr* oedd perffeithrwydd a gwirgrefydd yn disgleirio. **1760** WLl: *SAC* 52, [y] gogoniant *yr* ydym ni yn ei obeithio am dano. **1776** I. Brydydd Hir: *P* ii. 220–1, mor wâg ag ofer oedd eu helynt a'u gofal am y pethau *ir* oeddynt o'r blaen yn eu hoffi ac yn eu hymlyn yn awyddus. Ar lafar, 'Colli 'ngafal ddaru fi yn y peth '*r*oeddwn i'n cydiad yno fo', *WVBD* 574.

(*e*) (enghrau.'n dilyn adf., ymad. adfl., &c.: *exx. following an adv., adv. phr., &c.*).
1346 *LlA* 108, Odyna *yr*adeilaɓd eglɓys. **14g.** *GDG^{3}* 254, Drud *yr* adwaenwn dy dro, / Gwen gynhinen, gyn heno. *id.* 352, Doe'r oeddwn dan oreuddail / Yn aros gwen, Elen ail. **14g.** *GIG* 105, Er llwyred darffo'i llori, / A'r modd *yr* eillier i mi, / Nid llyfnach, ddianach ddysg, / Na chloren gwrwben garwbysg [i'r farf]. **14–15g.** *GGLl* [192], Y Tad, o'i rad *yr* ydoedd, / Caf ei ras, cyn cof *yr* oedd (Gruffudd Llwyd). *c.* **1400** *YSG* i. 22, 'Yn y bed racko,' heb ef, '*yr* oed tripheth a ellir eu dwyn ar gyffelybrwyd . . .'. **15g.** *GGl^{2}* 23, Af â mawl a fo melys / O'r tud *yr* wyf i'r tad Rys. *id.* 50, Taradr oedd ddyrnod hiraeth / Trefor ywch, trwof *yr* aeth. **1488–9** *BSM* 19, erbyn trannoeth *yr* oedd ef yn holl iach val pe bvasai heb vriwo. **1567** *TN* 60a, Yno *yr* escendodd ef atwynt ir llong, ac y peidiawdd y gwynt. **1588** *Io* i. 1, Yn y dechreuad *yr* oedd (W. Salesbury: *KLl* ivb, yddoedd) y gair. **1615** R. Smyth: *GB* 256, yn lle Inc, *yr* oeddynt yn arfer oel pyscodyn a elvvyr Sepia. **1683** H. Evans: *CTF* 45, Gynt '*r*oedd rhyw henafgwr, heb weld na lliw na llûn. **1703** E. Wynne: *BC* 7, yna ymaith â ni fel y Gwynt . . . heb allu dal sulw ar ddim gan gyflymed *yr* oeddynt yn hedeg. **1750** *ML* i. 157, Doe *yr* aeth Ellin Morris oddiyma, wedi bod i'n hymweled y Sul y creiriau. Ar lafar, ''Be '*r* a' i â fo?' 'why should I take it?', *WVBD* 574.

(*f*) (enghrau.'n dilyn cys. isradd: *exx. following a subordinating conj.*).
14g. *B* x. 55, ny chytsynwyfi byth a'r delweu mut a bydeir megis *yr* hagrao uy eneit yganthunt. **14g.** *GDG^{3}* 107, Fal *yr* oeddwn, gwyddwn gêl, / Yn dargwsg mewn lle dirgel. **15g.** *DE* 103, A lladin gwyr eilliedig / a rydd fraint lle *yr* oedd ei frig. **16g.** *GGH* 2, Llaw a rwym drychant lle *yr* ymdrechych. **16g.** *DCR* 70, Rhyw ederyn a welwn yn hedeg yn dalgrwn / tu ag at lle *yr* oeddwn i'n rhodio. **1567** *TN* 263a, megis *yr* oedd yr ei ymyrrus hyny yn y enllibiaw ef. **1588** *Ecs* xx. 12, Anrhydedda dy dad a'th fam: fel *yr* estynno dy ddyddiau ar y ddaiar. **1630** *YDd* 49, yn disgwyl adcyfodiad ofnadwy, pryd *yr* adgysylltir a'r enaid. **1703** E. Wynne: *BC* 117, cewch dalu 'r ffyrling eitha cyn *yr* eloch. **1765** J. Popkin: *Ll* 39, pan *yr* ydych yn rhedeg i'r dull daeogaidd [*sic*] o lefaru, y mae eich scrifen yn ymddangos yn anfuddiol. **1795** *R. Crusoe* 50, a chefais ddarn o'm llestr pridd wedi llosgi yn y tân, nes *yr* oedd mor goched a bricsen. Ar lafar, 'Dyna pryd '*r* ath o', *WVBD* 574.

yr^{5}, gw. **ar^{3}** (hefyd At.).

-yr, *trf. enw.*, e.e. *hidlyr, hinraddyr, llosgyr, newyddyr.*

yrch, ff. l., gw. **iwrch.**

yrdang, yrdanc, gw. **irdang.**

yreiol, yreial [*reiol^{1}*, *reial^{1}*, gydag *y-* brosthetig] *a.* Brenhinol, bonheddig: *royal, noble.*
16–17g. Huw Ceiriog, &c.: *Gw* 68, Nid un ryw, dawn *yreiol*, / Un â chwi, aen' yn eich ôl. **17g.** Wiliam Bodwrda: *Gw* 226, aer yw Owen *yreial* / aer grasslon aer tirion tal (Gruffydd Phylip). **17g.** *Llst* 124, 86, Y carw ieuanc *yreiol* / Cymrv 'n deg cymer yn d'ôl (Gruffydd Phylip).

yrf, gw. **arf** (hefyd At.).

yrionyn, yrllynedd, yrn, gw. **eirionyn, llynedd, wrn.**

yrowan, yrowon, gw. **yrŵan.**

yrŵan, 'rŵan, &c. [talf. o'r ymad. *yr awr hon*] *adf.* Yn awr, yr awr hon, ar hyn o bryd, y dyddiau hyn, bellach; yn y man: *now, at the present time, nowadays, by this time; presently.*
15g. *GDID* 90, O bu draw'r bywyd ar ran, / Mae'r eos yma '*rowan*; / Hir y bu fronfraith, faith fâr, / Cemais yn aros cymar. *c.* **1550** A. Borde: *FB* 129, they [offeiriaid] haue no Wyues now . . . neth os [*sic*] mor gwragath [*sic*] *irrowan.* **1567** *TN* 155b, *yr owon* dodi o ddiavol yn-calon Iudas Iscariot, ap Simon, y vradychu ef. *id.* 352a, yn yr hwn [Duw] ir nas gwelwch ef *yrwan*, y ddych ir hynny yn credu. **17g.** *TBM* 357, Mae y dyrnwr truan prudd / A ddyrnai gynt am ddimai'r dydd / '*Rŵan*, yn taflu'r ffust ymhell / A'i rapier fain wrth ddrws ei gell (Siôn Gruffydd). **1684** H. Owen: *DC* [xiii], bod Duw *rwön* ers llawer mwy nac vgain mlynedd wedi eu cymmeryd [offeiriaid] . . . atto ef. **1703** E. Wynne: *BC* 29, felly *rwan* nid yw 'r wylo yma, ond rhai o ran defod ac arfer. **1739** *ML* i. 8, *rwan* mae'r gwr yn dymuno arnoch scrifenu. **1798** Gw. Mechain: *D* 11, Ac *y rwan*, mae fy amynedd i ym mron a'm gadael. Ar lafar, 'South from the Rheidol the regional word for "now" is "nawr", whereas, to the north of this point, it is *rŵan*', *LGW* 533; 'Be' sy '*rŵan*?', *WVBD* 455; ''Sgin' i'm amsar i' neud o '*ŵan*', 'Mi fydda' i yno '*rŵan* 'men dau funud' (Arfon). Digwydd hefyd yn yr ymad. ''*rŵan* hyn' 'y funud hon'.
Cfn.: **yrŵan,** &c., **ac yn y man:** *now and again, now and then.* **1754** *ML* i. 315, Fe fydd mân lestri yn dyfod a choed oddiyno i'r wlad hon *rwan ac yn y man.* **1774** H. Jones: *CH* 40, ei arfer oedd *y rywan ac yn y man*, pregethu ym mysg e'i gymdogion. Ar lafar. Cf. '*nawr*—'*nawr ac yn y man.* **'rŵan jest:** *just now.* **1923.** Ar lafar, *WVBD* 116. Cf. '*nawr*—'*nawr jest.*
Gw. hefyd **awron, owran.**

yr ys, gw. **er—ers.**

yrhawg, gw. **rhawg.**

yrhof, yrhwng, yrhyddo, yrhyngto, yrhyngtho, &c., gw. **rhwng.**

ys^{1}, gw. **wyf: bod.**

ys^{2} [dichon fod yma ddau air, sef *y^{2}*+*-s^{1}* ac *y^{2}*+*ys^{1}* (neu ddefnydd arbennig o *ys^{1}*)] *gn.* Geiryn rhagferfol cadarnhaol sydd weithiau'n cynnwys rh. m. gwrth. 3 prs.: *affirmative preverbal particle, sometimes containing 3 pers. acc. infixed pron.*
12g. *GLlF* 13, *Ys* bendico Duɓ dwywaɓl weinyt. *id.* 37, *Ys* gɓn cɓd edyɓ; ny ɓn cɓd af. **12g.** *GCBM* i. 195, Ysgor dor dyrwn, *ys* gɓn oet ysgwn / Ysgwyd . . . Rugun. **12–13g.** *GMB* 406, Duɓ Sadɓrn *ys* aeth, *ys* eithyt—ym med. **13g.** *C* 67. 13–14, Bet elchwith *ys*gulich glav. *id.* 106. 2–3, Ae diwet *ys*po. can bv. y leith. **14g.** *T* 53. 6, *Ys* arganfu perif ae lu reglyt ypar. *id.* 60. 12–14, Atorelwis flamdɓyn vaɓr trebystaɓt . . . *Ys* attebɓys. Owein dɓyrein ffossaɓt. **14g.** *WM* 52. 36–53. 1, Ac aduyd *ys*kymeraf gynghor am ych kennadɓri chɓi. **14g.** *GDG^{3}* 250, *Ys* gwn nad gwell, feithbell farn, / Esgidiau rhag ias gadarn [i'r rhew]. *c.* **1400** [*RB*] *WM* 233. 37, *ys* oed gɓell dy grogi. **15g.** *GGl^{2}* 243, *Ys* gŵyr Duw, os gŵr dwywol / A fyn hi, ef â'n ei hôl. **1551** W. Salesbury: *KLl* lxxiiib, ac a *ys* tywalltwyt o hono eu [*sic*] oll ymyscaroedd. **1567** *LlGG*

(*Sall*) ivb–va, *Ys* gwneythost ef y arglwyddiaw ar weithrededd dy ddwylaw: *ys* gosodeist pop peth y dan ei draet. **1567** *TN* 41a, *Ys* buost ffyddlawn yn ychydigion. *id.* 65b, Athro, *ys* gwelsam vn yn bwrw allan gythrelieit drwy dy Enw di. *a.* **1587** *Y* 18, Iawn a gai, plethwn gywydd, / *Ys* dyli, a pharch, 'postl y ffydd. **1632** J. DAVIES: *LlR* xi, i ti *ys* perthyn y rhwyvanolaeth, a'r glod, a'r gallu hyd byth anniben. **1754** G. OWEN: *L* 89, *Ys* oedd mygr Iaith gyssefin . . . [T]ri Englyn Milwr i Ddynwared Iaith . . . Llywarch Hen.

Gw. hefyd **as**[1].

ys[3] [ff. lafarog ar *-s*[1], cf. *as*[2]] *rh. m. gwrth.* 3 prs. Ef, hi, hwy: *him, her, it, them.*

12g. *GCBM* ii. 331, Archaf i Fab Duw, can *ys* digawn, / Cymod o'n pechod (pechu nid iawn). **12–13g.** *GMB* 200, [ ]ew hyder hud *ys* keueis. **13g.** *C* 81. 12–13, Bei *ys* cuypun ar vn. **13g.** *A* 6. 5, bwyt e eryr erysmygei. **13g.** *BD* 100, gan lad eu kivdavtwyr megys y lledit deueit guedy *ys* adavhei. **14g.** *WM* 42. 24–5, dioer heb ynteu pei *ysg*ỽypỽn ny doỽn yma. **14g.** *Bren Saes* 62, a chet *ys* meneckyt ydaw ny allei namyn tewi rac cadarnhet Gotwin. *c.* **1400** *YCM*[2] 67, ny bu neb a deruysgei arnunt eu hynt, nac a'e gallei pei *ys* mynnei.

Gw. hefyd **as**[2].

ys[4] [?cf. S. *as*] *cys.* Fel (y): *as.*

1852. Ar lafar yn y De, '*ys* gwetws y boi na', '*ys* gwetws y dryw bach wrth bisho yn y môr', M. WILIAM: *DY* 30. Clywir *os* yn sir Benf. a sir Gaerf., '*Os* gwedon' nhw'.

ys[5] [?defnydd arbennig o *ys*[1] (fel elf. gyntaf y ff. f. *ysid* (gw. *wyf*: *bod*); cf. *id*[1]] *adf.* a hefyd gyda grym ansoddeiriol. Yn wir, ie, hyd yn oed: *truly, indeed, even.*

1551 W. SALESBURY: *KLl* xxia, can vot yn vuydd hyd angeu / *ys* angeu croc. **1567** *LlGG* (*Sall*) 5a, Oll ddeueit ac ychen *ys* [:- hefyt], ac aniveilieit y maes. **1567** *TN* 159b, Nwy ach escommunant chwi: and [:- *ys*, ie] e ddaw 'r amser, y bydd i pwy pynac ach lladdo, dybiet y vot yn gwneuthu'r [*sic*] gwasanaeth y Dduw. *id.* 372a, gan eu tynnu allan o'r tan, a' chasau *ys* y wisc brychedic y gan y cnawt. **1632** *D*, *Ys*, Næ. **1688** *TJ*, *Ys*, yn wîr, yn wîrionedd: truely, verily. **1716** T. EVANS: *DPO* 92, *ys* yw gennyf mae Tywysog gwychr . . . oedd Arthur. *id.* 95, *ys* yw gennyf, ein bod ni etto yn gwenu ac yn ymhyfrydu wrth glywed Sôn am ei weithredoedd. **1753** *TR*, *Ys*, truly.

ys[6], gw. **er—ers.**

ys[7], gw. **os**[3]**—os gwn i.**

ys[8], **ys-**, gw. **ysaf: ysu, es-.**

ysadwy [bôn y f. *ysaf*: *ysu*+*-adwy*] *a.bfl.* Ysol, difaol; (geir.) y gellir ei ddifa (e.e. gan dân): *consuming, ravaging*; (*dict.*) *consumable* (*e.g. by fire*).

1772 *W* d.g. *Consumable.* **1803** *P.*

ysaf: ysu [?cf. H. Lyd. *esat*, gl. *metes .i. ebrietas*, H. Wydd. *-estar* 'bwytao', ac o bosibl Llad. *edō* 'bwytâf'] *bg.a.* Bwyta, llawcio, traflyncu; difa, dinistrio, difetha, rhydu, erydu, treulio; poenydio; cosi; hefyd yn *ffig.*: *to consume* (*food*), *eat, devour*; *consume, destroy, ruin, corrode, erode, wear away*; *torment*; *itch*; *also fig.*

13g. *LlI* 33, bot er anyueyl en glan ual e galler *essu* e kyc. **13g.** *C.* 59. 6–7, Na chlat de redkir nac *iste* wiuuy. *c.* **1300** *B* iv. 121, Avallen beren burwen o vlodeu. / yr ay *hys* melis y haualeu. **14g.** *LlB* 28, gwedy bwyt, *ysset* ynteu [rhingyll] gyt a'r gwassannaethwyr. **14g.** *WM* 467. 1–4, pan elhynt y gyscu penn y pryuet a*yssynt* rac newyn mal pei nat *yssynt* uỽyt eiroet. **14g.** *GIG* 60, A'i chlap megis hwch lipa / Is y ffordd yn *ysu* ffa [am felin]. **15–16g.** *GIF* 76, Gwna fal Lludd a Llefelys / gwledd i hwn, arglwydd a'i *hys.* **1547** *WS*, *Yssy* bwyta Eate. *id.* Traulio ne *yssy* Were. **1567** *TN* 318b, A'y ymadrodd hwy a *ysa* val cancr. **1588** *Jer* xvii. 27, mi a gynneuaf dân yn ei phyrth hi, yr hwn a *yssa* balasau Ierusalem. **1632** *D*, *Ysu* . . . Vorare, deuorare, absumere. *id. Ysu*, bod a chosi ac ymgrafu arno d.g. *Prurio.* **17g.** *NBSBM* 84, Nâd i'r gwyfyn brytyn brau / *Ysu* dysgeidiaeth oesau [John Morgan i Moses Williams]. **1701** E. WYNNE: *RBS* 94, Diawl, un sy'n dy lwyr gasâu di, un sy'n *ysu* am gael dy ddestrywio di. **1703** E. WYNNE: *BC* 74, 'r oeddwn inne 'n *ysu* am gael gwybod pa ryw bobl allei 'r Seithnyn hynny fod. **1740** T. EVANS: *DPO* 155, [P]aladr melin o haiarn . . . a'r pen arall wedi ei *yssu* gan rwd. **1773** *W*, *ysu*'r cwbl d.g. *Glutton, To play the glutton. id. Ysu* . . . bod â chosi ac ymgrafu arno . . . *ysu* a merwino . . . am gael gwneuthur rhyw beth d.g. *To itch, or have an itching.* **1790–1** H. JONES: *T* 72, *yssu* drachefn ar ol y byd, colli blas a bywyd pethau nefolaidd. **1795** J. THOMAS: *AIC* 281, Arsenic un tôst iawn am *ysu*, neu fwytta Cnawd y'w hwn. **1803** *P.* Ar lafar, '*ysu*' 'to eat away' 'to irritate, itch', *WVBD* 581; '*ysu*' 'to itch', 'In the north-east midlands (with a scattering of instances through the north-east, and in the Cothi-Tywi-Usk highland area)', LGW 503; '*ysu*' 'to yearn; to hanker', *GTN* 866.

ysaffwn, ff. ansicr ei hystyr, gw. *GCBM* i. 73.

ysb, ff. l., gw. **osb.**

ysbachaf: ysbachu, ysbadolaf: ysbadoli, gw. **sbachaf**[1]**: sbachu, ysbodolaf: ysbodoli.**

ysbaddad, ysbaddaden, gw. **ysbyddad**[1].

ysbaddaf, sbaddaf: (y)sbaddu [bnth. Llad. C. *spadō*, Llyd. C. *spazaff*, Llyd. Diw. *spazhañ*, taf. Gwened *spaheiñ*] *bg.a.* Disbaddu, torri ar, cyweirio, hefyd yn *ffig.*: *to castrate, geld, emasculate, spay, also fig.*

14g. *LlB* 63, Nyt oes yg kyfreith Hywel Da *yspadu* gwr yr treissaw gwreic. **14g.** *BT* (*RB*) 162, gwedy tynnv y lygeit o'e penn y peris y *yspadu* rac meithrin etiued ohonaw. *c.* **1400** *B* ii. 14, Moch gwys *yspada* wynt a chystal uyd eu backyneu a rei y tyrchot. **1547** *WS*, *Spaddy* Gelde. **1604–7** *TW* (*Pen* 228), *spaddû* d.g. *Castro.* **1722** *Llst* 189, *Yspaddu.* To geld, cut, splay. **1771** *PDPh* 96, Dylai Tyrchod gael eu *yspaddu* yn chwech mis oed. [**1783**] *W*, *Yspaddu* (talfyrru, cwttogi) byddin d.g. *To reform an army or troops.* Ar lafar, 'Tarw wedi *sbaddu* yw idon', *GTN* 707. Clywir *sbaddu* yng nghanolbarth a godre Cered. yn yr ystyr 'torri'n aflêr', '*spaddu* llafur neu wair', *B* iv. 302 (canolbarth Cered.). Digwydd yn yr ystyr 'tynnu cerrig o ffrwyth', *GTN* 707, hefyd yn y ff. *sbathu*, *Geir Geg* 113 (dwyrain Morg.).

ysbaddawd, gw. **ysbyddawd.**

ysbaddedig, sbaddedig [bôn y f. *ysbaddaf, sbaddaf*: (*y*)*sbaddu*+*-edig*] *a.bfl.* ll. (gyda grym enwol) *-ion.* Wedi ei (h)ysbaddu, disbaddedig, hefyd yn *ffig.*: *castrated, neutered, spayed, also fig.*

1836.

ysbaddod, gw. **ysbyddawd.**

ysbaddwr, sbaddwr [bôn y f. *ysbaddaf, sbaddaf*: (*y*)*sbaddu*+*-wr*] *eg.* ll. *-wyr.* Un sy'n ysbaddu, disbaddwr, cyweiriwr, hefyd yn *ffig.*: *castrator, emasculator, gelder, also fig.*

1547 *WS*, *Spaddwr* A gelder. *id. Spadwr* [*sic*] hwch A sowgelder. **16–17g.** LLYWELYN SIÔN, &c.: *Gw* 598, Syr Thomas, bileinwas byd, / *Ysbaddwr* Llanysbyddyd. *c.* **1730** *Thos. Lloyd D* (LlGC) 211a, *Spaddwr.* a gelder. *c.* **1785–90 (1829)** *CBYP* 148, Echdoe'n waddwr; / Doe'n *yspaddwr.*

ysbaenaf: ysbaena, Ysbaenaidd, Ysbaeneg, gw. **sbaenaf**[1]**: sbaena, Sbaenaidd, Sbaeneg.**

ysbaenel, ysbaenfarch, ysbaengi, Ysbaeniad, gw. **sbaniel, sbaenfarch, sbaengi, Sbaeniad.**

Ysbaeniaith, Hisbaeniaith, Hysbaniaith [e.'r wlad *Ysbaen, Hisbaen*, a chfdds. o'r S. *Hispan*(*ic*)+*iaith*] *eb.* Sbaeneg: *Spanish* (*language*).

1592 S. D. RHYS: *Inst* [xiv], yr Ieithoedh cyphrêdin, megys . . . yr *Hyspanieith.* **1595** M. KYFFIN: *DFf* [xix], a 'r vn fâth lythyren sydd gyffredin hefyd yn yr *Hispaen-iaith.* **1603** E. KYFFIN: *Ps* [i], [p]rintio bagad o lyfre yn yr *Yspaen-iaith.*

Ysbaeniard, Ysbaenierd, gw. **Ysbaniard.**

Ysbaenig, Ysbaenis(h), ysbag, ysbagaf: ysbagu, ysbagog, gw. **Sbaenig, Sbanish, sbag, sbagaf: sbago, sbagog.**

ysbaid [bnth. Llad. *spatium*, cf. Crn. C. *spys*] *eb.g.* (bach. g. *ysbeidyn*) ll. *ysbeidiau*, a hefyd gyda grym adferfol. Cyfnod, ennyd, tymor, rhychwant, egwyl, seibiant, hoe; bwlch, lle: *period, while, term, span, interval, spell, respite*; *gap, space.*

12g. *GCBM* ii. 270, Rac gormeil yspeil yn *yspeit*—pechu. **12–13g.** *GMB* 539, *Yspeit* vyrr vydaỽl vot ym penyt. **13g.** *GDB* 109, O ueirt yspydeid *yspeid* yspys. **13g.** *LlI* 37, ne dele er haulur duen guestel e mach eg kyhyt a henne o *espeyt.* **14g.** *WM* 59. 20–2, hyt na ỽybuant ỽy eiryoet dỽyn *yspeit* digriuach na hyurydach no honno. *c.* **1400** *R* 1156. 17–18, gỽedy *yspeit* hir quadraginta. Neur aeth men pandoeth. **15g.** *IGE*[2] 223, Aed f'uchenaid, *ysbaid* osb, / Hwrdd deau herwydd diasb (Ieuan ap Rhydderch). **1547** *WS*, *Yspaid* enkyd Respyte. **1567** *TN* 206b, pan yw tros *yspait* tair blynedd na pheidiais i a rhybyddio pop vn, ddydd a' nos. **1604–7** *TW* (*Pen* 228), yr *yspait* ne'r lhe rhwng y tenewynæ ar mordhwydydh d.g. *plechos.* **1606** E. JAMES: *Hom* iii. 85, Cadwn ein gŵyl tros holl *yspaid* ein bywyd. **1632** *D*, *Ysbaid*, Spatium, cessatio. **18g.** E. T. RHYS: *DA* 95, Dala deuddeg o lwynogod / O fewn *yspaid* tri diwrnod! **1776** *W*, *Yspaid* pum mlynedd d.g. *Lustrum.* **1803** *P* d.g. *Yspaid.* Ar lafar, '*ysbaid*' 'space (of time)', *WVBD* 579 (*eg.*).

ysbail[1] [bnth. Llad. *spolia*, cf. Gwydd. *speil* 'gyr o wartheg'] *eb.* ll. *ysbeil*(*i*)*au*, (prin) *ysbeilion*, a hefyd fel *e.ll.*

(*a*) Eiddo ysbeiliedig, anrhaith, lladrad; ysglyfaeth; y weithred o ysbeilio, anrheithiad; gwisg, dillad; hefyd yn *ffig.*: *plunder, spoils, booty, pillage, robbery*; *prey*; *a plundering or pillaging*; *clothing, clothes*; *also fig.*

12g. *GCBM* ii. 270, Rac gormeil *yspeil* yn yspeit—pechu. **13g.** *BD* 10, rannu yr *yspeyleu* a wnaethpvyt y rvng y wyr ef. **14g.** *T* 63. 15–16, tut ynyeil gỽerth *yspeil* taliessin. **14g.** *BT* 192, llywelyn . . . llosges y trefi ar kestyll oll . . . ac yduc law er [*sic*] *oyspeilyeu* ganthaw. **14g.** *WM* 24. 18–20, Abỽrỽ y bratteu ar loppaneu ar *yspeil* didestyl yamdanaỽ aoruc pỽyll. **14g.** *BT* (*RB*) 230, ymhoelawd yn uudugawl wedy cael diruawr anreith ac amylder o *yspeil.* **14g.** *GDG*[3] 158, *Ysbail* gŵydd, cynnydd cannoed, / Ysgythrlen brig cangen coed [i'r het fedw]. **1547** *WS*, *Yspeil* Spoyle. *id.* Trais *yspeil* Robbery. **1551** W. SALESBURY: *KLl* lxxixa, Calon i gwr a eill ymddireit y hon / ac ny ddygwydd ef mewn *yspe*/*il.* **1588** *Nu* xiv. 3, ein gwragedd a'n plant fyddant yn *yspail.* **16–17g.** T. R. ROBERTS: *EP* 279, *Ysbeilion* fel ysbel far, / Gwybedyn a gwib adar [Edmwnd Prys i ateb Siôn Phylip]. **1604–7** *TW* (*Pen* 228), *yspeil* d.g. *Vastatio.* **1632** *D*, *Yspail*, Spolium, exuuiæ, manubiæ. *id.* d.g. *Compilatio, Labefactio, Rapina.* **1672** J. LANGFORD: *HDdD* 48, cadw yn ôl y Degymmau . . . diammau yw, fod hynny yn lledrad cyn siccred ac y gall ûn *Yspeil* arall fôd. **1803** *P* d.g. *Ypsail.*

(*b*) Organau('r corff): (*bodily*) *organs.*

13g. *B* x. 24–5, Gwybyd . . . na elly caffael yechyt am e pechaut ry wnaethost ony ledy duhun gan drychu y urthyt dy aelodeu guravl . . . hi [Mair] a varnws deleu or eneit emchuelut er corff . . . bu yach e den a thrigyav creith eissyoes en dystyolaeth urth e gureid ene lle e torret er *yspeil.* **1346** *LlA* 130, Or prid ygỽnaethpỽyt knaỽt dyn . . . or heul ygallon Ae *yspeil.* *c.* **1400** *Études* vii. 308, Virgo yssyd a'e gedernyt yn y groth a'r coludyon a'r *ysbeil* ereill a vyd yn y chylch.

Cfn.: **ysbail allor:** *sacrilege.* *c.* **1401** *AL* ii. 366.

ysbail[2], gw. **ysbeiliaf**[2]**: ysbeilio.**

Ysbainiard, Ysbainierd, gw. **Ysbaniard.**

ysbaith [cf. *paith* adran (*b*)] *eg.* Golygfa: *scene, view.*

1803 *P* d.g. *Yspaith.*

Ysbaniard, Ysbaeniard, Sbaniard, &c. [bnth. S. *Spaniard*, a'r drydedd ff. dan ddyl. e.'r wlad] *eg.* ll. *Ysbaniards, Ysbaenierd*(*s*), *Ysbaeniards, Sbaeniards*, &c., a hefyd fel *e.ll.* Sbaenwr, Sbaenwyr: *Spaniard*(*s*).

17g. *DCR* 243, yr holands ar *spayniards.* *id.* 244, marchio i drwms a sowndio i trwmpets / ovdd ddwys benvd i *ysbaeniards.* *ib.* ni alle *yspainiard* ai gwrolieth / rhag gwir gwilidd dhienk imaith. *id.* 245, Pen /i/ canu/ r/ [*sic*] *sbaniards* cynta / ger ibron y Capten yma. *ib.* fo ddangosodd holand heleth / nad oedd arnyn ofn gwrolieth / ar *yspainierds* drwg i ffortyn / i/fyn [*sic*] cales fo ddarfu i calyn. *id.* 246, Mil a chwechant warrant wirieth / vn ar higien day naw eilwaith / oedd ovd Jessu gwyn gogoned / pen oedd laddfa ar *yspanierd.* **1718 (1721)** S. THOMAS: *HB* 33, Yr *Yspaniards*, sydd yn awr mewn meddiant o'r y[n]ysoedd yma.

ysbaniel, Ysbaniwr, ysbar[1,2], **ysbâr**[1], gw. **sbaniel, Sbaenwr, sbar, ysbar**[2], **sbâr.**

ysbâr[2], **ysbar**[2] [?bnth. Llad. *sparus*] *eb.* ll. *ysberi*, (prin a diw.) *ysbariau.* Gwaywffon, picell, hefyd yn *ffig.*: *spear, lance, also fig.*

12g. *GCBM* ii. 21, Llid esbyd *ysbar*, ysbydaỽd yor. **12–13g.** *GLlLl* 25, Gwyl, Dauyt laỽryt, laỽr orthorri —cad, / Kedaỽl, ar ogel uy *ysperi.* *id.* 62, Llary *ysbar* ysbenyt y neid. **13g.** *C* 60. 9–11, Dirchafaud dreic faud fau *isperi* gurt kyuan uaran o lan. teiwi. **13g.** *A* 7. 9–10, greit uab hoewgir ac *ysberi* y beri creu. *id.* 21. 16–17, lluch gwynn gwynn dwll ar ysgwyt y or. *yspar* llary yor. molut. **13g.** (**17g.**) *AH* 30, y *ysberi* pell yd glywer. **14g.** *GDG*[3] 32, Llathrlaw ysb euraw, *ysberi* —gwëyll. **1632** *D*, *Ysbâr*, Idem quod Pâr, Lancea. Pl. *Ysberi.* **18g.** I. BRYDYDD HIR: *Gw.* 64, Dwyn lluchynt

yn dân llachar, / Naws poeth, yn erbyn *yspâr.* **[1783]** *W, Ysbâr* d.g. *Spear.* **1803** *P, Yspar,* s. f. . . . A spear.
Gw. hefyd **ysbêr.**

ysbarbils, ysbarchaf: ysbarchu, gw. **sbarblis, sbarchaf: sbarchu.**

ysbardun, sbardun, *eg.b.* ll. *-au.*
(*a*) Dyfais fetel ar lun U ac iddi bigyn bychan neu olwyn bigog; fe'i gwisgir ar sawdl marchog a'i defnyddio i bricio ceffyl, &c., i'w annog yn ei flaen; llun o'r cyfryw fel dyfais herodrol: *spur, also as heraldic device.*
13g. *LlI* 9, hen *esparduneu* dulys. *id.* 94, *Sparduneu* aryanneyt, ii.k'. **14g.** *YBH* 7b, Ynteu val guas deƀr gleƀ a vrathaƀd y march ac *ysparduneu.* *c.* **1400** *YCM*[2] 56, Roos a Rinuel a wisgwys am y draet dwy *ysbardun* oedynt gywyrthyd a ryw gastell. **15g.** *GO* 279, Aeth yt antvr mab Vrienn, / Aed yn aur d'*ysbardvn* wenn! **1547** *WS, Yspardyn* A spurre. **16g.** *Mos* 113, 60, Brenin Manaw ef a ddwc Maen o gowls tair esgair o ariant, tair *yspardyn* o aür. **1604–7** *TW* (*Pen* 228), *spardun* d.g. *Calcar.* **1615** R. SMYTH: *GB* 172–3, [g]vvenvvyno . . . ibvvtiasau [*sic*] ai *spardunau.* **1632** *D, Yspardun,* Calcar. **1759** *ML* ii. 144, *spardun* brês ac un goes iddi. **[1783]** *W* d.g. *Spur.* **1803** *P* d.g. *Yspardun.* Ar lafar, '*sbardun, sbyrdun*', *WVBD* 474 (*eg.* ll. *sbardyna, sbyrdyna*); 'A dyma fa'n roi'r *sbardun* i'r ceffyl a ffwr' ag e!', *GTN* 707 (*eg.* ll. *sbardyna*).
(*b*) (enghrau. *ffig.*: *fig. exx.*).
14g. *GDG*[3] 191, y lloer fry, / . . . / Rhygron fu hon ar fy hynt, / Rhywel *ysbardun* rhewynt. **15g.** *GLGC* 37, Rhoed y llewpard ddwy *ysbardun* / yn ystlys mamynys Môn [awdl frud i Siasbar Tudur]. **1606** E. JAMES: *Hom* i. 190, fe ddichon trahausdra gelyn fod yn llymmach *yspardun* i'n cymmell ni i wellhau ein bywyd, nâ rhybyddiau tyner ein caredigion. **1658** R. VAUGHAN: *YPS* 18, A dibrisio a rhoi heibio Weddiau r Ecclwys, sydd *spardyn* i frysio neulldduad. **1677** R. JONES: *BB* 147–8, Duw yw'r hwn sy yn gorchymmyn, a'i Gariad sy yn annog, a'i Ddigofaint yw'r *Yspardun.* **1701** E. WYNNE: *RBS* 227, Bwrw oddi wrthit bob annogaeth ac *yspardyn* i Ddigllonedd. **1765** J. POPKIN: *Ll* 56, maent fel ffrwyn i hunan-/ hyder, ac fel *yspardyn* i ddiwydrwydd. **[1783]** *W* d.g. *Spur* [*an incitement*]. **1798** J. THOMAS: *CIC* 50, y wybodaeth hon, ynghyd â'r gyfraith, yw'r *yspardynau* y mae Crist yn eu harfer i yspardyno eneidiau . . . atto ef ei hun. Ar lafar, 'rhoi *sbardun* yni hi' 'to jog her along . . . said e.g. of a girl who is slow in her movements', *WVBD* 474.
(*c*) Pigyn caled ar goes ceiliog: *cockspur.*
1877. Gw. hefyd y cfn. *ysbardun ceiliog* isod.
(*d*) Dyfais, yn enw. pedal troed, sy'n rheoli cyflymdra peiriant cerbyd: *accelerator* (*of vehicle*).
20g. Ar lafar, 'Dim ots faint odd 'y nhroed i ar y *sbardun,* 'dodd y car yn mynd ddim cynt' (sir Ddinb.).
(*e*) Crib (mynydd), esgair: (*mountain*) *spur, ridge.*
1899.
Cfn.: **(y)sbardun ceiliog:** *cockspur; gaffle, metal spur for a fighting cock.* **1604–7** *TW* (*Pen* 228) d.g. *Vua, Gargareon* (At.). **1772** *W* d.g. *Cock's spur.* **1798** *WR* d.g. *Gaffle.* Ar lafar yn yr ystyr 'gaffle', '*sbardun cilog*' (dwyrain sir Gaerf.). **ysbardunau euraid:** *gilt spurs* (*as mark of knight*). **13g.** *LlI* 94. **14g.** *BT* 238. **14g.** *YBH* 9a. *Bot.* **sbardun (yr) hedydd:** *larkspur, Consolida.* **1604–7** *TW* (*Pen* 228), y lhyseun *spardun yr hedydh* d.g. *Asperala* (At.). *Dchr.* **17g.** *J* 10, 44a, *Spardun hedudd.* × Meddygun y Brenin. Ar lafar, '*spardun yr hedydd*', G. AWBERY: *BM* 21 (Meir.). *Bot.* **(y)sbardun (y) marchog:** *forking larkspur, Consolida regalis. Dchr.* **17g.** *J* 10, 44a, *Spardun marchog.* Consolida regia. **1632** *D* (*Bot*), *Yspardun y marchog,* Consolida regia. **1813** *WB* 236.

ysbardunad, gw. **ysbarduniad.**

ysbardunaf, sbardunaf: (y)sbarduno [bf. o'r e. *ysbardun, sbardun*] *bg.a.* Pricio (ceffyl, &c.) ag ysbardun(au) i'w annog yn ei flaen; annog, cyffroi, ysgogi, symbylu, peri; defnyddio ysbardun (cerbyd), cyflymu: *to spur* (*horse, &c.*) (*on*); *urge, stimulate, motivate, exhort, incite, trigger, cause; use the accelerator, accelerate.*
15g. *Glam Bards* 243, Sion wr glan sydd yn or gler / eilyn brawd ny lawn bryder / er gollwng ffrwyn yn y drwyn dro / ysbord iawn ai *sbardyno* [Lang Lewys mewn ymryson â Siôn ap Hywel Gwyn]. **1547** *WS, Yspardyno* Spurre. **16g.** *B* x. 286, y rhain [meirch] a *sbardunasantt* twy yn ffesd parth ai karttref. *c.* **1590** *Cewri* 308, ebh a *yspardynei* ei bharch, hyd yn y lamhei y march ar vn naid dros yr abhon Ystwyth. **1604–7** *TW* (*Pen* 228), *sparduno* d.g. *perstimulo* (At.). **1632** *D, Ysparduno.* Calcar addere, stimulare. *id.* d.g. *Incito, Stigo.* **1661** E. LEWIS: *Drex* 331, Mynych y mae 'r Apostol yn ein *hysparduno* ni ym mlaen i gymmeryd gafael ar gyfaddasrwydd. **1716–18** *Llsgr R. Morris* 196, att yr afon dechre i droi / oddiyno foi *spardunodd* / fo roes y gelding iddo sgwd / yn y ffrwd foi taflodd. **1752** J. THOMAS: *FG* 258, weithiau ei *sbardyno,* i wneuthur llawer o Drais a Dirieid-dra iddi. **[1783]** *W, Ysparduno* d.g. *To spur.* **1798** J. THOMAS: *CIC* 50, y wybodaeth hon, ynghyd â'r gyfraith, yw'r yspardynau y mae Crist yn eu harfer i *yspardyno* eneidiau . . . atto ef ei hun. **1803** *P* d.g. *Yspardunaw.* Ar lafar, 'Ma isia i rwun dy *sbarduno* ditha 'mlæn gyda dy waith!', *GTN* 707.
Amr.: **(y)sbardynu.** **1769** D. ROWLAND: *CG* 40–1, [y] camni wedi parhau yn hir, a chwedi '*spardynu* ymaith bob moddion a ddefnyddiwyd tu ag at ei symmudiad. Ar lafar, '*sbardynu*', *WVBD* 474.

ysbarduniad, sbarduniad, ysbardunad [bôn y f. *ysbardunaf, sbardunaf*: (*y*)*sbarduno* +*-iad*[1], *-ad*] *eg.* Y weithred o ysbarduno (ceffyl, &c.): *a spurring* (*of horse, &c.*).
[1783] *W, Yspardunad* d.g. *A spurring.* **1803** *P* d.g. *Yspardunad.*

ysbardunog, sbardunog [*ysbardun, sbardun*+*-og*] *a.* Yn gwisgo ysbardunau, hefyd yn *ffig.*; cribog (am fynydd): *spurred, wearing spurs, also fig.*; *ridged* (*of mountain*).
16g. *Def Hen* 31, [y] lleiaf i ddysc ohonynt yn haplach i gynghori i plwyfolion . . . na'r rhan fwia o'r dyrmygaidd swyddwyr *spardynog* ar sydd yn athrawy yn y fath ddysceidiawl gynilleidfa. **1722** *Llst* 189, *Yspardunog.* Spurred, wearing spurs. **[1783]** *W, Yspardunog* d.g. *Spurred, or having spurs.*

ysbardunol, sbardunol [*ysbardun, sbardun*+*-ol*] *a.* Yn ysbarduno, symbylol, ysgogol: *spurring on, stimulating, motivating.*
20g.

ysbardynaf: ysbardynu, ysbardysen, ysbariaf: ysbario, gw. **ysbardunaf: ysbarduno, sbarras, sbariaf: sbario.**

ysbarnaf, sbarnaf, ysbarniaf: (y)sbarnu, ysbarnio, *ba.* Tynnu cyrn (anifail marw), hefyd yn *ffig.*; (geir.) diberfeddu (pysgod): *to dehorn* (*dead animal*), *also fig.*; (*dict.*) *gut* (*fish*).
16g. HUW ARWYSTL: *Gw* 381, ysgafn oedd vs gefn eiddil / *ysbarnio* i chorff ysbwrn chwil [dychan i'r fedwen heb na dail na rhisgl]. **1753** *TR, Ysparnu* . . . to gut or draw out the guts of a fish. **1774** *W, Ysparnu* . . . pysgod d.g. *To gut fishes, &c.* Ar lafar yn y ff. '*sbarnu*' 'torri ymaith gyrn anifail marw cyn ei flingo' (gogledd sir Gaerf.).

ysbas, gw. **sbas.**

ysbawd, sbawd [bnth. S. C. *spaud*] *eb.* ll. *ysbodiau.* Ysgwydd (hefyd fel darn o gig), palfais: *shoulder* (*also as joint of meat*), *shoulder-blade.*
15g. *GDLl* 162, Wrth wden ni wrthodir / *Ysbawd* hwn o ysbaid hir [am gymhortha defaid]. **1604–7** *TW* (*Pen* 228), *Spawt* d.g. *Spatulæ.* **1632** *D, yspawd* d.g. *Humerus.* *id. Yspawd* d.g. *Spatulæ.* **1722** *Llst* 189, *Yspawd.* f. p. *podiau.* A shoulder-blade. **1753** *TR, Yspawd,* a shoulder. N.W. **1755** G. OWEN: *L* 155, yr wyf yn lled ofni y cŷst i chwi dalu i Borter am eu cludo [cywion colomennod] ar ei *ysbawd* o Holborn hyd attoch. **1762** *ML* ii. 450, Fe eilw'r carriwr, medd hi, foru'r bore am y *spawd* cig hwch. **1770** *W, yspawd* d.g. *Blade, The shoulder-blade, Shoulder.* **1803** *P* d.g. *Ysbawd.* Ar lafar gynt yn y Gogledd, 'shoulder (of animals), especially of sheep; also of pigs . . . In sense "shoulder of mutton" long since obsolete', *WVBD* 474; '*sbawd* dafad', *Cymru* xlvii. [195] (sir Ddinb.).
Amr.: **(y)sbold** [geir.; cf. S. *spauld*]. **1707** *AB* 12b, S.W. *Spold.*
Cfn.: **(y)sbawd mollt:** *shoulder of mutton.* *Dchr.* **17g.** *J* 10, 211a, *Spawd mollt.* **1687 (1715)** J. OWEN: *TB* 108, *yspawd môllt.* **1803** *P* d.g. *Ysbawd.*

ysbectol, ysbedaf: ysbedu, ysbeiadur, ysbeiaf: ysbeio, gw. **sbectol, sibedaf: sibedu, ysbiadur, ysbïaf: ysbïo.**

ysbeidiaf: ysbeidio [cf. *peidiaf*[1]: *peidio*] *bg.* Peidio, darfod: *to cease, come to an end.*
1551 W. SALESBURY: *KLl* xvb, pan ddel y kyfan yna yd *yspeid* y rhan. *id.* lvia, onyd *yspediai* [*sic*] corph y pechot, mal y bo y ni mwyach ua [*sic*] wasnaythom pechot. **1552** (*Diw.* **16g.**) *B* ii. 117, ydd amkenais *yspeidio* ac yscrivenny dim. **1567** *LlGG* (*Sall*) 51a, Pereist yw ardderchawgrwydd *yspeidiaw* [:– laysu]. **1567** *TN* 205a, wedy darvot *yspeidiaw* or derfysc. **1604–7** *TW* (*Pen* 228) d.g. *Cesso.* **1632** *D* d.g. *Desino.* **1771** *W* d.g. *To cease, To discontinue.* **1803** *P* d.g. *Yspeidiaw.*
Gw. hefyd **dysbeidiaf: dysbeidio.**

ysbeidiol [*ysbaid*+*-iol*] *a.* Yn digwydd rhwng ysbeidiau, yn darfod dros dro, achlysurol, o bryd i'w gilydd: *occasional, intermittent, spasmodic, sporadic.*
1803.

ysbeidiolrwydd [*ysbeidiol*+*-rwydd*] *eg.* Yr ansawdd neu'r cyflwr o fod yn ysbeidiol: *intermittence.*
20g.

ysbeidyn, ysbeienddrych, ysbeiennwr, ysbeilaf: ysbeilo, ysbeiledig, gw. **ysbaid, ysbienddrych, ysbiennwr, ysbeiliaf**[2]**: ysbeilio, ysbeiliedig.**

ysbeilfa, sbeilfa [bôn y f. *ysbeiliaf*[2], *ysbeilaf, sbeil(i)af*: (*y*)*sbeil*(*i*)*o*+*-fa, ma*] *eb.* Ysbeiliad, anrheithiad, lladrad; ysbail, anrhaith; (?geir.) man lle y mae lladrad yn digwydd: *a pillaging, pillage, spoliation, robbery; plunder, spoils;* (?*dict.*) *place of robbery.*
1567 *TN* 338b, ac a gymerasoch yn llawen *yspeilfa* ych da. **1589–90** *HP* 13, A hyt tra ytoedd ynn rhannu yr *yspeilva* ydd aeth a'r brenhin i'r castell. **1604–7** *TW* (*Pen* 228), *yspeilfa,* megys y lhe a elwir Bwlch yr *yspeilfa* d.g. *dispoliabulum.* **1630** *YDd* 132, Pan gano'r ceiliog, y mae'r lleidr yn anobeithio am ei *speilfa,* ac yn gadael ymmaith ei amcan a'i fvvriad y noson honno. **1632** *D, Yspeilfa* d.g. *Dispoliabulum, Spoliarium.* **1658** R. VAUGHAN: *PS* 220, ath tosturi di yn brifgarn or *yspeilfa.* **1722** *Llst* 189, *Yspeilfa.* f. A place of robbing. **1759** *BC* 372, Dŷdd *ysbeilfa,* mêdd y Teidiau, Uffern Eitha. **1780** *W, yspeilfa* d.g. *Pillage, or a pillaging.*

ysbeilfatach, sbeilfatach [be. o *ysbail*[1]+ *-fatach*] *bg.a.* Mân-ladrata: *to pilfer.*
1780 *W, yspeilfattach* d.g. *To pilfer.* Ar lafar, 'Ma rwun wedi bod yn *sbilfatach* y 'fala', 'Catw di olwg arno waith un i *sbilfatach* yw a', *GTN* 708.
Amr.: **ysbeilfatan.** **1780** *W* d.g. *To pilfer.* **18–19g.** *IAW* (LlGC) 101, 10, *yspeilfattan,* chwilfattan . . . Glam.

ysbeilfilwr, gw. **ysbail**[1]**+milwr.**

ysbeilgar [*ysbail*[1]+*-gar*] *a.* Yn ysbeilio, ysbeiliol, anrheithgar, lladronllyd, hefyd yn *ffig.*: *plundering, pillaging, thievish, also fig.*
1675 R. JONES: *HCh* 168, Gwybydded pob gweision *yspeilgar,* fod llyfr yn llawn Melltithion a Phlaau yn erbyn pob un a ledratto.

ysbeiliad[1]**,** gw. **sbeliad.**

ysbeiliad[2] [bôn y f. *ysbeiliaf*[2], *ysbeilaf*: *ysbeil*(*i*)*o*+*-iad*[1]] *eg.* ll. *-au.* Y weithred o ysbeilio, anrheithio, lladrad: *a pillaging, spoliation, robbery, theft.*
16g. *Def Hen* 22–3, nhwy a gribiniassont . . . pen golyd a braster y tir, i *yspeiliad* ag anrheithiad llawer gwr gonest tylawd. **16–17g.** *HG* 131, ve orffenoedd [*sic*] angau kaeth, yn uffern gwnaeth *ysbailiad.* **1632** *D* d.g. *Grassatio, Peculatus, Spoliatio.* **1672** J. LANGFORD: *HDdD* 237, yr hyn sydd o'r unwaith yn *Yspeiliad* (*Robbery*) ac yn ddirmyg o'r Duwiol Fawrhydi. **1722** *Llst* 189, *Yspeiliad.* m.p. *adau.* A pillaging. **1775** *W* d.g. *Latrocination, Robbery.* **1803** *P* d.g. *Yspeiliad.*

ysbeiliaeth [bôn y f. *ysbeiliaf*[2], *ysbeilaf*: *ysbeil*(*i*)*o*+*-iaeth*] *e?b.* Ysbeiliad, anrheithiad, lladrad: *a pillaging, robbery.*
1848.

ysbeiliaf[1]**: ysbeilio,** gw. **sbeliaf**[1]**: sbelian** (hefyd At.).

ysbeiliaf[2]**, ysbeilaf, sbeil(i)af,** &c.: **(y)sbeil(i)o,** &c. [bf. o'r e. *ysbail*[1]] *bg.a.*
(*a*) Lladrata (o neu oddi ar), yn enw. drwy drais, anrheithio, diffeithio, difrodi, difetha, hefyd yn *ffig.*; treisio('n rhywiol); tynnu (cleddyf, &c.) o'r wain: *to plunder, rob, pillage, sack, ravage, despoil, also fig.*; *rape; draw* (*sword, &c.*).
13g. *D Col* 10, Try guarthrud keleyn . . . a'r eyl ev e *espeylyau* e keleyn. **13g.** *HGK* 3, A thra ytoed hvnnv en e *yspeillyav* [celain] ac en tynnv torch vaur o eur y am y uwnvgyl. *id.* 20, ac a *yspeillyus* llong en dyuot o Gaer, a llad y guerin. **13g.** *Brut B* 67, sef a gwnaeth Kvhelyn . . . *espeylyav* (*arripuit*; *BD* 50, dispeilyav) y cledyf, ac ar vn dyrnavt llad pen Ythael Glas. **13g.** *BD* 82, guedy *yspeilav* o Vaxen enys Prydein o'e

marchogyon a'e hymladwyr. *id.* 107, Trvy hvnny y kyll Normandi y dvy enys, ac o'e hen teilygdavt yd *yspeilir*. *c.* **1300** *LTWL* 371, Tri chewilyt kenetyl ynt, ac o achaws gwreic y maent... y trydyt yw y *hyspeilaw*. **14g.** *WML* 87, Aphan gyfarffo ymach ar talaꝺdyr. *yspeilet* ef oc auo ymdanaꝺ odillat. **14g.** *BT* 20, ef ay *hyspeilyawd* oy deyrnas ac oy vywyd. **1346** *LlA* 61, Ac yd *yspeilaꝺd* yr arglꝺyd vffernn ynyr aꝺr honno. *id.* 147, Y rei [pechodau marwol] a*yspeilant* dyn o garyat duꝺ. **14g.** *BT* (*RB*) 16, yna yd *yspeilwyt* Llywarch ap Ywein o'e lygeit. **14g.** *B* xx. 268, yna y ducpwyt y vorꝺynn yr maes ac yd *yspeilꝺyt* hi. **14g.** *GDG*³ 188, A bair tristlaw a byrddydd, / A gwynt i *ysbeilio* gwŷdd [am fis Ionawr]. *c.* **1400** *R* 1157. 15–16, Gꝺae a*yspeil* tut. agynhalyo golut. *c.* **1400** *Ymborth* 4, Treis yw *yspeilyaw* arall o'e anuod am y da yn anghyfarch. **15g.** *GLGC* 268, fy *yspeiliaw* draw dri Iau—o'm mawredd / ac o'm holl annedd ac o'm llennau [i ofyn llen]. *id.* 491, Hon a *ysbeilodd* fy nhŷ / o'm hug alont a'm gwely. **1547** *WS*, *Yspeiliaw* Spoyle. **1567** *TN* 300a, ac a *espeiliawdd* y Tywysogaethae. **1588** *Diar* xxii. 22, Nac *yspeilia* mo'r tlawd. *c.* **1588** *Rhyddiaith Gymraeg* ii. 80, Yr hyn nasion o bobl [y Gwyddelod] a aethon noswaith y *sbilio* y dad maeth ef. **1618** J. SALISBURY: *EH* 194, dwyn yr eidho aralh yn gyhoedhys, trwy drais, fel y gwnant y sawl a *speiliant* ar fin ffordh. **1632** *D*, *Yspailio*, Spoliare, dispoliare. *id.* *Yspeilio*... arglwydd d.g. *Depeculor.* **1632** J. DAVIES: *LlR* 377, Yr ydym ni yn *yspeilio* (*rob*) ac yn anrheithio holl greaduriaid y byd gan mvvyaf, i'w roi am ein cefnau, ac i harddvvychu ein cyrph. **1703** E. WYNNE: *BC* 19, Tafarnwyr sy'n *yspeilio* Teuluoedd yr oferwyr o'u dâ. **1754** G. OWEN: *L* 98, Gadewch wybod pa beth a wnaed i'r dynionach anhappus a *speiliasant* yr Ysgottyn ar Draeth y Lavan. **1771** *PDPh* [2], cael *yspeilio* dy God, colli dy Amser, gwaethygu dy Gorph yn lle Gwellhad. **1803** *P* d.g. *Yspeiliaw.* Ar lafar, '*sbilo*' 'dwyn; lladrata', 'Fe *sbilsa* rwpath o dan dy drwyn di a 'eb iti silwi!', *GTN* 708.

Amr.: **ysbeliaf², sbeliaf², sbelaf²,** &c.: **ysbelio, sbel(i)o,** &c. **1545** *B* xix. 294, ac a *sbeliodd* vffern. **1552** *Rhyddiaith Gymraeg* i. 51, *ysbelio* dy gymdogion ac osgatvydd dy dyvaid, dy blant a'th wr priod. **1567** *TN* 274a, Ecclesidd ereill a *espeliais*. **1615** R. SMYTH: *GB* 86, nid oes na gvvlad na theyrnas, heb i *spelio* oi holl arian. **1707** *AB* 8b, Spolio, W. *yspelio*. Ar lafar ym Morg. yn y ff. *sbelo*.

ysbeiliedig, ysbeiledig [bôn y f. *ysbeiliaf²*, *ysbeilaf*: *ysbeil(i)o*+-*(i)edig*] *a.bfl.* a hefyd gyda grym enwol. Wedi ei ysbeilio (am berson); wedi ei ysbeilio (am beth), lladrad; hefyd yn *ffig.*: *robbed* (*of person*); *robbed* (*of thing*), *stolen*; *also fig.*

13g. *BD* 189, eu dinassoed ac eu tref tat, o rei y maent diholedic ac *yspeiledic*. **1346** *LlA* 147, Y rei [pechodau marwol] ayspeilant dyn o garyat duꝺ... Y pedꝺare ohonunt aboena yr *yspeiledic*... Yr *yspeiledic* obop da ayspeilir. **1588** *Eseia* xviii. 2, ewch gennadon cyflym at genhedlaeth wascaredic, at *yspailiedic*. **1595** H. LEWYS: *PA* 17, Bwrw dy fod n ymddifad, ne 'n *ysbailedig*, o bob diddanwch cofforawl. *id.* 49, er ein bod yn *ysbailedig* ac yn ddiddim o olud. **1722** *Llst* 189, *Yspeiliedig.* Rifled, pillaged. **1780** *W* d.g. *Plundered, Robbed.* **1803** *P* d.g. * Yspeiliedig.*

ysbeiliog [*ysbail¹*+-*iog*] *a.* Yn ysbeilio, anrheithiol: *plundering, pillaging.*
1904.

ysbeiliol [*ysbail¹*+-*iol*] *a.* Yn ysbeilio, anrheithiol, hefyd yn *ffig.*: *plundering, pillaging, also fig.*
1856.

ysbeiliwr, ysbeilwr, sbeil(i)wr, (y)sbeilydd [bôn y f. *ysbeiliaf²*, *ysbeilaf*, *sbeil(i)af*: *(y)sbeil(i)o*+-*(i)wr*, -*ydd³*] *eg.* (b. *(y)sbeilwraig, ysbeilyddes*) ll. *ysbeilwyr*. Un sy'n ysbeilio, anrheithiwr, gwylliad, herwr, lleidr, hefyd yn *ffig.*: *plunderer, pillager, bandit, brigand, robber, also fig.*

14g. *WM* 261. 6–7, *yspeilꝺr* uum i yma. *c.* **1400** (*SG*) *HMSS* i. 180, Ef a vu *yspeilwr* a herwr yn y fforest honn. **15g.** *GTP* 86, Rhwygwrysg *ysbeilwraig* rygre', / Dwyn genthi lli o bob lle [dychan i'r Foryd]. **1547** *WS*, *Speiliwr* Spoyler. *id.* *Yspeiliwr* Spoyler. **16g.** *EWGP* 41, Mis Hydref, hydraul echel, / chwareus hydd, chwyrn awel; / knawd *ysbeilwyr* yn rryfel. **1567** *TN* 149a, Hwn nyd a y mewn drwy'r drws ir [*sic*] gorlan y deveit... lleitr ac *yspeiliwr* yw ef. **1574** *RhRC* (At.) 312b, [y] fath gyntaf ywr bigail... yr ail ywr kyflogddyn y trydudd ywr blaidd, y lleidr, ar *spiliwr*. **1588** *Job* xii. 6, Luestai [*sic*] heddychol sydd i *yspeilwŷr*. **1588** *Salm* xvii. 4, wrth eiriau dy wefusau yr ymgedwais o lwybrau yr *speiludd*. **1588** *Hos* vii. 1, y lleidr a ddaw i mewn, a'r *yspeiludd* a anrheithia oddi allan. **1632** *D*, *yspeiliwr* d.g. *Depopulator, Fur, Latro, Spoliator.* **1714** D. LEWYS: *CN* 41, O'r Graian daeth [Iesu] heb rwym yn rhydd, / *Yspeilydd* pob Twysogaeth. **1780** *W* d.g. *Pillager, Plunderer.* **1798** T. ROBERTS: *CG* 29, nid ewyllys y Bôd Mawr yw, i Freninoedd ac *Ysbeilwyr* eraill, yru dynion... i lâdd ac i labyddio eu gilydd. **1803** *P* d.g. *Yspeilwr.* Ar lafar, 'Ma cathod yn fwy o *sbilwyr* nag yw cŵn', *GTN* 708.

Amr.: **sbeliwr²** [cf. *sbeliaf²*, *sbelaf²*: *sbel(i)o* (gw. d.g. *ysbeiliaf²*: *ysbeilio*)]. **16g.** R. WHITE: *C* 41, Angav yw *speliwr* llys a llan. *Diw.* **16g.** W. MIDLETON: *B* 84, Mewn heirn rhy chwyrn, och wr, i doded / nid ydoedd o *Sbeliwr*.

Cfn.: **(y)sbeiliwr (pen) ffordd,** &c.: *highwayman. Diw.* **15g.** *Pen* 67, 32, *ysbeiliwr pen ffyrdd.* **1703** E. WYNNE: *BC* 21, pa fodd y gelwch y Pendefigion urddasol yna yn fwy Lladron na '*Speilwyr-ffyrdd*? **1718** E. SAMUEL: *HDdD* 49, cymmaint lledrad ag y gall un *yspeiliwr penffordd* fod yn euog o honaw. **1735** S. THOMAS: *HP* 14, *Ysbeilwyr Pen-ffordd.*

ysbeilwaith, gw. **ysbail¹+gwaith¹.**

ysbeilwr, ysbeilwraig, ysbeilydd, ysbeilyddes, gw. **ysbeiliwr.**

ysbeinwydd, ysbeinys, gw. **ysbinwydd, ysbîn.**

ysbeir, &c. [bnth. S. Diw. Cyn. *speir*, ff. ar *sphere*] *e?g.* Sffêr (yn y ffurfafen), wybren: (*celestial*) *sphere, sky.*

1545 *CM* 1, 26, nnesa vwchawr [*sic*] lloer I maer *yspeir* ner wy/byr ysydd ynarwedd y serenn. *id.* 147, arshimedes yrawdur avur kynt/a Irmoed ar ym kanodd [*sic*] dull amodd yr *esbeir*. **16g.** (*LlEG*) *Mos* 158, 488b, serrenn Bengrech... gossodiad yr hon aoedd yngogledd gorllewin gymaint a ix gris goruwch yr *ysbeir*.

ysbeis, ysbeit, ysbeitiaf: ysbeitio, gw. **sbeis, sbeit, sbeitiaf: sbeitio.**

ysbeithell [*ysbaith*+-*ell*] *eb.* Golygfa; sbectol: *spectacle, view*; *spectacles.*
1837.

ysbel, (y)sbelw [bôn y f. *ysbelwaf*, *sbelwaf*: *(y)sbelwi*; tywyll yw'r enghrau. llenyddol isod, a rhoddir y diff. ar sail y geir.] *eg.?b.* Rhathiad (ar groen), cig noeth: *gall, chafe.*

1547 *WS*, *Yspel* Chaufyng. *a.* **1587** *Y* 161, Os bil sydd fel *ysbel* sied / Os holi, moes i weled. **16–17g.** T. R. ROBERTS: *EP* 279, Ysbeilion fel *ysbel* far, / Gwybedyn a gwib adar [i ateb Siôn Phylip]. **1604–7** *TW* (*Pen* 228), *yspel* d.g. *Calefactio, Intertrigo, pernio. Dchr.* **17g.** *J* 10, 44a, *Spelw.* Intertrigo. **1803** *P*, *Yspelw*, s. m.... A gall or fret.

ysbeliad, ysbeliaf¹,²: ysbelio, ysbelw, gw. **sbeliad, sbeliaf¹: sbelian, ysbeiliaf²: ysbeilio, ysbel.**

ysbelwad [bôn y f. *ysbelwaf*: *ysbelwi*+-*ad²*, trf. han.] *eg.* Rhathiad (ar groen), cig noeth, wlser: *gall, chafe, ulcer.*

1545 *CM* 1, 564, A lle I bor *yshepelwad* [*sic*] ynn vawr ar kroen gwedi pillio. **1604–7** *TW* (*Pen* 228) d.g. *Vlceratio.* **1632** *D* d.g. *Intertrigo.* **1722** *Llst* 189, *Yspelwad.* m. A gall, fretting. **1803** *P*, *Yspelwad*, s. m.... Exulceration.

ysbelwaf, sbelwaf: (y)sbelwi, *bg.a* a hefyd gyda grym enwol i'r be. Mynd neu wneud yn friw drwy rwbio neu rathu, rhwto yn gig noeth, mynd yn wlser, pothellu, hefyd yn *ffig.*: *to gall, chafe, ulcerate, blister, also fig.*

1545 *CM* 1, 563, Oysgaldiad ne o*ysbelwi* ar grwyn hrai bach. *id.* 696, Ar llygaid ai lliw ynn hruddion ac ynn *ysbelwi* ynnouidus. **1547** *WS*, *Spelwi* Chafe. *id.* *Yspelwi* Chafe. **16–17g.** *PCWG* 126, y kyvoethogion y rhain ni chyrhevddodd y wialen hon o newyn... allwn i gredv fod y rhain sy yn diank heb *yspelwi* yn haeddv bodd dvw yn well nor tlodion a gystvddir. **1604–7** *TW* (*Pen* 228), *yspelwi* d.g. *Calefacio. Dchr.* **17g.** *J* 10, 44a, *Spelwi.* to galle or chafe ulcero. **1632** *D*, *Yspelwi*, Intertrigo. *id.* d.g. *Vlcero.* **1675** R. JONES: *HCh* 115–16, a'r rhai sydd fwyaf yn *yspelwi* dy gydwybod. **1677** R. JONES: *BB* 109–10, Y bywyd hwn mewn pregethu, gweddio, addyscu... sy yn brathu, *yspelwi* (*galleth*) ac yn aflonyddu eu cydwybodau hwynt. **1751** *GIA* 15, Oni bai fôd eich angenreidiau yn ei ofyn, nid *yspelwem* (*grate*) ni mo'ch clustiau tyner â gwirioneddau a dybir mor eirwon a llym-dost. **1753** *TR*, *Yspelwi*, a galling, a gall or fret: also, to be galled or fretted. [**1762**] E. POWELL: *HEI* 51, y Chwydd, neu'r Llwgwr, neu'r '*Spelwi*. **1770** P. WILLIAMS: *BS*, 2 *Pedr* ii, [c]au safnau y rhai sy 'n *yspelwi*'r gwirionedd. **1770** *W* d.g. *Attrition, To exulcerate, To gall, To pill*... [*be stripped away: come off in flakes*]. **1803** *P* d.g. *Yspelwi.*

ysbens, gw. **sbens.**

ysbenser [bnth. S. C. *spenser*] *e?g.* Stiward, bwtler, yn *ffig.*: *steward, butler, fig.*

14g. *GDG*³ 253, Gweinidog wy', llywy llu, / Gweddeiddgorff hardd, gwiw Ddyddgu, / A hefyd, meddai hoywferch, / *Ysbenser* ar seler serch.

ysbêr, sbêr [bnth. S. *spear*, ?ac olff. o'r ff. l. *ysberi* (gw. *ysbâr²*)] *eb.* ll. *ysberau.* Gwaywffon, gwayw, picell, hefyd yn *ffig.*: *spear, lance, pike, also fig.*

15g. *GDLl* 97, Mwya' batel a welais / Y sydd rhwng Cymro a Sais; / Porchell a'i *sbêr* yn derfysg, / A gwadd a ladd ac a lysg. **15g.** *GLGC* 35, oes iau i'r Cymro gwineuael? / oes, *ysbêr* hir Siasbar hael. *id.* 101, ac ar weryr gwnewch garwriaeth / a chosbwriaeth â'ch *ysberau*. **1632** *D*, *Yspêr*, Hasta, lancea. **1672** R. PRICHARD: *Gw* 171, Ti sy'n peri 'r rhyfel beido, / Ti sy'n torri'r *spêr* [:- Gwaywffon] yn yfflo. **1722** *Llst* 189, *Yspêr.* f.p. *perau.* A spear, lance. **1753** *TR*, *Yspêr*, a spear, a lance, a pike. [**1755**] *Gron* 73, Gorchfygu talm o'r Almaen, / Taraw '*spêr* hid [*sic*] dir Yspaen [i 'Ffredrig Tywysawg Cymru']. Clywir *sbêr* yn nwyrain sir Gaerf. yn yr ystyr 'tryfer (bysgota)'.

ysberma, ysbes, gw. **sberma, osbes.**

ysbi, sbi, &c. [bôn y f. *ysbïaf*, *sbiaf*: *ysbïo*, *sbio* neu fnth. S. C. *aspie*, *(e)spie*] *e?g.* Y weithred o ysbïo, gwybodaeth a geir drwy ysbïo; ysbïwr: (*information gained by*) *spying*; *spy.*

15g. *Glam Bards* 231, da yw Kwbledd is bedd rag *ysbi* gelyn [Llywelyn ap Hywel i Dduw]. **15g.** *GDID* 100, Cael *ysbi* ar y tiol, / Ceisio'n gyfun un yn ôl [i ofyn bytheiaid]. *c.* **1514** *Rhyddiaith Gymraeg* i. 21, gwedy iddo ef gaffael *ysbi* o ddyfodiad y gweryddon bendigedic i'r dinas. **1547** *WS*, *Espi* A spye. **16g.** (*LlEG*) *Mos* 158, 236b, danuones y markwys o ddulun varch/og... yn *sbi* I lundain I esb/io pa beth Ir ydoedd y kyngor newydd ynni ymkanu I wne/uthud. **17g.** *LlGC* 13215, 353, *Spi*... Speculatus. **1703** E. WYNNE: *BC* 71, darfod i rai o'n cennadon cyflym sy 'n wastad allan ar *Yspi*, yspysu i ni ddyfod gynneu i'ch Brenhinllys, saith Garcharor.

ysbïad [bôn y f. *ysbïaf*: *ysbïo*+-*ad²*, trf. han.] *eg.* Y weithred o ysbïo; archwiliad: *a spying*; *examination.*

1722 *Llst* 189, *Yspïad.* m. A spying. **1733** J. THOMAS: *HYB* 48–9, oni ymholwn ein hunain, a mynnu *Yspïad* a Phrawf dyledus o'n Calonnau.

ysbiadur, sbiadur, ysbeiadur [bôn y f. *ysbïaf*, *sbiaf*, *ysbeiaf*: *ysbïo*, &c.+-*adur*] *eg.* ll. *ysbiaduron.* Telesgop, ysbienddrych, hefyd yn *ffig.*: *telescope, also fig.*
1840.

ysbïaeth [bôn y f. *ysbïaf*: *ysbïo*+-*aeth*] *eb.* Yr arfer o ysbïo neu o ddefnyddio ysbïwyr: *espionage.*
1844.

ysbïaf, sbiaf, ysbeiaf, &c.: **ysbïo, sbio, ysbeio,** &c. [bnth. S. C. *aspien*, *espien* neu H. Ffr. *espi(i)er*, a S. (*to*) *(e)spy*] *bg.a.* Gwylio'n llechwraidd, casglu gwybodaeth (am) drwy ddulliau llechwraidd, gweithredu fel ysbïwr, craffu'n fusneslyd, ciledrych; archwilio('n ofalus), edrych (ar), gwylio; edrych (am), chwilio, darganfod (drwy graffu), canfod; edrych neu ymddangos (yn); edrych (ymlaen), disgwyl: *to spy* (*on*), *act as a spy, pry, peep*; *examine* (*closely*), *look* (*at*), *watch*; *look* (*for*), *search, discern, find*; *look, appear*; *look* (*forward*), *expect.*

c. **1400** (*SG*) *HMSS* i. 387, brenhin claudas abarei *yspio* lawnslot oe lad. **15g.** *GO* [37], Myfi a ŵyr *ysbio* / Ar y drem bob kyfryw dro; / Edrych arnad,—kyd gwadaf,—/ Dan gêl, y 'ngŵydd [*sic*] dyn, a gaf. **15g.** *GGM* [84], Ni ddout ti rhag dy *sbïaw* / Led dy droed o'th lety draw. **15g.** *GOLlM* 33, Yr oeddyn yn wreiddwych / yn dri Nudd, dair derwen wych. / Un o'r tri a *ysbïwyd*, / a'i ddal a wnâi ei Dduw lwyd. **16g.** (*LlEG*) *LlGC* 5276, 233a, hain a ddangoses I gridd megis ac Ir ydoeth Erod ynhroi gwyr yw *sbio* Ef. **1547** *WS* [vii], *spiwch* am tanaw ynplith y Restyr eirieu. *id.* *Espio* Espye. *id.* Sely ne *spio* Spye. **16g.** (*LlEG*) *Mos* 158, 236b, danuones y markwys o ddulun varch/og... yn sbi I lundain I *esb/io* pa beth Ir ydoedd y kyngor newydd ynni ymkanu I wne/uthud. **16g.** *B* xv. 277, Yr hrynn [*sic*] a *esbiodd* y Ffranckod. **1620** *Ecclus* xxi. 23, Yr angall o'r drws a *yspia* i'r tŷ (**1588** *id.* 26, edrych i dy). **1632** *D*, *Yspio*, Speculari, obseruare. **1701** E. WYNNE: *RBS* 96, Cofia bŷth nad yw *yspio* (*pry*) i weithredoedd a stâd rhai eraill ond help i Falchder. **1703** E. WYNNE: *BC* 9, yr Angel... a

roes i mi ddrychyspio . . . Pan *yspîais* trwy hwn, gwelwn betheu mewn modd arall. **1773** *W, yspio, 'spîo* d.g. *To espy.* **1803** *P* d.g. *Yspeiaw.* Ar lafar, '*Sbi-wch!*' 'look!', '*sbio* arno fo', '*sbio*'n sobr', *WVBD* 475; 'Wy'n *spio* ymlân i ddyfodol y byd', *Wês wês* 86; ''Odd sbian-ddrych yn dremfa Cardydd i *sbio*'r sêr . . . Un mawr odd 'wnnw', *GTN* 708.''Ôn i'n 'i weld a'n *sbio* bothdu'r lle', 'Cera i *sbio* os ôs 'na wia yn y nytha', 'Erbyn *sbio* 'odd y lle'n llawn', *id.* 709.

Amr.: **ysbïed, sbied. 1849.** Ar lafar, 'Mae'n braf *sbiad* yn ôl o ble daethan ni'.

Cfn.: **ysbïo gwall, sbio gwall(i)au:** *to look for a fault or faults.* **1695** T. Jones: *Alm* 21, *yspio gwall.* **1703** E. Wynne: *BC* 25, ni aethom . . . i *spio gwallieu* i ardderchog Lŷs Cariad y Brenhin cibddall. **1753** G. Owen: *L* 31, rhoi gwaith i ambell geccryn i '*spio gwallau* ac i'm coegi a'm cablu am fy ngwaith. **sbio hynt:** *to pay a visit, see how someone is.* **1915.** Ar lafar, 'Ma isia mynd i *sbio* 'i '*ynt* a, waith 'wi'n clŵad fod a'n dost', *GTN* 709.

ysbianna, ysbiannu, gw. ysbienna.

ysbiclyrner, ysbicnard, ysbicyrnel, gw. sbigyrnel (hefyd At.), sbicnard, sbigyrnel (hefyd At.).

ysbïed, gw. ysbïaf: ysbïo.

ysbiendwll [bôn y be. *ysbienna*+ *twll*[1], cf. S. *spying-hole*] *eg.* ll. *-dyllau.* Twll sbio: *spyhole, peep-hole.*

1778 *W* d.g. *Peep-hole.*

ysbienddrych, sbienddrych, &c. [bôn y be. *ysbienna, sbienna,* &c.+ *drych,* cf. S. *spying-glass*] *eg.* ll. *(y)sbienddrychau, ysbienddrychion.* Telesgop, offeryn optegol tebyg ar gyfer y ddau lygad; microsgop; hefyd yn *ffig.*: *telescope, spyglass, binoculars; microscope; also fig.*

1657 RE: *CDd* 286, llawer pan welont ei pechodau, hwy ai gwnânt yn fychain gan edrych arnynt drwy y pen gwrthwyneb iw *yspien-ddrych.* **1703** E. Wynne: *BC* 5, cymmerais hynt i ben un o Fynyddoedd Cymru, a chydami [*sic*] *Spienddrych* . . . i weled pell yn agos, a phetheu bychain yn fawr. **1722** *Llst* 189, *Yspïenddrych.* m. A perspective-glass. **1725** D. Lewis: *GB* 114, Pe buasai'n Llygaid fel y *Spien Ddrycheu* a elwir Microscopes, buasem yn canfod Miloedd o Greadurieid bychain na wyddom yn awr oddiwrthynt. *id.* 295, Pa mor fân yw Gro[n]yneu 'r Awyr gan eu bod yn anweledig trwy'r *Spienddrych* gorcu [*sic*]. **1756** W. Williams: *GDC* 36, Duw! . . . / . . . / . . . rho *Spienddrych* mawr / I wel'd fy Jesu 'n gossod Sylfaenau'r Byd i lawr. **1795** *R. Crusoe* 66, a thrwy fy *spienddrych* gwelwn ddim llai na deg ar hugain yn dawnsio o gwmpas tân. **1798** *WR* d.g. *Telescope.* Ar lafar, 'Ma gin' i *sbian-ddrych* bach dæ iawn, i weld pethach o bell', ''Odd *sbian-ddrych* yn dremfa Cardydd i sbio'r sêr . . . Un mawr odd 'wnnw', *GTN* 708.

Amr.: **ysbeienddrych. 1833.**

ysbienddrychol, sbienddrychol [*ysbienddrych, sbienddrych*+ *-ol*] *a.* Telesgopig: *telescopic.*

1842.

ysbienddyn, sbienddyn, &c. [?bôn y be. *ysbienna, sbienna,* &c.+ *dyn*] *eg.* Ysbïwr, sgowt: *spy, scout.*

1547 *WS, Spienddyn* A spye. **1632** *D, Yspienddyn* . . . Speculator. *id. yspienddyn* d.g. *Visor.* **1722** *Llst* 189, *Yspïenddyn.* m. A spie. **1753** *TR, Yspienddyn* . . . a spy, a scout. **1791** Gw. Mechain: *Rh* 75, yr *yspienddyn* Mahometanaidd, â fu bum mlynedd a deugain yn ddirgel ym Mharis.

ysbienna, sbienna, (y)sbianna, (y)sbiannu, &c. [est. ar y be. *ysbïo, sbio,* cf. *rhodiannaf, rhodiennaf*: *rhodianna, rhodienna*] *bg.* a hefyd gyda grym enwol. Chwilota, ffureta, busnesu, chwilmanta, chwilenna, ysbïo, archwilio('n fanwl), ymholi; edrych o gwmpas yn ddiamcan, stwna: *to rummage, search, root or poke about, pry, spy, examine (closely), inquire; look about aimlessly, potter about.*

Dchr. **17g.** *T Ch* 87, Pa achos ir wyt yn *ysbienna*? / A gollaist ddim ffordd yma? / . . . / Rhwystraist lawer glanddyn trwy dy waith yn *ysbienna.* **1630** R. Llwyd: *LlH* 82, *Spienna* y mae (*pryeth*) ym mhob congl, ac ymlusco i bob calon. **1632** *D, yspienna* d.g. *Exploro.* **1657** *MLl* ii. 21, Peryglus iawn iw 'r holl *yspienna* cnawdol yn rhyfeddodau Duw. **1701** E. Wynne: *RBS* 11, ysmaldod a phôb *yspienna* (*inquiry*) i fatterion na pherthyn i ti. **1722** *Llst* 189, *Yspïenna* . . . To espie, prie into. **1730 (1755)** E. Wynne: *PAC* 164, [y]n cysgu ymaith eich amser, yn *spienna* neu lygadrythu o'ch gwmpas [*sic*]. Ar lafar, 'Dyna lle'r oedd o'n *sbïana* trwy'n llyfra i', 'Ryw *sbïana* ar yr ŵyn yr ôn i pan glywas i ô'n dŵad', *B* xv. 23 (Meir.); hefyd yn y ff. *sbeuna,* 'Be wyt ti'n *sbeuna* yn y fan 'na', *Cymru* lxii. 73 (gorllewin Meir.).

ysbiennwr, sbiennwr, sbiannwr [bôn y be. *ysbienna, sbienna, sbianna*+ *-wr*] *eg.* ll. *sbienwyr.* Ysbïwr, sgowt, gwyliwr, hefyd yn *ffig.*: *spy, scout, watcher, also fig.*

1547 *WS, Spiennwr* A spye. **1567** *TN* 120b–121a, [d]anvonent gynllwynwyr [:– lechiaeit, *spienwyr,* vilwyr]. **1632** *D,* Yspienddyn, & *Yspiennwr* . . . Speculator. *id. yspiennwr* d.g. *Catascopus, Conspicillo, Speculator, Visor.* **1677** C. Edwards: *FfDd* 309–10, bodlonasant eu meddyliau cenfigennus wrth gael gwared o'r *spienwr.* **1722** *Llst* 189, *Yspïennwr.* m. A spie. **1773** *W, yspiennwr* d.g. *Emissary* [*one sent out on private messages, a secret agent, a spy*], *Scout* [*one that is sent out privately to watch the motions of an Enemy*]. **1796** T. Jones: *CCA* 30, Ffydd yw'r *yspïennwr* medrus, sy'n craffu ar ragoriaethau Crist.

Amr.: **ysbeiennwr. 1813.**

ysbig[1,2], gw. sbig, ysgub.

ysbigaf: ysbigo [bnth. S. (*to*) *spike*] *bg.a.* Pigo, pricio: *to spike, prick.*

1801 *MMf* 169, Cymmer benn garllegyn . . . ag *yspigo* bump [*sic*] neu chwech twll tua'i ganol. **1803** *P* d.g. *Yspigaw.*

ysbignardd, gw. sbicnard.

ysbigod, sbigod, ysbigot, &c. [bnth. S. *spigot*] *eb.* ll. *(y)sbigodau.* Pèg bychan neu dopyn, yn enw. ar gyfer twll aer casgen, dwsel, feis, tap, hefyd yn *ffig.* ac yn *dros.*: *spigot, faucet, tap, also fig. and transf.*

16g. (*LlEG*) *Mos* 158, 545b, ni uyttay ef onid vn pryd ynn y dydd a chymerud i swper or kwpan ne drwyr *esbigod.* **16g.** *WLl* 22, Oes bogel ac *ysbigod* / A rrwyll ynghanol pob rrod [i ofyn men]. *Diw.* **16g.** *LlGC* 1560, 549, canel caneli *spigod spigode* a ffowsed Australia sermo ['geirie . . . sathredig yn Sîr Drefaldwyn']. **1604–7** *TW* (*Pen* 228) d.g. *Spigot.* d.g. *Meraria* . . . *Gustatorium* (At.). **1632** *D,* Pibell llestr diod, sef *yspigod* d.g. *Fistula.* **1691** T. Jones: *Alm* [ii], ni Rewa *ysbigodau* ein diodŷdd Cryfion. **1725** *SR, Yspigot* d.g. *A Fawcet. c.* **1740** *LlM* 40–1, i ollwng trwy '*Spigod,* ai yfed yn gynta'r boreu, ac yn ddiwaetha'r nos. **18g.** *NBSF* 233, Tra hwylys troi i hela / *yspigod* lle mae'r ddiod dda. **1766** *CD* 141, Wedi meddwi a chael yr ore, / Mi dynnais allan yr *Ysbigode.* / Pedwar Baril hyd y gwaelod, / Ni ddaw daioni byth o fedd-dod. **1771** *W,* dodi . . . *yspigod* mewn llestr d.g. *To broach a vessel. id.* d.g. *Spigot.* **1794** E. Jones: *MPR* 115, Dyvaliad Crŵth . . . Ac ar ei vrest gywair vrîg, / O'r Masarn vo geir Miwsig. / Chwe *yspigod* o's codwn, / A dynna holl dannau hwn. **18–19g.** *Llr* C 2, 296, *Yspigod, yspigodau,* ebillion crwth. **1803** *P, Yspigawd,* s. f.—pl. *yspigodau* . . . a spiggot.

ysbigog, gw. sbigog.

ysbigoglys, ysbigowglys, sbigoglys [cf. *pigoglys*] *eg. Bot.* Pigoglys, sbinaets, *Spinacia oleracea*: *spinach.*

1725 *SR, Yspigowglys* d.g. *Spinage an herb.* **1813** *WB* 246, *Yspigawglys;* Spinacia oleracea; Spinach.

ysbigot, ysbigowglys, gw. ysbigod, ysbigoglys.

ysbîn [?neu *ysbin*; bnth. S. *spine,* ?a Llad. *spīna* (cf. Gwydd. C. *spín*)] *eg.* ll. *ysb(e)inys, sbinys, (y)sbinau,* (geir.) *ysbinion,* a hefyd gyda grym ansoddeiriol. *Bot.* Draenen, *Swol.* pigyn; asgwrn cefn; trum, crib, cefnen, esgair; *Bot.* eurddrain, pren melyn, *Berberis vulgaris*: *spine (in bot. and zoology), thorn; spine (backbone); spine (of hill, &c.), ridge; barberry (in bot.).*

14g. *T* 24. 17, Eirinwyd *yspin* anwhant o dynin. **15g.** *B* xvi. 259, a drain *spinus* y'th goronhawyt. **15g.** *GIBH* [65], Drwy'i iad y gyrrwyd bob dri / *Ysbeinys* nes ei boeni [i'r Grog yn Aberhonddu]. **15g.** Bedo Aerddrem, &c.: *Gw* 143, Oth *ysbinus* tus un twysog ar weilgi / Oth weliau trosti aeth i wlad yr ystog [i'r Grog o Gaerlleon]. **15g.** *DE* 120, a choron ddrain grevlon gred / *spinvs* jessu a boened. **15–16g.** *GLM* 12, Meddyg yw gennym Dduw gogoned / O Gaersalem, ar groes a hoelied, / ac â'r *ysbeinys* gwrs a boened, / a'i fron uwch ein llaw a'i freichiau ar lled. **1551** W. Salesbury: *KLl* xxivb, wynt a plethesont *spinys* [:– ddrain] yn coron. **1633** *Addysg i Farw,* 1149, ni ddylem ni mo'r pryddhau am golledigaeth meddiannau bydol . . . am nad ydynt hwy ond *spinae* drain pigog. **18–19g.** *Llr* C 51, 241, barbery—*yspinys.* **1801** *MMf* 283, Berberis, y pren melyn, drain *ysbin,* greol *ysbin.* **1803** *P, Yspin,* s. m. pl.—*ion* . . . A spine.

ysbinagl, ysbinag, sbinag(l) [?cf. *swineg, yswineg*] *eg.b. Meddyg.* Llid crawnllyd yn y corn gwddf a'r tonsilau, cwins, y fynyglog, hychgrug; clwy'r pennau, y dwymyn doben: *quinsy; mumps.*

Diw. **16g.** *WLB* 43, Rhag addaw/r/ *ysbinagl* mewn mwnwgl. *id.* 48, Rhag *yspinagl* o saesneg Quins. **1604–7** *TW* (*Pen* 228), *Spinac* d.g. *Cynanche. id.* yr *Spinacl* d.g. *Synanche. Dchr.* **17g.** *J* 10, 44a, *Spinag.* × Hychgrug. **1632** *D,* Yr *yspinag* d.g. *Cynanche. id.* yr *yspinagl* d.g. *Synanche.* **1722** *Llst* 189, Yr *Yspinagl.* d. The mumps, squinsey. *c.* **1740** *LlM* 10, Rhag *Spinagl* yn y Gwddf. [**1783**] *W,* yr *yspinagl* d.g. *Squinancy or squincy.* Ar lafar yn yr ystyr 'cwins, y fynyglog', '*sbinagl*', *WVBD* 475; '*sbinag*', *B* xv. 23 (Meir.); '*sbineg*' (sir Drefn.).

ysbinaidd [*ysbîn*+ *-aidd*] *a.* Yn perthyn i'r asgwrn cefn; a chanddo asgwrn cefn: *spinal; vertebrate.*

1860.

ysbinbysg, gw. ysbîn+ pysg.

ysbincyn [bnth. S. *spink*+ *-yn*[1]] *eg. Adar.* Pinc, pila: *finch (in ornith.).*

1803 *P.*

ysbinog [*ysbîn*+ *-og*] *a.* ll. (gyda grym enwol) *-ion,* a hefyd fel *eb.* Dreiniog, pigog; a chanddo asgwrn cefn: *spiny, thorny, prickly; vertebrate.*

1803 *P, Yspinawg* . . . Abounding with prickles.

Fel *e. Meddyg.* Cwins, y fynyglog, ysbinagl: *quinsy.*

1803 *P, Yspinawg,* s. f. . . . The squincy.

ysbinol, sbinol [*ysbîn*+ *-ol,* a chfdds. o'r S. *spin(al)*+ *-ol*] *a.* Yn perthyn i'r asgwrn cefn, tebyg i asgwrn cefn o ran ffurf, gweithrediad, &c.; a chanddo asgwrn cefn: *spinal; vertebrate.*

1860.

ysbinwch, gw. **hesbinwch** (hefyd At.).

ysbinwydd, ysbeinwydd [*ysbîn* a bnth. S. *spine*+ *gwŷdd*[1]] *e.ll.* (un. b. *-en*). *Bot.* Eurddrain, prennau melyn, *Berberis vulgaris*; prennau bocs, *Buxus sempervirens*: *barberries; box (trees).*

18–19g. *Llr* C 2, 339, *Ysbeinwydd,* Boxus. **1801** *MMf* 152, Cymmer sydd yr *ysbeinwydd,* a elwir yn y lladin bocsws. *id.* 283, Crispinus, *yspinwydd,* y pren melyn. **1813** *WB* 244, *Ysbeinwydden*; Buxus sempervirens; Box-tree. *id.* 246, *Yspinwydden.* edr. Prenmelyn.

ysbïol [*ysbi*+ *-ol*] *a.* Yn (perthyn i) ysbïo (am wybodaeth, &c.), ar gyfer ysbïo: (*pertaining to, or for*) *spying.*

1854.

Amr.: **ysbeiol** [cf. *ysbeiaf*: *ysbeio*]. **1803** *P* d.g. *Yspeiawl.*

ysbis, ysbiswr, ysbit, ysbîtsh, gw. sbeis, sbeisiwr, sbeit, sbîtsh.

ysbïwr, sbiwr, &c. [bôn y f. *ysbïaf, sbiaf,* &c.: *ysbïo, sbio,* &c.+ *-wr*] *eg.* (b. *(y)sbiwraig,* ll. *ysbiwragedd*) ll. *(y)sbiwyr,* &c., ll. dwbl *sbiwyrs.* Un sy'n ysbïo (am wybodaeth, &c.), sgowt: *spy, scout.*

14g. *BT* 55, madawc a anuones *yspiwyr* y wybod pale yr oed gadwgawn yn trigaw. **14g.** *YBH* 56b, yd oed y boön *yspiör* yn gwarandaö ar nadunt. **15g.** *GTP* 49, Y bwrdiwr na chais bardwn, / Was byrdew, ond ias burdan, / *Ysbïwr,* pa nas beiwn? / Ysbïaist y glas buan. **1567** *TN* 340b, ni ddihenyddwyd Rahab . . . pan dderbyniodd hi yr *esbiwyr* yn heddychol. **1588** *Gen* xlii. 9, Ioseph a ddywedodd wrthynt [ei frodyr]: *spiwyr* ydych chwi. **1595** M. Kyffin: *DFf* [81], Pa ham y mae gentho ef Gennadwyr, sef yw hynny, *Spiwyr* ffel iawn, yn dirgel-ddisgwyl ofewn llyssoedd, cynghorau, a chyfrinach-stafelleu pob brenin? **1617** *IICRC* iii. 213, Ag yn rhoi *Spiwŷrs* ymhob llê. **1632** *D,* Yspienddyn . . . *Yspiwr,* Speculator. *id. Yspiwr* d.g. *Catascopus, Conspicillo, Explorator.* **1687 (1715)** J. Owen: *TB* 128, Ffrederic, Duwc o Saxony, yn bwriadu gwneuthur rhyfel yn erbyn Archesgob Magdeburg, a ddanfonodd *Spiwr* i'r wlad. **1722** *Llst* 189, *Spiwr.* m. A spie, scout. *id. Yspiwr.* m. A spie. **1744** D. Rowland: *RY* 34, I'r ydwyf hefyd yn gorchymyn . . . ar fod *Spi-wŷr* yn wastadol yn rhodio i fynu ac i wared ar hŷd Dref Mansoul. **1794** *W, ysbïwr,* '*sbïwr* d.g. *Spy.* Ar lafar, '*sbiwr*', *WVBD* 475.

Amr.: **ysbiydd** (b. *-es,* ll. *-au*). **1851.**

ysblan [olff. o'r e. *ysblennydd*] *a.* Ysblennydd, disglair: *splendid, bright.*
1803 P d.g. *Ysplan.*

ysblander, sblander [*ysblan*+*-der*] *eg.* ll. *-au.* Yr ansawdd neu'r cyflwr o fod yn ysblennydd neu'n ddisglair, gwychder, mawredd, rhwysg, gwrthrych ysblennydd: *splendour, brightness, ostentation, splendid object.*
1803 P d.g. *Ysplander.* Ar lafar, ''Dwi ddim wedi bod yn genol siŵd *sblandar* ariôd', GTN 709.

ysblandra [*ysblan*+*-dra*] *eg.* Ysblander, disgleirdeb: *splendour, brightness.*
1803 P d.g. *Ysplandra.*

ysbleddach, sbleddach [?cf. Gwydd. C. *spled* 'hwyl, camp; gormodiaith; gweniaith', *spledach* 'gwenieithus'] *eg.b.* ll. (prin) *-au,* a hefyd fel *bg.* a (geir.) *ba.* Hwyl, miri, rhialtwch, difyrrwch, chwarae, cellwair; cynffoneiddiwch, gweniaith; ysbail, anrhaith; cynffonna, gwenieithio; mwynhau, chwarae, (geir.) difyrru: *fun, merriment, revelry, amusement, play, banter; a fawning, flattery; spoil, booty; to fawn, flatter; enjoy (oneself), play, (dict.) amuse.*
1547 WS, *Yspleddach* Faune. 1604-7 TW (Pen 228), *yspleddach* d.g. *Adblandior, Adulatio, Blandimentum.* 1611 R. SMYTH: SG 182, Godineb yw chwant afrolys i *spleddach,* amhuraidd anlladys. 1632 D, *Ysbleddach,* Lusus, oblectamentum. Ludere, oblectare. 17g. CRC 188, Hwythe ddyweden fawr a bach ai tad yn *sbleddach* iddyn. 1650 B xxii. 146, wedi 'mroi'n lhwyr i fenysrwydd anlhadus a phob aflan *spledhach.* 1661 E. LEWIS: *Drex* 364, Eithr am elw a budd, *yspleddach* i gweniaith y rhai y fo gwaelach. 1677 TC 8a, *Spleddach,* chware. 1703 E. WYNNE: BC 71, Lucifer . . . at . . . Frenin Angeu, cyfarch a goruchafiaeth ac *yspleddach* dragwyddol. 1722 Llst 189, *Ysbleddach.* m. Dalliance, sport: Delusion, flattery. id. *Ysbleddach* . . . (ver) To disport, divert, play, banter: to flatter. 1735 L. MORRIS: T 12, yr oedd tri o wyr traed . . . yn rhedeg am y Cynta . . . i gael rhan o'r *ysblêddach.* 1758 ML ii. 101, Roedd Sion wedi dwyn ei feichiafon i gyfraith a chost fawr, os clyw rheini nhwythau, nhwy fyddant yn gweiddi am rhan o'r *spleddach.* 1771 J. REES: H-A 65, y rhannau hynny o wybodaeth y rhai . . . nid attebant un diben gwerthfawr; ac ni wasanaethant ond yn unig i ddifyrru ac *ysbleddach* (*entertainment*) y meddwl. 1773 W d.g. To entertain [*amuse, divert, &c.*], *To fawn* [*upon*]. 1803 P, *Ysblezaç,* s. m. . . . Spoil, or booty. Ar lafar, '*sbleddach* 'helynt, miri', *Cymru* xlvii. [195] (sir Ddinb.); '*Spleddach*' 'gwledd', *id.* xliii. [230] (gorllewin Meir.).

ysblên, ysblenid, gw. sblin, sblenid.

ysblennydd, sblennydd[1] [bnth. Llad. *splendidus*] *a.* ll. (gyda grym enwol) *ysblenyddion.* Gwych, ardderchog, rhagorol, helaethwych, crand; disglair, llathraid: *splendid, magnificent, excellent, sumptuous, grand; bright, brilliant.*
12g. GLlF 444, Ual kyfliů a heul hwyl *ysplenhyt.* 13g. GBF 323, Ys blwyddyn am ne *ysblennydd*—gawat: / Kyt bwyf digarat, wyf digeryd. 14g. GDG[3] 137, Chwaer yw hon, lon oleuloer, / Undad â'r lleuad, i'r lloer; / A nith i des *ysblennydd,* / A'i mam oedd wawr ddinam ddydd. 1547 WS, *Ysplennydd* gloyw Splendent, bright. 16g. GGH 309, Abl o sein yn ei blu sydd; / Oes bluyn ar na bo *sblennydd* [i ofyn ceiliog coed]? 1567 LlGG (Sall) 53a, Arglwydd Ddew . . . ymddangos-yn ddysclaer [:— ymddwyuna, ymddys/ claeria yn *splennydd.* 1632 D, *Ysblennydd,* splendens, lucidus. 1693 J. HUGHES: AP 275, Cynnulleidfa *ysblennydd* yr Angelion. 1753 G. OWEN: L 73, gwell gan yr Awen hirnos gauaf (er oered yr hîn) na moeldes *ysplennydd* hirddydd haf. 1803 P d.g. *Ysplennydd.*
Amr.: **sblennaidd** [cfdds. o *sblenn(ydd)*[1]+*-aidd*]. 1609 R. SMYTH: CAC [iii]. **ysblendydd** [bnth. dysg. Llad. *splendidus*]. 1567 TN 99b, ei wisc oedd yn wen, ac yn *ysplendydd* [:– ddysclaer].

ysblent[1,2], gw. sblent[1,2].

ysblenyddaf, sblenyddaf: (y)sblenyddu [bf. o'r a. *ysblennydd, sblennydd*[1]] *bg.* Disgleirio'n llathraid, hefyd yn *ffig.: to shine brightly, also fig.*
1609 R. SMYTH: CAC 17, yn *splenyddu* mewn duwonig fuwoleddi. id. 33, y rhain y gyd sy'n rhelugu ne'n *splennyddu*'n benaf yn yr ysglwyddiawl wedi [sic]. 1615 R. SMYTH: GB 240-1, disclaervvch pelydyr y duvvoliaeth sy'n *splennyddy* o fevvn pen dyn. 1803 P, *Ysplenyzu* . . . To irradiate.

ysblenydd-der [*ysblennydd*+*-der*] *eg.* Ysblander, gwychder: *splendidness, splendour, magnificence.*
1835.

ysblenydd-dra [*ysblennydd*+*-dra*] *eg.* Ysblander, gwychder: *splendidness, splendour, magnificence.*
1862.

ysblenyddol [*ysblennydd*+*-ol*] *a.* Ysblennydd: *splendid.*
1832.

ysblenyddrwydd [*ysblennydd*+*-rwydd*] *eg.* Ysblander, gwychder: *splendidness, splendour, magnificence.*
1852.

ysblin, gw. sblin.

ysblygaf, esblygaf[2]: ysblygaf, esblygu [bnth. dysg. Llad. *explicō*] *ba.* Esbonio, egluro, dehongli: *to explain, interpret.*
p. 1584 G. ROBERT: GC [210], nid gwiw ceissio *ysplygu* yn eglur, mo donyddiæth, nes dychmygu llawer o henwau addas, a chwymwys, i bob pwnc ynddi. id. [211], *ysplygu* messurau cerdd. 1609 R. SMYTH: CAC 34, i bawb a chwennychant *ysplygu* i gobaith, ai dymuniant garbron duw. 1618 J. SALISBURY: DCR 274, Athrawon, a Dochtoriaid yr Eglwys, a dharfu vdhynt *esplygu,* ag egluro, mae'r ffrwyth deg-ar-vgein yw Priodas [ynglŷn â dameg yr heuwr].

ysbo, ysboden, gw. sbo, sbawd.

ysbodol, sbodol [bnth. Llad. Diw. a Ch. *spatula* 'ffon; llwy; cleddyf byr', ond nid yw'r union ddtb. yn eglur] *eb.* (bach. *ysbodolig,* ll. *-au*) ll. *-au.* Sbatwla, rhawlech, lletwad, mopren; ffon, pastwn; cleddyf; hefyd yn *ffig.: spatula, slice, ladle, potstick, porridgestick; staff, cudgel; sword; also fig.*
13g. Lll 93, Ordwyn, fyr[dlyg]. Spodol, (LlDW) ZCP xx. 83, espodol), fyr[dlyg]. Rau pren, fyr[dlyg]. 14g. YBH 31b, ar y ystlys yd oed *yspodyl* drom vnuiniaѻc. id. 32b, ac ar hynt dodi y laѻ ar dѻrn y *yspodol* awnaeth ef ar uessur taraѻ boѻn. *Dchr.* 15g. GSCyf [105], *Ysbodol* eisiau bedydd / Arnad yn siarad y sydd [Llywelyn ab y Moel i'r tafod]. 15g. GTP 81, Ys da beth, gosod a bair, / *Ysbodol* siasau bedair [i ofyn cleddyf]. 1567 G. ROBERT: GC 68, yr stalwyn . . . yr *spodol. Diw.* 16g. DCR 218, ach eldde [*sic*] *ysbodol* / ar waig im lledol / a ffedol an wrol / o dy vn arall. 16-17g. B ii. 241, *ysbodawl* .i. cledh. 1604-7 TW (Pen 228), *yspodol* d.g. *Baculus. Dchr.* 17g. J 10, 44a, Spodol. swingle. 1632 D, *Yspodol,* Spatha, spathula, scutula. 1688 TJ, *Yspodol,* cleddŷf dwylaw, (ysglis) i danu eli: *a two-handed Sword, also a Spatula that Chirurgeons spread their plaisters with.* 1722 Llst 189, *Yspodol.* f.p. *dolau.* A ladle; staff, cudgel; bastingstick. id. *Yspodolig.* f.p *ligau.* A spattle. 1803 P d.g. *Yspodol.*

ysbodolaf, ysbodoliaf, sbodolaf, &c.: (y)sbodoli, &c. [bf. o'r e. *ysbodol, sbodol*] *bg.a.* Curo (â ffon neu bastwn), ffonodio, ffustio, pwyo; curo neu bwyo â'r traed (am anifail), pystylad: *to beat (with staff or cudgel), cane, pound; stamp or pound with the feet (of an animal).*
1547 WS, *Yspodoli* Swyngle. 1604-7 TW (Pen 228), *spodoli* d.g. *Fustigo, procudo.* 1632 D, *Yspodoli,* Fustigare. 1722 Llst 189, *Yspodoli* . . . To cudgel, cane, beat, pound. 1725 SR, Mi a'th ffonnodia, mi a'th *yspodolia* d.g. [*Thrippa*], *I'll Thrippa thee.* 1754 J. PRYS: *Alm* [ii], o ran mae'r march Goreu yn *spadoli* (1791 J. HARRIS: *Alm* [ii]) *yspadoli*) weithieu. 1803 P d.g. *Yspodoli.*

ysbodolig, ysbong, ysbold, ysbonaf: ysboni, gw. ysbodol, sbwng, ysbawd, esboniaf: esbonio.

ysbonc, ysbonciaf: ysboncio, &c., gw. sbonc, sbonciaf: sboncio, &c.

ysboniad, gw. esboniad.

ysbord, sbord [amr. ar *ysbort, sbort*; tywyll yw rhai o'r enghrau. isod] *e?g.* Hwyl, sbri, sbort, diddanwch; hwyl (am ben), gwawd: *sport, fun, amusement; fun, mockery.*
Dchr. 15g. GSCyf [114], Ystudliw mydr ystadlan, / *Ysbord* y gloch, Ysbryd Glân (Llywelyn ab y Moel). 15g. *Glam Bards* 243, Sion wr glan sydd yn or gler / eilyn brawd ny lawn bryder / er gollwng ffrwyn a'n drwyn dro / *ysbord* iawn ai sbardyno [Lang Lewys mewn ymryson â Siôn ap Hywel Gwyn]. 15g. HCLl 46, Troes tân Ysbryd Glân *ysbord* glennydd—Gwent, /

Ac er gwynt ni dderfydd. / Troir brawd, nid hir a brydydd, / Tâl am Sant Wiliam y sydd. 16g. Llst 6, 82, [ ]bryd noeth *ysbord* y wnai / [ ]iwerdes dayar dai [i'r âb]. 16-17g. EDWARD URIEN, &c.: Gw 302, Ysbrydol lais berwedig, / Ysbord wyd i sbario dig [i ofyn telyn]. c. 1729 S. RHYDDERCH: LlCD 327, Y ddaiar mor wastad ar [sic] Geiniog neu'r Ford, / Ymrown at Dduw cyfion cawn ragor o *spord.*

ysborion, ysboriomi, ysbort, ysbortiaf: ysbortio, gw. sborion, sboriomi, sbort, sbortiaf: sbortian.

ysborth, ysborthiad, gw. esborth, esborthiad.

ysbot, ysbotiaf: ysbotio, ysbotiog, ysbotyn, ysbowt, gw. sbot, sbotiaf: sbotio, sbotiog, sbot, sbowt.

ysbred, sbred, *eg.b.* Ysbwrial, sothach, hefyd yn *ffig.: rubbish, refuse, also fig.*
1547 WS, *Spred.* 16g. HUW ARWYSTL: Gw 381, ys bolgrach ffriw brychliw brenn / *ysbred* bvdr ysbryd bedwenn [dychan i'r fedwen heb na dail na rhisgl]. *a.* 1587 Y 121, Er i bôd yn feirdd nodawl / O'i dysc a'i mvdr, o dasc mawl, / Canlynynt drwy'r helynt hon / *Ysprêd* o wâg ysbrydion. 1604-7 TW (Pen 228), *Spred* o aniueilieit. *Spred* o anysprydoedh d.g. *pecudes.* 1632 D, *Ysprêd,* Reijcula, reiectanea. 17g. LlGC 10249, 202, Brochi wnai, kroesü gair krüch / *Ysbrêd,* [sic] o ryw spiwyr ydych [breuddwyd Pharo gan Wmffre ap Dafydd ab Ifan]. 1722 Llst 189, *Ysprêd.* f. The refuse, tail of corn. 1741 L. MORRIS: LW 259, Fe dâl yr Arglwydd i'r Ysprêd, / A wnaeth y Weithred dywyll; / Yspeilio'r Llong, a gwylltio'r Gwŷr, / Yn dostur yn y Distyll. 1803 P, *Ysprêd,* s. pl. aggr. . . . Outcasts, refuse. Ys cail—o eivyr—/ *Ysprêd* o anysbrydroz . . . [Gr. ap Hywel ap Tudur]. Ar lafar, 'darostwng ei deulu i fyw fel . . . hen *sbrêd*', LILIM 112; '*sbrêd*' 'yr hen sbrêd' 'am bobl ddi-/gymeriad', *Cymru* xlvii. [195] (sir Ddinb.). Clywir hefyd '*sbrêtsh,* *sbrêds*' 'riff-raff', WVBD 476 (e.ll.).

ysbrenciaf: ysbrencian, gw. sbrenciaf: sbrencio.

ysbresaf: ysbresu [cf. *esbresaf: esbresu*] *ba.* Mynegi: *to express.*
p. 1584 G. ROBERT: GC [203], a oes un gair arferedig ymlhith y cymru eussus, i *yspressu* i feddwl. id. [207], *yspressu* yr un pwnc, ne ystyr.

ysbri, ysbrig, ysbrigyn, ysbring, gw. sbri, sbrig[1], sbrigyn, sbring.

ysbringal [?bnth. S. C. *springal*] *?e.* ?Catapwlt: *catapult.*
c. 1400 R 1339. 26-7, alaon ruchyon rech *yspringal.* id. 1340. 6-7, Gwarac *yspringal.* gѻarr carr cѻrr prennyal.

ysbriol, ysbriws, gw. asbriol (hefyd At.), sbriws[2].

ysbrotas, ysbrotion, ysbrotys, gw. sbrots.

ysbrowtio, ysbrowts, ysbruddach, gw. sbrowtian, sbrowts, sbruddach.

ysbrus, ysbruws, ysbrws, gw. sbriws[2].

ysbrych, ysbrychaf: ysbrychu, ysbrychlyd, gw. sbrych, sbrychaf: sbrychu, sbrychlyd.

ysbryd, &c. [bnth. Llad. *spīritus* (drwy ff. *megis* *spīritus), cf. H. Grn. *spirit,* gl. *spiritus,* Crn. C. *sperys, spyrys,* Llyd. C. *speret,* Llyd. Diw. *spered,* taf. Gwened *spred,* H. Wydd. *spiurt, spirut*] *eg.* (bach. *-yn*) ll. *-(i)on, -(i)oedd, -(i)au, &c.*
(*a*) Hanfod bywiocaol anghorfforol person, &c., enaid; bod goruwchnaturiol, drychiolaeth, rhith; (prif) elfen, nodwedd, neu deimlad (oes, darn o gelfyddyd &c.), athrylith; ystyr waelodol (yn hytrach na llythrennol); prif gynneddf emosiynol ysgogol, ewyllys, cyflwr emosiynol neu feddyliol, tymer, tueddfryd, hwyl(iau), emosiwn, teimlad, nwyf, bywiogrwydd, sioncrwydd; anadl; hefyd yn *ffig.: spirit, soul, spirit, ghost, spectre; (prevailing) spirit, genius; spirit (e.g. of law, as opp. to letter), spirit, volition, (high, low, &c.), spirits, temperament, disposition, mood, emotion, feeling; spirit, liveliness, vivacity; breath; also fig.*
12-13g. GMB 539, Gwae ny llaurr lles yn y *yspryt.*

13g. *GDB* 468, Dygn yn symmud, Duw, ein Tad—ysprydol, / *Ysbrydoedd* oleuad. 13g. *Llst* 1, 127, kenedyl o *esprŷt* (*MA*² 522b. 34, *ysbrytion*) a alwun ny kythreûl-yeyt gogwydedyc. 13g. *GBF* 470, E Duû yn gyntaf y kyuarchaf . . . / . . . Gûaûr *ysbrydyeu*. 14g. *B* xviii. 148, *sprydoed* duon. *c.* 1400 *DB* 53, gogoueu agoret. Ac yn y rei hynny y kymerir gwynnheu, a rei hynny a elwit *yspryt* tymhestleu. *c.* 1400 (*SG*) *HMSS* i. 393, *yspryd-yoed* drwc. 15g. *Cy* iv. 114, lle ydûg yr arglûyd rurthur [*sic*] yr pryf gormyn . . . dan ydaraû dyrnaûd aruthur o *yspryd* y ene. 15g. *GDLl* 172, Ysgrwd ry segûr ydwyd, / *Ysbryd* arth disberod wyd [i ddychanu Siôn Dafi am geisio athrod rhwng y bardd a'r brenin]. 15g. *HCLl* 43, Aeth ei ras—bredych o warth *ysbryd-ion*, / Aeth o ing eilwaith o waith angylion. 1545 Elis Gruffydd: *Ll* 197, i gadw nerth y gwin ac *ysbrydd* y llyshieue yyn y dwr ynn i hrinwedde. 1547 *WS*, *Yspryt* A sprete. 1551 W. Salesbury: *KLl* lxxxia, [t]rwbledigion y can *ysprytoedd* (*TN* 177b, *ysprytion*) aflan. 1567 *TN* 136b, *yspryt* yw Duw, a'r sawl y a ddolant [*sic*] ef, raid yddwynt ey a ddoli mewn [*sic*] *yspryt* a' gwirionedd. *id.* 342b, A' chynilleidfa y blaen anedigolion . . . *ysprydaу* (1588 *Heb* xii. 23, *yspryd-oedd*) yr rrai cyfion. 1588 1 *Br* x. 4–5, Yna y canfu brenhines Saba holl ddoethineb Salomon . . . ac nid oedd mwyach *yspryd* ynddi hi. 16–17g. *GHCEM* 127, Gwelwn *ysbryd* i'm gwiliaw / A golwg drwg wrth glog draw. 1632 *D*, Dewines ag *yspryd* cythreulig ynddi d.g. *Pythonissa*. *id.* bywiowgrwydd *yspryd* d.g. *Sagacitas*. 1653 *MLl* i. 245, y mae *ysbryd* y bŷd hwn yn chwantu dy enaid di. 1681 S. Hughes: *AC* 2, storiau ynghylch *Ysprydion* a Dewinessau. 1707 *AB* 277b d.g. *A Ghost*. 1754 *ML* i. 308, Bachgen cywraint ond bod eisiau *ysbryd* arno. 1767 W. Williams: *CAA* iv, yr *ysbryd* hwn [cenfigen] . . . yn fam i fil o bechodau. 1771 *PDPh* 66, chwi a yspeiliwch geffyl o fwy o'i *ysprydoedd* naturiol nag a ellwch adferu iddo mewn hir amser. [1783] *W* d.g. *Spirit* [*not matter*], *Spirit* [*an habitual disposition of the mind*], *Spirit* [*temper, &c.*], *Spirit* [*any affection or emotion of the mind*], *Spirit* [*a principle or motive*]. 1803 *P*. Ar lafar, 'yn isal 'i *sbryd-odd*', 'dim *ysbryd* gweithio', *WVBD* 579; 'Peth drwg yw torri *ysbryd* unryw gradur', ''Odd llawar o sôn 'slawar dydd am yr *ysbrydion* odd yn catw bothdu'r ardal 'yn', *GTN* 864.

(*b*) (enghrau.'n cyfeirio at Dduw, yn enw. yr Ysbryd Glân: *exx. with ref. to God, esp. the Holy Spirit*).

12g. *GMB* 273, Pûyll a'm kyueiryd o'r Krea6dyr, o'r kyd, / O'r Mab, o'r *Ysbryd*, o'r yaûnuryd uri. 12–13g. *id.* 406, Am duû Merchyr Brat dyûu bryt—Idas, / Bredychu yn *Yspryt*. 14g. *GDG*³ 3, Gwirdad a Mab rhad prydus—ac *Ysbryd*, / Gwirllyw iechyd a gwawr llewychus. 15–16g. *GIF* 96, Duw sy Dad yn ei gadair, / Duw sy Fab dewisa i Fair, / Duw sy *Ysbryd*, cyngyd call, / ac un Duw,—gwn eu deall. 1588 *Gen* i. 2, Y ddaiar oedd afluniaidd, a gwâg . . . ac *yspryd* Duw yn ymsymmud ar wyneb y dyfroedd. 1672 R. Prichard: *Gw* 27, Fe ddescynei arno yr *yspryd*, / Ar lûn clommen hygar hyfryd. 1764 W. Williams: *Th* 6, Wel cod fi *Yspryd* sanctaidd. Gw. hefyd y cfn. *Ysbryd Glân* isod.

(*c*) (yn y ll.) Sylwedd neu hylif yr ystyrid gynt ei fod yn hydreiddio ac yn bywhau'r corff: (*pl.*) *spirit* (*substance or fluid formerly supposed to permeate and animate the body*).

1545 Elis Gruffydd: *Ll* 138, a thrwy'r gennav j lawenhau'r galon ac j ddeffroi yr *esbrydoedd* bywiol o'r tu mewn j'r corff. 1661 E. Lewis: *Drex* 230, y mae rhyw warchau ar y gwithi, neu ar yr afu: Neu onid yw hynny y mae tag ar *ysbrydion* y bywyd.

(*d*) (yn y ll.) Alcohol distylledig (i'w yfed), nodd distylledig: (*pl.*) *spirits* (*alcohol*).

1793 N. Williams: *HM* i. 15, [ll]onaid llwy Dê o *ysprydoedd* Lafant. Gw. hefyd y cfn. *ysbryd y gwin* isod.

Amr.: **sbyryt** [bnth. dysg. Llad. *spīritus*; ansicr yw'r union ff.]. 1547 *WS*, *Spyryt* glan Holy gooste.

Cfn.: **Ysbryd Glân, Glân Ysbryd,** &c.: [cf. Llyd. C. *Speret glan, Glan Speret*]. *Holy Spirit, Holy Ghost*. 12–13g. *GMB* 529, *Yspryt Glan*. 13g. *GBF* 447, y *Glan Yspryt*. 1547 *WS*, *Spyryt glan* Holy gooste. 1551 W. Salesbury: *KLl* iia, yr *yspryt glan*. 1773 *W*, Yr *Yspryd Glân* . . . Y *Glân* . . . *Yspryd* d.g. *Ghost, The Holy Ghost*. **ysbryd y gwin:** *spirit of wine*. 1688 *TJ* (At.) [24]. 18g. L. Morris: *LW* 312.

ysbrydeg [*ysbryd*+-*eg*¹] *eb.* Ysbrydegaeth; *Diwin.* ysbrydyddiaeth; gwyddor drychiolaethau: *spiritualism*; *pneumatology* (*in theol.*); *spectrology* (*of spectres*).

1828.

ysbrydegaeth, ysbrydegiaeth [*ysbrydeg* +-(*i*)*aeth*] *eb.* Y gred fod ysbrydion y meirw yn gallu cyfathrebu â'r byw, yn enw. drwy gyfryngwr: *spiritualism*.

1908.

ysbrydegol [*ysbrydeg*+-*ol*] *a.* Yn perthyn i ysbrydegaeth: *spiritualistic*.

1916.

ysbrydegwr, ysbrydegydd [*ysbrydeg*+ -*wr*, -*ydd*³] *eg.* ll. *ysbrydegwyr*. Un sy'n credu mewn ysbrydegaeth, ymarferydd ysbrydegaeth: *spiritualist*.

1877.

ysbrydiaeth [*ysbryd*+-*iaeth*] *eg.b.* ll. -*au*. Ysbryd; ysbrydoliaeth; ysbrydolrwydd; ysbrydegaeth; *Diwin.* ysbrydyddiaeth: *spirit*; *inspiration*; *spirituality*; *spiritualism*; *pneumatology* (*in theol.*).

1651 Siôn Treredyn: *MDD* 86, yr oedd *ysbryd-iaeth* (*spirit*) eu ffyd [*sic*] hwy yn llesc iawn. *c.* 1785–90 (1829) *CBYP* 19, Diben Cerdd yw gwellhau Deall, helaethu Gwybodaeth . . . a diddanu'r Bryd a'r *Ysprydiaeth*. 1793 *Cylchg* 131, Awyrolaeth, *Ysbryd-iaeth*, neu Hanfodiant Ysbrydolion, sydd ran bwysfawr a helaeth o Arddansoddiad. 1803 *P*, *Ysbrydiaeth*, s. m. . . . Spirituality.

ysbrydlawn, ysbrydlon [*ysbryd*+-*lawn*, -*lon*] *a.* Llawn ysbryd, nwyfus, bywiog: *spirited, full of spirit, lively*.

1768 J. Jones: *HC* 82, Melysder byngciau, / *Ysbryd-lawn* odlau. [1783] *W*, *Ysbrydlawn* d.g. *Spirit, Full of spirit or spirits, Spirited*. 1803 *P* d.g. *Ysbrydlawn*.

ysbrydlonrwydd [*ysbrydlon*+-*rwydd*] *eg.* Nwyfusrwydd, bywiogrwydd: *spiritedness, liveliness*.

1794 *W* d.g. *Spiritedness*. 1803 *P*.

ysbrydnos, gw. **ysbryd**+**nos.**

ysbrydol, sbrydol [*ysbryd*+-*ol*] *a.* ll. *ysbrydolion* (hefyd fel *e.ll.*), a hefyd gyda grym enwol.

(*a*) Yn perthyn i'r ysbryd neu i'r byd ysbrydol neu'n rhoddi pwys ar y cyfryw (yn hytrach na'r byd materol), cysegredig, sanctaidd, duwiol, duwiolfrydig, crefyddol; eglwysig, clerigol; heb ymboeni â'r byd materol, teimladwy; yn dynodi perthynas â pherson arall seiliedig ar faterion yr enaid; yn perthyn i ysbrydion neu fodau goruwchnaturiol: *spiritual, sacred, holy, godly, pious, religious*; *spiritual, ecclesiastical, clerical*; *spiritual* (*of mind, &c.*), *sensitive*; *spiritual* (*of person, with ref. to relationship*); *pertaining to spirits or supernatural beings*.

12–13g. *GMB* 390, Tut Yspryt an Tat *ysprydaûl*. 12–13g. *GLlLl* 7, Rwyf myrtoet, maûrdaûn *ysbrydaûl*. 13g. *DB* 84, y nef *ysprydaul*, anetnebydedic y'r deneon. 13g. *GBF* 644, Gûna, dan gof yrof, eiryawl —ym dagnef / Yn teyrnas nef Naf *ysprydawl*. 1346 *LlA* 5, gûahanaûd kreadur *ysbrydaûl* yûrth yr vn corfforaûl. *id.* 99, tir glan yspryt. *ysprydolaf*. *c.* 1400 *Ymborth* 8, Sef yw da *ysprytawl* ratlawn, nertholyon gampeu *ysprydolyon* a rodo yr Yspryt Glan y dyn. *Dchr.* 15g. *B* viii. 137, O Geingeu godineb . . . Or pechawd yn gnawdawl a chares idaw. neu ae verch *ysprydawl*. 1547 *WS*, Tad *ysprytol* Goostly father. 1567 *TN* [xxvii], am faterion *sprydol*. 1588 *Jer* xxxi. cs., Llawenydd *ysprydol* y ffyddloniaid. 1632 *D* d.g. *Pneumaticus, Spiritualis*. 1703 E. Wynne: *BC* 87, rhoes i mi ryw ddw'r *ysprydol* iw yfed. 1803 *P*, *Ysbrydawl* . . . Spiritual, ghostly. Ar lafar, 'y byd *sbryd-ol*', *WVBD* 476; 'y bywyd *ysbrydol*', *GTN* 864.

(*b*) Nwyfus, bywiog, mewn hwyliau da; ?ffyrnig: *spirited, lively, in good spirits*; ?*fierce*.

c. 1400 *R* 1195. 33–4, ysbriw dylan mor *ysbrydolaf*. 16–17g. Edward Urien, &c.: *Gw* 302, *Ysbrydol* lais berwedig, / Ysbord wyd i sbario dig [i ofyn telyn]. Ar lafar, 'dyn iach *sbrydol*', *WVBD* 476; ''Ro'dd hi'n *ysbrydol* iawn y bore 'ma, wir' (am rywun sâl), *B* xii. 25 (ardal Llanelli).

(*c*) Hanfodol (am organ gorfforol), pwysicaf: *vital* (*of bodily organ*), *most important*.

1545 Elis Gruffydd: *Ll* 159, oera ef y galon a'r av . . . a'r kylla, a'r holl engill *ysbrydol* (*pryncypall*). *Diw.* 16g. *WLB* 7, o ddig yn yr aelodeu *ysbrydol* y daw llawer o glwyfe. *id.* 98, [yr] aelodau *sprydol* sydd yn y ddwyfron val y mae y galon or [*sic*] lliengig ar kymhibe.

Fel *e.* Ysbrydion, bodau goruwchnaturiol; incwm, &c., esgobaeth: *spirits, supernatural beings*; *diocesan income, &c.*

c. 1400 *Llst* 27, 136a, blwydyn y bu glaf martha ordeirthon . . . yna ygûelei hi tûryf o *ysprydolyon* drûc. [1783] *W*, *ysprydolion* d.g. *Spiritualities* [*the revenues or profits of a bishopric*]. 1793 *Cylchg* 131, Awyrolaeth, Ysbrydiaeth, neu Hanfodiant *Ysbrydolion*, sydd ran bwysfawr a helaeth o Arddansoddiad.

ysbrydolaeth, ysbrydolaethaf: ysbrydolaethu, gw. **ysbrydoliaeth, ysbrydoliaethaf: ysbrydoliaethu.**

ysbrydolaf, sbrydolaf: (y)sbrydoli [bf. o'r a. *ysbrydol, sbrydol*] *ba.* Ysgogi i sancteiddrwydd, gweithgaredd creadigol, &c., calonogi, ennyn; gwneud yn ysbrydol, dyrchafu; rhoddi ysbryd neu fywyd i, bywhau: *to inspire, encourage, kindle*; *spiritualize, elevate*; *give spirit or life to, inspirit, enliven*.

1567 *LlGG* 107b, adolygu yti *ysprytoli* yn wastat yr Eccles gyffredinawl ac yspryt y gwirionedd. 1599 (1677) R. Holland: *AB* 119, yr hyn sy yn ein hyf-hau a'n *ysprydoli* i ofyn gan Dduw bethau rheidiol i ni. 1604–7 *TW* (*Pen* 228), *sbrytoli* d.g. *Aspiro*. *id.* wedi . . . *sprytoli* d.g. *Tactus, a, um*. 1672 J. Langford: *HDdD* 473, *ysprydola* (*inspire*) fi a duwiol zêl. 1680 J. Thomas: *UN* 3, y tân . . . a ddygodd Prometheus or nêf, heb wybod i Jupiter, i fywhau ac i *ysprydoli* y dyn a wnaethai ef o glai'r ddaiar. [1724] G. Wynn: *YGD* 91, *ysprydolais* ti ac Enaid. 1727 J. Jones: *DFF* 220, i blygu Ewyllysiau cyndyn, i *ysbrydoli* (*spiritualize*) Serchiadau cnawdol. 1740 T. Evans: *DPO* 150, Eu barn hwy [derwyddon] oedd fod yr Enaid ar ôl ei ymadawiad a'r Corph, yn myned i *ysprydoli* rhyw un arall. 1775 *W* d.g. *To inspire* [*in Divinity, to communicate ideas* . . .]. 1803 *P*. Ar lafar, 'Wel, fi wetas wthdo fel 'ôn i wedi mwynáu 'i arith a, i *ysbrydoli* ticyn arno', *GTN* 864.

ysbrydolaidd [*ysbrydol*+-*aidd*] *a.* Ysbrydol, cysegredig, duwiol: *spiritual, sacred, godly*.

1594–6 *AP* 36, ef a ddeûth dwyfolgwbl *ysbrydolaidd* genad a manegi ym ych bod mewn llawenydd a digrifwch. 1723 J. Jones: *LlA* 127, Gwirioneddau *ysbrydol-eiddiaf* (*most spiritual*) a dwysaf yr Amseroedd. 1790 Twm o'r Nant: *GG* 210, Gwraidd *ysbrydolaidd* deulu, yw Samwel, / Sy yma'n f'anrhegu.

ysbrydoldeb, ysbrydoldab [*ysbrydol*+ -*deb*, -*dab*] *eg.* Ysbrydolrwydd, natur neu gyflwr ysbrydol; cysegredigrwydd, sancteiddrwydd; nwyfusrwydd, bywiogrwydd: *spirituality, spiritual nature or condition*; *sanctity, holiness*; *spiritedness, liveliness*.

1547 *WS* [vi], [y]r angenogion o ddysceidiaeth a doethineb . . . Gobeitho i dyry duw vath *ysprydoldeb* vddunt hwytheu. 1551 W. Salesbury: *KLl* lxvib, yn erbyn *ysprytaldab* [*sic*] drwc / mewn petheu neuolon. 1567 *TN* [xxvi], *ysprydoldep* Evengil Christ. 1704 *Cym Cr* 135, nid ŷw *ysprŷdoldeb* (*spirituality*) Gweddi yn sefyll yngwaith un yn gweddio heb ffurf, ond mewn bwriad y galon. 1722 *Llst* 189, *Ysprydoldeb*. m. Liveliness. 1764 W. Williams: *GDC* [184], golwg fwy dwfn ar *ysbrydoldeb* y gyfraith. 1803 *P*, *Ysbrydoldeb*, s. m. . . . A spiritual state.

ysbrydolder [*ysbrydol*+-*der*] *eg.* Cysegredigrwydd, sancteiddrwydd; ysbrydolrwydd, natur neu gyflwr ysbrydol: *sanctity, holiness*; *spirituality, spiritual nature or condition*.

c. 1400 *YSG* i. 87, menegi *ysprydolder* y bwyt nefawl a gollassawch chwi o achaws awch pechodeu. *c.* 1400 *GP* 15, Duw a dyly y uoli o dwywolder . . . ac *ysprydolder*. 16g. *id.* 201, emperodyr . . . y mae ar bawb mal y llew ar yr anifeiliaid . . . neu yr Pab ar yr eglwys a'r eglwyswyr ac *ysbrydolder* y ddayar. 1803 *P*, *Ysbrydolder* . . . A spiritual state.

ysbrydoledig [bôn y f. *ysbrydolaf*: *ysbrydoli*+-*edig*] *a.bfl.* Wedi ei ysbrydoli, hefyd yn *ffig.* am syniad, &c.; yn ysbrydoli: *inspired* (*also of idea, &c.*); *inspirational*.

1728 J. Thomas: *GDN* 3–4, y Pedair Efengyl a'u Sgrifenwyr *ysbrydoledig* hwynt. 1775 *W* d.g. *Inspired*. 1803 *P*.

Amr.: **ysbrydoliedig.** 1852.

ysbrydoledd [*ysbrydol*+-*edd*¹] *eg.b.* Ysbrydolrwydd, natur neu gyflwr ysbrydol: *spirituality, spiritual nature or condition*.

1675 R. Davies: *PY* 89, fel y byddo rhwng yr holl gynnulleidfa vndeb calonnau, *ysprydoledd*, a thafodau. [1783] *W* d.g. *Spirituality*. 1803 *P*.

ysbrydoleiddiaf, ysbrydolieiddiaf: ysbrydol(i)eiddio [bf. o'r a. *ysbrydolaidd*, ac *ysbrydol*+-(*i*)*eiddio* (At.)] *bg.a.* Mynd neu wneud yn ysbrydol: *to spiritualize*.

1717 Iaco ab Dewi: *MN* 132, fy Ngalluoedd . . .

hyd oni *Ysbrydolieiddir* ac yr helaethir hwynt ni's gallant ei dderbyn ef.

ysbrydolfyd, gw. **ysbrydol+byd**[1].

ysbrydoliad [bôn y f. *ysbrydolaf*: *ysbrydoli +-iad*[1]] *eg.* ll. *-au.* Y weithred o wneud yn ysbrydol; ysbrydoliaeth: *spiritualization; inspiration.*

1722 *Llst* 189, *Ysprydoliad.* m. A spiritualization. **[1740]** D. Llwyd: *YDD* 67, y mae yn beth ofnadwy, iddo fynnu cael gan rhai [*sic*], dan liw rhagor o *ysprydoliad*, i ymattal rhag ffurfiau o weddi, a ddarfu i Dduw orchymynnu. **1803** *P.*

ysbrydoliaeth, ysbrydolaeth [*ysbrydol+ -(i)aeth*] *eb.g.* ll. *-au.* (Person, &c., sy'n rhoddi) ysgogiad i sancteiddrwydd, creadigrwydd, &c., yr ansawdd neu'r cyflwr o fod yn ysgogi neu wedi ei ysgogi felly, syniad ysbrydoledig, y weithred o ysbrydoli, dylanwad; anadliad gan Dduw sy'n bywhau neu'n ysbrydoli; ysbrydolrwydd, natur neu gyflwr ysbrydol; ysbryd, enaid; *Crf.* penboethni, brwdfrydedd: *inspiration, an inspiring, influence; life-giving or inspirational breath (of God); spirituality, spiritual nature or condition; spirit, soul; (religious) enthusiasm.*

c. **1400** *YSG* i. [121], yna yr *ysprydolyaeth* a oed udunt [Adda ac Efa], wynt a'e kollassant. **15g.** *GTP* 33, I Grist ag anrheg yr aeth / O deilwng *ysbrydoliaeth* [marwnad Mallt ferch Hywel Selau]. **1550–75** *BY* [133], Y ddayar oedd heb ffrwyth yn wac . . . ac *ysbrydoliaeth* yr Arglwydd a ddygid ar y dyfroedd. **1567** *TN* [xxxii], Pobl y Testament newydd . . . [rh]oir attunt tracwyddawl wollys Duw . . . mewn *ysprydolaeth* a' gwir yn i rhith eu hun. **1588** *Doeth Sol* viii. 19, Yroeddwn i yn fachgen o athrylith dda, ac a gawswn *ysprydoliaeth* dda. **1604–7** *TW* (*Pen* 228) d.g. *Afflor.* **1618** J. Salisbury: *EH* 105–6, *ysprydoliaeth*, neu anadliad Duw o'n mewn. **1630** *YDd* 6, Yr Yspryd Glân . . . yn deilliaw a chwedi ei anfon yn gystal oddiwrth y Tâd, ar Mab, drwy dragwyddol ac anfesurol *ysprydoliaeth* (*spiration*). **1632** J. Davies: *LlR* 103, [d]oniau yr *ysprydoliaethau* da a'r rhybuddion. **1699** T. Jones: *TP* 77, Duw wedi cŷdtymheru ein *Hysprŷdoliaeth* (*spirits*) ni yn y fâth fodd, fel a gallom rodio ynghŷd megis Cymdeithion. **1719** *EGBG* 7, *ysprydoliaeth* digyfrwng yspryd Duw. **1722** *Llst* 189, *Ysprydoliaeth.* f. Inspiration, spirituality; influence; spiration. **1725–6** *Madd Ed* 358, Anadliadau neu *Ysbrydoliaethau* (*inspirations*) y Prophwydi. **1768** Risiart ap Robert: *CB* 283, Yr holl ysgrythyrau sydd wedi eu rhoddi gan *ysprydoliaeth* Duw. **1793** T. Jones: *SD* 66–7, ofer dybiau am *Ysprydoliaeth* (enthusiasm). **1803** *P.*

ysbrydoliaethaf, ysbrydolaethaf: ysbrydol(i)aethu [bf. o'r e. *ysbrydoliaeth, ysbrydolaeth*] *ba.* Ysbrydoli; rhoddi ysbryd neu fywyd i, bywhau; gwneud yn ysbrydol: *to inspire; give spirit or life to, inspirit, enliven; spiritualize.*

1649 E. Roberts: *SCG* 32, Am ei fod efe yn oestadol yn *ysprydoliaethu* . . . ei holl wasanaethwŷr, trwy dduwiol allu ei lan yspryd. **1670** J. Hughes: *AP* 151, dyn a *ysprydoliaethwyd* gan Dduw. **1700** *Cyng BB* 3, Duw a *ysprydoliaethodd* Ddyn âg Anadl Einioes. *c.* **1716** S. Rhydderch: *CEH* 29, yr unrhyw Eirieu pa rai y ddarfu i'r yspryd glân *Ysprydolaethu* er Adeiladaeth yr Eglwys. **1722** *Llst* 189, *Ysprydoliaethu.* To inspire. **1768** Risiart ap Robert: *CB* 283, Yr holl ysgrythyrau sydd wedi eu rhoddi gan ysprydoliaeth Duw. Yn y modd hyn y bu i Dduw *ysprydoliaethu* Moses a'r prophwydi. **1803** *P, Ysbrydoliaethu* . . . To spiritualize.

ysbrydoliaethol [*ysbrydoliaeth+-ol*] *a.* Ysbrydoledig; yn ysbrydoli: *inspired; inspiring.*

1675 R. Davies: *PY* 184, P'le y mae yr *ysprydoliaethol* bregethwr yn dywedyd.

ysbrydoliedig, ysbrydolieiddiaf: ysbrydolieiddio, gw. **ysbrydoledig, ysbrydoleiddiaf: ysbrydoleiddio.**

ysbrydolrwydd [*ysbrydol+-rwydd*] *eg.* Yr ansawdd neu'r cyflwr o fod yn ysbrydol, natur neu gyflwr ysbrydol, defosiwn; ysbrydoliaeth: *spirituality, spiritual nature or condition, devotion; inspiration.*

1704 *Cym Cr* 135, ysprŷdoldeb Gweddi yn sefyll . . . mewn bwriad y galon ac mewn *ysprydolrwŷdd* (*Devotion*) yr Enaid. **1744** D. Rowland: *RY* 184, er bod Yspryd mewn Dyn, *Ysprydolrwydd* (*inspiration*) y Person yma [yr Ysbryd Glân] sydd raid roddi iddo ef Ddealltwriaeth. **1759** T. Thomas: *WWDd* 9[7], nad oedd bossibl i . . . *ysprydolrwydd* y gyfraith, graffu a'r [*sic*] un brecheuyn [*sic*] ynddo. **1760** E. Williams: *UYB* 21, dull o angylaidd *ysbrydolrwydd.* **[1783]** *W* d.g. *Spirituality.* **1803** *P, Ysbrydolrwyz,* s. m. . . . A spiritual state.

ysbrydolus [*ysbrydol+-us*] *a.* Ysbrydoledig; yn ysbrydoli: *inspired; inspiring.*

20g.

ysbrydolwr, ysbrydolydd [bôn y f. *ysbrydolaf*: *ysbrydoli+-wr, -ydd*[3]] *eg.* ll. *ysbrydolwyr.* Ysbrydegwr; person neu beth sy'n ysbrydoli; crefyddwr penboeth: *spiritualist; inspirer; (religious) enthusiast.*

[1745] W. Roberts: *FfM* 40, Di elli wybod hyn dy hunan, / Na chyfrifir dim yn aflan, / I'r *Ysbrydolwyr* hwylwyr hedd, / A'u tuedd yn Sangteiddlan.

ysbrydyddiaeth [*ysbryd+-ydd*[3]*+-iaeth*] *eb. Diwin.* Cangen o ddiwinyddiaeth sy'n ymwneud â'r Ysbryd Glân a bodau ysbrydol eraill; ysbrydegaeth: *pneumatology (in theol.); spiritualism.*

1850.

ysbrydyn, gw. **ysbryd.**

ysbryf [bôn y f. *ysaf*: *ysu+pryf*[1]] *eg.* ll. *-ed.* Macai; lindysyn, pry'r dail, pryf pren: *larva, grub; caterpillar, canker-worm, wood-borer.*

1794 *W* d.g. *Wood-fretter.*

ysbrys, gw. **sbriws**[2].

ysbûr, sbur [bnth. S. *spire* 'wooden rod, bar, beam' ?a hefyd S. *speer* 'wooden partition'] *eg.b.* (bach. b. *sburan*) ll. *ysburiau,* (prin) *ysburs,* (prin) *ysburion.* Post, polyn, piler, (gwaelod) colofn, hefyd yn *ffig.* ac yn ddifr.; pared, gwensgod; silff: *post, pole, piller, (base of) column, also fig. and derog.; partition, wainscot; shelf.*

15g. *GDID* 91, Mae carw yn magu coron; / I'm hael, beth a wnaf am hon? / Ei ben, oediog benadur, / I'w roi, was balch, ar *ysbûr* [i ofyn dau filgi]. **15g.** *GIBH* 42, Ysbryd gieulyd gwywlwth, / *Ysbur*, llei llosges, y bwth [Tudur Penllyn i ateb dychan Ieuan Brydydd Hir]. **16g.** *MTA* 466, Ysbiwr gwen *ysbur* gwael / Ysbrwd ûn ysbryd anael [Robert Ifans Brynsiencyn i ddychanu Eiddig]. **16–17g.** T. Prys: *C* 399, ni rôi unawr i'r annoeth, / *ysbur* del, ni sbaria y doeth [i angau]. **1604–7** *TW* (*Pen* 228), Bot yn *spur* boeri d.g. *despui. Dchr.* **17g.** *J* 10, 44a, *Spur.* Spire. Spira. *id. Spuran.* Spirula. **1632** *D, Yspûr,* Spira, scotia. **17g.** Huw Morus: *EC* i. 205, Rhyw ddyn o'u mysg [Rowndiaid], heb ddysg, heb ddawn, / A wnae ryw bregeth felus iawn, / Ar ben *ysbûr* mewn llythyr llawn, / Mor bur brydnhawn a boreu. **1688** *TJ, Yspûr*: a short post or pillar to set things upon. **1722** *Llst* 189, *Yspur.* m. A spire; a rundle or hollowness in the bottom of a pillar. **1753** *TR, Yspûr* . . . In Glamorganshire it signifies a wainscoat, a partition. **1768 (1813)** Twm o'r Nant: *FF* 48, Fo ddarfu'r hen Sion gamsynied, / Am ollwng y mâb cyn ffoled, / . . . / Ni cha'dd y mab yr awrhon, / Ond ei rwymo uwch hen *ysburion*, / Lle bu mi [*sic*] ac yntau lawer tro, / Yn ein hafiaeth yn o hyfion. **1778** *W* d.g. *Partition* [*between two rooms, &c.*]. **1803** *P, Ysbur,* s. m.—pl. t. *iau* . . . The pedestal or base of a pillar; a short post or supporter of a shelf, in ancient houses, projecting into the floor, in the form of a skreen, and used to put by such victuals as is in present consumption. Cf. R. Fenton: *Tours* 227, the old Church road from Dolbenmaen passed through the House, and every person passing was entitled to a Viaticum left on a shelf in the passage, which was called *Sbyr*; *id.* 228, There is a proverbial saying in North Wales, 'Rhowch y spâr ar y '*sbur*,' —Put the spare on the speer.

ysburlas, gw. **sbwrlas** (hefyd At.).

ysburlath, gw. **ysbûr+llath.**

ysbwb, ysbwng, ysbwngaidd, ysbwngfaen, ysbwngog, gw. **yswbwb, sbwng, sbyngaidd, ysbyngfaen, ysbyngog.**

ysbwnj, ysbwnjaf: ysbwnjo, ysbwns, gw. **sbwng, sbwnjaf: sbwnjo, sbwng.**

ysbwrial, (y)sbwriel, sbwrial, *eg.* ?a hefyd *e.ll.* Defnydd gwastraff, sorod, defnydd neu bethau diwerth (yn enw. papur, &c., a deflir ar y llawr, &c., mewn lle cyhoeddus), rwbel, malurion, ysgubion, rhasglion, pilion, carthion, hefyd yn *ffig.*: *rubbish, trash, refuse, litter, rubble, debris, sweepings, shavings, parings, sewage, also fig.*

c. **1400** *R* 1356. 35–6, Ryt *yspwryal* gwal gwelieu sigylffraeth. **1632** *D, Ysbwrial,* h.e. pethau a fwrier ymaith. Reictanea, reijcula, fragmenta, resegmina, leipsana. **1722** *Llst* 189, *Ysbwrial.* p. Refuse, fragments, chips, shavings, sweepings. **1773** *W, ysbwrial* d.g. *Excrement, Off-casts, Paring . . . Parings, Raff, or riff-raff, Rubbish.* **1803** *P* d.g. *Ysbwrial.* Ar lafar, '*sbwrial*', *WVBD* 477 (*eg.*); 'Pam na allan' nw gladdu'u *sbwrial* dan ddaear?', *GTN* 711 (*eg.*).

ysbwrj, sbwrj, &c. [bnth. S. C. neu Ffr. Lloegr *spurge*, neu H. Ffr. *espurge*] *e?g. Bot.* Fflamgoed, *Euphorbia*: *spurge.*

c. **1400** *ChO* 6, A'r vran . . . a gymerth gwer, ac *yspurge. Diw.* **16g.** *WLB* 51, rhoi mwy or *yspwrche* ynddo. *id.* 73, Kymer y wermod petti morel . . . *spwrge*, Jsop. **1604–7** *TW* (*Pen* 228), *spwrs* d.g. *Amygdalites.* **18g.** *Llr* C 24, 99, Cymer had *ysburg* a gwna yn bowdwr.

ysbwrn, sbwrn, *eg.* ll. *ysbyrnau.* Sbwng; coed tân, golosged, gosgymon; hefyd yn *ffig.*: *sponge; firewood, tinder; also fig.*

1547 *WS, Yspwrn* Fyre wod, tynder. **1551** W. Salesbury: *KLl* xxva, yn y van y redadd vn o honynt wy ac a gymerth *yspwrn* / ac ae llanwadd o wi/negr. **16g.** Huw Arwystl: *Gw* 381, ysgafn oedd vs gefn eiddil / ysbarnu i chorff *ysbwrn* chwil [dychan i'r fedwen heb na dail na rhisgl]. **1604–7** *TW* (*Pen* 228), yr *yspwrn* d.g. *Fomes igniarius. id.* yr *yspwrn* sych d.g. *Igniarium. id.* rhyw Spong, ne'r *yspwrn* godeneû a medhal d.g. *Manon.* **1615** R. Smyth: *GB* 78, beth arall ivv i dillad ond *spvvrn* (*esponge*) i 'r dymestl? **1632** *D, Ysbwrn,* Sic mendosè vulgus & Scripturarum interpretes: rectiùs Ysbwng, Spongai, lana marina. **1722** *Llst* 189, *Ysbwrn.* m.p. *byrnau.* A spunge. **1770** P. Williams: *BS, Nu* xix, Crist . . . sydd a'r gwir *ysbwrn* ganddo, i daenellu 'n cydwybodau, a'n glanhau. **1771** *PDPh* 42–3, scrwpl o *Yspwrn* wedi ei losgi. **[1783]** *W* d.g. *Sponge.*

ysbwrs, ysbwt, ysbwyliaf: ysbwylio, gw. **ysbwrj, sbwt, sbwyliaf: sbwylio.**

ysbwynwydd [elf. anh.+*gwŷdd*[1]] *e.ll. Bot.* Rhos Mair, rhosmari, *Rosmarinus officinalis*: *rosemary.*

1801 *MMf* 261, Llyma Rinwedd Y Rhosmari, A Elwir Hefyd *Ysbwynwydd*, Ag Yn Lladin Rosa Marina. **1813** *WB* 244.

ysbwys, ff. ansicr ei hystyr.

12g. *GCBM* i. 297, Moes *ysbwys* ysbys echrys Ochren. **15g.** *GLGC* 42, rheoli gwyllt a'r hael gwâr / sy o *ysbwys* i Siasbar. **15–16g.** Llawdden, &c.: *Gw* 178, Asur glasp aur, sercl *ysbwys* / Amgarn pig migyrnau pwys [i'r bais arfau a'r gardas]. **16g.** Lewys Morgannwg: *Gw* 470–1, Llew pwys maingc *ysbwys* cosbawdr uwch i pen / Llaw ar wialen llew reolawdr.

ysbyd, gw. **osb.**

ysbydaid, ysbyddaid [?*esbyd, ysbyd* (ll. yr e. *osb*)+*-aid*[2], ond ansicr yw grym *-d-* yn yr enghrau. llenyddol isod (?cf. *ysbyddawd*)] *a.* ?Crwydrol, hefyd yn ddifr.: *wandering, vagrant, also derog.*

13g. *GDB* 109, Handid uyg gystlwn, nas gwn nas gwys, / O ueirt *yspydeid* yspeid yspys. *Dchr.* **14g.** *id.* 198, Awdwl a gant Phylyp Prydyd . . . pan vu amrysson y rygthaw a beird *ysbydeit. id.* 211, Amrysson Phylyp Prydyd a'r goveird *yspydeit.* **1632** *D,* Ysbyddad, Hospitalitas . . . Hinc Beirdd *ysbyddaid*, Poëtæ parasitici. **1780** *W*, Beirdd *yspyddaid* d.g. *Poets . . . Smell-feast poets.*

Amr.: **ysbyddad**[1]. **1780** *W*, Beirdd yspyddaid (sing. bardd *yspyddad*) d.g. *Poets . . . Smell-feast poets.*

ysbydion, gw. **osb.**

ysbydwr [*esbyd, ysbyd* (ll. yr e. *osb*) neu fnth. Llad. *hospitium+gŵr*; ansicr yw'r engh. gyntaf isod (cf. *ysbytywr*)] *eg.* ll. *-wyr.* Un o Farchogion yr Ysbyty, ysbytywr; (geir.) lletywr, tafarnwr, person lletygar: (*Knight*) *Hospitaller, hospitaller; (dict.) host, innkeeper, hospitable person.*

13g. *LlI* 54–5, Try gorsedauc esyd a allhant guneythur eu cabydul true eu keureyth ehun en lle na llesteyryoent kyureyth e brenhyn: sef ynt e rey henne, escop ac abbat a meystyr *espytwyr.* **1632** *D, Yspydwr,* Hospes, hospitalis. **1722** *Llst* 189, *Ysbydwr.* m. An host, inn-keeper. **1753** *TR, Ysbydwr*, an host that receiveth strangers, an entertainer, an hospitable person. **1774** *W* d.g. *Hospital, The master of a hospital, Hospitaler.* Digwydd hefyd fel elf. mewn e. lleoedd, gw. *B* xxv. 423–4.

ysbydwriaeth [*ysbydwr+-iaeth*; ansicr yw union ff. yr engh. gyntaf isod] *e?b.* Swydd

neu swyddogaeth ysbytywr: *office of a hospitaller.*

13g. *D Col* 39, O deruyd y alldut cemryt urdeu neu *espeduryaeth* (*AL* ii. 74, *yspydbryaeth*). **1730** *Leg Wall* 585, *Ysbydwrjaeth*, Officium Praefecti Hospitio. The Mastership of an hospital. **1753** *TR.*

ysbyddad¹, (y)sbaddad [Crn. C. *spethas, spethes* 'mieri', Llyd. C. *spezat, spizat* 'llwyni eirin Mair': < Brth. **spiįat-* < Clt. **skuįiat-*, cf. H. Wydd. *scé* (gen. ll. *sciad*) 'draenen wen', Lithwaneg *skujà* 'nodwyddau, &c., pinwydd'] *eb.g.* (bach. b. *(y)sbyddaden, (y)sbaddaden*) ll. *ysbyddaid*, (geir.) *sbeddyd*, (prin a diw.) *ysbaddadau*, a hefyd fel *e.ll.* Draenen wen (drain gwynion), *Cratægus monogyna*, llwyn(i) drain; draenen (drain), pigyn (pigau); hefyd yn *ffig.*: *hawthorn(s), thorn bush(es); thorn(s), spine(s); also fig.*

12g. *LL* 202, oronnenn trus irford iniaun dir *ispidatenn.* **14g.** *T* 25. 5, *yspydat* amnat. heint ech y aghat. *id.* 39. 7, tardei galch achbyr ac *yspydat.* **1346** *LlA* 65, Ar dayar aoed emelldigedic gynt yn dbyn *yspadat* (*spinis addicta*) adryssbch. **14g.** *GGLl* 13, Meinir, neu'th berthir, gwn borthiad—poenau, / Yn nau hoen blodau blawd *ysbyddad* (Hywel ab Einion Lygliw). **14g.** *B* xiv. 266, Jessu hagen a rodet y pilatus . . . dodet coron o *yspydat* am y benn. *c.* **1400** *R* 1034. 11, Gorwyn blaen *yspydat.* *c.* **1400** *B* v. 24, Bedrawt yssyd yn ynys prydein. y dan *yspadaden* heb dim ar y warthaf. ac ny daw glaw vyth idaw. **15–16g.** LLAWDDEN, &c.: *Gw* 110, Mac i minnau, bûm bumiach, / Ddraen cariad, *ysbyddad* bach. **1547** *WS, Yspaddat* Hawethornel [*sic*]. **16g.** *Pen* 204, 172, yllyssew/yn Aelwir vchelfel yr afall neu yr *ysbydded* gwynion. *a.* **1561** *B* vi. 49, *ysbyddaid* a dyfant bob amser o'r gayaf a'r gwanwyn. *Diw.* **16g.** *WLB* 32, Rhag draen a el mewn troed. Kym[e]r risc yr *ysbaddod* [*sic*] ai briwo mewn morter. **1588** *Bar* vi. 70, Eu duwiau hwynt . . . ydynt fel *spyddaden* mewn perllan. *Dchr.* **17g.** *J* 10, 44a, *Spaddad.* S. *speddyd.* pl. hawthorne. *ib. Spaddaden* . . . Albus spinus. **1632** *D, Ysbyddad*, Sing. *Ysbyddaden.* Sentis. Leucacanthe. *c.* **1658** R. VAUGHAN: *E* 127, Pa beth oedd yr *ysbaddaden* bigog ynghnawd St. Paul ai cernodiodd ef i ostyngeiddrwydd. **1711** M. WILLIAMS: *LlLl* 48, Impio. Peth rhyfedd yw gweled pa fodd y mae hyn yn newidio natur Pren! Yr Afallen sur a ddwg Afalau pêr, a'r *Yspaddaden* a ddwg Ellyg. **1722** *Llst* 189, *Ysbyddad.* S. *ddaden.* f. White-thorns. **1803** *P* d.g. *Yspyzad.* Am yr e. prs. *Ysbaddaden Bencawr*, ac am *ysbaddaden* mewn e. lleoedd, gw. *CO*³ 51–2.

ysbyddad² [gair geir.; cf. *ysbydaid, ysbyddawd*] *eg.* ll. *-aid.* Lletygarwch, adloniant, gwledd; bardd sy'n mynychu gwleddoedd heb wahoddiad: *hospitality, entertainment, feast; poet who frequents feasts uninvited.*

1632 *D, Ysbyddad*, Hospitalitas, benigna exceptio, epulæ liberæ. **1722** *Llst* 189, *Ysbyddad.* m. Good hospitality or house-keeping. *id. Ysbyddad.* m.p. *byddaid.* A smell-feast, trenchern-poet. *id. Ysbyddeid.* p. Smell-feast poets. **1753** *TR, Ysbyddad*, hospitality, kind entertainment, free banquets.

ysbyddad³, ysbyddaden, gw. **ysbydaid, ysbyddad¹.**

ysbyddaf: ysbyddu [cf. *hysbyddaf: hysbyddu*] *ba.* Gwacáu, dihysbyddu: *to empty, drain, exhaust.*

1841.

ysbyddaid, gw. **ysbydaid.**

ysbyddawd, *eb.g.* Gwledd, lletygarwch, llety (croesawgar); (geir.) hafod, llaethdy; ?cyfeillach; ?cyrch (milwrol): *feast, hospitality, (welcoming) lodging; (dict.) summer residence, dairy; ?fellowship; ?(military) assault.*

12g. *GCBM* ii. 21, Llid esbyd ysbar, *ysbydabd* yor. *id.* 54, Pobyl wasgabd, *ysbydabd* oesber. **12–13g.** *GLlLl* 122, Parabd *ysbytabd* y esbyd—Prydein. **12–13g.** *GMB* 369, *Yspyddawd* oes barawd barthlwydd. **13g.** (**17g.**) *AH* 30, *yspydawd* Cadwallawn gaer Garadawc. **14g.** *T* 33. 2–3, keint yn *yspydabt* uch gbirabt aflawen. **14g.** *WM* 59. 29–34, o achabs y pedbarugeint mlyned hynny y gelbit. *yspydabt* urdaul benn. *yspydabt* uranben a matholbch oed yr honn yd aethpbyt eiberdon. *c.* **1400** *R* 1250. 28–9, A mab di vradb gadb geudabt rinwedabl meidrabl yspudabl y *yspydabt.* *Diw.* **16g.** *GP* xciii, henwav gwledd. darmerth: *ysbyddawd*: mestic. **1604–7** *TW* (*Pen* 228), *yspydhawt* d.g. *Aestiuatio, Hospitium.* **1632** *D, Ysbyddawd*, Hospitium, hospitalitas. **1722** *Llst* 189, *Ysbyddawd.* m. Hospitality; also an house that is always ready to receive . . . friends or kinsfolks. **1725** *SR* d.g. *Hospital, Hospitability.* **1753** *TR, Ysbyddawd*, entertainment, hospitality. **1773** *W* d.g. *Entertainment.*

Amr.: **ysbaddawd, ysbaddod.** **14g.** *WM* 61. 13, *yspadabt* uran. **17g.** *LlGC* 13215, 391, *Ysbaddawd* hafod. **1707** *AB* 221a, *Ysbadhod*, A dairy. **1772** *W* d.g. *Dairy, or dairy-house.*

ysbyngaidd, gw. **sbyngaidd.**

ysbyngfaen, ysbwngfaen [*ysbwng+ maen¹*] *eg.* ll. *-feini.* Carreg bwmis: *pumice stone.*

1780 *W, Yspyngfaen* d.g. *Pumice, or pumice-stone.*

ysbyngllyd, gw. **sbyngllyd.**

ysbyngog, ysbwngog [*ysbwng+-og*] *a.* Sbyngaidd, amsugnol: *spongy, absorbent.*

[**1783**] *W, ysbyngog* d.g. *Spongious, or spongy.* **1798** *WR, yspwngog* d.g. *Bibulous.*

ysbyngol [*ysbwng+-ol*] *a.* Sbyngaidd, hefyd yn *ffig.*: *spongy, also fig.*

1866.

ysbyngu, ysbyngwr, gw. **sbyngu, sbwnjwr.**

ysbyrs, ysbyrsen, gw. **sbyrs.**

ysbyrsiaf, &c.: **ysbyrsio,** &c. [bf. o'r e.ll. *ysbyrs*] *bg.* Brigo, blaguro, egino: *to sprout, shoot.*

16g. *LlS* 23, Yn gyntaf ydd *yspyrsia* o y ár y gwraidd yn baladr bychan. *id.* 24, Y Dagaratr . . . ymestyn ynn vchel o hyt gan iddo *espyrsio* o newydd bob blwyddyn. *id.* 26, Yr Yscaw a dyf yn brenn addwyn a ei wiail a *yspyrsian* yr vn phynyt ar cyrs.

ysbyrsyn, ysbys, ysbysaf: ysbysu, gw. **sbyrs, hysbys, hysbysaf: hysbysu.**

ysbyty, sbyty [*esbyd, ysbyd* (ll. yr e. *osb*) *+tŷ*; ansicr yw union ff. yr engh. gyntaf isod] *eg.b.* ll. *ysbytai, (y)sbytyau*, ll. dwbl *ysbyteiau.* Sefydliad sy'n darparu triniaeth (law)feddygol a gofal nyrsio, sefydliad sy'n llochesu a chynnal yr anghenus, yr hen a'r methedig, &c.; llety i bererinion, &c. (yn enw. un o sefydliadau Marchogion yr Ysbyty), elusendy, llety; hefyd yn *ffig.*; (geir.) tŷ fferm: *hospital, hospice; lodging-house for pilgrims, &c. (esp. one of the establishments of the Knights Hospitallers), almshouse, lodging; also fig.; (dict.) farmhouse.*

13g. *LlI* 54, O byd tyr *espytty* ef, ef a dele lledrat ac emlad. **14g.** *BT* 180, athro ytemylwyr ac athro yr *yspyty.* **14g.** *WM* 456. 23–8, bbyt degwyr a deugeint a dab attat yr *yspytty* yno y bbyta pellenigyon. A mabyon gbladoed ereill nyd ergyttyo kerth yn llys arthur. *c.* **1400** [*RB*] *WM* 261. 8–11, mi a af yn yspyttybr. ami agynhalyaf y ty hbnn yn *yspytty* ywann ac ygadarn. **15g.** *OBWV* 144, Megis *sbytyau* (*DN* 1, *ysbytau*) Ieuan / Yw ei dai o fwyd i wan [Dafydd Nanmor i wledd Rhys ap Maredudd]. **15g.** *GLGC* 106, Fenus yw'r llys uwchlaw'r llall, / Siwbitêr, *ysbyty* arall. **15–16g.** *TA* 168, Af i'r wledd fawr o Loddaith, / Os byd drud, *ysbyty* 'r iaith. *id.* 294, Dau fan y rhoed i fyw, 'n rhent, / Dau *sbyty*, dewis batent, / Un i Ifan, o nefoedd, / Ail i Rys a Lowri oedd. **1547** *WS, Yspyty* A spyttle house. *id. Yspyty* An hospyta[l]. **16g.** (*LlEG*) *Mos* 158, 126b, h/roddet yhrann vwyaf o vowyd y templres [*sic*] . . . I varchogion Ieuann veddiwr I gynnal *y/sbyttaiav* ac I roddi alusen Ir tlawd. **1604–7** *TW* (*Pen* 228), *Spytuy* d.g. *Valetudinarium, Villa.* **1632** *D, ysbyty* cleifion d.g. *Nosocomion.* **1722** *Llst* 189, *Ysbytty.* m. An hospital. **1774** T. JONES: *DG* 185, adeiladu ysgolion ac *yspyttyau.* **1803** *P* d.g. *Ysbyty.* Ar lafar, "Fydd o ddim yn cal mynd i'r *sbyty* am oesoedd—ma 'na restr aros hir' (Arfon); 'Ma 'na *sbytai* yn cau ym mhobman' (gogledd Cered.).

Amr.: **hysbyty** [cf. *hosbyty*]. **1604–7** *TW* (*Pen* 228), *hyspytuy* d.g. *Hospitium . . . Hospitium publicuro.*

Cfn.: **Ysbytai'r Frawdlys:** *Inns of Court.* **1916. Ysbytai('r) Cyfreithwyr = Ysbytai'r Frawdlys.** **1775** *W, Yspyttai . . . cyfreithwŷr* d.g. *Inn, Inns of court.*

ysbytyol [*ysbyty+-ol*] *a.* Yn perthyn i ysbyty, (a geir) mewn ysbyty: *pertaining to a hospital, (found) in a hospital.*

20g.

ysbytywr [*ysbyty+gŵr*] *eg.* ll. *ysbytywyr.* Un o Farchogion yr Ysbyty, sef urdd grefyddol filwrol a sefydlwyd yn Jerwsalem yn yr 11g., un sy'n gyfrifol am groesawu a gofalu am bererinion, ymwelwyr, &c.: *(Knight) Hospitaller, hospitaller.*

c. **1400** [*RB*] *WM* 261. 8–11, mi a af yn *yspyttybr.* ami agynhalyaf y ty hbnn yn yspytty ywann ac ygadarn.

Gw. hefyd **ysbydwr.**

yschismatig, gw. **sgismatig.**

ysedig [bôn y f. *ysaf*: *ysu+-edig*] *a.bfl.* Wedi ei ysu neu ei fwyta, wedi cyrydu, ocsidiedig, hefyd yn *ffig.*; llosgol, yn *ffig.*: *consumed, devoured, eaten, corroded, oxidized, also fig.; burning, fig.*

1719 IACO AB DEWI: *TG* 168, ni bydd dy Ddymuniadeu difrifol a'r Cyfryw Ddychrynfeydd *yssedig* (*burning*) ynglyn wrthynt. **1722** *Llst* 189, *Ysedig.* Eaten, consumed. **1773** *W* d.g. *Gnawed, Moth-eaten, Worm-eaten.* **1803** *P, Ysedig* . . . Corroded; consumed; oxidated.

ysef, gw. **sef.**

ysfa¹ [bôn y f. *ysaf*: *ysu+-fa, ma*] *eb.* ll. *-feydd.* Cosfa, enynfa, crafu, gogleisiad, hefyd yn *ffig.*; clefyd croen sy'n peri cosi, (yr) ymgrafu, ysgabiws; y clafr, mansh; cnoad, yn *ffig.*; lle difa: *an itch(ing), a tickling, also fig.; (the) itch, scabies; scab, mange; a gnawing, fig.; place of destruction.*

16g. *GSOG* 90, *Ysva* vlin ais avlonydd / yssig hwyr veddig hir vydd. **1588** *Deut* xxviii. 27, Yr Arglwydd a'th deru di . . . a chlwyf y marchogion, ac a chrach, ac ag *ysfa.* **1595** *Egl Ph* 27, dywedwn am y byd . . . ei bhod yn bhedhle i'r meirw . . . ag yn *ysbha* pob peth lhygradwy. **1632** *D* d.g. *Prurigo, Pruritus, Rosio, Scalpturigo* [*sic*]. *c.* **1658** R. VAUGHAN: *E* 88, ein gwendyd sigledig an *hysfa* yn ol newydddeb. **1661** E. LEWIS: *Drex* 348, brath cydwybod . . . *ysfa* (*gnawing*) 'r pryf yr hwn ni bydd farw byth. **1701** E. WYNNE: *RBS* 98, fe allei'r petheu hyn dorri'r *ysfa* arnynt am wybod Storiaû twrstan. **1722** *Llst* 189, *Ysfa.* f. An itch; tickling of lust. *c.* **1740** *LlM* 43, Rhag yr Ymgrafu neu'r *Ysfa.* **1771** *PDPh* 72, Dwfr rhag *ysfa* yn llygaid Ceffylau. **1803** *P, Ysva*, s. f.—pl. *ysvëyz* . . . an itching. Ar lafar, '*ysfa*' 'itch, longing', *WVBD* 581; '*ysfa*' 'an urge', 'yr *ysfa* fynd' 'wanderlust', *GTN* 865; hefyd yn yr ystyr 'salwch, megis annwyd neu'r ffliw', 'Ma'r *ysfa* arni a 'wi'n 'i chatw 'i yn y gwely', *ib.*

ysfa², ysgabiws¹, gw. **hysfa, sgabiws¹.**

ysgabiws², sgabiws², sgabes [bnth. S. *scabies*; ?a'r ff. *(y)sgabiws* dan ddyl. *sgabiws¹*] *eg.* Clefyd croen a nodweddir gan gosi llidus a phlorod ac a achosir gan widdon yn turio o dan y croen, unrhyw glefyd croen a nodweddir gan darddiant crachlyd: *scabies, any skin disease characterized by scabby eruption.*

Diw. **16g.** *WLB* 48, Llyma Oyntment anrhydeddus Rhag pob Rhyw *ysgabiws.* *id.* 65, hwn sydd dda rhag y *sgabiws.* **18g.** *Llr* C 24, 260, [c]ymer ddail y gwynwydd a chlym hwy wrth y *scabes.*

ysgablar, &c. [bnth. S. C. *scapulare*, S. *scapular(y)*] *eg.b.* *Egl.* Mantell fynachaidd fer sy'n gorchuddio'r ysgwyddau, dau ddarn hir o frethyn a gysylltir dros yr ysgwyddau ac sy'n nodweddu rhai urddau crefyddol, ysgwyddwisg, sgarff, stola, sash (filwrol), (geir.) effod, hefyd yn *ffig.*: *(eccl.) scapular, scarf, stole, (military) sash, (dict.) effod, also fig.*

c. **1400** (*SG*) *HMSS* i. 337, y meudwy ieuanc a vwryawd y gapan ymeith. ac oe beis ac *yscaplan* [*sic*] ef adoeth. **15g.** *DGG*² 54, Ysgŵl du ymlaen osgl dâr, / Esgoblun mewn *ysgablar* [i'r ceiliog coed]. **1547** *WS, Yscapular* Scapellar. **16g.** (*LlEG*) *Mos* 158, 475a, bwriodd Ef i gwuyl ai *sgappulari* ai gappan ai gockwll drwy ysgreuenv y geiriau hynn. **1604–7** *TW* (*Pen* 228), *Scapular* d.g. *Humerale.* **1632** *D, Ysgablar*, Superhumerale, epômis, scapular. *id.* d.g. *Ephod.* **1688** *TJ, Ysgablar*, ysgwyddwisg, (ysgarff:) a Scarfe. **1722** *Llst* 189, *Ysgablar.* f. A scarf. **1764** DEWI NANTBRÂN: *CB* 97, dalwch godreu 'r *Ysgablar*, neu uwchaf wisc yr Offeiriad. **1770** *W, ysgablar* d.g. *Ephod, Sash* [*a military officer's*], *Scarf.*

ysgadan, sgadan, &c. [cf. Gwydd. C. *scatán* 'pennog'; ?cf. H. S. *sceadd* 'shad'] *e.ll.* (un. g. *(y)sgadenyn*, b. *sgadenen*), ?a hefyd gyda grym ansoddeiriol. *Pysg.* Penwaig, *Clupea*, yn enw. *C. harengus*, hefyd yn *ffig.*: *herrings, also fig.*

c. **1400** *R* 1359. 21–3, Maer herlot kyfot keis ym vesgityeu *ysgadan* a bryneis. **15g.** *DN* 13, Pann vu'r

wlad val *ysgadan*, / Ac nad mwy no'r gwynniaid mân. **16–17g.** *PhA* 93, Taro ar lled trwy war llyn, / Ysgwyd yna *ysgadenyn* [i'r wylan]. **1604–7** *TW* (*Pen* 228), *ysgadenyn* d.g. *Halecula, Halex. id. scadenyn* d.g. *Mæna.* **1617** *Minsheu* 362a, *Eskadényn* hallt d.g. *Pickeld herrings.* **1672** R. PRICHARD: *Gw* 365, [y] morfil a lyngca 'r *sgadenyn* [:– Pennog]. **1707** *AB* 221b, *Ysgadenyn*, A herring; plur. *Sgadan.* S.W. **1722** *Llst* 189, *Ysgadan.* s. *gadenyn.* m. Herrings. **1760** *ML* ii. 259, Nid oes etto ddim *ysgaden* yn Aberystwyth. **1771** *W* d.g. *Herring.* **1803** *P* d.g. *Ysgadan, Ysgadenyn.* Ar lafar, '*sgadan*' 'halec' 'sometimes for . . . herring . . . (Bangor)', *WVBD* 480; 'rodd 'ma ddeg o gychod yn pysgota *sgadan* pan on i'n hogyn', *B* xxv. 55 (Meir.); '*sgadenyn*' 'a herring', *GTN* 727. Clywir '*Sgadan* Abergwaun' fel llysenw ar drigolion y dref honno, *LlG* lii. 14. Digwydd yn yr e. lle *Porth Sgadan*, Tudweiliog, sir Gaern.

Amr.: **sgatarn.** Ar lafar yn yr ystyr 'gwehilion', ''En *sgatarn* yw lot o reiny sy wedi dod i fyw lan 'co' (dwyrain Morg.). **stenyn** (un. g.). Ar lafar, *Cymru* xxxv. [233] (godre Cered.; hefyd yn ddifr. am berson), *GDD* 272 (hefyd am berson tenau eiddil). **ysgadain.** **15g.** *GGl*[2] 98, E fyn gŵr o afon gau / *Ysgadain* o'i esgidiau [dychan i Uto'r Glyn gan Lywelyn ap Gutun]. **ysgedyn.** **1757** *ML* ii. 50, *ysgedyn* meinion.

Cfn.: **sgadan agored:** *kippered herrings, kippers.* Ar lafar yn nwyrain Morg., *Geir Geg* 53. **(y)sgadan coch(ion):** *red herrings, also fig.* **1761** *ML* ii. 292, *ysgadan coch* are excellent. [**1762**] E. POWELL: *HEI* 66, Cais Benwag, sef *Ysgadenyn côch.* [**1783**] *W*, *Ysgadan cochion* d.g. *Red-herrings.* Ar lafar, '*sgatans coch*', *GTN* 727. **sgadenyn sych:** *bloater.* Ar lafar, *GTN* 727 (ll. *sgatans sychon*).

ysgadana, ysgadena [be. o'r e. *ysgadan, ysgaden*] *bg.* Pysgota am ysgadan: *to fish for herring.*

16–17g. SIÔN MAWDDWY: *Gw* 63, Esgud yn *ysgadana*, / A gwisgi wyd mewn gwisg iâ [am wylan].

ysgaden, ysgadena, ysgadenyn, gw. ysgadan, ysgadana, ysgadan.

ysgadran [bnth. S. *squadron*, ?dan ddyl. *adran*] *e?b.* ll. *-nau.* Sgwadron: *squadron.*

1858.

Gw. hefyd **sgwadron.**

ysgaelus, ysgaelusaf: ysgaeluso, &c., gw. esgeulus, esgeulusaf: esgeuluso, &c.

ysgafael [?cf. *gafael*[1], *ysgafaeth*] *eb.g.* ll. *-au.* Ysbail, anrhaith; ysglyfaeth; hefyd yn *ffig.*: *booty, spoil(s), plunder; prey; also fig.*

12g. *GCBM* i. 195, Ys gnaŵd rac Ywein *ysgafael* y urein, / Ysgauaeth y veit kun. **13g.** *GDB* 390, Gnaŵt *yscauael* hael yn hŵylaŵ—o'e du. *id.* 519, Brooed *ysgauael*, bryt ar drychafael. ?**13g.** *B* vi. 136, Manred gymmined mawr *ysgafael* / Y rhag Caerluydd coed neus dug Moriael. **14g.** *T* 39. 8, Nyt *yscafael* yneb dŵyn biŵ moel. *c.* **1400** *SDR*[2] 52–3, lladron . . . ac eu *hysgafel* gantunt yn kyrchu allan. *c.* **1400** *ChO* 12, pan ladei y bleid y deueit a'r wyn, ef a wahodei y moch y vwyta eu rann o'e *ysgauael.* **15g.** *Glam Bards* 299–300, o bydd un oed dydd ny tir / meddant etto ny maeddir / oth gael gorau *ysgavael* gwyr / goris hir waun gwrs herwyr [Ieuan Ddu i Ieuan Gethin]. **16–17g.** *W Best* 14, blaidd . . . vn o'i naturiaethav ef yw . . . na vynn ef gymeryd vn *ysgavael* in agos y'w loches. **1632** *D*, *Ysgafael*, Captura, præda. Ab Ys & Gafael. **1722** *Llst* 189, *Ysgafael* . . . f. A prey, booty. **1770** *W* d.g. *Booty, Capture* [*the taking of any prey*], *A capture* [*prey, prize, or booty*]. **1803** *P*, *Ysgavael*, s. m.—pl. t. *au* . . . capture, prey.

Amr.: **ysgafell**[2]. **1632** *D*, Ysgafeth, & *Ysgafell*, Idem. **1722** *Llst* 189, *Ysgafell* . . . f. A prey, booty. **1766** *CD* 24, *ysgafell* (*W Best* 14, ysgafael).

ysgafaelaf: ysgafaelu [bf. o'r e. *ysgafael*] *ba.* Ysbeilio, anrheithio, cipio, meddiannu: *to plunder, pillage, seize, capture.*

1803 *P.*

ysgafaeliad [bôn y f. *ysgafaelaf*: *ysgafaelu* + *-iad*[1]] *eg.* Ysbeiliad, anrheithiad, cipiad, meddiaᵽniad: *a plundering, pillaging, or seizing, capture.*

1803 *P.*

ysgafaeth, (a)sgafaeth, &c. [?cf. *ysgafael*] *eb.g.* ll. *-au.* Ysbail, anrhaith; ysglyfaeth; hefyd yn *ffig.*: *booty, spoil(s), plunder; prey; also fig.*

12g. *GCBM* i. 195, Ys gnaŵd rac Ywein ysgafael y urein, / *Ysgauaeth* y veit kun. **14g.** *GDG*[3] 40, Neud temlau, byrddau, beirdd *ysgafaeth*, / Neud teulu eirian teuluwriaeth. ?**15g.** *Leg Wall* 305, Tair *Asgafaeth* milgi: 1 Ysgyfarnog, 2 Jwrch, 3 a Llwynawg . . . gelwir y rhai hynny yn *Asgafaetheu* milgi. **16g.** (*LlEG*) *Mos* 158, 34a, dugasantt twy *ysgauaethau* mawr o ddi/ar y fflemings ar normans. **1567** *LlGG* (*Sall*) 74a, Bendigedic vo yr Arglwydd, yr hwn ny'n rhoddes yn *ysgyfaeth* [:– brae] y'w dannedd. *Diw.* **16g.** *LBS* iv. 413, hi a adnabü y bod yn darfod a drychafel y düylaw ar Ddüw bod yn geidwad ac yn escob yw henaid ac nas gattai yn *ysgafaeth* y kythreül. **1604–7** *TW* (*Pen* 228), *yscyfaeth* d.g. *præda. Dchr.* **17g.** *J* 10, 43a, *Scavaeth.* × trais. **1632** *D*, *Ysgafeth*, [Captura, præda]. *id.* d.g. *Raptum.* **1770** *W*, *ysgafaeth* d.g. *Booty.* **1793** *P*, *Asgavaeth*, s. m.—pl. t. *au* . . . A prey. **1803** *id.* *Ysgavaeth*, s. f.—pl. t. *au* . . . A booty, a hoard.

ysgafaethaf, asgafaethaf: ysgafaethu, asgafaethu [bf. o'r e. *ysgafaeth, asgafaeth*] *bg.a.* Ysglyfaethu, ysglyfio; (geir.) ysbeilio, anrheithio: *to prey upon*; (*dict.*) *plunder, pillage.*

?**15g.** *Leg Wall* 305, Tair Asgafaeth milgi: 1 Ysgyfarnog, 2 Jwrch, 3 a Llwynawg . . . Pa gwn bynnag hagen a gyfodai un o'r tri anifail, a'i *asgafaethu* o'i filgi, efe a'i pieufydd. *id.* 557, *Asgafaethu* anifail, animal capere. **1793** *P*, *Asgavaethu* . . . To depredate, or prey. **1803** *id.* *Ysgavaethu* . . . To make a booty; to lay up a hoard.

ysgafala, sgafala, ysgyfala, &c., *a.* a hefyd gyda grym enwol.

(*a*) Cyfrinachol, cudd, dirgel, preifat, unig, ar ei ben ei hun; diarfog, diamddiffyn, heb amddiffyniad; (?geir.) bychan (am nifer): *secret, concealed, hidden, private, solitary, lonely, alone; unarmed, defenceless, undefended*; (?*dict.*) *small* (*of number*).

13g. *Llst* 1, 119, en e lle e doeth e brenyn anyŵer *escyŵalaf* (*priuatim*) kanthaŵ. **13g.** (**1641**) *HGK* 31, Gruffudd . . . a arfaethws hefyt fynet e hun y le dirgel *ysgafalaf*, y ddwyn buchedd ddwywawl. **13g.** *BD* 86, doeth un o'r Fychteit yr uuassei wr idav gyn no hynny a galv y brenhin attav megys y gyfrvch yn lle *ysgyualaf* (*quasi secretum colloquium*). *id.* 98, erchi y Heingyst dyuot tra'e geuyn enys Prydein yn *ysgyualafhaf* (*RB* 138, *yskyuaelaf*) a gallei o niuer (*priuatim et cum paucis*) rac ouyn geni teruysc eilweith y rygthunt a'r Brytannyeit. **14g.** *YBH* [1]a–b, dywedut y parei hitheu yr iarll vynet yn oet y dyd hŵnnŵ a niuer *yskyuala* gyt ac ef heb arueu megys y gallei llad y iarll. **1514** *RC* xlviii. 49, Ni bydd vnig doeth vyth . . . Ni bydd *ysgafalauach* (*minus solus*) byth no phan vo ef e hun ag yna ymddiddaned â Duw. **16g.** (*LlEG*) *Mos* 158, 29b, ywain vab kadwgan . . . drwy ysbi y vo agauas y kasdell ynn *ysgyuala.* **1588** 1 *Cr* ix. 33, A'r cantorion hyn oeddynt mewn stafelloedd yn *yscafala* (**1988** *ib.* ar wahân). **16–17g.** *B* ii. 242, *ysgybhala* .i. neilhduog. **1604–7** *TW* (*Pen* 228), golchfa *scafala* d.g. *Cella. id. ysgyfala*; niver *ysgyfala* d.g. *paucus. id.* [y]r hynn a wneler mewn lhe '*sgyfala* d.g. *penetrale.* **1632** *D*, *Ysgafala*, & *Ysgyfala* . . . solitarius. **1722** *Llst* 189 d.g. *Alone.* **1753** *TR*, *Ysgafala*, and *Ysgyfala* . . . solitary.

(*b*) Ysgafnfryd, dibryder, llon, llawen, dymunol; heb fod yn ofalus, esgeulus, digydwybod; chwerthinllyd: *light-hearted, carefree, cheerful, happy, pleasant; careless, negligent, unscrupulous; ridiculous.*

14g. *WM* td. 209. 12–14, ygyt ahynny o byd kyn *yscyfalhaet* itti ac yd oed dy damunet y geissaŵ yscyfalŵch am yneb yd oedut yn medylyaŵ ym danaŵ. **1527** *B* ii. 203, Val yr oydd yr ymerodres ar ddiwrnod *ysgavala* yn ymddaith mewn gardd er ttrevlio yr amser drwy ysbortt a diddanwch. **1632** *D*, *Ysgafala*, & *Ysgyfala*, Securus, vacuus. **1632** J. DAVIES: *LlR* 24, y rhai . . . nad ydynt hwy agos vn amser yn meddwl am dano [Duw], ac os ydynt, nid yw hynny ond diofal iawn ac *yscafala.* **1661** E. LEWIS: *Drex* 161, Gallei 'r qwestiwn hwn ymddangos yn wir *ysgafala* (*ridiculous*) i'w watwar. **1670** J. HUGHES: *AP* 155, [C]ydwybod *ysgafala*, difraw a dibryder. **1730** (**1755**) E. WYNNE: *PAC* 169, mae llawer er nad ydŷnt yn esgeuluso y ddyledswydd Grist'nogol yma, wrth ei chwplhau yn y cyfrŷw fôdd *ysgafala.* **1771** *W*, *ysgafala, ysgyfala* d.g. *Careless* [*at ease, or exempt from care*]. **1803** *P* d.g. *Ysgyvala.*

ysgafaläwch, gw. ysgafalwch.

ysgafalhaf, ysgyfalhaf: ysgafalhau, ysgyfalhau [*ysgafal(a), ysgyfal(a)* + *-hau*] *bg.a.* Gwagio, gwacáu (tref, &c.); hamddena, segura: *to empty, evacuate* (*town, &c.*); *be at leisure, idle.*

c. **1400** [*RB*] *WM* 243. 32–6, Dyret . . . y ymwelet ami. A minneu abaraf *ysgyfalhau* ydref erbyn hynny. **1753** *TR*, Ysgafael, and *Ysgafalhâu*, to empty or make vacant. **1773** *W*, *ysgafalhâu* d.g. *To empty* [*evacuate, or make vacant*]. **1803** *P*, *Ysgyvalâu* . . . to become at leisure.

ysgafalwch, ysgafaläwch, &c. [*ysgafal(a), ysgyfal(a)* + *-wch*[1]] *eg.* Preifatrwydd, llonydd, hamdden, pleser; yr ansawdd neu'r cyflwr o fod yn ysgafnfryd, sirioldeb; penysgafnder; diofalwch, esgeulustra, difaterwch, difrawder; oferedd, gwagedd: *privacy, peace* (*from disturbance, &c.*), *leisure, pleasure; light-heartedness, cheerfulness; light-headedness; carelessness, negligence, unconcern, indifference; futility, vanity.*

14g. *WM* td. 208. 16–17, dechreu karu esmŵythter ac *yscyfalŵch* aoruc ynteu. *ib.* 20, yn ol hynny karu *yscyfalŵch* oe ystauell ae wreic. *id.* td. 209. 3–4, namyn yr ystyryaŵ karyat am ŵr arall drostaŵ ef. Adamunaŵ *ysgyfalŵch* hebdaŵ ef. *ib.* 12–14, ygyt ahynny o byd kyn yscyfalhaet itti ac yd oed dy damunet y geissaŵ *yscyfalŵch* am yneb yd oedut yn medylyaŵ ym danaŵ. *id.* 34. 17–19, A phan gauas gyntaf o *yscaualŵch* ar y ŵreic. *c.* **1400** *YCM*[2] 9, A'r trydyd dyd yd aeth Aigolant y goelaw yn *ysgyualawch* (*secrete*), pwy bieiffei y uudugolyeth y dyd hwnnw. *id.* 89, Chyarlys . . . a dathoed y chware . . . ar hyt glann y dyfwr . . . a rei o oreugwyr y lys y gyt ac ef yn *ysgyuaelach* [*sic*]. **1632** *D*, *Ysgafalhawch*, Otium, vacantia, quies, incuria. **17g.** *LlGC* 13215, 334, *yscavalawch* Solitudo. **1722** *Llst* 189, *Ysgafalhawch.* m. Leasure, rest; solitariness. **1725** *SR* d.g. *Negligence.* **1753** *TR*, *Ysgafalhawch*, leisure, freedom from business, rest, ease, carelesness. **1773** *W* d.g. *Ease* [*rest; freedom from pain; comfort, pleasure, &c.*]. **1803** *P* d.g. *Ysgyvalâwç.*

ysgafarnog, gw. ysgyfarnog.

ysgafell[1], **sgafell**[1] [dichon fod yma fwy nag un gair; gthg. H. Gym. *scamell* (gw. *sgafell*[2] (At.))] *eb.* ll. *-au, -oedd, -i.* Silff, sil, ymyl; ael(iau), ?hefyd yn *ffig*; ogof: *shelf, sill, rim, ledge; (eye)brow(s), ?also fig.; cave.*

1604–7 *TW* (*Pen* 228), *yscauelh* d.g. *Cauaticus, Cauea.* **1703** E. WYNNE: *BC* 9, f' a'm cippiodd i 'mhell bell tu ucha 'r Castell, ac ar *scafell* o gwmmwl gwyn gorphwysasom yn yr entrych. *id.* 102, blin iawn oedd arnynt weled y ffardial Daelwriaid a'r Gwehyddion uwch eu llaw ar *scafell* esmwythach. Am yr e. lleoedd *Yr Ysgafell Wen* a *Tan-y-sgafell*, gw. *ELlSG* 88.

Amr.: **(y)sgaffell** (ll. *(y)sgeffyll*). **1803** *P*, *Ysgafell*, s. f.—pl. t. *au* . . . A ledge, edge, rim, or brow. Ar lafar gynt, '*sgaffell*', J. JONES: *Gwerin-eiriau*[2] 59.

Cfn.: *Drg.* **(y)sgafell gyfandirol:** *continental shelf* (*in geol.*). **20g.** **tan ei sgafell,** &c.: *scowlingly, slyly.* **1703** E. WYNNE: *BC* 13, A'r hên Gadno *tan ei scafell* yn gado i bawb garu ei ddewis. **1787** (**1812**) TWM O'R NANT: *PG* 60, A'r lleill yn chwerthin *tan eu sgafell.* Ar lafar gynt, 'Ysbïo *dan ei 'sgaffell*', J. JONES: *Gwerin-eiriau*[2] 59. Gw. hefyd *edrychaf: edrych—edrych dan ei sgafell.*

ysgafell[2], gw. ysgafael.

ysgafn[1], **ysgawn**[1], **ysgon**[1], &c. [cf. Crn. C. *sc(h)aff*, Crn. Diw. *skave*, Llyd. C. *scaff*, Llyd. Diw. *skañv*; cf. ymhellach Gwydd. C. *scaim* (e.ll.) 'ysgyfaint', Cym. *ysgyfaint*; petrus yw dosbarthiad rhai o'r enghrau. isod] *a.* ll. *ysgafnion*, (diw.) *ysgeifn.*

(*a*) Heb fod yn drwm, heb bwyso llawer, (cymharol) isel mewn pwysau, hefyd yn *ffig.*: *light* (*not heavy*), *also fig.*

12g. *GLlF* 227, Lluch y dan ysgŵyt *ysgaŵn* lydan. **13g.** *BD* 160, guaret a wnaethpvt y am y brenhin a'r urenhines eu brenhinolyon wisgoed, a guisgav amdanunt *ysgavyn* wisgoed. **14g.** *YBH* 13b, [c]ledyf *ysgafyn* megys y gellych yn ddirŵystyr kerdet ragot. **14g.** *GDG*[3] 313, *Ysgafn* ar don eigion wyd, / Esgudfalch edn bysgodfwyd [i'r wylan]. *c.* **1400** *DB* 107–8, megys y mae teneuach ac *yscawnach* yr awyr no'r dwfyr . . . y mae teneuach ac *ysgawnach* y tan-defnyd no'r dwfyr-defnyd. **14–15g.** *IGE*[2] 329, *Ysgon* drud, asgen y drin, / Asau gleifiawdr ys glewfin [Rhys Goch Eryri i'r faslart]. **1547** *WS*, *Yscafyn* didrwm Lyght. **1551** W. SALESBURY: *KLl* lxxiva, am baich sydd yn *yscafn.* **1588** *Salm* lxii. 9, Gŵagedd yn vnic yw meibion dynion . . . pan gyfodant yn y clorian *yscafnach* ydynt hwy eu gyd na gŵagi. **1632** *D*, *Ysgafn*, Leuis . . . Dicitur & *Ysgawn*, & *Ysgon.* **1701** J. OWEN: *YE* 58, Y mae bedydd yn eu rhwymo i gymmeryd jau *ysgawn* Crist arnynt. **1719** IACO AB DEWI: *TG* 217, Y mae Ffydd yn yscafnhau Beichieu trymion; ac Anghrediniaeth yn trymhau rhai *yscafnion* yn anoddefadwy. **1775** *W* d.g. *Light, Adj.* [*not heavy*]. **1803** *P* d.g. *Ysgavn, Ysgawn.* Ar lafar yn y ff. '*ysgafn, ysgawn, ysgon, isgawn*', *WD* 367.

(*b*) Cyflym, buan, chwim(wth), sionc, ysgafndroed: *quick, swift, speedy, brisk, fleet, nimble, light-footed.*

12g. *GLlF* 426, *Yscafyn* niuer Rys yn llys Dinefŵr. **13g.** *C* 47. 5–6, Ar gueisson gleisson *yscawin* travodi. **14g.** *RC* xxxiii. 189, Ef a daw yr arglwyd ar wybren *ysgawn.* **1588** *Job* xxiv. 18, *Yscafn* ydyw 'r anuwiol ar

wyneb y dyfroedd. **1588** *Galarn* iv. 19, *Yscafnach* yw ein erlid-wŷr nag eryrod yr awyr. **1604–7** *TW* (*Pen* 228) d.g. *Velox* (hefyd *D*). **1703** E. WYNNE: *BC* 79, Chwi'r *yscafna* ar eich troed, / Yn ngrymmus Oed eich blodeu. **1775** *W* d.g. *Light* [*nimble, &c.*]. Ar lafar, 'Mae o'n *ysgafn* iawn ar 'i draed' (Arfon).

(*c*) Heb fod yn drwm (am gyffyrddiad, &c.), tyner; heb fod yn drwm neu'n llym (am gosb, &c.), heb fod yn ddifrifol (am archoll, &c.); isel (am bris, cyflog, &c.), rhad: *light* (*of touch, &c.*), *gentle*; *light* (*of punishment, &c.*), *mild, slight* (*of wound, &c.*); *low* (*of price, salary, &c.*), *cheap*.

14g. *B* ix. 328, Anuon ym vedygynyaeth a iechyt o nef megys y bo *yscawnnach* gennyfi vy archolleu a llei vyn dolur. **1595** H. LEWYS: *PA* 91, Duw syd' yn bygwth anfon saith mwy pla, ar blant 'r Israel, os hwy ni wellhaen pann i cosbid, yn *yscafn* ac yn esmwyth ganthaw. **1604–7** *TW* (*Pen* 228), *ysgafn* gyfwrdh d.g. *Attingo, Sublego*. **1620** 2 *Cor* iv. 17, ein byrr *yscafn* gystudd ni, sydd yn odidog ragorol yn gweithredu tragwyddol bwys gogoniant i ni. **1631** O. THOMAS: *CC* 30–1, Biblau . . . yn hawdd eu cael, ac yn *yscafn* eu prîs yn y dyddiau hyn. **1684** H. OWEN: *DC* 35, Nid yw rhai'n cael eu temptio ond yn ddigon *yscafn*. **1790** T. JONES: *TOS* 106, Pa'm 'rwyt yn arswydo rhag y petheu *ysgafn* a ddioddefi yma? **1800** W. OWEN[-PUGHE]: *CP* 79, glanêir y croen oddiwrth y llysw a phob budredd á welir, gan ei sychu neu ei olchi yn *ysgawn*.

(*d*) (Cymharol) hawdd, rhwydd, heb ofyn (llawer o) ymdrech: (*relatively*) *easy, not needing* (*much*) *effort*.

13g. *B* ix. 337, dyscu a oruc e emendav e vuchedd en gentaf ene byt ac embroui ehun. kynn keissyav e ryw betheu henne. neu geissav ohonav enteu creuyd a vei *yscafnach*. **14g.** *T* 78. 14, Nyt *yscaʋn* iolet gorescyn dyuet. **14g.** *Cy* vii. 141, Gʋeith *ysgaʋn* gʋarandaʋ. *c.* **1400** *RB* ii. 168, Myrdin . . . yn*ysgaʋnach* noc y gellit y gredu y diodes ef ymein. *c.* **1400** *B* ii. 25, Gwna bop peth or a wnelych drwy lewenyd. mal y bo *ysgawnach* gennyt dy lauur. **1588** 2 *Br* iii. 17–18, y dyffryn hwn a lenwir o ddyfroedd . . . A pheth *yscafn* yw hyn yng-olwg yr Arglwydd. **1588** *Diar* xiv. 6, gŵybodaeth sydd *yscafn* i'r hwn a fynno ddeall. **1765** *W Ballads* 82, 2, Cai *yscafn* waith a meistr rhywiog. **1773** *W* d.g. *Easy* [*not difficult, &c.*].

(*e*) Heb fod o bwys mawr, dibwys, heb fod yn farwol (am bechod); diofal, gwamal, ysgafnfryd, difyr, poblogaidd; heb fod yn ofalus, difeddwl, byrbwyll, esgeulus; difrïol, dirmygus; anniwair: *unimportant, trifling, venial* (*of sin*); *carefree, frivolous, light-hearted, entertaining, popular*; *thoughtless, reckless, negligent*; *abusive, scornful*; *unchaste*.

13g. *C* 81. 3–4, Mi iscolan yscolheic *yscawin* y puill iscodic. **13g.** *GBF* 544, *Ysgauyn* oed gennyf ysgarat—pob dyn / Wrth hwnn: Llewelyn, llyw Beruedwlat. **14g.** *HMSS* ii. [1], Nyt gwedus. heb hi. y beth *ysgawn* ysgaelus. ac anheilwg o volest. kyffroi gwr prud bonhedic. **1588** 1 *Br* xvi. 30–1, Ahab mab Omri . . . *yscafn* oedd ganddo ef rodio ym mhechodau Ieroboam mab Nabat. **1588** *Ecclus* xix. 4, Yr hwn sydd yn credu yn fuan sydd *yscafn* ei feddwl. **1599** (**1677**) R. HOLLAND: *AB* 133, Rhag cymmeryd yn *yscafn* ddonniau a grasyssau Duw o'i cael yn fuan. **1688** S. HUGHES: *TSP* 115, Nid oes vn Tywysog a gyll ei Ddeiliaid cyn *ysgafned* a hyn. **1701** T. JONES: *Alm* [37], erlidiad a chospedigaeth ar buteiniaid a merched *ysgafn*. **1764** DEWI NANTBRÂN: *CB* 8, Camwedd yn erbyn Duw mewn rhyw beth bychan neu *ysgawn*. **1775** *W* d.g. *Light* [*apply'd to the Disposition, merry; airy, &c.*], *Light-hearted*. *id. ysgafn* (rhwydd) ar ei chorph d.g. *Light* [*unchaste, wanton, &c.*]. **1790** T. JONES: *TOS* 106, Pa'm na ddichon y rhai'n wneuthur mor *ysgafn* o uffern a thitheu? **1803** *P, Ysgavn* . . . fickle.

(*f*) Heb fod yn fras (am fwyd) neu'n drwm (am bryd), wedi codi'n dda (am fara, &c.); isel mewn alcohol (am ddiod), heb fod yn alcoholig; heb fod yn gleiog (am bridd), hydrin; anweddog, cnuog (am gwmwl): *light* (*of food or meal*), *light* (*of bread, &c.*); *light* (*of drink*), *non-alcoholic, soft*; *light or friable* (*of soil, &c.*); *vaporous, fleecy* (*of cloud*).

c. **1585** *MCr* 9–10, Ffolineb a orchmynoedd y'r ysgolhaig o'r gegin gwairio vy nghinio yn barod o vwyd *ysgawnn* moethys. **1775** *W* d.g. *Light* [*apply'd to bread, &c. not gross or heavy*]. **1800** W. OWEN[-PUGHE]: *CP* 40, Arddiad á helaetha . . . wrth egori y prîdd, os rhy drwm, ac yn ei ddwyso, os rhy *ysgawn*. Ar lafar, 'Ma'r disian 'ma'n 'yfryd o *ysgon*', *GTN* 865.

(*g*) Yn cynhyrchu nwyddau bychain (am ddiwydiant), heb fod yn drwm: *light* (*of industry*).

1938.

(*h*) Hawdd aflonyddu arno (am gwsg neu berson sy'n cysgu): *light* (*of sleep or sleeper*).

1924.

(*i*) Yn cynnwys llafariad hir (am sillaf); heb fod yn chwyrn (am sain lafar); *Gram.* meddal (am dreiglad): *containing a long vowel* (*of syllable*); *soft* (*of spoken sound*); *soft* (*of mutation, in gram.*).

14g. *GP* 40, Rei . . . o'r sillafeu a vydant trymyon, ereill a vydant *ysgafnyon*. Sillaf dromm . . . 'gwenn', 'llenn' . . . Sillaf *ysgafyn* a vyd pan vo vn gonsonans gyfryw yn y sillaf, beth bynnac a vo o'r bogalyeit hefyt yn y sillaf, val y mae 'gwen', 'llen'. **1547** *WS* [xv], kymer y chwrnolat hwnw ['ch'] yn *yscafnaf* ac y del erot wrth ddywedyt iaith Saxonaec. *id.* [xix], Th . . . yn rhyw eirieu hi a ddarlleir [*sic*] kyn *yscafned* ar dd / einom ni. **16g.** *GP* civ, y mae silldav mewn davvodd / *yscafnion* mvdion i modd / trymion yw llawer eraill / talgrynnion lleddfon yw r llaill (Gruffudd ab Ieuan ap Llywelyn Fychan). Gw. hefyd *trwm*[1]—*trwm ac ysgafn*.

***ysgafn**[2] [bnth. Llad. *scamnum* 'mainc, stôl', Llyd. C. *scaffn*, Llyd. Diw. *skaoñ, skaon, skañv*, Gwydd. C. *scamun*], gw. **marwysgafn.**

ysgafn[3], **ysgawn**[2] [?cf. *beisgawn, gwisgon*; mae'r bwlch amseryddol a semantig yn erbyn ei gysylltu â'r Llad. *scamnum*] *eb.g.* ll. *ysgafnau*. Tas, rhic, stwc; pentwr, crug-lwyth: *haystack, rick, shock*; *heap, pile*.

1547 *WS, Yscafyn* o yd ne wair A mowe. **1588** *Ruth* iii. 7, Booz . . . a aeth i gyscu i gwrr yr *yscafn* (**1988** *ib.* y pentwr ŷd). **1588** *Job* v. 26, Ti a ddeui mewn henaint i'r bedd: fel y codir *yscafn* yn ei hamser. **1632** *D, Ysgafn*, Strues, aceruus. *id.* d.g. *Agger, Fœnile*. **1671** C. EDWARDS: *FfDd* 226, Addawodd y goludog iddo ei hun esmythdra [*sic*] ar ei *yscafnau* llawnion . . . ar y noson y ducpwyd ei enaid oddiarno. **1709** J. ROGERS: *Alm* [19], Medi da ydi di adwyth gofal / Fe gyfyd o flaenffrwyth; / Yr Hwsmon wr hoiw esmwyth / Ei *Ysgawn* yn llawn i llwyth. **1722** *Llst* 189, *Ysgafn* . . . f.p. *gafnau*. A heap or pile or [*sic*] corn &c. **1766** *CD* 66, Fe'i taflai rai atgas, or golwg i Gwlas, / Ar *Ysgawn* o bwrpas, oi gwmpas yn gûdd. **1774** *W, Ysgafn* d.g. *Hay-mow, Mow* [*a heap of hay or corn*]. **1803** *P, Ysgavn*, s. m. . . . a heap or stack of corn.

ysgafnaf[1], **sgafnaf**[1]: **(y)sgafnu** [bf. o'r a. *ysgafn*[1]] *bg.a.* Ysgafnhau, gwneud neu fynd yn ysgafn(ach), hefyd yn *ffig.*; pen-ysgafnu, penfeddwi; dod yn fwy hydrin (am bridd); mynd yn llai trymaidd (am yr aer), clirio (am y tywydd); peri treiglad meddal (i), treiglo'n feddal: *to make or become light*(*er*), *lighten, also fig.*; *become giddy, dizzy, or light-headed*; *become more friable* (*of soil*); *lighten* (*of the air*), *brighten* (*of weather*); *lenite*.

1547 *WS, Yscafny*. **1567** *TN* 218a, gwedy cyvodi morgymladd ddirvawr arnam, y diyspyddesont [:— yr *yscafne*[*sont*] wy yr llong. **1615** R. SMYTH: *GB* 233, da ddigon genyf os galla *yscafnu* ag ysmvvythau peth o drapherth a trueni dyn. *a.* **1791** W. WILLIAMS: *GP* 634, Mae'm beiau'n wir yn flin, / Ac nid oes dim *ysgafna*'r baich, / Ond nerth dy fraich dy hun. **1803** *P, Ysgavnu* . . . To lighten, to make light . . . to become light. Ar lafar, '*sgafnu*' 'to lighten', *WVBD* 481, hefyd yn Arfon a Llŷn yn yr ystyr 'teneuo (am beswch)'; hefyd yn y ff. *sgiafnu*, *B* xv. 29 (Meir.); '*isgawnu*', *GDD* 174; '*ysgawnu*' (sir Gaerf.); '*sgywnu*' 'ysgafnhau (llwyth, pwysau, &c.)' 'cael gwared o ofid' 'goleuo [am y tywydd]' 'esmwytho (am boen)', *GTN* 739.

ysgafnaf[2], **sgafnaf**[2]: **(y)sgafnu** [bf. o'r e. *ysgafn*[3]] *bg.a.* Sypynnu (ŷd, &c.), dasu, tasu; pentyrru; hefyd yn *ffig.*: *to pile* (*corn, &c.*), *stack, rick*; *pile up*; *also fig.*

1588 *Jos* ii. 6, bolldeidiau llîn y rhai oedd ganddi wedi eu *hysgafnu* ar nenn y tŷ. **16g.** *Def Hen* 56, oherwydd yn bod yn gweled ddarfod i bob cnawd lygry ffordd yr Arglwydd . . . a'r mesyroedd o gendrygen [*sic*] gwedi i *scafny* cyn llowned, anghenrhaid fod yn calyn nad ydiw frawdwriaeth Duw ymhell ar ôl. **1604–7** *TW* (*Pen* 228) d.g. *Fundo*. **1629** R. LLWYD: *P* 57, camweddau . . . wedi eu *yscafnu* yn ben-twrr mawr i chwanegu dychryn ei ddigofaint. **1632** *D, Ysgafnu*, Congerere, cumulare. **1688** *TJ, Ysgafnu*: to heap or set up Corn or Hay. **1693** *HC* 96, Ped fai bossibl *yscafnu* 'r holl gyrph meirwon ar eu gilidd, oni chyrhaeddent hyd y nefoedd. **1722** *Llst* 189, *Ysgafnu* . . . To heap or pile up. **1776** *W* d.g. *To mow* [*make, also to put in, a mow*]. **1803** *P* d.g. *Ysgavnu*. Ar lafar, '*sgafnu*' 'to stack corn', *WVBD* 481; '*Ysgafnu*' 'gwneud dâs ŷd', *Cymru* xlvi. 24 (sir Ffl.); '*sgiafnu*' 'derbyn a chwalu'r gwair ar ben y cowlas', *B* xv. 29 (Meir.). Clywir *sgowmu* a *sgownio* yn yr un ystyr yn sir Drefn.

ysgafnaidd [*ysgafn*[1] + *-aidd*] *a.* Ysgafn, hefyd yn *ffig.*; cyflym, ysgafndroed, sionc: *light* (*of weight*), *also fig.*; *quick, light-footed, nimble*.

1728 *GMJ* 32, ai yn *yscafnedd* y meddyliaf am y pethau hyn? **1734** *RWM* i. 273, *Ysgafnaidd* iefengaidd fu. **18g.** *NBSF* 231, Môr Gaseg wiwdeg wedi sŷ gefnog / *Ysgafnaidd* y dawnsi [am long]. **1759** *DG* 106, Pan ganfum mi Elen ireiddwen yn'r ardd / Y geinwedd *ysgafnaidd* fain hoywaidd fun hardd. **1799–1801** *Trysorfa* 325, prydyddiaeth *ysgafnaidd* dden-gar.

ysgafnben, ysgafnbeth, ysgafnbris, gw. **ysgafn**[1] + **pen**[1], **peth, pris**[1].

ysgafnder, (y)sgawnder [*ysgafn*[1], *ysgawn*[1] + *-der*] *eg.* ll. *-au*. Yr ansawdd neu'r cyflwr o fod yn ysgafn, hefyd yn *ffig.*; anniweirdeb; gwamalrwydd: *lightness* (*of weight*), *also fig.*; *unchasteness*; *frivolity, levity*.

13g. *Brut B* 111, Ac ena gwedy gwelet o Heyngyst, val ed oed gwr prvd kymhen, *escavynder* medvl e brenyn, en e lle emkyghor a Hors y vravt a gwnaeth. **1547** *WS, Yscafnder* Lyghtnesse. **1567** *TN* 264b, pan oeddwn yn amcanu val hyn, a arverwn i o *yscavnder*? *id.* 267b, *yscavnder* ein gorthrymder rhwn ny phara ddim hayachen. **1588** *Jer* iii. 9, A chann *yscafnder* ei phutteindra yr halogodd hi y tîr. **1592** S. D. RHYS: *Inst* [xix], Gwenndid hebhyd, ac *ysgawnder* . . . yw nad ymgeisiant â dim o'r byd mywn Cerdhwriaeth. **1594–6** *B* iii. 280, Gwraic sydh veluster i ieuanc, cannorthwy i hen . . . *ysgafnder* y lhavurus. **1604–7** *TW* (*Pen* 228), Teneûder ag *ysgafnder* d.g. *Fungositas*. **1632** *D, Ysgafnder*, Leuitas. **1675** R. JONES: *HCh* 5, gochel *ysgafnder*, eithr bydd ddifrif, gwresog, a thaer mewn gweddi. **1681** T. JONES: *Alm* [31], arferwch weddeidd-dra ac *ysgafnder* o fwyd. **1703** E. WYNNE: *BC* 152, Trom yw'r Galon donn êl dano; / (Och drymmed genni gip o'i atco!) / *Yscafnderau* dylid alw / Pob trymderau oll wrth hwnnw. **1714** R. PRYDDERCH: *GD* 110, Yr ydys yn gwahardd Anlladrwydd, ac *yscafnder*, y rhai sydd iw gweled yn rhy amlwg yn y fath Ddawnsio. **1722** *Llst* 189, *Ysgafnder*. m. Ease, relief, lightness; fickleness. **1751** *GIA* 77, Pettau efe ond dywedyd wrthyt ti a fyddi marw y foru, ni chymerit mo hynny mewn *ysgafnder*. **1773** *W* d.g. *Futility, Levity, Lightness* [*unchastity, wantonness, &c.*], *Lightness* [*opposed to heaviness*]. **1790** T. JONES: *TOS* 22, Arglwydd, beth a elli ddisgwyl gan lwch, ond *ysgafnder* (*levity*)? **1803** *P, Ysgavnder*, s. m. . . . Lightness; levity. Ar lafar yn ne-ddwyrain Morg. yn yr ystyr 'penysgafnder', ''Ôn i'n ffilo ryw *sgawndar*'.

Amr.: **ysgonder** [cf. *ysgon*[1]]. **1604–7** *TW* (*Pen* 228) d.g. *Inconstantia, Leuitas*.

Cfn.: **ysgafnder (mewn, yn y) pen:** *light-headedness, giddiness, dizziness*. **1731** T. LEWYS: *BMA* 177, *ysgafnder yn y Pen*. **1771** *PDPh* 45, *Ysgafnder mewn Pen*. **1772** *W, ysgafnder pen* mewn clefyd d.g. *Delirium*.

ysgafndid, &c. [*ysgafn*[1] + *-did* (At.)] *eg.* Ysgafnder (bryd), gwamalrwydd, diofalrwydd, difrawder, difaterwch: *lightness* (*of mind*), *frivolity, levity, carefreeness, unconcern, indifference*.

1722 T. EVANS: *PS* 34, mae eu dosparth [Salmau] i ugain rhan yn safadwy idd ei ddiwrnod, ac yn peri *Ysgafndid* a seibant yn hyttrach na blinder i'r Addolwr teilwng. *id.* 39, nyni awn rhagom i wrando ei sancteiddiaf Air ef. Ac fel hyn y rhoddir *Ysgafndid* a seibiant i Ergyd ein Meddyliau. **18–19g.** *Llr C* 16, 165, *ysgewndid*, lightness, frivolity. **1802** M. WILLIAMS: *BM* 32, Ni ddylai dim *ysgafndid* gael lle mewn pulpit oll. Ar lafar yn y ff. *sgewndid*, ''Odd a'n *sgewndid* calon i fi idd 'i weld a'n dod', *GTN* 729; hefyd yn nwyrain Morg. yn y ff. *sgawndid, sgywndid* 'penysgafnder; gwamalrwydd'.

ysgafndra [*ysgafn*[1] + *-dra*] *eg.* Ysgafnder, fel arfer yn *ffig.*: *lightness* (*of weight*), *usu. fig.*

1672 J. LANGFORD: *HDdD* 342, rhaid i ni fôd yn Ddiysgog yn ein Caredigrwydd, ac nid o wîr *ysgafndra* meddwl blino ar gyfaill. **1709** H. POWEL: *G* 6, Yr *yscafndra* hwn o yspryd a ddatcyddir mewn rhan yn Gwrandawyr [*sic*] Pregethau claddedigaeth. **1712** T. WILLIAMS: *CDdG* 526, Gwared fi oddiwrth pob math a'r [*sic*] feddyliau afreolus, *yscafndra* pen. **1803** *P, Ysgavndra*, s. m. . . . Lightness; levity.

ysgafndroed, ysgafnfron, ysgafnfryd,

ysgafn-galon, gw. ysgafn¹ + troed, bron¹, bryd, calon.

ysgafngrech [*ysgafn¹ + crech*] *eb.* ll. *ysgafngrychion,* ?a hefyd gyda grym ansoddeiriol. *Sein.* Ffritholyn lleisiol: *voiced fricative (in phonet.).*

1567 G. ROBERT: *GC* 34, [Il]ythrennau crychyion . . . mae rhai ag anadl yscafnach ynddynt nog sydd gen y crychion anianawl nid o ddamwain, ond o naturiæth, ag ai gelwir *yscafngrychion.* mal, dd. f. *id.* 36–7, [p]ob cyssain yn llefn ni bod grym .h. ynddi . . . rhannwyd y rhai crychion, yn annianawl ag *yscafngrychion. id.* 39, Tromlefn p. t. c. yscafnlefn b. d. g. *yscafngrech* f. [dd].

ysgafnhad [bôn y f. *ysgafnhaf*: *ysgafnhau* + *-ad²*, trf. han.] *eg.* Y weithred o ysgafnhau, fel arfer yn *ffig.*; lleddfiad: *a lightening (of weight), usu. fig.; alleviation.*

1632 *D, ysgafnhâad* d.g. *Allevamentum.* 1727 J. JONES: *DFF* 105, a ydyw yn *Ysgafnhâd* ar eich Gofid a'ch Dychryndod, fod eich holl Dylwyth chwi ynghyd? 1768 RISIART AP ROBERT: *CB* 373, A chan fwrw *ysgafnhaad* i'r cyfrif hwn . . . gellir yn hawdd feddwl y bydd ail dderbyniad i lawer un. 1770 *W* d.g. *An alleviating, or alleviation, Ease [rest; freedom from pain; comfort, pleasure, &c.], An easing, or easement, A light'ning, or lightening.* 1803 *P, Ysgavnâad,* s. m. . . . A lightening.

Amr.: **ysgawnhad.** 1803 *P, Ysgawnâad,* s. m. . . . Alleviation.

ysgafnhaf, ysgawnhaf, &c.: **ysgafnhau, ysgawnhau,** &c. [*ysgafn¹, ysgawn¹ + -hau*] *bg.a.* Gwneud neu fynd yn ysgafn(ach), ysgafnu, hefyd yn *ffig.*; lleddfu; penysgafnu, penfeddwi; dod yn fwy hydrin (am bridd): *to make or become light(er), lighten, also fig.; alleviate; become giddy, dizzy, or light-headed; become more friable (of soil).*

9–10g. *Juv* 112, *scamnhegint,* gl. *leuant.* 14g. *Cylchg LlGC* vi. 174, a elly ti argluyd *yscaunhav* arnaf vyn dolur. 14g. *B* x. 56, mi a adolygaf yti, Oen Grist, *ysgauynhav* ychydic arnafi hyt tra dywetwyf ychydic wrthyt. *c.* 1400 *YSG* i. 37–8, Arglwyd Duw . . . *ysgawnhaa* arnaf o'r govit yssyd . . . Ac yna yd *ysgawnhaawd* y dolur ual y gallei gysgu a cherdet. *Diw.* 15g. *B* v. 111, neur deryw *ysgauynhau* arnaf o beth or flam dan a oed im llosci. 1547 *WS, Yscafynhau* Lyghten. 1567 *TN* 219a, *yscafnhasont* y llong, gan vwrw yr gwenith allan ir mor. 1588 *Gen* viii. 8, Yna 'r anfonodd efe y golommen oddi wrtho, i weled a *yscafnhause* y dyfroedd oddi ar wyneb y ddaiar. 1588 1 *Sam* vi. 5, rhoddwch ogoniant i Dduw Israel, ond odid efe a *yscafnha* ei law oddi arnoch. 1588 1 *Esd* viii. 85, ô Arglwydd tydi a *yscafnheaist* ein pechodau ni. 1606 E. JAMES: *Hom* ii. 181, symmud, newid neu *yscafnhau* y deddfau a'r ordeiniaethau eglwysig hynny. 1630 *YDd* 111, Nid yw rhifedi y pechaduriaid yn *yscafnhau,* eithr yn trymhau y pechod. 1632 *D, Ysgafnhau,* Leuare, alleuare. 1703 E. WYNNE: *BC* 43, Yr oedd y Porth a'r Stryd hefyd yn lledu ac yn *yscafnhau* fel yr elid ymlaen. 1722 *Llst* 189, *Ysgafnhau.* To make light or easie, unburden, abate; drain ones pocket. 1728 T. BADDY: *DDG* 141–2, [e]u pennau wedi *Yscafnhau* gan bwys gormodedd o Wîn. 1740 T. EVANS: *DPO* 245, Dyfrig yr Arch-esgob . . . a ddymunodd gael ei *ysgafnhau* o'i swydd. 1753 *TR, Ysgafnhâu,* to lighten, to ease, to make a thing easy and light to one. 1770 *W* d.g. *To alleviate, To disburden, To ease, or give ease to, Light . . . To make light, To lighten [make less heavy].* 1803 *P* d.g. *Ysgavnâu, Ysgawnâu.*

ysgafnhaol [bôn y f. *ysgafnhaf*: *ysgafnhau* + *-ol*] *a.* Ysgafn, hefyd yn *ffig.*; lleddfol, lliniarol; yn dynodi math o gronfa ariannol sy'n ad-dalu dyled yn raddol gydag arian a gynilir yn rheolaidd ar log: *light (of weight), also fig.; palliative; sinking (of monetary fund).*

1770 *TG* [iv] 53, Heddyw yr aeth y brenhin . . . i dŷ 'r Paliament, ac a gydseiniodd â'r Act i ganiattau swm i'w Fawrhydi allan o'r trysor *ysgafnhaol* (Sinking Fund). 1803 *P* d.g. *Ysgavnâawl.*

ysgafnlais, gw. ysgafn¹ + llais.

ysgafnlaw, gw. ysgafnllaw.

ysgafnlefn [*ysgafn¹ + llefn¹*] *eb. Sein.* Ffrwydrolyn lleisiol: *voiced plosive (in phonet.).*

1567 G. ROBERT: *GC* 36–7, [p]ob cyssain yn llefn ni bo grym .h. ynddi . . . y. tair *yscafnlefn.* b. g d. *id.* 39.

ysgafnlong, ysgafnllais, gw. ysgafn¹ + llong¹, llais.

ysgafnllaw, ysgafnlaw [*ysgafn¹ + llaw¹*] *a.* a hefyd gyda grym enwol. Ac iddo ddwylo blewog, lladronllyd; ysgafn (am gyffyrddiad), tyner, hefyd yn *ffig.*: *light-fingered, thievish; light (of touch), gentle, also fig.*

1604–7 *TW* (*Pen* 228), *ysgafnlhaw* d.g. *Furculus, Manticularius, perfunctorie.* 1672 J. LANGFORD: *HDdD* 252, y lleidryn *ysgafnllaw,* yr hwn a ddŵg ymmaith Ddâ dŷn heb wybod iddo ef. 17–18g. *Plas Nantglyn* 3, 76, ei llawforwunion oedd rhodres ag *ysgafnlaw* ag afradlonrhwydd ei bwtler. 1722 *Llst* 189, *Ysgafnllaw.* Filching, light-fingered. 1780 *W, ysgafnllaw* d.g. *Pilfering [Adj.].*

Gw. hefyd **llawysgafn.**

ysgafnllong, ysgafnllwyth, gw. ysgafn¹ + llong¹, llwyth¹.

ysgafnrwydd, ysgafnrhwydd, ysgawnrwydd [*ysgafn¹, ysgawn¹ + -rwydd, -rhwydd*] *eg.b.* Ysgafnder, yn enw. yn *ffig.*: *lightness (of weight), esp. fig.*

14g. *MA²* 578. 43, ysef awnaeth hengyst. mal yd oed ystrywus. adnabot *yscawnrwyd* y brenin ai annwyt. *c.* 1400 *RM* 268, dechreu caru esmythder ac *ysgawnrwyd* (*WM* td. 208. 20, yscyfalwch) a oruc ynteu. *c.* 1400 *Ymborth* 3, Tra llauaryaeth, neu tra llauarder, yw ardangos *ysgawnrwyd* medwl drwy ormod ollwng tra gorwacyon ac ynvytyon barablev. 1605–10 *Rhyddiaith Gymraeg* i. 151, Y Komedis . . . a'r Tradsedi . . . a chwareir ar y theatyr ne yr Yskaffold, nid ir mwyn kalyn o'r dinaswyr *yskafnrwydd* vuchedd, ne erlyniad gwaedol. 1784 M. WILLIAMS: *S* i. 73, Mae [Paris] . . . o ran trefn ei gwneuthuriad, lled yr heolydd, ac *ysgafnrwydd* ei gosodiad, yn edrych yn hardd i'r olwg. *id.* 241, Mae trafaelwyr yn dywedyd, a fu ar bennau'r mynyddau hyn, fod yr awyr mor glir, yr aer yn oer, ac mor deneu, fel prin y gallant anadlu, o herwydd ei *hysgafnrwydd.* 1803 *P, Ysgavnrwyz,* s. m.

ysgafnwag, ysgafnwaith, ysgafnwen, ysgafnwisg, ysgafnwyn, gw. ysgafn¹ + gwag, gwaith¹, gwyn¹, gwisg, gwyn¹.

ysgaffala, ysgaffald, ysgaffaldwaith, ysgaffallt, ysgaffell, ysgaffold, gw. ysgaffala, sgaffald, sgaffaldwaith, sgaffald, ysgafell¹, sgaffald.

ysgai, *eg.* a hefyd gyda grym ansoddeiriol. Saim, bloneg, toddion, gwêr; (?geir. yn wr.) ysgum, ewyn; hefyd yn ddifr.: *fat, lard, dripping, tallow; (?orig. dict.) scum, foam, froth; also derog.*

14g. *WML* 26, Y coc bieu ygver ar *yscei* or gegin. 14g. *GDG³* 61, Baw estynwefl *ysgai* [dychan i Rys Meigen]. *c.* 1400 *R* 1291. 43, Kymburn burym *ysgei. id.* 1340. 1–2, gbyw lugorn *ysgei.* esgyrn sadell. *id.* 1356. 10, boch llabn o *ysgei* escut heiryab. 16–17g. *B* 241, *ysgai* .i. ysgum. 1604–7 *TW* (*Pen* 228) d.g. *Adeps, Liquamen.* 1632 *D, Ysgai,* Spuma. adeps natans in superficie bullientis liquoris. 1722 *Llst* 189, *Ysgai.* m. Scum, froth, meltings. [1783] *W* d.g. *Scum [the spume of liquids in boiling, &c.], Sewet or suet . . . Melted sewet, Spray [the foam] of the sea.* 1803 *P, Ysgai,* s. m. . . . Froth, foam, or scum.

ysgaing, ysgain¹, gw. sgain.

ysgain²,³, gw. ysgeiniaf: ysgain.

ysgair, ysgal, gw. esgair, ysgol².

ysgâl¹, sgâl², &c. [bnth. S. *scale*; dileer adran (*b*) d.g. *sgâl¹*] *eg.b.* ll. *ysgalau, ysgalion, ysgâls.* Llestr, cwpan, bowlen, dysgl, basn, plât, padell; (plât) clorian; hefyd yn *ffig.*: *vessel, cup, bowl, dish, basin, plate, pan; (pan of) weighing-scales; also fig.*

14g. *GLlBH* [163], a lloneit llyna vaddoet / *ysgal* o lynn cagal coet. 14g. *GIG* 147, Esgudlam wilff ysgydlaid, / *Ysgâl* anwadal ei naid [am long]. 15–16g. LLAWDDEN, &c.: *Gw* 160, *Ysgal* Tubal y tybiwyd / Wrth wŷr o wledd Arthur Lwyd [i ofyn bwcled]. 1547 *WS, Yscal* ffiol vawr A boule. 16g. (*LlEG*) *Mos* 158, 486b, bwrw y dwr allallan [*sic*] or llon[g] weithiau drwyr pwmppe weithie eraill . . . Ac *ysgalle.* 16g. WILIAM CYNWAL: *Gw* (R. L. Jones) 82, Yslêd wyllt neu saeled wyd, / *Ysgâl* ledr, ysgol ydwyd [am long]. 1604–7 *TW* (*Pen* 228), *escal* d.g. *Lanx, Sinum, Tina, Trulleum. Dchr.* 17g. *J* 10, 43a, *Scâl.* a bowle. concha. crater. lanx. Sinum. Tina. Tinea. Trulleum. 1632 *D, Ysgâl,* Idem quod Mail. 1722 *Llst* 189, *Ysgal.* f.p. *galion.* A bason, large dish or bowl. 1770 *W, ysgâl* d.g. *Bowl [bason . . .], Dish, Fleeting-dish, Platter, Saucer.* 1777 E. ROBERTS: *DG* 31, Rwy,n [*sic*] ofni yn wir bydd llawer o honom / Ar ôl i ni feirw yno'n lled fyrrion / ac y bydd pen yr *ysgâl* lle byddo ni / yn anianol godi yn union. 1828 *Geir Pob* 29, *Ysgâls,* clorianau . . . hefyd cwpanau dihufenu. Ar lafar, 'Ma *sgæl* bach gin' i, di allid 'i bwyso fa ar 'wnnw', *GTN* 728.

Gw. hefyd **sgêl.**

ysgâl², ysgaldanaf: ysgaldanu, gw. sgâl¹ (hefyd At.), sgaldiaf: sgaldio.

ysgaldaniad, ysgaldiad, gw. sgaldiad.

ysgaldiaf: ysgaldio, ysgaldianaf: ysgaldian(u), gw. sgaldiaf: sgaldio.

ysgaliwns [bnth. S. *scallions*] *e.ll.* Wynwyn, yn enw. sibols: *(spring) onions.*

1828 *Geir Pob* 29, *Ysgaliwns,* wynwyn mân.

ysgalop [bnth. S. *escallop*] *e?g. Her.* Llun o un hanner i gragen sgalop fel dyfais: *escallop (in her.).*

16g. *Pen* 136, 153, tair krogen *ysgalop.*

Gw. hefyd **sgalop.**

ysgall [ansicr yw union brth. H. Grn. *askellen,* gl. *cardus,* H. Lyd. *oscall,* gl. *lepidae herbae, scal,* gl. *carduum,* Llyd. C. *ascol(enn),* Llyd. Diw. *askol,* taf. Gwened *oskal, ochkal*] *e.ll.* (un. b. *-en,* g. *ysgellyn,* ll. *-nau*), a hefyd fel *eb.* Unrhyw blanhigion (blanhigyn) llysieuol pigog o'r tylwythau *Carduus, Cirsium,* &c., ac iddynt (iddo) flodau tiwbaidd sy'n ymffurfio'n bennau crwn, hefyd am blanhigion pigog eraill ac yn *ffig.*: *thistle(s), also of other prickly plants and fig.*

13g. *A.* 26. 9–10, ny byd ehovyn noeth en *ysgall.* 14g. *T* 8. 13, Mal eirach agbaet *yscall.* 14g. *WML* 116, Tri llysseu adyly tyfu yny tir hbnnb. Meillon. a guyc. ac *ysgall.* 14g. *GIG* 105, Megis—mor arw y magan'—/ Esgyll mil o *ysgall* mân [i'r farf]. *c.* 1400 *Études* vii. 56, ungula caballina, *ysgallen.* 15g. *GDID* 47, Bu wayw ym, gwae ni bûm gall, / Bu'r esgyrn fal briw'r *ysgall* [i ferch]. 15g. *GGl²* 209, Un o'r saith yw o'r oes hen / Ei rwysg oll i fwrw *sgallen* [dychan i Ddafydd ab Edmwnd]. 1547 *WS, Y[s]call* Thystyll. 16g. (*LlEG*) *Mos* 158, 293b, [d]ywedud vod amgen vatterion vddunt twy I edrych arnunt ar hynny o amser nog ar wneuthud dyweddi hr/wng llyssiewyn i tyrnas Ac *ysgellynn* o loygyr. 1551 W. SALESBURY: *KLl* lviib, A glasca rei . . . fficus o yar *yscall* [:– mieri]? 1567 *TN* 20a, cwympodd 'rei or had . . . ymplith drain [:– *yscall*]. 1604–7 *TW* (*Pen* 228), *ysgalhen* d.g. *Carduus, Glis.* 1696 *CDD* 220, Drŵg ymmhyrru ac *yscall* crinion [:– chwŷn]. 1722 *Llst* 189, *Ysgall.* s. *gallen.* f. Thistles. *id. Ysgellyn.* m. A small thistle. 18g. I. BRYDYDD HIR: *Gw* 51, Drain ac *ysgall* mall a'i medd, / Mieri, lle bu mawredd. 1771 *W* d.g. *Caltrops [in Botany], Thistle [in Botany].* 1803 *P, Ysgall,* s. pl. aggr. . . . The thistle. Ar lafar, '*ysgall* . . . *sgallan*', *WVBD* 579, *GTN* 865; '*sgellyn*', *id.* 35.

Amr.: **asgell²** (*eb.* (bach. b. *-en*; g.*-yn*) ll. *-i, -od, esgyll*). 1801 *MMf* 90, Yf isgell yr *asgallen* fendigaid naw bore. Ar lafar, '*asgall*', *WVBD* 23 (*eb.*); 'Dishgwl ar y cæ 'na'n llawn *asgall*', *GTN* 35; hefyd yn yr ystyr 'marchysgall', G. AWBERY: *BM* 54 (Môn, sir Ddinb., sir Gaern., a Morg.). Cf. I. WILLIAMS: *ELl* 51, clywais *esgill* (lluosog *asgell* am 'ysgall' ddigonedd o weithiau. **esgallen.** 1545 ELIS GRUFFYDD: *Ll* 98. **ysgell²** [olff. o *ysgellyn*]. 1567 *TN* [xxviii], [g]ardd lysiae . . . oi esceuluso . . . diffaith fyddai ac anhardd, ac a fagai ddanadl ac *yscell.* **ysgyll.** *Diw.* 16g. *WLB* 40, [d]ail yr *ysgill* pigog. Ar lafar yn yr ystyr 'marchysgall', G. AWBERY: *BM* 54 (Cered.).

Cfn. (detholiad yn unig): **ysgall,** &c., **bendigaid = ysgall Mair.** 1604–7 *TW* (*Pen* 228), yr *ysgalhen vendiceit* d.g. *Carduus . . . Carduus Benedictus.* 1632 *D* (*Bot*). 1801 *MMf* 90, yr *asgallen fendigaid.* Ar lafar yn Arfon. **ysgall y blaidd:** *spear thistles, Cirsium vulgare.* 1545 ELIS GRUFFYDD: *Ll* 58. 1632 *D* (*Bot*). 1813 *WB* 244, *Ysgallen y Blaidd.* **ysgall boglynnog:** *sea holly, Eryngium maritimum.* 1801 *MMf* 284. 1813 *WB* 244. **ysgallen fraith = ysgall Mair.** 1633 J. GERARDE: *Herball.* [1783] *W* d.g. *Silver . . . Silver-thistle.* 1801 *MMf* 283. **ysgall canpen:** *field eryngo, Eryngium campestre.* 1604–7 *TW* (*Pen* 228), yr *ysgalhen ganpenn* d.g. *Centum . . . Centum Capita.* 1632 *D* (*Bot*). **ysgall gwyllt(ion) = ysgall y blaidd.** 16g. *LlS* 147, yr *yscall gwyllt.* 1604–7 *TW* (*Pen* 228), yr *ysgalhen wylht* bigowglem d.g. *Scolymus.* 1632 *D* (*Bot*), Ysgall y blaidd, *ysgall gwylltion,* Camilon. **ysgall gwynion = ysgall Mair.** 1545 ELIS GRUFFYDD: *Ll* 58. 1604–7 *TW* (*Pen* 228), yr *yscalhen wenn* d.g. *Acanthaleuce.* 1632 *D* (*Bot*). **ysgall llaeth(og) = ysgall y moch.** 1858. Ar lafar, '*ysgall llaethog, isgall llaethog*', G. AWBERY: *BM* 54 (sir Gaern., Cered., a sir Benf.). **ysgall Mair (gwynion):** *milk thistles, Silybum marianum.* 16g. *LlS* 22, Ladies thystle yn Saesonaec. ac *Yscall Mair* nei/r/llaeth yscall yn Camberaec. 1632 *D* (*Bot*). 1794 *W, Ysgallen Fair (wenn)*: pl. *ysgall*

Mair gwynnion d.g. *Thistle . . . The carline or Lady's [gum, oat, or white] thistle.* **ysgall (y) march = ysgall y blaidd. 1896.** Ar lafar, G. AWBERY: *BM* 55 (sir Gaerf.). **ysgall y meirch:** *endives, Cichorium endivia.* **1545** ELIS GRUFFYDD: *Ll* 65. **1632** *D (Bot).* **1813** *WB* 244, *Ysgallen y Meirch.* edr. Ysgellog. **ysgall y moch:** *sowthistles, Sonchus.* **16g.** *LlS* 128. **1632** *D (Bot).* **1794** *W, Ysgallen y môch* d.g. *Thistle . . . Sow-thistle.* Ar lafar, G. AWBERY: *BM* 54 (Cered., sir Benf., sir Gaerf., a Brych.); hefyd ym Morg. yn yr ystyr 'criafol y moch', *id.* 42. **ysgallen ogwydd:** *musk thistles, Carduus nutans.* **1813** *WB* 75. **ysgall y pannwr:** *fuller's teasels, Dipsacus sativus.* **1753** *TR (Bot).* **1803** *P* d.g. Ysgall. **1813** *WB* 244, *Ysgallen Pannwr.* edr. Teilai Mawr. **ysgall yr ysgyfarnog:** *prickly sowthistles, Sonchus asper.* **1545** ELIS GRUFFYDD: *Ll* 98. **16g.** *LlS* 128–9.

ysgallog, sgallog [*ysgall*+-*og*; ?cf. yr e. lle H. Lyd. *Oscaloc*] *a.* a hefyd fel *eb.* (Lle) llawn ysgall, hefyd yn *ffig.*: (*place*) *full of thistles, also fig.*

1608 *CRC* 215, kawn rai yn myned Benben / wrth y Pot heb achos amgen / Rai Pe beiddien helar Byd / y Gyd yn *ysgallog* felen. **1760** D. WILLIAM: *GFf* 8, O ganol Bŷd *yscallog* câs, / Y tynnodd Crist ei Seinctiau i ma's. **1794** *W* d.g. *Thistly [abounding with thistles].* **1803** *P* d.g. *Ysgallawg.* Ar lafar, "Odd cæ *sgallog* budur ar bwys 'u tŷ nw', *GTN* 727. Digwydd fel e. lle, I. WILLIAMS: *ELl* 51; hefyd *Ysgellog*, Amlwch, Môn.

ysgandal, gw. sgandal.

ysgandaleisiaf: ysgandaleisio, ysgandalisaf: ysgandaliso, gw. sgandaleisiaf: sgandaleisio.

ysgant, ysgapiaf: ysgapio, gw. sgant, sgapiaf: sgapio.

ysgaprwth, sgaprwth [?elf. anh.+*rhwth*] *a.* a hefyd gyda grym enwol. Glwth, barus, gwancus; sarhaus, sarrug; esgeulus, diofal, trwsgl, garw; heini, sionc, cryf: *gluttonous, greedy, voracious; insulting, sullen; negligent, careless, clumsy, rough; agile, nimble, strong.*

1547 *WS, Yscaprwth.* **16–17g.** *GST* i. 955, *Sgaprwth* [drll.] ŵr glwth i'n gwlad [i ddychanu Ifan ap Morgan, 'dyn glwth bwyteig']. **1604–7** *TW (Pen* 228), dyn *yscaprwth* d.g. *Heluo, Vorax.* **1722** *Llst* 189, *Ysgaprwth.* Devouring, rapacious, scatty. Ar lafar, '*Ysgaprwth*' 'trwsgl', *TGG* (1904) 48 (sir Ddinb.); '*sgaprwth*' 'diofal, garw', 'gwaith go *scaprwth*', *Cymru* xlvii. 196 (sir Ddinb.); '*sgaprwth*' 'cwrs, comon, sarhaus' 'Mân' nw'n rai i wilia mor *sgaprwth*; 'wi'n cywilyddio drostyn' nw', *GTN* 727; 'Ma'r 'ewl i Waun Las yn lled *sgaprwth* ond yw a' (Myn.); hefyd gynt yn yr ystyr 'heini, sionc', 'Creatur *scaprwth* iawn yw'r carw', *LlGC* 1173, 10.

Amr.: **sgaprwydd. 20g. sgaprwyth. 1895.** Ar lafar, '*scaprwyth*' 'garw', 'Dyna hen geffyl *scaprwyth*', 'dyma dywy *scaprwyth*', *B* iv. 301 (canolbarth Cered.); 'Dyn *scaprwyth*' 'Strong and nimble', *Cymru* xxxix. [179] (godre Cered.); '*Scaprwith*' 'rough, ungentle', *TGG* (1907–8) 86 (sir Gaerf.). **sgrabwth, sgrapwth. 1755** *ML* i. 386, Mae'r Llyw yn edrych yn o henaidd, roeddwn yn meddwl bob amser mai *sgrabwth* o ddyn rhwydd ieuanc ydoedd. Ar lafar yng ngogledd Cered. yn yr ystyr 'garw, ffwrdd-â-hi', 'Un go *sgrapwth* yw e'.

ysgar[1], gw. esgar[1].

ysgar[2] [bôn neu fe.'r f. *ysgaraf*[1], *ysgariaf*: *ysgaru, ysgar,* &c.; dichon fod enghrau. o *ysgar*[4] wedi eu cynnwys isod] *eg.b.* ll. *-oedd, -ion,* a hefyd fel *a.* Gwahaniad, rhaniad, hollt; ysgariad (priodasol); gadawiad, ymadawiad; hefyd yn *ffig.*: *a separating or dividing, separation, division, split;* (*marital*) *divorce; a leaving,* (*de*)*parting; also fig.*

12g. *GLlF* 541, Ysgereis a gŵr, nyd goruolet, / *Ysgar* byŵ a marŵ garŵ argywet. / Am arglwyt diwyd, am diwet—*ysgar*, / Anysgafyn a ŵr y vreuolet. **12g.** *GCBM* i. 295, Gŵr a'm gwnaeth hiraeth hir *ysgar*—ac ef. **1606** E. JAMES: *Hom* i. 166, O'r pechod hwn [puteindra] y daw llawer o'r *yscaroedd.* **1632** *D, Ysgar . . .* Diuortium, repudium; dissociatio. **1687 (1715)** J. OWEN: *TB* 161, Aeth Dr. Cranmer . . . i Rufain ynghylch *ysgar* rhwng Harry yr wythfed a'i frenhines. **1722** *Llst* 189, *Ysgar . . .* m. A divorce, separation (between man and wife.). **1772** *W* d.g. *Disunion, Divorce, or divorcement, A divorcing.* **1777** W. WILLIAMS: *DN* 8, pwy a briodaist? ai dyn o'r byd, ai dyn o'r eglwys? pa fodd daeth satan i wneud y fath *ysgar* rhyngoch a'ch gilydd? **1803** *P, Ysgar,* s. f.—pl. t. *ion . . .* a separation, a divorce.

Fel *a.* Gwahanedig, rhanedig, neilltuedig; wedi ysgaru (â phriod): *separated, divided, set apart; divorced* (*from spouse*).

1688 *TJ, Ysgar,* gwahanedig: separated, divorced. **1797** B. EVANS: *CG* 274, pa bryd y codir i fynu neb o'r tywyll lwythau *ysgar*, i fod o ddefnydd ymhlith eu cyfeillion. **[1807]** *Ysg Arm* 97–8, yr oedd y gŵr yn un *ysgar*, ac a arferai erlid yr efengyl.

Cfn.: **ysgar priodas:** (*marital*) *divorce.* **1547** *WS, Yscar priodas* Deuorce. **1632** *D* d.g. *Repudium.* **1772** *W* d.g. *Divorce, or divorcement.*

ysgar[3], gw. ysgwr.

ysgar[4,5], gw. ysgaraf: ysgaru.

ysgar[6], gw. esgoraf[1]: esgor (At).

ysgâr[1,2], gw. sgâr[1,2].

ysgaradwy [bôn y f. *ysgaraf*[1], *ysgariaf*: *ysgaru,* &c+-*adwy*] *a.bfl.* Gwahanadwy; (geir.) y gellir ysgaru neu ymwrthod ag ef: *separable;* (*dict.*) *divorceable, repudiable.*

[1783] *W* d.g. *Repudiable [that may be divorced or put away].*

ysgaraf[1], **sgaraf, ysgariaf: (y)sgaru, ysgar**[4], **ysgario, ysgarad** [H. Lyd. *scarat*, gl. *diiudicari*, H. Wydd. *scaraid* 'fe wahana': o'r un. gwr. IE. *(*s*)*ker-* 'torri' ag a welir yn *gwasgaraf*: *gwasgaru*, cf. H. S. *sc*(*i*)*eran* (> S. (*to*) *shear*)), Gr. κείρω 'torraf'] *bg.a.*

(*a*) Gwahanu, ymwahanu, rhannu, ymrannu, hollti, datgysylltu, rhyddhau; gadael, ymadael, cefnu, ymwrthod; erthylu('n naturiol); gwasgaru; hefyd yn *ffig.*: *to separate, divide, part, split, disconnect, free; leave,* (*de*)*part, abandon, reject; miscarry; scatter, put to flight; also fig.*

12g. *GLlF* 541, *Ysgereis* a gŵr, nyd goruolet, / Ysgar byŵ a marŵ garŵ argywet. **12g.** *GCBM* ii. 332, O anghyffred gadw, o gadarn alar, / O garchar esgar pan *ysgared.* **13g.** *GDB* 198, Ar y llenn ŵalchwen ny ŵylchit—y breint / Yd *ysgarawd* heneint ac yeuegtyt. **13g.** *A* 4. 5–6, ny bu mor gyffor o eidyn ysgor a *esgarei* oswyd. *id.* 23. 13–14, er pan aeth daear ar aneirin. nu neut *ysgaras* nat a gododin. **13g.** *GBF* 544, Ysgauyn oed gennyf *ysgarat*—pob dyn / Wrth hwnn: Llewelyn, llyw Beruedwlat. **14g.** *WM* 463. 3–7, Achynwyl sant . . . ef a *yscarŵys* diwethaf ac arthur y ar hengroen y uarch. *c.* **1400** *YSG* i. 99, *ysgarawd* Duw an kedymdeithyas pob vn y wrth y gilyd. **15g.** *GGl*[2] 164, Efrydd, fal nad *ysgarwyf* / Aur a gwledd un Arglwydd wyf. **1547** *WS, Yscar* tynny o ywrth y gilydd Sonder. **16g.** WILIAM LLŶN: *Gw* (R. Stephens) 309, *Ysgar* a wnaeth mab maeth medd, / Ni *sgarai* nes ei gorwedd [marwnad Siân, gwraig Morys Wyn]. **1588** *Eseia* lix. 2, eich anwireddau chwi a *yscarodd* rhyngoch chwi a'ch Duw. **1632** *D, Ysgar,* Separare, dissociare. Item Abdicare, repellere. **1717** IACO AB DEWI: *MN* 121, [mae] y Corph a'r Eneid yn Gyfrannogion cydradd o Anfarwoldeb, ac oni buasei i Bechod *ysgaru*, hwy a fuasent byw ynghŷd fel Cymdeithon cariadus byth bythoedd. **1722** *Llst* 189, *Ysgaru.* To unjoint, separate, uncouple, push back or from. **1743** D. ROWLAND: *T* 14, Gwedi marw i'r Ddeddf, a chwedi *ysgario* oddiwrthi, a phriodi, [*sic*] Crist Jesu. **1754** *ML* i. 280, bu'r chwaer dydd arall yn o leccyn, darfu iddi *ysgarrio.* **1772** *W, ysgar, ysgaru* d.g. *To disunite, To divide [part, distribute, separate], To sunder or put asunder.* **1803** *P* d.g. *Ysgar, Ysgariaw.* Ar lafar, '*sgario*' 'to miscarry', *WVBD* 480; '*sgaru* tail' 'to scatter dung', *B* xiii. 141 (Edeirnion); '*sgaru* gwair' (Brych.); "Odd a'n *sgaru* tail 'ryd y cæ', *GTN* 728.

(*b*) Cael neu beri ysgariad (â (phriod)), gwahanu: *to divorce* (*a spouse*), *separate.*

13g. *LlI* 27, O deruyd y vr *escar* a'e wreyc a hy en ueychyauc, byt o'r pan *escarher* a hy ene agho en ryf hanner blueden o ueythryn e mab. **14g.** *WML* 94, Or *yscar* gŵr a gureic kyn pen yseith mlyned. **14g.** *WM* 30. 8–10, plant aŵnn i y uot idi hi. Ac nyt *yscaraf* a hi. **15g.** *DGG*[2] 8, *Ysgared* Gwen, dalcen dis, / A'i chymar cyn pen chwemis. **1567** *TN* 30a, Ai cyfreithlon i wr wrthddot [:– *yscar*, vaddeu, roi ymaith] ei wraic am bop achos? **1588** *Lef* xxi. 7, na chymmerant wraig wedi *yscar* oddi wrth ei gŵr. **1588** *Esth* i. cs., Ahasferus yn *yscar* ai wraig Fasthi. **1632** *D,* Aberth gwr a gwraig wrth *ysgar* d.g. *Diffarreatio.* **1722** *Llst* 189, *Ysgaru.* To . . . divorce. **1772** *W, ysgar, ysgaru* d.g. *To divorce [separate man and wife, or annul a marriage], To put away one's wife.* **1803** *P* d.g. *Ysgar.* Ar lafar, '*sgario*' 'to divorce' 'to be divorced', *WVBD* 480.

Gw. hefyd ysgar[2].

ysgaraf[2]**: ysgaru, ysgar,** gw. esgoraf[1]: esgor (hefyd At.).

ysgardiaf, sgard(i)af: (y)sgard(i)o [cf. *card*[3] (adran (*b*))] *bg.a.* (Peri) torri neu gracio (am y croen o ganlyniad i dywydd garw, &c.): *to chap.*

1722 *Llst* 189, *Yscardio . . .* To chap or splin/ter with heat, wind &c. *id. Ysgardio . . .* To chap (as the sun or wind). **1771** *W, Yscardio, ysgardio* d.g. *To chap [with the heat of the sun, or the wind], To cause to chap [as the sun, or wind].* Ar lafar, '*sgardio*' '(of the skin of the hands in cold or frosty weather) to become rough or chapped', *SC* vi. 127 (sir Benf.); hefyd yn y ff. '*sgarjo*', *GDD* 256, *BIBC* 45.

ysgardde [*ysgar*[2]+-*dde*] *eg.* Brwydr, gwasgariad (gelynion): *battle, dispersion* (*of enemies*).

12–13g. *GLlLl* 140, Dyfnwyd uy ysgwyd yn *ysgarte*, / Dyfnant ysgarant gwaeŵ o'e hasgre. *c.* **1562** *B* ii. 241, *ysgardhe . . .* brwydyr. **1632** *D, *Ysgardde,* Dispersio. **1722** *Llst* 189, *Ysgardde.* m. A dispersing. **1803** *P, Ysgarze,* s. m. . . . dispersion.

ysgaredig [bôn y f. *ysgaraf*[1], *ysgariaf*: *ysgaru,* &c.+-*edig*] *a.bfl.* a hefyd fel *eg.* (b. *-es*) ll. *-ion.* (Un sydd) wedi ysgaru neu wahanu (â'i briod); ar wahân, rhanedig; hefyd yn *ffig.*: *divorced or separated* (*person*); *apart, separate*(*d*); *also fig.*

1588 *Nu* xxx. 9, adduned y weddw, a'r *yscaredic.* **1588** *Esec* xliv. 22, Na chymerant ychwaith yn wragedd iddynt wraig weddw, neu *yscaredic.* **1605–10** *GP* 204, Aranyanolyaeth a berthyn ar bethau arnaturiol, megys angylyon . . . eneidyeu *ysgaredig* a'r kyfryw. **1683** J. JONES: *TG* 27, daeth Dyni [*sic*] fod yn *yscaredig* oddiwrth Dduw. **1710** *LlGG (Gos)* 15, doder gocheliad . . . ar i'r partiau *ysgaredig* fyw yn ddiwair ac yn onest; ac ni chânt briodi arall ym myw eu gilydd. **1772** *W* d.g. *Disunited, Divorced.* **1803** *P.*

ysgarff, gw. sgarff[1].

ysgariad [bôn y f. *ysgaraf*[1], *ysgariaf*: *ysgaru,* &c.+-*iad*[1]] *eg.* ll. *-au.* Diddymiad priodas drwy broses cyfreithiol neu drwy ddefod, gwahaniad (priodasol); gwahaniad, rhaniad, hollt; ymadawiad, ymwahaniad; erthyliad (naturiol); hefyd yn *ffig.*: (*marital*) *divorce or separation; separation, division, split; a leaving or* (*de*)*parting; miscarriage; also fig.*

c. **1762–79** W. WILLIAMS: *P* 601, y frenhines anrhugarog . . . ni's gallai hi fyth faddau y llaw fu ganddo [Cranmer] yn *ysgariad* ei mam, ac i yrru awdurdod y pab allan o Loegr. **1772** *W* d.g. *Dissociation, Disunion, A disuniting, A divorcing, A separating, Repudiation.* **1803** *P, Ysgariad,* s. m.—pl. t. *au . . .* Separation.

Amr.: **esgariad. 1816.**

ysgariaeth [bôn y f. *ysgaraf*[1], *ysgariaf*: *ysgaru,* &c.+-*iaeth*] *eb.g.* Ysgariad neu wahaniad (priodasol); gwahaniad, rhaniad, hollt; ymadawiad, ymwahaniad; erthyliad (naturiol); hefyd yn *ffig.*: (*marital*) *divorce or separation; separation, division, split; a leaving or* (*de*)*parting; miscarriage; also fig.*

1547 *WS, Yscarieth* Deuorsyng. **1588** *Lef* xx. 21, yr hwn a gymmero wraig ei frawd (*yscariaeth* yw hynny). **1588** *Ruth* i. 17, os dim onid angeu a wna *yscarieth* rhyngofi, a thithe. **1588** *Neh* xiii. cs., *yscariaeth* y cenhedloedd oddi wrth yr Iddewon. **1632** *D,* Ysgar, & *Ysgariaeth,* Diuortium, repudium; dissociatio. **1721** E. PUGH: *AC* 34, yr *ysgariaeth* rhwng dynion ai [*sic*] gwnaethurwr. **1722** *Llst* 189, *Ysgariaeth.* f. A separation. **1772** *W* d.g. *Divorce, or divorcement, Repudiation.* **1777** W. WILLIAMS: *TEA* 61, [rh]ai pethau ag allai wneud *ysgariaeth* mewn teuluoedd, cynlleidfaoedd [*sic*], a gwladwriaeth. **1803** *P, Ysgariaeth,* s. m. . . . Separation.

Amr.: **esgariaeth. 1791** DAFYDD DDU: *A* 6. **1793** R. POWELL: *ADV* 21.

ysgariaf: ysgario, gw. ysgaraf[1]: ysgaru.

ysgarlad, sgarlad, (y)sgarled, (y)sgarlla, ysgarllad, sgarllad[2], &c. [bnth. H. Ffr. *escarlate*; â'r ff. yn *-rll-*, cf. *garlleg*[1]] *eg.* a hefyd fel *a.* Lliw coch disglair ac iddo wawr oren, o'r lliw hwn; brethyn ysgarlad (neu ryw frethyn drudfawr arall), dillad o'r cyfryw; hefyd yn *ffig.*; ysgeler, anfad: *scarlet* (*colour*); (*clothes of*) *scarlet cloth* (*or other rich cloth*); *also fig.; wicked, heinous.*

12–13g. *GLlLl* 5, Y bali porffor parth nad—a wyrthya / A'e werthuaŵr *ysgarlad.* *id.* 214, Ysginaŵr goruaŵr goruynt par, / *Ysgarlad* (*R* 1420. 5, *Ysgarllat*) lliŵ fleimyal flamyar. **13g.** *GDB* 257, Ysym-y ner yn arwynn dillad / Yn arwein ysgin *ysgarlad.* **1346** *LlA* 93, dŵylaŵes or *ysgarlat* klaerŵynnaf. *c.* **1400** *YCM*[2] 44, [Y] gwr yssyd yn eisted ar y neill law, a'r uantell goch *ysgarlla* ymdanaw. *c.* **1400** *(SG) HMSS* i. 217, dillat o *ysgarllat.* *id.* 259, [c]otardi o *scarllat* coch. **15g.** *DGG*[2] 32, Deurudd *ysgarlad* arael, / Du Llundain, riain, yw'r ael [i Forfudd]. **15g.** GWILYM TEW: *Gw*

452, Ni bu in Harri neb un hired / Yn gwisgo eurliw nac *ysgarled* [i ofyn march]. **15g.** *GGl*² 206, Un angel wyf yn fy ngwlad / A wisg gwrlid o *sgarlad.* **1547** *WS, Yscarlet* Scarlet. **1567** *TN* 392a, mi weleis gwreic yn eistedd ar enifel vn lliw ar *scarlla* [:– ac *yscarlat*]. *id.* 393b, Marsiandiaeth o aur ac arian . . . a' phwrpul, a' sidan, ac *scarlla.* **1588** *Galarn* iv. 5, y rhai a feithrinwyd mewn *scarlat* a gofleidiasant y dom. **1604–7** *TW* (*Pen* 228), lhiw *scarlet* d.g. *Coccum. id.* lhiw *scarlat* goleugoch d.g. *Spadix.* **1615** R. SMYTH: *GB* 198, [y] byd sydd y navvr, byd o felfed, byd o sidan byd o *scarlad.* **1632** *D, Ysgarlad,* Coccum. *Ysgarlla.* **17g.** (**18g.**) *CLlC* ii. 19, Y mae'r brettyn Bigail moch / Yn i Sgarph ai *Sgarlet* coch. **1722** *Llst* 189, *Ysgarlla.* m. Scarlet. **1763** *LlGC* 19, 222, Yr hen gynghorwr Mwynlan, / Chwi welwch chwi eich hunan; / Fod Bess yn fenyw *Scarllad* hyll; / A dweyd ei dyll oddi allan. [**1783**] *W* d.g. *Scarlet* [*a colour so called: cloth of that colour*]. **1803** *P* d.g. *Ysgarlad, Ysgarlla.*

ysgarladwisg, gw. ysgarlad+gwisg.

ysgarled, gw. ysgarlad.

ysgarlip, sgarlip, *eg.* ll. *ysgarlipiau.* Ergyd, bonclust; difrïad, gwawdiad; cipiad: *blow, box* (*on the ear*); *a reviling or scoffing*; *snatch.*

1604–7 *TW* (*Pen* 228), *yscarlip* d.g. *Alapa. Dchr.* **17g.** *J* 10, 43a, *Scarlip.* **17g.** *LlGC* 13215, 334, *Yscarlip* Insultus. **1722** *Llst* 189, *Ysgarlip.* m. A box on the ear. **1770** *W* d.g. *A blow on the ear, Box on the ear, Buffet.* Clywir *sgarlip* yn yr ystyr '(rhy) sydyn, ffwrdd-â-hi', 'Nath e'r gwaith ond nath e'n ddigon *sgarlip*' (gogledd sir Benf.). Cf. *SE MS* 613a, *Ysgarlip, -iau,* sm. a snatch; a hasty catch or seizure (Dyfed).

ysgarlla, ysgarllad, gw. ysgarlad.

ysgarllys, gw. esgorllys (hefyd At.).

ysgarm, sgarm [cf. *garm*] *eb.* ll. *-iau, -oedd.* Bloedd (uchel), gwaedd, cri, llef, bonllef, twrw: (*loud*) *shout, cry, yell, outcry, clamour.*

16g. *Pen* 86, 94, drycleisiaw draw a glowsoch / dyna *ysgarm* (*GILlV* 30, sgar) syr thomas goch. *Dchr.* **17g.** *J* 10, 43a, *Scarm.* Vociferatio. **1632** *D, Ysgarm,* Clamor, vociferatio. **1661** E. LEWIS: *Drex* 81, Pa les iddo ynfydu ac ymddigio o lidiowgrwydd, i wneuthur *yscarmiau* a therfysgau . . .? **1722** *Llst* 189, *Ysgarm.* f. An outcry, shriek. **1770** *W, ysgarm* d.g. *Clamour.* **1803** *P, Ysgarm,* s. f.—pl. t. *oz* . . . An outcry.

ysgarmain, ysgermain [be. o'r e. *ysgarm*; cf. hefyd *germain*] *bg.* a hefyd gyda grym enwol. Gweiddi, bloeddio, crio, dolefain, crochlefain, sgrechian, ebychu, galw (am), hefyd yn *ffig.*: *to shout, cry* (*out*), *clamour, scream, shriek, exclaim, call* (*for*), *also fig.*

1727 J. JONES: *DFF* 138, *Ysgermain* anguriol (*direful shrieks*). *id.* 169, Och rhag y Môdd y byddant yn *ysgermain,* ac yn rhuo, ac yn crochlefain yng Ngwasgfa eu Heneidiau. **1737** J. EINNON: *HR* 156, Duw . . . a flinodd arnat . . . o herwydd . . . dy . . . Oernadau, a'th *ysgermain* yn ei Glustiau. **1753** *TR, Ysgarmain,* to cry out. **1772** *W, ysgarmain* d.g. *To cry out, aloud, or out aloud.* **1783** P. WILLIAMS: *FfA* 38, Nid y plentyn f'o'n *ysgarmain* fwyaf am ei olwyth a wasanaethi'r [*sic*] gyntaf bob amser. **1803** *P* d.g. *Ysgarmain.*

ysgarmeisiaf, sgarmeisiaf: (y)sgarmeisio [bf. o'r e. *ysgarmes, sgarmes*] *bg.* Ymrafael, ymladd: *to skirmish, fight.*

1686 FFOULKE OWEN: *Cerdd-lyfr* 135, Ar meusydd drwy *scarmeisio* o waed dy blant yn liwio [*sic*], / Llawer celain aeth ir llawr.

Gw. hefyd **ysgarmesaf: ysgarmesu.**

ysgarmes, sgarmes, &c. [bnth. rhyw ff. ar S. *skirmish,* cf. S. C. *scarmuch,* S. Diw. Cyn. *scarmuss*; tebyg fod dyl. yr e. *ysgarm* ar yr ystyron geir.] *eb.* ll. (*y*)*sgarmesau, ysgarmesoedd, ysgarmesydd, sgarmesod.* Ymrafael, ymgiprys, ffrwgwd, ymladd(fa), brwydr, ymryson, cynnen, hefyd yn *ffig.*; sgrym rydd heb fod y bêl ar y llawr (mewn rygbi); (geir.) bloedd, llef, twrw: *skirmish, bicker, scuffle, brawl, fight, battle, contention, strife, also fig.*; *maul* (*in rugby*); (*dict.*) *shout, cry, clamour.*

15g. *GLGC* 60, Maes a naw *sgarmes* a wnân', / yntau Harri yw'n tarian. **16g.** (*LlEG*) *Mos* 158, 117b–118a, [ll]u mawr ysgottiaid . . . awnaethant ffrae ac *esgermis* vawr ar wyr lloygyr. *id.* 311b, Ar *ysgermis* ner vickre hon / a barhaodd o dd/echre y nos hyd naw ar y gloch y bore drannoeth. *id.* 636b, danuon kwbwl or gwyr meirch or ttir isell ac or tir vchel i Roddi *y/ssgermeis* ir ffranckod ynni maes I hun. **1589–90** *Rhyddiaith Gymraeg* i. 110, aeth y Dolphyn a llu aruthr gantho at Vwlen ac a wnaeth lawer *skyrmaits.* **1632** *D, Ysgarmes* . . . Velitatio, conflictus, quòd bellum cum clamore fiat, vt babetur. *id. ysgarmes* d.g. *Vociferatio.* **1722** *Llst* 189, *Ysgarmes.* f. A skirmish, fray: an outcry. **1740** T. EVANS: *DPO* 126, Ambell *Ysgarmes* frwd yn wir a fu, ac ambell Ymgipprys a Chynllwyn. **1770** *W, ysgarmes* d.g. *Cry, Skirmish.* **1803** *P, Ysgarmes,* s. f. —pl. t. *au* . . . outcry or shout . . . a skirmish. Ar lafar, '*sgarmas; sgarmaits*' 'scramble, scrimmage; skirmish', *WVBD* 481 (ll. *sgarmesa, sgarmesod*).

ysgarmesaf, sgarmesaf: (y)sgarmesu [bf. o'r e. (*y*)*sgarmes*] *bg.* Ymrafael, ymgiprys, ymladd, brwydro, ymryson, hefyd yn *ffig.*; ffurfio ysgarmes(au) (mewn rygbi): *to skirmish, bicker, scuffle, fight, battle, contend, also fig.*; *form maul*(*s*) (*in rugby*).

1850.

Gw. hefyd **ysgarmeisiaf: ysgarmeisio.**

ysgarmeswr, sgarmeswr [*ysgarmes, sgarmes*+*gŵr*] *eg.* ll. *-wyr.* Ymrafaeliwr, ymladdwr, ymrysonwr; chwaraewr mewn ysgarmes (mewn rygbi): *skirmisher, fighter, contender*; *player in a maul* (*in rugby*).

[**1783**] *W, ysgarmeswr* d.g. *Skirmisher.*

ysgarol [*ysgar*² + *-ol*] *a.* Yn achosi gwahaniad neu raniad: *separative, divisive.*

1797 B. EVANS: *CG* 170, Dywedasoch i'ch pechodau i ysgaru rhyngoch a'r Arglwydd: yr ydym oll . . . wedi profi fod pechod o nattur *ysgarol.*

ysgarth [cf. *carth*; cf. ymhellach H. Lyd. *escarth,* gl. *stupea, iscartholion,* gl. *stupea,* Llyd. Diw. *skarzhañ,* H. Wydd. *escart*] *eg.* (bach. *-yn*) ll. *-ion.* Carthion, cach, tom, baw; (fel arfer yn y ll.) ysbwrial, gweddillion, gwaddod, eisin, rhuddion, parion, naddion, malurion, darnau, rwbel; papws, fflwff; hefyd yn *ffig.*: *excrement, shit, dung, filth*; (*usu. pl.*) *rubbish, remains, dregs, husks, bran, parings, shavings, fragments, debris, rubble*; *pappus, fluff*; *also fig.*

1604–7 *TW* (*Pen* 228), *ysgarthion* d.g. *Bambacion, Linum* . . . *Lini Stupa. id. ysgarth* d.g. *pappus. id. ysgarthion* d.g. *Recrementum, Strigmentum.* **1632** *D, ysgarthion* d.g. *Furfur, Peripsema, Præsegmen, Purgamen, Resegmen.* **1707** *AB* 221a, *Ysgarth,* Excrement. S. **1722** *Llst* 189, *Ysgarthion.* p. Bran, dregs, garbage, filth, refuse, offals, offscouring, parings, scrapings. **1765** JM: *DDdC* 16, eisin neu *ysgarthion* llafur. **1794** J. WILLIAMS: *AGDd* 58, eraill gwedi cynnig cuddio/'r dystiolaeth yma dan grug o *ysgarthion* beirnadol. **18–19g.** *MA* iii. 251, Tri pheth rhy avlan i ymgyfwrdd â nhwy: *ysgarthion* geudy, abwy mewn clawdd, a meddwyn mewn tavarn. **1803** *P, Ysgarth,* s. m.—pl. t. *ion* . . . Excrement, offscouring. Ar lafar, '*sgarthion*' 'bits of a frayed material' 'stuff thrown away', *WVBD* 481; dichon mai yma y perthyn '*sgarff*' 'a rough fellow with a noisy tongue', *id.* 480.

Amr.: **sgarffion** (*e.ll.*). Ar lafar, '*sgarffion*' 'bits, rough pieces', *WVBD* 480.

Gw. hefyd **ysgarthiach.**

ysgarthaf: ysgarthu [bf. o'r e. *ysgarth*] *bg.a.* a hefyd gyda grym enwol i'r be. Gwahanu a gwaredu (gwastraff) o'r corff, o organ, &c., cachu, dioddef gan y dolur rhydd, hefyd yn *ffig.*; glanhau, carthu: *to excrete, defecate, shit, suffer from diarrhoea, also fig.*; *clean*(*se*).

1755 *ML* i. 347, [c]efais glefyd y carchar . . . mi fum yn ysgothi (neu fal y dywaid y Ceredigwyr *ysgarthu*) er hynny hyd yrwan. [**1783**] *W, ysgarthu* . . . clawdd neu'r cyffelyb d.g. *To scour* [*cleanse*] *a ditch, &c.* **1803** *P, Ysgarthu* . . . To purge out.

Amr.: **ysgarthio. 1845.**

ysgarthaidd [*ysgarth*+*-aidd*] *a.* Carthedigol, rhyddhaol: *purgative, laxative.*

1813 *WB* 166, Carn Yr Ebol Y Gerddi . . . Pwys o 20–i–25 gronyn o 'r gwraidd yn bylor sydd gyfogbair ac *ysgarthaidd.*

ysgarthbair [*ysgarth*+*-bair* (At.)] *a.* a hefyd fel *eg.* ll. *-beiriau.* (Pibell) ysgarthol; carthydd: *excretive, excretory* (*vessel*); *a purgative or laxative.*

1773 *W, ysgarth-bair* d.g. *Excretive* [*having the power or quality of ejecting excrements*]. **1798** *WR, ysgarth-bair* d.g. *Excretory.* **1813** *WB* 176–7, Crinllys . . . Y gwraidd yn bylor sydd gyfogbair ac *ysgarthbair.*

ysgarthbwll, ysgarthffos, gw. ysgarth+pwll, ffos.

ysgarthiach [*ysgarth*+*-iach*² (At.)] *eg.* Papws: *pappus.*

16g. *LlS* 60, Y Greulys . . . [g]walltach gwyn diflanedic neu bluennæ nei *yscarthiach* gwyn. *id.* 155, Yr Hesc melfedoc . . . [y] blodæ a ddiflanna ymaith yn *yscarthiach.* **1604–7** *TW* (*Pen* 228), *ysgarthiach* yr ysgalh d.g. *pappus.*

ysgarthiad [bôn y f. *ysgarthaf*: *ysgarthu*+*-iad*¹] *eg.* ll. *-au.* Y weithred neu'r proses o ysgarthu, cachiad, hefyd yn *ffig.*; carthydd: *excretion, defecation, a shit*(*ting*), *also fig.*; *a purgative or laxative.*

1760 *ML* ii. 160, Aie *ysgarthiad* yw cathartics . . . hyn a wn i mai pethau dogn ffiaidd ydynt. **1803** *P, Ysgarthiad,* s. m. . . . Excretion.

ysgarthiaf: ysgarthio, gw. ysgarthaf: ysgarthu.

ysgarthol, ysgarthiol [*ysgarth*+-(*i*)*ol*] *a.* Yn perthyn i ysgarthu neu ysgarthion, yn ysgarthu, wedi ei ysgarthu; carthedigol, rhyddhaol: *excretory, excremental, excretive, excreted*; *purgative, laxative.*

1773 *W, ysgarthawl* d.g. *Expurgatory.* **1803** *P* d.g. *Ysgarthawl.*

ysgarthyn, gw. ysgarth.

ysgarwr [bôn y f. *ysgaraf*¹: *ysgaru,* &c.+*-wr*] *eg.* ll. *-wyr.* Gwahanwr, rhannwr, hefyd yn *ffig.*; un sy'n pleidio rhannu tiriogaeth gwlad; (geir.) un sy'n ysgaru (â'i briod): *one who separates or parts, also fig.*; *partitionist*; (*dict.*) *one who divorces* (*a spouse*).

1772 *W* d.g. *Divorcer.*

ysgatfydd, (o)sgatfydd [?*ys*¹+(*a*)*gatfydd*] *adf.* Efallai, o bosibl, dichon, (nid) hwyrach: *perhaps, possibly, maybe.*

1547 *WS, Yscat vydd* Parauenture. **1552** *Rhyddiaith Gymraeg* i. 51, ysbelio dy gymdogion ac *osgatvydd* dy dyvaid, dy blant a'th wr priod. *c.* **1585** G. ROBERT: *DC* [xvii], *scatfydd* y gal'ei lawer dybied taw o anwybod y damchweinaissei hynny ol' i mi: nyd fel'y. **1588** *2 Esd* vii. 70, *Os gatfydd* ychydig iawn a adewid o laweroedd o honynt. **1595** M. KYFFIN: *DFf* [89], galle y rhai anghyfarwydd dybied drwy ryw fodd, *yscatfydd,* mae gwir ydyw. **1604–7** *TW* (*Pen* 228), *ysgatvydh* d.g. *Fortasse.* **1632** *D, Ysgatfydd,* Fortè, fortasse. Rectiùs antiqui Agatfydd. **1688** S. HUGHES: *TSP* 170, Fe ddaw'r pethau hyn *ysgatfydd* [:– nid hwyrach] iw gôf ef drachefn. **1722** *Llst* 189, *Ysgatfydd*: Perhaps, possibly. **1776** *W, ysgatfydd* d.g. *May be, or it may be, Peradventure.* **1803** *P* d.g. *Ysgatvyz.*

Amr.: **os gad a fydd** [drwy drdd. poblogaidd]. **1591** *CM* 16, 44, ef a allai ryw ddyn ddywedyd, *os gad a fydd,* mai i'r Galathiaid yn vnic y rhoed y gorchymyn hwn. **1595** *Egl Ph* 2, areithwyr hyodlaidh a'wrthodasont y geiriau priodawl; yr rhei nid oedhent (*os gad a bhydh*) na mwynieuthus, nag espyssawl. **osgatffydd.** *Diw.* **16g.** *CRC* 258. **1699** T. JONES: *TP* 193. **1704** E. SAMUEL: *BA* 214. **ysgatfyddai. 1604–7** *TW* (*Pen* 228) d.g. *Forsan.* **ysgetfydd. 18–19g.** *IAW* (LlGC) 23, 57.

ysgatraf: ysgatro, ysgathraf: ysgathru, ysgathriad, gw. sgatraf: sgatro, sgathraf: sgathru, sgathrad.

ysgaw [Crn. Diw. *scawen, scawan* (un.), Llyd. C. *scau,* Llyd Diw. *skav*] *e.ll.* (un. b. *-en*; bach. g. *-ennyn*). Coed neu lwyni o'r tylwyth *Sambucus,* yn enw. *Sambucus nigra,* a chanddynt glystyrau o flodau bychain gwyn ac aeron porfforddu, hefyd yn *ffig.*: *elders* (*trees*), *also fig.*

14g. *T* 48. 23, bum pengafyr ar*yscaꝺ*pren. **14g.** *GDG*³ 204, Y sawl gwaith rhag trymlaith trwch / Y ffoais gynt, cofféwch, / Rhagddaw'r cawell *ysgaw* cau, / A'i dylwyth fal medelau [i Eiddig]. *id.* 369, Ysgubell ar briddell brag, / *Ysgawen* lwydwen ledwag [am Forfudd yn hen]. *c.* **1400** *MM* 60, Rac brath neidyr. —Yver sud *yscaꝺ* yr hꝺnn a ꝺascara yr holl wenꝺyn. *c.* **1400** *R.* 1034. 21, Gorwyn blaen *ysgaꝺ. id.* 1246. 10, lladgar rac esgar derꝺ rac *ysgaꝺ.* **15–16g.** *TA* 199, O bwrw un traws bren it draw, / Bwrw a'th ddysg yn berth *ysgaw.* **16g.** *LlS* 26, Sambucus yn Llatin, An Elder tree nei a Boure tree yn Saesonaec ac *Yscaw* yn Camberaec. *Diw.* **16g.** *WLB* 47, Rhag yr acses. Dyro i ddyn ddiod o sugun yr *ysgawenyn.* **1604–7** *TW* (*Pen* 228), *ysgawen,* prenn *ysgaw* d.g. *Acte.* **1632** *D, Ysgaw,* Sing. *Ysgawen,* Sambucus. **17g.** *IICRC* iii. 238, Nid ydiw'r byd yma ond fel blodau pren *ysgaw* / y llyn i dyfala nid melys mor don / ac arno ffrwyth

lawer yn harddwch lle gweler / heb wnethyr mor pleser i ddynion. **1773** *W*, *Ysgaw*, *Ysgawen* d.g. *Elder* [*a species of wood*]. **1803** *P* d.g. *Ysgaw*, *Ysgawen*. Ar lafar, '*ysgaw . . . sgawan*', *WVBD* 579; '*sgywan*', *GTN* 738.

Amr.: **ysgo[2]**. **16g.** WILIAM BODWRDA: *Gw* 247, lle i bu r holl sant lle i bo / llawn esgyrn miawn llwyn *ysgo* [Ifan Dylynior mewn ymryson â Huw ap Rhisiart]. *Diw.* **16g.** *WLB* 49, dwfr blodeu yr *ysgo*. Ar lafar, G. AWBERY: *BM* 8 (Môn); hefyd yn Llŷn. **ysgon[2]**. Ar lafar, 'cod *ysgon*', *GTN* 865.

Cfn.: **ysgaw bendigaid = ysgaw Mair. 1801** *MMf* 284. **1813** *WB* 245, *Ysgawen Fendiged*. **ysgaw'r gors:** *guelder rose, water elder, Viburnum opulus*. **1813** *WB* 245, *Ysgawen Y Gors*. edr. Corswigen. **ysgawen gyffredin:** (*common*) *elder, Sambucus nigra*. **1813** *WB* 244. **ysgaw'r ddaear = ysgaw Mair. 1632** *D* (*Bot*). [**1762**] E. POWELL: *HEI* 42. **1813** *WB* 245, *Ysgawen Y Ddaear*. **ysgaw'r dŵr = ysgaw'r gors. 1604–7** *TW* (*Pen* 228) d.g. *Lycostaphylus* (At.). **1794** *W*, *Ysgawen y dŵr* d.g. *The whitten tree*. **ysgaw Mair:** *danewort, dwarf elder, Sambucus ebulus*. **16g.** *LIS* 26. **1632** *D* (*Bot*). **1813** *WB* 245, *Ysgawen Fair*.

ysgawl[1] [?cf. Gwydd. C. *scál* 'bod goruwchnaturiol, cawr, arwr', Goth. *skōhsl* 'ysbryd aflan', gw. *B* vi. [351]–4] *eg.* Arwr, pencampwr, rhyfelwr: *hero, champion, warrior.*

12g. *GMB* 142, Ystryw dra messur, *ysgawl* pybyl pobyl dur. **12g.** *GCBM* i. 195, *Ysgaŵl* toryf rac trefred Alun. *id.* 326, *Ysgaul* gwyth gwaethaf nad anuer—y hoetyl. **13g.** *A* 30. 8–9, *ysgavl* dhisgynnyawd wlawd gymre. **14g.** *T* 47. 19, Torrit anuynudaŵl tuth iaŵl [*sic*] dan *yscaŵl*.

ysgawl[2], ysgawlring, gw. ysgol[2], ysgrawling.

ysgawlwyn, gw. ysgaw + llwyn[1].

ysgawn[1,2], ysgawnaf: ysgawnu, ysgawnder, gw. ysgafn[1,3], ysgafnaf[1]: ysgafnu, ysgafnder.

ysgawndroed, gw. ysgafn[1] + troed.

ysgawnhad, ysgawnhaf: ysgawnhau, gw. ysgafnhad, ysgafnhaf: ysgafnhau.

ysgawnlais, ysgawnlwyth, ysgawnllais, gw. ysgafn[1] + llais, llwyth[1], llais.

ysgawnrwydd, ysgawt, ysgawtaf: ysgawto, gw. ysgafnrwydd, sgowt[1], sgowtiaf: sgowtio.

ysgedyn, gw. ysgadan.

ysgedd, *eg. Bot.* Bresych y môr, *Crambe maritima*: *seakale* (*in bot.*).

1801 *MMf* 284, Cynoocrambia, yr *yscedd*, *yscedd* y cwn. **1813** *WB* 245, *Ysgedd*; Crambe maritima; Sea Kale.

Cfn.: **ysgedd arfor:** *seakale, Crambe maritima*. **1813** *WB* 63.

ysgefain(t), ysgeg, ysgegaf: ysgegan, gw. ysgyfaint, sgeg[1] (hefyd At.), sgegaf: sgegan.

ysgegfa, ysgegiad, ysgegiaf[1,2]: ysgegio, gw. sgegfa, sgegiad, sgegaf: sgegan, sgegiaf: sgegio.

ysgeiddig, (e)sgeiddig [cf. *gosgeiddig*] *a.* a hefyd gyda grym enwol. Gosgeiddig, lluniaidd, siapus, golygus, prydferth; ystwyth, heini, sionc, hoenus, egnïol: *graceful, comely, shapely, handsome, beautiful*; *nimble, agile, lithe, lusty, vigorous*.

14g. *DGG[2]* 132, Bonheddig *esgeiddig* (*Pen* 76, 110, *ysceiddic*) wyd, / Ac anwadal, Gwen, ydwyd (Gruffudd Gryg). **1722** *Llst* 189, *Ysgeiddig* (dyn) A lath of a fellow, slim fellow. **1776** *W*, *Ysgeiddig* d.g. *Limbed, Clean-limb'd, Proper* [*well proportioned, tall and well grown, comely, &c.*]. **1793** *P* d.g. *Esgeizig*. Ar lafar, '*Sceiddig*' 'Lusty and active', *Cymru* xxix. [179] (godre Cered.); '*Sceiddig*' 'Lithe, active, robust', *GDD* 256; '*Sgeiddig*' 'lusty, vigorous', *TGG* (1907–8) 86 (de-orllewin sir Gaerf.).

ysgeifn, ysgeinaf: ysgeino, gw. ysgafn[1], ysgeiniaf: ysgain.

ysgeiniad [gair geir. yn wr., sef bôn y f. *ysgeiniaf*, *ysgeinaf*: *ysgain*, &c. + -*iad*[1]; ansicr yw prth. *ysceinat*, *T* 48. 21–2] *eb.g.* ll. -*au*. Ysgeintiad, taenelliad: *a sprinkling, aspersion*.

1632 *D*, *Ysgeiniad* d.g. *Aspergo*. **1722** *Llst* 189, *Ysgeiniad*, geintiad. f. A sprinkling. **1770** *W* d.g. *An aspersing, or aspersion* [*sprinkling*], *A bedashing, A sprinkling*. **1803** *P*, *Ysgeiniad*, s. m.—pl. t. *au* . . . A spreading out; a sprinkling.

Gw. hefyd **ysgeintiad.**

ysgeiniaf, sgeiniaf, ysgeinaf: ysgain[2], (y)sgeinio, ysgeino [ansicr yw prth. *ysgein*, *R* 1242. 34; *GM* 2] *bg.a.* a'r be. *ysgain* hefyd fel *eg.b.* ll. *ysgeiniau*. Lledaenu, taenu, dosbarthu, gwasgaru, ysgeintio, taenellu, tasgu, ffrydio; peri chwipio'n ôl; lledaeniad, taeniad, gwasgariad, hefyd yn *ffig.*; (geir.) taenelliad, ysgeintiad: *to disperse, spread, distribute, scatter, sprinkle, splash, gush, spurt*; *cause to whip back*; *a scattering or spreading, also fig.*; (*dict.*) *a sprinkling, sprinkle*.

12g. *GMB* 151, Lluch ysgŵn pan *esgein* uuelyar. **12g.** *GLlF* 389, Chweddl rhyhir, rhyhydr ei *ysgain*. **12g.** *GCBM* i. 254, Ked *ysgein* gwynyein, gŵn y golli. *id.* ii. 119, Rutuoaŵc uarchaŵc, ueirch *ysgein*. *id.* 181, Bradw ysgwyd bryd *ysgein* ŵrth lef. **13g.** *GDB* 118, Clot *ysgein* Owein, clot *ysgein* / Ysgŵyd drut dylut Dyliffein. **13g.** *A* 33. 1–3, oed cadarn e gledyual ynyorth ur rwy *ysgeinnyei* y onn o bedryholl llav y ar vein erch mygedorth. **13g.** *BD* 122, guelit y tanllachar yn *ysgeinnyav* (*prosiliebant*) o'r arueu ganthunt megys mellt ymlaen taran. **14g.** *T* 29. 9–10, eu kerd agygein eu gŵaŵt a*yscein*. **1346** *LlA* 99–100, manwrychyon yr yspryt glan . . . yn *ysgeinnyaŵ* o ardyrchafyat gŵefuussev ykyssegredic vab. *c.* **1400** *R* 1050. 33–4, *ysgein* dros uoroed rif toruoed taruant. *c.* **1400** [*RB*] *WM* 208. 16–19, [m]archaŵc yn racvlaenu ac yn brathu march yn y ryt yny *ysgeinŵys* y dŵfyr am penn arthur ar escob. *c.* **1400** *AL* ii. 46, O deruyd bot deu dyn yn kerdet trŵy goet, ac *ysgeinaŵ* gŵrysgen y gan y blaenhaf ar lygat yr olaf ac nas rybudyo. **1604–7** *TW* (*Pen* 228), bwrw ne *sceinio* lhynn ne wlybwr ar beth d.g. *Affundo*. *id. ysgeiniaw* d.g. *Aspergo*. **1632** *D*, *Ysgain*, Aspersio, conspersio. *id. Ysgeinio*, & Ysgeintio, Aspergere, conspergere. **1670** J. HUGHES: *AP* 38, Ti a'm *ysgeini*, O Arglwydd, ag hysop, a glanheir fi. **1722** *Llst* 189, *Ysgain*. f. A dab, dash, sprinkling. *id. Ysgeinio*, geintio. To sprinkle, bespatter, dash, plash, strew. **1770** *W*, *ysgain* d.g. *An aspersing, or aspersion* [*sprinkling*], *Dash* [*of dirt, or water*], *A sprinkling*. *id. ysgeinio* d.g. *To asperse* [*besprinkle*], *To bedash, To dash* [*with dirt, water, &c.*], *To flash* [*as water*], *Powdered*. **1800** W. OWEN[-PUGHE]: *CP* 16, Y meusydd wrth y môr y sydd yn cael *ysgeinio* dwr hallt arnynt. **1803** *P*, *Ysgain*, s. m. . . . A sprinkle. *id.* d.g. *Ysgeiniaw*.

Gw. hefyd **ysgeintiaf: ysgeintio.**

ysgeiniedig [bôn y f. *ysgeiniaf*, *ysgeinaf*: *ysgain*, &c. + -*iedig*] *a.bfl.* Wedi ei ysgeintio, gwasgaredig: *sprinkled, scattered*.

[**1783**] *W* d.g. *Sprinkled*. **1803** *P*.

ysgeiniwr [bôn y f. *ysgeiniaf*, *ysgeinaf*: *ysgain*, &c. + -*iwr*] *eg.* ll. *ysgeinwyr*. Un sy'n ysgeintio, gwasgarwr: *a sprinkler, scatterer*.

[**1783**] *W* d.g. *Sprinkler*. **1803** *P*, *Ysgeiniwr*, s. m. pl. *ysgeiniwyr* [*sic*] . . . A scatterer; a sprinkler.

ysgeintell [bôn y f. *ysgeintiaf*: *ysgeintio* + -*ell*] *eb.* ll. -*au*. *Egl.* Taenellwr dŵr cysegredig; taenellwr dŵr (ar lawntiau, &c.): (*eccl.*) *aspergillum*; (*lawn, &c.*) *sprinkler*.

20g.

ysgeintiad, sgentiad [bôn y f. *ysgeintiaf*, *sgentiaf*: *ysgeintio*, *sgentio* + -*iad*[1]] *eg.b.* ll. *ysgeintiadau*. Y weithred o ysgeintio, yr hyn a ysgeintir; tasgiad: *a sprinkling*; *a splashing*.

1722 *Llst* 189, Ysgeiniad, [*ys*]*geintiad*. f. A sprinkling. **1803** *P*, *Ysgeintiad*, s. m.

Gw. hefyd **ysgeiniad.**

ysgeintiaf, sge(i)ntiaf: (y)sgeintio, sgentio [cf. *ysgeiniaf*, &c.: *ysgain*, &c.] *bg.a.* Gwasgaru (hylif neu bowdr) yn ddiferion neu ronynnau bychain, yn enw. yn brin neu'n denau, gwasgaru('n ysgafn), gorchuddio'n ysgafn (â), britho, powdro, tasgu, ffrydio, hefyd yn *ffig.*: *to sprinkle, scatter, cover lightly* (*with*), *speckle, powder, splash, gush, spurt, also fig.*

1547 *WS*, *Ysceintio*. *Diw.* **16g.** *WLB* 27, *ysgeintio* ynddo beilliaid blawd haidd. **1632** *D* d.g. *Aspergo*, *Infundo*. **1722** *Llst* 189, Ysgeinio, [*ys*]*geintio*. To sprinkle, bespatter, dash, plash, strew. **1725** *SR* d.g. *To Sprinkle*. **1770** *W* d.g. *To bedash, To flash* [*as water*], *Powder, To* [*strew with*] *powder, To sprinkle*. **1803** *P* d.g. *Ysgeintiaw*. Ar lafar, '*sgentio* halen, siwgwr, blawd', *Geir Geg* 117 (y Gogledd); '*sgintio* eira am ein penna oddi ar y to', *BILlE* 37.

Gw. hefyd **ysgeiniaf: ysgain.**

ysgeintyn, ysgelcian, gw. ysgentyn, **stelciaf: stelcian** (hefyd At.).

ysgeler, sgeler [bnth. Llad. *sceler*-, bôn traws yr e. *scelus* 'trosedd, bai'] *a.* a hefyd gyda grym enwol (ll. *ysgeleroedd*, *sgelerau*, *ysgelerod*).

(*a*) Drygionus, drwg, anfad, ofnadwy, arswydus, erchyll, echrydus, echryslon: *wicked, evil, villainous, awful, dreadful, abominable, wretched, atrocious*.

13g. *GBF* 441, Llŵm y groen, crinurych, *ysgeler*. *c.* **1400** *R* 1364. 15–16, Gruffud *ysgeler*. groth efnys tryver. **1527** *B* ii. 207, Sef a nnayth y bugail ondringo [*sic*] y pren . . . rraac ovyn yr aniveil *sgeler* [baedd]. **1567** *TN* 19b, Yno ydd a ef, ac a gymer ataw saith yspryt ereill *scelerach* nog ef. *id.* 61b, meddyliae mall, tori-priodasae, godinebae . . . Yr oll *yssceleroedd* hyn a ddon o ddymywn, ac a halogan ddyn. *id.* 86a, yr oll *scelerae* [:– ddrygeu, camweddae] a wnethesei Herod. **1604–7** *TW* (*Pen* 228), *Sceler* d.g. *dirus*, *Sceleratus*. **1630** R. LLWYD: *LlH* 36, os halogir dyn ar beiau hyn, arwyddion *sceler* (*shrewd signs*) ydynt fod y dyn hwnnw ai enaid yn glwyfus. **1632** *D*, *Ysgeler*, Scelestus, nefarius. **1719** *TDP* 71, nid oeddwn ysmala yn fy ngweithredoedd, nag yn *sceler* i ddrygu fy Nghymdogion. **1722** *Llst* 189, *Ysgeler*. Villainous, bloodily bent, dreadfull, wicked, ungracious. **1773** *W* d.g. *Lewd* [*wicked, naughty, vicious, villainous* . . .], *Nefarious* [*abominably wicked*]. **1803** *P* d.g. *Ysgeler*. Ar lafar, '*sgelar*' 'atrocious', 'Fe næth beth *sgelar* idd 'i frawd 'i 'unan', *GTN* 729; hefyd ynglŷn â'r tywydd, 'Ma'n *sgelar* 'eddi' (Myn.).

(*b*) Taer: *earnest*.

1672 R. PRICHARD: *Gw* 573, Onid ewch chwi 'n hŷ, yn hoyw, / I'r briodas wrth eich galw; / Gwr y tŷ sy'n tynghu 'n *sceler* [:– yn bryssur], / Na chewch dasto bŷth o'i swpper. *c.* **1730** *Thos. Lloyd D* (LlGC) 207a, Tyngu yn *Sceler* RP. 450. in earnest.

ysgelerder, sgelerder [*ysgeler*, *sgeler* + -*der*] *eg.* ll. *ysgelerderau*. Drygioni, drwg, anfadrwydd, dihirwch, annuwioldeb, malais, erchylltra, echryslonder, trais: *wickedness, evil, villainy, impiety, malice, heinousness, atrocity, violence*.

1567 *LlGG* (*Sall*) 4b, ef a ymdduc *scelerder*, ac ef a enir yddo gelwydd. **1567** *TN* 361a, Dangos y mae ef *scelerder* yr ei a watworant addeweidion Dew. **1588** *Lef* xix. 29, putteinio y tîr, a llenwi y wlâd o *scelerder*. **1632** *D* d.g. *Flagitium, Improbitas, Malitia, Malum, Scelus*. **1701** E. WYNNE: *RBS* 47, Cartrefed dy Angylion sanctaidd gydâ mi . . . rhag malis a *scelerder* (*violence*) ysprydion y tywyllwch. **1722** *Llst* 189, *Ysgelerder*. m. A hainous act, villainy, impiety, unrighteousness. **1733** T. EVANS: *PP* 196, yr un Drwg; efe yw Awdur pob pechod, [*sic*] ac *ysgelerder* . . . a fu erioed yn y byd. **1774** *W* d.g. *Heinous* . . . *a Heinous crime, Mischievousness*. **1803** *P* d.g. *Ysgelerder*.

ysgelerdod, sgelerdod [*ysgeler*, *sgeler* + -*dod*] *eg.* Ysgelerder, drygioni, anfadrwydd, hefyd yn *ffig.*: *wickedness, evil, villainy, also fig.*

1595 *Egl Ph* 16, Bhal hyn y gelhir dywedyd am y Pab Alissander y chweched . . . ei bhod ebh, yn *scelerdawd* i'r gristianogaeth; yn gybybhdra chwantlyt. **1803** *P* d.g. *Ysgelerdawd*.

ysgelerdra, sgelerdra [*ysgeler*, *sgeler* + -*dra*] *eg.* Ysgelerder, drygioni, anfadrwydd: *wickedness, evil, villainy*.

1567 *TN* 61b, o galon dynion y deillia . . . *scelerdra* [:– enwiredd, aflendit]. **1740** T. EVANS: *DPO* 274, och! fel yr oedd ein *Hysgelerdra* ni yn clwyfo ac yn blino eu Calon! **1803** *P* d.g. *Ysgelerdra*.

ysgelerddyn, ysgelerwaith, gw. ysgeler + dyn, gwaith[1].

ysgelerwr [*ysgeler* + *gŵr*] *eg.* ll. -*wyr*. Person ysgeler neu ddrwg, dihiryn, drwgweithredwr: *wicked or evil person, villain, wrongdoer*.

1716 IACO AB DEWI: *LlCB* 7, Pa bechod neu Drachwant, pa *yscelerwr*, neu Ddiafol, a osododd hyn yn eich Meddylieu? **1719** IACO AB DEWI: *TG* 50, Jesu Grist . . . ei hoelio ar y Grog, fel y byddei marw megis *Yscelerwr*.

ysgelet, gw. **sgelet.**

ysgelynllys [gair geir., ?amr. ar *ystyllenlys*]

e?g. *Bot.* Llwynhidydd, *Plantago lanceolata*: *ribwort plantain* (*in bot.*).

1632 *D* (*Bot*), Llwynhidydd, *ysgelynllys*. **1753** *TR* (*Bot*), *Ysgelynllys*, ribwort or ribwort plantain. **1803** *P*. **1813** *WB* 245.

ysgell[1,2], gw. **isgell**[2], **ysgall.**

ysgellog [*ysgell*[2]+*-og*] *eg. Bot.* Planhigyn Ewrasaidd, *Cichorium intybus*, a dyfir ar gyfer ei ddail salad a'i wreiddiau, gwreiddyn y planhigyn hwn wedi ei rostio a'i falu i'w ddefnyddio mewn coffi neu yn lle coffi; ysgallen y meirch, *Cichorium endivia*: *chicory*, *endive* (*in bot.*).

1801 *MMf* 284, Endiva, yr *ysgellog*. **1813** *WB* 245, *Ysgellog*; Cichorium Intybus; Wild Succory.

ysgellyn, ysgêm, ysgemiaf: ysgemio, ysgempyn, ysgemydd, gw. **ysgall, sgêm, sgemiaf**[1]**: sgemio, sgempyn, ysgymydd.**

ysgen [cf. *cen*[1]] *eg.* Marwdon, cen; tarddiant (ar y croen): *dandruff*, *scurf*; *eruption* (*on skin*).

16g. *LlS* 141, Garllec . . . a chyd a mêl y dilea yr haint *yscen* marwdon . . . ar clwy mawr. *id.* 151, Yr Orpin . . . O dodir ei ddail wrth yr *yscen* nei'r tarddgrach a vo ar y corph y aros dros chwech awr ai iro gwedy a blawd haidd iach vydd. **1632** *D*, *Yscenn*, Furfures capitis, Porrigo. **1722** *Llst* 189, *Yscen*. m. Dandruff, scales of the head, morphew. **1803** *P*.

ysgenllys [*ysgen*+*llys*[5]] *e?g. Bot.* Unrhyw un o amryw fathau o blanhigion bach gwyrdd diflodau o ddosbarth yr *Hepaticæ*, llysiau'r afu, goferllys: *liverwort* (*in bot.*).

1801 *MMf* 286, Hepatica, *yscenllys*, llysiau'r afu, goferllys, clust yr assen, cynglennydd y dwr. **1813** *WB* 244, *Yscenllys*; Marchantia hemispherica; Hemispheric Liver-green.

ysgennog [*ysgen*+*-og*] *a.* a hefyd gyda grym enwol. Cennog, llawn cen: *scaly*, *scurfy*.

[**1783**] *W* d.g. *Scurfy* [*having, or abounding with, scurf; &c.*].

ysgentyn, sgentyn, ysgeintyn, *eg.* ll. *ysge(i)ntynion*. Croesan, digrifwas, clown, ffŵl; (geir.) sgowt, milwr sy'n ymladd ar flaen y gad: *jester*, *buffoon*, *clown*, *fool*; (*dict*). *scout*, *one of the advance guard*.

1604–7 *TW* (*Pen* 228), *scentyn* d.g. *Emissarius*. *id. yscentyn* d.g. *Veles*. **1607** *Rhyddiaith Gymraeg* i. 139, v'arglwydhi mawrbarch . . . o chaf euch [*sic*] porth a'ch canhorthwy chwi ny ddorwn ehuduarn nebvn *ysgentyn* gan goet, heb na dysc na dawn na dim pwylh wahan. **1632** *D*, *Ysgeintyn* blaengeis i rhyfel d.g. *Emissarius*. **1722** *Llst* 189, *ysgeintyn* d.g. *A Buffoon*. *id. Ysgeintynion*. p. The forlorn hope (in an army). *id. Ysgentyn*. m.p. *ysgentynion*. A buffoon. **1771** *W*, *ysgentyn* d.g. *Buffoon* [*a merry-andrew, scaramouch*], *Harlequin* [*a scaramouch; the hero in pantomime entertainments*]. **1803** *P*, *Ysgentyn*, s. m. dim. . . . a buffoon. Ar lafar yn yr ystyr 'busneswr', ''Na 'en *sgentyn*' (de-ddwyrain Morg.).

ysgeraint, gw. **esgar**[1].

ysgerbwd, sgerbwd, &c., *eg.* (b. *sgerbydes*; bach. g. *ysgerbydyn*) ll. (adran (*a*)) (*y*)*sgerbydau*, (prin) *sgerbydon*, (adran (*b*)) *ysgerbydiaid*, a hefyd gyda grym ansoddeiriol.

(*a*) Fframwaith caled o asgwrn, cartilag, &c., sy'n cynnal neu'n cynnwys corff anifail, esgyrn sychion corff wedi eu cydgysylltu yn yr un drefn â phan oedd y person, &c., yn fyw; carcas, corff marw, celain, burgyn; hefyd yn *ffig.*: *skeleton*; *carcass*, *dead body*, *corpse*, *carrion*; *also fig.*

1588 *Barn* xiv. 8, [t]rodd i edrych *yscyrbwd* (**1620** *ib. yscerbwd*) y llew: ac wele haid o wenyn a mêl yng-horph y llew. **1630** *YDd* 49, rhoir yr *scerbwd* (*carkasse*) drygsawr yn y bêdd. **1632** *D*, *Ysgerbwd*, Sceleton, morticinum. *id.* d.g. *Cadauer*. **1703** E. WYNNE: *BC* 57, Y nesa oedd *scerbwd* teneu a elwid Angeu Ofn, gellid gweled trwy hwn nas medde 'r un Galon. **1722** *Llst* 189, *Ysgerbwd*, *gerbwt*. m. A skeleton, starveling, dead carcase. **1763** *ML* ii. 541, dyma lle bydd yr *ysgerbwd* llythyr hwn ond odid tan ddydd Sadwrn. **1771** *W* d.g. *Carcase, or carcass, Skeleton, in Anatomy* [*the bones cleared of the flesh, put together again in their natural order, and fastened with wires at the joints*]. **1803** *P* d.g. *Ysgerbwd*. Ar lafar, '*sgerbwd*' 'carcase, dead body of an animal, carrion', *WVBD* 481; '*sgerbwd*' 'skeleton', ''Dyw a'n ddim ond *sgerbwd* wedi mynd, ar ôl y ffliw 'na gæs a', *GTN* 728 (ll. *sgerbyta*).

(*b*) (enghrau. difr. am bobl neu anifeiliaid: *derog. exx. with ref. to people or animals*).

c. **1400** *R* 1345. 31–2, *Ysgerbwt* ribwt rabi gosgeidic ysgwydeu pilwri. **1630** *YDd* 33, O *Scerbwd* gwael, ym mhâ gwrr y dechreuaf fi adrodd dy drueni didrangcedig? **1716** T. EVANS: *DPO* 66, efe a roddes aur ac arian i ryw *ysgerbydiaid* ofer, a'r [*sic*] iddynt ruthro am ben ystafell y Brenhin a'i ladd ef. **1740** *id.* 145, A pha Gydnabod sydd gennych chwi, yr *Ysgerbwd* brwnt, am hyn oll. **1777** E. ROBERTS: *DG* 52–3, ac yno [uffern] y bydd *ysgerbydied* vn [*sic*] y tân a hên Buteinied. Ar lafar, 'hen *sgerbwd* budur', *WVBD* 481; ''R hen *sgyrbadas* drewllyd!', *id.* 488.

Amr.: **sgergwd.** Ar lafar, '*Scergwd*' 'Carcase', *GDD* 257.

ysgerbydaf, sgerbydaf, (y)sgerbydiaf: (y)sgerbydu, (y)sgerbydio [bf. o'r e. *ysgerbwd*, *sgerbwd*] *bg.a.* Gwneud neu fynd yn (debyg i) ysgerbwd, hefyd yn *ffig.*: *to make or become* (*like a*) *skeleton*, *skeletonize*, *also fig.*

1749 *ML* i. 144, [d]ryghin echryslon . . . Ysgyttiaw a *sgerbydiaw* pob peth yn fy nghardd [*sic*] hyd nad yw resyndod eu gweled! **1750** *id.* 164, mae nhad ynteu yn cael ei *scerbydio* yn erchyll gan yr anwyd. **1760** *id.* ii. 280, ni busai [*sic*] waeth i chwi farw o farwolaeth naturiol na dioddef cael eich *ysgerbydiaw* gan Farnwyr. Ar lafar yn yr ymad. ''i *sgerbydu* hi', sef 'ei symud hi, rhuthro', 'Lôn heb neb yn ei '*sgerbydu* hi ar hyd-ddi y cyfnod hwnnw', *LlLlM* 79.

ysgerbydaidd, sgerbydaidd [*ysgerbwd*, *sgerbwd*+*-aidd*] *a.* Tebyg i ysgerbwd neu gorff marw, esgyrnog, hefyd yn *ffig.*, ac yn ddifr. am berson: *skeletal*, *cadaverous*, *bony*, *also fig.*, *and derog. of person*.

1604–7 *TW* (*Pen* 228), *ysgerbyteidh* d.g. *Cadauerosus*.

ysgerbydiaf: ysgerbydio, gw. **ysgerbydaf: ysgerbydu.**

ysgerbydol, sgerbydol [*ysgerbwd*, *sgerbwd*+*-ol*] *a.* Yn perthyn i ysgerbwd, tebyg i ysgerbwd, hefyd yn *ffig.*: *skeletal*, *also fig.*

20g.

ysgerbydyn, ysgermain, gw. **ysgerbwd, ysgarmain.**

ysgermais, ysgermis, gw. **ysgarmes.**

ysgetfydd, gw. **ysgatfydd.**

ysgeth, ff. ansicr ei hystyr, gw. *CA* 76–7, *B* xxviii. 401–2, *id.* xxxviii. 118.

ysgethrin, sgethrin, &c. [cf. *disgethrin*, ?ac (*y*)*sgathraf*: (*y*)*sgathru*] *a.* a hefyd gyda grym enwol. Garw, gerwin, llym, enbyd, ofnadwy: *rough*, *rugged*, *harsh*, *horrible*, *terrible*.

c. **1400** *B* iii. 10, byd lew na uyd *asgethrin*. **15–16g.** *TA* 533, Gweiddi y mae Gweirfyl, gwiddon—*ysgethrin*, / Achos gweithred lladron. **16g.** *WLl* 196, Llun draig ag yn llawn o drin / Llais kythrel mewn lle *sgethrin* [i ddyfalu paun]. **16–17g.** T. R. ROBERTS: *EP* 277, Boytcin *ysgythrin* ysgwâr, / Hoyw ym heb ei gymhar [i ateb Siôn Phylip]. **1658** R. VAUGHAN: *PS* 453, gan nad oes vn sail am faddeuant heb y ffrwyth o adferiad . . . Am yr hyn y dywaid St. Awstin yn *ysgythrin* ddioed. **1696** *CDD* 109, Nid hŵyrath [*sic*] or diwedd, er gweled ei goledd, / A [*sic*] dengŷs ei 'scithredd *yscethrin* [am y byd]. **1703** E. WYNNE: *BC* 87, a'r dreigiau mêllt *yscethrin* yn rhwygo 'r mŵg dudew'r oedd y Safn anferth yn ei fwrw i fynu. **1770** *TG* iv. 79, a'r rhewynt *ysgethrin* a ddifaodd yr ychydig o gynhauaf a adawsai'r llifeiriaint. **1803** *P* d.g. *Ysgethrin*.

ysgethrog, gw. **ysgithrog.**

ysgeulus, ysgeulusaf: ysgeuluso, &c., gw. **esgeulus, esgeulusaf: esgeuluso,** &c.

ysgeuwedd, ysgewndid, gw. **ysgoywaidd, ysgafndid.**

ysgewyll, *e.ll.* (un. g. *-yn*, b. *-en*), ll. dwbl (prin a diw.) *-au*. Blagur, egin, blaendardd, ysbrigau, blagur bôn, crachgoed, hefyd yn *ffig.*; math o fresych sy'n cynhyrchu nifer o flagur bach cryno ar hyd coes unigol dal, y blagur hyn fel llysiau i'w bwyta, sbrowts, adfresych: *buds*, *sprouts*, *shoots*, *sprigs*, *suckers*, *also fig.*; (*Brussels*) *sprouts*.

1346 *LlA* 93, Ar gwynnvydic wyneb honno aoed kynndecket . . . ac na ellit kyffelybu idaw neb ryw greadur . . . megys gwynneiry ystwyll nev wynn vlodeu . . . nev *ysgewyll*. **15g.** *DE* 13, *ysgewyll* y sy gaewydd / ac yn y gwaith egin gwydd [i'r cae bedw]. **1604–7** *TW* (*Pen* 228) d.g. *Clauicula*, *Erix*, *Nepotes*. **1632** *D*, *Ysgewyll*, Fruticatio, germen, germina . . . Esgyll blaen *ysgewyll* blwydd. H[owel] D[afydd] i wallt penn. **1722** *Llst* 189, *Ysgewyll*. s. *wyllyn*. m. Young sprigs or twigs, slips, sprouts. **1753** *TR*, *Ysgewyll*, young twigs or sprigs sprouting or springing up. **1770** *W* d.g. *Branch* [*of a tree, &c.*], *Bud*, *Clasp* [*a tendril, or small sprig of a tree, plant &c.*], *Shoot* [*a young sprig*], *Sucker of a tree* [*a young twig shooting from the stock*]. **1803** *P*, *Ysgewyll*, s. pl. aggr. . . . Oziers; twigs. **1828** *Geir Pob* 31, Ysprowts, *yscewyll*.

Amr.: **esgewyll. 1594–6** *RWM* ii. 1056, Pan vo'r *escewylh* yn yscoewan. **ysgywyll, ysgiwyll. 1604–7** *TW* (*Pen* 228), *ysgiwylh* . . . Esgylh blaen *ysgiwylh* blwydh. **1632** *D*, *ysgywyll* d.g. *Germen*. **1770** *W*, *ysgywyll* d.g. *Branch* [*of a tree, &c.*], *Young branches, shoots, or twigs*.

Cfn.: **ysgewyll Brwsel(s):** *Brussels sprouts*. **1931.**

ysgi, ff. ansicr ei hystyr.

13g. (**17g.**) *B* iv. 47, ar *ysci* asceini ascellurith. **14g.** *T* 72. 12–14, llat yn eurgyrn. eurgyrn yn llaw. llaw yn *ysci*. *ysci* y modrydaf. *ib.* 16–17, opechadur kadeithi o genedyl *ysci*.

ysgiâm, ysgidogyll, gw. **sgâm, ysgudogyll.**

ysgïen, sgien, &c. [cf. Gwydd. C. *scian* a S. C. *skene*] *eb.* ll. *ysgiennau*. Unrhyw un o amryw fathau o gyllyll neu gleddyfau: *any of various knives or swords*.

15g. *DN* 47, Er saeth na bo gwaeth, na draig wen, —na glaif, / Ne gledd, nag *esgïen*. **15g.** *GO* 93, *Ysgien* Noe hen nev Hv / Yn ôl gwedi anelu [i ofyn wtgnaiff]. **15g.** *GGl*[2] 297, Mae i mi gyda *sgïen*, / Oes, dlws yng Nglyn Egwestl wen [i ddiolch am fwcled]. *Diw.* **15g.** *Pen* 67, 22, gwn gaeaf yw gae n gywir / gwn haf ac *ysgien* hir (Hywel Dafi). **15–16g.** *GRB* 54, Golchi'r gwayw a'r *ysgïen* / gwedi i bawb gaead ei ben. **1547** *WS*, *Yskien* kyllell a skeyne. **1604–7** *TW* (*Pen* 228) d.g. *Sica* (hefyd *D*). **1632** *D*, *Ysgien*, Culter, gladius. **1722** *Llst* 189, *Ysgïen*. f.p. *ennau*. A rapier, skien. **1774** *W* d.g. *Hanger* [*a kind of short sword with a single edge*], *Skean* [*a short sword or knife, so called*], *Sword*. **1803** *P*, *Ysgïen*, s. f. dim. . . . A cutter, a parer; a chopper; a scymeter; a large knife; a grafting knife; a wooden knife for cutting of butter. Clywir *sgian* yn yr ystyr 'pladur wedi ei gwisgo'n llafn cul' (Môn).

ysgif, *e.* Sbatwla, ysbodol: *spatula*.

18g. *Llr* C 24, 345, a gwna blastar . . . a than ac*yskif* a dod wrtho. **1801** *MMf* 246, tann ef [eli] ag *yscif* ar liain.

ysgig [bôn y f. *ysaf*: *ysu*+*cig*] *a.* a hefyd gyda grym enwol. Cigysol, cigfwytaol: *carnivorous*, *also fig.*

1604–7 *TW* (*Pen* 228), Carrec a elwir *ysgic*, oherwydh y cyrph meirw a rodher yndhei a dhervydhant oll, o uewn 40 niwrnawt, odhyeithr y danhedh d.g. *Sarcophagus*. **1632** *D*, *ys-gig* d.g. *Carnivorus*. **1771** *W* d.g. *Carnivorous* [*that devours, or lives on flesh*]. **1803** *P*.

ysgigol [*ysgig*+*-ol*] *a.* ll. (gyda grym enwol) *-ion*. Cigysol, cigfwytaol: *carnivorous*.

1850.

ysgîl[1,2,3], **ysgil, ysgilbren,** gw. **sgil**[1], **sgil, isgîl, sgil, sgilbren.**

ysgiled, ysgilet, gw. **sgelet.**

ysgilffyn, ysgilgar, gw. **sgilffyn, sgilgar.**

ysgilgist, isgilgist [*ysgîl*[3], *isgîl*+*cist*] *eb.* ll. *-iau*. Portmanto: *portmanteau*.

1780 *W*, *Isgil gist* d.g. *Portmanteau* [*a kind of chest or trunk, in which clothes are carried on a journey*].

ysgilgyfrwy, isgilgyfrwy, sgilgyfrwy [*ysgîl*[3], *isgîl*, *sgil*[1]+*cyfrwy*] *eg.* Pilyn (math o gyfrwy): *pillion* (*kind of saddle*).

1780 *W*, *isgil-gyfrwy*, '*sgil-gyfrwy* d.g. *Pillion* [*a pillowed kind of woman's saddle, so called*].

ysgiliaf, isgiliaf, sgiliaf[1], **sgilaf: ysgilio, isgilio, sgil(i)o** [bf. o'r ardd. a'r adf. *ysgîl*[3], *isgîl*, *sgil*[1]] *bg.a.*

(*a*) Bwrw o'r neillltu, gwrthod, diystyru, dirmygu, dibrisio: *to cast off*, *reject*, *disregard*, *slight*, *undervalue*.

1527 *GLM* 350, *Ysgilio* gwaith ysgol gwŷr, / a galarwisg i glerwyr [marwnad Lewys Môn gan Ddafydd Alaw]. **16g.** *WLl* 143, Os glew gossawc *isgilio* i gasau / Glewach yn unawr yw gwalch Nannau. **16g.** WILIAM CYNWAL: *Gw* (R. L. Jones) 93, Esgeulus, pawb a'i *sgilia*, / Fydd y dyn ni feddo da. **1604–7** *TW* (*Pen*

228), *ysgilio* d.g. *Abjicio*. *id.* wedy vwrw heibiaw ai *sciliaw* d.g. *Aspernatus*. **1632** *D*, *Isgilio*, Postergare. **1722** *Llst* 189, *Isgilio* . . . to slight, undervalue, disregard. **1771** *W* d.g. *To cast behind the back, To esteem little of.* **1803** *P* d.g. *Ysgiliaw*.

(*b*) Marchogaeth gyda pherson arall ar gefn yr un ceffyl, mynd ar y piliwn: *to ride with another person on the same horse, ride pillion*.

1682 R. Llwyd: *LlH* 490, *Yscilio*, marchogaeth o flaen vn. **1688** *TJ*, *Isgilio*: to ride before one on the same Horse. **1725** *SR* d.g. *To Ride before one on horse back*. **1770** *W* d.g. *Behind, To take one behind him* [*a horse-back*], *To ride before another on the same horse*. **1803** *P*, *Ysgiliaw* . . . to ride behind on horseback. Ar lafar am geffyl yn cario dau berson, 'Odi'r ceffil hin yn *sgilo*' 'will this horse carry two persons', *TGG* (1907–8) 86 (de-orllewin sir Gaerf.).

ysgimaf, ysgimiaf: ysgim(i)o, gw. **sgimiaf: sgimio.**

ysgîn, &c., *eb.* (bach. *-en*) ll. *ysgin(i)au, ysginawr*. Mantell, clogyn, gŵn, côt (laes), hefyd yn *ffig.*: *robe, mantle, cloak, gown,* (*long*) *coat, also fig.*

12–13g. *GLlLl* 214, *Ysginaѡr* goruaѡr goruynt par, / Ysgarlad lliѡ fleimyal flamyar. **13g.** *GDB* 257, Yn arwein *ysgin* ysgarlad. **13g.** *LlI* 95, *Esgyn* brenhyn, punt kyureythyaul; *esgyn* y urenhynes, punt. **14g.** *GDG*[3] 158, Ystofiawdr gwŷdd, ys difai, / *Ysgin* ddail mân wiail Mai. *c.* **1400** *R* 1352. 2–3, o vyѡn *ysgin* a maen gerwin y maen gorwed. **15g.** *NBSGaerf* 83, *Ysgîn* fraith esgynno'n frau / Esgobes rhwng ysgubau [Hywel Dafi i ofyn gwalches]. **1604–7** *TW* (*Pen* 228), *escin* d.g. *Chlamys, praetexta, Trabea, tunica*. **1632** *D*, *Ysgin*, Prætexta. **1722** *Llst* 189, *Ysgin*. f.p. *giniau*. A long gown or robe: manteau. **1770** *W* d.g. *An alderman's robe, Cloke, Mantua, Pall* [*a sort of . . . mantle of state*], *Robe* [*a vestment or vesture*]. **1776** Dewi Nantbrân: *AN* 17, fel na weler cywilydd fy Enaid pechadurus, Amwisga hi ag *ysginau* dy Gyfiawnder. **1803** *P*, *Ysgin*, s. f.—pl. t. *au* . . . A robe made of skin with the fur on it, a pelisse. *id.* *Ysginen*, s. f. dim. . . . A robe, a gown.

ysginawr[1] [gair geir. yn wr., ffrwyth camddehongli'r engh. gyntaf d.g. *ysgîn*] *eg.* Gwneuthurwr mentyll, teiliwr: *robe-maker, tailor*.

1632 *D*, *Ysginawr*, P[rydydd y] M[och] Prætexte factor. **1722** *Llst* 189, *Ysginawr*. m. A robe or gown or manteau-maker. [**1783**] *W* d.g. *Robe-maker, Tailor*.

ysginawr[2], gw. **ysgîn.**

ysginen[1], **sginen** [gair geir., sef ffrwyth trafod H. Grn. *scinen*, gl. *inauris*, fel gair Cym.] *eb.* Clustlws: *earring*.

1604–7 *TW* (*Pen* 228), *Scinen*, lib[er] ll[an] daf. modrwy glust d.g. *Inauris* (hefyd *D*). **1632** *D*, *Ysginen* . . . Inauris. **1722** *Llst* 189, *Ysginen*. f. An ear-ring. **1770** *W* d.g. *Bob* [*a pendant, or ear-ring*].

ysginen[2], gw. **ysgîn.**

ysginwr, ysginydd [gair geir. yn wr., sef *ysgîn*+*-wr, -ydd*[3]; ?a'r ail ystyr isod dan ddyl. S. *skinner*] *eg.* (b. *ysginwraig*; *ysginyddes*, ll. *-au*) ll. *ysginwyr, ysginyddion*. Gwneuthurwr mentyll, teiliwr; tanner, barcer, crwynwr: *robe-maker, tailor; tanner, barker, skinner*.

1722 *Llst* 189, *Ysginydd*. m.p. *nyddion*. A skinner, tanner. **1725** *SR*, *ysginwr* d.g. *A Tailer*. **1776** *W*, *Ysgin-wraig, ysginyddes* . . . *ysginwr, ysginydd* d.g. *Mantua-maker*. *id.* *ysginwr, ysginydd* d.g. *Robe-maker*. *id.* *ysginydd* d.g. *Tailor*. **1803** *P*, *Ysginyz*, s. m.—pl. t. *ion* . . . A robe-maker. **1828** *Geir Pob* 15, Mantiwmacer, *ysginwraig*.

ysginyddiaeth [*ysgîn*+*-ydd*[3]+*-iaeth*] *eb.g.* Y grefft o wneud mentyll, teilwriaeth; y proses o daneru, galwedigaeth tanerwr: *a robe-making or tailoring*; (*process or occupation of*) *tanning*.

13g. *Cylchg LlGC* v. 60, ry vuassei en emborth o grefft *yscinnydyaeth*. **1632** *D*, *Ysginyddiaeth*. Ars faciendi tales vestes [praetextae]. **1722** *Llst* 189, *Ysginyddiaeth*. f. The art of dressing leather. Also, of making gowns, robes or manteaus. **1753** *TR*, *Ysginyddiaeth* . . . a taylor's trade. **1803** *P*, *Ysginyziaeth*, s. m. . . . The trade of a robe-maker, a pelisse-maker.

ysgip, ysgipaf: ysgipo, ysgipaid, gw. **sgip**[1], **ysgipiaf**[1]: **ysgipio.**

ysgiped, gw. **sgiped.**

ysgipiaf[1], **ysgipaf: ysgip(i)o, ysgipaid** [cf. S. C. *kippe* 'to take hold of, seize, snatch, catch' a *cipiaf: cipio*] *ba.* Cipio, dwyn (drwy drais), gafael yn; torri (ymaith): *to snatch, steal, take by force, seize; cut* (*off*).

14g. *GDG*[3] 359, Nid oedd fawr, am geinwawr gynt, / *Ysgipio* 'mhen pes gwypynt [am ladrata merch]. **14–15g.** *IGE*[2] 329, *Ysgipiai* farf arf araul, / Ysgydwydr hwyl belydr haul [Rhys Goch Eryri i'r faslart]. **15g.** *BB* 121, sef awnaeth y mab arall *yskippeit* ybel ay daraw ynteu yn dostach. **1604–7** *TW* (*Pen* 228) d.g. *Amputo*. **1632** *D*, *Ysgipio*, Rapere. **1722** *Llst* 189, *Ysgipio*. To snatch, take suddenly or by force. **1771** *W*, *ysgipio* d.g. *To catch* [*snatch*], *To snatch* [*seize hastily*], *To steal* [*take away privately what is not one's own*], *To whip* [*catch or snatch*]. **18–19g.** *Iolo MSS* 176, dynesau a wnaeth yr hebog atti ag yna'n fuan ef ai *ysgipwys* ymaith . . . ag ai llewis. **1803** *P* d.g. *Ysgipiaw*.

ysgipiaf[2]: **ysgipio,** gw. **sgipiaf: sgipio** (hefyd At.).

ysgipiol [bôn y f. *ysgipiaf*[1], *ysgipaf*: *ysgip(i)o*, &c.+*-iol*] *a.* Cipgar, crafanglyd, barus, rheibus: *snatching, grasping, greedy, rapacious*.

15g. (*Diw.* **16g.**) *Gwyn* 3, 200, ysco ebrwydd yscub-wraig / *yscipiol* ar ôl yr aig [Meredudd ap Rhys i ddiolch am rwyd]. **1632** *D*, *Ysgipiol*. Rapax. **1722** *Llst* 189, *Ysgipiol*. Snatching, rapacious. **1774** *W* d.g. *Greedy* [*rapacious*], *Rapaciously*. **1803** *P* d.g. *Ysgipiawl*.

ysgithr[1], **ysgythr**[2], *eg.* ll. *ysgithrau, ysgithredd, ysgythrau, ysgythredd, ysgithroedd, ysgythrion, sgithredd*. Dant hir pigog, yn enw. un sy'n ymwthio o geg gaeedig, e.e. gan eliffantod, dant llygad ci, blaidd, &c., dant (llygad), hefyd yn *ffig.*; *Her.* llun o ysgithr: *tusk, fang,* (*canine*) *tooth, also fig.*; *representation of fang or tusk* (*in her.*).

13g. *LlI* 95, Guerth pob un o'r *yskythred* duy uuv a deugeynt aryant, canys bugeyl e danhed ynt. **14g.** *WM* 482. 13–16, Reit yѡ ym . . . eillaѡ vym. baryf. *yskithyr* yskithyrѡyn penn beid a uynnaf y eillaѡ ym. **14g.** *YBH* 31b, hѡy oed y ddanned noc *ysgithred* y baed coet hѡyf [*sic*] y *ysgithred*. **14g.** *GIG* 7, *Ysgithredd* baedd disgethrin, / Asgwrn hen yn angen in [i Syr Hywel y Fwyall]. **15g.** *GOLlM* 44, Mae'n bwrw *ysgithr* mewn brysgoed, / mynweiriau cyrn mewn ieir coed [i ofyn gwalch]. *Dchr.* **16g.** *Pen* 127, 1, ttri phenn baedd dvon *yscithr* Aur / mewn maes Arian. **16g.** *IICRC* iii. 296, ymay ymi wr llwyd digon hen / Ay faraf yn drithro ynghylch y en / Ay *skithredd* ysskathre gwr den. **16g.** *Mos* 113, 63, Owein . . . a dduc tri penn baedd o sabl . . . ac *yscithrae* aur. **16–17g.** *GST* i. 454, Mae'n ei gên, mil gwyn ei gwedd, / Oes gethrau, mawr *ysgythredd* [i ofyn hwch]. **1632** *D*, *ysgithr* d.g. *Dens*. **1696** *CDD* 109, Nid hŵyrath [*sic*] or diwedd, er gweled ei goledd, / A [*sic*] dengŷs ei '*scithredd* yscethrin [am y byd]. **1703** E. Wynne: *BC* 117, Lucifer ei hun a wahanodd ei *scithredd* hannerllath i ryw chwerw chwerthin. **1707** *AB* 221a, *Yscythr*, A tush or tusk. **1722** *Llst* 189, *Ysgithr*. m. A tooth. **1803** *P*, *Ysgythyr*, s. m.—pl. *ysgythrion* . . . A fang; a tusk.

Amr.: **esgithredd** [ansicr yw union ff. yr engh. gyntaf isod] (*e.ll.*). **13g.** *AL* i. 312, *eskydred* (*LlI* 95, yskythred). **16g.** *IICRC* iii. 296, ymay bwlch ar ymorddwyd / heb na Rhyn nag ofan nag anwyd / Askathra *eskithredd* dy wr llwyd.

ysgithr[2], gw. **ysgythraf**[1]: **ysgythru.**

ysgithrddant, ysgithrddraig, gw. **ysgithr**[1]+**dant, draig.**

ysgithredd[1], **ysgythredd**[2], **sgithredd**[2], **sgythredd** [*ysgithr*[1], *ysgythr*[2]+*-edd*[1]; dichon mai *ysgithredd*[2] a welir yn rhai o'r enghrau. isod] *eg.b.* Garwedd, gerwindeb, creigiogrwydd; llymder (tywydd); gwylltineb (am berson); craig arw; (geir.) ymwthiad allan: *roughness, ruggedness, cragginess; severity* (*of weather*); *wildness* (*of person*); *crag;* (*dict.*) *a jutting out*.

13g. *BD* 20, llidyav a wnaeth Corineus a dyrchauael y cavr ar y ysgvyd, a chyrchu pen goruchel garrec, a bvrv yr agkyghel hvnnv y ar y ysgvyd trvy *ysgithred* (*Llst* 1, 25–6, *yskythred*) kerryc yny uu yn dryllyeu. **14g.** *HMSS* ii. 25–6, caffat y corff yn varw . . . ar *yscithred* (*YCM*[2] 8, ulaen) carrec uch benn y mor. **1552** *Pen* 403, 18, [m]orwyn . . . a ddylsid i chystwio . . . yna i kaif hi y ffrwyn o naturiaeth ar i *scithredd*. **1588** 1 *Sam* xiv. 4, rhwng y bylchau . . . yr oedd *yscithredd* y graig o'r naill du i'r bwlch, ac *yscithredd* y graig o'r tu arall i'r bwlch. **1604–7** *TW* (*Pen* 228), *yscithredh* creigeû d.g. *Asperitas petrarum*. *id.* *ysgithredh* d.g. *Salebra*. **1722** *Llst* 189, *Ysgithredd*. f. Crag (of a rock). **1803** *P*, *Ysgythrez*, s. m. . . . The state of being projected or jutting out.

ysgithredd[2], gw. **ysgithr**[1].

ysgithrog, sgithrog, (y)sgythrog [*ysgithr*[1], *ysgythr*[2]+*-og*] *a.* A chanddo ysgithrau, danheddog, a chanddo ddannedd ymwthiol; garw, gerwin, creigiog, pigog, anwastad; llym (am y tywydd), stormus; hefyd yn *ffig.*: *tusked, fanged, having projecting teeth; rough, rugged, rocky, craggy, jagged, uneven; severe* (*of weather*), *stormy; also fig.*

12g. *GCBM* i. 178, Gwlad Urochuael *Ysgithraѡc*. *c.* **1200** *VSB* 315, Brochuail *Schitrauc* [:- .i. cum dentibus]. **13g.** *BD* 111, kyffroont vynteu y baed *ysgithravc*. **1346** *LlA* 153, naѡ kythreul *ysgithraѡc*. **14–15g.** *IGE*[2] 291, Gweled pob pryf, cryf yw Crist, / Corniog *ysgithrog* athrist (Siôn Cent). *c.* **1400** *R* 1274. 17, gѡrach *ysgithraѡc* disgethrin. **15g.** *GTP* 58, Y du '*sgithrog* disgethrin [i erchi milgi]. **16g.** Wiliam Cynwal: *Gw* (G. P. Jones) 76, *Ysgithrog* lewes gethrydd, / A ffrwyna hwnt, ffroenau hydd [i ofyn miliast]. **1604–7** *TW* (*Pen* 228), *yscithroc* (Pen 228) d.g. *dentatus*. **1632** *D*, *ysgithrog* d.g. *Cautes, Fragosus, Salebrosus*. **1722** *Llst* 189, *Ysgithrog*. Rough, jaggd. *id.* *Ysgythrog* . . . snaggle-toothed. [**1757**] *ML* i. 466, chwythu gwynt Gogledd-orllewin *ysgithrog*, ie, ac *ysgythrawg* hefyd, mal prin y meidr dyn aros yn ei union sefyll. **1794** *W*, *Ysgithrog* d.g. *Tusked or tusky*. **1803** *P* d.g. *Ysgythrawg*. Ar lafar, 'diwrnod *sgythrog* iawn' (sir Drefn.); '*sgythrog*' 'llym a chrafog ei dafod', *GTN* 738. Cf. *B* xxvii. 223, Clywais ar lafar yn ardal Ffestiniog gyfeirio at berson danheddog, un y mae ei ddannedd blaen uchaf braidd yn amlwg, fel un '*ysgythrog*'.

Amr.: **sgethrog, ysgethrog** [?dan ddyl. yr a. *ysgethrin*]. **1672** R. Prichard: *Gw* 367, Gwynt stormys *scethrog*, yn scathru'r ŷd. **1803** *P* d.g. *Ysgethrawg*.

ysgiw[1,2,3], **ysgiwen,** gw. **sgiw**[1,2,3], **sgiwen.**

ysgiwer, ysgiweraf: ysgiweru, ysgiwiad, gw. **sgiwer, sgiweraf: sgiwero, sgiwiad.**

ysgiwiaf, sgiwiaf: (y)sgiwio [bf. o'r e. *sgiw*[2], *ysgiw*[2]] *bg.a.* (Peri) mynd ar sgiw, camu, crymu, gwyro, gogwyddo, goleddfu, hefyd yn *ffig.*; nodi (clust dafad) â thoriad sgiw: *to go askew, skew, bend, curve, slant, slope, incline, also fig.; make an oblique cut in* (*sheep's ear*).

1604–7 *TW* (*Pen* 228), *ysgiwio* d.g. *Obliquo*. **1643** *LlGC* 7013, 133, torri y glust ddehau . . . ag *yskiwio* yr asw ar i fyny. **1722** *Llst* 189, *Ysgiwio* . . . To make to squint, to squint, slope, bias. **1771** *W* d.g. *To byas, To cast awry, To glance upon* [*fly off, or strike, in a sloping manner*], *To go awry*. **1803** *P* d.g. *Ysgiwiaw*. Ar lafar, 'Byddwch yn ofalus wrth gyfri'r bobol sy'n pleidleisio i ni—ma beryg inni *sgiwio*'r canlyniada'.

Amr.: **esgiwio. 1643** *LlGC* 7013, 38, *Eskiwio* y naill glust a hollti yr llall.

ysgïwr, ysgiwyll, Ysglafoneg, gw. **sgïwr, ysgewyll, Sglafoneg** (hefyd At.).

Ysglafoniad, Sglafoniad [cfdds. o'r S. *Sclavon(ic)* (ff. ar *Slavonic*)+*-iad*[3]] *eg.* ll. *-iaid*. Slaf: *Slav*.

1816.

ysglaffiaf: ysglaffio, ysglaffod, ysglaig, gw. **sglaffiaf: sglaffio, sglaff** (hefyd At.), **ysgolhaig.**

ysglander, ysglandr, gw. **sglandr.**

ysglandraf: ysglandro, gw. **sglandriaf: sglandrio.**

ysglandriad [bôn y f. *ysglandraf, ysglandriaf: ysglandr(i)o*+*-iad*[1]] *e?g.* ll. *-au*. Athrodiad, enllibiad: *a slandering or libelling*.

1547 *WS*, *Ysclandriat* Sclaundring.

ysglandriaf: ysglandrio, gw. **sglandriaf: sglandrio.**

ysglandriwr, ysglandrwr, gw. **sglandrwr.**

ysglarei, gw. **sglarei.**

ysglatas, ysglaten, gw. **sglats.**

ysglater, gw. **sglater.**

ysglats, ysglatys, ysglatysen, gw. **sglats.**

ysglawndr, ysglawndraf: ysglawndro, gw. sglandr, sglandriaf: sglandrio.

ysglawring, ysglawringaf: ysglawringo, ysglawringiaf: ysglawringio, gw. ysgrawling, ysgrawlingaf: ysgrawlingo.

ysglefr, ysglefriaf: ysglefrio, ysglefrian, gw. sglefr, sglefriaf: sglefrio.

ysgleifgar, ysgleifiaf: ysgleifio, gw. ysglyfgar, ysglyfiaf: ysglyfio.

ysglein, ysgleiniaf: ysgleinio, ysgleiniog, ysgleintiaf: ysgleintio, ysgleisiaf: ysgleisio, ysglem[1], gw. sglein (hefyd At.), sgleiniaf: sgleinio, sgleiniog, sglentiaf: sglentio, sgleisiaf: sgleisio, sglem[2].

ysglem[2] [?cf. *clem*[1]] *eg.b.* ll. *-iau.* Ysgyren, fflawen, sleisen, hefyd yn *ffig.*: *sliver, slice, also fig.*

14g. *GDG*[3] 250, Ysgorn arnaf a gafas / *Ysglem* glew o'r crimprew cras. **16g.** HUW ARWYSTL: *Gw* 368, *Ysglem* draig finllem drwg floes / Asgell glau uwch llethr ysgall gloes [dychan i'r llamysten am geisio lladd yr ehedydd]. **1632** *D, Ysglem,* à Clemm. **1803** *P, Ysglem,* s. f.—pl. t. *iau* . . . A slice, a slive.

ysglemiaf: ysglemio [bf. o'r e. *ysglem*[2]] *bg.a* Torri('n ysgyrion), sleisio: *to cut* (*into slivers*), *slice.*

1803 *P* d.g. *Ysglemiaw.*

ysglen [cf. *ystlen*] *eb.* Rhyw, math, rhywogaeth: *sex, gender, kind, species.*

16g. *GM* 8 (amr.), o wreigiawl *ysglen* (*sexu*) (*ib.* (amr.), ysglener; ystlyssen). *id.* 36 (amr.), kyfrwng dross ofynedawl *ysglen* (*ib.* (amr.), osclen). **1632** *D,* **Ysglen,* Rectiùs. Ystlen. **1688** *TJ, Ysglen,* ystlen, rhywogaeth, rhith: a kind, a sex. **1803** *P, Ysglen,* s. f. . . . A sex.

ysglent, ysglentiaf: ysglentio, ysgler, gw. sglent, sglentiaf: sglentio, sglefr.

ysglerian, ysglerio, gw. sglefriaf: sglefrio (hefyd At.).

ysgleten, ysglif, ysglifiaf: ysglifio, ysglifyn, gw. sglats, ysglyf[1], ysglyfiaf: ysglyfio, sglifyn.

ysgliff, ysgliffiaf: ysgliffio, ysgliffiwr, gw. ysglyf[1], ysglyfiaf: ysglyfio, ysglyfiwr.

ysglinen [?cf. *osgl*] *eb.* Cnot neu gainc (mewn pren), hefyd yn *ffig.*; (geir.) tras, llinach: *knot* (*in wood*), *also fig.*; (*dict.*) *pedigree, lineage.*

16–17g. *GST* i. 122, Osgl iawnwaed heb *ysglinen,* / At ais cyff y t'wysog hen. **1604–7** *TW* (*Pen* 228), *ysclinen* o vonhedh d.g. *Ignobilitas.* **1632** *D.* **1803** *P, Ysglinen,* s. f. dim. . . . A knot in a tree.

Amr.: **asglinen. 17g.** *LlGC* 13215, 326, *Asclinen* . . . Stemma. **1793** *P.*

ysglis, ysglisiaf: ysglisio, ysglod, gw. sgleis, sgleisiaf: sgleisio, ysglodion.

ysglodaf: ysglodi [bf. o'r e. *ysglod(ion)*] *bg.a.* a hefyd gyda grym enwol i'r be. Torri ysglod(ion) (oddi ar), ysgyrioni, naddu, hefyd yn *ffig.*: *to chip, splinter, chisel, also fig.*

1643 *MLl* i. 38, Er hyn i gid nid oeddid ti / ond sclodion iw *ysglodi* [i'r bwa melyn].

Amr.: **sglodi, sglodio. 20g.**

Gw. hefyd **asglodaf: asglodi.**

ysgloden, ysglodianaf: ysglodianu, gw. ysglodion, ysglodionaf: ysglodioni.

ysglodion, sglodion [gw. *asglod*] *e.ll.* (bach. g. (*y*)*sglodyn*, b. (*y*)*sgloden*).

(*a*) Naddion pren, carreg, &c., tafelli, siafins, creifion, hefyd yn *ffig.*; darnau hirfain o daten wedi eu ffrio'n ddwfn mewn saim; lled-ddargludyddion ar ffurf tafelli bach iawn a brosesir i wneud cylched gyfannol, &c.: *chips, slices, shavings, parings, also fig*; *chips* (*of fried potato*), *fries*; *microchips.*

13g. *B* iv. 8, *Esglodyn* gwern ym pen y gath. **15g.** *GLGC* 344, Sêr o waith tlysau o Rôn / yw'r wisg ledr o *ysglodion* [i ofyn cyfrwy a harnais march]. **15–16g.** *GIF* 32, *ysglodion* a chasgl ydynt / wrth y coed mawrweirthiog gynt. **1547** *WS, Ysclodyn* A chyppe. *Dchr.* **17g.** *J* 10, 43b, *Sclodion.* chippes. Schidia. *ib. Sclodyn.* chippe, Assula. rasura. Secamentum. **1632** J. DAVIES: *LlR* 361, [c]lod . . . ni thâl hynny *ysglodyn,* gan nad yw ond anadl geneuau ychydig ddynion. **1643** *MLl* i. 38, Er hyn i gid nid oeddid ti / ond *sclodion* iw ysglodi [i'r bwa melyn]. **1759** J. EVANS: *PF* 38, [c]ymerwch . . . dwy Wns o *Ysclodion* Corn Carw. **1763** *DT* 156, 'Rwy'n drewi yn fy Nghroenyn, / Cyn syched ag *ysglodyn.* **1771** *W* d.g. *Chip.* Ar lafar, '*sglodyn*' 'chip, piece cut off . . . (either wood or stone)', 'Mae o cyn sychad â *sglodyn*' 'he is a dry stick', *WVBD* 483; 'Ma'r bara fel *sglotyn*!', 'Ma fa mor sych â *sglotyn* wthdo' i'r dyddia 'yn', *GTN* 731; hefyd am berson tal tenau, 'hen *sglodyn* main' (Arfon).

(*b*) Darn o lechfaen wedi ei hollti o'r clwt yn barod i'w naddu yn llechen: *piece of slate split from a block and ready to be cut into a roof-slate.*

1928. Ar lafar, '*sglodyn*', *WVBD* 483 (ll. *sglodion*); '*Sclodyn*', *B* xx. 377 (ll. *sglodia*; ardaloedd chwareli llechi'r Gogledd).

Amr.: **sglods. 20g.** Ar lafar yn yr ystyr 'sglodion tatws'. **ysglod** [olff.]. **1732** *AABI* 37–8, [m]wy o Ergydion a mwy o *Ysglod.* Ar lafar, ''Odd byta'r cig ishta byta *ysglod*', *GTN* 731.

Cfn.: **(y)sglodion meicro:** *microchips.* **20g. (y)glodion silicon:** *silicon chips.* **20g. sglodion tatws:** *chips* (*of fried potato*), *fries.* **20g.**

Gw. hefyd **asglod.**

ysglodionaf, sglodionaf, (y)sglodianaf: (y)sglodioni, (y)sglodianu [bf. o'r e. *ysglodion, sglodion*] *bg.a.* Torri neu naddu ysglodion oddi ar (bren, &c.), torri yn ysglodion, hollti, ysgyrioni, hefyd yn *ffig.*: *to chip, cut into chips, split, splinter, also fig.*

1604–7 *TW* (*Pen* 228), *sclodianû* d.g. *Ascio, Circundolo, dedolo, dolabro. Dchr.* **17g.** *J* 10, 43b, *Sclodioni.* to chippe. Dedolo. **1632** *D, Ysglodioni,* In assulas & schidia secare. *id. ysglodioni* d.g. *Ascio, Dolabro.* **1722** *Llst* 189, *Ysglodioni* . . . To splinter, split, scale a bone. **1771** *W, ysglodioni* d.g. *To chip, or cut into chips.*

Gw. hefyd **asglodionaf: asglodioni.**

ysglodyn, gw. **ysglodion.**

ysglofen, *eb.* (g. (*y*)*sglofyn, ysglyfyn*) ll. *-nau.* Ysgyren, fflawen, sbrigyn, toriad: *splinter, sprig, cutting.*

[1762] E. POWELL: *HEI* 16, torri *Ysglofennau* pigog. **[1783]** *W, Ysglofyn* . . . *ysglyfyn* d.g. *Slip* [*a sprig or twig from the main stock*]. **18–19g.** *Llr* C 42, 514, *ysglyfyn,* a slip, Glam. **1803** *P, Ysgloven,* s. m. dim. . . . A slip, a spray. Ar lafar, '*sglofen*' 'ysgyryn' (Dyffryn Tywi); 'Ma *sglofyn* wedi mynd dan 'yn ewin i' (dwyrain Morg.).

ysglofennaf, ysglofynnaf, &c.: **ysglofennu, ysglofynnu,** &c. [bf. o'r e. *ysglofen, ysglofyn,* &c.] *bg.* Ysgyrioni, torri sbrigyn(nau): *to splinter, cut a sprig or sprigs.*

[1762] E. POWELL: *HEI* 18, yr Esgyrn wedi *Ysglofenu,* a briwio. **[1783]** *W, Ysglofynnu, ysglyfynnu* d.g. *To slip off* [*tear a slip from a tree*]. **18–19g.** *Llr* C 42, 514, *ysclyfynu,* to slip off sprigs of trees [Glam.]. **1803** *P, Ysglovenu* . . . To slip off, to cut a slip.

ysglofyn, ysglofynnaf: ysglofynnu, ysglowring, gw. ysglofen, ysglofennaf: ysglofennu, ysgrawling.

ysglowringaf, ysglowringiaf: ysglowring(i)o, gw. ysgrawlingaf: ysgrawlingo.

ysglowrin, ysglusyn, gw. ysgrawling, esgeulusyn.

ysglyf[1], sglyf(f), ysglyff[1], ysgyfl[1], ysgylf [H. Grn. *scoul,* gl. *miluus,* H. Lyd. *scubl,* gl. *milo* [*sic*], Llyd. C. *scoul* 'barcud'] *eg.* ll. *ysglyfion, sglyfon, ysglyffiaid, ysgylf(i)on.* Un sy'n ysglyfaethu, aderyn ysglyfaethus, anifail rheibus; ysglyfaeth, prae; ysbail, anrhaith; cipiad, anrheithiad, ysbeiliad, lladrad; hefyd yn *ffig.*: *predator, bird or beast of prey*; *prey*; *spoil(s), booty, plunder*; *a snatching or plundering, pillage, robbery*; *also fig.*

12g. *GMB* 151, Ysgor coryf, *ysglyf* toryf taeruar. **12g.** *GCBM* ii. 53, Yn tδryf llu a llef *ysglyuyon.* **12–13g.** *GLlLl* 88, Pan diδung trawsulδng tros ure—y dreissyon, / *Ysglyuyon* ysgylue. **13g.** *A* 38. 3–4, guoreu buit i *sgliuon* ar les minidauc marchauc maon. **13g.** *B* xxi. 292, Ef a balla *ysgylyf* (*BD* 106, cribdeil) e barcutanot. **13g.** *GBF* 227, Teilu huysgδr, *ysgyuyl* anreith. **14g.** *SC* viii/ix. 182, Yr eneitev heuyt a elont ar *ysglyff* or corfforoed. *c.* **1400** *R* 1361. 12–13, llyma wneuthur pur pefyr *ysglyff* ryget oragor geireu kryff. *c.* **1400** *J* 1, 1081, Paham ybyd kul y barcut am y *ysglyffieit.* *Dchr.* **15g.** *GSCyf* 110, Ysglyfiais bacs diwacsa / Is gwefl dyn, bu *ysgyfl* da [Llywelyn ab y Moel i'r farf]. **1603** W. MIDLETON: *Ps* 209, *Ysgliff* y tir a gasglodh / Or dwyrain euraid wiwradh. **1611** R. SMYTH: *SG* 241, gwnaethyd iddo [yr anghyfiawn] fwrw'r *ysclyph* allan oi enau. **1632** *D, Ysglyf,* Præda, prædatio, raptura. **1770** *W, Ysglyf, ysglyff* d.g. *Booty. id. ysglyf, ysglyff* d.g. *Snatch* [*an eager catch or seizure*]. **18–19g.** *Llr* C 30, 198, ar yr *yscliff* . . . ar y '*scliff* . . . on the pilfer. **1803** *P, Ysglyv,* s. m.—pl. t. *ion* . . . That seeks for prey. Ar lafar, 'Deud wth hwnna am gadw'i facha iddo fo'i hun—rêl hen *sglŷf* 'di o' (Arfon).

Amr.: **ysgwfl**[1] [ff. eir., cf. *ymysgwfl*] (*eg.b.* ll. *ysgyflau, ysgyflon*). **1604–7** *TW* (*Pen* 228) d.g. *Avulsio, Captura, Raptum.* **1632** *D.* **1722** *Llst* 189, *Ysgwfl.* f. p. *gyflau.* A prey, spoil; pillage, robbery. **1803** *P, Ysgwvyl,* s. m. —pl. *ysgyvlon* . . . A grapple, a snatch. **ysgwlf** [ff. eir.]. **1632** *D* d.g. *Præda.* **1725** *SR* d.g. *A Booty, or Prey.* **1770** *W* d.g. *Booty.*

ysglyf[2], gw. ysglyfiaf: ysglyfio.

ysglyfaeth, sglyfaeth, ysglyfiaeth [*ysglyf*[1], *sglyf*+*-(i)aeth*] *eb.g.* ll. (*y*)*sglyfaethau, sglyfaethod, ysglyfiaethau,* (prin) *ysglyfaith,* a hefyd gyda grym ansoddeiriol. Anifail a helir neu a leddir gan un arall, yn enw. fel bwyd, prae; ysbail, anrhaith; anrheithiad, ysbeiliad, lladrad; hefyd yn *ffig.*: *prey*; *spoil(s), booty, plunder*; *a plundering, pillage, robbery*; *also fig.*

14g. *BT* (*RB*) 42, gwneuthur *ysclyfyaetheu* ac ymhoelut yn llawen adref. **1588** *Esec* xliv. 31, Na fwyttaed yr offeiriaid ddim burgyn, neu *ysclyfaeth* o aderyn, neu o anifail. **1588** 1 *Esd* viii. 76, Am ein pechodau ni, a'n tadau, nyni . . . a roddwyd . . . yn *sclyfaeth* drwy bôb cywilydd a gwarth hyd y dydd hwn. **1604** R. HOLLAND: *BD* 12a, bilain camar/dheledig . . . y mae . . . yn tybied fod i werin wedi i hordeinio er i fwyn ef yn *ysclyfaeth* yw [*sic*] dhrwg nwydus au [*sic*] afreolus drachwantau. **1621** E. PRYS: *Ps* 9a, A faent [llewod] yn rhuo eisiau maeth, / o raib *ysclyfaeth* barod. **1632** *D, Ysglyfaeth* Præda, rapina. **1718 (1721)** S. THOMAS: *HB* 83, annog Brenhinoedd eraill i ryfela ac ef, a chymmeryd ei Deyrnas yn *Ysclyfaeth* rhyngddynt. **1740** T. EVANS: *DPO* 4, Y mae'r Rhufeiniaid . . . wedi darfod am danynt . . . a'i Hawdurdod fawr gynt wedi ei llarpio, megis Burgyn gan Adar *Ysglyfaeth.* **1760** *ML* ii. 225, [y] bechgyn . . . gwedi bod yma wythnos yn bwytta gwsberins, a chyrans . . . a phob *ysglyfaith* nad ynt iw cael yn Ystrad Meuryg. **1777** W. WILLIAMS: *DN* 70, rhag iddynt fyned yn *ysglyfaeth* i'r angau. **1803** *P, Ysglyvaeth,* s. f. —pl. t. *au* . . . Depredation. Ar lafar, 'Hen *sglyfath* ofnadwy 'di o' (am glefyd) (Arfon); '*sglyfath*' 'carrion . . . also fig. as a term of reproach', *WVBD* 483; 'Ma fa wedi mynd yn *sglyfath* i'r ifad', *GTN* 731; '*sglyfath*' 'ysbail; darganfyddiad; rhodd', '"Ôn i'n 'i gweld 'i'n mynd â ryw *sglyfath* o tŷ chi', 'Ma'n dishgwl cæl ryw *sglyfath* gin' i i fynd sia thre bob tro', *ib.*

Amr.: **ysgolfaethau** [cf. *ysgolfaethaf: ysgolfaethu* (gw. d.g. *ysglyfaethaf: ysglyfaethu*)] (*e.ll.*). **14g.** *BT* (*RB*) 86, gwneuthur a oruc *yscoluetheu* [*sic*] mawr yn y gylch ogylch.

ysglyfaethaf, sglyfaethaf, &c.: **(y)sglyfaethu, sglyfaetha,** &c. [bf. o'r e. *ysglyfaeth, sglyfaeth*] *bg.a.* a hefyd gyda grym enwol i'r be. Hel neu gymryd yn ysglyfaeth, ysglyfio, llawcio, llarpio; cipio, lladrata, anrheithio, ysbeilio: *to prey upon, devour, rend*; *snatch, rob, plunder, pillage.*

c. **1400** [*RB*] *WM* 217. 32–5, a chogor brein yn dδyn y gδyr yneu nyrth yr awyr ac yn eu *hyscoluaethu* rydunt. **1588** *Gen* xlix. 27, Beniamin a *sclyfaetha* fel blaidd. **1588** *Ecs* xxii. 12, os gan *ysclyfaethu* yr *ysclyfaethir* ef, dyged ef yn destiolaeth, ac na thaled am yr hwn a *ysclyfaethwyd.* **1588** *Nah* ii. 9, *Ysclyfaethwch* arian, *ysclyfaethwch* aur. **1632** *D* d.g. *Deprædor, Prædor.* **1701** E. WYNNE: *RBS* 234, hi [cybydd-dod] a wnâ Gyfeillach yn gelfyddyd o *sclyfaetha.* **1725** D. LEWIS: *GB* 175, y Siark . . . oni bai fod yn gorfod arno droi ar ei Gefn wrth *sglyfaethu,* ni byddai nemmawr o Bysgodyn a ddiangai rhagddo. **1728** T. BADDY: *DDG* 69, Byddin alluog y Rhufeiniaid a warchauodd ac a *Ysglyfaethodd* Ddinas Caersalem trwy Dân. **1764** J. POPKIN: *ABG* 24, yr oedd pob peth ac oedd wedi marw o hono ei hun, neu *ysclyfaethwyd* (er ei waedu) yn aflan i Bobl Israel wrth Gyfraith Moses. **1803** *P.* Ar lafar, 'Un garw ydi hi am *sglyfaetha*'r cwbwl ym mhobman' (Arfon); '*sglyfaethu, sgylfaethu*' 'to be of predatory habits', *WVBD* 483; 'Ma'r 'en gæth 'na 'nawr yn trio *sglyfaethu* rwpath o'r pantri', ''I *sglyfaethws* y cyrans duon i gyd', *GTN* 731.

Amr.: **ysgolfaethu** [cf. *ysgolfaethau* (gw. d.g. *ysglyfaeth*)]. *c.* **1400** [*RB*] *WM* 217. 34–5.

ysglyfaethgar [*ysglyfaeth*+*-gar*] *a.*

Ysglyfaethus, rheibus, gwancus: *predatory, rapacious, ravenous.*

1704 E. Samuel: *BA* 64, Duw, yr hwn a ddichon wneuthur blaidd rheibus *ysglyfaethgar* yn oen gwirion. **1718** E. Samuel: *HDdD* 342, Cybydd-dod neu Greulondeb gwedi troi'r Dyn allan, a gosod bwystfil gwancus *Ysglyfaethgar* (*ravenous beast*) yn ei le Ef. **1799** *TY* 67, [c]ylla *ysglyfaethgar* y llew.

ysglyfaethgi, gw. ysglyfaeth + ci.

ysglyfaethiad [bôn y f. *ysglyfaethaf*: *ysglyfaethu* + *-iad*[1]] *eg.* Anrheithiad, ysbeiliad: *a plundering or pillaging.*

1716 Iaco ab Dewi: *PTE* 20, y Rhydd-did . . . sy gan Bobl . . . heb fod yn ddarostyngedig i *Ysglyfaethiad* a Gorthrymder eu Cymmydogion. **1803** *P.*

ysglyfaethus, sglyfaethus [*ysglyfaeth, sglyfaeth* + *-us*] *a.* a hefyd gyda grym enwol. Yn ysglyfaethu, rheibus, gwancus, barus; aflan, ffiaidd: *predatory, rapacious, ravenous, greedy; filthy, disgusting.*

1711 H. Powel: *TY* 7, Aderyn *Sclefaethus* [*sic*]. **1771** *PDPh* 92, Creadur niweidiol, *ysglyfaethus* . . . yw mochyn. **1803** *P, Ysglyvaethus* . . . Predatory. Ar lafar, 'deryn *sglyfaethus*', *WVBD* 483; 'Ma'r llawr 'ma'n *sglyfaethus*' (y Gogledd); ''En dacla *sglyfaethus* yw reina! Nw iwn' â'r crôn odd ar dy gefan di', ''Odd a'n byta'n *sglyfaethus*', *GTN* 731.

ysglyfaethwr, sglyfaethwr, ysglyfaethydd [bôn y f. *ysglyfaethaf, sglyfaethaf*: (*y*)*sglyfaethu*, &c. + *-wr, -ydd*[3]] *eg.* ll. (*y*)*sglyfaethwyr.* Anifail ysglyfaethus, hefyd yn *ffig.*: *predator, also fig.*

1588 *Esec* xxxix. 10, yspeiliant eu hyspeilwŷr . . . sclyfaethant oddi ar eu *sclyfaeth-wŷr* medd yr Arglwydd Dduw. **1599 (1677)** R. Holland: *AB* 89, 'Pa bèth [*sic*] bynnag a greawdd Duw' . . . os gweddiwn . . . am allel o honom eu iawn harfer nhw, yna nid ydy mi [*sic*] *ysclyfaethwyr* o honynt, ond yn ddiau eu gwir berchennogion. **1632** *D, ysglyfaethwr* d.g. *Direptor, Prædator, Præedo.* **1722** *Llst* 189, *Ysglyfaethwr.* m. A robber, pillager, thief, rifler. **1770** *W, ysglyfaethwr* d.g. *Boot-haler, or free-booter.*

ysglyfaf: ysglyfu, ysglyfaid, gw. ysglyfiaf: ysglyfio.

ysglyfgar, ysgyflgar [*ysglyf*[1], *ysgyfl*[1] + *-gar*] *a.* Ysglyfaethus, rheibus, gwancus, barus, hefyd yn *ffig.*: *predatory, rapacious, ravenous, greedy, also fig.*

?**14g.** (*a.* **1577**) *Pen* 49, 5, achar vran annwych ar vrig / lavar *ysgyflgar* goflgig [?Madog Benfras i'r eos]. **16–17g.** *HG* 121, nyd gwell yddynt ddim oi gwg, y blaiddau drwg *ysglysgar* [*sic*]. **1632** *D, Ysgyflgar,* Rapax. **1756** *ML* i. 402, Garddoriaethu heddyw ddiweddaf fy ngoreu glas er gwaetha'r dwyreinwynt *ysglyfgar.* **[1783]** *W*, yn *ysgyflgar* d.g. *Rapaciously.* **1803** *P* d.g. *Ysgyvlgar.*

Amr.: **ysgleifgar** [cf. *ysgleifiaf*: *ysgleifio* (gw. d.g. *ysglyfiaf*: *ysglyfio*)]. **1900.**

ysglyfgi, ysgyflgi [*ysglyf*[1], *ysgyfl*[1] + *ci*] *eg.* ll. *ysglyfgwn.* Siarc: *shark* (*fish*).

[1783] *W*, Cast *ysgyfl-gi* d.g. *Shark, a sharking trick.* **1803** *P* d.g. *Ysgyvlgi.*

ysglyfiad[1]**, ysgylfad** [*ysglyf*[1], *ysgylf* + *-iad*[4], *-ad*[1]] *a.* Ysglyfaethus, rheibus, gwancus, hefyd yn *ffig.*: *predatory, rapacious, ravenous, also fig.*

13g. *Pen* 14, 54, ena y byd denyon *ysgyluat* creulawn a gasa/ont e tlodyon. **14g.** *B* ix. 229, ae dodi [corff] ymyvn baril prenn . . . ac auon redegauc *ysglyuyat* ae duc ym pell y vrth y dinas. *c.* **1400** *id.* iii. 12, A glyweist di a gant y barcut. / edyn *ysglyfyat* glewdrut.

ysglyfiad[2]**, sglyfiad, ysgyfl(i)ad** [bôn y f. *ysglyfiaf, sglyfiaf, ysgyfliaf*: (*y*)*sglyfio, ysgyflio,* &c. + *-iad*[1], *-ad*] *eg.* ll. *ysgyfliadau.* Anrheithiad, ysbeiliad, cipiad, daliad (ysglyfaeth); rhaib, gwanc, barusrwydd, hefyd yn *ffig.*; ysbail, anrhaith: *a plundering or pillaging, snatching, capture* (*of prey*); *rapacity, a ravening, greediness, also fig.*; *spoil*(*s*), *booty.*

1604–7 *TW* (*Pen* 228), *yscyfliat* d.g. *Rapacitas, Rapina.* **1621** E. Prys: *Ps* 19a, Felly yr aeth ein da o'n gwlad / yn *sclyfiad* i'n caseion. **1632** *D, ysglyfiad* d.g. *Direptio. id. ysgyflad* d.g. *Ereptio.* **1651** Siôn Treredyn: *MDD* 133, efe a ddichon fod i ddyn ryw *ysgyfliadau* (*raptures*) aruthr . . . fal pe cipied ef i fynu i'r trydydd nef . . . ac etto ni fydd ef oscattfydd, onid rhagrithiwr. **1722** *Llst* 189, *Ysgyfliad.* m. A ravening, rapacity. **1771** *W* d.g. *Capture* [*the taking of any prey*], *Depredation.* **1803** *P* d.g. *Ysgylviad, Ysgyvliad.*

ysglyfiaeth, gw. ysglyfaeth.

ysglyfiaf, sglyfiaf, ysglyfaf, (y)sgyfliaf, ysgyflaf, ysgylf(i)af, &c.: **(y)sglyfio, ysglyfied, ysglyf(i)aid, ysglyfu, (y)sgyflio, ysgyflu, ysgylfu, ysgylfio,** &c. [bf. o'r e. *ysglyf*[1], *sglyf, ysgyfl*[1], *ysgylf*] *bg.a.* Ysglyfaethu, llawcio, llarpio; cipio, lladrata, anrheithio, ysbeilio; hefyd yn *ffig.*: *to prey upon, devour, rend; snatch, rob, plunder, pillage; also fig.*

12–13g. *GLlLl* 213, Ysglyuyon *ysglyuynt* llꝛꝺ bar. **13g.** *B* x. 24, marw vu. ac en diannot yd *yscylvavd* er hen elyn er hwnn ae twyllassei y eneit. **13g.** *BD* 15, Sef a wnaeth Corineus, gochel y saeth ac *yscylueit* (*HP* 22, *yscylviet*) y bva o lav Ymbert. *id.* 111, Ed *ysglyf* ynteu y glust deheu y'r llewynavc. **14g.** *DPh* 86, ynychaf Meinon yn dyuot ac yn *ysgyflu* (*eripuit*) korf Troilus. *c.* **1400** *YCM*[2] 8, ac yn diannot . . . yn y iechyt . . . y *ysglyfyeit* o'r diefyl. *c.* **1400** *HMSS* ii. 91, ar hynny y deuei wenwlyd ar y ystlys. ac *ysglyfeit* y leif oe law. *Dchr.* **15g.** *GSCyf* 110, *Ysglyfiais* bacs diwacsa / Is gwefl dyn, bu ysgyfl da [Llywelyn ab y Moel i'r farf]. **1488–9** *BSM* 31, [p]ann weles y blaid arall hwynt velly, *ysgyfliaid* y korff benndigedic drwy ffenestr allan at i kydymddeithion a wnaethant. **1527** *B* ii. 227, llidio a nnayth y mmarchawc wrth j tivedd ai *sgyvlied* ef in i vreichie ai vwrw ynn y moor. *Diw.* **16g.** *LBS* iv. 401, Ar gwas a wybü y pho hi yny lle, a chynddarogi o lid a orüc ac *ysglyfü* y gleddyf yn füan ai hymlid. **1604–7** *TW* (*Pen* 228), *ysgyflio* d.g. *Capto. id. yscyflio* d.g. *prædor.* **1632** *D, Ysglyfio,* Prædari, rapere. *id. Ysgyflu,* Idem quod *Ysglyfio. Ysgwfl* fi oddiwrth y cleddyf, Eripe me a gladio. *id.* d.g. *Ysgylfu.* **1667** C. Edwards: *FfDd* 5, tywysog Safoy, yr hwn a *Sclyfiodd* y Protestaniaid duwiol fel blaidd. **1722** *Llst* 189, *Ysgyflio, Ysgyflu.* To take by violence, rifle, ransack, snatch greedily. **1759** J. Evans: *PF* 53, Math o Ffefer araf sy'n raddol yn *ysclyfio*, ac yn sychu i fynu laithder y Corph. **1780** *W, ysglyfied* d.g. *To prey on or upon.* **1803** *P* d.g. *Ysglyviaw, Ysgylviaw.*

Amr.: **esglyffio.** *c.* **1400** *YSG* i. 96. **esgyflio. 1527** *B* ii. 228. **1589–90** *HP* 90. **sgliffiaid. 1672** R. Prichard: *Gw* 403, 417. **1764** W. Williams: *GDC* 111, **ysgleifio. 1834. ysgliffio. 1567** *TN* 17a. **18–19g.** *LlrC* 59, 172. *Diw.* **19g.** *SE MS* 615a. **ysglyffio, ysglyffiaid, ysglyffiaid. 14g.** *B* ix. 328, Tidi, hagen, vynn Dvw i . . . *Ysglyff* ygann y cledyf deuvinnyavc vy eneit. **14g.** *SC* viii/ix. 190, *ysglyffleit.* *c.* **1400** [*RB*] *WM* 498. 2, *ysglyffyaw.* *c.* **1400** *RB* ii. 151, yd *ysclyff* ynteu y clust deheu yr llꝺynaꝺc. **1770** *W, ysglyffio* d.g. *Booty, To get booty, To depredate, To prey on or upon.*

ysglyfiog [*ysglyf*[1] + *-iog*] *a.* Ysglyfaethus, rheibus, gwancus: *predatory, rapacious, ravenous.*

1844.

ysglyfiwr, ysglyfwr, ysgyfl(i)wr [bôn y f. *ysglyfiaf, ysgyfliaf,* &c.: *ysglyfio, ysgyflio,* &c. + *-*(*i*)*wr*] *eg.* ll. *ysglyfwyr, ysgyflwyr.* Anifail ysglyfaethus, hefyd yn *ffig.*: *predator, also fig.*

1604–7 *TW* (*Pen* 228), *yscyfliwr* d.g. *Avulsor, prædo.* **1632** *D, ysgyflwr* d.g. *Direptor, Miluius, Prædator.* **1707** *AB* 125c, *ysglyvwr* d.g. *Prædator.* **1722** *Llst* 189, *Ysglyfiwr.* m. as Ysglyfaethwr [diwyg.]. *id. Ysgyflwr.* m. An extortioner, oppressour, rifler. **1780** *W, ysgyflwr* d.g. *Pillager.* **1803** *P, Ysglyviwr,* s. m.—pl. *ysglyviwyr* [*sic*] . . . A ravager, a depredator. *id. Ysgyvlwr,* s. m.—pl. *ysgyvlwyr* . . . A snatcher.

Amr.: **ysgliffiwr. 18–19g.** *Llr* C 30, 198.

ysglyfnaid, gw. ysglyf[1] + naid[1].

ysglyfus, sglyfus [*ysglyf*[1], *sglyf* + *-us*] *a.* Ysglyfaethus, rheibus, gwancus, hefyd yn *ffig.*: *predatory, rapacious, ravenous, also fig.*

1567 *TN* 10b, blaiddiae raipus [:- *ysclyfus*]. **16–17g.** (**17g.**) *LlCy* xi. 233, Ath galon yn iach y gwraidd / Rhinwedday blaidd *sclyfüs* (Edward Dafydd).

ysglyfwr, ysglyfyn, ysglyfynnaf: ysglyfynnu, ysglyff[1,2], gw. ysglyfiwr, ysglofen, ysglofennaf: ysglofennu, ysglyf[1], ysglyfiaf: ysglyfio.

ysglyffiaf: ysglyffio, ysglyffiaid, ysglyffiaid, gw. ysglyfiaf: ysglyfio.

ysglywring, ysglywyn, ysgo[1,2]**, ysgoad, ysgoaf: ysgoi,** gw. ysgrawling, esglywyn, osgo, ysgaw, osgoad, osgoaf: osgoi.

ysgobell [gair geir., cf. *gobell*[1]] *eb.g.* ll. *-au.* Cyfrwy: *saddle.*

16g. Wiliam Llŷn: *Gw* (R. Stephens) (At.), *Ysgobell* kyvrwy. **1632** *D, Ysgobell,* Idem quod Cyfrwy. *id.* d.g. *Sella* . . . *Sella equina.* **1722** *Llst* 189, *Ysgobell.* m. p. *bellau.* A saddle, pack saddle, pannel. **[1783]** *W* d.g. *Saddle.*

ysgod [H. Grn. *scod,* gl. *umbra,* Crn. C. *schus* 'ofn, drwgdybiaeth', Crn. Diw. *skêz* (Lhuyd), Llyd. C. *squeut,* H. Wydd. a Gwydd. Diw. *scáth*: < Clt. **skāto-*, ?< **skōto-*, o'r un gwr. IE. **skot-* 'cysgod' â'r Gr. σκότος 'tywyllwch', H. S. *sceadu* (> S. *shade, shadow*); gw. hefyd *cysgod, gwasgod*[2]] *eg.* ll. *-ion.* Cysgod, tywyllwch, nos; enaid, ysbryd, drychiolaeth, ellyll; ymddangosiad, ffurf; braw; (geir.) cuddwisg, masg: *shade, shadow, darkness, night; soul, spirit, apparition, goblin; appearance, form; fright;* (*dict.*) *disguise, mask.*

13g. *C* 19. 3–5, Ban wanha. y gnaud y diodrut. y *isscaud. id.* 35. 7–8, [Athuendicco de] *yrisgaud* ar dit. **14g.** *T* 30. 26–31. 1, Gnaꝺt yscꝺyt yscaꝺn ar gefyn *yscaꝺt.* **14g.** *GIG* 147, Esgud dŵr *ysgod* toreth, / Ysgrîn saith gyfelin seth [am long]. *c.* **1400** *R* 1261. 10–11, Dysgeis gur dꝺysgur neut *ysgaꝺt* teruysc. **15g.** *DGG*[2] 54, Ysgutull yn cynnull cad, / Esgud wybr, *ysgod* abad [i'r ceiliog coed]. **16g.** Wiliam Cynwal: *Gw* (R. L. Jones) 188, Abl iddo—bwy waeleiddiach? / Blin swydd, hen bilyn neu sach; / Mae'n hyll fel *ysgod* mewn haidd / Foddau hwn, fuddau henaidd [i ofyn pilyn dros Wiliam Gruffudd]. **1632** *D, Ysgod,* Vmbra, larua . . . Tenebræ. **1722** *Llst* 189, *Ysgod.* m.p. *godion.* A spirit, apparition; disguise, mask; shade. **1772** *W* d.g. *Disguise, Goblin.* **1803** *P* d.g. *Ysgawd.*

ysgodig, sgodig [*ysgod* + *-ig*; Llyd. Diw. *skeudik* 'rhuslyd (am geffyl)'; dileer yr engh. gyntaf d.g. *pysgodig*] *a.* ll. *ysgodigion,* a hefyd gyda grym enwol. Yn cilio, ofnus, rhuslyd; ?ellyllaidd; (geir.) wedi ei gysgodi: *retreating, fearful, skittish; ?fiendish;* (*dict.*) *sheltered.*

12g. *GCBM* i. 195, *Yscodic* (*H* 55b. 31, *Scodic*) rac kart, kert orun—deyrn. **13g.** *C* 81. 3–4, Mi iscolan yscolheic yscawin y puill *iscodic.* **14g.** *T* 48. 13–14, Yscꝺydurith *yscodic.* gorꝺyd llemenic. *c.* **1400** *R* 1338. 28, Adaf cnaf cnifdelff *ysgodic.* **1604–7** *TW* (*Pen* 228), *ysgodigion* (*GMB* 111, Ysgodogyon) dynion lhetfer d.g. *Vmbra.* **1803** *P, Ysgodig* . . . Sheltered, shaded.

ysgodigaf: ysgodigo [bf. o'r a. *ysgodig*] *bg.a.* Dychryn, ofni, rhusio; cilio, ffoi, dianc: *to frighten, be frightened, start* (*from fright*); *retreat, flee, escape.*

14g. *HMSS* ii. 44, gwneuthur dwrd y *ysgodigaw* y meirch. **14g.** *GDG*[3] 372, *Ysgodigaw* draw ar draws / Ohonof, fal gŵr hynaws [i'w gysgod]. **1604–7** *TW* (*Pen* 228) d.g. *declino, Secedo.* **1632** *D, Ysgodigaw,* Consternari. De equis conterritis dicitur. **1722** *Llst* 189, *Ysgodigaw* . . . To be frightned; withdraw. **1770** *W* d.g. *Affright, To be affrighted* [*to start*]. **1803** *P* d.g. *Ysgodigaw.*

ysgodogion [*ysgod* + *-og* + *-ion*[2], ?a'i gysylltu hefyd â'r S. *Scot*] *e.ll.* (un. g. *ysgodogyn,* (olff.) *ysgodog*). Rhai gwyllt; Albanwyr, (?geir.) Gwyddelod: *wild ones; Scotsmen,* (?*dict.*) *Irishmen.*

12g. *GMB* 111, Gꝺytyl, dieuyl duon, / *Ysgodogyon,* dynyon lletfer. **1759** *ML* ii. 137, rhai'n ofni a rhai'n gobeithio fod y llygod Ffreinig wedi nythu yng ngwlad yr *ysgodogion.* **1762** *id.* 481, Na waeth yn wir er rhoddi'r cŷg i'r *ysgodogion* yma sydd yn rheoli yr ynys hon. **1763** *id.* 558, Pwy a fuasai'n tybio fyth y busai ronyn o lid un *Ysgodogyn* [Osian] yn peri i waith Taliesin, etc., ymddangos ir diweddariaid? **[1783]** *W, Ysgodogion,* sing. *Ysgodog* d.g. *Scots.* **1803** *P, Ysgodawg* . . . . *ysgodogion* . . . a Scot; otherwise called Gwyzel, Celt, and Celtiad.

ysgoegaidd [cf. *coegaidd*] *a.* Balch, ffroenuchel: *proud, conceited.*

1885.

ysgoegyn [cf. *coegyn*] *eg.* ll. *ysgoegiaid.* Coegyn, dandi: *fop, dandy.*

1803 *P, Ysgoegyn,* s. m. dim. . . . A coxcomb, a fop.

ysgoetsion, gw. ysgwytsion.

ysgog[1] [bôn y f. *ysgogaf*: *ysgogi,* &c.] *eg.* ll. *-ion.* Symudiad: *movement.*

1803 *P.*

ysgog[2,3]**,** gw. ysgogaf: ysgogi.

ysgogadwy [bôn y f. *ysgogaf*: *ysgogi,* &c. +

-*adwy*] *a.* Ansefydlog, anwadal: *unstable, fickle.*
1805.

ysgogaf, sgogaf: (y)sgogi, ysgog[2] [Gwydd. C. *scuchid* 'fe symuda': < Clt. **skok-* o'r gwr. IE. **skek-* 'neidio', cf. Llyd. Diw. *diskogellañ* 'ysgwyd', H. S. *scēon* 'digwydd, mynd yn gyflym', H. Alm. Uchel *scehan* 'brysio'] *bg.a.* Symud (ymaith), syflyd, ystwyrian, ysgwyd, crynu, hefyd yn *ffig.*; cynhyrfu, cyffroi, annog, cymell, ysbrydoli, symbylu; newid: *to move (away), budge, stir, shake, tremble, also fig.*; *agitate, excite, urge, motivate, inspire, stimulate; change.*

12g. *GCBM* i. 256, Oet bwlch y ysgwyd, nyd *ysgoges*. **14g.** *GDG*[3] 86, Disgyn a wna od *ysgyg*, / Ei blu mewn dyfrlud a blyg [i'r adarwr]. *c.* **1400** *YCM*[2] 196, dotter dwy geinawc dordor ar benn y piler, a minneu . . . a'e byryaf a chledyf noeth . . . yn gyn gywreinet ac y byrywyf yr uchaf y ar yr issaf heb *ysgogi* yr issaf o'e lle. **15g.** *FfBO* 49, ny allwn i eu *hysgoc* wynt y ar eu hangret y gallei eneideu vot heb gyrff. **15–16g.** *GRB* 62, Ni ddiffydd tân gân ei gog, / ni chais ac ni châi *ysgog* [i'r Abad Dafydd o Fargam]. **1567** G. Robert: *GC* 45, Nid oes vn gyrchfa a, i'r yscafnlefn [w]reiddiol. Am nad *yscig* pan rodder a, oi blaen . . . tref a gwlad, duw a dyn: diod a bwyd. **1567** *TN* 39b, nerthoedd y nefoedd a gyffroir [:– yscydwir, *yscogir* / gynnyrfir]. *Diw.* **16g.** *WLB* 33, gwna blastr . . . a dod amgylch ogylch y pen ai adel yno wyth niwarnod heb i *ysgogi.* **1588** *Diar* x. 30, Y cyfiawn nid *yscog* byth. **1595** H. Lewys: *PA* 8, pe i buase hiliogaeth dyn, yn vfud'ol i gyfreithie duw, ac heb *yscogi* (*swerved*) oddiarnynt, e fuasse . . . yn gwbl ddedwyd'. **1632** *D*, *ysgogi*, *ysgog* d.g. *Moueo, Nuto, Peragito, Remoueo.* **1704** E. Samuel: *BA* 159, nad oedd y poenau hynny yn *yscogi* dim ar feddwl y merthyr gwynfydedig. **1759** J. Evans: *PF* 18, Pobl a fo'n astudio, a ddylent bennodi Amserau i *yscogi* a chyffro. **1803** *P* d.g. *Ysgog, Ysgogi.* Ar lafar, '*sgogi*' 'to budge' 'give in . . . e.g. to another's opinion', *WVBD* 483.

Amr.: **esgogi** [ansicr yw *esgyc*, *A* 10. 3]. *c.* **1400** *R* 1340. 1, gbdyf hir ysgyrnic. *esgyc* asgell. **1567** *LlGG* (*Sall*) 33b, ny'm *escogir.* **17–18g.** *Llst* 133, 81a, Nid *esgyg* (*CMOC*[2] 118, ysgyg) ei dwy esgair [i ofyn clo cont]. **sgogyd. 1833. ysgogyd. 1770** P. Williams: *BS*, *Dat* xx, fel na's dichon *ysgogyd.*

ysgogedig [bôn y f. *ysgogaf*: *ysgogi*, &c.+ -*edig*] *a.bfl.* Wedi ei ysgogi neu ei symbylu, wedi ei wneud yn weithredol; ansefydlog: *moved, stimulated, activated; unstable.*
1803 *P.*

ysgogiad [bôn y f. *ysgogaf*: *ysgogi*, &c.+ -*iad*[1]] *eg.* ll. -*au.* Symudiad, mudiant, ymsymudiad, ymarfer corff, gweithred, hefyd yn *ffig.*; pwls (o egni trydanol); cynhyrfiad, cyffroad, anogaeth, hwb, ysbrydoliaeth, cymhelliad, stimwlws, symbyliad, ysbardun; awydd (sydyn), ysfa; gwyriad (oddi wrth bwnc); ansicrwydd: *movement, motion, locomotion, (physical) exercise, action, also fig.*; *(electrical) impulse; agitation, excitement, encouragement, impetus, inspiration, stimulus, motivation; impulse, urge; digression (from subject); uncertainty.*

1604–7 *TW* (*Pen* 228), *ysgogiat* d.g. *Ecbasis.* **1653** *MLl* i. 251, di weli pafath [*sic*] waith a wna'r Goruchaf wrth *ysgogiad* deilien. **1727** J. Jones: *DFF* 125, pe gosodasech eich Hysbrydoedd dan fy Llywodraeth i, o ni [*sic*] orchfygaswn i trwy fy Ysbryd i eu *Hysgogiadau* afreolus hwynt? **1759** J. Evans: *PF* 26, Gwnewch hyn pa bryd bynnag y teimloch ddim *yscogiad* i gyfog (*motion to vomit*). *id.* 36, Ffitiau, *Yscogiadau*, [*sic*] cyfylsiwn (*convulsive motions*). **1767** J. Thomas: *TFf* 34, hyd oni byddech [*sic*] wedi dy sicrhau yn gyfangwbl, heb *ysgogiad* nag amheueth, fod Crist yn eiddo ti a thithau yn eiddo ynte. **1771** *PDPh* 6, Apoplecsi . . . anfynych y gwellheir o hono, a'r rhai a wellhânt y maent yn fyrr iawn eu cof, eu synwyr a'u *hysgogiad* (*motion*). **1788** J. Griffith: *DCC* 280, awyr iachus, ynghŷd ac *ysgogiad* (*exercise*) cymmhedrol. **1794** M. J. Rhys: *SD* 3, Dylai *ysgogiad-au*'r pregethwr fod yn weddaidd . . . nid sefyll fel delw, na dawnsio fel dyn gwallgof. **1803** *P*, *Ysgogiad*, s. m.—pl. t. *au* . . . A stirring. Ar lafar, '*sgogiad*' 'movement', '*sgogiad* pen' 'a motion of the head . . . e.g. to indicate a certain direction', ''Smudis i'r un *sgogiad* iddo fo' 'I did not abate an inch to him', *WVBD* 484.

ysgogiadol [*ysgogiad*+-*ol*] *a.* Yn peri symudiad, ysgogol; cymhellol, symbylol: *causing motion, motive; motivating, stimulating.*
1807.

ysgogol [bôn y f. *ysgogaf*: *ysgogi*, &c.+-*ol*] *a.* Yn peri symudiad, symudol, hefyd yn *ffig.*; cymhellol, symbylol: *causing motion, motive, moving, also fig.*; *motivating, stimulating.*
1803 *P* d.g. *Ysgogawl.*

ysgogrym [bôn y f. *ysgogaf*: *ysgogi*, &c.+ *grym*] *eg.* ll. -*oedd.* *Ffis.* Momentwm: *momentum (in physics).*
1850.

ysgogyd, gw. **ysgogaf: ysgogi.**

ysgogydd [bôn y f. *ysgogaf*: *ysgogi*, &c.+ -*ydd*[3]] *eg.* ll. -*ion*, *ysgogwyr.* Person neu beth sy'n ysgogi, symudwr, gweithredwr, gyrrwr, anogwr, cymhellwr, ysbrydolwr, symbylwr; cymhelliad, ysfa; cynigydd (mewn dadl); sbring: *mover, agent, driver, motivator, impeller, instigator, inspirer, stimulator; impulse, urge; proposer or mover (of motion in debate); spring (device).*

1794 *Cylchg* 275, Arglwydd Auckland a gyfododd i amddiffyn hynny . . . efe a aeth dros yr un tîr a'r *ysgogydd* (mover). **1803** *P*, *Ysgogyz*, s. m.—pl. t. *ion* . . . A stirrer.

ysgogyn, sgogyn [bôn y f. *ysgogaf*, *sgogaf*: (*y*)*sgogi*, &c.+-*yn*[1]] *eg.* ll. (prin) *ysgogynnoedd.* Gŵr hunandybus neu rodresgar, swagrwr, coegyn, dandi: *conceited or pompous man, swaggerer, fop, dandy.*

a. **1587** *Y* 188, *Ysgogyn* wisgi wagedd / O ran i waith yr vn wedd. **1703** E. Wynne: *BC* 14, a llawer *yscogyn* rhygyngog a allei ridyllio Ffâ wrth wynt ei gynffon. **1759** *BC* 76, Dydd da fo i ti'r Glanddyn, was gwagedd *ysgogyn*, / O'th ledol rwy'n Calyn, tro i ymofyn a mi. **1803** *P* d.g. *Ysgogyn.* Ar lafar, '*sgogyn*' 'a conceited fellow', *WVBD* 484.

ysgol[1] [bnth. Llad. *schola*, H. Grn. *scol*, gl. *scola*, Llyd. C. *scol*, H. Wydd. *scol*] *eb.* ll. (*y*)*sgolion*, (prin) -*au*, -(*i*)*oedd*, -*s.* (Adeilad(au)) sefydliad ar gyfer addysgu neu hyfforddi plant, disgyblion a staff y fath sefydliad, (adegau) yr addysgu neu'r hyfforddi; (cyfadran mewn) prifysgol, coleg; campfa; disgyblion neu ddilynwyr athronydd, arlunydd, &c., grŵp o arlunwyr, &c., y mae eu gwaith yn rhannu rhai nodweddion, grŵp o bobl sy'n rhannu'r un achos, &c.; hefyd yn *ffig.*: *school; (school or faculty in a) university, college; gymnasium; school (of disciples, &c.), school (of artists, &c., or of people sharing a cause, &c.); also fig.*

13g. *LlI* 40, Llawer o denyon na dele menet en uach . . . menach ac eremyduur a den agkyuyeyth ac escolheyc *escol.* **13g.** *C* 81. 5–6, O losci ecluis. allat buch *iscol.* **13g.** *BD* 157, arderchavc oed dinas Caer Llion o deu can *yscol* ac athraon. **14g.** *GDG*[3] 231, Nid dim *ysgol* hudoliaeth, / Na gwarae twyll, cymwyll caeth, / . . . / Eithr dy hud a'th air dy hun. *c.* **1400** *YCM*[2] 162–3, Rolant . . . Mawr wr yr *yscoloedd* (*murus clericorum*)! **15g.** *BB* 167–8, Ac yd oed yna o *ysgolhyoed* deu cant *ysgol* o amryuaelyon keluydodeu . . . canys pennaf le *ysgolhoet* o ynys brydein oed caer llion. *c.* **1525** *GLD* 79, Ein *ysgol* oedd, yn was glân, / *Ysgol* aeth is-gil weithian [marwnad Tudur Aled]. **1547** *WS*, *Yscol* A scole. **16g.** (*LlEG*) *Mos* 158, 461b, gwyr dysgedig o bob vn or ddwy *ysgol.* **1588** 1 *Mac* i. 15, Ac hwy a adailadasant *yscol* (**1988** *id.* 14, [c]ampfa chwaraeon) yn Ierusalem yn ôl arfer y cenhedloedd. **1595** H. Lewys: *PA* 239, mewn *yscol* o ffens, yr vn, a ddangosawdd fwya gwroldeb . . . a gaiff y ganmoliaeth . . . felly . . . y mae, yn *ysgol* Grist, goron ddiddarfodedig, wedi i darparu i nineu. **1599 (1677)** R. Holland: *AB* 75, Rhaid i ni weddio hefyd tros holl *yscolion* Cristianogawl. **1632** *D*, *Ysgol*, Schola, gymnasium, ludus literarius, academia. **1632** J. Davies: *LlR* 39, cynnifer o *ysgoliono* [*sic*] ddysg (*Schooles, Colledges, Vniversities*). **1677** R. Jones: *BB* 56, Nid ydys yn Awr ond ein rhoddi ni yn yr *Yscol*, i ddyscu y gwaith a fo'n rhaid i ni ei wneuthur tros Bŷth . . . yr ydym ni yn dyscu y Gelfyddyd y rhaid i ni fyw arni yn y Nefoedd. **1684** H. Owen: *DC* 287, astudio ddeng mlynedd yn yr *Yscolau.* **1752** *ML* i. 200, rhyw Gymro Seisnig sydd yna yn amherchi ein '*sgolion* Cymreig. **1803** *P.* Ar lafar, ''Ddaru mi 'rioed gael *ysgol*', *WVBD* 580; 'Fi'i catwas 'i o'r *ysgol* 'eddi achos bod annwd arni', *GTN* 865.

Cfn. (detholiad yn unig): **ysgol athrawol:** *normal school.* **1844. ysgol athrawon = ysgol athrawol. 1846. ysgol fabanod, ysgol babanod:** *infant school.* **1858. ysgol fach, ysgol bach:** *primary school; Sunday school for children.* **1914.** Ar lafar. **ysgol farddol:** *bardic school.* **1869. ysgolion bol clawdd:** *hedge-schools.* **1860. ysgol fomio:** '*bombing school*', *airbase used for training bomber pilots.* **1936.** Ar lafar. **ysgol fonedd:** *public school.* **20g. ysgol Frutan(i)aidd,** gw. **ysgol** *Frytanaidd.* **ysgol Brydeinig, ysgol Frydeinig = ysgol Frytanaidd. 1860. ysgol Frytanaidd, ysgol Frutan(i)aidd:** *British school.* **1847. ysgol fyrddiol:** *boarding school.* **1843. ysgol gân, ysgol ganu:** (i) *hymn-singing practice.* **1883.** Ar lafar; clywir y ff. l. *ysgolganau.* (ii) *singing-school, fig.* **16g.** *GGH* 333, Athro adar iaith rydeg, / *Ysgol gân* dysg loywgain deg [i ofyn ceiliog bronfraith]. **ysgol gyfun:** *comprehensive school.* **20g.** Ar lafar. **ysgol gylchynol:** *circulating school.* **1822. ysgol gynradd:** *primary school.* **20g. ysgol elfennol:** *elementary school, primary school.* **1858. ysgol (g)ramadeg:** *grammar school.* **1630** *YDd* 254, megis bachgen ofer mewn *yscol Gramadeg.* **[1783]** *W*, *ysgol rammadeg* d.g. *School, A grammar-school.* Ar lafar. **ysgol ramadegaidd = ysgol ramadeg. 1805. ysgol ramadegol = ysgol ramadeg. 1828. ysgol hwyrol:** *night school.* **1820. ysgol ieith(i)adurol = ysgol ramadeg. 1815. ysgol ieithyddol = ysgol ramadeg. 1872. ysgol fawr:** *secondary school; Sunday school for adults.* **20g.** Ar lafar. **ysgol febai = ysgol fabanod. 1848. ysgol feithrin:** *nursery school.* **20g. ysgol brofiad, ysgol profiad:** *school of life.* **20g.** Ar lafar, 'Ysgol ddrud yw *ysgol brofiad*'. **ysgol rad:** *free school, charity school, also fig.* **15g.** *GGl*[2] 183, *Ysgol rad* ddisglair ydyw / A thref y pregethwyr yw [Croesoswallt]. **1690** *Ymofynion* 8. **1759** *ML* ii. 142. **1790** Twm o'r Nant: *GG* 71. Ar lafar, '*ysgol rad*' 'National School', *WVBD* 457. **ysgol rydd = ysgol rad. 1672** R. Prichard: *Gw* 415. **1778** J. Thomas: *HB* 248. **ysgol Sabothol (Sabath(a)ol) = ysgol Sul. 1793** *Cylchg* 101, *ysgolion Sabbothäol.* **ysgol Sul:** *Sunday school, also fig.* **1799** *TY* 116, *Ysgolion* y *Suliau.* Ar lafar. **ysgol uwchradd:** *secondary school.* **20g.**

ysgol[2] [bnth. Llad. *scāla*, Llyd. C. *squeul*] *eb.* ll. -*ion*, (prin) -*s.* Cyfres o ffyn neu risiau rhwng dau gynhalbost neu ddwy raff, &c., a ddefnyddir i ddringo i fyny neu i lawr, hefyd yn *ffig.*: *ladder, also fig.*

14g. *WM* 189. 21–5, messurassant 6ynteu hyt nos vchet y gaer . . . Ac y g6naethp6yt *yscaól* y pob petwarg6yr o nadunt. *id.* 35–7, doeth y brytanyeit 6rth y gaer a dodi eu *hyscolyon* 6rthi. **14–15g.** *GGLl* [192], Y carw a ddichon arwain / Osglau ei gyrn, *ysgol* gain (Gruffudd Llwyd). **15g.** *DE* 57, dringodd frig o genvigen / y goedwig wyrdd i gadw gwen / llunniodd o brenniau llinonn / *ysgol* hir i ddisgwyl hon. **1547** *WS*, *Yscol* iddringo [*sic*] A ladder. *c.* **1548** *CM* 1, 644, [d]ringio . . . ar hydd *ysgols* ne sdaers. **1606** E. James: *Hom* iii. 217, mae pedair rhan i edifeirwch, y rhai gwedi eu gosod ynghŷd a ellir eu cyffe[l]ybu i *yscol* ferr, hawdd ei thringad. **1632** *D*, *Ysgol*, Scala, climax. **1680** J. Thomas: *UN* 2, dymma 'r *yscol* ar hyd yr hon yr ym ni . . . yn dringo i fynu ir nêf. **1703** E. Wynne: *BC* 18, gwelwn rai âg *yscolion* yn dringo 'r Twr. **1803** *P* d.g. *Ysgòl.* Ar lafar, 'Dechreuodd e'n blisman cyffredin, ond ma fe wedi dringo'r *ysgol* erbyn hyn' (sir Gaerf.); 'Dal yr *ysgol* 'ma tra bo fi'n mynd lan at y to', *GTN* 865. Clywir *ysgolion* yn y De yn yr ystyr 'ofergarfanau'.

Amr.: **ysgal** [dan ddyl. Llad. *scāla*]. **1585** D. Powel: *HB* 267, *Yscal* scala. **1588** *Gen* xxviii. 12. **1620** 1 *Mac* v. 30, *yscalion.* **1722** *Llst* 189. **ystol, stol. 1547** *WS*, *Ystol* . . . A ladder. **1588** 1 *Mac* v. 30, *ystolion.* *c.* **1740** *LlM* 25, Saeds, ac *Stol* Fair. **1795** *R. Crusoe* 64. Ar lafar, '*ystol*', *WVBD* 580.

Cfn.: **ysgol grib, ystol grib:** *roof-ladder.* **20g.** Ar lafar yn Llŷn, '*ystol grib*'. *Bot.* **ysgol Crist, ystol Crist = ysgol Fair.** *c.* **1400** *MM* 18, *yscaól crist.* *Diw.* **16g.** *WLB* 81, *ystol grist.* **1815** *TR* (*Bot*), *Ysgol Christ*, centaury, in Caermarthenshire. Ar lafar ym Morg. **ysgol Iago:** *Jacob's ladder, fig. with ref. to Gen. xxviii. 12.* **1672** R. Prichard: *Gw* 40, Christ ei hun yw *ysgol Jago.* *Bot.* **ysgol Jacob:** *Jacob's ladder, Polemonium cæruleum.* **1896.** *Bot.* **ysgol Fair, ysgol Mair, (y)stol Fair:** *Saint John's wort, centaury.* *p.* **1500** *Pen* 57, 46, *ysscol vair.* **1547** *WS*, *Yscol vair* llyseun. *Diw.* **16g.** *WLB* 39, *ystol fair.* *c.* **1740** *LlM* 25, Saeds, ac *Stol Fair.* **1813** *WB* 245. Ar lafar, '*ystol Fair*', *WVBD* 581. **ysgol bysgod:** *fish-ladder.* **20g.** Ar lafar. **ysgol do, ystol do = ysgol grib. 20g.** Ar lafar yn Llŷn, '*ystol do*'.

ysgôl, gw. **sgôl.**

ysgola, ysgolaeth, gw. **ysgolia, ysgoliaeth.**

ysgolaidd [*ysgol*[1]+-*aidd*] *a.* Yn perthyn i (brif)ysgolion, addysg, athrawon, &c., nodweddiadol o'r cyfryw, addysgol, academaidd; sgolastig: *scholastic, educational, academic; scholastic (with ref. to scholasticism).*

[1783] *W* d.g. *Scholastic.* **1803** *P*, *Ysgolaiz* . . . Appertaining to a school.

ysgolar, ysgolastig, gw. ysgolor, sgolastig.

ysgolathro, gw. ysgol[1]+athro.

ysgolawdur [*ysgol*[1]+*-awdur* (At.)] *eg.* ll. *-(i)on.* Sgolastig, ysgolwr: *schoolman.*
1567 *TN* [xxxix], Athraweth llygredic Eglwys Rufain, a'r *yscol awdurion.*

ysgolblant, gw. ysgol[1]+plant[1].

ysgoldanaf: ysgoldanu, ysgoldïes, gw. **sgaldiaf: sgaldio** (hefyd At.), **sgoldïes** (hefyd At.).

ysgoldy, sgoldy [*ysgol*[1]+*tŷ*] *eg.* ll. *-dai,* ll. dwbl *-deiau.* (Adeilad a ddefnyddir fel) ysgol, ystafell addysgu mewn tŷ neu ysgol, coleg; festri; hefyd yn *ffig.*: *school(house), schoolroom, college; vestry; also fig.*
1547 *WS, Yscoldy* A scolhouse. **1604–7** *TW* (*Pen* 228) d.g. *Ludus . . . Ludus Literarius.* **1620** 2 *Cr* xxxiv. 22, hi oedd yn aros yn Jerusalem yn yr *yscol-dŷ.* **1632** *D* d.g. *Gymnasium, Pædagogium, Schola.* **1672** R. Prichard: *Gw* 415, Cofia 'r fengyl, cofia 'r Eglwys, / Cofia 'r Coleg [:– *Ysgoldy*] a'th fanteiniwys. **1721** J. P. Prys: *DC* 103, *Ysgol Dŷ* Satan lid dewrwyllt iw 'r Daran. **1722** *Llst* 189, *Ysgoldy.* m. A school-house, college. **1762** D. Rowland: *PA* 110, ond am Groeg a Rhufain, eu philosophyddion a wnaethant . . . ymgyfarfodydd ar wahan, fel cynnifer a hynny o *ysgol-deiau.* **1766** *CD* 119, Yna i ffordd a ni'n union, / Ar hyd Heol yr Apostolion, / Oi [*sic*] deutu'r oedd Eglwysydd, / Ac *Ysgoldai* Crefydd. **1778** J. Thomas: *HB* xx, Alfred, brenin Lloegr . . . Dywedir iddo ef osod i fynu yno [Rhydychen] bedwar *ysgoldŷ.* **[1783]** *W* d.g. *A school-house.* **1803** *P.* Ar lafar, '*sgoldy*', *WVBD* 484; '*Isgoldi*' 'chapel vestry', *TGG* (1907–8) 77 (sir Benf.); '*ysgoldy*' 'festri tŷ cwrdd', *GTN* 732.
Cfn.: **Ysgoldai y Cyfreithwyr:** *Inns of Court.* **1808.**

ysgolddifinydd, ysgolddifeinydd [*ysgol*[1]+*difinydd, difeinydd,* ar ddelw'r S. *school-divine*] *eg.* ll. *-ddif(e)inwyr.* Sgolastig, ysgolwr: *a scholastic, schoolman.*
1664 J. Davies: *Art* [7], gwneuthur dynion yn addas, i dderbyn gras, neu (fel y dywaid yr *Yscol-ddifein-wyr*) yn haeddu gras o gymmhesurwydd. **1756** *RP* 19, Henricus, un o'i *Ysgol-Ddifinwyr* [y Pabyddion]. **[1783]** *W, ysgol-ddifinydd* d.g. *Schoolman.* **1796** *Geirgrawn* 28, scrifennwyd . . . gan *Ysgolddifeinydd* yn Sweden.

ysgolddysg, gw. ysgol[1]+dysg.

ysgoler, gw. ysgolor.

ysgolfa [*ysgol*[1]+*-fa, ma*] *eb.* ll. *-fâu.* Ysgol, ysgoldy, coleg: *school(house), college.*
[1783] *W* d.g. *A school-house.*

ysgolfaethaf: ysgolfaethu, ysgolfaethau, gw. **ysglyfaethaf: ysglyfaethu, ysglyfaeth.**

ysgolfeistr [*ysgol*[1]+*meistr*] *eg.* (b. *-es,* ll. *-i*) ll. *-i, -(i)aid.* (Prif)athro ysgol, pennaeth coleg, hefyd yn *ffig.*: *schoolmaster, head of college, also fig.*
1604–7 *TW* (*Pen* 228), *scolmeistr* d.g. *Gymnasiarcha. id. ysgolueistres* d.g. *Magistra.* **1632** *D* d.g. *Ludimagister, Pædagogus.* **1687 (1715)** J. Owen: *TB* 14, Tystiolaethir gwirionedd y petheu hyn tan ddwylaw Maer Kendal, y Gweinidog, yr *Yscolfeistr,* ac eraill. **1710** *LlGG* (*Gos*) 12, Dysged pob *Ysgol-feistraid* yn Saesonaeg neu Ladin. **1757** *ML* ii. 31, Dyma Ronwy eurych yn mynd i Virginia yn *ysgolfeistr* or head of a College. **1768** J. Roberts: *R* 8, yr *Ysgol Feistri,* er mwyn gwneuthur y Plant, yn fwy hylithr, sy'n ei harfer [am ffordd o adio, mewn math.]. **1778** *W* d.g. *Pedagogue.* **18g.** Twm o'r Nant: *CO* 28, Arglwyddes Chwantau Natur . . . Myfi yw'r *Ysgolfeistres* hena' / Sydd yn y byd gan holl blant Adda. **1788** R. Jones: *DA* [2], At Rïeni, *Ysgol-feistriaid,* a Phlant. **1790** T. Jones: *TOS* 188, Dichon pob Cristion, yn gystal a Luther, ddywedyd mae cystudd yw un o'i *ysgol-feistri* pennaf. Ar lafar, '*ysgolfishtir*' (Morg.).
Amr.: **sgolmeistr** [cf. S. *schoolmaster*]. **1604–7** *TW* (*Pen* 228) d.g. *Gymnasiarcha.*

ysgolfeistraeth, gw. ysgolfeistriaeth.

ysgolfeistraidd [*ysgolfeistr*+*-aidd*] *a.* Tebyg i ysgolfeistr, nodweddiadol o ysgolfeistr: *schoolmasterly, schoolmasterish.*
1913.

ysgolfeistres, gw. ysgolfeistr.

ysgolfeistriaeth, ysgolfeistraeth [*ysgolfeistr*+*-(i)aeth*] *eb.* Yr ansawdd neu'r cyflwr o fod yn ysgolfeistr, swydd ysgolfeistr, hefyd yn *ffig.*: *schoolmastership, also fig.*
1847.

ysgolfraint [*ysgol*[1]+*braint*[1]] *eb.* ll. *-freintiau.* Ysgoloriaeth: *scholarship.*
1835.

ysgolhaig, sgoláig [< *ysgolhëig,* sef *ysgol* +*-ha* (At.)+*-ig*[2], H. Grn. *scolheic,* gl. *scolasticus,* Gwydd. C. *scolaige*] *eg.* (bach. *ysgolheigyn*) (b. *ysgolheiges,* ll. *ysgoleigesau*) ll. *ysgolheig(i)on, sgolheigion.* Person dysgedig neu wybodus, ysgolor, hefyd yn ddifr. pedant; disgybl, plentyn ysgol, myfyriwr; clerigwr, gŵr mewn urddau eglwysig; clerc (plwyf): *scholar, erudite or learned person, also derog. pedant; disciple, pupil, schoolchild, student; cleric, one in holy orders; (parish) clerk.*
13g. *LlI* 1, [y] gwyr doethaf yn y kyuoeth: petwar onadunt yn lleygyon, a'r deu yn *esgolheygyon. id.* 40, Llawer o denyon ne dele menet en uach . . . menach ac eremyduur a den agkyuyeyth ac *escolheyc* ((*LlDW*) *ZCP* xx. 57, *scoleic*) escol. **13g.** *C* 81. 3–4, Mi iscolan *yscolheic* yscawin y puill iscodic. **14g.** *LlB* 1, dewissawd y brenhin y deudec lleyc doethaf . . . a'r vn *yscolheic* doethaf. **14g.** *WML* 121, Abadeu . . . adylyant vot yn *yscolheigon* vrdolyon. **1346** *LlA* 116, gϭaranndaϭ ar yr *yscolheigyon* yn gϭassanaethu duϭ. **14g.** *GP* 55–6, Deu ryw wr a volir . . . *yscolheic* a lleyc. Deu ryw *yscolheic* a volir . . . gwr eglwyssic a gwr bydawl . . . Deu ryw *ysgolheigyon* bydawl yssyd . . . athraon a disgyblyon. **14g.** *GIG* 157, A ddywod, drwg ei ddeuwerth, / Am *ysgolheigion* sôn serth [dychan i'r Brawd Llwyd]. **15g.** *DE* 104, *Ysgolhaig* or ysgol hon / vchaf oll oi chyfeillion [i Syr Hywel ap Dai]. **1547** *WS, Yscoleic* A scholar. *id. Yscoleices.* **1567** *LlGG* 127b, [y]r Offeiriat a'r *Scolaic.* **1567** *Rhyddiaith Gymraeg* i. 71, hen ddywediadev Kamberaidd, mi a'i gynwysis . . . er mwyn y gyfryw *sgoleigion* jevaink . . . ag a wyllysant adnabot phrases yr jaith. **1607** *id.* 141, [ll]awer o *scholheicion* y prifyscolion Rydychen a Chaer Grawnt. **1632** *D, Ysgolhaig,* Scholasticus, scholaris, discipulus, alumnus. **1672** J. Langford: *HDdD* 210, Fal *Ysgolheigion* (*school-boys*), y rhai, gwedi hîr chwareu, ni wyddant pa fódd i'w ymosod ei hunain at ei Llyfrau drachefn. **1701** E. Wynne: *RBS* 31, Yr hyn a wnai Blentyn yn ngolwg ei Dâd, ac *Yscolhaig* (*pupil*) ger bron ei Athro. **1750** *ML* i. 166, nid yw mor llawn bump oed, etto er hyn mae ganddo burion Cymraeg a Saesonaeg ag yn *ysgolhaig* rhagorawl! **1753** *TR, Ysgolhaig,* a scholar; also, a parish-clerk. Glam. In K[yfraith] H[ywel Dda]. it is used for one in holy orders, a clerk or clergyman. **1766** *CD* 162, A minne o'r tu arall, / Yn *Ysgolheiges* gall. **1776** D. Ellis: *HI* 171, Andreas yr hwn oedd yr *ysgolhaig* cyntaf i Grist. **1778** *W, ysgolheigyn* d.g. *Pedant* [*a conceited or affected scholar* . . .]. **1803** *P* d.g. *Ysgolâig. id. Ysgoleiges,* s. f.—pl. t. *au* . . . A female scholar. Ar lafar, 'Fe fysa 'itha cystal *sgoláig* ag ynta bob tamid' (dwyrain Morg.). Digwydd mewn e. lleoedd, e.e. *Ffynnon Ysgolheigion,* Llanafan Fawr, Brych., *Afon Ysgolheigion,* Trefdraeth, sir Benf.
Amr.: **sglaig, ysglaig** [drwy gyw.]. (b. *sgleiges*) ll. *sgleig(i)on.* **1683** H. Evans: *CTF* 16, Yn waeth' *sclaig* ni byddi ronyn, / Pe bae 'th lyfre yn dy goryn. Ar lafar, '*sglaig*', *WVBD* 482; ''Tydw i ddim yn *sgleigas* dda' (Arfon); '*Sglaig* bach piwr yw a', *GTN* 730; '*Sgligas* fach ddæ odd 'i', *id.* 731. Clywir y ff. *slaig* yn ardal Pwllheli. **sgwlhaig. 1606** E. James: *Hom* ii. 285, *scwlheigion.* Ar lafar, '*sgwláig*', *GTN* 735; clywir hefyd y ff. b. '*sgw(o)ligas*', *ib.*
Cfn.: **ysgolhaig y ddinas:** *town clerk.* **1567** *TN* 204b. **1704** E. Samuel: *BA* 103. **1803** *P* d.g. *Ysgolâig.*

ysgolheica [*ysgolhaig*+*-ha* (At.)] *bg.a.* Bod yn ysgolhaig, ymroddi i ysgolheictod, dadansoddi'n ysgolheigaidd: *to be a scholar, devote oneself to scholarship, analyse in a scholarly manner.*
20g.

ysgolheictod, sgolheictod [*ysgolhaig, sgoláig*+*-dod*] *eg.b.* ll. (prin) *ysgolheictodau.* Dysg (helaeth neu ddofn), dulliau a safonau ysgolheigaidd; swydd offeiriad, &c., yr offeiriadaeth, y glerigiaeth; ysgoloriaeth: *scholarship, learning, erudition; priestly, &c., office, (the) clergy; scholarship (financial aid).*
13g. *LlI* 23, Teyr keluedyt ne dele mab taeauc e dyscu hep ganhyat e arglued . . . *escolheyctaut* a gouannaeth a bardony. **14g.** *BT* 196, esgob bangor gwr mawr ygeluydodeu ay *ysgolhectod* [*sic*]. **14g.** *Bren Saes* 16, yd oed Edulf . . . yn subdiagon yna, ac o eissiev etived y ducpwit ef o'e *ysgolheictot* y wledychu yn lle y dat. **15g.** *GGl*[2] 66, Cledd gŵyr yr eglwys a'u clod, / Colector *ysgolheictod* [i Abad Amwythig]. **1547** *WS, Yscoleictot* Clergy. **16g.** *THSC* (1923–4) (At.) 69–70, [g]wyr Jssel yr olwc, ac yn anllythyrol, ac yn brin o gelvyddyd, ac heb vedry dim o *sgolhaickdot.* **1632** *D, Ysgolheigtod,* Doctrina, eruditio. **1722** *Llst* 189, *Ysgolheigiaeth,* f. *heigtod.* m. Scholarship, clarkship, learning. **1728** T. Baddy: *DDG* 143, Nehemiah Cohen . . . yr hwn oedd o Enw anrhydeddus, am ei *ysgolheictod* mawr. **1803** *P, Ysgoleigdawd,* s. m. . . . Scholarship.
Amr.: **ysgwlheictod. 15g.** *LHDd* 80.

ysgolhëig, ysgolheigaeth, gw. **ysgolhaig, ysgolheigiaeth.**

ysgolheigaidd, ysgolheigiaidd, sgolheigaidd [*ysgolhaig, sgoláig*+*-(i)aidd*] *a.* Yn perthyn i ysgolhaig neu nodweddiadol ohono, tebyg i ysgolhaig, dysgedig, gwybodus, academaidd, hefyd yn ddifr.; sgolastig; ?clerigol: *scholarly, learned, erudite, academic, also derog.; scholastic (with ref. to scholasticism); ?clerical.*
1547 *WS, Yscoleicaidd* Clerkly. **1632** *D* d.g. *Scholasticus.* **1703** O. Lewis: *ADC* 47, o achos nad ydynt [Crynwyr] yn derbyn y drindod *ysgolheigiaidd* (*schoolmens Trinity*), eu bod gan hynny yn gwadu y drindod yscrythurol. **1710** *LlGG* (*Gos*) 12, gall y dywededig Eglwyswyr arferu eu dewis o Wisgiad gweddaidd a '*sgolheigaidd* (*scholar-like apparel*). **1722** *Llst* 189, *Ysgolheigaidd.* Schollar-like, scholastick. *c.* **1785–90 (1829)** *CBYP* 35–6, Ysgolheigion . . . a folir am ddysg, ag ysgolheictod . . . a phob *ysgolheigaidd* ag athrawaidd, a bonheddigbwyll deilyngdod.

ysgolheiges, gw. **ysgolhaig.**

ysgolheigiad [*ysgolhaig*+*-iad*[1]] *eg.* ll. *ysgoleigiadau.* Addysg (ysgol); ysgoloriaeth: *a schooling, education; scholarship.*
1803 *P, Ysgoleigiad,* s. m. . . . A schooling.

ysgolheigiaeth, ysgolheigaeth [*ysgolhaig* +*-(i)aeth*] *eb.g.* Ysgolheictod, dysg; sgolasticiaeth; swydd offeiriad, &c., yr offeiriadaeth, y glerigiaeth: *scholarship, learning; scholasticism; priestly, &c., office, (the) clergy.*
16g. (*LlEG*) *LlGC* 5276, 262a, ordeinio ohonaw ef lawer ordinans ymhlith yr *ysgolheigiaeth.* **1604–7** *TW* (*Pen* 228) d.g. *doctrina.* **1722** *Llst* 189, *Ysgolheigiaeth.* f. . . . Scholarship, clarkship, learning. **1793** *Cylchg* 201, Nid ydym . . . yn barnu fod *ysgolheigiaeth* y prif ysgolion yn angenrheidiol. **1803** *P, Ysgoleigiaeth,* s. m. . . . A schooling.

ysgolheigiaidd, ysgolheigiol, gw. **ysgolheigaidd, ysgolheigol.**

ysgolheigiwr [*ysgolhaig*+*-iwr*] *eg.* ll. *ysgolheigwyr.* Sgolastig, ysgolwr; ysgolhaig: *a scholastic, schoolman; scholar.*
1595 M. Kyffin: *DFf* [59], Pam y mae'r Cannonistiaid yn doedyd ddarfod ordeinio y gyffes-glust drwy gyfraith ddyn, a'r *yscolheigwyr* (*schoolmen*) nhwythe, yn doedyd ddarfod ei hordeinio drwy gyfraith Dduw? **1803** *P, Ysgoleigiwr,* s. m.—pl. *ysgoleigiwyr* [*sic*] . . . A schoolman.

ysgolheiglyd [*ysgolhaig*+*-lyd*] *a.* Pedantig: *pedantic.*
1876.

ysgolheigol, ysgolheigiol [*ysgolhaig*+ *-(i)ol*] *a.* a hefyd gyda grym enwol. Ysgolheigaidd, dysgedig, academaidd; ?sgolastig: *scholarly, learned, academic; ?scholastic (with ref. to scholasticism).*
1547 *WS, Ysco[l]eicol* Scholarlyke. **1604–7** *TW* (*Pen* 228), *yscolheicol* d.g. *doctus.* **1795** J. Thomas: *AIC* 85, Gellir gwahanu neu rannu Difinyddiaeth yn bump o rannau, sef y Naturiol, Goruwch-na[t]uriol, Moesol, Hunanol, ac *Ysgolhaigol. id.* 86, Yr *Ysgolheigol,* yw 'r hon sy'n tynny ei Barnau, Dadl neu ei Dysgeidiaeth, oddiwrth siccr Reolau achosedig. **1803** *P* d.g. *Ysgoleigiawl.*

ysgolheigyn, gw. **ysgolhaig.**

ysgolia, sgolia, ysgola [be. o'r e. *ysgol*[1]] *bg.a.* a hefyd gyda grym enwol. Mynychu ysgol, derbyn addysg; addysgu: *to attend school, receive education; educate.*
1868. Ar lafar, 'Fe ddechreuon' nhw *sgolia* ym Mhenfforddʼ (sir Benf.).
Amr.: **ysgolio**[2]. **20g.**

ysgoliad [*ysgol*[1]+*-iad*[1]] *eg.* Addysg (ysgol): *a schooling, education.*
1803 *P.*

ysgoliaeth, ysgolaeth [*ysgol*[1]+*-(i)aeth*] *eb.* Addysg (ysgol), pedagogaeth; coegddysg, pedantri; sgolasticiaeth: *a schooling, education, pedagogy; pedantry; scholasticism.*

1651 SIÔN TREREDYN: *MDD* 81, onid yw hwn yn tebyccach i fod yn *ysgoliaeth* 'or [*sic*] cyfraith (*pedagogy of the law*), nag yn cyfammod [*sic*] o weithredoedd. **1760** E. WILLIAMS: *UYB* 120, cyn gynted ag y delo'r yrfa allanol i ben, cyn gynted ag y bo eu *hysgoliaeth* wedi myned heibio. **18–19g.** Iolo *MSS* 88, bu fyw'r plentyn, rhoddwyd ysgol a chrefft *ysgolaeth* iddo, efe a gymmerodd ei ddysg mor awyddfawr ag y cymmerai blentyn Laeth bron ei Fam. **18–19g.** *Llr* C 66, 95, Teilo Sant a wnaeth eglwys fawr a chor *ysgolaeth* yn Llandaf.

ysgoliaf, sgoliaf: ysgolio[1]**, sgolio** [bf. o'r e. *ysgol*[2]] *ba.* Ymosod ar (gaer, &c.) neu ddringo dros (wal, &c.) drwy ddefnyddio ysgolion dringo: *to scale* (*fortress, wall, &c.*).

Diw. **15g.** Bren Saes 220, A'r kastell . . . a ynillodd y pererinion gan i *ysgolio* gwedy lladd llawer o'r Sarasiniaid. **1547** WS, *Yscolio* Scale. **16g.** *B* xv. 269, [d]ryllio serttein o adwyau ar y gaer megis ag J gallai wyr i *hysgolio* hi. **1604–7** TW (*Pen* 228), magnel rhyvel . . . dann y rhai . . . y deuent y gwyr yn dhiangol dan wallie 'r dref, ag velhy ai *scolient* hwynt d.g. *Vinea.* **1719** TDP 49, a chan ganlyn ar eu hol hwynt, nyni a *ysgoliasom* (*skaled*) Waliau y Ddinas. **18g.** RWM ii. 849, aeth Robin a Howel ei frawd dros y fferi ag *yscolio* Castell Conwy.

ysgolio[2]**, gw. ysgolia.**

ysgol-lyfr, gw. ysgol[1]**+llyfr**[1]**.**

ysgolor, sgolor, (y)sgolar, (y)sgoler [bnth. S. C. *scholer*] *eg.* ll. *ysgolorion, (y)sgolars, sgolers.* Disgybl, plentyn ysgol, myfyriwr; myfyriwr gydag ysgoloriaeth; ysgolhaig; hefyd yn *ffig.*: *pupil, schoolchild, scholar (recipient of scholarship); scholar, erudite or learned person; also fig.*

15g. IEUAN GETHIN, &c.: *Gw* 90, Nid oes *ysgoler* na dau / Yn y byd un wybodau. **?16g.** *MA*[2] 465a. 23–6, yno ydoed y trydyd archesgobdy pennav yn ynys Brydein a hefyd daycant maner o *ssgolers* oed yn y dinas o amrafaelion gelvydodau. **1789** TWM O'R NANT: *TChB* 20, Mae 'n gas i ddyn glywed cymmaint eu hares [*sic*] / Fydd rhyw *ysgolars*, [*sic*] gwelsion. **1803** P, *Ysgolawr,* s. m.—pl. t. *ysgolorion* . . . A scholar. Ar lafar, 'wêdd e'n *sgolar* mowr ar drin dinion', *Wês wês* 23; ''Dyw a ddim *sgolar* o gwbwl medda'i dad' (Morg.). 'Y *Sgolor Mawr*' oedd llysenw'r offeiriad a'r ysgolhaig Robert Roberts (1834–85).

ysgoloraidd [*ysgolor*+*-aidd*] *a.* Ysgolheigaidd, dysgedig, academaidd; sgolastig: *scholarly, learned, academic; scholastic (with ref. to scholasticism).* **1839.**

ysgoloriaeth [*ysgolor*+*-iaeth*] *eb.* ll. *-au.* Taliad i fyfyriwr o gronfa ysgol, prifysgol, llywodraeth leol, &c., yn enw. ar sail cyrhaeddiad academaidd, sgolarship; sgolastigiaeth: *scholarship (financial aid); scholasticism.* **1858.**

ysgolorwyr [*ysgolor*+*-wyr*[1]] *e.ll.* Sgolastigiaid; ysgolheigion: *scholastics; scholars.* **1866.**

ysgolp, ysgolpaf: ysgolpo, ysgolpen, ysgolpiaf: ysgolpio, gw. sgolp, sgolpiaf: sgolpio, sgolp, sgolpiaf: sgolpio (hefyd At.).

ysgolsulaidd [*ysgol* Sul+*-aidd*] *a.* Nodweddiadol o'r ysgol Sul, yn ddifr.: *Sunday-school (attributive use), derog.* **1935.**

ysgolwr, ysgolydd [*ysgol*[1]+*-wr,* *-ydd*[3]] *eg.* ll. *ysgolwyr, ysgolyddion.* Sgolastig; ysgolhaig; ysgolfeistr, athro ysgol: *a scholastic, schoolman; scholar; schoolmaster, schoolteacher.*

1606 E. JAMES: *Hom* iii. 223, nid ydynt yn dyscu ini amgen edifeirwch nag edifeirwch Judas, fal y gwna'r holl *yscolwyr* (*schoolmen*). **1630** YDd 72, yr vn agwedd y daw ef [Iesu] i wared o'r nefoedd. Dyma feddwl Aquinas ar holl *Ysgolwyr* (*Schoolemen*) **1653** *Wy* 12, 323b, Mae r *Ysgolyddion* yn traethü mae'n rhaid fod cyfattiebololdeb [*sic*] rhwng y Llün ar [*sic*] Cyfarlün . . . rhwng y Teip ar Anti:teip. **1723** J.

JONES, *LlA* 42, Doniau er Buddiant a Daioni eraill y maent, rhoddi hwynt in ordine ad alium, fel y dywaid yr *Ysgolyddion* (*School-men*). **1763** *ML* ii. 545, Rhisiart Parri, yr athraw ysgol . . . Richard Parry, *ysgolydd.* [**1783**] W, *Ysgol-wr* d.g. School-man. **1803** P, *Ysgolyz,* s. m.—pl. t. *ion* . . . A schoolmaster.

ysgolyddiaeth [*ysgolydd*+*-iaeth*] *e?b.* Sgolasticiaeth; ysgolheictod, dysg: *scholasticism; scholarship, learning.*

18–19g. MA iii. 278, Tair celvyddyd wrolion à weddant ar verchaid: barddoniaeth, meddyginiaeth, ac *ysgolyddiaeth.*

ysgolyddol [*ysgolydd*+*-ol*] *a.* Yn perthyn i (athro neu blentyn) ysgol, nodweddiadol o'r cyfryw; ?ysgolheigaidd: *pertaining to, or characteristic of, school, a schoolmaster, or a schoolchild; ?scholarly.* **1864.**

ysgomundod, gw. ysgymundod.

ysgon[1,2]**, ysgonder, ysgôp, ysgor**[2]**, gw. ysgafn**[1]**, ysgaw, ysgafnder, sgob, ysgwr.**

ysgor[3]**, esgor**[2] [?cf. H. Wydd. *scor* 'gwersyll, &c.', gw. *B* i. 7–8, CA 103; tebyg mai *e*-≡ *ə*- yn rhai o'r enghrau. isod] *eb.* Caer, cadarnle, amddiffynfa, hefyd yn *ffig.*: *fortress, stronghold, defence, also fig.*

12g. GMB 73, Kynreinion ysgwyt, *ysgor* orwyt. *id.* 151, *Ysgor* coryf, ysglyf toryf taeruar. **12g.** GLlF 37, *Escor* dor, durdor diachoraf. **12g.** GCBM i. 191, Rut uyt gryd grym aer, *ysgor* glyw glewdaer. *id.* ii. 123, Garw esgar yn *ysgor* Gaduan. **12–13g.** GMB 438, *Esgor* difreidyad (mad mychdeyrn!). **13g.** GDB 198, Diachor *ysgor* ysgwyt turnyt. **13g.** *C* 104. 7–8, Dor *yscor* yscvid canhimteith. **13g.** *A* 4. 5–6, ny bu mor gyffor o eidyn *ysgor* a esgarei oswyd. **14g.** *T* 44. 2, Aduɣyn areu hor *escor* gynfrein. **14g.** GDG[3] 125, Esgair cath, nyth dwynpath nod, / *Ysgor* ddofn, ys gŵyr ddyfod [am ysgayfarnog]. *Dchr.* **15g.** GSCyf [94], Tresor gwŷr *esgor* Gaer Wysg (Llywelyn ab y Moel). **1803** P. Digwydd hefyd mewn e. lleoedd, cf. M. RICHARDS: *ETG* 89, Yr oedd un *Ysgor* ym Mangor ym Maelor Saesneg, ac un arall, *Ysgor-fawr* yng Ngharno.

ysgôr, ysgoraf: ysgor, ysgord, ysgordiaf: ysgordio, ysgordiwm, gw. sgôr, esgoraf[1]**: esgor, ysgort, ysgortiaf: ysgortio, sgordiwm.**

ysgoren [gair geir. yn wr.] *eb.* Enw ar amryw fathau o longau neu gychod: *name for various ships or boats.*

1604–7 TW (*Pen* 228) d.g. *Nauis.* **1770** W d.g. *Barge, Dogger, Pinnace, Ship.*

ysgorfa [*ysgor*[2]+*-fa, ma*] *eb.* ll. (geir.) *-feydd.* Caer, cadarnle, amddiffynfa: *fortress, stronghold, defence.*

12–13g. GLlLl 188, Nyd fuc, o'r Wytgruc, wytgun —*ysgorua.* **13g.** GDB 520, Yn Abertawy, tec *ysgorua.* **13g.** *A* 4. 10–11, Gwr a aeth gatraeth gan gawr. wyneb udyn *ysgorua* ysgwydawr. **14g.** *T* 20. 12, am buched ara. am oesseu *yscorua.* **1803** P, *Ysgorva,* s. f. —pl. *ysgorvëyz* . . . A place of defence; protection, defence.

ysgoriad, ysgoriaf: ysgori(o), ysgorn, gw. sgoriad, sgoriaf: sgorio, sgorn.

ysgorniad [bôn y f. *ysgorniaf: ysgornio*+*-iad*[1]] *eg.* ll. *-au.* Dirmygiad, bychaniad: *a scorning or slighting.* **1803** P.

ysgorniaf: ysgornio, ysgorniog, ysgornllyd, gw. sgorniaf: sgornio, sgorniog, sgornllyd.

ysgornus [*ysgorn*+*-us*] *a.* Dirmygus, sbeitlyd: *scornful, spiteful.*

1695 T. JONES: *Alm* 3, Attebbion anweddus *ysgornus* a Gawn. **1719** TDP [viii], nid oedd niweidiol na *ysgornus* (*spiteful*) yw [*sic*] gymdogion.

ysgorpion, ysgorpionaidd, ysgorpionllyd, gw. sgorpion, sgorpionaidd, sgorpionllyd.

ysgorpionllys [*ysgorpion*+*llys*[5]] *eg.* Bot. Unrhyw un o amryw fathau o blanhigion isel o'r tylwyth *Myosotis,* yn enw. M. scorpioides sy'n dwyn blodau glas disglair â chanol melyn: *forget-me-not, scorpion grass.*

1813 WB 244, *Yscorpionllys*; Myosotis scorpioides; Mouse-ear Scorpion-grass.

ysgorpionog [*ysgorpion*+*-og*] *a.* Sgorpionaidd, hefyd yn *ffig.*: *scorpion-like, also fig.*

c. **1764** RWM i. 260, Fflangell *Ysgorpionog* i'r Methodistiaid.

ysgorpiwn, ysgors, gw. sgorpion, sgwrs[2]**.**

ysgort, ysgord, *eb.* ll. *-iau.* Sŵn (cras), twrw, trwst, clep, sŵn rhuglo, clec (chwip, &c.), sŵn taniad (gwn), sŵn plyciad (tant), sïad (chwip, &c.), dirgryniad: (*harsh*) *noise, bang, clang, clatter, rattling noise, crack* (*of whip, &c.*), *report* (*of gun*), *twang* (*of plucked string*), *swish* (*of whip, &c.*), *vibration.*

1604–7 TW (*Pen* 228), *ysgort* d.g. *Fragor.* **1632** D, *Ysgort,* Fragor, strepitus. Bwa aruthr sy'm barwn, / Ac *ysgort* megys y gwnn. D[afydd] N[anmor]. **1722** *Llst* 189, *Ysgort.* f. The noise of a discharged bow or gun, crack, rustling. **1753** TR, *Ysgort,* a noise, a rattling, the report of a gun . . . *Ysgord* gwnn ym mysg gward gwyr. R[hys] Br[ychan]. **1770** W d.g. *Bounce, or a bouncing noise, A clattering, Jar* [*the rattling vibration*], *Report,* The smack of a whip, Twang, The whisk *of a switch.* **1803** P, *Ysgort,* s. f.—pl. t. *iau* . . . A harsh noise; a report; a jar; a twang, a rap.

ysgortiad [bôn y f. *ysgortiaf: ysgortio*+*-iad*[1]] *eg.* ll. *-au.* Ffrwydrad: *explosion.* **1803** P.

ysgortiaf, ysgordiaf: ysgortio, ysgordio [gair geir. yn wr., sef bf. o'r e. *ysgort, ysgord*] *bg.a.* Cadw sŵn, clecian (chwip, &c.), twangio (am dannau), dirgrynu, sïo: *to make a noise, crack* (*whip, &c.*), *twang, vibrate, swish.*

1604–7 TW (*Pen* 228), *ysgortio* val rhaph, ne linyn bwa d.g. *Strideo.* **1722** *Llst* 189, Ysgortio. To rustle as a rope or bow-string. **1725** *SR* d.g. *To Whizz.* **1770** W d.g. *To bounce or make a noise, To smack a whip. id. Ysgortio, ysgordio* d.g. *To jar or jarr* [*vibrate as a tight-drawn string after a twitch*]. **1803** P d.g. *Ysgortiaw.*

ysgortiol [bôn y f. *ysgortiaf: ysgortio*+*-iol*] *a.* Ffrwydrol: *explosive.* **1803** P.

ysgorwg, gw. sgorwg.

Ysgot, Ysgotaid, gw. Sgotiaid.

Ysgotaidd, ysgot-brywes, gw. Sgotaidd, sgot-brywes.

Ysgoten, Ysgotes, Ysgotiad, Ysgotiaid, gw. Sgotiaid.

Ysgotiaith, gw. Sgotiaith.

Ysgotig [*Ysgot*+*-ig*[2]] *a.* Albanaidd, Sgotaidd: *Scottish.* **1836.**

Ysgotwr [*Ysgot*+*gŵr*] *eg.* (b. *-wraig*). Albanwr: *Scot.* **1858.**

Ysgotyn, gw. Sgotiaid.

ysgoth, sgoth [bôn y f. *ysgothaf, sgothaf:* (*y*)*sgothi*] *eg.* ll. *ysgothion.* Carthion; dolur rhydd (mewn anifeiliaid): *excrement; scour* (*in animals*). **1803** P d.g. *Ysgoth.*

ysgothad, gw. sgothaf.

ysgothaf, sgothaf: (*y*)**sgothi,** *bg.a.* hefyd gyda grym enwol i'r be. Cachu, ymgarthu, pibo (am anifeiliaid); bwrw allan, chwistrellu, ffrydio; hefyd yn *ffig.*: *to shit, defecate, scour* (*of animals*); *eject, squirt, spurt; also fig.*

1545 ELIS GRUFFYDD: *Ll* 134, y kyuriw ovid ac a wnel j ddyn *ysgothi* gwaed oer. **16g.** (*LlEG*) *Mos* 158, 137b, ynny man . . . Ir *ysgothes* y dynn I beruedd h/rwng I draed. *id.* 516b, [b]wytta yd glaas ynnechreuad yr haf yr hynn ai gwaethai wynt I *Esgothi* megis gwartheg. **1604–7** TW (*Pen* 228), *ysgothi* d.g. *Caco.* **1632** D, *Ysgothi . . .* Cacare, cunire, forire, egerere. **1722** *Llst* 189, *Ysgothi.* To go to (have a) stool, void, purge behind, scour, mute as a bird. **1759** *ML* ii. 113, Swrffed a gawsai a hwnnw a droes y cyw . . . i ddug y colic arno. **1771** *PDPh* 87, At Lo-sugno a fyddo yn pibo neu *ysgothi.* **1803** P d.g. *Ysgothi.* Ar lafar, '*ysgothi*' 'diarrhoea (in sheep)', *WVBD* 485;

'*sgothi*' 'rhyddni corff', *Cymru* xlvii. 280 (Arfon); '*sgothi*' 'dafad yn gollwng drwyddi', *B* iii. 207 (Penllyn); clywir *sgothi* yn yr un ystyr ym Morg., a hefyd yn yr ystyron 'traflyncu (bwyd)', 'clebran, dweud gormod', 'Ma'n *sgothi*'r cyfan wir', 'Ma 'i'n *sgothi* amdanon ni bythdu'r lle, byth a beunydd', *GTN* 732.

Amr.: **ysgythu** [ff. eir.]. **1604–7** *TW* (*Pen* 228) d.g. *Stercoro*. **1632** *D* d.g. *Ysgothi*. **1722** *Llst* 189. **1773** *W* d.g. *To dung* [*void excrements*], *To Purge* [*by stool*], *To squitter*. **1803** *P*.

Cfn.: **sgothi celwydd:** *to lie profusely, concoct a tissue of lies*. **1931.** Ar lafar ym Morg.

ysgothdy [bôn y f. *ysgothaf*: *ysgothi*+*tŷ*] *eg.* ll. *-dai*. Tŷ bach, toiled, geudy, cachdy: *lavatory, toilet, privy, latrine*.

1773 *W* d.g. *Easement, house of easement*. **1796** *Geirgrawn* 243, y mae ef ['Antagonist'] yn ceisio gwyrdroi ambell air a gyfarfu ef yn y llyfr; ac yn sôn am '*ysgothdai*', ac am 'ddarllain pottiau mewn siop Apoticari'.

ysgothfa [bôn y f. *ysgothaf*: *ysgothi*+*-fa*, *ma*] *eb.* ll. *-feydd*, *-faoedd*. Tŷ bach, toiled, geudy, cachdy; tom, tail, carthion: *lavatory, toilet, privy, latrine*; *dung, excrement*.

14–15g. (*Diw.* **16g.**) *Gwyn* 3, 169, llodredd ias gaethfedd *yscothfa* llygod [Rhys Goch Eryri i'r llwynog]. **1604–7** *TW* (*Pen* 228) d.g. *Stercus*. **1632** *D*, *Ysgothfa*, Foricæ, cloaca. **1722** *Llst* 189, *Ysgothfa*, f.p. . . . *gothfeydd*. A house of office; also a stool, ordure. **1803** *P*, *Ysgothva*, s. f.—pl. *ysgothvëyz* . . . A privy.

ysgothiad, ysgothad [bôn y f. *ysgothaf*: *ysgothi*+*-iad*[1], *-ad*] *eg.b.* ll. *-au*. Carthion, dolur rhydd; cachiad, ymgarthiad: *excrement, diarrhoea*; *a shit*(*ting*), *excretion*.

1632 *D* d.g. *Egestio*. **1722** *Llst* 189, *Ysgothiad*. m. A stool, the having a stool. **1803** *P*, *Ysgothiad*, s. m.—pl. t. *au* . . . A purging. Ar lafar, 'Fe gas y fuwch itha' *sgothad* 'eddi ta beth, 'falla bydd 'i'n well 'nawr' (Morg.; *eb.*).

ysgowl, sgowl[2], **(y)sgowld** [bnth. S. Diw. Cyn. *scoule*, S. *scold*] *eb.* (bach. *sgowlen*, *sgowlies*) ll. *-iaid*. Gwraig anynad, cecren: *scold, shrew*.

16g. Wiliam Cynwal: *Gw* (G. P. Jones) 142, Yr ail wraig, eiriol a wn, / O naws gwael, fyth nas gwelwn, / *Ysgowld* yw, os gweli di, / Cŵl wreigdda, cilia rhagddi. **17g.** *LlGC* 253, 242, tafod *ysgowl* fel howl hen / ganoes a ddechre gynen. **1703** E. Wynne: *BC* 14, llawer *Yscowl* garpiog a fynnei daeru ei bod hi cystal Merch fonheddig a'r oreu 'n y Stryd. *id.* 101, *Yscowliaid*, wedi myned yn gan erchyllach na Nadroedd yn cnoi. **1722** *Llst* 189, *Yscowl* f.p. *yscowliaid*. A scold, shrew. **1736 (1812)** *YRW* 62, Y rhai bu d'wr di lawer tro, / Gynt yn eu scwlio *scowlies*. **1763** *LlGC* 19, 214, Taw sôn y *scowld* ysceler, / Mae th olwg fel y wiber. **1828** *Geir Pob* 29, *Ysgowl*, gwraig anniddig. Ar lafar, '*sgowlan*' 'dynes heb fynd dan draed neb heb ddangos pwy oedd hi', *WVBD* 485; digwydd *sgowl* hefyd fel *eg.* yn yr ystyr 'dihiryn' (Arfon).

Gw. hefyd **sgold**.

ysgowliaf[1]: **ysgowlio,** gw. **sgowliaf**[1]: **sgowlio.**

ysgowliaf[2], **sgowliaf**[3]: **(y)sgowlio** [bnth. S. (*to*) *scowl*] *bg.* Cuchio, gwgu; dwrdio, tafodi: *to scowl, glower*; *scold, chide*.

17g. *Plas Nantglyn* 2, 260, Yn dy dv bydd hawdd dy feithrin / na *scowlia* chwaith nâ chynal rincin. **1759** *BC* 127, Os digwydd rwi'n marcio, fod blewyn iw blino [merched], / Nhw fedran *ysgowlio*, yn ysgeler! **1766** *CD* 168, darllain Baledi: / A phob ofer Wegi, / Ni wnawn ond a fynnwn î. / Fo ddae fy Nain yno, / A dechreuai *Ysgowlio*. **18–19g.** *GABC* 80, Pa fodd y daeth y tad i ymweled, / A'i fab drygionus warthus weithred? / A'i [*sic*] dan *ysgowlio*'n dyn ysgeler ['ymddiddan . . . ynghylch sorriant Tad wrth ei Fab, am briodi allan o'i gyngor']. **1828** *Geir Pob* 29, *Ysgowlio*, cuchio. Ar lafar yn yr ystyr 'dwrdio', 'Mi roedd Marged Huws yn *sgowlio*'n ofnadwy pan glywodd hi'r newydd' (Môn); '*sgowlio*' 'to scowl', *WVBD* 485. Digwydd hefyd yn yr ymadr. '*sgowlio* mynd' 'to go off in a huff' (Arfon).

ysgowndrel, ysgowriaf: ysgowrio, ysgowt[1,2], **ysgowtaf: ysgowta, ysgowtwaets, ysgoyfon,** gw. **sgowndrel, sgwriaf**[1]: **sgwrio, sgowt**[1,2], **sgowtiaf: sgowtio, sgowtwaets, ysgoywan.**

ysgoyw [?olff. o *ysgoywan*, ond gw. *GCBM* i. 127] *a.* Bywiog; drwgdybus: *lively*; *dubious*.

1803 *P* d.g. *Ysgoew*.

ysgoywaf: ysgoywi [bf. o'r a. *ysgoyw*] *bg.* Anwadalu: *to waver*.

1803 *P* d.g. *Ysgoewi*.

ysgoywaidd, sgoywaidd, &c. [*ysgoyw*(*an*), *sgoyw*(*an*)+*-aidd*] *a.* Diystyrllyd, dirmygus, dibrisiol; dihidio: *contemptuous, disdainful, dismissive*; *heedless*.

1789 Twm o'r Nant: *TChB* 56, Yn frith ar ei thro, ag *ysgoywedd* ei threm [am y biogen]. Ar lafar, '*Ysgeuwedd*' 'di-daro', *TGG* (1904) 48 (sir Ddinb.). Clywir *sgoywedd* ym Meir. a *sgeuwedd* yn sir Drefn. yn yr ystyr 'diystyrllyd'.

ysgoywan, sgoywan, *a.* a hefyd gyda grym enwol. Gwamal, anwadal, cyfnewidiol, oriog, gwacsaw, difeddwl, byrbwyll; dirmygus; arwynebol, ansylweddol: *fickle, inconstant, changeable, capricious, frivolous, reckless, rash*; *disdainful*; *superficial, slight*.

14g. *GDG*[3] 296, O gofyn hi, gyfenw hawdd, / Poen eirchiad, pwy a anerchawdd, / Dywed dithau dan dewi, / *Ysgoewan* wyf, 'Nis gwn i'. **16–17g.** *PCWG* 327, gorchwyl enbyd yw bwytta korff krist ag yved gwaed krist yn ysgevlvs yn *ysgoewan*. **1604–7** *TW* (*Pen* 228), *ysgoewan* d.g. *Inconstans, Lentus, Leuis, petulanter*. *Dchr.* **17g.** *J* 10, 43a, *Scoewan*. Supinus. **1630** R. Llwyd: *LlH* 236, edrych yn flwng, ac yn *scoewan* (*disdainfully*) ar bawb eraill. *id.* 405, gwnawn ni yn *scoewan* (*make light*), ac yn ysgafn o ryw fâth ar bechodau. **1632** *D*, *Ysgoewan*, Leuis, ventosus, inconstans. **1672** J. Langford: *HDdD* 105, llwon of[e]r *ysgoewan* (*vain and light oaths*), y cyfryw ac sydd mor arferol yn ein haraith gyffredinol. *id.* 150, rhyw anfodlonrhwydd *ysgoewan* (*some slight dislike*). **1701** E. Wynne: *RBS* 61, Mae'r Cymmedrol yn ymddwyn yn bwyllog . . . ac awydd yn *yscoewan* (*garish*) ac yn coeg-lawenhau wrth weled danteithion. **1722** *Llst* 189, *Ysgoewan*. Unconstant, fickle. **1766** *CD* 174, Meddwyn budr heb gydnabod, / Ai serch yn gwbl ar y ddiod; / Ni fu a deimlodd Arian, / Mor feddw ac *Ysgoewan*. **1770** *W* d.g. *Brained, Shatter-, or shuttle-brain'd, Capricious, Changeful*. **1803** *P* d.g. *Ysgoewan*.

Amr.: **ysgoyfon.** **1679** C. Edwards: *GGG* 224, [g]weddio yn *yscoefon*, pryd na bo Duw yn eu meddyliau hwy.

ysgrabiniaf: ysgrabinio, ysgrabwth, ysgrad[1], gw. **sgrabiniaf: sgrabinio** (hefyd At.), **ysgaprwth, sgrad.**

ysgrad[2] [?cf. *grât*] *e?g.* Twll lludw, ?grât: *ash-pit*, ?*grate*.

20g.

ysgraean, gw. **ysgraen.**

ysgraell, ysgräell [cf. *ysgraen*] *eb.* *Adar.* Môr-wennol: *tern*.

1803 *P* d.g. *Ysgräell*.

ysgraen, ysgräen, ysgraean [cf. *ysgraell*] *eb.* ll. *ysgraenau*. *Adar.* Môr-wennol: *tern*.

18g. *Pant* 19, 105, *ysgraean* vid. y forwennol fawr *ysgraean* ddu, the black tern. **1791** *RWM* i. 937, *ysgroean* [*sic*] ddu = the black tern. **1803** *P*, *Ysgräen*, s. f. dim. . . . A sea-swallow; also called 'morwennol'.

ysgraf [?olff. o *ysgrafell*] *eg.* Teclyn i grafu; ysgraffiniad, crafiad: *scraping-implement*; *scratch*.

[**1783**] *W* d.g. *Scratch*. **1803** *P* d.g. *Ysgrav*.

ysgrafaf: ysgrafu [bf. o'r e. *ysgraf*] *ba.* Ysgraffinio, rhathu, ysgythru: *to scrape, grate, engrave*.

1803 *P*.

ysgrafell, sgrafell [cf. *crafell*] *eb.* ll. *-od*, *-i*, *ysgrafelloedd*, *sgrafellau*, *sgrafellydd*, *ysgrefyll*, &c. Crafell, crib ceffyl, &c., rhathell, hefyd yn *ffig.*; twll awyr: *scraper, curry-comb, rasp, also fig.*; *air-hole*.

?**14g.** *GIG* 174, Allan y trigi dichwibl, / Allwydd trefn hirgefn hwyrgabl, / Ellyll, *ysgrefyll* ysgrubl, / Ellyn dyryn diwallbobl [i'r aradr]. *c.* **1400** *R* 1340. 17–18, gbenbyngeul kythreul. kbthyr *yscrauell*. **15g.** *GOLlM* 44, Dwy ais gref a dwy *sgrafell* / dolennau ni wn yn daly'n well [i ofyn gwalch]. **1588** *Diar* xx. 30, Cleisiau, briwiau, a dyrnodiau yn curo celloedd y bol, ydynt *scrafellau* i gosi 'r annuwiol. **1604–7** *TW* (*Pen* 228), rhuglo . . . mal pei ag *scrauelh* march d.g. *destringo*. **1632** *D*, *ysgrafell* d.g. *Strigil*. **1716** J. Morgan: *LlT* 28, Trech oedd y rhai a boenwyd nâ'i Poenwyr, a gorchfygodd y rhwygedig Aelodau 'r *Ysgrafelloedd* durfing a'i rhwygai. **1722** *Llst* 189, *Ysgrafell*. f.p. *grafellau*. A curry-comb. **1803** *P*, *Ysgravell*, s. f.—pl. t. *i* . . . A currycomb; a grater; a rasp. Ar lafar, '*sgrafall*' 'curry-comb', *WVBD* 485 (ll. *sgrafyllod*); '*sgrafall*' 'a hole to let air into a cow-house', *ib.* (ll. *sgrafellod*; hefyd yn y ff. l. *sgrafellydd* yn Arfon); '*ysgrafall*' 'offeryn pren i droi bara ceirch drosodd wrth grasu ar y radell', *id.* xv. 29 (Meir.); '*sgrafall*' 'crafell i lanhau'r twlc a chwts yr ieir' 'crafell i grafu'r blew oddi ar gorff mochyn ar ôl iddo gael ei ladd' 'twlsyn i lanhau cwteri', *GTN* 733 (ll. *sgrafelli*); ''Ôn ni'n iwso *sgrafall* i dynnu'r cols mēs o'r tēn', *BIBC* 45. Digwydd hefyd mewn ymad. ffig. megis 'hen *sgrafell* o ddynes' (Cered.). Cf. *B* xx. 377, *Sgrafell*: Arf copr neu bres i glirio'r llwch allan o'r twll a ddarperid i'r powdwr pan fyddir yn saethu, neu i bwyo'r powdwr yng ngwaelod y twll ac felly ei wneud yn fwy cryno.

ysgrafellaf, sgrafellaf: (y)sgrafellu [bf. o'r e. *ysgrafell*, *sgrafell*] *bg.a.* Trin (ceffyl, &c.) ag ysgrafell, crafu, ysgraffinio, eillio, treulio drwy rwbio, hefyd yn *ffig.*: *to groom* (*horse*, *&c.*) *with a curry-comb, scrape, scratch, shave, abrade, also fig.*

1604–7 *TW* (*Pen* 228), *sgrauelhu* march d.g. *distringo*. **1615** R. Smyth: *GB* 6, cephylau clafrllyd cefnfrvvdion . . . yr hain sy 'n arsvvydo i *scrafellu*. **1632** *D*, *ysgrafellu* march d.g. *Distringo*. **1722** *Llst* 189, *Ysgrafellu*. To curry an horse, to scratch. **1730** Iaco ab Dewi: *YL* 60, myfi a *yscrafellaf* ei Siecced ac a gyweiriaf ei Chroen hi. **1760** *ML* ii. 173, Dydd ar ol *ysgrafellu* hyd accw.—Llyma'r eiddoch o'r 4ydd wedi dyfod i law . . . wythnos yn trafaelo. **1803** *P* d.g. *Ysgravellu*. Ar lafar, 'Ma isia *sgrafellu*'r gasag 'ma' (Morg.). Clywir y ff. *sgrafella* yn sir Benf.

ysgrafelliad, sgrafelliad [bôn y f. *ysgrafellaf*, *sgrafellaf*: (*y*)*sgrafellu*+*-iad*[1]] *eg.* ll. *-au*. Y weithred o ysgrafellu; cystwyad: *a currying* (*with a curry-comb*); *castigation*.

1803 *P* d.g. *Ysgravelliad*.

ysgrafellog, sgrafellog [*ysgrafell*, *sgrafell* +*-og*] *a.* Ysgraffiniol, hefyd yn *ffig.*; cras (am beswch, &c.): *abrasive, also fig.*; *rasping* (*of cough*, *&c.*).

1922.

ysgrafellydd, (y)sgrafellwr [bôn y f. *ysgrafellaf*, *sgrafellaf*: (*y*)*sgrafellu*+*-ydd*[3], *-wr*] *eg.* ll. *ysgrafellyddion*, (*y*)*sgrafellwyr*. Un sy'n ysgrafellu ceffylau, &c.; cystwywr: *currier* (*of horses*, *&c.*); *castigator*.

1803 *P*, *Ysgravellwr*, s. m.—pl. *ysgravellwyr* . . . A currier. *id.* *Ysgravellyz*, s. m.—pl. t. *ion* . . . A currier.

ysgrafinllyn, gw. **sgrifinllyn.**

ysgraff, sgraff, *eb.* ac yn eithriadol *eg.* ll. *ysgraff*(*i*)*au*, *ysgraiff*, *ysgryff*, (prin) *ysgraffiaid*.

(*a*) Cwch, bad, cwch rhwyfo neu rodli, llong; rafft: *boat, barge, skiff, ferry*(*boat*), *ship*; *raft*.

13g. *LlI* 93, *Escraff* a'y perthyn, dam[dug]. **13g.** *HGK* 19, aeth en *yscraff* e canonwyr en Aberdaron, ac en honno a dan rwyf yd aeth hyt en Ywerdon. **13g.** *BD* 150, kynnullav llogheu ac *ysgraffeu* a wnaeth Arthur. **15g.** *GTP* 55, Dwyfron laesgron fal *ysgraff*, / Ac ysgub rawn a gwasg braff [i erchi tarw]. **15g.** *GLGC* 501, Ni fynnai i nef uniawn / Gruffudd ond *ysgraff* dda iawn. **1547** *WS*, *Yscraff* A ferry bote. **1632** *D*, *Ysgraff*, Scapha. **1635** *LlGC* 4973, iii, Cais iddo [geiriadur] i'w rwymo fan ryff / A gweisg grwyn a ddug *ysgryff* (John Davies). **1725** *SR* d.g. *A Barge, A Boat, A Ferry-Boat*. **1740** T. Evans: *DPO* 29, mewn pedwar ugain o *Ysgraffau* a fordwyodd efe a'i wyr tuag at ynys Brydain. **1803** *P*. Ar lafar, 'cwch fferi gweddol fawr oedd *ysgraff*', *ISF* 76; '*ysgraff*' 'a large ferry-boat, lighter for carrying horses and carts, etc.', *WVBD* 580 (*eb.* ll. *ysgraffia*). Digwydd yn yr e. lle *Porth yr Ysgraff*, Llanfair-yng-Nghornwy, Môn.

(*b*) (enghrau. *ffig.*: *fig. exx.*).

c. **1400** *R* 1346. 2–3, cur oervrbydyr oes grbydyr *yscraff*. *id.* 1361. 9–11, hard get oesgret heb *ysgryff*. / heird brydydyon prifyon pryff. **15g.** *ID* 44, *ysgraffay* n gwisgo r offerr [i ofyn ychen]. **17–18g.** O. Gruffydd: *Gw* 60, Ond dyma i Ddic Thomas / *Ysgraff* siwr yn nyfndwr nos [am geffyl]. **1770** *TG* ii. 25, tra byddo dy *ysgraff* bychan yn marchogaeth ar weilgi terfysglyd (ocean) y byd yma. Ar lafar yn ddifr. am berson, 'hen *ysgraff* mawr blêr', *ISF* 76; 'Yr hen *ysgraff* i ti', *Cymru* lxii. 176 (Meir.).

ysgraffbont [*ysgraff*+*pont*] *eb.* ll. *-bynt*. Pontŵn: *pontoon*.

1780 *W* d.g. *Ponton, or pontoon*.

ysgraffiniad, sgraffiniad, (y)sgryffiniad, sgriffiniad [bôn y f. *ysgraffiniaf*, *sgraffiniaf*, (*y*)*sgryffiniaf*, &c.: (*y*)*sgraffinio*, &c. +*-iad*[1], *-ad*] *eg.* ll. (*y*)*sgraffiniadau*, *sgriffiniadau*. Marc neu glwyf a achosir gan wrth-

rych miniog neu bigfain, cripiad, crafiad; *Meddyg.* mân doriad(au) yn y croen neu mewn pilen ludiog, y weithred o gwpanu: *scratch, graze, scrape; scarification, a cupping (in med.).*

17g. *DCR* 259, Ond ryfedd /i/ pysygwvr ne veddygon da, / na ystyrian bart wrth gledi ag edrvch ar y kla / heb ddolvr ond y gnofa ne riw *skrifiniad* Croen / nwhv [*sic*] a rôn i lidio fwfwy nes kafel am i poen. **1685** T. JONES: *Alm* [40], Ceffyl disba'dd . . . ag *ysgryffiniad* neu Graith ar y Tu allan iw goes ôl ddeheu. **1765** J. EVANS: *CPE* 146, [p]igiad neu *ysgraffiniad* pin 'sgrifennn [*sic*] yw ystyr y gair a gyfieithir yma 'Tipyn'. **1796** T. JONES: *CCA* 250, fe'u ceidw mewn un frwydr, heb *ysgraffiniad* (*scratch*) na niweid. **1803** *P*, *Ysgraffiniad*, s. m. . . . A scarification. Ar lafar, 'Mi roth y gath hen *sgriffiniad* imi' (Arfon).

ysgraffiniaf, sgraffiniaf, (y)sgryffiniaf, (y)sgriffiniaf: (y)sgraffinio, (y)sgryffinio, (y)sgriffinio, *bg.a.* Crafu, cripio, torri rhigol neu rych, rhathu, hefyd yn *ffig.*; *Meddyg.* ffleimio, gwneud mân doriad(au) yn (y croen neu bilen ludiog), ?cwpanu: *to scratch, scrape, score, abrade, also fig.*; *lance (in med.), scarify, ?cup.*

16–17g. *B* ii. 242, *ysgryphinio* . . . to race as a briar or the like. **1604–7** *TW* (*Pen* 228), *scraphinio* d.g. *Circunscarifico*. *id.* [t]ynnû gwaet drwy *scrafinio*'r croen d.g. *Cucubita*. **1632** *D*, *Ysgraffinio*, Scarificare. **1661** E. LEWIS: *Drex* 315, efe a ddioddefa y peth a fynnir sef carthu 'r corph, gollwng gwaed, ei Gwppanu, ei *yscraffinnio* (*scarify*), a pha beth ni ddioddefa? **1667** C. EDWARDS: *FfDd* 82, y fynni di iddo ef dy ddal di yn ei freichiau i *scriffinio* ei wyneb ef . . .? **1677** *id.* 301, Gwrthunaf angharedigrwydd yw i blant *ysgriffinio* ac ammherchi eu rhieni. **1688** *TJ*, *Ysgraffinio*: to scratch, also to lance a sore. **1722** *Llst* 189, *Ysgraffinio*. To scarifie, lance, scrape, score or cut. **1752** J. THOMAS: *FG* 261, yr ydym yn fodllon . . . i gael ein *hysgraffinio* â Gwydr, a'n ffleimio â phob Cywreinwaith poenus. **[1783]** *W*, *Ysgraffinio* d.g. *To scarify*. **1793** *Cylchg* 20, yr oeddid . . . yn *ysgraffinio* am bob esgobaeth gyd âg anweddaidd draha. **1803** *P* d.g. *Ysgrafiniaw*. Ar lafar, '*sgryffinio*'i law', *Cymru* xlvii. 196 (sir Ddinb.); '*sgryffinio*' 'to rub off the skin so as to make a sore spot, but not sufficiently to draw blood', *WVBD* 487.

ysgraffiniol, sgraffiniol [bôn y f. *ysgraffiniaf, sgraffiniaf*: (*y*)*sgraffinio*+-*iol*] *a.* Yn (gallu) caboli drwy rwbio neu lyfnu: *abrasive.*

20g.

ysgraffwin, gw. ysgraff+gwin.

ysgraffwr, ysgraffydd [*ysgraff*+-*wr*, -*ydd*[3]] *eg.* ll. *ysgraffwyr*. Un sy'n gofalu am ysgraff neu fferi, cychwr, badwr: *ferryman, boatman, bargee.*

15g. *GTP* 5, Gruffydd, gwylia'r *ysgraffwr*, / Gwyliaw gwin a ddaw gan ddŵr. **1632** *D*, *ysgraffwr* d.g. *Remex*. **1722** *Llst* 189, *Ysgraffwr*. m. A boat-man. **1770** *W*, *ysgraffwr* d.g. *A barge-man*.

ysgraglach, sgragliach [?cf. S. *straggle* 'body or group of scattered objects'] *eg.* ll. *ysgraglachau*. Ciwed, geriach: *rabble, (useless) gear.*

1740 T. EVANS: *DPO* 124, Tuag at am yr *Ysgraglach* bach y werin Sawdwyr, ni charcharwyd mo honynt hwy, eithr . . . a wnaethpwyd yn Gaethweision i'r Brutaniaid. Ar lafar, 'rhyw hen *sgragliach* o bethau gwael' (Arfon).

Amr.: **ysgroglach. 1866.**

ysgrap[1,2,3], gw. **sgrap**[1,2], **ysgrepan.**

ysgrapaf: ysgrapo, ysgrapan, ysgraper, ysgrapiaf: ysgrapio, ysgratsiaf: ysgratsio, gw. **sgrapaf**[1]: **sgrapo** (hefyd At.), **ysgrepan, sgraper, sgrapiaf**[2]: **sgrapio, sgratsiaf: sgratsio.**

ysgrawen [gair geir., cf. *crawen*] *eb.* ll. -*nau*, -*ni*. Crwst, crystyn, tonnen, croen, arwyneb: *crust, rind, skin, surface.*

1632 *D*, *Ysgrawen*, Idem quod Crawen. **1688** *TJ*, *Ysgrawen*, crawen: a crust, a rind, or skin. **1722** *Llst* 189, *Ysgrawen*. f. p. *grawennau*. A crust, surface, rind. **[1783]** *W* d.g. *Rind*. **1803** *P*, *Ysgrawen*, s. f.—pl. t. *i* . . . That is formed as a crust.

ysgrawling, (y)sglawring, &c., *eg.* Glud (adar), gwm, eisinglas, seis, sment, sodr, hefyd yn *ffig.*: *glue, birdlime, gum, isinglass, size, cement, solder, also fig.*

1346 *LlA* 22, Ar corff hônno agyssyllttit ygyt yn vn. *oysgrawling* (*compage*) karyat am gorff krist. **14g.** *GDG*[3] 250, Ysglyn fal glud drud y dring / Ias greulon, fal *ysgrawling* [i'r rhew]. **1547** *WS*, *Yscrawling* Glewe. **16g.** *LlS* 76, Rhai a ddywaid mae da yw gwefr ne *Yscrawling* y pren yw yfed mewn gwin y ddifa carrec. **1578–80 (17–18g.)** *Cylchg LlGC* vii. 276, Isgellrwd o eiry brwd bron / *Ysgrawling* or wybrwisg greulon [dychan i fynydd Hirddywel]. *Diw.* **16g.** *WLB* 71, Kymer y kreivion o grwyn devaid a berw hwynt mewn dwfr yn ffest oni font kyn dewed ac *ysglowring*. *Dchr.* **17g.** *J* 10, 43b, *Sclowring* glue. **1632** *D*, *Ysgrawling*, Gluten, colla. Alij *Ysglowring*. **1722** *Llst* 189, *Ysgrawling*. m. Glue, size, starch, bird-lime, solder . . . ising-glass. **[1761]** *GGJ* 66, I wneud *Ysclowrun* da rhagorol i Joinio ne ddala pethau. *id.* 67, *Sclowrin*, [*sic*] arall sydd yn deneiach na'r llall. *id.* 68, Cymmerwch *Ysclowryn* (**1812** W. DAVIES: *RMB* 49, *Ysgrowling*) sydd wedi eu [*sic*] wneud o memrwn [*sic*]. **1803** *P* d.g. *Ysglawring*, *Ysgrawling*.

Amr.: **asglawring. 1851.**

ysgrawlingaf, sgrawlingaf, ysglawring(i)af, &c.: **(y)sgrawlingo, ysglawring(i)o,** &c. [bf. o'r e. *ysgrawling*, &c.] *bg.a.* Gludo, glynu, neu sodro (ynghyd), sicrhau â glud, &c., uno (ynghyd), hefyd yn *ffig.*: *to glue, stick, or solder (together), fasten with glue, &c., join (together), also fig.*

c. **1514** *Pen* 182, 293, y gwaed gwedy *ysgrowlingo* y gwallt yn kynnal yr esgyrn. **1545** ELIS GRUFFYDD: *Ll* 186, Y llygaid a vo ynn llawn mool o nattur kolor a malickoli yr hrai *ysglowringia*'r amranne ynghydd megis ac na allo ef j hagori wyntt onid drwy help y dwyllo. **1547** *WS*, *yscrawlyngo* Glewe. **1604–7** *TW* (*Pen* 228), Caeatrwym wedy' *scrowlingo* d.g. *Conglutinatus*. *id.* *ysgrawlingo*, *ysglowringo* d.g. *Glutino*. **1632** *D*, *Ysgrawlingo*, Glutinare. **1658** R. VAUGHAN: *PS* 213, ath waed ti [Iesu] a *sclowringa* [:– Neu ludia] fynghalon at bob dyn. **1722** *Llst* 189, *Ysgrawlingo*. To glue, size, starch, join together, solder. **1769** E. ROBERTS: *GN* 38, Y Briodas wr angell [*sic*] sy'n dechre *sglowringo*, / Gwiliwch symud maint yn y bud, / Oni te hi ddetud eto. **1803** *P* d.g. *Ysglawringaw*.

Amr.: **ysgrolingo. 1567** *TN* 66b, Achos hyn y gad dyn ei dad a' eï vam, ac a lyn [:– ymwasc, *ysgrolingir*] wrth ei wreic.

ysgrawlingaidd [*ysgrawling*+-*aidd*] *a.* Gludiog: *glutinous.*

1604–7 *TW* (*Pen* 228) d.g. *Tenax*. **1773** *W* d.g. *Gelly, Glutinous*.

ysgre [gair geir., ?cf. *gre*] *eg.* Ceffyl: *horse.*

16g. WILIAM LLŶN: *Gw* (R. Stephens) (At.), *Ysgre* march *ysgre* mynwes gramoc Gan /G/h/. **1632** *D*. **1722** *Llst* 189, *Ysgre*. m. An horse. **1753** *TR*.

ysgrech, ysgrechaf: ysgrechan, &c., gw. **sgrech, sgrechiaf: sgrechian.**

ysgrechen [*ysgrech*+-*en*] *eb.* *Adar.* Môrwennol: *tern (in ornith.).*

20g.

ysgrechfeydd, ysgrechiaf: ysgrechian, &c., **ysgrechiog, ysgrechiwr,** gw. **sgrech, sgrechiaf: sgrechian, sgrechog, ysgrechwr.**

ysgrechlais, ysgrechlef, ysgrechlefaf: ysgrechlefain, gw. **ysgrech+llais, llef**[1], **llefaf: llefain.**

ysgrechlyd, ysgrechog, gw. **sgrechlyd, sgrechog.**

ysgrechwr, ysgrechiwr [bôn y f. *ysgrechaf, ysgrechiaf*: *ysgrech(i)an*, &c.+-*(i)wr*] *eg.* ll. *ysgrechwyr*. Un sy'n sgrechian, arthiwr: *screamer, blusterer.*

1770 *W*, *ysgrechwr* d.g. *Blusterer*. **1803** *P*, *Ysgreçiwr*, s. m. pl. *ysgreçiwyr* [*sic*] . . . A screamer.

ysgrepan, sgrepan, (y)sgrapan, ysgripan [bnth. rhyw ff. ar S. C. *screppe*+-*an*[1]] *eb.* ll. *sgrepanau, ysgrapanau, ysgripanau*. Bag neu waled fechan, yn enw. un a gludir gan bererin, bugail, neu gardotyn, bag llyfrau, cod, poced (ddatodadwy), cnapsach, pac, sach, hefyd yn *ffig.*: (*pilgrim's, &c.*) *scrip, wallet, satchel, pouch, (detachable) pocket, knapsack, sack, also fig.*

15g. *GDLl* 152, Oes grupul ag *ysgrepan*, / Na dall, nag angall na gwan, / Un ymbil, er Sain Silin, / Er y gwaed a wneir o'r gwin, / Ac er y Grog aur ei grwys [i Lywelyn ap Gutun am geinioca'r holl wledydd am golli ei geffyl]? **15g.** *GGl*[2] 246, *Ysgrepan* o sidan Sieb / A sinobl dros ei hwyneb. **1547** *WS*, *Yscrepan* A scryppe. **1551** W. SALESBURY: *KLl* xxxiia, Pan ddanuoneis chwi eb gwd ac *y/screpan* / ac escitie / a vu arnowch chwi eisie dim? **16g.** HUW ARWYSTL: *Gw* 449, fal palmer at bedr / ai *screpan* ledr / ir wy fyth hyfedr / i fythafarn. **1567** *TN* 15a, Na veddwch ar aur, nag ariant . . . nag *yscrepan* ir daith. **1597** *CRC* 342, y Tyna i *scrapan* a fu'r ioed / ag hyd yn oed y balcha / fo all heddyw gofio hyn / a newyn yn i fola. **16–17g.** SIÔN MAWDDWY: *Gw* 355–6, Profed ddwyn, pryf diddoniad, / Pen dwl *ysgrapannau*'i dad. / Down i'w ymlid yn amlwg, / Draw'n oes dyn, cadair nis dwg [i Huw Llŷn]. **1604–7** *TW* (*Pen* 228), *Screpan* d.g. *Corycium, pera*. **1632** *D*, *Ysgreppan*, Mantica. **1672** R. PRICHARD: *Gw* 535, Heb dai, heb dir, heb fwyd heb *screpan* [:– Cŵd]. **1693** *RY* 4, *yscrippan* . . . pob maeth a'r [*sic*] luniaeth yr hyn oeddyd arferol o'i ddwyn mewn *yscrippannau*, neu Gôdau ymddaithuddion. **1775** *W*, *ysgreppan* d.g. *Knap-sack*. **1803** *P* d.g. *Ysgrepan*. Ar lafar, '*sgrepan*' 'bag, scrip, wallet', *WVBD* 486; hefyd yn yr ystyr 'scruff of the neck, 'Mi gafish i'n 'i *sgrepan* o', *ib.*

Amr.: **ysgrap**[3]. *c.* **1400** *Ked AA* 13, tynnawd y claf o'e *yscrap* y ffiol ynteu.

ysgrepyn, gw. **sgrap**[1].

ysgretan, sgretan[1], *eb.g.* Enw difr. ar berson neu anifail tenau: *derog. name for skinny person or animal.*

1803 *P*, *Ysgretan* s. c. dim. . . . Any lean or lank looking animal.

ysgreten, sgreten, sgretan[2], *eb.* ll. *ysgretennod*. *Pysg.* Tensh, *Tinca tinca*: *tench.*

1604–7 *TW* (*Pen* 228), *Screten* d.g. *Tinca* . . . *Tinca marina*. **1632** *D*, Pysgodyn a elwir *Ysgretten* d.g. *Tinca*. **1722** *Llst* 189, *Ysgretten*. f.p. *tennod* A tench (fish).

ysgri, gw. **sgri**[3] (hefyd At.).

ysgrialaf: ysgrialu, gw. **sgrialaf: sgrialu.**

ysgribiaid [bnth. S. *scribe*+-*iaid*[1]] *ell.* Ysgrifenyddion (Iddewig gynt): (*ancient Jewish*) *scribes.*

1580 *GGN* 25, Eleassar vn or Rai penaf ymysc yr *ysgribied*. **1611** R. SMYTH: *SG* 155, yr *yscribiaid* a'r Pharasaiaid a eisteddant ynghadair Moesen.

ysgribl[1,2], **ysgriblaf: ysgriblo, ysgriblaidd, ysgribliad, ysgribliaf: ysgriblio,** gw. **sgribl**[1], **ysgrubl, sgriblaf: sgriblo, ysgrublaidd, sgribliad, sgriblaf: sgriblo.**

ysgribliwr, ysgriblwr, ysgriblydd, gw. **sgriblwr.**

ysgrid, gw. **sgrid.**

ysgrif, sgrif [olff. o'r e. *ysgrifen, sgrifen*] *eb.* ll. (*y*)*sgrifau, ysgrifion*. Cyfansoddiad llenyddol byr mewn rhyddiaith ar destun penodol sydd fel arfer yn mynegi ymateb personol yr awdur; erthygl, traethawd, dogfen; ysgrifen(iad), llawysgrif; mesur (seneddol); datganiad ysgrifenedig am achos, yn enw. gan bleintydd; bil (am nwyddau, &c.); bwl, pabysgrif; ?bil cyfnewid, siec: *literary essay; article, (school, &c.), essay, document; a writing, manuscript; (parliamentary) bill; bill (written statement of a case); bill (for goods, &c.); (papal) bull; ?bill of exchange, cheque.*

1595 *Egl Ph* 33, Yr ydys yn arbher y droelh honn, pan osodir ar araith, neu *scribh*, enw'r nailh 'wr neu dhyn am y lhalh. **18–19g.** *LlrC* 11, 196, *ysgrif*, a MS, a writing. **1803** *P*, *Ysgriv*, s. f.—pl. t. *ion* . . . A writing. Ar lafar, 'Fe 'nillws ar yr *ysgrif* yn 'Steddfod Carffili un tro', *GTN* 865.

Cfn.: **ysgrif arweiniol:** *leading article, leader.* **1913. ysgrif goffa:** *obituary.* **1914.** *Cyfr.* **ysgrif gywir:** *true bill (of indictment, in law).* **1815. Ysgrif y Diwygiad:** *the Reform Bill.* **1831. ysgrif marwoldeb:** *bill of mortality.* **1810.**

Gw. hefyd **ysgrifen.**

ysgrifaf: ysgrifo, gw. **ysgrifiaf: ysgrifio.**

ysgrifbin, sgrifbin [*ysgrif, sgrif*+*pin*[1]] *eg.* ll. -*nau*. Pin neu ben ysgrifennu, stilws, hefyd yn *ffig.*: (*writing-*)*pen, stylus, also fig.*

1794 *W*, *ysgrif-bin* d.g. *Style* [*a pointed iron . . . used . . . in writing . . .*].

ysgrifbluen, gw. **ysgrif+pluen.**

ysgrifdy [*ysgrif* + *tŷ*] *eg.* Ysgrifenfa: *scriptorium.*
1858.

ysgrifdyst [*ysgrif* + *tyst*] *eb.* ll. *-iau.* Tystysgrif, dogfen; patent: *certificate, document; patent.*
1834.

ysgrifed [*ysgrif* + *-ed*¹] *eb.* ll. *-au.* Llawysgrif: *manuscript.*
1803 *P.*

ysgrifedig [?*ysgrif*(*en*) + *-edig*] *a.* Ysgrifenedig: *written.*
15g. *B* iii. 85, darllain siartyr ai holl bechodeu yn *ysgriuedic* yndi.

ysgrifell, sgrifell [*ysgrif, sgrif* + *-ell*] *eb.* (bach. g. (*y*)*sgrifellyn*) ll. *ysgrifellau, ysgrifelli.* Ysgrifbin, pin neu ben ysgrifennu, stilws, mynawyd ysgrifellu, hefyd yn *ffig.*: *writing-pen, stylus, scriber* (*tool*), *also fig.*
1783 *B* vii. 265, edrych dros ei Swm, edrych ar ei Gopi, gosod iddo Gopi, mynegi gair, gwneud neu daclu *ysgrifell.* **1790** Twm o'r Nant: *GG* 209, Awdl O Ddiolchgarwch Am *Ysgrifell* Arian, Neu Bin Ysgrifennu.

ysgrifellaf, sgrifellaf: (y)sgrifellu [bf. o'r e. *ysgrifell, sgrifell*] *bg.a.* Ysgrifennu, defnyddio ysgrifell i ricio (pren, brics, &c.): *to write, scribe.*
1835.

ysgrifellydd [bôn y f. *ysgrifellaf*: *ysgrifellu* + *-ydd*³] *eg.* Ysgrifennwr, awdur: *writer, author.*
1836.

ysgrifellyn, gw. **ysgrifell.**

ysgrifen, sgrifen, &c. [bnth. Llad. *scrībendum,* H. Grn. *scriuen* (*danuon*), gl. *epistola,* H. Wydd. *scribend*] *eb.* ac yn eithriadol *eg.* ll. *-nau.* (Yr hyn a geir mewn) cyflwr neu ffurf ysgrifenedig, ysgrifeniad, gwybodaeth ysgrifenedig, llawysgrif, arysgrif, llawysgrifen, gwaith llenyddol, llythyr, dogfen, gwrit, gweithred, tystysgrif; mesur (seneddol); bil (am nwyddau, &c.); rhagnodyn; ysgrythur; hefyd yn *ffig.*: *a writing, written state or form, written information, manuscript, inscription, handwriting, literary work, letter, document, writ, deed, certificate;* (*parliamentary*) *bill; bill* (*for goods,* &c.); *prescription; scripture; also fig.*
9g. (*MC*) *VVB* 215, *Scribenn,* gl. *scriptura.* **13g.** *B* ix. 340, Wynt a welynt . . . dryll *yscriven* allan . . . A phan dynnassant honno yd oed en yscrivenedic endi. Aue maria. **13g.** *BD* 65, ymchuelut a wnaeth parth ac enys Prydein a'e negesseu ganthav trvy gedernyt *scriuenneu* (*RB* ii. 104, *yscriueneu*) a llythyreu agoret. **14g.** *RC* xxxiii. 195, nyt o *ysgriuen* y llythyr y dywedei namyn or ysbryt glan. **15g.** *GLGC* 263, *Ysgriven* Siarlys am y lutenant, / a'i stad a'i blwyf a'i ystod a'i blant. *id.* 281, Mae *sgrifen* uwchben y bedd, / mae dau o enwau unwedd. *id.* 313, Duw o Efrai i'm dwyfron / a roes hen *ysgrifen* gron, / fal y rhoes yn nhabl Moesen / yng nghwr rhol y dengair hen. **1547** *WS, Yscrifen* A wrytyng. *id.* Yscrythur ne *yscrifen* Scrypture. **1551** W. Salesbury: *KLl* lixb, pa ddelw y bu varw Ieshu Christ tros ewn pechateu / yn ol yr *escrivennau* / ae gladdy ef / ae gyuody y trydydd die / yn ol yr *escriuennau.* **16–17g.** *B* v. 32, o daw gwr wrth gerdh i glera . . . i obhyn da wrth gerdh heb *yscribhen* ei athro i dhangos beth a bho ei radh. **1606** E. James: *Hom* iii. 231–2, o herwydd nid oes gennym un *scrifen* (*charter*) ar ein bywyd mwy na chanthynt hwythau. **1632** *D, Ysgrifen,* Scriptura, scriptio. **1672** R. Prichard: *Gw* 48, Ein *scrifen* fe dorrwys, a'r fforffed fe dalwys, / A 'n pardwn fe'i prynwys o'r pritta. **1679** C. Edwards: *GGG* 201, *Ysgrifen* neu Weithred o rwymedigaeth, i'n rhwymo ni i roddi gwasanaeth ffyddlon . . . i Dduw. **1696** *CDD* [3], Amryw eraill o'r Carolau . . . a ddaethant i'm llaw yn *yscrifen* dywŷll iawn, ac yn llawn beiau o Gymraeg anghywir. **1722** *Llst* 189, *Ysgrifen.* f.p. *fennau* . . . A writing, bill or bond for debt, note, deed or instrument in writing, lease, inscription, manuscript. **1761** *ML* ii. 395, Daccw'r plantos gwirion yn mendio tippyn ar eu *sgrifen* yn Machynllaeth, ond nid ynt ond ieuangc a disynwyr. **1769** J. Griffith: *A* 52, yr *ysgrifen* cyfraith trwy ba un y rhwymir gwyr ieuaingc yn brentysiaid. **1772** D. Risiart: *HFP* 172, pan ddaeth y Physygwr, efe a appwyntiodd iddo gymmeryd amryw bethau, ac a ddarllenodd ei '*Sgrifen* (Bill) iddo. **1803** *P, Ysgriven,* s. f. . . . A piece of writing. Ar lafar, "Rodd y *sgrifan* mor ddrwg 'ddaru ni fethu neud o allan', *WVBD* 486; 'Ma *sgrifan* ddæ ginto', *GTN* 734.
Cfn.: **yr ysgrifen ar y mur:** *the writing on the wall, fig. with ref. to Dan* v. 5, 25–8. **20g. (y)sgrifen fedd:** *epitaph, also fig.* **1768** J. Jones: *HC* 68, *Ysgrifen-fedd.* **ysgrifen gaeth:** *bond.* **1795** J. Thomas: *AIC* 62, 70. **ysgrifen wŷs, ysgrifenwys:** (*writ of*) *summons.* **1727** J. Jones: *DFF* 87. **1771** *W* d.g. *Brief* [*writ, warrant, or breviate*]. **ysgrifen law,** gw. *ysgrifenlaw.* **(y)sgrifen redeg(og):** *running hand, cursive script.* **1852. ysgrifen r(h)yddhad, sgrifen ryddhad:** *receipt, acquittance.* **1770** *W, Ysgrifen ryddhâd* d.g. *An acquittance for money received.* **1796** T. Jones: *CCA* 27, '*sgrifen ryddhâd* am ddyled a dalwyd. **1798** *WR, ysgrifen rhyddhad* d.g. *Acquittance.* **1799** *CGGH* 6, wrth dderbyn pa rai caiff y Swyddogion newydd roi '*sgrifen-ryddhâd* i'r hên rai. **ysgrifen symudiad:** *writ of habeas corpus.* **1770** *TG* iv. 112, John Bowcot, Catherine Barrow . . . y rhai a ddygwyd yno [Henffordd] . . . o Sir Forgannwg, trwy *ysgrifen symmudiad,* am yspeilio llong o Holand. **1772** D. Risiart: *HFP* 146, 170. **mewn (y)sgrifen,** &c.: *in writing.* **[1547]** W. Salesbury: *OSP* [v], [y]r araith vustlaf . . . y sydd ar ych elw *mewn escriuen.* **16g.** (*LlEG*) *Mos* 158, 51a, yn wir niwelais I va/wr goof *mewn ysgriuen* ohonnaw ef. **1604–7** *TW* (*Pen* 228), lhaw vn *mewn scriuen* d.g. *Manus.* **1681** S. Hughes: *AC* 38, gwneuthur o hono ryw atgoffa o honi [stori] *mewn scrifen.* **1710** *LlGG* (*Gos*) 7, yn gyntaf addaw hynny *mewn 'sgrifen* tan ei law. **1798** W. Richards: *CC* 5, yr hyn a gadarnhaodd ef, gwedi hynny, dan ei law ei hun . . . *mewn ysgrifen.*
Gw. hefyd **ysgrif.**

ysgrifenadaeth, ysgrifeniadaeth [*ysgrifennad, ysgrifeniad* + *-aeth*] *e?b.* Llenyddiaeth, ysgrifeniadau; ?ffurf ysgrifenedig: *literature, writings; ?written form.*
1820.

ysgrifenbin, sgrifenbin [*ysgrifen, sgrifen* + *pin*¹] *eg.* Ysgrifbin, pin neu ben ysgrifennu, hefyd yn *ffig.*: (*writing-*)*pen, also fig.*
1704 *Cym Cr* 57, dwyn ar Gôf iddynt trwy ailadrodd iddynt, naill ai trwy nerth dy gof, neu gymmorth dy *Yscrifen bin* [*sic*], yr hyn a glywsant. **1800** C. Evans: *EJU* 100, y cafodydd o ogan a ddifera yn ffrydiau oddi wrth '*sgrifen-bin* tlws ein hawdur.

ysgrifenbrawf, gw. **ysgrifen + prawf**¹.

ysgrifendyst [*ysgrifen* + *tyst*] *eg.* Dogfen, gwarant, tystysgrif; dyfyniad sy'n garn i honiad: *document, guarantee, certificate; quotation used to support a claim.*
1770 *W* d.g. *An authority* [*passage out of an author*], *Document* [*a voucher, or original writing* . . .]. **1794** E. Jones: *CP* 2, Yr hwn a ganlyno ar ddrwgweithredwr, nes ei euog-farnu, a'r gwr cyntaf i'r hwn y trosglwyddo ef ei ddilysrwydd, neu *ysgrifen-dyst,* a ryddheir oddiwrth y swydd wardeiniol.

ysgrifenedig, sgrifenedig, &c. [bôn y f. *ysgrifennaf, sgrifennaf*: (*y*)*sgrifennu* + *-edig*] *a.bfl.* ll. *-ion.* Wedi ei ysgrifennu, wedi ei gofnodi, wedi ei lofnodi, hefyd yn *ffig.*: *written, recorded, signed, also fig.*
13g. *B* ix. 340, Wynt a welynt . . . dryll yscriven . . . A phan dynnassant honno yd oed en *yscrivenedic* endi. Aue maria. **14g.** *LlB* 129, pob ryw gyfreith *yscriuenedic,* ar ny bo gwrthwyneb idi yn *yscriuennedic.* **1346** *LlA* 64, Ar meirẟ avarnnẟyt drẟy y petheu aoedynt *yscriuennedic* yn y llyureu. **14g.** *RC* xxxiii. 233, nyt petheu *ysgrivenedigyon* yn eu llyureu wy. *c.* **1400** *DB* 37, Yny vwynt *yscriuenedigyon* teyrnassoed y gogled, wrthunt ettwa y perthynant y rei hynn. **1547** *WS, Yscrifenedic* Wryten. **1551** W. Salesbury: *KLl* xxxixa, Y peth *escriuennedic* oedd / Ieshu o Nazareth, brenhin yr Iuddeon. **16–17g.** *C* 46. 17–18, Merddin mab Morfryn a ganodd yr hyn y sydd *scrifenedic* yn yr wyth ddolen. **1630** *YDd* 93, rhoes Duw i ti etifeddiaeth tragywyddol . . . yn ei air ef, *scrifennedig* (*signed*) a gwaed ei fab. **1733** J. Thomas: *CGGD* d.d., *Scrifennedig* yn Saesonaeg. **1803** *P* d.g. *Ysgrivenedig.*

ysgrifenedigaeth [*ysgrifenedig* + *-aeth*] *e?b.* ll. *-au.* Gwaith ysgrifenedig, ysgrifeniad: *written work, a writing.*
1723 J. Jones: *LlA* 5, Rheolau Gramadeg, Llyfrau 'r hen Ysgrifennyddion, ac *Ysgrifenedigaeth* y Cymreigyddion newydd. **1728** S. Rhydderch: *GC* 9, Eraill a fesurir . . . o chwech [sillaf] fel y mae *Ysgrifennedigaeth,* o saith fel y mae *Ysgrifenedigaethau.*

ysgrifenedydd, sgrifenedydd [*ysgrifen, sgrifen* + *-edydd*] *eg.* Ysgrifennwr (proffesiynol), awdur; ysgrifennydd, clerc: *writer, author; scribe, secretary, clerk.*
1632 *D, Scrifennedydd* d.g. *Actuarius, Grammaticus. id. ysgrifennedydd* d.g. *Libellio, Librarius, Scriba.* **1725** *SR* d.g. *A Scribe.* **1778** *W* d.g. *Pen, Penman, Playwright, Secretary, Writer.*

ysgrifenfa [*ysgrifen* + *-fa, ma*] *eb.* ll. *-feydd.* Ystafell a neilltuir ar gyfer ysgrifennu, yn enw. un mewn mynachlog lle copiir llawysgrifau, desg: *scriptorium, desk.*
1832.

ysgrifenfraint, sgrifenfraint [*ysgrifen, sgrifen* + *braint*¹] *eb.* Siartr, hefyd yn *ffig.*: *charter, also fig.*
1744 *CMC* 18, ffydd, megis pe b'ai yn sylweddu ac yn melysu 'r addewid: yn dra thebig i fod Dŷn yn edrych i'w ei Fondau a'u [*sic*] *Scrifen-fraint,* neu ryw siccrwydd arall. *c.* **1785–90 (1829)** *CBYP* 221, *Ysgrifenfraint* gyfosgordd i Dref Llanillud [*sic*] Fawr. **1800** C. Evans: *EJU* 97, cafodd yr Eunuch ei fedyddio ar broffes ei ffydd . . . Dyma ffurf-ddadl bedydd, yn ol *ysgrifen-fraint* y nefoedd.

ysgrifenfwrdd [*ysgrifen* + *bwrdd*] *eg.* ll. *-fyrddau.* Desg: *desk.*
1772 *W* d.g. *Desk.*

ysgrifengar [*ysgrifen* + *-gar*] *a.* Hoff o ysgrifennu: *fond of writing.*
1825.

ysgrifengist [*ysgrifen* + *cist*] *e?b.* Desg, biwro: *desk, bureau.*
1771 *W* d.g. *Bureau, Desk, Scrutoir.*

ysgrifeniad, sgrifeniad, (y)sgrifennad [bôn y f. *ysgrifennaf, sgrifennaf*: (*y*)*sgrifennu* + *-iad*¹, *-ad*] *eg.b.* ll. (*y*)*sgrifen*(*i*)*adau,* (*y*)*sgrifenadon.* Y weithred o ysgrifennu, cyfansoddiad ysgrifenedig, darn o waith llenyddol (e.e. llyfr neu erthygl); llawysgrifen, copi ysgrifenedig, llawysgrif, dogfen, gweithred, offeryn, derbynneb; hefyd yn *ffig.*: *a writing, written composition, piece of literary work* (*e.g. book or article*); *handwriting, written copy, manuscript, document, deed, instrument, receipt; also fig.*
c. **1400** (*SG*) *HMSS* i. 171, duw a vynnawd gwybot gwirioned drwy y *ysgrifennyat* ef am y damwein hwnnw. **1567** G. Robert: *GC* 53–4, da oedd edrych pa fodd yr'scri/fennir [*sic*] sillafau trymion ag yscafn, fal y capher gwybod wrth i, [*sic*] *scrifenniad* pa vn sydd drom a pha vn sydd yscafn. *Diw.* **16g.** *RWM* ii. 173, ymgyrchei y mab hẟnn i rhyẟ le yr ydoedh *yscribhennadon* tir ei dad ac erailh yscribhennev yn perthyn at olud ei dad. **1588** 1 *Esd* iii. 13, hwynt a gymmerasant eu *scrifennadau.* **16–17g.** *CRC* 426, ar dir er daed fydde / i lês ai *ysgrifenade* / nid oedd na rhwym nag amod / na fedre avr i dattod. **1604–7** *TW* (*Pen* 228), *Scriveniat* d.g. *Anagraphe.* **1687 (1715)** J. Owen: *TB* 11, dywedodd y llef wrtho, fod yr *ysgrifenniad* honno ar y ddaiar yn ar/wyddoccau *ysgrifenniad* y gyfraith ar ei galon ef. *id.* 36, Gwraig . . . a gollodd rai *ysgrifenniadau* ôi choffor. **1688** S. Hughes: *TSP* 245, [c]anfu Bapyr ar ei Gefn ef, lle yr oedd yr *yscrifennad* (*inscription*) hwn. **1703** E. Wynne: *BC* 41, yr oedd ganddynt gymaint o Godeu a *Scrif nadeu.* **1716** E. Samuel: *GGG* 192, [b]od eusys yr amser hwnnw laweroedd o *scrifennadau* (*copies*) or Efangyl honno ymmhob mann trwy 'r byd. **1722** T. Evans: *PS* 30, y Teidiau oll ôl yn ôl hyd ei amser ef, pan y baent yn sôn am y Ffurf hon yn eu '*Sgrifennadon.* **1735** S. Thomas: *HP* 30, nid oedd *Scrifeniadau'r* Groegwyr yn anhysbys iddo. **1803** *P, Ysgriveniad,* s. m.—pl. t. *au* . . . A writing.

ysgrifeniadaeth, gw. **ysgrifenadaeth.**

ysgrifeniadol [*ysgrifeniad* + *-ol*] *a.* Ysgrifenedig: *written.*
1851.

ysgrifenlaw, sgrifenlaw, ysgrifen law [*ysgrifen, sgrifen* + *llaw*¹] *eb.?g.* a hefyd gyda grym ansoddeiriol. Llawysgrifen, llofnod; llawysgrif, copi ysgrifenedig, dogfen, cytundeb neu ymrwymiad ysgrifenedig, addeweb; bil (am nwyddau, &c.); hefyd yn *ffig.*: *handwriting, signature; manuscript, written copy, document, written agreement, bond, bill of debt* (*promissory note*); *bill* (*for goods,* &c.); *also fig.*
c. **1585** G. Robert: *DC* [xxiii], Ewylhys yr Athro ydoedh dhanfon y lhyfr mywn *scrifenlaw* i blith y Cymbry. **1588** *Tob* v. 3, Yntef a roddes iddo yr *scrifenlaw.* **1606** E. James: *Hom* iii. 44, [t]orrodd [Crist] yr *scrifenlaw* (*obligation*) trwy'r hon yr oeddym ni yn rhwym i Dduw. **1620** *Col* ii. 14, Gan ddileu *yscrifen law* yr ordeiniadau, yr hon oedd yn i'n herbyn. **1632** *D, ysgrifen law* d.g. *Chirographus, Manus, Syngrapha.* **1683** *LlP* 55b, Nid yw'r llythyrenau a roddwyd yma am *ysg*[*r*]*ifen law* . . . [c]yn decced ag y dylent fod; ag

nid ellir tori y mhonynt ddim gwell mewn pren. **1687 (1715)** J. Owen: *TB* 149, a roddaisti, o ddyn anhappus, dy *Yscrifen-law* i gennad y Pâ[b]? **1716** E. Samuel: *GGG* 100, Tertullian yn mynegi fod *ysgrifen-law* gyntaf rhai or Llyfrau hynny iw gweled yn ei amser Ef. **1725** *SR*, *Ysgrifen law* d.g. *A Manuscript, Speciality, [Bond,].* **1759** W. Williams: *SFf* 25, pan byddwyf yn derbyn Rhodd, yr ydwyf yn ei gymmeryd fel fy eiddo fy hun; a phan y byddwyf yn gorphwys ar siarter neu *ysgrifen law*, yr ydwyf yn gorphwys arno fel fy Rhwymau digonol. *c.* **1762–79** W. Williams: *P* 512, nid posibl cael copiau o'r *'sgrifenlaw*, a'r rhei'ny mor anaml. **1771** J. Thomas: *TA* 101, Mae 'r ddeddf . . . yn dwyn i mewn *'sgrifen-law* (neu fil) mawr, ond nid yw 'n dwyn dim gyd ag ef i dalu. **1798** *WR*, *yscrifenlaw*'r awdwr d.g. *Autography.*

Cfn.: **yr ysgrifen law,** &c., **ar y pared:** *the writing on the wall, with ref. to Dan* v. 5, 25–8. **1723** J. Jones: *LlA* 97, Dichon Dyn grynu wrth Air Duw . . . megis y gwnaeth Belshasar wrth *yr Ysgrifen law* (*hand-writing*) *ar y Pared.* **1790** T. Jones: *TOS* 137, byddai pob dalen iti, fel *yr ysgrifen-law ar y pared* i Belshazzar, ond yr hyn sy 'n galw arnat i edifeirwch.

ysgrifenlyfr, sgrifenlyfr [*ysgrifen, sgrifen + llyfr*[1]] *eg.* ll. *sgrifenlyfrau.* Llawysgrif; llyfr ysgrifennu: *manuscript; writing-book.*

1754 *ML* i. 325, hen *sgrifenlyfr*, ac ynddaw yn agos i chweigian o gowyddau D'ap Gwilym. **1755** *GAGC* [28], Brut y Brenhinoedd . . . am yr hen *'Sgrifenlyfrau* o hono. **1762** *ML* ii. 529, Ymbottiaw efo'r yswain yw gwaith y bardd . . . ac os edrych ar neb rhyw *'sgrifenlyfr*, a'i lygaid mal ser yn ei ben, ni wnant ddaioni yn y byd iddaw.

ysgrifennad, gw. ysgrifeniad.

ysgrifennaf, sgrifennaf, &c.: **(y)sgrifennu,** &c. [bf. o'r e. *ysgrifen, sgrifen*] *bg.a.* a hefyd gyda grym enwol i'r be. Marcio papur neu arwyneb arall drwy ddefnyddio pen, pensel, &c. â symbolau, llythrennau, neu eiriau, ffurfio neu farcio'r symbolau sy'n cynrychioli (gair, brawddeg, dogfen, &c.), llenwi (dalen, siec, &c.) ag ysgrifen, cyfansoddi (testun, erthygl, nofel, &c.) er mwyn ei atgynhyrchu neu ei gyhoeddi'n ysgrifenedig neu'n argraffedig, nodi, mynegi neu gyflwyno (geiriau, syniadau, &c.) mewn ffurf ysgrifenedig neu argraffedig, cael ei gyflogi i gyfansoddi testun, erthygl, &c., ysgrifennu a gyrru llythyr (at rywun), cyfleu (newyddion, gwybodaeth, &c.) drwy gyfrwng llythyr, rhoddi (gwybodaeth) mewn cof cyfrifiadurol, hefyd yn *ffig.*; *Beibl.* rhifo('r boblogaeth) (at bwrpasau treth): *to write, note* (*down*), *also fig*; (*bibl.*) *take a census* (*of*) (*for tax purposes*).

13g. *LlI* 91, Llyma e gueles e doethyon bot en grynno *escryuennu* guerth e tey a'r doodreuyn. **13g.** *DB* 84, Hwnnw yu y nef a *yscriuenir* y greu y gyt a'r daear enn e dechreu. **14g.** *WML* 291, Ar llyuyr hỽnn blegywryt yscolheic ae *hyscriuenỽys.* **1346** *LlA* 17–18, Y pymet. *ysgriuennv* awnnaethpỽyt yr holl vyt ydalu sỽllt yrufein. *c.* **1400** *Études* vii. 50, Rac brath neidyr neu gi claf, *ysgriuenna* y geireu hynn mywn gwaelawt fiol vassarn. **15g.** *GLGC* 69, Ni all pen *ysgrifennu* / a sonied am Siwan du. **1545** Elis Gruffydd: *Ll* 171, Yma yn ol j mynegir ynghwaneg o rinwedde a daioni'r rosmari gwediigynnull [*sic*] a'i *sgriuenv* o lauur yr awdur dysgedig gwybodol. **1546** *YLlH* [5], amgenach noc y by arveredic *escrivenny* kynn hynn nyd heb achos kywrain, mi a ddodeis gwyddor or lhythyren islaw, ac ywch benn pob vn air i ddangos nerth pob lhythyrenn. **1547** *WS*, *Yscrifeny* Wryte. **1567** *TN* 83a, dy/uot o 'orchymyn ywrth Augustus Caisar i vot trethy [:– orgraphy, *yscrifeny*] yr oll vyt. **1588** 1 *Mac* viii. 20, i chwithau ein *scrifennu* ninnau yn gydymdeithion, ac yn garedigion i chwithau. **1588** 1 *Esd* i. 4, fel yr *scrifennodd* Dafydd. **1632** *D*, *Ysgrifennu*, Scribere. **1725** D. Lewis: *GB* 99, mae ymma bethau rhyfeddach nag y gall yr Annysgedig eu dirnad, er mwyn pa rai yn bennaf yr wyf yn *Sgrifennu.* **1751** *GlA* vi, Mae Duw yn cadw y llyfr yn awr; ac ef ai *hyscrifenna* ef ar eich cydwybodau chwi ai ddychryniadau. **1803** *P*, *Ysgrivenu* . . . To write, to pen. Ar lafar, '*Sgrifenna* di enw man 'yn', 'Ma isia *sgrifennu* llethyr arno' i', *GTN* 733.

Amr.: **cysfennu. 1930. gysfennu. 1881. sfennu. 1758** *ML* ii. 93. Ar lafar, *TGG* (1901) 38. **sgfennu.** Ar lafar, *TGG* (1901) 38. **sgwennu. 1916.** Ar lafar, 'Mi 'nillodd o efo'r llyfr cynta' *sgwennodd* o'. **syfennu. 1847.**

Cfn.: **ysgrifennu creadigol:** *creative writing.* **20g.**

ysgrifennol [*ysgrifen + -ol*] *a.* Yn perthyn i ysgrifennu: *pertaining to writing.*
1803 *P* d.g. *Ysgrivenawl.*

ysgrifennwr, sgrifennwr [bôn y f. *ysgrifennaf, sgrifennaf*: (*y*)*sgrifennu* + *-wr*] *eg.* (b. (*y*)*sgrifenwraig, ysgrifenreg*) ll. (*y*)*sgrifenwyr.* Un sy'n ysgrifennu('n broffesiynol), awdur, gohebydd: *writer, author, reporter.*

1588 2 *Mac* ii. 31, [y] *scrifen-wr* cyntaf o'r ystori. **1725–6** *Madd Ed* [444], Rhai Rhessymau am Serchogl- [*sic*] Dywyllwch *'Sgrifenwyr* (*Writers*) Paganaidd. **1763** *ML* ii. 579, *Sgrifenwraig* fawr o'r Angharad. **1790** W. Richards: *LlA* 32, yr *ysgrifenwyr* deistaidd. **1792** M. Williams: *BM* [36], afreidiol yw descrifio ei Air da [James Hervey], fel Pregethwr neu *Ysgrifenwr.* **1803** *P* d.g. *Ysgrivenwr.* Ar lafar, hefyd yn yr ystyr 'rhywun â llawysgrifen (dda, gwael, &c.)', 'Ma fa'n *sgrifennwr* 'yfryd', *GTN* 733.

Amr.: **sgwennwr** [cf. *sgwennu*, gw. d.g. *ysgrifennaf: ysgrifennu*] (b. *sgwenwraig*). **20g.** Ar lafar.

ysgrifennydd, sgrifennydd, &c. [bôn y f. *ysgrifennaf, sgrifennaf,* &c.: (*y*)*sgrifennu,* &c. + *-ydd*[3]] *eg.* (b. (*y*)*sgrifenyddes,* ll. *-au*) ll. (*y*)*sgrifenyddion.* Person sy'n gwneud gwaith swyddfa, clerc; swyddog a benodir gan gymdeithas, &c., i ohebu, cadw cofnodion, gwneud trefniadau, &c., prif gynorthwyydd gweinidog llywodraeth, llysgennad, &c., a hefyd fel teitl rhai o weinidogion y llywodraeth; ceidwad cofnodion Iddewig gynt, diwinydd neu gyfreithydd proffesiynol Iddewig gynt; copïwr (llawysgrifau), person sy'n ysgrifennu'r hyn a arddywedir; ysgrifennwr (proffesiynol), awdur; hefyd yn *ffig.*: *secretary, scribe, clerk; secretary* (*official or minister*); (*ancient Jewish*) *scribe; scribe, copyist, amanuensis; writer, author; also fig.*

13g. *Pen* 14, 86, dauid *yscryuennyd* y molyanneu. *c.* **1400** *YSG* i. 162, Arthur a beris y *ysgriuennydyon* ysgriuennu eu hanturyeu. **1547** *WS* [xxi], Y, ddoedd [*sic*] gan yr hen *scrifenyddion* sasnec lythyren taran debyc i, y. **1551** W. Salesbury: *KLl* vb, llyma vi id danfon atoch chwi prophwyti / a doethion / ac *escrivenyddion.* **1588** 2 *Sam* viii. 17, Seraiah yn *scrifennydd.* **16–17g.** *Cer RC* 273, pe bai gwelld yr yd yn bine / Ar mor glas yn jnke or gore / Ar holl ddayar gron oi natyr / yn gwassnaythy yn lle papyr / Ar koed yn *eskrifenyddion* / Dyssgedig a thra doythion. **1604** R. Holland: *BD* 13, peru papyroedh yn hwy no'i *yscrifennydhion* (*authors*). **1604–7** *TW* (*Pen* 228), Notari, neû *Scrivenydh* bûan d.g. *Actuarius.* **1696** *CDD* 3–4, Nid wŷf yn bwrw dim bai ar y prydyddion, ond ar yr *yscrifenyddion* a gam yscrifenasant y Caniadau. **1753** *TR*, *Ysgrifennydd,* a writer, a scribe, a scrivener, a secretary. **1754** *ML* i. 299, rhai o *ysgrifenyddion* y Gymdeithas. **1803** *P* d.g. *Ysgrivenyz.* Ar lafar, 'Y fe yw *sgrifennydd* y tŷ cwrdd ys blynydda', *GTN* 733; 'Ma 'i'n *sgrifanyddas* gyda ryw gwmpni yn Gardydd, dyna'i gwaith 'i', *id.* 734.

Cfn.: **Ysgrifennydd Cartref:** *Home Secretary.* **20g. Ysgrifennydd Cartrefol:** *Home Secretary.* **1837. ysgrifennydd cyffredinol:** *general secretary.* **20g. Ysgrifennydd Gwladol:** *Secretary of State.* **20g. Ysgrifennydd Tramor:** *Foreign Secretary.* **1898.**

ysgrifenrwym, ysgrifenwaith, ysgrifenwas, gw. ysgrifen + rhwym[1], gwaith[1], gwas[1].

ysgrifenwraig, ysgrifenwys, gw. ysgrifennwr, ysgrifen—ysgrifen wŷs.

ysgrifenyddiaeth, sgrifenyddiaeth [*ysgrifennydd, sgrifenydd + -iaeth*] *eb.g.* ll. *-au.* Orgraff, sillafiad; llawysgrifen, copi ysgrifenedig; ysgrifeniad, arddull neu grefft ysgrifennu, gwaith neu gyfansoddiad ysgrifenedig, gwaith llenyddol; swydd neu safle ysgrifennydd, cyfnod fel ysgrifennydd, corff o ysgrifenyddion, swydd neu safle ysgrifennwr neu awdur, swydd neu safle clerc: *orthography, spelling; handwriting, written copy; a writing, writing style or craft, written work or composition, literary work; secretaryship, tenure as secretary, secretariat, office or position of a writer or author, clerkship.*

1595 M. Kyffin: *DFf* [xi–xii], Tu-ag-at am newid trefn, a newyddu llwybr y *scrifennyddiaeth* gymreig, drwy ddychymmig o wyr ryw fath ddieithr ar lythrenneu ag yscrifen bawb ar ei amcan ei hun. **16–17g.** Llywelyn Siôn, &c.: *Gw* 574, naddoedd *ysgryvenyddiaeth*, / yn llawn ag yn jawn i gwnaeth. **1632** *D*, *ysgrifennyddiaeth* d.g. *Scriptura.* **1707** *GREE* 6, [p]archant *Yscrifenyddiaeth* dynion gwael yn well na'r Efengyl. **1716** E. Samuel: *GGG* 39, Ovid, yr hwn au benthycciodd hwynt o *'scrifennyddiaethau* 'r Groegiaid. *id.* 117, gan fod Defod ac arfer . . . yn peri rhoi mwy coel ar hyn a ganfyddir yn yr *ysgrifennyddiaethau* (*copies*) amlaf a hynaf nag ar y llaill. **1722** *Llst* 189, *Ysgrifennyddiaeth.* f. Clarkship, the art of writing. **1758** *ML* ii. 87, Nid oedd ryfedd i mi arfer yr hen *sgrifenyddiaeth* yn nechreu yr llythyr a mineu beunydd yn copiaw Llowarch Hen. **1776** I. Brydydd Hir: *P* i. xi, pa achos oedd gennyf i newid yr *yscrifennyddiaeth* arferol yn y llythyrennau 'y' ag 'yr' o flaen y ferf, gan yscrifennu 'i' ag 'ir'? **1778** J. Hughes: *BB* v, llyfr o'm *'sgrifenyddiaeth* a'm gwaith fy hun. **1798** *WR* d.g. *Chirography.* **1803** *P*, *Ysgrivenyziaeth,* s. m. . . . The trade or profession of a writer.

ysgrifenyddol [*ysgrifennydd + -ol*] *a.* Yn perthyn i (waith) ysgrifennydd neu gopïwr llawysgrifau, yn perthyn i ysgrifennu; ysgrifenedig neu lenyddol (am iaith, gthg. llafar neu sathredig): *secretarial, scribal, pertaining to writing; written or literary* (*of language*).
1836.

ysgrif-fraint, ysgrif-fwrdd, ysgrifgell, ysgrifgist, ysgrifgroen, ysgrifgwyn, ysgrifhawl, gw. **ysgrif + braint[1], bwrdd, cell[1], cist, croen, cwŷn[1], hawl[1].**

ysgrifiad [bôn y f. *ysgrifiaf, ysgrifaf: ysgrif*(*i*)*o + -iad*[1]] *eg.* ll. *-au.* Ysgrifen(iad), gwaith llenyddol; llawysgrif, arysgrif: *a writing, literary work; manuscript, inscription.*
1803 *P.*

ysgrifiaeth [*ysgrif + -iaeth*] *e?b.* Llawysgrifen; mesur (seneddol): *handwriting;* (*parliamentary*) *bill.*
1854.

ysgrifiaf, ysgrifaf, sgrifiaf: ysgrif(i)o, sgrifio [bf. o'r e. *ysgrif*] *bg.a.* Ysgrifennu, arysgrifennu, ?cyfansoddi ysgrif: *to write, inscribe, ?compose a literary essay.*
1803 *P* d.g. *Ysgrivaw.*

ysgrifiaith, gw. **ysgrif + iaith.**

ysgrifinllyn, ysgrifiol, ysgrifiwr, gw. sgryfinllyn (hefyd At.), **ysgrifol, ysgrifwr.**

ysgriflaw, sgriflaw [*ysgrif, sgrif + llaw*[1]] *eb.* Llawysgrifen, dull o ysgrifennu (sy'n perthyn i berson penodol, cyfnod hanesyddol, &c.); ysgrifen(iad); llawysgrif; ?llofnod: *handwriting, style of writing* (*of a particular person, historical period, &c.*); *writing; manuscript; ?signature.*
1655 R. Jones: *PC* 155, Enwir wledd Balsar . . . ai *scrif-law.*

ysgriflech, gw. **ysgrif + llech[1].**

ysgriflen [*ysgrif + llen*] *eb.* ll. *-nau, -ni.* Llawysgrif; gwrit; anerchiad (ffurfiol): *manuscript; writ;* (*formal*) *address.*
c. **1785–90 (1829)** *CBYP* 185, Wnedd (Gwnedd) yn unig a welais mewn deg neu bymtheg *ysgrif-len* o leiaf.

ysgriflyfr, gw. **ysgrif + llyfr[1].**

ysgrifnod, sgrifnod [*ysgrif, sgrif + nod*[1]] *e?g.* ll. *-au.* Llawysgrif, nodyn ysgrifenedig; llofnod; papur banc: *manuscript, written note; signature; banknote.*
1778 *W*, *Sgrif-nod* ariannydd d.g. *Note, or mark, A bank-note.* **18–19g.** *Llr* C 44, 380, Nodysgrif, a signature -, *ysgrifnod.*

ysgrifoddef [*ysgrif + goddef*[1]] *e?g.* Trwydded: *licence, permit.*
1814.

ysgrifol, ysgrifiol [*ysgrif + -*(*i*)*ol*] *a.* Tebyg i ysgrif, nodweddiadol o ysgrif; ysgrifenedig: *resembling or characteristic of a literary essay; written.*
1803 *P* d.g. *Ysgrivawl.*

ysgrifraglaw, sgrifraglaw [*ysgrif, sgrif + rhaglaw*] *eg.* (b. *ysgrifraglawes*) ll. *ysgrifraglawiaid.* Ysgrifennydd (gwladol), hefyd yn *ffig.*: *secretary* (*of state*), *also fig.*
[1783] *W*, *'sgrif-raglaw* d.g. *Secretary.*

ysgrifraith, ysgrifrol, gw. **ysgrif + rhaith, rhol.**

ysgrifrwym [*ysgrif*+ *rhwym*¹] *eb.g.* Cytundeb neu ymrwymiad ysgrifenedig, indentur, les: *bond, indenture, lease.*
1816.

ysgrifwaith, gw. ysgrif+gwaith¹.

ysgrifwas [*ysgrif*+ *gwas*¹] *eg.* ll. *-weis(ion)*. Ysgrifennydd, clerc; ysgrifennydd (swyddog); person sy'n ysgrifennu'r hyn a arddywedir: *secretary, clerk; secretary (official); amanuensis.*
1828.

ysgrifweithred, gw. ysgrif+gweithred.

ysgrifwr, ysgrifiwr, ysgrifydd [bôn y f. *ysgrifiaf, ysgrifaf*: *ysgrif(i)o*+-(*i*)*wr*, *-ydd*³] *eg.* (b. *ysgrifwraig*, ll. *ysgrifwragedd*) ll. *ysgrifwyr, ysgrifyddion.* Awdur (ysgrifau llenyddol neu draethodau), ysgrifennwr; copïwr (llawysgrifau, &c.); clerc, ysgrifennydd: *author (of essays), essayist, writer; copyist (of manuscripts, &c.); clerk, secretary.*
18–19g. *Llr* C 8, 75, *ysgrifydd* a copyist. **1800** W. OWEN[-PUGHE]: *CP* [3], yr *ysgrifyddion* (*writers*) goreu ar Amaethyddiaeth. **1803** *P*, *Ysgrivwr*, s. m.—pl. *ysgrivwyr* . . . A writer.

ysgrifwy [*ysgrif*+ *gwy*] *e?g.* Inc: *ink.*
1828.

ysgrifwys, gw. ysgrif+gwŷs².

ysgrifydd, gw. ysgrifwr.

ysgriffiad, ysgriffiaf: ysgriffio, ysgriffiedig, ysgriffiniad, ysgriffiniaf: ysgriffinio, gw. sgriffiad, sgriffiaf: sgriffio, sgriffiedig, ysgraffiniad, ysgraffiniaf: ysgraffinio.

ysgrîn¹, gw. sgrin¹.

ysgrîn², **sgrin**², &c. [bnth. Llad. *scrīnium*, Llyd. Diw. *skrin*, H. Wydd. *scrin*] *eb.g.* ll. (*y*)*sgriniau*, (*y*)*sgrinoedd.* Arch, creirfa, beddrod, cist, blwch, cabinet, hefyd yn *ffig.*; ffrâm y maen (mewn gwasg argraffu bren): *coffin, reliquary, shrine, tomb, chest, casket, cabinet, also fig.; coffin (of wooden printing-press).*
13g. *GDB* 405, Cyn dyfynfedd ysgyrwedd *ysgrin.* **13g.** *HGK* 33, y Mangor y kladdwyt y mewn *yskrin* yn y parth assw y'r allawr fawr. **14g.** *BT* (*RB*) 32, Ac yna y ducpwyt *yscrin* Dewi yn lledrat o'r eglwys. **14g.** *GIG* 147, Esgud dŵr ysgod toreth, / *Ysgrîn* saith gyfelin seth [i'r llong]. *id.* 154, *Ysgrîn* gwrach fraen afiach frau [dychan i'r Brawd Llwyd o Gaer]. *c.* **1400** *RB* ii. 398, yny oruu dinoythi *yscrinoed* y seint. *c.* **1400** (*SG*) *HMSS* i. 187, yn ymyl yr allawr yr oed *ysgrin* dec. a delw gwr arnei. *id.* 372, ar warthaf yr *ysgrineu* yd oedynt dwy lenn eureit. **15g.** *GTP* 81, Ei groes a'i waeg o'r asur, / *Ysgrîn* ddellt, ysgyren ddur [i ofyn cleddyf]. **15–16g.** *TA* 337, Damasg a roed am i *sgrin.* **1547** *WS*, *Yscrin* ne arch sant A shryne. **1632** *D*, *Ysgrin*, Arca, cista. **1722** *Llst* 189, *Ysgrin.* m.p. *grinau.* A coffin, monument, shrine . . . a cabinet, chest. **1755** *ML* i. 344, Aie mae'r brawd Pennant i yrru i chwi dlysau i roddi yn eich *ysgrin* wag? **1770** *TG* ii. 30, boneddigion dan fedd-feini gwych . . . nid gorwedd mewn *ysgrin* gwych, eithr bod yn aelod o Grist a rydd hawl i'r fendith. **1772** *W*, *Ysgrin* argraph-wasg d.g. *Coffin of a printing-press.* **18–19g.** *IAW* (LlGC) 23, 7, Nâ allai fôd yn llawen / fe 'm llŷnur dân [*sic*] y llenn, / O serch ar gwynn ei asgra / mewn *esgryn* gwych o brenn. Ar lafar, '*sgrîn*', *B* iv. 132 (sir Drefn.). Cf. *TA* 569, *Sgrin*, Arferir am arch eto tua godre Ceredigion.
Amr.: **esgrein.** **16g.** (*LlEG*) *LlGC* 5276, 256a, [c]yuodi ohonnaw ef esgyrn pedyr a pawl yr hrain a beris ef I dodi wynt mewn *esgrein* y/w moliannv.
Cfn.: **ysgrîn y creiriau, sgrin y creiriau:** *the Ark of the Covenant; (dict.) shrine, reliquary.* **14g.** *BY* 23, dwyn o wyr Philistijm *Ysgrin y Kreiryeu. id.* 28. **1604–7** *TW* (*Pen* 228), *Scrin y Creiriaü* d.g. *Arca . . . Arca Testamenti. Dchr.* **17g.** *J* 10, 43b, *Scrin y Creiriau.* 1. Sam 4. 11 ossuaria.

ysgrincaf: ysgrinco, ysgriniaf: ysgrinio, ysgrip, ysgripan, ysgriptur, ysgriw, ysgriwiaf: ysgriwio, gw. sgrincaf¹: sgrinco, sgriniaf: sgrinio, sgrip, ysgrepan, ysgrythur, sgriw, sgriwiaf: sgriwio.

ysgrogell, sgrogell, *eb.* ll. *-au, -i.* Pont godi, pont fechan; bachyn, tynfach; hefyd yn *ffig.*, ac yn ddifr. am berson: *drawbridge, small bridge; hook, grapnel; also fig., and derog. of a person.*
1604–7 *TW* (*Pen* 228), *Scrogelh* y pyscota celein alhan or dwr d.g. *Harpago. id. ysgrogelh* d.g. *Ponticulus.* **1605–10** *Mos* 131, 695, os gwreika o hen *ysgrokell* / annedwydd waith nid oedd well ['Raff ap Robert ai kant pan ofynned iddo pam na pheiriode']. **1632** *D*, *Ysgrogell*, Pons pensilis. **1688** *TJ*, *Ysgrogell*, pont godi, pont windio: a Draw-bridge. **1722** *Llst* 189, *Ysgrogell* f.p. *grogellau.* A draw-bridge. **18g.** *CM* 39, 68, gochelwch in bro ei cholun brwd / noeth grigwd hen *ysgrogell* (Exit ffwl). **1772** D. RISIART: *HFP* 187, Nes rhoddech lawr dy '*sgrogell* gre', / Yna'n ddi-ble mi ddof heb ath. / Wyliwr dod yr *ysgrogell* lawr, / Gollwng mewn 'n awr fy nghyfaill cu. **1803** *P*, *Ysgrogell*, s. f.—pl. t. *i* . . . A drawbridge. Ar lafar, '*sgrogell*' 'pont dros gamlas' (Morg.); 'Pishyn o 'arn acha' ffrynt cart odd *sgrocall*; 'i bwrpas a odd cwnnu a gistwn y cart fel odd isia', *GTN* 734.

ysgroglach, ysgrôl, ysgrolingaf: ysgrolingo, ysgrowling, ysgrowlingaf: ysgrowlingo, gw. ysgraglach, sgrôl, ysgrawlingaf: ysgrawlingo, ysgrawling, ysgrawlingaf: ysgrawlingo.

ysgrubl, sgrubl, ysgrybl, (y)sgribl², &c. [bnth. Llad. *scrūpulum* a *scrīpulum* (drwy **scrip(u)lum*), cf. Crn. Diw. *yscrybl* (Lhuyd) 'anifail gwaith', Gwydd. C. *screpul(l)* 'rhaniad bychan'] *eg.* (bach. (*y*)*sgrublyn, ysgriblyn*) ll. *ysgrubl(i)aid, sgrubl(i)aid,* (*y*)*sgribliaid, sgriblaid, ysgrublod,* a hefyd fel *e.ll.*
(*a*) Anifail (anifeiliaid) (gwaith), creadur(iaid), da byw, gwartheg: *(working) animal(s), beast(s), creature(s), livestock, cattle.*
13g. *LlI* 6, E dysteyn . . . byeu krvyn e man *escrebyl*; sef yv e rey henny, e deueyt a'r vyn. *id.* 99, a phob perchen *yscrybyl* cadu y *escrybyl*, emeun ac allan. *id.* 102, Puybynnac a dalyo *yscrybyl*, ac o'y dale ef guneythur kyulauan. **14g.** *BT* 3, ac y bu varwolaeth ar yr *ysgrubyl* yn holl ynys brydein. **1346** *LlA* 109, Yn bugelyd ny adyɓessant ymi ryvarɓ yn holl *ysgrybyl* ni. nyt amgen. an gɓarthec an ychen an greoed. andeueit. **14g.** *DB* 88, aghyghyleu . . . Ereill yssyd yno heb penn, ac eu llygeit yn eu hysgwydeu, a deu twll yn eu dwyvronn yn trwyn a geneu, a blew *ysgrybul* (*bestiae*) arnunt. **1551** W. SALESBURY: *KLl* lxia, Ac ae dodes ef aruchaf i *yscrupl* [:- aniual mil] ehunan. **1588** *Nu* xxxii. 26, Ein plant, ein gwragedd, ein hanifeiliaid, a'n holl *scrubliaid* fyddant ymma yn ninasoedd Gilead. **16–17g.** *PCWG* 29, ymhob kreadvr perffaith a gwael hyd yn oed *ysgrvblied* ag ymlvsgieid y ddaiar. **16–17g.** *HG* 33, veddyg pysgod dwr edynod / ac *yskryblodd* [*sic*] ar fenyddoedd / keyrw jerchod ac ewigod. *Dchr.* **17g.** *J* 10, 44a, *Scrubl* . . . Jumentum. **1632** *D*, *Ysgrubl*, Iumentum. **1672** R. PRICHARD: *Gw* 164, Doro ymborth i blant dynion, / Doro wellt ir *sgriblaid* mudion. **1688** S. HUGHES: *TSP* 208, *yscrubliaid* [:- Anifeiliaid gwaith]. **1722** *Llst* 189, *Ysgrubl.* m.p. *grublaid, grubliaid.* A labouring or working beast: cattel. **18g.** IOAN SIENCYN: *Gw* 272, Fe gwyd eu da au defaid / Y moch, y Ieir, a'r Hwyaid / Nid ad hyn nod y ci, ar Gath, / Nag un rhyw fath o *Sgrublaid* [am swyddog]. **1793** *Cylchg* 123, nid yw'r gwerinos ddim amgen nag *ysgribliaid.* **1803** *P*, *Ysgrubyl*, s. m.—pl. *ysgrublod* . . . A beast.
(*b*) Uned ariannol: *unit of currency.*
9g. (*Ox* 1) *B* v. 234, Dou punt petguar hanther *scribl.*
Amr.: **ysgrubliad** [olff. o'r ll. *ysgrubliaid*]. **1803** *P.*

ysgrublaidd, ysgrubliaidd, &c. [*ysgrubl,* &c.+-(*i*)*aidd*] *a.* Direswm (am anifail), bwystfilaidd; cnawdol, nwydus: *brute (of beast), beastly; sensual, passionate.*
1567 *LlGG* 126b, anifeiliaid *ysgryblaidd* yr ai ni roddet reswm yddynt. **1604–7** *TW* (*Pen* 228), *yscrubleidh* d.g. *Brutus, Iumentarius.* **1636** *Pen* 321, 84b, cans pa ynfydrwydd mwy a all fod nag i gael y deall wedi dallu n waeth nag anifeliad *yscriblaidd.* **1718** E. SAMUEL: *HDdD* 167, Mae'n ddigon anifeiliaidd, yr un trachwantau ydynt ag sydd gan fwystfilod *ysgrublaidd* (*beasts*). **1722** *Llst* 189, *Ysgrublaidd.* Beastly, brutish. **1727** J. JONES: *DFF* 28, eu Meddyliau oeddynt anwybodus ac *ysgriblaidd* (*sottishly ignorant*) ym Mhethau Duw. **1803** *P*, *Ysgrublaiz* . . . Beast-like.

ysgrubliad, ysgrubliaidd, gw. ysgrubl, ysgrublaidd.

ysgrud [?< **skrou-to-*, o'r gwr. IE. **skreu-* 'torri; erfyn torri', est. ar y gwr. *(*s*)*ker-* 'torri'; tra ansicr yw'r ystyron yn adran (*a*); ceir engh. arall bosibl yn *T* 7. 26; tebyg mai ffrwyth camddeall engh(rau). o ystyron adran (*a*) dan ddyl. yr e. *ysgrwd* yw ystyron adran (*b*)] *eg.b.* ll. *-ion, -(i)au, -oedd.*
(*a*) ?Anifail rheibus, dychrynwr, brawychwr: *ferocious animal, frightener, terrifier.*
12g. *GCBM* i. 195, Ysgryd gryd rac greid Eborthun, / *Ysgrud* wlyt ar wlet y Melltun. *id.* 326, *Ysgrud* glud, glewyd uyd ualchder. **12–13g.** *GLlLl* 5, Ef *ysgrud*, ef drud, ef drussyad. **13g.** *GDB* 65, *Yscrud* drud, dreic feleic fer. *id.* 256, Golud mor *yskrud*, ysgryd Nortmein.
(*b*) Corff marw, celain, mymi; ysgerbwd, ffrâm: *carcass, mummy; skeleton, frame.*
1803 *P*, *Ysgrud*, s. f.—pl. t. *ion* . . . A frame; a skeleton; a carcase.

ysgrufftur, ysgrupl, gw. ysgrythur, sgrwpl.

ysgruthdur, ysgruthur, gw. ysgrythur.

ysgrwb, ysgrwbiaf: ysgrwbio, ysgrwbl, gw. sgrwb¹, sgrwbiaf: sgrwbio, sgrwpl.

ysgrwd, sgrwd, (y)sgrwt, &c. [dileer yr erthygl d.g. *sgrwt*; dichon fod yma fwy nag un gair] *eg.?b.* (bach. g. *sgrwtyn*, b. *sgrwten*) ll. (*y*)*sgrydau, sgrytion, ysgrytiau, ysgrydion.* Corff marw, ysgerbwd, hefyd yn *ffig.* ac yn ddifr.: *corpse, skeleton, also fig. and derog.*
14g. *GIG* 162, Rhull gyrchgas, rhwyll gywarchgwd, / Rhoed ysgrîn ar hyd *ysgrŵd.* **14–15g.** *IGE*² 291, Ni rown ben un o'r cennin, / Er ei *sgrwd* yn yr ysgrîn (Siôn Cent). *c.* **1400** *R* 1274. 14, gɓrach eirɓt *ysgrɓt* ysgrin. *id.* 1345. 19, Gɓrd ribɓt *yscrɓt.* **15g.** *GDLl* 172, *Ysgrwd* ry segur ydwyd, / Ysbryd arth disberod wyd. **15–16g.** *AAST* (1935) 102, Ai ti angau wyt yngod / Garrau a gên gŵr y god? / Ai '*sgrwd* tyn o'i ysgrin tau / Gawell esgyrn a gïau [marwnad Owain ap Mredydd ap Thomas gan Ddafydd Trefor]. **1588** *Jer* ix. 22, *scrydau* dynnion a syrthiant megis tom ar wyneb y maes. **1604–7** *TW* (*Pen* 228), *ysgrwt* d.g. *Cadauer. id.* o hyny daw'r gair *Scrwt* am hen wrach ne hen vuwch d.g. *Scruta. id.* hen *scrytion* d.g. *Veteramenta. Dchr.* **17g.** *J* 10, 44a, *Scrŵt.* Scruta . . . veteramentum. **1632** *D*, *Ysgrŵd*, Sceleton. **1707** *LlWD* 139, O gallodd *yscrŵd* y prophwŷd marw fŷwhau dŷn marw a roesid i gyffwrdd ag ef? **1722** *Llst* 189, *Ysgrwd, Ysgrwtt.* m.p. *Ysgrytiau.* A skeleton, scrag, carcase. **1803** *P*, *Ysgrwd*, s. m.—pl. *ysgrydion* . . . A carcase. Hen *ysgrwd*, an old wretch. **1828** *Geir Pob* 29, *Ysgrŵd*, truanes, gwaelen. Ar lafar, '*sgrwtyn*' 'a term of reproach implying some one dirty and small', 'ryw hen *sgrwtyn* o hen ddyn', 'Fem. *sgrwtan*', *WVBD* 487.

ysgrwff, ysgrwmp¹, gw. sgrwff¹, sgrwmp¹.

ysgrwmp², **sgrwmp**² [gair geir.] *e?g.* Y weithred o ddal person yn ddiarwybod; gwatwariad, gwawdiad: *a taking unawares; a mocking, deriding.*
1604–7 *TW* (*Pen* 228), daliat gwr yn dhysymwth ddidhysgwyl, *yscrwmp* d.g. *deprehensio. id.* wedy cael *yscrwmp* arnaw d.g. *deprehensus. id. yscrwmp* d.g. *Ignominia. Dchr.* **17g.** *J* 10, 44a, *Scrwmp*, frumpe or floute: deridiculum.

ysgrwt, ysgrwtiaf: ysgrwtian, gw. ysgrwd, ysgrytiaf: ysgrytian.

ysgrwth, sgrwth [gair geir.; ?bôn y f. *ysgrythaf, sgrythaf*: (*y*)*sgrythu*] *eg.* Tanwydd; cysgod, hofel: *fuel; shade, hovel.*
1604–7 *TW* (*Pen* 228), *ysgrwth* d.g. *Fomes. id. ysgrwth* d.g. *Mandra, Opacitas.* **1722** *Llst* 189, *Ysgrwth.* m. Chips, fuel, firing. **1725** *SR*, '*sgrwth* d.g. *Fewell. id. ysgrŵth* d.g. *A Match to keep Fire.* **1803** *P*, *Ysgrwth*, s. m. . . . a heap of fuel.

ysgrybl, ysgryblaidd, gw. ysgrubl, ysgrublaidd.

ysgryd, sgryd [cf. *cryd*] *eg.b.* ll. *ysgryd(i)au, ysgrydion, sgrydiau.* Cryndod, yn enw. oherwydd oerfel neu ofn, dychryn, arswyd, gwewyr, hefyd yn *ffig.*; (geir.) cosfa: *shiver, a trembling, shudder, fright, horror, agony, also fig; (dict.) itching.*
12g. *GLlF* 284, Ysgwyt ac *ysgryt* recdi. **12g.** *GCBM* i. 195, *Ysgryd* gryd rac greid Eborthun. *id.* 326, *Ysgryd* grud greidyaul, haul hydyrfer. **12–13g.** *GLlLl* 95, Wyd *ysgryd* gryd, greid gwryawr. **13g.** *GDB* 256, Golud mor yskrud, *ysgryd* Nortmein. **1604–7** *TW* (*Pen* 228), *yscryt* d.g. *Agonia, prurigo.* **1632** *D*, *Ysgryd*, Tremor, horror. **1722** *Llst* 189, *Ysgryd.* m. A trembling, horrour. **1722** A. THOMAS: *DR* 42, *Ysgrydiau* a Dychryniadau'r meddwl. **1725–6**

Madd Ed 46, *ysgrydiau* cydwybod (*agonies of conscience*). **1803** *P* d.g. *Ysgryd*. Ar lafar, 'Wdw i'n cliwed *iscrid* arna i bob tamed', *GDD* 174; 'mynd ar *sgryd* (g)wyllt' 'fel mellten' (dwyrain Morg.).

ysgrydiaf, sgrydiaf, ysgrydaf: (y)sgrydio, ysgrydian, ysgrydu [bf. o'r e. (*y*)*sgryd*] *bg.a.* Crynu (gan ofn, &c.), ysgwyd, siglo; (geir.) hyrddio: *to tremble, shiver, quake, shudder, shake*; (*dict.*) *batter*.

13g. *C* 31. 7–8, Ny vir drud. nid *yscrid* iny timhyr. *c.* **1400** *R* 1050. 32–3, meint uyd ygbascar yr *ysgrydyant*. **1606** E. James: *Hom* i. 173, Os *yscrydiwn* (*if we tremble*) ac os crynwn wrth glywed enwi y pethau hyn. *id.* ii. 169, maent yn crynu ac yn *yscrydu* [:– *Yscrydio*], ac yr ydys oddifewn yn eu cyffroi hwy â thrymder calon. *Dchr.* **17g.** *J* 10, 43b, *Scrydio*. To batter walles. **1632** *D*, *Ysgrydio*, & Ysgrythu, Tremere, contremiscere. *id. ysgrydu* d.g. *Frigutio*. **1688** *TJ*, *Ysgrydu*, crynnu: to shake, to tremble. **1780** *W*, *ysgrydio* d.g. *To quake*. **18–19g.** *Llr* C 64, 164, *ysgrydio*, dysgrydio, to start, to tremble *ysgrydian*. **1803** *P* d.g. *Ysgrydiaw*, *Ysgrydu*.

Gw. hefyd **ysgrytiaf: ysgrytian.**

ysgrydiol [*ysgryd*+-*iol*] *a.* Crynedig (gan ofn, &c.): *trembling, shivering*.
1803 *P* d.g. *Ysgrydiawl*.

ysgryff, ysgryffiniad, ysgryffiniaf: ysgryffinio, gw. **ysgraff, ysgraffiniad, ysgraffiniaf: ysgraffinio.**

ysgrynedig [gair geir., cf. *crynedig*] *a.* Crynedig, ofnus: *shivering, trembling, fearful.*
16–17g. *B* ii. 242, *ysgrynnedig* .i. dychrynedig. **1604–7** *TW* (*Pen* 228) d.g. *Territus*, *Tremulus*. **1632** *D*, *Ysgrynedig*, Tremulus. **1803** *P*.

ysgrytiad, sgrytiad, sgrwtiad [bôn y f. *ysgrytiaf, sgrytiaf, sgrwtiaf*: (*y*)*sgrytian*, (*y*)*sgrytio, sgrwtio*+-*iad*¹] *eg.* Ysgydwad, sigliad, y weithred o godi'r ysgwyddau: *a shaking, shrug.*
1886.

ysgrytiaf, sgrytiaf, (y)sgrwtiaf: (y)sgrytian, (y)sgrytio, (y)sgrwtio, (y)sgrwtian [cf. *ysgrydiaf*, &c.: *ysgrydio*, &c.; dichon fod yma fwy nag un gair ac mai *t≡d* yn rhai o'r ff. isod] *bg.a.* a hefyd gyda grym enwol i'r be. Crynu (gan ofn, &c.), siglo, ysgwyd (yr adenydd), codi('r ysgwyddau), gwingo, symud yn sydyn neu'n herciog, ystwyrian, hefyd yn *ffig.*; dirywio, heneiddio; hyrddio; tin-droi, segura: *to tremble, shiver, quake, shake, flutter* (*wings*), *shrug* (*shoulders*), *writhe, jerk, jolt, stir, also fig.*; *deteriorate, age*; *batter*; *hang around, idle.*

?**16g.** *Pen* 63, 29, *Scrwtian* kwynfan mewn kynfi/geniaith heb ganfod moth fryntni. **16–17g.** T. Prys: *C* 105–6, Tyngu, ynfydu a fyn, / Taro a dulio'r delyn; / *Ysgrwtian* buan heb wedd, / Cosi'i wegil, cas agwedd, / A chwythu yno'n chwithig / A'i ffriw'n ddel yn ei ffroen ddig. **1604–7** *TW* (*Pen* 228), mangnel rhyuel y *scrytiaw* ag y guro i lawr uuriæ a chestylh d.g. *Sambuca*. *id. scrytio* d.g. *Veterasco*, *Vitiosus*. **17g.** Huw Morus: *EC* i. 322, Yr oedd e yn *ysgrwtian*, yr haf er gwyl Ifan, / Ni chymmer e yrwan yn fuan mo'i fwyd; / Mae oerni yn ei flino, nid eill mor egnïo, / I gnoi ar ei ginio, rhag anwyd. **17–18g.** *NBSF* 532, Am hyn geill fôd ffargodgyw / huttan o fab etto'n fyw / dan *scrwttio* cwyno'n y cawg / iw ben gwan heb un geiniawg. **1722** *Llst* 189, *Ysgryttian* . . . To shiver for cold: a shivering. **1759** *BC* 247, Fe ddae'r Bragwr, chwap a'r Hopsiwr, / Yn fawr eu Cynnwr, dwndwr dig; / Un yn Siwio, a'r llall yn dwrdio / Na bawn yn *scryttio* croen a chîg. **1780** *W*, *ysgryttian* d.g. *To quake*. **1803** *P* d.g. *Ysgrytian*. Ar lafar, '*sgrwtian* o annwyd' 'to shiver with cold', '*sgrwtian* gyda'r cloddia', '*sgrwtian* yn lle gweithio' 'to hang about', *WVBD* 486; '*sgrwtian* gan annwyd', '*sgrytian* gan oerfel', *Cymru* xlvii. 196 (sir Ddinb.); '*Sgrytian*', *id.* lxiii. 84 (gorllewin Meir.); '*Sgrwtian*' 'rhwbio'r cefn neu'r ysgwyddau yn erbyn y dillad', *id.* liii. 151 (dwyrain sir Drefn.). Digwydd hefyd yn y ff. *sgyrtian*, "Ôn i'n teimlo fel *sgyrtian* yr hen hogyn bach annifyr 'na' (Arfon).

Gw. hefyd **ysgrydiaf: ysgrydio.**

ysgrythaf, sgrythaf: (y)sgrythu, *bg.* Crynu (gan ofn, &c.), ysgwyd, siglo, ofni; cysgodi: *to tremble, shiver, quake, shudder, shake, fear*; *shelter.*
16–17g. *GST* i. 519, Arwydd rhew, oer oedd yr hin, / *Ysgrythu* 'mysc yr eithin. **1604–7** *TW* (*Pen* 228), lhei '*scrythu* d.g. *Opacitas*. **1632** *D*, Ysgrydio, & *Ysgrythu*, Tremere, contremiscere. **1722** *Llst* 189, *Ysgrythu* . . . To tremble, dread. **18g.** *Beirdd y Berwyn* 100, Nid alle 'r gwas braidd ddyrnu, / Yn goes grothog, gan *ysgrythu*, / A'r meistar aethe 'n finddu, / Gan gredu rynu o'r yd. **1780** *W*, *ysgrythu* d.g. *To quake*. Ar lafar, '*sgrythu* i'r tân' 'closio at y tân' (Môn), '*sgrythu* at y tân' 'to sit over the fire shivering', '*sgrythu* a'i ben yn y tân', *WVBD* 487.
Amr.: **ysgythraf², sgythraf²: (y)sgythru. 1904.**

ysgrythur, sgrythur, &c. [bnth. Llad. llafar *scrittūra* < *scrīptūra*, cf. H. Wydd. *screptaire* (gen. un.), *scriptuir*] *eb.* ?ac yn eithriadol *eg.* ll. (*y*)*sgrythurau, ysgrythuroedd*, &c. Cyfansoddiad(au) ysgrifenedig (sanctaidd), y Beibl fel casgliad o ysgrifeniadau sanctaidd: (*sacred*) *writing*(*s*), *scripture, Scripture.*
12g. *GCBM* ii. 306, Gorthod Rwyf hollaol holl *ysgrythur*—ueith. *c.* **1400** *RB* ii. 386, gwedieu a dysc ac *ysgruthyr*. **1547** *WS*, *Yscrythur* ne yscrifen Scrypt[u]re. **1551** W. Salesbury: *KLl* ib, ymynedd ac athrawaeth yr *yscrythyroedd* (**1567** *LlGG* 15a, *Scrythure*). *id.* xxiiia, pa ddelw y cyflownir yr *escrythyroedd* . . . *scrythoredd* [*sic*] y prophwyti. **16g.** *WLl* 257–8, Syr Lewis siriol lawen / Gwr di ball Gair Duw oi ben / Cofiwr *Sgrythur* mewn cafell / A bugail Duw ba glod well. **1615** R. Smyth: *GB* 152, yn gystal yn y *scruthurau* prophanaidd, ag yn y *scrythurau* santaidd. **1632** *D*, *Ysgrythur*, Scriptura. **1716** E. Samuel: *GGG* 99, y Llyfrau hynaf sy'n cynnwys y Grefydd honno, y rhai a alwn ni *Ysgrythyrau'r* Testament. **1753** *TR*, *Ysgrythur*, a writing, scripture. **1778** J. Hughes: *BB* [1], Cyflawnai 'r *ysgrythrau* 'n gyttun. **1803** *P* d.g. *Ysgrythyr*. Ar lafar, "Wi'n darllin y *sgrythur* yn gyson', *GTN* 735.
Amr.: **ysgriptur. 15g.** *Cy* iv. 108, *yscriptur* lan. **ysgruthdur, ysgrufftur,** &c. **13g.** (*LlDW*) *ZCP* xx. [30], *escrftur* [*sic*]. **15g.** *FfBO* 35, *ysgritthur*. *c.* **1475** *B* xiii. 176, *Ysgruthdur*. *id.* 177, *Ysgruftur*.
Cfn.: **ysgrythurau cyfeiriol:** ?*biblical references, scriptural references.* **1791** *Dialogous* 15, 16, 17. **(y)sgrythur lân,** &c.: *holy scripture.* **13g.** *LlI* 1, rac dody o'r lleygyon petheu a uey yn erbyn yr *Yscrythur Glan* ((*LlDW*) *ZCP* xx. [30], *escrftur* [*sic*] *lan*). **15g.** *Cy* iv. 108, *yscriptur lan*. **15–16g.** *TA* 343, *Sgrythur Lân*. **1567** *TN* 222a, *scrythurae glan*. **1632** *D*, Ysgrythur . . . *Ysgrythur lân*, Scriptura sacra. **1795** J. Thomas: *AIC* 1. **(y)sgrythur sanctaidd:** *holy scripture.* **1615** R. Smyth: *GB* 152, y *scrythurau santaidd*. **1630** *YDd* vi, *Scrythur sanctaidd*. **1770** R. Jones: *YC* 6, *ysgrythurau sanctaidd*.

ysgrythuraidd, sgrythuraidd [(*y*)*sgrythur*+-*aidd*] *a.* Ysgrythurol: *biblical, scriptural.*
1651 Siôn Treredyn: *MDD* 280, trefn newydd o wasanaeth . . . wedi ei orchuddio â dysceidiaeth *Scrythuraidd*. **1696** *GGTY* 22, yr wi'n cyfaddef mod i fu [*sic*] hynan yn ddiargyhoeddiad, gan resymmau *yscrythuraidd* am daenelliad plant. **1701** J. Owen: *YE* 123, yr holl ddefodau *Scrythuraidd*.

ysgrythurgar [*ysgrythur*+-*gar*] *a.* Hyddysg neu olau yn y Beibl: *learned or well versed in the Bible.*
20g.

ysgrythurgi [*ysgrythur*+*ci*] *eg.* ll. -*gwn*. Un sy'n hyddysg neu olau yn y Beibl, weithiau'n gellweirus neu'n ddifr.: *scripturist, sometimes facet. or derog.*
20g.

ysgrythurol, sgrythurol [*ysgrythur, sgrythur*+-*ol*] *a.* Yn perthyn i'r Beibl neu wedi ei seilio arno, a chanddo awdurdod ysgrythur: *biblical, scriptural.*
1724 T. William: *OL* 1, *Scrythyrol* Gronicl. **[1740]** L. Anwyl: *NG* 25, mae ei barodrwydd i faddeu camweddau yn hyspus i bôb '*Sgrythyrawl* Ddarllennŷdd. **[1783]** *W*, *Ysgrythurol* d.g. *Scriptural*. **1790** *Prif Crist* 22, yr hyn a all pob darllenydd weled, o's rhynga bodd iddo ond edrych i'w fynegydd *ysgrythurol* (*scripture-concordance*). **1798** T. Roberts: *CG* 28, Bydd rhai . . . yn meddwl mai ymadrodd lled isel yw y profiad uchod, ond mae yn *ysgrythurol*. **1803** *P* d.g. *Ysgrythyrawl*.

ysgrythuroldeb [*ysgrythurol*+-*deb*] *eg.* Yr ansawdd neu'r cyflwr o fod yn ysgrythurol: *scripturalness.*
1836.

ysgrythurwr, sgrythurwr [*ysgrythur, sgrythur*+*gŵr*] *eg.* (b. *ysgrythurwraig*) ll. -*wyr*. Un sy'n hyddysg neu olau yn y Beibl, un sy'n seilio ei gred neu ei farn grefyddol ar y Beibl yn unig: *scripturist.*
1630 R. Llwyd: *LlH* 321, Tebygol mai vn o'r *Scrythyr-wyr* (*scripture-men*) ydych. **1716** E. Samuel: *GGG* 114, Yr *Ysgrythyrwyr* hyn . . . a ddaliant yr un Crediniaethau neu byngciau Ffydd, yr un Gorchymmynion a rheolau bucheddol a draddodant. **1770** P. Williams: *BS*, 2 *Thes* ii, Fe fedr y gwrthwynebwr fod yn *ysgrythurwr*. **1772** D. Risiart: *HFP* 134, *Ysgrythurwr* da, sydd ddifeinydd da. **1803** *P* d.g. *Ysgrythyrwr*.

ysgryw, gw. **sgriw.**

ysgub, &c. [bnth. Llad. *scōpa* 'ysgub', Gwydd. C. *scúap* 'ysgubell'] *eb.* (bach. -*en*, ll. -*nau*) ac yn eithriadol *eg.* ll. (*y*)*sgubau*. Sypyn o ŷd, &c., wedi ei fedi a'i glymu ynghyd (ond heb ei ddyrnu), *Her.* llun o ysgub o wenith fel dyfais her., sypyn, bwndel, ffagod; brwsh, ysgubell; cawell saethau; hefyd yn *ffig.*: *sheaf* (*of corn, &c.*), *wheatsheaf* (*in her.*), *bundle, faggot*; *brush, broom, besom*; *quiver of arrows*; *also fig.*
13g. *LlI* 88, Am pob kyu, *escup* geyrch neu fyrdlyng eny eskynno. **14g.** *GDG*³ 199, Balch y dwg, ferch ddiwg fain, / Banadl *ysgub*, bun dlosgain. **14g.** *GIG* 154, Ystum ar sofl, gofl gowen, / Ystlys *ysgub* pys heb ben. *c.* **1400** *R* 1272. 28–9, Profes van drottyan ledratta *yscubeu* or esgobaot. **15g.** *DN* 91, Dwy *yscub* yn dy wiscad / A roed o aur ar dy iad [i ddyfalu bun]. **15–16g.** *TA* 84, *Ysgub* yr holl ddysg, be rhaid, / Er ysgubo 'r Esgobiaid [i'r Esgob Dafydd ab Owain]. **1547** *WS*, *Yscub* i scubo A besome. *id. Yscub* yd A shefe of corne. **1551** W. Salesbury: *KLl* xiiib, y medelwyr: clesgwch yr efre . . . a rwymwch yn *escupe* yw llosci. **1588** *Eseia* xiv. 23, yscubaf hi [Babilon] hefyd, ag *yscubau* destruw. **16–17g.** *CRC* 195, A rhai yn lloffa mewn ystykie / a rhai /n/ pigo *ysgybenne*. *c.* **1600** L. Dwnn: *HV* ii. 162, Arvau Briggdall *ysgub* saethau. **1604–7** *TW* (*Pen* 228), *ysgub* dilhat d.g. *Muscarium* . . . *Setaceum*. *id. ysgub, ysguben* d.g. *Scopæ*. **1632** *D*, *Ysgub*, Scopæ, scroba. Fascis, fascis splicarum. **1632** J. Davies: *LlR* 187–8, pa beth bynnag sydd hyfryd gan na'r corph na'r enaid, y mae efe yno yn ei fwynhau yn gwbl wedi eu cylymmu ynghyd megis yn vn *ysgub* (*bundle*). **1696** *CDD* 194, Pan oedd amser medi ydau, / A phôb call yn casclu eu ffrwŷthau, / Ac yn cario eu *scubaun* gaeth-law. **1722** *Llst* 189, *Ysgub*. f.p. *gubau*. A sheaf of corn or the like, bundle, beesom, faggot, garb in heraldry. **[1724]** G. Wynn: *YGD* 34, Pa lafur sy i'r Prif-coppyn wau ei wê . . . mae un cyffyrddiad a'r *yscub* yn ei hanffurfio. **1759** *ML* ii. 113, llanciau cadw, a'u pibau cyrn tan eu ceseiliau ac *ysgyb* o babwyr yn eu coflaid yn hel gwarthegau. **1803** *P* d.g. *Ysgub*. Ar lafar, '*ysgib, isgib*' 'sheaf' 'broom', *WVBD* 580; '*ysgib, is*[*g*]*ib* . . . *es*[*g*]*ib*', 'sheaf', *GDD* 331; '*ysgib*' 'sheaf', *GTN* 865 (ll. *sgupa*).
Amr.: **ysbig²** [cf. *esgob, esbog*]. **1786** Twm o'r Nant: *PCG* 28, Mae un *Ysbŷg* Ddegwm gan ambell Berson, / Yn Werthfawroccach nag Eneidiau'r holl Blwyfolion. Ar lafar, *WVBD* 580 (hefyd yn y ff. *sbig*); a hefyd ym Morg.
Cfn.: **ysgub y gloch:** *sheaf* (*of corn*) *given to the parish clerk as acknowledgement of services, &c.* **1852. sgubau môr:** *lobster's horn coralline, Antennularia antennina.* Ar lafar, *WVBD* 580.
Gw. hefyd **ysgubion.**

ysgubaf, sgubaf, &c.: (y)sgubo, &c. [bf. o'r e. *ysgub*, cf. Crn. Diw. *scibia* (Lhuyd), Llyd. C. *scubaff*] *bg.a.* Glanhau neu glirio (llawr, ystafell, &c.) â brwsh neu ysgubell, casglu neu gael gwared o (faw, ysbwrial, &c.) drwy ddefnyddio ysgubell, &c., hefyd yn *ffig.*; gwneud yn ysgubau: *to brush or sweep* (*away*), *also fig*; *make into sheaves.*
Diw. **15g.** *B* v. 107, clywynt trwst yn dilyn megys pei bythit yn *yscubo* y llawr. **15–16g.** *TA* 84, Ysgub yr holl ddysg, be rhaid, / Er *ysgubo* 'r Esgobiaid [i'r Esgob Dafydd ab Owain]. **1547** *WS*, Yscub i *scubo* A besome. **1551** W. Salesbury: *KLl* liva, pwy wreic . . . o choll hi vn grot / a ni oleu hi cannwyll ac *es/cupo'r* tuy a cheisio . . . hyd any chaffo? **1568** Morys Clynnog: *AG* 53–4, i ba beth y gwasnaetha sacrafen yr olew? . . . i gael gras yr ysbryd glan ag i *scubu* ymaith we[dd]illion y pechodau oedd yn aros. **1588** *Barn* v. 21, Afon Cison ai *scubodd* hwynt. **1588** *Eseia* xiv. 23, *yscubaf* hi [Babilon] hefyd, ag yscubau destruw. **1606** E. James: *Hom* ii. 262, am eu bod hwy yn gweled yr Eglwys gwedy ei *hyscibo* (*scoured*) o'r olwg wych yn y rhai yr ymhoffe eu ffansiau hwy yn fawr. **1632** J. Davies: *LlR* 36, mi a *ysgubais*, ac a lanweithiais fy ysbryd o'm mewn. *c.* **1762–79** W. Williams: *P* [331], newyn yn *escubo* ymaith deuluoedd cyfain. **[1783]** *W*, *ysgubo* d.g. *To sheaf*. **1803** *P* d.g. *Ysgubaw*. Ar lafar, hefyd yn yr ystyr 'rhuthro', 'Mi *sgubodd* heibio', *WVBD* 488.

ysgubedig, ysgubiedig, &c. [bôn y f.

ysgubaf, &c.: *ysgubo*, &c.+-(*i*)*edig*] *a.bfl.* Wedi ei ysgubo: *swept*.
Dchr. **14g.** *AL* i. 728, dodi awneir y phen [cath] ar y dayar ae llosgỽrn y uynyd ar dayar auyd *ysgubedic*. **16g.** *AP* 6, [ll]awr teilssiedic *ysgubedic*. **1551** W. SALESBURY: *KLl* xixa, yr yspryt aflan . . . a ddywait: Mi a ymchoelaf i'm tuy or lle i deuthum. A phan ddaw ef / eu gael [*sic*] a wna yn *escupetic* ac yn addurnaidd. **18g.** *CM* 110, 117, pedair troedfedd arhugien o barth wastad *ysgubiedig*. **1803** *P* d.g. *Ysgubedig*.

ysgubell, sgubell [*ysgub*+-*ell* neu fnth. ff. fach. ar y Llad. *scōpa* (cf. Llad. *scōpulae*), cf. H. Grn. *scubilen*, gl. *flagrum uel flagellum*, Llyd. C. *scubellenn*, Llyd. Diw. *skubell*(*enn*)] *eb.* (bach. b. *ysgubellig*) ll. *ysgubellau*, (*y*)*sgubelli*. Brwsh, brwsh ac iddo goes hir, yn enw. un wedi ei wneud o frigau, &c., wedi eu clymu o gwmpas ffon, mop; tusw (o flodau), bwndel, ffluwch (o wallt); ysgub (o ŷd, &c.); cawell saethau; hefyd yn *ffig.*: *brush, broom, besom, mop*; *bunch* (*of flowers*), *bundle, bush* (*of hair*); *sheaf* (*of corn, &c.*); *quiver of arrows*; *also fig.*
1346 *LlA* 92, A gỽallt . . . eureit velynlliỽ arnaỽ yn vnffuryf aphei gellit llunyaỽ nev vedylyaỽ dỽy *yscubell* o van adaued. **14g.** *GDG*³ 369, *Ysgubell* ar briddell brag [i Forfudd yn hen]. **15g.** *DN* 71, Wrth i lin a'i frenhiniaeth / I torres hwn y tair saeth. / Yr un sytt, bu'r ynys well, / E roes gwbwl o'r *ysgubell*, / Ag nid aeth un saeth nos Iau / Yn i ddyrned yn ddarnau. **16g.** *GGH* 309, Arwain iddo rawn addwyn, / *Ysgubell* aur esgob llwyn [i ofyn ceiliog coed]. **1604–7** *TW* (*Pen* 228), *yscubelhæ* dilhat d.g. *Ericetum*. *id.* '*scubelh* o walht d.g. *Relicinus*. *id.* *ysgubelh* o vlodeu perarogl d.g. *Toral*. **1632** *D*, *Ysgubell*, [Scopæ, scroba. Fascis, fascis splicarum]. **1722** *Llst* 189, *Ysgubell*. f.p. *bellau*. A broom, brush, wad, wisp, bundle. *id.* *Ysgubellig*. f. dim: of ysgubell. **1725** *SR* d.g. *A Mop to clean houses*. **1772** D. ROWLAND: *PP* 73, Nid yw tafodau yr annuwiolion, ond fel *ysgubelli* i dynnu ymaith y llwch sydd barod i gwympo ar rasusau y seintiau. Ar lafar, '*sgubell*', *Cymru* xlvi. [21] (canolbarth Cered.); '*sgupall*', *GTN* 730 (ll. *sgubelli*), a hefyd fel enw difr. ar ferch, *ib.* Cf. *GDD* 259–60, *Scubelli* . . . Brooms, besoms. The different kinds in use in Pembrokeshire were:- *Scubell*-wrug—made of heather. [*Scubell*-] fwswm—made of moss. [*Scubell*-]fanal—made of butcher's broom. The first was used for sweeping the kitchen, the second for the parlour and bedrooms, and the third for cleaning out ovens.
Cfn.: **ysgubell newydd:** *new broom, fig.* **1886.**

ysgubellaf, sgubellaf: ysgubellu, sgubello [bf. o'r e. (*y*)*sgubell*] *ba.* Ysgubo, brwsio, curo (dillad) â bwndel o frigau; bwndelu, hefyd yn *ffig.*: *to sweep, brush, beat* (*clothes*) *with a bundle of twigs*; *bundle* (*up*), *also fig.*
1722 *Llst* 189, *Ysgubellu*. To make up into bundles or faggots; to whisk clothes. Ar lafar, '*sgubello*' 'ysgubo ag ysgubell' (sir Gaerf.).

ysgubellaidd [*ysgubell*+-*aidd*] *a.* Tebyg i frwsh neu ysgubell, hefyd yn *ffig.*: *brushlike, also fig.*
1771 *W* d.g. *Brushy*. **1803** *P*.

ysgubelliad, sgubelliad [bôn y f. *ysgubellaf, sgubellaf*: *ysgubellu, sgubello*+-*iad*¹] *eg.* Brwsiad, ysgubiad, hefyd yn *ffig.*: *a brushing, sweep, also fig.*
1813.

ysgubellig, gw. ysgubell.

ysgubellwr, sgubellwr [bôn y f. *ysgubellaf, sgubellaf*: *ysgubellu, sgubello*+-*wr*] *eg.* (b. *ysgubellwraig*, ll. -*wragedd*) ll. *ysgubellwyr*. Gwneuthurwr neu werthwr brwshys neu ysgubau: *brush- or broom-maker or -seller*.
c. **1715–28** *PRB* 2, Pum Cydymmaith llawen pan gydymgynnullon mewn Tŷ Cwrw. Pedler, Eurych, Ysgubwr Simneiau, *Ysgubellwr*' [*sic*] a Thaclwr hên Esgidiau. Ar lafar, *GDD* 260.

ysguben, gw. ysgub.

ysgubfa, &c. [*ysgub*+-*fa, ma*] *eb.* Ysgubiad (ymaith), yn *ffig.*: *sweep, a sweeping* (*away*), *fig.*
1764 W. WILLIAMS: *GDC* 37, oes [*sic*] Chwanegwn at hynny *Escybfa* 'r Lleuad tu hwnt i Gylch yr Haul.

ysgubiad, sgub(i)ad [bôn y f. *ysgubaf, sgubaf*: (*y*)*sgubo*+-*iad*¹ a bôn y f. *sgubaf*: *sgubo*+-*ad*²] *eg.* ll. *ysgubiadau*. Y weithred o ysgubo, symudiad ysgubol, cwmpas (eang), hefyd yn *ffig.*: *a sweeping, sweeping movement*, (*wide*) *sweep, also fig.*
1661 E. LEWIS: *Drex* 142, Yn ddiattreg mewn troad llygad, gidag *ysgubiad* ysgafn ysgub, y cwbl [gwe pry cop] y syrth i'r ddaiar. **1803** *P*, *Ysgubiad*, s. m. . . . A sweeping.

ysgubiedig, gw. ysgubedig.

ysgubion, sgubion [bôn y f. *ysgubaf, sgubaf*: (*y*)*sgubo*+-*ion*², cf. Llyd. C. *scubyen*] *e.ll.* Yr hyn a ysgubir, yn enw. llwch neu ysbwrial, carthion, crafion, hefyd yn *ffig.*; gwehilion (y bobl): *sweepings, offscourings, scrapings, also fig.*; *riff-raff, dregs* (*of society*).
15–16g. *TA* 533, Llawer o flawd oedd i'w chŵd llywion—bras, / A bresych a moron; / Gwilym Gwyn, hebddyn, i hon / A roes gwbl o'r *ysgubion* [dychan i Ddeon Bangor a'i feirdd]. **1588** 1 *Cor* iv. 13, fel *yscubion* y byd y gwnaethpwyd ni. **1604–7** *TW* (*Pen* 228) d.g. *Analecta, Quisquiliæ*. **1630** *YDd* 38, Pa beth yw henaint? Onid tommen lawn o *yscubion* gofidiau. **1632** *D*, *Ysgubion*, Exuerræ, sordes. *id.* d.g. *Recrementum*. **1688** *TJ*, *Ysgubion*: sweepings. **1727** J. JONES: *DFF* 335, er cael o honoch eich hammerchi [*sic*] gan Rai, a'ch cyfrif megis *Ysgubion* (*off-scourings*) y ddaear. **1771** J. REES: *H-A* 145, Ysgolhaig . . . efe a deifl lawer [o lyfrau] allan fel sothach ac *ysgybion* (*trash and lumber*). **1803** *P* d.g. *Ysgubion*. Ar lafar, '*sgibion*', *WVBD* 481.

ysgubol, sgubol [*ysgub*+-*ol*] *a.* Wedi ei nodweddu gan gyffredinoli, heb ystyried achosion penodol neu eithriadau (am osodiad, &c.); eang ei gwmpas neu ei effaith (am fuddugoliaeth, &c.): *sweeping* (*of statement, victory, &c.*).
1803 *P* d.g. *Ysgubawl*. Ar lafar, hefyd yn yr ystyr 'gwych', 'Ma'r hufen iâ 'ma'n *sgubol*'.

ysgubolrwydd [*ysgubol*+-*rwydd*] *eg.* Yr ansawdd neu'r cyflwr o fod yn ysgubol (am osodiad, &c.): *sweepingness* (*of statement, &c.*).
20g.

ysgubor, sgubor, &c. [*ysgub*+-*awr*³ neu fnth. Llad. **scōpārium*, cf. Crn. C. *skyber*, e. lle Llyd. C. *Squiber Nevez*, Llyd. Diw. *skiber*; bnth. o'r Gym. yw Gwydd. C. *sciból*] *eb.g.* (bach. b. *ysguboran, ysguborig*) ll. (*y*)*sgubor*(*i*)*au*. Adeilad a tho arno a ddefnyddir i storio grawn, gwair, gwellt, &c., granar, adeilad fferm, hefyd yn *ffig.*: *barn, granary, farm building, also fig.*
9–10g. *Juv* 551, *scipaur*, gl. *horrea*. **12g.** *GLlF* 445, Ac ef [Dewi] a'e dytuc oll heb eu colli / Yn un *ysgubaỽr* vaỽr a'r llaỽr llenwi. **13g.** *LlI* 100, Er *escuboryeu* a deleant bot en agoret. **14g.** *LlB* 95, Pob *yscubawr* a dylyir y gadu yn agoret y vynet gwynt yndunt . . . ac or daw ysgrybyl idi a llygru yr yt. *c.* **1400** *B* ii. 13, Par uedi dy yt ae gynnull yn gall. ae dodi y mywn *yscubawr* didos. **15g.** *GPhE* [99], Ydd oedd ym ym min y ddôr, / Addysg abad, ddwy *sgubor*, / Ac ydlan gyfan ei gwedd / Yn llawn o ŷd erllynedd (Syr Lewys Meudwy). **1547** *WS*, *Yscubor* A berne. **1551** W. SALESBURY: *KLl* xiiib, clescwch i gwenith i'm '*escupor*. *id.* lxiib, ehediait y nef / can nad ynt wy yn heheu nac yn mety / nac yn cynnull y ew *yscuporeu*. **1617** R. PRICHARD: *CE* [7], Ond vo vendithiau [*sic*] pawb a ddwgaû [*sic*] / Y Degwm sanctaidd y *scyboraû*. **1632** *D*, *Ysgubor*, Horreum, farreum. **1651** *TBM* 346, Eglwysi glân diamau / Yr awron fal '*sguboriau*. **1687** (**1715**) J. OWEN: *TB* 45, [drws] y *sgubor* p'le yr oedd yn gorwedd. **1722** *Llst* 189, *Ysguborig*. f. A little barn. [**1758**] *ML* ii. 84, ni roddwn i frwynen o'r morfa am lonaid *sgubor* or fath ffardial ffiaidd. **1770** *W*, *ysguboran* d.g. *Barn, A little barn*. **1803** *P* d.g. *Ysgubawr*. Ar lafar, '*sgubor*' 'barn' 'also a term of reproach for an untidy woman', 'hen *sgubor* o ddynas', *WVBD* 488 (ll. *sgubora*); '*sguborie*' 'farm-buildings', *LGW* [108]–9 (sir Drefn.); '*sgybor, sgibor*' 'Adeilad y cedwir gwair ynddo', *AGB* 111; '*sgupor*' 'a barn', 'fel *sgupor*' 'drafftiog', *GTN* 730 (ll. *sguboria*). Digwydd yn yr e. lle *Tonysguboriau* (Talbot Green, Morg.).
Cfn.: **(y)sgubor ddegwm:** *tithe-barn*. **18–19g.** JAC GLAN-Y-GORS: *Gw* 39, *Sgubor Ddegwm*.

ysguboraidd, sguboraidd [*ysgubor, sgubor*+-*aidd*] *a.* Tebyg i ysgubor (am gapel, &c.): *barn-like* (*of chapel, &c.*).
1875.

ysguboran, gw. ysgubor.

ysgubordy, gw. ysgubor+tŷ.

ysguboriaf: ysguborio [bf. o'r e. *ysgubor*] *bg.a.* Rhoddi neu gadw (ŷd, &c.) mewn ysgubor, cywain, hefyd yn *ffig.*: *to put or store* (*corn, &c.*) *in a barn, garner, also fig.*
1803 *P*, *Ysguboriaw* . . . To put in a barn.

ysguborig, gw. ysgubor.

ysguborwr, gw. ysgubor+gŵr.

ysgubrwyd, yscuprwyd [bôn y f. *ysgubaf*: *ysgubo*+*rhwyd*] *eb.?g.* Rhwyd sân, tynrwyd, treillrwyd; (?gwallus) brwsh (dillad): *sweep-net, seine-net, drag-net, trawl-net*; (?*erron.*) (*clothes-*)*brush*.
1604–7 *TW* (*Pen* 228), *yscyp-rhwyt* pyscota d.g. *Euerriculum*. **1632** *D*, *ysgub-rwyd* d.g. *Euerriculum*. *id.* *Yscuprwyd* d.g. *Verriculum*. **1722** *Llst* 189, *Ysgubrwyd*. f. A drag-net. **1774** T. JONES: *DG* 243, [g]alwodd am *ysgubrwyd*, (brush) i lanhau ei gwccwll a'i glog, ac hefyd i lanhau ei esgidiau. **1794** *W*, *Ysguprwyd*, *ysgub-rwyd* d.g. *Sweep-net*.

ysgubwr, sgubwr [bôn y f. *ysgubaf, sgubaf*: (*y*)*sgubo*+-*wr*] *eg.* (b. *ysgubwraig*, ll. -*wragedd*, (prin) -*wreigedd*) ll. -*wyr*. Person neu beth sy'n (glanhau drwy) ysgubo, hefyd yn *ffig.*; chwaraewr amddiffynnol sydd fel arfer yn chwarae y tu ôl i'r amddiffynwyr eraill ar draws y cae (mewn pêl-droed): *sweeper, sweep, also fig.*; *sweeper* (*in football*).
15g. (*Diw.* **16g.**) *Gwyn* 3, 200, ysco ebrwydd *yscubwraig* / yscipiol ar ôl yr aig [Meredudd ap Rhys i ddiolch am rwyd]. **1604–7** *TW* (*Pen* 228), *yscubwr* briwsion ynghyt d.g. *Analectes*. *id.* *ysgubwr* tuy d.g. *Scoparius*. **1722** *Llst* 189, *Ysgubwr*. m. A sweeper. **1794** *W*, *Ysgubwr* (fem. *ysgubwraig*) d.g. *Sweeper*. **1803** *P*, *Ysgubwr*, s. m.—pl. *ysgubwyr* . . . A sweeper. *id.* *Ysgubwraig*, s. f.—pl. *ysgubwreigez* . . . A female sweeper. Ar lafar, '*sgubwr*', *WVBD* 488.
Amr.: **ysgubydd** [ff. eir., sef bôn y f. *ysgubaf*: *ysgubo* +-*ydd*³] (*eg.* (b. -*es*, ll. -*au*) ll. -*ion*). **1794** *W* d.g. *Sweeper*. **1803** *P*, *Ysgubyz*, s. m.—pl. t. *ion* . . . A sweeper. *id.* *Ysgubyzes*, s. f.—pl. t. *au* . . . A female sweeper.
Cfn.: **(y)sgubwr simneiau, ysgubwr simnai,** &c.: *chimney-sweep*(*er*). **1630** *YDd* xx, ni cheir yn lloegr nemmawr o eurych, neu *scubwr simneiau* na fedro ddarllain. *c.* **1715–28** *PRB* 2, Pum Cydymmaith llawen pan gydymgynnullon mewn Tŷ Cwrw. Pedler, Eurych, *Ysgubwr Simneiau*, Ysgubellwr' a Thaclwr hên Esgidiau. **1771** *W*, *Ysgubwr simneiau* d.g. *Chimney-sweeper*. **1794** E. JONES: *CP* 13, *Ysgubwyr simneiau*.

ysgud, esgûd [bnth. S. C. *escud*; tebyg nad yma y perthyn *yscut*, *T* 36. 14] *eb.g.* Darn o aur neu arian bath Ffrengig, hefyd yn *ffig.*: *écu, also fig.*
15g. *GLGC* 163, Siôn, ei Wasgwyn sy'n esgud / i ddewis gwerth oedd ddwy *ysgûd*. *id.* 175, Heb y gwin grym, heb gan grod, / heb wisg werdd a heb *ysgûd*. **15–16g.** *TA* 506, Dwy sêl o gŵyr rhuddfelyn, / Dau *escûd* (amr. *esgyd, ysgyd*) o fewn dis gwyn [am ruddiau merch].

ysgudell [bnth. dysg. Llad. *scutella*; cf. H. Grn. *scudel*, gl. *discus*, Llyd. C. *scudell* 'dysgl'] *eb.* ll. -*i*. Dysgl, plât: *dish, plate*.
1803 *P*, *Ysgudell*, s. f.—pl. t. *i* . . . A dish, a platter.
Amr.: **sgutell** [dichon mai -*t*-≡-*d*-]. **1604–7** *TW* (*Pen* 228), *Scutelh* d.g. *Scutella*. *id.* *Scutelh* bedrogl d.g. *Scutula*.
Gw. hefyd **ysgutell.**

ysgudogyll, &c., *eg.* *Adar.* Pila gwyrdd, *Carduelis* (*spinus*); ehedydd y coed, *Lullula arborea*: *siskin*; *woodlark*.
16–17g. *GDG*³ 169 (amr.), A'r gog, a'r *ysgudogyll* / Yn briwio cerdd mewn brig cyll. **16–17g.** E. PRYS: *Gw* 370, Bronfraith bur araith berwalch, / Mwyalch mwy ei hawydd. / *Ysgudogyll* drythyll dro, / Yn rhwydo llais yr 'hedydd. **16–17g.** (**17g.**) *CC* 100, mae r brithglog *yscydogyll* / i duwnio cerdd dan y cyll (Thomas Prys). **16–17g.** *CLlC* iii. 46, Galw yr fronfraith, mwuniaith eos, / Llinos lan, *yschidogill* [*sic*]. **1604–7** *TW* (*Pen* 228), *ysgydogylh* d.g. *Luteola*. **1632** *D*, *Ysgidogyll*, Luteola auis. **1688** *TJ*, *Ysgidogŷll*, Aderun tebig i linosen: a Bird called a Siskin. **1707** *AB* 82c, Aderyn tebyg i linos, *ysgydogylh* . . . a little bird like a goldfinch, call'd a Siskin or Yellow-hamber d.g. *Luteola*. **1722** *Llst* 189, *Ysgidogyll*. m. A siskin (bird). **1768** T. PENNANT: *BZ* i. 115*, Wood-lark Hedydd y coed. *Esgudogyll*. **1795** *P*, *Esgudogyll*, s. m. . . . The wood-lark.

ysgum, ysgumaf: ysgumo, gw. sgim, sgimiaf: sgimio.

ysgumer, ysgumiaf: ysgumio, ysgumun, ysguprwyd, gw. sgimer, sgimiaf: sgimio, ysgymun, ysgubrwyd.

ysgutell [cfdds. o'r S. *scutt(le)*+-*ell*] *eg.* Bocs glo, bwced glo: *coal-box, coal-scuttle.*
1858.
Gw. hefyd ysgudell.

ysgutiaf: ysgutio, gw. **ysgydwaf: ysgwyd.**

ysgutor, sgutor, &c. [amr. ar *secutor, sycutor*] *eg.b.* (b. -*es*) ll. -*ion*, (prin) *sgutoriaid.* Person a benodir gan ewyllysiwr i gyflawni ei ewyllys ar ôl ei farw, hefyd yn *ffig.*: *executor* (*of will*), *also fig.*
15g. *GGl*[2] 99, P'le mae i'r barcut *scutor*? / Pwy a gân mwy? Pegan môr [dychan i Uto'r Glyn gan Lywelyn ap Gutun]? **1744** *ML* i. 81, O ble y ca'dd o yr holl lyfrau Cymraeg? Ai *sgytor* Moses Williams ydoedd? **1751** *id.* 173, Sian 'ch Sion Oylfer ei wraig yn *scutores* ar y cwbl am ymgeledd. *id.* 174, *scutorion* Lieutenant Edmonds. **1781** *Ewyllys Bangor* 1781/20, ar rest i gid om heuddo rwy fi yn ei rhoi I Margret Price fy ngwraig ag ir wyf yn ei fennu [*sic*] hi yn *Escytores* ar y Cwbwl i gid yn y ty ag Allan. **1789** TWM O'R NANT: *TChB* 23, fi oedd *Yscuttor* dda Onor ddaionus, / Ond alla I felly wneuthur f' wllys. **1798** T. ROBERTS: *CG* 22, fe fu y wraig farw; ond yr oedd wedi trefnu un . . . i fod yn Gyflawnydd ewyllys, neu *Ysgyttor* iddi. Ar lafar, '*sgutor*' 'executor', *WVBD* 488 (*eg.* ll. -*ion*).
Cfn.: **ysgutor llenyddol:** *literary executor.* **20g.**
Gw. hefyd **ecsecutor, secutor.**

ysgutoriaeth, sgutoriaeth [*ysgutor, sgutor*+-*iaeth*] *eb.* Cymynrodd; cyflawniad (ewyllys), swydd ysgutor; hefyd yn *ffig.*: *legacy, bequest; an executing* (*of a will*), *executorship; also fig.*
1747 *ML* i. 122–3, Daccw'r cefnder Ioan Salbri newydd gladdu merch dan ddwy flwydd oed, a dyma ei dad ynghyfraith wedi bod yn yr Iwerddon yn derbyn i Sion *scutoriaeth* oddiwrth ewythr y wraig, £50. **1763** *id.* ii. 554, [c]affael oddeutu £200 punt o *sgytoriaeth* ar ol yr hen Huw Prys. **1772** S. PHILIPPS: *ET* 50, Eglwys yn y Tŷ a fŷdd yn *Scutoriaeth* [:– Legacy] dda, ie bŷdd yn Etifeddiaeth dda i'w gadael i'ch Plant ar eich hôl.
Gw. hefyd **ecsecutoriaeth.**

ysgutyll [ansicr yw'r union ystyr yn yr engh. gyntaf; rhoddir y diff. ar sail y geir.; cf. *cud, cût, cudyll*] *eg.* Barcud, cudyll coch: *kite, kestrel.*
15g. *DGG*[2] 54, *Ysgutull* (amr. ystyckull, ystyckyll) yn cynnull cad, / Esgud wybr, ysgod abad [i'r ceiliog coed]. **1632** *D, Ysguttyll*, Est Dimin. à Cût. Vi. Cud. **1688** *TJ, Ysguttyll*, Cudyll, Barcŷd: a Kite, a Glide. **1722** *Llst* 189, *Ysguttyll.* m. . . . a hovering hawk. **1771** *W, ysguttyll* d.g. *Castrel, Hawk* [*a bird of prey so called*]. **18–19g.** *IAW* (LlGC) 101, 49, Kestril, *yscuttyll.*

ysguthan, sguthan, *eb.* ll. -*od.* *Adar.* Unrhyw un o amryw fathau o golomennod sy'n byw mewn coed, megis y golomen wyllt, *Columba œnas*, neu (fel arfer heddiw) y golomen fawr, *Columba palumbus*, a chanddi blu llwydlas a marciau gwyn ar ei hadenydd ac o gwmpas ei gwddf, hefyd yn *ffig.*, yn enw. yn ddifr. am wraig dan din neu gas: *stock dove,* (*now usu.*) *woodpigeon, ring-dove, also fig., esp. derog. of a sly or nasty woman.*
c. **1400** *Études* vii. 62, Kic . . . *ysguthanot*, bychydic o waet. **16g.** WILIAM CYNWAL: *Gw* (G. P. Jones) 76, *Ysguthan* a wasg wythi / Yr hyddod, hynod yw hi [i ofyn miliast]. **16–17g.** *Cer RC* 182, llawer o glomennod, / A bagad o *sguthanod.* *Dchr.* **17g.** *J* 10, 43a, *Scuthan.* ringdove. livia. Palumbes. **1632** *D, Ysguthan*, Palumbes, palumbus torquatus. vid. Cudon. **1653** *MLl* i. 230, beth a ddywedi am yr *yscuthanod* a'r cyffelyb rai sydd yn debig i chwi eich hunain? **1722** *Llst* 189, *Ysguthan.* f.p. *thanod.* A wood-quish. **1772** *W* d.g. *Dove . . . A stock-dove, Queest, or wood-queest, Wood-culver.* **1803** *P* d.g. *Ysguthan.* Ar lafar (yn llyth. ac yn *ffig.*), '*sguthan*', *WVBD* 488, *AGB* [166]–7, *GTN* 729–30.

ysguthell, sguthell [cf. *ysguthan, sguthan*] *e?b.* *Adar.* Colomen wyllt, *Columba œnas*, hefyd yn *ffig.*: *stock dove, also fig.*
1703 E. WYNNE: *BC* 124, yn y munyd daeth *scithell* o ddieflyn carngam i mewn.

ysgwadron, gw. **sgwadron.**

ysgwaethiroedd, ys(y)waethiroedd, ys(g)waetheroedd [*ys*[1], *ysy*+*gwaethiroedd, gwaetheroedd*] *adf.* Gwaetha'r modd, piti (garw), trueni, gresyn, yn anffodus, ysywaeth: *alas,* (*more's the*) *pity, worse luck, shame, unfortunately.*
14g. *YBH* 28b, ac nyt oed dim bŏyllŏr ganthun *yssywaethiroed.* **15g.** *GLGC* 287, Aeth Herast, *yswaethiroedd*, / yn drist, da ginawdre oedd. *c.* **1585** G. ROBERT: *DC* [xvii], y mae l'awer o r l'yfræ hynn . . . wedy myned ar golh a chwedy eu difa yn l'wyr, *ys waeth er oedh* hynny. **1599** (**1677**) R. HOLLAND: *AB* [146], y mae rhai *ys gwaetheroedd* (neu ysywaeth) oni bae rhag ofn cyfreithie Teyrnasoedd . . . ar nas gwnaent gydwybod o dreisio, lladd a lledratta. **1780** *W, ysgwaetheroedd . . . ysgweitheroedd* d.g. *Pity, The more is the pity. id.* Gwir *ysgwaetheroedd* d.g. *Truth, A sad truth.* **1803** *P* d.g. *Ysgwaetheroez, Yswaetheroez.* Ar lafar gynt ym Morg., ''Welas i a byth wetyn, *ysgwathərodd*'.
Amr.: **oswaethiroedd.** **1546** *YLlH* [4], [y] periglo/ryon y sy yny mysk, *oswaethhiroedd.* **ysgwaetherwydd. 1875.**
Gw. hefyd **ysywaeth.**

ysgŵaf, sgŵaf: (y)sgŵo, *ba.* Annog, cymell, ysgogi:; (geir.) gwarchod, amddiffyn, noddi, cefnogi (rhywun): *to urge, encourage, incite;* (*dict.*) *guard, protect, patronize, support* (*someone*).
1722 *Llst* 189, '*Scŵo* . . . To abet; egg on, encourage. *id. Ysgŵo* . . . To put on, abet. **1733** J. THOMAS: *HYB* 68, *Ysgŵo* Gwasanaeth-ddynion i ddywedyd coeg Chwedlau. **1760** E. WILLIAMS: *UYB* 191, [ni] ddylai hynny *ysgwo* neb i anturio 'n rhyfygus ar y cyfryw ddamwain. **1803** *P, Ysgŵaw* . . . To guard, to take care.
Amr.: **hysgŵo.** **1773** *W* d.g. *To encourage.*

ysgwâr, gw. **sgwâr.**

ysgwaraf, ysgwariaf: ysgwaru, ysgwar(i)o, gw. **sgwariaf: sgwario.**

ysgwariog, ysgwarog, gw. **sgwarog.**

ysgwatiaf: ysgwatio, ysgwatwyr, ysgwd[1,2,3], gw. **sgwatiaf: sgwatio, sgwatwyr, sgwd**[1,2,3].

ysgweier, gw. **ysgwïer.**

ysgweiraidd, ysgweiriaf: ysgweirio, ysgweiriaidd, ysgweiryn, ysgwfl[1], gw. **ysgwieraidd, sgwariaf: sgwario, ysgwieraidd, ysgwïer, ysglyf**[1].

ysgwfl[2], 2 un. grch. y f. *ysgyflaf: ysgyflu* (gw. *ysglyfiaf: ysglyfio*).

ysgwffl, ysgwïair, ysgwid, gw. **sgyffl, ysgwïer, sgwid.**

ysgwieiriaeth, gw. **ysgwieriaeth.**

ysgwieirwalch, gw. **ysgwïer+gwalch.**

ysgwïer, sgwier, esgwïer, (y)sgweier, &c. [bnth H. Ffr. *escuier* a S. *squire*] *eg.* (bach. *ysgw(e)ieryn, sgweiryn*) ll. *ysgwier(i)aid, sgwieriaid, esgwieriaid, (y)sgweieriaid,* &c. Person nesaf ei radd islaw marchog, gwas marchog, swyddog i frenin, bonheddwr, &c.; bonheddwr gwledig, yn enw. y prif dirfeddiannwr mewn ardal wledig, yswain; hefyd yn *ffig.*: *squire, esquire; squire, country gentleman, esp. the chief landowner in a rural area; also fig.*
1346 *LlA* 112, Ar *ysgŏiereit* . . . aymgynnullassant ysened vreui. **14g.** *YBH* 30a, dial agheu bonfei y *ysgŏier.* **14g.** *GDG*[3] 135, Esgynwas wyf, ys ceinoed, / Os gwir coel, *ysgwier* (*BDG* 77, *ysgwir* y) coed. *id.* 255, *Ysgwier* gwiw ei ddwywisg. **14g.** *GIG* 75, Hawddamawr . . . / . . . *ysgwieriaid*, haid heirdd. **15g.** *DGG*[2] 44, Os gwn innau o newydd, / Sgwir gwawd, *ysgwier* y gwŷdd [i'r ceiliog mwyalch]. ?**15g.** *IGE*[2] 109, *Ysgwïair* gair goreurwayw, / Ys gŵr a dorrai'n waisg wayw. **15g.** *GHS* 35, Ardwy stiwardiaid, aur *ysgwieiriaid* / Y sy i eirchiaid er nas archant. **15g.** *ID* 57, nawryw un gar mewn ayr un gaid / issa gwyr yw *scwieriaid.* **1545** *CM* 1, 132, llyvyr o asdronimei . . . yr hwn a droes *esgwier* o ysgolhaig or gyluyddyd yma o ffrangaeg I saesnaeg. **16g.** (*LlEG*) *Mos* 158, 160b, [t]rugein o varchogion vrddolion ai gwsnaethwyr heblaw Anniuer mwy o lawer o *esgwieiriaid* ai gwsnaethwyr. **1547** *WS, Yscwier* A squyer. *id.* Yswayn *eskwier* Esquyer, swayne. **16g.** *GP* 202, yn nessa i varchog *ysgwier* coleroc. Tri rhyw *ysgwier* ysydd. Cyntaf yw *ysgwier* o gorph y brenhin. Ail yw *ysgwier* breiniol. . . . Trydydd *ysgwier* yw *ysgwier* o howshold, neu o gerdd, neu o ophis arall y vrenhin neu i dywyssoc neu y raddau arglwyddiawl eraill, drwy y gwneuthur yn goleroc vreiniol . . . Yn nessa y *ysgwier* vchelwr breiniol. **1573** *WLl* 38, Ni chanaf och blaen yn chwannoc—drwy gred / I *sgwier* aned wisc ariannoc. **1600** *HVN* 487, bv *sgwiair* kryf bar gwyr ked / bv rwsg kynnydd braisg honned (Lewys Dwnn). **1609** (**17g.**) *CC* 383, *esgwiair* sad waisc or sir / esgwieiriaidd nis gwyrir (Huw Machno). **1621** *Cer RC* 184, Hael *ysgweieried*, uchelwyr, tynantied. **1632** *D, Ysgwier*, Armiger. **17g.** *TBM* 365, Y mae'r crythor garw mawr / Grafai am geiniog bedair awr, / . . . / Mae'n awr yn *sgwîr* yn yfed bîr / Heb ymorol am y crwth. **17g.** HUW MORUS: *EC* i. [46], *Ysgweier* braisg, îs gwâr bryn, / Haela blaidd o hil Bleddyn. *id.* 92, Os ceir rhodd, *Escweier* Rhys, / I Ddafydd annioddefus. **1703** E. WYNNE: *BC* 97, Palff o '*Scweir* . . . yno 'n datcan o ba sawl un o'r pymtheglllwyth Gwynedd y tarddasei ef. **1716–18** *Llsgr R. Morris* 97, un *esguire* mewn gwisg euraid. **1773** *W, ysgwïer* d.g. *Esquire.* Ar lafar, '*sgweiar*', *GTN* 737.

ysgwieraidd, ysgwieriaidd, sgw(e)ieraidd, esgwieiriaidd, &c. [*ysgwïer, sgwier, sgweier,* &c.+-(*i*)*aidd*] *a.* Yn perthyn i ysgwïer, tebyg i ysgwïer, ysweiniol: *squirely, squirelike.*
15g. *GLGC* 264, Gwell wyd Trahaearn, darn deÿrnaidd, / nog wythwyr o wŷr *ysgwieriaidd.* **16g.** SIÔN BRWYNOG: *C* 5, Mastr Lewis rywioglwys wraidd / Wisg euraid *ysgweiriaidd.* **16–17g.** E. PRYS: *Gw* 250, Prys o dre Brys, awdur brau, / *Ysgwieraidd* rwysg eiriau. **1609** (**17g.**) *CC* 383, esgwiair sad waisc or sir / *esgwieiriaidd* nis gwyrir (Huw Machno). *c.* **1670** *Pen* 200, 11, Thomas Vaughan rwydd-lam wraidd / ais gwrol *Esgwieraidd* / aer or gwaed ai air ar g'oedd / y Pant glas pen teg lysoedd. **1722** *Llst* 189, *Ysgwieriaidd.* Belonging to (like) an esquire.

ysgwieriaeth, ysgwieiriaeth, esgweieriaeth [*ysgwïer,*&c.+-*iaeth*] *eb.* Ysweiniaeth: *squirearchy, squiredom, squirehood.*
17g. E. MORRIS: *B* 96, Oes gwae ar ol *Esgweieriaeth*? / Eled weithian wlad waeth waeth.

ysgwieriaidd, gw. **ysgwieraidd.**

ysgwierwalch, gw. **ysgwïer+gwalch.**

ysgwieryn, ysgwigen, ysgwigiaf: ysgwigiad, gw. **ysgwïer, yswigen, swigiaf**[1]: **swigio** (hefyd At.).

ysgwîn [gair geir.] *eb.* Cwch (mawr), bad, llong (fechan), fferi: (*large*) *boat, barge,* (*small*) *ship, ferry*(*boat*).
16g. WILIAM LLŶN: *Gw* (R. Stephens) (At.), *Ysgwin* ysgraff. **1604–7** *TW* (*Pen* 228) d.g. *Nauicula.* **1632** *D, Ysgwin*, Idem quod Ysgraff, ait [William] Ll[yn]. **1688** *TJ, Ysgwîn* . . . a Ferry-boat. **1722** *Llst* 189, *Ysgwin.* f. A ferry-boat, small ship. **1770** *W* d.g. *Barge* [*a large boat used for carrying goods on a river*], *Boat, Dogger.*

ysgwinas, (y)swinas, &c. [bnth. S. C. *squinase*] *e.* *Meddyg.* Ysbinagl: *quinsy.*
14g. *BL Add* 14912, 65v, Rac *ysgyŏinas* ellŏg gŏaet. *c.* **1400** *Études* viii. 348, Rac *ysgwinas*: gollwng waet dan dy dauot ar dy dwy waetwithien. **1545** ELIS GRUFFYDD: *Ll* 30, y gouid o wraid y tauod, yr hwn a elwir *swinasse.* *id.* 89, ynn erbyn gouid o'r geudod pan vo'r *yswinas* ynn dechre magv, gwna j'r dyn dreiglo llwyaid o'r dwr yma.

ysgwîr[1], gw. **ysgwïer.**

ysgwîr[2], gw. **ys**[1]**+gwir.**

ysgwîr[3], **sgwîr**[2] [bnth. S. C. *squire* '(carpenter's, &c.) square'] *eg.b.* a hefyd gyda grym ansoddeiriol. Sgwaryn (saer, &c.), hefyd yn *ffig.* safon, patrwm, esiampl: (*carpenter's, &c.*) *square, also fig. standard, pattern, example.*
14g. *GDG*[3] 56, Ys dig am ei ostegion, / *Ysgwîr* mawl, eos gwŷr Môn [marwnad Gruffudd Gryg]. *id.* 321, Dwylo Mai a'i hadeila, / A'i linyn yw'r gog lonydd, / A'i *ysgwîr* (amr. *sgwir*) yw eos gwŷdd [i'r deildy]. **15–16g.** *GLM* 326, Da cefnai wawd, cyfion oedd; / dros Gred yr *ysgwîr* ydoedd [marwnad Rhys Nanmor]. *c.* **1525** *TA* 726, Cerdd *ysgwîr*, croywddysg araith, / Clod y gŵr, clywed i gwaith [marwnad Tudur Aled gan Ruffudd ap Ieuan ap Llywelyn Fychan]. **16g.** *B* xviii. 327, hyd j gorf ef ynn gymaint a chwe throeduedd wrth yr *ysgwir.* **16g.** *CLl* 170, Diball a'i fwyall fuan, / Wrth *ysgwir* diwarthus g[â]n [marwnad Siôn Brwynog gan Forys Dwyfech]. **1564** *WLl* 160, Gwialen or un gwely / Yw *ysgwir* vraisc ysgwria fry. **16g.** WILIAM CYNWAL: *Gw* 217, *Ysgwîr* gwych, tlws gŵr a gair, / Asgell hyd tros yr esgair [i ofyn cleddyf]. **1596** *Pen* 187, 37b, kongl gwastad sydd fal kongl rheol y *sgwir* fal hyn. L. **16–17g.** EDWARD URIEN, &c.: *Gw* 169, Ei weithred ar lled i'r llaill / Yw *sgwir* i ddysgu eraill [Siôn Cain i Edward Urien]. **1632** *D, Ysgwir*, Norma. **1701** E. WYNNE: *RBS* [vii], Dyma i titheu *Scwîr* neu Reol Buchedd

Sanctaidd. **1776** *W* d.g. *Mitre, in Joinery, Square, Subst., A carpenter's square.*

ysgwirwalch, gw. ysgwïer + gwalch.

ysgwitsiwn, gw. ysgwytsion.

ysgŵl, sgŵl[2], **(y)sgwl** [bnth. S. *skull*] *eg.b.* ll. *ysgylau.* Helm(ed) (ddur gron), hefyd yn *ffig.*; penglog: (*round steel*) *helmet, skull(cap), also fig.*; *skull.*

14g. *GLlG* [51], *Ysgwl* trin a chyfrinach, / Esgud wyd, edn bochlwyd bach [i'r penlöyn]. **15g.** *DGG*[2] 54, *Ysgŵl* du ymlaen osgl dâr, / Esgoblun mewn ysgablar [i'r ceiliog coed]. **15g.** *GLGC* 160, Merch i Rosier fu'r seren, / *Ysgŵl* a'i wisg o haul wen. **15g.** *GGl*[2] 78, Ebrwydd y cair, heb rodd cam, / *Ysgŵl* a phenwisg Wiliam. **15g.** *GOLlM* 11, Osgl wydr ar *ysgŵl* ydwyd. **15–16g.** *GLM* 167, Brau fyddi mewn byr feddwl / i geisio gwayw ac *ysgŵl.* **1547** *WS, Yscwl* ne saylet A scull. **16g.** WILIAM CYNWAL: *Gw* (G. P. Jones) 74, Dur irlym a dyr arlais, / Draw is gîl sarn, drwy *sgŵl* Sais. **16–17g.** (**17g.**) *CC* 50, *ysgŵl* gron is gwâl grynniad / y sy gref rhag sigo r iad [diwyg.] / ffelt o ddur glas vrddasol / ffansiais i, ffens y siol / a ffart draw oi ffortreiad / yn troi n big fal llun trwyn bâd (Thomas Prys). *id.* 112, ysgod glew yw r esgyd glân / *ysgŵl* môr isgil marrian [Thomas Prys i yrru'r llamhidydd]. **1604–7** *TW* (*Pen* 228), *yscwl* d.g. *Cassida.* **1617** R. PRICHARD: *CE* [5], Bwttodd Cwn yn hollawl honno: / Ond y thraed, *scwl,* llaw a plottoth [*sic*] / Wreskyn cam, yn winllan Naboth. **1658** R. VAUGHAN: *PS* 104, O Arglwydd . . . Helm gobaith [:– *Scwl*] fyddo am fy mhen . . . mal nam briwer yn farwol yn yr ymdrech. **1722** *Llst* 189, *Ysgŵl.* m.p. *Ysgylau.* A head-piece.

ysgwlf, gw. ysglyf[1].

ysgwlmastr, ysgwlmeistr, gw. sgwlmeistr (hefyd At.).

ysgwlpyn, gw. sgwlpyn.

ysgwn, esgwn, *a.* a hefyd gyda grym enwol ac fel *eg.* Parod, dewr, cadarn, cryf, dygn, diysgog, cyndyn; chwim, cyflym, deheuig; (geir.) drwg, drygionus: *ready, brave, firm, strong, steadfast, stubborn; swift, quick, dexterous;* (*dict.*) *wicked, villainous.*

12g. *GMB* 151, Lluch *ysgỽn* pan esgein uuelyar. **12g.** *GLlF* 228, Kyuaruu *ysgỽnn* ac ysgarant—aer. *id.* 318, Oet *ysgỽn,* oet tỽnn taleith—y daryan. **12g.** *GCBM* i. 85, Hwyl *ysgỽn,* ysgwyd pedeiryeith. *id.* 193, Y *ysgwnn* gynnif. *id.* 194, Nys craỽn ked esgud rac *ysgwn. id.* 244, Gnaỽd gretyf ar ysgwyd ar *ysgỽn* —terrwyn. *id.* 254, Cad asgen, *ysgỽn* ysgwyd Veli. *id.* ii. 118, ysgwyt yn rwyd rac *ysgỽn* plymnwyd. *id.* 120, Hwysgynt huysgỽr ysgwyduỽrỽ *ysgỽn. id.* 307, Gỽtam pob anwar daear dyred, / Gotef grỽn *ysgỽn,* anysgoged. **12–13g.** *GLlLl* 53, Deu cann waew terrwyn torres—bar dygrỽn / Pan *ysgỽn* esgores. **13g.** *C* 92. 2, crin caun caru *iscun.* **13g.** *A* 27. 7–8, Kynvelyn gasnar *ysgwn* bryffwn bar. **14g.** *GIG* 56, Rhag gorwedd, osgedd *ysgwn* / Yn dwyn y baich, dan ei bwn. **1604–7** *TW* (*Pen* 228) d.g. *Nefandus, Nefarius.* **1722** *Llst* 189, *Ysgwn* . . . Wicked, villainous. **1803** *P* d.g. *Ysgwn.*

Fel *e.* (geir.) Nerth, grym: (*dict.*) *strength, force.*

c. **1470** *B* ii. 242, *ysgwn*: nerth. *c.* **1588** *ib. esgwn* .i. nerth. **1632** *D, Esgwn,* & *Ysgwn,* est Nerth, ait [Wiliam] Ll[yn]. **1688** *TJ, Esgwn, ysgwn,* nerth. Srength [*sic*]. **1707** *AB* 216d, *Esgwyn* [*sic*], Strength. **1803** *P* d.g. *Ysgwn.*

ysgwner, ysgŵp, ysgwpiaf: ysgwpio, gw. sgwner, sgŵp, sgwpiaf: sgwpio.

ysgwr [dichon fod yma fwy nag un gair, ?cf. H. Grn. *scorren,* gl. *remus,* Llyd. C. *scourr* 'cangen', *squiryenn* 'darn o bren': ?o'r gwr. IE. *(*s*)*ker-* 'torri'] *eg.* (bach. b. (*y*)*sgyren,* ll. *ysgyrennau, -od, ysgyrenion*) ll. *ysgyr, ysgyr*(*i*)*on, sgyrion* (ll. dwbl *ysgyrionau, sgyrions*) (un. g. *ysgyrionyn,* b. *ysgyrionen*).

(*a*) Gwaywffon, paladr, ffon, pastwn; cangen (braff), cainc, brigyn; darn o bren, tafell, sblint, dellten, ysglodyn, fflaw, darn, dryll, maluryn, (yn y ll.) teilchion, tipiau mân; pèg; gweddill, ysbwrial, rwbel; (yn y ff. *ysgyren, ysgyrionyn*) matsien; hefyd yn *ffig.*: *spear, lance, stick, staff;* (*thick*) *branch, bough, twig; piece of wood, slice, splint, lath, splinter, chip, sliver, piece, bit, fragment,* (*pl.*) *smithereens; peg; residue, rubbish, rubble; match* (*for lighting*); *also fig.*

10g. (*Ox* 2) *ESC* 7, stella, i. *scirenn.* **12g.** *GLlF* 75, Vuelyar tan trỽy *ysgyr,* / Ergyr o'r syr yn syrthiaỽ [arwyddion cyn dydd Brawd]. **12g.** *GCBM* ii. 53, Yn dyt gwyth gweithỽudic dragon! / Ar llỽrỽ ysgwyduỽrỽ *ysgyryon.* **13g.** *GDB* 29, Rodes Duỽ y'm llyỽ llafyn waetlif—*ysgỽr. id.* 60, Guyalen kyhyt a'r hyryeu en llau e geylwat, a'r *escurr* perued y'r yeu honno en e llau arall ydau. **14g.** *WM* td. 225. 10, achorn canu maỽr awelei ar *yscỽr* yr auallen. *id.* td. 286. 11–12, ac yr fforest beunyd yd aei ymap ychware ac y daflu blaen *ysgyron* (*RM* 193, llysgyon. ac *yskyryon*). **1346** *LlA* 94, manwrychyon a gyfodynt osafỽryrdan [*sic*] sychyon *yskyryon* pedryholl ffynnidỽyd. **14–15g.** *GGLl* 135, Dewredd Ffwg, dur oedd ei phen, / Dors garw, yn dair *ysgyren* (Gruffudd Llwyd). *c.* **1400** *R* 1049. 4, neum gỽant *ysgỽr* o gỽr dy got. **15g.** *GDID* 6, Pan fu'n gwasgaru gwayw'n [*y*]*sgyrion.* **16g.** *GSC* [30], Dy blaid o'n hynafiaid ni, / Derw a'u *'sgyrion* dros Geri. **16g.** (*LlEG*) *Mos* 158, 305a, [y] merched a daulai gerig ac *ysgyrion* ac isgell brwd am i pen/av wynnt. **16–17g.** (**17g.**) *CC* 63, ystrodur o eglur onn / *yscyrionau* o ais crinion [Thomas Prys i ofyn tabler]. **1604–7** *TW* (*Pen* 228), pob lhanw megys *yscwr,* sothach d.g. *Cæmentum.* **1632** *D, ysgyren* d.g. *Secamentum.* **1672** R. PRICHARD: *Gw* 492, megis pren mawr gwedi i dorri yn ddarnau neu i hollti yn *yscyrrion* mân. **1722** *Llst* 189, *Ysgyrionyn.* m. as *Ysgyren.* **18–19g.** R. DAVIES: *DB* 107, Torir dïau brigau bron / *Ysgyrenod* sy grinion. **1803** *P, Ysgwr,* s. m. . . . A spike, a splinter. *id. Ysgyren,* s. f. dim. . . . A split piece of wood, a splinter; a stave. *id. Ysgyrion,* s. pl. . . . Staves, splinters. Ar lafar, *'sgyran* o bren tena', 'torri pren yn *sgyrion*', *WVBD* 488; '*Sgirion*' 'bits, shivers', *TGG* (1907–8) 86 (de-orllewin sir Gaerf.). Clywir hefyd y ff. *'sgyriwns*', 'Ma'r tepot lystar wedi mynd yn *sgyriwns* bora 'ma' (dwyrain Morg.).

(*b*) (enghrau. *ffig.*: *fig. exx.*).

15g. *GGl*[2] 30, Marw'n tad, murniwyd Deheudir, / Mau fron *ysgyrion* os gwir [marwnad Rhys, abad Ystrad-fflur]. **15g.** *DE* 71, dianerch un dwyf medd dynyon vyng wlad / ar iad ssy ogaryad yn*yscyryonn.* **1657** *MLl* ii. 93, Nid oedd ond vn Jaith ar y cyntaf yngeneuau dynion; A hono o achos balchio or boblοedd yn ei Hundeb a holldwyd yn *yscyrion* lawer. **17g.** HUW MORUS: *EC* i. 138, Aethai 'nghalon yn *ysgyrion,* moddion wirion werth. **1760** *ML* ii. 268, Mae'r Herbert Jones Benllwyd yma yn un *ysgyren,* yr holl sŷdd wedi sychu ynddo. **1793** DAFYDD IONAWR: *CD* 338, Cydwybod hynod ei hiaith, / Ar ol dirol fradwrwaith, / A wnaeth euog fradog fron / Iscariot yn *yscyrrion.*

(*c*) (yn y ff. *ysgwr*) (geir.) Ymosodiad, hyrddiad, rhuthr, symudiad sydyn chwyrn, trais: (*dict.*) *assault, thrust, rush, sudden quick movement, violence.*

1632 *D, Ysgwr,* Impetus, impulsus. **1688** *TJ, Ysgwr,* rhuthr: violence, an assault [*sic*], a force. **1722** *Llst* 189, *Ysgwr.* m. Violence, assault, thrust. **1753** *TR, Ysgwr,* a force, an impulse. **1773** *W* d.g. *Flirt* [*a quick, sudden, and elastic motion; a jerk; a spurt, &c.*], *Spurt* [*a short effort*].

(*d*) (yn y ff. (*y*)*sgyren*) Gair difr. am berson tal tenau: *derog. term for a tall thin person.*

1760 *ML* ii. 256, *Ysgyren* o ddyn, tra thebyg i Dwm Belis. **1775** *W, Ysgyren* . . . o ddŷn d.g. *A lath of a fellow.* Ar lafar, "r hen *sgyran* dena', *WVBD* 488.

Amr.: **esgor**[3]. **15g.** *LHDd* 72, 105. **esgyrion** (*e.ll.*). *Diw.* **16g.** W. MIDLETON: *B* 91. **ysgar**[3] (*eb.*). **1688** *TJ, Ysgar,* ysgyren: a Splinter. **1725** *SR* d.g. *A Splinter.* **1803** *P, Ysgar,* s. f.—pl. t. *ion.* **ysgor**[2]. *c.* **1400** *CHDd*[2] 119. **ysgwrion** (*e.ll.*). *c.* **1548** *CM* I, 818, *ysgwrion* hruddion gwenith newydd valu. **ysgyr**[2] (*eb.*). *Diw.* **15g.** *Pen* 67, 69, merthyr rrwng dwy *ysgyr* dec.

ysgwrfa, ysgwrffil, ysgwriad, gw. sgwrfa, sgwrffil, sgwriad.

ysgwriaf: ysgwrio, ysgwrian, gw. sgwriaf[1]: sgwrio.

ysgwriedig, ysgwrion, gw. sgwriedig, ysgwr.

ysgwrlwgaf: ysgwrlwgach, ysgwrlwgan, gw. ysgyrlwgaf: ysgyrlwgach.

ysgwrs[1,2], **ysgwrsaf: ysgwrso, ysgwrsiaf**[1,2]**: ysgwrsio,** gw. sgwrs[1,2], **sgwrsiaf**[2]**:** sgwrsio, sgwrsiaf[1, 2]: sgwrsio.

ysgwt, ysgŵt, gw. sgwd[2].

ysgwtaf: ysgwtan, gw. sgwtaf[1], sgwto.

ysgwthr, sgwthr, *eg.* ll. *ysgythr*(*i*)*on, ysgythrau,* ?a hefyd gyda grym ansoddeiriol.

(*a*) Dinistr, lladdiad (mewn brwydr, &c.): *destruction, a killing* (*in battle, &c.*).

12–13g. *GLlLl* 52, Yn *yscỽthyr* trydar yn ysgỽn darpar. **13g.** *GBF* 186, Diarsswyd ysgwyd, ysgyryon —ygnif, / *Ysgỽthyr* llif, llid Dryon. *c.* **1400** *R* 1287. 36–7, ny duc aryf na phennsel. ar *ysgwthyr* brat cat nyt kel.

(*b*) Toriad, cerfiad, naddiad, ysgythriad, cerflun(waith), addurnwaith, llun, hefyd yn *ffig.*: *a cutting, carving, engraving, sculpture, carved or decorative work, picture, also fig.*

14g. *BY* 8, [Y] Tubalcain hwnnw a gauas gouannaeth gyntaf; ac ef a vu gof ar *ysgwthyr* mwyneu (*sculpture operum in metallis fabricator*). **1346** *LlA* 169, croc brenn heb *ysgỽthyr* (*pictura*) ynybyt arnei nac oeur nac oaryant. **14g.** *HMSS* ii. 9, A thra yttoed charlymaen ae niuer yn ryuedu gweith y neuad. nachaf y wrth y mor a oed *ysgwthyr* (*YCM*[2] 189, yn ysgythredic) yny penn issaf yr neuad gwynt deissyuyt yn dyuot ar von rot melin. *id.* 23–4, delw o vaen keu hen. ac arnaw *ysgwthyr* kywreint o weith sarassinyeit. **14g.** *B* ix. 47–8, pei gwelei dy arglwyd di ar yr *ysgwthyr* tec hwnnw y byd hollyach dy arglwyd di. **14g.** *GDG*[3] 231, Mae arni [telyn] nadd o radd rus, / Ac *ysgwthr* celg ac esgus. *c.* **1400** *R* 1291. 36–7, Kolỽm *ysgỽthyr* tỽnffet. *Dchr.* **17g.** *J* 10, 43b, *Scwthr.* forma. Sculptura. **1632** *D, Ysgwthr,* Sculptura, cœlatura. **1722** *Llst* 189, *Ysgwthr.* m.p. *gythrau.* A carving, engraving. **1728** T. BADDY: *DDG* 49, Y mae uchder têg ynddi [ystafell], ac y mae rhyw faint o *ysgythrau* o'u [*sic*] hamgylch. **1773** *W* d.g. *An engraving.* **1803** *P, Ysgwthyr,* s. m.—pl. *ysgythrion* . . . A carving, engraving, or cutting into.

(*c*) Pig(yn), sbig(yn): *spike, spine.*

14g. *GLlG* [56], Caled flaen *ysgwthr* celyn, / Cilia di oddiyna, ddyn. *c.* **1400** *R* 1322. 43–4, gryt gyrchyat oesgat *ysgỽthyr.*

(*d*) Darn (bach neu doredig), dernyn, dryllyn, asglodyn, nadd, siafin, ysgyren, brigyn, &c., a dorrwyd ymaith o goeden, (yn y ll.) malurion, cyrbibion, teilchion: (*small or broken*) *piece, fragment, chip, a paring, shaving, splinter, a* (*tree*) *lopping,* (*pl.*) *fragments, smithereens.*

14g. *GIG* 51, Gïau a gwythau ar gwthr, / Briwio esgyrn, brau *ysgwthr.* **15g.** *GGl*[2] 302, Y mae *ysgwthr* o'm asgwrn / A genau serth a gnôi swrn. **1604–7** *TW* (*Pen* 228), *yscwthr* d.g. *Recrementum.* **1632** *D, Ysgwthr* . . . Putamen, secamentum. *id. Ysgythron* coed d.g. *Concædes.* **1722** *Llst* 189, *Ysgwthr.* m.p. *gythron.* Lopping, paring, slice. **1753** *TR, Ysgwthr* . . . a paring. **1778** *W* d.g. *Paring.* **1803** *P, Ysgwthyr,* s. m.—pl. *ysgythrion* . . . a cut out or from; a paring.

Cfn.: **ysgwthr (yr) ewinedd:** *nail clipping*(*s*). **1604–7** *TW* (*Pen* 228), *yscwthr ewinedh* d.g. *Nauci.* **1778** *W, ysgwthr, ysgythron* . . . *yr ewinedd* d.g. *The parings of the nails.*

Gw. hefyd **ysgythr**[1].

ysgwyd[1,2], gw. **ysgydwaf: ysgwyd**[1].

ysgwyd[3] [Llyd. C. *scoed* 'écu', H. Wydd. *sciath*: < **skeito-*; cf. Llad. *scūtum* (< **skoito-*)] *eb.g.* ll. *-awr, -au, -ydd.* Tarian, bwcled; *Her.* tarian yn dwyn arfbais, llun o'r cyfryw; hefyd yn *ffig.*, yn aml am amddiffynnwr, amddiffynfa, noddfa: *shield, buckler; escutcheon* (*in her.*); *also fig., often of a defender, protection, refuge.*

12g. *GMB* 73, Arbennic kenueint, kereint weinyt, / Kynreinon *ysgwyt,* ysgor orwyt. **12g.** *GLlF* 284, Pieu yr *ysgwyt* esgutwal—kynwan / A'r kanwayw am y thal? / . . . / *Ysgwyt* Lywelyn, lyw kadeithi—bro, / Eu honno y'w honni, / *Ysgwyt* ac ysgwyd yndi, / *Ysgwyt* ac ysgryt recdi. **12g.** *GCBM* i. 4, Erchwynyaỽc esgar, *ysgwyd* trywan. *id.* 85, Hwyl ysgỽn, *ysgwyd* pedeiryeith. *id.* ii. 20, Arglwyt a'm porthes, porthle teudor, / Porthloet *ysgwydaỽr* pyrth maỽr marwor. *id.* 181, Dor yscor *yscwydeu* amdrwch. **12–13g.** *GLlLl* 180, Y'th *ysgwyd* tebygỽyd, toryf wyn, / *Ysgwyd* ball guall Guhelyn. **13g.** *GDB* 389, Llew gỽaeỽdỽn, ysgỽnn *ysgỽyt* Geidyaỽ. **13g.** *GBF* 323, Ys kein, ys kyhoed ar *yskwydid*—kyrd, / Ys gelwir yn wyrd rif milỽyrd ryd [i Wenllïan]. **14g.** *T* 23. 16–17, bum *yscỽyt* yg kat. **1604–7** *TW* (*Pen* 228), *yscwyt* byrh d.g. *Ancile.* **1632** *D, Ysgwydd* [*sic*], Scutum. **1744** D. ROWLAND: *RY* 88, Banner goch Capten Barn ydoedd, *Yscwyd* yr hwn ydoedd y Ffwrnas danllyd loscedig. **1771** *W* d.g. *Buckler.* **1803** *P.*

Amr.: **sgwyd.** **13g.** *A* 32. 16, *Scwyt* dan wodef. ny ystyngei rac neb. *id.* 35. 10, gnaut ar les minidauc *scuitaur* trei.

ysgwydedig, ysgydwedig, &c. [y be. *ysgwyd*[1] a bôn y f. *ysgydwaf*: *ysgwyd,* &c. +

-edig] *a.bfl.* ll. (gyda grym enwol) *ysgydwedigion.* Wedi ei ysgwyd, ei siglo, neu ei chwifio, yn ysgwyd, yn siglo, yn chwifio, yn crynu, yn symud, wedi ei daflu (yma a thraw), simsan; symudliw, disglair, pefriol; hefyd yn *ffig.: shaken, brandished, shaking, brandishing, trembling, moving, tossed (about), unstable; shimmering, glittering, sparkling; also fig.*

Dchr. **15g.** *GM* 28, Megys saetheu yn llaw vedyanusson, / Uelly meibyon *ysgytwededigyon* [*sic*; amr. *ysgydwedigion*] (*excussorum*). **1567** *LlGG (Sall)* 33b, chwi vyddwch val magwyr ogwyddedic, neu val paret a siglit [:− *escytwedic,* serfyll, gwthiedic]. **1588** *Gen* iii. 24, efe . . . a osododd o'r tu dwyrain i ardd Eden a Cerubiaid, a llafn y cleddyf *yscwydedic,* i gadw ffordd prenn y bywyd. **1588** *Neh* v. 13, felly 'r escydwo Duw bob gŵr yr hwn ni chwplâo y gair hwn oi dŷ, ac oi lafur, ac felly y byddo efe yn *escydwedic* (1752 *id.* ysgydwedig), ac yn wâg. **1588** *Job* xiii. 25, A ddrylli di ddeilen *escwydedic?* **1632** *D, ysgydwedig* d.g. *Coruscus, Motabilis, Tremulus.* **1722** *Llst* 189, *Ysgwydedig.* Tossed; sparkling. **1759** T. THOMAS: *WWDd* 10[3], 'Fe a ossodwyd Ceriwbiaid, â Chleddyfau tanllyd *ysgydwedig,* i gadw Adda allan o'r Ardd. **1770** *W, ysgwydedig* d.g. *Brandished, Jolted. id.* tanllyd *ysgwydedig* d.g. *Glistering, or glittering. id. ysgwydedig, esgydwedig* d.g. *Shaken.* **1793** DAFYDD IONAWR: *CD* 54, A gloyw ddewrwrch gledd eirian / O ddig *ysgydwedig* dân / Wnai 'mddiffyn, rhag dyn a diawl, / Da Bren y bywyd breiniaw. **1797** J. OWEN: *GAE* [2], Wele, mae Cwmwl Du'n ymddangos ag yn hir aros uwchben Brydain, Ar [*sic*] Cleddyf gloyw-lym yn *ysgwydedig.* **1803** *P, Ysgwydedig* . . . Shaken, or agitated.

ysgwydfa, gw. **ysgydfa.**

ysgwydfriw, ysgwydfwlch, gw. **ysgwyd³ +briw, bwlch.**

ysgwydiad, Ysgwydiaid, gw. **ysgydwad, Sgotiaid** (hefyd At.).

ysgwydog, sgwydog [*ysgwyd³, sgwyd+ -og*] *eg.* a hefyd fel *a.* (Un) sy'n cario tarian: *(one) bearing a shield.*

12–13g. *GLlLI* 239, A ragod, penn clod claer *yscwydaúc.* **13g.** *A* 34. 2−3, atwythic *scyndauc* [*sic*] madauc eluet. **1803** *P, Ysgwydawg* . . . Having a shield.

ysgwydwad, ysgwydwr¹, gw. **ysgydwad, ysgydwr.**

ysgwydwr², gw. **ysgwyd³+gŵr.**

ysgwydwyd, gw. **ysgydwaf: ysgwyd.**

ysgwydwyn, ysgwydwyrdd, gw. **ysgwyd³+gwyn¹, gwyrdd¹.**

ysgwydd, &c. [H. Grn. *scuid,* gl. *scapula,* Crn C. (*dyw*)*scoth,* Crn. Diw. *sco*(*u*)*th,* Llyd. C. a Diw. *skoaz*] *eb.* (bach. *-yn,* ll. *-nau*) ll. (*y*)*sgwyddau, ysgwyddion.* Cymal uchaf braich (dyn neu anifail deudroed) neu goes flaen (anifail pedwartroed) a'r rhan(nau) rhyngddo a bôn y gwddf (yn enw. y wyneb uchaf crwm; palfais, (yn y ll.) rhan(nau) uchaf y cefn a'r breichiau neu'r coesau blaen; toriad o gig (mochyn, oen, &c.) sy'n cynnwys rhan uchaf y goes flaen, ysbawd; hefyd yn *dros.* ac yn *ffig.: shoulder; shoulder (of meat); also transf. and fig.*

12g. *LL* 158, dirpant arall ar*iscuid* uersus orientem diguairet bet irallt. **12g.** *GLlF* 134, Gorwenn uy ysgwyd ar uy *ysgwyddur*—y dreis. **12g.** *GCBM* ii. 31, Mor gyneuin trin tra latei—ysgwyd / Ac *ysgwyt* a danei. **12–13g.** *GMB* 486, Ar eu pechodeu puchsôn arwyt —croc, / Ymdwyn croes yr Crist ar uy *ysgwyd.* **13g.** *B* x. 27, nachaf morwyn dec a briger hir wede e bvrv tros y *hysgwydeu.* **13g.** *GBF* 23, *ysgwyt* gaôr, uaôr eur ked. **14g.** *T* 12. 2−3, Tauaô dy vyn dôy *yscôyd.* handit mor dyuyd. c. **1400** [*RB*] *WM* 238. 18−19, Adyuot att y vorôyn. adodi y tal a *ysgôyd.* c. **1400** *R* 1300. 41, Vymreisc weisc wascdoryf aesgoryf *ysgôyd.* **15g.** *GLGC* 426, I'r wlad lle mac'n benadur / *ysgwyd* vy ef a wisg ddur. **1545** ELIS GRUFFYDD: *Ll* 84, y pen a'r *esgwydde.* **1547** *WS, Yscwydd* Sholder. **16g.** (*LlEG*) *Mos* 158, 600a, [y] adwy adwy gyuerbyn adwy *yscwydd* a vattel. **1551** W. SALESBURY: *KLl* liva, gwedy iddo hi [*sic*] chaffael [dafad] / ef hei gesit ar eu [*sic*] *escwyddeu* n llawen. **1567** *TN* 37a, wy rwymant veichiae trymion, ac anhawdd ei dwyn, ac gesodant ar *yscwyddae* dynion. **1588** *Ecs* xxviii. 7, Dwy *yscwydau* fydd iddi [effod] wedi eu cydio wrth ei dau gwrr, fel y cydier hi yng-hyd. **1588** *Eseia* ix. 5, bachgen a eni a ni, mab a roddwyd i ni, a bydd y llywodraeth ar ei *ysgwydd* ef. **1604** R. HOLLAND: *BD*

shoulder(-blade), (upper part of) arm; shoulder (meat); also transf.

c. **1400** *YCM²* 39, Bychydic o vara a yssei, ac aelawt maharen . . . neu *ysgwydawc* hwch. **1547** *WS.* **1588** *Ecs* xxix. 27, sancteiddia . . . *yscwyddoc* yr offrwm derchafel yr hwn a gwhwfanwyd. **1588** *Deut* xxxiii. 20, megis llew y mae yn aros, fel y rhwygo efe *yscwyddoc* a'r penn. **1588** I *Sam* ix. 24, y côg a cyfoddodd *ysgwyddoc* a'r hyn oedd arni, a Samuel ai gosodes ger bron Saul. **1604–7** *TW (Pen* 228) d.g. *Ala.* **1632** *D, Ysgwyddog,* Armus. *id.* d.g. *Humerus.* **1722** *Llst* 189, *Ysgwyddog* (sub) f. An arm, shoulder. **1753** *TR, Ysgwyddog,* a shoulder, as of mutton, &c. **1770** *W* d.g. [*Blade*], The shoulder-blade, Shoulder. **1771** *PDPh* 61, chwythu fel cigydd mewn *ysgwyddog* o gig llo. **1803** *P, Ysgwyzawg* . . s. f. . . . a shoulder, as of mutton; a gammon.

Fel *a.* A chanddo ysgwyddau (llydain, mawrion, cryfion); tebyg i ysgwydd(au) o ran siâp, &c.; yn perthyn i'r ysgwydd(au), yn defnyddio'r ysgwydd(au): *having (broad, large, strong) shoulders; like a shoulder or shoulders in shape, &c.; pertaining to or using the shoulder(s).*

1688 *TJ, Ysgwyddog:* broad shoulderd. **1722** *Llst* 189, *Ysgwyddog.* Having shoulders. [**1783**] *W* d.g. *Shouldered, Broad-shouldered.* **1803** *P, Ysgwyzawg* . . . Having a shoulder.

Amr.: **sgwyddog.** Ar lafar, 'sgwyddog' 'broad-shouldered'. *WVBD* 487; 'sgwyddog' 'a yoke for carrying milk' (Arfon); 'sgwiddog' 'yn crymu a dod â'r pen i lawr rhwng yr ysgwyddau', *GTN* 737.

ysgwyddol [*ysgwydd+-ol*] *a.* Yn perthyn i asgwrn yr ysgwydd; tebyg i ysgwydd o ran siâp, &c.: *scapular* (adj.); *like a shoulder in shape, &c.*

1798 *WR, ysgwyddawl* d.g. *Scapular.* **1803** *P, Ysgwyzawl* . . . Scapulary.

ysgwyddwisg, gw. **ysgwydd+gwisg.**

ysgwyddyn, gw. **ysgwydd.**

ysgwyf, gw. **sgwyf.**

ysgwytsion, ysgwitsiwn, sgwtsiwn, &c. [bnth. S. *escutcheon*] *e.* Her. Arfbais: *escutcheon (in her.).*

15–16g. LLAWDDEN, &c.: *Gw* 162, *Ysgwitsiwn* ar wasg waetsiwr / A chydag wynt uwch iad gŵr. **16g.** *Mos* 113, 58, Brenin Portiugal ef a dduc gowls 8 Castell ariant *ysgwitsiwn* ariant ynn y canol. *id.* 59, *Ysgwitsiwn* Llew rampiawnt o Sabl. **16g.** TCHSDd xvii. 70, *ysgwytsion* nis lleiheir. *id.* 72, *ysgoetsion* kam oosodedic drwc wrth ferched. **1703** E. WYNNE: *BC* 18, pob mâth o arfeu boneddt banerau, *scwtsiwn,* llyfreu acheu.

ysgydfa, ysgytfa, ysgwydfa, &c. [bôn y f. *ysgydiaf, ysgytiaf,* &c.: *ysgwyd,* &c., a'r be. *ysgwyd¹+-fa, ma*] ll. *ysgytfaoedd.* Ysgydwad, ysgytiad, sgegfa, sioc, hefyd yn *ffig.: shake, jolt, jerk, shock, also fig.*

15g. *GDID* 108, Sylfaen *ysgydfa* flaen arf lonydd / O bu gadarn iawn bwa gwawdydd. **16g.** Huw ARWYSTL: *Gw* 428, ysgytwa dyrna y deirniawn [*sic*] wasg waetsiwr / A chydag wynt uwch iad gŵr. **1604–7** *TW (Pen* 228), wedy rhoi *scytfa* arno d.g. *Quassus.* **1632** *D, ysgydfa, ysgytfa* d.g. *Concussura, Discussio, Quassus.* **1722** *Llst* 189, *Ysgydfa.* f. A violent shake or jolt. **1741** *CAG* 122, [d]arfu i bôb . . . *ysgydfa* natur beri i chwi holi gwirionedd ac Eglurdeb eich grâs. **1761** *ML* ii. 362, e wnaethant yr *ysgytfaoedd* yma imi'r mawr lles yn barod. [**1783**] *W, ysgydfa* d.g. *Shake, or a shaking, Succussation or succussion. id. ysgydfa* d.g. *Shake, or a shaking.* **1803** *P* d.g. *Ysgydwva, Ysgydva, Ysgytva.*

ysgydiaf: ysgydio, gw. **ysgydwaf: ysgwyd.**

ysgydwad, sgydwad, (y)sgytwad, (y)sgytiad, ysgwydiad, &c. [bôn y f. *ysgydwaf, ysgytwaf, ysgytiaf,* &c. a'r be. *ysgwyd¹+-ad², -iad¹*] *eg.b.* ll. *ysgydwadau, ysgytiadau, ysgwydiadau.* Y weithred o *ffig.*; cryndod, ysgrytiad; sŵn ratlo, dirgryniad, osgiliad; chwifiad (baner neu arf); *Crdd.* tremolo; sioc drydanol: *a shaking, shake, jolt, jerk, shock, also fig.; a trembling, shudder; a rattling, vibration, tremor, oscillation; a waving (of flag), brandishing; tremolo (in mus.); electric shock.*

15–16g. (**17–18g.**) *Llst* 133, 23, Rhoes i gedyrn rhyw *sgydiad* / Aed trustiol yw tros dwywlad (Dafydd ap Ieuan Llwyd). **1588** *Eseia* xvii. 6, ac ynddo y gadewir grawn-win, fel *escydwad* oliwÿdden. **1604–7**

ysgwyddaf, &c.: ysgwyddo, &c. [bf. o'r e. *ysgwydd,* &c.; ansicr yw ystyr rhai o'r enghrau. isod] *bg.a.* Gwthio â'r *ysgwydd*(au); cludo ar yr *ysgwydd*(au), cynnal; codi'r ysgwyddau; sefyll ysgwydd yn ysgwydd; ymdebygu i ysgwydd(au) o ran siâp, &c., ymestyn, sefyll, neu daflu allan; (geir.) tueddu, gogwyddo; hefyd yn *ffig.: to shoulder, push with the shoulder(s), hustle, jostle; shoulder, carry on the shoulder(s), support; shrug; stand shoulder to shoulder; resemble a shoulder or shoulders in shape, &c., stand out, stick out, jut out, project, protrude; (dict.) incline, lean; also fig.*

15g. BEDO AERDDREM, &c.: *Gw* 387–8, Diachos oedd Rydychen / Am vod aur ym Meivod wen / Bostio'r wyv drwy Bowys draw / Nad *ysgwyddodd* dysg iddaw / Er bod hwnt ryw Abad da / Ni siomed y sy yma (Ieuan Deulwyn). **15–16g.** *TA* 99, Dial o'r tu, dalier tant, / Dysg uddun nad *ysgwyddant.* **16g.** (*LlEG*) *Mos* 158, 506b, y ffranckod . . . a*esgwyddai* ysawdwyr ynn amharchus Iawn . . . ynn gymaint ac ir ffranckod wneuthud achwyn wrth y duwk o nor/ffock ar sawdwyr a dreff. **1632** *D, Ysgwyddo,* Humero pulsare. **1722** *Llst* 189, *Ysgwyddo* . . . To shoulder; to under-set. **1778** *W,* Yn *ysgwyddo* . . . at y Pâb d.g. *Popishly affected or inclined. id.* d.g. To [*lay, or bear on the*] shoulder, To [*push, or shove, with the*] shoulder. **1803** *P* d.g. *Ysgwyzaw.* Ar lafar, 'sgwiddo' 'codi'r ysgwyddau', 'Ma fa'n *sgwiddo* ishta Ffrenshman wth wilia', *GTN* 737; 'sgwiddo' 'bod â thuedd i ddal y pen ymlaen rhwng yr ysgwyddau', 'Ma fa'n *sgwiddo* gimid, ma fa'n mynd i ddishgwl yn yr', *ib.*

Cfn.: **ysgwyddo allan:** *to stand out, jut out, stick out, project, protrude.* **1775** *W, ysgwyddo* . . . allan d.g. To *jut* [*jutty*] *out or over. id.* Yn . . . *ysgwyddo* . . . *allan* d.g. *Out-jutting.* **1798** *WR,* yn *ysgwyddo* allan d.g. *Projecting, Saliant.*

ysgwyddfawr, ysgwyddgam, gw. **ysgwydd+mawr, cam².**

ysgwyddiad [bôn y f. *ysgwyddaf: ysgwyddo +-iad¹*; tebyg nad yma y perthyn *ysgwytyad, GLlLI* 4] *eg.* ll. *-au.* Y cyflwr o fod yn ymestyn, yn sefyll, neu'n taflu allan; peth sy'n ymestyn, yn sefyll, neu'n taflu allan, corbel, (geir.) cornis; gwthiad â'r ysgwydd(au); cludiad ar yr ysgwydd(au); hefyd yn *ffig.: a standing out, jutting out, sticking out; projection, protrusion, corbel, (dict.) cornice; a shouldering, pushing with the shoulder(s); a carrying on the shoulder(s); also fig.*

1632 *D, Ysgwyddiad* colofnau mewn adail d.g. *Proiectura.* **1722** *Llst* 189, *Ysgwyddiad.* m. A jutting. **1725** *SR* d.g. *The Cornish, or brow of a pillar, or wall.* **1775** *W* d.g. *Jutty, or a jutting [in a building]. id. Ysgwyddiad* . . . allan neu ym mlaen d.g. *Projection [a jutting out or forward].* **1803** *P, Ysgwyziad,* s. m. . . . A shouldering; a jutting out; a jostling.

Amr.: **sgwyddiad. 1884.**

ysgwyddlen, ysgwyddlïain, ysgwyddlydan, gw. **ysgwydd+llen, lliain, llydan.**

ysgwyddog [*ysgwydd+-og*] *eb.* ll. *-au,* a hefyd fel *a.* (Asgwrn yr) ysgwydd, palfais, (rhan uchaf) braich; ysgwydd neu glun anifail (fel cig i'w fwyta); hefyd yn *dros.:*

TW (*Pen* 228), *yscytwat* d.g. *discussio*. *id. yscytiat* d.g. *Quassus, Succussus, Vibratio.* **1632** *D, ysgydwad* d.g. *Discussio, Motio, Quassatio.* **1744** D. ROWLAND: *RY* 87, discleirdeb yr Arfau, ac *ysgwydiad* eu Bannerau. **1759** W. WILLIAMS: *SFf* 61, pa fath *Yscwdiad* cethin . . . i'w ffydd [Abraham] . . . pan gorchmynodd Duw iddo gymmeryd Isaac . . . a'i offrymmu. **1770** *W, Ysgydwad* d.g. *A brandishing, Succussation or succussion. id. ysgyttiad* d.g. *Jog* [*a push, or slight shake*]. *id. ysgwydwad* d.g. *Shake, or a shaking.* **1803** *P, Ysgytiad,* s. m.—pl. t. *au* . . . A concussion. *id.* d.g. *Ysgwdiad, Ysgydwad.* Ar lafar, '*sgydwad*' 'a shaking', *WVBD* 488 (*eg.*); '*sgytwad*' 'a jolt; a shock', *GTN* 738 (*eg.*); hefyd yn y ff. '*sgitsiad*' 'a shaking', *id.* 729 (*eg.*).

Cfn.: **ysgydwad, &c., llaw (y llaw, ei law, &c.):** *handshake.* **1837.** Cf. **1588** *Eseia* xix. 16, yr Aipht . . . a ofna rhag escydwad llaw Arglwydd y lluoedd.

ysgydwaf, ysgytwaf, ysgydiaf, (y)sgytiaf, esgydwaf, &c.: ysgwyd[1], ysgydwo, ysgydwaid, ysgydio, (y)sgytio, esgwyd, &c. [petrus yw dosbarthiad rhai o'r enghrau. isod; ansicr yw engh. *GBF*] *bg.a.* a hefyd gyda grym enwol i'r be. *ysgytian.* Symud yn ôl ac ymlaen (yn chwyrn), siglo, sgegio, jerio, ratlo, taflu (o gwmpas), chwifio, rocian, pendilio, dirgrynu; crynu, ysgrytian; honcian, gwegian, simsanu; ymystwyrian, symud; gwthio (ymaith), hergydio; dryllio, dinistrio; hefyd yn *ffig.*: *to shake* (*violently*), *swing, wag, jolt, jerk, rattle, toss* (*about*), *brandish, rock, oscillate, vibrate; tremble, quake, shiver; totter, sway; bestir oneself, move; push* (*away*), *shove; smash, destroy; also fig.*

12g. *GCBM* ii. 121, Tryliw y ysgwyd, *ysgydwir*— yn torment. **12–13g.** *GLlLl* 62, Ef *ysgydɯ* am ysgor y deid / Ysgwydaɯr llethriduaɯr llathruid. **13g.** *Llst* 1, 19, *eskytweyt* a threyglaɯ e bwyall deɯfynyaɯc honno ene law. **13g.** *GBF* 104, Oet gleɯ Maredut, oet gloewner —esgud / Yn *yscwyd* deu hanner. **13g.** *BD* 19–20, tynnei derwen o'e gureid megys gvyalen uechan gan y *hysgydweit* vn weith. **1346** *LlA* 166, gɯedy darffo vdunt *ysgytɯaɯ* ymynɯs hɯnnɯ ysychir ygraɯn a gynnuller oblith ybriɯyd hynny. **14–15g.** *IGE*[2] 329, Ysgithrlas awchlas wychliw, / *Ysgytiai* frath Ysgot friw [Rhys Goch Eryri i'r faslart]. **15g.** *DGG*[2] 42, Amgylch awyr y dwyrain, / *Ysgwyd* y corff esgud cain [i'r eryr]. **15g.** BEDO AERDDREM, &c.: *Gw* 131, ysda i gwyr ys digarwn / yskott koch *ysgyttio* kwn [i ofyn bytheiaid]. **1545** ELIS GRUFFYDD: *Ll* 197, tywalld ef drwy *ysgydwyd* y pott i gymysgv'r powdwr a'r gwin. **16g.** *TRP* 212, Nim tawr pwy am kylowo / od a yn vyw od *ysgyd* efo. **1551** W. SALESBURY: *KLl* livb, Na varnwch ac ny'ch bernir . . . Mesur da / dwys a wed'yr [*sic*] *yscwyt* / ac yn myned trosadd / a ddodant yn ych monwes. **1567** *LlGG* [16]a, ai corsen a *yscytwei* [:- siglai] (*TN* 94a, yn *yscwytvvyt*) gan 'wynt? **1567** *LlGG* (*Sall*) 50b, *escutiaf* (**1988** *Salm* lxxxix. 23, Dryllliaf) ei elynion rac ei wy[n]ep. *id.* 120b, Pwy pynac a syrthio ar y maen hwnnw, a ddryllir [:- *yscytir*]. *id.* 172b, Yr Arglwydd a racwelais yn wastad ger vy-bron, can ys ar vy-deheulaw y mae, mal nam cyffroer [:- ymoter, cynnyrfer, *yscytwer*]. *id.* 219b, ef e [*sic*] a *yscytwodd* y bwystvil y wrtho ir tan. **1588** *Ecclus* xxx. 10, rhag gofidio o honot, ac *escwyd* dy ddannedd o'r diwedd. **1599 (1677)** R. HOLLAND: *AB* 35, cynted yr ymadawo clefyd â nhw, megis ci wedi bôd mewn afon, hwy *yscydwant* eu clustiau, ac a redant yn vnion at eu pechodau. **1604–7** *TW* (*Pen* 228), '*scytwyt* eû cynphonæ d.g. *Adulor.* **1607** *Pen* 216, 60, wrth ddymchwelyd adref yn gyfagos i Ynys Enlli yr *yskyttiodd* y ffrydie yno hi [llong] yn greulon. *Dchr.* **17g.** *J* 10, 43a, *Scytio.* Excutio. **1632** *D, Ysgydio,* & *Ysgyttio,* Quatere, concussere, succutere. **1701** E. WYNNE: *RBS* 24, Efe [Duw] sy'n *yscyttian* ac yn dychrynu Galluoedd Uffern. **1722** *Llst* 189, *Ysgwyd* . . . To shake, shuffle. *id. Ysgydio* . . . To jogg, trot, jolt. *c.* **1730** *Taith C* 86, Yr wyf yn caru bod lle na bo *Ysgytian* Cerbydeu, na thwrddan Troellau. **1749** *ML* i. 144, Mae hi ymma yn ddryghin echryslon ys deuddydd . . . *Ysgyttiaw* a sgerbydiaw pob peth yn fy nghardd [*sic*]. **1760** *id.* ii. 160, Ni bu farw mo'r Brynddu . . . Henaint ac anfodlondeb meddir sydd yn ei *ysgyttiaw.* **1770** *W, Ysgwyd* (*ysgydwyd* . . .) arf d.g. *To brandish . . . a weapon. id. ysgydio, ysgyttio* d.g. *To push* [*thrust, or shove*]. **1803** *P* d.g. *Ysgwyd, Ysgydiaw, Ysgytian, Ysgytiaw.* Ar lafar, '*sgytio*' 'to shake', 'Ddaru hi'i *sgytio* fo'n iawn', *WVBD* 489; ''Toes 'na ddim digon o wynt i *ysgwyd* y briga', *id.* 580; 'Ma'r dillad yn *ishgyd* yn nêt ar y lein', '*ishgyd* y llian', *GTN* 476; ''Odd y dail yn *ysgwd* yn y gwynt', *id.* 865.

Cfn.: **ysgwyd berrau:** *to dance.* **18–19g.** JAC GLAN-Y-GORS: *Gw* 32, Pe gwelsech chwi Siani a Thwm / Yn dechreu *ysgwyd* eu *berrau.* **ysgwyd, &c., llaw, ysgwyd, &c., dwylo:** *to shake hands, also fig.* **1620** 2 *Mac* xii. 12, Judas . . . a ganiadhaodd iddynt heddwch, a phan *yscydwasant ddwylo,* hwy a ymadawsant iw pebyll. **1680** J. THOMAS: *UN* 41, Ephraim a Manasses sy'n arwyddoccau llawnder ac anghoffadwriaeth, ac maent yn fynych yn *yscwyd dwylaw.* **1795** *R. Crusoe* 110, gofynais i bob un a allent *ysgwyd dwy law,* ac ymrwymo mewn cyfeillgarwch. Ar lafar, '*ysgwd llaw*', *GTN* 865; clywir hefyd '*ishgyd llaw* ar' 'to wave at', *id.* 476. **ysgwyd, &c., llwch oddi wrth ei draed,** &c.: *to shake the dust off one's feet, depart indignantly or disdainfully.* **1567** *TN* 15a, [p]wy pynac a'r ny's derbyn chwi, ac ny chlyw eich gairiae, pan ymadawoch o'r tuy hvvnvv nei or dinas hono, *escu[twch y llwch ywrth eich traet* (*id.* 58b, *escutwch y llwch* ysy *dan eich traed*). **1588** *Act* xiii. 50–1, Paul a Barnabas . . . a *escydwasant y llwch oddi wrth eu traed* yn eu herbyn hwy. **ysgwyd, &c., ei ben (eu pennau, &c.):** *to shake one's head; mock, scorn.* **1551** W. SALESBURY: *KLl* xxva, Rein oeddynt yn mynet heibo [i Iesu] / ae caplasant e / ag a *escytwasant eu peneu.* **1588** *Diar* i. 26, Minne hefyd a chwarddaf yn eich dialedd chwi, mi a *escydwaf fy mhen.* **1790** T. JONES: *TOS* 222, Y sawl a edrychasant ar Grist ar y groes yn unig, a *ysgwydasant eu penneu,* gan feddwl ddarfod am dano. Ar lafar, ''Odd a'n *ysgwd 'i ben* arnyn' nw', *GTN* 865. **ysgwyd, &c., ymaith:** *to shake off, also fig.* **1604–7** *TW* (*Pen* 228), *scytwyt ymeith* d.g. *decutio. id. Yscytwyt ymeith* d.g. *Excutio.* **1632** J. DAVIES: *LlR* 208, er y cariad sy gennyt i'th enaid dy hun, *ysgwyd ymaith* y diofalwch peryglus yma. **1655** WL: *DP* 185, Collodd Angeu ei golyn yn ystlys Crist, ac er i fôd yn neidio-arnom, ni allwn i *yscydwyd-ymaith.*

ysgydwedig, gw. **ysgwydedig.**

ysgydwol, ysgytwol, ysgytiol [bôn y f. *ysgydwaf, ysgytwaf, ysgytiaf,* &c.: *ysgwyd, ysgytio,* &c.+-(*i*)*ol*] *a.* Yn peri ysgydwad neu sioc, hefyd yn *ffig.*; yn (perthyn i) ysgwyd neu siglo: *causing a jolt or shock, shocking, also fig.*; (*pertaining to*) *shaking or swinging.*

1775 *W,* Cerbyd *ysgyttiol* d.g. *A jolting coach.* **1803** *P, Ysgydwawl* . . . Agitating, shaking. *id. Ysgytiawl* . . . Concussive, percussive.

ysgydwr, ysgytiwr, ysgwydwr[1] [bôn y f. *ysgydwaf, ysgytiaf,* &c.: *ysgwyd, ysgytio,* &c., a'r be. *ysgwyd*[1]+-*wr*] *eg.* ll. *ysg*(*w*)*ydwyr, ysgytwyr.* Un sy'n peri ysgydwad neu sioc, un sy'n ysgwyd (peth), hefyd yn *ffig.*; *Crf.* Siglwr: *one who causes a jolt or shock, shaker, also fig.*; *Shaker.*

1772 D. RISIART: *HFP* 69, Duw . . . yn ysgwyd ei eglwys fel *ysgydwyr* coed, fel y byddo i'r ffrwyth mall pwdr syrthio ymaith. **1775** *W, ysgyttiwr* d.g. *Jogger, Jolter. id. Ysgwydwr* d.g. *Shaker.* **1803** *P, Ysgytiwr,* s. m.—pl. *ysgytiwyr* [*sic*] . . . One who shakes violently. Ar lafar, '*sgwydwr*' 'hay-shaker or kicker', *B* xiii. 139 (canolbarth Cered.).

ysgydwyd, ysgyfaeth, gw. **ysgydwaf: ysgwyd, ysgafaeth.**

ysgyfaint, sgyfain(t), ysgyfain, &c. [H. Grn. *sceuens,* gl. *pulmo,* Llyd. C. *squeuent,* Llyd. Diw. *skevent*: < **skamantī,* cf. Gwydd. C. *scaim* (e.ll.), Cym. *ysgafn*; ynglŷn â'r dtb. ystyr, cf. S. *lights* 'lungs'] *eb.* ?ac yn eithriadol *eg.* ll. *ysgyfein*(*i*)*au,* a hefyd fel *e.ll.* Pâr o organau anadlu yng nghawell asennau llawer o fertebriaid, sef dwy goden hydwyth sy'n tynnu aer i mewn i'r bronci er mwyn ocsygeneiddio'r gwaed a gwaredu carbon deuocsid, hefyd yn *ffig.*; ysgyfaint anifail fel bwyd; clefyd ar yr ysgyfaint, niwmonia; ysgyfeinwst, llynmeirch: (*pair of*) *lungs, also fig.*; *lights* (*food*); *pulmonary disease, pneumonia; strangles, glanders.*

13g. *LlI* 7, e penhebogyd . . . Ef a dele kallonneu ac *eskeueynt* er anyueyllyeyt guyllt a ladher en e kegyn. **13g.** *LTWL* 153, Si quis vendiderit bovem vel vaccam, debet esse sub tribus languoribus eius; id est, sub 'dere' tribus diebus et tribus noctibus, et sub '*scheueyn*' iiii[or] menses. *id.* 155, Si quis vendiderit equum vel equam, sit sub languoribus eius duobus per annum, id est, 'dere, *yscheueyn,* a llyn meyrch a dylysruyt'. **14g.** *LlB* 90, Y neb a wertho buch neu ych, ef a dyly vot dros tri chlefyt . . . rac yr *yscefeint,* tri mis. **14g.** *WML* 306, Pwy bynnac awertho march neu gasseg. ef adyly uod ydan . . . [y]r *ysgyuein* teir lloer. **14g.** *GIG* 55, Ni wasg hefyd *ysgyfaint* / Ac ni fag ynddi hi haint [i ofyn march]. *c.* **1400** *MM* 12, Tri ryɯ *ysgyueint* yssyd: ysgyueint ɯst, a gɯynn *ysgyueint* a gɯaeɯ dan y dɯy vronn. **1545** ELIS GRUFFYDD: *Ll* 73, A'i yved ef . . . a llanha [*sic*] yr *esgyuaint* o'r kyuriw bostumus ac a vo ynntho ef. **1547** *WS, Yscyfaint* Lyghtes. *Diw.* **16g.** *WLB* 59, Rhag chwydd mewn troed o natur y Gowt. Dod wrthynt *ysgyfaint* mollt ir yn amrwd ac yn oer a hwnw a sugun allan y chwydd. **1604–7** *TW* (*Pen* 228), yr *escyfeint* d.g. *pulmo.* **1615** R. SMYTH: *GB* 200, i holl galon vvedi llosci . . . i *scyfaint* cyn dd-ued a'r hiddigl vvedi vvastio. **1632** *D, Ysgyfaint,* Pulmones. **1657** *MLl* ii. 106, Mercurius yw 'r ail Blaned, / A hynod yw ei cherdded. / Hon yw 'r *ysgyfaint* mewn dyn byw / A llais-gar yw iw chlywed. **1707** *AB* 19a, W. *Skyvant,* The Lungs. *id.* 34a, W. *yskyvant* [i.e. Lightness] The Lungs. **1725** D. LEWIS: *GB* 68, Y mae'r *Ysgyfaint* . . . yn Sugno 'r Awyr i mywn yn wastadol, ac yn ei Hanadlu allan. **18g.** *Llr* C 24, 276, Rhag *y scefain* (*Pneumonia*). **1773** *W* d.g. *The glanders* [*a disease in horses so called*], *Lights* [*the lungs* . . .], *Lungs.* **1803** *P, Ysgyvaint,* s. f. . . . The lights; the lungs. Ar lafar, '*sgyfain*(*t*)' 'lungs' 'lights', *WVBD* 489; '*Scefen*' 'The lungs . . . the expression dwy *scefen* is often used', *GDD* 256; '*sgefin*' 'lungs', *GTN* 729 (*e.ll.*).

Amr.: **ysgyfant[2]** [adff. diw. yn yr ystyr 'un hanner i'r ysgyfaint'] (*eg.*). **20g.**

Cfn.: **ysgyfaint mud:** *glanders.* **1862.**

ysgyfala, ysgyfalhaf: ysgyfalhau, ysgyfalwch, gw. **ysgafala, ysgafalhaf: ysgafalhau, ysgafalwch.**

ysgyfant[1,2], gw. **ysgyfaint.**

ysgyfar, gw. **ysgyfarn[1].**

ysgyfarllynig [*ysgyfar*+elf. anh.; ansicr yw'r ystyr yn y dfn. cyntaf isod a rhoddir y diff. ar sail y geir.] *a.* A chanddo glustiau coch neu frith: *having red or speckled ears.*

13g. *LlI* 2, Sarhaet brenhyn Aberfrav ual hyn y telyr: can muw vrth pob kantref a uo ydav, a tharv gvyn *eskyuarllennyc* vrth pob can muv onadunt. **1583** W. MIDLETON: *B* (Rhagymadrodd) 11, ysgyfarn yn iaith gernyw yw clust yn iaith ninav bvch kyhyt y chyrn ae hysgyfarn ygatfydd oddyna y daeth tarw gwyn *ysgyfarllynnig.* **1632** *D, Ysgyfarllynig,* Gwartheg gwynion *ysgyfarllynig.* [Cyfraith] H[owel Dda]. vbi alia exemplaria habent gwynion clustgochion, Lat. exemplar habet, Aures habentes diuersi coloris. **1688** *TJ, Ysgyfarllynig,* brithion glustiau: having speckled Ears. **1730** *Leg Wall* 586, *Ysgyfarllynig* . . . Aures rufas habens. **1773** *W* d.g. *Ear, Having red ears.* **1803** *P.*

ysgyfarn[1], ysgyfar [H. Grn. *scouarn,* gl. *auris,* Crn. C. *scovern, scofarn,* Llyd. C. *scouarn*; gw. hefyd *ysgyfarnog*] *eb.g.* ll. (geir.) *ysgyfar*(*n*)*au,* a hefyd (?geir.) fel *e.ll.* Clust(iau), hefyd yn *dros.*: *ear*(*s*), *also transf.*

13g. *LlI* 27, O deruyd y vr duen gureyc en llathlut, byt hyt em pen e seyth blened ar try eydyon kehyt eu korn ac eu *hesgyuarn.* **13g.** *B* iv. 8, Ediw corn hep *ysgyuarn.* **14g.** *WML* 43, Or a merch maer neu gyghellaɯr neu vn o arbenhigyon llys yn llathrut heb rod kenedyl. naɯ eidon kyhyt eu kyrn ac eu *hyscyfarn* uyd eu hegɯedi. **14g.** *WM* 483. 15, deu *yskyuarn* tɯrch trɯyth. **14g.** *GIG* 144, Ysgwd melin, lowdrgrin lam, / *Ysgyfar* waeddgar yddgam [i'r delyn ledr]. **1547** *WS, Yscyfarn* klust An eare. **16g.** *RWM* ii. 573, Llyma Eirie o hen kymraec . . . *ysgyvarn* = kylvstie. *p.* **1584** G. ROBERT: *GC* [203], *yscyfar* (yn ar ynos,) / *nogod* sydd yma'n agos. *Dchr.* **17g.** *J* 10, 43a, *Scyvarn.* eare of a Beast. Auris. **1632** *D, Ysgyfarn,* Auris. **1722** *Llst* 189, *Ysgyfar, Ysgyfarn.* m. An ear. **1773** *W, ysgyfar, ysgyfarn* d.g. *Ear* [*the organ of hearing*]. **1803** *P, Ysgyvar,* s. f.—pl. t. *au* . . . An ear. *id. Ysgyvarn,* s. f. —pl. t. *au* . . . An ear.

Gw. hefyd **ysgyfarn[2].**

ysgyfarn[2], gw. **ysgyfarnog.**

ysgyfarnog, sgyfarnog, &c. [*ysgyfarn*[1]+-*og,* H. Grn. *scouarnoc,* gl. *lepus,* S. taf. Cernyw *scavernick*; cf. hefyd H. Lyd. *scobarnocion,* gl. *auritos,* Llyd. C. *scouarnec* 'ac iddo glustiau mawr'] *eb.* (bach. g. *sgwarnogyn*) ll. (*y*)*sgyfarnogod, -aid, sgwarnogod, -iaid,* a hefyd (geir.) fel *a.* Unrhyw un o amryw fathau o famoliaid o deulu'r *Leporidæ,* cyffelyb i gwningen ond â chlustiau a choesau ôl hwy a chynffon fyrrach, ceinach, cig y rhain fel bwyd; *Ser.* y cytser *Lepus*; hefyd yn *ffig.*: *hare* (*also as meat*); *the constellation Lepus* (*in astron.*); *also fig.*

13g. *DB* 81, Odena e mae lepus, yr *ysgyuarnauc* a gyuodes rac Ganimedes. **14g.** *LlB* 52, y kyntaf ohonunt [cŵn] a gymero iwrch neu gadno neu *yscyfarnawc,* ef a'e keiff. **14g.** *WML* 77–8, *Y scyuarnaɯc* ny wnaethpɯyt guerth kyfreith arnei. **14g.** *GDG*[3] 160, *Ysgyfarnog* yng nghartref / A fag rhai oni fo cref. *c.* **1400** *YCM*[2] 39, Bychydic o vara a yssei [Siarlymaen], ac aelawt maharen . . . neu *ysgwydawc* hwch . . . neu *ysgyuarnawc* yn gwbyl. **1545** ELIS GRUFFYDD: *Ll* 98, *ysgyuarnogod* a anner ymis Mawrth, yr hrain a a ynn gynddeiriog ymis Meheuin pann vo'r hinn ynn wresog. **1547** *WS,*

Yscyfarnoc An [h]are. *c.* **1585** *MCr* 50, warens yn llawn cwningod ag *ysgyfarnogaid.* **1604–7** *TW* (*Pen* 228), *Scyfarnoc* d.g. *Lepus. id. Scyuarnocot* d.g. *Lagotrophia.* **1632** *D, Ysgyfarnog,* Lepus, quia aurita. **1672** R. PRICHARD: *Gw* 455, Fel y rhwyge Gwn digassog, / Wrth ei newyn, Iwrch neu *scwarnog.* **1760** *ML* ii. 176, dyma fi newydd fod yn yr ardd yn tynnu cloben o'r *sgyfarnog* dewaf a welais ermoed o'r trap mawr a fydd yn dal lladron a *sgwarnogod.* **1761** *id.* 321, Aie mac'r *sgwarnogiaid* yn eich blino fyth ac ettwa? **1774** *W, Ysgyfarnog* d.g. *Hare.* **1803** *P, Ysgyvarnawg* . . . s. f. —pl. *ysgyvarnogod.* . . . a hare. Ar lafar, '*sgwarnog*' 'hare', 'hen *sgwarnog*' 'an old sermon used over again', *WVBD* 487–8 (ll. *sgwarnogod, sgynogod*); '*sgyfarnog*' 'a hare', 'bita'r *sgyfarnog* cyn 'i dal 'i' 'to count one's chickens before they are hatched', *GTN* 737 (ll. *sgyfarnocod*). Clywir y ff. l. *sgwarnocod* hefyd ym Morg.

Fel *a.* A chanddo glustiau (mawr neu hir): *having* (*large or long*) *ears.*

1632 *D, ysgyfarnog* d.g. *Auritus.* **1773** *W, ysgyfarnog* d.g. *Ear, Having ears.* **1803** *P, Ysgyvarnawg* . . . That is large-eared.

Amr.: **ysgyfarn**[2] [?olff. neu *ysgyfarn*[1] yn *ffig.*]. **1762** *ML* ii. 435, twrci o Norfolk, *ysgyfarn* o Ffrainc, gwydd o Gaer Wrangon.

Cfn.: *Pysg.* **ysgyfarnog,** &c., **y môr:** *tub gurnard, tub-fish, tub, Trigla lucerna.* **1604–7** *TW* (*Pen* 228), *ysgyuarnoc y mor* d.g. *Cornuta. id. scyfarnoc y mor* d.g. *Lepus.* **18g.** *Pant* 19, 90, *Yscafarnog y mor,* The tub fish. **1757** *ML* ii. 39, Onid *ysgyfarnog y môr* a phen heiernyn yw enwau'r gurnards? **1803** *P* d.g. *Ysgyvarnawg.* Ar lafar, '*sgwarnog y môr*' 'sapphirine gurnard or tub-fish', *WVBD* 487.

ysgyfarnogaidd, sgwarnogaidd [*ysgyfarnog, sgwarnog*+*-aidd*] *a.* Tebyg i ysgyfarnog, hefyd yn *ffig.*: *leporine, harelike, also fig.*

1775 *W* d.g. *Leporine.* **1803** *P* d.g. *Ysgyvarnogaiz.*

ysgyfeinaidd [*ysgyfaint*+*-aidd*] *a.* Ysgyfeiniol: *pulmonary.*

1798 *WR* d.g. *Pulmonary, Pulmonic.*

ysgyfeiniad [*ysgyfaint*+*-iad*[1]] *eg.* Niwmonia; ?darfodedigaeth, twbercwlosis: *pneumonia; ?tuberculosis.*

1814.

ysgyfeiniaf, &c.: **ysgyfeinio,** &c. [bf. o'r e. *ysgyfaint*] *bg.* Dioddef gan yr ysgyfeinwst neu'r llynmeirch: *to have the strangles or glanders.*

1722 *Llst* 189, *Ysgyfino* . . . To have the strangles. **1753** *TR, Ysgyfeinio,* to have the glanders. **[1762]** E. POWELL: *HEI* 54, Rhag pob math o Anwyd a'r [*sic*] Geffyl, os ni bydd wedi *Ysgyfeinio.* **1771** *PDPh* 69–70, Y mae'r *ysgyfeinio* yn dyfod oddiwrth anwyd amrywiol weithiau, y cyfryw ag y mae ceffyl yn ei gael oddiwrth borfa gaiaf. **1773** *W, Ysgyfeinio* d.g. *The glanders, To have the glanders, The strangles, To have the strangles.* Ar lafar, '*Scifino* . . . To have strangles', *GDD* 257. Clywir *sgyfino* ym Morg. yn yr ystyr 'mynd yn llidus (am ysgyfaint pobl)'.

ysgyfeiniog [*ysgyfaint*+*-iog*] *a. Swol.* Ac iddo ysgyfaint; ysgyfeiniol: *pulmonate* (*in zoology*); *pulmonary.*

1776 *W* d.g. *Lunged.* **1803** *P, Ysgyveiniawg* . . . Having lungs; pulmonary.

ysgyfeiniol [*ysgyfaint*+*-iol*] *a.* Yn perthyn i'r ysgyfaint, yn effeithio ar yr ysgyfaint; yn dioddef gan glefyd ar yr ysgyfaint, yn perthyn i'r cyfryw: *pulmonary; having, or pertaining to, a pulmonary disease.*

1803 *P, Ysgyveiniawl* . . . Pulmonical.

ysgyfeinwst, &c. [*ysgyfaint*+*gwst*[1]] *eg.* Clefyd yr ysgyfaint, yn enw. niwmonia; darfodedigaeth, twbercwlosis; clefyd heintus (streptococol) mewn ceffylau, &c., sy'n effeithio ar yr ysgyfaint, &c.: *pulmonary disease, esp. pneumonia; tuberculosis; strangles.*

c. **1400** *MM* 12, Tri ryѵ ysgyueint yssyd: *ysgyueint* ѵst, a gѵynn ysgyueint a gѵaeѵ dan y dѵy vronn. *Dchr.* **17g.** *J* 10, 104a, Gwst y lloiau . . . *Yscyveinwst.* **1632** *D,* Gŵst . . . *ysgyfeinwst,* Dolor pulmonum. **1757** *ML* ii. 47, onid yw'r mân lestri sy'n carrio'r dwfr drwy'r corph yn gollwng drwyddyn' o henaint a hwnnw yn ddiferion yn rhedeg ar yr ysgyfaint? Felly'r *ysgyfeinwst* yw'r clwy yma. **1794** *W* d.g. *The strangles* [*in a horse*].

ysgyfinaf: ysgyfino, ysgyfl[1]**,** gw. ysgyfeiniaf: ysgyfeinio, ysglyf[1].

ysgyfl[2]**, ysgyflad,** gw. ysglyfiaf: ysglyfio, ysglyfiad[2].

ysgyflaf: ysgyflu, ysgyflaid, gw. ysglyfiaf: ysglyfio.

ysgyflgar, ysgyflgi, ysgyfliad, gw. ysglyfgar, ysglyfgi, ysglyfiad[2].

ysgyfliaf: ysgyflio, ysgyfliaid, gw. ysglyfiaf: ysglyfio.

ysgyfliwr, ysgyflwr, gw. ysglyfiwr.

ysgyffl, ysgyffliaf: ysgyfflio, ysgyffyl, ysgyg, ysgylf, ysgylfad, gw. sgyffl, sgyfflaf: sgyfflo, sgyffl, ysgogaf: ysgogi, ysglyf[1], ysglyfiad[1].

ysgylfaf: ysgylfu, &c., gw. ysglyfiaf: ysglyfio, &c.

ysgymiaf: ysgymio, gw. sgimiaf: sgimio.

ysgymodaf: ysgymod(i) [?cf. *ysgymydd*; â'r ystyr eir., cf. *cymodaf: cymodi*] *bg.?a.* a hefyd gyda grym enwol i'r be. *ysgymod.* Ymladd neu ymryson (?â), ymosod; (geir.) cymodi, adfer cyfeillgarwch neu heddwch, bod yn gyfeillion: *to fight or contend* (*?with*), *attack;* (*dict.*) *reconcile, restore friendship or peace, be friends.*

12g. *GLlF* 427, Am biw Deifr deѵr escor yt *ysgymu*—hael. **12g.** *GCBM* i. 254, Cadwallaѵn radlaѵn, Rodri—essillyt, / Cadeu ysgymyt *ysgymodi.* **13g.** *GDB* 255, *Ysgymod* goruod gѵrualch am brein. *id.* 350, Aruod *ysgymod,* goruod gorflѵng. *c.* **1400** *RB* ii. 239, odyna y daruu *ysgymot* y rѵg edelflet ae wreic priaѵt. A chymeint vu y gas arnei ahyt pan ydeholes oegyfoeth. **15–16g.** *GRB* 46, Oer a gwag i'r rhai a gais / *ysgymod* Tomas Gamais. **1632** *D, Ysgymmodi,* Idem quod Cymmodi. Hinc Annysgymmod, Discordia. **1722** *Llst* 189, *Ysgymmodi* . . . To be friends; make one. **[1783]** *W* d.g. *To reconcile* [*set at one, &c.*], *Reconcilement.* **1803** *P, Ysgymmod,* s. m. . . . That is accordant. *id. Ysgymmodi* . . . To unite together.

ysgymun, (e)sgymun, &c. [?bnth. Llad. Diw. *excommūnis*; ?cf. Hen Wydd. *escmon,* Gwydd. C. *escoman* 'halogedig, aflan'; tebyg nad yma y perthyn *Ysgymyn, GDB* 255 (?cf. *cymyn*[2], *cymynaf: cymynu*)] *a.* ll. *ysgymuniaid, esgymuniaid, ysgymunion,* a hefyd gyda grym enwol. Wedi ei ysgymuno neu ei ddiarddel, gwrthodedig, melltigedig; ffiaidd, atgas, gwrthun, ofnadwy, drwg, drygionus, ysgeler, anfad, cywilyddus, gwarthus; hefyd yn *ffig.*: *excommunicate*(*d*), *expelled, rejected, accursed; execrable, detestable, abhorrent, terrible, evil, wicked, villainous, heinous, contemptible, despicable; also fig.*

13g. (*LlDW*) *ZCP* xx. 69, puebennac a dorro kemen k'. nyt amken ae j daeret ae delehedyon. *eskemun* (*LlI* 25, eskemunedyc) vyt. **13g.** *Pen* 14, 47, roddant e dduw von/clustyeu oc eu *hysgymunyon* lawoed. **13g.** *BD* 56, doeth ar y lu ehun gan yr *ysgymun* uudugolyaeth honno. *id.* 95, [p]eri idav gytsynhyav a'r paganes *ysgymun* heb uedyd arnei. *id.* 118, euo yn *ysgymun* a ohodes pobyl *ysgymun* atav. *c.* **1300** *B* iv. 121, Ny chymeraf gymun gan *ysgymun* veneich. *Dchr.* **14g.** *GGDT* 152, Cafas, costog cas (nid cyson—damwain) / *Ysgymun* filain cog brain breision (Iorwerth Beli). **14g.** *LlB* 37, Tyston a ellir eu gwrthneu pan dechreuwynt eu tystolyaeth . . . ac velly gwybydyeit . . . o'e vot yn *yscymun* geir y enw. **14g.** *GDG*[3] 176, Rhwystrus gar rhiw y'm briwawdd, / *Ysgymun,* coluddyn clawdd [i'r fiaren]. *c.* **1400** *YCM*[2] 145, ymoralw a orugant a rodi gawr ar yr *ysgymunyeit* (*CR* 208, paganieit). *c.* **1400** *RB* ii. 119, ymgyfaruot or morynyon ar *ysgymunyeit* (*BD* 80, ysgymunedic) bobyl honno. **1547** *WS, Yscymyn* Cursed, excomunicat. **1574** *RhRC* (At.) 127a, y donatysied *skymmyn* ag aflawen yma. **1591** *CM* 16, 34–5, pwy ysydd cyn *ysgymuned* a gwadu bod y Donatistiaid . . . yn llosgi gyd â diafol. **16–17g.** *RWM* i. 582, gwillieid ag *escymynieid* ai gwasgaran. **1618** J. SALISBURY: *EH* 72, gelwir hwynt yn *esgymmun,* am eu bod alhan, a maes o gymmun, neu gyffredinrwydh y Saint. **1632** *D, Ysgymmun,* Execratus, maledictus, detestatus, deuotus, excommunicatus, scelestus, nefarius. **1672** R. PRICHARD: *Gw* 78, Christ yw 'r Bugail y ddoe i 'mofyn / Hon i blith bwystfilod *scymmyn.* **1696** *CDD* 74, Mawr ydoedd f' anffortŷn i fôd mor *yscymun.* / Mewn tylodi yn swrth-un mi syrthiais. **1712** T. WILLIAMS: *CDdG* 427, ysbryd llofruddiaidd, a chalonnau *scymmyn,* yn llawn o ffyrnigrwydd a dial. **1773** *W, ysgymmun* d.g. *Excommunicate, or excommunicated.* **1795** *P* d.g. *Esgymmun.* Ar lafar, '*sgymun*' 'ffiaidd; ysgeler', *GTN* 738; hefyd yn Arfon; '*Scimun-yr-angen*' 'A term of extreme reproach and contempt', *GDD* 257; ceir brawddegau megis 'Mae wedi bod yn *scymyn* o ô'r yn ddiweddar', *LlGC* 1173, 29 (Morg.), a chlywir y ff. l. '*sgymuns*' yn yr ystyr 'gwehilion cymdeithas', 'Ma nhw wedi cwnu tŷ cwrdd "split" nawr, ond do's 'da nhw neb ond *scymyns* y lle', *ib.* (Pontardawe). Clywir *sgymun* hefyd yng nghanolbarth Cered. yn yr ystyr 'cyflym a sydyn ei symudiad'.

Amr.: **esgomun** [dan ddyl. Llad. *excommūnicātus*]. **1547** *WS* [xx], excomunicatus *escomyn.* **1567** *TN* 262b. **sgeimun.** Ar lafar yn yr ystyr '(person neu beth) ffiaidd', 'Yr hen *sceimyn* 'run shwd ag wyt ti', '*Sceimyn* o beth', *LlGC* 1173, 11 (Cwmtawe). **ysgumun, sgumun. 1609** R. SMYTH: *CAC* 57, *yscumun.* **1611** R. SMYTH: *SG* 197, o'r holl bechodau y *scumunaf* o la[w]er yw hwnw awnair yn erbyn yr ysbryd glan.

ysgymunaf, (e)sgymunaf: ysgymuno, (e)sgymuno [bf. o'r a. *ysgymun,* (*e*)*sgymun*; cf. Crn. C. *emscumunys, omsumvnys, ymskemunys,* &c. (rhang. grff.), Crn. Diw. *skemynys* (rhang. grff.), Llyd. C. *escumunugaff, iscumunugaff,* Gwydd. C. *escomnaigid* 'fe ysgymuna'] *bg.a.* Gwahardd yn swyddogol rhag gweinyddu na derbyn y sacramentau (na chyfathrachu ag aelodau'r Eglwys Gristionogol), torri allan, diarddel, melltithio, hefyd yn *ffig.*; halogi, llygru: *to excommunicate, expel, curse, also fig.; defile, profane.*

1346 *LlA* 14, am hynny y dyѵedir. a*ysgymuno* ykyssegyr (*Qui profanat sancta*). ef avѵrir o dieithyr y kyssegyr. **14g.** *Bren Saes* 220, gwedy tyngv o bob tv ac *ysgymvno,* y mordwyawdd Lewys i Ffraingk. *Dchr.* **15g.** *B* vii. 371, ot *ysgymynwyt* dros ledrat. neu dreis. neu bechawt arall. yn yr achaws hwnnw y neb ae *hysgymunawd* a dyly y ollwng. **1588** *Eseia* xxxiv. 5, wele ar Edom y descyn i farn, ac ar y bobl y rhai a *escymmunais.* **1618** J. SALISBURY: *EH* 72, Beth am rai gwedi eu '*scymuno*? Ydynt hwythe[u] hefyd yn gyfranogion o dhaioni'r ffydhloniaid? **1632** *D, Ysgymmuno,* Excommunicare. **1688** *TJ, Ysgymuno*: to excommunicate, to curse. **1714** R. PRYDDERCH: *GD* 108, Ai nid oedd yr hen Eglwys yn gwneuthur yn iawn wahardd Cristnogion i Ddawnsio dan boen eu *hescymuno*? **1718 (1721)** S. THOMAS: *HB* 79, Darfu i'r Fictor yma gymmeryd arno *Ysgymmuno* holl eglwysi Asia megis Hereticiaid. **1725** D. LEWIS: *GB* 274–5, Fod y Ddaear yn gron, a Phwys pob Peth tua'i Chanol . . . Cafodd un Gŵr gynt ei *Ysgymmuno* yn Eglwys Rhufain am haeru'r Peth, yr hyn sydd yn awr yn hysbys i bawb. **1751** *GIA* 13, o fowlyd adyn o'r distatlaf na thybia fod yr Eglwys yn gwneuthur cam ag ef, os hwy ai *sgymmunant* ef. **1763** *DT* 129, Gwna Odineb â Gwraig fwyn, / Os cei gyfle ynghwrr y Llwyn, / Fe 'th '*sgymmunir* yn ddi gwyn. **1763** *ML* ii. 586, Da iawn y diangws Gwilym Parry rhag cael ei *esgymuno* gan Gneugae ddwyfol am ddala pŷsg ar y Sul. **1791** W. WILLIAMS: *MDR* 6, Fe *ysgymmunwyd* hwynt [Baxter, Armin, a Phelagius] i maes. **1795** *P* d.g. *Esgymmunaw.* Ar lafar, '*Sgymuno* ma gwŷr yr Eclws, torri mæs ma Sentarz', *GTN* 738.

Amr.: **esgomuno** [cf. *esgomun*] **1551** W. SALESBURY: *KLl* xlviiia. **1567** *TN* 247b.

ysgymunbeth, gw. ysgymun+peth.

ysgymundod, (e)sgymundod, &c. [*ysgymun,* (*e*)*sgymun*+*-dod*] *eg.b.* ll. *-au.* Y cyflwr o fod yn ysgymunedig, (dedfryd o) ysgymuniad, toriad allan, diarddeliad, melltithiad, hefyd yn *ffig.*: (*state or sentence of*) *excommunication, an excommunicating, expelling, cursing, also fig.*

14g. *LlB* 128, Gwrthneu gwybydyeit yw pan ymdangossont gyntaf yn erbyn amdiffynnwr o'r achwysson hyn . . . ae o yspeil kyhoedawc, ae yn lletrat, ae y treis ar hedwch, neu o *yskymundawt* geir y enw. **14g.** *Bren Saes* 242, roddes tywysogion Kymry lw drwy *ysgymvndod* i Lywelyn. *c.* **1400** *RB* ii. 188, Ryfedu aoruc meint eu tѵyll ac eu *hyskymundaѵt. Dchr.* **15g.** *B* viii. 135, O thremygawd *ysgymyndawt* gyfyawn neu anghyfyawn. **16g.** R. WHITE: *C* 33, Mewn *skymyndod* gormod gwall / ni wyl y dall moi gyflwr / ni chaiff dyn vn gronyn gras / mwy no Svddas vradwr. *Diw.* **16g.** *B* ix. 118, dechreu balchder yw *escymundod* ai berfedd yw emellddith ai ddiwedd yw kyfyrgoll dragywyddawl. **1618** J. SALISBURY: *EH* 73, Ag o hyn y maei [*sic*] chwi gynnulh, faint y bri, a'r brâw a dhylai fod o'*scymundod* [*sic*]; gan na dhichon y neb ni bo'r Eglwys idho'n Fam, gael mo Dhuw idho'n Dâd. *id.* 260, ffrwyth . . . y Sagrafen . . . eyn bod ni yn cael eyn rhydhau adhywrth [*sic*] gwlwm a rhaff *yscymundod,* o digwydha i ni fod yn rhwym a'r cyfryw gaeth gwlwm. **1630** *YDd* 53, Dy yna [*sic*] yr *yscymundod* creulonddwys. **1632** *D, Yscymmundod* d.g.

Excommunicatio. **1688** *TJ, Ysgymmundod*: an Excommunication, a cursing. **1710** *LlGG* [132], rhodder Rhybudd o'r Cymmun . . . a darllener Llythyrau Casgl, Dyfynnau, ac *Ysgymmundodau.* **1722** *Llst* 189, *Ysgymmundod.* m. Excommunication, anathema. *c.* **1762–79** W. WILLIAMS: *P* 654, tra fai y pab yn taranu allan ei *esgymmundodau* yn erbyn brenhines Lloegr.

Amr.: **esgomundod** [cf. *esgomun*]. **1567** *LlGG* [xi]. **ysgomundod** [cf. *esgomun*]. **1547** *WS, Yscomundot* A cursyng.

ysgymundra [*ysgymun*+*-dra*] *e?g.* Ysgymundod, y cyflwr o fod yn ysgymunedig; ffyrnigrwydd, creulondeb, llymder: *excommunication, the state of being excommunicated; fierceness, cruelty, sharpness.*

13g. *B* x. 29, urth henne en ol *ysgymvndra* er amperauder y bu distryw e byt. **1604–7** *TW* (*Pen* 228) d.g. *diritas.* **1672** J. LANGFORD: *HDdD* 144, rhaid iddynt hwy fod naill ai mewn módd o Laryeiddra ac addfwynder, neu ynteu o *yscymmundra* (*sharpness*) a chospedigaeth.

ysgymunedig, (e)sgymunedig [*ysgymun*, (*e*)*sgymun* neu fôn y f. *ysgymunaf*, (*e*)*sgymunaf*: *ysgymuno*, (*e*)*sgymuno*+*-edig*] *a.*(*bfl.*). ll. *-ion*, a hefyd gyda grym enwol. Wedi ei ysgymuno, ysgymun, melltigedig, hefyd yn *ffig.*: *excommunicate(d), accursed, also fig.*

12g. *LL* 121, hay bot ynemelldicetic hac yn *yscumunetic* yr neb aitorro hac aydimanuo ybryeint hunn. **13g.** *Ll* 25, Puebennac enteu a torro kemen kyureythyavl, nyt amgen, dayret neu delyedyon, *eskemunedyc* uyd mal publican. **13g.** *B* ix. 148, peri lloski er *yskymunedicaf* sartrys honno. **13g.** *BD* 143, guedy caffael o'r *ysgymunedigyon* uratwyr gvybot hynny. *id.* 189, guedy daruot y'r creulavn *ysgymunedic* hvnnv (*infaustus tirannus*) . . . anreithyav yr enys . . . y rodes ef Loegyr y'r Saesson. **1346** *LlA* 7, Amegys yd oed volyannvs ef gynt o bop anryded wedy hynny ybu *ysgymunedic* obop kyueilornn. *c.* **1400** *RB* ii. 157, Kanys or holl dynyon *yscymunedickaf* yỽ ef. *Diw.* **16g.** *LBS* iv. 402, *Yscymünedic* iawn . . . y halogaist darpar dy degwch ath ieüengtid a theilyngdawd dy vonedd or gyflafan honn. **1609** R. SMYTH: *CAC* 23–4, y mae distrowiaeth ddiamau heb obaith salfadigaeth . . . i'r . . . rhai *escum*[*u*]*nedig* a ddarfu idynt heuddu . . . gael i torri ai gwahanu o ddiwrth gorph yr Eglwys. **1618** J. SALISBURY: *EH* 74, nad ydiw'r Eglwys yn bwrw alhan yr *escymunedic*, ar fedr vdhynt drigo alhan yn oestadol, ond i'w denu i edyfeirwch. *c.* **1762–79** W. WILLIAMS: *P* 499, y maent [offeiriaid Groegaidd] yn credu bod cyrph y rhai *ysgymmunedig* yn cael eu perchennogi yn y bedd gan ryw yspryd drwg, yr hwn sydd yn gweithredu ynddynt.

ysgymuniad, esgymuniad [bôn y f. *ysgymunaf, esgymunaf*: *ysgymuno, esgymuno* +*-iad*[1]] *eg.* ll. *-au.* Y weithred o ysgymuno, dedfryd o ysgymuno: (*verdict of*) *excommunication.*

1691 T. WILLIAMS: *YB* 271, oddieithr i'r eglwys ein torri ni ymmaith o eusus trwy *escymmuniad.* **1718** (**1721**) S. THOMAS: *HB* 79, Darfu i'r Fictor yma gymmeryd arno Ysgymmuno holl eglwysi Asia megis Hereticiaid . . . Mae'n wir na wnaed yno fawr o gyfri o'i *ysgymmuniadau* ef. **1795** *P, Esgymmuniad*, s. m.—pl. t. *au* . . . An excommunicating; excommunication.

ysgymunllyd, (e)sgymunllyd [*ysgymun*, (*e*)*sgymun*+*-llyd*] *a.* Ysgymun, melltigedig, hefyd yn *ffig.*: *excommunicate, accursed, also fig.*

c. **1400** *Ked AA* 4, gwedy marw y gwrda a'e gladu yn lle brenhinawl, y kyvodassant rei dieflic *ysgymunllyt* o genedyl y gwas ieuanc, a bot yn drwc wrthaw a wnaethant, a'e amherchi. **15g.** *BB* 45, doeth teruysc wyr drwc *yscumvnllyt* abwrw athrot yrygthunt. **16g.** *THSC* (1923–4) (At.) 60, Gweled ir wyf i ddechrav o bilat yn *ysgymynllyd.* **16g.** *Def Hen* 62, y cyffredinol brygethiad o'r Efengil heb yn ddiolch i Antichrist—yn i ddannedd—a'i gyfeillion *scymynllyd*, fel nas gall un gened'l yn gyfion i scysodi i hynain. **1591** *CM* 16, 137, Pwy erioed oflaen Arrius, leidr *esgymunllyd* a feiddiodd dorri vndod y drindod? **1753** J. PRYS: *Alm* [18], y Pâb neu amryw eraill o'r Schismaticiaid, yn ei hordeiniadeu ai cyhoeddiadeu Bleiddiau neu ddreigiau *ysgymunllyd* ydynt. Ar lafar mewn ymad. fel 'gwynt *ysgymynllyd*' 'gwynt garw iawn' (dwyrain sir Gaerf.).

ysgymunwr, gw. ysgymun+gŵr.

ysgymydd, ysgemydd [cf. H. Lyd. *iscomid*, gl. *trifocalium*, Llyd C. *hesquemez*: < Clt. **ex-com-bio-* (cf. *cymynaf*: *cymynu*, *dyfydd*[1]), o'r gwr. IE. **bheia-* 'taro'] *eg.b.* ll. (geir.) *ysgemyddion.* Plocyn (torri neu ddienyddio), cymyngyff, hefyd yn *ffig.* ?ac yn *dros.*; (geir.) mainc: (*chopping-, executioner's*) *block, also fig.* ?*and transf*; (*dict.*) *bench.*

12g. *GCBM* i. 254, Cadwallaŵn radlaŵn, Rodri—essillyt, / Cadeu *ysgymyt* ysgymodi. **12–13g.** *GLlLl* 287, *Ysgemyd*, tewdor Ioruerth. **13g.** *TYP*[2] 42, Tri *Ysgymyd* (*Cy* vii. 129, *esgemyd*) Aeruaeu Enys Prydein: Gilbert mab Catgyffro, a Moruran eil Tegit, A Gwgavn Gledyfrud. **15g.** *GGl*[2] 211, Yn llem ar ei *hysgemydd*, / Yn hir i gymynu hydd [i ofyn wtgnaiff neu faslard]. **16g.** *GSH* [66], Dros gam, heb droi *ysgemydd*, / Deigr a phoen a'i dug i'r ffydd. **1543** *B* viii. 299, Hyn ni wnar mylinidd . . . gwnethur y *yscymydd* iddo y bont grech y paladyr yr hidyl nar silderi. *a.* **1587** *Y* 63, Yn *ysgymydd* ddydd ne ddav, / Fet vthr, nid af i tithav. **1604–7** *TW* (*Pen* 228), *ysgymmydh* d.g. *Subiculum. id. yscymmydh* d.g. *Truncus.* **1620** *Mos* 204, *Scymmudh* i ei holh dylwyth yw ev. **1632** *D*, *Ysgemmydd*, Scamnum, ait D[auid] P[owelus]. **1661** E. LEWIS: *Drex* 375, aeth ef [Symphorianus] yn ewyllysgar i'w ddihenydd; ac fel ymdrechwr gwrolwych rhoes ei ben i lawr yn siriol ar yr *yscymmydd* (*upon the block*). **1688** *TJ, Ysgemmýdd*, maingc: a Bench. **1722** *Llst* 189, *Ysgemmydd.* m.p. *myddion.* A bench. *id. Ysgymmydd.* f. A bench, skew. **1770** *W*, *ysgemmydd, ysgymmydd* d.g. *Bench* [*to sit upon*]. **1803** *P* d.g. *Ysgemyz.*

ysgymyddio [gair geir., sef be. o'r e. *ysgymydd*] *ba.* Torri pen, torri ymaith: *to behead, chop off.*

1632 *D* d.g. *Obtrunco.* **1722** *Llst* 189, *Ysgymyddio.* To behead, lop. **1725** *SR* d.g. *To behead, To Chop, or cut off.* **1771** *W* d.g. *To chop off.*

ysgymyn, gw. ysgymun.

ysgymyngyff [cf. *cymyngyff, ysgymydd*] *eg.* ll. *-ion.* Plocyn (torri), cymyngyff: *chopping-block.*

1722 *Llst* 189 d.g. *A Block to cut upon.* **1771** *W* d.g. *Chopping-block.* **1803** *P, Ysgymyngyf*, s. m.—pl. t. *ion* . . . A chopping-block.

ysgyn, ysgynbren, &c., gw. esgynnaf: esgyn (hefyd At.), esgynbren, &c.

ysgynnydd, gw. esgynnydd[1] (hefyd At.).

ysgyr[1,2], **ysgyren**, gw. ysgwr.

ysgyrfi, gw. sgyrfi.

ysgyrgraig [?*ysgwr*+*craig*] *eb.* ll. *-greigiau*, a hefyd gyda grym ansoddeiriol. *Drg.* Tracyt: *trachyte.*

1858.

ysgyriaf, sgyriaf: (y)sgyrio [bf. o'r e. *ysgwr*] *bg.a.* Torri (yn ddarnau), sleisio, hollti, darnio, malu (yn ysgyrion), hefyd yn *ffig.*: *to cut, break, slice, split, shatter, splinter, also fig.*

15g. *GIBH* 51, Is Ei goron ddrain *ysgyriawdd*—Ei ben, / Yn Ei bur wythen un a'i brathawdd. **15g.** *DE* 53, da im kwsc i daw im kof / dy henw nida o honof / ef a na briw ofn a brad / *yscyriaw* ais o gariad. **16g.** *GSH* [108], Yn y ddaear sgwâr yn *sgyrio* (llsgr. ysgwar yn *ysgyrio*)—gelltydd / A'i gwlltwr yn cloddio, / Dewr a glân i dorri glo / Yw Dai Wiliam yn dilio. **1547** *WS, Yskyrio* Shyuer. **16–17g.** *Cer RC* 33, Beth yw'r greglais lafar loes, / . . . / Sydd i'm herbyn o lais gerwyn / Yn *ysgyrio* 'r wybren? **16–17g.** *GST* i. 161, Awn o'r man hwn i'r mynydd, / Os cair hon, i '*sgyrio* hydd [i ofyn dagr]. **16–17g.** *PhA* 476, Mefl fo ir llong fydr flong fawdd / ymhyrth geirw mor ath gariawdd / Sarn badrig gerrig geirwon / *ysgyried* hi ysgrwd hon [Siôn Phylip i ymliw â'r gwin]. **1604–7** *TW* (*Pen* 228) d.g. *Findo, Infindo, Scindo, Seco.* **17g.** HUW MORUS: *EC* ii. 378, Ar gais heb attal mo'r gwâd, / Hi '*sgyriodd* f'ais o gariad. **1722** *Llst* 189, *Ysgyrio* . . . To splinter, cut in pieces, slice, split.

ysgyrion, gw. ysgwr.

ysgyrionaf, sgyrionaf: (y)sgyrioni [bf. o'r e.ll. (*y*)*sgyrion*] *bg.a.* Torri (yn ddarnau), sleisio, hollti, darnio, malu (yn ysgyrion): *to cut, break, slice, split, shatter, splinter.*

16g. *GGH* 410, Yn ei sgrin *ysgyrionwn* / Ysgyrion holl esgyrn hwn [i Goch y Pwyts am ddychanu Tegeingl]. **1604–7** *TW* (*Pen* 228), *scyrioni* d.g. *profindo.* **1632** *D, Ysgyrioni*, In asseres findere. *id. ysgyrioni* d.g. *Scindo.* **1688** *TJ, Ysgyrioni*: to cleave into Shingles, or Splinters. **1722** *Llst* 189, Ysgyrio, [*Ys*]*gyrioni.* To splinter, cut in pieces, slice, split. **1725** *SR* d.g. *To Cutt.* **1740** T. EVANS: *DPO* 264, un, a'i gnawd yn chwalffau, a'i waed yn ffrydio fel pistyll; arall, a'i esgyrn yn *ysgyrioni.* [**1783**] *W, ysgyrioni* d.g. *To shiver* [*make . . . into shivers*], *To splinter.* **1803** *P, Ysgyrioni* . . . To cleave into splinters, to shiver; to stave.

ysgyrionog [*ysgyrion*+*-og*] *a.* Llawn ysgyrion, drylliog: *splintered, shattered.*

1851.

ysgyrlwgaf, sgyrlwgaf, (y)sgwrlwgaf: (y)sgyrlwgach, (y)sgwrlwgach, ysgwrlwgan, *bg.a.* a hefyd gyda grym enwol. Sibrwd, siffrwd, rhuglo, clecian, cadw sŵn, ystwyrian: *to whisper, rustle, rattle, crackle, make a noise, stir.*

1633 *Addysg i Farw* 66, mae ef yn ymdroi ac yn *yscyrlwgach* heb gael cysgu yn esmwyth nac yn fyw nac wrth farw. **1703** E. WYNNE: *BC* 34, Crancod y Môr yn '*scyrlwgach* tan y carbed. **1753** *TR, Ysgwrlwgach*, to rustle, to crackle, to rattle. [**1783**] *W, ysgwrlwgach* d.g. *To rustle* [*make a noise like that of silk brushing against any thing; like that of wind among trees*; &c.], *A rustling.* Cf. *TW* (*Pen* 228), ymysgyrlhwgach d.g. *Moto, Strideo.*

ysgyrnaf, sgyrnaf: (y)sgyrnu, sgyrno [bf. o'r e. *esgyrn*, ff. l. yr e. *asgwrn*] *bg.?a.* Ysgyrnygu, dangos ei ddannedd mewn llid: *to snarl, bare teeth in anger.*

1780 *IAW* (LlGC) 114, 1, Llamhidyddiaethau Canol-Haf, ar Fynydd Pysgodlyn, ym mhlwyf Llangyvelach, Swydd Forganwg . . . Gyrfa draed benywod . . . Ymladd ceiliogod . . . Saethu at Nôd . . . Gyrfa assynnod . . . Cysdadliad *ysgyrnu* hên wragedd. Ar lafar, ''Odd a'n *sgyrnu* mywn natur ddrwg', ''Odd yr 'en gi'n *sgyrnu* nis bod pob dant yn 'i ben a yn y golwg', *GTN* 738; hefyd yn ne-ddwyrain Morg. yn y ff. *sgyrno.*

ysgyrnig, gw. esgyrnig.

ysgyrniog, ysgyrnog, gw. esgyrnog (hefyd At.).

ysgyrnygaf, (e)sgyrnygaf: ysgyrnygu, (e)sgyrnygu [?cf. *esgyrnig, esgyrn*, ff. l. yr e. *asgwrn*] *bg.a.*

(*a*) ?Torri yn ddarnau, datgymalu: *to joint, dismember.*

13g. *Ll* 21, Ef [cynutai] a dele gedueu er eskrebyl a ladher en e llys; sef achavs e dele, vrth eu *eskernegu* a'e wyall.

(*b*) (yn aml yn yr ymad. *ysgyrnygu dannedd*, &c.) Rhincian neu grensian (dannedd), yn enw. mewn llid neu ing, dangos (ei ddannedd), chwyrnu'n fygythiol, crechwenu, hefyd yn *ffig.*: *to gnash or grind* (*the teeth*), *esp. in anger or anguish, bare* (*one's teeth*), *snarl, grin, also fig.*

1488–9 *BSM* 16, Ar dyn hwnnw a *esgyrnygodd* ddannedd ac a geisiodd ladd pawb a gyvarvv ac ef. **1527** *B* ii. 207, kynddyriogach vu [y baedd] ar i semblant drwy *sgyrnnygv* dannedd a chravu y ddayar ai drayd. **1551** W. SALESBURY: *KLl* lxvia, yna y bydd wylovain ac *yscyrnygy* dannedd. **1604–7** *TW* (*Pen* 228), *esgyrnygu* d.g. *Ringor.* **1621** E. PRYS: *Ps* 15a, Rhai'n rhagrithwyr, rhai'n watworwyr, / torrent hwy eiriau mwysaidd: / Hwy a '*sgyrnygent* arnaf fi, / bob daint, a'r rheini'n giaidd. **1703** E. WYNNE: *BC* 33, Ond p'le mae 'ch Offrwm chwi 'r Faeden, ebr ef, tan '*scyrnygu*? **1773** *W, ysgyrnygu, esgyrnygu* . . . dannedd d.g. *To gnash the* [*with the*] *teeth.* **1795** *P* d.g. *Esgyrnygu.* **1798** T. ROBERTS: *CG* 18, wrth glywed y Cyfrinachwyr (Councellors) yn ymddadlu, a'i gweled yn *ysgyrnygu*, ddannedd yn nannedd fel bytheiatgwn wrth grafu crochanau. Ar lafar, '*sg*(*yr*)*nygu* dannadd' 'to snarl, show the teeth', *WVBD* 488; hefyd yn y Canolbarth a'r De, *LGW* [472]–3.

Amr.: **asgyrnygu** [ff. eir.; dan ddyl. yr e. *asgwrn*] **1547** *WS.* **1632** *D.* **sgyrnachu.** Ar lafar yn ne-ddwyrain Morg.

ysgyrnygfa [bôn y f. *ysgyrnygaf*: *ysgyrnygu* +*-fa, ma*] *eb.* Crechwen, chwyrniad: *grin, snarl.*

1703 E. WYNNE: *BC* 68, dyma 'r Brenin a'r holl gegeu culion yn rhoi oer-*yscyrnygfa* i geisio dynwared chwerthin.

ysgyrnygiad, (e)sgyrnygiad [bôn y f. *ysgyrnygaf*, (*e*)*sgyrnygaf*: *ysgyrnygu*, (*e*)*sgyrnygu*+*-iad*[1]] *eg.* ll. *esgyrnygiadau*, yn aml yn yr ymad. *ysgyrnygiad dannedd.* Y weithred o ysgyrnygu (dannedd), chwyrniad (bygythiol), crechwen, hefyd yn *ffig.*: *the act of gnashing or grinding* (*the teeth*), *a snarl, grin, also fig.*

1604–7 *TW* (*Pen* 228), dangos danhedh, *ysgyrnygiat* d.g. *Sanna.* **1620** *Ecclus* li. 3, Gwaredaist fi . . . rhag dannedd [:- *yscyrnygiad* dannedd] y rhai oedd barod

i'm bwyta. **1621** E. PRYS: *Ps* 49b, Yr anwir edrych, ffromma o ddig, / drwy ffyrnig *ysgyrnygiad*. **1632** *D*, *Ysgyrnygiad* dannedd d.g. *Nidor*. **1773** *W*, *ysgyrnygiad* . . . dannedd d.g. *A gnashing the* [*of*] *teeth*. **1795** *P*, *Esgyrnygiad*, s. m.—pl. t. *au* . . . A grinning. **1803** *id*. *Ysgyrnygiad*, s. m. . . . A snarling.

ysgyrnyglyd, ysgyrnygllyd [bôn y f. *ysgyrnygaf*: *ysgyrnygu*+*-lyd*, *-llyd*] *a*. Ysgyrnygus, hefyd yn *ffig*.: *snarling, also fig*.
1794 E. JONES: *CP* xi–xii, Y Cybydd crintachlyd, tyrchaidd a milein-ddig, a'i *ysgyrnyglyd* grychwedd uwch ben ei aur-bentyrau trymion.

ysgyrnygog [bôn y f. *ysgyrnygaf*: *ysgyrnygu*+*-og*] *a*. Ysgyrnygus: *snarling*.
1833.

ysgyrnygol, (e)sgyrnygol [bôn y f. *ysgyrnygaf*, (*e*)*sgyrnygaf*: *ysgyrnygu*, (*e*)*sgyrnygu* +*-ol*] *a*. Yn ysgyrnygu dannedd, ysgyrnygus, yn crechwenu, hefyd yn *ffig*.: *gnashing the teeth, snarling, grinning, also fig*.
1795 *P*, *Esgyrnygawl* . . . Grinning, gnashing. **1803** *id*. *Ysgyrnygawl* . . . Snarling, grinning.

ysgyrnygus, sgyrnygus [bôn y f. *ysgyrnygaf*, *sgyrnygaf*: (*y*)*sgyrnygu*+*-us*] *a*. Yn chwyrnu('n fygythiol), hefyd yn *ffig*.: *snarling, also fig*.
20g.

ysgyrnygwr [bôn y f. *ysgyrnygaf*: *ysgyrnygu*+*-wr*] *eg*. Un sy'n chwyrnu('n fygythiol): *snarler*.
1852.

ysgyron, gw. ysgwr.

ysgyrsiad [bôn y f. *ysgyrsiaf*: *ysgyrsio*+ *-iad*[1]] *eg*. Fflangelliad: *a scourging*.
16g. *GSH* 61, Er D'*ysgyrsiad*, gabliad gwbl, Iôn,—o archollau, / Er Dy ddoluriau, er Dy ddwylo oerion.

ysgyrsiaf: ysgyrsio, ysgyrthion, gw. **sgwrsiaf**[2]**: sgwrsio, sgythion.**

ysgyryd [?cf. *ysgwr*] *a*. Garw, gerwin, creigiog, hefyd yn *ffig*.: *rough, rugged, rocky, also fig*.
16–17g. *HG* 144, yna ny cherddy n jniawn / ysgwrd wyd *ysgyryd* jawn (Ieuan Tew Brydydd). **16–17g**. *RAGR* 381, Mae rai /n/ lladron / ag eraill yn greulon / trwy gamwedd anudon / *ysgyryd*. **1609** *Pen* 217, 173–4, ef a roddes y kythreuliaid a oedd yn y gau dduwiau hynny garm o lefain yn y oedd yn *ysgyryd* gan a oedd yno o ddyn warando arnynt. **1632** *D*, *Ysgyryd*, Asper. Y cawr a'r widdon a gyrchynt leoedd *ysgyryd*, Loca aspera. N. . . . Dewis gwr du *ysgyryd*. H[owel] D[afydd]. **1688** *TJ*, *Ysgyrŷd*, garw, gerwin: rough, cruel. **1722** *Llst* 189, *Ysgyryd*. Rough, rugged, craggy. **1774** *W* d.g. *Haggard*, *Rocky* [*A rocky place*], *Rough* [*not even* . . .]. **1803** *P*, *Ysgyryd* . . . Full of ruggedness. Digwydd gyda grym enwol yn yr e. lleoedd *Llanddewi Ysgyryd*, *Ysgyryd Fawr* (**12g**. *LL* 123, *iscirit maur*), ac *Ysgyryd Fach*, Myn., a dichon mai e. lle a welir yn 'bron *ysgyryd*', *GRB* 49. Fe'i clywir hefyd o bosibl yn yr ymad. 'fel *sgyryd* o dena', *GTN* 738.

ysgytfa, ysgytiad, ysgytiaf: ysgytio, ysgytian, &c., gw. **ysgydfa, ysgydwad, ysgydwaf: ysgwyd**, &c.

ysgytiog [bôn y f. *ysgytiaf*: *ysgytio*+*-iog*] *a*. Herciog, anwastad, clonciog, hefyd yn *ffig*.: *jerky, bumpy, also fig*.
1913.

ysgytiol, ysgytiwr, gw. **ysgydwol, ysgydwr.**

ysgytlaeth, sgytlaeth [bôn y f. *ysgytiaf*, *sgytiaf*: (*y*)*sgytio*+*llaeth*] *eg*. Llaeth oer, cyflasyn, &c., wedi eu hysgwyd neu eu chwipio ynghyd i wneud diod: *milk shake*.
Ar lafar, "Ga'i *sgytlaeth* tsiocled plis?'.

ysgytlyd, sgytlyd [bôn y f. *ysgytiaf*, *sgytiaf*: (*y*)*sgytio*+ +*-lyd*] *a*. Ysgytiog, herciog, anwastad, clonciog: *jerky, bumpy*.
20g.

ysgytwad, ysgytwaf: ysgwyd, ysgytwol, gw. **ysgydwad, ysgydwaf: ysgwyd, ysgydwol.**

ysgythaf: ysgythu, Ysgythiad, ysgythion, gw. **ysgothaf: ysgothi, Sgythiad, sgythion.**

ysgythr[1] [bôn y f. *ysgythraf*: *ysgythru*; cf. *ysgwthr*] *eg*. a hefyd gyda grym ansoddeiriol. Ysgythriad: *an engraving*.
15–16g. LLAWDDEN, &c.: *Gw* 108, Arwydd serch, gloywferch o'r glyn / Abl yw, *ysgythr* ei blisgyn / Cynnil o beth oedd cennyf / Cael am y pren cwlm y pryf. **1607–11** *Pen* 216, 17–18, Ag un graffter ag un amgeledd oedd weled Arustotlys in dysgu Alexander val hynny a phetvai yntau a hayarn *yskythr*, neu a phwyntyl yn nodi ag yn skrivenny pob gair ynghalonn Alexander. **1725** *SR* d.g. *Engraving*.

ysgythr[2]**, ysgythrad**, gw. **ysgithr**[1]**, ysgythriad.**

ysgythraf[1]**, sgythraf**[1]**: (y)sgythru** [bf. o'r e. *ysgwthr*; cf. hefyd *sgathraf*, *ysgathraf*: (*y*)*sgathru*; ynglŷn â'r engh. gyntaf isod gw. *GCBM* ii. 141] *bg.a*.

(*a*) Torri (ymaith), tocio, clirio; seingolli, sillgolli; ysgraffinio, crafu, naddu, cerfio, engrafio (yn enw. drwy gyrydu'r engrafiad ag asid ar blât, &c., printio), arysgrifennu, darlunio, disgrifio; hefyd yn *ffig*.: *to cut or hack* (*off*), *prune, clear*; *elide, omit* (*letter*(*s*)); *graze, scratch, carve, engrave* (*esp. etch*), *inscribe, draw, depict, describe*; *also fig*.
12g. *GCBM* ii. 117, Hud *ysgithyr* y esgar yn dilen. **13g**. *C* 84. 6–7, *Yscythrich* fort a delhich ti. **14g**. *BY* 7–8, Jubal . . . a'y hysgriuennawd [cerddoriaeth] mywn dwy golofyn, un o brid ac arall o varmor; ac yn erbun llosc a dilyw y *ysgythrawd*. *c*. **1400** *YCM*[2] 52, [t]aryan drom gadarn, wedy yr*yskythru* yn odidawc ac eurlliw. *c*. **1400** *SDR*[2] 45, *ysgythru* y phenn o'e hardunyant a'e gwisgoed (amr. *ysgythru* gwisgyat y phenn). *c*. **1400** *DB* 21, mi a *ysgythreis* (*depingam*) itt ffuruf yr holl uyt. **15g**. *GDLl* 190, Bu ŵr dirgel ei helynt, / Iesu, yn *ysgythru* gynt [marwnad Dafydd Llwyd a'i blant gan Hywel Dafydd Llwyd]. **1547** *WS*, *Yscrythry* [*sic*] Croppe, loppe. **16g**. (*LlEG*) *Mos* 158, 56b, vn arall or marchogion Adrewis yshiapplen ari vraich ac ai *ysgyth*/*rodd* ef oddiwr [*sic*] y korf. **1567** *TN* 1a, Matthew, Marc, a Luc ynt vwy amyl yn *yscythru* [:– traethu] ei vywyt a i varwolaeth. **1567** G. ROBERT: *GC* 66, wrth y nod yma [sillgoll] yr yspissir fod wedi *scythru* a thorri ymaith fogail ne diphddong. **1595** H. LEWYS: *PA* 49, os y garddwr a *scythra* ymaith, [*sic*] y cnyckieu ar ceincieu ceimion o'r prennie yn yr ard'. **1632** *D*, *Ysgythru*, Extremare, detruncare, putare, frondare, pampinare. Item Cœlare, insculpere. *id*. *ysgythru* d.g. *Deputo*, *Incido*, *Inscribo*. **1674** *B* xii. 21, y goedwig a welaist di a sy'n arwyddokau ynys brytain, yr honn a *ysgythrir* yn gadarn oi phendefigion ai gwyr mawrion, a arwyddokawyd wrth dorriad i lawr y gwiail mawrwych. **1775** *W*, *ysgythru* d.g. *To inscribe* [*write* . . . *or engrave* . . .], *To prune* [*lop or cut off* . . .]. **1803** *P*. Ar lafar, '*sgythru*' 'to shred, tear in pieces', *WVBD* 489; hefyd yn yr ystyr 'sathru, gwasgaru', "Odd y gwarthag wedi *sgythru*'r gwair' (de-ddwyrain Morg.).

(*b*) Sgrialu, rhuthro: *to scramble, rush*.
1837.
Amr.: **esgythraf: esgythru** [?ff. org. neu wallus yn unig]. *c*. **1400** *YCM*[2] 169. **1545** ELIS GRUFFYDD: *Ll* 29–30, A ffan *esgerthrer* [*sic*] ne i ttorer y llysiewyn ymaa, jr amddengis i sugyn ef ynn wyn megis llaeth.

ysgythraf[2]**: ysgythru**, gw. **ysgrythaf: ysgrythu.**

ysgythraidd [bôn y f. *ysgythraf*[1]: *ysgythru* +*-aidd*] *a*. ?Wedi ei engrafio: *engraved*.
13g. *C* 98. 16–17, *Yscithreid* vy modruy eur kywrwy cann.

ysgythrddant, gw. **ysgithr**[1]+**dant.**

ysgythredig [bôn y f. *ysgythraf*[1]: *ysgythru* +*-edig*] *a.bfl*. Wedi ei dorri neu ei docio; cerfiedig, wedi ei engrafio, wedi ei addurno, darluniedig, argraffedig; hefyd yn *ffig*.: *cut, pruned, cropped*; *carved, engraved, decorated, depicted, printed*; *also fig*.
13g. *DB* 73, y nef uchaf, cumpas o'e furyf, dyfraul o annyan, ac *yscythredic* (*ornatum*) o syr en e amgylch oll. **13g**. *BD* 148, helym eureit a dreic yn *ysgythredic* (*inpicta*) arnei. **14g**. *HMSS* ii. 269, y anrydedus osgeth ef yn *ysgythredic* ar liein. *c*. **1400** *YCM*[2] 5, yg glan y mor y mae ynteu maen keu, hen, *yskythredic*, o weith Sarascinyeit, yn odidawc. *id*. 53, a'r gwarthafleu o eur coeth *ysgythredic*. *id*. 189, Yn y llawr yn *ysgythredic* yd oed delweu yr holl anifeileit gwyllt a dof yn y kynted. *c*. **1400** [*RB*] *WM* 218. 11–12, agbein oledyr coch *ysgythredic* idaw. **1604–7** *TW* (*Pen* 228) d.g. *Asper*, *Cælatus*, *Effictus*, *Graphicus*. **1728** T. BADDY: *DDG* 19, mi a welais enw Mr. Hugh Stapers yn *Ysgythredig* eilchwaith ar y llen Blymmaidd yno. **1776** *W* d.g. *Lopped*. **1800** W. OWEN[-PUGHE]: *CP* 54, Polion helyg ac ysgaw *ysgythredig* (*cropped*) á wna gae rhagorol. **1803** *P*.

ysgythredd[1], ff. l., gw. **ysgithr**[1].

ysgythredd[2], gw. **ysgithredd**[1].

ysgythriad, sgythriad, ysgythrad [bôn y f. *ysgythraf*[1], *sgythraf*[1]: (*y*)*sgythru*+*-iad*[1], *-ad*] *eg*. ll. *-au*. Toriad, tociad; ysgraffiniad, crafiad, naddiad, cerfiad, engrafiad, y weithred o ysgythru, print a wnaed o blât, &c., wedi ei ysgythru, darlun(iad), disgrifiad: *a cutting, pruning*; *grazing, scratch*(*ing*), *carving, engraving, etching, drawing, depiction, description*.
c. **1400** *YCM*[2] 189, Kwmpas a oed yn y neuad a diruawr golouyn y meint ar weith piler yn y perued, a gortho o eur ditlawt kadarn yn y chylch, a chywreint *ysgythrat* yn y deckav o diruawr ethrylith. **1567** *TN* 372b, Bywiol *yscythrat* Antichrist wedy arddangos. **1604–7** *TW* (*Pen* 228), *scythriat* d.g. *Calamen*, *Charta*, *Ichnographia*, *Recisamentum*. *id*. *yscythriat* ceuol mal gutteræ ne geufossydh d.g. *Trigliphi*. **1632** *D*, *Ysgythrad* d.g. *Putatio*. **1773** *W* d.g. *An engraving*, *A lopping*, *A slipping of twigs*. **1803** *P*, *Ysgythriad*, s. m.—pl. t. *au* . . . A cutting; a carving; an engraving; a lopping.

ysgythrig[1]**, sgythrig** [bôn y f. *ysgythraf*[1], *sgythraf*[1]: (*y*)*sgythru*+*-ig*[2]] *a*. Wedi ei seingolli neu ei sillgolli: *elided, apostrophized*.
p. **1584** G. ROBERT: *GC* [273], mae llawer a e[ll]ir i scrifennu yn gyfwascedig, ne yn wahanedig, ne yn *scythrig*, wrth fal y bytho cymhwyssaf ir lleoedd a'r messu/rau.

ysgythrig[2] [*ysgythr*[2]+*-ig*[2]] *a*. Ysgithrog, creigiog, garw, miniog: *jagged, rocky, rough, sharp*.
1770 P. WILLIAMS: *BS*, *Job* xxxix, yr eryr . . . a wna ei nyth mewn lleoedd *ysgythrig*. *id*. *Can* iv, anifeiliaid ysglyfaethus â dannedd *ysgythrig*.

ysgythrin, gw. **ysgethrin.**

ysgythrlen, sgythrlen [bôn y f. *ysgythraf*[1], *sgythraf*[1]: (*y*)*sgythru*+*llen*] *e?b*. Sgrin neu orchudd cerfiedig neu addurnedig, yn *ffig*.; ?dalen deitl wedi ei hengrafio: *carved or decorated screen or cover, fig*; ?*engraved title page*.
14g. *GDG*[3] 158, Ysbail gwŷdd, cynnydd cannoed, / *Ysgythrlen* brig cangen coed [i'r het fedw]. **1604–7** *TW* (*Pen* 228), *scythrlen* lhiuer nei henw d.g. *Index*.

ysgythrnod, sgythrnod [bôn y f. *ysgythraf*[1], *sgythraf*[1]: (*y*)*sgythru*+*nod*[1]] *eg.b*. ll. *ysgythrnodau*. Sillgoll: *apostrophe*.
1567 G. ROBERT: *GC* 66, *Scythrnod* a wnair dwy phord, weithiau ai gyrn tu ar llaw ddeau, mal. '. weithiau arall tu a'r lau assai, mal. '. wrth y nod yma yr yspissir fod wedi scythru a thorri ymaith fogail ne diphddong. *id*. 68, Cyrn yr *sc*[*y*]*thrnod* bob amser a fydd tu ag at y gair a gollodd i fogail, mal wed' imi ddyfod, gwae'r neb ai gwelai. **1604–7** *TW* (*Pen* 228) d.g. *Ecthlipsis*. **1605–10** *GP* 205, Trefnu yr geirieu mae kwplysnod, anorffennod, *yskythyrnod*.

ysgythrog, gw. **ysgithrog.**

ysgythrol [gair geir., sef bôn y f. *ysgythraf*[1]: *ysgythru*+*-ol*] *a*. Yn torri, yn tocio; yn cerfio, yn engrafio; hefyd yn *ffig*.: *cutting, pruning*; *carving, engraving*; *also fig*.
1803 *P*, *Ysgythrawl* . . . Cutting; carving; engraving; lopping.

ysgythrwr, sgythrwr, ysgythrydd [bôn y f. *ysgythraf*[1], *sgythraf*[1]: (*y*)*sgythru*+*-wr*, *-ydd*[3]] *eg*. (b. *ysgythrwraig*) ll. *ysgythrwyr*, *ysgythryddion*. Torrwr, tociwr; naddwr, cerfiwr, engrafiwr, un sy'n ysgythru, disgrifiwr; hefyd yn *ffig*.: *cutter, pruner*; *carver, graver, engraver, etcher, describer*; *also fig*.
14g. *GIG* 7, *Ysgythrwr* cad, aets goethrudd, / Esgud i'r aer, ysgwyd rudd [i Syr Hywel y Fwyall]. **14–15g**. *IGE*[2] 329, *Ysgythrwraig* fyrdd ffyrdd a'i phâr, / Asgell gwayw isgell gwyar [Rhys Goch Eryri i'r faslart]. **1604–7** *TW* (*Pen* 228), *yscythrwr* d.g. *Anaglyptes*, *Cælator*, *Chorographus*, *Toreutes*. *id*. *scythrwr* ar garrec d.g. *Lithoglyphus*. *Dchr*. **17g**. *J* 10, 43a, *Scythrwr*. Sculptor. **1632** *D*, *ysgythrwr* d.g. *Sector*. **1776** *W*, *Ysgythrwr*, *ysgythrydd* d.g. *Lopper*, *Pruner* [*of trees*]. **1803** *P*, *Ysgythrwr*, s. m.—pl. *ysgythrwyr* . . . A cutter; a carver; an engraver; a lopper. *id*. *Ysgythryz*, s. m.—pl. t. *ion* . . . A cutter; a carver; an engraver.

ysgythrwynt, gw. **ysgythr**[1]+**gwynt.**

ysgythrydd, ysgywyll, ysiad^{1}, gw. **ysgythrwr, ysgewyll, sied^{1}.**

ysiad^{2} [bôn y f. *ysaf*: *ysu*+-*iad*^{1}; dichon mai -*iad*^{2} a welir yn yr engh. gyntaf a'r ail] *eg.* a hefyd gyda grym ansoddeiriol. Y weithred o ysu, o fwyta'n awchus, neu o ddifa, hefyd yn *ffig.*: *a consuming, devouring, or destroying, also fig.*

c. **1400** *R* 1274. 15–16, Gwrach *yssyat* oesswat ys ysswin anghynnbys. *a.* **1587** *Y* 93, Doedvd i rhoddvd yn rhâd / Fwa i Rys a fv'r *ysiad.* **1588** *Eseia* ix. 4, drwy losciad ac *yssiad* tân. **1632** *D* d.g. *Voratio.* **1714** R. PRYDDERCH: *GD* 123, Occrwr . . . Onid yw ei Enw ef yn yr Hebræeg, yn arwyddoccau mai Gorthrymder blin, yw Llog ac Usuriaeth? . . . ac felly maent hwy yn galw Cnoad, neu *yssiad.* **1772** *W* d.g. *A devouring.* **1803** *P*, *Ysiad*, s. m. . . . A consuming; a devouring.

ysiâr, gw. **siâr^{1}** (hefyd At.).

ysictod, sictod, &c. [*ysig* neu fôn y f. *ysigaf, sigaf^{1}*, &c.: (*y*)*sigo*, &c.+-*dod*] *eg.* Ysigiad (cymal), streifiad, ?tor(iad) llengig, clais, cleisiad, anaf, gwendid, llesgedd, hefyd yn *ffig.*: *sprain, wrench, strain, ?rupture, bruise, a bruising, injury, weakness, debility, also fig.*

1545 ELIS GRUFFYDD: *Ll* 61, Ac j helpio dynion a vo gwedi kafel *esickttod* mawr, megis o ddyrnodiav ne gwympiav. **16g.** (*LlEG*) *Mos* 158, 27b, o *ysigttod* kwmp [*sic*] yrhwn a gauas ef oddiar va/rch Ikauas ef glwyf a nychdod. **16g.** *LlS* 34, Gwraidd y llyseun hwnn [llysau Simeon] wedyr yfet ar ddwfyr ne wîn a veddiginiaetha . . . *ysictot* nei dôr llengic. **16g.** *Yst Kym* 46, A rhwng *sicttod* yn i garchar ag oedran, ef a fu farw. **1588** *Eseia* lxv. 14, vdwch rhac *ysigtod* yspryd. **1604–7** *TW* (*Pen* 228) d.g. *Contusio.* **1735** J. EVANS: *YMS* 158, O's dygwn Jesu croeshoeliedig ar ein meddyliau . . . gyd â pha *yssigtod* câlon y bydd i ni gyfaddef a galaru oblegid y troseddiadau hynny am ba rai yr archollwyd ef. **1759** J. EVANS: *PF* 48, *Ysigtod* (*Bruise*) mewn Llygad. **1771** *W* d.g. *A bruise.* **1803** *P* d.g. *Ysigdawd.* Ar lafar, '*sictod*' 'debility', *WVBD* 490.

ysid, gw. **wyf: bod.**

ysig [?bôn y f. *ysigaf*: *ysigo*+-*ig*^{2}] *a.* a hefyd fel *eg.* ll. -*ion.* Wedi ei ysigo (am gymal), wedi streifio, cleisiedig, briwedig, anafus, toredig, maluriedig, darniog, drylliedig, hefyd yn *ffig.*: *sprained, wrenched, strained, bruised, wounded, injured, broken, crushed, shattered, also fig.*

12g. *GCBM* i. 53, Mel yd wyf yn kelu kallon *yssic.* **13g.** *GBF* 57, Ryuelnaf trossaf, wyf treisdic—o'e goll, / Gallwys beleidyr *yssic.* **14g.** *Bren Saes* 154, val yd oed Cadell yn mynychu hely bevnyd, y doeth gwyr Dynbych a'y guraw yn *yssic* a'y adaw yn lle marw. **14g.** *GDG*^{3} 380, Tydi, y bwth tinrhwth twn, / . . . / Yn gyfannedd gyfedd gynt, / Ac a'th wŷl heddiw'n friw frig / Dan do ais, dwndy *ysig.* *c.* **1400** *SDR*^{2} 45–6, ryued nat oed *yssic* penneu y byssed, rac ffestet y maedei benneu y byssed a'e dwylaw y gyt. *c.* **1400** *YCM*^{2} 8, kawssant y gorff yn vriw *yssic*, ar ulaen karrec uch penn y mor. **1545** ELIS GRUFFYDD: *Ll* 85, dryllia a maeedda hwynt ynn *ysig*, ac ynna dod wynt ynn dysdyl. **1567** *TN* 18b, Corsen *ysic* [:- don] ny's tyr ef. **1588** *Luc* iv. 18, i ollwng y rhai *ysig* mewn rhydd-deb. **1632** *D* d.g. *Fressus, Lacer.* **1699** T. JONES: *TP* 75, i mae ef . . . o achos ei henaint . . . mor *ysig*, ac mor anystwŷth yn ei gymalau. **1772** *W* d.g. *Contrite* [*bruised, broken, afflicted, sorrowful for sin from a love of God, sincerely penitent*]. **1803** *P*. Ar lafar yn yr ystyr 'egwan', 'Crotyn bach *ysig* yw a', *GTN* 866.

Fel *e.* Ysigiad (cymal), streifiad, clais, briw, diferlif, anaf, gwendid, hefyd yn *ffig.*; person wedi ei anafu: *sprain, wrench, strain, bruise, wound, discharge, injury, weakness, also fig.*; *injured person.*

Dchr. **14g.** *AL* ii. 190, brib, achleis ac *yssic.* *c.* **1400** *Études* vii. 272, Rac *yssic* mywn ewin. kymer vlawt gwenith a mel a chymysc ygyt a dot arnaw. **15g.** *GLGC* 168, Arwydd o eryr oedd i Warwig, / ef a wnâi i bawb ofni ei big; / Mae'n y Mwnt riffwnt, yno y trig, / â'i ewin asur a wna *ysig.* **15g.** *HCLl* 140, O dwyll wen a'i dull union / Mae'r *ysig* ym mrig 'y mron. **1547** *WS*, Gor o *yssic* ne wîr Mattre. **16g.** *LlS* 90, Danatlen wenn . . . Da ydyw gyd a gronyn o halen yw ddody wrth *ysic.* **16–17g.** *GST* i. 703, Tyn f'*ysig* sydd tan f'asau, / Treia gur, rhaid trugarhau [i ferch]. **1620** *Lef* xxii. 22, Y dall, neu yr *yssig*, neu yr anafus. [**1762**] E. POWELL: *HEI* 6, Sûdd y fioled sydd dda i Glustjau a fo'n ag *ysig* yn rhedeg o honynt. **1770** R. PRICHARD: *CC* 277, Pan y byddo 'r corph mewn *ysig*, / Ymofynnwn am y meddig. **1771** *W* d.g. *A bruise.* Ar lafar yn yr ystyr 'y dŵr a red oddi wrth fuwch sydd ar fin taflu llo', 'Ma *ysig* gloyw'n dod wth y fuwch isiws' (dwyrain Morg.).

ysigaf, sigaf^{1}, &c.: **(y)sigo,** &c. [bf. o'r a. a'r e. *ysig*] *bg.a.*

(*a*) Troi (cymal) yn chwyrn gan achosi poen a chwydd ond heb ei ddatgymalu, streifio, straenio, cleisio, brifo, anafu, niweidio, gwasgu, malu, torri, darnio, dryllio, anffurfio, gwanhau, pantio, dymchwel; cael ei dorri, ei gleisio, ei frifo, &c.; hefyd yn *ffig.*: *to sprain, wrench, strain, bruise, hurt, injure, damage, press, crush, break, shatter, deform, weaken,* (*cause to*) *sag, collapse*; *be sprained, bruised, hurt, &c.*; *also fig.*

13g. *GDB* 519, Tyreu teb . . . / Toruoed disegur a'e *hyssiga.* **13g.** *Llst* 1, 18, gochel e sayth hagen a orvc corynevs. a chyrchv ymber ac ae wua e hvn *essygav* y penn a orvc en dryllyev. **13g.** *BD* 10, o dyaghey neb ac ychydic o'e eneyt gantav, rac meint y awyd y fo brivav ac *yssygav* a wnaey ar gerryc a drein a miery. **14g.** *BT* 87, [ll]ad rei allosgi ereill ac *yssigaw* ereill dan draet meirch. **14g.** *BT* (*RB*) 234, kyuodes diaerebus wynt y torri aneiryf o tei ac eglwysseu ac *yssigaw* coedyd a llawer o dynyon ac anyueileit. **14g.** *YBH* 63b, *yssigab* y vbnbgyl a llad y benn. **14g.** *GIG* 57, O *siga* cloria cleiriach, / O syrth, ni ddwg un nos iach. *c.* **1400** *YSG* i. 17, ynteu a *essigawd* yn drwc. **15g.** *GO* 145, Galw'r wyf bob gŵyl ar i ôl, / A gweiddi yn dragwyddol. / Gwaedd vawr a *ysigodd* v'ais, / A llwybr awen lle briwais [marwnad yr Abad Siôn o Lanegwest]. **1547** *WS*, *Sigaw* Brose. **1588** *Lef* xxii. 24, Nac offrymmwch ychwaith i'r Arglwydd vn wedi llethu, ne *yssigo*, nêu wedi tynnu 'n rhydd, neu dorri ymaith ei eirin. **1615** R. SMYTH: *GB* 202, y pages a 'r gvveision truain sy 'n *sigo* i coesau yn rhedeg. **1630** R. LLWYD: *LlH* 117, ped ystyriem ni y pethau hyn, a phe gosodem hwynt at ein calonnau, e fyddei hynny ddigon i *yssigo* cybydd-dod yn ei ben, ac iw yrru yn llwyr allan o'n calonnau. **1632** *D* d.g. *Collido, Confringo, Delibo, Obtero, Tondeo.* [**1761**] *ML* i. 333, *Sigo* ffer sydd dda rhagddo [peswch], fal y mae'r ymgrafu yn dda rhag y droedwst. [**1783**] *W* d.g. *To sprain* [*wrench or writhe a limb, &c.*]. **1803** *P* d.g. *Ysigaw.* Ar lafar, '*sigo*' 'to bruise, to break partly . . . e.g. of a branch of green wood which will not break clean off, or of a piece of plaster bruised but not fallen', 'bara wedi *sigo*' 'bread which has broken in taking it out of the tin', *WVBD* 489; hefyd yn yr ystyr 'to pull down in health' 'Mae dannadd yn 'u *sigo* nw [babanod]', *ib.*; ''Odd llawr y llofft wedi *sigo*' (sir Ddinb.); hefyd yn y Gogledd-ddwyrain yn yr ystyr 'torri llengig', *LGW* [496]–7; ''Wi wedi *sico*'m swrn', 'Ma'r plentyn wedi *sico*'r gatar ifi, mae'n rydd i gyd', 'Paid o nuthur 'ny! Di *sicid* fraich y babi', *GTN* 767. Yn rhannau o'r Gogledd mae *sigo* yn enw ar chwarae plant, D. PARRY-JONES: *WCGP* 74–5; hefyd yn yr ymad. '*sigo*'r bont', T. V. JONES: *Chwaraeon* 396.

(*b*) Malu('n fân), pwyo, morteru, mwtro, gwasgu (ffrwythau), briwo: *to crush* (*to a powder or pulp*), *grind, pound, mortar, mash, press* (*fruit*), *bruise.*

c. **1400** *MM* 22, kymryt yr hockys, ar ffenigyl . . . ac eu *hyssigab* yn oreu y galler, ac eu dodi ar y tan. *c.* **1400** *Études* viii. 74, kymeret y risc a vyd yn y daear o'r ysgaw, ac *yssigaw* mywn morter yn da. **1545** ELIS GRUFFYDD: *Ll* 39, kynvll y llyshiewyn yma, y gwraidd, y paladyr, a'r dail, ac *ysigo* ychydig arnaunt kyn i dodi wynt yn dystyl. *id.* 181, *esiga* wynt [dail] hrwng dy ddwylo kynn j dodi wynt ynn dystyl. *Diw.* **16g.** *WLB* 6, kymer bennau garlleg a berw hir ferwad mewn llaeth wedi i *sigo* neu i morteru yn fân. **1595** H. LEWYS: *PA* 118, Mal y mae llysiau . . . 'n rhoddi gwell sawr ac arwynt, pann i *siger*, pann i morterer, pann i rhodder ar y tan. **1688** *TJ*, *Sigo*, *yssigo*: to crush or bruise. **1746** G. JONES: *HWI* v. 59, y mae 'n rhaid *yssigo* 'r grawnwin, a'i briwio yn y gwingafn, cyn y bônt yn wîn. **1759** J. EVANS: *PF* 40, [g]lanhewch oddiwrth Bridd Lysiau pen y tŷ ynghyd a'u Gwraidd; *sigwch* hwynt rhwng eich Bysedd. **1770** *W* d.g. *To bray* [*pound, bruise*]. **1771** *PDPh* 25, Cymmerwch ddwy wns o fân asglod Sassaffras . . . chwe dram o had Coriander, wedi eu *sigo.* **1801** *MMf* 190, Rhag Dolur y Cylla . . . Cymmer y gammil a *sig* (*Llr* C 24, 331, ystamp) yn dda a berw mewn peint o win.

Amr.: **sigio. 1595** H. LEWYS: *PA* 50, y nefol winllanwr, ai dwg hwy ir gwinwryf, yw curo, yw *sigio* ag yw dryllio.

ysigedig, ysigiedig, sig(i)edig [bôn y f. *ysigaf, sigaf^{1}*: (*y*)*sigo*+-(*i*)*edig*] *a.bfl.* Wedi ei ysigo neu ei streifio, cleisiedig, clwyfus, maluriedig, drylliedig, hefyd yn *ffig.*; ?poenus: *sprained, strained, bruised, wounded, crushed, shattered, wrecked, also fig.*; ?*painful.*

1672 R. PRICHARD: *Gw* 12, Fel morwyr methedig, y drystent mewn perig, / Ir llongau *sigedig* nes sodden. **1759** *BC* 120, Os ydi lloer eurfrig un Galon garedig, / I'th friw *yssigedig*, Aur feddig yw'r fûn. [**1762**] E. POWELL: *HEI* 14, Mae'r Eli hwn yn dda . . . i ddofi Poen, i lanhau a jachau, [*sic*] hên Glwyfau *Ysigiedig.* **1801** *MMf* 190, I Dynnu Naws Dwr Neu Ddrygwaed O Ben *Sigiedig.* **1803** *P*, *Ysigiedig* . . . Bruised, or crushed.

ysigen, gw. **chwysigen** (hefyd At.).

ysigfa, sigfa [bôn y f. *ysigaf, sigaf^{1}*: (*y*)*sigo* +-*fa, ma*] *eb.* ll. -*fâu, ysigfeydd.* Ysigiad, streifiad, clais, cleisiad, anaf; ysgydwad; hefyd yn *ffig.*: *sprain, strain, bruise, a bruising, injury*; *a shaking*; *also fig.*

1632 *D*, *yssigfa* d.g. *Contusio.* **1725** *SR*, *Yssigfa* d.g. *A Bruising.* [**1762**] E. POWELL: *HEI* 21, Rhag *Sigfa* lle [na] bo'r Croen wedi torri. **1770** *TG* ii. 46, Cyngor rhag Tyrfiad, neu *Ysigfa.* **1771** *PDPh* 52, *Yssigfa*, Sprain. **1771** *W* d.g. *A bruise.* **1791** J. HARRIS: *Alm* 33, Hen *sigfâu*, a gwŷniau yn aelodau hen bobl, sy'n arwydd o wlaw. **1803** *P*, *Ysigva*, s. f.—pl. *ysigvëyz* . . . A bruise, a crush. Ar lafar, 'Mi gafodd o *sigfa* yn y codwm', a hefyd yn yr ystyr 'craig ansefydlog yr olwg', 'gweithio o dan ryw hen *sigfa*' (Arfon).

ysigiad, sigiad [bôn y f. *ysigaf, sigaf^{1}*: (*y*)*sigo*+-*iad*^{1}] *eg.* ll. -*au.* Y weithred o ysigo (cymal), y cyflwr o fod wedi ysigo (cymal), streifiad, clais, cleisiad, anaf; ysgydwad; hefyd yn *ffig.*: *sprain, wrench, strain, bruise, a bruising, injury*; *shaking*; *also fig.*

15g. *GO* 45, A dirmygvs o dir Meigion / Yw'r ais eigion, oer *ysigiad.* **16g.** *GSOG* 8, Trwy oergwyn odlau trai ar genhedlaeth, / Trwy'r deau *sigiad*, tro ar dwysogaeth [marwnad meibion Gruffudd Dwnn]. **16–17g.** *GST* i. 685, Dragiad cur fagiad, corf eigion —bigiad, / Drigiad *ysigiad*, celiad calon. **1632** *D*, *yssigiad* d.g. *Incussus, Obtritus.* **1771** *PDPh* 56, Y mae 'r pwltis hwn yn gwellau pob archollion, sathriadau, ac *yssigiadau.* *id.* 62, *Ysigiad* neu Dyrfiad yng Nghewynnau [*sic*] 'r Cefn. **1798** *WR* d.g. *Strain.* **18–19g.** R. DAVIES: *DB* 88, Byddin arfog finiog fodd / Gan allu mawr gynnullodd, / At roi t'rawiad *sigiad* sain / I ddiwedd mawredd Owain. **1803** *P*, *Ysigiad*, s. m. . . . A bruising; a contusion. Ar lafar yn ardaloedd y chwareli yn yr ystyr 'toriad neu wahaniad peryglus yn y graig' neu 'clwt neu biler wedi ei ysigo nes ei fod yn ddiwerth', E. JONES: *Canrif y Chwarelwr* 156.

Amr.: **sigad** (*eb.*). Ar lafar, 'Gath e itha' *shigad*' (sir Gaerf.); '*Sicad* mae a wedi'i gâl wrth gario'r 'oll bwysa 'na' (dwyrain Morg.).

ysigiaf: ysigio, ysigiedig, gw. **ysigaf: ysigo, ysigedig.**

ysiglïain [?bôn y f. *ysigaf*: *ysigo*+ *lliain*] *eg.* Cwyrlïain, pyglïain; pwltis: *cerecloth*; *poultice.*

1771 *W*, *yssig-liain* d.g. *Cere-cloth.* **18–19g.** *Llr* C 30, 186, *ysigliain*, cerecloth [Glam.]. Cf. *SE MS* 626a, *Yssigliain*, mel, cwyr, ag ymenyn cyttawdd rhag chwydd a digofaint.

ysigol, sigol, &c. [bôn y f. *ysigaf, sigaf^{1}*, &c.: (*y*)*sigo*, &c. +-*ol*] *a.* Yn ysigo, yn cleisio, yn anafu, dinistriol, maluriol, ysgydwol; yn pantio; hefyd yn *ffig.*: *causing sprains, bruises, or injuries, destroying, crushing, shattering, shaking*; *sagging*; *also fig.*

16–17g. *HG* 133, gan jddewon gwael i braint, ve vü mewn haint *esigol* / dan ddyrnodau trwm i nod, nes gweld i vod en varwol (Gronw Wiliam).

ysigwr [bôn y f. *ysigaf*: *ysigo*+-*wr*] *eg.* ll. -*wyr.* Un sy'n ysigo, malwr: *one who bruises or injures, crusher.*

1803 *P*, *Ysigwr*, s. m.—pl. *ysigwyr* . . . A bruiser, or one who makes a contusion.

ysilym, ysindrins, ysism, ysismatic, yslab, yslabi, gw. **seilam** (hefyd At.), **sindrys** (hefyd At.), **sgism, sgismatig, slab, slabi^{1}.**

yslac, yslaciaf^{1,2}: yslacio, yslacrwydd, yslachdar, gw. **slac^{1}, slaciaf^{1,2}: slacio, slacrwydd, slachdar.**

yslaf, yslafaidd, yslafan, yslafeiddiwch, gw. **slaf, slafaidd, slafan, slafeiddiwch.**

yslafen, yslafiaf: yslafio, yslafiwr, yslafri, gw. slafan, slafiaf: slafio, slafwr, slafri.

yslag, yslaif, yslam, gw. slag, slaif, slam.

yslap, yslapiaf: yslapio, yslater, yslatys, gw. slap[1], slapiaf: slapio, slater, slâts.

yslebog, yslebogaidd, gw. slebog, slebogaidd.

yslebren [?elf. anh.+-en] eb. Slebog: *slattern*.
1803 P, Yslebren, s. f. dim. . . . A slattern.

yslebyn, ysleciaf: yslecio, yslecod, ysled[1], gw. slabyn[1], sleciaf[1]: slecio, slecod, sled.

ysled[2] [?cf. S. taf. sled 'a big slatternly woman'] eb. Slebog, hefyd yn ffig.: *slattern, also fig.*
18g. BL Add 10314, 329, A thrin y mês ai Thrwyn main / Ac eilchwel at y Golchion / Ysléd hyll neu Slwtt yw honn [Morris Siôn Morris i ofyn hwch]. 1764 W Ballads 79, 5, Pan fyddoch bun foddus, yn feichiog afiachus / Eich penpryd glân foethus a fetha, / . . . / A chitheu'n ysled, a'ch daudroed ar lêd, / Yn cerddeu ar yried mor ara. 1783 H. JONES: PN 36, Ond gwell i chwi ymofyn gwreigan. / A roi di hanes rhyw ysléd, / A chanddi dyrred o arian.

ysledfen, yslefr, yslefriaf: yslefrian, gw. sledfen, slefr, slefriaf[1]: slefrian.

yslefriwr, ysleifiad, ysleifiaf[1,2]: **ysleifio, ysleifyn, ysleipanaf: ysleipanu**, gw. slefriwr[1], sleifiad, sleifiaf[1]: sleifio, sleifiaf[2]: sleifio (At.), slaif, yslipanaf: yslipanu.

yslempiaf: yslempio, yslent, yslentaf: yslento, yslepan, gw. slempiaf: slempio, slent, slentiaf: slentio, slepan.

ysletan[1,2]**, ysleten, ysling, yslip, yslipan**[1], gw. sleten[1], sleten[2] (hefyd At.), sleten[1], sling[1], slip[1], slipan[1].

yslipan[2], &c. [bôn y f. yslipanaf, &c.: yslipanu, &c.] eg. a hefyd fel a. Polish, defnydd glanhau neu lathru; caboledig, llathredig, sgleiniog, llyfn: *polish, cleaning- or burnishing-material; polished, burnished, shiny, smooth.*
17g. LlGC 13215, 334, Ysllipan D. Smegma. 1771 W d.g. Burnished, Glib [smooth; slippery, &c.]. 1803 P, Yslipan, s. m. . . . A burnish, a polish.

yslipanaf, &c.: yslipanu, &c. [?bnth. H. S. *slipan, cf. Isel Alm. C. slîpen, Hen Nor. slipari 'hogwr', S. C. slipen; bnth. tebyg yw Gwydd. C. slipaid] ba. ?a hefyd fel bg. Gloywi (arfau), llathru, rhoddi sglein ar, caboli, llyfnu, hogi: *to furbish, burnish, brighten, polish, sharpen.*
14g. WM 392. 22–4, a fob ty awelei yn llaön o wyr ac arueu a meirch. Ac yn llathru taryaneu. ac yn ysleypanu cledyueu. id. 487. 6–7, vn o nadunt a dywaöt gallei yslipanu cledyueu. 17g. LlGC 13215, 334, Ysllipanu Defrico. 1707 AB 239b, Yslippany, To burnish; to polish or brighten. 1771 W d.g. To brighten [make bright], Sleek, To [make] sleek. 1803 P, Yslipanu . . . To burnish, to polish.

yslipanwr [bôn y f. yslipanaf: yslipanu+-wr] eg. ll. -wyr. Un sy'n gloywi arfau, cabolwr: *furbisher, burnisher, polisher.*
14g. WM 486. 32–4, Pa gerd yssyd genhyt ti. yslipanör cledyueu goreu yny byt öyf ui. 1803 P, Yslipanwr, s. m.—pl. yslipanwyr . . . A burnisher, a polisher.

ysliper, yslipiaf: yslipio, yslisen, yslisiaf: yslisio, yslithraf: yslithro, gw. sliper[1], slipiaf[1]: slipio, sleis, sleisiaf[1]: sleisio, slithraf: slithro.

yslocaf: ysloco, yslocai, gw. slociaf: slocio (hefyd At.), slocai.

yslociwr, yslocwr, gw. slocwr (hefyd At.).

yslom, gw. ystlom.

yslomaf, yslomiaf: yslomi, yslomio, gw. ystlomaf: ystlomi.

yslont, gw. slont.

---

yslopanau, slopanau, (y)slopau [?cf. llopan] e.ll. (un. b.?g. (y)slopan). Sliperi: *slippers.*
[1783] W, Esgid ysloppan d.g. Slip-shoe.

yslopiaf: yslopian, yslopyn, yslot, gw. slopiaf: slopian, slop[1], slot[2].

yslotiad [bôn y f. yslotiaf[2]: yslotian+-iad[1]] eg. Y weithred o badlo: *a paddling.*
1803 P, Yslotiad, s. m. . . . A paddling, a dabbling.

yslotiaf[1,2]**: yslotian, yslotiwr, yslotyn**, gw. slotiaf[1,2]: slotian, slotiwr, slotyn.

yslun [bôn y f. ysaf: ysu+llun[1]] eg. Ysgythriad: *etching.*
20g.

yslwb, yslwbiach, gw. slŵp (hefyd At.).

yslwch, yslwj, yslŵp, yslwt, yslwtsh, gw. slwch, slwtsh, slŵp, slwt, slwtsh.

yslyfan, yslyfen, gw. slyfan.

yslyfenllyd, yslymyn, yslys, gw. slyfenllyd, ystlum, ystlys.

yslyw [?olff. o'r S. sluice drwy ei ddeall fel e.ll.] e?g. Llifddor, fflodiart: *sluice.*
1863.

yslywan, yslywen, gw. llysywen (hefyd At.).

yslywennaidd, ysllac, ysllaciaf: ysllacio, ysllipan, ysllipanaf: ysllipanu, ysmachd, gw. llysywennaidd, slac[1], slaciaf[1]: slacio, yslipan[2], yslipanaf: yslipanu, smachd.

ysmaelaes, ysmaelas, gw. smalaets (hefyd At.).

ysmala, smala [petrus yw dosbarthiad rhai o'r enghrau. isod] a.
(a) Taer, dyfal, difrifol; trafferthus; haerllug, hy, digywilydd; chwilfrydig, holgar: *earnest, persistent, serious; laborious, impudent, bold, impertinent; inquisitive, curious.*
13g. B ix. 339, adolwyn er pab . . . nyt vn weith nyt dwy namen en vynych ysmalha. 13g. HGK 6, adolwyn udunt yn ysmalha rodi canorthuy idav y geissyav tref y dat. 14g. GDG[3] 134, Ni bu, ddynan fechan fach, / Os mul hi, ysmalhaach. c. 1400 R 1356. 4–5, Moröch ordal[a] meryd ysmala. c. 1400 HMSS ii. 20, nat yscrivennei weithredoed charlymaen ae ymladeu yn yr ysbaen. yn llwyr ac yn graff. namyn oe vot yn vlin ac yn ysmala eu hyscrivennu. rac meint oed y gweithredoed. 15g. W Best 9, mi a gigle gan eraill nat hoff gennyt vy mot yn yssmalhaet ac ydd wyf arnat, ac os drwc gennyt ti hynny, dyro jmi dy galonn, ac velly y gelly di ymryddhav o'm yssmalhawch i. 1547 WS [viii], Kyngor ysmala ir kymry. 1596 Pen 187, 54, nid dwwiol i gristion fod yn rhy ysmala fanwl nev ry ymgeisgar a chwileingar. 1604–7 TW (Pen 228), ymofynwr ysmalhaf d.g. percontator. 1632 D d.g. Curiosus, Importunus. 1677 R. JONES: BB 114, Seneca . . . (pan fyddei'r drêf yn disgwyl ir gelynion ruthro arni . . .) a eistedo yn segur, gan ofyn rhwy gwestiwnau ysmala (curious). 1701 E. WYNNE: RBS [x], na chais mor ymholi yn rhŷ 'smala (too busily) a weddei'r Modd hwnnw . . . i ti. 1722 Llst 189, Ysmala . . . impertinent.

(b) Anghyson, anwadal, gwamal, mympwyol, ofer; diofal, difater; ysgafn, llawen, difyr, doniol, cellweirus, ffraeth: *inconstant, wavering, fickle, whimsical, vain; careless, indifferent; light, merry, amusing, humorous, facetious, jocular.*
1527 B ii. 203, un or gwrragedd a ovynnodd yn vedrus ac yn ysmala drwy gellwair, paham jr ydoed hi mor drisd a hynny. 16g. TRP [238], mawr oedd fy ryfig ar dda / a balch jawn ag ysmala / tra fym yny byd hwn yma. 1568 MORYS CLYNNOG: AG [viii], nhwy a' madawant ai disgwelrth eisteddach, ai bustlawl serthedd ag ai ymadrodd ysmala gyfeddach. 1632 D, Ysmala, Leuis, inconstans. 1637 R. PRICHARD: Gw 352, Fel y daeth y Tân ar Brwmstomn, / Yn ddysymmwth am ben Sodom, / Felly daw 'r Dydd diwedda, / Pan bo'r byd yn cyscu 'n smala. 16g. 1637 R. JONES: BB 73, Nac ymddiddenwch â hwynt nac yn drwmbluog, nac yn ysmala (lightly), neu dan gellwair. 1688 TJ, Ysmala-waggish, careless, also unconstant. 1701 E. WYNNE: RBS 80, Ffô rhag dawnsiau gwamal, dirgel cymdeithas â merched dieithr, geiriau ysmala (idle talk). 1722 Llst 189, Ysmala, Fickle, vain, wavering . . . (used in South W: for) Pleasant, merry. 1727 J. JONES: DFF 259, y Sodomiaid . . . ysmala a llawen-

---

ddigrif (jovial and secure) oeddynt. 1776 I. BRYDYDD HIR: P i. 35–6, Ni wasanaetha gwneuthur y gorchwyl hwn yn ddiofal, ag ysmala, ag yn esceulus. 1803 P, Ysmala . . . Light, frolic; droll, waggish, humorous, whimsical. Ar lafar, 'smala' 'doniol; rhyfedd; amusing; odd', 'Un smala yw e!', ''Glŵast ti siŵ' beth smala ariôd?', ''Odd siŵd olwg smala ar yr 'en gi bæch', GTN 746; hefyd ym Meir. yn yr ystyr 'hen ffasiwn, hynod'; a hefyd yn yr ystyr 'araf', Cymru xxxi. 258 (Cered.).

ysmalaes, ysmalaets, &c., gw. smalaets (hefyd At.).

ysmaldod, smaldod [ysmal(a), smal(a) +-dod] eg.
(a) Chwilfrydedd: *curiosity.*
1701 E. WYNNE: RBS 11, gochel ysmaldod (curiosity) a phôb yspienna i fatterion na pherthyn i ti ddim. id. 96, Grâs Duw yr hwn sy'n attal gwrhydri ac ysmaldod y meddwl (over-activeness and curiosity of the mind), ac yn trefnuso gwynieu'n corph.
(b) Hwyl, difyrrwch, doniolwch, cellwair, ffraethineb, lol, truth: *fun, amusement, humour, facetiousness, jocularity, nonsense, foolish talk.*
17g. HUW MORUS: EC ii. 201, Na sôn am ysmaldod â'th dafod, iaith daer, / Eiste 'n dy gartre'—na chwarau, fy chwaer [ymddiddan rhwng y mawr a'r bach]. 1677 C. EDWARDS: FfDd 96, gelli weled fod y wir grefydd ym mhlith dynion ym mhell cyn i'r bwngler hwn [Mahomet] glyttio darnau o'i ysmaldod a'i gyfeiliorni ei hun wrth lawer o'i gwyddorion hi. 1703 E. WYNNE: BC 119–20, oni allasech weled peth o'r oerfel uffernol . . . yn ysmal'dod y gwawdwyr (in the mocker's jest). 1795 JAC GLAN-Y-GORS: SG 20, nad oes fodd i roi ddim dysg . . . na gwybodaeth yn y tegan a elwir yn goron, mwy nag y gellir roi ysmaldod a digrifwch mewn cap ffwl. 1803 P, Ysmaldawd, s. m. . . . Drollery, humor.

ysmaldodeg [ysmaldod+-eg[1]] e?b. Anterliwt: *interlude (play).*
1858.

ysmaldodi [be. o'r e. ysmaldod] bg. Gwamalu, cellwair; esgus, cymryd arno: *to be flippant, joke; pretend.*
1801 MMf 274, doeth o ddyn . . . ni char ymgroesanu, nag ymwageddu, nag ysmaldodi, achos ni char ond a fo gweddus a chadarn.

ysmaldwyll, gw. ysmala+twyll[1].

ysmalgar [ysmal(a)+-gar] a. Ysmala, cellweirus, ffraeth: *humorous, facetious, jocular.*
1888.

ysmalhaf, smalhaf (y)smalhau [ysmala, smala+-hau] bg.a. Dygnu arni, plagio('n daer), poeni, blino, syfrdanu; gwamalu, cellwair, ymddwyn yn ddoniol; (geir.) mynd yn ddiofal: *to persist, importune, harass, trouble, stupefy; be flippant, joke, act humorously; (dict.) become careless.*
14g. CR 166, Nyt reit . . . na'e vlinaw o wediev na'e ysmalhau y neb a vo chwannogach y wneuthur y peth a archer idaw no'r neb a'e harcho. 15g. BB 3, ual yr yttoedwn yn yssmalhau (cogitanti) am hynny. y rodes ym gwallter archdiagon ryt ychen llyuyr kymraec ac yndaw gwerthredoed brenhinet ynys brydein. 1567 TN 116b, can vot y weddw hon yn vy molestu [:- blino, ysmalhau]. 1604–7 TW (Pen 228) d.g. Solicito, Urgeo. 1630 R. LLWYD: LlH 389, ni wasanaetha i ni fod yn wladaidd gennym ail-adrodd, a mynych ddywedyd, a manwl smalhâu iddynt yr vn peth vgain-waith trosto. 1632 D, Ysmalhâu, Molestiam facere, leuitate sc. loquendi; stupefacere. 1688 TJ, Ysmalhau: to wax careless and slighty. 1803 P, Ysmalâu . . . To act with humor; to become droll or humorous.

ysmalharwydd [ysmala+-rwydd] eg.
(a) Taerineb, dygnwch: *importunity, persistence.*
c. 1456 RWM i. 353, yr wyf yn dicgio dy ysmalaw-rwydd [sic] (id. 584, ysmalhalrwydd [sic]) yn keissiaw bvddygoliaeth ith genedlaeth di.
(b) Ysgafnder, cellwair, ffraethineb: *lightness, facetiousness, jocularity.*
c. 1585 G. ROBERT: DC [76]b, i ymochel rhag ysgafn annoeth ysmahalrwydd [sic] a lhywenydd difwyniant.
Amr.: **ysmalrwydd.** 1803 P, Ysmalrwyz, s. m. . . . Waggishness, drollery.

ysmalhawch, smalhawch [*ysmala, smala* +*-wch*[1]] *eg.*

(*a*) Taerineb, dygnwch; chwilfrydedd: *importunity, persistence; curiosity.*

14g. GP 53, Bei yw bot yr vn geir dwyweith, ony byd deirgweith, ony byd hirgyllaeth neu *ysmalhawch* karyat a'n esgus drostaw. **14g.** WM 103. 19–21, coffa adyỽedeis ỽrthyt ac ymdidan yn lut ac ef. A hynny yn rith *ysmalaỽch* caryat ac ef. **15g.** W Best 9, mi a gigle gan eraill nat hoff gennyt vy mot yn gynn *yssmalhaet* ac ydd wyf arnat, ac os drwc gennyt ti hynny, dyro jmi dy galonn, ac velly y gelly di ymryddhav o'm *yssmalhawch* i. **1593** W. MIDLETON: *B* 4, ni dhichin yr vn gair fod dhwywaith ar y brifodl oni bydh fynychach, neu yn traethu *ysmalhawch* kariad. **1604–7** TW (Pen 228), *ysmalhawch* d.g. *periergia.* **1632** D, *ysmalhawch* d.g. *Curiositas.* **1722** Llst 189, Ysmalhawch. m. Curiosity.

(*b*) Anghysondeb, anwadalwch, gwamalrwydd, oferedd; diofalwch; ysgafnder, cellwair, ffraethineb, hiwmor: *inconstancy, fickleness, levity, vanity; carelessness; lightness, facetiousness, jocularity, humour.*

1561–2 Rhyddiaith Gymraeg i. 64, ni vedraf amddiffyn ym vy hvn wrth v'anghenraid mwy no'r ddewinwraic o Arvon a gyhvddai ddewinchwedl am a gollai arall, ac ni wyddiad wirionedd nac ysbyssrwydd am ei chrochanllestr i hvn a guddiesid dan benn i gwely o *ysmalhawch* profedigaeth ar i dewindeb. **1632** D, Ysmalhảwch, Leuitas, inconstantia. **1632** J. DAVIES: LlR 129, Pa le y mae fy holl drythyllwch i, a'm nwyfiant a'm *ysmalhawch* (*all my dalliances and tricks of love*)? **1658** R. VAUGHAN: PS 192, yr rhai sydd yn tybied Sancteiddrwydd yn wiriondeb, a defosiwn, yn *smalhawch*. **1688** TJ, Ysmalhawch, ysmaleidd-dod: levity, lightness, inconstancy, carelessness. **1722** Llst 189, Ysmalhawch. m.... vanity; inconstancy. **1723** E. SAMUEL: PDdC [iii], trwy dy ddiofalwch di ath esgeulusdra, neu trwy dy *ysmalhawch* yn cyflawni 'r Dyledswyddau hyn. **1728** S. RHYDDERCH: GC 45, *ysmalhawch*, sef yw hynny, ysgafnder meddwl. **1793** Cylchg 185, Sion Bendrist... y mae ysmalhawch yn ymddangos iddo fel cabledd. **1803** P, Ýsmalȃwç, s. m. ... Levity; drollery, waggery, humor.

ysmaliaf, smaliaf: (y)smalio [bf. o'r a. *ysmala, smala*] *bg.a.* Cellwair, gwamalu, esgus, cymryd arno, cogio, ffugio; hefyd yn *ffig.*: *to joke, jest; pretend, fake, feign; also fig.*

1853. Ar lafar ym Môn a sir Gaern. yn yr ystyr 'to pretend', LGW 467.

ysmaliwr, ysmalwr, smaliwr [bôn y f. *ysmaliaf, smaliaf: (y)smalio*+*-(i)wr*] *eg.* ll. *ysmalwyr.* Un sy'n esgus neu'n cymryd arno; digrifwr, cellweiriwr: *pretender; humorist, joker.* **1858.**

ysmalrwydd, gw. ysmalharwydd.

ysmalwawd [*ysmal(a)*+*gwawd*] *eg.b.* ll. *-iau.* Anterliwt: *interlude* (*play*). **1843.**

ysmalwr, ysmaragdus, ysmeityn, ysment, ysmerawd, gw. ysmaliwr, smaragdus, meitin (hefyd At.), sment, esmerawd (hefyd At.).

ysmic, ysmiciad, ysmiciaf: ysmicio, ysmician, gw. smic[1], smiciad[1], smiciaf: smicio.

ysmicied, gw. smiciad[1].

ysmiciol [bôn y f. *ysmiciaf: ysmicio*+*-iol*] *a.* Yn amrantu neu'n wincio: *blinking, winking, nictating.*

1803 P, Ysmiciawl ... Blinking; winking.

ysmiciwr, ysmicwr [bôn y f. *ysmiciaf: ysmicio*+*-(i)wr*] *eg.* ll. *ysmicwyr.* Un sy'n amrantu neu'n wincio: *one who blinks, winker.*

1770 W, Ysmiccwr ei lygaid d.g. Blinkard, blinker, or one blink-eyed. *id. ysmicciwr* llygad d.g. Winker. **1803** P, Ysmiciwr, s. m.—pl. *ysmiciwyr* [*sic*] ... A blinker, a winker.

ysmidwg, smidwg, esmidwg, e?g. Cam, drygioni, niwed: *wrong, evil, harm.*

16g. (LlEG) Mos 158, 108b, yn [*sic*] neb a gymerth y matter ynn soredig ac ynn amarch mawr. *id.* 468b, gwasnaethwyr Embasadur yr amerodyr awnaethai yr *ysmidwg* yma Iramarch ar y kardnal o loegyr. *id.* 474a, [g]wneuthud hruw *smidwg* i wyr ysdyliard. *id.* 681b, Irydoedd ykythrel gwedi kymerud

---

y kyuri[w] veddiant ovewn kallon y ddyn [*sic*] agowsai *yresmidwg* am I wraig yr hyn ni vedrai ef i illwng dros gof.

ysmig, ysmigiaf: ysmigio, gw. smic[1], smiciaf: smicio.

ysmigwst [?*ysmig*+*gwst*[1]] *eb.* Iselder: *depression.*

18–19g. LlF C 4, 93, claf o'r *ysmigwst*—in the dumps. **1803** P, Ysmigwst, s. f. ... dumps. Mae yr *ysmigwst* arno, mae ev yn glav o *ysmigwst*, he is in the dumps.

ysmit, ysmitiaf: ysmitio, ysmociaf: ysmocio, ysmociwr, gw. smit[2] (hefyd At.), smitiaf: smitio, smociaf: smocio, smociwr.

ysmoclyd [bôn y f. *ysmociaf: ysmocio*+*-lyd*] *a.* Myglyd: *smoky.* **1837.**

ysmog, ysmogaf: ysmogi, ysmonaeth, gw. smoc, ysmygaf: ysmygu, hwsmonaeth.

ysmongar, ysmoniaeth, gw. smongar, hwsmonaeth.

ysmot, ysmotiaf: ysmotio, gw. smot, smotiaf: smotio.

ysmotiedig [bôn y f. *ysmotiaf: ysmotio*+*-iedig*] *a.bfl.* Ac arno smotiau, wedi ei ysgeintio: *spotted, sprinkled.* **1852.**

ysmotiog, ysmotyn, gw. smotiog, smot.

ysmotynnog [*ysmotyn*+*-og*] *a.* Smotiog: *spotted.* **1872.**

ysmudaf: ysmudo, ysmudfa, ysmudiad, gw. symudaf: symud, symudfa, symudiad.

ysmudiadol [*ysmudiad*+*-ol*] *a.* Emosiynol, teimladol: *emotional, moving.* **1924.** Gw. hefyd symudiadol.

ysmudliw, gw. symudliw.

ysmudol [bôn y f. *ysmudaf: ysmudo*+*-ol*] *a.* Emosiynol, teimladol; (geir.) ysgogol, yn perthyn i symudiad: *emotional, moving; (dict.) instigating, motive.*

1803 P, Ysmudawl ... Instigating; motive. Gw. hefyd symudol.

ysmutaf: ysmuto, gw. symudaf: symud.

ysmwc, ysmwcan, ysmwclaw, gw. smwc (hefyd At.), smwcan[1], smwclaw.

ysmwddiaf: ysmwddio, gw. smwddiaf: smwddio.

ysmwgler, ysmwgliaf: ysmwglio, ysmwglwr, ysmwt, gw. smygler, smyglaf: smyglo, smyglwr, smwt[1].

ysmygaf, smygaf: (y)smygu [cf. *mygaf*: *mygu* a S. (to) *smoke*] *bg.a.* Tynnu mwg (baco, &c.) i'r ysgyfaint, &c., smocio: *to smoke* (*tobacco, &c.*).

[**1783**] W, Ysmygu d.g. To smoke tobacco. *Amr.: ysmogi* [cf. *mogaf*: *mogi*]. **1793** N. WILLIAMS: HM i. 27, Ceisiwch Bawm, Rhos-mair, Isop, Saeds ... dyrnaid o bob un: cymmysgwch y cwbl ynghyd, ac *ysmogwch* fel Tybaco.

ysmyglaf, ysmygliaf: ysmygl(i)o, ysmyglu, gw. smyglaf: smyglo.

ysmygliwr, ysmyglwr, gw. smyglwr.

ysmygwr, smygwr [bôn y f. *ysmygaf, smygaf: (y)smygu*+*-wr*] *eg.* ll. *-wyr.* Un sy'n ysmygu, smociwr: *smoker* (*of tobacco, &c.*).

[**1783**] W, ysmygwr d.g. Smoker.

ysmygyn, smygyn [bôn y f. *ysmygaf, smygaf: (y)smygu*+*-yn*[1]] *eg.* Y weithred o ysmygu, mygyn, smôc: *a smoke* (*of tobacco, &c.*). **1897.**

---

ysnachaf: ysnachu, gw. snachaf[1]: snachu.

ysnafaidd, ysnafedd, gw. llysnafaidd, llysnafedd.

ysnapiaf: ysnapio, ysneciaf: ysnecian, ysneiten, gw. snapiaf: snapio, sneciaf: snecian, ysnid.

ysniab [?cf. Llad. *sināpis*] *e.* Bot. Mwstard (gwyllt), Sinapis (*arvensis*): (*wild*) *mustard, charlock.*

1633 J. GERARDE: Herball, Ysniab. Mustard. **1813** WB 246, Ysniab; Sinapis; Mustard.

ysnid, snid [bnth. S. *snite*] *eb.* (bach. *ysniden, (y)sn(e)iten*, ll. (prin) *ysnidennod*) ll. (prin) *ysnidau*, (prin ?a gwallus) *ysnidiod.*

(*a*) Adar. Gïach, hefyd yn *ffig.*: *snipe* (*bird*), *also fig.*

15g. GLGC 46, ar y gog a'r dryw'r gegid—y sydd falch, / a'r eryr sy'n walch ar yr *ysnid* [moliant Syr Rhys ap Tomas]. **1604–7** TW (Pen 228), Sniten d.g. Gallinago minor, Rusticula. **1632** D, Ysnid, Gallinago minor, rusticula minor. **1688** TJ, Giach ... *ysnitten*: a Snipe or little Woodcock. **1722** Llst 189, Ysnid. f.p. nidiod. A snite (bird). [**1783**] W, ysnid d.g. Snipe. **1803** P d.g. Ysnid. Clywir *snidyn* yn yr ystyr 'llipryn neu sgilffyn', LlLlM 112 (*eg.*).

(*b*) Diferyn gloyw yn hongian ar flaen trwyn person, gïach: *drop of mucus or dewdrop hanging on one's nose.*

1763 ML ii. 532, Wb, wb, dyma *yniden* [*sic*] wrth fy nrwyn a chainc o besychu. **1803** P d.g. Ysnid, Ysniten. *Amr.: snit* [cf. *sniten*]. Dchr. 17g. J 10, 42b. Gw. hefyd sneip.

ysnidgi [*ysnid*+*ci*; mae tystiolaeth yr enghrau. yn gryf yn erbyn y sillafiad *ysnitgi*] *eg.* Math o sbaniel bychan a fridir i godi adar: *cocker* (*spaniel*). **1851.**

ysnising, ysnisin, ysnisyn, gw. snisin.

ysnoden, snoden [?bnth. H. S. *snód* (cf. H. Grn. *snod*, gl. *uitta*)+*-en*; ansicr yw prth. *ysnodyn*, IGE[2] 184] *eb.* (bach. (geir.) *ysnodennig*) ll. *-nau*, *-ni*. Rhwymyn (pen), rhuban, tâp, carrai, les, rosét; streipen, strimyn; (geir.) ymyl (gwisg neu lyfr); (geir.) cudyn hir; hefyd yn *ffig.*: *snood, (head)band, ribbon, tape, lace, rosette; stripe, streak; (dict.) border (of dress or book); (dict.) long lock of hair; also fig.*

14g. WM 225. 32–3, a chysnoden [*sic*; RM 164, *ysnoden*] eurllin y vantell. c. **1400** YSG i. [129], yn *ysnodenneu* eureit o'r gwallt a'r sidan yr oedynt gwedy eu kyfansodi mein mawrweirthyawc. **15g.** DE 42, myned i gribo manwallt /... / ai osod mewn *ysnoden* [i ferch]. **1588** Eseia iii. 20, Y pen-guwch a'r llawdrau, a'r *snodennau*, a'r dwyfronegau, a'r clust-dlysau. **1588** Ecclus vi. 30, ai rhwymau ydynt *snod*- **16–17g.** Cer RC 87, Rhyw iarlles wallt eurlliw a'i *snoden* arianlliw. **1604–7** TW (Pen 228) d.g. Tænia, Vitta. **1632** D, Ysnoden, Tæniola, fascia, texta, æ, tenia, crinale, capillare, capital. Item Instita, offendix, astrigmentum. *id. ysnodennig* d.g. Fasciola. **17g.** E. MORRIS: B 86, Sidanaidd 'snodenau, dan estyn eu gyddfau, / A'u llydain freichledau yn frochlysg. **1770** W d.g. Borders [among printers], Orris. *id. ysnodennig* d.g. Band, A little band. **1796** Geirgrawn 278, [c]arreg galch felen, wedi ei harddu a snodennau gwynnion, tebyg i Farbl. **1803** P, Ysnoden, s. f.—pl. t. ni ... A fillet, band, riband or lace; a head band, a hair lace; a marilock, also called 'cudyn dedwydd'. Ar lafar, 'snodan' 'kerchief' 'stripe ... e.g. on a fish 'vein of green slate among the blue', WVBD 497; hefyd yn yr ystyr 'rosét' a 'streipen mewn bacwn' (Arfon).

Cfn. (y)snoden wallt: *hairband.* **1547** WS, Ysnoden walt [sic] A heereband. c. **1600** Cylchg LlGC i. 59, Am wnio y krys agan am snoden wallt ... iiijd. **1632** D d.g. Capillare, Crinale, Texta. Bot. (y)snoden Fair: (*English or sweet*) *galingale, Cyperus longus.* **16g.** LlS 86, Cyperus yn Llatin, English Galingal yn Saesonaec ... Snoden Vair yn Camberaec. **1632** D (Bot). **1813** WB 246. Bot. **ysnoden y môr** [geir.]: *seaweed, sea-thong, thong-weed, ?sea grass.* **1604–7** TW (Pen 228) d.g. Alga, Ulua. **1775** W d.g. Kali. **1813** WB 246. Bot. Ysnoden y Môr; Fucus loreus; Sea thongs. **dan ei (dy, &c.) (y)snoden(nau):** *in swaddling-clothes, at a very young age.* **1545** ELIS GRUFFYDD: Ll 102, hrai baach dan *i snodenne* ac yn sugno. **16g.** B x. 296, drwy goffau y weithred a wnaethai ef ar y seirff yn i grud *dan y snoden.* **17–18g.** LlGC 6209, 127, priodassau rhwng

yr ytifeddion *dann eu hysnodennau* ie yn wir pawb haiach or oes ac or to hwnnw a briodir yn dra iefaink.

ysnodennaf, snodennaf: (y)snodennu [bf. o'r e. *ysnoden, snoden*] *ba.* Lapio (baban) mewn brethynnau, rhwymo, clymu, neu addurno (â rhuban(au), carrai (careiau), les, &c.), hefyd yn *ffig.*: *to swaddle, bind, tie, or decorate (with a ribbon (ribbons)), lace, also fig.*

1604–7 *TW* (*Pen* 228), *snodenu* d.g. *Necto.* **1615** R. SMYTH: *GB* 21, Edrychvvch pen ddello [*sic*] allan o fol i fam, pa fodd yr ydys yn i vvlanenu yn i *snodenu* ag yn i estyn ar y ddaer. **1632** *D, ysnodennu* d.g. *Fascio, Necto.* **1722** *Llst* 189, *Ysnodennu.* To fillet, swathe. **1770** *W* d.g. *To band* [*bind with a fillet or band*], *To belace.* **1803** *P* d.g. *Ysnodenu.*

ysnodennog, snodennog [*ysnoden, snoden+-og*] *a.* Wedi ei lapio mewn brethynnau (am faban), wedi ei rwymo, ei glymu, neu ei addurno (â rhuban(au), carrai (careiau), les, &c.), rhubanog; tebyg i ruban(au), streipiog; hefyd yn *ffig.*: *swaddled, bound, tied, or decorated (with a ribbon (ribbons)), laced; ribbon-like, striped; also fig.*

1632 *D, Ysnodennog,* Circulatus, fasciatus. *id.* d.g. *Laciniatus.* **1688** *TJ, Ysnodennog*...Laced, or Ribboned. **1722** *Llst* 189, *Ysnodennog.* Filleted. **1803** *P* d.g. *Ysnodenawg.*

ysnodyn, gw. ysnoden.

ysnwffiaf: ysnwffial, ysnwffian, ysnwffio, gw. snwffiaf[1]: snwffian.

ysog [bôn y f. *ysaf*: *ysu+-og*] *a.* Yn ysu, ysol, difaol, hefyd yn *ffig.*: *consuming, devouring, also fig.*

1651 SIÔN TREREDYN: *MDD* 286, y maent [pechaduriaid] yn ceisio dyfod at Dduw, heb Ghrist, either [*sic*] nis deuant byth yn ei gyfyl ef, am ei fod ef yn dân *yssog.*

ysol [bôn y f. *ysaf*: *ysu+-ol*] *a.* ll. (gyda grym enwol) *-ion.* Yn ysu, difaol, cnofaus, dinistriol, costig, hefyd yn *ffig.*: *consuming, devouring, gnawing, corrosive, caustic, also fig.*

1588 *Lef* xiii. 52, gwahan-glwyf *yssol* yw efe [dilledyn heintus]. **1588** *Joel* ii. 5, fel sŵn tân *yssol* yn difa y sofl. **1588** *Heb* xii. 29, O blegit ein Duw ni sydd dân *yssol.* **1661** E. LEWIS: *Drex* 191, Cancr *yssol* (*devouring*), [*sic*] cenfigen yr hwn a yssa i mewn i'n dwyfronnau yn aml, ac a bair i'n cnawd ddarfod. **1677** R. JONES: *BB* 205, *Yssol* ddigofaint Duw. *c.* **1730** *Thos. Lloyd D* (LlGC) 209a, Sugneli *yssol.* Corrosive medicine. ID. AZ. 9. **1753** *TR, Ysol,* devouring, consuming. **1759** *BC* 447, Ni ddeil yn wŷch y ddeilen uchaf, / Mewn awr *yssol* mwy na'r isaf. **1771** *W* d.g. *Caustic, Gnawing.* **1790–1** H. JONES: *T* 76, Y tueddiad *yssol* . . . ar ol oferedd y byd. **1803** *P* d.g. *Ysawl.* Ar lafar, 'Ma'r tæn yn llosgi'n *ysol*', *GTN* 866.

ysolfwn [*ysol+mŵn*[2]] *eg.* Arsenig: *arsenic.*
1850.

ysolyr [*ysol+-yr*] *e?g.* Sylwedd costig: *a caustic.*
1850.

ysop, gw. isop.

ysrinciaf, ysrincaf: ysrinc(i)o, gw. shrinciaf: shrincio (hefyd At.).

ystabl[1,2]**, ystablad, ystablaf: ystablu, ystablaid, ystablan,** gw. stabl[1,2], stablad, stablaf: stablo, stabliaid, stablad.

ystablu[1,2]**, ystablwr,** gw. stablaf: stablo, stablad, stablwr.

ystac, ystaca, ystacan, ystacanaf: ystacano, ystaciaf: ystacio, gw. stac, staca[1], stacan, stacanaf: stacano, staciaf[2]: stacio.

ystaciwn, gw. stesion.

ystad[1]**, stad**[1]**, (y)stât** [ceir hefyd o bosibl y ff. *stat*; ?bnth. Llad. *status,* drwy gyfrwng neu dan ddyl. yr H. Ffr. *estat* a'r S. C. a Diw. (*e*)*state*; petrus yw dosbarthiad rhai o'r enghrau. isod] *eb.g.* ll. (*y*)*stad*(*i*)*au,* (*y*)*stadoedd, ystâts, statiau,* (prin) *stetydd.*

(*a*) Cyflwr (iawn), sefyllfa, amgylchiadau, ffurf: (*proper*) *state, condition, situation, circumstances, form.*

c. **1400** *R* 1408. 3–4, Ystlyslun dwywes dlosledyf ystuduwm mod [*y*]*stad* medyf. *c.* **1400** (*SG*) *HMSS* i. 193, ny deuafi vyth ym *ystat* vy hun yny del yno awnel y govyn a vo gwell. *c.* **1400** *ChO* 3, A phan vedylyo ef y *ystat* yn y goruchelder hwnnw yn beriglus, gwell vydei ganthaw y vot yn y tlodi dibetrus mal yd oed gynt. **1567** *TN* 292a, *ystat* a' chyflwr yr Eccles. *c.* **1585** G. ROBERT: *DC* [xv], wrth ystyriaw *Stad* a chyflwr y Cymbry. **1599 (1677)** R. HOLLAND: *AB* 33, cyn ein hail-eni, neu 'n troi o *stâd* o bechod i *stad* o sancteiddrwydd. **1604–7** *TW* (*Pen* 228), *stat* yr amser d.g. *Tempus.* **1606** E. JAMES: *Hom* i. 48, rhai a laddwyd . . . rhai a loscwyd . . . ac ni fynnent eu rhyddhau, am eu bod yn edrych am gyfodi ailwaith i *stat* oedd well. **1630** *YDd* vi, diofalwch am y *stât* dragwyddol. **1632** *D, Ystâd,* Status, conditio, constitutio, habitudo. **1672** J. LANGFORD: *HDdD* 160, Trwy'r gair hwn (*Ystâd*) yr wyf' yn meddwl bêth yw ein cyflwr ni tu ag at Dduw. **1675** R. JONES: *HCh* 47, y cyfryw bethau daionus y dybiech eu bod yn gymmhwysaf iw *hystâd* a'u cyflwr presennol. **17g.** HUW MORUS: *EC* i. 72, Galw y cwrw, i gael cariad, / Galw ystên nid gwael *ystâd.* **1691** T. WILLIAMS: *YB* 3, mae'n heneidiau ysprydol yn byw beunydd mewn *stad* anweledig. **1700** D. MAURICE: *AC* 30, *Stat* da o Feddwl. **1703** E. WYNNE: *BC* 8, fel y gwelit dy wallco 'n anfodloni i'th *stâd* a'th wlâd dy hunan. **1733** T. EVANS: *PP* 28, eu bod [seintiau] mewn *stât* o Ddedwyddwch yn y Nefoedd. **1754** *ML* i. 302, Mae arnaf eisiau gwybod os aeth yn siêd, par sut y mae'r *stat* yn cyttuno ar Woodward? **1773** *W, ystâd* d.g. *Estate* [*condition, state, circumstance or circumstances*]. **1803** *P, Ystad,* s. m.—pl. t. *au* . . . state, condition. Ar lafar, 'Ffasiwn *stât* oedd arno fo?', *WVBD* 500 (*eb.* ll. *statia*); ''Odd 'i mewn dipyn o *stad* pan welish i hi' (sir Ddinb.).

(*b*) (Pobl o) safle (uchel) yn y gymdeithas, statws, urddas; gradd, dosbarth; gwaith, galwedigaeth: (*people of*) (*high*) *rank, position, status, dignity; estate, order, class; work, occupation.*

14g. *GIG* 157, Uchel yw gradd offeiriad, / Achos Duw, mae'n uwch ei *stad* [dychan i'r Brawd Llwyd]. **14–15g.** *IGE*[2] 174, *Ystad* marchawg, oes didawl, / Yw rhoi medd i'r rhai a'i mawl [Rhys Goch Eryri i yrru'r ddraig goch]. *id.* 284, Astud boen ystod benyd / *Ystad* bardd astudio byd [Siôn Cent i'r wyth dial]. *c.* **1400** (*SG*) *HMSS* i. 319, ar marchawc . . . adywawt na perthynei ar y *ystat* ef [Peredur] dim oe hamdiffyn hi. **15g.** *OBWV* 146, *Ystâd* o'r tad it a aeth, / A bonedd a'th wna'n bennaeth [Dafydd Nanmor i Rys ap Rhydderch]. **15g.** *DN* 27, Vwch yw *ystâd* y tad tav / No mann o Vynydd Mynnav. *a.* **1561** *B* vi. 46, dyro di herwydd grymyster y person a'y *ystad.* **1567** *LlGG* (*Sall*) 27a, yr ei distadl a'r ei o *stat,* y goludawc a'r tlawt. *a.* **1587** *Y* 218, Trîst ydyw, fal troi *stadoedd,* / Troi dŷn o'r toriad a oedd. **1604–7** *TW* (*Pen* 228), rhywogaeth poetri vchel ag yn ardhangos pobul o *stat* vawr d.g. *Tragœdia.* **1632** *D,* Vn ni ddaeth i *ystâd* gŵr d.g. *Improles. id. Ystâd* gŵr breiniol d.g. *Ingenuitas.* **1632** J. DAVIES: *LlR* 509, cadw eu *hystâd,* a'i gair, ac ewyllys da 'r byd. **1662** E. WYNN: *TY* 107, Pan fo *ystât* y deyrnas . . . wedi ymgynnull ynghyd ym-Mharliament. **1664** *LlGG* [564], am ddedwyddol achubiad y Brenin, a thai'r [*sic*] *stât* y Deyrnas. **1672** R. PRICHARD: *Gw* 24, Yno ym-mhlith y mûd nifeilod, / Heb ddim *stade* [:– Gwchdra], Duw 'n i wybod, / Fe escorodd Mair wen ddiddig, / Ar ein prynwr ddydd Nadolig. **1724** S. WILLIAMS: *ADA* 103, ym mysg pob *stat* a gradd o ddynion. **1793** DAFYDD IONAWR: *CD* 36, Mewn uwch *Stâd* haeddit fâd fawl, / Yng'olau Wlâd angylawl.

(*c*) Gwladwriaeth, gwlad, talaith, hefyd yn *ffig.*: *state, country, province, also fig.*

1643 *MLl* i. 180, Dwfn a dirgel yw cynghorion *stâd.* **1664** *LlGG* [565], ac yn noddi cyfiawn a chrefyddol Frenhinoedd, a *Statau* yn proffessu dy sanctaidd a'th dragywyddol Wirionedd. **1676** W. JONES: *PGG* 41, rhaid ini wybod, Fod teyrnas Dduw yn *ystâd,* yn yr hon y mae efe fel Brenin yn rheoli. **1684** H. OWEN: *DC* [xv], Thomas a Kempis Canon Regular a gwr tra duwiol o wlâd Geldria yn *Stâd* Holland. **1741** S. THOMAS: *DY* xvi, History *Stat* yr Iddewon.

(*d*) Eiddo (sy'n cynnwys tiroedd helaeth); ardal breswyl neu ddiwydiannol ac iddi gynllun neu ddiben integredig; y budd sydd gan rywun o dir neu ryw eiddo arall; holl asedau a dyledion person, yn enw. adeg ei farw neu ei fethdalu; hefyd yn *ffig.*: (*landed*) *estate; residential, industrial, &c., estate; estate* (*in property*); (*collective*) *estate; also fig.*

1658 R. VAUGHAN: *YPS* 40, Gwell . . . [c]olli ei *stât* ai feddiannau nar bywyd. *c.* **1689 (1802)** L. WILLIAM: *Sherlyn Benchwiban* 13, Mae hir feddiant o'r fath yma, / Yn gwneuthur titl o'r gwastatta; / Siwr gwstwm hynod maith diras, / Sy'n torri'r *stâts* stowta. **1703** E. WYNNE: *BC* 21, y Cyfreithwyr a ddwg dy holl *stât* oddiarnat. **1753** *ML* i. 250, mae iddo lawer o *stât* yn Nghilgwri a brynodd yr hen Weller, tai a gerddi gwchion. **1760** *id.* ii. 184, Soniwch chwi ac eraill am dyddynnod ac *ystâts* mawr. **1790** T. JONES: *TOS* 81, y damnedigion . . . Meddyliant etto fod eu hanrhydedd, *stadoedd,* pleserau, iechyd a bywyd yn haeddu llafurio am danynt yn fwy na phetheu 'r byd a ddaw. **1793** DAFYDD IONAWR: *CD* 54, Fy holl *Stâd,* Duw Tâd, wyt Ti. Ar lafar, '*stât*', *WVBD* 500 (*eb.* ll. *statia*); 'Mae honna'n cario'r *stât* ar ei chefen', M. WILIAM: *DY* 42 (godre Cered.); '*stæt*', *GTN* 713 (*eb.* ll. *statodd*).

Amr.: **estâd** (ll. *estâts*). **16g.** *B* xv. 273, [t]ref . . . ynn yr hon i kedwis y Duwk a'r bonneddigion J *estatts* hyd onid oedd y dydd ar ddaruod. **1770** R. PRICHARD: *CC* i, Golygwr gyda Phendefiges oedd feddianol o'i *Estad* a'i Lyfrau. **1774** D. ELLIS: *GYGG* 114, i'r *Estâd* hon o Jechydwriaeth.

Cfn. (detholiad yn unig): **(y)stad priodas,** &c.: (*estate of*) *matrimony.* **1567** *LlGG* 127b, yn-glan *stat priodas* (**1664** *id.* [300], *stât priodas*). *id.* 130a, cymeryd glan *ystat priodas* (**1664** *id.* [307], *ystâd priodas*) arnoch. **1718 (1721)** S. THOMAS: *HB* 158, mewn *Stat briodas.* **1792** H. HARRIS: *H* 155, Dirgelwch mawr yw'r *stât briodas.* **ystad,** &c., **ymgynnal:** *standard of living.* **1670** J. HUGHES: *AP* 99, heb ostwng ei *ystad-ymgynnal* i allu talu ei ddlêd. **1684** H. OWEN: *DC* [vi], heb leihâu dim o'r *Estad ymgynnal* cynnefin.

ystad[2]**, stad**[2] [bnth. dysg. Llad. *stadium*] *eb.g.* (bach. b. *-en,* ll. *-nau,* (geir.) *-ni*), ll. *-*(*i*)*au.* Mesur hyd, fel arfer wythfed ran o filltir, stadiwm: *measure of length, furlong, stadium.*

14g. *BY* 12, mur . . . dec *ystat* a thrugeint a phedwar kant yn y amgylch. *c.* **1400** *DB* 33, Gogylch y dinas oed pedwar ugeint *ystat* (*stadiorum*) a phedwar cant. **1547** *WS, Ystad* mesur A stade. **1551** W. SALESBURY: *KLl* xliia, Emaus . . . yr hwn oedd triucain-*stad* o bellder o ywrth Caersalem. **1567** *TN* 140b, yncylch pemp *stad* [:– sef wythfet ran mill/tir] ar ycain (**1588** *Io* vi. 19, pump ar hugain . . . o *stadiau*). **1588** 2 *Mac* xii. 17, Hwy a aethant oddi yno seithcant a dêc a deugain o *ystadiau.* **1588** *Dat* xiv. 20, ar hyd mîl a chwe-chant *stad.* **1620** 2 *Mac* xii. 16, llyn . . . yr hwn oedd ddau *stâd* ô lêd. **1632** *D,* Mesur o dir o ddwy *ystad* d.g. *Diaulus.* **1699** T. JONES: *TP* 50, yr hwn oedd ynghŷlch tair *ystad* oddiwrth Babell y porthor. **1768** J. ROBERTS: *R* 19, 8 *Ystad* a wna Milldir Seisnig. **1773** *W, Ystâd* d.g. *Furlong.* **1803** *P* d.g. *Ystaden.*

Amr.: **ystod**[2] [geir.] (bach. g. *-yn*). **1567** *TN* 129a, triugain stad [:– *ystod*]. **1632** *D.* **1707** *AB* 277a, *Ystod, Ystodyn* d.g. *A Furlong.*

ystadeg [?cfdds. o'r S. *stat*(*istic*)*+-eg*[1]] *e?b.* (bach. g. *-yn,* ll. *-nau*), ll. *-au*; prin yw'r ff. un. bellach. Darn o ddata rhifol; (yn y ll.) ystadegaeth: *statistic;* (*pl.*) *statistics* (*science*).
1848.

ystadegaeth, (y)stadegiaeth [?(*y*)*stadeg +-*(*i*)*aeth*] *eb.* Gwyddor casglu a dadansoddi nifer mawr o ddata rhifol; cyflwyniad neu gasgliad systematig o ddata rhifol, ystadegau: *statistics* (*science*); (*set of*) *statistics.*
1840.

ystadegol [*ystadeg+-ol*] *a.* Yn perthyn i ystadegau neu ystadegaeth, seiliedig ar y cyfryw: *statistical.*
1848.

ystadegydd, ystadegwr [*ystadeg+-ydd*[3], *-wr*] *eg.* ll. *ystadegwyr,* (geir.) *ystadegyddion.* Arbenigwr mewn ystadegau neu ystadegaeth: *statistician.*
1854.

ystadl, stadl [< Clt. **statlo-* < IE. **stə-tlo-*, o'r gwr. **stā-* < **steə-* 'sefyll'; ?*-d-*≡ *-dd-* yn rhai o'r enghrau.] *e.* ?Safle, lleoliad, statws: *post, position, station, status.*

13g. *A* 37. 8–9, laun gur leidyat laguen udat *stadal* vleidiat bleid ciman. **14g.** *T* 56. 18–19, gwen ystrat *ystadyl* kat kyny gyd. *id.* 65. 4, *ystadyl* tir pen prys agwallawc.

ystadol, stadol [*ystad*[1], *stad*[1]*+-ol*] *a.* Uchel ei safle, urddasol, ?trahaus; yn perthyn i ystad; gwladol: *of high rank, stately, ?haughty; pertaining to an estate; state* (*adj.*).

15g. *GLGC* 389, Bid gleisiad a fo *stadol* / benáig, bid ei fab yn ôl. **16g.** *TRP* 158, Pa draetyriaeth achosion / o vlaen *ystadawl* ddynion. *c.* **1689 (1802)** L. WILIAM: *Sherlyn Benchwiban* [3], Rhag i'r wlad fy

ngalw'n ffol, / Mi â yn *stadol* tu a'm study. *id.* 13, Na roed neb goel i'r athraw trist [y Pab], / Rhyw *stadol* anghrist ydy'.

ystâds, gw. staej.

ystadus, stadus [*ystad*[1], *stad*[1]+-*us*] *a.* Uchel ei safle, uchel (am safle), ?urddasol, ?trahaus: *of high rank, high (with ref. to rank), ?stately, ?haughty.*
17g. *CC* 4, neu o brwysga yn y wledd colli i radd *ystadus.* **1740** T. EVANS: *DPO* 249, fel un o'r hen Phariseaid, yn wr *Stâdus*, balch, trahaus, gwaedlyd a chenfigennus [am Awstin Sant].

ystadwr [*ystad*[1]+*gŵr*; tebyg nad yma y perthyn *Ystatwr, WS*] *eg.* ll. -*wyr.* Gwladweinydd: *statesman.*
1851.

ystae, ystaeaf: ystaeo, gw. stae, staeaf: staeo.

ystaeds, ystaej, gw. staej.

ystaen[1], gw. staen[1].

ystaen[2], **staen**[2] [?bnth. Llad. *stagnum*, Crn. Diw. *stean* (Lhuyd), Llyd. C. *ste(a)n, staen*, H. Wydd. *stán*] *eg.* Tun, alcam, piwter: *tin, pewter.*
12g. *Hist Brit* c. 76, gronna stanni i. *stain.* **13g.** *BD* 2, Amyl yv yndi pob kenedyl o'r mwyn eur ac aryant ac euyd ac *ystaen* a phlvm a hayarn. **14g.** *GDG*[3] 75, Ystig, ddielwig, ddiliw, / Westn ei llais, *ystaen* ei lliw [i'r dylluan]. *c.* **1400** *R.* 1335. 13–14, llygat bugiliat [*sic*] bogelyn *ystaen* yn ystym creissyonyn. **15g.** *IGE*[2] 245, Seiliawdd [Dewi] deml . . . / . . . Pefrwaith dwys amlwaith di-seml, / Pryd *ystaen*, Paradwysteml (Ieuan ap Rhydderch). **16g.** LEWYS MORGANNWG: *Gw* 181, mal *ystaen* moli iestys / a choppyr oed wrth varchog prys [i Syr Siôn ap Rhys pan wnaethpwyd ef yn farchog]. **1547** *WS, Ystaen* ryw vetel Pewter. **1632** *D, Ystaen*, Stannum. **1688** *TJ* (At.) [23], Jau, neu *ystaen*, sef plwm gwŷnn. **1722** *Llst* 189, *Ystaen.* m. Tinn, pewter. **1770** *W*, Mâth ar fettel, o'r hwn y gwneir *ystaen* (tin) d.g. *Bismuth. id.* d.g. *Pewter.* **1794** E. JONES: *CP* 91, cloddfaoedd, neu waith *ystaen* (tin). **1803** *P, Ystaen*, s. m. . . . tin.
Amr.: **ystan. 1604–7** *TW* (*Pen* 228) d.g. *Aes, Album plumbum.* **ystên**[2]. ?**14g.** *GDG*[3] 184, Rhidyll *ystên* [drll.] yn rhydu [i'r niwl]. **15g.** *Med H* 16, Plwm i Sadwrn . . . *Ysten* i Wener.

ystaenaf: ystaenu, gw. staeniaf: staenio.

ystaenaid, staenaid [*ystaen*[2], *staen*[2]+ -*aid*[2]] *a.* Ac arno haen o dun, tun: *tinned, tin (adj.).*
13g. *Ll1* 94, Frwyneu ereyll (*estayneyt* a dulys ac euydeyt) . . . Sparduneu ereyll (euydeyt ac *stayneyt* a dulys). **1801** *MMf* 251, [ll]estr pridd *ystaenaid.*

ystaenedig, ystaeniad, ystaeniaf: ystaenio, ystaeniog, ystaeniwr, ystaenllyd, gw. staeniedig, staeniad, staeniaf: staenio, staeniog, ystaenwr, staenllyd.

ystaenwr, ystaeniwr [*ystaen*[2]+*gŵr*] *eg.* ll. *ystaenwyr.* Un sy'n gwneud neu'n gwerthu pethau piwter neu dun: *pewterer, tinsmith.*
1707 *AB* 154a, †*ystaenwr* d.g. *Stannarius.* **1778** *W*, *Ystaenwr* d.g. *Pewterer* [*a dealer in pewter*]. **1803** *P*, *Ystaeniwr*, s. m.—pl. *ystaeniwyr* [*sic*] . . . A tinner.

ystaenwydr [*ystaen*[2]+*gwydr*] *eg.* *Cem.* Bismwth: *bismuth.*
1842.

ystaer, ystaes, gw. staer, staes.

ystaf [bnth. S. *stave*] *e.* *Crdd.* Erwydd: *stave, staff (in mus.).*
1833.

ystafell, stafell [bnth. Llad. **stabellum* (ff. fach. ar *stabulum*, cf. Gwydd. C. *saball*, Llyd. C. *staul*), H. Grn. *steuel* (ff. l.), gl. *tricinium*] *eb.* (bach. *ystafellan*, (geir.) (*y*)*stafellig*) ll. -*oedd*, -*au*, (*y*)*stefyll*, *estefyll*, (prin) *ystafelli*, *ystafellon.*

(*a*) Rhan o adeilad a amgaeir gan waliau neu barwydydd, llawr, a nenfwd, yn enw. un a neilltuir ar gyfer person(au) neu bwrpas(au) penodol, rŵm; adeilad, neuadd, ?stabl; tŷ neu siambr (senedd); hefyd yn *ffig.*; ogof; *Biol.* ceudod mewn corff, fentrigl: *room*; *building, hall, ?stable*; *house or chamber (of parliament)*; *also fig.*; *cave*; *chamber (cavity in body)*, *ventricle.*
9–10g. *Juv* 282, ad*stebill*, gl. *ad limina.* **13g.** *Ll1* 8, er egnat llys . . . E lety yv *estauell* e brenhyn. **13g.** *C* 107. 2–3, Diaspad mererid. Am kymhell heno y urth uy*istauell.* **14g.** *LlB* 49, ebediw . . . y arglwyd y tir y bo yr *ystauell* arnaw y telir. **14g.** *YBH* 46b, ef ar deugein marchaỽc y gyt ac ef a aethant yr *ystauell* lle yd oed march boỽn. *id.* 55a, Y barỽneit ar meibon adeuthant racdunt oc eu *staueloedd.* **14g.** *GDG*[3] 321, Gwell yw *ystafell* os tyf [i'r deildy]. *c.* **1400** *R* 1044. 44, *Stauell* gyndylan ys tywyll heno. *c.* **1400** (*SG*) *HMSS* i. 367, Merch yr arglwyd a doeth o un or *ystauelleu* allan. **15g.** *GGl*[2] 110, Lleuad y Rhiw, lle da'i rhoed / Lloergan *ystefyll* irgoed. **1488–9** *BSM* 9, gwnevthur *ystavell* iddo o brennav gwniedic a elwid kell Varthin. **1567** *LlGG* (*Sall*) 57b, Yr hwn [Duw] a osot tuylathae ei *ystafell* yn y dyfredd. *id.* 58a, Ef yddufrá [*sic*] y mynyddedd o'i *estevyll* [:– ucheloedd, siambre]. **1588** *Math* vi. 6, Tithe pan weddiech dos i'th *stafell* (*TN* 8b, cubicl). **1604–7** *TW* (*Pen* 228), *stavelhic* d.g. *Aedicula, Cœnatiuncula, procœtium.* **1632** *D, Ystafell* d.g. *Camera. id.* Pigleidr yn chwilio *ystafellon* i ladratta d.g. *Diætarius.* **1653** *MLl* i. 232, [m]ynd i mewn i'r *stafell* ddirgel. a'r *stafell* honno yw Duw ei hunan o'r tu fewn. **1658** R. VAUGHAN: *PS* 116, Yr *Stafellan* (noddfa beunyddol ir gwr da n gyfannedd. ac mewn erlid yn fynych ei vnig Eclwys). *c.* **1700** E. LHUYD: *Par* 79, Mae'r tŷr yn apt i vod yn dylhey, *ystavelhi* etc. ynghylch Penbed. **1725** D. LEWIS: *GB* 64, y Galon . . . Y mae ynthi ddwy *Stafell*, sef yr un Ddeheu a'r un Asswy. **1803** *P* d.g. *Ystavell.* Ar lafar, "Dwi am neud *stafell* yn yr atic flwyddyn nesa". Digwydd fel elf. mewn e. lleoedd, e.e. *Ystafell-fach*, Llanwrtyd, Brych., *Ystafell Lewsyn* am ogof yng Nghraig Nantstalwyn, Llanddewi Abergwesyn, Brych.

(*b*) Rhoddion i bâr a oedd yn priodi, yn enw. y dodrefn, y llestri, yr offer, &c., a gaent gan eu rhieni; (derbyniad a roddid gan y briodferch) y diwrnod cyn y briodas pryd y cyflwynwyd y rhain iddynt: *gifts given to a couple on their marriage, esp. the furniture, utensils, &c., given by their parents*; (*reception given by the bride*) *the day before the wedding when these were presented to them.*
1791 *Gentleman's Magazine* lxi. 1103, Friday is allotted to bring home the *Ystafell*, or chamber, of the woman, if she is to reside at the man's house; or of the man, if he is to reside at the house where the woman lives [Lewis Morris am briodasau yng Ngheredigion]. Ar lafar, '*stafell*' 'The furniture, clothes, etc., forming a bride's dowry', *TGG* (1904) 64 (gogledd sir Benf.). Cf. *SE MS* 625b, [*Ystavell*,] a reception given by the bride generally the day next before the marriage at which her friends make her presents and her portion of the household furniture belonging to her is brought to her new residence (Cered); D. E. JONES: *HLlP* 370, *Stafell* y gwr ifangc yn y plwyfi hyn ydyw, gwely pren neu haiarn, seld, ford [*sic*], a 'stolau cadeiriau, a *stafell* y wraig ydyw, gwely pluf, dillad gwely, coffor deri, a llestri.
Cfn.: (detholiad yn unig): **ystefyll bychain:** *privies, lavatories, toilets.* **14g.** *BT* 42, hitheu ay duc ef yr *ysteuyll bychein.* **1346** *LlA* 24. *c.* **1400** *YCM*[2] 175, nyt aryneigyassant [Sarasiniaid] gwneuthur y *hysteuyll bychein* ar yr allawr. **stafell Crist:** *room kept in some houses for the use of people on a journey.* Ar lafar, 'Rŵm odd *stafall Crist* ar gyfar teithwyr fasa'n galw 'ipo', *GTN* 713. **ystafell gyfarch:** *drawing-room.* **1852. (y)stafell ddirgel:** *private room, secret chamber, also fig.* **1606** E. JAMES: *Hom* i. 148, yn ei *stafell ddirgel* wrtho ei hûn. **1632** J. DAVIES: *LlR* 61, o fewn eu *stafelloedd dirgel* yn eu llysoedd. **1653** *MLl* i. 232, [m]ynd i mewn i'r *stafell ddirgel.* a'r stafell honno yw Duw ei hunan o'r tu fewn. **1771** *W* d.g. *Chamber, A privy, or withdrawing chamber.* Mae *Y Stafell Ddirgel* yn nofel (1969) gan Marion Eames. **(y)stafell ddosbarth:** *classroom.* **1938. (y)stafell wely:** *bedroom.* **1604–7** *TW* (*Pen* 228) d.g. *Thalamus.* **1620** 2 *Br* vi. 12, y geiriau a leferi di ynghanol dy *stafell wely.* Ar lafar, 'Ma isie roi sgeileit fowr mywn i gâl newid yr atic yn *stafell wely*' (sir Gaerf.). **(y)stafell wisgo:** *dressing-room, vestry.* **1837. ystafell (y g)wragedd:** *harem.* **1798** *WR, ystafell y gwragedd* yn y Dwyrain d.g. *Haram.* **ystafell werdd:** *green room (in theatre, &c.).* **1853. (y)stafell wydr:** *conservatory.* **20g. ystafell fagu:** *nursery.* **1831. (y)stafell dywyll:** *darkroom*; *camera obscura.* **1725** D. LEWIS: *GB* 99, Y mae'r Llygad yn gyffelyb i *Stafell dywyll*, a fo wrth un Twll bach, a megis Gwydr Spectal arno, i ollwng y Goleuni i mywn. **ystafell ymddiddan:** *parlour.* **1778** *W* d.g. *Parlour.* **(y)stafell ysgyfala(f),** &c.: *private room, parlour, chamber. c.* **1400** *YCM*[2] 191, Hu Gadarn a ganhebryghwys Chyarlymaen a'e deudec gogyfurd y *ystauell ysgyfalaf.* **1604–7** *TW* (*Pen* 228), *stauel* [*sic*] *ysgyuala* d.g. *Cænaculum.* **1661** E. LEWIS: *Drex* 66, Mewn man or tu fewn i ryw *ystafell ysgafala* yn Nazareth. **1803** *P*, Ysgyvala . . . *Ystafell ysgavala.*

ystafellaf, stafellaf: (y)stafellu [bf. o'r e. *ystafell, stafell*] *bg.a.* Aros mewn ystafell, lletya; rhoddi mewn ystafell; mynd yn sownd; (geir.) ffurfio ystafell; hefyd yn *ffig.*: *to occupy a room, lodge*; *place in a room*; *become stuck*; (*dict.*) *form a room*; *also fig.*
1672 R. PRICHARD: *Gw.* 590, Doed y mwya garo Cymro, / . . . / A'i wŷr galant i *stafellu*, / Yn nhŷ 'r Brenin Brins y Cymru. **1771** *W, Ystafellu* d.g. *To chamber* [*lay up, or as in a chamber*]. **1803** *P, Ystavellu* . . . To form a chamber. Ar lafar gynt, '*ystafellodd* yr eidion yn hollt y graig' 'the ox got fast in the cleft of the rock', *SE MS* 625b (Mawddwy).

ystafellaid [*ystafell*+-*aid*[1]] *eb.* ll. -*eidiau.* Llond ystafell, cynnwys ystafell: *roomful.*
1803 *P, Ystavellaid*, s. f.—pl. *ystavelleidiau* . . . A chamber-full, a room-full.

ystafellaidd, stafellaidd [*ystafell, stafell*+ -*aidd*] *a.* Yn perthyn i ystafell, a gynhelir mewn ystafell, tebyg i ystafell; yn cynnwys siambr (am gragen neu folwsg): *pertaining to, held in, or like, a room*; *chambered* (*of shell or mollusc*).
1704 *Cym Cr* 91, Edrychwch na byddo eich Addoliad *Stafellaidd* yn Rhwystr i Ddyledswyddau eich Galwedigaethau neullduol. **1771** *W, Ysdafellaidd* d.g. *Chamber-, or belonging to a chamber.* **1803** *P*, *Ystavellaiz* . . . Like a chamber.

ystafellan, gw. ystafell.

ystafelles [*ystafell*+-*es*[1]] *eb.* ll. -*au.* Morwyn ystafell: *chambermaid.*
1850.

ystafellforwyn, gw. **ystafell+morwyn.**

ystafellig, gw. **ystafell.**

ystafellog, stafellog [*ystafell, stafell*+-*og*] *a.* a hefyd gyda grym enwol. Yn cynnwys ystafell(oedd), cell(oedd), caban(au), neu siambr(au), cellog; yn cynnwys siambr (am gragen neu folwsg); yn byw mewn cell neu fwthyn; helaeth, eang: *having a room (rooms), cell(s), cabin(s), or chamber(s), chambered (also of shell or mollusc)*; *living in a cell or cottage*; *roomy.*
13g. *Ll1* 29, Ebedyu *estauellauc* o wreyc, un ar pymthec. **13g.** *LTWL* 147, Si vir fuerit *stauellauc*, xxiiii denarios in suo ebedyw debet dare, qui dantur domino terre. **14g.** *LlB* 49, Pedeir ar hugeint yw ebediw gwr *ystauellawc.* **1730** *Leg Wall* 585, *Ysdafellawg*, In Camera habitans. A Cottager. **1772** *W, ysdafellawg* d.g. *Cottager. id.* bâd *ystafellog* d.g. *Yacht.* **1803** *P, Ystavellawg* . . . Having a chamber; having a cell.

ystafellty, stafellty [*ystafell, stafell*+*tŷ*] *eg.* ll. -*tai, ystefylltai.* Cloestr, clos: *cloister, close.*
1819.

ystafellwas, gw. **ystafell+gwas**[1].

ystafellydd, stafellydd, ystafellwr [*ystafell, stafell*+-*ydd*[3], -*wr*] *eg.* (b. (*y*)*stafellyddes*, ll. -*au*; (geir.) *ystafellwraig*, ll. (geir.) -*wreigedd*) ll. (*y*)*stafellyddion*, (geir.) *ystafellwyr.* Gwas ystafell, siambrlen; *Beibl.* eunuch; (geir.) tyddynnwr: *bedroom attendant, chamberlain*; (*bibl.*) *eunuch*; (*dict.*) *cottager.*
1588 2 *Br* xx. 18, Cymmerant hefyd o'th feibion di . . . i fod yn *stafellyddion* yn llŷs brenin Babylon. **1588** *Act* xii. 20, Blastus yr hwn oedd *stafellydd* y brenin. **1604–7** *TW* (*Pen* 228), *Stavellydh* d.g. *Admissionalis. id.* Trysorwr, *ystavelhydh* d.g. *Arcarius.* **1630** R. LLWYD: *LlH* 49, Wiliam Rufus . . . pan ddûg ei *stafelludd* atto bâr o hosanau newydd. **1632** *D, Ystafellydd* d.g. *Camerarius, Cubicularius, Lectisterniator.* **1722** *Llst* 189, *Ystafellwr* . . . *wyr.* A cottager. *id.* *Ystafellydd* . . . *llyddion.* A chamberlain. *id.* *Ystafellyddes* . . . *ddesau.* A chamber-maid, bed-maker. **1776** *W, ystafell-wraig, ystafellyddes* d.g. *Maid, Chamber-Maid.* **1803** *P* d.g. *Ystavellwr, Ystavellwraig, Ystavellyz, Ystavellyzes.*

Ystafen, Ystafn, gw. **arch**[2]**—Arch Ystafen** (hefyd At.).

ystag[1,2], gw. **stag**[1], **staej.**

ystagaf: ystagu [gair geir., cf. *tagaf*[1]: *tagu, ystagiad*] *bg.a.* Tagu, llindagu, mygu: *to choke, strangle, smother, suffocate.*
1632 *D, Ystagu*, Idem quod Tagu. **1688** *TJ*, *Ystagu*, tagu: to choak or strangle. **1771** *W* d.g. *To*

choke [*strangle, or stop up the wind-pipe*], *To smother* [*stifle or suffocate*]. **1803** *P.*

ystagiad, stagiad [?bôn y f. *ystagaf*: *ystagu*+*-iad*[1]] *eg. Meddyg.* Gobiso, tostedd, carchar dŵr; (geir.) tagiad, llindagiad, mygfa: *strangury, dysuria (in med.)*; *a choking, strangulation, smothering, suffocation.*

16g. *LlS* 28, Ammi . . . Ei dodir mewn eli . . . y waret y *stagiat* nei attal piso neu drothi. **1604–7** *TW* (*Pen* 228), *ystagiat* d.g. *Stranguria.* **1632** *D*, Ystagu . . . *Ystagiad* à Tagiad. **1722** *Llst* 189, *Ystagiad.* m. A strangling. **1727** J. JONES: *DFF* 164, Poenau anguriol gan y Garreg, *Ystagiad*, y Gow[t], y Colig, a'r cyffelyb. **1794** *W* d.g. *A strangling.* **1803** *P.*

Cfn.: *Meddyg.* **ystagiad dwfr, ystagiad y dŵr:** *strangury, dysuria (in med.).* **1794** *W*, *ystagiad y dŵr* d.g. *The strangury.*

ystagraf: ystagro, gw. stagraf: stagro.

ystang, stang [?bnth. S. *stang*; am enghrau. eraill posibl, gw. *OED*[2] d.g. *stang* (sb.[1]); gw. hefyd G. OWEN: *DP* i. 133–4] *eb.g.* ll. *-au*, (prin) *-iau.* Mesur hyd o amrywiol faint, ystaden, perc, &c.; mesur tir o amrywiol faint, (chwarter neu hanner) erw, &c.; polyn (i fesur tir); gwaywffon: *variable unit of length, furlong, perch, &c.*; *variable measure of land, stang, (quarter or half of an) acre, &c.*; *pole (for measuring land)*; *lance, spear.*

16g. *BY* 12, mur . . . dec ystat (amr. *ystang*) a thrugeint a phedwar kant yn y amgylch. *c.* **1562** *B* ii. 242, *ystang* .i. gwaiw. **16g.** WILIAM LLŶN: *Gw* (R. Stephens) 189, O saethi ergyd, sythwalch, / *Stang* bell i ostwng y balch, / Ymwanwr, y mae ynod / Dda nerth a gyrraedd y nod. **1604–7** *TW* (*Pen* 228) d.g. *Iugerum, Stadium. Dchr.* **17g.** *J* 10, 44b, *Stang.* × Dau gyvair o dir. **1632** *D*, *Ystáng*, Pertica, hasta, lancea. Iugerum, quòd pertica metiatur. A'i *ystáng* a wnaeth angau. D[afydd] N[anmor]. *id.* d.g. *Stadium.* **1688** *TJ*, *Ystâng*, trostan, pastwn: a perch, or long rod, a pole. **1688** S. HUGHES: *TSP* 95, yr hwn oedd ynghylch tair *ystang* (*about a furlong*) oddiwrth Babell y Porthor. **1722** *Llst* 189, *Ystang.* f.p. *tangau.* A stang of ground. **1747** *ML* i. 110, A cyfâr and a half makes another square measure called *ystang*, which is a kind of an acre. **1770** *W* d.g. *An acre, Perch* [*a pole or rod to measure land with* . . .]. **1803** *P*, *Ystang*, s. m.—pl. t. *au* . . . a pole or perch used in measure; in some parts of South Wales it is 18 feet; in others 21 feet; and it is also a square measure: in Cardiganshire it is 160 square rods 13½ feet each; in Pembrokeshire it is a quarter of a Welsh acre, and contains 160 yards by 16 yards. **1820** *CWM* 16, 32, *Stang* or Stangell. S. Wales: ¼ erw. Ar lafar, 'Mi blowes *stang* wedi bwyd ambor' (godre Cered.); '*stang*' 'about half-an-acre of land', *TGG* (1907–8) 88 (de-orllewin sir Gaerf.).

ystangaid, stangaid [(*y*)*stang*+*-aid*[1]] *eb.* ll. (geir.) *ystangeidiau.* Mesur tir, ystang: *measure of land, stang.*

1722 *Llst* 189, *Ystangaid.* f.p. *angeidiau.* A stang of land. **1778** *W*, *Ystengaid* [*sic*] d.g. *Perch* . . . *Perch* [*length of a perch, in Land-mensuration*].

ystangell, stangell [(*y*)*stang*+*-ell*; ansicr yw prth. (*y*)*stangel*, *Arch Camb* xiii. (1896) 3, 5] *e?b.* Mesur tir o amrywiol faint, yn enw. chwarter erw: *variable measure of land, esp. quarter of an acre.*

1802 *LlGC* 1760, 6/3, 40. Llath. in the *ystangell.* 4. *ystangell* yn yr erw. **1820** *CWM* 16, Erw . . . A measure of land . . . containing 4 *stangell* or cyvar, each generally of 160 perches. *id.* 26, Perch . . . S. Wales: of land. 1. Sometimes 9 feet square, 160 making 1 *stangell*; 4 *stangells* 1 erw of 5760 square yards . . . Sometimes 10½ feet square, called a quart, or quarter of a llath, 40 of which make a *stangell.* *id.* 32, Stang or *Stangell.* S. Wales: ¼ erw.

ystaiaf: ystaio, ystâl, ystalactid, gw. **staeaf: staeo, stâl, stalactid.**

ystalaf, ystaliaf: ystal(i)o [bnth. S. *to stall*] *ba.* Sefydlu, gosod mewn swydd: *to install, induct.*

?**15g.** (**17–18g.**) *Llst* 133, 15a, Yn sir hal i'ch *ystalwyd* / Siccr yn y sieccer wyd [Rhys Llwyd ap Rhys ap Rhisiart i Ruffudd ap Nicolas]. **15g.** *GLGC* 343, Syr Huw Iolo'n athro ni / ar golais Abergwili, / . . . / dros dwywlad yr *ystelir.* **15g.** *ID* 51, o myvynnir am vyniw / osta le *ystalo* yw [i'r Dr Siôn Morgan]. **15–16g.** *GLM* 234, Doctor at ragor wyt draw, / Duw sy deilwng d'*ystaliaw* [i'r Abad Dafydd ab Owain]. **16g.** (*LlEG*) *Mos* 158, 165b, [g]wneuthud serttein owyr ynnesgobion . . . heb geniad y brenin yr hwn a Roddes or/chymyn kaled ar esgobion . . . y dyrnas na bai neb o honneuntt twy mor llyuassus . . . ac *ysdalio* n/eb orkyuriw wyr heb I vodd aigennniad ef.

ystalais, ystalciaf: ystalcio, ystaliaf: ystalio, gw. **stalais, stelciaf: stelcio, ystalaf: ystalo.**

ystalm, ystalwm, gw. **talm—ers talm.**

ystalwyn, stalwyn [bnth. S. C. *stalloun*, Ffr. Lloegr *estaloun*] *eg.* (b. (prin) *ystalwynes*) ll. (*y*)*stalwyni*, (prin) *ystalwynaid.* Ceffyl heb ei ysbaddu, march, hefyd yn *ffig.*: *stallion, also fig.*

13g. *LlI* 83, *Estaluen*, kemeynt yu guerth y duy geyll a guerth duy gassec ac ef ehun en tredyd. *id.* 101, Ny deleyr dale er *ystaluyneyt* o hanner Ebryll hyt hanner Meheuyn. **13g.** *LTWL* 234, quia postquam '*staluyn*' eam ascenderit, et 'greaur' habuerit, tantum debet habere quantum due villane. **14g.** *LlB* 92, Kassec re, gwedy yd el *ystalwyn* erni, wheugeint a tal. **15–16g.** *TA* 404, Mae ar dir, mawr dihareb, / *Ystalwyn* im, nis deil neb [i ofyn gre o gesig]. **1547** *WS*, *Ystalwyn* Stallant, stalune. **16g.** HUW ARWYSTL: *Gw* 382, *ystalwynes* dail anardd [dychan i'r fedwen heb na dail na rhisgl]. **16g.** WILIAM LLŶN: *Gw* 506, A hwn yw'r ffrir mewn aur ffrwyn, / Was hudolaidd o *stalwyn* [i ofyn march]. **1588** *Ecclus* xxxiii. 6, Megis y gweryra *ystalwyn* tan bawb a eisteddo arno. **1606** E. JAMES: *Hom* iii. 269, y rhai a fo heb eu priodi . . . Yn waeth nag *ystalwyni* a meirch. **1632** *D*, *Ystalwyn*, Equus admissarius. **1703** E. WYNNE: *BC* 130–1, [g]welai leidr yn mynd i ddwyn *Stalwyn*, ac ni fedrei gymmaint a helpu hwnnw i ddâl yr Ebol. **1774** *W* d.g. *Horse, Stone-Horse.* **1803** *P* d.g. *Ystalwyn.* Ar lafar yn y Gogledd, '*stalwyn, staliwn*', *LGW* 267; '*stalwm*', *EEW* 81 (sir Gaern.); ''Dwi 'di clywed 'i fod o'n ddiawl o un am y merched: dipyn o *stalwyn* yn ôl y sôn' (sir Ddinb.); hefyd yn yr ymad. '*stalwyn* rhent' 'talai ambell ffermwr y rhent gyda'r arian a gâi am wasanaeth y stalwyn', *LlLlM* 102.

ystamantiau, gw. **strymantau.**

ystamin [bnth. S. C. *stamin*, ?cf. H. Ffr. *estamine*] *e.* Math o wstid, hefyd yn *ffig.*: *type of worsted, also fig.*

15g. *GDLl* 115, Ys da lwyn onest o lin, / Ys to im mal *ystamin.* **15g.** *GLGC* 253, A chynneddf Wiliam, mewn *ystamin*, / achub y meysydd i ar wychion. **15–16g.** LLAWDDEN, &c.: *Gw* 68, Nid oes dim ond *ystamin* / O'u blew yn llwyr a blaen llin [i erchi milgwn].

ystampiaf, ystampaf: ystamp(i)o [bnth. S. (*to*) *stamp*] *bg.a.* Malu'n fân (mewn morter, &c.), pwyo: *to grind or crush (in a mortar, &c.).*

1545 ELIS GRUFFYDD: *Ll* 71, Ac *ystampio* o'r dail yma gida hen vloneg a wna elli daa. *Diw.* **16g.** *WLB* 11, kymer agrimoni ar planten ac *ystampia* ynghyd. **18g.** *Llr* C 24, 266, Cais ddyrnaid o saeds gwnion *ystamp* hwynt gyda hen gwrw. *id.* 280, Cymer ychydig or Tansli gwlltion ag *ystampa* hwynt gyda gwin.

Gw. hefyd **stampiaf: stampio, stompiaf: stompio.**

ystan, ystanc, gw. **ystaen**[2], **stanc.**

ystandardd, ystandarddwr, ystandart, gw. **standard** (hefyd At.), **ystondarddwr, standard** (hefyd At.).

ystania, ystans, ystapl[1,2], **ystarbwrd, ystarfiaf: ystarfio, ystarn**[1], gw. **stania, stans**[1], **stapl**[1,2], **starbord, starfiaf: starfio, starn**[1].

ystarn[2], **starn**[2], **ystern**[3] [ansicr yw'r brth. â Llyd. C. *starn* 'ffrâm weu, gwŷdd', Llyd. Diw. *stern* 'harnais', a'r Llad. *sternō* 'cyfrwyaf'] *eb.g.* ll. *ystarnau*, (geir.) *ysteirn.* Cyfrwy (pwn), ystrodur; harnais, gêr ceffyl: (*pack-*)*saddle, cart-saddle*; *harness, trappings (of horse).*

13g. *LlI* 8, er egnat llys . . . Ef a dele e gan y penguastravt dywallu e uarch . . . a'e dven ydav a'e *estern* arnav pan uarchocco. *id.* 18, a'e hen kyurvyeu eurgalch a'e hen esparduneu a'e hen hossaneu a'e holl *estern.* **14g.** *LlB* 24, Y gwastrawt a dyly caffel kyurwy peunydyawl y brenhin, a'e *ystarnn* (*LTWL* 330, et quicquid substernitur), a'e ffrwynn. **14g.** *WM* 226. 33–5, Ar chɞech o nadunt agymerth vy march ay gorugant yn diwall oe holl *ystarn.* **1604–7** *TW* (*Pen* 228), *ystarn* d.g. *Clitellæ, Clitellarius, dorsuale, Sagma.* **1632** *D*, *ystarn* d.g. *Ephippium, Helcium.* **1722** *Llst* 189, *Ystarn.* f.p. *tarnau, -teirn.* A cart or pack-saddle. **1725** D. LEWIS: *GB* 22–3, Fe darawyd Bar haearn o'r Ffenestr allan, ac fe blygwyd Bar arall fel Bach *Ysdarn.* **1778** *W*, *Ysdarn* d.g. *A pack-saddle.* **18–19g.** *LlGC* 13221, 18, panel in Glam signifies a cushion as panel cadair, cyfrwy, *ysdarn.* **1803** *P*, *Ystarn*, s. m.—pl. t. *au* . . . A saddle; a pack-saddle. Ar lafar, '*ystarn*' 'cart saddle', *B* xiii. 141 (canolbarth Cered.). Cf. *LlG* xlviii. 6, Math arbennig o gyfrwy oedd *ystarn*, wedi ei glustogi o'r tu mewn, gydag astell fwaog o'r tu ôl a'r tu blaen. Rhoddid ef ar gefn ceffylau neu fulod . . . i gario pynnau neu amryw fathau o nwyddau [sir Gaerf.].

Amr.: **astarn. 1899.** Ar lafar, *B* xiv. 282 (canolbarth Cered.), *id.* iv. 289 (godre Cered.).

Cfn.: **ystarn bach, starn fach:** *cart-saddle.* Ar lafar, '*starn fach*' 'y cyfrwy ar geffyl cart' (godre Cered.); '*ystarn bach*' 'a contrivance for holding and bearing the back chain', *TGG* (1904) 52 (sir Gaerf.).

Gw. hefyd **ysterniach.**

ystarnaf: ystarnu [bf. o'r e. *ystarn*[2]] *ba.* Rhoddi ystarn ar (geffyl), cyfrwyo, harneisio: *to saddle (with a pack-saddle), harness.*

13g. *LlI* 8, er egnat llys . . . Ef a dele e gan e penguastravt dywallu e uarch o'r hoel gyntaf hyt y dywethaf a'e *estarnu.* **13g.** *C* 83. 1, *Ystarn*de wineu fruin guin. *c.* **1400** [*RB*] *WM* 233. 10–13, palffrei . . . yn baraɞt gɞedy y *ystarnu* yn gywei [*sic*]. **1730** *Leg Wall* 585, *Ysdarnu*, Equum insternere. **1753** *TR*, *Ysdarnu*, to put a pack-saddle on a horse; to saddle a horse. **1778** *W* d.g. *To saddle with . . . a pack-saddle.* **1803** *P.*

Amr.: **ystarnio. 1722** *Llst* 189.

ystarnwr, starnwr [*ystarn*[2], *starn*[2]+*-wr*] *eg.* ll. *ystarnwyr.* Gwneuthurwr ystarnau, cyfrwywr: *maker of pack-saddles, saddler.*

1778 *W*, *Ysdarnwr* d.g. *Pack-saddle, A maker of pack-saddles.* **1793** *Cylchg* 88, Pob cydyn o wlan y Ddafad a droir yn foddion cynnaliaeth i'r . . . cyfrwywyr, *ystarnwyr*, a phaccwyr. **1803** *P* d.g. *Ystarnwr.* Ar lafar, ''Sdim un *starnwr* ar ôl 'eddi' (de-ddwyrain Morg.).

ystars, ystasiwn, ystât, gw. **startsh, stesion, ystad**[1].

ystatli, statli [bnth. S. *stately*] *a.* Urddasol, balch: *stately, proud.*

1547 *WS*, *Ystatli* balch Stately. **1552** *Pen* 403, 124, bonedd a wna rrai yn *statli.*

ystatud, ystatudol, ystatun, ystatus, gw. **statud, statudol, statun, status**[1].

ystatut, ystatuwt, gw. **statud.**

ystawaf: ystewi [cf. *distawaf*: *distewi*, *tawaf*: *tewi*] *bg.* Tewi, distewi, tawelu, peidio â sôn (am): *to be(come) quiet or silent, stop talking (about).*

[**1547**] W. SALESBURY: *OSP* [vi], *ystewy* a moliant Deo, a hoffy cloduory eu enw ehunain. **1551** W. SALESBURY: *KLl* xxviiia, ef a*ystawadd* ac nyd atebadd ddim. **1567** *TN* 50b, A'r Iesu a ei ysdwrdiodd, gan [dd]ywedyt, *Ystaw*, a' dyred allan o hanaw.

ystawch [cf. *tawch*] *eg.* Drewdod: *stench.* **1837.**

ystawys, gw. **staes.**

ystedlydd [?cf. *cystedlydd*] *e?g.* ?Gwerth: *value.*

13g. *C* 21. 11–12, Ry talud *istedlit* tri seith pader beunit.

Ystefn, ystefyll, gw. **arch**[2]**—Arch Ystafen, ystafell.**

ystefyn [cfdds. o'r S. *stam(en)*+*-yn*[1]] *eg.* ll. *-nau. Bot.* Brigeryn: *stamen (in bot.).* **1928.**

ysteil, ysteirniach, ystel, gw. **steil, ysterniach, ystels.**

ystelc, ystelciaf: ystelcian, &c., gw. **stelc, stelciaf: stelcian,** &c.

ystelff [cf. *delff*[1]] *eg.* (bach. *-yn*) ll. (geir.) *-od*, a hefyd gyda grym ansoddeiriol. Twpsyn, ffŵl, delff, llabwst: *blockhead, idiot, fool, boor.*

14g. *GIG* 154, *Ystelff* dihir, myn Sirioel, / Ystyried, Myhumed moel [dychan i'r Brawd Llwyd]. **15–16g.** *AAST* (1935) 103, *Ysdelff* ni ddaw nos i'w dy, / Ysgwliwn ni chais gwely [marwnad Wiliam ap Griffith ac yntau'n fyw gan Ddafydd Trefor]. **1632** *D*, *Ystelff*, Idem quod Delff. *id.* d.g. *Rusticus.* **1770** *W* d.g. *Boor, Bumkin, or country bumkin.* **1803** *P*, *Ystelf*, s. m.—pl. t. *od* . . . a blockhead.

ystelio, gw. **stelio.**

ystels, stels [ansicr yw prth. *ystel*,

GHCEM 83] *eg.* Croen (llwynog), hefyd yn ddifr. am berson: *(fox-)pelt, also derog. of person.*

1547 *WS, Ystels* croen llwynoc Foxe skynne. *c.* **1562** *B* ii. 242, *ystels* .i. croen lhwynog; oerchwedl ir *stels.* **1604–7** *TW* (*Pen* 228), *stels* o dhyn, sef yw *stels* Croen llwynoc d.g. *planus.* **1632** *D, Ystels,* Pellis vulpina. *id.* Croen anifail wedi ei dynnu oddiam dano: *ystels* d.g. *Exuviæ.* **1773** *W, Ystels* d.g. *Fox . . . a fox's skin.*

ystem[1,2], gw. **stem**[1,2].

ystên[1], **stên** [bnth. S. C. *stene*] *eb.* (bach. *ystenan*) ll. *(y)stenau, ysteni.* Piser, bwced, pot, llestr, dyfrlestr, wrn, hefyd yn *ffig.*: *pitcher, pail, bucket, pot, vessel, ewer, urn, also fig.*

13g. *LlI* 93, *Sten* bryd, dam[dug]. **14g.** *RC* xxxiii. 193, [c]yrchu dwuyr ac *ysten.* **14g.** *GDG*[3] 373, Pa anaf arnaf amgen / A wyddost ti, wddw *ystên* [i'w gysgod]. *Dchr.* **15g.** *GSCyf* 101, Cais, a gochel dy weled, / *Ystên,* a gleuaden gled [Llywelyn ab y Moel i'r pwrs]. **1567** *TN* 60b, golchiadae cwpanae, ac *ysteni.* **1588** *Nu* xxiv. 7, Difera efe [Balaam] ddwfr o'i *stenau.* **1588** *Eseia* xxx. 14, efe ai dryllia hi [mur], fel dryllio *stên* crochenydd. **1604–7** *TW* (*Pen* 228) d.g. *Fidelia.* **1632** *D, Ystên,* Vrceus, amphora. *id.* d.g. *Situlus aquarius.* **17g.** HUW MORUS: *EC* i. 72, Galw y cwrw, i gael cariad, / Galw *ystên* nid gwael ystâd. **1747** *ML* i. 110, *Ysten,* any vessel of an undeterminate measure, is a foolish translation of Sextarius a determined known measure. **1775** *W* d.g. *Jar, or jarr* [*a kind of earthen vessel so called*], *Pot, A watering-pot. id. Ystenan* d.g. *Pitcher, A little pitcher.* Ar lafar, '*stên*' 'milking-pail . . . now "pisar"', *WVBD* 501; '*stên* . . . yn yr ymadrodd "*stên* ddŵr" am jwg fawr i ddal dŵr a arferai fod ar feiliau'r tai pan oedd rhaid cario dŵr', *GTN* 714 (ll. *stena*).

Cfn.: **ystên odro:** *milk-pail.* **1604–7** *TW* (*Pen* 228) d.g. *Sinum* (hefyd *D*). **(y)stên bridd:** *earthenware pot or jar.* **13g.** *LlI* 93, *sten bryd. c.* **1700** E. LHUYD: *Par* ii. 72, *ysten bridh.* **1775** *W* d.g. *Jug . . . A great jug.* Ar lafar yn yr ystyr 'pot pridd mawr i ddal hufen cyn ei gorddi neu i gadw menyn hallt', *Geir Geg* 156 (sir Drefn. a dwyrain Morg.). **ystên Sioned:** *gallimaufry, medley, jumble.* **1773** *W, ystên Sioned* d.g. *Gallimaufry.* Mae '*Ysten Sioned; neu y gronfa gymmysg*' yn deitl llyfr gan D. Silvan Evans a J. Jones 'Ivon' (1882).

ystên[2], gw. **ystaen**[2].

ystenaid, stenaid [*ystên*[1], *stên*+-*aid*[1]] *eg.b.* ll. *ysteneidiau.* Llond ystên, piseraid, llond siwg, hefyd yn *ffig.*; mesur gwlyb cyfwerth â pheint a hanner: *pitcherful, pailful, jugful, also fig.*; *liquid measure equal to one and a half pints.*

c. **1400** [*RB*] *WM* 223. 34–224. 1, achymryt *ysteneit* o ved agolỽython y gan gei. **1567** *LlGG* 41b, Ewch ir dinas, ac e gyvwrdd dyn a chwi yn dwyn *ystencit* o ddwfyr. **1567** *TN* 124a, *steneit* o ddwfr. **1588** 1 *Br* xvii. 16, Ni ddarfu y celyrned blawd, a'r *stêned* olew. **1630** *YDd* 158–9, *ysteneid* o olew y wraig weddw ddyledog. **17g.** *LlGC* 13215, 354, *Stenaid* fidelia plena. *c.* **1720** *CIF* [102], *Ysteneid* Pint a hanner. **1727** RE: *CDd* 78, wyla *ysteneidiau* o ddagrau bob awr. **1761** *ML* ii. 348, A ddeuwch i yma o hyn i Awst i yfed *ystenaid* o honaw [medd]? **1780** *W* d.g. *Pitcher, Pitcher ful.* Ar lafar, 'cario *stened* o ddŵr', *Geir Geg* 166 (Brych.); '*stenid*' 'a waterjugful', *GTN* 714.

ystenan, gw. **ystên.**

ystendiaf, (y)stentiaf: ystendio, (y)stentio [bnth. S. (*to*) *extend*; ansicr yw'r engh. gyntaf isod, gw. *GIBH* 174] *bg.* Ymestyn, symud, cyffroi: *to stretch (oneself), move, stir.*

15g. *GIBH* [83], Meddai Elis, meddylied, / 'Mae gwrach yn holi ymgrêd; / Ni chaf gan hon, gwiddon gau, / *Ystentio*', tyst yw yntau. **16g.** *TRP* 210, Arglwydd ym kyredwch eto / ni allodd y gwr *ystentio* (*IICRC* iii. 309, *ystendio*) / a droes attafi i wyneb / om gwelai neb yn digio. *id.* 232, Kodwch wyr ni all ero / na llaw na throed *ystentio.* **1574** *RhRC* (At.) 305, roedd yr vn ffrir llesg yma ai stola yny ddal ef fel nalle *stentio.* **16–17g.** *Cer RC* 150, Myn Mahwnt, Peilad dirion / Yr oedd mor gryf a chreulon, / Ag na feiddiem ni *ystendio* / Ddim rhagddo; gwae, fy nghalon.

ystent, ystentaf: ystentan, ystentiaf: ystentio, ystepiaf: ystepio, ysterling, gw. **stent**[1], **stentaf: stentan, ystendiaf: ystendio, stepiaf: stepio, sterling.**

ystern[1] [ansicr yw prth. *ystyern, A* 25. 4, ac ystyr yr engh. gyntaf isod; tebyg fod dyl. S. *stern* ar yr ystyr 'llym, &c.' a geir mewn enghrau. o'r 19g.] *a.* Egr, ?chwerw; llym, gerwin: *sharp, ? bitter; stern, harsh.*

14g. *T* 21. 7–8, Cỽrỽf pan yỽ *ystern.* **1803** *P, Ystern* . . . Of a . . . sharp tendency.

ystern[2,3], gw. **starn**[1], **ystarn**[2].

ysterniach, sterniach, ysteirniach [*ystarn*[2], &c.+-*iach*[2] (At.); dileer yr erthygl d.g. *sterniach*] *e.ll.* a hefyd (geir.) fel *e?g.*

(*a*) Hen gelfi, geriach, hefyd yn *ffig.*: *old furniture, odds and ends, also fig.*

1604–7 *TW* (*Pen* 228), angenrheitiæ dodrefn, *ystysemiach* [*sic*] d.g. *Utensile.* **1808** TWM O'R NANT: *BB* iv, mae 'r *ysterniach* mewn Crog-lofft yn gyffelyb ac a ddywedodd dyn, oedd yn dyst, o ryw fatter pwysig, 'Ei fod gwedi myn'd yn Garlibwst, ystrim, ystram, ystrellach'. Ar lafar, '*sterniach*' 'hen gelfi neu daclau', *Cymru* xlvii. [236] (sir Ddinb.).

(*b*) Cyfrwy(au) pwn, basged neu bâr o fasgedi i gario pynnau ar gefn ceffyl, &c.: *pack-saddle(s), pannier(s).*

1604–7 *TW* (*Pen* 228), hwn a vo ydhaw, ne adhyco'r ystarn, *ysterniach,* ne'r sadelh d.g. *Clitellarius. id. ysteirniach,* opher cefnæ meirch d.g. *dossualia.* **1722** *Llst* 189, Ystarn . . . [*ys*]*teirniach.* A cart or pack-saddle. **1725** *SR,* Basced, neu gawell i garrio ar gefn, *ysteirniach* d.g. *A Dosier.*

ystican, gw. **stican.**

ysticil, ysticill, ysticl, gw. **sticil.**

ystid [cf. *tid*] *eb.* ll. *-au.* Cadwyn, tsiaen; tres, tid: *chain; trace (for draught animal).*

14g. *GDG*[3] 160, Astud air, ys doud erof, / *Ystid* goch, os da dy gof, / Bennod yr hydd, gelltydd gil, / Ban oeddud gynt banw eiddil. **1632** *D, Ystîd,* Catena. **1722** *Llst* 189, *Ystid.* f. . . . p. *tidau.* A chain, grayes [*sic*] for draught-horses. Ar lafar, '*Stida*' 'Strapiau lledr â'r rhai y tyn y ceffyl y llwyth', *Môn* (Gwanwyn, 1954) 11.

ystidi, gw. **stydi**[1].

ystidwm [gair geir., sef *ystid*+elf. anh.] *eg.* Cadwyn; truth, ffregod: *chain; rigmarole.*

1632 *D, Ystidwm,* [Catena]. **1753** *TR.* **1803** *P, Ystidwm,* s. m. . . . A rig-ma-roll.

ystiferion, stifferion [gair geir., cf. *diferion*] *e.ll.* (un. bach. *ystiferyn*). Diferion, defnynnau; cribinion, ysgubion, ysbwrial, gwehilion: *drips, drops; rakings, refuse, dregs.*

1604–7 *TW* (*Pen* 228), *stipherion,* cribion, mwnws d.g. *Quisquiliæ. Dchr.* **17g.** *J* 10, 45a, *Stiferion.* × *Ysdiverion.* quisquiliæ. **1632** *D, Ystiferion,* Expurgamina, stillicidia. **1722** *Llst* 189, *Ystiferion.* s. *feryn.* m. Droppings. **1772** *W, Ystiferion* d.g. *Droppings of the eaves.* **1803** *P* d.g. *Ysdyverion.*

ystiff, gw. **stiff.**

ystiffiaf, ystiffaf: ystiff(i)o, *bg.* Dioddef gan y dolur rhydd, ysgothi, hefyd yn *ffig.*; (geir.) ffrydio, tasgu: *to have diarrhoea, scour, also fig.*; (*dict.*) *spurt, jet.*

1632 *D, Ystiffio.* Idem quod Ysgothi. **1722** *Llst* 189, *Ystiffio.* To squirt, scour. [**1783**] *W, ystiffio* d.g. *To scour, To squitter.* **1803** *P, Ysdifiaw* . . . To spout or to jet out. Clywir *stiffo* (*-i-*) yn sir Benf. 'am iâr yn gwneud ei busnes yn llawn sêl ac yn gynhyrchiol, a'r wast yn feddal'.

ystifflog, stifflog, *eg.* ll. *ystifflogod, -ion, -iaid. Swol.* Unrhyw un o amryw fathau o folysgiaid môr o'r tylwyth *Sepia* a rhai tylwythau perthynol eraill ac iddynt wyth braich a dau dentacl hir, môr-gyllell: *cuttlefish.*

1632 *D, Ystifflog,* Sepia. **1722** *Llst* 189, *Ystifflog.* m.p. *logod.* **1772** *W* d.g. *Cuttle-fish.*

Amr.: **stiffog** [?ff. wallus]. *Dchr.* **17g.** *J* 10, 45a. **17g.** *LlGC* 13215, 354.

ystiffni, gw. **stiffni.**

ystiffter [*ystiff*+-*der*] *eg.* Stiffrwydd, anhyblygrwydd: *stiffness, rigidity.*

1795 J. THOMAS: *AIC* 254, *Ystuffter* ac Ystwythter.

ystifftra, gw. **stifftra.**

ystig, *a.* a hefyd gyda grym enwol. Diwyd, dyfal(barhaus), dygn, taer, egnïol, brwd, ewyllysgar, parod: *diligent, industrious, persevering, persistent, steadfast, earnest, energetic, fervent, willing, ready.*

13g. *GDB* 179, Ys yng yn ystỽng *ystig* uara—Rys. **14g.** *T* 71. 3, *Ystic* yỽyneb nyt estỽg yneb na chymry na Saesson. **14g.** *GDG*[3] 75, *Ystig,* ddielwig, ddiliw, / Westn ei llais, ystaen ei lliw [i'r dylluan]. *id.* 228, *Ystig* fûm ac anaraf / Ar hyd Pant Cwcwll yr haf ['Taith i Garu']. **14g.** *GIG* 83, Da yw bendith bardd a Duw bendig / . . . / Ar feistr Hywel hael yn rhoi'n *ystig,* / A thefyrn o win aur a thefig. *c.* **1400** (*SG*) *HMSS* i. 263, Yr unbennes yna avu *ystic* yngkylch y gwyr oc eu hyachau. **1551** W. SALESBURY: *KLl* xxviib, Yr yspryt yn ddie sydd parot [:– *ystic*]. **1567** *TN* 344b, I fod yn *ystic* mewn gweddi trwy ffydd gadarn. *Diw.* **16g.** *LBS* iv. 409, hwynt a fyddant *ystigach* oth ddyfodiad ti. **1632** *D, Ystig,* Industrius, sedulus, assiduus. **1693** *TYGD* 31, Ffrwythlondeb a ddilyn lafur, a phob peth a ymrodda ir *ystig.* **1753** *ML* i. 227, hi adawodd fy nhad yn iachus . . . mwy *ystig* na'u [*sic*] dri meib fal y mai mwya'r cywilydd. **1778** *W* d.g. *Pains-taker, or a pains-taking person. id.* Un a fo'n ddiwyd (yn *ystig* . . .) d.g. *Stickler* [*one that is active or zealous in an affair, or for a person or party, &c.*]. *id.* Astudiwr mawr (caled, *ystig*) d.g. *Student, A great, or hard, student.* **1803** *P.*

Amr.: **estig.** **1567** *TN* 343b, Offrymwn o blegid hynny yn *estig* (**1588** *Heb* xiii. 15, oestadol) trwyddo ef y ddyw aberth moliant.

Gw. hefyd **gystig.**

ystigil, ystigill, ystigl, gw. **sticil.**

ystigma, gw. **stigma.**

ystigrwydd [*ystig*+-*rwydd*] *eg.* Diwydrwydd, dyfalbarhad, dyfalwch, dygnwch: *diligence, perseverance, application, steadfastness.*

Dchr. **15g.** *B* viii. 137, Or gossodes *ysticrwyd* eiryoet ynggwassanaeth oe chwant yn amgen noc a gwreic. **1567** *TN* 291a–b, astudrwydd a' golochwyt [:– *ystigrwydd* / goglud, gweddi, ervyn]. *Diw.* **16g.** *LBS* iv. 412, nid oedd a allai ddatcanü y *hystigrwydd* hi [Gwenfrewi]. **1595** H. LEWYS: *PA* 226, di-anwadalwch, ac *ystigrwyd'* mewn daioni. **1604–7** *TW* (*Pen* 228) d.g. *Constantia.* **1632** *D, Ystigrwydd,* Industria, sedulitas, assiduitas. *id.* d.g. *Studium.* **1722** *Llst* 189, *Ystigrwydd.* m. Diligence, pains. **1778** *W* d.g. *Painstaking* [*Subst.*]. **1803** *P.*

Amr.: **estigrwydd.** **1545** *CI* 7, a'i meuyrio wynt drwy *esdigrwydd* ynn amser.

ystil, ystîl[1,2], **ystiliaf: ystilio,** gw. **stîl**[1], **stil**[1,2], **stiliaf**[1]: **stilio.**

ystinos [ynglŷn â'r trdd., gw. *Ymborth* 103] *eg.* Asbestos; (math honedig o faen neu lin y gellir ei wehyddu i roddi) brethyn anllosgadwy; math o faen honedig na ellir ei ddiffodd wedi ei gynnau: *asbestos*; (*alleged type of stone or flax which can be woven into an*) *incombustible cloth*; *alleged type of stone which, once lit, cannot be extinguished.*

1346 *LlA* 95, Ahossaneu or *ystinos* teneu claerwynn. Sef yỽ yr *ystinos.* maen gỽerthuaỽr claerwynn. ac a geffir ynyr yspaen eithaf. ac aellir ynyddu. a gwneuthur gỽiscoed or adaued hỽnnỽ. **14–15g.** *IGE*[2] 175, Aur melyn gloyw ermyn glos, / A gais dyn ac *ystinos* [Rhys Goch Eryri i yrru'r ddraig goch at Syr Wiliam Tomas o Raglan]. **1632** *D, Ystinos,* Asbestinum. vid. Vrael. **1661** E. LEWIS: *Drex* 30, Solinus sydd yn sôn fod maen yn Arcadia y elwir *Y stinos* [*sic*] (*Asbestos*) yr hwn gwedi ei ynnyn unwaith a lysg yn wastadol. **1722** *Llst* 189, [*Ystinos*], Maen *Ystinos.* A kind of stone whereof a cloth was anciently made which would be better scoured by fire than by water. **1753** *TR, Ystinos,* a kind of flax, of which they made cloth that was cleansed in the fire. Vide. Urael. **1755** *GAGC* 36, Maen *Ystinos.* **1770** *W* d.g. *Asbestos or asbeston.* **1803** *P.*

ystits, ystitsiaf: ystitsio, ystiw, ystiward, gw. **stitsh, stitsiaf**[1]: **stitsio, stiw, stiward.**

ystiwardaeth, ystiwardes, ystiwardiaeth, gw. **stiwardiaeth, stiward, stiwardiaeth.**

ystiwart, ystiwdent, ystiwerdaeth, gw. **stiward, stiwdent, stiwardiaeth.**

ystiwerdyn, gw. **stiward.**

ystiwiaf: ystiwio, gw. **stiwiaf: stiwio.**

ystle [?cf. *ysglen, ystlen*; ansicr yw ystyr yr enghrau. llenyddol isod, gw. *GMB* 167–8, a rhoddir y diff. ar sail y geir.] *eg.* Perthynas, ceraint, hiliogaeth, uniad teuluoedd (drwy briodas); rhyw, math: *relation, kindred, stock, alliance (by marriage); sex, kind.*

12g. *GMB* 152, Eil Dyt Braỽd braỽ ystaỽd *ystle.* **13g.** *GDB* 339, Gwynlleuỽer gỽynder gỽendon dylan, / Gỽynn *ystle* . . . *c.* **1400** *R* 1048. 19–20, Karanmael kymỽy arnat atwen dy *ystle* ogat. **1579** *RWM* ii. 550,

Ystle .i. perthynas, apurtenaunce. **1604–7** *TW* (*Pen* 228) d.g. *Cognatio.* **1632** *D*, *Ystle*, yw perthynas. [William] Ll[yn]. Cognatio. T[homas] [Guilielmus]. **1722** *Llst* 189, *Ystle.* m. . . . Kindred, brood, stock: sex, kind, gender. **1770** *W* d.g. *Alliance* [*by marriage*].

ystled, gw. sled (hefyd At.).

ystlen, ystlên, stlen [?gair geir. yn wr. (?drwy gamddarllen *ysglen*); cf. hefyd *ystle*, ?ac *ystlynedd*] *eb.* ac yn eithriadol *eg.* ll. *ystleni, ystlenau.* Rhyw, rhywogaeth, brid, math; *Gram.* cenedl: *sex, species, breed, kind*; *gender* (*in gram.*).

1547 *WS*, *Ystlen* Ryw. *Dchr.* **17g.** *J* 10, 45b, *Stlen.* Sexus. **1632** *D*, *Ystlen*, Sexus, genus. Cyfrwng dros ofunedawl wreigawl *ystlen* (*GM* 8, ysglen; *ib.* (amr.), ysglener; ystlyssen). *id.* d.g. *Cognatio.* **1670** J. Hughes: *AP* 94, gyda dyn o'r vn sex neu *ystlen*, neu gydag vn o'r *ystlen* arall. *id.* 313, y dduwiol *ystlen* fenyw. **1803** *P*, *Ystlen*, s. f.—pl. t. *i* . . . A sex, a kind.

Cfn.: **yr ystlen deg:** *the fair sex.* **1838.**

ystlenaidd [*ystlen, ystlên*+-*aidd*] *a.* Rhywiol: *sexual.*

1803 *P.* **1813** *WB* ix, y Drefn *Ystlenaidd.*

ystlenol [*ystlen, ystlên*+-*ol*] *a.* Rhywiol; o fath cyffelyb: *sexual*; *kindred* (*adj.*).

1803 *P*, *Ystlenawl* . . . Sexual; kindred.

ystlom, stlom [ansicr yw *ysdlo*, *LlCy* i. 4] *eg.b.* Cach, carthion, tom, baw; drefl; hefyd yn *ffig.*: *shit, excrement, dung, filth*; *slaver, dribble*; *also fig.*

14–15g. (*Diw.* **16g.**) *Gwyn* 3, 167, chwilestlwr, chwiliwr *ystlom* [dychan Rhys Goch Eryri i'r llwynog]. **16g.** Huw Arwystl: *Gw* 381, *ystlom* gringrom grawengrach [dychan i'r fedwen heb na dail na rhisgl]. *Dchr.* **17g.** *J* 10, 45b, *Stlom.* foria. **1803** *P*, *Ystlom*, s. m. . . . Excrement, ordure.

Amr.: **yslom** [cf. *yslomi*, gw. d.g. *ystlomaf*: *ystlomi*]. **1857.**

ystlomaf, stlom(i)af: (y)stlomi, stlomio [bf. o'r e. *ystlom, stlom*; ansicr yw *ysdlom*, *LlCy* i. 4] *bg.a.* Cachu, ysgarthu, tomi, dioddef gan ddolur rhydd, pibo; dreflio; hefyd yn *ffig.*: *to shit, excrete* (*dung*), *have diarrhoea*; *slaver, dribble*; *also fig.*

1547 *WS*, *Ystlomi* Squyrte. **16–17g.** T. Prys: *C* 201, Ymgroeswch, gwelwch eu gwedd, / Gwyrain anferth yn gorwedd, / Ac arnyn' drefn fal cefn ci, / Ystlumiaid yn *ystlomi* [i ofyn tair caseg]. *Dchr.* **17g.** *J* 10, 45b, *Stlommio.* to mute. Stercoro. **1632** *D*, *Ystlommi*, Cunire, forire, stercorare. **1803** *P.* Ar lafar gynt ym Môn yn y ff. *stlomi* 'tomi'.

Amr.: **yslomi, yslomio** [cf. *yslom*, gw. d.g. *ystlom*]. **1653** *Wy* 12, 329a, enllibion wedy '*hyslommi* ar wenwiscoedd ein Heglwys-babyddion.

ystlomiad [bôn y f. *ystlomaf*: *ystlomi*+-*iad*[1]] *eg.* Cach, carthion, baw: *shit, excrement, filth.*

1803 *P.* Ar lafar yn y ff. '*Slomiad*' 'diwyniad, aflendid', *Cymru* xlvii. 196 (sir Ddinb.).

ystlum, s(t)lum, *eg.b.* (bach. g. (*y*)*stlumyn*, (*y*)*slymyn, slumyn*; b. *slumsen*) ll. (*y*)*stlumod, ystlumiaid, stlymod, slumod.* *Swol.* Unrhyw un o amryw fathau o famoliaid nosol o urdd y *Chiroptera* sy'n gallu hedfan drwy gymorth adenydd pilennaidd sy'n ymestyn rhwng y bysedd a'r aelodau, hefyd yn *ffig.*: *bat* (*in zoology*), *also fig.*

14g. *GDG*[3] 75, Tŷ godrum, yr *ystlumod*, / Ei gefn rhag piglaw ac od [i'r dylluan]. ?**14g.** *GGrG* 148, Llestri cacwn, llu astrwch, / Yn llawn *ystlumiaid* a llwch (Ithel Ddu). **15g.** *GDLl* 157, Pwy nis geilw, pen ysgeler, / Oes dalm a'i clyw, *ystlum* clêr [mewn ymryson â Llywelyn ap Gutun]? **15g.** *BB* 30, *ystlvm* gwenwynic y olwc. **1547** *WS*, *Ystlum* A backe. **1588** *Lef* xi. 19, [y] gorn-chwigl, a'r *stlym.* **1588** *Eseia* ii. 20, i'r wadd, ac i'r *stlymmod.* **16–17g.** T. Prys: *C* 201, Ymgroeswch, gwelwch eu gwedd, / Gwyrain anferth yn gorwedd, / Ac arnyn' drefn fal cefn ci, / *Ystlumiaid* yn ystlomi [i ofyn tair caseg]. **1632** *D*, *Ystlum*, Vespertilio, nycteris. **1658** R. Vaughan: *PS* 447, na ymbortha fel y fran ar furgun: ac mal y *slum* ddall na osod moth hyfrydwch mewn dom. **1770** *W*, *Ystlum, ystlummyn* d.g. *Bat* [*a small winged animal* . . .]. **1781** M. Williams: *BM* 33, *Yslymyn* yn hedfan. **1803** *P* d.g. *Ystlum.* Ar lafar, '*slum*' 'bat' 'applied to persons . . . a slippery customer', *WVBD* 495 (*eg.* ll. *slumod*); '*slumyn*' (Cered. a Morg.).

Amr.: **(y)sglemyn** (*eg.* ll. *sglemod*). **18–19g.** *IAW* (LlGC) 101, 49a, Bat, *ysglemyn.* Ar lafar yn sir Gaerf. a Morg., '*sglemyn*', *GTN* 730–1; '*sglemod*' 'heyrn ar adenydd . . . bad clawr . . . ar y gamlas, y gellid eu codi er mwyn agor clawr y bad', *id.* 731.

Cfn.: **ystlumyn y bacwn, slumyn bacwn, slumyn (ty)baco,** &c.: *bat.* **1773** *W*, *Ystlummun y baccwn* d.g. *Flitter-mouse.* Ar lafar '*slumyn bacwn*' (Cered.); '*slimin bacwn*', *TGG* (1907–8) 87 (de-orllewin sir Gaerf.); '*slumyn dybaco*' (sir Gaerf.); '*slumyn tybaco*' (gorllewin Morg.). **ystlum clustiog, ystlum glustiog:** *long-eared bat.* **1907.**

ystlumaidd [*ystlum*+-*aidd*] *a.* Tebyg i ystlum, hefyd yn *ffig.*: *bat-like, also fig.*

1824.

ystlumol [*ystlum*+-*ol*] *a.* Yn perthyn i ystlumod, tebyg i ystlum: *pertaining to bats, bat-like.*

1866.

ystlumyn, gw. ystlum.

ystlyned [bôn **ystlyn*(*n*)- (gw. †*istlinnit* (At.))+-*ed*[1]; cf. *cystlwn, cystlynedd, ystlynedd*] *e?g.* Perthynas, teulu, tylwyth, llinach, tras: *relation, family, kin, lineage, pedigree.*

12g. *GMB* 276, Ac y'm Reen gѡynn gѡann *ystlynet*—wyf i, / Ac ys meu erchi arch geinmyged. **12g.** *GCBM* i. 60, Goruynaѡc drythyll, gortyuyn-dy vyned / (Gorthrych lys Leissyaѡn y *ystlyned*!) / Llys y daw deon y'ѡ darymred. **12–13g.** *GLlLl* 265, Yssym wyr a thir a threfred—ehang, / Ac ehofyn *ystlyned.* **14g.** *T* 51. 26–52. 2, ymhargloyd gѡlatѡyd gѡlat gogonet. Vn wlat ior oror goreu *ystlyned.*

ystlynedd, stlynedd [bôn **ystlyn*(*n*)- (gw. †*istlinnit* (At.))+-*edd*[1]; cf. *cystlwn, ystlyned*] *eb.* Perthynas, teulu, tylwyth, llinach, tras; ?enw, bri: *relation, family, kin, lineage, pedigree*; ?*name, reputation.*

12g. *GLlF* 541, Neu'm bu o'e agad mwyndyad met, / Ny bu oesdlaѡd beirt o'e *ystlynet.* **13g.** *A* 34. 16–17, un huc an guoloet guorec *sdlinet.* **14g.** *T* 63. 7–8, maѡr gѡrnerth *ystlyned* [?neu *ystlynedd*] y vrython. *c.* **1400** *R* 1313. 44–6, Dysc ffysc ffyryf ynghyryf nyt yghared weith dawn iaѡn ieith aerlleith ieirll *ystlyned.* **1632** *D*, Ystlen . . . Hinc *Ystlynedd*, generatio, genus, prosapia. **1722** *Llst* 189, *Ystlynedd.* f. A family, pedigree. **1753** *TR*, *Ystlynedd*, generation, lineage or extraction, race or parentage. **1803** *P.*

ystlys, stlys [Gwydd. C. *sliss* 'ochr'] *eb.g.* ll. *ystlysau, ystlysoedd.*

1. (*a*) Un ochr i gorff person neu anifail (ac yn benodol y rhan rhwng yr asennau a'r glun), tenewyn (hefyd fel cig), hanerob: *side* (*of body*), *flank* (*also as meat*), *flitch.*

12g. *GCBM* i. 62, Gweleis-y *ystlys* glwys, gloew y gylchwy. **13g.** *GBF* 491, Ac ol ffrowylleu ar y *ystlysseu.* **1346** *LlA* 11, Pale y kreѡyt gwreic. Ymparadwys. o *ystlys* gwr. **14g.** *BT* (*RB*) 122, mynwgyl hir braf, dwy vron lydan, *ystlys* hir, mordwydyd praffyon. **16g.** *Pen* 76, 61, dwy *ysdlys* hir ddesdlys iawn / a chanol meinwych vniawn (Robert Leiaf). **1632** *D*, *Ystlys*, Latus. **18g.** *W Ballads* 150, 8, Chwechiniog yr *ysdlys* a roes o am y Cig. **1759** T. Thomas: *WWDd* 118, y milwr a wânodd ei *Ystlus* fendigedig ef â 'r Wawyffon. **1803** *P.* Ar lafar, '*ystlys*' 'side, flank, but especially a flitch of bacon', *GTN* 864 (*eb.*).

(*b*) Ochr, ymyl, glan (afon, &c.), arfordir; llethr, llechwedd; ardal, parth, tiriogaeth (gyffiniol), terfyn neu ran eithaf; un o ddwy linell derfyn ar hyd ochr cae chwarae: *side, edge, bank* (*of river, &c.*), *shore*; *slope, hillside*; *area, region,* (*adjoining*) *territory, remotest area or part*; *touch-line.*

12g. *GCBM* ii. 122, Am deu *ystlys* dѡfyr dofyn auon. **13g.** *GDB* 109, Handwyf, mor eofn ddiofn ddilys, / O'r nenbrenn a deily y deu *ystlys.* **13g.** *PKM* 306, Gwna di . . . ty y ganno ef a gwyr enys y kedyrn ar y neill *stlys* (*WM* 53. 19, parth) itaw: A thitheu ath lu ar parth arall. **13g.** *Brut B* 70, a'r mynyd en dyffwys . . . ac en karregavc y *estlyssev.* **14g.** *WM* 1. 26–8, ual yd oed yerchѡys ef yn ymgael ac *ystlys* y llannerch. *id.* 159. 13–15, Etlym gledyf coch ym gelwir. iarll o *ystlys* ydѡyrein. **14g.** *GDG*[3] 161, A phân wisg, aur ei deurudd, / Mair ŵyl, o *ystlys* Môr Udd. *id.* 328, Trewais . . . / Y grimog . . . / Wrth *ystlys*, ar waith ostler, / Ystôl groch. **1588** *Barn* xix. 1, yr oedd rhyw Lefiad yn aros yn *ystlysau* mynydd Ephraim. **1588** *Jer* xxv. 32, rhyferthwy mawr yn cyfodi o *ystlysoedd* y ddaiar. **1620** *Jona* i. 5, Jonah a aethei i wared i *ystlysau* (**1588** *ib.* gilfachau) y llong. **1632** *D*, Dull pedwarochr a'i *ystlysau* yn gyfartal d.g. *Rhombus.* **1725** D. Lewis: *GB* 395, cynnifer o Forgrug yn ymladd a'i gilydd ar hyd *ystlyseu*'r Twmpath. [**1783**] *W*, *ystlys* gwely d.g. *Side of a bed.* Ar lafar, '*ystlys* drws', *B* xxiv. 180 (Môn).

2. (*a*) (enghrau. *ffig.* ac enghrau. mewn cyd-destun *ffig.*: *fig. exx. and exx. in a fig. context*).

13g. *BD* 110, Dynessa, Gymry, a guasc Kernyv vrth dy *ystlys.* **15g.** *Cy* iv. 124, pan darfo teruynnu barn yr *ystlys* deheu [am Ddydd y Farn]. **15g.** *GLGC* 37, Rhoed y llewpard ddwy ysbardun / yn *ystlys* mamynys Môn. **1588** *Gen* xlvi. 26, Yr holl ddynion y rhai a ddaethant gyd ag Iacob i'r Aipht yn dyfod allan oi *ystlys* ef. **1606** E. James: *Hom* i. 6, o'r *ystlys* arall, nid oes dim yn tywyllu Christ yn fwy . . . nag anwybodaeth yngair Duw. *id.* 153, Felly y cawn ni Dduw ar ein *hystlys.* **1765** J. Evans: *CPE* 120, Y mae yr hanes ymma, ym mhob *ystlys* o honi, yn dangos nad rhinwedd naturiol y llyn . . . oedd yn iachâu y cleifion.

(*b*) Hanner (rheswm, esgus, cyfle, &c.), awgrym (o rywbeth): *half* (*a reason, excuse, chance, &c.*), *hint* (*of something*).

16g. (*LlEG*) *Mos* 158, 520a, na wybu yr vn oi gwsnaethwyr wynt wybod [*sic*] *ysdlys* vn gair o vyne/diad I meistred wynnt. **1632** *D* (*Diar*), Ni bydd chwedl heb *ystlys* iddo. **1661** E. Lewis: *Drex* 366, os ydym ni ryw amser [yn myfyrio ar dragwyddoldeb], nid ydym ni yn gwneuthur hyn, ond ag *ystlys* amcan? **1691** T. Williams: *YB* 211, nid oes i ddyn annuwiol . . . *ystlys* rheswm i ddisgwil y caiff ef fyth amser i edifarhau. **1701** E. Wynne: *RBS* 181, [c]il-dywynnu arnat âg *ystlys* pelydryn o gyssur. **1753** G. Owen: *L* 41, Da fydd genyf glywed oddiyna gyntaf y caffoch *ystlys* odfa i 'sgrifennu tippyn. **1765** J. Evans: *CPE* 254, nid oes ymma *ystlys* o res/wm, pa ham y tybiem gael o Bedr oruchafiaeth.

Amr.: **estlysau** (*e.ll.*). **1545** Elis Gruffydd: *Ll* 19, 51. **yslys.** **1590** *RC* xlvi. 57. **16–17g.** *HG* 148.

Cfn.: **gan ystlys, can ystlys = wrth ystlys.** **12g.** *GCBM* i. 96, *gan ystlys* Dyfrdwy. **13g.** *BD* 120, *gan* eu *hystlys.* **14g.** *GDG*[3] 172, *Can ystlys* . . . / Hundy bun. **1594–6** *B* iii. 278, *gann* ei *hystlys.* **wrth ystlys:** *alongside, beside, by the side of, at the side of.* *c.* **1400** *SDR*[2] 47, *wrth ystlys* y gaer. **1588** *Salm* xci. 7, *Wrth* dy *ystlys* y cwymp mîl. **1716–18** *Llsgr R. Morris* 108. **ystlys yn ystlys:** *side by side.* *c.* **1400** (*SG*) *HMSS* i. 242. **1632** *D*, deufarch yn tynnu *ystlys yn ystlys* d.g. *Biga.* *id.* d.g. *Bijugis.* **18–19g.** R. Davies: *DB* 105.

ystlysaf: ystlysu [bf. o'r e. *ystlys*] *bg.a.* hefyd gyda grym enwol i'r be. Mynd neu droi i'r naill ochr, gwyro, crwydro, hefyd yn *ffig.*; bod wrth ochr neu o boptu i; ochri (â), pleidio, cefnogi: *to go or turn aside, deviate, stray, also fig.*; *flank*; *side* (*with*), *favour, support.*

1552 W. Salesbury: *Gw* 324, pan rodder gair yn gyfagos at ei arwyddockaat ehûnan, ac eto yn ystly [*sic*] [:– *ystlyssy*] peth heibio: val pa[n] alwodd Dauid ap Gwilim Ivor Hael yn—Kyfaillt a mab aillt y Beirdd. *a.* **1587** *Y* 212, Da oedd, fardd, y dydd a fv, / Dal iesin am i *ysdlysv.* **1604–7** *TW* (*Pen* 228) d.g. *deflecto, Inclinatus, Obliquo.* **1630** R. Llwyd: *LlH* 319, hebddo ni allwn ni gadw dim iawn drefn yn ddi draill, ond bod yn hylithr beunydd i *ystlysu* ar ddidro, ac i gyfeiliorni ar y naill law. **1632** *D*, *Ystlysu*, Ad latus hoc vel illud deflectere. ?**17g.** *Cylchg LlGC* viii. 29, *ystlysu*, hysbysu i bydd / pa riw fan bo iar fynydd [Huw Cynllwyd i ofyn ci]. **1722** *Llst* 189, *Ystlysu.* To side, incline, warp. **1743** J. Jones: *LlAW* 84, mae hyn [gweddi deuluol] yn chwalu lefain ysprydawl y'mrestiau [*sic*] a chalonnau pawb o'i haelodau, ac nid y rheini yn unig, ond eraill hefyd o'r anghredadwy . . . hwy a gyhoeddant o'r diwedd fôd Duw mewn gwirionedd ym mhlith y cyfryw Addolwyr, a nhwythau . . . a ddeuant i mewn i *ystlyssu* gydâ nhwy yn addoliad yr unrhyw Dduw. **1765** J. Evans: *CPE* 4, yr ewyllys yn ŵyrog, ac yn chwannog i *ystlysu* at wagedd. **1803** *P.*

ystlysbost, ystlysfur, ystlysfwrdd, gw. ystlys+post[1], mur, bwrdd.

ystlysgan [*ystlys*+*cân*[1]] *eb.* ll. -*au.* Darn atodol mewn cerdd, atgan: *digression or episode* (*in poem*).

1773 *W* d.g. *Episode.*

ystlysgell, gw. ystlys+cell[1].

ystlysiad [bôn y f. *ystlysaf*: *ystlysu*+-*iad*[1]] *eg.* Troad i'r naill ochr; gogwyddiad, tueddfryd: *a turning aside*; *inclination, bent.*

1604–7 *TW* (*Pen* 228) d.g. *Climamen, Inclinatio.* **1661** E. Lewis: *Drex* 352–3, A pham gan hynny yr ydys yn ein dwyn ni gan gyfan *ystlys iad* [*sic*] tuedd (*bent*) ein meddyliau, ar y pethau hynny ynt ansafadwy a diflanedig? **1722** *Llst* 189, *Ystlysiad.* m. A bias, declension, inclination. **1803** *P.*

ystlysir, gw. ystlys+hir.

ystlysol [*ystlys*+-*ol*; tywyll yw'r engh. gyntaf isod] *a.* Ochrol, ar yr ochr, ochr yn

ochr, cyfochrog, cyfagos, hefyd yn *ffig.*; asennol; heb fod yn ganolog, damweiniol; ?yn symud wysg ei ochr: *lateral, on the side, side by side, parallel, collateral, adjacent, also fig.*; *costal*; *incidental, side (adj.)*; ?*moving sideways.*

?**15g.** *B* i. 300, Cranc blin, gorllewin lliwiaw, / Fflwr-de-lis, dilis y daw. / Eres o waith llownwaith llyr, / *Ystlysawl* wrawl eryr. **1564–8** *RWM* i. 951, Tair rrac ynys *ystlyssawl* y sydd ir ynys hon . . . Y[nys] wicht . . . Y[nys] von . . . Manaw. **1604–7** *TW* (*Pen* 228) d.g. *Lateralis, Obliquus. Dchr.* **17g.** *B* xxi. 328, kyfyd baedd . . . ag a wna hawl am fflowrddelvs ag am hynny i bradychir y krangc *ystlysawl.* **1722** *Llst* 189, *Ystlysol.* Lateral, belonging to ye side. **1770** *W* d.g. *Branch, A collateral branch. id.* Testun *ystlysol* (digwyddiadol, damweiniol) d.g. *By-matter, or by-subject.* **1793** *Cylchg* 69, y pennau . . . am rifedi'r prif rannau, neu arglwyddiaethau neu lywodraethau yn y deyrnas, pa un bynnag ai yn *ystlysawl* neu yn ganlynawl mewn perthynas i'r lywodraeth ddinesig. **1800** W. Owen[-Pughe]: *CP* 49, rhoddi deulun o geffylau yn *ystlysol* (*a-breast*) wrth bâr o ogau. **1803** *P, Ystlysawl* . . . Lateral.

ystlysolwg, ystlystid, ystlystwll, ystlyswaith, ystlyswal, gw. ystlys+golwg, tid, twll¹, gwaith¹, wal.

ystlyswedd [*ystlys+gwedd¹*] *e?b.* Proffil: *profile.*
1851.

ystlyswr [*ystlys+gŵr*] *eg.* ll. *-wyr. Egl.* Cynorthwyydd warden eglwys, un sy'n tywys y gynulleidfa i'w seddau, yn gwneud y casgliad, &c., tywyswr; tywyswr (mewn llys); cynorthwyydd dyfarnwr sy'n penderfynu a yw pêl wedi disgyn o fewn y maes chwarae ai peidio; (geir.) un o Iwmyn (y Gard): (*eccl.*) *sidesman, usher*; *usher* (*in court*); *linesman, touch judge*; (*dict.*) *Yeoman* (*of the Guard*).

1604–7 *TW* (*Pen* 228), *ystlyswyr* y brenhin d.g. *Laterani.* **1710** *LlGG* (*Gos*) 7, Wardeiniaid neu *Ystlyswŷr* (*Sidemen*). **1722** *Llst* 189, *Ystlyswr.* A yeoman of the guard. [**1783**] *W* d.g. *Sidesman* [*a churchwarden's assistant*].

ystlyswyn, gw. ystlys+gwyn¹.

ystlyswyneb [*ystlys+wyneb*] *eg.* Proffil: *profile.*
1780 *W* d.g. *Profile.*

ystlyswynt, gw. ystlys+gwynt.

ysto, ystoc, ystocffis, ystociaf: ystocio, gw. ystof¹, stoc, stocffis, stociaf: stocio.

ystod¹ [Llyd. Diw. *steud* 'rhes, rhenc'] *eb.g.* ll. (*y*)*stodiau, ystodau, ystodion,* a hefyd gyda grym adferfol.

(*a*) Cwrs, hynt, llwybr, hefyd yn *ffig.*; hyd (amser), parhad, cyfnod, oes; amrediad, rhychwant, cyfres; lled band: *course, route, path, also fig.*; *length* (*of time*), *duration, period, age*; *range, span, series*; *bandwidth.*

12g. *GMB* 142, Ny ryt rwysc eryr hyd troed o'e dymhyr / Yr ofyn herwyr yn herw *ystawd.* **13g.** *GDB* 417, Ystyria wrthyf, wrth, o'm colly, / *Ystawd* fy nullwawd, na'm hennilly. **14–15g.** *IGE²* 182, Eu cweryl (och nas gwŷl gwŷr!) / A'u *hystod* ddrwg, a'u hystyr (Siôn Cent). *Dchr.* **15g.** *GSCyf* 97, Llwyr ystad, lloer *ystodiau,* / Llwyddid Duw'r llueiddiaid tau [Llywelyn ab y Moel i Goed y Graig Lwyd]. **16g.** *GSOG* 57, Ustus fu, ystofes fil, / *Ystod,* gwn ystad gynnil [marwnad Lewys ab Owain]. **1630** R. Llwyd: *LlH* 291–2, gan fod holl *ystod* eich buchedd (*your whole course*) yn gnawdol, yn ddifraw, ac yn afreolus. **1632** *D, Ystod,* Stadium, curriculum. **17g.** Huw Morus: *EC* ii. 97, Pe bawn mor fadroddus, a moddus, a mwyn, / Mewn gofal gwastadol am dduwiol ymddwyn, / A rhoddi fy mryd, ar gampau da i gyd, / Nid awn i ben f' *ystod* heb a'nghlod [*sic*] y byd! **1704** T. Jones: *Alm* [48], Drwŷ sugno dysgeidiaeth, doeth famaeth daeth fo / I adnabod trigfan[a]u y sêr ar [*sic*] planedau, / A'u diwarth *ystodau,* wrth ystudio. **1723** J. Jones: *LlA* 24, Efe a ufuddhaodd yn wastadol . . . mewn *Ystod* barhaus (*continued series*) o Ddyledswydd. **1803** *P* d.g. *Ystawd.* Ar lafar, 'mewn *ystod* pum mlynadd ar hugian', *WVBD* 580.

(*b*) Ergyd, trawiad, arfod (pladur); rhes o wair, ŷd, &c., yn ei orwedd wedi ei dorri, gwanaf; hefyd yn *ffig.*: *blow, strike, stroke* (*of scythe*); *swath* (*of hay, corn, &c.*); *also fig.*

14g. *GDG³* 399, *Ystod* o'i dafod a dyf, / Ysto garth, os dig wrthyf [mewn ymryson â Gruffudd Gryg]. **14g.** *GIG* 87, Ti a leddy, clochdy clod, / Bobl Wlster bob ail *ystod.* **15g.** *GHC* 13, Dragwn yw a drig yn nod / Distaw yn lladd dwy *ystod,*—/ *Ystod,* i gael ystad gŵr, / A dur gwynias drwy gannwr. **15g.** *Pen* 57, 37, Gyrr d*ystod* garw di ystaen / Goron y bleid yr grwnn blaen. **16g.** (*LlEG*) *Mos* 158, 463a, gwnaeth y ffranckod *ysdod* vawr ar vordor fflan/drys. **1621** E. Prys: *Ps* 57b, fe wnaeth Duw drostyn *ystod* / *Ystod* fawr (**1588** *Salm* cxxvi. 3, [p]ethau mawrion) a wnaeth Duw yn wir, / ein dwyn i'n tir cynefin. **1688** *TJ, Ystod*: a lay of Hay or Corn, laid with a Sithe, a Swath. **1803** *P* d.g. *Ystawd.* Ar lafar, 'throughout the south and midland areas the prevalent regional word for "swath" is *ystod* . . . There is evidence that *ystod* has penetrated into the area between the higher reaches of the Conway and of the Clwyd', *LGW* 97.

Cfn.: **trwy (drwy) ystod:** *during* (*the course* (*of*)), *throughout.* **1629** *RGYC* [21], *drwy* holl *ystod* ei fywyd. **1790** *Prif Crist* 50, ymostwng i argyoeddiadau'r yspryd ynddynt eu hunain, *trwy ystod* beunyddiol eu bywyd. **1798** W. Richards: *CC* 29, *trwy* holl *ystod* ei fywyd. **yn ystod:** *during, in the course* (*of*). *c.* **1400** *HMSS* ii. 182. **1675** R. Jones: *HCh* 136, Dyledswydd yw hon i ti iw chyflawni *yn* holl *ystod* dy einioes. **1773** *W* d.g. *During . . . During life.* Ar lafar, *WVBD* 580, *GTN* 866.

ystod², ystodyn, gw. ystad².

ystof¹, ysto [bnth. Llad. *stāmen,* H. Lyd. *stom,* gl. *stamen,* Llyd. C. *steuffenn,* Llyd. Diw. *steuenn, steuñ*(*v*)*enn*] *eb.g.* ll. *ystofion.* Yr edafedd yn eu hyd ar y gwŷdd a weithir yn gyfrodedd i'r anwe, dylif, gwead, hefyd yn *ffig.*: *warp* (*of yarn*), *a weaving, also fig.*

14g. *GDG³* 399, Ystod o'i dafod a dyf, / *Ysto* garth, os dig wrthyf [mewn ymryson â Gruffudd Gryg]. **15g.** *DN* 80, Cae a roed mewn côr o ddail, / Ys da gae *ysto* gwiail. **15–16g.** *TA* 395, Myned i weu ym min dol, / Mewn brwyn mae 'n bwrw i wennol; / Os y traed oedd *ysto* draw, / Y waun oedd anwe iddaw [i ofyn ebol]. **15–16g.** Hywel Rheinallt: *Gw* 34, Ysgwâr gwrt, ysgwier gwyn, / *Ysto'* cadarn, ystoc cedyrn. **15–16g.** *GIF* 65, Ystofaist blas a dyfoedd: / *Ystof* llawn ystefyll oedd. **1547** *WS, Ysto* The warpe. **16g.** Huw Arwystl: *Gw* 377, *Ysto* laes ais a daulin / a dail o waith edav lîn [i'r bais dew]. **1588** *Lef* xiii. 47–8, os dilledyn fydd â phla gwahanglwyf ynddo . . . Pwy vn bynnac ai yn yr *ystof,* ai yn yr anwê o lîn, neu o wlân, neu mewn croen. **16–17g.** *GST* i. 552, Digon a'i gŵyr, da gwna gerdd, / Os da brig *ysto'* breugerdd. **1604–7** *TW* (*Pen* 228), *ystof* d.g. *Trama.* **1632** *D, Ystof,* Stamen. **1688** *TJ, Ystof*: the warp of a Cloth. **1787 (1812)** Twm o'r Nant: *PG* 32, Nid oedd yn y byd . . . / Ei gonestach hi am drin *ysto.* **1803** *P, Ystawv* [*sic*], s. m.—pl. *ystovion* . . . a warp, in weaving. Ar lafar, '*ysto*' 'warp', *B* i. 102 (Llanllechid); '*stōf*', *ib.* (Tre-garth).

Cfn.: **ysto(f) ac anwe:** *warp and woof, usu. fig.* **1605–10** *AP* 40, ai *hysto ai hanwe* o ystwythfain ydafedd [i ofyn rhwyd].

ystof², gw. stof¹.

ystofaf¹, stofaf¹, (y)stofiaf: (y)stofi, (y)stofio [bf. o'r e. *ystof¹*] *bg.a.*

(*a*) Trefnu (edafedd) yn ystof, dylifo, gwehyddu; codi (pwythau) (ar gyfer, e.e. hosan): *to warp* (*yarn*), *weave*; *cast on* (*stitches, stocking, &c.*).

1604–7 *TW* (*Pen* 228), *stofio* d.g. *plecto. id. ystofio* d.g. *Texo.* **1632** *D, Ystofi,* Idem quod Dylifo. **1672** R. Prichard: *Gw* 559, Ni chrîb, ni nŷdd, na'r Rhôs, na'r lili, / Ni feder vn na gwau, na *stofi.* **1688** *TJ, Ystofi,* dylifo: to warp Cloth, &c. **1803** *P* d.g. *Ystovi.* Ar lafar, '*stofi* hoson' 'to begin a stocking', *TGG* (1907–8) 88 (de-orllewin sir Gaerf.); '*stofi*' 'dodi pwythau ar wäell ar gyfer gwau â gweillion', 'Fi *stofa*'r pwytha 'nawr iti', *GTN* 717; '*ystofi* pwytha', *ib.* 864.

(*b*) (enghrau. ffig.: *fig. exx.*).

12g. *GMB* 200, Gweith [ ] *ystouyssid* kynnif. **13g.** *GBF* 226, Arwr bar taeruar yn torri—cadeu, / Cadarnurwydyr *ystoui.* **14g.** *WM* 466. 19–20, nabuet a *estoues* catgamlan. **14g.** *GIG* 143, Anodd i brentis fis fydd / *Ystofi* miliast efydd [i'r delyn ledr]. *c.* **1400** *ChO* 19, *ystoui* y wc a oruc yr adyrcop. **15–16g.** *GIF* 65, *Ystofaist* blas a dyfoedd: / Ystof llawn ystefyll oedd. **16g.** Huw Cornwy, &c.: *Gw* 170, Llei *stofwyd* llys Dafydd, / llei pwyso ieirll, hap ysydd. **1733** J. Thomas: *CGGD* 28, [t]reulio cymmaint o'n Hamser yn y Dyledswyddau sanctaidd ymma, ag a allwn hepcor oddiwrth Orchwylion priodol ein Galwedigaethau . . . Dymma'r Ffordd oreu a mwya' llesol i '*stofi* ein Hamser. **1803** *P, Ystovi* . . . To regulate, to dispose . . . *Ystovi* y gwaith, to regulate the work. Ar lafar yn yr ystyr 'paratoi bwyd', 'Cystal dechre *stofi* sbo' (sir Benf.); hefyd yn yr ystyr 'trefnu; bwriadu', "Wyt ti wedi'i *stofi* 'i'n lled dda i bido gneud dim', "Ôn i wedi *stofi* cna'r cnwyllerni rwpryd 'eddi' (dwyrain Morg.).

ystofaf², stofaf²: (y)stofi [bnth. S. (*to*) *stow*; â'r ystyr, cf. hefyd S. (*to*) *bestow*] *ba.* Cyflwyno, rhoddi, cyfrannu: *to bestow, confer, contribute.*

1672 R. Prichard: *Gw* 10, Mae 'n gwilyddus i bob Christion, / Na chlyw arno *stofi* coron, / Ac vn misgwaith oi holl fywyd, / Ynghylch dyscu 'r fengyl hyfryd. **1696** *GGTY* 347, y braintiau hynny eu gyd a *stofodd* (*bestowed*) efe [Crist] arnoch chwi. *id.* 363, eu bedydd yn *stofi* (*confers*) grâs. **1710** *LlGG* (*Gos*) 14, oddieithr i'r Canlynwr ar y Cŵyn *ystofi* arno o'i wirfodd ryw rodd ar ei Gyngor. **1722** *Llst* 189, *Ystofi* . . . to bestow, give. **1733** J. Thomas: *HYB* 75, Gwynfydediccaf Dduw . . . diolch i ti am dy holl Fendithion a *ystofaist* arnaf. **1798** J. Thomas: *CIC* 53, Nid oes dim yn rhyngu bodd iddo ef [Crist] yn well nâ rhoddi yr hyn sydd ganddo, ei *ystofi* ar y tlawd a'r rheidus.

ystofaf³: ystofi [cf. *dofaf*: *dofi*] *ba.* Dofi, darostwng: *to tame, subdue.*

16g. *GSOG* 57, Ustus fu, *ystofes* fil, / Ystod, gwn ystad gynnil [marwnad Lewys ab Owain]. **1632** *D, Ystofi,* Domare, edomare. **1722** *Llst* 189, *Ystofi* . . . to tame, subdue. **1770** *W* d.g. *To break* [*tame*] *a horse.*

ystofiad, stof(i)ad [bôn y f. *ystofaf¹, stofaf¹,* &c.: (*y*)*stofi,* &c.+*-iad¹, -ad*] *eg.* ll. (*y*)*stofiadau.* Y weithred o ystofi, gwead; trefniad, trefniadaeth, darpariaeth: *a warping* (*of yarn*), *a weaving*; *an ordering or arranging, provision.*

16g. *NBSBM* 590, Doed i F'redudd, gynnydd gwell, / Do *stofiad* Duw a'i stafell [marwnad Maredudd ap Morgan gan Lewys Dwnn]. **1803** *P, Ystoviad,* s. m.—pl. *t. au* . . . A regulating, a disposing; a warping.

ystofiaf: ystofio, gw. ystofaf¹: ystofio.

ystofwr [bôn y f. *ystofaf¹,* &c.: *ystofi,* &c. +*-wr*] *eg.* (b. *-wraig*) ll. *-wyr.* Un sy'n ystofi, gwëydd, hefyd yn *ffig.*: *warper* (*of yarn*), *weaver, also fig.*

14g. *GDG³* 74, *Ystofwraig* mydr gaer hydr hy [i'r eos]. **1793** *Cylchg* 88, Pob cydyn o wlan y Ddafad a droir yn foddion cynnaliaeth i'r . . . cenglwyr, *ystofwyr,* panwyr. **1803** *P, Ystovwr,* s. m.—pl. *ystovwyr* . . . One who regulates or puts in order; a warper.

ystöic, ystoïcaidd, ystoïcyn, gw. stöic, stoïcaidd, stöic.

ystol, ystôl¹,², gw. ysgol², stôl¹,².

ystôl³, ystola, gw. stôl³.

ystolaf: ystolo, ystolas, ystomp, ystompiaf: ystompio, ystompiwr, gw. stolaf¹: stolo, stôl³, stomp¹, stompiaf: stompio, stompiwr.

ystoncyn, ystond, gw. stoncyn, stond¹.

ystondard, ystondardd, gw. standard.

ystondarddwr, &c. [*ystondardd,* &c.+ *-wr*; dichon mai *ystondardwr* a welir yn yr engh. gyntaf isod] *eg.* Banerwr, llumanwr: *standard-bearer.*

14g. *YBH* 7a, mi ath . . . wnaf yn synsgal ar vy holl gyuoeth ac yn ben *ystondardwr* im. **1604–7** *TW* (*Pen* 228), *ystandardhwr* d.g. *Aquilifer.*

ystondart, ystonder(d), gw. standard.

ystonding, ystont, ystop, ystopaf: ystopo, gw. stondin, stond², stop, stopiaf: stopio.

ystopell [cfdds. o'r S. *stopp*(*le*)+*-ell*] *eg.b.* ll. *-au.* Topyn, plwg: *stopper, plug.*
1778 *W* d.g. *Plug* [*a sort of wooden peg or stopple*].

ystopiad, ystopiaf: ystopio, gw. stopiad, stopiaf: stopio.

ystor, ystôr² [bnth. Llad. *storax,* ?drwy'r H. S. neu'r S. C. *stōr*] *eg.b.* ll. *ystor*(*i*)*au.* Resin, gwm, thus, arogldarth, hefyd yn *dros.* ac yn *ffig.*: *resin, gum, frankincense, incense, also transf. and fig.*

13g. *GBF* 357, Myrr ac *ystor,* ardunyant cor, kerd rinwedeu. **14g.** *T* 32. 6–7, pan y6 dien g6lith. allat g6enith. Ag6lit g6enyn. Aglut ac *ystor.* Ac ely6 tra mor. **1346** *LlA* 70, Asa6tringhev. Affibeu. Acherdev ereill. ac aroglev *ystor.* *c.* **1400** *Études* vii. 390, scoparis

calamint a'r *ystor* bonhedic. **1547** *WS*, *Ystor* peth val kwyr Rosyn. **16g.** *B* xxiv. 443, a'r tri brenin . . . a'r tair annreg aur, *ystor* ag iraid, yr aur am i vod yn vrenin a'r *ystor* am i vod ychel offeiriad a'r iraid yn arwydd i kleddid ef mewn dayar. *p.* **1584** G. Robert: *GC* 381, Y gwr sy well nog aur sieb, / *ystor* yn', nos, [*sic*] da i'r wyneb (Siôn Tudur). *Diw.* **16g.** *WLB* 3, os rhoir *ystôr* a chwyr yn yr eli. **1607** *Pen* 216, 5, bod heb ydynabod ei ei [*sic*] arglwydd ne/i/ wrando na mynnu i glywed mwy no phetvai vydar, neu vod *ystor* yn ei glistiav. **1632** *D*, *Ystor*, Resina. **1632** *D* (*Bot*), *Ystor*, Olibanum. *c.* **1740** *LlM* 19, [C]ŵyr melyn ac *Ystor*. **1795** J. Thomas: *AIC* 365, Cymmer 14 owns o *Ystor* melyn, a 4 o Gwyr melyn. **1803** *P*, *Ystawr* [*sic*], s. f.—pl. *ystorau* . . . any resin; rosin.

Cfn.: **ystor coeth:** *amber, storax.* **1722** *Llst* 189. [**1783**] *W* d.g. *Storax.*

ystôr[1,2], **ystoraeon, ystoraf: ystoro, ystoraid,** gw. **stôr, ystor, ystoria, storiaf: storio, hestoraid** (hefyd At.).

ystoraidd [*ystor, ystôr*[2] + *-aidd*] *a.* Tebyg i resin, yn cynnwys resin: *resinous.*
[**1783**] *W* d.g. *Resinous.* **1803** *P.*

ystorâus, ystordy, gw. **ystoria, stordy.**

ystordyn, stordyn[2], *e?g.* Terfyn, ffin, llinell (gychwyn neu derfyn), nod, targed; cyfnod, tymor; hefyd yn *ffig.*: *boundary, limit,* (*starting or finishing-*)*line, goal, target; period, term; also fig.*

1547 *WS*, *Ystordyn* Scantlet. **16g.** Wiliam Cynwal: *Gw* 28, Os dewrder, rhowch *ystordyn*, / Ys cerdd d'air, nis cyrraedd dyn. **1604–7** *TW* (*Pen* 228), Gossot teruyn, ne '*stordun* d.g. *definio.* *id.* *ystordun* d.g. *Meta, Ostracites.* *Dchr.* **17g.** *J* 10, 45a, *Stordun.* limit, standing. Limes. **1691** T. Williams: *YB* 132–3, [d]ywedodd y Psalmydd, na osodwyd yn gyffredin i ddyn i fyw ar y ddaiar ond byrr *ystordyn* (*very narrow Bounds*). *id.* 151, tu hwnt i hyn o amser, tu hwnt in *stordyn* (*term*). *id.* 258, mae marwolaeth yn gosod iddo ei eithaf *ystordyn* (*final period*). **1761** *ML* ii. 291, Fe ddywedir fod ein 3 chandidat: Bodorgan, Bodowen, a Bryn Moel yn ymroi i sefyll, bawb ar ei *ystordyn.* **1803** *P*, *Ystordyn*, s. m. . . . A trigger, in bowling; a mark to jump from.

ystoredig, ystorfa, ystorgell, ystori[1], gw. **storedig, storfa, storgell, stori**[1].

ystori[2] [bnth. S. *storey*] *e?g.* ll. *ystorïau.* Lefel neu wastad (mewn adeilad), (set o ystafelloedd ar yr un) llawr: *storey.*
16g. Lewys Morgannwg: *Gw* 421, mae gwaith kymry ny ty tau / mynstr yw main *ystoriau.* **1725** *SR* d.g. *A Story in a house.*

ystoria, storia [bnth. dysg. Llad. *historia*; dichon fod enghrau. o (*y*)*storïau*, ll. yr e. *stori*[1], *ystori*[1], wedi eu cynnwys yma oherwydd org. amwys] *eb.* ll. (*y*)*storiâu.* Hanes (ysgrifenedig), cronicl, stori: (*written*) *history, chronicle, story.*

13g. *GBF* 369, Gŵaet Iessu a uu, gŵaet cu cŵynych, / Gŵirda *ystorya* pan ystyryych. **14g.** *BT* (*RB*) 112, heb gael neb *ystorya* o'r a ellit y gwarchadw y dan gof. *id.* 260, *Ystoryaeu* y Brenhined. **15g.** *GLGC* 121, a mynegi, myn Iago, / *ystoriâu* Brutus o Dro, / a hen gerdd a henwau gwŷr. **15g.** *Pen* 57, 13, ystyryawl yw vy *storia* / Ostir keisiaw neges da. *Diw.* **15g.** *Pen* 67, 77, Mae *storyae* saint y meistr sionn / ni doedd afryw n dy ddwy vronn (Hywel Dafi). **16g.** *Med H* 90, ni chair dim o hynny mewn Cronic neu *Ystoria* o'r byd. **1703** E. Wynne: *BC* 18, *storiau* gorchestol. **1764** *ML* (Add) 641, llyfr o *Ystoria*'r Cymru ar vemrwn.

Amr.: **ystorâus,** &c. (ll. dwbl). **1712** T. Williams: *CDdG* 228, *ystoraus.* Ar lafar, '*storiâus*' (Cered.), '*storihaus*' (sir Gaerf.); '*storâus*', *GTN* 717. **ystoraeon** (ll. dwbl). **1862.**

Gw. hefyd **historia, stori**[1], **straeon, ystyr**[1].

ystoriaf: ystorio, gw. **storiaf: storio.**

ystoriawr, storiawr, (y)storïawr [*ystoria, storia* + *-wr*, a *stori*[1], *ystori*[1] + *-awr*[3]] *eg.* ll. *ystoriawyr, stor(i)awyr.* Hanesydd, awdur hanes; storïwr: *historian, historiographer; storyteller.*

14g. *Bren Saes* 8, bu varw Beda effeirat, yr *ystoriawr* goreu. **15g.** *GLGC* 262, Tri ffrwythlon gerddor a ragorant: / un yw bardd ei hun ag a henwant, / ail yw *storïawr* ag a alwant. *c.* **1485** *RWM* ii. 35, Gildas ap Caw ac *ystoriawyr* ereill. **1547** *WS*, *Ystoriawr* Hystoriographer. **1595** *Egl Ph* [ix], Pwy a bhedr dhealh scribhennydhion tiriondhysc, neu *storiawyr* hydalm, heb gydnabod a throelhau ymadrodh? *Dchr.* **17g.** *TA* 617, dirwy fu'r adwy ar wŷr, / distrywiwyd *storiawyr.* **1632** *D*, *Ystoriawr*, Historicus, historiographus. **1712** T. Williams: *CDdG* 137, ymhlith *storâwyr* (*Historians*) a phrydyddion yn y dyddiau hynny. **1722** *Llst* 189, *Ystoriawr.* m. An historian. **1778** T. Jones: *TGEL* 94, cofiwch nad oes dim mwy cyffredin ym mhob *ystoriawr* nag i'r naill esgeuluso y peth y mae'r llall yn ei adrodd. Ar lafar, '*storiawr*' 'gŵr a thoreth o storïau ganddo ac yn hoff o'u hadrodd' (canolbarth Cered.).

ystorigar, ystorïol, ystorïwr, gw. **storigar, storïol, storïwr.**

ystorlud, gw. **ystor + glud**[1].

ystorm, ystormaf: ystormo, gw. **storm, stormiaf: stormio.**

ystormedig [bôn y f. *ystormiaf, ystormaf*: *ystorm(i)o* + *-edig*] *a.bfl.* Stormus, tymhestlog: *stormy, tempestuous.*
c. **1585** *MCr* 59, [m]oroedd *ystormedig.*

ystormiaf: ystormio, ystorml(l)yd, ystormus, ystorom, gw. **stormiaf: stormio, stormllyd, stormus, storm.**

ystorwr [bôn y f. *ystoriaf, ystoraf*: *ystor(i)o* + *-wr*] *eg.* ll. *-wyr.* Ceidwad neu ofalwr stordy: *storekeeper, warehouseman.*
1762 *CGC* 6, Rice Price . . . *Ystorwr.* [**1783**] *W* d.g. *Storer or store keeper.* **1803** *P*, *Ystorwr*, s. m.—pl. *ystorwyr* . . . A warehouseman.

ystorws, ystoryn, gw. **storws, stôr.**

ystorysaf: ystorysu [bf. o'r e. *ystorws*] *ba.* Storio: *to store.*
1823.

ystowt, ystrac, gw. **stowt, strôc.**

ystraciaf: ystracio [dichon fod yma fwy nag un gair (?cf. *stranciaf*: *strancio, ystrac, ystriciaf*: *ystricio*)] *bg.?a.* Gwallgofi, cynddeiriogi; ?taro: *to become insane or frenzied; ?strike.*
16g. Wiliam Cynwal: *Gw* 99, *Ystracio* fry, ystrôc frau, / Ystrêd, yn dinistr ydau [i ofyn cesig]. **1766** *CD* 172, Pan fo Ngwr i yn *Ystraccio*, / Yn chwalu Tân a'i draed ai Ddwylo. **1828** *Geir Pob* 30, *Ystracio*, gwallgofi.

ystrad [e. lle H. Grn. *Stræt(neat)*, e. lle H. Lyd. (*Caer-*)*strat*, Llyd. Diw. *strad* 'gwaelod', Gwydd. C. *srath*: < Clt. **strato-*, o'r gwr. IE. **sterə-* 'lledu, taenu'; a'r ystyr 'stryd' dan ddyl. Llad. *strāta* (*via*)] *eb.g.* ll. (*y*)*stradoedd, ystradau.*

(*a*) (Llawr) dyffryn, glyn, gwastadedd: (*floor of*) *valley, vale, plain.*
12g. *GMB* 201, Dyt yn *ystrad*, aessaŵr dreulyaŵ. **12g.** *GCBM* ii. 94, Llas deu gymynauc am gymynad —Eigyl / Am Degeingyl dec *ystrad.* **13g.** *C* 89. 14, Ottid eiry tohid *istrad.* **14g.** *T* 38. 13, Llawn yw y *ystrat* lawen gynnydd. **14g.** *WM* 230. 10–11, odyno ti a wely *ystrat* megys dyffryn maŵr. **15g.** Bedo Aerddrem, &c.: *Gw* 385, Ystryt duw yw'r *ystrad* hon [i'r Abad Dafydd o Ystrad Marchell]. **1567** *TN* 91a, mewn maestir [:– ar wastat / tir, *ystrad*]. **1604–7** *TW* (*Pen* 228) d.g. *Vallecula.* **1632** *D*, *Ystrad*, Strata. **1722** *Llst* 189, *Ystrad.* f. A valley. **1803** *P*, *Ystrad*, s. m.—pl. t. *au* . . . A flat, a vale, a bottom, or valley, formed by the course of a river. Digwydd mewn e. lleoedd, gw. I. Williams: *ELl* 29. Cf. *LL* 76, *stratdour*; *id.* 174, *istrat* hafren; *T* 56. 18, gŵen *ystrat.*

(*b*) Stryd; ?seler: *street; ?cellar.*
c. **1400** *YCM*[2] 195, yr auon . . . mi a'e trossaf oe chanawl yny vo llawn yr *ystratoed* (*celiers*) a'r tei. **1567** *LlGG* 69a, Dos allan yn ebrwydd i'r heolydd ac *ystradae* 'r dinas. **1604–7** *TW* (*Pen* 228), *ystrat* d.g. *parœcia.* **1615** R. Smyth: *GB* 143, Pa resyndod a gofid calon all fod genthynthvvy sy 'n gvveled yr *stradoedd* a'r heolydd yn llavvn o'r bobl ddiethr yma. **1722** *Llst* 189, *Ystrad.* f. . . . a street. **1794** *W* d.g. *Street.*

ystrae[1,2], **ystraegar, ystraellyd, ystraen, ystraenaf: ystraeno,** gw. **straeon, strae**[2], **straegar, straellyd, straen**[1], **straeniaf**[1]: **straenio.**

ystraener, ystraeniaf: ystraenio, ystraeol, ystraeon, ystraewr, gw. **straener, straeniaf**[1]: **straenio, straeol, straeon, straewr.**

ystraffaf: ystraffu [cf. *gwastraffaf*: *gwastraffu*] *ba.* Gwasgaru, taenu, gwastraffu, hefyd yn *ffig.*: *to scatter, strew, waste, also fig.*
1671 C. Edwards: *FfDd* 203, yr hwn [baich o ffolineb] wedi ymddattod a *ystraffa* 'r ffordd a gerddont [plant] a direidi ac oferedd. **1677** *id.* [425], *Ystraffu*, sarnu. **1803** *P.*

ystraffaglaf, ystraffagliaf: ystraffaglu, ystraffaglio, gw. **stryffagliaf: stryffaglio.**

ystraffaldiach, *e.ll.* Geriach, ysbwrial: *odds and ends, rubbish.*
1851.

ystram [gair geir. yn wr.] *eb.g.* ll. *ystram(i)au,* (geir.) *ystremydd.* Ffrâm, fframwaith, hefyd yn *ffig.*; offeryn, teclyn: *frame, framework, also fig.; instrument, tool.*
1604–7 *TW* (*Pen* 228) d.g. *Instrumentum.* **1803** *P*, *Ystram*, s. f.—pl. *ystremyz* . . . A frame. *Ystram* y drws, the door-frame; *ystram* y fenestyr, the window-frame.

ystramwaith, gw. **ystram + gwaith**[1].

ystranc, ystranciaf: ystrancio, &c., gw. **stranc, stranciaf: strancio,** &c.

ystrancus [*ystranc* + *-us*] *a.* Castiog, ystrywgar; pranciog: *full of tricks, wily; prancing.*
1770 *W* d.g. *Arch* [*crafty* . . .]. **1803** *P*, *Ystrancus* . . . Apt to play tricks.

ystrap, ystraper, ystrapiaf: ystrapio, gw. **strap, straper, strapiaf: strapio.**

ystrawaeth, ystrawen, ystrawgar, ystrawiaeth, gw. **cystrawiaeth** (hefyd At.), **cystrawen** (hefyd At.), **ystrywgar, cystrawiaeth** (hefyd At.).

ystre[1], **stre** [bnth. Llad. *striga* 'gwanaf; rhych; lle gwag rhwng y minteioedd (mewn gwersyll)'; ansicr yw prth. *ystry*, *GDB* 416] *eb.* ll. (geir.) *ystreon.* Ffin, goror, blaen (y gad); llu, mintai, rhes (o feirch); (geir.) cwrs: *border(land), (battle-)front; crowd, throng, row (of horses); (dict.) course.*
12g. *GMB* 72, Perchen peuuer *ystre* o'r re ŵygaŵc. *id.* 74, Ennillaŵd llyw *ystre* lle i gilyt. *id.* 263, Gnaŵs am bann bennyal *ystre.* **12g.** *GCBM* ii. 53, *Ystre* hynt wastad, gŵestei—gwynuydic. **12–13g.** *GLlLl* 141, Caradwy lywy, lewych *ystre.* **13g.** *A* 18. 8, kynnedyf y ewein esgynv ar *ystre.* *id.* 34. 7, Gododin *stre. stre* ancat. *id.* 36. 12, Moch aruireit i more icinim a pherym rac *stre.* **14g.** *T* 31. 25–6, arystrat ar*ystre.* ystryŵ maŵr mire [*sic*]. *c.* **1400** *R* 1035. 15, Kynteuin kein ar *ystre.* pan vrys ketwyr y gatle. mi nyt af anaf ambe. *id.* 1037. 9–10, Ny chollaf dy wyneb trin wosep ŵr pan wisc gleŵ yr *ystre.* porthaf gnif kynn mudif lle. **1803** *P*, *Ystre*, s. f.—pl. t. *on* . . . A course.

ystre[2], **ystrebog,** gw. **ystref, strebog.**

ystred[1], **stred**[1], **ystrêt**[1] [tywyll yw rhai o'r enghrau. isod] *eb.* Rhes, cyfres, llinell, hefyd yn *ffig.*: *row, series, line, also fig.*
14g. *T* 45. 16, katellig *ystret.* kat anyscoget. **14–15g.** *IGE*[2] 175, Ystola gri o ffion, / *Ystrêd* felenbraff graff gron [Rhys Goch Eryri i yrru'r ddraig goch]. *c.* **1400** [*RB*] *WM* 237. 12–13, *ystret* o tei o bop tu yr heol. **15g.** *GLGC* 309, Nid da ond Ieuan, nid tywell—fy *stred*, / nid hawdd i holl Gred weled ei well. **16g.** *GGH* 18, Enwoced, llawned, darlleinier—ei *stred*, / Weled draw deced tir y Dacer. *a.* **1587** *Y* 229, Od oes dri ym yn dy *ystrêd*, / Od oes naw, nid oes niwed. **16–17g.** *GST* i. 190, Ys da radd, ystôr oeddud, / *Ystred* beirdd os drud y byd. **1707** *AB* 239b, *Ystret*, A row, a rank. **1753** *TR*, *Ystrêt*, a row, a rank. E[dward] Lh[wyd].

ystred[2], **stred**[2], **ystrêt**[2] [bnth. S. *estreat*] *eb.g.* ll. *ystredau.* Cofnod cyfreithiol o ddirwy, ymrwymiad, &c., llechres, rhol rent, treth: *estreat, inventory, rent-roll, rate.*
Diw. **15g.** *B* xxv. 133–4, pwy bynnac a el o wlad i gilydd a da arglwydd arno os y swyddoc a ddaw ac *ysdred* yr arglwydd oni chaiff i dda yn ddiohir gantho adre, bod i'r swyddoc i ddylifro ne daled e hvn. **15–16g.** *GLM* 93, ni roes draw ar war *ystrêd*, / er gallel, dirwy golled [marwnad Ieuan ap Llywelyn]. **15–16g.** *TA* 56, Yn ddiddawn, ddiddym, heb rodd a heb rym, / Heb addwyn feistr ym, heb dda 'n f' *ystred* [marwnad Syr Thomas Salbri]. **1690** *Ymofynion* 9, y Llechrês neu *stred* memrwn o ffis. **1722** *Llst* 189, *Ystrêd.* f.p. *tredau.* An abstract: a rental; inventory. **1725** *SR*, *Ystrêd* d.g. *An Estreate.* **1773** *W*, *ystrêd, ystrêt* d.g. *Estreat.* *id.* Rhoddwyd arnaf orthal . . . yleni yn *Ystrêt* y tlawd d.g. *Overcharged.* Ar lafar, cf. *GDD* 274, Tinu'r *strêd* is the expression for making out a table of rate dues. Codi'r *strêd* is collecting the rate. Y-*strêd*-fowr and y-*strêd*-hir are the principal rates; y-*strêd*-fach is a supplementary rate.

ystref, ystre[2] [gair geir. yn wr.; cf. *tref,*

tre[2] *eb*. ll. *ystrefi*. Annedd, preswylfa, cartref: *dwelling, habitation, home.*

15g. *RWM* i. 400, *ysstre* = kyvannedd. **1632** D, *Ystref*, Habitatio, domicilium. **1722** Llst 189, *Ystref*. f. An habitation, home. **1789** *BDG* 504, Gweirlawd, a than frig irlwyn / Yw 'nghartref, cell *ystref* llwyn. **1803** P, *Ystrev*, s. f.—pl. t. *i* . . . That forms a dwelling.
Amr.: **ystry**[2]. **1632** D, *Ystry*, Idem quod Ystref. **1688** TJ. **1773** *W* d.g. *A dwelling, dwelling-house, or dwelling-place.*

ystreic, ystreiciaf: ystreicio, ystreif-iad, ystreifiaf: ystreifio, ystreiliaf: ystreilio, gw. streic[1], streiciaf: streicio, streifiad, streifiaf: streifio, ystreuliaf: ystreulio.

ystreillwch, ystreiniaf: ystreinio, ystreip, ystrel, ystrelgi, gw. stryllwch (hefyd At.), straeniaf[1]: straenio, streip, strel, strelgi.

ystrem, strem[2], *a.* Hurt, annoeth, byrbwyll: *stupid, unwise, rash.*

16-17g. *GST* i. 527, Y bi goeglas, bigawglem, / O'i choedlys draw, chwedl *ystrem* [i ateb Siôn Phylip]. id. 574, Ysbryd hen i'w 'sbarduno, / *Ystrem* farch clustrwm yw fo [i ofyn ceffyl]. **1604-7** TW (Pen 228), *ystrem* d.g. Fungus, præceps. Dchr. **17g.** J 10, 45b, Strem. fungus. stultus. Temerarius.

ystremaf, ystremiaf: ystremu, ystrem-io, gw. stremiaf: stremio.

ystremit, ystremp, ystrempiog, gw. stremit, stremp, strempiog.

ystrenc, ystrencwr, ystrencyn, ystrep-og, gw. stranc (hefyd At.), stranciwr (hefyd At.), stranc (hefyd At.), strebog.

ystresol, ystrêt[1,2]**, ystretsiaf: ystretsio,** gw. stresol, ystred[1,2], stretsiaf: stretsio.

ystreuliaf, streuliaf, stre(i)liaf, stril-iaf: (y)streulio, stre(i)lio, strilio [cf. *distreuliaf: distreulio, treuliaf: treulio*] *bg.a.* Rinsio, tynnu drwy ddŵr; ysu, difa; hefyd yn *ffig.*: *to rinse; devour, destroy; also fig.*

1595 Egl Ph 13, Mi anbhonabh dan i Iehwda, hwn a ystraul (**1588** *Am* iv. 2, ddifa) lyssoedh Caersalem. **1604-7** TW (Pen 228), *ystreûlio* d.g. deuoro. [**1761**] GGJ 36, Mwyder [sidan] mewn Dwr Alym . . . Yna streilia (**1812** W. DAVIES: *RMB* 27, Ystreilia) ef. Ar lafar, 'streilio' 'to rinse', WVBD 505; 'strelio' 'to scold severely', ib.; 'Strelio' 'to pour water over', TGG (1904) 47 (sir Ddinb.).

ystreuon, gw. straeon.

ystrew [bôn y f. *ystrewaf: ystrewi*] *eg.* ll. (geir.) *-au.* Tisiad; snisin: *sneeze; snuff.*

17g. LlGC 13215, 335, *Ystrew* Sternutamentum. **1759** BC ix, gresyn fod Haidd, Gwinwydd, Llewyg y Blaidd, Ffwgws, *Ystrew* . . . yn amharu'r hŵyl, ac yn dwyn Arian yr hên Frutaniaid! **1803** P, *Ystrew*, s. m. —pl. t. *au* . . . A sneeze.

ystrewaf, strewaf: (y)strewi [cf. *distrewaf: distrewi, trewaf: trewi*, a cf. hefyd y cytras-au a nodir d.g. *trew*] *bg.* a hefyd gyda grym enwol i'r be. Tisian: *to sneeze.*

[**1547**] W. SALESBURY: *OSP*, Koffa dy din pan *ystrewych*. **1547** WS, *Ystrewi* To nese. **16g.** LlS 53, Clust yr ewic . . . Wy barant o chnoir i wlybwr ddiscin or penn ac *ystrewy*. **1632** D, *Ystrewi*, Sternuo. **1632** D (Bot), *Ystrewllys*: Tansy. [**1762**] E. POWELL: *HEI* 55, dyrnaid o *Ystrewllus* sef (Tansy). **1770** TG ii. 31, *ystrewllys* . . . dylysg, berwr. **1803** P d.g. *Ystrewlys.*

ystrewlwch [*ystrew* + *llwch*[1], cf. *distrew-lwch, trewlwch*] *eg.* Snisin: *snuff.*
1722 Llst 189, *Ystrewlwch.* m. Snuff, snush. **1803** P.

ystrewlys, ystrewllys [*ystrew* + *llys*[5], cf. *distrewlys, trewlys*] *eg.* Bot. Distrewlys, *Achillea ptarmica*; tanclys, tansi, *Tanacetum*: *sneezewort; tansy.*

1604-7 TW (Pen 228), *ystrewlys* d.g. Elleborum, *Tamacetum* (At.). **1688** TJ (Bot), *Ystrewllys*: Tansy. [**1762**] E. POWELL: *HEI* 55, dyrnaid o *Ystrewllus* sef (Tansy). **1770** TG ii. 31, *ystrewlys* . . . dylysg, berwr. **1803** P d.g. *Ystrewlys.*

ystribed, ystric, ystricaf: ystrico, ystricer, gw. stribed, stric[1], ystriciaf: ystricio, stricer.

---

ystriciaf, ystricaf: ystric(i)o [bnth. S. (*to*) *strike*] *ba.* Taro: *to strike.*

15g. IGE[2] 229, Dysgais, *ystriciais* ystrac, / Deall modd y sodïac (Ieuan ap Rhydderch). **1594-6** BM 32, 22b, *ystrico* ochr y llaw ar gefn y llall [i ddynodi'r llythyren 'S'].
Gw. hefyd striciaf[1]: stricio.

ystrif, gw. strif.

ystriflen, ystriflyn, ystrifflyn, gw. striflyn (hefyd At.).

ystrim-ystram-ystrellach, ystrim-ystrellach, gw. strim-stram-strellach.

ystrîn, strin, &c. [cf. *trin*[1]] *eb.* ll. (geir.) *ystrinoedd.* Gwrthdaro, cynnen, ymrafael, ffrwgwd, ysgarmes, ymladdfa, brwydr, hefyd yn *ffig.*: *conflict, contention, quarrel, affray, skirmish, fight, battle, also fig.*

16g. MORUS DWYFECH: *Gw* 65, Er a fu gynt, arf a gad, / O 'strin orn estron arnad. **1604-7** TW (Pen 228), *ystrin* d.g. Conflictus, propugnatio. **1632** D, *Ystrin*, Pugna, contentio. **17-18g.** O. GRUFFYDD: *Gw* 59, A mawr *ystrin* mae'r ystrŷl / Yma a'i gyffes am geffyl [i ofyn march]. **1722** Llst 189, *Ystrin.* f. An affray, scuffle. **1759** BC 297, Fe ddarfu y Blynyddoedd blin, / Ei huil [*sic*] ystrow a'i holl *ystrin*. *c.* **1785-90** (**1829**) CBYP 67, Gyrru mae'r gwyntoedd gerwin, / . . . / A'n rhwystraw a'u mawr *ystrin*. **1803** P, *Ystrin*, s. f.—pl. t. *oz* . . . That causes strife.

ystrip, ystripiaf: ystripio, ystrôc, ystrociaf[1,2]**: ystrocio,** gw. strip, stripiaf: stripio, strôc, strociaf[1,2]: strocio.

ystrodur, strodur [bnth. Llad. *strātūra* 'palmant; haen o dom' (ond nid yw'r dtb. ystyr yn eglur), cf. Gwydd. C. *srathar*] *eb.g.* ll. *ystroduriau.* Cyfrwy, yn enw. un ar gyfer cludo paciau neu gynnal siafftiau trol, &c., hefyd yn *ffig.*: *saddle, pack- or cart-saddle, also fig.*

9g. (MC) VVB 146, *Strotur* gurehic, gl. *sambuca*. **14g.** WM 454. 38-9, *ystrodur* eur anllaόd y danaό. **14g.** GIG 147, Ffriwuchel wrach, fingrach fort, / Ffroengau, *ystrodur* ffrwyngort [i'r llong]. **1547** WS, *Ystrodur* A carte saddel. **1605-16** Mos 131, 649, Mynn *ystrodur* bybur mynn y bobi brenn / mynn penn bran a mynki. Dchr. **17g.** J 10, 45b, Strodur. cartesadell. **1632** D, *Ystrodur*, Clitellæ. **1722** Llst 189, *Ystrodur*. f.p. duriau. A horse-cart saddle. **1753** TR, *Ystrodur*, a pack-saddle, a pannel. **1791** Gw. MECH-AIN: Rh 55, Harri I. a esmwythodd ronyn ar eu [*sic*] ddeiliaid, trwy osod clustogau dan eu *ystroduriau.* **1803** P d.g. *Ystrodur.* Ar lafar yn gyff., 'strodur', WVBD 506 (*eg.*); 'strotur', GTN 719 (*eb.*).
Amr.: (y)strodyn. **20g.** Ar lafar, 'Cits di yn y *strotyn* yr ochor arall', 'dau *strodyn*' (Morg.).
Cfn.: (y)strodur gyrn = ystrodur bwn. **1884.** ystrodur bwn (pwn): *pack-saddle.* **1688** TJ, Sadell, *ystrodur bwn*: a Pannel or Pack-saddle.

ystrodwm, ystrodyn, ystromaniwr, gw. strodwm, ystrodur, astronomiwr (hefyd At.).

ystronimer, ystronomer, gw. astron-omer (hefyd At.).

ystronomi, ystronomiwr, gw. astron-omi (hefyd At.), astronomiwr (hefyd At.).

ystrontim, ystrow, ystrowgar, ystrow-iog, ystrowus, gw. strontiwm, ystryw, ystrywgar, ystrywiog, ystrywus.

ystruan [cf. *truan*] *eg.* (bach. *ystruenyn*) ll. *ystrueiniaid.* Person truenus: *wretch.*

1743 D. ROWLAND: *T* 45, gweled ei fod yn *Ystruan* pechadurus . . dûach na 'r Diafol. id. 60, y maent yn ochneidio tan Bwys y Llygredd y maent yn ei deimlo, ac yn cyfrif eu Hunain yn *Ystruainiaid.* **1765** Rhed Y 37, ychydig o *Ystrueiniaid* (*wretches*) gwael. **1767** Aberth Cym 73, y meddwyn, y celwyddwr, a'r halogedig . . . y mae'n rhaid fod y cyfryw *ystrueiniaid* anniolchgar, anystyriol a'r rhai'n yn llygad-glwyf gwastadol . . . i Dduw.

ystrudfach, ystrwmant, gw. ystudfach, sturmant.

ystrwythaf: ystrwytho [cf. *trwythaf: trwytho*] *ba.* Trwytho, hydreiddio; ffrwythloni: *to saturate, pervade; fertilize.*

1803 P.

---

ystrwythiad [bôn y f. *ystrwythaf: ystrwytho* + *-iad*[1]] *eg.* Trwythiad: *saturation.*

1803 P.

ystrwythur, ystrwythurol, ystry[1,2]**, ystryd,** gw. strwythur, strwythurol, ystre[1], ystref, stryd.

ystrydeb [cfdds. o'r S. *stereo(type)* + *-deb*] *eb.* ll. *-au*, a hefyd gyda grym ansoddeiriol. Stereoteip (am agwedd, person, &c.), ymadrodd neu farn ystrydebol, sylw neu osodiad sathredig neu hen gyfarwydd, hen drawiad; stereoteip (mewn argraffu): *stereotype (of attitude, person, &c.), cliché, platitude; stereotype (plate or printing).*
1806.

ystrydebaeth, gw. ystrydebiaeth.

ystrydebaf: ystrydebu [bf. o'r e. *ystrydeb*] *bg.a.* Defnyddio ystrydebau, stereoteip-io (person, &c.); argraffu o blât stereoteip; hefyd yn *ffig.*: *to use clichés or platitudes, stereotype (person, &c.); print from a stereotype plate; also fig.*
1827.

ystrydebedig [bôn y f. *ystrydebaf: ystrydebu* + *-edig*] *a.bfl.* Ystrydebol, llawn ystrydebau: *stereotypical, cliché-ridden.*
1860.

ystrydebedd [*ystrydeb* + *-edd*[1]] *eg.* Yr ansawdd neu'r cyflwr o fod yn ystrydebol, yn llawn ystrydebau, neu'n hen gyfarwydd; ystrydeb: *triteness; platitude.*
1923.

ystrydebiaeth, ystrydebaeth [*ystrydeb* + *-(i)aeth*] *eg.* Ystrydebedd; stereoteip (mewn argraffu): *triteness; stereotype (in printing).*
1809.

ystrydebol [*ystrydeb* + *-ol*] *a.* A nodweddir gan ystrydebau, llawn ystrydebau; yn perthyn i'r dull o argraffu sy'n defnyddio stereoteip: *stereotypical, cliché-ridden, hackneyed, platitudinous, trite; stereotype (adj., in printing).*
1849.

ystrydeboldeb [*ystrydebol* + *-deb*] *e?g.* Ystrydebedd: *triteness.*
20g.

ystrydebolrwydd [*ystrydebol* + *-rwydd*] *e?g.* Ystrydebedd: *triteness.*
20g.

ystrydebydd [bôn y f. *ystrydebaf: ystrydebu* + *-ydd*[3]] *eg.* ll. *ystrydebwyr.* Un sy'n gwneud platiau stereoteip; un sy'n defnyddio ystrydebau: *stereotyper (in printing); one who uses clichés.*
1842.

ystrydfach, ystrydwm, gw. ystudfach, strodwm.

ystrym, strym [bnth. S. *stream*; tywyll yw'r enghrau. llenyddol isod, a rhoddir y diff. ar sail P] *eg.* ll. *ystrymoedd.* Ffrwd, cerrynt, hefyd yn *ffig.*: *stream, current, also fig.*

15-16g. GRB 60, Aeron oedd ar win iddaw / y rhôi *strym* i'r rhai sy draw. **16g.** LEWYS MORGANNWG: *Gw* 308, syr sy vaistr Siors i vwstriaw / sy ar *ystrym* Sain Siors draw. **1803** P, *Ystrym*, s. m.—pl. t. *oz* . . . A main stream, a current.

ystrŷt, ystrytiaf: ystrytian, ystrytyn, gw. stryd, strytiaf[1]: strytio, strytyn.

ystryw, stryw, &c. [bnth. Llad. *stru(ō)* 'cynllwyniaf, dyfeisiaf'; petrus yw dosbarthiad rhai o'r enghrau. isod] *eb.g.* ll. *-(i)au, estrywiau,* &c.

(a) Gweithred neu gynllun twyllodrus, cyfrwys, neu dan din, tric, cynllwyn, dichell, cyfrwystra, twyll: *ruse, artifice, stratagem, trick, ploy, guile, cunning, deceit.*

12g. GMB 152, *Ystryw* chwerό, nyd chweryan y ryle. **12g.** GCBM ii. 20, Oet amgoch Ystrad am *ystryw* por. **13g.** PKM 306, Ac *stryw* (WM 53. 34, *ystryό*) a

wnaeth y gwydyl. Sef *stryw* awnaethant dodi gwanas o bop parth y bop colofyn . . . a dodi boly croen ar bop un or gwanasseu a gwr arfawc em hop un onadunt. **13g.** *BD* 97, gwedy medylyau ohonei pob *ystryv*, o'r diwed sef a wnaeth rodi guenvyn idav trvy lav un o'e wassanaethwyr. **14g.** *T* 31. 25–6, arystrat arystre. *ystryỽ* maỽr mire [*sic*]. **14g.** *B* ix. 47, [c]rewlon *ystrywyeu* (*HMSS* ii. 268, *ystryweu*) Pilatus. **14g.** *GDG*^{3} 114, Mawr yw ei thwyll a'i *hystryw*, / Mwy no dim, a'm enaid yw [i Forfudd]. **15g.** *GDID* 43, Sennwr drwg, heb synnwyr dryw, / Siôn farw estron, fawr *ystryw* [i ddychanu'r lleidr a ddug wartheg y bardd]. **1547** *WS*, *Ystryw* . . . sleyght. *Diw.* **16g.** *LBS* iv. 413, ymoglyd rhac *ystriw* y kythreül ai dwyll. **1683** J. Jones: *TG* 155, ymaith a'u holl ddall a thwyllgar hoccedau ac *Estrywiau*, trwy ba rai y maent yn llygadtynu pobl. **1701** E. Wynne: *RBS* 87, Na arfer ddim *ystrywieu* (*stratagems*) a dichellion i gael clôd. **18g.** *W Ballads* 135B, 4, Mae llawer ohên [*sic*] chwedle ne straye a phob *ystrow* / Onid ei di oddi yna yn fuan mi ro iti lyman low. **1765** *BDGU* 35, Mae diogi a *Strowie* i lloned, / Fel Bysan ynddi yn Baeled. **1803** *P* d.g. *Ystryw*. Ar lafar, '*striwia*' 'tricks, mischievousness', *WVBD* 506. Cf. *GDD* 275, Ath Tomos Drewilan i dreio ei *striw*, / Dath adre yn gallach a'i galon yn friw.

(*b*) Gallu, medrusrwydd, diwydrwydd, hefyd yn *ffig.*: *ability, skill, industriousness, also fig.*

12g. *GMB* 142, Ystryw dra messur, ysgawl pybyl pobyl dur. **14g.** *GDG*^{3} 17, Ei fardd wyf, o ddwfn *ystryw* / Ofer saith wrth Ifor syw. **15g.** *GLGC* 196, cwyno'dd wyf, tra fyddwyf fyw / am feistr ac am fy *ystryw* [marwnad Hywel ap Dafydd]. **[1547]** W. Salesbury: *OSP* d.d., Oll Synnwyr pen Kembero ygyd / VVedy'r gynnull, ei gynnwys ae gyfansoddi mewn crynodab ddosparthus a threfn odidawc drwy ddyual *ystryw*. **1547** *WS*, *Ystryw* Industrie. **1567** *LlGG* (*Sall*) 62a, a'ei holl doethinep [:– gymmendot, *ystryw* gallter, gyn/nildep] a balla. **1632** *D*, *Ystryw*, Industria, ingenium, solertia. **1661** E. Lewis: *Drex* 350, Eithr a'n holl ofal, celfyddyd a'r *ystryw* (*industry*) a fedrom ni arfer ei lathru a'i berffeithio.

Am *ystryw enw*, gw. **cystrawen—ystryw enw.**

ystrywaeth, ystrywaf: ystrywo, gw. **ystrywiaeth, ystrywiaf: ystrywio.**

ystrywddrwg, ystrywgall, gw. **ystryw + drwg, call.**

ystrywgar, strywgar, &c. [*ystryw, stryw* + -*gar*] *a.* Llawn ystrywiau neu gastiau, dichellgar, cynllwyngar, cyfrwys, twyllodrus, slei, maleisus: *guileful, wily, crafty, scheming, cunning, deceitful, sly, malicious.*

c. **1400** *ChO* 22, vn ormes o hen lygoden *ystrywgar*. ?**15g.** *MA*^{2} 546a. 37–8, A gwr gleỽ *estryỽgar* kadarn oed Vedraỽt. **15g.** *Pen* 57, 13, Bydd *ystrawgar* ar garv. **1567** G. Robert: *GC* 6, ymryssymwyr *ystrowgar*. **1604–7** *TW* (*Pen* 228) d.g. *Vafer, Vulpinus.* **1621** E. Prys: *Ps* [5]b, Eu gwddf sydd fedd agored cau / maent â thafodau '*strywgar*. **1630** R. Llwyd: *LlH* 10, Dull y Cythraul . . . sydd mor *ystrywgar*, a chyfrwysddrwg. **1632** *D*, *Ystrywgar* . . . Machinans, commetans, excogitans. **1677** R. Jones: *BB* 204, holl gableiriau y byd *ystrywgar* (*malicious*). **1696** *CDD* 191, Dŷn *ystrowgar*. **1725** *SR* d.g. *Slie*. **1744** D. Rowland: *RY* 221, Y Fileiniaid . . . gan eu bôd yn aflan, *ystrywgar*, a chyfrwys, nhwy 'n ebrwydd a lygrasant y Teiluoedd. **18g.** *W Ballads* 63, 2, Er i Julius Cæsar Gwngcwerio yma yn gynnar, / Drwy foddion '*strowgar* hagar a hŷ. **1803** *P* d.g. *Ystrywgar*.

ystrywgarwch [*ystrywgar* + -*wch*^{1}] *eg.* Yr ansawdd neu'r cyflwr o fod yn ystrywgar, dichellgarwch, cyfrwystra: *guile, wiliness, craftiness, cunning.*

1770 *W* d.g. *Arch, Archness, Artfulness.* **1803** *P* d.g. *Ystrywgarŵç.*

ystrywiad [*ystryw* + -*iad*^{4}] *a.* Galluog, medrus: *able, skilful.*

c. **1400** *RM* 193, Gỽreic *ystrywyat* kyme[n] (*WM* 117. 13–14, kymen ystryỽys; *id.* td. 286. 6, bwyllawc) oed yn vam idaỽ. *c.* **1400** *YCM*^{2} 105, Pagan oed hwnnw, diuessured y dewred, ac a dathoed o genedyl *ystrywyat*, vawr y gallu.

ystrywiaeth, ystrywaeth [*ystryw* + -(*i*)*aeth*] *eg.* Ystrywgarwch, dichellgarwch, cyfrwystra; gallu, medrusrwydd: *guile, wiliness, cunning; ability, skill.*

16g. *THSC* (1923–4) (At.) 24, ef a veddylioedd gael y gorav ar y vrawd drwy *ystrywaeth*. **1575** *W Best* 16, velly i daw yr helwr kywraint o'i ystyriaeth (amr. *ystriwiaeth*) (*id.* 4, drwy gelvyddyd) i hvn gyferbyn a'r prenn. **1604–7** *TW* (*Pen* 228), *ystrywiaeth* d.g. *Ars, Captatio.* **1744** D. Rowland: *RY* 230, Bydded . . . i'r Ddichell gyntaf . . . gael ei dwyn . . . gydâ phob *Ystrywiaeth* (*cunning*) a Chyfrwystra. **1803** *P*, *Ystrywiaeth*, s. m. . . . A using subtility; a using finesse or stratagem; a plotting.

ystrywiaf, ystrywaf: ystryw(i)o, ystrywian [bf. o'r e. *ystryw*] *bg.a.* Gwneud ystryw, cynllwynio, twyllo; cynllunio, llunio, dyfeisio: *to scheme, plot, deceive; plan, devise, invent.*

12g. *GCBM* ii. 119, Yn Aber Ystwyth yn *ystrywyaw*—gwyth, / Gweith Uadon ymdullyaỽ. **13g.** *BD* 88, medylyav a wnaeth pa wed yd *ystrywei* urat y brenhin. **14g.** *BT* 148, agwedy atnabot o lywelyn na duhunei elisse vab madawc oy vod am hynny *ystrywyaw* hedychu a gwenwynwyn a oruc llywelyn. **14g.** *YBH* 1a, *ystrywiaỽ* a wnaeth pa vod y gallei gỽplau y serchaỽl damunedic ywyllus ymdanaỽ. ?**15g.** *MA*^{2} 521b. 17–20, Sef val yd *ystrywyỽs* ef hynny . . . anvon ar ỽrtheyrn . . . y vot ef yn dyvot y ymwelet ar brytanyeid trỽy garyat a thangnheved. **1604–7** *TW* (*Pen* 228), *ystrywio* d.g. *Formo, Mentiens.* **1632** *D*, *Ystrywiaw*, Excogitare. **1722** *Llst* 189, *Ystrywiaw*. To plot; deceive. **1803** *P* d.g. *Ystrywyaw*.

ystrywiog, strywiog [*ystryw, stryw* + -*iog*] *a.* Ystrywgar, dichellgar, cyfrwys: *guileful, wily, crafty.*

17g. *BL Add* 14890, 149, Os drŵg ün, *ystrowiog* (*LlGC* 10249, 135, *strowiog*) wall, / Draw oi gyrredd, drwg arall. **1803** *P* d.g. *Ystrywiawg*.

ystrywiol [*ystryw* + -*iol*] *a.* Ystrywgar, dichellgar, cyfrwys: *guileful, wily, crafty.*

1803 *P* d.g. *Ystrywiawl*.

ystrywiwr [bôn y f. *ystrywiaf*, &c.: *ystrywio*, &c. + -*iwr*] *eg.* ll. *ystrywyr*. Cynllwynwr, castiwr: *schemer, trickster.*

1858.

ystrywus, strywus, &c. [*ystryw, stryw* + -*us*] *a.* a hefyd gyda grym enwol. Ystrywgar, dichellgar, cynllwyngar, cyfrwys, twyllodrus, slei; galluog, medrus, diwyd: *guileful, wily, crafty, scheming, cunning, deceitful, sly; able, skilful, industrious.*

13g. *Brut B* 109, Heyngyst . . . gwr doeth kall *estrywus*. **13g.** *HGK* 8, Odena y kerdassant wynteu en *ystrywus*, ac y doethant am y benn en dirybud. **14g.** *WM* 117. 13–14, gỽreic kymen *ystryỽus* (*id.* td. 286. 6, bwyllawc) oed yn uam idaỽ. ?**14g.** *MA*^{2} 577. 28, hengyst . . . *ystrywysaf* a oed ef a mwyaf y drwc pei gallei. **14g.** *GDG*^{3} 278, F'ewyllys *ystrywus* drud / A'i dialai, bei delud. **1547** *WS*, *Ystrywys* Industrious sley. **1578–85** *Rhyddiaith Gymraeg* i. 73, Y Moronieit . . . yn *ystrowys* ac ethryliaethus i ryvelu. **16–17g.** T. Prys: *Bardd* 341, o nod ffraeav hynod ffrowys / gwr a dowys y gwyr devon / ysda raeav wiw *esdrowys* / ai drwy bowys dra wybvon. **1632** *D*, Ystrywgar, *Ystrywus*, Machinans, commetans, excogitans. **1688** *TJ*, Ystrywgar, *ystrywus*: Crafty, full of Tricks or Inventions. **1765** J. Evans: *CPE* 384, 'Ai cyfreithlawn talu teyrnged i Cesar?' . . . Yntef [Iesu] a fwriodd heibio ddau fin y ddyfais *ystrywus* hon. **1803** *P* d.g. *Ystrywus*.

ystud, gw. **astud** (hefyd At.).

ystudfach [cf. *tudfach*] *eg.* ll. -*au.* Un o bâr o bolion ac arnynt gynalbrennau i'r traed sy'n galluogi'r defnyddiwr i gerdded ychydig bellter uwchben y llawr, hefyd yn *ffig.*: *stilt, also fig.*

1604–7 *TW* (*Pen* 228), *ystutvachæ* d.g. *Grallae.* **1632** *D*, *Ystudfach*, Jdem quod Tudfach. **1722** *Llst* 189, *Ystudfach*. m. A stilt. **[1783]** *W*, *ystudfachau* d.g. *Stilts* [*used for walking in dirty places*]. Ar lafar, '*Studfache*' 'stilts', *Cymru* xlvii. [236] (sir Ddinb.).

Amr.: **(y)strudfach,** &c. [yn *TW* (*Pen* 228) d.g. *Grallae* ysgrifennwyd *ystrutvachæ* yn wr. ond dilewyd yr *r* wedyn]. *Dchr.* **17g.** *J* 10, 45b, *Strudvach*. Grallae. **1688** *TJ*, Tudfach, *ystrŷdfach*, *ystrŷdfachau*: a Stilt, Stilts. Ar lafar, '*stryd-facha*', *WVBD* 30.

ystudi, ystudiaf: ystudio, gw. **stydi**^{1}, **stydiaf**^{1}: **stydio.**

ystum [e. lle Crn. *Stym*(*codde*) (1385), e. lle H. Lyd *Stumou*, Llyd. Diw. *stumm* 'golwg, ffurf, dull', Gwydd. C. *túaim* 'bryn, trum; tomen; bogail tarian', *stúaim* 'gallu, medr; gosgeiddrwydd': ?o wr. *(*s*)*teug*- 'plygu', cf. *estwng, ystwng, ystwyth*, H. Wydd. *túag* 'bwa, cromlin', Gwydd. C. *stúag*] *eg.b.* ll. -*iau.* Symudiad y corff neu aelod o'r corff i fynegi syniad neu deimlad, amnaid, arwydd, osgo, ymarweddiad; safle, cyflwr, ffurf, siâp; symudiad, tro, troad, newid cyfeiriad, doleniad, cornel; (fel arfer yn y ll.) (y weithred o dynnu) gwep; cast, dichell: *gesture, sign, posture, pose, bearing; position, condition, form, shape; movement, turn(ing), change of direction, curve, meander, corner; (usu. pl.) grimace, contortion, wry face; trick, guile.*

13g. *LTWL* 218, Quamvis fideiussor in fideiussione sua habeat tergiversationem, id est, '*ystum*', non debetur habere 'gurthtung', sed iuramentum ipsius. **14g.** *WM* 402. 20–4, adaỽ yr holl gỽn a oruc a rodi *ystum* yr carỽ. Ac ar yr eil *ystum* y doeth yr carỽ. **14g.** *GDG*^{3} 19, Rhoist ym swllt, rhyw *ystum* serch, / Rhoddaf yt brifenw Rhydderch. **14g.** *GIG* 87, Tref tad i tithau yw'r Trum, / Tau gastell teg ei *ystum*. *c.* **1400** *R* 1335. 14–15, llygat bugiliat [*sic*] bogelyn ystaen yn *ystym* creissionyn. *c.* **1400** *Llst* 27, 133a, dodi corff y wreic ae mantell ar y hyt yn uarỽ yn *ystum* y garrec. **1567** *TN* 246b, Ef a ddalha y doethion yn eu callter [:– dichell, *ystymieu*] ehunain. **1588** *Neh* iii. 20, Baruc . . . a gyweiriodd y mesur arall, o'r *ystym* (**1620** *ib.* o'r drofa) hyd ddrws tŷ Eliasib [am fur Jerwsalem]. **1632** *D*, *Ystum*, Situs, positura, figura, flexus. **1677** C. Edwards: *FfDd* 275, *Ystym* wradwyddus y mae 'r pechod yn ei vvneuthur ar ddynion . . . y mae'n troi 'r naill yn fôchyn drwy feddwdod, a'r llall yn arth drwy wŷn ddiclon. **1701** E. Wynne: *RBS* 91, Gweddia am y Grâs yma mewn *ystum* gostyngedig. *id.* 111, Mwynhâ di'r presennol . . . ac na ofala beth sydd i ddyfod, canys o thynni dy droed o'i le presennol a'i wthio ymlaen at y foru, ti a fyddi mewn *ystum* tra anesmwyth (*restless condition*). **1703** E. Wynne: *BC* 14, gwneud munudie 'ac [*sic*] *ystumieu*. **1716–18** *Llsgr R. Morris* 8, yn fodrwua mae yn droua naws dwumun ai *stimie*. **1749** *ML* i. 139, Mi wela fod y brawd Llewelyn yn ddrwg ei *ystum* yn ddiweddar. **1760** E. Williams: *UYB* 91, addysc neillduol ynghylch gwir *ystum* Teyrnas Dduw. **1803** *P*. Ar lafar, '*stumia*' 'contortions, antics' 'tricks', *WVBD* 502; ''Odd i'n nuthur *stumia* fel actwr', *GTN* 715. Digwydd hefyd yn y ff. *stum*, '*stum* o gorff', 'Mae o mewn rhyw *stum* annifyr, wedi myned i ryw gwman' (Arfon). Digwydd fel elf. mewn e. lleoedd, gw. I. Williams: *ELl* 30. Cf. *LL* 270, *ystum* guy.

ystumaf: ystumo, gw. **ystumiaf: ystumio.**

ystumddrwg, stumddrwg [*ystum* + *drwg*] *a.* Ystrywgar, dichellgar, cynllwyngar, cyfrwys, twyllodrus, slei: *guileful, wily, scheming, crafty, cunning, deceitful, sly.*

1862–4. Ar lafar, '*stimddrwg, stimrwg*' 'full of tricks, mischievous, tricky', *WVBD* 501–2.

ystumgar [*ystum* + -*gar*] *a.* Hyblyg, ystwyth, plygadwy, plygedig, hefyd yn *ffig.*; lluniaidd, gosgeiddig; deheuig; llawn ystumiau, yn gwneud ystumiau (corfforol), rhodresgar: *flexible, pliable, bent, also fig.; well-formed, graceful; dexterous; full of gestures, making gestures, ostentatious.*

1595 H. Lewys: *PA* 104, [c]alonnae dynion, drwy orthrymder . . . a wnair, yn estwythach, ac yn *ystumgarach* (*more buxom and pliant*). **1604–7** *TW* (*Pen* 228) d.g. *Applicatus, Flexibilis, Flexuosus.* **1605–10** *AP* 40, [rhwyd] o waith kowreinlaw *ystumgar* ai hysto ai hanwe o ystwythfain ydafedd. **1632** *D*, *Ystumgar*, Benè figuratus, flexibilis. **1716** T. Evans: *DPO* 275, dibrisio pethau afreidiol, megis Dillad *ystymgar*, llestri aur, a Bwydydd amheuthun. **1773** *W* d.g. *Flexible, Full of gesture or gestures.* **1803** *P*.

ystumiad [bôn y f. *ystumiaf*, *ystumaf*: *ystum*(*i*)*o* + -*iad*^{1}] *eg.b.* ll. -*au.* Y weithred o ystumio, gwyrdroad, hefyd yn *ffig.*; troad, doleniad; ystum, amnaid: *distortion, also fig.; a turning or meandering; gesture, gesticulation.*

1604–7 *TW* (*Pen* 228), *ystumiat* glannæ auonydh dyfredh d.g. *Sinus.* **1605–10** *GP* 212, Mae yn perthyn i gynghanedd dair *ystumiad*, sef adweddiad, trawslafariad, a chyfnerthiad. *Ystumiad* yw troiad llethyrenne ne ei sain er mwyn kynghanedd. **1632** *D* d.g. *Diverticulum, Flexio.* **[1783]** *W* d.g. *Sinuation, The winding of a river.* **1803** *P*, *Ystumiad*, s. m.—pl. t. *au* . . . sinuation.

ystumiaf, ystumaf, stumiaf: ystum(i)o, stumio [bf. o'r e. *ystum*] *bg.a.* (Peri) mynd yn afluniaidd neu'n gam, gwyrgamu, nydd-droi, camu, plygu, hefyd yn *ffig.*; dolennu (am afon, &c.), ymdroelli; llunio, ffurfio; gwneud ystumiau (â'r corff), amneidio: *to distort, contort, warp, bend, also*

fig.; *meander* (*of river*, *&c.*), *move sinuously*; *form, fashion*; *gesture, gesticulate.*

15–16g. *TA* 384, Nid âi 'r iwrch i'w naid o rwn, / Nid oes dim nad *ystumiwn* [i ofyn march]. **1561–2** *Rhyddiaith Gymraeg* i. 64, menybrv bwyall gynvdfriw, *ystymio* pigowgfforch wasgarwair. **1588** *Doeth Sol* xiv. 19, efe [crefftwr] . . . a *ystymme* y llun yn well trwy gelfyddyd [ynglŷn ag addoli delw gerfiedig]. **1604–7** *TW* (*Pen* 228), *ystvmio* d.g. *Adapto. id. ystumio* val y gwna'r avon d.g. *Volvendus. id.* wedy *stumio* d.g. *Uncus.* **1632** *D*, *Ystumio*, Figurare, flectere. **1713** J. LEWIS: *CE* [iv], yn *ystumio* Sanctaidd Air Duw. **1798** *WR* d.g. *Gesticulate.* **1803** *P* d.g. *Ystumiaw.* Ar lafar, '*stimio*' 'to contort (oneself)' 'to go out of shape, askew', *WVBD* 502.

ystumiaith, gw. ystum+iaith.

ystumiedig, stumiedig [bôn y f. *ystumiaf, ystumaf, stumiaf*: *ystum(i)o, stumio*+*-iedig*] *a.bfl.* Wedi ei ystumio, hefyd yn *ffig.*: *distorted, also fig.*

20g.

ystumiog [*ystum*+*-iog*] *a.* Wedi ei ystumio, afluniaidd, plygedig; troellog, dolennog; llawn ystumiau, yn gwneud ystumiau (corfforol): *distorted, misshapen, bent*; *winding, meandering*; *full of gestures, making gestures.*

1632 *D* d.g. *Sinuosus.* **1770** *W* d.g. *Bent many ways, Gesture, Full of gesture or gestures, Meandrous, or meandring.* **1803** *P* d.g. *Ystumiawg.* Ar lafar, '*stimiog*' 'tricky, full of cunning tricks', *WVBD* 502.

ystumiol [*ystum*+*-iol*] *a.* Hyblyg, ystwyth, plygadwy; troellog, dolennog; yn ystumio, *ffig.*; llawn ystumiau, yn gwneud ystumiau (corfforol), rhodresgar: *flexible, pliable*; *winding, meandering*; *distorting, fig.*; *full of gestures, making gestures, ostentatious.*

1604–7 *TW* (*Pen* 228) d.g. *Flexilis, plicatilis.* **1632** *D* d.g. *Flexuosus.* **1770** *W* d.g. *To bend, Easy to bend, Sinuous.* **1803** *P* d.g. *Ystumiawl.*

ystumiwr [bôn y f. *ystumiaf, ystumaf*: *ystum(i)o*+*-iwr*] *eg.* ll. *ystumwyr.* Un sy'n gwneud ystumiau (corfforol), diddanwr sy'n gwneud ystumiau corfforol anghyffredin; un sy'n ystumio (e.e. y gwirionedd): *one who makes gestures or gesticulates, contortionist*; *distorter* (*e.g. of truth*).

16g. MORUS DWYFECH: *Gw* 163, Os damwain i'r *ystumiwr* / Braen du, eu bwrw [gwragedd] yn y dŵr, / A gweled ym mysg gwylain / Dan y rhyd, foel dinau'r rhain, / Yno bydd, iawn wybyddwch, / Chwerthin am waith gwigin gwch [i ddychanu Siôn Gruffudd]. **1803** *P*, *Ystumiwr*, s. m.—pl. *ystumiwyr* [*sic*] . . . One who assumes shapes.

ystumog, ystumogus, gw. stumog, stumogus.

ystunaf, stunaf: (y)stuno [?cf. *ystywanaf, stywanaf*: *(y)stywanu*] *bg.a.* Blino, gofidio, cythryblu, cythruddo, erlid, ymlid, gyrru (ymaith); rheoli: *to vex, trouble, disquiet, disturb, irritate, persecute, pursue, drive* (*away*); *control.*

1547 *WS*, *Ystuno.* **16–17g.** *GST* i. 981, Os oedd flin, trablin, trwbleth—rhyw anras / Yr henwrach a'i chyweth, / Dau flinach, drymach o dreth, / Yw *stuno* gast o eneth. **16–17g.** *PCWG* 3, Domitian . . . a *stvnodd* Jeuan allan o Ephesus. *Dchr.* **17g.** *J* 10, 45a, *Stuno.* To chase Exagito. **1632** *D*, *Ystuno*, Exagitare. **1677** C. EDWARDS: *FfDd* 54, y mae anadliad cythreuliaid yn *ystuno* llygredigaethau meddwl dŷn â chynnyrfau angerddol, ammhwyll chwantau, a chyfeiliorni. *id.* [425], *Ystuno*, cythryblu. **1708** *EGE* 106, i'w bryssuro a'i *ystuno* (*dispatch*) ef allan o'r byd hwn i'r byd arall. **1712** T. WILLIAMS: *CDdG* 636, [c]eisio llywodraethu ac *ystuno* (*commanding*) y rhai nad y'nt ddarostyngedig ini mewn ffordd yn y bŷd. **1768** TWM O'R NANT: *CTh* 17, Os ydych chwi 'ch hunan yn *ystuno*, / O ran gw'n'dogion yr 'rydwyf fi'n digio. **1803** *P* d.g. *Ystunaw.* Ar lafar, '*stuno*' 'bustachu', 'Mi fuodd yn *stuno* am gryn hanner awr i gael y cwpwrdd drwy'r drws' (Penllyn).

ysturmant, ystwc[1,2,3]**,** gw. sturmant, stwc[1,2,3].

ystwca, ystwcaid, ystwcan, ystwcanaf: ystwcanu, gw. stwc[1], stwcaid, stwc[2], stwcanaf: stwcanu.

ystwf, ystwff, ystwffiaf: ystwffio, gw. stof (hefyd At.), stwff, stwffiaf: stwffio.

ystwffing, ystwffin, gw. stwffin.

ystwffwl, stwff(w)l, ystyffwl, &c., *eg.b.* ll. *(y)styff(y)lau, stwffwlion.* Piler, colofn, postyn, cynhalbren, planc, trestl, ?trawst; cnocer (drws), clicied, bachyn; stapl; hefyd yn *ffig.*: *pillar, column, post, stanchion, plank, trestle, ?beam*; *door-knocker, latch, hook*; *staple* (*for fastening, &c.*); *also fig.*

13g. *C* 68. 15–17, Bet deheveint ar cleveint awon. yg gurthtir mathauarn. *ystifful* kedwir cadarn. **13g.** *LTWL* 151, *ystepheleu*, et amhynyauc, et trothyw. *id.* 236, columne, ac *ystyfleu*, hiniauc, trothyw. **1346** *LlA* 169, Pyst yneuad ae *hystyffyleu.* ae phethyneu (*Laquearia vero et tigna et epistylia*) a hen/nynt o ryƀ brenn a elƀir cethim. *id.* 170, Ahonno [bord] ymae deu *ystyphyƀl* [*sic*] (*quattuor columnae*) yny chynnal oametist. **14g.** *WM* 129. 22–3, *ystyffƀl* hayarn maƀr oed yn llaƀr y neuad. *c.* **1400** *R* 1041. 36–7, Yr *ystƀffƀl* hƀnn arhƀnn draƀ. mƀy gordyfnassei amdanaƀ. elƀch llu allƀybyr arnaƀ. **15g.** *GLGC* 510, *ystwffwl* gwbwl dan go', / cynion, hoelion a'i hwylio [i'r aradr]. **1547** *WS*, *Ystwffwl* drws Staple of a dore. *Dchr.* **17g.** *J* 10, 45a, *Stwfl* staple of a doore. *ib. Stwfwl.* planke. **1632** *D*, *Ystwffwl*, Anulus, cornix. *c.* **1755** *Gron* 78, A'r lle del gochel ei gern, / Cau *ystwffwl* cist uffern [i ddiawl]. **1803** *P*, *Ystwfwl*, s. m. . . . a log, a stock . . . a staple; the knocker of a door. Ar lafar, '*stwffwl*' 'staple', *WVBD* 507 (*eg.* ll. *styffla*); '*stwffwl*' 'the perpendicular end piece of a gate or hurdle; a strong well-set youth', *TGG* (1907–8) 88 (de-orllewin sir Gaerf.). Clywid *stwffwl* gynt hefyd yn yr ystyr 'Sacking or other material . . . to stop draughts', *GDD* 276. Mae *Ogof Stwffwl Glas* ar Ynys Enlli.

ystwffylog, ystwng, ystwins, ystwmais, ystwmlaf: ystwmlo, gw. ystyffylog, estyngaf: estwng, stwnsh (hefyd At.), stwmaits, stwmblaf: stwmblian.

ystwmog, ystwmp, ystwmpaf: ystwmpo, ystwna, ystwnd, gw. stumog, stwmp[1], stwmpiaf: stwmpio, stwna, stwnt.

ystwnsiaf: ystwnsio, ystwnt, ystŵr, ystwrdi, gw. stwnsiaf: stwnsio, stwnt, stŵr, styrdi.

ystwrdiad, stwrdiad [bôn y f. *ystwrdiaf, stwrdiaf*: *(y)stwrdio*+*-iad*[1]] *eg.* Cerydd, edliw, bygythiad: *rebuke, reproach, threat.*

1604–7 *TW* (*Pen* 228), *ystwrdiat* d.g. *dehonestamentum.* **1682** E. LLWYD: *EI* 99, *Stwrdiad* digllon, ni ddylai hynny mo'ch llidio, n'ach [*sic*] trwblio: ond gwell . . . dioddef, heb ddywedyd dim. **1803** *P*, *Ysdwrdiad*, s. m. . . . A threatening.

ystwrdiaf, stwrdiaf, &c.**: (y)stwrdio,** &c. [cf. *dwrdiaf*: *dwrdio*] *bg.a.* Dwrdio, ceryddu, edliw (i), cystwyo, dweud y drefn, beio, bygwth, hefyd yn *ffig.*: *to chide, rebuke, reproach, reprove, scold, blame, threaten, also fig.*

16g. (*LlEG*) *Mos* 158, 589a, y kappte/niaid . . . *asdwrdiai* I sawdwyr megis yreirth sauynh/rythion. *id.* 598b, *esdwrdior* bobyl aoedd ynn tynur garis i hunain i gadarhaur [*sic*] tu hwnw or gwyr traed. *id.* 644a, [b]ygwth ac *ysdwrdio* y dinnaswyr y/n y modd kreulonaf. **1567** *TN* 50b, A'r Iesu a ei *ysdwrdiodd* [:- ceryddodd, coddawdd]. **1597** (**18g.**) *Rhyddiaith Gymraeg* ii. 156, serch-ddynionos . . . o wlad Germania . . . [c]awssant eu sennu a'u *ystwrdiaw* gan Ddoctor Luther. **1604–7** *TW* (*Pen* 228), *stwrdio* d.g. *Coarguo.* **1672** J. LANGFORD: *HDdD* 159, bydd mor bryssur i'w *ysdwrdio* ac i'w attal ef [pechod] ac a fydditi i ddiffodd Tân yn dy dŷ. **1722** *Llst* 189, *Ystwrdio.* To check, reprove. [**1783**] *W*, *ystwrdio* d.g. *To rate, or chide.* **1803** *P*, *Ysdwrdiaw* . . . To threaten.

ystwrdiwr [bôn y f. *ystwrdiaf*: *ystwrdio*+*-iwr*] *eg.* ll. *ystwrdwyr.* Dwrdiwr, ceryddwr, un sy'n pigo beiau, bygythiwr: *chider, rebuker, fault-finder, threatener.*

1604–7 *TW* (*Pen* 228) d.g. *Reprehensor, Taxator.* *c.* **1770** *LlGC* 352, 7, Taelwried a chryddion pob lladron Twŷllodrûs / Ystiwardaidd *ystwrdiwr* ar [*sic*] pannwr ŵr poenûs. **1803** *P*, *Ysdwrdiwr*, s. m.—pl. *ysdwrdiwyr* [*sic*] . . . A threatener.

ystwrf [cf. *twrf*] *e?g.* Cythrwfl, helynt: *tumult, trouble.*

1809.

ystwriaf: ystwrio, ystwrllyd, ystwrmant, gw. stwriaf[1]: stwrio, stwrllyd, sturmant.

ystwrsion, ystwrsiwn, gw. stwrsiwn.

ystwy [ansicr yw prth. *ystwy*, *R* 1277. 5] *eg.* Rhwystr: *obstacle.*

1803 *P*, *Ystwy*, s. m. . . . That causes a stop, a check.

Ystwyll [bnth. Llad. *stēlla* 'seren'; cf. Crn. Diw. (*Degl*) *stûl* (Lhuyd)] *eg.* ll. (geir.) *-au.* *Diwin.* Gŵyl Gristionogol (6 Ionawr) sy'n coffáu amlygiad Crist i'r Doethion, serenŵyl: *Epiphany.*

12g. *GMB* 274, Kein uedyt vyn Duw yn diw *Ystwyll.* / *Ystwyll* ystyryws Dews defnyt. **13g.** *GBF* 112, Adlam gƀeilch dinam, gwychlys—kynn *Ystwyll.* **14g.** *LlB* 82, Gwahardadwy yw y coet am y ffrwytheu o'r pymhet dyd kyn Gwyl Vihagel hyt y pymthecuet dyd gwedy *Ystwyll.* *c.* **1400** *R* 1252. 37–1253. 1, llud dy was bas bƀyll llaƀnoestaƀn *ystƀyll.* **15g.** *GLGC* 126, Pasg, Sulgwyn hwy fynnyn' fod / yn nhai Ifor Brynhafod, / *Ystwyll*, Calan ar lan Lais, / Nadolig ar lan Diwlais. **1547** *WS*, Dyw *ystwyll* Twelfth day. **1609** *CRC* 353, pan ddel krybwyll am yr *ystwyll* / dyma derfyn ar y gwilie hyn. **1632** *D* d.g. *Epiphania.* **1726** S. RHYDDERCH: *Alm* [9], Gan gael ar yr *Ystwyll* wybodaeth mawr didwyll. **1773** *W* d.g. *Epiphany.* **1776** D. ELLIS: *HI* 54, *Ystwyll*, neu ddydd y tri Brenin. **1803** *P*, *Ystwyll*, s. m.—pl. t. *au* . . . the epiphany.

ystwyraf: ystwyro, ystwyrain, gw. ystwyriaf: ystwyrian.

ystwyrgam [elf. anh.+*cam*[2]] *a.* Crwca, crwm, gwyrgam, plygedig, gwyredig, dolennog, hefyd yn *ffig.*: *crooked, curved, oblique, bent, bowed, winding, also fig.*

1588 *Doeth Sol* xiii. 13, [p]ren *ystwyrgam* difudd i ddim. **16–17g.** LLYWELYN SIÔN, &c.: *Gw* 360, hir yw dy nois, wr di nam, / hois dairgwaith, jaith *ystwyrgam* [Siôn Mawddwy i ddannod i Lywelyn Siôn fod yn grier]. **1608** *GP* 222, I mae math arall ar y pwynt a elwir kanoli, pan vo yr ymadrodd yn erchi holi ne edliw, y nod ucha a'i bic i vyny yn *ystwyrgam*, val hynn /?/. A hwnnw a elwir 'holiad'. **1632** *D* d.g. *Recurvus.* **1722** *Llst* 189 d.g. *Bent backward, Bowed backward.* **1770** *W* d.g. *Bowed backward, Oblique* [*sloping, slanting, side-long*; *not in a direct line or perpendicular direction, &c*], *Tortuous* [*full of windings and writhings, &c.*]. **1803** *P.*

ystwyriaf, stwyriaf, (y)stwyraf: (y)stwyrian, (y)stwyro [?olff. o *ymystwyriaf*, &c.: *ymystwyrian*, &c.] *bg.a.* a hefyd gyda grym enwol i'r be. Ymysgwyd, ymsymud, stwrio, ymystwyrian (a dylyfu gên), gwingo, troi a throsi, aflonyddu, anesmwytho, cyffroi, cynhyrfu, hefyd yn *ffig.*: *to* (*be*)*stir* (*oneself*), *stretch* (*and yawn*), *wriggle, writhe, be restless or uneasy, agitate, excite, also fig.*

17g. *LlGC* 13215, 335, *ysdwyro* Pandiculo. **1798** W. JONES: *LlG* 68, Ceisiwch frysio hwylio hyn, / Heb oedi'r daith na bod yn dyn, / Neu fawredd fyn fyfyrio, / P'run orai [*sic*] ai gwneud ai peidio, / Os eir i hir gonsidro, / Daw stori dan *ystwyro.* **1803** *P*, *Ystwyraw* . . . To cause an agitation; to stretch out as to recover from lassitude.

Amr.: **ystwyrain. 1803** *P.*

ystwyth, &c. [?cf. yr e. afon Brth. *Στουκκα* [*sic*]; ?o wr. *(*s*)*teug*- 'plygu'] *a.* ll. *-ion*, a hefyd gyda grym enwol. Hyblyg, hydwyth, plygadwy; meddal, esmwyth, llyfn; hefyd yn *ffig.*: *flexible, supple, lithe, pliable*; *soft, smooth*; *also fig.*

13g. *A* 10. 9–10, yn dyd gwyth bu *ystwyth* neu bwyth atveillyawc. **15g.** *GGl*[2] 53, Nid *ystwyth* bwa llwyth llaw, / Nid estyn yn ei dystiaw. / . . . / Ei dad gynt, pe doid ag wyth, / A wnâi ustus yn *ystwyth.* **15–16g.** *TA* 250, Crustoffr wyd, y cawr *ystwyth*, / Croesud fôr llif, Crist fu 'r llwyth. **1545** ELIS GRUFFYDD: *Ll* 115, y vo a veddalha'r gewyne ac a'i gwna wynt yn *ystwyth.* **1547** *WS*, *Ystwyth* val kleddyf teneu Plyante. **16g.** *LlS* 130, llawer o vân gangæ *ystwythion.* **1595** H. LEWYS: *PA* 104, [c]alonnae dynion, drwy orthrymder . . . a wnair, yn *estwythach*, ac yn ystumgarach (*more buxom and pliant*). **1632** *D*, *Ystwyth*, Lentus, vietus. **1703** E. WYNNE: *BC* 94–5, mae 'r Diawliaid yn profi a ellid eu nyddu hwy [dynion yn Uffern] cyn *ystwythed* a'u chwedlau. **1773** *W* d.g. *Flexible* [*possible, or easy, to be bent*; *pliant* . . .], *Limber, Lithe, Supple.* **1803** *P.* Ar lafar, '*ystwyth*' 'soft, supple, pliant, agile', *WVBD* 581. Digwydd yn e.'r afon *Ystwyth.*

ystwythad, gw. ystwythiad.

ystwythaf, stwythaf: (y)stwytho [bf. o'r a. *ystwyth*] *bg.a.* Gwneud neu fynd yn ystwyth (hefyd am y corff), gwneud neu fynd yn hyblyg neu blygadwy, plygu;

meddalhau, esmwytháu; mwydo, trwytho; hefyd yn *ffig.*: *to make or become supple, lithe, flexible, or pliable, bend; soften, ease; soak; also fig.*

15–16g. *GLM* 232, Yr esgob oedd â'r wisg bân / a '*stwythaist* eiste weithian. **16g.** *GSC* [121], Od oes dwy wlad is dy law, / Eiste weithian i'w '*stwythaw*. **1547** *WS*, *Ystwytho* peth caledsyth Tawe. *id. Ystwytho* ne veddalhau Sowple. **1632** *D*, *Ystwytho*, Lentum, lenemque facere, lentare, lentari. **1653** *MLl* i. 166–7, Mary, Elizabeth, Jago a Charles olaf . . . llawer o waed gwirion a dywalltwyd i geisio *ystwytho* cydwybodau y rhain. **1661** E. LEWIS: *Drex* 286, ni *ystwythant* eu hewyllys a thueddgarwch eu meddyliau i ymofyn am dano un amser. **1683** H. EVANS: *CTF* 29, Plŷg wialen cyn y tyfo, / Rhag yn fawr nas gelli' '*stwytho*. **1740** T. EVANS: *DPO* 110, Meistr gerwin yn *ystwytho* Llangc diwaith na fynn edrych ar Lyfr. **1772** D. ROWLAND: *TPEN* 29, mae yr olew yn *ystwytho* ac yn esmwythau doluriau. **1776** *W* d.g. *Limber, To grow* [*also to make*] *limber*. **1794** E. JONES: *CP* 65, A'r rhagddywedol ustusiaid, neu un o honynt a enfyn i'r cerydd-dŷ . . . y cyfryw na *ystwythant* i weithio. **1803** *P* d.g. *Ystwythaw*. Ar lafar, '*stwytho*' 'to bend, soften . . . from the idea of "bending the back" and thus "to apply oneself with energy" comes the meaning "to set to"', "Fedar o ddim *stwytho* i neud rwbath', *WVBD* 508; '*stwytho*' 'to steep', *ib.*; '*stwytho* menyn cyn ei ledu ar fara', *Geir Geg* 118 (sir Gaern.); 'rhoi bara ceirch mâl i *stwytho* mewn llaeth enwyn i wneud siot', *ib.* (sir Gaern. a Meir.); '*stwytho* te', *ib.* (Cered.); '(*y*)*stwytho*' 'To Soak clothes before washing them', *LGW* [334]–5 (Meir. a gogledd a chanolbarth Cered.); '*Stwytho*' 'To rub oil or liniment into some part of the body', *GDD* 276.

ystwythaidd [*ystwyth+-aidd*] *a.* Ystwyth, hyblyg, plygadwy, hefyd yn *ffig.*: *supple, lithe, flexible, pliable, also fig.*

1675 R. JONES: *HCh* 51, os bydd ef *ystwythaidd* a hynaws, rhaid yw ei argyoeddi mewn llaryeidd-dra. **1803** *P.*

ystwythder [*ystwyth+-der*] *eg.* Yr ansawdd neu'r cyflwr o fod yn ystwyth, hyblygrwydd; meddalwch; hefyd yn *ffig.*: *suppleness, litheness, flexibility, pliability; softness; also fig.*

1632 *D*, *Ystwythder*, Lentor. *id.* d.g. *Lentitia, Mollitia*. **1773** *W* d.g. *Flexibility* [*aptness to bend*], *Limberness*. **1795** J. THOMAS: *AIC* 254, Ystuffter ac *Ystwythter* (*Flexibility*). **1803** *P.*

ystwythdra [*ystwyth+-dra*] *eg.* Ystwythder, hefyd yn *ffig.*: *suppleness, also fig.*

1547 *WS*, *Ystwythdra*. *c.* **1585** G. ROBERT: *DC* 60a, Yr ail rhinwedh ynghyrph y rhai dewisol yw cyflymdra, *ystwythdra*, a buander. **1604–7** *TW* (*Pen* 228) d.g. *Agilitas, Lentitia*. **[1703]** *YGDB* 20, ymruglo ei lechwedd ai balfais a wna [tarw] hefŷd, i ddangos ei *ystwŷthdra*. **1725** D. LEWIS: *GB* 88, *Ysdwythdra* Pileneu'r Corph. **1803** *P.*

ystwythedd [*ystwyth+-edd*[1]] *eg.* Ystwythder: *suppleness.*

1803 *P.*

ystwythgamp, ystwythgryf, gw. **ystwyth+camp**[1]**, cryf.**

ystwythiad, (y)stwythad [bôn y f. *ystwythaf, stwythaf*: (*y*)*stwytho+-iad*[1], *-ad*] *eg.* Y weithred o ystwytho, hefyd yn *ffig.*: *a making or becoming supple, also fig.*

1792 TOMOS GLYN COTHI: *Ap* 22, un rhyw wthiad neu *ystwythad* o'r testyn. **1803** *P* d.g. *Ystwythad, Ystwythiad.*

ystwythlyfn, gw. **ystwyth+llyfn.**

ystwythol [*ystwyth+-ol*] *a.* Ystwyth: *supple.*

1803 *P* d.g. *Ystwythawl.*

ystycaid, ystyciaf: ystycio, gw. **stwcaid, styciaf: stycio.**

ystycyll, ystydi, ystydiaf: ystydio, gw. **ysgutyll, stydi**[1]**, stydiaf**[1]**: stydio.**

ystyfnig, styfnig, *a.* ll. (gyda grym enwol) *-ion.* Yn glynu'n gadarn wrth ei agwedd, ei farn, ei ddewis, &c., er gwaethaf pob dadl neu berswâd, stwbwrn, gwrthnysig, pengaled, cyndyn, di-ildio, dygn, hefyd yn *ffig.*: *obstinate, stubborn, headstrong, wilful, contumacious, obdurate, unyielding, persistent, also fig.*

c. **1400** *R* 1338. 18, tᵬyll uarkut *ystyfnic*. *id.* 1356. 14–15, llaᵬndᵬrch bremenic. llᵬvyrgleirch *ystyfnic*. **1575–6** *B* vi. 315–16, Pryd a gosgedd j wraig . . . golwg *ysdyfnig* nadreddaidd yn i phen. **1609** *CRC* 325, yn y gro y bvm i yn redig / Drwy chwys mawr a llafvr *styfnig*. **1609** R. SMYTH: *CAC* [iii], glyn yn *ystyfnig* wrth yr Eglwys, ai awdyrdod. **1632** *D*, *Ystyfnig*, Peruicax, præfractus. **1759** J. EVANS: *PF* 70, Hên wayw *ystyfnig* (*stubborn*) yn y Cefn. **1775** *CY* 33, a chwedi'n cyhoeddiad tair gwaith yn yr eglwys i'r gwrthwynebwyr ymddangos; o's na fydd neb yn dwad, maent yn cael eu cyhoeddi, 'contumaces'; hynny yw, *Ystyfnigion*. **1778** *W* d.g. *Obstinate, Stubborn*. **1803** *P*, *Ysdyvnig* . . . Obstinate, stubborn. Ar lafar, '*styfnig*' 'stubborn, churlish, insolent', *WVBD* 509; '*styfnig*' 'stwbwrn', *GTN* 721.

ystyfnigaf, styfnigaf: (y)styfnigo [bf. o'r a. *ystyfnig, styfnig*] *bg.a.* Gwneud neu fynd yn ystyfnig, stybyrno: *to make or become obstinate or stubborn.*

1803 *P* d.g. *Ysdyvnigaw*. Ar lafar, '*styfnico*' 'to turn stubborn', *GTN* 721.

ystyfnigrwydd, styfnigrwydd [*ystyfnig, styfnig+-rwydd*] *eg.* Yr ansawdd neu'r cyflwr o fod yn ystyfnig, stybyrndra, gwrthnysigrwydd, penstiffrwydd, cyndynrwydd, dygnwch, hefyd yn *ffig.*: *obstinacy, stubbornness, headstrongness, wilfulness, contumacy, obduracy, persistence, also fig.*

1567 *LlGG* 104a, sefyll yn wastat yni *styfnigrwydd* ai valais. **1606** E. JAMES: *Hom* i. 102, cynnifer ac na allant aros gair Duw, ond a ddilynant ryfyg ac *ystyfnigrwydd* eu calonnau eu hunain. **1632** *D*, *ystyfnigrwydd* d.g. *Pertinacia, Peruicacia*. **1672** R. PRICHARD: *Gw* 375, Duw madde'n *styfnigrwydd*, Duw dofa'th lidawgrwydd / Tynn ymaith ein gwradwydd, a'n haflwydd hir. **1710** *LlGG* (*Gos*) 11, *ystyfnigrwydd* rhempus, neu ryw Feiau hynodol eraill dan gyfreithlon Ysgymmundod. **1778** *W* d.g. *Obstinacy*. **1803** *P* d.g. *Ysdyvnigrwyz*. Ar lafar, '*styfnigrwydd*', *WVBD* 509, *GTN* 721.

ystyffaf: ystyffu, ystyffagliaf: ystyffaglio, ystyffigan, ystyffni, ystyfftra, ystyffwl, gw. **stiffiaf: stiffio, stryffagliaf: stryffaglio, stryffigan, stiffni, stifftra, ystwffwl.**

ystyffylaf, styffylaf: (y)styffylu [bf. o'r e. *ystwffwl, stwffwl, ystyffwl*] *bg.a.* Staplo; mynd yn dwp, ystyfnigo, nogio: *to staple; become stupid or stubborn, jib.*

1803 *P*, *Ystyfylu* . . . to fasten with a staple. Cf. *SE MS* 631a, [*Ystyfylu*] . . . to become blockish, Stupid, or obstinate (Lleyn).

ystyffylog, styffylog, &c. [*ystwffwl, stwffwl, ystyffwl+-og*] *e?b.* a hefyd fel *a.* Cist, bin (bara): *chest, trunk,* (*bread*) *bin.*

1547 *WS*, Kist *y styphyloc* Hutche. **1604–7** *TW* (*Pen* 228), *ystyphyloc* ne lowcist y cetwir bara yndhi d.g. *Cardopus*. *Dchr.* **17g.** *J* 10, 44b, *Styfylog* hutche. Cardopos. Pluteus. Scrinium. *id.* 45a, *Styfylog*. Panarium. **1632** *D*, *Ystyffylog* . . . Mactra, pluteus. **1688** *TJ*, *Ystyffylog* . . . a great Chest with a round lid like a Trunk. **1722** *Llst* 189, *Ystyffylog* (cist) A hutch, trunk. **1774** T. JONES: *DG* 111, Bibl, yr hwn oedd yn gorwedd ar *ystyffylog*.

Fel *a.* Byrdew; gwydn, cydnerth: *squat; wiry, sinewy.*

[1783] *W* d.g. *Squat* [*short and thick or broad*]. Ar lafar, '*Stwffwlog*' 'sinewy, wiry', *GDD* 276; hefyd ym Morg.

ystyngaf: ystwng, ystyngiad, gw. **estyngaf: estwng, estyngiad.**

ystyletor, ystyletorai, styleitori, &c. [bnth. S. Diw. Cyn. *stelletore, stilletorie,* &c.] *e?g.* ll. *ystyletoris.* Llestr distyllio, distyllbair: *a still.*

1545 ELIS GRUFFYDD: *Ll* 1, [g]wneuthud dwr o lyshieue'r ddaiar ac o ddail koududd a'i haeron drwy *ystyledtoris* o ymrauaelion voddau. *id.* 34, Gore hran o'r llyshiav yma ac amser o'r vlwyddyn y'w gwneuthud wynt yn ddwr drwy'r *styllitorei* yn niwedd Mai. *id.* 45, *ystylettorei*. *id.* 47, *ysdylettor*. *id.* 101, *ystylitorei*. *id.* 159, *styleitori*.

ystyliaf: ystylio [bnth. S. (*to*) *still*] *ba.* Distyllio: *to distil.*

Diw. **16g.** *WLB* 31, Rhag llosgrach . . . a Dolur or llygaid . . . *Ystylia* yr un llysse a chymysc y dwfr hwnw a ffowdr y kaffer, ac ir y llygaid.

ystylitorai, ystyllawd[1]**,** gw. **ystyletor, ystyllen.**

ystyllawd[2]**, ystyllawg,** gw. **estyllawd.**

ystyllen, styllen [cf. *astell, astyllen, estyllen*; dileer yr enghrau. o *styllen,* (*y*)*styllod* d.g. *estyllen*; dichon mai yma y perthyn yr enghrau. o *ystyllawd* a welir d.g. *estyllawd*] *eb.* ll. (*y*)*styllod,* (*y*)*styllennod.* Planc, astell, bwrdd, panel, silff, dellten, eisen, erwydden; chwelydr: *plank, board, panel, shelf, lath, stave; mould-board.*

12g. *GMB* 71, Gᵬeled y benn llu, ny bu deuaᵬd / Nur cadeu, neuateu o *ystyllaᵬd*! **14g.** *Bren Saes* 106, yna dyrchauel *ystyllen* y gevdy a'y ellwng ford yno allan. **14g.** *GDG*[3] 103, Ni bydd modfedd, salwedd som, / O ben *ystyllen* dollom, / . . . / Rhyngthun' [llongwyr] a'r anoddun noeth. *c.* **1400** *R* 1044. 42–3, Gan vygcallon .i. mor dru. kyssylltu *ystyllot* du. gᵬynngnaᵬt kyndylan kyngran canllu. *c.* **1400** *YCM*[2] 109, A phan gigleu Oger y bygwth hwnnw, llidyaw yn uawr a oruc, a chael *ystyllen* uawr, a chyuot yn y sefyll, ac a honno ar vn dyrnawt llad y pedwar ohonunt. **1547** *WS*, *Ystyllen* A borde. **16g.** *WLl* 222, A marw a wnaeth medd Merion ieithydd / Ag arch ne *styllen* fu i obenydd. *Diw.* **16g.** *WLB* 72, splentes neu *styllod* bychain. **1588** *Ecs* xxvi. 15, gwna *styllod* o goed Sittim i'r tabernacl. **1615** R. SMYTH: *GB* 79, tewdwr y *styllen* ar yr hon y mae 'nthwy yn nofio. **1632** *D*, *Ystyllen*, vid. Astell. *id. ystyllod* tyllog i golomennod d.g. *Loculamentum*. *c.* **1720** *CIF* 4, Mi a'ch cyfarwyddaf yn y rhan gyntaf o'r llyfr hwn pa fodd i fesur byrddau, *ystyllod*, planciau, lloriau. **1771** *PDPh* 85, Anifail a fyddo gwedi torri Asgwrn . . . dodwch *ystyllod* bychain o'i amgylch. **1790** TWM O'R NANT: *GG* 193, Rhwng pedair *ystyllen* dy ddiben a ddaw. Ar lafar, '*styllan*' 'plank' 'also as a term of reproach for a woman', *WVBD* 508–9; '*stillan, styllan*' 'a lath' 'a lath on a quilting frame', *GTN* 715 (ll. *stillod, styllod*); '*styllan*' 'a shelf' 'a piece of wood about six inches long used to fill holes in quilting frame' 'mould board of plough' 'a lath', *id.* 722 (ll. *styllod*). Digwydd mewn cymariaethau ynglŷn â pherson tenau, e.e. 'cyn deneued â *styllen*', 'main fel *styllen*', 'Mae hi fel *styllen*'; a hefyd fel elf. mewn e. lleoedd, e.e. *Bwlchstyllen*, pl. Trefeurig, gogledd Cered.

Cfn.: **ystyllen (d)dirwyn:** *yarn-winder, winding blade.* **1547** *WS*, *Ystyllod dirwyn* Blades. **1632** *D*, *ystyllod dirwyn* d.g. *Girgillus*. **1725** *SR*, *ystyllen dirwyn* d.g. *A Reel to wind thread on*. Ar lafar, '*ystyllan ddirwyn*' 'winding-blade', *WVBD* 509; 'cogwrn . . . a winder for winding wool . . . formed of two cross pieces (*styllenod dirwn*) which met at right angles in the centre', *TGG* (1909–11) 31 (Arfon). **styllen ddŵr:** (i) *weatherbar.* Ar lafar, *B* xxiv. 180 (Môn). (ii) *square wooden frame used to help when carrying water.* Ar lafar, *LlLlM* 103. **(y)styllen olchi:** *washboard.* **20g.** Ar lafar yn y Gogledd, *Folk Life* xix. 46. **(y)styllen blwm:** *plumbrule.* **1811.** Ar lafar, '*sdyllan blwm*', *B* xxiv. 179 (Môn), *WVBD* 509; '*Styllen blwm*', *B* xvi. 95 (sir Drefn.). **(y)styllen bridd:** *mould-board.* **1814.** Ar lafar, '*styllan bridd*', *WVBD* 3, 508; '*styllen bridd*', *B* i. 40 (sir Ddinb.), *id.* iii. 199 (Penllyn). **styllen rech:** *plank at the front of a cart used as a seat by the carter.* **20g.** Ar lafar, *LlLlM* 103. **(y)styllen din:** *tailboard.* Ar lafar, *LGW* 121 (sir Ddinb.). **styllen wich = styllen rech.** Ar lafar, *LlLlM* 103. **ar (y) styllen:** *laid out for burial, dead.* **20g.** Ar lafar, 'Mae o *ar y styllan*' 'he is just dead', *WVBD* 509; '*ar styllen* (*stillen*)' (canolbarth a godre Cered.); '*ar y stillen*' 'a euphemism for lying a corpse', *GDD* 272.

Gw. hefyd **astell, astyllen, estyllen.**

ystyllenlys [*ystyllen+llys*[5]] *e?g. Bot.* Llwynhidydd, *Plantago lanceolata*: *ribwort plantain.*

16g. *LlS* 15, yn Saesonaec Rybwort yn Camberaec y Llwynhydydd nei/r/ *ystyllenlys* yn iaith Deheubarth.

Gw. hefyd **astyllenlys.**

ystyllennaf, styllennaf: (y)styllennu [bf. o'r e. *ystyllen, styllen*] *bg.a.* Gosod ystyllod, byrddio; ?sgwrio (am ddefaid): *to lay planks, board; ?scour* (*of sheep*).

1588 *Neh* ii. 8, fel y rhoddo efe i mi goed i *ystyllennu* pyrth y pâlas. *id.* iii. 3, hwynt hwy ai *styllennasant* ef [porth]. **1588** *Esec* xli. 16, a'r ffenestri hefyd a *ystyllennasid*. **1722** *Llst* 189, *Ystyllennu* . . . To lay boards, to loft, seel. **1802** *LlMG* 12, Am Ddefaid yn *ystyllennu*.

ystyllodaf: ystyllodi [bf. o'r e. *ystyllod* (ll. yr e. *ystyllen*); ansicr yw'r union ystyr yn y dfn. cyntaf isod] *ba.* Gosod ystyllod, byrddio: *to lay planks, board.*

15g. *GOLlM* 8, Diwreiddwyr daear oeddyn, / dullio tir fal dillad tyn: / *ystyllodi*'n byst llydain / asau'r maes fal seiri main [i erchi ychen]. **1604–7** *TW* (*Pen* 228) d.g. *Contabulo, Contigno, Lacuno* (hefyd *D*). **1722** *Llst* 189, Ystyllennu, [*ys*]*tyllodi*. To lay boards, to loft, seel.

Gw. hefyd **astyllodaf: astyllodi.**

ystymog, ystyn[1,2]**, ystynaf: ystyno,** gw.

stumog, estyn[1], estynnaf: estyn, stynaf: styno.

ystynfa, ystynnaf: ystyn, &c., gw. estynfa (hefyd At.), estynnaf: estyn, &c.

ystyr[1] [bnth. Llad. *historia*, Llyd. C. *ster* 'natur, dull', Llyd. Diw. *ster* 'ystyr, arwyddocâd, H. Wydd. *stoir* 'hanes, stori; ystyr'] *eg.b.* ll. -*(i)on*, -*iau*. Yr hyn a olygir neu a arwyddoceir gan air, gweithred, syniad, &c., synnwyr, meddwl, arwyddocâd; achos, rheswm, diben, ystyriaeth; hanes, stori, cynnwys (llythyr, &c.): *meaning, sense, significance; cause, reason, purpose, consideration; history, story, content (of letter, &c.).*

13g. *GLlF* 227, Trei eu dôy aessaôr gan un *ystyr*. **12–13g.** *GMB* 529, Cret vyuyr *ystyr* a ystyryaf. **13g.** *BD* 84, amouyn ac ef achavs ac *ystyr* y neges a'e dyuotedigaeth. *c.* **1300** *B* iv. 114, Kyuarchaf o echlyssur byt / can gwdost y *ystyr*. / pwy wledych gwedy bryhyr. **14g.** *T* 24. 13–15, môyhaf teir arysgryt. Achweris ym byt. Ac vn aderyô o *ystyr* dilyô. Achrist ycroccaô adydbraôt racllaô. *id.* 44. 24, Petwar iccur [*sic*] cur am *ystyr* edynogyon. **14g.** *GP* 54, kyssylltu henweu y gyt heb veryf y gyt ac wynt yw kyuansodi ymadrodyon amherffeith y gyt heb eneit yndunt nac *ystyr* na synnwyr. **14g.** *WM* 86. 12–14, ar nos honno ydaethant hyt ygkymôt ympoôys a elôir or *ystyr* hônnô heuyt mochnant. *id.* 395. 38–9, menegi *ystyr* y syrhaed a oruc Gereint y gôr gwynllôyd. *c.* **1400** *YSG* i. 33, [p]regethu idaw a dangos drwy *ystyryeu* a chwedleu tec o'r Euengylyeu yd oed da idaw gyffessu. **15–16g.** *GIF* 89, Ba *ystyr* y mae'n bostiaw / heb ei bwrs, wyneb y baw? **1547** *WS*, *Ystyr* Intente. **1588** *Esr* iv. 11, Dymma *ystyr* y llythr yr hwn a anfonasant atto ef. **1632** *D*, *Ystyr*, Consideratio, animaduersio, sensus. **1701** E. Wynne: *RBS* 53, Am Sobrwydd yn yr *ystyr* Cyffredinol. **1716** T. Evans: *DPO* 39, yr Ymherawdr . . . a roddes orchymmyn mywn pennill i'r *ystyr* hwn i'w filwyr. *c.* **1750** E. Williams: *HJI* 5, ag am y fath *ystyr* felldigedig a hynny, fe a fydd anobeithiol a am [*sic*] drugaredd. **1775** *W* d.g. *Import* [*sense, or meaning*], *Intendment, or meaning, Intent, or meaning, Meaning*. **1803** *P*, *Ystyr*, s. m.—pl. t. *ion* . . . sense, meaning. Ar lafar, 'Mae 'na ddau *ystyr* iddo fo' (Arfon); '*ystyr*' 'meaning', *GTN* 864 (*eg.*).

Gw. hefyd **historia, stori**[1], **straeon, ystoria.**

ystyr[2,3,4], 2 un. grch., 3 un. pres. myn., a be. y f. *ystyriaf*[1]: *ystyried.*

ystyraf: ystyro, gw. ystyriaf[1]: ystyried.

ystyrbell, gw. ystyr[1] + pell.

ystyrbiol, gw. styrbiol (hefyd At.).

ystyrbwyll, gw. ystyr[1] + pwyll[1].

ystyrbysg [cfdds. o'r S. *stur(geon)* + *pysg*] *eg. Pysg.* Stwrsiwn: *sturgeon.*
1857.

ystyrdeb [*ystyr*[1] + -*deb*] *eg.* Ystyr: *meaning.*
1839.

ystyrdi, gw. styrdi.

ystyrddwys, gw. ystyr[1] + dwys.

ystyredig, gw. ystyriedig.

ystyrfawr, ystyrgall, gw. ystyr[1] + mawr, call.

ystyrgar [*ystyr*[1] + -*gar*] *a.* Ystyriol, meddylgar, synhwyrol, gofalus: *considerate, thoughtful, sensible, careful.*

[**1783**] *W* d.g. *Sensible* [*that has good sense*]. *Diw.* **18g.** *AL* ii. 484, Tri pheth a ddylai vod ar ynad . . . bod yn *ystyrgar* i ymrynu yn geudodawl a'r gwirionedd. **18–19g.** *MA* iii. 253, Tri pheth clodvawr eu bod ar Gymro: gwybodau doethineb, devodau rhadlondeb, ac ymbwyll *ystyrgar*. **1803** *P.*

ystyriad [bôn y f. *ystyriaf*[1]: *ystyried*, &c. + -*iad*[1]] *eg.* ll. -*au*. Y weithred o ystyried, ystyriaeth: *a considering, consideration.*

1595 M. Kyffin: *DFf* [7], nad ym yn gwneuthyr *ysturiad* am ddeddfolaeth. **1632** *D* d.g. *Attentio*. **1655** WL: *DP* 199, Yr *ystyriadau* hyn os cyssylltir a'n calonnau, a wna i ni lefain fel Dafydd. **1670** J. Hughes: *AP* 186, yn yrriad ymaith o feddyliau drwg ac aflan, yn gynnydd o *ystyriadau* da. **1776** Dewi Nantbrân: *AN* 138, holl drawsfeddyliau, ac *ystyriadau* drygionus. **1788** B. Evans: *LlG* 40, nid yw cywir Gasgliad, ddim ond y cyfryw *Ystyriad.*

ystyriaeth[1], **styriaeth** [*ystyr*[1] + -*iaeth*] *eb.g.* ll. *ystyriaethau.*

(*a*) Yr hyn sydd i'w ystyried, y weithred o ystyried, dirnadaeth, dealltwriaeth, meddwl, myfyrdod, sylw, hid: *consideration, a considering, deliberation, apprehension, understanding, reflection, contemplation, attention, regard, heed.*

15g. *GLGC* 146, Ys da ŵr ei *ystyriaeth*, / Brenin nef i Ebyrnan aeth. **15–16g.** *GLM* 171, Os treth fawr, *ystyriaeth* fydd / eithr am un aeth i'r mynydd. **16g.** Huw Arwystl: *Gw* 150, os ystyr grym heb gymell / wrth wann ple mae *styriaeth* well. **1567** *LlGG* 122b, Ar drefn hon y sydd weddusaf y chadw, er mwyn amrafaelion *ystyriaethae*. **1588** 1 *Br* xviii. 29, ni chlybuwyd llef, na neb yn atteb, na dim *ystyriaeth* am danynt hwy. **1595** M. Kyffin: *DFf* [123], fegis na bae Duw'n gwneuthyr *ysturiaeth* o ddim ond çeremoniæ. **1632** *D* d.g. *Animadversio, Meditamen*. **1679** C. Edwards: *GGG* 156, *ystyriaeth* ddifrifol am gariad Duw. **1716** E. Samuel: *GGG* 164, ni awn bellach rhagom at Resymmau ac *ystyriaethau* Eraill fydd ddigon cyfaddas i argyhoeddi 'r Juddewon. **1772** *W* d.g. *Consideration, Diligent consideration, Without consideration, Deliberation*. **1790** T. Jones: *TOS* 276, Mawr yw gallu *ystyriaeth* i gynnhyrfu 'r serchiadeu. **1803** *P*, *Ystyriaeth*, s. m.—pl. t. *au* . . . Consideration.

(*b*) Ystyr, arwyddocâd; ymdeimlad, teimlad, argyhoeddiad, synnwyr: *meaning, sense, significance; perception, feeling, conviction, sense.*

1595 M. Kyffin: *DFf* [43], fal y scrifennodd Chrisostom . . . May cnawd Crist ydyw'r corph marw, a ninne ydym yr Eryrod: *Ysturiaeth* yr hyn beth, ydyw fod yn rhaid i ni hedeg yn vchel. **1599** (**1677**) R. Holland: *AB* 9, er mwyn arfer a ffashiwn yn vnic y maent hwy 'n gweddio, heb nac *ystyriaeth*, na theimlad ynddynt o'u pechodau a'u trueni. **1630** R. Llwyd: *LlH* 122, Nid wyf fi yn deall *ystyriaeth* y geiriau hyn. **1632** *D* d.g. *Sententia*. **1676** W. Jones: *GB* 9, Mi a egluraf y geiriau, gan roi allan eu meddwl neu eu gwir *ystyriaeth* hwynt. **1693** J. Owen: *BP* 1, Am *ystyriaeth* y gair bedydd. [**1710**] Gw. ab Ierwerth: *SB* 155, Er bod y ddwy adnod hyn . . . yn adseinio yn gynhebygol, etto y maent yn amrywio yn fawr mewn *ystyriaeth*. **1759** T. Thomas: *WWDd* 83, *Ystyriaeth* y Gair hwn [Crist] yw eneiniog . . . *Ystyriaeth* y Gair hwn Jesu, yw Gwaredwr. **1775** *EDPP* 7, pechaduriaid . . . wedi eu llwytho ag euogrwydd a'r *ystyriaeth* o bechod. **1776** I. Brydydd Hir: *P* ii. 113, Iawn, yn ol *ystyriaeth* cyffredinol y gair, yw gwneuthur diwygiad a thaledigaeth am sarhâd neu gammwri.

(*c*) Pwnc, testun, thema, dadl; crynodeb: *subject, theme, argument; summary.*

1547 *WS* [vi], hanes ac *ystyriaeth* y llyfer yma. **1567** *LlGG* (*Sall*) [i], Yr Argvment Nev *ystyriaeth* y Lliver hwn. **1604** R. Holland: *BD* 5, I dhyfod . . . at *ystyriaeth* fy Lhyfr. **1630** R. Llwyd: *LlH* [xvi], *Ystyriaeth*, a chynnwysiad yr ymddiddanion hyn. [**1745**] W. Roberts: *FfM* 5, A dyna *ystyriaeth* yr ystori, / Mewn byrr adroddiad yma drwyddi. *c.* **1762–79** W. Williams: *P* 523, Fe gyfieithodd y Bibl yn Saesoneg, gyd â rhagymadrodd ac *ystyriaethau* pob Llyfr. **1765** JM: *DDdC* [2], dyma'r llaw-lyfr cyntaf ar yr *Ystyriaeth* yn ein hiaith ni.

Cfn.: **mewn ystyriaeth:** *in a manner (of speaking), as it were, so to speak.* **1759** T. Thomas: *WWDd* 95, Gallaf ddywedyd, dalu iddi (*mewn ystyriaeth*) fwy nag oedd hi'n ei ofyn. **1759** J. Evans: *PF* 9, hwy a chwanegasant yr Anhawsderau o fwriad, pa rai a ddechreuasent *mewn ystyriaeth* (*in a manner*) o ddamwain. (**o**) **dan ystyriaeth:** *under consideration, pending.* **20g.**

ystyriaethaf: ystyriaeth[2], **ystyriaethu** [bf. o'r e. *ystyriaeth*[1]] *ba.* Ystyried; arwyddocáu: *to consider; signify.*

1552 *Pen* 403, 24, heb *ystyrieth* vaint a dal gonestrwydd a diweirdeb. **1567** *TN* [xxviii], Wrth *ystyriaeth* cwrs crefydd y byt, o Adda hyd at Christ. **1604** R. Holland: *BD* [1], mal y galloch . . . dhechreu *ystyriaeth* mewn pryd faintioli, a phwys eich baych. **1631** O. Thomas: *CC* 32, llawen gennif eich bod mor hyrwydd i ddal sulw ac *ystyriaeth* y peth a Scrifenais. **1651** Siôn Treredyn: *MDD* 7, y gair hwnnw . . . sydd yn *ystyriaethu* Cyfammod neu Bargen [*sic*] yn lle Cyfraith. **17g.** Huw Morus: *EC* ii. 276, Mae'n rhaid i ni *ystyriaeth*, ein bod o naturiaeth, / Yn llawn llygredigaeth, a bariaeth ddi-bur. **1803** *P* d.g. *Ystyriaethu.*

ystyriaethol [*ystyriaeth*[1] + -*ol*] *a.* Myfyrgar, meddylgar, difrifol, wedi ei ystyried: *contemplative, thoughtful, serious, considered.*

1688 W. Foulkes: *EGE* 76, fel yr addunedwyf gyd' a phwyll a chyngor ysprydol, ac ar achosion pwysfawr ac *ystyriaethol*, yn unic gyd a' bwriad i ogoniant, a diolch, a chariad i ti. **1719** *EGBG* 342, jawn wybodaeth *ystyriaethol* a deall o drugareddau Duw. **1774** H. Jones: *CH* [ii], Lle y gwelir byrdra a diffyg yn y myfyrdodau hyn, geill y darllennydd *ystyriaethol* helaethu arnynt. **1803** *P* d.g. *Ystyriaethawl.*

ystyriaf[1], **styriaf**[2], &c.: **(y)styried, (y)styrio, ystyriaid, ystyr**[4], &c. [bf. o'r e. *ystyr*[1]; trafodir enghrau. o'r be. *ystyriaeth*[2] d.g. *ystyriaethaf: ystyriaeth*] *bg.a.* Meddwl yn ddwys (am), myfyrio, synfyfyrio, rhoddi ystyriaeth neu sylw (i), cadw mewn cof; meddwl, credu, barnu; cynllunio, trefnu: *to consider, contemplate, deliberate, reflect, ponder, give consideration (to), be mindful (of); think, believe, judge; plan, arrange.*

12g. *GLlF* 550, *Ystyrywn*, kôynwn ketwyr aruoll—naf. **12g.** *GCBM* i. 96, Yn Ystrad Langwm *ystyriais* —ein glyw, *Ystyrient* a genais. **12–13g.** *GLlLl* 78, Ac *ystyr*, brif unben, mor brid / Eur Auya os ef ryerchid. / Ny *ystyr* llythwyr uy llethrid—y'm kert, / Gyrr di yr cart y wrthid! **13g.** *GDB* 388, A llawer bôysti heb *ystyryaô*—ked. *id.* 390, *Ystyrywys* Deus daôn idaô, / *Ystyryet* Tat llôyrgret rac llaô. *id.* 417, *Ystyria* wrthyf, wrth, o'm colly, / Ystawd fy nullwawd, na'm hennilly. / *Ystyriws* Dews dawn ytty—er gaint: / *Ystyr* faint dy fraint, frenhin Cymry! **13g.** *GBF* 591, Oydd rait *ystyriait* darvot kyffro—mawr / Am amerodr Kymro; / Ys tervyn byt, trymvryt tro, / Ys diriait nit *ystyrio*. / *Ystyriet*, O Dduw, ddamwain dychryn—kun, / Kanyt byw Llywelyn. **14g.** *BT* 54, wedy *ystyryaw* (amr. ystrywiaw) o vadawc y brad yn erbyn yorwerth. **14g.** *WM* td. 209. 3, *ystyryaô* karyat ar ôr arall drostaô ef. **14–15g.** *IGE*[2] 277, *Ystyr*, ddyn; na wna stôr i ddiawl, / *Ystyria* yn ystyriawl; / *Ystyr* dy ddechrau'n ieuanc, / A'th ddiwedd drwy osgedd dranc (Siôn Cent). **1547** *WS*, *Ystyriaw* Entente. **16g.** *B* xv. 273, wrth *ysdyr* nad oedd onnid llu bychann o Saesson a Byrgoyinnions. **1567** *LlGG* 22a, Mair a gatwodd y pethae hyn oll, gan ei *hystyriaw* yn hei chalon. **1567** *TN* [xxxiii], ni doedd neb yn *ystyr* y llyfr, nac yn prisio arno. **1567** G. Robert: *GC* 13, Ia[w]nscrif. aphessa[w]l p[w]nc syd oi' [*sic*] *styriaw* yn i chylch. **16g.** *Hop M* 187, od *estyriwn* gwrs y byd, ai stil i gyd ai ddevod. *c.* **1587** *B* xvii. 92, Arglwydd, gwrando fy nolefain ac *ystyried* dy glustie ar lyferydd fy nghwynfan. **1588** *Mal* iii. 16, i'r rhai oeddynt yn ofni'r Arglwydd, ac i'r rhai oeddynt yn *ystyried* ei enw ef. **1595** H. Lewys: *PA* 4, cyffelib ydym i gwn . . . rhain pann i tafler a cherig, a gnoant y garreg, heb *ystyr* pwy sy yn taflu attynt. **1604–7** *TW* (*Pen* 228), *ystyrio* d.g. *Verso, Video*. **1632** *D*, *Ystyrio*, & *Ystyried*, Considerare, animaduertere, cogitare, aduertere, dispicere, expendere, pensare. **1703** E. Wynne: *BC* 83, daliasant im blino, nes imi wrth fanwl ymresymmu *ystyried* nad oes un weledigaeth ond oddiuchod. **1714** R. Prydderch: *GD* 107, Holiadeu ynghylch amryw betheu; buddiol i'r Oes ryfygus yma eu *hystyriaid*. **1730** (**1755**) E. Wynne: *PAC* 53, maent 'n ymrwyno [*sic*] eu hunain yn gynnar i *istyried* eu dledswydd. **1776** *W*, *Ystyried* d.g. *To mark* [*in an absolute sense*]. **1778** J. Hughes: *BB* 157, Heb *ystyr* fawr fod holl ddoethineb, / Y byd ffel anian yn ffolineb. **1803** *P*, *Ystyriaw* . . . To consider; to regard, to take notice. Ar lafar, '*styriad*', *WVBD* 509, *GTN* 716.

Amr.: **astyried.** **1747** T. Evans: *DDM* 10. **ystyro.** **14g.** *WM* 391. 28–9, *ystyraô* a oruc na [*sic*] oed dial ganthaô llad y corr.

ystyriaf[2]: **ystyrio,** gw. styriaf[1]: styrio (hefyd At.).

ystyriedig, ystyredig [bôn y f. *ystyriaf*[1]: *ystyried*, &c. + -*(i)edig*] *a.bfl.* ll. -*ion*. Wedi ei ystyried, bwriadol; ystyriol, meddylgar, parod i ystyried: *considered, deliberate; considerate, thoughtful, mindful.*

Dchr. **15g.** *GM* 30, Bint dy glusteu yn *ystyredigyon* (**15g.** *Pen* 191, 46, *ystyriedigyon*) / Wrth lef vyg gwedi a gwawd vyg calon. **1676** W. Jones: *PGG* 14, ei ufudd-dod gwneuthurol ef [Crist], *ystyriedig* yn wahanredol. **1700** D. Maurice: *AC* 16, ein pechodau gwybyddus, 'wyllyslawn, ac *ystyriedig*. **1803** *P* d.g. *Ystyredig, Ystyriedig.*

ystyriedigaeth [*ystyriedig* + -*aeth*] *eg.* Ystyriaeth: *consideration.*

c. **1400** *RWM* ii. 457, a phôy ae duc [pren y Groes] y gaerussalem. govynnet ynn ogedymdeithyaôl *ystyryedigaeth*. **1803** *P.*

ystyriol [bôn y f. *ystyriaf*[1]: *ystyried*, &c. + -*iol*] *a.* a hefyd gyda grym enwol. Yn rhoddi ystyriaeth deg i anghenion, teimladau, &c., pobl eraill, meddylgar, parod i ystyried, yn cadw mewn cof; myfyrgar, synfyfyriol, meddylgar, sylwgar, pwyllog, gofalus: *considerate, thoughtful, mindful,*

heedful; contemplative, reflective, thoughtful, attentive, prudent, careful.

13g. *GDB* 390, Ystyryabl y habl y hoylab—yg gryt. **14g.** *HMSS* ii. 259, gwedy dyallu yn *ystyryawl* ohonei ae chyuotedigaeth o veirw . . . ni orffwyssawd hi yny gauas arwyd budugolyaeth crist. **14g.** *GDG³* 19, Ys dewr, *ystyriol* ydwyd, / Ystôr ym, ys da wr wyd. **14–15g.** *IGE²* 277, Ystyr, ddyn; na wna stôr i ddiawl, / Ystyria yn *ystyriawl*; / Ystyr dy ddechrau'n ieuanc, / A'th ddiwedd drwy osgedd dranc (Siôn Cent). **1588** *Doeth Sol* xii. 20, mor *ystyriol* y cystuddiaist ti elynion dy weision. **1632** D d.g. *Attentus, Consideratus, Sententiosus.* **17g.** *TBM* 312, Pob glanddyn mwyn naturiol yn '*styriol* clywch fy nghlwyn (Tomas Bwclai). **1703** E. WYNNE: *BC* 10, gwrando 'n *ystyriol*, na orffo dywedyd yr un peth i ti ond unwaith. **1772** *W* d.g. *Considerate.* **1776** DEWI NANTBRÂN: *AN* 289, Byddent dy glustiau yn *ystyriawl*; [sic] i lef fy nghofyniad [sic]. **1784** M. WILLIAMS: *S* i. 11, pa le bynnag y symmudwn ar wyneb y ddaear . . . yr ydym yn wastad yn cyfnewid ein terfyngylch yn *ystyriol* ac yn synhwyrol. **1803** P d.g. *Ystyriawl.* Ar lafar, '*styriol*' 'considerate; thoughtful', *GTN* 722.

Gw. hefyd **ystyrol**.

ystyrioldeb [*ystyriol*+-*deb*] *eg.* Yr ansawdd neu'r cyflwr o fod yn ystyriol, meddylgarwch; sylwgarwch: *considerateness, thoughtfulness; attentiveness.*

1770 *W* d.g. *Attentiveness.* **1803** P.

ystyriwr [bôn y f. *ystyriaf*: *ystyried*, &c. +-*iwr*] *eg.* ll. *ystyrwyr.* Un sy'n ystyried neu'n myfyrio, meddyliwr: *one who considers or reflects, thinker.*

1604–7 TW (*Pen* 228) d.g. *Aestimator, Animaduersor, pensator, pensiculator.* **1632** D d.g. *Spectator.* **1772** *W* d.g. *Considerer.* **1803** P, *Ystyriwr*, s. m.—pl. *ystyriwyr* [sic] . . . One who considers or reflects, a studier.

ystyrlon, ystyrlawn [*ystyr*¹+-*lon*, -*lawn*] *a.* Ac iddo ystyr, yn cyfleu ystyr, llawn ystyr, arwyddocaol; wedi ei ystyried, bwriadol: *meaningful, significant; considered, deliberate.*

1670 J. HUGHES: *AP* 100, Bod gantho reddwl *ystyr-lawn* o gymmeryd, neu o gadw'r peth sydd eiddo vn arall. id. 105, [t]orriad *ystyrlawn* ac o wirfod [sic] rhyw vn o Orchymmynion Duw. [**1783**] *W*, *ystyrlawn* d.g. *Significant [of great weight or force to convey the intended meaning].*

ystyrlondeb [*ystyrlon*+-*deb*] *eb.* Ystyrlonrwydd: *meaningfulness.*

20g.

ystyrlonedd [*ystyrlon*+-*edd*¹] *eg.* Ystyrlonrwydd: *meaningfulness.*

20g.

ystyrlonrwydd [*ystyrlon*+-*rwydd*] *eg.* Yr ansawdd neu'r cyflwr o fod yn ystyrlon, ystyrlonedd: *meaningfulness.*

20g.

ystyrmant, ystyrmiaf: ystyrmio, gw. sturmant, styrmiaf: styrmio (hefyd At.).

ystyrol [*ystyr*¹+-*ol*] *a.* Semantig: *semantic.*

20g.

Gw. hefyd **ystyriol**.

ystytiaf, stytiaf: (y)stytian, (y)stytio [bnth. S. (*to*) *stut* 'to stutter'; dileer yr amr. *stydia*²: *stydian, stytian* d.g. *stytraf*: *stytro*] *bg.* Siarad ac atal dweud arno, stytro: *to stutter.*

17g. LlGC 13215, 334, *Ystytian* Traulismus. id. *ystytio* lingua titubante loqui. **17g.** HUW MORUS: *EC* i. 307, Ni chlywyd gwraig erioed yn grwgnach, / Pan fae 'n gruddfan, yn *ystytian* anwastatach! **18g.** RH. IFANS: *SR* 513, Ein dannedd sy'n clecio a'n gwynt ni ar ffaelio, / Y tafod yn *stytio*, ar drigo rŷm ni. Ar lafar yn y ff. '*stytian*', Cymru liv. 131 (dwyrain sir Drefn.), a '*stydian*', id. xlvii. [236] (sir Ddinb.).

ystywallt, gw. ystywell.

ystywanaf, stywanaf: (y)stywanu [?cf. *ystunaf*: *ystuno*; geir yw adran (*a*)] *bg.a.*

(*a*) Digio, blino; curo, ffustio: *to vex, worry; beat, thrash.*

1632 D, *Ystywanu*, Exagitare. **1688** TJ, *Ystywanu*, digio, cythruddo, blino: to vex, to trouble. **1722** Llst 189, *Ystywanu* as Ystuno. **1803** P, *Ystywanu* . . . to belabour.

(*b*) Strancio: *to struggle.*

1872.

ystywaws, &c. [?bnth. H. Ffr. *estivaux*, ll. yr e. *estival*; ansicr yw'r union ff., gw.

LTMW 301] *eb.* ?Esgidiau o ryw fath; (geir.) staes, corsed: ?*some kind of boots or shoes*; (*dict.*) *stays, corset.*

13g. *LI* 94, Hossaneu maur, viii.k'. Duy hvsyaus, vi.k'. Dvy *estywaus*, iiii.k'. Botysseu kynhyglauc, iiii.k'. **15g.** *LTWL* 491, Duo *stiuos*. **1803** P, *Ystywaws*, s. f. . . . Stays, a pair of stays.

ystywell, ystywallt [tebyg mai olff. o *anystywallt* yw'r ail ff.] *a.* ?Caredig, mwyn, hydrin; cadarn, safadwy: ?*kind, gentle, manageable; strong, steady.*

c. 1400 R 1036. 21, Baglan brenn byd *ystywell.* **c. 1793** R. WILLIAMS: *CB* 6, Eu hynt ar gerrynt goralit, i'r ogof, / Oer agen *ystywallt.* id. 8, *Ystywallt*, cadarn, safadwy. **1803** P, *Ystywell . . . Steady, stedfast; manageable.*

ysur, ysurwr, Ysw., yswachau, gw. usur, usurwr, yswain, swachau.

yswadan, yswaden, gw. swaden.

yswaetheroedd, yswaethiroedd, gw. ysgwaethiroedd.

yswager, gw. swager.

yswagraf, yswagriaf: yswagr(i)o, gw. swagraf: swagro.

yswagriwr, yswagrwr, gw. swagrwr.

yswain, eswain, &c. [bnth. S. C. *swein*] *eg.* (bach. *ysweinyn*) ll. *yswein(i)aid, sweinaid*, &c.

(*a*) Ysgwïer, bonheddwr, uchelwr, macwy, gwas bach; cludydd arfau: *squire, esquire, gentleman, nobleman, page; armourbearer.*

13g. *Llst* 1, 37, gwedy dywedwyt ac kennat nat oed namyn ef ac vn *esweyn* (*BD* 29, *yswein*) (*armigero*) ygyt ac ef. **14g.** *WM* td. 223. 19–20, March vn or *ysweineit.* **14g.** *GIG* 84, A'th *yswain* â'th lain o'th flaen —/ Pennaeth wyd, pwy ni'th adwaen? *c.* **1400** *YCM²* 14, Yr *ysseweinyeit* ac a uei arueu udunt, a urdwys yn uarchogyon yn anrydedus. *c.* **1400** *Ked AA* 5, ef a'e wyth mrodyr maeth yn *sweinyeit* idaw. **15g.** *GLGC* 388, a sŵn mewn eglwys gan *ysweiniaid*, / a siôn gŵyr gwynion gyda'r gweiniaid [marwnad Rhys ap Dafydd]. **1547** WS, *Yswayn* eskwier Esquyer, swayne. **1588** 1 *Sam* xiv. cs., Ionathan ac *eswein* ef (yr hwn a oedd yn dwyn ei arfau ef). id. 13, ei *eswein* hefyd oedd yn lladd ar ei ôl ef [Jonathan]. **1632** D, *Yswain*, Armiger. **1722** Llst 189, *Eswyn.* m.p. *swynaid.* An esquire. armour bearer. **1762** ML ii. 529, Ymbottiaw efo'r *yswain* yn gwaith y bardd, mi wranta. **1773** *W* d.g. *Esquire, Swain* [*a young man*]. **1803** P d.g. *Yswain.*

(*b*) Teitl a ychwanegir at enw gŵr pan na ddefnyddir teitl arall, yn enw. wrth gyfeirio llythyr: *esquire* (*as title*).

1759 ML ii. 128, na chyn gymaint o wyr 'neddigions yn ei osgordd ac y fusai y gan yr *yswain* Puw Prys o Ogerddan! **1763** id. 561, Mae yr *Yswain* Owain Hwlant o Gonwy yn fawr grefu arnaf am ddyfod efo ge i ben Ryri'r haf yma. **1789** BDG xlii, y diweddar Lewys Morrus *yswain.* **1795** J. THOMAS: *AIC* 37, Esq. Esquire. Y *Swain*, Tittl Gwr Anrhydeddus. **1800** W. OWEN[-PUGHE]: *CP* 51, Arthur Young, *Yswain.*

Amr.: **Ysw.** (byrfodd yn ystyr adran (*b*) uchod). **1815.**

yswalpiaf: yswalpio, yswatiaf: yswatio, yswatiwr, gw. swalpiaf: swalpio, swatiaf: swatio, swatiwr.

yswbwb, ys(b)wb [cf. *hwbwb, sybwb, wbwb*, a S. *hubbub*] *ebd.* a hefyd fel *eg.* Ffei!, ymaith!; och!, gwae!; gwaedd ac ymlid, wbwb: *fie!, away!; alas!, woe!; hue and cry, hubbub.*

16–17g. GDG³ 418, *Yswbwb* (*RWM* i. 515, Sybwb) or bobl ansyber—ydych. **1604–7** TW (*Pen* 228), *ysbwb*, *yswbwb* d.g. *Apage.* **1632** D, *Yswbwb* d.g. *Apage.* **1722** Llst 189, *Ys-wbwb.* m. The cry of those that are in distress; hue and cry: out upon it. **1803** P d.g. *Yswbwb.*

Yswed, Yswedeg, Yswediad, gw. Swed, Swedeg, Swediad.

ysweiniaeth [*yswain*+-*iaeth*] *eb.* Safle neu statws yswain, uchelwriaeth, bonedd: *squiredom, nobility.*

1858.

ysweiniol [*yswain*+-*iol*] *a.* Yn perthyn i

yswain neu ysweiniaeth: *squirely, squirearchical.*

1858.

ysweinyn, yswenta, yswïaeth, gw. yswain, sywenta, hyswïaeth.

yswidw, s(y)widw, (y)swigw, sywigw, *eb.g.* (bach. g. *ysywidyn*) ll. *yswidiaid, sywidwod, sywigod, swigwod.* Adar. Titw, hefyd am rai adar bychain eraill ac yn *ffig.*: *tit* (*in ornith.*), *also of other small birds and fig.*

15g. *GPhE* 21, A chig ehedydd, o chaid, / *Yswigw* yn un seigiaid. **15g.** *GGl²* 208, *Sywidw* iso ydwyd, / Was y dryw, ai sawdiwr wyd [dychan i Ddafydd ab Edmwnd]? *a.* **1547** *GGH* 419, Os mi a drois am y dryw, / *Yswidw* fy ngwas ydyw. / Canu mae y cenau main, / Craig lafar, carreg lefain [i ateb Siôn Brwynog]. **1604–7** TW (*Pen* 228), *Swidw* was y dryw d.g. *parus.* id. *Sywidw* d.g. *Trochilos.* Dchr. **17g.** *J* 10, 37a, *Sywidw* . . . Sitta. **1632** D, *Sywidw*, & *Yswigw*, & *Yswigw*, Parus. **1688** TJ, *Sywidw, Ystwidw, Yswigw*, Aderyn bychan, gwâs y drŷw: a little Bird called a Titmouse, or Nunn. **1722** Llst 189, *Sywidw.* f.p. *dwod.* Tom titt (bird). **1725** SR, *sywigw* d.g. *A Titmous.* [**1761**] ML i. 336, Tom-tit, *sywidw*, gwrach y cae. **1761** id. ii. 331, *Sywidw* (medd rhai) yw tom-tit Môn. **1778** *W*, *sywidw, ystwidw, yswigw* d.g. *Nun* [*a little sort of bird so called*]. **18–19g.** *IAW* (LlGC) 101, 49, Wryneck, *yswigw.* **1803** *P* d.g. *Sywidw, Ystwidw, Yswigw.* Ar lafar, '*sywican*' 'long-tailed tit', *GTN* 759 (eb. ll. *sywicod*). Clywir '*swigw* (goch)' yng nghanolbarth Cered. yn yr ystyr 'merch benysgafn, hoeden, maeden'. Am fathau penodol (e.e. *yswidw glas, yswidw du*), gw. MEIRION PARRY: *Casgliad o Enwau Adar* (1963) 31–2 d.g. *Titmouse.*

Amr.: **shibigw.** Ar lafar, *GDD* 283.

yswigen, swigen [amr. ar *chwysigen, gwysigen*] *eb.* ll. (*y*)*swigod, swigennau, swigennod.* Pledren, *Pysg.* chwysigen nofio; balŵn; ceudod (bychan) o aer neu nwy mewn hylif neu solid, bwrlwm, boglyn, cloch ddŵr; pothell, chwysigen; hefyd yn *ffig.* hunan-dyb, balchder: *bladder, swimbladder; balloon; bubble; blister, vesicle; also fig. conceit, pride.*

1851.

Amr.: **(y)sgwigen** (ll. *ysgwigod*). **1852.**

Cfn.: **swigen ddŵr:** *bubble* (*in water*); *blister.* Ar lafar, '*swigan ddŵr*' 'blister caused by scalding', *WVBD* 512. **swigen naped:** *blood-blister*, 'black man's pinch'. Ar lafar, *WVBD* 512. **(y)swigen wynt:** *air bubble; bladder* (*used as football*); *balloon; also fig. conceit, pride.* **1920.** **swigen mochyn (fochyn):** *pig's bladder* (*used as football*). **20g.**

Gw. hefyd **chwysigen, gwysigen**.

yswigiaf: yswigiad, yswigw, yswil, yswilder, yswildod, yswildra, gw. swigiaf: swigio (hefyd At.), yswidw, swil¹, swilder, swildod, swildra.

yswiliaf¹: yswilio, yswiliaf²: yswilian, yswinas, yswineg, yswinfri, yswiradwy, gw. swiliaf¹,²: swilio, ysgwinas, swineg, swynfri, yswiriadwy.

yswireb [bôn y f. *yswiriaf*: *yswirio*+-*eb*] *eb.* ll. -*au*, -*ion.* Polisi yswiriant: *insurance policy.*

1851.

yswiredig, gw. yswiriedig.

yswiriadwy, yswiradwy [bôn y f. *yswiriaf*: *yswirio*+-*iadwy* (At.), -*adwy*] *a.bfl.* Y gellir ei yswirio: *insurable.*

1858.

yswiriaeth [bôn y f. *yswiriaf*: *yswirio*+-*iaeth*] *eb.* ll. -*au.* Yswiriant: *insurance.*

1885.

yswiriaf: yswirio [cfdds. o'r S. (*to*) *insure*, ?dan ddyl. yr a. *gwir*; cf. hefyd *inswiriaf: insiwrio, siwriaf: siwrio*] *bg.a.* Sicrhau (taliad swm o arian) fel iawndal yn achos difrod, colled, neu niwed (i), neu farwolaeth (person, &c.) yn gyfnewid am bremiwm, hefyd yn *ffig.*: *to insure, also fig.*

1859.

yswiriant [bôn y f. *yswiriaf*: *yswirio*+-*iant*, cf. S. *insurance*] *eg.* ll. *yswiriannau.* Y weithred, y proses, neu'r busnes o yswirio; polisi yswiriant; premiwm; swm a delir

dan bolisi yswiriant; hefyd yn *ffig.*: *insurance* (*policy*), *also of premium for, or money paid out under, such a policy, assurance, also fig.* **1851.**

Cfn.: **yswiriant bywyd**: *life assurance.* **1851.**

yswiriedig, yswiredig [bôn y f. *yswiriaf*: *yswirio*+-(*i*)*edig*] *a.bfl.* a hefyd gyda grym enwol. Wedi ei yswirio: *insured.* **1912.**

yswiriol [bôn y f. *yswiriaf*: *yswirio* + -*iol*] *a.* Yn perthyn i yswiriant, yn darparu yswiriant: *pertaining to insurance, providing insurance.* **1885.**

yswiriwr, yswirwr [bôn y f. *yswiriaf*: *yswirio*+-(*i*)*wr*] *eg. ll. yswirwyr.* Y person, &c., y mae polisi yswiriant yn ei enw; cwmni, &c., sy'n darparu yswiriant: *insurant; insurer.* **1851.**

Yswisaidd, Yswisiad, Yswistirwr, gw. **Swisaidd, Swisiad, Swistirwr.**

yswitiad, yswitiaf: yswitio, yswitian, gw. **switiad, switiaf**: **switio.**

yswr, ysydd[1] [bôn y f. *ysaf*: *ysu*+-*wr*, -*ydd*[3]] *eg. ll. yswyr.* Treuliwr, difäwr, gwastraffwr, bwytawr (awchus); defnyddiwr neu brynwr (nwyddau, gwasanaethau, &c.); sylwedd costig: *consumer, destroyer, squanderer,* (*voracious*) *eater; consumer or purchaser* (*of goods, services, &c.*); *a caustic.* **1632** D, yswr, ysswr d.g. *Comedo, Consumptor, Edax.* **1689** E. MORUS: *RC* 18, Pa sawl gwaith y mae'r *Yswŷr* mawrion . . . yn difrodi eu Meddiannau. **1773** W d.g. *Gnawer.* **1803** P, Yswr, s. m.—pl. *yswyr* . . . A consumer.

yswydd[1] [cf. *uswydd*; ansicr yw'r engh. gyntaf isod, gw. *GGl*[2] 342] *e.ll.* a hefyd gyda grym ansoddeiriol. Darnau, drylliau, malurion, ysgyrion, stwnsh, pwlp, hefyd yn *ffig.*: *pieces, fragments, splinters, smithereens, mash, pulp, also fig.* **15g.** *GGl*[2] 150, Mae ceinciau colofnau clêr / Oes ar *yswydd* Syr Rosier. *Diw.* **16g.** *WLB* 36, Kymer y kegid a briw ath ddwylo ai berwi mewn dwfr a surdrwnk oni el oll yn *ysswydd* mân. Ar lafar, '*Yswydd*' 'yn dipiau man', *TGG* (1904) 48 (dwyrain sir Ddinb. a'r cyffiniau).

yswydd[2] [cf. *rhyswydd*; ansicr yw ystyr y ddwy engh. olaf] *e.ll.* (un. b. -*en*). *Bot.* Ysgall y meirch, *Cichorium endiva, yr ysgellog, Cichorium intybus;* gwyrosydd, rhyswydd, prifets, *Ligustrum vulgare: endive, chicory; privets.* **16g.** *LlS* 129, Endif . . . Intubus yn Llatin, Endive yn Sasonaec, a benthygy yr vn gair ir Gamberaec: Tyb Syr Tomas ap Wiliam mae yr *Yswydd* a gallwn ni ei alw. **1604–7** TW (*Pen* 228), yr *yswydh* d.g. *Ambubeia, Ligustrum, picris.* **1632** D (*Bot*), *Yswydd,* vid. Gwyros. **18g.** Llr C 24, 367, Lentistus [sic] / yr *yswydd.* ib. Miety atorea / yr *yswydd.* **1801** *MMf* 289, yr *yswydd, yswydden* d.g. *Miety atorcu.*

yswyl, yswylder, yswyliaf: yswylio, gw. **swil**[1], **swilder, swiliaf**[1]: **swilio.**

ysy, y sy, gw. **wyf: bod.**

ysydd[1], gw. **yswr.**

ysydd[2], **y sydd,** gw. **wyf: bod.**

ysyddyn, gw. **syddyn.**

ysyganaf, ysynganaf: ysy(n)ganu, gw. **syganaf: syganu.**

ysym, ysymededig, ysyn, gw. **wyf: bod, symudedig, wyf: bod.**

ysyr [bôn y f. *ysaf*: *ysu* + -*yr*] *e?g.* a hefyd gyda grym ansoddeiriol. Sylwedd costig: *a caustic; fluoride.* **1860.**

ysyrol [*ysyr*+-*ol*] *a.* Costig: *caustic.* **1860.**

ysywaeth, sywaeth, &c. [*ysy*+*gwaeth*] *adf.* Gwaetha'r modd, piti (garw), trueni,

gresyn, pechod, yn anffodus: *alas,* (*more's the*) *pity, worse luck, shame, unfortunately.* **12g.** *GLlF* 341, Nyd oes, *yssywaeth,* o'r seith / Namyn tri trin dioleith. **12g.** *GCBM* ii. 268, O agkret agcristonogaeth / Agcreuyd yssyd, *yssywaeth.* **13g.** *GBF* 529, Mae gwyrda Gŵynet (gwae ni—yr eissyöed!) / Yssywaeth yn treghi. **1346** *LlA* 134, Glythineb ysyd rygyffredin ymplith ypobloed *ysywaeth.* **14g.** *GLlG* 57, Ysywaeth deg famaeth dau / A'i tyngodd cyn oed d'angau [i'r farf]. **15g.** *GLGC* 164, Y glêr fân ni fynnan' fod / *esywaeth* heb rwnsïod [i ofyn march]. **15g.** *DE* 22, ysowaeth nos o ayaf / ym sy hwy na mis o haf. **16g.** *WLl* 58, Sion a garwn sy n gorwedd / Sowaeth oer fu sathru i fedd [marwnad Siôn ap Huw o Fathafarn]. **1567** *TN* [xxix], pan fai segurllyt a deillion yr effeiriait . . . (a' mynychaf y *sywaeth* y ceit yn y byt y cyfryw hynn). **16–17g.** *GST* i. 697, Dyn wy'n mynet, / pe'i creden', / *Soweth,* i gyfreth a gwen. **1684** T. JONES: *GG* 22, By cariad farw yn y fan / A ffydd sydd wan *o soweth.* **1703** E. WYNNE: *BC* 36, felly mae *sywaeth* llygriad y peth goreu yw'r llygriad gwaetha' oll. **1803** P d.g. *Ysywaeth.*

ysywaethiroedd, ysywedydd, gw. **ysgwaethiroedd, sywedydd.**

ysywell [*ysy*+*gwell*[1]] *adf.* Diolch byth, diolch i'r nefoedd, diolch i Dduw, yn ffodus: *thank goodness, thank heaven(s), thank God, fortunately.* **1895.**

yt, gw. **i**[2].

-yt, *trf. prs. ardd. rhed.* 2 un., e.e. *gennyt, wrthyt.*

yta [*ŷd*+-*ha* (At.)] *bg.a.* Casglu, cynaeafu, neu gardota ŷd (mewn): *to collect, harvest, or beg corn* (*in*). **14g.** *GIG* 67, *Yta* ac wyna gawn, / Rhad drwy'r Berfeddwlad fuddlawn. c. **1400** *ll* 1, 1064, Gŵell yrgwr aaeth ar uanec y *ytta.* noc ar ffetan. **15g.** *GTP* 46, Cydfwyta'n *yta* nowtir / Fu 'nhasg, mi ac Ifan Hir. **15g.** *GGM* [84], Ceinioca bu'n gynta' gwaith, / *Yta* ac wyna ganwaith. **16–17g.** SIÔN MAWDDWY: Gw 344, Cawsa, *yta,* gwlana'n glir. / Cura a maedda, meddir. **1803** P. Ar lafar, '*Itta*' 'To go about to beg corn. Cottagers with three or four acres of land would often go to farmers around to beg a peck or two of oats or barley for seed', *GDD* 175.

ytag [*ŷd*+*tag*[1]] *e?g. Bot.* Taglys yr ŷd, *Fallopia convolvulus*; gwenith yr hydd, *Fagopyrum esculentum: black bindweed; buckwheat.* **1801** *MMf* 294, Volucrwm minor, yr *yttag.* **1813** *WB* 246, *Yttag.* edr. Taglys yr Yd.

ytai [*ŷd*+-*hai*] *eg.* Cardotwr ŷd, yn ddifr.: *one who begs corn, derog.* **14g.** *GDD*[3] 61, Ci sietwn yw'r cas *ytai* [dychan i Rys Meigen]. c. **1400** R 1342. 9, bogel hobel attel *yttei.*

ytbys [*ŷd*+*pys*] *e.ll.* (un. b. -*en*). *Bot.* Amryw fathau o blanhigion codlysol megis pys, ffa, corbys, ffacbys, &c., yn enw. o'r tylwyth *Lathyrus,* hadau bwytadwy y planhigion hyn: *pulses* (*in bot.*), *esp. vetchlings.* **1604–7** TW (*Pen* 228) d.g. *Cicer, Cicera, dolichi, Legumen, Lens, Lupinum, Orobus, phaseolus.* [**1724**] G. WYNN: *YGD* 24, Lucian . . . a ddywedodd . . . nad oedd Peloponesus fwy na haden *ytpys.* **1725** *SR* d.g. *Cich, or cich pease, Lupine.* **1775** W d.g. *Lentils, Lupines, Pease . . . Pease used for food, Pulse* [*leguminous plants*], *Rounceval peas.* **1803** P, *Ydbys,* s. pl. aggr. . . . Vetches. **1813** *WB* 244, *Ydbysen*; *Ytbysen*; Lathyrus; Vetchling.

ytewyn, gw. **etewyn.**

ytgell, ytgist, gw. **ŷd**+**cell**[1], **cist.**

yti, y ti, ytifeddiaeth, gw. **i**[2], **tydi, etifeddiaeth.**

ytir, gw. **ŷd**+**tir.**

ytôl [bnth. S. *at all*] *adf.* O gwbl: *at all.* **1894.** Gw. hefyd **yntôl.**

ytolwg, gw. **atolwg** (hefyd At.).

ytriwm [bnth. S. *yttrium*] *eg. Cem.* Elfen fetelaidd lwydwen (symbol Y; rhif atomig 39) a geir yn naturiol mewn mwynau wraniwm ac a ddefnyddir mewn aloiau: *yttrium.* **20g.**

yty[1], gw. **ŷd**+**tŷ.**

yty[2], **ytyw, yth,** gw. **i**[2], **wyf: bod, 'th.**

ythr [Crn. C. *yntre, ynter,* Llyd. C. a Diw. *e(n)tre, intre,* H. Wydd. *eter, iter, etir, etar, itar*: o'r IE. *(ə)enter* 'rhwng', est. ar y gwr. *(ə)en(i)* 'yn'; cf. Llad. *inter,* H. Uchel Alm. *untar*; cf. ymhellach (*cyf*)*athr*-(*ach*), *athr*(*od*), H. Lyd. *entr*(*med*) ac *intr*(*diclinatuiu*), ?a H. Gym. *iter* (*cludant*), gl. *subigant*] *ardd.* Rhwng: *between.* **9g.** (*MC*) *VVB* 169, *Ithn*r diu ail, gl. *glabella medietas.* c. **1200** *VSB* 315, Kein, filia Brachan, *ythrauil* Ogmor [:- .i. in bifurgatione illius fluuii].

yw[1], gw. **wyf: bod.**

yw[2] [H. Grn. *hiuin,* gl. *taxus,* e. lle H. Llyd. *Caer 'n Iuguinen,* Llyd. C. *iuin, ivin* (un. *iuinenn*), Llyd. Diw. *ivin* (un. *ivinenn*), Gwydd. C. *eó,* Gal. *ivo*- (? > Ffr. *if*) mewn e. prs., e.e. *Ivorigi* (drb.): < IE. *(ə)eiuos* 'ywen', ?o'r gwr. *(ə)ei*- 'cochlyd', cf. H. S. *íw* (> S. *yew*) e.ll. (un. b. -*en,* ll. -*ni*) a hefyd fel *eg. ll.* (?dwbl) -*ydd. Bot.* Unrhyw goed conifferaidd bytholwyrdd o'r tylwyth *Taxus* ac iddynt ddail tywyll cul a hadau wedi eu hamgylchynu gan aril coch, yn enw. *Taxus baccata* a blennir yn draddodiadol mewn mynwentydd, un o'r coed hyn; pren y coed hyn; hefyd yn *ffig.*: *yew* (*tree(s*)); *yew-wood; also fig.* **12g.** *LL* 166, ad cumulum *iriuenn.* **13g.** *LlI* 91, Pob pren ny arwedho fruyth, eythyr *ywen,* iiii.k' a tal . . . Gwerth *ywen,* dec ar vgeint. id. 92, Bayol *yu,* pedeyr k'. Hesgyn *yu,* duy k'. **14g.** *LlB* 98, Ywen sant, punt a tal. *Ywen* coet, pymthec. **15g.** *GLGC* 460, Tebig i'r Groes Fendigaid / yw fy yw rhudd pan fo rhaid [i ofyn bwa]. **15g.** *DE* 20, vndydd a naw a devddeg / yr awn dan dy *ywen* deg / *ywen* ai dail yno i daw / oni ddel onn i ddeiliaw / yr *ywen* mewn ir dydd / yno i dof vinav davydd. **15–16g.** *TA* 108, Yw 'n olwyn a anelir, / A thynnu 'n hwn aethnen hir; / Tynn y saeth at einioes hydd, / Ef ai'r *ywen* yn friwydd! **1547** *WS,* Yw ne *ywen* Yw. **1632** D, Yw, Sing. Ywen, Taxus, smilax. **1703** E. WYNNE: *BC* 65, O amgylch y Llŷs r oedd rhai coed, ymbell *Ywen* wenwynig, a Cypreswydden farwol. **1794** W, Ywen (pl. yw) d.g. Yew. **1803** P, Yw, s. m. r.—pl. t. yz . . . a yew tree.

-yw, *trf. bfl.* 3 un. prff. mewn rhai berfau afreolaidd mewn Cym. C., e.e. *dothyw, gwneddyw.*

ywch[1], gw. **i**[2].

ywch[2], 2 un. pres. myn. y f. *wyf*: **bod** mewn Cym. C.

-ywch, *trf. bfl.* 2 l. prff. y f. *deuaf*: *dyfod* mewn Cym. C., yn y ff. *doddywch.*

ywen, gw. **yw**[2].

yw-wydd, gw. **yw**[2]+**gwŷdd**[1].

yyl, gw. **oel**[1].

Z

z, cts. a ddigwydd mewn rhai geiriau sydd wedi eu llunio o e. priod; yn yr iaith lenyddol try pob *z* arall yn *s.*

Zwinglïad [yr e. prs. *Zwingli* + -*ad*[2], trf. prs.] *eg. ll.* -*aid. Diwin.* Un o ddilynwyr y diwygiwr crefyddol o'r Swistir Ulrich Zwingli (1484–1531), un sy'n arddel ei ddysgeidiaeth: *a Zwinglian.* **1845.**

Zwinglïaeth [yr e. prs. *Zwingli* + -*aeth*] *eb. Diwin.* Dysgeidiaeth y diwygiwr crefyddol o'r Swistir Ulrich Zwingli (1484–1531), yn enw. ynglŷn â phresenoldeb metafforaidd Crist yn yr Ewcharist: *Zwinglianism.* **20g.**

Zwinglïaidd [yr e. prs. *Zwingli* + -*aidd*] *a.* Yn perthyn i'r diwygiwr crefyddol o'r Swistir Ulrich Zwingli (1484–1531) neu i'w ddysgeidiaeth: *Zwinglian* (*adj.*). **1866.**

A	*The Book of Aneirin*, ed. J. Gwenogvryn Evans, 1908.	L. Anwyl: CC	Lewis Anwyl (Ysbyty Ifan): *Cristianogrwydd Catholic*, [1748].
A. ab D. Sion: CR	A. ab D. Sion: *Cyfreithlondeb Rhyfel*, 1799.	L. Anwyl: MW	Lewis Anwyl (Ysbyty Ifan): *Myfyrdodau Wythnosawl*, [1740].
AABI	*Afalau Aur i Bobl Ifeingc*, 1732, 1782.	L. Anwyl: NG	L[ewis] A[nwyl] (Ysbyty Ifan): *Y Nefawl Ganllaw*, [1740].
AADdG	*Agoriad i Athrawiaeth y Ddau Gyfammod*, 1767.	AP	*Yr Areithiau Pros*, gol. D. Gwenallt Jones, 1934.
AAST	*Anglesey Antiquarian Society and Field Club Transactions*, 1913–.	App DP	*An Appendix to Delaune's Plea . . . yn cynnwys Ymddiddanion Buddiol*, 1720.
AB	Edward Lhuyd: *Archæologia Britannica*, 1707.	APT	*Achos Pwysig yn cael ei ddadleu mewn tri o gyd-ymddiddanion*, ?1799.
Aberpergwm	Dogfen yng nghasgliad Aberpergwm yn Llyfrgell Genedlaethol Cymru.	Arch Camb	*Archaeologia Cambrensis*, 1846–.
Aberth Cym	*Yr Aberth Cymmeradwy*, 1767.	Archaeologia	*Archaeologia . . . published by the Society of Antiquaries of London*, 1770–.
Aberystwyth Studies	*Aberystwyth Studies*, 1912–36.		
ACL	*Archiv für celtische Lexikographie*, 1898–1907.	Arm P	*Armes Prydein o Lyfr Taliesin*, gyda rhagymadrodd a nodiadau gan Ifor Williams, 1955.
Act	'Actau yr Apostolion' yn y Testament Newydd.	Arm P[2]	*Armes Prydein . . . from the Book of Taliesin*, edited and annotated by Ifor Williams, English Version by Rachel Bromwich, 1972.
Addysg i Farw	*Dafydd Rowland. Addysg i Farw 1633. N.L.W. ADD. MSS. 731. B. Plas Power 16. Astudiaeth destunol, hanesyddol, a llenyddol.* Traethawd M.A. Prifysgol Cymru gan B. D. Williams, 1961.		
		Art	*Articlau o Ymweliad ag Ymorol ynghylch Achosion Eglwysig*, 1685.
ADLl Dinb	*Astudiaethau ar Draddodiad Llenyddol Sir Ddinbych a'r Canolbarth.* Traethawd M.A. Prifysgol Cymru gan Cledwyn Fychan, 1986.	Art DB	*Articles to be Enqvired of within the Diocesse of Bangor*, 1634.
		Art E	*Articles of enquiry exhibited to the Ministers and Church-Wardens . . .*, [1638].
Yr Adolygydd	*Yr Adolygydd*, 1850–3.	Art OA	*Articlau o Ofynniadau ac Attebion i'w Gwneuthur gan Wardeiniaid Eglwysi a Chappeli*, 1798.
Adr Addysg	*Adroddiadau Addysg yng Nghymru*, 1848.		
AE	*Annogaethau Efangylaidd, i Sancteiddrwydd Bywyd*, 1792.		
AF	*Am Feddwdod*, [1676]. Cyhoeddwyd gyda W. Jones: *GB*.	AS	*Atcofiad o'r Scrythyr*, 1704.
		Asser: LKA	*Asser's Life of King Alfred*, ed. W. H. Stevenson, 1904.
AFD	*Yr Arfaeth fawr dragwyddol*, 1797, 1803.	Astud Amr	*Astudiaethau Amrywiol*, gol. Thomas Jones, 1968.
AGB	Glyn E. Jones ac Ann Jones: *Atlas Geirfaol Brycheiniog*, 1996.		
AGF	*Annogaeth i Gymmuno yn fynych*, 1704.	ATNSF	*Arolwg ar y traddodiad nawdd yn Sir Fôn.* Traethawd M.A. Prifysgol Cymru gan Richard Ll. P. Jones, 1975.
AGM	*Astudiaeth o'r geiriau a genir ar alawon Gwent a Morgannwg.* Traethawd M.A. Prifysgol Cymru gan Allan James, 1968.	AUA	*Adgof Uwch Anghof*, gol. Myrddin Fardd, 1883.
AGN	*Anghenrheidrwydd . . . o'n Genedigaeth Newydd yng Nghrist Jesu*, 1739.	W. Augustus: EP	W. Augustus: *Erra Pater*, 1794.
AH	*Astudiaethau ar yr Hengerdd*, gol. Rachel Bromwich a R. Brinley Jones, 1978.	G. Awbery: BM	Gwenllian Awbery: *Blodau'r Maes a'r Ardd ar Lafar Gwlad*, 1995.
AKAS	*Annwyl Kate, Annwyl Saunders*, gol. Dafydd Ifans, 1992.	AWLl	*Awdlau Wiliam Llŷn.* Traethawd M.A. Prifysgol Cymru gan Roy Stephens, 1979.
AL	*Ancient Laws and Institutes of Wales*, ed. Aneurin Owen, 1841 (arg. 2 gyf.).		
ALB	*Atteb y Parch. Mr. Whitefield, i Lythyr Bugeiliaidd diweddaf Esgob Llundain*, 1740.	AWPVT	*Aspects of the Welsh prophetic verse tradition in the Middle Ages.* Traethawd Ph.D. Prifysgol Caer-grawnt gan Manon B. Jenkins, 1990.
Almanac Rhisierdyn	*Almanac Rhisierdyn*, 1790.		
ALW	*Royal Commission on Labour. The Agricultural Labourer. Vol. II. Wales*, 1893.	AYBE	*Addysg ynghylch Bedydd-Esgob*, 1776.
		B	*Bwletin y Bwrdd Gwybodau Celtaidd / The Bulletin of the Board of Celtic Studies*, 1921–93.
Am	'Llyfr Amos' yn yr Hen Destament.		
AMA	*An Inventory of the Ancient Monuments in Anglesey*, 1937.		
Yr Amserau	*Yr Amserau*, 1843–59.	BAC	*Baner ac Amserau Cymru*, 1859–1977. Gw. hefyd *Y Faner*.
An C	*Anrheg i'r Cymro*, 1749.		
ANAGM	M. Jane Williams: *Ancient National Airs of Gwent and Morganwg*, 1844; adarg. 1988.	T. Baddy: CS	Thomas Baddy: *Caniad Salomon*, 1725.
		T. Baddy: DDG	Thomas Baddy: *Dwy Daith i Gaersalem*, 1728.
Annales Cambriae	*Annales Cambriae*, ed. John Williams (Ab Ithel), 1860.	T. Baddy: DDGH	Thomas Baddy: *Dwys Ddifrifol Gyngor i Hunan-Ymholiad*, 1713, [1740].
		T. Baddy: PCh	Thomas Baddy: *Pasc y Christion*, 1703, 1739.
L. Anwyl: CA	Lewis Anwyl (Ysbyty Ifan): *Cyngor yr Athraw i Rieni, Ynghylch Dwyn eu Plant i Fynu*, [1740].	Bangor	Llawysgrif yng nghasgliad Prifysgol Cymru, Bangor.
		Bar	'Baruch' yn yr Apocryffa.
		Barddas	J. Williams (Ab Ithel): *Barddas*, i. 1862; ii. 1874.

Bardos — Bardos: Penodau ar y Traddodiad Barddol Cymreig a Cheltaidd, gol. R. Geraint Gruffydd, 1982.

Barn — 'Llyfr y Barnwyr' yn yr Hen Destament.

E. Barnes: CGT — Edward Barnes: Coron Gogoniant Tragwyddol, 1791.

E. Barnes: HBF — Edward Barnes: Hanes Byrr o Fasnach y Caethglud yn Africa, c. 1793.

E. Barnes: MH — Iorwerth Barnes: Myfyrdodau a Sylwiadau . . . Herfei, 1785.

Baron Hill (Bangor) — Un o bapurau ystad Baron Hill, sir Fôn, yn Llyfrgell Prifysgol Cymru, Bangor.

P. C. Bartrum: WG i — P. C. Bartrum: Welsh Genealogies AD 300–1400, 1974.

P. C. Bartrum: WG ii — P. C. Bartrum: Welsh Genealogies AD 1400–1500, 1983.

W. Baxter: Glossarium — William Baxter: Glossarium Antiquitatum Britannicarum, 1719.

BB — Brut y Brenhinedd, ed. J. J. Parry, 1937.

BBStD — The Black Book of St. David's, ed. J. W. Willis-Bund, 1902.

BC — Blodeu-gerdd Cymry. sef Casgliad o [G]aniadau Cymreig . . . o Gynnulliad David Jones, 1759.

B/CC — Llawysgrif yng nghasgliad Llys Consistori Bangor, yn Llyfrgell Genedlaethol Cymru.

BCh — Baledi a Cherddi. Casgliad Llyfrgell Genedlaethol Cymru o faledi a cherddi taflennol eraill o'r 19g., wedi eu rhwymo yn 25 cyfrol. [Nodir rhif y gyfrol, a rhif y daflen o'i mewn.]

BD — Brut Dingestow, gol. Henry Lewis, 1942.

BDe — Buched Dewi, gol. D. Simon Evans, 1959.

BDG — Barddoniaeth Dafydd ab Gwilym, o grynhoad Owen Jones, a William Owen, 1789.

BDGU — Hugh Jones a John Cadwaladr: Y Brenin Dafydd a Gwraig Urias, 1765.

W. A. Bebb: CT — W. A. Bebb: Cyfnod y Tuduriaid, 1939.

Bechbretha — Bechbretha, ed. Thomas Charles-Edwards and Fergus Kelly, 1983.

Bedo Aerddrem, &c.: Gw — The poetical works of Bedo Aerddrem, Bedo Brwynllys and Bedo Phylip Bach. Traethawd M.A. Prifysgol Cymru gan Robert Stephen, 1907.

Bedo Hafesb, &c.: Gw — Gwaith Bedo Hafesb, Huw Cowrnwy, Huw Llŷn a Lewys Menai. Casgliad teipiedig gan John Dyfrig Davies, 1966, yn Llyfrgell Genedlaethol Cymru.

Beirdd y Bala — Beirdd y Bala, 1911.

Beirdd y Berwyn — Beirdd y Berwyn, 1700–1750, 1903.

Beirn — Y Beirniad, gol. J. Morris Jones, 1911–20.

Y Beirniad — Y Beirniad, 1859–79.

Bel a'r Ddraig — 'Histori Dinistr Bel a'r Ddraig' yn yr Apocryffa.

BELl — Barn ar Egwyddorion Llywodraeth, (gan Fardd adnabyddus o Wynedd), c. 1785.

J. G. Bevan: CH — Joseph Gurney Bevan: Crynodeb o hanes, athrawiaethau, a rheolaeth y Cyfeillion, 1801.

BG — Byrr Grynhoad eglur o'r Grefydd Gristianogol, 1747.

BIBC — Mary Wiliam: Blas ar Iaith Blaenau'r Cymoedd, 1990.

BIK — Beiträge zur Indogermanistik und Keltologie Julius Pokorny . . . gewidmet, hrsg. Wolfgang Meid, 1967.

BILlE — B. L. Jones: Blas ar Iaith Llŷn ac Eifionydd, 1987.

BK — Baronia de Kemeys, Supplement to Arch Camb, 1861.

BL Add — Llawysgrif ychwanegol yng nghasgliad y Llyfrgell Brydeinig.

Bl B XIV — Blodeugerdd Barddas o'r Bedwaredd Ganrif ar Ddeg, gol. Dafydd Johnston, 1989.

Bl B XVII — Blodeugerdd Barddas o'r Ail Ganrif ar Bymtheg, gol. Nesta Lloyd, i. 1993.

Bl BGC XVIII — Blodeugerdd Barddas o Ganu Caeth y Ddeunawfed Ganrif, gol. A. Cynfael Lake, 1993.

Bl BGCC — Blodeugerdd Barddas o Ganu Crefyddol Cynnar, gol. Marged Haycock, 1994.

Bl D — Blodau Dyfed, 1824.

Bl Engl — Blodeuglwm o Englynion, gol. W. J. Gruffydd, 1920.

Bl G — Y Flodeugerdd Gymraeg, gol. W. J. Gruffydd, 1931.

Bl N — Y Flodeugerdd Newydd, gol. W. J. Gruffydd, 1909.

The Black Book of St. David's — Gw. BBStD.

BLl — Y Brenin a'r Llywodraeth, 1793.

Blodau Dyfed — Gw. Bl D.

BM — Llawysgrif yng nghasgliad y Llyfrgell Brydeinig; defnyddir rhifau J. Gwenogvryn Evans i ddynodi'r rhai a ddisgrifir yn RWM.

Bodewyryd (LlGC) — Llawysgrif yng nghasgliad Bodewyryd, yn Llyfrgell Genedlaethol Cymru.

Bodley Welsh — Llawysgrif yng nghasgliad Llyfrgell Bodley, Rhydychen.

Bodorgan — Llawysgrif Bodorgan.

Bodrhyddan (Bangor) — Dogfen yng nghasgliad Bodrhyddan (Rowley-Conwy Family, Barons Langford) yn Llyfrgell Prifysgol Cymru, Bangor.

A. Borde: FB — Andrew Borde: The fyrst Boke of the Introduction of Knowledge, ed. F. J. Furnivall, 1870.

W. Borlase: AC — William Borlase: Antiquities Historical and Monumental of the County of Cornwall, 1754, 1769.

(Bot) — Botanologium, yn D, TJ, &c.

BP — Bedydd Plant yn cael ei ymddyffin, 1732.

BPW — Boreu[o]la Phrydnawnol Weddiau, 1711.

1 Br — 'Llyfr Cyntaf y Brenhinoedd' yn yr Hen Destament.

2 Br — 'Ail Lyfr y Brenhinoedd' yn yr Hen Destament.

Br B — Brut y Brenhinedd, ed. Brynley F. Roberts, 1971.

Bren Saes — Brenhinedd y Saesson, gol. Thomas Jones, 1971.

BRh — Breudwyt Ronabwy, gol. Melville Richards, 1948.

Britannica — Britannica—Max Förster zum sechzigsten Geburtstage, 1929.

Brog — Llawysgrif yng nghasgliad Brogyntyn, yn Llyfrgell Genedlaethol Cymru. [Cyfeirir at y gyfres gyntaf.]

Bronwydd — Dogfen yng nghasgliad Bronwydd, yn Llyfrgell Genedlaethol Cymru.

Browne Willis: A Survey of the Cathedral Church of St. David's — Gw. B. Willis: St. David's.

Y Brud a Sylwydd — Y Brud a Sylwydd, 1828.

Brut B — Astudiaeth destunol o'r tri chyfieithiad Cymraeg cynharaf o Historia Regum Britanniae Sieffre o Fynwy, ynghyd ag 'argraffiad' beirniadol o destun Peniarth 44. Traethawd Ph.D. Prifysgol Cymru gan Brynley F. Roberts, 1969.

Y Brython — Y Brython, 1858–63.

BS — Brenhinedd y Saesson, gol. Thomas Jones (mewn llawysgrif).

BSK — Vita Sancti Tathei and Buched Seint y Katrin, ed. H. Idris Bell, 1909.

BSM	*Buchedd Sant Martin*, gol. E. J. Jones, 1945.	CBGEL	*Cred a Buchedd Gwr o Eglwys Loegr*, 1710.
BSS	*An Elizabethan broadside in the Welsh language, being a brief granted in 1591 to Sion Salisburi*, adarg. 1904.	CBRY	*Casgliad Byrr o'r Rhedegwr Ysprydol*, 1776.
BT	*Brut y Tywysogyon, Peniarth MS. 20*, gol. Thomas Jones, 1941.	CBYP	Iolo Morganwg: *Cyfrinach Beirdd Ynys Prydein*, 1829.
BT (1952)	*Brut y Tywysogion*, transl. Thomas Jones, 1952.	CC	*Cefn Coch MSS.*, ed. J. Fisher, 1899.
BT (R)	*Brut y Tywysogion*, ed. John Williams (Ab Ithel), 1860.	CCC	*Cân . . . ynghylch Cydwybod a'i Chynheddfau*, 1718.
BT (RB)	*Brut y Tywysogyon . . . Red Book of Hergest Version*, ed. Thomas Jones, 1955.	CCF	*Crist yn y Cymmylau yn dyfod i'r Farn*, 1766.
Budd A	*Angeu a Nefoedd, (Buddugoliaeth ar Angeu)*, 1790.	CD	*Cydymaith Diddan*, gol. Dafydd Jones, 1766.
Burchinshaw	*Gweithred yng nghasgliad Burchinshaw yn Llyfrgell Genedlaethol Cymru.*	CDD	*Carolau a Dyriau Duwiol*, gol. Thomas Jones, 1696.
Bute	*Dogfen yng nghasgliad Bute, yn Llyfrgell Genedlaethol Cymru.*	CDG	*Cyngor Difrifol i un ar ol bod yn Glaf*, 1730.
BY	*Y Bibyl Ynghymraec*, gol. Thomas Jones, 1940.	CDGT	*Cyngor Difrifol i Geidwaid Tai, I Osod i fynu Addoliad Duw yn eu Teuluoedd*, 1704.
Bye-gones	*Bye-gones relating to Wales and the Border Counties*, 1871–1919, 1925–1939.	CDTN	*Cyd Gordiad neu Dremiad ar y Testament Newydd*, 1764.
C	*The Black Book of Carmarthen*, ed. J. Gwenogvryn Evans, 1906.	CE	*Cyngor yr Eglwyswr*, 1703.
CA	*Canu Aneirin*, gol. Ifor Williams, 1938.	CEBM	*Cadwyn Euraidd o Bedair Modrwy*, 1707.
Caerfallwch	*An English and Welsh Dictionary*, ed. Thomas Edwards, 1850.	CEG	*Cofnodion a chyfansoddiadau yr Eisteddfod Genedlaethol*, 1861–.
Caerfallwch: BAWO	T. Edwards (Caerfallwch): *A Brief Analysis of Welsh Orthography*, 1847.	Ceiriog: CG	*Ceiriog: Cant o Ganeuon*, 1863.
Caernarvon Court Rolls	*Caernarvon Court Rolls 1361–1402*, ed. G. P. Jones and Hugh Owen, 1951.	Ceiriog: OB	John Ceiriog Hughes: *Oriau'r Bore*, [1862].
		Ceiriog: OE	John Ceiriog Hughes: *Oriau Eraill*, 1868.
CAG	*Cynnygiad Amcan Gostyngedig tu ag at yr Adfywiad o Grefydd Ymarferedig*, 1741.	Ceiriog: OH	*Ceiriog: Oriau'r Hwyr*, [1860].
Cain Jones: Alm	John Cain Jones: *Almanaciau*, 1776–95.	Ceiriog: OO	John Ceiriog Hughes: *Yr Oriau Olaf*, 1888.
Cal Inq P M	*Calendar of Inquisitions Post Mortem . . .*, 1904–95.	Celtic Folklore	John Rhŷs: *Celtic Folklore: Welsh and Manx*, 1901.
Cal Patent Rolls	*Calendar of the patent rolls preserved in the Public Record Office*, 1903.	Celtica	*Celtica*, 1950–.
Cal Wynn Papers	*Calendar of Wynn (of Gwydir) Papers*, 1926.	Cer RC	*Cerddi Rhydd Cynnar*, gol. D. Lloyd Jenkins, 1931.
Camb J	*The Cambrian Journal*, 1854–64.	Ceredigion	*Ceredigion: Cylchgrawn Cymdeithas Hynafiaethwyr Sir Aberteifi/Ceredigion / Journal of the Cardiganshire/Ceredigion Antiquarian Society*, 1950–.
Cambrian Register	*The Cambrian Register*, 1795–1818.		
Cambro-Briton	*The Cambro-Briton*, 1819–22.		
W. Camden: B	William Camden: *Britannia*, 1586, ed. Edmund Gibson, 1695.	Cewri	Chris Grooms: *The Giants of Wales / Cewri Cymru*, 1993.
Can	'Caniad Solomon' yn yr Hen Destament.	CGC	*Cofrestr o Gymdeithas y Cymmrodorion yn Llundain, Gwyl Ddewi*, 1762.
Cân o Senn	*Cân o Senn i'w hên Feistr Tobacco*, 1718.	CGGLl	*Cyfammodau a aed iddynt gan Gymdeithas o Grefftwyr . . . Llanarmon*, 1799.
Can Sol	Gw. *Can.*		
Card	*Llawysgrif yn Llyfrgell Ganol Caerdydd.*	CGWB	*Cyngor Gweinidog o'r Wlad i'w Blwyfolion*, 1769.
Card Recs	*Records of the County Borough of Cardiff*, vols. i–vi., ed. John Hobson Matthews, 1898–1911.	CH	*Astudiaeth o ganu'r beirdd i'r Herbertiaid hyd ddechrau'r unfed ganrif ar bymtheg.* Traethawd Ph.D. Prifysgol Cymru gan William Gwyn Lewis, 1982.
Carreg-lwyd (LlGC)	*Llawysgrif yng nghasgliad Carreg-lwyd, yn Llyfrgell Genedlaethol Cymru.*	E. Charles: Cerdd	Edward Charles: *Cerdd Cylchwledd y Gwyneddigion*, 1799.
Cart Sax	*Cartularium saxonicum*, ed. Walter de Gray Birch, 1885–99.	E. Charles: EC	Edward Charles (Siamas Wynedd): *Epistolau Cymraeg*, 1797.
Y Casglwr	*Y Casglwr*, 1977–.	T. Charles: Casgliad o Hymnau	Ann Griffiths: *Casgliad o Hymnau: gan mwyaf heb erioed eu hargraffu o'r blaen*, 1806.
Cat	*Catechism neu athrawiaeth Gristianogawl*, 1617.		
Cat B	*Catechism Byrr*, 1693. Rhan olaf *DQM.*	T. Charles: Geir Ysg	Thomas Charles: *Geiriadur Ysgrythyrol . . .*, i. 1805, ii. 1808, iii. 1810, iv. 1811.
Cat BB	*Catechism Byrr i Blant*, 1708.		
Cat Bed	*Catechism i Bedyddwyr*, 1741.	T. Charles: LlTJ	Thomas Charles: *Llythyr at Mr. T. Jones, o'r Wyddgrug*, 1798.
Cat BSCC	*Catecism Byrr Sy'n Cynnwys sylfeini Crefydd Cristnogawl*, 1657.		
Catec	*Catechism Mr. Perkins . . . gan ewyllysiwr da i Gymru*, 1672.	T. M. Charles-Edwards: EIWK	T. M. Charles-Edwards: *Early Irish and Welsh Kinship*, 1993.
CAWA	*Cynnhwysiad neu Abstract o'r Weithred am Adgyweiriad . . . Prif Ffyrdd yn y fl. 1773*, d.dd.	CHDd	*Cyfreithiau Hywel Dda o lsgr. Coleg yr Iesu LVII*, gol. Melville Richards, 1957.
CBB	*Catechism Byrr a Buddiol*, 1755.	CHDd²	*Cyfreithiau Hywel Dda yn ôl llawysgrif Coleg yr Iesu LVII Rhydychen*, gol. Melville Richards, arg. diwyg. 1990.
CBC	*Crist Bywyd y Cristion*, 1765.		
CBF	*Cynhwysiad Byr o Feddyliau'r Eglwys, c. 1761.*	Cheshire PR	*Cheshire in the Pipe Rolls 1158–1301*, ed. R. Stewart-Brown, 1938.

Chirk Castle	Llawysgrif yng nghasgliad Chirk Castle, yn Llyfrgell Genedlaethol Cymru.	Cott. Cleo. B.	Llawysgrif *Cotton Cleopatra B* yn y Llyfrgell Brydeinig.
ChO	*Chwedlau Odo*, gol. Ifor Williams, 1926.	CPNE	O. J. Padel: *Cornish Place-name Elements*, 1985.
Christ Church	Llawysgrif yng nghasgliad Coleg Christ Church, Rhydychen.	(Cpt) B	'The Computus Fragment' yn *B*.
CI	*Castell yr Iechyd gan Elis Gruffydd*, gol. S. Minwel Tibbott, 1969.	CR	Annalee C. Rejhon: *Cân Rolant: The Medieval Welsh Version of the Song of Roland*, 1984.
CIF	*Cyfarwyddiad i Fesur-wyr*, c. 1720.	1 Cr	'Llyfr Cyntaf y Cronicl' yn yr Hen Destament.
CIL	*Contributions to Irish Lexicography (A–Dno)*, ed. Kuno Meyer, 1906.	2 Cr	'Ail lyfr y Cronicl' yn yr Hen Destament.
CL	*Celtic Linguistics: Ieithyddiaeth Geltaidd*, eds. Martin J. Ball, James Fife, *et al.*, 1990.	Cr N	*Y Creadur Newydd Yng nghrefydd Crist*, 1776.
CLC	*Cydymaith i Lenyddiaeth Cymru*, gol. Meic Stephens, 1986.	CRC	*Canu Rhydd Cynnar*, gol. T. H. Parry-Williams, 1932.
CLC²	*Cydymaith i Lenyddiaeth Cymru*, gol. Meic Stephens, 1997.	CRIM	*Cerddi Rhydd Iolo Morganwg*, gol. P. J. Donovan, 1980.
CLl	*Cynfeirdd Lleyn: 1500–1800*, gol. J. Jones (Myrddin Fardd), 1905.	Y Cronicl	*Cronicl y Cymdeithasau Crefyddol*, 1843–1910.
CLlC	Cyhoeddiadau Cymdeithas Llên Cymru, 1900–10.	Cronicl yr Oes	*Cronicl yr Oes*, 1835–9.
CLlG	*Ceinion Llenyddiaeth Gymreig*, gol. O. Jones, 1876.	CRR	*Cofiant a Phregethau R. Roberts, Clynnog*, gol. G. Parry, 1884.
CLlH	*Canu Llywarch Hen*, gol. Ifor Williams, 1935.	R. Crusoe	*Bywyd Hynod . . . Robinson Crusoe*, 1795.
CLlLl³	*Cyfranc Lludd a Llefelys*, ed. Brynley F. Roberts, 1975.	(CS)	*Campeu Siarlymaen*, yn *Pen* 5.
CM	Llawysgrif yng nghasgliad Cwrtmawr, yn Llyfrgell Genedlaethol Cymru.	CSTB	*Cywyddau Serch y Tri Bedo*, gol. P. J. Donovan, 1982.
CM Archives (LlGC)	Llawysgrif yn Archifau'r Methodistiaid Calfinaidd, yn Llyfrgell Genedlaethol Cymru.	CT	*Canu Taliesin*, gol. Ifor Williams, 1960.
CM Archives (LlGC), Bala Group	Casgliad o ddogfennau yn Archifau'r Methodistiaid Calfinaidd, yn Llyfrgell Genedlaethol Cymru.	CTC	*Cerddi'r tai crefydd*. Traethawd M.A. Prifysgol Cymru gan Catrin Beynon Davies, 1973.
CM Archives (LlGC), Trevecka Letters	Casgliad o'r Trevecka Letters, rhifau 1–2787, yn Archifau'r Methodistiaid Calfinaidd, yn Llyfrgell Genedlaethol Cymru.	CTGC	*Cymdeithas Trysor-gyff Caerffili, ym Morganwg*, [1790].
CM Archives (NLW)	Gw. *CM Archives (LlGC)*.	CWE	*Y Catecism A o[s]odwyd allan yn Llyfr Gweddi Gyffredin, Wedi i eglvro*, 1682, c. 1683.
CM Deeds	Gweithred yng nghasgliad Cwrtmawr, yn Llyfrgell Genedlaethol Cymru.	CWM	*Report of the Commissioners on Weights and Measures*. First Report 1819 (arg. 1823). Second Report 1820.
CMC	*Crist ym Mreichiau'r Credadyn*, 1744.		
CMCS	*Cambridge/Cambrian Medieval Celtic Studies*, 1981–.	Cy	*Y Cymmrodor, the Magazine of the Honourable Society of Cymmrodorion*, 1877–1951.
CMNLW	John Humphreys Davies: *The National Library of Wales ... Catalogue of Manuscripts*, 1921.	CY	*Catecism yr Ymneillduwyr Protestanaidd*, 1775.
CMOC	*Canu Maswedd yr Oesoedd Canol*, gol. Dafydd Johnston, 1991.	CyCC	*Cymraeg, Cymrâg, Cymrêg ... Cyflwyno'r Tafodieithoedd*, gol. Beth Thomas a Peter Wynn Thomas, 1989.
CMOC²	*Canu Maswedd yr Oesoedd Canol*, gol. Dafydd Johnston, 1998.	Cyd A	*Cydymaith i'r Allor*, 1721.
CMRWBM	*A Catalogue of the Manuscripts Relating to Wales in the British Museum*, ed. Edward Owen, 1900–22.	Cyf A	*Cyfarwydd-deb i'r Anghyfarwydd*, 1677.
		Cyf A (Can C)	'Canwyll Crist', yn *Cyf A*, 1677.
		Cyf C	*Cyfaill i'r Cymro; o Gasgliad W. Hope*, 1765.
CO	*Culhwch ac Olwen*, gol. Rachel Bromwich a D. Simon Evans, 1988.	Cyf Cym	*Cyfoeth i'r Cymru. Neu Dryssor y Ffyddloniaid*, 1706.
CO²	*Culhwch and Olwen*, ed. Rachel Bromwich and D. Simon Evans, 1992.	Cyf W	*Cyfarwyddid i Weddio*, 1768.
CO³	*Culhwch ac Olwen*, gol. Rachel Bromwich a D. Simon Evans, 1997.	Cyfaill y Cymry	Edward Williams (Iolo ap Iorwerth Gwilym): *Cyfaill y Cymry*, i. 1797, ii. 1799.
Coed Coch	Dogfen yng nghasgliad Coed Coch, yn Llyfrgell Genedlaethol Cymru.	Cylchg	*Cylch-grawn Cynmraeg; neu Drysorfa Gwybodaeth*, 1793–4.
Coff HH	*Coffadwriaeth am Howel Harris*, 1778.	Cylchg CAGC	*Cylchgrawn Cymdeithas Alawon Gwerin Cymru*, 1909–1977.
Col	'Epistol Paul . . . at y Colosiaid' yn y Testament Newydd.	Cylchg CHMC	*Cylchgrawn Cymdeithas Hanes y Methodistiaid Calfinaidd*, 1916–1976, 1977–.
Col Deeds	Casgliad o'r Coleman Deeds, yn Llyfrgell Genedlaethol Cymru.	Cylchg CHSFeir	*Cylchgrawn Cymdeithas Hanes a Chofnodion Sir Feirion(n)ydd*, 1949–.
1 Cor	'Epistol Cyntaf Paul . . . at y Corinthiaid' yn y Testament Newydd.	Cylchg Cymru	*Cylchgrawn Cymru*, 1814–15.
		Cylchg H	*Cylchgrawn Hanes* (Cymdeithas Hanes y Methodistiaid Calfinaidd), 1977–.
2 Cor	'Ail Epistol Paul . . . at y Corinthiaid' yn y Testament Newydd.	Cylchg HC	*Cylchgrawn Hanes Cymru / Welsh History Review*, 1960–.
Cormac	*Anecdota from Irish Manuscripts*, vol. iv., ed. O. J. Bergin, et al., 1912.	Cylchg HSG	*Trafodion Cymdeithas Hanes Sir Gaernarfon*, 1939–.
		Cylchg LlGC	*Cylchgrawn Llyfrgell Genedlaethol Cymru / The National Library of Wales Journal*, 1939–.

CYLl — *Cerddi Ysgol Llanycrwys … ynghyd a Hanes Plwyf Llanycrwys*, gol. Dan Jenkins, 1934.

Cym Cr — *Cymorth i'r Cristion a Chyfarwyddiad i'r Gwr Ieua[n]gc*, 1704.

Cymmunwr — *Y Cymmunwr Ystyriol*, 1716.

Y Cymro — *Y Cymro*, 1932–.

Cymru — *Cymru*, gol. O. M. Edwards, 1891–1927.

Cymru Fu — Isaac Foulkes: *Cymru Fu*, d.dd., (Wrecsam).

Cymru Fydd — *Cymru Fydd*, 1888–91.

Cynan: TN — Cynan (Albert Evans-Jones): *Telyn y Nos*, 1921.

Cyneirlyfr — *Cyneirlyfr: neu, Eiriadur Cymraeg*, gol. Edward Williams, 1826.

Cyng BB — *Cyngor y Bugail iw Braidd*, 1700.

Cyngor y Bugail iw Braidd — Gw. *Cyng BB*.

Cyw Cym — *Cywyddau Cymru*, gol. Arthur Hughes, 1908.

Cywyddau Brud — *Y daroganau Cymraeg hyd at amser y Tuduriaid, gan roi sylw arbennig i'r cywyddau brud*. Traethawd M.A. Prifysgol Cymru gan R. Wallis Evans, 1935.

D — *Dictionarium Duplex*, ed. John Davies, 1632.

D (Bot) — 'Botanologium' yn *D*.

D Col — *Damweiniau Colan: Llyfr y Damweiniau yn ôl llawysgrif Peniarth 30*, gol. Dafydd Jenkins, 1973.

D (Diar) — 'Y Diharebion Cymraeg' yn *D*.

D (PCH) — 'Y pedair Camp ar hugain' yn *D*.

D (R) — John Davies: *Antiqvæ Lingvæ Britannicæ … Rvdimenta*, 1621.

Dafydd ap Llywelyn, &c.: Gw — *Gwaith Dafydd ap Llywelyn ap Madog, Huw ap Dafydd ap Llywelyn ap Madog, a Siôn ap Hywel ap Llywelyn Fychan*. Traethawd M.A. Prifysgol Cymru gan A. Cynfael Lake, 1979.

Dafydd Benfras: Gw — *Dafydd Benfras a'i waith*. Traethawd Ph.D. Prifysgol Cymru gan Nora G. Costigan, 1980.

Dafydd Benwyn: Gw — *The life and work of Dafydd Benwyn*. Traethawd D.Phil. Prifysgol Rhydychen gan Dafydd Huw Evans, 1981.

Dafydd Ddu: A — Dafydd Ddu Eryri (David Thomas): *Awdlau ar Destynau Cymdeithas y Gwyneddigion*, 1791.

Dafydd Ddu: CA — Dafydd Ddu Eryri (David Thomas): *Cywydd Atgyfodiad Awen*, 1801.

Dafydd Ddu: CG — Dafydd Ddu Eryri (David Thomas): *Corph y Gainc*, 1810.

Dafydd Ionawr: CD — Dafydd Ionawr (David Richards): *Cywydd y Drindod*, 1793.

Dafydd Ionawr: MB — Dafydd Ionawr (David Richards): *Y Mil-Blynyddau*, 1799.

Dafydd Llwyd: Gw — *Gwaith Dafydd Llwyd o Fathafarn*. Traethawd M.A. Prifysgol Cymru gan W. Leslie Richards, 1947.

Dafydd Trefor: Gw — *Syr Dafydd Trefor—ei oes a'i waith*. Traethawd M.A. Prifysgol Cymru gan Irene George, 1929.

DALl — *Dechreuad, Cynnydd, a Chyflwr Presenol, y Dadl rhwng Pobl America a[']r Llywodraeth*, 1776.

Dan — 'Llyfr Daniel' yn yr Hen Destament.

J. R. Daniel-Tyssen: RC — J. R. Daniel-Tyssen: *Royal Charters … Relating to … Carmarthen*, 1878.

Dat — 'Datguddiad Sant Ioan' yn y Testament Newydd.

D. Davies: BDED — David Davies (Castellhywel): *Bywyd Duw yn Enaid Dyn*, 1779.

D. Davies: SEG — David Davies (Tre-lech): *Siampl o Eglur Gateceisio*, 1797.

D. J. Davies: Hanes … Llanarth — D. J. Davies: *Hanes, Hynafiaethau ac Achyddiaeth Llanarth Henfynyw, Llan-llwchaiarn a Llandyssilio-Gogo*, ail arg. 1930.

D. Jacob Davies: HF — D. Jacob Davies: *Hwyl Fawr*, 1964.

D. Jacob Davies: PP — D. Jacob Davies: *Plwm Pwdin, a rhagor o storïau digrif*, 1950.

E. Davies: Alm — Evan Davies: *Almanaciau*, 1740–2.

J. Davies: Art — John Davies (Mallwyd): *Articulau neu Byngciau*, 1664.

J. Davies: Deddfau … Odyddion — John Davies (Brychan): *Deddfau Arlywyddawl yr Urdd Annibynnol o Odyddion*, 1842.

J. Davies: Gw — *Bywyd a gwaith Dr. John Davies, Mallwyd*. Traethawd M.A. Prifysgol Cymru gan Rhiannon Francis Roberts, 1950.

J. Davies: LlN — J. Davies: *Llwybrau Nefolaidd*, c. 1790.

J. Davies: LlR — John Davies (Mallwyd): *Llyfr y Resolusion*, 1632, 1684.

J. Glyn Davies — Llawysgrif yng nghasgliad J. Glyn Davies, yn Llyfrgell Genedlaethol Cymru.

L. Davies: CRE — Lewis Davies: *Cyfammod a Rheolau Eglwysig*, 1774.

R. Davies: B — Robert Davies (Bardd Nantglyn): *Barddoniaeth yn cynnwys cerddi, cywyddau, ac ynglynion, ar amryw destynau*, 1803.

R. Davies: Barddoniaeth — Gw. R. Davies: *B*.

R. Davies: CG — Robert Davies (Bardd Nantglyn): *Cnewyllyn mewn Gwisg*, 1798.

R. Davies: DB — Robert Davies (Bardd Nantglyn): *Diliau Barddas*, 1827.

R. Davies: GC — Robert Davies (Bardd Nantglyn): *Gramadeg Cymraeg*, 1808.

R. Davies: PY — Rondl Davies: *Profiad yr Ysprydion*, 1675.

W. Davies: Agric … N. Wales — Walter Davies: *General View of the Agriculture and Domestic Economy of North Wales*, 1810.

W. Davies: Agric … S. Wales — Walter Davies: *General View of the Agriculture and Domestic Economy of South Wales*, 1814.

W. Davies: CHL — William Davies: *Chwech ar Hugain o Lythyrau ar Destunau Crefyddol*, 1777.

W. Davies: RMB — William Davies: *Rhodd Meistr i'w Brentis*, 1812. Am arg. [1761], gw. *GGJ*.

W. J. Davies: HPLl — W. J. Davies: *Hanes Plwyf Llandyssul*, 1896.

DB — *Delw y Byd*, gol. Henry Lewis a P. Diverres, 1928.

DBW — *Dwy Bregeth … G. Witfield*, 1779.

DBY — *Dull y Briodas Ysbrydol rhwng Mab y Brenin Alpha, a Merch yr hen Amoriad*, 1770.

DC — *Derchafiad y Credadyn mewn Cyfiawnder Cyfrifol*, 1764.

DCR — Brinley Rees: *Dulliau'r Canu Rhydd 1500–1650*, 1952.

DDdA — *Duwiolder am Ddydd yr Arglwydd*, c. 1700.

DDF — *Diferyn Dewisol o Fel o'r Graig Crist*, 1740, 1763.

DE — *Gwaith Dafydd ab Edmwnd*, gol. Thomas Roberts, 1914.

Def Hen — *Astudiaeth o Definiad i Hennadirion, cyfieithiad Siôn Conwy o A Summons for Sleepers gan Leonard Wright gyda rhagymadrodd, nodiadau a geirfa*. Traethawd M.A. Prifysgol Cymru gan Gwendraeth Jones, 1963.

Deio ab Ieuan Du, &c.: Gw — *Gwaith Deio ab Ieuan Du a Gwilym ab Ieuan Du*. Traethawd M.A. Prifysgol Cymru gan Ann Eleri Davies, 1979.

Derwydd (LlGC)	Dogfen yng nghasgliad Derwydd, yn Llyfrgell Genedlaethol Cymru.	Ecclus (Prol) Ecclus (Prolog)	Gw. *Ecclus* (Prolog). Y 'Prolog' i *Ecclus*.
Deut	'Deuteronomium' yn yr Hen Destament.	Ecs	'Ecsodus' yn yr Hen Destament.
Dewi Hefin: B	David Thomas (Dewi Hefin): *Blodau Hefin*, 1883.	EDP	*Esponiad ar y Deg Pennod Gyntaf* [sic] *o Genesis*, [1788].
Dewi Nantbrân: AN	Dewi Nantbrân (David Gregory Powell): *Allwydd y Nêf*, 1776.	EDPP	*Esponiad ar Ddammeg y Pharisead a'r Publican*, 1775.
Dewi Nantbrân: CB	Dewi Nantbrân: *Catechism byrr*, 1764.	Edward Dafydd, &c.:	*Bywyd a gwaith Edward Dafydd o Fargam*
Dewi Nantbrân: SAG	Dewi Nantbrân: *Sail yr Athrawiaeth Gatholic*, 1764.	Gw	*a Dafydd o'r Nant, a hanes dirywiad y gyfundrefn farddol ym Morgannwg.*
Dewi Wyn: BA	Dewi Wyn: *Blodau Arfon*, 1842, 1869.		Traethawd M.A. Prifysgol Cymru gan
Dewi Wyn: BA (At.)	Dewi Wyn: *Attodiad i'r Blodau Arfon*, 1869.	Edward Urien, &c.:	John Rhys, 1953. *Testun beirniadol o farddoniaeth Edward*
DG	*Dewisol Ganiadau yr Oes hon*, gol. Hugh Jones, 1759.	Gw	*Urien a Gruffudd Hafren.* Traethawd M.A. Prifysgol Cymru gan Tegwyn
DGA	*Selections from the Dafydd ap Gwilym Apocrypha*, ed. Helen Fulton, 1996.	C. Edwards: DMD	Jones, 1966. Charles Edwards: *Dad Seiniad* [sic] *Meibion y Daran*, 1671.
DGG	*Cywyddau Dafydd ap Gwilym a'i Gyfoeswyr*, gol. Ifor Williams a T. Roberts, 1914.	C. Edwards: FfDd	Charles Edwards: *Y Ffydd Ddi-ffuant*, 1667, 1671, 1677 (adarg. 1936).
DGG²	*Cywyddau Dafydd ap Gwilym a'i Gyfoeswyr*, gol. Ifor Williams a T. Roberts, 1935.	C. Edwards: GGG	Charles Edwards: *Gwyddorion y Grefydd Gristianogol*, 1679.
DGGD	*Detholiad o Gywyddau Gofyn a Diolch*, gol. Bleddyn Owen Huws, 1998.	J. G. Edwards: LW	J. Goronwy Edwards: *Littere Wallie*, 1940.
DGM	Siôn Gwilym (Tan-y-foel): *Dywediadau Gwlad y Medra*, 1999.	Edwart ap Raff: Gw	*Gwaith Edwart ap Raff*. Casgliad teipiedig gan R. Alun Charles, 1970, yn Llyfr-
DGVB	Léon Fleuriot: *Dictionnaire des gloses en vieux Breton*, 1964; gw. hefyd *DOB*.	Edwinsford	gell Genedlaethol Cymru. Dogfen yng nghasgliad Edwinsford, yn Llyfrgell Genedlaethol Cymru.
Dialogous	*Dialogous, neu Ymddiddan rhwng Philalethes ac Euesebes*, 1791.	EEW	T. H. Parry-Williams: *The English Element in Welsh*, 1923.
Diar	'Llyfr y Diarhebion' yn yr Hen Destament.	R. Efan: ABW	R. Efan: *Act o Barliament ... Wiliam*, 1767.
T. Dick: DH	T. Dick: *Y Dosbarth Heulawg*, 1831.	Eff	'Epistol Paul ... at yr Effesiaid' yn y Testament Newydd.
DK	*Y Drych Kristnogawl*, gol. Geraint Bowen, 1996.	Efr	*Yr Efrydydd*, 1920–55.
DN	*The Poetical Works of Dafydd Nanmor*, ed. T. Roberts and Ifor Williams, 1923.	Efr Cath	*Efrydiau Catholig*, 1946–.
DOB	*A Dictionary of Old Breton*, ed. Claude Evans and Léon Fleuriot, 1985; gw. hefyd *DGVB*.	EGBG	*Eglurhaad o Gatechism Byrraf y Gymanfa*, 1719.
DOC	*Dydd Olaf y Credadyn ei Ddydd Goreu*, 1792.	EGE EGG	*Eglurhaad o Gatechism yr Eglwys*, 1708. *Egwyddorion a Dyledswyddau y Grefydd Grist'nogawl*, 1752.
Doeth Sol	'Doethineb Salomon' yn yr Apocryffa.	Egl Ph	Henri Perri: *Eglvryn Phraethineb*, 1595
DOPG	Erwyd Howells: *Dim Ond Pen Gair*, 1990.		(adarg. 1930).
DPh	*Y fersiynau Cymraeg o Dares Phrygius (Ystorya Dared), eu tarddiad, eu nodweddion, a'u cydberthynas.* Traethawd M.A. Prifysgol Cymru gan B. G. Owens, 1951.	Eifion Wyn: TMM J. Einnon: HR Elfenau Amaeth.	Eifion Wyn (Eliseus Williams): *Telynegion Maes a Môr*, [1908]. John Einnon: *Helaethrwydd o Ras i'r Gwaelaf o Bechaduriaid*, 1737. James F. W. Johnston: *Elfenau Amaethyddiaeth a Daeardraith*, 1851.
DPMB	*Dull Priodas Mab y Brenin Alpha*, 1758.	C. Ellis: CG	C. Ellis: *Cristionogrwydd yn Gynnwys*, 1703.
DQM	*Dattodiad y Qwestiwn Mawr*, 1693.	D. Ellis: FfG	Dafydd Ellis: *Ffurf Gweddi i'w Harfer mewn Teulu*, 1841.
DRh	*Duwioldeb Rhydychen, gan Athraw'r Celfyddydau o Brif-ysgol Rhydychen*, 1769.	D. Ellis: GYGG	David Ellis (Cricieth): *Gwybodaeth ac Ymarfer o'r Grefydd Grist'nogol*, 1774.
DrOC	*Drych yr Oesoedd Canol*, gol. Nesta Lloyd a Morfydd E. Owen, 1986.	D. Ellis: HI	David Ellis (Cricieth): *Histori yr Iesu Sanctaidd*, 1776.
Y Drysorfa	*Y Drysorfa*, 1831–1968.	D. Ellis: LlW	David Ellis (Cricieth): *Llawlyfr o Weddiau ar Achosion Cyffredin*, 1774.
DS	John Prys: *Dehonglydd y Sêr*, 1779; gw. hefyd J. Prys: *Alm*.	E. Ellis: CPLl E. Ellis: RP	Ellis ab Ellis: *Cofiadur Prydlon Lloegr*, 1761. Ellis ab Ellis: *Rhybydd Prydlon*, 1798.
DT	*Diddanwch Teuluaidd*, gol. Huw Jones, 1763.	ELlM	Gwilym T. Jones a Tomos Roberts: *Enwau Lleoedd Môn / The Place-names of Anglesey*, 1996.
DWH	Michael Powell Siddons: *The Development of Welsh Heraldry*, 1991–3.	ELlSG	J. Lloyd-Jones: *Enwau Lleoedd Sir Gaernarfon*, 1928.
Dwned	*Dwned*, 1995–.	Eluned: DA	Eluned [Morgan]: *Dringo'r Andes*, 1904.
L. Dwnn: HV	Lewys Dwnn: *Heraldic Visitations of Wales and Part of the Marches*, 1846.	EM	*Egwyddorion y Methodistiaid*, 1775.
Dwyw T	*Dwywolder-Teuluaidd*, 1726.	Emrys ap Iwan: BPE	Emrys ap Iwan (Robert Ambrose Jones): *Breuddwyd Pabydd wrth ei Ewyllys* (Llyfrau'r Ford Gron 4, 5), d.dd.
Y Dysgedydd	*Y Dysgedydd*, 1821–1968.		
EANC	R. J. Thomas: *Enwau Afonydd a Nentydd Cymru*, 1938.	Emrys ap Iwan: E	*Detholiad o erthyglau a llythyrau Emrys ap Iwan*, gol. D. Myrddin Lloyd, i. 1937;
Eben Fardd: Gw	Eben Fardd (Ebenezer Thomas): *Gweithiau Barddonol, &c. Eben Fardd*, [c. 1873].		ii. 1939; iii. 1940.
Ecclus	'Ecclesiasticus' yn yr Apocryffa.		

Englynion Digri	*Casgliad o Englynion Digri*, gol. Bethan Llewelyn, 1966.	T. Evans: DPO	Theophilus Evans: *Drych y Prif Oesoedd*, 1716 (adarg. 1961), 1740 (adarg. 1902).
Ériu	*Ériu*, 1904–.	T. Evans: E	Gw. Tomos Glyn Cothi: *E*.
ESC	*Early Scholastic Colloquies*, ed. W. H. Stevenson, 1929.	T. Evans: GC	Theophilus Evans: *Galwedigaeth ddifrifol i'r Crynwyr*, 1715.
1 Esd	'Llyfr Cyntaf Esdras' yn yr Apocryffa.	T. Evans: GI	Theophilus Evans: *Gwth i Iuddew, c.* 1728.
2 Esd	'Ail Lyfr Esdras' yn yr Apocryffa.	T. Evans: LlA	Theophilus Evans: *Llythyr-Addysc Esgob Llundain at y Bobl o'i Esgobaeth*, 1740.
Esec	'Llyfr y Proffwyd Eseciel' yn yr Hen Destament.	T. Evans: LlH	Theophilus Evans: *Llwybr Hyffordd y Plentyn Bach*, 1750.
Eseia	'Llyfr y Proffwyd Eseia' yn yr Hen Destament.	T. Evans: P	Theophilus Evans: *Pregeth yn dangos beth yw Natur ac Anian y Pechod yn erbyn yr Ysbryd Glân*, 1760.
ESGG	*Egwyddorion a Sylfeini'r Grefydd Gristionogol*, 1691, 1705.	T. Evans: PP	Theophilus Evans: *Pwyll y Pader; neu, Eglurhad ar Weddi'r Arglwydd*, 1733.
Esr	'Llyfr Esra' yn yr Hen Destament.	T. Evans: PS	Theophilus Evans: *Prydferthwch Sanct-eiddrwydd yn y Weddi Gyffredin*, 1722.
Esth	'Llyfr Esther' yn yr Hen Destament.	W. Evans: EGG	William Evans: *Egwyddorion y Grefydd Gristianogawl*, 1707.
Esth (Ap.)	Gw. Esth (Apocr.)	EVW	Margaret Enid Griffiths: *Early Vaticina-tion in Welsh*, 1937.
Esth (Apocr.)	'Y Rhan Arall o Benodau Llyfr Esther' yn yr Apocryffa.	EWD	Daniel Silvan Evans: *An English and Welsh Dictionary*, i. 1852, ii. 1858.
Études	*Études Celtiques*, 1936–.	EWGP	*Early Welsh Gnomic Poetry*, ed. Kenneth Jackson, 1935.
Eurgr	*Greal, neu Eurgrawn: sef Trysorfa-Gwybodaeth*, 1800.	EWGT	*Early Welsh Genealogical Tracts*, ed. P. C. Bartrum, 1966.
Eurgr Wes	*Eurgrawn Wesleaidd*, 1809–1932, *Eur-grawn* 1933–83.	EWSP	*Early Welsh Saga Poetry*, ed. Jenny Rowland, 1990.
Eurgrawn Cymraeg	*Trysorfa Gwybodaeth. neu Eurgrawn Cym-raeg*, 1807–8.	Ewyllys	Ewyllys yng nghasgliad Llyfrgell Genedl-aethol Cymru.
E. Evan: AA	Edward Evan: *Afalau'r Awen*, 1816.	Ex P	*Exchequer Proceedings concerning Wales*, ed. E. Gwynne Jones, 1939.
E. Evan: GB	Edward Evan: *Gwersi i Blant a Dynjon Jeuaingc*, 1757.	Examen	*Examen quotidianum Ymholiad beunyddiol*, 1658.
B. Evans: AD	Benjamin Evans (Y Dre-wen): *Annerch-iad Difrifol i'r Cymru*, 1791.	The Extent of Chirkland	*The Extent of Chirkland (1391–1393)*, ed. G[wilym] P[eredur] Jones, 1933.
B. Evans: CG	Benjamin Evans (Y Dre-wen): *Crefydd Gymdeithasol*, 1797.	F	*Flores Poetarum Britannicorum ... O gasgliad J[ohn] D[avies]*, 1710.
B. Evans: LlG	Benjamin Evans (Y Dre-wen): *Llythyrau at Gyfaill ar y Pwngc o Fedydd*, 1788, 1789.	Y Faner	*Y Faner*, 1977–92. Gw. hefyd *BAC*.
C. Evans: At	Christmas Evans: *Attebiad, am y Gobaith a Osodwyd i'r Cristion yn Iawn Haedd-iannol Crist*, 1810.	FBGB	*Y Fodrwy Briodasol, Gymmwys I'r Bys, &c.*, 1775.
		R. Fenton: Tours	Richard Fenton: *Tours in Wales*, 1917.
C. Evans: EJU	Christmas Evans: *Eglwys y Jerusalem Uchod*, 1800.	FfA	*Y Ffigys-bren anffrwythlon*, 1766.
C. Evans: FfYI	Christmas Evans: *Ffurf yr Ymadroddion Iachus*, 1803.	FfBO	*Ffordd y Brawd Odrig*, gol. S. J. Williams, 1929.
C. Evans: GB	Christmas Evans: *Gair yn ei Bryd*, 1805.	FfG	*Ffurf Gweddi I'w Harfer ar Ddydd Mer-cher y Pummed Dydd o fis Ebrill*, 1699.
D. J. Evans: HCS	D. J. Evans: *Hanes Capel Seion*, 1935.	
E. Evans: LlGCG	Evan Evans: *Y Llyfr Gweddi Gyffredin y Cydymmaith Goreu*, 1693.	FfH	*Ffwtman Hoff / Cerddi Richard Hughes, Cefnllanfair*, gol. Nesta Lloyd, 1998.
H. Evans: CE	Hugh Evans: *Cwm Eithin*, 1931.	FfTh	*Fferm a Thyddyn*, 1988–.
H. Evans: CTF	Henry Evans: *Cynghorion Tad i'w Fab*, 1683.	Folk Life	*Folk Life*, 1963–.
H. Evans: Cwm Eithin	Gw. H. Evans: *CE*.	H. E. Forrest: FNW	H. E. Forrest: *The Vertebrate Fauna of North Wales*, 1907.
J. Evans: BHNO	John Evans: *Byrr Hanes am Fywyd a Marwolaeth Nathanael Othen*, 1761.	W. Foulkes: EGE	William Foulkes: *Esponiad ar Gatechism yr Eglwys*, 1688.
J. Evans: CG	John Evans (Plymouth): *Catecism y Gymmanfa*, 1741.	B. Francis: A	Benjamin Francis (Horsley): *Aleluia: neu Hymnau Perthynol i Addoliad Cyhoedd-us*, i. 1774; ii. 1786.
J. Evans: CPE	John Evans (Plymouth): *Cyssondeb y Pedair Efengyl*, 1765.	B. Francis: I	Benjamin Francis (Horsley): *Iechydwr-iaeth*, 1793.
J. Evans: DC	John Evans (Plymouth): *Y Deddfau Crist-ianogol*, 1773.	B. Francis: MJT	Benjamin Francis (Horsley): *Marwnad John Thomas, Gweinidog Maes-y-berllan*, 1786.
J. Evans: PF	John Evans: *Y Prif Feddiginiaeth*, 1759.	
J. Evans: YMS	John Evans (Plymouth): *Ymarferiadau a Myfyrdodau Sacramentaidd*, 1735.	G	*Geirfa Barddoniaeth Gynnar Gymraeg*, gol. J. Lloyd-Jones, 1931–1963.
J. Gwenogvryn Evans	Llawysgrif yng nghasgliad J. Gwenog-vryn Evans, yn Llyfrgell Genedlaethol Cymru.	GABC	*Gemwaith Awen Beirdd Collen*, gol. Jonathan Hughes, 1806.
J. J. Evans: MJRhA	J. J. Evans: *Morgan John Rhys a'i Amser-au*, 1935.	GAGC	*Gosodedigaethau Anrhydeddus Gymdeithas y Cymmrodorion yn Llundain*, 1755.
L. Evans: LlW	Lewis Evans: *Llythyr oddiwrth Weinidog o Eglwys Loeger at Ymneillduwr*, 1711.	Gal	'Epistol Paul . . . at y Galatiaid' yn y Testament Newydd.
T. Evans: CCG	Theophilus Evans: *Cydwybod y Cyfaill Gorau a'r [sic] y Ddaear*, 1715.	Galarn	'Galarnad Jeremeia' yn yr Hen Dest-ament.
T. Evans: CDW	Theophilus Evans: *Cydymddiddan Rhwng Dau Wr yn ammau Ynghylch Bedydd-Plant*, 1719.		
T. Evans: DDM	Theophilus Evans: *Drych y Dyn Maleisus*, 1747.		

W. Gambold: WG	William Gambold: *A Welsh Grammar*, 1727.
Gardd Aberdar	*Gardd Aberdar yn cynnwys y Cyfansoddiadau Buddugol yn Eisteddfod y Carw Coch, Aberdar, Awst 29, 1853*, 1854.
GB	*Galar y Beirdd*, gol. Dafydd Johnston, 1993.
GBC	*Gorchestion Beirdd Cymru*, gol. Rhys Jones, 1773, 1864.
GBDd	*Gwaith Bleddyn Ddu*, gol. R. Iestyn Daniel, 1994.
GBF	*Gwaith Bleddyn Fardd a Beirdd Eraill Ail Hanner y Drydedd Ganrif ar Ddeg*, gol. Rhian M. Andrews *et al.*, 1996.
GC	*Gwaith Casnodyn*, gol. R. Iestyn Daniel, 1999.
GCBM	*Gwaith Cynddelw Brydydd Mawr*, gol. Nerys Ann Jones ac Ann Parry Owen, i. 1991; ii. 1995.
GCC	D. Simon Evans: *Gramadeg Cymraeg Canol*, 1951.
GCH	*Glamorgan County History*, i. 1936; ii. 1984; iii. 1971; iv. 1974; v. 1980.
GDB	*Gwaith Dafydd Benfras ac Eraill o Feirdd Hanner Cyntaf y Drydedd Ganrif ar Ddeg*, gol. N. G. Costigan (Bosco) *et al.*, 1995.
GDD	*A Glossary of the Demetian Dialect*, ed. W. Meredith Morris, 1910.
GDEp	*Gwaith Dafydd Epynt*, gol. Owen Thomas, 2002.
GDG	*Gwaith Dafydd ap Gwilym*, gol. Thomas Parry, 1952.
GDG²	*Gwaith Dafydd ap Gwilym*, gol. Thomas Parry, 1963.
GDG³	*Gwaith Dafydd ap Gwilym*, gol. Thomas Parry, 1979.
GDGor	*Gwaith Dafydd Gorlech*, gol. Erwain Haf Rheinallt, 1997.
GDID	*Gwaith Deio ab Ieuan Du a Gwilym ab Ieuan Hen*, gol. A. Eleri Davies, 1992.
GDLl	*Gwaith Dafydd Llwyd*, gol. Leslie Richards, 1964.
GDTD	*Gogoneddus Ddirgelwch Trugaredd Duw*, 1766, 1796.
GDTS	*Gogoniant y Deml. Teml Salomon wedi ei hysbrydoli*, 1810.
Geir Geg	S. Minwel Tibbott: *Geirfa'r Gegin*, 1983.
Geir Glo	Lynn Davies: *Geirfa'r Glöwr*, 1976.
Geir Mwyn	Steffan ab Owain: *Geirfa'r Mwynwyr*, 1988.
Geir Pob	*Geiriadur Poblogaidd*, 1828.
Geirgrawn	D. Davies: *Y Geirgrawn: neu Drysorfa Gwybodaeth*, 1796.
Gen	'Genesis' yn yr Hen Destament.
Y Genhinen	*Y Genhinen*, 1950–80.
Y Geninen	*Y Geninen*, 1883–1928.
Gentleman's Magazine	*The Gentleman's Magazine*, 1731–1868.
GEO	*Gwaith Einion Offeiriad a Dafydd Ddu o Hiraddug*, gol. R. Geraint Gruffydd a Rhiannon Ifans, 1997.
W. Evans George (LlGC)	Casgliad o ddogfennau W. Evans George yn Llyfrgell Genedlaethol Cymru.
GER	*Golwg eglur o'r Rhagoriaeth sydd rhwng Ffydd y Protestaniaid, a Ffydd y Papistiaid*, 1715.
J. Gerarde: Herball	John Gerarde: *The Herball or generall Historie of plantes*, 1633. Y rhestr o enwau Cymraeg ar ddiwedd y llyfr.
Gesta Rom	*Gesta Romanorum*, gol. Patricia Williams, 2000.
(Gesta Rom) LlGC 13076	*Gesta Romanorum*, yn *LlGC* 13076.
GFC	*Gwaedd-ddeffro i Fyd Cysgadlyd*, 1775.
GGDT	*Gwaith Gruffudd ap Dafydd ap Tudur, Gwilym Ddu o Arfon, Trahaearn Brydydd Mawr ac Iorwerth Beli*, gol. N. G. Costigan (Bosco) *et al.*, 1995.
GGH	*Gwaith Gruffudd Hiraethog*, gol. D. J. Bowen, 1990.
GGJ	*Y Gowrain Gelfyddyd o Japannio neu Rodd meistr iw Brentis*, [1761]; gw. hefyd W. Davies: *RMB*.
GGl	*Gwaith Guto'r Glyn*, gol. J. Llywelyn Williams ac Ifor Williams, 1939.
GGl²	*Gwaith Guto'r Glyn*, gol. J. Llywelyn Williams ac Ifor Williams, 1961.
GGLl	*Gwaith Gruffudd Llwyd a'r Llygliwiaid Eraill*, gol. Rhiannon Ifans, 2000.
GGM	*Gwaith Gwerful Mechain ac Eraill*, gol. Nerys Ann Howells, 2001.
GGN	*Gwssanaeth y Gwŷr Newydd*, gol. Geraint Bowen, 1970.
GGrG	*Gwaith Gronw Gyriog, Iorwerth ab y Cyriog ac Eraill*, gol. Rhiannon Ifans *et al.*, 1997.
GGTY	*Goleuni Gwedi Torri allan Ynghymry*, 1696.
GGYC	*Gwael Gardod Ysprydol i'r Cymro*, 1752.
GHC	*Gwaith Hywel Cilan*, gol. Islwyn Jones, 1963.
GHCEM	*Gwaith Huw Ceiriog ac Edward Maelor*, gol. Huw Ceiriog Jones, 1990.
GHD	*Gwaith Huw ap Dafydd ap Llywelyn ap Madog*, gol. A. Cynfael Lake, 1995.
GHM	*Gronyn o Had Mwstard*, 1722.
GHS	*Gwaith Hywel Swrdwal a'i Deulu*, gol. Dylan Foster Evans, 2000.
GIA	*Galwad Ir Annychweledig*, 1659, 1751.
Giants in W. Folklore	*Giants in Welsh folklore and tradition.* Traethawd Ph.D. Prifysgol Cymru gan John Christian Grooms, 1988.
GIBH	*Gwaith Ieuan Brydydd Hir*, gol. M. Paul Bryant-Quinn, 2000.
GIF	*Gwaith Iorwerth Fynglwyd*, gol. Howell Ll. Jones ac E. I. Rowlands, 1975.
GIG	*Gwaith Iolo Goch*, gol. D. R. Johnston, 1988.
GILlV	*Detholiad o waith Gruffudd ab Ieuan ab Llewelyn Vychan*, gol. J. C. Morrice, 1910.
Giraldus Cambrensis: DRG	Giraldus Cambrensis: *De Rebus a se Gestis*, 1861.
Giraldus Cambrensis: IK	*Giraldi Cambrensis Itinerarium Kambriæ et Descriptio Kambriæ*, ed. J. F. Dimock, 1868.
GJ: LlW	G. J.: *Llythyr oddiwrth Weinidog o Eglwys Loegr, At un o'i blwyfolion yn neilltuo*, 1711.
Glam Bards	*The works of some 15th century Glamorgan bards.* Traethawd M.A. Prifysgol Cymru gan J. Morgan Williams, 1923.
Glanffrwd: PLl	Glanffrwd (William Thomas): *Plwyf Llanwyno*, 1888; cyfeirir weithiau at arg. Henry Lewis, 1949.
GLD	*Gwaith Lewys Daron*, gol. A. Cynfael Lake, 1994.
GLGC	*Gwaith Lewys Glyn Cothi*, gol. Dafydd Johnston, 1995.
GLlBH	*Gwaith Llywelyn Brydydd Hoddnant, Dafydd ap Gwilym, Hillyn ac Eraill*, gol. Ann Parry Owen a Dylan Foster Evans, 1996.
GLlF	*Gwaith Llywelyn Fardd I ac Eraill o Feirdd y Ddeuddegfed Ganrif*, gol. Kathleen Anne Bramley *et al.*, 1994.
GLlG	*Gwaith Llywelyn Goch ap Meurig Hen*, gol. Dafydd Johnston, 1998.

GLlLl	*Gwaith Llywarch ap Llywelyn 'Prydydd y Moch'*, gol. Elin M. Jones, 1991.
GLM	*Gwaith Lewys Môn*, gol. Eurys I. Rowlands, 1975.
Glynfab: ND	Glynfab: *Ni'n Doi*, d.d.
Glynfab: PD	Glynfab: *Y Partin Dwpwl*, d.d.
GM	*Gwassanaeth Meir*, gol. Brynley F. Roberts, 1961.
GMB	*Gwaith Meilyr Brydydd a'i Ddisgynyddion*, gol. J. E. Caerwyn Williams *et al.*, 1994.
GMJ	*Gwagedd Mebyd a Jeungctid*, 1728.
GMW	D. Simon Evans: *A Grammar of Middle Welsh*, 1964.
GO	*L'œuvre poétique de Gutun Owain*, ed. E. Bachellery, 1950–51.
GO: Gw	Gw. *GO*.
God An	John Thomas Koch: *The Gododdin of Aneirin*, 1997.
GOI	Rudolf Thurneysen: *A Grammar of Old Irish*, 1946.
Gol Gwynedd	*Goleuad Gwynedd, neu yn hytrach Goleuad Cymru*, 1818–20.
GOLlM	*Gwaith Owain ap Llywelyn ab y Moel*, gol. Eurys Rolant, 1984.
Golud yr Oes (Gos) LlGG	*Golud yr Oes*, 1862–4. Gw. *LlGG* (*Gos*).
GP	*Gramadegau'r Penceirddiaid*, gol. G. J. Williams ac E. J. Jones, 1934.
GPB	*Gwaith Prydydd Breuan, Rhys ap Dafydd ab Einion, Hywel Ystorm, a Cherddi Dychan Dienw o Lyfr Coch Hergest*, gol. Huw Meirion Edwards, 2000.
GPhE	*Gwaith Syr Phylib Emlyn, Syr Lewys Meudwy a Mastr Harri ap Hywel*, gol. M. Paul Bryant-Quinn, 2001.
Gr. Hiraethog: Gw	*The works of Gruffydd Hiraethog*. Traethawd M.A. Prifysgol Cymru gan W. Richards, 1925.
Gr. Hiraethog: Gw (D. J. B.)	*Gwaith Gruffydd Hiraethog*, gol. D. J. Bowen (mewn teipysgrif). [Cyfeirir at rif y gerdd a'r llinell.]
GRB	*Gwaith Rhys Brydydd a Rhisiart ap Rhys*, gol. J. M. Williams ac Eurys I. Rowlands, 1976.
GRCG	*Robin Clidro a'i ganlynwyr*. Traethawd M.A. Prifysgol Cymru gan Cennard Davies, 1964.
Y Greal	*Y Greal; sev Cynnulliad o Orchestion ein Hynaviaid*, 1805–7.
GREE	W. P.: *Godidowgrwydd Rhinwedd, ac Effaith yr Efengyl*, 1707.
G. Griffith: GA	George Griffith: *Gueddi'r-Arglwydd Wedi ei Hegluro*, 1685.
J. Griffith: A	John Griffith (Pantsaeson): *Attebion i rai Achosion Cydwybod ar amryw Ystyriaethau Pwysfawr*, 1769.
J. Griffith: DCC	John Griffith (Caernarfon): *Dechreuad a Chynnydd Crefydd yn yr Enaid*, 1788.
O. Griffith: MP	O. Griffith: *Mynydd Parys*, 1897.
R. Griffith: LlCD	Robert Griffith: *Llyfr Cerdd Dannau*, [1913].
W. J. Griffith: SHF	W. J. Griffith: *Storïau'r Henllys Fawr*, 1938.
Ann Griffiths: Gw	*Gwaith Ann Griffiths . . .*, gol. Ab Owen (O. M. Edwards), [1905].
E. Griffiths: GF	E. Griffiths: *Golwg Ferr ar yr Hanes Ysgrythurol Oll*, 1775.
J. Griffiths: A	Gw. J. Griffith: *A*.
J. Griffiths: H	John Griffiths: *Hyfforddwr*, 1796.
M. Griffiths: ED	Morris Griffiths: *Egwyddorion Difinyddiaeth*, 1789.
Gron	*Gronoviana. Gwaith y Parch. Goronwy Owen*, gol. E. Jones ac O. Williams, 1860.
Elis Gruffydd: A	*Astudiaeth o gyfieithiad Ellis Gruffydd o rannau o* The Boke of Children *ac o* The Regiment of Lyfe. Traethawd M.A. Prifysgol Cymru gan Mari Davies Evans, 1968.
Elis Gruffydd: Ll	*Astudiaeth destunol ac ieithyddol (gyda geirfa) o Lysieuwr Ellis Gruffydd (Llawysgrif Cwrtmawr, 1, tt. 165–321)*. Traethawd M.A. Prifysgol Cymru gan Delwyn Tibbott, 1957.
O. Gruffydd: Gw	*Gwaith Owen Gruffydd*, 1904.
GSC	*Gwaith Siôn Ceri*, gol. A. Cynfael Lake, 1996.
GSCyf	*Gwaith Dafydd Bach ap Madog Wladaidd 'Sypyn Cyfeiliog' a Llywelyn ab y Moel*, gol. R. Iestyn Daniel, 1998.
GSH	*Gwaith Siôn ap Hywel*, gol. A. Cynfael Lake, 1999.
GSOG	*Testun beirniadol ac astudiaeth o gerddi Syr Owain ap Gwilym*. Traethawd M.A. Prifysgol Cymru gan D. G. Williams, 1962.
GSRh	*Gwaith Sefnyn, Rhisierdyn . . . a Llywarch Bentwrch*, gol. Nerys Ann Jones ac Erwain Haf Rheinallt, 1995.
GST	*Gwaith Siôn Tudur*, gol. Enid Roberts, 1980.
GTN	Ceinwen H. Thomas: *Tafodiaith Nantgarw*, llyfr iii., 1993.
GTP	*Gwaith Tudur Penllyn ac Ieuan ap Tudur Penllyn*, gol. Thomas Roberts, 1958.
Gutyn Peris: FfA	Guttyn Peris (Griffith Williams): *Ffrwyth Awen; neu Farddoniaeth Gymreig*, 1816.
Gw. ab Ierwerth: SB	Gwilim ab Jerwerth: *Saith o Bregethau*, [1710].
Gw Man	'Gweddi Manasses' yn yr Apocryffa.
Gw. Mechain: D	Gwallter Mechain (Walter Davies): *Diwygiad neu Ddinystr*, 1798.
Gw. Mechain: Gw	*Gwaith Gwallter Mechain*, gol. D. Silvan Evans, 1866–8.
Gw. Mechain: Rh	Gwallter Mechain (Walter Davies): *Rhyddid*, 1791.
Gwaedd-Ddefro i Bechadur	*Gwaedd-Ddefro* [sic] *i Bechadur*, 1802.
Gwaseila	*Canu gwaseila yn y Gymraeg*. Traethawd Ph.D. Prifysgol Cymru gan Rhiannon Ifans, 1980.
Gwerin-Eiriau Maldwyn	*Gwerin-Eiriau Maldwyn*, gol. Bruce Griffiths, 1981.
Gwerin-eiriau Sir Gaernarfon	Gw. J. Jones: *Gwerin-eiriau*.
GWG	*Glossary of the Welsh of Glamorgan*, gol. Meurig (Thomas Jones, Trealaw). Traethawd buddugol Eisteddfod Genedlaethol Abertawe, 1907, yng nghasgliad Llyfrgell Genedlaethol Cymru.
Gwilym Tew: Gw	*Gwilym Tew: astudiaeth destunol a chymharol o'i lawysgrif, Peniarth 51, ynghyd ag ymdriniaeth â'i farddoniaeth*. Traethawd Ph.D. Prifysgol Cymru gan Anne Elizabeth Jones, 1981.
Y Gwladgarwr	*Y Gwladgarwr*, 1833–41.
Y Gwyddonydd	*Y Gwyddonydd*, 1963–.
Gwyddor Gwlad	*Gwyddor Gwlad*, 1952–63.
Y Gwyliedydd	*Y Gwyliedydd*, 1823–37.
Gwyn	Llawysgrif yng nghasgliad J. Gwyneddon Davies, yn Llyfrgell Prifysgol Cymru, Bangor.
Gwyn 3	*Gwyneddon 3*, gol. Ifor Williams, 1931.
Gwys	Llawysgrif yng nghasgliad Gwysaney, yn Llyfrgell Genedlaethol Cymru.
GY	*Gweddiaf â'r Yspryd: neu, Draethawd ar Weddi*, 1790.
H	Llawysgrif Hendregadredd, gol. J. Morris-Jones a T. H. Parry-Williams, 1933. [Rhifir yn ôl daleniad y llawysgrif.]

Hab	'Llyfr Habacuc' yn yr Hen Destament.
Haddan & Stubbs: Councils	A. W. Haddan and W. Stubbs: *Councils and Ecclesiastical Documents relating to Great Britain and Ireland*, 1869.
Haf	Llawysgrif yng nghasgliad Hafod, yn Llyfrgell Ganol Caerdydd.
Hag	'Llyfr Haggai' yn yr Hen Destament.
HAG	*The Hymns of Ann Griffiths*, ed. John Ryan, 1980.
Hanes Bywyd yn Ardal Tyddewi tua 1850	*Hanes Bywyd yn Ardal Tyddewi tua 1850.* Darlith gan Edward Perkins, 1908. Llawysgrif yng nghasgliad Llyfrgell Genedlaethol Cymru.
Harlech Studies	*Harlech Studies: essays presented to Dr. Thomas Jones, C.H.*, ed. B. B. Thomas, 1938.
I. Harri: RD	Joan Harri: *Rhai Datguddiadau o'r Nef-oedd Newydd, a'r Ddaear Newydd*, 1725.
S. Harries: YAOC	Solomon Harries: *Ystyriaeth o Anchwil-iadwy Olud Crist*, 1774.
H. Harris: CHH	*Cennadwri a Thystiolaeth ddiweddaf Howell Harris, Yswain*, 1774.
H. Harris: H	*Hanes Ferr o Fywyd Howell Harris Ysgwier*, 1792.
H. Harris: SDS	Howell Harris: *Sail, Dibenion, a Rheolau'r Societies*, 1742.
J. Harris: Alm	John Harris: *Vox Stellarum et Planeta-rum, neu, Almanac*, 1790–1804.
Yr Haul	*Yr Haul*, 1835–1953; *Yr Haul a'r Gang-ell*, 1953–83.
HC	*Hyfforddwr Cyfarwydd I'r Nefoedd*, 1693.
HCLl	*Gwaith Huw Cae Llwyd ac Eraill*, gol. Leslie Harries, 1953.
HD	*Survey of the Honour of Denbigh, 1334*, ed. Paul Vinogradoff and Frank Morgan, 1914.
HDY	*Help i Ddarllen yr Ysgrythur Gyssegr Lan*, 1760.
Heb	'Epistol Paul . . . at yr Hebreaid' yn y Testament Newydd.
Hedd Wyn: CB	[Hedd Wyn (E. H. Evans)]: *Cerddi'r Bugail*, gol. J. J. Williams, 1918.
HELlH	*The Heroic Elegies and Other Pieces of Llywarch Hen . . .*, William Owen [-Pughe], 1792.
Hen B	*Hen Benillion*, gol. T. H. Parry-Williams, 1940.
HFfS	*Hanes am Ddychrynllyd Gyflwr Ffransis Spira*, 1753.
HG	*Hen Gwndidau, Carolau a Chywyddau*, gol. L. J. Hopkin-James a T. C. Evans, 1910.
HG Cref	*Hen Gerddi Crefyddol*, gol. Henry Lewis, 1931.
HGB	*Hispano-Gallo-Brittonica*, gol. Joseph F. Eska, *et al.*, 1995.
HGC	*The History of Gruffydd ap Cynan*, ed. Arthur Jones, 1910.
HGD	*Hanes Gywir o Drial William Spiggot . . .*, 1770.
HGK	*Historia Gruffud vab Kenan*, gol. D. Simon Evans, 1977.
Hist Brit	Ferdinand Lot: *Nennius et l'Historia Brittonum*, 1934.
HMSS	*Hengwrt Manuscripts*, ed. R. Williams, i. 1876; ii. 1892.
HNDd	*Yr Happusrwydd o Nesau at Dduw; wedi ei egluro mewn Pregeth*, 1790.
R. Holland: AB	Robert Holland (Llanddowror): *Agoriad byrr ar Weddi'r Arglwydd*, 1677.
R. Holland: BD	Robert Holland (Llanddowror): *Basilikon Doron*, 1604 (adarg. 1931).
R. Holland: DG	Robert Holland (Llanddowror): *Dav Gymro yn taring, yn bell o'i gwlad*, 1681. Cyhoeddwyd gyda R. Prichard: *CC.*
Hop M	*Hopkiniaid Morganwg*, gol. L. J. Hopkin-James, 1909.
L. Hopkin: FG	Lewis Hopkin: *Y Fel Gafod*, 1813.
L. J. Hopkin-James: OC	L. J. Hopkin-James: *Old Cowbridge*, 1922.
M. Hopkins: CP	M. Hopkins: *Cyn, ac ar ôl Priodi*, 1881.
Hos	'Llyfr Hosea' yn yr Hen Destament.
G. Howel: Alm	Gwilim Howel: *Almanaciau*, 1767–75.
G. Howel: DB	Griffith Howel: *Deborah a Barac: neu Ganiadau o Waredigaeth*, 1764.
H. Howell: T	Howell Howell: *Traethadau am Ffydd, Ufudd-dod, a Grâs*, 1785.
J. Howell: D	Y 'Diharebion Cymraeg' yn James How-ell: *Lexicon Tetraglotton, an English-French-Italian-Spanish Dictionary*, 1660.
HP	*Astudiaeth feirniadol o Peniarth 168B (tt. 41a-126b).* Traethawd M.A. Prifysgol Cymru gan Robert Isaac Denis Jones, 1954.
HPB	Kenneth Hurlstone Jackson: *A Historical Phonology of Breton*, 1967.
HRB	*The Historia Regum Britanniæ of Geoffrey of Monmouth*, ed. Acton Griscom, 1929.
HS	*Gwaith Barddonol Howel Swrdwal a'i fab Ieuan*, gol. J. C. Morrice, 1908.
T. Hudson-Williams: GG	T. Hudson-Williams: *Y Groegiaid Gynt*, 1932.
D. Hughes: TFf	Dafydd Hughes: *Tystiolaeth o Ffydd ac Ymarferiad Eglwys Crist*, 1782.
J. Hughes: AP	J[ohn] H[ughes]: *Allwydd neu Agoriad Paradwys i'r Cymry*, 1670 (*adarg. 1929).
J. Hughes: BB	Jonathan Hughes: *Bardd, a Byrddau Amryw, Seigiau neu Gasgliad o Gyng-hanedd*, 1778.
J. Hughes: CAG	John Hughes: *Cofiant Mrs. Ann Griffiths*, 1847.
J. Hughes: DBF	John Hughes: *Dirgelwch Babel Fawr, Mam-Buttain yr holl Ddaear*, 1769.
S. Hughes: AC	Stephen Hughes: *Adroddiad Cywir, o'r Pethau pennaf . . . yn Burgundy*, 1681.
S. Hughes: TP	Stephen Hughes: *Taith y Pererin*, 1771.
S. Hughes: TSP	Stephen Hughes: *Taith neu Siwrnai y Pererin*, 1688.
J. Humphreys: ABD	Joseph Humphreys: *Atteb i Bob Dyn*, 1781.
Huw ab Huw: DA	Huw ab Huw (Hugh Hughes, Y Bardd Coch): *Deial Ahaz, wedi ei Hysprydoli*, 1773.
Huw ab Huw: RBD	Huw ab Huw: *Rheolau Bywyd Dynol*, 1774.
Huw Arwystl: Gw	*Gweithiau barddonol Huw Arwystl.* Traethawd M.A. Prifysgol Cymru gan J. Afan Jones, 1926.
Huw Cae Llwyd, &c.: Gw	*Barddoniaeth Huw Cae Llwyd, Ieuan ap Huw Cae Llwyd, Ieuan Dyfi a Gwerful Mechain.* Traethawd M.A. Prifysgol Cymru gan Leslie Harries, 1933.
Huw Ceiriog, &c.: Gw	*Testun beirniadol o farddoniaeth Huw Ceiriog, Ieuan Llafar ac Edward Maelor.* Traethawd M.A. Prifysgol Cymru gan Huw Ceiriog Jones, 1984.
Huw Cornwy, &c.: Gw	*Gwaith Huw Cornwy a Morys Llwyd.* Traethawd M.Phil. Prifysgol Cymru gan W. G. Morris, 1989.
Huw Machno: Gw	*Bywyd a gwaith Huw Machno.* Traethawd M.A. Prifysgol Cymru gan Daniel Lynn James, 1960.
Huw Morus: EC	Huw Morus: *Eos Ceiriog, sef Casgliad o Bêr Ganiadau Huw Morus*, 1823.
Huw Morus: Gw	*Bywyd a gwaith Huw Morys (Pont y Meib-ion) 1622–1709.* Traethawd M.A. Prifysgol Cymru gan David Jenkins, 1948.
Huw Pennant: Gw	*Gwaith Huw Pennant.* Casgliad teipiedig gan R. L. Jones, 1976, yn Llyfrgell Genedlaethol Cymru.

HVN	D. Rhys Phillips: *The History of the Vale of Neath*, 1925.	IG (Ashton)	Gw. *IG*.
HWS	*Hanes Troedigaeth y Wraig o Samaria*, 1792.	IGE	*Cywyddau Iolo Goch ac Eraill 1350–1450*, gol. Henry Lewis, Thos. Roberts ac Ifor Williams, 1925.
Hy D	*Hymnau Duwiol Buddjol i'w dysgu a'u canu gan bawb o ffyddlon blant Seion . . . o Gasgliad Gŵr Eglwysig*, 1745.	IGE²	*Cywyddau Iolo Goch ac Eraill*, gol. Henry Lewis, Thomas Roberts ac Ifor Williams, 1937.
Hyfforddwr Meddygol	[R. Reece]: *Yr Hyfforddwr Meddygol*, 1816.	IICRC	*Iaith a ieithwedd y cerddi rhydd cynnar*. Traethawd M.A. Prifysgol Cymru gan H. Meurig Evans, 1937.
Hymnau D	*Hymnau Duwiol. Yw canu, mewn Cymdeithiasau* [sic] *Crefyddol. A Gyfansoddwyd gan mwyaf, Gan y Parchedig Mr Daniel Rowlands . . .*, 1744.	IM	G. J. Williams: *Iolo Morganwg*, 1956.
		IMCY	G. J. Williams: *Iolo Morganwg a Chywyddau'r Ychwanegiad*, 1926.
Hywel Cilan: Gw	*Testun beirniadol o waith Hywel Cilan*. Traethawd M.A. Prifysgol Cymru gan Islwyn Jones, 1955.	Io	'Yr Efengyl yn ôl Sant Ioan' yn y Testament Newydd.
Hywel Rheinallt: Gw	*Testun beirniadol o waith Hywel Rheinallt ynghyd â rhagymadrodd, nodiadau a geirfa*. Traethawd M.A. Prifysgol Cymru gan Wendy Davies, 1967.	1 Io	'Epistol Cyntaf Cyffredinol Ioan' yn y Testament Newydd.
		2 Io	'Ail Epistol Cyffredinol Ioan' yn y Testament Newydd.
I. Brydydd Hir: Gw	*Gwaith y Parchedig Evan Evans*, gol. D. Silvan Evans, 1876.	3 Io	'Trydydd Epistol Cyffredinol Ioan' yn y Testament Newydd.
I. Brydydd Hir: P	Evan Evans (Ieuan Brydydd Hir): *Casgliad o Bregethau . . . o waith yr Awduron goraw yn saesoneg*, 1776.	Ioan Siencin: MTLl	Ioan Siencin (John Jenkins): *Marwnad yr Anrhydeddus Thomas Lloyd*, 1788.
		Ioan Siencyn: Gw	*Bywyd a gwaith Ioan Siencyn (1716–1796)*. Traethawd M.A. Prifysgol Cymru gan E. G. Roberts, 1984.
Iaco ab Dewi (1953)	Garfield H. Hughes: *Iaco ab Dewi (1648–1722)*, 1953.	Ioan Wallter: DB	Ioan Wallter (John Walters): *Dwy Bregeth ar Ezec. xxxiii. 11*, 1772.
Iaco ab Dewi: CB	Iaco ab Dewi (James Davies): *Cyfeillach Beunyddiol â Duw*, 1714.	Iolo Goch: Gw	*Gwaith Iolo Goch*. Traethawd Ph.D. Prifysgol Cymru gan David R. Johnston, 1984.
Iaco ab Dewi: CS	Iaco ab Dewi (James Davies): *Catechism o'r Scrythur*, 1717.	Iolo Morganwg: Salmau	Edward Williams (Iolo Morganwg): *Salmau yr Eglwys yn yr Anialwch*, i. 1812; ii. 1834.
Iaco ab Dewi: Gw	*Bywyd a Gwaith Iaco ab Dewi*. Traethawd M.A. Prifysgol Cymru gan Garfield H. Hughes, 1939.	Iolo MSS	*Iolo Manuscripts*, ed. Taliesin Williams, 1848.
Iaco ab Dewi: LlCB	Iaco ab Dewi (James Davies): *Llythyr at y Cyfryw o'r Byd*, 1716.	Iorwerth Fynglwyd: Gw	*Bywyd a barddoniaeth Iorwerth Fynglwyd*. Traethawd M.A. Prifysgol Cymru gan H. Ll. Jones, 1970.
Iaco ab Dewi: LlEW	Iaco ab Dewi (James Davies): *Llythyr Edward Wells at Gyfaill*, 1714.	ISF	*Iaith Sir Fôn*, gol. Bedwyr Lewis Jones, 1983.
Iaco ab Dewi: MN	Iaco ab Dewi (James Davies): *Meddylieu Neillduol ar Grefydd*, 1717.	Islwyn: Gw	Islwyn (William Thomas): *Gwaith Barddonol*, 1897.
Iaco ab Dewi: PTE	Iaco ab Dewi (James Davies): *Pregeth a Br[e]gethwyd Ynghapel Ty-Ely, yn Holbourn*, 1716.	J	Llawysgrif yng nghasgliad Coleg yr Iesu, Rhydychen; defnyddir rhifau J. Gwenogvryn Evans i ddynodi'r rhai a ddisgrifir yn *RWM*.
Iaco ab Dewi: TG	Iaco ab Dewi (James Davies): *Tyred a Groesaw at Jessu Grist*, 1719.		
Iaco ab Dewi: YL	Iaco ab Dewi (James Davies): *Yr Ymarfer o Lonyddwch*, 1730.	Jac Glan-y-gors: Gw	*Gwaith Glan y Gors*, 1905.
Iago	'Epistol Cyffredinol Iago' yn y Testament Newydd.	Jac Glan-y-gors: SG	Jac Glan-y-gors (John Jones): *Seren tan Gwmmwl*, 1795 (adarg. 1923).
IAW (LlGC)	Llawysgrif yng nghasgliad Iolo Aneurin Williams, yn Llyfrgell Genedlaethol Cymru.	Jac Glan-y-gors: TD	Jac Glan-y-gors (John Jones): *Toriad y Dydd*, 1797 (adarg. 1923).
		D. E. James: CU	D. Emrys James: *Y Cwm Unig*, 1930.
IAW (NLW)	Gw. *IAW (LlGC)*.	E. James: Hom	Edward James: *Pregethau a osodwyd allan trwy awdurdod*, 1606.
ID	*Casgliad o Waith Ieuan Deulwyn*, gol. Ifor Williams, 1909.	E. ac A. O. H. Jarman: SC	Eldra Jarman ac A. O. H. Jarman: *Y Sipsiwn Cymreig*, 1979.
Ieuan Gethin, &c.: Gw	*Gwaith Ieuan Gethin ab Ieuan ap Lleision, Llywelyn ap Hywel ab Ieuan ap Gronw, Ieuan Du'r Bilwg, Ieuan Rudd a Llywelyn Goch y Dant*. Traethawd M.Phil. Prifysgol Cymru gan Nest Scourfield, 1993.	JCS	*The Journal of Celtic Studies*, 1949– .
		JE: AHS	J. E.: *Yr Ammodau ar Ba rai y mae'r Heddwch Presennol . . . yn cael ei sefydlu*, [1763].
Ieuan Glan Geirionydd: G	Ieuan Glan Geirionydd (Evan Evans): *Geirionydd*, 1862.	Jechydwriaeth wrth y drws	*Jechydwriaeth wrth y Drws*, [1767].
Ieuan Lleyn: C	Ieuan Lleyn (Evan Prichard): *Caniadau*, gol. Myrddin Fardd, [1878].	Jeffreys & Powell (LlGC)	Dogfen yng nghasgliad Jeffreys and Powell yn Llyfrgell Genedlaethol Cymru.
Ieuan Tew Ieuanc: Gw	*Testun beirniadol o farddoniaeth Ieuan Tew Ieuanc gyda rhagymadrodd, nodiadau a geirfa*. Traethawd M.A. Prifysgol Cymru gan W. Basil Davies, 1971.	J. Jenkin: P	*Pregeth ar Achos Chwythad dychrynllyd Powdr Gwnn yng Nghaerlleon*, 1773; cyfieithiad arall c. 1775.
Rh. Ifans: SR	Rhiannon Ifans: *Sêr a Rybana*, 1983.	D. Jenkins: ACSWW	David Jenkins: *The Agricultural Community in South-West Wales*, 1971.
IG	*Gweithiau Iolo Goch*, gol. Charles Ashton, 1896.	J. G. Jenkins: NC	J. Geraint Jenkins: *Nets and Coracles*, 1974.
IG: AF	I. G.: *Addysg Ferr yng Ngwasanaeth Duw*, 1774.	J. G. Jenkins: WWI	J. Geraint Jenkins: *The Welsh Woollen Industry*, 1969.

Ll. Jenkins: Hengoediana	Llewelyn Jenkins: *Hengoediana; sef, Hanes Eglwys y Bedyddwyr yn Hengoed, Celligaer, Morganwg . . .*, 1861.
W. Jenkins: GOZ	Walter Jenkins: *Y Gyfraith a roddwyd allan o Zion*, 1715.
Jer	'Llyfr y Proffwyd Jeremeia' yn yr Hen Destament.
JHSCW	*Journal of the Historical Society of the Church in Wales*, 1946–.
JM: DDdC	J. M.: *Drych i Ddwfr Cleifion*, 1765.
JO: HS	J[ames] O[wen]: *Hymnau Scrythurol*, 1705.
Job	'Llyfr Job' yn yr Hen Destament.
Joel	'Llyfr Joel' yn yr Hen Destament.
J. John: HY	Joseph John: *Hymnau Ysgrythurawl*, 1765.
Jona	'Llyfr Jona' yn yr Hen Destament.
B. Jones: AD	Benjamin Jones: *Athrawiaeth y Drindod mewn Tair Pregeth*, 1793.
D. Jones: AP	Daniel Jones: *Agoriad ar y Prophwydoliaethau hynod*, 1799.
D. Jones: CDB	Dafydd Jones (Caeo): *Caniadau Dwyfol . . . i Blant*, 1771.
D. Jones: DP	Dafydd Jones (Caeo): *Difyrrwch i'r Pererinjon o Fawl i'r Oen*, 1763, 1764, 1770.
D. Jones: E	Dafydd Jones (Llanwenog): *Eucharistia*, 1765.
D. Jones: ER	Dafydd Jones (Dewi Fardd): *Eglurun Rhyfedd*, 1750 (adarg. 1897).
D. Jones: HCY	Dafydd Jones (Caeo): *Hymnau a Chaniadau Ysprydol*, 1775.
D. Jones: HN	Dafydd Jones (Dewi Fardd): *History Nicodemus*, 1745.
D. Jones: LlDI	Dafydd Jones (Llan-gan): *Llythyr, oddi wrth Dafydd ab Ioan y Pererin, at Ioan ab Gwilim y Prydydd*, 1784.
D. Jones: SD	Dafydd Jones (Caeo): *Salmau Dafydd*, 1753.
D. E. Jones: HLlP	Daniel E. Jones: *Hanes Plwyfi Llangeler a Phenboyr*, 1899.
D. Gwenallt Jones: CC	D. Gwenallt Jones: *Cnoi Cil*, 1942.
D. Gwenallt Jones: E	D. Gwenallt Jones: *Eples*, 1951.
D. Gwenallt Jones: MS	D. Gwenallt Jones: *Y Mynach a'r Sant*, 1928.
D. Gwenallt Jones: PB	D. Gwenallt Jones: *Plasau'r Brenin*, 1934.
D. Gwenallt Jones: YA	D. Gwenallt Jones: *Ysgubau'r Awen*, [1939].
D. J. Odwyn Jones: DR	D. J. Odwyn Jones: *Daniel Rowland, Llangeitho*, 1938.
D. T. M. Jones (LlGC)	Dogfen yng nghasgliad D. T. M. Jones yn Llyfrgell Genedlaethol Cymru.
E. Jones: Canrif y Chwarelwr	Emyr Jones: *Canrif y Chwarelwr*, 1963.
E. Jones: CE	Edward Jones (Llamerewig): *Cydymaith yr Eglwyswr, yn Ymweled a'r Claf*, [1738].
E. Jones: CP	Edward Jones: *Cyfreithiau Plwyf*, 1794.
E. Jones: DB	Edmund Jones (Y Transh): *Dwy Bregeth*, 1782.
E. Jones: DPB	Edmund Jones (Y Transh): *Dail Pren y Bywyd*, 1745.
E. Jones: GA	Edmund Jones (Y Transh): *A Geographical, Historical and Religious Account of the parish of Aberystruth*, 1779.
E. Jones: MPR	Edward Jones (Bardd y Brenin): *Musical and Poetical Relicks of the Welsh Bards*, 1784, 1794.
E. Jones: RAS	Edmund Jones (Y Transh): *A Relation of . . . Apparitions of Spirits*, 1780.
G. Jones: AS	[Griffith Jones (Llanddowror)]: *Athrawiaeth y Sgrythur Ynghylch Parhâd mewn Gras*, 1743.
G. Jones: CFfOG	[Griffith Jones (Llanddowror)]: *Cyfarwyddwr Ffyddlon at Orseddfaingc y Grâs*, 1762.
G. Jones: CRA	[Griffith Jones (Llanddowror)]: *Cyngor Rhad yr Anllythrennog*, 1737.
G. Jones: DFfW	[Griffith Jones (Llanddowror)]: *Dwy Ffurf o Weddi*, 1737.
G. Jones: EBS	[Griffith Jones (Llanddowror)]: *Esponiad Byr o'r Sacramentau*, ?1746, 1831.
G. Jones: GB	Gruffydd Jones (Bodffari): *Golwg Byrr o'r Ddadl Ynghylch Llywodraeth yr Esgobion*, 1721.
G. Jones: GOG	[Griffith Jones (Llanddowror)]: *Galwad at Orseddfaingc y Grâs*, 1738.
G. Jones: HOG	[Griffith Jones (Llanddowror)]: *Hyffforddwr at Orseddfaingc y Grâs*, 1740.
G. Jones: HWI	[Griffith Jones (Llanddowror)]: *Hyffordddiad i Wybodaeth Iachusol*, 1741–9.
G. Jones: LlDdG	[Griffith Jones (Llanddowror)]: *Llythyr ynghylch y Ddyledswydd o Gateceisio*, 1749.
G. Jones: RYC	[Griffith Jones (Llanddowror)]: *Rheolau yr Ysgolion Cymraeg*, [1744–5].
G. P. Jones: NH	Glyn Penrhyn Jones: *Newyn a Haint yng Nghymru a Phynciau Meddygol Eraill*, 1962.
H. Jones: CH	Hugh Jones (Maesglasau): *Cydymmaith i'r Hwsmon*, 1774.
H. Jones: CWR	Hugh Jones: *Cofiant W. Roberts (Amlwch)*, 1869.
H. Jones: EN	Hugh Jones (Maesglasau): *Enw yn y Nefoedd*, 1789.
H. Jones: FfH	Hugh Jones (Maesglasau): *Y Ffordd i fod yn Happus mewn Byd Truenus*, 1789.
H. Jones: GA	Hugh Jones (Maesglasau): *Gair yn ei Amser . . . i'r Cyffredin Gymry*, 1782.
H. Jones: GC	Hugh Jones (Maesglasau): *Gardd y Caniadau*, 1776.
H. Jones: HCF	Hugh Jones (Llangwm): *Hanes y Capt. Factor*, 1762.
H. Jones: HGS	Hugh Jones (Llangwm): *Histori'r Geiniogwerth Synnwyr*, d.dd.
H. Jones: HN	Hugh Jones (Maesglasau): *Hymnau Newyddion*, 1797 (adarg. 1907).
H. Jones: M	Hugh Jones (Maesglasau): *Myfyrdodau ar Ddamhegion a Gwrthiau ein Hiachawdwr Jesu Grist*, 1777.
H. Jones: MD	H. Jones: *Y Meddyginiaeth Deuluaidd*, 1831.
H. Jones: MPC	Hugh Jones (Maesglasau): *Marweiddiad Pechod mewn Credinwyr*, 1796.
H. Jones: PN	Hugh Jones (Llangwm): *Protestant a Neillduwr*, 1783.
H. Jones: T	Hugh Jones (Maesglasau): *Traethiadau o waith . . . John Bunyan*, 1790–1.
J. Jones: Alm	John Jones: *Almanaciau*, 1714–39.
J. Jones: C	Jencin Jones (Llwynrhydowen): *Llawlyfr plant sef, catecismau*, 1732.
J. Jones: DFF	Jencin Jones (Llwynrhydowen): *Dydd y Farn Fawr*, 1727.
J. Jones: Gwerin-eiriau	John Jones (Myrddin Fardd): *Gwerin-eiriau Sir Gaernarfon*, 1907.
J. Jones: Gwerin-eiriau[2]	John Jones (Myrddin Fardd): *Gwerin-eiriau Sir Gaernarfon*, adarg. 1979.
J. Jones: HC	Jencin Jones (Llwynrhydowen): *Hymnau cymmwys i Addoliad Duw*, 1768.
J. Jones: LlA	Jencin Jones (Llwynrhydowen): *Llun Agrippa*, 1723, 1781.
J. Jones: LlAW	John Jones (Llangynog): *Llythyr o Annerch . . . oddi wrth Weinidog yn y Wlad at ei Blwyfolion*, 1743.
J. Jones: Llên Gwerin	J. Jones (Myrddin Fardd): *Llên Gwerin Sir Gaernarfon*, 1908.
J. Jones: TG	John Jones: *Tystiolaeth o Gariad*, 1683.
J. T. Jones: DY	Josiah Thomas Jones: *Daearyddiaeth Ysgrythurol*, 1852.
J. T. Jones: HAC	Josiah Thomas Jones: *Hanes Rhyfedd Anturiaethau Cenhadol yn Ynysoedd Mor y Deau*, 1841.

J. T. Jones: HNDd	Josiah Thomas Jones: *Hanes y Nef a'r Ddaear*, 1848.	T. G. Jones: YA	T. Gwynn Jones: *Ymadawiad Arthur*, 1910.
M. Jones: DG	Morgan Jones (Tre-lech): *Y Dydd yn Gwawrio*, 1798.	T. Gwynn Jones	Eitem yng nghasgliad T. Gwynn Jones, yn Llyfrgell Genedlaethol Cymru.
M. Jones: MDI	Morgan Jones (Cefnarthen): *Mer Difinyddiaeth Iachus*, 1754.	T. I. Jeffreys Jones: Ex Proc Temp James I	T. I. Jeffreys Jones: *Exchequer Proceedings Concerning Wales In Tempore James I*, 1955.
M. Jones: PAC	M. Jones: *Pregeth ar yr Adgyfodiad Cyffredinol*, [1798].	T. V. Jones: Chwaraeon	*Chwaraeon-gwerin plant yng Nghymru, 1860–1980*. Traethawd M.A. Prifysgol Cymru gan Tecwyn Vaughan Jones, 1986.
P. Jones: CH	Peter Jones: *Crynhoad o Hymnau*, 1830.		
R. Jones: AB	Richard Jones (Dinbych): *Amdo i Babyddiaeth*, 1672.	W. Jones: AC	William Jones (Asaph Gwent): *Angeu yn y Crochan*, 1878.
R. Jones: BB	Richard Jones (Dinbych): *Bellach neu Byth*, 1677.	W. Jones: GB	W[illiam] Jones (Dinbych): *Gair i Bechaduriaid a Gair i'r Sainct*, 1676.
R. Jones: DA	Robert Jones (Rhos-lan): *Drych i'r Anllythyrennog*, 1788.	W. Jones: LlG	William Jones (Betws Gwerful Goch): *Llu o Ganiadau, neu Gasgliad o Garolau a Cherddi Dewisedig*, 1798.
R. Jones: DYA	Robert Jones: *Drych yr Amseroedd*, 1820.		
R. Jones: GP	Rhys Jones (Y Blaenau): *Gwaith Prydyddawl*, gol. R. Jones Owen, 1818.	W. Jones: MM	William Jones: *Marwnad ar ol Mari . . . Howel*, 1761.
R. Jones: HCh	Richard Jones (Dinbych): *Hyfforddiadau Christianogol*, 1675.	W. Jones: PGG	William Jones (Dinbych): *Principlau neu Bennau y Grefydd Ghristianogol*, 1676.
R. Jones: PC	Richard Jones (Dinbych): *Perl y Cymro*, 1655.	W. Jones: TPG	William Jones: *Y Trydydd ar Pedwaredd* [sic] *Gorchymynion*, 1656.
R. Jones: TTN	Richard Jones (Llanfair Caereinion): *Testun Testament Newydd . . . yn benhillion Cymraeg*, 1653.	W. Jones: Work for a Cooper	W. Jones: *Work for a Cooper*, 1679.
		Jos	'Llyfr Josua' yn yr Hen Destament.
R. Jones: YC	Robert Jones (Rhos-lan): *Ymddiffyn Crist'nogol*, 1770.	Jud	'Judith' yn yr Apocryffa
R. E. Jones: ALIC	R. E. Jones: *Ail Lyfr o Idiomau Cymraeg*, 1987.	Judas	'Epistol Cyffredinol Judas' yn y Testament Newydd.
R. E. Jones: LlIC	R. E. Jones: *Llyfr Idiomau Cymraeg*, 1975.	Juv	*The Cambridge Juvencus Manuscript*, ed. Helen McKee, 2000.
R. W. Jones: BCC	R. W. Jones (Erfyl Fychan): *Bywyd Cymdeithasol Cymru yn y Ddeunawfed Ganrif*, 1931.	(Juv) B	Englynion Llawysgrif y *Juvencus* yn *B*.
		(Juv) VVB	Glosau Llawysgrif y *Juvencus* yn *VVB*.
R. Wynne Jones: PLl	R. Wynne Jones: *Plwyf Llansannan*, 1911.	JWBS	*Journal of the Welsh Bibliographical Society*, 1910– .
T. Jones: AJ	Tegwyn Jones: *Abel Jones, Bardd Crwst*, 1989.	KAA	*Kymdeithas Amlyn ac Amic*, ed. J. Gwenogvryn Evans, 1909.
T. Jones: Alm	Thomas Jones (Amwythig): *Almanaciau*, 1680–1711.	Ked AA	*Kedymdeithyas Amlyn ac Amic*, gol. Patricia Williams, 1982.
T. Jones: Art	T. Jones: *Artemidorus. Gwir Ddeongliad Breuddwydion*, 1698.	KM Misc	*Miscellany Presented to Kuno Meyer*, ed. Osborn Bergin and Carl Marstrander, 1912.
T. Jones: Awdl	Thomas Jones (Y Bardd Cloff): *Awdl . . . [i'r Gwyneddigion]*, 1799.	E. Kyffin: Ps	Edward Kyffin: *Rhann o Psalmae Dafydd Brophwyd*, 1603 (adarg. 1930).
T. Jones: CCA	Thomas Jones (Dinbych): *Y Cristion mewn Cyflawn Arfogaeth*, 1796.	M. Kyffin: DFf	Maurice Kyffin: *Deffynniad Ffydd Eglwys Loegr*, 1595 (adarg. 1908).
T. Jones: DEW	Thomas Jones (Creaton): *Drws yr Eglwys Weledig . . .*, 1799.	LAL	*Lawyers and Laymen*, ed. T. M. Charles-Edwards, Morfydd E. Owen and D. B. Walters, 1986.
T. Jones: DG	Thomas Jones (Caerfyrddin): *Duwiol Goffadwriaethau*, 1774.		
T. Jones: GE	Thomas Jones (Creaton): *Gwledd i'r Eglwys*, 1792.	J. Langford: HDdD	John Langford: *Holl Ddled-swydd Dyn*, 1672.
T. Jones: GG	Thomas Jones (Amwythig): *Y Gwir er Gwaethed yw*, 1684.	R. Lathrop: Rhybudd	Hysbyseb gan Richard Lathrop ar ddiwedd L. Anwyl: *NG*.
T. Jones: HB	Theophilus Jones: *A History of the County of Brecknock*, i. 1805; ii. 1809.	LBS	*The Lives of the British Saints*, ed. S. Baring-Gould and J. Fisher, 1907–13.
T. Jones: PS	Thomas Jones (Y Pennant): *Pregeth ar Salm cxix. 165*, 1779.	LCBS	*Lives of the Cambro British Saints*, ed. W. J. Rees, 1853.
T. Jones: RAH	Thomas Jones (Y Pennant): *Rheol o Addoliad . . . ir Hwsmon*, 1763.	W. D. Leathart: OGS	W. D. Leathart: *The Origin . . . of the Gwyneddigion Society*, 1831.
T. Jones: S	Thomas Jones: *Sylwadau ar Lyfr Mr. Owen Davies*, 1808.	Lef	'Lefiticus' yn yr Hen Destament.
T. Jones: SD	Thomas Jones (Dinbych): *Sylwiadau ar Draethawd a elwir Undeb Crefyddol*, 1793.	Leg Wall	*Cyfreithjeu Hywel Dda . . . seu Leges Wallicae . . .*, ed. W. Wotton et M. Williams, 1730.
T. Jones: TGEL	Thomas Jones (Y Pennant): *Traethiadau ar Gatecism Eglwys Loegr*, 1778.	Leland	*The Itinerary In Wales of John Leland In Or About The Years 1536–1539*, ed. Lucy Toulmin Smith, 1906.
T. Jones: TOS	Thomas Jones (Creaton): *Tragywyddol Orphwysfa'r Saint*, 1790.	B. Lewis: TCC	Benjamin Lewis: *Tri Chyflwr y Cristion*, 1750.
T. Jones: TP	Thomas Jones (Amwythig): *Taith y Pererin*, 1699.	D. Lewis: GB	D[avid] L[ewis] (Llangatwg): *Golwg ar y Byd*, 1725.
T. Jones: YC	Thomas Jones (Dinbych): *Ymddyddanion crefyddol, (rhwng dau gymmydog) Ystyriol a Hyfford . . .*, 1807.	E. Lewis: Drex	Elis Lewis: *Ystyriaethau Drexelivs ar Dragywyddoldeb*, 1661.
T. G. Jones: RG	*Rhieingerddi'r Gogynfeirdd*, gol. T. Gwynn Jones, 1915.	G. Lewis: DY	George Lewis (Llanuwchllyn): *Drych Ysgrythurol, neu Gorph o Ddifinyddiaeth*, 1797.

G. Lewis: P	George Lewis: *Pregeth a Bregethwyd ar y dydd cyntaf o fis Mawrth, 1714–15*, 1715.	Llawdden, &c.: Gw	*Barddoniaeth Llawdden a Rhys Nanmor.* Traethawd M.A. Prifysgol Cymru gan M. G. Headley, 1938.
H. Lewis: DIG	Henry Lewis: *Datblygiad yr Iaith Gymraeg*, 1931.	LlB	*Cyfreithiau Hywel Dda yn ôl Llyfr Blegywryd*, gol. S. J. Williams a J. E. Powell, 1942.
I. Lewis: EG	I[oan] Lewis: *Egwyddorion o'r Gwirionedd*, 1773.	LlBH	*Llyfr bychan o Hymnau ar Amriw achosion a thestynau Duwiol*, 1745.
I. Lewis: FfB	I[oan] Lewis: *Ffordd y Bywyd*, 1773.	LlC	*Llyfr Colan*, gol. Dafydd Jenkins, 1963.
J. Lewis: CCPG	James Lewis (Pencader): *Y Cyfrif Cywiraf o'r Pechod-Gwreiddiol*, 1730.	LlCA	*Llythyrau Cymanfa'r Annibynwyr.*
J. Lewis: CE	John Lewis: *Catechism yr Eglwys wedi ei egluro trwy holion ac attebion, 1713, 1739.*	LlCB	*Llythyrau Cymanfa'r Bedyddwyr.*
		LL/CC	Llawysgrif yng nghasgliad Llys Consistori Llandaf, yn Llyfrgell Genedlaethol Cymru.
O. Lewis: ADC	Owen Lewis: *Agoriad yn agor y ffordd i bob Dealltwriaeth Cyffredin*, 1703.		
S. Lewis: BB	Saunders Lewis: *Byd a Betws*, 1941.	LlCy	*Llên Cymru*, 1950–.
S. Lewis: DW	Saunders Lewis: *Doctor er ei Waethaf*, 1924.	(LlDB) LlGC 7006	*Llyfr Du Basing*, yn *LlGC* 7006.
S. Lewis: M	Saunders Lewis: *Monica*, 1930.	LlDBC	*Llythyr Difrifol at Bechadur, ynghylch Cyflwr ei Enaid*, 1754.
S. Lewis: S	Saunders Lewis: *Siwan a Cherddi Eraill*, [1956].	LlDC	*Llyfr Du Caerfyrddin*, gol. A. O. H. Jarman, 1982.
S. Lewis: WP	Saunders Lewis: *Williams Pantycelyn*, 1927.	LlDW	*Y Llyvyr Du or Weun*, Facsimile of the Chirk Codex of the Welsh Laws, ed. J. Gwenogvryn Evans, 1909.
T. Lewis: CD	Thomas Lewis: *Caniadau Duwiol*, 1795.		
T. Lewis: HPF	Titus Lewis: *Hanes . . . Prydain Fawr*, 1810.	(LlDW) ZCP	*Copy of the Black Book of Chirk* yn *ZCP* xx. [30]–96.
Lewys Môn: Gw	*Bywyd a gwaith Lewys Môn.* Traethawd M.A. Prifysgol Cymru gan Eurys I. Rowlands, 1955.	(LlEG) LlGC 5276	Llawysgrif Elis Gruffydd, yn *LlGC* 5276.
		(LlEG) Mos 158	Llawysgrif Elis Gruffydd, yn *Mos* 158.
Lewys Morgannwg: Gw	*Gweithiau Lewys Morgannwg.* Traethawd M.A. Prifysgol Cymru gan E. J. Saunders, 1922.	Llên a Llafar Môn	Gw. *LlLlM.*
		Llên Gwerin Sir Gaernarfon	Gw. J. Jones: *Llên Gwerin.*
D. Lewys: CN	Dafydd Lewys: *Caniadau Nefol*, 1714.	Y Llenor	Gw. *Ll.*
H. Lewys: PA	Huw Lewys: *Perl mewn Adfyd*, 1595 (adarg. 1929).	LlG	*Llafar Gwlad*, 1983–.
		LlGC	Llawysgrif yng nghasgliad Llyfrgell Genedlaethol Cymru.
R. Lewys: HDdC	Rees Lewys: *Holl Dd'ledswydd Christion*, 1714.		
R. Lewys: HDdD	Gw. R. Lewys: *HDdC.*	LlGD	*Llythyr o Gyngor difrifol . . . at wr mewn cyflwr Methiant Afiachus*, [1784].
T. Lewys: BMA	T[homas] Lewys: *Bywyd a Marwolaeth yr Annuwiol*, 1731.	LlGG	*Llyfr Gweddi Gyffredin*, 1567 (adarg. 1965), 1586, 1621, 1664, 1678, 1710, 1718.
LGC	*Gwaith Lewis Glyn Cothi*, gol. Tegid a Gwallter Mechain, 1837–9.	LlGG (Art)	'Articlau', yn arg. 1710 o *LlGG.*
LGCD	*Lewys Glyn Cothi (Detholiad)*, gol. E. D. Jones, 1984.	LlGG (Gos)	'Gosodedigaethau a Chanonau Eglwysig', yn arg. 1710 o *LlGG.*
LGW	Alan R. Thomas: *The Linguistic Geography of Wales*, 1973.	LlGG (Sall)	'Y Sallwyr' yn *LlGG.*
LHDd	*The Laws of Howel Dda*, ed. Timothy Lewis, 1912.	LlGN	*Lladmerydd Gweledigaethau'r Nos*, d.dd.
		LlHAA	*Llyfr o Hymnau o waith A[m]ryw Awdwyr*, 1740.
LHEB	Kenneth Jackson: *Language and History in Early Britain*, 1953.	LlI	*Llyfr Iorwerth*, ed. Aled Rhys Wiliam, 1960.
E. Lhuyd: LL	*Life and Letters of Edward Lhwyd*, ed. R. T. Gunther, 1945.	LlLlM	*Llên a Llafar Môn*, gol. J. E. Caerwyn Williams, 1963.
E. Lhuyd: Par	Edward Lhuyd: *Parochialia*, Supplement to *Arch Camb*, 1909–11.	LlM	*Llyfr Meddyginiaeth a Physygwriaeth ir Anafus ar Clwyfus, c.* 1740.
E. Lhuyd: SH	J. L. Campbell and D. Thomson: *Edward Lhuyd in the Scottish Highlands 1699–1700*, 1963.	LlMG	John Evans: *Llyfr Meddyginiaeth o Gasgliadau Dewisedig i Iachau'r Anifeiliaid*, 1802.
H. Lhuyd: BB	Humphrey Lhuyd: *The Breuiary of Britayne*, (cyf. Thomas Twyne o H. Lhuyd: *CB*), 1573.	Y Llofruddiaeth Waedlyd	*Y Llofruddiaeth Waedlyd, c.* 1765.
H. Lhuyd: CB	Humphrey Lhuyd: *Commentarioli Britannicae Descriptionis Fragmentvm*, 1572.	E. Lloyd: MC	Edward Lloyd: *Meddyginiaeth, a Chyssur*, 1722.
Humphrey Lhuyd: The Breuiary of Britayne	Gw. H. Lhuyd: *BB*	H. Lloyd: H	Henry Lloyd (Rhydri): *Hymnau, ar amryw Ystyriaethau*, 1752.
		H. Lloyd: PTNU	Henry Lloyd (Rhydri): *Profiad Tufewnol o Nefoedd ag Uffern*, 1750.
Ll	*Y Llenor*, gol. O. M. Edwards, 1895–8; gol. W. J. Gruffydd, 1922–51.	J. E. Lloyd: HW	J. E. Lloyd: *A History of Wales*, 1939.
		R. Lloyd: LlGG	Robert Lloyd: *Llaw-Lyfr y Gwir Gristion*, 1716.
LL	*The Text of the Book of Llan Dâv*, ed. J. Gwenogvryn Evans and John Rhys, 1893.	T. Lloyd: SH	Thomas Lloyd: *Siccrwydd Neu hysbysrwydd y gwr cyfiawn am y Nef*, 1718.
Ll Cyn	*Llyfr Cynog*, ed. Aled Rhys Wiliam, 1990.	Thos. Lloyd D (LlGC)	Geiriadur Thomas Lloyd (Plas Power) ar sail copi o *D*, llawysgrif yng nghasgliad Llyfrgell Genedlaethol Cymru.
LlA	*The Elucidarium . . . from Llyvyr Agkyr Llandewivrevi*, ed. J. Morris Jones and John Rhŷs, 1894.		
		LlP	*Llyfer Plygain sef Christianvddiaeth*, 1612 (adarg. 1931), 1683.
		Llr	Llawysgrif yng nghasgliad Llanover, yn Llyfrgell Genedlaethol Cymru.
LlAB	*Llythyrau Anna Beynon*, gol. D. Elwyn Davies, 1976.	LlS	*Llysieulyfr Salesbury*, gol. Iwan Rhys Edgar, 1997.

(LlSC) LL	'Book of St. Chad' yn *LL*.
Llsgr R. Morris	*Llawysgrif Richard Morris o Gerddi*, gol. T. H. Parry-Williams, 1931.
Llst	Llawysgrif yng nghasgliad Llanstephan, yn Llyfrgell Genedlaethol Cymru. Dyfynnir o adysgrif *Llst* 6 (1916).
LlWD	*Llyfr o Weddïau Duwiol . . . allan o waith yr Awdwyr goreu yn Saesnaeg*, 1707.
LlWS	*Llythyr oddiwrth y Parchedig Mr. George Whitefield, At Societies neu Gymdeithasau Crefyddol*, 1740.
D. Llwyd: GP	*Gwaith Prydyddawl y diweddar barchedig Dafydd Llwyd*, 1785.
D. Llwyd: YDD	Dafydd Llwyd: *Ymadrodd Ynghylch Dychymygion Dynion yn Addoliad Duw*, [1740].
E. Llwyd: EI	Edward Llwyd (Llangywair): *Egwyddor i Rai Ievaingc*, 1682.
R. Llwyd: LlH	Robert Llwyd (Y Waun): *Llwybr Hyffordd yn cyfarwydd[o] yr anghyfarwydd i'r nefoedd*, 1630, 1682.
R. Llwyd: P	Robert Llwyd (Y Waun): *Pregeth Dduwiol yn traethu am iawn ddull . . . edifeirwch*, 1629.
R. Llwyd: YG	Robert Llwyd (Llangedwyn): *Ymddygiad Gweddus yn yr Eglwys*, 1713.
Llwyngwair	Dogfen yng nghasgliad Llwyngwair yn Llyfrgell Genedlaethol Cymru.
Llywelyn Siôn, &c.: Gw	*Bywyd a gwaith Meurig Dafydd (Llanisien) a Llywelyn Siôn (Llangewydd)*. Traethawd M.A. Prifysgol Cymru gan T. O. Phillips, 1937.
Lochlann	*Lochlann*, 1958–74.
LP	Henry Lewis and Holger Pedersen: *A Concise Comparative Celtic Grammar*, 1937.
LTMW	Dafydd Jenkins: *The Law of Hywel Dda*, 1986.
LTWL	*The Latin Texts of the Welsh Laws*, ed. H. D. Emanuel, 1967.
Luc	'Yr Efengyl yn ôl Sant Luc' yn y Testament Newydd.
LW	Eiluned Rees: *Libri Walliae*, 1987.
M. ab Robert: CC	Morris ab Robert: *Cyngor i'r Cynmry*, 1793.
MA	*The Myvyrian Archaiology of Wales*, i. 1801; ii. 1801; iii. 1807.
MA²	*The Myvyrian Archaiology of Wales*, 1870.
1 Mac	'Llyfr Cyntaf y Macabeaid' yn yr Apocryffa.
2 Mac	'Ail Lyfr y Macabeaid' yn yr Apocryffa.
J. Macgowan: OWY	J. Macgowan: *Offeiriadgrefft wedi Ymddiffin*, 1769.
Madd Ed	W. Lewis ac E. Pryce: *Maddeuant i'r Edifairiol*, 1725–6.
M. Mahler: Chirk Castle	M. Mahler: *A History of Chirk Castle and Chirkland*, 1912.
Mal	'Llyfr Malachi' yn yr Hen Destament.
Mân Adnau (LlGC)	Un o fân adneuon Llyfrgell Genedlaethol Cymru.
Marc	'Yr Efengyl yn ôl Sant Marc' yn y Testament Newydd.
March C	*Y Marchog Crwydrad*, gol. D. Silvan Evans, 1864.
Math	'Yr Efengyl yn ôl Sant Mathew' yn y Testament Newydd.
E. Matthews: BTR	Edward Matthews: *Bywgraffiad y Parch. Thos. Richard, Abergwaun*, 1863.
D. Maurice: AC	Dafydd Maurice: *Arweiniwr Cartrefol i'r Iawn a'r Buddiol Dderbyniad o Swpper yr Arglwydd*, 1700.
D. Maurice: CGG	Dafydd Maurice: *Cwnffwrdd ir Gwan Gristion Neu'r Gorsen Ysyg Mewn Pregeth*, c. 1700.
M. Maurice: BH	Matthias Maurice (Llanddewi Efelffre): *Byr Hyfforddiad yn Addoliad Duw*, 1734.
M. Maurice: WE	Matthias Maurice (Llanddewi Efelffre): *Y Wir Eglwys yn cyrchu att y nod nefol*, 1727.
M. Maurice: YAD	Matthias Maurice (Llanddewi Efelffre): *Yr At[h]rawiaeth y sydd yn ol Duwioldeb*, 1711.
M. Maurice: YDG	Mathias Maurice (Llanddewi Efelffre): *Ymddiddan rhwng dau Gristion*, 1730.
Maybery Papers	Llawysgrif yng nghasgliad Maybery, yn Llyfrgell Genedlaethol Cymru.
MBC	[William Nicholls]: *Mynegair i'r Beibl Cyssegrlan*, 1717. Cyhoeddwyd ynghyd ag arg. 1717 o'r Beibl.
(MC) Arch Camb	Glosau ar y *Martianus Capella*, yn *Arch Camb*.
(MC) B	Glosau ar y *Martianus Capella*, yn *B*.
(MC) VVB	Glosau ar y *Martianus Capella*, yn *VVB*.
MCr	Golygiad o destun *Y Marchog Crwydrad*. Traethawd Ph.D. Prifysgol Cymru gan Daniel Mark Smith, 1999.
MDA	*Myfyrdodau Duwiol i'n Cymmhwyso Erbyn awr Angeu*, c. 1760.
Med H	*Medieval Heraldry*, ed. E. J. Jones, 1943.
Medel	*Medel*, 1985–.
B. Meredith: PJ	Benjamin Meredith: *Pechadur Jerusalem yn Gadwedig*, 1721.
R. Merrick: MA	Rice Merrick: *Morganiae Archaiographia*, ed. Brian James, 1983.
Mic	'Llyfr Micha' yn yr Hen Destament.
W. Midleton: B	Wiliam Midleton: *Barddoniaeth, neu brydyddiaeth*, 1593 (adarg. 1930).
W. Midleton: Ps	Wiliam Midleton: *Psalmae*, 1603.
Minsheu	John Minsheu: *Ductor in Linguas, The Gvide Into Tongves*, 1617.
ML	*The Letters of Lewis, Richard, William and John Morris, 1728–65*, ed. J. H. Davies, 1907–9.
ML (Add)	*Additional Letters of the Morrises of Anglesey (1735–86)*, ed. H. Owen, *Cy* xlix, 1947–9.
MLl	*Gweithiau Morgan Llwyd*, gol. T. E. Ellis a J. H. Davies, i. 1899; ii. 1908.
MM	*Meddygon Myddveu*, ed. P. Diverres, 1913.
MMf	*The Physicians of Myddvai; Meddygon Myddfai*, ed. John Williams Ab Ithel, 1861.
Môn	*Môn. Cylchgrawn Sir*, 1950–.
Mont Coll	*Collections Historical & Archaeological relating to Montgomeryshire, issued by the Powysland Club*, 1868–.
A. Morgan: CES	Abel Morgan: *Cyd-Gordiad Egwyddorawl o'r Scrythurau*, 1730.
E. Morgan: HRD	Einon Morgan: *Hysbys Ruwdd, a Di Honglad* [sic], 1693.
I. Morgan: HE	Ioan Morgan: *Haul yr Efengyl*, 1781.
J. Morgan: AL	John Morgan: *Yr Amoniad a'i Lwynog*, 1758.
J. Morgan: B	John Morgan (Aberconwy): *Bloedd-nad Ofnadwy*, 1704.
J. Morgan: EBG	John Morgan (Aberconwy): *Eglurhad Byrr ar Gatechism yr Eglwys*, 1699.
J. Morgan: LlT	John Morgan (Matchin): *Llythyr Tertulian at Scapula*, 1716.
J. Morgan: MB	John Morgan (Matchin): *Myfyrdodau Bucheddol ar y Pedwar Beth* [sic] *Diweddaf*, 1716.
J. Morgan: PJB	John Morgan: *Pregeth ddiweddaf Mr. John Bunyan*, 1744.
T. J. Morgan: AF	T. J. Morgan: *Amryw Flawd*, 1966.
W. Morgan: VH	William Morgan: *The Vaynor Handbook*, 1893.

Morgannwg	*Morgannwg*, 1957– .	NBSFf	*Noddwyr y beirdd yn Sir y Fflint.* Traethawd M.A. Prifysgol Cymru gan R. Alun Charles, 1967.
J. Morgans: CN	John Morgans: *Can Newydd, o berthynas i'r Rhyfel a'r Terfysg*, 1794.		
E. Morris: B	*Barddoniaeth Edward Morris, Perthi Llwydion*, gol. H. Hughes, 1902.	NBSG	*Noddwyr y beirdd yn Sir Gaernarfon.* Traethawd M.A. Prifysgol Cymru gan Iwan Llwyd Williams, 1986.
E. Morris: Gw	*Bywyd a gwaith Edward Morris, Perthi Llwydion.* Traethawd M.A. Prifysgol Cymru gan Gwenllian Jones, 1941.	NBSGaerf	*Noddwyr y Beirdd yn Sir Gaerfyrddin.* Traethawd M.A. Prifysgol Cymru gan Eurig R. Ll. Davies, 1977.
E. Morris: Gw (1904)	Gw. E. Morus: *Gw.*	NDE	*Y namynun-deugain Erthyglau Crefydd Eglwys Loegr*, 1688.
L. Morris: CR	Lewis Morris: *Celtic Remains*, ed. D. Silvan Evans, 1878.	Neh	'Llyfr Nehemeia' yn yr Hen Destament.
L. Morris: LW	*The Life and Work of Lewis Morris (1701–1765)*, ed. H. Owen, 1951.	NEN	*Nodau'r Enedigaeth Newydd sef Pregeth*, 1739.
L. Morris: Plans of Harbours	Lewis Morris: *Plans of Harbours, Bars, Bays and Roads in St. George's-Channel . . .*, 1748, adarg. 1987.	Nennius: Hist Brit	Nennius: *Historia Brittonvm*, ed. Theodore Mommsen, yn y gyfres Monumenta Germaniae Historiae (Auctores Antiquissimi), xiii, 1892.
L. Morris: T	Lewis Morris: *Tlysau yr Hen Oesoedd*, 1735.		
T. Morris: LlB	Thomas Morris: *Llinell ir Byd, ac Alarwm ir Eglwys*, 1791.	NLA	*Nova Legenda Anglie*, ed. Carl Horstman, 1901.
J. Morris-Jones: CD	John Morris-Jones: *Cerdd Dafod*, 1925.	NLW	Gw. *LlGC.*
J. Morris-Jones: WS	John Morris-Jones: *Welsh Syntax*, 1931.	NTCB	*The Names of Towns and Cities in Britain*, ed. W. F. H. Nicolaisen, 1970.
Morus Dwyfech: Gw	*Gweithiau barddonol Morus Dwyfech.* Traethawd M.A. Prifysgol Cymru gan Owen Owens, 1944.	NThDd	*Na Thwng Ddim*, 1703.
		Nu	'Numeri' yn yr Hen Destament.
E. Morus: Gw	*Gwaith Edward Morus o'r Perthi Llwydion*, 1904.	Ob	'Llyfr Obadeia' yn yr Hen Destament.
E. Morus: RC	Edward Morus: *Y Rhybuddiwr Christnogawl*, 1689.	OBWV	*The Oxford Book of Welsh Verse*, ed. Thomas Parry, 1976.
Morys Clynnog: AG	Morys Clynoc: *Athravaeth Gristnogavl*, 1568 (adarg. 1880).	OCV	*The Old Cornish Vocabulary.* Traethawd Ph.D. Prifysgol Columbia gan Eugene Van Tassel Graves, 1962.
D. Morys: CPC	Dafydd Morys: *Can y Pererinion Cystuddiedig ar eu taith tu a Seion*, 1773.	OED²	*The Oxford English Dictionary*, 2nd. ed. 1989.
Mos	Llawysgrif yng nghasgliad Mostyn, yn Llyfrgell Genedlaethol Cymru.	OIG	*Orgraff yr Iaith Gymraeg*, 1928.
Mos (Bangor)	Llawysgrif neu ddogfen yng nghasgliad Mostyn, yn Llyfrgell Prifysgol Cymru, Bangor.	OSP	Gw. W. Salesbury: *OSP.*
		OU	[Samuel Wilson]: *Ocheneidiau o Uffern*, 1766.
MP	*Myfyrdod Pererin, neu Ychydig o Hymnau Efangylaidd*, [1788].	Owain Gwynedd: Gw	*Testun beirniadol o waith Owain Gwynedd, ynghyd â rhagymadrodd, nodiadau a geirfa.* Traethawd M.A. Prifysgol Cymru gan D. Roy Saer, 1961.
MTA	*Gwaith rhai o farwnadwyr Tudur Aled.* Casgliad teipiedig gan D. Hywel E. Roberts, 1969, yn Llyfrgell Genedlaethol Cymru.		
		Owain Lleyn: Gw	*Gwaith Barddonol Owain Lleyn*, gol. Myrddin Fardd, 1909.
Musica	*Musica, B.M. Additional MS. 14905*, ed. Henry Lewis, 1936.	A. Owen: TA	Aneurin Owen: *Traethawd . . . ar Amaethyddiaeth*, 1839.
Nah	'Llyfr Nahum' yn yr Hen Destament.	D. Owen: B	David Owen, Brutus: *Brutusiana: sef Casgliad Detholedig o'i Gyfansoddiadau*, 1855.
Nat	*Y Naturiaethwr*, 1979– .		
Nat Con	*Naturiaeth Conffirmasion: Wedi ei hegluro drwy Holi ac Atteb*, 1706.	D. Owen: Can yn dangos	Dafydd Owen: *Can yn dangos fod Crist yn Dduw, yn gystal ag yn ddyn*, 1806.
NBCR	*Natur bwriad a cyffredin rheolau* [sic] *y Cymdeithasau Unedig*, 1761.	D. Owen: CDH	David Owen (Brutus): *Cofiant Dai Hunan-dyb*, yn *Yr Haul* 1860.
NBLl	*Noddwyr y Beirdd yn Llŷn.* Traethawd M.A. Prifysgol Cymru gan Elizabeth M. Phillips, 1973.	D. Owen: CSB	David Owen (Brutus): *Cofiant Siencyn Bach y Llwywr*, yn *Yr Haul* 1860.
NBM	Glenys Davies: *Noddwyr Beirdd ym Meirion*, 1974.	D. Owen: D	Daniel Owen: *Y Dreflan*, 1881.
		D. Owen: EH	Daniel Owen: *Enoc Huws*, 1891.
NBMM	*Noddwyr y beirdd yn Siroedd Morgannwg a Mynwy.* Traethawd M.A. Prifysgol Cymru gan Eirian E. Edwards, 1970.	D. Owen: GT	Daniel Owen: *Gwen Tomos*, 1894.
		D. Owen: RL	Daniel Owen: *Hunangofiant Rhys Lewis*, 1885.
NBSA	*Noddwyr y beirdd yn Sir Aberteifi.* Traethawd M.A. Prifysgol Cymru gan D. Hywel E. Roberts, 1969.	D. Owen: S	Daniel Owen: *Y Siswrn*, 1888.
		D. Owen: SP	Daniel Owen: *Straeon y Pentan*, 1895.
NBSB	*Noddwyr y Beirdd yn Sir Benfro.* Traethawd M.A. Prifysgol Cymru gan Euros J. Evans, 1974.	D. Owen: WBC	David Owen (Brutus): *Wil Brydydd y Coed*, 1863–5 (adarg. 1949).
		Daniel Owen: Y Dreflan	Gw. D. Owen: *D.*
NBSBM	*Noddwyr Beirdd yn Siroedd Brycheiniog a Maesyfed.* Traethawd M.A. Prifysgol Cymru gan Tegwen Llwyd, 1987.	Ffoulke Owen: Cerdd-lyfr	Ffoulke Owen: *Cerdd-lyfr*, 1686.
NBSD	*Noddwyr y Beirdd yn Sir Drefaldwyn.* Traethawd M.A. Prifysgol Cymru gan R. L. Roberts, 1980.	G. Owen: DP	George Owen: *The Description of Pembrokeshire*, 1892–1936.
		G. Owen: L	*The Letters of Goronwy Owen (1723–69)*, ed. J. H. Davies, 1924.
NBSF	*Noddwyr y beirdd yn Sir Feirionnydd.* Traethawd M.A. Prifysgol Cymru gan Arwyn Lloyd Hughes, 1969.	H. Owen: DC	Huw Owen: *Dilyniad Christ*, 1684.
		J. Owen: BP	James Owen (Aber-nant): *Bedydd Plant or Nefoedd*, 1693.

J. Owen: ESG	James Owen (Aber-nant): *Egwyddorion, A Sylfeini'r Grefydd Gristnogol*, 1701.	T. H. Parry-Williams: M	T. H. Parry-Williams: *Myfyrdodau*, 1957.
J. Owen: GAE	John Owen (Machynlleth): *Golygiadau ar Achosion ag Effeithiau'r Cyfnewidiad yn Ffrainc*, 1797.	T. H. Parry-Williams: O	T. H. Parry-Williams: *Olion*, 1935.
		T. H. Parry-Williams: OPG	T. H. Parry-Williams: *O'r Pedwar Gwynt*, 1944.
J. Owen: GB	Jeremi Owen (Henllan Amgoed): *Golwg ar y Beiau*, 1732–3.	T. H. Parry-Williams: S	T. H. Parry-Williams: *Synfyfyrion*, 1937.
J. Owen: MP	John Owen (Machynlleth): *Marweiddiad Pechod mewn Credinwyr*, 1796.	T. H. Parry-Williams: UG	T. H. Parry-Williams: *Ugain o Gerddi*, 1949.
J. Owen: PG	John Owen (Maesadda): *Prif Gristionog-aeth a Ymadfywiwyd*, 1749.	T. H. Parry-Williams: Y	T. H. Parry-Williams: *Ysgrifau*, 1928.
J. Owen: TA	John Owen (Machynlleth): *Troedigaeth Atheos*, 1788.	Y Parthsyllydd	*Y Parthsyllydd*, 1870–5.
J. Owen: TB	J[ames] O[wen] (Aber-nant): *Trugaredd a Barn*, 1687, 1715.	F. G. Payne: AG	F. G. Payne: *Yr Aradr Gymreig*, 1975.
J. Owen: TBG	Jeremi Owen (Henllan Amgoed): *Traeth-awd i brofi ac i gymmell ar yr hôll Eglwysi y Ddyledswydd Fawr Efangylaidd*, 1733.	PBA	*Proceedings of the British Academy*, 1903–.
		PC	*Poems of the Cywyddwyr*, ed. E. I. Rowlands, 1976.
		PCh	*Porth neu ddechreuad Christianogaeth*, 1735.
J. Owen: YE	James Owen (Aber-nant): *Ychwaneg o Eglurhad am fedydd plant bychain*, 1701.	PCWG	*Pregethau Cymraeg William Griffith (?1566–1612) ac Evan Morgan (c. 1574–1643)*. Traethawd M.A. Prifysgol Cymru gan Glyn Morgan, 1969.
L. Owen: ADdE	L. Owen: *Yr Angenrheidrwydd o ddyfod i'r Eglwys*, 1753.		
T. M. Owen: CTW	Trefor M. Owen: *The Customs and Traditions of Wales*, 1991.	PDPh	*Pob Dyn ei Physygwr ei hun*, 1771.
T. M. Owen: WFC	Trefor M. Owen: *Welsh Folk Customs*, 1959.	I. C. Peate: DGC	Iorwerth C. Peate: *Diwylliant Gwerin Cymru*, 1942.
T. M. Owen: WFC³	Trefor M. Owen: *Welsh Folk Customs*, 3ydd arg., 1974.	I. C. Peate: GWB	Iorwerth C. Peate: *Guide to the Collection of Welsh Bygones . . .*, 1929.
W. D. Owen: MW	W. D. Owen: *Madam Wen*, 1925.	1 Pedr	'Epistol Cyntaf Cyffredinol Pedr' yn y Testament Newydd.
W. Owen[-Pughe]: CG	William Owen[-Pughe]: *Coll Gwynfa*, 1819.		
W. Owen[-Pughe]: CIG	William Owen[-Pughe]: *Cadwedigaeth yr Iaith Gymraeg*, 1808.	2 Pedr	'Ail Epistol Cyffredinol Pedr' yn y Testament Newydd.
W. Owen[-Pughe]: CP	William Owen[-Pughe]: *Cynghorion Priodor o Garedigion [sic]*, 1800.	Pen	Llawysgrif yng nghasgliad Peniarth, yn Llyfrgell Genedlaethol Cymru. Dyfynnir o adysgrifau'r llawysgrifau canlynol: *Pen* 49 (1949); *Pen* 53 (1927); *Pen* 57 (1921); *Pen* 67 (1918); *Pen* 76 (1927); *Pen* 109 (*Gwaith Lewis Glyn Cothi*, gol. E. D. Jones, 1953; rhifir yn ôl tudaleniad y llawysgrif).
Owen's Pemb	Gw. G. Owen: *DP*.		
(Ox 1) B	Glosau yn *Oxoniensis Prior* yn Llyfrgell Bodley, Rhydychen, yn *B*.		
(Ox 1) VVB	Glosau yn *Oxoniensis Prior* yn Llyfrgell Bodley, Rhydychen, yn *VVB*.		
(Ox 2) B	Glosau yn *Oxoniensis Posterior* yn Llyfr-gell Bodley, Rhydychen, yn *B*.	T. Pennant: BZ	Thomas Pennant: *British Zoology*, 1776–7.
(Ox 2) ESC	Glosau yn *Oxoniensis Posterior* yn Llyfr-gell Bodley, Rhydychen, yn *ESC*.	T. Pennant: HWH	Thomas Pennant: *The History of the parishes of Whiteford and Holywell*, 1796.
(Ox 2) VVB	Glosau yn *Oxoniensis Posterior* yn Llyfr-gell Bodley, Rhydychen, yn *VVB*.	T. Pennant: TW	Thomas Pennant: *A Tour in Wales*, arg. 1784.
P	*A Welsh and English Dictionary*, ed. W. Owen[-Pughe], 1793–1803, 1832.	Thos. Pennant: British Zoology	Gw. T. Pennant: *BZ*.
P (Addenda)	Yr 'Addenda' yn *P*.		
P (At.)	Yr 'Addenda' yn *P*.	Penp Supp	Gweithred neu ddogfen ychwanegol yng nghasgliad Penpont, yn Llyfrgell Genedlaethol Cymru.
P (G)	William Owen[-Pughe]: *A Grammar of the Welsh Language*, 1803.		
P Tal	*The Poems of Taliesin*, ed. I. Williams, English version by J. E. Caerwyn Williams, 1968.	J. Peregrine: DB	James Peregrine: *Dwy Bregeth Genhadol*, 1818.
		Perl	*Y Perl Gwerthfawr*, 1764.
Pant	Llawysgrif yng nghasgliad Panton, yn Llyfrgell Genedlaethol Cymru.	PGAD	*Pedwar o Ganeuon ar amryw Desdunion*, 1718.
Papurau Penrhyn (Bangor)	Eitem yng nghasgliad Penrhyn, yn Llyfr-gell Prifysgol Cymru, Bangor.	PGICC	*Papurau Gwaith Ieithyddol Cymraeg Caer-dydd / Cardiff Working Papers in Welsh Linguistics*, 1981–.
R. Parry: DA	Richard Parry: *Drych Angau*, 1714.		
R. Williams Parry: CG	R. Williams Parry: *Cerddi'r Gaeaf*, 1952.	PGLl	*Pregeth Ynghylch Godidawgrwydd . . . Llyfr y Gweddïau Cyffredin*, 1693.
R. Williams Parry: H	R. Williams Parry: *Yr Haf a Cherddi Eraill*, 1924.		
R. Williams Parry: Rh	*Rhyddiaith R. Williams Parry*, gol. Bedwyr Lewis Jones, 1974.	PhA	*Phylipiaid Ardudwy*. Traethawd M.A. Prifysgol Cymru gan William Davies, 1912.
T. Parry: HLlG	Thomas Parry: *Hanes Llenyddiaeth Gym-raeg*, 1944.	PHBA	*Pregeth ar Helynt Bresennol America*, 1775.
D. Parry-Jones: WCGP	D. Parry-Jones: *Welsh Children's Games and Pastimes*, 1964.	Phil	'Epistol Paul . . . at y Philipiaid' yn y Testament Newydd.
T. H. Parry-Williams: C	T. H. Parry-Williams: *Cerddi*, 1931.	Philem	'Epistol Sant Paul at Philemon' yn y Testament Newydd.
T. H. Parry-Williams: EB	T. H. Parry-Williams: *Elfennau Barddon-iaeth*, 1935.	S. Philipps: ET	Samuel Philipps: *Eglwys yn y Tŷ*, 1772.
		PKM	*Pedeir Keinc y Mabinogi*, gol. Ifor Williams, 1930.
T. H. Parry-Williams: Ll	T. H. Parry-Williams: *Lloffion*, 1942.	Plas Nantglyn	Llawysgrif yng nghasgliad Plas Nantglyn, yn Llyfrgell Genedlaethol Cymru.

PMP	*Pregeth ar Ddihenyddiad Moses Paul . . . gan Sampson Occom*, 1789.	P. Pugh: DGG	Phillip Pugh: *Darluniad o'r Gwir Gristion*, 1748.
PNDP	Gwynedd O. Pierce: *The Place-names of Dinas Powys Hundred*, 1968.	P. Pugh: MDC	Phillip Pugh: *Myfyrdodau . . . ynghylch Dioddefaint Crist*, 1748.
PNEF	Hywel Wyn Owen: *The Place-names of East Flintshire*, 1994.	Puleston Deeds (LlGC)	Gweithred yng nghasgliad Puleston yn Llyfrgell Genedlaethol Cymru.
PNP	B. G. Charles: *The Place-names of Pembrokeshire*, 1992.	PYAG	*Pererindod Ysbrydol o'r Aipht i Ganan*, 1759.
J. Popkin: ABG	John Popkin: *Anghyfreithlondeb Bwyta Gwaed*, 1764.	PYHFf	*Pregeth ynghylch yr hên Ffydd*, 1714.
J. Popkin: Ll	John Popkin: *Llythyrau rhwng Mr. Samuel Pike a Mr. Robert Sandeman*, 1765.	PYRD	*Pregeth ynghylch rhodio gyda Duw*, 1752. Gw. hefyd N. Williams: P.
D. Powel: HB	*Pontici Vironnii*, arg. David Powel o *Historia Britannica, Itinerarium Kambriae a Descriptio Kambriae*, 1585.	R	*The Poetry in the Red Book of Hergest*, ed. J. Gwenogvryn Evans, 1911. [Rhifir yn ôl y colofnau.]
D. Powel: HC	David Powel: *The Historie of Cambria*, 1584 (adarg. 1969).	RAGR	*Rhai agweddau ar ganu rhydd cynnar Cymru gyda sylw arbennig i'w gysylltiadau [â] chanu Saesneg*. Traethawd M.A. Prifysgol Cymru gan Brinley Rees, 1940.
H. Powel: G	H[owel] Powel: *Y Gwrandawr*, 1709.		
H. Powel: TY	H. Powel: *Traethawd Ymarferol am Gyflawn-Awdyrdod Duw, a'i Gyfiawnder ef*, 1711.		
T. Powel: CI	Thomas Powel (Y Cantref): *Cerbyd Iechydwriaeth*, 1657.	RB	*The Text of the Bruts from the Red Book of Hergest*, ed. J. Rhŷs and J. Gwenogvryn Evans, 1890.
E. Powell: HEI	Evan Powell: *Hir Einioes ac Jechyd*, [1762].	[RB] WM	Testun Llyfr Coch Hergest yn *WM*.
R. Powell: ADV	Richard Powell: *Awdyl ar Dymhorau y Vlwyzyn*, 1793.	RBHM	*Rhan o Bregeth ein Harglwydd ar y Mynydd*, 1750.
Powysion	*Powysion; sef, Odlau ac Ynglynion . . . Eisteddfod Gwrecsam*, 1821; *Powysion: sef, Awdlau, cywyddau . . . Eisteddfod Trallwng*, 1826.	RBM	*Rhyfeddol Brophwydoliaeth Myrddin*, 1768.
		RC	*Revue Celtique*, 1870–1934.
		RD: CFf	R[ees] D[avid]: *Cyffes Ffydd* [y Bedyddwyr], 1721.
(PP)	*Purdan Padrig*, yn *Pen* 5.	RE	*Rhessymau Eglyr Pa Ham Nad Tannelliad Babanod . . .*, 1732.
Pr	'Llyfr Ecclesiastes neu y Pregethwr' yn yr Hen Destament.	RE: CDd	R. E.: *Y Cywyr Ddychwelwr*, 1657, 1727.
PRB	*Pum Rhyfeddod y Byd, c.* 1715–28.	Rec C	*Registrum vulgariter nuncupatum 'The Record of Caernarvon'*, ed. H. Ellis, 1838.
T. Price: RT	Thomas Price (Caerfyrddin): *Rhesymmau Teg am Ymwrthod ag Egwyddorion Ail-Fedyddwyr*, 1800.	Recs Court Augm	*Records of the Court of Augmentations relating to Wales and Monmouthshire*, ed. E. A. Lewis and J. Conway Davies, 1954.
R. Prichard: CC	Rhys Prichard: *Canwyll y Cymru*, 1681; *Y Seren Foreu neu Ganwyll y Cymry*, 1770.	E. Rees: TRH	Edward Rees: *T. Rowland Hughes, Cofiant*, 1968.
R. Prichard: CE	Rhys Prichard: *Cyngor Episcob y bob enaid*, 1617.	J. Rees: CSH	Josiah Rees (Gelli-gron): *Casgliad o Salmau a Hymnau*, 1797.
R. Prichard: Gw	*Y Drydedd Ran o Waith Mr. Rees Prichard*, ?1672; *Gwaith Mr. Rees Prichard*, 1672.	J. Rees: DFG	Josiah Rees (Gelli-gron): *Pregeth ynghylch y drwg o farmu yn galed*, 1800.
R. Prichard: LlP	*Lloffion Prydyddiaeth . . . Mr Rees Prichard*, 1766.	J. Rees: GD	Josiah Rees (Gelli-gron): *Gwerthfawr Dystiolaeth am Iesu Grist ym Mhrofiad Dau Blentyn*, 1785.
Prif Crist	*Prif Cristianogrwydd* [sic], 1790.	J. Rees: H-A	Josiah Rees (Gelli-gron): *Hunan-Adnabyddiaeth*, 1771.
PRO	Dogfen yng nghasgliad yr Archifdy Gwladol, Llundain.	J. Rees: PEE	Josiah Rees (Gelli-gron): *Pregeth yn erbyn Enllib*, 1776.
R. Prydderch: GD	Rhys Prydderch (Ystradwalter): *Gemmeu Doethineb*, 1714.	L. Rees: MB	Lewis Rees (Blaen-gwrach): *Y Mawr Bwys o fod ein Tybiau mewn Crefydd yn gysson â'r Ysgrythur*, 1793.
R. Prydderch: RT	Rhys Prydderch (Ystradwalter): *Rhybydd teg, mewn pryd da*, 1714, 1766.		
E. Prys: Gw	*Edmwnd Prys: ei fywyd a chasgliad o'i weithiau*. Traethawd M.A. Prifysgol Cymru gan J. W. Roberts, 1938.	L. Rees: RCG	Lewis Rees: *Rhai Rheolau . . . er cynnyddu Cyfeillach Grefyddol*, 1771.
E. Prys: Ps	Edmwnd Prys: *Llyfr y Psalmau . . . ar Fesur Cerdd*, 1621 (atodiad i arg. 1621 o *LlGG*), 1770 (atodiad i arg. 1770 o'r Beibl).	R. Rees: GGG	Richard Rees: *Gwirionedd y Grefydd Grist'nogol, a dull y Farn Fawr*, 1754.
		W. Rees: AFR	William Rees (Gwilym Hiraethog): *Aelwyd F'Ewythr Robert*, 1853.
J. Prys: Alm	John Prys, Philomath: *Almanaciau*, 1739–79.	W. Rees: CA	William Rees (Gwilym Hiraethog): *Cyfrinach yr Aelwyd*, 1878.
J. Prys: PY	John Prys: *Porthor Ysbrydol*, [1760].		
J. P. Prys: DC	John Prichard Prŷs (Llangadwaladr): *Difyrrwch Crefyddol*, 1721.	W. Rees: CAP	William Rees: *Calendar of ancient petitions relating to Wales*, 1975.
T. Prys: Bardd	*Barddoniaeth Tomos Prys o Blas Iolyn*. Traethawd M.A. Prifysgol Cymru gan W. Rowlands, 1912.	W. Rees: HBHD	William Rees (Gwilym Hiraethog): *Helyntion Bywyd Hen Deiliwr*, 1877.
		W. Rees: LlHFf	William Rees (Gwilym Hiraethog): *Llythyrau'r Hen Ffarmwr*, 1878.
T. Prys: C	*Cywyddau Tomos Prys o Blas Iolyn*. Traethawd Ph.D. Prifysgol Cymru gan Wiliam Dyfed Rowlands, 1998.	W. Rees: SWM	William Rees: *South Wales and the March (1284–1415)*, 1924.
PT	*Penillion Telyn*, gol. W. Jenkyn Thomas, 1894.	Registrum Epistolarum	*Registrum epistolarum fratris Johannis Peckham, archiepiscopi Cantuariensis*, ed. Charles Trice Martin, 1882–5.
PTY	*Pelydr a thywyniad yr Yspryd, neu Bwysi o Fyrr*, 1740.		
E. Pugh: AC	Ellis Pugh: *Annerch ir Cymru*, 1721.	RGYC	*Rheol o Gyfarwyddyd iw harfer wrth ymweled ar Clâf*, 1629.

Rhed Y	*Y Rhedegwr Ysbrydol: Neu Bortreiad o'r Dyn ag sydd yn rhedeg i'r Nefoedd,* 1765.	
RhELl	*Rhestr o Enwau Lleoedd,* gol. Elwyn Davies, 1975.	
Rhisiart ap Robert: CB	Gw. Risiart ap Robert: *CB.*	
Rhisiart Fynglwyd, &c.: Gw	*Gwaith Rhisiart Fynglwyd, Siôn Teg a Dafydd ap Siencyn Fynglwyd.* Traethawd M.A. Prifysgol Cymru gan M. E. Bassett, 1983.	
RhRC	*Rhyddiaith Reciwsantiaid Cymru.* Traethawd Ph.D. Prifysgol Cymru gan Geraint Bowen, 1978.	
RhRC (At.)	Atodiadau i *RhRC.*	
RhSEG	*Rhaglen Swyddogol yr Eisteddfod Genedlaethol.*	
Rhuf	'Epistol Paul . . . at y Rhufeiniaid' yn y Testament Newydd.	
Y Rhwyd	*Y Rhwyd,* 1979–.	
Rhybudd	*Rhybudd i bawb a amcanont o hyn allan gymmeryd arnynt ystâd priodas,* 1714.	
S. Rhydderch: Alm	John Rhydderch: *Almanaciau,* 1722–36.	
S. Rhydderch: CEH	John Rhydderch: *Cilgwth neu ergyd at Halogedigaeth, c.* 1716.	
S. Rhydderch: DG	John Rhydderch: *Dwyfolder Gymmunol neu Ddefosiwnau Sacramentaidd,* 1714.	
S. Rhydderch: DP	John Rhydderch: *Datcuddiad o'r un peth mwya' angenrheidiol . . .,* 1724.	
S. Rhydderch: GC	John Rhydderch: *Grammadeg Cymraeg,* 1728.	
S. Rhydderch: LlCD	John Rhydderch: *Llyfr Carolau a Dyriau Duwiol, c.* 1729.	
Rhyddiaith Gymraeg	*Rhyddiaith Gymraeg,* i. 1954; ii. 1956.	
E. T. Rhys: DA	Evan Thomas Rhys: *Diliau'r Awen,* 1842.	
J. Rhys: CN	John Rhys: *Caniadau Newyddion; sef carolau plygain, a cherddi, na buant yn argraffedig o'r blaen . . .,* 1775.	
M. Rhys: CH	Morgan Rhys (Llanfynydd): *Cascliad o Hymnau,* 1760.	
M. Rhys: G	Morgan Rhys (Llanfynydd): *Griddfannau'r Credadyn, am Berffeithrwydd,* 1773.	
M. Rhys: GBN	Morgan Rhys (Llanfynydd): *Golwg o Ben Nebo, ar Wlad yr Addewid,* 1755, 1764, 1775 (adarg. 1910).	
M. Rhys: GDdB	Morgan Rhys (Llanfynydd): *Golwg ar Ddull y Byd Hwn,* 1767.	
M. J. Rhys: CA	Morgan John Rhys: *Cyfarwyddyd ac Annogaeth,* 1793.	
M. J. Rhys: COF	Morgan John Rhys: *Coffadwriaeth o Farwolaeth y Parchedig Dafydd Jones,* ail arg. 1792.	
M. J. Rhys: D	[Morgan John Rhys]: *Dioddefiadau miloedd lawer o Ddynion Duon,* [1792].	
M. J. Rhys: DGC	Morgan John Rhys: *Y Drefn o Gynnal Crefydd yn Unol Daleithiau America,* 1794.	
M. J. Rhys: SD	Morgan John Rhys: *Sylwiadau ar y Dirywiaeth mewn pregethu a chanu,* 1794.	
M. J. Rhys: T	[Morgan John Rhys]: *Tabl . . . holl Wledydd ac Ynysoedd y Byd,* 1794.	
S. D. Rhys: Inst	John David Rhys: *Cambrobrytannicæ Cymraecæve Lingvæ Institvtiones et Rvdimenta,* 1592.	
G. Rhysiart: MACP	Gwilym Rhysiart: *Manteision ac Anfanteision y Cyflwr priodasol,* 1773.	
E. Richard: B	Edward Richard (Ystradmeurig): *Bugeilgerdd,* 1776.	
E. Richard: E	Edward Richard (Ystradmeurig): *Yr Eos; sef Gwaith Awenyddawl Mr. Edward Richards* [sic], 1803.	
J. Richard: HB	John Richard: *Hymnau Byddiol,* 1747.	
J. Richard: HF	John Richard: *Hymn Fuddjol ac Anghenredjol,* 1747.	
M. Richards: CFG	Melville Richards: *Cystrawen y Frawddeg Gymraeg,* 1938.	
M. Richards: ETG	Melville Richards: *Enwau Tir a Gwlad,* 1998.	
N. Richards: CN	Nansi Richards: *Cwpwrdd Nansi,* 1972.	
T. Richards: CER	Thomas Richards (Llangrallo): *Creulonderau ac Herlidigaethau Eglwys Rufain,* 1746.	
W. Richards: ABD	William Richards (o Lynn): *Athrawiaeth Bedydd Dwfr yn cael ei Hamddiffyn,* 1789.	
W. Richards: CC	William Richards (o Lynn): *Cwyn y Cystuddiedig,* 1798.	
W. Richards: LlA	William Richards (o Lynn): *Llun Anghrist,* 1790.	
W. Richards: PA	William Richards (o Lynn): *Papuryn Achlysurol,* ii. 1800; iii. 1800–2.	
W. Richards: TDB	William Richards (o Lynn): *Traethawd difrifol ynghylch Bedydd,* 1791.	
W. Richards: YDY	William Richards (o Lynn): *Ymborth ar Ddydd-Ympryd,* [1795].	
Risiart ap Robert: CB	Risiart ap Robert: *Y Credadyn Bucheddol,* 1768.	
D. Risiart: HFP	D. Risiart: *Hanes Bywyd a Marwolaeth . . . Fafasor Powel,* 1772.	
RLl: LlCl	R[obert] Ll[oyd] (Llangedwyn): *Llyfrgell y Cristion Ifaingc,* 1713.	
RLlD	*Rhwygiad Llen y Deml,* 1790.	
RM	*The Text of the Mabinogion . . . from the Red Book of Hergest,* ed. J. Rhŷs and J. Gwenogvryn Evans, 1887.	
G. Robert: DC	*Y Drych Cristianogawl, c.* 1585.	
G. Robert: GC	Gruffydd Robert: *Gramadeg Cymraeg,* gol. G. J. Williams, 1939.	
J. Robert: HW	John Robert: *Hanes am weledigaeth neu freuddwyd diweddar,* 1778.	
A. Roberts: LlM	Absalom Roberts: *Lloches Mwyneidd-dra,* 1832.	
E. Roberts: CD	Ellis Roberts (Elis y Cowper): *Cristion a Drygddyn,* 1788.	
E. Roberts: CDAA	Edward Roberts (Cefnddwysarn): *Casgliad Defnyddiol o waith Amryw Awdwyr,* [1794].	
E. Roberts: DG	Ellis Roberts (Elis y Cowper): *Y Ddau Gyfamod,* 1777.	
E. Roberts: GN	Ellis Roberts (Elis y Cowper): *Gras a Natur,* 1769.	
E. Roberts: IN	Iorwerth ap Robert (Edward Roberts, Glyn Ceiriog): *Interlude Newydd, neu wedd o Chwaryddiaeth, ynghylch tri pheth, sef, Balchder, Oferedd, a Chydwybod,* 1803.	
E. Roberts: LlLC	Edward Roberts: *Llaw Lyfr yw Ddarllen ir Cleifion,* 1754.	
E. Roberts: NLl	Ellis Roberts (Elis y Cowper): *Y Nawfed Llythyr,* d.dd.	
E. Roberts: PCF	Ellis Roberts (Elis y Cowper): *Pedwar Chwarter y Flwyddyn,* 1787.	
E. Roberts: SCG	E[van] R[oberts] (Llanbadarn Fawr): *Sail Crefydd Gristnogawl,* 1649.	
E. P. Roberts: TUB	Enid P. Roberts: *Tai Uchelwyr y Beirdd 1350–1650,* 1986.	
G. M. Roberts: HPLl	Gomer M. Roberts: *Hanes Plwyf Llandybïe,* 1939.	
G. M. Roberts: PG	Gomer Morgan Roberts: *Y Per Ganiedydd,* 1949.	
J. Roberts: AR	John Roberts (Siôn Rhobert Lewis): *Yr Athrofa Rad,* 1788.	
J. Roberts: Awdyl	John Roberts (Siôn Lleyn): *Awdyl ar destun y Gwyneddigion,* [1801].	
J. Roberts: C	John Roberts (Siôn Rhobert Lewis): *Cyfaill Ufudd,* &c., 1771–99.	
J. Roberts: DF	John Roberts (Siôn Rhobert Lewis): *Drych y Flwyddyn,* 1766.	
J. Roberts: GY	John Roberts (Siôn Rhobert Lewis): *Geir-Lyfr Ysgrythurol,* 1773.	

J. Roberts: H — John Roberts (Siôn Rhobert Lewis): *Hymnau; neu Ganiadau . . . i Dduw*, 1767.

J. Roberts: R — John Roberts (Siôn Rhobert Lewis): *Rhyfyddeg neu Arithmetic*, 1768, 1796.

K. Roberts: BSC — Kate Roberts: *Y Byw sy'n Cysgu*, 1956.

K. Roberts: G — Kate Roberts: *Gobaith a Storïau Eraill*, 1972.

K. Roberts: HD — Kate Roberts: *Haul a Drycin*, 1981.

K. Roberts: LW — Kate Roberts: *Y Lôn Wen*, 1960.

K. Roberts: PD — Kate Roberts: *Prynu Dol*, 1969.

K. Roberts: RhB — Kate Roberts: *Rhigolau Bywyd*, 1929.

K. Roberts: TB — Kate Roberts: *Tegwch y Bore*, 1967.

K. Roberts: TG — Kate Roberts: *Te yn y Grug*, 1959.

K. Roberts: TMC — Kate Roberts: *Traed mewn Cyffion*, 1936.

R. Roberts: Daearyddiaeth — Robert Roberts: *Daearyddiaeth, yn rhoddi hanes am yr amrywiol wledydd . . .*, 1816.

S. Roberts: Gw — Samuel Roberts: *Gweithiau*, 1856.

T. Roberts: CG — Thomas Roberts (Llwynrhudol): *Cwyn yn erbyn Gorthrymder*, 1798 (adarg. 1928).

T. R. Roberts: EP — T. R. Roberts (Asaph): *Edmwnd Prys*, 1899.

W. Roberts: FfM — William Roberts: *Ffrewyll y Methodistiaid*, [1745].

J. Rogers: Alm — John Rogers: *Almanac*, 1709.

H. E. Rollins: PB — H. E. Rollins: *The Pepys Ballads*, 1929–32.

D. Rowland: A — Daniel Rowland: *Aceldama neu Faes y Gwaed*, 1759.

D. Rowland: CG — Daniel Rowland: *Camni yn y Goelbren*, 1769.

D. Rowland: DP — Daniel Rowland: *Deuddeg Pregeth*, 1814.

D. Rowland: LlY — Daniel Rowland: *Y Llaeth Ysbrydol*, 1739.

D. Rowland: PA — Daniel Rowland: *Pumtheng Araith ar Amryw Destynau*, 1762.

D. Rowland: PP — Daniel Rowland: *Pum Pregeth*, 1772.

D. Rowland: RY — Daniel Rowland: *Y Rhyfel Ysprydawal* [sic], 1744.

D. Rowland: T — Daniel Rowland: *Traethawd am Farw i'r Ddeddf, a Byw i Dduw*, 1743.

D. Rowland: TP — Daniel Rowland: *Tair Pregeth*, 1775.

D. Rowland: TPEN — Daniel Rowland: *Tair Pregeth a bregethwyd Yn yr Eglwys Newydd*, 1772.

D. Rowland: Y — Daniel Rowland: *Ymddiddan rhwng Methodist Uniawn-gred ac un Camsyniol*, 1750.

H. Rowlands: MAR — Henry Rowlands: *Mona Antiqua Restaurata*, 1723.

J. Rowlands: PGW — John Rowlands: *Pregeth . . . Mr. G. Whithefield* [sic] *. . . ar ei ymadawiad i Georgia*, 1771.

W. Rowlands: HEC — William Rowlands: *Hynodeb Eglwysydd Cywir*, 1712.

W. Rowlands: LlC — William Rowlands (Gwilym Lleyn): *Llyfryddiaeth y Cymry*, 1869.

RP — *Rhesymmau Protestant, Pa ham na fyddai yn Babist*, 1756.

Ruth — 'Llyfr Ruth' yn yr Hen Destament.

RW: CS — R. W.: *Catechism Sacramentaidd*, [1711].

RWM — *Report on Manuscripts in the Welsh Language*, ed. J. Gwenogvryn Evans, 1898–1910.

RY — *Rhesswmmau Yscrythurawl*, 1693.

Saga Englynion — *A study of the saga englynion with an edition of the major texts*. Traethawd Ph.D. Prifysgol Cymru gan C. J. Rowland, 1983.

H. Salesbury: GB — Henry Salesbury: *Grammatica Britannica . . .*, 1593 (adarg. 1969).

W. Salesbury: BPI — William Salesbury: *A briefe and a playne introduction, teaching how to pronounce the letters in the British tong*, 1550; ail arg., *A playne and a familiar introduction*, 1567.

W. Salesbury: BWD — William Salesbury: *Ban wedy i dynny air yngair allan o hen gyfreith Howel dda*, 1550 (adarg. 1902).

W. Salesbury: Gw — *Astudiaeth o weithgarwch llenyddol William Salesbury*. Traethawd M.A. Prifysgol Cymru gan W. A. Mathias, 1949.

W. Salesbury: KLl — William Salesbury: *Kynniver Llith a Ban*, 1551 (adarg. 1931).

W. Salesbury: Ll — *Llysieulyfr William Salesbury: Testun o lawysgrif Ll.G.C. 4581, ynghyd â rhagymadrodd ac astudiaeth o'r enwau llysiau Cymraeg a geir ynddo*. Traethawd Ph.D. Prifysgol Cymru gan Iwan Rhys Edgar, 1984.

W. Salesbury: LlM — William Salesbury: *Llysieulyfr Meddyginiaethol*, ed. E. S. Roberts, 1916.

W. Salesbury: OSP — William Salesbury: *Oll Synnwyr pen Kembero ygyd*, [1547] (adarg. 1902).

J. Salisbury: EH — John Salisbury: *Eglvrhad Helaethlawn o'r Athrawaeth Gristnogawl*, 1618 (adarg. 1972).

Salm — 'Llyfr y Salmau' yn yr Hen Destament.

1 Sam — 'Llyfr Cyntaf Samuel' yn yr Hen Destament.

2 Sam — 'Ail Lyfr Samuel' yn yr Hen Destament.

E. Samuel: A — Edward Samuel: *Adgyfodiad ein Harglwydd Iesu Grist, wedi ei brofi*, 1766.

E. Samuel: AE — Edward Samuel: *Athrawiaeth yr Eglwys*, 1731.

E. Samuel: BA — Edward Samuel: *Bucheddau'r Apostolion a'r Efengylwyr*, 1704.

E. Samuel: GGG — Edward Samuel: *Gwirionedd y Grefydd Grist'nogol*, 1716.

E. Samuel: HDdD — Edward Samuel: *Holl Ddyledswydd Dyn*, 1718.

E. Samuel: P — Gw. E. Samuel: *PGB*.

E. Samuel: PDdC — Edward Samuel: *Prif Ddledswyddau Christion*, 1723.

E. Samuel: PGB — Edward Samuel: *Pregeth Ynghylch Gofalon Bydol*, 1731.

SBS — *Sylfaen Buchedd sanctaidd*, 1773.

SC — *Studia Celtica*, 1966– .

SCG — O[liver] T[homas] ac E[van] R[obert]: *Sail Crefydd Ghristnogol*, c. 1640, c. 1688.

SChC — *Swyddogaeth a chelfyddyd y crythor*. Traethawd M.A. Prifysgol Cymru gan Bethan Elin Miles, 1983.

SDR — *Chwedleu Seith Doethon Rufein*, gol. Henry Lewis, 1925.

SDR² — *Chwedleu Seith Doethon Rufein*, gol. Henry Lewis, ail arg. 1958, 1967.

SE — *A Dictionary of the Welsh Language*, ed. D. Silvan Evans, 1887–1906.

SE MS — Geiriadur D. Silvan Evans ar sail copi o *P*, llawysgrif yn Llyfrgell Genedlaethol Cymru.

Sech — 'Llyfr Sechareia' yn yr Hen Destament.

F. Seebohm: TSW — Frederic Seebohm: *The Tribal System in Wales*, 1895.

F. Seebohm: TSW² — Frederic Seebohm: *The Tribal System in Wales*, 1904.

F. Seebohm: TSW² (App) — Appendices to Frederic Seebohm: *The Tribal System in Wales*, 1904.

Seff — 'Llyfr Seffaneia' yn yr Hen Destament.

Seren Gomer — *Seren Gomer*, 1814–22.

(SG) — *Ystoryaeu Seint Greal*, yn *Pen* 11.

A. Shadrach: AM — Azariah Shadrach: *Allwedd Myfyrdod*, 1801.

Siôn Brwynog: C — *Cywyddau Siôn Brwynog*. Traethawd M.A. Prifysgol Cymru gan Rose Marie Kerr, 1960.

Siôn Brwynog: Gw — *Casgliad o Weithiau Siôn Brwynog*. Traethawd buddugol Eisteddfod Genedlaethol Caergybi, 1927, gan Gwilym H. Jones, yn Llyfrgell Genedlaethol Cymru.

Siôn Cent: Gw — *Gwaith Sion Cent*, gol. T. Matthews, 1914.

Siôn Llywelyn: DD — Siôn Llywelyn: *Difyrrwch diniwaid*, 1770, 1791.

Siôn Mawddwy: Gw	*Astudiaeth destunol o waith Siôn Mawddwy.* Traethawd M.A. Prifysgol Cymru gan Dyfrig Davies, 1965.	A. Thomas: LlB	Alban Thomas (Blaen-porth): *Llythyr Bugailiaidd*, 1729.
Siôn Treredyn: MDD	Siôn Treredyn (John Edwards): *Madrvddyn y Difinyddiaeth Diweddaraf*, 1651.	D. Thomas: ACW	David Thomas: *Animal Call-Words*, 1939.
H. Siôn: AH	Henri Sion: *Amryw Hymnau Dymunol a Phrofiadol*, 1773, 1798.	D. Thomas: HTS	D. Thomas: *Hanes Tair Sir ar Ddeg Cymru*, c. 1720.
R. Smyth: CAC	Rhosier Smyth: *Crynnodeb o addysc Cristnogawl*, 1609.	D. Thomas: TSC	Dafydd Thomas: *Taith neu Siwrneu Christiana*, 1713.
R. Smyth: COL	Rhosier Smyth: *Coppi o Lythyr Crefydhvvr a Merthyr . . .*, 1612.	D. R. Thomas: DS	D. R. Thomas: *The Life and Work of Bishop Davies and William Salesbury*, 1902.
R. Smyth: GB	Rhosier Smyth: *Theater dv mond fef* [sic] *iw. Gorsedd y byd*, 1615 (*adarg. 1930).	D. R. Thomas: HDStA	D. R. Thomas: *The History of the Diocese of St. Asaph . . .*, 1908–13.
R. Smyth: SG	Rhosier Smyth: *Opvs Catechisticvm D. Petri Canisii . . . Sef yw: Svm ne grynodebo adysc* [sic] *Gristionogawl*, 1611.	E. Thomas: Alm E. Thomas: BOD	Evan Thomas: *Almanaciau*, 1782–5. Evan Thomas: *Barnedigaethau ofnadwy Duw*, 1766.
The Social Condition of the People of Anglesea	*A Minute Account of the Social Condition of the People of Anglesea, in the Reign of James the First . . .*, ed. J. O. Halliwell, 1860.	E. Thomas: CD E. Thomas: HR	Edward Thomas (Rhyd-wen): *Cwymp Dyn*, 1767. Evan Thomas: *Helaethrwydd o Ras, i'r Pennaf o Bechaduriaid*, 1767.
Sotheby (LlGC)	Dogfen yng nghasgliad Sotheby yn Llyfrgell Genedlaethol Cymru.	E. Thomas: MRD	Evan Thomas: *Marwnad Robert Davies . . . o Blwyf Machen*, 1765.
SR	*The English and Welch Dictionary*, ed. John Rhydderch, 1725.	J. Thomas: A	Joshua Thomas (Llanllieni): *Atteb i Lyfr Mr. Edward Hitchin, a elwir, Achos Babanod*, 1767.
SR (Bot)·	Yr adran fotanegol yn *SR*.	J. Thomas: AD	Joshua Thomas (Llanllieni): *Athrawiaeth y Drindod*, 1794.
SS	*Sinai a Seion*, 1745.		
C. Stevens: AC	Catrin Stevens: *Arferion Caru*, 1977.	J. Thomas: AIC	John Thomas: *Annerch Ieuengctyd Cymru*, 1795.
Studia Celtica	Gw. *SC*.		
Survey of Denbigh	Gw. *HD*.	J. Thomas: AIG	Joshua Thomas: *Yr Angenrheidrwydd i'm Gredi* [sic] *fod Gwobrwyon a Chosbedigaethau yn y Byd nesaf*, 1750.
Sus	'Histori Susanna' yn yr Apocryffa.		
T	*The Book of Taliesin*, ed. J. Gwenogvryn Evans, 1910.	J. Thomas: AUR	Joshua Thomas: *Atteb i'r Ugain Rhesymmau*, [1751].
T Ch	*Troelus a Chresyd*, gol. W. Beynon Davies, 1976.	J. Thomas: CFf	Joshua Thomas (Llanllieni): *Cyffes Ffydd . . . amryw gynnulleidfaoedd o Grist'nogion*, 1791.
TA	*Gwaith Tudur Aled*, gol. T. Gwynn Jones, 1926.	J. Thomas: CGGD	Joshua Thomas: *Cynnyg Tuag* [at] *wneuthur yr Wybodaeth o Grefydd yn hawdd i'r Dealltwriaeth*, 1733.
Tablau, &c.	Y rhestri neu'r tablau ar ddechrau argraffiadau cynnar o'r Beibl.		
Taith C	*Siwrneu, Neu Daith Cristiana a'i phlant o Ddinas Destryw*, c. 1730.	J. Thomas: CIC	John Thomas (Rhaeadr Gwy): *Crist yn Iachawdwr Cyflawn*, 1798.
Tal	*Taliesin, Cylchgrawn yr Academi Gymreig*, 1961–.	J. Thomas: CS	John Thomas (Rhaeadr Gwy): *Caniadau Sion: neu Hymnau Ysgrythyrol*, 1788.
Talhaiarn: Gw	John Jones (Talhaiarn): *Gwaith Talhaiarn*, i. 1855; ii. 1862; iii. 1869.	J. Thomas: DdS	John Thomas (Rhaeadr Gwy): *Y Ddinas Sanctaidd, neu'r Jerusalem Newydd*, 1789.
Tax Nich	*Taxatio Ecclesiastica Angliae et Walliae auctoritate P. Nicolai IV*, 1802.	J. Thomas: DY	John Thomas: *Drych Ysprydol*, 1790.
TBM	*Traddodiad barddol Môn yn yr XVII ganrif.* Traethawd Ph.D. Prifysgol Cymru gan Dafydd Wyn Wiliam, 1994.	J. Thomas: EG	J. Thomas (Pentrefoelas): *Eos Gwynedd*, 1845.
		J. Thomas: FG	Joshua Thomas (Llanbister): *Y Fuchedd Gris'nogol*, 1752.
TBPB	*Traethawd byrr, er ymddiffyn bedydd Plant bychain*, 1785, 1794.	J. Thomas: GB	John Thomas (Rhaeadr Gwy): *Gwrthodedigaeth yn Brofedig*, [1791].
TC	R. Llwyd, O. Thomas, ac R. Jones: *Tryssor i'r Cymru*, 1677.	J. Thomas: GDN	Joshua Thomas: *Golwg ar Destament Newydd Ein Harglwydd*, 1728.
TC: CC	T. C.: *Cyfiawnder Cyfrifol*, 1745.	J. Thomas: GI	John Thomas (Rhaeadr Gwy): *Gwybodaeth o iechydwriaeth yn werthfawr yn awr Angeu*, 1759.
TCHSDd	*Trafodion Cymdeithas Hanes Sir Ddinbych*, 1952–.		
TDBD	*Traethawd Defnyddiol am Ben-Arglwyddiaeth Duw*, [1711], 1760.	J. Thomas: HB	Joshua Thomas (Llanllieni): *Hanes y Bedyddwyr, Ymhlith y Cymry*, 1778.
TDP	*Testament y Dauddeg Padriarch, sef Meibion Jacob*, 1700, 1719.	J. Thomas: HYB	Joshua Thomas: *Yr Hunan-Ymholwr Beunyddiol*, 1733.
TE	*An English-Welsh Dictionary*, ed. Thomas Evans, 1809.	J. Thomas: LlA	John Thomas (Rhaeadr Gwy): *Llythyr o Annerch at Hen Bobl a Chanol Oedran*, c. 1777.
TG	*Trysorfa Gwybodaeth, neu, Eurgrawn Cymraeg*, 1770.	J. Thomas: LlDG	Joshua Thomas: *Llyfr Du y Gydwybod*, [1723].
TGG	*Transactions of the Guild of Graduates, University of Wales*, 1901–22.	J. Thomas: NBAF	Joshua Thomas (Llanllieni): *Nodiadau ar Bregeth Mr. Abel Francis*, 1775.
1 Thes	'Epistol Cyntaf Paul . . . at y Thesaloniaid' yn y Testament Newydd.	J. Thomas: NSGG	John Thomas: *Nodau 'Sgrythurol y Gwir Gristion*, 1768.
2 Thes	'Ail Epistol Paul . . . at y Thesaloniaid' yn y Testament Newydd.	J. Thomas: T	Joshua Thomas: *Traethawd, Ynghylch Ysbyryd* [sic] *Duw yn y Ffyddloniaid*, c. 1750.
A. Thomas: ADG	Alban Thomas (Blaen-porth): *Annogaeth Difrifol Gweinidog iw Blwyfolion*, [1723].		
A. Thomas: DR	Alban Thomas (Blaen-porth): *Dwysfawr Rym Buchedd Grefyddol*, 1722.	J. Thomas: TA	John Thomas (Manafon): *Trysorfa Auraidd i Blant Duw*, 1771.

J. Thomas: TC — Joshua Thomas (Llanllieni): *Tystiolaeth y Credadyn am ei hawl ir Nefoedd*, 1757.

J. Thomas: TFFf — Ioan Tomas: *Traethawd ar Fywyd Ffydd*, 1767.

J. Thomas: U — John Thomas: *Urania, neu Grefyddol Ddadleuon*, 1793.

J. Thomas: UG — Joshua Thomas: *Undeb mewn Gwlad*, 1753.

J. Thomas: UN — John (Ioan) Thomas: *Unum Necessarium . . . Ymarferol Athrawiaeth Gweddi*, 1680.

L. Thomas: MJT — Lewis Thomas: *Marwnad . . . y Parchedig Mr. John Thomas o Lwyn y Grawis*, [1712].

O. Thomas: CC — Oliver Thomas: *Car-wr y Cymru*, 1630, 1631 (*adarg. 1930).

O. Thomas: DDMB — Oliver Thomas: *Drych i dri mâth o Bobl*, 1677.

R. Thomas: HR — Rhys Thomas: *Helaethrwydd o Ras*, 1763.

R. Thomas: P — R. Thomas: *Pregeth ynghylch Dyledswydd Deiliaid iw Penllywydd*, 1793.

R. Thomas: PAD — R. Thomas: *Pregethau ar Amryw Destunau Buddiol*, 1790.

S. Thomas: AD — S[imon] T[homas]: *Athrawiaethau Difinyddawl*, 1734.

S. Thomas: DY — S[imon] T[homas]: *Deonglydd yr Ysgrythurau*, 1741.

S. Thomas: HB — S[imon] T[homas]: *Hanes y Byd a'r Amseroedd*, 1718, 1721.

S. Thomas: HP — S[imon] T[homas]: *Histori yr Heretic Pelagius*, 1735.

T. Thomas: AB — Timothy Thomas (Aberdyar): *Amlygiad Byr am Arddodiad dwylaw*, 1764.

T. Thomas: GW — Timothy Thomas (Aberdyar): *Y Garreg Wen*, 1759.

T. Thomas: M — Timothy Thomas (Aberdyar): *Moliant i Dduw*, 1764.

T. Thomas: RP — Timothy Thomas (Aberdyar): *Rhwymyn Perffeithrwydd: neu Frawdgarwch Parhaus*, 1766.

T. Thomas: WWDd — Timothy Thomas (Aberdyar): *Traethiad am y Wisg-Wen Ddisglair*, 1759.

W. Thomas: AGG — William Thomas (Y Bala): *Arfogaeth y Gwir Gristion*, 1794.

W. Thomas: CC — William Thomas (Y Bala): *Cyfaill i'r Cystuddiedig*, 1797.

W. Thomas: MRB — William Thomas (Y Bala): *Myfyrdodau Diweddaf Mr. Baxter ar Farwolaeth*, 1792.

W. Thomas: P — William Thomas (Y Bala): *Pregeth ar ddioddefaint Crist*, 1800.

THSC — *The Transactions of the Honourable Society of Cymmrodorion*, 1892/3–.

S. M. Tibbott: AB — S. Minwel Tibbott: *Amser Bwyd: Detholiad o Gyfarwyddiadau Cymreig*, 1974.

1 Tim — 'Epistol Cyntaf Paul . . . at Timotheus' yn y Testament Newydd.

2 Tim — 'Ail Epistol Paul . . . at Timotheus' yn y Testament Newydd.

Tit — 'Epistol Paul at . . . Titus' yn y Testament Newydd.

Titus Lewis: Mawl i'r Oen — Titus Lewis: *Mawl i'r Oen a laddwyd: sef Pigion o Hymnau . . .*, [1802].

TJ — *Y Gymraeg yn ei Disgleirdeb*, gol. Thomas Jones (Amwythig), 1688 (adarg. 1977), 1760.

TJ (Bot) — Yr adran fotanegol yn *TJ*.

TJ (copi Moses Williams yn LlGC) — Copi Moses Williams o *TJ*, yng nghasgliad Llyfrgell Genedlaethol Cymru.

TJ (Dinbych) — *An English and Welsh Dictionary*, ed. Thomas Jones (Dinbych), 1800.

TLlM — G. J. Williams: *Traddodiad Llenyddol Morgannwg*, 1948.

TM — *Tribannau Morgannwg*, gol. T. T. Jones, 1976.

TN — *Testament Newydd ein Arglwydd Jesu Christ*, W. Salesbury, 1567.

TNG — Ceinwen H. Thomas: *Tafodiaith Nantgarw*, llyfr ii., 1993.

TNS — Ceinwen H. Thomas: *Tafodiaith Nantgarw*, llyfr i., 1993.

Tob — 'Tobit' yn yr Apocryffa.

Tomos Glyn Cothi: A — Tomos Glyn Cothi (Thomas Evans): *Amddiffyniad o Bennadwriaeth y Tad*, 1792.

Tomos Glyn Cothi: Ap — Tomos Glyn Cothi: *Appel at Broffeswyr . . . Cristianogrwydd*, 1792.

Tomos Glyn Cothi: E — Tomos Glyn Cothi: *Yr Egwyddorwr neu Ymofyniad i Athrawiaeth Yr Ysgrythyrau*, 1796.

Tomos Glyn Cothi: GG — Tomos Glyn Cothi: *Gorfoledd y Gwirionedd*, 1793.

TP: CG — T. P.: *Cas gan Gythraul*, 1711.

TPR — *Traethawd a Bregethwyd . . . o flaen y Brif-Yscol yn Rhydychen*, 1751.

TPS — *Transactions of the Philological Society*, 1854–.

TR — *Antiquae Linguae Britannicae Thesaurus . . . Welsh-English Dictionary*, ed. Thomas Richards, 1753, 1815 (Dolgellau).

TR (Bot) — Yr adran fotanegol yn *TR*.

Tr C — *Trysor i'r Cymru*, 1768.

TR (Diar) — 'Y Diarhebion Cymraeg' yn *TR*.

TR (Trefriw) — *Antiquae Linguae Britannicae Thesaurus . . . Welsh-English Dictionary*, ed. Thomas Richards, 1815 (Trefriw).

Traeth — *Y Traethodydd*, 1845–.

Traethawd Byrr yn erbyn meddwdod — Gw. *AF*.

Trans Liverpool WN Soc — *Transactions of the Liverpool Welsh National Society*, 1885–1912.

Tredegar — Dogfen yng nghasgliad Tredegar, yn Llyfrgell Genedlaethol Cymru.

Treigladau — T. J. Morgan: *Y Treigladau a'u Cystrawen*, 1952 (adarg. 1989).

Tri Llanc — 'Cân y Tri Llanc Sanctaidd' yn yr Apocryffa.

Troelus a Chresyd — *Chwedl Troelus a Chresyd yn Gymraeg, fel y ceir hi yn Llawysgrif Peniarth 106*. Traethawd M.A. Prifysgol Cymru gan W. Beynon Davies, 1932.

TRP — *A Study of Three Welsh Religious Plays*, ed. Gwenan Jones, 1939.

Trys Gym — *Trysorfa Gymmysgedig*, 1795–6.

Trysorfa — *Trysorfa Ysprydol*; *Trysorfa*, 1799–1827.

TS — *Teml Solomon wedi ei hysprydoli*, [1725].

Tudur Penllyn, &c.: Gw — *The Works of Tudur Penllyn & Ieuan Brydydd Hir Hynaf*. Traethawd M.A. Prifysgol Cymru gan Abraham Jenkins, 1921.

TW (Brog 9) — Copi o *TW (Pen 228)* yn *Brog 9*.

TW (Pen 228) — Geiriadur Syr Thomas Wiliems, *Thesaurus Linguæ Latinæ et Cambrobritannicæ*, yn *Pen 228*.

Twm o'r Nant: BB — Twm o'r Nant (Thomas Edwards): *Bannau y Byd*, 1808.

Twm o'r Nant: CO — Twm o'r Nant: *Cybydd-dod ac Oferedd*, gol. I. Foulkes, 1870.

Twm o'r Nant: CTh — Twm o'r Nant: *Y Ddau Ben Ymdrechgar sef Cyfoeth a Thylodi . . .*, 1768, 1841.

Twm o'r Nant: FF — Twm o'r Nant: *Y Farddoneg Fabilonaidd; neu Weledigaeth Cwrs y Byd*, 1768, 1813.

Twm o'r Nant: GG — Twm o'r Nant: *Gardd o Gerddi*, 1790, 1826 (Rhuthun a Merthyr).

Twm o'r Nant: GH — Twm o'r Nant: *Gwaith; yng nghyd a Hanes ei Fywyd*, 1849.

Twm o'r Nant: Gw — *Bywyd a gwaith Twm o'r Nant a'i le yn hanes yr anterliwt*. Traethawd M.A. Prifysgol Cymru gan G. M. Ashton, 1944.

Twm o'r Nant: H	*Hunangofiant a Llythyrau Twm o'r Nant,* gol. G. Ashton, 1948.
Twm o'r Nant: PCG	Twm o'r Nant: *Pedair Colofn Gwladwriaeth,* 1786.
Twm o'r Nant: PG	Twm o'r Nant: *Pleser a Gofid,* 1787, 1812.
Twm o'r Nant: TChB	Twm o'r Nant: *Tri Chryfion Byd,* 1789.
Twm o'r Nant: TChD	Twm o'r Nant: *Tri Chydymaith Dyn,* 1769.
TY	*Trysorfa Ysprydol,* 1799–1801.
Y Tyddynnwr	*Y Tyddynnwr,* 1922–3.
TYGD	*Traethawd ynghylch Gweithredoedd Da ac Elusenau,* 1693.
TYP	*Trioedd Ynys Prydein,* ed. Rachel Bromwich, 1961.
TYP²	*Trioedd Ynys Prydein,* ed. Rachel Bromwich, 1978.
Y Tyst	*Y Tyst,* 1867–.
Tyst Cym	*Y Tyst Cymreig,* 1868–70.
J. Vaughan: HDS	John Vaughan: *Y Rhan Gyntaf . . . o Hanes y Disgibl Sanctedd,* 1760.
R. Vaughan: E	Rowland Vaughan (Caer-gai): *Evchologia: Yr Athrawiaeth i arferol Weddio, c.* 1658.
R. Vaughan: GA	R[owland] V[aughan]: *Yr Arfer o Weddi yr Arglwydd,* 1658.
R. Vaughan: LlB	Rowland Vaughan: *Y Llwybraidd-fodd Byrr o Gristianogawl Grefydd,* 1658.
R. Vaughan: PC	Rowland Vaughan: *Prifannau Crefydd Gristnogawl,* 1658.
R. Vaughan: PES	Rowland Vaughan: *Pregeth yn erbyn Schism: neu, Wahaniadau yr Amseroedd hyn,* 1658.
R. Vaughan: PS	Rowland Vaughan: *Prifannav Sanctaidd neu Lawlyfr, O Weddiau,* 1658.
R. Vaughan: YDd	Rowland Vaughan: *Yr Ymarfer o Dduwiol-deb,* 1629, 1630 (adarg. 1930).
R. Vaughan: YPS	R[owland] V[aughan]: *Ymddiffyniad Rhag Pla o Schism,* 1658.
VSB	*Vitae Sanctorum Britanniae et Genealogiae,* ed. A. W. Wade-Evans, 1944.
VVB	*Vocabulaire vieux-breton,* ed. J. Loth, 1884.
W	*English-Welsh Dictionary,* ed. John Walters, 1770–94.
W Ballads	*A Bibliography of Welsh Ballads,* ed. J. H. Davies, 1911. [Dyfynnir o'r baledi yn ôl eu rhif, ac o faledi ychwanegol yn ôl rhif casgliad Llyfrgell Genedlaethol Cymru.]
W Best	*A Welsh Bestiary of Love being a translation into Welsh of Richart de Fornival's 'Bestiaire d'Amour',* ed. Graham C. G. Thomas, 1988.
W Jew	*Y Wandering Jew, c.* 1761, 1780, *c.* 1800.
W Surnames	T. J. Morgan and Prys Morgan: *Welsh Surnames,* 1985.
WA	'Welsh Ædœology' gan Egerton Phillimore, yn *KPYΠTAΔIA, Recueil de documents pour servir à l'étude des traditions populaires,* ii. (Heilbronn, Henninger Frères, Éditeurs) 1884.
WB	Hugh Davies: *Welsh Botanology,* 1813.
WBD	*The Welch Battle-Door* yn George Fox, et al.: *A Battle-door for Teachers & Professors to Learn Singular & Plural,* 1660 (adarg. 1968).
WD	*The Welsh Dialect Survey,* ed. Alan R. Thomas, 2000.
WDS	R. F. Suggett: *An Analysis and Calendar of Early Modern Welsh Defamation Suits.* Ceir ffacsimile yn Llyfrgell Genedlaethol Cymru.
WE	*A New English-Welsh Dictionary,* ed. William Evans, 1771.
E. Wells: CC	Edward Wells: *Y Christion cyffredin,* 1724.
The Welshman	*The Welshman,* 1832–1983.
Wês wês	*Wês wês,* gol. John Phillips a Gwyn Griffiths, 1976.
WG	J. Morris Jones: *A Welsh Grammar,* 1913.
R. White: C	*Carolau Richard White,* gol. T. H. Parry-Williams, 1931.
Wigfair (LlGC)	Dogfen yng nghasgliad Wigfair yn Llyfrgell Genedlaethol Cymru.
Wil Ifan: PB	Wil Ifan (William Evans): *Plant y Babell,* 1922.
Wiliam Bodwrda: Gw	*Bywyd a gwaith Wiliam Bodwrda (1593–1660) o Aberdaron.* Traethawd M.A. Prifysgol Cymru gan Dafydd Ifans, 1974.
Wiliam Cynwal: Gw	*Testun beirniadol o gasgliad Llawysgrif Mostyn 111 o waith Wiliam Cynwal ynghyd â rhagymadrodd, nodiadau a geirfa.* Traethawd M.A. Prifysgol Cymru gan S. Rhiannon Williams, 1965.
Wiliam Cynwal: Gw (G. P. Jones)	*Astudiaeth destunol o ganu Wiliam Cynwal yn Llawysgrif (Bangor) Mostyn 4.* Traethawd M.A. Prifysgol Cymru gan G. P. Jones, 1969.
Wiliam Cynwal: Gw (R. L. Jones)	*Astudiaeth destunol o awdlau, cywyddau ac englynion gan Wiliam Cynwal.* Traethawd M.A. Prifysgol Cymru gan R. L. Jones, 1969.
Wiliam Llŷn: Gw	*Testun beirniadol ac astudiaeth o gerddi Wiliam Llŷn a geir yn llaw'r bardd ei hun.* Traethawd M.A. Prifysgol Cymru gan I. W. Williams, 1957.
Wiliam Llŷn: Gw (R. Stephens)	*Gwaith Wiliam Llŷn.* Traethawd Ph.D. Prifysgol Cymru gan Roy Stephens, 1983.
Wiliam Llŷn: Gw (R. Stephens) (At.)	'Geirfa Wiliam Llŷn' yn *Wiliam Llŷn: Gw* (R. Stephens).
E. Wiliam: TFB	Eurwyn Wiliam: *Traditional Farm Buildings in North-East Wales 1550–1900,* 1982.
M. Wiliam: DY	Mary Wiliam: *Dawn Ymadrodd,* 1978.
William Owen[-Pughe]: Heroic Elegies	Gw. *HELlH.*
D. William: DFfI	Dafydd William (Llandeilo Fach): *Diferion o Ffynnon Iechydwriaeth,* 1777, 1848.
D. William: GFf	Dafydd William (Llandeilo Fach): *Golwg y Ffyddloniaid ar Degwch a Gogoniant Iesu Grist,* 1760.
D. William: GMS	Dafydd William (Llandeilo Fach): *Gorfoledd ym Mhebyll Seion,* 1777, 1782, 1798.
L. William: Sherlyn Benchwiban	Lodwick William: *Sherlyn Benchwiban . . . Enterlute,* 1802.
T. William: OL	Thomas William (Llandeilo Fawr): *Oes Lyfr. Yn dair Rhan,* 1724.
D. J. Williams: ChHO	D. J. Williams: *Yn Chwech ar Hugain Oed,* 1959.
D. J. Williams: HDFf	D. J. Williams: *Hen Dŷ Ffarm,* 1953.
D. J. Williams: HW	D. J. Williams: *Hen Wynebau,* 1934.
D. J. Williams: STC	D. J. Williams: *Storïau'r Tir Coch,* 1941.
D. J. Williams: STD	D. J. Williams: *Storïau'r Tir Du,* 1949.
D. J. Williams: STG	D. J. Williams: *Storïau'r Tir Glas,* 1936.
E. Williams: BLl	Emlyn Williams: *Blagur o'r Llwch,* 1976.
E. Williams: HJI	Edward Williams: *Hanes o Fywyd a Marwolaeth Judas Iscariot, c.* 1750.
E. Williams: Poems	Edward Williams (Iolo Morganwg): *Poems, Lyric and Pastoral,* 1794.
E. Williams: RHD	Edmund Williams: *Rhai Hymnau Duwiol,* 1742.
E. Williams: Salmau yr Eglwys	Gw. Iolo Morganwg: *Salmau.*
E. Williams: UYB	Evan Williams: *Un ymadrodd ar bumtheg ynghylch Iesu Grist,* 1760.
H. Williams: CB	Huw Williams: *Canu'r Bobl,* 1978.
I. Williams: ELl	Ifor Williams: *Enwau Lleoedd,* 1945.
J. Williams: ACA	J. Williams (Glanmor): *Awstralia a'r Cloddfeydd Aur,* 1852.
J. Williams: AGDd	John Williams (Pantycelyn): *Yr Athrawiaeth Gatholig o Ddrindod* [sic], 1794.

J. Williams: BG	[John Williams]: *Blaenor i Ghristion*, 1701.
J. Williams: CLlGG	J. Williams: *Y Catechism A osodwyd allan yn Llyfr Gweddi Gyffredin, wedi ei egluro ar fyrr eiriau*, 1679, 1682.
J. Williams: H	John Williams: *Halsing, neu, Gan newydd ar Ddydd Natalic*, 1781.
M. Williams: BM	Mathew Williams (Llandeilo Fawr): *Britannus Merlinus Liberatus . . . neu Almanac*, 1777–1814.
M. Williams: CA	Moses Williams: *Y Catecism; Athrawiaeth i'w dysgu gan bob Dyn*, 1716.
M. Williams: Cofrestr	Moses Williams: *Cofrestr o'r Holl Lyfrau Printiedig*, 1717 (adarg. 1912).
M. Williams: DUJ	Mathew Williams (Llandeilo Fawr): *De Ultimo Judicio: neu, Gan am Y Farn Ddiweddaf*, [1794].
M. Williams: HHG	Mathew Williams (Llandeilo Fawr): *Hanes Holl Grefyddau'r Byd*, 1799.
M. Williams: LlLl	Moses Williams: *Llaw-Lyfr y Llafurwr*, 1711.
M. Williams: MC	Mathew Williams (Llandeilo Fawr): *Y Mesurwr Cyffredinol*, 1775.
M. Williams: P	Moses Williams: *Pregeth a Barablwyd yn Eglwys Grist . . . yn 1717*, 1718.
M. Williams: S	Mathew Williams (Llandeilo Fawr): *Speculum Terrarum & Cælorum neu Ddrych y Ddaear a'r Ffurfafen*, 1784.
M. Williams: YEY	Moses Williams: *Ymarferol-waith i'r Elusen-Ysgolion*, 1711.
N. Williams: D	Nathaniel Williams (Llanwinio): *Dialogus, neu, Ymddiddan rhwng Tri o Wyr Dysgedig*, 1778.
N. Williams: HM	Nathaniel Williams: *Hyfforddiadau Meddygawl*, i. 1793; ii. 1796.
N. Williams: P	Nathaniel Williams: *Pregeth*, 1777. Gw. hefyd *PYRD*.
P. Williams: BB	Peter Williams (Caerfyrddin): *Blodau i Blant*, 1758.
P. Williams: BS	*Y Bibl Sanctaidd*, gol. Peter Williams (Caerfyrddin), 1770. Cyfeiria 'Tablau' at y tablau ar ddiwedd y gwaith.
P. Williams: BY	Peter Williams: *Y Briodas Ysbrydol*, 1784.
P. Williams: CC	Peter Williams: *Cydymaith mewn Cystudd*, 1782.
P. Williams: DD	Peter Williams: *Dirgelwch Duwioldeb*, 1792.
P. Williams: FfA	Peter Williams: *Ffordd Anffaeledig i Foddlonrwydd*, 1783.
P. Williams: GC	Peter Williams: *Goruchwiliaeth Crist: neu, Ragoriaeth yr Efengyl: sef, Pregeth y Dr. Playfere*, 1792.
P. Williams: GWM	Peter Williams: *Gweinidog wedi marw, yn llafaru etto*, 1771.
P. Williams: LlHG	Peter Williams: *Llythyr at Hen Gydymaith*, 1791.
P. Williams: MC	Peter Williams: *Myfyrdod y Claf*, 1759.
P. Williams: TG	Peter Williams: *Tafol Gywir i bwyso Sosiniaeth*, 1792.
P. Williams: YC	Peter Williams: *Ymddygiad Cristianogol*, 1784.
R. Williams: CB	Robert Williams (Robert ap Gwilym Ddu): *Cyflafan y Beirdd*, c. 1793.
R. Williams: GE	Robert Williams (Robert ap Gwilym Ddu): *Gardd Eifion*, gol. William Williams (Caledfryn), 1841, 1877.
R. Williams: HAA	Robert Williams: *The History and Antiquities of the Town of Aberconwy*, 1835.
R. Williams: LlA	Robert Williams (Robert ap Gwilym Ddu): *Lloffion yr Ardd*, gol. Robert Evans (Cybi), 1911.
R. E. Williams: CB	R. E. Williams: *Credoau'r Byd*, 1866.
R. E. Williams: HDd	R. E. Williams: *Hanes y Ddaear*, 1866.
S. Williams: ADA	Samuel Williams (Llandyfriog): *Amser, a Diwedd Amser*, 1707, 1724.
S. Williams: EN	Siân Williams: *Ebra Nhw*, 1981.
S. Williams: UOY	Samuel Williams (Llandyfriog): *Undeb yn Orchymynedig i Ymarfer*, 1710.
T. Williams: AD	Thomas Williams: *Agoriadau Datguddiad Creadigaeth y Nefoedd*, 1760.
T. Williams: AF	Thomas Williams (Dinbych): *Annogaeth Ferr i'r Cymmun Sanctaidd*, 1710.
T. Williams: CDdG	Thomas Williams (Dinbych): *Cydymaith i Ddyddiau Gwylion*, 1712.
T. Williams: HHO	Thomas Williams (Tal-y-bont, Bangor): *Hanesion o'r Hen Oesoedd*, 1762.
T. Williams: MHO	Thomas Williams (Tal-y-bont, Bangor): *Mynegiad yr Hen Oesoedd*, 1761.
T. Williams: MPW	Thomas Williams: *Marwnad am y parchedig . . . Mr. Peter Williams . . .*, 1796.
T. Williams: PD	Thomas Williams (Dinbych): *Pregeth o achos y Dymmestl Ddinistriol*, 1705.
T. Williams: TCB	Taliesin Williams: *Traethawd ar Hynafiaeth ac Awdurdodaeth Coelbren y Beirdd*, 1840.
T. Williams: YB	Thomas Williams (Dinbych): *Ymadroddion Bucheddol ynghylch Marwolaeth*, 1691, 1777.
W. Williams: A	W. Williams (Pantycelyn): *Antinomiaeth, Bwbach y Rhan ffurfiol o'r Eglwys Grist-'nogol*, 1774.
W. Williams: AB	William Williams (Pantycelyn): *Aurora Borealis*, 1774.
W. Williams: Aleluja	William Williams (Pantycelyn): *Aleluja, neu, Casgljad o Hymnau ar Amryw Ystyrjaethau*, i. 1744; ii. a iii. 1745; iv. 1746; v. a vi. 1747; 3ydd arg. sy'n cyfuno'r cyfrolau eraill, 1758.
W. Williams: APE	William Williams (Pantycelyn): *Atteb Philo-Evangelius i Martha Philopur*, 1763.
W. Williams: BH	William Williams (Pantycelyn): *Berr Hanes . . . Tywysog o Affrica*, 1779.
W. Williams: C	William Williams (Pantycelyn): *Caniadau, Y rhai sydd ar y Môr o Wydr*, 1762, 1763, 1764, 1773, 1795.
W. Williams: CAA	William Williams (Pantycelyn): *Crocodil Afon yr Aipht*, 1767.
W. Williams: DN	William Williams (Pantycelyn): *Ductor Nuptiarum*, 1777.
W. Williams: DP	Waldo Williams: *Dail Pren*, 1956.
W. Williams: FfW	William Williams (Pantycelyn): *Ffarwel Weledig, Groesaw Anweledig Bethau*, i. 1763; ii. 1766; iii. 1769.
W. Williams: GDC	William Williams (Pantycelyn): *Golwg ar Deyrnas Crist*, 1756, 1764.
W. Williams: GIE	William Williams (Pantycelyn): *Gloria in Excelsis . . .*, i. 1771; ii. 1772.
W. Williams: GP	William Williams (Pantycelyn): *Gwaith Prydyddawl*, 1811[-13].
W. Williams: HFD	William Williams (Pantycelyn): *Hosanna i Fab Dafydd . . .*, i. 1751; ii. 1753; iii. 1754.
W. Williams: HT	William Williams (Pantycelyn): *Hanes Troedigaeth . . . Thomas Goodwin*, 1779.
W. Williams: HTS	William Williams (Pantycelyn): *Hanes . . . Tri Wyr o Sodom a'r Aipht*, 1768.
W. Williams: I	William Williams (Pantycelyn): *Immanuel*, 1786.
W. Williams: LlMP	William Williams (Pantycelyn): *Llythyr Martha Philopur*, 1762.
W. Williams: MA	William Williams (Pantycelyn): *Myfyrdodau ar Angau*, 1785.
W. Williams: MDR	William Williams (Pantycelyn): *Marwnad y Parchedig Mr. Daniel Rowlands*, 1791 (Caerfyrddin).
W. Williams: MHH	William Williams (Pantycelyn): *Marwnad er coffadwriaeth am Mr. Howel Harries . . .*, 1773.
W. Williams: P	William Williams (Pantycelyn): *Pantheologia, neu Hanes holl Grefyddau'r Byd*, c. 1762–79.

W. Williams: RhHN	W. Williams: *Rhai Hymnau Newyddion ar Fesurau Newyddion*, 1781, 1782, 1787.
W. Williams: SFf	William Williams (Pantycelyn): *Siccrwydd Ffydd*, 1759.
W. Williams: TC	William Williams (Llangynllo): *Tarian Crist'nogrwydd yw Ffydd*, 1733.
W. Williams: TDdN	W. Williams: *Traethodau . . . ar Ddyffryn Nedd*, 1856.
W. Williams: TEA	William Williams (Pantycelyn): *Templum Experientiae apertum; neu, Ddrws y Society Profiad*, 1777.
W. Williams: Th	William Williams (Pantycelyn): *Bywyd a Marwolaeth Theomemphus*, 1764.
W. Isaac Williams (LlGC)	Dogfen yng nghasgliad W. Isaac Williams yn Llyfrgell Genedlaethol Cymru.
W. Ll. Williams: GBB	W. Llewelyn Williams: *Gwilym a Benni Bach*, 1897.
B. Willis: Bangor	Browne Willis: *A Survey of the Cathedral Church of Bangor*, 1721.
B. Willis: St. David's	Browne Willis: *A Survey of the Cathedral Church of St. David's*, 1717.
WJ: TR	W. J.: *Teg Resymmeu Offeiriad Pabaidd*, 1686.
WL: DP	W. L.: *Defosiwneu Priod*, 1655.
WLB	*A Welsh Leech Book*, ed. Timothy Lewis, 1914.
WLl	*Barddoniaeth Wiliam Llŷn*, ed. J. C. Morrice, 1908.
WLl (Geir)	'Geirlyfr' yn *WLl*.
WLl: SAC	W. Ll.: *Y Sacrament a'r Aberth Cristianogol*, 1760.
WLW	*The Welsh Law of Women*, ed. Dafydd Jenkins and Morfydd E. Owen, 1980.
WM	*The White Book Mabinogion*, ed. J. Gwenogvryn Evans, 1907 (adarg. 1973). [Rhifir yn ôl y colofnau.]
WM: PGG	W. M.: *Pattrwm y Gwir Gristion*, 1723 (adarg. 1908).
WML	*Welsh Medieval Law*, ed. A. W. Wade-Evans, 1909.
WR	*Geiriadur Saesneg a Chymraeg*, gol. William Richards, 1798.
WS	*A Dictionary in Englyshe and Welshe*, ed. William Salesbury, 1547 (adarg. 1877, 1969).
WVBD	*The Welsh Vocabulary of the Bangor District*, ed. O. H. Fynes-Clinton, 1913.
Wy	Llawysgrif yng nghasgliad Wynnstay, yn Llyfrgell Genedlaethol Cymru.
E. Wynn: TY	Edward Wynn (Bodewryd): *Trefn Ymarweddiad Gwir Gristion*, 1662.
G. Wynn: YGD	Gr[iffith] Wynn: *Ystyriaethau o Gyflwr Dyn*, [1724].
E. Wynne: BC	Ellis Wynne: *Gweledigaetheu y Bardd Cwsc*, 1703 (adarg. 1898).
E. Wynne: PAC	Edward Wynne (Llanaber): *Prif Addysc y Cristion*, 1755.
E. Wynne: RBS	Ellis Wynne: *Rheol Buchedd Sanctaidd*, 1701 (adarg. 1928).
Y	*Ymryson Edmwnd Prys a Wiliam Cynwal*, gol. Gruffydd Aled Williams, 1986.
YABG	*Ystyriaethau ynghylch Angenrhaid a Mawrlles Buchedd Grefyddol*, 1745.
YB	*Ysgrifau Beirniadol*, gol. J. E. Caerwyn Williams, 1965-.
YBH	*Ystorya Bown de Hamtwn*, gol. Morgan Watkin, 1958.
YC	*Ymddiddanion Cyfeillgar rhwng Gŵr o Eglwys Loegr, ac Ymneilltuwr neu un o'r grefydd newydd a elwir Methodistiaid*, 1752.
YCM	*Ystorya de Carolo Magno*, gol. S. J. Williams, 1930; dyfynnir weithiau o arg. 1883, gol. T. Powell.
YCM²	*Ystorya de Carolo Magno*, gol. S. J. Williams, 1968.
YCTM	*Ymddiddan Cariadus rhwng Tad a Mab*, 1734.
YDd	Rowland Vaughan: *Yr Ymarfer o Dduwiol-deb*, 1630 (adarg. 1930).]
YE	*Ymborth yr Eneit*. Traethawd Ph.D. Prifysgol Cymru gan R. I. Daniel, 1981.
YEPWC	*Astudiaeth destunol a beirniadol o ymryson barddol Edmwnd Prys a Wiliam Cynwal*. Traethawd Ph.D. Prifysgol Cymru gan Gruffydd Aled Williams, 1978.
YGDB	*Ymadrodd Gweddaidd Ynghŷlch Diwedd y Byd*, [1703].
YGM	*Ymddiddan . . . mewn Gwyl-mabsant yn y wlad*, c. 1800.
YHD	*Ymadroddion Hen Mr. Dod*, c. 1688.
YLlH	*Yny lhyvyr hwnn*, 1546 (adarg. 1902).
Ymborth	*Ymborth yr Enaid*, gol. R. Iestyn Daniel, 1995.
Ymdd	[H. Evans]: *Ymddiddan rhwng Hen Wr Dall a'r Angau*, [1703], 1764, 1768.
Ymddiddan Cariadus	Gw. *YCTM*.
Ymofynion	*Ymofynion iw Hatteb gan Brocatorion, Wardeinied, a Swyddogion eraill . . .*, 1690.
Ymofynion B	*Ymofynion i'w Hatteb gan Brocatorion, Wardeiniaid, a Swyddogion eraill . . .*, 1713.
YRW	*Ystori Richard Whittington*, 1812.
YSG	*Ystoryaeu Seint Greal*, gol. Thomas Jones, 1992.
Ysg Am	Llawysgrif yng nghasgliad Ysgol Amwythig.
Ysg Arm	*Yr Ysgerbwd Arminaidd; neu yr Arminiad wedi ei agor a'i fanwl-chwilio*, [1807].
Yst Addaf	*Ystorya Addaf a Val y cauas Elen y Grog*. Traethawd M.A. Prifysgol Cymru gan Thomas Gwynn Jones, 1936.
Yst Kym	*Astudiaeth destunol a beirniadol o 'Ystorie Kymru neu Cronigl Kymraeg' (Ifan Llwyd ap Dafydd)*. Traethawd M.A. Prifysgol Cymru gan Nia Lewis, 1967.
Ysten Sioned	Daniel Silvan Evans a John Jones: *Ysten Sioned; neu y gronfa gymmysg*, 1882, ail arg. 1894.
YT	*Ystoria Taliesin*, ed. Patrick K. Ford, 1992.
YTWN	*Ymbarottoad tu ac at Ddedwyddol, a Thragywyddol Wynfyd y Nefoedd*, 1760.
ZCP	*Zeitschrift für celtische Philologie*, 1896-.